パンジャービー語・日本語辞典

［付：日本語・パンジャービー語小辞典］

岡口典雄［編著］

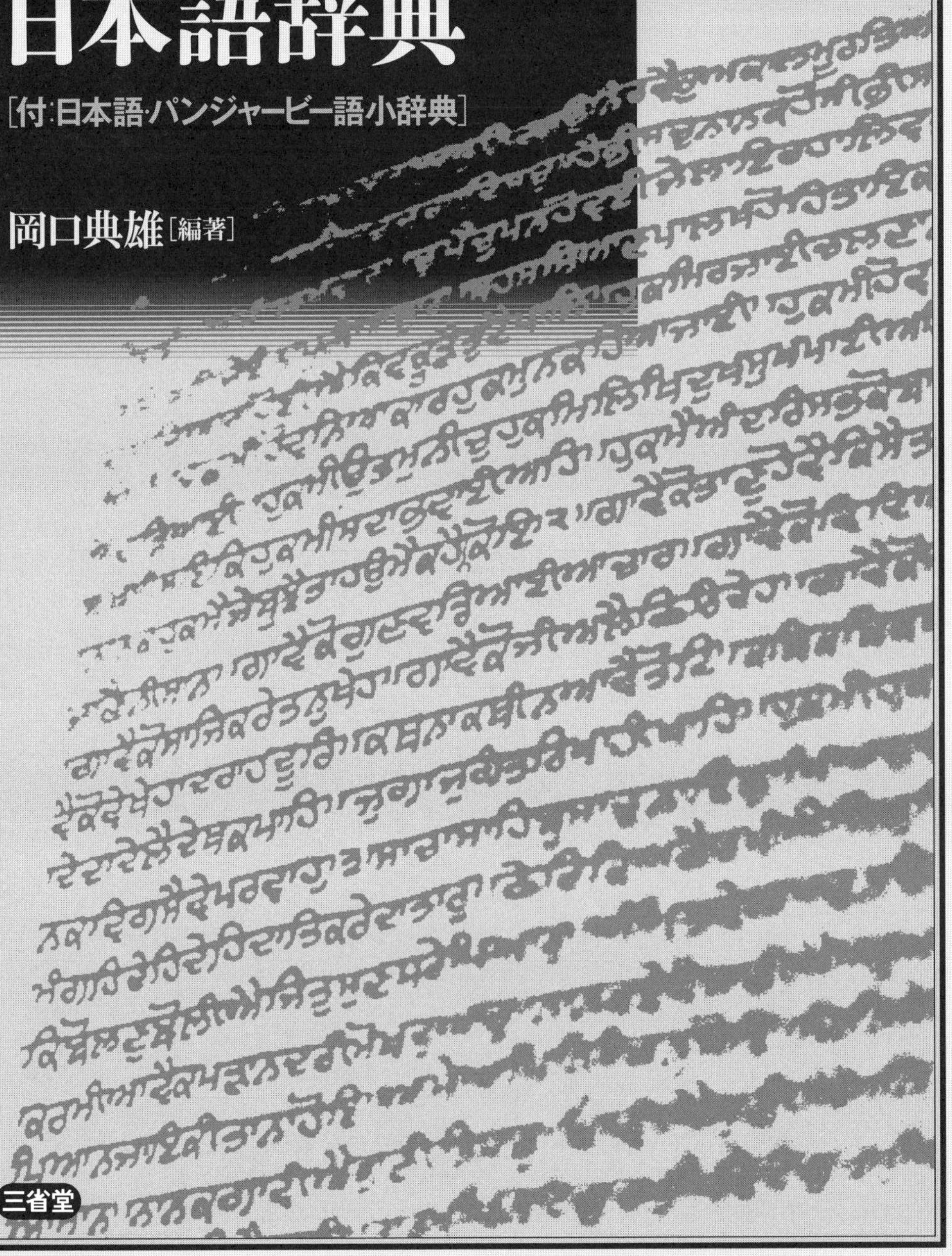

三省堂

A Punjabi-Japanese Dictionary

with Japanese-Punjabi Glossary

by
Norio Okaguchi

*ケース・カバー図版
スィック教聖典『グル・グラント・サーヒブ』の原典写本（18 世紀初頭）より

装丁
三省堂デザイン室

まえがき

パンジャービー語またはパンジャーブ語と呼ばれる言語は，パキスタンとインドにまたがるパンジャーブ地方で話されている，インド・ヨーロッパ語族のインド語派に属する言語である．パンジャーブという名称は，ペルシア語で「5」を意味する「パンジ」と，「水」を意味する「アーブ」に由来し，インダス水系の「5つの川」が流れる大地を表す．パンジャーブ地方の西側を中心にした大半の地域はパキスタンに属し，東側の一部がインドに属し，それぞれ州を形成している．パンジャービー語は，パキスタンでは，その人口のほぼ半数の約8千万人が母語とする最大の民族語である．インドでは，約3千万人の母語であり，憲法にも「主要言語の一つ」と記載され，パンジャーブ州の公用語になっている．インドにおける日系企業の拠点が集中している首都デリーとハリヤーナー州にもパンジャービー語を母語とする人は多く，それぞれの地域の公用語の一つになっている．パンジャービー語の母語話者は，パキスタンとインドの両国内に限らず，移民として世界各地にコミュニティーを形成している．英国だけでも約 230 万人，全世界では 700 万人以上のパンジャービー語の母語話者が，移民として存在すると推測される．

パンジャービー語は，パキスタンではアラビア系のシャームキー文字で表記され，インドではインド系文字の一つであるグルムキー文字で表記される．パンジャービー語を学習する人が利用できるように，それぞれの表記による入門書・文法書・語彙集・読本などが，日本でもこれまでに出版されている．本辞典は，グルムキー文字で表記した「パンジャービー語・日本語辞典」と「日本語・パンジャービー語小辞典」である．インド系文字の中ではデーヴァナーガリー文字の既習者が多いという学習環境を考慮し，「パンジャービー語・日本語辞典」の見出し語についてはデーヴァナーガリー文字による表記も併記した．

パンジャービー語は，他のインド・アーリア諸語と同じく，古い歴史を有し確固たる命脈を保持している民族語であるが，ウルドゥー語やヒンディー語などと比べると公用語としての歴史は浅く，標準パンジャービー語による教育の整備も現在その途上にあると言える．つづりの表記や標準文法などの統一については依然不確定な要素も多く，今後のパンジャービー語の教育・研究の発展とともに成果が得られるものと思われる．当然のことながら，日本においてはパンジャービー語の教育が公的な場所で行われることは稀で，その研究も緒に就いたばかりである．本辞典は，そのような歴史の中で，パンジャービー語の研究に携わるパンジャーブ州内外の大学その他の研究機関や，個々の研究者たちの挙げた成果を参考にして編纂したものである．

本辞典の編纂については，その手順の構築に始まり，フォントの整備から版下の作成にいたるまで，その過程のすべてを東京外国語大学アジア・アフリカ言語文化研究所の町田和彦氏にご尽力いただいた．これまで町田氏がインド系文字を用いる諸言語の辞書編纂のための基盤として開発された基本構造を生かし，例えば発音表記では，デーヴァナーガリー文字を用いたヒンディー語の辞書における潜在母音の発音の有無の表記法をそのまま採用し，パンジャービー語特有の声調については新たに表記法を加えるなど，グルムキー文字表記によるパンジャービー語の辞書に適するプログラムを作成していただいた．また，文部科学省の COE 拠点形成・特別推進研究(COE)「アジア書字コーパスに基づく文字情報学の創成（GICAS）」(2001-2005 年度，研究代表：ペーリ・バースカララーオ氏）のプロジェクトの一つである辞書編纂研究会（主査：町田和彦氏）においては，内田紀彦氏，野口忠司氏，高島淳氏，峰岸真琴氏，星泉氏，澤田英夫氏に多くの面でご指導いただいた．本辞典の出版を担当していただいた三省堂編集部の柳百合氏には構成と内容について貴重な助言をいただいた．本辞典の出版のためにご尽力くださった方々に，心から感謝申し上げたい．

2015 年 3 月 23 日

岡 口 典 雄

この辞典の使い方

本辞典は,「パンジャービー語・日本語辞典」と「日本語・パンジャービー語小辞典」から成る. ここでは,「パンジャービー語・日本語辞典」について, その使い方を説明する.「日本語・パンジャービー語小辞典」については, p.804 を参照されたい.

I. 見出し語

表記に用いる文字

見出し語は, パンジャービー語に固有の文字であるグルムキー文字で表記し, インド系文字の中ではグルムキー文字よりはるかに使用範囲の広いデーヴァナーガリー文字による表記も( )付きで示した. サンスクリット語・ヒンディー語・ネパール語などの学習でデーヴァナーガリー文字に慣れている人には, この二つの文字による表記が役に立つはずである. ただし, デーヴァナーガリー文字の子音字 घ, झ, ढ, ध, भ で便宜的に表記した部分のパンジャービー語の発音は有気音ではなく, 声調を伴う音になる. また, ह で表記した部分の発音も, その多くが, 子音 h の音を消失して, 声調を伴った音になる. これらの部分については, デーヴァナーガリー文字をそのまま発音せず, 声調記号を付けて転写した表記から発音の情報を得ていただきたい.

配 列

本辞典における見出し語の配列は, 次の原則に従っている. 基本形35文字(1～35)・母音字(1～10)・母音記号(1～10)の順番を数字で示すと, 以下のようになる. グルムキー文字の基本形は, 母音字の基となる3文字(1～3)と子音字の32文字(4～35)から構成される. 母音字の3種の基本形から10種の母音字が形成され, 32種の子音字にはその上下左右に母音を表す記号(以下, 母音記号)が付加される. 同じ10種の母音を表すものであっても, 母音字と母音記号では配列の順番が異なる.

1. 基本形35文字

1	ੳ	2	ਅ	3	ੲ	4	ਸ (ਸ਼)	5	ਹ
6	ਕ (ਕ਼)	7	ਖ (ਖ਼)	8	ਗ (ਗ਼)	9	ਘ	10	ਙ
11	ਚ	12	ਛ	13	ਜ (ਜ਼)	14	ਝ	15	ਞ
16	ਟ	17	ਠ	18	ਡ	19	ਢ	20	ਣ
21	ਤ	22	ਥ	23	ਦ	24	ਧ	25	ਨ
26	ਪ	27	ਫ (ਫ਼)	28	ਬ	29	ਭ	30	ਮ
31	ਯ	32	ਰ	33	ਲ (ਲ਼)	34	ਵ	35	ੜ

2. 母音字

母音字の基となる3文字(「1. 基本形35文字」の表の1～3)から形成される10種の母音字は，次の順番に配列される．

1	ਉ	2	ਊ	3	ਓ	4	ਅ	5	ਆ
6	ਐ	7	ਔ	8	ਇ	9	ਈ	10	ਏ

3. 母音記号

子音字に付加される母音記号は，次の順番に配列される．◌ は任意の子音字を表す．同じ子音字に母音記号が付いている場合は，下記の母音記号の順番に配列されることになる．

1	◌	2	◌ਾ	3	ਿ◌	4	◌ੀ	5	◌ੁ
6	◌ੂ	7	◌ੇ	8	◌ੈ	9	◌ੋ	10	◌ੌ

4. 鼻音化記号・促音化記号・付加文字・下点付きの文字

パンジャービー語では，細部にわたり統一した基準を持つ辞書編纂法はまだ確立されていない．これら細部については，各辞書によって異なっているのが現状である．また辞書によっては，一貫した細部の規則がないままに作られている場合もある．本辞典では，編者の判断によって次の規則を立てている．

以下に示す，①鼻音化記号，②促音化記号，③付加文字，④下点付きの文字を含むつづりの配列は，これら4種の条件のあるものとないものを同列に扱い，1．～3．の表中に示した母音字・子音字・母音記号の配列の原則に従って見出し語を配列した後，第二次的に適用するべき規則とする．パンジャービー語には，語の発音やつづり字の変種が多いため，①～④の条件の有無を第二次的な規則として設定することによって，それらの変種を互いに近い位置にまとめて示すことができるからである．

① 鼻音化記号(ティッピー ◌ੰ ，ビンディー ◌ਂ)が付いている文字は，この記号が付いていない文字の前に配列する．例えば，ਕੰਮ は ਕਮ の前，ਠਾਂ は ਠਾ の前になる．

② 促音化記号(アダク ◌ੱ)が付いている文字は，この記号が付いていない文字の後に配列する．例えば，ਪੱਤਾ は ਪਤਾ の後，ਦਿੱਲੀ は ਦਿਲੀ の後になる．

＊①＋② 鼻音化または促音化の記号が付いている文字と付いていない文字の配列をまとめて例示すると，ਮੰਤ, ਮਤ, ਮੱਤ の順になる．

③ 下部に付加文字の付いた子音字（ ਪ੍ਰ, ਨ੍ਹ, ਸ੍ਵ など）は，発音上は潜在母音（母音記号を伴わない子音字が含んでいる短母音 a）を介さない，子音字と付加文字の二つの子音の結合を表す．しかし，その配列は，二つの子音字が横に並んだつづりと同列に扱う．二つの子音字が横に並んだものであるか，付加文字の付いた子音字であるかの違いを除けば同じつづりである場合には，付加文字の付いた子音字を後に配列する．つまり，付加文字付きの子音字は，その子音字と35番目の文字との組み合わせが終了した後や，10種の母音記号との組み合わせが終了した後の順番ではなく，潜在母音 a を介するつづりの直後に現れる．例えば，ਪ੍ਰ のつづりは ਪੜ や ਪੌਂ のつづりの後ではなく，ਪਰ のつづりの後， ਨ੍ਹ のつづりは ਨੜ や ਨੌਂ のつづりの後ではなく，ਨਹ のつづりの後に現れる．

④ 下点付きの文字（ ਸ਼, ਕ਼, ਖ਼, ਗ਼, ਜ਼, ਫ਼, ਲ਼ ）は，下点の付かない元の文字と発音は異なるが，下点のない元の文字と同列に扱う．下点の有無を除けば同じつづりである場合には，下点のない文字を前，下点のある文字を後に配列する．例えば，ਸ਼ਾਹ は ਸਾਹ の後になる．

同つづりの見出し語

語源・語義を異にしながら同じつづりを持つ複数の見出し語（homograph）は，^{1}, ^{2}, ^{3},… などの数字を右肩に付け，区別して示す．語義解説中の → の後や語源情報の［ ］内においても，これらの表記を用いて区別する．

Ⅱ．発音表記

発音上の参考となる転写記号を，各見出し語の後の / / 内に示した．一つの見出し語について二通りの発音がある場合は，/ / の中を ｜ で分割して，両音を併記した．/ / の中に示したこの発音表記は，国際音声字母（IPA）による表記ではなく，ラテン文字を主体とする一種の転写記号を使用した表記である．グルムキー文字で表記したパンジャービー語の発音表記としては，文字に対応した転写記号を用いた表記の方が国際音声字母による表記よりも理解しやすいからである．

転写記号の後には，カタカナ表記（カナ発音）を加えた．いうまでもなくカタカナ表記には限界があり，これはあくまで便宜的な表記である．日本語にはない有気音や反り舌音，またパンジャービー語特有の声調などはカタカナでは表記できず，鼻母音と鼻子音の区別などもできない．より正確な発音情報は，転写記号による発音表記を参照していただきたい．

グルムキー文字の字母・記号にはすべて名称があり，それらは見出し語として取り上げてある．文字の名称は，そのままその文字の読み（発音）になる．したがって，一つの文字の見出しであっても，その発音表記は文字の名称の発音表記（例えば，ਕ は ka ではなく kakkā）となる．

グルムキー文字の基本となる母音字・母音記号・子音字と，/ / 内に示した転写記号との対応関係は，「2. 母音字・母音記号・子音字」に示した表を参照していただきたい．その他の文字・記号類と転写記号との対応関係についても，以下に示した．

1. 声調と，発音されない潜在母音 a

母音記号を伴わない子音字は，本来，短母音 a を含んでいる．この短母音 a は，便宜的に潜在母音と呼ばれる．語中の潜在母音 a は，発音されたり発音されなかったりする．本辞典の転写記号による表記の中には，発音される潜在母音と発音されない潜在母音についての情報が含まれている．この潜在母音は，転写記号では a で表されるが，実際は，国際音声字母 ə で表示されるシュワー schwa と呼ばれる音で，唇に力を入れず小さな口の開きのまま発音する，あいまい母音の「ア」である．発音される音は，そのまま a と表示し，発音されない音は斜線を加えた a̸ で表示した．

本辞典には，さらにパンジャービー語の大きな特徴となっている2種類の声調 tone（高声調［高降り声調］ high tone，低声調［低昇り声調］ low tone）についての情報も発音欄に示した．これらの表記には，次の記号を使用した．

> a̸ は，発音されない潜在母音 a を表す．
>
> ˆ
> は，その音節が高声調（高降り声調） high tone を伴うことを表す．
> ［高声調は，高降りアクセント rising accent とも呼ばれる．］
>
> ˇ
> は，その音節が低声調（低昇り声調） low tone を伴うことを表す．
> ［低声調は，低昇りアクセント falling accent とも呼ばれる．］

声調を伴う音節を表記する6種の文字 ਹ, ਘ, ਝ, ਢ, ਧ, ਭ が，転写記号ではどのように表記されるか，「2. 母音字・母音記号・子音字」に示した表中の表示の読み方を予め解説しておく．

［ਹ h, ˆ, ˇ］ とあるのは，［ਹ h］ ［ਹ ˆ］ ［ਹ ˇ］ を一つにまとめて示したもので，ਹ が子音 h のまま発音されるか，あるいは，h の音が消失し，高声調または 低声調として発音されることを意味する．

［ਘ kˇ, gˇ, ˆg］ とあるのは，［ਘ kˇ］ ［ਘ gˇ］ ［ਘ ˆg］ を一つにまとめて示したもので，ਘ が低声調を伴う音節の初めの子音 k で発音されるか，あるいは低声調を伴う音節の初めの子音 g，または高声調を伴う音節の後の子音 g で発音されることを意味する．
ਝ, ਢ, ਧ, ਭ についても，ਘ の場合と同じ解釈をすればよい．

2. 母音字・母音記号・子音字

パンジャービー語の母音字・母音記号・子音字とその転写記号を，一覧表の形で以下に示す．表中の ◌ は，任意の子音字を表す．

母音記号を伴わない子音字は，単独の表記では潜在母音 a を伴って発音されるが，表中の子音字の転写記号では，a を取り除いた子音のみを（例えば，ਪ は pa ではなく p と）示してある．

ਅ	a	ਇ	i	ਉ	u	ਏ	e	ਓ	o		
ਆ	ā	ਈ	ī	ਊ	ū	ਐ	ai	ਔ	au		
◌	a	ਿ◌	i	◌ੁ	u	◌ੇ	e	◌ੋ	o		
◌ਾ	ā	◌ੀ	ī	◌ੂ	ū	◌ੈ	ai	◌ੌ	au		
ਸ	s	ਹ	h , ^ , ˇ								
ਕ	k	ਖ	k^h	ਗ	g	ਘ	kˇ, gˇ, ^g			ਙ	ṅ
ਚ	c	ਛ	c^h	ਜ	j	ਝ	cˇ, jˇ, ^j			ਞ	ñ
ਟ	ṭ	ਠ	ṭ^h	ਡ	ḍ	ਢ	ṭˇ, ḍˇ, ^ḍ			ਣ	ṇ
ਤ	t	ਥ	t^h	ਦ	d	ਧ	tˇ, dˇ, ^d			ਨ	n
ਪ	p	ਫ	p^h	ਬ	b	ਭ	pˇ, bˇ, ^b			ਮ	m
ਯ	y	ਰ	r	ਲ	l	ਵ	w , v			ੜ	ṛ
ਸ਼	ś	ਕ਼	q	ਖ਼	x	ਗ਼	ğ				
ਜ਼	z	ਫ਼	f	ਲ਼	ḷ						

ਵ は，w と v の両方の音の表記に用いられる．本辞典では，見出し語ごとに，比較的出現頻度の高いと思われるいずれか一方の音の転写記号で表記したが，実際には，どちらの音によっても発音される場合が多いので，その点注意していただきたい．

ਕ਼ q と ਲ਼ ḷ は，それぞれ ਕ k と ਲ l で代用され，下点の付かない後者の文字の発音になるのが普通である．本辞典でも，ਕ਼ と ਲ਼ は語のつづりには用いず，すべて ਕ と ਲ で統一した．

各文字・記号の音韻の解説は，それぞれの名称を見出し語とする項目に記述したので，ここでは個々の発音の解説は省略する．以下に，母音と子音の音韻表のみを示す．

母 音

	前舌	中舌	後舌
狭	ī i		ū u
半狭	e	a	o
半広	ai		au
広		ā	

子 音　　パンジャービー語には，有声有気音 g^h, j^h, $ḍ^h$, d^h, b^h はない．

			両唇音	唇歯音	歯音	歯茎音	反り舌音	硬口蓋音	軟口蓋音	口蓋垂音	声門音
閉鎖音	無声	無気	p		t		ṭ		k	q	
		有気	p^h		t^h		$ṭ^h$		k^h		
	有声	無気	b		d		ḍ		g		
破擦音	無声	無気						c			
		有気						c^h			
	有声	無気						j			
鼻音	有声		m		n		ṇ	ñ	ṅ		
側音	有声					l	ḷ				
弾音	無声						ṛ				
顫動音	有声					r					
摩擦音	無声			f		s, ś		(ś)	x		h
	有声					z			ğ		
半母音	有声		w	v		(l, r)		y			

3. 鼻音化を表す二つの記号（ティッピー ◌̊，ビンディー◌̇ ）

鼻音化を表す記号であるティッピー◌̊ とビンディー◌̇ は，その母音・子音が鼻音であることを表す．つまりこの記号には，記号が付いた母音の鼻母音としての発音を表す用法と，直後の子音と同じ調音点（発音する際の舌の位置）の鼻子音を表す用法の二つがある．以下，ティッピーとビンディーが，鼻母音化を表す場合を転写記号 ˜ で示し，鼻子音を示す場合はそれぞれの鼻子音の転写記号（ṅ, ñ, ṇ, n, m）に置き換えて示した．

ティッピーとビンディーの付いた母音字が鼻母音を表す場合

ਅੰ ã	ਇੰ ĩ	ਉੰ ũ	ਏਂ ẽ	ਓਂ õ
ਆਂ ā̃	ਈਂ ī̃	ਊੰ ū̃	ਐਂ ãĩ	ਔਂ ãũ

ティッピーとビンディーの付いた母音記号が鼻母音を表す場合

ティッピー ◌ੰ と ビンディー◌ਂ が付いた鼻母音の転写記号を，子音字 ਕ(k)に付く例で具体的に示す．

ਕੰ kã	ਕਿੰ kĩ	ਕੁੰ kũ	ਕੇਂ kẽ	ਕੋਂ kõ
ਕਾਂ kā̃	ਕੀਂ kī̃	ਕੂੰ kū̃	ਕੈਂ kãĩ	ਕੌਂ kãũ

ティッピーが鼻子音を表す場合

ティッピー ◌ੰ が，直後の子音と同じ調音点の鼻子音を表す用法を，5種の鼻子音(ṅ, ñ, ṇ, n, m)になる例について，それぞれ具体的な単語によって示す．

ਰੰਗ /raṅga̸/　　ਬੰਦ /banda̸/
ਪੰਜ /pañja̸/　　ਅੰਬ /amba̸/
ਪਿੰਡ /piṇḍa̸/

4. 促音化を表す記号（アダク ◌ੱ ）

日本語では，促音すなわち「つまる音」を表すために，小さなかな文字「っ」を用いるが，これと同じ働きをするのがアダク(アッダク)である．つまりアダクは，直後の音節の子音を重ねて(重子音として)発音することを示す記号である．発音表記は，この同じ子音字を連続させた表記となる．ただし，有気音を表す子音字の直前にアダクが付いた場合は，連続する子音字のうちの前の子音字は，有気音でない表記となる．例えば，ਇੱਛਾ の転写記号は /ic^{h}c^{h}ā/ではなく，/icc^{h}ā/となる．また，ਦਵੱਈਆ, ਮੁਹੱਈਆ, ਰਵੱਈਆ などいくつかの語では，アダクが子音字の直前でなく母音字 ਈ の直前に付く，◌ੱਈਆ や ◌ੱਈ などのつづりも用いられる．これは，元は半母音/y/を表す子音字 ਯ の直前にアダクの付く ◌ੱਯਾ や ◌ੱਯੀ などのつづりであった語で，半母音 ਯਾ /yā/ や ਯੀ /yī/の部分が母音 ਈਆ /īā/や ਈ /ī/として発音され，母音字でつづられるようになった後も，アダクが慣用的に残ったものと推察される．この場合のアダクは，重子音ではなく母音の前に強勢があることを表す．母音字 ਈ の直前にアダクの付く語は，実際には，アダクのあるつづりとないつづりのどちらもが用いられている．ਦਵਈਆ, ਮੁਹਈਆ, ਰਵਈਆ など，本辞典の見出し語では，アダクのないつづりのみを示した．

5. 子音字の付加文字

子音字の下部に付ける付加文字には3種類ある. r, w(v), h の音を表す文字である. いずれも, 本来は二つの子音の結合を表記するためのもので, 前の子音字はそのままの形で残り, 後ろの子音字が小さな付加文字として前の子音字の下に付く方式である. 下に付く小さな文字のうち, ਰ は, 左端が丸まって右下に向けて尻尾の伸びたおたまじゃくしのような字形に変わる. ਵ と ਹ は, そのままの形を縮小した字形になる.

子音字 ਰ (r)との子音結合, sra, śra, kra, gra, ṭra, ḍra, tra, dra, pra, fra, bra, mra は ਸ੍ਰ , ਸ਼੍ਰ , ਕ੍ਰ , ਗ੍ਰ , ਟ੍ਰ , ਡ੍ਰ , ਤ੍ਰ , ਦ੍ਰ , ਪ੍ਰ , ਫ਼੍ਰ , ਬ੍ਰ , ਮ੍ਰ のように表記される. また, 子音字 ਵ (w, v)との子音結合 swa (sva), dwa (dva)は ਸ੍ਵ , ਦ੍ਵ のように表記される. これらは, 見出し語の配列に際しては, 二つの子音字が並んだつづり, ਸਰ , ਸ਼ਰ , ਕਰ , ਗਰ , ਟਰ , ਡਰ , ਤਰ , ਦਰ , ਪਰ , ਫ਼ਰ , ਬਰ , ਮਰ , ਸਵ , ਦਵ と同列に扱う. このことからもわかるように, 付加文字を用いるつづりは, 付加文字を用いずに二つの子音字を並べたつづりの異つづりとして, 同一語を表す. 本来, 付加文字を用いるつづりは, 潜在母音 a を介さない二つの子音の結合 sr, śr, kr, gr, ṭr, ḍr, tr, dr, pr, fr, br, mr, sw(sv), dw(dv)を表し, 子音結合であることを意識した発音では, つづりに則した発音がなされる. しかし, 子音結合を意識しない発音では, 母音を介した sar, śar, kar, gar, ṭar, ḍar, tar, dar, par, far, bar, mar, saw (sav), daw (dav) という発音がなされる. 本辞典の発音表記では, 子音結合としての発音をまず示し, その横の( )内に母音を介した発音を示した.

子音字 ਹ (h)との子音結合は, ਗ੍ਹ , ਨ੍ਹ , ਮ੍ਹ , ਰ੍ਹ , ਲ੍ਹ , ਵ੍ਹ , ੜ੍ਹ のように表記される. ਹ を縮小した付加文字の付いたこの表記では, 子音 h の音は消失し, 声調を伴う発音になる(「1. 声調と, 発音されない潜在母音 a」を参照).

6. 子音字 ਯ との子音結合

子音字 ਯ (y)との子音結合は, 下部に付加文字を付ける方式でなく, 後ろの子音字 ਯ の左端の部分が消えた字形 ੵ を右に並べる. 付加文字の付く3種の子音結合の場合と同じく, 前の子音字はそのままの形で残る. ਸ਼੍ਯ, ਹ੍ਯ, ਖ਼੍ਯ, ਗ੍ਯ, ਜ੍ਯ, ਤ੍ਯ, ਨ੍ਯ, ਪ੍ਯ, ਬ੍ਯ, ਵ੍ਯ などのつづりがその例で, それぞれ子音結合 śy, hy, xy, gy, jy, ty, ny, py, by, wy(vy)を表す. r や w(v)との子音結合の場合と同じく, 子音結合を意識しない発音では, 母音 a を介した発音となる.

III. 合成語・派生語

既出の見出し語どうしが結合して別の一語を形成した合成語は, 既出の見出し語の項目の中に含め ❐ を付けて示すか, または別個の見出しを立てた. 前者の場合には語義のみを示し, 品詞や発音の情報は示さない.

既出の見出し語に接尾辞や接頭辞が結合して別の一語を形成した派生語については, 別個の見出しを立てた.

Ⅳ. 品 詞

品詞名は, 英語の名称の略語を用いて表示した.

m.	男性名詞	*vi.*	自動詞	*conj.*	接続詞
f.	女性名詞	*vt.*	他動詞	*pref.*	接頭辞
m. f.	両性名詞〈男女両性で使用される名詞〉	*adj.*	形容詞	*suff.*	接尾辞
		adv.	副詞	*prep.*	前置詞
pron.	代名詞	*int.*	間投詞	*postp.*	後置詞

*整数に限り, 下記のように数詞の表示を付した. ただし, 0(ゼロ)・分数・小数は数詞としては表示せず名詞・形容詞の範囲の表示にとどめた. 例えば, ਤਿਹਾਈ「3分の1」には女性名詞, ਢਾਈ「2と2分の1の」「2. 5の」には形容詞の表示を付した.

ca.num. 基数詞 (*cardinal numeral*)

or.num. 序数詞 (*ordinal numeral*)

*男性名詞・女性名詞としての数詞には, 下記のように男性 *(m.)*・女性 *(f.)* の表示を加えた.

ca.num.(m.) 基数詞(男性名詞)　*ca.num.(f.)* 基数詞(女性名詞)

Ⅴ. 語 義

1. 語義区分

語義の区分には **1**, **2**, **3**, … などの数字を用い, 各区分の中ではカンマ(,)を用いて区分した.

2. 成句・例文

成句と例文は ❐ を付けて示した.

3. 異つづり語・類義語・対義語

パンジャービー語では標準形がいまだ整備の途上にあるため, 同じ語の表記に様々な異なるつづりが使われている. 辞典の有用性を高めるため, これらの同語源・同義の異つづり語 (variant) もできるだけ多く見出し語として立てた. 見出し語の ▸ の後に, 同語源・同義の異つづり語を示した. 同語源・同義の異つづり語に限らず, 空見出しの場合は, → の後に実際に語義が解説されている見出し語を示した. ⇒ の後には異語源の類義語 (synonym) を, ⇔ の後には対義語 (antonym) を示した.

4.《 》の解説

見出し語についての音韻, 文法, 百科的事項などの解説は, 語義の前後に置いた《 》内に示した.《 》内の → は, その見出し語の項目に解説があることを示す.

5. 語義の分野・範疇の表示 (五十音順)

〘医〙 病名・症状など
〘イス〙 イスラーム
〘衣服〙
〘飲料〙
〘音〙 音声学
〘音楽〙
〘化学〙
〘家具〙
〘河川〙
〘貨単〙 貨幣単位
〘楽器〙
〘貨幣〙
〘玩具〙
〘キ〙 キリスト教
〘幾何〙
〘機械〙
〘器具〙
〘気象〙
〘競技〙
〘距離〙 距離の単位
〘儀礼〙
〘金属〙
〘軍〙 軍事
〘経済〙
〘言〙 言語学
〘建築〙
〘鉱物〙
〘国名〙
〘暦〙
〘祭礼〙
〘魚〙 魚介類
〘時間〙 時間の単位
〘ジャ〙 ジャイナ教
〘社会〙
〘重量〙 重量の単位
〘食品〙 食材・菓子など
〘植物〙
〘食器〙
〘飼料〙
〘寝具〙
〘親族〙 親族名称・姻戚関係
〘身体〙
〘人名〙
〘スィ〙 スィック教
〘数学〙
〘数量〙 数量単位
〘姓〙 氏姓・種姓・カースト集団など
〘政治〙
〘生物〙
〘生理〙 生理現象
〘装〙 装身具
〘ゾロ〙 ゾロアスター教
〘地名〙 都市・州など
〘調〙 調理器具
〘地理〙
〘電圧〙 電圧の単位
〘電算〙 パソコン用語など
〘天文〙
〘電力〙 電力の単位
〘道具〙 用具も含む
〘動物〙 爬虫類・両生類なども含む
〘鳥〙
〘長さ〙 長さの単位
〘布地〙
〘熱量〙 熱量の単位
〘農業〙
〘乗物〙
〘履物〙
〘ヒ〙 ヒンドゥー教
〘武〙 武術・武具・武器など
〘符号〙
〘仏〙 仏教
〘物理〙
〘舞踊〙
〘文学〙 文学史・詩学・修辞学など
〘法〙 法律・司法関係
〘枚数〙 枚数の単位
〘麻薬〙
〘虫〙
〘面積〙 面積の単位
〘文字〙
〘薬剤〙
〘遊戯〙
〘遊具〙
〘容器〙
〘容量〙 容量の単位
〘料理〙
〘歴史〙

6. 文体上の特質など, スピーチ・レーベルの表示 (五十音順)

〘擬声語〙 物の音響・音声や生き物の声などをまねて作った語
〘口語〙 主に談話体の中で用いられる語形または表現
〘詩語〙 詩や美文調の書き言葉で用いられる表現
〘親愛語〙 愛情をこめて使う語形
〘俗語〙 奇抜さや特殊な効果をねらった, 標準的とは認められない表現
〘罵言〙 相手を誹謗する罵りの言葉
〘比喩〙 字義から発展し, これと相似したものにたとえた表現
〘幼児語〙 幼児の発音に従った語形

VI. 語源情報の表示

語源に関連する他言語の名称を，発音表記の後の[ ]内に下記の略語で示した．語源的に関連があると推定される他言語の語形は，言語名の略語とともに[ ]に示した．その際には，主としてインドのパンジャーブ州言語局刊行の『パンジャービー語辞典』（全6巻）*ਪੰਜਾਬੀ ਕੋਸ਼ (I - VI)*, ਭਾਸ਼ਾ ਵਿਭਾਗ ਪੰਜਾਬ, ਪਟਿਆਲਾ, (1955-1983) に依拠した．とはいえ，必ずしも適切な語形が示されているとは限らないため，これは語源の記述というよりも，一つの参考情報と考えていただきたい．『パンジャービー語辞典』では，語源と推定される語形を表記する文字が各巻で異なり，統一されていない．本辞典では，サンスクリット語やプラークリット語などにはデーヴァナーガリー文字を，アラビア語やペルシア語などについては John T. Platts, *A Dictionary of Urdu, Classical Hindi, and English,* Oxford University Press, (1884) などを参考にして便宜的な転写記号を用いた．アラビア系の文字で表記されるウルドゥー語では発音上区別しないもの，例えば，ت と ط は［*t*］で，ح と ہ は［*h*］で示した．不完全な表記ではあるが，見出し語ではすべて क［*k*］と表記されてしまって表面には現れない，語源上の ک［*k*］と ق［*q*］の区別などを確認する程度の役には立つかもしれない．ع には［`］を，また ء には［^{h}］の記号を用いた．英語を中心とする西欧諸言語からの借用語は，その原語でのつづりを示した．

なお，語源に関連して語を構成要素に分解して示す場合は，各要素の間に＋を挟んだ．ただし，接辞（接頭辞・接尾辞）には，＋ではなく－（ハイフン）を用いた．接辞との結び付きが特に強い語は，要素に分解せずにそのままの形を示した場合がある．

＋または－から後の部分のみを示した表記は，重複を避けて共通部分を省略したものである．省略された前の部分は，上に遡った見出し語の[ ]の中にある．

〈言語名の略語〉（アルファベット順）

Apb.	アパブランシャ語	Heb.	ヘブライ語	Pkt.	プラークリット語
Arab.	アラビア語	Hin.	ヒンディー語	Portug.	ポルトガル語
Ass.	アッサム語	Jap.	日本語	Sind.	スィンディー語
Ben.	ベンガル語	Kash.	カシュミーリー語	Skt.	サンスクリット語
Chin.	中国語	Lat.	ラテン語	Spa.	スペイン語
Eng.	英語	Mar.	マラーティー語	Tam.	タミル語
Fre.	フランス語	Nep.	ネパール語	Tel.	テルグ語
Ger.	ドイツ語	Ori.	オリヤー語	Tib.	チベット語
Grk.	ギリシア語	Pal.	パーリ語	Turk.	トルコ語
Guj.	グジャラーティー語	Pers.	ペルシア語	Urd.	ウルドゥー語

〈その他の略語〉 cf. …を参照せよ　bf. …からの借用

Ⅶ. 方言の表示

本辞典では，パンジャーブ州言語局刊行の『パンジャービー語辞典』(Ⅵ. を参照)に見出し語として名称が記されている下記の方言を収録した. ただし，この辞典が見出しに取り上げている方言がパンジャービー語のすべての方言というわけではない. ラェーンディーは西部パンジャービー語方言群を包括する総称で，ポートーハーリー方言やムルターニー方言を含んでいる. また，バーングルー方言とブラジ・バーシャーは西部ヒンディー語に属するが，パンジャービー語と密接な関係にあるため加えられている.

方言名の略語も，言語名の略語と同じく，各見出しの後の[ ]内に示した. ただし方言名の略語は，言語名の略語と区別するために，( )付きで示した. 方言名が表示されている場合は，見出し語がその方言に固有の語形であることを意味している. 各方言そのものについての解説は，方言名の略語の次に示したつづりを見出し語とする項目に置いた.

〈方言名の略語〉(アルファベット順)

(Ban.)	ਬਾਂਗਰੂ	バーングルー方言
(Braj.)	ਬ੍ਰਜ ਭਾਸ਼ਾ	ブラジ・バーシャー(ブラジュ・バーシャー)
(Dua.)	ਦੁਆਬੀ (ਦੋਆਬੀ)	ドゥアービー(ドーアービー)方言
(Jat.)	ਜਟਕੀ	ジャタキー(ジャトキー)方言
(Kang.)	ਕਾਂਗੜੀ	カーンガリー方言
(Lah.)	ਲਹਿੰਦੀ	ラェーンディー(ラーンダー，ラフンダー)語・方言群 《西部パンジャービー語方言群の総称》
(Maj.)	ਮਾਝੀ	マージー方言
(Mal.)	ਮਲਵਈ	マルワイー方言
(Mul.)	ਮੁਲਤਾਨੀ	ムルターニー方言
(Pah.)	ਪਹਾੜੀ	パハーリー方言
(Pot.)	ਪੋਠੋਹਾਰੀ	ポートーハーリー方言
(Pua.)	ਪੁਆਧੀ (ਪੋਵਾਧੀ)	プアーディー(ポーワーディー)方言

Ⅷ. 資料と主要参考文献

本辞典の編纂・記述に当たっては，主に下記の文献を参照した．下記の文献には記載されていない新しい借用語などの収集や，わずかながら取り入れた用例などの収集に当たっては，主にパンジャービー語の初等教育用教科書，書籍，種々の新聞・雑誌・Web などの記事を資料として活用した．グルムキー文字表記のパンジャービー語の文献については，その発音表記と〔日本語訳表記〕を下に加えた．3種類の表記で一つの文献を示している．

ਹਰਕੀਰਤ ਸਿੰਘ (ਸੰਪਾਦਕ), *ਪੰਜਾਬੀ ਸ਼ਬਦ-ਰੂਪ ਤੇ ਸ਼ਬਦ-ਜੋੜ ਕੋਸ਼*, ਪੰਜਾਬੀ ਯੂਨੀਵਰਸਿਟੀ ਸ਼ਬਦ-ਜੋੜ ਕੋਸ਼ ਸੈੱਲ, ਪਟਿਆਲਾ, 1988
Harkīrat Síṅg (sampādak), *Pañjābī Śabad-rūp te Śabad-joṛ Koś,* Pañjābī Yūnīvarsiṭī Śabad-joṛ Koś saill, Paṭiālā, 1988
〔ハルキーラト・スィング（編），『パンジャービー語 語形変化正書法辞典』，パンジャービー大学正書法辞典編纂室，パティアーラー，1988〕

ਜੀਤ ਸਿੰਘ ਸੀਤਲ (ਸੁਪਰਵਾਈਜ਼ਰ), *ਪੰਜਾਬੀ ਕੋਸ਼ (I - VI)*, ਭਾਸ਼ਾ ਵਿਭਾਗ ਪੰਜਾਬ, ਪਟਿਆਲਾ, 1955-1983
Jīt Síṅg Sītal (suparvāīzar), *Pañjābī Koś (I - VI)*, Pǎśā Vipǎg Pañjāb, Paṭiālā, 1955-1983
〔ジート・スィング・スィータル（監修），『パンジャービー語辞典』（全6巻），パンジャーブ州言語局，パティアーラー，1955-1983〕

ਤਾਰਨ ਸਿੰਘ, ਸਾਹਿਬ ਸਿੰਘ (ਸੰਪਾਦਕ), *ਪੰਜਾਬੀ ਮੁਹਾਵਰਾ ਕੋਸ਼*, ਪੰਜਾਬ ਯੂਨੀਵਰਸਿਟੀ ਪਬਲੀਕੇਸ਼ਨ ਬਿਓਰੋ, ਚੰਡੀਗੜ੍ਹ, 1964
Tāran Síṅg, Sāhib Síṅg (sampādak), *Pañjābī Muhāvarā Koś,* Pañjāb Yūnīvarsiṭī Pablīkeśan Biūro, Caṇḍīgáṛ, 1964
〔ターラン・スィング，サーヒブ・スィング（編），『パンジャービー語 慣用句辞典』，パンジャーブ大学出版局，チャンディーガル，1964〕

ਬਲਦੇਵ ਸਿੰਘ 'ਬੱਦਨ' (ਸੰਪਾਦਕ), *ਨੈਸ਼ਨਲ ਪੰਜਾਬੀ ਕੋਸ਼*, ਨੈਸ਼ਨਲ ਬੁਕ ਸ਼ਾਪ, ਦਿੱਲੀ, 2000
Baldev Síṅg Baddan (sampādak), *Naiśnal Pañjābī Koś,* Naiśnal Buk Śāp, dillī, 2000
〔バルデーヴ・スィング・バッダン（編），『ナェーシュナル・パンジャービー語辞典』，ナェーシュナル書店，デリー，2000〕

ਭਾਈ ਕਾਨ੍ਹ ਸਿੰਘ ਨਾਭਾ, *ਗੁਰੁਸ਼ਬਦ ਰਤਨਾਕਰ ਮਹਾਨ ਕੋਸ਼* [*Encyclopaedia of Sikh Literature*], 1930 (ਨੈਸ਼ਨਲ ਬੁਕ ਸ਼ਾਪ, ਦਿੱਲੀ, 1976 reprint)
Pǎī Kân Síṅg Nâbā, *Gurśabad Ratanākar Mahān Koś,* 1930 (Naiśnal Buk Śāp, dillī, 1976 reprint)
〔パーイー・カーン・スィング・ナーバー，『スィック教文学事典』，1930（ナェーシュナル書店，デリー，1976 復刻版）〕

ਮਹਿਤਾਬ ਸਿੰਘ (ਸੰਗਰਹਿਕਾਰ), *ਪੰਜਾਬੀ ਅਖਾਣ -ਕੋਸ਼*, ਪੰਜਾਬ ਯੂਨੀਵਰਸਿਟੀ ਪਬਲੀਕੇਸ਼ਨ ਬਿਓਰੋ, ਚੰਡੀਗੜ੍ਹ
Maîtāb Síṅg (saṅgraîkār), *Pañjābī Akʰāṇ-Koś,* Pañjāb Yūnīvarsiṭī Pablīkeśan Biūro, Caṇḍīgáṛ
〔マェーターブ・スィング(編),『パンジャービー語 諺辞典』, パンジャーブ大学出版局, チャンディーガル〕

ਵਿਭਾਗੀ ਸਟਾਫ਼ ਦੁਆਰਾ ਸੰਪਾਦਿਤ, *ਅੰਗ੍ਰੇਜ਼ੀ-ਪੰਜਾਬੀ ਪ੍ਰਬੰਧਕੀ ਸ਼ਬਦਾਵਲੀ*, ਭਾਸ਼ਾ ਵਿਭਾਗ ਪੰਜਾਬ, ਪਟਿਆਲਾ, 1968
Vipǎgī Saṭāf duārā sampādit, *Aṅgrezī - Pañjābī Prabândakī Śabdāwlī,* Pǎśā Vipǎg Pañjāb, Paṭiālā, 1968
〔言語局編集部編,『英語・パンジャービー語 行政用語辞典』, パンジャーブ州言語局, パティアーラー, 1968〕

ਵਿਭਾਗੀ ਸਟਾਫ਼ ਦੁਆਰਾ ਸੰਪਾਦਿਤ, *ਹਿੰਦੀ-ਪੰਜਾਬੀ ਕੋਸ਼*, ਭਾਸ਼ਾ ਵਿਭਾਗ ਪੰਜਾਬ, ਪਟਿਆਲਾ, 1953
Vipǎgī Saṭāf duārā sampādit, *Hindī - Pañjābī Koś,* Pǎśā Vipǎg Pañjāb, Paṭiālā, 1953
〔言語局編集部編,『ヒンディー語・パンジャービー語辞典』, パンジャーブ州言語局, パティアーラー, 1953〕

ਵਿਭਾਗੀ ਸਟਾਫ਼ ਦੁਆਰਾ ਸੰਪਾਦਿਤ, *ਪੰਜਾਬੀ-ਹਿੰਦੀ ਕੋਸ਼*, ਭਾਸ਼ਾ ਵਿਭਾਗ ਪੰਜਾਬ, ਪਟਿਆਲਾ, 1974
Vipǎgī Saṭāf duārā sampādit, *Pañjābī - Hindī Koś,* Pǎśā Vipǎg Pañjāb, Paṭiālā, 1974
〔言語局編集部編,『パンジャービー語・ヒンディー語辞典』, パンジャーブ州言語局, パティアーラー, 1974〕

A. Jukes, *A Dictionary of Western Punjabi and English*, Religious Book and Tract Society, Lahore, 1900 (Language Department Punjab, Patiala, 1961 reprint)

Attar Singh, *English-Punjabi Dictionary*, Punjabi University, Patiala, 1968 (1994 revised print)

B. S. Sandhu, *English-Punjabi Dictionary*, Punjab State University Text-Book Board, Chandigarh, 1982

Gurcharan Singh, Saran Singh, Ravinder Kaur, *Punjabi-English Dictionary*, Singh Brothers, Amritsar, 1954

Gurmukh Singh, *Punjabi-English Dictionary*, Punjabi University, Patiala, 1994 (1999 revised print)

John T. Platts, *A Dictionary of Urdu, Classical Hindi, and English,* Oxford University Press, 1884 (1974 reprint)

Krishan Kumar Goswami, *Punjabi-English : English-Punjabi Dictionary*, UBS Publishers, New Delhi, 2000

K. S. Kaang, *Punjabi-Anglo Dictionary*, Bhai Chatar Singh Jivan Singh, Amritsar, 1994

L. Janvier, *Panjabi Dictionary*, Ludhiana Mission, 1854 (Language Department Punjab, Patiala, 1970 reprint)

Maya Singh, *The Panjabi Dictionary*, Lahore, 1895 (Language Department Punjab, Patiala, 1972 reprint)

溝上富夫 編,『パンジャーブ語基礎 1500 語』, 大学書林, 1988

目 次

ੳ	(उ)	3	ਗ	(ग)	267	ਥ	(थ)	434
ਉ	(ऊ)	22	ਘ	(घ)	293	ਦ	(द)	438
ਓ	(ओ)	23	ਙ	(ङ)	300	ਧ	(ध)	466
ਅ	(अ)	24	ਚ	(च)	300	ਨ	(न)	473
ਆ	(आ)	64	ਛ	(छ)	328	ਪ	(प)	510
ਐ	(ऐ)	74	ਜ	(ज)	339	ਫ	(फ फ़)	572
ਔ	(औ)	76	ਝ	(झ)	369	ਬ	(ब)	587
ਇ	(इ)	78	ਞ	(ञ)	375	ਭ	(भ)	635
ਈ	(ई)	88	ਟ	(ट)	375	ਮ	(म)	650
ਏ	(ए)	89	ਠ	(ठ)	385	ਯ	(य)	706
ਸ ਸ਼	(स श)	90	ਡ	(ड)	389	ਰ	(र)	710
ਹ	(ह)	167	ਢ	(ढ)	399	ਲ ਲ਼	(ल ळ)	739
ਕ ਕ਼	(क क़)	193	ਣ	(ण)	403	ਵ	(व)	762
ਖ	(ख ख़)	248	ਤ	(त)	403	ੜ	(ड़)	801

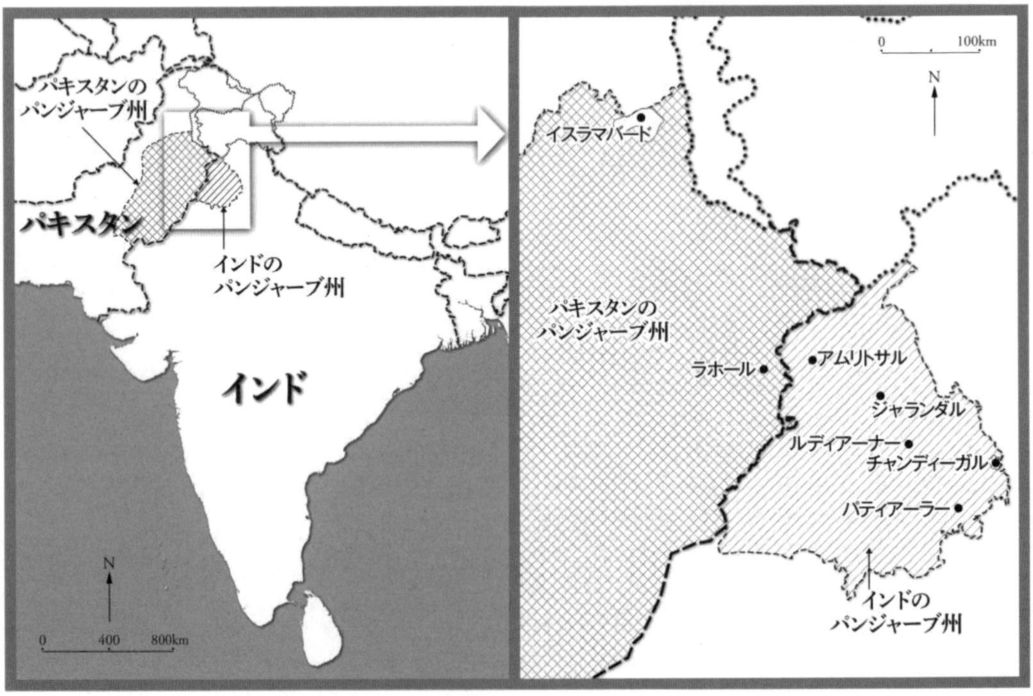

パキスタンのパンジャーブ州

パキスタン

インドのパンジャーブ州

インド

イスラマバード

パキスタンのパンジャーブ州

ラホール ● ● アムリトサル

● ジャランダル

ルディアーナー ●
● チャンディーガル

● パティアーラー

インドのパンジャーブ州

ਪੰਜਾਬੀ–ਜਪਾਨੀ

Punjabi-Japanese

パンジャービー語・日本語

ੳ /ūṛā ウーラー/ *m.* 〘文字〙 35文字のグルムキー字母表の1番目の文字《3種の母音字 ਉ ਊ ਓ の基となる字形. グルムキーの各文字には名称があり, 単独の文字についてもその名称で読み上げる. 従って, 単独の文字の見出しについても発音要領の参考となる転写記号表記とカタカナ表記は文字の名称となっている. 残りの文字についても同様である. 各文字の名称のつづりは, それぞれのつづりの見出し語の位置に収められている. ਉ は唇を丸めて前に突き出して発音する短母音「ウ」. ਊ は唇を丸めて前に突き出し ਉ「ウ」よりは少し舌を後ろに引いて発音する長母音「ウー」. ਓ は唇を丸くし前に突き出して発音する長母音「オー」》.

ਉ

ਉਸ (उस) /usa | osa ウス | オース/ ▸ਓਸ, ਹੁਸ *pron.* 《 ਉਹ の後置格または能格・単数形(複数形は ਉਹਨਾਂ または ਉਨ੍ਹਾਂ). 3人称能格には ਨੇ を伴うが, ਆਪ「この方」「あの方」以外については, 3人称能格に伴う ਨੇ を省略することができる》 あれ, あの, それ, その, あの人, 彼, 彼女, その人.

ਉਸ਼ਟ (उशट) /uśaṭa ウシャト/ ▸ਉੱਠ, ਊਂਟ, ਊਠ [Skt. उष्ट्र] *m.* 〘動物〙(雄)ラクダ, 牡駱駝. (⇒ਸਾਰ)

ਉਸ਼ਟੰਡ (उशटंड) /uśaṭaṇḍa ウシュタンド/ ▸ਅਸ਼ਟੰਡ [Eng. *stunt*] *m.* **1** 虚偽宣伝, 見せかけ. (⇒ਝੂਠ ਮੂਠ, ਅਡੰਬਰ) **2** 詐欺, ごまかし, いんちき. (⇒ਢੋਂਗ) **3** 人をだますこと, 人をたぶらかすこと.

ਉਸ਼ਟੰਡੀ (उशटंडी) /uśaṭaṇḍī ウシュタンディー/ [-ਈ] *adj.* **1** 詐欺の, ぺてんの, いんちきの. **2** 人をだます, 人をたぶらかす.

— *m.* **1** 詐欺師, ぺてん師. (⇒ਢੋਂਗੀ) **2** 人をだます人, 人をたぶらかす人.

ਉਸਤਤ (उसतत) /usatata ウスタト/ ▸ਉਸਤਤਿ, ਉਸਤਤੀ, ਅਸਤੁਤ [Skt. स्तुति] *f.* **1** 称賛, 称揚. **2** 賛美, 賛辞. **3** 〘音楽〙聖歌, 賛美歌. **4** 推賞, 美化, 評価.

ਉਸਤਤਿ (उसतति) /usatati ウスタティ/ ▸ਉਸਤਤ, ਉਸਤਤੀ, ਅਸਤੁਤ *f.* → ਉਸਤਤ

ਉਸਤਤੀ (उसतती) /usatatī ウスタティー/ ▸ਉਸਤਤ, ਉਸਤਤਿ, ਅਸਤੁਤ *f.* → ਉਸਤਤ

ਉਸਤਰਾ (उसतरा) /usatarā ウスタラー/ [Pers. *usturā*] *m.* **1** 〘道具〙剃刀(かみそり). (⇒ਰੇਜ਼ਰ) ❑ਉਸਤਰਾ ਫੇਰਨਾ 剃刀を当てる, ひげを剃る, だます. ❑ਉਸਤਰਿਆਂ ਦੀ ਮਾਲਾ 剃刀の刃の連なったもの, 危機に瀕した状態, 危ない仕事. ❑ਪਿਤਾ ਜੀ ਨੇ ਮੂੰਹ ਤੇ ਬੁਰਸ਼ ਨਾਲ ਸਾਬਣ ਮਲਿਆ ਤੇ ਉਸਤਰਾ ਫੜ ਕੇ ਸ਼ੇਵ ਕਰਨ ਲੱਗੇ। お父さんは顔にブラシで石鹸を塗って剃刀を握ってひげを剃り始めました. **2** 〘比喩〙悪賢い人, 狡猾な人.

ਉਸਤਾਕਾਰ (उसताकार) /usatākāra ウスターカール/ *m.* **1** 教師, 指導者. (⇒ਉਸਤਾਦ, ਸਿਖਿਅਕ, ਅਧਿਆਪਕ) **2** 熟練した人, 専門家. (⇒ਹੁਨਰਮੰਦ, ਮਾਹਰ) **3** 師匠, 名手, 名人, 熟練した職人.

ਉਸਤਾਦ (उसताद) /usatāda ウスタード/ [Pers. *ustād*] *m.* **1** 教師, 指導者. (⇒ਸਿਖਿਅਕ, ਅਧਿਆਪਕ) **2** 師匠, 名手, 名人, 熟練した職人. **3** 第一人者, 秀でた人. **4** 悪者, したたか者.

ਉਸਤਾਦਗੀ (उसतादगी) /usatādagī ウスタードギー/ [Pers.-*gī*] *f.* **1** 教職. (⇒ਅਧਿਆਪਨ) **2** 熟達, 熟練. **3** 機敏さ. **4** 狡猾.

ਉਸਤਾਦਣੀ (उसतादणी) /usatādaṇī ウスタードニー/ ▸ਉਸਤਾਦਨੀ, ਉਸਤਾਨੀ [-ਣੀ] *f.* **1** 女性教師. (⇒ਅਧਿਆਪਕਾ) **2** 教師の妻.

ਉਸਤਾਦਨੀ (उसतादनी) /usatādanī ウスタードニー/ ▸ਉਸਤਾਦਣੀ, ਉਸਤਾਨੀ *f.* → ਉਸਤਾਦਣੀ

ਉਸਤਾਦੀ (उसतादी) /usatādī ウスターディー/ [Pers. *ustād* -ਈ] *f.* **1** 教職. (⇒ਅਧਿਆਪਨ) **2** 熟達, 熟練. **3** 機敏さ. **4** 狡猾. ❑ਉਸਤਾਦੀ ਕਰਨੀ だます.

ਉਸਤਾਨੀ (उसतानी) /usatānī ウスターニー/ ▸ਉਸਤਾਦਣੀ, ਉਸਤਾਦਨੀ *f.* → ਉਸਤਾਦਣੀ

ਉਸਦਾ (उसदा) /usadā | osadā ウスダー | オースダー/ ▸ ਓਹਦਾ, ਓਹਦਾ *pron.* 《 ਉਸ ਦਾ の結合形で, 3人称単数代名詞 ਉਹ の属格》あれの, それの, あの人の, 彼の, 彼女の.

ਉਸ਼ਨ (उशन) /uśana ウシャン/ [Skt. उष्ण] *adj.* **1** 熱い, 熱せられた. (⇒ਤੱਤਾ) **2** 激しい, するどい. **3** 活発な.

ਉਸ਼ਨਾਕ (उशनाक) /uśanāka ウシュナーク/ [Pers. *hośnāk*] *adj.* **1** 賢い, 賢明な. **2** 聡明な, 知的な. **3** 鋭敏な. **4** 機知に富んだ. **5** 利口な.

ਉਸ਼ਨਾਕੀ (उशनाकी) /uśanākī ウシュナーキー/ [-ਈ] *f.* **1** 賢さ, 知恵. **2** 聡明さ, 知力.

ਉਸਨੂੰ (उसनूँ) /usanū̃ | osanū̃ ウスヌーン | オースヌーン/ ▸ਓਹਨੂੰ *pron.* 《 ਉਸ ਨੂੰ の結合形》あれを, あれに, それを, それに, あの人を, あの人に, 彼を, 彼に, 彼女を, 彼女に.

ਉਸ਼ਬਾ (उशबा) /uśabā ウシュバー/ [Arab. *uśba*] *m.* 〘植物〙サルサパリラ《約350種が全世界に分布する熱帯性のつる植物. 血液浄化作用に優れ, ヨーロッパでは16世紀に梅毒の治療薬として用いられた》. (⇒ਸਾਰਸਪਰੇਲਾ)

ਉਸ਼ਰ (उशर) /uśara ウシャル/ [Arab. *uśar*] *m.* **1** 1割, 10分の1. **2** 〘経済〙十分の一税. (⇒ਦਸਵੰਧ)

ਉਸਰਈਆ (उसरईआ) /usaraīā ウスライーアー/ [cf. ਉੱਸਰਨਾ] *m.* **1** 建設者. **2** 製造者. **3** 創立者. **4** 建造者, 建設業者. **5** 建築家, 設計者.

ਉੱਸਰਨਾ (उस्सरना) /ussaranā ウッサルナー/ [Skt. उत्सरति] *vi.* **1** 建つ, 建設される, 築かれる. (⇒ਇਮਾਰਤ ਬਣਨਾ) **2** 作られる. (⇒ਬਣਨਾ) **3** 上がる, 上昇する. (⇒ਉੱਪਰ ਨੂੰ ਉੱਠਣਾ) **4** 増大する, 増加する, 増強される. (⇒ਵਧਣਾ) **5** 成長する, 発展する. (⇒ਉੱਨਤ ਹੋਣਾ)

ਉਸਰਵਾਉਣਾ (उसरवाउणा) /usarawāuṇā ウサルワーウナー/ ▸ਉੱਸਰਵਾਉਣਾ *vt.* → ਉੱਸਰਵਾਉਣਾ

ਉੱਸਰਵਾਉਣਾ (उस्सरवाउणा) /ussarawāuṇā ウッサルワーウナー/ ▸ਉਸਰਵਾਉਣਾ [cf. ਉੱਸਰਨਾ] *vt.* **1** 建てさせる, 築

かせる. **2** 建設させる.

ਉੱਸਲਵੱਟ (उस्सलवट्ट) /ussalawaṭṭa ウッサルワット/ ▸ ਉੱਸਲਵੱਟਾ *m.* **1** 身体をくねらすこと. **2** 寝返り. ❒ ਉੱਸਲਵੱਟ ਲੈਣੇ 寝返りを打つ. **3** 不安. **4** 落ち着かない様子.

ਉੱਸਲਵੱਟਾ (उस्सलवट्टा) /ussalawaṭṭā ウッサルワッター/ ▸ਉੱਸਲਵੱਟ *m.* → ਉੱਸਲਵੱਟ

ਉਸ ਵੇਲੇ (उस वेले) /usa wele | osa wele ウス ウェーレー | オース ウェーレー/ *adv.* その時, あの時, あの頃, 当時.

ਉਸ਼ਾ (उशा) /uśā ウシャー/ ▸ਊਸ਼ਾ [Skt. उषा] *f.* **1** 暁, 夜明け. (⇒ਪਹੁ, ਪਰਭਾਤ) **2** 朝焼け.

ਉਸਾਸ (उसास) /usāsa ウサース/ ▸ਉਸਾਸਾ [(Pkt. उस्सास) Skt. उत्-श्वास] *m.* **1** 息. **2** 深い息, 深呼吸. (⇒ਲੰਮਾ ਸਾਹ) **3** 溜息.

ਉਸਾਸਾ (उसासा) /usāsā ウサーサー/ ▸ਉਸਾਸ *m.* → ਉਸਾਸ

ਉਸਾਣ (उसाण) /usāṇa ウサーン/ ▸ਔਸਾਣ, ਔਸਾਨ *m.* → ਔਸਾਨ

ਉਸਾਰਨਾ (उसारना) /usāranā ウサールナー/ [cf. ਉੱਸਰਨਾ] *vt.* **1** 建てる, 建設する, 建造する, 造営する, 築く. (⇒ਬਣਾਉਣਾ, ਖੜ੍ਹਾ ਕਰਨਾ) ❒ਪੰਜਾਬ ਵਿੱਚ ੧੫ ਵੱਡੇ ਖੇਡ ਸਟੇਡੀਅਮ ਉਸਾਰੇ ਜਾਣਗੇ। パンジャーブに15の大きな競技場が建設されるでしょう. **2** 上げる, 持ち上げる, 築き上げる. (⇒ਉੱਚਾ ਕਰਨਾ) **3** 増大させる, 増加させる, 増強する. (⇒ਵਧਾਉਣਾ)

ਉਸਾਰੀ (उसारी) /usārī ウサーリー/ [cf. ਉੱਸਰਨਾ] *f.* **1** 建設, 建造, 建築, 構造. ❒ਹਰਿਮੰਦਰ ਸਾਹਿਬ ਦੀ ਉਸਾਰੀ ਸ੍ਰੀ ਗੁਰੂ ਅਰਜਨ ਦੇਵ ਜੀ ਨੇ ਕਰਾਈ ਸੀ। ハリマンダル・サーヒブの建設はスリー・グル・アルジャン・デーヴ・ジーが行わせました. ❒ਪੁਨਰ ਉਸਾਰੀ 再建, 復興. **2**〖言〗(文・節・句の)構造, 構文.

ਉਸਾਰੂ (उसारू) /usārū ウサールー/ [cf. ਉੱਸਰਨਾ] *adj.* 建設的な, 構造上の.

ਉਸੀ (उसी) /usī ウスィー/ ▸ਉਸੇ, ਓਸੇ *pron.* → ਉਸੇ

ਉਸੀਖ (उसीख) /usīkʰa ウスィーク/ *f.* **1** 刺激. **2** 扇動.

ਉਸੇ (उसे) /use ウセー/ ▸ਉਸੀ, ਓਸੇ *pron.* 《 ਉਹ の後置格または能格・単数形の ਉਸ と ਹੀ の融合形で ਉਹੀ の後置格または能格. ਉਸ に ਹੀ の表す「…こそ」「まさに…」などの強調する意味が加わっている》まさにあれ(ら), まさにそれ(ら), まさにその人(たち).

ਉਸ਼ੇਰ (उशेर) /uśera ウシェール/ [Skt. उषा + Skt. वार] *f.* 《 ਉਸ਼ਾ ਵੇਰ の融合形》 **1** 暁, 夜明け. (⇒ਪਹੁ, ਪਰਭਾਤ) **2** 朝焼け.

ਉਹ (उह) /ô オー/ ▸ਓਹ, ਵਹ *pron.* **1**《3人称主格・単数形(単複同形)》あれ, あの, それ, その, あの人, 彼, 彼女, その人. **2**《3人称主格・複数形(単複同形)》あれら, あれらの, それら, それらの, あの人たち, 彼ら, 彼女たち, その人たち, (文法上は複数形だが1人の人物にも敬意を込めて用いる)あの方. **3**《単数形では, 本来の後置格形は ਉਸ であるが, この形に変化しないで ਉਹ のまま後置詞の ਦਾ や ਨੂੰ などと結び付く語形もある. その場合は3人称後置格・単数形》あれ, それ, あの人, 彼, 彼女, その人.

ਉਹ-ਹੋ (उह-हो) /ô-ho オー・ホー/ *int.* おお, ああ, おや.

ਉਹਦਾ (उहदा) /ôdā オーダー/ ▸ਉਸਦਾ, ਓਹਦਾ *pron.* 《 ਉਹ ਦਾ の結合形で, 3人称単数代名詞 ਉਹ の属格》あれの, それの, あの人の, 彼の, 彼女の.

ਉਹਨਾਂ (उहनाँ) /ônā̃ オーナーン/ ▸ਉਨ੍ਹਾਂ, ਓਹਨਾਂ, ਹੁੰਨ੍ਹਾਂ *pron.* 《 ਉਹ の後置格または能格・複数形(単数形は ਉਸ). 3人称主語の能格には ਨੇ を伴うが, ਆਪ 「この方」「あの方」以外については3人称能格に伴う ਨੇ を省略することができる》あれら, あれらの, それら, それらの, あの人たち, 彼ら, 彼女たち, その人たち, (文法上は複数形だが1人の人物にも敬意を込めて用いる)あの方.

ਉਹਨੂੰ (उहनूँ) /ônū̃ オーヌーン/ ▸ਉਸਨੂੰ *pron.* 《 ਉਹ ਨੂੰ の結合形》あれを, あれに, それを, それに, あの人を, あの人に, 彼を, 彼に, 彼女を, 彼女に.

ਉਹਲਾ (उहला) /ôlā オーラー/ ▸ਓਹਲਾ, ਓਲ੍ਹ, ਓਲ੍ਹਾ *m.* → ਓਹਲਾ

ਉਹਲੇ (उहले) /ôle オーレー/ *adv.* **1** 幕の後ろに. **2** 見えなくなって. **3** 隠れて.

ਉਹੀ (उही) /oī オーイー/ ▸ਉਹੀਓ, ਉਹੀਓ, ਊਹਾ, ਓਈ, ਓਹੀ, ਵਹੀ *pron.* 《主格 ਉਹ (単複同形)と ਹੀ の融合形. ਉਹ に ਹੀ の表す「…こそ」「まさに…」などの強調する意味が加わっている》まさにあれ(ら), まさにそれ(ら), まさにその人(たち).

ਉਹੀਉ (उहीउ) /ôīo オーイーオー/ ▸ਉਹੀ, ਉਹੀਓ, ਊਹਾ, ਓਈ, ਓਹੀ, ਵਹੀ *pron.* → ਉਹੀ

ਉਹੀਓ (उहीओ) /ôīo オーイーオー/ ▸ਉਹੀ, ਉਹੀਉ, ਊਹਾ, ਓਈ, ਓਹੀ, ਵਹੀ *pron.* → ਉਹੀ

ਉਹੋ (उहो) /ôo | uho オーオー | ウホー/ ▸ਊਹੋ, ਓਹੋ *pron.* **1**《 ਜਿਹਾ の前に現れる ਉਹ の変化形. 後に ਜਿਹਾ が続き ਉਹੋ ਜਿਹਾ の形で用い, 全体として「あのような」「あんな」「あのように」などの意味を表す. ਜਿਹਾ の語尾変化は, 接尾辞 ਜਿਹਾ の見出しの項に示してある》. **2**→ ਉਹੀ

ਉਹੋ ਜਿਹਾ (उहो जिहा) /ôo jīā | uho jihā オーオー ジアー | ウホー ジハー/ *adj.* あのような, ああいう, あんな.
— *adv.* あのように.

ਉਕਸਣਾ (उकसणा) /ukasaṇā ウカスナー/ [Skt. उत्कर्षति] *vi.* **1** 盛り上がる, 興奮する. **2** 煽られる, 扇動される. **3**(感情などを)掻き立てられる.

ਉਕਸਾਉਣਾ (उकसाउणा) /ukasāuṇā ウクサーウナー/ [cf. ਉਕਸਣਾ] *vt.* **1** 盛り上げる, 興奮させる. **2** 煽る, 扇動する, けしかける. **3** 唆す. **4**(感情などを)掻き立てる. **5** 刺激する, 挑発する. **6** 鼓舞する, 激励する.

ਉਕਸਾਊ (उकसाऊ) /ukasāū ウクサーウー/ [cf. ਉਕਸਣਾ] *adj.* **1** 興奮させるような. **2** 扇動的な, 煽るような, けしかけるような. **3** 唆すような. **4**(感情などを)掻き立てるような. **5** 刺激的な, 挑発的な. **6** 鼓舞するような, 激励するような.

ਉਕਸਾਹਟ (उकसाहट) /ukasâṭa ウクサート/ [cf. ਉਕਸਣਾ] *f.* **1** 興奮. **2** 煽ること, けしかけること, 扇動. **3** 唆すこと. **4**(感情などを)掻き立てること. **5** 刺激, 挑発. **6** 鼓舞, 激励.

ਉੱਕਣਾ (उक्कणा) /ukkaṇā ウッカナー/ [Skt. उत्क्रमति] *vi.* **1** 見落とす, 見過ごす. **2** 忘れる. (⇒ਭੁੱਲਣਾ) **3** 間違う, 誤る, しくじる, し損なう, 間違いを犯す. **4** うっかりする,

ボケたことをする.

ਉਕਤ (उकत) /ukatạ ウクト/ [Skt. उक्त] *adj.* **1** 語られた. **2** 前述の, 上述の, 既述の.

ਉੱਕਤ (उक्कत) /ukkatạ ウッカト/ [Skt. युक्ति] *f.* **1** 考え. **2** 思いつき, 直感, ひらめき. (⇒ਫੁਰਨਾ)

ਉਕਤਾਉਣਾ (उकताउणा) /ukatāuṇā ウクターウナー/ [Skt. आकुल] *vi.* **1** 飽きる, 退屈になる, 飽き飽きする, 嫌になる, うんざりする. **2** 疲れる. **3** 無気力になる. **4** 苛々する, じれる, じれったく思う, やきもきする, 気を揉む. **5** 落ち着かなくなる. **6** 腹立たしく思う. **7** 興味を失う, 関心がなくなる. **8** がっかりする, 落胆する, 挫ける. **9** 憂鬱になる.

ਉਕਤਾਹਟ (उकताहट) /ukatâṭạ ウクタート/ [cf. ਉਕਤਾਉਣਾ] *vi.* **1** 飽きること, 退屈, 嫌になること, うんざり. **2** いらだち, 苛々すること, やきもきすること, 気を揉むこと. **3** 落ち着きのないこと. **4** 腹立たしく思うこと.

ਉਕਤੀ (उकती) /ukatī ウクティー/ ▶ਉੱਕਤੀ [Skt. उक्ति] *f.* **1** 言葉, 発言, 言説. **2** 陳述, 言明, 声明. **3** 言いまわし. **4** 記事. **5** 金言, 格言.

ਉੱਕਤੀ (उक्कती) /ukkatī ウッカティー/ ▶ਉਕਤੀ *f.* → ਉਕਤੀ

ਉਕਤੇਵਾਂ (उकतेवाँ) /ukatewā̃ ウクテーワーン/ *m.* **1** 興味を失うこと. **2** 無関心.

ਉਕਰ (उकर) /ukarạ ウカル/ [Arab. *vakar*] *m.* **1** 名誉, 栄誉. (⇒ਮਾਣ) **2** 尊敬, 敬意. (⇒ਆਦਰ) **3** 威厳, 尊厳. (⇒ਇੱਜ਼ਤ)

ਉੱਕਰ (उक्कर) /ukkarạ ウッカル/ ▶ਉਕਰਾਂ *adv.* → ਉਕਰਾਂ

ਉੱਕਰਨਾ (उक्करना) /ukkaranā ウッカルナー/ ▶ਉਕੇਰਨਾ [Skt. उत्किरति] *vt.* **1** 彫る, 彫り込む, 彫刻する. **2** 刻む, 刻み込む. **3** 切る. **4** 削る. **5** 食刻する, (金属板などに)エッチングする, (絵などを)エッチングで描く. **6** 入れ墨する.

ਉੱਕਰਵਾਂ (उक्करवाँ) /ukkarawā̃ ウッカルワーン/ [cf. ਉੱਕਰਨਾ Skt.-वान] *adj.* **1** 彫られた, 彫り込まれた, 彫刻された. **2** 刻まれた, 刻み込まれた. **3** 削られた. **4** 食刻された. **5** 入れ墨された.

ਉਕਰਵਾਉਣਾ (उकरवाउणा) /ukarawāuṇā ウカルワーウナー/ ▶ਉਕਰਾਉਣਾ [cf. ਉੱਕਰਨਾ] *vt.* **1** 彫らせる, 彫り込ませる, 彫刻させる. **2** 刻ませる, 刻み込ませる. **3** 食刻させる. **4** 入れ墨させる.

ਉਕਰਾਂ (उकराँ) /ukarā̃ ウクラーン/ ▶ਉੱਕਰ *adv.* 同様に, 同じように, そのように. (⇒ਉਵੇਂ)

ਉਕਰਾਉਣਾ (उकराउणा) /ukarāuṇā ウクラーウナー/ ▶ਉਕਰਵਾਉਣਾ *vt.* → ਉਕਰਵਾਉਣਾ

ਉਕਰਾਈ (उकराई) /ukarāī ウクラーイー/ [cf. ਉੱਕਰਨਾ] *f.* **1** 彫り込むこと. **2** 刻むこと, 刻み込むこと. **3** 彫刻. **4** 削ること. **5** 食刻, エッチング. **6** 入れ墨.

ਉੱਕੜ-ਦੁੱਕੜ (उक्कड़-दुक्कड़) /ukkaṛạ-dukkaṛạ ウッカル・ドゥッカル/ ▶ਇੱਕੜ-ਦੁੱਕੜਾ, ਇੱਕਾ-ਦੁੱਕਾ *adj.adv.* → ਇੱਕੜ-ਦੁੱਕੜ

ਉੱਕੜਨਾ (उक्कड़ना) /ukkaṛanā ウッカルナー/ [cf. ਉਕੜੂ] *vi.* しゃがむ, 地面に尻を下ろす.

ਉਕੜੂ (उकड़ू) /ukaṛū ウクルー/ ▶ਓਕੜੂ [(Pkt. उक्कुडुय) Skt. उत्कुटक] *adj.* **1** しゃがんだ, 地面に尻を下ろしている. **2** 前に屈んでいる, 前に体重をかけている.

— *m.* しゃがむこと, 地面に尻を下ろした姿勢.

ਉੱਕਾ (उक्का) /ukkā ウッカー/ *adj.* **1** 唯一の. (⇒ਕੇਵਲ) **2** すべての. (⇒ਸਾਰਾ) **3** 全体の. **4** 完全な. (⇒ਪੂਰਾ)

— *adv.* **1** 全く, 完全に. **2** すべて. **3** 全体に.

ਉਕਾਉਣਾ (उकाउणा) /ukāuṇā ウカーウナー/ [cf. ਉੱਕਣਾ] *vt.* **1** 見落とさせる, 見過ごさせる. **2** し損なわせる. **3** 間違わせる, 誤らせる, しくじらせる.

ਉਕਾਈ (उकाई) /ukāī ウカーイー/ [cf. ਉੱਕਣਾ] *f.* **1** 間違い, 誤り. (⇒ਚੁੱਕ) **2** 失敗, 失策. **3** 手抜かり, 見落とし.

ਉਕਾਈਕਾਰ (उकाईकार) /ukāīkārạ ウカーイーカール/ [Skt.-कार] *m.* 間違える人, 誤る人.

ਉਕਾਈਦਾਰ (उकाईदार) /ukāīdārạ ウカーイーダール/ [Pers.-*dār*] *adj.* 間違いのある, 誤った.

ਉਕਾਤ (उकात) /ukātạ ウカート/ [Arab. *auqāt*, plural of Arab. *vaqt*] *f.* **1** 時, 時間. (⇒ਸਮਾਂ) **2** 身分, 地位. (⇒ਹੈਸੀਅਤ) **3** 価値. **4** 財産, 富. **5** 能力, 才能.

ਉਕਾਬ (उकाब) /ukābạ ウカーブ/ [Arab. *uqāb*] *m.* **1** 〖鳥〗ワシ, 鷲. **2** 〖鳥〗サメイロイヌワシ.

ਉਕਾਬੀ (उकाबी) /ukābī ウカービー/ [-ਈ] *adj.* **1** 鷲のような. **2** 鉤形に曲がった.

ਉਕਾਰ (उकार) /ukārạ ウカール/ ▶ਓਅੰਕਾਰ, ਓਂਕਾਰ *m.* → ਓਅੰਕਾਰ

ਉਕੇਰਨਾ (उकेरना) /ukeranā ウケールナー/ ▶ਉੱਕਰਨਾ *vt.* → ਉੱਕਰਨਾ

ਉਕੇਰਾ (उकेरा) /ukerā ウケーラー/ *m.* 彫刻師.

ਉੱਖਣਨਾ (उक्खणना) /ukkʰaṇanā ウッカンナー/ ▶ਖੁਣਨਾ *vt.* → ਖੁਣਨਾ

ਉੱਖਲ (उक्खल) /ukkʰalạ ウッカル/ [Skt. उलूखल] *m.* 〖調〗大きな臼, 大きなすり鉢.

ਉੱਖਲੀ (उक्खली) /ukkʰalī ウッカリー/ [-ਈ] *f.* 〖調〗臼, 石臼, 乳鉢, 小さなすり鉢.

ਉੱਖੜਨਾ (उक्खड़ना) /ukkʰaṛanā ウッカルナー/ [Skt. उत्खनति] *vi.* **1** 引き抜かれる, 抜ける, 外れる. **2** ばらばらになる. **3** ぐらつく.

ਉੱਖੜਵਾਂ (उक्खड़वाँ) /ukkʰaṛawā̃ ウッカルワーン/ [cf. ਉੱਖੜਨਾ] *adj.* **1** 取り外しのできる. **2** ばらばらの.

ਉੱਖੜਵਾਉਣਾ (उक्खड़वाउणा) /ukkʰaṛawāuṇā ウッカルワーウナー/ [cf. ਉੱਖੜਨਾ] *vi.* **1** 引き抜かせる, 外させる. **2** ばらばらにさせる.

ਉਖਾੜਨਾ (उखाड़ना) /ukʰāṛanā ウカールナー/ ▶ਉਖੇੜਨਾ *vt.* → ਉਖੇੜਨਾ

ਉਖਿਆਈ (उखिआई) /ukʰiāī ウキアーイー/ ▶ਔਖਿਆਈ *f.* → ਔਖਿਆਈ

ਉਖੇੜਨਾ (उखेड़ना) /ukʰeṛanā ウケールナー/ ▶ਉਖਾੜਨਾ [cf. ਉੱਖੜਨਾ] *vt.* **1** 引き抜く, 引き離す, 外す. ❑ਰੁੱਖਾਂ ਨੂੰ ਜੜ੍ਹੋਂ ਉਖੇੜ ਕੇ ਲੈ ਜਾਂਦਾ ਹੈ। 樹木を根こそぎ引き抜いて持って行きます. **2** ばらばらにする.

ਉੱਗਣਾ (उग्गणा) /ugganā ウッガナー/ [Skt. उद्गाति] *vi.* **1** 生える, 生じる, できる. ❑ਵਾਲ ਉੱਗ ਆਉਣਾ 毛が生えてくる. **2** 地表に現れる, 芽生える, 芽が出る, 発芽する, 若芽が伸びる, 萌え出る. **3** 出る, 現れる. **4** (太陽や月が)昇る.

ਉਗਮਣਾ (उगमणा) /ugama̸ṇā ウガムナー/ [Skt. उद्गाति] *vi.* **1** 昇る. **2** 現れる. **3** 生まれる.

ਉਗਰ (उगर) /ugara̸ ウガル/ [Skt. उग्र] *adj.* **1** 恐ろしい. **2** 激しい, 過激な, 急進的な, 猛々しい, 獰猛な. **3** 怒った, 気性の激しい. **4** 残酷な, 残忍な.
— *m.* **1** 怒り, 忿怒, 憤怒, 憤激, 激怒. **2**〖ヒ〗ウグラ《シヴァ神の異名の一つ》. (⇒ਸ਼ਿਵ)

ਉਗਰਤਾ (उगरता) /ugara̸tā ウガルター/ [Skt.-ता] *f.* **1** 恐ろしさ, 恐怖. **2** 激しさ, 強烈さ, 過激さ, 急進性. **3** 怒り, 憤怒. **4** 残酷さ, 残忍さ.

ਉੱਗਰਨਾ (उग्गरना) /uggara̸nā ウッガルナー/ [Skt. उद्गिरण] *vt.* **1**(拳や棒を)振り上げる. **2**(剣などを)振り回す.
— *vi.* 威嚇的に身構える.

ਉਗਰਵਾਦ (उगरवाद) /ugara̸wāda̸ ウガルワード/ [Skt. उग्र Skt.-वाद] *m.*〖政治〗急進主義, 暴力主義.

ਉਗਰਵਾਦੀ (उगरवादी) /ugara̸wādī ウガルワーディー/ [Skt.-वादिन्] *adj.*〖政治〗急進主義の, 過激派の, 暴力主義の.
— *m.* **1**〖政治〗急進主義者, 過激派, 暴力主義者, テロリスト. **2** 闘士.

ਉਗਰਾਹਕ (उगराहक) /ugarâka̸ ウガラーク/ [Skt. उद्ग्राहक] *m.* 収集者, 徴収者.

ਉਗਰਾਹੀ (उगराही) /ugarâī ウガラーイー/ [Skt. उद्ग्राही] *f.* 収集, 徴収.

ਉਗਰਾਹੁਣਾ (उगराहुणा) /uga̸râuṇā ウグラーウナー/ ▸ਅਗਰਾਹੁਣਾ [Skt. उद्ग्राहयति] *vt.* **1** 集める, 収集する, 徴収する. (⇒ਵਸੂਲਣਾ) **2**(料金や寄付などを)集めて回る. (⇒ਵਸੂਲਣਾ)

ਉਂਗਲ (उंगल) /uṅgala̸ ウンガル/ ▸ਉਂਗਲੀ [Skt. अङ्गुलि] *f.* **1**〖身体〗(手の)指. ❐ਜੇਬ ਵਿੱਚ ਪਈ ਚਾਬੀ ਤੇ ਉਸ ਦੀ ਉਂਗਲ ਲੱਗੀ। ポケットに入っていた鍵に彼の指が触れました. ❐ਉਂਗਲ ਕਰਨੀ 指摘する, 後ろ指を差す, 非難する, 告発する. **2**〖身体〗足の指.

ਉਗਲ (उगल) /ugala̸ ウガル/ *f.*〖植物〗ソバ(蕎麦).

ਉਗਲੱਛਣਾ (उगलच्छणा) /uga̸laccʰaṇā ウグラッチャナー/ [Skt. उद्गलति] *vt.* **1** 吐く, もどす, 嘔吐する. **2** 吐き出す. **3** ぶちまける. **4**〖比喩〗(秘密などを)暴く, 暴露する. **5**〖比喩〗(秘密などを)漏らす, 打ち明ける. **6**〖比喩〗白状する, 口を割る.

ਉਗਲਣਾ (उगलणा) /ugala̸ṇā ウガルナー/ ▸ਉੱਗਲਣਾ, ਉਗਲਨਾ, ਉੱਗਲਨਾ *vt.* → ਉੱਗਲਨਾ

ਉੱਗਲਣਾ (उग्गलणा) /uggala̸ṇā ウッガルナー/ ▸ਉਗਲਣਾ, ਉਗਲਨਾ, ਉੱਗਲਨਾ *vt.* → ਉੱਗਲਨਾ

ਉਗਲਨਾ (उगलना) /ugala̸nā ウガルナー/ ▸ਉਗਲਣਾ, ਉੱਗਲਣਾ, ਉੱਗਲਨਾ *vt.* → ਉੱਗਲਨਾ

ਉੱਗਲਨਾ (उग्गलना) /uggala̸nā ウッガルナー/ ▸ਉਗਲਣਾ, ਉੱਗਲਣਾ, ਉਗਲਨਾ [Skt. उद्गलति] *vt.* **1** 吐く, もどす, 嘔吐する. **2** 吐き出す. **3** ぶちまける. **4**〖比喩〗(秘密などを)暴く, 暴露する. **5**〖比喩〗(秘密などを)漏らす, 打ち明ける. **6**〖比喩〗白状する, 口を割る.

ਉਗਲਵਾਉਣਾ (उगलवाउणा) /ugala̸wāuṇā ウガルワーウナー/ [cf. ਉੱਗਲਨਾ] *vt.* **1** 吐かせる. **2** 吐き出させる. **3**〖比喩〗白状させる, 口を割らせる.

ਉਂਗਲੀ (उंगली) /uṅgalī ウンガリー/ ▸ਉਂਗਲ [Skt. अङ्गुलि] *f.* **1**〖身体〗(手の)指. ❐ਮੈਂ ਇੱਕ ਹੱਥ ਨਾਲ ਬਾਪੂ ਜੀ ਦੀ ਉਂਗਲੀ ਫੜ ਲਈ। 僕は片手でお父さんの指をつかみました. ❐ਉਂਗਲੀ ਕਰਨੀ 指摘する, 非難する. ❐ਉਂਗਲੀ ਦੇਣੀ 刺激する, けしかける, 挑発する. ❐ਉਂਗਲੀ ਧਰਨੀ 選ぶ, 選択する. ❐ਉਂਗਲੀ ਫੜਨੀ 援助の手を差し伸べる, 助ける, 支援する. ❐ਉਂਗਲੀ ਮੂੰਹ ਵਿੱਚ ਪਾਉਣੀ 驚く, びっくりする, あっけにとられる. ❐ਉਂਗਲੀ ਲੈਣੀ 面倒を引き起こす, ちょっかいを出す, いたずらをする. ❐ਉਂਗਲੀਆਂ ਤੇ ਨਚਾਉਣਾ 指の上で踊らせる, 思い通りに操る, 馬鹿にする, 笑い者にする. **2**〖身体〗足の指.

ਉਗਵਾਉਣਾ (उगवाउणा) /uga̸wāuṇā ウグワーウナー/ [cf. ਉੱਗਣਾ] *vt.* **1**(植物や作物などを)育てさせる, 生やさせる. **2** 栽培させる, 栽培してもらう.

ਉਗਾਉਣਾ (उगाउणा) /ugāuṇā ウガーウナー/ [cf. ਉੱਗਣਾ] *vt.* **1**(植物や作物などを)育てる, 生やす, 生育させる. **2** 栽培する. **3**(作物を)生産する.

ਉਗਾਹ (उगाह) /ugâ ウガー/ ▸ਗਵਾਹ *m.*〖口語〗→ ਗਵਾਹ

ਉਗਾਹੀ (उगाही) /ugâī ウガーイー/ ▸ਗਵਾਹੀ *f.*〖口語〗→ ਗਵਾਹੀ

ਉਗਾਲ (उगाल) /ugāla̸ ウガール/ [Skt. उद्गाल] *m.* 嘔吐, 嘔吐物, 口から吐き出した物.

ਉਗਾਲਨਾ (उगालना) /ugāla̸nā ウガールナー/ ▸ਉਗੇਲਨਾ [Skt. उद्गालयति] *vt.* **1** 表に出す. **2** 吐く, 吐き出す, 嘔吐する. **3** 反芻(はんすう)する.

ਉਗਾਲੀ (उगाली) /ugālī ウガーリー/ [Skt. उद्गाल -ई] *f.* **1** 反芻. **2** 咀嚼(そしゃく).

ਉਗੇਲਣਾ (उगेलणा) /ugela̸ṇā ウゲールナー/ *vt.* 糸巻きから糸をほどく.

ਉਗੇਲਨਾ (उगेलना) /ugela̸nā ウゲールナー/ ▸ਉਗਾਲਨਾ *vt.* → ਉਗਾਲਨਾ

ਉੱਘ (उग्घ) /ûgga̸ ウッグ/ [Skt. उद्घ] *f.* **1** 情報, 知識. (⇒ਖ਼ਬਰ, ਸੂਚਨਾ, ਪਤਾ) **2** 名声, 評判. (⇒ਮਸ਼ਹੂਰੀ, ਪਰਸਿੱਧੀ)

ਉੱਘ-ਸੁੱਘ (उग्घ-सुग्घ) /ûgga̸-sûgga̸ ウッグ・スッグ/ *f.* **1** 居場所. **2** 手掛かり. **3** 追跡. **4** ニュース, 情報. (⇒ਖ਼ਬਰ, ਸੂਚਨਾ, ਪਤਾ)

ਉਘਟਣਾ (उघटणा) /ûgaṭa̸ṇā ウガトナー/ *vt.* **1** 怖がらせる, 恐れさせる. (⇒ਡਰਾਉਣਾ) **2** 威す, 脅迫する. (⇒ਧਮਕਾਉਣਾ) **3** ひるませる.

ਉਘਰਨਾ (उघरना) /ûgara̸nā ウガルナー/ ▸ਉੱਘਰਨਾ *vi.* → ਉੱਘਰਨਾ

ਉੱਘਰਨਾ (उग्घरना) /ûggara̸nā ウッガルナー/ ▸ਉਘਰਨਾ [cf. ਉਗਰਾਹੁਣਾ] *vi.* **1** 集められる. **2** 徴収される, 集金される.

ਉਂਘਲਾਉਣਾ (उंघलाउणा) /uṅga̸lăuṇā ウングラーウナー/ *vi.* 居眠りする, うたたねする, うとうとする.

ਉਂਘਲਾਹਟ (उंघलाहट) /uṅga̸lăṭa̸ ウングラート/ *f.* **1** 居眠り, うたたね, うとうとすること. **2** 眠たい様子. **3** 眠気.

ਉਂਘਲਾਟਾ (उंघलाटा) /uṅga̸lăṭā ウングラーター/ ▸ਉਂਘਲੇਟਾ *m.* **1** 居眠り, うたたね, うとうとすること. **2** 眠たい様子. **3** 眠気.

ਉਂਘਲੇਟਾ (उंघलेटा) /uṅga̸lĕṭā ウングレーター/ ▸ਉਂਘਲਾਟਾ *m.* → ਉਂਘਲਾਟਾ

ਉਘੜ-ਦੁਘੜ (उघड़-दुघड़) /ûgaṛa-dûgaṛa ウガル・ドゥガル/ ▸ਉਘੜ-ਦੁਘੜਾ *adj.* **1** あわてふためいた, あたふたとした. **2** 無秩序な, 混乱した, 乱雑な. **3** でたらめの, いい加減な. **4** 下手な, まずい. **5** ごちゃごちゃの.

ਉਘੜ-ਦੁਘੜਾ (उघड़-दुघड़ा) /ûgaṛa-dûgaṛā ウガル・ドゥガラー/ ▸ਉਘੜ-ਦੁਘੜ *adj.* → ਉਘੜ-ਦੁਘੜ

ਉੱਘੜਨਾ (उग्घड़ना) /ûggaṛanā ウッガルナー/ [Skt. उद्घटति] *vi.* **1**(目が)開く. **2** はっきり見える. **3**(色が)鮮明になる. **4**(秘密などが)暴かれる, 暴露される, 明かされる. **5** 現れ出る.

ਉੱਘੜਵਾਂ (उग्घड़वाँ) /ûggaṛawā̃ ウッガルワーン/ [cf. ਉੱਘੜਨਾ] *adj.* **1** はっきりした. **2** 鮮明な, 鮮やかな. **3** はっきり見える. **4** 明るい. **5** 目立つ, 目につきやすい.

ਉੱਘਾ (उग्घा) /ûggā ウッガー/ [cf. ਉੱਘੜਨਾ] *adj.* **1** 卓越した. **2** 有名な. **3** 主要な, 有力な. **4** 重要な. **5** 優れた, 抜群の. **6** 著名な. **7** 高名な.

ਉਘਾੜ (उघाड़) /ugāṛa ウガール/ [Skt. उद्घाटन] *m.* **1** 露(あらわ)にすること. **2** 暴くこと, 暴露.

ਉਘਾੜਨਾ (उघाड़ना) /ugāṛanā ウガールナー/ ▸ਉਘੇੜਨਾ [Skt. उद्घाटयति] *vt.* **1** 露(あらわ)にする, むき出しにする. **2** 暴く, 暴露する. **3** はっきりさせる, 鮮明にする. **4** 明らかにする, 打ち明ける. **5** 開ける.

ਉਘੇੜਨਾ (उघेड़ना) /ugĕṛanā ウゲールナー/ ▸ਉਘਾੜਨਾ *vt.* → ਉਘਾੜਨਾ

ਉੱਚ (उच्च) /ucca ウッチ/ [Skt. उच्च] *adj.* **1** 高い. (⇔ਨੀਚ) **2** 高位の. **3** 気高い, 威厳のある.

ਉਚਕਣਾ (उचकणा) /ucakaṇā ウチャクナー/ *vi.* **1** 高くなる, 引き上げられる, 伸び上がる, 背伸びする, 爪先立つ. **2** 跳ぶ, 跳ねる, 跳び上がる, 弾む, 躍動する. (⇒ਉੱਛਲਣਾ) **3**(宙に)放り上げられる.

ਉਚੱਕਪੁਣਾ (उचक्कपुणा) /ucakkapuṇā ウチャッカプナー/ *m.* **1** 不正. **2** 悪事, 悪行. **3** 極悪非道.

ਉਚੱਕਾ (उचक्का) /ucakkā ウチャッカー/ *m.* **1** ごろつき, ならず者. **2** 悪者, 悪漢. **3** 泥棒, こそ泥. **4** すり, ひったくり, かっぱらい.

ਉਚਟਣਾ (उचटणा) /ucaṭaṇā ウチャトナー/ *vi.* **1** 離れる, 遠ざかる. **2** 剥がれる, 剥げる, 剥ける, めくれる, 剥げ落ちる. **3** うんざりする, 飽き飽きする.

ਉੱਚਤਮ (उच्चतम) /uccatama ウッチャタム/ [Skt. उच्चतम] *adj.* 最高の, 最上の, 最良の, 最大限の. (⇔ਨਿਮਨਤਮ)

ਉੱਚਤਾ (उच्चता) /uccatā ウッチャター/ [Skt. उच्च Skt.-ता] *f.* **1** 高いこと, 高さ, 高度. (⇔ਨੀਚਤਾ) **2** 優秀, 優越, 卓越.

ਉਚਰ (उचर) /ucara ウチャル/ ▸ਉਚਿਰ *adv.* → ਉਚਿਰ

ਉਚਰਨਾ (उचरना) /ucaranā ウチャルナー/ [Skt. उच्चारयति] *vt.* **1** 発音する. **2** 話す. **3** 言う. **4** 口にする, 述べる.

ਉਚਰਿਤ (उचरित) /ucarita ウチリト/ [Skt. उच्चारित] *adj.* **1** 発音された. **2** 話された.

ਉੱਚੜਨਾ (उच्चड़ना) /uccaṛanā ウッチャルナー/ *vi.* **1** 分けられる, 引き離される. **2** 離れる, 遠ざかる.

ਉੱਚੜਪੈੜਾ (उच्चड़पैड़ा) /uccaṛapaiṛā ウッチャルパェーラー/ *m.* 不快感.

ਉੱਚਾ (उच्चा) /uccā ウッチャー/ [Skt. उच्च] *adj.* **1** 高い, 丈の高い. (⇔ਨੀਵਾਂ) ❐ਉੱਚਾ ਕਰਨਾ 高くする, 上げる, 挙げる. ❐ਉੱਚਾ ਨੀਵਾਂ 平らでない, でこぼこの. **2** 声が大きい, 声高の. ❐ਉੱਚਾ ਬੋਲਣਾ 大きな声で話す, 叫ぶ. **3**(程度・地位・等級などが)高い.

ਉਚਾਈ (उचाई) /ucāī ウチャーイー/ ▸ਉਚਿਆਈ [-ਈ] *f.* **1** 高さ, 高度, (身の)高さ. **2**(音や声などの)強さ, 大きさ. **3**(程度・地位・等級などが)高いこと, 卓越.

ਉਚਾਹਟ (उचाहट) /ucâṭa ウチャート/ [-ਆਹਟ] *f.* **1** 高さ, 高度. **2** 優越, 卓越.

ਉਚਾਟ (उचाट) /ucāṭa ウチャート/ *adj.* **1** 追い払われた, 離れた, それた. **2** うんざりした, 嫌になった.

ਉਚਾਣ (उचाण) /ucāṇa ウチャーン/ *f.* 高さ, 高度.

ਉਚਾਪਤ (उचापत) /ucāpata ウチャーパト/ ▸ਅਚਾਵਤ *f.* **1** 〖経済〗信用貸しによる商取引, 掛け買い, 代金後払い. (⇒ਉਧਾਰ ਸੌਦਾ) **2** 掛け売り勘定, 商店の帳簿. **3** 掛け売り商品.

ਉਚਾਰ (उचार) /ucāra ウチャール/ [Skt. उच्चार] *m.* **1** 発音. **2** 発話, 発言.

ਉਚਾਰਨ (उचारन) /ucārana ウチャーラン/ [Skt. उच्चारण] *m.* **1** 発音. (⇒ਤਲੱਫ਼ਜ਼) ❐ਉਚਾਰਨ ਕਰਨਾ 発音する. **2** 明言. ❐ਉਚਾਰਨ ਕਰਨਾ 明言する. **3** 調音, 明瞭な発音. ❐ਉਚਾਰਨ ਕਰਨਾ 明瞭に発音する.

ਉਚਾਰਨਾ (उचारना) /ucāranā ウチャールナー/ [Skt. उच्चारयति] *vt.* **1** 発音する. **2** 明言する. **3** 明瞭に発音する. **4** 言う. **5** 話す. **6** 口にする, 述べる. **7** 言葉に表す.

ਉਚਾਵਾਂ (उचावाँ) /ucāwā̃ ウチャーワーン/ *adj.* 持ち運びできる.

ਉਚਿਆਉਣਾ (उचिआउणा) /uciāuṇā ウチアーウナー/ [Skt. उच्च] *vt.* **1** 高める. **2** 高尚にする, 地位を高める. **3** 持ち上げる, 上昇させる. **4** 昇華させる, 純化する. **5** 褒める, 称賛する, 褒め称える, 称揚する, 賛美する. (⇒ਵਡਿਆਉਣਾ)

ਉਚਿਆਈ (उचिआई) /uciāī ウチアーイー/ ▸ਉਚਾਈ *f.* → ਉਚਾਈ

ਉਚਿਤ (उचित) /ucita ウチト/ [Skt. उचित] *adj.* **1** 適当な, 適切な, 適正な, 妥当な. **2** ふさわしい.

ਉਚਿਤਤਾ (उचितता) /ucitatā ウチタター/ [Skt.-ता] *f.* **1** 適当, 適正. **2** ふさわしいこと.

ਉਚਿਰ (उचिर) /ucira ウチル/ ▸ਉਚਰ *adv.* 《 ਉਤਨਾ ਚਿਰ の融合形》その時まで.

ਉਚੇਚ (उचेच) /uceca ウチェーチ/ *f.* 正式.

ਉਚੇਚਾ (उचेचा) /ucecā ウチェーチャー/ *adj.* 特別の.
— *adv.* 特別に.

ਉਚੇਰਾ (उचेरा) /ucerā ウチェーラー/ [Skt. उच्च -एरा] *adj.* より高い, より高度の, より進んだ, より良い. (⇔ਨਿਵੇਰਾ)

ਉਚੇੜਨਾ (उचेड़ना) /uceṛanā ウチェールナー/ *vt.* **1** 剥ぐ, 剥がす. **2** むしる, 引き離す.

ਉਂਛਣਾ (उंछणा) /uñcʰaṇā ウンチャナー/ *vi.* **1** 圧迫されて痛む, 痺れる, 麻痺する. (⇒ਅੰਬਣਾ) **2** 切り傷を負う. (⇒ਪੱਛਿਆ ਜਾਣਾ)
— *vt.* **1** 圧迫して痛みを与える, 痺れさせる, 麻痺させ

る. (⇒ਅੰਬਾ ਦੇਣਾ) **2** 切り傷をつける. (⇒ਪੱਛਣਾ)

ਉੱਛਣਾ (उच्छणा) /uccʰaṇā ウッチャナー/ *vi.* (口や舌が)ざらざらになる, 水ぶくれになる.

ਉਛਲਣਾ (उछलणा) /ucʰala̸ṇā ウチャルナー/ ▸ਉੱਛਲਣਾ, ਉੱਛਲਨਾ *vi.* → ਉੱਛਲਣਾ

ਉੱਛਲਣਾ (उच्छलणा) /uccʰala̸ṇā ウッチャルナー/ ▸ਉਛਲਣਾ, ਉੱਛਲਨਾ [Skt. उत्शलति] *vi.* **1** 跳ぶ, 跳ねる. (⇒ਉਚਕਣਾ) **2** 跳び上がる, 跳ね上がる, 飛び跳ねる, 跳躍する, 躍動する, (嬉しさのあまり)飛び上がる. **3**(宙に)放り上げられる. **3** 溢れる. **4** 吐く, 嘔吐する.

ਉੱਛਲਨਾ (उच्छलना) /uccʰala̸nā ウッチャルナー/ ▸ਉਛਲਣਾ, ਉੱਛਲਣਾ *vi.* → ਉੱਛਲਣਾ

ਉੱਛਲਣਾ ਕੁੱਦਣਾ (उच्छलणा कुद्दणा) /uccʰala̸ṇā kuddaṇā ウッチャルナー クッダナー/ *vi.* **1** 浮かれ騒ぐ. **2** 大はしゃぎする. **3** 遊び騒ぐ. **4** 跳ね回る, はしゃぎ回る. **5** ふざけて跳び回る, ふざける. **6** 遊ぶ.

ਉਛਾਹ (उछाह) /ucʰâ ウチャー/ ▸ਉਤਸਾਹ, ਉਤਸ਼ਾਹ *m.* → ਉਤਸ਼ਾਹ

ਉਛਾਹਣ (उछाहण) /ucʰâṇa̸ ウチャーン/ ▸ਉਛਾਂਧ *f.* → ਉਛਾਂਧ

ਉਛਾਂਧ (उछाँध) /ucʰẫda̸ ウチャーンド/ ▸ਉਛਾਹਣ [Skt. उछ + Skt. गंध] *f.* 悪臭. (⇒ਬਦਬੂ)

ਉਛਾਲਣਾ (उछालणा) /ucʰāla̸ṇā ウチャールナー/ ▸ਉਛਾਲਨਾ [Skt. उत्शालयति] *vt.* **1** 跳ばす, 跳ね上げる. **2** 投げ上げる. **3**(宙に)放り上げる. **4** 投げつける, 浴びせかける. **5** 水しぶきをたてる. **6** 噴き出す, 噴出する, 排出する. **7** 追い出す, 放逐する. **8** 暴く, 暴露する. **9** 仮面を剥ぐ. **10** 評判を落とそうとして公表する. **11** 人の名を汚す. **12** 噂を広める.

ਉਛਾਲਨਾ (उछालना) /ucʰāla̸nā ウチャールナー/ ▸ਉਛਾਲਣਾ *vt.* → ਉਛਾਲਣਾ

ਉਛਾਲੀ (उछाली) /ucʰālī ウチャーリー/ *f.* 〖医〗嘔吐.

ਉਛਾੜ (उछाड़) /ucʰāṛa̸ ウチャール/ *m.* 〖寝具〗寝具のカバー.

ਉਂਜ (उंज) /uñja̸ ウンジ/ ▸ਉਂਞ, ਊਂ *adv.* **1** あのように, そのように. **2** ところで. **3** そもそも. **4** 実は, 実のところ. **5** 理由もなく.

ਉਂਜ ਹੀ (उंज ही) /uñja̸ hī ウンジ ヒー/ ▸ਉਂਞ ਹੀ *adv.* **1** ただ理由もなく. **2** 何気なく. **3** 特別の動機や目的もなく.

ਉਜੱਡ (उजड्ड) /ujaḍḍa̸ ウジャッド/ [Skt. उद् + Skt. जड] *adj.* **1** 洗練されていない, 粗野な. **2** 無作法な. **3** 下品な. **4** 愚鈍な. **5** 未開の, 野蛮な. **6** 教養のない. **7** 田舎の, 田舎者らしい. **8** 育ちの悪い. **9** ぶっきらぼうな. **10** 社交に慣れない.

ਉਜੱਡਪੁਣਾ (उजड्डपुणा) /ujaḍḍa̸puṇā ウジャッドプナー/ [-ਪੁਣਾ] *m.* **1** 洗練されていないこと, 粗野. **2** 無作法. **3** 下品. **4** 愚鈍. **5** 野蛮. **6** 無教養. **7** 田舎風, 田舎者らしいこと. **8** 育ちの悪さ. **9** ぶっきらぼう. **10** 社交に慣れない様子.

ਉਜੱਡ ਵਿਅਕਤੀ (उजड्ड विअकती) /ujaḍḍa̸ viakatī ウジャッド ヴィアクティー/ [+ Skt. व्यक्ति] *m.* **1** 洗練されていない人, 粗野な人. **2** 無作法者. **3** 下品な人. **4** 野蛮人. **5** 教養のない俗物. **6** 田舎者, 武骨者. **7** 育ちの悪い人, 野卑な人. **8** 間抜け. **9** 間抜けな武骨者. **10** 気難し屋.

ਉਜ਼ਬੇਕ (उज़बेक) /uzabeka̸ ウズベーク/ [Pers. *uzbak*] *m.* ウズベク人, ウズベク族.

ਉਜਰ (उजर) /ujara̸ ウジャル/ ▸ਉਜ਼ਰ *m.* → ਉਜ਼ਰ

ਉਜ਼ਰ (उज़र) /uzara̸ ウザル/ ▸ਉਜਰ [Arab. *`uzr*] *m.* **1** 反対, 異議, 不服. **2** 不同意, 不承知, 不賛成. **3** 抗弁, 申し立て. **4** 弁解, 言い訳.

ਉਜ਼ਰਦਾਰੀ (उज़रदारी) /uzara̸dārī ウザルダーリー/ [Pers.*-dārī*] *f.* **1** 異議の表明. **2** 不同意の表明. **3** 〖法〗裁判での申し立ての手続き.

ਉਜਰਤ (उजरत) /ujara̸ta̸ ウジラト/ [Arab. *ujrat*] *f.* **1** 賃金, 給料, 労賃. (⇒ਮਜ਼ਦੂਰੀ) **2** 報酬. **3** 費用. **4** 料金.

ਉਂਜਲ (उंजल) /uñjala̸ ウンジャル/ ▸ਅੰਜਲੀ *m.* → ਅੰਜਲੀ

ਉੱਜਲ (उज्जल) /ujjala̸ ウッジャル/ ▸ਉਜਲਾ [Skt. उज्ज्वल] *adj.* **1** 明るい. **2** 輝いている. **3** 清潔な.

ਉਜਲਾ (उजला) /uja̸lā ウジラー/ ▸ਉੱਜਲ *adj.* → ਉੱਜਲ

ਉੱਜੜਨਾ (उज्जड़ना) /ujjaṛa̸nā ウッジャルナー/ *vi.* **1** 破滅する. **2** 荒れる, 荒廃する, 荒れ果てる. **3** 破壊される. **4** ひどい損害を被る. **5** 荒廃して人が住まなくなる, 廃墟になる. **6** 宿無しになる. **7** 一文無しになる.

ਉਜਾਸਣਾ (उजासणा) /ujāsa̸ṇā ウジャースナー/ *vt.* 明るくする, 照らす, 輝かせる.

ਉਜਾਗਰ (उजागर) /ujāgara̸ ウジャーガル/ [Skt. उद्जागर] *adj.* **1** 明るい, 輝いている. **2** よく知られている, 有名な, 著名な, (その名が)轟いている. ❐ਸਾਰੇ ਸੰਸਾਰ ਵਿੱਚ ਇਸ ਦਾ ਨਾਂ ਉਜਾਗਰ ਹੈ। 全世界でこの人の名はよく知られています. **3** 現れている, 顕わになっている. **4** 明らかな, 明白な.

ਉਜਾਗਰੀ (उजागरी) /ujāga̸rī ウジャーグリー/ [-ਈ] *f.* 名声, 高名.

ਉਜਾਰ (उजार) /ujāra̸ ウジャール/ [Arab. *auzār*] *m.* **1** 道具, 器具, 機器. **2** ずる賢い男. (⇒ਚਲਾਕ ਆਦਮੀ)

ਉਜਾਲਾ (उजाला) /ujālā ウジャーラー/ [Skt. उज्ज्वालक] *m.* **1** 光, 輝き. **2** 日光. **3** 光線. **4** 薄明, 黎明, あけぼの, 曙. **5** 夜明け.

ਉਜਾੜ (उजाड़) /ujāṛa̸ ウジャール/ *adj.* **1** 荒れた, 荒れ果てた. **2** 廃虚と化した, 寂れた. **3** 壊れた, 破壊された, 破滅した.

— *f.* **1** 荒廃, 荒れ果てていること. **2** 荒れ地, 不毛の地. **3** 廃虚.

ਉਜਾੜਨਾ (उजाड़ना) /ujāṛa̸nā ウジャールナー/ *vt.* **1** 破滅させる, 破壊する. **2** 荒らす, 台無しにする, 損害を与える. ❐ਜੇ ਲੋਕ ਸਾਡੇ ਖੇਤ ਉਜਾੜਨ ਲੱਗ ਪਏ ਤਾਂ ਅਸੀਂ ਕੀ ਖਾਵਾਂਗੇ? もし人々が私たちの畑を荒らし始めたたら, 私たちは何を食べたらいいのでしょう. **3** 荒廃させる. **4** ぶち壊す. **5** 浪費する, 使い果たす.

ਉਜਾੜਾ (उजाड़ा) /ujāṛā ウジャーラー/ *m.* **1** 破滅, 破壊. **2** 荒らすこと, 荒廃, 廃虚になること. **3**(畑を)荒らされること, (作物への)損害.

ਉਜਿਹਾ (उजिहा) /ujêā ウジェーアー/ ▸ਉਜੇਹਾ *adj.* 《ਉਸ ਜਿਹਾ の融合形》あのような, ああいう, あんな, そのような, そういう, そんな. (⇒ਵੈਸਾ)

— *adv.* 《ਉਸ ਜਿਹਾ の融合形》あのように, あんなふう

に, そのように, そんなふうに. (⇒ਵੈਸਾ)
ਉਜੇਹਾ (उजेहा) /ujêā ウジェーアー/ ▸ਉਜਿਹਾ *adj.adv.* → ਉਜਿਹਾ
ਉਝਾਰਨਾ (उझारना) /ujăr̥anā ウジャールナー/ [Skt. उद्झारयति] *vt.* 散らす, 拡散させる. (⇒ਬਿਖੇਰਨਾ)
ਉਂਞ (उंञ) /uññ̥a ウンヌ/ ▸ਉਂਜ, ਉਂ *adv.* → ਉਂਜ
ਉਂਞ ਹੀ (उंञ ही) /uññ̥a hī ウンヌ ヒー/ ▸ਉਂਜ ਹੀ *adv.* → ਉਂਜ ਹੀ
ਉਟਕਣਾ (उटकणा) /uṭakaṇā ウタクナー/ ▸ਓਟਕਣਾ *vi.* 1 迷う. 2 分からなくなる.
ਉੱਠ (उट्ठ) /uṭṭa ウット/ ▸ਉਸ਼ਟ, ਊਂਟ, ਊਠ *m.* → ਊਠ
ਉਠਣਾ (उठणा) /uṭʰaṇā ウトナー/ ▸ਉੱਠਣਾ *vi.* → ਉੱਠਣਾ
ਉੱਠਣਾ (उट्ठणा) /uṭṭʰaṇā ウッタナー/ ▸ਉਠਣਾ [(Pkt. उट्ठइ) Skt. उत्स्थाति] *vi.* 1 昇る, 上昇する, 立ち昇る, 上へ広がる. ❑ਪਹਾੜ ਵੱਲੋਂ ਕਾਲੇ ਬੱਦਲ ਉੱਠੇ। 山の方から暗雲が立ち昇りました. 2 上がる, 持ち上がる. 3 (問題や事件などが)起こる, 発生する, もちあがる. 4 (考えや懸念などが)生じる, 思い出される. 5 起きる, 起き上がる. ❑ਰੋਜ਼ ਸਵੇਰੇ ਤੜਕੇ ਉੱਠਾਂ। 毎朝早く起きましょう. ❑ਉਹ ਸਵੇਰੇ ਤੜਕੇ ਉੱਠਦਾ ਹੈ। 彼は朝早く起きます. 6 目を覚ます. 7 立ち上がる. ❑ਅਨਾੜੀ ਸਵਾਰ ਊਠ ਦੇ ਉੱਠਦਿਆਂ, ਉਸ ਦੀ ਪਿੱਠ ਤੋਂ ਜ਼ਮੀਨ ਤੇ ਡਿੱਗ ਪੈਂਦੇ ਹਨ। 下手な乗り手は駱駝が立ち上がると, その背中から地面に落ちてしまいます. 8 用心する. 9《動詞の語幹に続き「突然の変化」「予想外」「不意」などの意味を加える》突然…し出す, 思わぬ時に…する, 不意に…する. ❑ਉਹ ਬੋਲ ਉੱਠਿਆ। 彼は突然話し出しました. ❑ਵਜ਼ੀਰ ਚੰਦ ਅਜੇ ਗੱਲ ਪੂਰੀ ਨਹੀਂ ਕਰਦਾ ਕਿ ਸੰਤਾ ਸਿੰਘ ਬੋਲ ਉੱਠਦਾ ਹੈ। ワズィール・チャンドがまだ話し終わらないうちにサンター・スィングが突然話し出します.
ਉਠਵਾਉਣਾ (उठवाउणा) /uṭʰawāuṇā ウトワーウナー/ [cf. ਉੱਠਣਾ] *vt.* 1 上げさせる, 上げてもらう. 2 持ち上げさせる, 持ち上げてもらう. 3 持ち運ばせる, 運ばせる. 4 起こさせる, 起こしてもらう. 5 目を覚まさせてもらう.
ਉਠਵਾਈ (उठवाई) /uṭʰawāī ウトワーイー/ [cf. ਉੱਠਣਾ] *f.* 1 運び賃. 2 運搬費, 輸送費.
ਉਠਾ (उठा) /uṭʰā ウター/ *m.* 膨張.
ਉਠਾਉਣਾ (उठाउणा) /uṭʰāuṇā ウターウナー/ [(Pal. उट्ठापेति) Skt. उत्स्थापयति] *vt.* 1 上げる, 持ち上げる, 拾い上げる. (⇒ਚੁੱਕਣਾ) 2 起こす. 3 目を覚まさせる. 4 (感情を)喚起する. 5 気づかせる. 6 立たせる, 立てる. 7 建てる. 8 運び去る, 盗む, さらう. 9 (利益を)上げる, 得る, 獲得する.
ਉਠਾਈਗੀਰ (उठाईगीर) /uṭʰāīgīr̥a ウターイーギール/ [cf. ਉਠਾਉਣਾ Pers.-*gīr*] *m.* 1 小泥棒, こそ泥, 置引き. 2 すり, ひったくり.
ਉਠਾਲਾ (उठाला) /uṭʰālā ウターラー/ *m.*〖儀礼〗葬儀の終わりの祈り, 弔いの最終儀礼, 死後三日目に行われる弔いの集まり.
ਉੱਡਣ (उड्डण) /uḍḍaṇ̥a ウッダン/ ▸ਉਡਾਣ *f.* → ਉਡਾਣ
ਉੱਡਣਹਾਰ (उड्डणहार) /uḍḍaṇahār̥a ウッダンハール/ ▸ ਉੱਡਣਹਾਰਾ [cf. ਉੱਡਣਾ -ਹਾਰ] *adj.* 1 舞い上がる. 2 爆発しやすい. 3 好戦的な. 4 気まぐれな.
ਉੱਡਣਹਾਰਾ (उड्डणहारा) /uḍḍaṇahārā ウッダンハーラー/ ▸ਉੱਡਣਹਾਰ *adj.* → ਉੱਡਣਹਾਰ
ਉਡਣ-ਖਟੋਲਾ (उडण-खटोला) /uḍaṇ̥a-kʰaṭolā ウダン・カトーラー/ [cf. ਉੱਡਣਾ + Skt. खट्वा] *m.* 1 空飛ぶ寝台. 2〖乗物〗インドの神話に現れる空を飛ぶ乗物. 3〖乗物〗飛行機, 飛行船.
ਉਡਣਾ (उडणा) /uḍaṇā ウドナー/ ▸ਉੱਡਣਾ, ਉੜਨਾ *vi.adj.* → ਉੱਡਣਾ
ਉੱਡਣਾ (उड्डणा) /uḍḍaṇā ウッダナー/ ▸ਉਡਣਾ, ਉੜਨਾ [Skt. उड्डयते] *vi.* 1 飛ぶ, 飛行する, 滑空する. ❑ਤੋਤਿਆਂ ਦੀ ਡਾਰ ਉੱਡ ਕੇ ਆਈ। 鸚鵡の群れが飛んで来ました. ❑ਸ਼ੁਰੂ ਤੋਂ ਹੀ ਆਦਮੀ ਦੇ ਦਿਲ ਵਿੱਚ ਇੱਕ ਇੱਛਾ ਰਹੀ ਹੈ ਕਿ ਉਹ ਪੰਛੀਆਂ ਵਾਂਗ ਉਡ ਸਕੇ। もともと人間の心の中には鳥のように飛ぶことができればいいのにという一つの望みがあります. 2 舞い上がる, 浮遊する, 急上昇する. ❑ਹਰ ਵੇਲੇ ਘੱਟਾ ਉੱਡਦਾ ਰਹਿੰਦਾ ਸੀ। いつも土埃が舞い上がり続けていました. ❑ਪਲ ਵਿੱਚ ਹੀ ਘੋੜਾ ਦੋਹਾਂ ਨੂੰ ਲੈ ਕੇ ਅਸਮਾਨ ਵਿੱਚ ਉਡ ਗਿਆ। 瞬く間に馬は二人を乗せて空に舞い上がりました. 3 (空に・空中に・宙に)浮かぶ, 浮く, 揚がる, 漂う. 4 蒸発する. 5 消える, 消え去る. 6 吹き飛ばされる, ふっとぶ, 吹き分けられる. 7 (爆発物で)吹き飛ぶ, 爆破される. 8 (色が)褪せる, 落ちる, 失せる, なくなる, 消える, 白くなる. ❑ਕਾਂਤਾ ਦੇ ਚਿਹਰੇ ਦਾ ਰੰਗ ਉੱਡ ਗਿਆ। カーンターの顔色が失せてしまいました. 9 飛ぶようになくなる, 浪費される.
— *adj.* 1 飛行する, 飛びかかる, 飛ぶような. 2 動きの速い, 敏捷な, すばしこい. (⇒ਤੇਜ਼) 3 ずるい, 巧妙な. (⇒ਚਲਾਕ) 4 (色が)褪せやすい.
ਉਡਵਾਉਣਾ (उडवाउणा) /uḍawāuṇā ウドワーウナー/ [cf. ਉੱਡਣਾ] *vt.* 1 飛ばさせる, 揚げさせる, 飛ばしてもらう, (空中に)浮かせてもらう. 2 (埃や塵などを)舞い上げさせる. 3 (鳥・蝿・蚊などを)追い払わせる, 追い払ってもらう. 4 (雲や霧などを)吹き散らさせる, 吹き散らしてもらう. 5 (籾殻を)吹き分けさせる, 吹き分けてもらう. 6 (爆発物で)吹き飛ばさせる, 爆破させる. 7 漂白させる, 漂白してもらう. 8 浪費させる, 無駄遣いさせる. 9 廃止させる.
ਉਡਾਉਣਾ (उडाउणा) /uḍāuṇā ウダーウナー/ [Skt. उड्डापयति] *vt.* 1 (飛行機や風船などを)飛ばす, (空中に)浮かせる, 浮き上がらせる. 2 (凧を)揚げる. 3 (石ころなどを)投げる. 4 (埃や塵などを)舞い上がらせる, 舞い上げる. 5 (鳥・蝿・蚊などを)追い払う. ❑ਮੇਰੇ ਮੂੰਹ ਤੋਂ ਮੱਖੀਆਂ ਉਡਾ ਦੇ। 私の顔から蝿を追い払ってくれ. 6 (雲や霧などを)吹き散らす. 7 (籾殻を)吹き分ける. 8 (爆発物で)吹き飛ばす, 爆破する. 9 漂白する. 10 浪費する, 無駄遣いする, 無駄に費やす. 11 廃止する.
ਉਡਾਊ (उडाऊ) /uḍāū ウダーウー/ [cf. ਉਡਾਉਣਾ] *adj.* 1 金遣いの荒い, 浪費する, 放蕩の. 2 気前の良い, 惜しみなく与える.
— *m.* 浪費家.
ਉਡਾਣ (उडाण) /uḍāṇ̥a ウダーン/ ▸ਉੱਡਣ [cf. ਉੱਡਣਾ] *f.* 1 飛ぶこと, 飛翔. 2 飛行, (航空機の)便, フライト. 3 離陸. 4〖軍〗(軍用機の)出撃.
ਉਡਾਰ (उडार) /uḍār̥a ウダール/ ▸ਉਡਾਰੂ *adj.m.* → ਉਡਾਰੂ

ਉਡਾਰੀ (उडारी) /uḍārī ウダーリー/ [cf. ਉੱਡਣਾ] *f.* **1** 飛ぶこと, 飛翔, 飛行. **2** 離陸. **3** 空想.

ਉਡਾਰੂ (उडारू) /uḍārū ウダールー/ ▸ਉਡਾਰ [cf. ਉੱਡਣਾ] *adj.* **1** 飛べる, 飛行できる. **2** 放浪癖の, 落ち着かない, 遁走する. **3** 隠遁する. **4** 気まぐれな, わがままな.
— *m.* **1** 飛行士, 飛行家. (⇒ਹਵਾਬਾਜ਼) **2** 操縦士, パイロット. (⇒ਪਾਈਲਾਟ)

ਉਡਾਵਾ (उडावा) /uḍāwā ウダーワー/ [cf. ਉਡਾਉਣਾ] *m.* **1** 飛ばす人. **2** 籾殻を吹き分ける人.

ਉਡੀਕ (उडीक) /uḍīkạ ウディーク/ [Skt. उदीक्षा] *f.* **1** 待つこと, 待機, 待ち受けること. (⇒ਇੰਤਜ਼ਾਰ, ਪਰਤੀਖਿਆ) ❐ ਉਡੀਕ ਕਰਨੀ 待つ. **2** 待ち望むこと, 待望, 期待. ❐ ਉਡੀਕ ਕਰਨੀ 待ち望む, 期待する. ❐ਪਿੰਡ ਦੇ ਲੋਕ ਇਰਾਕ ਵੱਲੋਂ ਕਿਸੇ ਖ਼ੁਸ਼ੀ ਦੀ ਖ਼ਬਰ ਦੀ ਉਡੀਕ ਕਰ ਰਹੇ ਹਨ। 村人たちはイラクからの吉報を待ち望んでいます.

ਉਡੀਕਣਾ (उडीकणा) /uḍīkaṇā ウディーカナー/ [Skt. उदीक्षते] *vi.* **1** 待つ, 待ち受ける. ❐ਤੁਸਾਂ ਕਿਹਾ ਸੀ ਕਿ ਤੁਸੀਂ ਫ਼ੋਨ ਕਰੋਗੇ। ਮੈਂ ਰੋਜ਼ ਤੁਹਾਡਾ ਫ਼ੋਨ ਉਡੀਕਦਾ ਹਾਂ। 君は電話すると言っただろ. 僕は毎日君の電話を待っているんだ. ❐ਕੱਲੂ ਦੀ ਮਾਂ ਉਸ ਨੂੰ ਉਡੀਕ ਰਹੀ ਸੀ। カッルーの母親は彼を待っていました. ❐ਬਿੱਲੀ ਉਡੀਕਦੀ ਉਡੀਕਦੀ ਥੱਕ ਗਈ। 猫は待ち続けてくたびれてしまいました. ❐ਪਿੰਡ ਦੇ ਸਾਰੇ ਬੰਦੇ-ਤੀਵੀਆਂ ਉਹਨੂੰ ਉਡੀਕਦੇ ਰਹਿੰਦੇ ਸਨ। 村のすべての男たち女たちがあの人を待ち続けていました. ❐ਉਡੀਕ ਉਡੀਕ ਬੁੱਢਾ ਹੋ ਜਾਣਾ 待ち続けて年をとってしまう〈「随分待つ」を意味する誇張表現〉. **2** 待ち望む, 待望する. ❐ਲੰਬੇ ਸਮੇਂ ਲਈ ਭਾਰਤ ਆਜ਼ਾਦੀ ਨੂੰ ਉਡੀਕ ਰਿਹਾ ਸੀ। 長い間インドは独立を待ち望んでいました.

ਉਡੀਕਵਾਨ (उडीकवान) /uḍīkạwānạ ウディークワーン/ [Skt. उदीक्षा Skt.-वान्] *adj.* **1** 待っている, 待ち受けている. **2** 待ち望んでいる, 期待している.

ਉਡੀਣਾ (उडीणा) /uḍīṇā ウディーナー/ *adj.* 悲しい, 悲しげな, 哀れな. (⇒ਉਦਾਸ)

ਉਨ੍ਹੱਤਰ (उण्हत्तर) /uṇăttarạ ウナッタル/ ▸ਉਣੱਤਰ, ਉਨੱਤਰ [(Pkt. उनहत्तरि) Skt. एकोनसप्तति] *ca.num.* 69.
— *adj.* 69の.

ਉਨ੍ਹੱਤਰਵਾਂ (उण्हत्तरवाँ) /uṇăttarạwā̃ ウナッタルワーン/ ▸ ਉਣੱਤਰਵਾਂ, ਉਨੱਤਰਵਾਂ [-ਵਾਂ] *or.num.* 69番目.
— *adj.* 69番目の.

ਉਣੰਜ੍ਹਵਾਂ (उणंज्हवाँ) /uṇâñjạwā̃ ウナンジワーン/ ▸ਉਣੰਜਵਾਂ [(Pkt. उनपंचास) Skt. एकोनपञ्चाशत् -ਵਾਂ] *or.num.* 49番目.
— *adj.* 49番目の.

ਉਣੰਜਵਾਂ (उणंजवाँ) /uṇañjạwā̃ ウナンジワーン/ ▸ਉਣੰਜ੍ਹਵਾਂ *or.num. adj.* → ਉਣੰਜ੍ਹਵਾਂ

ਉਣੰਜਾ (उणंजा) /uṇañjā ウナンジャー/ ▸ਉਨੰਜਾ, ਉਨਵੰਜਾ [(Pkt. उनपंचास) Skt. एकोनपञ्चाशत्] *ca.num.* 49.
— *adj.* 49の.

ਉਣੱਤ੍ਹੀਵਾਂ (उणत्त्हीवाँ) /uṇâttīwā̃ ウナッティーワーン/ ▸ ਉਣੱਤੀਵਾਂ [(Pkt. उनतीसा) Skt. एकोनत्रिंशत् -ਵਾਂ] *or.num.* 29番目.
— *adj.* 29番目の.

ਉਣੱਤਰ (उणत्तर) /uṇattarạ ウナッタル/ ▸ਉਨ੍ਹੱਤਰ, ਉਨੱਤਰ *ca.num. adj.* → ਉਨ੍ਹੱਤਰ

ਉਣੱਤਰਵਾਂ (उणत्तरवाँ) /uṇattarạwā̃ ウナッタルワーン/ ▸ ਉਨ੍ਹੱਤਰਵਾਂ, ਉਨੱਤਰਵਾਂ *or.num. adj.* → ਉਨ੍ਹੱਤਰਵਾਂ

ਉਣਤਾਲੀ (उणताली) /uṇạtālī ウンターリー/ ▸ਉਨਤਾਲੀ [Skt. एकोनचत्वारिंशत्] *ca.num.* 39.
— *adj.* 39の.

ਉਣਤਾਲੀਵਾਂ (उणतालीवाँ) /uṇạtālīwā̃ ウンターリーワーン/ ▸ਉਨਤਾਲੀਵਾਂ [-ਵਾਂ] *or.num.* 39番目.
— *adj.* 39番目の.

ਉਣਤੀ (उणती) /uṇạtī ウンティー/ *f.* **1** 編物の仕事. **2** 編物のデザイン.

ਉਣੱਤੀ (उणत्ती) /uṇattī ウナッティー/ ▸ਉਨੱਤੀ [(Pkt. उनतीसा) Skt. एकोनत्रिंशत्] *ca.num.* 29.
— *adj.* 29の.

ਉਣੱਤੀਵਾਂ (उणत्तीवाँ) /uṇattīwā̃ ウナッティーワーン/ ▸ ਉਣੱਤ੍ਹੀਵਾਂ *or.num. adj.* → ਉਣੱਤ੍ਹੀਵਾਂ

ਉਣਨਾ (उणना) /uṇạnā ウンナー/ *vt.* **1** 編む. **2** 織る. **3**(寝台の)紐を編んで張る.

ਉਣਵਾਈ (उणवाई) /uṇạwāī ウンワーイー/ ▸ਉਣਾਈ *f.* **1** 編物. **2** 織物. **3**(寝台の)紐を編んで張る仕事.

ਉਣਾ (उणा) /uṇā ウナー/ *suff.* 母音 ā で終わる動詞の語幹に付いて不定詞(主格・男性・単数形)を形成する接尾辞. ただし ਜਾ, ਖਾ など, ごく一部の語幹については例外もあり, それぞれ ਜਾਉਣਾ, ਖਾਉਣਾ とはならず ਜਾਣਾ, ਖਾਣਾ となる. 語尾変化については, 接尾辞 ਣਾ の項に示す.

ਉਣਾਈ (उणाई) /uṇāī ウナーイー/ ▸ਉਣਵਾਈ *f.* → ਉਣਵਾਈ

ਉਣਾਸਠ (उणासठ) /uṇāsaṭʰạ ウナーサト/ ▸ਉਣਾਹਠ, ਉਨ੍ਹਾਠ *ca.num.* → ਉਣਾਹਠ

ਉਣਾਸੀ (उणासी) /uṇāsī ウナースィー/ ▸ਉਨਾਸੀ [(Pkt. ऊनासी) Skt. ऊनाशीति] *ca.num.* 79.
— *adj.* 79の.

ਉਣਾਸੀਵਾਂ (उणासीवाँ) /uṇāsīwā̃ ウナースィーワーン/ [-ਵਾਂ] *or.num.* 79番目.
— *adj.* 79番目の.

ਉਣਾਹਠ (उणाहठ) /uṇâṭʰạ ウナート/ ▸ਉਣਾਸਠ, ਉਨ੍ਹਾਠ [(Pkt. उनसट्ठि) Skt. एकोनषष्टि] *ca.num.* 59.
— *adj.* 59の.

ਉਣਾਹਠਵਾਂ (उणाहठवाँ) /uṇâṭʰạwā̃ ウナートワーン/ [-ਵਾਂ] *or.num.* 59番目.
— *adj.* 59番目の.

ਉਣਾਨ੍ਹਵਾਂ (उणान्हवाँ) /uṇânạwā̃ ウナーンワーン/ ▸ ਉਣਾਨਵਾਂ [Skt. एकोननवति -ਵਾਂ] *or.num.* 89番目.
— *adj.* 89番目の.

ਉਣਾਨਵਾਂ (उणानवाँ) /uṇānạwā̃ ウナーンワーン/ ▸ ਉਣਾਨ੍ਹਵਾਂ *or.num. adj.* → ਉਣਾਨ੍ਹਵਾਂ

ਉਣਾਨਵੇਂ (उणानवें) /uṇānạwẽ ウナーンウェーン/ ▸ਉਨਾਨਵੇਂ [Skt. एकोननवति] *ca.num.* 89.
— *adj.* 89の.

ਉਣੀਂਦਾ (उणींदा) /uṇī̃dā ウニーンダー/ [Skt. उन्निद्र] *m.* **1** 不眠. **2** 眠い状態.

ਉਤ (उत) /utạ ウト/ ▸ਉਦ [Skt. उत्] *pref.* 「上」「上方」「上昇」「強さ」「激しさ」などを意味する接頭辞. (⇒ਉੱਪਰ)

ਉਤਸਰਜਨ (उतसरजन) /utạsarạjanạ ウトサルジャン/ *m.* 分泌.

ਉਤਸਵ (उतसव) /utasava ウトサヴ/ [Skt. उत्सव] *m.* **1** 祭り, 祝祭. **2** 祭日, 特別な行事, 盛儀. **3** めでたい行事, 慶事, お祝い事. **4** 祝賀, お祝い, 祝典. **5** 祝宴, 饗宴. **6** 派手な騒ぎ. **7** 儀式, 式典.

ਉਤਸਾਹ (उतसाह) /utasâ ウトサー/ ▸ਉਛਾਹ, ਉਤਸ਼ਾਹ *m.* → ਉਤਸ਼ਾਹ

ਉਤਸ਼ਾਹ (उतशाह) /utaśâ ウトシャー/ ▸ਉਛਾਹ, ਉਤਸਾਹ [Skt. उत्साह] *m.* **1** 熱意. **2** 熱中. ❐ਉਛਾਹ ਦੇਣਾ 熱中させる. **3** 熱情, 情熱, 気迫, 気合. **4** 貪欲さ. **5** やる気, 意欲, 意気込み, 気力. **6** 感化, 激励.

ਉਤਸ਼ਾਹਹੀਣ (उतशाहहीण) /utaśâhīṇa ウトシャーヒーン/ [Skt.-हीन] *adj.* **1** 無気力な. **2** 無感動な. **3** 不活発な.

ਉਤਸੁਕ (उतसुक) /utasuka ウトスク/ [Skt. उत्सुक] *adj.* **1** 熱心な, 熱意のある, 熱望している. **2** 好奇心の強い. **3** 貪欲な. **4** 熱烈な, 真剣な, 本気の.

ਉਤਸੁਕਤਾ (उतसुकता) /utasukatā ウトスクター/ [Skt.-ता] *f.* **1** 熱心さ, 熱意のあること. **2** 好奇心の強さ. **3** 貪欲さ. **4** 熱烈さ, 真剣さ.

ਉਤਕਟ (उतकट) /utakaṭa ウトカト/ [Skt. उत्कट] *adj.* **1** 非常な, 過度の, 極度の, 過激な. (⇒ਅਤੀ) **2** 激しい, 強烈な. (⇒ਤੀਬਰ)

ਉਤਕੰਠਾ (उतकंठा) /utakaṇṭʰā ウトカンター/ [Skt. उत्कंठा] *f.* **1** 切望, 熱望, 強い願い. **2** 渇望. **3** たまらない気持ち.

ਉਤਕਰਖ (उतकरख) /utakarakʰa ウトカルク/ [Skt. उत्कर्ष] *m.* **1** 高いこと, 高揚, 卓越, 傑出. **2** 頂点, 最高潮, 絶頂. **3** 優秀, 優越, 優勢. **4** 上昇, 増加, 進歩, 拡張. **5** 創造.

ਉਤੰਗ (उतंग) /utaṅga ウタング/ [Skt. उत्तुंग] *adj.* 上部の.

— *m.* **1**〖身体〗身体の上部. **2**〖身体〗手足の上部.

ਉਤਣੂੰ (उतणूँ) /utaṇū̃ ウトヌーン/ [(Pot.)] *m.*〖虫〗ギョウチュウ, 蟯虫. (⇒ਚਮੂਣਾ)

ਉਤਨਾ (उतना) /utanā ウトナー/ ▸ਉੱਨਾ, ਓਨਾ *adj.adv.* → ਓਨਾ

ਉਤਪਤ (उतपत) /utapata ウトパト/ [Skt. उत्पत्त] *adj.* **1** 生まれた, 誕生した. **2** 生み出された. **3** 発芽した. **4** 引き出された, 派生した.

ਉਤਪਤੀ (उतपती) /utapatī ウトパティー/ ▸ਉਤਪੱਤੀ [Skt. उत्पत्ति] *f.* **1** 起源, 根源. ❐ਦੁਖ ਦੀ ਉਤਪਤੀ ਪਾਪ ਤੋਂ ਹੁੰਦੀ ਹੈ। 苦の根源は罪にあります. **2** 発生, 誕生, 始まり, 発端. ❐ਭਾਸ਼ਾ ਦੀ ਉਤਪਤੀ ਅਤੇ ਵਿਕਾਸ ਬਾਰੇ ਦੈਵੀ ਸਿਧਾਂਤ ਹੀ ਪਰਚਲਿਤ ਸਨ। 言語の発生と発展については神授説のみが広まっていました. ❐ਇਸ ਲਹਿਰ ਦੀ ਉਤਪਤੀ ਦੇ ਕਈ ਕਾਰਨ ਸਨ। この運動の誕生にはいくつもの理由がありました. **3** 母胎からの誕生, 出生. (⇒ਜਨਮ) **4** 創造. **5** 生殖. **6** 発散. **7** 生産. **8** 成長. **9** 派生.

ਉਤਪੱਤੀ (उतपत्ती) /utapattī ウトパッティー/ ▸ਉਤਪਤੀ *f.* → ਉਤਪਤੀ

ਉਤਪੰਨ (उतपंन) /utapanna ウトパンヌ/ [Skt. उत्पन्न] *adj.* **1** 誕生した. **2** 生まれた, 発生した, 生じた. ❐ਉਤਪੰਨ ਹੋਣਾ 生まれる, 発生する. ❐ਇਸ ਸਾਦੀ ਸਿੱਖਿਆ ਨਾਲ ਮਹਾਨ ਸ਼ਕਤੀ ਉਤਪੰਨ ਹੋਈ। この純朴な教えによって偉大な力が生まれました. ❐ਉਤਪੰਨ ਕਰਨਾ 生じさせる, 引き起こす. **3** 創り出された, 創造された. **4** 生み出された, 作り出された, 生産された.

ਉਤਪਾਦਕ (उतपादक) /utapādaka ウトパーダク/ [Skt. उत्पादक] *adj.* **1** 生み出す, 産する. **2** 生産的な. **3** 生産力のある. **4** 肥沃な. (⇒ਜ਼ਰਖ਼ੇਜ਼)

— *m.* **1** 生産者, 製作者. **2** 栽培者.

ਉਤਪਾਦਕਤਾ (उतपादकता) /utapādakatā ウトパーダクター/ [Skt.-ता] *f.* 生産性, 生産力.

ਉਤਪਾਦਨ (उतपादन) /utapādana ウトパーダン/ [Skt. उत्पादन] *m.* **1** 生産, 製造. **2** 生産物, 製品. **3** 生産高.

ਉਤਪਾਦਨ ਕਰ (उतपादन कर) /utapādana kara ウトパーダン カル/ [+ Skt. कर] *m.* (国内における製造・販売・消費に課する)消費税, 物品税.

ਉਤਭੁਜ (उतभुज) /utapŭja ウトプジ/ [Skt. उद्भिज्ज] *adj.* **1** 上の方を破って生じた, 土を破って出てくる, 地中から生え出る. **2** 芽を出す, 発芽する.

— *m.* **1** 地中から生え出るもの. **2** 植物, 木, 草木, 樹木, 苗木. (⇒ਬਨਸਪਤੀ, ਬ੍ਰਿਛ, ਰੁੱਖ)

ਉੱਤਮ (उत्तम) /uttama ウッタム/ [Skt. उत्तम] *adj.* **1** 最高の, 至高の. (⇔ਨਿਮਨਤਮ) **2** 最良の. **3** 良い. **4** 優れた, 優秀な.

ਉੱਤਰ (उत्तर) /uttara ウッタル/ [Skt. उत्तर] *m.* **1** 北, 北方, 北部. (⇔ਦੱਖਣ) **2** 答え, 返答, 回答, 解答, 返事, 応答, 反応. (⇒ਜਵਾਬ)(⇔ਪਰਸ਼ਨ) ❐ਉੱਤਰ ਦੇਣਾ 答える, 返答する, 回答する, 解答する. ❐ਅਸੀਂ ਉਸ ਦੀਆਂ ਨਿੱਕੀਆਂ ਨਿੱਕੀਆਂ ਗੱਲਾਂ ਦੇ ਉੱਤਰ ਦਿੰਦੇ ਰਹਿੰਦੇ ਸਾਂ। 私たちはその子のこまごまとした発言に答え続けていました.

— *adj.* 後の, 後に続く, 後を継ぐ, さらに続く.

— *adv.* 後に, 後で.

ਉੱਤਰ ਅੱਧ (उत्तर अद्ध) /uttara âdda ウッタル アッド/ ▸ਉਤਰਾਰਧ [+ Skt. अर्ध] *m.* **1** 後ろの半分, 後半. **2** 本の後半.

ਉੱਤਰ ਅਧਿਕਾਰ (उत्तर अधिकार) /uttara âdikāra ウッタル アディカール/ [+ Skt. अधिकार] *m.* **1** 相続, 継承, 遺産. **2** 相続権.

ਉੱਤਰ ਅਧਿਕਾਰੀ (उत्तर अधिकारी) /uttara âdikārī ウッタル アディカーリー/ [+ Skt. अधिकारिन्] *m.* **1** 相続人, 嫡子. **2** 後継者, 跡取り. **3** 継承者, 跡継ぎ.

ਉੱਤਰਜੀਵੀ (उत्तरजीवी) /uttarajīvī ウッタルジーヴィー/ [Skt. उत्तरजीविन्] *m.* 遺族.

ਉੱਤਰਦਾਇਕ (उत्तरदाइक) /uttaradāika ウッタルダーイク/ [Skt. उत्तरदायक] *adj.* **1** 責任のある. **2** 申し開きの義務がある. **3** 責任を問われる.

ਉੱਤਰਦਾਇਕਤਾ (उत्तरदाइकता) /uttaradāikatā ウッタルダーイクター/ [Skt.-ता] *f.* **1** 責任, 責任があること. **2** 責務, 申し開きの義務があること. **3** 負担. **4** 重荷.

ਉੱਤਰਦਾਇਤਵ (उत्तरदाइतव) /uttaradāitava ウッタルダーイタヴ/ [Skt. उत्तरदायित्व] *m.* → ਉੱਤਰਦਾਇਕਤਾ

ਉੱਤਰਦਾਈ (उत्तरदाई) /uttaradāī ウッタルダーイー/ [Skt. उत्तरदायिन्] *adj.* **1** 責任のある. **2** 申し開きの義務がある. **3** 責任を問われる.

ਉਤਰਨਾ (उतरना) /utar̥anā ウタルナー/ ▶ਉੱਤਰਨਾ *vi.* → ਉੱਤਰਨਾ

ਉੱਤਰਨਾ (उत्तरना) /uttar̥anā ウッタルナー/ ▶ਉਤਰਨਾ [Skt. उत्तरति] *vi.* 1 下に行く, 下に来る. 2(高い所から)下りる, 降りる, 降り立つ, 下る, 下降する. ❐ਬਾਂਦਰ ਹੇਠਾਂ ਉੱਤਰ ਆਏ। 猿たちは下に降りて来ました. ❐ਆਖ਼ਰ ਉਹ ਇਕ ਮਹੱਲ ਦੀ ਛੱਤ ਤੇ ਜਾ ਉੱਤਰਿਆ। ついに彼は一つの宮殿の屋上に降り立ちました. 3(馬や自転車などから)降りる. ❐ਉਹ ਘੋੜੇ ਤੋਂ ਉੱਤਰ ਕੇ ਉਸ ਬੁੱਢੇ ਦੇ ਕੋਲ ਖਲੋ ਗਿਆ। 彼は馬から降りてその老人のそばに立ちました. 4(乗物から)降りる, 下車する, 下船する. ❐ਗੱਡੀ ਰੁਕੀ ਤੇ ਅਸੀਂ ਹੇਠਾਂ ਉੱਤਰੇ। 列車が停まると私たちは下車しました. ❐ਮੈਂ ਅੱਡੇ ਤੇ ਬਸ ਤੋਂ ਉੱਤਰਿਆ ਤੇ ਟੈਕਸੀ ਲੈ ਕੇ ਸਿੱਧਾ ਘਰ ਚਲਾ ਗਿਆ। 私はターミナルでバスを降りてタクシーに乗ってまっすぐ家に帰りました. 5 着陸する. 6 止まる, 停止する. 7 野営する, 布陣する. 8(色が)褪せる. 9 腐る. 10(熱が)下がる. 11(酔いが)さめる. 12 沈下する, 陥没する. 13(水位が)下がる, (水・潮が)引く. 14(天候・季節が)始まる.

ਉੱਤਰ ਪਦ (उत्तर पद) /uttar̥a pad̥a ウッタル パド/ [Skt. उत्तरपद] *adj.* 結果として起こる, 成り行き上当然の.

ਉੱਤਰ ਪ੍ਰਦੇਸ਼ (उत्तर प्रदेश) /uttar̥a pradeś̥a ウッタル プラデーシュ/ [Skt. उत्तर + Skt. प्रदेश] *m.* 〘地名〙ウッタル・プラデーシュ州《ガンジス川中流域の大平原に広がるインド北部の州. 名称は「北部の州」を意味する. 州都はラクナウ》. (⇒ਯੂਪੀ)

ਉਤਰਵਾਉਣਾ (उतरवाउणा) /utar̥awāuṇā ウタルワーウナー/ [cf. ਉੱਤਰਨਾ] *vt.* 1 下に行かせる, 下に来させる. 2 降ろさせる, 下がらせる. 3 脱がせる.

ਉਤਰਾਉ (उतराउ) /utar̥āo ウトラーオー/ [cf. ਉੱਤਰਨਾ] *m.* 降りること, 下降, 下り坂, 転落.

ਉਤਰਾਈ (उतराई) /utar̥āī ウトラーイー/ [cf. ਉੱਤਰਨਾ] *f.* 1 降りること, 下降. 2 下り坂. 3 転落.

ਉਤਰਾ-ਚੜ੍ਹਾ (उतरा-चड़्हा) /utar̥ā-caṛ̌ā ウトラー・チャラー/ *m.* 1 潮の干満. 2 上下. 3 興亡. 4 変動, 波動. 5 浮き沈み, 移り変わり, 有為転変.

ਉਤਰਾਰਧ (उतरारध) /utar̥ārâd̥a ウトラーラド/ ▶ਉੱਤਰ ਅੱਧ *m.* → ਉੱਤਰ ਅੱਧ

ਉੱਤਰੀ (उत्तरी) /uttarī ウッタリー/ [Skt. उत्तरीय] *adj.* 1 北の, 北方の, 北部の. (⇔ਦੱਖਣੀ) 2 上の, 上部の, 上に身につける.

ਉੱਤਰੀ ਕੋਰੀਆ (उत्तरी कोरीआ) /uttarī koriā ウッタリー コーリーアー/ [+ Eng. *Korea*] *m.* 〘国名〙朝鮮民主主義人民共和国, 北朝鮮.

ਉਤਰੋਤਰ (उतरोतर) /utar̥otar̥a ウトロータル/ [Skt. उत्तरोत्तर] *adj.* 1 さらに多くの, さらに高い. 2 続いている, 連続する.

— *adj.* 1 さらに多く, さらに高く. 2 だんだん, 次第に, 漸次. 3 続いて, 連続して. (⇒ਲਗਾਤਾਰ)

ਉੱਤਲ (उत्तल) /uttal̥a ウッタル/ *adj.* 凸状の.

ਉੱਤਲਤਾ (उत्तलता) /uttal̥atā ウッタルター/ *m.* 凸状, 凸面.

ਉਤਲਾ (उतला) /ut̥alā ウトラー/ *adj.* 1 上の方の, 上位の. (⇒ਉੱਪਰਲਾ)(⇔ਹੇਠਲਾ) 2 高い, 高い位置の, 高度のある. 3 頭上の. 4 さらにその上の, 追加の. 5 最高の.

— *m.* 1 〘衣服〙ドゥパッター《二つ折りの肩掛けショール》. (⇒ਦੁਪੱਟਾ) 2 〘天文〙星. (⇒ਤਾਰਾ) 3 〘比喩〙神. (⇒ਰੱਬ)

ਉਤਲਾਣਾ (उतलाणा) /ut̥alāṇā ウトラーナー/ *vi.* 1 急ぐ. (⇒ਛੇਤੀ ਕਰਣਾ) 2 焦る, あわてる. (⇒ਉਤਾਉਲਾ ਹੋਣਾ)

ਉਤਲਾ ਪੁਤਲਾ (उतला पुतला) /ut̥alā put̥alā ウトラー プトラー/ *adj.* 1 さらにその上の, 追加の. 2 補助の, 付随的な. 3 監督の, 管理の.

ਉਤਲੇ ਮਨੋਂ (उतले मनों) /ut̥ale manō̃ ウトレー マノーン/ *adv.* 1 気乗りしないで, やる気なく. 2 不真面目に, 真剣でなく. 3 不誠実に. 4 なおざりに, いい加減に, 熱意なく.

ਉਤਲੇਰਾ (उतलेरा) /ut̥alerā ウトレーラー/ *adj.* 1 さらに高い, より高い. 2 比較的高い. 3 やや高い.

ਉਤਾਂ (उताँ) /utā̃ ウターン/ ▶ਉਤਾਂਹ, ਉਤਾਂਹਾਂ *adv.* → ਉਤਾਂਹ

ਉੱਤਾ (उत्ता) /uttā ウッター/ [Skt. उक्ति] *m.* 知らせ. (⇒ਖ਼ਬਰ)

ਉਤਾਉਲਾ (उताउला) /utāulā ウターウラー/ ▶ਉਤਾਵਲਾ, ਤਾਉਲਾ, ਤਾਵਲਾ, ਤੌਲਾ *adj.* 1 切望している, 熱望している. 2 性急な, せっかちな, 焦っている. 3 軽率な. 4 熱中した. 5 素早い.

ਉਤਾਂਹ (उताँह) /utā̂ ウターン/ ▶ਉਤਾਂ, ਉਤਾਂਹਾਂ *adv.* 1 上に, 上方に. ❐ਉਤਾਂਹ ਹੇਠਾਂਹ ਕਰਨਾ 上下に動かす, 上下させる. ❐ਉਹ ਰਿੰਗ ਫੜ ਕੇ ਲਟਕਦੇ ਹਨ ਤੇ ਹੱਥਾਂ ਦੇ ਬਲ ਸਰੀਰ ਨੂੰ ਉਤਾਂਹ ਹੇਠਾਂਹ ਕਰਕੇ ਕਸਰਤ ਕਰਦੇ ਹਨ। 彼らは吊り輪をつかんでぶら下がり手の力で体を上下させて体を鍛えます. 2 上空に. 3 高く.

ਉਤਾਂਹਾਂ (उताँहाँ) /utā̂ā̃ | utā̃hā̃ ウターンアーン | ウターンハーン/ ▶ਉਤਾਂ, ਉਤਾਂਹ *adv.* → ਉਤਾਂਹ

ਉਤਾਣਾ (उताणा) /utāṇā ウターナー/ *vi.* うつ伏せに寝る.

ਉਤਾਰ (उतार) /utār̥a ウタール/ [Skt. उत्तार] *m.* 1 下り, 下降. 2 落下, 下落. 3 沈下, 陥没. 4 衰退, 退潮. 5 低下, 減少.

ਉਤਾਰ-ਚੜ੍ਹਾ (उतार-चड़्हा) /utār̥a-caṛ̌ā ウタール・チャラー/ *m.* 1 潮の干満. 2 上下. 3 興亡. 4 変動, 波動. 5 浮き沈み, 移り変わり, 有為転変. 6 積み降ろし. 7 (音調の)変化, 抑揚.

ਉਤਾਰਨਾ (उतारना) /utār̥anā ウタールナー/ [Skt. उत्तारयति] *vt.* 1 降ろす, 下ろす, 下げる. (⇒ਲਾਹੁਣਾ) ❐ਉਹਨੇ ਹਾਥੀ ਨੂੰ ਬੇੜੀ ਤੋਂ ਉਤਾਰ ਲਿਆ। 彼は象を舟から降ろしました. ❐ਕਿਰਪਾ ਕਰਕੇ ਮੈਨੂੰ ਅਗਲੇ ਚੌਰਾਹੇ ਤੇ ਉਤਾਰ ਦੇਣਾ। どうか私を次の交差点で降ろしてください. 2 脱ぐ, 外す, 取り去る. (⇒ਲਾਹੁਣਾ) 3 剥ぐ, 剥く.

ਉਤਾਰਾ[1] (उतारा) /utārā ウターラー/ *m.* 1 模写. (⇒ਕਾਪੀ) 2 複写, 複製. (⇒ਨਕਲ)

ਉਤਾਰਾ[2] (उतारा) /utārā ウターラー/ *m.* 1 滞在, 宿泊. 2 宿, 宿泊所.

ਉਤਾਰੂ (उतारू) /utārū ウタールー/ *adj.* 1 用意している, 待ち構えている, 態勢が整っている. 2 財産や地位を奪われた.

ਉਤਾਵਲ (उतावल) /utāwal̥a ウターワル/ *f.* 1 急ぎ, 早急.

2 迅速, 急速. **3** 性急.

ਉਤਾਵਲਾ (उतावला) /utāwalā ウターウラー/ ▸ਉਤਾਉਲਾ, ਤਾਉਲਾ, ਤਾਵਲਾ, ਤੌਲਾ *adj.* → ਉਤਾਉਲਾ

ਉਤਾੜ (उताड़) /utāṛa ウタール/ *f.* **1**〖地理〗上流. (⇔ਹਿਠਾੜ) **2**〖地理〗高地. (⇔ਹਿਠਾੜ)

ਉੱਤੂ (उत्तू) /uttū ウットゥー/ *m.* **1** 折り目を付けること. **2** ひだを付けること. **3** 装飾のためのひだ. **4** ひだの付いた縁飾り.

ਉੱਤੂਗਰ (उत्तूगर) /uttūgara ウットゥーガル/ *m.* 装飾のためのひだやひだの付いた縁飾りを作る職人.

ਉੱਤੂਗਰੀ (उत्तूगरी) /uttūgarī ウットゥーガリー/ *f.* 装飾のためのひだやひだの付いた縁飾りを作る技術.

ਉਤੇ (उते) /ute ウテー/ ▸ਉੱਤੇ, ਤੇ *postp.* 《 ਉਤੇ の ਉ の脱落した短縮形 ਤੇ も用いられる. その場合, 短縮形であることを示すため, つづりの初めにアポストロフィ 'を伴う表記の 'ਤੇ が用いられることもある》→ ਉੱਤੇ

ਉੱਤੇ (उत्ते) /utte ウッテー/ ▸ਉਤੇ, ਤੇ *postp.* 《 ਉੱਤੇ の ਉ とアダクの脱落した短縮形 ਤੇ も用いられる. その場合, 短縮形であることを示すため, つづりの初めにアポストロフィ 'を伴う表記の 'ਤੇ が用いられることもある》 **1**《位置・場所》…の上に, …に, …(の上)を. ❐ਆਂਡਿਆਂ ਦੀ ਟੋਕਰੀ ਸਿਰ ਉੱਤੇ ਰੱਖ ਲਈ। 卵の籠を頭の上に置きました. ❐ਸਾਹਮਣੇ ਉੱਚੀ ਪਹਾੜੀ ਉੱਤੇ ਇੱਕ ਕਿਲ੍ਹਾ ਨਜ਼ਰ ਆ ਰਿਹਾ ਸੀ। 正面の小高い山の上に一つの城が見えていました. ❐ਅਸਮਾਨ ਉੱਤੇ ਸਤਰੰਗੀ ਪੀਂਘ ਪਈ ਹੋਈ ਹੈ। 空には七色の虹が出ています. ❐ਖਿਡੌਣਿਆਂ ਦੀਆਂ ਦੁਕਾਨਾਂ ਉੱਤੇ ਕਿਸਮ-ਕਿਸਮ ਦੇ ਖਿਡੌਣੇ ਰੱਖੇ ਹੁੰਦੇ ਹਨ। おもちゃ屋の店頭には何種類ものおもちゃが置いてあります. ❐ਪਟਿਆਲੇ ਤੋਂ ਰਾਜਪੁਰੇ ਨੂੰ ਜਾਂਦੀ ਸੜਕ ਉੱਤੇ ਪੰਜਾਬੀ ਯੂਨੀਵਰਸਿਟੀ ਹੈ। パティアーラーからラージプラーに行く道路沿いにパンジャービー大学があります. **2**《分を伴う時刻「…時…分」に付ける》…に. **3**《情報源》…では, …によると. (⇒ਅਨੁਸਾਰ) **4**《時・機会》…の時に, …に際して. **5**《感情の対象》…に, …を, …に対して. **6**《不定詞の後置格形に続き「差し迫っている動作・状態」を表す》(今にも)…しようとして, …するところで. **7**《不定詞の後置格形に続き「動作の連続」を表す》…すると, …したら.

ਉਤੇਜਕ (उतेजक) /utejaka ウテージャク/ [Skt. उत्तेजक] *adj.* **1** 興奮性の, 興奮させる. **2** 刺激的な, 鼓舞する. **3** 憤激させる.

ਉਤੇਜਤ (उतेजत) /utejata ウテージャト/ ▸ਉਤੇਜਿਤ *adj.* → ਉਤੇਜਿਤ

ਉਤੇਜਨਾ (उतेजना) /utejanā ウテージナー/ [Skt. उत्तेजना] *m.* **1** 興奮. **2** 刺激, 鼓舞, 激励, 扇動. **3** 憤激.

ਉਤੇਜਿਤ (उतेजित) /utejita ウテージト/ ▸ਉਤੇਜਤ [Skt. उत्तेजित] *adj.* **1** 興奮した. **2** 刺激された, 鼓舞された, 扇動された.

ਉੱਤੋਂ (उत्तों) /uttõ ウットーン/ *adv.* 《 ਉੱਤੇ ਤੋਂ の融合形》上から, 上を通って.

— *postp.* 《 ਉੱਤੇ ਤੋਂ の融合形》…の上から, …の上を通って. ❐ਗੱਡੀ ਇਹਨਾਂ ਪੁਲਾਂ ਉੱਤੋਂ ਆਈ। 列車はこれらの橋の上を通って来ました.

ਉੱਤੋੜਿੱਤੀ (उत्तोंड़ित्ती) /uttõṛittī ウットーンリッティー/ ▸ਉਤੋੜਤੀ *adv.* **1** 次々に. **2** 続けて, 連続して. **3** 引き続いて.

ਉਤੋੜਤੀ (उतोड़ुती) /utoṛutī ウトールティー/ ▸ਉੱਤੋੜਿੱਤੀ *adv.* → ਉੱਤੋੜਿੱਤੀ

ਉੱਥਰੂ (उत्थरू) /uttʰarū ウッタルー/ ▸ਉੱਥੂ, ਹਥੂ *m.* → ਉੱਥੂ

ਉਥੱਲਣਾ (उथल्लणा) /utʰallaṇā ウタッラナー/ *vt.* **1** ひっくり返す. **2**(本のページなどを)めくる.

ਉਥਲ-ਪੁਥਲ (उथल-पुथल) /utʰala-putʰala ウタル・プタル/ *f.* **1** ごった返し, ごちゃまぜ. **2** ごたまぜ, 乱雑. **3** 滅茶苦茶の状態. **4** 大混乱. **5** 騒ぎ, 騒動. **6** 騒乱. **7** 混沌.

ਉਥਾਈਂ (उथाईं) /utʰāĩ ウターイーン/ *adv.* その場に.

ਉਥਾਨ (उथान) /utʰāna ウターン/ [Skt. उत्थान] *m.* **1** 向上, 上昇, 高くなること. **2** 興隆, 振興, 活力を得ること. **3** 進歩. **4** 発展.

ਉਥਾਨਕਾ (उथानका) /utʰānakā ウターンカー/ [Skt. उत्थानिका] *f.* **1** 序文, 序章, 導入, 前書き. **2**〖音楽〗前奏曲, 序曲.

ਉਥਾਪਣਾ (उथापणा) /utʰāpaṇā ウタープナー/ *vt.* 移植する.

ਉੱਥੂ (उत्थू) /uttʰū ウットゥー/ ▸ਉੱਥਰੂ, ਹਥੂ *m.*〖医〗激しい咳払い, 食道が詰まって起こる発作的な咳.

ਉੱਥੇ (उत्थे) /uttʰe | ottʰe ウッテー | オーッテー/ ▸ਓਥੇ *adv.* そこに, そこで, あそこに, あそこで. ❐ਉੱਥੇ ਇੱਕ ਬਿੱਲੀ ਆਈ। そこに一匹の猫がやって来ました.

ਉੱਥੋਂ (उत्थों) /uttʰõ | ottʰõ ウットーン | オーットーン/ ▸ਓਥੋਂ *adv.* 《 ਉੱਥੇ ਤੋਂ の融合形》そこから, そこを, そこを通って. ❐ਸ਼ਹਿਰ ਉੱਥੋਂ ਚਾਰ ਕਿਲੋਮੀਟਰ ਦੂਰ ਸੀ। 町はそこから4キロメートルの距離でした. ❐ਉੱਥੋਂ ਲੰਘਦੇ ਹੋਏ ਲੋਕਾਂ ਨੇ ਪੁੱਛਿਆ। そこを通りかかった人々は尋ねました.

ਉਦ (उद) /uda ウド/ ▸ਉਤ [Skt. उद्] *pref.* 「上」「上方」「上昇」「強さ」「激しさ」などを意味する接頭辞.

ਉਦਕ (उदक) /udaka ウダク/ [Skt. उदक] *m.* 水. (⇒ਜਲ, ਪਾਣੀ)

ਉਦਕਰਖ (उदकरख) /udakarakʰa ウドカラク/ [Skt. उत्कर्ष] *m.* **1** 上昇. **2** 創造. (⇒ਸਰਿਸ਼ਟੀ, ਰਚਨਾ)

ਉਦੰਗਲ (उदंगल) /udaṅgala ウダンガル/ *m.* 喧嘩, 争い. (⇒ਝਗੜਾ)

ਉਦਗਾਰ (उदगार) /udagāra ウドガール/ [Skt. उद्गार] *m.* **1** 噴出. **2** 沸騰. **3** 感情のはけ口. **4** 強い感情の表現. **5** 情緒.

ਉਦਘਾਟਨ (उदघाटन) /udagăṭana ウドガータン/ [Skt. उद्घाटन] *m.* **1** 就任, 発会, 開業. **2** 開会, 開始の儀式, 落成式.

ਉਦਘਾਟਨੀ (उदघाटनी) /udagăṭanī ウドガータニー/ [-ਈ] *adj.* 就任の, 発会の, 落成の.

ਉਦਭਵ (उदभव) /udapăva ウドパヴ/ [Skt. उद्भव] *m.* **1** 誕生, 発生. **2** 起源. **3** 興隆, 興起, 出現.

ਉੱਦਮ (उद्दम) /uddama ウッダム/ [Skt. उद्यम] *m.* **1** 努力しようという衝動. **2** 努力, 尽力. (⇒ਜਤਨ) **3** 勤勉, 励むこと. **4** 熱意.

ਉਦਮਣ (उदमण) /udamaṇa ウドマン/ [Skt. उद्यम -ਣ] *f.* 勤勉な女性, 努力家の女性.

ਉਦਮਾਤ (उदमात) /udamāta ウドマート/ ▸ਉਦਮਾਦ *f.* →

ਉਦਮਾਦ
ਉਦਮਾਦ (उदमाद) /udamāda ウドマード/ ▸ਉਦਮਾਤ [Skt. उन्माद] *f.* **1** 陶酔, 酔い痴れること, 熱中. (⇒ਮਸਤੀ) **2** 狂気, 狂乱, 精神異常.
ਉਦਮਾਦਾ (उदमादा) /udamādā ウドマーダー/ [Skt. उन्माद] *adj.* **1** 陶酔した, 酔い痴れた. (⇒ਮਤਵਾਲਾ) **2** 狂った, 狂気の, 精神異常の.
ਉਦਮੀ (उदमी) /udamī ウドミー/ ▸ਉੱਦਮੀ *adj.m.* → ਉੱਦਮੀ
ਉੱਦਮੀ (उद्दमी) /uddamī ウッダミー/ ▸ਉਦਮੀ [Skt. उद्यमिन्] *adj.* **1** 勤勉な, 努力家の. **2** 進取的な, 意欲的な. **3** 活発な, 活動的な, 精力的な.
— *m.* 企業家, 事業主, 工場主.
ਉਦਯੋਗ (उदयोग) /udayoga ウドヨーグ/ [Skt. उद्योग] *m.* **1** 努力. **2** 勤労, 労働. **3** 試み, 企て. **4** 産業, 工業. **5** 製造, 製造業. **6** 企業.
ਉਦਯੋਗਸ਼ਾਲਾ (उदयोगशाला) /udayogaśālā ウドヨーグシャーラー/ [+ Skt. शाला] *f.* **1** 工場. **2** 製作所. **3** 仕事場.
ਉਦਯੋਗਪਤੀ (उदयोगपती) /udayogapatī ウドヨーグパティー/ [+ Skt. पति] *m.* 産業資本家, 実業家, 工場経営者.
ਉਦਯੋਗਵਾਦ (उदयोगवाद) /udayogawāda ウドヨーグワード/ [Skt.-वाद] *m.* **1** 産業立国主義, 工業至上主義. **2** 工業化政策.
ਉਦਯੋਗਵਾਦੀ (उदयोगवादी) /udayogawādī ウドヨーグワーディー/ [Skt.-वादिन्] *adj.* **1** 産業立国主義を主唱する, 工業至上主義を主唱する. **2** 工業化政策を推進する.
— *m.* **1** 産業立国主義者, 工業至上主義者. **2** 工業化政策の指導者.
ਉਦਯੋਗਿਕ (उदयोगिक) /udayogika ウドヨーギク/ *adj.* 産業の, 工業の.
ਉਦਯੋਗੀ (उदयोगी) /udayogī ウドヨーギー/ [Skt. उद्योगिन्] *adj.* 産業の, 工業の.
ਉਦਯੋਗੀਕਰਨ (उदयोगीकरन) /udayogīkarana ウドヨーギーカルン/ [Skt.-करण] *m.* 産業化, 工業化.
ਉਦਰ (उदर) /udara ウダル/ [Skt. उदर] *m.* **1**〖身体〗腹, 腹部. (⇒ਪੇਟ, ਢਿੱਡ) **3**〖身体〗子宮. (⇒ਗਰਭ) **3**〖身体〗腰, 腰周り. (⇒ਕਮਰ, ਲੱਕ)
ਉਦਰਾਉਣਾ (उदराउणा) /udarāuṇā ウドラーウナー/ ▸ਓਦਰਾਉਣਾ *vt.* → ਓਦਰਾਉਣਾ
ਉਦਰੇਵਾਂ (उदरेवाँ) /udarewā̃ ウドレーワーン/ ▸ਓਦਰੇਵਾਂ *m.* **1** 悲しみ, 落胆, 憂い, 憂鬱. (⇒ਉਦਾਸੀ) **2** 会えないで気が滅入ること. **3** 思慕. **4** 郷愁. **5** ホームシック, 懐郷病.
ਉਦਾਸ (उदास) /udāsa ウダース/ [Skt. उदास] *adj.* **1** 悲しい, 悲しげな, 哀れな. **2** 落胆している, しょげた, 気落ちしている. ❐ਉਹ ਬੜੇ ਉਦਾਸ ਹੋਏ। 彼らはひどく落胆しました. **3** 憂欝な, 沈んだ. **4** 無関心な, 超然とした.
ਉਦਾਸੀ (उदासी) /udāsī ウダースィー/ [-ਈ] *f.* **1** 悲しみ, 悲しい思い. **2** 憂い, 憂鬱. **3** 無関心. **4** 隠遁, 世俗を離れた遊行, 布教の行脚. (⇒ਸਨਿਆਸ) **5** 旅. **6**〖スィ〗ウダースィー《グル・ナーナクがその生涯において何度も行った遊行の長旅》. ❐ਉਹ ਨੌਕਰੀ ਛੱਡ ਕੇ ਮਰਦਾਨੇ ਸਮੇਤ ਉਦਾਸੀਆਂ ਤੇ ਚਲੇ ਗਏ। 彼は職を辞めてマルダーナーとともに長旅に出かけました. **7**〖スィ〗ウダースィー《グル・ナーナクの息子シュリー・チャンドを創始者とする禁欲主義的一派の名称. この派の信徒・行者に対する呼称》.
ਉਦਾਸੀਨ (उदासीन) /udāsīna ウダースィーン/ [Skt. उदासीन] *adj.* **1** 世俗の執着に無頓着な. **2** 超然とした, 無関心な.
ਉਦਾਸੀਨਤਾ (उदासीनता) /udāsīnatā ウダースィーンター/ [Skt.-ता] *f.* **1** 世俗の執着に無頓着なこと. **2** 超然としていること, 無関心.
ਉਦਾਹਰਣ (उदाहरण) /udârana ウダーラン/ ▸ਉਦਾਹਰਨ *m.* → ਉਦਾਹਰਨ
ਉਦਾਹਰਨ (उदाहरन) /udârana ウダーラン/ ▸ਉਦਾਹਰਣ [Skt. उदाहरण] *m.* **1** 例, 実例. (⇒ਮਿਸਾਲ, ਦਰਿਸ਼ਟਾਂਤ) **2** 見本, 手本, 模範.
ਉਦਾਤ (उदात) /udāta ウダート/ [Skt. उदात्त] *adj.* **1** 崇高な. **2** 鋭く目立つ.
ਉਦਾਰ (उदार) /udāra ウダール/ [Skt. उदार] *adj.* **1** 自由な, 寛大な. **2** 度量の広い, 許容範囲の広い. **3** 寛容な, 包容力のある, おおらかな. **4** 慈悲深い. **5** 気前の良い, 惜しみなく与える. **6** 温和な, 温厚な. **7** 高貴な. **8** 高名な.
ਉਦਾਰਤਾ (उदारता) /udāratā ウダールター/ [Skt.-ता] *f.* **1** 自由, 寛大さ. **2** 度量の広さ. **3** 寛容性, おおらかさ. **4** 慈悲深さ. **5** 気前の良さ. **6** 温和さ, 温厚さ.
ਉਦਾਰਵਾਦ (उदारवाद) /udārawāda ウダールワード/ [Skt.-वाद] *m.* 自由主義.
ਉਦਾਰਵਾਦੀ (उदारवादी) /udārawādī ウダールワーディー/ [Skt.-वादिन्] *adj.* 自由主義の.
— *m.* 自由主義者.
ਉਦਾਲਾ (उदाला) /udālā ウダーラー/ *m.* **1** 周囲の状況. **2** 環境. **3** 近隣, 近所.
ਉਦਾਲੇ (उदाले) /udāle ウダーレー/ *adv.* **1** 周囲に. **2** 周り中に.
ਉਦਿਆਨ (उदिआन) /udiāna ウディアーン/ [Skt. उद्यान] *m.* **1** 庭, 庭園, 公園. **2** 果樹園. **3** 自然のままの地域, 森林.
ਉਦਿਤ (उदित) /udita ウディト/ [Skt. उद्यत] *adj.* **1** 上げられた, 昇った. **2** はっきり見える, 明白な, 明確な, 明瞭な. (⇒ਪਰਗਟ, ਜ਼ਾਹਰ) **3** 用意のできた. **4** 熱心な. **5** 活発な, 勤勉な, 行き届いた.
ਉੱਦੀਪਨ (उद्दीपन) /uddīpana ウッディーパン/ *m.* **1** 燃え上がらせること, 火を点けること. **2** 刺激, 激励. **3** 興奮させる行為, 煽ること. **4** 元気づけ, 気持ちを引き立たせること. **5** 起源. **6** 始まり. **7** 上昇. **8** 発展.
ਉਦੇ (उदे) /ude ウデー/ [Skt. उदय] *m.* **1** 上昇. (⇔ਅਸਤ) **2** 日の出. **3** 出現, 現れること. **4** 発生. **5** 興隆, 振興. **6** 進歩, 発展. **7** 繁栄.
ਉਦੇਸ਼ (उदेश) /udeśa ウデーシュ/ [Skt. उद्देश्य] *m.* **1** 目的, 目標. (⇒ਮਕਸਦ) **2** 意図. **3** 願い, 願望. **4** 指示, 指令. **5** 使命, 任務.
ਉਦੇਸਾਉਣਾ (उदेसाउणा) /udesāuṇā ウデーサーウナー/ ▸ਉਦੇਸਾਉਣਾ *vi.* **1** 増える, 増す, 増大する. (⇒ਵਧਣਾ) **2** 上昇する, 上向く. **3** 成長する. **4** 発展する, 前進する.

ਉਦੇਸ਼ਾਤਮਕ (उदेशातमक) /udeśātamaka ウデーシャートマク/ [Skt. उद्देश्य Skt.-आत्मक] *adj.* 目的のある, 目標のある.

ਉਦੋਂ (उदों) /udõ ウドーン/ ▸ਓਦੋਂ *adv.* → ਓਦੋਂ

ਉਦੋਸਾਉਣਾ (उदोसाउणा) /udosāuṇā ウドーサーウナー/ ▸ਉਦੇਸਾਉਣਾ *vi.* → ਉਦੇਸਾਉਣਾ

ਉਦੋਕਣਾ (उदोकणा) /udokaṇā ウドークナー/ ▸ਉਦੋਕਾ *adv.* その時から.

ਉਦੋਕਾ (उदोका) /udokā ウドーカー/ ▸ਉਦੋਕਣਾ *adv.* → ਉਦੋਕਣਾ

ਉੱਧ¹ (उद्ध) /ûdda ウッド/ *adj.* 愚かな. (⇒ਮੂਰਖ)

ਉੱਧ² (उद्ध) /ûdda ウッド/ *f.* **1** 願望. (⇒ਇੱਛਿਆ) **2** 野心. (⇒ਉਮੰਗ)

ਉਧਰ (उधर) /ûdara | ôdara ウダル | オーダル/ ▸ਉੱਧਰ, ਓਧਰ, ਔਧਰ *adv.* → ਉੱਧਰ

ਉੱਧਰ (उद्धर) /ûddara | ôddara ウッダル | オーッダル/ ▸ਉਧਰ, ਓਧਰ, ਔਧਰ *adv.* **1** あちらに, あちらを. **2** あちらでは. **3** あちら側に. (⇒ਉਸ ਪਾਸੇ, ਉਸ ਵੱਲ)

ਉਧਰਣ (उधरण) /ûdaraṇa ウドラン/ ▸ਉਧਰਨ *m.* → ਉਧਰਨ

ਉਧਰਨ (उधरन) /ûdarana ウドラン/ ▸ਉਧਰਣ [Skt. उद्धरण] *m.* **1** 救い, 救済. **2** 救助, 救出. **3** 解放.

ਉਧਰਨਾ (उधरना) /ûdaranā ウダルナー/ [cf. ਉਧਰਨ] *vi.* **1** 助かる, 救われる, 救出される. **2** 魂の救済を得る, 至福に達する.

ਉਧਰੋਂ (उधरों) /ûdarõ | ôdarõ ウダローン | オーダローン/ ▸ਓਧਰੋਂ *adv.* → ਓਧਰੋਂ

ਉੱਧਲਣਾ (उद्धलणा) /ûddalaṇā ウッダルナー/ *vi.* **1** (特に女性が主語となって)駆け落ちする. **2** 家出する, 出奔する.

ਉੱਧੜਗੁਧੜ (उद्धड़गुधड़) /ûddaṛagûdaṛa ウッダルグダル/ ▸ਉੱਧੜਗੁਧੜਾ *adj.* → ਉੱਧੜਗੁਧੜਾ

ਉੱਧੜਗੁਧੜਾ (उद्धड़गुधड़ा) /ûddaṛagûdaṛā ウッダルグダラー/ ▸ਉੱਧੜਗੁਧੜ *adj.* **1** もつれた, 紛糾した. **2** 当惑した, 混乱した. (⇒ਬੇਤਰਤੀਬ) **3** もつれ毛の, (髪などが)ぼさぼさの.

ਉੱਧੜਨਾ (उद्धड़ना) /ûddaṛanā ウッダルナー/ *vi.* **1** 綻びる. **2** ほどける, もつれが解ける.

ਉਧਾਰ (उधार) /udăra ウダール/ ▸ਹੁਦਾਰ, ਹੁਧਾਰ [Skt. उद्धार] *m.* **1** 借金, 負債. **2** 借り, 借り入れ, 借用. **3** 貸し, 貸し付け, 貸与.

ਉੱਧਾਰ (उद्धार) /uddăra ウッダール/ [Skt. उद्धार] *m.* **1** 救い, 救済. **2** 助け, 助け出すこと, 救助, 救出. **3** 解放.

ਉਧਾਰਨਾ (उधारना) /udăranā ウダールナー/ [cf. ਉੱਧਾਰ] *vt.* **1** 助ける, 救う, 救済する. **2** 救い出す, 助け出す, 救助する, 救出する. **3** 解き放つ, 解放する.

ਉਧਾਰਾ (उधारा) /udărā ウダーラー/ [Skt. उद्धार] *adj.* 借用している, 負債のある.

ਉਧਾਲਣਾ (उधालणा) /udălaṇā ウダールナー/ *vt.* **1** 誘拐する. **2** さらう, 拉致する.

ਉਧਾਲਾ (उधाला) /udălā ウダーラー/ *m.* **1** 誘拐. **2** 拉致. **3** 駆け落ち.

ਉਧੇੜਨਾ (उधेड़ना) /uděṛanā ウデールナー/ *vt.* **1** 綻ばせる. **2** ほどく, もつれを解く.

ਉਧੇੜਬੁਣ (उधेड़बुण) /uděṛabuṇa ウデールブン/ *m.* **1** 当惑, 混乱. **2** 板挟み, 窮地. **3** 心配, 気がかり. **4** 判断がつかないこと, 優柔不断.

ਉੱਨ (उन्न) /unna ウンヌ/ [Skt. ऊर्णा] *f.* 羊毛. ❐ਉੱਨ ਲਾਹੁਣੀ 奪い取る, 略奪する, お金をまき上げる.

ਉਨ੍ਹਾਂ (उन्हाँ) /ûnā̃ ウナーン/ ▸ਉਹਨਾਂ, ਓਹਨਾਂ, ਹੁੰਨ੍ਹਾਂ *pron.* → ਉਹਨਾਂ

ਉਨ੍ਹਾਲਾ (उन्हाला) /ûnālā ウナーラー/ [Skt. उष्ण + Skt. काल] *m.* 〖暦〗夏.

ਉਨ੍ਹਾਠ (उन्हाठ) /unăṭʰa ウナート/ ▸ਉਣਾਸਠ, ਉਣਾਹਠ *ca.num. adj.* → ਉਣਾਹਠ

ਉੱਨ੍ਹੀਂ (उन्हीं) /ûnnī̃ ウンニーン/ [(Pkt. उन्नीस) Skt. एकोनविंशति -ईं] *adv.* 19ルピーで.

ਉੱਨ੍ਹੀਵਾਂ (उन्हीवाँ) /ûnnīwā̃ ウンニーワーン/ ▸ਉੱਨੀਵਾਂ [(Pkt. उन्नीस) Skt. एकोनविंशति -वाँ] *or.num.* 19番目. — *adj.* 19番目の.

ਉਨੰਜਾ (उनंजा) /unañjā ウナンジャー/ ▸ਉਣੰਜਾ, ਉਨਵੰਜਾ *ca.num. adj.* → ਉਣੰਜਾ

ਉੱਨਤ (उन्नत) /unnata ウンナト/ [Skt. उन्नत] *adj.* **1** 進歩した, 躍進した. **2** 発展した, 発達した. **3** 改善された.

ਉਨੱਤਰ (उनत्तर) /unattara ウナッタル/ ▸ਉਣ੍ਹੱਤਰ, ਉਣੱਤਰ *ca.num. adj.* → ਉਣ੍ਹੱਤਰ

ਉਨੱਤਰਵਾਂ (उनत्तरवाँ) /unattarawā̃ ウナッタルワーン/ ▸ਉਣ੍ਹੱਤਰਵਾਂ, ਉਣੱਤਰਵਾਂ *or.num. adj.* → ਉਣ੍ਹੱਤਰਵਾਂ

ਉਨਤਾਲੀ (उनताली) /unatālī ウンターリー/ ▸ਉਣਤਾਲੀ *ca.num. adj.* → ਉਣਤਾਲੀ

ਉਨਤਾਲੀਵਾਂ (उनतालीवाँ) /unatālīwā̃ ウンターリーワーン/ ▸ਉਣਤਾਲੀਵਾਂ *or.num.* → ਉਣਤਾਲੀਵਾਂ

ਉੱਨਤੀ (उन्नती) /unnatī ウンナティー/ [Skt. उन्नति] *f.* **1** 進歩, 躍進, 上達. ❐ਉਹ ਪੜ੍ਹਾਈ ਵਿੱਚ ਕੋਈ ਉੱਨਤੀ ਨਹੀਂ ਕਰ ਰਿਹਾ ਹੈ। 彼は勉学で何の進歩もしていません. **2** 発展, 発達. **3** 改善.

ਉਨੱਤੀ (उनत्ती) /unattī ウナッティー/ ▸ਉਣੱਤੀ *ca.num. adj.* → ਉਣੱਤੀ

ਉਨਤੋਦਰ (उनतोदर) /unatodara ウントーダル/ *adj.* 凸状の.

ਉਨਤੋਦਰਤਾ (उनतोदरता) /unatodaratā ウントーダルター/ *f.* 凸状, 凸面.

ਉਨਮਤ (उनमत) /unamata ウンマト/ [Skt. उन्मत्त] *adj.* **1** 興奮した, のぼせた, 上気した. **2** 酔った. (⇒ਮਤਵਾਲਾ) **3** 気が狂った, 狂気の. **4** 狂乱した, 逆上した. **5** 正気でない, 精神異常の.

ਉਨਮਨਾ (उनमना) /unamanā ウンマナー/ [Skt. अन्यमनस्क] *adj.* うわの空の, 茫然自失の, 何も感知しない.

ਉਨਮਾਦ (उनमाद) /unamāda ウンマード/ [Skt. उन्माद] *m.* **1** 陶酔, 酔い痴れること. **2** 恍惚, 熱中, 熱狂. **3** 狂乱, 逆上. **4** 狂気, 精神異常.

ਉਨਮਾਨ (उनमान) /unamāna ウンマーン/ [Skt. उन्मान] *m.* **1** (大きさ・重さ・量などの)単位, 尺度, 計測. **2** 概算. **3** 推量, 推測. (⇒ਅੰਦਾਜ਼ਾ)

ਉਨਮੁਕਤੀ (उनमुकती) /unamukatī ウンムクティー/ [Skt.

उन्मुक्ति] *f.* **1** 解き放つこと, 解き放たれること, 解放, 自由. **2**〘法〙釈放. **3** 免れること, 免除.

ਉਨਮੁਖ (उनमुख) /unamukʰa ウンムク/ [Skt. उन्मुख] *adj.* **1** 顔を上げている, 上の方を見ている. **2** 心が向いている, したいと思っている, するつもりの. **3** 熱意のある, 熱望している. **4** 傾向がある, しがちの.

ਉਨਮੁਖਤਾ (उनमुखता) /unamukʰatā ウンムクター/ [Skt.-ता] *f.* **1** 傾向, 心が向いていること, したいと思っていること. **2** 意図, 意向. **3** しがちであること.

ਉਨਵੰਜਾ (उनवंजा) /unawañjā ウンワンジャー/ ▸ਉਣੰਜਾ, ਉਨੰਜਾ *ca.num. adj.* → ਉਣੰਜਾ

ਉੱਨਾ (उन्ना) /unnā ウンナー/ ▸ਉਤਨਾ, ਓਨਾ *adj.adv.* → ਓਨਾ

ਉਨਾਸੀ (उनासी) /unāsī ウナースィー/ ▸ਉਣਾਸੀ *ca.num. adj.* → ਉਣਾਸੀ

ਉਨਾਨਵੇਂ (उनानवें) /unānawẽ ウナーンウェーン/ ▸ਉਣਾਨਵੇਂ *ca.num. adj.* → ਉਣਾਨਵੇਂ

ਉਨਾਬ (उनाब) /unāba ウナーブ/ [Arab. `*unnāb*] *m.*〘植物〙イヌナツメ(蛮棗)《クロウメモドキ科の低木. 実は食用, 種子と樹皮は薬用》. (⇒ਬਦਰੀ)

ਉਨਾਬੀ (उनाबी) /unābī ウナービー/ [Pers. `*unnābī*] *adj.* イヌナツメ色の, 紫紅色の, 暗紅褐色の.

ਉੱਨੀ (उन्नी) /unnī ウンニー/ [(Pkt. उन्नीस) Skt. एकोनविंशति] *ca.num.* 19.

— *adj.* 19の.

ਉਨੀਂਦਾ (उनींदा) /unī̃dā ウニーンダー/ *adj.* **1** うとうとしている, 眠りかけの. **2** ぐっすり眠っていない. **3** 眠れない, 不眠の.

— *m.* **1** うとうとしていること, 眠りかけの状態. **2** ぐっすり眠っていない状態. **3** 不眠.

ਉੱਨੀਵਾਂ (उन्नीवाँ) /unnīwā̃ ウンニーワーン/ ▸ਉੱਨ੍ਹੀਵਾਂ *or.num. adj.* → ਉੱਨ੍ਹੀਵਾਂ

ਉਪ (उप) /upa ウプ/ [Skt. उप] *pref.* 「副…」「次…」「亜…」「二次的な」「近接」「傍に」などの意味を含む語を形成する接頭辞. (⇒ਸਬ)

ਉਪਅਸਤੀ (उपअसती) /upaasatī ウプアスティー/ [Skt. उप- Skt. अस्थि] *f.*〘身体〙軟骨.

ਉਪਸੰਹਾਰ (उपसंहार) /upasanhāra ウプサンハール/ [Skt. उपसंहार] *m.* **1** 終わり, 終結. **2** 終章, 結末.

ਉਪ-ਸਕੱਤਰ (उप-सकत्तर) /upa-sakattara ウプ・サカッタル/ [Skt. उप- Eng. *secretary*] *m.* 次官, 副長官.

ਉਪਸਥਿਤ (उपसथित) /upasatʰita ウパスティト/ [Skt. उप- Skt. स्थित] *adj.* **1** 近くにいる, 出席している, その場にいる, 居合わせている. (⇒ਹਾਜ਼ਰ) **2** 存在している. (⇒ਮੌਜੂਦ)

ਉਪਸਥਿਤੀ (उपसथिती) /upasatʰitī ウパスティティー/ [Skt. उप- Skt. स्थिति] *f.* 出席, 出勤, 参列, 現存. (⇒ਹਾਜ਼ਰੀ)

ਉਪ-ਸਭਾਪਤੀ (उप-सभापती) /upa-sâbāpatī ウプ・サバーパティー/ [Skt. उप- Skt. सभा + Skt. पति] *m.* 副議長.

ਉਪ-ਸਮਿਤੀ (उप-समिती) /upa-samitī ウプ・サミティー/ [Skt. उप- Skt. समिति] *f.* 小委員会, 分科会.

ਉਪਸਰਗ (उपसरग) /upasaraga ウプサルグ/ [Skt. उप- Skt. सर्ग] *m.* **1**〘言〙接頭辞, 前置詞. **2**〘言〙後置詞.

ਉਪਹਾਸ (उपहास) /upahāsa ウプハース/ [Skt. उपहास] *m.* **1** 冗談, 洒落. (⇒ਮਖੌਲ) **2** ひやかし, 嘲笑. **3** あざけり, 愚弄. **4** 馬鹿にすること, さげすみ. **5** からかい.

ਉਪਹਾਰ (उपहार) /upahāra ウプハール/ [Skt. उपहार] *m.* **1** 贈り物, 寄贈品, プレゼント, ギフト, 進物. (⇒ਤੋਹਫ਼ਾ, ਨਜ਼ਰਾਨਾ) **2** 心付け.

ਉਪ-ਕਮਿਸ਼ਨਰ (उप-कमिशनर) /upa-kamiśanara ウプ・カミシュナル/ [Skt. उप- Eng. *commissioner*] *m.* 副委員長. (⇒ਛੋਟਾ ਕਮਿਸ਼ਨਰ)

ਉਪਕਰਣ (उपकरण) /upakaraṇa ウプカルン/ ▸ਉਪਕਰਨ *m.* → ਉਪਕਰਨ

ਉਪਕਰਨ (उपकरन) /upakarana ウプカルン/ ▸ਉਪਕਰਣ [Skt. उप- Skt. करण] *m.* **1** 用具, 道具. **2** 装置. **3** 器械, 器具. **4** 材料.

ਉਪਕਰਨਾ (उपकरना) /upakaranā ウプカルナー/ [cf. ਉਪਕਾਰ] *vt.* 恩を施す, 利益を与える.

ਉਪਕਰਮ (उपकरम) /upakarama ウプカラム/ [Skt. उप- Skt. क्रम] *m.* **1** 準備段階, 導入部, 序文. **2** 始まり. (⇒ਸ਼ੁਰੂ) **3** 仕事, 事業. **4** 有利な手段, 臨機の処置.

ਉਪਕਾਰ (उपकार) /upakāra ウプカール/ [Skt. उपकार] *m.* **1** 恩, 恩恵, 恵み. ❒ਉਪਕਾਰ ਕਰਨਾ 恩を施す, 利益を与える. **2** 善意, 善行. **3** 好意. **4** 親切, 親切な行為. **5** 無私の援助. **6** 慈善, 博愛主義. **7** 助け, 援助.

ਉਪਕਾਰਤਾ (उपकारता) /upakāratā ウプカールター/ [Skt.-ता] *f.* **1** 恩, 恩恵, 恵み. **2** 善意, 善行. **3** 好意. **4** 親切, 親切な行為. **5** 無私の援助. **6** 慈善, 博愛主義. **7** 助け, 援助.

ਉਪਕਾਰਨ (उपकारन) /upakārana ウプカーラン/ [-ਨ] *f.* 恩を施す女性, 善をなす女性.

ਉਪਕਾਰੀ (उपकारी) /upakārī ウプカーリー/ [Skt. उपकारिन्] *adj.* 恩を施す, 善をなす.

— *m.* 恩を施す人, 善をなす人.

ਉਪਕੁਲ (उपकुल) /upakula ウプクル/ [Skt. उप- Skt. कुल] *f.* **1**〘社会〙サブカースト. **2**〘生物〙亜科.

ਉਪ-ਕੁਲਪਤੀ (उप-कुलपती) /upa-kulapatī ウプ・クルパティー/ [Skt. उप- Skt. कुलपति] *m.* 副総長, 副学長.

ਉਪੰਗ (उपंग) /upaṅga ウパング/ [Skt. उप- Skt. अंग] *m.* 小さな部分. (⇒ਛੋਟਾ ਅੰਗ)

ਉਪਗ੍ਰਹਿ (उपग्रहि) /upagraî ウプグラエー/ [Skt. उप- Skt. ग्रह] *m.*〘天文〙衛星.

ਉਪਚੱਕਰ (उपचक्कर) /upacakkara ウプチャッカル/ [Skt. उप- Skt. चक्र] *m.*〘幾何〙周転円.

ਉਪਚਮੜੀ (उपचमड़ी) /upacamaṛī ウプチャムリー/ [Skt. उप- Skt. चर्म] *f.*〘身体〙表皮, 上皮.

ਉਪਚਾਰ (उपचार) /upacāra ウプチャール/ [Skt. उपचार] *m.* **1** 治療. (⇒ਇਲਾਜ) **2** 奉仕. **3**(医者のする)処置. **4** 看護, 介護.

ਉਪਚਾਰਿਕ (उपचारिक) /upacārika ウプチャーリク/ [Skt. उपचारक] *adj.* **1** 治療の. **2** 看護の, 介護の.

ਉਪਚਾਰੀ (उपचारी) /upacārī ウプチャーリー/ [Skt. उपचारिन्] *adj.* **1** 治療の. **2** 看護の, 介護の.

ਉਪਚੇਤਨ (उपचेतन) /upacetana ウプチェータン/ [Skt. उप- Skt. चेतन] *adj.* 潜在意識の.

— *m.* 潜在意識.

ਉਪ-ਚੋਣ (उप-चोण) /upa-coṇa ウプ・チョーン/ [Skt. उप-

cf. ਚੁਣਨਾ] *f.* 〖政治〗補欠選挙.

ਉਪਜ (उपज) /upajạ ウパジ/ [cf. ਉਪਜਣਾ] *f.* 産物, 産出物, 生産品, 収穫物.

ਉਪਜਣਾ (उपजणा) /upajaṇā ウプジャナー/ [Skt. उत्पद्यते] *vi.* **1** 生まれる, 産まれる, 生じる. **2** 生える, 育つ.

ਉਪਜਾਉਣਾ (उपजाउणा) /upạjāuṇā ウプジャーウナー/ [cf. ਉਪਜਣਾ] *vt.* **1** 生む, 生み出す, 産む, 産する, 生産する, 産出する. **2** 育てる, 生やす, 植える. **3** 発生させる, 生成する. **4** 創作する. **5** 考案する. **6** ほのめかす, 思いつかせる.

ਉਪਜਾਊ (उपजाऊ) /upạjāū ウプジャーウー/ [cf. ਉਪਜਣਾ] *adj.* **1** 生産的な, 生産力のある. **2** 肥沃な. (⇒ਜ਼ਰਖ਼ੇਜ਼)

ਉਪਜਾਊਪਣ (उपजाऊपण) /upạjāūpaṇạ ウプジャーウーパン/ [-ਪਣ] *m.* **1** 生産性, 生産力. **2** 肥沃さ.

ਉਪਜੀਵਕਾ (उपजीवका) /upạjīvạkā ウプジーヴカー/ [Skt. उप- Skt. जीविका] *f.* **1** 生活, 暮らし. (⇒ਗੁਜ਼ਾਰਾ) **2** 生計, 生計の手段, 生業. **3** 職業.

ਉਪਜੀਵਨ (उपजीवन) /upạjīwanạ ウプジーワン/ [Skt. उप- Skt. जीवन] *m.* **1** 生活, 暮らし. (⇒ਗੁਜ਼ਾਰਾ) **2** 生計, 生計の手段, 生業. **3** 寄生.

ਉਪੱਠਾ (उपट्ठा) /upaṭṭʰā ウパッター/ *adj.* ひねくれた.

ਉਪੱਦਰ (उपद्दर) /upaddarạ ウパッダル/ [Skt. उपद्रव] *m.* **1** 暴力. **2** 騒ぎ. **3** 騒動, 騒乱. **4** 乱暴. **5** 無秩序, 混乱. **6** 暴動. **7** 犯罪.

ਉਪੱਦਰਵੀ (उपद्दरवी) /upaddarạwī ウパッダルウィー/ ▸ ਉਪੱਦਰੀ [Skt. उपद्रविन्] *adj.* **1** 乱暴な. **2** 騒がしい.

ਉਪੱਦਰੀ (उपद्दरी) /upaddarī ウパッダリー/ ▸ਉਪੱਦਰਵੀ *adj.* → ਉਪੱਦਰਵੀ

ਉਪਦੇਸ਼ (उपदेश) /upạdeśạ ウプデーシュ/ [Skt. उपदेश] *m.* **1** 忠告, 戒め, 説教, 教戒, 教え. (⇒ਨਸੀਹਤ) **2** 指導, 指示, 教示, 命令. (⇒ਸਿੱਖਿਆ)

ਉਪਦੇਸ਼ਕ (उपदेशक) /upạdeśakạ ウプデーシャク/ [Skt. उपदेशक] *adj.* お説教の, 教訓的な.

— *m.* **1** 説教師. **2** 牧師, 宣教師. **3** 訓戒者.

ਉਪਦੇਸ਼ਣ (उपदेशण) /upạdeśaṇạ ウプデーシャン/ [Skt. उपदेश -ਣ] *f.* 女性の説教師.

ਉਪਦੇਸ਼ਾਤਮਕ (उपदेशातमक) /upạdeśātạmakạ ウプデーシャートマク/ [Skt. उपदेश Skt.-आत्मक] *adj.* 教訓的な.

ਉਪਦੇਸ਼ਾਤਮਕਤਾ (उपदेशातमकता) /upạdeśātạmakạtā ウプデーシャートマクター/ [Skt.-ता] *f.* 教訓主義.

ਉਪਧਾਰਾ (उपधारा) /upạtǎrā ウプターラー/ [Skt. उप- Skt. धारा] *f.* **1** 小区分. **2** 〖法〗(法文の)条, 箇条.

ਉਪਨਗਰ (उपनगर) /upạnagarạ ウプナガル/ [Skt. उप- Skt. नगर] *m.* 郊外.

ਉਪਨਯਨ (उपनयन) /upạnayanạ ウプナヤン/ [Skt. उपनयन] *m.* 〖ヒ・儀礼〗入門式《 ਜਨੇਊ ジャネーウー〔ヒンドゥー教徒が身につける聖紐〕を帯びる儀式》.

ਉਪਨਾਮ (उपनाम) /upạnāmạ ウプナーム/ [Skt. उप- Skt. नामन्] *m.* **1** 通称, 別名, 異名. **2** あだ名. **3** 仮名, ペンネーム.

ਉਪਨਿਆਸ (उपनिआस) /upạniāsạ ウプニアース/ [Skt. उपन्यास] *m.* **1** 〖文学〗小説. (⇒ਨਾਵਲ) **2** 創作本.

ਉਪਨਿਆਸਕਾਰ (उपनिआसकार) /upạniāsạkārạ ウプニアースカール/ [Skt.-कार] *m.* 小説家, 作家. (⇒ਨਾਵਲਕਾਰ)

ਉਪਨਿਸ਼ਦ (उपनिशद) /upạniśadạ ウプニシャド/ [Skt. उपनिषद] *m.* 〖ヒ〗ウパニシャッド《ヴェーダの終末書》.

ਉਪਨਿਯਮ (उपनियम) /upạniyamạ ウプニヤム/ ▸ਉਪਨੇਮ [Skt. उप- Skt. नियम] *m.* **1** 付則, 細則. **2** (会社・協会・団体などの)内規, 規約.

ਉਪਨਿਵੇਸ਼ (उपनिवेश) /upạniweśạ ウプニウェーシュ/ [Skt. उप- Skt. निवेश] *m.* **1** 移住. (⇒ਪਰਵਾਸ) **2** 植民. **3** 〖歴史〗植民地. (⇒ਕਾਲੋਨੀ)

ਉਪਨਿਵੇਸ਼ਵਾਦ (उपनिवेशवाद) /upạniweśạwādạ ウプニウェーシュワード/ [Skt.-वाद] *m.* 〖歴史・政治〗植民地主義.

ਉਪਨੇਮ (उपनेम) /upạnemạ ウプネーム/ ▸ਉਪਨਿਯਮ *m.* → ਉਪਨਿਯਮ

ਉਪਬਨ (उपबन) /upạbanạ ウプバン/ [Skt. उप- Skt. वन] *m.* **1** 〖地理〗小さな森. **2** 庭.

ਉਪਬੋਲੀ (उपबोली) /upạbolī ウプボーリー/ [Skt. उप- cf. ਬੋਲਣਾ] *f.* 〖言〗小方言, 御国言葉, 訛り, 国なまり《 ਬੋਲੀ が既に「方言」を意味するため, ਉਪਬੋਲੀ は ਉਪਭਾਸ਼ਾ より下位の区分》.

ਉਪਭਵਨ (उपभवन) /upạpǎwanạ ウプパワン/ [Skt. उप- Skt. भवन] *m.* 〖建築〗別館, 付属家屋.

ਉਪਭਾਸ਼ਾ (उपभाशा) /upạpā̌śā ウプパーシャー/ [Skt. उप- Skt. भाषा] *f.* 〖言〗方言, 御国言葉, 訛り, 国なまり.

ਉਪਭੋਗ (उपभोग) /upạpǒgạ ウプポーグ/ [Skt. उपभोग] *m.* **1** 〖経済〗消費. **2** 使用, 利用. **3** 浪費. **4** 享楽.

ਉਪਭੋਗਤਾ (उपभोगता) /upạpǒgạtā ウプポーグター/ [Skt. उपभोक्ता] *m.* 〖経済〗消費者.

ਉਪਭੋਗਤਾਵਾਦ (उपभोगतावाद) /upạpǒgạtāwādạ ウプポーグターワード/ [Skt.-वाद] *m.* **1** 〖経済〗消費賛美論. **2** 消費者運動.

ਉਪਮਹਾਂਦੀਪ (उपमहाँदीप) /upạmahā̃dīpạ ウプマハーンディープ/ [Skt. उप- Skt. महाद्वीप] *m.* 〖地理〗亜大陸.

ਉਪ-ਮੰਤਰੀ (उप-मंतरी) /upạ-mantarī ウプ・マントリー/ [Skt. उप- Skt. मंत्रिन्] *m.* 副大臣.

ਉਪਮਾ (उपमा) /upạmā ウプマー/ [Skt. उपमा] *f.* **1** 比較. **2** 〖文学〗直喩, 明喩. **3** 称賛, 称揚. **4** 賛辞.

ਉਪਮਾਉਣਾ (उपमाउणा) /upạmāuṇā ウプマーウナー/ [cf. ਉਪਮਾ] *vt.* **1** 比較する. **2** 喩える.

ਉਪਮਾਨ (उपमान) /upạmānạ ウプマーン/ [Skt. उपमान] *m.* **1** 比較. **2** 〖文学〗直喩の中でたとえるもの.

ਉਪਮੇਯ (उपमेय) /upạmeyạ ウプメーユ/ [Skt. उपमेय] *adj.* **1** 比較可能な. **2** 比較される.

— *m.* 〖文学〗直喩の中で比較される対象.

ਉਪਯੁਕਤ (उपयुकत) /upạyukạtạ ウプユクト/ [Skt. उपयुक्त] *adj.* 適当な, 適切な, ふさわしい. (⇒ਮਾਕੂਲ, ਮੁਨਾਸਬ)

ਉਪਯੋਗ (उपयोग) /upạyogạ ウプヨーグ/ [Skt. उपयोग] *m.* **1** 利用, 使用. **2** 有用, 実用, 活用. **3** 利益.

ਉਪਯੋਗਤਾ (उपयोगता) /upạyogạtā ウプヨーグター/ [Skt.-ता] *f.* 有用性, 実用性.

ਉਪਯੋਗਤਾਵਾਦ (उपयोगतावाद) /upạyogạtāwādạ ウプヨーグターワード/ [Skt.-वाद] *m.* 実利主義, 功利主義.

ਉਪਯੋਗਤਾਵਾਦੀ (उपयोगतावादी) /upạyogạtāwādī ウプヨーグターワーディー/ [Skt.-वादिन्] *adj.* 実利主義の, 功利

主義の.

— *m.* 実利主義者, 功利主義者.

ਉਪਯੋਗੀ (उपयोगी) /upayogī ウプヨーギー/ [Skt. उपयोगिन्] *adj.* **1** 有用な, 実用的な, 役に立つ. **2** 有効な.

ਉਪਰ (उपर) /upara ウパル/ ▸ਉੱਪਰ, ਉੁਪਰ *adv.postp.* → ਉੱਪਰ

ਉੱਪਰ (उप्पर) /uppara ウッパル/ ▸ਉਪਰ, ਉੁਪਰ *adv.* 上に. ❐ਹੇਠੋਂ ਉੱਪਰ ਤੱਕ 下から上まで. ❐ਉਹ ਉੱਪਰ ਕਮਰੇ ਵਿੱਚ ਹੈ। あの人は上の部屋にいます.

— *postp.* …の上に. ❐ਉਸ ਰੁੱਖ ਉੱਪਰ ਬਾਂਦਰ ਰਹਿੰਦੇ ਸਨ। その木の上には猿たちが住んでいました.

ਉੱਪਰਛਲ (उप्परछल) /upparacʰala ウッパルチャル/ *f.* 〖医〗嘔吐. (⇒ਉਛਾਲੀ)

ਉਪਰੰਤ (उपरंत) /uparanta ウプラント/ ▸ਉਪਰਾਂਤ [Skt. उपरांत] *adv.* **1** 後で, 後に. (⇒ਪਿੱਛੋਂ) **2** さらに, 続いて. **3** 次に. **4** 加えて.

— *postp.* **1**…の後で, …後に. (⇒ਪਿੱਛੋਂ) **2**…に続いて. **3**…に加えて.

ਉੱਪਰਲਾ (उप्परला) /upparalā ウッパルラー/ *adj.* 上の, 上方の, 上側の, 高い位置の. (⇒ਉਤਲਾ)(⇔ਹੇਠਲਾ) ❐ਹਰਿਮੰਦਰ ਸਾਹਿਬ ਦੀਆਂ ਛੱਤਾਂ ਅਤੇ ਉੱਪਰਲਾ ਹਿੱਸਾ ਸੋਨੇ ਨਾਲ ਮੜ੍ਹਿਆ ਹੋਇਆ ਹੈ। ハリマンディル・サーヒブの屋根と上方の部分は金で覆われています.

ਉਪਰਾਂਤ (उपराँत) /uparā̃ta ウプラーント/ ▸ਉਪਰੰਤ *adv.postp.* → ਉਪਰੰਤ

ਉਪਰਾਮ (उपराम) /uparāma ウプラーム/ [Skt. उपराम] *adj.* **1** 哀れな. **2** 気落ちしている, 落胆している. (⇒ਉਦਾਸ) **3** 無関心な, 無頓着な. (⇒ਉਦਾਸੀਨ)

ਉਪਰਾਮਤਾ (उपरामता) /uparāmatā ウプラームター/ [Skt.-ता] *f.* **1** 気落ち, 落胆. **2** 無関心, 無頓着. (⇒ਉਦਾਸੀਨਤਾ)

ਉਪਰਾਲਾ (उपराला) /uparālā ウプラーラー/ *m.* **1** 努力, 尽力. (⇒ਜਤਨ) **2** 試み. **3** 手段, 方法. (⇒ਸਾਧਨ)

ਉਪਰੇਸ਼ਨ (उपरेशन) /upareśana ウプレーシャン/ ▸ਓਪਰੇਸ਼ਨ, ਅਪਰੇਸ਼ਨ, ਆਪ੍ਰੇਸ਼ਨ, ਔਪਰੇਸ਼ਨ *m.* → ਓਪਰੇਸ਼ਨ

ਉੱਪਰੋਂ (उप्परों) /upparõ ウッパローン/ *adv.* 《ਉੱਪਰ ਤੋਂ の融合形》上から.

— *postp.* 《ਉੱਪਰ ਤੋਂ の融合形》…の上から, …の上を, …の上空を. ❐ਉਹ ਇੱਕ ਉੱਚੇ ਘਰ ਦੀ ਛੱਤ ਉੱਪਰੋਂ ਉੱਡ ਰਹੇ ਸਨ। 彼らはある高い家の屋根の上を飛んでいました.

ਉਪਰੋਕਤ (उपरोकत) /uparokata ウプローカト/ [Skt. उपर्युक्त] *adj.* 上述の, 前述の.

ਉੱਪਰੋਥਲੀ (उप्परोथली) /upparotʰalī ウッパロータリー/ *adv.* **1** 続けざまに. **2** 次から次へと, 次々. **3** 絶え間なく.

ਉਪਲਬਧੀ (उपलबधी) /upalâbadī ウプラブディー/ [Skt. उपलब्धि] *f.* **1** 到達, 達成. **2** 成就, 修得. **3** 獲得, 取得. **4** 利得. **5** 知識.

ਉਪਲਾ (उपला) /upalā ウプラー/ ▸ਓਪਲਾ *m.* (燃料用の)乾燥牛糞.

ਉਪਵਾਸ (उपवास) /upawāsa ウプワース/ [Skt. उपवास] *m.* 断食, 食事をとらないこと. (⇒ਫ਼ਾਕਾ)

ਉਪਵਾਕ (उपवाक) /upawāka ウプワーク/ [Skt. उप- Skt. वाक्य] *m.* 〖言〗節, 文節.

ਉੱਪੜ (उप्पड़) /uppaṛa ウッパル/ ▸ਅੱਪੜ *f.* 到着. (⇒ਪਹੁੰਚ)

ਉੱਪੜਨਾ (उप्पड़ना) /uppaṛanā ウッパルナー/ ▸ਅੱਪੜਨਾ *vi.* **1** 着く, 到着する. (⇒ਪਹੁੰਚਣਾ, ਪੁਜਣਾ) **2** 届く.

ਉਪੜਵਾਉਣਾ (उपड़वाउणा) /upaṛawāuṇā ウパルワーウナー/ ▸ਅਪੜਵਾਉਣਾ *vt.* 届けさせる, 送り届けさせる, 配達させる.

ਉਪੜਾਉਣਾ (उपड़ाउणा) /upaṛāuṇā ウプラーウナー/ ▸ਅਪੜਾਉਣਾ *vt.* **1** 着かせる, 到着させる. **2** 届ける, 送り届ける, 配達する. (⇒ਪਹੁੰਚਾਉਣਾ) **3** 運ぶ.

ਉਪਾ (उपा) /upā ウパー/ ▸ਉਪਾਉ, ਉਪਾਓ [Skt. उपाय] *m.* **1** 手段, 方策, 対策, 方法, 手だて. (⇒ਜ਼ਰੀਆ, ਮਾਧਿਅਮ) **2** 救済策. **3** 策略, 策謀.

ਉਪਾਉ (उपाउ) /upāo ウパーオー/ ▸ਉਪਾ, ਉਪਾਓ *m.* → ਉਪਾ

ਉਪਾਓ (उपाओ) /upāo ウパーオー/ ▸ਉਪਾ, ਉਪਾਉ *m.* → ਉਪਾ

ਉਪਾਉਣਾ (उपाउणा) /upāuṇā ウパーウナー/ *vt.* **1** 創る, 創り出す. **2** 生む, 生み出す. (⇒ਪੈਦਾ ਕਰਨਾ) **3** 産む, 産み出す, 産出する. (⇒ਉਤਪੰਨ ਕਰਨਾ) **4** 作る. (⇒ਬਣਾਉਣਾ)

ਉਪਾਸ਼ਕ (उपाशक) /upāśaka ウパーシャク/ [Skt. उपासक] *m.* 礼拝者, 崇拝者, 帰依者, 信者.

ਉਪਾਸਨਾ (उपासना) /upāsanā ウパースナー/ ▸ਉਪਾਸ਼ਨਾ *f.* → ਉਪਾਸ਼ਨਾ

ਉਪਾਸ਼ਨਾ (उपाशना) /upāśanā ウパーシュナー/ ▸ਉਪਾਸਨਾ [Skt. उपासना] *f.* **1** 拝むこと, 礼拝, 崇拝. **2** 帰依.

ਉਪਾਖਿਆਨ (उपाखिआन) /upākʰiāna ウパーキアーン/ *f.* 伝説.

ਉਪਾਦਾਨ (उपादान) /upādāna ウパーダーン/ [Skt. उपादान] *m.* **1** 獲得, 取得, 修得. (⇒ਗ੍ਰਹਿਣ) **2** 学識, 知識. (⇒ਗਿਆਨ)

ਉਪਾਧਿਆਇ (उपाधिआइ) /upâdiāe ウパーディアーエー/ [Skt. उपाध्याय] *m.* **1** 師, 導師, 教師. (⇒ਪਾਂਧਾ, ਉਸਤਾਦ) **2** ヴェーダの学僧.

ਉਪਾਧੀ (उपाधी) /upâdī ウパーディー/ [Skt. उपाधि] *f.* **1** 称号, 肩書. **2** 学位.

ਉਪਾਰਜਨ (उपारजन) /upārajana ウパールジャン/ [Skt. उपार्जन] *m.* **1** 獲得, 取得, 入手. **2** 稼ぐこと, 儲けること.

ਉਪਾਰਜਿਤ (उपारजित) /upārajita ウパールジト/ [Skt. उपार्जित] *adj.* 得られた, 取得された, 獲得された.

ਉਪੇਕਸ਼ਾ (उपेकशा) /upekaśā ウペークシャー/ ▸ਉਪੇਖਿਆ *f.* → ਉਪੇਖਿਆ

ਉਪੇਖਿਆ (उपेखिआ) /upekʰiā ウペーキアー/ ▸ਉਪੇਕਸ਼ਾ [Skt. उपेक्षा] *f.* **1** 無視, 見捨てること. (⇒ਅਣਗਹਿਲੀ) **2** 無関心. **3** 軽視, 侮蔑, 見くびること.

ਉਪੇਤਾਣਾ (उपेताणा) /upetāṇā ウペーターナー/ *adj.* 裸足の.

ਉਫ਼ (उफ़) /ufa ウフ/ *int.* うっ《苦痛・悲しみなどを表す発声》.

ਉਫ਼ਕ (उफ़क) /ufaka ウファク/ *m.* 地平線. (⇒ਖਿਤਿਜ, ਦਿਸਹੱਦਾ, ਦੁਮੇਲ)

ਉਫਣਨਾ (उफणना) /upʰaṇanā ウパンナー/ *vi.* **1** 跳ぶ,

跳ねる. (⇒ਉਚਕਣਾ, ਉੱਛਲਣਾ) **2** 跳び上がる, 跳ね上がる. **3**(宙に)放り上げられる. **4** 跳ねる, 躍動する. **5** 飛び跳ねる, 跳躍する. **6** 沸騰する.

ਉਫਲਣਾ (उफलणा) /upʰalạṇā ウパルナー/ *vi.* **1** 跳ぶ. (⇒ਉਚਕਣਾ, ਉੱਛਲਣਾ) **2** 跳ねる. **3** 跳ね返る.

ਉਫਲਵਾਂ (उफलवाँ) /upʰalạwā̃ ウパルワーン/ *adj.* 弾力のある.

ਉਫਾਨ (उफान) /upʰānạ ウパーン/ *m.* **1** 沸騰. **2**〖比喩〗大波, うねり. **3** 泡. **4** 心の混乱. **5** 激しい欲望.

ਉਬਸਣਾ (उबसणा) /ubasạṇā ウバスナー/ [Skt. उद्वास्यते] *vi.* **1** 腐る, 腐敗する. **2** 腐ってつんとくる臭いがする, 腐った臭いがする. **3** 嫌な臭いがする.

ਉਬਕ (उबक) /ubakạ ウバク/ ▸ਉਬਾਕ *m.* → ਉਬਾਕ

ਉਬਕਣਾ (उबकणा) /ubakạṇā ウバクナー/ ▸ਉਬੱਕਣਾ *vi.* **1** 吐き気を催す, むかつく. **2** 嘔吐する, へどを吐く. (⇒ਉਲਟੀ ਕਰਨਾ)

— *vt.* (食べた物を)吐く, もどす.

ਉਬੱਕਣਾ (उबक्कणा) /ubakkaṇā ウバッカナー/ ▸ਉਬਕਣਾ *vi.vt.* → ਉਬਕਣਾ

ਉਬਕਾਉਣਾ (उबकाउणा) /ubạkāuṇā ウブカーウナー/ *vt.* 吐かせる, 嘔吐させる. (⇒ਉਲਟੀ ਕਰਾਉਣਾ)

ਉਬਕਾਈ (उबकाई) /ubạkāī ウブカーイー/ *f.* **1**〖医〗吐き気, むかつき. **2** 嘔吐物, へど.

ਉਬੱਤ (उबत्त) /ubattạ ウバット/ *f.*〖医〗吐き気, むかつき.

ਉੱਬਲਣਾ (उब्बलणा) /ubbalạṇā ウッバルナー/ ▸ਉੱਬਲਨਾ *vi.* → ਉੱਬਲਨਾ

ਉੱਬਲਨਾ (उब्बलना) /ubbalạnā ウッバルナー/ ▸ਉੱਬਲਣਾ [Skt. उद्बलन] *vi.* **1** 沸く, 沸騰する. **2** 煮える, ゆだる, 炊ける.

ਉਬਾ (उबा) /ubā ウバー/ [(Mul.)] *m.* **1**〖気象〗風がないためにひどく暑い状態. **2**〖生理〗風のないひどい暑さのために出てくる汗.

ਉਬਾਸਣਾ (उबासणा) /ubāsạṇā ウバースナー/ [cf. ਉਬਸਣਾ] *vt.* 腐らせる, 腐敗させる. (⇒ਤਰਕਾਉਣਾ)

ਉਬਾਸੀ (उबासी) /ubāsī ウバースィー/ [Skt. उश्वास] *f.*〖生理〗あくび. ❐ਉਬਾਸੀ ਲੈਣੀ あくびをする. ❐ਬੱਚੇ ਸਾਰਾ ਦਿਨ ਉਬਾਸੀਆਂ ਲੈਂਦੇ ਰਹਿੰਦੇ ਹਨ। 子供たちは一日中あくびをし続けています.

ਉਬਾਕ (उबाक) /ubākạ ウバーク/ ▸ਉਬਕ *m.* **1**〖医〗吐き気, むかつき. **2** 吐き戻し, 嘔吐. **3** 嘔吐物, へど.

ਉਬਾਕਣਾ (उबाकणा) /ubākaṇā ウバーカナー/ *vi.* **1** 吐き気を催す, むかつく. **2** 嘔吐する, へどを吐く.

— *vt.* (食べた物を)吐く, もどす, 吐き出す.

ਉਬਾਰ (उबार) /ubārạ ウバール/ *m.* **1** 解放. **2** 救済.

ਉਬਾਰਨਾ (उबारना) /ubārạnā ウバールナー/ *vt.* **1** 解き放つ, 解放する. **2** 救う, 助ける, 救済する.

ਉਬਾਲ (उबाल) /ubālạ ウバール/ *m.* **1** 沸騰. **2** 怒り・悲しみなどの感情の爆発.

ਉਬਾਲਣਾ (उबालणा) /ubālạṇā ウバールナー/ ▸ਉਬਾਲਨਾ *vt.* → ਉਬਾਲਨਾ

ਉਬਾਲਨਾ (उबालना) /ubālạnā ウバールナー/ ▸ਉਬਾਲਣਾ *vt.* **1** 沸かす, 沸騰させる. **2** 煮る, ゆでる, 炊く.

ਉਬਾਲਾ (उबाला) /ubālā ウバーラー/ *m.* **1** 煮えること, 煮え立つこと. **2** 沸くこと, 沸き立つこと, 沸騰.

ਉਭਰਨਾ (उभरना) /ûbarạnā ウバルナー/ ▸ਉੱਭਰਨਾ *vi.* → ਉੱਭਰਨਾ

ਉੱਭਰਨਾ (उब्भरना) /ûbbarạnā ウッバルナー/ ▸ਉਭਰਨਾ [Skt. उद्भरति] *vi.* **1** 昇る, 上がる, 上昇する. **2** 高く昇る. **3** 跳ぶ. **4** はずむ, 跳ね返る. **5** 膨らむ, 膨張する. **6** 突き出る, 盛り上がる. **7** 吹きこぼれる. **8** 顕著になる. **9** 目立つようになる.

ਉੱਭਾ (उब्भा) /ûbbā ウッバー/ *m.* 東, 太陽が昇る方角. (⇒ਪੂਰਬ, ਚੜ੍ਹਦਾ)

ਉਭਾਸਰਨਾ (उभासरना) /ubāsarạnā ウバーサルナー/ *vt.* **1**(意見や苦情などを)敢て言う, 思い切って述べる. **2**(悩みや葛藤などを)打ち明ける.

ਉਭਾਰ (उभार) /ubărạ ウバール/ [Skt. उद्भार] *m.* **1** 上昇. **2** 進歩. **3** 膨張. **4** 突起, 盛り上がり. **5** 隆起. **6** 盛り土. **7** 盛り, 全盛. **8** 社会の発展. **9** 向上運動. **10** 飛び上がり. **11** 目立つこと, 卓越, 傑出.

ਉਭਾਰਨਾ (उभारना) /ubărạnā ウバールナー/ [Skt. उद्भारयति] *vt.* **1** 上げる, 引き上げる. **2** 押し上げる. **3** 持ち上げる, 上昇させる. **4** 膨らます, 膨張させる. **5** 奮起させる, 鼓舞する. **6** 唆す, 扇動する. **7** 興奮させる. **8** 表に出す, 表面化させる. **9** 浮かび上がらせる. **10** 目立たせる. **11** 顕著にさせる.

ਉੰਮਸ (उंमस) /ummasạ ウンマス/ ▸ਹੁੰਮਸ, ਹੁੰਮ੍ਹ, ਹੁਮਕ *m.* → ਹੁੰਮਸ

ਉਮ੍ਹਕਣਾ (उम्हकणा) /ûmakạṇā ウマクナー/ *vi.* **1** 吹き出る, ほとばしり出る. **2** ときめく, 期待にはずむ.

ਉਮ੍ਹਲਣਾ (उम्हलणा) /ûmalạṇā ウマルナー/ ▸ਉਮਲਣਾ *vi.* → ਉਮਲਣਾ

ਉਮਕ (उमक) /umakạ ウマク/ *f.* **1** 願望, 切望. **2** 感情の起伏, 衝動, 心のはずみ, 興奮, 情熱. (⇒ਤਰੰਗ)

ਉਮੰਗ (उमंग) /umaṅgạ ウマング/ [Skt. उद्मंग] *f.* **1** ときめき, 浮き浮きした気持ち, 有頂天. **2** 大得意, 上機嫌, 大喜び. **3** 熱情, 情欲. **4** 願望, 切望. **5** 野心.

ਉਮੰਗਣਾ (उमंगणा) /umaṅgạṇā ウマングナー/ [cf. ਉਮੰਗ] *vi.* **1** ときめく, 浮き浮きする, 期待にはずむ. **2** 有頂天になる, 盛り上がる.

ਉਮਡਣਾ (उमडणा) /umaḍạṇā ウマドナー/ [Skt. उद्मन] *vi.* **1** 溢れる, 溢れ出る, 氾濫する. **2** 流れ出る. **3** 水浸しになる. **4** ほとばしり出る. **5** 急に集まる. **6**(雲が)モクモクと出て広がる.

ਉੱਮਤ (उम्मत) /ummatạ ウンマト/ [Arab. *ummat*] *f.*〖イス〗信徒, 信者集団, イスラーム共同体. (⇒ਸੰਗਤ, ਸੰਪਰਦਾਇ)

ਉਮਦਗੀ (उमदगी) /umadạgī ウマドギー/ [Pers. *`umdagī*] *f.* **1** 良さ, 上等さ, 上品さ. **2** 優秀さ. **3** 価値, 真価.

ਉਮਦਾ (उमदा) /umạdā ウムダー/ [Arab. *`umda*] *adj.* **1** 良い, 上質の, 上等の, 上品な. **2** 優れた, 優秀な, 立派な.

ਉਮਰ (उमर) /umarạ ウマル/ [Arab. *`umr*] *f.* **1** 年齢, 年, 歳. (⇒ਆਯੂ) ❐ਤੁਹਾਡੀ ਕਿੰਨੀ ਉਮਰ ਹੈ? あなたは何歳ですか. ❐ਬਾਬਾ ਜੀ, ਤੁਹਾਡੀ ਉਮਰ ਕਾਫ਼ੀ ਲਗਦੀ ਹੈ। おじいさ

ん, あなたは随分年をとっているようですね. **2** 生涯, 一生. ❐ਉਮਰ ਕੈਦ 終身刑, 無期懲役. **3** 寿命.

ਉਮਰਾ (उमरा) /umạrā ウムラー/ ▸ਉਮਰਾਓ *m.* → ਉਮਰਾਓ

ਉਮਰਾਓ (उमराओ) /umạrāo ウムラーオー/ ▸ਉਮਰਾ [Arab. *umarā*, plural of Arab. *amīr*] *m.* **1** 宮廷人, 高官. **2** 貴族, 身分の高い人. **3** 金持ち, 長者.

ਉਮਲਣਾ (उमलणा) /umalạṇā ウマルナー/ ▸ਉਮ੍ਲਣਾ *vi.* **1** 吹き出る, ほとばしり出る. **2** ときめく, 期待にはずむ.

ਉਮਾ (उमा) /umā ウマー/ [Skt. उमा] *f.* 〖ヒ〗 ウマー女神《シヴァ神の妃》. (⇒ਸ਼ਿਵ ਦੀ ਇਸਤਰੀ)

ਉਮਾਹ (उमाह) /umâ ウマー/ *m.* **1** 溢れんばかりの熱意, 意気込み. **2** 溢れんばかりの喜び. **3** 溢れんばかりの望み, 熱望, 切望. **4** 野心.

ਉਮਾਹਣਾ (उमाहणा) /umâṇā ウマーナー/ *vi.* 熱望する. (⇒ਉਮਾਹ ਵਿੱਚ ਆਉਣਾ)

ਉਮੀਦ (उमीद) /umīdạ ウミード/ ▸ਉਮੇਦ, ਉਮੈਦ [Pers. *umīd*] *f.* **1** 希望, 望み. **2** 願望. **3** 期待, 予想, 見込み. **4** 期待をかけられる人, ホープ. ❐ਭਾਰਤੀ ਟੈਨਿਸ ਦੀ ਨਵੀਂ ਉਮੀਦ ਸਾਨੀਆ ਮਿਰਜ਼ਾ インドのテニスの新しいホープ ソーニアー・ミルザー

ਉਮੇਦ (उमेद) /umedạ ウメード/ ▸ਉਮੀਦ, ਉਮੈਦ *f.* → ਉਮੀਦ

ਉਮੈਦ (उमैद) /umaidạ ウマェード/ ▸ਉਮੀਦ, ਉਮੇਦ *f.* → ਉਮੀਦ

ਉਰ (उर) /urạ ウル/ [Skt. उरस्] *f.* 〖身体〗 胸. (⇒ਛਾਤੀ)

ਉਰਸਾ (उरसा) /urạsā ウルサー/ *f.* 〖道具〗 ビャクダンを挽く石.

ਉਰ੍ਹਾਂ (उर्हां) /ûrā̃ ウラーン/ *adv.* **1** こちらに, こちら側に. **2** 近くに.

ਉਰਦ (उरद) /urạdạ | uradạ ウルド | ウラド/ ▸ਉੜਦ *m.* → ਉੜਦ

ਉਰਦੂ (उरदू) /urạdū ウルドゥー/ [Turk. *ordu*] *m.* **1** 〖軍〗 兵営, 軍営, 軍営地, 宿営地. **2** 宿営地の市場.
— *f.* ウルドゥー語

ਉਰਧ (उरध) /urâdạ ウラド/ [Skt. ऊर्ध्व] *adv.* 上の方に, 上に向かって. (⇒ਉੱਪਰ ਵੱਲ ਨੂੰ)

ਉਰਫ਼ (उरफ़) /urạfạ | urafạ ウルフ | ウラフ/ [Arab. `*urf*] *m.* 別名, 通称, 通り名, 渾名.
— *adv.* 別名で, つまり.

ਉਰਲਾ (उरला) /urạlā ウルラー/ *adj.* **1** こちら側の. **2** 近くの.

ਉਰਵਸ਼ੀ (उरवशी) /urạwaśī ウルワシー/ [Skt. उर्वशी] *adj.* 〖ヒ〗 ウルヴァシー《インドラ神の宮廷の踊り子である天女の一人》.

ਉਰਵਰਾ (उरवरा) /urạwarā ウルワラー/ [Skt. उर्वरा] *f.* 肥沃な土地, 沃土, 豊饒な土地. (⇒ਉਪਜਾਊ ਧਰਤੀ)

ਉਰਵਾਰ (उरवार) /urạwārạ ウルワール/ *adv.* **1** こちら側に. **2** こちらの岸に.

ਉਰਾਰ (उरार) /urārạ ウラール/ ▸ਰਾਰ *m.* こちらの岸, 近くの岸辺.
— *adv.* こちらの岸に, 近くの岸辺に.

ਉਰੀ (उरी) /urī ウリー/ *adv.* **1** ここに. (⇒ਏਥੇ)

ਉਰੇ (उरे) /ure ウレー/ *adv.* こちらに. (⇒ਏਧਰ)

ਉੱਲ (उल्ल) /ullạ ウッル/ *f.* 〖医〗 眼球に痛みを伴う頭痛.

ਉਲਸ (उलस) /ulasạ ウラス/ [Pers. *ulaś*] *m.* 食べ残し. (⇒ਜੂਠਾ ਭੋਜਨ)

ਉਲਕਾਪਾਤ (उलकापात) /ulạkāpātạ ウルカーパート/ [Skt. उल्कापात] *f.* 〖天文〗 流星.

ਉਲਗਣਾ (उलगणा) /ulagạṇā ウラグナー/ *vi.* 忘れる. (⇒ਭੁੱਲ ਜਾਣਾ)

ਉਲੰਘਣ (उलंघण) /ulâṅgaṇạ ウランガン/ [Skt. उल्लंघन] *m.* **1** 違反, 反すること. **2** 侵害, 侵犯.

ਉਲੰਘਣਾ (उलंघणा) /ulâṅgạṇā ウラングナー/ [Skt. उल्लंघन] *f.* **1** 違反, 反すること. (⇒ਖ਼ਿਲਾਫ਼ਵਰਜ਼ੀ) ❐ਉਲੰਘਣਾ ਕਰਨੀ 違反する, 反する. ❐ਨਿਯਮ ਦੀ ਉਲੰਘਣਾ ਕਰਨੀ 法律に違反する. ❐ਕੁਦਰਤ ਦੇ ਨਿਯਮਾਂ ਦੀ ਉਲੰਘਣਾ ਕਰਨੀ 自然の摂理に反する. **2** 侵害, 侵犯. ❐ਉਲੰਘਣਾ ਕਰਨੀ 侵害する. **3** 不履行. **4** 不服従. ❐ਉਲੰਘਣਾ ਕਰਨੀ 従わない. **5** 拒否. ❐ਉਲੰਘਣਾ ਕਰਨੀ 拒否する.

ਉਲਝ (उलझ) /ûlajạ | ûlajạ ウルジ | ウラジ/ ▸ਉਲਝਣ *f.* → ਉਲਝਣ

ਉਲਝਣ (उलझण) /ûlajaṇạ ウルジャン/ ▸ਉਲਝ [cf. ਉਲਝਣਾ] *f.* **1** もつれ, 絡まること, 絡み合い. **2** 紛糾, 混乱. **3** 巻き込まれること, 巻き添え. **4** 複雑な問題, 込み入った問題, ややこしいこと, 面倒な事態, 厄介なこと. **5** 板挟み, ジレンマ. **6** 困惑, 当惑, 困難. **7** 不測の事態.

ਉਲਝਣਾ (उलझणा) /ûlajạṇā ウラジナー/ [Skt. उपरुध्यते] *vi.* **1**(糸や髪などが)もつれる, 絡む. **2** 紛糾する, 揉める. **3** ややこしくなる. **4** 巻き添えになる, 関わり合いになる. **5**(ごたごたに)巻き込まれる. **6**(人に)絡む, 言いがかりをつける. **7** 論争を始める. **8** 言い争う. **9** 喧嘩する, 衝突する, 反目する.

ਉਲਝਾਉਣਾ (उलझाउणा) /ulạjā̆uṇā ウルジャーウナー/ [cf. ਉਲਝਣਾ] *vt.* **1**(糸や髪などを)もつれさせる, 絡ませる. **2** 紛糾させる, 揉めさせる. **3** ややこしくする, 複雑にする. **4** 巻き添えにする. **5**(ごたごたに)巻き込む. **6** 罠にかける. **7** 陥れる. **8**(人を)喧嘩させる, 衝突させる, 反目させる.

ਉਲਟ (उलट) /ulạṭạ ウルト/ [cf. ਉਲਟਣਾ] *adj.* 逆の, 逆さまの, 反対の.
— *m.* 逆, 逆さま, 反対.

ਉਲਟਣਾ (उलटणा) /ulạṭaṇā ウルタナー/ [Skt. आवर्तते] *vi.* **1** 逆になる, 逆さまになる. (⇒ਪਲਟਣਾ) **2** ひっくり返る, 転覆する. ❐ਉਸ ਦਾ ਗੱਡਾ ਉਲਟ ਗਿਆ। 彼の荷車は転覆してしまいました.

ਉਲਟਵਾਂ (उलटवाँ) /ulạṭawā̃ ウルタワーン/ [cf. ਉਲਟਣਾ Skt.-वान्] *adj.* 逆の, 逆さまの.

ਉਲਟਾ (उलटा) /ulạṭā ウルター/ [cf. ਉਲਟਣਾ] *adj.* **1** 逆の, 逆さまの, 反対の. **2** 理に反した, 正しくない, おかしな.
— *adv.* **1** 反対の方向に, 反対のやり方で. **2** 反対に, 逆に. **3** 一方では, 反面.

ਉਲਟਾਉ (उलटाउ) /ulạṭāo ウルターオー/ [cf. ਉਲਟਣਾ] *m.* 逆転, 反転, 転覆.

ਉਲਟਾਉਣਾ (उलटाउणा) /ulạṭāuṇā ウルターウナー/ [cf. ਉਲਟਣਾ] *vt.* **1** 逆にする, 逆さまにする. (⇒ਪਲਟਾਉਣਾ) **2**

ひっくり返す, 転覆させる.

ਉਲਟਾ-ਪੁਲਟਾ (उलटा-पुलटा) /ulaṭā-pulaṭā ウルター・プルター/ *adj.* 逆の, 逆さまの.

ਉਲਟਾਵਾਂ (उलटावाँ) /ulaṭāwā̃ ウルターワーン/ [cf. ਉਲਟਣਾ Skt.-वान्] *adj.* 逆の, 逆さまの.

ਉਲਟੀ (उलटी) /ulaṭī ウルティー/ [cf. ਉਲਟਣਾ] *f.* 〖医〗吐くこと, 嘔吐. (⇒ਕੈ, ਵੋਮੀ)

ਉਲਥ (उलथ) /ulatʰa ウラト/ [Skt. उद्स्थल] *adj.* **1** 不安定な, 落ち着かない. **2** 上下に動く, 上下が逆の. **3** 愚かな. (⇒ਬੇਵਕੂਫ਼) **4** 粗野な, 洗練されていない. (⇒ਉਜੱਡ)

ਉਲਥਣਾ (उलथणा) /ulatʰaṇā ウラトナー/ [cf. ਉਲਥ] *vi.* 逆さになる, 上下が逆になる, ひっくり返る.

ਉਲਥਵਾਉਣਾ (उलथवाउणा) /ulatʰawāuṇā ウラトワーウナー/ [cf. ਉਲਥ] *vt.* **1** 翻訳させる, 翻訳してもらう. (⇒ਅਨੁਵਾਦ ਕਰਵਾਉਣਾ) **2** 転写させる, 別の文字に書き換えてもらう.

ਉਲਥਵਾਈ (उलथवाई) /ulatʰawāī ウラトワーイー/ [cf. ਉਲਥ] *f.* **1** 翻訳の仕事, 翻訳の仕事の報酬. **2** 転写の仕事, 転写の仕事の報酬.

ਉਲਥਾ (उलथा) /ulatʰā ウルター/ [cf. ਉਲਥ] *m.* **1** 翻訳. (⇒ਅਨੁਵਾਦ, ਤਰਜਮਾ) **2** 転写, 別の文字に書き換えること.

ਉਲਥਾਉਣਾ (उलथाउणा) /ulatʰāuṇā ウルターウナー/ [cf. ਉਲਥ] *vt.* **1** 翻訳する. (⇒ਅਨੁਵਾਦ ਕਰਨਾ) **2** 転写する, 別の文字に書き換える.

ਉਲਥਾਕਾਰ (उलथाकार) /ulatʰākāra ウルターカール/ [Skt.-कार] *m.* 翻訳者, 翻訳家. (⇒ਅਨੁਵਾਦਕ)

ਉਲਥਾਕਾਰੀ (उलथाकारी) /ulatʰākārī ウルターカーリー/ [Skt.-कारिता] *f.* 翻訳の仕事, 翻訳の技術.

ਉਲੱਦਣਾ (उलद्दणा) /uladdaṇā ウラッダナー/ ▸ਲੱਦਣਾ [cf. ਉਲਟਣਾ] *vt.* **1** 逆にする, 逆さまにする. **2** 逆さまにして中身を空っぽにする. **3**(容器の中の液体を外に)注ぐ, こぼす, ぶちまける. **4**〖比喩〗(愛情などを)注ぐ, 傾注する, (抑えていた感情を)ぶちまける.

ਉਲੰਪਿਕ (उलंपिक) /ulampika ウランピク/ ▸ਓਲੰਪਿਕ [Eng. *Olympic*] *m.* 〖競技〗オリンピック.
— *adj.* オリンピックの.

ਉਲਫ਼ਤ (उलफ़त) /ulafata ウルファト/ [Pers. *ulfat*] *f.* **1** 愛, 愛情. (⇒ਪਿਆਰ) **2** 友情.

ਉਲਮਾ (उलमा) /ulamā ウラマー/ ▸ਉਲਮਾਉ [Arab. *`ulamā*, plural of *`ālim*] *m.* **1** 学者集団. (⇒ਵਿਦਵਾਨਾਂ ਦਾ ਸਮੂਹ) **2**〖イス〗イスラームの学者. (⇒ਮੁਸਲਮਾਨ ਵਿਦਵਾਨ)

ਉਲਮਾਉ (उलमाउ) /ulamāo ウルマーオー/ ▸ਉਲਮਾ *m.* → ਉਲਮਾ

ਉੱਲਰਨਾ (उल्लरना) /ullaranā ウッラルナー/ *vi.* **1** 傾く. **2** もたれる, 寄りかかる. **3**〖比喩〗えこひいきする.

ਉਲਵੀ (उलवी) /ulawī ウルウィー/ *adj.* 高い. (⇒ਉੱਚਾ)

ਉੱਲਾਸ (उल्लास) /ullāsa ウッラース/ ▸ਹੁਲਾਸ *m.* → ਹੁਲਾਸ

ਉਲਾਹਮਾ (उलाहमा) /ulâmā ウラーマー/ ▸ਉਲਾਂਭਾ, ਉਲਾਮ੍ਹਾ [Skt. उपालंभ] *m.* **1** 不平, 苦情. (⇒ਸ਼ਿਕਾਇਤ) **2** 非難.

ਉਲਾਂਘ (उलाँघ) /ulā̃ga ウラーング/ *f.* 跳躍.

ਉਲਾਦ (उलाद) /ulāda ウラード/ ▸ਔਲਾਦ *f.* → ਔਲਾਦ

ਉਲਾਂਭਾ (उलाँभा) /ulā̂bā ウラーンバー/ ▸ਉਲਾਹਮਾ, ਉਲਾਮ੍ਹਾ *m.* → ਉਲਾਹਮਾ

ਉਲਾਮ੍ਹਾ (उलाम्हा) /ulâmā ウラーマー/ ▸ਉਲਾਂਭਾ, ਉਲਾਹਮਾ *m.* → ਉਲਾਹਮਾ

ਉਲਾਰ (उलार) /ulāra ウラール/ ▸ਉਲਾਰਾ *adj.* 傾いた.
— *m.* 傾斜.

ਉਲਾਰਨਾ (उलारना) /ulāranā ウラールナー/ ▸ਉਲੇਰਨਾ *vt.* 傾ける.

ਉਲਾਰਾ (उलारा) /ulārā ウラーラー/ ▸ਉਲਾਰ *adj.m.* → ਉਲਾਰ

ਉਲਾਰੂ (उलारू) /ulārū ウラールー/ *adj.* 傾いた.

ਉਲਿਆ (उलिआ) /uliā ウリアー/ ▸ਉਲਿਆਉ, ਔਲੀਆ *m.* → ਔਲੀਆ

ਉਲਿਆਉ (उलिआउ) /uliāo ウリアーオー/ ▸ਉਲਿਆ, ਔਲੀਆ *m.* → ਔਲੀਆ

ਉੱਲੀ (उल्ली) /ullī ウッリー/ *f.* 〖生物〗かび.

ਉਲੀਕਣਾ (उलीकणा) /ulīkaṇā ウリーカナー/ ▸ਲੀਕਣਾ [Skt. लिखति] *vt.* **1** 線を引く. **2** 描く, 輪郭を描く. **3** 写生する, 模写する. **4** 書き記す, 記述する. **5** 計画する, 企画する. ❐ਗਾਂਧੀ ਜੀ ਨੇ ਸੁਸਾਇਟੀ ਵੱਲੋਂ ਉਲੀਕੇ ਗਏ ਇੱਕ ਪਰੋਗਰਾਮ ਵਿੱਚ ਹਿੰਦੂ ਧਰਮ ਬਾਰੇ ਲੈਕਚਰ ਦਿੱਤੇ ਸਨ। ガーンディー氏は協会が計画したある催しでヒンドゥー教について講演しました.

ਉੱਲੂ (उल्लू) /ullū ウッルー/ [Skt. उल्लूक] *m.* **1**〖鳥〗フクロウ, 梟. (⇒ਪੇਚਕ) ❐ਉੱਲੂ ਦੀ ਅਵਾਜ਼ 梟のホーホーという鳴き声. ❐ਉੱਲੂ ਬੋਲਣਾ 梟が鳴く, 人がいなくなる, すっかり寂れる. **2**〖比喩〗愚か者, 馬鹿. ❐ਉੱਲੂ ਦਾ ਪੱਠਾ 梟の弟子, 大馬鹿者. ❐ਉੱਲੂ ਬਣਾਉਣਾ 馬鹿にする, だます. ❐ਉੱਲੂ ਸਿੱਧਾ ਕਰਨਾ 自分の目的をかなえる, 自己の利益を図る.

ਉਲੇਹੜਨਾ (उलेहड़ना) /ulêṛanā ウレールナー/ ▸ਉਲੇੜ੍ਹਨਾ, ਲੇਹੜਨਾ, ਲੇੜ੍ਹਨਾ *vt.* → ਉਲੇੜ੍ਹਨਾ

ਉਲੇਹੜੀ (उलेहड़ी) /ulêṛī ウレーリー/ ▸ਉਲੇੜ੍ਹੀ *f.* → ਉਲੇੜ੍ਹੀ

ਉੱਲੇਖ (उल्लेख) /ullekʰa ウッレーク/ [Skt. उल्लेख] *m.* **1** 言及, 記述. **2** 指摘, 特筆, 特記. **3** 記録.

ਉਲੇਰਨਾ (उलेरना) /uleranā ウレールナー/ ▸ਉਲਾਰਨਾ *vt.* → ਉਲਾਰਨਾ

ਉਲੇਲ (उलेल) /ulela ウレール/ ▸ਵਲੇਲ *m.f.* **1** 突然の願望. **2** 衝動. (⇒ਤਰੰਗ) **3** 感情の起伏. (⇒ਤਰੰਗ)

ਉਲੇਲੀ (उलेली) /ulelī ウレーリー/ *adj.* **1** 波のある. (⇒ਤਰੰਗੀ) **2** 感情の起伏の激しい. **3** 衝動的な, 直情的な. **4** 気まぐれな.

ਉਲੇੜ੍ਹਨਾ (उलेड़्हना) /ulêṛanā ウレールナー/ ▸ਉਲੇਹੜਨਾ, ਲੇਹੜਨਾ, ਲੇੜ੍ਹਨਾ *vt.* **1** 縁縫いをする, 縁かがりをする. (⇒ਤੁਰਪਣਾ) **2** 縫う. (⇒ਸਿਉਣਾ)

ਉਲੇੜ੍ਹੀ (उलेड़्ही) /ulêṛī ウレーリー/ ▸ਉਲੇਹੜੀ *f.* へり縫い, 縁かがり.

ਉਵੇਂ (उवें) /uwẽ ウウェーン/ ▸ਓਵੇਂ *adv.* あのように, そのように, あのまま, そのまま. ❐ਸੋਨੇ ਦੀ ਡਲੀ ਉਵੇਂ ਦੀ ਉਵੇਂ ਉੱਥੇ ਪਈ ਰਹੀ। 金塊はそのままそこに残されていました.

ਉੜਦ (उड़द) /uṛada | uṛada ウルド | ウラド/ ▸ਉਰਦ [(Pal. उद्ध) Skt. ऋद्ध] *m.* **1**〖植物〗ケツルアズキ(毛蔓小豆). **2**〖植物〗リョクトウまたはリョクズ(緑豆)《アオアズキ(青小豆), ヤエナリ(八重成り・八重生), ブンドウ(文豆)など多くの別名を持つ》. (⇒ਮਾਂਹ) **3**〖植物〗タチ

ナタマメ(たちなた豆).

ਉੜਦਾ (उड़दा) /uṛadā ウルダー/ [(Pot.)] *adj.* 重過ぎる, 過重な.

ਉੜਨਾ¹ (उड़ना) /uṛanā ウルナー/ *vi.* **1** 体を曲げる. (⇒ਝੁਕਣਾ) **2** かがむ. **3** 年老いて腰が曲がる. **4** 腰を曲げる. **5** 傾く, かしぐ.

ਉੜਨਾ² (उड़ना) /uṛanā ウルナー/ ▸ਉਡਣਾ, ਉੱਡਣਾ *vi.adj.* → ਉੱਡਣਾ

ਉੜੀਆ (उड़ीआ) /uṛīā ウリーアー/ *f.* オリヤー語.

— *adj.* オリヤー語の.

ਉੜੀਸਾ (उड़ीसा) /uṛīsā ウリーサー/ *m.* 〖地名〗オディシャ州(オリッサ州)《ベンガル湾の湾奥部に面するインド東部の州. 州都はブバネーシュワル》.

ਊ

ਊਂ (ऊँ) /ũ ウーン/ ▸ਉਂਜ, ਉਂਵ *adv.* → ਉਂਜ

ਊ¹ (ऊ) /ū ウー/ *suff.* **1** 動詞の語幹や名詞に付いて,「性質」を表す形容詞と「その性質を持った人」を表す名詞を形成する接尾辞. 例えば, 動詞 ਉਡਾਉਣਾ「浪費する」の語幹 ਉਡਾ に ਊ が付いた ਉਡਾਊ は「金遣いの荒い」「浪費家の」という意味の形容詞と「金遣いの荒い人」「浪費家」という意味の名詞となる. **2** 名詞や形容詞に付いて,「…らしさ」など「性質」を表す抽象名詞を形成する接尾辞.

ਊ² (ऊ) /ū ウー/ *suff.* 〖親愛語〗名詞の語尾となり, 親愛語を形成する接尾辞. 例えば, 名詞 ਬੱਚਾ の語尾が ੂ に変化した ਬੱਚੂ は, 幼児や赤ん坊に対して大人が愛情を込めて使う語形で,「可愛い子」「可愛い赤ちゃん」という意味となる.

ਊ³ (ऊ) /ū ウー/ *int.* ううっ, うー《痛み・恐れ・驚きなどを表す発声》. (⇒ਹਾਏ)

ਊਆ (ऊआ) /ūā ウーアー/ *int.* うわー《驚きを表す言葉》.

ਊਈ (ऊई) /ūī ウーイー/ *int.* ううっ《悲しみを表す言葉》. (⇒ਹਾਇ)

ਊਏਂ (ऊएँ) /ūẽ ウーエーン/ *adv.* このように. (⇒ਐਵੇਂ ਹੀ)

ਊਸ਼ਾ (ऊशा) /ūśā ウーシャー/ ▸ਉਸ਼ਾ *f.* → ਉਸ਼ਾ

ਊਹਾਂ (ऊहाँ) /ūhā̃ ウーハーン/ *adv.* あそこに. (⇒ਉਥੇ)

ਊਹਾ (ऊहा) /ūhā | ûā ウーハー | ウーアー/ ▸ਉਹੀ, ਉਹੀਓ, ਉਹੀਓ, ਓਈ, ਓਹੀ, ਵਹੀ *pron.* → ਉਹੀ

ਊਹੋ (ऊहो) /ûo | ūho ウーオー | ウーホー/ ▸ਉਹੋ, ਓਹੋ *pron.* → ਉਹੋ

ਊਂਘ (ऊँघ) /ū̃gha ウーング/ [cf. ਊਂਘਣਾ] *f.* うたた寝. (⇒ਨੀਂਦ)

ਊਂਘਣਾ (ऊँघणा) /ū̃gaṇā ウーングナー/ [Skt. उङ्घति] *vi.* うたた寝する.

ਊਚ (ऊच) /ūca ウーチ/ [Skt. उच्च] *f.* 高いこと, 高さ.

ਊਚ-ਨੀਚ (ऊच-नीच) /ūca-nīca ウーチ・ニーチ/ [Skt. उच्च + Skt. नीच] *f.* **1** 高低. **2** 社会的階層, 社会的上下関係. **3** 〖社会〗カースト区分, 階級区分, 身分の上下.

ਊਜ (ऊज) /ūja ウージ/ *f.* 非難, 中傷. (⇒ਤੁਹਮਤ)

ਊਂਟ (ऊँट) /ū̃ṭa ウーント/ ▸ਉਸ਼ਟ, ਉੱਠ, ਊਠ *m.* → ਊਠ

ਊਟ-ਪਟਾਂਗ (ऊट-पटाँग) /ūṭa-paṭā̃ga ウート・パターング/ *m.* **1** 無意味な言葉. **2** 的外れの話, 馬鹿らしい話.

— *adj.* **1** 無意味な. **2** 馬鹿げた, 途方もない.

ਊਠ (ऊठ) /ūṭʰa ウート/ ▸ਉਸ਼ਟ, ਉੱਠ, ਊਂਟ [(Pkt. उट्ट) Skt. उष्ट्र] *m.* 〖動物〗(雄)ラクダ, 牡駱駝. (⇒ਸਾਰ) ❒ਊਠ ਜਦੋਂ ਦੌੜੇ ਪੱਛਮ ਵੱਲ। 駱駝が走る時は西に向かう〔諺〕〈心に先ず思うのは故郷〉.

ਊਠਕ-ਬੈਠਕ (ऊठक-बैठक) /ūṭʰaka-baiṭʰaka ウータク・バェータク/ *f.* **1** 起き上がり腹筋運動. **2** 屈伸運動. **3** 〖比喩〗不必要な身体活動.

ਊਠਣੀ (ऊठणी) /ūṭʰaṇī ウートニー/ [(Pkt. उट्ट) Skt. उष्ट्र -ਣੀ] *f.* 〖動物〗雌ラクダ, 牝駱駝.

ਊਠਨਾ (ऊठना) /ūṭʰanā ウートナー/ *m.* 牛車の前の台.

ਊਣ (ऊण) /ūṇa ウーン/ *f.* 不足, 欠乏. (⇒ਘਾਟਾ, ਕਮੀ)

ਊਣਤਾਈ (ऊणताई) /ūṇatāī ウーンターイー/ *f.* 不足, 欠乏. (⇒ਘਾਟ)

ਊਣਾ (ऊणा) /ūṇā ウーナー/ *adj.* 不足した, 欠乏した.

ਊਤ (ऊत) /ūta ウート/ ▸ਔਤ, ਔਂਤ, ਔਤਰ *adj.* → ਔਤ

ਊਦਾ (ऊदा) /ūdā ウーダー/ [Arab. *ūd*] *adj.* すみれ色の. (⇒ਬੈਂਗਣੀ ਰੰਗ ਦਾ)

ਊਧਮ (ऊधम) /ûdama ウーダム/ [Skt. ऊधम] *m.* **1** 騒音. **2** 騒動, 騒乱, 騒ぎ. **3** 扇動. **4** 強い興奮. **5** 暴動. **6** 混乱.

ਊਂਧਾ¹ (ऊँधा) /ū̂̃dā ウーンダー/ *adj.* **1** 逆の, 逆さまの. **2** ひっくり返った, 反転した. **3** 恥ずかしい行為や悲しみのためにうな垂れた.

ਊਂਧਾ² (ऊँधा) /ū̂̃dā ウーンダー/ [(Pot.)] *m.* 〖動物〗ブタ, 豚. (⇒ਸੂਰ)

ਊਧੋ (ऊधो) /ûdo ウードー/ [Skt. उद्धव] *m.* 〖ヒ〗ウードー《クリシュナの友人と伝えられる人物》.

ਊਨੀ (ऊनी) /ūnī ウーニー/ *adj.* 羊毛の.

ਊਪਰ (ऊपर) /ūpara ウーパル/ ▸ਉਪਰ, ਉੱਪਰ *adv.postp.* → ਉੱਪਰ

ਊਬਟ (ऊबट) /ūbaṭa ウーバト/ *m.* 難路. (⇒ਕਠਨ ਮਾਰਗ)

ਊਭ (ऊभ) /ûba ウーブ/ *adj.* 高く昇った. (⇒ਉੱਚਾ ਉਭਰਿਆ ਹੋਇਆ)

— *m.* 空. (⇒ਅਕਾਸ਼)

— *adv.* 上の方へ, 上に向かって. (⇒ਉਤਾਂਤ, ਉੱਪਰ ਵੱਲ)

ਊਭਾ (ऊभा) /ûbā ウーバー/ *adj.* 直立した. (⇒ਖੜਾ)

ਊਰ (ऊर) /ūra ウール/ *adj.* 不足した, 欠乏した. (⇒ਅਪੂਰਣ)

ਊਰਜ (ऊरज) /ūraja ウーラジ/ ▸ਊਰਜਾ *m.* → ਊਰਜਾ

ਊਰਜਾ (ऊरजा) /ūrajā ウールジャー/ ▸ਊਰਜ [Skt. ऊर्जा] *f.* **1** 力, パワー. (⇒ਬਲ) **2** 活力, エネルギー.

ਊਰਧ (ऊरध) /ūrâda ウーラド/ [Skt. ऊर्ध्व] *adj.* 上の, 上方の, 上部の, 真上の. (⇒ਉੱਪਰ ਦਾ)

— *adv.* 上に, 上方に, 垂直方向に. (⇒ਉੱਪਰ ਵੱਲ)

ਊਰਧਬਾਹੂ (ऊरधबाहू) /ūrâdabâū | ūrâdabāhū ウーラドバーウー | ウーラドバーフー/ [+ Skt. बाहु] *m.* 腕を上げたままにする修行.

ਊਰਧਲੋਕ (ऊरधलोक) /ūrâdaloka ウーラドローク/ [+ Skt.

लोक] *m.* 上方の世界, 天界, 天国. (⇒ਸੁਰਗ)
ਊਰਮੀ (ऊरमी) /ūrami ウールミー/ [Skt. ऊर्मि] *f.* 波, うねり, 起伏. (⇒ਲਹਰ, ਤਰੰਗ)
ਊਰਾ (ऊरा) /ūrā ウーラー/ *m.* 糸巻き.
ਊਲ-ਜਲੂਲ (ऊल-जलूल) /ūla-jalūla ウール・ジャルール/ *m.* 馬鹿らしいこと, たわごと, 妄言. (⇒ਬਕਵਾਸ)
ਊੜਾ (ऊड़ा) /ūṛā ウーラー/ *m.* 〘文字〙ウーラー《3種の母音字 ਉ「ウ」, ਊ「ウー」, ਓ「オー」の基となる, グルムキー字母表の1番目の文字 ੳ の名称》. ❐ਊੜਾ ਐੜਾ （初めの2文字「ウーラー」「アェーラー」が代表する）グルムキー文字の総称, パンジャービー語のいろは, 初歩. ❐ਊੜਾ ਐੜਾ ਨਾ ਜਾਣਨਾ いろはを知らない, 読み書きができない, 無学である, 無知である.

ਓ

ਓ[1] (ओ) /o オー/ *int.* おー, おうい, ねえ, ちょっと《呼びかけの言葉》.
ਓ[2] (ओ) /o オー/ ▸ਹੋ *vi.* 〘口語〙《動詞 ਹੋਣਾ の2人称・複数・現在形. ਤੁਸੀਂ … ਓ 》 **1**…である, …です. **2**…ある・いる, …あります・います.
ਓਅੰਕਾਰ (ओअंकार) /oankāra オーアンカール/ ▸ਉਕਾਰ, ਓਂਕਾਰ [Skt. ओंकार] *m.* 〘スィ〙オーアンカール（オーンカール）《無形の神. ヴェーダ以来の聖音オーム om を, 新しい意味を持つ個性の象徴として構築したもの. 数詞の1と併せて「唯一絶対不可分の超越した原初的存在から限りなく発展する内在としての神」の意味を形成する》.
ਓਇ (ओइ) /oi オーイ/ *int.* おーい《年下, 目下に対する呼びかけの言葉》.
ਓਇਟਣਾ (ओइटणा) /oiṭaṇā オーイトナー/ *vt.* 護る, 庇護する, 保護する, 支援する. (⇒ਸਹਾਰਾ ਦੇਣਾ)
ਓਇਟਾ (ओइटा) /oiṭā オーイター/ *m.* 庇護, 保護. (⇒ਓਹਲਾ)
ਓਈ (ओई) /oī オーイー/ ▸ਉਹੀ, ਉਹੀਉ, ਉਹੀਓ, ਊਹਾ, ਓਹੀ, ਵਹੀ *pron.* → ਉਹੀ
ਓਏ (ओए) /oe オーエー/ *int.* おい, ちょっと《男性に対する呼びかけの言葉》.
ਓਸ (ओस) /osa オース/ ▸ਉਸ, ਹੁਸ *pron.* → ਉਸ
ਓਸੇ (ओसे) /ose オーセー/ ▸ਉਸੀ, ਉਸੇ *pron.* → ਉਸੇ
ਓਹ (ओह) /ô オー/ ▸ਉਹ, ਵਹ *pron.* → ਉਹ
ਓਹਦਾ[1] (ओहदा) /ôdā オーダー/ ▸ਉਸਦਾ, ਉਹਦਾ *pron.* 《 ਓਹ ਦਾ の結合形で, 3人称単数代名詞 ਓਹ の属格》あれの, それの, あの人の, 彼の, 彼女の.
ਓਹਦਾ[2] (ओहदा) /ôdā オーダー/ ▸ਅਹੁਦਾ, ਹੁੱਦਾ *m.* → ਅਹੁਦਾ
ਓਹਨਾਂ (ओहनाँ) /ônā̃ オーナーン/ ▸ਉਹਨਾਂ, ਉਨ੍ਹਾਂ, ਹੁੰਨ੍ਹਾਂ *pron.* → ਉਹਨਾਂ
ਓਹਰੀ (ओहरी) /ôrī オーリー/ *m.* 〘姓〙オーホリー《カッタリー（クシャトリヤ）の姓の一つ》.
ਓਹਲਾ (ओहला) /ôlā オーラー/ ▸ਉਹਲਾ, ਓਲ੍ਹ, ਓਲ੍ਹਾ *m.* **1** 覆い, 幕, 包み隠すもの. (⇒ਪਰਦਾ) **2** 庇護, 保護, 避難所. (⇒ਓਟ) **3** 隠れた状態, 秘密の状態, 内密. **4** 助け, 援助, 支援, 支持. (⇒ਆਸਰਾ)
ਓਹੀ (ओही) /ôī オーイー/ ▸ਉਹੀ, ਉਹੀਉ, ਉਹੀਓ, ਊਹਾ, ਓਈ, ਵਹੀ *pron.* 《主格 ਓਹ（単複同形）と ਹੀ の融合形. ਓਹ に ਹੀ の表す「…こそ」「まさに…」などの強調する意味が加わっている》まさにあれ(ら), まさにそれ(ら), まさにその人(たち).
ਓਹੋ (ओहो) /oho オーホー/ ▸ਉਹੋ, ਊਹੋ *pron.* **1**《 ਜਿਹਾ の前に現れる ਓਹ の変化形. 後に ਜਿਹਾ が続き ਓਹੋ ਜਿਹਾ の形で用い, 全体として「あのような」「あんな」「あのように」などの意味を表す. ਜਿਹਾ の語尾変化は, 接尾辞 ਜਿਹਾ の見出しの項に示してある》. **2**→ ਓਹੀ
ਓਕੜਾ (ओकड़ा) /okaṛā オークラー/ *adj.* 頑固な.
ਓਕੜੂ (ओकड़ू) /okaṛū オークルー/ ▸ਉਕੜੂ *adj.m.* → ਉਕੜੂ
ਓਂਕਾਰ (ओंकार) /õkāra オーンカール/ ▸ਓਅੰਕਾਰ, ਉਕਾਰ *m.* → ਓਅੰਕਾਰ
ਓਛਾ (ओछा) /ocʰā オーチャー/ ▸ਹੋਛਾ *adj.* → ਹੋਛਾ
ਓਝ (ओझ) /ôja オージ/ ▸ਓਝਰੀ, ਓਝਲੀ *f.* → ਓਝਰੀ
ਓਝਰੀ (ओझरी) /ôjarī オージリー/ ▸ਓਝ, ਓਝਲੀ *f.* 〘身体〙腸. (⇒ਅੰਦਰ, ਅੰਤੜੀ)
ਓਝਲ (ओझल) /ôjala オージャル/ *adj.* **1** 見えない. **2** 隠れている.
ਓਝਲਾ (ओझला) /ôjalā オージラー/ *m.* **1** 幕, 覆い. (⇒ਪਰਦਾ) **2** 隠遁, 隠棲. (⇒ਇਕਾਂਤ)
ਓਝਲੀ (ओझली) /ôjalī オージリー/ ▸ਓਝ, ਓਝਰੀ *f.* → ਓਝਰੀ
ਓਝਾ (ओझा) /ôjā オージャー/ [Skt. उपाध्याय] *m.* **1** 〘ヒ〙ヒンドゥー教徒の学校教師. **2** 教師. (⇒ਉਸਤਾਦ) **3** 霊能占い師. **4** 村の医者. **5** 〘姓〙オージャー《グジャラートのブラーフマンの姓の一つ》. (⇒ਗੁਜਰਾਤੀ ਬ੍ਰਾਹਮਣ)
ਓਟ (ओट) /oṭa オート/ ▸ਓਟਾ *m.* **1** 陰, 物陰. **2** 庇護, 保護, 避難所. (⇒ਓਹਲਾ) **3** 覆い, 幕. (⇒ਪਰਦਾ)
ਓਟਕਣਾ (ओटकणा) /oṭakaṇā オータクナー/ ▸ਉਟਕਣਾ *vi.* → ਉਟਕਣਾ
ਓਟਣਾ (ओटणा) /oṭaṇā オートナー/ *vt.* **1** 護る, 保護する. **2** 告白する. **3**（罪の）責任を認める.
ਓਟਾ (ओटा) /oṭā オーター/ ▸ਓਟ *m.* → ਓਟ
ਓਂਠ (ओंठ) /õṭʰa オーント/ ▸ਓਠ, ਹੋਂਟ, ਹੋਂਠ, ਹੋਠ *m.* → ਹੋਂਠ
ਓਠ (ओठ) /oṭʰa オート/ ▸ਓਂਠ, ਹੋਂਟ, ਹੋਂਠ, ਹੋਠ *m.* → ਹੋਂਠ
ਓਡਾ (ओडा) /oḍā オーダー/ *adj.* それほどの, あれほどの. (⇒ਉਤਨਾ)
ਓਢਣ (ओढण) /ôḍaṇa オーダン/ *m.* 〘衣服〙被布. (⇒ਚਾਦਰ)
ਓਢਣਾ (ओढणा) /ôḍaṇā オードナー/ *vt.* 身にまとう, 着る. (⇒ਪਹਿਨਣਾ)
ਓਤ (ओत) /ota オート/ *m.* 縦糸.
ਓਤਲ (ओतल) /otala オータル/ *adv.* **1** あちらに, あちらを, あちらでは. (⇒ਓਧਰ) **2** あちら側に, あちらの方に. (⇒ਉਸ ਪਾਸੇ, ਉਸ ਵੱਲ)
ਓਤਲੋਂ (ओतलों) /otalõ オータローン/ *adv.* 《 ਓਤਲ ਤੋਂ の融合形》あちらから, そこを通って. (⇒ਓਧਰੋਂ, ਉਸ ਪਾਸਿਓਂ)
ਓਥੇ (ओथे) /otʰe オーテー/ ▸ਉੱਥੇ *adv.* そこに, そこで, あそこに, あそこで. ❐ਲੱਭੂ ਅਤੇ ਮੋਹਣਾ ਪਹਿਲਾਂ ਹੀ ਓਥੇ ਆਏ

ਹੋਏ ਸਨ। ラップーとモーハナーは先にそこに来ていました.
ਓਥੋਂ (ओथों) /otʰõ オートーン/ ▸ਉੱਥੋਂ *adv.* 《 ਓਥੇ ਤੋਂ の融合形》そこから, そこを, そこを通って.
ਓਦਰਨਾ (ओदरना) /odaranā オーダルナー/ *vi.* **1** 悲しくなる, 憂鬱になる. (⇒ਉਦਾਸ ਹੋਣਾ) **2** 落ち込む, 気落ちする, 落胆する, 挫ける. **3** ホームシックになる, 郷愁を感じる. **4** 会えないで気が滅入る. **5** とても会いたいと思う. **6** 切望する, 熱望する.
ਓਦਰਾਉਣਾ (ओदराउणा) /odarāuṇā オードラーウナー/ ▸ਉਦਰਾਉਣਾ *vt.* **1** 悲しませる, 憂鬱にさせる. (⇒ਉਦਾਸ ਕਰ ਦੇਣਾ) **2** 落ち込ませる, 気落ちさせる, 落胆させる, 挫く.
ਓਦਰੇਵਾਂ (ओदरेवाँ) /odarewã オードレーワーン/ ▸ਉਦਰੇਵਾਂ *m.* → ਉਦਰੇਵਾਂ
ਓਦੂੰ (ओदूँ) /odū̃ オードゥーン/ *adv.* **1** あれより. (⇒ਉਸ ਤੋਂ) **2** あの時. (⇒ਉਸ ਵੇਲੇ)
ਓਦੇਂ (ओदें) /odẽ オーデーン/ *adv.* その日に. (⇒ਉਸ ਦਿਨ)
ਓਦੋਂ (ओदों) /odõ オードーン/ ▸ਉਦੋਂ *adv.* その時, 当時. (⇒ਉਸ ਵੇਲੇ) ❐ਉਹ ਓਦੋਂ ਨੌਂ ਸਾਲਾਂ ਦਾ ਸੀ। 彼は当時九歳でした. ❐ਓਦੋਂ ਤੋਂ その時以来, 当時から.
ਓਧਰ (ओधर) /ôdara オーダル/ ▸ਉਧਰ, ਉੱਧਰ, ਔਧਰ *adv.* **1** あちらに, あちらを. ❐ਜ਼ਰਾ ਓਧਰ ਵੇਖੋ। ちょっとあちらを見なさい. **2** あちらでは. **3** あちら側に. (⇒ਉਸ ਪਾਸੇ, ਉਸ ਵੱਲ)
ਓਧਰਲਾ (ओधरला) /ôdaralā オーダルラー/ *adj.* あちらの. (⇒ਉਸ ਪਾਸੇ ਦਾ)
ਓਧਰੋਂ (ओधरों) /ôdarõ オーダローン/ ▸ਉਧਰੋਂ *adv.* 《 ਓਧਰ ਤੋਂ の融合形》あちらから, そこを通って. (⇒ਓਤਲੋਂ, ਉਸ ਪਾਸਿਓਂ) ❐ਉਹਨਾਂ ਦੇ ਪਿਓ ਦਾ ਇੱਕ ਮਿੱਤਰ ਓਧਰੋਂ ਲੰਘਿਆ। 彼らの父親の一人の友人がそこを通りかかりました.
ਓਨਾ (ओना) /onā オーナー/ ▸ਉਤਨਾ, ਉੱਨਾ *adj.* それくらいの, それほどの, あれほどの. (⇒ਤਿਤਨਾ)
— *adv.* それほど…な, あれほど…な, そんなに…な.
ਓਪ (ओप) /opa オープ/ [Skt. आवपन] *f.* **1** 輝き. (⇒ਚਮਕ) **2** つや, 光沢.
ਓਪਰਾ (ओपरा) /oparā オーパラー/ *adj.* 見慣れない, 知らない, 見知らぬ, 異質の. (⇒ਬਿਗਾਨਾ) ❐ਇੱਕ ਓਪਰਾ ਬੰਦਾ ਬੈਠਾ ਸੀ। 一人の見慣れない男が座っていました.
ਓਪਰਾਪਣ (ओपरापण) /oparāpaṇa オーパラーパン/ *m.* 知らないこと, 異質. (⇒ਬੇਗਾਨਾਪਣ)
ਓਪਰੇਸ਼ਨ (ओपरेशन) /opareśana オープレーシャン/ ▸ਉਪਰੇਸ਼ਨ, ਅਪਰੇਸ਼ਨ, ਆਪ੍ਰੇਸ਼ਨ, ਔਪਰੇਸ਼ਨ [Eng. *operation*] *m.* **1** 〖医〗手術. (⇒ਚੀਰਾ) **2** 〖軍〗作戦, 作戦行動, 軍事行動. **3** 作用, 働き, 効力, 影響.
ਓਪਲਾ (ओपला) /opalā オーパラー/ ▸ਉਪਲਾ *m.* → ਉਪਲਾ
ਓਪੇਰਾ (ओपेरा) /operā オーペーラー/ [Eng. *opera*] *m.* 〖音楽〗オペラ, 歌劇. (⇒ਗੀਤ-ਨਾਟ)
ਓਬਰਾ (ओबरा) /obarā オーバラー/ *m.* 畜舎.
ਓਬਰੀ (ओबरी) /obarī オーバリー/ *f.* 小さな畜舎.
ਓਭੜ (ओभड़) /ôbaṛa オーバル/ *adj.* 知らない, 見知らぬ.
ਓਮੀ (ओमी) /omī オーミー/ *adj.* 無学の, 無教育な. (⇒ਅਨਪੜ੍ਹ)
ਓਰ (ओर) /ora オール/ [Skt. अवार] *f.* 方向, 方角. (⇒ਤਰਫ਼)
ਓਲ੍ਹ (ओल्ह) /ôla オール/ ▸ਉਹਲਾ, ਓਹਲਾ, ਓਲ੍ਹਾ *m.* → ਓਹਲਾ
ਓਲ੍ਹਾ (ओल्हा) /ôlā オーラー/ ▸ਉਹਲਾ, ਓਹਲਾ, ਓਲ੍ਹ *m.* → ਓਹਲਾ
ਓਲੰਪਿਕ (ओलंपिक) /olampika オーランピク/ ▸ਉਲੰਪਿਕ [Eng. *Olympic*] *m.* 〖競技〗オリンピック.
— *adj.* オリンピックの.
ਓਵਰ (ओवर) /ovara オーヴァル/ [Eng. *over*] *m.* （ゲームや遊び事などの）終了. ❐ਓਵਰ ਹੋਣਾ （ゲームや遊び事などが）終了する.
ਓਵਰਹਾਲ (ओवरहाल) /ovarahāla オーヴァルハール/ [Eng. *overhaul*] *m.* オーバーホール, 機械の分解修理.
ਓਵਰਟਾਈਮ (ओवरटाईम) /ovaraṭāīma オーヴァルターイーム/ [Eng. *overtime*] *m.* **1** 残業, 時間外勤務, 超過勤務. **2** 残業手当, 超過勤務手当.
ਓਵੇਂ (ओवें) /owẽ オーウェーン/ ▸ਉਵੇਂ *adv.* あのように, そのように, あのまま, そのまま.
ਓੜ੍ਹ-ਤੋੜ੍ਹ (ओड़्ह-तोड़्ह) /ôṛa-tôṛa オール・トール/ ▸ਓੜ੍ਹ-ਪੋੜ੍ਹ *m.* **1** 努力. **2** 適切な手段, 臨機の処置. **3** 応急処置, 応急手当, 素人の治療.
ਓੜ੍ਹਨੀ (ओड़्हनी) /ôṛanī オールニー/ *f.* **1** 〖衣服〗頭を覆う布, 頭巾. **2** 〖衣服〗肩掛け, ショール.
ਓੜ੍ਹ-ਪੋੜ੍ਹ (ओड़्ह-पोड़्ह) /ôṛa-pôṛa オール・ポール/ ▸ਓੜ੍ਹ-ਤੋੜ੍ਹ *m.* → ਓੜ੍ਹ-ਤੋੜ੍ਹ
ਓੜਕ (ओड़क) /oṛaka オーラク/ *m.* **1** 終わり, 終末. (⇒ਅੰਤ) **2** 最後, 終局.
— *adv.* **1** ついに. **2** 結局. **3** 最後に.

ਅ

ਅ[1] (अ) /aiṛā アエーラー/ *m.* 〖文字〗グルムキー字母表の2番目の文字《4種の母音字 ਅ ਆ ਐ ਔ の基となる字形. ਅ は唇に力を入れず小さな口の開きのまま発音するあいまい短母音「ア」. ਆ は口を大きく開き唇を緊張させて発音する長母音「アー」. ਐ は ਏ「エー」より口を広く開けて発音する「アー」と「エー」の中間の長母音「アェー」. ਔ は ਓ「オー」より口を大きく開けて発音する「アー」と「オー」の中間の長母音「アォー」》.
ਅ[2] (अ) /a ア/ [Skt. अ] *pref.* 「…のない」「…でない」「…と反対の」「無…」「非…」「不…」などを意味する否定の接頭辞.
ਅਉਸਰ (अउसर) /ausara アウサル/ ▸ਔਸਰ, ਅਵਸਰ *m.* → ਅਵਸਰ
ਅਉਗੁਣ (अउगुण) /auguṇa アウグン/ ▸ਅਵਗੁਣ, ਔਗੁਣ *m.* → ਔਗੁਣ
ਅਉਧ (अउध) /âuda アウド/ ▸ਔਧ *f.* **1** 命, 生命. (⇒ਜਾਨ) **2** 年齢. (⇒ਉਮਰ) **3** 期間. (⇒ਮਿਆਦ)

ਅਇਆਣਾ (अइआणा) /aiāṇā アイアーナー/ ▸ਇਆਣਾ, ਇਆਣੜਾ, ਏਆਣਾ *adj.m.* → ਇਆਣਾ

ਅਈਂ (अईं) /aĩ アイーン/ *adv.* このように, こうやって. (⇒ਇੰਜ)

ਅਈ (अई) /aī アイー/ *int.* ひー《苦痛による呻き声》. (⇒ਹਾਈ)

ਅਈਆ (अईआ) /aīā アイーアー/ *suff.* 「…の行為者」「…をする人」などを意味する名詞を形成する接尾辞. 例えば ਉੱਸਰਈਆ は「建設をする人」「建設者」. (⇒ਕਰਤਾ, ਕਰਨ ਵਾਲਾ)

ਅੰਸ[1] (अंस) /ansa アンス/ [Skt. अंश] *f.* **1** 子孫, 末裔, 後裔. (⇒ਔਲਾਦ, ਸੰਤਾਨ) **2** 子弟, 御曹司. **3** 一族, 血統.

ਅੰਸ[2] (अंस) /ansa アンス/ ▸ਅੰਸ਼ *m.* → ਅੰਸ਼

ਅੰਸ਼ (अंश) /anśa アンシュ/ ▸ਅੰਸ [Skt. अंश] *m.* **1** 部分, 一部, 断片. (⇒ਹਿੱਸਾ, ਭਾਗ) **2** 分け前, 配当. **3** 程度, 度合い. **4**〖数学〗分数, 分子.

ਅਸੰਸਾਰਕ (असंसारक) /asansāraka アサンサーラク/ [Skt. अ- Skt. सांसारिक] *adj.* 現世を離れた, 超俗の.

ਅਸਹ (असह) /asâ アサー/ [Skt. अ- Skt. सह्य] *adj.* 耐えられない, 耐えがたい.

ਅਸਹਿ (असहि) /asaî アサェー/ ▸ਅਸਹ *adj.* → ਅਸਹ

ਅਸਹਿਨਸ਼ੀਲ (असहिनशील) /asaînaśīla アサェーンシール/ [Skt. अ- Skt. सहन Skt.-शील] *adj.* **1** 耐えられない, 耐えがたい. **2** 不寛容な, 偏狭な.

ਅਸਹਿਨਸ਼ੀਲਤਾ (असहिनशीलता) /asaînaśīlatā アサェーンシールター/ [Skt.-ता] *f.* **1** 耐えられないこと, 耐えがたいこと. **2** 不寛容, 偏狭さ.

ਅੱਸ੍ਹੀਂ (अस्स्हीं) /âssĩ アッスィーン/ [(Pkt. असीइ) Skt. अशीति -ईं] *adv.* 80ルピーで.

ਅੱਸ੍ਹੀਵਾਂ (अस्स्हीवाँ) /âssīwã アッスィーワーン/ ▸ਅੱਸੀਵਾਂ [-वां] *or.num.* 80番目.

— *adj.* 80番目の.

ਅੰਸ਼ਕ (अंशक) /anśaka アンシャク/ [Skt. अंशक] *adj.* 部分的な, 一部の. ❐ਅੰਸ਼ਕ ਰੂਪ ਵਿੱਚ 部分的に.

ਅਸ਼ਕ[1] (अशक) /aśaka アシュク/ [Pers. aśk] *m.* 涙. (⇒ਹੰਝੂ)

ਅਸ਼ਕ[2] (अशक) /aśaka アシュク/ ▸ਇਸ਼ਕ [(Lah.)] *m.* → ਇਸ਼ਕ

ਅਸਕਤ (असकत) /asakata アスカト/ [Skt. आसक्त] *adj.* 愛好している, 夢中になっている.

— *m.* 愛好者. (⇒ਪਰੇਮੀ)

ਅਸ਼ਕਤ (अशकत) /aśakata | aśakata アシャクト | アシャカト/ [Skt. अ- Skt. शक्त] *adj.* **1** 非力な, 力のない, 弱った, 衰弱した, 病弱な. (⇒ਕਮਜ਼ੋਰ) **2** 無能な.

ਅਸ਼ਕਤੀ (अशकती) /aśakatī アシャクティー/ [Skt. अ- Skt. शक्ति] *f.* **1** 非力, 衰弱. (⇒ਕਮਜ਼ੋਰੀ) **2** 無能.

ਅੰਸ਼ਕਾਲੀ (अंशकाली) /anśakālī アンシュカーリー/ [Skt. अंश + Skt. काल -ई] *adj.* 時間を限った, 非常勤の, パートタイムの.

ਅਸ਼ਕੇ (अशके) /aśake アシュケー/ *int.* でかした, いいぞ, うまい《称賛の呼びかけを表す言葉》. (⇒ਸ਼ਾਬਾਸ਼)

ਅਸੰਖ (असंख) /asaṅkʰa アサンク/ [Skt. असंख्य] *adj.* **1** 数えきれない, 無数の. (⇒ਅਣਗਿਣਤ) **2** 多数の.

ਅਸੰਗ (असंग) /asaṅga アサング/ [Skt. अ- Skt. संग] *adj.* **1** 一緒でない, 接していない. **2** 分かれた, 離れた. (⇒ਨਿਆਰਾ) **3** 別個の, 異なる.

ਅਸੰਗਠਨ (असंगठन) /asaṅgaṭʰana アサンガタン/ [Skt. अ- Skt. संघटन] *m.* 組織がないこと, 組織の崩壊.

ਅਸੰਗਠਿਤ (असंगठित) /asaṅgaṭʰita アサンガティト/ [Skt. अ- Skt. संघटित] *adj.* 組織のない, 組織の崩壊した.

ਅਸੰਗਤ (असंगत) /asaṅgata アサンガト/ [Skt. अ- Skt. संगत] *adj.* **1** 無関係な. **2** 不適当な, そぐわない, 調和しない. **3** 矛盾している, 的外れな.

ਅਸਗਣ (असगण) /asagaṇa アスガン/ ▸ਅਸ਼ੱਗਨ *m.* → ਅਸ਼ੱਗਨ

ਅਸਗੰਧ (असगंध) /asagânda アスガンド/ ▸ਇਸਗੰਧ [Skt. अश्वगंधा] *m.*〖植物・薬剤〗セキトメホウズキ《小さな丸い実を結ぶナス科の低木. 実と根が強壮剤として用いられる》.

ਅਸ਼ੱਗਨ (अशग्गन) /aśaggana アシャッガン/ ▸ਅਸਗਣ [Skt. अ- Skt. शकुन] *m.* 不吉な前兆, 凶兆.

ਅਸਗਾਹ (असगाह) /asagâ アスガー/ *adj.* **1** 底の知れない. **2** 測り知れない. **3** 限りない.

ਅਸਚਰਜ (असचरज) /asacaraja アスチャルジ/ ▸ਅਚਰਜ, ਚਰਜ [Skt. आश्चर्य] *m.* **1** 驚き. **2** 仰天, 驚愕. **3** 驚異. **4** 不思議な出来事.

— *adj.* **1** 驚くべき. **2** 仰天するような. **3** 驚異的な. **4** 奇妙な.

ਅਸਚਰਜਤਾ (असचरजता) /asacarajatā アスチャルジター/ [Skt.-ता] *f.* **1** 驚き. **2** 仰天. **3** 驚異. **4** 不可思議.

ਅਸੰਜਮ (असंजम) /asañjama アサンジャム/ [Skt. अ- Skt. संयम] *m.* 不節制, 抑制のないこと, 自制心がないこと.

ਅਸੰਜਮੀ (असंजमी) /asañjamī アサンジミー/ [Skt. अ- Skt. संयमिन्] *adj.* 不節制な, 抑制のない, 自制心のない.

ਅਸ਼ਟ (अशट) /aśaṭa アシュト/ ▸ਅੱਠ [Skt. अष्ट] *ca.num.* 8, 八つ.

— *adj.* 八つの.

ਅਸਟੰਟ (असटंट) /asaṭanṭa アスタント/ [Eng. *assistant*] *m.* 助手. (⇒ਸਹਾਇਕ)

ਅਸ਼ਟੰਡ (अशटंड) /aśaṭanḍa アシュタンド/ ▸ਉਸ਼ਟੰਡ *m.* → ਉਸ਼ਟੰਡ

ਅਸ਼ਟਧਾਤ (अशटधात) /aśaṭatǎta アシュトタート/ [Skt. अष्ट + Skt. धातु] *f.* よく知られた主な八種類の金属《金, 銀, 銅, 錫, 亜鉛, 鉛, 鉄, 水銀》.

ਅਸ਼ਟਪਦੀ (अशटपदी) /aśaṭapadī アシュトパディー/ [+ Skt. पद -ई] *f.* **1**〖文学〗八連詩, 八連から成る詩歌・歌詞. **2**〖音楽〗八重奏曲.

ਅਸ਼ਟਭੁਜ (अशटभुज) /aśaṭapŭja アシュトプジ/ [+ Skt. भुज] *m.* 八本の手を持つ神.

ਅਸ਼ਟਭੁਜੀ (अशटभुजी) /aśaṭapŭjī アシュトプジー/ [-ई] *f.* 八本の手を持つ女神.

ਅਸ਼ਟਮੀ (अशटमी) /aśaṭamī アシュトミー/ [Skt. अष्टमी] *f.*〖暦〗太陰暦の白半月または黒半月の八日.

ਅਸ਼ਟਾਮ (अशटाम) /aśaṭāma アシュターム/ ▸ਇਸ਼ਟਾਮ [Eng. *stamp*] *m.* **1** スタンプ. **2** 公印. **3** 印紙. **4**（法律上の手続きに用いられる）有印文書. **5** 証文.

ਅਸਟੇਸ਼ਨ (असटेशन) /asaṭeśana アステーシャン/ ▸ਸਟੇਸ਼ਨ

m. → ਸਟੇਸ਼ਨ

ਅਸਤ (असत) /asata アスト/ [Skt. अस्त] *adj.* **1** 落下した, 下落した, 傾いた. **2** 隠された, 見えなくなった, 視界から消えた. **3** (天体が)見えなくなった, 沈んだ, 没した. — *m.* **1** 落下, 下落, 下降, 衰退. (⇔ਉਦੇ) **2** 隠れること, 見えなくなること, 視界から消えること. **3** 日没. **4** 西, 西方.

ਅਸੱਤ (असत्त) /asatta アサット/ [Skt. अ- Skt. सत्य] *adj.* **1** 真実でない. **2** 偽りの, 虚偽の, 嘘の. (⇒ਝੂਠਾ)
— *m.* **1** 真実でないこと. **2** 偽り, 虚偽, 嘘. (⇒ਝੂਠ)

ਅਸਤਬਲ (असतबल) /asatabala アストバル/ [Portug. *estábulo* ; cf. Arab. *istabal*] *m.* **1** 家畜小屋. **2** 馬小屋, 厩舎. (⇒ਤਬੇਲਾ) **3** がらくた部屋, 物置.

ਅਸਤਬਾਜ਼ (असतबाज़) /asatabāza アストバーズ/ ▸ ਆਤਸ਼ਬਾਜ਼ [Pers. *ātiśbāz*] *m.* **1** 花火師. **2** 花火製造業者, 花火販売業者.

ਅਸਤਬਾਜ਼ੀ (असतबाज़ी) /asatabāzī アストバーズィー/ ▸ ਆਤਸ਼ਬਾਜ਼ੀ [-ਈ] *f.* 花火.

ਅਸਤੰਭ (असतंभ) /asatâmba アスタンブ/ [Skt. स्तंभ] *m.* 柱. (⇒ਥੰਮ੍ਹ)

ਅਸਤਰ[1] (असतर) /asatara アスタル/ [Pers. *astar*] *m.* **1** 裾. **2** 〖衣服〗ペチコート. **3** 上塗り, 塗装, 皮膜物.

ਅਸਤਰ[2] (असतर) /asatara アスタル/ [Skt. अस्त्र] *m.* **1** 〖武〗飛び道具, 弓矢・鉄砲などの武器. **2** 〖武〗矢.

ਅਸਤ-ਵਿਅਸਤ (असत-विअसत) /asata-viasata アスト・ヴィアスト/ [Skt. अस्त + Skt. व्यस्त] *adj.* **1** 散らかっている, 乱れている, 混乱している, 秩序のない. **2** 崩壊した, 狂った. **3** 掻き乱された, 滅茶苦茶の. ❑ਇੱਕ ਹਾਦਸੇ ਨੇ ਸਾਰਾ ਜੀਵਨ ਅਸਤ-ਵਿਅਸਤ ਕਰ ਕੇ ਰੱਖ ਦਿੱਤਾ। 一つの惨事が一生を滅茶苦茶にしてしまいました. **4** (髪が)乱れた.

ਅਸਤੀ (असती) /asatī アスティー/ ▸ਅਸਥੀ *f.* → ਅਸਥੀ

ਅਸਤੀਫ਼ਾ (असतीफ़ा) /asatīfā アスティーファー/ [Arab. *istīfā*] *m.* **1** 辞表. (⇒ਤਿਆਗ-ਪੱਤਰ) **2** 辞職, 辞任.

ਅਸੰਤੁਸ਼ਟ (असंतुशट) /asantuśata アサントゥシュト/ [Skt. अ- Skt. संतुष्ट] *adj.* 不満足な, 不満な.

ਅਸੰਤੁਸ਼ਟਤਾ (असंतुशटता) /asantuśatatā アサントゥシュトター/ [Skt.-ता] *f.* 不満足, 不満.

ਅਸਤੁਤ (असतुत) /asatuta アストゥト/ ▸ਉਸਤਤ, ਉਸਤਤਿ, ਉਸਤਤੀ *f.* → ਉਸਤਤ

ਅਸੰਤੋਖ (असंतोख) /asantokʰa アサントーク/ [Skt. अ- Skt. संतोष] *m.* 不満足, 不満. (⇒ਬੇਸਬਰੀ)

ਅਸੰਤੋਖਣ (असंतोखण) /asantokʰaṇa アサントーカン/ [-ਣ] *f.* 満足しない女.

ਅਸੰਤੋਖੀ (असंतोखी) /asantokʰī アサントーキー/ [Skt. अ- Skt. संतोषिन्] *m.* 満足しない, 不満足な, 不満を持っている.
— *m.* 満足しない人・男.

ਅਸੰਤੋਖੀਆ (असंतोखीआ) /asantokʰīā アサントーキーアー/ [Skt. अ- Skt. संतोष -ਈਆ] *m.* 満足しない人・男.

ਅਸਥਰ (असथर) /asatʰara アスタル/ ▸ਅਸਥਿਰ *adj.* → ਅਸਥਿਰ

ਅਸਥਲ (असथल) /asatʰala アスタル/ [Skt. स्थल] *m.* 場所. (⇒ਥਾਂ)

ਅਸਥਾਈ (असथाई) /asatʰāī アスターイー/ [Skt. अ- Skt. स्थायी] *adj.* **1** 固定されていない, 固定的でない. **2** 永続的でない, 長続きしない. **3** 臨時の, 一時的な, 仮の. (⇒ਆਰਜ਼ੀ)

ਅਸਥਾਨ (असथान) /asatʰāna アスターン/ ▸ਸਥਾਨ, ਥਾਨ [Skt. स्थान] *m.* **1** 所, 場所. **2** 位置, 立場, 境遇. **3** 地位, 身分. **4** 空間. **5** 住居. (⇒ਮਕਾਨ) **6** 座席, 議席. (⇒ਸੀਟ)

ਅਸਥਾਪਣਾ (असथापणा) /asatʰāpaṇā アスタープナー/ ▸ ਸਥਾਪਣਾ [Skt. स्थापयति] *vt.* **1** 設立する, 創設する, 開設する. **2** 設置する, 固定する, 確立する, 樹立する. (⇒ਕਾਇਮ ਕਰਨਾ)

ਅਸਥਾਪਤ (असथापत) /asatʰāpata アスターパト/ ▸ ਅਸਥਾਪਿਤ, ਸਥਾਪਤ *adj.* → ਅਸਥਾਪਿਤ

ਅਸਥਾਪਨ (असथापन) /asatʰāpana アスターパン/ ▸ ਸਥਾਪਨ [Skt. स्थापन] *m.* **1** 設立, 創立, 創設, 開設. **2** 確立, 樹立. (⇒ਕਾਇਮੀ)

ਅਸਥਾਪਨਾ (असथापना) /asatʰāpanā アスタープナー/ ▸ ਸਥਾਪਨਾ [Skt. स्थापना] *f.* **1** 設立, 創立, 創設, 開設. **2** 確立, 樹立. (⇒ਕਾਇਮੀ)

ਅਸਥਾਪਿਤ (असथापित) /asatʰāpita アスターピト/ ▸ ਅਸਥਾਪਿਤ, ਸਥਾਪਤ [Skt. स्थापित] *adj.* **1** 設立された, 創立された, 創設された, 開設された. **2** 確立された, 樹立された. (⇒ਕਾਇਮ, ਮੁਕੱਰਰ)

ਅਸਥਿਤ (असथित) /asatʰita アスティト/ ▸ਸਥਿਤ *adj.* → ਸਥਿਤ

ਅਸਥਿਤਕ (असथितक) /asatʰitaka アスティタク/ [Eng. *astatic*] *adj.* **1** 不安定な. **2** 〖物理〗無定位の.

ਅਸਥਿਰ (असथिर) /asatʰira アスティル/ ▸ਅਸਥਰ [Skt. अ- Skt. स्थिर] *adj.* **1** 不安定な. **2** 定まらない. **3** 揺れる, ふらふらする. **4** 変わりやすい, 永続しない. **5** (気持ちが)落ち着かない, 動揺している.

ਅਸਥਿਰਤਾ (असथिरता) /asatʰiratā アスティルター/ [Skt.-ता] *f.* **1** 不安定. **2** 定まらないこと, 動揺. **3** ふらふらすること, ふらつき. **4** 変わりやすいこと, はかなさ. **5** 永続しないこと, 非永続性. **6** (気持ちが)落ち着かないこと, 動揺.

ਅਸਥੀ (असथी) /asatʰī アスティー/ ▸ਅਸਤੀ [Skt. अस्थि] *f.* 〖身体〗骨. (⇒ਹੱਡ, ਹੱਡੀ)

ਅਸਥੀਆਂ (असथीआँ) /asatʰīā̃ アスティーアーン/ [+ ਆਂ] *f.* 〖身体〗遺灰《 ਅਸਥੀ の複数形》.

ਅਸਧਾਰਨ (असधारन) /asadǎrana アサダーラン/ ▸ ਅਸਾਧਾਰਨ [Skt. अ- Skt. साधारण] *adj.* **1** 普通でない. **2** 非凡な, 並外れた, 抜群の. **3** 異常な. **4** 珍しい. **5** 特殊な.

ਅਸ਼ਨਾ (अशना) /aśanā アシュナー/ ▸ਆਸ਼ਨਾ [Pers. *āśnā*] *m.* **1** 友人, 知人. **2** 愛人. **3** 不倫相手.

ਅਸ਼ਨਾਈ (अशनाई) /aśanāī アシュナーイー/ ▸ਆਸ਼ਨਾਈ [Pers. *āśnāʰī*] *f.* **1** 親しさ. **2** 友人関係, 友情. **3** 情事. **4** 不倫, 密通.

ਅਸ਼ਨਾਨ (अशनान) /aśanāna アシュナーン/ ▸ਇਸ਼ਨਾਨ, ਸਨਾਨ [Skt. स्नान] *m.* **1** 水浴び, 入浴, 体を洗うこと. **2** 水で体を清めること, 洗い清め, 沐浴.

ਅਸਪ (असप) /asapa アサプ/ [Pers. *asp*] *m.* 〖動物〗ウ

マ, 馬. (⇒ਘੋੜਾ)

ਅਸਪਸ਼ਟ (असपशट) /asapaśaṭa アサパシュト/ [Skt. अ- Skt. स्पष्ट] *adj.* **1** はっきりしない, 判然としない, 不明瞭な. **2** ぼんやりした. **3** 曖昧な.

ਅਸਪਸ਼ਟਤਾ (असपशटता) /asapaśaṭatā アサパシュトター/ [Skt.-ता] *f.* **1** はっきりしないこと, 不明瞭. **2** 曖昧さ.

ਅਸੰਪਰਦਾਇਕ (असंपरदाइक) /asamparadāika アサンパルダーイク/ [Skt. अ- Skt. संप्रदायिक] *adj.* 宗派に属さない, 非宗教的な, 世俗の.

ਅਸੰਪਰਦਾਈ (असंपरदाई) /asamparadāī アサンパルダーイー/ [Skt. अ- Skt. संप्रदायिन्] *adj.* 宗派に属さない, 非宗教的な, 世俗の.

ਅਸਪਾਤ (असपात) /asapāta アスパート/ ▸ਇਸਪਾਤ [Portug. *espada*] *m.* 〖金属〗鋼鉄, 鋼(はがね). (⇒ਸਟੀਲ)

ਅਸਪਾਤੀ (असपाती) /asapātī アスパーティー/ [-ਈ] *adj.* **1** 〖金属〗鋼鉄の, 鋼の. **2** 鍛えられた, 鋼鉄のように強靭な.

ਅਸਫਲ (असफल) /asapʰala アサパル/ [Skt. अ- Skt. सफल] *adj.* **1** 不成功の. (⇒ਨਾਕਾਮ, ਨਾਕਾਮਯਾਬ, ਨਿਸਫਲ) **2** 実りのない. **3** 失敗した.

ਅਸਫਲਤਾ (असफलता) /asapʰalatā アサパルター/ [Skt.-ता] *f.* **1** 不成功. (⇒ਨਾਕਾਮੀ, ਨਾਕਾਮਯਾਬੀ) **2** 失敗.

ਅਸਬੰਧਤ (असबंधत) /asabândata アサバンダト/ [Skt. अ- Skt. संबंधित] *adj.* 無関連の, 関係のない.

ਅਸਬਾਬ (असबाब) /asabāba アスバーブ/ ▸ਸਬਾਬ [Arab. *asbāb*] *m.* **1** 荷物, 荷, 手荷物. (⇒ਸਮਾਨ) **2** 品物. **3** 家財道具.

ਅਸੱਭ (असब्भ) /asâbba アサッブ/ ▸ਅਸੱਭਯ, ਅਸਭਿਅ [Skt. अ- Skt. सभ्य] *adj.* **1** 未開の, 野蛮な, 粗野な. **2** 無作法な, 無礼な, 不躾な.

ਅਸੱਭਤਾ (असब्भता) /asâbbatā アサッブター/ ▸ਅਸੱਭਿਅਤਾ [Skt.-ता] *f.* **1** 未開, 野蛮, 粗野. **2** 無作法, 不躾.

ਅਸੱਭਯ (असब्भय) /asâbbaya アサッバユ/ ▸ਅਸੱਭ, ਅਸਭਿਅ *adj.* → ਅਸੱਭ

ਅਸੰਭਵ (असंभव) /asâmbava アサンバヴ/ [Skt. अ- Skt. संभव] *adj.* **1** 不可能な. **2** ありえない, ありそうもない, 起こりそうもない. (⇒ਨਾਮੁਮਕਿਨ) **3** 実行できない.

ਅਸੰਭਾਵਿਕ (असंभाविक) /asambăvika アサンバーヴィク/ *adj.* **1** 不可能な. **2** ありそうもない, 起こりそうもない. **3** 実行できない.

ਅਸਭਿਅ (असभिअ) /asâbia アサビア/ ▸ਅਸੱਭ, ਅਸੱਭਯ *adj.* → ਅਸੱਭ

ਅਸੱਭਿਅਤਾ (असब्भिअता) /asâbbiatā アサッビアター/ ▸ ਅਸੱਭਤਾ *f.* → ਅਸੱਭਤਾ

ਅਸਮ (असम) /asama アサム/ [Skt. अ- Skt. सम] *adj.* **1** 同じでない, 同一でない, 等しくない. **2** 似ていない, 異なる.

ਅਸਮਤ (असमत) /asamata アスマト/ ▸ਇਸਮਤ *f.* → ਇਸਮਤ

ਅਸਮਤਾ (असमता) /asamatā アサムター/ [Skt.-ता] *f.* **1** 同じでないこと, 同一でないこと, 等しくないこと. **2** 似ていないこと, 相違.

ਅਸੰਮਤੀ (असंमती) /asammatī アサンマティー/ [Skt. अ- Skt. सम्मति] *f.* 意見の相違, 不和.

ਅਸਮਝ (असमझ) /asâmaja アサマジ/ [Skt. अ- cf. ਸਮਝਣਾ] *adj.* 理解力のない, 知力のない, 知恵のない. (⇒ਬੇਅਕਲ)

ਅਸੱਮਤਾਪੀ (असम्मतापी) /asammatāpī アサンマターピー/ *adj.* 冷酷な, 非情な.

ਅਸਮਤੋਲ (असमतोल) /asamatola アサムトール/ [Skt. अ- Skt. सम + Skt. तुल्य] *adj.* 均衡を失った.

ਅਸਮਰਥ (असमरथ) /asamaratʰa アサムラト/ [Skt. अ- Skt. समर्थ] *adj.* **1** 不能な, 不可能な, できない. **2** 無能な, 能力がない. **3** 無力な, 力のない, 衰弱した.

ਅਸਮਰਥਤਾ (असमरथता) /asamaratʰatā アサムラトター/ [Skt.-ता] *f.* **1** 不能, 不可能, できないこと. **2** 無能. **3** 無力, 衰弱.

ਅਸਮਾਜਕ (असमाजक) /asamājaka アサマージャク/ [Skt. अ- Skt. सामाजिक] *adj.* 社会性のない, 反社会的な.

ਅਸਮਾਨ[1] (असमान) /asamāna アスマーン/ ▸ਆਸਮਾਨ, ਸਮਾਨ [Pers. *āsmān*] *m.* **1** 空. (⇒ਅਕਾਸ਼) ❐ਦਿੱਲੀ ਦਾ ਕੁਤਬ ਲਾਠ ਅਸਮਾਨ ਨਾਲ ਗੱਲਾਂ ਕਰਦਾ ਹੈ। デリーのクトゥブの塔は空と話をします〈樹や建物が高いことの喩え〉. **2** 大空, 天空, 蒼穹. (⇒ਗਗਨ) **3** 天, 天国, 天界. (⇒ਸੁਰਗ)

ਅਸਮਾਨ[2] (असमान) /asamāna アサマーン/ [Skt. अ- Skt. समान] *adj.* **1** 同じでない, 同一でない, 等しくない. **2** 不平等な, 格差のある.

ਅਸਮਾਨਤਾ (असमानता) /asamānatā アサマーンター/ [Skt.-ता] *f.* **1** 同じでないこと, 同一でないこと, 等しくないこと. **2** 不平等, 格差. **3** 似ていないこと, 相違.

ਅਸਮਾਨੀ (असमानी) /asamānī アスマーニー/ [Pers. *āsmānī*] *adj.* **1** 空の, 天空の. (⇒ਅਕਾਸ਼ੀ) **2** 天上の. **3** 天国の. (⇒ਸਵਰਗੀ) **4** 空色の, 青空の. **5** 空からの, 天運の, 神意による, 神のなせる. ❐ਅਸਮਾਨੀ ਗੋਲਾ 空からの砲弾, 思いもよらない突然の不幸. ❐ਉਨ੍ਹਾਂ ਦੇ ਪਿਤਾ ਦੀ ਮੌਤ ਦਾ ਐਸਾ ਅਸਮਾਨੀ ਗੋਲਾ ਉਨ੍ਹਾਂ ਤੇ ਪਿਆ ਕਿ ਮੁੜ ਉਹ ਆਪਣੇ ਪੈਰੀਂ ਖੜੇ ਨਹੀਂ ਹੋ ਸਕੇ। 父の死という突然の不幸に遭い二度と彼らは自分の足で立てないほどでした.

ਅਸਮਾਨੋਂ (असमानों) /asamānõ アスマーノーン/ [Pers. *āsmān* + ਓਂ] *adv.* 《 ਅਸਮਾਨ ਤੋਂ の融合形》空から, 青空から, 思いがけなく.

ਅਸਰ (असर) /asara アサル/ [Arab. *asr*] *m.* **1** 影響, 効果, 効き目. (⇒ਪਰਭਾਵ) ❐ਭਗਤ ਸਿੰਘ ਉੱਤੇ ਸਰਾਭੇ ਦੀ ਕੁਰਬਾਨੀ ਦਾ ਬਹੁਤ ਅਸਰ ਹੋਇਆ। バガト・スィングはサラーベーの自己犠牲の多大な影響を受けました. **2** 印, 印象, 跡. **3** 結果.

ਅਸਰਦਾਇਕ (असरदाइक) /asaradāika アサルダーイク/ [Skt.-दायक] *adj.* **1** 効果のある, 有効な, 効果的な. **2** 印象を与える, 印象的な. **3** 影響を及ぼす, 影響力のある.

ਅਸ਼ਰਫ਼ੀ (अशरफ़ी) /aśarafī アシュラフィー/ [Pers. *aśrafī*] *f.* 〖貨幣〗金貨. (⇒ਮੋਹਰ)

ਅਸਰਾਲ (असराल) /asarāla アスラール/ ▸ਸਰਾਲ *f.* → ਸਰਾਲ

ਅਸਲ (असल) /asala アサル/ [Arab. *aṣl*] *adj.* **1** 本当の, 嘘偽りのない, 本音の. **2** 本物の, 純正の, 純粋の.
— *m.* **1** 根本, 基本, 根源, 起源. (⇒ਮੂਲ) **2** 本物, 原物.

(⇔ਨਕਲ) **3** 本質, 真髄, 本当の姿, 真実. ❑ਅਸਲ ਵਿੱਚ 実のところ, 実は, 全く, 本当に.

ਅਸਲਾ[1] (असला) /asa̤lā アスラー/ *m.* **1** 起源. **2** 血統の純粋さ. **3** 血筋, 家族の特性.

ਅਸਲਾ[2] (असला) /asa̤lā アスラー/ [Arab. *aslāh*] *m.* 〖武〗武器, 兵器. (⇒ਸ਼ਸਤਰ, ਹਥਿਆਰ)

ਅਸਲਾ ਘਰ (असला घर) /asa̤lā kăra̤ アスラー カル/ [Skt.-गृह] *m.* 〖軍〗兵器庫, 兵器廠. (⇒ਹਥਿਆਰ ਘਰ)

ਅੱਸਲਾਮ ਅਲੈਕਮ (अस्सलाम अलैकम) /assalāma̤ alaikama̤ アッサラーム アラェーカム/ [Arab. *assalām alaykum*] *int.* 〖イス〗イスラーム教徒の挨拶の言葉《字義は「あなたがたの上に平安がありますように」. 時刻を問わず日常的に用いる》.

ਅਸਲੀ (असली) /asa̤lī アスリー/ ▸ਅਸਲ [Arab. *aṣlī*] *adj.* **1** 本当の, 真実の, 現実の, 実際の. **2** 本物の, 真の, 元の, 本来の. (⇔ਨਕਲੀ) **3** 純正の, 純粋の.

ਅਸਲੀਅਤ (असलीअत) /asa̤līata̤ アスリーアト/ [Pers. *aṣliyat*] *f.* **1** 真実, 正体. **2** 事実, 現実, 実態, 実情. **3** 本源, 根源, 起源, 出発点, 出自.

ਅਸ਼ਲੀਲ (अशलील) /aśa̤līla̤ アシュリール/ [Skt. अ- Skt. श्लील] *adj.* **1** 上品でない, 品のない, 下品な. **2** 野卑な, 下卑た. **3** 卑猥な, 猥褻な, 淫らな, いかがわしい.

ਅਸ਼ਲੀਲਤਾ (अशलीलता) /aśa̤līla̤tā アシュリールター/ [Skt.-ता] *f.* **1** 上品でないこと, 品のなさ, 下品. **2** 野卑. **3** 卑猥, 猥褻.

ਅਸਲੋਂ (असलों) /asa̤lõ アスローン/ [Arab. *aṣl* + ਓਂ] *adv.* **1** 実のところ, 実は. **2** 本当に. **3** 全く, 完全に. **4** もともと, 本来. (⇒ਮੂਲੋਂ)

ਅਸਵਸਥ (असवसथ) /asawasa̤tʰa̤ アサワスト/ [Skt. अ- Skt. स्वस्थ] *adj.* **1** 不健康な. **2** 気分がすぐれない. **3** 病気の.

ਅਸਵਸਥਤਾ (असवसथता) /asawasa̤tʰa̤tā アサワストター/ [Skt.-ता] *f.* **1** 不健康. **2** 気分がすぐれないこと. **3** 病気.

ਅਸਵਾਰ (असवार) /asa̤wāra̤ アスワール/ ▸ਸਵਾਰ *adj.m.* → ਸਵਾਰ

ਅਸਵਾਰੀ (असवारी) /asa̤wārī アスワーリー/ ▸ਸਵਾਰੀ *f.* → ਸਵਾਰੀ

ਅਸਾਂ (असाँ) /asā̃ アサーン/ *pron.* 《1人称・能格または後置格・複数形(1人称複数 ਅਸੀਂ の能格または後置格). 1人称・2人称では, ਆਪ「あなた」以外については, 能格の場合も ਨੇ を伴わない》私たち, 我々.

ਅਸਾ (असा) /asā アサー/ ▸ਸਾਂ, ਸਾ *pron.* 《1人称複数 ਅਸੀਂ の後置格. 結合形の一部となり, 単独では用いられない》私たち, 我々.

ਅਸਾਉਰੀ (असाउरी) /asāurī アサーウリー/ ▸ਆਸਾਵਰੀ *f.* 〖音楽〗アサーウリー《讃歌として奏される旋律の一つ》.

ਅਸਾਊ (असाऊ) /asāū アサーウー/ *adj.* 未開の.

ਅਸਾਸਾ (असासा) /asāsā アサーサー/ [Arab. *asāsa*] *m.* **1** 家具, 家財道具, 所有物. **2** 財産, 資産.

ਅਸਾਖਰ (असाखर) /asākʰara̤ アサーカル/ [Skt. अ- Skt. साक्षर] *adj.* 学識のない, 無学の.

ਅਸਾਡੜਾ (असाडड़ा) /asāḍaṛā アサードラー/ ▸ਅਸਾਡਾ, ਅਸਾੜਾ, ਸਾਡਾ *pron.* 〖詩語〗《 ਅਸਾ ਡੜਾ の結合形で, 1人称複数 ਅਸੀਂ の属格. 詩語として用いられる》私たちの, 我々の.

ਅਸਾਡਾ (असाडा) /asāḍā アサーダー/ ▸ਅਸਾਡੜਾ, ਅਸਾੜਾ, ਸਾਡਾ *pron.* 《 ਅਸਾ ਡਾ の結合形で, 1人称複数 ਅਸੀਂ の属格》私たちの, 我々の.

ਅਸ਼ਾਂਤ (अशाँत) /aśā̃ta̤ アシャーント/ [Skt. अ- Skt. शांत] *adj.* **1** 静穏でない, 不穏な, 平静でない, 不安定な. **2** 心を乱した, 動揺している, 不安な, 落ち着かない. **3** 騒々しい, 動乱の.

ਅਸ਼ਾਂਤੀ (अशाँती) /aśā̃tī アシャーンティー/ [Skt. अ- Skt. शांति] *f.* **1** 不穏, 不安定, 無秩序. **2** 乱心, 動揺, 不安. **3** 騒乱, 動乱.

ਅਸਾਧ (असाध) /asâda̤ アサード/ [Skt. अ- Skt. साध्य] *adj.* **1** 達成できない. **2** 方法のない, 手立てのない. **3** 治療法のない, 不治の, 救いがたい. **4** 手に負えない, 扱いにくい.

ਅਸਾਧਾਰਨ (असाधारन) /asādărana̤ アサーダーラン/ ▸ਅਸਧਾਰਨ *adj.* → ਅਸਧਾਰਨ

ਅਸਾਨ (असान) /asāna̤ アサーン/ ▸ਆਸਾਨ [Pers. *āsān*] *adj.* **1** 易しい, 容易な, 平易な, たやすい. **2** 簡単な, 簡便な.

ਅਸਾਨੀ (असानी) /asānī アサーニー/ ▸ਆਸਾਨੀ [Pers. *āsānī*] *f.* **1** 易しさ, 容易, 平易, たやすさ. **2** 簡単, 簡便.

ਅਸਾਨੂੰ (असानूँ) /asānū̃ アサーヌーン/ ▸ਸਾਨੂੰ *pron.* 《 ਅਸਾ ਨੂੰ の結合形》私たちに, 私たちを, 私たちにとって, 我々を.

ਅਸਾਮ (असाम) /asāma̤ アサーム/ ▸ਆਸਾਮ *m.* 〖地名〗アッサム州《インド北東端の州. 州都はディスプル》.

ਅਸਾਮੀ[1] (असामी) /asāmī アサーミー/ *adj.* **1** アッサムの. **2** アッサム人の. **3** アッサム語の.
— *f.* アッサム語(オホミア語).
— *m.* アッサム人, アッサムの住民・出身者.

ਅਸਾਮੀ[2] (असामी) /asāmī アサーミー/ ▸ਸਾਮੀ [Arab. *asāmī*, plural of Arab. *ism*] *f.* **1** 地位, 職, 仕事. **2** 顧客, ひいき客. **3** 患者. **4** 債務者, 借り主. **5** 小作人.

ਅਸਾਰ[1] (असार) /asāra̤ アサール/ ▸ਆਸਾਰ [Arab. *āsār*, plural of Arab. *asr*] *m.* **1** 印. (⇒ਚਿੰਨ੍ਹ) **2** 標識. **3** 兆し, 徴候, 気配, 見通し. **3** 特徴.

ਅਸਾਰ[2] (असार) /asāra̤ アサール/ [Skt. अ- Skt. सार] *m.* **1** 実体のない. **2** 空虚な. **3** 無意味な. **4** 価値のない.

ਅਸਾਵਧਾਨ (असावधान) /asāva̤dăna̤ アサーヴダーン/ [Skt. अ- Skt. सावधान] *adj.* **1** 不注意な, 注意散漫な, 不用心な. **2** 気を配らない. **3** うっかりした, 迂闊な.

ਅਸਾਵਧਾਨੀ (असावधानी) /asāva̤dănī アサーヴダーニー/ [Skt. अ- Skt. सावधानी] *f.* **1** 不注意, 注意散漫, 不用心. **2** 気を配らないこと. **2** うっかり.

ਅਸਾੜ੍ਹ (असाड़्ह) /asâṛa̤ アサール/ ▸ਹਾੜ੍ਹ *m.* → ਹਾੜ੍ਹ

ਅਸਾੜਾ (असाड़ा) /asāṛā アサーラー/ ▸ਅਸਾਡੜਾ, ਅਸਾਡਾ, ਸਾਡਾ [(Pot.)] *pron.* 《 ਅਸਾ ੜਾ の結合形で, 1人称複数 ਅਸੀਂ の属格》私たちの, 我々の.

ਅਸ਼ਿਸ਼ਟ (अशिशट) /aśiśaṭa アシシュト/ [Skt. अ- Skt. शिष्ट] *adj.* **1** 無作法な, 不躾な. **2** 無礼な, 失礼な. **3** 粗野な.

ਅਸ਼ਿਸ਼ਟਤਾ (अशिशटता) /aśiśaṭatā アシシュトター/ [Skt.-ता] *f.* **1** 無作法, 不躾. **2** 無礼, 失礼. **3** 粗野.

ਅੰਸ਼ਿਕ (अंशिक) /anśika アンシク/ *adj.* **1** 部分的な, 一部分の. **2** ごく僅かな, 些細な.

ਅਸਿੱਖ[1] (असिक्ख) /asikkʰa アスィック/ [Skt. अ- Skt. शिक्षा] *adj.* 無学の. (⇒ਅਣਪੜ੍ਹ)

ਅਸਿੱਖ[2] (असिक्ख) /asikkʰa アスィック/ [Skt. अ- Skt. शिष्य] *m.* 非スィック教徒.
— *adj.* スィック教徒でない, スィック教徒らしくない.

ਅਸਿੱਖਿਅਤ (असिक्खिअत) /asikkʰiata アスィッキアト/ [Skt. अ- Skt. शिक्षित] *adj.* **1** 訓練されていない. **2** 教育を受けていない. **3** 無学の, 読み書きができない. **4** 未熟な.

ਅਸਿੱਧਾ (असिद्धा) /asîddā アスィッダー/ [Skt. अ- Skt. शुद्ध] *adj.* **1** まっすぐでない. **2** 直接でない, 間接の. **3** 回りくどい, 婉曲な. **4** 曲がった.

ਅਸੀਂ (असीं) /asī̃ アスィーン/ *pron.* 《1人称複数・主格》 私たち, 我々.

ਅੱਸੀ[1] (अस्सी) /assī アッスィー/ [(Pkt. असीइ) Skt. अशीति] *ca.num.* 80.
— *adj.* 80の.

ਅੱਸੀ[2] (अस्सी) /assī アッスィー/ ▸ਇੱਸੀ *f.* **1** 端, 縁. (⇒ਕਿਨਾਰਾ) **2** 脇, 横.

ਅਸੀਸ (असीस) /asīsa アスィース/ ▸ਆਸੀਸ [Skt. आशिष] *f.* 祝福, 祝福の言葉, 祝祷. (⇒ਅਸ਼ੀਰਵਾਦ)

ਅਸੀਮ (असीम) /asīma アスィーム/ [Skt. असीम] *adj.* **1** 限りない, 無限の, 終わりのない. (⇒ਬੇਅੰਤ, ਅਪਰੰਪਾਰ) **2** 無尽蔵の, 尽きることのない.

ਅਸੀਮਤਾ (असीमता) /asīmatā アスィームター/ [Skt.-ता] *f.* **1** 無限. **2** 無尽蔵.

ਅਸੀਮਿਤ (असीमित) /asīmita アスィーミト/ [Skt. अ- Skt. सीमित] *adj.* 限りない, 無限の, 果てしない. (⇒ਬੇਅੰਤ, ਅਪਰੰਪਾਰ)

ਅਸ਼ੀਰਬਾਦ (अशीरबाद) /aśīrabāda アシールバード/ ▸ ਅਸ਼ੀਰਵਾਦ, ਆਸ਼ੀਰਬਾਦ, ਆਸ਼ੀਰਵਾਦ *m.* → ਅਸ਼ੀਰਵਾਦ

ਅਸ਼ੀਰਵਾਦ (अशीरवाद) /aśīrawāda アシールワード/ ▸ ਅਸ਼ੀਰਬਾਦ, ਆਸ਼ੀਰਬਾਦ, ਆਸ਼ੀਰਵਾਦ [Skt. आशीर्वाद] *m.* 祝福, 祝福の言葉, 祝祷. (⇒ਅਸੀਸ)

ਅਸੀਲ (असील) /asīla アスィール/ ▸ਸੀਲ [Arab. aṣīl] *adj.* **1** おとなしい, 優しい. ❐ਇਹ ਮੱਝਾਂ ਬਹੁਤ ਅਸੀਲ ਹੁੰਦੀਆਂ ਹਨ। これらの水牛はとてもおとなしいのです. **2** 従順な. **3** 上品な, 育ちの良い. (⇒ਕੁਲਵੰਤ)

ਅਸੀਲਪੁਣਾ (असीलपुणा) /asīlapuṇā アスィールプナー/ [-ਪੁਣਾ] *m.* **1** おとなしさ. **2** 従順. **3** 上品, 育ちの良さ.

ਅੱਸੀਵਾਂ (अस्सीवाँ) /assīwā̃ アッスィーワーン/ ▸ਅੱਸ੍ਹੀਵਾਂ *or.num. adj.* → ਅੱਸ੍ਹੀਵਾਂ

ਅਸੁਖਾਵਾਂ (असुखावाँ) /asukʰāwā̃ アスカーワーン/ [Skt. अ- Skt. सुख Skt.-वान्] *adj.* **1** 不快な. **2** 都合の悪い. **3** 不適当な. **4** 有害な.

ਅਸੁੱਚ (असुच्च) /asucca アスッチ/ [Skt. अ- Skt. शुचि] *f.* 不純, 不浄. (⇒ਅਸ਼ੁੱਧਤਾ)

ਅਸੁਧ (असुध) /asûda アスド/ ▸ਅਸੁੱਧ *adj.* → ਅਸੁੱਧ

ਅਸੁੱਧ (असुद्ध) /asûdda アスッド/ ▸ਅਸੁਧ [Skt. अ- Skt. सुधी] *adj.* **1** 知らない. (⇒ਬੇਖ਼ਬਰ) **2** 無意識の. **3** 意識不明の, 気絶している. (⇒ਬੇਹੋਸ਼)

ਅਸ਼ੁੱਧ (अशुद्ध) /aśûdda アシュッド/ [Skt. अ- Skt. शुद्ध] *adj.* **1** 不清浄な, 不浄な. (⇒ਅਪਵਿੱਤਰ) **2** 清純でない. **3** 誤った, 間違った. (⇒ਗਲਤ) ❐ਅਸ਼ੁੱਧ ਉਚਾਰਨ ਕਰਨਾ 誤った発音をする. **4** 不正確な.

ਅਸ਼ੁੱਧਤਾ (अशुद्धता) /aśûddatā アシュッダター/ [Skt.-ता] *f.* **1** 不清浄, 不浄. (⇒ਅਪਵਿੱਤਰਤਾ) **2** 不純. **3** 誤り. **4** 不正確.

ਅਸ਼ੁੱਧੀ (अशुद्धी) /aśûddī アシュッディー/ [Skt. अ- Skt. शुद्धि] *f.* **1** 浄化されていないこと. **2** 欠点や誤りが除去されていないこと. **3** 誤り, 間違い. **4** 破格. **5** 誤植.

ਅਸ਼ੁਭ (अशुभ) /aśûba アシュブ/ [Skt. अ- Skt. शुभ] *adj.* **1** 縁起の悪い, 不吉な. **2** 不運な. **3** 悪い前兆の.

ਅਸੁਭਾਵਿਕ (असुभाविक) /asubăvika アスバーヴィク/ [Skt. अ- Skt. स्वाभाविक] *adj.* **1** 不自然な. **2** 本性でない. **3** 異常な.

ਅਸੁਰ (असुर) /asura アスル/ [Skt. असुर] *m.* **1** 〖ヒ〗アスラ《ヴェーダにおける本来の意味は, 神族の総称. その後, ヒンドゥー教では魔神または魔族を指す呼称となった》. **2** 〖仏〗阿修羅. **3** 悪魔, 悪霊, 妖怪. (⇒ਦੈਂਤ) **4** 鬼, 無慈悲な人.

ਅਸੁਰੱਖਿਅਤ (असुरक्खिअत) /asurakkʰiata アスラッキアト/ [Skt. अ- Skt. सुरक्षित] *adj.* **1** 安全でない. **2** 守られていない. **3** 保護されていない.

ਅਸੁਰੱਖਿਆ (असुरक्खिआ) /asurakkʰiā アスラッキアー/ [Skt. अ- Skt. सुरक्षा] *f.* **1** 安全でないこと. **2** 守られていないこと. **3** 保護されていないこと.

ਅਸੁਰਾ (असुरा) /asurā アスラー/ [Skt. असुर] *adj.* **1** 〖ヒ〗アスラの. **2** 〖仏〗阿修羅の. **3** 悪魔の, 悪霊の, 妖怪の. **4** 鬼の, 無慈悲な.

ਅਸੁਵਿਧਾ (असुविधा) /asûvidā アスヴィダー/ [Skt. अ- Skt. सुविधि] *f.* **1** 不便, 不都合. **2** 困難, 苦労.

ਅਸੁਵਿਧਾਪੂਰਨ (असुविधापूरन) /asûvidāpūrana アスヴィダープールン/ [Skt.-पूर्ण] *adj.* 不便な, 不都合な.

ਅੱਸੂੰ (अस्सूँ) /assū̃ アッスーン/ ▸ਅੱਸੂ, ਅਸੂਜ, ਅਸੌਂ *m.* → ਅੱਸੂ

ਅੱਸੂ (अस्सू) /assū アッスー/ ▸ਅੱਸੂੰ, ਅਸੂਜ, ਅਸੌਂ [Skt. आश्विन] *m.* 〖暦〗アッスー(アーシュヴィナ)月《インド暦7月・西洋暦9～10月》.

ਅਸੂਜ (असूज) /asūja アスージ/ ▸ਅੱਸੂੰ, ਅੱਸੂ, ਅਸੌਂ *m.* → ਅੱਸੂ

ਅਸੂਝ (असूझ) /asûja アスージ/ [Skt. अ- Skt. संज्ञान] *adj.* **1** 分別がない. **2** 愚かな. (⇒ਨਾਸਮਝ)

ਅਸੂਲ (असूल) /asūla アスール/ [Arab. uṣūl] *m.* **1** 主義. (⇒ਨੇਮ) **2** 原理, 原則. **3** 公理. **4** 教理. **5** 信条, 教条.

ਅਸੂਲਨ (असूलन) /asūlana アスーラン/ [+ ਨ] *adv.* **1** 主義として. **2** 原則として.

ਅਸੂਲੀ (असूली) /asūlī アスーリー/ [-ਈ] *adj.* **1** 道義心のある. **2** 道徳的に正しい. **3** 高潔な.

ਅਸੈਨਿਕ (असैनिक) /asainika̸ アサェーニク/ [Skt. अ- Skt. सैनिक] *adj.* **1** 軍人でない. **2** 一般市民の.

ਅਸੋਂ (असों) /asõ アソーン/ ▶ਅੱਸੂੰ, ਅੱਸੂ, ਅਸੂਜ [(Pot.)] *m.* → ਅੱਸੂ

ਅਸੋਸੀਏਸ਼ਨ (असोसीएशन) /asośieśana̸ アソーシーエーシャン/ [Eng. *association*] *f.* 協会. (⇒ਸਭਾ)

ਅਸ਼ੋਕ (अशोक) /aśoka̸ アショーク/ [Skt. अ- Skt. शोक] *m.* **1**〖植物〗アショーカの木, 無憂樹《マメ科の常緑高木》. **2**〖男名〗アショーク. **3**〖歴史〗アショーカ王, 阿育王《マウルヤ朝第3代の王》.
— *adj.* **1** 憂いのない. **2** 幸せな. (⇒ਖ਼ੁਸ਼) **3** 満ち足りた.

ਅਸੋਗ (असोग) /asoga̸ アソーグ/ [Skt. अ- Pers. *sog*] *adj.* **1** 憂いのない, 悲しみのない. **2** 幸せな. (⇒ਖ਼ੁਸ਼)

ਅਸੋਗੀ (असोगी) /asogī アソーギー/ [Skt. अ- Pers. *sogī*] *adj.* **1** 憂いのない, 悲しみのない. **2** 幸せな. (⇒ਖ਼ੁਸ਼)

ਅਹੰ (अहँ) /ahã アハン/ [Skt. अहं] *f.* **1** 自我, 自己. **2** 利己心, 利己主義. **3** 自己中心癖, 自分勝手, わがまま. **4** 虚栄. **5** 自尊心. **6** 驕り, 慢心, 傲慢さ, うぬぼれ. (⇒ਘਮੰਡ)

ਅਹ (अह) /â アー/ ▶ਇਹ, ਏਹ, ਹਿਹ, ਹੇਹ *pron.* → ਇਹ

ਅਹਹ (अहह) /âha̸ | â アーフ | アー/ *int.* ああ, あー《驚き・後悔・喜び・疑いなどを表す発声》.

ਅਹੰਕਾਰ (अहंकार) /ahaṅkāra̸ アハンカール/ ▶ਹੰਕਾਰ, ਹਕਾਰ [Skt. अहंकार] *m.* **1** 自我, 自我意識. **2** 自尊心, うぬぼれ. **3** 虚栄心. **4** 驕り, 慢心, 傲慢さ, 横柄さ. (⇒ਘਮੰਡ)

ਅਹੰਕਾਰੀ (अहंकारी) /ahaṅkārī アハンカーリー/ [Skt. अहंकारिन्] *adj.* **1** 尊大な. **2** 傲慢な. **3** うぬぼれた.

ਅਹੰਤਾ (अहंता) /ahantā アハンター/ [Skt. अहं Skt.-ता] *f.* **1** 自負, うぬぼれ. (⇒ਘਮੰਡ) **3** 傲慢. **3** 虚栄.

ਅਹਨਿਸ (अहनिस) /ahanisa̸ アハニス/ [Skt. अहर्निश] *adv.* 昼夜, 日夜, いつも. (⇒ਰਾਤ ਦਿਨ)

ਅਹਾ (अहा) /ǎ | ahā アー | アハー/ *int.* ああ, あー《驚き・喜びなどを表す発声》.

ਅਹਾਰ (अहार) /ahāra̸ | ǎra̸ アハール | アール/ [Skt. आहार] *m.* **1** 食物, 食べ物, 常食, 食料. (⇒ਖਾਣਾ) **2** 食事, 食べること. **3** 栄養.

ਅਹਾੜ (अहाड़) /ahāṛa̸ | ǎṛa̸ アハール | アール/ [Skt. अ- Skt. हारि] *adj.* 不敗の, 打ち負かせない, 無敵の.

ਅਹਿ[1] (अहि) /aî アェー/ [Skt. अहि] *m.*〖詩語・動物〗ヘビ, 蛇. (⇒ਸੱਪ)

ਅਹਿ[2] (अहि) /aî アェー/ ▶ਐਹ *pron.* → ਐਹ

ਅਹਿਫੇਨ (अहिफेन) /aîpʰena̸ アェーペーン/ [Skt. अहिफेन] *f.* 蛇の口から出る泡. (⇒ਸੱਪ ਦੇ ਮੂਹੋਂ ਨਿਕਲੀ ਝੱਗ)

ਅਹਿੰਸਕ (अहिंसक) /ahinsaka̸ アヒンサク/ [Skt. अ- Skt. हिंसक] *adj.* 不殺生の, 非暴力の.

ਅਹਿੰਸਾ (अहिंसा) /ahinsā アヒンサー/ [Skt. अ- Skt. हिंसा] *f.* 不殺生, 非暴力. (⇒ਅਦਮਤਸ਼ੱਦਦ)

ਅਹਿਸਾਸ (अहिसास) /aîsāsa̸ アェーサース/ ▶ਇਹਸਾਸ *m.* → ਇਹਸਾਸ

ਅਹਿਸਾਨ (अहिसान) /aîsāna̸ アェーサーン/ ▶ਇਹਸਾਨ *m.* → ਇਹਸਾਨ

ਅਹਿੰਸਾਵਾਦ (अहिंसावाद) /ahinsāwāda̸ アヒンサーワード/ [Skt. अ- Skt. हिंसा Skt.-वाद] *m.*〖政治〗不殺生の教理, 非暴力主義.

ਅਹਿੰਸਾਵਾਦੀ (अहिंसावादी) /ahinsāwādī アヒンサーワーディー/ [Skt.-वादिन्] *adj.*〖政治〗不殺生の教理に関する, 非暴力主義の.
— *m.*〖政治〗不殺生の教理に従う人, 非暴力主義者.

ਅਹਿਣ (अहिण) /aîṇa̸ アェーン/ *m.* **1**〖気象〗霰(あられ), 雹(ひょう). **2**〖気象〗霰や雹を伴った嵐.

ਅਹਿਦ (अहिद) /aîda̸ アェード/ [Arab. *`ahd*] *m.* **1** 決心, 決定. **2** 誓い. **3** 約束. (⇒ਵਾਇਦਾ) **4** 協定, 条約. **5** 契約. (⇒ਠੇਕਾ) **6** 時代, 治世, 統治時期. (⇒ਕਾਲ)

ਅਹਿਦਨਾਮਾ (अहिदनामा) /aîda̸nāmā アェードナーマー/ [Pers.-*nāma*] *m.* **1** 条約. **2** 協定, 協定書. **3** 契約書. (⇒ਇਕਰਾਰਨਾਮਾ)

ਅਹਿਮ (अहिम) /aîma̸ アェーム/ [Arab. *ahamm*] *adj.* **1** 重要な, 重大な. **2** 大切な, 大事な, 肝心な. **3** 不可欠な.

ਅਹਿਮਕ (अहिमक) /aîmaka̸ アェーマク/ [Arab. *ahmaq*] *adj.* **1** 愚かな. (⇒ਮੂਰਖ) **2** 馬鹿な. **3** 無分別な.

ਅਹਿਮਕਪੁਣਾ (अहिमकपुणा) /aîmaka̸puṇā アェーマクプナー/ [-ਪੁਣਾ] *m.* **1** 愚かさ. (⇒ਮੂਰਖਤਾ) **2** 馬鹿さ. **3** 無分別.

ਅਹਿਮਕਾਨਾ (अहिमकाना) /aîma̸kānā アェームカーナー/ [Pers.-*āna*] *adj.* **1** 愚かな. (⇒ਮੂਰਖ) **2** 馬鹿な. **3** 愚鈍な.

ਅਹਿਮੀਅਤ (अहिमीअत) /aîmīata̸ アェーミーアト/ [Pers. *ahmiyat*] *f.* **1** 重要さ, 重大さ, 重点. **2** 大切さ.

ਅਹਿਰਣ (अहिरण) /aîraṇa̸ アェーラン/ ▶ਅਹਿਰਨ *f.* → ਅਹਿਰਨ

ਅਹਿਰਨ (अहिरन) /aîrana̸ アェーラン/ ▶ਅਹਿਰਣ *f.*〖道具〗鉄床(かなとこ), 鉄敷き(かなしき).

ਅਹਿਲ (अहिल) /aîla̸ アェール/ [Arab. *ahl*] *m.* 人, 人間. (⇒ਆਦਮੀ)

ਅਹਿੱਲ (अहिल्ल) /ahilla̸ アヒッル/ [Skt. अ- Skt. हल्लन] *adj.* **1** 動かない, 不動の, 揺るぎない, ぐらつかない, 安定した. (⇒ਅਡੋਲ) **2** 堅固な, 確固たる.

ਅਹਿਲਕਾਰ (अहिलकार) /aîla̸kāra̸ アェールカール/ [Arab. *ahlkār*] *m.* **1** 召使. **2** 使用人. **3** 官吏.

ਅਹਿਲਾ (अहिला) /aîlā アェーラー/ *adj.* **1** 実りのない. **2** 無意味な. **3** 無駄な, 空しい. **4** 価値のない.

ਅਹਿਵਾਲ (अहिवाल) /aîwāla̸ アェーワール/ [Arab. *ahvāl*, plural of Arab. *hāl*] *m.* 状況, 様子, 報告, 知らせ, ニュース. (⇒ਬਰਤਾਂਤ)

ਅਹੀ-ਤਹੀ (अही-तही) /âī-tâī | ahī-tahī アイー・タイー | アヒー・タヒー/ *f.* **1** 侮辱. **2** 侮蔑, 軽蔑. **3** 無礼.

ਅਹੀਰ (अहीर) /ahīra̸ | aĭra̸ アヒール | アイール/ [Skt. अभीर] *m.*〖姓〗アヒール《北中部インドに居住し, 酪農を生業としてきた種姓(の人・男性)》, 牛飼い, 乳搾りの男, 乳売り, 牛乳屋. (⇒ਗਵਾਲਾ)

ਅਹੀਰਨ (अहीरन) /ahīrana̸ | aĭrana̸ アヒーラン | アイーラン/ [-ਨ] *f.*〖姓〗アヒーラン《アヒール種姓の女性》, 牛飼いの女性, 乳搾りの女, 乳売りの女. (⇒ਗਵਾਲਣ)

ਅਹੁਦਾ (अहुदा) /aûdā アォーダー/ ▶ਓਹਦਾ, ਹੁੱਦਾ [Arab.

ohda] *m.* **1** 階級, 地位, 職. (⇒ਰੁਤਬਾ) ❐ਅਹੁਦਾ ਘਟਾਉਣਾ 階級を落とす, 地位を落とす, 降職する, 降格する. ❐ਅਹੁਦਾ ਘਟਾਈ 降職, 降格. ❐ਅਹੁਦਾ ਵਧਣਾ 階級が上がる, 地位が上がる, 昇進する, 昇格する. ❐ਅਹੁਦਾ ਵਧਾਉਣਾ 階級を上げる, 地位を上げる, 昇進させる, 昇格させる. **2** 官職, 役職.

ਅਹੁਦੇਦਾਰ (अहुदेदार) /aûdedāra アオーデーダール/ [Arab. *ohda* Pers.-*dār*] *m.* **1** 地位のある人, 官職に就いた人. **2** 官吏. **3** 小役人.

ਅਹੁਰ (अहुर) /aûra アオール/ *f.* **1** 病気, 患い. (⇒ਬਿਮਾਰੀ) **2** 損失. (⇒ਕਸਰ) **3** 過失. (⇒ਕਸੂਰ)

ਅਹੁਲ (अहुल) /aûla アオール/ *f.* 急ぎ, 急ぐこと, 早急. (⇒ਛੇਤੀ, ਕਾਹਲ)

ਅਹੁੜਨਾ (अहुड़ना) /aûṛanā アオールナー/ ▸ਆਹੁੜਨਾ, ਔਹੜਨਾ *vi.* 思い浮かぶ, 思いつく, 心に浮かぶ. (⇒ਸੁੱਝਣਾ)

ਅਹੂਤੀ (अहूती) /ahūtī | aǖtī アフーティー | アウーティー/ ▸ਆਹੂਤੀ [Skt. आहुति] *f.* **1** 供犠. **2** 神仏への寄進.

ਅਹੋ (अहो) /aho | âo アホー | アオー/ *int.* おお, おー《驚き・興味などを表す発声》.

ਅਹੋ-ਭਾਗ (अहो-भाग) /aho-pǎga アホー・パーグ/ *int.* ありがたい, ついているぞ《幸運を喜ぶ言葉》.

ਅੰਕ (अंक) /aṅka アンク/ [Skt. अंक] *m.* **1** 数, 数字. (⇒ਹਿੰਦਸਾ) **2** 点数, 得点. **3**(定期刊行物の)号. **4**(演劇の)一幕.

ਅੱਕ (अक्क) /akka アック/ [Skt. अर्क] *m.* 〖植物〗カロトロピス, アコン《乾燥地に雑草として見られるガガイモ科の低木. サンスクリット語に由来する名称は阿羅歌》.

ਅੰਕਸ਼ (अंकश) /aṅkaśa アンカシュ/ ▸ਅੰਕੁਸ਼ *m.* → ਅੰਕੁਸ਼

ਅਕਸ (अकस) /akasa | akasa アクス | アカス/ [Arab. `*aks*] *f.* 反射, 反映. ❐ਅਕਸ ਪਾਉਣਾ …を反射する, …を反映する, 反射した光線を…に向ける. ❐ਅਕਸ ਪਾਉਣ ਵਾਲਾ 反射する, 反射している, 反射された.

ਅਕਸਮਾਤ (अकसमात) /akasamāta アカスマート/ [Skt. अकस्मात्] *adv.* **1** 突然. (⇒ਅਚਾਨਕ) **2** 不意に, 思いがけなく. **3** 偶然.

ਅਕਸਰ (अकसर) /akasara アクサル/ [Arab. *aksar*] *adv.* **1** しばしば, たびたび, よく, 頻繁に. (⇒ਵਾਰ ਵਾਰ) **2** たいてい, 大方, 一般に. (⇒ਬਹੁਤ ਕਰ ਕੇ) ❐ਜੰਗਲ ਵਿੱਚ ਹਾਥੀ ਅਕਸਰ ਇਕੱਠੇ ਰਹਿੰਦੇ ਹਨ। 森の中で象はたいてい集まって住んでいます. **3** 時々.

ਅਕਸਰੀਅਤ (अकसरीअत) /akasarīata アクサリーアト/ [Pers. *aksariyat*] *f.* **1** 大多数, 大半. **2** 豊富, 多量.

ਅਕਸ਼ਾਂਸ਼ (अकशाँश) /akaśā̃sa アクシャーンス/ *m.* 〖地理〗緯度.

ਅਕਸੀਰ (अकसीर) /akasīra アクスィール/ [Arab. *iksīr*] *f.* **1** 賢者の石《中世の錬金術師が卑金属を金銀などに変える力があると信じて捜していた物質》. **2** 〖薬剤〗万能薬.

ਅਕਹਿ (अकहि) /akaî アカェー/ ▸ਅਕੱਥ *adj.* → ਅਕੱਥ

ਅੰਕ-ਗਣਿਤ (अंक-गणित) /aṅka-gaṇita アンク・ガニト/ [Skt. अंक + Skt. गणित] *m.* 算数, 算術.

ਅੰਕ-ਗਣਿਤੀ (अंक-गणिती) /aṅka-gaṇitī アンク・ガニティー/ [-ਈ] *adj.* 算数の, 算術の.

ਅਕੱਜ (अकज्ज) /akajja アカッジ/ *adj.* 覆いのない.

ਅਕੱਟ (अकट्ट) /akaṭṭa アカット/ *adj.* **1** 反駁できない. **2** 反論の余地がない.

ਅੱਕਣਾ (अक्कणा) /akkaṇā アッカナー/ [Skt. आकुल] *vi.* **1** 退屈する. **2** 飽き飽きする, うんざりする.

ਅੰਕਤ (अंकत) /aṅkata アンカト/ ▸ਅੰਕਿਤ *adj.* → ਅੰਕਿਤ

ਅਕਤੂਬਰ (अकतूबर) /akatūbara アクトゥーバル/ [Eng. *October*] *m.* 〖暦〗 10月.

ਅਕੱਥ (अकत्थ) /akattʰa アカット/ ▸ਅਕਹਿ [Skt. अ- Skt. कथन] *adj.* **1** 言うことができない. **2** 表現できない. **3** 述べられない. **4** 言葉にならない. **5** 言うに言われぬ, 言いようのない.

ਅਕੱਥਤਾ (अकत्थता) /akattʰatā アカットター/ [Skt.-ता] *f.* 言うに言われぬこと, 言いようのないこと.

ਅਕੱਥਨੀਯ (अकत्थनीय) /akattʰanīya アカットニーユ/ [Skt. अ- Skt. कथनीय] *adj.* **1** 言いようのない. **2** 表現できない. **3** 述べられない. **4** 言葉にならない.

ਅਕਥਿਤ (अकथित) /akatʰita アカティト/ [Skt. अ- Skt. कथित] *adj.* **1** 言われていない. **2** 語られていない, 述べられていない.

ਅਕਰਮਕ (अकरमक) /akaramaka アカルマク/ [Skt. अकर्मक] *adj.* 〖言〗目的語を持たない, 自動性の, 自動詞の. (⇔ਸਕਰਮਕ)

ਅਕਰਮਕ ਕਿਰਿਆ (अकरमक किरिआ) /akaramaka kiriā アカルマク キリアー/ [+ Skt. क्रिया] *f.* 〖言〗自動詞. (⇔ਸਕਰਮਕ ਕਿਰਿਆ)

ਅਕਰਿਤਘਣ (अकरितघण) /akaritakǎṇa アカリトカン/ ▸ਅਕ੍ਰਿਤਘਣ, ਅਕਿਰਤਘਣ *adj.* → ਅਕਿਰਤਘਣ

ਅਕ੍ਰਿਤਘਣ (अक्रितघण) /akritakǎṇa (akaritakǎṇa) アクリトカン (アカリトカン)/ ▸ਅਕਰਿਤਘਣ, ਅਕਿਰਤਘਣ *adj.* → ਅਕਿਰਤਘਣ

ਅਕਲ (अकल) /akala アカル/ [Arab. `*aql*] *f.* **1** 知能. **2** 知力, 知性. **3** 理性. **4** 知恵, 頭脳. **5** 思慮分別, 思慮深さ.

ਅਕਲਮੰਦ (अकलमंद) /akalamanda アカルマンド/ ▸ਅਕਲਵੰਦ [Pers.-*mand*] *adj.* **1** 知性のある. **2** 賢い, 賢明な, 利口な. **3** 明敏な. **4** 思慮深い, 分別のある.

ਅਕਲਮੰਦੀ (अकलमंदी) /akalamandī アカルマンディー/ [Pers.-*mandī*] *f.* **1** 賢さ, 賢明さ, 利口さ. **2** 明敏さ. **3** 思慮深さ.

ਅਕਲਵੰਦ (अकलवंद) /akalawanda アカルワンド/ ▸ਅਕਲਮੰਦ *adj.* → ਅਕਲਮੰਦ

ਅਕੱਲਾ (अकल्ला) /akallā アカッラー/ ▸ਇਕੱਲਾ, ਕੱਲਾ, ਕੇਲਾ *adj.adv.* → ਇਕੱਲਾ

ਅੰਕੜਾ (अंकड़ा) /aṅkaṛā アンクラー/ [Skt. अंक] *m.* 数字, 数.

ਅਕੜਾ (अकड़ा) /akaṛā アクラー/ [Skt. कड्ड] *m.* **1** 堅いこと. **2** 緊張. **3** 柔軟性がないこと.

ਅਕੜਾਉਣਾ (अकड़ाउणा) /akaṛāuṇā アクラーウナー/ [cf. ਅਕੜਾ] *vt.* **1** 堅くする, 硬化させる. **2** 引き締める, 固くする. **3** 糊を付ける.

ਅੰਕੜਾ ਸਮੱਗਰੀ (अंकड़ा समग्गरी) /aṅkaṛā samaggarī アンクラー サマッガリー/ [Skt. अंक + Skt. सामग्री] *f.* 統計資料, 統計データ.

ਅੰਕੜਾ ਵਿਗਿਆਨ (अंकड़ा विगिआन) /aṅkạṛā vigiānạ アンクラー ヴィギアーン/ [+ Skt. विज्ञान] *m.* 統計学.

ਅੰਕੜੇ (अंकड़े) /aṅkạṛe アンクレー/ [Skt. अंक] *m.* 《 ਅੰਕੜਾ の複数形》統計, データ.

ਅਕੜੇਵਾਂ (अकड़ेवाँ) /akạṛewā̃ アクレーワーン/ [Skt. कड्ड Skt.-वान्] *m.* **1** 堅いこと. **2** 緊張. **3** 柔軟性がないこと. **4**〖比喩〗自尊心, 傲慢, 思い上がり.

ਅਕਾ (अका) /akā アカー/ [Skt. आकुल] *m.* **1** 退屈. **2** 倦怠. **3** 飽き飽き, うんざり.

ਅਕਾਉਣਾ (अकाउणा) /akāuṇā アカーウナー/ [cf. ਅੱਕਣਾ] *vt.* **1** 退屈させる. **2** うんざりさせる.

ਅਕਾਸ (अकास) /akāsạ アカース/ ▸ਅਕਾਸ਼, ਆਕਾਸ਼, ਕਾਸ਼ *m.* → ਅਕਾਸ਼

ਅਕਾਸ਼ (अकाश) /akāśạ アカーシュ/ ▸ਅਕਾਸ, ਆਕਾਸ਼, ਕਾਸ਼ [Skt. आकाश] *m.* **1** 空. (⇒ਅਸਮਾਨ) **2** 天. **3** 空気, 大気. **4** 空間. **5** 宇宙.

ਅਕਾਸ਼ ਗੰਗਾ (अकाश गंगा) /akāśạ gaṅgā アカーシュ ガンガー/ [Skt. आकाश-गंगा] *f.*〖天文〗天の川, 銀河.

ਅਕਾਸ਼ੀ (अकाशी) /akāśī アカーシー/ [Skt. आकाशीय] *adj.* **1** 空の, 天空の. (⇒ਅਸਮਾਨੀ) **2** 天界の. (⇒ਅਸਮਾਨੀ)

ਅਕਾਂਖਾ (अकाँखा) /akā̃kʰā アカーンカー/ ▸ਅਕਾਂਖਿਆ *f.* → ਅਕਾਂਖਿਆ

ਅਕਾਂਖਿਆ (अकाँखिआ) /akā̃kʰiā アカーンキアー/ ▸ਅਕਾਂਖਾ [Skt. आकांक्षा] *f.* **1** 願い, 願望, 念願, 希求. (⇒ਚਾਹ, ਇੱਛਾ) **2** 熱望, 切望. (⇒ਅਭਿਲਾਸ਼ਾ) **3** 野心, 野望.

ਅਕਾਜ (अकाज) /akājạ アカージ/ *adj.* 役に立たない. (⇒ਅਕਾਰਥ)

ਅਕਾਦਮੀ (अकादमी) /akādạmī アカードミー/ [Eng. *academy*] *f.* **1** 専門学校, 学院, アカデミー. **2** 学士院, 芸術院.

ਅਕਾਮ (अकाम) /akāmạ アカーム/ [Skt. अ- Skt. कर्म] *adj.* **1** 仕事のない, 無職の. **2** 役に立たない. (⇒ਨਿਕੰਮਾ)

ਅਕਾਰ (अकार) /akārạ アカール/ ▸ਆਕਾਰ [Skt. आकार] *m.* **1** 形. (⇒ਰੂਪ) **2** 形状. **3** 姿. **4** 容姿. **5** 顔つき.

ਅਕਾਰਣ (अकारण) /akāraṇạ アカーラン/ ▸ਅਕਾਰਨ *adj.adv.* → ਅਕਾਰਨ

ਅਕਾਰਥ (अकारथ) /akāratʰạ アカーラト/ *adj.* **1** 役に立たない. (⇒ਅਕਾਜ) **2** 無意味な. **3** 無駄な.

ਅਕਾਰਨ (अकारन) /akāranạ アカーラン/ ▸ਅਕਾਰਣ [Skt. अ- Skt. कारण] *adj.* **1** 理由のない, 根拠のない, いわれのない. **2** 不必要な, 無駄な. **3** 不当な, 許せない.
— *adv.* **1** 理由なしに, 根拠なく, いわれなく. **2** 不必要に, 無駄に. . **3** 不当に.

ਅਕਾਲ (अकाल) /akālạ アカール/ [Skt. अ- Skt. काल] *adj.* **1** 時のない. **2**〖言〗時制のない. ❒ਅਕਾਲ ਕਿਰਿਆ 不定詞.
— *m.* **1** 時のないもの. **2** 時を超えたもの. **3**〖スィ〗時を超えた永遠不滅のもの, 時を超越した神《スィック教徒にとっての神の概念を表す言葉》. (⇒ਵਾਹਿਗੁਰੂ)

ਅਕਾਲ ਚਲਾਣਾ (अकाल चलाणा) /akālạ calāṇā アカール チャラーナー/ *m.* 死, 死去, 他界, 永眠. ❒ਅਕਾਲ ਚਲਾਣਾ ਕਰਨਾ 死ぬ, 死去する, 他界する, 永眠する, 息を引き取る.

ਅਕਾਲ ਤਖ਼ਤ (अकाल तख़त) /akālạ taxatạ アカール タカト/ [Skt. अ- Skt. काल + Pers. *taxt*] *m.*〖スィ〗アカール・タカト(アカール・タクト)《字義は「時を超越した神の御座」. スィック教の精神的権威を持つタカト「御座」の一つ. 1606年にグル・ハル・ゴービンドがアムリトサルに創立した. グルたちによって創立されたタカトは, このアカール・タカト, アナンドプル・サーヒブ, パトナー・サーヒブ, ナンデールのハズール・サーヒブの四つである. 後にタルワンディー・サーボーのダムダマー・サーヒブが加えられ五つとなったタカトのうちの最高位にあるのが, アムリトサルのこのアカール・タカトである》.

ਅਕਾਲੀ (अकाली) /akālī アカーリー/ [Skt. अ- Skt. काल -ई] *adj.* **1** 時を超えた. **2** 永遠不滅の.
— *m.* **1** ਅਕਾਲ を崇める人. **2**〖スィ〗ニハング《グルドゥワーラーの警護者である, 洗礼を受けたスィック教徒の兵士》. **3**〖スィ〗アカーリー運動《1920年代に高まったグルドゥワーラーの復興運動》. **4**〖スィ〗アカーリー運動に属したスィック教徒. **5**〖政治〗アカーリー・ダルの党員.

ਅਕਾਲੀ ਦਲ (अकाली दल) /akālī dalạ アカーリー ダル/ [+ Skt. दल] *m.*〖政治〗アカーリー・ダル《スィック教徒を基盤として, インドのパンジャーブ州を舞台に活動している地域政党》.

ਅੰਕਿਤ (अंकित) /aṅkitạ アンキト/ ▸ਅੰਕਤ [Skt. अंकित] *adj.* **1** 番号を付けられた, 数字の書かれた. **2** 印された, 印の書かれた. **3** 押印された, 焼き印を押された. **4** 彫られた, 刻まれた, 刻印された. **5** 描かれた, 線を引かれた. **6** 汚された. **7** 書かれた, 記された. **8** 裏書きされた.

ਅਕਿਰਤਘਣ (अकिरतघण) /akirạtạkăṇạ アキルトカン/ ▸ਅਕਰਿਤਘਣ, ਅਕ੍ਰਿਤਘਣ [Skt. अ- Skt. कृतघ्न] *adj.* 恩知らずの, 恩を忘れている. (⇒ਇਹਸਾਨਫ਼ਰਾਮੋਸ਼)

ਅਕਿਰਤਘਣਤਾ (अकिरतघणता) /akirạtạkăṇạtā アキルトカンター/ [Skt.-ता] *f.* 恩知らず, 恩を忘れていること.

ਅਕਿਰਿਆਸ਼ੀਲ (अकिरिआशील) /akiriāśīlạ アキリアーシール/ [Skt. अ- Skt. क्रिय Skt.-शील] *adj.* **1** 受け身の, 積極的でない, 活動的でない. **2** 不活発な, 活動していない. **3** 活動力のない.

ਅਕਿਰਿਆਸ਼ੀਲ ਸਾਂਝੀਵਾਲ (अकिरिआशील साँझीवाल) /akiriāśīlạ sā̃jīwālạ アキリアーシール サーンジーワール/ [+ Skt. सार्धक -वाल] *m.* **1** 活動していない仲間. **2**〖経済〗匿名社員《出資し利益配分を受けるが業務には参加しない》.

ਅਕੀਦਤ (अकीदत) /akīdatạ アキーダト/ [Pers. `*aqīdat*] *f.* **1** 信仰. (⇒ਧਾਰਮਿਕ ਵਿਸ਼ਵਾਸ) **2** 信念. (⇒ਸ਼ਰਧਾ) **3** 教理. **4** 信条. **5** 主義.

ਅਕੀਦਾ (अकीदा) /akīdā アキーダー/ [Arab. `*aqīdā*] *m.* **1** 信仰, 信心, 信奉, 宗教. (⇒ਧਾਰਮਿਕ ਵਿਸ਼ਵਾਸ) **2** 信念. (⇒ਸ਼ਰਧਾ) **3** 教理. **4** 信条. **5** 主義.

ਅਕੀਨ (अकीन) /akīnạ アキーン/ ▸ਯਕੀਨ *m.* → ਯਕੀਨ

ਅਕੀਰਤ (अकीरत) /akīratạ アキーラト/ [Skt. अ- Skt. कीर्ति] *f.* **1** 不名誉. **2** 悪口, 悪評. (⇒ਅਪਜਸ)

ਅੰਕੁਸ਼ (अंकुश) /aṅkuśạ アンクシュ/ ▸ਅੰਕਸ਼ [Skt. अंकुश] *m.* **1**〖道具〗(主として象の調教に用いる)突き棒. **2**〖比喩〗制御, 統御, 統制.

ਅੰਕੁਰ (अंकुर) /aṅkurạ アンクル/ [Skt. अंकुर] *m.* **1**〘植物〙芽, 新芽, 種から出る芽, 胚珠, 幼芽, 萌芽. **2**〘植物〙花に成長する芽, 花芽, 蕾. (⇒ਕਲੀ) **3**〘植物〙葉や枝に成長する木の芽, 若葉, 若枝. (⇒ਕੌਂਪਲ)

ਅੰਕੁਰਣ (अंकुरण) /aṅkuraṇạ アンクラン/ [Skt. अंकुरण] *m.* 発芽.

ਅਕੁਲ (अकुल) /akulạ アクル/ [Skt. अ- Skt. कुल] *adj.* **1** 家族のない. **2** 身分の高い家系の生まれでない, 身分の卑しい.

ਅਕੇ (अके) /ake アケー/ *conj.* または. (⇒ਜਾਂ)

ਅਕੇਵਾਂ (अकेवाँ) /akewā̃ アケーワーン/ [Skt. आकुल Skt.-वान्] *m.* **1** 単調さ. **2** 退屈. **3** 倦怠. **4** 飽き飽きすること, うんざりすること.

ਅੱਖ (अक्ख) /akkʰạ アック/ [Skt. अक्शि] *f.*〘身体〙目, 眼. (⇒ਚਸ਼ਮ, ਨੇਤਰ) ❏ਅੱਖ ਉੱਘੜਨੀ 目が開く. ❏ਅੱਖ ਖੁਲ੍ਹਨੀ 目が開く. ❏ਅੱਖ ਆਉਣੀ 目が痛む. ❏ਅੱਖ ਝਮਕਣੀ まばたきする. ❏ਅੱਖ ਦਾ ਪਲਕਾਰਾ 瞬時. ❏ਅੱਖ ਦਾ ਪਾਣੀ 眼球のガラス体液. ❏ਅੱਖ ਬਚਾਉਣੀ 人目を避ける, こっそりと行動する, こそこそ逃げる. ❏ਅੱਖ ਮਾਰਨੀ 目くばせする. ❏ਅੱਖ ਮੀਚਣੀ 目を閉じる. ❏ਅੱਖ ਮੀਟਣੀ 目を閉じる.

ਅਖੰਡ (अखंड) /akʰaṇḍạ アカンド/ [Skt. अ- Skt. खंड] *adj.* **1** 不可分の. **2** 中断しない, 止まらない. **3** 全体の. **4** 初めから終わりまで全部の.

ਅਖੰਡਤਾ (अखंडता) /akʰaṇḍatā アカンドター/ [Skt.-ता] *f.* **1** 不可分. **2** 全一性.

ਅਖੰਡ-ਪਾਠ (अखंड-पाठ) /akʰaṇḍạ pātʰạ アカンド パート/ [+ Skt. पाठ] *m.*〘スィ〙アカンド・パート《聖典『グル・グラント・サーヒブ』の初めから終わりまで全部を中断せず読誦すること. 慶弔の行事や, グルプルブと呼ばれるスィック教のグルの生誕または入滅などを記念する祭りの時に行われる》.

ਅਖੰਡ-ਪਾਠੀ (अखंड-पाठी) /akʰaṇḍạ pātʰī アカンド パーティー/ [-ਈ] *m.*〘スィ〙アカンド・パートに加わる読誦者, アカンド・パートの読誦の資格を与えられた人.

ਅਖ਼ਤਿਆਰ (अख़तिआर) /axatiārạ アクティアール/ ▸ਇਖ਼ਤਿਆਰ *m.* → ਇਖ਼ਤਿਆਰ

ਅਖਤਿਆਰੀ (अखतिआरी) /akʰatiārī アクティアーリー/ ▸ਇਖ਼ਤਿਆਰੀ *adj.* → ਇਖ਼ਤਿਆਰੀ

ਅਖ਼ਬਾਰ (अख़बार) /axabārạ アクバール/ [Arab. *axbār*] *m.f.* **1** 新聞. (⇒ਸਮਾਚਾਰ ਪੱਤਰ) ❏ਘਰ ਵਿੱਚ ਆਉਣ ਵਾਲੀਆਂ ਅਖ਼ਬਾਰਾਂ ਤੇ ਹੋਰ ਕਿਤਾਬਾਂ ਉਹ ਬੜੇ ਸ਼ੌਕ ਨਾਲ ਪੜ੍ਹਦਾ ਰਹਿੰਦਾ ਸੀ। 家に配達される新聞やその他の本を彼はとても興味を持って読み続けていました. **2** ニュース.

ਅੱਖਰ (अक्खर) /akkʰarạ アッカル/ [Skt. अक्षर] *m.* **1**〘言〙文字, 字母. **2**〘音〙音節.

ਅੱਖਰੀ (अक्खरी) /akkʰarī アッカリー/ [-ਈ] *adj.* **1** 文字の. **2** 文字通りの, 逐語的な.

ਅਖਰੋਟ (अखरोट) /akʰaroṭạ アクロート/ [Skt. अक्षोट] *m.*〘植物〙クルミ(胡桃)の木《クルミ科の高木》, 胡桃の実.

ਅਖਲਾਕ (अखलाक) /akʰalākạ アクラーク/ ▸ਇਖ਼ਲਾਕ *m.* → ਇਖ਼ਲਾਕ

ਅਖਵਾਉਣਾ (अखवाउणा) /akʰawāuṇā アクワーウナー/ ▸ਅਖਾਉਣਾ *vt.* **1** 言わせる. **2** 呼ばれる.

ਅੱਖੜ (अक्खड़) /akkʰaṛạ アッカル/ *adj.* **1** 無愛想な, ぶっきらぼうな. **2** 頑固な, 意固地な. **3** 喧嘩好きな. **4** 横柄な, 威張っている. **5** 野卑な, 品の悪い.

ਅੱਖੜਪੁਣਾ (अक्खड़पुणा) /akkʰaṛạpuṇā アッカルプナー/ *m.* **1** 無愛想, ぶっきらぼう. **2** 頑固, 意固地. **3** 喧嘩好き. **4** 横柄. **5** 野卑.

ਅੱਖਾਂ (अक्खाँ) /akkʰā̃ アッカーン/ ▸ਅੱਖੀਆਂ [Skt. अक्शि] *f.*〘身体〙目, 眼《ਅੱਖ の複数形》. ❏ਅੱਖਾਂ ਚਾਰ ਕਰਨੀਆਂ 目が四つになる, 出会う, 顔を合わせる, 向かい合う. ❏ਅੱਖਾਂ ਤੇ ਪੱਟੀ ਬੰਨ੍ਹਣਾ, ਅੱਖਾਂ ਤੇ ਪੜਦਾ ਪੈਣਾ 目隠しをする, 無鉄砲に振る舞う, 無思慮な行動をする. ❏ਅੱਖਾਂ ਤੇ ਬਿਠਾਉਣਾ 温かく迎える, 特別にもてなす. ❏ਅੱਖਾਂ ਫੇਰ ਲੈਣੀਆਂ 仲たがいする, 相手を捨てる, 絶交する. ❏ਅੱਖਾਂ ਭਰ ਆਉਣੀਆਂ 目が涙で満たされる, 涙もろくなる. ❏ਅੱਖਾਂ ਵਿਖਾਉਣੀਆਂ 眼(がん)を飛ばす, おどす, 脅迫する. ❏ਅੱਖਾਂ ਵਿੱਚ ਘੱਟਾ ਪਾਉਣਾ だます. ❏ਅੱਖਾਂ ਵਿਛਾਉਣੀਆਂ 温かく迎える, 心待ちにする, 丁重にもてなす. ❏ਉਸ ਬਿੱਲੀ ਦੀਆਂ ਅੱਖਾਂ ਚਮਕਦੀਆਂ ਸਨ। その猫の目は輝いていました.

ਅਖਾਉਣਾ (अखाउणा) /akʰāuṇā アカーウナー/ ▸ਅਖਵਾਉਣਾ *vt.* → ਅਖਵਾਉਣਾ

ਅਖਾਣ (अखाण) /akʰāṇạ アカーン/ *m.* **1** 諺. (⇒ਅਖੌਤ, ਕਹਾਉਤ, ਲੋਕੋਕਤੀ) **2** 格言, 金言, 警句.

ਅਖਾਧ (अखाध) /akâdạ アカード/ [Skt. अ- Skt. खाद्य] *adj.* **1** 食べられない. **2** 食用に適さない.

ਅਖਾੜਾ (अखाड़ा) /akʰāṛā アカーラー/ [Skt. अक्शवाट] *m.* **1**〘建築〙闘技場, 土俵, レスリング場, 競技場, 運動場, 演技場. **2** レスリングのマット. **3** 闘いの場, 争いの場. **4**〘ヒ〙行者たちの集まり, 行者たちの居住の場. **5**(歌い手・踊り手などの)集まり, 仲間, 連, グループ.

ਅਖਿਲ (अखिल) /akʰilạ アキル/ *adj.* **1** すべての. (⇒ਸਾਰਾ) **2** 全部の.

ਅੱਖੀਂ (अक्खीं) /akkʰī̃ アッキーン/ [Skt. अक्शि -ईं] *adv.* 目で, 自分の目で. (⇒ਆਪਣੀਆਂ ਅੱਖਾਂ ਨਾਲ)

ਅੱਖੀਆਂ (अक्खीआँ) /akkʰīā̃ アッキーアーン/ ▸ਅੱਖਾਂ *f.* → ਅੱਖਾਂ

ਅਖ਼ੀਰ (अख़ीर) /axīrạ アキール/ [Pers. *āxir*] *m.* **1** 終わり, 結び, 終末, 終結. (⇒ਅੰਤ) **2** 最終, 最後. **3** 最期, 臨終, 死. (⇒ਮੌਤ) **4** 末端, 端.

— *adv.* ついに. (⇒ਅੰਤ ਵਿੱਚ) ❏ ਅਖ਼ੀਰ ਉਹ ਬੁੱਢਾ ਹੋ ਗਿਆ। ついに彼は年寄りになってしまいました.

ਅਖ਼ੀਰਲਾ (अख़ीरला) /axīrạlā アキールラー/ [Pers. *āxir* + ਲਾ] *adj.* 最後の, 最終の. ❏ਚਾਰੇ ਭਾਈ ਬਾਪੂ ਦੇ ਅਖ਼ੀਰਲੇ ਬੋਲਾਂ ਬਾਰੇ ਸੋਚਣ ਲੱਗੇ। 四人の兄弟は父親の最後の言葉について考え始めました.

ਅਖੁੱਟ (अखुट्ट) /akʰuṭṭạ アクット/ *adj.* **1** 無尽蔵の. **2** 豊富な.

ਅਖੈ (अखै) /akʰai アカェー/ *adj.* 不滅の.

ਅੱਖੋਂ (अक्खों) /akkʰõ アッコーン/ [Skt. अक्शि + ਓਂ] *adv.*《ਅੱਖ ਤੋਂ の融合形》目から.

ਅੱਖੋਂ ਉਹਲੇ (अक्खों उहले) /akkʰõ ôle アッコーン オーレー/ *adv.* 見えなくなって, 隠れて.

ਅੱਖੋਂ ਪਰੋਖੇ (अक्खों परोखे) /akkʰõ parokʰe アッコーン パロ

ーケー/ *adv.* 見えなくなって, 隠れて.

ਅਖੌਤ (अखौत) /ak^{h}auta アカォート/ ▸ਆਖਤ *f.* **1** 諺. (⇒ਅਖਾਣ, ਲੋਕੋਕਤੀ) **2** 格言, 金言, 警句. **3** 言い回し. **4** 発言. (⇒ਬਚਨ) **5** 発話. (⇒ਬੋਲ)

ਅਖੌਤੀ (अखौती) /ak^{h}autī アカォーティー/ *adj.* **1** 諺にある. **2** いわゆる. **3** 推定上の. **4** 一般に信じられている.

ਅੰਗ (अंग) /aṅga アング/ [Skt. अंग] *m.* **1** 部分, 部位. (⇒ਹਿੱਸਾ) **2** 要素. ❐ਦੁੱਧ ਸਾਡੇ ਭੋਜਨ ਦਾ ਜ਼ਰੂਰੀ ਅੰਗ ਹੈ। ミルクは私たちの食事のなくてはならない要素です. **3**〖身体〗肢体, 手足.

ਅੱਗ (अग्ग) /agga アッグ/ [Skt. अग्नि] *f.* **1** 火. ❐ਅੱਗ ਲੱਗਣੀ 火が点く. ❐ਅੱਗ ਲਗਾਉਣੀ, ਅੱਗ ਲਾਉਣੀ 火を点ける, 放火する. ❐ਇਸ ਦੁਕਾਨ ਨੂੰ ਅੱਗ ਕਿਸਨੇ ਲਗਾਈ? 誰がこの店に放火したのですか. ❐ਅੱਗ ਬੁਝਾਉਣੀ 火を消す. ❐ਅੱਗ ਬਿਨਾਂ ਧੂੰਆਂ ਨਹੀਂ ਹੁੰਦਾ। 火のない所に煙りは立たない〔諺〕. **2** 火事, 火災. **3**〖比喩〗情熱. **4**〖比喩〗激怒.

ਅਗਸਤ (अगसत) /agasata アガスト/ [Eng. *August*] *m.*〖暦〗8月.

ਅੰਗਹੀਣ (अंगहीण) /aṅgahīṇa アングヒーン/ ▸ਅੰਗਹੀਨ [Skt. अंग Skt.-हीन] *adj.* **1** 身体の一部がない, 身体の一部が機能しない, 手足のない. **2** 身体に欠陥のある, 身体に障害のある, 身体の不自由な.

ਅੰਗਹੀਨ (अंगहीन) /aṅgahīna アングヒーン/ ▸ਅੰਗਹੀਣ *adj.* → ਅੰਗਹੀਣ

ਅੰਗਣ (अंगण) /aṅgaṇa アンガン/ ▸ਅੰਗਣਾ, ਆਂਗਣ, ਆਂਗਨ [Skt. अंगण] *m.* 中庭.

ਅੰਗਣਾ (अंगणा) /aṅgaṇā アングナー/ ▸ਅੰਗਣ, ਆਂਗਣ, ਆਂਗਨ *m.* → ਅੰਗਣ

ਅੰਗਦ (अंगद) /aṅgada アンガド/ [Skt. अंगद] *m.*〖人名・スィ〗アンガド《スィック教の第2代教主》.

ਅਗਦੀ (अगदी) /agadī アグディー/ ▸ਅਗਦੂੰ, ਅਗਦੋਂ *adv.* 初めから. (⇒ਪਹਿਲੋਂ)

ਅਗਦੂੰ (अगदूँ) /agadū̃ アグドゥーン/ ▸ਅਗਦੀ, ਅਗਦੋਂ *adv.* → ਅਗਦੀ

ਅਗਦੋਂ (अगदों) /agadõ アグドーン/ ▸ਅਗਦੀ, ਅਗਦੂੰ *adv.* → ਅਗਦੀ

ਅਗਨ (अगन) /agana アガン/ [Skt. अग्नि] *f.* 火. (⇒ਅੱਗ)

ਅਗਨੀ (अगनी) /aganī アグニー/ [Skt. अग्नि] *f.* **1** 火. (⇒ਅੱਗ) **2**〖ヒ〗アグニ《火を神格化した古代インドの神. 最古の聖典『リグ・ヴェーダ』で多くの賛歌が捧げられている》.

ਅਗੰਮ (अगंम) /agamma アガンム/ ▸ਅਗਮ [Skt. अ- Skt. गम्य] *adj.* **1** 近づきがたい, 近づきにくい. **2** 近づけない.

ਅਗਮ (अगम) /agama アガム/ ▸ਅਗੰਮ *adj.* → ਅਗੰਮ

ਅਗਰ (अगर) /agara アガル/ [Pers. *agar*] *conj.* もし, 仮に. (⇒ਜੇ, ਜੇਕਰ) ❐ਅਗਰ ਮੈਂ ਦਿੱਲੀ ਗਿਆ, ਤਾਂ ਤੁਹਾਡੇ ਲਈ ਕਿਤਾਬਾਂ ਲਿਆਵਾਂਗਾ। デリーに行ったら, 君のために本を買って来るよ.

ਅੱਗਰ (अग्गर) /aggara アッガル/ [Skt. अग्र] *adv.* 前に.

ਅਗਰ ਆਗਮ (अगर आगम) /agara āgama アガル アーガム/ [+ Skt. आगम] *m.*〖音〗語頭音添加.

ਅੰਗਰਖਾ (अंगरखा) /aṅgarak^{h}ā アングラカー/ *m.*〖衣服〗丈の長いゆったりとしたシャツ.

ਅੰਗ-ਰੱਖਿਅਕ (अंग-रक्खिअक) /aṅga-rakk^{h}iaka アング・ラッキアク/ [Skt. अंग + Skt. रक्षक] *m.* ボディーガード, (政府高官などの)護衛員.

ਅਗਰਬੱਤੀ (अगरबत्ती) /agarabattī アガルバッティー/ [Skt. अगरु + Skt. वर्ति] *f.* 線香.

ਅਗਰਵਾਲ (अगरवाल) /agarawāla アガルワール/ *m.*〖姓〗アガルワール(アグラワール)《商業カーストの姓の一つ》.

ਅਗਰਾਹੁਣਾ (अगराहुणा) /agarâuṇā | agarāhuṇā アグラーウナー | アグラーフナー/ ▸ਉਗਰਾਹੁਣਾ *vt.* → ਉਗਰਾਹੁਣਾ

ਅੰਗਰੇਜ਼ (अंगरेज़) /aṅgareza アングレーズ/ ▸ਅੰਗ੍ਰੇਜ਼ [Portug. *ingrês*] *m.* 英国人, イギリス人.

ਅੰਗ੍ਰੇਜ਼ (अंग्रेज़) /aṅgreza アングレーズ/ ▸ਅੰਗਰੇਜ਼ *m.* → ਅੰਗਰੇਜ਼

ਅੰਗਰੇਜ਼ੀ (अंगरेज़ी) /aṅgarezī アングレーズィー/ ▸ਅੰਗ੍ਰੇਜ਼ੀ [Portug. *ingrês* -ਈ] *adj.* 英国の, イギリスの.

— *f.* 英語.

ਅੰਗ੍ਰੇਜ਼ੀ (अंग्रेज़ी) /aṅgrezī アングレーズィー/ ▸ਅੰਗਰੇਜ਼ੀ *adj.f.* → ਅੰਗਰੇਜ਼ੀ

ਅੰਗਰੇਜ਼ੀਅਤ (अंगरेज़ीअत) /aṅgarezīata アングレーズィーアト/ [Portug. *ingrês* -ਈ Pers.-*yat*] *f.* **1** 英国の文化. **2** 英国風. **3** 英国の様式.

ਅੰਗਰੇਜ਼ੀ ਸ਼ਰਾਬ (अंगरेज़ी शराब) /aṅgarezī śarāba アングレーズィー シャラーブ/ [+ Pers. *śarāb*] *f.* **1**〖飲料〗輸入酒. **2**〖飲料〗外国風のインド国産酒.

ਅੱਗਲ (अग्गल) /aggala アッガル/ ▸ਅਗਲਾ [Skt. अग्र] *adj.* **1** 前の. **2** 次の.

ਅੱਗਲ-ਹੱਥ (अग्गल-हत्थ) /aggala-hatt^{h}a アッガル・ハット/ *m.* **1** 雑役夫, 雑用係, 何でも屋. **2** 何でも話せる相手, 腹心の友. **3** 何よりも大切なもの.

ਅਗਲਵਾਂਢੇ (अगलवाँढे) /agalawā̃ḍe アガルワーンデー/ [Skt. अग्र] *adv.* 前もって. (⇒ਅਗਾਊਂ)

ਅਗਲਾ (अगला) /agalā アグラー/ [Skt. अग्र] *adj.* **1**《空間的に》前の, 前の方の, 前方の. ❐ਕਾਂਗਰੂ ਦੀਆਂ ਅਗਲੀਆਂ ਲੱਤਾਂ ਬਹੁਤ ਛੋਟੀਆਂ ਛੋਟੀਆਂ ਹੁੰਦੀਆਂ ਹਨ। カンガルーの前脚はとても小さいのです. ❐ਸਿਨੇਮਾ ਵਿੱਚ ਅਗਲੀਆਂ ਸੀਟਾਂ ਘਟ ਕੀਮਤ ਵਾਲੀਆਂ ਹੁੰਦੀਆਂ ਹਨ। 映画館では前の方の席が値段が安いのです. **2** 先頭の. **3** 次の. ❐ਅਗਲੀ ਗੱਡੀ ਕਦੋਂ ਆਏਗੀ? 次の列車はいつ来るでしょうか. **4**《時間的に》前の, 以前の. **5** 過去の.

ਅਗਲੇਰਾ (अगलेरा) /agalerā アグレーラー/ [Skt. अग्र] *adj.* **1** 前の. **2** 次の.

ਅਗਵਾ (अगवा) /agawā アグワー/ [Arab. *agvā*] *m.* **1** 誘拐, 拉致. (⇒ਉਧਾਲਾ) **2** 強奪, 乗っ取り.

ਅਗਵਾਈ (अगवाई) /agawāī アグワーイー/ [Skt. अग्र -ਵਾਈ] *f.* **1** 先に立つこと, 率先すること, 先導. **2** 案内, 道案内, 誘導. **3** 指導.

ਅਗਵਾਕਾਰ (अगवाकार) /agawākāra アグワーカール/ [Arab. *agvā* Pers.-*kār*] *m.* **1** 誘拐犯. **2** 強奪犯, 乗っ取り犯人.

ਅਗਵਾਨ (अगवान) /agawāna アグワーン/ [Skt. अग्र-यान]

m. **1** 歓迎する人, 出迎える人. **2** 先導者, 案内人. (⇒ਆਗੂ)

ਅਗਵਾਨੀ (अगवानी) /agawānī アグワーニー/ [-ਈ] *f.* **1** 歓迎, 出迎え. (⇒ਸੁਆਗਤ) ❑ਅਗਵਾਨੀ ਕਰਨੀ 歓迎する, 出迎える. **2** 接待, もてなし. (⇒ਮੇਜ਼ਬਾਨੀ) ❑ਅਗਵਾਨੀ ਕਰਨੀ 接待する, もてなす.

ਅਗਵਾੜਾ (अगवाड़ा) /agawāṛā アグワーラー/ [Skt. अग्र] *m.* **1** 前の部分, 前部. (⇒ਅਗਲਾ ਹਿੱਸਾ) **2** 前の側面, 前側. (⇒ਅਗਲਾ ਪਾਸਾ)

ਅਗਵਾੜੀ (अगवाड़ी) /agawāṛī アグワーリー/ [Skt. अग्र] *f.* 前の部分, 前部. (⇒ਅਗਲਾ ਹਿੱਸਾ)

ਅੱਗੜ-ਪਿੱਛੜ (अग्गड़-पिच्छड़) /aggaṛa-piccʰaṛa アッガル・ピッチャル/ [Skt. अग्र + Pkt. पच्छ] *adv.* **1** 前も後ろも, 次々に. **2** 続けざまに, 引き続いて, 連続して.

ਅੰਗੜਾਈ (अंगड़ाई) /aṅgaṛāī アングラーイー/ *f.* 〖生理〗 あくびをしながらゆっくり体や手足を伸ばすこと.

ਅੱਗਾ (अग्गा) /aggā アッガー/ [Skt. अग्र] *m.* **1** 前の部分, 前部. (⇒ਮੂਹਰਾ) **2** 将来.

ਅਗਾਊਂ (अगाऊँ) /agāū̃ アガーウーン/ [Skt. अग्र] *adj.* 先の, 前の, 前もっての, 先立っての, 事前の.

— *adv.* 先に, 前もって, あらかじめ, 事前に.

ਅਗਾਂਹ (अगाँह) /agā̂ アガーン/ [Skt. अग्र] *adv.* **1** 将来. **2** 今後は.

ਅਗਾਹ (अगाह) /agâ アガー/ ▸ਅਗਾਧ *adj.* → ਅਗਾਧ

ਅਗਾਧ (अगाध) /agâda アガード/ ▸ਅਗਾਹ [Skt. अ- Skt. गाध] *adj.* **1** 底のない, 底の知れない. (⇒ਅਥਾਹ) **2** 深さが測れない, とても深い. (⇒ਬਹੁਤ ਡੂੰਘਾ) **3** 測り知れない, 理解しがたい.

ਅੰਗਾਰ (अंगार) /aṅgāra アンガール/ ▸ਅੰਗਾਰਾ, ਅੰਗਿਆਰ, ਅੰਗਿਆਰਾ [(Pot.)] *m.* → ਅੰਗਿਆਰਾ

ਅੰਗਾਰਾ (अंगारा) /aṅgārā アンガーラー/ ▸ਅੰਗਾਰ, ਅੰਗਿਆਰ, ਅੰਗਿਆਰਾ [(Pot.)] *m.* → ਅੰਗਿਆਰਾ

ਅਗਾੜ (अगाड़) /agāṛa アガール/ [Skt. अग्र] *f.* 前の部分, 前部. (⇒ਅਗਲਾ ਹਿੱਸਾ)

ਅਗਾੜੀ (अगाड़ी) /agāṛī アガーリー/ [Skt. अग्र] *f.* **1** 前の部分, 前部. (⇒ਅਗਲਾ ਹਿੱਸਾ) **2** 手綱.

ਅੱਗਿਉਂ (अग्गिऊँ) /aggiū̃ アッギウーン/ ▸ਅੱਗਿਓਂ [Skt. अग्र] *adv.* **1** 前もって. **2** 前側から.

ਅੱਗਿਓਂ (अग्गिओं) /aggiõ アッギオーン/ ▸ਅੱਗਿਉਂ *adv.* → ਅੱਗਿਉਂ

ਅਗਿਆਤ (अगिआत) /agiāta アギアート/ [Skt. अ- Skt. ज्ञात] *adj.* **1** 未知の, 知られていない, 詠み人知らずの. **2** 馴染みのない. **3** 隠れた.

ਅਗਿਆਨ (अगिआन) /agiāna アギアーン/ ▸ਅਵਾਣ [Skt. अ- Skt. ज्ञान] *adj.* **1** 知識のない, 無知の. **2** 認識のない. **3** 愚かな.

— *m.* **1** 知識のないこと, 無知. **2** 認識のなさ. **3** 愚かさ.

ਅਗਿਆਨਤਾ (अगिआनता) /agiānatā アギアーンター/ [Skt.-ता] *f.* **1** 知識のないこと, 無知. **2** 認識のなさ. **3** 愚かさ.

ਅਗਿਆਨੀ (अगिआनी) /agiānī アギアーニー/ [Skt. अ- Skt. ज्ञानिन्] *adj.* **1** 知識のない, 無知の. **2** 学識のない, 無学な. **3** 愚かな.

ਅੰਗਿਆਰ (अंगिआर) /aṅgiāra アンギアール/ ▸ਅੰਗਾਰ, ਅੰਗਾਰਾ, ਅੰਗਿਆਰਾ *m.* → ਅੰਗਿਆਰਾ

ਅੰਗਿਆਰਾ (अंगिआरा) /aṅgiārā アンギアーラー/ ▸ਅੰਗਾਰ, ਅੰਗਾਰਾ, ਅੰਗਿਆਰ [Skt. अंगार] *m.* **1** 木炭. **2** 燃え残り, 残り火. **3** 火花, 火の粉.

ਅੰਗਿਆਰੀ (अंगिआरी) /aṅgiārī アンギアーリー/ [-ਈ] *f.* **1** 小さな木炭. **2** 小さな燃え残り.

ਅਗਿਣਤ (अगिणत) /agiṇata アギント/ [Skt. अ- Skt. गणित] *adj.* 数えきれない, 無数の.

ਅੰਗੀ (अंगी) /aṅgī アンギー/ [Skt. अंगिन्] *m.f.* 〖衣服〗 女性の胸衣. (⇒ਚੋਲੀ)

ਅੰਗੀਆ (अंगीआ) /aṅgīā アンギーアー/ [Skt. अंगिन्] *f.* 〖詩語・衣服〗 女性の胸衣, 丈の短い半袖ブラウス. (⇒ਚੋਲੀ)

ਅੰਗੀਕਾਰ (अंगीकार) /aṅgīkāra アンギーカール/ [Skt. अंगीकार] *adj.* **1** 認められた. (⇒ਮਨਜ਼ੂਰ) **2** 受け入れられた.

— *m.* **1** 承認, 承諾. **2** 受け入れ, 受容.

ਅੰਗੀਠਾ (अंगीठा) /aṅgīṭʰā アンギーター/ [Skt. अग्निष्ठ] *m.* **1** 薪. **2** 荼毘用に積んだ薪.

ਅੰਗੀਠੀ (अंगीठी) /aṅgīṭʰī アンギーティー/ [-ਈ] *f.* **1** 〖器具〗 暖房用ストーブ. **2** 暖炉. **3** 火鉢. **4** 炉端.

ਅੰਗੁਲ (अंगुल) /aṅgula アングル/ ▸ਅੰਗੁਲੀ [(Lah.)] *f.* → ਅੰਗੁਲੀ

ਅੰਗੁਲੀ (अंगुली) /aṅgulī アングリー/ ▸ਅੰਗੁਲ [(Lah.) Skt. अंगुलि] *f.* 〖身体〗 指.

ਅੰਗੂਠੜਾ (अंगूठड़ा) /aṅgūṭʰaṛā アングートラー/ [Skt. अंगुष्ठ -ੜਾ] *m.* 〖詩語・身体〗 親指.

ਅੰਗੂਠਾ (अंगूठा) /aṅgūṭʰā アングーター/ [Skt. अंगुष्ठ] *m.* 〖身体〗 親指.

ਅੰਗੂਠੀ (अंगूठी) /aṅgūṭʰī アングーティー/ *f.* 〖装〗 指輪. (⇒ਰਿੰਗ)

ਅੰਗੂਰ (अंगूर) /aṅgūra アングール/ [Pers. *angūr*] *m.* 〖植物〗 ブドウ(葡萄).

ਅੰਗੂਰੀ (अंगूरी) /aṅgūrī アングーリー/ *f.* 〖植物〗 (草や樹木の)芽, 新芽.

— *adj.* **1** 新芽の, 新芽に関する. **2** 薄緑色の.

ਅੱਗੇ (अग्गे) /agge アッゲー/ [Skt. अग्र] *adv.* **1** 前に, 正面に, 前方に, 手前に, こちらへ. ❑ਆਓ ਜੀ, ਅੱਗੇ ਆਓ। いらっしゃい, どうぞこちらへ. **2** 先に, 先を. ❑ਇਸ ਤੋਂ ਅੱਗੇ ਖੱਬੇ ਹੱਥ ਬਹੁਤ ਵੱਡਾ ਦਰਵਾਜ਼ਾ ਹੈ। この先の左手にとても大きな門があります. ❑ਅੱਛਾ, ਅੱਗੇ ਸੁਣ। さあ, 先を聞きなさい. **3** 優って. ❑ਮਨਜੀਤੀ ਖੇਡਾਂ ਵਿੱਚ ਸਭ ਤੋਂ ਅੱਗੇ ਤੇ ਪੜ੍ਹਾਈ ਵਿੱਚ ਵੀ ਹੁਸ਼ਿਆਰ ਹੈ। マンジーティーはスポーツで一番優秀ですし勉強もよくできます.

— *postp.* **1**…の前に, …の正面に, …の前方に, …の手前に. ❑ਗੁਰੂ ਜੀ ਅੱਗੇ ਵਧੀਆ ਭੋਜਨ ਪਰੋਸੇ ਗਏ। グル・ジーの前に御馳走が出されました. **2**…の先に. **3**…に優って.

ਅਗੇਚੂ (अगेचू) /agecū アゲーチュー/ *m.* 指導者.

ਅਗੇਤ (अगेत) /ageta アゲート/ [Skt. अग्र] *f.* **1** 早いこと. **2** 先行. **3** 〖言〗 接頭辞.

ਅਗੇਤਰ (अगेतर) /agetara アゲータル/ [Skt. अग्र] *m.* 〖言〗 接頭辞.

ਅਗੇਤਰਾ (अगेतरा) /agetarā アゲートラー/ ▸ਅਗੇਤਾ *adj.*

→ ਅਗੇਤਾ

ਅਗੇਤਾ (अगेता) /agetā アゲーター/ ▸ਅਗੇਤਰਾ [Skt. अग्र] *adj.* **1** 早蒔きの, 早く熟した. **2** 先だっての, 前もっての.

ਅਗੇਤੀ ਕਾਪੀ (अगेती कापी) /agetī kāpī アゲーティー カーピー/ [+ Eng. *copy*] *f.* 新刊書見本.

ਅੱਗੇ ਤੋਂ (अग्गे तों) /agge tõ アッゲー トーン/ ▸ਅੱਗੋਂ *adv.* **1** 正面から, 正面に, 前方に, 先に. **2** 反対側から. **3** 前もって. (⇒ਅਗਾਊਂ) **4** 次に. **5** これからは, 今後は, 将来は. ❑ਅਸੀਂ ਕੋਸ਼ਿਸ਼ ਕਰਾਂਗੇ ਕਿ ਅੱਗੇ ਤੋਂ ਤਿੱਖੇ ਸ਼ਬਦਾਂ ਦਾ ਇਸਤੇਮਾਲ ਨਾ ਕੀਤਾ ਜਾਏ। 今後は辛辣な言葉を用いないように私たちは努めます.

ਅਗੇਰੇ (अगेरे) /agere アゲーレー/ [Skt. अग्र] *adv.* さらに前へ.

ਅੱਗੋਂ (अग्गों) /aggõ アッゴーン/ ▸ਅੱਗੇ ਤੋਂ *adv.* 《ਅੱਗੇ ਤੋਂ の融合形》→ ਅੱਗੇ ਤੋਂ

ਅਗੋਚਰ (अगोचर) /agocara̸ アゴーチャル/ [Skt. अ- Skt. गोचर] *adj.* **1** 感覚の及ばない, 感じられない. **2** 気づかないほどかすかな.

ਅਗੋਤ (अगोत) /agota̸ アゴート/ [Skt. अ- Skt. गोत्र] *adj.* **1** カーストのない, カーストに属さない. **2** 低カーストの.

ਅਗੋਰਨਾ (अगोरना) /agora̸nā アゴールナー/ ▸ਅਗੋਲਣਾ, ਗੋਲਨਾ *vt.* → ਗੋਲਨਾ

ਅਗੋਲਣਾ (अगोलणा) /agola̸ṇā アゴールナー/ ▸ਅਗੋਰਨਾ, ਗੋਲਨਾ *vt.* → ਗੋਲਨਾ

ਅਘ (अघ) /âga̸ アグ/ [Skt. अघ] *m.* **1** 罪. (⇒ਪਾਪ) **2** 不正. (⇒ਅਨਿਆਂ)

ਅੱਘ (अग्घ) /âgga̸ アッグ/ [Skt. अर्घ] *m.* **1** 〖詩語〗名誉. (⇒ਮਾਨ) **2** 〖詩語〗真実性.

ਅਘਮਾਨ (अघमान) /âgmāna̸ アグマーン/ [(Pot.)] *m.* 自尊心. (⇒ਹੰਕਾਰ)

ਅਘੜ (अघड़) /akăṛa̸ アカル/ [Skt. अ- cf. ਘੜਨਾ] *adj.* **1** 切って形作られていない, 整った形に彫られていない. **2** 加工されていない. **3** 粗雑な, 粗野な.

ਅਘੜੀ (अघड़ी) /agaṛĭ アグリー/ *adj.* 頑固な, 強情な. (⇒ਜ਼ਿੱਦੀ)

ਅਘਾਣਾ (अघाणा) /akāṇā アカーナー/ [Skt. आघ्रापयति] *vi.* **1** 満足する. (⇒ਰੱਜਣਾ) **2** 満悦する.

ਅਘਾਤ (अघात) /akāta̸ アカート/ [Skt. आघात] *m.* 怪我, 傷. (⇒ਚੋਟ) ❑ਅਘਾਤ ਪੁਚਾਉਣਾ 怪我をさせる, 傷つける.

ਅਘੁਲ (अघुल) /akŭla̸ アクル/ *adj.* 解決できない.

ਅਘੋਸ਼ (अघोश) /akŏśa̸ アコーシュ/ [Skt. अ- Skt. घोष] *adj.* 〖音〗無声の, 無声音の.

ਅਘੋਰ (अघोर) /akŏra̸ アコール/ [Skt. अ- Skt. घोर] *adj.* **1** 恐ろしくない. **2**《新しい意味として》恐ろしい, 怖い. — *m.* 〖ヒ〗アゴーラ《シヴァ神の異名の一つ》. (⇒ਸ਼ਿਵ)

ਅਘੋਰੀ (अघोरी) /akŏrī アコーリー/ [-ਈ] *adj.* **1** 不快極まる. **2** 汚い, 不潔な.

ਅਚਕਣਾ (अचकणा) /aca̸kaṇā アチカナー/ ▸ਅੜਕਣਾ *vi.* **1** ちょっと止まる, 留まる. (⇒ਠਹਿਰਨਾ) **2** 手間取る.

ਅਚਕਨ (अचकन) /aca̸kana̸ アチカン/ [Skt. कंचुक] *f.* 〖衣服〗アチカン《長袖で, 丈がふくらはぎまである男性用の長い上着》.

ਅਚੰਚਲ (अचंचल) /acañcala̸ アチャンチャル/ [Skt. अ- Skt. चंचल] *adj.* **1** 不動の, 安定した, 落ち着いた. **2** 着実な, 慎重な.

ਅਚੰਡ (अचंड) /acaṇḍa̸ アチャンド/ [Skt. अ- Skt. चंड] *adj.* **1** 激しくない, 凶暴でない. **2** おとなしい, 従順な. **3** 鋭くない. **4** 鈍い. (⇒ਸੁਸਤ)

ਅਚਣਚੇਤ (अचणचेत) /acaṇa̸ceta̸ アチャンチェート/ ▸ਅਚਨਚੇਤ, ਅਚਾਚੇਤ *adv.* → ਅਚਨਚੇਤ

ਅਚਣਚੇਤੀ (अचणचेती) /acaṇa̸cetī アチャンチェーティー/ ▸ਅਚਨਚੇਤੀ *adj.* → ਅਚਨਚੇਤੀ

ਅਚਨਚੇਤ (अचनचेत) /acana̸ceta̸ アチャンチェート/ ▸ਅਚਣਚੇਤ, ਅਚਾਚੇਤ *adv.* **1** 突然. (⇒ਅਚਾਣਕ) **2** いきなり, 急に. **3** 不意に, 思いがけなく.

ਅਚਨਚੇਤੀ (अचनचेती) /acana̸cetī アチャンチェーティー/ ▸ਅਚਣਚੇਤੀ *adj.* **1** 突然の, 偶発の. **2** いきなりの. **3** 不意の, 思いがけない. **4** 臨時の, 不定期の.

ਅਚੰਭਾ (अचंभा) /acâmbā アチャンバー/ [Skt. असंभव] *m.* **1** 驚き. (⇒ਅਚਰਜ) **2** 仰天, 驚愕. **3** 驚異. **4** 不思議な出来事.

ਅਚਰਜ (अचरज) /acara̸ja̸ アチャルジ/ ▸ਅਸਚਰਜ, ਚਰਜ *m.adj.* → ਅਸਚਰਜ

ਅਚਰਨ (अचरन) /aca̸rana̸ アチラン/ ▸ਆਚਰਨ, ਚਰਣ *m.* → ਆਚਰਨ

ਅੰਚਲ (अंचल) /añcala̸ アンチャル/ [Skt. अंचल] *m.* **1**（衣服や布地の）裾, 縁, 端. **2** 〖地理〗辺境.

ਅਚੱਲ (अचल्ल) /acalla̸ アチャッル/ [Skt. अचल] *adj.* **1** 動かない, 動けない. (⇒ਸਥਿਰ) **2** 不動の, 安定した. (⇒ਸਥਿਰ) **3** 変わらない, 一定不変の.

ਅਚਵੀ (अचवी) /aca̸wī アチウィー/ ▸ਅੱਚਵੀ, ਅੱਚੋਵਾਈ *f.* **1** むずむずするような欲望, 渇望. (⇒ਖੋਹੀ) **2** 落ち着かない気持ち. (⇒ਬੇਚੈਨੀ) **3** 不安. **4** 〖医〗心身上の違和.

ਅੱਚਵੀ (अच्चवी) /accawī アッチャウィー/ ▸ਅਚਵੀ, ਅੱਚੋਵਾਈ *f.* → ਅਚਵੀ

ਅਚਾਚੇਤ (अचाचेत) /acāceta̸ アチャーチェート/ ▸ਅਚਣਚੇਤ, ਅਚਨਚੇਤ *adv.* → ਅਚਨਚੇਤ

ਅਚਾਣਕ (अचाणक) /acāṇaka̸ アチャーナク/ ▸ਅਚਾਨਕ, ਅਚਾਣਚਕ, ਚਾਣਚੱਕ *adv.* → ਅਚਾਨਕ

ਅਚਾਣਚਕ (अचाणचक) /acāṇa̸caka̸ アチャーンチャク/ ▸ਅਚਾਣਕ, ਅਚਾਨਕ, ਚਾਣਚੱਕ *adv.* → ਅਚਾਨਕ

ਅਚਾਨਕ (अचानक) /acānaka̸ アチャーナク/ ▸ਅਚਾਣਕ, ਅਚਾਣਚਕ, ਚਾਣਚੱਕ [Skt. अज्ञानात्] *adv.* **1** 突然. (⇒ਅਚਨਚੇਤ) ❑ਅਚਾਨਕ ਉਸ ਦੇ ਹੱਥੋਂ ਕੁਹਾੜਾ ਛੁੱਟ ਗਿਆ। 突然彼の手から斧が滑り落ちました. **2** いきなり, 急に. **3** 不意に, 思いがけなく.

ਅਚਾਰ (अचार) /acāra̸ アチャール/ [Pers. *acār*] *m.* 〖食品〗アチャール《野菜や果物などをスパイスや酢と一緒にマスタードオイルに漬け込んだインドの漬物・ピクルス》.

ਅਚਾਰਜ (अचारज) /acāra̸ja̸ アチャールジ/ ▸ਅਚਾਰਜੀ, ਅਚਾਰੀਆ, ਆਚਾਰੀਆ, ਚਾਰਜ *m.* → ਅਚਾਰੀਆ

ਅਚਾਰਜੀ (अचारजी) /acāra̸jī アチャールジー/ ▸ਅਚਾਰਜ, ਅਚਾਰੀਆ, ਆਚਾਰੀਆ, ਚਾਰਜ *m.* → ਅਚਾਰੀਆ

ਅਚਾਰੀਆ (अचारीआ) /acārīā アチャーリーアー/ ▸ਅਚਾਰਜ, ਅਚਾਰਜੀ, ਆਚਾਰੀਆ, ਚਾਰਜ [Skt. आचार्य] *m.* 《サンスクリット語の「アーチャールヤ」の音変化した語形の一

つ. 日本語に入った語形の「阿闍梨（あじゃり）」は, 僧侶になるための修行の師となる高僧を指し, 主に天台宗や真言宗で使われる呼び方》 **1**〘ヒ〙ブラーフマン（バラモン）の導師. (⇒ਪੰਡਤ) **2** 阿闍梨, 軌範師, 教授. (⇒ਗੁਰੂ) **3** 訓戒者.

ਅਚਾਵਤ (अचावत) /acāwata アチャーワト/ ▸ਉਚਾਪਤ *f.* → ਉਚਾਪਤ

ਅਚਿੰਤ (अचिंत) /acinta アチント/ [Skt. अचिंत] *adj.* **1** 心配のない. **2** 無頓着な.
— *adv.* **1** 心配せずに, 無関心に, 無頓着に. **2** 思いがけなく. **3** 前触れもなく. **4** 驚いたことに.

ਅਚਿੰਤਨੀ (अचिंतनी) /acintanī アチンタニー/ [Skt. अ- Skt. चिंतनीय] *adj.* **1** 想像できない. **2** 思いもよらない, 思いがけない.

ਅਚੁਕ (अचुक) /acuka アチュク/ ▸ਅਚੁੱਕ, ਅਚੂਕ [Skt. अ- cf. ਚੁੱਕਣਾ[3]] *adj.* **1** 誤りのない, 失敗のない. **2** 正確な. **3** 必ず的中する.
— *m.* 射撃の名手.

ਅਚੁੱਕ (अचुक्क) /acukka アチュック/ ▸ਅਚੁਕ, ਅਚੂਕ *adj.m.* → ਅਚੁਕ

ਅਚੁਕਵਾਂ (अचुकवाँ) /acukawā̃ アチュクワーン/ [Skt. अ- Skt. उच्चकरण Skt.-वान्] *adj.* **1** 持ち上げられない. **2** 動かせない.

ਅਚੁੱਤ (अचुत्त) /acutta アチュット/ [Skt. अच्युत] *adj.* **1** 不死の, 不滅の. (⇒ਅਮਰ) **2** 不変の.
— *m.*〘ヒ〙アチュタ《不死の者. ヴィシュヌ神の異名の一つ》. (⇒ਵਿਸ਼ਨੂ)

ਅਚੂਕ (अचूक) /acūka アチューク/ ▸ਅਚੁਕ, ਅਚੁੱਕ *adj.m.* → ਅਚੁਕ

ਅਚੇਤ (अचेत) /aceta アチェート/ [Skt. अचेत] *adj.* **1** 無意識の. **2** 故意でない. **3** 不注意な.
— *adv.* **1** 無意識に **2** 故意でなく. **3** 不注意に.

ਅੱਚੋਵਾਈ (अच्चोवाई) /accowāī アッチョーワーイー/ ▸ ਅਚਵੀ, ਅੱਚੋਵਾਈ *f.* → ਅਚਵੀ

ਅੱਛਣਾ (अच्छणा) /accʰaṇā アッチャナー/ [(Pah.) (Pot.)] *vi.* 来る. (⇒ਆਉਣਾ)

ਅਛਲ (अछल) /acʰala アチャル/ [Skt. अ- Skt. ਛਲ] *adj.* **1** だまされることのない. **2** だませない, 欺き得ない.

ਅੱਛਾ (अच्छा) /accʰā アッチャー/ ▸ਹੱਛਾ [Skt. अच्छ] *adj.* **1** 良い, 優れている, 優秀な. (⇒ਚੰਗਾ) **2** 適当な, 適切な, ちょうどよい. **3** 純粋な, 清純な, 純潔な. **4** 良質な, 上質の, 上等の. **5** 善良な, 情け深い, 親切な. **6** 順調な, 元気な, 健康な. **7** 心地よい, 快い, 快適な, 好ましい, 楽しい. **8** 綺麗な, 美しい. **9** 立派な.
— *int.* **1** よろしい, いいとも. (⇒ਚੰਗਾ) ❒ਅੱਛਾ ਜੀ いいですよ, 了解です, 承知しました. **2** へーぇ, なるほど. ❒ਅੱਛਾ ! ਫੇਰ ਦਹੀਂ ਵਿੱਚ ਖੰਡ ਜਾਂ ਲੂਣ-ਮਿਰਚ ਵੀ ਪਾਈ ਹੋਣੀ ਏ? へーぇ. それならヨーグルトに砂糖か塩胡椒も入れたはずよね. **3** では, さて, さあ. ❒ਅੱਛਾ, ਪਿਤਾ ਜੀ। ਜ਼ਰਾ ਉੱਧਰ ਵੀ ਵੇਖੋ। では, お父さん. ちょっとあちらも見てください. **4** ではまた, それじゃあ. **5**《尻上がりの抑揚の場合》（疑問の意味の）そうですか, そうなの.

ਅਛਾਈ (अछाई) /acʰāī アチャーイー/ [-ਈ] *f.* **1** 良さ, 良い所, 善. (⇒ਅੱਛਾਪਣ, ਚੰਗਿਆਈ) **2** 徳, 美徳, 美点, 長所, 優れた所.

ਅੱਛਾਪਣ (अच्छापण) /accʰāpaṇa アッチャーパン/ [-ਪਣ] *m.* **1** 良さ, 良い所, 善. (⇒ਅਛਾਈ, ਚੰਗਿਆਈ) **2** 徳, 美徳, 美点, 長所, 優れた所.

ਅਛੂਤ (अछूत) /acʰūta アチュート/ [Skt. अ- cf. ਛੂਹਣਾ] *adj.* 不可触の.
— *m.*〘社会〙不可触民.

ਅਛੂਤਾ (अछूता) /acʰūtā アチューター/ [Skt. अ- cf. ਛੂਹਣਾ] *adj.* **1** 触れられていない. **2** 汚れていない. **3** 清潔な. **4** 新しい.

ਅਛੇਦ (अछेद) /acʰeda アチェード/ [Skt. अच्छेद्य] *adj.* **1** 突き抜けない, 穴を開けられない. **2** 攻略できない.

ਅਛੋਹ (अछोह) /acʰô アチョー/ [Skt. अ- cf. ਛੂਹਣਾ] *adj.* **1** 接触のない, 触られていない. **2** 汚れていない. **3** 清潔な. **4** 新しい.

ਅਛੋਪਲੇ (अछोपले) /acʰopale アチョーパレー/ *adv.* **1** 思いがけなく. (⇒ਅਚਾਨਕ) **2** こっそりと, 内密に. **3** 忍び足で.

ਅੱਜ (अज्ज) /ajja アッジ/ [Skt. अद्य] *m.* 今日, 本日, 今, 現在. ❒ਅੱਜ ਦਾ ਕੰਮ ਕਾਫ਼ੀ ਤਣਾਉ ਭਰਿਆ ਹੋਣ ਕਰਕੇ ਉਹ ਥਕਾਵਟ ਮਹਿਸੂਸ ਕਰ ਰਿਹਾ ਸੀ। 今日の仕事はかなりストレスに満ちていたので彼は疲れを感じていました.
— *adv.* 今日, 今日は, 本日は, 今は, 現在は. ❒ਉਹ ਅੱਜ ਕੁਝ ਥਕੇ ਹੋਏ ਸਨ। 彼らは今日は少し疲れていました.

ਅਜੰਸੀ (अजंसी) /ajansī アジャンスィー/ ▸ਏਜੰਸੀ [Eng. *agency*] *f.* **1** 斡旋, 仲介業. (⇒ਦਲਾਲੀ) **2** 仲介機関, 代理店.

ਅੱਜਕਲ੍ਹ (अज्जकल्ह) /ajjakâla アッジカル/ ▸ਅੱਜਕੱਲ੍ਹ *m.f.adv.* → ਅੱਜਕੱਲ੍ਹ

ਅੱਜਕੱਲ੍ਹ (अज्जकल्ल्ह) /ajjakâlla アッジカッル/ ▸ਅੱਜਕਲ੍ਹ [Skt. अद्य + Skt. कल्य] *m.f.* 昨今, 近頃, この頃, 最近.
— *adv.* 近頃は, 今日では, 昨今. ❒ਘੋੜਿਆਂ ਨੂੰ ਅੱਜਕੱਲ੍ਹ ਸਰਕਸਾਂ ਵਾਲੇ ਬੜੇ ਕਰਤੱਬ ਸਿਖਾਉਂਦੇ ਹਨ। 近頃はサーカスの人たちは馬に大きな芸当を仕込んでいます. ❒ਅੱਜਕੱਲ੍ਹ ਕਰਨਾ 遅らせる, ぐずぐずする, 手間取る, 回避する, はぐらかす, まともに答えない. ❒ਅੱਜਕੱਲ੍ਹ ਕਰਨ ਨਾਲੋਂ ਕੋਰਾ ਜਵਾਬ ਦੇਣਾ ਚੰਗਾ ਹੈ। ぐずぐず手間取っているよりもはっきり断ったほうがいいです.

ਅਜਗਰ (अजगर) /ajagara アジガル/ [Skt. अजगर] *m.* **1**〘動物〙大蛇, ニシキヘビ. (⇒ਸਰਾਲ) **2**〘動物〙竜.

ਅਜੰਟ (अजंट) /ajanṭa アジャント/ ▸ਏਜੰਟ [Eng. *agent*] *m.* **1** 代理人, 仲介業者, 斡旋業者, エージェント. (⇒ਦਲਾਲ) **2** 何でも屋.

ਅੰਜਨ (अंजन) /añjana アンジャン/ [Skt. अंजन] *m.* **1** 油煙, 煤（すす）. **2**〘薬剤〙アンジャン《油煙を材料として作られた黒い粉. 化粧または薬として目と睫毛に付ける》. (⇒ਕੱਜਲ)

ਅਜਨਬੀ (अजनबी) /ajanabī アジナビー/ [Arab. *ajnabī*] *adj.* 見知らぬ, よそ者の.
— *m.* 見知らぬ人, よそ者.

ਅਜਨਮਾ (अजनमा) /ajanamā アジャンマー/ [Skt. अजन्मा] *adj.* **1** 誕生しない. (⇒ਅਜੂਨੀ) **2** 創造されない. (⇒ਅਜੂਨੀ)

ਅੰਜਨੀਅਰ (अंजनीअर) /añjanīara アンジャニーアル/ ▸

ਇੰਜੀਨੀਅਰ *m.* → ਇੰਜੀਨੀਅਰ

ਅਜੱਪ (अजप्प) /ajappa アジャップ/ ▸ਅਜਪਾ [Skt. अ- Skt. जप] *adj.* **1** くり返し唱えられない. **2** 言葉に言い表せない.

ਅਜਪਾ (अजपा) /ajapā アジャパー/ ▸ਅਜੱਪ *adj.* → ਅਜੱਪ

ਅਜਬ (अजब) /ajaba アジャブ/ [Arab. `ajab] *m.* 驚き, 驚異.

— *adj.* **1** 普通でない, 奇妙な, おかしい, 風変わりな. (⇒ਅਨੋਖਾ) **2** 珍しい. **3** 驚くべき. **4** 不思議な.

ਅਜ਼ਮਤ (अज़मत) /azamata アズマト/ [Pers. `azamat] *f.* **1** 偉大さ. (⇒ਵਡਿਆਈ) **2** 威厳. **3** 傑出.

ਅਜ਼ਮਾਉਣਾ (अज़माउणा) /azamāuṇā アズマーウナー/ [Pers. āzmā] *vt.* **1** 試す, 試みる, 確かめる. **2** 試験する, 検査する. **3** 実験する.

ਅਜ਼ਮਾਇਸ਼ (अज़माइश) /azamāiśa アズマーイシュ/ ▸ਆਜ਼ਮਾਇਸ਼ [Pers. āzmā^{h}iś] *f.* **1** 試し, 試み, 試行. **2** 試験, 試練. (⇒ਪਰੀਖਿਆ) **3** 実験.

ਅਜ਼ਮਾਇਸ਼ੀ (अज़माइशी) /azamāiśī アズマーイシー/ [Pers. āzmā^{h}iśī] *adj.* **1** 試しの, 試みの. **2** 試験の, 試練の. **3** 実験の. **4** 見習いの.

ਅਜਰ (अजर) /ajara アジャル/ [Skt. अ- Skt. जरा] *adj.* **1** 不老の. **2** 耐えられない. (⇒ਅਸਹਿ)

ਅਜਲ (अजल) /ajala アジャル/ [Arab. ajal] *f.* 死. (⇒ਮੌਤ)

ਅਜ਼ਲ (अज़ल) /azala アザル/ [Arab. azal] *f.* 時の始まり, 原初. (⇒ਕਾਲ-ਅਰੰਭ)

ਅੰਜਲੀ (अंजली) /añjalī アンジリー/ ▸ਉਂਜਲ [Skt. अंजलि] *f.* **1**〖身体〗手を上向きにし指を曲げ, 手のひらで作った窪み. (⇒ਬੁੱਕ) **2**〖身体〗(神様に捧げ物をするために)お椀の形に並べた両手. **3** 両手を並べてお椀の形にした空間. **4**〖容量〗手のひらの窪みに載る分量.

ਅਜ਼ਲੀ (अज़ली) /azalī アズリー/ [Arab. azal -ਈ] *adj.* **1** 永遠不滅の. **2** 時を超えた.

ਅਜਵਾਇਣ (अजवाइण) /ajawāiṇa アジワーイン/ ▸ਜਵੈਣ *f.* → ਜਵੈਣ

ਅਜਾਂ (अजाँ) /ajā̃ アジャーン/ *f.* 苦しみ. (⇒ਦੁਖ)

ਅਜਾ (अजा) /ajā アジャー/ [Skt. अजा] *f.*〖動物〗ヤギ, 山羊. (⇒ਬੱਕਰੀ)

ਅਜ਼ਾਇ (अज़ाइ) /azāe アザーエー/ ▸ਅਜਾਇਆ, ਅਜਾਈਂ *adv.* → ਅਜਾਈਂ

ਅਜਾਇਆ (अजाइआ) /ajāiā アジャーイアー/ ▸ਅਜ਼ਾਇ, ਅਜਾਈਂ *adv.* → ਅਜਾਈਂ

ਅਜਾਇਬ (अजाइब) /ajāiba アジャーイブ/ ▸ਅਜੈਬ [Arab. `ajā^{h}ib] *adj.* → ਅਜੀਬ

ਅਜਾਇਬ ਘਰ (अजाइब घर) /ajāiba kăra アジャーイブ カル/ ▸ਅਜੈਬ ਘਰ [Skt.-गृह] *m.* 博物館. (⇒ਮਿਊਜ਼ੀਅਮ)

ਅਜਾਈਂ (अजाईं) /ajāī̃ アジャーイーン/ ▸ਅਜ਼ਾਇ, ਅਜਾਇਆ *adv.* 無駄に, 無意味に, 必要もないのに, いたずらに. (⇒ਬਿਨਾ ਮਤਲਬ ਤੋਂ)

— *adj.* 無駄な, 無意味な, 不必要な. (⇒ਬੇਮਤਲਬ)

ਅਜਾਜ (अजाज) /ajāja アジャージ/ [Arab. ihzāz] *m.* 尊敬, 敬意, 名誉, 威厳. (⇒ਆਦਰ, ਮਾਨ, ਇੱਜ਼ਤ)

ਅਜਾਤ (अजात) /ajāta アジャート/ [Skt. अ- Skt. जाति] *m.* **1** カーストのない者. **2**〖社会〗四姓外の民.

ਅਜ਼ਾਦ (अज़ाद) /azāda アザード/ ▸ਆਜ਼ਾਦ [Pers. āzād] *adj.* **1** 自由な. **2** 独立した, 自立した. (⇒ਸੁਤੰਤਰ) **3** 自治の.

ਅਜ਼ਾਦੀ (अज़ादी) /azādī アザーディー/ ▸ਆਜ਼ਾਦੀ [Pers. āzādī] *f.* **1** 自由. **2** 独立, 自立. (⇒ਸੁਤੰਤਰਤਾ) ❒ਇਹ ਲੀਡਰ ਦੇਸ ਲਈ ਅਜ਼ਾਦੀ ਮੰਗਦੇ ਸਨ। これらの指導者たちは国の独立を要求していました.

ਅਜ਼ਾਨ (अज़ान) /azāna アザーン/ [Arab. azān] *f.*〖イス〗アザーン《礼拝への呼びかけの言葉を唱える声. 一日五回の礼拝の時間の前に礼拝の時間が来ることを伝える》.

ਅਜ਼ਾਬ (अज़ाब) /azāba アザーブ/ [Arab. `azāb] *m.* **1**〖イス〗罰, 懲罰, 刑罰《イスラーム教徒が犯した罪に対して与えられる罰》. (⇒ਸਜ਼ਾ) **2** 苦痛, 責め苦, 拷問. (⇒ਤਸੀਹਾ) **3** 苦悩, 苦悶, 苦難. (⇒ਸੰਤਾਪ) **4** 痛み. (⇒ਦਰਦ)

ਅੰਜਾਮ (अंजाम) /añjāma アンジャーム/ [Pers. anjām] *m.* **1** 終わり, 終結, 終末, 結末, 最後. (⇒ਅੰਤ) **2** 結果, 成り行き. (⇒ਨਤੀਜਾ)

ਅਜਾਰ (अजार) /ajāra アジャール/ [Pers. āzār] *m.* **1** 悲しみ. (⇒ਦੁਖ) **2** 病気. (⇒ਬਿਮਾਰੀ, ਰੋਗ)

ਅਜਾਰਾ (अजारा) /ajārā アジャーラー/ ▸ਇਜਾਰਾ *m.* → ਇਜਾਰਾ

ਅਜਿਹਾ (अजिहा) /ajêā アジェーアー/ ▸ਅਜੇਹਾ, ਇਜਿਹਾ, ਇਜੀਹਾ *adj.* 《 ਐਸ ਜਿਹਾ の融合形》このような, こういう, こんな. (⇒ਐਸਾ)

— *adv.* 《 ਐਸ ਜਿਹਾ の融合形》このように, こんなふうに, こう. (⇒ਐਸਾ)

ਅਜਿੱਤ (अजित्त) /ajitta アジット/ ▸ਅਜੀਤ [Skt. अ- cf. ਜਿੱਤਣਾ] *adj.* 打ち負かせない, 不敗の, 無敵の.

ਅਜੀ (अजी) /ajī アジー/ *int.* ねえ《妻が夫に呼びかける言葉》.

ਅਜੀਉਕਾ (अजीउका) /ajīukā アジーウカー/ ▸ਅਜੀਵਕਾ, ਆਜੀਵਕਾ *f.* → ਆਜੀਵਕਾ

ਅਜ਼ੀਜ਼ (अज़ीज़) /azīza アズィーズ/ [Arab. `azīz] *adj.* **1** 親愛なる. **2** 愛しい.

— *m.* **1** 子供. **2** 少年.

ਅਜੀਤ (अजीत) /ajīta アジート/ ▸ਅਜਿੱਤ [Skt. अ- Skt. जित, जिति] *adj.* 打ち負かせない, 不敗の, 無敵の.

ਅਜੀਬ (अजीब) /ajība アジーブ/ [Arab. `ajīb] *adj.* **1** 奇妙な, 特異な, 風変わりな, 普通とは違う, 変な, おかしい. (⇒ਅਨੋਖਾ) **2** 珍しい. **3** 驚くべき. **4** 不思議な.

ਅਜੀਬੋਗ਼ਰੀਬ (अजीबोग़रीब) /ajīboğarība アジーボーガリーブ/ [Arab. `ajīb o ğarīb] *adj.* **1** 奇妙な, 風変わりな, 普通とは違う. (⇒ਅਨੋਖਾ) **2** 特異な, 独特の.

ਅਜ਼ੀਮ (अज़ीम) /azīma アズィーム/ [Arab. `azīm] *adj.* **1** 偉大な. **2** 巨大な. **3** 途方もない.

ਅੰਜੀਰ (अंजीर) /añjīra アンジール/ ▸ਹੰਜੀਰ, ਹਜੀਰ [Pers. anjīr] *f.*〖植物〗イチジク(無花果)《クワ科の小高木》, イチジクの実.

ਅਜੀਰਣ (अजीरण) /ajīraṇa アジールン/ ▸ਅਜੀਰਨ *adj.m.* → ਅਜੀਰਨ

ਅਜੀਰਨ (अजीरन) /ajīrana アジールン/ ▸ਅਜੀਰਣ [Skt. अ- Skt. जीर्ण] *adj.* **1** 損なわれていない. **2** 古びていな

い, 新しい. **3** こなれていない, 消化不良の.

— *m.* → ਅਜੀਰਨਤਾ

ਅਜੀਰਨਤਾ (अजीरनता) /ajīranatā アジールンター/ [Skt.-ता] *f.* **1** 〖医〗こなれていないこと, 不消化, 消化不良. (⇒ਬਦਹਜ਼ਮੀ) **2** 〖医〗胃腸内ガス滞留, 鼓腸.

ਅੰਜੀਲ (अंजील) /añjīla アンジール/ ▸ਇੰਜੀਲ [Arab. *injīl*] *f.* 〖キ〗聖書, 新約聖書, 福音書. (⇒ਬਾਈਬਲ)

ਅਜੀਵ (अजीव) /ajīva アジーヴ/ [Skt. अ- Skt. जीव] *adj.* **1** 命のない, 生命のない. **2** 死んだ, 死滅した.

ਅਜੀਵਕਾ (अजीवका) /ajīvakā アジーヴカー/ ▸ਅਜੀਉਕਾ, ਆਜੀਵਕਾ *f.* → ਆਜੀਵਕਾ

ਅਜੁੱਟ (अजुट्ट) /ajuṭṭa アジュット/ [Skt. अ- cf. ਜੁੱਟਣਾ] *adj.* **1** 比類のない, 比較にならない. (⇒ਅਦੁੱਤੀ) **2** 独特の. **3** 無比の, 無敵の. **4** 仲間のいない, 友人のいない.

ਅਜੁੱਧਿਆ (अजुद्धिआ) /ajûddiā アジュッディアー/ ▸ਅਯੁੱਧਿਆ *f.* → ਅਯੁੱਧਿਆ

ਅਜੁੜਵਾਂ (अजुड़वाँ) /ajuṛawā̃ アジュルワーン/ [Skt. अ- cf. ਜੁੜਨਾ] *adj.* **1** 結び付かない, 繋がらない. **2** 相容れない. **3** 適合しない. **4** 異なる.

ਅਜੂਨੀ (अजूनी) /ajūnī アジューニー/ ▸ਅਜੋਨੀ [Skt. अ- Skt. योनि] *adj.* **1** 生まれない, 誕生しない. (⇒ਅਜਨਮਾ) **2** 創造されない. **3** 〖スィ〗生死を超えた, 輪廻転生のない. ❏ਅਜੂਨੀ ਸੈਭੰ 生死を超えて厳然として自存する《唯一神への賛辞としての表現》.

ਅਜੂਬਾ (अजूबा) /ajūbā アジューバー/ [Arab. *`ujūba*] *m.* **1** 驚異. **2** 不思議. **3** 奇跡.

ਅਜੇ (अजे) /aje アジェー/ *adv.* **1** 今, 現在, 今のところ. (⇒ਹਾਲੇ, ਹੁਣੇ) ❏ਅਜੇ ਤਕ 今まで, 今でも, 依然として. ❏ਮੈਂ ਅਜੇ ਤਕ ਕੁਝ ਨਹੀਂ ਕਰ ਸਕਿਆ। 私は今まで何もできませんでした. ❏ਭਾਈ ਮਰਦਾਨੇ ਦੇ ਵਾਰਸ ਅਜੇ ਤਕ ਵੀ ਸ੍ਰੀ ਅੰਮ੍ਰਿਤਸਰ ਵਿੱਚ ਰਹਿੰਦੇ ਹਨ। バーイー・マルダーナーの子孫は今でも聖都アムリトサルに住んでいます. **2**《否定文で》まだ. ❏ਅਜੇ ਖਾਣਾ ਨਹੀਂ ਸੀ ਆਇਆ। まだ食べ物は来ていませんでした.

ਅਜੇਹਾ (अजेहा) /ajêā アジェーアー/ ▸ਅਜਿਹਾ, ਇਜਿਹਾ, ਇਜੀਹਾ *adj.adv.* → ਅਜਿਹਾ

ਅਜੈ (अजै) /ajai アジャェー/ [Skt. अ- Skt. जय] *adj.* 打ち負かすことのできない, 征服できない, 強い.

ਅਜੈਬ (अजैब) /ajaiba アジャェーブ/ ▸ਅਜਾਇਬ *adj.* → ਅਜੀਬ

ਅਜੈਬ ਘਰ (अजैब घर) /ajaiba kăra アジャェーブ カル/ ▸ਅਜਾਇਬ ਘਰ *m.* → ਅਜਾਇਬ ਘਰ

ਅੱਜੋ (अज्जो) /ajjo アッジョー/ [Skt. अद्य + ਓ] *adv.* 今日こそ, まさに本日.

ਅਜੋਕੜਾ (अजोकड़ा) /ajokaṛā アジョークラー/ ▸ਅਜੋਕਾ *adj.* → ਅਜੋਕਾ

ਅਜੋਕਾ (अजोका) /ajokā アジョーカー/ ▸ਅਜੋਕੜਾ *adj.* **1** 今日の, 今の, 現在の. (⇒ਅੱਜ ਦਾ) **2** 最近の, 最新の.

ਅਜੋਗ (अजोग) /ajoga アジョーグ/ ▸ਅਯੋਗ *adj.* → ਅਯੋਗ

ਅਜੋਨੀ (अजोनी) /ajonī アジョーニー/ ▸ਅਜੂਨੀ *adj.* → ਅਜੂਨੀ

ਅਜੋੜ (अजोड़) /ajoṛa アジョール/ [Skt. अ- cf. ਜੋੜਨਾ] *m.* **1** 不一致, 不適合. **2** 不揃い.

— *adj.* **1** 一致しない, 適合しない. **2** 不揃いの. **3** 継ぎ目のない.

ਅਜੋੜਾ (अजोड़ा) /ajoṛā アジョーラー/ [Skt. अ- cf. ਜੋੜਨਾ] *adj.* **1** 相容れない. **2** 仲の悪い.

ਅਝਕ (अझक) /acăka アチャク/ [Skt. अ- cf. ਝਿਜਕਣਾ] *adj.* **1** 躊躇しない. **2** 断固とした.

ਅਝਕਣਾ (अझकणा) /acăkaṇā アチャカナー/ ▸ਅਚਕਣਾ *vi.* → ਅਚਕਣਾ

ਅਝੁਕ (अझुक) /acŭka アチュク/ [Skt. अ- cf. ਝੁਕਣਾ] *adj.* 屈しない, 不屈の.

ਅਝੁਕਵਾਂ (अझुकवाँ) /acŭkawā̃ アチュクワーン/ [Skt.-वान्] *adj.* **1** 身をかがめない. **2** 屈しない, 不屈の.

ਅੰਞੂ (अंञू) /âñjū アンジュー/ ▸ਇੰਞੂ, ਹੰਜ, ਹੰਞ, ਹੰਞੂ *m.* → ਹੰਞੂ

ਅੰਞ (अंञ) /añña アンヌ/ ▸ਇੰਜ, ਇੰਞ *adv.* → ਇੰਜ

ਅਞਾਣ (अञाण) /añāṇa アナーン/ ▸ਅਗਿਆਨ *adj.m.* → ਅਗਿਆਨ

ਅੰਞਾਣਾ (अंञाणा) /aññāṇā アンナーナー/ ▸ਅਞਾਣਾ, ਅਯਾਣਾ, ਨਿਆਣਾ *adj.m.* → ਅਞਾਣਾ

ਅਞਾਣਾ (अञाणा) /añāṇā アナーナー/ ▸ਅੰਞਾਣਾ, ਅਯਾਣਾ, ਨਿਆਣਾ [Skt. अ- Skt. ज्ञान] *adj.* **1** 知らない, 知識のない, 認識のない. **2** 無知の, 愚かな. **3** 無邪気な, 純真な. **4** 子供らしい, 子供っぽい. **5** 若い, 年少の, 幼い.

— *m.* **1** 幼児. **2** 子供.

ਅੱਟ (अट्ट) /aṭṭa アット/ *f.* 堆積物.

ਅਟੰਕ (अटंक) /aṭaṅka アタンク/ ▸ਅਟੈਂਕ *adj.* **1** 離れた. **2** 無関心な.

ਅਟਕ (अटक) /aṭaka アタク/ ▸ਅਟਕਾ, ਅਟਕਾਉ *f.* → ਅਟਕਾ

ਅਟਕਣਾ (अटकणा) /aṭakaṇā アトカナー/ [Skt. आटङ्कन] *vi.* **1** 引っ掛かる, つかえる. (⇒ਅੜਨਾ) **2** 止まる, 進まなくなる. (⇒ਰੁਕਣਾ) **3** 妨げられる, つかえる, 行き詰る. **4** (落ちる途中や流れる途中で止まって)ぶら下る, 宙に浮く, 滞る. (⇒ਫਸਣਾ)

ਅਟਕਲ (अटकल) /aṭakala アトカル/ [Skt. अर्ध + Skt. कल्] *f.* **1** 推測, 推量, 見当. (⇒ਅਨੁਮਾਨ) **2** 見積もり, 概算. (⇒ਅੰਦਾਜ਼ਾ)

ਅਟਕਾ (अटका) /aṭakā アトカー/ ▸ਅਟਕ, ਅਟਕਾਉ [cf. ਅਟਕਣਾ] *m.* **1** 停止. (⇒ਰੋਕ) **2** 妨げ, 妨害. **3** 障害, 差し障り. **4** 中断, 邪魔. **5** 遅滞.

ਅਟਕਾਉ (अटकाउ) /aṭakāo アトカーオー/ ▸ਅਟਕ, ਅਟਕਾ *m.* → ਅਟਕਾ

ਅਟਕਾਉਣਾ (अटकाउणा) /aṭakāuṇā アトカーウナー/ [cf. ਅਟਕਣਾ] *vt.* **1** 引っ掛ける, つかえさせる. **2** 止める, 停止させる. **3** 妨げる, 妨害する. **4** 中断する, 遮る, 邪魔をする.

ਅਟਕਾਊ (अटकाऊ) /aṭakāū アトカーウー/ [cf. ਅਟਕਾਉਣਾ] *adj.* 妨げている, 妨害している, 邪魔な.

ਅੱਟਣ (अट्टण) /aṭṭaṇa アッタン/ *m.* 〖身体〗(手のひらや足指の)たこ.

ਅੱਟਣਾ (अट्टणा) /aṭṭaṇā アッタナー/ [(Pal. अट्ट) आर्त्त] *vi.* **1** 満ちる, いっぱいになる, 充満する. **2** 埃で汚れる.

ਅਟਰਨੀ (अटरनी) /aṭaranī アタルニー/ ▸ਅਟਾਰਨੀ *m.* → ਅਟਾਰਨੀ

ਅਟਾਰਨੀ (अटारनी) /aṭāranī アタールニー/ ▸ਅਟਰਨੀ [Eng. *attorney*] *m.* 〘法〙事務弁護士, 代理人.

ਅਟੱਲ (अटल्ल) /aṭalla アタッル/ [Skt. अ- cf. ਟਲਨਾ] *adj.* **1** 避けられない, 引き下がれない. **2** 不動の. **3** 永遠の. **4** 不変の.

ਅੱਟਾ (अट्टा) /aṭṭā アッター/ ▸ਆਟਾ [(Mul.)] *m.* → ਆਟਾ

ਅਟਾਕੁੱਟ (अटाकुट्ट) /aṭākuṭṭa アタークット/ ▸ਅਠਾਕੁੱਟ *adv.* **1** 続けざまに. (⇒ਲਗਾਤਾਰ) **2** ひっきりなしに.

ਅਟਾਰੀ[1] (अटारी) /aṭārī アターリー/ *f.* **1** 〘建築〙大邸宅, 高層建築. **2** 上層階. **3** 屋根裏部屋.

ਅਟਾਰੀ[2] (अटारी) /aṭārī アターリー/ *f.* 〘地名〙アターリー《アムリトサルとラホールの間にある村の名》.

ਅਟਿਕਵਾਂ (अटिकवाँ) /aṭikawā̃ アティクワーン/ [Skt. अ- Skt. टिकणा] *adj.* **1** 不安定な. **2** ぐらぐらした.

ਅੱਟੀ (अट्टी) /aṭṭī アッティー/ *f.* 糸の束.

ਅਟੁੱਟ (अटुट्ट) /aṭuṭṭa アトゥット/ [Skt. अ- cf. ਟੁੱਟਣਾ] *adj.* **1** 壊せない, 切っても切れない, 不可分の. **2** 揺るぎない, 不動の. **3** 絶え間のない, ひっきりなしの, 続けざまの.

ਅਟੇਕ (अटेक) /aṭeka アテーク/ [Skt. अ- cf. ਟੇਕਣਾ] *adj.* **1** 支えのない, 支援のない, 援助のない. (⇒ਨਿਰਾਸਰਾ) **2** 庇護のない.

ਅਟੇਰਨ (अटेरन) /aṭerana アテーラン/ [Skt. अति-ईरण] *m.* 枷, 糸巻き, 糸車.

ਅਟੇਰਨਾ (अटेरना) /aṭeranā アテールナー/ [cf. ਅਟੇਰਨ] *vt.* **1** 枷に糸を巻く, 糸巻きをする, 糸を巻いて束にする. **2** 影響を与える.

ਅਟੈਂਕ (अटैंक) /aṭãīka アタェーンク/ ▸ਅਟੰਕ *adj.* → ਅਟੰਕ

ਅਟੈਕ (अटैक) /aṭaika アタェーク/ [Eng. *attack*] *m.* **1** 攻撃, 襲撃. (⇒ਹਮਲਾ) **2** 〘医〙発病, 発作.

ਅਟੈਲੀਅਨ (अटैलीअन) /aṭailīana アタェーリーアン/ [Eng. *Italian*] *adj.* イタリアの, イタリア人の, イタリア語の.
— *m.* イタリア人.
— *f.* イタリア語.

ਅਠ (अठ) /aṭʰa アト/ *f.* 会合場所.

ਅੱਠ (अट्ठ) /aṭṭʰa アット/ ▸ਅਸ਼ਟ [Skt. अष्ट] *ca.num.* 8, 八つ.
— *adj.* 八つの.

ਅਠਖੇਲ (अठखेल) /aṭʰakʰela アトケール/ *adj.* 遊び好きの. (⇒ਸ਼ੋਖ)

ਅਠੱਤਰ (अठत्तर) /aṭʰattara アタッタル/ [(Pkt. अट्ठहत्तरि) Skt. अष्टसप्तति] *ca.num.* 78.
— *adj.* 78の.

ਅਠੱਤਰਵਾਂ (अठत्तरवाँ) /aṭʰattarawā̃ アタッタルワーン/ [-ਵਾਂ] *or.num.* 78番目.
— *adj.* 78番目の.

ਅਠੱਤਰੀ (अठत्तरी) /aṭʰattarī アタッタリー/ ▸ਅਠੱਤੀ [(Lah.)] *ca.num. adj.* → ਅਠੱਤੀ

ਅਠੱਤਰੀਵਾਂ (अठत्तरीवाँ) /aṭʰattarīwā̃ アタッタリーワーン/ ▸ਅਠੱਤੀਵਾਂ [(Lah.)] *or.num. adj.* → ਅਠੱਤੀਵਾਂ

ਅਠਤਾਲ੍ਹੀਵਾਂ (अठताल्हीवाँ) /aṭʰatâlīwā̃ アトターリーワーン/ ▸ਅਠਤਾਲੀਵਾਂ [(Pal. अट्ठतालीस) Skt. अष्टचत्वारिंशत् -ਵਾਂ] *or.num.* 48番目.
— *adj.* 48番目の.

ਅਠਤਾਲੀ (अठताली) /aṭʰatālī アトターリー/ [(Pal. अट्ठतालीस) Skt. अष्टचत्वारिंशत्] *ca.num.* 48.
— *adj.* 48の.

ਅਠਤਾਲੀਵਾਂ (अठतालीवाँ) /aṭʰatālīwā̃ アトターリーワーン/ ▸ਅਠਤਾਲ੍ਹੀਵਾਂ *or.num. adj.* → ਅਠਤਾਲ੍ਹੀਵਾਂ

ਅਠੱਤੀ (अठत्ती) /aṭʰattī アタッティー/ ▸ਅਠੱਤਰੀ [(Pkt. अट्ठतीस) Skt. अष्टत्रिंशत्] *ca.num.* 38.
— *adj.* 38の.

ਅਠੱਤੀਵਾਂ (अठत्तीवाँ) /aṭʰattīwā̃ アタッティーワーン/ ▸ਅਠੱਤਰੀਵਾਂ [-ਵਾਂ] *or.num.* 38番目.
— *adj.* 38番目の.

ਅਠੰਮਾ (अठम्मा) /aṭʰammā アタンマー/ ▸ਅਠਵਾਂ, ਅੱਠਵਾਂ [Skt. अष्ट -ਮਾ] *or.num.* 8番目, 第八.
— *adj.* 8番目の, 第八の.

ਅਠਵੰਜਵਾਂ (अठवंजवाँ) /aṭʰawañjawā̃ アトワンジワーン/ ▸ਅਠਵੰਝਵਾਂ *or.num. adj.* → ਅਠਵੰਝਵਾਂ

ਅਠਵੰਜਾ (अठवंजा) /aṭʰawañjā アトワンジャー/ ▸ਅਠਵੰਝਾ [Skt. अष्ट + Pers. *panjāh*] *ca.num.* 58.
— *adj.* 58の.

ਅਠਵੰਝਵਾਂ (अठवंझवाँ) /aṭʰawâñjawā̃ アトワンジワーン/ ▸ਅਠਵੰਜਵਾਂ [-ਵਾਂ] *or.num.* 58番目.
— *adj.* 58番目の.

ਅਠਵੰਝਾ (अठवंझा) /aṭʰawâñjā アトワンジャー/ ▸ਅਠਵੰਜਾ *ca.num. adj.* → ਅਠਵੰਜਾ

ਅਠਵਾਂ (अठवाँ) /aṭʰawā̃ アトワーン/ ▸ਅਠੰਮਾ, ਅੱਠਵਾਂ [Skt. अष्ट -ਵਾਂ] *or.num.* 8番目, 第八.
— *adj.* 8番目の, 第八の.

ਅੱਠਵਾਂ (अट्ठवाँ) /aṭṭʰawā̃ アッタワーン/ ▸ਅਠੰਮਾ, ਅਠਵਾਂ *or.num. adj.* → ਅਠਵਾਂ

ਅਠਵਾਰਾ (अठवारा) /aṭʰawārā アトワーラー/ *m.* 八日間.

ਅਠਾਉਣਾ (अठाउणा) /aṭʰāuṇā アターウナー/ *adj.* 八倍の. (⇒ਅੱਠ ਗੁਣਾ)

ਅਠਾਈ (अठाई) /aṭʰāī アターイー/ [(Pkt. अट्ठाईस) Skt. अष्टाविंशति] *ca.num.* 28.
— *adj.* 28の.

ਅਠਾਈਵਾਂ (अठाईवाँ) /aṭʰāīwā̃ アターイーワーン/ [-ਵਾਂ] *or.num.* 28番目.
— *adj.* 28番目の.

ਅਠਾਸੀ (अठासी) /aṭʰāsī アタースィー/ [(Pkt. अट्ठासीइ) Skt. अष्टसीति] *ca.num.* 88.
— *adj.* 88の.

ਅਠਾਸੀਵਾਂ (अठासीवाँ) /aṭʰāsīwā̃ アタースィーワーン/ [-ਵਾਂ] *or.num.* 88番目.
— *adj.* 88番目の.

ਅਠਾਂਹ (अठाँह) /aṭʰā̂ アターン/ ▸ਅਠਾਹਾਂ, ਹਿਠਾਂ, ਹਿਠਾਂਹ, ਹੇਠ, ਹੇਠਾਂ *adv.postp.* → ਹੇਠ

ਅਠਾਹਟ (अठाहट) /aṭʰâṭa アタート/ ▸ਅਠਾਹਠ *ca.num. adj.* → ਅਠਾਹਠ

ਅਠਾਹਟਵਾਂ (अठाहटवाँ) /aṭʰâṭawā̃ アタートワーン/ ▸ਅਠਾਹਠਵਾਂ *or.num. adj.* → ਅਠਾਹਠਵਾਂ

ਅਠਾਹਠ (अठाहठ) /aṭʰâṭʰa アタート/ ▸ਅਠਾਹਟ [(Pkt. अट्ठसट्ठि) Skt. अष्टषष्टि] *ca.num.* 68.

— *adj.* 68の.

ਅਠਾਹਠਵਾਂ (अठाहठवाँ) /aṭʰâṭʰa̱wā̃ アタートワーン/ ▸ਅਠਾਹਟਵਾਂ [-वां] *or.num.* 68番目.

— *adj.* 68番目の.

ਅਠਾਹਾਂ (अठाहाँ) /aṭʰâā̃ アターアーン/ ▸ਅਠਾਂਹ, ਹਿਠਾਂ, ਹਿਠਾਂਹ, ਹੇਠ, ਹੇਠਾਂ *adv.postp.* → ਹੇਠ

ਅਠਾਕੁੱਟ (अठाकुट्ट) /aṭʰākuṭṭa̱ アタークット/ ▸ਅਟਾਕੁੱਟ *adv.* → ਅਟਾਕੁੱਟ

ਅਠਾਨ੍ਵੇਂ (अठान्हवें) /aṭʰânawẽ アターンウェーン/ ▸ਅਠਾਨਵੇਂ [(Pkt. अट्ठाणवइ) Skt. अष्टानवति] *ca.num.* 98.

— *adj.* 98の.

ਅਠਾਨਮਾਂ (अठानमाँ) /aṭʰāna̱mā̃ アターンマーン/ ▸ਅਠਾਨਵਾਂ *or.num. adj.* → ਅਠਾਨਵਾਂ

ਅਠਾਨਵਾਂ (अठानवाँ) /aṭʰāna̱wā̃ アターンワーン/ ▸ਅਠਾਨਮਾਂ [(Pkt. अट्ठाणवइ) Skt. अष्टानवति -वां] *or.num.* 98番目.

— *adj.* 98番目の.

ਅਠਾਨਵੇਂ (अठानवें) /aṭʰāna̱wẽ アターンウェーン/ ▸ਅਠਾਨ੍ਵੇਂ *ca.num. adj.* → ਅਠਾਨ੍ਵੇਂ

ਅਠਾਰ੍ਵਾਂ (अठार्हवाँ) /aṭʰâra̱wā̃ アタールワーン/ [(Pkt. अट्ठारस) Skt. अष्टादश -वां] *or.num.* 18番目.

— *adj.* 18番目の.

ਅਠਾਰਾਂ (अठाराँ) /aṭʰārā̃ アターラーン/ [(Pkt. अट्ठारस) Skt. अष्टादश)] *car.num.* 18.

— *adj.* 18の.

ਅਠਿਆਨੀ (अठिआनी) /aṭʰiānī アティアーニー/ *f.* 〚貨幣〛 50パイサー(旧8アンナ)硬貨.

ਅਠੂਆਂ (अठूआँ) /aṭʰūā̃ アトゥーアーン/ ▸ਅਠੂਹਾਂ, ਠੂਹਾਂ *m.* → ਠੂਹਾਂ

ਅਠੂਹਾਂ (अठूहाँ) /aṭʰûā̃ アトゥーアーン/ ▸ਅਠੂਆਂ, ਠੂਹਾਂ *m.* → ਠੂਹਾਂ

ਅੱਠੇ (अट्ठे) /aṭṭʰe アッテー/ ▸ਅੱਠੋ *adj.* **1** まさに八つの. (⇒ਅੱਠ ਹੀ) **2** 八つすべての. (⇒ਅੱਠ ਦੇ ਅੱਠ)

ਅੱਠੇ ਪਹਿਰ (अट्ठे पहिर) /aṭṭʰe paîra̱ アッテー パェール/ *adv.* **1** 八つすべての ਪਹਿਰ〔1日の8分の1である3時間の単位〕を通して, 24時間, 四六時中. **2** 日夜. **3** 絶え間なく.

ਅੱਠੋ (अट्ठो) /aṭṭʰo アットー/ ▸ਅੱਠੇ *adj.* → ਅੱਠੇ

ਅਠੋਤਰੀ (अठोतरी) /aṭʰotarī アトータリー/ *adj.* 108個の珠の.

— *f.* 〚道具〛 108個の珠の数珠.

ਅੰਡ (अंड) /aṇḍa̱ アンド/ ▸ਆਂਡ *m.* → ਆਂਡ

ਅੱਡ (अड्ड) /aḍḍa̱ アッド/ *adj.* **1** 分かれた. (⇒ਵੱਖ, ਵੱਖਰਾ) **2** 別々の. **3** 明瞭な.

— *adv.* **1** 分けて. (⇒ਵੱਖਰਾ) **2** 別々に. **3** 明瞭に.

ਅੰਡਕਾਰ (अंडकार) /aṇḍa̱kāra̱ アンドカール/ ▸ਅੰਡਾਕਾਰ [Skt. अंडकार] *adj.* **1** 卵形の. **2** 〚幾何〛 楕円形の.

ਅੰਡਕੋਸ਼ (अंडकोश) /aṇḍa̱kośa̱ アンドコーシュ/ [Skt. अंड + Skt. कोश] *m.* **1** 〚身体〛 卵巣. **2** 〚身体〛 陰嚢. (⇒ਪਤਾਲੂ, ਫ਼ੋਤਾ)

ਅੰਡਜ (अंडज) /aṇḍaja̱ アンダジ/ [Skt. अण्डज] *adj.* 卵から生まれる, 卵生の.

— *m.* 〚生物〛 卵から生まれる生物, 卵生生物.

ਅੱਡਣਾ (अड्डणा) /aḍḍaṇā アッダナー/ *vt.* **1** 開ける, 開く(ひらく). (⇒ਖੋਲ੍ਹਣਾ) **2** 広げる, 拡大する. (⇒ਪਸਾਰਨਾ)

ਅਡੰਬਰ (अडंबर) /aḍambara̱ アダンバル/ ▸ਆਡੰਬਰ [Skt. आडंबर] *m.* **1** 虚栄. **2** 見せかけ, 見せびらかし, 誇示. (⇒ਉਸ਼ਟੰਡ) **3** 虚飾.

ਅਡੰਬਰੀ (अडंबरी) /aḍambarī アダンバリー/ [Skt. आडंबरिन्] *adj.* **1** 虚栄の. **2** 見せかけの, 見せびらかしの, 誇示するための. **3** 虚飾の.

ਅੱਡਰਾ (अड्डरा) /aḍḍarā アッダラー/ *adj.* 分かれた, 別の, 個別の. (⇒ਵੱਖਰਾ)

ਅੱਡਰਾ ਅੱਡਰਾ (अड्डरा अड्डरा) /aḍḍarā aḍḍarā アッダラー アッダラー/ *adj.* 別々の, 色々異なる, 様々な. (⇒ਵੱਖਰਾ ਵੱਖਰਾ)

ਅੰਡਾ (अंडा) /aṇḍā アンダー/ ▸ਆਂਡਾ *m.* → ਆਂਡਾ

ਅੱਡਾ (अड्डा) /aḍḍā アッダー/ [Skt. अड्डा] *m.* **1** 溜まり場. **2** 発着場, ターミナル, 終点, スタンド, (タクシーの)客待ち場, 停留所, 停車場. ❐ਮੈਂ ਤੇ ਬਾਪੂ ਜੀ ਬਸ ਅੱਡੇ ਉਤੇ ਆ ਗਏ। 僕とお父さんはバスターミナルにやって来ました. **3** 基地.

ਅੰਡਾਕਾਰ (अंडाकार) /aṇḍākāra̱ アンダーカール/ ▸ਅੰਡਕਾਰ *adj.* → ਅੰਡਕਾਰ

ਅਡਿੱਠ (अडिट्ठ) /aḍiṭṭʰa̱ アディット/ [Skt. अ- Skt. दृष्टि] *adj.* **1** 見えない. **2** 予期しない. **3** 隠れた.

ਅੱਡੀ (अड्डी) /aḍḍī アッディー/ *f.* 〚身体〛 踵(かかと). (⇒ਏੜ)

ਅਡੋਲ (अडोल) /aḍola̱ アドール/ [Skt. अ- cf. ਡੋਲਣਾ] *adj.* **1** ぐらつかない, 揺るぎない, 安定した. (⇒ਅਹਿੱਲ) **2** 落ち着いた. **3** 静かな.

— *adv.* **1** 揺るぎなく, 安定して. **2** 落ち着いて. **3** 静かに.

ਅਡੋਲਤਾ (अडोलता) /aḍola̱tā アドールター/ [Skt.-ता] *f.* **1** ぐらつかないこと, 安定. **2** 落ち着き. **3** 沈静.

ਅੱਢ (अड्ढ) /âḍḍa̱ アッド/ [Skt. अर्ध] *adj.* 半分の, 2分の1の.

ਅਢੁਕਵਾਂ (अढुकवाँ) /aṭŭka̱wā̃ アトゥクワーン/ [Skt. अ- cf. ਢੁੱਕਣਾ] *adj.* **1** 不適切な, 不適当な, ふさわしくない. **2** 似合っていない. **3** 調和していない.

ਅਣ (अण) /aṇa̱ アン/ ▸ਅਨ [Skt. अन्] *pref.* 「…のない」「…でない」「…と反対の」などを意味する否定の接頭辞.

ਅਣਉਦਮੀ (अणउदमी) /aṇa̱udamī アンウドミー/ [Skt. अन्- Skt. उद्यमिन्] *adj.* **1** 勤勉でない, 努力しない. **2** 不活発な, 精力的でない.

ਅਣਉਪਜਾਊ (अणउपजाऊ) /aṇa̱upa̱jāū アンウプジャーウー/ [Skt. अन्- cf. ਉਪਜਣਾ] *adj.* 非生産的な, 生産力のない.

ਅਣਆਰਥਕ (अणआरथक) /aṇa̱āratʰaka̱ アンアールタク/ [Skt. अन्- Skt. आर्थिक] *adj.* **1** 不経済な, 採算のとれない. **2** 非経済的な, 経済とは無関係の.

ਅਣਇੱਛਤ (अणइच्छत) /aṇa̱iccʰata̱ アンイッチャト/ [Skt. अन्- Skt. इच्छित] *adj.* **1** 望まれていない, 希望していない. **2** 自発的でない, 無意識の.

ਅਣਸਜਿਆ (अणसजिआ) /aṇa̱sajiā アンサジアー/ [Skt. अन्- cf. ਸਜਾਉਣਾ] *adj.* 飾られていない, 装飾されていない.

ਅਣਸਦਿਆ (अणसदिआ) /aṇasadiā アンサディアー/ [Skt. अन्- cf. ਸੱਦਣਾ] *adj.* **1** 呼ばれていない. **2** 招かれていない, 招かれざる.

ਅਣਸੁਣਿਆ (अणसुणिआ) /aṇasuṇiā アンスニアー/ [Skt. अन्- cf. ਸੁਣਨਾ] *adj.* **1** 聞こえていない, 聞こえなかった. **2** 聞いたことのない, 前代未聞の.

ਅਣਸੋਧਿਆ (अणसोधिआ) /aṇasôdiā アンソーディアー/ [Skt. अन्- cf. ਸੋਧਣਾ] *adj.* **1** 改正されていない, 改良されていない. **2** 未訂正の, 未修正の.

ਅਣਹੱਕ (अणहक्क) /aṇahakka アンハック/ [Skt. अन्- Arab. *haqq*] *adv.* **1** 不正に, 不当に. (⇒ਬੇਨਿਆਈ) **2** 理由なしに, 根拠なく, いわれなく. (⇒ਅਕਾਰਨ)

ਅਣਹੱਕੀ (अणहक्की) /aṇahakkī アンハッキー/ [-ਈ] *adj.* **1** 不正な, 不当な. **2** 不法な.

ਅਣਹਿਲਿਆ (अणहिलिआ) /aṇahiliā アンヒリアー/ *adj.* **1** 慣れていない. **2** 未熟な. **3** 馴れていない, なついていない, 親しくない.

ਅਣਹੋਣਾ (अणहोणा) /aṇahoṇā アンホーナー/ *adj.* **1** ありえない, 起こりえない. **2** 不可能な. **3** 珍しい, 特異な. **4** 予期せぬ.

ਅਣਹੋਣੀ (अणहोणी) /aṇahoṇī アンホーニー/ ▸ਅਨਹੋਨੀ *f.* **1** ありえないこと, 起こりえないこと. **2** あってはならないこと, 不祥事. **3** 不可能なこと. **4** 珍しいこと, 珍事. **5** 予期せぬこと.

ਅਣਹੋਂਦ (अणहोंद) /aṇahõda アンホーンド/ *f.* **1** 存在しないこと. **2** 手に入らないこと. **3** 不足. **4** 不在.

ਅਣਹੋਂਦਾ (अणहोंदा) /aṇahõdā アンホーンダー/ *adj.* **1** 存在しない. **2** 不在の.

ਅਣਕਜਿਆ (अणकजिआ) /aṇakajiā アンカジアー/ *adj.* 覆われていない, 裸の.

ਅਣਕਮਾਇਆ (अणकमाइआ) /aṇakamāiā アンカマーイアー/ *adj.* 稼いだのではない. (⇒ਅਣ-ਖੱਟਿਆ)

ਅਣਕਿਹਾ (अणकिहा) /aṇakîā | aṇakihā アンキアー | アンキハー/ [Skt. अन्- cf. ਕਹਿਣਾ] *adj.* 言われなかった, 語られなかった, 暗黙の.

ਅਣਖ (अणख) /aṇak^{h}a アナク/ ▸ਅਨਖ *f.* **1** 名誉, 尊敬, 尊厳. (⇒ਆਣ, ਇੱਜ਼ਤ) **2** 自尊心, うぬぼれ. (⇒ਸਵੈਸਤਕਾਰ, ਸਵੈਮਾਨ, ਗ਼ੈਰਤ)

ਅਣਖੱਟਿਆ (अणखट्टिआ) /aṇak^{h}aṭṭiā アンカッティアー/ [Skt. अन्- cf. ਖੱਟਣਾ] *adj.* 稼いだのではない. (⇒ਅਣ-ਕਮਾਇਆ)

ਅਣਖ਼ਾਲਸ (अणख़ालस) /aṇaxālasa アンカーラス/ [Skt. अन्- Arab. *xāliṣ*] *adj.* 純粋でない, 不純な.

ਅਣਖ਼ਿਆਲਿਆ (अणख़िआलिआ) /aṇaxiāliā アンキアーリアー/ [Skt. अन्- Arab. *xayāla*] *adj.* 気づかれていない.

ਅਣਖੀ (अणखी) /aṇak^{h}ī アンキー/ *adj.* 自尊心のある.
— *m.* 自尊心のある人.

ਅਣਖੀਲਾ (अणखीला) /aṇak^{h}īlā アンキーラー/ *adj.* 自尊心のある, うぬぼれた.
— *m.* 自尊心のある人.

ਅਣਗਹਿਲੀ (अणगहिली) /aṇagaîlī アンガェーリー/ *f.* **1** 不注意. **2** 無視, 軽視. **3** 無関心, 無頓着. **4** 怠慢.

ਅਣਗਜ਼ਟੀ (अणगज़टी) /aṇagazaṭī アンガズティー/ [Skt. अन्- Eng. *gazette* -ਈ] *adj.* 官報で公示されていない.

ਅਣਗਿਣਤ (अणगिणत) /aṇagiṇata アンギント/ [Skt. अन्- Skt. गणित] *adj.* 無数の, 数えきれない, おびただしい.

ਅਣਘੜ (अणघड़) /aṇakăṛa アンカル/ [Skt. अन्- cf. ਘੜਨਾ] *adj.* **1** 彫られていない. **2** 削られていない. **3** 加工されていない.

ਅਣਚਾਹਿਆ (अणचाहिआ) /aṇacâiā アンチャーイアー/ [Skt. अन्- cf. ਚਾਹੁਣਾ] *adj.* 望まれていない, 求められていない.

ਅਣਛੱਟਿਆ (अणछट्टिआ) /aṇac^{h}aṭṭiā アンチャッティアー/ [Skt. अन्- cf. ਛੱਟਣਾ] *adj.* **1** 皮・殻・莢などが取り除かれていない, 脱穀されていない. **2** 汚れの落ちていない. **3** 洗練されていない.

ਅਣਛਪਿਆ (अणछपिआ) /aṇac^{h}apiā アンチャピアー/ [Skt. अन्- cf. ਛਪਣਾ] *adj.* **1** 出版されていない, 未刊の. **2** 印刷されていない, 印字されていない. **3** 印刷前の原稿段階の.

ਅਣਛਾਂਗਿਆ (अणछाँगिआ) /aṇac^{h}ãgiā アンチャーンギアー/ [Skt. अन्- cf. ਛਾਂਗਣਾ] *adj.* **1** 断ち切られていない. **2** 刈り込まれていない, 剪定されていない.

ਅਣਛਾਣਿਆ (अणछाणिआ) /aṇac^{h}āṇiā アンチャーニアー/ [Skt. अन्- cf. ਛਾਣਨਾ] *adj.* **1** 篩にかけられていない, 濾されていない. **2** より分けられていない.

ਅਣਛੋਹ (अणछोह) /aṇac^{h}ô アンチョー/ [Skt. अन्- cf. ਛੂਹਣਾ] *adj.* **1** 接触のない, 触られていない. **2** 関わりのない, 手のつけられていない.

ਅਣਛੋਹਿਆ (अणछोहिआ) /aṇac^{h}ôiā アンチョーイアー/ [Skt. अन्- cf. ਛੂਹਣਾ] *adj.* **1** 触られていない, 触れられない. **2** 手のつけられていない, 着手していない. **3** 始まっていない.

ਅਣਜਾਣ (अणजाण) /aṇajāṇa アンジャーン/ ▸ਅਨਜਾਨ [Skt. अन्- Skt. ज्ञान] *adj.* **1** 知らない, 知識のない, 認識がない. **2** 見知らぬ, 面識のない. **3** 経験のない, 未熟な. **4** 無邪気な, 純真な.

ਅਣਜਾਣੇ (अणजाणे) /aṇajāṇe アンジャーネー/ ▸ਅਨਜਾਨੇ [Skt. अन्- cf. ਜਾਣਨਾ] *adv.* 知らずに, 故意でなく, 無意識のうちに.

ਅਣਡਿੱਠ (अणडिट्ठ) /aṇaḍiṭṭ^{h}a アンディット/ [Skt. अन्- Skt. दृष्टि] *adj.* 見えない, 視界に入らない.

ਅਣਤਾਰੂ (अणतारू) /aṇatārū アンタールー/ [Skt. अन्- cf. ਤਾਰਨਾ] *adj.* 泳げない.

ਅਣਤੋਲ (अणतोल) /aṇatola アントール/ [Skt. अन्- cf. ਤੋਲਣਾ] *adj.* **1** 測れない, 量れない. **2** 比較考量できない, 査定できない.

ਅਣਦੇਖਿਆ (अणदेखिआ) /aṇadek^{h}iā アンデーキアー/ [Skt. अन्- cf. ਦੇਖਣਾ] *adj.* **1** 見えない. **2** 見たことのない, 見知らぬ. **3** 体験したことのない.

ਅਣਧੋਤਾ (अणधोता) /aṇatŏtā アントーター/ [Skt. अन्- cf. ਧੋਣਾ] *adj.* 洗われていない, 洗濯していない.

ਅਣਪੱਕਿਆ (अणपक्किआ) /aṇapakkiā アンパッキアー/ [Skt. अन्- cf. ਪੱਕਣਾ] *adj.* **1** 熟していない, 未熟な. **2** 調理されていない, 焼かれていない.

ਅਣਪਛਾਤਾ (अणपछाता) /aṇapac^{h}ātā アンパチャーター/

[Skt. अन्- cf. ਪਛਾਣਨਾ] *adj.* **1** 認識されない. **2** 正体の分からない, 不審な.

ਅਣਪਰਖਿਆ (अणपरखिआ) /aṇaparakʰiā アンパルキアー/ [Skt. अन्- cf. ਪਰਖਣਾ] *adj.* 試されていない, 試験済みでない.

ਅਣਬਿਆਨਿਆ (अणबिआनिआ) /aṇabiāniā アンビアーニアー/ [Skt. अन्- Arab. *bayān* -ਇਆ] *adj.* 述べられていない, 供述されていない.

ਅਣਬੀਜੀ (अणबीजी) /aṇabījī アンビージー/ [Skt. अन्- cf. ਬੀਜਣਾ] *adj.* **1** 種の蒔かれていない. **2** 耕されていない.

ਅਣਬੁਝਿਆ (अणबुझिआ) /aṇabûjiā アンブジアー/ [Skt. अन्- cf. ਬੁਝਣਾ] *adj.* **1** (火や明かりが)消えていない. **2** (喉の渇きが)癒されていない.

ਅਣਭਿੱਜ (अणभिज्ज) /aṇapĭjja アンピッジ/ [Skt. अन्- cf. ਭਿੱਜਣਾ] *adj.* **1** 濡れていない. **2** 影響されない.

ਅਣਭੋਲ (अणभोल) /aṇapŏla アンポール/ [Skt. अन्- cf. ਭੁੱਲਣਾ] *adj.* 忘れられない, いつまでも記憶に残る.

ਅਣਮੰਗਿਆ (अणमंगिआ) /aṇamaṅgiā アンマンギアー/ [Skt. अन्- cf. ਮੰਗਣਾ] *adj.* **1** 求められていない, 要求されていない. **2** 請われていない, 乞われていない, 請求されていない.

ਅਣਮਨੁੱਖੀ (अणमनुक्खी) /aṇamanukkʰī アンマヌッキー/ [Skt. अन्- Skt. मनुष्य -ਈ] *adj.* 非人間的な, 残忍な.

ਅਣਮੁੱਲਾ (अणमुल्ला) /aṇamullā アンムッラー/ [Skt. अन्- Skt. मूल्य] *adj.* **1** 値段のつけられない, 高価な. **2** 値段のない, 無料の, ただの. (⇒ਮੁਫ਼ਤ)

ਅਣਮੋਲ (अणमोल) /aṇamola アンモール/ ▸ਅਨਮੋਲ [Skt. अन्- Skt. मूल्य] *adj.* **1** 値段のつけられない, 高価な. **2** 貴重な, かけがえのない.

ਅਣਲਿਖਿਆ (अणलिखिआ) /aṇalikʰiā アンリキアー/ [Skt. अन्- cf. लिखणा] *adj.* 書かれていない, 記されていない.

ਅਣਲੀਕਿਆ (अणलीकिआ) /aṇalīkiā アンリーキアー/ [Skt. अन्- cf. ਲੀਕਣਾ] *adj.* **1** 線の引かれていない. **2** 描かれていない. **3** 書き記されていない.

ਅਣਵੰਡਿਆ (अणवंडिआ) /aṇawaṇḍiā アンワンディアー/ [Skt. अन्- cf. ਵੰਡਣਾ] *adj.* **1** 分配されていない. **2** 分割されていない.

ਅਣਵਾਹੀ (अणवाही) /aṇawâī アンワーイー/ [Skt. अन्- cf. ਵਾਹੁਣਾ] *adj.* 耕されていない, 未耕作の.

ਅਣਵਿਆਹਿਆ (अणविआहिआ) /aṇaviâiā アンヴィアーイアー/ [Skt. अन्- cf. ਵਿਆਹੁਣਾ] *adj.* 結婚していない, 未婚の, 独身の.

ਅਣਵਿੱਧ (अणविद्ध) /aṇavîdda アンヴィッド/ [Skt. अन्- Skt. विद्ध] *adj.* **1** 突き通されていない. **2** 穴の開いていない.

ਅਣਵੇਖਿਆ (अणवेखिआ) /aṇawekʰiā アンウェーキアー/ [Skt. अन्- cf. ਵੇਖਣਾ] *adj.* **1** 見えない. **2** 見たことのない, 見知らぬ. **3** 体験したことのない.

ਅਣਿਆਲਾ (अणिआला) /aṇiālā アニアーラー/ [Skt. अणि] *adj.* 先の尖った.

ਅਣੀ (अणी) /aṇī アニー/ [Skt. अणि] *f.* **1** 先端. **2** 矢の先端. **3** 武器の刃.

ਅਣੂ (अणू) /aṇū アヌー/ [Skt. अणु] *m.* **1** 微小な粒, 粒子, 微量. ❐ਅਣੂ ਦਰਸ਼ੀ 顕微鏡でしか見えない, 極端に小さい, 微小な. **2** 〖物理・化学〗原子, 分子. ❐ਅਣੂ ਸੰਬੰਧੀ 原子の, 分子の.

ਅਣੋਖਾ (अणोखा) /aṇokʰā アノーカー/ ▸ਅਨੋਖਾ *adj.* → ਅਨੋਖਾ

ਅੰਤ (अंत) /anta アント/ [Skt. अंत] *m.* **1** 終わり. (⇒ਆਖ਼ਰ) ❐ਅੰਤ ਭਲਾ ਸੋ ਭਲਾ, ਅੰਤ ਬੁਰਾ ਸੋ ਬੁਰਾ। 終わりの良いものは良く, 終わりの悪いものは悪い〔諺〕〈結果がすべてである〉. ❐ਅੰਤ ਵਿੱਚ 最後には, ついに, とうとう, 結局. ❐ਅੰਤ ਵਿੱਚ ਸਾਰੇ ਹਸਦੇ-ਟੱਪਦੇ ਖ਼ੁਸ਼ੀ-ਖ਼ੁਸ਼ੀ ਆਪਣੇ ਆਪਣੇ ਘਰਾਂ ਨੂੰ ਤੁਰ ਗਏ। 最後には皆笑って跳ねながら喜んでそれぞれ自分の家に向かって歩いて行きました. **2** 結末, 結果. (⇒ਨਤੀਜਾ) **3** 完結. **4** 死, 臨終. ❐ਉਸ ਦਾ ਅੰਤ ਸਮਾਂ ਨੇੜੇ ਆ ਗਿਆ ਸੀ। 彼の臨終の時が近づいていました. **5** 極端, 際限のないこと. ❐ਅੰਤਾਂ ਦਾ 際限のない, とてもたくさんの, 大変な. ❐ਉੱਥੇ ਅੰਤਾਂ ਦੀ ਭੀੜ ਸੀ। そこは大変な混雑でした.

ਅਤ (अत) /ata アト/ [Pers. *yat*] *suff.* 「…であること」「…性」「…らしさ」「…の地位」などの意味を表す抽象名詞(女性名詞)を形成する接尾辞.

ਅੱਤ (अत्त) /atta アット/ ▸ਅਤਿ, ਅਤੀ [Skt. अति] *adj.* **1** 非常な. **2** 極端な, 過度の, 極度の, 過激な.

— *pref.* 「非常な」「過度の」「極度の」「過激な」などを意味する接頭辞.

— *adv.* **1** 非常に. **2** 極端に.

— *f.* 過剰, 極度, 過激.

ਅੰਤਸ਼ਕਰਨ (अंतशकरन) /antaśakarana アンタシュカルン/ ▸ਅੰਤਹਕਰਨ, ਅੰਤਾਕਰਨ *m.* → ਅੰਤਾਕਰਨ

ਅੰਤਹਕਰਨ (अंतहकरन) /antâkarana アンターカルン/ ▸ਅੰਤਸ਼ਕਰਨ, ਅੰਤਾਕਰਨ *m.* → ਅੰਤਾਕਰਨ

ਅੱਤਕਥਨੀ (अत्तकथनी) /attakatʰanī アッタカトニー/ ▸ਅਤਿਕਥਨੀ [Skt. अति- Skt. कथन -ਈ] *f.* **1** 誇張. **2** 大げさに言うこと.

ਅੰਤਕਾ (अंतका) /antakā アントカー/ ▸ਅੰਤਿਕਾ [Skt. अंत + ਕਾ] *f.* 付録, 補遺.

ਅੰਤਕਾਲ (अंतकाल) /antakāla アントカール/ [Skt. अंत + Skt. काल] *m.* 臨終, 最期, 末期(まつご).

ਅੱਤਣ (अत्तण) /attaṇa アッタン/ ▸ਆਤਨ [(Lah.)] *m.* → ਆਤਨ

ਅੰਤਮ (अंतम) /antama アンタム/ ▸ਅੰਤਿਮ *adj.* → ਅੰਤਿਮ

ਅੰਤਰ[1] (अंतर) /antara アンタル/ [Skt. अंतर] *m.* **1** 中, 内, 内部, 内側, 内面. **2** 心, 魂, 胸の内. (⇒ਹਿਰਦਾ, ਦਿਲ, ਮਨ) **3** 違い, 相違, 差, 差異. (⇒ਭੇਤ, ਫ਼ਰਕ) **4** 空間の隔たり, 間隔, 距離. (⇒ਦੂਰੀ) **5** 時間の隔たり, 間隔, 合間.

— *adj.* **1** 中の, 内の, 内部の, 内側の, 内面の. **2** 近い, そばの. **3** 親しい, 親密な. (⇒ਜਿਗਰੀ)

— *adv.* 中に, 内部に, 内側に.

ਅੰਤਰ[2] (अंतर) /antara アンタル/ [Skt. अंतर] *pref.* 「中の」「内の」「内部の」「間の」「相互の」などを意味する接頭辞.

ਅੰਤਰ[3] (अंतर) /antara アンタル/ [Eng. *inter*] *pref.* 「間の」「相互の」などを意味する接頭辞.

ਅਤਰ (अतर) /atara アタル/ ▸ਇਤਰ [Arab. `*itr*] *m.* 香

水. (⇒ਫੁਲੇਲ)

ਅੰਤਰਆਤਮਾ (अंतरआतमा) /antarạātạmā アンタルアートマー/ [Skt. अंतर्- Skt. आत्मा] *f.* **1** 最も内部の意識. **2** 魂.

ਅੰਤਰਸੂਝ (अंतरसूझ) /antarạsûjạ アンタルスージ/ [Skt. अंतर्- Skt. संज्ञान] *f.* 自己認識.

ਅੰਤਰੰਗ (अंतरंग) /antạraṅgạ アントラング/ [Skt. अंतरंग] *adj.* **1** 内部の, 内側の, 内輪な. (⇒ਅੰਦਰਲਾ, ਵਿਚਲਾ) **2** ごく近しい, 親密な. (⇒ਜਿਗਰੀ)

ਅੰਤਰਗਤ (अंतरगत) /antarạgatạ アンタルガト/ [Skt. अंतर्गत] *adv.* **1** 含まれて, 中に隠れて. **2** 以内に. **3** 間に.

ਅੰਤਰਗ੍ਰਹਿ (अंतरग्रहि) /antarạgraî (antarạgaraî) アンタルグラェー (アンタルガラェー)/ ▸ਅੰਤਰਗ੍ਰਹੀ *adj.* → ਅੰਤਰਗ੍ਰਹੀ

ਅੰਤਰਗ੍ਰਹੀ (अंतरग्रही) /antarạgrahī (antarạgarahī) アンタルグラヒー (アンタルガラヒー)/ ▸ਅੰਤਰਗ੍ਰਹਿ [Skt. अंतर्- Skt. ग्रह -ई] *adj.* 〖天文〗惑星間の.

ਅੰਤਰਜਾਮਤਾ (अंतरजामता) /antarạjāmạtā アンタルジャームター/ [Skt. अंतर्यामिन् Skt.-ता] *f.* **1** 他人の思考を直感的に知ること. **2** 精神感応, テレパシー.

ਅੰਤਰਦਰਿਸ਼ਟੀ (अंतरदरिशटी) /antarạdariśạṭī アンタルダリシュティー/ [Skt. अंतर्- Skt. दृष्टि] *f.* **1** 直感. **2** 洞察.

ਅਤਰਦਾਨੀ (अतरदानी) /atarạdānī アタルダーニー/ [Arab. `*itr* Pers.-*dānī*] *f.* 香水箱.

ਅੰਤਰਦੇਸ਼ੀ (अंतरदेशी) /antarạdeśī アンタルデーシー/ [Skt. अंतर्- Skt. देशीय] *adj.* 国内の.

ਅੰਤਰਧਿਆਨ (अंतरधिआन) /antarạtiǎnạ アンタルティアーン/ [Skt. अंतर्- Skt. ध्यान] *adj.* **1** 深く瞑想している. **2** 目に見えない.

ਅੰਤਰਪਰੇਰਨਾ (अंतरपरेरना) /antarạ parerạnā アンタル パレールナー/ [Skt. अंतर्- Skt. प्रेरणा] *f.* **1** 本能的な霊感. **2** 直感.

ਅੰਤਰਬੋਧ (अंतरबोध) /antarạbôdạ アンタルボード/ [Skt. अंतर्- Skt. बोध] *m.* 直感, 直感的に知ること, 直感的な認知・理解.

ਅੰਤਰਬੋਧੀ (अंतरबोधी) /antarạbôdī アンタルボーディー/ [Skt. अंतर्- Skt. बोधिन्] *adj.* 直感の, 直感的な, 直感的に知る.

ਅੰਤਰਬੋਧੀ ਭਾਵ (अंतरबोधी भाव) /antarạbôdī pǎvạ アンタルボーディー パーヴ/ [+ Skt. भाव] *m.* 内面的な意味・感情・性質.

ਅੰਤਰਭਾਵਨਾ (अंतरभावना) /antarạpǎvạnā アンタルパーヴナー/ [Skt. अंतर्- Skt. भावना] *f.* 内に秘めた感情, 秘密の望み.

ਅੰਤਰਮੁਖੀ (अंतरमुखी) /antarạmukʰī アンタルムキー/ [Skt. अंतर्- Skt. मुखिन्] *adj.* **1** 内に顔を向けている, 内面を見ている. **2** 内向的な, 内向性の. (⇔ਬਾਹਰਮੁਖੀ)

ਅੰਤਰਰਸੀ ਗਿਲ੍ਹਟੀ (अंतररसी गिल्हटी) /antarạrasī gîlạṭī アンタルラスィー ギルティー/ [Skt. अंतर्- Skt. रस + Skt. ग्रंथि] *f.* 〖身体〗内分泌腺.

ਅੰਤਰਰਾਸ਼ਟਰਵਾਦ (अंतरराशटरवाद) /antarạrāśạṭarạwādạ アンタルラーシュタルワード/ [Skt. अंतर्- or Eng. *inter-* Skt. राष्ट्र Skt.-वाद] *m.* 〖政治〗国際主義.

ਅੰਤਰਰਾਸ਼ਟਰਵਾਦੀ (अंतरराशटरवादी) /antarạrāśạṭarạwādī アンタルラーシュタルワーディー/ [Skt.-वादिन्] *adj.* 国際主義の.
— *m.* 国際主義者.

ਅੰਤਰਰਾਸ਼ਟਰੀ (अंतरराशटरी) /antarạrāśạṭarī アンタルラーシュタリー/ [Skt. अंतर्- or Eng. *inter-* Skt. राष्ट्रीय] *adj.* 国際の, 国際的な, 国家間の.

ਅੰਤਰਵੇਸ਼ਨ (अंतरवेशन) /antarạveśanạ アンタルヴェーシャン/ [Skt. अंतर्- Skt. वेशन] *m.* 書き込み, 改竄(かいざん).

ਅੰਤਰਾ (अंतरा) /antarā アンタラー/ [Skt. अंतरा] *m.* 〖文学〗(詩歌の)繰り返し文句, リフレーン.

ਅੰਤਰਿਕਸ਼ (अंतरिकश) /antarikạśạ アンタリクシュ/ [Skt. अंतरिक्ष] *m.* **1** 〖天文〗宇宙. **2** 〖天文〗(地球の大気圏外の)宇宙空間.

ਅਤਰਿਪਤ (अतरिपत) /ataripatạ アタリプト/ ▸ਅਤ੍ਰਿਪਤ [Skt. अ- Skt. तृप्त] *adj.* **1** 不満足な. (⇒ਬੇਸੰਤੋਖਾ) **2** 抑えられない.

ਅਤ੍ਰਿਪਤ (अत्रिपत) /atripatạ (ataripatạ) アトリプト (アタリプト)/ ▸ਅਤਰਿਪਤ *adj.* → ਅਤਰਿਪਤ

ਅੰਤਰਿਮ (अंतरिम) /antarimạ アンタリム/ [Skt. अंतरिम] *adj.* 中間の, 当座の, 一時的な, 暫定的な.

ਅੰਤਰੀ (अंतरी) /antạrī アントリー/ [Skt. अंतरीय] *adj.* **1** 中の, 内の, 内部の. **2** 間の, 相互の.

ਅੰਤਰੀਵ (अंतरीव) /antarīvạ アンタリーヴ/ [Skt. अंतरीय] *m.* **1** 内なる自我, 心の内奥. (⇒ਅੰਤਾਕਰਨ) **2** 精神, 心. **3** 人の魂. **4** 意識. **5** 良心.
— *adj.* **1** 生来の, 生まれつきの. **2** 本来の.

ਅਤਲਸ (अतलस) /atạlasạ アトラス/ [Arab. *atlas*] *m.* 〖布地〗繻子(しゅす), 繻子織, サテン《絹などで織った光沢のあるすべすべした布地》.

ਅੰਤਲਾ (अंतला) /antạlā アントラー/ [Skt. अंत + ला] *adj.* **1** 終わりの, 終末の. (⇒ਅੰਤਿਮ) **2** 最後の, 最終の. (⇒ਅਖ਼ੀਰਲਾ, ਆਖ਼ਰੀ) **3** 究極の, 極限の.

ਅੱਤਵਾਦ (अत्तवाद) /attawādạ アッタワード/ [Skt. अति- Skt.-वाद] *m.* **1** 過激主義. **2** 〖政治〗暴力主義, テロリズム. (⇒ਦਹਿਸ਼ਤਵਾਦ, ਆਤੰਕਵਾਦ)

ਅੱਤਵਾਦੀ (अत्तवादी) /attawādī アッタワーディー/ [Skt. अति- Skt.-वादिन्] *adj.* **1** 過激主義の, 過激派の. **2** 暴力主義の, テロリストの. (⇒ਆਤੰਕਵਾਦੀ)
— *m.* **1** 過激主義者, 過激派. **2** テロリスト. (⇒ਆਤੰਕਵਾਦੀ)

ਅੰਤੜੀ (अंतड़ी) /antạṛī アンタリー/ ▸ਆਂਤ, ਆਂਤੜੀ, ਆਂਦਰ, ਆਂਦੜੀ *f.* → ਆਂਦਰ

ਅੰਤਾਕਰਨ (अंताकरन) /antākaranạ アンターカルン/ ▸ਅੰਤਸ਼ਕਰਨ, ਅੰਤਹਕਰਨ [Skt. अन्तःकरण] *m.* **1** 内なる自我, 心の内奥. (⇒ਅੰਤਰੀਵ) **2** 精神, 心. **3** 人の魂. **4** 意識. **5** 良心.

ਅੱਤਾਰ (अत्तार) /attārạ アッタール/ [Arab. `*itr*] *m.* 香水業者. (⇒ਗਾਂਧੀ)

ਅਤਿ (अति) /ati | at アティ | アト/ ▸ਅੱਤ, ਅਤੀ *adj.pref.adv.f.* → ਅੱਤ

ਅਤਿਅੰਤ (अतिअंत) /atiantạ アティアント/ [Skt. अत्यंत] *adj.* **1** 極端な. **2** 非常な.

ਅੱਤਿਆਚਾਰ (अत्तिआचार) /attiācāra アッティアーチャール/ ▸ਹੱਤਿਆਚਾਰ [Skt. अत्याचार] *m.* **1** 弾圧, 圧迫, 迫害. **2** 圧制, 圧政. **3** 横暴, 暴虐. **4** 非道, 悪辣. **5** 虐待, いじめ. **6** 残酷行為, 残虐. **7** 拷問.

ਅੱਤਿਆਚਾਰੀ (अत्तिआचारी) /attiācārī アッティアーチャーリー/ [Skt. अत्याचारिन्] *adj.* **1** 弾圧的な. **2** 圧制的な. **3** 横暴な. **4** 残酷な.
— *m.* **1** 弾圧者. **2** 圧制者. **3** 虐待者. **4** 拷問する人.

ਅਤਿਕਥਨੀ (अतिकथनी) /atikat^{h}anī アティカトニー/ ▸ਅੱਤਕਥਨੀ *f.* → ਅੱਤਕਥਨੀ

ਅੰਤਿਕਾ (अंतिका) /antikā アンティカー/ ▸ਅੰਤਕਾ *f.* → ਅੰਤਕਾ

ਅਤਿਥੀ (अतिथी) /atit^{h}ī アティティー/ [Skt. अ- Skt. तिथि] *m.* 客, 来客, 訪問客. (⇒ਪਰਾਹੁਣਾ, ਮਹਿਮਾਨ)

ਅਤਿਥੀ ਸੇਵਾ (अतिथी सेवा) /atit^{h}ī sewā アティティー セーワー/ [+ Skt. सेवा] *f.* 接客, 接待, もてなし. (⇒ਪਰਾਹੁਣਚਾਰੀ, ਮਹਿਮਾਨਦਾਰੀ)

ਅੰਤਿਮ (अंतिम) /antima アンティム/ ▸ਅੰਤਮ [Skt. अंतिम] *adj.* **1** 終わりの, 終末の. (⇒ਅੰਤਲਾ) **2** 最後の, 最終の. (⇒ਅਖ਼ੀਰਲਾ, ਆਖ਼ਰੀ) **3** 究極の, 極限の.

ਅੰਤਿਮ ਉਪਜ (अंतिम उपज) /antima upaja アンティム ウパジ/ [+ Skt. उपजन्] *f.* 最終産物.

ਅਤਿਰਿਕਤ (अतिरिकत) /atirikata アティリクト/ [Skt. अतिरिक्त] *adj.* **1** 追加の, 付加的な. **2** 余分な.
— *adv.* **1** 他に. **2** 加えて.

ਅਤੀ (अती) /atī アティー/ ▸ਅੱਤ, ਅਤਿ *adj.pref.adv.f.* → ਅੱਤ

ਅਤੀਤ (अतीत) /atīta アティート/ [Skt. अतीत] *adj.* **1** 過去の, 過ぎ去った, 経過した. **2** 前の, 以前の. **3** 彼方の, 遠方の. **4** 超然とした, 迷いのない, 憂いのない. **5** 超越した, 卓越した.
— *suff.* 「…を超えた」「…を超越した」などを意味する形容詞を形成する接尾辞.
— *m.* **1** 過去. **2** 古代. **3** 往事. **4** 苦行者, 隠者.

ਅਤੁੱਟ (अतुट्ट) /atuṭṭa アトゥット/ [Skt. अ- Skt. त्रुट] *adj.* **1** 尽きることのない. **2** 豊富な.
— *adv.* 尽きることなく.

ਅਤੁੱਲ (अतुल्ल) /atulla アトゥッル/ [Skt. अ- Skt. तुल] *adj.* **1** 量り知れない. **2** 無比の.

ਅਤੇ (अते) /ate アテー/ ▸ਤੇ *conj.* 《 ਅਤੇ の ਅ の脱落した短縮形 ਤੇ も用いられる. その場合, 短縮形であることを示すため, つづりの初めにアポストロフィ ' を伴う表記の 'ਤੇ が用いられることもある》 **1** …と…, …及び…. ❐ਮਨਪ੍ਰੀਤ ਅਤੇ ਜਗਪ੍ਰੀਤ ਦੋਵੇਂ ਭੈਣਾਂ ਹਨ। マンプリートとジャグプリートの二人は姉妹です. ❐ਮਾਤਾ ਜੀ ਫੁਲਕੇ ਅਤੇ ਦਹੀਂ ਲੈ ਆਏ। お母さんはプルカー〔無発酵平焼きパン〕とヨーグルトを持って来ました. **2** そして, …して, また. ❐ਉਸ ਪੰਛੀ ਤੋਂ ਮੀਂਹ ਵਿੱਚ ਉੱਡਿਆ ਨਾ ਗਿਆ। ਅਤੇ ਉਹ ਉੱਥੇ ਹੀ ਮਰ ਗਿਆ। その鳥は雨の中で飛ぶことができませんでした. そして鳥はそこで死んでしまいました.

ਅਤੋਲ (अतोल) /atola アトール/ [Skt. अ- cf. ਤੋਲਣਾ] *adj.* **1** 量り知れない. **2** 無比の.

ਅਤੋਲਵਾਂ (अतोलवाँ) /atolawā̃ アトールワーン/ [Skt. अ- cf. ਤੋਲਣਾ] *adj.* **1** 量り知れない. **2** 無比の.

ਅਥੱਕ (अथक्क) /at^{h}akka アタック/ [Skt. अ- cf. ਥਕਣਾ] *adj.* **1** 疲れない. **2** 疲れを知らない.

ਅੱਥਰ (अत्थर) /att^{h}ara アッタル/ ▸ਅੱਥਰੂ *m.* → ਅੱਥਰੂ

ਅੱਥਰਾ (अत्थरा) /att^{h}arā アッタラー/ ▸ਅਥਿਰ [Skt. अ- Skt. स्थिर] *adj.* **1** 落ち着かない. (⇒ਚੰਚਲ) **2** わがままな. **3** 気まぐれな. **4** いたずらな.

ਅੱਥਰੂ (अत्थरू) /att^{h}arū アッタルー/ ▸ਅੱਥਰ [Skt. अश्रु] *m.* 涙. (⇒ਹੰਝੂ) ❐ਅੱਥਰੂ ਪੂੰਝਣਾ 涙を拭く, 慰める. ❐ਅੱਥਰੂ ਵਹਾਉਣਾ 涙を流す, 泣く.

ਅੱਥਰੂ ਗੈਸ (अत्थरू गैस) /att^{h}arū gaisa アッタルー ガェース/ [+ Eng. *gas*] *m.* 〖化学〗催涙ガス.

ਅਥਾਹ (अथाह) /at^{h}ā̂ アター/ [Skt. अ- Skt. स्ताघ] *adj.* **1** 底のない. (⇒ਅਗਾਧ) **2** とても深い. (⇒ਬਹੁਤ ਡੂੰਘਾ) **3** 測り知れない.

ਅਥਿਰ (अथिर) /at^{h}ira アティル/ ▸ਅੱਥਰਾ *adj.* → ਅੱਥਰਾ

ਅਦਕਰ (अदकर) /adakara アドカル/ ▸ਅਦਰਕ, ਅਧਰਕ *m.* → ਅਧਰਕ

ਅਦਨਾ (अदना) /adanā アドナー/ [Arab. *adnā*] *adj.* **1** 質の悪い. (⇒ਘਟੀਆ) **2** 劣った. **3** 低級な. **4** 卑しい.

ਅਦਬ (अदब) /adaba アダブ/ [Arab. *adab*] *m.* **1** 敬い, 尊敬, 敬意. (⇒ਸਤਕਾਰ) **2** 礼儀, 礼節, 礼儀作法. **3** 丁寧さ, 丁重さ, 礼儀正しさ. **4** 文学, 文芸. (⇒ਸਾਹਿਤ) **5** 文筆活動.

ਅਦਬੀ (अदबी) /adabī アドビー/ [Arab. *adabī*] *adj.* 文学の, 文学上の, 文学的な. (⇒ਸਾਹਿਤਿਕ)

ਅਦਭੁਤ (अदभुत) /adapŭta アドプト/ [Skt. अद्भुत] *adj.* **1** 素晴らしい. **2** 驚異的な. **3** 超自然の. **4** 不可思議な. **5** 見事な.

ਅਦਮ (अदम) /adama アダム/ [Arab. *\`adam*] *m.* **1** 不在, ないこと, 存在しないこと. (⇒ਅਣਹੋਂਦ) **2** 欠如, 不足. **3** 死. **4** 来世, あの世.
— *pref.* 「不在」「ないこと」などを表す接頭辞.

ਅਦਮ ਸਬੂਤ (अदम सबूत) /adama sabūta アダム サブート/ [Arab. *\`adam*- Arab. *subūt*] *m.* 証拠のないこと.
— *adv.* 証拠なしに.

ਅਦਮਤਸ਼ੱਦਦ (अदमतशद्दद) /adamataśaddada アダムタシャッダド/ [Arab. *\`adam*- Arab. *taśaddud*] *m.* 非暴力. (⇒ਅਹਿੰਸਾ)

ਅਦਮਤਾਮੀਲ (अदमतामील) /adamatāmīla アダムターミール/ [Arab. *\`adam*- Arab. *ta\`mīl*] *f.* 不承諾, 不履行.

ਅਦਮਮੌਜੂਦਗੀ (अदममौजूदगी) /adamamaujūdagī アダムマォージュードギー/ [Arab. *\`adam*- Pers. *maujūd* Pers.-*gī*] *f.* 不在, 存在しないこと. (⇒ਗ਼ੈਰਹਾਜ਼ਰੀ)

ਅੰਦਰ (अंदर) /andara アンダル/ [Pers. *andar*] *m.* 中, 内, 内部, 内側, 以内, 間.
— *adv.* 中に, 内部に, 内側へ, 間に. (⇔ਬਾਹਰ) ❐ਬਿੱਲੀ ਭੱਜ ਕੇ ਅੰਦਰ ਚਲੀ ਗਈ। 猫は走って中に行ってしまいました.
— *postp.* …の中に, …の内部に, …の内側へ, …の間に. (⇔ਬਾਹਰ) ❐ਘਰ ਦੇ ਅੰਦਰ ਹਨੇਰਾ ਹੈ। 家の中は真っ暗です.

ਅਦਰਕ (अदरक) /adaraka アドラク/ ▸ਅਦਕਰ, ਅਧਰਕ *m.* → ਅਧਰਕ

ਅੰਦਰਲਾ (अंदरला) /andarạlā アンダルラー/ [Pers. *andar* + ਲਾ] *adj.* 中の, 内の, 内部の, 内面の, 内側の. (⇔ ਬਾਹਰਲਾ) ❐ਬਿਸਤਰੇ ਇਕੱਠੇ ਕਰ ਕੇ ਅੰਦਰਲੀ ਪੇਟੀ ਤੇ ਰੱਖੇ ਹੋਏ ਹਨ। 寝具はまとめて中の大箱の上に置いてあります.
— *m.* 〖比喩〗胸の内, 心.

ਅੰਦਰਾਜ (अंदराज) /andarājạ アンドラージ/ *m.* **1** 参加, 加入. **2** 記録. **3** 登録.

ਅਦਰਿਸ਼ਟ (अदरिशट) /adariśạṭạ アダリシュト/ ▸ਅਦ੍ਰਿਸ਼ਟ [Skt. अ- Skt. दृष्ट] *adj.* 見えない, 目に届かない.

ਅਦ੍ਰਿਸ਼ਟ (अद्रिशट) /adriśạṭạ (adariśạṭạ) アドリシュト (アダリシュト)/ ▸ਅਦਰਿਸ਼ਟ *adj.* → ਅਦਰਿਸ਼ਟ

ਅਦਰਿਸ਼ਟਤਾ (अदरिशटता) /adariśạṭạtā アダリシュトター/ ▸ਅਦ੍ਰਿਸ਼ਟਤਾ [Skt. अ- Skt. दृष्ट Skt.-ता] *f.* 見えないこと.

ਅਦ੍ਰਿਸ਼ਟਤਾ (अद्रिशटता) /adriśạṭạtā (adariśạṭạtā) アドリシュトター (アダリシュトター)/ ▸ਅਦਰਿਸ਼ਟਤਾ *f.* → ਅਦਰਿਸ਼ਟਤਾ

ਅੰਦਰੂਨੀ (अंदरूनी) /andarūnī アンドルーニー/ [Pers. *andarūnī*] *adj.* 内の, 内部の, 内面の.

ਅੰਦਰੇ ਅੰਦਰ (अंदरे अंदर) /andare andarạ アンドレー アンダル/ ▸ਅੰਦਰੋਂ ਅੰਦਰ, ਅੰਦਰੋ ਅੰਦਰ *adv.* → ਅੰਦਰੋਂ ਅੰਦਰ

ਅੰਦਰੋਂ (अंदरों) /andarõ アンドローン/ [Pers. *andar* + ਓਂ] *adv.* 《 ਅੰਦਰ ਤੋਂ の融合形》中から, 内から, 内部から. (⇒ਵਿੱਚੋਂ)(⇔ਬਾਹਰੋਂ)

ਅੰਦਰੋਂ ਅੰਦਰ (अंदरों अंदर) /andarõ andarạ アンドローン アンダル/ ▸ਅੰਦਰੇ ਅੰਦਰ, ਅੰਦਰੋ ਅੰਦਰ [+ Pers. *andar*] *adv.* **1** 内部で, 内部的に, 内面的に, 内側で. **2** 内密に, 極秘のうちに.

ਅੰਦਰੋ ਅੰਦਰ (अंदरो अंदर) /andaro andarạ アンドロー アンダル/ ▸ਅੰਦਰੇ ਅੰਦਰ, ਅੰਦਰੋਂ ਅੰਦਰ *adv.* → ਅੰਦਰੋਂ ਅੰਦਰ

ਅਦਲ (अदल) /adalạ アダル/ [Arab. *`adl*] *m.* 正義, 公正. (⇒ਇਨਸਾਫ਼)

ਅਦਲ-ਬਦਲ (अदल-बदल) /adalạ-badalạ アダル・バダル/ *m.* 交換, 変換, 入れ替え.

ਅਦਲਾ-ਬਦਲੀ (अदला-बदली) /adalā-badalī アドラー・バドリー/ *f.* **1** 交代, チェンジ. **2** 交換, 入れ替え. **3** 交替, 変更. **4** 置き換え.

ਅਦਲੀ (अदली) /adalī アドリー/ [Arab. *`adl* -ਈ] *m.* **1** 正義を施す者. **2** 〖法〗裁判官. (⇒ਜੱਜ)
— *adj.* **1** 〖法〗裁判の. **2** 公正な. **3** 公平な.

ਅਦਵੈਤ (अदवैत) /adạvaitạ アドヴァエート/ [Skt. अ- Skt. द्वैत] *f.* **1** 不二, 一元. **2** 不二一元論. **3** 合一. **4** 公平.

ਅਦਵੈਤਵਾਦ (अदवैतवाद) /adạvaitạwādạ アドヴァエートワード/ [Skt.-वाद] *m.* **1** 不二一元論. **2** 一元論. **3** 一神論.

ਅਦਾ[1] (अदा) /adā アダー/ [Arab. *adā*] *f.* **1** 雰囲気, 趣, 情緒. **2** 優雅さ, 優美さ. **3** 色気, 艶っぽさ, 媚態. **4** 表し方, しぐさ, 物腰. **5** 支払い. **6** 完了.
— *adj.* **1** 支払われた, 完済された. **2** 返済された. **3** 完了した, 果たされた.

ਅਦਾਇਗੀ (अदाइगी) /adāigī アダーイギー/ [Arab. *adā* Pers.-*gī*] *f.* **1** 支払い, 納付. ❐ਨਕਦ ਅਦਾਇਗੀ ਹਮੇਸ਼ਾਂ ਠੀਕ ਲਗਦੀ ਹੈ। 現金払いが常に望ましいです. **2** 返済, 返金. (⇒ਚੁਕੌਤੀ) **3** 完了, 完遂, 遂行, 果たすこと.

ਅਦਾਕਾਰ (अदाकार) /adākārạ アダーカール/ [Arab. *adā* Pers.-*kār*] *m.* **1** 俳優, 男優, 役者. (⇒ਅਭਿਨੇਤਾ, ਐਕਟਰ) **2** 舞台芸術家.

ਅਦਾਕਾਰਾ (अदाकारा) /adākārā アダーカーラー/ [+ ਆ] *f.* **1** 女優, 女の役者. (⇒ਅਭਿਨੇਤਰੀ, ਐਕਟਰੈਸ) **2** 女流舞台芸術家.

ਅਦਾਕਾਰੀ (अदाकारी) /adākārī アダーカーリー/ [Arab. *adā* Pers.-*kārī*] *f.* **1** 演技, 芝居. (⇒ਅਭਿਨੈ, ਐਕਟਿੰਗ) **2** 舞台芸術.

ਅੰਦਾਜ਼ (अंदाज़) /andāzạ アンダーズ/ [Pers. *andāz*] *m.* **1** 推量, 推測, 見当. (⇒ਅਨੁਮਾਨ) **2** 概算. (⇒ਅਟਕਲ) **3** 様式, 流儀. **4** 物腰, しぐさ.

ਅੰਦਾਜ਼ਨ (अंदाज़न) /andāzanạ アンダーザン/ [Pers. *andāzan*] *adv.* **1** 推量で, 推測で, 当てずっぽうで. **2** およそ, ほぼ, 大体.

ਅੰਦਾਜ਼ਾ (अंदाज़ा) /andāzā アンダーザー/ [Pers. *andāza*] *m.* **1** 推量, 推測, 見当. (⇒ਅਨੁਮਾਨ) **2** 概算, 見積もり. (⇒ਅਟਕਲ)

ਅਦਾਲਤ (अदालत) /adālatạ アダーラト/ [Arab. *`adālat*] *f.* 〖法〗法廷, 裁判所. (⇒ਕਚਹਿਰੀ)

ਅਦਾਲਤੀ (अदालती) /adālạtī アダールティー/ [Arab. *`adālatī*] *adj.* **1** 法廷の. **2** 裁判の.

ਅਦਾਵਤ (अदावत) /adāwatạ アダーワト/ [Arab. *`adāvat*] *f.* **1** 恨み, 憎しみ, 遺恨, 怨恨. **2** 悪意, 敵意.

ਅਦਿੱਖ (अदिक्ख) /adikk^hạ アディック/ [Skt. अ- Skt. दृष्ट] *adj.* 見えない, 不可視の, 未だ見ぬ, 未見の. (⇒ਅਦਰਿਸ਼ਟ)

ਅਦੀਬ (अदीब) /adībạ アディーブ/ [Arab. *adīb*] *m.* **1** 文学者, 作家, 文学研究者. **2** 著述家. **3** 学者.

ਅਦੁਤੀ (अदुती) /adutī アドゥティー/ ▸ਅਦੁੱਤੀ *adj.* → ਅਦੁੱਤੀ

ਅਦੁੱਤੀ (अदुत्ती) /aduttī アドゥッティー/ ▸ਅਦੁਤੀ [Skt. अ- Skt. द्वितीय] *adj.* **1** 比較にならない. **2** 比類のない. (⇒ਅਜੁੱਟ) **3** 独特の.

ਅਦੂਲੀ (अदूली) /adūlī アドゥーリー/ [Arab. *adūl*] *m.* 反対, 対立, 敵対. (⇒ਵਿਰੋਧ, ਪ੍ਰਤਿਕੂਲਤਾ)

ਅਦੇਸ਼ (अदेश) /adeśạ アデーシュ/ ▸ਆਦੇਸ਼ *m.* → ਆਦੇਸ਼

ਅੰਦੇਸ਼ਾ (अंदेशा) /andeśā アンデーシャー/ ▸ਹੰਦੇਸ਼ਾ [Pers. *andeśa*] *m.* **1** 危険を感じること. **2** 心配. (⇒ਫ਼ਿਕਰ, ਚਿੰਤਾ) **3** 恐れ.

ਅੰਦੋਲਨ (अंदोलन) /andolanạ アンドーラン/ [Skt. आंदोलन] *m.* **1** 揺れ, 振動, 震動. **2**(政治的・社会的)運動, 活動. (⇒ਲਹਿਰ) **3** 扇動, 宣伝, 論議を起こすこと, 世論に訴えること. **4** 闘争, 激闘.

ਅੰਦੋਲਨਕਾਰੀ (अंदोलनकारी) /andolanạkārī アンドーランカーリー/ [Skt. आंदोलन -Skt. कारिन्] *adj.* **1** 運動を行う, 活動する. **2** 扇動的な, 論議を起こす, 世論に訴える.
— *m.* **1** 運動を行う人, 活動家. **2** 扇動者, 論議を起こす人, 世論に訴える人.

ਅੰਧ (अंध) /ândạ アンド/ [Skt. अंध] *pref.* 「盲目の」「目の見えない」などを意味する接頭辞.
— *adj.* 盲目の, 目の見えない.
— *m.* 盲目, 目の見えないこと.

ਅਧ (अध) /âdạ アド/ ▸ਅੱਧ, ਅਰਧ *m.pref.* → ਅੱਧ

ਅੱਧ (अद्ध) /âddạ アッド/ ▸ਅਧ, ਅਰਧ [Skt. अर्ध] *m.* 半分, 2分の1, 半分の部分, 半ば. ❒ਅੱਧ ਕਰਨਾ 二等分する, 半分に減らす.
— *pref.* 「半分の」「不完全な」などを意味する接頭辞. ❒ਅੱਧ ਪਚੱਧ 約半分, 半ば近く. ❒ਅੱਧ ਪਚੱਧਾ 完成半ばの, 未完の. ❒ਅੱਧ ਵਿਚਾਲੇ 途中で, 完成半ばで.

ਅਧਕ (अधक) /âdakạ アダク/ ▸ਅੱਧਕ *m.* 〖文字〗アダク(アッダク)《グルムキー文字の促音化記号 ੱ の名称. 通常は同一子音を二つ重ねる働きをする重子音化記号. 小さな半月形をお皿のように横にして置いた形で, 読む方向は異なるが, アラビア文字における重子音化記号シャッダやペルシア語・ウルドゥー語における重子音化記号タシュディードのように上部に書かれる. グルムキー文字では, 促音化する子音字と直前の文字の上部の横線の上に書かれる. 日本語では, 促音すなわち「つまる音」を表すために, かな文字「つ」またはカナ文字「ツ」を小さくした「っ」や「ッ」を用いるが, これと同じ働きをし, 直後の音節の子音を重ねて発音(重子音)することを示す記号. 本辞典では, 鼻子音字の直前にアダクが付いた重子音の発音のカナ表記には「ッ」ではなく「ン」を用いた》.

ਅੱਧਕ (अद्धक) /âddakạ アッダク/ ▸ਅਧਕ *m.* → ਅਧਕ

ਅੱਧਕੱਚਾ (अद्धकच्चा) /âddakaccā アッドカッチャー/ [Skt. अर्ध- Skt. कषण] *adj.* 半分生の, 完全に熟していない, 未熟な. (⇒ਗੱਦਰ)

ਅਧਕ ਦੀ ਕਿਰਿਆ (अधक दी किरिआ) /âdakạ dī kiriā アダク ディー キリアー/ *f.* 〖音〗二重子音化, 促音化《同一子音を二つ重ねる作用》.

ਅੰਧਕਾਰ (अंधकार) /ândakārạ アンドカール/ ▸ਅੰਧਾਰ [Skt. अंधकार] *m.* **1** 暗がり, 暗闇, 真っ暗闇. **2** 〖気象〗激しい砂嵐.

ਅਧਖੜ (अधखड़) /âdakʰaṛạ アドカル/ *adj.* 中年の. (⇒ਅਧੇੜ)

ਅਧਮ (अधम) /âdamạ アダム/ [Skt. अधम] *adj.* **1** 低い. (⇒ਨੀਚ) **2** 卑しい. **3** 下劣な.

ਅੱਧਮੋਇਆ (अद्धमोइआ) /âddamoiā アッドモーイアー/ [Skt. अर्ध- cf. ਮਰਨਾ] *adj.* 半死の, 死にかかっている, 今にも死にそうな.

ਅਧਯਾਯ (अधयाय) /âdạyāyạ アドヤーユ/ ▸ਅਧਿਆ, ਅਧਿਆਉ, ਅਧਿਆਇ *m.* → ਅਧਿਆਇ

ਅਧਰਕ (अधरक) /âdarakạ アドラク/ ▸ਅਦਕਰ, ਅਦਰਕ [Skt. आर्द्रक] *m.* 〖植物〗ショウガ(生姜), ジンジャー. (⇒ਜਿੰਜਰ)

ਅਧਰੰਗ (अधरंग) /âdaraṅgạ アドラング/ *m.* 〖医〗中風.

ਅਧਰਮ (अधरम) /atărạmạ アタルム/ [Skt. अ- Skt. धर्म] *m.* **1** 不信心. **2** 悪徳. **3** 不道徳. **4** 異教.

ਅਧਰਮੀ (अधरमी) /atărạmī アタルミー/ [Skt. अ- Skt. धर्मिन्] *adj.* **1** 不信心な. **2** 宗教心のない. **3** 異教徒の. **4** 不道徳な.
— *m.* **1** 不信心者. **2** 無神論者. **3** 異教徒.

ਅਧਰਾਜ (अधराज) /âdarājạ アドラージ/ ▸ਅਧਿਰਾਜ *m.* → ਅਧਿਰਾਜ

ਅੰਧਰਾਤਾ (अंधराता) /andarătā アンドラーター/ [Skt. अंध- Skt. रात्रि] *m.* 〖医〗夜盲症, 鳥目. (⇒ਰਤਾਨ੍ਹਾ, ਰਤੌਂਧਾ)

ਅਧਵਾਟ (अधवाट) /âdạwāṭạ アドワート/ [Skt. अर्ध- Skt. वाट] *m.* 途中. (⇒ਅੱਧਾ ਰਾਹ)

ਅਧਵਾਟੇ (अधवाटे) /âdạwāṭe アドワーテー/ [Skt. अर्ध- Skt. वाट] *adv.* 途中で.

ਅਧਵਾੜ (अधवाड़) /adạwăṛạ アドワール/ [Skt. अर्ध- Skt. वाड] *m.* **1** 〖容器〗ハーフサイズ(380ミリリットル容量)の瓶. **2** 〖容量〗ハーフサイズの瓶の液量(380ミリリットル).

ਅੰਧਵਿਸ਼ਵਾਸ (अंधविशवास) /ândạviśạwāsạ アンドヴィシュワース/ [Skt. अंध- Skt. विश्वास] *m.* 迷信.

ਅੰਧਵਿਸ਼ਵਾਸੀ (अंधविशवासी) /ândạviśạwāsī アンドヴィシュワースィー/ [Skt. अंध- Skt. विश्वासिन्] *m.* 迷信的な.

ਅੰਧਾ (अंधा) /ândā アンダー/ ▸ਅੰਨ੍ਹਾਂ [Skt. अंध] *adj.* 盲目の, 目の見えない. (⇒ਨੇਤਰਹੀਣ)
— *m.* 目の見えない人, 盲人.

ਅੱਧਾ (अद्धा) /âddā アッダー/ [Skt. अर्ध] *adj.* **1** 半分の, 2分の1の. **2** 不完全な.
— *m.* 半分, 2分の1.

ਅੰਧਾ-ਧੁੰਧ (अंधा-धुंध) /ândā-tŭndạ アンダー・トゥンド/ [Skt. अंध + Skt. धूम अन्ध] *adv.* 盲目的に, 闇雲に, むやみに, 向こう見ずに. (⇒ਅੰਨ੍ਹੇਵਾਹ)

ਅੰਧਾਰ (अंधार) /andărạ アンダール/ ▸ਅੰਧਕਾਰ *m.* → ਅੰਧਕਾਰ

ਅਧਾਰ (अधार) /adărạ アダール/ ▸ਆਧਾਰ [Skt. आधार] *m.* **1** 基礎, 基本, 根本. (⇒ਬੁਨਿਯਾਦ) **2** 基盤, 土台, 台座. **3** 根拠, 拠り所. **4** 基準, 基. **5** 〖比喩〗栄養物, 食物. **6** 〖比喩〗生計, 暮らし.

ਅਧਾਰ ਸਮੱਗਰੀ (अधार समग्गरी) /adărạ samaggarī アダール サマッガリー/ [Skt. आधार + Skt. सामग्री] *f.* **1** 基礎材料. **2** 基礎資料.

ਅਧਾਰ ਸ਼ਿਲਾ (अधार शिला) /adărạ śilā アダール シラー/ [+ Skt. शिला] *f.* 〖建築〗礎石.

ਅਧਾਰਤ (अधारत) /adăratạ アダーラト/ ▸ਆਧਾਰਿਤ [Skt. आधारित] *adj.* **1** 基づいた. **2** 依拠した, 依存している.

ਅੱਧਿਓਂ (अद्धिओं) /âddiõ アッディオーン/ [Skt. अर्ध + ਇਓਂ] *adv.* 《 ਅੱਧੇ ਤੋਂ の融合形》半分より. ❒ਅੱਧਿਓਂ ਵੱਧ 半分より多くの, 過半数の. ❒ਦਿੱਲੀ ਵਿੱਚ ਅੱਧਿਓਂ ਵੱਧ ਵੱਸੋਂ ਪੰਜਾਬੀ ਬੋਲਦੀ, ਸੁਣਦੀ ਤੇ ਸਮਝਦੀ ਹੈ। デリーでは過半数の人口がパンジャービー語を話し, 聞き, 理解します.

ਅਧਿਅਕਸ਼ (अधिअकश) /âdiakạśạ アディアクシュ/ [Skt. अध्यक्ष] *m.* **1** 議長, 会長, 主宰者, 司会者, 委員長, 座長. **2** 代表者, 長, 社長, 頭取. **3** 統括する官吏, 司令官.

ਅਧਿਅਕਸ਼ਤਾ (अधिअकशता) /âdiakạśatā アディアクシュター/ [Skt.-ता] *f.* **1** 議長・会長・委員長などの地位や職務. **2** 代表者・社長・頭取などの地位や職務. **3** 司令官などの地位や職務. **4** (会合・討論・番組などの)司会.

ਅਧਿਆ (अधिआ) /adiă アディアー/ ▸ਅਧਯਾਯ, ਅਧਿਆਉ, ਅਧਿਆਇ *m.* → ਅਧਿਆਇ

ਅਧਿਆਉ (अधिआउ) /adiăo アディアーオー/ ▸ਅਧਯਾਯ, ਅਧਿਆ, ਅਧਿਆਇ *m.* → ਅਧਿਆਇ

ਅਧਿਆਇ (अधिआइ) /adiăe アディアーエー/ ▸ਅਧਯਾਯ, ਅਧਿਆ, ਅਧਿਆਉ [Skt. अध्याय] *m.* (書物・論文などの)章. (⇒ਕਾਂਡ)

ਅਧਿਆਤਮ (अधिआतम) /adiǎtamạ アディアータム/ [Skt. अध्यात्म] *m.* 1 神. (⇒ਰੱਬ) 2 最高神, 最高我. (⇒ਪਰਮੇਸ਼ਰ) 3 最高我に関する哲学的考察. 4 精神世界.

ਅਧਿਆਤਮਕ (अधिआतमक) /adiǎtamakạ アディアートマク/ ▸ਅਧਿਆਤਮਿਕ *adj.* → ਅਧਿਆਤਮਿਕ

ਅਧਿਆਤਮਵਾਦ (अधिआतमवाद) /adiǎtamạwādạ アディアータムワード/ [Skt. अध्यात्म Skt.-वाद] *m.* 1 精神主義, 唯心論. 2 形而上学, 純正哲学.

ਅਧਿਆਤਮਵਾਦੀ (अधिआतमवादी) /adiǎtamạwādī アディアータムワーディー/ [Skt.-वादिन्] *adj.* 1 精神主義的な, 唯心論の. 2 形而上学的な, 純正哲学の.
— *m.* 1 精神主義者, 唯心論者. 2 形而上学者, 純正哲学者.

ਅਧਿਆਤਮਿਕ (अधिआतमिक) /adiǎtamikạ アディアートミク/ ▸ਅਧਿਆਤਮਕ [Skt. आध्यात्मिक] *adj.* 1 精神的な, 霊的な. 2 形而上学の, 純理的な.

ਅਧਿਆਤਮਿਕਤਾ (अधिआतमिकता) /adiǎtamikạtā アディアートミクター/ [Skt.-ता] *f.* 精神性, 霊性.

ਅਧਿਆਦੇਸ਼ (अधिआदेश) /âdiādeśạ アディアーデーシュ/ [Skt. अध्यादेश] *m.* 〖法〗法令, 布告, 条例.

ਅਧਿਆਪਕ (अधिआपक) /adiǎpakạ アディアーパク/ [Skt. अध्यापक] *m.* 1 教師, 教員, 先生. 2 教育者.

ਅਧਿਆਪਕਾ (अधिआपका) /adiǎpạkā アディアープカー/ [Skt. अध्यापिका] *f.* 1 女性の教師, 女性の教員, 女の先生. 2 女性の教育者.

ਅਧਿਆਪਕੀ (अधिआपकी) /adiǎpạkī アディアープキー/ [Skt. अध्यापक -ई] *adj.* 1 教師の, 教員の. 2 教職の.

ਅਧਿਆਪਨ (अधिआपन) /adiǎpanạ アディアーパン/ [Skt. अध्यापन] *m.* 1 教えること, 教育, 教授法. 2 教職. 3 教育学.

ਅਧਿਆਰਾ (अधिआरा) /adiǎrā アディアーラー/ [Pkt. अंधयार] *m.* 1 暗闇, 暗黒, 真っ暗. 2〖比喩〗はっきりしないこと, 不明瞭.

ਅਧਿਐਨ (अधिऐन) /adiaǐnạ アディアエーン/ ▸ਅਧਿਯਨ [Skt. अध्ययन] *m.* 1 研究, 学究. 2 勉学, 学習, 勉強. 3 精査.

ਅਧਿਸੂਚਤ (अधिसूचत) /âdisūcatạ アディスーチャト/ [Skt. अधिसूचित] *adj.* 通知された, 公告された, 告示された.

ਅਧਿਸੂਚਨਾ (अधिसूचना) /âdisūcanā アディスーチャナー/ [Skt. अधिसूचना] *f.* 通知, 通知書, 公告, 告示, 告示書, 届書.

ਅਧਿਕ (अधिक) /âdikạ アディク/ [Skt. अधिक] *adj.* 1 たくさんの, 多くの. 2 より多くの, 過分の, 度を越えた, 必要以上の, 過剰な. 3 豊富な.

ਅਧਿਕਤਮ (अधिकतम) /âdikạtamạ アディクタム/ [Skt.-तम] *adj.* 最も多い, 最多の, 最大の, 最高の. (⇔ਅਲਪਤਮ)

ਅਧਿਕਤਰ (अधिकतर) /âdikatarạ アディクタル/ [Skt.-तर] *adj.* より多い, 一層多くの.

ਅਧਿਕਤਾ (अधिकता) /âdikạtā アディクター/ [Skt.-ता] *f.* 1 たくさん, 多いこと. 2 過分, 多過ぎること, 過剰. 3 豊富.

ਅਧਿਕਾਰ (अधिकार) /âdikārạ アディカール/ [Skt. अधिकार] *m.* 1 権利, 権限. 2 権威, 職権. 3 権力. 4 所有権. 5〖法〗司法権. 6 称号. 7 地位.

ਅਧਿਕਾਰੀ (अधिकारी) /âdikārī アディカーリー/ [Skt. अधिकारिन्] *adj.* 権力を有する, 権威のある.
— *m.* 1 権威者. 2 役人, 官吏, 行政官. 3 当局, 行政当局, 自治体.

ਅਧਿਨਾਇਕ (अधिनाइक) /âdināikạ アディナーイク/ [Skt. अधिनायक] *m.* 1 指導者. 2 指揮者. 3 権力者. 4 主人.

ਅਧਿਯਨ (अधियन) /adiyǎnạ アディヤン/ ▸ਅਧਿਐਨ *m.* → ਅਧਿਐਨ

ਅਧਿਰਾਜ (अधिराज) /âdirājạ アディラージ/ ▸ਅਧਰਾਜ [Skt. अधिराज] *m.* 1 王, 国王. (⇒ਰਾਜਾ) 2 皇帝. 3 君主, 元首.

ਅਧਿਵੇਸ਼ਨ (अधिवेशन) /adǐveśanạ アディヴェーシャン/ [Skt. अधिवेशन] *m.* 1 会期, 開会期間. 2 会合, 会議, 集会. (⇒ਬੈਠਕ) 3 大会, 総会. 4 着席.

ਅਧੀਨ (अधीन) /adǐnạ アディーン/ ▸ਹਦੀਨ [Skt. अधीन] *adj.* 1 下位の, 支配下の, 従属する. 2 従順な, 忠実に従う. 3 謙虚な.

ਅਧੀਨਗੀ (अधीनगी) /adǐnạgī アディーンギー/ [Pers.-*gī*] *f.* 1 支配下, 配下, 従属. 2 従順, 服従. 3 謙虚.

ਅਧੀਨਤਾ (अधीनता) /adǐnạtā アディーンター/ ▸ਹਦੀਨਤਾ [Skt.-ता] *f.* 1 支配下, 配下, 従属. 2 従順, 服従. 3 謙虚.

ਅਧੀਰ (अधीर) /adǐrạ アディール/ [Skt. अ- Skt. धीर] *adj.* 1 不安定な. 2 不安な, 心配している. (⇒ਬੇਚੈਨ) 3 苦悩している. 4 忍耐のない, せっかちな. 5 落ち着かない, 苛々している.

ਅਧੀਰਜ (अधीरज) /adǐrajạ アディーラジ/ [Skt. अ- Skt. धैर्य] *f.* 1 不安, 心配. (⇒ਬੇਚੈਨੀ) 2 苦悩. 3 忍耐のなさ, せっかち. 4 落ち着かない気持ち, 落ち着きのなさ, 苛々.

ਅਧੂਤ (अधूत) /adǔtạ アドゥート/ ▸ਅਬਧੂਤ, ਅਵਧੂਤ *m.* → ਅਵਧੂਤ

ਅਧੂਰਾ (अधूरा) /adǔrā アドゥーラー/ [Skt. अर्ध- Skt. पूर्ण] *adj.* 1 完成半ばの, 中途の, 中断した. 2 未完の, 未完成の, 未完了の, 未完結の. 3 不完全な, 不十分な, 至らない.

ਅਧੂਰਾਪਣ (अधूरापण) /adǔrāpaṇạ アドゥーラーパン/ [-ਪਣ] *m.* 1 完成半ば. 2 未完, 未完成, 未完了. 3 不完全, 不十分, 不備.

ਅਧੇੜ (अधेड़) /aděṛạ アデール/ *adj.* 中年の. (⇒ਅਧਖੜ)

ਅੱਧੋ ਅੱਧ (अद्धो अद्ध) /âddo âddạ アッドー アッド/ [Skt. अर्ध + ਓ + Skt. अर्ध] *m.* 半々.

ਅੱਧੋ ਅੱਧਾ (अद्धो अद्धा) /âddo âddā アッドー アッダー/ [Skt. अर्ध + ਓ + Skt. अर्ध] *adj.* 半々の.

ਅੱਧੋਰਾਣਾ (अद्धोराणा) /âddorāṇā アッドーラーナー/ *adj.* 1 擦り切れた, ぼろぼろの. 2 着古した, 使い古した. 3 中古の. 4 緩んだ. 5 古い.

ਅੰਨ[1] (अंन) /annạ アンヌ/ [Skt. अन्न] *m.* 1〖食品〗穀物. (⇒ਅਨਾਜ) ❐ਹਰ ਰੁੱਤ ਅੰਨ ਤੇ ਫਲਾਂ ਦੇ ਭੰਡਾਰ ਲੈ ਕੇ ਆਉਂਦੀ ਹੈ। どの季節も穀物と果物の豊かな実りを持って訪れます. 2 食料.

ਅੰਨ² (अंन) /anna アンヌ/ [Skt. अन्य] *adj.* **1** 他の, 別の. **2** 異なる, 違った.

ਅਨ (अन) /ana アン/ ▸ਅਣ [Skt. अन्] *pref.* 「…のない」「…でない」「…と反対の」などを意味する否定の接頭辞.

ਅਨਸਾਰ (अनसार) /anasāra アンサール/ ▸ਅਨੁਸਾਰ *postp.* → ਅਨੁਸਾਰ

ਅਨਹਤ (अनहत) /anahata アンハト/ ▸ਅਨਹਦ, ਅਨਾਹਤ, ਅਨਾਹਦ [Skt. अनाहत] *adj.* 物を打たずに生じた.

ਅਨਹਤਨਾਦ (अनहतनाद) /anahatanāda アンハトナード/ [Skt. अनाहत + Skt. नाद] *m.* **1** 物を打たずに生じた音. **2** 〖ヒ〗ヨーガの実践者が深い瞑想に際して体験する神秘的波動音.

ਅਨਹਦ (अनहद) /anahada アンハド/ ▸ਅਨਹਤ, ਅਨਾਹਤ, ਅਨਾਹਦ *adj.* → ਅਨਹਤ

ਅੰਨ੍ਹਾਂ (अंन्हाँ) /ânnā̃ アンナーン/ ▸ਅੰਧਾ [Skt. अंध] *adj.* 盲目の, 目の見えない. (⇒ਨੇਤਰਹੀਣ)
— *m.* 目の見えない人, 盲人.

ਅੰਨ੍ਹਾਂ-ਖੂਹ (अंन्हाँ-खूह) /ânnā̃-kʰû アンナーン・クー/ [Skt. अंध + Skt. कूप] *m.* 寂れ果てた井戸.

ਅਨ੍ਹੇਰ (अन्हेर) /anĕra アネール/ ▸ਹਨੇਰ *m.* → ਹਨੇਰ

ਅੰਨ੍ਹੇਵਾਹ (अंन्हेवाह) /ânnevâ アンネーヴァー/ [Skt. अंध + ਵਾਹ] *adv.* 盲目的に, むやみに, 向こう見ずに. (⇒ਅੰਧਾ-ਧੁੰਧ)

ਅਨਹੋਨੀ (अनहोनी) /anahonī アンホーニー/ ▸ਅਣਹੋਣੀ *f.* → ਅਣਹੋਣੀ

ਅਨਕ (अनक) /anaka アナク/ ▸ਅਨੇਕ *adj.* → ਅਨੇਕ

ਅਨਕੂਲ (अनकूल) /anakūla アンクール/ ▸ਅਨੁਕੂਲ *adj.* → ਅਨੁਕੂਲ

ਅਨਖ (अनख) /anakʰa アナク/ ▸ਅਣਖ *f.* → ਅਣਖ

ਅਨਘੜ (अनघड़) /anakăṛa アンカル/ [Skt. अन्- cf. ਘੜਨਾ] *adj.* **1** 彫られていない, 削られていない. **2** 粗削りの, 粗雑な.

ਅਨਜਾਨ (अनजान) /anajāna アンジャーン/ ▸ਅਣਜਾਣ *adj.* → ਅਣਜਾਣ

ਅਨਜਾਨੇ (अनजाने) /anajāne アンジャーネー/ ▸ਅਣਜਾਣੇ *adv.* → ਅਣਜਾਣੇ

ਅਨਜੋੜ (अनजोड़) /anajoṛa アンジョール/ [Skt. अन्- cf. ਜੋੜਨਾ] *adj.* **1** 結び付かない, 途切れた. **2** 合っていない, 不適当な.

ਅਨੰਤ (अनंत) /ananta アナント/ [Skt. अन्- Skt. अंत] *adj.* **1** 終わることのない. **2** 限りない, 無限の, 無窮の. **3** 永遠の, 永久の.

ਅਨੰਤਤਾ (अनंतता) /anantatā アナントター/ [Skt.-ता] *f.* **1** 終わることのないこと. **2** 限りないこと, 無限, 無窮. **3** 永遠, 永久.

ਅਨੰਦ (अनंद) /ananda アナンド/ ▸ਆਨੰਦ [Skt. आनंद] *m.* **1** 喜び, 嬉しさ. **2** 楽しさ, 安楽, 幸福. **3** 快感, 快楽, 恍惚.

ਅਨੰਦਦਾਇਕ (अनंददाइक) /anandadāika アナンドダーイク/ ▸ਆਨੰਦਦਾਇਕ [Skt.-दायक] *adj.* **1** 喜びを与える. **2** 喜ばしい, 嬉しい, 楽しい, 楽しめる.

ਅਨੰਦਪੁਰ (अनंदपुर) /anandapura アナンドプル/ ▸ਆਨੰਦਪੁਰ [Skt.-पुर] *m.* 〖地名〗アナンドプル(アーナンドプル)《インドのパンジャーブ州ホシアールプル県にあるスィック教の五大聖地の一つ. 第10代グル・ゴービンド・スィングがおよそ25年を過ごし, 1699年にカールサー ਖ਼ਾਲਸਾ を創設した地》.

ਅਨੰਦਮਈ (अनंदमई) /anandamaī アナンドマイー/ [Skt.-मयी] *adj.* 喜ばしい, 嬉しい, 楽しい.

ਅਨਦਾੜ੍ਹੀਆ (अनदाड़्हीआ) /anadâṛīā アンダーリーアー/ [Skt. अन्- Skt. दाढ़िका] *adj.* 〖身体〗顎鬚(あごひげ)のない.

ਅੰਨ-ਨਾਲੀ (अंन-नाली) /anna-nālī アンヌ・ナーリー/ [Skt. अन्न + Skt. नाल] *f.* 〖身体〗食道.

ਅਨਪੜ੍ਹ (अनपड़्ह) /anapâṛa アンパル/ [Skt. अन्- Skt. पठन] *adj.* **1** 無学の, 無知の. (⇒ਜਾਹਲ) **2** 読み書きができない.

ਅਨਪੜ੍ਹਤਾ (अनपड़्हता) /anapâṛatā アンパルター/ [Skt.-ता] *f.* **1** 無学. **2** 読み書きができないこと.

ਅੰਨ ਪੁਰਖ (अंन पुरख) /anna purakʰa アンヌ プルク/ [Skt. अन्य + Skt. पुरुष] *m.* 〖言〗 3人称.

ਅਨਮੋਲ (अनमोल) /anamola アンモール/ ▸ਅਣਮੋਲ *adj.* → ਅਣਮੋਲ

ਅਨਰਥ (अनरथ) /anaratʰa アナルト/ [Skt. अन्- Skt. अर्थ] *m.* **1** 無意味, 意味のないこと. **2** 反対の意味. **3** 誤った意味. **4** 不正, 不公平, 理不尽. **5** 災難, 惨禍, 不幸.

ਅਨਰਥਕ (अनरथक) /anaratakʰa アナルタク/ [Skt. अनर्थक] *adj.* **1** 無意味な, 意味のない. **2** 無駄な, 役に立たない.

ਅਨਲ (अनल) /anala アナル/ [Skt. अनल] *m.* 火. (⇒ਅੱਗ)

ਅਨਵਰ (अनवर) /anawara アンワル/ [Arab. *anvar*] *adj.* とても輝いている, とても光っている, まばゆい. (⇒ਬਹੁਤ ਰੋਸ਼ਨ)

ਅਨਵਾਦ (अनवाद) /anawāda アンワード/ ▸ਅਨੁਵਾਦ *m.* → ਅਨੁਵਾਦ

ਅਨਵਾਨ (अनवान) /anawāna アンワーン/ [Arab. *anvān*] *m.* **1** 表題. (⇒ਸਰਨਾਵਾਂ) **2** 見出し. **3** 徴候. **4** 特徴.

ਅਨਾਉਂਸਰ (अनाउंसर) /anāunsara アナーウンサル/ [Eng. *announcer*] *m.* アナウンサー.

ਅਨਾਹਤ (अनाहत) /anâta | anāhata アナート | アナーハト/ ▸ਅਨਹਤ, ਅਨਹਦ, ਅਨਾਹਦ *adj.* → ਅਨਹਤ

ਅਨਾਹਦ (अनाहद) /anâda | anāhada アナード | アナーハド/ ▸ਅਨਹਤ, ਅਨਹਦ, ਅਨਾਹਤ *adj.* → ਅਨਹਤ

ਅਨਾਚਾਰ (अनाचार) /anācāra アナーチャール/ [Skt. अन्- Skt. आचार] *m.* **1** 不道徳行為, 不徳, 悪徳. **2** 不品行, 悪行.

ਅਨਾਚਾਰਤਾ (अनाचारता) /anācāratā アナーチャールター/ [Skt.-ता] *f.* **1** 不道徳性, 不徳, 悪徳. **2** 不品行, 悪行. **3** 悪質, 邪悪.

ਅਨਾਜ (अनाज) /anāja アナージ/ ▸ਨਾਜ [Skt. अन्नाद्य] *m.* 〖食品〗穀物. (⇒ਅੰਨ)

ਅਨਾਥ (अनाथ) /anātʰa アナート/ [Skt. अ- Skt. नाथ] *adj.* **1** 主人のいない, 夫のいない. **2** 保護者のいない, 親のいない, みなし子の, 身寄りのない. **3** 頼る者のいない. **4** 捨てられた.

— *m.* 1 孤児, みなし子. (⇒ਯਤੀਮ) 2 頼る者のいない人, 寄る辺のない人.

ਅਨਾਥ ਆਸ਼ਰਮ (अनाथ आशरम) /anātʰa̯ āśarama̯ アナート アーシュラム/ [+ Skt. आश्रम] *m.* 1 孤児院, 養護施設. (⇒ਯਤੀਮਖ਼ਾਨਾ) 2 救貧院.

ਅਨਾਥਸ਼ਾਲਾ (अनाथशाला) /anātʰa̯śālā アナートシャーラー/ [+ Skt. शाला] *f.* 1 孤児院, 養護施設. (⇒ਯਤੀਮਖ਼ਾਨਾ) 2 救貧院.

ਅਨਾਦ (अनाद) /anāda̯ アナード/ ▸ਅਨਾਦੀ *adj.* → ਅਨਾਦੀ

ਅਨਾਦਰ (अनादर) /anādara̯ アナーダル/ [Skt. अ- Skt. आदर] *m.* 1 無礼, 不敬. (⇒ਨਿਰਾਦਰ) 2 不名誉. 3 侮辱, 侮蔑, 軽蔑.

ਅਨਾਦੀ (अनादी) /anādī アナーディー/ ▸ਅਨਾਦ [Skt. अ- Skt. आदि] *adj.* 1 始まりのない. 2 永遠の. 3 永遠に存在する. 4 時のない, 時を超えた. 5 創造されない.

ਅਨਾਨਾਸ (अनानास) /anānāsa̯ アナーナース/ [Portug. *ananás*] *m.* 〖植物〗パイナップル.

ਅਨਾਮ (अनाम) /anāma̯ アナーム/ [Skt. अ- Skt. नामन्] *adj.* 1 名前のない, 名称のない. 2 名の知れない, 匿名の. 3 無名の, 有名でない. (⇒ਅਪਰਸਿੱਧ)

ਅਨਾਮੀ (अनामी) /anāmī アナーミー/ [-ਈ] *adj.* 1 無名の, 名の知れない. 2 匿名の.

— *m.* 1 無名の人. 2 詠み人知らず. ❒ਪਰਿਵਾਰ ਸੁਖ ਦਾ ਬੂਹਾ ਹੈ। ਅਨਾਮੀ 家族は幸せの戸口である. 詠み人知らず

ਅਨਾਰ (अनार) /anāra̯ アナール/ [Pers. *anār*] *m.* 〖植物〗ザクロ(柘榴).

ਅਨਾਰਕਿਸਟ (अनारकिसट) /anāra̯kisa̯ṭa̯ アナールキスト/ [Eng. *anarchist*] *m.* 〖政治〗無政府主義者.

ਅਨਾਰਕੀ (अनारकी) /anāra̯kī アナールキー/ [Eng. *anarchy*] *f.* 〖政治〗無政府状態. (⇒ਅਰਾਜਕਤਾ)

ਅਨਾਰਦਾਣਾ (अनारदाणा) /anāra̯dāṇā アナールダーナー/ [Pers. *anār* + Pers. *dāna*] *m.* 〖植物〗乾燥させたザクロの種.

ਅਨਾੜੀ (अनाड़ी) /anāṛī アナーリー/ [Pkt. अण्णाणी] *adj.* 1 下手な, 不器用な. 2 未熟な, 経験不足の.

ਅਨਾੜੀਪਣ (अनाड़ीपण) /anāṛīpaṇa̯ アナーリーパン/ [-ਪਣ] *m.* 1 不器用. 2 未熟.

ਅਨਿਆਂ (अनिआँ) /aniā̃ アニアーン/ ▸ਅਨਿਆਇ, ਅਨਿਆਏ *m.* → ਅਨਿਆਇ

ਅਨਿਆਇ (अनिआइ) /aniāe アニアーエー/ ▸ਅਨਿਆਂ, ਅਨਿਆਏ [Skt. अ- Skt. न्याय] *m.* 1 不正. (⇒ਬੇਇਨਸਾਫ਼ੀ) 2 不公正. 3 不公平, 不平等. 4 人の反感を買うようなこと, 腹立たしいこと. 5 暴政, 暴虐, 非道. 6 乱暴, 暴行. 7 圧制.

ਅਨਿਆਈ (अनिआई) /aniāī アニアーイー/ [Skt. अ- Skt. न्यायिन्] *adj.* 1 不正な. (⇒ਬੇਇਨਸਾਫ਼) 2 不公正な. 3 不公平な, 不平等な. 4 人の反感を買うような, 腹立たしい. 5 暴君的な, 暴虐な, 非道な. 6 法外な, 乱暴な. 7 圧制的な.

ਅਨਿਆਏ (अनिआए) /aniāe アニアーエー/ ▸ਅਨਿਆਂ, ਅਨਿਆਇ *m.* → ਅਨਿਆਇ

ਅਨਿਸ਼ਚਿਤ (अनिशचित) /aniśa̯cita̯ アニシュチト/ [Skt. अ- Skt. निश्चित] *adj.* 1 不確かな. 2 未決定の. 3 不定の.

ਅਨਿਸ਼ਚਿਤਤਾ (अनिशचितता) /aniśa̯citatā アニシュチタター/ [Skt.-ता] *f.* 1 不確かなこと. 2 未決定. 3 不定.

ਅਨਿੱਖੜਵਾਂ (अनिक्खड़वाँ) /anikkʰaṛa̯wā̃ アニッカルワーン/ [Skt. अ- Skt. निष्कृत Skt.-वान्] *adj.* 1 分離できない. 2 欠くことのできない, 不可欠な.

ਅਨਿੱਤ (अनित्त) /anitta̯ アニット/ [Skt. अ- Skt. नित्य] *adj.* 1 日常的でない, 長続きしない. 2 変わりやすい. 3 一時的な. 4 過渡的な. 5 滅びやすい.

ਅਨਿਧਾਰਿਤ (अनिधारित) /anidărita̯ アニダーリト/ [Skt. अ- Skt. निर्धारित] *adj.* 不確定の.

ਅਨਿਵਾਰੀ (अनिवारी) /aniwārī アニワーリー/ [Skt. अनिवार्य] *adj.* 1 避けられない, 不可避の, 必須の. 2 必修の. 3 義務づけられている.

ਅਨੀਸ਼ਵਰਵਾਦ (अनीशवरवाद) /anīśa̯wara̯wāda̯ アニーシュワルワード/ [Skt. अन्- Skt. ईश्वर Skt.-वाद] *m.* 無神論.

ਅਨੀਸ਼ਵਰਵਾਦੀ (अनीशवरवादी) /anīśa̯wara̯wādī アニーシュワルワーディー/ [Skt.-वादिन्] *adj.* 無神論の.

— *m.* 無神論者.

ਅਨੀਤੀ (अनीती) /anītī アニーティー/ [Skt. अ- Skt. नीति] *f.* 1 悪い方法, 誤った手段. 2 〖政治〗悪い政策.

ਅਨੀਂਦਰਾ (अनींदरा) /anī̃darā アニーンダラー/ ▸ਅਨੀਂਦਾ [Skt. अ- Skt. निद्रा] *m.* 1 不眠. (⇒ਜਗਰਾਤਾ) 2 〖医〗不眠症.

ਅਨੀਂਦਾ (अनींदा) /anī̃dā アニーンダー/ ▸ਅਨੀਂਦਰਾ *m.* → ਅਨੀਂਦਰਾ

ਅਨੀਮਾ (अनीमा) /anīmā アニーマー/ [Eng. *enema*] *m.* 〖医〗浣腸.

ਅਨੀਲ (अनील) /anīla̯ アニール/ [Skt. अ- Skt. नील] *adj.* 1 十兆でない, 十兆を越えた, 十兆以上の. 2 数えきれない, 無数の. (⇒ਅਣਗਿਣਤ) 3 無限の. (⇒ਬੇਅੰਤ)

ਅਨੁਆਈ (अनुआई) /anuāī アヌアーイー/ ▸ਅਨੁਯਾਈ *m.* → ਅਨੁਯਾਈ

ਅਨੁਸਰਣ (अनुसरण) /anusara̯ṇa̯ アヌサルン/ ▸ਅਨੁਸਰਨ *m.* → ਅਨੁਸਰਨ

ਅਨੁਸਰਨ (अनुसरन) /anusara̯na̯ アヌサルン/ ▸ਅਨੁਸਰਣ [Skt. अनुसरण] *m.* 1 後についていくこと, 追いかけること. 2 従うこと, 服従. 3 適応, 順応. 4 追随, 模倣, 倣うこと.

ਅਨੁਸ੍ਵਾਰ (अनुस्वार) /anuswāra̯ (anusawāra̯) アヌスワール (アヌサワール)/ [Skt. अनुस्वार] *m.* 〖音・文字〗アヌスワーラ(アヌスヴァーラ)《デーヴァナーガリー文字の鼻子音記号としてシローレーカーの上部に書かれる点. 直後の子音と同じ調音点の鼻子音を表す》.

ਅਨੁਸ਼ਾਸਕ (अनुशासक) /anuśāsaka̯ アヌシャーサク/ [Skt. अनुशासक] *m.* 1 規律を守らせる人, 監督者, 訓戒者. 2 統治者, 為政者, 知事, 総督.

ਅਨੁਸ਼ਾਸਕੀ (अनुशासकी) /anuśāsa̯kī アヌシャースキー/ [-ਈ] *adj.* 1 規律の. 2 統治の, 行政の, 管理の.

ਅਨੁਸ਼ਾਸਨ (अनुशासन) /anuśāsana̯ アヌシャーサン/ [Skt. अनुशासन] *m.* 1 規律, 秩序. 2 統治, 行政, 管理.

ਅਨੁਸਾਰ (अनुसार) /anusāra̯ アヌサール/ ▸ਅਨਸਾਰ [Skt.

अनुसार] *postp.* **1**…に応じて, …につれて, …に従って, …に倣って, …通りに. ❐ਅੱਗੋਂ ਮੇਰੀਆਂ ਗੱਲਾਂ ਅਨੁਸਾਰ ਚਲੋਗੇ ਨਾ? これからは私の言う通りにするでしょうね. **2**…によれば, …によると, …に基づいて. (⇒ਮੁਤਾਬਕ) ❐ਸਿੱਖ ਧਰਮ ਅਨੁਸਾਰ ਸਭ ਮਨੁੱਖ ਸਮਾਨ ਹਨ। スィック教によればすべての人間は平等です.

ਅਨੁਸਾਰੀ (अनुसारी) /anusārī アヌサーリー/ [Skt. अनुसारिन्] *adj.* **1** 対応する. **2** 順応する. **3** 従う, 追従する, 仕える. **4** 信奉する, 信仰する.
— *m.* **1** 従う者, 追従する者, 仕える者, 従者. **2** 信奉者, 信仰する者, 信者.

ਅਨੁਸੂਚਿਤ (अनुसूचित) /anusūcita アヌスーチト/ [Skt. अनुसूचित] *adj.* **1** 表にのせられた. **2** 通知された.

ਅਨੁਸੂਚੀ (अनुसूची) /anusūcī アヌスーチー/ [Skt. अनुसूची] *f.* 表, 付表.

ਅਨੁਕਰਣ (अनुकरण) /anukaraṇa アヌカルン/ ▸ਅਨੁਕਰਨ *m.* → ਅਨੁਕਰਨ

ਅਨੁਕਰਨ (अनुकरन) /anukarana アヌカルン/ ▸ਅਨੁਕਰਣ [Skt. अनुकरण] *m.* **1** 例に従うこと. **2** 追随, 模倣, 倣うこと, 物真似.

ਅਨੁਕੂਲ (अनुकूल) /anukūla アヌクール/ ▸ਅਨਕੂਲ [Skt. अनुकूल] *adj.* **1** ふさわしい. **2** 好適な. **3** 適合する, 順応する. **4** 有利な.

ਅਨੁਕੂਲਤਾ (अनुकूलता) /anukūlatā アヌクールター/ [Skt.-ता] *f.* **1** ふさわしいこと. **2** 好適. **3** 適合. **4** 有利.

ਅਨੁਗਾਮੀ (अनुगामी) /anugāmī アヌガーミー/ [Skt. अनुगामिन्] *adj.* **1** 追随する, 随行する. **2** 従順な, 忠実な. **3** 追従する, 信奉する, 信仰する.
— *m.* **1** 信者, 信徒, 信奉者. **2** 追随する者. **3** 従者.

ਅਨੁੱਗਿਆ (अनुग्गिआ) /anuggiā アヌッギアー/ ▸ਆਗਿਆ *m.* → ਆਗਿਆ

ਅਨੁਚਿਤ (अनुचित) /anucita アヌチト/ [Skt. अन्- Skt. उचित] *adj.* **1** 不適当な, 不適切な, 不当な. **2** ふさわしくない, 不相応な. **3** 好ましくない, 良くない. **4** 間違っている.

ਅਨੁਛੇਦ (अनुछेद) /anucʰeda アヌチェード/ [Skt. अनुच्छेद] *m.* **1** 段落, パラグラフ. **2** (法律・文書などの) 条項, 条.

ਅਨੁਦਾਨ (अनुदान) /anudāna アヌダーン/ [Skt. अनुदान] *m.* **1** 補助金, 助成金. **2** 手当.

ਅਨੁਨਾਸਕ (अनुनासक) /anunāsaka アヌナーサク/ ▸ਅਨੁਨਾਸਿਕ *adj.* → ਅਨੁਨਾਸਿਕ

ਅਨੁਨਾਸਕਤਾ (अनुनासकता) /anunāsakatā アヌナーサクター/ ▸ਅਨੁਨਾਸਿਕਤਾ *f.* → ਅਨੁਨਾਸਿਕਤਾ

ਅਨੁਨਾਸਿਕ (अनुनासिक) /anunāsika アヌナースィク/ ▸ਅਨੁਨਾਸਕ [Skt. अनुनासिक] *adj.* 〖音〗鼻音化の.

ਅਨੁਨਾਸਿਕਤਾ (अनुनासिकता) /anunāsikatā アヌナースィクター/ ▸ਅਨੁਨਾਸਕਤਾ [Skt.-ता] *f.* 〖音〗鼻音化.

ਅਨੁਪਰਾਸ (अनुपरास) /anuparāsa アヌパラース/ ▸ਅਨੁਪ੍ਰਾਸ [Skt. अनुप्रास] *m.* 〖文学〗頭韻.

ਅਨੁਪ੍ਰਾਸ (अनुप्रास) /anuprāsa (anuparāsa) アヌプラース (アヌパラース)/ ▸ਅਨੁਪਰਾਸ *m.* → ਅਨੁਪਰਾਸ

ਅਨੁਪਾਤ (अनुपात) /anupāta アヌパート/ [Skt. अनुपात] *m.* **1** 比率. **2** 釣り合い.

ਅਨੁਪਾਤੀ (अनुपाती) /anupātī アヌパーティー/ [Skt. अनुपातिन्] *adj.* 釣り合った.

ਅਨੁਪੂਰਕ (अनुपूरक) /anupūraka アヌプーラク/ [Skt. अनुपूरक] *adj.* 補充の.

ਅਨੁਬੰਧ (अनुबंध) /anubânda アヌバンド/ [Skt. अनुबंध] *m.* **1** 繋がり, 関係, 関連. **2** 前後, 脈絡. **3** 同意, 承認, 契約. **4** 付加物, 付属物, 補足.

ਅਨੁਬੰਧੀ (अनुबंधी) /anubândī アヌバンディー/ [Skt. अनुबंधिन्] *adj.* **1** 繋がりのある, 関係のある, 関連する. **2** 結果として生じる. **3** 付加された, 付属の, 付随した, 補足の.

ਅਨੁਭਵ (अनुभव) /anupăva アヌパヴ/ [Skt. अनुभव] *m.* **1** 感じること, 知覚. **2** 経験, 体験.

ਅਨੁਭੂਤੀ (अनुभूती) /anupŭtī アヌプーティー/ [Skt. अनुभूति] *f.* **1** 感じること, 感情, 感覚, 実感. **2** 経験, 体験.

ਅਨੁਮਤੀ (अनुमती) /anumatī アヌマティー/ [Skt. अनुमति] *f.* **1** 同意, 承諾, 承認. **2** 許し, 許可, 認可.

ਅਨੁਮਾਨ (अनुमान) /anumāna アヌマーン/ [Skt. अनुमान] *m.* **1** 推量, 推測, 推察, 推定, 予測, 予想, 見当. (⇒ਅੰਦਾਜ਼ਾ) **2** 概算, 見積もり. (⇒ਅਟਕਲ) **3** 推理, 推論.

ਅਨੁਮਾਨਿਤ (अनुमानित) /anumānita アヌマーニト/ [Skt. अनुमानित] *adj.* **1** 推量された, 推定の. **2** 推測された, 推測の.

ਅਨੁਯਾਈ (अनुयाई) /anuyāī アヌヤーイー/ ▸ਅਨੁਆਈ [Skt. अनुयायिन्] *m.* **1** 従者, 随行者. **2** 信者, 信徒. **3** 信奉者, 支持者.

ਅਨੁਰਖਿਅਕ (अनुरखिअक) /anurakʰiaka アヌラキアク/ [Skt. अनुरक्षक] *m.* 護衛.

ਅਨੁਰਾਗ (अनुराग) /anurāga アヌラーグ/ [Skt. अनुराग] *m.* **1** 愛好. **2** 愛情.

ਅਨੁਵਾਦ (अनुवाद) /anuwāda アヌワード/ ▸ਅਨਵਾਦ [Skt. अनुवाद] *m.* **1** 翻訳. (⇒ਤਰਜਮਾ) **2** 通訳. (⇒ਤਰਜਮਾ)

ਅਨੁਵਾਦਕ (अनुवादक) /anuwādaka アヌワーダク/ [Skt. अनुवादक] *m.* **1** 翻訳者, 翻訳家. (⇒ਤਰਜਮਾਨ) **2** 通訳者. (⇒ਤਰਜਮਾਨ)

ਅਨੁਵਾਦਿਤ (अनुवादित) /anuwādita アヌワーディト/ [Skt. अनुवादित] *adj.* **1** 翻訳された. **2** 通訳された.

ਅਨੂਠਾ (अनूठा) /anūṭʰā アヌーター/ [Skt. अनुच्छिष्ट] *adj.* **1** 無比の, 匹敵するもののない. **2** 珍しい, 変わっている, 特異な, 独特の, 独自の. **3** 普通でない, 異常な. **4** 不思議な, 信じがたい. **5** 素晴らしい, 優れている, 抜群の.

ਅਨੂਠਾਪਣ (अनूठापण) /anūṭʰāpaṇa アヌーターパン/ [-ਪਣ] *m.* **1** 唯一無比であること, 匹敵するもののないこと. **2** 珍しいこと, 変っていること, 独特さ, 独自性, 特異性. **3** 普通でないこと, 異常さ. **4** 不思議, 驚異. **5** 素晴らしさ, 優秀さ.

ਅਨੂਪ (अनूप) /anūpa アヌープ/ ▸ਅਨੂਪਮ [Skt. अनुपम] *adj.* **1** 無比の, 比類のない, 無類の. **2** 特異な, 独特の, 独自の. **3** 素晴らしい, 優れている, 抜群の.

ਅਨੂਪਤਾ (अनूपता) /anūpatā アヌープター/ [Skt.-ता] *f.* **1**

唯一無比であること, 比類のないこと. **2** 独特さ, 独自性, 特異性. **3** 素晴らしさ, 優秀さ.

ਅਨੂਪਮ (अनूपम) /anūpamạ アヌーパム/ ▸ਅਨੂਪ *adj.* → ਅਨੂਪ

ਅਨੇਹ (अनेह) /anê アネー/ [Skt. अ- Skt. स्नेह] *adj.* 愛情のない, 愛着のない. (⇒ਨਿਰਮੋਹ)

ਅਨੇਕ (अनेक) /anekạ アネーク/ ▸ਅਨਕ [Skt. अन्- Skt. एक] *adj.* **1** 1でない, 1より多くの. **2** 多くの, 数多くの, 多数の. (⇒ਬਹੁਤ) ❐ਲੋਹੇ ਨੂੰ ਕੁੱਟ-ਕੁੱਟ ਕੇ ਅਨੇਕਾਂ ਚੀਜ਼ਾਂ ਬਣਾਈਆਂ ਜਾਂਦੀਆਂ ਹਨ। 鉄を叩いて多くの物が作られます. **3** いくつかの, いくつもの. **4** 多様な.

ਅਨੇਕਤਾ (अनेकता) /anekạtā アネークター/ [Skt.-ता] *f.* **1** 多数. **2** 多様性.

ਅਨੈਤਕ (अनैतक) /anaitakạ アナェータク/ ▸ਅਨੈਤਿਕ *adj.* → ਅਨੈਤਿਕ

ਅਨੈਤਕਤਾ (अनैतकता) /anaitakạtā アナェータクター/ ▸ਅਨੈਤਿਕਤਾ *f.* → ਅਨੈਤਿਕਤਾ

ਅਨੈਤਿਕ (अनैतिक) /anaitikạ アナェーティク/ ▸ਅਨੈਤਕ [Skt. अ- Skt. नैतिक] *adj.* 不道徳の.

ਅਨੈਤਿਕਤਾ (अनैतिकता) /anaitikạtā アナェーティクター/ ▸ਅਨੈਤਕਤਾ [Skt.-ता] *f.* 不道徳.

ਅਨੋਖਾ (अनोखा) /anokʰā アノーカー/ ▸ਅਣੋਖਾ [Skt. अन्- Skt. ईक्ष] *adj.* **1** 奇妙な, 変な, おかしい, 変わっている, 風変わりな, 普通とは違う, 特異な, 独特の. ❐ਉਹਨੇ ਗੁਰੂ ਜੀ ਦੀਆਂ ਇਹਨਾਂ ਅਨੋਖੀਆਂ ਅਸੀਸਾਂ ਬਾਰੇ ਪੁੱਛਿਆ। 彼はグル・ジーのこれらの奇妙な祝福について尋ねました. **2** 比類のない, 無類の, 並外れた. **3** 不思議な. **4** 稀な. **5** 異常な. **6** 素晴らしい.

ਅਪ (अप) /apạ アプ/ [Skt. अप] *pref.* 「離れた」「後れた」「低い」「悪い」「堕落した」「下劣な」「呪われた」などの意味を表す接頭辞.

ਅਪਸਰਾ (अपसरा) /apạsarā アプサラー/ ▸ਅਪੱਛਰਾਂ [Skt. अप्सरा] *f.* **1** 『ヒ』アプサラー《インドラ神の天界に住む水の精》. **2** 天女, 妖精. (⇒ਹੂਰ) **3** 少女の姿をした精. (⇒ਪਰੀ) **4** 『比喩』魅力的な女性, 美女.

ਅਪਹੁੰਚ (अपहुँच) /apãũca | apaûñca アパォーンチ | アパォーンチ/ [Skt. अ- cf. ਪਹੁੰਚਣਾ] *adj.* **1** 到達できない. **2** 近づけない.

ਅਪਕੇਂਦਰੀ (अपकेंदरी) /apạkẽdarī アプケーンドリー/ [Skt. अप- Skt. केन्द्रीय] *adj.* 中心から離れる, 遠心性の.

ਅਪੰਗ (अपंग) /apaṅgạ アパング/ [Skt. अप- Skt. अंग] *adj.* **1** 身体に障害のある. (⇒ਅਪਾਹਜ) **2** 手足の悪い. **3** 不具の.

ਅਪੱਛਰਾਂ (अपच्छराँ) /apaccʰarā̃ アパッチャラーン/ ▸ਅਪਸਰਾ *f.* → ਅਪਸਰਾ

ਅਪਜਸ (अपजस) /apạjasạ アプジャス/ [Skt. अप- Skt. यश] *m.* **1** 悪い評判, 悪評. **2** 悪口.

ਅਪਣੱਤ (अपणत्त) /apạṇattạ アプナット/ *f.* **1** 親密. **2** 親しさ, 親しみ. **3** 親近感, 親愛感.

ਅਪਣਾ (अपणा) /apạṇā アプナー/ ▸ਆਪਣਾ *adj.* → ਆਪਣਾ

ਅਪਣਾਉਣਾ (अपणाउणा) /apạṇāuṇā アプナーウナー/ [cf. ਆਪਣਾ] *vt.* **1** 自分のものにする, 所有する. **2** 自分のものと認める. **3** 採り入れる, 採る, 用いる, 採用する. **4** 身内にする, 養子にする. **5** 受け入れる, 認める.

ਅਪਣਾਇਤ (अपणाइत) /apạṇāitạ アパナーイト/ *f.* 親身な気持ち, 親愛感, 親しさ, 親しみ. (⇒ਅਪਣਾਪਣ)

ਅਪਣਾਪਣ (अपणापण) /apạṇāpaṇạ アパナーパン/ *m.* 親身な気持ち, 親愛感, 親しさ, 親しみ. (⇒ਅਪਣਾਇਤ)

ਅਪੱਤ (अपत्त) /apattạ アパット/ *adj.* 恥知らずの. (⇒ਬੇਇੱਜ਼ਤ)

ਅਪਤਾ (अपता) /apatā アパター/ [Skt. अ- Skt. प्रत्यय] *adj.* **1** 居所の分からない, 行方不明の, 消息のない, 失踪した. (⇒ਬੇਪਤਾ, ਲਾਪਤਾ) **2** 宛名のない, 住所不明の.

ਅਪੱਥ (अपत्थ) /apattʰạ アパット/ [Skt. अ- Skt. पथ्य] *adj.* **1** 消化困難な, 消化の悪い. **2** 有害な. **3** 健康に良くない. **4** 不健全な.

ਅਪਦਾ (अपदा) /apạdā アプダー/ *f.* 難儀, 困難, 災難. (⇒ਬਿਪਤਾ, ਮੁਸੀਬਤ)

ਅਪੱਧਰਾ (अपद्धरा) /apâddarā アパッダラー/ [Skt. अ- Pkt. पध्दर] *adj.* 平坦でない, でこぼこの.

ਅਪਨ (अपन) /apanạ アパン/ *adj.* 自分の.

ਅਪਭਰੰਸ਼ (अपभरंश) /apaparãnsạ アパパランシュ/ [Skt. अपभ्रंश] *f.* **1** 崩れた言葉, 転訛した言葉. **2** アパブランシャ語.

ਅਪਮਾਨ (अपमान) /apạmānạ アプマーン/ [Skt. अप- Skt. मान] *m.* **1** 侮辱, 屈辱, 名誉毀損. ❐ਇਹ ਭਾਰਤੀਆਂ ਲਈ ਅਪਮਾਨ ਦੀ ਗੱਲ ਸੀ। これはインド人たちにとって屈辱的なことでした. ❐ਅਪਮਾਨ ਕਰਨਾ 侮辱する. **2** 不名誉, 恥辱. **3** 無礼.

ਅਪਮਾਨਜਨਕ (अपमानजनक) /apạmānạjanakạ アプマーンジャナク/ [Skt. अप- Skt. मान Skt.-जनक] *adj.* **1** 侮辱の, 屈辱の, 名誉毀損の. **2** 軽蔑的な, 侮蔑的な. **3** 価値を損なうような.

ਅਪਰਸੰਨ (अपरसंन) /aparạsannạ アパルサンヌ/ ▸ਅਪ੍ਰਸੰਨ [Skt. अ- Skt. प्रसन्न] *adj.* **1** 楽しくない. **2** 不機嫌な. **3** 満足していない.

ਅਪ੍ਰਸੰਨ (अप्रसंन) /aprasannạ (aparạsannạ) アプラサンヌ (アパルサンヌ)/ ▸ਅਪਰਸੰਨ *adj.* → ਅਪਰਸੰਨ

ਅਪਰਸੰਨਤਾ (अपरसंनता) /aparạsannạtā アパルサンヌター/ ▸ਅਪ੍ਰਸੰਨਤਾ [Skt. अ- Skt. प्रसन्न Skt.-ता] *f.* **1** 楽しくないこと. **2** 不機嫌. **3** 不満足.

ਅਪ੍ਰਸੰਨਤਾ (अप्रसंनता) /aprasannạtā (aparạsannạtā) アプラサンヌター (アパルサンヌター)/ ▸ਅਪਰਸੰਨਤਾ *f.* → ਅਪਰਸੰਨਤਾ

ਅਪਰਸਿੱਧ (अपरसिद्ध) /aparạsîddạ アパルスィッド/ [Skt. अ- Skt. प्रसिद्ध] *adj.* **1** 有名でない, 無名の. **2** 名の知れない, 世に埋もれた.

ਅਪਰਸਿੱਧੀ (अपरसिद्धी) /aparạsîddī アパルスィッディー/ [Skt. अ- Skt. प्रसिद्धि] *f.* 世に知られないこと, 無名.

ਅਪਰਚਲਤ (अपरचलत) /aparạcalatạ アパルチャラト/ ▸ਅਪਰਚਲਿਤ *adj.* → ਅਪਰਚਲਿਤ

ਅਪਰਚਲਿਤ (अपरचलित) /aparạcalitạ アパルチャリト/ ▸ਅਪਰਚਲਤ [Skt. अ- Skt. प्रचलित] *adj.* **1** 一般に行われていない. **2** 廃れている. **3** 時代遅れの.

ਅਪਰਤੱਖ (अपरतक्ख) /aparạtakkʰạ アパルタック/ ▸ਅਪ੍ਰਤੱਖ [Skt. अ- Skt. प्रत्यक्ष] *adj.* **1** 目の前にない, 目に見えない, 隠れた. **2** 秘密の. **3** 間接的な. **4** 遠回り

の.

ਅਪ੍ਰਤੱਖ (अप्रतक्ख) /apratakkʰa̯ (aparatakkʰa̯) アプラタック (アパルタック)/ ▶ਅਪਰਤੱਖ *adj.* → ਅਪਰਤੱਖ

ਅਪਰੰਪਰ (अपरंपर) /aparampara̯ アパランパル/ ▶ ਅਪਰੰਪਾਰ, ਅਪਰਾਪਾਰ *adj.* → ਅਪਰੰਪਾਰ

ਅਪਰੰਪਾਰ (अपरंपार) /aparampāra̯ アパランパール/ ▶ ਅਪਰੰਪਰ, ਅਪਰਾਪਾਰ [Skt. अपरंपार] *adj.* 限りない, 無限の, 際限のない. (⇒ਅਸੀਮਿਤ, ਬੇਅੰਤ)

ਅਪਰਮਾਣਿਤ (अपरमाणित) /aparamāṇita̯ アパルマーニト/ ▶ਅਪ੍ਰਮਾਣਿਤ [Skt. अ- Skt. प्रमाणित] *adj.* **1** 真正であると証明されていない. **2** 偽の.

ਅਪ੍ਰਮਾਣਿਤ (अप्रमाणित) /apramāṇita̯ (aparamāṇita̯) アプラマーニト (アパルマーニト)/ ▶ਅਪਰਮਾਣਿਤ *adj.* → ਅਪਰਮਾਣਿਤ

ਅਪਰਵਾਨ (अपरवान) /aparawāna̯ アパルワーン/ ▶ ਅਪ੍ਰਵਾਨ [Skt. अ- Skt. प्रमाण] *adj.* **1** 受け入れられない. (⇒ਨਾ ਮਨਜ਼ੂਰ) **2** 承認されない. **3** 拒否される.

ਅਪ੍ਰਵਾਨ (अप्रवान) /aprawāna̯ (aparawāna̯) アプラワーン (アパルワーン)/ ▶ਅਪਰਵਾਨ *adj.* → ਅਪਰਵਾਨ

ਅਪਰਾਧ (अपराध) /aparâda̯ アプラード/ [Skt. अपराध] *m.* **1** 罪, 罪科, 犯罪, 悪事. **2** 過ち, 過失.

ਅਪਰਾਧੀ (अपराधी) /aparâdī アプラーディー/ [Skt. अपराधिन्] *adj.* 罪のある, 有罪の, 罪を犯した. (⇒ਦੋਸ਼ੀ)
— *m.* 罪人, 犯罪者, 犯人. (⇒ਦੋਸ਼ੀ)

ਅਪਰਾਪਾਰ (अपरापार) /aparāpāra̯ アプラーパール/ ▶ ਅਪਰੰਪਰ, ਅਪਰੰਪਾਰ *adj.* → ਅਪਰੰਪਾਰ

ਅਪਰਿਗਰਹਿ (अपरिगरहि) /aparigaraî アパリガラエー/ [Skt. अ- Skt. परिग्रह] *m.* **1** 無所有. **2** 無執着, 放棄, 脱俗, 隠遁.

ਅਪਰਿਗਰਹੀ (अपरिगरही) /aparigarâī アパリガライー/ [Skt. अ- Skt. परिग्रह -ई] *adj.* 執着しない, 放棄した, 脱俗の.
— *m.* 放棄した人, 隠遁者.

ਅਪਰੇਸ਼ਨ (अपरेशन) /apareśana̯ アプレーシャン/ ▶ ਉਪਰੇਸ਼ਨ, ਓਪਰੇਸ਼ਨ, ਆਪ੍ਰੇਸ਼ਨ, ਔਪਰੇਸ਼ਨ *m.* → ਓਪਰੇਸ਼ਨ

ਅਪਰੈਲ (अपरैल) /aparaila̯ アプラェール/ [Eng. *April*] *m.* 〖暦〗 4月.

ਅਪਵਾਦ (अपवाद) /apawāda̯ アプワード/ [Skt. अप- Skt. वाद] *m.* **1** 誹謗, 中傷, 非難. (⇒ਤੁਹਮਤ) **2** 悪口. (⇒ਕੁਵਾਕ)

ਅਪਵਿੱਤਰ (अपवित्तर) /apavittara̯ アパヴィッタル/ [Skt. अ- Skt. पवित्र] *adj.* 神聖でない, 不浄な, 穢れた. (⇒ਅਸ਼ੁੱਧ, ਨਾਪਾਕ)

ਅਪਵਿੱਤਰਤਾ (अपवित्तरता) /apavittaratā アパヴィッタルター/ [Skt.-ता] *f.* **1** 不浄, 穢れ. (⇒ਅਸ਼ੁਧੀ, ਨਾਪਾਕੀ) **2** 不浄の観念, 穢れの観念.

ਅਪਵਿੱਤਰਤਾਈ (अपवित्तरताई) /apavittaratāī アパヴィッタルターイー/ [-ताई] *f.* → ਅਪਵਿੱਤਰਤਾ

ਅੱਪੜ[1] (अप्पड़) /appaṛa̯ アッパル/ *adj.* 休閑中の.
— *f.* 休閑地.

ਅੱਪੜ[2] (अप्पड़) /appaṛa̯ アッパル/ ▶ਉੱਪੜ *f.* 到着. (⇒ਪਹੁੰਚ)

ਅੱਪੜਨਾ (अप्पड़ना) /appaṛanā アッパルナー/ ▶ਉੱਪੜਨਾ *vi.* **1** 着く, 到着する. (⇒ਪਹੁੰਚਣਾ, ਪੁਜਣਾ) ❐ਤੁਸੀਂ ਕਦੋਂ ਟੋਕੀਓ ਅੱਪੜੋਗੇ? あなたはいつ東京に着きますか. **2** 届く. ❐ਜੇ ਤੇਰਾ ਹੱਥ ਨਹੀਂ ਅੱਪੜਦਾ, ਮੈਨੂੰ ਦੱਸ। ਮੈਂ ਤੇਰੀ ਪਲੇਟ ਵਿੱਚ ਪਾ ਦਿੰਦਾ ਹਾਂ। もしおまえの手が届かないなら, 私に言いなさい. 私がおまえの皿に盛ってあげます.

ਅਪੜਵਾਉਣਾ (अपड़वाउणा) /apaṛawāuṇā アパルワーウナー/ ▶ਉਪੜਵਾਉਣਾ *vt.* 届けさせる, 送り届けさせる, 配達させる.

ਅਪੜਾਉਣਾ (अपड़ाउणा) /apaṛāuṇā アプラーウナー/ ▶ ਉਪੜਾਉਣਾ *vt.* **1** 着かせる, 到着させる. **2** 届ける, 送り届ける, 配達する. (⇒ਪਹੁੰਚਾਉਣਾ) **3** 運ぶ.

ਅੰਪਾਇਰ (अंपाइर) /ampāira̯ アンパーイル/ [Eng. *umpire*] *m.* 審判員, アンパイア.

ਅਪਾਹਜ (अपाहज) /apâja̯ アパージ/ [(Pkt. अपाहेज्ज) Skt. अपथेय] *adj.* **1** 身体に障害のある. (⇒ਅਪੰਗ) **2** 手足の悪い. **3** 不具の.

ਅਪਾਰ (अपार) /apāra̯ アパール/ [Skt. अ- Skt. पार] *adj.* **1** 限りない. (⇒ਅਸੀਮਿਤ, ਬੇਅੰਤ) **2** 無限の. **3** 際限のない.

ਅਪੀਲ (अपील) /apīla̯ アピール/ [Eng. *appeal*] *f.* **1** 懇願, 懇請. (⇒ਬੇਨਤੀ) **2** 訴え. **3**〖法〗控訴, 上告, 上訴. **4** 魅力, 人を引き付ける力.

ਅਪੀਲਕਾਰ (अपीलकार) /apīlakāra̯ アピールカール/ [Eng. *appeal* Skt.-कार] *m.*〖法〗上訴人.

ਅਪੁੱਠਾ (अपुट्ठा) /apuṭṭʰā アプッター/ *adj.* 正道を外れた, 非を認めない.

ਅਪੁੱਤਾ (अपुत्ता) /aputtā アプッター/ [Skt. अ- Skt. पुत्र] *adj.* 息子のいない. (⇒ਨਿਪੁੱਤਾ)

ਅਪੂਰਨ (अपूरन) /apūrana̯ アプールン/ [Skt. अ- Skt. पूर्ण] *adj.* **1** 満ちていない, 空いている. **2** 完全でない, 不完全な, 不備の, 不足や欠陥のある. **3** 完成されていない, 未完の, 未完成の, 未完了の, 未完結の. **4** 部分的な.

ਅਪੂਰਨ ਅੰਸ਼ (अपूरन अंश) /apūrana anśa̯ アプールン アンシュ/ [+ Skt. अंश] *m.*〖数学〗対小数, 仮数.

ਅਪੂਰਨ ਅੰਕ (अपूरन अंक) /apūrana aṅka̯ アプールン アンク/ [+ Skt. अंक] *m.*〖数学〗分数, 小数, 端数.

ਅਪੂਰਨਤਾ (अपूरनता) /apūranatā アプールンター/ [Skt.-ता] *f.* **1** 不完全, 不十分, 不備. **2** 未完, 未完成, 未完了, 完成半ば.

ਅਪੂਰਨ ਭੂਤਕਾਲ (अपूरन भूतकाल) /apūrana pŭtakāla̯ アプールン プートカール/ [+ Skt. भूत + Skt. काल] *adj.*〖言〗未完了過去の.

ਅਪੂਰਬ (अपूरब) /apūraba̯ アプーラブ/ ▶ਅਪੂਰਵ *adj.* → ਅਪੂਰਵ

ਅਪੂਰਵ (अपूरव) /apūrava̯ アプーラヴ/ ▶ਅਪੂਰਬ [Skt. अ- Skt. पूर्व] *adj.* **1** 空前の, 前代未聞の. **2** 先例のない. **3** 類がない, 無比の. **4** 独特の, 奇抜な. (⇒ਅਨੋਖਾ) **5** 新しい, 目新しい, 斬新な. (⇒ਨਵਾਂ) **6** 風変わりな, 奇妙な. (⇒ਅਜੀਬ) **7** 稀に見る, 珍しい.

ਅਪੂਰਵਤਾ (अपूरवता) /apūravatā アプーラヴター/ [Skt.-ता] *f.* **1** 独自性. **2** 奇妙, 風変わり, 非凡, 類まれなこと **3** 目新しいこと, 斬新さ, 奇抜さ.

ਅਪੇਖਿਆ (अपेखिआ) /apekʰiā アペーキアー/ [Skt. अपेक्षा] *f.* **1** 予想, 予期, 期待, 見込み. **2** 希望. **3** 比

較.

ਅਫ਼ਸਰ (अफ़सर) /afa̸sara̸ アフサル/ [Eng. *officer*] *m.* **1** 役人. ❑ਮੈਂ ਪਰਸੋਂ ਜ਼ਿਲ੍ਹੇ ਦੇ ਅਫ਼ਸਰਾਂ ਨੂੰ ਮਿਲਿਆ ਸਾਂ। 私は一昨日県の役人たちに会いました. **2** 〖軍〗将校.

ਅਫ਼ਸਰੀ (अफ़सरी) /afa̸sarī アフサリー/ [-ਈ] *f.* 統治. (⇒ਹਕੂਮਤ)

ਅਫ਼ਸਾਨਾ (अफ़साना) /afa̸sānā アフサーナー/ ▸ਫ਼ਸਾਨਾ [Pers. *afsāna*] *m.* **1** 〖文学〗物語. (⇒ਕਥਾ, ਕਹਾਣੀ) **2** 〖文学〗短編小説. (⇒ਕਹਾਣੀ) **3** 夢物語, 恋愛, 情事. **4** 醜聞.

ਅਫ਼ਸੋਸ (अफ़सोस) /afa̸sosa̸ アフソース/ ▸ਬਸੋਸ, ਮਸੋਸ [Pers. *afsos*] *m.* **1** 悲しみ. **2** 残念, 遺憾, 心残り, 悔やみ. **3** 弔慰.

— *int.* ああ, 嗚呼, 悔しい, 残念《悲しみや弔意を表す言葉》.

ਅਫ਼ਸੋਸਨਾਕ (अफ़सोसनाक) /afa̸sosa̸nāka̸ アフソースナーク/ [Pers.-*nāk*] *adj.* **1** 悲しみに満ちた. **2** 残念に思う, 遺憾に思う. **3** 気の毒な.

ਅਫ਼ਗ਼ਾਨ (अफ़ग़ान) /afa̸ğāna̸ アフガーン/ ▸ਔਗਾਣ [Pers. *afğān*] *adj.* アフガニスタンの.

— *m.* アフガニスタン人.

ਅਫ਼ਗ਼ਾਨਿਸਤਾਨ (अफ़ग़ानिसतान) /afa̸ğānisa̸tāna̸ アフガーニスターン/ [Pers.-*i-stān*] *m.* 〖国名〗アフガニスタン(イスラム国).

ਅਫਰਾ (अफरा) /apʰa̸rā アプラー/ ▸ਅਫਾਰਾ *m.* 〖医〗胃腸内ガス滞留, 鼓腸.

ਅਫ਼ਰਾਊਂ (अफ़राऊँ) /afa̸rāū̃ アフラーウーン/ *adj.* 見知らぬ.

ਅਫ਼ਰੀਕਨ (अफ़रीकन) /afa̸rīkana̸ アフリーカン/ [Eng. *African*] *adj.* アフリカの, アフリカ人の.

— *m.* アフリカ人.

ਅਫ਼ਰੀਕਾ (अफ़रीका) /afa̸rīkā アフリーカー/ ▸ਅਫ਼੍ਰੀਕਾ [Eng. *Africa*] *m.* 〖地理〗アフリカ.

ਅਫ਼੍ਰੀਕਾ (अफ़्रीका) /afrīkā アフリーカー/ ▸ਅਫ਼ਰੀਕਾ *m.* → ਅਫ਼ਰੀਕਾ

ਅਫ਼ਰੀਣ (अफ़रीण) /afa̸rīṇa̸ アフリーン/ ▸ਅਫ਼ੀਰ, ਆਫ਼ਰੀਂ, ਆਫ਼ਰੀਂ, ਆਫ਼ਰੀਨ *int.* → ਆਫ਼ਰੀਨ

ਅਫਰੇਵਾਂ (अफरेवाँ) /apʰa̸rewā̃ アプレーワーン/ *m.* **1** 〖医〗胃腸内ガス滞留, 鼓腸. **2** 〖比喩〗慢心, 傲慢.

ਅਫਲ (अफल) /apʰala̸ アパル/ ▸ਅੱਫਲ [Skt. अ- Skt. फल] *adj.* **1** 実りのない. **2** 不毛の. **3** 生産的でない.

ਅੱਫਲ (अप्फल) /appʰala̸ アッパル/ ▸ਅਫਲ *adj.* → ਅਫਲ

ਅਫ਼ਲਾਤੂਨ (अफ़लातून) /afa̸lātūna̸ アフラートゥーン/ [Arab. *aflātūn*] *m.* **1** 〖人名〗プラトン. **2** 傲慢な男, 鼻持ちならない奴.

ਅਫ਼ਵਾਹ (अफ़वाह) /afa̸wâ アフワー/ [Arab. *afvāh*] *f.* **1** 噂, 噂話. (⇒ਅਵਾਈ, ਗੱਪ) **2** 虚報, デマ.

ਅਫ਼ਾਕਾ (अफ़ाका) /afākā アファーカー/ [Arab. *ifāqa*] *m.* 苦痛からの解放, 病気の回復. (⇒ਅਰਮਾਨ, ਅਰਾਮ)

ਅਫ਼ਾਤ (अफ़ात) /afāta̸ アファート/ ▸ਆਫ਼ਤ *m.* → ਆਫ਼ਤ

ਅਫਾਰਾ (अफारा) /apʰārā アパーラー/ ▸ਅਫਰਾ *m.* → ਅਫਰਾ

ਅਫਿਰਕੂ (अफिरकू) /apʰira̸kū アピルクー/ *adj.* **1** 世俗の. **2** 非宗教の. **3** 宗派に属さない.

ਅਫ਼ੀਮ (अफ़ीम) /afīma̸ アフィーム/ ▸ਫ਼ੀਮ [Pers. *apyūn*] *f.* 〖麻薬〗阿片.

ਅਫ਼ੀਮੀ (अफ़ीमी) /afīmī アフィーミー/ ▸ਫ਼ੀਮੀ [-ਈ] *adj.* 阿片の.

— *m.* **1** 阿片中毒者. (⇒ਅਮਲੀ) **2** 安逸をむさぼる人.

ਅਫ਼ੀਰ (अफ़ीर) /afīra̸ アフィール/ ▸ਅਫ਼ਰੀਣ, ਆਫ਼ਰੀਂ, ਆਫ਼ਰੀਨ *int.* → ਆਫ਼ਰੀਨ

ਅਫੁਰ (अफुर) /apʰura̸ アプル/ *adj.* 邪念のない.

ਅੰਬ (अंब) /amba̸ アンブ/ [(Pkt. अम्ब) Skt. आम्र] *m.* 〖植物〗マンゴー《ウルシ科の常緑高木》, マンゴーの果実. (⇒ਮੈਂਗੋ)

ਅਬਗਤ (अबगत) /aba̸gata̸ アブガト/ [Skt. अप- Skt. गति] *f.* **1** 悪い状態. **2** 苦境, 窮状, 窮地.

ਅਬਚਲ (अबचल) /abacala̸ アブチャル/ ▸ਅਵਿਚਲ [Skt. अ- Skt. विचलन] *adj.* **1** 不動の, 動かない, 揺るぎない. **2** 不変の, 永続する.

ਅੰਬਚੂਰ (अंबचूर) /amba̸cūra̸ アンブチュール/ ▸ਅਮਚੂਰ [Pkt. अम्ब + Pkt. चूर] *m.* **1** 〖植物〗乾燥したマンゴーの皮. **2** 未熟のマンゴーを乾燥させて粉末にしたもの.

ਅੰਬਣਾ (अंबणा) /ambaṇā アンバナー/ *vi.* **1** 圧迫されて痛む, 痺れる, 麻痺する, 感覚を失う. (⇒ਉੱਛਣਾ) **2** 疲れる, くたびれる, 疲弊する, くたくたになる.

ਅਬਦ (अबद) /abada̸ アバド/ *m.* **1** 時の終わり. **2** 永遠, 無窮, 不滅.

ਅਬਦਲ (अबदल) /abadala̸ アバダル/ [Skt. अ- Arab. *badal*] *adj.* **1** 変えられない. **2** 代わりのない. **3** 永続する.

ਅਬਦੀ (अबदी) /aba̸dī アブディー/ *adj.* 永遠の, 永久の, 不滅の.

ਅਬਧੂਤ (अबधूत) /aba̸dŭ̃ta̸ アブドゥート/ ▸ਅਧੂਤ, ਅਵਧੂਤ *m.* → ਅਵਧੂਤ

ਅਬਨਾਸੀ (अबनासी) /aba̸nāsī アブナースィー/ ▸ਅਬਿਨਾਸੀ, ਅਵਿਨਾਸ਼ੀ *adj.* → ਅਵਿਨਾਸ਼ੀ

ਅੰਬਰ (अंबर) /ambara̸ アンバル/ [Skt. अंबर] *m.* **1** 空. (⇒ਅਸਮਾਨ, ਅਕਾਸ਼) **2** 天空, 蒼穹. (⇒ਗਗਨ) **3** 雲. **4** 衣装, 衣服.

ਅੰਬਰਸ (अंबरस) /amba̸rasa̸ アンブラス/ [Pkt. अम्ब + Skt. रस] *m.* 〖飲料〗マンゴー・ジュース, マンゴー果汁入り甘味飲料.

ਅਬਰਕ (अबरक) /aba̸raka̸ アブラク/ ▸ਅਭਰਕ [Skt. अभ्रक] *m.* **1** 〖鉱物〗雲母. **2** 〖鉱物〗滑石, タルク.

ਅੰਬਰਾ (अंबरा) /ambarā アンバラー/ ▸ਅਬਰਾ [Pers. *abrā*] *m.* 〖寝具〗布団の布カバー.

ਅਬਰਾ (अबरा) /aba̸rā アブラー/ ▸ਅੰਬਰਾ *m.* → ਅੰਬਰਾ

ਅੰਬਰੀ (अंबरी) /ambarī アンバリー/ [Skt. अंबर -ਈ] *adj.* **1** 空の, 空に関わる, 空についての. (⇒ਅਕਾਸ਼ ਸੰਬੰਧੀ) **2** 空色の.

ਅਬਰੂ (अबरू) /aba̸rū アブルー/ ▸ਅਬਰੋ, ਆਬਰੂ *f.* → ਆਬਰੂ

ਅਬਰੋ (अबरो) /aba̸ro アブロー/ ▸ਅਬਰੂ, ਆਬਰੂ *f.* → ਆਬਰੂ

ਅਬਲਾ (अबला) /aba̸lā アブラー/ [Skt. अबला] *adj.* **1** 弱

い. (⇒ਕਮਜ਼ੋਰ) **2** 非力の.

— *f.* **1** 女, 女性. **2** 虐げられた女性.

ਅਬੜਵਾਹੇ (अबड़वाहे) /abaṛawāhe | abaṛawâe アバルワーヘー｜アバルワーエー/ ▸ਅੱਭੜਵਾਹ, ਅੱਭੜਵਾਹੇ *adv.* → ਅੱਭੜਵਾਹ

ਅੰਬੜੀ (अंबड़ी) /ambaṛī アンバリー/ ▸ਅੰਮੜੀ, ਅਮੜੀ, ਅੰਮੀ *f.* → ਅੰਮੜੀ

ਅੰਬਾ (अंबा) /ambā アンバー/ ▸ਅੰਬਾਉ *m.* **1** 疲労, 疲労困憊. **2** 圧迫された痛み, 痺れ, 麻痺, 感覚を失うこと.

ਅੱਬਾ (अब्बा) /abbā アッバー/ *m.* 〖親族〗お父さん.

ਅੰਬਾਉ (अंबाउ) /ambāo アンバーオー/ ▸ਅੰਬਾ *m.* → ਅੰਬਾ

ਅੰਬਾਕੜੀ (अंबाकड़ी) /ambākaṛī アンバークリー/ *f.* 〖植物〗小さな熟していないマンゴー. (⇒ਅੰਬੀ)

ਅਬਾਦ (अबाद) /abāda アバード/ ▸ਆਬਾਦ [Pers. *ābād*] *adj.* **1** 定住した. **2** 人の住んでいる. **3** 植民された. **4** 耕された.

ਅਬਾਦਕਾਰ (अबादकार) /abādakāra アバードカール/ [Pers. *ābād* Pers.-*kār*] *m.* 入植者, 植民地開拓者.

ਅਬਾਦਕਾਰੀ (अबादकारी) /abādakārī アバードカーリー/ [Pers. *ābād* Pers.-*kārī*] *f.* 入植, 植民地開拓.

ਅਬਾਦਤ (अबादत) /abādata アバーダト/ ▸ਇਬਾਦਤ *f.* → ਇਬਾਦਤ

ਅਬਾਦੀ (अबादी) /abādī アバーディー/ ▸ਆਬਾਦੀ [Pers. *ābādī*] *f.* **1** 居住. (⇒ਵੱਸੋਂ) **2** 人口. (⇒ਵੱਸੋਂ)

ਅਬਾਬੀਲ (अबाबील) /abābīla アバービール/ [Pers. *abābīl*] *f.* 〖鳥〗ツバメ, 燕.

ਅੰਬਾਰ (अंबार) /ambāra アンバール/ [Pers. *ambār*] *m.* **1** 積み重ね, 堆積. **2** 蓄え, 蓄積, 貯蔵. **3** 倉庫, 収納庫, 貯蔵所.

ਅਬਿਨਾਸ਼ (अबिनाश) /abināśa アビナーシュ/ ▸ਅਵਿਨਾਸ਼ *m.* → ਅਵਿਨਾਸ਼

ਅਬਿਨਾਸੀ (अबिनासी) /abināsī アビナースィー/ ▸ਅਬਨਾਸੀ, ਅਵਿਨਾਸ਼ੀ *adj.* → ਅਵਿਨਾਸ਼ੀ

ਅੰਬੀ (अंबी) /ambī アンビー/ [Pkt. अम्ब -ਈ] *f.* 〖植物〗小さな熟していないマンゴー. (⇒ਅੰਬਾਕੜੀ)

ਅਬੁਝ (अबुझ) /abûja アブジ/ [Skt. अ- cf. ਬੁਝਣਾ] *adj.* **1** (火や明かりが)消えない, 消されていない. **2** (喉の渇きが)癒せない, 癒されていない.

ਅਬੂਝ (अबूझ) /abûja アブージ/ [Skt. अ- cf. ਬੁੱਝਣਾ] *adj.* **1** 理解しない, 聞きわけのない. **2** 難解な. **3** 愚かな, 無知な.

ਅਬੂਰ (अबूर) /abūra アブール/ [Arab. *abūr*] *m.* 技能, 熟練. (⇒ਪਰਬੀਨਤਾ)

ਅਬੋਧ (अबोध) /abôda アボード/ [Skt. अ- Skt. बोध] *adj.* **1** 無知な, 知力のない, 愚かな. **2** 理解できない, 理解力のない. **3** 無邪気な, あどけない.

ਅਬੋਲ (अबोल) /abola アボール/ [Skt. अ- cf. ਬੋਲਣਾ] *adj.* 声を出さない, 話さない, しゃべらない.

ਅਭਉ (अभउ) /apău アパウ/ ▸ਅਭੈ, ਅਭੌ *adj.* → ਅਭੈ

ਅਭੱਖ (अभक्ख) /apăkkʰa アパック/ [Skt. अ- cf. ਭੱਖਣਾ] *adj.* 食べられない.

ਅਭੰਗ (अभंग) /apăṅga アパング/ [Skt. अ- Skt. भङ्ग] *adj.* **1** 壊れない. **2** 分割できない, 不可分の.

ਅਭਰਕ (अभरक) /apăraka アパラク/ ▸ਅਬਰਕ *m.* → ਅਬਰਕ

ਅੱਭੜਵਾਹ (अब्भड़वाह) /âbbaṛawâe アッバルワーエー/ ▸ਅਬੜਵਾਹੇ, ਅੱਭੜਵਾਹੇ *adv.* **1** はっと目を覚まして, はっとして. **2** ふいに, 突然.

ਅੱਭੜਵਾਹੇ (अब्भड़वाहे) /âbbaṛawāhe | âbbaṛawâe アッバルワーヘー｜アッバルワーエー/ ▸ਅਬੜਵਾਹੇ, ਅੱਭੜਵਾਹ *adv.* → ਅੱਭੜਵਾਹ

ਅਭਾਗ (अभाग) /apăga アパーグ/ [Skt. अ- Skt. भाग्य] *m.* 不運.

ਅਭਾਗਾ (अभागा) /apăgā アパーガー/ [Skt. अ- Skt. भाग्य] *adj.* 不運な. (⇒ਬਦਕਿਸਮਤ, ਬਦਨਸੀਬ)

ਅਭਾਵ (अभाव) /apăva アパーヴ/ [Skt. अ- Skt. भाव] *m.* **1** ないこと, 存在しないこと. **2** 不足, 欠乏. **3** 欠けること, 欠如. **4** 手に入らないこと.

ਅਭਿਆਸ (अभिआस) /abiăsa アビアース/ [Skt. अभ्यास] *m.* **1** 繰り返し, 反復. **2** 練習, 稽古, 修練, 訓練, 実習. (⇒ਮਸ਼ਕ) **3** 練習問題. **4** 癖, 習慣. (⇒ਆਦਤ)

ਅਭਿਆਗਤ (अभिआगत) /âbiāgata | abiăgata アビアーガト｜アビアーガト/ [Skt. अभ्यागत] *m.* **1** 来客, 訪問者. **2** 聖者, 行者. **3** 托鉢僧.

ਅਭਿਸਰਣ (अभिसरण) /âbisaraṇa アビサルン/ [Skt. अभिसरण] *m.* 〖数学〗収束.

ਅਭਿਸਾਰੀ (अभिसारी) /âbisārī アビサーリー/ [Skt. अभिसारिन्] *adj.* 〖数学〗収束する.

ਅਭਿੱਜ (अभिज्ज) /apĭjja アピッジ/ [Skt. अ- cf. ਭਿੱਜਣਾ] *adj.* **1** 濡れない, 濡れにくい. **2** 防水の.

ਅਭਿੰਨ (अभिंन) /apĭnna アピンヌ/ [Skt. अ- Skt. भिन्न] *adj.* **1** 異ならない, 同一の. **2** 接している. **3** 分けられない, 切っても切れない, 親しい, 親密な. **4** 欠くことのできない. **5** 区別できない. **6** 差別しない.

ਅਭਿਨੰਦਨ (अभिनंदन) /âbinandana アビナンダン/ [Skt. अभिनंदन] *m.* **1** 祝賀, 慶賀. **2** 称賛, 賛辞. **3** 歓迎. **4** 挨拶.

ਅਭਿੰਨੇ (अभिंने) /âbinne アビンネー/ ▸ਅਭਿਨੈ *m.* → ਅਭਿਨੈ

ਅਭਿਨੇਤਾ (अभिनेता) /âbinetā アビネーター/ [Skt. अभिनेता] *m.* 俳優, 男優, 役者. (⇒ਅਦਾਕਾਰ, ਐਕਟਰ)

ਅਭਿਨੇਤਰੀ (अभिनेतरी) /âbinetarī アビネートリー/ [Skt. अभिनेत्री] *f.* 女優, 女の役者. (⇒ਅਦਾਕਾਰਾ, ਐਕਟਰੈਸ)

ਅਭਿਨੈ (अभिनै) /âbinai アビナェー/ ▸ਅਭਿੰਨੇ [Skt. अभिनय] *m.* 演技, 芝居. (⇒ਅਦਾਕਾਰੀ, ਐਕਟਿੰਗ)

ਅਭਿਪ੍ਰਾਯ (अभिप्राय) /âbiprāya (âbiparāya) アビプラーユ (アビパラーユ)/ [Skt. अभिप्राय] *m.* **1** 意図, 意志, 意向. (⇒ਇਰਾਦਾ) **2** 目的. (⇒ਉਦੇਸ਼) **3** 意味. (⇒ਮਤਲਬ) **4** 内容.

ਅਭਿਭਾਸ਼ਣ (अभिभाशण) /âbipăśaṇa アビパーシャン/ [Skt. अभिभाषण] *m.* **1** 講演. **2** 演説. **3** 公式の演説, 式辞.

ਅਭਿਮਾਨ (अभिमान) /âbimāna アビマーン/ [Skt. अभिमान] *m.* **1** 自慢, 誇り, 自尊心. **2** 高慢, 慢心, うぬぼれ, 思い上がり. **3** 傲慢.

ਅਭਿਮਾਨੀ (अभिमानी) /âbimānī アビマーニー/ [Skt. अभिमानिन्] *adj.* **1** 高慢な, うぬぼれの強い. **2** 尊大な. **3** 傲慢な.

ਅਭਿਲਾਸ਼ਾ (अभिलाशा) /âbilāśā アビラーシャー/ ▸ ਅਭਿਲਾਖਾ [Skt. अभिलाषा] *f.* **1** 願い, 願望, 念願, 希求. (⇒ਚਾਹ) **2** 熱望, 切望. **3** 野心, 野望.
ਅਭਿਲਾਸ਼ੀ (अभिलाशी) /âbilāśī アビラーシー/ [Skt. अभिलाषिन्] *adj.* **1** 願っている, 念願する. **2** 熱望している. **3** 野心のある, 野心的な.
ਅਭਿਲਾਖਾ (अभिलाखा) /âbilākʰā アビラーカー/ ▸ ਅਭਿਲਾਸ਼ਾ *f.* → ਅਭਿਲਾਸ਼ਾ
ਅਭਿਵਾਹੀ (अभिवाही) /âbiwâī | âbiwāhī アビワーイー | アビワーヒー/ *adj.* 求心性の.
ਅਭਿਵਿਅੰਜਕ (अभिविअंजक) /âbiviañjaka̸ アビヴィアンジャク/ [Skt. अभिव्यंजक] *adj.* **1** 示す, 表示する, 知らせる. **2** 表現する. **3** 表明する.
— *m.* **1** 表示するもの, 標識. **2** 表現するもの. **3** 象徴.
ਅਭਿਵਿਅੰਜਨ (अभिविअंजन) /âbiviañjana̸ アビヴィアンジャン/ [Skt. अभिव्यंजना] *m.* **1** 表示. **2** 表現, 言い回し. **3** 表明.
ਅਭਿਵਿਅੰਜਨਵਾਦ (अभिविअंजनवाद) /âbiviañjana̸wāda̸ アビヴィアンジャンワード/ [Skt. अभिव्यंजना Skt.-वाद] *m.* **1** 表現主義, 表現派. **2** 象徴主義.
ਅਭੁੱਲ (अभुल्ल) /apŭlla̸ アプッル/ [Skt. अ- Pkt. भुल्ल] *adj.* **1** 忘れられない. **2** 誤りをしない.
ਅਭੇਖ (अभेख) /apěkʰa̸ アペーク/ [Skt. अ- Skt. वेष] *adj.* 無党派の.
ਅਭੇਦ (अभेद) /apěda̸ アペード/ [Skt. अ- Skt. भेद] *adj.* **1** 異ならない, 違いのない. **2** 同一の. **3** 欠くことのできない. **4** 分けられない. **5** 区別できない, 似ている, 似通っている. **6** 差別しない.
ਅਭੇਦਤਾ (अभेदता) /apěda̸tā アペードター/ [Skt.-ता] *f.* **1** 区別できないこと, 似ていること, 類似, 相似. **2** 同一性. **3** 分けられないこと. **4** 差別しないこと.
ਅਭੈ (अभै) /apaĭ アパェー/ ▸ਅਭਉ, ਅਭੌ [Skt. अ- Skt. भय] *adj.* **1** 恐れない, 恐怖のない. (⇒ਨਿਡਰ) **2** 恐れを知らない, 勇敢な, 勇猛な, 大胆な. (⇒ਦਲੇਰ) **3** 不屈の.
ਅਭੋਲ (अभोल) /apŏla̸ アポール/ [Skt. अ- Skt. लोभ] *adj.* **1** 欲のない, 無欲の. **2** 無垢の. **3** 疑わない.
— *adv.* **1** 知らないうちに. **2** 故意でなく. **3** 不注意に.
ਅਭੌ (अभौ) /apaŭ アパォー/ ▸ਅਭਉ, ਅਭੈ *adj.* → ਅਭੈ
ਅਭੌਤਿਕ (अभौतिक) /apaŭtika̸ アパォーティク/ [Skt. अ- Skt. भौतिक] *adj.* **1** 物質でない. **2** 霊的な. **3** 精神の.
ਅਭੌਤਿਕਤਾ (अभौतिकता) /apaŭtika̸tā アパォーティクター/ [Skt.-ता] *f.* **1** 物質でないこと. **2** 霊的なこと. **3** 精神性.
ਅਮੱਸਿਆ (अमस्सिआ) /amassiā アマッスィアー/ ▸ਮੱਸਿਆ *f.* → ਮੱਸਿਆ
ਅਮਕਾ (अमका) /ama̸kā アムカー/ [Skt. अमुक] *adj.* 不特定の, 某かの.
— *m.* 某, 誰それ. (⇒ਫਲਾਣਾ)
ਅਮਚੂਰ (अमचूर) /ama̸cūra̸ アムチュール/ ▸ਅੰਬਚੂਰ *m.* → ਅੰਬਚੂਰ
ਅਮਣ (अमण) /amaṇa̸ アマン/ ▸ਅਮਨ *m.* → ਅਮਨ
ਅਮਨ (अमन) /amana̸ アマン/ ▸ਅਮਣ [Arab. *amn*] *m.* **1** 平和, 平穏, 平安, 静穏. (⇒ਸ਼ਾਂਤੀ) ❐ਘੁੱਗੀ ਨੂੰ ਅਮਨ ਦੀ ਨਿਸ਼ਾਨੀ ਸਮਝਿਆ ਜਾਂਦਾ ਹੈ। 鳩は平和の象徴と思われています. **2** 平静, 無事, 安全, 秩序.
ਅਮਰ (अमर) /amara̸ アマル/ [Skt. अमर] *adj.* **1** 不死の, 死なない, 不死身の. **2** 永遠の, 不滅の.
ਅਮਰਤ (अमरत) /ama̸rata̸ アムラト/ ▸ਅੰਮਰਿਤ, ਅੰਮ੍ਰਿਤ *m.* → ਅੰਮ੍ਰਿਤ
ਅੰਮਰਿਤ (अंमरित) /ammarita̸ (amma̸rita̸) アンマリト (アンムリト)/ ▸ਅਮਰਤ, ਅੰਮ੍ਰਿਤ *m.* → ਅੰਮ੍ਰਿਤ
ਅੰਮ੍ਰਿਤ (अंम्रित) /ammrita̸ (ammarita̸) アンムリト (アンマリト)/ ▸ਅਮਰਤ, ਅੰਮਰਿਤ [Skt. अ- Skt. मृत] *m.* **1** 不老不死の霊水, 不死の甘露. **2** 不老長寿の霊薬. **3** 〚スィ〛カールサーへの入団の洗礼の儀式で用いられる神聖な不死の甘露. (⇒ਪਹੁਲ)
ਅੰਮ੍ਰਿਤਸਰ (अंम्रितसर) /ammrita̸sara̸ (ammarita̸sara̸) アンムリトサル (アンマリトサル)/ [+ Skt. सरस्] *m.* 〚地名〛アムリトサル《スィック教の総本山があるインドのパンジャーブ州の都市》.
ਅਮਰੀਕਨ (अमरीकन) /ama̸rīkana̸ アムリーカン/ ▸ ਮਿਰਕਣ [Eng. *American*] *m.* アメリカ人.
— *adj.* **1** 〚地理〛アメリカの. **2** アメリカ合衆国の. **3** アメリカ人の.
ਅਮਰੀਕਾ (अमरीका) /ama̸rīkā アムリーカー/ [Eng. *America*] *m.* **1** 〚地理〛アメリカ《南北アメリカ全体, またはその一方》. **2** 〚国名〛アメリカ(合衆国), 米国.
ਅਮਰੀਕੀ (अमरीकी) /ama̸rīkī アムリーキー/ [Eng. *America* -ई] *adj.* **1** 〚地理〛アメリカの. **2** アメリカ合衆国の. **3** アメリカ人の.
— *m.* アメリカ人.
ਅਮਰੂਦ (अमरूद) /ama̸rūda̸ アムルード/ [Skt. अमृत फल] *m.* 〚植物〛グアバ, バンジロウ(蕃石榴)《フトモモ科の常緑小高木》. グアバの果実.
ਅਮਲ[1] (अमल) /amala̸ アマル/ [Arab. *`amal*] *m.* **1** 行い, 行為, 行動. (⇒ਵਿਹਾਰ) **2** 実行, 実践, 遂行. **3** 作用, 効果, 影響. **4** 支配, 治世, 在位期間. (⇒ਸ਼ਾਸਨ ਕਾਲ) **5** 性格. **6** 癖, 習癖. **7** 酔い, 中毒, 麻薬中毒. (⇒ਨਸ਼ਾ) **8** 麻薬, 酒類.
ਅਮਲ[2] (अमल) /amala̸ アマル/ [Skt. अ- Skt. मल] *adj.* **1** 汚れていない. (⇒ਨਿਰਮਲ) **2** きれいな, 清潔な, 清浄な. (⇒ਸਾਫ਼) **3** 純粋な, 純潔な. **4** 無実の. **5** 酸っぱい, 酸味の. (⇒ਖੱਟਾ) **6** 酸性の. (⇒ਤੇਜ਼ਾਬੀ)
ਅਮਲਕੜੇ (अमलकड़े) /amalaka̸ṛe アマラクレー/ ▸ਮਲਕੜੇ *adv.* → ਮਲਕੜੇ
ਅਮਲਤਾ (अमलता) /amala̸tā アマルター/ [Skt.-ता] *f.* **1** 汚れていないこと. (⇒ਨਿਰਮਲਤਾ) **2** 清潔, 清浄. **3** 純粋, 純潔. **4** 無実. **5** 酸っぱさ, 酸味. (⇒ਖਟਿਆਈ) **6** 酸性, 酸度. (⇒ਤੇਜ਼ਾਬੀਅਤ)
ਅਮਲਤਾਸ (अमलतास) /amala̸tāsa̸ アマルタース/ *m.* 〚植物〛ゴールデン・シャワー, ナンバンサイカチ(南蛮皂莢)《熱帯アジア原産のジャケツイバラ科の高木. 鮮やかな黄色い花には芳香があり, 果実は長楕円柱形でアボツロク(阿勃勒)と称し緩下薬などの薬用に供される. 葉や根も緩下薬とするほか, 樹皮を赤痢に用いる》.

ਅਮਲਦਾਰੀ (अमलदारी) /amaladārī アマルダーリー/ [Arab. `amal Pers.-dārī] f. 1 統治, 行政, 管理. 2 管轄権.

ਅਮਲਾ (अमला) /amalā アムラー/ [Arab. `amala] m. 1 職員. 2 事務職員. 3 部下. 4 人員. 5 乗員, 乗組員, 乗務員.

ਅਮਲੀ (अमली) /amalī アムリー/ [Arab. `amalī] adj. 1 実用の. 2 阿片類を常用する.

ਅੰਮੜੀ (अंमड़ी) /ammaṛī アンマリー/ ▸ਅੰਬੜੀ, ਅੰਮੜੀ, ਅੰਮੀ f. 〖親族〗(愛情表現としての)お母さん. (⇒ਮਾਂ)

ਅਮੜੀ (अमड़ी) /amaṛī アムリー/ ▸ਅੰਬੜੀ, ਅੰਮੜੀ, ਅੰਮੀ f. → ਅੰਮੜੀ

ਅੰਮਾਂ (अंमाँ) /ammā̃ アンマーン/ f. 1 〖親族〗お母さん. (⇒ਮਾਂ) 2 〖親族〗祖母, おばあちゃん. ❐ਬਾਬਾ ਜੀ ਤੇ ਅੰਮਾਂ ਜੀ ਪਰਾਹੁਣਿਆਂ ਕੋਲ ਬੈਠੇ ਸਨ। おじいちゃんとおばあちゃんはお客さんたちのそばに座っていました. 3 おばあさん《お年寄り・年輩の女性への敬称》. 4 老女, 老婆.

ਅਮਾਸਾਹਾਰੀ (अमासाहारी) /amāsāhārī アマーサーハーリー/ [Skt. अ- Skt. मांसाहारिन्] m. 非肉食者, 菜食主義者. (⇒ਸ਼ਾਕਾਹਾਰੀ, ਵੈਸ਼ਨੋ)(⇔ਮਾਸਾਹਾਰੀ)

ਅਮਾਨਤ (अमानत) /amānata アマーナト/ [Pers. amānat] f. 1 寄託, 委託. 2 貴重品管理, 保管. 3 委託品.

ਅਮਾਨਤਦਾਰ (अमानतदार) /amānatadāra アマーナトダール/ [Pers.-dār] m. 保管者, 保管人, 受託者. (⇒ਅਮੀਨ)

ਅਮਾਨਤਖ਼ਾਨਾ (अमानतख़ाना) /amānataxānā アマーナトカーナー/ [Pers.-xāna] m. 保管所, 倉庫.

ਅਮਾਨਤੀ (अमानती) /amānatī アマーンティー/ [Pers. amānatī] adj. 委託の, 預託の.

ਅਮਾਮ (अमाम) /amāma アマーム/ ▸ਇਮਾਮ m. → ਇਮਾਮ

ਅਮਾਰੀ (अमारी) /amārī アマーリー/ ▸ਹਮਾਰੀ f. → ਹਮਾਰੀ

ਅਮਾਲ (अमाल) /amāla アマール/ ▸ਆਮਾਲ m. → ਆਮਾਲ

ਅਮਿਟ (अमिट) /amiṭa アミト/ [Skt. अ- cf. ਮਿਟਣਾ] adj. 1 消えることのない, 消せない. 2 不変の, 不朽の, 不滅の. 3 不動の, 動かせない, 絶対の.

ਅਮਿਤ (अमित) /amita アミト/ [Skt. अ- Skt. मित] adj. 1 限りない, 無限の. 2 計り知れない, 数えることができない, 無数の, 厖大な. (⇒ਬੇਹਿਸਾਬ)

ਅੰਮੀ (अंमी) /ammī アンミー/ ▸ਅੰਬੜੀ, ਅੰਮੜੀ, ਅਮੜੀ f. 〖親族〗(愛情表現としての)お母さん. (⇒ਮਾਂ)

ਅਮੀਨ (अमीन) /amīna アミーン/ [Arab. amīn] m. 1 保管者. (⇒ਅਮਾਨਤਦਾਰ) 2 土地測量官.

ਅਮੀਰ (अमीर) /amīra アミール/ [Arab. amīr] adj. 1 金持ちの, 裕福な, 富裕な. (⇒ਧਨੀ)(⇔ਗਰੀਬ) ❐ਉਸ ਪਿੰਡ ਵਿੱਚ ਕੁਝ ਅਮੀਰ ਲੋਕ ਵੀ ਰਹਿੰਦੇ ਸਨ। その村には裕福な人々も何人か住んでいました. 2 豊かな, 肥沃な. ❐ਸਾਡੇ ਦੇਸ ਦੀ ਧਰਤੀ ਬੜੀ ਅਮੀਰ ਹੈ। 私たち国の土地はとても豊かです. 3 余裕のある. 4 高級な.
— m. 1 金持ち, 富豪, 長者. 2 長, 首長, 頭, 頭目, 統率者, 指導者. 3 貴族, 身分の高い人, 特権階級. 4 武将, 王族, 支配階級の称号.

ਅਮੀਰਾਨਾ (अमीराना) /amīrānā アミーラーナー/ [Pers. amīrāna] adj. 1 金持ちのような. 2 王族・貴族にふさわしい. 3 威厳のある, 堂々とした.

ਅਮੀਰੀ (अमीरी) /amīrī アミーリー/ [Pers. amīrī] f. 1 富んでいること, 富, 豊かさ, 富裕. 2 王族・貴族の地位.

ਅਮੁੱਕ (अमुक्क) /amukka アムック/ [Skt. अ- cf. ਮੁੱਕਣਾ] adj. 1 終わらない, 尽きない. 2 使い果たせない.

ਅਮੁੱਲ (अमुल्ल) /amulla アムッル/ ▸ਅਮੁੱਲਾ [Skt. अ- Skt. मूल्य] adj. 1 値段のつけられないほどの. 2 貴重な.

ਅਮੁੱਲਾ (अमुल्ला) /amullā アムッラー/ ▸ਅਮੁੱਲ adj. → ਅਮੁੱਲ

ਅਮੂਨੀਆ (अमूनीआ) /amūnīā アムーニーアー/ ▸ਅਮੋਨੀਆ, ਐਮੋਨੀਆ [Eng. ammonia] m. 〖化学〗アンモニア.

ਅਮੂਰਤ (अमूरत) /amūrata アムーラト/ [Skt. अ- Skt. मूर्त] adj. 1 形のない, 無形の. 2 具体化されていない. 3 抽象的な.

ਅਮੂਰਤਨ (अमूरतन) /amūratana アムールタン/ [Skt. अ- Skt. मूर्त] m. 抽象, 抽象概念.

ਅਮੂਰਤੀਕਰਨ (अमूरतीकरन) /amūratīkarana アムールティーカルン/ [Skt. अ- Skt. मूर्ति Skt.-करण] m. 抽象化, 抽象概念化, 現実離れした考え.

ਅਮੂਲ (अमूल) /amūla アムール/ [Skt. अ- Skt. मूल] adj. 1 根のない. 2 根拠のない. 3 基礎のない. (⇒ਬੇਬੁਨਿਆਦ)

ਅਮੋਨੀਆ (अमोनीआ) /amonīā アモーニーアー/ ▸ਅਮੂਨੀਆ, ਐਮੋਨੀਆ m. → ਅਮੂਨੀਆ

ਅਮੋਲ (अमोल) /amola アモール/ ▸ਅਮੋਲਕ [Skt. अ- Skt. मूल्य] adj. 1 値段のつけられないほどの. 2 貴重な.

ਅਮੋਲਕ (अमोलक) /amolaka アモーラク/ ▸ਅਮੋਲ adj. → ਅਮੋਲ

ਅਮੋੜ (अमोड़) /amoṛa アモール/ [Skt. अ- Skt. मुहुर] adj. 1 抑えられない. 2 向こうみずの. 3 頑固な.

ਅਮੋੜਤਾ (अमोड़ता) /amoṛatā アモールター/ [Skt.-ता] f. 1 抑えられないこと. 2 向こうみず. 3 頑固.

ਅਯੰਤ੍ਰਿਕ (अयंत्रिक) /ayantrika アヤントリク/ [Skt. अ- Skt. यंत्रक] adj. 機械化されていない.

ਅੱਯਾਸ਼ (अय्याश) /ayyāśa アッヤーシュ/ [Arab. `aiyāś] adj. 官能的な喜びに耽る, 享楽的な. (⇒ਐਸ਼ਪਰਸਤ, ਐਸ਼ੀ-ਪੱਠਾ)

ਅੱਯਾਸ਼ੀ (अय्याशी) /ayyāśī アッヤーシー/ [Pers. `aiyāśī] f. 官能的な喜びにふけること, 享楽. (⇒ਐਸ਼ ਪਰਸਤੀ)

ਅਯਾਣਾ (अयाणा) /ayāṇā アヤーナー/ ▸ਅੰਞਾਣਾ, ਅਞਾਣਾ, ਨਿਆਣਾ adj.m. → ਅਞਾਣਾ

ਅੱਯਾਲ (अय्याल) /ayyāla アッヤール/ m. 〖動物〗(ライオンや馬の)たてがみ. (⇒ਕੇਸਰ)

ਅੱਯਾਲੀ (अय्याली) /ayyālī アッヤーリー/ m. 羊飼い, 山羊飼い. (⇒ਆਜੜੀ)

ਅਯੁੱਧਿਆ (अयुद्धिआ) /ayûddiā アユッディアー/ ▸ਅਜੁੱਧਿਆ [Skt. अयोध्या] f. 〖地名〗アヨーディアー《ウッタル・プラデーシュ州南東部にあるヒンドゥー教の聖地. ラーマーヤナの主人公ラーマの生誕地とされる》.

ਅਯੋਗ (अयोग) /ayoga アヨーグ/ ▸ਅਜੋਗ [Skt. अ- Skt.

योग्य] *adj.* **1** 不適切な. **2** 不適当な, 不当な. **3** 不適格な. **4** 無能な. **5** 価値のない. **6** 無用な.

ਅਯੋਗਤਾ (अयोगता) /ayogatā アヨーグター/ [Skt.-ता] *f.* **1** 不適切. **2** 不適当. **3** 不適格. **4** 無能. **5** 価値のないこと. **6** 無用.

ਅਰ[1] (अर) /ara アル/ *conj.* そして, …と…. (⇒ਅਤੇ)

ਅਰ[2] (अर) /ara アル/ *m.* (車輪の)スポーク.

ਅਰਸ਼ (अरश) /araśa アルシュ/ [Arab. `arś] *m.* **1** 天国, 天界. (⇒ਸੁਰਗ) **2** 空, 天空. (⇒ਅਕਾਸ਼) **3** 神の住まう所. **4** 〘建築〙屋根, 天蓋. (⇒ਛੱਤ)

ਅਰਸਾ (अरसा) /arasā アルサー/ [Arab. `arṣa] *m.* **1** 時間, 時刻, 時限. **2** 長時間.

ਅਰਸ਼ੀ (अरशी) /araśī アルシー/ Arab. `arś -ਈ] *adj.* **1** 天国の, 天界の. (⇒ਸਵਰਗੀ)(⇔ਦੋਜ਼ਖੀ, ਨਰਕੀ) **2** 空の, 天空の.

ਅਰਹਰ (अरहर) /arahara アルハル/ *f.* 〘植物〙アルハル豆, キマメ《マメ科の低木で実は食用》.

ਅਰਕ[1] (अरक) /araka アルク/ [Arab. `araq] *m.* **1** 樹液, 汁. **2** 抽出物, エキス. **3** 〘飲料〙蒸留酒. **4** 〘生理〙汗. (⇒ਪਸੀਨਾ)

ਅਰਕ[2] (अरक) /araka アルク/ ▶ਆਰਕ, ਆੜਕ *f.* 〘身体〙肘. (⇒ਕੂਹਣੀ)

ਅਰਘ (अरघ) /âraga アルグ/ [Skt. अर्घ] *m.* **1** 〘儀礼・ヒ〙神に捧げる水, 閼伽(あか), 神像に水を捧げること. **2** 献酒. **3** 価値.

ਅਰਚਨ (अरचन) /aracana アルチャン/ [Skt. अर्चन] *m.* **1** 礼拝, 崇拝. (⇒ਪੂਜਾ) **2** 礼賛, 熱愛.

ਅਰਚਨਾ (अरचना) /aracanā アルチャナー/ [Skt. अर्चना] *f.* **1** 礼拝, 崇拝. (⇒ਪੂਜਾ) **2** 礼賛, 熱愛.

ਅਰਚਾ (अरचा) /aracā アルチャー/ [Skt. अर्चा] *f.* **1** 礼拝, 崇拝. (⇒ਪੂਜਾ) **2** 礼賛, 熱愛. **3** 神像.

ਅਰਜ਼ (अरज़) /araza アルズ/ [Arab. `arz] *f.* **1** 願い, 要望. (⇒ਬੇਨਤੀ) **2** 嘆願, 請願, 懇願. **3** 主張, 陳情.
— *m.* 幅, 広さ. (⇒ਬਰ, ਚੌੜਾਈ)

ਅਰਜਨ (अरजन) /arajana アルジャン/ [Skt. अर्जुन] *m.* **1** 〘植物〙アルジュナ(アルジャン)樹《シクンシ科の高木. 樹皮を薬用にする》. **2** 〘人名・ヒ〙アルジュナ《マハーバーラタ物語中のパーンダヴァ五王子の一人》. **3** 〘人名・スィ〙アルジャン《スィック教の第5代教主》.

ਅਰਜਨਟੀਨਾ (अरजनटीना) /arajanaṭīnā アルジャンティーナー/ [Eng. *Argentina*] *m.* 〘国名〙アルゼンチン(共和国).

ਅਰਜ਼ੀ (अरज़ी) /arazī アルズィー/ [Pers. `*arzī*] *f.* **1** 主張, 陳情, 申し立て. **2** 請願, 意見の報告. **3** 願書, 申請書, 請願書, 嘆願書. (⇒ਦਰਖ਼ਾਸਤ)

ਅਰਜ਼ੋਈ (अरज़ोई) /arazoī アルゾーイー/ *f.* 願い, 懇願, 祈願. (⇒ਪਰਾਰਥਨਾ)

ਅਰਥ (अरथ) /aratʰa アルト/ [Skt. अर्थ] *m.* **1** 意味, 意義. (⇒ਮਤਲਬ, ਮਹਿਨਾ) **2** 目的. (⇒ਉਦੇਸ਼) **3** 意図. **4** 富. **5** 財産.

ਅਰਥ ਸੰਕੋਚ (अरथ संकोच) /aratʰa saṅkoca アルト サンコーチ/ [+ Skt. संकोच] *m.* **1** 節約, 経済性. **2** 質素, 倹約.

ਅਰਥ ਸ਼ਾਸਤਰ (अरथ शासतर) /aratʰa śāsatara アルト シャースタル/ [+ Skt. शास्त्र] *m.* 経済学.

ਅਰਥ ਸ਼ਾਸਤਰੀ (अरथ शासतरी) /aratʰa śāsatarī アルト シャースタリー/ [+ Skt. शास्त्रिन्] *m.* 経済学者, エコノミスト.

ਅਰਥਹੀਣ (अरथहीण) /aratʰahīṇa アルトヒーン/ [Skt.-हीन] *adj.* **1** 無意味な. **2** 正気でない. **3** 目的のない.

ਅਰਥਚਾਰਾ (अरथचारा) /aratʰacārā アルトチャーラー/ [+ Pers. *cāra*] *m.* **1** 経済体制. **2** 経済.

ਅਰਥਪੂਰਨ (अरथपूरन) /aratʰapūrana アルトプールン/ [Skt.-पूर्ण] *adj.* **1** 有意義な. **2** 意味深い, 重要な.

ਅਰਥ ਮੰਤਰਾਲਾ (अरथ मंतराला) /aratʰa mantarālā アルト マントラーラー/ [+ Skt. मंत्रालय] *m.* 財務省.

ਅਰਥ ਮੰਤਰੀ (अरथ मंतरी) /aratʰa mantarī アルト マントリー/ [+ Skt. मंत्रिन्] *m.* 財務大臣.

ਅਰਥਯੁਕਤ (अरथयुकत) /aratʰayukata アルトユクト/ [+ Skt. युक्त] *adj.* **1** 有意義な. **2** 意味深い, 重要な.

ਅਰਥ ਵਿਗਿਆਨ (अरथ विगिआन) /aratʰa vigiāna アルト ヴィギアーン/ [+ Skt. विज्ञान] *m.* **1** 〘言〙意味論, 意義学. **2** 理論経済学.

ਅਰਥ ਵਿਗਿਆਨੀ (अरथ विगिआनी) /aratʰa vigiānī アルト ヴィギアーニー/ [+ Skt. विज्ञानिन्] *m.* **1** 〘言〙意味論研究者. **2** 理論経済学者.

ਅਰਥਾਤ (अरथात) /aratʰāta アルタート/ [Skt. अर्थात्] *adv.* すなわち. ❐ਕੋਲੰਬਸ ਨੇ ਉਹਨਾਂ ਨੂੰ ਹਿੰਦੁਸਤਾਨੀ ਸਮਝ ਕੇ ਰੈਡ-ਇੰਡੀਅਨ ਅਰਥਾਤ ਲਾਲ ਹਿੰਦੁਸਤਾਨੀ ਨਾਂ ਦਿੱਤਾ। コロンブスは彼らをインド人と思いレッド・インディアンすなわち赤いインド人と名づけました.

ਅਰਥਾਵਲੀ (अरथावली) /aratʰāwalī アルターワリー/ *f.* 語彙集, 用語集.

ਅਰਥੀ (अरथी) /aratʰī アルティー/ *f.* 遺体を火葬場へ運ぶための担架, 棺架.

ਅਰਦਲ (अरदल) /aradala アルダル/ [Eng. *orderly*] *m.* **1** 付添い. **2** 奉仕, 雑役.

ਅਰਦਲੀ (अरदली) /aradalī アルダリー/ [Eng. *orderly*] *m.* **1** 看護補助者, 用務員, 雑役夫. **2** 付添い人. **3** 召使. **4** 〘軍〙当番兵.

ਅਰਦਾਸ (अरदास) /aradāsa アルダース/ [Pers. *arzdāšt*] *f.* **1** 嘆願, 請願. **2** 嘆願の祈り. **3** 〘スィ〙アルダース《礼拝の終わりに行われるスィック教の祈り》.

ਅਰਦਾਸੀ (अरदासी) /aradāsī アルダースィー/ [-ਈ] *m.* 嘆願者, 祈願者.

ਅਰਦਾਸੀਆ (अरदासीआ) /aradāsīā アルダースィーアー/ [-ਈਆ] *m.* **1** 祈願者. **2** 嘆願の祈りを行う者. **3** 〘スィ〙アルダースを朗誦する聖職者.

ਅਰਧ (अरध) /ârada アルド/ ▶ਅਧ, ਅੱਧ [Skt. अर्ध] *m.* 半分, 半分の部分, 半ば.
— *pref.* 「半分の」「不完全な」などの意味を表す接頭辞. ❐ਅਰਧ ਚੇਤਨਾ 潜在意識. ❐ਅਰਧ ਵਿਆਸ 半径. ❐ਅਰਧ ਵਿਆਸੀ ਖੰਡ 扇形, 関数尺. ❐ਅਰਧ ਵਿਰਾਮ (,)の符号, カンマ, コンマ.

ਅਰਧੰਗਣੀ (अरधंगणी) /aradăngaṇī アルダングニー/ [+ Skt. अंग -ਣੀ] *f.* **1** 伴侶. **2** 〘親族〙妻.

ਅਰਨਾ (अरना) /aranā アルナー/ [Skt. अरण्य] *m.* 〘動

物】野生の水牛, 野牛.
ਅਰਪਣ (अरपण) /arapaṇa アルパン/ [Skt. अर्पण] *m.* 寄贈, 贈呈, 贈与, 献納, 贈り物. (⇒ਦਾਨ, ਭੇਟ)
ਅਰਪਿਤ (अरपित) /arapita アルピト/ [Skt. अर्पित] *adj.* 寄贈された, 献納された.
ਅਰਬ[1] (अरब) /araba | araba アルブ | アラブ/ [Skt. अर्बुद] *ca.num.(m.)* 〖数量〗 10億, 十億の単位. (⇒ਸੌ ਕਰੋੜ ਦੀ ਸੰਖਿਆ)
— *adj.* 10億の, 十億の. (⇒ਸੌ ਕਰੋੜ)
ਅਰਬ[2] (अरब) /araba | araba アルブ | アラブ/ [Arab. `arab] *m.* **1** 〖地理〗 アラビア, アラブ. **2** アラビア人. **3** 〖動物〗 アラビア馬.
ਅਰਬਪਤੀ (अरबपती) /arabapatī アルブパティー/ [Skt. अर्बुद + Skt. पति] *m.* 億万長者, 大金持ち, 大富豪.
ਅਰਬੀ[1] (अरबी) /arabī アルビー/ [Pers. `arabī] *adj.* **1** アラビアの, アラブの, アラビア出身の, アラビア産の. **2** アラビア語の.
— *f.* アラビア語.
— *m.* **1** アラビア人, アラブ人. **2** 〖動物〗 アラビア馬, アラビア駱駝.
ਅਰਬੀ[2] (अरबी) /arabī アルビー/ ▸ਅਰਵੀ *f.* → ਅਰਵੀ
ਅਰੰਭ (अरंभ) /arâmba アランブ/ ▸ਆਰੰਭ [Skt. आरंभ] *m.* **1** 始まり, 開始. (⇒ਸ਼ੁਰੂ) **2** 出だし, 着手. **3** 発端, 端緒. **4** 起こり, 起源, 元. **5** 導入, 最初の部分, 冒頭.
ਅਰੰਭਕ (अरंभक) /arâmbaka アランバク/ ▸ਅਰੰਭਿਕ, ਆਰੰਭਕ *adj.* → ਅਰੰਭਿਕ
ਅਰੰਭਣਾ (अरंभणा) /arâmbaṇā アランバナー/ ▸ਆਰੰਭਣਾ [cf. ਅਰੰਭ] *vt.* **1** 始める, 開始する. (⇒ਸ਼ੁਰੂ ਕਰਨਾ) ❐ਸੰਤਾਂ ਨੇ ਫਿਰ ਆਪਣਾ ਭਾਸ਼ਣ ਅਰੰਭਿਆ। 聖者たちはまた自分の説教を始めました. **2** 着手する. **3** 導入する.
ਅਰੰਭਿਕ (अरंभिक) /arâmbika アランビク/ ▸ਅਰੰਭਕ, ਆਰੰਭਕ [Skt. आरंभिक] *adj.* **1** 開始の. **2** 始めの, 最初の. **3** 初歩の, 初等の, 初級の, 基本の, 基礎の. (⇒ਮੁਢਲਾ) **4** 準備の.
ਅਰਮਾਨ[1] (अरमान) /aramāna アルマーン/ [Pers. armān] *m.* **1** 望み, 願望. **2** 熱望.
ਅਰਮਾਨ[2] (अरमान) /aramāna アルマーン/ ▸ਅਰਾਮ, ਆਰਾਮ *m.* 〖口語〗 → ਅਰਾਮ
ਅਰਲ-ਬਰਲ (अरल-बरल) /arala-barala アルル・バルル/ *m.* **1** 無意味な話. **2** 訳の分からない話. **3** 馬鹿げた発言.
ਅਰਲਿਆ-ਬਰਲਿਆ (अरलिआ-बरलिआ) /araliā-baraliā アルリアー・バルリアー/ *adj.* **1** 無意味な. **2** 訳の分からない. **3** 馬鹿げた. **4** 滅茶苦茶の.
ਅਰਲੀ (अरली) /aralī アルリー/ *f.* **1** ボルト. **2** 頸木(くびき)の端に使われる木製または鉄製の留め具.
ਅਰਵੀ (अरवी) /arawī アルウィー/ ▸ਅਰਬੀ [Skt. आलु] *f.* 〖植物〗 サトイモ(里芋)《サトイモ科の多年草・根菜》, 里芋の地下茎.
ਅਰੜਾਉਣਾ (अरड़ाउणा) /araṛāuṇā アルラーウナー/ *vi.* **1** (牛や駱駝などの動物が)大声で鳴く. (⇒ਅੜਿੰਗਣਾ, ਰੰਭਣਾ) **2** 甲高い声で叫ぶ. **3** 苦痛のために叫ぶ. **4** しわがれ声で叫ぶ. **5** 泣きじゃくる.
ਅਰੜਾਟ (अरड़ाट) /araṛāṭa アルラート/ ▸ਅੜਾਟ *m.* **1** (牛や駱駝などの動物が)大声で鳴くこと・鳴く声. (⇒ਰੰਭਾਟ) **2** 甲高い叫び声. **3** 苦痛による叫び. **4** しわがれた叫び声. **5** 泣きじゃくる声.
ਅਰਾਇਣ (अराइण) /arāiṇa アラーイン/ ▸ਅਰੈਣ *f.* 〖姓〗 アラーイン《アラーイーン種姓の女性》.
ਅਰਾਈਂ (अराईं) /arāī̃ アラーイーン/ ▸ਰਾਈਂ *m.* 〖姓〗 アラーイーン《野菜栽培などの農耕または庭師の仕事を生業とするムスリムの種姓(の人)》.
ਅਰਾਜਕ (अराजक) /arājaka アラージャク/ [Skt. अराजक] *adj.* **1** 統治者のいない. **2** 〖政治〗 無政府状態の, 政権が機能しない状態の.
ਅਰਾਜਕਤਾ (अराजकता) /arājakatā アラージャクター/ [Skt.-ता] *f.* **1** 〖政治〗 無政府状態, 政権が機能しない状態, 政治の混迷. **2** 無法状態. **3** 混乱, 暴動.
ਅਰਾਜਕਤਾਵਾਦ (अराजकतावाद) /arājakatāwāda アラージャクターワード/ [Skt.-वाद] *m.* 〖政治〗 無政府主義.
ਅਰਾਜਕਤਾਵਾਦੀ (अराजकतावादी) /arājakatāwādī アラージャクターワーディー/ [Skt.-वादिन्] *adj.* 〖政治〗 無政府主義の, 無政府主義的な.
— *m.* 〖政治〗 無政府主義者.
ਅਰਾਜ਼ੀ (अराज़ी) /arāzī アラーズィー/ [Arab. arāzī] *f.* **1** 土地. **2** 土地の区画. **3** 農地, 耕地.
ਅਰਾਧਕ (अराधक) /arâdaka アラーダク/ [Skt. आराधक] *m.* **1** 礼拝者, 祈祷師, 礼拝を司る僧. (⇒ਪੁਜਾਰੀ) **2** 崇拝者.
ਅਰਾਧਣਾ (अराधणा) /arâdaṇā アラーダナー/ [Skt. आराधयति] *vi.* **1** 拝む, 礼拝する. (⇒ਪੂਜਾ ਕਰਨਾ) **2** 祈る, 祈祷する. **3** 読経する.
ਅਰਾਧਨਾ (अराधना) /arâdanā アラーダナー/ [Skt. आराधना] *f.* **1** 拝むこと, 礼拝. (⇒ਪੂਜਾ) **2** 崇拝. **3** 祈り, 祈祷. **4** 宗教上の御勤め. **5** 敬意.
ਅਰਾਮ (अराम) /arāma アラーム/ ▸ਅਰਮਾਨ, ਆਰਾਮ [Pers. ārām] *m.* **1** 安楽, 寛ぎ. (⇒ਰਾਹਤ) ❐ਅਰਾਮ ਕਰਨਾ 楽にする, 寛ぐ. ❐ਅਰਾਮ ਨਾਲ 楽にして, 寛いで, ゆっくり, ゆったりと, のんびりと, 気楽に. ❐ਅਰਾਮ ਨਾਲ ਗੱਲ ਸੁਣੋ। 気楽に話を聞きなさい. **2** 休息, 休憩, 休養. ❐ਅਰਾਮ ਕਰਨਾ 休息する, 休む. ❐ਰੋਟੀ ਖਾ ਕੇ ਉਸ ਨੇ ਅਰਾਮ ਕੀਤਾ। 食事を済ませて彼は休息しました. **3** 健康の回復. (⇒ਅਫ਼ਾਕਾ) **4** 安堵.
ਅਰਿੰਡ (अरिंड) /ariṇḍa アリンド/ ▸ਅਰਿੰਡੀ *m.* 〖植物〗 トウゴマ(唐胡麻), ヒマ(蓖麻)《トウダイグサ科の多年草. その種子からひまし油(蓖麻子油)が得られる》. (⇒ਹਰਨੋਲਾ)
ਅਰਿੰਡੀ (अरिंडी) /ariṇḍī アリンディー/ ▸ਅਰਿੰਡ *f.* → ਅਰਿੰਡ
ਅਰੀ (अरी) /arī アリー/ [Skt. अरि] *m.* 敵. (⇒ਦੁਸ਼ਮਨ)
ਅਰੁੱਕ (अरुक्क) /arukka アルック/ [Skt. अ- Skt. रोधन] *adj.* 途切れない, 絶え間のない.
ਅਰੁਚ (अरुच) /aruca アルチ/ [Skt. अ- Skt. रुचि] *adj.* **1** 興趣のない. (⇒ਬੇਸੁਆਦ) **2** 不愉快な.
ਅਰੁਚੀ (अरुची) /arucī アルチー/ [Skt. अ- Skt. रुचि] *f.* **1** 嫌気. **2** 興趣のないこと. **3** 興味の欠如. **4** 嫌悪.
ਅਰੁਣ (अरुण) /aruṇa アルン/ [Skt. अरुण] *adj.* 赤茶色の, 黄褐色の.

— *m.* **1** 赤みがかった輝き, 赤らみ. **2** 夜明け. (⇒ਪਰਭਾਤ) **3**〖天文〗太陽.

ਅਰੂਜ (अरूज) /arūja アルージ/ [Arab. *urūj*] *m.* **1** 上昇. (⇒ਉਨਤੀ) **2** 進歩. (⇒ਤਰੱਕੀ)

ਅਰੂਪ (अरूप) /arūpa アループ/ [Skt. अ- Skt. रूप] *adj.* **1** 形のない, 無形の. **2** 無定形の.

ਅਰੂੜ੍ਹ (अरूढ़) /arûṛa アルール/ [Skt. अ- Skt. रूढ़ि] *adj.* 因習にとらわれない.

ਅਰੂੜੀ (अरूड़ी) /arūṛī アルーリー/ ▸ਰੂੜੀ *f.* → ਰੂੜੀ

ਅਰੇ (अरे) /are アレー/ *int.* **1** あれー, ありゃ, えっ, わあ《驚きを表す言葉》. **2** あれー, おい, ちょっと《呼びかけの言葉》.

ਅਰੇੜੀ (अरेड़ी) /areṛī アレーリー/ *f.* **1** 汲み上げ井戸の縄梯子の横に渡した木. **2** 井戸の汲み上げ容器を繋ぐ鉄製の留め具.

ਅਰੈਣ (अरैण) /araiṇa アラェーン/ ▸ਅਰਾਇਣ *f.* → ਅਰਾਇਣ

ਅਰੋਕ (अरोक) /aroka アローク/ [Skt. अ- cf. ਰੋਕਣਾ] *adj.* 止められない, 阻むことのできない.

ਅਰੋਗ (अरोग) /aroga アローグ/ [Skt. अ- Skt. रोग] *adj.* **1** 病気にならない, 無病の. **2** 健康な.

ਅਰੋਗਤਾ (अरोगता) /arogatā アローグター/ [Skt.-ता] *f.* **1** 病気にならないこと, 無病. **2** 健康.

ਅਰੋਪ (अरोप) /aropa アロープ/ ▸ਆਰੋਪ *m.* → ਆਰੋਪ

ਅਰੋਪਣਾ (अरोपणा) /aropaṇā アローパナー/ [cf. ਆਰੋਪ] *vt.* **1** …のせいにする. **2** 非難する. **3** 移植する.

ਅੱਲ (अल्ल) /alla アッル/ *f.*〖植物〗ヒョウタン(瓢箪).

ਅਲਸਾਉਣਾ (अलसाउणा) /alasāuṇā アルサーウナー/ *vi.* **1** 何もしたくないと思う. **2** だらける, だれる. **3** 怠け心を起こす.

ਅਲਸੀ (अलसी) /alasī アルスィー/ *f.*〖植物〗アマ(亜麻)《アマ科の一年草. 種から亜麻仁油がとれる》.

ਅੱਲ੍ਹੜ (अल्लहड़) /âllaṛa アッラル/ *adj.* **1** 子供っぽい. (⇒ਮਛੋਹਰ-ਮੱਤ) **2** 無邪気な, 無垢の. (⇒ਇਆਣਾ, ਅਣਜਾਣ) **3** 若い, 年少の. **4** 訓練されていない, 経験のない. **5** 未熟な.

ਅੱਲ੍ਹੜਪੁਣਾ (अल्लहड़पुणा) /âllaṛapuṇā アッラルプナー/ *m.* **1** 子供っぽさ. **2** 無邪気, 無垢. **3** 訓練されていないこと, 経験のなさ. **4** 未熟.

ਅੱਲ੍ਹਾ (अल्लहा) /âllā アッラー/ *adj.* **1** 生の, 皮の擦り剥けた. **2** ひりひりする, さわると痛い.

ਅਲਹਿਦਗੀ (अलहिदगी) /alaîdagī アラェードギー/ [Arab. `*alā hida* Pers.-*gī*] *f.* **1** 別離, 分離. **2** 差異. **3** 遠ざかっていること.

ਅਲਹਿਦਾ (अलहिदा) /alaîdā アラェーダー/ [Arab. `*alā hida*] *adj.* **1** 別れた, 離れた. (⇒ਅਲੱਗ, ਵੱਖਰਾ) **2** 別の, 異なる. **3** 遠ざかった.

ਅਲਕ[1] (अलक) /alaka | alaka アラク | アルク/ [Skt. अलक] *f.* 髪の房, 前髪.

ਅਲਕ[2] (अलक) /alaka | alaka アラク | アルク/ ▸ਅਲਕਤ *f.* 苛立ち, 焦燥, 立腹.

ਅਲਕਸ (अलकस) /alakasa アルカス/ ▸ਆਲਸ *f.* → ਆਲਸ

ਅਲਕਤ (अलकत) /alakata アルカト/ ▸ਅਲਕ *f.* → ਅਲਕ[2]

ਅਲੰਕਾਰ (अलंकार) /alaṅkāra アランカール/ [Skt. अलंकार] *m.* **1** 装飾. **2** 装身具. (⇒ਗਹਿਣਾ) **3** 美辞麗句. **4**〖文学〗修辞, 修辞法, 修辞学, レトリック. **5**〖文学〗比喩表現.

ਅਲੰਕਾਰਕ (अलंकारक) /alaṅkāraka アランカーラク/ [Skt. अलंकारिक] *adj.* **1** 装飾の, 装飾的な. **2** 比喩的な.

ਅਲਕੋਹਲ (अलकोहल) /alakôla | alakohala アルコール | アルコーハル/ [Eng. *alcohol*] *m.*〖化学〗アルコール.

ਅਲਖ (अलख) /alakʰa アラク/ [Skt. अ- Skt. लक्ष्य] *adj.* **1** 知覚することのできない, 見えない. **2** 理解できない.

— *f.* **1** 知覚することのできないもの, 見えないもの. **2** 見えない神, 神の属性. ❒ਅਲਖ ਜਗਾਉਣੀ 神の名を叫んで乞食(こつじき)をする, 托鉢をする. ❒ਅਲਖ ਮੁਕਾਉਣੀ 終わりにする, 壊す, 殺す. ❒ਅਲਖ ਲਾਹੁਣੀ 打つ, 打ちのめす.

ਅਲਖਧਾਰੀ (अलखधारी) /alakʰatǎrī アラクターリー/ [Skt.-धारिन्] *m.* **1** 乞食(こつじき)をする宗派, 托鉢をする宗派. **2** 乞食(こつじき)をする宗派の信徒.

ਅਲੱਗ (अलग्ग) /alagga アラッグ/ [Skt. अ- Skt. लग्न] *adj.* **1** 接していない, 一緒でない. **2** 分かれた, 離れた. (⇒ਅਲਹਿਦਾ) **3** 別の, 異なる. **4** 遠ざかった.

ਅਲਗ਼ਰਜ਼ (अलग़रज़) /alaǧaraza アルガルズ/ [Arab. *al-ǧarz*] *adj.* **1** 不注意な. **2** 怠慢な. **3** 無関心な.

ਅਲਗ਼ਰਜ਼ੀ (अलग़रज़ी) /alaǧarazī アルガルズィー/ [Pers. *al-ǧarzī*] *f.* **1** 不注意. **2** 怠慢. **3** 無関心.

ਅਲਗਾਓਵਾਦ (अलगाओवाद) /alagāowāda アルガーオーワード/ [Skt. अ- Skt. लग्न Skt.-वाद] *m.* **1** 分離主義. **2** 離脱論.

ਅਲਗਾਓਵਾਦੀ (अलगाओवादी) /alagāowādī アルガーオーワーディー/ [Skt.-वादिन्] *m.* **1** 分離主義者. **2** 離脱論者.

ਅਲਗੋਜ਼ਾ (अलगोज़ा) /alagozā アルゴーザー/ *m.*〖楽器〗アルゴーザー《木管楽器の一種》.

ਅਲੱਜ (अलज्ज) /alajja アラッジ/ [Skt. अ- Skt. लज्जा] *adj.* 恥知らずの, 厚顔無恥の. (⇒ਬੇਸ਼ਰਮ)

ਅਲਜਬਰਾ (अलजबरा) /alajabarā アルジャブラー/ [Eng. *algebra*] *m.* 代数学.

ਅਲਜ਼ਾਮ (अलज़ाम) /alazāma アルザーム/ ▸ਇਲਜ਼ਾਮ *m.* → ਇਲਜ਼ਾਮ

ਅਲਟੀਮੇਟਮ (अलटीमेटम) /alaṭīmeṭama アルティーメータム/ [Eng. *ultimatum*] *m.*〖政治〗最後通牒, 最終的申し入れ.

ਅੱਲਣ (अल्लण) /allaṇa アッラン/ *m.*〖料理〗ルー《料理にとろみをつけるもの》.

ਅਲਪ (अलप) /alapa アルプ/ [Skt. अल्प] *adj.* **1** 少しの, 少ない, 僅かな. (⇒ਥੋੜ੍ਹਾ) **2** 小さい, 小型の.

ਅਲਪ ਸੰਖਿਅਕ (अलप संखिअक) /alapa saṅkʰiaka アルプ サンキアク/ [Skt. अल्प + Skt. संख्यक] *adj.* 少数の, 少数派の.

— *m.* 少数派.

ਅਲਪ ਸੰਖਿਆ (अलप संखिआ) /alapa saṅkʰiā アルプ サンキアー/ [+ Skt. संख्या] *f.* **1** 少数. **2** 少数派.

ਅਲਪਕਾਲੀ (अलपकाली) /alapakālī アルプカーリー/ [+

Skt. कालीन] *adj.* **1** 一時の, 短期の. **2** 短命な.

ਅਲਪੱਗ (अलपग्ग) /ala̯pagga̯ アルパッグ/ *adj.* **1** 浅学の. **2** 無知の.

ਅਲਪਤਮ (अलपतम) /ala̯pa̯tama̯ アルプタム/ [Skt. अल्प Skt.-तम] *adj.* **1** 最も小さい, 最小の, 最少の. (⇒ਲਘੁੱਤਮ)(⇔ਅਧਿਕਤਮ) **2** 最小限の.

ਅਲਪਮਤ (अलपमत) /ala̯pa̯mata̯ アルプマト/ [+ Skt. मत] *m.* **1** 少数意見. **2** 少数派.

ਅਲਫ਼ (अलफ़) /ala̯fa̯ アルフ/ [Arab. *alif*] *m.* 〖文字〗アリフ(アレフ)《アラビア語・ペルシア語・ウルドゥー語のアルファベットの最初の文字. いろはのいの字》.

ਅਲਫ਼ ਨੰਗਾ (अलफ़ नंगा) /ala̯fa̯ naṅgā アルフ ナンガー/ *m.* 全裸の, 素っ裸の, 真っ裸の, 一糸まとわぬ.

ਅਲਫ਼ੋਂ (अलफ़ों) /ala̯fõ アルフォーン/ [Arab. *alif* + ਓਂ] *adv.* 《 ਅਲਫ਼ ਤੋਂ の融合形》 **1** アリフの字から, いろはのいの字から. **2** 初めから, 最初から. (⇒ਸ਼ੁਰੂ ਤੋਂ) **3** もともと. (⇒ਮੁੱਢੋਂ)

ਅਲਬੇਲਾ (अलबेला) /ala̯belā アルベーラー/ [Skt. अलभ्य] *adj.* **1** 洒落た, お洒落な. **2** こぎれいな, こざっぱりした. **3** 美しい. **4** 可愛い. **5** 無頓着な.

ਅਲਭ (अलभ) /alâba̯ アラブ/ [Skt. अ- cf. ਲੱਭਣਾ] *adj.* **1** 見つけるのが難しい, 得がたい. (⇒ਦੁਰਲਭ) **2** 稀な, 稀少の. (⇒ਨਾਦਰ) **3** 貴重な. (⇒ਅਮੋਲ)

ਅਲਮਸਤ (अलमसत) /ala̯masa̯ta̯ アルマスト/ [Pers. *al-mast*] *adj.* **1** 酔った. **2** 貪欲な, 淫らな. **3** 激怒した, 怒り狂った. **4** 無頓着な, 超然とした, 世俗の悩みを離れた. (⇒ਬੇਪਰਵਾਹ)

ਅਲਮਾਰੀ (अलमारी) /ala̯mārī アルマーリー/ [Portug. *armário*] *f.* **1** 〖家具〗棚, 戸棚. **2** 〖家具〗書棚, 書架. **3** 〖家具〗収納ロッカー, 洋服だんす, クローゼット, 納戸.

ਅਲਮੋਨੀਅਮ (अलमोनीअम) /ala̯monīama̯ アルモーニーアム/ [Eng. *aluminium*] *m.* 〖金属〗アルミニウム.

ਅਲਵਿਦਾ (अलविदा) /ala̯vidā アルヴィダー/ [Arab. *al vidā`*] *f.* **1** 別れ. **2** 別離.
— *int.* さようなら.

ਅੱਲਾ[1] (अल्ला) /allā アッラー/ [Arab. *allāh*] *m.* 〖イス〗アッラー《イスラームの唯一神》.

ਅੱਲਾ[2] (अल्ला) /allā アッラー/ *adj.* → ਅੱਲ੍ਹਾ

ਅਲਾਉਣਾ (अलाउणा) /alāuṇā アラーウナー/ *vt.* 言う. (⇒ਕਹਿਣਾ)

ਅਲਾਹੁਣੀ (अलाहुणी) /alâuṇī アラーウニー/ *f.* **1** 嘆き, 悔やみ, 悲嘆の声, 悲しみの言葉. **2** 〖音楽〗葬送歌, 哀悼歌, 挽歌.

ਅਲਾਕਾ (अलाका) /alākā アラーカー/ ▶ਇਲਾਕਾ *m.* 〖口語〗→ ਇਲਾਕਾ

ਅਲਾਟਮੈਂਟ (अलाटमैंट) /alāṭa̯mãīṭa̯ アラートマエーント/ [Eng. *allotment*] *f.* **1** 分配, 割り当て. **2** 分け前, 分担額.

ਅਲਾਟੀ (अलाटी) /alāṭī アラーティー/ [Eng. *allottee*] *m.* 割り当てを受ける人.

ਅਲਾਣਾ (अलाणा) /alāṇā アラーナー/ *adj.* **1** 裸の. (⇒ਨੰਗਾ) **2** 覆われていない. (⇒ਨੰਗਾ) **3** 鞍のない.

ਅਲਾਪ (अलाप) /alāpa̯ アラープ/ ▶ਆਲਾਪ [Skt. आलाप] *m.* **1** 話すこと, 語ること. **2** 会話. **3** 〖音楽〗即興的序奏. **4** 〖音楽〗歌唱における声の転調.

ਅਲਾਮਤ (अलामत) /alāmata̯ アラーマト/ [Pers. *alāmat*] *m.* **1** 印, 象徴. **2** 兆し, 徴候. **3** 前兆, 前触れ.

ਅਲਾਮਤੀ (अलामती) /alāma̯tī アラームティー/ [-ਈ] *adj.* **1** 印の, 象徴の. **2** 徴候がある. **3** 前兆の, 前触れの.

ਅਲਾਰਮ (अलारम) /alārama̯ アラールム/ [Eng. *alarm*] *m.* **1** 警報. (⇒ਚੇਤਾਉਣੀ) **2** 警報装置.

ਅਲਿੰਗ (अलिंग) /aliṅga̯ アリング/ [Skt. अ- Skt. लिंग] *adj.* **1** 性のない. **2** 〖言〗文法性の区別のない, 通性の.

ਅਲੂੰਆਂ (अलूँआँ) /alũã アルーンアーン/ [Skt. अ- Skt. लोम] *adj.* **1** ひげのない. **2** 若い.

ਅਲੂਚਾ (अलूचा) /alūcā アルーチャー/ ▶ਆਲੂਚਾ [Pers. *ālūca*] *m.* 〖植物〗プラム, セイヨウスモモ(西洋李), その果実《バラ科の植物. 果実は食用で, 甘く汁が多い》.

ਅਲੂਣਾ (अलूणा) /alūṇā アルーナー/ [Skt. अ- Skt. लवण] *adj.* **1** 塩なしの. **2** 塩気のない. **3** 味のない.

ਅਲੋਹ (अलोह) /alô アロー/ [Skt. अ- Skt. लौह] *adj.* **1** 鉄でない, 鉄以外の. **2** 鉄のない, 鉄なしの.

ਅਲੋਕ (अलोक) /aloka̯ アローク/ [Skt. अ- Skt. लोक] *adj.* 目に見えない, 目に届かない, 隠れた.
— *m.* **1** 地上世界とは別の世界. **2** 天国, 天界. (⇒ਸੁਰਗ)

ਅਲੋਕਾਰ (अलोकार) /alokāra̯ アローカール/ *adj.* **1** 奇異な, 風変わりな. (⇒ਅਜਬ, ਅਨੋਖਾ) **2** 驚くべき. **3** 不思議な. **4** 異常な.

ਅਲੋਚਕ (अलोचक) /alocaka̯ アローチャク/ ▶ਆਲੋਚਕ [Skt. आलोचक] *m.* **1** 批評家. **2** 評論家.

ਅਲੋਚਨਾ (अलोचना) /alocanā アローチャナー/ ▶ਆਲੋਚਨਾ [Skt. आलोचना] *f.* **1** 批評, 批判. **2** 評論.

ਅਲੋਪ (अलोप) /alopa̯ アロープ/ [cf.Skt. आलोप्यते] *adj.* **1** 目に見えない. **2** 隠れた.

ਅਲੋਪਤਾ (अलोपता) /alopa̯tā アロープター/ [Skt.-ता] *f.* **1** 見えないこと. **2** 隠れていること. **3** 見えなくなること, 姿を消すこと, 消滅.

ਅਲੋਲ (अलोल) /alola̯ アロール/ [Skt. अ- Skt. लोल] *adj.* **1** 揺れない, 揺れ動かない. **2** 動かない, 活発でない. (⇒ਨਿਚੱਲਾ) **3** 静かな, 落ち着いた, 安定した. (⇒ਸਥਿਰ)

ਅਲੌਕਿਕ (अलौकिक) /alaukika̯ アラォーキク/ [Skt. अ- Skt. लौकिक] *adj.* **1** 世俗を超えた, 超俗的な, 超越した. **2** 超自然の, 神秘的な. **3** この世のものではない. **4** 不思議な, 稀有な. **5** 天国の, 天界の. (⇒ਸਵਰਗੀ)

ਅਲੌਕਿਕਤਾ (अलौकिकता) /alaukika̯tā アラォーキクター/ [Skt.-ता] *f.* **1** 超俗, 超越. **2** 超自然性, 神秘性.

ਅਵੱਸ (अवस्स) /awassa̯ アワッス/ [Skt. अ- Skt. वश] *adj.* **1** 制御できない. (⇒ਬੇਵਸ) **2** 不随意の.

ਅਵੱਸ਼ (अवश्श) /awaśśa̯ アワッシュ/ [Skt. अवश्य] *adv.* **1** 確かに. (⇒ਜ਼ਰੂਰ) **2** もちろん. **3** 必ず, きっと. **4** 疑いなく.

ਅਵੱਸ਼ਕਤਾ (अवश्शकता) /awaśśaka̯tā アワッシャクター/ [Skt. आवश्यकता] *f.* 必要, 必要性. (⇒ਜ਼ਰੂਰਤ, ਲੋੜ)

ਅਵਸਥਾ (अवसथा) /awasa̯tʰā アワスター/ ▶ਵਸਥਾ [Skt. अवस्था] *f.* **1** 状態. (⇒ਦਸ਼ਾ) **2** 状況, 情勢. **3** 立場. **4**

環境. 5 段階. 6 人生の段階. 7 年齢.

ਅਵਸਰ (अवसर) /awasara アウサル/ ▶ਅਉਸਰ, ਔਸਰ [Skt. अवसर] *m.* 1 機会, 時機, 折, 時, 際, 場合. (⇒ ਮੌਕਾ) 2 好機, チャンス. 3 暇, 余暇.

ਅਵਸਰਵਾਦੀ (अवसरवादी) /awasarawādī アウサルワーディー/ [Skt.-वादिन्] *m.* 1 御都合主義者. 2 日和見主義者.

ਅਵਸ਼ੇਸ਼ (अवशेश) /awaśeśa アウシェーシュ/ [Skt. अवशेष] *m.* 1 残余. 2 残り物.

ਅਵਸੋਂ (अवसों) /awasõ アウソーン/ *adv.* 思わず知らず.

ਅਵਹੇਲਨ (अवहेलन) /awahelana アウヘーラン/ ▶ਅਵਹੇਲਨਾ *m.* 1 無視, 軽視. 2 軽蔑, 侮蔑.

ਅਵਹੇਲਨਾ (अवहेलना) /awahelanā アウヘールナー/ ▶ਅਵਹੇਲਨ *f.* → ਅਵਹੇਲਨ

ਅਵਕਲ (अवकल) /awakala アウカル/ *adj.* 差別の, 差別的な, 特性を示す.

ਅਵਕਾਸ਼ (अवकाश) /awakāśa アウカーシュ/ [Skt. अवकाश] *m.* 1 余地, 空いている場所. 2 空間, 隙間. 3 時間, 合間. 4 余暇, 休暇, 休み. 5 引退, 退職.

ਅਵਗਤ (अवगत) /awagata アウガト/ [Skt. अ- Skt. विगत] *adj.* 1 立ち去っていない, なくなっていない. 2 その場にいる, 存在する. 3 知られた. 4 理解された.

ਅਵੱਗਿਆ (अवग्गिआ) /awaggiā アワッギアー/ [Skt. अवज्ञा] *f.* 1 不敬, 不遜. 2 無視, 軽蔑, 侮り. 3 不従順. 4 反抗, (命令などの)無視, 服従拒否. 5 法律違反.

ਅਵਗੁਣ (अवगुण) /awaguṇa アウグン/ ▶ਅਉਗੁਣ, ਔਗੁਣ *m.* → ਔਗੁਣ

ਅਵਚੇਤਨ (अवचेतन) /awacetana アウチェータン/ [Skt. अवचेतन] *adj.* 潜在意識の中にある.

ਅਵਤਲ (अवतल) /awatala アウタル/ [Skt. अवतल] *adj.* へこんだ, (レンズが)凹の.

ਅਵਤਲਤਾ (अवतलता) /awatalatā アウタルター/ [Skt.-ता] *f.* へこんでいること.

ਅਵੱਤਾ (अवत्ता) /awattā アワッター/ *adj.* 1 曲がった. 2 間違った. 3 悪事を働く. 4 わがままな.

ਅਵਤਾਰ (अवतार) /awatāra アウタール/ ▶ਔਤਾਰ [Skt. अवतार] *m.* 1 化身, 権化. 2 誕生, 人間の姿をとること.

ਅਵਤਾਰਵਾਦ (अवतारवाद) /awatārawāda アウタールワード/ [Skt.-वाद] *m.* 神の化身を信じること.

ਅਵਤਾਰਵਾਦੀ (अवतारवादी) /awatārawādī アウタールワーディー/ [Skt.-वादिन्] *m.* 神の化身を信じる人.

ਅਵਤਾਰੀ (अवतारी) /awatārī アウターリー/ [Skt. अवतारिन्] *adj.* 1 化身として現れた. 2 超人的な. 3 超自然の.

ਅਵਧ (अवध) /âwada アワド/ [Skt. अयोध्या] *m.* 〘地名〙 アワド地方《古代のアヨーディアーを都とした地方. 現在の北インド, ウッタル・プラデーシュ州東部の地方》.

ਅਵਧੀ[1] (अवधी) /âwadī アワディー/ [-ਈ] *adj.* アワド地方の.

— *m.* アワド地方の住民.

— *f.* アワディー方言《現在の北インド, ウッタル・プラデーシュ州東部のアワド地方の方言》.

ਅਵਧੀ[2] (अवधी) /âwadī アワディー/ [Skt. अवधि] *f.* 1 時限, 時間. 2 期間. 3 期限. 4 持続時間.

ਅਵਧੂਤ (अवधूत) /awadūta アウドゥート/ ▶ਅਧੂਤ, ਅਬਧੂਤ [Skt. अवधूत] *m.* 1 苦行者. (⇒ਨਾਂਗਾ ਸਾਧ) 2 世捨て人

ਅਵਮੂਲਨ (अवमूलन) /awamūlana アウムーラン/ [Skt. अवमूल्यन] *m.* 1 価値の低下. 2 〘経済〙 平価切下げ.

ਅਵਰ (अवर) /awara アワル/ ▶ਔਰ [Skt. अपर] *conj.* 1 そして. 2 …と….

ਅਵਰਣੀ (अवरणी) /awaraṇī アワルニー/ [Skt. अ- Skt. वर्ण -ਈ] *adj.* 1 色のない, 無色の. 2 色の悪い, 色の冴えない.

ਅਵਰਨ (अवरन) /awarana アワラン/ [Skt. अ- Skt. वर्ण] *adj.* 1 色のない, 無色の. 2 色の悪い, 色の冴えない.

ਅਵਰਨਤਾ (अवरनता) /awaranatā アワランター/ [Skt.-ता] *f.* 1 色のないこと, 無色. 2 色の悪いこと, 色の冴えないこと.

ਅਵਰੋਹ (अवरोह) /awarô アウロー/ [Skt. अवरोह] *m.* 1 急に落ちること, 急落. 2 降りること. 3 降下, 下落. (⇔ ਆਰੋਹਣ)

ਅਵਰੋਹਣ (अवरोहण) /awarôṇa アウローン/ [Skt. अवरोहण] *m.* 1 急に落ちること. 2 降りること, 急落. 3 降下, 下落. (⇔ਆਰੋਹਣ)

ਅਵਰੋਹੀ (अवरोही) /awarôī アウローイー/ [Skt. अवरोहिन्] *adj.* 1 降りている, 下降している. 2 落ちている, 下落している.

ਅੱਵਲ (अव्वल) /awwala アッワル/ [Arab. *avval*] *adj.* 1 初めの. 2 最高の. 3 主要な.

ਅਵੱਲੜਾ (अवल्लड़ा) /awallaṛā アワッララー/ ▶ਅਵੱਲਾ *adj.* 1 下手な. 2 不器用な. 3 反対の. 4 悪い.

ਅਵੱਲਾ (अवल्ला) /awallā アワッラー/ ▶ਅਵੱਲੜਾ *adj.* → ਅਵੱਲੜਾ

ਅਵਾਈ (अवाई) /awāī アワーイー/ ▶ਵਾਈ *f.* 1 噂, 噂話. (⇒ਅਫ਼ਵਾਹ, ਗੱਪ) 2 風聞.

ਅਵਾਕ (अवाक) /awāka アワーク/ [Skt. अ- Skt. वाक्] *adj.* 1 無言の, 黙っている, 沈黙の. 2 ものが言えない. 3 声を出さない. 4 言葉を失った, 唖然とした.

ਅਵਾਜ਼ (अवाज़) /awāza アワーズ/ ▶ਆਵਾਜ਼, ਵਾਜ [Pers. *āvāz*] *f.* 1 音, 音声, 音響. ❐ਅਵਾਜ਼ ਆਉਣੀ 音が聞こえる. ❐ਅਵਾਜ਼ ਕਰਨੀ, ਅਵਾਜ਼ ਦੇਣੀ, ਅਵਾਜ਼ ਮਾਰਨੀ 音を立てる, 音を出す. 2 声, 呼び声, 売り声, 鳴き声, 叫び声. (⇒ਸੱਦ, ਹਾਕ, ਪੁਕਾਰ) ❐ਅਵਾਜ਼ ਪੈਣੀ 声がかかる, 呼ばれる. ❐ਅਵਾਜ਼ ਬੈਠ ਜਾਣੀ 声がかすれる, 声が嗄れる. ❐ਅਵਾਜ਼ ਕਰਨੀ, ਅਵਾਜ਼ ਦੇਣੀ, ਅਵਾਜ਼ ਮਾਰਨੀ 声をかける, 呼ぶ, 呼びかける, 叫ぶ. ❐ਦੁਕਾਨਾਂ ਵਾਲੇ ਅਵਾਜ਼ਾਂ ਮਾਰ ਰਹੇ ਸਨ। 店の人たちは売り声をかけていました.

ਅਵਾਜ਼ਾਰ (अवाज़ार) /awāzāra アワーザール/ [Pers. *bezār*] *adj.* 1 うんざりした, 嫌気のさした. 2 不愉快な, 不機嫌な.

ਅਵਾਜ਼ਾਰੀ (अवाज़ारी) /awāzārī アワーザーリー/ [Pers. *bezārī*] *f.* 1 うんざり, 嫌気. 2 不愉快, 不機嫌.

ਅਵਾਮ (अवाम) /awāma アワーム/ [Arab. `*avāmm*] *m.* 1 庶民. 2 一般大衆. 3 民衆.

ਅਵਾਰਾ (अवारा) /awārā アワーラー/ ▶ਆਵਾਰਾ [Pers. *āvāra*] *adj.* 1 放浪している, 浮浪している, 住所不定の, ぶらぶらしている. ❐ਅਵਾਰਾ ਕੁੱਤਾ 野良犬. 2 不良の.

— *m.* 放浪者, 浮浪者.

ਅਵਿਸ਼ਵਾਸ (अविशवास) /aviśawāsa アヴィシュワース/ [Skt. अ- Skt. विश्वास] *m.* 信用しないこと, 不信, 不信感.

ਅਵਿਸ਼ੇਸ਼ (अविशेश) /aviśesa アヴィシェーシュ/ [Skt. अ- Skt. विशेष] *adj.* **1** 特別でない. **2** 普通の. (⇒ਸਧਾਰਨ)

ਅਵਿਗਿਆਨਕ (अविगिआनक) /avigiānaka アヴィギアーナク/ ▸ਅਵਿਗਿਆਨਿਕ *adj.* → ਅਵਿਗਿਆਨਿਕ

ਅਵਿਗਿਆਨਿਕ (अविगिआनिक) /avigiānika アヴィギアーニク/ ▸ਅਵਿਗਿਆਨਕ [Skt. अ- Skt. वैज्ञानिक] *adj.* 非科学的な.

ਅਵਿਚਲ (अविचल) /awicala アウィチャル/ ▸ਅਬਚਲ *adj.* → ਅਬਚਲ

ਅਵਿਚਾਰ (अविचार) /avicāra アヴィチャール/ [Skt. अ- Skt. विचार] *m.f.* **1** 無思慮. **2** 理解力のないこと, 愚かなこと, 鈍いこと. (⇒ਬੇਸਮਝੀ)

ਅਵਿਚਾਰੀ (अविचारी) /avicārī アヴィチャーリー/ [Skt.pअ- Skt. विचारिन्] *adj.* **1** 思慮のない. **2** 理解力のない, 愚かな, 鈍い. (⇒ਬੇਸਮਝ)

ਅਵਿਦਿਆ (अविदिआ) /avidiā アヴィディアー/ [Skt. अ- Skt. विद्या] *f.* **1** 学識のないこと, 無学, 無教養. **2** 知識のないこと, 無知. **3** 誤った知識. **4** 幻想.

ਅਵਿਨਾਸ਼ (अविनाश) /avināśa アヴィナーシュ/ ▸ਅਬਿਨਾਸ਼ [Skt. अ- Skt. विनाश] *m.* 破壊されないこと, 滅びないこと, 不滅.

ਅਵਿਨਾਸ਼ੀ (अविनाशी) /avināśī アヴィナーシー/ ▸ਅਬਨਾਸੀ, ਅਬਿਨਾਸੀ [Skt. अ- Skt. विनाशिन्] *adj.* **1** 破壊されない. **2** 不滅の, 滅びることのない. **3** 不死の. **4** 永遠の.

ਅਵਿਵੇਕ (अविवेक) /aviveka アヴィヴェーク/ [Skt. अ- Skt. विवेक] *m.* **1** 無分別, 無思慮. **2** 不合理.

ਅਵੇਸਲਾ (अवेसला) /awesalā アウェースラー/ *adj.* **1** 怠慢な, 怠惰な, 不活発な. **2** 不注意な, うっかりした. **3** 無頓着な, 無関心な.

ਅਵੇਰ (अवेर) /awera アウェール/ [Skt. अ- Skt. वार] *f.* **1** 時を得ないこと, 時期を失すること. (⇒ਕੁਵਕਤ) **2** 遅れ, 遅延.

ਅਵੇਰਾ (अवेरा) /awerā アウェーラー/ [Skt. अ- Skt. वार] *adj.* **1** 時を得ない, 時機を失した. (⇒ਕੁਵਕਤਾ) **2** 遅れた.

ਅਵੈਵ (अवैव) /avaiva アヴァエーヴ/ [Skt. अवयव] *m.* 〖身体〗身体の部分. (⇒ਅੰਗ)

ਅਵੈੜਾ (अवैड़ा) /awairā アワェーラー/ *adj.* **1** 機嫌の悪い. **2** わがままな. **3** がさつな.

ਅਵੈੜਾਪਣ (अवैड़ापण) /awairāpaṇa アワェーラーパン/ *m.* **1** 機嫌の悪いこと. **2** わがまま. **3** がさつ.

ਅੜ (अड़) /aṛa アル/ *f.* 頑固, 強情. (⇒ਜ਼ਿਦ)

ਅੜ੍ਹਕ (अड़्हक) /âṛaka アラク/ *f.* 髪のもつれ. ❒ ਅੜ੍ਹਕਾਂ ਪੈਣੀਆਂ 髪がもつれる.

ਅੜਕ (अड़क) /aṛaka アルク/ *adj.* 《去勢牛について》訓練されていない, しつけられていない.

ਅੜਕ-ਮੜਕ (अड़क-मड़क) /aṛaka-maṛaka アルク・マラク/ *f.* **1** 色っぽさ, なまめかしさ. (⇒ਨਖ਼ਰਾ) **2** 優美さ, きらびやかさ. (⇒ਚਟਕ ਮਟਕ)

ਅੜੰਗਾ (अड़ंगा) /aṛaṅgā アランガー/ *m.* **1** 障害, 支障, 妨げ, 妨害, 邪魔. (⇒ਵਿਘਨ) **2** 困難, 難儀, 苦境. (⇒ਮੁਸੀਬਤ)

ਅੜਚਨ (अड़चन) /aṛacana アルチャン/ *f.* **1** 障害, 支障, 妨げ, 妨害, 邪魔. (⇒ਵਿਘਨ) **2** 困難, 難儀.

ਅੜਨਾ (अड़ना) /aṛanā アルナー/ *vi.* **1** くっ付く, 動かなくなる, 止まる, 留まる, 立ち往生する. (⇒ਫਸਣਾ, ਰੁਕਣਾ) **2** 足を突っ張って進もうとしない. **3** 意地を張る, 固執する, 断固とした態度を打ち出す. (⇒ਜ਼ਿਦ ਕਰਨਾ, ਹਠ ਕਰਨਾ)

ਅੜਬ (अड़ब) /aṛaba アラブ/ *adj.* 頑固な, 強情な. (⇒ਜ਼ਿੱਦੀ)

ਅੜਬੰਗ (अड़बंग) /aṛabaṅga アルバング/ *adj.* **1** 頑固な, 強情な. (⇒ਜ਼ਿੱਦੀ) **2** 気難しい. **3** 怒りっぽい. **4** 喧嘩腰の.

ਅੜਬਪਣ (अड़बपण) /aṛabapaṇa アラブパン/ *m.* 頑固, 強情. (⇒ਜ਼ਿਦ)

ਅੜਾ (अड़ा) /aṛā アラー/ *m.* **1** 障害, 支障, 妨げ, 妨害, 邪魔. (⇒ਵਿਘਨ) **2** 困難, 難儀.

ਅੜਾਉਣਾ (अड़ाउणा) /aṛāuṇā アラーウナー/ *vt.* **1** 留める, 動かなくさせる. **2** 止める. (⇒ਰੋਕਣਾ) **3** 固定する. **4** 繋ぐ.

ਅੜਾਉਣੀ (अड़ाउणी) /aṛāuṇī アラーウニー/ *f.* **1** 〖遊戯〗なぞなぞ. (⇒ਬੁਝਾਰਤ) **2** 難問, 難題. (⇒ਗੋਰਖਧੰਧਾ) **3** 妨害, 邪魔. (⇒ਵਿਘਨ)

ਅੜਾਟ (अड़ाट) /aṛāṭa アラート/ ▸ਅਰੜਾਟ *m.* → ਅਰੜਾਟ

ਅੜਿਆ (अड़िआ) /aṛiā アリアー/ *int.* あのー, ねえ, ちょっと《男性に対する呼びかけの言葉》.

ਅੜਿੱਕਾ (अड़िक्का) /aṛikkā アリッカー/ *m.* **1** 妨害, 制止. (⇒ਰੋਕ) **2** 障害, 支障. (⇒ਢੁੱਚਰ) **3** 困難, 苦難. (⇒ਔਖ)

ਅੜਿੰਗਣਾ (अड़िंगणा) /aṛiṅgaṇā アリングナー/ ▸ਅੜੀਂਗਣਾ *vi.* **1** (牛や駱駝などの動物が) 大声で鳴く. (⇒ਅਰੜਾਉਣਾ, ਰੰਭਣਾ) **2** 甲高い声で叫ぶ. **3** 苦痛のために叫ぶ. **4** しわがれ声で叫ぶ. **5** 泣きじゃくる.

ਅੜਿੱਚਨ (अड़िच्चन) /aṛiccana アリッチャン/ *f.* **1** 妨げ, 妨害. **2** 障害. **3** 困難, 苦難.

ਅੜੀ (अड़ी) /aṛī アリー/ *f.* 頑固, 強情. (⇒ਜ਼ਿਦ)

ਅੜੀਅਲ (अड़ीअल) /aṛiala アリーアル/ *adj.* 頑固な, 強情な. (⇒ਜ਼ਿੱਦੀ)

ਅੜੀਏ (अड़ीए) /aṛie アリーエー/ *int.* あのー, ねえ, ちょっと《女性への親しみを込めた呼びかけの言葉》.

ਅੜੀਖੋਰ (अड़ीखोर) /aṛīkʰora アリーコール/ *adj.* 頑固な, 強情な. (⇒ਜ਼ਿੱਦੀ)

ਅੜੀਂਗਣਾ (अड़ींगणा) /aṛĩgaṇā アリーングナー/ ▸ਅੜਿੰਗਣਾ [(Pot.)] *vi.* → ਅੜਿੰਗਣਾ

ਅੜੁੰਗਣਾ (अड़ुंगणा) /aṛuṅgaṇā アルングナー/ *vt.* **1** 留める, 引っ掛ける. **2** 陥れる. **3** 捕える.

ਅੜੇਸ (अड़ेस) /aṛesa アレース/ *f.* **1** 横棒. **2** 〖物理〗てこの作用.

ਆ

ਆਂ[1] (आँ) /ã アーン/ *f.* 粘液.

ਆਂ[2] (आँ) /ã アーン/ ▸ਹਾਂ *vi.* 〖口語〗《動詞 ਹੋਣਾ の1人称・単数及び複数・現在形. ਮੈਂ … ਆਂ , ਅਸੀਂ … ਆਂ 》 **1**…である, …です. **2**…ある・いる, …あります・います.

ਆਂ[3] (आँ) /ã アーン/ ▸ਮਾ, ਮਾਂ, ਵਾਂ, ਵਿਆਂ *suff.* 「…番目」(序数詞)または「…番目の」(形容詞)を意味する語を形成する接尾辞.

ਆ (आ) /iā イアー/ ▸ਇਆ *suff.* 動詞の語幹に付き, 完了分詞の男性・単数形を形成する接尾辞. 標準形は ਇਆ の語形.

ਆਉ (आउ) /āu アーウ/ ▸ਆਊ *suff.* 動詞から形容詞・名詞を形成する接尾辞. 不定詞(男性・単数形)であれば ਆਉਣਾ 語尾になるものが ਆਉ になった形.

ਆਉਣਾ[1] (आउणा) /āuṇā アーウナー/ [Skt. आपयति] *vi.* **1** 来る, 訪れる. ❒ਕੌਣ ਆਏਗਾ ਤੇਰੇ ਕੋਲ? おまえのところに誰が来るの？ **2**(感情・気分・生理などが)変化する. ❒ਇਸ ਸਾਧੂ ਨੂੰ ਮੇਰੀ ਨਿੱਕੀ ਜਿਹੀ ਗੱਲ ਤੋਂ ਐਨਾ ਗ਼ੁੱਸਾ ਆ ਗਿਆ। この行者は私の些細な話にこんなに腹を立てました. ❒ਦਾਦੀ ਅੰਮਾਂ ਨੂੰ ਹਾਸਾ ਆ ਗਿਆ। おばあちゃんは笑いました. ❒ਇਹ ਗੱਲ ਚਾਰੇ ਭਰਾਵਾਂ ਨੂੰ ਪਸੰਦ ਆਈ। この話は四人の兄弟の気に入りました. **3**(知的・感覚的に)捉えられる. ❒ਨੀਲੂ ਨੂੰ ਸਭ ਸਮਝ ਆ ਗਿਆ ਤੇ ਉਹ ਕਹਿਣ ਲੱਗੇ। ニールーはすべて理解して言い始めました. ❒ਦਿਨਾਂ ਵਿੱਚ ਹੀ ਸਕੂਲ ਦਾ ਆਲਾ-ਦੁਆਲਾ ਹਰਾ-ਭਰਾ ਨਜ਼ਰ ਆਉਣ ਲੱਗਾ। ほんの数日で学校の周辺は緑の茂った景色になり始めました. **4** 登場する, 出る, 出てくる, 現れる. ❒ਤੋਤਾ ਕਹਾਣੀਆਂ ਵਿੱਚ ਵੀ ਆਉਂਦਾ ਹੈ। 鸚鵡は物語にも登場します. **5**…になる. ❒ਬੋਰਡਿੰਗ ਹਾਊਸ ਦਾ ਮਾਸਿਕ ਖ਼ਰਚ ਕੀ ਆਏਗਾ? 寮の毎月の費用はいくらになりますか. **6**《身に備わっている技能・礼儀などを表す. 意味上の主語(＝人間)は後置詞 ਨੂੰ をとる. 文法上の主語は名詞だけでなく不定詞も用いられる》…できる. ❒ਮੈਨੂੰ ਪੰਜਾਬੀ ਆਉਂਦੀ ਹੈ। 私はパンジャービー語ができる. ❒ਕੀ ਤੁਹਾਨੂੰ ਪੰਜਾਬੀ ਬੋਲਣੀ ਆਉਂਦੀ ਹੈ? あなたはパンジャービー語を話せますか. **7**《未完了分詞に続く場合「話題の時点までの継続」を表す》〔ある時点から〕…してきている(してきていた), ずっと…して現在に至っている(その時に至っていた). ❒ਪੁਰਾਣੇ ਜ਼ਮਾਨੇ ਤੋਂ ਹੀ ਲੋਕ ਵ੍ਹੇਲ ਦਾ ਸ਼ਿਕਾਰ ਕਰਦੇ ਆਏ ਹਨ। 昔から人々は捕鯨をしてきています〔ずっと捕鯨をして現在に至っている〕. ❒ਮੈਂ ਆਪ ਜੀ ਦੇ ਰਸਾਲੇ ਨੂੰ ਪਿਛਲੇ ਤਿੰਨ ਚਾਰ ਸਾਲਾਂ ਤੋਂ ਲਗਾਤਾਰ ਪੜ੍ਹਦਾ ਆ ਰਿਹਾ ਹਾਂ। 私は貴社の雑誌を3, 4年前からずっと講読してきています〔ずっと講読して現在に至っている〕.

ਆਉਣਾ[2] (आउणा) /āuṇā アーウナー/ ▸ਆਣਾ *suff.* 自動詞または他動詞の不定詞(主格・男性・単数形)を形成する接尾辞. 他動詞の中には使役動詞も含まれる. 語尾変化については, 接尾辞 ਣਾ の項に示す.

ਆਉਲ (आउल) /āulⱥ アーウル/ *f.* 〖身体〗胎盤.

ਆਊ (आऊ) /āū アーウー/ ▸ਆਉ *suff.* **1** 動詞から形容詞・名詞を形成する接尾辞. 不定詞(男性・単数形)であれば ਆਉਣਾ 語尾になるものが ਆਊ になった形. **2**「…する人」「…に関係する者」などを意味する男性名詞を形成する接尾辞.

ਆਇਆ (आइआ) /āiā アーイアー/ ▸ਆਯਾ [Portug. *aia*] *f.* **1** 乳母. (⇒ਦਾਈ) **2** 子守, 保母. **3** 女中, お手伝い.

ਆਇਤ[1] (आइत) /āitⱥ アーイト/ [Pers. *āyat*] *f.* **1** 印, 証, 証拠. **2** 驚き, 驚異, 不思議. **3** 典型, 見本, 手本. **4**〖イス〗アーヤト(アーイト)《クルアーン(コーラン)の一節》.

ਆਇਤ[2] (आइत) /āitⱥ アーイト/ [Skt. आयत] *adj.* **1** 長くされた, 伸ばされた, 延長された. **2** 広い, 幅のある. **3**〖幾何〗長方形の.

— *f.* 〖幾何〗長方形.

ਆਇਤਵਾਰ (आइतवार) /āitⱥwārⱥ アーイトワール/ ▸ਐਤਵਾਰ *m.* → ਐਤਵਾਰ

ਆਇੰਦਾ (आइंदा) /āindā アーインダー/ [Pers. *āyanda*] *m.* 将来, 未来, 今後.

— *adj.* **1** 将来の, 未来の, 来たるべき. **2** 今後の, これからの.

— *adv.* 将来, 今後, これから先.

ਆਇਲ (आइल) /āilⱥ アーイル/ [Eng. *oil*] *m.* **1** オイル, 油. (⇒ਤੇਲ) **2** 石油.

ਆਈ[1] (आई) /āī アーイー/ *f.* **1** 悲惨, 悲惨な出来事, 惨事. (⇒ਆਫ਼ਤ) **2** 災難, 不幸, 惨禍, 危難. (⇒ਬਿਪਤਾ) **3** 困難, 苦境, 苦難, 厄介なこと. (⇒ਮੁਸੀਬਤ)

ਆਈ[2] (आई) /āī アーイー/ *m.* 〖ヒ〗アーイー《ヨーガ行者の一派の名称》.

ਆਈ[3] (आई) /āī アーイー/ *suff.* **1** 形容詞・名詞・動詞の語幹などに付いて, 抽象名詞(女性名詞)を形成する接尾辞. **2** 名詞に付いて, 形容詞を形成する接尾辞.

ਆਈ-ਚਲਾਈ (आई-चलाई) /āī-calāī アーイー・チャラーイー/ *f.* **1** 質素な暮らし. **2** 裕福でないこと.

ਆਈਨਾ (आईना) /āīnā アーイーナー/ [Pers. ā^{h}īna] *m.* 〖道具〗鏡, 姿見.

ਆਸ (आस) /āsⱥ アース/ ▸ਆਸਾ, ਆਸ਼ਾ [Skt. आशा] *f.* **1** 望み, 希望, 期待, 願望. **2** 見込み, 公算. **3** 頼り, 信頼. **4** 有望, 保証, 兆し.

ਆਸ਼ਕ (आशक) /āśakⱥ アーシャク/ [Arab. `*āśiq*] *m.* **1** 恋人. **2** 愛人. **3** 求婚者.

ਆਸ਼ੰਕਾ (आशंका) /āśaṅkā アーシャンカー/ [Skt. आशंका] *f.* **1** 疑い, 疑惑. **2** 恐れ, 危惧, 心配. **3** 危険.

ਆਸਟਰੀਆ (आसटरीआ) /āsⱥṭarīā アースタリーアー/ [Eng. *Austria*] *m.* 〖国名〗オーストリア(共和国).

ਆਸਟ੍ਰੇਲੀਆ (आसट्रेलीआ) /āsⱥṭrerīā (āsⱥṭarerīā) アーストレーリーアー (アースタレーリーアー)/ [Eng. *Australia*] *m.* 〖国名〗オーストラリア(連邦).

ਆਸਟ੍ਰੇਲੀਆਈ (आसट्रेलीआई) /āsⱥṭrerīāī (āsⱥṭarerīāī) アーストレーリーアーイー (アースタレーリーアーイー)/ [Eng. *Australia* -ਈ] *adj.* オーストラリアの, オーストラリア人の.

— *m.* オーストラリア人.

ਆਸਣ (आसण) /āsaṇⱥ アーサン/ [Skt. आसन] *m.* **1** 座

席. **2** 座法. **3**〖ヒ〗ヨーガ行者の座法.

ਆਸਤਕ (आसतक) /āsataka アースタク/ ▸ਆਸਤਿਕ *m.* → ਆਸਤਿਕ

ਆਸਤਕਤਾ (आसतकता) /āsatakatā アースタクター/ ▸ ਆਸਤਿਕਤਾ *f.* → ਆਸਤਿਕਤਾ

ਆਸਤਿਕ (आसतिक) /āsatika アースティク/ ▸ਆਸਤਕ [Skt. आस्तिक] *adj.* **1** 神の存在を信じる. **2** 信心深い, 敬虔な.

— *m.* **1** 神の存在を信じる人, 有神論者. **2** 信心深い人.

ਆਸਤਿਕਤਾ (आसतिकता) /āsatikatā アースティクター/ ▸ ਆਸਤਕਤਾ [Skt.-ता] *f.* 有神論.

ਆਸਤੀਨ (आसतीन) /āsatīna アースティーン/ [Pers. *āstīn*] *f.* **1**〖衣服〗袖. (⇒ਬਾਂਹ) **2**〖衣服〗クルター〔ゆったりとした長袖のシャツ〕の袖. (⇒ਕੁੜਤੇ ਦੀ ਬਾਂਹ)

ਆਸਤੇ (आसते) /āsate アーステー/ ▸ਆਹਿਸਤਾ *adv.* → ਆਹਿਸਤਾ

ਆਸ਼ਨਾ (आशना) /āśanā アーシュナー/ ▸ਅਸ਼ਨਾ [Pers. *āśnā*] *m.* **1** 友人, 知人. **2** 愛人. **3** 不倫相手.

ਆਸ਼ਨਾਈ (आशनाई) /āśanāī アーシュナーイー/ ▸ ਅਸ਼ਨਾਈ [Pers. *āśnāʰī*] *f.* **1** 親しさ. **2** 友人関係, 友情. **3** 情事. **4** 不倫, 密通.

ਆਸ-ਪਾਸ (आस-पास) /āsa-pāsa アース・パース/ *m.* **1** 近所, 近隣. **2** 付近.

— *adv.* **1** 近所に, 近隣に. **2** 付近に.

ਆਸਪਾਸਲਾ (आसपासला) /āsapāsalā アースパースラー/ *adj.* **1** 近所の, 近隣の. **2** 付近の.

ਆਸਮਾਨ (आसमान) /āsamāna アースマーン/ ▸ਅਸਮਾਨ, ਸਮਾਨ *m.* → ਅਸਮਾਨ[1]

ਆਸ਼ਰਮ (आशरम) /āśarama アーシュラム/ [Skt. आश्रम] *m.* **1**〖ヒ〗隠者の住居. **2** 修道場. **3** 研修所.

ਆਸਰਾ (आसरा) /āsarā アースラー/ [Skt. आश्रय] *m.* **1** 助け, 援助. (⇒ਸਹਾਰਾ, ਮਦਦ) **2** 支え, 支援, 支持. **3** 庇護, 保護. **4** 避難所. **5** 依拠, 依存. **6** 拠点, 拠り所.

ਆਸਰਿਤ (आसरित) /āsarita アースリト/ [Skt. आश्रित] *adj.* **1** 支えられた, 支援された, 援助された. **2** 保護された, 庇護された. **3** 依存している, 従属している.

ਆਸਾ[1] (आसा) /āsā アーサー/ *m.* **1**〖音楽〗アーサー《讃歌として奏される旋律の一つ》. **2**〖スィ〗アーサー《スィック教徒の朝の祈り》.

ਆਸਾ[2] (आसा) /āsā アーサー/ ▸ਆਸ, ਆਸ਼ਾ *f.* → ਆਸ

ਆਸ਼ਾ (आशा) /āśā アーシャー/ ▸ਆਸ, ਆਸਾ *f.* → ਆਸ

ਆਸਾਨ (आसान) /āsāna アーサーン/ ▸ਅਸਾਨ *adj.* → ਅਸਾਨ

ਆਸਾਨੀ (आसानी) /āsānī アーサーニー/ ▸ਅਸਾਨੀ *f.* → ਅਸਾਨੀ

ਆਸਾਮ (आसाम) /āsāma アーサーム/ ▸ਅਸਾਮ *m.* → ਅਸਾਮ

ਆਸਾਰ (आसार) /āsāra アーサール/ ▸ਅਸਾਰ *m.* → ਅਸਾਰ[1]

ਆਸਾਵਰੀ (आसावरी) /āsāwarī アーサーウリー/ ▸ ਅਸਾਉਰੀ *f.* → ਅਸਾਉਰੀ

ਆਸ਼ਾਵਾਦ (आशावाद) /āśāwāda アーシャーワード/ [Skt. आशा Skt.-वाद] *m.* 楽観主義.

ਆਸ਼ਾਵਾਦੀ (आशावादी) /āśāwādī アーシャーワーディー/ [Skt.-वादिन्] *adj.* 楽観主義の.

— *m.* 楽観主義者.

ਆਸੀਸ (आसीस) /āsīsa アースィース/ ▸ਅਸੀਸ *f.* → ਅਸੀਸ

ਆਸ਼ੀਰਬਾਦ (आशीरबाद) /āśīrabāda アーシールバード/ ▸ਅਸ਼ੀਰਬਾਦ, ਅਸ਼ੀਰਵਾਦ, ਆਸ਼ੀਰਵਾਦ *m.* → ਅਸ਼ੀਰਵਾਦ

ਆਸ਼ੀਰਵਾਦ (आशीरवाद) /āśīrawāda アーシールワード/ ▸ਅਸ਼ੀਰਬਾਦ, ਅਸ਼ੀਰਵਾਦ, ਆਸ਼ੀਰਬਾਦ *m.* → ਅਸ਼ੀਰਵਾਦ

ਆਸੁਰ (आसुर) /āsura アースル/ [Skt. आसुर] *m.* **1**〖ヒ〗アスラ《神族または魔族の総称》. **2**〖仏〗阿修羅. **3** 悪魔, 悪霊, 妖怪. (⇒ਦੈਂਤ) **4** 鬼, 無慈悲な人.

— *adj.* アスラの, アスラの関わる, アスラのような.

ਆਂਸੂ (आँसू) /ā̃sū アーンスー/ [Skt. अश्रु] *m.* 涙. (⇒ਹੰਝੂ)

ਆਸ਼ੂ (आशू) /āśū アーシュー/ *adv.* 素早く, 急いで. (⇒ਛੇਤੀ)

ਆਹ (आह) /â アー/ ▸ਹਾਹ *int.* ああ《喜び, 驚き, 痛み, 嘆き, 悲しみなどを表す発声》.

— *f.* 溜息. (⇒ਹੌਕਾ)

ਆਹਟ (आहट) /âṭa アート/ ▸ਆਟ *suff.* 動詞から女性名詞を形成する接尾辞. 不定詞(男性・単数形)であれば ਆਉਣਾ 語尾になるものが ਆਹਟ になった形.

ਆਹਮਣੇ-ਸਾਹਮਣੇ (आहमणे-साहमणे) /âmaṇe-sâmaṇe アームネー・サームネー/ *adv.* 向かい合って, 相対して, 対面して.

ਆਹਰ (आहर) /âra アール/ *m.* **1** 衝動. **2** 率先して行うこと, 積極性. **3** 熱情, 熱意. **4** 活動.

ਆਹਰੀ (आहरी) /ârī アーリー/ *adj.* **1** 率先して行う, 積極的な. **2** 熱意のある.

ਆਹਲਕ (आहलक) /âlaka アーラク/ ▸ਆਲ੍ਹਕ *m.* **1** 怠け, 怠惰, 不精. (⇒ਸੁਸਤੀ) **2** 後回しにする性癖.

ਆਹਲਕੀ (आहलकी) /âlakī アールキー/ *adj.* **1** 怠惰な, 不精な. (⇒ਸੁਸਤ) **2** 怠け者の.

ਆਹਲਾ (आहला) /âlā アーラー/ *adj.* **1** 優位な. **2** 高い地位の. **3** 高い品位の.

ਆਹਲੂਵਾਲੀਆ (आहलूवालीआ) /âlūwālīā アールーワーリーアー/ *m.* **1**〖歴史〗アーハルーワーリーアー《18世紀スィック軍団の築いた12のミスル〔軍政体〕の一つの名称. 名称は, このミスルの創設者ジャッサー・スィングの出身の村がラホール県のアーハルー村であることに由来する》. **2**〖姓〗アーハルーワーリーアー《アーハルーワーリーアー・ミスルに属するスィック教徒の姓》.

ਆਹਾ (आहा) /āhā アーハー/ *int.* ああ, わあ《喜び・驚きなどを表す発声》.

ਆਹਿਸਤਾ (आहिसता) /āhisatā | âisatā アーヒスター | アーイスター/ ▸ਆਸਤੇ [Pers. *āhista*] *adv.* **1** ゆっくり. (⇒ਹੌਲੀ ਹੌਲੀ) **2** 徐々に. **3** 優しく. **4** そっと.

ਆਹੁੜਨਾ (आहुड़ना) /āhuṛanā | âuṛanā アーフルナー | アーウルナー/ ▸ਅਹੁੜਨਾ, ਔਹੜਨਾ *vi.* → ਅਹੁੜਨਾ

ਆਹੂ (आहू) /āhū アーフー/ [Pers. *āhū*] *m.*〖動物〗シカ, 鹿. (⇒ਹਰਨ) ❐ਆਹੂ ਲਾਹੁਣੇ 大量に虐殺する, 大量殺戮を犯す.

ਆਹੂ-ਚਸ਼ਮ (आहू-चशम) /āhū-caśama アーフー・チャシャム/ [+ Pers. *caśm*] *adj.* 鹿の目の, 鹿の目のように

大きな美しい目の. (⇒ਮਿਰਗਨੈਣੀ)
ਆਹੂਤੀ (आहूती) /āhūtī | âūtī アーフーティー | アーウーティー/ ▸ਅਹੂਤੀ *f.* → ਅਹੂਤੀ
ਆਹੋ (आहो) /āho アーホー/ ▸ਹਾਹੋ *int.* 《あいづち・肯定の返事を表す言葉. 丁寧な表現では ਜੀ を添えて ਆਹੋ ਜੀ とする》 **1** ふぅーん, へーえ《あいづちの言葉》. **2** うん《肯定の返事》. **3** ええ《肯定の返事》.
ਆਕਸਮਿਕ (आकसमिक) /ākasamika アーカスミク/ [Skt. आकस्मिक] *adj.* **1** 予期せぬ, 予想外の. **2** 突然の.
— *adv.* 突然. (⇒ਅਚਨਚੇਤ)
ਆਕਸੀਜਨ (आकसीजन) /ākasījana アークスィージャン/ ▸ਔਕਸੀਜਨ [Eng. *oxygen*] *f.* 〖化学〗酸素.
ਆਕਬਤ (आकबत) /ākabata アークバト/ [Pers. `*āqibat*] *f.* **1** 終わり, 最後. (⇒ਅੰਤ) **2** あの世, 他界, 来世. (⇒ਪਰਲੋਕ)
ਆਕਰਸ਼ਨ (आकरशन) /ākaraśana アーカルシャン/ ▸ਆਕਰਖਣ [Skt. आकर्षण] *m.* **1** 引き付けること. (⇒ਖਿੱਚ) **2** 魅力, 魅惑. **3** 引力.
ਆਕਰਸ਼ਿਕ (आकरशिक) /ākaraśika アーカルシク/ ▸ਕਰਿਸ਼ਕ [Skt. आकर्षक] *adj.* **1** 引き付ける. (⇒ਖਿੱਚਣ ਵਾਲਾ) **2** 魅力的な.
— *m.* 引き付けるもの. (⇒ਖਿੱਚਣ ਵਾਲਾ)
ਆਕਰਖ (आकरख) /ākarakʰa アーカルク/ [Skt. आकर्ष] *m.* **1** 引き付けること. (⇒ਖਿੱਚ) **2** 魅力, 魅惑. **3** 引力.
ਆਕਰਖਣ (आकरखण) /ākarakʰaṇa アーカルカン/ ▸ਆਕਰਸ਼ਨ *m.* → ਆਕਰਸ਼ਨ
ਆਕਰਮਣ (आकरमण) /ākaramaṇa アーカルマン/ [Skt. आक्रमण] *m.* **1** 攻撃, 襲撃. (⇒ਹਮਲਾ) **2** 侵攻, 侵略, 侵犯.
ਆਕਰਮਣਕਾਰੀ (आकरमणकारी) /ākaramaṇakārī アーカルマンカーリー/ [Skt.-कारिन्] *adj.* **1** 攻撃する, 攻撃的な, 襲撃する. **2** 侵略する, 侵略的な, 侵犯する.
— *m.* **1** 攻撃者, 襲撃者. **2** 侵略者.
ਆਕਰਾ (आकरा) /ākarā アークラー/ [(Lah.)] *adj.* **1** 強い. **2** 頑丈な. **3** 屈強な.
ਆਕੜ (आकड़) /ākaṛa アーカル/ *f.* **1** 頑固, 強情, 依怙地. **2** 傲慢さ, 横柄さ. (⇒ਹੰਕਾਰ) **3** 厚顔.
ਆਕੜਬਾਜ਼ (आकड़बाज़) /ākaṛabāza アーカルバーズ/ *adj.* **1** 頑固な. **2** 傲慢な. **3** 厚顔の.
ਆਕੜਖਾਨ (आकड़खान) /ākaṛakʰāna アーカルカーン/ *adj.* **1** 頑固な. **2** 傲慢な. **3** 厚顔の.
ਆਕੜਨਾ (आकड़ना) /ākaṛanā アーカルナー/ *vi.* **1** 強情を張る. **2** 威張る. (⇒ਹੰਕਾਰ ਕਰਨਾ) **3** 傲慢になる.
ਆਕਾਸ਼ (आकाश) /ākāśa アーカーシュ/ ▸ਅਕਾਸ, ਅਕਾਸ਼, ਕਾਸ਼ *m.* → ਅਕਾਸ਼
ਆਕਾਰ (आकार) /ākāra アーカール/ ▸ਅਕਾਰ *m.* → ਅਕਾਰ
ਆਕੀ (आकी) /ākī アーキー/ *adj.* **1** 挑発的な. **2** 喧嘩腰の. **3** 服従しない. **4** 反抗的な.
ਆਖਣਾ (आखणा) /ākʰaṇā アークナー/ *vt.* **1** 言う, 話す, 述べる, 語る. ❐ਚਿੜੀ ਕਾਂ ਨੂੰ ਆਖਣ ਲੱਗੀ। 雀は烏に言い始めました. ❐ਆਬ ਫ਼ਾਰਸੀ ਵਿੱਚ ਪਾਣੀ ਨੂੰ ਆਖਦੇ ਹਨ। アーブとはペルシア語で水のことを言います. **2** 告げる, 伝える. **3** 表明する. **4** 発音する.
ਆਖਤ (आख़त) /ākʰata アーカト/ ▸ਅਖੌਤ *f.* → ਅਖੌਤ
ਆਖ਼ਰ (आख़र) /āxara アーカル/ ▸ਆਖ਼ਿਰ [Pers. *āxir*] *m.* **1** 終わり, 最後. (⇒ਅੰਤ) **2** 限界, 究極.
— *adv.* **1** ついに, 最後に, とうとう. (⇒ਅੰਤ ਵਿੱਚ) **2** 結局, 最終的に, やがて, やがては. **3** やはり, 案の定, つまり.
ਆਖ਼ਰਕਾਰ (आख़रकार) /āxarakāra アーカルカール/ [Pers. *āxirkār*] *adv.* **1** ついに, 最後に, とうとう. (⇒ਅੰਤ ਵਿੱਚ) **2** 結局, 最終的に, やがて, やがては. **3** やはり, 案の定, つまり.
ਆਖ਼ਰੀ (आख़री) /āxarī アークリー/ [Pers. *āxirī*] *adj.* **1** 最後の, 最終の, 最終的な. (⇒ਅੰਤਮ) **2** 究極の, 窮極の, 極限の.
ਆਖਾ (आखा) /ākʰā アーカー/ ▸ਆਖਿਆ, ਆਖੀ *m.* **1** 述べられた意思. **2** 言い付け, 指示. (⇒ਆਗਿਆ) **3** 命令. (⇒ਹੁਕਮ)
ਆਖਿਆ (आखिआ) /ākʰiā アーキアー/ ▸ਆਖਾ, ਆਖੀ *m.* → ਆਖਾ
ਆਖ਼ਿਰ (आख़िर) /āxira アーキル/ ▸ਆਖ਼ਰ *m.* → ਆਖ਼ਰ
ਆਖੀ (आखी) /ākʰī アーキー/ ▸ਆਖਾ, ਆਖਿਆ *f.* → ਆਖਾ
ਆਖ਼ੀਰ (आख़ीर) /āxīra アーキール/ [Pers. *āxir*] *m.* **1** 終わり, 終末. (⇒ਅੰਤ) **2** 限界.
ਆਗ (आग) /āga アーグ/ *m.* 〖植物〗サトウキビの葉のある上の部分.
ਆਂਗਸ (आँगस) /ā̃gasa アーンガス/ *f.* **1** 精力. **2** 力.
ਆਂਗਣ (आँगण) /ā̃gaṇa アーンガン/ ▸ਅੰਗਣ, ਅੰਗਣਾ, ਆਂਗਨ *m.* → ਅੰਗਣ
ਆਗਤ (आगत) /āgata アーガト/ [Skt. आगत] *f.* **1** 到着. (⇒ਪੁੱਜ) **2** 受領. **3** 収入, 所得. (⇒ਆਮਦਨੀ, ਕਮਾਈ)
ਆਗਤ-ਭਾਗਤ (आगत-भागत) /āgata-pǎgata アーガト・パーガト/ *m.* 歓待, もてなし.
ਆਂਗਨ (आँगन) /ā̃gana アーンガン/ ▸ਅੰਗਣ, ਅੰਗਣਾ, ਆਂਗਣ *m.* → ਅੰਗਣ
ਆਗਮ (आगम) /āgama アーガム/ [Skt. आगम] *m.* **1** 啓示された知恵. **2** 〖ヒ〗ヴェーダ聖典. **3** 〖ヒ〗タントラの科学. **4** 来ること, 到来, 到着.
ਆਗਮਨ (आगमन) /āgamana アーグマン/ [Skt. आगमन] *m.* **1** 来ること, 到来, 到着. **2** 入来. **3** 誕生. **4** 誘導.
ਆਗਮਨਾਤਮਿਕ (आगमनातमिक) /āgamanātamika アーガムナートミク/ [Skt. आगमन Skt.-आत्मक] *adj.* 誘導的な.
ਆਗਰਹਿ (आगरहि) /āgaraî アーグラェー/ [Skt. आग्रह] *m.* **1** 主張, 強調. **2** しつこさ. **3** 強要, 圧力. **4** 頑固さ. **5** 固執.
ਆਗਰਾ (आगरा) /āgarā アーグラー/ *m.* 〖地名〗アーグラー(アグラ)《インドのウッタル・プラデーシュ州の都市》.
ਆਗਾਹ (आगाह) /āgâ アーガー/ [Pers. *āgāh*] *adj.* **1** 知らされている. **2** 知っている. **3** 内情に通じている. **4** 気づいている, 賢い.
ਆਗਾਜ਼ (आगाज़) /āgāza アーガーズ/ [Pers. *āġāz*] *m.* **1** 始まり, 始め, 開始. **2** 起源, 由来.
ਆਗਿਆ (आगिआ) /āgiā アーギアー/ ▸ਅਨੁੱਗਿਆ [Skt.

आज्ञा] *f.* **1** 命令, 指令. (⇒ਹੁਕਮ) **2** 指示, 指図. (⇒ਆਦੇਸ਼) **3** 許し, 許可, 認可. (⇒ਇਜਾਜ਼ਤ)

ਆਗਿਆਕਾਰ (आगिआकार) /āgiākāra アーギアーカール/ [Skt.-कार] *adj.* **1** 従順な, 忠実な. **2** 服従的な. **3** 律義な. **4** 盲従する. **5** 素直な.

ਆਗਿਆਕਾਰਤਾ (आगिआकारता) /āgiākāratā アーギアーカールター/ [Skt.-ता] *f.* **1** 従順, 順応. **2** 忠実に従うこと, 服従. **3** 律義. **4** 盲従. **5** 素直.

ਆਗਿਆਕਾਰੀ (आगिआकारी) /āgiākārī アーギアーカーリー/ [Skt. आज्ञा Skt.-कारिन्] *f.* **1** 従順, 順応. **2** 忠実に従うこと, 服従. **3** 律義. **4** 盲従. **5** 素直.
— *adj.* **1** 従順な, 忠実な. **2** 服従的な. **3** 律義な. **4** 盲従する. **5** 素直な.

ਆਗਿਆ ਪੱਤਰ (आगिआ पत्तर) /āgiā pattara アーギアーパッタル/ [+ Skt. पत्र] *m.* **1** 命令書, 指令書, 令状. **2** 委任状, 許可書, 認可書.

ਆਗੂ (आगू) /āgū アーグー/ [Turk. *āğā*] *m.* **1** 主人, 首長, 首領, 指令者, 統率者. **2** 指導者. **3** 先導者, 案内人. **4** 先駆者.

ਆਗੂਪੁਣਾ (आगूपुणा) /āgūpuṇā アーグープナー/ [-ਪੁਣਾ] *m.* **1** 統率力, 指導力. **2** 指導性.

ਆਗ਼ੋਸ਼ (आग़ोश) /āǧośa アーゴーシュ/ [Pers. *āǧoś*] *f.* 〖身体〗胸, 懐.

ਆਂਚ (आँच) /ā̃ca アーンチ/ *f.* **1** 火. **2** 炎. **3** 〖比喩〗損害. (⇒ਨੁਕਸਾਨ) **4** 〖比喩〗危険.

ਆਚਰਨ (आचरन) /ācarana アーチャラン/ ▸ਅਚਰਨ, ਚਰਣ [Skt. आचरण] *m.* **1** 行為, 行動. **2** 品行, 品位. ❐ ਸੁਥਰਾ ਨੇਕ ਆਚਰਨ ਵਾਲਾ ਸੀ। ストゥラーは品行方正な人でした. **3** 振る舞い.

ਆਚਾਰ (आचार) /ācāra アーチャール/ [Skt. आचार] *m.* **1** 行為の規範, 行動の基準. **2** 性格. **3** 徳性. **4** 倫理的特質.

ਆਚਾਰਹੀਣ (आचारहीण) /ācārahīṇa アーチャールヒーン/ [Skt.-हीन] *adj.* **1** 品位に欠けた振る舞いの. **2** 不道徳な. **3** 道義心のない.

ਆਚਾਰਵੰਤ (आचारवंत) /ācārawanta アーチャールワント/ [Skt.-वंत] *adj.* **1** 洗練された. **2** 品性の良い振る舞いの. **3** 徳の高い.

ਆਚਾਰਵਾਨ (आचारवान) /ācārawāna アーチャールワーン/ [Skt.-वान्] *adj.* → ਆਚਾਰਵੰਤ

ਆਚਾਰ ਵਿਗਿਆਨ (आचार विगिआन) /ācāra vigiāna アーチャール ヴィギアーン/ [+ विज्ञान] *m.* **5** 倫理学, 道徳論.

ਆਚਾਰੀ (आचारी) /ācārī アーチャーリー/ [Skt. आचारिन्] *adj.* 徳の高い, 高潔な.
— *m.* **1** 徳の高い人. **2** 敬虔な人.

ਆਚਾਰੀਆ (आचारीआ) /ācārīā アーチャーリーアー/ ▸ ਅਚਾਰਜ, ਅਚਾਰਜੀ, ਅਚਾਰੀਆ, ਚਾਰਜ *m.* → ਅਚਾਰੀਆ

ਆਜਜ਼ (आजज़) /ājaza アージャズ/ [Arab. `*ājiz*] *adj.* **1** 卑しい, 謙虚な, へりくだった. (⇒ਦੀਨ) **2** おとなしい, ふがいない. **3** 無力の. **4** 弱い, 弱った. **5** 惨めな, 卑屈な.

ਆਜਜ਼ਾਨਾ (आजज़ाना) /ājazānā アージザーナー/ [Pers.-*āna*] *adv.* **1** 卑しく, 謙虚に, へりくだって. **2** おとなしく, 意気地なく. **3** 惨めに, 卑屈に.

ਆਜਜ਼ੀ (आजज़ी) /ājazī アージズィー/ [Pers. `*ājizī*] *f.* **1** 慎み深さ, 謙虚さ. (⇒ਦੀਨਤਾ) **2** おとなしさ, ふがいなさ. **3** 無力なこと, 弱々しさ. **4** 惨めさ, 卑屈さ.

ਆਜ਼ਮ (आज़म) /āzama アーザム/ [Arab. *azam*] *adj.* **1** 偉大な. **2** 高貴な, 高位の.
— *suff.* 「偉大な」「気高い」「威厳のある」などを意味する接尾辞.

ਆਜ਼ਮਾਇਸ਼ (आज़माइश) /āzamāiśa アーズマーイシュ/ ▸ ਅਜ਼ਮਾਇਸ਼ *f.* → ਅਜ਼ਮਾਇਸ਼

ਆਜੜੀ (आजड़ी) /ājaṛī アージリー/ *m.* 羊飼い, 山羊飼い. (⇒ਅੱਯਾਲੀ)

ਆਜ਼ਾਦ (आज़ाद) /āzāda アーザード/ ▸ਅਜ਼ਾਦ *adj.* → ਅਜ਼ਾਦ

ਆਜ਼ਾਦੀ (आज़ादी) /āzādī アーザーディー/ ▸ਅਜ਼ਾਦੀ *f.* → ਅਜ਼ਾਦੀ

ਆਜੀਵਕਾ (आजीवका) /ājīvakā アージーヴカー/ ▸ ਅਜੀਉਕਾ, ਅਜੀਵਕਾ [Skt. आजीविका] *f.* **1** 生計の手段, 生業. **2** 生計, 生活, 暮らし. **3** 職業. **4** 雇用. **5** 仕事.

ਆਜੀਵਨ (आजीवन) /ājīwana アージーワン/ [Skt. आजीवन] *adj.* 一生の, 生涯の, 終生の.
— *adv.* 一生, 生涯, 終生.

ਆਂਟ (आँट) /ā̃ṭa アーント/ ▸ਆਂਢ *f.* → ਆਂਢ

ਆਂਟ-ਸਾਂਟ (आँट-साँट) /ā̃ṭa-sā̃ṭa アーント・サーント/ ▸ ਆਂਢ-ਸਾਂਢ *f.* → ਆਂਢ-ਸਾਂਢ

ਆਟ (आट) /āṭa アート/ ▸ਆਹਟ *suff.* 動詞から女性名詞を形成する接尾辞. 不定詞(男性・単数形)であれば ਆਉਣਾ 語尾になるものが ਆਟ になった形.

ਆਟਾ (आटा) /āṭā アーター/ ▸ਅੱਟਾ [Skt. अटन] *m.* 〖食品〗(小麦・大麦・トウモロコシなどの)穀物を挽いた粉.

ਆਂਟੀ (आँटी) /ā̃ṭī アーンティー/ [Eng. *aunty*] *f.* おばちゃん.

ਆਟੋਮੈਟਿਕ (आटोमैटिक) /āṭomaiṭika アートーマェーティク/ [Eng. *automatic*] *m.* 自動の, 自動式の, オートマチックの.

ਆਟੋ ਰਿਕਸ਼ਾ (आटो रिकशा) /āṭo rikaśā アートー リクシャー/ [Eng. *auto* + Eng. *rickshaw* bf. Jap.] *m.* 〖乗物〗オート・リキシャ《軽自動三輪車の荷台を客席にした形のタクシー》. (⇒ਮੋਟਰ ਰਿਕਸ਼ਾ)

ਆਂਡ (आँड) /ā̃ḍa アーンド/ ▸ਅੰਡ [Skt. अंड] *m.* 〖身体〗睾丸.

ਆਡ (आड) /āḍa アード/ *f.* 〖地理〗水路.

ਆਡੰਬਰ (आडंबर) /āḍambara アーダンバル/ ▸ਅਡੰਬਰ *m.* → ਅਡੰਬਰ

ਆਡਰ (आडर) /āḍara アーダル/ [Eng. *order*] *m.* **1** 命令. (⇒ਹੁਕਮ) **2** 注文. **3** 順序.

ਆਂਡਾ (आँडा) /ā̃ḍā アーンダー/ ▸ਅੰਡਾ [Skt. अण्ड] *m.* 〖食品〗卵, 鶏卵.

ਆਡਾ (आडा) /āḍā アーダー/ *adj.* 斜めの. (⇒ਟੇਢਾ)

ਆਂਢ (आँढ) /ā̃ḍa アーンド/ ▸ਆਂਟ *f.* **1** 束. (⇒ਗੰਢ) **2** 結び目.

ਆਂਢ-ਸਾਂਢ (आँढ-साँढ) /ā̃ḍa-sā̃ḍa アーンド・サーンド/ ▸ ਆਂਟ-ਸਾਂਟ *f.* 陰謀, 密計.

ਆਂਢ-ਗੁਆਂਢ (आँढ-गुआँढ) /ā̃ḍa-guā̃ḍa アーンド・グアー

ンド/ *m.* 1 近所. 2 近所の人たち.

ਆਢਾ (आढा) /âḍā アーダー/ *m.* 1 無分別な口論. 2 道理をわきまえない争い.

ਆਣ (आण) /āṇa アーン/ ▸ਆਨ *f.* → ਆਨ

ਆਣਨਾ (आणना) /āṇanā アーンナー/ [(Pot.)] *vt.* 持って来る, もたらす, 運ぶ. (⇒ਲਿਆਉਣਾ)

ਆਣਾ[1] (आणा) /āṇā アーナー/ ▸ਆਨਾ *suff.* 「場所」「土地」「地方」などを表す名詞を形成する接尾辞.

ਆਣਾ[2] (आणा) /āṇā アーナー/ ▸ਆਉਣਾ *suff.* 自動詞または他動詞の不定詞(主格・男性・単数形)を形成する接尾辞. 他動詞の中には使役動詞も含まれる. 語尾変化については, 接尾辞 ਣਾ の項に示す.

ਆਂਤ (आँत) /ā̃ta アーント/ ▸ਅੰਤੜੀ, ਆਂਤੜੀ, ਆਂਦਰ, ਆਂਦੜੀ *f.* → ਆਂਦਰ

ਆਤਸ਼ (आतश) /ātaśa アータシュ/ [Pers. *ātiś*] *f.* 1 火. 2 炎. 3 熱.

ਆਤਸ਼ਕ (आतशक) /ātaśaka アートシャク/ [Pers. *ātiśak*] *m.* 〖医〗梅毒.

ਆਤਸ਼ਕਦ੍ਹਾ (आतशकद्हा) /ātaśakâdā アータシュカダー/ [Pers. *ātiś* + Pers. *kada*] *f.* 〖ゾロ〗パールスィー〔インドのゾロアスター教徒(拝火教徒)〕の礼拝堂《 ਕਦ੍ਹਾ は「燃やすこと」. ਆਤਸ਼ਕਦ੍ਹਾ は「火を燃やす場所」を意味する》.

ਆਤਸ਼ਬਾਜ਼ (आतशबाज़) /ātaśabāza アータシュバーズ/ ▸ਅਸਤਬਾਜ਼ *m.* → ਅਸਤਬਾਜ਼

ਆਤਸ਼ਬਾਜ਼ੀ (आतशबाज़ी) /ātaśabāzī アータシュバーズィー/ ▸ਅਸਤਬਾਜ਼ੀ *f.* → ਅਸਤਬਾਜ਼ੀ

ਆਤਸ਼ਫ਼ਸ਼ਾਂ (आतशफ़शाँ) /ātaśap^{h}aśā̃ アータシュパシャーン/ *m.* 〖地理〗火山. (⇒ਜਵਾਲਾਮੁਖੀ)

ਆਤਸ਼ਮਜ਼ਾਜ (आतशमज़ाज) /ātaśamazāja アータシュマザージ/ ▸ਆਤਸ਼ਮਿਜ਼ਾਜ *adj.* → ਆਤਸ਼ਮਿਜ਼ਾਜ

ਆਤਸ਼ਮਿਜ਼ਾਜ (आतशमिज़ाज) /ātaśamizāja アータシュミザージ/ ▸ਆਤਸ਼ਮਜ਼ਾਜ [Pers. *ātiśmizāj*] *adj.* 1 火のような気質の. 2 激しやすい, 興奮しやすい. 3 短気な, 気が短い. 4 怒りっぽい, 癇癪持ちの. 5 衝動的な, 向こう見ずの.

ਆਤਸ਼ੀ (आतशी) /ātaśī アートシー/ [Pers. *ātiśī*] *adj.* 1 火に関連する, 火のような. 2 火の, 炎の, 燃えている.

ਆਤਸ਼ੀ ਸ਼ੀਸ਼ਾ (आतशी शीशा) /ātaśī śīśā アートシー シーシャー/ [Pers. *ātiśī* + Pers. *śīśa*] *m.* 1 凸レンズ. 2 〖道具〗拡大鏡, 虫眼鏡.

ਆਤੰਕ (आतंक) /ātaṅka アータンク/ [Skt. आतंक] *m.* 1 恐れ, 恐ろしさ, 恐怖, 恐怖心. (⇒ਦਹਿਸ਼ਤ) 2 恐慌, 狼狽. 3 不安, 心配, 懸念, 憂慮.

ਆਤੰਕਵਾਦ (आतंकवाद) /ātaṅkawāda アータンクワード/ [Skt.-वाद] *m.* 〖政治〗暴力主義, テロリズム, 政治的手段としての暴力行為. (⇒ਦਹਿਸ਼ਤਵਾਦ)

ਆਤੰਕਵਾਦੀ (आतंकवादी) /ātaṅkawādī アータンクワーディー/ ▸ਆਤੰਕੀ [Skt.-वादिन्] *adj.* 〖政治〗暴力主義の, テロリズムの. (⇒ਦਹਿਸ਼ਤਵਾਦੀ)

— *m.* 〖政治〗暴力主義者, テロリスト. (⇒ਦਹਿਸ਼ਤਵਾਦੀ)

ਆਤੰਕਿਤ (आतंकित) /ātaṅkita アータンキト/ [Skt. आतंकित] *adj.* 1 恐れている, おびえた, 恐怖に陥った. (⇒ਦਹਿਸ਼ਤਜ਼ਦਾ) 2 心配している, 懸念している, 憂慮している.

ਆਤੰਕੀ (आतंकी) /ātaṅkī アータンキー/ ▸ਆਤੰਕਵਾਦੀ *adj.m.* → ਆਤੰਕਵਾਦੀ

ਆਤਨ (आतन) /ātana アータン/ ▸ਅੱਤਣ [(Lah.)] *m.* 女性たちの群がり.

ਆਤਮ (आतम) /ātama アータム/ [Skt. आत्म] *adj.* 1 自分の, 自己の. 2 個人の. 3 自我の. 4 魂の.

— *pref.* 「自己」「自我」「魂」などの意味を表す接頭辞.

ਆਤਮਸੰਜਮ (आतमसंजम) /ātamasañjama アータムサンジャム/ [Skt. आत्म- Skt. संयम] *m.* 自己抑制, 自制.

ਆਤਮਸਨਮਾਨ (आतमसनमान) /ātamasanamāna アータムサンマーン/ [Skt. आत्म- Skt. सम्मान] *m.* 自尊心.

ਆਤਮਸਮਰਪਣ (आतमसमरपण) /ātamasamarapaṇa アータムサマルパン/ [Skt. आत्म- Skt. समर्पण] *m.* 1 己を捧げること, 神に己の一切を捧げること. 2 降服, 降参, 投降, 自首.

ਆਤਮਸ਼ਲਾਘਾ (आतमशलाघा) /ātamaśalâgā アータムシャラーガー/ *f.* 自賛, 自慢.

ਆਤਮਸੰਵਾਦ (आतमसंवाद) /ātamasanwāda アータムサンワード/ [Skt. आत्म- Skt. संवाद] *m.* 自己本意, 利己心.

ਆਤਮਸਾਧਨਾ (आतमसाधना) /ātamasâdanā アータムサードナー/ [Skt. आत्म- Skt. साधना] *f.* 自己成就, 自己実現.

ਆਤਮਹੱਤਿਆ (आतमहत्तिआ) /ātamahattiā アータムハッティアー/ [Skt. आत्म- Skt. हत्या] *f.* 自殺. (⇒ਆਤਮਘਾਤ, ਖ਼ੁਦਕੁਸ਼ੀ)

ਆਤਮਕ[1] (आतमक) /ātamaka アートマク/ ▸ਆਤਮਿਕ [Skt. आत्मिक] *adj.* 1 自己の, 自我の. 2 魂の. 3 精神の, 精神的な, 心の.

ਆਤਮਕ[2] (आतमक) /ātamaka アートマク/ ▸ਆਤਮਿਕ [Skt. आत्मक] *suff.* 「…の性質を持つ」「…的な」「…上の」などを意味する形容詞を形成する接尾辞.

ਆਤਮਕਥਾ (आतमकथा) /ātamakat^{h}ā アータムカター/ [Skt. आत्म- Skt. कथा] *f.* 自叙伝, 回顧録.

ਆਤਮਗਿਆਨ (आतमगिआन) /ātamagiāna アータムギアーン/ [Skt. आत्म- Skt. ज्ञान] *m.* 自我についての知識, 自覚, 自己成就. (⇒ਆਤਮਬੋਧ)

ਆਤਮਗਿਆਨੀ (आतमगिआनी) /ātamagiānī アータムギアーニー/ [Skt. आत्म- Skt. ज्ञानिन्] *m.* 自己成就を達成した人, 哲人, 哲学者.

ਆਤਮਘਾਤ (आतमघात) /ātamakăta アータムカート/ [Skt. आत्म- Skt. घात] *m.* 自殺. (⇒ਆਤਮਹੱਤਿਆ, ਖ਼ੁਦਕੁਸ਼ੀ)

ਆਤਮਨਿਰਭਰ (आतमनिरभर) /ātamanirapăra アータムニルパル/ [Skt. आत्म- Skt. निर्भर] *adj.* 自立した, 自立の.

ਆਤਮਨਿਰਭਰਤਾ (आतमनिरभरता) /ātamanirapăratā アータムニルパルター/ [Skt.-ता] *f.* 自立, 独立.

ਆਤਮਨਿਰੀਖਣ (आतमनिरीखण) /ātamanirīk^{h}aṇa アータムニリーカン/ [Skt. आत्म- Skt. निरीक्षण] *m.* 自己反省, 内省.

ਆਤਮਪਰਦਰਸ਼ਨ (आतमपरदरशन) /ātamaparadaraśana アータムパルダルシャン/ [Skt. आत्म- Skt. प्रदर्शन] *m.* 自己顕示.

ਆਤਮਬੋਧ (आतमबोध) /ātamabôda アータムボード/

[Skt. आत्म- Skt. बोध] *m.* 自我についての知識, 自覚, 自己成就. (⇒ਆਤਮਗਿਆਨ)

ਆਤਮਰਸ (आतमरस) /ātama̸rasa̸ アータムラス/ [Skt. आत्म- Skt. रस] *m.* 自己成就に起因する感興.

ਆਤਮਰੱਖਿਆ (आतमरक्खिआ) /ātama̸rakkʰiā アータムラッキアー/ [Skt. आत्म- Skt. रक्षा] *f.* 自己防衛, 自衛.

ਆਤਮਵਿਸ਼ਵਾਸ (आतमविशवास) /ātama̸viśa̸wāsa̸ アータムヴィシュワース/ [Skt. आत्म- Skt. विश्वास] *m.* 自己信頼, 自信. (⇒ਸਵੈਵਿਸ਼ਵਾਸ)

ਆਤਮਵਿੱਦਿਆ (आतमविद्दिआ) /ātama̸viddiā アータムヴィッディアー/ [Skt. आत्म- Skt. विद्या] *f.* 自我に関する知識, 形而上学.

ਆਤਮਾ (आतमा) /āta̸mā アートマー/ [Skt. आत्मा] *f.* **1** 魂, 霊, 霊魂. **2** 精神. (⇒ਮਨ) **3** 意識. **4** 頭脳, 理性. **5** 自我. **6** 良心, 道義.

ਆਤਮਿਕ[1] (आतमिक) /āta̸mika̸ アートミク/ ▸ਆਤਮਕ [Skt. आत्मिक] *adj.* **1** 自己の, 自我の. **2** 魂の. **3** 精神の, 精神的な, 心の.

ਆਤਮਿਕ[2] (आतमिक) /āta̸mika̸ アートミク/ ▸ਆਤਮਕ [Skt. आत्मक] *suff.* 「…の性質を持つ」「…的な」などを意味する形容詞を形成する接尾辞.

ਆਤਰ (आतर) /ātara̸ アータル/ ▸ਆਤੁਰ *adj.* → ਆਤੁਰ

ਆਂਤਰਿਕ (आँतरिक) /ā̃tarika̸ アーンタリク/ [Skt. आंतरिक] *adj.* **1** 内部の. **2** 内面の, 内面的な.

ਆਂਤੜੀ (आँतड़ी) /ā̃taṛī アーンタリー/ ▸ਅੰਤੜੀ, ਆਂਤ, ਆਂਦਰ, ਆਂਦੜੀ *f.* → ਆਂਦਰ

ਆਤੁਰ (आतुर) /ātura̸ アートゥル/ ▸ਆਤਰ [Skt. आतुर] *adj.* **1** 苦しんでいる, 難儀している. **2** 性急な, 焦っている. **3** 動揺している, 混乱している. **4** 困窮している, 貧しい.

ਆਥਣ (आथण) /ātʰaṇa̸ アータン/ [Skt. अस्तमन] *f.* **1** 沈むこと. **2** 日が沈むこと, 日没. **3** 日が沈む時, 夕方. (⇒ਸ਼ਾਮ) **4** 日暮れ, 夕暮れ. (⇒ਸਾਇੰਕਾਲ) **5** 夕闇, たそがれ.

ਆਥਣਾ (आथणा) /ātʰaṇā アータナー/ [cf. ਆਥਣ] *vi.* 日が沈む.

ਆਥੜੀ (आथड़ी) /ātʰaṛī アータリー/ *m.* **1**〖農業〗農業労働者. **2**〖農業〗作男.
— *f.*〖農業〗農業労働.

ਆਦ (आद) /āda̸ アード/ ▸ਆਦਿ *m.adj.* → ਆਦਿ

ਆਦ-ਜੁਗਾਦ (आद-जुगाद) /āda̸-jugāda̸ アード・ジュガード/ *m.* 原初.

ਆਦਤ (आदत) /ādata̸ アーダト/ [Pers. \`ādat] *f.* **1** (個人の)習慣, 癖. ❐ਪਰ ਉਹਦੀ ਇੱਕ ਆਦਤ ਬੜੀ ਅਜੀਬ ਸੀ। しかし彼の一つの習慣はとても変わっていました. ❐ਆਦਤ ਹੋਣੀ, ਆਦਤ ਪੈਣੀ 慣れる. ❐ਆਦਤ ਪਾਉਣੀ 習慣化する, 習慣化させる. ❐ਆਦਤ ਰੱਖਣੀ 習慣とする, …することにする. ❐ਐਡੀਸਨ ਦਿਨ ਵਿੱਚ ਸੋਲ੍ਹਾਂ ਤੋਂ ਵੀਹ ਘੰਟੇ ਤਕ ਕੰਮ ਕਰਨ ਦੀ ਆਦਤ ਰੱਖਦਾ ਸੀ। エジソンは1日に16時間から20時間まで仕事をすることにしていました. **2** 性質, 性癖. **3** 流行, はやり. **4** 耽溺, 中毒. ❐ਆਦਤ ਹੋਣੀ, ਆਦਤ ਪੈਣੀ 耽る, 中毒になる.

ਆਦਮ (आदम) /ādama̸ アーダム/ [Arab. ādam] *m.* **1** アダム《最初の人間》. **2** 人, 人間. **3**〖生物〗ヒト.
— *adj.* 人の, 人間の.

ਆਦਮਕੱਦ (आदमकद्द) /ādama̸kadda̸ アーダムカッド/ [+ Arab. *qadd*] *adj.* 等身大の.
— *m.* 等身大.

ਆਦਮਖ਼ੋਰ (आदमख़ोर) /ādama̸xora̸ アーダムコール/ [Pers.*-xor*] *adj.* 人を食べる, 人食いの.
— *m.* 人食い人, 食人種, 食人鬼.

ਆਦਮਖ਼ੋਰੀ (आदमख़ोरी) /ādama̸xorī アーダムコーリー/ [Pers.*-xorī*] *f.* 人を食べること, 人食いの風習.

ਆਦਮਜ਼ਾਤ (आदमज़ात) /ādama̸zāta̸ アーダムザート/ [+ Arab. *zāt*] *f.* **1** 人類. **2** 人, 人間. **3**〖生物〗ヒト.

ਆਦਮਜ਼ਾਦ (आदमज़ाद) /ādama̸zāda̸ アーダムザード/ [+ Pers. *zād*] *m.* **1** アダムの子孫. **2** 人, 人間. **3**〖生物〗ヒト.

ਆਦਮੀ (आदमी) /āda̸mī アードミー/ [Arab. *ādamī*] *m.* **1** アダムの子孫. **2** 人, ヒト, 人間, 人類. ❐ਕੁੱਤਾ ਉਸੇ ਤਰ੍ਹਾਂ ਆਦਮੀ ਦਾ ਮਿੱਤਰ ਹੈ। 犬はそのように人間の友達なのです. **3** 男, 男の人. ❐ਇੱਕ ਪਿੰਡ ਵਿੱਚ ਮਿੱਠੂ ਰਾਮ ਨਾਂ ਦਾ ਆਦਮੀ ਰਹਿੰਦਾ ਸੀ। ある村にミットゥー・ラームという名の男が住んでいました. **4** 手下, 部下, 従者. **5** 召使. **6**〖親族〗夫.

ਆਦਮੀਅਤ (आदमीअत) /āda̸mīata̸ アードミーアト/ [Pers. *ādamiyat*] *f.* **1** 人間性. **2** 同情, 哀れみ. **3** 文明.

ਆਂਦਰ (आँदर) /ā̃dara̸ アーンダル/ ▸ਅੰਤੜੀ, ਆਂਤ, ਆਂਤੜੀ, ਆਂਦੜੀ [Skt. अन्त्र] *f.*〖身体〗腸.

ਆਦਰ (आदर) /ādara̸ アーダル/ [Skt. आदर] *m.* 尊敬, 敬意. ❐ਆਦਰ ਕਰਨਾ 敬う, 尊敬する. ❐ਅਸੀਂ ਸਾਰੇ ਭਾਰਤੀ ਇਸ ਝੰਡੇ ਦਾ ਆਦਰ ਕਰਦੇ ਹਾਂ। 私たちインド人は皆この旗を敬います.

ਆਦਰਸ਼ (आदरश) /ādara̸śa̸ アーダルシュ/ [Skt. आदर्श] *m.* **1**〖道具〗鏡. (⇒ਦਰਪਣ) **2** 理想. **3** 手本, 模範. **4** 基準, 規範.

ਆਦਰਸ਼ਕ (आदरशक) /ādara̸śaka̸ アーダルシャク/ [Skt. आदर्शक] *adj.* **1** 理想的な. **2** 見事な, 素晴らしい. **3** 優れた.

ਆਦਰਸ਼ਵਾਦ (आदरशवाद) /ādara̸śa̸wāda̸ アーダルシュワード/ [Skt. आदर्श Skt.-वाद] *m.* 理想主義.

ਆਦਰਸ਼ਵਾਦੀ (आदरशवादी) /ādara̸śa̸wādī アーダルシュワーディー/ [Skt.-वादिन्] *adj.* 理想主義的な.
— *m.* 理想主義者.

ਆਦਰਯੋਗ (आदरयोग) /ādara̸yoga̸ アーダルヨーグ/ [Skt. आदर Skt.-योग्य] *adj.* 尊敬に値する, 尊敬すべき. (⇒ਸਤਿਕਾਰਯੋਗ, ਮਾਣਯੋਗ)

ਆਦਲ (आदल) /ādala̸ アーダル/ [Arab. \`ādil] *adj.* **1** 正しい, 公正な. (⇒ਨਿਆਈ) **2** 公平な. **3** 誠実な.

ਆਂਦੜੀ (आँदड़ी) /ā̃daṛī アーンダリー/ ▸ਅੰਤੜੀ, ਆਂਤ, ਆਂਤੜੀ, ਆਂਦਰ *f.* → ਆਂਦਰ

ਆਦਿ[1] (आदि) /ād アード/ ▸ਆਦ [Skt. आदि] *m.* **1** 始まり. **2** 開始. **3** 原始, 原初. **4** 起源.
— *adj.* **1** 初めの, 最初の. **2** 原始の. **3** 本来の, 原物の. **4** 冒頭の, 初期の.

ਆਦਿ[2] (आदि) /ād アード/ [Skt. आदि] *adv.* …など. (⇒ਵਗ਼ੈਰਾ) ❐ਲੋਕ ਵਾਹੀ, ਬਿਜਾਈ ਆਦਿ ਟਰੈਕਟਰਾਂ ਨਾਲ ਕਰਨ ਲੱਗ ਪਏ ਨੇ। 人々は耕作, 種蒔きなどをトラクターで行い始めてい

ます.

ਆਦਿਕ (आदिक) /ādika アーディク/ [Skt. आदिक] *adv.* …など. (⇒ਵਗ਼ੈਰਾ)

ਆਦਿ ਗ੍ਰੰਥ (आदि ग्रंथ) /ād granthą (ād garanthą) アードグラント (アード ガラント)/ [Skt. आदि + Skt. ग्रंथ] *m.* 『スィ』アーディ・グラント《1604年に編纂されたスィック教の根本聖典の略称. 第10代グル・ゴービンド・スィングの作品を集成した『ダサム・グラント』と区別するための呼称. 第10代グル・ゴービンド・スィングが, 父の第9代グル・テーグ・バハーダルの讃歌を加え, 1705年から1706年にかけて定本として再編纂し, この聖典にグルの地位を与えて以後の正式の呼称は ਆਦਿ ਸ੍ਰੀ ਗੁਰੂ ਗ੍ਰੰਥ ਸਾਹਿਬ ਜੀ》.

ਆਦਿ-ਵਾਸੀ (आदि-वासी) /ād-wāsī アード・ワースィー/ [+ Skt. वासिन्] *m.* 先住民.
— *adj.* 先住民の.

ਆਦੀ (आदी) /ādī アーディー/ [Arab. `ādī] *adj.* 慣れた, 習慣化した, 習慣のついた, 癖のある. (⇒ਆਦਤ ਵਾਲਾ)

ਆਦੇਸ (आदेस) /ādesa アーデース/ [Skt. आदेस] *m.* 1 挨拶. (⇒ਪਰਨਾਮ) 2 敬礼.

ਆਦੇਸ਼ (आदेश) /ādeśa アーデーシュ/ ▸ਅਦੇਸ਼ [Skt. आदेश] *m.* 1 命令, 指令. (⇒ਹੁਕਮ, ਆਗਿਆ) 2 指示, 指図. 3 教え. (⇒ਸਿੱਖਿਆ) 4 忠告. (⇒ਉਪਦੇਸ਼) 5 許可.

ਆਦੇਸ਼ੀ (आदेशी) /ādeśī アーデーシー/ [Skt. आदेशिन्] *adj.* 命令する, 指示する.
— *m.* 1 命令する人, 指示する人. 2 占い師.

ਆਂਧਰਾ ਪ੍ਰਦੇਸ਼ (आँधरा प्रदेश) /ā̃darā pradeśa アーンダラー プラデーシュ/ *m.* アーンドラ・プラデーシュ州《ベンガル湾に面するインド南東部の州. 分離されたテーランガーナー州と州都ハイダラーバードを共有》.

ਆਧਾਰ (आधार) /ādǎra アーダール/ ▸ਅਧਾਰ *m.* → ਅਧਾਰ

ਆਧਾਰਿਤ (आधारित) /ādǎrita アーダーリト/ ▸ਅਧਾਰਤ *adj.* → ਅਧਾਰਤ

ਆਧਾਰੀ (आधारी) /ādǎrī アーダーリー/ [Skt. आधारिन्] *adj.* 依存している, 支えられている.

ਆਧੁਨਿਕ (आधुनिक) /âdunika アードゥニク/ [Skt. आधुनिक] *adj.* 1 現代の, 近代の. 2 昨今の. 3 新しい.

ਆਧੁਨਿਕਤਾ (आधुनिकता) /âdunikatā アードゥニクター/ [Skt.-ता] *f.* 現代性, 近代性.

ਆਧੁਨਿਕਤਾਵਾਦ (आधुनिकतावाद) /âdunikatāwāda アードゥニクターワード/ [Skt.-वाद] *m.* 現代主義, 近代主義.

ਆਨ (आन) /āna アーン/ ▸ਆਣ [Skt. अणि] *f.* 1 名誉, 尊厳, 体面. (⇒ਇੱਜ਼ਤ) 2 尊敬, 敬意. (⇒ਮਾਣ) 3 信念, 意地.

ਆਨਸ਼ਾਨ (आनशान) /ānaśāna アーンシャーン/ *f.* 1 華麗さ, 華やかさ, きらびやかさ. 2 壮麗さ.

ਆਨੰਦ (आनंद) /ānanda アーナンド/ ▸ਅਨੰਦ *m.* → ਅਨੰਦ

ਆਨੰਦਦਾਇਕ (आनंददाइक) /ānandadāika アーナンドダーイク/ ▸ਅਨੰਦਦਾਇਕ *adj.* → ਅਨੰਦਦਾਇਕ

ਆਨੰਦਪੁਰ (आनंदपुर) /ānandapura アーナンドプル/ ▸ਅਨੰਦਪੁਰ *m.* → ਅਨੰਦਪੁਰ

ਆਨਬਾਨ (आनबान) /ānabāna アーンバーン/ *f.* 1 華麗さ, 華やかさ, きらびやかさ. 2 壮麗さ.

ਆਨਰੇਰੀ (आनरेरी) /ānarerī アーンレーリー/ [Eng. *honorary*] *adj.* 1 名誉職の. 2 無報酬の.

ਆਨਾ[1] (आना) /ānā アーナー/ [Skt. आणक] *m.* 1 『貨幣』1アンナ硬貨《1975に廃止された旧通貨》. 2 『貨単』1アンナ《16分の1ルピー》. 3 16分の1.

ਆਨਾ[2] (आना) /ānā アーナー/ *m.* 『身体』眼球. ❐ਚਿੱਟਾ ਆਨਾ 鞏膜(きょうまく)《角膜とともに眼球を包む》. ❐ਕਾਲਾ ਆਨਾ 眼球の虹彩.

ਆਨਾ[3] (आना) /ānā アーナー/ [Pers. *āna*] *suff.* 名詞または形容詞に付いて形容詞・副詞・名詞を形成する接尾辞.

ਆਨਾ[4] (आना) /ānā アーナー/ ▸ਆਣਾ *suff.* 「場所」「土地」「地方」などを表す名詞を形成する接尾辞.

ਆਨਾਕਾਨੀ (आनाकानी) /ānākānī アーナーカーニー/ [Skt. अनाकर्णन] *f.* 1 わざと遅らせること, わざと無視すること. 2 引き延ばし, 遅延. 3 あれこれ言い訳すること.

ਆਨੀ (आनी) /ānī アーニー/ [(Pot.)] *f.* 『身体』眼球.

ਆਨੇ ਬਹਾਨੇ (आने बहाने) /āne bǎne アーネー バーネー/ *adv.* 1 言い逃れをして. 2 嘘の口実を使って.

ਆਪ (आप) /āpa アープ/ [(Apb. आपणउ) (Pkt. अप्प) Skt. आत्मन्] *pron.* 1《再帰代名詞》自分, 自身, 自分自身, 本人, …自身. (⇒ਖ਼ੁਦ) ❐ਮਨੁੱਖ ਦਾ ਸਭ ਤੋਂ ਵੱਡਾ ਦੁਸ਼ਮਣ ਉਹ ਆਪ ਹੈ। 人間の最大の敵は自分自身です. 2《2人称代名詞敬語形の主格または能格. 敬意を表すため, 後ろに ਜੀ を添えることが多い. 能格の場合はさらに後ろに ਨੇ を伴う》(敬意を込めた)あなた. ❐ਆਪ ਦੁਆਰਾ ਲਿਖਿਆ ਪੱਤਰ ਪੜ੍ਹਿਆ। あなたが書いた手紙を読みました. ❐ਆਪ ਜੀ ਦਾ ਖ਼ਤ ਪੜ੍ਹਿਆ। あなたの手紙を読みました. ❐ਇਸ ਵਾਰੇ ਆਪ ਜੀ ਦੇ ਕੀ ਵਿਚਾਰ ਹਨ? これについてあなたはどう思いますか. ❐ਆਪ ਜੀ ਸਭ ਕੁਝ ਕਰ ਸਕਦੇ ਹੋ। あなたは何でもすることができます. ❐ਆਪ ਜੀ ਨੇ ਅਸਫਲ ਕੋਸ਼ਿਸ਼ ਕੀਤੀ ਹੈ। あなたは実りのない努力をしてしまっています. 3《3人称代名詞敬語形の主格または能格. 敬意を表すため, 後ろに ਜੀ を添えることもある. 能格の場合はさらに後ろに ਨੇ を伴う》(敬意を込めた)この方, あの方. ❐ਪਿਤਾ ਦੇ ਦੇਹਾਂਤ ਪਿੱਛੋਂ ਆਪ ਨੇ ਸ਼ਾਮ ਦੇਸ਼ ਦਾ ਸਫ਼ਰ ਕੀਤਾ। 父の死後この方はシリアを旅しました. ❐ਆਪ ਦੀਆਂ ਦੋ ਸ਼ਾਦੀਆਂ ਹੋਈਆਂ ਸਨ। あの方は二度結婚しました. ❐ਆਪ ਨੇ ਇੱਕ ਯੁਵਤੀ ਨਾਲ ਦੂਜੀ ਸ਼ਾਦੀ ਕੀਤੀ। あの方は一人の若い女性と再婚しました.
— *adv.* 自分で, 自分自身で, 自ら. (⇒ਖ਼ੁਦ, ਸਵਯੰ) ❐ਮੈਂ ਆਪ ਕਰ ਲਵਾਂਗਾ। 私は自分でやります.

ਆਪਸ (आपस) /āpasa アーパス/ [cf. ਆਪ] *pron.* 他者と自分, 互い, お互い, 相互. ❐ਆਪਸ ਵਿੱਚ 互いに. ❐ਉਸ ਦੇ ਚਾਰ ਪੁੱਤਰ ਸਨ ਪਰ ਉਹ ਆਪਸ ਵਿੱਚ ਲੜਦੇ-ਝਗੜਦੇ ਰਹਿੰਦੇ ਸਨ। 彼には四人の息子がいましたが彼らは互いに争い続けていました.

ਆਪਸਦਾਰੀ (आपसदारी) /āpasadārī アーパスダーリー/ [Pers.-*dārī*] *f.* 1 お互いの関係, 相互関係. 2 親族関係. 3 友愛関係, 連帯. 3 相互関係, 相関. 4 相互性, 相互作用.

ਆਪਸੀ (आपसी) /āpasī アープスィー/ [-ਈ] *adj.* 互いの, 相互の.

ਆਪ ਹੁਦਰਾ (आप हुदरा) /āpa hudarā アープ フドラー/ *adj.* **1** わがままな, 強情な, 頑固な. (⇒ਆਪ ਮੁਹਾਰਾ) **2** 衝動的な, 直情的な.

ਆਪਣਾ (आपणा) /āpaṇā アープナー/ ▸ਅਪਣਾ [(Pkt. अप्पणय) Skt. आत्मनक] *adj.* 《再帰代名詞 ਆਪ の属格》自分の. ❏ਤੁਸੀਂ ਹੁਣ ਇੱਥੇ ਆਪਣਾ ਸਾਮਾਨ ਰੱਖੋ। あなたは今ここに自分の荷物を置きなさい. ❏ਅਸੀਂ ਆਪਣੇ ਦੇਸ ਨੂੰ ਬੜਾ ਪਿਆਰ ਕਰਦੇ ਹਾਂ। 私たちは自分の国をとても愛しています. ❏ਮੈਂ ਆਪਣੇ ਪਿੰਡ ਗਿਆ ਸਾਂ। 私は自分の村に行っていました. ❏ਮੈਂ ਆਪਣੇ ਕੱਪੜੇ ਧੋਂਦਾ ਹਾਂ। 私は自分の衣服を洗います. ❏ਤੁਸੀਂ ਆਪਣਿਆਂ ਘਰਾਂ ਵੱਲ ਜਾਓ। あなたたちは自分たち家の方へ行きなさい. ❏ਮੈਂ ਆਪਣੀ ਕਿਤਾਬ ਪੜ੍ਹਦਾ ਹਾਂ। 私は自分の本を読みます. ❏ਉਹ ਆਪਣੀ ਸਹੇਲੀ ਕੋਲ ਗਈ ਹੋਏਗੀ। 彼女は自分の友人の所に行ったのでしょう. ❏ਅਸਾਂ ਆਪਣੀਆਂ ਬਾਂਹਵਾਂ ਭਨਾ ਲਈਆਂ। 私たちは自分たちの腕を折ってしまいました.

ਆਪਤ (आपत) /āpata アーパト/ [(Pot.) Skt. आपत्य] *f.* **1** 親密, 密接な関係. (⇒ਅਪਣੱਤ, ਸਾਂਝ) **2** 親戚関係, 親類関係. (⇒ਰਿਸ਼ਤੇਦਾਰੀ)

ਆਪਤਨ ਕੋਣ (आपतन कोण) /āpatana koṇa アープタン コーン/ *m.* 〖物理〗入射角, 投射角.

ਆਪੱਤੀ (आपत्ती) /āpattī アーパッティー/ [Skt. आपत्ति] *f.* **1** 出来事, 事件. (⇒ਘਟਨਾ) **2** 不幸, 逆境. **3** 悲惨な出来事, 災難, 災害. (⇒ਆਫ਼ਤ) **4** 大災害, 大惨事. **5** 苦痛, 心痛, 苦悩. (⇒ਦੁਖ) **6** 反対, 異存, 異議. (⇒ਵਿਰੋਧ, ਇਤਰਾਜ਼)

ਆਪੱਤੀਜਨਕ (आपत्तीजनक) /āpattījanaka アーパッティージャナク/ [Skt.-जनक] *adj.* **1** 不幸な, 悲惨な, 災害の. **2** 痛ましい. **3** 反対すべき, 異議のある.

ਆਪ-ਬੀਤੀ (आप-बीती) /āpa-bītī アープ・ビーティー/ [Skt. आत्मन् + Skt. व्यतीत -ਈ] *f.* **1** 自分の過去, 自分の経験. **2** 〖文学〗自伝, 自叙伝, 回顧録.

ਆਪ ਮੁਹਾਰਾ (आप मुहारा) /āpa muhārā アープ ムハーラー/ *adj.* **1** わがままな, 強情な, 頑固な. (⇒ਆਪ ਹੁਦਰਾ) **2** 衝動的な, 直情的な.

ਆਪ ਮੁਹਾਰੇ (आप मुहारे) /āpa muhāre アープ ムハーレー/ *adv.* **1** 自発的に, 思わず知らず, 無意識に. **2** 衝動的に, 直情的に.

ਆਪ੍ਰੇਸ਼ਨ (आप्रेशन) /āpreśana アープレーシャン/ ▸ਉਪਰੇਸ਼ਨ, ਓਪਰੇਸ਼ਨ, ਅਪਰੇਸ਼ਨ, ਔਪਰੇਸ਼ਨ *m.* → ਓਪਰੇਸ਼ਨ

ਆਪਾਂ (आपाँ) /āpā̃ アーパーン/ [(Mal.)] *pron.* 《1人称複数・主格》私たち, 我々. (⇒ਅਸੀਂ)

ਆਪਾ (आपा) /āpā アーパー/ [Skt. आत्मन्] *m.* **1** 自我, 個性. **2** 自分, 自身, 己, 自己.

ਆਪਾ ਅਤੀਤ (आपा अतीत) /āpā atīta アーパー アティート/ [Skt.-अतीत] *adj.* **1** 自我を超越した. **2** 無我の.

ਆਪਾਤ (आपात) /āpāta アーパート/ [Skt. आपात] *m.* **1** 落下. **2** 発生. **3** 非常事態, 緊急事態.

ਆਪੇ (आपे) /āpe アーペー/ [Skt. आत्मन्] *adv.* 自分で, 自分から, 自分自身で, 自ら. (⇒ਖ਼ੁਦ, ਸਵਯੰ) ❏ਮੈਂ ਆਪੇ ਕਰ ਲਵਾਂਗਾ। 私は自分でやります. ❏ਤੂੰ ਆਪੇ ਦੱਸ, ਤੈਨੂੰ ਕੀ ਸਜ਼ਾ ਮਿਲਨੀ ਚਾਹੀਦੀ ਹੈ। おまえは自分から言え, 自分がどんな罰を受けるべきか.

ਆਪੋ (आपो) /āpo アーポー/ [Skt. आत्मन्] *adv.* 自分で. (⇒ਖ਼ੁਦ) ❏ਆਪੋ ਵਿੱਚ 自分たちだけで, 仲間同士で, 内輪で, 互いに.

ਆਪੋ ਆਪਣਾ (आपो आपणा) /āpo āpaṇā アーポー アープナー/ *adj.* 自分の, 自分自身の.

ਆਪੋਧਾਪੀ (आपोधापी) /āpotăpī アーポーターピー/ *f.* **1** 個人的な心配. **2** 自分の利益だけ追求すること.

ਆਫ਼ਸ (आफ़स) /āfasa アーファス/ ▸ਆਫ਼ਿਸ *m.* → ਆਫ਼ਿਸ

ਆਫ਼ਤ (आफ़त) /āfata アーファト/ ▸ਅਫ਼ਾਤ [Pers. *āfat*] *f.* **1** 災い, 災難, 災害, 不幸, 惨禍, 危難. (⇒ਆਈ, ਬਿਪਤਾ) **2** 困難, 苦難, 厄介なこと. (⇒ਮੁਸੀਬਤ)

ਆਫ਼ਤਾਬ (आफ़ताब) /āfatāba アーフターブ/ [Pers. *āftāb*] *m.* **1** 〖天文〗太陽. **2** 太陽の光, 日光, 陽光. **3** 太陽の熱.

ਆਫਰਨਾ (आफरना) /āpʰaranā アーパルナー/ *vi.* **1** 満腹になる, たらふくになる. **2** 大食する, がつがつ食う. **3** 胃がむかつく. **4** 〖比喩〗得意になる.

ਆਫ਼ਰੀਂ (आफ़रीं) /āfarī̃ アーフリーン/ ▸ਅਫ਼ਰੀਣ, ਅਫ਼ੀਰ, ਆਫ਼ਰੀਨ *int.* → ਆਫ਼ਰੀਨ

ਆਫ਼ਰੀਨ (आफ़रीन) /āfarīna アーフリーン/ ▸ਅਫ਼ਰੀਣ, ਅਫ਼ੀਰ, ਆਫ਼ਰੀਂ [Pers. *āfirīn*] *int.* でかした, いいぞ, うまい《称賛の呼びかけを表す言葉》. (⇒ਸ਼ਾਬਾਸ਼, ਬੱਲੇ)

ਆਫ਼ਿਸ (आफ़िस) /āfisa アーフィス/ ▸ਆਫ਼ਸ [Eng. *office*] *m.* オフィス, 事務所. (⇒ਦਫ਼ਤਰ)

ਆਫ਼ੀਸ਼ਲ (आफ़ीशल) /āfīśala アーフィーシャル/ ▸ਔਫ਼ੀਸ਼ਲ [Eng. *official*] *adj.* **1** 公の, 公的な, 政府の. (⇒ਸਰਕਾਰੀ) **2** 公式の, 公認の.

ਆਬ (आब) /āba アーブ/ [Pers. *āb*] *m.* **1** 水. **2** 〖飲料〗酒.

— *f.* **1** つや, 光沢, 磨き. **2** 輝き, 光輝. **3** 威厳, 尊厳. **4** 名誉, 名声.

ਆਬ-ਹਯਾਤ (आब-हयात) /āba-hayāta アーブ・ハヤート/ [+ Arab. *hayāt*] *m.* 〖飲料〗不老不死の霊水. (⇒ਅੰਮ੍ਰਿਤ)

ਆਬਸ਼ਾਰ (आबशार) /ābaśāra アーブシャール/ [Pers. *ābśār*] *f.* 〖地理〗滝. (⇒ਝਰਨਾ, ਝਾਲ)

ਆਬਕਾਰ (आबकार) /ābakāra アーブカール/ [Pers. *āb* Pers.-*kār*] *m.* 酒造業者, 酒類販売業者, 酒屋.

ਆਬਕਾਰੀ (आबकारी) /ābakārī アーブカーリー/ [Pers.-*kārī*] *f.* **1** 酒造業, 酒類販売業. **2** 酒造所, 酒類販売所, 酒屋. **3** 〖経済〗酒税, 物品税, 間接税. **4** 酒税局, 間接税局.

ਆਬਤਾਬ (आबताब) /ābatāba アーブターブ/ [Pers. *ābtāb*] *f.* **1** 光輝. **2** 魅惑. **3** 優美, 優雅.

ਆਬਦਾਰ (आबदार) /ābadāra アーブダール/ [Pers. *āb* Pers.-*dār*] *adj.* **1** つやのある, 光沢のある, 輝きのある. **2** 磨き上げられた, 磨きのかかった.

ਆਬਨੂਸ (आबनूस) /ābanūsa アーブヌース/ [Pers. *ābnūs*] *m.* 〖植物〗セイロンコクタン(錫蘭黒檀)《カキノキ科の高木》.

ਆਬਪਾਸ਼ੀ (आबपाशी) /ābapāśī アーブパーシー/ *f.* 〖農業〗灌漑, 灌水.

ਆਬਰੂ (आबरू) /ābarū アーブルー/ ▸ਅਬਰੂ, ਅਬਰੋ [Pers. ābrū] f. 1 名誉, 名声. (⇒ਇੱਜ਼ਤ) 2 貞節. 3 顔のつや.

ਆਬਾਦ (आबाद) /ābāda アーバード/ ▸ਅਬਾਦ adj. → ਅਬਾਦ

ਆਬਾਦੀ (आबादी) /ābādī アーバーディー/ ▸ਅਬਾਦੀ f. → ਅਬਾਦੀ

ਆਬਿਆਨਾ (आबिआना) /ābiānā アービアーナー/ m. 1 水の料金. 2〖経済〗灌漑水税, 灌漑水税収.

ਆਬੀ (आबी) /ābī アービー/ [Pers. ābī] adj. 1 水の. (⇒ਜਲ ਸੰਬੰਧੀ) 2 水生の, 水棲の. 3 灌漑されている. 4 水色の. 5 薄緑の.

ਆਬੋ-ਹਵਾ (आबो-हवा) /ābo-hawā アーボー・ハワー/ [Pers. āb o + Arab. havā] f. 1 水と空気. 2 気候, 気候風土. (⇒ਜਲ-ਵਾਯੂ, ਹਵਾ-ਪਾਣੀ, ਪੌਣ-ਪਾਣੀ)

ਆਭਾ (आभा) /âbā アーバー/ [Skt. आभा] f. 1 光. 2 輝き, 光輝. 3 美しさ, 優美. 4 微光, きらめき. 5 色合い, 陰影, 微妙な違い.

ਆਭੂ (आभू) /âbū アーブー/ adj. 1 調理途中の. 2 半分煎られた.

ਆਮ (आम) /āma アーム/ [Arab. `āmm] adj. 1 一般の, 普通の, 通常の, ありふれた. (⇒ਸਾਧਾਰਣ) ❐ਆਮ ਤੌਰ ਤੇ 一般に, 一般的に, 普通. ❐ਤੋਤੇ ਦਾ ਨਾਂ ਆਮ ਤੌਰ ਤੇ ਗੰਗਾ ਰਾਮ ਰੱਖਦੇ ਹਨ। 鸚鵡の名前は一般にガンガー・ラームと付けます. 2 普段の, 日常の. ❐ਆਮ ਤੌਰ ਤੇ 普段, 普段は, 常日頃, 日常的に. ❐ਮੈਂ ਆਮ ਤੌਰ ਤੇ ਬਾਹਰ ਹੀ ਖਾਂਦਾ ਹਾਂ। 私は普段外食しています.
— adv. 1 普通に, 一般的に. ❐ਸਾਡੇ ਪਿੰਡਾਂ ਵਿੱਚ ਮੱਝਾਂ ਆਮ ਰੱਖੀਆਂ ਜਾਂਦੀਆਂ ਹਨ। 私たちの村では水牛は普通に飼われています. 2 日常的に.

ਆਮਦ (आमद) /āmada アーマド/ [Pers. āmad] f. 1 来ること, 到来, 接近, 到着. 2 収入, 受領. 3 輸入.

ਆਮਦਨ (आमदन) /āmadana アームダン/ [Pers. āmad] f. 1 収入, 所得. 2〖経済〗歳入.

ਆਮਦਨੀ (आमदनी) /āmadanī アームダニー/ [Pers. āmadanī] f. 1 収入, 所得. 2〖経済〗歳入. 3〖経済〗輸入. (⇒ਆਯਾਤ, ਦਰਾਮਦ)

ਆਮਾਲ (आमाल) /āmāla アーマール/ ▸ਅਮਾਲ [Arab. a`māl, plural of Arab. `amal] m. 1 行い, 行為, 行動. 2 行儀, 品行, 振る舞い. 3 実行, 実践, 遂行. 4 性格.

ਆਮੋਦ (आमोद) /āmoda アーモード/ [Skt. आमोद] m. 1 楽しみ, 娯楽, 気晴らし. 2 喜び.

ਆਯਾ (आया) /āyā アーヤー/ ▸ਆਇਆ f. → ਆਇਆ

ਆਯਾਤ (आयात) /āyāta アーヤート/ [Skt. आयात] adj. 到来した, 輸入された.
— m.f. 1〖経済〗輸入. (⇒ਦਰਾਮਦ)(⇔ਨਿਰਯਾਤ) 2 輸入品. (⇔ਨਿਰਯਾਤ)

ਆਯੁਕਤ (आयुकत) /āyukata アーユクト/ [Skt. आयुक्त] adj. 委任された, 任命された.
— m. 1 委任された人, 任命された人. 2 委員, 理事, 行政長官.

ਆਯੁਰਵਿਗਿਆਨ (आयुरविगिआन) /āyuravigiāna アーユルヴィギアーン/ [Skt. आयुर्विज्ञान] m. アーユルヴェーダ医学.

ਆਯੁਰਵੇਦ (आयुरवेद) /āyuraveda アーユルヴェード/ [Skt. आयुर्वेद] m. アーユルヴェーダ《インド伝統医学》.

ਆਯੁਰਵੇਦਕ (आयुरवेदक) /āyuravedaka アーユルヴェーダク/ ▸ਆਯੁਰਵੈਦਕ [Skt. आयुर्वेदिक] adj. アーユルヴェーダの.

ਆਯੁਰਵੈਦਿਕ (आयुरवैदिक) /āyuravaidika アーユルヴァエーディク/ ▸ਆਯੁਰਵੇਦਕ adj. → ਆਯੁਰਵੇਦਕ

ਆਯੂ (आयू) /āyū アーユー/ [Skt. आयु] f. 1 年齢, 年, 歳. (⇒ਉਮਰ) 2 寿命.

ਆਯੋਗ (आयोग) /āyoga アーヨーグ/ [Skt. आयोग] m. 1 委員会, 審議会. 2 実行委員会.

ਆਯੋਜਨ (आयोजन) /āyojana アーヨージャン/ [Skt. आयोजन] m. 1 計画. 2 準備. 3 手配. 4 組織化.

ਆਯੋਜਿਤ (आयोजित) /āyojita アーヨージト/ [Skt. आयोजित] adj. 1 計画された. 2 準備された. 3 手配された. 4 組織された.

ਆਰ[1] (आर) /āra アール/ m. 恥, 恥じらい. (⇒ਸ਼ਰਮ)

ਆਰ[2] (आर) /āra アール/ f. 1〖道具〗靴屋の用いる突き錐. 2〖道具〗突き棒.

ਆਰਸੀ (आरसी) /ārasī アールスィー/ [(Pkt. आदरिस) Skt. आदर्श] f. 1〖道具〗鏡. (⇒ਸ਼ੀਸ਼ਾ) 2 指輪にはめ込まれた鏡. 3〖装〗(婦人が親指にはめる)鏡付きの指輪.

ਆਰਕ (आरक) /āraka アーラク/ ▸ਅਰਕ, ਆੜਕ [(Pot.)] f. → ਅਰਕ[2]

ਆਰਕਸ਼ਣ (आरकशण) /ārakaśaṇa アーラクシャン/ [Skt. आरक्षण] m. 1 保護, 警護, 警備. 2 留保, 保留, 確保. 3 席・地位などの留保. 4〖政治〗制度上行われるインドの後進階級の一部の人たちの諸権利の留保. (⇒ਰਿਜ਼ਰਵੇਸ਼ਨ) ❐ਪਿਛੜੇ ਵਰਗ ਦੇ ਵਿਦਿਆਰਥੀਆਂ ਨੂੰ ੨੭ ਪਰਤਿਸ਼ਤ ਆਰਕਸ਼ਣ ਅਗਲੇ ਸਾਲ ਜੂਨ ਤੋਂ। 後進階級の学生たちに27%の留保が来年6月から. 5 (乗物・宿などの)予約. (⇒ਰਿਜ਼ਰਵੇਸ਼ਨ)

ਆਰਕਸ਼ਿਤ (आरकशित) /ārakaśita アーラクシト/ [Skt. आरक्षित] adj. 1 留保された, 保留された, 確保された. 2 予約された. 3 準備された, 予備の.

ਆਰਜਾ (आरजा) /ārajā アールジャー/ f. 1 年齢. (⇒ਉਮਰ, ਆਯੂ) 2 寿命. (⇒ਜੀਵਨ ਕਾਲ)

ਆਰਜ਼ੀ (आरज़ी) /ārazī アールズィー/ [Arab. arāzī] adj. 1 臨時の, 一時的な, 暫定の, 仮の. (⇒ਅਸਥਾਈ) 2 その場限りの.

ਆਰਜ਼ੂ (आरज़ू) /ārazū アールズー/ [Pers. ārzū] f. 1 望み, 願望, 願い. (⇒ਚਾਹ, ਇੱਛਾ) 2 熱望, 熱意, 熱情. (⇒ਉਤਸ਼ਾਹ, ਉਛਾਹ) 3 期待, 希望. (⇒ਆਸ)

ਆਰਟ (आरट) /āraṭa アールト/ [Eng. art] m. 1 芸術. (⇒ਕਲਾ) 2 美術.

ਆਰਟਿਸਟ (आरटिसट) /āraṭisaṭa アールティスト/ [Eng. artist] m. 芸術家, 画家. (⇒ਕਲਾਕਾਰ)

ਆਰਟੀਕਲ (आरटीकल) /āraṭīkala アールティーカル/ [Eng. article] m. 1 (新聞・雑誌の)記事, 論文, 論説. 2 (条約や契約などの)箇条, 条項, 項目. 3 品物, 物.

ਆਰਤੀ (आरती) /āratī アールティー/ [Skt. आरात्रिका] f.〖儀礼〗献火の儀礼.

ਆਰਥਕ (आरथक) /ārathaka アールタク/ ▸ਆਰਥਿਕ adj.

→ ਆਰਥਿਕ

ਆਰਥਿਕ (आरथिक) /ārat^{h}ikạ アールティク/ ▸ਆਰਥਕ [Skt. आर्थिक] *adj.* **1** 経済の, 経済上の, 経済的な. **2** 財政の, 金銭の.

ਆਰ-ਪਾਰ (आर-पार) /ārạ-pārạ アール・パール/ *m.* **1** こちら側と向こう側, こちらの端とあちらの端, 片側と反対側. **2** 両側, 両端, 両岸.
— *adv.* **1** こちら側から向こう側へ, 横断して, 横切って. **2** 貫通して, 突き抜けて. **3** 徹頭徹尾, 完全に. **4** 両側に, (川などの)両岸に.

ਆਰਫ਼ (आरफ़) /ārafạ アーラフ/ [Arab. `ārif] *adj.* **1** 学識のある. **2** 信心深い.
— *m.* **1** 学者. (⇒ਗਿਆਨੀ) **2** 聖者. (⇒ਸੰਤ)

ਆਰਬਲਾ (आरबला) /ārạbalā アールバラー/ [Skt. आयुर्बल, आयुस्-बल] *f.* **1** 年齢. (⇒ਉਮਰ, ਆਯੂ) **2** 寿命. (⇒ਜੀਵਨ ਕਾਲ)

ਆਰੰਭ (आरंभ) /ārâmbạ アーランブ/ ▸ਅਰੰਭ *m.* → ਅਰੰਭ

ਆਰੰਭਕ (आरंभक) /ārâmbakạ アーランバク/ ▸ਅਰੰਭਕ *adj.* → ਅਰੰਭਿਕ

ਆਰੰਭਣਾ (आरंभणा) /ārâmbaṇā アーランバナー/ ▸ਅਰੰਭਣਾ *vt.* → ਅਰੰਭਣਾ

ਆਰਾ (आरा) /ārā アーラー/ [Skt. आर] *m.* **1** 〖道具〗鋸(のこぎり). **2** 大型の製材用鋸. (⇒ਫਰਨਾਹੀ)

ਆਰਾਮ (आराम) /ārāmạ アーラーム/ ▸ਅਰਮਾਨ, ਅਰਾਮ *m.* → ਅਰਾਮ

ਆਰੀ (आरी) /ārī アーリー/ [Skt. आर -ਈ] *f.* 〖道具〗小型の鋸, 片手用の手鋸.

ਆਰੀਆ (आरीआ) /ārīā アーリーアー/ [Skt. आर्य] *m.* アーリア人.

ਆਰੋਹ (आरोह) /ārô アーロー/ *m.* **1** 上方へ上がること. **2** 昇ること, 上昇.

ਆਰੋਹਣ (आरोहण) /ārohaṇạ | ārôṇạ アーローハン | アーローン/ ▸ਆਰੋਹਨ *m.* 頂点に向かうこと, 最高潮に達すること. (⇔ਅਵਰੋਹਣ)

ਆਰੋਹਨ (आरोहन) /ārohanạ | ārônạ アーローハン | アーローン/ ▸ਆਰੋਹਣ *m.* → ਆਰੋਹਣ

ਆਰੋਹੀ (आरोही) /ārohī | ārôī アーローヒー | アーローイー/ *adj.* **1** 昇っている. **2** 上昇している.

ਆਰੋਪ (आरोप) /āropạ アーロープ/ ▸ਅਰੋਪ [Skt. आरोप] *m.* **1** 告発, 告訴. ❐ਆਰੋਪ ਲਾਉਣਾ 告発する. **2** 主張, 陳述, 申し立て. **3** 非難, 咎め, 問責. ❐ਆਰੋਪ ਲਾਉਣਾ 非難する, 咎める, 問責する. **4** 当てこすり. ❐ਆਰੋਪ ਲਾਉਣਾ 当てこする. **5** …のせいにすること. ❐ਆਰੋਪ ਲਾਉਣਾ …のせいにする.

ਆਲ (आल) /ālạ アール/ [Arab. āl] *f.* **1** 〖親族〗母方の子孫. (⇒ਸੰਤਾਨ) **2** 家族.

ਆਲਸ (आलस) /ālasạ アーラス/ ▸ਅਲਕਸ [Skt. आलस्य] *m.* **1** 怠けること, 怠惰, 不精. **2** 不活発, 無気力.

ਆਲਸੀ (आलसी) /ālạsī アールスィー/ [-ਈ] *adj.* **1** 怠け者の, 怠惰な, 不精な. **2** 不活発な, 無気力な.

ਆਲ੍ਹਕ (आल्हक) /âlakạ アーラク/ ▸ਆਹਲਕ *m.* → ਆਹਲਕ

ਆਲ੍ਹਣਾ (आल्हणा) /âlaṇā アーラナー/ *m.* **1** 巣. ❐ਘੁੱਗੀ ਆਪਣਾ ਆਲ੍ਹਣਾ ਰੁੱਖ ਤੇ ਬਣਾਉਂਦੀ ਹੈ। 鳩は自分の巣を木の上に作ります. **2** 〖比喩〗休息の場, 住まい.

ਆਲੰਬ (आलंब) /ālambạ アーランブ/ [Skt. आलंब] *m.* **1** 支え. (⇒ਸਹਾਰਾ) **2** 基礎, 土台. (⇒ਨੀਂਹ) **3** 〖幾何〗垂直線.

ਆਲਮ[1] (आलम) /ālamạ アーラム/ ▸ਆਲਿਮ [Arab. `ālim] *adj.* 学識のある, 造詣の深い. (⇒ਵਿਦਿਆਵਾਨ)
— *m.* 学識のある人, 造詣の深い人, 学者, 知識人.

ਆਲਮ[2] (आलम) /ālamạ アーラム/ Arab. `ālam] *m.* **1** 世界. (⇒ਸੰਸਾਰ) **2** 状態, 様子, ありさま. (⇒ਹਾਲ, ਦਸ਼ਾ)

ਆਲਮੀ (आलमी) /ālamī アーラミー/ [Pers. `ālamī] *adj.* **1** 世界の. **2** すべての, 全部の, 全体の, 汎…, 広く全体に渡る, 普遍的な. (⇒ਵਿਸ਼ਵ)

ਆਲਾ[1] (आला) /ālā アーラー/ [Skt. आलय] *m.* **1** 住まい, 住居, 家. **2** 場所. **3** 〖建築〗壁龕(へきがん), ニッチ《物を置くために壁に設けた窪み》.
— *suff.* 「住まい」「家」「建物」「館」「場所」などを意味する名詞を形成する接尾辞. 例えば ਪੁਸਤਕਾਲਾ は「図書館」.

ਆਲਾ[2] (आला) /ālā アーラー/ [Arab. āla] *m.* **1** 道具, 用具, 器具. **2** 仕掛け, 機械装置.

ਆਲਾ-ਦੁਆਲਾ (आला-दुआला) /ālā-duālā アーラー・ドゥアーラー/ *m.* **1** 周囲の情況, 環境. **2** 近所.

ਆਲਾਪ (आलाप) /ālāpạ アーラープ/ ▸ਅਲਾਪ *m.* → ਅਲਾਪ

ਆਲਾ-ਭੋਲਾ (आला-भोला) /ālā-pǒlā アーラー・ポーラー/ *adj.* **1** 素朴な, 純朴な. **2** 無邪気な, 誠実な. **3** 悪だくみをしない, 正直な.

ਆਲਿਮ (आलिम) /ālimạ アーリム/ ▸ਆਲਮ *adj.m.* → ਆਲਮ[1]

ਆਲੀਸ਼ਾਨ (आलीशान) /ālīśānạ アーリーシャーン/ [Arab. `ālī + Arab. śā^{h}n] *adj.* **1** 名誉ある, 輝かしい. (⇒ਸ਼ਾਨਦਾਰ) **2** 壮麗な, 豪華な.

ਆਲੂ (आलू) /ālū アールー/ [Skt. आलु] *m.* 〖植物〗ジャガイモ, バレイショ(馬鈴薯)《ナス科の根菜》.

ਆਲੂਚਾ (आलूचा) /ālūcā アールーチャー/ ▸ਅਲੂਚਾ *m.* → ਅਲੂਚਾ

ਆਲੂ ਬੁਖ਼ਾਰਾ (आलू बुख़ारा) /ālū buxārā アールー ブカーラー/ [Pers. ālū buxāra] *m.* 〖植物〗プラム, セイヨウスモモ(西洋李), その果実, プルーン, 干しスモモ《バラ科の植物. 果実は食用で, 甘く汁が多い》.

ਆਲੇ-ਦੁਆਲੇ (आले-दुआले) /āle-duāle アーレー・ドゥアーレー/ *adv.* **1** 周り中に. (⇒ਇਰਦ-ਗਿਰਦ) **2** 四方に, 四囲に. **3** 周辺に, 近隣に, 近所に.

ਆਲੋਕ (आलोक) /ālokạ アーローク/ [Skt. आलोक] *m.* **1** 光, 光線. (⇒ਪਰਕਾਸ਼) **2** 輝き. **3** 明かり, 明るさ.

ਆਲੋਚਕ (आलोचक) /ālocakạ アーローチャク/ ▸ਅਲੋਚਕ [Skt. आलोचक] *m.* **1** 批評家. **2** 評論家.

ਆਲੋਚਨਾ (आलोचना) /ālocanā アーローチャナー/ ▸ਅਲੋਚਨਾ [Skt. आलोचना] *f.* **1** 批評, 批判. **2** 評論.

ਆਲੋਚਨਾਤਮਕ (आलोचनातमक) /ālocanātạmakạ アーローチャナートマク/ ▸ਆਲੋਚਨਾਤਮਿਕ *adj.* → ਆਲੋਚਨਾਤਮਿਕ

ਆਲੋਚਨਾਤਮਿਕ (आलोचनातमिक) /ālocanātạmikạ アーローチャナートミク/ ▸ਆਲੋਚਨਾਤਮਕ [Skt. आलोचना

Skt.-आत्मक] *adj.* 批評の, 批評的な, 批判的な.
ਆਵਸ਼ਕ (आवशक) /āwaśaka アーウシャク/ ▸ਆਵੱਸ਼ਕ, ਆਵੱਸ਼ਿਅਕ *adj.* → ਆਵੱਸ਼ਕ
ਆਵੱਸ਼ਕ (आवश्शक) /āwaśśaka アーワッシャク/ ▸ਆਵਸ਼ਕ, ਆਵੱਸ਼ਿਅਕ [Skt. आवश्यक] *adj.* **1** 必要な, 不可欠な. (⇒ਜ਼ਰੂਰੀ) **2** 義務づけられている, 必須の.
ਆਵਸ਼ਕਤਾ (आवशकता) /āwaśakatā アーウシャクター/ [Skt.-ता] *f.* 必要, 必要性. (⇒ਜ਼ਰੂਰਤ)
ਆਵੱਸ਼ਿਅਕ (आवश्शिअक) /āwaśśiaka アーワッシアク/ ▸ ਆਵਸ਼ਕ, ਆਵੱਸ਼ਕ *adj.* → ਆਵੱਸ਼ਕ
ਆਵਰਤਕ (आवरतक) /āwaratakạ アーワルタク/ [Skt. आवर्तक] *adj.* **1** 繰り返し起こる, 循環する. **2** 周期的な.
ਆਵਰਤਨ (आवरतन) /āwaratana アーワルタン/ [Skt. आवर्तन] *m.* **1** 回転. **2** 周期的循環.
ਆਵਰਤਨੀ (आवरतनी) /āwaratanī アーワルタニー/ [Skt. आवर्तनीय] *adj.* **1** 回転する. **2** 循環の.
ਆਵਰਿਤੀ (आवरिती) /āwaritī アーワリティー/ [Skt. आवृत्ति] *f.* **1** 反復, 繰り返し. **2** 頻度.
ਆਵਾ (आवा) /āwā アーワー/ *m.* **1** 大きな窯. (⇒ਭੱਠਾ) **2** 煉瓦を焼く窯.
ਆਵਾਸ (आवास) /āwāsa アーワース/ [Skt. आवास] *m.* **1** 住まい, 住宅, 住居. **2** 館. **3** 住所, 居所. **4** 居住. **5**(他国からの)移住. **6** 生息地.
ਆਵਾਸੀ (आवासी) /āwāsī アーワースィー/ [Skt. आवासिन्] *adj.* **1** 居住する, 居住用の, 寄宿制の. **2** 移住する. **3** 生息する.
— *m.* **1** 居住者, 住人. **2**(他国からの)移民, 移住者. **3** 生息動物.
ਆਵਾਹਣ (आवाहण) /āwâṇa アーワーン/ ▸ਆਵਾਹਨ [Skt. आवाहन] *m.* **1** 呼び出し, 召集, 召喚. **2** 招待. **3** 祈祷.
ਆਵਾਹਨ (आवाहन) /āwâna アーワーン/ ▸ਆਵਾਹਣ *m.* → ਆਵਾਹਣ
ਆਵਾਗਮਣ (आवागमण) /āwāgamaṇa アーワーガマン/ ▸ਆਵਾਗਮਨ, ਆਵਾਗਵਣ, ਆਵਾਗਵਨ *m.* **1** 往来, 行き来. (⇒ਆਵਾਜਾਈ) **2** 発着. **3** 交流, 交際. **4** 生死. **5** 転生, 輪廻.
ਆਵਾਗਮਨ (आवागमन) /āwāgamana アーワーガマン/ ▸ਆਵਾਗਮਣ, ਆਵਾਗਵਣ, ਆਵਾਗਵਨ *m.* → ਆਵਾਗਮਣ
ਆਵਾਗਵਣ (आवागवण) /āwāgawaṇa アーワーガワン/ ▸ ਆਵਾਗਮਣ, ਆਵਾਗਮਨ, ਆਵਾਗਵਨ *m.* → ਆਵਾਗਮਣ
ਆਵਾਗਵਨ (आवागवन) /āwāgawana アーワーガワン/ ▸ ਆਵਾਗਮਣ, ਆਵਾਗਮਨ, ਆਵਾਗਵਣ *m.* → ਆਵਾਗਮਣ
ਆਵਾਜ਼ (आवाज़) /āwāza アーワーズ/ ▸ਅਵਾਜ਼, ਵਾਜ *f.* → ਅਵਾਜ਼
ਆਵਾਜ਼ਾ (आवाज़ा) /āwāzā アーワーザー/ [Pers. *āvāza*] *m.* **1** あざけり, ひやかし, 冷笑, からかい. **2** 嫌み, 皮肉, 当てこすり.
ਆਵਾਜਾਈ (आवाजाई) /āwājāī アーワージャーイー/ *f.* **1** 往来, 行き来. **2** 交通. (⇒ਟਰੈਫ਼ਿਕ)
ਆਵਾਰਾ (आवारा) /āwārā アーワーラー/ ▸ਅਵਾਰਾ *adj.m.* → ਅਵਾਰਾ
ਆਵਿਸ਼ਕਾਰ (आविशकार) /āviśakāra アーヴィシュカール/ [Skt. आविष्कार] *m.* **1** 発明. (⇒ਕਾਢ) **2** 発見.
ਆਵੀ (आवी) /āwī アーウィー/ *f.* **1** 小さな窯. (⇒ਛੋਟਾ ਭੱਠਾ) **2** 焼き物を作る窯.
ਆਵੇਸ਼ (आवेश) /āveśa アーヴェーシュ/ [Skt. आवेश] *m.* **1** 感情の激発. **2** 激昂, 狂乱. **3** 興奮. **4** 激怒.
ਆਵੇਗ (आवेग) /āvega アーヴェーグ/ [Skt. आवेग] *m.* **1** 敏速, 急速. **2** 感情の起伏, 感情の激発, (感情の)ほとばしり, 高まり. **3** 衝動. **4** 発作.
ਆਵੇਗੀ (आवेगी) /āvegī アーヴェーギー/ [-ई] *adj.* **1** 衝動的な. **2** 激発する, 発作的な.
ਆਵੇਦਨ (आवेदन) /āvedana アーヴェーダン/ [Skt. आवेदन] *m.* **1** お願い. **2** 請願. ❐ਆਵੇਦਨ ਪੱਤਰ 願書, 請願書. **3** 嘆願. ❐ਆਵੇਦਨ ਪੱਤਰ 嘆願書.
ਆਵੇਦਨਕਾਰ (आवेदनकार) /āvedanakāra アーヴェーダンカール/ [Skt.-कार] *m.* **1** 請願者. **2** 嘆願者.
ਆੜ (आड़) /āṛa アール/ *f.* **1** 幕. (⇒ਪੜਦਾ) **2** 覆い, 隠れ場所. ❐ਆੜ ਮੱਲਣੀ, ਆੜ ਲੈਣੀ (敵の砲火を避けて)物陰に隠れる. **3** 庇護. (⇒ਓਟ) **4** 安全な場所.
ਆੜ੍ਹਤ (आड़्हत) /âṛata アーラト/ *f.* **1** 仲介業. **2** 売買仲介業. **3** 売買仲介手数料.
ਆੜ੍ਹਤੀ (आड़्हती) /âṛatī アールティー/ ▸ਆੜ੍ਹਤੀਆ *m.* **1** 仲介業者. **2** 売買仲介業者. **3** 穀物売買仲介業者.
ਆੜ੍ਹਤੀਆ (आड़्हतीआ) /âṛatīā アールティーアー/ ▸ ਆੜ੍ਹਤੀ *m.* → ਆੜ੍ਹਤੀ
ਆੜਕ (आड़क) /āṛaka アーラク/ ▸ਅਰਕ, ਆਰਕ [(Pot.)] *f.* → ਅਰਕ²
ਆੜੀ (आड़ी) /āṛī アーリー/ *m.* **1** 仲間. (⇒ਸਾਥੀ) **2** 友人. **3** チームメート.
ਆੜੂ (आड़ू) /āṛū アールー/ *m.* 〖植物〗モモノキ(桃の木)《バラ科の植物》, モモノキの果実, 桃の実.

ਐ

ਐਂ (ऐं) /ãĩ アエーン/ ▸ਐਉਂ, ਐਂਉਂ, ਐਓ, ਇਉਂ *adv.* → ਐਉਂ
ਐਂਉਂ (ऐंउँ) /ãĩũ アエーンウン/ ▸ਐਂ, ਐਂਉਂ, ਐਉਂ, ਇਉਂ *adv.* → ਐਉਂ
ਐਉਂ (ऐउँ) /aiũ アエーウン/ ▸ਐਂ, ਐਂਉਂ, ਐਓ, ਇਉਂ *adv.* **1** このように, こんなふうに, こうやって. **2** 何となく, 自然に. **3** 意味もなく, 無駄に. **4** 無料で, ただで.
ਐਓਂ (ऐओं) /aiõ アエーオーン/ ▸ਐਂ, ਐਂਉਂ, ਐਉਂ, ਇਉਂ *adv.* → ਐਉਂ
ਐਸ (ऐस) /aisa アエース/ ▸ਇਸ, ਏਸ *pron.* → ਇਸ
ਐਸ਼ (ऐश) /aiśa アエーシュ/ [Arab. `*aiś*] *m.f.* **1** 官能的な喜び. **2** 悦楽, 安楽, 安逸, 安穏. **3** 享楽, 遊興, 遊び. **4** 浮かれ騒ぎ. **5** 酒盛り. **6** 贅沢な暮らし.
ਐਸ਼-ਤਰੇ (ऐश-तरे) /aiśa-tare アエーシュ・タレー/ ▸ ਐਸ਼-ਟ੍ਰੇ [Eng. *ash tray*] *f.* 〖容器〗灰皿. (⇒ਰਾਖਦਾਨ, ਰਾਖਦਾਨੀ)
ਐਸ਼-ਟ੍ਰੇ (ऐश-त्रे) /aiśa-tre, (aiśa-tare) アエーシュ・トレー, (アエーシュ・タレー)/ ▸ਐਸ਼-ਤਰੇ *f.* → ਐਸ਼-ਤਰੇ
ਐਸ਼ਪਰਸਤ (ऐशपरसत) /aiśaparasata アエーシュパラスト/ [Arab. `*aiś* Pers.-*parast*] *adj.* 官能的な喜びに耽る, 享

楽的な. (⇒ਅੱਯਾਸ਼, ਐਸ਼ੀ-ਪੱਠਾ)

ਐਸ਼ ਪਰਸਤੀ (ऐश परसती) /aiśa parasatī アエーシュ パラスティー/ [Pers.-*parastī*] *f.* 官能的な喜びに耽ること, 享楽. (⇒ਅੱਯਾਸ਼ੀ)

ਐਸਾ (ऐसा) /aisā アエーサー/ *adj.* **1** このような, こういう, こんな. (⇒ਅਜਿਹਾ) **2** そのような, そういう, そんな.
— *adv.* このように, こんなふうに, こう. (⇒ਅਜਿਹਾ)

ਐਸਾ ਵੈਸਾ (ऐसा वैसा) /aisā waisā アエーサー ワエーサー/ *adj.* **1** ありふれた, ありきたりの, 平凡な, 並の, 陳腐な. **2** つまらない, 取るに足らない. **3** 卑しい, 下品な, 粗野な.

ਐਸੀ-ਤੈਸੀ (ऐसी-तैसी) /aisī-taisī アエースィー・タエースィー/ *int.* 〖罵言〗知ったこっちゃねえ, くそ食らえ.

ਐਸ਼ੀ-ਪੱਠਾ (ऐशी-पट्ठा) /aiśī-paṭṭʰā アエーシー・パッター/ *adj.* 官能的な喜びに耽る, 享楽的な. (⇒ਅੱਯਾਸ਼, ਐਸ਼ਪਰਸਤ)

ਐਹ (ऐह) /aî アエー/ ▸ਅਹਿ *pron.* 《近くの物や人を指すことを明示するため, 3人称主格(単複同形)の ਇਹ を強めて言った語形》 **1** これ, この人. **2** これら, この人たち.

ਐਹੋ ਜੇਹਾ (ऐहो जेहा) /aiho jehā | aîo jîā アエーホー ジェーハー | アエーオー ジアー/ ▸ਇਹੋ ਜਿਹਾ *adj.adv.* → ਇਹੋ ਜਿਹਾ

ਐਕਸਚੇਂਜ (ऐकसचेंज) /aikasacẽja アエーカスチェーンジ/ [Eng. *exchange*] *m.* **1** 交換, 取り替え, 置き換え. **2** 〖経済〗外国通貨の交換, 両替, 為替. **3** 〖経済〗交易, 取引所. **4** 電話交換局.

ਐਕਸਪ੍ਰੈੱਸ (ऐकसप्रैस्स) /aikasapraissa アエーカスプラエーッス/ [Eng. *express*] *f.* **1** 〖乗物〗急行列車, 急行バス. **2** 速達便, 至急便.

ਐਕਸ-ਰੇ (ऐकस-रे) /aikasa-re アエーカス・レー/ [Eng. *X-ray*] *m.* 〖医〗X線, エックス線, レントゲン.

ਐਕਸੀਡੈਂਟ (ऐकसीडैंट) /aikasīḍãĩṭa アエークスィーダエーント/ [Eng. *accident*] *m.* 事故, 災難. (⇒ਦੁਰਘਟਨਾ)

ਐਕਟ (ऐकट) /aikaṭa アエーカト/ [Eng. *act*] *m.* **1** 〖法〗法, 法令, 条例. **2** 行い, 行為. (⇒ਕਰਮ)

ਐਕਟਰ (ऐकटर) /aikaṭara アエークタル/ [Eng. *actor*] *m.* 俳優, 男優, 役者. (⇒ਅਭਿਨੇਤਾ, ਅਦਾਕਾਰ)

ਐਕਟਰੈਸ (ऐकटरैस) /aikaṭaraisa アエークタラエース/ [Eng. *actress*] *f.* 女優, 女の役者. (⇒ਅਭਿਨੇਤਰੀ, ਅਦਾਕਾਰਾ)

ਐਕਟਿੰਗ (ऐकटिंग) /aikaṭiṅga アエークティング/ [Eng. *acting*] *m.* **1** 演技, 演出, 芝居. (⇒ਅਭਿਨੇ, ਅਭਿਨੈ, ਅਦਾਕਾਰੀ) **2** 見せかけ. (⇒ਦਿਖਾਵਾ)

ਐਜੀਟੇਸ਼ਨ (ऐजीटेशन) /aijīṭeśana アエージーテーシャン/ [Eng. *agitation*] *f.* **1** 扇動, 宣伝, アジテーション, アジ. **2** 社会不安, 大騒ぎ. (⇒ਰੌਲਾ)

ਐਟਮ (ऐटम) /aiṭama アエータム/ [Eng. *atom*] *m.* 〖物理〗原子. (⇒ਪ੍ਰਮਾਣੂ)

ਐਟਮੀ (ऐटमी) /aiṭamī アエータミー/ [-ਈ] *adj.* 〖物理〗原子の. ❐ਐਟਮੀ ਸ਼ਕਤੀ 原子力. ❐ਐਟਮੀ ਪਲਾਂਟ 原子力発電所. ❐ਐਟਮੀ ਬੰਬ 原子爆弾.

ਐਟਲਸ (ऐटलस) /aiṭalasa アエートラス/ [Eng. *atlas*] *f.* 〖地理〗地図帳. (⇒ਨਕਸ਼ਿਆਂ ਦੀ ਪੁਸਤਕ)

ਐਂਠ (ऐंठ) /ãĩṭʰa アエーント/ *f.* **1** ねじれ. **2** 渦巻き. **3** 束縛. **4** 堅苦しさ. **5** 思い上がり, 生意気, 傲慢.

ਐਡਵਾਂਸ (ऐडवाँस) /aiḍavā̃sa アエードヴァーンス/ [Eng. *advance*] *m.* **1** 前進, 進歩, 向上. **2** 発展, 上級. **3** 前払い, 前金.

ਐਡਵੋਕੇਟ (ऐडवोकेट) /aiḍavokeṭa アエードヴォーケート/ [Eng. *advocate*] *m.* 〖法〗弁護士, 法廷弁護士, 訴訟代理人. (⇒ਵਕੀਲ)

ਐਡਾ (ऐडा) /aiḍā アエーダー/ ▸ਇੱਡਾ, ਏਡਾ, ਹੈਡਾ *adj.* これくらいの, これほどの.

ਐਡੀਟਰ (ऐडीटर) /aiḍīṭara アエーディータル/ [Eng. *editor*] *m.* 編集者, 校訂者, 編集長, 編集主幹. (⇒ਸੰਪਾਦਕ)

ਐਡੀਟਰੀ (ऐडीटरी) /aiḍīṭarī アエーディータリー/ [-ਈ] *adj.* 編集の, 編集者の, 編集長の.
— *f.* 編集, 編集方針, 編集者の地位, 編集長の地位.

ਐਤਕਾਂ (ऐतकाँ) /aitakā̃ アエートカーン/ ▸ਐਦਕਾਂ, ਐਦਕੀਂ *adv.* → ਐਦਕਾਂ

ਐਤਕੀਓਂ (ऐतकीओं) /aitakīõ アエートキーオーン/ *adv.* 今から. (⇒ਹੁਣੇ ਤੋਂ)

ਐਤਨਾ (ऐतना) /aitanā アエートナー/ ▸ਐਨਾ, ਇਤਨਾ, ਇੰਨਾਂ, ਇੰਨਾ, ਏਨਾਂ, ਏਨਾ *adj.adv.* → ਐਨਾ

ਐਤਵਾਰ (ऐतवार) /aitawāra アエートワール/ ▸ਆਇਤਵਾਰ [Skt. आदित्यवार] *m.* 〖暦〗日曜日. (⇒ਰਵੀਵਾਰ)

ਐਥੇ (ऐथे) /aitʰe アエーテー/ ▸ਇੱਥੇ, ਏਥੇ, ਹਿਥੇ, ਹਿੱਥੇ *adv.* ここに.

ਐਥੋਂ (ऐथों) /aitʰõ アエートーン/ ▸ਇੱਥੋਂ, ਏਥੋਂ *adv.* 《 ਐਥੇ ਤੋਂ 融合形》 **1** ここから. **2** ここを通って.

ਐਦਕਾਂ (ऐदकाँ) /aidakā̃ アエードカーン/ ▸ਐਤਕਾਂ, ਐਦਕੀਂ *adv.* **1** 今回, このたび. **2** この機会に. **3** この季節に. **4** 今年.

ਐਦਕੀਂ (ऐदकीं) /aidakī̃ アエードキーン/ ▸ਐਤਕਾਂ, ਐਦਕਾਂ *adv.* → ਐਦਕਾਂ

ਐਦਾਂ (ऐदाँ) /aidā̃ アエーダーン/ ▸ਏਦਾਂ *adv.* このように, こうやって. (⇒ਇਉਂ, ਇੰਜ, ਇਸ ਤਰ੍ਹਾਂ)

ਐਦੂੰ (ऐदूँ) /aidū̃ アエードゥーン/ ▸ਏਦੂੰ, ਏਦੋਂ *adv.* **1** このため. (⇒ਇਸ ਕਾਰਣ) **2** これからは. (⇒ਇਸ ਵੇਲੇ ਤੋਂ)

ਐਧਰ (ऐधर) /aîdara アエーダル/ ▸ਇੱਧਰ, ਏਧਰ *adv.* こちらに, こちらを, こっちへ. ❐ਆ ਜਾਓ ਪੁੱਤਰ, ਐਧਰ ਮੇਰੇ ਕੋਲ। おいで息子よ, こっちへ私のそばに.

ਐਧਰੋਂ (ऐधरों) /aîdarõ アエーダローン/ *adv.* 《 ਐਧਰ ਤੋਂ 融合形》こちらから.

ਐਨ (ऐन) /aina アエーン/ *adv.* ちょうど. (⇒ਠੀਕ) ❐ਐਨ ਮੌਕੇ ਤੇ ぎりぎりで, 間に合って.

ਐਨਕ (ऐनक) /ainaka アエーナク/ [Pers. `*ainak*] *f.* 眼鏡. (⇒ਚਸ਼ਮਾ)

ਐਨਕਸਾਜ਼ (ऐनकसाज़) /ainakasāza アエーナクサーズ/ [Pers.-*sāz*] *m.* 眼鏡屋.

ਐਨਕਸਾਜ਼ੀ (ऐनकसाज़ी) /ainakasāzī アエーナクサーズィー/ [Pers.-*sāzī*] *f.* 眼鏡の製造, 眼鏡屋の仕事, 眼鏡屋の技術.

ਐਨਾ (ऐना) /ainā アエーナー/ ▸ਐਤਨਾ, ਇਤਨਾ, ਇੰਨਾਂ, ਇੰਨਾ, ਏਨਾਂ, ਏਨਾ *adj.* これくらいの, これほどの. ❐ਐਨੇ ਨੂੰ, ਐਨੇ

ਵਿੱਚ そうこうするうちに, やがて.
— *adv.* これほど…な, こんなに…な.
ਐਨੀਮੇਸ਼ਨ (ऐनीमेशन) /ainīmeśana アエーニーメーシャン/ [Eng. *animation*] *m.* アニメーション, アニメ, 動画, 漫画.
ਐਪਰ (ऐपर) /aipara アエーパル/ *conj.* しかしながら. (⇒ਪਰੰਤੂ)
ਐਬ (ऐब) /aiba アエーブ/ [Arab. `*aib*] *m.* **1** 欠点, 欠陥. (⇒ਨੁਕਸ) **2** 悪. **3** 罪.
ਐਬੀ (ऐबी) /aibī アエービー/ [Pers. `*aibī*] *adj.* **1** 悪意のある. **2** 罪深い.
ਐਂਬੂਲੈਂਸ (ऐंबूलैंस) /ãībūlãīsa アエーンブーラエーンス/ [Eng. *ambulance*] *f.* 〖乗物〗救急車. (⇒ਹਸਪਤਾਲ ਦੀ ਗੱਡੀ)
ਐਮੇਂ (ऐमें) /aimẽ アエーメーン/ ▸ਐਵੇਂ, ਇਵੇਂ, ਏਵੇਂ, ਏਵੇ, ਏਵੈਂ, ਏਵੈ *adv.* → ਐਵੇਂ
ਐਮੋਨੀਆ (ऐमोनीआ) /aimonīā アエーモーニーアー/ ▸ਅਮੂਨੀਆ, ਅਮੋਨਿਆ *m.* → ਅਮੂਨੀਆ
ਐਰਾ (ऐरा) /airā アエーラー/ *m.* **1** 土台. **2** 壁や柱の下部.
ਐਰਾ-ਗ਼ੈਰਾ (ऐरा-ग़ैरा) /airā-ğairā アエーラー・ガエーラー/ *adj.* 見慣れない, 得体の知れない. (⇒ਓਪਰਾ)
— *m.* 見知らぬ人, 得体の知れない人. (⇒ਅਜਨਬੀ)
ਐਰਾਵਤ (ऐरावत) /airāwata アエーラーワト/ *m.* **1** 〖動物〗アイラーヴァタ《インドラ神の乗物とされる白い象》. (⇒ਗਜੇਂਦਰ) **2** 〖気象〗雷雲.
ਐਲਜੀ (ऐलजी) /ailajī アエールジー/ [Eng. *algae*] *f.* **1** 〖植物〗モ(藻), 藻類. **2** 〖植物〗海草. (⇒ਸਮੁੰਦਰੀ ਕਾਈ)
ਐਲਬਮ (ऐलबम) /ailabama アエールバム/ [Eng. *album*] *f.* **1** (写真や切手などを収集した)アルバム. **2** (レコードやCDの)アルバム.
ਐਲਰਜੀ (ऐलरजी) /ailarajī アエーラルジー/ [Eng. *allergy*] *f.* 〖医〗アレルギー, 異常敏感症.
ਐਲਾਨ (ऐलान) /ailāna アエーラーン/ ▸ਇਲਾਨ, ਏਲਾਨ [Arab. *i`lān*] *m.* **1** 宣言, 布告. (⇒ਘੋਸ਼ਣਾ, ਮੁਨਾਦੀ) **2** 発表, 告知. ❐ਆਖ਼ਰ ਵਜ਼ੀਰ ਨੇ ਐਲਾਨ ਕੀਤਾ। ついに大臣は発表しました.
ਐਲਾਨੀਆ (ऐलानीआ) /ailānīā アエーラーニーアー/ ▸ਇਲਾਨੀਆ [-ਈਆ] *adv.* **1** 布告で, 告知して. **2** 公然と, おおっぴらに. **3** 公的に, 公に.
ਐਵੇਂ (ऐवें) /aiwẽ アエーウェーン/ ▸ਐਮੇਂ, ਇਵੇਂ, ਏਵੇਂ, ਏਵੇ, ਏਵੈਂ, ਏਵੈ *adv.* **1** このように, こんなふうに, こうやって. **2** 何となく, 自然に. **3** 意味もなく, 無駄に. **4** 無料で, ただで.
ਐਵੇਂ-ਕੈਵੇਂ (ऐवें-कैवें) /aiwẽ-kaiwẽ アエーウェーン・カエーウェーン/ *adj.* 普通の.
— *adv.* **1** このように. **2** 無料で.
ਐੜਾ (ऐड़ा) /airā アエーラー/ *m.* 〖文字〗アエーラー《4種の母音字 ਅ「ア」, ਆ「アー」, ਐ「アエー」, ਔ「アオー」の基となる, グルムキー字母表の2番目の文字 ਅ の名称》.

ਔ

ਔਂਸ (औंस) /ãūsa アオーンス/ [Eng. *ounce*] *m.* 〖重量〗オンス《16分の1ポンド》.
ਔਸ (औस) /ausa アオース/ *pron.* 《 ਉਹ の能格・単数形》あれ, あの, それ, その, あの人, 彼, 彼女. (⇒ਉਸ ਨੇ)
ਔਸਤ (औसत) /ausata アオースト/ [Arab. *ausat*] *f.* **1** 平均. **2** 中間点, 中間の位置. **3** 中央値.
ਔਸਤਨ (औसतन) /ausatana アオースタン/ [Arab. *ausatan*] *adv.* 平均して, 平均的に.
ਔਸ਼ਧਾਲਾ (औशधाला) /auśadǎlā アオーシュダーラー/ [Skt. औषधालय] *m.* **1** 薬局, 調剤所. **2** 薬屋. **3** 薬種商.
ਔਸ਼ਧੀ (औशधी) /aûśadī アオーシャディー/ ▸ਔਖਦ, ਔਖਦੀ [Skt. औषधि] *f.* 薬, 薬剤, 薬品. (⇒ਦਵਾ)
ਔਸ਼ਧੀ ਵਿਗਿਆਨ (औशधी विगिआन) /aûśadī vigiāna アオーシャディー ヴィギアーン/ [+ Skt. विज्ञान] *m.* 薬学.
ਔਸਰ (औसर) /ausara アオーサル/ ▸ਅਉਸਰ, ਅਵਸਰ *m.* → ਅਵਸਰ
ਔਸਰਨਾ (औसरना) /ausaranā アオーサルナー/ *vi.* 思い浮かぶ, 思いつく, 考えつく. (⇒ਸੁੱਝਣਾ)
ਔਸਾਣ (औसाण) /ausāṇa アオーサーン/ ▸ਉਸਾਣ, ਔਸਾਨ *m.* → ਔਸਾਨ
ਔਸਾਨ (औसान) /ausāna アオーサーン/ ▸ਉਸਾਣ, ਔਸਾਣ [Pers. *ausān*] *m.* **1**《複数扱い》意識, 正気. (⇒ਹੋਸ਼) ❐ਔਸਾਨ ਖ਼ਤਾ ਹੋਣੇ 正気を失う, 気が動転する, (驚き・恐怖などで)ものも言えなくなる, 唖然とする. **2** 冷静, 沈着, 落ち着き.
ਔਂਸੀ (औंसी) /ãūsī アオーンスィー/ ▸ਔਸੀ [Skt. अवनि सीता] *f.* **1** 地面の線. **2** 線描き占い《成功か失敗か, 希望が叶うか裏切られるかを, 地面に線を描いて占う迷信的な方法》. **3** 成功を指し示す倍数.
ਔਸੀ (औसी) /ausī アオースィー/ ▸ਔਂਸੀ *f.* → ਔਂਸੀ
ਔਹ (औह) /aû アオー/ *pron.* 《遠くの物や人を指すことを明示したり, 遠くから話しかけるため, 3人称主格(単複同形)の ਉਹ を強めて言った語形》 **1** あれ, あの人. **2** あれら, あの人たち.
— *adv.* あそこに, あそこを. ❐ਔਹ ਦੇਖੋ あそこを見て, ほら. ❐ਔਹ ਦੇਖੋ, ਕੁੜੀਆਂ-ਮੁੰਡੇ ਆਉਂਦੇ। ほら, 男の子たちと女の子たちがやって来る.
ਔਹਰ[1] (औहर) /aûra アオール/ *f.* **1** 病気, 患い. (⇒ਬਿਮਾਰੀ, ਰੋਗ) **2** 慢性の病気. **3** 困難, 苦痛. (⇒ਤਕਲੀਫ਼)
ਔਹਰ[2] (औहर) /aûra アオール/ [(Pot.)] *f.* **1** 〖植物〗カラシナ(芥子菜), オオカラシナ(大芥子菜), セイヨウカラシナ(西洋芥子菜)《アブラナ科の植物》. (⇒ਰਾਈ) **2** 困難, 苦痛. (⇒ਤਕਲੀਫ਼) **3** 病気. (⇒ਬਿਮਾਰੀ)
ਔਹਰਿਆ (औहरिआ) /aûriā アオーリアー/ ▸ਔਹਰੀ *adj.* **1** 病気の. **2** 患っている.
— *m.* 病人, 患者.
ਔਹਰੀ (औहरी) /aûrī アオーリー/ ▸ਔਹਰਿਆ *adj.m.* →

ਔਹਰਿਆ
ਔਹਲ (औहल) /aûla アォール/ *f.* 1 急ぎ. 2 せわしなさ, 喧噪. 3 性急, あわてること.
ਔਹੜਨਾ (औहड़ना) /aûṛanā アォールナー/ ▶ਅਹੁੜਨਾ, ਆਹੁੜਨਾ *vi.* → ਅਹੁੜਨਾ
ਔਕਸੀਜਨ (औकसीजन) /aukasījana アォークスィージャン/ ▶ਆਕਸੀਜਨ *f.* → ਆਕਸੀਜਨ
ਔਕਤ (औकत) /aukata アォーカト/ ▶ਔਗਤ *f.* → ਔਗਤ
ਔਂਕੜ (औंकड़) /ãũkaṛa アォーンカル/ [Skt. अंकुश] *m.* 〖文字〗アォーンカル《短母音「ウ」を表す, グルムキー文字の母音記号 ੁ の名称. サンスクリット語の aṅkuśa アンクシャ「象使いが象の調教に用いる湾曲した突き棒」が ਅੰਕੜ アンカルに変化し, 文字の名称としては ਔਂਕੜ アォーンカルとなった. ੁ の形を一本の湾曲した突き棒に見立てたところから生まれた名称》.
ਔਕੜ (औकड़) /aukaṛa アォーカル/ *m.* 1 苦難, 苦労, 困難, 難儀. (⇒ਮੁਸੀਬਤ) ❒ਔਕੜਾਂ ਭਰੇ ਸਮੇਂ ਵਿੱਚ ਵੀ 苦難に満ちた時にも. 2 苦境, 窮境. 3 混乱させる状況. 4 困難な問題. 5 困った状態, 妨害. 6 困惑, 当惑. 7 苦労, 揉め事. 8 苦痛, 心痛, 苦悩.
ਔਕਾਤ (औकात) /aukāta アォーカート/ [Arab. *auqāt*, plural of Arab. *vaqt*] *f.* 1 時, 折, 機会. 2 時代, 時期, 人生, 生涯. 3 環境, 状態, 状況. 4 身分, 地位. (⇒ਹੈਸੀਅਤ) 5 価値. 6 財産, 富. 7 能力, 力量, 才能.
ਔਖ (औख) /aukʰa アォーク/ *m.* 1 苦難, 苦労, 困難, 揉め事. (⇒ਮੁਸੀਬਤ) ❒ਬੜੀ ਔਖ ਨਾਲ ਇਸ ਬਾਲ ਨੂੰ ਪਾਲਿਆ। とても苦労してこの子供を育てました. 2 困惑, 当惑. 3 苦痛, 心痛, 苦悩. 4 不快.
ਔਖਦ (औखद) /aukʰada アォーカド/ ▶ਔਸ਼ਧੀ, ਔਖਦੀ *f.* → ਔਸ਼ਧੀ
ਔਖਦੀ (औखदी) /aukʰadī アォーカディー/ ▶ਔਸ਼ਧੀ, ਔਖਦ *f.* → ਔਸ਼ਧੀ
ਔਖਾ (औखा) /aukʰā アォーカー/ *adj.* 難しい, 困難な. (⇒ਮੁਸ਼ਕਲ)(⇔ਸੌਖਾ)
ਔਖਿਆਈ (औखिआई) /aukʰiāī アォーキアーイー/ ▶ਉਖਿਆਈ *f.* 困難, 難儀, 苦難, 苦労. (⇒ਮੁਸੀਬਤ)
ਔਗਤ (औगत) /augata アォーガト/ ▶ਔਕਤ *f.* 1 悪い状態. 2 破滅, 破壊. (⇒ਨਾਸ਼)
ਔਗਾਣ (औगाण) /augāṇa アォーガーン/ ▶ਅਫ਼ਗਾਨ *adj.m.* → ਅਫ਼ਗਾਨ
ਔਗੁਣ (औगुण) /auguṇa アォーグン/ ▶ਅਉਗੁਣ, ਅਵਗੁਣ [Skt. अवगुण] *m.* 1 良くない点. (⇒ਕੁਸਿਫ਼ਤ) 2 悪, 邪悪. 3 短所, 欠点. 4 汚点.
ਔਘਟ (औघट) /aûgaṭa アォーガト/ *adj.* 1 困難な. (⇒ਮੁਸ਼ਕਲ) 2 平坦でない, でこぼこの. 3 険しい, 危険な. 4 到達できない. 5 絶壁の.
ਔਘੜ (औघड़) /aûgaṛa アォーガル/ *adj.* 1 無骨な, 粗野な. 2 向こう見ずな. 3 扱い難い. 4 醜い. (⇒ਕਰੂਪ)
ਔਚਟ (औचट) /aucaṭa アォーチャト/ *f.* 困難, 苦難, 苦境, 危難, 危機. (⇒ਔਖ, ਮੁਸੀਬਤ)
ਔਜ਼ਾਰ (औज़ार) /auzāra アォーザール/ [Arab. *auzār*, plural of Arab. *vizr*] *m.* 1 道具, 器具, 機器. (⇒ਸੰਦ) 2 装置.
ਔਝੜ (औझड़) /aûjaṛa アォージャル/ *adj.* 1 遠回りの, 回り道の, 迂回した. 2 難しい, 困難な. 3 間違った.
— *adv.* 正道からそれて, 道に迷って. ❒ਔਝੜ ਪਾਉਣਾ 道に迷わせる, 間違った方向に導く. ❒ਔਝੜ ਪੈਣਾ 道に迷う, 人跡未踏の奥地を旅する.
— *m.* 1 遠回り, 回り道, 迂回. 2 人跡未踏の地. 3 荒地, 未開墾地.
ਔਟਣਾ (औटणा) /auṭaṇā アォートナー/ *vi.* 1 煮える. 2 煮詰まる. 3 焼き尽くされる.
ਔਟਾ (औटा) /auṭā アォーター/ *adj.* 煮えた, 煮られた.
ਔਟਾਉਣਾ (औटाउणा) /auṭāuṇā アォーターウナー/ *vt.* 1 煮る. 2 煮詰める.
ਔਡਾ (औडा) /auḍā アォーダー/ *adj.* 1 あの大きさの, あのくらいの. (⇒ਉਸ ਜਿੱਡਾ) 2 あの規模の.
— *m.* 1 あの大きさ, あのくらい. 2 あの規模.
ਔਂਤ (औंत) /ãũta アォーント/ ▶ਔਤ, ਔਤਰ, ਊਤ *adj.* → ਔਤ
ਔਤ (औत) /auta アォート/ ▶ਔਂਤ, ਔਤਰ, ਊਤ [Skt. अपुत्र] *adj.* 1 息子のいない, 子供のいない. (⇒ਨਿਪੁੱਤਾ) 2 子供を生まない, 不妊の. 3 欠陥のある, 悪い. (⇒ਖ਼ਰਾਬ) 4 馬鹿な, 愚かな, 愚鈍な. (⇒ਬੇਸਮਝ, ਬੁੱਧਹੀਣ, ਮੂਰਖ) 5 不器用な, 下手な. 6 見苦しい, ぶざまな. 7 機転のきかない, へまな. 8 粗野な, 教養のない. 9 子供じみた.
ਔਤਰ (औतर) /autara アォータル/ ▶ਔਂਤ, ਔਤ, ਊਤ *adj.* → ਔਤ
ਔਂਤਰਾ (औंतरा) /ãũtarā アォーンタラー/ ▶ਔਤਰਾ *m.* → ਔਤਰਾ
ਔਤਰਾ (औतरा) /autarā アォータラー/ ▶ਔਂਤਰਾ [Skt. अपुत्र] *m.* 1 子供のいない男. 2 欠陥のある男, 悪い男. (⇒ਖ਼ਰਾਬ ਆਦਮੀ)
ਔਤਾਰ (औतार) /autāra アォータール/ ▶ਅਵਤਾਰ *m.* → ਅਵਤਾਰ
ਔਧ (औध) /aûda アォード/ ▶ਅਉਧ *f.* → ਅਉਧ
ਔਧਰ (औधर) /aûdara アォーダル/ ▶ਉਧਰ, ਉੱਧਰ, ਓਧਰ *adv.* → ਓਧਰ
ਔਪਰੇਸ਼ਨ (औपरेशन) /aupareśana アォープレーシャン/ ▶ਉਪਰੇਸ਼ਨ, ਓਪਰੇਸ਼ਨ, ਅਪਰੇਸ਼ਨ, ਆਪ੍ਰੇਸ਼ਨ *m.* → ਓਪਰੇਸ਼ਨ
ਔਫ਼ੀਸ਼ਲ (औफ़ीशल) /aufīśala アォーフィーシャル/ ▶ਆਫ਼ੀਸ਼ਲ *adj.* → ਆਫ਼ੀਸ਼ਲ
ਔਰ (और) /aura アォール/ ▶ਹੋਰ, ਅਵਰ [Skt. अपर] *conj.* 1 そして. 2 …と….
— *adj.* 1 もっとたくさんの. 2 別の. 3 他の. 4 追加の.
— *adv.* 1 さらに. 2 もっと…な, より…な.
— *pron.* 1 他のもの, 他人. 2 別のもの, もう一つのもの, もう一人の人.
ਔਰੰਗਜ਼ੇਬ (औरंगज़ेब) /auraṅgazeba アォーラングゼーブ/ *m.* 〖人名・歴史〗アウラングゼーブ《ムガル帝国第6代皇帝》.
ਔਰਤ (औरत) /aurata アォーラト/ [Pers. `*aurat*] *f.* 1 女, 女性. (⇒ਤੀਵੀਂ, ਤਿਰਿਆ, ਤਰੀਮਤ) 2 婦人. 3 〖親族〗妻.
ਔਲ[1] (औल) /aula アォール/ *f.* 1 衝動, 刺激. 2 痒さ, むずむずする感覚.
ਔਲ[2] (औल) /aula アォール/ *f.* 〖身体〗胎盤. (⇒ਜਿਓਰ)
ਔਲਾ (औला) /aulā アォーラー/ [Skt. आमलक] *m.* 〖植

物』マラッカノキ, アンマロク(庵摩勒)《トウダイグサ科の落葉性小高木. 葉は羽状, 花は薄緑色で, 果実は丸く薄緑または黄. アーユルヴェーダでは果汁を糖尿病患者の膵臓を強めるために用いられ, さらに目の疾患・関節痛・下痢・赤痢などにも用いられる》, その果実.

ਔਲਾਦ (औलाद) /aulādạ アオーラード/ ▸ਉਲਾਦ [Arab. *aulād,* plural of Arab. *valad*] *f.* **1** 子孫, 末裔, 後裔. (⇒ਸੰਤਾਨ) **2** 子供たち, 息子や娘たち. **3** 世代, (家族の)代.

ਔਲੀਆ (औलीआ) /auliā アオーリーアー/ ▸ਉਲਿਆ, ਉਲਿਆਉ [Arab. *auliyā,* plural of Arab. *valī*] *m.* **1**『イスラーム』神の使者, 預言者, スーフィーの聖者. **2** 占星術師.

ਔਲੂ (औलू) /aulū アオールー/ *m.*『容器』水槽. (⇒ਚੁਬੱਚਾ)

ਔਲੇ (औले) /aule アオーレー/ *adv.* あちこち. (⇒ਇੱਧਰ ਉੱਧਰ)

ਔੜ (औड़) /auṛạ アオール/ *f.* **1**『気象』干ばつ, ひでり. (⇒ਸੋਕਾ) **2**『暦』乾季. **3** 水不足. **4** 不足. **5** 欠乏.

ਔੜਾ (औड़ा) /auṛā アオーラー/ *m.* **1** 妨害, 制止. (⇒ਰੋਕ) **2** 障害, 支障. (⇒ਰੁੱਕਰ) **3** 困難, 苦難. (⇒ਔਖ)

ੲ /īṛī イーリー/ *f.*『文字』グルムキー文字の字母表の3番目の文字《3種の母音字 ਇ ਈ ਏ の基となる字形. ਇ は日本語の「イ」より唇をもっと左右に張り緊張させて発音する短母音「イ」. ਈ は ਇ「イ」より口は狭く日本語の「イー」より唇をもっと左右に張り緊張させて発音する長母音「イー」. ਏ は ਐ「アエー」より口は狭く舌を持ち上げて発音する長母音「エー」》.

ਇ

ਇਉਂ (इउँ) /iũ イウン/ ▸ਐਂ, ਐਉਂ, ਐਉਂ, ਐਓ *adv.* → ਐਉਂ

ਇਆ[1] (इआ) /iā イアー/ ▸ਆ *suff.* 動詞の語幹に付き, 完了分詞の男性・単数形を形成する接尾辞. 男性・単数 ਇਆ, 男性・複数 ਏ, 女性・単数 ਈ, 女性・複数 ਈਆਂ, 主格主語のない副詞的用法 ਇਆਂ と変化する. 語幹が子音で終わる場合は, 母音字 ਇ ਈ ਏ の部分が, それぞれ ਿ ੀ ੇ の母音記号表記になる. 完了分詞の中には, 形容詞に転化し, 辞書に形容詞として登録されているものもある.

ਇਆ[2] (इआ) /iā イアー/ ▸ਜਾਂ, ਯਾ *conj.* → ਜਾਂ

ਇਆਣਪ (इआणप) /iāṇapạ イアーナプ/ ▸ਇਆਨਪ [Skt. अ- Skt. ज्ञान] *f.* **1** 無知. (⇒ਅਗਿਆਨਤਾ) **2** 無垢. (⇒ਨਿਰਮਲਤਾ) **3** 無邪気. (⇒ਬਾਲ ਅਵਸਥਾ)

ਇਆਣਾ (इआणा) /iāṇā イアーナー/ ▸ਅਇਆਣਾ, ਇਆਨੜਾ, ਏਆਣਾ [Skt. अ- Skt. ज्ञान] *adj.* **1** 無知の. (⇒ਅਗਿਆਨ) **2** 無邪気な, 無垢の. (⇒ਅਣਜਾਣ)

— *m.* 幼児.

ਇਆਨਪ (इआनप) /iānapạ イアーナプ/ ▸ਇਆਣਪ *f.* → ਇਆਣਪ

ਇਆਨੜਾ (इआनड़ा) /iānạṛā イアーンラー/ ▸ਅਇਆਣਾ, ਇਆਣਾ, ਏਆਣਾ *adj.m.* → ਇਆਣਾ

ਇਆਲੀ (इआली) /iālī イアーリー/ *m.* **1** 羊飼い. **2** 山羊飼い.

ਇਸ (इस) /isạ | esạ イス | エース/ ▸ਐਸ, ਏਸ *pron.* 《 ਇਹ の後置格または能格・単数形(複数形は ਇਹਨਾਂ または ਇਨ੍ਹਾਂ). 3人称能格には ਨੇ を伴うが, ਆਪ「この方」「あの方」以外については, 3人称能格に伴う ਨੇ を省略することができる》これ, この, この人.

ਇਸ਼ਕ (इशक) /iśakạ イシャク/ ▸ਅਸ਼ਕ [Arab. `iśq] *m.* **1** 愛, 愛着, 恋, 恋愛. (⇒ਪਰੇਮ) **2** 愛欲, 肉欲. **3** 神への熱愛.

ਇਸ਼ਕ ਹਕੀਕੀ (इशक हकीकी) /iśakạ hakīkī イシャク ハキーキー/ [+ Arab. *haqīqī*] *m.* **1** 真の愛, 純愛. **2** 純精神的恋愛. **3** 神への熱愛, 神を慕う心.

ਇਸ਼ਕਪੇਚਾ (इशकपेचा) /iśakạpecā イシャクペーチャー/ [+ Pers. *pec*] *m.*『植物』ルコウソウ(縷紅草)《ヒルガオ科の蔓草》.

ਇਸ਼ਕ ਮਜਾਜੀ (इशक मजाजी) /iśakạ majājī イシャク マジャージー/ ▸ਇਸ਼ਕ ਮਿਜ਼ਾਜੀ *m.* → ਇਸ਼ਕ ਮਿਜ਼ਾਜੀ

ਇਸ਼ਕ ਮਿਜ਼ਾਜੀ (इशक मिज़ाजी) /iśakạ mizājī イシャク ミザージー/ ▸ਇਸ਼ਕ ਮਜਾਜੀ [+ Arab. *mizāj* -ਈ] *m.* **1** 肉体的愛情, 性愛. **2** 情欲, 淫乱.

ਇਸ ਕਰਕੇ (इस करके) /isạ karạke| esạ karạke イス カルケー| エース カルケー/ *conj.* それで, だから, そのため, それゆえに, 従って.

ਇਸਗੰਧ (इसगंध) /isạgândạ イスガンド/ ▸ਅਸਗੰਧ *f.* → ਅਸਗੰਧ

ਇਸ਼ਟ (इशट) /iśaṭạ イシュト/ [Skt. इष्ट] *adj.* **1** 熱望される. **2** 熱愛される. **3** 気に入りの, 大好きな.

— *m.* **1** 熱愛されるもの. **2** 神. **3** 聖者. **4** 訓戒者. **5** 心の導師.

ਇਸ਼ਟਾਮ (इशटाम) /iśaṭāmạ イシュターム/ ▸ਅਸ਼ਟਾਮ *m.* → ਅਸ਼ਟਾਮ

ਇਸ਼ਤਹਾਰ (इशतहार) /iśạtahārạ イシュタハール/ ▸ਇਸ਼ਤਿਹਾਰ *m.* → ਇਸ਼ਤਿਹਾਰ

ਇਸਤਕਬਾਲ (इसतकबाल) /isạtakạbālạ イスタクバール/ [Arab. *istiqbāl*] *m.* **1** 歓迎. (⇒ਸੁਆਗਤ) ❐ਇਸਤਕਬਾਲ ਕਰਨਾ 歓迎する. **2** 接待, 歓待. (⇒ਮੇਜ਼ਬਾਨੀ) ❐ ਇਸਤਕਬਾਲ ਕਰਨਾ 接待する, 歓待する.

ਇਸਤਕਬਾਲੀਆ (इसतकबालीआ) /isạtakạbālīā イスタクバーリーアー/ [-ਈਆ] *adj.* **1** 歓迎の. **2** 歓待の, 接待の.

ਇਸਤਗ਼ਾਸਾ (इसतग़ासा) /isatạğāsā イサトガーサー/ [Arab. *istiğāsa*] *m.* **1** 助けを求めること. **2** 嘆願. (⇒ਫ਼ਰਿਆਦ) **3**『法』訴訟. (⇒ਮੁਕੱਦਮਾ)

ਇਸਤਮਰਾਰੀ (इसतमरारी) /isạtamạrārī イスタムラーリー/ [Arab. *istimrārī*] *adj.* 永久の, 永久的な, 永続的な. (⇒ਦਾਇਮੀ)

ਇਸ਼ਤਮਾਲ (इशतमाल) /iśatamālạ イシャタマール/ *m.* 統合, 合併. ❐ਇਸ਼ਤਮਾਲ ਅਰਾਜ਼ੀ 土地の統合, 耕地の

統合.

ਇਸਤਰਿਤਵ (इसतरितव) /isataritava イサタリタヴ/ ▶ਇਸਤਰੀਤਵ [Skt. स्त्री Skt.-त्व] m. 女性であること, 女らしさ, 女っぽさ, 女性的特徴. (⇒ਤੀਵੀਂਪੁਣਾ)

ਇਸਤਰੀ[1] (इसतरी) /isatarī イスタリー/ [Portug. estirar] f. 1〖道具〗アイロン. 2 アイロンをかけること.

ਇਸਤਰੀ[2] (इसतरी) /isatarī イスタリー/ ▶ਇਸਤ੍ਰੀ [Skt. स्त्री] f. 1 女性, 女子, 婦人. (⇒ਤੀਵੀਂ) 2〖親族〗妻. (⇒ਵਹੁਟੀ)

ਇਸਤ੍ਰੀ (इसत्री) /isatrī (isatarī) イストリー (イスタリー)/ ▶ਇਸਤਰੀ f. → ਇਸਤਰੀ[2]

ਇਸਤਰੀਅਤ (इसतरीअत) /isatarīata イスタリーアト/ [Skt. स्त्री Pers.-yat] f. 女性であること, 女らしさ, 女っぽさ, 女性的特徴. (⇒ਤੀਵੀਂਪੁਣਾ)

ਇਸਤਰੀਤਵ (इसतरीतव) /isatarītava イスタリータヴ/ ▶ਇਸਤਰਿਤਵ m. → ਇਸਤਰਿਤਵ

ਇਸਤਰੀ ਲਿੰਗ (इसतरी लिंग) /isatarī linga イスタリー リング/ [Skt. स्त्री + Skt. लिंग] f.〖言〗(文法上の)女性. (⇒ਮੁਅੱਨਸ)(⇔ਪੁਲਿੰਗ)

ਇਸਤਲਾਹ (इसतलाह) /isatalâ イサトラー/ [Arab. iṣtilāh] f. 1 語句. 2 慣用句, 熟語, 成句. 3 用語. 4 専門用語, 術語.

ਇਸਤਾਮਾਲ (इसतामाल) /isatāmāla イスターマール/ ▶ਇਸਤਿਮਾਲ, ਇਸਤੇਮਾਲ m. → ਇਸਤੇਮਾਲ

ਇਸ਼ਤਿਹਾਰ (इशतिहार) /iśatihāra イシュティハール/ ▶ਇਸ਼ਤਹਾਰ [Arab. iśtihār] m. 1 広告, 宣伝. (⇒ਵਿਗਿਆਪਨ) 2 通知, 知らせること, 公告. 3 ポスター. 4 ちらし. 5 ビラ.

ਇਸ਼ਤਿਹਾਰਬਾਜ਼ੀ (इशतिहारबाज़ी) /iśatihārabāzī イシュティハールバーズィー/ [Pers.-bāzī] f. 1 ただの見せ物. 2 安価な宣伝方法.

ਇਸ਼ਤਿਹਾਰੀ (इशतिहारी) /iśatihārī イシュティハーリー/ [-ਈ] adj. 1 宣伝された. 2 広告された. 3 布告された.

ਇਸਤਿਮਾਲ (इसतिमाल) /isatimāla イスティマール/ ▶ਇਸਤਾਮਾਲ, ਇਸਤੇਮਾਲ m. → ਇਸਤੇਮਾਲ

ਇਸਤੇਮਾਲ (इसतेमाल) /isatemāla イステーマール/ ▶ਇਸਤਾਮਾਲ, ਇਸਤਿਮਾਲ [Arab. isti`māl] m. 1 使用, 実用. (⇒ਵਰਤੋਂ, ਪਰਯੋਗ) ❐ਇਸਤੇਮਾਲ ਕਰਨਾ 使用する, 使う. 2 利用, 用途.

ਇਸਥਿਤ (इसथित) /isatʰita イスティト/ [Skt. स्थित] adj. 位置した.

ਇਸਥਿਰ (इसथिर) /isatʰira イスティル/ [Skt. स्थिर] adj. 1 静止した. 2 不動の, 堅固な. 3 変化しない, 安定した.

ਇਸਦਾ (इसदा) /isadā イスダー/ ▶ਇਹਦਾ pron. 《 ਇਸ ਦਾ の結合形で, 3人称単数代名詞 ਇਹ の属格》これの, この人の.

ਇਸ਼ਨਾਨ (इशनान) /iśanāna イシュナーン/ ▶ਅਸ਼ਨਾਨ, ਸਨਾਨ [Skt. स्नान] m. 1 水浴び, 入浴, 体を洗うこと. 2 水で体を清めること, 洗い清め, 沐浴.

ਇਸਨੂੰ (इसनूँ) /isanū̃ イスヌーン/ ▶ਇਹਨੂੰ pron. 《 ਇਸ ਨੂੰ の結合形》これを, これに, この人を, この人に.

ਇਸਪਾਤ (इसपात) /isapāta イスパート/ ▶ਅਸਪਾਤ [Portug. espada] m.〖金属〗鋼鉄, 鋼(はがね). (⇒ਸਟੀਲ)

ਇਸਫ਼ਹਾਨ (इसफ़हान) /isafahāna イスファハーン/ [Pers. esfahān] m.〖地名〗イスファハーン《イランの中部地方にある都市. アッバース一世が1597年に都として定め, 以後18世紀の前半にサファヴィー朝が滅亡するまでの130年近く, この王朝の中心都市として大いに繁栄した》.

ਇਸਬਗ਼ੋਲ (इसबग़ोल) /isabağola イサブゴール/ ▶ਈਸਬਗ਼ੋਲ [Pers. ispağol] m.〖植物〗イスパゴール(イサゴール), その種子《オオバコ科の草本. 種子が薬用に用いられる》.

ਇਸਮ (इसम) /isama | isama イスム | イサム/ [Arab. ism] m. 1 名, 名前, 名称. (⇒ਨਾਂ) 2 神の御名. (⇒ਖ਼ੁਦਾ ਦਾ ਨਾਂ) 3 神の御名の暗唱. (⇒ਸਿਮਰਨ)

ਇਸਮਤ (इसमत) /isamata イスマト/ ▶ਅਸਮਤ [Arab. `iṣmat] f. 1 名誉. 2 清廉, 純潔, 貞節, 操.

ਇਸਰਾਈਲ (इसराईल) /isarāīla イスラーイール/ [Eng. Israel] m.〖国名〗イスラエル(国).

ਇਸਰਾਰ (इसरार) /isarāra イスラール/ [Arab. iṣrār] m. 1 固執. 2 強情, 頑固. 3 頑強さ, しつこさ.

ਇਸ ਲਈ (इस लई) /isa laī イス ライー/ conj. それで, だから, そのため, それゆえに, 従って.

ਇਸਲਾਮ (इसलाम) /isalāma イスラーム/ [Arab. islām] m.〖イス〗イスラーム(イスラーム教, イスラム教). (⇒ਮੁਸਲਮਾਨੀ ਧਰਮ)

ਇਸਲਾਮਾਬਾਦ (इसलामाबाद) /isalāmābāda イスラーマーバード/ m.〖地名〗イスラマバード(イスラーマーバード, イスラマーバード)《パキスタンの首都》.

ਇਸਲਾਮੀ (इसलामी) /isalāmī イスラーミー/ [Arab. islāmī] adj.〖イス〗イスラームの.

ਇਸਾਇਣ (इसाइण) /isāiṇa イサーイン/ [Pers. `īsāī -ਣ] f.〖キ〗キリスト教徒の女性.

ਇਸਾਈ (इसाई) /isāī イサーイー/ ▶ਈਸਾਈ [Pers. `īsāī] adj.〖キ〗キリスト教徒の.

— m.〖キ〗キリスト教徒, クリスチャン.

ਇਸਾਈਅਤ (इसाईअत) /isāīata イサーイーアト/ [Pers. `īsāī Pers.-yat] f.〖キ〗キリスト教.

ਇਸਾਈ ਧਰਮ (इसाई धरम) /isāī tărama イサーイー タラム/ [+ Skt. धर्म] m.〖キ〗キリスト教.

ਇਸ਼ਾਰਾ (इशारा) /iśārā イシャーラー/ [Arab. iśāra] m. 1 暗示. ❐ਇਸ਼ਾਰਾ ਕਰਨਾ 暗示する, ほのめかす, 指摘する. 2 合図. ❐ਇਸ਼ਾਰਾ ਦੇਣਾ 合図する. 3 身振り, ジェスチャー.

ਇਸ਼ਾਰੀਆ (इशारीआ) /iśārīā イシャーリーアー/ m.〖数学〗小数点.

ਇੱਸੀ (इस्सी) /issī イッスィー/ ▶ਅੱਸੀ f. 1 端, 縁. (⇒ਕਿਨਾਰਾ) 2 脇, 横.

ਇਸੇ (इसे) /ise イセー/ ▶ਏਸੇ pron. 《 ਇਹ の後置格または能格・単数形の ਇਸ と ਹੀ の融合形で ਇਹੀ の後置格または能格. ਇਸ に ਹੀ の表す「…こそ」「まさに…」などの強調する意味が加わっている》まさにこれ(ら), まさにこの人(たち).

ਇਹ (इह) /ê エー/ ▶ਅਹ, ਏਹ, ਹਿਹ, ਹੇਹ pron. 1《3人称主格・単数形(単複同形)》これ, この, この人. 2《3人

称主格・複数形(単複同形)》これら, これらの, この人たち, (文法上は複数形だが1人の人物にも敬意を込めて用いる)この方. **3**《単数形では, 本来の後置格形は ਇਸ であるが, この形に変化しないで ਇਹ のまま後置詞の ਦਾ や ਨੂੰ などと結び付く語形もある. その場合は3人称後置格・単数形》これ, この人.

ਇਹਸਾਸ (इहसास) /êsāsa エーサース/ ▸ਅਹਿਸਾਸ [Arab. *ihsās*] *m.* **1** 知覚, 理解. **2** 感情. (⇒ਅਨੁਭਵ) ❐ਇਹਸਾਸ ਹੋਣਾ 感じる. **3** 感覚. **4** 認識. ❐ਇਹਸਾਸ ਹੋਣਾ 認識する.

ਇਹਸਾਨ (इहसान) /êsāna エーサーン/ ▸ਅਹਿਸਾਨ [Arab. *ihsān*] *m.* **1** 恩, 恩恵. ❐ਇਹਸਾਨ ਕਰਨਾ 恩を施す, 願い事を叶えてあげる. **2** 恩義, 厚意. ❐ਇਹਸਾਨ ਮੰਨਣਾ 恩義を認める, 厚意に感謝する, ありがたく思う. **3** 親切. ❐ਇਹਸਾਨ ਕਰਨਾ 親切にする.

ਇਹਸਾਨਫ਼ਰਾਮੋਸ਼ (इहसानफ़रामोश) /êsānafarāmośa エーサーンファラーモーシュ/ [Pers.*-farāmoś*] *adj.* 恩義を忘れる, 恩知らずの. (⇒ਅਕਿਰਤਘਣ)

— *m.* 恩義を忘れる人, 恩知らず.

ਇਹਸਾਨਮੰਦ (इहसानमंद) /êsānamanda エーサーンマンド/ [Pers.*-mand*] *adj.* **1** 恩義を受けている, ありがたく思っている. **2** 恩恵を被っている.

ਇਹਤਕਾਦ (इहतकाद) /êtakāda エートカード/ ▸ਇਤਕਾਦ *m.* → ਇਤਕਾਦ

ਇਹਤਿਆਤ (इहतिआत) /êtiāta エーティアート/ [Arab. *ihtiyāt*] *f.* **1** 用心, 注意, 警戒. (⇒ਸਾਵਧਾਨੀ) **2** 安全, 保護. (⇒ਹਿਫ਼ਾਜ਼ਤ)

ਇਹਤਿਆਤਨ (इहतिआतन) /êtiātana エーティアータン/ [Arab. *ihtiyātan*] *adv.* **1** 用心として, 用心に, 予防のため, 用心深い方法で. **2** 注意深く, 警戒して. **3** 用心深く, 慎重に.

ਇਹਤਿਆਤੀ (इहतिआती) /êtiātī エーティアーティー/ [Arab. *ihtiyātī*] *adj.* 用心の, 警戒の, 予防の.

ਇਹਦਾ (इहदा) /êdā エーダー/ ▸ਇਸਦਾ *pron.* 《ਇਹ ਦਾ の結合形で, 3人称単数代名詞 ਇਹ の属格》これの, この人の.

ਇਹਨਾਂ (इहनाँ) /ênā̃ エーナーン/ ▸ਇਨ੍ਹਾਂ *pron.* 《ਇਹ の後置格または能格・複数形(単数形は ਇਸ)3人称主語の能格には ਨੇ を伴うが, ਆਪ「この方」以外については3人称能格に伴う ਨੇ を省略することができる》これら, これらの, この人たち, (文法上は複数形だが一人の人物にも敬意を込めて用いる)この方.

ਇਹਨੂੰ (इहनूँ) /ênū̃ エーヌーン/ ▸ਇਸਨੂੰ *pron.* 《ਇਹ ਨੂੰ の結合形》これを, これに, この人を, この人に.

ਇਹਾਤਾ (इहाता) /ihātā | iǎtā イハーター | イアーター/ *m.* **1** 構内, キャンパス. **2** 飲酒許可区域.

ਇਹੀ (इही) /êī | ihī エーイー | イヒー/ ▸ਇਹੀਓ *pron.* 《主格 ਇਹ (単複同形)と ਹੀ の融合形》ਇਹ に ਹੀ の表す「…こそ」「まさに…」などの強調する意味が加わっている》 まさにこれ(ら), まさにこの人(たち).

ਇਹੀਓ (इहीओ) /êīo | ihīo エーイーオー | イヒーオー/ ▸ਇਹੀ *pron.* → ਇਹੀ

ਇਹੋ (इहो) /êo | iho エーオー | イホー/ *pron.* **1**《主格 ਇਹ (単複同形)と ਹੀ の融合形. ਇਹ に ਹੀ の表す「…こそ」「まさに…」などの強調する意味が加わっている》まさにこれ(ら), まさにこの人(たち). ❐ਇਹੋ ਕੰਮ ਅੱਜ ਕਰਨਾ ਹੋਏਗਾ। まさにこの仕事は今日しなければならないでしょう. **2**《 ਜਿਹਾ の前に現れる ਇਹ の変化形. 後に ਜਿਹਾ が続き ਇਹੋ ਜਿਹਾ の形で用い, 全体として「このような」「こんな」「このように」「こう」などの意味を表す. ਜਿਹਾ の語尾変化は, 接尾辞 ਜਿਹਾ の見出しの項に示してある》.

ਇਹੋ ਜਿਹਾ (इहो जिहा) /êo jīā | iho jihā エーオー ジアー | イホー ジハー/ ▸ਐਹੋ ਜੇਹਾ *adj.* このような, こういう, こんな. ❐ਸਾਨੂੰ ਇਹੋ ਜਿਹੇ ਕੰਮ ਕਰਨੇ ਪੈਂਦੇ ਹਨ। 私たちはこのような仕事をしなければなりません. ❐ਜਦੋਂ ਕੋਈ ਇਹੋ ਜਿਹੀ ਗ਼ਲਤੀ ਹੋ ਜਾਂਦੀ ਹੈ ਤਾਂ ਉਹ ਝਟ ਆਖਦੇ ਹਨ। 何かこのような間違いがある時には彼らはすぐに言います.

— *adv.* このように, こんなふうに, こう.

ਇਕ (इक) /ika イク/ ▸ਇੱਕ, ਏਕ, ਹਿਕ *ca.num. adj.* → ਇੱਕ

ਇੱਕ (इक्क) /ikka イック/ ▸ਇਕ, ਏਕ, ਹਿਕ [(Pkt. एक्क) Skt. एक] *ca.num.* 1, 一つ.

— *adj.* **1** 一つの, 唯一の. **2** 単一の, 同一の, 同じ. **3**(はっきりとは言わない)ある, 不特定の.

— *pref.* **1**「一つの…」「唯一の…」「単独の…」など, 1の意味を含む語を形成する接頭辞. **2**「一つ」「唯一」「単一」「同一」「一貫性」などの意味を表す接頭辞.

ਇੱਕ-ਅੱਖਰੀ (इक्क-अक्खरी) /ikka-akkʰarī イック・アッカリー/ [Skt. एक- Skt. अक्षर -ई] *adj.* **1**〖言〗単音節(語)の. **2**(返事などが)簡潔な, そっけない.

ਇੱਕ-ਅੱਖੀ (इक्क-अक्खी) /ikka-akkʰī イック・アッキー/ [Skt. एक- Skt. अक्षि -ई] *adj.* **1** 単眼の, 片目の. **2** 一眼レフの.

ਇੱਕ-ਅਧਿਕਾਰ (इक्क-अधिकार) /ikka-âdikāra イック・アディカール/ [Skt. एक- Skt. अधिकार] *m.*〖経済〗独占権, 専売権.

ਇੱਕ ਇੱਕ (इक्क इक्क) /ikka ikka イック イック/ [Skt. एक + Skt. एक] *adj.* 一つ一つの, 一つずつの.

— *adv.* 一つ一つ, 一つずつの.

ਇੱਕਈਸ਼ਰਵਾਦ (इक्कईशरवाद) /ikkaīśarawāda イックイーシャルワード/ [Skt. एक- Skt. ईश्वर Skt.-वाद] *m.* 一神教, 一神論.

ਇੱਕ-ਸਮਾਨ (इक्क-समान) /ikka-samāna イック・サマーン/ [Skt. एक- Skt. समान] *adj.* **1** 一様な, 同様の. **2** すべて同じ. **3** 同質の.

ਇੱਕ ਸਾਥ (इक्क साथ) /ikka sātʰa イック サート/ [Skt. एक + Skt. सार्थ] *adv.* **1** 一緒に. **2** 同時に, 一斉に.

ਇੱਕਸਾਰ (इक्कसार) /ikkasāra イックサール/ [Skt. एक- Pers.*-sār*] *adj.* **1** 一様な, 全体的な. **2** 同様の, 似ている, 似通っている, 類似している. (⇒ਮਿਲਦਾ ਜੁਲਦਾ) **3** 一定不変の. **4** 調和した, 釣り合いのとれた. **5** 一貫している, 終始変わらない.

— *adv.* **1** 一様に, 全体に, まんべんなく. **2** 同じく, 同様に. **3** 一定の割合で, 変わらずに. **4** 一貫して, 終始変わらず. **5** 一定の速度で連続して, 同じ速度で着実に続いて.

ਇੱਕਸਾਰਤਾ (इक्कसारता) /ikkasāratā イックサールター/

[Skt.-ता] *f.* **1** 一様性. **2** 類似, 類似性. **3** 不変性. **4** 調和. **5** 一貫性.

ਇੱਕਸੁਰ (इक्कसुर) /ikkasura イックスル/ [Skt. एक- Skt. स्वर] *adj.* **1** 同じ調子の, 調和している, 協調している, 一様の. ❏ਇਕਸੁਰ ਵਿੱਚ 調和して, 協調して, 満場一致で, こぞって. **2** 一致している. **3** 満場一致の, 合意している. **4** 同じ意見の.

ਇੱਕਸੁਰਤਾ (इक्कसुरता) /ikkasuratā イックスルター/ [Skt.-ता] *f.* **1** 調和, 協調. **2** 一様性. **3** 単調さ. **4** 一致, 和合.

ਇੱਕਸੁਰਾ (इक्कसुरा) /ikkasurā イックスラー/ [Skt. एक- Skt. स्वर] *adj.* **1** 同じ調子の. **2** 単調な.

ਇਕਹੱਤਰ (इकहत्तर) /ikahattara | ikăttara イクハッタル | イカッタル/ ▸ਇਕ੍ਹੱਤਰ, ਇਕੱਤਰ *ca.num. adj.* → ਇਕ੍ਹੱਤਰ

ਇਕ੍ਹੱਤਰ (इक्हत्तर) /ikăttara イカッタル/ ▸ਇਕਹੱਤਰ, ਇਕੱਤਰ [Skt. एकसप्तति] *ca.num.* 71.

— *adj.* 71の.

ਇਕ੍ਹੱਤਰਵਾਂ (इक्हत्तरवाँ) /ikăttarawā̃ イカッタルワーン/ [-वां] *or.num.* 71番目.

— *adj.* 71番目の.

ਇਕਹਿਰਾ (इकहिरा) /ikaîrā イカェーラー/ ▸ਇਘਰਾ [Skt. एक- Skt. धरा] *adj.* **1** 一重の, 一重ねの. **2** 単式の. **3** 細身の, 痩せた.

ਇੱਕ੍ਹੀਵਾਂ (इक्कहीवाँ) /îkkīwā̃ イッキーワーン/ ▸ਇੱਕੀਵਾਂ [(Pkt. एक्कवीस) Skt. एकविंशति -वां] *or.num.* 21番目.

— *adj.* 21番目の.

ਇੱਕ-ਕੰਤੀ (इक्क-कंती) /ikka-kantī イック・カンティー/ [Skt. एक- Skt. कान्त -ई] *adj.* 一夫一婦の. ❏ਇਕ-ਕੰਤੀ-ਵਿਆਹ 一夫一婦制.

ਇੱਕ-ਕੇਂਦਰੀ (इक्क-केंदरी) /ikka-kēdarī イック・ケーンドリー/ [Skt. एक- Skt. केन्द्रीय] *adj.* 同じ中心の, 同心の.

ਇੱਕ-ਚੱਕਰੀ (इक्क-चक्करी) /ikka-cakkarī イック・チャッカリー/ [Skt. एक- Skt. चक्रीय] *adj.* 単一周期の.

ਇੱਕ-ਜੁੱਟ (इक्क-जुट्ट) /ikka-juṭṭa イック・ジュット/ [Skt. एक- cf. ਜੁੱਟਣਾ] *adj.* 一つに結び付いた, 一体化した.

ਇਕੱਠ (इकट्ठ) /ikaṭṭʰa イカット/ ▸ਕੱਠ [(Pkt. एकट्ठो) Skt. एकस्थ] *m.* **1** 統一, 一致, 調和, 調和のとれていること, 和合. (⇒ਏਕਾ) **2** 集まり, 集合. (⇒ਸਮੂਹ) **3** 集会, 会合. (⇒ਜਲਸਾ) **4** 一族の長老などの死後に行われる弔いの集まり. **5** 人の集まり, 群衆, 人混み, 人だかり. (⇒ਭੀੜ) **6** 大会. **7** 組織, 連盟. (⇒ਸੰਗਠਨ, ਜਥੇਬੰਦੀ)

ਇਕੱਠਾ (इकट्ठा) /ikaṭṭʰā イカッター/ ▸ਕੱਠਾ, ਘੱਠਾ [Skt. एकस्थ] *adj.* **1** 集まった, 集合した, 参集した, 揃った. ❏ਇਕੱਠਾ ਹੋਣਾ 集まる. ❏ਇਸ ਬਾਗ਼ ਵਿੱਚ ਕੋਈ ਵੀਹ ਹਜ਼ਾਰ ਤੋਂ ਵੀ ਵੱਧ ਔਰਤਾਂ, ਮਰਦ, ਬੱਚੇ ਤੇ ਬੁੱਢੇ ਇਕੱਠੇ ਹੋਏ। その庭園にはおよそ二千人以上もの老若男女が集まっていました. ❏ਇਕੱਠਾ ਕਰਨਾ 集める. ❏ਉਹ ਸਾਰੇ ਘਰਾਂ ਤੋਂ ਦੁੱਧ ਇਕੱਠਾ ਕਰਨਗੇ। 彼らはすべての家からミルクを集めるでしょう. **2** 結合した, ひとまとめの, 一括した. **3** 一緒の.

ਇਕੱਤ੍ਹੀਆਂ (इकत्तहीआँ) /ikâttiā̃ イカッティーアーン/ ▸ਇਕੱਤੀਵਾਂ *or.num. adj.* → ਇਕੱਤੀਵਾਂ

ਇਕੱਤਰ[1] (इकत्तर) /ikattara イカッタル/ ▸ਇਕਹੱਤਰ, ਇਕ੍ਹੱਤਰ *ca.num. adj.* → ਇਕ੍ਹੱਤਰ

ਇਕੱਤਰ[2] (इकत्तर) /ikattara イカッタル/ [Skt. एकत्र] *adj.* **1** 集められた, 集まった. **2** 召集された, 集合した. **3** 整然と並べられた. **4** 寄せ集められた. **5** 集めて一体にされた.

ਇਕੱਤਰਤਾ (इकत्तरता) /ikattaratā イカッタルター/ [Skt.-ता] *f.* **1** 集まり. **2** 召集, 集合. **3** 集会, 会合.

ਇੱਕ-ਤਰਫ਼ਾ (इक्क-तरफ़ा) /ikka-tarafā イック・タルファー/ [Skt. एक- Pers. *tarfā*] *adj.* **1** 一方の, 片方の, 片側の. (⇒ਇਕ-ਪੱਖੀ) **2** 一方的な, 一方に偏った, 不公平な. **3** えこひいきする. **4**〖法〗片務的な.

ਇਕੱਤਰਿਤ (इकत्तरित) /ikattarita イカッタリト/ [Skt. एकत्रित] *adj.* **1** 集められた, 集まった. **2** 召集された, 集合した. **3** 整然と並べられた. **4** 寄せ集められた. **5** 集めて一体にされた.

ਇਕਤਾਰਾ (इकतारा) /ikatārā イクターラー/ *m.*〖楽器〗一弦楽器.

ਇਕਤਾਲੀ (इकताली) /ikatālī イクターリー/ ▸ਕਤਾਲੀ [Skt. एकचत्वारिंशत्] *ca.num.* 41.

— *adj.* 41の.

ਇਕਤਾਲੀਆਂ (इकतालीआँ) /ikatāliā̃ イクターリーアーン/ ▸ਇਕਤਾਲੀਵਾਂ, ਕਤਾਲੀਵਾਂ *or.num. adj.* → ਇਕਤਾਲੀਵਾਂ

ਇਕਤਾਲੀਵਾਂ (इकतालीवाँ) /ikatālīwā̃ イクターリーワーン/ ▸ਇਕਤਾਲੀਆਂ, ਕਤਾਲੀਵਾਂ [Skt. एकचत्वारिंशत् -वां] *or.num.* 41番目.

— *adj.* 41番目の.

ਇਕੱਤੀ (इकत्ती) /ikattī イカッティー/ [(Pal. एकतीसा) Skt. एकत्रिंशत्] *ca.num.* 31.

— *adj.* 31の.

ਇਕੱਤੀਵਾਂ (इकत्तीवाँ) /ikattīwā̃ イカッティーワーン/ ▸ਇਕੱਤ੍ਹੀਆਂ [-वां] *or.num.* 31番目.

— *adj.* 31番目の.

ਇਕਦਮ (इकदम) /ikadama イクダム/ [Skt. एक- Pers. *dam*] *adv.* **1** 一息の間に, 一息で, 一気に. **2** 突然, 急に, にわかに. (⇒ਅਚਾਨਕ) **3** すぐに, 即刻. **4** 全く, 完全に, ぴったり.

ਇਕੰਨਵੇਂ (इकंनवें) /ikannawẽ イカンヌウェーン/ ▸ਇਕਾਨਮੇ, ਇਕਾਨਵੇਂ *ca.num. adj.* → ਇਕਾਨਵੇਂ

ਇਕਨਾਂ (इकनाँ) /ikanā̃ イクナーン/ *pron.* 何人か, 幾人か. (⇒ਕੁਝ ਲੋਕ)

ਇੱਕ ਨਾ ਇੱਕ (इक्क ना इक्क) /ikka nā ikka イック ナー イック/ *adj.* **1** 一つ(一人)または他の. **2** 一つか二つの, 一人か二人の. **3** 何かしらの, どれかの, 誰かの, 不特定の.

— *pron.* **1** 一つ(一人)または他のもの(人). **2** 一つか二つ, 一人か二人. **3** 何かしら, 何か. **4** 誰かしら, 誰か.

ਇੱਕ-ਪੱਖੀ (इक्क-पक्खी) /ikka-pakkʰī イック・パッキー/ [Skt. एक- Skt. पक्षी] *adj.* 片側の, 偏った, 不公平な. (⇒ਇੱਕ-ਤਰਫ਼ਾ)

ਇੱਕ-ਪਤਨੀਕ (इक्क-पतनीक) /ikka-patanīka イック・パトニーク/ [Skt. एक- Skt. पत्नी] *adj.* **1**〖社会〗一妻主義の, 一妻制の.

— *m.* 一妻主義者.

ਇੱਕ-ਪਤੀ-ਵਿਆਹ (इक्क-पती-विआह) /ikka-patī-viā̂ イック・パティー・ヴィアー/ [Skt. एक- Skt. पति + Skt. विवाह]

m.〖社会〗一夫制.

ਇੱਕ-ਪੱਥਰੀ (इक्क-पत्थरी) /ikka-pattʰarī イック・パッタリー/ [Skt. एक- Skt. प्रस्तर -ई] *adj.* 一つの石の, 一枚岩から成る.

ਇੱਕ-ਪਾਤਰੀ ਨਾਟਕ (इक्क-पातरी नाटक) /ikka-pātarī nāṭaka イック・パータリー ナータク/ [Skt. एक- Skt. पात्र + Skt. नाटक] *m.* 一人芝居.

ਇਕਬਾਲ (इकबाल) /ikabāla イクバール/ [Arab. *iqbāl*] *m.* **1** 告白. **2** 承認, 受諾, 自認. **3** 偉大さ. **4** 魅力. **5** 声望, 栄誉, 威信, 尊厳. **6** 繁栄, 隆盛. **7** 高い地位. **8** 礼儀, 体裁. **9** 幸運.

ਇੱਕ-ਮਨ (इक्क-मन) /ikka-mana イック・マン/ [Skt. एक- Skt. मनस्] *adj.* 意志のしっかりした.

ਇਕਮਿਕ (इकमिक) /ikamika イクミク/ ▸ਇੱਕ ਮਿੱਕ [Skt. एक- Skt. मेय] *adj.* **1** 統一された, 団結した. **2** 一体化した. **3** 意見の一致した, 合意した. **4** 親しい, 親密な.

ਇੱਕ ਮਿੱਕ (इक्क मिक्क) /ikka mikka イック ミック/ ▸ ਇਕਮਿਕ *adj.* → ਇਕਮਿਕ

ਇਕਮਿਕਤਾ (इकमिकता) /ikamikatā イクミクター/ [Skt.-ता] *f.* **1** 統一, 団結. **2** 一体化. **3** 意見の一致, 合意. **4** 親しさ, 親密さ.

ਇਕਮੁੱਠ (इकमुट्ठ) /ikamuṭṭʰa イクムット/ ▸ਇੱਕ ਮੁੱਠ [Skt. एक- Skt. मुष्टि] *adj.* **1** 統一された, 団結した. **2** 連帯した.

ਇੱਕ ਮੁੱਠ (इक्क मुट्ठ) /ikka muṭṭʰa イック ムット/ ▸ਇਕਮੁੱਠ *adj.* → ਇਕਮੁੱਠ

ਇਕਮੁੱਠਤਾ (इकमुट्ठता) /ikamuṭṭʰatā イクムットター/ [Skt. एक- Skt. मुष्टि Skt.-ता] *f.* **1** 統一, 団結. **2** 連帯.

ਇੱਕਰ (इक्कर) /ikkara イッカル/ *adv.* このように.

ਇੱਕਰਸ (इक्करस) /ikkarasa イックラス/ [Skt. एक- Skt. रस] *adj.* **1** 単調な **2** 一様な. **3** 一定不変の. **4** 同種の, 同質の, 均質の.

ਇੱਕਰਸਤਾ (इक्करसता) /ikkarasatā イックラスター/ [Skt.-ता] *f.* **1** 単調 **2** 一様. **3** 一定不変. **4** 同種, 同質, 均質.

ਇੱਕ-ਰੰਗਾ (इक्क-रंगा) /ikka-raṅgā イック・ランガー/ [Skt. एक- Skt. रंग] *adj.* 単色画の, 単彩の, (写真が) 白黒の, モノクロの.

— *m.* 単色画, 単彩画, 白黒写真, モノクロ.

ਇਕਰਾਰ (इकरार) /ikarāra イクラール/ ▸ਕਰਾਰ [Arab. *iqrār*] *m.* **1** 約束. (⇒ਕੌਲ, ਬਚਨ, ਵਾਇਦਾ) **2** 誓い, 誓約. **3** 同意, 承認. **4** 告白, 白状. **5** 保証. **6** 委託. **7** 契約. (⇒ਅਹਿਦ, ਠੇਕਾ, ਸੰਵਿਦਾ, ਕੰਟ੍ਰੈਕਟ)

ਇਕਰਾਰਨਾਮਾ (इकरारनामा) /ikarāranāmā イクラールナーマー/ [Pers.-*nāma*] *m.* **1** 契約書. (⇒ਅਹਿਦਨਾਮਾ) **2** 誓約書. (⇒ਮੁਚਲਕਾ)

ਇੱਕਰੂਪ (इक्करूप) /ikkarūpa イックループ/ [Skt. एक- Skt. रूप] *adj.* **1** 同一の, 同様の. **2** 見分けがつかない. **3** 似ている.

ਇੱਕਰੂਪਤਾ (इक्करूपता) /ikkarūpatā イックループター/ [Skt.-ता] *f.* **1** 同一性. **2** 見分けがつかないこと. **3** 類似.

ਇਕਲ (इकल) /ikala イカル/ [Skt. एकल] *adj.* 一つの. (⇒ਇੱਕ ਵਾਲਾ)

ਇਕੱਲ (इकल्ल) /ikalla イカッル/ ▸ਕੱਲ [(Pkt. एकल्ल) Skt. एकल] *f.* **1** 独りぼっち, 孤立, 孤独. (⇒ਇਕਾਂਤ) **2** 寂しさ.

ਇਕਲਖਤ (इकलखत) /ikalakʰata イクラカト/ ▸ਯਕਲਖ਼ਤ *adv.* 突然, 不意に, 急に. (⇒ਅਚਾਨਕ)

ਇਕਲਵੰਜਾ (इकलवंजा) /ikalawañjā イカルワンジャー/ ▸ ਇਕਲਵਾਂਝਾ [Skt. एकल] *adj.* 独りぼっちの, 孤独な.

— *m.* **1** 孤立した場所. **2** 孤独な一隅. **3** 独居.

ਇਕਲਵੰਜੇ (इकलवंजे) /ikalawañje イカルワンジェー/ ▸ ਇਕਲਵਾਂਝੇ [Skt. एकल] *adv.* **1** 孤立した場所で. **2** 個別に. **3** 密かに.

ਇਕਲਵਾਂਝਾ (इकलवाँझा) /ikalawā̃jā イカルワーンジャー/ ▸ਇਕਲਵੰਜਾ *adj.m.* → ਇਕਲਵੰਜਾ

ਇਕਲਵਾਂਝੇ (इकलवाँझे) /ikalawā̃je イカルワーンジェー/ ▸ ਇਕਲਵੰਜੇ *adv.* → ਇਕਲਵੰਜੇ

ਇਕੱਲਾ (इकल्ला) /ikallā イカッラー/ ▸ਅਕੱਲਾ, ਕੱਲਾ, ਕੇਲਾ [Skt. एकल] *adj.* **1** 独りの, 独りぼっちの, 単独の, 孤独な. **2** 独力の, 他人に頼らない. **3** 別れた, 離れた. (⇒ਅਲਹਿਦਾ, ਅਲੱਗ, ਵੱਖਰਾ)

— *adv.* 独りで, 独りぼっちで. ❒ਉਹ ਘੋੜੇ ਤੇ ਚੜ੍ਹ ਕੇ ਇਕੱਲਾ ਹੀ ਘੁੰਮਦਾ ਰਹਿੰਦਾ ਸੀ। 彼は馬に乗って独りぼっちで散策し続けていました.

ਇਕਲਾਪਾ (इकलापा) /ikalāpā イクラーパー/ [-ਪਾ] *m.* 独りぼっち, 孤独.

ਇਕੱਲੀ (इकल्ली) /ikallī イカッリー/ ▸ਕੱਲੀ [-ई] *adv.* 独りで, 単独で.

ਇਕਲੋਇਣ (इकलोइण) /ikaloiṇa イクローイン/ [Skt. एक- Skt. लोचन] *m.* 一つ目の人, 片目の人.

ਇਕਲੋਤਾ (इकलोता) /ikalotā イクローター/ ▸ਇਕਲੌਤਾ *adj.m.* → ਇਕਲੌਤਾ

ਇਕਲੌਤਾ (इकलौता) /ikalautā イクラォーター/ ▸ਇਕਲੋਤਾ [Skt. एकल + Skt. पूत + ਆ] *adj.* **1** たった一人の, 唯一の. **2** 独りぼっちの, 孤独な.

— *m.*〖親族〗一人息子, 一人っ子.

ਇਕਵਚਨ (इकवचन) /ikawacana イクワチャン/ [Skt. एक + Skt. वचन] *m.*〖言〗単数.

ਇਕਵੰਜਾ (इकवंजा) /ikawañjā イクワンジャー/ [Skt. एक + Pers. *panjāh*] *ca.num.* 51.

— *adj.* 51の.

ਇਕਵੰਝਵਾਂ (इकवंझवाँ) /ikawâñjawā̃ イクワンジワーン/ [-ਵਾਂ] *or.num.* 51番目.

— *adj.* 51番目の.

ਇੱਕੜ (इक्कड़) /ikkaṛa イッカル/ [Skt. एक] *pref.*「一つだけの」「単一の」などの意味を表す接頭辞.

ਇੱਕੜ-ਦੁੱਕੜ (इक्कड़-दुक्कड़) /ikkaṛa-dukkaṛa イッカル・ドゥッカル/ ▸ਉੱਕੜ-ਦੁੱਕੜ, ਇੱਕਾ-ਦੁੱਕਾ [Skt. एक- Skt. द्वि] *adj.* **1** 一つか二つの. **2** ごくたまにしかない, めったにない, 珍しい. (⇒ਟਾਵਾਂ) **3** 時折起こる, 散発的な, まばらの. **4** 偶然の, でたらめの.

— *adv.* **1** 一つ二つ, 一人二人, ぼつぼつ. **2** ごくたまに, 珍しく. **3** 時折, 散発的に, まばらに. **4** 偶然, でたらめに.

ਇੱਕਾ (इक्का) /ikkā イッカー/ [(Lah.) Skt. एक] *adj.* 唯一の.

— *m.* **1**〖乗物〗一頭引きの二輪馬車. (⇒ਟਾਂਗਾ) **2**

〖遊戯〗トランプの1の札． **3**〖遊戯〗サイコロの1の目．

ਇਕਾਈ (इकाई) /ikāī イカーイー/ [Skt. एक -ਆਈ] *f.* **1** 単位，ユニット． **2** 基本単位，基本組織，構成単位，支部．

ਇਕਾਸ੍ਹੀਵਾਂ (इकास्हीवाँ) /ikâsīwã イカースィーワーン/ ▸ ਇਕਾਸੀਆਂ, ਇਕਾਸੀਵਾਂ *or.num.adj.* → ਇਕਾਸੀਵਾਂ

ਇਕਾਸੀ (इकासी) /ikāsī イカースィー/ ▸ਏਕਾਸੀ [Skt. एकाशीति] *ca.num.* 81.

— *adj.* 81の．

ਇਕਾਸੀਆਂ (इकासीआँ) /ikāsiã イカースィーアーン/ ▸ ਇਕਾਸ੍ਹੀਵਾਂ, ਇਕਾਸੀਵਾਂ *or.num. adj.* → ਇਕਾਸੀਵਾਂ

ਇਕਾਸੀਵਾਂ (इकासीवाँ) /ikāsīwã イカースィーワーン/ ▸ ਇਕਾਸ੍ਹੀਵਾਂ, ਇਕਾਸੀਆਂ [Skt. एकाशीति -वाँ] *or.num.* 81番目．

— *adj.* 81番目の．

ਇਕਾਹਟ (इकाहट) /ikâṭa̸ イカート/ ▸ਇਕਾਹਠ *ca.num. adj.* → ਇਕਾਹਠ

ਇਕਾਹਠ (इकाहठ) /ikâṭʰa̸ イカート/ ▸ਇਕਾਹਟ [(Pal. इकसट्ठि) Skt. एकषष्टि] *ca.num.* 61.

— *adj.* 61の．

ਇਕਾਹਠਵਾਂ (इकाहठवाँ) /ikâṭʰa̸wã イカートワーン/ [-वाँ] *or.num.* 61番目．

— *adj.* 61番目の．

ਇਕਾਗਰ (इकागर) /ikāgara̸ イカーガル/ [Skt. एक-अग्र] *adj.* **1** 精神を集中した． **2** 注意している． **3** 心を奪われた．

ਇਕਾਗਰਤਾ (इकागरता) /ikāgara̸tā イカーガルター/ [Skt.-ता] *f.* **1** 精神集中． **2** 注意． **3** 没頭．

ਇਕਾਂਗੀ (इकाँगी) /ikãgī イカーンギー/ ▸ਏਕਾਂਕੀ, ਏਕਾਂਗੀ [Skt. एकांकी] *adj.* 一幕の．

— *m.* 〖文学〗一幕劇．

ਇਕਾਂਤ (इकाँत) /ikãta̸ イカーント/ ▸ਏਕਾਂਤ [Skt. एकांत] *m.* **1** 人のいない所，孤独な場所． **2** 孤独，孤立，独りぼっち． **3** 他の人を交えないこと． **4** 人と離れた場所，隔離． **5** 独居，閑居．

ਇਕਾਦਸ (इकादस) /ikādasa̸ イカーダス/ [Skt. एकादश] *ca.num.* 11.

— *adj.* 11の．

ਇਕਾਦਸ਼ੀ (इकादशी) /ikāda̸śī イカードシー/ ▸ਏਕਾਦਸ਼ੀ, ਕਾਦਸ਼ੀ [Skt. एकादशी] *f.* 〖暦〗太陰暦各半月の11日．

ਇੱਕਾ-ਦੁੱਕਾ (इक्का-दुक्का) /ikkā-dukkā イッカー・ドゥッカー/ ▸ਉੱਕੜ-ਦੁੱਕੜ, ਇੱਕੜ-ਦੁੱਕੜ *adj.* → ਇੱਕੜ-ਦੁੱਕੜ

ਇਕਾਨਮੇ (इकानमे) /ikāna̸me イカーンメー/ ▸ਇਕੰਨਵੇਂ, ਇਕਾਨਵੇਂ *ca.num. adj.* → ਇਕਾਨਵੇਂ

ਇਕਾਨਵਾਂ (इकानवाँ) /ikāna̸wã イカーンワーン/ [Skt. एकनवति -वाँ] *or.num.* 91番目．

— *adj.* 91番目の．

ਇਕਾਨਵੇਂ (इकानवें) /ikāna̸wẽ イカーンウェーン/ ▸ਇਕੰਨਵੇਂ, ਇਕਾਨਮੇ [Skt. एकनवति] *ca.num.* 91.

— *adj.* 91の．

ਇਕਾਲਕ (इकालक) /ikālaka̸ イカーラク/ *adj.* **1** 同時に起こる，同時の． **2**〖言〗共時的な．

ਇੱਕੀ (इक्की) /ikkī イッキー/ ▸ਇੱਕੀਸ [(Pkt. एक्कवीस) Skt. एकविंशति] *ca.num.* 21.

— *adj.* 21の．

ਇੱਕੀਸ (इक्कीस) /ikkīsa̸ イッキース/ ▸ਇੱਕੀ *ca.num. adj.* → ਇੱਕੀ

ਇੱਕੀਵਾਂ (इक्कीवाँ) /ikkīwã イッキーワーン/ ▸ਇੱਕ੍ਹੀਵਾਂ *or.num. adj.* → ਇੱਕ੍ਹੀਵਾਂ

ਇੱਕੁਰ (इक्कुर) /ikkura̸ イックル/ *adv.* このように．

ਇਕੇ (इके) /ike イケー/ ▸ਇੱਕੋ *adj.* → ਇੱਕੋ

ਇਕੇਰਾਂ (इकेराँ) /ikerã イケーラーン/ ▸ਕੇਰਾਂ [Skt. एक + Skt. वार] *adv.* 〖幼児語〗かつて，昔，昔々．(⇒ਇੱਕ ਦਫ਼ਾ)

ਇੱਕੋ (इक्को) /ikko イッコー/ ▸ਇਕੇ [Skt. एक + ਓ] *adj.* 《 ਇੱਕ と ਹੀ の融合形》ただ一つの，唯一の，一つだけの． ❐ਸਾਰੇ ਬੱਚੇ ਇੱਕੋ ਅਵਾਜ਼ ਵਿੱਚ ਬੋਲ ਪਏ। 子供たちはみんな声を揃えて言いました． ❐ਇੱਕੋ ਇੱਕ 唯一の，一つだけの． ❐ਇੱਕੋ ਜਿਹਾ 同一の，同じような，同様の，似ている，類似の．

ਇਕੋਤਰ (इकोतर) /ikotara̸ イコータル/ [Skt. एकोत्तर] *adj.* 1多い，プラス1の．

— *ca.num.* 101. (⇒ਇਕੋਤਰ-ਸੌ)

— *adj.* 101の．(⇒ਇਕੋਤਰ-ਸੌ)

ਇਕੋਤਰ-ਸੌ (इकोतर-सौ) /ikotara̸-sau イコータル・サォー/ [Skt. एकोत्तर शत] *ca.num.* 101.

— *adj.* 101の．

ਇਕੋਤਰੀ-ਮਾਲਾ (इकोतरी-माला) /ikotarī-mālā イコータリー・マーラー/ [Skt. एकोत्तर + Skt. माला] *f.* 〖道具〗 101連の数珠．

ਇੱਖ (इक्ख) /ikkʰa̸ イック/ [Skt. इक्षु] *m.* 〖植物〗サトウキビ(砂糖黍)《イネ科の多年草》．(⇒ਗੰਨਾ)

ਇਖ਼ਤਸਾਰ (इख़तसार) /ixata̸sāra̸ イカトサール/ [Arab. *ixtisār*] *m.* **1** 簡略，簡潔さ，簡明さ． **2** 略言，要約，あらすじ．

ਇਖ਼ਤਲਾਫ਼ (इख़तलाफ़) /ixa̸talāfa̸ イクタラーフ/ [Arab. *ixtilāf*] *m.* **1** 差異，相違．(⇒ਭਿੰਨਤਾ) **2** 意見の相違． **3** 反対，敵対．(⇒ਵਿਰੋਧ, ਦੁਸ਼ਮਨੀ) **4** 不一致． **5** 争い，紛争，衝突．(⇒ਲੜਾਈ)

ਇਖ਼ਤਿਆਰ (इख़तिआर) /ixa̸tiāra̸ イクティアール/ ▸ ਅਖ਼ਤਿਆਰ [Arab. *ixtiyār*] *m.* **1** 権限，権威，権力，権利，統治権．(⇒ਅਧਿਕਾਰ) **2** 判断，自由裁量． **3** 選択．

ਇਖ਼ਤਿਆਰੀ (इख़तिआरी) /ixa̸tiārī イクティアーリー/ ▸ ਅਖ਼ਤਿਆਰੀ [Arab. *ixtiyārī*] *adj.* **1** 自由裁量の． **2** 任意の． **3** 随意の．

ਇਖ਼ਲਾਸ (इख़लास) /ixa̸lāsa̸ イクラース/ [Arab. *ixlāṣ*] *m.* **1** 友情．(⇒ਮਿੱਤਰਤਾ) **2** 親密． **3** 愛着．

ਇਖ਼ਲਾਕ (इख़लाक) /ixa̸lāka̸ イクラーク/ ▸ਅਖ਼ਲਾਕ [Arab. *axlāq*] *m.* **1** 品性，行儀． **2** 礼儀作法，礼節，礼儀正しさ． **3** 道徳，倫理，道徳性，品行方正．

ਇਖ਼ਲਾਕੀ (इख़लाकी) /ixa̸lākī イクラーキー/ [Arab. *axlāqī*] *adj.* **1** 道徳上の，道徳的な，行いの正しい，品行方正な． **2** 倫理上の，倫理に適う，道義心のある． **3** 礼儀正しい，礼節のある．

ਇੰਗਸ (इंगस) /iṅgasa̸ インガス/ [Eng. *English*] *f.* 年金．(⇒ਪੈਨਸ਼ਨ)

ਇੰਗਲਸਤਾਨ (इंगलसतान) /iṅgalasa̸tāna̸ イングラスターン/ ▸ਇੰਗਲਿਸਤਾਨ [Eng. *English* Pers.*-i-stān*] *m.* 〖国名〗

イングランド, 英国, イギリス. (⇒ਇੰਗਲੈਂਡ)
ਇੰਗਲਿਸ਼ (इंगलिश) /iṅgaliśa イングリシュ/ [Eng. *English*] *f.* **1** 英語. (⇒ਅੰਗਰੇਜ਼ੀ) **2** 年金. (⇒ਪੈਨਸ਼ਨ)
ਇੰਗਲਿਸਤਾਨ (इंगलिसतान) /iṅgalisatāna イングリスターン/ ▶ਇੰਗਲਸਤਾਨ *m.* → ਇੰਗਲਸਤਾਨ
ਇੰਗਲਿਸ਼ੀਆ (इंगलिशीआ) /iṅgaliśīā イングリシーアー/ [Eng. *English* -ਈਆ] *m.* 年金受給者. (⇒ਪੈਨਸ਼ਨੀਆ)
ਇੰਗਲੈਂਡ (इंगलैंड) /iṅgalāĩḍa イングラェーンド/ [Eng. *England*] *m.* 〖国名〗イングランド, 英国, イギリス. (⇒ਇੰਗਲਿਸਤਾਨ)
ਇਘਰਾ (इघरा) /îgarā イグラー/ ▶ਇਕਹਿਰਾ *adj.* → ਇਕਹਿਰਾ
ਇੰਚ (इंच) /iñca インチ/ [Eng. *inch*] *m.* 〖長さ〗インチ《12分の1フィート》.
ਇੱਚਰ (इच्चर) /iccara イッチャル/ *adv.* **1** こうしているうちに. (⇒ਇੰਨਾ ਚਿਰ) **2** その時まで. ❐ਇੱਚਰ ਨੂੰ そのあいだに.
ਇੰਚਾਰਜ (इंचारज) /iñcāraja インチャールジ/ [Eng. *in charge*] *adj.* 担当している, 担任の, 管理している. — *m.* **1** 担当者, 担任. **2** 主管, 主任, 責任者.
ਇੱਛਕ (इच्छक) /icchaka イッチャク/ ▶ਇੱਛੁਕ [Skt. इच्छुक] *adj.* **1** 望んでいる, 願っている, 希望している, 欲しがっている. **2** 熱心な. **3** 進んで行う, 乗り気の.
ਇੱਛਣਾ (इच्छना) /icchanā イッチャナー/ [cf. ਇੱਛਾ] *vt.* 望む, 願う, 欲する. (⇒ਚਾਹੁਣਾ)
ਇੱਛਤ (इच्छत) /icchata イッチャト/ ▶ਇੱਛਿਤ [Skt. इच्छित] *adj.* **1** 望まれた, 望みの, 希望の. (⇒ਚਾਹਿਆ) **2** 好みに合った.
ਇੱਛਾ (इच्छा) /icchā イッチャー/ ▶ਇੱਛਿਆ [Skt. इच्छा] *f.* **1** 望み, 願い, 願望, 希望, 欲求. ❐ਮੇਰੀ ਇਹ ਬੜੀ ਇੱਛਾ ਸੀ ਕਿ ਮੈਂ ਉਹਨੂੰ ਸਾਰੇ ਪਿੰਡ ਦੇ ਬਲਦਾਂ ਨਾਲੋਂ ਤਕੜਾ ਬਣਾ ਦੇਵਾਂ। その牡牛を村一番強くするのが私の大きな望みでした. **2** 好み. **3** 意図. **4** 意志.
ਇੱਛਾਧਾਰੀ (इच्छाधारी) /icchātārī イッチャーターリー/ [Skt. इच्छा Skt.-धारिन्] *adj.* 望みを持っている, 意欲的な, 熱心な, 貪欲な.
ਇੱਛਿਆ (इच्छिआ) /icchiā イッチアー/ ▶ਇੱਛਾ *f.* → ਇੱਛਾ
ਇੱਛਿਤ (इच्छित) /icchita イッチト/ ▶ਇੱਛਤ *adj.* → ਇੱਛਤ
ਇੱਛੁਕ (इच्छुक) /icchuka イッチュク/ ▶ਇੱਛਕ *adj.* → ਇੱਛਕ
ਇੰਜ (इंज) /iñja インジ/ ▶ਐਂਵ, ਇੰਞ *adv.* **1** このように, こんなふうに, こうやって. **2** 何となく, 自然に. **3** 意味もなく, 無駄に. **4** 無料で, ただで.
ਇਜ਼ਹਾਰ (इज़हार) /izahāra | izăra イズハール | イザール/ [Arab. *izhār*] *m.* **1** 表すこと, 明らかにすること, 表明. **2** 露(あらわ)にすること, 暴露. **3** 〖法〗証言, 宣誓証言.
ਇੰਜਣ (इंजण) /iñjaṇa インジャン/ ▶ਇੰਜਨ, ਇੰਞਣ *m.* → ਇੰਜਨ
ਇੱਜ਼ਤ (इज़्ज़त) /izzata イッザト/ [Pers. `izzat] *f.* **1** 尊敬, 敬意, 尊重, 崇敬. (⇒ਆਦਰ, ਸਨਮਾਨ, ਮਾਣ) **2** 名誉, 名声, 威信. **3** 信望, 信用. **4** 対面, 恥.
ਇੱਜ਼ਤਦਾਰ (इज़्ज़तदार) /izzatadāra イッザトダール/ [Pers.-*dār*] *adj.* **1** 尊敬される, 尊敬すべき. **2** 名誉ある, 名の知れた.
ਇੰਜਨ (इंजन) /iñjana インジャン/ ▶ਇੰਜਣ, ਇੰਞਣ [Eng. *engine*] *m.* **1** 〖機械〗エンジン, 原動機, 発動機, 動力機関. **2** 〖乗物〗機関車. **3** 〖乗物〗消防車.
ਇਜਰਾ (इजरा) /ijarā イジラー/ ▶ਅਜਰਾ [Arab. *ijrā*] *m.* **1** 実施, 実行, 遂行, 履行. **2** 〖法〗(法・裁判所の命令・判決の)執行, 強制執行.
ਇਜਲਾਸ (इजलास) /ijalāsa イジラース/ [Arab. *ijlās*] *m.* **1** 開会, 開廷. **2** 集会, 会合. (⇒ਜਲਸਾ) **3** 会議. (⇒ਸਭਾ) **4** 〖法〗法廷, 裁判所. (⇒ਕਚਹਿਰੀ)
ਇੱਜੜ (इज्जड़) /ijjaṛa イッジャル/ *m.* **1** (羊や山羊の)群れ. (⇒ਰੇਵੜ) **2** 群衆.
ਇਜਾਜ਼ਤ (इजाज़त) /ijāzata イジャーザト/ [Pers. *ijāzat*] *f.* **1** 許し, 許可, 認可. ❐ਇਜਾਜ਼ਤ ਦੇਣੀ 許可を与える, 許可する, 許す. ❐ਇਜਾਜ਼ਤ ਲੈਣੀ 許可を得る. **2** 承諾, 承認. ❐ਇਜਾਜ਼ਤ ਦੇਣੀ 承諾する.
ਇਜਾਰਾ (इजारा) /ijārā イジャーラー/ ▶ਅਜਾਰਾ [Arab. *ijāra*] *m.* **1** 賃貸, 賃借地. **2** 独占権, 独占使用権.
ਇਜਾਰੇਦਾਰ (इजारेदार) /ijāredāra イジャーレーダール/ [Pers.-*dār*] *m.* **1** 賃借人, 借地人. **2** 独占者, 専売者, 独占資本家.
ਇਜਾਰੇਦਾਰੀ (इजारेदारी) /ijāredārī イジャーレーダーリー/ [Pers.-*dārī*] *f.* 独占, 専売, 独占販売権.
ਇਜਿਹਾ (इजिहा) /ijêā イジェーアー/ ▶ਅਜਿਹਾ, ਅਜੇਹਾ, ਇਜੀਹਾ *adj.* → ਅਜਿਹਾ
ਇਜੀਹਾ (इजीहा) /ijîā イジーアー/ ▶ਅਜਿਹਾ, ਅਜੇਹਾ, ਇਜਿਹਾ *adj.adv.* → ਅਜਿਹਾ
ਇੰਜੀਨੀਅਰ (इंजीनीअर) /iñjīnīara インジーニーアル/ ▶ਅੰਜਨੀਅਰ [Eng. *engineer*] *m.* 技師, 技術者, エンジニア.
ਇੰਜੀਨੀਅਰੀ (इंजीनीअरी) /iñjīnīarī インジーニーアリー/ [-ਈ] *f.* 工学, 工学技術.
ਇੰਜੀਲ (इंजील) /iñjīla インジール/ ▶ਅੰਜੀਲ *f.* → ਅੰਜੀਲ
ਇੰਞਣ (इंञण) /îñjaṇa インジャン/ ▶ਇੰਜਣ, ਇੰਜਨ *m.* → ਇੰਜਨ
ਇੰਞੂ (इंञू) /îñjū インジュー/ ▶ਅੰਞੂ, ਹੰਜ, ਹੰਞ, ਹੰਞੂ *m.* → ਹੰਞੂ
ਇੰਞ (इंञ) /iñña インヌ/ ▶ਐਂਵ, ਇੰਜ *adv.* → ਇੰਜ
ਇੱਟ (इट्ट) /iṭṭa イット/ [Skt. इष्टका] *f.* **1** 煉瓦. **2** 煉瓦の形の塊. **3** 〖遊戯〗(トランプの絵柄の)ダイヤ.
ਇੰਟਰਨੈੱਟ (इंटरनैट्ट) /iṇṭaranaiṭṭa インタルナェーット/ [Eng. *internet*] *m.* 〖電算〗インターネット.
ਇੰਟਰਵਿਊ (इंटरविऊ) /iṇṭaraviū インタルヴィウー/ [Eng. *interview*] *m.* 面接, 面談, 対談, 取材訪問, 会見, インタビュー. (⇒ਮੁਲਾਕਾਤ)
ਇਟਲੀ (इटली) /iṭalī イトリー/ [Eng. *Italy*] *m.* 〖国名〗イタリア(共和国).
ਇਡਲੀ (इडली) /iḍalī イドリー/ *f.* イドリー《南インドの料理の一つ. 米と豆の粉を水と混ぜペーストにし発酵させたものを蒸して作るパンのようなもの》.
ਇੱਡਾ (इड्डा) /iḍḍā イッダー/ ▶ਐਡਾ, ਏਡਾ, ਹੈਡਾ *adj.* → ਐਡਾ

ਇੰਡੀਆ (इंडीआ) /iṇḍīā インディーアー/ [Eng. *India*] *m.* 〖国名〗インド(共和国). (⇒ਭਾਰਤ)

ਇੰਡੈਕਸ (इंडैकस) /iṇḍaikasa インダェーカス/ [Eng. *index*] *m.* **1** 索引. **2** 目録. (⇒ਸੂਚੀ)

ਇੰਡੋਨੇਸ਼ੀਆ (इंडोनेशीआ) /iṇḍoneśīā インドーネーシーアー/ [Eng. *Indonesia*] *m.* 〖国名〗インドネシア(共和国).

ਇੱਤ (इत्त) /itta イット/ *pron.* **1**《3人称主格・単数形(単複同形)》これ, この, この人. **2**《3人称主格・複数形(単複同形)》これら, これらの, この人たち.

ਇੰਤਸ਼ਾਰ (इंतशार) /intaśāra インтシャール/ *m.* **1** 無秩序, 乱雑. **2** 混乱, 混沌.

ਇੰਤਹਾ (इंतहा) /intahā イントハー/ [Arab. *intihā*] *f.* **1** 終わり, 限界. **2** 極限.

ਇਤਹਾਸ (इतहास) /itahāsa イトハース/ ▸ਇਤਿਹਾਸ *m.* → ਇਤਿਹਾਸ

ਇਤਕਾਦ (इतकाद) /itakāda イトカード/ ▸ਇਹਤਕਾਦ [Arab. *i`tiqād*] *m.* **1** 信頼, 信用. **2** 信心, 信仰.

ਇੰਤਕਾਮ (इंतकाम) /intakāma イントカーム/ [Arab. *intiqām*] *m.* **1** 復讐. **2** 報復.

ਇੰਤਕਾਲ (इंतकाल) /intakāla イントカール/ [Arab. *intiqāl*] *m.* **1** 変遷. **2** 死去, 逝去. **3** 移転, 移動.

ਇੰਤਖ਼ਾਬ (इंतख़ाब) /intaxāba イントカーブ/ [Arab. *intixāb*] *m.* **1** 選挙, 選出. **2** 選択. **3** 好み, ひいき.

ਇੰਤਜ਼ਾਮ (इंतज़ाम) /intazāma イントザーム/ [Arab. *intizām*] *m.* **1** 手配, 段取り, 手はず. **2** 準備, 用意. **3** 管理, 運営, 経営, 支配. (⇒ਪਰਬੰਧ)

ਇੰਤਜ਼ਾਮੀਆ (इंतज़ामीआ) /intazāmīā イントザーミーアー/ [-ਈਆ] *adj.* **1** 経営の. **2** 管理の.

— *f.* **1** 経営. **2** 役員会.

ਇੰਤਜ਼ਾਰ (इंतज़ार) /intazāra イントザール/ [Arab. *intizār*] *m.* **1** 待つこと, 待機, 待ち受けること. (⇒ਉਡੀਕ, ਪਰਤੀਖਿਆ) ❐ਇੰਤਜ਼ਾਰ ਕਰਨਾ 待つ. **2** 待ち望むこと, 待望, 期待.

ਇਤਨਾ (इतना) /itanā イトナー/ ▸ਐਤਨਾ, ਐਨਾ, ਇੰਨਾਂ, ਇੰਨਾ, ਏਨਾਂ, ਏਨਾ *adj.adv.* → ਐਨਾ

ਇਤਫ਼ਾਕ (इतफ़ाक) /itafāka イトファーク/ [Arab. *ittifāq*] *m.* **1** 合一, 合致, 一致. (⇒ਏਕਾ) **2** 偶然の一致, 符合. **3** 偶然, 巡り合わせ, 偶然の出来事.

ਇਤਫ਼ਾਕੀਆ (इतफ़ाकीआ) /itafākīā イトファーキーアー/ [Arab. *ittifāqīya*] *adj.* **1** 偶然の, 不規則な, 臨時の. **2** 思いがけない.

— *adv.* **1** 偶然. **2** 思いがけなく.

ਇਤਬਾਰ (इतबार) /itabāra イトバール/ ▸ਏਤਬਾਰ [Arab. *i`tibār*] *m.* **1** 信頼, 信用. (⇒ਵਿਸ਼ਵਾਸ) **2** 頼り, 頼ること.

ਇਤਬਾਰੀ (इतबारी) /itabārī イトバーリー/ [Arab. *i`tibārī*] *adj.* **1** 信頼できる, 信用できる. **2** 頼りになる.

ਇਤਰ (इतर) /itara イタル/ ▸ਅਤਰ [Arab. *`itr*] *m.* 香水. (⇒ਫੁਲੇਲ)

ਇਤਰਾਜ਼ (इतराज़) /itarāza | itarāza イタラーズ | イトラーズ/ [Arab. *i`tirāz*] *m.* **1** 反対, 異論, 反論, 異議, 異存, 不都合. (⇒ਵਿਰੋਧ, ਆਪੱਤੀ) **2** 不承知, 不服, 保留. (⇒ਫੁਲੇਲ) **3** 疑惑. (⇒ਸ਼ੰਕਾ) **4** 議事進行上の問題.

ਇੱਤਲ (इत्तल) /ittala イッタル/ *adv.* こちら側に. (⇒ਇਸ ਪਾਸੇ)

ਇਤਲਾਹ (इतलाह) /italâ イトラー/ [Arab. *ittilā`*] *f.* **1** 示唆, ほのめかし. ❐ਇਤਲਾਹ ਕਰਨੀ, ਇਤਲਾਹ ਦੇਣੀ 示唆する, ほのめかす. **2** 情報, 知らせ, ニュース. (⇒ਸੂਚਨਾ) ❐ਇਤਲਾਹ ਕਰਨੀ, ਇਤਲਾਹ ਦੇਣੀ 知らせる, 報道する. **3** 報告, 報知, 通知. ❐ਇਤਲਾਹ ਕਰਨੀ, ਇਤਲਾਹ ਦੇਣੀ 報告する, 通知する. **4**〖法〗裁判所の出頭命令書, 召喚状. ❐ਇਤਲਾਹ ਕਰਾਉਣੀ 召喚状を送達する.

ਇਤਲਾਹਨਾਮਾ (इतलाहनामा) /italânāmā イトラーナーマー/ [Pers.-*nāma*] *m.* **1** 書かれた示唆. **2** 通知書. **3**〖法〗裁判所の出頭命令書, 召喚状.

ਇੱਤਵਲ (इत्तवल) /ittawala イッタワル/ *adv.* こちらに. (⇒ਏਧਰ)

ਇਤਾਇਤ (इताइत) /itāita イターイト/ [Pers. *itā`at*] *f.* **1** 征服すること, 征服されること, 降伏. (⇒ਈਨ) ❐ਇਤਾਇਤ ਕਬੂਲ ਕਰਨੀ 征服を受け入れる, 降伏する, 屈服する. **2** 追従, 服従, 従属. **3** 忠誠.

ਇਤਾਲਵੀ (इतालवी) /itālawī イタールウィー/ [Eng. *Italy*] *m.* 〖国名〗イタリア. ❐ਇਤਾਲਵੀ ਗਣਰਾਜ イタリア共和国.

— *adj.* イタリアの, イタリア人の, イタリア語の.

— *m.* イタリア人.

— *f.* イタリア語.

ਇਤਿ (इति) /iti イティ/ ▸ਇਤੀ *f.* → ਇਤੀ

ਇਤਿਹਾਸ (इतिहास) /itihāsa イティハース/ ▸ਇਤਹਾਸ [Skt. इतिहास] *m.* **1** 歴史. (⇒ਤਵਾਰੀਖ਼) **2** 年代記, 記録, 史書. **3** 由来, 来歴.

ਇਤਿਹਾਸਕ (इतिहासक) /itihāsaka イティハーサク/ ▸ਇਤਿਹਾਸਿਕ *adj.* → ਇਤਿਹਾਸਿਕ

ਇਤਿਹਾਸਕਾਰ (इतिहासकार) /itihāsakāra イティハースカール/ [Skt. इतिहास Skt.-कार] *m.* **1** 歴史家, 歴史学者. (⇒ਤਾਰੀਖ਼ਦਾਨ) **2** 年代記編者, 記録者.

ਇਤਿਹਾਸਕਾਰੀ (इतिहासकारी) /itihāsakārī イティハースカーリー/ [Skt.-कारिता] *f.* **1** 歴史記述. **2** 歴史記述方法(論).

ਇਤਿਹਾਸਿਕ (इतिहासिक) /itihāsika イティハースィク/ ▸ਇਤਿਹਾਸਕ [Skt. ऐतिहासिक] *adj.* **1** 歴史の, 歴史上の, 歴史に関する. (⇒ਤਾਰੀਖ਼ੀ, ਤਵਾਰੀਖ਼ੀ) **2** 歴史的な, 歴史に残る, 歴史上有名な. (⇒ਤਾਰੀਖ਼ੀ, ਤਵਾਰੀਖ਼ੀ)

ਇਤਿਹਾਸੀ (इतिहासी) /itihāsī イティハースィー/ [Skt. इतिहास -ਈ] *adj.* **1** 歴史の, 歴史上の, 歴史に関する. (⇒ਤਾਰੀਖ਼ੀ, ਤਵਾਰੀਖ਼ੀ) **2** 歴史的な, 歴史に残る, 歴史上有名な. (⇒ਤਾਰੀਖ਼ੀ, ਤਵਾਰੀਖ਼ੀ)

ਇਤਿਹਾਦ (इतिहाद) /itihāda イティハード/ [Arab. *ittihād*] *m.* **1** まとまり, 調和, 和合. **2** 結合, 合同. **3** 同盟, 連合, 協同, 提携. **3** 連立. **4** 協調. **5** 関連, 交際.

ਇਤਿਹਾਦੀ (इतिहादी) /itihādī イティハーディー/ [-ਈ] *m.* **1** 同盟者, 味方, 協力者. **2** 同盟国, 連合団体, 共謀者.

— *adj.* 同盟している, 連合している, 提携している, 協力関係にある.

ਇਤੀ (इती) /itī イティー/ ▸ਇਤਿ [Skt. इति] *f.* 終わり, 終了, 終結, 完結, 完, おしまい.

ਇੱਥੇ (इत्थे) /ittʰe | ettʰe イッテー｜エーッテー/ ▸ਐਥੇ, ਏਥੇ, ਹਿਥੇ, ਹਿੱਥੈ *adv.* ここに. ❐ਬਹੁਤ ਚਿਰ ਪਹਿਲਾਂ ਇੱਥੇ ਇੱਕ ਬਾਗ਼ ਹੁੰਦਾ ਸੀ। 随分前にここに一つの庭園がありました.

ਇੱਥੋਂ (इत्थों) /ittʰõ | ettʰõ イットーン｜エーットーン/ ▸ਐਥੋਂ, ਏਥੋਂ *adv.* 《 ਇੱਥੇ ਥੋਂ の融合形》 **1** ここから. ❐ਮੇਰਾ ਘਰ ਇੱਥੋਂ ਕਾਫ਼ੀ ਦੂਰ ਹੈ। 私の家はここからかなり遠いです. **2** ここを通って. ❐ਮੇਰੇ ਵੀ ਗੱਡੇ ਲੰਘਣੇ ਨੇ ਇੱਥੋਂ। 私の荷車も通るんだよ, ここを.

ਇੰਦਰ (इंदर) /indara͓ インダル/ [Skt. इन्द्र] *m.* 〖ヒ〗 インドラ神《雷を操る雷霆神》.

ਇੰਦਰ-ਜਾਲ (इंदर-जाल) /indara͓-jāla͓ インダル・ジャール/ [Skt. इन्द्र-जाल] *m.* **1** インドラの網. **2** 罠. **3** 待ち伏せ. **4** 幻覚, 幻想. **5** 魔術, 魔法. **6** 手品, 奇術. **7** ごまかし, 策略.

ਇੰਦਰ-ਧਨੁਸ਼ (इंदर-धनुश) /indara͓-tănuśa͓ インダル・タヌシュ/ [Skt. इन्द्र-धनुष] *m.* **1** インドラ神の弓. **2** 〖気象〗 虹. (⇒ਕਹਿਕਸ਼ਾਂ, ਪੀਂਘ)

ਇੰਦਰੀ (इंदरी) /indarī インダリー/ [Skt. इंद्रिय] *f.* 〖身体〗 感覚器官.

ਇੱਦਾਂ (इद्दाँ) /iddā̃ イッダーン/ *adv.* このように. (⇒ਐਉਂ, ਇਉਂ)

ਇੱਦੂੰ (इद्दूँ) /iddū̃ イッドゥーン/ *adv.* この時から. (⇒ਇਸ ਵੇਲੇ ਤੋਂ)

ਇੱਧਰ (इद्धर) /îddara͓ | êddara͓ イッダル｜エーッダル/ ▸ ਐਧਰ, ਏਧਰ *adv.* こちらに, こちらを. ❐ਇੱਧਰ ਉੱਧਰ あちこち.

ਇਨਸਪੈਕਟਰ (इनसपैकटर) /ina͓sapaika͓ṭara͓ インサパェークタル/ [Eng. *inspector*] *m.* 検査官, 警部.

ਇਨਸਾਨ (इनसान) /ina͓sāna͓ インサーン/ [Arab. *insān*] *m.* **1** 人間. **2** 人類.

ਇਨਸਾਨੀ (इनसानी) /ina͓sānī インサーニー/ [Arab. *insānī*] *adj.* **1** 人間の, 人類の. (⇒ਮਨੁੱਖੀ) **2** 人情のある, 人道的な, 慈悲深い.

ਇਨਸਾਨੀਅਤ (इनसानीअत) /ina͓sānīata͓ インサーニーアト/ [Pers. *insāniyat*] *f.* **1** 人間性, 人道, 人情, 思いやり, 慈悲. (⇒ਮਾਨਵਤਾ) **2** 人道主義, 博愛主義, ヒューマニズム. (⇒ਮਾਨਵਤਾਵਾਦ)

ਇਨਸਾਫ਼ (इनसाफ़) /ina͓sāfa͓ インサーフ/ [Arab. *inṣāf*] *m.* **1** 正義. ❐ਇਨਸਾਫ਼ ਰੱਬ ਦੀ ਮਹਾਨ ਦੇਣ ਹੈ। 正義は神の偉大な贈り物である〔諺〕. **2** 公正. **3** 公平.

ਇਨਸਾਫ਼ਪਸੰਦ (इनसाफ़पसंद) /ina͓sāfa͓pasanda͓ インサーフパサンド/ [+ Pers. *pasand*] *adj.* **1** 正義を愛する. **2** 公正な. **3** 公平な.

ਇਨਸੁਲੀਨ (इनसुलीन) /ina͓sulīna͓ インスリーン/ [Eng. *insulin*] *f.* インシュリン《膵臓から分泌されるホルモン》.

ਇਨਹਸਾਰ (इनहसार) /ina͓hasāra͓ インハサール/ [Arab. *inhiṣār*] *m.* 依存, 依拠. ❐ਇਨਹਸਾਰ ਹੋਣਾ 依存する.

ਇਨ੍ਹਾਂ (इन्हाँ) /ênā̃ エーナーン/ ▸ਇਹਨਾਂ *pron.* → ਇਹਨਾਂ

ਇਨਕਲਾਬ (इनकलाब) /ina͓kalāba͓ インカラーブ/ [Arab. *inqilāb*] *m.* **1** 革命. (⇒ਕਰਾਂਤੀ) **2** 変革.

ਇਨਕਲਾਬੀ (इनकलाबी) /ina͓kalābī インカラービー/ [-ਈ] *adj.* 革命の. (⇒ਕਰਾਂਤੀਕਾਰੀ)

— *m.* 革命家. (⇒ਕਰਾਂਤੀਕਾਰ)

ਇਨਕਮ (इनकम) /ina͓kama͓ インカム/ [Eng. *income*] *f.* 収入, 所得. (⇒ਆਮਦਨ)

ਇਨਕਮ ਟੈਕਸ (इनकम टैकस) /ina͓kama͓ ṭaika͓sa͓ インカムタェークス/ [Eng. *income tax*] *m.* 所得税.

ਇਨਕਾਰ (इनकार) /ina͓kāra͓ インカール/ ▸ਹਿਨਕਾਰ [Arab. *inkār*] *m.* **1** 拒否, 拒絶. (⇒ਨਾਂਹ) ❐ਇਨਕਾਰ ਕਰਨਾ 拒否する, 断る. **2** 否定. ❐ਇਨਕਾਰ ਕਰਨਾ 否定する, 打ち消す. **3** 否認. ❐ਇਨਕਾਰ ਕਰਨਾ 否認する. **4** 意見の相違, 不和.

ਇਨਕਾਰੀ (इनकारी) /ina͓kārī インカーリー/ [-ਈ] *adj.* **1** 拒否する, 拒絶する, 断る. **2** 否定する. **3** 否認する. **4** 従わない.

ਇਨਜੈਕਸ਼ਨ (इनजैकशन) /ina͓jaika͓śana͓ インジャェークシャン/ [Eng. *injection*] *m.* 〖医〗 注射.

ਇਨਫਲੂਐਨਜ਼ਾ (इनफ़लूऐनज़ा) /ina͓falūaina͓zā インファルーアェーンザー/ ▸ਇਨਫਲੂੰਜ਼ਾ [Eng. *influenza*] *m.* 〖医〗 流感, インフルエンザ. (⇒ਫਲੂ)

ਇਨਫਲੂੰਜ਼ਾ (इनफ़लूँज़ा) /ina͓falū̃zā インファルーンザー/ ▸ ਇਨਫਲੂਐਨਜ਼ਾ *m.* → ਇਨਫਲੂਐਨਜ਼ਾ

ਇੰਨਬਿੰਨ (इंनबिंन) /inna͓binna͓ インヌビンヌ/ *adv.* **1** 厳密に, きっちり, 全くその通り, そっくりに. **2** ほとんど.

ਇੰਨਾਂ (इंनाँ) /innā̃ インナーン/ ▸ਐਤਨਾ, ਐਨਾ, ਇੰਨਾ, ਇਤਨਾ, ਏਨਾਂ, ਏਨਾ *adj.adv.* → ਐਨਾ

ਇੰਨਾ (इंना) /innā インナー/ ▸ਐਤਨਾ, ਐਨਾ, ਇੰਨਾਂ, ਇਤਨਾ, ਏਨਾਂ, ਏਨਾ *adj.* → ਐਨਾ

ਇਨਾਇਤ (इनाइत) /ināita͓ イナーイト/ [Pers. *`ināyat*] *f.* **1** 好意, 慈悲, 哀れみ, 情け. **2** 恩恵, 親切, 施し.

ਇਨਾਮ (इनाम) /ināma͓ イナーム/ [Arab. *in`ām*] *m.* **1** 褒美, 賞. ❐ਅਧਿਆਪਕ ਜੀ ਨੇ ਮਨਜੀਤੀ ਨੂੰ ਇਨਾਮ ਦਿੱਤਾ। 先生はマンジーティーにご褒美を与えました. **2** 報奨, 報酬, 賞金, 謝礼金. **3** 贈り物.

ਇਨਾਮੀ (इनामी) /ināmī イナーミー/ [Arab. *in`āmī*] *adj.* **1** 褒美の. (⇒ਇਨਾਮ ਸੰਬੰਧੀ) **2** 褒美をもらった, 受賞した.

ਇੰਨੂੰ (इंनूँ) /innū̃ インヌーン/ ▸ਇੰਨੂ *m.* 重いものを頭に載せて運ぶために頭に敷く当て物.

ਇੰਨੂ (इंनू) /innū インヌー/ ▸ਇੰਨੂੰ *m.* → ਇੰਨੂੰ

ਇਬਤਦਾ (इबतदा) /iba͓tadā イブタダー/ [Arab. *ibtidā*] *f.* **1** 始まり, 開始. **2** 初め, 最初, 初期, 当初. **3** 起源. **4** 基本, 初歩.

ਇਬਤਦਾਈ (इबतदाई) /iba͓tadāī イブタダーイー/ [Arab. *ibtidāʰī*] *adj.* **1** 初めの, 最初の, 一番目の. **2** 初期の, 当初の. **3** 基本の, 初歩の. **4** 先行する, 前の, 事前の, 予備の.

ਇਬਰਤ (इबरत) /iba͓rata͓ イブラト/ [Pers. *`ibrat*] *f.* **1** 教え, 教訓. (⇒ਸਬਕ) ❐ਇਬਰਤ ਹਾਸਲ ਕਰਨੀ 教訓を引き出す, 教訓を学ぶ. **2** 道徳的な指導. **3** 忠告, 助言. (⇒ਨਸੀਹਤ) **4** 警告. **5** 例.

ਇਬ੍ਰਾਹੀਮ (इब्राहीम) /ibrāhīma͓ (ibarāhīma͓) イブラーヒーム (イバラーヒーム)/ [Arab. *ibrāhīm*] *m.* 〖キ〗 イブラーヒーム(アブラハム)《ユダヤ人の先祖》.

ਇਬਰਾਨੀ (इबरानी) /iba͓rānī イブラーニー/ *adj.* ユダヤ人の, ヘブライ人の. (⇒ਯਹੂਦੀ)

— *m.* ユダヤ人, ヘブライ人. (⇒ਯਹੂਦੀ)

— *f.* ヘブライ語.

ਇੰਬਲੀ (इंबली) /imbalī インバリー/ ▸ਇਮਲੀ *f.* →

ਇਮਲੀ

ਇਬਾਦਤ (इबादत) /ibādata イバーダト/ ▸ਅਬਾਦਤ [Pers. `ibādat] *f.* **1** 礼拝. ❐ਇਬਾਦਤ ਕਰਨੀ 礼拝する. **2** 祈り, 祈りの文句. ❐ਇਬਾਦਤ ਕਰਨੀ 祈りの文句を唱える. **3** 信仰.

ਇਬਾਰਤ (इबारत) /ibārata イバーラト/ [Pers. `ibārat] *f.* **1** 書き取り. (⇒ਇਮਲਾ) ❐ਇਬਾਰਤ ਲਿਖਣੀ 書き取る. **2** 書かれたもの. **3** 本文, 文章. **3** 記事, 随筆.

ਇਬਾਰਤੀ (इबारती) /ibāratī イバールティー/ [-ਈ] *adj.* **1** 書き取られた. **2** 書かれた, 文章の.

ਇਮਕਾਨ (इमकान) /imakāna イムカーン/ [Arab. *imkān*] *m.* **1** 力. **2** 能力. **3** 可能性, 見込み, ありそうなこと, 公算. (⇒ਸੰਭਾਵਨਾ)

ਇਮਤਿਆਜ਼ (इमतिआज़) /imatiāza イムティアーズ/ [Arab. *imtiyāz*] *m.* **1** 区別, 識別, 見分け. **2** 差別. **3** 偏見.

ਇਮਤਿਆਜ਼ੀ (इमतिआज़ी) /imatiāzī イムティアーズィー/ [-ਈ] *adj.* **1** 差別的な. **2** 偏見を持った.

ਇਮਤਿਹਾਨ (इमतिहान) /imatihāna イムティアーン/ [Arab. *imtihān*] *m.* **1** 試験, テスト. (⇒ਪਰੀਖਿਆ) ❐ਇਮਤਿਹਾਨ ਦੇਣ ਵਾਲਾ 試験を受ける人, 受験者, 受験生, 志願者. ❐ਇਮਤਿਹਾਨ ਦੇਣਾ 試験を受ける, テストを受ける, 受験する. ❐ਇਮਤਿਹਾਨ ਲੈਣ ਵਾਲਾ 試験を行う人, 試験官. ❐ਇਮਤਿਹਾਨ ਲੈਣਾ 試験を行う. **2** 検査. ❐ਇਮਤਿਹਾਨ ਦੇਣ ਵਾਲਾ 検査を受ける人. ❐ਇਮਤਿਹਾਨ ਦੇਣਾ 検査を受ける. ❐ਇਮਤਿਹਾਨ ਲੈਣ ਵਾਲਾ 検査を行う人, 検査官. ❐ਇਮਤਿਹਾਨ ਲੈਣਾ 検査を行う. **3** 綿密な検査, 吟味. **4** 調査, 監査. **5** 試行. **6** 試練. ❐ਇਮਤਿਹਾਨ ਦੇਣਾ 試練を経験する.

ਇਮਦਾਦ (इमदाद) /imadāda イムダード/ [Arab. *imdād*] *f.* **1** 助け, 援助, 支援, 助力, 協力. (⇒ਸਹਾਇਤਾ) ❐ਇਮਦਾਦ ਕਰਨੀ, ਇਮਦਾਦ ਦੇਣੀ 助ける, 援助する. **2** 義援金, 寄付, 拠金.

ਇਮਦਾਦੀ (इमदादी) /imadādī イムダーディー/ [-ਈ] *adj.* **1** 助けている, 援助している, 支援している. **2** 援助としての. **3** 協力の, 協力的な.

— *m.* 援助者, 支援者, 協力者.

ਇਮਰਤੀ (इमरती) /imaratī イマルティー/ *f.* 〖食品〗イマルティー《ジャレービーに似た甘い菓子》.

ਇਮਲਾ (इमला) /imalā イムラー/ [Arab. *imlā*] *m.* **1** 正書法. **2** 書き取り.

ਇਮਲੀ (इमली) /imalī イムリー/ ▸ਇੰਬਲੀ [Skt. अम्ल] *f.* 〖植物〗タマリンド《マメ科の常緑高木. 豆果は多肉で甘酸味があり, 食用や酢の原料などにする》.

ਇਮਾਨ (इमान) /imāna イマーン/ ▸ਈਮਾਨ [Arab. *īmān*] *m.* **1** 信仰, 信心. **2** 信用, 信義. **3** 清廉. **4** 正直, 誠実さ. **5** 良心.

ਇਮਾਨਦਾਰ (इमानदार) /imānadāra イマーンダール/ ▸ਈਮਾਨਦਾਰ [Pers.-*dār*] *adj.* **1** 敬虔な, 信心深い. **2** 正直な, 誠実な. **3** 信頼のある, 信用のある.

ਇਮਾਨਦਾਰੀ (इमानदारी) /imānadārī イマーンダーリー/ ▸ਈਮਾਨਦਾਰੀ [Pers.-*dārī*] *f.* **1** 誠実. **2** 正直. **3** 信頼, 信用. **4** 清廉. **5** 公正な扱い.

ਇਮਾਮ (इमाम) /imāma イマーム/ ▸ਅਮਾਮ [Arab. *imām*] *m.* **1** 〖イス〗イマーム《イスラームの聖職者・宗教指導者》. (⇒ਮੁੱਲਾਂ) **2** 〖イス〗イマーム《シーア派において開祖ムハンマド(ムハメッド, マホメット)の正当な後継者とされる12代にわたる最高指導者》.

ਇਮਾਮਬਾੜਾ (इमामबाड़ा) /imāmabāṛā イマームバーラー/ [+ Skt. वाट] *m.* 〖建築・イス〗イマーム・バーラー《イマーム〔イスラームの聖職者〕が居住し教えを説くバーラー〔四方を囲まれた広場と建物〕. ラクナウの建造物が特に名高い》.

ਇਮਾਰਤ (इमारत) /imārata イマーラト/ [Arab. `imārat] *f.* 〖建築〗建物, 建造物, 建築, 建築物, 舎屋, ビルディング. ❐ਇਮਾਰਤ ਖੜੀ ਕਰਨੀ 建物を建てる, 建築する. ❐ਇਸ ਪਿੰਡ ਦੇ ਸਕੂਲ ਦੀ ਇਮਾਰਤ ਬਹੁਤ ਸੋਹਣੀ ਬਣੀ ਹੋਈ ਹੈ। この村の学校の建物はとても立派に造られています.

ਇਮਾਰਤਸਾਜ਼ੀ (इमारतसाज़ी) /imāratasāzī イマーラトサーズィー/ [Pers.-*sāzī*] *f.* **1** 〖建築〗建築, 建築術, 建築学, 建築様式. **2** 建築の過程. **3** 建築の職業.

ਇਮਾਰਤੀ (इमारती) /imāratī イマールティー/ [Arab. `imāratī] *adj.* **1** 建築の, 建築に関する. **2** 建築に使われる, 建築用の.

ਇਮਾਰਤੀ ਲੱਕੜੀ (इमारती लक्कड़ी) /imāratī lakkaṛī イマールティー ラッカリー/ [+ Skt. लक्कुट] *f.* 建築用の材木.

ਇਮੇਜ (इमेज) /imeja イメージ/ [Eng. *image*] *f.* **1** イメージ, 心像, 全体的印象. **2** 像, 肖像, 象徴.

ਇਰਦ-ਗਿਰਦ (इरद-गिरद) /irada-girada イルド・ギルド/ [Pers. *ird gird*] *adv.* **1** 周り中に. (⇒ਆਲੇ-ਦੁਆਲੇ) **2** 四方に, 四囲に. **3** 周辺に, 近隣に, 近所に.

ਇਰਾਕ (इराक) /irāka イラーク/ [Arab. `irāq] *m.* 〖国名〗イラク(共和国).

ਇਰਾਕੀ (इराकी) /irākī イラーキー/ [Arab. `irāqī] *adj.* イラクの, イラク人の.

— *m.* **1** イラク人. **2** 〖動物〗血統の良いアラブ馬.

ਇਰਾਦਤ (इरादत) /irādata イラーダト/ [Arab. *irādat*] *f.* **1** 信用, 信頼. (⇒ਵਿਸ਼ਵਾਸ) **2** 信仰, 信心. (⇒ਅਕੀਦਾ)

ਇਰਾਦਤਨ (इरादतन) /irādatana イラードタン/ [Arab. *irādatan*] *adv.* 意図的に, 故意に, わざと.

ਇਰਾਦਾ (इरादा) /irādā イラーダー/ [Arab. *irāda*] *m.* **1** 願望, 欲求. **2** 意図, 意志, 意向. ❐ਇਰਾਦੇ ਨਾਲ 意図的に, 故意に, わざと. **3** 決心. **4** 計画. **5** 考え.

ਇੱਲ (इल्ल) /illa イッル/ *f.* 〖鳥〗トビ, 鳶. (⇒ਚੀਲ)

ਇਲਹਾਕ (इलहाक) /ilahāka イルハーク/ *m.* **1** 結合. (⇒ਸੰਯੋਜਨ) **2** 和合. (⇒ਮੇਲ)

ਇਲਹਾਮ (इलहाम) /ilahāma イルハーム/ [Arab. *ilhām*] *m.* **1** 天啓, 啓示, 神のお告げ, 神の預言. (⇒ਵਹੀ) **2** 霊感, 神霊の導き.

ਇਲਜ਼ਾਮ (इलज़ाम) /ilazāma イルザーム/ ▸ਅਲਜ਼ਾਮ [Arab. *ilzām*] *m.* **1** 嫌疑, 容疑. **2** 非難, 言いがかり, 告発. (⇒ਦੋਸ਼) ❐ਇਲਜ਼ਾਮ ਲਾਉਣਾ 非難する, とがめる, 告発する.

ਇਲਤ (इलत) /ilata イルト/ *f.* **1** いたずら, 悪ふざけ. (⇒ਸ਼ਰਰਤ) **2** 浮かれ騒ぎ.

ਇੱਲਤ (इल्लत) /illata イッラト/ ▸ਲਤ [Pers. `illat] *f.* **1** 悪癖, 悪習. (⇒ਭੈੜੀ ਵਾਦੀ, ਬੁਰੀ ਆਦਤ) **2** 中毒, 耽溺.

ਇਲਤਮਾਸ (इलतमास) /ilatamāsa イルタマース/ [Arab.

iltimās] *m.* **1** 謙虚な願い事. **2** 懇願, 切望.
ਇਲਤਿਜਾ (इलतिजा) /ilatijā イルティジャー/ [Arab. *iltijā*] *f.* 嘆願, 懇願.
ਇਲਤੀ (इलती) /ilatī イルティー/ *adj.* いたずらな, 悪ふざけする, やんちゃな. (⇒ਸ਼ਰਾਰਤੀ)
ਇਲਮ (इलम) /ilama イルム/ [Arab. *ˋilm*] *m.* **1** 知識, 学識. **2** 学問. **3** 科学, 技芸. **4** 教育.
ਇੱਲੜ (इल्लड़) /illaṛa イッラル/ *m.* 愚か者, 馬鹿者. (⇒ਮੂਰਖ ਆਦਮੀ)
ਇਲਾਇਚੀ (इलाइची) /ilāicī イラーイチー/ ▸ਇਲਾਚੀ, ਲਾਚੀ *f.* → ਇਲਾਚੀ
ਇਲਾਹੀ (इलाही) /ilâī | ilāhī イラーイー | イラーヒー/ [Arab. *ilāhī*] *m.* 〖イス〗神, アッラーの神. (⇒ਰੱਬ)
— *adj.* **1** 神の, 神性の. **2** 天の, 天空の.
ਇਲਾਕਾ (इलाका) /ilākā イラーカー/ ▸ਅਲਾਕਾ [Arab. *ˋalāqa*] *m.* **1** 地域, 地帯, 地方. ❐ਰੇਗਿਸਤਾਨੀ ਇਲਾਕਿਆਂ ਵਿੱਚ ਊਠਾਂ ਦੇ ਕਾਫ਼ਲੇ ਪਰਸਿੱਧ ਹਨ। 砂漠の地域では駱駝の隊商が有名です. **2** 領域, 領土. **3** 圏. **4** 管轄範囲, 管轄地域, 管轄区. **5** 区域, 地区. **6** 行政区.
ਇਲਾਕਾਈ (इलाकाई) /ilākāī イラーカーイー/ [-ਈ] *adj.* **1** 地域の, 地方の, 地区の. **2** 領域の, 管轄区の.
ਇਲਾਕਾਪਰਸਤੀ (इलाकापरसती) /ilākāparasatī イラーカーパラスティー/ [Pers.-*parastī*] *f.* **1** 地域主義, 地方主義. **2** 地方根性, 田舎根性. **3** 地方性, 視野の狭さ.
ਇਲਾਚੀ (इलाची) /ilācī イラーチー/ ▸ਇਲਾਇਚੀ, ਲਾਚੀ [Skt. एला] *f.* **1** 〖植物〗カルダモン, ショウズク(小荳蔲)《ショウガ科の多年草》. **2** 〖食品〗カルダモンの種子《乾燥品は香辛料として用いる》.
ਇਲਾਜ (इलाज) /ilāja イラージ/ [Arab. *ˋilāj*] *m.* **1** 医療, 治療, 手当, 治療法. ❐ਉਸ ਦੇ ਇਲਾਜ ਨਾਲ ਰਾਜਾ ਰਾਜ਼ੀ ਹੋ ਗਿਆ। 彼の施す治療で王様は元気になりました. **2** 対策, 対応措置, 救済策.
ਇਲਾਨ (इलान) /ilāna イラーン/ ▸ਐਲਾਨ, ਏਲਾਨ *m.* → ਐਲਾਨ
ਇਲਾਨੀਆ (इलानीआ) /ilānīā イラーニーアー/ ▸ਐਲਾਨੀਆ *adv.* → ਐਲਾਨੀਆ
ਇਲਾਵਾ (इलावा) /ilāwā イラーワー/ [Arab. *ˋilāva*] *adv.* **1** 他に. **2** 加えて.
— *postp.* **1**…以外に, …の他に, …に加えて. ❐ਤੋਂ ਇਲਾਵਾ …以外に, …の他に, …に加えて. **2**…以上に.
ਇਵਜ਼ (इवज़) /iwaza イワズ/ [Arab. *ˋivaz*] *m.* **1** 引き換え, 代わり, 替わり, 交替, 交換, 代替, 取り替え. ❐ਇਵਜ਼ ਵਿੱਚ 引き換えに, 代わりに. **2** 戻ること, お返し. ❐ਇਵਜ਼ ਵਿੱਚ お返しに. **3** 置き換え. ❐ਇਵਜ਼ ਵਿੱਚ 置き換えて. **4** 代理, 代用. ❐ਇਵਜ਼ ਵਿੱਚ 代理として, 代用として.
ਇਵਜ਼ਾਨਾ (इवज़ाना) /iwazānā イウザーナー/ *m.* **1** 弁償, 代償, 補償. (⇒ਮੁਆਵਜ਼ਾ) **2** 返礼, 報酬. **3** 賠償, 償い.
ਇਵਜ਼ੀ (इवज़ी) /iwazī イウズィー/ [Pers. *ˋivazī*] *adj.* 取って代わる, 代わりの.
— *m.* 取って代わるもの, 代理.
ਇਵੇਂ (इवें) /iwẽ イウェーン/ ▸ਐਮੇਂ, ਐਵੇਂ, ਏਵੇਂ, ਏਵੇ, ਏਵੈਂ, ਏਵੈ *adv.* → ਐਵੇਂ

ਈ

ਈਂ[1] (ईं) /ĩ イーン/ ▸ਈ *suff.* 「…で」「…によって」「…を使って」「…に従って」「…して」「…に」などを意味する副詞を形成する接尾辞.
ਈਂ[2] (ईं) /ĩ イーン/ ▸ਈ *suff.* → ਈ[1]
ਈ[1] (ई) /ī イー/ ▸ਈਂ *suff.* **1** 名詞に付いて, 「…を持つ(もの・人)」「…のある(もの・人)」「…に関わる(もの・人)」「…を行う(もの・人)」など所有・関連・属性などの意味の加わった形容詞・名詞を形成する接尾辞. **2** 動詞の語幹・形容詞・名詞などに付いて, 抽象名詞(女性名詞)を形成する接尾辞. **3** 男性名詞から, その名詞の表すもので大きさの小さいものを表す語(女性名詞)を形成する接尾辞.
ਈ[2] (ई) /ī イー/ ▸ਈਂ *suff.* → ਈਂ[1]
ਈ[3] (ई) /ī イー/ ▸ਹੀ *adv.* → ਹੀ
ਈਆਂ (ईआँ) /īā̃ イーアーン/ ▸ਈਆ *suff.* → ਈਆ
ਈਆ (ईआ) /īā イーアー/ ▸ਈਆਂ *suff.* 「…の」「…に関わる」「…のある」「…をする」「…を扱う」などを意味する形容詞, 「…で」「…によって」「…して」などを意味する副詞, または「…の人」「…に関わる人」「…の住人」「…する人」「…を扱う人」などを意味する男性名詞を形成する接尾辞.
ਈਸਬਗ਼ੋਲ (ईसबग़ोल) /īsabağola イーサブゴール/ ▸ਇਸਬਗ਼ੋਲ *m.* → ਇਸਬਗ਼ੋਲ
ਈਸਰ (ईसर) /īsara イーサル/ ▸ਈਸ਼ਵਰ *m.* → ਈਸ਼ਵਰ
ਈਸ਼ਵਰ (ईशवर) /īśawara イーシュワル/ ▸ਈਸਰ [Skt. ईश्वर] *m.* **1** 神, 最高神. (⇒ਭਗਵਾਨ, ਰੱਬ, ਖ਼ੁਦਾ) **2** 造物主, 主宰神. **3** 〖ヒ〗シヴァ神, ブラフマー神.
ਈਸ਼ਵਰਵਾਦ (ईशवरवाद) /īśawarawāda イーシュワルワード/ [Skt.-वाद] *m.* 有神論, 人格神論. (⇒ਪਰਮਦੇਵਵਾਦ)
ਈਸ਼ਵਰਵਾਦੀ (ईशवरवादी) /īśawarawādī イーシュワルワーディー/ [Skt.-वादिन्] *adj.* 有神論の, 人格神論の.
— *m.* 有神論者, 人格神論者.
ਈਸਵੀ ਸੰਨ (ईसवी संन) /īsawī sanna イースウィー サンヌ/ [Arab. *ˋisavī* + Arab. *sana*] *m.* **1** 〖歴史・キ〗キリスト紀元. **2** 〖歴史・キ〗西暦.
ਈਸਾ (ईसा) /īsā イーサー/ [Arab. *ˋīsā*] *m.* 〖人名・キ〗イエス・キリスト.
ਈਸਾਈ (ईसाई) /īsāī イーサーイー/ ▸ਇਸਾਈ [Pers. *ˋisāī*] *adj.* 〖キ〗キリスト教徒の.
— *m.* 〖キ〗キリスト教徒, クリスチャン.
ਈਸ਼ਾਨ (ईशान) /īśāna イーシャーン/ [Skt. ईशान] *m.* **1** 主, 神. (⇒ਈਸ਼ਵਰ) **2** 〖ヒ〗イーシャーナ《シヴァ神の異名の一つ》. (⇒ਸ਼ਿਵ) **3** 東北, 東北の方角.
ਈਸ਼ਾਨ ਦਿਸ਼ਾ (ईशान दिशा) /īśāna diśā イーシャーン ディシャー/ [+ Skt. दिशा] *f.* 東北の方角.
ਈਸਾ ਮਸੀਹ (ईसा मसीह) /īsā masî イーサー マスィー/ [Arab. *ˋīsā* + Arab. *masīh*] *m.* 〖人名・キ〗イエス・キリスト.

ਈਸ਼ੂ (ईशू) /īśū イーシュー/ [Eng. *issue*] *m.* 発行, …版.

ਈਹਾਂ (ईहाँ) /īhā̃ | ī̃ā イーハーン｜イーアーン/ *adv.* **1** ここに. (⇒ਇੱਥੇ) **2** この場所に. (⇒ਇਸ ਥਾਂ)

ਈਜਾਦ (ईजाद) /ījāda イージャード/ [Arab. *ījād*] *f.* **1** 発明, 考案. (⇒ਕਾਢ) **2** 生産. (⇒ਉਪਜ)

ਈਦ (ईद) /īda イード/ [Arab. *`īd*] *f.* 〖祭礼・イス〗イード《イスラームの断食明けの祭り》.

ਈਂਧਣ (ईंधण) /ī̃daṇa イーンダン/ ▸ਈਧਣ *m.* 薪. (⇒ਬਾਲਣ)

ਈਧਣ (ईधण) /īdaṇa イーダン/ ▸ਈਂਧਣ *m.* → ਈਂਧਣ

ਈਨ (ईन) /īna イーン/ [Pers. *ā^{h}īn*] *f.* **1** 規則, 法律. (⇒ਕਾਨੂੰਨ) **2** 布告, 命令. (⇒ਹੁਕਮ) **3** 征服すること, 征服されること, 降伏. (⇒ਇਤਾਇਤ) ❑ਈਨ ਮੰਨਣੀ 征服を受け入れる, 降伏する, 屈服する. ❑ਈਨ ਮੰਨਾਉਣੀ 征服を受け入れさせる, 征服する, 降伏させる, 屈服させる. **4** 追従, 服従, 従属.

ਈਮਾਨ (ईमान) /īmāna イーマーン/ ▸ਇਮਾਨ *m.* → ਇਮਾਨ

ਈਮਾਨਦਾਰ (ईमानदार) /īmānadāra イーマーンダール/ ▸ਇਮਾਨਦਾਰ *adj.* → ਇਮਾਨਦਾਰ

ਈਮਾਨਦਾਰੀ (ईमानदारी) /īmānadārī イーマーンダーリー/ ▸ਇਮਾਨਦਾਰੀ *f.* → ਇਮਾਨਦਾਰੀ

ਈਰਖਾ (ईरखा) /īrak^{h}ā イールカー/ ▸ਹੀਰਖਾ [Skt. ईर्ष्या] *f.* **1** 妬み, 嫉妬, やきもち. (⇒ਸਾੜਾ, ਖ਼ਾਰ) ❑ਈਰਖਾ ਕਰਨੀ 妬む, 嫉妬する. **2** 恨み. **3** 憤慨. **4** 悪意. **5** 反感. **6** 敵意.

ਈਰਖਾਲੂ (ईरखालू) /īrak^{h}ālū イールカールー/ [-ਲੂ] *adj.* **1** 嫉妬深い. **2** 妬んでいる.

ਈਰਖੀ (ईरखी) /īrak^{h}ī イールキー/ [-ਈ] *adj.* **1** 嫉妬深い. **2** 妬んでいる.

ਈਰਣ (ईरण) /īraṇa イーラン/ ▸ਹੀਰਨ [Eng. *ear ring*] *m.* 〖装〗イヤリング, 耳輪. (⇒ਕੰਨ ਬਾਲਾ)

ਈਰਾਨ (ईरान) /īrāna イーラーン/ [Pers. *īrān*] *m.* 〖国名〗イラン(イスラム共和国).

ਈਰਾਨੀ (ईरानी) /īrānī イーラーニー/ [Pers. *īrānī*] *adj.* イランの, イラン人の.

— *m.* イラン人.

ਈਲਾ (ईला) /īlā イーラー/ *suff.* 名詞や動詞の語幹に付いて, 形容詞を形成する接尾辞.

ਈੜੀ (ईड़ी) /īṛī イーリー/ *f.* 〖文字〗イーリー《3種の母音字 ਇ「イ」, ਈ「イー」, ਏ「エー」の基となる, グルムキー字母表の第3番目の文字 ੲ の名称》.

ਏ

ਏਂ (एँ) /ẽ エーン/ ▸ਹੈਂ *vi.* 〖口語〗《動詞 ਹੋਣਾ の2人称・単数・現在形. ਤੂੰ … ਏਂ》 **1**…である, …です. **2**…ある・いる, …あります・います.

ਏ^{1} (ए) /e エー/ ▸ਹੈ, ਹੈਗਾ *vi.* 〖口語〗《動詞 ਹੋਣਾ の3人称・単数・現在形. ਉਹ … ਏ》 **1**…である, …です. **2**…ある・いる, …あります・います.

ਏ^{2} (ए) /e エー/ ▸ਹੇ *int.* やあ, おい, ちょっと, ほら《呼びかけまたは注意を喚起する言葉》.

ਏਅਰ ਕੰਡੀਸ਼ਨਰ (एअर कंडीशनर) /eara kaṇḍīśanara エーアル カンディーシュナル/ [Eng. *air conditioner*] *m.* 〖器具〗空気調節装置, エアコン.

ਏਆਣਾ (एआणा) /eāṇā エーアーナー/ ▸ਅਇਆਣਾ, ਇਆਣਾ, ਇਆਣੜਾ *adj.m.* → ਇਆਣਾ

ਏਸ (एस) /esa エース/ ▸ਐਸ, ਇਸ *pron.* → ਇਸ

ਏਸ਼ਿਆਈ (एशिआई) /eśiāī エーシアーイー/ ▸ਏਸ਼ੀਆਈ [Eng. *Asia* -ਈ] *adj.* **1** 〖地理〗アジアの, 亜細亜の. **2** アジア人の.

— *m.* アジア人.

ਏਸ਼ੀਆ (एशीआ) /eśīā エーシーアー/ [Eng. *Asia*] *m.* 〖地理〗アジア, 亜細亜.

ਏਸ਼ੀਆਈ (एशीआई) /eśīāī エーシーアーイー/ ▸ਏਸ਼ਿਆਈ *adj.m.* → ਏਸ਼ਿਆਈ

ਏਸੇ (एसे) /ese エーセー/ ▸ਇਸੇ *pron.* → ਇਸੇ

ਏਹ (एह) /ê エー/ ▸ਅਹ, ਇਹ, ਹਿਹ, ਹੇਹ *pron.* → ਇਹ

ਏਕ (एक) /eka エーク/ ▸ਇਕ, ਇੱਕ, ਹਿਕ *ca.num. adj.* → ਇੱਕ

ਏਕਣ (एकण) /ekaṇa エーカン/ *adv.* このように.

ਏਕਤਾ (एकता) /ekatā エークター/ [Skt. एकता] *f.* **1** 合一, 統一. **2** 単一性, 統一性.

ਏਕਮ (एकम) /ekama エーカム/ *f.* 〖暦〗一日(ついたち), 第一日.

ਏਕਵਾਦ (एकवाद) /ekawāda エークワード/ [Skt. एक Skt.-वाद] *m.* 一元論.

ਏਕੜ (एकड़) /ekaṛa エーカル/ [Eng. *acre*] *m.* 〖面積〗エーカー《約4047m^{2}》.

ਏਕਾ (एका) /ekā エーカー/ *m.* **1** 1の数, 数字の1. **2** 統一, 結合, 合一. (⇒ਜੋੜ)

ਏਕਾ-ਏਕੀ (एका-एकी) /ekā-ekī エーカー・エーキー/ *adv.* 突然, 不意に, 急に. (⇒ਅਚਾਨਕ)

ਏਕਾਸੀ (एकासी) /ekāsī エーカースィー/ ▸ਇਕਾਸੀ *ca.num. adj.* → ਇਕਾਸੀ

ਏਕਾਂਕੀ (एकाँकी) /ekā̃kī エーカーンキー/ ▸ਇਕਾਂਗੀ, ਏਕਾਂਗੀ *adj.m.* → ਇਕਾਂਗੀ

ਏਕਾਂਗੀ (एकाँगी) /ekā̃gī エーカーンギー/ ▸ਇਕਾਂਗੀ, ਏਕਾਂਕੀ *adj.m.* → ਇਕਾਂਗੀ

ਏਕਾਂਤ (एकाँत) /ekā̃ta エーカーント/ ▸ਇਕਾਂਤ *m.* → ਇਕਾਂਤ

ਏਕਾਦਸ਼ੀ (एकादशी) /ekādaśī エーカードシー/ ▸ਇਕਾਦਸ਼ੀ, ਕਾਦਸ਼ੀ *f.* → ਇਕਾਦਸ਼ੀ

ਏਕੀਕਰਣ (एकीकरण) /ekīkaraṇa エーキーカルン/ ▸ਏਕੀਕਰਨ *m.* → ਏਕੀਕਰਨ

ਏਕੀਕਰਨ (एकीकरन) /ekīkarana エーキーカルン/ ▸ਏਕੀਕਰਣ [Skt. एकीकरण] *m.* **1** 統一, 一体化. **2** 合併, 統合. **3** 吸収. **4** 融合, 合同.

ਏਕੀਕਰਿਤ (एकीकरित) /ekīkarita エーキーカリト/ [Skt. एकीकृत] *adj.* **1** 統一された, 一体化された. **2** 合併された, 統合された.

ਏਜੰਸੀ (एजंसी) /ejansī エージャンスィー/ ▸ਅਜੰਸੀ *f.* → ਅਜੰਸੀ

ਏਜੰਟ (एजंट) /ejaṇṭⱥ エージャント/ ▸ਅਜੰਟ *m.* → ਅਜੰਟ

ਏਜੰਡਾ (एजंडा) /ejaṇḍā エージャンダー/ [Eng. *agenda*] *m.* **1** 会議事項, 協議事項, 議事日程. **2** 政治課題, 政策, 路線.

ਏਡ[1] (एड) /eḍⱥ エード/ ▸ਏੜ, ਏੜੀ *f.* → ਏੜ

ਏਡ[2] (एड) /eḍⱥ エード/ [Eng. *aid*] *f.* 助け, 援助. (⇒ਮਦਦ, ਸਹਾਇਤਾ)

ਏਡਜ਼ (एडज़) /eḍazⱥ エーダズ/ [Eng. *AIDS*] *m.* 〖医〗エイズ, 後天性免疫不全症候群.

ਏਡਾ (एडा) /eḍā エーダー/ ▸ਐਡਾ, ਇੱਡਾ, ਹੈਡਾ *adj.* → ਐਡਾ

ਏਤਬਾਰ (एतबार) /etⱥbārⱥ エートバール/ ▸ਇਤਬਾਰ *m.* → ਇਤਬਾਰ

ਏਥੇ (एथे) /et^{h}e エーテー/ ▸ਇੱਥੇ, ਐਥੇ, ਹਿਥੇ, ਹਿੱਥੇ *adv.* ここに.

ਏਥੋਂ (एथों) /et^{h}õ エートーン/ ▸ਇੱਥੋਂ, ਐਥੋਂ *adv.* 《 ਏਥੇ ਥੋਂ の融合形》 **1** ここから. **2** ここを通って.

ਏਦਾਂ (एदाँ) /edā̃ エーダーン/ ▸ਐਦਾਂ *adv.* → ਐਦਾਂ

ਏਦੂੰ (एदूँ) /edū̃ エードゥーン/ ▸ਐਦੂੰ, ਏਦੋਂ *adv.* → ਐਦੂੰ

ਏਦੋਂ (एदों) /edõ エードーン/ ▸ਐਦੂੰ, ਏਦੂੰ *adv.* → ਐਦੂੰ

ਏਧਰ (एधर) /êdarⱥ エーダル/ ▸ਐਧਰ, ਇੱਧਰ *adv.* こちらに, こちらを. ❐ਏਧਰ ਓਧਰ あちこち. ❐ਉਸ ਨੇ ਏਧਰ ਓਧਰ ਦੇਖਿਆ। あの人はあちこち見回しました.

ਏਨ (एन) /enⱥ エーン/ *pron.* 《 ਇਸ ਨੇ の融合形》これは, この人は.

ਏਨਾਂ (एनाँ) /enā̃ エーナーン/ ▸ਐਤਨਾ, ਐਨਾ, ਇਤਨਾ, ਇੰਨਾਂ, ਇੰਨਾ, ਏਨਾ *adj.adv.* → ਐਨਾ

ਏਨਾ (एना) /enā エーナー/ ▸ਐਤਨਾ, ਐਨਾ, ਇਤਨਾ, ਇੰਨਾਂ, ਇੰਨਾ, ਏਨਾਂ *adj.adv.* → ਐਨਾ

ਏਮਨਾਬਾਦ (एमनाबाद) /emⱥnābādⱥ エームナーバード/ *m.* 〖地名〗エームナーバード《パキスタンのパンジャーブ州グジュラーンワーラー県の都市》.

ਏਰਨਾ (एरना) /erⱥnā エールナー/ *adj.* 野生の. (⇒ਜੰਗਲੀ)

ਏਰਾ[1] (एरा) /erā エーラー/ *suff.* 動詞の語幹や名詞に付いて, 名詞や形容詞を形成する接尾辞.

ਏਰਾ[2] (एरा) /erā エーラー/ *suff.* 形容詞に付いて,「より…」「さらに…」「比較的…」などの意味を加える接尾辞.

ਏਲਚੀ (एलची) /elⱥcī エールチー/ [Turk. *elcī*] *m.* **1** 国王の使者, 国使, 外交使節. **2** 大使. (⇒ਰਾਜਦੂਤ) **3** 公使. **4** 使者. (⇒ਦੂਤ) **5** 使節.

ਏਲਵਾ (एलवा) /elⱥwā エールワー/ ▸ਏਲੂਆ *m.* → ਏਲੂਆ

ਏਲਾਨ (एलान) /elānⱥ エーラーン/ ▸ਐਲਾਨ, ਇਲਾਨ *m.* → ਐਲਾਨ

ਏਲੂਆ (एलूआ) /elūā エールーアー/ ▸ਏਲਵਾ *m.* 〖植物〗アロエ, ロカイ《ユリ科の薬用・観賞用植物》. (⇒ਮੁਸੱਬਰ)

ਏਵਡ (एवड) /ewaḍⱥ エーワド/ *adj.* 〖詩語〗これほど大きな《 ਗੁਰਬਾਣੀ の用語》. (⇒ਐਨਾ ਵੱਡਾ)

ਏਵੇਂ (एवें) /ewẽ エーウェーン/ ▸ਐਮੇਂ, ਐਵੇਂ, ਇਵੇਂ, ਏਵੇ, ਏਵੈਂ, ਏਵੈ *adv.* → ਐਵੇਂ

ਏਵੇ (एवे) /ewe エーウェー/ ▸ਐਮੇਂ, ਐਵੇਂ, ਇਵੇਂ, ਏਵੇਂ, ਏਵੈਂ, ਏਵੈ *adv.* → ਐਵੇਂ

ਏਵੈਂ (एवैं) /ewãĩ エーワェーン/ ▸ਐਮੇਂ, ਐਵੇਂ, ਇਵੇਂ, ਏਵੇ, ਏਵੇਂ, ਏਵੈ *adv.* → ਐਵੇਂ

ਏਵੈ (एवै) /ewai エーワェー/ ▸ਐਮੇਂ, ਐਵੇਂ, ਇਵੇਂ, ਏਵੇਂ, ਏਵੇ, ਏਵੈਂ *adv.* → ਐਵੇਂ

ਏੜ (एड़) /eṛⱥ エール/ ▸ਏਡ, ਏੜੀ [Skt. एड्डुक] *f.* 〖身体〗踵(かかと). (⇒ਅੱਡੀ)

ਏੜੀ (एड़ी) /eṛī エーリー/ ▸ਏਡ, ਏੜ *f.* → ਏੜ

ਸ ਸ਼

ਸ[1] (स) /sassā サッサー/ *m.* 〖文字〗グルムキー文字の字母表の4番目の文字《歯擦音の「サ」を表す》.

ਸ[2] (स) /sa サ/ [Skt. स] *pref.* 「…を伴った」「…と一緒の」「…を持っている」「…を所有している」「…と同じ」「…に等しい」などの意味を表す接頭辞.

ਸ[3] (स) /sa サ/ ▸ਸੁ *pref.* → ਸੁ

ਸ਼ (श) /sasse pairī̃ bindī | śaśśā サッセー パェーリーン ビンディー | シャッシャー/ *m.* 〖文字〗グルムキー文字の字母表の4番目の文字 ਸ の下に点の付いた文字《歯擦音の「シャ」を表す》.

ਸਉ[1] (सउ) /sau | sao サウ | サオー/ ▸ਸਓ, ਸਾਉ, ਸੋ, ਸੌ *vi.* 《動詞 ਹੋਣਾ の2人称・複数・過去形. ਤੁਸੀਂ … ਸਉ 》 **1** …であった, …でした. **2**…あった・いた, …ありました・いました.

ਸਉ[2] (सउ) /sau サウ/ ▸ਸੈ, ਸੌ *ca.num. adj.* → ਸੌ[1]

ਸਉਂਹ (सउँह) /saû サウン/ ▸ਸੌਂਹ, ਸਹੁੰ *f.* → ਸਹੁੰ

ਸਉਖ (सउख) /sauk^{h}ⱥ サウク/ ▸ਸੌਖ *f.* → ਸੌਖ

ਸਉਗ਼ਾਤ (सउग़ात) /sauğātⱥ サウガート/ ▸ਸੁਗ਼ਾਤ, ਸੌਂਗ਼ਾਤ, ਸੌਗ਼ਾਤ *f.* → ਸੁਗ਼ਾਤ

ਸਉਣ[1] (सउण) /sauṇⱥ サウン/ ▸ਸਾਉਣ, ਸਾਵਣ, ਸੌਣ *m.* → ਸਾਉਣ

ਸਉਣ[2] (सउण) /sauṇⱥ サウン/ ▸ਸੌਣ *m.* → ਸੌਣ[2]

ਸਉਣਾ (सउणा) /sauṇā サウナー/ ▸ਸੌਂਣਾ, ਸੌਣਾ *vi.* → ਸੌਂਣਾ

ਸਉਦਾ (सउदा) /saudā サウダー/ ▸ਸੁਦਾ, ਸੌਦਾ *m.* → ਸੁਦਾ

ਸਉਦਾਗਰ (सउदागर) /saudāgarⱥ サウダーガル/ ▸ਸੁਦਾਗਰ, ਸੌਦਾਗਰ *m.* → ਸੁਦਾਗਰ

ਸਉਂਪਣਾ (सउँपणा) /saũpaṇā サウンパナー/ ▸ਸੌਂਪਣਾ *vt.* → ਸੌਂਪਣਾ

ਸਉਰਨਾ (सउरना) /saurⱥnā サウルナー/ ▸ਸੌਰਨਾ *vi.* → ਸੌਰਨਾ

ਸਉਲ (सउल) /saulⱥ サウル/ ▸ਸੌਲ *f.* → ਸੌਲ

ਸਉਲਾ (सउला) /saulā サウラー/ ▸ਸਾਉਂਲਾ, ਸਾਉਲਾ, ਸਾਂਵਰਾ, ਸਾਂਵਲਾ, ਸਾਵਲਾ, ਸੌਲਾ *adj.* → ਸਾਉਲਾ

ਸ਼ਊਰ (शऊर) /śaūrⱥ シャウール/ ▸ਸ਼ਹੂਰ [Arab. *śu`ūr*] *m.* **1** 知, 知力, 知性. (⇒ਅਕਲ) **2** 分別. **3** 聡明.

ਸ਼ਊਰਭ (शऊरभ) /śaūrâbⱥ シャウーラブ/ [Skt. सौरभ] *m.* 芳香. (⇒ਸੁਗੰਧ, ਖ਼ੁਸ਼ਬੂ)

ਸਓ (सओ) /sao サオー/ ▸ਸਉ, ਸਾਉ, ਸੋ, ਸੌ *vi.* → ਸਉ

ਸਈ[1] (सई) /saī サイー/ ▸ਸਹੀ *adj.f.* → ਸਹੀ

ਸਈ² (सई) /saī サイー/ ▶ਸਖੀ *f.* → ਸਖੀ
ਸਈਆਂ (सईआँ) /saīā̃ サイーアーン/ ▶ਸਾਈਂ *m.* → ਸਾਈਂ
ਸਈਆਦ (सईआद) /saīāda サイーアード/ ▶ਸੱਯਾਦ *m.* → ਸੱਯਾਦ
ਸਈਸ (सईस) /saīsa サイース/ ▶ਸਹੀਸ, ਸਾਈਸ [Arab. *sā^his*] *m.* 馬丁.
ਸਈਯਦ (सईयद) /saīyada サイーヤド/ ▶ਸੱਯਦ *m.* → ਸੱਯਦ
ਸੰਸ (संस) /sansa サンス/ ▶ਸੰਸਾ, ਸੈਂਸਾ *m.* → ਸੰਸਾ
ਸੱਸ (सस्स) /sassa サッス/ *f.* 〖親族〗姑(しゅうとめ)《夫または妻の母である義母》.
ਸਸਕਣਾ (ससकणा) /sasakaṇā ササクナー/ ▶ਸਿਸਕਣਾ *vi.* → ਸਿਸਕਣਾ
ਸੰਸਕਰਣ (संसकरण) /sansakaraṇa サンスカルン/ ▶ਸੰਸਕਰਨ *m.* → ਸੰਸਕਰਨ
ਸੰਸਕਰਨ (संसकरन) /sansakarana サンスカルン/ ▶ਸੰਸਕਰਣ [Skt. संस्करण] *m.* **1** 訂正, 改正, 修正. **2** 版.
ਸੰਸਕਰਿਤ (संसकरित) /sansakarita サンスカリト/ ▶ਸੰਸਕ੍ਰਿਤ [Skt. संस्कृत] *adj.* **1** 洗練された, 純化された. **2** 完成された, 装飾された.
— *f.* サンスクリット語, 梵語.
ਸੰਸਕ੍ਰਿਤ (संसक्रित) /sansakrita (sansakarita) サンスクリト(サンスカリト)/ ▶ਸੰਸਕਰਿਤ *adj.f.* → ਸੰਸਕਰਿਤ
ਸੰਸਕਰਿਤੀ (संसकरिती) /sansakaritī サンスカリティー/ ▶ਸੰਸਕ੍ਰਿਤੀ [Skt. संस्कृति] *f.* **1** 文化. (⇒ਤਹਿਜ਼ੀਬ) **2** 文明.
ਸੰਸਕ੍ਰਿਤੀ (संसक्रिती) /sansakritī (sansakaritī) サンスクリティー(サンスカリティー)/ ▶ਸੰਸਕਰਿਤੀ *f.* → ਸੰਸਕਰਿਤੀ
ਸੰਸਕਾਰ (संसकार) /sansakāra サンスカール/ [Skt. संस्कार] *m.* **1** 前世の因縁. **2** 宗教儀式, 祭式, 儀礼. **3** 伝統.
ਸਸਕਾਰ (ससकार) /sasakāra サスカール/ *m.* 火葬.
ਸਸਣਾ (ससणा) /sasaṇā サスナー/ ▶ਸਹਿਣਾ *vi.vt.* → ਸਹਿਣਾ
ਸਸਤ (ससत) /sasata サスト/ [Skt. स्वस्थ] *m.* 安いこと, 安価なこと, 安値.
ਸ਼ਸਤਰ (शसतर) /śasatara シャスタル/ [Skt. शस्त्र] *m.* 〖武〗武器, 兵器. (⇒ਹਥਿਆਰ)
ਸ਼ਸਤਰਹੀਣ (शसतरहीण) /śasatarahīṇa シャスタルヒーン/ [Skt.-हीन] *adj.* 武器を持たない, 非武装の. ❐ ਸ਼ਸਤਰਹੀਣ ਕਰਨਾ 武器を取り上げる, 武装解除する.
ਸ਼ਸਤਰ-ਕਲਾ (शसतर-कला) /śasatara-kalā シャスタル・カラー/ [+ Skt. कला] *f.* **1** 武器を扱う技術. **2** 戦闘技術. **3** 格闘技.
ਸ਼ਸਤਰਕਾਰ (शसतरकार) /śasatarakāra シャスタルカール/ [Skt.-कार] *m.* **1** 兵器製造者, 武器製造業者. (⇒ਹਥਿਆਰਸਾਜ਼) **2** 武具師.
ਸ਼ਸਤਰ ਘਰ (शसतर घर) /śasatara kăra シャスタル カル/ [Skt.-गृह] *m.* 〖軍〗兵器庫, 兵器廠. (⇒ਹਥਿਆਰ ਘਰ)
ਸ਼ਸਤਰਧਾਰੀ (शसतरधारी) /śasataratărī シャスタルターリー/ [Skt.-धारिन्] *adj.* 武器を持った, 武装した. (⇒ਹਥਿਆਰਬੰਦ)
ਸ਼ਸਤਰਾਲਾ (शसतराला) /śasatarālā シャスタラーラー/ [Skt.-आलय] *m.* 〖軍〗兵器庫, 兵器廠. (⇒ਹਥਿਆਰ ਘਰ)
ਸ਼ਸਤਰੀ (शसतरी) /śasatarī シャスタリー/ [Skt. शस्त्रिन्] *adj.* 武装した. (⇒ਹਥਿਆਰਬੰਦ)
ਸ਼ਸਤਰੀਕਰਨ (शसतरीकरन) /śasatarīkaraṇa シャスタリーカルン/ [Skt. शस्त्रीकरण] *m.* **1** 武装, 軍備を整えること. (⇒ਹਥਿਆਰਬੰਦੀ) **2** 動員.
ਸਸਤਾ (ससता) /sasatā サスター/ [Skt. स्वस्थ] *adj.* **1** 安い, 安価な. (⇔ਮਹਿੰਗਾ) **2** 安っぽい, 値打ちのない.
ਸਸਤਾਉਣਾ (ससताउणा) /sasatāuṇā サスターウナー/ [cf. ਸੁਸਤ] *vi.* **1** 止まる. (⇒ਰੁਕਣਾ, ਅਟਕਣਾ) **2** 小休止する, 休息する, 休む. (⇒ਅਰਾਮ ਕਰਨਾ)
ਸਸਤਾਈ (ससताई) /sasatāī サスターイー/ [Skt. स्वस्थ -ई] *f.* 安いこと, 安価なこと, 安値.
ਸੰਸਥਾ (संसथा) /sansat^hā サンスター/ [Skt. संस्था] *f.* **1** 組織. **2** 協会. **3** 施設, 公共機関. **4** 研究所.
ਸੰਸਥਾਨ (संसथान) /sansat^hāna サンスターン/ [Skt. संस्थान] *m.* **1** 研究所, 研究機関. **2** 協会, 団体.
ਸੰਸਥਾਪਕ (संसथापक) /sansat^hāpaka サンスターパク/ [Skt. संस्थापक] *m.* 設立者, 創立者, 開設者.
ਸੰਸਥਾਪਨ (संसथापन) /sansat^hāpana サンスターパン/ ▶ਸੰਸਥਾਪਨਾ [Skt. संस्थापन] *m.* 設立, 創立, 開設.
ਸੰਸਥਾਪਨਾ (संसथापना) /sansat^hāpanā サンスタープナー/ ▶ਸੰਸਥਾਪਨ *f.* → ਸੰਸਥਾਪਨ
ਸੰਸਦ (संसद) /sansada サンサド/ [Skt. संसद] *m.* **1** 〖政治〗国会, 議会. **2** 協会.
ਸੰਸਦੀ (संसदी) /sansadī サンサディー/ [Skt. संसदीय] *adj.* 〖政治〗国会の, 議会の, 議会制の, 議会関連の.
ਸੰਸ਼ਲੇਸ਼ਨ (संशलेशन) /sanśaleśana サンシュレーシャン/ [Skt. संश्लेषण] *m.* **1** 総合. **2** 統合. **3** 合成.
ਸੰਸ਼ਲੇਸ਼ਨਾਤਮਿਕ (संशलेशनातमिक) /sanśaleśanātamika サンシュレーシュナートミク/ [Skt.-आत्मक] *adj.* 総合的な, 総合の, 統合された.
ਸੰਸ਼ਲੇਸ਼ਨੀ (संशलेशनी) /sanśaleśanī サンシュレーシュニー/ [-ई] *adj.* **1** 総合する, 総合的な. **2** 合成する, 合成の.
ਸੰਸਾ (संसा) /sansā サンサー/ ▶ਸੰਸ, ਸੈਂਸਾ [Skt. संशय] *m.* **1** 確信を持てないこと. **2** 疑い, 疑念, 懐疑. **3** 不安, 心配, 懸念, 恐れ.
ਸੱਸਾ (सस्सा) /sassā サッサー/ *m.* 〖文字〗サッサー《歯擦音「サ」を表す, グルムキー文字の字母表の4番目の文字 ਸ の名称》.
ਸੰਸਾਰ (संसार) /sansāra サンサール/ ▶ਸੈਂਸਾਰ [Skt. संसार] *m.* **1** 世界. **2** 世の中, 世間, 世俗. **3** 宇宙. **4** 現世, 俗世, この世. **5** 〖動物〗ワニ, 鰐. (⇒ਮਗਰਮੱਛ)
ਸੰਸਾਰਿਕ (संसारिक) /sansārika サンサーリク/ [Skt. संसारिक] *adj.* **1** 世俗的な. **2** 現世の, 世間の.
ਸੰਸਾਰਿਕਤਾ (संसारिकता) /sansārikatā サンサーリクター/ [Skt.-ता] *f.* 世俗的なこと.
ਸੰਸਾਰੀ (संसारी) /sansārī サンサーリー/ ▶ਸੈਂਸਾਰੀ [Skt. संसारिन्] *adj.* この世の, 現世の, 世俗的な, 世間の. (⇒ਦੁਨੀਆਈ)
ਸਸੁਰ (ससुर) /sasura サスル/ ▶ਸਹੁਰਾ, ਸਾਹਵਾਰਾ, ਸੌਹਰਾ [Skt. श्वसुर] *m.* 〖親族〗舅(しゅうと)《夫または妻の父である義父》.
ਸਸੁਰਾਲ (ससुराल) /sasurāla サスラール/ [Skt. श्वसुरालय] *m.* 舅の家. (⇒ਸਹੁਰਾ ਘਰ)

ਸੱਸੇ ਪੈਰੀਂ ਬਿੰਦੀ (सस्से पैरीं बिंदी) /sasse pairī̃ bindī サッセー パェーリーン ビンディー/ *m.* 〖文字〗サッセー・パイリーン・ビンディー《「足に点の付いたサッサー」の意味. グルムキー文字の字母表の4番目の文字 ਸ の下に点の付いた文字 ਸ਼ の名称》.

ਸੰਸੋਧਕ (संसोधक) /sansôdaka サンソーダク/ ▸ਸੰਸ਼ੋਧਕ *adj.m.* → ਸੰਸ਼ੋਧਕ

ਸੰਸ਼ੋਧਕ (संशोधक) /sanśôdaka サンショーダク/ ▸ਸੰਸੋਧਕ [Skt. संशोधक] *adj.* **1** 修正する, 改正する. (⇒ਸੋਧਣ ਵਾਲਾ) **2** 訂正する. **3** 改訂する. **4** 改良する.
— *m.* **1** 修正者. (⇒ਸੋਧਣ ਵਾਲਾ) **2** 訂正者. **3** 改訂者. **4** 改良者.

ਸੰਸ਼ੋਧਤ (संशोधत) /sanśôdata サンショーダト/ ▸ਸੰਸ਼ੋਧਿਤ *adj.* → ਸੰਸ਼ੋਧਿਤ

ਸੰਸ਼ੋਧਨ (संशोधन) /sanśôdana サンショーダン/ [Skt. संशोधन] *m.* **1** 修正, 改正. **2** 訂正. **3** 改訂. **4** 改良.

ਸੰਸ਼ੋਧਿਤ (संशोधित) /sanśôdita サンショーディト/ ▸ਸੰਸ਼ੋਧਤ [Skt. संशोधित] *adj.* **1** 修正された, 改正された. (⇒ਸੋਧਿਆ ਹੋਇਆ) **2** 訂正された. **3** 改訂された. **4** 改良された.

ਸ਼ਸ਼ੋਪੰਜ (शशोपंज) /śaśopañja シャショーパンジ/ [Pers.] *m.* **1** 決心のつかないこと, 確信のないこと, 迷い. ❐ ਸ਼ਸ਼ੋਪੰਜ ਵਿੱਚ ਪੈਣਾ 決心がつかなくなる, 確信がなくなる, 迷う. **2** 疑い, 疑念. **3** 躊躇. (⇒ਜੱਕੋ ਤੱਕਾ) **4** 混乱, 紛糾.

ਸਸ਼ੋਭਤ (सशोभत) /saśôbata サショーバト/ ▸ਸਸ਼ੋਭਿਤ, ਸੁਸ਼ੋਭਤ *adj.* → ਸਸ਼ੋਭਿਤ

ਸਸ਼ੋਭਿਤ (सशोभित) /saśôbita サショービト/ ▸ਸਸ਼ੋਭਤ, ਸੁਸ਼ੋਭਤ [Skt. सु- Skt. शोभित] *adj.* **1** 美しく飾られた. **2** 光彩を放つ. (⇒ਸੋਭਾ ਦਿੰਦਾ ਹੋਇਆ)

ਸਹ (सह) /saha サフ/ ▸ਸਹਿ [Skt. सह] *pref.* 「一緒に」「共同」「共通」などを意味する接頭辞. (⇒ਸਮੇਤ)

ਸਹੰਸ (सहंस) /sahansa サハンス/ ▸ਸਹੰਸਰ, ਸਾਹਸਰ *ca.num.(m.) adj.* → ਸਹੰਸਰ

ਸਹੰਸਰ (सहंसर) /sahansara サハンサル/ ▸ਸਹੰਸ, ਸਾਹਸਰ [Skt. सहस्र] *ca.num.(m.)* 〖数量〗千(の単位). (⇒ਹਜ਼ਾਰ)
— *adj.* 1000の, 千の. (⇒ਹਜ਼ਾਰ)

ਸਹਕਾਰੀ (सहकारी) /sahakārī サハカーリー/ ▸ਸਹਿਕਾਰੀ *adj.m.* → ਸਹਿਕਾਰੀ

ਸਹਚਰ (सहचर) /sahacara サフチャル/ [Skt. सहचर] *adj.* 一緒に行く, 同行する, 連れの.
— *m.* 同行者, 連れ. (⇒ਸਾਥੀ)

ਸ਼ਹਤੀਰ (शहतीर) /śahatīra シャフティール/ ▸ਸ਼ਤੀਰ [Pers. *śahtīr*] *m.* 〖建築〗梁. (⇒ਬੀਮ)

ਸ਼ਹਤੂਤ (शहतूत) /śahatūta シャフトゥート/ ▸ਸ਼ਹਿਤੂਤ, ਸ਼ਤੂਤ, ਤੂਤ *m.* → ਸ਼ਹਿਤੂਤ

ਸਹਨ (सहन) /sahana サハン/ ▸ਸਹਿਣ, ਸਹਿਨ *m.* → ਸਹਿਨ

ਸ਼ਹਨਸ਼ਾਹ (शहनशाह) /śahanaśâ シャハンシャー/ ▸ਸ਼ਹਿਨਸ਼ਾਹ *m.* → ਸ਼ਹਿਨਸ਼ਾਹ

ਸਹਨਸ਼ੀਲ (सहनशील) /sahanaśīla サハンシール/ ▸ਸਹਿਣਸ਼ੀਲ, ਸਹਿਨਸ਼ੀਲ *adj.* → ਸਹਿਨਸ਼ੀਲ

ਸਹਨਸ਼ੀਲਤਾ (सहनशीलता) /sahanaśīlatā サハンシールター/ ▸ਸਹਿਣਸ਼ੀਲਤਾ, ਸਹਿਨਸ਼ੀਲਤਾ *f.* → ਸਹਿਨਸ਼ੀਲਤਾ

ਸਹਪਾਠੀ (सहपाठी) /sahapāṭʰī サフパーティー/ ▸ਸਹਿਪਾਠੀ *m.* → ਸਹਿਪਾਠੀ

ਸਹਮ (सहम) /sahama サハム/ ▸ਸਹਿਮ *m.* → ਸਹਿਮ

ਸਹਰ (सहर) /sahara サハル/ [Arab. *sahar*] *f.* **1** 夜が明ける直前. **2** 夜明け. (⇒ਪਰਭਾਤ)

ਸ਼ਹਰ (शहर) /śahara シャハル/ ▸ਸ਼ਹਿਰ *m.* → ਸ਼ਹਿਰ

ਸ਼ਹਰੀ (शहरी) /śaharī シャフリー/ ▸ਸ਼ਹਰੀਆ, ਸ਼ਹਿਰੀ, ਸ਼ਹਿਰੀਆ *adj.m.* → ਸ਼ਹਿਰੀ

ਸ਼ਹਰੀਆ (शहरीआ) /śaharīā シャハリーアー/ ▸ਸ਼ਹਰੀ, ਸ਼ਹਿਰੀ, ਸ਼ਹਿਰੀਆ *adj.m.* → ਸ਼ਹਿਰੀ

ਸਹਲ (सहल) /sahala サハル/ [Arab. *sahl*] *adj.* 易しい, 容易な, 簡単な. (⇒ਸੌਖਾ)

ਸਹਲਾਉਣਾ (सहलाउणा) /sahalāuṇā | sâlāuṇā サフラーウナー | サーラーウナー/ ▸ਸਹਿਲਾਉਣਾ *vt.* → ਸਹਿਲਾਉਣਾ

ਸਹਾ (सहा) /să | sahā サー | サハー/ ▸ਸਹਿਆ, ਸਹੀਅੜ *m.* → ਸਹਿਆ

ਸਹਾਉ (सहाउ) /săo | sahāo サーオー | サハーオー/ ▸ਸਹਾਰਾ *m.* → ਸਹਾਰਾ

ਸਹਾਇ (सहाइ) /săe | sahāe サーエー | サハーエー/ [Skt. सहाय] *m.f.* **1** 助け. (⇒ਮਦਦ) **2** 助力, 協力. **3** 援助, 支援.

ਸਹਾਇਕ (सहाइक) /saîka | sahāika サェーイク | サハーイク/ [Skt. सहायक] *adj.* **1** 助ける, 支援する. **2** 助けになる, 役に立つ.
— *m.* **1** 助力者, 協力者. (⇒ਸਹਾਈ) **2** 支援者. **3** 同僚. **4** アシスタント.

ਸਹਾਇਤਾ (सहाइता) /saîtā | sahāitā サェーター | サハーイター/ ▸ਸਹੈਤਾ [Skt. सहाय Skt.-ता] *f.* **1** 助け. **2** 助力, 協力. **3** 支援, 援助, 応援.

ਸਹਾਈ (सहाई) /săī | sahāī サーイー | サハーイー/ [-ਈ] *adj.* **1** 助ける, 支援する. **2** 助けになる, 役に立つ.
— *m.* **1** 協力者, 助力者. (⇒ਸਹਾਈ) **2** 支援者. **3** 同僚. **4** アシスタント.

ਸਹਾਣਾ (सहाणा) /săṇā | sahāṇā サーナー | サハーナー/ [cf. ਸਹਿਣਾ] *vt.* 耐えさせる, 我慢させる. (⇒ਬਰਦਾਸ਼ਤ ਕਰਾਉਣਾ)

ਸ਼ਹਾਦਤ (शहादत) /śădata | śahādata シャーダト | シャハーダト/ [Pers. *śahādat*] *f.* **1** 殉教, 殉難. (⇒ਸ਼ਹੀਦੀ) **2** 証言, 供述.

ਸ਼ਹਾਦਤੀ (शहादती) /śădatī | śahādatī シャーダティー | シャハーダティー/ [-ਈ] *m.* 証言者, 証人.

ਸਹਾਨਾ (सहाना) /sănā | sahānā サーナー | サハーナー/ ▸ਸ਼ਹਾਨਾ, ਸ਼ਾਹਾਨਾ *adj.* → ਸ਼ਹਾਨਾ

ਸ਼ਹਾਨਾ (शहाना) /śănā | śahānā シャーナー | シャハーナー/ ▸ਸਹਾਨਾ, ਸ਼ਾਹਾਨਾ [Pers. *śāhāna*] *adj.* **1** 王の, 国王の, 皇帝の. (⇒ਸ਼ਾਹੀ) **2** 壮麗な, 豪華な.

ਸਹਾਨੇ (सहाने) /săne | sahāne サーネー | サハーネー/ *m.* 〖音楽〗祝いの歌. (⇒ਖ਼ੁਸ਼ੀ ਦੇ ਗੀਤ)

ਸਹਾਬ (सहाब) /săba | sahāba サーブ | サハーブ/ [Arab. *sahāb*] *m.* **1** 同行者, 連れ, 同志. (⇒ਸਾਥੀ) **2** 〖イス〗教友《預言者ムハンマドと接したことのあるイスラーム教徒》.

ਸਹਾਰਨ (सहारन) /sărana | sahārana サーラン | サハーラン/ *f.* 忍耐, 我慢, 辛抱. (⇒ਬਰਦਾਸ਼ਤ)

ਸਹਾਰਨਪੁਰ (सहारनपुर) /săranapura | sahāranapura サーランプル | サハーランプル/ *m.* 〖地名〗サハーランプル

《インドのウッタル・プラデーシュ州の都市》.

ਸਹਾਰਨਾ (सहारना) /sărạnā | sahārạnā サールナー｜サハールナー/ [cf. ਸਹਿਣਾ] *vt.* 耐える, 我慢する, 辛抱する. (⇒ਬਰਦਾਸ਼ਤ ਕਰਨਾ) ❐ਉਸ ਦੇ ਸਾਥੀਆਂ ਤੋਂ ਇਹ ਗੱਲ ਸਹਾਰੀ ਨਾ ਗਈ। 彼の仲間たちはこのことに耐えられませんでした. ❐ਉਨ੍ਹਾਂ ਹੱਸੀ-ਖ਼ੁਸ਼ੀ ਇਹ ਸਭ ਕੁਝ ਸਹਾਰਿਆ। 彼らは喜んでこの何もかもに耐えました.

ਸਹਾਰਨੀ (सहारनी) /sărạnī | sahārạnī サールニー｜サハールニー/ *adj.* サハーランプルの. (⇒ਸਹਾਰਨਪੁਰ ਦਾ)
— *m.* **1** サハーランプルの人. **2** サハーランプルの産物. **3**〖植物〗サハーランプル産のマンゴー.

ਸਹਾਰਾ (सहारा) /sărā | sahārā サーラー｜サハーラー/ ▸ਸਹਾਉ [Skt. सहाय] *m.* **1** 支え, 支持, 支援, 援助, 応援. ❐ਸਹਾਰਾ ਦੇਣਾ 支持する, 支援する, 援助する. **2** 庇護, 保護, 避難. ❐ਸਹਾਰਾ ਲੈਣਾ 避難する. **3** 頼ること, 依存. ❐ਸਹਾਰਾ ਲੈਣਾ 寄りかかる, 依存する.

ਸਹਿ (सहि) /saî サエー/ ▸ਸਹ [Skt. सह] *pref.* 「一緒に」「共同」「共通」などを意味する接頭辞. (⇒ਸਮੇਤ)

ਸ਼ਹਿ (शहि) /śaî シャエー/ ▸ਛਹਿ [Pers. *śah*] *f.* **1** 刺激, 扇動, 教唆, 唆し. **2** 励まし, 激励, 支援, 勇気づけ, 鼓舞. (⇒ਹੱਲਾਸ਼ੇਰੀ)

ਸਹਿਆ (सहिआ) /sâiā | sahiā サイアー｜サヒアー/ ▸ਸਹਾ, ਸਹੀਅੜ *m.*〖動物〗ウサギ, 兎. (⇒ਖ਼ਰਗੋਸ਼)

ਸਹਿਕ (सहिक) /saîkạ サエーク/ *f.* **1** 願望. (⇒ਇੱਛਿਆ) **2** 欲望. (⇒ਲਾਲਸਾ)

ਸਹਿਕਣਾ (सहिकणा) /saîkạṇā サエークナー/ *vi.* 喘ぐ, 苦しい呼吸をする.

ਸਹਿਕਾਰਤਾ (सहिकारता) /saîkārạtā サエーカールター/ [Skt. सह- Skt. कारिता] *f.* **1** 一緒に行うこと, 共同作業. **2** 協力, 相互扶助. (⇒ਮਿਲਵਰਤਨ)

ਸਹਿਕਾਰੀ (सहिकारी) /saîkārī サエーカーリー/ ▸ਸਹਕਾਰੀ [Skt. सह- Skt.-कारिन्] *adj.* **1** 協力的な. (⇒ਸਹਾਇਕ) **2** 助ける, 支援する. **3** 助けになる, 役に立つ.
— *m.* **1** 協力者, 助力者. (⇒ਸਹਾਈ) **2** 支援者. **3** 同僚.

ਸਹਿਚਾਰ (सहिचार) /saîcārạ サエーチャール/ [Skt. सहचर] *m.* **1** 親密. (⇒ਮੇਲ) **2** 友好. (⇒ਦੋਸਤੀ)

ਸਹਿਚੇਤ (सहिचेत) /saîcetạ サエーチェート/ ▸ਸਚੇਤ, ਸੁਚੇਤ *adj.* → ਸਚੇਤ

ਸਹਿਜ (सहिज) /saîjạ | saihjạ サエージ｜サェーフジ/ [Skt. सहज] *adj.* **1** 易しい, 容易な, 簡単な. (⇒ਸੌਖਾ) **2** 安易な, 安直な, いい加減な. **3** ゆっくりした. **4** 静かな, 穏やかな. **5** 素直な, 率直な. **6** 生まれつきの, 生来の, 自然な.
— *m.* **1** 平静, 平穏, 落ち着き. **2** 釣り合い, 均衡, 平衡. **3** はらから, 同胞, 血を分けた兄弟. **4** 自然の状態. **5**〖仏〗智慧, 般若.

ਸਹਿਜਧਾਰੀ (सहिजधारी) /saîjạtărī サエージターリー/ [Skt.-धारिन्] *m.*〖スィ〗サヘジダーリー(サハジダーリー)《カールサーのスィック教徒になるための正式の洗礼を受けていなかったり, 戒律規範を守らなかったり,「信仰態度が安易でいい加減である者」の意味. 一般的に男子では髪を切りターバンをつけていない一部のスィック教徒を指す》.

ਸ਼ਹਿਜ਼ਾਦਾ (शहिज़ादा) /śaîzādā シャエーザーダー/ [Pers. *śāhzāda*] *m.* **1** 王子. **2** 愛しい息子. (⇒ਪਿਆਰਾ ਬੇਟਾ)

ਸਹਿਜੇ (सहिजे) /saîje サエージェー/ [Skt. सहज] *adv.* **1** ゆっくり, 徐々に, だんだんと. (⇒ਹੌਲੀ) **2** 静かに, そっと. **3** 優しく, 穏やかに.

ਸਹਿਣ (सहिण) /saîṇạ サエーン/ ▸ਸਹਨ, ਸਹਿਨ *m.* → ਸਹਿਨ

ਸਹਿਣਸ਼ੀਲ (सहिणशील) /saîṇạśīlạ サエーンシール/ ▸ਸਹਨਸ਼ੀਲ, ਸਹਿਨਸ਼ੀਲ *adj.* → ਸਹਿਨਸ਼ੀਲ

ਸਹਿਣਸ਼ੀਲਤਾ (सहिणशीलता) /saîṇạśīlạtā サエーンシールター/ ▸ਸਹਨਸ਼ੀਲਤਾ, ਸਹਿਨਸ਼ੀਲਤਾ *f.* → ਸਹਿਨਸ਼ੀਲਤਾ

ਸਹਿਣਾ (सहिणा) /saîṇā サエーナー/ ▸ਸਸਣਾ [Skt. सहते] *vt.* 耐える, 我慢する, 辛抱する. (⇒ਬਰਦਾਸ਼ਤ ਕਰਨਾ)

ਸਹਿਤ (सहित) /saîtạ サエート/ [Skt. सहित] *postp.* **1** …と一緒に, …とともに. (⇒ਸਮੇਤ, ਨਾਲ) **2** …を含めて. (⇒ਸਮੇਤ, ਨਾਲ)

ਸ਼ਹਿਤ (शहित) /śaîtạ シャエート/ ▸ਸ਼ਹਿਦ *m.* → ਸ਼ਹਿਦ

ਸਹਿਤੀ (सहिती) /saîtī サエーティー/ [Skt. सहित -ਈ] *f.* (女性同士の)友人, 友達. (⇒ਸਹੇਲੀ, ਸਖੀ, ਸੰਗਣ)

ਸ਼ਹਿਤੂਤ (शहितूत) /śaîtūtạ シャエートゥート/ ▸ਸ਼ਹਤੂਤ, ਸ਼ਤੂਤ, ਤੂਤ [Pers. *śahtūt*] *m.*〖植物〗クワ(桑), クワの木, クワの実.

ਸ਼ਹਿਦ (शहिद) /śaîdạ シャエード/ ▸ਸ਼ਹਿਤ [Pers. *śahd*] *m.* **1**〖食品〗蜂蜜. (⇒ਮਾਖਿਓਂ) **2** 蜂蜜のようにとても甘いもの. **3** ミツバチの巣, 蜂の巣. (⇒ਛੱਤਾ, ਮਖਿਆਲ)

ਸ਼ਹਿਦ ਦੀ ਮੱਖੀ (शहिद दी मक्खी) /śaîdạ dī makkʰī シャエード ディー マッキー/ [+ (Pkt. मक्खिआ) Skt. मक्षिका] *f.*〖虫〗ミツバチ, 蜜蜂. (⇒ਮਧੂ ਮੱਖੀ)

ਸਹਿਨ (सहिन) /saînạ サエーン/ ▸ਸਹਨ, ਸਹਿਣ [Skt. सहन] *m.* 忍耐, 我慢, 辛抱. (⇒ਬਰਦਾਸ਼ਤ)

ਸ਼ਹਿਨਸ਼ਾਹ (शहिनशाह) /śaînạśâ シャエーンシャー/ ▸ਸ਼ਹਨਸ਼ਾਹ [Pers. *śāhanśāh*] *m.* **1** 王の中の王, 大王. (⇒ਰਾਜਿਆਂ ਦਾ ਰਾਜਾ) **2** 帝王, 皇帝.

ਸ਼ਹਿਨਸ਼ਾਹੀ (शहिनशाही) /śaînạśâī シャエーンシャーイー/ [Pers. *śāhanśāhī*] *adj.* **1** 大王の. **2** 帝王の, 皇帝の.

ਸ਼ਹਿਨਸ਼ਾਹੀਅਤ (शहिनशाहीअत) /śaînạśâīatạ シャエーンシャーイーアト/ [Pers.-*yat*] *f.* **1** 大王であること, 大王らしさ, 王権. **2** 大王の地位, 皇帝の地位.

ਸਹਿਨਸ਼ੀਲ (सहिनशील) /saînạśīlạ サエーンシール/ ▸ਸਹਨਸ਼ੀਲ, ਸਹਿਣਸ਼ੀਲ [Skt. सहन Skt.-शील] *adj.* 忍耐強い, 我慢強い.

ਸਹਿਨਸ਼ੀਲਤਾ (सहिनशीलता) /saînạśīlạtā サエーンシールター/ ▸ਸਹਨਸ਼ੀਲਤਾ, ਸਹਿਣਸ਼ੀਲਤਾ [Skt.-ता] *f.* 忍耐強さ, 我慢強さ, 根気.

ਸਹਿਨਕ (सहिनक) /saînakạ サエーナク/ [Pers. *sahnak*] *f.* **1**〖食器〗小皿. **2** 皿. (⇒ਰਕਾਬੀ)

ਸ਼ਹਿਨਾਈ (शहिनाई) /śaînāī シャエーナーイー/ ▸ਸਰਨਾਹੀ [Pers. *śahnāī*] *f.*〖楽器〗シャハナーイー《ダブルリードの管楽器. 北インドを中心に, 吉祥の楽器として祝い事や祭礼などで奏される》.

ਸਹਿਪੱਤਰ (सहिपत्तर) /saîpattarạ サエーパッタル/ [Skt. सह- Skt. पत्र] *m.* 添書, 添え状.

ਸਹਿਪਾਠੀ (सहिपाठी) /saîpāṭʰī サエーパーティー/ ▸ਸਹਪਾਠੀ [Skt. सह- Skt. पाठिन्] *m.* 同級生, 級友, 学友.

(⇒ਹਮਜਮਾਤੀ)

ਸਹਿਭੋਜ (सहिभोज) /saîpŏja サエーポージ/ [Skt. सह- Skt. भोजन] *m.* **1** 一緒に食事をすること, 会食. **2** 共同飲食, 集団飲食. **3** 『社会』共同体の枠を超えて異なる出自の者が共に食事をする行事.

ਸਹਿਮ (सहिम) /saîma サエーム/ ▸ਸਹਮ [Pers. *sahm*] *m.* **1** 恐れ, 恐怖. (⇒ਡਰ) **2** 不安, 心配.

ਸਹਿਮਣਾ (सहिमणा) /saîmaṇā サエーマナー/ [cf. ਸਹਿਮ] *vi.* **1** 恐れる, 怖がる, ぞっとする. **2** 心配する, 案じる, 不安に思う. **3** ひるむ, たじろぐ.

ਸਹਿਮਤ (सहिमत) /saîmata サエーマト/ [Skt. सह- Skt. मत] *adj.* **1** 同じ意見の, 同意している, 合意した. (⇒ਮੁਤਫ਼ਿਕ) **2** 同意できる, 納得のいく.

ਸਹਿਮਤੀ (सहिमती) /saîmatī サエームティー/ [Skt. सह- Skt. मति] *f.* **1** 同意, 合意, 賛成, 賛同. **2** 承諾, 納得.

ਸਹਿਯੋਗ (सहियोग) /saîyoga サエーヨーグ/ [Skt. सह- Skt. योग] *m.* **1** 助力. (⇒ਮਦਦ) **2** 協力, 共同, 提携, 連携.

ਸਹਿਯੋਗਤਾ (सहियोगता) /saîyogatā サエーヨーグター/ [Skt.-ता] *f.* **1** 助力. (⇒ਮਦਦ) **2** 協力, 共同. **3** 協力関係, 提携.

ਸਹਿਯੋਗੀ (सहियोगी) /saîyogī サエーヨーギー/ [Skt. सह- Skt. योगिन्] *adj.* **1** 助力する, 力を貸す. **2** 協力する, 協力的な.
— *m.* 協力者.

ਸ਼ਹਿਰ (शहिर) /śaîra シャエール/ ▸ਸ਼ਹਰ [Pers. *śahr*] *m.* 都市, 都会, 市, 町. (⇒ਵੱਡਾ ਨਗਰ)

ਸ਼ਹਿਰਦਾਰੀ (शहिरदारी) /śaîradārī シャエールダーリー/ [Pers.-*dārī*] *f.* 都市生活, 都会の暮らし.

ਸ਼ਹਿਰਨ (शहिरन) /śaîrana シャエーラン/ [-ਨ] *f.* 女性の都市住民, 女性の市民.

ਸ਼ਹਿਰ ਵਾਸੀ (शहिर वासी) /śaîra wāsī シャエール ワースィー/ [+ Skt. वासिन्] *m.* 都市住民, 都市生活者, 市民.

ਸਹਿਰਾ (सहिरा) /saîrā サエーラー/ ▸ਸਿਹਰਾ [Arab. *ṣahrā*] *m.* **1** 砂漠. (⇒ਰੇਗਿਸਤਾਨ) **2** 砂地. (⇒ਰੇਤਲੀ ਧਰਤੀ) **3** 荒野.

ਸ਼ਹਿਰੀ (शहिरी) /śaîrī シャエーリー/ ▸ਸ਼ਹਰੀ, ਸ਼ਹਰੀਆ, ਸ਼ਹਿਰੀਆ [Pers. *śahrī*] *adj.* 都市の, 都会の.
— *m.* 都市住民, 市民.

ਸ਼ਹਿਰੀਅਤ (शहिरीअत) /śaîrīata シャエーリーアト/ [Pers.-*yat*] *f.* 都市住民であること, 市民性, 市民権.

ਸ਼ਹਿਰੀਆ (शहिरीआ) /śaîrīā シャエーリーアー/ ▸ਸ਼ਹਰੀ, ਸ਼ਹਰੀਆ, ਸ਼ਹਿਰੀ *adj.m.* → ਸ਼ਹਿਰੀ

ਸ਼ਹਿਰੀਕਰਨ (शहिरीकरन) /śaîrīkarana シャエーリーカルン/ [Pers. *śahrī* Skt.-करण] *m.* 都市化, 都会化.

ਸਹਿਲ (सहिल) /saîla サエール/ ▸ਸਹਿਲਾ [Arab. *sahl*] *adj.* **1** 易しい. (⇒ਅਸਾਨ, ਸੌਖਾ) **2** 難しくない. **3** 簡単な.

ਸਹਿਲਾ (सहिला) /saîlā サエーラー/ ▸ਸਹਿਲ *adj.* → ਸਹਿਲ

ਸਹਿਲਾਉਣਾ (सहिलाउणा) /saîlāuṇā サエーラーウナー/ ▸ਸਹਲਾਉਣਾ *vt.* **1** 撫でる. **2** こする. **3** ゆっくりと揉む. (⇒ਹੌਲੀ ਹੌਲੀ ਮਾਲਸ਼ ਕਰਨਾ) **4** 揉む, オイル・マッサージをする. (⇒ਝੱਸਣਾ)

ਸ਼ਹਿਵਤ (शहिवत) /śaîwata シャエーワト/ [Arab. *śahvat*] *f.* **1** 欲望, 欲求. **2** 性欲, 肉欲, 情欲, 淫欲. (⇒ਕਾਮਚੇਸ਼ਟਾ) **3** 性交, 性交渉.

ਸਹੀ (सही) /saî サイー/ ▸ਸਈ [Arab. *ṣahīh*] *adj.* **1** 正しい, 正当な, 適正な. (⇒ਠੀਕ) **2** 正確な, 間違いのない. **3** 本当の, 真の, 真実の. **4** 健康な, 元気な. **5** 完全な.
— *f.* 署名. (⇒ਦਸਖ਼ਤ, ਹਸਤਾਖਰ)

ਸਹੀਅੜ (सहीअड़) /saĭaṛa サイーアル/ ▸ਸਹਿਆ, ਸਹਾ *m.* → ਸਹਿਆ

ਸਹੀਸ (सहीस) /saĭsa サイース/ ▸ਸਈਸ, ਸਾਈਸ *m.* → ਸਈਸ

ਸ਼ਹੀਦ (शहीद) /śaĭda | śahīda シャイード | シャヒード/ [Arab. *śahīd*] *m.* 殉教者, 殉難者, 殉じる人, 命を捧げた人.

ਸ਼ਹੀਦੀ (शहीदी) /śaĭdī シャイーディー/ [-ਈ] *f.* 殉教, 殉死, 大義のために殉じること, 命を捧げること.
— *adj.* 殉教の, 殉教に関する, 大義のために殉じる.

ਸਹੁੰ (सहुँ) /sāû サオーン/ ▸ਸਉਂਹ, ਸੌਂਹ *f.* 誓い, 誓約. (⇒ਸ਼ਪਥ, ਕਸਮ) ❒ਸਹੁੰ ਖਾਣੀ 誓いを立てる, 誓う. ❒ਮੈਂ ਉਸ ਦਿਨ ਤੋਂ ਸਹੁੰ ਖਾ ਲਈ। 私はその日以来誓いました.

ਸ਼ਹੁ[1] (शहु) /saû サオー/ [Pers.] *m.* **1** 『親族』花婿. (⇒ਦੂਲ੍ਹਾ, ਲਾੜਾ) **2** 『親族』夫, 主人. (⇒ਖ਼ਾਵੰਦ, ਪਤੀ) **3** 恋人, 愛人. (⇒ਆਸ਼ਕ)

ਸ਼ਹੁ[2] (शहु) /śaû シャオー/ *m.* 勇気, 大胆さ. (⇒ਹਿੰਮਤ)

ਸਹੁਰਾ (सहुरा) /saûrā サオーラー/ ▸ਸਸੁਰ, ਸਾਹਵਾਰਾ, ਸੌਹਰਾ [Skt. श्वसुर] *m.* 『親族』舅(しゅうと)《夫または妻の父である義父》.

ਸਹੂਕਾਰ (सहूकार) /saŭkāra | sahūkāra サウーカール | サフーカール/ ▸ਸ਼ਾਹੂਕਾਰ *m.* → ਸ਼ਾਹੂਕਾਰ

ਸ਼ਹੂਰ (शहूर) /śaŭra | śahūra シャウール | シャフール/ ▸ਸ਼ਊਰ *m.* → ਸ਼ਊਰ

ਸਹੂਲਤ (सहूलत) /sŭlata | sahūlata スーラト | サフーラト/ [Pers. *suhulat*] *f.* **1** 便宜, 便益. **2** 容易.

ਸਹੇਲ (सहेल) /sĕla | sahela セール | サヘール/ *m.* 女性同士の友情.

ਸਹੇਲਪੁਣਾ (सहेलपुणा) /sĕlapuṇā | sahelapuṇā セールプナー | サヘールプナー/ *m.* 女性同士の友情.

ਸਹੇਲੜੀ (सहेलड़ी) /sĕlaṛī | sahelaṛī セーラリー | サヘーラリー/ ▸ਸਹੇਲੀ *f.* → ਸਹੇਲੀ

ਸਹੇਲਾ (सहेला) /sĕlā | sahelā セーラー | サヘーラー/ *m.* **1** 友. (⇒ਯਾਰ) **2** 友人. (⇒ਦੋਸਤ)

ਸਹੇਲੀ (सहेली) /sĕlī | sahelī セーリー | サヘーリー/ ▸ਸਹੇਲੜੀ *f.* (女性同士の)友人, 友達. (⇒ਸਹਿਤੀ, ਸਖੀ, ਸੰਗਣ)

ਸਹੇੜਨਾ (सहेड़ना) /sĕṛanā | saheṛanā セールナー | サヘールナー/ *vt.* **1** 契約する, 契約を結ぶ. **2** 関係を結ぶ, 縁組する. **3** 獲得する, 所有する, 採用する.

ਸਹੈਤਾ (सहैता) /saîtā | sahaitā サエーター | サハエーター/ ▸ਸਹਾਇਤਾ *f.* → ਸਹਾਇਤਾ

ਸੱਕ (सक्क) /sakka サック/ *m.* **1** 木の皮. **2** 木の細片.

ਸ਼ੱਕ (शक्क) /śakka シャック/ [Arab. *śakk*] *m.* **1** 疑い, 疑惑, 疑念. (⇒ਸ਼ੁਬ੍ਹਾ, ਸੰਦੇਹ) ❒ਸ਼ੱਕ ਕਰਨਾ 疑う. **2** 信じないこと, 不信. (⇒ਬੇਵਸਾਹੀ)

ਸਕਊ (सकऊ) /sakaū サカウー/ ▸ਸਕਾਉਤ *m.* 関係. (⇒ਸਾਕਾਦਾਰੀ)

ਸਕੰਜਬੀ (सकंजबी) /sakañja̸bī サカンジビー/ ▸ਸਕੰਜਵੀ, ਸਕੰਜਬੀਨ, ਸ਼ਕੰਜਵੀ, ਸ਼ਿਕੰਜਵੀ *f.* → ਸ਼ਿਕੰਜਵੀ

ਸਕੰਜਬੀਨ (सकंजबीन) /sakañja̸bīna̸ サカンジビーン/ ▸ ਸਕੰਜਬੀ, ਸਕੰਜਵੀ, ਸ਼ਕੰਜਵੀ, ਸ਼ਿਕੰਜਵੀ *f.* → ਸ਼ਿਕੰਜਵੀ

ਸਕੰਜਵੀ (सकंजवी) /sakañja̸wī サカンジウィー/ ▸ਸਕੰਜਬੀ, ਸਕੰਜਬੀਨ, ਸ਼ਕੰਜਵੀ, ਸ਼ਿਕੰਜਵੀ *f.* → ਸ਼ਿਕੰਜਵੀ

ਸ਼ਕੰਜਵੀ (शकंजवी) /śakañja̸wī シャカンジウィー/ ▸ ਸਕੰਜਬੀ, ਸਕੰਜਬੀਨ, ਸਕੰਜਵੀ, ਸ਼ਿਕੰਜਵੀ [Pers. *sikanjubīn*] *f.* 〖飲料〗ライム果汁と砂糖を水に混ぜた清涼飲料.

ਸੰਕਟ (संकट) /saṅkaṭa̸ サンカト/ [Skt. संकट] *m.* **1** 危機, 危難, 危険. **2** 災害. **3** 苦痛. **4** 苦難, 困難, 窮境.

ਸੰਕਟਪੂਰਨ (संकटपूरन) /saṅkaṭa̸pūra̸na̸ サンカトプールン/ [Skt.-पूर्ण] *adj.* **1** 危険に満ちた, 危機に瀕した, 際どい. **2** 災難を起こす.

ਸੰਕਟਮਈ (संकटमई) /saṅkaṭa̸maī サンカトマイー/ [Skt.-मयी] *adj.* **1** 災難を起こす, 災害を引き起こす. **2** 危険な.

ਸਕਣਾ (सकणा) /saka̸ṇā サクナー/ *vi.* **1**《単独の動詞としては使われず, 動詞の語幹に続き「可能」の意味を加える》…できる. ❒ਇਸ ਤਰ੍ਹਾਂ ਦੀਆਂ ਫ਼ੋਟੋ ਮੈਂ ਵੀ ਬਣਾ ਸਕਦੀ ਹਾਂ। このような写真を私も作れます. ❒ਕੀ ਤੁਸੀਂ ਜਪਾਨੀ ਗਾਣਾ ਗਾ ਸਕਦੇ ਹੋ? あなたは日本の歌を歌えますか. ❒ਤੂੰ ਪੰਜਾਬੀ ਬੋਲ ਸਕਦਾ ਹੈਂ? おまえはパンジャービー語を話せるか. ❒ਇਹ ਦਵਾਈਆਂ ਬਿਮਾਰੀ ਨੂੰ ਕੁਝ ਚਿਰ ਟਾਲ ਸਕਦੀਆਂ ਹਨ। これらの薬は病気を少しの間遠ざけることができます. ❒ਅਸੀਂ ਇੰਨਾ ਔਖਾ ਕੰਮ ਨਹੀਂ ਕਰ ਸਕਦੇ। 私たちはこんなに難しい仕事をすることはできません. ❒ਉਹ ਸਾਡੇ ਕੋਲ ਨਹੀਂ ਆ ਸਕਦੀ। 彼女は私たちの所に来ることができません. ❒ਟਰੈਕਟਰ ਵੀ ਨਾ ਲੰਘ ਸਕਦੇ। トラクターも通ることができません. ❒ਮੈਂ ਕੁਝ ਵੀ ਨਾ ਬੋਲ ਸਕਿਆ। 私は何も話せませんでした. ❒ਕੀ ਉਹ ਇਸ ਤਰ੍ਹਾਂ ਕਰ ਸਕੇਗੀ? 彼女はこのようにできるでしょうか. **2**《同じ形式で「可能性」の意味を加える》…ありえる, …可能性がある. ❒ਹੋ ਸਕਦਾ ਹੈ ਕਿ …ということがありえます. ❒ਇਹ ਵੀ ਹੋ ਸਕਦਾ ਹੈ ਕਿ ਮੈਂ ਵੀ ਬਦਲ ਗਿਆ ਹੋਵਾਂ। 私も変わってしまっているということもありえます. ❒ਗੰਭੀਰ ਤੋਂ ਗੰਭੀਰ ਸਮੱਸਿਆ ਦਾ ਵੀ ਹੱਲ ਹੋ ਸਕਦਾ ਹੈ। 最も深刻な問題でさえも解決の可能性はあります. **3**《同じ形式で「許可」の意味を加える》…してもよい, …してもいい. ❒ਕੀ ਮੈਂ ਅੰਦਰ ਆ ਸਕਦਾ ਹਾਂ? 私は中に入ってもいいですか. ❒ਕੀ ਮੈਂ ਇਹ ਪੜ੍ਹਨ ਲਈ ਲੈ ਸਕਦਾ ਹਾਂ? 私はこれを読むために持って行ってもいいですか.

ਸ਼ਕਤ (शकत) /śaka̸ta̸ | śakata̸ シャクト | シャカト/ ▸ ਸ਼ਕਤੀ, ਸਗਤ *f.* → ਸ਼ਕਤੀ

ਸਕੱਤਰ (सकत्तर) /sakattara̸ サカッタル/ ▸ਸਕਰੇਟਰੀ [Eng. *secretary*] *m.* **1** 秘書(官), 書記(官). **2** 長官, 大臣, 次官, 事務次官.

ਸਕੱਤਰੀ (सकत्तरी) /sakattarī サカッタリー/ [-ਈ] *f.* 秘書(官)・書記(官)・次官などの職・仕事.

ਸਕੱਤਰੇਤ (सकत्तरेत) /sakattareta̸ サカッタレート/ [Eng. *secretariat*] *m.* **1** 事務局, 官房, 秘書課. **2** 秘書(官)・書記(官)の職.

ਸਕਤਾ[1] (सकता) /saka̸tā サクター/ [Skt. शक्त] *adj.* **1** 力のある, 強い. (⇒ਤਕੜਾ, ਬਲਵਾਨ) **2** 権威主義の, 独裁的な.

ਸਕਤਾ[2] (सकता) /saka̸tā サクター/ [Arab. *sakta*] *m.* **1** 無感覚, 痺れ. **2** 人事不省. **3** 茫然自失. **4**〖医〗昏睡状態. **5** 不足, 欠乏. **6**〖文学〗押韻の欠陥.

ਸ਼ਕਤੀ (शकती) /śaka̸tī シャクティー/ ▸ਸ਼ਕਤ, ਸਗਤ [Skt. शक्ति] *f.* **1** 力. (⇒ਜ਼ੋਰ, ਬਲ, ਤਾਕਤ) **2** 強さ. **3** 権力, 影響力. **4** 性的能力, 性力. **5** 活力, 精力. **6** 勢力. **7** 能力. **8** 権威, 威力. **9** 深遠な魂と対照的な粗野な性質. **10**〖ヒ〗シャクティ《シヴァ神妃〔ドゥルガー, カーリー〕の性力・活動力》.

ਸ਼ਕਤੀਸ਼ਾਲੀ (शकतीशाली) /śaka̸tīśālī シャクティーシャーリー/ [Skt. शक्तिशालिन्] *adj.* **1** 力を持っている, 力持ちの, 強力な, 強い. (⇒ਜ਼ੋਰਾਵਰ, ਬਲਵਾਨ) **2** 有力な, 勢力のある, 権力のある.

ਸ਼ਕਤੀਸ਼ੀਲ (शकतीशील) /śaka̸tīśīla̸ シャクティーシール/ [Skt. शक्ति Skt.-शील] *adj.* → ਸ਼ਕਤੀਸ਼ਾਲੀ

ਸ਼ਕਤੀਹੀਣ (शकतीहीण) /śaka̸tīhīṇa̸ シャクティーヒーン/ ▸ਸ਼ਕਤੀਹੀਨ [Skt.-हीन] *adj.* **1** 力のない, 無力な. **2** 能力のない, 無能な. **3** 弱い, 弱々しい, 弱った, 衰弱した. **4** 勢力のない, 権力のない. **5** 影響力のない, 役に立たない.

ਸ਼ਕਤੀਹੀਣਤਾ (शकतीहीणता) /śaka̸tīhīṇa̸tā シャクティーヒーンター/ ▸ਸ਼ਕਤੀਹੀਨਤਾ [Skt.-ता] *f.* **1** 力のないこと, 無力. **2** 能力のないこと, 無能. **3** 弱さ, 弱々しさ, 衰弱. **4** 勢力のないこと, 権力のないこと. **5** 影響力のないこと, 役に立たないこと.

ਸ਼ਕਤੀਹੀਨ (शकतीहीन) /śaka̸tīhīna̸ シャクティーヒーン/ ▸ਸ਼ਕਤੀਹੀਣ *adj.* → ਸ਼ਕਤੀਹੀਣ

ਸ਼ਕਤੀਹੀਨਤਾ (शकतीहीनता) /śaka̸tīhīna̸tā シャクティーヒーンター/ ▸ਸ਼ਕਤੀਹੀਣਤਾ *f.* → ਸ਼ਕਤੀਹੀਣਤਾ

ਸ਼ਕਤੀਮਾਨ (शकतीमान) /śaka̸tīmāna̸ シャクティーマーン/ [Skt. शक्ति Skt.-मान्] *adj.* 力を持っている, 力持ちの, 強力な, 強い. (⇒ਜ਼ੋਰਾਵਰ, ਬਲਵਾਨ)

ਸ਼ੰਕਰ (शंकर) /śaṅkara̸ シャンカル/ [Skt. शंकर] *m.* **1** 幸福をもたらすもの. **2**〖ヒ〗シャンカラ《シヴァ神の異名の一つ》. (⇒ਸ਼ਿਵ)

ਸੱਕਰ (सक्कर) /sakkara̸ サッカル/ ▸ਸ਼ੱਕਰ *f.* → ਸ਼ੱਕਰ

ਸ਼ੱਕਰ (शक्कर) /śakkara̸ シャッカル/ ▸ਸੱਕਰ [Pers. *śakkar*] *f.* **1**〖食品〗砂糖, 未精製の砂糖. **2**〖医〗糖尿病.

ਸ਼ਕਰਕੰਦ (शकरकंद) /śakara̸kanda̸ シャカルカンド/ ▸ ਸ਼ਕਰਕੰਦੀ *m.* → ਸ਼ਕਰਕੰਦੀ

ਸ਼ਕਰਕੰਦੀ (शकरकंदी) /śakara̸kandī シャカルカンディー/ ▸ਸ਼ਕਰਕੰਦ [Pers. *śakkarqand*] *f.*〖植物〗サツマイモ(薩摩芋), カンショ(甘藷)《ヒルガオ科の蔓性の多年草》.

ਸਕਰਟ (सकरट) /sakara̸ṭa̸ サカルト/ [Eng. *skirt*] *f.*〖衣服〗スカート.

ਸਕਰਮਕ (सकरमक) /sakara̸maka̸ サカルマク/ [Skt. सकर्मक] *adj.*〖言〗目的語を持つ, 他動性の, 他動詞の. (⇔ਅਕਰਮਕ)

ਸਕਰਮਕ ਕਿਰਿਆ (सकरमक किरिआ) /sakara̸maka̸ kiriā サカルマク キリアー/ [+ Skt. क्रिया] *f.*〖言〗他動詞. (⇔ਅਕਰਮਕ ਕਿਰਿਆ)

ਸ਼ੱਕਰ ਰੋਗ (शक्कर रोग) /śakkara̸ roga̸ シャッカル ローグ/ [Pers. *śakkar* + Skt. रोग] *m.*〖医〗糖尿病.

ਸਕਰੀਨ (सकरीन) /sakarīna サクリーン/ [Eng. *screen*] *f.* **1** 幕, 衝立. (⇒ਪਰਦਾ) **2** (映画やスライドの)スクリーン, 映写幕, (テレビやコンピューターなどの)画面.

ਸਕਰੀਨਿੰਗ (सकरीनिंग) /sakarīninga サクリーニング/ [Eng. *screening*] *f.* **1** 上映, 映写. **2** 資格審査, 選考. **3**〖医〗集団検診.

ਸਕਰੇਟਰੀ (सकरेटरी) /sakareṭarī サクレータリー/ ▸ਸਕੱਤਰ [Eng. *secretary*] *m.* → ਸਕੱਤਰ

ਸਕਲ (सकल) /sakala サカル/ [Skt. सकल] *adj.* すべての, あらゆる, 全部の, 全体の. (⇒ਸਾਰਾ)

ਸ਼ਕਲ (शकल) /śakala シャカル/ [Arab. *śakl*] *f.* **1** 姿. **2** 形, 形体, 形態. **3** 外観. **4** 顔立ち, 容貌. **5** 表情. **6** 様子, ありさま, 状態.

ਸੰਕਲਤ (संकलत) /saṅkalata サンカラト/ ▸ਸੰਕਲਿਤ *adj.* → ਸੰਕਲਿਤ

ਸੰਕਲਨ (संकलन) /saṅkalana サンカラン/ [Skt. संकलन] *m.* **1** 収集. **2** 編集, 編纂. **3**〖文学〗選集. **4** 固まること, 結束, 統合.

ਸੰਕਲਪ (संकलप) /saṅkalapa サンカルプ/ [Skt. संकल्प] *m.* **1** 概念, 観念. **2** 通念. **3** 決意, 決心. **4** 決定, 決議. **5** 決断, 意志力. **6** 誓い, 誓約.

ਸੰਕਲਪਵਾਦ (संकलपवाद) /saṅkalapawāda サンカルプワード/ [Skt.-वाद] *m.* **1** 主意主義. **2** 任意制.

ਸੰਕਲਪਵਾਦੀ (संकलपवादी) /saṅkalapawādī サンカルプワーディー/ [Skt.-वादिन्] *adj.* 主意主義の.
— *m.* 主意主義者.

ਸੰਕਲਪਾਤਮਕ (संकलपातमक) /saṅkalapātamaka サンカルパートマク/ [Skt.-आत्मक] *adj.* 概念上の, 観念的な.

ਸੰਕਲਪੀ (संकलपी) /saṅkalapī サンカルピー/ [-ਈ] *adj.* 概念上の, 観念的な.

ਸ਼ਕਲਵੰਦ (शकलवंद) /śakalawanda シャカルワンド/ [Arab. *śakl* Pers.*-mand*] *adj.* **1** 形の良い, 姿の良い. **2** 顔立ちの良い, 器量良しの, 美貌の. **3** 美しい, 綺麗な, 見目麗しい. **4** 顔立ちの整った, 釣り合いのとれた.

ਸ਼ਕਲਵਾਨ (शकलवान) /śakalawāna シャカルワーン/ [Skt.-वान्] *adj.* → ਸ਼ਕਲਵੰਦ

ਸੰਕਲਿਤ (संकलित) /saṅkalita サンカリト/ ▸ਸੰਕਲਤ [Skt. संकलित] *adj.* **1** 集められた. **2** 編集された, 編纂された.

ਸ਼ੰਕਾ (शंका) /śaṅkā シャンカー/ [Skt. शंका] *f.* **1** 疑い, 疑念, 疑惑. (⇒ਸ਼ੱਕ) **2** 心配, 懸念, 不安.

ਸਕਾ (सका) /sakā サカー/ *adj.* **1** 血の繋がった, 実の. **2** 同じ両親を持つ, 異母関係でない.
— *m.* 近親者. (⇒ਸਕਾ)

ਸੱਕਾ (सक्का) /sakkā サッカー/ [Pers. *saqqā*] *m.* **1** 水運び人, 皮袋に入れた水を運び商う人. (⇒ਮਾਸ਼ਕੀ) **2** 植物に水をやる人.

ਸਕਾਉਤ (सकाउत) /sakāuta サカーウト/ ▸ਸਕਉ *f.* 関係. (⇒ਸਾਕਾਦਾਰੀ)

ਸਕਾਊਟ (सकाऊट) /sakāūṭa サカーウート/ [Eng. *scout*] *m.* 用務員. (⇒ਟਹਿਲੂਆ)

ਸ਼ਕਾਇਤ (शकाइत) /śakāita シャカーイト/ ▸ਸ਼ਕੈਤ, ਸ਼ਿਕਾਇਤ *f.* → ਸ਼ਿਕਾਇਤ

ਸ਼ੰਕਾ ਸਮਾਧਾਨ (शंका समाधान) /śaṅkā samādǎna シャンカー サマーダーン/ [Skt. शंका + Skt. समाधान] *m.* 疑いを除くこと, 疑念を晴らすこと. (⇒ਸ਼ੰਕਾ ਨਿਵਾਰਨ)

ਸ਼ੰਕਾ ਨਿਵਾਰਨ (शंका निवारन) /śaṅkā niwārana シャンカー ニワーラン/ [+ Skt. निवारण] *m.* 疑いを除くこと, 疑念を晴らすこと. (⇒ਸ਼ੰਕਾ ਸਮਾਧਾਨ)

ਸ਼ਕਾਰ (शकार) /śakāra シャカール/ ▸ਸ਼ਿਕਾਰ *m.* → ਸ਼ਿਕਾਰ

ਸਕਾਰਥ (सकारथ) /sakāratʰa サカーラト/ ▸ਸਕਾਰਥਾ *adj.* 成功した, うまく行った. (⇒ਸਫਲ)

ਸਕਾਰਥਾ (सकारथा) /sakāratʰā サカールター/ ▸ਸਕਾਰਥ *adj.* → ਸਕਾਰਥ

ਸਕਾਲਰ (सकालर) /sakālara サカーラル/ [Eng. *scholar*] *m.* 学者.

ਸ਼ੰਕਾਵਾਦ (शंकावाद) /śaṅkāwāda シャンカーワード/ [Skt. शंका Skt.-वाद] *m.* 懐疑論.

ਸ਼ੰਕਾਵਾਦੀ (शंकावादी) /śaṅkāwādī シャンカーワーディー/ [Skt.-वादिन्] *adj.* 懐疑論の, 懐疑的な.
— *m.* 懐疑論者.

ਸਕਿਊਰਟੀ (सकिऊरटी) /sakiūraṭī サキウールティー/ [Eng. *security*] *f.* **1** 安全, 無事. **2** 保護, 保安, 防衛, 安全保護. **3** 警備, 警護, 身辺警護.

ਸਕਿਟ (सकिट) /sakiṭa サキト/ [Eng. *skit*] *m.* 寸劇. (⇒ਛੋਟਾ ਡਰਾਮਾ)

ਸਕਿੰਟ (सकिंट) /sakinṭa サキント/ ▸ਸਕਿੰਡ [Eng. *second*] *m.*〖時間〗秒, 1秒, 1秒間.

ਸਕਿੰਡ (सकिंड) /sakinḍa サキンド/ ▸ਸਕਿੰਟ *m.* → ਸਕਿੰਟ

ਸ਼ੱਕੀ (शक्की) /śakkī シャッキー/ [Arab. *śakk* -ਈ] *adj.* **1** 疑い深い, 疑り深い, 邪推する. (⇒ਸੰਦੇਹਸ਼ੀਲ) **2** 疑わしい, 不審な, 信用できない. (⇒ਸੰਦੇਹਜਨਕ)
— *m.* 疑り深い人, 何でも疑う人.

ਸ਼ਕੀਆ (शकीआ) /śakīā シャキーアー/ [-ਈਆ] *adj.* **1** 疑わしい, 信用できない. **2** 疑い深い, 邪推する.

ਸਕੀਮ (सकीम) /sakīma サキーム/ [Eng. *scheme*] *f.* **1** 計画, 案, 方策. (⇒ਤਦਬੀਰ, ਵਿਉਂਤ, ਉਪਾ) **2** 組織, 体系.

ਸੰਕੀਰਨ (संकीरन) /saṅkīrana サンキーラン/ [Skt. संकीर्ण] *adj.* **1** 狭い. **2** 小さな. **3** 取るに足らない, 些細な, つまらない. **4** 卑しい. **5** 複雑な.

ਸੰਕੀਰਨਤਾ (संकीरनता) /saṅkīranatā サンキーランター/ [Skt.-ता] *f.* **1** 狭さ. **2** 小さなこと. **3** 取るに足らないこと, 些細なこと. **4** 卑しさ, 卑劣さ. **5** 複雑さ.

ਸਕੀਰੀ (सकीरी) /sakīrī サキーリー/ *f.* 関係. (⇒ਸਾਕਾਦਾਰੀ)

ਸਕੀਲ (सकील) /sakīla サキール/ [Arab. *saqīl*] *adj.* **1** 重い, 重量のある. (⇒ਭਾਰਾ) **2** 消化しにくい. **3** 難しい, 難解な.

ਸਕੀਵੀ (सकीवी) /sakīwī サキーウィー/ *f.* **1** 下女, 女中. **2**〖衣服〗(男子用)綿製Tシャツ.

ਸਕੁਚਣਾ (सकुचणा) /sakucaṇā サクチナー/ ▸ਸੰਕੋਚਣਾ *vi.* → ਸੰਕੋਚਣਾ

ਸੰਕੁਚਿਤ (संकुचित) /saṅkucita サンクチト/ [Skt. संकुचित] *adj.* **1** 縮んだ, 委縮した, 収縮した, しぼんだ. (⇒ਸੁੰਗੜਿਆ ਹੋਇਆ) **2** 縮小された, 減らされた, 短縮された. **3** 限られた. **4** 簡潔な. **5** しなびた, 皺が寄った. **6**

畏縮した, 遠慮がちな, 打ち解けない. **7** 内気な. **8** はにかみ屋の, おずおずとした.

ਸਕੁਤਰ (सकुतर) /sakutara サクタル/ [(Pot.)] *m.* 〘親族〙妾の息子. (⇒ਸੈਕਣ ਦਾ ਪੁੱਤਰ)

ਸ਼ੰਕੂ (शंकू) /śṅkū シュンクー/ [Skt. शंकु] *m.* **1** 先の尖ったもの. **2** 杭, 棒, 長釘, 鋲. **3**〘武〙槍. **4** 針, 指柱, (計器の)指針. **5**〘幾何〙円錐, 円錐形. (⇒ਕੋਣ)

ਸੱਕੂ (सक्कू) /sakkū サックー/ [Pers.] *m.*〘家具〙長椅子. (⇒ਬੈਂਚ)

ਸਕੂਟਰ (सकूटर) /sakūṭara サクータル/ [Eng. *scooter*] *m.*〘乗物〙スクーター.

ਸਕੂਟਰੀ (सकूटरी) /sakūṭarī サクータリー/ [-ਈ] *f.* **1**〘乗物〙小型バイク. **2**〘乗物〙小型原動機付き自転車, モペット.

ਸਕੂਨ (सकून) /sakūna サクーン/ [Arab. *sukūn*] *m.* **1** 静けさ, 落ち着き. **2** 静寂, 閑静, 静穏. **3** 沈静. **4** 平穏, 平和.

ਸਕੂਨਤ (सकूनत) /sakūnata サクーナト/ *f.* **1** 住居, 住宅. **2** 住居に住むこと, 居住.

ਸਕੂਲ (सकूल) /sakūla サクール/ [Eng. *school*] *m.* **1** 学校. (⇒ਵਿਦਿਆਲਾ) **2** 授業. **3**(学問・芸術の)派, 流派, 学派.

ਸਕੂਲੀ (सकूली) /sakūlī サクーリー/ [-ਈ] *adj.* **1** 学校の, 学校教育の. **2** 学校に通っている, 通学する, 就学する.

ਸਕੇ-ਸੰਬੰਧੀ (सके-संबंधी) /sake-sambândī サケー・サンバンディー/ *m.* **1** 親類知己. **2** 親類縁者.

ਸੰਕੇਤ (संकेत) /saṅketa サンケート/ [Skt. संकेत] *m.* **1** 指示, 指摘. **2** 暗示, ヒント, それとなく示すこと. **3** 示唆, 間接的な言及. **4** 合図. **5** 象徴, シンボル.

ਸੰਕੇਤਕ (संकेतक) /saṅketaka サンケータク/ [Skt. सांकेतिक] *m.* **1** 指し示すもの, 指し示す人. **2**(記号や身振りなどが)表すもの, 意味するもの.

ਸੰਕੇਤ-ਲਿਪੀ (संकेत-लिपी) /saṅketa-lipī サンケート・リピー/ [Skt. संकेत + Skt. लिपि] *f.* 速記, 速記術. ❐ ਸੰਕੇਤ-ਲਿਪੀ ਲਿਖਾਰੀ 速記者.

ਸੰਕੇਤਾਵਲੀ (संकेतावली) /saṅketāwalī サンケーターウリー/ *f.* 注釈, 参照, 参考文献.

ਸੰਕੇਤਿਕ (संकेतिक) /saṅketika サンケーティク/ [Skt. सांकेतिक] *adj.* **1** 指し示す. **2**(記号や身振りなどが)表す, 意味する. **3** 象徴の, 象徴的な. **4** 印ばかりの, 形だけの.

ਸੰਕੇਤਿਤ (संकेतित) /saṅketita サンケーティト/ [Skt. संकेतित] *adj.* **1**(記号や身振りなどで)表された, 示された. **2** 暗示された, それとなく示された. **3** 示唆された.

ਸਕੇਲ (सकेल) /sakela サケール/ [Eng. *scale*] *f.* **1** 尺度. (⇒ਪੈਮਾਨਾ) **2** 定規, 物差し. **3** 目盛り. **4** 縮尺. **5** 規模, 程度. **6** 段階, 等級, 階級.

ਸਕੈਚ (सकैच) /sakaica サカェーチ/ [Eng. *sketch*] *m.* **1** スケッチ, 点描. (⇒ਖ਼ਾਕਾ) **2** 写生, 写生画. **3** 下絵. **4** 略図.

ਸਕੈਂਡਲ (सकैंडल) /sakāĩḍala サカェーンダル/ [Eng. *scandal*] *m.* 醜聞, スキャンダル, 汚職事件, 疑獄.

ਸ਼ਕੈਤ (शकैत) /śakaita シャカェート/ ▸ਸ਼ਕਾਇਤ, ਸ਼ਿਕਾਇਤ *f.* → ਸ਼ਿਕਾਇਤ

ਸੰਕੋਚ (संकोच) /saṅkoca サンコーチ/ [Skt. संकोच] *m.* **1** 縮むこと, 縮小, 萎縮. (⇒ਸੰਗੋੜ) **2** ためらい, 躊躇, 遠慮. (⇒ਝਿਜਕ) ❐ਸੰਕੋਚ ਕਰਨਾ ためらう, 躊躇する, 遠慮する. **3** 恥じらい, 恥ずかしがること, はにかみ. ❐ਸੰਕੋਚ ਕਰਨਾ 恥じらう, 恥ずかしがる, はにかむ. **4** 気が進まないこと, 気後れ. ❐ਸੰਕੋਚ ਕਰਨਾ 嫌がる, 気後れする. **5** 慎み, 倹約. ❐ਸੰਕੋਚ ਕਰਨਾ 差し控える, 慎む, 倹約する, けちる.

ਸੰਕੋਚਣਾ (संकोचणा) /saṅkocaṇā サンコーチナー/ ▸ਸਕੁਚਣਾ [cf. ਸੰਕੋਚ] *vi.* **1** 縮む, 委縮する, しぼむ. (⇒ਸੁੰਗੜਨਾ) **2** 畏縮する, 身を縮める, 恥じらう. **3** ためらう, 躊躇する, 遠慮する. **4** 差し控える, 慎む, 倹約する.

ਸੰਕੋਚਵਾਨ (संकोचवान) /saṅkocawāna サンコーチワーン/ [Skt.-वान्] *adj.* → ਸੰਕੋਚੀ

ਸੰਕੋਚੀ (संकोची) /saṅkocī サンコーチー/ [Skt. संकोचिन्] *adj.* **1** ためらいがちの. **2** 嫌がっている. **3** 気が進まない. **4** 控え目な. **5** はにかみ屋の, 内気な. **6** つましい, 倹約する.

ਸਕੋਪ[1] (सकोप) /sakopa サコープ/ [Skt. सकोप] *adj.* 怒っている, 立腹した.

— *adv.* 怒って, 立腹して.

ਸਕੋਪ[2] (सकोप) /sakopa サコープ/ [Eng. *scope*] *m.* **1** 範囲, 領域. **2** 余地. (⇒ਗੁੰਜਾਇਸ਼)

ਸਕੋਲਾ (सकोला) /sakolā サコーラー/ *m.* **1** 近親者. (⇒ਸਕਾ) **2** 血縁者, 親類, 親族. (⇒ਰਿਸ਼ਤੇਦਾਰ)

ਸੰਖ (संख) /saṅkʰa サンク/ [Skt. शंख] *m.*〘生物〙ほら貝, 巻き貝, その貝殻. ❐ਸੰਖ ਪੂਰਨਾ, ਸੰਖ ਵਜਾਉਣਾ ほら貝を吹く.

— *ca.num.* 10京, 100000兆.

— *adj.* 10京の, 100000兆の.

ਸ਼ਖ਼ਸ (शख़स) /śaxasa シャカス/ [Arab. *śaxṣ*] *m.* 人, 個人, 人物.

ਸ਼ਖ਼ਸੀ (शख़सी) /śaxasī シャカスィー/ [Arab. *śaxṣī*] *adj.* 人の, 個人の, 個人的な. (⇒ਨਿੱਜੀ)

ਸ਼ਖ਼ਸੀਅਤ (शख़सीअत) /śaxasīata シャクスィーアト/ [Pers. *śaxṣiyat*] *f.* 個性, 性格, 人格, 人柄. (⇒ਵਿਅਕਤਿਤਵ)

ਸੱਖਣਾ (सक्खणा) /sakkʰaṇā サッカナー/ *adj.* **1** 空(から)の. (⇒ਖ਼ਾਲੀ) **2** 中身のない. **3** 空虚な.

ਸਖ਼ਤ (सख़त) /saxata サカト/ ▸ਸਗਤ [Pers. *saxt*] *adj.* **1** 固い, 堅固な, 硬直した. (⇒ਕਰੜਾ) **2** きつい, 厳しい, 厳格な. **3** 激しい, ひどい, 猛烈な, 強烈な. **4** 痛烈な. **5** 暴虐な, 酷い, 残酷な.

ਸਖ਼ਤਾਈ (सख़ताई) /saxatāī サクターイー/ ▸ਸਖ਼ਤੀ [-ਆਈ] *f.* **1** 固さ, 堅固. (⇒ਕਰੜਾਈ) **2** 厳しさ, 厳格さ. **3** 酷さ, 残酷さ.

ਸਖ਼ਤੀ (सख़ती) /saxatī サクティー/ ▸ਸਖ਼ਤਾਈ *f.* → ਸਖ਼ਤਾਈ

ਸੰਖਯਾ (संखया) /saṅkʰayā サンカヤー/ ▸ਸੰਖਿਆ *f.* → ਸੰਖਿਆ

ਸੱਖਰ[1] (सक्खर) /sakkʰara サッカル/ *m.*〘地名〙サッカル《パキスタン中部, スィンド州北部の商工業都市》.

ਸੱਖਰ[2] (सक्खर) /sakkʰara サッカル/ ▸ਸੱਖਰਾ *adj.* → ਸੱਖਰਾ

ਸੱਖਰਾ (सक्खरा) /sakkʰarā サッカラー/ ▸ਸੱਖਰ *adj.* 少し多い. (⇒ਰਤਾ ਕੁ ਜ਼ਿਆਦਾ)

ਸਖਾ (सखा) /sakʰā サカー/ [Skt. सखा] *m.* 友人. (⇒ਮਿੱਤਰ)

ਸਖਾਉਟ (सखाउट) /sakʰāuṭa サカーウト/ ▸ਸਿਖਾਉਤ [Skt. शिक्षण] *f.* 教育. (⇒ਸਿੱਖਿਆ)

ਸਖਾਉਣਾ (सखाउणा) /sakʰāuṇā サカーウナー/ ▸ਸਿਖਾਉਣਾ, ਸਿਖਾਣਾ, ਸਿਖਾਵਣਾ *vt.* → ਸਿਖਾਉਣਾ

ਸਖ਼ਾਉਤ (सख़ाउत) /saxāuta サカーウト/ ▸ਸਖ਼ਾਵਤ *f.* → ਸਖ਼ਾਵਤ

ਸਖਾਈ (सखाई) /sakʰāī サカーイー/ [Skt. सखा -ई] *f.* 友情. (⇒ਮਿੱਤਰਤਾ)

ਸਖ਼ਾਵਤ (सख़ावत) /saxāwata サカーワト/ ▸ਸਖ਼ਾਉਤ [Arab. *saxāvat*] *f.* **1** 寛大さ, 寛容さ. **2** 情深さ. **3** 慈悲心. **4** 博愛主義. **5** 慈善, 喜捨. (⇒ਬਖ਼ਸ਼ੀਸ਼)

ਸੰਖਿਅਕ (संखिअक) /saṅkʰiaka サンキアク/ [Skt. संख्यक] *adj.* 数の, 数字の.

ਸੰਖਿਅਕ ਵਿਸ਼ੇਸ਼ਣ (संखिअक विशेशन) /saṅkʰiaka viśeśaṇa サンキアク ヴィシェーシャン/ [+ Skt. विशेषण] *m.* 〖言〗数形容詞, 数を表す形容詞.

ਸੰਖਿਆ (संखिआ) /saṅkʰiā サンキアー/ ▸ਸੰਖਯਾ [Skt. संख्या] *f.* **1** 数. **2** 数量. **3** 〖数学〗数字.

ਸੰਖਿਪਤ (संखिपत) /saṅkʰipata サンキプト/ [Skt. संक्षिप्त] *adj.* **1** 短縮された. **2** 簡潔な. **3** 要約された.

ਸੰਖਿਪਤ ਰੂਪ (संखिपत रूप) /saṅkʰipata rūpa サンキプト ループ/ [+ Skt. रूप] *m.* **1** 短縮された形, 簡約. **2** 要約. **3** 抜粋. **4** 略語.

ਸਖੀ (सखी) /sakʰī サキー/ ▸ਸਈ [Skt. सखी] *f.* (女性同士の)友人, 友達. (⇒ਸਹੇਲੀ, ਸਹਿਤੀ, ਸੰਗਣ)

ਸਖ਼ੀ (सख़ी) /saxī サキー/ [Arab. *saxī*] *adj.* **1** 寛大な, 寛容な. **2** 情深い, 慈悲心のある.

— *m.* **1** 寛大な人, 寛容な人. **2** 慈善家, 博愛主義者.

ਸੰਖੀਆ (संखीआ) /saṅkʰīā サンキーアー/ [Skt. संखिया] *m.* **1** 〖化学〗砒素, 亜砒酸. **2** 毒.

ਸਖ਼ੁਨ (सख़ुन) /saxuna サクン/ ▸ਸੁਖ਼ਨ *m.* → ਸੁਖ਼ਨ

ਸੰਖੇਪ (संखेप) /saṅkʰepa サンケープ/ [Skt. संक्षेप] *adj.* 短縮された, 簡潔な, 簡略な, 要約された. (⇒ਸੰਖਿਪਤ) ❒ਸੰਖੇਪ ਵਿੱਚ 手短に, 簡潔に.

— *m.* **1** 短縮, 簡略. **2** 短縮された形, 簡約. **3** 要約. **4** 抜粋.

ਸੰਖੇਪਤਾ (संखेपता) /saṅkʰepatā サンケープター/ [Skt.-ता] *f.* **1** 簡潔さ, 短さ, 簡略. **2** 簡明さ. **3** ぶっきらぼう.

ਸੰਗ[1] (संग) /saṅga サング/ ▸ਸੰਙ, ਸੰਗਾ *f.* **1** 恥じらい. (⇒ਸ਼ਰਮ) **2** 慎み. (⇒ਸੰਕੋਚ)

ਸੰਗ[2] (संग) /saṅga サング/ ▸ਸੱਗ [Skt. सङ्ग] *m.* **1** 同伴, 同席. (⇒ਸਾਥ) **2** 交際, 付き合い, 触れ合い.

— *adv.* 一緒に, 共に. (⇒ਨਾਲ ਨਾਲ)

ਸੰਗ[3] (संग) /saṅga サング/ [Pers. *sang*] *m.* **1** 石, 石材. (⇒ਪੱਥਰ) **2** 宝石.

ਸਗ (सग) /saga サグ/ [Pers. *sag*] *m.* 〖動物〗イヌ, 犬. (⇒ਕੁੱਤਾ)

ਸੱਗ (सग्ग) /sagga サッグ/ ▸ਸੰਗ [Skt. सङ्ग] *m.* **1** 同伴, 同席, 仲間. (⇒ਸਾਥ) **2** 交際, 触れ合い.

— *adv.* 一緒に, 共に. (⇒ਨਾਲ ਨਾਲ)

ਸੰਗਠਨ (संगठन) /saṅgaṭʰana サンガタン/ ▸ਸੰਘਟਨ [Skt. संघटन] *m.* **1** 結合, 会合. (⇒ਸੰਜੋਗ) **2** 組織, 連盟.

ਸੰਗਠਿਤ (संगठित) /saṅgaṭʰita サンガティト/ [Skt. संघटित] *adj.* 組織された, 組織化された.

ਸੰਗਣ (संगण) /saṅgaṇa サンガン/ *f.* (女性同士の)友人, 友達. (⇒ਸਹੇਲੀ, ਸਖੀ, ਸਹਿਤੀ)

ਸੰਗਣਨਾ (संगणना) /saṅgaṇanā サンガンナー/ *vt.* 数える. (⇒ਗਿਣਨਾ)

ਸੰਗਣਾ (संगणा) /saṅgaṇā サンガナー/ ▸ਸੰਙਣਾ *vi.* 恥じらう, 恥ずかしがる.

ਸੰਗਤ (संगत) /saṅgata サンガト/ [Skt. संगत] *f.* **1** 仲間, 同席, 同伴. **2** 交際, 付き合い, 交友関係. **3** 集まり, 会衆. **4** 宗派集団.

ਸਗਤ[1] (सगत) /sagata サガト/ ▸ਸਖ਼ਤ *adj.* → ਸਖ਼ਤ

ਸਗਤ[2] (सगत) /sagata サガト/ ▸ਸ਼ਕਤ, ਸ਼ਕਤੀ *f.* → ਸ਼ਕਤੀ

ਸੰਗਤਰਾ (संगतरा) /saṅgatarā サングタラー/ ▸ਸੰਤਰਾ [Portug. *Cintra*] *m.* 〖植物〗ミカン(蜜柑), オレンジ《マンダリンオレンジ, ポンカンなどの類》, その果実.

ਸੰਗਤਰੀ (संगतरी) /saṅgatarī サングタリー/ [-ई] *adj.* オレンジ色の.

ਸੰਗਤੀ (संगती) /saṅgatī サンガティー/ [Skt. संगत] *adj.* **1** 会衆の. **2** 連合の.

ਸੰਗਤੀਆ (संगतीआ) /saṅgatīā サンガティーアー/ [Skt. संगतिया] *m.* **1** 仲間, 友人. **2** 〖音楽〗伴奏者.

ਸਗਨ (सगन) /sagana サガン/ ▸ਸ਼ਗਨ [Skt. शकुन] *m.* **1** 占い, 予言, 前兆. **2** 吉兆, 吉祥の時刻. **3** 婚約. **4** 〖儀礼〗婚約の儀礼, 結納, 結婚式, 婚礼, 祝言. **5** 婚約や結婚の儀礼で花嫁または花婿に贈られる祝いの金品. **6** 子供の誕生祝いに贈られる金品.

ਸ਼ਗਨ (शगन) /śagana シャガン/ ▸ਸਗਨ *m.* → ਸਗਨ

ਸੰਗਮ (संगम) /saṅgama サンガム/ [Skt. संगम] *m.* **1** 結合, 合一. **2** 接合, 接合点, 交差点. **3** 〖地理〗(川の)合流, 合流点.

ਸੰਗਮਰਮਰ (संगमरमर) /saṅgamaramara サングマルマル/ [Pers. *sanga* + Pers. *marmar*] *m.* 〖鉱物〗大理石.

ਸਗਮਲ (सगमल) /sagamala サグマル/ ▸ਸਲਗਮ, ਸ਼ਲਗਮ, ਸ਼ਲਜਮ *m.* → ਸ਼ਲਗਮ

ਸਗਮਾਂ (सगमाँ) /sagamā̃ サグマーン/ ▸ਸਗੋਂ *conj.* → ਸਗੋਂ

ਸੰਗਰਹਿ (संगरहि) /saṅgaraî サングラェー/ ▸ਸੰਗ੍ਰਹਿ [Skt. संग्रह] *m.* **1** 集めること, 収集. (⇒ਇਕੱਠ) **2** 蓄え, 蓄積, 貯蔵物. **3** 編纂物. **4** 〖文学〗詞華集, 詩文選, 選集.

ਸੰਗ੍ਰਹਿ (संग्रहि) /saṅgraî サングラェー/ ▸ਸੰਗਰਹਿ *m.* → ਸੰਗਰਹਿ

ਸੰਗਰਹਿਕਾਰ (संगरहिकार) /saṅgaraîkāra サングラェーカール/ [Skt. संग्रह Skt.-कार] *m.* **1** 収集家. **2** 編集者, 編纂者. (⇒ਸੰਪਾਦਕ)

ਸੰਗਰਹਿਣੀ (संगरहिणी) /saṅgaraîṇī サングラェーニー/ [Skt. संग्रहणी] *f.* **1** 〖医〗胃痙攣, 激しい腹痛. **2** 〖医〗スプルー《口腔炎と下痢を伴う慢性熱帯病》.

ਸੰਗਰਾਂਤ (संगराँत) /saṅgarā̃ta サングラーント/ ▸ਸੰਗਰਾਂਦ *f.* → ਸੰਗਰਾਂਦ

ਸੰਗਰਾਂਦ (संगराँद) /saṅgarā̃da サングラーンド/ ▸ਸੰਗਰਾਂਤ [Skt. संक्रांति] *f.* **1** 移動, 次の地点や位置に移ること. **2** 〖天文〗太陽や惑星が黄道十二宮の分割点を通過する時点, 黄道帯に基づくインド暦の第一日.

ਸੰਗਰਾਮ (संगराम) /saṅgarāma サングラーム/ ▸ਸੰਗ੍ਰਾਮ [Skt. संग्राम] *m.* **1** 戦い, 戦闘. (⇒ਲੜਾਈ) **2** 戦争. (⇒ਜੁੱਧ) **3** 闘争. (⇒ਸੰਘਰਸ਼)

ਸੰਗ੍ਰਾਮ (संग्राम) /saṅgrāma サングラーム/ ▸ਸੰਗਰਾਮ *m.* → ਸੰਗਰਾਮ

ਸੰਗਰਾਮੀ (संगरामी) /saṅgarāmī サングラーミー/ [Skt. संग्राम -ई] *adj.* **1** 戦いの, 戦闘の. **2** 戦争の, 軍事の, 好戦的な.

ਸੰਗਲ[1] (संगल) /saṅgala サンガル/ [Skt. शृंखला] *m.* 鎖, 鉄の鎖.

ਸੰਗਲ[2] (संगल) /saṅgala サンガル/ ▸ਸਿਗਨਲ [Eng. *signal*] *m.* 〖機械〗(鉄道の)信号, 信号機.

ਸਗਲ (सगल) /sagala サガル/ *adj.* すべての.

ਸਗਲਾ (सगला) /sagalā サグラー/ *m.* 〖調〗円筒形の鍋.

ਸੰਗਲੀ (संगली) /saṅgalī サングリー/ [Skt. शृंखला -ई] *f.* 細い鎖.

ਸਗਵਾਂ (सगवाँ) /sagawā̃ サグワーン/ *adj.* 似ている, 類似の.

ਸੰਗਾ (संगा) /saṅgā サンガー/ ▸ਸੰਗ, ਸੰਙ *f.* **1** 恥じらい. (⇒ਸ਼ਰਮ) **2** 慎み. (⇒ਸੰਕੋਚ)

ਸੰਗਾਊ (संगाऊ) /saṅgāū サンガーウー/ *adj.* 内気な. (⇒ਸ਼ਰਮਾਊ)

ਸਗਾਈ (सगाई) /sagāī サガーイー/ [(Apb. सग्ग) Skt. स्वक् -ਆਈ] *f.* 〖儀礼〗婚約, 婚約式. (⇒ਕੁੜਮਾਈ, ਮੰਗਣੀ)

ਸੰਗਾਮੀ (संगामी) /saṅgāmī サンガーミー/ *adj.* 共在する, 同時に存在する.

ਸੰਗਿਆ (संगिआ) /saṅgiā サンギアー/ [Skt. संज्ञा] *f.* **1** 感覚, 意識. **2** 知識, 知性. **3** 物の名前, 名称, 呼称. **4** 〖言〗名詞. (⇒ਨਾਂਵ)

ਸ਼ਗਿਰਦ (शगिरद) /śagirada シャギルド/ ▸ਸ਼ਾਗਿਰਦ [Pers. *śāgird*] *m.* **1** 生徒, 学生, 教え子. (⇒ਛਾਤਰ) **2** 弟子, 徒弟, 見習い.

ਸ਼ਗਿਰਦੀ (शगिरदी) /śagiradī シャギルディー/ [Pers. *śāgirdī*] *f.* **1** 見習い, 奉公. **2** 徒弟の身分, 見習いの身分.

ਸੰਗੀ (संगी) /saṅgī サンギー/ [Skt. सङ्ग -ई] *m.* 同伴者, 連れ. (⇒ਸਾਥੀ)

ਸੰਗੀਤ (संगीत) /saṅgīta サンギート/ [Skt. संगीत] *m.* 音楽.

ਸੰਗੀਤਕ (संगीतक) /saṅgītaka サンギータク/ [Skt. संगीतक] *adj.* 音楽の.

ਸੰਗੀਨ[1] (संगीन) /saṅgīna サンギーン/ [Pers. *sangīn*] *adj.* **1** 深刻な, 重大な. (⇒ਭਾਰਾ) **2** 厳しい, 激しい. (⇒ਸਖ਼ਤ) **3** 複雑な, 入り組んだ, 厄介な. (⇒ਪੇਚੀਦਾ)

ਸੰਗੀਨ[2] (संगीन) /saṅgīna サンギーン/ [Arab. *sakīn*] *f.* 〖武〗銃剣.

ਸੰਗੁਚਣਾ (संगुचणा) /saṅgucaṇā サングチナー/ *vi.* 恥じらう, 恥じ入る, 恥ずかしがる. (⇒ਸ਼ਰਮਾਉਣਾ)

ਸਗੁਣ (सगुण) /saguṇa サグン/ ▸ਸਰਗੁਣ *adj.* → ਸਰਗੁਣ

ਸੰਗੇਵਾਂ (संगेवाँ) /saṅgewā̃ サンゲーワーン/ *m.* 恥じらい. (⇒ਸ਼ਰਮ)

ਸਗੋਂ (सगों) /sagõ サゴーン/ ▸ਸਗਮਾਂ *conj.* **1** しかし. **2** むしろ, それどころか. ❒ਸਾਡਾ ਕਾਲਜ ਦੂਰ ਨਹੀਂ, ਸਗੋਂ ਨੇੜੇ ਹੀ ਹੈ। 私たちの大学は遠くでなく, むしろすぐ近くにあります. **3**《 ਨਾ ਕੇਵਲ … ਹੀ ਨਹੀਂ … ਵੀ〔ਨਾ ਕੇਵਲ は省略できる〕の ਹੀ ਨਹੀਂ の後に用い, 全体で》…だけでなく…までも(…もまた). ❒ਹੱਥ ਮਿਲਾਉਣ ਦੇ ਢੰਗ ਤੋਂ ਮਨੁੱਖ ਦੀ ਮਨੋਦਸ਼ਾ ਦੀ ਹੀ ਨਹੀਂ ਸਗੋਂ ਉਸ ਦੇ ਕਿੱਤੇ ਦੀ ਵੀ ਝਲਕ ਪੈਂਦੀ ਹੈ। 握手のし方によって人の精神状態だけでなく職業までも垣間見られます. ❒ਨਿਯਮਿਤ ਕਸਰਤ ਨਾਲ ਨਾ ਕੇਵਲ ਤੁਹਾਡੇ ਸਰੀਰ ਅਤੇ ਦਿਮਾਗ਼ ਨੂੰ ਹੀ ਲਾਭ ਨਹੀਂ ਪਹੁੰਚਦਾ ਹੈ ਸਗੋਂ ਇਸ ਨਾਲ ਤੁਹਾਡੇ ਵਾਲ ਵੀ ਪਹਿਲਾਂ ਨਾਲੋਂ ਕਿਤੇ ਵੱਧ ਤੰਦਰੁਸਤ ਅਤੇ ਸੁੰਦਰ ਹੋ ਜਾਂਦੇ ਹਨ। 規則正しい運動は心身にとって良いだけでなくこの運動であなたの髪も前よりずっと健康で美しくなります.

ਸੰਗੋਚਾ (संगोचा) /saṅgocā サンゴーチャー/ *m.* 倹約.

ਸੰਗੋੜ (संगोड़) /saṅgoṛa サンゴール/ *f.* 収縮, 萎縮. (⇒ਸਿਮਟਾ)

ਸੰਗੋੜਨਾ (संगोड़ना) /saṅgoṛanā サンゴールナー/ *vt.* 縮める, 縮ませる, 収縮させる. (⇒ਸਿਮਟਾਉਣਾ)

ਸੰਘ[1] (संघ) /sâṅga サング/ ▸ਸੰਘਾ *m.* 〖身体〗喉, 喉頭. (⇒ਹਲਕ, ਕੰਠ, ਗਲਾ) ❒ਸੰਘ ਪਾੜਨਾ 声を張り上げる, 大声を出す, 奇声を発する. ❒ਸੰਘ ਬਹਿ ਜਾਣਾ 声がかれる, 喉が痛くなる.

ਸੰਘ[2] (संघ) /sâṅga サング/ [Skt. संघ] *m.* **1** 結合, 一体化. (⇒ਜੋੜ, ਮੇਲ) **2** 連合. ❒ਦੱਖਣੀ ਏਸ਼ੀਆਈ ਆਰਥਿਕ ਸੰਘ 南アジア経済連合. **3** 連盟. **4** 組織. **5** 同盟. **6** 組合, 協会. (⇒ਯੂਨੀਅਨ)

ਸੰਘਟਨ (संघटन) /sâṅgaṭana サンガタン/ ▸ਸੰਗਠਨ *m.* → ਸੰਗਠਨ

ਸੰਘਣਚੌਥ (संघणचौथ) /sâṅgaṇacautʰa サンガンチャオート/ [Skt.] *f.* 〖祭礼・ヒ〗ガネーシャチャトゥルティー《ガネーシャ神を祀る祭日》. (⇒ਗਣੇਸ਼ ਚੌਥ)

ਸੰਘਣਾ (संघणा) /sâṅgaṇā サンガナー/ ▸ਘਣਾ [Skt. घन] *adj.* **1** 密集した, 稠密な, 密度の濃い. **2** 濃い, 濃厚な, 濃密な. (⇒ਗਾੜ੍ਹਾ) **3** 粘着性の. **4** 集中した. **5** 混雑した. **6** 密接な. **7** 親密な. **8** 豊富な, たくさんの.

ਸੰਘਣਾਪਣ (संघणापण) /sâṅgaṇāpaṇa サンガナーパン/ [-ਪਣ] *m.* **1** 濃さ, 濃度, 密度. (⇒ਗਾੜ੍ਹਾਪਣ) **2** 濃いこと, 濃厚, 濃密. **3** 粘着性. **4** 密接. **5** 親密.

ਸੰਘਤਾ (संघता) /sâṅgatā サンガター/ *f.* 〖法〗法典, 規範書.

ਸੰਘਰਸ਼ (संघरश) /saṅgărasa サンガラシュ/ [Skt. संघर्ष] *m.* **1** 争い, 紛争, 闘争, 激闘. (⇒ਝਗੜਾ) **2** 戦い, 戦闘. **3** 衝突. **4** 摩擦. (⇒ਰਗੜ) **5** 嫉妬. (⇒ਈਰਖਾ)

ਸੰਘਵਾਦ (संघवाद) /sâṅgawāda サングワード/ [Skt. संघ Skt.-वाद] *m.* 〖政治〗連邦主義.

ਸੰਘਵਾਦੀ (संघवादी) /sâṅgawādī サングワーディー/ [Skt. संघ Skt.-वादिन्] *adj.* 連邦主義の, 連邦主義者の.
— *m.* 連邦主義者.

ਸੰਘਾ (संघा) /sâṅgā サンガー/ ▸ਸੰਘ *m.* 〖身体〗喉, 咽喉. (⇒ਹਲਕ, ਕੰਠ, ਗਲਾ)

ਸੰਘਾਰ (संघार) /saṅgăra サンガール/ [Skt. संहार] *m.* **1** 破壊, 破滅, 滅亡. (⇒ਨਾਸ਼) **2** 荒廃. **3** 殺戮, 虐殺. (⇒

ਕਤਲ) **4** 全滅, 絶滅. **5** 大破壊, 大混乱.

ਸੰਘਾਰਨਾ (संघारना) /saṅgăranā サンガールナー/ [cf. ਸੰਘਾਰ] *vt.* **1** 破壊する, 破滅させる, 滅亡させる. (⇒ਨਾਸ਼ ਕਰਨਾ) **2** 荒廃させる, 廃墟にする. **3** 殺す, 殺害する, 虐殺する. (⇒ਕਤਲ ਕਰਨਾ) **4** 全滅させる, 絶滅させる. **5** 滅茶苦茶にする.

ਸੰਘਾਰਾਤਮਿਕ (संघारातमिक) /saṅgărātamika サンガーラートミク/ [Skt. संहार Skt.-आत्मक] *adj.* **1** 破壊的な, 破滅的な, 破滅をもたらす. **2** 荒廃させるような. **3** 全滅させるような, 絶滅させるような.

ਸੰਘਾੜਾ (संघाड़ा) /saṅgăṛā サンガーラー/ *m.* 〖植物〗ヒシ(菱), ヒシの実.

ਸੰਘਿਤਾ (संघिता) /sâṅgitā サンギター/ [Skt. संहिता] *f.* **1** 収集, 収集物. **2** 編集, 編纂. **3** 大要, 概要. **4** 〖ヒ〗サンヒター《四つのヴェーダそれぞれの主要部分である本集》.

ਸੰਘੀ[1] (संघी) /sâṅgī サンギー/ *f.* **1** 〖身体〗小さい喉. (⇒ਛੋਟਾ ਸੰਘ) **2** 〖身体〗喉, 咽喉. (⇒ਹਲਕ, ਕੰਠ, ਗਲਾ) **3** 〖身体〗首.

ਸੰਘੀ[2] (संघी) /sâṅgī サンギー/ [Skt. संघीय] *adj.* **1** 結合した, 一体化した. **2** 連合した, 連携した. **3** 組織された. **4** 同盟の, 連邦の.

ਸੰਙ (संङ) /saṅṅa サンヌ/ ▸ਸੰਗ, ਸੰਗਾ *f.* **1** 恥じらい. (⇒ਸ਼ਰਮ) **2** 慎み. (⇒ਸੰਕੋਚ)

ਸੰਙਣਾ (संङणा) /saṅṅaṇā サンナナー/ ▸ਸੰਗਣਾ *vi.* 恥じらう, 恥ずかしがる.

ਸੱਚ (सच्च) /sacca サッチ/ [Skt. सत्य] *m.* **1** 真理, 真実. **2** 事実.

— *adj.* **1** 本当の, 真理の, 真実の. **2** 正しい, 正確な.

ਸਚਖੰਡ (सचखंड) /sacakʰaṇḍa サチカンド/ ▸ਸੱਚ ਖੰਡ [Skt. सत्य + Skt. खण्ड] *m.* 〖スィ〗真理の領域, 唯一絶対の真理である神の住まい, スィック教の解脱に至る道, スィック教の瞑想における最高の段階.

ਸੱਚ ਖੰਡ (सच्च खंड) /sacca kʰaṇḍa サッチ カンド/ ▸ਸਚਖੰਡ *m.* → ਸਚਖੰਡ

ਸੱਚਮੁੱਚ (सच्चमुच्च) /saccamucca サッチムッチ/ *adv.* 本当に, 確かに, 実際に, 現実に. (⇒ਵਾਕਈ) ❐ਮੈਨੂੰ ਸੱਚਮੁੱਚ ਤੁਹਾਡੇ ਨਾਲ ਪਿਆਰ ਹੈ। 私は本当にあなたを愛しています.

ਸੰਚਰਨਾ (संचरना) /sañcaranā サンチャルナー/ ▸ਸਚਰਨਾ *vi.* **1** 入って行く. (⇒ਅੰਦਰ ਜਾਣਾ) **2** 没入する, 熱中する. (⇒ਜਜ਼ਬ ਹੋਣਾ) **3** 広がる, 普及する. (⇒ਫੈਲਣਾ)

ਸਚਰਨਾ (सचरना) /sacaranā サチャルナー/ ▸ਸੰਚਰਨਾ *vi.* → ਸੰਚਰਨਾ

ਸਚਲਾ (सचला) /sacalā サチラー/ [(Pot.) Skt. सत्य + ਲਾ] *adj.* 本当の, 真実の. (⇒ਅਸਲੀ)

ਸਚੜਾ (सचड़ा) /sacaṛā サチラー/ [Skt. सत्य -ੜਾ] *adj.* 本当の, 真実の.

ਸੰਚਾ (संचा) /sañcā サンチャー/ ▸ਸੱਚਾ, ਸਾਂਚਾ [Skt. स्थाता] *m.* 型, 鋳型, 流し型.

ਸੱਚਾ[1] (सच्चा) /saccā サッチャー/ [Skt. सत्य] *adj.* **1** 本当の, 真実の. ❐ਇਹ ਕਹਾਣੀ ਨਹੀਂ, ਸੱਚੀ ਗੱਲ ਹੈ। これは作り話でなく, 本当の話です. **2** 誠の, 誠実な. **3** 正直な, 裏表のない.

ਸੱਚਾ[2] (सच्चा) /saccā サッチャー/ ▸ਸੰਚਾ, ਸਾਂਚਾ *m.* → ਸੰਚਾ

ਸਚਾਈ (सचाई) /sacāī サチャーイー/ ▸ਸਚਿਆਈ [Skt. सत्य -ਈ] *f.* **1** 真実, 真理. **2** 事実. **3** 誠意, 誠実さ. **4** 正直さ, 真面目さ. **5** 真実性, 信憑性. **6** 正しさ, 正義.

ਸੰਚਾਰ (संचार) /sañcāra サンチャール/ [Skt. संचार] *m.* **1** 拡張, 蔓延, 広がること. **2** 拡散. **3** 放散, 流布. **4** 浸透. **5** 送達. **6** 伝達, 通信, 交信. **7** 普及, 宣伝.

ਸੰਚਾਲਕ (संचालक) /sañcālaka サンチャーラク/ [Skt. संचालक] *m.* **1** 組織者, 主催者, 世話役, 幹事. **2** 指揮者. **3** 指導者, 監督者. **4** 管理者. **5** 運営者, 経営者. **6** 興行主.

ਸੰਚਾਲਨ (संचालन) /sañcālana サンチャーラン/ [Skt. संचालन] *m.* **1** 指揮, 操縦, 誘導. **2** 指導, 監督. **3** 管理. **4** 運営, 運用, 経営.

ਸੰਚਾਲਿਤ (संचालित) /sañcālita サンチャーリト/ [Skt. संचालित] *adj.* **1** 指揮された, 操縦された, 誘導された. **2** 指導された, 監督された. **3** 管理された. **4** 運営された, 運用された, 経営された.

ਸਚਾਵਾ (सचावा) /sacāwā サチャーワー/ *adj.* 本当の, 真実の.

ਸਚਿਆਈ (सचिआई) /saciāī サチアーイー/ ▸ਸਚਾਈ *f.* → ਸਚਾਈ

ਸੰਚਿਤ (संचित) /sañcita サンチト/ [Skt. संचित] *adj.* **1** 集められた. **2** 蓄えられた, 蓄積された.

ਸਚਿੱਤਰ (सचित्तर) /sacittara サチッタル/ [Skt. सचित्र] *adj.* 絵入りの, 挿絵のある. (⇒ਤਸਵੀਰਾਂ ਸਹਿਤ)

ਸਚਿਵ (सचिव) /saciva サチヴ/ [Skt. सचिव] *m.* **1** 秘書(官), 書記(官). (⇒ਸਕੱਤਰ) **2** 大臣, 次官. (⇒ਮੰਤਰੀ) **3** 友人. (⇒ਦੋਸਤ)

ਸੱਚੀ-ਮੁੱਚੀ (सच्ची-मुच्ची) /saccī-muccī サッチー・ムッチー/ *adv.* **1** 本当に, 確かに. **2** 実際, 現実に.

ਸਚੇਤ (सचेत) /saceta サチェート/ ▸ਸਹਿਚੇਤ, ਸੁਚੇਤ [Skt. सचेत] *adj.* **1** 意識のある, 意識している, 意識の高い, 敏感な. **2** 油断のない, 細心の, 用心深い, 注意深い, 慎重な. (⇒ਹੁਸ਼ਿਆਰ, ਸਾਵਧਾਨ, ਚੇਤੰਨ)

ਸਚੇਤੇ (सचेते) /sacete サチェーテー/ *m.* **1** 糞便. (⇒ਟੱਟੀ) **2** 〖生理〗排便. ❐ਸਚੇਤੇ ਹੋਣਾ, ਸਚੇਤੇ ਜਾਣਾ, ਸਚੇਤੇ ਫਿਰਨਾ, ਸਚੇਤੇ ਬਹਿਣਾ 排便する.

ਸੱਚੋਸੱਚ (सच्चोसच्च) /saccosacca サッチョーサッチ/ *adv.* 正しく, 真に, 本当に. (⇒ਠੀਕ ਠੀਕ)

ਸਜ (सज) /saja サジ/ [Skt. सज्जा] *f.* **1** 美しさ, 美貌. **2** 壮麗, 華麗, 豪華. ❐ਸਜ ਧਜ ਕੇ, ਸਜ ਧਜ ਨਾਲ 華やかに, 華麗に, 派手に, けばけばしく. **3** 飾り, 装飾, 装飾品, 装飾物. **4** 形. (⇒ਸ਼ਕਲ)

ਸੱਜ (सज्ज) /sajja サッジ/ *m.* **1** 朝. (⇒ਸਵੇਰ) **2** 〖天文〗太陽. (⇒ਸੂਰਜ)

— *adj.* **1** 新しい. (⇒ਨਵਾਂ) **2** 新鮮な. (⇒ਤਾਜ਼ਾ)

— *pref.* 「新しい」「新鮮な」などを意味する接頭辞. (⇒ਸੱਜਰਾ)

ਸੱਜਣ (सज्जण) /sajjaṇa サッジャン/ ▸ਸਾਜਣ, ਸਾਜਨ [Skt. सज्जन] *m.* **1** 友, 友人. **2** 恋人, 愛人. **3** 〖親族〗夫. **4** 善良な人, 善男. **5** 立派な人, 紳士.

ਸਜਣਾ (सजणा) /sajaṇā サジャナー/ [cf. ਸਜਾਉਣਾ] *vi.* **1** 飾られる, 装飾される. **2** 盛装する. **2** 綺麗になる, 美しく見える. **3** ひときわ目立つ. **4** よく似合う. **5** 整頓される, 整理して並べられる.

ਸਜਣਾਈ (सजणाई) /sajạṇāī サジナーイー/ [Skt. सज्जन -ਆਈ] *f.* **1** 友情. (⇒ਦੋਸਤੀ) **2** 気高さ.

ਸਜਣੋਟੀ (सजणोटी) /sajạṇoṭī サジノーティー/ *f.* 友情. (⇒ਦੋਸਤੀ)

ਸਜਦਾ (सजदा) /sajạdā サジダー/ ▸ਸਿਜਦਾ *m.* → ਸਿਜਦਾ

ਸੰਜਮ (संजम) /sañjamạ サンジャム/ [Skt. संयम] *m.* **1** 抑制, 禁止, 禁欲. **2** 節制, 節度. **3** 自制, 忍耐. **4** 規律, 躾. **5** 適度, 中庸.

ਸੰਜਮੀ (संजमी) /sañjạmī サンジミー/ [Skt. संयमिन्] *adj.* **1** 抑制している. **2** 節度ある. **3** 自制している.

ਸੱਜਰ (सज्जर) /sajjarạ サッジャル/ ▸ਸੱਜਰਾ *adj.* **1** 新しい. (⇒ਨਵਾਂ) **2** 新しい, 新鮮な. (⇒ਤਾਜ਼ਾ) **3** 今の, 最近の. (⇒ਹੁਣੇ ਦਾ) **4** (乳牛が)産まれたばかりの.

ਸੱਜਰਾ (सज्जरा) /sajjarā サッジャラー/ ▸ਸੱਜਰ *adj.* → ਸੱਜਰ

ਸੱਜਲ (सज्जल) /sajjalạ サッジャル/ [Skt. सजल] *adj.* **1** 水を伴った, 水のある. (⇒ਜਲ ਸਹਿਤ) **2** 濡れた. **3** 湿った. **4** 涙ぐんだ, 潤んだ.

ਸਜਵਾਂ (सजवाँ) /sajạwā̃ サジワーン/ [cf. ਸਜਾਉਣਾ] *adj.* **1** 飾られた. **2** 綺麗な. **3** ふさわしい, 似つかわしい.

ਸਜ਼ਾ (सज़ा) /sazā サザー/ [Pers. *sazā*] *f.* **1** 罰, 懲罰, 懲らしめ. (⇒ਦੰਡ) **2** 〖法〗判決, 刑, 刑罰.

ਸੱਜਾ (सज्जा) /sajjā サッジャー/ *adj.* **1** 右の, 右手の, 右側の. (⇒ਦਹਿਣਾ)(↔ਖੱਬਾ) **2** 右利きの.

ਸਜਾਉਟ (सजाउट) /sajāuṭạ サジャーウト/ ▸ਸਜਾਵਟ *f.* → ਸਜਾਵਟ

ਸਜਾਉਣਾ (सजाउणा) /sajāuṇā サジャーウナー/ [Skt. सज्जयति] *vt.* **1** 飾る, 装飾する. **2** 盛装させる. **3** 綺麗にする, 美しく見せる. **4** 整える, 整理する, 整頓する, 整頓して並べる. **5** 取り付ける, 備え付ける. **6** 陳列する, 整列させる.

ਸੰਜਾਫ਼ (संजाफ़) /sañjāfạ サンジャーフ/ [Pers. *sanjāf*] *f.* **1** (布や衣服などの)縁. (⇒ਕਨਾਰੀ) **2** 縁飾り.

ਸਜ਼ਾਯੋਗ (सज़ायोग) /sazāyogạ サザーヨーグ/ [Pers. *sazā* Skt.-योग्य] *adj.* 処罰すべき, 刑罰の対象となる.

ਸਜਾਵਟ (सजावट) /sajāwaṭạ サジャーワト/ ▸ਸਜਾਉਟ *f.* 飾り, 装飾.

ਸਜਾਵਟੀ (सजावटी) /sajāwaṭī サジャーワティー/ *adj.* 飾りの, 装飾的な.

ਸੱਜੀ (सज्जी) /sajjī サッジー/ *f.* 〖化学〗アルカリ, 苛性ソーダ.

ਸੰਜੀਦਗੀ (संजीदगी) /sañjīdạgī サンジードギー/ [Pers. *sanjīda* Pers.-*gī*] *f.* 真面目さ, 真剣さ, 慎重さ. (⇒ਗੰਭੀਰਤਾ)

ਸੰਜੀਦਾ (संजीदा) /sañjīdā サンジーダー/ [Pers. *sanjīda*] *adj.* 真面目な, 真剣な, 慎重な. (⇒ਗੰਭੀਰ)

ਸਜੀਲਾ (सजीला) /sajīlā サジーラー/ *adj.* 形の良い.

ਸੰਜੀਵ (संजीव) /sañjīvạ サンジーヴ/ [Skt. संजीव] *adj.* 生きている, 生命のある. (⇒ਜਾਨਦਾਰ)

ਸੰਜੀਵਨੀ (संजीवनी) /sañjīvạnī サンジーヴニー/ [Skt. संजीवनी] *f.* **1** 〖植物〗蘇生させる薬草. **2** 〖薬剤〗死者を生き返らせる薬.

ਸੰਜੁਗਤ (संजुगत) /sañjugạtạ サンジュグト/ ▸ਸੰਯੁਕਤ [Skt. संयुक्त] *adj.* **1** 結び付いた, 結合した. **2** 連合した. **3** 合同の, 共同の. **4** 混合の, 複合の, 融合した.

ਸੱਜੂ (सज्जू) /sajjū サッジュー/ *adj.* 右利きの.

ਸੱਜੇ (सज्जे) /sajje サッジェー/ *adv.* 右に, 右の方に, 右手に, 右側に.

ਸੰਜੋ (संजो) /sañjo サンジョー/ ▸ਸੰਜੋਅ *f.* 〖武〗鎖帷子, 鎧. (⇒ਕਵਚ)

ਸੰਜੋਅ (संजोअ) /sañjoa サンジョーア/ ▸ਸੰਜੋ *f.* → ਸੰਜੋ

ਸੰਜੋਗ (संजोग) /sañjogạ サンジョーグ/ ▸ਸੰਯੋਗ [Skt. संयोग] *m.* **1** 結合, 関係, 合同. **2** 偶然, 巡り合わせ. **3** 運.

ਸੰਜੋਗ ਵੱਸ (संजोग वस्स) /sañjogạ wassạ サンジョーグ ワッス/ [+ Skt. वश] *adv.* **1** 偶然, たまたま, 巡り合わせで. **2** 運よく.

ਸੰਜੋਗੀਂ (संजोगीं) /sañjogī̃ サンジョーギーン/ ▸ਸੰਜੋਗੀ *adj.adv.* → ਸੰਜੋਗੀ

ਸੰਜੋਗੀ (संजोगी) /sañjogī サンジョーギー/ ▸ਸੰਜੋਗੀਂ [Skt. संयोगिन्] *adj.* **1** 偶然の, 巡り合わせの. **2** 危なっかしい, 当てにならない.

— *adv.* 偶然, たまたま, 巡り合わせで.

ਸੰਝ (संझ) /sâñjạ サンジ/ ▸ਸੰਝਿਆ, ਸੰਧਿਆ, ਸਾਂਝ [Skt. संध्या] *f.* **1** 夕方, 夕暮れ. (⇒ਸ਼ਾਮ) **2** 日没. (⇒ਆਥਣ)

ਸੰਝਿਆ (संझिआ) /sâñjiā サンジアー/ ▸ਸੰਝ, ਸੰਧਿਆ, ਸਾਂਝ *f.* → ਸੰਝ

ਸੱਟ (सट्ट) /saṭṭạ サット/ *f.* **1** 一撃, 打撃. **2** 怪我, 傷, 外傷, 傷害. (⇒ਚੋਟ) **3** ショック, 精神的打撃, 精神的外傷. **4** 苦悩. **5** 突然の災難.

ਸੱਟਪੱਟ (सट्टपट्ट) /saṭṭạpaṭṭạ サットパット/ *adv.* 直ちに, 即座に, 急に. (⇒ਤੁਰੰਤ)

ਸਟਕਾ (सटका) /saṭạkā サトカー/ *m.* 〖医〗貧血症.

ਸਟੰਟ (सटंट) /saṭanṭạ サタント/ [Eng. *stunt*] *m.* **1** 離れ業, 妙技, 曲芸. **2** ことさらに人目を意識した行為, 派手な活動. **3** 人をだますこと, 悪ふざけ.

ਸਟਡੀ (सटडी) /saṭạḍī サトディー/ [Eng. *study*] *f.* 勉強, 研究. (⇒ਅਧਿਐਨ)

ਸੱਟਣਾ (सट्टणा) /saṭṭaṇā サッタナー/ ▸ਸਿੱਟਣਾ, ਸੁੱਟਣਾ [(Lah.)] *vt.* → ਸੁੱਟਣਾ

ਸਟਪਟਾਉਣਾ (सटपटाउणा) /saṭạpaṭāuṇā サトパターウナー/ *vi.* **1** 落ち着きを失う, 苛立つ. **2** じれる. **3** 悶える. (⇒ਤੜਫਣਾ) **4** 驚く.

ਸੰਟਰ (संटर) /sanṭarạ サンタル/ ▸ਸੈਂਟਰ *m.* → ਸੈਂਟਰ

ਸੰਟਰਲ (संटरल) /sanṭaralạ サンタラル/ ▸ਸੈਂਟਰਲ *adj.* → ਸੈਂਟਰਲ

ਸਟਰਾਈਕ (सटराईक) /saṭạrāīkạ サトラーイーク/ [Eng. *strike*] *f.* 〖政治〗ストライキ, 同盟罷業. (⇒ਹੜਤਾਲ)

ਸਟਰਾਬਰੀ (सटराबरी) /saṭạrābạrī サトラーブリー/ [Eng. *strawberry*] *f.* 〖植物〗イチゴ(苺).

ਸਟਰੀਟ (सटरीट) /saṭạrīṭạ サトリート/ [Eng. *street*] *f.* **1** 通り, 街路. (⇒ਸੜਕ) **2** 街, 市街. (⇒ਗਲੀ, ਮਹੱਲਾ)

ਸਟਰੈਪ (सटरैप) /saṭạraipạ サトラェープ/ [Eng. *strap*] *m.*

紐, 帯, 革紐, ストラップ.

ਸ਼ਟਲ (शटल) /śaṭala シャタル/ [Eng. *shuttle*] *m.* **1**(織機の)杼《横糸を左右に運ぶ》, (下糸を出すミシンの)シャトル. **2**〖乗物〗折り返し運転, 往復便.

ਸੱਟਾ (सट्टा) /saṭṭā サッター/ *m.* **1** 取引, 売買. **2**〖経済〗投機, 思惑買い, 相場. **3**〖経済〗株取引, 証券取引. **4**〖経済〗先物取引. **5** でたらめな推測. **6** はったり, 虚仮威し. **7** 賭博, 博打.

ਸਟਾਉਣਾ (सटाउणा) /saṭāuṇā サターウナー/ ▸ਸੁਟਾਉਣਾ, ਸੁਟਵਾਉਣਾ *vt.* → ਸੁਟਵਾਉਣਾ

ਸਟਾਈ (सटाई) /saṭāī サターイー/ *f.* **1** 投げる行為. **2** 捨てる行為.

ਸਟਾਈਲ (सटाईल) /saṭāīla サターイール/ [Eng. *style*] *m.* **1** 様式, 方式, やり方. (⇒ਢੰਗ) **2** 型, スタイル. **3**〖文学〗文体.

ਸਟਾਕ (सटाक) /saṭāka サターク/ [Eng. *stock*] *m.* **1**〖植物〗幹, 茎, 根茎. **2** 蓄え, 貯蔵. **3**〖経済〗株式, 株式資本.

ਸਟਾਫ਼ (सटाफ़) /saṭāfa サターフ/ [Eng. *staff*] *m.* **1** 職員, 部員. **2**〖軍〗参謀, 幕僚. **3** 杖, 棒, 竿.

ਸਟਾਲ (सटाल) /saṭāla サタール/ [Eng. *stall*] *m.* **1** 仕切られた場所. **2** 売店, 屋台, 露店.

ਸਟਿਕ (सटिक) /saṭika サティク/ [Eng. *stick*] *f.* **1** 棒切れ. (⇒ਸੋਟੀ) **2** 小枝. (⇒ਟਾਹਣੀ) **3**〖道具〗杖, ステッキ.

ਸਟੀਕ (सटीक) /saṭīka サティーク/ [Skt. सटीक] *adj.* 翻訳・解説・解釈付きの原文を載せた.

— *m.* 翻訳・解説・解釈付きの原文を載せた本.

ਸਟੀਮ (सटीम) /saṭīma サティーム/ [Eng. *steam*] *f.* スチーム, 蒸気, 水蒸気, 湯気. (⇒ਭਾਫ)

ਸਟੀਲ (सटील) /saṭīla サティール/ [Eng. *steal*] *m.*〖金属〗鋼鉄, 鋼(はがね). (⇒ਅਸਪਾਤ)

ਸਟੂਡੀਉ (सटूडीउ) /saṭūḍīo サトゥーディーオー/ ▸ਸਟੂਡੀਓ [Eng. *studio*] *m.* **1** 仕事場, 画室, アトリエ. **2** 放送室, 録音室, スタジオ. **3** 写真撮影室, 映画撮影所.

ਸਟੂਡੀਓ (सटूडीओ) /saṭūḍīo サトゥーディーオー/ ▸ਸਟੂਡੀਉ *m.* → ਸਟੂਡੀਉ

ਸਟੂਡੈਂਟ (सटूडैंट) /saṭūḍãīṭa サトゥーダエーント/ [Eng. *student*] *m.* 学生, 生徒. (⇒ਸ਼ਾਗਿਰਦ, ਵਿਦਿਆਰਥੀ, ਸਿਖਿਆਰਥੀ)

ਸਟੂਪ (सटूप) /saṭūpa サトゥープ/ ▸ਸਤੂਪ *m.* → ਸਤੂਪ

ਸਟੂਲ (सटूल) /saṭūla サトゥール/ [Eng. *stool*] *m.*〖家具〗(背もたれ・肘掛けのない)腰掛け, スツール.

ਸਟੇਸ਼ਨ (सटेशन) /saṭeśana サテーシャン/ ▸ਅਸਟੇਸ਼ਨ [Eng. *station*] *m.* **1** 駅, 鉄道駅, (バスなどの)発着所, 停留所. **2** 署, 部署, 持ち場, 詰め所.

ਸਟੇਸ਼ਨਰੀ (सटेशनरी) /saṭeśanarī サテーシュナリー/ [Eng. *stationery*] *f.* 文房具. (⇒ਲਿਖਣ ਸਮੱਗਰੀ)

ਸਟੇਜ (सटेज) /saṭeja サテージ/ [Eng. *stage*] *f.* **1** 舞台, ステージ. **2** 段階, 時期.

ਸਟੇਟ (सटेट) /saṭeṭa サテート/ [Eng. *state*] *m.f.* **1** 国, 国家. (⇒ਦੇਸ) **2**(連邦国家の)州. (⇒ਪ੍ਰਦੇਸ਼) **3**〖歴史〗藩王国. (⇒ਰਿਆਸਤ) **4** 状態, 情勢. (⇒ਦਸ਼ਾ)

ਸਟੇਟਸਮੈਨ (सटेटसमैन) /saṭeṭasamaina サテータスマエーン/ [Eng. *statesman*] *m.* 政治家. (⇒ਸਿਆਸਤਦਾਨ, ਰਾਜਨੀਤੱਗ)

ਸਟੇਡੀਅਮ (सटेडीअम) /saṭeḍīama サテーディーアム/ [Eng. *stadium*] *f.*〖建築〗競技場, スタジアム.

ਸੱਟੇਬਾਜ਼ (सट्टेबाज़) /saṭṭebāza サッテーバーズ/ *m.* **1** 投機家, 相場師. **2** はったりをかける人.

ਸੱਟੇਬਾਜ਼ੀ (सट्टेबाज़ी) /saṭṭebāzī サッテーバーズィー/ *f.* **1**〖経済〗投機, 思惑買い, 先物取引. ❐ਤੇਲ ਕੰਪਨੀਆਂ ਸੱਟੇਬਾਜ਼ੀ ਵੀ ਕਰ ਰਹੀਆਂ ਹਨ। 石油会社は投機も行っています. **2** はったり, 虚仮威し.

ਸਟੈਂਡ (सटैंड) /saṭãīḍa サタエーンド/ [Eng. *stand*] *m.* **1**(乗物の)発着所, (タクシーの)客待ち所, たまり. (⇒ਅੱਡਾ) **2** 売店, 屋台, 露店. **3** 観覧席, 観客席, スタンド. **4**(立てる)台, スタンド.

ਸਟੈਂਡਰਡ (सटैंडरड) /saṭãīḍaraḍa サタエーンダルド/ [Eng. *standard*] *m.* 標準, 基準, 水準. (⇒ਮਿਆਰ)

ਸਟੈਥੋਸਕੋਪ (सटैथोसकोप) /saṭaitʰosakopa サタエートースコープ/ [Eng. *stethoscope*] *m.*〖道具・医〗聴診器.

ਸਟੋਬ (सटोब) /saṭoba サトーブ/ ▸ਸਟੋਵ *m.* → ਸਟੋਵ

ਸਟੋਰ (सटोर) /saṭora サトール/ [Eng. *store*] *m.* **1** 倉庫, 貯蔵所. (⇒ਗੁਦਾਮ) **2** 店, 店舗, 販売所. (⇒ਦੁਕਾਨ)

ਸਟੋਰੀ (सटोरी) /saṭorī サトーリー/ [Eng. *story*] *f.* **1** 話, 物語, 小説. (⇒ਕਥਾ) **2**(小説や劇などの)筋, 筋書き, ストーリー. **3** 言い伝え, 伝説.

ਸਟੋਵ (सटोव) /saṭova サトーヴ/ ▸ਸਟੋਬ [Eng. *stove*] *m.* **1**〖器具〗(暖房用)ストーブ. **2**〖調〗(料理用)焜炉.

ਸੱਠ (सट्ठ) /saṭṭʰa サット/ [Skt. षष्टि] *ca.num.* 60.

— *adj.* 60の.

ਸੱਠਵਾਂ (सट्ठवाँ) /saṭṭʰawā̃ サットワーン/[-ਵਾਂ] *or.num.* 60番目.

— *adj.* 60番目の.

ਸਡੌਲ (सडौल) /saḍaula サダオール/ ▸ਸੁਡੌਲ *adj.* **1** 形の美しい, 均整のとれた. (⇒ਸੁੰਦਰ) **2** たくましい.

ਸਡੌਲਤਾ (सडौलता) /saḍaulatā サダオールター/ *f.* **1** 均斉美. **2** たくましさ.

ਸੰਢ (संढ) /sâṇḍa サンド/ *adj.* 不妊の.

ਸੰਢਾ (संढा) /sâṇḍā サンダー/ *adj.* 頑丈な, 頑健な.

— *m.*〖動物〗雄スイギュウ, 牡水牛. (⇒ਭੈਂਸਾ, ਮਾਲੀ)

ਸਣ (सण) /saṇa サン/ *f.*〖植物〗アサ(麻).

ਸਣੇ (सणे) /saṇe サネー/ *adv.* **1** 一緒に. **2** 含めて. **3** 他に.

— *postp.* **1** …と一緒に. **2** …を含めて. **3** …の他に.

ਸੰਤ (संत) /santa サント/ [Skt. सत्] *m.* **1** 聖者, 聖人, 上人, 高徳の人. **2**〖文学〗サント《属性を持たない非限定的な至高の真実在を信奉し, カースト差別の糾弾や伝統的な宗教規範・儀礼・偶像崇拝などの否定を旨とした中世の宗教家. その信仰を訴えた言葉は, 各種の形式の宗教詩的詠歌として伝えられている》.

— *adj.* **1** 徳のある, 徳の高い, 高徳の. (⇒ਨੇਕ) **2** 穢れのない, 清らかな, 清浄な. (⇒ਨਿਰਮਲ)

ਸਤ[1] (सत) /sata サト/ [Skt. सत्त्व] *m.* **1** 真髄, 本質, 精髄. ❐ਸੱਤ ਕੱਢਣਾ 本質を読みとる. **2** 樹液. **3** 搾り汁. **4** エキス. ❐ਸੱਤ ਕੱਢਣਾ エキスを抽出する. **5** 活力, 生命力. **6** 美徳. **7** 純潔, 純質.

ਸਤ[2] (सत) /sata サト/ [Skt. सत्] *pref.* 「良い」「善良な」「徳のある」「清らかな」「神性の」などの意味を表す接頭辞.

ਸਤ[3] (सत) /sata サト/ ▸ਸੱਤ [Skt. सत्य] *m.* **1** 真理, 真実, 誠実. (⇒ਸੱਚ) **2** 真の信仰, 美徳. (⇒ਸੱਚਾ ਧਰਮ)

ਸਤ[4] (सत) /sata サト/ [Skt. सप्त] *pref.* 「7」「七つの」の意味を表す接頭辞.

ਸੱਤ[1] (सत्त) /satta サット/ ▸ਸਪਤ [Skt. सप्त] *ca.num.* 7, 七つ.
— *adj.* 七つの.

ਸੱਤ[2] (सत्त) /satta サット/ ▸ਸਤ *m.* → ਸਤ[3]

ਸਤਸੰਗ (सतसंग) /satasaṅga サトサング/ [Skt. सत्संग] *m.* **1** 善・美徳を持つ人との結び付き, 善男善女の交わり. **2** 神様を拝み賛歌を歌うため集まった会衆.

ਸਤਹ (सतह) /sâtā サター/ ▸ਸਤ੍ਹਾ, ਸਤਹਿ *f.* → ਸਤ੍ਹਾ

ਸਤਹੱਤਰ (सतहत्तर) /satahattara サトハッタル/ ▸ਸਤੱਤਰ *ca.num. adj.* → ਸਤੱਤਰ

ਸਤ੍ਹਾ (सत्हा) /sâtā サター/ ▸ਸਤਹ, ਸਤਹਿ [Arab. *sath*] *f.* **1** 表, 表面. (⇒ਤਲ) **2** 水平面, 平面. (⇒ਪੱਧਰ) **3** 身体の表面, 体表. (⇒ਪਿੰਡਾ)

ਸਤਹਿ (सतहि) /sâtai サタェー/ ▸ਸਤਹ, ਸਤ੍ਹਾ *f.* → ਸਤ੍ਹਾ

ਸਤ੍ਹੀ (सत्ही) /sâtī サティー/ [Arab. *sathī*] *adj.* 表面上の, うわべの.

ਸਤਕਾਰ (सतकार) /satakāra サトカール/ ▸ਸਤਿਕਾਰ [Skt. सत्कार] *m.* **1** 尊敬, 敬意, 崇敬の念. (⇒ਮਾਣ) **2** 歓待, もてなし.

ਸਤਕਾਰਹੀਣ (सतकारहीण) /satakārahīṇa サトカールヒーン/ [Skt. सत्कार Skt.-हीन] *adj.* 敬意のない, 失礼な.

ਸਤਕਾਰਹੀਣਤਾ (सतकारहीणता) /satakārahīṇatā サトカールヒーンター/ [Skt.-ता] *f.* 敬意のないこと, 失礼.

ਸਤਕਾਰਨਾ (सतकारना) /satakāranā サトカールナー/ ▸ਸਤਿਕਾਰਨਾ [cf. ਸਤਕਾਰ] *vt.* 尊敬する, 敬う. ❐ਮੋਹਨਦਾਸ ਕਰਮ ਚੰਦ ਗਾਂਧੀ ਨੂੰ ਮਹਾਤਮਾ ਗਾਂਧੀ ਆਖ ਕੇ ਸਤਕਾਰਿਆ ਜਾਂਦਾ ਹੈ। モーハンダース・カラム・チャンド・ガーンディーはマハートマー・ガーンディーと呼ばれ尊敬されています.

ਸਤਕਾਰਜੋਗ (सतकारजोग) /satakārajoga サトカールジョーグ/ ▸ਸਤਕਾਰਯੋਗ, ਸਤਿਕਾਰਯੋਗ [Skt.-योग्य] *adj.* 尊敬に値する, 尊敬すべき. (⇒ਆਦਰਯੋਗ, ਮਾਣਯੋਗ)

ਸਤਕਾਰਯੋਗ (सतकारयोग) /satakārayoga サトカールヨーグ/ ▸ਸਤਕਾਰਜੋਗ, ਸਤਿਕਾਰਯੋਗ *adj.* → ਸਤਕਾਰਜੋਗ

ਸਤਗੁਰ (सतगुर) /satagura サトグル/ ▸ਸਤਗੁਰੂ *m.* → ਸਤਗੁਰੂ

ਸਤਗੁਰੂ (सतगुरू) /satagurū サトグルー/ ▸ਸਤਗੁਰ [Skt. सत्य + Skt. गुरु] *m.* **1** 真の導師, 真の道に導くもの. (⇒ਸੱਚਾ ਗੁਰੂ) **2** 神, 最高神. (⇒ਪਰਮੇਸ਼ਰ)

ਸਤਜੁਗ (सतजुग) /satajuga サトジュグ/ [Skt. सत्ययुग] *m.* 〖ヒ〗サティヤユガ《世界周期の初めとされる第一期. 黄金時代》.

ਸਤਜੁਗੀ (सतजुगी) /satajugī サトジュギー/ [Skt. सत्ययुगिन्, सत्ययुगीन] *adj.* **1** サティヤユガの. **2** サティヤユガの美徳を持った.

ਸਤੱਤਰ (सतत्तर) /satattara サタッタル/ ▸ਸਤਹੱਤਰ [(Pkt. सत्तहत्तरि) Skt. सप्तसप्तति] *ca.num.* 77.
— *adj.* 77の.

ਸਤੱਤਰ੍ਹਵਾਂ (सतत्तर्हवाँ) /satâttarawā̃ サタッタルワーン/ ▸ਸਤੱਤਰਵਾਂ [-ਵਾਂ] *or.num.* 77番目.
— *adj.* 77番目の.

ਸਤੱਤਰਵਾਂ (सतत्तरवाँ) /satattarawā̃ サタッタルワーン/ ▸ਸਤੱਤਰ੍ਹਵਾਂ *or.num. adj.* → ਸਤੱਤਰ੍ਹਵਾਂ

ਸਤਨਾਜਾ (सतनाजा) /satanājā サトナージャー/ *m.* 七種の穀物の混合物.

ਸਤੰਬਰ (सतंबर) /satambara サタンバル/ [Eng. *September*] *m.* 〖暦〗 9月.

ਸਤਮਾਹਾ (सतमाहा) /satamāhā サトマーハー/ *adj.* 早過ぎた.

ਸਤਰ[1] (सतर) /satara サタル/ [Skt. स्तर] *m.* **1** 水準, 標準. **2** 層, 階層. **3** 級, 等級, 程度.

ਸਤਰ[2] (सतर) /satara サタル/ [Arab. *satr*] *f.* 行, 列, 線. (⇒ਪਾਲ, ਲਕੀਰ)

ਸੱਤਰ (सत्तर) /sattara サッタル/ [(Pkt. सत्तरि) Skt. सप्तति] *ca.num.* 70.
— *adj.* 70の.

ਸਤਰਕ (सतरक) /sataraka サタルク/ [Skt. सतर्क] *adj.* **1** 警戒している, 油断のない, 用心深い, 注意深い. **2** 論理的な, 筋の通った.

ਸਤਰਕਤਾ (सतरकता) /satarakatā サタルクター/ [Skt.-ता] *f.* **1** 警戒, 用心, 油断のなさ, 注意深さ. **2** 論理性, 筋の通っていること.

ਸਤਰੰਗ (सतरंग) /sataraṅga サトラング/ ▸ਸਤਰੰਗਾ [Skt. सप्त + Skt. रंग] *adj.* 七色の. (⇒ਸੱਤਾਂ ਰੰਗਾਂ ਵਾਲਾ)

ਸਤਰੰਗਾ (सतरंगा) /sataraṅgā サトランガー/ ▸ਸਤਰੰਗ *adj.* → ਸਤਰੰਗ

ਸਤਰੰਜ (सतरंज) /satarañja サトランジ/ ▸ਸ਼ਤਰੰਜ *m.* → ਸ਼ਤਰੰਜ

ਸ਼ਤਰੰਜ (शतरंज) /śatarañja シャトランジ/ ▸ਸਤਰੰਜ [Pers. *śatrañj*] *m.* 〖遊戯〗チェス. (⇒ਚੈੱਸ)

ਸ਼ਤਰੰਜੀ (शतरंजी) /śatarañjī シャトランジー/ [-ਈ] *adj.* **1** 〖遊戯〗チェスの, チェスに関係のある, チェスをする. **2** 〖比喩〗賢い.

ਸੱਤਰਵਾਂ (सत्तरवाँ) /sattarawā̃ サッタルワーン/ [(Pkt. सत्तरि) Skt. सप्तति -ਵਾਂ] *or.num.* 70番目.
— *adj.* 70番目の.

ਸੰਤਰਾ (संतरा) /santarā サンタラー/ ▸ਸੰਗਤਰਾ [Portug. *Cintra*] *m.* 〖植物〗ミカン(蜜柑), オレンジ《マンダリンオレンジ, ポンカンなどの類》, その果実.

ਸਤਰਾਣਾ (सतराणा) /satarāṇā サトラーナー/ *adj.* **1** 力の強い, 強力な. (⇒ਜ਼ੋਰ ਵਾਲਾ, ਬਲਵਾਨ) **2** 強い, 屈強な. (⇒ਤਗੜਾ)

ਸੰਤਰੀ (संतरी) /santarī サンタリー/ [Eng. *sentry*] *m.* **1** 〖軍〗歩哨, 衛兵. **2** 守衛.

ਸ਼ਤਰੂ (शतरू) /śatarū シャトルー/ ▸ਸ਼ੱਤਰੂ *m.* → ਸ਼ੱਤਰੂ

ਸ਼ੱਤਰੂ (शत्तरू) /śattarū シャッタルー/ ▸ਸ਼ਤਰੂ [Skt. शत्रु] *m.* **1** 敵. (⇒ਦੁਸ਼ਮਨ, ਵੈਰੀ) **2** 敵対者, 反対者.

ਸਤਲੁਜ (सतलुज) /satluja サトルジ/ ▸ਸਤਿਲੁਜ [Skt. सतद्रु] *m.* 〖河川〗サトルジ川《パンジャーブ地方を流れる五河の一つ》.

ਸਤਵੰਜਾ (सतवंजा) /satawañjā サトワンジャー/ [Skt. सप्त + Pers. *panjāh*] *ca.num.* 57.

— *adj.* 57の.
ਸਤਵੰਞਵਾਂ (सतवंझवाँ) /satawâñjawā̃ サトワンジワーン/ [-ਵਾਂ] *or.num.* 57番目.
— *adj.* 57番目の.
ਸਤਵੰਤ (सतवंत) /satawanta サトワント/ ▸ਸਤਵੰਤਾ [Skt. सत्य Skt.-वंत] *adj.* 真理を保持する. (⇒ਸਤ ਵਾਲਾ)
ਸਤਵੰਤਾ (सतवंता) /satawantā サトワンター/ ▸ਸਤਵੰਤ *adj.* → ਸਤਵੰਤ
ਸਤਵੰਨੀ (सतवंनी) /satawannī サタワンニー/ *adj.* 七色の. (⇒ਸਤਰੰਗ)
ਸਤਵਾਂ (सतवाँ) /satawā̃ サトワーン/ ▸ਸੱਤਵਾਂ [Skt. सप्त -ਵਾਂ] *or.num.* 7番目, 第七.
— *adj.* 7番目の, 第七の.
ਸੱਤਵਾਂ (सत्तवाँ) /sattawā̃ サッタワーン/ ▸ਸਤਵਾਂ *or.num. adj.* → ਸਤਵਾਂ
ਸੱਤਵਾਦੀ (सत्तवादी) /sattawādī サッタワーディー/ [Skt. सत्य Skt.-वादिन्] *adj.* **1** 真実の, 本当の. **2** 誠実な, 正確な. **3** 正しい, 廉直な.
ਸੱਤਾ (सत्ता) /sattā サッター/ [Skt. सत्ता] *f.* **1** 存在. **2** 力. (⇒ਸ਼ਕਤੀ, ਜ਼ੋਰ, ਬਲ) **3** 権威, 権力, 政権. ❐ਸੱਤਾ ਵਿੱਚ ਆਉਣਾ 権力を握る, 政権を取る.
ਸੰਤਾਉ (संताउ) /santāo サンターオー/ *m.* 怒り. (⇒ਗੁੱਸਾ)
ਸਤਾਉਣਾ (सताउणा) /satāuṇā サターウナー/ *vt.* **1** 苦痛を与える, 苦しめる. (⇒ਦੁਖ ਦੇਣਾ) **2** 嫌がらせをする. **3** 煩わす. **4** いじめる, からかう. **5** 悩ます.
ਸਤਾਈ (सताई) /satāī サターイー/ ▸ਸਤਾਵੀ [(Pkt. सत्ताईस) Skt. सप्तविंशति] *ca.num.* 27.
— *adj.* 27の.
ਸਤਾਈਵਾਂ (सताईवाँ) /satāīwā̃ サターイーワーン/ [-ਵਾਂ] *or.num.* 27番目.
— *adj.* 27番目の.
ਸਤਾਸੀਆਂ (सतास्हीआँ) /satâsīā̃ サタースィーアーン/ ▸ਸਤਾਸੀਵਾਂ, ਸਤਾਸੀਵਾਂ *or.num. adj.* → ਸਤਾਸੀਵਾਂ
ਸਤਾਸੀਵਾਂ (सतास्हीवाँ) /satâsīwā̃ サタースィーワーン/ ▸ਸਤਾਸੀਆਂ, ਸਤਾਸੀਵਾਂ *or.num. adj.* → ਸਤਾਸੀਵਾਂ
ਸਤਾਸੀ (सतासी) /satāsī サタースィー/ [(Pkt. सत्तासी) Skt. सप्ताशीति] *ca.num.* 87.
— *adj.* 87の.
ਸਤਾਸੀਵਾਂ (सतासीवाँ) /satāsīwā̃ サタースィーワーン/ ▸ਸਤਾਸੀਆਂ, ਸਤਾਸੀਵਾਂ [-ਵਾਂ] *or.num.* 87番目.
— *adj.* 87番目の.
ਸਤਾਹਟ (सताहट) /satâṭa サタート/ ▸ਸਤਾਹਠ *ca.num. ad.* → ਸਤਾਹਠ
ਸਤਾਹਟਵਾਂ (सताहटवाँ) /satâṭawā̃ サタートワーン/ ▸ਸਤਾਹਠਵਾਂ *or.num. adj.* → ਸਤਾਹਠਵਾਂ
ਸਤਾਹਠ (सताहठ) /satâṭʰa サタート/ ▸ਸਤਾਹਟ [Skt. सप्तषष्टि] *ca.num.* 67.
— *adj.* 67の.
ਸਤਾਹਠਵਾਂ (सताहठवाँ) /satâṭʰawā̃ サタートワーン/ ▸ਸਤਾਹਟਵਾਂ [-ਵਾਂ] *or.num.* 67番目.
— *adj.* 67番目の.
ਸਤਾਹਰਮਾਂ (सताहरमाँ) /satârамā̃ サタールマーン/ ▸ਸਤਾਰਵਾਂ, ਸਤਾਰ੍ਹਵਾਂ *or.num. adj.* → ਸਤਾਰ੍ਹਵਾਂ
ਸੱਤਾਹੀਣ (सत्ताहीण) /sattāhīṇa サッターヒーン/ [Skt. सत्ता Skt.-हीन] *adj.* **1** 力のない, 無力な. **2** 弱い. (⇒ਕਮਜ਼ੋਰ)
ਸੱਤਾਧਾਰੀ (सत्ताधारी) /sattātǎrī サッターターリー/ [Skt. सत्ता Skt.-धारिन्] *adj.* **1** 力のある. **2** 主権を持つ. **3** 権力を握った, 権力の座にある, 政権を担当する. (⇒ਸੱਤਾਰੂੜ)
ਸੱਤਾਧਾਰੀ ਦਲ (सत्ताधारी दल) /sattātǎrī dala サッターターリー ダル/ [+ Skt. दल] *m.* 〖政治〗与党. (⇒ਸੱਤਾਰੂੜ ਪਾਰਟੀ)
ਸੱਤਾਧਾਰੀ ਪਾਰਟੀ (सत्ताधारी पारटी) /sattātǎrī pāraṭī サッターターリー パールティー/ [+ Eng. *party*] *f.* 〖政治〗与党. (⇒ਸੱਤਾਰੂੜ ਦਲ)
ਸੰਤਾਨ (संतान) /santāna サンターン/ [Skt. संतान] *f.* **1** 子供. **2** 子孫. (⇒ਔਲਾਦ) **3** 後裔. (⇒ਔਲਾਦ)
ਸਤਾਨ[1] (सतान) /satāna | sǝtāna サターン | スターン/ [Pers. *stān*] *suff.* 「国名」「地方名」または「…地帯」「…地域」「…地」「…所」などの場所を表す名詞を形成する接尾辞. 子音で終わる語に付く場合は母音の「イ」が間に加わり f ਸਤਾਨ となることが多い.
ਸਤਾਨ[2] (सतान) /satāna サターン/ ▸ਸ਼ਤਾਨ, ਸ਼ੈਤਾਨ *m.adj.* → ਸ਼ਤਾਨ
ਸ਼ਤਾਨ (शतान) /śatāna シャターン/ ▸ਸਤਾਨ, ਸ਼ੈਤਾਨ [Arab. *śaitān*] *m.* **1** 悪魔. **2** 悪鬼, 悪神. **3** 魔王. **4** 悪者, 悪漢. **5** ごろつき.
— *adj.* **1** いたずらな, 悪ふざけする, 腕白な, やんちゃな. **2** 遊び好きな. **3** 邪悪な, 意地悪な, 悪意に満ちた. **4** 悪事を働く.
ਸਤਾਨ੍ਵਾਂ (सतान्हवाँ) /satânawā̃ サターンワーン/ ▸ਸਤਾਨਮਾਂ, ਸਤਾਨਵਾਂ [(Pkt. सत्तानव) Skt. सप्तनवति -ਵਾਂ] *or.num.* 97番目.
— *adj.* 97番目の.
ਸਤਾਨਮਾਂ (सतानमाँ) /satānamā̃ サターンマーン/ ▸ਸਤਾਨ੍ਵਾਂ, ਸਤਾਨਵਾਂ *or.num. adj.* → ਸਤਾਨ੍ਵਾਂ
ਸਤਾਨਵਾਂ (सतानवाँ) /satānawā̃ サターンワーン/ ▸ਸਤਾਨ੍ਵਾਂ, ਸਤਾਨਮਾਂ *or.num. adj.* → ਸਤਾਨ੍ਵਾਂ
ਸਤਾਨਵੇਂ (सतानवें) /satānawē̃ サターンウェーン/ [(Pkt. सत्तानव) Skt. सप्तनवति] *ca.num.* 97.
— *adj.* 97の.
ਸ਼ਤਾਨੀ (शतानी) /śatānī シャターニー/ ▸ਸ਼ੈਤਾਨੀ [Arab. *śaitānī*] *f.* **1** いたずら, 悪ふざけ. **2** やんちゃ. **3** 邪悪, 意地悪.
— *adj.* **1** 悪魔のような. **2** 邪悪な, 意地の悪い, 悪辣な. **3** 極悪非道の, 残忍な.
ਸੰਤਾਪ (संताप) /santāpa サンタープ/ [Skt. संताप] *m.* **1** 苦悩, 苦悶. **2** 悲嘆, 悲痛. (⇒ਦੁਖ) **3** 苦痛. **4** 苦慮, 憂慮. (⇒ਚਿੰਤਾ) **5** 心痛. **6** 後悔, 悔恨. (⇒ਪਛਤਾਵਾ) **7** 自責の念, 良心の呵責
ਸੰਤਾਪੀ (संतापी) /santāpī サンターピー/ [Skt. संतापिन्] *adj.* **1** 苦悩させる, 苦悶させる. **2** 悲しませる, 悲痛な思いをさせる. **3** 苦痛を与える. (⇒ਦੁਖਦਾਇਕ) **4** 苦慮させる, 憂慮させる. (⇒ਚਿੰਤਾਜਨਕ) **5** 心痛を与える. **6** 後悔させる. **7** 自責の念を起こさせる
ਸ਼ਤਾਬਦੀ (शताबदी) /śatābadī シャターブディー/ [Skt. शताब्दी] *f.* 世紀. (⇒ਸਦੀ)
ਸ਼ਤਾਬੀ (शताबी) /śatābī シャタービー/ *adv.* **1** 素早く, 敏

速に. **2** すぐに, 即座に.
ਸਤਾਰ (सतार) /satāra サタール/ ▸ਸਿਤਾਰ *f.* → ਸਿਤਾਰ
ਸਤਾਰ੍ਵਾਂ (सताह्रवाँ) /satâṛawā̃ サタールワーン/ ▸ ਸਤਾਹਰਮਾਂ, ਸਤਾਰਵਾਂ [(Pkt. सत्तरह) Skt. सप्तदश -वां] *or.num.* 17番目.
— *adj.* 17番目の.
ਸਤਾਰਵਾਂ (सतारवाँ) /satārawā̃ サタールワーン/ ▸ ਸਤਾਹਰਮਾਂ, ਸਤਾਰ੍ਵਾਂ *or.num. adj.* → ਸਤਾਰ੍ਵਾਂ
ਸਤਾਰਾਂ (सतारां) /satārā̃ サターラーン/ [(Pkt. सत्तरह) Skt. सप्तदश] *ca.num.* 17.
— *adj.* 17の.
ਸਤਾਰਾ (सतारा) /satārā サターラー/ ▸ਸਿਤਾਰਾ [Pers. *sitāra*] *m.* **1**〘天文〙星, 惑星. (⇒ਤਾਰਾ) **2** 運勢, 運命. **3** 映画スター, 人気俳優.
ਸੱਤਾਰੂੜ (सत्तारूड़) /sattārūṛa サッタールール/ [Skt. सत्तारूढ] *adj.* 権力を握った, 権力の座にある, 政権を担当する.
ਸੱਤਾਰੂੜ ਦਲ (सत्तारूड़ दल) /sattārūṛa dala サッタールール ダル/ [+ Skt. दल] *m.*〘政治〙与党. (⇒ਸੱਤਾਧਾਰੀ ਪਾਰਟੀ)
ਸੱਤਾਰੂੜ ਪਾਰਟੀ (सत्तारूड़ पारटी) /sattārūṛa pāraṭī サッタールール パールティー/ [+ Eng. *party*] *f.*〘政治〙与党. (⇒ਸੱਤਾਧਾਰੀ ਦਲ)
ਸੰਤਾਲ੍ਹੀਆਂ (संताल्हीआँ) /santâlīā̃ サンターリーアーン/ ▸ ਸੰਤਾਲ੍ਹੀਵਾਂ, ਸੰਤਾਲੀਵਾਂ *or.num. adj.* → ਸੰਤਾਲ੍ਹੀਵਾਂ
ਸੰਤਾਲ੍ਹੀਵਾਂ (संताल्हीवाँ) /santâlīwā̃ サンターリーワーン/ ▸ ਸੰਤਾਲ੍ਹੀਆਂ, ਸੰਤਾਲੀਵਾਂ [(Pkt. सत्तालीस) Skt. सप्तचत्वारिंशत् -वां] *or.num.* 47番目.
— *adj.* 47番目の.
ਸੰਤਾਲੀ (संताली) /santālī サンターリー/ [(Pkt. सत्तालीस) Skt. सप्तचत्वारिंशत्] *ca.num.* 47.
— *adj.* 47の.
ਸੰਤਾਲੀਵਾਂ (संतालीवाँ) /santālīwā̃ サンターリーワーン/ ▸ ਸੰਤਾਲ੍ਹੀਆਂ, ਸੰਤਾਲ੍ਹੀਵਾਂ *or.num. adj.* → ਸੰਤਾਲ੍ਹੀਵਾਂ
ਸਤਾਵਨ (सतावन) /satāwana サターワン/ [(Pkt. सत्तावन्न) Skt. सप्तपञ्चाशत्] *ca.num.* 57.
— *adj.* 57の.
ਸਤਾਵਰ (सतावर) /satāwara サターワル/ [Skt. शतावर] *m.*〘植物〙アスパラガス, 野生アスパラガス, アスパラガス根《ユリ科の小低木. 女性の受胎能力や寿命に良い効果がある薬草. ਸਤਾਵਰ は「百人の夫を持つ女性」を意味するとも言われる》. (⇒ਮੂਸਲੀ)
ਸੱਤਾਵਾਦ (सत्तावाद) /sattāwāda サッターワード/ [Skt. सत्ता Skt.-वाद] *m.*〘政治〙権威主義, 独裁主義.
ਸੱਤਾਵਾਦੀ (सत्तावादी) /sattāwādī サッターワーディー/ [Skt.-वादिन्] *adj.*〘政治〙権威主義の, 独裁的な.
— *m.*〘政治〙権威主義者, 独裁者.
ਸਤਾਵੀ (सतावी) /satāwī サターウィー/ ▸ਸਤਾਈ [(Lah.)] *ca.num. adj.* → ਸਤਾਈ
ਸਤਿ (सति) /sat サト/ [Skt. सत्य] *m.* 真実, 真理. ❐ ਸਤਿ ਸ੍ਰੀ ਅਕਾਲ サト・スリー・アカール《スィック教徒の挨拶の言葉. サトは「真理」, スリーは呼び名の前に付けて敬意を表す言葉「尊い」, アカールは「時を超えた永遠不滅のもの」でスィック教徒にとっての神の概念を表す言葉. 年齢・性別・社会的上下関係を越えてすべての相手に対して, 朝・昼・晩・就寝時, また会う時別れる時を問わず用いられる》.
— *adj.* 真実の.
ਸੱਤਿਆ (सत्तिआ) /sattiā サッティアー/ [Skt. सत्य] *f.* **1** 真理, 真実. (⇒ਸਚਾਈ) **2** 精神力. (⇒ਆਤਮਿਕ ਬਲ) **3** 強さ. (⇒ਬਲ, ਸ਼ਕਤੀ)
ਸੱਤਿਆਹੀਣ (सत्तिआहीण) /sattiāhīṇa サッティアーヒーン/ [Skt.-हीन] *adj.* **1** 力のない, 無力な. **2** 弱い. **3** 疲れ果てた. **4** 活気のない.
ਸੱਤਿਆਗਰਹਿ (सत्तिआगरहि) /sattiāgaraî サッティアーガラェー/ ▸ਸੱਤਿਆਗ੍ਰਹਿ [Skt. सत्याग्रह] *m.* **1** 真理の把持. **2**〘政治〙非暴力不服従《マハートマー・ガーンディーが掲げた反英独立闘争の理念》.
ਸੱਤਿਆਗ੍ਰਹਿ (सत्तिआग्रहि) /sattiāgraî (sattiāgaraî) サッティアーグラェー (サッティアーガラェー)/ ▸ਸੱਤਿਆਗਰਹਿ *m.* → ਸੱਤਿਆਗਰਹਿ
ਸੱਤਿਆਗ੍ਰਹੀ (सत्तिआग्रही) /sattiāgraî (sattiāgaraî) サッティアーグライー (サッティアーガライー)/ [Skt. सत्याग्रहिन्] *m.* **1** 真理の把持者. **2**〘政治〙非暴力不服従主義者, 非暴力不服従運動家.
ਸੱਤਿਆਨਾਸ (सत्तिआनास) /sattiānāsa サッティアーナース/ [Skt. सत्यानाश] *m.* **1** 破滅. **2** 全滅, 絶滅.
ਸੱਤਿਆਨਾਸੀ (सत्तिआनासी) /sattiānāsī サッティアーナースィー/ [Skt. सत्यानाशिन्] *adj.* **1** 破滅的な. **2** 破壊的な. **3** 邪悪な.
ਸਤਿਆਵਾਦੀ (सतिआवादी) /satiāwādī サティアーワーディー/ [Skt. सत्य Skt.-वादिन्] *adj.* 本当のことを言う, 真実を信奉する.
ਸੱਤਿਆਵਾਨ (सत्तिआवान) /sattiāwāna サッティアーワーン/ [Skt.-वान्] *adj.* **1** 強い道徳心を持っている, 精神力の強い. **2** 活力のある. **3** 精力的な. **4** 強い, 強力な.
ਸਤਿਕਾਰ (सतिकार) /satkāra サトカール/ ▸ਸਤਕਾਰ *m.* → ਸਤਕਾਰ
ਸਤਿਕਾਰਯੋਗ (सतिकारयोग) /satkārayoga サトカールヨーグ/ ▸ਸਤਕਾਰਜੋਗ, ਸਤਕਾਰਯੋਗ *adj.* → ਸਤਕਾਰਜੋਗ
ਸਤਿਕਾਰਨਾ (सतिकारना) /satkāranā サトカールナー/ ▸ ਸਤਕਾਰਨਾ *vt.* → ਸਤਕਾਰਨਾ
ਸਤਿਨਾਮ (सतिनाम) /satnāma サトナーム/ ▸ਸਤਿਨਾਮੁ *m.* → ਸਤਿਨਾਮੁ
ਸਤਿਨਾਮੁ (सतिनामु) /satnām サトナーム/ ▸ਸਤਿਨਾਮ [Skt. सत्य + Skt. नामन्] *m.*〘スィ〙真理の名《「真理」とは, 「永久不滅の真理」. 「名」は, 特定の有形の事物に与えられた「名」ではなく, 無形の概念としての「内在する神聖なる精神」を意味するもの. 両者が結合された形としての「真理の名」は, 神と自然と人間との間の関係を象徴的に表現する言葉》.
ਸਤਿਲੁਜ (सतिलुज) /satiluja サティルジ/ ▸ਸਤਲੁਜ *m.* → ਸਤਲੁਜ
ਸਤੀ (सती) /satī サティー/ *adj.* **1** 高潔な. **2** 貞節な.
— *f.* **1** 貞節な妻. **2** 貞女. **3**〘社会〙殉死寡婦, 寡婦殉死の慣習.
ਸੱਤੀਂ (सत्तीं) /sattī̃ サッティーン/ *adv.* 7ルピーで.
ਸ਼ਤੀਰ (शतीर) /śatīra シャティール/ ▸ਸ਼ਹਤੀਰ [Pers.

śahtīr] *m.* 〖建築〗梁.

ਸ਼ਤੀਰੀ (शतीरी) /śatīrī シャティーリー/ [-ਈ] *f.* 〖建築〗小さな梁.

ਸੰਤੁਸ਼ਟ (संतुशट) /santuśa̸ṭa̸ サントゥシュト/ ▸ਤੁਸ਼ਟ [Skt. संतुष्ट] *adj.* **1** 満足している. ❐ਕੀ ਤੁਸੀਂ ਅਜ਼ਾਦੀ ਤੋਂ ਸੰਤੁਸ਼ਟ ਹੋ? あなたは独立に満足していますか. **2** 喜んでいる. (⇒ਪਰਸੰਨ)

ਸੰਤੁਸ਼ਟਤਾ (संतुशटता) /santuśa̸ṭatā サントゥシュタター/ [Skt.-ता] *f.* **1** 満足, 満足感. (⇒ਰੱਜ) **2** 喜び. (⇒ਪਰਸੰਨਤਾ)

ਸੰਤੁਸ਼ਟੀ (संतुशटी) /santuśa̸ṭī サントゥシュティー/ ▸ਤੁਸ਼ਟੀ [Skt. संतुष्टि] *f.* **1** 満足, 満足感. (⇒ਰੱਜ) **2** 喜び. (⇒ਪਰਸੰਨਤਾ)

ਸੰਤੁਲਨ (संतुलन) /santulana̸ サントゥラン/ [Skt. संतुलन] *m.* **1** 釣合い, 均衡, 平衡. (⇒ਤਵਾਜ਼ਨ) **2** 平衡状態, 安定.

ਸੰਤੁਲਿਤ (संतुलित) /santulita̸ サントゥリト/ [Skt. संतुलित] *adj.* 均衡のとれた.

ਸੱਤੂ (सत्तू) /sattū サットゥー/ *m.* **1** 〖食品〗大麦粉. **2** 〖料理〗大麦の料理.

ਸ਼ਤੂਤ (शतूत) /śatūta̸ シャトゥート/ ▸ਸ਼ਹਤੂਤ, ਸ਼ਹਿਤੂਤ, ਤੂਤ [Pers. śahtūt] *m.* 〖植物〗クワ(桑), クワの木, クワの実.

ਸਤੂਨ (सतून) /satūna̸ サトゥーン/ [Pers. sutūn] *m.* **1** 柱. (⇒ਖੰਭਾ) **2** 円柱.

ਸਤੂਪ (सतूप) /satūpa̸ サトゥープ/ ▸ਸਟੂਪ [Skt. स्तूप] *m.* 〖建築・仏〗ストゥーパ, 卒塔婆, 仏舎利塔, 仏塔.

ਸੰਤੋਸ਼ (संतोश) /santośa̸ サントーシュ/ ▸ਸੰਤੋਖ *m.* → ਸੰਤੋਖ

ਸੰਤੋਖ (संतोख) /santok^{h}a̸ サントーク/ ▸ਸੰਤੋਸ਼ [Skt. संतोष] *m.* **1** 満足, 満足感. (⇒ਰੱਜ) **2** 安堵, 安心. **3** 幸福. **4** 喜び. (⇒ਪਰਸੰਨਤਾ)

ਸੰਤੋਖਣਾ (संतोखणा) /santok^{h}aṇā サントーカナー/ *vt.* **1** 閉じる, 閉鎖する. (⇒ਬੰਦ ਕਰਨਾ) **2** (聖典を)閉じて包む.

ਸੰਤੋਖੀ (संतोखी) /santok^{h}ī サントーキー/ [Skt. संतोषिन्] *adj.* **1** 満足している, 満ち足りた. **2** 欲のない, 無欲の, 慎ましい.

ਸਤੋਗੁਣ (सतोगुण) /satoguṇa̸ サトーグン/ [Skt. सत्त्वगुण] *m.* **1** 〖ヒ〗純質《根本原質の三つの構成要素の一つ》. **2** 善. **3** 徳性.

ਸਤੋਤਰ (सतोतर) /satotara̸ サトータル/ *m.* **1** 称賛, 称揚. (⇒ਉਸਤਤ) **2** 祈り, 祈願. **3** 讃歌, 賛美歌.

ਸਤੋਤਰ ਗਿਆਨ (सतोतर गिआन) /satotara̸ giāna̸ サトータル ギアーン/ *m.* 賛美歌学.

ਸਤੌਲ (सतौल) /sataula̸ サタオール/ *f.* 多数の子孫.

ਸੱਥ (सत्थ) /satt^{h}a̸ サット/ *f.* **1** 村人たちと家畜の集まる場所. **2** 〖政治〗村の議会, 村の長老会議. (⇒ਪੰਚਾਇਤ)

ਸਥਗਤ (सथगत) /sat^{h}agata̸ サタガト/ ▸ਸਥਗਿਤ *adj.* → ਸਥਗਿਤ

ਸਥਗਨ (सथगन) /sat^{h}agana̸ サタガン/ [Skt. स्थगन] *m.* **1** 休会, 停会. **2** 延期, 保留, 一時休止.

ਸਥਗਿਤ (सथगित) /sat^{h}agita̸ サタギト/ ▸ਸਥਗਤ [Skt. स्थगित] *adj.* **1** 休会された, 停会された. **2** 延期された, 持ち越された, 保留された, 一時休止された.

ਸੱਥਰ (सत्थर) /satt^{h}ara̸ サッタル/ *m.* **1** 藁, 藁の敷物. **2** 床に広げられた草. **3** 刈り取ってそのまま置かれた収穫物, 乾燥させた穀物. **4** 地面に横たわること. **5** 〖儀礼〗家で死んだ人を床に寝かせる葬送儀礼. ❐ਸੱਥਰ ਬਹਿਣਾ 死者を悼んで地面に座ることまたは横たわること. ❐ਸੱਥਰ ਲਾਹੁਣਾ 死期の差し迫った人を床に寝かせる, 多数の人々を殺す, 大量に虐殺する.

ਸੱਥਰਾ (सत्थरा) /satt^{h}arā サッタラー/ *m.* 〖道具〗大工が使う鑿(のみ).

ਸੱਥਰੀ[1] (सत्थरी) /satt^{h}arī サッタリー/ *f.* 〖道具〗大工が使う小さな鑿(のみ). (⇒ਛੋਟਾ ਸੱਥਰਾ)

ਸੱਥਰੀ[2] (सत्थरी) /satt^{h}arī サッタリー/ *f.* **1** 刈り取った農作物を小さく積み上げたもの. **2** 刈った草.

ਸਥਲ (सथल) /sat^{h}ala̸ サタル/ [Skt. स्थल] *m.* **1** 大地, 陸地. **2** 場所. (⇒ਅਸਥਾਨ) **3** 地域. **4** 要点, 主題.

ਸੰਥਾ (संथा) /sant^{h}ā サンター/ ▸ਸੰਥਿਆ *f.* → ਸੰਥਿਆ

ਸਥਾਈ (सथाई) /sat^{h}āī サターイー/ [Skt. स्थायी] *f.* 〖文学〗賛歌の繰り返し文句, リフレーン.

— *adj.* **1** 固定した, 安定した. (⇒ਕਾਇਮ) **2** 永久の, 永続的な.

ਸਥਾਨ (सथान) /sat^{h}āna̸ サターン/ ▸ਅਸਥਾਨ, ਥਾਨ *m.* → ਅਸਥਾਨ

ਸਥਾਨਕ (सथानक) /sat^{h}ānaka̸ サターナク/ ▸ਸਥਾਨਿਕ *adj.* → ਸਥਾਨਿਕ

ਸਥਾਨਿਕ (सथानिक) /sat^{h}ānika̸ サターニク/ ▸ਸਥਾਨਕ [Skt. स्थानिक] *adj.* **1** 場所の. **2** 土地の, 地域の, 地方の, 地元の. (⇒ਮੁਕਾਮੀ)

ਸਥਾਨੀ (सथानी) /sat^{h}ānī サターニー/ [Skt. स्थानीय] *adj.* **1** 場所の. **2** 土地の, 地域の, 地方の, 地元の. (⇒ਮੁਕਾਮੀ)

ਸਥਾਨੀਕਰਨ (सथानीकरन) /sat^{h}ānīkarana̸ サターニーカルン/ [Skt.-करण] *m.* 局地化.

ਸਥਾਨੀਕਰਿਤ (सथानीकरित) /sat^{h}ānīkarita̸ サターニーカリト/ *adj.* 局地化された.

ਸਥਾਪਕ (सथापक) /sat^{h}āpaka̸ サターパク/ [Skt. स्थापक] *m.* 設立者, 創立者.

ਸਥਾਪਣਾ (सथापणा) /sat^{h}āpaṇā サタープナー/ ▸ਅਸਥਾਪਣਾ *vt.* → ਅਸਥਾਪਣਾ

ਸਥਾਪਤ (सथापत) /sat^{h}āpata̸ サターパト/ ▸ਅਸਥਾਪਤ, ਅਸਥਾਪਿਤ *adj.* → ਅਸਥਾਪਿਤ

ਸਥਾਪਨ (सथापन) /sat^{h}āpana̸ サターパン/ ▸ਅਸਥਾਪਨ *m.* → ਅਸਥਾਪਨ

ਸਥਾਪਨਾ (सथापना) /sat^{h}āpanā サタープナー/ ▸ਅਸਥਾਪਨਾ *f.* → ਅਸਥਾਪਨਾ

ਸੰਥਾਲ (संथाल) /sant^{h}āla̸ サンタール/ *m.* サンタール(サンタル)《インド東部, ビハール州南部を中心にオディシャ州, 西ベンガル州にかけて居住する先住民部族》.

ਸੰਥਾਲੀ (संथाली) /sant^{h}ālī サンターリー/ *adj.* サンタールの.

— *f.* サンターリー語.

ਸਥਾਵਰ (सथावर) /sat^{h}āwara̸ サターワル/ [Skt. स्थावर] *adj.* **1** 固定された, 不動の, 静止した. (⇒ਅਚਲ) **2** 確固たる, 安定した. **3** 永遠の, 恒常的な.

ਸੰਥਿਆ (संथिआ) /sant^{h}iā サンティアー/ ▸ਸੰਥਾ [Skt. संहिता] *f.* 読解練習, 学課. (⇒ਪਾਠ)

ਸਥਿਤ (सथित) /sat^hitạ サティト/ ▶ਅਸਥਿਤ [Skt. स्थित] *adj.* **1** 位置している, 所在している. **2** 据えられている, 置かれている. (⇒ਬਿਰਾਜਮਾਨ) **3** 存在している, 居合わせている. (⇒ਮੌਜੂਦ)

ਸਥਿਤੀ (सथिती) /sat^hitī サティティー/ ▶ਸਿਥਿਤੀ [Skt. स्थिति] *f.* **1** 位置, 所在. (⇒ਥਾਂ) **2** 状態, 状況, 情勢, 事情, 環境. **3** 存在. (⇒ਹੋਂਦ)

ਸਥਿਰ (सथिर) /sat^hirạ サティル/ ▶ਥਿਰ [Skt. स्थिर] *adj.* **1** 固定した, 不動の, 静止した. (⇒ਅਚੱਲ) **2** 安定した, 落ち着いた. **3** 一定不変の, 着実な. **4** 静かな.

ਸਥਿਰਤਾ (सथिरता) /sat^hiratā サティルター/ [Skt.-ता] *f.* **1** 固定, 不動, 静止. **2** 安定, 落ち着き. **3** 不変性, 着実性. **4** 静けさ, 静寂.

ਸਥਿਰਤਾਈ (सथिरताई) /sat^hiratāī サティルターイー/ [-ताई] *f.* → ਸਥਿਰਤਾ

ਸੰਦ (संद) /sandạ サンド/ *m.* 道具, 用具, 器具. (⇒ਔਜ਼ਾਰ)

ਸੱਦ (सद्द) /saddạ サッド/ [Arab. *ṣadā*] *f.* **1** 声, 音声, 響き. (⇒ਅਵਾਜ਼) **2** 呼び声, 掛け声. (⇒ਪੁਕਾਰ) **3** 叫び声, 大声. (⇒ਹਾਕ)

ਸਦੱਸ (सदस्स) /sadassạ サダッス/ ▶ਸਦਸਯ [Skt. सदस्य] *m.* 構成員, メンバー, 一員, 会員, 議員. (⇒ਮੈਂਬਰ)

ਸਦੱਸਤਾ (सदस्सता) /sadassatā サダッサター/ [Skt.-ता] *f.* 一員であること, 会員であること, 会員資格, 議員などの身分. (⇒ਮੈਂਬਰੀ)

ਸਦਸਯ (सदसय) /sadasaya サドサユ/ ▶ਸਦੱਸ *m.* → ਸਦੱਸ

ਸਦਕੜਾ (सदकड़ा) /sadakaṛā サドカラー/ ▶ਸਦਕਾ *m.* 〖詩語〗 → ਸਦਕਾ

ਸਦਕਾ (सदका) /sadakā サドカー/ ▶ਸਦਕੜਾ [Arab. *ṣadqa*] *m.* **1** 施し, 施し物, 喜捨. **2** 供え物, 生け贄. (⇒ਬਲੀ) **2** 犠牲, 献身. (⇒ਕੁਰਬਾਨੀ) ❐ਸਦਕੇ ਜਾਣਾ 犠牲になる, 身代わりになる, 心身を捧げる, 誇らしく思う《深い感動, 喜び, 愛情などを表す言葉として用いる》.

ਸਦਗਤੀ (सदगती) /sadagatī サドガティー/ [Skt. सद्गति] *f.* 救い, 救済, 解放. (⇒ਸ਼ੁਭ ਗਤੀ)

ਸਦਗੁਣ (सदगुण) /sadaguṇạ サドグン/ [Skt. सद्गुण] *m.* 良い性質, 良い特性, 美徳. (⇒ਚੰਗਾ ਗੁਣ)

ਸੱਦਣਾ (सद्दणा) /saddaṇā サッダナー/ [cf. ਸੱਦਾ] *vt.* **1** 呼ぶ, 呼びかける. (⇒ਪੁਕਾਰਨਾ) **2** 呼び寄せる, 召集する, 招く, 招待する. (⇒ਬੁਲਾਉਣਾ) **3** 叫ぶ, 大声を出す. (⇒ਹਾਕ ਮਾਰਨੀ)

ਸਦਨ (सदन) /sadanạ サダン/ [Skt. सदन] *m.* **1** 家. (⇒ਹਾਊਸ) **2** 館. (⇒ਭਵਨ) **3** 〖政治〗議院.

ਸਦਭਾਵ (सदभाव) /sadapăvạ サドパーヴ/ [Skt. सद्भाव] *m.* **1** 善意, 好意. **2** 友愛, 親愛. **3** 友好, 親善.

ਸਦਭਾਵਨਾ (सदभावना) /sadapăvanā サドパーヴナー/ [Skt. सद्भावना] *f.* **1** 善意, 好意. **2** 友愛, 親愛. **3** 友好, 親善.

ਸਦਮਾ (सदमा) /sadamā サドマー/ [Arab. *ṣadma*] *m.* **1** 衝撃, 打撃. (⇒ਧੱਕਾ) **2** 心の動揺, ショック. **3** 損害, 損失.

ਸਦਰ (सदर) /sadarạ サダル/ [Arab. *ṣadr*] *adj.* 主要な, 中心の. (⇒ਪਰਧਾਨ)

— *m.* **1** 中心人物, 頭, 頭目, 長. **2** 首長, 指導者, 支配者. **3** 議長, 会長.

ਸੰਦਰਭ (संदरभ) /sandârabạ サンダラブ/ [Skt. संदर्भ] *m.* **1** 脈絡, 文脈, 前後関係. **2** 参照, 参考.

ਸਦਰ ਮੁਕਾਮ (सदर मुकाम) /sadarạ mukāmạ サダル ムカーム/ [Arab. *ṣadr* + Arab. *maqām*] *m.* 〖軍〗司令部.

ਸਦਰਿਸ਼ (सदरिश) /sadariśạ サダリシュ/ [Skt. सदृश] *adj.* 同じに見える, 似ている, 類似の.

ਸਦਰਿਸ਼ਤਾ (सदरिशता) /sadariśatā サダリシュター/ [Skt.-ता] *f.* 同じに見えること, 似ていること, 類似.

ਸੰਦਲ (संदल) /sandalạ サンダル/ [Arab. *ṣandal*] *m.* 〖植物〗ビャクダン(白檀)《ビャクダン科の小木》. (⇒ਚੰਨਣ, ਚੰਦਨ)

ਸੰਦਲਾ (संदला) /sandalā サンダラー/ ▶ਸੰਧਲਾ *m.* 〖衣服〗葬儀で泣きわめく女性の腰に縛る布.

ਸੰਦਲੀ (संदली) /sandalī サンドリー/ [Arab. *ṣandalī*] *adj.* **1** 白檀色の, 薄黄色の. **2** 白檀製の.

ਸਦਵਾਉਣਾ (सदवाउणा) /sadawāuṇā サドワーウナー/ ▶ਸਾਉਣਾ [cf. ਸੱਦਣਾ] *vt.* 呼びにやる, 呼び寄せてもらう.

ਸਦਾ (सदा) /sadā サダー/ [Skt. सदा] *adv.* **1** いつも, 常に, 常時. (⇒ਹਮੇਸ਼ਾਂ) **2** 絶えず, 相変わらず, 絶え間なく. (⇒ਲਗਾਤਾਰ) **3** いつまでも, 永遠に.

ਸੱਦਾ (सद्दा) /saddā サッダー/ [Arab. *ṣadā*] *m.* **1** 声, 音声, 響き. (⇒ਅਵਾਜ਼) **2** 招待. (⇒ਬੁਲਾਵਾ) ❐ਸੱਦਾ ਦੇਣਾ 招待する. ❐ਅਸੀਂ ਜਨਰਲ ਪਰਵੇਜ਼ ਮੁਸ਼ੱਰਫ਼ ਨੂੰ ਆਗਰਾ ਆਉਣ ਦਾ ਸੱਦਾ ਦਿੱਤਾ। 我々はパルヴェーズ・ムシャラフ将軍にアーグラーを訪れるように招待しました. ❐ਸੱਦਾ ਪੱਤਰ 招待状.

ਸਦਾਉਣਾ (सदाउणा) /sadāuṇā サダーウナー/ *vt.* → ਸਦਵਾਉਣਾ

ਸਦਾਕਤ (सदाकत) /sadākatạ サダーカト/ [Pers. *ṣadāqat*] *f.* **1** 真実. (⇒ਸੱਚਾਈ) **2** 誠実, 忠実, 忠誠.

ਸਦਾਕਤ ਪਸੰਦ (सदाकत पसंद) /sadākatạ pasandạ サダーカト パサンド/ [+ Pers. *pasand*] *adj.* **1** 真実を好む, 正直な. (⇒ਸੱਚਾ) **2** 誠実な, 忠実な.

ਸਦਾਚਾਰ (सदाचार) /sadācārạ サダーチャール/ [Skt. सदाचार] *m.* **1** 正しい行い, 行儀. **2** 徳性, 道徳心.

ਸਦਾਰਤ (सदारत) /sadāratạ サダーラト/ [Pers. *ṣadārat*] *f.* **1** 首長の職, 主席の地位. **2** 議長の職, 議長の地位.

ਸਦਾਰਤੀ (सदारती) /sadāratī サダールティー/ [-ਈ] *adj.* **1** 首長の, 主席の. **2** 議長の, 議長に関する.

ਸਦਿਸ਼-ਰਾਸ਼ੀ (सदिश-राशी) /sadiśạ-rāśī サディシュ・ラーシー/ *f.* 〖数学・物理〗ベクトル量.

ਸੰਦਿਗਧ (संदिगध) /sandîgadạ サンディガド/ [Skt. संदिग्ध] *adj.* **1** 不明瞭な, 曖昧な. **2** 疑わしい, 怪しい, 不審な, 胡散臭い.

ਸੰਦਿਗਧਤਾ (संदिगधता) /sandîgadatā サンディガドター/ [Skt.-ता] *f.* **1** 不明瞭さ, 曖昧さ. **2** 疑わしさ, 胡散臭さ.

ਸਦੀ (सदी) /sadī サディー/ [Pers. *ṣadī*] *f.* 世紀. (⇒ਸ਼ਤਾਬਦੀ)

ਸਦੀਪ (सदीप) /sadīpạ サディープ/ ▶ਸਦੀਵ *adv.* → ਸਦੀਵ

ਸਦੀਵ (सदीव) /sadīva サディーヴ/ ▸ਸਦੀਪ *adv.* **1** いつも, 常に. (⇒ਹਮੇਸ਼ਾਂ) **2** 永遠に, 永久に.

ਸਦੀਵ ਕਾਲ (सदीव काल) /sadīva kāla サディーヴ カール/ *m.* 永遠, 不滅, 無窮. ❒ਸਦੀਵ ਕਾਲ ਲਈ 永遠に.

ਸਦੀਵ ਕਾਲੀ (सदीव काली) /sadīva kālī サディーヴ カーリー/ *adj.* 永遠の, 永久の, 恒久の, 永続する.

ਸਦੀਵੀ (सदीवी) /sadīvī サディーヴィー/ *adj.* 永遠の, 永久の, 恒久の, 永続する.

ਸੰਦੂਕ (संदूक) /sandūka サンドゥーク/ ▸ਸੰਦੂਖ [Arab. *ṣandūq*] *m.* **1**〖容器〗箱, 収納箱, 大箱. **2** 金庫.

ਸੰਦੂਕੜੀ (संदूकड़ी) /sandūkaṛī サンドゥークリー/ [-ੜੀ] *f.*〖容器〗小箱.

ਸੰਦੂਖ (संदूख) /sandūkʰa サンドゥーク/ ▸ਸੰਦੂਕ *m.* → ਸੰਦੂਕ

ਸੰਦੇਸ (संदेस) /sandesa サンデース/ ▸ਸੰਦੇਸ਼, ਸੰਦੇਸਾ, ਸੰਦੇਸ਼ਾ *m.* → ਸੰਦੇਸ਼

ਸੰਦੇਸ਼ (संदेश) /sandeśa サンデーシュ/ ▸ਸੰਦੇਸ, ਸੰਦੇਸਾ, ਸੰਦੇਸ਼ਾ [Skt. संदेश] *m.* **1** 伝言, 言付け, メッセージ. (⇒ਸਨੇਹਾ) **2** 声明, 声明文. **3** 知らせ. (⇒ਸਮਾਚਾਰ)

ਸੰਦੇਸਾ (संदेसा) /sandesā サンデーサー/ ▸ਸੰਦੇਸ, ਸੰਦੇਸ਼, ਸੰਦੇਸ਼ਾ *m.* → ਸੰਦੇਸ਼

ਸੰਦੇਸ਼ਾ (संदेशा) /sandeśā サンデーシャー/ ▸ਸੰਦੇਸ, ਸੰਦੇਸ਼, ਸੰਦੇਸਾ *m.* → ਸੰਦੇਸ਼

ਸੰਦੇਹ (संदेह) /sandê サンデー/ [Skt. संदेह] *m.* 疑い, 疑惑. (⇒ਸ਼ੱਕ)

ਸੰਦੇਹਸ਼ੀਲ (संदेहशील) /sandêśīla サンデーシール/ [Skt.-शील] *adj.* **1** 疑い深い, 疑り深い, 邪推する. (⇒ਸ਼ੱਕੀ) **2** 懐疑的な.

ਸੰਦੇਹਸ਼ੀਲਤਾ (संदेहशीलता) /sandêśīlatā サンデーシールター/ [Skt.-ता] *f.* **1** 疑い深い性格. **2** 懐疑論.

ਸੰਦੇਹਜਨਕ (संदेहजनक) /sandêjanaka サンデージャナク/ [Skt. संदेह Skt.-जनक] *adj.* **1** 疑わしい, 不審な, 信用できない. (⇒ਸ਼ੱਕੀ) **2** 曖昧な, 不明瞭な.

ਸੰਦੇਹਮਈ (संदेहमई) /sandêmaī サンデーマイー/ [Skt.-मयी] *adj.* → ਸੰਦੇਹਜਨਕ

ਸਦੇਹਾਂ (सदेहाँ) /sadehā̃ サデーハーン/ *adv.* **1** 早い時間に, 早く. **2** 朝早く, 早朝に. (⇒ਸਵੇਰੇ, ਸਵਖਤੇ)

ਸੱਧਰ (सद्धर) /sâddara サッダル/ *f.* **1** 強い願望, 熱烈な願望, 熱望. **2** 切望, 憧れ.

ਸਧਰਾਇਆ (सधराइआ) /sâdarāiā サダラーイアー/ *adj.* 熱望に満ちた, 強く憧れている.

— *m.* 熱望に満ちた者, 強く憧れている者.

ਸੰਧਲਾ (संधला) /sândalā サンダラー/ ▸ਸੰਦਲਾ [(Pot.)] *m.* → ਸੰਦਲਾ

ਸਧਾਰ (सधार) /sadăra サダール/ *adj.* **1** 純真な, 単純な, たやすい. **2** 知的障害のある, 精神薄弱の.

ਸਧਾਰਣ (सधारण) /sadăraṇa サダーラン/ ▸ਸਧਾਰਨ, ਸਾਧਾਰਣ, ਸਾਧਾਰਨ *adj.* → ਸਧਾਰਨ

ਸਧਾਰਨ (सधारन) /sadărana サダーラン/ ▸ਸਧਾਰਣ, ਸਾਧਾਰਣ, ਸਾਧਾਰਨ [Skt. साधारण] *adj.* **1** 普通の, 通常の, 通例の, 一般の. (⇒ਮਾਮੂਲੀ) **2** 平凡な, 並の, ありきたりの. **3** 易しい, 単純な, 簡略な.

ਸਧਾਰਨਤਾ (सधारनता) /sadăranatā サダーランター/ ▸ਸਾਧਾਰਣਤਾ [Skt.-ता] *f.* 一般性, 共通性.

ਸਧਾਰਨੀਕਰਨ (सधारनीकरन) /sadăranīkarana サダールニーカルン/ [Skt. साधारणीकरण] *m.* **1** 単純化, 簡略化. **2** 一般化, 概括論, 帰納.

ਸਧਾਰਨੀਕਰਿਤ (सधारनीकरित) /sadăranīkarita サダールニーカリト/ [Skt. साधारणीकृत] *adj.* **1** 単純化された, 簡略化された. **2** 一般化された, 全般に及ぶ.

ਸੰਧਾਰਾ (संधारा) /sandărā サンダーラー/ *m.* **1**〖儀礼〗礼拝用の手回り品を載せた皿《ラージプートの婦人が, サティー〔寡婦殉死〕において, 夫の死体を火葬している薪の炎の中に身を投じる前に用いられる》. **2**〖祭礼〗祭事において既婚の女性にその両親または義理の両親から与えられる贈り物.

ਸੰਧਿਆ (संधिआ) /sândiā サンディアー/ ▸ਸੰਝ, ਸੰਝਿਆ, ਸਾਂਝ [Skt. संध्या] *f.* **1** 夕方, 夕暮れ. (⇒ਸ਼ਾਮ) **2** 日没. (⇒ਆਥਣ) **3**〖ヒ〗ヒンドゥー教徒の夕べの祈り.

ਸੰਧਿਆ ਕਾਲ (संधिआ काल) /sândiā kāla サンディアー カール/ [+ Skt. काल] *m.* **1** 夕方, 夕暮れ時. (⇒ਸ਼ਾਮ) **2** 日没の時間. **3**〖ヒ〗ヒンドゥー教徒の夕べの祈りの時間.

ਸੰਧੀ (संधी) /sândī サンディー/ [Skt. संधि] *f.* **1** 結合, 接点. **2** 協定, 合意, 申し合わせ, 条約. **3** 和解, 友好. **4**〖音〗サンディ, 連声《語の結合によって起こる音変化》.

ਸੰਧੀ ਛੇਦ (संधी छेद) /sândī cʰeda サンディー チェード/ [+ Skt. छिद्र] *m.*〖音〗サンディ〔連声〕の部分で語を分けること, サンディの分析.

ਸੰਧੀ ਪੱਤਰ (संधी पत्तर) /sândī pattara サンディー パッタル/ [+ Skt. पत्र] *m.* 書かれた協定, 協定文書.

ਸੰਧੀਕਰਨ (संधीकरन) /sândīkarana サンディーカルン/ [Skt.-करण] *m.*〖音〗サンディの作用, 連声法, 語の結合によって起こる音変化の過程.

ਸਧੁੱਕੜੀ (सधुक्कड़ी) /sadŭkkaṛī サドゥッカリー/ ▸ਸਧੂਕੜੀ *f.* サドゥッカリー(サドゥーカリー)《中世インドの行者や聖者たちの共通語として用いられた方言》.

ਸੰਧੂ (संधू) /sândū サンドゥー/ *m.*〖姓〗サンドゥー《ジャット〔農耕カースト集団〕の姓の一つ》.

ਸਧੂਕੜੀ (सधूकड़ी) /sadŭkaṛī サドゥーカリー/ ▸ਸਧੁੱਕੜੀ *f.* → ਸਧੁੱਕੜੀ

ਸੰਧੂਰ (संधूर) /sandŭra サンドゥール/ [Skt. सिंदूर] *m.* **1**〖鉱物〗朱, 辰砂(しんしゃ)《赤色顔料となる水銀の原鉱》. (⇒ਸ਼ਿੰਗਰਫ਼) **2**〖ヒ〗スィンドゥール《ヒンドゥー教徒の既婚女性が髪の分け目に付ける朱》.

ਸੰਧੂਰਦਾਨੀ (संधूरदानी) /sandŭradānī サンドゥールダーニー/ [Pers.-*dānī*] *f.* スィンドゥールを入れる容器・小箱.

ਸੰਧੂਰੀ (संधूरी) /sandŭrī サンドゥーリー/ [-ਈ] *adj.* 朱色の, 辰砂の色の.

ਸੰਨ (संन) /sanna サンヌ/ [Arab. *sana*] *m.* 年《西暦・イスラーム暦(ヒジュラ暦)などに用いる. ヴィクラマ(ビクラム)暦・シャカ暦などのインド暦には ਸੰਮਤ を用いる》. (⇒ਸਾਲ)

ਸਨ[1] (सन) /sana サン/ ▸ਸੇ *vi.* 《動詞 ਹੋਣਾ の3人称・複数・過去形. ਉਹ … ਸਨ 》 **1** …であった, …でした. **2** …あった・いた, …ありました・いました.

ਸਨ[2] (सन) /sana サン/ [Eng. *sun*] *m.*〖天文〗太陽.

(⇒ਸੂਰਜ)
ਸਨਅਤ (सनअत) /sanaata サンアト/ ▸ਸਨਤ [Arab. san`at] f. 1 産業, 工業. (⇒ਉਦਯੋਗ) 2 技術, 工芸, 技芸.
ਸਨਅਤਕਾਰ (सनअतकार) /sanaatakāra サンアトカール/ ▸ਸਨਤਕਾਰ [Pers.-kār] m. 産業資本家, 実業家.
ਸਨਅਤੀ (सनअती) /sanaatī サンアティー/ ▸ਸਨਤੀ [Arab. san`atī] adj. 1 産業の, 工業の. 2 技術の, 工芸の.
ਸਨਅਤੀਕਰਨ (सनअतीकरन) /sanaatīkarana サンアティーカルン/ ▸ਸਨਤੀਕਰਨ [Skt.-करण] m. 産業化, 工業化.
ਸਨਸਨੀ (सनसनी) /sanasanī サンサニー/ [Pers. sansanī] f. 1 大評判, 大騒ぎ, 大事件, センセーション. 2 興奮. 3 身震い. 4 醜聞.
ਸਨਸਨੀਖੇਜ਼ (सनसनीख़ेज़) /sanasanīkʰeza サンサニーケーズ/ [+ Pers. xez] adj. 1 世間をあっと言わせる. 2 興奮させるような. 3 身震いするような. 4 みっともない.
ਸੰਨ੍ਹ (संन्ह) /sânna サンヌ/ m. 1 裂け目, 割れ目, 穴. (⇒ਨਕਬ) ❐ਸੰਨ੍ਹ ਮਾਰਨਾ, ਸੰਨ੍ਹ ਲਾਉਣਾ 穴を開ける. 2 壁をくり抜いた穴. 3 泥棒によってあけられた壁の穴. 4 家宅侵入, 押し込み, 窃盗. ❐ਸੰਨ੍ਹ ਮਾਰਨਾ, ਸੰਨ੍ਹ ਲਾਉਣਾ 家に押し入る, 泥棒に入る, 窃盗を犯す. 5 二つの物体の間の空間, 隙間.
ਸੰਨ੍ਹੀ (संन्ही) /sânnī サンニー/ f. 1 〖道具〗物を挟む道具, 鉗子, 火挟み. (⇒ਚਿਮਟਾ) 2 〖道具〗やっとこ, ペンチ.
ਸਨਕ (सनक) /sanaka サナク/ [Skt. शंक] f. 1 むら気, 気まぐれ, 移り気. 2 空想. 3 風変わり. 4 奇行. 5 特異性. 6 狂おしさ, 狂気. 7 冷笑的な性質.
ਸਨਕੀ (सनकी) /sanakī サンキー/ [-ਈ] adj. 1 むら気の, 気まぐれな, 移り気な. 2 風変わりな. 3 常軌を逸した, 奇人の. 4 特異な. 5 狂おしい, 狂気の. 6 冷笑的な.
ਸਨਤ (सनत) /sanata サナト/ ▸ਸਨਅਤ f. → ਸਨਅਤ
ਸਨਤਕਾਰ (सनतकार) /sanatakāra サナトカール/ ▸ਸਨਅਤਕਾਰ m. → ਸਨਅਤਕਾਰ
ਸਨਤੀ (सनती) /sanatī サナティー/ ▸ਸਨਅਤੀ adj. → ਸਨਅਤੀ
ਸਨਤੀਕਰਨ (सनतीकरन) /sanatīkarana サナティーカルン/ ▸ਸਨਅਤੀਕਰਨ m. → ਸਨਅਤੀਕਰਨ
ਸਨਦ (सनद) /sanada サナド/ [Arab. sanad] f. 1 証明書, 証書. 2 正式の文書. 3 免状, 資格免状, 卒業証書, 学位免状. (⇒ਡਿਪਲੋਮਾ) 4 学位, 称号.
ਸਨਦਬੱਧ (सनदबद्ध) /sanadabâdda サナドバッド/ [Skt.-बद्ध] adj. 1 証明された. 2 認証された.
ਸਨਦੀ (सनदी) /sanadī サナディー/ [-ਈ] adj. 1 証明書のある, 証明書を持つ. 2 証明された, 認証された. 3 本物の.
ਸਨੱਧ-ਬੱਧ (सनद्ध-बद्ध) /sanâdda-bâdda サナッド・バッド/ [Skt.] adj. 武装した. (⇒ਸ਼ਸਤਰਧਾਰੀ)
ਸਨਫ਼ (सनफ़) /sanafa サナフ/ [Arab. sinaf] f. 種類, 類型. (⇒ਕਿਸਮ)
ਸਨਬੰਧ (सनबंध) /sanabânda サンバンド/ ▸ਸੰਬੰਧ, ਸਬੰਧ m. → ਸੰਬੰਧ
ਸਨਮ (सनम) /sanama サナム/ [Arab. ṣanam] m. 1 愛する人, 愛しい人. 2 愛人. 3 彫像, 偶像.
ਸਨਮਾਨ (सनमान) /sanamāna サンマーン/ [Skt. सम्मान] m. 1 尊敬, 敬意, 尊重, 崇敬. (⇒ਆਦਰ, ਇੱਜ਼ਤ, ਮਾਣ) 2 名誉, 名声, 威信. 3 信望, 信用.
ਸਨਮਾਨਣਾ (सनमानणा) /sanamānaṇā サンマーナナー/ [cf. ਸਨਮਾਨ] vt. 1 名誉を与える. 2 敬う, 敬意を表する, 敬意を払う.
ਸਨਮਾਨਿਤ (सनमानित) /sanamānita サンマーニト/ [Skt. सम्मानित] adj. 1 敬われた, 尊敬された, 敬意を払われた. 2 尊重された, 崇敬された. 3 名誉を与えられた, 名誉ある, 立派な.
ਸਨਮੁਖ (सनमुख) /sanamukʰa サンムク/ [Skt. सम्मुख] adv. 1 面前で. 2 正面に. 3 向き合って. 4 対面して.
ਸਨਾਇ (सनाइ) /sanāe サナーエー/ m. 称賛, 賛美. (⇒ਉਸਤਤ)
ਸ਼ਨਾਸ (शनास) /śanāsa シャナース/ [Pers. śanās] f. 認識, 判別, 見分け. (⇒ਪਛਾਣ)
— suff. 「…を認識している」「…を見分ける」「…を識別する」「…を判別する」などの意味の形容詞を形成する接尾辞.
ਸਨਾਹ (सनाह) /sanâ サナー/ ▸ਸਨੇਹਾ, ਸੁਨੇਹਾ, ਸੁਨੇਹੜਾ m. → ਸਨੇਹਾ
ਸ਼ਨਾਖ਼ਤ (शनाख़त) /śanāxata シャナーカト/ [Pers. śanāxt] f. 1 認識, 見分けること, 確認. 2 検分, 検証. 3 知識, 心得, 経験. 4 印, 標識.
ਸ਼ਨਾਖ਼ਤੀ (शनाख़ती) /śanāxatī シャナークティー/ [-ਈ] adj. 認識させる, 見分けるための, 本人であると確認できる, 身分を証明する.
— m. 認識させるもの, 見分けるためのもの, 本人であると確認できるもの.
ਸ਼ਨਾਖ਼ਤੀ ਕਾਰਡ (शनाख़ती कारड) /śanāxatī kārada シャナークティー カールド/ [+ Eng. card] m. 身分証明書.
ਸੰਨਾਟਾ (संनाटा) /sannāṭā サンナーター/ ▸ਸੱਨਾਟਾ m. 静けさ, 静寂.
ਸੱਨਾਟਾ (सन्नाटा) /sannāṭā サンナーター/ ▸ਸੰਨਾਟਾ m. → ਸੰਨਾਟਾ
ਸਨਾਤਨ (सनातन) /sanātana サナータン/ [Skt. सनातन] adj. 1 古代の. 2 伝統的な.
ਸਨਾਤਨਵਾਦ (सनातनवाद) /sanātanawāda サナータンワード/ [Skt.-वाद] m. 伝統主義.
ਸਨਾਤਨਵਾਦੀ (सनातनवादी) /sanātanawādī サナータンワーディー/ [Skt.-वादिन्] m. 伝統主義者.
ਸਨਾਥ (सनाथ) /sanātʰa サナート/ [Skt. सनाथ] adj. 1 主人・庇護者のいる. (⇒ਨਾਥ ਸਹਿਤ) 2 夫のいる.
ਸਨਾਨ (सनान) /sanāna サナーン/ ▸ਅਸ਼ਨਾਨ, ਇਸ਼ਨਾਨ [Skt. स्नान] m. 1 水浴び, 入浴, 体を洗うこと. 2 水で体を清めること, 洗い清め, 沐浴.
ਸਨਿਆਸ (सनिआस) /saniāsa サニアース/ [Skt. संन्यास] m. 1 放棄, 一切を捨て去ること. 2 隠遁, 遁世, 出家, 行者になること.
ਸਨਿਆਸੀ (सनिआसी) /saniāsī サニアースィー/ [Skt. संन्यासिन्] m. 1 行者, 苦行者, 遊行者. 2 隠遁者.
ਸਨਿੱਚਰ (सनिच्चर) /saniccara サニッチャル/ ▸ਸਨੀਚਰ,

ਛਨਿੱਛਰ [(Pkt. सणिच्छर) Skt. शनैश्चर] *m.* **1**〖天文〗土星. **2**〖暦〗土曜日.

ਸਨਿੱਚਰਵਾਰ (सनिच्चरवार) /saniccaraw̄āra サニッチャルワール/ ▸ਸ਼ਨਿਚਰਵਾਰ, ਛਨਿੱਛਰਵਾਰ [+ Skt. वार] *m.*〖暦〗土曜日.

ਸ਼ਨਿਚਰਵਾਰ (शनिचरवार) /śanicarawāra シャニチャルワール/ ▸ਸਨਿੱਚਰਵਾਰ, ਛਨਿੱਛਰਵਾਰ *m.* → ਸਨਿੱਚਰਵਾਰ

ਸ਼ਨੀ (शनी) /śanī シャニー/ [Skt. शनि] *m.* **1**〖天文〗土星. **2**〖暦〗土曜日. **3** 不運, 不幸.

ਸਨੀਚਰ (सनीचर) /sanīcara サニーチャル/ ▸ਸਨਿੱਚਰ, ਛਨਿੱਛਰ *m.* → ਸਨਿੱਚਰ

ਸਨੁਕੜਾ (सनुकड़ा) /sanukaṛā サヌカラー/ *m.*〖植物〗麻の一種.

ਸਨੇਹ (सनेह) /sanê サネー/ [Skt. स्नेह] *m.* **1** 愛, 愛情, 優しさ, 思いやり. (⇒ਪਿਆਰ, ਪ੍ਰੀਤ, ਪ੍ਰੇਮ) **2** 友情, 友好. (⇒ਦੋਸਤੀ)

ਸਨੇਹਪੂਰਨ (सनेहपूरन) /sanêpūrana サネープールン/ [Skt.-पूर्ण] *adj.* 愛情深い, 優しい, 思いやりのある.

ਸਨੇਹਮਈ (सनेहमई) /sanêmaī サネーマイー/ [Skt.-मयी] *adj.* 愛情深い, 優しい, 思いやりのある.

ਸਨੇਹਾ (सनेहा) /sanêā サネーアー/ ▸ਸਨਾਹ, ਸੁਨੇਹਾ, ਸੁਨੇਹੁੜਾ *m.* **1** 伝言, 言付け. (⇒ਸੰਦੇਸ਼) **2** 知らせ. (⇒ਸਮਾਚਾਰ)

ਸਨੇਹੀ (सनेही) /sanêī サネーイー/ [Skt. स्नेहिन्] *adj.* **1** 愛している, 愛情深い, 優しい, 思いやりのある. **2** 仲の良い, 友好的な. **3** 熱心そうな, お世辞たらたらの.
— *m.* **1** 愛する人. (⇒ਪ੍ਰੇਮੀ, ਮੁਹੱਬਤੀ) **2** 友人, 心からの親友. (⇒ਦੋਸਤ, ਮਿੱਤਰ)

ਸੱਪ (सप्प) /sappa サップ/ ▸ਸਰਪ [Skt. सर्प] *m.*〖動物〗ヘビ, 蛇.

ਸਪਸ਼ਟ (सपशट) /sapaśaṭa サパシュト/ [Skt. स्पष्ट] *adj.* **1** 明らかな, 明瞭な, 明白な. **2**(言葉や書き物などが)理解できる, 分かりやすい.

ਸਪਸ਼ਟਤਾ (सपशटता) /sapaśaṭatā サパシュタター/ [Skt.-ता] *f.* **1** 明らかなこと, 明瞭. **2**(言葉や書き物などが)理解できること, 分かりやすさ.

ਸਪਸ਼ਟੀਕਰਨ (सपशटीकरन) /sapaśaṭīkarana サパシュティーカルン/ [Skt. स्पष्टीकरण] *m.* **1** 明らかにすること, 解明. **2** 弁明, 釈明. **3** 説明.

ਸਪਸ਼ਟੀਕਰਿਤ (सपशटीकरित) /sapaśaṭīkarita サパシュティーカリト/ [Skt. स्पष्टीकृत] *adj.* **1** 明らかにされた, 解明された. **2** 弁明された, 釈明された. **3** 説明された.

ਸਪੰਜ (सपंज) /sapañja サパンジ/ [Eng. *sponge*] *m.* **1**〖動物〗海綿, 海綿動物. **2**(入浴や詰め物などに用いる)スポンジ, 海綿状のもの.

ਸਪਣੀ (सपणी) /sapaṇī サプニー/ ▸ਸਪਨੀ *f.* → ਸਪਨੀ

ਸਪਤ (सपत) /sapata サプト/ ▸ਸੱਤ [Skt. सप्त] *ca.num.* 7, 七つ.
— *adj.* 七つの.

ਸਪਤਾਹ (सपताह) /sapatâ サプター/ [Skt. सप्ताह] *m.*〖時間〗週, 一週間, 七日間. (⇒ਹਫ਼ਤਾ)

ਸਪਤਾਹਕ (सपताहक) /sapatāhaka サプターハク/ ▸ਸਪਤਾਹਿਕ *adj.* → ਸਪਤਾਹਿਕ

ਸਪਤਾਹਿਕ (सपताहिक) /sapatāhika サプターヒク/ ▸ਸਪਤਾਹਕ [Skt. सप्ताहिक] *adj.* 週の, 毎週の, 週刊の. (⇒ਹਫ਼ਤਾਵਾਰ)

ਸੰਪਤੀ (संपती) /sampatī サンパティー/ [Skt. संपत्ति] *f.* **1** 財産, 資産. (⇒ਜਾਇਦਾਦ) **2** 富.

ਸ਼ਪਥ (शपथ) /śapatʰa シャパト/ [Skt. शपथ] *f.* 誓い, 誓約. (⇒ਸਹੁੰ, ਕਸਮ)

ਸੰਪਦਾ (संपदा) /sampadā サンパダー/ [Skt. संपदा] *f.* **1** 財産, 資産. (⇒ਜਾਇਦਾਦ) **2** 富. **3** 豊かさ, 豊富さ. **4** 幸運.

ਸੰਪੰਨ (संपंन) /sampanna サンパンヌ/ [Skt. संपन्न] *adj.* **1** 終了した, 完了した. **2** 完成した, 完成された. **3** 所有している, 備わっている. **4** 豊かな, 裕福な, 金持ちの.

ਸੰਪੰਨਤਾ (संपंनता) /sampannatā サンパンヌター/ [Skt.-ता] *f.* **1** 豊かさ, 裕福さ. **2** 豊富さ, 富んでいること. **3** 繁栄.

ਸਪਨੀ (सपनी) /sapanī サプニー/ ▸ਸਪਣੀ *f.*〖動物〗雌の蛇.

ਸਪਰਸ਼ (सपरश) /saparaśa サパルシュ/ [Skt. स्पर्श] *m.* **1** 触れること, 触ること, 接触. **2** 感触. **3**〖音〗閉鎖音.

ਸਪਰਸ਼ਿਤ (सपरशित) /saparaśita サパルシト/ [Skt. स्पर्शित] *adj.* 触れられた, 触られた.

ਸਪਰਸ਼ੀ (सपरशी) /saparaśī サパルシー/ [Skt. स्पर्शिन्] *adj.* **1** 触れる, 触る, 触れるような. **2** 触覚の, 触知できる.

ਸੰਪਰਕ (संपरक) /samparaka サンパルク/ [Skt. संपर्क] *m.* **1** 接触, 連絡, 結合, 巡り会い. (⇒ਮੇਲ, ਸੰਜੋਗ) **2** 関係, 関連, 結び付き. (⇒ਸੰਬੰਧ)

ਸੰਪਰਤਾ (संपरता) /samparatā サンパルター/ ▸ਸੰਪਰਦਾ, ਸੰਪਰਦਾਇ, ਸੰਪਰਦਾਯ *m.* → ਸੰਪਰਦਾ

ਸੰਪਰਦਾ (संपरदा) /samparadā サンパルダー/ ▸ਸੰਪਰਤਾ, ਸੰਪਰਦਾਇ, ਸੰਪਰਦਾਯ [Skt. संप्रदाय] *m.* **1** 分派, 派閥, セクト. **2** 宗派. **3** 同一宗教のコミュニティー.

ਸੰਪਰਦਾਇ (संपरदाइ) /samparadāe サンパルダーエー/ ▸ਸੰਪਰਤਾ, ਸੰਪਰਦਾ, ਸੰਪਰਦਾਯ *m.* → ਸੰਪਰਦਾ

ਸੰਪਰਦਾਯ (संपरदाय) /samparadāya サンパルダーユ/ ▸ਸੰਪਰਤਾ, ਸੰਪਰਦਾ, ਸੰਪਰਦਾਇ *m.* → ਸੰਪਰਦਾ

ਸੰਪਰਦਾਇਕ (संपरदाइक) /samparadāika サンパルダーイク/ [Skt. संप्रदायिक] *adj.* 宗派の, 宗教コミュニティーの, 宗派主義の.

ਸੰਪਰਦਾਇਕਤਾ (संपरदाइकता) /samparadāikatā サンパルダーイクター/ [Skt.-ता] *f.*〖政治〗宗派主義, コミュナリズム.

ਸੰਪਰਦਾਈ (संपरदाई) /samparadāī サンパルダーイー/ [Skt. संप्रदायिन्] *adj.* 宗派の, 宗教コミュニティーの, 宗派主義の.

ਸਪਰਧਾ (सपरधा) /saparadǎ サパルダー/ *f.* 妬み, 嫉妬, やきもち. (⇒ਈਰਖਾ, ਸਾੜਾ, ਖ਼ਾਰ)

ਸਪਰਿੰਗ (सपरिंग) /sapariṅga サプリング/ [Eng. *spring*] *m.* **1**〖暦〗春. (⇒ਬਸੰਤ) **2** ばね, ぜんまい, スプリング. (⇒ਕਮਾਨੀ) **3** 泉, 湧き水. (⇒ਸਰੋਤ, ਚਸ਼ਮਾ)

ਸਪਰੇਟਾ (सपरेटा) /sapareṭā サプレーター/ [Eng. *separator*] *m.* **1**〖器具〗(牛乳の)クリーム分離器. **2**〖飲料〗脱脂乳.

ਸਪਲਾਈ (सपलाई) /sapalāī サプラーイー/ [Eng. *supply*]

f. 供給.

ਸਪਾਟਾ (सपाटा) /sapāṭā サパーター/ ▸ਸੁਪਾਟਾ [Skt. सर्पण] *m.* **1** 動きの速さ, 急速な進行. **2** 駆け足, 駆け巡り.

ਸੰਪਾਦਕ (संपादक) /sampādaka サンパーダク/ [Skt. संपादक] *m.* 編集者, 校訂者, 編集長, 編集主幹. (⇒ਐਡੀਟਰ)

ਸੰਪਾਦਕੀ (संपादकी) /sampādakī サンパードキー/ [Skt. संपादकीय] *adj.* 編集者の, 編集長の.
— *m.f.* 社説, 論説.

ਸੰਪਾਦਨ (संपादन) /sampādana サンパーダン/ [Skt. संपादन] *m.* 編集.

ਸੰਪਾਦਿਤ (संपादित) /sampādita サンパーディト/ [Skt. संपादित] *adj.* 編集された, 編成された, まとめられた.

ਸਪਾਧਾ (सपाधा) /sapâdā サパーダー/ ▸ਸਪਿਆਧਾ *m.* 蛇使い.

ਸਪਿਆਧਾ (सपिआधा) /sapiâdā サピアーダー/ ▸ਸਪਾਧਾ *m.* → ਸਪਾਧਾ

ਸਪੀਚ (सपीच) /sapīca サピーチ/ [Eng. *speech*] *m.* スピーチ, 演説. (⇒ਭਾਸ਼ਣ)

ਸਪੀਡ (सपीड) /sapīḍa サピード/ [Eng. *speed*] *f.* スピード, 速度. (⇒ਰਫ਼ਤਾਰ)

ਸਪੁਤ (सपुत) /saputa サプト/ ▸ਸਪੁੱਤ, ਸਪੁੱਤਰ, ਸਪੂਤ *m.* → ਸਪੁੱਤਰ

ਸਪੁੱਤ (सपुत्त) /saputta サプット/ ▸ਸਪੁਤ, ਸਪੁੱਤਰ, ਸਪੂਤ *m.* → ਸਪੁੱਤਰ

ਸਪੁੱਤਰ (सपुत्तर) /saputtara サプッタル/ ▸ਸਪੁਤ, ਸਪੁੱਤ, ਸਪੂਤ [Skt. सुपुत्र] *m.* 〖親族〗孝行息子. (⇒ਅੱਛਾ ਬੇਟਾ)

ਸਪੁਰਦ (सपुरद) /sapurada サプルド/ [Pers. *supurd*] *f.* **1** 委託. (⇒ਹਵਾਲਾ, ਅਮਾਨਤ) **2** 引き渡し.
— *adj.* **1** 委ねられた, 委託された. ❐ਸਪੁਰਦ ਕਰਨਾ 委ねる, 委託する. **2** 預けられた. ❐ਸਪੁਰਦ ਕਰਨਾ 預ける. **3** 引き渡された. ❐ਸਪੁਰਦ ਕਰਨਾ 引き渡す.

ਸਪੁਰਦਗੀ (सपुरदगी) /sapuradagī サプルドギー/ [Pers.-*gī*] *f.* **1** 委託, 委任, 信託, 付託. (⇒ਹਵਾਲਗੀ) **2** 委譲, 引き渡し.

ਸਪੂਤ (सपूत) /sapūta サプート/ ▸ਸਪੁਤ, ਸਪੁੱਤ, ਸਪੁੱਤਰ *m.* → ਸਪੁੱਤਰ

ਸੰਪੂਰਣ (संपूरण) /sampūraṇa サンプーラン/ ▸ਸੰਪੂਰਨ *adj.* → ਸੰਪੂਰਨ

ਸੰਪੂਰਨ (संपूरन) /sampūrana サンプーラン/ [Skt. संपूर्ण] *adj.* **1** 完全な, 満ち足りた, 充実した. **2** すべての, 全体の.

ਸੰਪੂਰਨਤਾ (संपूरनता) /sampūranatā サンプーランター/ [Skt.-ता] *f.* **1** 完全なこと, 満足, 充実. **2** 全部, 全体. **3** 完成, 完結, 終結.

ਸਪੇਨ (सपेन) /sapena サペーン/ [Eng. *Spain*] *m.* 〖国名〗スペイン.

ਸਪੇਰਾ (सपेरा) /saperā サペーラー/ *m.* 蛇使い.

ਸਪੈਸ਼ਲ (सपैशल) /sapaiśala サパェーシャル/ [Eng. *special*] *adj.* 特別の, 特殊な, 格別の, 並外れた, 独特の. (⇒ਵਿਸ਼ੇਸ਼)

ਸਪੋਲਾ (सपोला) /sapolā サポーラー/ ▸ਸਪੋਲੀਆ *m.* 〖動物〗子蛇.

ਸਪੋਲੀਆ (सपोलीआ) /sapoliā サポーリーアー/ ▸ਸਪੋਲਾ *m.* → ਸਪੋਲਾ

ਸਫ਼ (सफ़) /safa サフ/ [Arab. *ṣaff*] *f.* **1** 列, 並び, 隊列. **2** 茣蓙(ござ). (⇒ਚਟਾਈ)

ਸ਼ਫ਼ਕਤ (शफ़कत) /śafakata シャフカト/ [Pers. *śafaqat*] *f.* **1** 好意, 親切, 情け, 哀れみ, 慈悲. (⇒ਕਿਰਪਾ) **2** 愛情, 情愛. (⇒ਪਰੇਮ)

ਸ਼ਫ਼ਤਾਲੂ (शफ़तालू) /śafatālū シャフタールー/ [Pers. *śaft-ālū*] *m.* 〖植物〗モモ(桃)《バラ科の落葉小高木》.

ਸਫ਼ਰ (सफ़र) /safara サファル/ [Arab. *safar*] *m.* **1** 旅, 旅行, 移動. (⇒ਯਾਤਰਾ) ❐ਗੁਰੂ ਜੀ ਨੇ ਆਸਾਮ ਤੋਂ ਲੈਕੇ ਮੱਕੇ ਤਕ ਪੈਦਲ ਸਫ਼ਰ ਕੀਤਾ। グル・ジーはアッサムからメッカまで歩いて旅をしました. **2** 出発, 出かけること. (⇒ਕੂਚ, ਰਵਾਨਗੀ)

ਸਫ਼ਰਨਾਮਾ (सफ़रनामा) /safaranāmā サファルナーマー/ [Pers.-*nāma*] *m.* 旅行記, 紀行.

ਸਫ਼ਰਾ (सफ़रा) /safarā サファラー/ [Arab. *safrā*] *m.* 〖身体〗胆汁. (⇒ਪਿੱਤ)

ਸਫ਼ਰੀ (सफ़री) /safarī サファリー/ [Pers. *safarī*] *adj.* 旅の, 旅行の.
— *m.* 旅人, 旅行者.

ਸਫਲ (सफल) /sapʰala サパル/ ▸ਸਫਲਾ [Skt. सफल] *adj.* **1** 実を結んだ, 結実した, 実りある, 実り多い, 成果を伴った. (⇒ਫਲ ਸਹਿਤ) **2** 成功した, 成功を収めた. (⇒ਕਾਮਯਾਬ) **3** 有益な.

ਸਫਲਤਾ (सफलता) /sapʰalatā サパルター/ [Skt.-ता] *f.* **1** 結実, 実り多いこと. **2** 成功. (⇒ਕਾਮਯਾਬੀ)

ਸਫਲਾ (सफला) /sapʰalā サプラー/ ▸ਸਫਲ *adj.* → ਸਫਲ

ਸਫ਼ਾ[1] (सफ़ा) /safā サファー/ ▸ਸੁਫ਼ਾ [Arab. *safha*] *m.* (本の)ページ, 頁. (⇒ਪੰਨਾ)

ਸਫ਼ਾ[2] (सफ़ा) /safā サファー/ [Arab. *ṣafā*] *adj.* **1** 清潔な. (⇒ਸਾਫ਼) **2** 純粋な. (⇒ਸ਼ੁੱਧ) **3** 神聖な. (⇒ਪਵਿੱਤਰ)

ਸ਼ਫ਼ਾ (शफ़ा) /śafā シャファー/ [Arab. *śifā*] *f.* **1** 病気が治ること, 快復. **2** 健康, 壮健, 無病息災. (⇒ਤੰਦਰੁਸਤੀ)

ਸਫ਼ਾਈ (सफ़ाई) /safāī サファーイー/ [Pers. *ṣafāī*] *f.* **1** 清潔, 清潔さ, 清潔な状態. ❐ਸਫ਼ਾਈ ਪਸੰਦ 清潔好きな. ❐ਤੁਹਾਨੂੰ ਸਫ਼ਾਈ ਰੱਖਣੀ ਚਾਹੀਦੀ ਹੈ। あなたたちは清潔さを保つべきです. **2** 清潔にすること, 掃除, 清掃. ❐ਸਫ਼ਾਈ ਸੇਵਕ 掃除人. ❐ਦੰਦਾਂ ਦੀ ਸਫ਼ਾਈ ਵੀ ਬੜੀ ਜ਼ਰੂਰੀ ਹੈ। 歯を清潔にすることも大いに必要です. **3** 洗うこと, 洗浄, 浄化. **4** 弁明, 釈明.

ਸਫ਼ਾਕ (सफ़ाक) /safāka サファーク/ *adj.* **1** 暴虐な, 専横な, 横暴な. (⇒ਜ਼ਾਲਮ) **2** 冷酷な, 残忍な. **3** 無慈悲な. (⇒ਨਿਰਦਈ)

ਸਫ਼ਾਚੱਟ (सफ़ाचट्ट) /safācaṭṭa サファーチャット/ [Arab. *ṣafā* + cf. ਚੱਟਣਾ] *adj.* **1** 舐めてきれいにしたような. **2** 全くきれいな, きれいさっぱりとした. (⇒ਬਿਲਕੁਲ ਸਾਫ਼) **3** 空っぽの, がらんとした. **4** (剃髪した頭・禿げている頭などが)つるつるの.

ਸਫ਼ਾਰਸ਼ (सफ़ारश) /safāraśa サファールシュ/ ▸ਸਿਫ਼ਾਰਸ਼ *f.* → ਸਿਫ਼ਾਰਸ਼

ਸਫ਼ਾਰਸ਼ੀ (सफ़ारशी) /safāraśī サファールシー/ ▸ਸਿਫ਼ਾਰਸ਼ੀ *adj.m.* → ਸਿਫ਼ਾਰਸ਼ੀ

ਸਫ਼ਾਰਤ (सफ़ारत) /safārata サファーラト/ ▸ਸਿਫ਼ਾਰਤ [Pers. *sifārat*] *f.* 〖政治〗外交上の任務, 使節の任務・使命, 大使・公使などの外交官の職務.

ਸਫ਼ਾਰਤਖ਼ਾਨਾ (सफ़ारतख़ाना) /safāratа̸xānā サファーラトカーナー/ ▸ਸਿਫ਼ਾਰਤਖ਼ਾਨਾ [Pers.-*xāna*] *m.* 〖政治〗大使館. (⇒ਦੂਤਘਰ, ਦੂਤਾਵਾਸ)

ਸਫੀਤੀ (सफीती) /sapʰītī サピーティー/ [Skt. स्फीति] *f.* **1** 増加, 成長. **3** 拡大, 膨張. **3**〖経済〗通貨膨張, インフレ.

ਸਫ਼ੀਰ (सफ़ीर) /safīra̸ サフィール/ [Arab. *safīr*] *m.* **1** 大使. (⇒ਰਾਜਦੂਤ) **2** 使節.

ਸਫ਼ੂਫ਼ (सफ़ूफ़) /safūfa̸ サフーフ/ *m.* **1** 粉, 粉末. (⇒ਚੂਰਨ) **2**〖薬剤〗粉末薬, 粉薬, 散剤. (⇒ਚੂਰਨ)

ਸਫ਼ੇਦ (सफ़ेद) /safaida̸ サファエード/ ▸ਸਫ਼ੈਦ, ਸੁਪੇਦ *adj.* → ਸਫ਼ੈਦ

ਸਫ਼ੇਦਾ (सफ़ेदा) /safedā サフェーダー/ ▸ਸਫ਼ੈਦਾ *m.* → ਸਫ਼ੈਦਾ

ਸਫ਼ੇਦੀ (सफ़ेदी) /safedī サフェーディー/ ▸ਸਫ਼ੈਦੀ, ਸੁਪੇਦੀ *f.* → ਸਫ਼ੈਦੀ

ਸਫ਼ੈਦ (सफ़ैद) /safaida̸ サファエード/ ▸ਸਫ਼ੇਦ, ਸੁਪੇਦ [Pers. *safed*] *adj.* **1** 白い, 白色の. (⇒ਚਿੱਟਾ) ❐ਸਫ਼ੈਦ ਹਾਥੀ 白い象, やっかいなもの, 高価な負債. ❐ਸਫ਼ੈਦ ਪੋਸ਼ 白く小ぎれいな服を着た(人), 紳士, 英領パンジャーブ時代の村の高官. **2** 真っ白な. **3** 白々しい, 見えすいた, はっきりした, 明白な. ❐ਸਫ਼ੈਦ ਝੂਠ 見えすいた嘘, 明らかな嘘, 大ぼら. **4** きれいな, 清潔な. **5** 青ざめた, 青白い, 顔面蒼白の. **6**〖身体〗白髪の. **7** 空白の, 白紙の.

ਸਫ਼ੈਦਾ (सफ़ैदा) /safaidā サファエーダー/ ▸ਸਫ਼ੇਦਾ [Pers. *safeda*] *m.* **1**〖植物〗ユーカリ樹. **2**〖鉱物〗白い鉱物. **3**〖金属〗白鉛, 炭酸鉛, 酸化亜鉛, 亜鉛華. **4** 白墨, チョーク. **5**〖植物〗白っぽいマンゴーまたはマスクメロンの一品種.

ਸਫ਼ੈਦੀ (सफ़ैदी) /safaidī サファエーディー/ ▸ਸਫ਼ੇਦੀ, ਸੁਪੇਦੀ [Pers. *safedī*] *f.* **1** 白, 白さ, 白色. (⇒ਚਿਟਿਆਈ, ਬੱਗੋਂ) **2**〖生物・食品〗卵の白身. **3**〖建築〗水漆喰《白色で壁・天井などの上塗り用》, 漆喰, 上塗り. ❐ਸਫ਼ੈਦੀ ਕਰਨੀ 水漆喰を塗る, 上塗りする. ❐ਸਫ਼ੈਦੀ ਕਰਾਉਣੀ 水漆喰を塗らせる, 上塗りさせる. ❐ਸਾਰੇ ਘਰ ਨੂੰ ਸਫ਼ੈਦੀ ਕਰਾਈ ਗਈ। 家全体に水漆喰の上塗りが施されました.

ਸਬ[1] (सब) /saba̸ サブ/ ▸ਸਭ, ਸੱਭ, ਸੱਭਾ *adj.pron.* → ਸਭ

ਸਬ[2] (सब) /saba̸ サブ/ [Eng. *sub*] *pref.* 「副…」「次…」「亜…」などを意味する接頭辞. (⇒ਉਪ)
— *adj.* 下位の, 次位の, 従属する, 付随する. (⇒ਅਧੀਨ)

ਸ਼ਬ (शब) /śaba̸ シャブ/ [Pers. *śab*] *f.* 夜. (⇒ਰਾਤ)

ਸਬਕ (सबक) /sabaka̸ サバク/ [Pers. *sabaq*] *m.* **1** 学課, 学校の勉強. **2**(教科書などの区切りの)課, レッスン. (⇒ਪਾਠ) **3** 教訓. ❐ਇਸ ਸਾਰੀ ਘਟਨਾ ਤੋਂ ਸਾਨੂੰ ਕਈ ਸਬਕ ਸਿੱਖਣੇ ਚਾਹੀਦੇ ਹਨ। この事件全体から私たちは多くの教訓を学ぶべきです.

ਸਬਜ਼ (सबज़) /sabaza̸ サバズ/ [Pers. *sabz*] *adj.* **1** 緑の, 青々とした, 草木が茂った. (⇒ਹਰਾ) ❐ਸਬਜ਼ ਬਾਗ਼ ਵਿਖਾਉਣੇ 草木が茂った庭を見せる, 誘う, 誘惑する, 誇張した見通しを言って誘い込む, 偽りの期待を吹き込む. **2** 新鮮な, みずみずしい. **3** 熟していない.

ਸਬਜ਼ਾ (सबज़ा) /saba̸zā サブザー/ [Pers. *sabzā*] *m.* **1** 緑の草, 青草. (⇒ਹਰਿਆਉਲ) **2** 一面の緑, 草地.

ਸਬਜ਼ੀ (सबज़ी) /saba̸zī サブズィー/ [Pers. *sabzī*] *f.* **1**〖植物〗野菜. (⇒ਤਰਕਾਰੀ) **2**〖料理〗野菜料理, 野菜料理のおかず.

ਸ਼ਬਦ (शबद) /śabada̸ シャバド/ [Skt. शब्द] *m.* **1** 言葉. (⇒ਲਫ਼ਜ਼) **2** 音, 音声. (⇒ਅਵਾਜ਼) **3** 讃歌, 賛歌, 詩作. (⇒ਗੀਤ) **4**〖言〗語, 単語, 語彙.

ਸ਼ਬਦ ਉਸਾਰੀ (शबद उसारी) /śabada̸ usārī シャバド ウサーリー/ [+ cf. ਉੱਸਰਨਾ] *f.*〖言〗語源, 語源の記述, 語源学.

ਸ਼ਬਦ ਉਤਪਤੀ (शबद उतपती) /śabada̸ uta̸patī シャバド ウトパティー/ [+ Skt. उत्पत्ति] *f.* → ਸ਼ਬਦ ਉਸਾਰੀ

ਸ਼ਬਦ ਅਡੰਬਰ (शबद अडंबर) /śabada̸ aḍambara̸ シャバド アダンバル/ [+ Skt. आडंबर] *m.* **1** もったいぶった話しぶり. **2** 大言壮語. **3** 大げさな言葉.

ਸ਼ਬਦ ਅਰਥ (शबद अरथ) /śabada̸ ara̸tʰa̸ シャバド アルト/ [+ Skt. अर्थ] *m.*〖言〗語義.

ਸ਼ਬਦ ਅਰਥ ਵਿਗਿਆਨ (शबद अरथ विगिआन) /śabada̸ ara̸tʰa̸ vigiāna̸ シャバド アルト ヴィギアーン/ [+ Skt. विज्ञान] *m.*〖言〗意味論, 語義学.

ਸ਼ਬਦ ਸ਼ਕਤੀ (शबद शकती) /śabada̸ śaka̸tī シャバド シャクティー/ [Skt. शब्द + Skt. शक्ति] *m.* **1** 言葉の力. **2** 言葉の重要性.

ਸ਼ਬਦ ਸੰਗਰਹਿ (शबद संगरहि) /śabada̸ saṅga̸raî シャバド サングラエー/ [+ Skt. संग्रह] *m.* **1**〖言〗語彙. **2** 語彙集, 用語集, 用語辞典. **3** 辞典, 辞書.

ਸ਼ਬਦ ਸ਼ਰੇਣੀ (शबद शरेणी) /śabada̸ śareṇī シャバド シャレーニー/ [+ Skt. श्रेणी] *m.*〖言〗品詞.

ਸ਼ਬਦ ਸ਼ਾਸਤਰ (शबद शासतर) /śabada̸ śāsa̸tara̸ シャバド シャースタル/ [+ Skt. शास्त्र] *m.* **1** 言葉の理論, 言葉の科学, 言語学全般. (⇒ਭਾਸ਼ਾ ਵਿਗਿਆਨ) **2**〖言〗構文論, 統語論, 統語法. **3**〖言〗文法, 文法論, 文法学. **4**〖言〗意味論, 語義学. **5**〖言〗文献学. **6**〖言〗語源の記述, 語源学.

ਸ਼ਬਦ ਸ਼ਾਸਤਰੀ (शबद शासतरी) /śabada̸ śāsa̸tarī シャバド シャースタリー/ [+ Skt. शास्त्रिन्] *m.* **1** 言葉の理論に精通した人, 言語学者. (⇒ਭਾਸ਼ਾ ਵਿਗਿਆਨੀ) **2**〖言〗文法学者. **3**〖言〗意味論学者, 意味論に通じた人, 語義学者. **4**〖言〗文献学者. **5**〖言〗語源研究者, 語源学者.

ਸ਼ਬਦ ਸਾਧਨਾ (शबद साधना) /śabada̸ sâda̸nā シャバド サードナー/ [+ Skt. साधना] *f.*〖言〗言葉遣い, 語法, 用語の選択, 言い回し.

ਸ਼ਬਦ ਕੀਰਤਨ (शबद कीरतन) /śabada̸ kīra̸tana̸ シャバド キールタン/ [+ Skt. कीर्तन] *m.*〖音楽〗讃歌の詠唱. (⇒ਸ਼ਬਦ ਗਾਇਣ)

ਸ਼ਬਦਕੋਸ਼ (शबदकोश) /śabada̸kośa̸ シャバドコーシュ/ [+ Skt. कोश] *m.* **1** 辞典, 辞書. (⇒ਫ਼ਰਹੰਗ, ਲੁਗ਼ਾਤ) **2** 用語集, 用語辞典.

ਸ਼ਬਦਕੋਸ਼ੀ (शबदकोशी) /śabada̸kośī シャバドコーシー/ [-ਈ] *adj.* 辞書の, 辞書編集の, 辞典編纂の.
— *f.* 辞書編集(法), 辞典編纂(法).

ਸ਼ਬਦ ਗਾਇਣ (शबद गाइण) /śabada̸ gāiṇa̸ シャバド ガー

イン/ [Skt. शब्द + Skt. गायन] *m.* 讃歌の歌唱. (⇒ਸ਼ਬਦ ਕੀਰਤਨ)

ਸ਼ਬਦ ਚੋਣ (शबद चोण) /śabada coṇa シャバド チョーン/ [+ Skt. चयन] *f.* 〖言〗言葉遣い, 語法, 用語の選択.

ਸ਼ਬਦ-ਜੋੜ (शबद-जोड़) /śabada-joṛa シャバド・ジョール/ [+ cf. ਜੋੜਨਾ] *m.* **1** つづり, つづり字. **2** 〖言〗正字法, 正書法.

ਸ਼ਬਦ ਬੋਧ (शबद बोध) /śabada bôda シャバド ボード/ [+ Skt. बोध] *m.* **1** 言葉の知識. **2** 〖言〗語源, 語源の記述, 語源学.

ਸ਼ਬਦ ਭੰਡਾਰ (शबद भंडार) /śabada paṇḍǎra シャバド パンダール/ [+ Skt. भण्डागार] *m.* **1** 言葉の倉庫, 言葉の蓄え. **2** 〖言〗語彙.

ਸ਼ਬਦ-ਰੂਪ (शबद-रूप) /śabada-rūpa シャバド・ループ/ [+ Skt. रूप] *m.* 〖言〗語形, 語形変化.

ਸ਼ਬਦ ਵਿਉਤਪਤੀ (शबद विउतपती) /śabada viutapatī シャバド ヴィウトパティー/ [+ Skt. व्युत्पत्ति] *f.* 〖言〗語源, 語源学, 語源研究.

ਸ਼ਬਦਾਂਸ਼ (शबदाँश) /śabadā̃śa シャブダーンシュ/ [+ Skt. अंश] *m.* 〖言〗音節. (⇒ਸ਼ਬਦਾਂਗ)

ਸ਼ਬਦਾਂਗ (शबदाँग) /śabadā̃ga シャブダーング/ [+ Skt. अंग] *m.* 〖言〗音節. (⇒ਸ਼ਬਦਾਂਸ਼)

ਸ਼ਬਦਾਰਥ (शबदारथ) /śabadāratʰa シャブダールト/ [+ Skt. अर्थ] *m.* **1** 〖言〗語義. **2** 字義. **3** 注釈. **4** 注釈版.

ਸ਼ਬਦਾਵਲੀ (शबदावली) /śabadāwalī シャブダーウリー/ [Skt. शब्दावली] *f.* **1** 〖言〗語彙. **2** 言葉遣い, 語法, 用語の選択. **3** 語彙集, 用語集, 用語辞典.

ਸ਼ਬਦੀ (शबदी) /śabadī シャブディー/ [Skt. शब्द -ई] *adj.* **1** 逐語的な, 文字通りの. **2** 言葉の, 言語による. **3** 言葉に関する.

ਸੰਬੰਧ (संबंध) /sambânda サンバンド/ ▸ਸਨਬੰਧ, ਸਬੰਧ [Skt. संबंध] *m.* **1** 関係, 絆. (⇒ਤਅੱਲਕ) **2** 間柄, 関連. **3** 〖親族〗血縁関係, 姻戚関係.

ਸਬੰਧ (सबंध) /sabânda サバンド/ ▸ਸਨਬੰਧ, ਸੰਬੰਧ *m.* → ਸੰਬੰਧ

ਸੰਬੱਧ (संबद्ध) /sambâdda サンバッド/ [Skt. संबद्ध] *adj.* **1** 関係のある, 関連する. **2** 繋がりのある, 連鎖した.

ਸੰਬੰਧਤ (संबंधत) /sambândata サンバンダト/ ▸ਸਬੰਧਤ, ਸੰਬੰਧਿਤ [Skt. संबंधित] *adj.* **1** 関係のある, 関連する. **2** 繋がりのある, 連鎖した.

ਸਬੰਧਤ (सबंधत) /sabândata サバンダト/ ▸ਸੰਬੰਧਤ, ਸੰਬੰਧਿਤ *adj.* → ਸੰਬੰਧਤ

ਸੰਬੰਧਿਤ (संबंधित) /sambândita サンバンディト/ ▸ਸੰਬੰਧਤ, ਸਬੰਧਤ *adj.* → ਸੰਬੰਧਤ

ਸੰਬੰਧੀ (संबंधी) /sambândī サンバンディー/ ▸ਸਬੰਧੀ [Skt. संबंधिन्] *suff.* 「…に関連する」「…に関する」「…に属する」「…についての」などを意味する形容詞を形成する接尾辞.

— *postp.* **1** …に関連して, …に関して. **2** …について.

— *m.* **1** 親戚, 親類, 縁者. **2** 同族の人, 血族.

ਸਬੰਧੀ (सबंधी) /sabândī サバンディー/ ▸ਸੰਬੰਧੀ *suff.postp.m.* → ਸੰਬੰਧੀ

ਸ਼ਬਨਮ (शबनम) /śabanama シャブナム/ [Pers. śab + Pers. nam] *f.* 露(つゆ), 夜露, 朝露. (⇒ਤਰੇਲ)

ਸਬੱਬ (सबब्ब) /sababba サバッブ/ [Pers. sabab] *m.* **1** 原因. **2** 理由, 動機, 訳. (⇒ਕਾਰਨ) **3** 基礎, 下地. **4** 好ましい偶然, 好ましい状況. ❐ਸਬੱਬ ਨਾਲ 偶然, 思いがけなく. **5** 手段.

— *postp.* (…の)原因で, (…の)理由で. ❐ਦੇ ਸਬੱਬ …の原因で, …の理由で

ਸਬੱਬੀਂ (सबब्बीं) /sababbī̃ サバッビーン/ [-ईं] *adv.* 偶然, 思いがけなく.

ਸਬੱਬੀ (सबब्बी) /sababbī サバッビー/ [-ई] *adj.* 偶然の, 思いがけない.

ਸਬਰ (सबर) /sabara サバル/ [Arab. ṣabr] *m.* **1** 満足, 充足. (⇒ਰੱਜ) **2** 我慢, 忍耐.

ਸੱਬਰਕੱਤਾ (सब्बरकत्ता) /sabbarakattā サッバルカッター/ *adj.* **1** 十分な, たっぷりある. **2** たくさんの, 豊富な, 潤沢な.

ਸੰਬਰਨਾ (संबरना) /sambaranā サンバルナー/ *vt.* 掃く, 掃除する. (⇒ਬੁਹਾਰਨਾ)

ਸੰਬਰਾਉਣਾ (संबराउणा) /sambarāuṇā サンバラーウナー/ *vt.* 掃かせる, 掃除させる.

ਸਬਲ (सबल) /sabala サバル/ ▸ਸਬਲਾ [Skt. सबल] *adj.* 力のある, 力強い. (⇒ਬਲਵਾਨ)

ਸੱਬਲ (सब्बल) /sabbala サッバル/ *f.* 〖道具〗鉄挺(かなてこ), バール.

ਸਬਲਤਾ (सबलता) /sabalatā サバルター/ [Skt.-ता] *f.* 力強さ.

ਸਬਲਾ (सबला) /sabalā サブラー/ ▸ਸਬਲ *adj.* → ਸਬਲ

ਸਬਾਇਆ (सबाइआ) /sabāiā サバーイアー/ *adj.* すべての, あらゆる, 全部の. (⇒ਸਾਰਾ)

ਸਬਾਤ (सबात) /sabāta サバート/ [Arab. sābāt] *f.* 台所, 調理場, 厨房. (⇒ਰਸੋਈ ਦਾ ਕਮਰਾ)

ਸੰਬਾਦ (संबाद) /sambāda サンバード/ ▸ਸਮਵਾਦ, ਸੰਵਾਦ *m.* → ਸੰਵਾਦ

ਸਬਾਬ (सबाब) /sabāba サバーブ/ ▸ਅਸਬਾਬ *m.* → ਅਸਬਾਬ

ਸ਼ਬਾਬ (शबाब) /śabāba シャバーブ/ [Arab. śabāb] *m.* **1** 青春, 青春期, 青年期, 青春時代. (⇒ਜੋਬਨ) **2** 若さ, 若々しさ. (⇒ਜਵਾਨੀ) **3** 盛り.

ਸਬੀਲ (सबील) /sabīla サビール/ [Arab. sabīl] *f.* **1** 道. **2** 方法. (⇒ਤਰੀਕਾ) **3** 計画.

ਸਬੂਣ (सबूण) /sabūṇa サブーン/ ▸ਸਬੂਨ, ਸਾਬਣ [Arab. ṣābun] *m.* 石鹸.

ਸਬੂਣੀ (सबूणी) /sabūṇī サブーニー/ ▸ਸਬੂਨੀ [-ई] *adj.* 石鹸の. (⇒ਸਬੂਣ ਵਾਲਾ)

ਸਬੂਣੀਆ (सबूणीआ) /sabūṇīā サブーニーアー/ ▸ਸਬੂਨੀਆ [-ईआ] *m.* **1** 石鹸の製造業者. (⇒ਸਾਬਣ ਬਣਾਉਣ ਵਾਲਾ) **2** 石鹸の販売業者. (⇒ਸਾਬਣ ਵੇਚਣ ਵਾਲਾ)

ਸਬੂਤ (सबूत) /sabūta サブート/ [Arab. subūt] *m.* **1** 証拠, 証明. (⇒ਪਰਮਾਣ) **2** 論理, 論証, 道理, 理屈. **3** 例, 実例. (⇒ਉਦਾਹਰਨ, ਮਿਸਾਲ)

ਸਬੂਨ (सबून) /sabūna サブーン/ ▸ਸਬੂਣ, ਸਾਬਣ *m.* → ਸਬੂਣ

ਸਬੂਨੀ (सबूनी) /sabūnī サブーニー/ ▸ਸਬੂਣੀ *adj.* → ਸਬੂਣੀ

ਸਬੂਨੀਆ (सबूनीआ) /sabūnīā サブーニーアー/ ▸ਸਬੁਣੀਆ *m.* → ਸਬੁਣੀਆ

ਸਬੇਰ (सबेर) /saberạ サベール/ ▸ਸਿਹਰ, ਸਬੇਰਾ, ਸਵੇਰ, ਸਵੇਰਾ *f.* → ਸਵੇਰ

ਸਬੇਰਾ (सबेरा) /saberā サベーラー/ ▸ਸਿਹਰ, ਸਬੇਰ, ਸਵੇਰ, ਸਵੇਰਾ *m.* → ਸਵੇਰਾ

ਸਬੇਰੇ (सबेरे) /sabere サベーレー/ ▸ਸਵੇਰੇ *adv.* → ਸਵੇਰੇ

ਸੰਬੋਧਨ (संबोधन) /sambôdanạ サンボーダン/ ▸ਸਮੋਧਨ [Skt. संबोधन] *m.* **1** 呼びかけ, 呼びかけの言葉. **2** 挨拶, 式辞, 演説.

ਸੰਬੋਧਿਤ (संबोधित) /sambôditạ サンボーディト/ [Skt. संबोधित] *adj.* **1** 呼びかけられた. ❐ਸੰਬੋਧਿਤ ਕਰਨਾ 呼びかける. **2** 挨拶された, 式辞を述べられた, 演説された. ❐ਸੰਬੋਧਿਤ ਕਰਨਾ 挨拶する, 式辞を述べる, 演説をする.

ਸਭ (सभ) /sâbạ サブ/ ▸ਸਬ, ਸੱਬ, ਸੱਭਾ [Skt. सर्व] *adj.* すべての, あらゆる, 全部の, 全体の. (⇒ਸਾਰਾ, ਕੁੱਲ)

— *pron.* **1** すべて, すべてのもの, 何もかも, 一切のもの, 全体. ❐ਸਭ ਕੁਝ 何もかも. ❐ਸਭ ਤੋਂ 最も…, 一番… ❐ਮੋਰ ਦੀ ਚਾਲ ਸਭ ਤੋਂ ਸੁੰਦਰ ਮੰਨੀ ਜਾਂਦੀ ਹੈ। 孔雀の動きは最も美しいと思われています. ❐ਬੁਸ਼ ਦੁਨੀਆ ਦਾ ਸਭ ਤੋਂ ਵੱਡਾ ਪਾਖੰਡੀ ਹੈ। ブッシュは世界最大の偽善者です. **2** すべての人々, 皆, 全員. (⇒ਸਾਰੇ ਲੋਕ)

ਸੱਭ (सब्भ) /sâbbạ サッブ/ ▸ਸਬ, ਸਭ, ਸੱਭਾ *adj.pron.* → ਸਭ

ਸਭਨਾਂ (सभनाँ) /sâbanā̃ サブナーン/ *adj.* 《 ਸਭ の後置格・複数形》すべての, あらゆる, 全部の, 全体の.

— *pron.* 《 ਸਭ の後置格または能格・複数形》 **1** すべて, すべてのもの, 何もかも. **2** 皆, 全員. **3** すべての人々.

ਸਭਯ (सभय) /sâbayạ サバユ/ ▸ਸੱਭਿ, ਸੱਭਿਆ *adj.* → ਸੱਭਿ

ਸੰਭਲ (संभल) /sâmbalạ サンバル/ [cf. ਸੰਭਾਲਣਾ] *f.* **1** 心配り, 用心. **2** 保護. (⇒ਰਾਖੀ) **3** 安全. (⇒ਹਿਫ਼ਾਜ਼ਤ) **4** 保全, 整備, 維持.

ਸੰਭਲ ਕੇ (संभल के) /sâmbalạ ke サンバル ケー/ [cf. ਸੰਭਾਲਣਾ] *adv.* **1** 注意して, 気をつけて. **2** 警戒して. **3** 用心深く, 油断なく.

ਸੰਭਲਣਾ (संभलणा) /sâmbalạṇā サンバルナー/ ▸ਸੰਭਲਨਾ [cf. ਸੰਭਾਲਣਾ] *vi.* **1** 釣合いを保つ, 安定した状態に戻る, 立ち直る. ❐ਸੁਨਾਮੀ ਦੁਖਾਂਤ ਤੋਂ ਪੀੜਿਤਾਂ ਨੂੰ ਸੰਭਲਣ ਵਿੱਚ ਪਤਾ ਨਹੀਂ ਕਿੰਨਾ ਵਕਤ ਲੱਗੇ। 津波の悲劇から被災者が立ち直るのにどれほどの時間がかかるか分かりません. **2** 気をつける, 用心する, 注意する. **3** 支えられる, 支持される.

ਸੰਭਲਨਾ (संभलना) /sâmbalạnā サンバルナー/ ▸ਸੰਭਲਣਾ *vi.* → ਸੰਭਲਣਾ

ਸੰਭਵ (संभव) /sâmbavạ サンバヴ/ [Skt. संभव] *adj.* **1** ありうる, ありそうな, 起こりそうな. (⇒ਮੁਮਕਿਨ) **2** 可能な, できる.

ਸਭਾ (सभा) /sâbā サバー/ [Skt. सभा] *f.* **1** 議会, 会議, 協議会, 評議会. **2** 会, 集会, 会合. **3** 大会. **4** 協会. **5** 組合. (⇒ਯੂਨੀਅਨ)

ਸੱਭਾ (सब्भा) /sâbbā サッバー/ ▸ਸਬ, ਸਭ, ਸੱਭ *adj.pron.* → ਸਭ

ਸੰਭਾਉਣਾ (संभाउणा) /sambǎuṇā サンバーウナー/ *vt.* 委ねる, 委託する, 引き渡す. (⇒ਸਪੁਰਦ ਕਰਨਾ)

ਸਭਾਪਤੀ (सभापती) /sâbāpatī サバーパティー/ [Skt. सभा + Skt. पति] *m.* 議長.

ਸੰਭਾਲ[1] (संभाल) /sambǎlạ サンバール/ [Skt. संभरण] *f.* **1** 守り, 守護, 保護. **2** 世話, 面倒を見ること. **3** 保管, 管理. **4** 後見, 養育.

ਸੰਭਾਲ[2] (संभाल) /sambǎlạ サンバール/ [(Pot.)] *f.* 〖食品〗慶事で親類縁者に配られる食べ物. (⇒ਪਰੀਠਾ)

ਸੰਭਾਲਣਾ (संभालणा) /sambǎlạṇā サンバールナー/ ▸ਸੰਭਾਲਨਾ [Skt. संभारयति] *vt.* **1** 維持する. **2** 保つ, 保持する, 保管する. **3** 支える, 支持する, 援護する. **4** 助ける, 援助する. **5** 守る, 保護する. **6** 世話をする, 面倒を見る. **7** 扶養する. **8** 育てる, 養育する. **9** 負担する. **10** 責任をもって行う.

ਸੰਭਾਲਨਾ (संभालना) /sambǎlạnā サンバールナー/ ▸ਸੰਭਾਲਣਾ *vt.* → ਸੰਭਾਲਣਾ

ਸੰਭਾਲੂ[1] (संभालू) /sambǎlū サンバールー/ [Skt. संभरण -ਊ] *adj.* **1** 責任を過敏に感じる. **2** けちな, 物惜しみをする.

ਸੰਭਾਲੂ[2] (संभालू) /sambǎlū サンバールー/ *m.* 〖植物〗タイワンニンジンボク(台湾人参木)《クマツヅラ科の低木. 葉は薬用, 枝はかごの材料に供させる》.

ਸੰਭਾਵਨਾ (संभावना) /sambǎvạnā サンバーヴナー/ [Skt. संभावना] *f.* **1** 可能性, 見込み, ありそうなこと, 公算. (⇒ਇਮਕਾਨ) **2** 想像, 仮定, 憶測. **3** 本当らしさ, 迫真性. **4** 実行可能なこと, 実際性.

ਸੰਭਾਵਿਤ (संभावित) /sambǎvitạ サンバーヴィト/ [Skt. संभावित] *adj.* **1** 可能性のある, ありそうな, 起こりうる. **2** 想像される, 仮定される, 予想される, 予期される, 予定の.

ਸੰਭਾਵੀ (संभावी) /sambǎvī サンバーヴィー/ *adj.* 仮定の, 仮説の.

ਸੰਭਾਵੀ ਭਵਿਖ ਕਾਲ (संभावी भविख काल) /sambǎvī pavĭkʰạ kālạ サンバーヴィー パヴィク カール/ *m.* 〖言〗不確定未来時制, 仮定法.

ਸੱਭਿ (सब्भि) /sâbbi サッビ/ ▸ਸਭਯ, ਸੱਭਿਆ [Skt. सभ्य] *adj.* **1** 文明化された, 洗練された, 礼儀のある. (⇒ਸ਼ਰੀਫ਼) **2** 優しい, 温和な, 気立ての良い. (⇒ਸਾਊ)

ਸੱਭਿਅਤਾ (सब्भिअता) /sâbbiatā サッビアター/ [Skt.-ता] *f.* **1** 文明. **2** 上品さ. **3** 礼儀.

ਸੱਭਿਆ (सब्भिआ) /sâbbiā サッビアー/ ▸ਸਭਯ, ਸੱਭਿ *adj.* → ਸੱਭਿ

ਸਭਿਆਚਾਰ (सभिआचार) /sâbiācārạ サビアーチャール/ [Skt. सभ्य + Skt. आचार] *m.* **1** 文明. **2** 上品さ. **3** 礼儀.

ਸੰਭੋਗ (संभोग) /sambǒgạ サンボーグ/ [Skt. संभोग] *m.* **1** 性交, 性行為. (⇒ਮਿਥੁਨ) **2** 性の快楽.

ਸਮ (सम) /samạ サム/ [Skt. सम] *adj.* **1** 等しい, 同じ, 同等の. (⇒ਸਮਾਨ) **2** 平らな, 平坦な. **3** 似ている, 類似の.

— *pref.* 「等しい」「同じ」「類似」などの意味を表す接頭辞.

ਸਮ-ਅੰਗਤਾ (सम-अंगता) /samạ-aṅgatā サム・アングター/ [Skt. सम- Skt. अंग Skt.-ता] *f.* 同質異性.

ਸਮ-ਅੰਗੀ (सम-अंगी) /sama-aṅgī サム・アンギー/ [Skt. सम- Skt. अंगिन्] *adj.* 同質異性の.

ਸ਼ਮਸ (शमस) /śamasa シャマス/ [Arab. *śams*] *m.* 〖天文〗太陽. (⇒ਸੂਰਜ)

ਸਮਸਾ (समसा) /samasā サムサー/ *m.* 隠者, 世捨て人. (⇒ਸਨਿਆਸੀ)

ਸ਼ਮਸ਼ਾਨ (शमशान) /śamaśāna シャムシャーン/ *m.* **1** 火葬場. **2** 火葬用に積んだ薪. **3** 火葬された場所に建てられた墓碑. (⇒ਮੜ੍ਹੀ) **4** 墓地.

ਸਮੱਸਿਆ (समस्सिआ) /samassiā サマッスィアー/ [Skt. समस्या] *f.* **1** 問題, 難問, 難題, 困難. (⇒ਮੁਸ਼ਕਲ ਸਵਾਲ, ਉਲਝਣ) ❐ਸਮੱਸਿਆ ਹੱਲ ਕਰਨੀ 問題を解決する, 問題の解決法を見つける. ❐ਸਮੱਸਿਆ ਖੜ੍ਹੀ ਹੋ ਜਾਣੀ 問題が起こる. **2** 〖文学〗詩文の後半部分《詩人がそれに基づいて完全な詩を作るために提示される》.

ਸਮੱਸਿਆ ਪੂਰਤੀ (समस्सिआ पूरती) /samassiā pūratī サマッスィアー プールティー/ [+ Skt. पूर्ति] *f.* 〖文学〗与えられた手がかりに基づいて詩文を完成させること.

ਸਮੱਸਿਆਜਨਕ (समस्सिआजनक) /samassiājanaka サマッスィアージャナク/ [Skt.-जनक] *adj.* **1** 問題を引き起こす, 問題をはらむ, 多事多難な. **2** 不可解な.

ਸਮੱਸਿਆਪੂਰਨ (समस्सिआपूरन) /samassiāpūrana サマッスィアープールン/ [Skt.-पूर्ण] *adj.* **1** 問題に満ちた, 問題をはらむ, 多事多難な. **2** 不可解な.

ਸਮੱਸਿਆਮਈ (समस्सिआमई) /samassiāmaī サマッスィアーマイー/ [Skt.-मयी] *adj.* **1** 問題の多い, 問題をはらむ, 多事多難な. **2** 不可解な.

ਸ਼ਮਸ਼ੀਰ (शमशीर) /śamaśīra シャムシール/ [Pers. *śamśer*] *f.* 〖武〗剣, 刀. (⇒ਤਲਵਾਰ)

ਸ਼ਮ੍ਹਾ (शम्हा) /śâmā シャマー/ ▸ਸ਼ਮਾ [Arab. *śam`*] *f.* 蝋燭. (⇒ਮੋਮਬੱਤੀ, ਕੈਂਡਲ)

ਸ਼ਮ੍ਹਾਦਾਨ (शम्हादान) /śâmādāna シャマーダーン/ ▸ਸ਼ਮਾਦਾਨ [Pers.-*dān*] *m.* 蝋燭立て, 燭台.

ਸਮੱਕ (समक्क) /samakka サマック/ ▸ਸਮੱਗ, ਸਮੱਗਰ *adj.* → ਸਮੱਗਰ

ਸਮਕਾਲ (समकाल) /samakāla サムカール/ [Skt. सम- Skt. काल] *m.* 同時. (⇒ਇਕੋ ਸਮਾਂ)

ਸਮਕਾਲੀ (समकाली) /samakālī サムカーリー/ [Skt. सम- Skt. कालीन] *adj.* 同時の, 同時に起こる.

ਸਮਕੇਂਦਰ (समकेंदर) /samakēdara サムケーンダル/ [Skt. सम- Skt. केन्द्र] *m.* 〖幾何〗同心.

ਸਮਕੇਂਦਰਕ (समकेंदरक) /samakēdaraka サムケーンダラク/ [Skt. सम- Skt. केन्द्रिक] *adj.* 〖幾何〗同心の.

ਸਮਕੋਣ (समकोण) /samakoṇa サムコーン/ [Skt. सम- Skt. कोण] *m.* 〖幾何〗直角.

ਸਮਕੋਣੀ (समकोणी) /samakoṇī サムコーニー/ [-ई] *adj.* 〖幾何〗直角の, 直角を持つ.

ਸਮਕੋਣੀ ਖੰਡ (समकोणी खंड) /samakoṇī kʰaṇḍa サムコーニー カンド/ *m.* 〖幾何〗四分円.

ਸਮਕੋਣੀਤਲ (समकोणीतल) /samakoṇītala サムコーニータル/ *m.* 〖幾何〗等角多角形.

ਸਮੱਗ (समग्ग) /samagga サマッグ/ ▸ਸਮੱਕ, ਸਮੱਗਰ *adj.* → ਸਮੱਗਰ

ਸਮੱਗਰ (समग्गर) /samaggara サマッガル/ ▸ਸਮੱਕ, ਸਮੱਗ [Skt. समग्र] *adj.* **1** すべての, 全部の, 全体の, 全般の. (⇒ਸਭ, ਸਾਰਾ) **2** 完全な, 全くの.

ਸਮੱਗਰੀ (समग्गरी) /samaggarī サマッガリー/ ▸ਸਾਮਗ੍ਰੀ [Skt. सामग्री] *f.* **1** 材料, 資材. **2** 資料. **3** 原料. **4** 物資. (⇒ਸਮਾਨ)

ਸਮਗਲਰ (समगलर) /samagalara サマグラル/ [Eng. *smuggler*] *m.* **1** 密輸者. **2** 密輸船.

ਸਮਗਲਿੰਗ (समगलिंग) /samagaliṅga サマグリング/ [Eng. *smuggling*] *f.* 密輸.

ਸਮਚਤਰਭੁਜ (समचतरभुज) /samacatarapŭja サムチャタルプジ/ [Skt. सम- Skt. चतुर्भुज] *f.* 〖幾何〗菱形. (⇒ਸਮਚੁਕੋਣ)

ਸਮਚੁਕੋਣ (समचुकोण) /samacukoṇa サムチュコーン/ [Skt. सम- Skt. चौकोन] *f.* 〖幾何〗菱形. (⇒ਸਮਚਤਰਭੁਜ)

ਸਮਜਾਤ (समजात) /samajāta サムジャート/ [Skt. सम- Skt. जाति] *adj.* **1** 同一種姓の. **2** 同じ種類の, 同種の.

ਸਮਝ (समझ) /sâmaja サマジ/ [cf. ਸਮਝਣਾ] *f.* **1** 理解, 理解力, 認識. ❐ਸਮਝ ਵਿੱਚ ਆਉਣਾ 理解する, 認識する. ❐ਸਮਝ ਆਉਣੀ 理解する, 認識する, 分かる. **2** 知性, 知力, 聡明さ.

ਸਮਝਣਾ (समझणा) /sâmajaṇā サマジャナー/ [Skt. सम्बुध्यते] *vt.* **1** 理解する, 分かる, 納得する. ❐ਮੈਂ ਸਭ ਸਮਝਦੀ ਹਾਂ। 私はすべて理解しています. **2** 考える, 思う. ❐ਇਹ ਸਾਰੇ ਲੋਕ ਗੰਗਾ ਨੂੰ ਆਪਣੀ ਮਾਤਾ ਸਮਝਦੇ ਸਨ। この人たちは皆ガンガー〔ガンジス川〕を自分の母と思っていました. ❐ਉਹ ਸਮਝਦਾ ਸੀ ਕਿ ਬੰਦੂਕਾਂ ਵੀ ਫ਼ਸਲਾਂ ਵਾਂਗ ਮਿੱਟੀ ਵਿੱਚ ਹੀ ਉਗਦੀਆਂ ਹੋਣਗੀਆਂ। 鉄砲も農作物のように土の中に生えてくると彼は思っていました.

ਸਮਝੰਤਾ (समझंता) /samajăntā サムジャンター/ ▸ਸਮਝੌਤਾ *m.* → ਸਮਝੌਤਾ

ਸਮਝਦਾਰ (समझदार) /sâmajadāra サマジダール/ [cf. ਸਮਝਣਾ Pers.-*dār*] *adj.* **1** 分別のある, 物分かりのいい. (⇒ਸਿਆਣਾ) **2** 利口な, 賢い, 賢明な. (⇒ਹੁਸ਼ਿਆਰ)

ਸਮਝਾਉਣਾ (समझाउणा) /samajǎuṇā サムジャーウナー/ [cf. ਸਮਝਣਾ] *vt.* **1** 理解させる, 分からせる. **2** 説明する. **3** 説得する. **4** 忠告する. **5** 教える.

ਸਮਝਾਵਾ (समझावा) /samajǎwā サムジャーワー/ [cf. ਸਮਝਣਾ] *m.* **1** 指導, 教訓. (⇒ਉਪਦੇਸ਼) **2** 忠告, 助言. (⇒ਸਲਾਹ)

ਸਮਝੌਤਾ (समझौता) /samajaŭtā サムジャオーター/ ▸ਸਮਝੰਤਾ [cf. ਸਮਝਣਾ] *m.* **1** 合意, 同意, 意見の一致. **2** 妥協, 譲り合い, 折衷案. **3** 和解, 歩み寄り. **4** 協約, 協定, 取り決め, 申し合わせ.

ਸਮਝੌਤਾਵਾਦ (समझौतावाद) /samajaŭtāwāda サムジャオーターワード/ [Skt.-वाद] *m.* 和解主義, 懐柔主義.

ਸਮਝੌਤੀ (समझौती) /samajaŭtī サマジャオーティー/ [cf. ਸਮਝਣਾ] *f.* 忠告, 助言. (⇒ਸਲਾਹ)

ਸੰਮਣ (संमण) /sammaṇa サンマン/ ▸ਸਮਨ [Eng. *summons*] *m.* **1** 呼び出し, 召集. **2** 〖法〗出頭命令, 召喚状.

ਸੰਮਤ (संमत) /sammata サンマト/ [Skt. संवत्] *m.* 年《ヴィクラマ〔ビクラム〕暦・シャカ暦などのインド暦に用いる. 西暦・イスラーム暦〔ヒジュラ暦〕の場合は ਸੰਨ を用いる》.

ਸਮਤਲ (समतल) /samatala サムタル/ [Skt. सम- Skt. तल] *adj.* **1** 平らな, 平坦な. **2** 同等の.

ਸਮਤਾ (समता) /samatā サムター/ [Skt. सम Skt.-ता] *f.* **1** 類似, 相似. **2** 同等, 対等, 平等.

ਸਮਤਿਕੋਣ (समतिकोण) /samatikoṇa サムティコーン/ [Skt. सम- Skt. त्रिकोण] *f.* 〖幾何〗正三角形.

ਸੰਮਤੀ (संमती) /sammatī サンマティー/ [Skt. सम्मति] *f.* **1** 同意, 賛成, 是認, 承認. **2** 意見, 助言. (⇒ਰਾਏ)

ਸਮਤੁੱਲ (समतुल्ल) /samatulla サムトゥッル/ [Skt. सम- Skt. तुल] *adj.* **1** 等しい, 同じ. (⇒ਸਮਾਨ) **2** 同等の, 同程度の, 同量の. **3** 釣合いのとれた. **4** 安定した.

ਸਮਦਰਸ਼ੀ (समदरशी) /samadaraśī サムダルシー/ [Skt. सम- Skt.-दर्शिन्] *adj.* **1** 公平な, 偏らない. **2** 偏見のない, 先入観のない. **3** 友も敵も分け隔てのない.

ਸਮਦਰਿਸ਼ਟੀ (समदरिशटी) /samadariśaṭī サムダリシュティー/ [Skt. सम- Skt. दृष्टि] *f.* **1** 公平, 公正, 偏らないこと. **2** 中立.

ਸਮਨ (समन) /samana サマン/ ▸ਸੰਮਣ *m.* → ਸੰਮਣ

ਸਮਭਾਰਰੇਖਾ (समभाररेखा) /samapǎrarekʰā サムパールレーカー/ [Skt. सम- Skt. भार + Skt. रेखा] *f.* 〖気象〗等圧線.

ਸਮਰੰਗੀ (समरंगी) /samaraṅgī サムランギー/ [Skt. सम- Skt. रंग -ਈ] *adj.* 一色の, 単色の.

ਸਮਰਣ (समरण) /samaraṇa サムラン/ ▸ਸਿਮਰਣ, ਸਿਮਰਨ, ਸੌਰਨ [Skt. स्मरण] *m.* **1** 回想, 追憶, 記憶. (⇒ਯਾਦ) **2** 神の御名の暗唱. **3** 祈り.

ਸਮਰੱਥ (समरत्थ) /samarattʰa サムラット/ [Skt. समर्थ] *adj.* **1** 有能な. (⇒ਲਿਆਕਤਮੰਦ) **2** 能力のある, 力量のある, 適格の, 適任の. **3** 十分力強い. **4** 権限を授けられた.

ਸਮਰਥਕ (समरथक) /samaratʰaka サマルタク/ [Skt. समर्थक] *adj.* **1** 支持する, 支援する. **2** 後援する, 援助する. **3** 賛同する. **4** 擁護する.

— *m.* **1** 支持者, 支援者. **2** 後援者, 援助者. **3** 賛同者. **4** 擁護者.

ਸਮਰੱਥਤਾ (समरत्थता) /samarattʰatā サムラットター/ ▸ਸਮਰੱਥਾ *f.* → ਸਮਰੱਥਾ

ਸਮਰਥਨ (समरथन) /samaratʰana サマルタン/ [Skt. समर्थन] *m.* **1** 支持, 支援. **2** 後援, 援助. **3** 支持すること, 確認. **4** 擁護.

ਸਮਰੱਥਾ (समरत्था) /samarattʰā サムラッター/ ▸ਸਮਰੱਥਤਾ [Skt. समर्थ Skt.-ता] *f.* **1** 力, 強さ. (⇒ਤਾਕਤ) **2** 能力, 力量, 才能. **3** 適格, 資格. **4** 権威, 権限.

ਸਮਰੱਥਾਹੀਣ (समरत्थाहीण) /samarattʰāhīṇa サムラッターヒーン/ [Skt.-हीन] *adj.* **1** 無能な. **2** 能力のない, できない. **3** 不適格な. **4** 力のない. **5** 権威のない.

ਸਮਰਪਣ (समरपण) /samarapaṇa サマルパン/ [Skt. समर्पण] *m.* **1** 捧げること, 奉納, 献呈, 献身. (⇒ਭੇਟਾ) **2** 没頭, 専念, 専心. **3** 引き渡し, 放棄, 降伏, 降参, 屈服.

ਸਮਰਪਿਤ (समरपित) /samarapita サマルピト/ [Skt. समर्पित] *adj.* **1** 捧げられた, 奉納された, 献呈された. **2** 没頭している, 専念している, 専心している. **3** 引き渡された, 放棄された, 降伏した, 降参した.

ਸਮਰਾਟ (समराट) /samarāṭa サムラート/ [Skt. सम्राट्] *m.* 王, 皇帝, 君主. (⇒ਸ਼ਹਿਨਸ਼ਾਹ)

ਸਮਰੂਪ (समरूप) /samarūpa サムループ/ [Skt. सम- Skt. रूप] *adj.* **1** 同形の. **2** 同様の. (⇒ਇੱਕੋ ਜਿਹਾ) **3** そっくりの, 瓜二つの. **4** 類似の, 相似の.

ਸਮਰੂਪਤਾ (समरूपता) /samarūpatā サムループター/ [Skt.-ता] *f.* **1** 同形. **2** 同一性. **3** 類似, 瓜二つ. **4** 類比, 相似.

ਸਮਰੂਪੀ (समरूपी) /samarūpī サムルーピー/ [-ਈ] *adj.* → ਸਮਰੂਪ

ਸਮਰੇਖੀ (समरेखी) /samarekʰī サムレーキー/ [Skt. सम- Skt. रेखा -ਈ] *adj.* 〖幾何〗同一直線上の, 共線上の. (⇒ਇਕੋ ਰੇਖਾ ਉਤਲੇ)

ਸ਼ਮਲਾ (शमला) /śamalā シャムラー/ [Pers. *śamlā*] *m.* 〖衣服〗羽飾り風に上に立てたり横に垂らしたターバンの端. (⇒ਪੱਗ ਦਾ ਲੜ)

ਸਮਲਿੰਗੀ (समलिंगी) /samaliṅgī サムリンギー/ [Skt. सम- Skt. लिंग -ਈ] *adj.* 同性の, 同性愛の.

ਸਮਵਾਦ (समवाद) /samawāda サムワード/ ▸ਸੰਬਾਦ, ਸੰਵਾਦ *m.* → ਸੰਵਾਦ

ਸੰਮਾਂ (संमाँ) /sammā̃ サンマーン/ ▸ਸੰਮਾ *m.* 〖植物〗種として用いられる一節か数節のサトウキビ.

ਸੰਮਾ (संमा) /sammā サンマー/ ▸ਸੰਮਾਂ *m.* → ਸੰਮਾਂ

ਸਮਾਂ (समाँ) /samā̃ サマーン/ ▸ਸਮਾ, ਸਮੇਂ [Skt. समय] *m.* **1** 時, 時間. (⇒ਵੇਲਾ, ਵਕਤ) ❐ਸਮਾਂ ਗਵਾਉਣਾ, ਸਮਾਂ ਨਸ਼ਟ ਕਰਨਾ 時間を無駄にする. ❐ਕਾਫ਼ੀ ਸਮਾਂ ਉਹ ਇੰਵ ਕਰਦੇ ਰਹੇ। かなりの時間彼らはこうし続けていました. **2** 時刻. ❐ਸਮਾਂ ਸਾਰਨੀ 時刻表. **3** 定刻. ❐ਸਮੇਂ ਸਿਰ 定刻に, ちょうどよい時に, 折りよく. **4** 期間. **5** 季節, 時季. (⇒ਰੁੱਤ, ਮੌਸਮ)

ਸਮਾ (समा) /samā サマー/ ▸ਸਮਾਂ, ਸਮੇਂ *m.* → ਸਮਾਂ

ਸ਼ਮਾ (शमा) /śamā シャマー/ ▸ਸ਼ਮ੍ਹਾ *f.* → ਸ਼ਮ੍ਹਾ

ਸਮਾਉਣਾ (समाउणा) /samāuṇā サマーウナー/ *vi.* **1** 入る, 収まる, 納まる, 収納される, 含まれる. (⇒ਮਿਓਣਾ) **2** 順応する, 同化する. **3** 吸い込まれる, 吸収される. **4** 消化される. **5** 結合する, 合同する, 合併する. **6** 浸透する, しみ込む. **7** 一面に広がる.

ਸਮਾਈ (समाई) /samāī サマーイー/ *f.* **1** 適応, 順応, 同化. **2** 消化. **3** 吸収, 合併.

ਸਮਾਸ (समास) /samāsa サマース/ [Skt. समास] *m.* **1** 一対, 一組. (⇒ਜੁੱਟ) **2** 〖言〗複合語, 合成語. **3** 〖言〗複合語の構成, 合成語の構成.

ਸਮਾਗਮ (समागम) /samāgama サマーガム/ [Skt. समागम] *m.* **1** 結合. (⇒ਜੋੜ) **2** 儀式, 式典, 社交的会合. **3** 祝賀会, 祝典. **4** 集まり, 会合. **5** 再会の集まり.

ਸਮਾਚਾਰ (समाचार) /samācāra サマーチャール/ [Skt. समाचार] *m.* **1** ニュース, 報道. (⇒ਖ਼ਬਰ) **2** 情報. **3** 報告. **4** 便り.

ਸਮਾਚਾਰਕ (समाचारक) /samācāraka サマーチャーラク/ [Skt. सामाचारिक] *adj.* ニュースの, ニュースに関する.

ਸਮਾਚਾਰ ਪੱਤਰ (समाचार पत्तर) /samācāra pattara サマーチャール パッタル/ [Skt. समाचार + Skt. पत्र] *m.* **1** 新聞. (⇒ਅਖ਼ਬਾਰ) **2** 会報.

ਸਮਾਜ (समाज) /samāja サマージ/ [Skt. समाज] *m.* **1** 社会. ❐ਸਮਾਜ ਸੰਬੰਧੀ 社会の. **2** 共同体. **3** 文化団体, 親睦団体, 協会. **4** 研究所, 機構. **5** 組合, 団体, 教

団.
ਸਮਾਜ ਸ਼ਾਸਤਰ (समाज शासतर) /samājạ śāsạtarạ サマージ シャースタル/ [+ Skt. शास्त्र] *m.* 社会学.
ਸਮਾਜ ਸ਼ਾਸਤਰੀ (समाज शासतरी) /samājạ śāsạtarī サマージ シャースタリー/ [+ Skt. शास्त्रिन्] *m.* 社会学者.
ਸਮਾਜ ਸੇਵਾ (समाज सेवा) /samājạ sewā サマージ セーワー/ [+ Skt. सेवा] *f.* 社会奉仕.
ਸਮਾਜਕ (समाजक) /samājakạ サマージャク/ ▸ਸਮਾਜਿਕ *adj.* → ਸਮਾਜਿਕ
ਸਮਾਜਵਾਦ (समाजवाद) /samājạwādạ サマージワード/ [Skt. समाज Skt.-वाद] *m.* 〖政治〗社会主義.
ਸਮਾਜਵਾਦੀ (समाजवादी) /samājạwādī サマージワーディー/ [Skt.-वादिन्] *adj.* 〖政治〗社会主義の.
— *m.* 社会主義者.
ਸਮਾਜ ਵਿਗਿਆਨ (समाज विगिआन) /samājạ vigiānạ サマージ ヴィギアーン/ [+ Skt. विज्ञान] *m.* **1** 社会科学. **2** 社会科, 社会研究. **3** 社会学.
ਸਮਾਜ ਵਿਰੋਧੀ (समाज विरोधी) /samājạ virôdī サマージ ヴィローディー/ [+ Skt. विरोधी] *adj.* 反社会的な.
ਸਮਾਜਿਕ (समाजिक) /samājikạ サマージク/ ▸ਸਮਾਜਕ [Skt. सामाजिक] *adj.* 社会の. ❐ਸਮਾਜਿਕ ਢਾਂਚਾ, ਸਮਾਜਿਕ ਪਰਨਾਲੀ 社会組織, 体制.
ਸਮਾਜੀ (समाजी) /samājī サマージー/ [Skt. समाज -ई] *adj.* 社会の, 協会の.
— *m.* 社会の一員, 協会員.
ਸਮਾਜੀਕਰਨ (समाजीकरन) /samājīkarạnạ サマージーカルン/ [Skt. समाजीकरण] *m.* **1** 社会化. **2** 社会主義化.
ਸਮਾਜੀਕਰਿਤ (समाजीकरित) /samājīkaritạ サマージーカリト/ [Skt. समाज + Skt. कृत] *adj.* **1** 社会化された. **2** 社会主義化された.
ਸਮਾਂਤਰ (समाँतर) /samā̃tarạ サマーンタル/ [Skt. समांतर] *adj.* 平行の, 平行する.
ਸਮਾਂਤਰਤਾ (समाँतरता) /samā̃tarạtā サマーンタルター/ [Skt.-ता] *f.* **1** 平行. **2**〖言・文学〗平行性, (対句などを用いた文章上の)平行構造.
ਸ਼ਮਾਦਾਨ (शमादान) /śamādānạ シャマーダーン/ ▸ਸ਼ਮ੍ਹਾਦਾਨ *m.* → ਸ਼ਮ੍ਹਾਦਾਨ
ਸਮਾਧ (समाध) /samâdạ サマード/ [Skt. समाधि] *f.* **1** 墓, 墓所, 墓場. **2** 霊廟, 死者の灰の上に建てられた廟.
ਸਮਾਧਾਨ (समाधान) /samādā̌nạ サマーダーン/ [Skt. समाधान] *m.* **1** (問題などの)解決, (疑いなどを)晴らすこと, 解消. **2** 解決法, 解決策. **3** 取り除くこと, 除去. **4** 調整, 調停.
ਸਮਾਧੀ (समाधी) /samâdī サマーディー/ [Skt. समाधि] *f.* **1** 埋葬. **2** 三昧. **3** 深い瞑想.
ਸਮਾਨ[1] (समान) /samānạ サマーン/ ▸ਸਾਮਾਂ, ਸਾਵਾਂ [Skt. समान] *adj.* **1** 等しい. (⇒ਤੁੱਲ, ਬਰਾਬਰ) **2** 同じ, 同一の. **3** 同様の, 似ている, 類似の. **4** 同等の, 平等の, 対等の. **5** 一致する. **6** 適合する.
— *pref.* 「同等」「類似」などの意味を表す接頭辞. 「…と同じ」「…に等しい」「…のような」などを意味する形容詞を形成する.
ਸਮਾਨ[2] (समान) /samānạ サマーン/ ▸ਸਾਮਾਨ [Pers. *sāmān*] *m.* **1** 荷物, 荷, 手荷物. (⇒ਅਸਬਾਬ) **2** 品物. **3** 機材, 用具, 家財. **4** 材料, 資材. (⇒ਸਮੱਗਰੀ) **5** 原料. (⇒ਸਮੱਗਰੀ) **6** 物資.
ਸਮਾਨ[3] (समान) /samānạ サマーン/ ▸ਅਸਮਾਨ, ਆਸਮਾਨ *m.* 〖口語〗→ ਅਸਮਾਨ[2]
ਸਮਾਨ ਉਚਾਰਨ (समान उचारन) /samānạ ucāranạ サマーン ウチャーラン/ [Skt. समान + Skt. उच्चारण] *m.* **1** 同音. **2**〖言〗同音異義.
ਸਮਾਨ ਉਚਾਰਨ ਵਾਲਾ (समान उचारन वाला) /samānạ ucāranạ wālā サマーン ウチャーラン ワーラー/ [-ਵਾਲਾ] *adj.* **1** 同音の. **2**〖言〗同音異義の.
ਸਮਾਨ ਉਚਾਰਨ ਵਾਲਾ ਸ਼ਬਦ (समान उचारन वाला शबद) /samānạ ucāranạ wālā śabadạ サマーン ウチャーラン ワーラー シャバド/ [+ Skt. शब्द] *m.* 〖言〗同音異義語.
ਸਮਾਨ ਅਨੁਪਾਤ (समान अनुपात) /samānạ anupātạ サマーン アヌパート/ [Skt. समान + Skt. अनुपात] *m.* 均衡, 均整, 釣り合い.
ਸਮਾਨ ਅਰਥੀ ਸ਼ਬਦ (समान अरथी शबद) /samānạ arạtʰī śabadạ サマーン アルティー シャバド/ [Skt. समान + Skt. अर्थिन् + Skt. शब्द] *m.* 〖言〗類義語, 類語, 同義語, 同意語.
ਸਮਾਨ ਸਮ (समान सम) /samānạ samạ サマーン サム/ [Skt. समान + Skt. सम] *adj.* **1** 一致する, 合致する. **2** 適合する, ぴったりの.
ਸਮਾਨ ਸਮਤਾ (समान समता) /samānạ samạtā サマーン サムター/ [Skt.-ता] *f.* **1** 一致, 合致. **2** 適合.
ਸਮਾਨ ਸੁਰ (समान सुर) /samānạ surạ サマーン スル/ [Skt. समान + Skt. स्वर] *adj.* **1**〖音〗類似音の. **2**〖文学〗同韻の, 同じ韻律の.
ਸਮਾਨ ਸੁਰ ਸ਼ਬਦ (समान सुर शबद) /samānạ surạ śabadạ サマーン スル シャバド/ [+ Skt. शब्द] *m.* **1**〖音〗類音語. **2**〖文学〗同韻語, 同じ韻律の詩歌.
ਸਮਾਨ ਸੁਰਤਾ (समान सुरता) /samānạ surạtā サマーン スルター/ [Skt.-ता] *f.* **1**〖音〗音の類同, 類音. **2**〖文学〗韻律の類同, 類韻.
ਸਮਾਨੰਤਰ (समानंतर) /samānantarạ サマーナンタル/ [Skt. समानांतर] *adj.* **1** 平行の. **2** 等距離の.
ਸਮਾਨੰਤਰਤਾ (समानंतरता) /samānantarạtā サマーナンタルター/ [Skt.-ता] *f.* **1** 平行. **2** 同等. **3** 類似, 類似性. **4** 同一, 同一性. **5** 等しいこと. **6** 同様. **7** 一致. **8** 適合.
ਸਮਾਨਤਾ (समानता) /samānạtā サマーンター/ [Skt. समान Skt.-ता] *f.* **1** 同等, 対等, 平等. **2** 互角, 均等. **3** 類似, 類似性.
ਸਮਾਨ ਰੰਗ (समान रंग) /samānạ raṅgạ サマーン ラング/ [+ Skt. रंग] *adj.* 同じ色の, 等色の.
ਸਮਾਨਾਰਥਕ (समानारथक) /samānārạtʰakạ サマーナールタク/ ▸ਸਮਾਨਾਰਥਿਕ *adj.* → ਸਮਾਨਾਰਥਿਕ
ਸਮਾਨਾਰਥਿਕ (समानारथिक) /samānārạtʰikạ サマーナールティク/ ▸ਸਮਾਨਾਰਥਕ [Skt. समानार्थक] *adj.* 〖言〗類義の, 同義の, 同意の.
ਸਮਾਨਾਰਥੀ (समानारथी) /samānārạtʰī サマーナールティー/ [Skt. समानार्थिन्] *adj.* 〖言〗類義の, 同義の, 同意の. ❐ਸਮਾਨਾਰਥੀ ਸ਼ਬਦ 類義語, 類語, 同義語, 同意語.
ਸਮਾਨੀਕਰਨ (समानीकरन) /samānīkarạnạ サマーニーカ

ルン/ [Skt. समानीकरण] *m.* **1** 同等化, 均等化. **2** 同等視. **3** 均一化, 平均化. **4** 同化. **5**〘数学〙等式, 方程式.

ਸਮਾਪਤ (समापत) /samāpata̸ サマーパト/ [Skt. समाप्त] *adj.* **1** 完了した, 完成された, 完結した. **2** 終わった, 終了した, 終結した. **3** 結末に到った, 決着のついた. **4** 満了した.

ਸਮਾਪਤੀ (समापती) /samāpatī サマーパティー/ [Skt. समाप्ति] *f.* **1** 完了, 完成, 完結. **2** 終了, 終結. **3** 終局, 大詰め. **4** 結末, 決着. **5** 満了.

ਸਮਾਪਨ (समापन) /samāpana̸ サマーパン/ [Skt. समापन] *m.* → ਸਮਾਪਤੀ

ਸਮਾਯੋਜਨ (समायोजन) /samāyojana̸ サマーヨージャン/ [Skt. समायोजन] *m.* 調整, 整理, 解決.

ਸਮਾਰਕ (समारक) /samāraka̸ サマーラク/ [Skt. स्मारक] *m.* **1** 記念物, 記念品. (⇒ਯਾਦਗਾਰ) **2** 記念碑. **3** 形見.

ਸਮਾਰਕੀ (समारकी) /samāra̸kī サマールキー/ [-ਈ] *adj.* **1** 記念の. **2** 記念すべき.

ਸਮਾਰੋਹ (समारोह) /samārô サマーロー/ [Skt. समारोह] *m.* **1** 儀式, 行事. **2** 祝い事, 祭典. **3** 社交行事. **4**（打ち解けた）集まり, 懇親会.

ਸ਼ਮਾਲ (शमाल) /śamāla̸ シャマール/ ▸ਸ਼ੁਮਾਲ [Arab. *śimāl*] *m.* 北. (⇒ਉੱਤਰ)

ਸਮਾਲੋਚਕ (समालोचक) /samālocaka̸ サマーローチャク/ [Skt. समालोचक] *m.* **1** 批評する人, あら探しをする人. (⇒ਨੁਕਤਾਚੀਨ) **2** 批評研究者. (⇒ਪੜਚੋਲੀਆ) **3** 評論家.

ਸਮਾਲੋਚਨਾ (समालोचना) /samāloca̸nā サマーローチナー/ [Skt. समालोचना] *f.* **1** 批評, あら探し, 酷評. (⇒ਨੁਕਤਾਚੀਨੀ) **2** 批評研究. (⇒ਪੜਚੋਲ) **3** 評論. **4** 評価.

ਸਮਾਵੇਸ਼ (समावेश) /samāweśa̸ サマーウェーシュ/ [Skt. समाविष्ट] *m.* **1** 包含すること, 包括, 包摂. **2**〘経済〙吸収合併.

ਸਮਿਤੀ (समिती) /samitī サミティー/ [Skt. समिति] *f.* **1** 委員会. (⇒ਕਮੇਟੀ) **2** 協会.

ਸਮਿਲਤ (समिलत) /samilata̸ サミラト/ ▸ਸਮਿਲਿਤ *adj.* → ਸਮਿਲਿਤ

ਸਮਿਲਿਤ (समिलित) /samilita̸ サミリト/ ▸ਸਮਿਲਤ [Skt. सम्मिलित] *adj.* **1** 結合した, 合併した. (⇒ਜੁੜਿਆ ਹੋਇਆ) **2** 集まった, 集結した.

ਸਮੀਕਰਣ (समीकरण) /samīkara̸ṇa̸ サミーカルン/ ▸ਸਮੀਕਰਨ *m.* → ਸਮੀਕਰਨ

ਸਮੀਕਰਨ (समीकरन) /samīkara̸na̸ サミーカルン/ ▸ਸਮੀਕਰਣ [Skt. समीकरण] *m.* **1** 同等化, 均等化. **2** 同等視. **3** 均一化, 平均化. **4** 同化. **5**〘数学〙等式, 方程式.

ਸਮੀਖਿਅਕ (समीखिअक) /samīkʰiaka̸ サミーキアク/ [Skt. समीक्षक] *m.* **1** 評論家. **2** 批評家, 批評研究者. **4** 注釈者, 解説者. **4** 分析者.

ਸਮੀਖਿਆ (समीखिआ) /samīkʰiā サミーキアー/ [Skt. समीक्षा] *f.* **1** 評論. **2** 批評研究. **3** 批評論文. **4** 注解, 注釈. **5** 分析.

ਸਮੀਖਿਆਕਾਰ (समीखिआकार) /samīkʰiākāra̸ サミーキアーカール/ [Skt.-कार] *m.* **1** 評論家. **2** 批評家, 批評研究者. **4** 注釈者, 解説者. **4** 分析者.

ਸਮੀਖਿਆਕਾਰੀ (समीखिआकारी) /samīkʰiākārī サミーキアーカーリー/ [Skt.-कारिता] *f.* **1** 批評法. **2** 評論活動, 批評研究. **3** 分析作業.

ਸਮੀਖਿਆਤਮਿਕ (समीखिआतमिक) /samīkʰiāta̸mika̸ サミーキアートミク/ [Skt.-आत्मक] *adj.* **1** 批評の, 評論の. **2** 分析的な.

ਸ਼ਮੀਜ਼ (शमीज़) /śamīza̸ シャミーズ/ [Eng. *chemise*] *f.*〘衣服〙シュミーズ《女性用下着の一種. 胸から腿まで覆うもの》.

ਸਮੀਪ (समीप) /samīpa̸ サミープ/ [Skt. समीप] *adv.* **1** 近くに, そばに, 接近して. (⇒ਨੇੜੇ) **2** 横に, 脇に. **3** 付近に, 近所に.

ਸਮੀਪਤਾ (समीपता) /samīpa̸tā サミープター/ [Skt.-ता] *f.* **1** 近さ, 接近, 近接. **2** 付近, 近所.

ਸਮੀਪਵਰਤੀ (समीपवरती) /samīpa̸wara̸tī サミープワルティー/ [Skt.-वर्तिन्] *adj.* **1** 近くにある, 接近している, 近くに位置する, 近くに住む. **2** 隣の, 隣接する. **3** 境界を接する.

ਸਮੀਪੀ (समीपी) /samīpī サミーピー/ [-ਈ] *adj.* **1** 近くの, 接近している. **2** 隣の, 隣接する. **3** 境界を接する.

ਸਮੀਰ (समीर) /samīra̸ サミール/ [Skt. समीर] *f.* **1**〘気象〙涼しいそよ風. (⇒ਰਿਵੀ) **2**〘気象〙早朝の冷たい微風.

ਸਮੁੱਚ (समुच्च) /samucca̸ サムッチ/ [Skt. समुच्चय] *m.* **1** 全部, 全体. **2** 全一性, 一括.

ਸਮੁੱਚਤਾ (समुच्चता) /samuccatā サムッチャター/ [Skt.-ता] *f.* **1** 全部, 全体. **2** 全一性, 一括性.

ਸਮੁੱਚਾ (समुच्चा) /samuccā サムッチャー/ [Skt. समुच्चय] *adj.* **1** すべての, あらゆる, 全部の, 全体の. (⇒ਸਾਰਾ) **2** 一括した.

ਸਮੁਚਿਤ (समुचित) /samucita̸ サムチト/ [Skt. समुचित] *adj.* **1** 適当な, 適切な. **2** ふさわしい, ぴったりの.

ਸਮੁਚਿਤਤਾ (समुचितता) /samucitatā サムチタター/ [Skt.-ता] *f.* **1** 適当, 適切. **2** ふさわしいこと, 適合.

ਸਮੁੰਦਰ (समुंदर) /samundara̸ サムンダル/ [Skt. समुद्र] *m.* **1**〘地理〙海, 海洋, 大海. (⇒ਸਾਗਰ) ❐ਸਮੁੰਦਰ ਗਾਹੁਣਾ 海を巡ること, 船旅, 航海. ❐ਸਮੁੰਦਰ ਗਾਹੁਣ ਵਾਲਾ 海を巡る人, 船で旅をする人, 航海者, 船乗り. **2**〘口語〙乳. **3**〘口語〙水.

ਸਮੁੰਦਰ ਝੱਗ (समुंदर झग्ग) /samundara̸ cǎgga̸ サムンダル チャッグ/ [+ Skt. कारुज] *f.*〘魚・薬剤〙イカ（烏賊）のひれ・骨《薬として用いられる》.

ਸਮੁੰਦਰ ਤਟ (समुंदर तट) /samundara̸ taṭa̸ サムンダル タト/ [+ Skt. तट] *m.*〘地理〙海岸, 海辺, 磯, 沿岸.

ਸਮੁੰਦਰ ਤਟੀ (समुंदर तटी) /samundara̸ taṭī サムンダル タティー/ [-ਈ] *adj.* 海岸の, 海辺の, 沿岸の.

ਸਮੁੰਦਰ ਤਲ (समुंदर तल) /samundara̸ tala̸ サムンダル タル/ [Skt. समुद्र + Skt. तल] *m.* **1** 海面, 平均海水面. **2** 海底.

ਸਮੁੰਦਰ ਪੱਧਰ (समुंदर पद्धर) /samundara̸ pâddara̸ サムンダル パッダル/ [+ Pkt. पद्दर] *f.* 海面, 標準海面, 平均海水面.

ਸਮੁੰਦਰ ਪਾਰ (समुंदर पार) /samundara̸ pāra̸ サムンダル パール/ [+ Skt. पार] *adv.* **1** 海を越えて. **2** 海外に.

3 外国に.

ਸਮੁੰਦਰੀ (समुंदरी) /samundarī サムンダリー/ [Skt. समुद्रीय] *adj.* **1** 海の, 海洋の, 海上の. **2** 遠洋の. **3** 海中の, 海に生息する. **4** 海軍の. **5** 海上輸送の, 船便の.

ਸਮੁੰਦਰੀ ਅੱਡਾ (समुंदरी अड्डा) /samundarī aḍḍā サムンダリー アッダー/ [+ Skt. अट्ट] *m.* 〘軍〙海軍基地.

ਸਮੁੰਦਰੀ ਸਫ਼ਰ (समुंदरी सफ़र) /samundarī safara̸ サムンダリー サファル/ [+ Pers. *safar*] *m.* 航海.

ਸਮੁੰਦਰੀ ਜਹਾਜ਼ (समुंदरी जहाज़) /samundarī jǎ̄za̸ サムンダリー ジャーズ/ [+ Arab. *jahāz*] *m.* 〘乗物〙船, 船舶.

ਸਮੁੰਦਰੀ ਡਾਕੂ (समुंदरी डाकू) /samundarī ḍākū サムンダリー ダークー/ [+ Skt. दस्यु] *m.* 海賊.

ਸਮੁੰਦਰੀ ਫ਼ੌਜ (समुंदरी फ़ौज) /samundarī fauja̸ サムンダリー ファォージ/ [+ Arab. *fauj*] *f.* 〘軍〙海軍.

ਸਮੁੰਦਰੀ ਮੁਸਾਫ਼ਰ (समुंदरी मुसाफ़र) /samundarī musāfara̸ サムンダリー ムサーファル/ [+ Arab. *musāfir*] *m.* 航海者, 航行者.

ਸਮੁੰਦਰੀ ਰਸਤੇ (समुंदरी रसते) /samundarī rasa̸te サムンダリー ラステー/ [+ Pers. *rāsta*] *m.* 海の道, 海路, 航路《「道」は単数形 ਰਸਤਾ でなく複数形 ਰਸਤੇ で用いられる》.

ਸਮੁੰਦਰੀ ਰਸਤੇ ਵਪਾਰ (समुंदरी रसते वपार) /samundarī rasa̸te wapāra̸ サムンダリー ラステー ワパール/ [+ Skt. व्यापार] *m.* 海上交易.

ਸਮੁਦਾ (समुदा) /samudā サムダー/ ▸ਸਮਦਾਇ [Skt. समुदाय] *m.* **1** 集まり, 集団, 集合. (⇒ਸਮੂਹ) **2** 群衆, 大勢, 人混み. (⇒ਭੀੜ) **3** 社会集団, 共同体, コミュニティー. **4** 会衆. **5** 群れ.

ਸਮੁਦਾਇ (समुदाइ) /samudāe サムダーエー/ ▸ਸਮਦਾ *m.* → ਸਮਦਾ

ਸਮੁਦਾਇਕ (समुदाइक) /samudāika̸ サムダーイク/ [Skt. सामुदायिक] *m.* **1** 集団の. **2** 共同体の.

ਸਮੂਹ (समूह) /samû サムー/ [Skt. समूह] *m.* **1** 群れ, 群集. **2** 集まり, 集合. (⇒ਇਕੱਠ) **3** 群衆, 人混み, 人だかり. (⇒ਭੀੜ) **4** 集積, 堆積. **5** 集団, 会衆.

ਸਮੂਹਕ (समूहक) /samūhaka̸ | samûaka̸ サムーハク | サムーアク/ ▸ਸਮੂਹਿਕ *adj.* → ਸਮੂਹਿਕ

ਸਮੂਹਵਾਦ (समूहवाद) /samûwāda̸ サムーワード/ [Skt. सामूह Skt.-वाद] *m.* 集産主義.

ਸਮੂਹਵਾਦੀ (समूहवादी) /samûwādī サムーワーディー/ [Skt.-वादिन्] *adj.* 集産主義の.

— *m.* 集産主義者.

ਸਮੂਹਿਕ (समूहिक) /samūhika̸ | samûika̸ サムーヒク | サムーイク/ ▸ਸਮੂਹਕ [Skt. सामूहिक] *adj.* **1** 集合した. **2** 累積的な.

ਸਮੂਰ (समूर) /samūra̸ サムール/ *m.* 〘動物〙シャモア《カモシカに似たレイヨウの一種》.

ਸਮੂਲਚਾ (समूलचा) /samūla̸cā サムールチャー/ *adj.* すべての, あらゆる, 全体の. (⇒ਸਾਰਾ)

ਸਮੇਟਣਾ (समेटणा) /sameṭaṇā サメータナー/ *vt.* **1** 集める, 収集する, 掻き集める. (⇒ਇਕੱਠਾ ਕਰਨਾ) **2** 寄せ集める, 片付ける. **3** 蓄える, 蓄積する. **4** 終える, 終わりにする, 閉じる, 収める. **5** 消費する. **6** たいらげる.

ਸਮੇਟੂ (समेटू) /sameṭū サメートゥー/ *adj.* **1** 集める, 収集する, 掻き集める. **2** 寄せ集める, 片付ける. **3** 消費する. **4** 欲張りな.

ਸਮੇਤ (समेत) /sameta̸ サメート/ [Skt. समेत] *postp.* **1**…と一緒に, …とともに. (⇒ਸਹਿਤ, ਨਾਲ) **2**…を含めて. (⇒ਸਹਿਤ, ਨਾਲ)

— *adv.* 一緒に, 含めて. (⇒ਸਣੇ)

ਸੰਮੇਲਨ (संमेलन) /sammelana̸ サンメーラン/ [Skt. सम्मेलन] *m.* **1** 大会. (⇒ਸੱਭਾ) **2** 集会, 会議, 会合. **3** 協議会.

ਸਮੋਂ (समों) /samõ サモーン/ ▸ਸਮਾਂ, ਸਮਾ *f.* → ਸਮਾਂ

ਸਮੋ (समो) /samo サモー/ *m.* 平均, 平均値, 中央値. (⇒ਔਸਤ)

ਸਮੋਸਾ (समोसा) /samosā サモーサー/ *m.* 〘料理〙サモーサー（サモサ）《ジャガイモ, エンドウマメなどの具を小麦粉の皮で包んで揚げた軽食》.

ਸਮੋਣਾ (समोणा) /samoṇā サモーナー/ *vt.* **1** 吸収する. **2** 消化する. **3** 含める.

ਸਮੋਧਨ (समोधन) /samôdana̸ サモーダン/ ▸ਸੰਬੋਧਨ *m.* → ਸੰਬੋਧਨ

ਸੱਯਦ (सय्यद) /sayyada̸ サッヤド/ ▸ਸਈਯਦ [Arab. *saiyid*] *m.* 〘姓・イス〙サイヤド（サイイド）《預言者ムハンマドの直系の子孫と称する集団・姓》.

ਸਯਾਹ (सयाह) /sayâ サヤー/ ▸ਸੱਯਾਹ *m.* → ਸੱਯਾਹ

ਸੱਯਾਹ (सय्याह) /sayyâ サッヤー/ ▸ਸਯਾਹ *m.* 旅人, 旅行者. (⇒ਯਾਤਰੂ, ਸੈਲਾਨੀ)

ਸੱਯਾਦ (सय्याद) /sayyāda̸ サッヤード/ ▸ਸਈਆਦ *m.* **1** 狩人. (⇒ਸ਼ਿਕਾਰੀ) **2** 鳥撃ち業者.

ਸ਼੍ਯਾਮ (श्याम) /śyāma̸ (śayāma̸) シャーム（シャヤーム）/ ▸ਸ਼ਾਮ, ਸਿਆਮ *adj.m.* → ਸ਼ਾਮ[2]

ਸੰਯੁਕਤ (संयुकत) /sanyuka̸ta̸ サンユクト/ ▸ਸੰਜੁਗਤ *adj.* → ਸੰਜੁਗਤ

ਸੰਯੁਕਤ ਅਰਬ ਅਮੀਰਾਤ (संयुकत अरब अमीरात) /sanyuka̸ta̸ araba̸ amīrāta̸ サンユクト アルブ アミーラート/ [Skt. संयुक्त + Arab. *arab* + Eng. *emirate*] *m.* 〘国名〙アラブ首長国連邦, UAE.

ਸੰਯੁਕਤ ਰਾਜ ਅਮਰੀਕਾ (संयुकत राज अमरीका) /sanyuka̸ta̸ rāja̸ ama̸rīkā サンユクト ラージ アムリーカー/ [+ Skt. राज्य + Eng. *America*] *m.* 〘国名〙アメリカ合衆国, 米国.

ਸੰਯੋਗ (संयोग) /sanyoga̸ サンヨーグ/ ▸ਸੰਜੋਗ *m.* → ਸੰਜੋਗ

ਸੰਯੋਜਕ (संयोजक) /sanyojaka̸ サンヨージャク/ [Skt. संयोजक] *m.* **1** 結び付けるもの. **2** 組織する者, 会の招集者. **3** 〘言〙接続詞.

ਸੰਯੋਜਨ (संयोजन) /sanyojana̸ サンヨージャン/ [Skt. संयोजन] *m.* 結合, 結成

ਸਰ[1] (सर) /sara̸ サル/ [Skt. सरस्] *m.* **1** 〘地理〙池. (⇒ਤਲਾਅ) **2** 聖なる池.

ਸਰ[2] (सर) /sara̸ サル/ [Pers. *sar*] *m.* **1** 〘身体〙頭. (⇒ਸਿਰ) **2** 頭目, 首領, 中心人物, 指導者. **3** 最上部, 頂点, 先端.

ਸਰ[3] (सर) /sara̸ サル/ *adj.* 征服された, 陥落した. ❐

ਸਰ ਕਰਨਾ 征服する, 陥落させる, 打ち負かす.

ਸਰ[4] **(सर)** /sarạ サル/ *f.* **1**〖植物〗アシ(葦). (⇒ਕਾਨੀ) **2**〖武〗矢. (⇒ਤੀਰ) **3**〖遊戯〗(トランプの)切り札.

ਸਰ[5] **(सर)** /sarạ サル/ [Eng. *sir*] *m.* **1** あなた, 旦那, お客さん《男性に対する呼びかけの敬称》. **2**…卿《勲爵士または准男爵の名または氏名の前に置く》.

ਸ਼ਰ (शर) /śarạ シャル/ *f.* いたずら. (⇒ਸ਼ੈਤਾਨੀ)

ਸ਼ਰਈ (शरई) /śaraī シャライー/ [Arab. *śar`ī*] *adj.*〖イス〗イスラーム法 ਸ਼ਰ੍ਹਾ に従った.

— *m.*〖イス〗イスラーム法 ਸ਼ਰ੍ਹਾ に従う人, 敬虔なイスラーム教徒.

ਸਰਸ (सरस) /sarasạ サラス/ [Skt. सरस] *adj.* **1** 汁のある, 汁の多い. **2** 水気の多い. **3** みずみずしい, 新鮮な. **4** 旨味のある, 美味な, 美味しい, 旨い. (⇒ਸੁਆਦ, ਜ਼ਾਇਕੇਦਾਰ, ਮਜ਼ੇਦਾਰ) **5** 楽しませるような. **6** 魅力的な, 優雅な.

ਸਰਸਟ (सरसट) /sarạsaṭạ サルサト/ ▸ਸਰਪਟ, ਸਰਪੱਟ [(Pot.)] *f.adv.* → ਸਰਪਟ

ਸਰਸਣਾ (सरसणा) /sarasạṇā サラスナー/ [cf. ਸਰਸ] *vi.* **1** 茂る, 繁茂する. **2** 熟する, 円熟する. **3** 栄える, 盛んになる. **4** 喜びに満たされる, 楽しさに溢れる, 満足する.

ਸਰਸਤਾ (सरसता) /sarasạtā サラスター/ [Skt.-ता] *f.* **1** 汁の多いこと, 水気の多いこと. **2** みずみずしさ, 新鮮さ.

ਸਰਸਬਜ਼ (सरसबज़) /sarạsabazạ サルサバズ/ [Pers. *sar-sabz*] *adj.* **1** 緑に満ちた, 青々とした. (⇒ਹਰਿਆ ਭਰਿਆ) **2** うっそうと茂った, 繁茂している. **3** 盛んな, 繁栄している.

ਸਰਸਰ (सरसर) /sarạsarạ サルサル/ [cf. ਸਰਸਰਾਣਾ] *f.* **1**〖擬声語〗サラサラ《木の葉の揺れる音, 風の音, 衣ずれの音など》. **2**〖擬声語〗スルスル《蛇などが這ったり滑るように動く音》.

ਸਰਸਰਾਹਟ (सरसराहट) /sarạsarâṭạ サルサラート/ [cf. ਸਰਸਰਾਣਾ] *f.* サラサラという音, その音がする様子・動き.

ਸਰਸਰਾਣਾ (सरसराणा) /sarạsarāṇā サルサラーナー/ [Skt. सरसरायते] *vi.* **1** サラサラという音がする. **2** 木の葉や実った作物などがサラサラと音を立てて揺れる. **3** 風がサラサラと音を立てて吹き抜ける. **4** 蛇などがスルスルと音をたてて這ったり滑るように動く.

ਸਰਸਰੀ (सरसरी) /sarạsarī サルサリー/ [Pers. *sarsarī*] *adj.* **1** 急ぎの, 性急な, 略式の, ぞんざいな. **2** 要約した.

ਸਰਸਵਤੀ (सरसवती) /sarasạvatī サラスヴァティー/ ▸ਸਾਰਸਵਤੀ, ਸੁਰਸਤੀ, ਸੁਰੱਸਵਤੀ [Skt. सरस्वती] *f.* **1**〖ヒ〗サラスヴァティー女神《ブラフマー神の妃. 学問と技芸を司る》. **2**〖仏〗弁才天, 弁財天.

ਸਰਸਾਮ (सरसाम) /sarạsāmạ サルサーム/ [Pers. *sarsām*] *m.* **1** 精神錯乱, 狂乱状態. **2**〖医〗脳炎.

ਸਰਸ਼ਾਰ (सरशार) /sarạśārạ サルシャール/ [Pers. *sar-śār*] *adj.* **1** いっぱいの, 満杯の, 満ち溢れた. (⇒ਭਰਪੂਰ) **2** 浸った, 浸かった. **3** 酔った, 酔い痴れた, 酩酊した.

ਸਰਸੋਂ (सरसों) /sarạsõ サルソーン/ ▸ਸਰਹੋਂ, ਸਰ੍ਹੋਂ *f.* → ਸਰ੍ਹੋਂ

ਸਰਹੱਦ (सरहद्द) /sarạhaddạ サルハッド/ [Pers. *sarhad*] *f.* **1** 境界. **2** 国境. **3** 国境地帯, 国境地方, 辺境.

ਸ਼ਰ੍ਹਲਾ (शर्हला) /śârạlā シャルラー/ *m.* **1**〖生理〗小便をする行為, 排尿, 放尿. ❐ਸ਼ਰ੍ਹਲਾ ਛੱਡਣਾ, ਸ਼ਰ੍ਹਲਾ ਮਾਰਨਾ 小便をする. **2** 液体の射出・噴出・放出. ❐ਸ਼ਰ੍ਹਲਾ ਛੱਡਣਾ, ਸ਼ਰ੍ਹਲਾ ਮਾਰਨਾ 液体を噴き出す.

ਸ਼ਰ੍ਹਾ (शर्हा) /śârā シャラー/ [Arab. *śarh*] *f.* **1** 説明, 解説, 評釈. (⇒ਟੀਕਾ) **2**〖イス〗イスラーム法.

ਸਰਹਾਣਾ (सरहाणा) /sarǎṇā | sarạhāṇā サラーナー | サルハーナー/ ▸ਸਿਰਹਾਣਾ *m.* → ਸਿਰਹਾਣਾ

ਸਰਹਾਂਦੀ (सरहाँदी) /sarā̌dī | sarạhā̃dī サラーンディー | サルハーンディー/ *adv.* 寝床の頭側に.

ਸਰਹੋਂ (सरहों) /sârõ サローン/ ▸ਸਰਸੋਂ, ਸਰ੍ਹੋਂ *f.* → ਸਰ੍ਹੋਂ

ਸਰ੍ਹੋਂ (सर्हों) /sârõ サローン/ ▸ਸਰਸੋਂ, ਸਰਹੋਂ [Skt. सर्षप] *f.*〖植物〗ナタネ(菜種), カラシナ(芥子菜)《アブラナ科の数品種の総称》.

ਸਰ੍ਹੋਂ ਦਾ ਤੇਲ (सर्हों दा तेल) /sârõ dā telạ サローン ダー テール/ *m.*〖食品〗菜種油, 芥子菜油.

ਸਰਕਸ (सरकस) /sarạkasạ サルカス/ [Eng. *circus*] *m.* **1** サーカス, 曲芸団, サーカスの上演. **2** 円形広場, 二本以上の道路が集まる広い交差点.

ਸਰਕਸ਼ (सरकश) /sarạkaśạ サルカシュ/ [Pers. *sarkaś*] *adj.* **1** 反抗的な. **2** 生意気な, 横柄な, 無礼な. **3** 挑発的な, 喧嘩腰の. **4** 服従しない.

ਸਰਕਸ਼ੀ (सरकशी) /sarạkaśī サルカシー/ [Pers. *sarkaśī*] *f.* **1** 反抗的なこと, 反抗. **2** 生意気, 横柄, 無礼. **3** 挑発的なこと, 喧嘩腰. **4** 服従しないこと, 不服従.

ਸਰਕਟ (सरकट) /sarạkaṭạ サルカト/ [Eng. *circuit*] *m.* (説教師や裁判官などが行う仕事上の)巡回. (⇒ਚੱਕਰ)

ਸਰਕਟ ਹਾਊਸ (सरकट हाऊस) /sarạkaṭạ hāūsạ サルカト ハーウース/ [Eng. *circuit house*] *m.*〖建築〗(裁判官や高級官吏などの)公邸, 官舎.

ਸਰਕੰਡਾ (सरकंडा) /sarạkaṇḍā サルカンダー/ ▸ਸਰਕੜਾ *m.* **1**〖植物〗ワセオバナ(早稲尾花)《イネ科の多年草》. **2**〖植物〗アシ(葦).

ਸਰਕਣਾ (सरकणा) /sarạkaṇā サルカナー/ [cf.Skt. सरति] *vi.* **1** 滑る. **2** 這う. **3** 少しずつ進む.

ਸਰਕਰਦਗੀ (सरकरदगी) /sarạkarạdạgī サルカルドギー/ *f.* **1** 卓越. **2** 統率力.

ਸਰਕਰਦਾ (सरकरदा) /sarạkarạdā サルカルダー/ *adj.* **1** 卓越した. **2** 影響力のある. **3** 統率力のある.

ਸਰਕਲ (सरकल) /sarạkalạ サルカル/ [Eng. *circle*] *m.* **1** 円, 輪, 環. **2** 囲い.

ਸਰਕੜਾ (सरकड़ा) /sarakạṛā サラクラー/ ▸ਸਰਕੰਡਾ *m.* → ਸਰਕੰਡਾ

ਸਰਕਾ (सरका) /sarạkā サルカー/ *m.* 盗み. (⇒ਚੋਰੀ)

ਸਰਕਾਉਣਾ (सरकाउणा) /sarạkāuṇā サルカーウナー/ [cf. ਸਰਕਣਾ] *vt.* **1** 滑らせる. **2** 移す. **3** 動かす. **4** 押す.

ਸਰਕਾਰ (सरकार) /sarạkārạ サルカール/ [Pers. *sarkār*] *f.* **1** 政府, 当局. (⇒ਰਾਜ ਦਰਬਾਰ) **2** 官庁. **3** 行政機関.

— *m.* **1** 統治者, 支配者, 為政者. (⇒ਹਾਕਮ) **2** 官吏. (⇒ਅਧਿਕਾਰੀ) **3** 主人. **4** 主君, 貴殿, 閣下, 旦那様, 御主人様《統治者・官吏・管理職の者・主人などへの敬意を込めた呼びかけの言葉》.

ਸਰਕਾਰੀ (सरकारी) /sarạkārī サルカーリー/ [Pers. *sarkārī*] *adj.* **1** 政府の. **2** 官庁の, 役所の. **3** 公の, 公的な, 公式の.

ਸਰਕੁਲਰ (सरकुलर) /sarạkularạ サルクラル/ [Eng. *circular*] *adj.* **1** 円形の, 丸い. **2** 回覧の.
— *m.* 回状, 回覧状, (広告用の)ちらし.

ਸਰਕੋਬੀ (सरकोबी) /sarạkobī サルコービー/ *f.* 抑圧, 鎮圧. (⇒ਸੋਧਾ)

ਸੰਰਖਿਅਕ (संरखिअक) /sanrakʰiakạ サンラキアク/ [Skt. संरक्षक] *m.* **1** 保護者, 庇護者. **2** 後援者, 支持者.

ਸੰਰਖਿਆ (संरखिआ) /sanrakʰiā サンラキアー/ [Skt. संरक्षा] *f.* 安全な状態, 保護.

ਸਰਗ਼ਨਾ (सरगना) /sarạğanā サルガナー/ [Pers. *sarğana*] *m.* **1** 頭目, 親分, 首領, 親玉. **2** 悪漢の首領, 悪事の張本人.

ਸਰਗਮ (सरगम) /sarạgamạ サルガム/ *f.* 〚音楽〛サルガム(サラガマ), インド音楽の音階《 ਸਾ ਰੇ ਗਾ ਮਾ ਪਾ ਧਾ ਨੀ ‥‥ の初めの四音の発音から成る名称. 西洋音階のドレミファに当たる》.

ਸਰਗਰਦਾਨ (सरगरदान) /sarạgarạdānạ サルガルダーン/ *adj.* 困惑した. (⇒ਹੈਰਾਨ)

ਸਰਗਰਮ (सरगरम) /sarạgarạmạ サルガルム/ [Pers. *sargarm*] *adj.* **1** 熱心な, 熱烈な, 熱の入っている, 熱中している. **2** 気持ちの高まっている, 気合の入っている. **3** 活発な, 積極的な, 精力のある, 元気旺盛な. **4** 忙しい. **5** 勤勉な.

ਸਰਗਰਮੀ (सरगरमी) /sarạgarạmī サルガルミー/ [Pers. *sargarmī*] *f.* **1** 熱意, 熱気, 熱中. **2** 積極性, 活発さ.

ਸਰਗਰੋਹ (सरगरोह) /sarạgarô サルガロー/ *m.* **1** 〚軍〛指揮官, 司令官. (⇒ਸੈਨਾਪਤੀ) **2** 〚軍〛将軍. (⇒ਜਰਨੈਲ)

ਸਰੰਗਾ (सरंगा) /saraṅgā サランガー/ *m.* 〚楽器〛サランガー《ヴァイオリン風の弦楽器の一種》.

ਸਰੰਗੀ (सरंगी) /saraṅgī サランギー/ ▸ਸਾਰੰਗੀ [Skt. सारंगी] *f.* 〚楽器〛サーランギー《北インドの擦弦楽器》.

ਸਰਗੁਣ (सरगुण) /sarạguṇạ サルグン/ ▸ਸਗੁਣ [Skt. सगुण] *adj.* **1** 属性を有した, 顕現した. **2** 長所・美点・特性などを備えた, 有徳の.
— *m.* **1** 属性を有したもの, 顕現, 有徳. **2** 〚ヒ〛属性を有した神, 徳を備えた姿で権化した神.

ਸਰਘੰਡ[1] (सरघंड) /sarạkǎṇḍạ サルカンド/ [ਸਰ + Skt. कण्ट] *m.* 〚植物〛麻〔亜麻・ジュート・大麻〕の種子.

ਸਰਘੀ (सरघी) /sârạgī サルギー/ [Arab. *sahar* + Pers. *gah*] *f.* 夜明け前の食事.

ਸੰਰਚਨਾ (संरचना) /sanracanā サンラチナー/ [Skt. संरचना] *f.* 構造, 組成, 造り.

ਸਰਜ (सरज) /sarạjạ サルジ/ [Eng. *serge*] *f.* 〚布地〛サージ, セル地《綾織りの洋服生地の一種》.

ਸਰਜਣਹਾਰ (सरजणहार) /sarạjaṇạhārạ サルジャンハール/ ▸ਸਿਰਜਣਹਾਰ, ਸਿਰਜਣਹਾਰਾ [Skt. सृजन -ਹਾਰ] *m.* 創造主, 造物主.

ਸਰਜਨ (सरजन) /sarạjanạ サルジャン/ [Eng. *surgeon*] *m.* **1** 外科医. (⇒ਜੱਰਾਹ) **2** 軍医. (⇒ਜੱਰਾਹ)

ਸਰਜ਼ਮੀਨ (सरज़मीन) /sarạzamīnạ サルザミーン/ *m.* **1** 土地. **2** 領土, 領地.

ਸਰਜਰੀ (सरजरी) /sarạjarī サルジャリー/ [Eng. *surgery*] *f.* 外科, 外科医学, 外科手術. (⇒ਜੱਰਾਹੀ)

ਸਰੰਜਾਮ (सरंजाम) /sarañjāmạ サランジャーム/ [Pers. *sar-anjām*] *adj.* **1** 完成された, 完遂された. (⇒ਪੂਰਨ) **2** 果たされた, 成就された.
— *m.* **1** 完成, 完遂. (⇒ਪੂਰਨਤਾ) **2** 用意, 手配, 組織, 必要な設備. **3** 結果, 結末.

ਸਰਟੀਫ਼ਿਕਟ (सरटीफ़िकट) /sarạṭīfikaṭạ サルティーフィカト/ ▸ਸਰਟੀਫ਼ਿਕੇਟ, ਸਾਰਟੀਫ਼ਿਕੇਟ *m.* → ਸਰਟੀਫ਼ਿਕੇਟ

ਸਰਟੀਫ਼ਿਕੇਟ (सरटीफ़िकेट) /sarạṭīfikeṭạ サルティーフィケート/ ▸ਸਰਟੀਫ਼ਿਕਟ, ਸਾਰਟੀਫ਼ਿਕੇਟ [Eng. *certificate*] *m.* 証明書, 証書, 免状. (⇒ਪਰਮਾਣ ਪੱਤਰ)

ਸ਼ਰਣ (शरण) /śarạṇạ シャルン/ ▸ਸਰਨ, ਸ਼ਰਨ *f.* → ਸ਼ਰਨ

ਸ਼ਰਤ[1] (शरत) /śarạtạ シャルト/ [Arab. *śart*] *f.* **1** 賭け, 賭け事, 博打, 賭博. **2** 条件. **3** 契約条項, 約定.

ਸ਼ਰਤ[2] (शरत) /śaratạ シャラト/ [Skt. शरत्] *f.* 〚暦〛秋, 秋季, 9月から11月の季節《 ਅੱਸੂ と ਕੱਤਕ の月》.

ਸਰਤਾਜ (सरताज) /sarạtājạ サルタージ/ [Pers. *sartāj*] *m.* **1** 主人. (⇒ਮਾਲਕ) **2** 統治者. (⇒ਹਾਕਮ) **3** 〚親族〛夫. (⇒ਪਤੀ) **4** 名誉ある指導者.

ਸ਼ਰਤੀ (शरती) /śarạtī シャルティー/ *adj.* 条件付きの.

ਸ਼ਰਤੀਆ (शरतीआ) /śarạtīā シャルティーアー/ *adj.* 確かな, 確実な. (⇒ਯਕੀਨੀ)
— *adv.* **1** 確かに, 確実に. **2** 疑いなく.

ਸਰਦ (सरद) /sarạdạ サルド/ [Pers. *sard*] *adj.* **1** 寒い. (⇒ਠੰਢਾ)(↔ਗਰਮ) **2** 冷たい, 冷え冷えした. (⇒ਠੰਢਾ)(↔ਗਰਮ)

ਸਰਦਈ (सरदई) /sarạdaī サルダイー/ *adj.* 黄色がかった薄緑色の.

ਸਰਦਲ (सरदल) /sarạdalạ サルダル/ *f.* 〚建築〛敷居.

ਸਰੰਦਾ (सरंदा) /sarandā サランダー/ *m.* 〚楽器〛サランダー《ヴァイオリン風弦楽器の一種》.

ਸਰਦਾ[1] (सरदा) /sarạdā サルダー/ *m.* 〚植物〛サルダーメロン《ウリ科マスクメロンの一品種. アフガニスタンを主産地とする大型甘味のメロン》.

ਸਰਦਾ[2] (सरदा) /sarạdā サルダー/ *adj.* 十分な, 満たされた, 余裕のある. (⇒ਪੁਜਦਾ)

ਸਰਦਾਈ (सरदाई) /sarạdāī サルダーイー/ ▸ਸਰਦਿਆਈ *f.* 〚飲料〛アーモンドなどを挽いた粒を入れた清涼飲料.

ਸਰਦਾ-ਪੁਜਦਾ (सरदा-पुजदा) /sarạdā-pujạdā サルダー・プジダー/ *adj.* 裕福な, 金持ちの, 繁栄している.
— *m.* 裕福な人, 金持ち.

ਸਰਦਾ-ਬਣਦਾ (सरदा-बणदा) /sarạdā-baṇạdā サルダー・バンダー/ *adj.* 収入相応の.

ਸਰਦਾਰ (सरदार) /sarạdārạ サルダール/ [Pers. *sardār*] *m.* **1** 首長, 族長. **2** 頭目, 頭領. **3** 〚軍〛指揮官, 司令官. **4** 〚スィ〛男性のスィック教徒を指す通称《名前の前に付けて敬称として用いたり, ਜੀ を後ろに伴った形で呼びかけにも用いる》.

ਸਰਦਾਰਨੀ (सरदारनी) /sarạdārạnī サルダールニー/ [-ਨੀ] *m.* **1** 首長の妻. **2** 頭目の妻. **3** 〚スィ〛女性のスィック教徒を指す通称《名前の前に付けて敬称としても用いる》.

ਸਰਦਾਰੀ (सरदारी) /sarạdārī サルダーリー/ [Pers.

sardārī] *f.* **1** 首長の地位. **2** 頭目の地位, 頭領の地位. **3** 指揮, 統率. **4** 指揮権, 覇権.

ਸਰਦਾਰੀਵਾਦ (सरदारीवाद) /sarạdārīwādạ サルダーリーワード/ [Skt.-वाद] *m.* 覇権主義.

ਸਰਦਾਰੀਵਾਦੀ (सरदारीवादी) /sarạdārīwādī サルダーリーワーディー/ [Skt.-वादिन्] *adj.* 覇権主義の.
— *m.* 覇権主義者.

ਸਰਦਿਆਈ (सरदिआई) /sarạdiāī サルディアーイー/ ▸ਸਰਦਾਈ *f.* → ਸਰਦਾਈ

ਸਰਦੀ (सरदी) /sarạdī サルディー/ [Pers. *sardī*] *f.* **1** 寒さ. (⇒ਠੰਢ)(⇔ਗਰਮੀ) **2** 〖暦〗寒い季節, 冬.

ਸਰਧਾ (सरधा) /sârạdā サルダー/ ▸ਸ਼ਰਧਾ *f.* → ਸ਼ਰਧਾ

ਸ਼ਰਧਾ (शरधा) /śarạdā シャルダー/ ▸ਸਰਧਾ [Skt. श्रद्धा] *f.* **1** 信義, 忠義. **2** 信頼, 信用. (⇒ਵਿਸ਼ਵਾਸ) **3** 敬意, 尊敬. **4** 献身的愛情, 熱愛.

ਸ਼ਰਧਾਹੀਣ (शरधाहीण) /śarạdāhīṇạ シャルダーヒーン/ [Skt.-हीन] *adj.* **1** 信義のない. **2** 信頼できない, 信頼性の薄い, 不確実な, 当てにならない. **3** 敬意のない. **4** 献身的愛情のない.

ਸ਼ਰਧਾਹੀਣਤਾ (शरधाहीणता) /śârạdāhīṇạtā シャルダーヒーンター/ [Skt.-ता] *f.* **1** 信義のないこと. **2** 信頼できないこと. **3** 敬意のないこと. **4** 献身的愛情のないこと.

ਸ਼ਰਧਾਂਜਲੀ (शरधाँजली) /śarạdā̃jạlī シャルダーンジリー/ [Skt. श्रद्धांजलि] *f.* **1** 敬意の印, 感謝の印. **2** 賛辞, 捧げる言葉. **3** 敬意を込めた感謝の言葉. **4** 故人の徳を称える言葉, 弔辞. **5** 賛辞の文.

ਸ਼ਰਧਾਪੂਰਨ (शरधापूरन) /śârạdāpūranạ シャルダープールン/ [Skt. श्रद्धा Skt.-पूर्ण] *adj.* 献身的な, 愛情深い.

ਸ਼ਰਧਾਮਈ (शरधामई) /śârạdāmaī シャルダーマイー/ [Skt.-मयी] *adj.* 熱愛を喚起するような.

ਸ਼ਰਧਾਯੁਕਤ (शरधायुकत) /śârạdāyukạtạ シャルダーユクト/ [+ Skt. युक्त] *adj.* 献身的な, 愛情深い.

ਸ਼ਰਧਾਲੂ (शरधालू) /śarạdā̆lū シャルダールー/ [Skt. श्रद्धालु] *adj.* **1** 信頼できる, 忠実な. **2** 献身的な, 愛情深い.
— *m.* **1** 信者, 信心家, 熱心な支持者, 心酔者. **2** 熱愛者, 篤信家.

ਸ਼ਰਧਾਵਾਨ (शरधावान) /śârạdāwānạ シャルダーワーン/ [Skt. श्रद्धा Skt.-वान्] *adj.* **1** 信頼できる, 忠実な. **2** 献身的な, 愛情深い.

ਸਰਨ[1] (सरन) /sarạnạ サルン/ *m.* 〖医〗動物の後足に起こる病気の一つ.

ਸਰਨ[2] (सरन) /sarạnạ サルン/ ▸ਸ਼ਰਣ, ਸ਼ਰਨ *f.* → ਸ਼ਰਨ

ਸ਼ਰਨ (शरन) /śarạnạ シャルン/ ▸ਸ਼ਰਣ, ਸਰਨ [Skt. शरण] *f.* **1** 避難. (⇒ਪਨਾਹ) ❐ਸ਼ਰਨ ਲੈਣੀ 避難する. **2** 避難所. **3** 庇護, 保護. (⇒ਆਸਰਾ) **4** 〖政治〗亡命.

ਸਰਨਾ (सरना) /sarạnā サルナー/ [Skt. सरति] *vi.* **1** 達成される, 成る. **2** 十分になる, 満たされる, 完了する. **3** 間に合う, 済む, 用が足りる, 通じる. ❐ਜਿੱਥੇ ਲੋੜ ਹੈ, ਨਹੀਂ ਸਰਦਾ, ਸਿਰਫ਼ ਉੱਥੇ ਹੀ ਹੋਰ ਜ਼ਬਾਨ ਵਰਤੀ ਜਾਏ। 必要だが通じない場所でのみ他の言語を用いるように. **4** 資力が及ぶ, 能力が及ぶ.

ਸਰਨਾਹ (सरनाह) /sarạnâ サルナー/ ▸ਸਰਨਾਹੀ *f.* 空気を入れて膨らました皮袋.

ਸਰਨਾਹੀ[1] (सरनाही) /sarạnâī サルナーイー/ ▸ਸਰਨਾਹ *f.* → ਸਰਨਾਹ

ਸਰਨਾਹੀ[2] (सरनाही) /sarạnâī サルナーイー/ ▸ਸ਼ਹਿਨਾਈ *f.* → ਸ਼ਹਿਨਾਈ

ਸਰਨਾਗਤ (सरनागत) /sarạnāgatạ サルナーガト/ ▸ਸ਼ਰਨਾਗਤ *adj.* → ਸ਼ਰਨਾਗਤ

ਸ਼ਰਨਾਗਤ (शरनागत) /śarạnāgatạ シャルナーガト/ ▸ਸਰਨਾਗਤ [Skt. शरणागत] *adj.* **1** 庇護を求めに来た. **2** 逃亡中の.
— *m.* **1** 避難者, 難民. (⇒ਪਨਾਹੀ, ਰਫ਼ਿਊਜੀ) **2** 〖政治〗亡命者.

ਸਰਨਾਟਾ (सरनाटा) /sarạnāṭā サルナーター/ *m.* **1** 大きな音. (⇒ਜ਼ੋਰ ਦੀ ਆਵਾਜ਼) **2** 〖気象〗嵐の時にビュービュー吹き荒れる風の音.

ਸਰਨਾਮਾ (सरनामा) /sarạnāmā サルナーマー/ ▸ਸਰਨਾਵਾਂ, ਸਿਰਨਾਮਾਂ, ਸਿਰਨਾਵਾਂ *m.* → ਸਰਨਾਵਾਂ

ਸ਼ਰਨਾਰਥੀ (शरनारथी) /śarạnārạtʰī シャルナールティー/ [Skt. शरणार्थिन्] *m.* 避難者, 難民. (⇒ਪਨਾਹੀ, ਰਫ਼ਿਊਜੀ)

ਸਰਨਾਵਾਂ (सरनावाँ) /sarạnāwā̃ サルナーワーン/ ▸ਸਰਨਾਮਾ, ਸਿਰਨਾਮਾਂ, ਸਿਰਨਾਵਾਂ [Pers. *sarnāma*] *m.* **1** 宛て名, 宛て先. (⇒ਪਤਾ) **2** 題名, 見出し.

ਸਰਪ (सरप) /sarạpạ サルプ/ ▸ਸੱਪ [Skt. सर्प] *m.* 〖動物〗ヘビ, 蛇.

ਸਰਪੰਚ (सरपंच) /sarạpañcạ サルパンチ/ ▸ਸਰਪੈਂਚ [Pers. *sar* + Skt. पञ्च] *m.* 〖政治〗サルパンチ《パンチャーヤット〔村落の自治機関・村議会〕の長》.

ਸਰਪੰਚੀ (सरपंची) /sarạpañcī サルパンチー/ ▸ਸਰਪੈਂਚੀ [-ਈ] *f.* 〖政治〗サルパンチの地位.

ਸਰਪਟ (सरपट) /sarạpaṭạ サルパト/ ▸ਸਰਪੱਟ, ਸਰਸਟ [Skt. सर्पण] *f.* **1** 襲歩, 馬などの最も速い走り方. **2** 疾駆, 全力疾走.
— *adv.* **1** 全力疾走で. **2** 無謀なスピードで.

ਸਰਪੱਟ (सरपट्ट) /sarạpaṭṭạ サルパット/ ▸ਸਰਪਟ, ਸਰਸਟ *f.adv.* → ਸਰਪਟ

ਸਰਪਰ (सरपर) /sarạparạ サルパル/ *adv.* **1** どんな場合でも, とにかく. **2** 確かに, 必ず, きっと. **3** 最終的に, 結局.

ਸਰਪਰਸਤ (सरपरसत) /sarạparasạtạ サルパラスト/ [Pers. *sarparast*] *m.* **1** 保護者, 庇護者, 監護者. **2** 後援者, 支援者.

ਸਰਪਰਸਤੀ (सरपरसती) /sarạparasạtī サルパラスティー/ [-ਈ] *f.* **1** 保護, 庇護, 監護. **2** 後援, 支援.

ਸਰਪੇਚ (सरपेच) /sarạpecạ サルペーチ/ [Pers. *sarpec*] *m.* **1** 〖衣服〗ターバン. (⇒ਪੱਗ, ਦਸਤਾਰ) **2** 〖装〗ターバンの上部に付ける宝石をはめ込んだ金属製の飾り.

ਸਰਪੈਂਚ (सरपैंच) /sarạpā̃icạ サルパェーンチ/ ▸ਸਰਪੰਚ *m.* → ਸਰਪੰਚ

ਸਰਪੈਂਚੀ (सरपैंची) /sarạpā̃icī サルパェーンチー/ ▸ਸਰਪੰਚੀ *f.* → ਸਰਪੰਚੀ

ਸਰਪੋਸ਼ (सरपोश) /sarạpośạ サルポーシュ/ [Pers. *sarpoś*] *m.* 蓋(ふた). (⇒ਢੱਕਣ)

ਸਰਫ਼[1] (सरफ़) /sarạfạ サルフ/ [Arab. *ṣarf*] *m.* **1** 費用, 出費. (⇒ਖਰਚ) **2** 消費.

ਸਰਫ਼[2] (सरफ़) /sarạfạ サルフ/ *m.* サルフ《最も普及して

いる洗剤の製品名の一つ》.

ਸ਼ਰਫ਼ (शरफ़) /śarafa シャルフ/ [Arab. sarf] f. 1 優位, 優秀さ. 2 尊敬, 栄誉, 名誉. (⇒ਇੱਜ਼ਤ)

ਸਰਫ਼ਾ (सरफ़ा) /sarafā サルファー/ [Arab. sarfā] m. 1 利益. 2 消費. 3 節約, 倹約. 4 質素. 5 けち.

ਸਰਬ (सरब) /saraba サルブ/ ▶ਸਰਵ [Skt. सर्व] adj. 1 すべての, あらゆる, 全部の, 全体の. (⇒ਸਾਰਾ, ਕੁੱਲ, ਤਮਾਮ) 2 普遍の, 普遍的な.

— pref. 「すべての」「全体の」「普遍の」などを意味する接頭辞.

ਸਰਬ ਉੱਚ (सरब उच्च) /saraba ucca サルブ ウッチ/ [Skt. सर्व- Skt. उच्च] adj. 最高の, 最上の, 至高の.

ਸਰਬ ਉਪਰੀ (सरब उपरी) /saraba uparī サルブ ウプリー/ [Skt. सर्व- Skt. उपरि] adj. 1 一番上の, 最上の. 2 最高の.

ਸਰਬ ਅਧਿਕਾਰੀ (सरब अधिकारी) /saraba âdikārī サルブ アディカーリー/ [Skt. सर्व- Skt. अधिकारिन्] adj. 1 全権を有する. 2 絶対的権力の.

— m. 全権を有する官吏.

ਸਰਬ ਈਸ਼ਰਵਾਦ (सरब ईशरवाद) /saraba īśarawāda サルブ イーシャルワード/ [Skt. सर्व- Skt. ईश्वर Skt.-वाद] m. 汎神論.

ਸਰਬੰਸ (सरबंस) /sarabansa サルバンス/ m. 一族. (⇒ਖ਼ਾਨਦਾਨ)

ਸਰਬ ਸ਼ਕਤੀਮਾਨ (सरब शकतीमान) /saraba śakatīmāna サルブ シャクティーマーン/ [Skt. सर्व- Skt. शक्ति Skt.-मान्] adj. 1 全能の. 2 全権を握った.

ਸਰਬ ਸਧਾਰਨ (सरब सधारन) /saraba sadărana サルブ サダーラン/ [Skt. सर्व- Skt. साधारण] adj. 1 ごく普通の. 2 ありふれた, 平凡な. 3 普遍的な.

ਸਰਬ ਸੰਮਤੀ (सरब संमती) /saraba sammatī サルブ サンマティー/ [Skt. सर्व- Skt. सम्मति] f. 全員の合意, 満場一致. ❐ਸਰਬ ਸੰਮਤੀ ਨਾਲ 満場一致で.

ਸਰਬ ਸਮਰੱਥ (सरब समरत्थ) /saraba samaratt^ha サルブ サムラット/ [Skt. सर्व- Skt. समर्थ] adj. 1 全能の. 2 全権を握った.

ਸਰਬ ਸਾਂਝਾ (सरब साँझा) /saraba sā̃jā サルブ サーンジャー/ [Skt. सर्व- Skt. सार्धक] adj. 全人類に共通の.

ਸਰਬ ਹਿੰਦ (सरब हिंद) /saraba hinda サルブ ヒンド/ [Skt. सर्व- Pers. hind] adj. 全インドの.

ਸਰਬ ਕਾਲੀ (सरब काली) /saraba kālī サルブ カーリー/ [Skt. सर्व- Skt. काल -ई] adj. すべての時間の, 永遠の.

ਸਰਬੰਗ (सरबंग) /sarabanga サルバング/ ▶ਸਰਵਾਂਗ [Skt. सर्व- Skt. अंग] m. すべての部分, 全部.

— adj. 1 すべての目的の. 2 多目的の.

ਸਰਬੱਗ (सरबग्ग) /sarabagga サルバッグ/ ▶ਸਰਵੱਗ [Skt. सर्वज्ञ] adj. 全知の.

— m. 全知なる神. (⇒ਰੱਬ)

ਸਰਬੰਗਸਮ (सरबंगसम) /sarabangasama サルバングサム/ [Skt. सर्व- Skt. अंग + Skt. सम] adj. 1 すべての部分が同じ, 全部同じ. 2 一致する, 合致する.

ਸਰਬੱਗਤਾ (सरबग्गता) /sarabaggatā サルバッグター/ [Skt. सर्वज्ञ Skt.-ता] f. 全知.

ਸ਼ਰਬਤ (शरबत) /śarabata シャルバト/ [Pers. śarbat] m. 〖飲料〗シャルバト《水に果実やサトウキビの搾り汁を加えた清涼飲料. または各種の果汁に砂糖とクエン酸を入れて既に作られているシロップを水で割った飲み物》. (⇒ਮਿੱਠਾ ਪਾਣੀ)

ਸਰਬੱਤ (सरबत्त) /sarabatta サルバット/ [Skt. सर्व] adj. すべての, 全部の, 全体の.

ਸ਼ਰਬਤੀ (शरबती) /śarabatī シャルバティー/ [Pers. śarbatī] adj. 1 シャルバトの, シャルバトに関係のある. 2 シャルバトの色の. 3 赤みがかった.

ਸਰਬੱਤਰ (सरबत्तर) /sarabattara サルバッタル/ adv. どこでも. (⇒ਸਾਰੇ ਥਾਈਂ)

ਸਰਬਥਾ (सरबथा) /sarabat^hā サラブター/ adv. 常に, いつも. (⇒ਹਮੇਸ਼ਾਂ)

ਸਰਬਦਾ (सरबदा) /sarabadā サラブダー/ adv. 常に, いつも. (⇒ਹਮੇਸ਼ਾਂ)

ਸਰਬਨਾਸ (सरबनास) /sarabanāsa サルブナース/ [Skt. सर्व- Skt. नाश] m. 1 全滅, 壊滅. 2 壊滅的な災害. 3 絶滅.

ਸਰਬਪੱਖੀ (सरबपक्खी) /sarabapakk^hī サルブパッキー/ [Skt. सर्व- Skt. पक्षिन्] adj. 1 すべての側の, すべての方向の, 全面的な. 2 広範囲にわたる, 包括的な. 3 多方面にわたる, 多才の.

ਸਰਬਭੱਖੀ (सरबभक्खी) /sarabapăkkī サルブパッキー/ [Skt. सर्व- Skt. भक्षिन्] adj. 何でも食べてしまう, 食い意地の張った.

ਸਰਬ ਮਤ-ਅਧਿਕਾਰ (सरब मत-अधिकार) /saraba mata-âdikāra サルブ マト・アディカール/ [Skt. सर्व- Skt. मत + Skt. अधिकार] m. 〖政治〗普通選挙権. (⇒ਸਰਬ ਵੋਟ-ਅਧਿਕਾਰ)

ਸਰਬਰਾ (सरबरा) /sarabarā サラブラー/ ▶ਸਰਬਰਾਹ m. → ਸਰਬਰਾਹ

ਸਰਬਰਾਹ (सरबराह) /sarabarâ サラブラー/ ▶ਸਰਬਰਾ m. 代理人, 管理人, 受託者. (⇒ਪਰਬੰਧਕ)

ਸਰਬ ਵੋਟ-ਅਧਿਕਾਰ (सरब वोट-अधिकार) /saraba voṭa-âdikāra サルブ ヴォート・アディカール/ [Skt. सर्व- Eng. vote + Skt. अधिकार] m. 〖政治〗普通選挙権. (⇒ਸਰਬ ਮਤ-ਅਧਿਕਾਰ)

ਸਰਬਾਲ੍ਹਾ (सरबाल्हा) /sarabâlā サルバーラー/ ▶ਸਰਵਾਲਾ m. 花婿の介添え人.

ਸ਼ਰਮ[1] (शरम) /śarama シャルム/ [Pers. śarm] f. 1 恥, 羞恥心. (⇒ਲਾਜ) 2 内気, はにかみ. 3 謙遜, 控え目.

ਸ਼ਰਮ[2] (शरम) /śarama シャラム/ ▶ਸ਼੍ਰਮ [Skt. श्रम] f. 1 労働, 勤労. 2 労苦, 苦労, 面倒. 3 努力. 4 激しい活動. 5 きつい仕事.

ਸ਼੍ਰਮ (श्रम) /śrama (śarama) シュラム (シャラム)/ ▶ਸ਼ਰਮ f. → ਸ਼ਰਮ[2]

ਸ਼ਰਮਸਾਰ (शरमसार) /śaramasāra シャルムサール/ [Pers. śarm Pers.-sār] adj. 1 恥じた, 恥をかいた. 2 悔やんでいる.

ਸ਼ਰਮਣ (शरमण) /śaramaṇa シャラマン/ ▶ਸ਼੍ਰਮਣ [Skt. श्रमण] m. 1 苦行者, 修道者, 修行僧. 2 〖仏〗仏教修行僧, 仏僧.

ਸ਼੍ਰਮਣ (श्रमण) /śramaṇa (śaramaṇa) シュラマン (シャラマン)/ ▶ਸ਼ਰਮਣ m. → ਸ਼ਰਮਣ

ਸ਼ਰਮਦਾਨ (शरमदान) /śaramadāna シャラムダーン/ ▸ ਸ਼੍ਰਮਦਾਨ [Skt. श्रमदान] *m.* 1 自発的な無報酬の労働. 2 労働奉仕, 勤労奉仕.

ਸ਼੍ਰਮਦਾਨ (श्रमदान) /śramadāna (śaramadāna) シュラムダーン (シャラムダーン)/ ▸ਸ਼ਰਮਦਾਨ *m.* → ਸ਼ਰਮਦਾਨ

ਸ਼ਰਮਦਾਨੀ (शरमदानी) /śaramadānī シャラムダーニー/ ▸ਸ਼੍ਰਮਦਾਨੀ [Skt. श्रमदान -ई] *m.* 自発的な無報酬の労働を捧げる人.

ਸ਼੍ਰਮਦਾਨੀ (श्रमदानी) /śramadānī (śaramadānī) シュラムダーニー (シャラムダーニー)/ ▸ਸ਼ਰਮਦਾਨੀ *m.* → ਸ਼ਰਮਦਾਨੀ

ਸ਼ਰਮਨਾਕ (शरमनाक) /śaramanāka シャルムナーク/ [Pers. *śarm* Pers.-*nāk*] *adj.* 1 恥ずかしい, 恥ずべき. 2 不名誉な. 3 みっともない.

ਸ਼ਰਮਾਉਣਾ (शरमाउणा) /śaramāuṇā シャルマーウナー/ [cf. ਸ਼ਰਮ¹] *vi.* 恥じらう, 恥じ入る, 恥ずかしがる. (⇒ਲਜਿਆਉਣਾ)

ਸ਼ਰਮਾਊ (शरमाऊ) /śaramāū シャルマーウー/ [-ਊ] *adj.* 恥ずかしがりの, 内気な.

ਸਰਮਾਇਆ (सरमाइआ) /saramāiā サルマーイアー/ [Pers. *sar-māya*] *m.* 1〖経済〗資本, 資金, 基金, 元金. 2〖経済〗投資, 出資. 3 財産, 富. (⇒ਧਨ)

ਸਰਮਾਏਦਾਰ (सरमाएदार) /saramāedāra サルマーエーダール/ [Pers.-*dār*] *adj.* 1〖経済〗資本家の. 2 裕福な, 金持ちの. (⇒ਅਮੀਰ)

— *m.*〖経済〗資本家.

ਸਰਮਾਏਦਾਰੀ (सरमाएदारी) /saramāedārī サルマーエーダーリー/ [Pers.-*dārī*] *f.* 1〖経済〗資本の所有. 2 資本主義.

ਸਰਮਾਏਦਾਰੀ ਨਜ਼ਾਮ (सरमाएदारी नज़ाम) /saramāedārī nazāma サルマーエーダーリー ナザーム/ [+ Arab. *nizām*] *m.* 1〖政治〗資本主義体制. 2 資本主義.

ਸ਼ਰਮਾਕਲ (शरमाकल) /śaramākala シャルマーカル/ [Pers. *śarm* + ਆਕਲ] *adj.* 恥ずかしがりの, 内気な.

ਸ਼ਰਮਿਕ (शरमिक) /śaramika シャラミク/ ▸ਸ਼੍ਰਮਿਕ [Skt. श्रमिक] *m.* 1 労働者. 2 働く人, 働き手.

ਸ਼੍ਰਮਿਕ (श्रमिक) /śramika (śaramika) シュラミク (シャラミク)/ ▸ਸ਼ਰਮਿਕ *m.* → ਸ਼ਰਮਿਕ

ਸ਼ਰਮਿੰਦਗੀ (शरमिंदगी) /śaramindagī シャルミンドギー/ [Pers. *śarmanda* Pers.-*gī*] *f.* 1 恥じ入ること, 恥, 恥辱. 2 恥ずかしい思い, きまりの悪い思い.

ਸ਼ਰਮਿੰਦਾ (शरमिंदा) /śaramindā シャルミンダー/ [Pers. *śarmanda*] *adj.* 1 恥ずかしい, 恥をかかされた. 2 恥じている, 恥じ入った, 恥ずかしく思っている.

ਸਰਲ¹ (सरल) /sarala サルル/ [Skt. सरल] *adj.* 1 易しい, 容易な, 平易な, 簡単な, 分かりやすい. (⇒ਸੌਖਾ) ❐ ਸਰਲ ਕਰਨਾ, ਸਰਲ ਬਣਾਉਣਾ 平易にする, 簡単にする. 2 質素な, 純真な. ❐ਸਰਲ ਸੁਭਾ 純真な, 人の良い, 正直そうな. 3 まっすぐな, 直接の. (⇒ਸਿੱਧਾ) ❐ਸਰਲ ਕੋਣ 平角, 180度. ❐ਸਰਲ ਰੇਖਾ 直線.

ਸਰਲ² (सरल) /sarala サルル/ *m.*〖動物〗六か月から二歳までの馬.

ਸਰਲਤਾ (सरलता) /saralatā サルルター/ [Skt. सरल Skt.-ता] *f.* 1 容易, 簡単. 2 単純, 質素, 簡素. 3 無邪気さ, 素朴さ.

ਸ਼ਰਲਾ (शरला) /śaralā シャルラー/ *m.*〖生理〗小便. (⇒ਪਿਸ਼ਾਬ)

ਸਰਲੀਕਰਨ (सरलीकरन) /saralīkarana サルリーカルン/ [Skt. सरलीकरण] *m.* 簡易化, 単純化.

ਸਰਵ (सरव) /sarava サルヴ/ ▸ਸਰਬ *adj.pref.* → ਸਰਬ

ਸਰਵੱਗ (सरवग्ग) /sarawagga サルワッグ/ ▸ਸਰਬੱਗ *adj.m.* → ਸਰਬੱਗ

ਸਰਵਣ (सरवण) /sarawaṇa サルワン/ ▸ਸਰਵਨ *m.* → ਸਰਵਨ

ਸਰਵਣੀ (सरवणी) /sarawaṇī サルワニー/ [Skt. श्रवण -ई] *adj.* 聴覚の, 耳の.

ਸਰਵਨ (सरवन) /sarawana サルワン/ ▸ਸਰਵਣ [Skt. श्रवण] *m.* 1 聞くこと, 聴くこと, 聴取, 聴聞. 2 聴覚, 聴力. 3〖身体〗耳. (⇒ਕੰਨ)

ਸਰਵਰ (सरवर) /sarawara サルワル/ ▸ਸਰੋਵਰ *m.* → ਸਰੋਵਰ

ਸਰਵਾ (सरवा) /sarawā サルワー/ *adj.* 1 緑の. 2 熟していない. 3 新鮮な, みずみずしい. 4 若い.

ਸਰਵਾਹੀ (सरवाही) /sarawâī | sarawāhī サルワーイー | サルワーヒー/ ▸ਸਰੋਹੀ *f.*〖武〗剣. (⇒ਤਲਵਾਰ)

ਸਰਵਾਂਗ (सरवाँग) /sarawā̃ga サルワーング/ ▸ਸਰਬੰਗ *m.adj.* → ਸਰਬੰਗ

ਸਰਵਾਲਾ (सरवाला) /sarawālā サルワーラー/ ▸ਸਰਬਾਲ੍ਹਾ *m.* 花婿の介添え人.

ਸਰਵਿਸ (सरविस) /saravisa サルヴィス/ [Eng. *service*] *f.* 1 奉仕, 貢献, 尽力. (⇒ਸੇਵਾ, ਖ਼ਿਦਮਤ) 2 勤め, 勤務, 役務, 用役. (⇒ਨੌਕਰੀ) ❐ਮੇਰੇ ਪਿਤਾ ਜੀ ਬੈਂਕ ਵਿੱਚ ਸਰਵਿਸ ਕਰਦੇ ਹਨ। 私の父は銀行に勤めています. 3 サービス. 4 (交通などの)便. 5(郵便・電話・ガス・水道・消防などの)施設, 供給, 公共事業. 6〖競技〗サービス, サーブ, サーブ権.

ਸਰਵੇ (सरवे) /sarave サルヴェー/ [Eng. *survey*] *m.* 1 調査, 査察. (⇒ਨਿਰੀਖਣ) 2 検査, 視察, 監査.

ਸਰਵੇਖਣ (सरवेखण) /saravekʰaṇa サルヴェーカン/ [Skt. सर्वेक्षण] *m.* 1 調査, 査察. (⇒ਨਿਰੀਖਣ) 2 検査, 視察, 監査. 3 測定, 測量.

ਸਰਵੋਤਮ (सरवोतम) /saravotama サルヴォータム/ [Skt. सर्वोत्तम] *adj.* 1 最高の, 最上の. 2 最良の, 最善の. (⇒ਸਭ ਤੋਂ ਚੰਗਾ)

ਸਰਾਂ (सराँ) /sarā̃ サラーン/ ▸ਸਰਾਇ [Pers. *sarāʰe*] *f.* 1 隊商宿. 2 宿屋, 旅館.

ਸਰਾਉਣਾ (सराउणा) /sarāuṇā サラーウナー/ [cf. ਸਰਨਾ] *vt.* 完了させる, 達成する. (⇒ਪੂਰਾ ਕਰਨਾ)

ਸਰਾਇ (सराइ) /sarāe サラーエー/ ▸ਸਰਾਂ *f.* → ਸਰਾਂ

ਸਰਾਸਰ (सरासर) /sarāsara サラーサル/ [Pers. *sar-ā-sar*] *adv.* 1 端から端まで, 一貫して, 徹頭徹尾. 2 全く, 完全に. 3 途切れなく, 続けざまに.

ਸਰਾਹਣਾ (सराहणा) /sarâṇā サラーナー/ ▸ਸਰਾਹੁਣਾ, ਸਲਾਹਣਾ, ਸਲਾਹੁਣਾ *vt.* → ਸਲਾਹੁਣਾ

ਸਰਾਹੁਣਾ (सराहुणा) /sarâuṇā サラーウナー/ ▸ਸਰਾਹਣਾ, ਸਲਾਹਣਾ, ਸਲਾਹੁਣਾ *vt.* → ਸਲਾਹੁਣਾ

ਸਰਾਜ (सराज) /sarāja サラージ/ *m.* 鞍作り職人.

ਸਰਾਧ (सराध) /sarâda サラード/ [Skt. श्राद्ध] *m.* 1 信仰, 信心, 畏敬, 崇敬の念. 2 敬虔な御勤め, 礼拝. 3

〖儀礼・ヒ〗祖霊供養.

ਸਰਾਪ (सराप) /sarāpa サラープ/ ▸ਸ਼ਾਪ [(Braj.) Skt. शाप] *m.* **1** 呪い, 呪いの言葉. (⇒ਬਦਦੁਆ) **2** 悪口, 罵り.

ਸਰਾਪਣਾ (सरापणा) /sarāpaṇā サラーパナー/ [Skt. शापयति] *vt.* **1** 呪う. **2** 悪口を言う, 罵る.

ਸਰਾਪਤ (सरापत) /sarāpata サラーパト/ ▸ਸਰਾਪਿਤ *adj.* → ਸਰਾਪਿਤ

ਸਰਾਪਿਤ (सरापित) /sarāpita サラーピト/ ▸ਸਰਾਪਤ *adj.* 呪われた.

ਸਰਾਪੀ (सरापी) /sarāpī サラーピー/ *adj.* 呪われた.

ਸਰਾਫ਼ (सराफ़) /sarāfa サラーフ/ [Arab. *ṣarrāf*] *m.* **1** 両替商人, 金融業者. (⇒ਸ਼ਾਹੂਕਾਰ) **2** 豪商. **3** 貴金属商, 宝石商. **4** 金細工職人.

ਸ਼ਰਾਫ਼ਤ (शराफ़त) /śarāfata シャラーファト/ [Pers. *śarāfat*] *f.* **1** 気立てと振る舞いの良さ. (⇒ਭਲਮਾਨਸਉ) **2** 育ちの良さ, 気高さ, 紳士的な態度, 礼儀正しさ. (⇒ਸ਼ਿਸ਼ਟਤਾ)

ਸਰਾਫ਼ਾ (सराफ़ा) /sarāfā サラーファー/ [Pers. *ṣarrāfa*] *m.* **1** 両替の商売, 金融業, 銀行業. **2** 金銀を取引する商売, 貴金属・金細工を扱う仕事. **3** 金銀市場, 貴金属市場. **4** 金融市場.

ਸਰਾਫ਼ਾ ਬਜ਼ਾਰ (सराफ़ा बज़ार) /sarāfā bazāra サラーファーバザール/ [+ Pers. *bāzār*] *m.* 金銀市場, 貴金属市場.

ਸਰਾਫ਼ੀ (सराफ़ी) /sarāfī サラーフィー/ [Pers. *ṣarrāfī*] *f.* **1** 金銀を取引する商売, 貴金属・金細工を扱う仕事. **2** 両替業. **3** 金融業.

ਸ਼ਰਾਬ (शराब) /śarāba シャラーブ/ [Pers. *śarāb*] *f.* 〖飲料〗酒, アルコール飲料. (⇒ਅਰਕ, ਮਦ, ਮਦਰਾ)

ਸ਼ਰਾਬਖ਼ੋਰ (शराबख़ोर) /śarābaxora シャラーブコール/ [Pers.*-xor*] *adj.* 酒飲みの, 酔っ払った, 飲んだくれの.
— *m.* 酒飲み, 酔っ払い, 飲んだくれ.

ਸ਼ਰਾਬਨੋਸ਼ੀ (शराबनोशी) /śarābanośī シャラーブノーシー/ [+ Pers. *noś* -ਈ] *f.* **1** 飲酒. **2** 習慣的な過度の飲酒. **3** アルコール中毒. (⇒ਨਸ਼ੇਬਾਜ਼ੀ)

ਸ਼ਰਾਬੀ (शराबी) /śarābī シャラービー/ [Pers. *śarābī*] *adj.* 酒飲みの, 酔っ払った, 飲んだくれの.
— *m.* 酒飲み, 酔っ払い, 飲んだくれ.

ਸ਼ਰਾਰਤ (शरारत) /śarārata シャラーラト/ [Pers. *śarārat*] *f.* **1** いたずら, 悪ふざけ. (⇒ਸ਼ਤਾਨੀ) **2** 悪行. **3** 浮かれ騒ぎ.

ਸ਼ਰਾਰਤੀ (शरारती) /śarāratī シャラールティー/ [Pers. *śarāratī*] *adj.* **1** いたずらな, 悪ふざけする, 腕白な, やんちゃな. (⇒ਨਟਖਟ) **2** 悪辣な. **3** 浮かれ気分の.

ਸ਼ਰਾਰਤੀਪੁਣਾ (शरारतीपुणा) /śarāratīpuṇā シャラールティープナー/ [-ਪੁਣਾ] *m.* **1** いたずらなこと, 悪ふざけすること. . **2** 悪辣なこと. **3** 浮かれ気分の様子.

ਸ਼ਰਾਰਾ (शरारा) /śarārā シャラーラー/ *m.* 火花. (⇒ਚੰਗਿਆੜਾ)

ਸਰਾਲ (सराल) /sarāla サラール/ ▸ਅਸਰਾਲ *f.* 〖動物〗大蛇, ニシキヘビ. (⇒ਅਜਗਰ)

ਸਰਿਸ਼ਟਿ (सरिशटि) /sariśaṭi サリシュティ/ ▸ਸਰਿਸ਼ਟੀ, ਸ੍ਰਿਸ਼ਟੀ *f.* → ਸਰਿਸ਼ਟੀ

ਸਰਿਸ਼ਟੀ (सरिशटी) /sariśaṭī サリシュティー/ ▸ਸਰਿਸ਼ਟਿ, ਸ੍ਰਿਸ਼ਟੀ [Skt. सृष्टि] *f.* **1** 創造, 創造されたもの, 神の創造した世界. **2** 生産, 生産物, 製品. **3** 建造. **4** 万物, 宇宙. **5** 世界. **6** 自然.

ਸ੍ਰਿਸ਼ਟੀ (स्रिशटी) /sriśaṭī (sariśaṭī) スリシュティー (サリシュティー)/ ▸ਸਰਿਸ਼ਟਿ, ਸਰਿਸ਼ਟੀ *f.* → ਸਰਿਸ਼ਟੀ

ਸਰਿਸ਼ਟੀ ਕਰਤਾ (सरिशटी करता) /sariśaṭī karatā サリシュティー カルター/ [Skt. सृष्टि + Skt. कर्ता] *m.* **1** 万物の創造主. **2** 神.

ਸਰਿਸ਼ਟੀ ਵਿਗਿਆਨ (सरिशटी विगिआन) /sariśaṭī vigiāna サリシュティー ヴィギアーン/ [+ Skt. विज्ञान] *m.* **1** 自然哲学, 自然科学. **2** 宇宙論, 宇宙発生進化論.

ਸਰਿਸ਼ਤਾ (सरिशता) /sariśatā サリシュター/ [Pers. *sar-riśta*] *m.* **1** 管理局. **2** 文書保管所, 事務所. (⇒ਦਫ਼ਤਰ) **3** 裁判所.

ਸਰਿਸ਼ਤੇਦਾਰ (सरिशतेदार) /sariśatedāra サリシュテーダール/ [Pers.*-dār*] *m.* 局長, 事務所長. (⇒ਦਫ਼ਤਰ ਦਾ ਮੁਖੀਆ)

ਸ਼ਰਿੰਕ (शरिंक) /śariṅka シャリンク/ ▸ਸ਼੍ਰਿੰਕ [Eng. *shrink*] *m.* **1** 収縮. ❒ਸ਼ਰਿੰਕ ਕਰਨਾ 縮む, 収縮する. **2** 〖俗語〗精神科医.

ਸ਼੍ਰਿੰਕ (श्रिंक) /śriṅka (śariṅka) シュリンク (シャリンク)/ ▸ਸ਼ਰਿੰਕ *m.* → ਸ਼ਰਿੰਕ

ਸਰਿਤਾ (सरिता) /saritā サリター/ [Skt. सरिता] *m.* 〖地理〗川, 河. (⇒ਨਦੀ, ਦਰਿਆ)

ਸਰੀ (सरी) /sarī サリー/ *adj.* 矢のようにまっすぐな. (⇒ਤੀਰ ਵਾਂਗ ਸਿੱਧਾ)

ਸ੍ਰੀ (स्री) /srī (sirī) スリー (スィリー)/ ▸ਸ਼੍ਰੀ, ਸਿਰੀ [Skt. श्री] *f.* **1** スリー (シュリー)《人の姓や神の名の前に付けて崇敬の意を表す言葉》. **2** 〖ヒ〗ラクシュミー《富と繁栄の女神》. (⇒ਲਕਸ਼ਮੀ) **3** 富, 財, 財産. (⇒ਧਨ, ਦੌਲਤ) **4** 輝き, 栄光, 栄華, 繁栄, 栄誉, 名誉, 名声. (⇒ਸ਼ੋਭਾ, ਕੀਰਤੀ) **5** 美しさ, 美. (⇒ਸੁੰਦਰਤਾ)
— *adj.* **1** 美しい. (⇒ਸੁੰਦਰ, ਸੋਹਣਾ) **2** 優れた, 立派な. **3** めでたい, 吉祥な. (⇒ਸ਼ੁਭ) **4** 力のある, 能力のある, 有能な, 力量のある. (⇒ਯੋਗ, ਲਾਇਕ)

ਸ਼੍ਰੀ (श्री) /śrī (śirī) シュリー (シリー)/ ▸ਸ੍ਰੀ, ਸਿਰੀ *f.adj.* → ਸ੍ਰੀ

ਸਰੀਆ (सरीआ) /sarīā サリーアー/ *m.* 鉄の棒. (⇒ਸਲਾਖ਼)

ਸਰੀਹ (सरीह) /sarî サリー/ *adj.* **1** 清潔な, きれいな. (⇒ਸਾਫ਼) **2** 明らかな, 明白な. (⇒ਸਾਫ਼, ਸਪਸ਼ਟ)

ਸਰੀਹਣ (सरीहण) /sarîṇa サリーン/ ▸ਸਰੀਹਨ *adv.* **1** 明らかに, 明白に. (⇒ਸਾਫ਼ ਸਾਫ਼) **2** 公然と, 面前で. (⇒ਸਾਹਮਣੇ) **3** 故意に, わざと.

ਸਰੀਹਨ (सरीहन) /sarîna サリーン/ ▸ਸਰੀਹਣ *adv.* → ਸਰੀਹਣ

ਸ਼ਰੀਕ (शरीक) /śarīka シャリーク/ [Arab. *śarīk*] *m.* **1** 共有者, 共同者. (⇒ਹਿੱਸੇਦਾਰ) **2** 仲間, 連帯者, 同志. (⇒ਸਾਥੀ) **3** 対等の関係にあるもの, 匹敵するもの.

ਸ਼ਰੀਕਾ (शरीका) /śarīkā シャリーカー/ [Arab. *śarīk*] *m.* **1** 交友. (⇒ਭਿਆਲੀ) **2** 対抗. **3** 嫉妬.

ਸ਼ਰੀਣੀ (शरीणी) /śarīṇī シャリーニー/ ▸ਸ਼ੀਰਨੀ [Pers. *śīrīnī*] *f.* 〖食品〗シャリーニー (シールニー)《慶事の際に配られる甘い菓子》.

ਸਰੀਤਾ (सरीता) /sarītā サリーター/ *f.* 女性の従者, 侍女, 女中. (⇒ਦਾਸੀ)

ਸਰੀਨ (सरीन) /sarīna サリーン/ *m.* 〖姓〗 サリーン《カッタリー(クシャトリヤ)の姓の一つ》.

ਸ੍ਰੀਨਗਰ (स्रीनगर) /srīnagara (sarīnagara) スリーナガル (サリーナガル)/ [Skt. श्री + Skt. नगर] *m.* 〖地名〗 スリーナガル(シュリーナガル)《インド北部, ジャンムー・カシュミール州の夏の州都》.

ਸ਼ਰੀਫ਼ (शरीफ़) /śarīfa シャリーフ/ [Arab. *śarīf*] *adj.* **1** 上品な, 礼儀正しい. **2** 高貴な. (⇒ਕੁਲਵੰਤ) **3** 威厳のある, 尊敬すべき. (⇒ਇੱਜ਼ਤ ਵਾਲਾ)

— *suff.* 「神聖な」「崇敬すべき」などの意味を表す接尾辞.

ਸ਼ਰੀਫ਼ਾ (शरीफ़ा) /śarīfā シャリーファー/ [Pers. *śarīfa*] *m.* 〖植物〗 バンレイシ(番茘枝), シャカトウ(釈迦頭)《バンレイシ科バンレイシ属の常緑低木. 原産は西インド諸島であるが, 今日では広く熱帯各地で栽培される食用果実. 台湾などでは, 南蛮国のレイシ(ライチ)という意味で「バンレイシ」と呼ばれる. また果実表面の凹凸が仏像の頭髪に似ることから「釈迦頭」とも呼ばれる》. (⇒ਸੀਤਾ ਫਲ)

ਸ੍ਰੀਮਤੀ (स्रीमती) /srīmatī スリーマティー/ ▸ਸਿਰੀਮਤੀ [Skt. श्रीमती] *f.* **1**《既婚女性に対する敬称》夫人, …夫人. **2** 妻, 奥方, 奥さん. ❐ਸ੍ਰੀਮਤੀ ਜੀ 《女性に対する丁寧な呼びかけ》奥様, 奥方様.

ਸ੍ਰੀਮਾਨ (स्रीमान) /srīmāna スリーマーン/ ▸ਸਿਰੀਮਾਨ [Skt. श्रीमान्] *m.* **1**《男性の名の前に用いられる敬称》…氏, …殿, …様. **2** 夫, 亭主, 主人, 旦那. ❐ਸ੍ਰੀਮਾਨ ਜੀ 《男性に対する丁寧な呼びかけ》ご主人様, 旦那様, お客様.

ਸਰੀਰ (सरीर) /sarīra サリール/ ▸ਸ਼ਰੀਰ [Skt. शरीर] *m.* 体, 身, 身体, 肉体. (⇒ਪਿੰਡਾ, ਦੇਹ)

ਸ਼ਰੀਰ[1] (शरीर) /śarīra シャリール/ ▸ਸਰੀਰ *m.* → ਸਰੀਰ

ਸ਼ਰੀਰ[2] (शरीर) /śarīra シャリール/ [Arab. *śarīr*] *adj.* **1** 意地の悪い, たちの悪い, 性悪の. **2** 悪ふざけする, いたずらな.

ਸਰੀਰਕ (सरीरक) /sarīraka サリーラク/ [Skt. शारीरिक] *adj.* 体の, 身体の, 身体上の.

ਸ੍ਰੀਲੰਕਾ (स्रीलंका) /srīlaṅkā (sarīlaṅkā) スリーランカー (サリーランカー)/ ▸ਸ਼੍ਰੀਲੰਕਾ [Skt. श्री लंका] *m.* 〖国名〗 スリランカ(民主社会主義共和国).

ਸ਼੍ਰੀਲੰਕਾ (श्रीलंका) /śrīlaṅkā (śarīlaṅkā) シュリーランカー (シャリーランカー)/ ▸ਸ੍ਰੀਲੰਕਾ *m.* → ਸ੍ਰੀਲੰਕਾ

ਸਰੂ (सरू) /sarū サルー/ [Pers.] *m.* 〖植物〗 イトスギ(糸杉).

ਸਰੂਪ (सरूप) /sarūpa サループ/ [(Braj.) Skt. स्वरूप] *m.* **1** 自分の形, 独自の形質. **2** 形. (⇒ਅਕਾਰ) **3** 姿, 容姿, 容貌. (⇒ਸ਼ਕਲ, ਸੂਰਤ) **4** 本質, 特性, 特質. **5** 種類, 型. **6** イメージ, 像. **7** 適切な形. **8** 美貌. (⇒ਸੋਹਣੀ ਸ਼ਕਲ)

— *adj.* 美貌の, 綺麗な, 美しい. (⇒ਸੋਹਣਾ, ਸੁੰਦਰ)

ਸਰੂਰ (सरूर) /sarūra サルール/ [Arab. *surūr*] *m.* **1** 喜び, 嬉しさ. **2** 浮き浮きした気分.

ਸਰੇਉੜਾ (सरेउड़ा) /sareuṛā サレーウラー/ ▸ਸਰੇਵੜਾ, ਸੇਵੜਾ *m.* → ਸਰੇਵੜਾ

ਸਰੇਸ਼ (सरेश) /sareśa サレーシュ/ [Pers. *śireś*] *f.* **1** 膠(にかわ)《獣類の皮・骨・腸・爪などを煮出した液をさまして固めたもの. 木材の接合などに用いる》. **2** 澱粉. **3** ゼラチン.

ਸਰੇਸ਼ਟ (सरेशट) /sareśaṭa サレーシュト/ ▸ਸ੍ਰੇਸ਼ਟ, ਸਰੇਸ਼ਠ, ਸ੍ਰੇਸ਼ਠ [Skt. श्रेष्ठ] *adj.* **1** 最良の, 素晴らしい. (⇒ਬਹੁਤ ਅੱਛਾ) **2** 優れた, 優秀な, 優良な, 立派な. (⇒ਉੱਤਮ) **3** 最高の, 卓越した, 抜群の. **4** 高位の, 上位の, 上に立つ. **5** 名誉ある, 高潔な, 高貴な. **6** 年長の, 年上の, 先輩の.

ਸ੍ਰੇਸ਼ਟ (स्रेशट) /sreśaṭa (sareśaṭa) スレーシュト (サレーシュト)/ ▸ਸਰੇਸ਼ਟ, ਸਰੇਸ਼ਠ, ਸ੍ਰੇਸ਼ਠ *adj.* → ਸਰੇਸ਼ਟ

ਸਰੇਸ਼ਠ (सरेशठ) /sareśaṭʰa サレーシュト/ ▸ਸਰੇਸ਼ਟ, ਸ੍ਰੇਸ਼ਟ, ਸ੍ਰੇਸ਼ਠ *adj.* → ਸਰੇਸ਼ਟ

ਸ੍ਰੇਸ਼ਠ (स्रेशठ) /sreśaṭʰa (sareśaṭʰa) スレーシュト (サレーシュト)/ ▸ਸਰੇਸ਼ਟ, ਸ੍ਰੇਸ਼ਟ, ਸਰੇਸ਼ਠ *adj.* → ਸਰੇਸ਼ਟ

ਸ਼ਰੇਣੀ (शरेणी) /śareṇī シャレーニー/ ▸ਸ਼੍ਰੇਣੀ [Skt. श्रेणी] *f.* **1** 階層, 階級. **2** 級, 組, 学級, 学年. (⇒ਜਮਾਤ) **3** 等級. **4** 線, 列. **5** 連続, 連なり, 連鎖. **6** 〖地理〗 山並み, 山脈. **7** (人の)集団, 一隊. **8** 〖軍〗 軍隊. **9** 類型, 種類.

ਸ਼੍ਰੇਣੀ (श्रेणी) /śreṇī (śareṇī) シュレーニー (シャレーニー)/ ▸ਸ਼ਰੇਣੀ *f.* → ਸ਼ਰੇਣੀ

ਸ਼ਰੇਣੀ-ਆਤਮਿਕ (शरेणी-आतमिक) /śareṇī-ātamika シャレーニー・アートミク/ [Skt. श्रेणी Skt.-आत्मक] *adj.* 階級的な, 階級に基づいた, 等級で決められた.

ਸ਼ਰੇਣੀ ਸੰਗ੍ਰਾਮ (शरेणी संग्राम) /śareṇī saṅgrāma (śareṇī saṅgarāma) シャレーニー サングラーム (シャレーニー サンガラーム)/ [+ Skt. संग्राम] *m.* 〖政治〗 階級闘争.

ਸ਼ਰੇਣੀ ਸੰਘਰਸ਼ (शरेणी संघरश) /śareṇī saṅgăraśa シャレーニー サンガラシュ/ [+ Skt. संघर्ष] *m.* 〖政治〗 階級闘争.

ਸ਼ਰੇਣੀਬੱਧ (शरेणीबद्ध) /śareṇībâdda シャレーニーバッド/ *adj.* **1** 類別された, 格付けされた. **2** 分類された. **3** 等級をつけられた, 選別された.

ਸ਼ਰੇਣੀ ਵੰਡ (शरेणी वंड) /śareṇī waṇḍa シャレーニー ワンド/ [Skt. श्रेणी + Skt. वण्ट्] *f.* **1** 類別, 格付け. **2** 分類, 選別.

ਸਰੇਵੜਾ (सरेवड़ा) /sarewaṛā サレーワラー/ ▸ਸਰੇਉੜਾ, ਸੇਵੜਾ *m.* **1** 〖ジャ〗 ジャイナ教の行者. (⇒ਜੈਨੀ ਸਾਧ) **2** 〖ジャ〗 ジャイナ教徒, ジャイナ教の信者. (⇒ਜੈਨ ਮਤ ਦਾ ਅਨੁਸਾਰੀ)

ਸਰੋਹੀ (सरोही) /sarôī サローイー/ ▸ਸਰਵਾਹੀ *f.* 〖武〗 剣. (⇒ਤਲਵਾਰ)

ਸਰੋਕਾਰ (सरोकार) /sarokāra サローカール/ [Pers. *sar o kār*] *m.* **1** 関係. **2** 仕事, 用事, 関心事. **3** 興味, 関心.

ਸਰੋਜ (सरोज) /saroja サロージ/ [Skt. सरोज] *m.* 〖植物〗 ハス(蓮), ハスの花. (⇒ਕੰਵਲ)

ਸਰੋਜਨੀ (सरोजनी) /sarojanī サロージニー/ [Skt. सरोजिनी] *f.* **1** 蓮の群生した池, 蓮池. **2** 群生した蓮. **3** 〖植物〗 ハス(蓮), 蓮の花. (⇒ਕਮਲ, ਕੰਵਲ, ਪੰਕਜ)

ਸਰੋਤ (सरोत) /sarota サロート/ ▸ਸ੍ਰੋਤ, ਸੋਤ, ਸੋਤਾ [Skt. स्रोत] *m.* **1** 水流. **2** 流れ, 奔流. **3** 湧水, 泉. (⇒ਚਸ਼ਮਾ) **4** 源, 源泉, 水源. **5** 資源. **6** 〖比喩〗 出所, 典拠,

史料, 起源.

ਸ੍ਰੋਤ (स्रोत) /srota (sarota) スロート (サロート)/ ▸ਸਰੋਤ, ਸੋਤ, ਸੋਤਾ *m.* → ਸਰੋਤ

ਸਰੋਤਾ (सरोता) /sarotā サローター/ ▸ਸ੍ਰੋਤਾ [Skt. श्रोता] *m.* 聞く人, 聞き手, 聴取者, リスナー. (⇒ਸੁਣਨ ਵਾਲਾ) ❐ ਸਰੋਤਾ-ਗਣ 聴衆.

ਸ੍ਰੋਤਾ (स्रोता) /srotā (sarotā) スローター (サローター)/ ▸ ਸਰੋਤਾ *m.* → ਸਰੋਤਾ

ਸਰੋਦ (सरोद) /saroda サロード/ [Pers. *sarod*] *m.* **1**〖楽器〗サロード《北インドの撥弦楽器》. **2**〖音楽〗旋律, メロディー. **3** 音楽.

ਸਰੋਦੀ (सरोदी) /sarodī サローディー/ [-ਈ] *adj.* **1** 旋律の美しい. **2** 音楽的な. **3** 叙情詩調の, 感傷的な.

ਸਰੋਪਾ (सरोपा) /saropā サローパー/ ▸ਸਿਰੋਪਾ *m.* **1**〖衣服〗礼服, 盛装. **2**〖布地・儀礼〗敬意の印として授けられる長い布.

ਸਰੋਵਰ (सरोवर) /sarowara サローワル/ ▸ਸਰਵਰ [Skt. सरोवर] *m.* **1**〖地理〗池, 貯水池, 溜池. (⇒ਤਲਾਅ, ਤਲਾਬ, ਕੁੰਡ) **2**〖地理〗大きな湖, 美しい湖.

ਸਰੌਗੀ (सरौगी) /saraugī サラォーギー/ *m.*〖ジャ〗ジャイナ教徒. (⇒ਜੈਨੀ)

ਸਰੌਤਾ (सरौता) /sarautā サラォーター/ ▸ਸਰੌਥਾ [Skt. सार् + Skt. पत्र] *m.* **1**〖道具〗ビンロウの実を切り刻む鋏. **2**〖道具〗クルミ割り.

ਸਰੌਥਾ (सरौथा) /sarautʰā サラォーター/ ▸ਸਰੌਤਾ *m.* → ਸਰੌਤਾ

ਸੱਲ (सल्ल) /salla サッル/ *m.* **1** 材木に開けられた穴. (⇒ਛੇਕ) **2** 穴を開けられること. **3**〖比喩〗激しい悲しみ. (⇒ਦੁਖ) **4**〖比喩〗ショック, 衝撃, 打撃. **5**〖比喩〗喪失感, 失った気持ち.

ਸਲ੍ਹਾਬ (सल्हाब) /salǎba サラーブ/ ▸ਸਲ੍ਹਾਬਾ *f.* **1** 湿気. **2** 水分, 水蒸気. **3** 浸出, 漏出, しみ出た液体. **4** 浸水, 水びたし.

ਸਲ੍ਹਾਬਾ (सल्हाबा) /salǎbā サラーバー/ ▸ਸਲ੍ਹਾਬ *m.* → ਸਲ੍ਹਾਬ

ਸਲ੍ਹਾਬਿਆ (सल्हाबिआ) /salǎbiā サラービアー/ *adj.* **1** 湿気の多い. **2** 水分の多い. **3** 濡れた. **4** 浸水した, 水びたしの.

ਸਲੰਗ (सलंग) /salaṅga サラング/ *f.*〖道具〗長柄の熊手.

ਸੰਲਗਨ (संलगन) /sanlagana サンラガン/ *adj.* **1** 結合した, 接合した. **2** 合併した. **3** 隣接の.

ਸਲਗਮ (सलगम) /salagama サルガム/ ▸ਸਗਮਲ, ਸ਼ਲਗਮ, ਸ਼ਲਜਮ *m.* → ਸ਼ਲਗਮ

ਸ਼ਲਗਮ (शलगम) /śalagama シャルガム/ ▸ਸਗਮਲ, ਸਲਗਮ, ਸ਼ਲਜਮ [Pers. *śalğam*] *m.*〖植物〗カブ(蕪), カブラ《アブラナ科の越年草・根菜》.

ਸ਼ਲਜਮ (शलजम) /śalajama シャルジャム/ ▸ਸਗਮਲ, ਸਲਗਮ, ਸ਼ਲਗਮ *m.* → ਸ਼ਲਗਮ

ਸੱਲਣਾ (सल्लणा) /sallaṇā サッラナー/ *vt.* 悲しませる.

ਸਲੰਡਰ (सलंडर) /salanḍara サランダル/ ▸ਸਲਿੰਡਰ [Eng. *cylinder*] *m.* **1** 円筒. **2** 円柱. **3**〖機械〗(エンジンやポンプなどの)シリンダー.

ਸਲੰਡਰੀ (सलंडरी) /salanḍarī サランダリー/ [-ਈ] *adj.* 円筒の, 円筒状の.

ਸਲਤਨਤ (सलतनत) /salatanata サラトナト/ [Pers. *saltanat*] *f.* **1** 主権, 統治, 支配. (⇒ਹਕੂਮਤ, ਰਾਜ) **2** 領土, 領地. **3** 国土. **4** サルタナット, スルタン国, 王国. **5** 帝国. (⇒ਬਾਦਸ਼ਾਹਤ)

ਸਲਫ਼ਰ (सलफ़र) /salafara サルファル/ [Eng. *sulfur*] *m.*〖化学〗硫黄. (⇒ਗੰਧਕ)

ਸਲਭ (सलभ) /salâba サラブ/ [Skt. शलभ] *m.* 虱. (⇒ਪਤੰਗ)

ਸੱਲਰ (सल्लर) /sallara サッラル/ *m.* **1** 組み継ぎ, 接着. (⇒ਸੜ੍ਹ) ❐ਸੱਲਰ ਲਾਉਣਾ 組み継ぎをする, 継ぎ合わせる. **2** 短い継ぎ目.

ਸਲਵਾਰ (सलवार) /salawāra サルワール/ [Pers. *śalvār*] *f.*〖衣服〗サルワール《女性がはく, 腰周りがゆったりとしたズボンの一種》. (⇒ਤੰਬੀ)

ਸੱਲਾ (सल्ला) /sallā サッラー/ *m.*〖植物〗乾いた胡麻の茎.

ਸਲਾਈ (सलाई) /salāī サラーイー/ [Skt. शलाका] *f.* **1** 細く短い棒, 軸. **2**〖道具〗編み棒, 紐通し, 目打ち. **3**〖道具〗点眼棒《眼にスルマーを付ける細い棒》. (⇒ਸੁਰਮਚੂ)

ਸਲਾਈਡ (सलाईड) /salāīḍa サラーイード/ [Eng. *slide*] *f.* (幻灯用の)スライド, (顕微鏡用の)スライド・ガラス.

ਸਲਾਹ (सलाह) /salâ サラー/ [Arab. *ṣalāh*] *f.* **1** 助言, 勧告, 忠告, 意見. ❐ਸਲਾਹ ਦੇਣੀ 助言を与える, 勧める, 忠告する, 意見を述べる. ❐ਸਲਾਹ ਲੈਣੀ 助言を受ける, 意見を求める. **2** 相談, 協議. ❐ਸਲਾਹ ਕਰਨੀ 相談する, 協議する.

ਸਲਾਹਕਾਰ (सलाहकार) /salâkāra サラーカール/ [Pers.-*kār*] *m.* **1** 助言者, 相談相手. **2** 相談役, 顧問, 補佐役, 側近.

ਸਲਾਹਣਾ (सलाहणा) /salâṇā サラーナー/ ▸ਸਰਾਹਣਾ, ਸਰਾਹੁਣਾ, ਸਲਾਹੁਣਾ *vt.* → ਸਲਾਹੁਣਾ

ਸਲਾਹਤ (सलाहत) /salâta サラート/ ▸ਸਲਾਹੁਤ, ਸਲਾਹੁਤਾ *f.* → ਸਲਾਹੁਤ

ਸਲਾਹ-ਮਸ਼ਵਰਾ (सलाह-मशवरा) /salâ-maśawarā サラー・マシュワラー/ [Arab. *ṣalāh* + Pers. *maśvara*] *m.* **1** 相談, 協議. **2** 懇談, 会談.

ਸਲਾਹੀਅਤ (सलाहीअत) /salâīata サラーイーアト/ *f.* 有能, 能力, 才能. (⇒ਸਮਰੱਥਾ, ਤਾਕਤ)

ਸਲਾਹੁਣਯੋਗ (सलाहुणयोग) /salâuṇayoga サラーウンヨーグ/ *adj.* **1** 称賛に値する, 称賛すべき, 見事な. (⇒ਸ਼ਲਾਘਾਯੋਗ) **2** 感心な.

ਸਲਾਹੁਣਾ (सलाहुणा) /salâuṇā サラーウナー/ ▸ਸਰਾਹਣਾ, ਸਰਾਹੁਣਾ, ਸਲਾਹਣਾ *vt.* **1** 称賛する, 褒める, 称える. (⇒ਤਾਰੀਫ਼ ਕਰਨੀ) **2** 感心する.

ਸਲਾਹੁਤ (सलाहुत) /salâuta サラーウト/ ▸ਸਲਾਹਤ, ਸਲਾਹੁਤਾ *f.* 称賛, 賛美, 賛辞. (⇒ਪਰਸ਼ੰਸਾ, ਤਾਰੀਫ਼, ਵਡਿਆਈ)

ਸਲਾਹੁਤਾ (सलाहुता) /salâutā サラーウター/ ▸ਸਲਾਹਤ, ਸਲਾਹੁਤ *f.* → ਸਲਾਹੁਤ

ਸਲਾਖ਼ (सलाख़) /salāxa サラーク/ *f.* **1** 棒. **2** 金属製の棒. **3** 鉄の棒. (⇒ਸਰੀਆ, ਲੰਮੀ ਸੀਖ਼)

ਸਲਾਘਾ (सलाघा) /salâgā サラーガー/ ▸ਸ਼ਲਾਘਾ *f.* → ਸ਼ਲਾਘਾ

ਸ਼ਲਾਘਾ (शलाघा) /śalâgā シャラーガー/ ▸ਸਲਾਘਾ *f.* 称賛, 賛美, 推賞. (⇒ਉਸਤਤ)

ਸ਼ਲਾਘਾਯੋਗ (शलाघायोग) /śalâgāyoga シャラーガーヨーグ/ *adj.* 称賛に値する, 褒め称えるべき, 推賞すべき, 見事な. (⇒ਸਲਾਹੁਣਯੋਗ)

ਸ਼ਲਾਜੀਤ (शलाजीत) /śalājīta シャラージート/ ▸ਸਿਲਾਜੀਤ *f.* → ਸਿਲਾਜੀਤ

ਸਲਾਂਟ (सलाँट) /salā̃ṭa サラーント/ [(Pot.)] *f.* 鞭打ちの痕.

ਸਲਾਦ (सलाद) /salāda サラード/ [Eng. *salad*] *m.* **1**〖料理〗サラダ. **2**〖植物〗サラダ菜, レタス《キク科の野菜》.

ਸਲਾਮ (सलाम) /salāma サラーム/ [Arab. *salām*] *f.* **1** 安寧, 平和. **2** 福利, 幸福. **3**〖イス〗イスラーム教徒の挨拶の言葉, イスラーム教徒式の挨拶.
— *int.*〖イス〗サラーム《イスラーム教徒の挨拶の言葉》.

ਸਲਾਮਤ (सलामत) /salāmata サラーマト/ [Pers. *salāmat*] *adj.* **1** 無事な, 平穏な, 良い状態の, 健康な, 元気な. (⇒ਚੰਗਾ ਭਲਾ, ਰਾਜ਼ੀ-ਖ਼ੁਸ਼ੀ) **2** 安泰な, 万全の.

ਸਲਾਮਤੀ (सलामती) /salāmatī サラーマティー/ [Pers. *salāmatī*] *f.* **1** 無事, 平穏, 平和. (⇒ਅਮਨ) **2** 良い状態, 安泰, 健康.

ਸਲਾਮੀ (सलामी) /salāmī サラーミー/ [Pers. *salāmī*] *f.* **1** 挨拶. **2** 挨拶の動作. **3** 敬礼. **4**〖軍〗礼砲, 祝砲.

ਸਲਾਰ (सलार) /salāra サラール/ [Pers. *sālār*] *m.* **1** 指揮官, 司令官. **2** 指導者.

ਸਲਾਰੀ (सलारी) /salārī サラーリー/ *f.*〖衣服〗絹や金銀色の糸で縞を付けた綿の被布.

ਸੱਲਿਆ (सल्लिआ) /salliā サッリアー/ *adj.* 悲しみにうちひしがれた.

ਸ਼ਲਿੰਗ (शलिंग) /śaliṅga シャリング/ [Eng. *shilling*] *m.*〖貨単〗シリング《1971年以前の英国の貨幣単位. 1ポンドの20分の1》.

ਸਲਿੰਡਰ (सलिंडर) /saliṇḍara サリンダル/ ▸ਸਲੰਡਰ *m.* → ਸਲੰਡਰ

ਸਲਿੱਪ (सलिप्प) /salippa サリップ/ [Eng. *slip*] *f.* **1** 細長い紙片. **2** 伝票.
— *m.* 滑り, 滑って転ぶこと, スリップ.

ਸਲਿਪਰ (सलिपर) /salipara サリパル/ ▸ਸਲੀਪਰ *m.* → ਸਲੀਪਰ

ਸਲੀਸ (सलीस) /salīsa サリース/ [Arab. *salīs*] *adj.* 易しい, 平易な, 簡単な. (⇒ਸਰਲ)

ਸਲੀਕਾ (सलीका) /salīkā サリーカー/ [Arab. *salīqa*] *m.* **1** 上品, 洗練, 優雅. **2** 礼儀正しさ. (⇒ਚੰਗਾ ਢੰਗ)

ਸਲੀਟਣਾ (सलीटणा) /salīṭaṇā サリータナー/ [(Pot.)] *vi.* **1** 集める, 収集する. **2** 蓄える. **3** 終える. **4** 消費する. **5** たいらげる.

ਸਲੀਤਾ (सलीता) /salītā サリーター/ *m.* **1**〖布地〗荷造りに用いる粗布の一種. **2** テント設備を包むための袋.

ਸਲੀਪਰ (सलीपर) /salīpara サリーパル/ ▸ਸਲਿਪਰ [Eng. *slippers*] *m.*〖履物〗スリッパ.

ਸਲੀਵ (सलीव) /salīva サリーヴ/ [Eng. *sleeve*] *f.*〖衣服〗袖, たもと.

ਸਲੂਕ (सलूक) /salūka サルーク/ [Arab. *sulūk*] *m.* **1** 行い, 振る舞い. (⇒ਵਤੀਰਾ) **2** 取り扱い. (⇒ਵਰਤੋਂ) **3** 行儀の良さ, 気立ての良さ. (⇒ਸ਼ਰਾਫ਼ਤ) **4** 交際, 付き合い. (⇒ਆਸ਼ਨਾਈ)

ਸਲੂਕਾ (सलूका) /salūkā サルーカー/ *m.*〖衣服〗上半身に着る半袖の上着・胴衣. (⇒ਫਤੂਹੀ)

ਸਲੂਟ (सलूट) /salūṭa サルート/ [Eng. *salute*] *m.* 敬礼, 挨拶. (⇒ਸਲਾਮ)

ਸਲੂਣਾ (सलूणा) /salūṇā サルーナー/ *adj.* **1** 塩味の, 塩辛い. (⇒ਨਮਕੀਨ) **2** 美味な, 美味しい. **3** 風味のある.
— *m.*〖料理〗野菜料理. (⇒ਸਾਲਨ)

ਸਲੂਣਾਪਣ (सलूणापण) /salūṇāpaṇa サルーナーパン/ *m.* 塩味, 塩辛さ.

ਸਲੇਸ਼ (सलेश) /saleśa サレーシュ/ [Skt. श्लेष] *m.* **1** 粘着, 固着. **2** 粘着性. **3** 結合, 合致, 密着. **4** 抱擁. **5** どうにでも解釈できること. **6** 語や表現の二通りの意味. **7** だじゃれ, 語呂合わせ, 地口.

ਸਲੇਸ਼ਮ (सलेशम) /saleśama サレーシャム/ [Skt. श्लेषम] *m.* **1**〖生理〗粘液. **2**〖生理〗痰. (⇒ਕਫ਼, ਬਲਗ਼ਮ)

ਸਲੇਸ਼ਾਤਮਿਕ (सलेशातमिक) /saleśātamika サレーシャートミク/ [Skt. श्लेषम Skt.-आत्मक] *adj.* **1** 粘着性の, 粘りつく. **2** どうにでも解釈できる.

ਸਲੇਟ (सलेट) /saleṭa サレート/ [Eng. *slate*] *f.* **1**〖鉱物〗スレート《粘板岩を薄板状にしたもの》. **2**〖道具〗石板《ノート代わりに用いる粘板岩の板》.

ਸਲੇਟ ਪਿਨਸਲ (सलेट पिनसल) /saleṭa pinasala サレートピンサル/ [+ Eng. *pencil*] *f.*〖道具〗石筆《ろう石を筆の形にしたもの》. (⇒ਸਲੇਟੀ)

ਸਲੇਟੀ[1] (सलेटी) /saleṭī サレーティー/ [-ਈ] *f.* → ਸਲੇਟ ਪਿਨਸਲ

ਸਲੇਟੀ[2] (सलेटी) /saleṭī サレーティー/ [Eng. *slaty*] *adj.* **1** スレートの, スレートのような, 石板状の. **2** スレート色の, 青味がかった濃い灰色の.

ਸਲੇਟੀ[3] (सलेटी) /saleṭī サレーティー/ *f.* **1**〖姓〗スィアール種姓に属する女性または娘. **2**〖人名・文学〗ヒール［パンジャーブの伝承悲恋物語の女性主人公］の添え名. (⇒ਹੀਰ)

ਸਲੋਕ (सलोक) /saloka サローク/ [Skt. श्लोक] *m.*〖文学〗詩文, 頌句, 連句.

ਸਲੋਤਰ (सलोतर) /salotara サロータル/ *m.* 重い棒, 棍棒. (⇒ਸੋਟਾ ਡੰਡਾ)

ਸਲੋਤਰੀ (सलोतरी) /salotarī サロータリー/ [Skt. शालिहोत्री] *m.* 獣医. (⇒ਡੰਗਰ ਡਾਕਟਰ)

ਸ੍ਵ (स्व) /swa (sawa) スワ (サワ)/ [Skt. स्व] *pref.* 「自分」「自己の」「自らできる」などを意味する接頭辞. (⇒ਆਪਣਾ)

ਸਵਸਥ (सवसथ) /sawasatʰa サワスト/ ▸ਸ੍ਵਸਥ, ਸੁਅਸਥ [Skt. स्वस्थ] *adj.* **1** 健康な, 壮健な. (⇒ਸਿਹਤਮੰਦ) **2** 元気な, 達者な. (⇒ਤੰਦਰੁਸਤ) **3** 健全な. **4** 心の安定した, 気分の落ち着いた. **5** 頑健な(⇒ਤਕੜਾ)

ਸ੍ਵਸਥ (स्वसथ) /swasatʰa (sawasatʰa) スワスト (サワスト)/ ▸ਸਵਸਥ, ਸੁਅਸਥ *adj.* → ਸਵਸਥ

ਸਵਸਥਤਾ (सवसथता) /sawasatʰatā サワストター/ ▸

ਸ੍ਵਸਥਤਾ [Skt. स्वस्थ Skt.-ता] *f.* **1** 健康. (⇒ਸਿਹਤ) **2** 達者, 元気. (⇒ਤੰਦਰੁਸਤੀ) **3** 頑健(⇒ਤਕੜਾਈ)

ਸ੍ਵਸਥਤਾ (स्वसथता) /sawasa̸tʰa̸tā (sawasa̸tʰa̸tā) サワストター (サワストター)/ ▸ਸਵਸਥਤਾ *f.* → ਸਵਸਥਤਾ

ਸਵਖਤਾ (सवखता) /sawakʰa̸tā サワクター/ *m.* **1** 早い時間. **2** 早朝, 明け方. (⇒ਸਵੇਰਾ)

ਸਵਖਤੇ (सवखते) /sawakʰa̸te サワクテー/ *adv.* **1** 早い時間に, 早く. **2** 早朝に, 明け方に. (⇒ਸਵੇਰੇ, ਸਵੇਹਾਂ) **3** 明日. (⇒ਕੱਲ੍ਹ)

ਸਵੱਛ (सवच्छ) /sawaccʰa̸ サワッチ/ ▸ਸ੍ਵੱਛ [Skt. स्वच्छ] *adj.* **1** 清潔な, 清浄な. **2** 純粋な. **3** 透明な.

ਸ੍ਵੱਛ (स्वच्छ) /swaccʰa̸ (sawaccʰa̸) スワッチ (サワッチ)/ ▸ਸਵੱਛ *adj.* → ਸਵੱਛ

ਸਵਤੰਤਰ (सवतंतर) /sawatantara̸ サワタンタル/ ▸ਸ੍ਵਤੰਤ੍ਰ, ਸੁਤੰਤਰ *adj.* → ਸੁਤੰਤਰ

ਸ੍ਵਤੰਤ੍ਰ (स्वतंत्र) /swatantra̸ (sawatantara̸) スワタントル (サワタンタル)/ ▸ਸਵਤੰਤਰ, ਸੁਤੰਤਰ *adj.* → ਸੁਤੰਤਰ

ਸਵਤੰਤਰਤਾ (सवतंतरता) /sawatantara̸tā サワタンタルター/ ▸ਸ੍ਵਤੰਤ੍ਰਤਾ, ਸੁਤੰਤਰਤਾ *f.* → ਸੁਤੰਤਰਤਾ

ਸ੍ਵਤੰਤ੍ਰਤਾ (स्वतंत्रता) /swatantra̸tā (sawatantara̸tā) スワタントルター (サワタンタルター)/ ▸ਸਵਤੰਤ੍ਰਤਾ, ਸੁਤੰਤਰਤਾ *f.* → ਸੁਤੰਤਰਤਾ

ਸਵਦੇਸ਼ (सवदेश) /sawadeśa̸ サワデーシュ/ ▸ਸ੍ਵਦੇਸ਼ [Skt. स्वदेश] *m.* **1** 自国. **2** 母国.

ਸ੍ਵਦੇਸ਼ (स्वदेश) /swadeśa̸ (sawadeśa̸) スワデーシュ (サワデーシュ)/ ▸ਸਵਦੇਸ਼ *m.* → ਸਵਦੇਸ਼

ਸਵਦੇਸ਼ੀ (सवदेशी) /sawadeśī サワデーシー/ ▸ਸੁਦੇਸ਼ੀ [Skt. स्वदेशीय] *adj.* **1** 自国の. **2** 母国の. **3** 国内の.

ਸ੍ਵਧਰਮ (स्वधरम) /swatărama̸ (sawatărama̸) スワタラム (サワタラム)/ [Skt. स्वधर्म] *m.* 自分の宗教, 自己の義務.

ਸਵਧਾਨ (सवधान) /sava̸dăna̸ サヴダーン/ ▸ਸਵਾਧਾਨ, ਸਾਵਧਾਨ *adj.* → ਸਾਵਧਾਨ

ਸਵਪਨ (सवपन) /sawapana̸ サワパン/ ▸ਸ੍ਵਪਨ [Skt. स्वप्न] *m.* 夢. (⇒ਸੁਪਨਾ)

ਸ੍ਵਪਨ (स्वपन) /swapana̸ (sawapana̸) スワパン (サワパン)/ ▸ਸਵਪਨ *m.* → ਸਵਪਨ

ਸਵਯੰ (सवयं) /sawayam | sawayã サワヤム | サワヤン/ ▸ਸ੍ਵਯੰ [Skt. स्वयं] *adv.* 自分で, 自分自身で, 自ら, 自力で. (⇒ਖ਼ੁਦ)

ਸ੍ਵਯੰ (स्वयं) /swayam (sawayam) | swayã (sawayã) スワヤム (サワヤム) | スワヤン (サワヤン)/ ▸ਸਵਯੰ *adv.* → ਸਵਯੰ

ਸਵੱਯਾ (सवय्या) /sawayyā サワッヤー/ ▸ਸਵੈਯਾ *m.* 〖文学〗韻を踏む四行から成る韻律詩.

ਸਵਰ (सवर) /sawara̸ サワル/ ▸ਸ੍ਵਰ, ਸੁਅਰ, ਸੁਰ *m.* → ਸੁਰ[1]

ਸ੍ਵਰ (स्वर) /swara̸ (sawara̸) スワル (サワル)/ ▸ਸਵਰ, ਸੁਅਰ, ਸੁਰ *m.* → ਸੁਰ[1]

ਸਵਰ ਅੰਤਰੀ (सवर अंतरी) /sawara̸ antarī サワル アントリー/ [Skt. स्वर + Skt. अंतरीय] *adj.* 〖音〗母音間の.

ਸਵਰ ਸਿੱਧੀ (सवर सिद्धी) /sawara̸ sîddī サワル スィッディー/ [+ Skt. सिद्धि] *f.* **1** 声の制御. **2** 〖音楽〗声楽の練習, 声楽における熟達.

ਸਵਰ ਸ਼ਾਸਤਰ (सवर शासतर) /sawara̸ śāsa̸tara̸ サワル シャースタル/ [+ Skt. शास्त्र] *m.* 音声学.

ਸਵਰਗ (सवरग) /sawara̸ga̸ サワルグ/ ▸ਸ੍ਵਰਗ, ਸੁਅਰਗ, ਸੁਰਗ *m.* → ਸੁਰਗ

ਸ੍ਵਰਗ (स्वरग) /swara̸ga̸ (sawara̸ga̸) スワルグ (サワルグ)/ ▸ਸਵਰਗ, ਸੁਅਰਗ, ਸੁਰਗ *m.* → ਸੁਰਗ

ਸਵਰਗਵਾਸ (सवरगवास) /sawara̸ga̸wāsa̸ サワルグワース/ ▸ਸੁਰਗਵਾਸ *m.* → ਸੁਰਗਵਾਸ

ਸਵਰਗਵਾਸੀ (सवरगवासी) /sawara̸ga̸wāsī サワルグワースィー/ ▸ਸੁਰਗਵਾਸੀ *adj.m.* → ਸੁਰਗਵਾਸੀ

ਸਵਰਗੀ (सवरगी) /sawara̸gī サワルギー/ [Skt. स्वर्गिन्, स्वर्गीय] *adj.* **1** 天国の. (⇒ਅਰਸ਼ੀ)(⇔ਨਰਕੀ) **2** 死去した. **3** 故…. ❒ਗੁਜ਼ਰੇ ਜ਼ਮਾਨੇ ਦੇ ਪਰਸਿਧ ਸ਼ੋ-ਮੈਨ ਸਵਰਗੀ ਰਾਜ ਕਪੂਰ ਦੀ ਵੱਡੀ ਪੋਤੀ ਕਰਿਸ਼ਮਾ ਕਪੂਰ ਦੀ ਛੋਟੀ ਭੈਣ ਵੀ ਫ਼ਿਲਮਾਂ ਵਿੱਚ ਆ ਗਈ ਹੈ। 往年の名優故ラージ・カプールの年上の孫娘カリシュマー・カプールの妹も映画界にデビューしています.

ਸਵਰ ਚਿੰਨ੍ਹ (सवर चिंन्ह) /sawara̸ cînna̸ サワル チンヌ/ [Skt. स्वर + Skt. चिह्न] *m.* 〖文字〗母音記号.

ਸਵਰਣ (सवरण) /sawaraṇa̸ サワラン/ ▸ਸਵਰਨ, ਸੁਅਰਣ *m.* → ਸਵਰਨ

ਸਵਰ ਤੰਤੂ (सवर तंतू) /sawara̸ tantū サワル タントゥー/ [Skt. स्वर + Skt. तंतु] *m.* 〖身体〗声帯.

ਸਵਰਨ (सवरन) /sawarana̸ サワラン/ ▸ਸਵਰਣ, ਸੁਅਰਣ [Skt. स्वर्ण] *m.* 〖鉱物・金属〗金.

ਸਵਰਨਕਾਰ (सवरनकार) /sawarana̸kāra̸ サワランカール/ [Skt.-कार] *m.* 金細工職人.

ਸਵਰਨ ਮੰਦਰ (सवरन मंदर) /sawarana̸ mandara̸ サワラン マンダル/ [+ Skt. मन्दिर] *m.* 〖スィ〗黄金寺院, ゴールデン・テンプル《第5代グル・アルジャンがアムリトサルに建設したスィック教総本山の中心にある建物の通称. 正式の名称はハリマンダル》. (⇒ਗੋਲਡਨ ਟੈਂਪਲ, ਹਰਿਮੰਦਰ ਸਾਹਿਬ)

ਸੰਵਰਨਾ (संवरना) /sanwara̸nā サンワルナー/ ▸ਸਵਰਨਾ *vi.* → ਸਵਰਨਾ

ਸਵਰਨਾ (सवरना) /sawara̸nā サワルナー/ ▸ਸੰਵਰਨਾ [cf. ਸਵਾਰਨਾ] *vi.* **1** 改善される, 良くなる. (⇒ਚੰਗਾ ਹੋ ਜਾਣਾ) **2** 飾られる.

ਸਵਰ ਯੰਤਰ (सवर यंतर) /sawara̸ yantara̸ サワル ヤンタル/ [Skt. स्वर + Skt. यंत्र] *m.* 〖身体〗喉頭.

ਸਵਰ ਲਮਕਾਅ (सवर लमकाअ) /sawara̸ lamakāa サワル ラムカーア/ *m.* 〖音〗母音の伸長.

ਸਵਰ ਲੋਪ (सवर लोप) /sawara̸ lopa̸ サワル ロープ/ [Skt. स्वर + Skt. लोप] *m.* 〖音〗母音の発音省略.

ਸਵਰਾਜ (सवराज) /sawa̸rāja̸ サウラージ/ ▸ਸੁਰਾਜ *m.* → ਸੁਰਾਜ

ਸਵਾ (सवा) /sawā サワー/ [Skt. स + Skt. पाद] *adj.* **1** 4分の1多い, プラス4分の1の. **2** 1と4分の1の.

ਸਵਾਉਣਾ (सवाउणा) /sawāuṇā サワーウナー/ ▸ਸੁਆਉਣਾ, ਸੁਆਲਣਾ, ਸੁਲਾਉਣਾ [cf. ਸੌਣਾ] *vt.* 眠らせる, 寝かしつける.

ਸਵਾਇਆ (सवाइआ) /sawāiā サワーイアー/ [Skt. स + Skt. पाद] *adj.* **1** 1と4分の1の. **2** 少しの, 少量の, 僅かな.

ਸਵਾਸ (सवास) /sawāsa̸ サワース/ ▸ਸ੍ਵਾਸ, ਸਾਸ, ਸਾਹ, ਸੁਆਸ *m.* → ਸਾਹ

ਸ੍ਵਾਸ (स्वास) /swāsa (sawāsa) スワース（サワース）/ ▸ਸਵਾਸ, ਸਾਸ, ਸਾਹ, ਸੁਆਸ *m.* → ਸਾਹ

ਸਵਾਸਤਿਕ (सवासतिक) /sawāsatika サワースティク/ ▸ਸ੍ਵਾਸਤਿਕ [Skt. स्वस्तिक] *m.* 〖儀礼〗スワースティク（スワスティカ），卍（まんじ）《インドの諸宗教で用いられる造形意匠．吉祥の印として，めでたい時に壁などに描かれる》．

ਸ੍ਵਾਸਤਿਕ (स्वासतिक) /swāsatika (sawāsatika) スワースティク（サワースティク）/ ▸ਸਵਾਸਤਿਕ *m.* → ਸਵਾਸਤਿਕ

ਸਵਾਹ (सवाह) /sawâ サワー/ ▸ਸੁਆਹ *f.* 灰．

ਸਵਾਂਗ (सवाँग) /sawãga サワーング/ ▸ਸ੍ਵਾਂਗ, ਸਾਂਗ, ਸੁਆਂਗ *m.* → ਸਾਂਗ[1]

ਸ੍ਵਾਂਗ (स्वाँग) /swãga (sawãga) スワーング（サワーング）/ ▸ਸਵਾਂਗ, ਸਾਂਗ, ਸੁਆਂਗ *m.* → ਸਾਂਗ[1]

ਸਵਾਗਤ (सवागत) /sawāgata サワーガト/ ▸ਸ੍ਵਾਗਤ, ਸੁਆਗਤ *m.* → ਸੁਆਗਤ

ਸ੍ਵਾਗਤ (स्वागत) /swāgata (sawāgata) スワーガト（サワーガト）/ ▸ਸਵਾਗਤ, ਸੁਆਗਤ *m.* → ਸੁਆਗਤ

ਸੰਵਾਦ (संवाद) /sanwāda サンワード/ ▸ਸੰਬਾਦ, ਸਮਵਾਦ [Skt. संवाद] *m.* **1** 対話，議論．(⇒ਗੱਲਬਾਤ) **2** 情報，知らせ．(⇒ਖ਼ਬਰ, ਸਮਾਚਾਰ)

ਸਵਾਣਾ (सवाणा) /sawāṇā サワーナー/ [(Pot.)] *adj.* 女性の．(⇒ਜ਼ਨਾਨਾ)

ਸਵਾਣੀ (सवाणी) /sawāṇī サワーニー/ ▸ਸੁਆਣੀ *f.* → ਸੁਆਣੀ

ਸਵਾਦ (सवाद) /sawāda サワード/ ▸ਸ੍ਵਾਦ, ਸੁਆਦ *m.adj.* → ਸੁਆਦ

ਸ੍ਵਾਦ (स्वाद) /swāda (sawāda) スワード（サワード）/ ▸ਸਵਾਦ, ਸੁਆਦ *m.adj.* → ਸੁਆਦ

ਸਵਾਦਲਾ (सवादला) /sawādalā サワードラー/ ▸ਸੁਆਦਲਾ *adj.* → ਸੁਆਦਲਾ

ਸੰਵਾਦੀ (संवादी) /sanwādī サンワーディー/ [Skt. संवादिन्] *adj.* **1** 対応する，適応する． **2** 調和した，一致する．

ਸਵਾਦੀ (सवादी) /sawādī サワーディー/ ▸ਸਵਾਦੂ, ਸੁਆਦੀ, ਸਵਾਦੀਕ *adj.* → ਸੁਆਦੀ

ਸਵਾਦੀਕ (सवादीक) /sawādīka サワーディーク/ ▸ਸਵਾਦੀ, ਸਵਾਦੂ, ਸੁਆਦੀ *adj.* → ਸੁਆਦੀ

ਸਵਾਦੂ (सवादू) /sawādū サワードゥー/ ▸ਸਵਾਦੀ, ਸਵਾਦੀਕ, ਸੁਆਦੀ *adj.* → ਸੁਆਦੀ

ਸਵਾਧਾਨ (सवाधान) /savādăna サヴァーダーン/ ▸ਸਵਧਾਨ, ਸਾਵਧਾਨ *adj.* → ਸਾਵਧਾਨ

ਸਵਾਧਿਆਇ (सवाधिआइ) /sawādiăe サワーディアーエー/ [Skt. स्वाध्याय] *m.* 学習，研究，研鑽．(⇒ਮੁਤਾਲਿਆ)

ਸਵਾਧੀਨ (सवाधीन) /sawādĭna サワーディーン/ ▸ਸੁਆਧੀਨ [Skt. स्वाधीन] *adj.* **1** 自立した． **2** 独立した．(⇒ਸੁਤੰਤਰ)(⇔ਪਰਾਧੀਨ)

ਸਵਾਧੀਨਤਾ (सवाधीनता) /sawādĭnatā サワーディーンター/ [Skt.-ता] *f.* **1** 自立，自治． **2** 独立．(⇒ਸੁਤੰਤਰਤਾ)(⇔ਪਰਾਧੀਨਤਾ)

ਸਵਾਧੀਨਤਾ ਸੰਗ੍ਰਾਮ (सवाधीनता संग्राम) /sawādĭnatā saṅgrāma サワーディーンター サングラーム/ [+ Skt. संग्राम] *m.* **1** 独立闘争． **2** 独立戦争．

ਸਵਾਬ (सवाब) /sawāba サワーブ/ ▸ਸੁਆਬ [Arab. ṣavāb] *m.* **1** 善行．(⇒ਨੇਕੀ, ਪੁੰਨ) **2** 褒美．

ਸਵਾਮੀ (सवामी) /sawāmī サワーミー/ ▸ਸ੍ਵਾਮੀ, ਸੁਆਮੀ [Skt. स्वामिन्] *m.* **1** 主人． **2** 〖親族〗夫． **3** 聖者，尊者． **4** 隠者，苦行者． **5** 聖者・尊者・苦行者などに対して呼びかける称号．

ਸ੍ਵਾਮੀ (स्वामी) /swāmī (sawāmī) スワーミー（サワーミー）/ ▸ਸਵਾਮੀ, ਸੁਆਮੀ *m.* → ਸਵਾਮੀ

ਸਵਾਰ (सवार) /sawāra サワール/ ▸ਅਸਵਾਰ [Pers. savār] *adj.* **1** 載っている． **2** 乗っている，騎乗している． **3** 乗船している，搭乗している．

— *m.* **1** 乗り手． **2** 騎乗者，騎手． **3** 〖軍〗騎兵．

ਸਵਾਰਥ (सवारथ) /sawāratʰa サワールト/ ▸ਸ੍ਵਾਰਥ, ਸੁਆਰਥ [Skt. स्वार्थ] *m.* **1** 私利，自分だけの利益．(⇒ਗੌਂ) **2** 利己心，わがまま．

ਸ੍ਵਾਰਥ (स्वारथ) /swāratʰa (sawāratʰa) スワールト（サワールト）/ ▸ਸਵਾਰਥ, ਸੁਆਰਥ *m.* → ਸਵਾਰਥ

ਸਵਾਰਥਮਤਾ (सवारथमता) /sawāratʰamatā サワールトマター/ [Skt. स्वार्थ + Skt. मत] *f.* **1** 自分本位，わがまま．(⇒ਖ਼ੁਦਗ਼ਰਜ਼ੀ) **2** 利己主義．

ਸਵਾਰਥੀ (सवारथी) /sawāratʰī サワールティー/ ▸ਸ੍ਵਾਰਥੀ, ਸੁਆਰਥੀ [Skt. स्वार्थिन्] *adj.* 自分本位の，利己的な，わがままな，身勝手な．(⇒ਖ਼ੁਦਗ਼ਰਜ਼)

ਸ੍ਵਾਰਥੀ (स्वारथी) /swāratʰī (sawāratʰī) スワールティー（サワールティー）/ ▸ਸਵਾਰਥੀ, ਸੁਆਰਥੀ *adj.* → ਸਵਾਰਥੀ

ਸੰਵਾਰਨਾ (संवारना) /sanwāranā サンワールナー/ ▸ਸਵਾਰਨਾ, ਸੁਆਰਨਾ *vt.* → ਸੁਆਰਨਾ

ਸਵਾਰਨਾ (सवारना) /sawāranā サワールナー/ ▸ਸੰਵਾਰਨਾ, ਸੁਆਰਨਾ *vt.* → ਸੁਆਰਨਾ

ਸਵਾਰੀ (सवारी) /sawārī サワーリー/ ▸ਅਸਵਾਰੀ [Pers. savārī] *f.* **1** 乗ること． **2** 乗馬，騎乗． **3** 〖乗物〗馬車． **4** 乗物．(⇒ਵਾਹਨ) **5** 乗客．

ਸਵਾਲ (सवाल) /sawāla サワール/ ▸ਸੁਆਲ [Arab. suʰāl] *m.* **1** 質問，問い．(⇒ਪਰਸ਼ਨ)(⇔ਜਵਾਬ) ❐ਸਵਾਲ ਕਰਨਾ 質問する，問う． **2** 問題． **3** 請願． ❐ਸਵਾਲ ਕਰਨਾ 請う，乞う．

ਸਵਾਲੀ (सवाली) /sawālī サワーリー/ ▸ਸੁਆਲੀ [Arab. suʰālī] *m.* **1** 質問者． **2** 請願者． **3** 乞食．(⇒ਮੰਗਤਾ)

ਸਵਾਲੀਆ (सवालीआ) /sawālīā サワーリーアー/ ▸ਸੁਆਲੀਆ [Arab. suʰāl -ਈਆ] *adj.* 問いかける，質問の．

ਸਵਿਚ (सविच) /sawica サウィチ/ [Eng. *switch*] *f.* **1**（電気の）スイッチ． **2** 切り替え，転換．

ਸਵਿਟਜ਼ਰਲੈਂਡ (सविटज़रलैंड) /sawiṭazaralãĩḍa サウィトザルラェーンド/ [Eng. *Switzerland*] *m.* 〖国名〗スイス（連邦共和国）．

ਸੰਵਿਦਾ (संविदा) /sanvidā サンヴィダー/ [Skt. संविदा] *f.* 契約．(⇒ਠੇਕਾ, ਅਹਿਦ, ਇਕਰਾਰ, ਕੰਟ੍ਰੈਕਟ)

ਸੰਵਿਧਾਨ (संविधान) /sanvidăna サンヴィダーン/ [Skt. संविधान] *m.* **1** 〖法〗憲法． **2** 憲章．

ਸੰਵਿਧੀ (संविधी) /sanvidĭ サンヴィディー/ [Skt. संविधि] *f.* **1** 慣習，風習，しきたり．(⇒ਰੀਤੀ) **2** 制度． **3** 〖法〗法令，法規，制定法，成文法．

ਸਵੀਕਰਿਤ (सवीकरित) /sawīkarita サウィーカリト/ ▸ਸ੍ਵੀਕ੍ਰਿਤ [Skt. स्वीकृत] *adj.* **1** 受理された，受諾された． **2** 認められた，容認された．(⇒ਪਰਵਾਨ, ਮਨਜ਼ੂਰ)

ਸ੍ਵੀਕ੍ਰਿਤ (स्वीक्रित) /swīkrita (sawīkarita) スウィークリト（サウィーカリト）/ ▸ਸਵੀਕਰਿਤ *adj.* → ਸਵੀਕਰਿਤ

ਸਵੀਕਰਿਤੀ (सवीकरिती) /sawīkaritī サウィーカリティー/ ▸ਸ੍ਵੀਕ੍ਰਿਤੀ [Skt. स्वीकृति] *f.* **1** 受諾, 受理, 承諾. **2** 容認, 承認. (⇒ਪਰਵਾਨਗੀ, ਮਨਜ਼ੂਰੀ)

ਸ੍ਵੀਕ੍ਰਿਤੀ (स्वीक्रिती) /swīkritī (sawīkaritī) スウィークリティー（サウィーカリティー）/ ▸ਸਵੀਕਰਿਤੀ *f.* → ਸਵੀਕਰਿਤੀ

ਸਵੀਕਾਰ (सवीकार) /sawīkāra サウィーカール/ ▸ਸ੍ਵੀਕਾਰ [Skt. स्वीकार] *m.* **1** 受諾, 受理, 承諾. **2** 容認, 承認, 承知. (⇒ਪਰਵਾਨਗੀ, ਮਨਜ਼ੂਰੀ)
— *adj.* **1** 受理された, 受諾された, 承諾された. **2** 認められた, 承認された, 容認された. (⇒ਪਰਵਾਨ, ਮਨਜ਼ੂਰ)

ਸ੍ਵੀਕਾਰ (स्वीकार) /swīkāra (sawīkāra) スウィーカール（サウィーカール）/ ▸ਸਵੀਕਾਰ *m.adj.* → ਸਵੀਕਾਰ

ਸਵੀਕਾਰਨਾ (सवीकारना) /sawīkāranā サウィーカールナー/ [cf. ਸਵੀਕਾਰ] *vt.* **1** 受諾する, 受理する. **2** 認める, 容認する. ❒ਇਹ ਗੱਲ ਅੱਜ ਸਾਨੂੰ ਸਵੀਕਾਰਨੀ ਪਏਗੀ। このことを今日私たちは認めねばならないでしょう.

ਸਵੀਡਨ (सवीडन) /sawīḍana サウィーダン/ [Eng. *Sweden*] *m.*〚国名〛スウェーデン(王国).

ਸੰਵੇਗ (संवेग) /sanvega サンヴェーグ/ [Skt. संवेग] *m.* **1** 勢い. **2** 興奮. **3** 動揺, 混乱.

ਸਵੇਗ (सवेग) /savega サヴェーグ/ *adv.* **1** 速く, 高速で, 急速に, 速やかに. **2** 力いっぱい, 向こう見ずに.

ਸਵੇਤ (सवेत) /saweta サウェート/ ▸ਸ੍ਵੇਤ [Skt. श्वेत] *adj.* 白い, 白色の. (⇒ਚਿੱਟਾ)

ਸ੍ਵੇਤ (स्वेत) /sweta (saweta) スウェート（サウェート）/ ▸ਸਵੇਤ *adj.* → ਸਵੇਤ

ਸਵੇਦ (सवेद) /saweda サウェード/ [Skt. स्वेद] *m.*〚生理〛汗. (⇒ਪਸੀਨਾ, ਮੁੜ੍ਹਕਾ)

ਸੰਵੇਦਨ (संवेदन) /sanvedana サンヴェーダン/ [Skt. संवेदन] *m.* **1** 感じること, 感情. **2** 感じ, 感覚, 感触. **3** 知覚, 感じ方, 認識.

ਸੰਵੇਦਨਸ਼ੀਲ (संवेदनशील) /sanvedanaśīla サンヴェーダンシール/ [Skt.-शील] *adj.* **1** 感じやすい, 感受性の強い. **2** 敏感な, 繊細な.

ਸੰਵੇਦਨਸ਼ੀਲਤਾ (संवेदनशीलता) /sanvedanaśīlatā サンヴェーダンシールター/ [Skt.-ता] *f.* **1** 感性, 感受性. **2** 感じやすさ, 感受性の強さ. **3** 敏感さ, 繊細さ.

ਸੰਵੇਦੀ (संवेदी) /sanvedī サンヴェーディー/ [Skt. संवेदिन्] *adj.* **1** 感覚の, 知覚の. **2** 感じとれる, 知覚できる. **3** 敏感な, 感じやすい.

ਸਵੇਰ (सवेर) /sawera サウェール/ ▸ਸਿਹਰ, ਸਬੇਰ, ਸਬੇਰਾ, ਸਵੇਰਾ *f.* **1** 朝. **2** 早朝. (⇒ਪਰਭਾਤ) **3** 夜明け.

ਸਵੇਰਾ (सवेरा) /sawerā サウェーラー/ ▸ਸਿਹਰ, ਸਬੇਰ, ਸਬੇਰਾ, ਸਵੇਰ *m.* → ਸਵੇਰ

ਸਵੇਰੇ (सवेरे) /sawere サウェーレー/ ▸ਸਬੇਰੇ *adv.* **1** 朝, 朝に. **2** 早朝に. (⇒ਤੜਕੇ) **3** 夜明けに. (⇒ਫ਼ਜ਼ਰੀਂ)

ਸਵੈ (सवै) /sawai サワェー/ ▸ਸ੍ਵੈ [Skt. स्वीय] *pref.* 「自分(の)」「自己(の)」「自身(の)」などを意味する接頭辞. (⇒ਆਪਣਾ)

ਸ੍ਵੈ (स्वै) /swai (sawai) スワェー（サワェー）/ ▸ਸਵੈ *pref.* → ਸਵੈ

ਸਵੈਇੱਛਾ (सवैइच्छा) /sawaiicchā サワェーイッチャー/ [Skt. स्वीय- Skt. इच्छा] *f.* 意欲, 自由意志, 熱意.

ਸਵੈਇੱਛਿਤ (सवैइच्छित) /sawaiicchita サワェーイッチト/ [Skt. स्वीय- Skt. इच्छित] *adj.* 自発的な, 有志の, 自分で選んだ, 任意の.

ਸਵੈਸੰਜਮ (सवैसंजम) /sawaisañjama サワェーサンジャム/ [Skt. स्वीय- Skt. संयम] *m.* 自己抑制, 自制, 節制, 欲望の抑制.

ਸਵੈਸੰਜਮੀ (सवैसंजमी) /sawaisañjamī サワェーサンジミー/ [Skt. स्वीय- Skt. संयमिन्] *adj.* 自制心のある, 節制ある, 節度がある, 欲望の抑制ができる.

ਸਵੈਸਤਕਾਰ (सवैसतकार) /sawaisatakāra サワェーサトカール/ [Skt. स्वीय- Skt. सत्कार] *m.* 自尊心, 自負, うぬぼれ. (⇒ਗ਼ੈਰਤ)

ਸਵੈਸਨਮਾਨ (सवैसनमान) /sawaisanamāna サワェーサンマーン/ [Skt. स्वीय- Skt. सम्मान] *m.* 自尊心, 自負, うぬぼれ. (⇒ਗ਼ੈਰਤ)

ਸਵੈਸਿੱਧ (सवैसिद्ध) /sawaisîdda サワェースィッド/ [Skt. स्वीय- Skt. सिद्ध] *adj.* 自明の, 分かりきった.

ਸਵੈਸੁਝਾ (सवैसुझा) /sawaisujă サワェースジャー/ [Skt. स्वीय- cf. ਸੁੱਝਣਾ] *m.* 自己暗示.

ਸਵੈਸੇਵਕ (सवैसेवक) /sawaisewaka サワェーセーワク/ [Skt. स्वीय- Skt. सेवक] *m.* 志願者, 有志, 奉仕者, ボランティア. (⇒ਵਲੰਟੀਅਰ)

ਸਵੈਹਿਤ (सवैहित) /sawaihita サワェーヒト/ [Skt. स्वीय- Skt. हित] *m.* 自分の利益, 私利私欲, 利己主義.

ਸਵੈਕਾਰ (सवैकार) /sawaikāra サワェーカール/ [Skt. स्वीय- Skt.-कार] *adj.* 自分で動く, 自動の.

ਸਵੈਘਾਤ (सवैघात) /sawaikăta サワェーカート/ [Skt. स्वीय- Skt. घात] *m.* **1** 自殺. (⇒ਆਤਮਹੱਤਿਆ, ਖ਼ੁਦਕੁਸ਼ੀ) **2** 自己犠牲.

ਸਵੈਚਾਲਨ (सवैचालन) /sawaicālana サワェーチャーラン/ [Skt. स्वीय- Skt. चालन] *m.* 自動装置.

ਸਵੈਚਾਲਿਤ (सवैचालित) /sawaicālita サワェーチャーリト/ *adj.* 自動の, 自動装置の, 自力推進の, 自走式の.

ਸਵੈਚਾਲਿਤ ਗੱਡੀ (सवैचालित गड्डी) /sawaicālita gaḍḍī サワェーチャーリト ガッディー/ *f.*〚乗物〛自動車.

ਸਵੈਜੀਵਨੀ (सवैजीवनी) /sawaijīwanī サワェージーワニー/ [Skt. स्वीय- Skt. जीवन] *f.*〚文学〛自叙伝, 自伝.

ਸਵੈਟਰ (सवैटर) /sawaiṭara サワェータル/ ▸ਸ੍ਵੈਟਰ [Eng. *sweater*] *m.*〚衣服〛セーター.

ਸ੍ਵੈਟਰ (स्वैटर) /swaiṭara (sawaiṭara) スワェータル（サワェータル）/ ▸ਸਵੈਟਰ *m.* → ਸਵੈਟਰ

ਸਵੈਪਰਕਾਸ਼ੀ (सवैपरकाशी) /sawaiparakāśī サワェーパルカーシー/ *adj.* 自らを照らしている.

ਸਵੈਪੂਰਨ (सवैपूरन) /sawaipūrana サワェープールン/ [Skt. स्वीय- Skt.-पूर्ण] *adj.* **1** 自給自足の, 自立した. **2** うぬぼれた, 自己を過信した.

ਸਵੈਪੂਰਨਤਾ (सवैपूरनता) /sawaipūranatā サワェープールンター/ [Skt.-ता] *f.* **1** 自給自足, 自立. **2** 自己満足, うぬぼれ, 自己過信.

ਸਵੈਮਾਨ (सवैमान) /sawaimāna サワェーマーン/ [Skt. स्वीय- Skt. मान] *m.* 自尊心, 自負, うぬぼれ. (⇒ਗ਼ੈਰਤ)

ਸਵੈਯਾ (सवैया) /sawaiyā サワェーヤー/ ▸ਸਵੱਯਾ *m.*〚文学〛韻を踏む四行から成る韻律詩.

ਸਵੈਰੱਖਿਆ (सवैरक्खिआ) /sawairakkʰiā サワェーラッキアー/ [Skt. स्वीय- Skt. रक्षा] *f.* 自己防衛, 自衛.

ਸਵੈਵਿਸ਼ਵਾਸ (सवैविशवास) /sawaiviśawāsa サワェーヴィシュワース/ [Skt. स्वीय- Skt. विश्वास] *m.* 自己信頼, 自信. (⇒ਆਤਮ ਵਿਸ਼ਵਾਸ)

ਸਵੈਵਿਰੋਧ (सवैविरोध) /sawaivirôda サワェーヴィロード/ [Skt. स्वीय- Skt. विरोध] *m.* 自己矛盾.

ਸਵੈਵਿਰੋਧੀ (सवैविरोधी) /sawaivirôdī サワェーヴィローディー/ [Skt. स्वीय- Skt. विरोधिन्] *adj.* 自己矛盾の.

ਸੜ (सड़ह) /sâra サル/ *f.* 組み継ぎ, 接着. (⇒ਸੱਲਰ)

ਸੜ੍ਹਾਂਦ (सड़्हाँद) /sarā̃da サラーンド/ ▸ਸੜਿਆਂਧ, ਸੜਿਆਨ, ਸੜੇਹਾਨ *f.* 1 悪臭, 臭気. 2 毒気. 3 異臭.

ਸੜਕ (सड़क) /saraka サルク/ [Arab. *śarak*] *f.* 1 道, 道路. (⇒ਰਾਹ) 2 通り, 街路. 3 大通り, 街道.

ਸੜਨ (सड़न) /sarana サラン/ [cf. ਸੜਨਾ] *f.* 1 燃焼. (⇒ਜਲਨ) 2 燃えるような感覚. 3 やきもち, 嫉妬. 4 腐敗, 腐食. 5 発酵.

ਸੜਨਾ (सड़ना) /saranā サルナー/ [(Pkt. सडइ) Skt. शटति] *vi.* 1 燃える, 焼ける, 焦げる. (⇒ਜਲਨਾ) 2 やきもちを焼く, 嫉妬する. (⇒ਹਸਦ ਕਰਨਾ) 3 すねる. 4 萎れる, 枯れる, しぼむ. 5 滅びる, 廃れる. (⇒ਨਸ਼ਟ ਹੋਣਾ) 6 死ぬ, 死滅する. 7 腐る, 腐敗する. 8 発酵する.

ਸੜਵਾਉਣਾ (सड़वाउणा) /sarawāuṇā サルワーウナー/ [cf. ਸੜਨਾ] *vt.* 燃やさせる, 燃やしてもらう, 焼かせる, 焼いてもらう. (⇒ਜਲਵਾਉਣਾ)

ਸੜਾਉਣਾ (सड़ाउणा) /sarāuṇā サラーウナー/ [cf. ਸੜਨਾ] *vt.* 1 燃やす, 焼く, 燃焼させる. (⇒ਜਲਾਉਣਾ) 2 嫉妬させる, 苛立たせる. 3 腐らせる, 腐敗させる. 4 発酵させる.

ਸੜਿਆਂਧ (सड़िआँध) /sariā̃da サリアーンド/ ▸ਸੜ੍ਹਾਂਦ, ਸੜਿਆਨ, ਸੜੇਹਾਨ *f.* → ਸੜ੍ਹਾਂਦ

ਸੜਿਆਨ (सड़िआन) /sariāna サリアーン/ ▸ਸੜ੍ਹਾਂਦ, ਸੜਿਆਂਧ, ਸੜੇਹਾਨ *f.* → ਸੜ੍ਹਾਂਦ

ਸੜੀਅਲ (सड़ीअल) /sarīala サリーアル/ ▸ਸੜੂ *adj.* 1 気難しい, 不機嫌な. 2 怒りっぽい, 短気な. 3 意地の悪い.

ਸੜੂ (सड़ू) /sarū サルー/ ▸ਸੜੀਅਲ *adj.* → ਸੜੀਅਲ

ਸੜੇਹਾਨ (सड़ेहान) /sarehāna | sareā̃na サレーハーン | サレーアーン/ ▸ਸੜ੍ਹਾਂਦ, ਸੜਿਆਂਧ, ਸੜਿਆਨ *f.* → ਸੜ੍ਹਾਂਦ

ਸਾਂ¹ (साँ) /sā̃ サーン/ *vi.* 《動詞 ਹੋਣਾ の1人称・単数及び複数・過去形. ਮੈਂ … ਸਾਂ , ਅਸੀਂ … ਸਾਂ 》 1 …であった, …でした. 2 …あった・いた, …ありました・いました.

ਸਾਂ² (साँ) /sā̃ サーン/ ▸ਅਸਾ, ਸਾ *pron.* → ਸਾ¹

ਸਾ¹ (सा) /sā サー/ ▸ਅਸਾ, ਸਾਂ *pron.* 《一人称複数 ਅਸੀਂ の後置格. 結合形・融合形の一部となり, 単独では用いられない》私たち, 我々.

ਸਾ² (सा) /sā サー/ ▸ਸੀ *vi.* → ਸੀ¹

ਸਾਉ (साउ) /sāu | sāo サーウ | サーオー/ ▸ਸਉ, ਸਓ, ਸੋ, ਸੌ *vi.* → ਸਉ¹

ਸਾਉਗੀ (साउगी) /sāugī サーウギー/ ▸ਸੌਗੀ, ਸੌਂਗੀ *f.* → ਸੌਗੀ

ਸਾਉਣ (साउण) /sāuṇa サーウン/ ▸ਸਉਣ, ਸਾਵਣ, ਸੌਣ [Skt. श्रावण] *m.* 〖暦〗サーウン(シュラーヴァナ)月《インド暦5月・西洋暦7〜8月》.

ਸਾਉਣੀ (साउणी) /sāuṇī サーウニー/ *f.* 〖農業〗秋の収穫.

ਸਾਉੱਦਾ (साउद्दा) /sāuddā サーウッダー/ [Pers. *saudā*] *m.* 1 商売. (⇒ਵਪਾਰ) 2 商品.

ਸਾਉਲ (साउल) /sāula サーウル/ *f.* 留め具.

ਸਾਉਂਲਾ (साउंला) /sāunlā サーウンラー/ ▸ਸਉਲਾ, ਸਾਉਲਾ, ਸਾਂਵਰਾ, ਸਾਂਵਲਾ, ਸਾਵਲਾ, ਸੌਲਾ *adj.* → ਸਾਉਲਾ

ਸਾਉਲਾ (साउला) /sāulā サーウラー/ ▸ਸਉਲਾ, ਸਾਉਂਲਾ, ਸਾਂਵਰਾ, ਸਾਂਵਲਾ, ਸਾਵਲਾ, ਸੌਲਾ [Skt. श्यामल] *adj.* 1 黒い. (⇒ਕਾਲੇ ਰੰਗ ਦਾ) 2 黒っぽい, 薄黒い. (⇒ਹਲਕਾ ਕਾਲਾ) 3 血色の悪い. 4 強い. (⇒ਜ਼ੋਰਾਵਰ)

ਸਾਊ (साऊ) /sāū サーウー/ *adj.* 1 文明化された, 洗練された, 礼儀のある. (⇒ਸੱਭਿ) 2 優しい, 温和な, 気立ての良い.

ਸਾਊਂਡ (साऊँड) /sāū̃ḍa サーウーンド/ [Eng. *sound*] *f.* 音, 声, 音声. (⇒ਅਵਾਜ਼)

ਸਾਊਦੀ ਅਰਬ (साऊदी अरब) /sāūdī araba サーウーディー アルブ/ [Arab. *saudi arab*] *m.* 〖国名〗サウジアラビア(王国).

ਸਾਇਆ (साइआ) /sāiā サーイアー/ ▸ਸਾਯਾ [Pers. *sāya*] *m.* 1 陰. (⇒ਛਾਂ, ਪਰਛਾਵਾਂ) 2 影. 3 影響. 4 防御, 保護, 保護. (⇒ਰੱਖਿਆ) 5 悪影響, 祟り. 6 恐れ. (⇒ਡਰ)

ਸਾਇੰਸ (साइंस) /sāinsa サーインス/ [Eng. *science*] *f.* 科学. (⇒ਵਿਗਿਆਨ)

ਸ਼ਾਇਸਤਗੀ (शाइसतगी) /śāisatagī シャーイスタギー/ [Pers. *śāista* Pers.-*gī*] *f.* 1 洗練, 気品, 教養. 2 洗練された態度. 3 礼儀正しさ, 礼節. 4 行儀の良さ, 上品さ.

ਸ਼ਾਇਸਤਾ (शाइसता) /śāisatā シャーイスター/ [Pers. *śāista*] *adj.* 1 洗練された, 気品のある, 教養のある. (⇒ਸਭਯ) 2 礼儀正しい. 3 行儀の良い, 上品な. (⇒ਸ਼ਰੀਫ਼)

ਸਾਇੰਸਦਾਨ (साइंसदान) /sāinsadāna サーインスダーン/ [Eng. *science* Pers.-*dān*] *m.* 科学者. (⇒ਵਿਗਿਆਨੀ)

ਸਾਇੰਸੀ (साइंसी) /sāinsī サーインスィー/ [-ਈ] *adj.* 科学の, 科学的な. (⇒ਵਿਗਿਆਨਿਕ)

ਸਾਇੰਕਾਲ (साइंकाल) /sāiṅkāla サーインカール/ [Skt. सायंकाल] *m.* 1 夕方. (⇒ਸ਼ਾਮ) 2 日没, 日暮れ. (⇒ਆਥਣ) 3 夕暮れ, 夕闇, たそがれ.

ਸਾਇੰਟੇਫ਼ਿਕ (साइंटेफ़िक) /sāinṭefika サーインテーフィク/ [Eng. *scientific*] *adj.* 科学的な. (⇒ਵਿਗਿਆਨਕ)

ਸਾਇਣ (साइण) /sāiṇa サーイン/ ▸ਸਾਇਨ *f.* 1 女主人. (⇒ਮਾਲਕਿਆਣੀ) 2 所有者の妻. (⇒ਸਾਈਂ ਦੀ ਤੀਵੀਂ)

ਸਾਇਤ (साइत) /sāita サーイト/ [Arab. *sā`at*] *f.* 1 〖時間〗約24分の時間の単位. 2 1時間. 3 時間. (⇒ਘੜੀ) 4 縁起の良い時, 吉祥の時刻. (⇒ਮਹੂਰਤ)

ਸ਼ਾਇਦ (शाइद) /śāida シャーイド/ ▸ਸ਼ੈਦ [Pers. *śāyad*] *adv.* 1 多分, 恐らく. (⇒ਖ਼ਬਰੇ) 2 ことによると, もしかすると.

ਸਾਇਨ (साइन) /sāina サーイン/ ▸ਸਾਇਣ *f.* → ਸਾਇਣ

ਸਾਇਬਾਨ (साइबान) /sāibāna サーイバーン/ ▸ਸਾਏਬਾਨ *m.* → ਸਾਏਬਾਨ

ਸਾਇਬੇਰੀਆ (साइबेरीआ) /sāiberīā サーイベーリーアー/ [Eng. *Siberia*] *m.* 〖地名〗シベリア.

ਸ਼ਾਇਰ (शाइर) /śāira シャーイル/ [Arab. śā`ir] m. 〖文学〗詩人, 歌人. (⇒ਕਵੀ)

ਸ਼ਾਇਰਾਨਾ (शाइराना) /śāirānā シャーイラーナー/ [Pers. śā`irāna] adj. 1 詩の, 詩的な. 2 詩人の. 3 詩人のような. (⇒ਸ਼ਾਇਰਾਂ ਵਰਗਾ)

ਸ਼ਾਇਰੀ (शाइरी) /śāirī シャーイリー/ [Pers. śā`irī] f. 〖文学〗詩, 詩作. (⇒ਕਵਿਤਾ)

ਸਾਈਂ (साईं) /sāī̃ サーイーン/ ▸ਸਈਆਂ [Skt. स्वामिन्] m. 1 主人. (⇒ਮਾਲਕ) 2 〖親族〗夫. (⇒ਨਾਥ) 3 尊者, 聖者. (⇒ਫ਼ਕੀਰ)

ਸਾਈ (साई) /sāī サーイー/ f. 前金, 前渡し金. (⇒ਪੇਸ਼ਗੀ)

ਸਾਈਸ (साईस) /sāīsa サーイース/ ▸ਸਈਸ, ਸਹੀਸ m. → ਸਈਸ

ਸਾਈਕਲ (साईकल) /sāīkala サーイーカル/ ▸ਸੈਕਲ [Eng. cycle] m. 〖乗物〗自転車.

ਸਾਈਕਲ ਰਿਕਸ਼ਾ (साईकल रिकशा) /sāīkala rikaśā サーイーカル リクシャー/ [+ Eng. rickshaw bf. Jap.] m. 〖乗物〗サイクル・リキシャ, 輪タク《自転車で引くリキシャ. 自転車の後部が客用の二輪の台車になっている》.

ਸਾਈਕਾਲੋਜੀ (साईकालोजी) /sāīkālojī サーイーカーロージー/ [Eng. psychology] f. 心理学. (⇒ਮਨੋਵਿਗਿਆਨ)

ਸਾਈਜ਼ (साईज़) /sāīza サーイーズ/ [Eng. size] m. サイズ, 大きさ. (⇒ਨਾਪ)

ਸਾਈਟ (साईट) /sāīṭa サーイート/ [Eng. site] f. 〖電算〗サイト, (インターネットの)ウェブサイト.

ਸਾਈਡ (साईड) /sāīḍa サーイード/ [Eng. side] f. 側, 脇, 横. (⇒ਪਾਸਾ)

ਸਾਈਨ (साईन) /sāīna サーイーン/ ▸ਸੈਨ [Eng. sign] m. 1 符号, 記号. 2 印, マーク. (⇒ਨਿਸ਼ਾਨੀ) 3 標識, 掲示. ❐ਸਾਈਨ ਬੋਰਡ 看板, 掲示板. 4 合図, 身振り. (⇒ਇਸ਼ਾਰਾ) 5 署名. (⇒ਦਸਖ਼ਤ)

ਸਾਈਫ਼ਾਨ (साईफ़ान) /sāīpʰāna サーイーパーン/ [Eng. syphon] f. 〖道具〗サイフォン, 吸い上げ管.

ਸਾਏਬਾਨ (साएबान) /sāebāna サーエーバーン/ ▸ਸਾਇਬਾਨ [Pers. sāibān] m. 1 〖建築〗日除けの庇. 2 天蓋. (⇒ਚਾਨਣੀ) 3 格納用の大型テント.

ਸਾਸ (सास) /sāsa サース/ ▸ਸਵਾਸ, ਸੁਾਸ, ਸਾਹ, ਸੁਆਸ m. → ਸਾਹ

ਸ਼ਾਸਕ (शासक) /śāsaka シャーサク/ [Skt. शासक] m. 1 支配者, 統治者. (⇒ਹਾਕਮ) 2 総督, 知事.

ਸ਼ਾਸਤਰ (शासतर) /śāsatara シャースタル/ [Skt. शास्त्र] m. 1 〖ヒ〗ヒンドゥー教の聖典. 2 聖典, 宗教法典. 3 法軌範. 4 論, 論考. 5 学術書. 6 哲学の流派. 7 科学, 学問, 学理.

ਸ਼ਾਸਤਰਵੇਤਾ (शासतरवेता) /śāsatarawetā シャースタルウェーター/ [+ Skt. वेत्ता] m. 1 聖典に精通した人. 2 パンディト. (⇒ਪੰਡਤ)

ਸ਼ਾਸਤਰਾਰਥ (शासतरारथ) /śāsatarāratʰa シャースタラールト/ [Skt. शास्त्रार्थ] m. 1 聖典の意味解釈. (⇒ਸ਼ਾਸਤਰ ਰਚਨਾ) 2 聖典についての議論. (⇒ਸ਼ਾਸਤਰ ਰਚਨਾ) 3 宗教上の論争.

ਸ਼ਾਸਤਰੀ[1] (शासतरी) /śāsatarī シャースタリー/ [Skt. शास्त्रिन्] adj. 1 聖典に精通した. 2 哲学・科学・学問に精通した.

— m. 1 聖典に精通した人. 2 哲学・科学・学問に精通した人, 学者, 学術研究者. 3 サンスクリット語の学位. 4 聖典・宗教文献に熟達していること.

— f. 1 〖文字〗デーヴァナーガリー文字. 2 サンスクリット語. 3 ヒンディー語.

ਸ਼ਾਸਤਰੀ[2] (शासतरी) /śāsatarī シャースタリー/ [Skt. शास्त्रीय] adj. 1 ヒンドゥー教の聖典に関係する. 2 聖典の, 聖典に基づく, 聖典に合致した. 3 精神的な, 宗教上の. 4 古典の, 伝統の. ❐ਸ਼ਾਸਤਰੀ ਸੰਗੀਤ 古典音楽. 5 学術研究の, 学問の. 6 科学の, 科学的な.

ਸ਼ਾਸਨ (शासन) /śāsana シャーサン/ [Skt. शासन] m. 1 政治, 統治. (⇒ਰਾਜ) 2 行政. 3 支配.

ਸ਼ਾਸਨ ਸੰਬੰਧੀ (शासन संबंधी) /śāsana sambândī シャーサン サンバンディー/ [+ Skt. संबंधिन्] adj. 1 政治の, 統治の. (⇒ਰਾਜਸੀ) 2 行政の.

ਸ਼ਾਸਨ ਕਾਲ (शासन काल) /śāsana kāla シャーサン カール/ [+ Skt. काल] m. 1 統治期間. 2 治世, 在位期間.

ਸ਼ਾਸਨ ਪ੍ਰਨਾਲੀ (शासन प्रनाली) /śāsana pranālī (śāsana paranālī) シャーサン プラナーリー (シャーサン パルナーリー)/ [+ Skt. प्रणाली] f. 統治組織, 政治制度. (⇒ਰਾਜ)

ਸ਼ਾਸਨੀ (शासनी) /śāsanī シャースニー/ [-ਈ] adj. 1 政治の, 統治の. (⇒ਰਾਜਸੀ) 2 行政の.

ਸ਼ਾਸਿਤ (शासित) /śāsita シャースィト/ [Skt. शासित] adj. 1 支配された. 2 統治された.

ਸਾਹ (साह) /sâ サー/ ▸ਸਵਾਸ, ਸੁਾਸ, ਸਾਸ, ਸੁਆਸ [Skt. श्वास] m. 1 息, 呼吸. (⇒ਦਮ) 2 休息, 安息, 安らぎ.

ਸ਼ਾਹ (शाह) /śâ シャー/ [Pers. śāh] m. 1 王, 国王, 皇帝. 2 富豪. (⇒ਸੇਠ)

— suff. 〖イス〗高徳のファキールやサイヤドなどの人名の後に付ける敬称.

— adj. 1 偉大な. 2 卓越した, 著名な.

ਸਾਹਸ (साहस) /sâsa | sāhasa サス | サーハス/ [Skt. साहस] m. 勇気, 気合, 大胆さ. (⇒ਹਿੰਮਤ)

ਸਾਹਸਰ (साहसर) /sâsara サーサル/ ▸ਸਹੰਸ, ਸਹੰਸਰ ca.num.(m.) adj. → ਸਹੰਸਰ

ਸਾਹਸੀ (साहसी) /sâsī サースィー/ [Skt. साहसिन्] adj. 勇気のある, 勇敢な, 気合の入った, 大胆な. (⇒ਹਿੰਮਤੀ)

ਸ਼ਾਹਕਾਰ (शाहकार) /śâkāra シャーカール/ [Pers. śāh + Pers. kār] m. 偉大な作品, 卓越した作品, 最高の作品, 傑作, 名作, 代表作. (⇒ਮਹਾਨ ਰਚਨਾ)

ਸਾਹਜਰਾ (साहजरा) /sâjarā サージャラー/ m. 1 夜明け, 明け方, 早朝. (⇒ਪਰਭਾਤ) 2 朝. (⇒ਸੁਬ੍ਹਾ, ਸਵੇਰਾ)

ਸਾਹਜਰੇ (साहजरे) /sâjare サージャレー/ ▸ਸਾਝਰੇ adv. 1 早朝に. 2 早く.

ਸ਼ਾਹਜ਼ਾਦਾ (शाहज़ादा) /śâzādā シャーザーダー/ [Pers. śāhzāda] m. 王子, 皇子. (⇒ਬਾਦਸ਼ਾਹ ਦਾ ਲੜਕਾ)

ਸ਼ਾਹਜ਼ਾਦੀ (शाहज़ादी) /śâzādī シャーザーディー/ [-ਈ] f. 王女, 皇女. (⇒ਬਾਦਸ਼ਾਹ ਦੀ ਲੜਕੀ)

ਸ਼ਾਹਣੀ (शाहणी) /śâṇī シャーニー/ [Pers. śāh -ਣੀ] f. 1 王妃. 2 富豪の妻. 3 商人・店主・金融業者などの妻.

ਸ਼ਾਹਦ (शाहद) /śâda シャード/ ▸ਸ਼ਾਹਿਦ [Arab. śāhad] m. 証人, 目撃者. (⇒ਗਵਾਹ)

ਸ਼ਾਹਦੀ (शाहदी) /śâdī シャーディー/ [-ਈ] *f.* 証拠. (⇒ਗਵਾਹੀ)

ਸਾਹਬ (साहब) /sâba | sāhaba サーブ | サーハブ/ ▸ਸਾਹਿਬ *m.int.* → ਸਾਹਿਬ

ਸ਼ਾਹ ਬਲੂਤ (शाह बलूत) /śâ balūta シャー バルート/ [Pers. *śāh* + Arab. *ballūt*] *m.* 〖植物〗オーク, ナラ(楢)《ブナ科の落葉広葉樹》.

ਸਾਹਮਣਾ (साहमणा) /sâmaṇā | sâmaṇā サームナー | サーマナー/ ▸ਸਾਮ੍ਹਣਾ [Skt. सम्मुख] *m.* **1** 表, 前, 前面, 正面. **2** 直面, 向かい合うこと, 出会い. ❐ਸਾਹਮਣਾ ਕਰਨਾ 直面する. **3** 対抗, 対立, 反抗, 競争, 立ち向かうこと. ❐ ਸਾਹਮਣਾ ਕਰਨਾ 対抗する, 反抗する, 立ち向かう. **4** 対比, 比較.

ਸਾਹਮਣੇ (साहमणे) /sâmaṇe | sâmaṇe サームネー | サーマネー/ ▸ਸਾਮ੍ਹਣੇ [Skt. सम्मुख] *adv.* **1** 前に, 前面に. **2** 正面に, 向かいに. **3** 面前で. **4** 表に, 表面に.

— *postp.* **1**…の前に, …の前面に. **2**…の正面に, …の向かいに. ❐ਮੇਰਾ ਘਰ ਡਾਕਖ਼ਾਨੇ ਦੇ ਸਾਹਮਣੇ ਹੈ। 私の家は郵便局の正面にあります. **3**…の面前で. **4**…の表に, …の表面に.

ਸ਼ਾਹਮੁਖੀ (शाहमुखी) /śâmukʰī シャームキー/ [Pers. *śāh* + Skt. मुख -ਈ] *f.* 〖文字〗シャームキー文字《パンジャービー語の表記文字のうちの一つの名称. アラビア系文字の一つで, 主にパキスタン国内で用いられる》.

ਸ਼ਾਹਰਾਹ (शाहराह) /śârâ シャーラー/ [Pers. *śāh* + Pers. *rāh*] *m.* 幹線道路. (⇒ਮਹਾਂਮਾਰਗ, ਵੱਡੀ ਸੜਕ) ❐ਕੌਮੀ ਸ਼ਾਹਰਾਹ 国道.

ਸਾਹਲ[1] (साहल) /sâla サール/ [Arab. *śāqūl*] *m.* 〖道具〗下げ振り〔垂直の方向を調べるのに用いる大工道具〕の鉄の重り.

ਸਾਹਲ[2] (साहल) /sâla サール/ ▸ਸਾਹਿਲ *m.* → ਸਾਹਿਲ

ਸਾਹਵਾਂ (साहवाँ) /sâwā̃ サーワーン/ *adj.* **1** 正面の. **2** 向かい側の.

ਸਾਹਵਾਰਾ (साहवारा) /sâwārā サーワーラー/ ▸ਸਸੁਰ, ਸਹੁਰਾ, ਸੌਹਰਾ [(Lah.) Skt. श्वसुर] *m.* 〖親族〗舅(しゅうと)《夫または妻の父である義父》.

— *adj.* 舅の.

ਸਾਹਵੇਂ (साहवें) /sâwẽ サーウェーン/ ▸ਸੌਹੇਂ *adv.* **1** 正面に. **2** 向かい側に.

ਸਾਹਾ (साहा) /sāhā サーハー/ ▸ਸਾਹਿਆ *m.* 〖儀礼〗婚礼などめでたい行事の予定日. (⇒ਵਿਆਹ ਦਾ ਨਿਯਤ ਦਿਨ)

ਸ਼ਾਹਾਨਾ (शाहाना) /śāhānā シャーハーナー/ ▸ਸਹਾਨਾ, ਸ਼ਹਾਨਾ [Pers. *śāhāna*] *adj.* **1** 王の, 国王の, 皇帝の. (⇒ਸ਼ਾਹੀ) **2** 壮麗な, 豪華な.

ਸਾਹਿਆ (साहिआ) /sâiā サーイアー/ ▸ਸਾਹਾ *m.* → ਸਾਹਾ

ਸਾਹਿਤ (साहित) /sāhita サーヒト/ ▸ਸਾਹਿੱਤ [Skt. साहित्य] *m.* **1** 文学, 文芸. (⇒ਅਦਬ) **2** 文献.

ਸਾਹਿੱਤ (साहित्त) /sāhitta サーヒット/ ▸ਸਾਹਿਤ *m.* → ਸਾਹਿਤ

ਸਾਹਿਤਕ (साहितक) /sāhitaka サーヒタク/ ▸ਸਾਹਿੱਤਕ, ਸਾਹਿਤਿਕ, ਸਾਹਿੱਤਿਕ *adj.* → ਸਾਹਿਤਿਕ

ਸਾਹਿੱਤਕ (साहित्तक) /sāhittaka サーヒッタク/ ▸ਸਾਹਿਤਕ, ਸਾਹਿਤਿਕ, ਸਾਹਿੱਤਿਕ *adj.* → ਸਾਹਿਤਿਕ

ਸਾਹਿਤਕਾਰ (साहितकार) /sāhitakāra サーヒトカール/ ▸ਸਾਹਿੱਤਕਾਰ [Skt. साहित्य Skt.-कार] *m.* 文学者.

ਸਾਹਿੱਤਕਾਰ (साहित्तकार) /sāhittakāra サーヒットカール/ ▸ਸਾਹਿਤਕਾਰ *m.* → ਸਾਹਿਤਕਾਰ

ਸਾਹਿਤਿਕ (साहितिक) /sāhitika サーヒティク/ ▸ਸਾਹਿਤਕ, ਸਾਹਿੱਤਕ, ਸਾਹਿੱਤਿਕ [Skt. साहित्यिक] *adj.* 文学の, 文芸の, 文学的な, 文学関係の, 文学上の. (⇒ਅਦਬੀ)

ਸਾਹਿੱਤਿਕ (साहित्तिक) /sāhittika サーヒッティク/ ▸ਸਾਹਿਤਕ, ਸਾਹਿੱਤਕ, ਸਾਹਿਤਿਕ *adj.* → ਸਾਹਿਤਿਕ

ਸ਼ਾਹਿਦ (शाहिद) /śâida シャーイド/ ▸ਸ਼ਾਹਦ *m.* → ਸ਼ਾਹਦ

ਸਾਹਿਬ (साहिब) /sāhiba | sâba サーヒブ | サーブ/ ▸ਸਾਹਬ [Arab. *ṣāhib*] *m.* **1** 主人. (⇒ਮਾਲਕ) **2** 旦那, お偉方. **3**…氏. **4** 〖スィ〗スィック教の聖典やグルドゥワーラーの名称の後に加え尊敬を込めて呼ぶ言葉.

— *int.* **1** 御主人. **2** 旦那さん. **3** お客さん.

ਸਾਹਿਬੀ (साहिबी) /sāhibī サーヒビー/ [Pers. *ṣāhabī*] *f.* 貴族の地位. (⇒ਮਾਲਕੀ)

ਸਾਹਿਲ (साहिल) /sāhila サーヒル/ ▸ਸਾਹਲ [Arab. *sāhil*] *m.* **1** 岸. (⇒ਤਟ) **2** 海岸, 海辺. (⇒ਸਮੁੰਦਰ ਦਾ ਕਿਨਾਰਾ)

ਸਾਹਿਲੀ (साहिली) /sāhilī サーヒリー/ [-ਈ] *adj.* **1** 岸の. **2** 海岸の, 海辺の.

ਸ਼ਾਹੀ[1] (शाही) /śâī シャーイー/ [Pers. *śāhī*] *adj.* **1** 王の, 国王の, 皇帝の. (⇒ਸ਼ਾਹਾਨਾ) **2** 主要な, 中心の.

ਸ਼ਾਹੀ[2] (शाही) /śâī シャーイー/ ▸ਸਿਆਹੀ *f.* → ਸਿਆਹੀ

ਸ਼ਾਹੂਕਾਰ (शाहूकार) /śâūkāra シャーウーカール/ ▸ਸਹੂਕਾਰ [Skt. साधु Skt.-कार] *m.* **1** 豪商. (⇒ਸੇਠ) **2** 金貸し, 金融業者. (⇒ਸਰਾਫ਼) **3** 銀行家, 銀行経営者.

ਸ਼ਾਹੂਕਾਰਨੀ (शाहूकारनी) /śâūkāranī シャーウーカールニー/ [-ਨੀ] *f.* **1** 女性の豪商, 豪商の妻. **2** 女性の金融業者, 女の金貸し, 金貸しの妻.

ਸ਼ਾਹੂਕਾਰਾ (शाहूकारा) /śâūkārā シャーウーカーラー/ ▸ਸ਼ਾਹੂਕਾਰੀ *m.* → ਸ਼ਾਹੂਕਾਰੀ

ਸ਼ਾਹੂਕਾਰੀ (शाहूकारी) /śâūkārī シャーウーカーリー/ ▸ਸ਼ਾਹੂਕਾਰਾ [Skt. साधु Skt.-कारिता] *f.* 金貸し業, 金融業.

ਸਾਕ (साक) /sāka サーク/ *m.* **1** 関係, 関わり. (⇒ਸੰਬੰਧ, ਤਅੱਲਕ) **2** 親族, 親類. (⇒ਰਿਸ਼ਤੇਦਾਰ) **3** 親族関係. **4** 縁組.

ਸਾਕ-ਅੰਗ (साक-अंग) /sāka-aṅga サーク・アング/ *m.* **1** 親戚. **2** 親類縁者. **3** 親族.

ਸਾਕ-ਸੰਬੰਧੀ (साक-संबंधी) /sāka-sambândī サーク・サンバンディー/ *adj.* **1** 関係のある. **2** 親類縁者の, 血縁の.

— *m.* **1** 親戚. **2** 親類縁者. **3** 親族.

ਸਾਕਤ (साकत) /sākata サーカト/ [Skt. शाक्त] *m.* **1** 〖ヒ〗シャクティ〔性力〕またはマーヤー〔幻力〕を信仰する者. (⇒ਸ਼ਕਤੀ ਜਾਂ ਮਾਇਆ ਦਾ ਭਗਤ) **2** 〖ヒ〗カーリー女神の崇拝者. (⇒ਕਾਲੀ ਦਾ ਭਗਤ) **3** 〖スィ〗精神的な事柄よりは, むしろ世俗的な事柄に魅せられた者《『アーディ・グラント』では「神から離れ, 自身の心の導きに従う者」を意味する》. (⇒ਮਨਮੁਖ)

ਸਾਕਾ (साका) /sākā サーカー/ [Skt. शाका] *m.* **1** 事件. (⇒ਘਟਨਾ) **2** 歴史的な事件, 歴史に残る事件. (⇒ਇਤਿਹਾਸਿਕ ਘਟਨਾ) **3** 未曾有の武勇と犠牲を伴った悲劇的な事件. (⇒ਮਾਰੂਕੇ ਦੀ ਘਟਨਾ)

ਸਾਕਾ ਸੰਮਤ (साका संमत) /sākā sammata サーカー サンマト/ [Skt. शाका + Skt. संवत्] *m.* **1** 〖暦〗シャカ暦. **2**

〖暦〗シャカ紀元《西暦78年の3月に始まる》.

ਸ਼ਾਕਾਹਾਰੀ (शाकाहारी) /śākāhārī シャーカーハーリー/ [Skt. शाकाहारिन्] *m.* 菜食主義者, 非肉食者. (⇒ ਅਮਾਸਾਹਾਰੀ, ਵੈਸ਼ਨੋ)(⇔ਮਾਸਾਹਾਰੀ)

ਸਾਕਾਗੀਰੀ (साकागीरी) /sākāgīrī サーカーギーリー/ *f.* **1** 関係. (⇒ਸਬੰਧ) **2** 親類縁者. **3** 血縁集団.

ਸਾਕਾਦਾਰੀ (साकादारी) /sākādārī サーカーダーリー/ *f.* → ਸਾਕਾਗੀਰੀ

ਸਾਕਾਰ (साकार) /sākāra サーカール/ [Skt. साकार] *adj.* **1** 有形の. (⇒ਆਕਾਰ ਸਹਿਤ) **2** 実現した. **3** 実在する, 具体的な. **4** 明白な. **5** 本当の. **6** 現実の.

ਸਾਕੀ (साकी) /sākī サーキー/ [Arab. *sāqī*] *m.* **1** 給仕. **2** 酌夫, 酒の給仕人. **3**〖口語〗愛しい人, 最愛の人.

ਸਾਕੀਆ (साकीआ) /sākīā サーキーアー/ [+ ਆ] *m.* 《ਸਾਕੀ の呼格形》愛しい人よ.

ਸਾਖ (साख) /sākʰa サーク/ [Skt. साक्ष्य] *f.* **1** 信頼性, 信用. **2** 仕事上の評判. **3** 名声. **4** 尊敬に値すること.

ਸ਼ਾਖ਼ (शाख़) /śāxa シャーク/ [Pers. *śāx*] *f.* **1**〖植物〗枝, 小枝, 若枝. (⇒ਟਾਹਣੀ) **2** 部分. (⇒ਹਿੱਸਾ) **3** 支流, 支派, 分派. **4** 支部, 支所, 支店.

ਸਾਖਰ (साखर) /sākʰara サーカル/ [Skt. साक्षर] *adj.* 学識のある.

ਸਾਖਰਤਾ (साखरता) /sākʰaratā サーカルター/ [Skt.-ता] *f.* 学識, 学識のあること.

ਸ਼ਾਖਾ (शाखा) /śākʰā シャーカー/ [Skt. शाखा] *f.* **1**〖植物〗枝. (⇒ਟਾਹਣੀ) **2** 部分. (⇒ਹਿੱਸਾ) **3** 支流, 支派, 分派. **4** 支部, 支所, 支店.

ਸਾਖਿਆਤ (साखिआत) /sākʰiāta サーキアート/ [Skt. साक्षात्] *adj.* **1** 存在する. **2** 目に見える. **3** 明白な. **4** 歴然とした.

— *adv.* **1** 本人自身で, 直接に. **2** 具体的な形で.

ਸਾਖੀ (साखी) /sākʰī サーキー/ [Skt. साक्षी] *f.* **1** 物語. **2** 逸話. (⇒ਕਥਾ) **3** 聖人にまつわる逸話. **4** 証言, 証拠. **5** 証明, 立証.

— *m.* **1** 証人, 目撃者. (⇒ਗਵਾਹ) **2** 宣誓証人. **3** 証言者.

ਸਾਂਗ[1] (साँग) /sā̃ga サーング/ ▸ਸਵਾਂਗ, ਸ੍ਵਾਂਗ, ਸੁਆਂਗ [Skt. स्व + Skt. अंग] *m.* **1** 自分の肢体. **2** 模倣. (⇒ਨਕਲ) **3** 物真似, 真似事. **4** 見せかけ, ごまかし. **5** 大衆演劇. **6** 芝居. **7** 変装, 仮装. **8**〖衣服〗仮装服.

ਸਾਂਗ[2] (साँग) /sā̃ga サーング/ [Skt. शक्ति] *f.* **1**〖武〗槍, 投げ槍, 短い槍. (⇒ਨੇਜ਼ਾ) **2** 棒, 竿, 取っ手.

ਸਾਗ (साग) /sāga サーグ/ [Skt. शाक] *m.* **1**〖植物〗菜っぱ, 菜の葉, 菜っぱ類の野菜. (⇒ਭਾਜੀ) **2**〖料理〗菜っぱ類を使った惣菜, 野菜料理.

ਸਾਗਰ (सागर) /sāgara サーガル/ [Skt. सागर] *m.* **1**〖地理〗海, …海. (⇒ਸਮੁੰਦਰ) ❒ਕੈਸਪੀਅਨ ਸਾਗਰ カスピ海. ❒ਭੂ-ਮੱਧ ਸਾਗਰ 地中海. **2**〖地理〗海洋《「…洋」は ਸਾਗਰ よりむしろ ਮਹਾਸਾਗਰ または ਮਹਾਂਸਾਗਰ を用いる》. ❒ਹਿੰਦ ਮਹਾਸਾਗਰ, ਹਿੰਦ ਮਹਾਂਸਾਗਰ インド洋.

ਸਾਗ਼ਰ (साग़र) /sāğara サーガル/ [Pers. *sāğar*] *m.*〖容器〗ゴブレット, 杯, 酒杯, ワイングラス. (⇒ਪਿਆਲਾ)

ਸਾਗਰ ਸੰਬੰਧੀ (सागर संबंधी) /sāgara sambândī サーガル サンバンディー/ [Skt. सागर + Skt. संबंधिन्] *adj.* 海の, 海洋の. (⇒ਸਮੁੰਦਰੀ)

ਸਾਗਰ ਵਿਗਿਆਨ (सागर विगिआन) /sāgara vigiāna サーガル ヴィギアーン/ [+ Skt. विज्ञान] *m.* 海洋学.

ਸਾਗਰ-ਵਿਗਿਆਨਿਕ (सागर-विगिआनिक) /sāgara vigiānika サーガル ヴィギアーニク/ [+ Skt. वैज्ञानिक] *adj.* 海洋学の.

ਸਾਗਰ-ਵਿਗਿਆਨੀ (सागर-विगिआनी) /sāgara vigiānī サーガル ヴィギアーニー/ [+ Skt. विज्ञानिन्] *m.* 海洋学者.

ਸਾਗਵਾਨ (सागवान) /sāgawāna サーグワーン/ *m.*〖植物〗チーク《クマツヅラ科の落葉高木》.

ਸ਼ਾਗਿਰਦ (शागिरद) /śāgirada シャーギルド/ ▸ਸ਼ਗਿਰਦ *m.* → ਸ਼ਗਿਰਦ

ਸਾਂਗੀ (साँगी) /sā̃gī サーンギー/ [Skt. सु- Skt. अंग -ई] *m.* 物真似師, 物真似道化役者. (⇒ਬਹੁਰੂਪੀਆ)

ਸਾਗੂਦਾਣਾ (सागूदाणा) /sāgūdāṇā サーグーダーナー/ ▸ਸਾਬੂਦਾਣਾ [Eng. *sago* + Pers. *dāna*] *m.* サゴ《サゴヤシ(沙穀椰子)の樹幹から採れる食用澱粉》.

ਸਾਂਗੋਪਾਂਗ (साँगोपाँग) /sā̃gopā̃ga サーンゴーパーング/ *adv.* 正確に.

ਸਾਂਚਾ (साँचा) /sā̃cā サーンチャー/ ▸ਸੰਚਾ, ਸੱਚਾ [Skt. स्थाता] *m.* 型, 鋳型, 流し型.

ਸਾਜ਼ (साज़) /sāza サーズ/ [Pers. *sāz*] *m.* **1** 楽器. (⇒ਰਾਗ ਦੇ ਵਾਜੇ) **2** 道具, 器具. **3** 馬飾り. **4** 馬具.

— *suff.* 「…を作る」「…を製作する」「…の製造や修理をする」などを意味する形容詞または「…を作る人」「…製作者」「…の製造や修理をする人」「…職人」「…屋」などを意味する名詞を形成する接尾辞. (⇒ਬਣਾਉਣ ਵਾਲਾ)

ਸਾਜ਼ਸ਼ (साज़श) /sāzaśa サーザシュ/ ▸ਸਾਜ਼ਿਸ਼ [Pers. *sāziś*] *f.* **1** 策略, 計略. **2** 陰謀, 謀略, 策謀, 密計, 謀り事.

ਸਾਜ਼ਸ਼ੀ (साज़शी) /sāzaśī サーザシー/ [Pers. *sāziśī*] *adj.* 陰謀の, 謀略の.

ਸਾਜਣ (साजण) /sājaṇa サージャン/ ▸ਸੱਜਣ, ਸਾਜਨ *m.* → ਸੱਜਣ

ਸਾਜਣਾ (साजणा) /sājaṇā サージナー/ *vt.* **1** 創る, 創造する. **2** 生む, 生み出す. (⇒ਪੈਦਾ ਕਰਨਾ) **3** 作る. **4** 建てる. **5** 創設する.

ਸਾਜਨ (साजन) /sājana サージャン/ ▸ਸੱਜਣ, ਸਾਜਣ *m.* → ਸੱਜਣ

ਸਾਜ਼ਿਸ਼ (साज़िश) /sāziśa サーズィシュ/ ▸ਸਾਜ਼ਸ਼ *f.* → ਸਾਜ਼ਸ਼

ਸਾਜ਼ੀ (साज़ी) /sāzī サーズィー/ [Pers. *sāzī*] *suff.* 「…を作ること」「…の製作」「…の製造」「…の仕事」「…の技術」などを意味する名詞を形成する接尾辞. (⇒ਬਣਾਉਣ ਦਾ ਕੰਮ)

ਸਾਂਝ[1] (साँझ) /sā̃ja サーンジ/ [Skt. सार्धक] *f.* **1** 協力, 協同, 提携. (⇒ਹਿੱਸੇਦਾਰੀ) **2** 合同, 統合, 一致. **3** 共有, 共用, 分担. **4** 親密, 密接な関係.

ਸਾਂਝ[2] (साँझ) /sā̃ja サーンジ/ ▸ਸੰਝ, ਸੰਝਿਆ, ਸੰਧਿਆ *f.* → ਸੰਝ

ਸਾਝਰਾ (साझरा) /sâjarā サージャラー/ ▸ਸਾਹਜਰਾ *m.* **1** 夜明け, 明け方, 早朝. (⇒ਪਰਭਾਤ) **2** 朝. (⇒ਸੁਬ੍ਹਾ, ਸਵੇਰਾ)

ਸਾਝਰੇ (साझरे) /sâjare サージャレー/ ▸ਸਾਹਜਰੇ *adv.* **1** 早

朝に. **2** 早く.

ਸਾਂਝਾ (साँझा) /sā̃jā サーンジャー/ [Skt. सार्धक] *adj.* **1** 共通の, 共有の. **2** 分担した, 一緒にやる, 共同の.

— *adv.* 共同で, 分担して, 一緒に.

ਸਾਂਝੀ (साँझी) /sā̃jī サーンジー/ [Skt. सार्धक -ई] *m.* 協力者, 仲間, パートナー. (⇒ਹਿੱਸੇਦਾਰ)

ਸਾਂਝੀਵਾਲ (साँझीवाल) /sā̃jīwāla サーンジーワール/ [-वाल] *m.* 協力者, 仲間, パートナー. (⇒ਹਿੱਸੇਦਾਰ)

ਸਾਂਟ (साँट) /sā̃ṭa サーント/ [(Pot.)] *f.* 〖装〗女性の足首に付ける銀の飾り.

ਸਾਂਟਾ (साँटा) /sā̃ṭā サーンター/ *m.* 〖道具〗鞭. (⇒ਛਾਂਟਾ)

ਸਾਡਾ (साडा) /sāḍā サーダー/ ▸ਅਸਾਡਾ, ਅਸਾਡੜਾ, ਅਸਾੜਾ *pron.* 《 ਸਾ ਡਾ の結合形で, 1人称複数 ਅਸੀਂ の属格》私たちの, 我々の.

ਸਾਂਢ (साँढ) /sā̃ḍa サーンド/ *m.* 〖動物〗種牛.

ਸਾਢ (साढ) /sâḍa サード/ [Skt. सार्द्ध] *f.* プラス2分の1.

ਸਾਂਢਣੀ (साँढणी) /sā̃ḍaṇī サーンダニー/ *f.* 〖動物〗ヒトコブラクダ, 一瘤駱駝.

ਸਾਂਢੂ (साँढू) /sā̃ḍū サーンドゥー/ [Skt. श्यालिवोढर] *m.* 〖親族〗義理の兄弟《妻の姉妹の夫》.

ਸਾਢੇ (साढे) /sâḍe サーデー/ [Skt. सार्द्ध] *adj.* 《3以上の数に先行して用いる》プラス2分の1の. ❐ਸਾਢੇ ਚਾਰ ਕਿਲੋਮੀਟਰ 4.5キロメートル. ❐ਇਹ ਮੀਟਿੰਗ ਸਾਢੇ ਦਸ ਵਜੇ ਹੋਈ। この会合は10時半に行われました.

ਸਾਣ (साण) /sāṇa サーン/ *f.* 〖道具〗(刃物を研ぐ)砥石, 回転式砥石.

ਸ਼ਾਂਤ (शाँत) /śā̃ta シャーント/ [Skt. शांत] *adj.* **1** 静かな, 閑静な, 冷静な, 安らかな. **2** 平和な, 平穏な, 静穏な.

ਸ਼ਾਂਤਮਈ (शाँतमई) /śā̃tamaī シャーントマイー/ [Skt. शांतिमय] *adj.* **1** 平和な, 非暴力の. (⇒ਹਿੰਸਾ ਰਹਿਤ) **2** 穏やかな, 平穏な.

ਸਾਤਾ (साता) /sātā サーター/ [Skt. सप्त] *m.* **1** 数字の7. **2** 〖暦〗週.

ਸ਼ਾਂਤੀ (शाँती) /śā̃tī シャーンティー/ [Skt. शांति] *f.* **1** 静けさ, 静寂, 静まり, 落ち着き, 安らぎ. **2** 平和, 和平, 平穏, 静穏.

ਸ਼ਾਂਤੀਪੂਰਨ (शाँतीपूरन) /śā̃tīpūrana シャーンティープールン/ [Skt.-पूर्ण] *adj.* **1** 平和な, 平穏な, 穏やかな. **2** 平和的な, 非暴力的な.

ਸ਼ਾਂਤੀਵਾਦ (शाँतीवाद) /śā̃tīwāda シャーンティーワード/ [Skt.-वाद] *m.* 平和主義, 非暴力主義.

ਸ਼ਾਂਤੀਵਾਦੀ (शाँतीवादी) /śā̃tīwādī シャーンティーワーディー/ [Skt.-वादिन्] *adj.* 平和主義の, 非暴力主義の.

— *m.* 平和主義者, 非暴力主義者.

ਸਾਥ (साथ) /sātʰa サート/ [Skt. सार्थ] *m.* **1** 一緒, 同伴. ❐ਸਾਥ ਕਰਨਾ 一緒に行く, 同伴する. **2** 仲間付き合い.

ਸਾਥਣ (साथण) /sātʰaṇa サータン/ [-ਣ] *f.* **1** 連れの女性. **2** 女性の仲間, 女性の同志. **3** 女性の伴侶, 女性の配偶者.

ਸਾਥੀ (साथी) /sātʰī サーティー/ [Skt. सार्थिन्] *m.* **1** 連れ, 同伴者. **2** 仲間, 同志. **3** 伴侶, 配偶者.

ਸਾਥੋਂ (साथों) /sātʰõ サートーン/ *pron.* 《 ਸਾ ਥੋਂ の結合形》私たちから, 我々から, 私たちより, 私たちには.

ਸਾਦਗੀ (सादगी) /sādagī サードギー/ [Pers. *sāda* Pers.-*gī*] *f.* **1** 簡素, 質素. **2** 素朴さ, 純真さ.

ਸਾਦਮੁਰਾਦਾ (सादमुरादा) /sādamurādā サードムラーダー/ *adj.* → ਸਾਦਾ

ਸਾਦਰ (सादर) /sādara サーダル/ [Skt. सादर] *adv.* 敬意をもって. (⇒ਆਦਰ ਨਾਲ)

ਸਾਦਰਿਸ਼ (सादरिश) /sādariśa サーダリシュ/ ▸ਸਾਦ੍ਰਿਸ਼ [Skt. सादृश्य] *m.* 類似, 類似点, 似通っていること.

ਸਾਦ੍ਰਿਸ਼ (साद्रिश) /sādriśa (sādariśa) サードリシュ (サーダリシュ)/ ▸ਸਾਦਰਿਸ਼ *m.* → ਸਾਦਰਿਸ਼

ਸ਼ਾਂਦਾ (शाँदा) /śā̃dā シャーンダー/ ▸ਛਾਂਦਾ *m.* 部分. (⇒ਹਿੱਸਾ)

ਸਾਦਾ (सादा) /sādā サーダー/ [Pers. *sāda*] *adj.* **1** 単純な, 簡単な. **2** 簡素な, 質素な, 地味な. ❐ਸਾਦਾ ਰਹਿਣਾ 質素に暮らす. **3** 素朴な, 純朴な. **4** 謙虚な.

ਸਾਦਿਹਾੜੀ (सादिहाड़ी) /sādiăṛī | sādihāṛī サーディアーリー | サーディハーリー/ *adv.* その日に, その日のうちに, 即日. (⇒ਉਸੇ ਦਿਨ)

ਸ਼ਾਦੀ (शादी) /śādī シャーディー/ [Pers. *śādī*] *f.* **1** 喜び, 嬉しさ. (⇒ਖ਼ੁਸ਼ੀ, ਅਨੰਦ) **2** 結婚, 婚姻. (⇒ਵਿਆਹ, ਮੈਰਿਜ) ❐ਸ਼ਾਦੀ ਤੋਂ ਨਫ਼ਰਤ 結婚に対する嫌悪, 結婚嫌い, 独身主義. ❐ਸ਼ਾਦੀ ਤੋਂ ਨਫ਼ਰਤ ਕਰਨ ਵਾਲਾ 結婚嫌いの(人), 独身主義の(人). **3** 〖儀礼〗結婚式, 婚礼. (⇒ਵਿਆਹ) **4** 慶事, 祝い, 祝典. ❐ਸ਼ਾਦੀ ਗ਼ਮੀ 慶事と弔事, 冠婚葬祭.

ਸ਼ਾਦੀਸ਼ੁਦਾ (शादीशुदा) /śādīśudā シャーディーシュダー/ [Pers.-*śuda*] *adj.* 結婚している, 既婚の. (⇒ਵਿਆਹੁਤਾ)

— *m.* 既婚者.

ਸਾਧ[1] (साध) /sâda サード/ ▸ਸਾਧੂ [Skt. साधु] *m.* **1** 〖ヒ〗サードゥ, 行者, 修行者, 隠者, 出家. **2** 聖者, 聖人.

— *adj.* 敬虔な, 善良な, 慈悲深い, 徳の高い, 立派な. (⇒ਨੇਕ)

ਸਾਧ[2] (साध) /sâda サード/ [Skt. साध्य] *adj.* **1** 達成できる, 成就可能な. **2** 治療可能な, 回復する見込みがある. (⇒ਇਲਾਜ ਦੇ ਕਾਬਲ) **3** 易しい, 容易な, 楽な. (⇒ਸੌਖਾ)

ਸਾਧਕ (साधक) /sâdaka サーダク/ [Skt. साधक] *m.* **1** 行者, 修行者, 聖者, 隠者, 出家, 修道者. (⇒ਸੰਤ) **2** 方法, 手段, 媒体.

— *siff.* 「…の役に立つ」「…を完成させる」などの意味を表す接尾辞.

ਸਾਧਣਾ[1] (साधणा) /sâdaṇā サードナー/ [Skt. साध्नोति] *vt.* **1** 成し遂げる, 成就する. **2** 達成する, 果たす. **3** 実現する, 実行する, 遂行する. **4** 訓練する, 調教する, 馴らす. **5** 抑える, 制御する, 支配する.

ਸਾਧਣਾ[2] (साधणा) /sâdaṇā サードナー/ ▸ਸਾਧਨ *m.* → ਸਾਧਨ

ਸਾਧਣੀ (साधणी) /sâdaṇī サードニー/ [Skt. साधु -ਣੀ] *f.* 女性のサードゥ, 女性の行者.

ਸਾਧਨ (साधन) /sâdana サーダン/ ▸ਸਾਧਣਾ [Skt. साधन] *m.* **1** 手段, 方法, 方策. **2** 媒介, 媒体. **3** 道具. **4** 資源, 供給源.

ਸਾਧਨਾ (साधना) /sâdanā サードナー/ [Skt. साधना] *f.* **1** 成就, 完遂, 達成. **2** 苦行, 禁欲. **3** 修行, 修練, 修道. **4** 精神修養. **5** 熱烈信仰.

ਸਾਧਾਰਣ (साधारण) /sādărana サーダーラン/ ▶ਸਧਾਰਣ, ਸਧਾਰਨ, ਸਾਧਾਰਨ *adj.* → ਸਧਾਰਨ

ਸਾਧਾਰਣਤਾ (साधारणता) /sādăraṇatā サーダーランター/ ▶ਸਧਾਰਨਤਾ *f.* → ਸਧਾਰਨਤਾ

ਸਾਧਾਰਨ (साधारन) /sādărana サーダーラン/ ▶ਸਧਾਰਣ, ਸਧਾਰਨ, ਸਾਧਾਰਣ *adj.* → ਸਧਾਰਨ

ਸਾਧੂ (साधू) /sâdū サードゥー/ ▶ਸਾਧ *m.adj.* → ਸਾਧ

ਸ਼ਾਨ (शान) /śāna シャーン/ [Arab. *śān*] *f.* **1** 光栄, 栄光. (⇒ਜਲਾਲ) **2** 輝き, 光輝. (⇒ਪਰਤਾਪ) **3** 壮麗, 華麗.

ਸਾਨ੍ਹ (सान्ह) /sâna サーン/ *m.* 〖動物〗種牛, (去勢してない)牡牛.

ਸਾਨ੍ਹ ਘੋੜਾ (सान्ह घोड़ा) /sâna kŏṛā サーン コーラー/ *m.* 〖動物〗種馬.

ਸ਼ਾਨਦਾਰ (शानदार) /śānadāra シャーンダール/ [Arab. *śān* Pers.*-dār*] *adj.* **1** 輝かしい. (⇒ਸ਼ਾਨ ਵਾਲਾ) **2** きらびやかな. **3** 壮麗な, 豪華な. **4** 立派な.

ਸਾਨੀ (सानी) /sānī サーニー/ [Arab. *sānī*] *adj.* 等しい. (⇒ਸਮਾਨ)

ਸਾਨੂੰ (सानूँ) /sānū̃ サーヌーン/ ▶ਅਸਾਨੂੰ *pron.* 《ਸਾ ਨੂੰ の結合形》私たちを, 私たちに, 私たちにとって, 我々を.

ਸ਼ਾਪ (शाप) /śāpa シャープ/ ▶ਸਰਾਪ [Skt. शाप.] *m.* **1** 呪い, 呪いの言葉. (⇒ਬਦਦੁਆ) **2** 悪口, 罵り.

ਸ਼ਾਪਕੀਪਰ (शापकीपर) /śāpakīpara シャープキーパル/ [Eng. *shopkeeper*] *m.* 店主, 小売店経営者. (⇒ਦੁਕਾਨਦਾਰ)

ਸ਼ਾਪਿੰਗ (शापिंग) /śāpiṅga シャーピング/ [Eng. *shopping*] *f.* 買い物, ショッピング.

ਸਾਪੇਖ (सापेख) /sāpekʰa サーペーク/ [Skt. सापेक्ष] *adj.* **1** 相対的な, 対比的な. **2** 関係のある, 関連する, 相関する.

ਸਾਫ਼ (साफ़) /sāfa サーフ/ [Arab. *ṣāf*] *adj.* **1** 清潔な, 衛生的な, 汚れていない, きれいな, 美しく整った. (⇒ਸੁਥਰਾ) ❐ਸਾਫ਼ ਕਰਨਾ 清潔にする. **2** 澄み渡った, 鮮明な, 鮮やかな. **3** 明らかな, 明白な, 明確な, 明快な. ❐ਸਾਫ਼ ਕਰਨਾ 明らかにする, 鮮明にする. **4** 率直な.

ਸਾਫ਼ ਸਾਫ਼ (साफ़ साफ़) /sāfa sāfa サーフ サーフ/ [+ Arab. *ṣāf*] *adj.* **1** 全く明らかな. **2** 明白な, 文句なしの, 無条件の. **3** 率直な, 包み隠しのない, あからさまな. **4** 曖昧でない.

— *adv.* **1** 率直に, 包み隠しなく, あからさまに. **2** きっぱり, にべもなく. **3** 明らかに, 明快に. **4** はっきり.

ਸਾਫ਼ ਸੁਥਰਾ (साफ़ सुथरा) /sāfa sutʰarā サーフ ストラー/ [+ Skt. स्वच्छ] *adj.* **1** 清潔な. **2** 小ぎれいな. **3** きちんとした, 整然とした, 整頓されている. **4** 身ぎれいな.

ਸਾਫ਼ਗੋ (साफ़गो) /sāfago サーフゴー/ [Pers.*-go*] *adj.* **1** 率直に言う, 歯に衣を着せない, 直截な. **2** 正直な, 誠実な. **3** 公正な.

ਸਾਫ਼ਗੋਈ (साफ़गोई) /sāfagoī サーフゴーイー/ [Pers.*-goī*] *f.* **1** 率直に言うこと, 歯に衣を着せないこと, 直裁な言い方. **2** 正直, 誠実. **3** 公正.

ਸਾਫ਼ ਜਵਾਬ (साफ़ जवाब) /sāfa jawāba サーフ ジャワーブ/ [+ Arab. *javāb*] *m.* にべもない拒絶. ❐ਸਾਫ਼ ਜਵਾਬ ਦੇਣਾ にべもなく拒否する, きっぱり断る.

ਸਾਫ਼ ਦਿਲ (साफ़ दिल) /sāfa dila サーフ ディル/ [+ Pers. *dil*] *adj.* **1** 正直な. **2** 公正な. **3** 悪だくみをしない, 狡猾でない. **4** 率直な, 包み隠しのない.

ਸਾਫ਼ ਦਿਲੀ (साफ़ दिली) /sāfa dilī サーフ ディリー/ [-ਈ] *f.* **1** 正直. **2** 公正. **3** 悪だくみをしないこと, 狡猾でないこと. **4** 率直さ.

ਸਾਫ਼ਾ (साफ़ा) /sāfā サーファー/ [Arab. *sāfah*] *m.* **1** 〖衣服〗ターバン. (⇒ਪੱਗ) **2** 〖衣服〗スカーフ.

ਸਾਫ਼ੀ (साफ़ी) /sāfī サーフィー/ [Pers. *ṣāfī*] *f.* **1** 〖衣服〗小さなターバン. **2** 〖衣服〗小さなスカーフ.

ਸਾਬਕ (साबक) /sābaka サーバク/ ▶ਸਾਬਕਾ [Arab. *sābiq*] *adj.* 前の, 以前の, 元の. (⇒ਪਹਿਲਾਂ ਦਾ, ਪਿਛਲਾ)

ਸਾਬਕਾ (साबका) /sābakā サーブカー/ ▶ਸਾਬਕ *adj.* → ਸਾਬਕ

ਸਾਬਣ (साबण) /sābaṇa サーバン/ ▶ਸਬੁਣ, ਸਬੁਨ [Arab. *ṣābun*] *m.* 石鹸.

ਸਾਬਣਦਾਨੀ (साबणदानी) /sābaṇadānī サーバンダーニー/ [Pers.*-dānī*] *f.* **1** 〖容器〗石鹸箱. **2** 石鹸皿.

ਸਾਬਤ (साबत) /sābata サーバト/ [Arab. *sābit*] *adj.* **1** 証明された, 実証された. (⇒ਪਰਮਾਣਿਤ) **2** 確かな, 確認された, 確証された, 確立した. (⇒ਪੱਕਾ) **3** 堅固な, 不動の, 確固たる, 安定した. (⇒ਕਾਇਮ, ਦ੍ਰਿੜ੍ਹ) ❐ਸਾਬਤ ਕਦਮ 足元のふらつかない, 着実な, 安定した, 意志堅固な. ❐ਸਾਬਤ ਕਦਮੀ 足元のふらつかないこと, 着実さ, 安定, 意志の堅固さ. **4** 妥当な, 正当な, 正しい. **5** 全体の, 全部の. (⇒ਸਾਰਾ) **6** 完全な, 欠けていない. (⇒ਪੂਰਾ) **7** 壊れていない, 破損のない, 割れていない, 無傷の. **8** 切られていない. ❐ਸਾਬਤ-ਸੂਰਤ 髪とひげを伸ばしっぱなしにした姿の.

ਸਾਬਤਾ (साबता) /sābatā サーブター/ [+ ਆ] *adj.* **1** 完全な, 欠けていない. (⇒ਪੂਰਾ, ਸਾਲਮ) **2** 全体の, 全部の. (⇒ਸਾਰਾ)

ਸਾਂਬਰ[1] (साँबर) /sā̃bara サーンバル/ *m.* 〖料理〗サーンバル(サンバ)《南インドの代表的料理. ダールをベースに野菜を加えたスープ》.

ਸਾਂਬਰ[2] (साँबर) /sā̃bara サーンバル/ ▶ਸਾਬਰ, ਸਾਂਭਰ *m.* → ਸਾਂਭਰ

ਸਾਬਰ[1] (साबर) /sābara サーバル/ ▶ਸਾਂਬਰ, ਸਾਂਭਰ *m.* → ਸਾਂਭਰ

ਸਾਬਰ[2] (साबर) /sābara サーバル/ [Arab. *sābir*] *adj.* **1** 満足している, 満ち足りた. (⇒ਸੰਤੋਖੀ) **2** 忍耐強い, 我慢強い.

ਸ਼ਾਬਾ (शाबा) /śābā シャーバー/ ▶ਸ਼ਾਬਾਸ਼ *f.int.* → ਸ਼ਾਬਾਸ਼

ਸ਼ਾਬਾਸ਼ (शाबाश) /śābāśa シャーバーシュ/ ▶ਸ਼ਾਬਾ [Pers. *śābāś*] *f.* **1** 称賛, 称揚. **2** 賛嘆, 感嘆. **3** 激励.

— *int.* 《称賛の呼びかけを表す言葉》 **1** すごいぞ, いいぞ, うまい. (⇒ਬੱਲੇ) **2** よくやった, でかした. (⇒ਮਰਹਬਾ)

ਸਾਬੂਣੀ (साबूणी) /sābūṇī サーブーニー/ [Arab. *ṣābunī*] *adj.* 石鹸の. (⇒ਸਾਬਣ ਦਾ)

ਸਾਬੂਦਾਣਾ (साबूदाणा) /sābūdāṇā サーブーダーナー/ ▶ਸਾਗੂਦਾਣਾ [Eng. *sago* + Pers. *dāna*] *m.* → ਸਾਗੂਦਾਣਾ

ਸਾਂਭ (साँभ) /sā̃ba サーンブ/ *f.* **1** 心くばり, 用心, 世話. **2** 保護. (⇒ਰਾਖੀ) **3** 安全. (⇒ਹਿਫ਼ਾਜ਼ਤ) **4** 保管, 管理. **5**

保全, 整備, 維持. **6** 保存, 保守. **7** 収集, 蓄積, 貯蔵.

ਸਾਂਭਣਾ (साँभणा) /sā̃baṇā サーンバナー/ *vt.* **1** 気をつける, 世話をする. **2** 保護する. **3** 安全に保つ. **4** 保管する, 管理する. **5** 保全する, 整備する, 維持する. **6** 良い状態に保つ, 保存する. **7** 収集する, 蓄積する, 貯蔵する.

ਸਾਂਭਰ (साँभर) /sā̃bara サーンバル/ ▸ਸਾਬਰ, ਸਾਂਬਰ *m.* **1** 〖動物〗サーンバルシカ(サンバル鹿), スイロク(水鹿). **2** サーンバルシカの皮, 鹿皮. **3** サーンバル湖《ラージャスターン州ジャイプル西方の湖》.

ਸਾਮ (साम) /sāma サーム/ *f.* 避難. (⇒ਸਰਣ)

ਸ਼ਾਮ[1] (शाम) /śāma シャーム/ [Pers. *śām*] *f.* **1** 夕方, 夕べ. (⇒ਸੰਧਿਆ) **2** 晩, 宵. **3** 夕暮れ, 夕闇. **4** たそがれ.

ਸ਼ਾਮ[2] (शाम) /śāma シャーム/ ▸ਸ਼ਯਾਮ, ਸਿਆਮ [Skt. श्याम] *adj.* **1** 黒い. **2** 肌の色が黒い, 色黒の.
— *m.* 〖ヒ〗シュヤーム(シャーム)《クリシュナ神の異名の一つ》. (⇒ਕਰਿਸ਼ਨ)

ਸ਼ਾਮ[3] (शाम) /śāma シャーム/ [Arab. *śām*] *m.* 〖国名〗シリア(アラブ共和国). (⇒ਸੀਰੀਆ)

ਸਾਮ੍ਹਣਾ (साम्हणा) /sâmaṇā | sâmaṇā サームナー | サーマナー/ ▸ਸਾਹਮਣਾ *m.* → ਸਾਹਮਣਾ

ਸਾਮ੍ਹਣੇ (साम्हणे) /sâmaṇe | sâmaṇe サームネー | サーマネー/ ▸ਸਾਹਮਣੇ *adv.postp.* → ਸਾਹਮਣੇ

ਸਾਮਗ੍ਰੀ (सामग्री) /sāmagrī (sāmagarī) サーマグリー (サーマガリー)/ ▸ਸਮੱਗਰੀ *f.* → ਸਮੱਗਰੀ

ਸਾਮੰਤ (सामंत) /sāmanta サーマント/ [Skt. सामंत] *m.* **1** 戦士, 勇士. (⇒ਵੀਰ) **2** 領主.

ਸ਼ਾਮਤ (शामत) /śāmata シャーマト/ [Pers. *śāmat*] *f.* 不運. (⇒ਮੁਸੀਬਤ)

ਸਾਮੰਤੀ (सामंती) /sāmantī サーマンティー/ [Skt. सामंत -ਈ] *adj.* 封建制度の.

ਸ਼ਾਮ ਰੰਗ (शाम रंग) /śāma raṅga シャーム ラング/ [Skt. श्याम + Skt. रंग] *m.* **1** 黒色. **2** 黒い肌の色, 色黒.

ਸਾਮਰਤੱਕ (सामरतक्क) /sāmaratakka サーマルタック/ ▸ਸਾਮਰਤੱਖ *adj.* → ਸਾਮਰਤੱਖ

ਸਾਮਰਤੱਖ (सामरतक्ख) /sāmaratakkʰa サーマルタック/ ▸ਸਾਮਰਤੱਕ *adj.* 明白な.

ਸਾਮਰਾਜ (सामराज) /sāmarāja サームラージ/ [Skt. साम्राज्य] *m.* 帝国. (⇒ਸ਼ਹਿਨਸ਼ਾਹੀਅਤ)

ਸਾਮਰਾਜਵਾਦ (सामराजवाद) /sāmarājawāda サームラージワード/ [Skt.-वाद] *m.* 〖政治〗帝国主義.

ਸਾਮਰਾਜੀ (सामराजी) /sāmarājī サームラージー/ [-ਈ] *adj.* **1** 皇帝の. **2** 帝国の.

ਸ਼ਾਮਲ (शामल) /śāmala シャーマル/ ▸ਸ਼ਾਮਿਲ [Arab. *śāmil*] *adj.* **1** 含まれている. ❑ਸ਼ਾਮਲ ਹੋਣਾ 含まれる. ❑ਸ਼ਾਮਲ ਕਰਨਾ 含める. **2** 加わっている. ❑ਸ਼ਾਮਲ ਹੋਣਾ 加わる, 参加する. ❑ਸ਼ਾਮਲ ਕਰਨਾ 加える.

ਸ਼ਾਮਲਾਟ (शामलाट) /śāmalāṭa シャームラート/ ▸ਸ਼ਾਮਲਾਤ *f.* → ਸ਼ਾਮਲਾਤ

ਸ਼ਾਮਲਾਤ (शामलात) /śāmalāta シャームラート/ ▸ਸ਼ਾਮਲਾਟ [Arab. *śāmilāt*] *f.* **1** 村落の共有地, 入会地. **2** 共有財産, 共同相続地.

ਸਾਮਵਾਦ (सामवाद) /sāmawāda サームワード/ [Skt. साम्यवाद] *m.* 〖政治〗共産主義.

ਸਾਮਵਾਦੀ (सामवादी) /sāmawādī サームワーディー/ [Skt. साम्यवादिन्] *adj.* 〖政治〗共産主義の, 共産主義者の. (⇒ਕਮਿਊਨਿਸਟ)
— *m.* 〖政治〗共産主義者. (⇒ਕਮਿਊਨਿਸਟ)

ਸਾਮ-ਵੇਦ (साम-वेद) /sāma-veda サーム・ヴェード/ [Skt. साम-वेद] *m.* 〖ヒ〗サーマ・ヴェーダ《四ヴェーダの一つ》.

ਸਾਮਾਂ (सामाँ) /sāmā̃ サーマーン/ ▸ਸਮਾਨ, ਸਾਵਾਂ [(Mal.)] *adj.* → ਸਮਾਨ[1]

ਸਾਮਾਨ (सामान) /sāmāna サーマーン/ ▸ਸਮਾਨ *m.* → ਸਮਾਨ[2]

ਸਾਮਿਅਕ (सामिअक) /sāmiaka サーミアク/ *adj.* 時を得た.

ਸ਼ਾਮਿਆਨਾ (शामिआना) /śāmiānā シャーミアーナー/ [Pers. *śāmiyāna*] *m.* **1** 大きなテント, 大天幕. **2** 天蓋. (⇒ਚਾਨਣੀ)

ਸ਼ਾਮਿਲ (शामिल) /śāmila シャーミル/ ▸ਸ਼ਾਮਲ *adj.* → ਸ਼ਾਮਲ

ਸ਼ਾਮੀਂ (शामीं) /śāmī̃ シャーミーン/ ▸ਸ਼ਾਮੀ [Pers. *śām* -ਈਂ] *adv.* 夕方, 夕方に, 晩に. (⇒ਸ਼ਾਮ ਨੂੰ)

ਸਾਮੀ (सामी) /sāmī サーミー/ ▸ਅਸਾਮੀ *f.* → ਅਸਾਮੀ[2]

ਸ਼ਾਮੀ (शामी) /śāmī シャーミー/ ▸ਸ਼ਾਮੀਂ *adv.* → ਸ਼ਾਮੀਂ

ਸਾਯਾ (साया) /sāyā サーヤー/ ▸ਸਾਇਆ *m.* → ਸਾਇਆ

ਸਾਰ[1] (सार) /sāra サール/ [Skt. सार] *m.* **1** 本質, 実体, 正体. (⇒ਤਤ) **2** 精髄, 真髄. **3** 要約, 大意, 概要, 概略. **4** 内容. **5** 結論, 結果.

ਸਾਰ[2] (सार) /sāra サール/ *m.* **1** 〖金属〗鉄. (⇒ਲੋਹਾ) **2** 〖金属〗鋼鉄. (⇒ਫ਼ੁਲਾਦ) **3** 〖武〗鉄製の武器. **4** 〖武〗剣.

ਸਾਰ[3] (सार) /sāra サール/ *f.* **1** 知識. **2** 情報. **3** 問い合わせ, 健康・福利についての問いかけ. **4** 福祉, 福利厚生, 世話.

ਸਾਰ[4] (सार) /sāra サール/ [Pers. *sār*] *m.* 〖動物〗ラクダ, 駱駝. (⇒ਊਠ)

ਸਾਰ[5] (सार) /sāra サール/ [Pers. *sār*] *suff.* **1**「…のような」「…に等しい」「…の性質を持った」「…の多い」「…に満ちた」などを意味する形容詞を形成する接尾辞. **2**「変わらない」「同じ」「連続している」などの意味を含む形容詞, または「変わらず」「同じく」「連続して」などの意味を含む副詞を形成する接尾辞. 例えば ਇੱਕਸਾਰ は, 形容詞として「一様な」「同様の」「一定不変の」「一貫している」, 副詞として「同様に」「終始変わらず」「一貫して」「一定の速度で連続して」などの意味を表す.

ਸਾਰ[6] (सार) /sāra サール/ *suff.* 不定詞の後置格形に付いて,「…と同時に」「…するとすぐに」「…するやいなや」などを意味する副詞を形成する接尾辞. 例えば ਪੁੱਜਣਸਾਰ は, 副詞として「着くとすぐに」「到着するやいなや」などの意味を表す.

ਸਾਰੰਸ਼ (सारंश) /sāranśa サーランシュ/ [Skt. सार + Skt. अंश] *m.* **1** 本質, 実体. (⇒ਤੱਤ) **2** 精髄, 真髄. **3** 要約, 大意, 概要, 概略. **5** 結論.

ਸਾਰਸ (सारस) /sārasa サーラス/ [Skt. सारस] *m.* **1**

〘鳥〙ツル, 鶴. **2**〘鳥〙オオヅル, 大鶴. **3**〘鳥〙コウノトリ, 鵲の鳥.

ਸਾਰਸਪਰੇਲਾ (सारसपरेला) /sārasaparelā サーラスパレーラー/ [Eng. *sarsaparilla* ; cf. Spa. *zarzaparrilla*] *m.* 〘植物〙サルサパリラ《約350種が全世界に分布する熱帯性のつる植物. 血液浄化作用に優れ, ヨーロッパでは16世紀に梅毒の治療薬として用いられた》. (⇒ਉਸ਼ਬਾ)

ਸਾਰਸਵਤੀ (सारसवती) /sārasavatī サーラスヴァティー/ ▸ਸਰਸਵਤੀ, ਸੁਰੱਸਤੀ, ਸੁਰੱਸਵਤੀ [Skt. सरस्वती] *f.* → ਸਰਸਵਤੀ

ਸਾਰਹੀਣ (सारहीण) /sārahīṇa サールヒーン/ [Skt. सार Skt.-हीन] *adj.* **1** 実体のない. **2** 重要でない, 取るに足らない.

ਸਾਰ-ਕਥਨ (सार-कथन) /sāra-katʰana サール・カタン/ *m.* **1** 要点, 要旨, 主旨, 基調. **2** 要約, 概括, 概観.

ਸਾਰਖਾ (सारखा) /sārakʰā サールカー/ *adj.* よく似た.

ਸਾਰੰਗ (सारंग) /sāraṅga サーラング/ [Skt. सारंग] *m.* **1**〘動物〙シカ, 鹿, アキシスジカ. **2**〘鳥〙カッコウ, 郭公. (⇒ਚਾਤਰਿਕ)

ਸਾਰੰਗੀ (सारंगी) /sāraṅgī サーランギー/ ▸ਸਰੰਗੀ [Skt. सारंगी] *f.* 〘楽器〙サーランギー《北インドの擦弦楽器》.

ਸਾਰੰਗੀਆ (सारंगीआ) /sāraṅgīā サーランギーアー/ [-ਈਆ] *m.* サーランギーの奏者. (⇒ਸਰੰਗੀ ਵਾਲਾ)

ਸਾਰਜੰਟ (सारजंट) /sārajaṇṭa サールジャント/ [Eng. *sergeant*] *m.* **1**〘軍〙下士官. **2** 巡査部長.

ਸਾਰਜੰਟੀ (सारजंटी) /sārajaṇṭī サールジャンティー/ [-ਈ] *m.* **1**〘軍〙下士官の地位・職務. **2** 巡査部長の地位・職務.

ਸ਼ਾਰਟ (शारट) /śāraṭa シャールト/ [Eng. *short*] *adj.* **1** 短い. **2** 背の低い. (⇒ਨਿੱਕਾ)

ਸਾਰਟੀਫ਼ਿਕੇਟ (सारटीफ़िकेट) /sāraṭīfikeṭa サールティーフィケート/ ▸ਸਰਟੀਫ਼ਿਕਟ, ਸਰਟੀਫ਼ਿਕੇਟ *m.* → ਸਰਟੀਫ਼ਿਕੇਟ

ਸਾਰਣੀ (सारणी) /sāraṇī サールニー/ ▸ਸਾਰਨੀ *f.* → ਸਾਰਨੀ

ਸਾਰਥ (सारथ) /sāratʰa | sāratʰa サールト | サーラト/ [Skt. स- Skt. अर्थ] *adj.* 意味のある, 有意義な. (⇒ਅਰਥ ਸਹਿਤ)

ਸਾਰਥਕ (सारथक) /sāratʰaka サールタク/ ▸ਸਾਰਥਿਕ [Skt. सार्थक] *adj.* 意味のある, 有意義な. (⇒ਅਰਥ ਸਹਿਤ)

ਸਾਰਥਕਤਾ (सारथकता) /sāratʰakatā サールタクター/ [Skt.-ता] *f.* 意味のあること, 有意義.

ਸਾਰਥਿਕ (सारथिक) /sāratʰika サールティク/ ▸ਸਾਰਥਕ *adj.* → ਸਾਰਥਕ

ਸਾਰਥੀ (सारथी) /sāratʰī サールティー/ [Skt. सारथिन्] *m.* **1**〘軍〙戦車の御者. (⇒ਰਥਵਾਹੀ) **2** 車隊長.

ਸਾਰਦਾ (सारदा) /sāradā サールダー/ ▸ਸ਼ਾਰਦਾ *f.* → ਸ਼ਾਰਦਾ

ਸ਼ਾਰਦਾ (शारदा) /śāradā シャールダー/ ▸ਸਾਰਦਾ [Skt. शारदा] *f.* **1**〘ヒ〙ドゥルガー女神. (⇒ਦੁਰਗਾ) **2**〘ヒ〙サラスヴァティー女神. (⇒ਸਰਸਵਤੀ) **3**〘文字〙シャーラダー(シャールダー)文字《8世紀以降主にカシュミールで用いられた文字. グプタ文字のうち西方に伝播したものの子孫とされ, その後パンジャーブで用いられるようになったランダー文字, さらにグルムキー文字へと血を受け継いだ》.

ਸਾਰਦੂਲ (सारदूल) /sāradūla サールドゥール/ [Skt.] *m.* **1**〘動物〙トラ, 虎. **2**〘動物〙ライオン, 獅子. (⇒ਸਿੰਘ, ਸ਼ੇਰ ਬੱਬਰ)

ਸਾਰਨਾ (सारना) /sāranā サールナー/ [Skt. सारयति] *vt.* **1** 達成する, 成し遂げる, 完了させる. (⇒ਪੂਰਾ ਕਰਨਾ) **2** 十分にする, 満たす. **3** 間に合わせる, 済ます, 何とかやっていく. **4** 整える, 整理する, 手配する. **5** 飾る, 美しくする. **6** 維持する, 保護する, 手入れをする. **7** 助ける, 支持する.

ਸਾਰਨੀ (सारनी) /sāranī サールニー/ ▸ਸਾਰਣੀ [Skt. सारिणी] *f.* 表, 図表.

ਸਾਰਬਾਣ (सारबाण) /sārabāṇa サールバーン/ ▸ਸਾਰਬਾਨ *m.* → ਸਾਰਬਾਨ

ਸਾਰਬਾਨ (सारबान) /sārabāna サールバーン/ ▸ਸਾਰਬਾਣ [Pers. *sār* Pers.-*bān*] *m.* 駱駝を飼う人, 駱駝使い. (⇒ਊਠ ਚਾਰਨ ਵਾਲਾ)

ਸਾਰਾ (सारा) /sārā サーラー/ [Skt. सह] *adj.* **1** すべての, あらゆる, 一切の, 全部の, 全体の. (⇒ਕੁੱਲ) **2** 完全な. **3** 全くの.

ਸਾਲ[1] (साल) /sāla サール/ [Pers. *sāl*] *m.* **1**〘時間〙年, 1年, 1年間. (⇒ਵਰ੍ਹਾ) **2**…才, …歳.

ਸਾਲ[2] (साल) /sāla サール/ *m.* 〘植物〙サラノキ(沙羅の木), サラソウジュ(沙羅双樹)《フタバガキ科の高木》サール, 松の一種.

ਸਾਲ[3] (साल) /sāla サール/ *adj.* **1** まっすぐな. (⇒ਸਿੱਧਾ) **2** 正しい. (⇒ਠੀਕ) **3** 本当の. (⇒ਸਹੀ)

ਸ਼ਾਲ (शाल) /śāla シャール/ [Pers. *śāl*] *f.* **1**〘衣服〙ショール, 肩掛け. **2**〘衣服〙被布, 女性が羽織る薄地の布. (⇒ਚਾਦਰ)

ਸਾਲਸ (सालस) /sālasa サーラス/ [Arab. *sālis*] *m.* **1** 仲裁人, 調停者. (⇒ਵਿਚੋਲਾ) **2** 裁定者. **3** 審判員.

ਸਾਲਸੀ (सालसी) /sālasī サールスィー/ [Arab. *sālisī*] *f.* **1** 仲裁, 調停. **2** 裁定.

— *adj.* **1** 仲裁の, 調停の. **2** 裁定の.

ਸਾਲਕ (सालक) /sālaka サーラク/ [Arab. *sālik*] *m.* 旅人. (⇒ਮੁਸਾਫ਼ਰ)

ਸਾਲਗਰਾਮ (सालगराम) /sālagarāma サールガラーム/ ▸ਸਾਲਿਗਰਾਮ [Skt. शालग्राम] *m.* **1** 小さな丸い石. **2**〘ヒ〙ヴィシュヌ神の象徴として崇められる丸い石の偶像.

ਸਾਲਨ (सालन) /sālana サーラン/ [Skt. सलवण] *m.* 〘料理〙香辛料を用いて煮た野菜料理. (⇒ਸਲੂਣਾ)

ਸਾਲਨਾਮਾ (सालनामा) /sālanāmā サールナーマー/ [Pers. *sāl* + Pers. *nāma*] *m.* 年鑑. (⇒ਵਰ੍ਹਾ-ਕੋਸ਼)

ਸਾਲਮ (सालम) /sālama サーラム/ [Arab. *sālim*] *adj.* **1** 完全な, 欠けていない. (⇒ਪੂਰਨ, ਪੂਰਾ) **2** 削られていない, 切られていない. **3** 分割されていない. **4** すべての. **5** 全体の.

ਸਾਲਮੀਅਤ (सालमीअत) /sālamīata サーラミーアト/ [Pers.-*yat*] *f.* 完全であること, 完全, 完全性, 欠けていないこと, 無欠. (⇒ਪੂਰਨਤਾ)

ਸਾਲਾ[1] (साला) /sālā サーラー/ [Skt. श्यालक] *m.* 〘親族〙義理の兄弟《妻の兄弟》.

— *int.* 〘罵言〙この野郎, てめぇ, こん畜生《男が男を罵る言葉》

ਸਾਲਾ[2] (साला) /sālā サーラー/ ▸ਸ਼ਾਲਾ [Skt. शाला] *suff.* 「家」「建物」「場所」などの意味を含む女性名詞を形成する接尾辞. 例えば ਧਰਮਸਾਲਾ は「神の家(礼拝所)」「巡礼宿泊所」などの意味を表す.

ਸਾਲਾ[3] (साला) /sālā サーラー/ [Pers. *sāla*] *suff.* 主に数詞の後に加え,「…年の」「…歳の」の意味の形容詞句を形成する接尾辞.

ਸ਼ਾਲਾ[1] (शाला) /śālā シャーラー/ ▸ਸਾਲਾ [Skt. शाला] *suff.* 「家」「建物」「場所」などの意味を含む女性名詞を形成する接尾辞. 例えば ਪਾਠਸ਼ਾਲਾ は「授業をする建物」「学校」などの意味を表す.

ਸ਼ਾਲਾ[2] (शाला) /śālā シャーラー/ [Arab. *in śā allāhu*] *adj.* 神の意志による.

— *adv.* 神の御意志があれば, 神の思し召しで. (⇒ਰੱਬ ਕਰੇ)

ਸਾਲਾਨਾ (सालाना) /sālānā サーラーナー/ [Pers. *sālāna*] *adj.* 毎年の, 年次の, 年間の. (⇒ਵਾਰਸ਼ਿਕ) ❐ਸਾਲਾਨਾ ਲੇਖੇ 年次決算報告書. ❐ਸਾਲਾਨਾ ਜਨਰਲ ਮੀਟਿੰਗ 年次総会.

ਸਾਲਿਗਰਾਮ (सालिगराम) /sāligarāma サーリガラーム/ ▸ ਸਾਲਗਰਾਮ *m.* → ਸਾਲਗਰਾਮ

ਸਾਲੀ (साली) /sālī サーリー/ [Skt. श्यालक -ई] *f.* 〖親族〗義理の姉妹《妻の姉妹》.

ਸਾਲੂ (सालू) /sālū サールー/ *m.* 〖布地〗赤い布.

ਸਾਲੇਹਾਰ (सालेहार) /sālehāra サーレーハール/ *f.* 〖親族〗妻の兄弟の妻.

ਸਾਵਣ (सावण) /sāwaṇa サーワン/ ▸ਸਉਣ, ਸਾਉਣ, ਸੌਣ *m.* → ਸਾਉਣ

ਸਾਵਧਾਨ (सावधान) /sāvadǎna サーヴダーン/ ▸ਸਵਧਾਨ, ਸਵਾਧਾਨ [Skt. सावधान] *adj.* **1** 注意深い, 用心深い. **2** 警戒した. **3** 慎重な. **4** 抜け目ない. (⇒ਹੁਸ਼ਿਆਰ)

ਸਾਵਧਾਨੀ (सावधानी) /sāvadǎnī サーヴダーニー/ [Skt. सावधानी] *f.* **1** 注意深さ, 用心. ❐ਸਾਵਧਾਨੀ ਨਾਲ 注意深く, 用心して. **2** 警戒. ❐ਸਾਵਧਾਨੀ ਨਾਲ 警戒して, 油断なく. **3** 慎重さ.

ਸ਼ਾਵਰ (शावर) /śāwara シャーワル/ [Eng. *shower*] *m.* シャワー, シャワーの設備.

ਸਾਂਵਰਾ (साँवरा) /sā̃warā サーンウラー/ ▸ਸਉਲਾ, ਸਾਉਂਲਾ, ਸਾਉਲਾ, ਸਾਂਵਲਾ, ਸਾਵਲਾ, ਸੌਲਾ *adj.* → ਸਾਉਲਾ

ਸਾਂਵਲਾ (साँवला) /sā̃walā サーンウラー/ ▸ਸਉਲਾ, ਸਾਉਂਲਾ, ਸਾਉਲਾ, ਸਾਂਵਰਾ, ਸਾਵਲਾ, ਸੌਲਾ *adj.* → ਸਾਉਲਾ

ਸਾਵਲਾ (सावला) /sāwalā サーウラー/ ▸ਸਉਲਾ, ਸਾਉਂਲਾ, ਸਾਉਲਾ, ਸਾਂਵਰਾ, ਸਾਂਵਲਾ, ਸੌਲਾ *adj.* → ਸਾਉਲਾ

ਸਾਵਾਂ (सावाँ) /sāwā̃ サーワーン/ ▸ਸਮਾਨ, ਸਾਮਾਂ *adj.* → ਸਮਾਨ[1]

ਸਾਵਾ (सावा) /sāwā サーワー/ [(Lah.)] *adj.* 緑の. (⇒ਹਰਾ)

ਸਾੜ (साड़) /sāṛa サール/ *m.* **1** 燃焼. **2** 火傷. **3** 腐食. **4** 〖比喩〗怒り, 憎しみ, 憎悪, 妬み, 嫉妬. (⇒ਸੂਗ)

ਸਾੜ੍ਹੀ (साड़्ही) /sâṛī サーリー/ [Skt. शाटिका] *f.* 〖衣服〗サリー(サーリー)《女性が衣服として着る細長い綿または絹製の布. 胸・腰に巻きつけて肩・頭から垂らす》.

ਸਾੜਨਾ (साड़ना) /sāṛanā サールナー/ [Skt. शाटयते] *vt.* **1** 燃やす, 焼く. (⇒ਜਲਾਉਣਾ) **2** 火傷させる. **3** 火葬する. **4** 焦がす, 黒焦げにする. **5** 焼き過ぎる. **6** 枯らす. **7** 辛辣な言葉を浴びせる. **8** 怒らせる, 嫉妬させる.

ਸਾੜਾ (साड़ा) /sāṛā サーラー/ [cf. ਸਾੜਨਾ] *m.* **1** 妬み, 嫉妬, やきもち. (⇒ਈਰਖਾ, ਖ਼ਾਰ) **2** ふてくされ. **3** 恨み.

ਸਿਉ (सिउ) /sio スィオー/ ▸ਸਿਊ, ਸਿਓ, ਸੇ, ਸੇਉ, ਸੇਅ, ਸੇਬ *m.* → ਸਿਓ

ਸਿਉਂਕ (सिउँक) /siũka スィウンク/ ▸ਸਿਊਂਕ, ਸਿਓਂਕ, ਸੋਂਕ *f.* 〖虫〗シロアリ, 白蟻.

ਸਿਉਲ (सिउल) /siula | siola スィウル | スィオール/ ▸ ਸਿਓਲ *m.* → ਸਿਓਲ

ਸਿਊ (सिऊ) /siū スィウー/ ▸ਸਿਉ, ਸਿਓ, ਸੇ, ਸੇਉ, ਸੇਅ, ਸੇਬ *m.* → ਸਿਓ

ਸਿਊਂਕ (सिऊँक) /siũka スィウーンク/ ▸ਸਿਉਂਕ, ਸਿਓਂਕ, ਸੋਂਕ *f.* 〖虫〗シロアリ, 白蟻.

ਸਿਊਂਣਾ (सिऊंणा) /siũṇā スィウーンナー/ ▸ਸਿਊਣਾ, ਸੀਉਣਾ, ਸੀਊਣਾ, ਸੀਣਾ *vt.* → ਸਿਊਣਾ

ਸਿਊਣਾ (सिऊणा) /siūṇā スィウーナー/ ▸ਸਿਊਂਣਾ, ਸੀਉਣਾ, ਸੀਊਣਾ, ਸੀਣਾ [Skt. सीव्यति] *vt.* 縫う, 縫い付ける, 縫い合わす.

ਸਿਊ ਬੇਰ (सिऊ बेर) /siū bera スィウー ベール/ *m.* 〖植物〗ナツメ(棗)の木の一種の果実.

ਸਿਊ ਬੇਰੀ (सिऊ बेरी) /siū berī スィウー ベーリー/ *f.* 〖植物〗ナツメ(棗)の木の一種.

ਸਿਓ (सिओ) /sio スィオー/ ▸ਸਿਉ, ਸਿਊ, ਸੇ, ਸੇਉ, ਸੇਅ, ਸੇਬ [Pers. *seb*] *m.* 〖植物〗リンゴ(林檎)《バラ科の高木》, リンゴの果実.

ਸਿਓਂਕ (सिओंक) /siõka スィオーンク/ ▸ਸਿਉਂਕ, ਸਿਊਂਕ, ਸੋਂਕ *f.* 〖虫〗シロアリ, 白蟻.

ਸਿਓਣ (सिओण) /sioṇa スィオーン/ ▸ਸੀਉਣ *f.* **1** 縫い目. **2** 縫合.

ਸਿਓਲ (सिओल) /siola スィオール/ ▸ਸਿਉਲ [Eng. *Seoul*] *m.* 〖地名〗ソウル《大韓民国の首都》.

ਸਿਆਸਤ (सिआसत) /siāsata スィアースト/ [Pers. *siyāsat*] *f.* **1** 政治. (⇒ਰਾਜਨੀਤੀ) **2** 術策, 策略, 策謀.

ਸਿਆਸਤਦਾਨ (सिआसतदान) /siāsatadāna スィアーストダーン/ [Pers.-*dān*] *m.* 政治家. (⇒ਰਾਜਨੀਤੱਗ, ਰਾਜਨੀਤੀਵਾਨ)

ਸਿਆਸਤੀ (सिआसती) /siāsatī スィアースティー/ [Pers. *siyāsatī*] *adj.* 政治の, 政治上の, 政治的な. (⇒ਰਾਜਨੀਤਕ)

ਸਿਆਸੀ (सिआसी) /siāsī スィアースィー/ [Pers. *siyāsī*] *adj.* 政治の, 政治上の, 政治的な. (⇒ਰਾਜਨੀਤਕ)

ਸਿਆਹ (सिआह) /siâ スィアー/ [Pers. *siyāh*] *adj.* 黒い. (⇒ਕਾਲਾ)

ਸਿਆਹੀ (सिआही) /siâī スィアーイー/ ▸ਸ਼ਾਹੀ [Pers. *siyāhī*] *f.* **1** 黒, 黒いこと, 黒色. (⇒ਕਾਲਖ) **2** インク. **3** 染み, そばかす.

ਸਿਆਹੀ ਚੱਟ (सिआही चट्ट) /siâī caṭṭa スィアーイー チャット/ [+ cf. ਚੱਟਣਾ] *m.* 吸取紙.

ਸਿਆਹੀ ਚੂਸ (सिआही चूस) /siâī cūsa スィアーイー チュース/ [+ cf. ਚੂਸਣਾ] *m.* 吸取紙.

ਸਿਆਣ (सिआण) /siāṇa スィアーン/ ▸ਸਿਹਾਣ, ਸਿੰਞਾਣ *f.* **1** 認識. (⇒ਪਛਾਣ) **2** 自覚.

ਸਿਆਣਨਾ (सिआणना) /siāṇạnā スィアーンナー/ *vt.* **1** 認識する. (⇒ਪਛਾਣਨਾ) **2** 自覚する.

ਸਿਆਣਪ (सिआणप) /siāṇạpạ スィアーンプ/ *f.* **1** 聡明さ. (⇒ਮੁਦੱਬਰਪਣ) **2** 賢明さ. (⇒ਦਾਨਾਈ) **3** 明敏さ. **4** 思慮深さ. **5** 分別のあること.

ਸਿਆਣਾ (सिआणा) /siāṇā スィアーナー/ [Skt. सज्ञान] *adj.* **1** 賢い, 賢明な, 利口な. (⇒ਦਾਨਾ) **2** 聡明な. **3** 明敏な, 頭脳明晰な. **4** 思慮深い. **5** 分別のある.

ਸਿਆਣੂ (सिआणू) /siāṇū スィアーヌー/ *m.* **1** 知人. (⇒ਜਾਣੂ) **2** 知り合い.

ਸਿਆਪਾ (सिआपा) /siāpā スィアーパー/ *m.* **1** 悲嘆. **2** 葬儀で女性たちが胸・頬・腿を叩いて悲しみを表す風習. **3**〘俗語〙嫌な仕事, 腹の立つ仕事. ❐ਸਿਆਪਾ ਖੜਾ ਕਰਨਾ, ਸਿਆਪਾ ਪਾਉਣਾ 問題を引き起こす, 困難な状況を生み出す. ❐ਸਿਆਪਾ ਪੈਣਾ 面倒なことになる.

ਸਿਆਮ (सिआम) /siāmạ スィアーム/ ▸ਸ਼ਜਾਮ, ਸ਼ਾਮ *adj.m.* → ਸ਼ਾਮ[2]

ਸਿਆਲ[1] (सिआल) /siālạ スィアール/ *m.*〘姓〙スィアール《カッタリーまたはジャットに属するの姓の一つ》.

ਸਿਆਲ[2] (सिआल) /siālạ スィアール/ [Skt. शीतकाल] *m.*〘暦〙寒い季節, 冬.

ਸਿਆਲੀ (सिआली) /siālī スィアーリー/ [-ਈ] *m.*〘暦〙寒い季節, 冬.
— *adj.* 寒い季節の, 冬の.

ਸਿਆੜ (सिआड़) /siāṛạ スィアール/ *m.* (畑の畝と畝との間の)溝.

ਸ਼ਿਸ਼ (शिश) /śiśạ シシュ/ [Skt. शिष्य] *m.* **1** 弟子. (⇒ਚੇਲਾ) **2** 生徒. (⇒ਵਿਦਿਆਰਥੀ) **3** 後継者.

ਸਿਸਕਣਾ (सिसकणा) /sisakạṇā スィサクナー/ ▸ਸਸਕਣਾ *vi.* 啜り泣く, しくしく泣く.

ਸਿਸਕੀ (सिसकी) /sisạkī スィスキー/ *f.* 啜り泣き.

ਸ਼ਿਸ਼ਟ (शिशट) /śiśạṭạ シシュト/ [Skt. शिष्ट] *adj.* **1** 洗練された, 教養のある, 礼儀正しい. (⇒ਸਭਯ, ਸ਼ਰੀਫ਼) **2** 育ちの良い, 行儀の良い, きちんとした. **3** 上品な.

ਸ਼ਿਸ਼ਟਤਾ (शिशटता) /śiśạṭạtā シシュトター/ [Skt.-ता] *f.* **1** 礼儀正しさ, 行儀の良さ. (⇒ਸ਼ਰਾਫ਼ਤ) **2** 洗練されている様子, 優雅さ. **3** 上品さ.

ਸਿਸਟਮ (सिसटम) /sisạṭamạ スィスタム/ [Eng. *system*] *m.* **1** 組織, 制度, 体制. **2** 体系, 方法, 方式.

ਸਿਸਟਰ (सिसटर) /sisạṭarạ スィスタル/ [Eng. *sister*] *f.* **1**〘親族〙姉, 妹. **2**〘キ〙修道女, シスター. **3** 看護婦長.

ਸ਼ਿਸ਼ਟਾਚਾਰ (शिशटाचार) /śiśạṭācārạ シシュターチャール/ ▸ਸ਼ਿਸ਼ਟਾਰਨ [Skt. शिष्टाचार] *m.* **1** 上品. **2** 礼儀正しさ, 行儀の良さ. (⇒ਚੰਗਾ ਵਿਹਾਰ) **3** 洗練されている様子, 優雅さ. **4** 行儀, 礼儀作法.

ਸ਼ਿਸ਼ਟਾਚਾਰੀ (शिशटाचारी) /śiśạṭācārī シシュターチャーリー/ [Skt. शिष्टाचारिन्] *adj.* **1** 形式に適った. **2** 儀式上の, 礼式に適った.

ਸ਼ਿਸ਼ਟਾਰਨ (शिशटारन) /śiśạṭāranạ シシュターラン/ ▸ਸ਼ਿਸ਼ਟਾਚਾਰ *m.* → ਸ਼ਿਸ਼ਟਾਚਾਰ

ਸਿਸਤ (सिसत) /sisạtạ スィスト/ ▸ਸ਼ਿਸਤ *f.* → ਸ਼ਿਸਤ

ਸ਼ਿਸਤ (शिसत) /śisạtạ シスト/ ▸ਸਿਸਤ [Pers. *śist*] *f.* (銃などの)狙い, 照準. (⇒ਨਿਸ਼ਾਨਾ)

ਸ਼ਿਸ਼ਨ (शिशन) /śiśanạ シシャン/ ▸ਸੈਸ਼ਨ *m.* → ਸੈਸ਼ਨ

ਸ਼ਿਸ਼ਿਰ (शिशिर) /śiśirạ シシル/ [Skt. शिशिर] *m.* **1** 寒さ, 寒冷, 寒気. **2** 霜, 降霜. **3**〘暦〙寒い季節, 寒季, 冬, 1月から3月の季節《ਮਾਘ と ਫੱਗਣ の月》.

ਸਿਹਤ (सिहत) /sêtạ | sêatạ セート | セーアト/ ▸ਸੇਹਤ [Pers. *ṣehhat*] *f.* **1** 健康, 壮健, 丈夫. (⇒ਅਰੋਗਤਾ) **2** 健康状態, 気分. ❐ਅੱਜ ਉਸਦੀ ਸਿਹਤ ਠੀਕ ਨਹੀਂ ਹੈ। 今日あの人は気分がすぐれません.

ਸਿਹਤਮੰਦ (सिहतमंद) /sêtạmandạ セートマンド/ [Pers.-*mand*] *adj.* 健康な, 壮健な, 丈夫な.

ਸਿਹਤਮੰਦੀ (सिहतमंदी) /sêtạmandī セートマンディー/ [Pers.-*mandī*] *f.* **1** 健康, 壮健, 丈夫. (⇒ਅਰੋਗਤਾ) **2** 健康な状態, 丈夫であること.

ਸਿਹਤਯਾਬ (सिहतयाब) /sêtạyābạ セートヤーブ/ [Pers. *ṣehhat* Pers.-*yāb*] *adj.* 健康を得た, 健康を回復した, 病気の治った.

ਸਿਹਤਯਾਬੀ (सिहतयाबी) /sêtạyābī セートヤービー/ [-ਈ] *f.* 健康の回復, 病気の治癒.

ਸਿਹਤ ਵਿਗਿਆਨ (सिहत विगिआन) /sêtạ vigiānạ セートヴィギアーン/ [Pers. *ṣehhat* + Skt. विज्ञान] *m.* 衛生, 健康法, 衛生学.

ਸਿਹਰ[1] (सिहर) /sêrạ セール/ ▸ਸਵੇਰ, ਸਬੇਰ, ਸਬੇਰਾ, ਸਵੇਰਾ *f.* **1** 朝. **2** 早朝. (⇒ਪਰਭਾਤ) **3** 夜明け.

ਸਿਹਰ[2] (सिहर) /sêrạ セール/ *m.* 魔法, 魔術. (⇒ਜਾਦੂ)

ਸਿਹਰਾ[1] (सिहरा) /sêrā セーラー/ ▸ਸੇਹਰਾ [Skt. शिरस् + Skt. हार] *m.* **1** 花冠, 花環. **2**〘儀礼〙花婿が被る花冠《飾り紐に花などを連ねたもので, 体の前面を冠から垂れ下がる形で覆う》. **3**〘音楽〙花婿に花冠を被らせる際に親族が歌う祝い歌. **4**〘儀礼〙神聖な場で捧げられる花環. **5** 栄冠, 栄誉, 名誉, 名声.

ਸਿਹਰਾ[2] (सिहरा) /sêrā セーラー/ ▸ਸਹਿਰਾ *m.* → ਸਹਿਰਾ

ਸਿਹਰਾਬੰਦੀ[1] (सिहराबंदी) /sêrābandī セーラーバンディー/ *f.*〘儀礼〙花婿の頭に花冠を被らせる儀式.

ਸਿਹਾਣ (सिहाण) /sihāṇạ | siā̆ṇạ スィハーン | スィアーン/ ▸ਸਿਆਣ, ਸਿੰਵਾਣ *f.* **1** 認識. (⇒ਪਛਾਣ) **2** 自覚.

ਸਿਹਾਰੀ (सिहारी) /sihārī | siā̆rī スィハーリー | スィアーリー/ *f.*〘文字〙スィハーリー(スィアーリー)《短母音「イ」を表す, グルムキー文字の母音記号 ਿ の名称. ਸਤਿ や ਕਾਵਿ などの特定の語では, 短母音「イ」を表さず, この記号の付いた子音字が「子音のみ」の音であることを示す》.

ਸਿੱਕ (सिक्क) /sikkạ スィック/ *f.* 望み, 願い, 願望, 切望, 欲求. (⇒ਇੱਛਾ)

ਸ਼ਿਕਸਤ (शिकसत) /śikasạtạ シカスト/ [Pers. *śikast*] *f.* **1** 敗北, 敗戦, 負け. (⇒ਹਾਰ) **2** 破壊, 破損.

ਸ਼ਿਕਸਤਾ (शिकसता) /śikasạtā シカスター/ [Pers. *śikasta*] *adj.* 壊れた, 割れた. (⇒ਟੁੱਟਾ, ਭੱਜਾ)
— *m.*〘文字〙シカスタ書体《17世紀中期に始められたペルシア文字の筆記体》.

ਸ਼ਿਕੰਜਵੀ (शिकंजवी) /śikañjạwī シカンジウィー/ ▸ਸ਼ਕੰਜਬੀ, ਸ਼ਕੰਜਬੀਨ, ਸ਼ਕੰਜਵੀ, ਸ਼ਕੰਜਵੀ [Pers. *śikanjbīn*] *f.*〘飲料〙ライム果汁と砂糖を水に混ぜた清涼飲料.

ਸ਼ਿਕੰਜਾ (शिकंजा) /śikañjā シカンジャー/ ▸ਸ਼ਕੰਜਾ [Pers. *śikanja*] *m.*〘機械〙圧搾機.

ਸਿਕਣਾ[1] (सिकणा) /sikaṇā スィクナー/ *vi.* **1** 温められる, 熱せられる, 炙られる. **2** 焼ける, 焼かれる, 焼き上がる. (⇒ਪਕਣਾ)

ਸਿਕਣਾ[2] (सिकणा) /sikaṇā スィクナー/ ▸ਸਿੱਕਣਾ *vi.* → ਸਿੱਕਣਾ

ਸਿੱਕਣਾ (सिक्कणा) /sikkaṇā スィッカナー/ ▸ਸਿਕਣਾ *vi.* 熱望する, 切望する, 渇望する, 強く欲する. (⇒ਤਾਂਘਣਾ, ਤਰਸਣਾ)

ਸ਼ਿਕਨ (शिकन) /śikana シカン/ [Pers. *śikan*] *m.* **1** 破ること. **2** 折り目, ひだ, 皺. (⇒ਭੰਨ, ਵੱਟ)

ਸ਼ਿਕਰਾ (शिकरा) /śikarā シクラー/ [Pers. *śikara*] *m.* **1** 〖鳥〗タカ, 鷹. **2** 〖鳥〗ハヤブサ, 隼.

ਸਿੱਕਰੀ (सिक्करी) /sikkarī スィッカリー/ *f.* (頭の)ふけ. (⇒ਕਰ, ਰੂਸੀ)

ਸਿਕਲੀਗਰ (सिकलीगर) /sikalīgara スィクリーガル/ *m.* 刃物作りと刃物研ぎを職業とする遊牧民.

ਸਿਕਲੀਗਰੀ (सिकलीगरी) /sikalīgarī スィクリーガリー/ *f.* 刃物作りと刃物研ぎの技術・職業.

ਸ਼ਿਕਵਾ (शिकवा) /śikawā シクワー/ [Arab. *śikva*] *m.* **1** 不平, 不満, 文句, 苦情. **2** 非難. **3** 告発.

ਸਿਕਵਾਉਣਾ (सिकवाउणा) /sikawāuṇā スィクワーウナー/ ▸ਸਿਕਾਉਣਾ *vt.* 温めさせる, 熱を加えさせる, 焼かせる.

ਸ਼ਿਕਵਾ ਸ਼ਿਕਾਇਤ (शिकवा शिकाइत) /śikawā śikāita シクワー シカーイト/ [Arab. *śikva* + Pers. *śikāyat*] *f.* 不平, 不満, 文句, 苦情.

ਸਿੱਕੜ (सिक्कड़) /sikkaṛa スィッカル/ *m.* パンの外皮.

ਸਿੱਕਾ (सिक्का) /sikkā スィッカー/ [Pers. *sikka*] *m.* **1** 〖貨幣〗硬貨, コイン. **2** 〖金属〗鉛. (⇒ਸੀਸਾ)

ਸਿਕਾਉਣਾ (सिकाउणा) /sikāuṇā スィカーウナー/ ▸ ਸਿਕਵਾਉਣਾ *vt.* → ਸਿਕਵਾਉਣਾ

ਸ਼ਿਕਾਇਤ (शिकाइत) /śikāita シカーイト/ ▸ਸ਼ਕਾਇਤ, ਸ਼ਕੈਤ [Pers. *śikāyat*] *f.* **1** 不平, 文句, 苦情. ❐ਤੇਰੀ ਕੀ ਸ਼ਿਕਾਇਤ ਏ? おまえは何の不平があるんだ. ❐ਸ਼ਿਕਾਇਤ ਕਰਨੀ 不平を言う, 苦情を言う. ❐ਤੁਸੀਂ ਸ਼ਿਕਾਇਤ ਸੇਵਾਵਾਂ ਵਿਭਾਗ ਨੂੰ ਸ਼ਿਕਾਇਤ ਕਰ ਸਕਦੇ ਹੋ। あなたは苦情処理局に苦情を言うことができます. **2** 非難, 告発, 告げ口. ❐ਸ਼ਿਕਾਇਤ ਕਰਨੀ 非難する, 告発する, 告げ口をする.

ਸ਼ਿਕਾਰ (शिकार) /śikāra シカール/ ▸ਸ਼ਕਾਰ [Pers. *śikār*] *m.* **1** 狩り, 猟, 狩猟. (⇒ਹੇੜ) **2** 獲物, 餌食, 犠牲, 攻撃の的.

ਸ਼ਿਕਾਰਾ (शिकारा) /śikārā シカーラー/ *m.* **1** 〖乗物〗小舟. (⇒ਕਿਸ਼ਤੀ) **2** 〖乗物〗(カシュミール地方の)ハウスボート.

ਸ਼ਿਕਾਰੀ (शिकारी) /śikārī シカーリー/ [Pers. *śikārī*] *adj.* 狩りの, 狩猟の.
— *m.* 狩人, 猟師. (⇒ਹੇੜੀ)

ਸਿੱਕੇਬੰਦ (सिक्केबंद) /sikkebanda スィッケーバンド/ *adj.* 標準の, 標準的品質の.

ਸਿੱਖ[1] (सिक्ख) /sikkʰa スィック/ [Skt. शिष्य] *m.* **1** 弟子, 門弟, 信奉者. (⇒ਚੇਲਾ) **2** 〖スィ〗スィック, スィック教徒(シク教徒, シーク教徒). **3** 〖スィ〗スィック教団, スィック教徒の集団.

ਸਿੱਖ[2] (सिक्ख) /sikka スィック/ ▸ਸਿਖਿਆ, ਸਿੱਖਿਆ *f.* → ਸਿੱਖਿਆ

ਸਿੱਖਣਾ (सिक्खणा) /sikkʰaṇā スィッカナー/ [Skt. शिक्षते] *vt.* **1** 学ぶ, 学習する. (⇒ਪੜ੍ਹਨਾ) **2** 習う, 習得する, 体得する, 修める.

ਸਿੱਖ ਧਰਮ (सिक्ख धरम) /sikkʰa tărama スィック タラム/ [Skt. शिष्य + Skt. धर्म] *m.* 〖スィ〗スィック教(シク教, シーク教), スィック教の教説, スィック教の信仰. (⇒ਸਿੱਖ ਮਤ)

ਸਿੱਖਮਤ (सिक्खमत) /sikkamata スィックマト/ [Skt. शिक्षा + Skt. मति] *f.* **1** 教育, 指導. **2** 教訓. **3** 戒め, 教え, 忠告. (⇒ਉਪਦੇਸ਼)

ਸਿੱਖ ਮਤ (सिक्ख मत) /sikkʰa mata スィック マト/ [Skt. शिष्य + Skt. मत] *m.* 〖スィ〗スィック教(シク教, シーク教), スィック教の教説, スィック教の信仰. (⇒ਸਿੱਖ ਧਰਮ)

ਸਿੱਖ ਮੱਤ (सिक्ख मत्त) /sikkʰa matta スィック マット/ [Skt. शिष्य + Skt. मति] *f.* 〖スィ〗スィック教(シク教, シーク教), スィック教の思想, スィック教の戒律.

ਸਿਖਰ (सिखर) /sikʰara スィカル/ [Skt. शिखर] *f.* **1** 頂点, 頂き, 頂上, てっぺん. (⇒ਸਿਰਾ, ਚੋਟੀ) **2** 山頂. (⇒ਪਹਾੜ ਕੀ ਚੋਟੀ) **3** 最高点. **4** 絶頂. **5** 尖端. **6** 〖建築〗寺院・神殿や家屋の上部の尖った部分.

ਸਿਖਲਾਈ (सिखलाई) /sikʰalāī スィクラーイー/ *f.* **1** 訓練. **2** 教育.

ਸਿਖਵਾਉਣਾ (सिखवाउणा) /sikʰawāuṇā スィクワーウナー/ [cf. ਸਿੱਖਣਾ] *vt.* 教えさせる, 教えてもらう, 訓練してもらう.

ਸਿਖਾਉਣਾ (सिखाउणा) /sikʰāuṇā スィカーウナー/ ▸ ਸਖਾਉਣਾ, ਸਿਖਾਣਾ, ਸਿਖਾਵਣਾ [cf. ਸਿੱਖਣਾ] *vt.* **1** 教える, 教育する. (⇒ਪੜ੍ਹਾਉਣਾ) **2** 訓練する. (⇒ਸਿਖਲਾਉਣਾ) **3** 仕込む.

ਸਿਖਾਉਤ (सिखाउत) /sikʰāuta スィカーウト/ ▸ਸਖਾਉਣ [+ ਆਉਤ] *f.* **1** 教育, 教授, 指導. (⇒ਸਿੱਖਿਆ) **2** 教え, 忠告, 戒め, 教訓, 説諭. (⇒ਉਪਦੇਸ਼, ਨਸੀਹਤ)

ਸਿਖਾਣਾ (सिखाणा) /sikʰāṇā スィカーナー/ ▸ਸਖਾਉਣਾ, ਸਿਖਾਉਣਾ, ਸਿਖਾਵਣਾ *vt.* → ਸਿਖਾਉਣਾ

ਸਿਖਾਂਦਰੂ (सिखाँदरू) /sikʰā̃darū スィカーンドルー/ *m.* **1** 見習い. **2** 初心者.

ਸਿਖਾਵਟ (सिखावट) /sikʰāwaṭa スィカーワト/ *f.* 扇動. (⇒ਚੁਕ)

ਸਿਖਾਵਣਾ (सिखावणा) /sikʰāwaṇā スィカーウナー/ ▸ ਸਖਾਉਣਾ, ਸਿਖਾਉਣਾ, ਸਿਖਾਣਾ *vt.* → ਸਿਖਾਉਣਾ

ਸਿੱਖਿਅਕ (सिक्खिअक) /sikkʰiaka スィッキアク/ [Skt. शिक्षक] *m.* **1** 教授者. **2** 教師. **3** 教官. **4** 教育者.

ਸਿਖਿਆ (सिखिआ) /sikʰiā スィキアー/ ▸ਸਿੱਖ, ਸਿੱਖਿਆ *f.* → ਸਿੱਖਿਆ

ਸਿੱਖਿਆ (सिक्खिआ) /sikkʰiā スィッキアー/ ▸ਸਿੱਖ, ਸਿਖਿਆ [Skt. शिक्षा] *f.* **1** 教育, 教授, 指導, 研修. ❐ਸਿੱਖਿਆ ਦੇਣੀ 教育する. ❐ਸਿੱਖਿਆ ਲੈਣੀ 教育を受ける, 学ぶ. ❐ਸਿੱਖਿਆ ਸਿਖਾਇਆ 既に教育された. ❐ਸਿੱਖਿਆ ਸ਼ਾਸਤਰ 教育学. ❐ਸਿੱਖਿਆ ਸ਼ਾਸਤਰੀ 教育学者. ❐ਸਿੱਖਿਆ ਕਮਿਸ਼ਨ 教育委員会. ❐ਸਿੱਖਿਆ ਕਾਲ 学期. ❐ਸਿੱਖਿਆ ਪਰਨਾਲੀ 教育制度. ❐ਸਿੱਖਿਆ ਨੀਤੀ 教育政策. ❐ਸਿੱਖਿਆ ਮੰਤਰੀ 教育大臣. ❐ਸਿੱਖਿਆ ਮਾਧਿਅਮ 教育法. **2** 教え, 忠告, 戒め, 教訓, 説諭. (⇒ਉਪਦੇਸ਼, ਨਸੀਹਤ)

ਸਿਖਿਆਰਥੀ (सिखिआरथी) /sikʰiāratʰī スィキアールティー/ [Skt. शिक्षार्थिन्] *m.* **1** 教育を受ける者, 学習者, 生徒,

学生, 学徒. **2** 研修生, 実習生. **3** 見習い, 徒弟, 弟子.
ਸਿੱਖੀ (सिक्खी) /sikkʰī スィッキー/ *f.* 〖スィ〗スィック教(シク教, シーク教). (⇒ਸਿੱਖ ਧਰਮ)
ਸਿੰਗ (सिंग) /siṅga スィング/ [Skt. शृंग] *m.* 〖身体〗角(つの), 枝角.
ਸਿਗਨਲ (सिगनल) /siganala スィグナル/ ▸ਸੰਗਲ [Eng. *signal*] *m.* **1** 〖機械〗信号, 信号機. **2** 合図, 身振り. (⇒ਸੈਨਤ, ਇਸ਼ਾਰਾ)
ਸਿਗਰਟ (सिगरट) /sigaraṭa スィグラト/ [Eng. *cigarette*] *f.* 煙草(たばこ). (⇒ਤਮਾਕੂ) ❐ਸਿਗਰਟ ਪੀਣੀ 煙草を吸う.
ਸ਼ਿੰਗਰਫ਼ (शिंगरफ़) /śiṅgarafa シングラフ/ [Pers. *śangarf*] *f.* 〖鉱物〗辰砂(しんしゃ), 朱《赤色顔料となる水銀の原鉱》. (⇒ਸੰਧੂਰ)
ਸਿੰਗਲ (सिंगल) /siṅgala スィンガル/ [Eng. *single*] *adj.* **1** 単独の, たった一つの. (⇒ਇਕੱਲਾ) **2** 一人用の.
ਸਿੰਗਲ ਰੂਮ (सिंगल रूम) /siṅgala rūma スィンガル ルーム/ [Eng. *single room*] *m.* (ホテルの)一人部屋, シングルルーム.
ਸਿੰਗਾ (सिंगा) /siṅgā スィンガー/ [Skt. शृंग] *m.* **1** 〖楽器〗角笛. **2** 〖楽器〗クラリオン《軍用ラッパ》.
ਸਿੰਗਾਪੁਰ (सिंगापुर) /siṅgāpura スィンガープル/ [Eng. *Singapore*] *m.* **1** 〖国名〗シンガポール(共和国). **2** 〖地名〗シンガポール《シンガポール共和国の首都》.
ਸਿਗਾਰ (सिगार) /sigāra スィガール/ [Eng. *cigar*] *m.* 葉巻.
ਸ਼ਿੰਗਾਰ (शिंगार) /śiṅgāra シンガール/ [Skt. शृंगार] *m.* **1** 飾り付け, 装飾. (⇒ਸਜਾਵਟ) **2** 装うこと, 装身. **3** 化粧. **4** 〖文学〗恋情.
ਸ਼ਿੰਗਾਰਦਾਨ (शिंगारदान) /śiṅgāradāna シンガールダーン/ [Pers.-*dān*] *m.* 化粧箱, メイクボックス, コスメボックス.
ਸ਼ਿੰਗਾਰਨਾ (शिंगारना) /śiṅgāranā シンガールナー/ [cf. ਸ਼ਿੰਗਾਰ] *vt.* **1** 飾る, 飾り立てる, 装飾する. **2** 着飾る. **3** 化粧する.
ਸਿੰਗੀ (सिंगी) /siṅgī スィンギー/ [Skt. शृंग] *f.* 〖楽器〗角笛.
ਸਿੰਘ (सिंघ) /sîṅga スィング/ ▸ਸ਼ੀਂਹ [Skt. सिंह] *m.* **1** 〖動物〗(雄)ライオン, 獅子. **2** 〖スィ〗正式に洗礼を受けたスィック教徒. **3** 〖スィ〗スィック教徒の男性の名として加える称号.
ਸਿੰਘਣੀ (सिंघणी) /sîṅgaṇī スィンガニー/ ▸ਸ਼ੀਂਹਣੀ [-ਣੀ] *f.* **1** 〖動物〗雌ライオン, 牝獅子. **2** 〖スィ〗スィック教徒の女性.
ਸਿੰਘਾਸਣ (सिंघासण) /siṅgǎsaṇa スィンガーサン/ ▸ਸਿੰਘਾਸਨ [+ Skt. आसन] *m.* 王座, 玉座, 王位.
ਸਿੰਘਾਸਨ (सिंघासन) /siṅgǎsana スィンガーサン/ ▸ਸਿੰਘਾਸਣ *m.* → ਸਿੰਘਾਸਣ
ਸਿੰਘਾੜਾ (सिंघाड़ा) /siṅgǎṛā スィンガーラー/ *m.* 〖植物〗トウビシ《ヒシ科の水草》, トウビシの実.
ਸਿੰਚਾਈ (सिंचाई) /siñcāī スィンチャーイー/ ▸ਸਿੰਜਾਈ *f.* → ਸਿੰਜਾਈ
ਸਿੰਜਣਾ (सिंजणा) /siñjaṇā スィンジャナー/ [Skt. सिञ्चति] *vt.* **1** 水をやる. **2** 〖農業〗灌漑する.
ਸਿੱਜਣਾ (सिज्जणा) /sijjaṇā スィッジャナー/ *vi.* **1** 濡れる. (⇒ਭਿਜਣਾ) **2** 湿る.
ਸਿਜਦਾ (सिजदा) /sijadā スィジダー/ ▸ਸਜਦਾ [Arab. *sijda*] *m.* **1** 平伏. **2** 〖イス〗アッラーへの祈りのため地に額を付ける動作・礼拝法.
ਸਿੰਜਰਨਾ (सिंजरना) /siñjaranā スィンジャルナー/ *vi.* しみ込む. (⇒ਜੀਰਨਾ)
ਸਿੰਜਵਾਉਣਾ (सिंजवाउणा) /siñjawāuṇā スィンジャワーウナー/ ▸ਸਿੰਜਾਉਣਾ [cf. ਸਿੰਜਣਾ] *vt.* **1** 水やりをさせる. (⇒ਆਬਪਾਸ਼ੀ ਕਰਾਉਣਾ) **2** 〖農業〗灌漑させる.
ਸਿੰਜਾਉਣਾ (सिंजाउणा) /siñjāuṇā スィンジャーウナー/ ▸ਸਿੰਜਵਾਉਣਾ *vt.* → ਸਿੰਜਵਾਉਣਾ
ਸਿੰਜਾਈ (सिंजाई) /siñjāī スィンジャーイー/ ▸ਸਿੰਚਾਈ *f.* **1** 水をやること. **2** 〖農業〗灌漑.
ਸਿੱਝ (सिज्झ) /sîjja スィッジ/ ▸ਸੂਰ, ਸੂਰਜ, ਸੂਰਯ [(Mal.) Skt. सूर्य] *m.* 〖天文〗太陽, 日, お日さま. ❐ਸਿੱਝ ਉਭਾਰ 東. ❐ਸਿੱਝ ਲਾਹ 西.
ਸਿੱਝਣਾ (सिज्झणा) /sîjjaṇā スィッジャナー/ *vi.* **1** 仕返しをする, 復讐する, 報復する. (⇒ਬਦਲਾ ਲੈਣਾ) **2** 恨みを晴らす. **3** 立ち向かう, 取り組む, 格闘する. (⇒ਟੱਕਰਨਾ)
ਸਿੰਞਾਣ (सिंञाण) /siññāṇa スィンナーン/ ▸ਸਿਆਣ, ਸਿਹਾਣ *f.* **1** 認識. (⇒ਪਛਾਣ) **2** 自覚.
ਸਿੰਞਾਣਨਾ (सिंञाणना) /siññāṇanā スィンナーンナー/ ▸ਸਿਆਣਨਾ *vt.* 認識する.
ਸਿੱਟ (सिट्ट) /siṭṭa スィット/ *f.* 投げること. (⇒ਸੁੱਟਣ ਦਾ ਕੰਮ)
ਸਿੱਟਣਾ (सिट्टणा) /siṭṭaṇā スィッタナー/ ▸ਸੱਟਣਾ, ਸੁੱਟਣਾ *vt.* → ਸੁੱਟਣਾ
ਸਿੱਟਾ (सिट्टा) /siṭṭā スィッター/ *m.* **1** 〖植物〗穀物の実. ❐ਸਿੱਟਾ ਕੱਢਣਾ 作物を実らせる. **2** 〖植物〗穀類の穂. **3** 結果. (⇒ਨਤੀਜਾ) ❐ਸਿੱਟਾ ਨਿਕਲਣਾ 結果が出る. ❐ਆਖ਼ਿਰ ਇਸ ਦਾ ਸਿੱਟਾ ਕੀ ਨਿਕਲੇਗਾ? 最後にこの結果はどう出るでしょうか. **4** 結末. (⇒ਪਰਿਣਾਮ) **5** 結論. ❐ਸਿੱਟਾ ਕੱਢਣਾ 結論を引き出す.
ਸਿਟੀ (सिटी) /siṭī スィティー/ [Eng. *city*] *f.* 都市, 都会, 市. (⇒ਸ਼ਹਿਰ)
ਸਿੱਠ (सिट्ठ) /siṭṭʰa スィット/ ▸ਸਿੱਠਣੀ *f.* → ਸਿੱਠਣੀ
ਸਿੱਠਣੀ (सिट्ठणी) /siṭṭʰaṇī スィッタニー/ ▸ਸਿੱਠ *f.* **1** 卑猥な言葉. **2** そしり, 口汚い罵り. **3** 〖儀礼〗婚礼に際して花嫁の側が花婿をひやかして歌う戯れ歌. ❐ਸਿੱਠਣੀਆਂ ਦੇਣੀਆਂ 戯れ歌を歌う《ਸਿੱਠਣੀਆਂ は ਸਿੱਠਣੀ の複数形》.
ਸਿਠਾਣੀ (सिठाणी) /siṭʰāṇī スィターニー/ *f.* 富裕な商人の妻. (⇒ਸੇਠ ਦੀ ਤੀਵੀਂ)
ਸਿੱਡਾ (सिड्डा) /siḍḍā スィッダー/ *m.* **1** 固執, 頑固さ. (⇒ਹਠ, ਜ਼ਿਦ) ❐ਸਿੱਡਾ ਰੱਖਣਾ 固執する, 頑張る. **2** 堅固さ.
ਸਿੰਡੀਕੇਟ (सिंडीकेट) /siṇḍīkeṭa スィンディーケート/ [Eng. *syndicate*] *m.f.* 理事会, 評議会. (⇒ਪਰਬੰਧਕ ਕਮੇਟੀ)
ਸਿਣੀ (सिणी) /siṇī スィニー/ [(Lah.)] *f.* 〖植物〗アサ(麻).
ਸਿਤ[1] (सित) /sita スィト/ ▸ਸੇਤ, ਸੇਤੀ [Skt. श्वेत] *adj.* **1** 白い, 白色の. (⇒ਚਿੱਟਾ, ਸਫ਼ੈਦ) **2** きれいな, 清潔な. (⇒ਸਾਫ਼)
ਸਿਤ[2] (सित) /sita スィト/ *m.* 〖身体〗女性の陰部.
ਸਿਤਪਸਿਤਾ (सितपसिता) /sitapasitā スィトパスィター/ *adv.* 離れて.
ਸਿਤਮ (सितम) /sitama スィタム/ [Pers. *sitam*] *m.* **1** 暴

虐, 暴力. (⇒ਜ਼ੁਲਮ) **2** 暴政.

ਸਿਤਮੀ (सितमी) /sita̸mī スィトミー/ [-ਈ] *adj.* **1** 暴虐な, 暴力的な. **2** 残虐な.

ਸਿੱਤਾ (सित्ता) /sittā スィッター/ *adj.* 湿った. (⇒ਗਿੱਲਾ)

ਸਿਤਾਰ (सितार) /sitāra̸ スィタール/ ▸ਸਤਾਰ [Pers. *sitār*] *f.* 〖楽器〗シタール《北インドの擦弦楽器》.

ਸਿਤਾਰਾ (सितारा) /sitārā スィターラー/ ▸ਸਤਾਰਾ *m.* → ਸਤਾਰਾ

ਸਿਥਲ (सिथल) /sitʰala̸ スィタル/ [Skt. शिथिल] *adj.* **1** だるい, ものうい. **2** 元気のない, 不活発な, 鈍っている. (⇒ਸੁਸਤ) **3** 緩い, 弛んだ.

ਸਿਥਲਤਾ (सिथलता) /sitʰala̸tā スィタルター/ [Skt.-ता] *f.* **1** だるさ, けだるい様子. **2** 元気のないこと, 不活発なこと, 鈍っていること. (⇒ਸੁਸਤੀ) **3** 緩み, 弛み.

ਸਿਥਿਤੀ (सिथिती) /sitʰitī スィティティー/ ▸ਸਥਿਤੀ *f.* → ਸਥਿਤੀ

ਸਿਦਕ (सिदक) /sidaka̸ スィダク/ [Arab. *sidk*] *m.* **1** 真実. (⇒ਸਚਿਆਈ) **2** 信仰. (⇒ਵਿਸ਼ਵਾਸ) **3** 信頼. (⇒ਭਰੋਸਾ)

ਸਿਦਕਹੀਣ (सिदकहीण) /sidaka̸hīṇa̸ スィダクヒーン/ [Skt.-हीन] *adj.* **1** 信用のない. **2** 信仰のない.

ਸਿਦਕਵਾਨ (सिदकवान) /sidaka̸wāna̸ スィダクワーン/ [Pers.-*vān*] *adj.* **1** 全幅の信頼を持った. **2** 強い信仰を持った.

ਸਿੰਧ (सिंध) /sînda̸ スィンド/ [Skt. सिंधु] *m.* **1** 〖河川〗インダス川《インド亜大陸北西部の大河》. **2** 〖地名〗スィンド(スィンドゥ, シンド)地方. **3** 〖地名〗スィンド州《パキスタン南東部の州. 州都はカラーチー》.

ਸਿੱਧ (सिद्ध) /sîdda̸ スィッド/ [Skt. सिद्ध] *adj.* **1** 証明された, 確立された. **2** 完成された. **3** 達成された, 成就した. (⇒ਸਫਲ)

— *m.* 聖者, 修道者, 遁世者. (⇒ਸਾਧ)

ਸਿੰਧਣ (सिंधण) /sîndaṇa̸ スィンダン/ [Skt. सिंधु + ਣ] *f.* スィンド地方の女性.

ਸਿੱਧਣੀ (सिद्धणी) /sîdda̸ṇī スィッドニー/ [Skt. सिद्ध -ਣੀ] *f.* 女性の聖者, 女性の修道者.

ਸਿੱਧੜ (सिद्धड़) /sîddaṛa̸ スィッダル/ ▸ਸਿੱਧੜਾ [cf. ਸਿੱਧਾ] *adj.* **1** 純真な, 単純な. **2** 馬鹿な, 間抜けな.

ਸਿੱਧੜਾ (सिद्धड़ा) /sîddaṛā スィッダラー/ ▸ਸਿੱਧੜ *adj.* → ਸਿੱਧੜ

ਸਿੱਧਾ (सिद्धा) /sîddā スィッダー/ ▸ਸੀਧਾ [Skt. शुद्ध] *adj.* **1** まっすぐな, 曲がっていない, 直線の. ❐ਸਿੱਧਾ ਕਰਨਾ まっすぐにする. **2** 直接の, じかの. **3** 素直な, 素朴な, 純朴な, おとなしい. **4** 正直な. **5** 質素な, 簡素な, 飾り気のない. **6** 易しい, 容易な, 簡単な, 単純な. **7** はっきりした, 明快な, 回りくどくない. **8** まともな, 更生している. ❐ਸਿੱਧਾ ਕਰਨਾ 懲らしめて正す, 更正させる.

— *adv.* **1** まっすぐに. **2** 直接, じかに.

ਸਿਧਾਉਣਾ (सिधाउणा) /sidǎuṇā スィダーウナー/ [cf. ਸਿੱਧਾ] *vt.* **1** 飼いならす. **2** なつかせる. **3** 訓練する.

ਸਿਧਾਇਕ (सिधाइक) /sidǎika̸ スィダーイク/ [cf. ਸਿਧਾਉਣਾ] *adj.* 教える, 指導する, 訓練する. (⇒ਕੰਮ ਸਿਖਾਉਣ ਵਾਲਾ)

— *m.* **1** 教える人, 指導員, 教師, 訓練師. (⇒ਕੰਮ ਸਿਖਾਉਣ ਵਾਲਾ) **2** 調教師.

ਸਿਧਾਇਤ (सिधाइत) /sidǎita̸ スィダーイト/ [cf. ਸਿਧਾਉਣਾ] *m.* 教わる人, 指導される人, 訓練される人, 生徒. (⇒ਕੰਮ ਸਿੱਖਣ ਵਾਲਾ)

ਸਿੱਧਾ-ਸਾਦਾ (सिद्धा-सादा) /sîddā-sādā スィッダー・サーダー/ [Skt. शुद्ध + Pers. *sāda*] *adj.* **1** 素直な, 素朴な, 純朴な, 正直な, おとなしい. **2** 質素な, 簡素な, 飾り気のない.

ਸਿਧਾਂਤ (सिधाँत) /sidǎ̃ta̸ スィダーント/ [Skt. सिद्धांत] *m.* **1** 原則, 原理, 法則. **2** 教義, 教理, 教説. **3** 理論, 論理.

ਸਿਧਾਂਤਹੀਣ (सिधाँतहीण) /sidǎ̃ta̸hīṇa̸ スィダーントヒーン/ [Skt.-हीन] *adj.* **1** 原則のない, 法則のない. **2** 非論理的な, 不合理な.

ਸਿਧਾਂਤਵਾਦ (सिधाँतवाद) /sidǎ̃ta̸wāda̸ スィダーントワード/ [Skt.-वाद] *m.* **1** 原理主義. **2** 理論主義.

ਸਿਧਾਂਤਵਾਦੀ (सिधाँतवादी) /sidǎ̃ta̸wādī スィダーントワーディー/ [Skt.-वादिन्] *adj.* 原理主義の.

— *m.* 原理主義者.

ਸਿਧਾਂਤਿਕ (सिधाँतिक) /sidǎ̃tika̸ スィダーンティク/ [+ ਇਕ] *adj.* **1** 教義の, 教理の. **2** 理論の, 理論上の, 理論的な.

ਸਿਧਾਂਤੀ (सिधाँती) /sidǎ̃tī スィダーンティー/ [-ਈ] *adj.* **1** 教義の, 教理の. **2** 理論の, 理論上の, 理論的な. **3** 原理主義の.

ਸਿਧਾਰਨਾ (सिधारना) /sidǎra̸nā スィダールナー/ [cf. ਸਿੱਧ] *vi.* 《敬語表現として用いられる》 **1** 行かれる, 出発される, お発ちになる, 旅立たれる. **2** お亡くなりになる, 逝去される.

ਸਿੰਧੀ (सिंधी) /sîndī スィンディー/ [Skt. सिंधु -ਈ] *adj.* **1** スィンド(スィンドゥ, シンド)地方の. **2** スィンド州の. **3** スィンディー語の.

— *m.* スィンド人, スィンド出身者, スィンド地方の住民.

— *f.* スィンディー(シンディー)語.

ਸਿੱਧੀ (सिद्धी) /sîddī スィッディー/ [Skt. सिद्धि] *f.* **1** 成就, 完遂, 達成. **2** 成功, 繁栄. (⇒ਸਫਲਤਾ)

ਸਿਧੂ (सिधू) /sîdū スィドゥー/ *m.* 〖姓〗スィドゥー《ジャットと呼ばれる農耕カースト集団の姓の一つ》.

ਸਿੱਧੇ (सिद्धे) /sîdde スィッデー/ [Skt. शुद्ध] *adv.* **1** まっすぐに. **2** 直接, じかに.

ਸਿਨਕੋਨਾ (सिनकोना) /sina̸konā スィンコーナー/ [Eng. *cinchona*] *m.* **1** 〖植物〗キナノキ《南米熱帯原産の高木》. **2** キナノキの皮, キナ皮《キニーネの原料》.

ਸਿਨਮਾ (सिनमा) /sina̸mā スィンマー/ ▸ਸਿਨੇਮਾ [Eng. *cinema*] *m.* **1** 映画. **2** 映画館.

ਸਿਨਮਾ ਘਰ (सिनमा घर) /sina̸mā kǎra̸ スィンマー カル/ ▸ਸਿਨੇਮਾ ਘਰ [Skt.-गृह] *m.* 映画館.

ਸਿਨਮੈਟੋਗਰਾਫ਼ (सिनमैटोगराफ़) /sina̸maiṭogarāfa̸ スィンマェートーグラーフ/ [Eng. *cinematogragh*] *m.* 〖機械〗映写機.

ਸਿੰਨਾ (सिंना) /sinnā スィンナー/ [(Lah.)] *adj.* 湿った. (⇒ਗਿੱਲਾ)

ਸਿਨੇਮਾ (सिनेमा) /sinemā スィネーマー/ ▸ਸਿਨਮਾ *m.* → ਸਿਨਮਾ

ਸਿਨੇਮਾ ਘਰ (सिनेमा घर) /sinemā kǎra̸ スィネーマー カル/ ▸ਸਿਨਮਾ ਘਰ *m.* → ਸਿਨਮਾ ਘਰ

ਸਿੱਪ (सिप्प) /sippa̧ スィップ/ *m.* **1**〖生物〗貝, 二枚貝. **2** 貝殻.

ਸਿਪਾਹ (सिपाह) /sipâ スィパー/ [Pers. *sipāh*] *m.* 軍, 軍隊. (⇒ਸੈਨਾ, ਫ਼ੌਜ) ❒ਸਿਪਾਹ ਸਲਾਰ 軍司令官, 司令長官. ❒ਸਿਪਾਹ ਸਲਾਰੀ 軍の指揮.

ਸਿਪਾਹੀ (सिपाही) /sipâī スィパーイー/ [Pers. *sipāhī*] *m.* **1**〖軍〗兵士, 兵卒, 軍人. (⇒ਫ਼ੌਜੀ ਜਵਾਨ) **2** 警官, 警察官, 巡査.

ਸਿੱਪੀ (सिप्पी) /sippī スィッピー/ *f.* **1**〖生物〗小さな貝, 小さな二枚貝. **2** 小さな貝殻.

ਸ਼ਿਫ਼ਟ (शिफ़्ट) /śifaṭa̧ シフト/ [Eng. *shift*] *f.* 変化, 移動, 転換, 交替, 交替制. (⇒ਬਦਲੀ)

ਸਿਫ਼ਤ (सिफ़त) /sifata̧ スィフト/ [Pers. *ṣifat*] *f.* **1** 性質, 特質. **2** 称賛, 称揚. (⇒ਉਸਤਤ) **3** 長所. (⇒ਗੁਣ)

ਸਿਫ਼ਰ (सिफ़र) /sifara̧ スィファル/ [Arab. *ṣifr*] *ca.num.(f.)*〖数学〗ゼロ, れい, 零, ゼロの記号, 0. (⇒ਸੁੰਨ, ਜ਼ੀਰੋ)

— *f.* 無, 実在しないこと, 架空の物.

— *adj.* **1** 空(から)の, 空っぽの. (⇒ਖ਼ਾਲੀ) **2** 空虚な, 無の.

ਸ਼ਿਫ਼ਾ (शिफ़ा) /śifā シファー/ [Arab. *śifā*] *f.* **1** 健康, 無病. (⇒ਅਰੋਗਤਾ) **2** (病気からの)回復, 治癒. **3** 治療, 手当.

ਸ਼ਿਫ਼ਾਖ਼ਾਨਾ (शिफ़ाख़ाना) /śifāxānā シファーカーナー/ [Pers.*-xāna*] *m.* 病院, 診療所. (⇒ਹਸਪਤਾਲ)

ਸਿਫ਼ਾਰਸ਼ (सिफ़ारश) /sifāraśa̧ スィファールシュ/ ▸ਸਫ਼ਾਰਸ਼ [Pers. *sifāriś*] *f.* **1** 薦め, 推薦, 推奨, 推挙. **2** 勧め, 勧告, 忠告, 助言, 進言.

ਸਿਫ਼ਾਰਸ਼ੀ (सिफ़ारशी) /sifāraśī スィファールシー/ ▸ਸਫ਼ਾਰਸ਼ੀ [Pers. *sifāriśī*] *adj.* **1** 推薦の, 推薦する, お薦めの, 推奨の. **2** 勧める, 勧告する, 忠告の, 助言の.

— *m.* 推薦者, 薦める人.

ਸਿਫ਼ਾਰਤ (सिफ़ारत) /sifārata̧ スィファーラト/ ▸ਸਫ਼ਾਰਤ *f.* → ਸਫ਼ਾਰਤ

ਸਿਫ਼ਾਰਤਖ਼ਾਨਾ (सिफ़ारतख़ाना) /sifāratạxānā スィファーラトカーナー/ ▸ਸਫ਼ਾਰਤਖ਼ਾਨਾ *m.* → ਸਫ਼ਾਰਤਖ਼ਾਨਾ

ਸਿੰਬਲ (सिंबल) /simbala̧ スィンバル/ ▸ਸਿੰਮਲ, ਹਿੰਮਲ *m.*〖植物〗カポック, バンヤ, インド棉の木《キワタ科の落葉高木》.

ਸਿਮਟ (सिमट) /simaṭa̧ スィムト/ *f.* **1** 縮むこと, 縮小, 萎縮. (⇒ਸੰਗੋੜ) **2** ためらい, 躊躇. (⇒ਸੰਕੋਚ, ਝਿਜਕ)

ਸਿਮਟਣਾ (सिमटणा) /simaṭaṇā スィムトナー/ [Skt. संवेष्टयति] *vi.* **1** 集まる, 寄せ集められる. (⇒ਇਕੱਠਾ ਹੋਣਾ) **2** 縮む, 縮まる, 収縮する, しぼむ, 萎縮する. (⇒ਸੁੰਗੜਨਾ) **3** (恐怖や寒気などのために)縮こまる, すくむ, 畏縮する. **4** 恥じらう, 恥ずかしがる. (⇒ਸੰਕੋਚਣਾ)

ਸਿਮਟਾ (सिमटा) /simaṭā スィムター/ *m.* 縮むこと, 縮小, 萎縮. (⇒ਸੰਗੋੜ)

ਸਿਮਟਾਉਣਾ (सिमटाउणा) /simaṭāuṇā スィムターウナー/ [cf. ਸਿਮਟਣਾ] *vt.* **1** 集める, 寄せ集める. (⇒ਇਕੱਠਾ ਕਰਨਾ) **2** 縮める, 縮ませる, 萎縮させる. (⇒ਸੰਗੋੜਨਾ)

ਸਿੰਮਣਾ (सिंमणा) /simmaṇā スィンマナー/ *vi.* しみ出る, にじみ出る. (⇒ਰਿਸਣਾ)

ਸਿੰਮਤ (सिंमत) /simmata̧ スィンマト/ ▸ਸਿਮਤ *f.* → ਸਿਮਤ

ਸਿਮਤ (सिमत) /simata̧ スィムト/ ▸ਸਿੰਮਤ *f.* **1** 方向, 方角. (⇒ਤਰਫ਼) **2** 側, 側面. (⇒ਪਾਸਾ)

ਸਿਮਰਣ (सिमरण) /simaraṇa̧ スィムラン/ ▸ਸਮਰਣ, ਸਿਮਰਨ, ਸੌਰਨ *m.* → ਸਿਮਰਨ

ਸਿਮਰਤੀ (सिमरती) /simaratī スィマルティー/ [Skt. स्मृति] *f.* 記憶, 思い出. (⇒ਯਾਦ)

ਸਿਮਰਨ (सिमरन) /simarana̧ スィムラン/ ▸ਸਮਰਣ, ਸਿਮਰਣ, ਸੌਰਨ [Skt. स्मरण] *m.* **1** 回想. (⇒ਯਾਦ) **2** 神の御名の暗唱. **3** 祈り.

ਸਿਮਰਨਾ[1] (सिमरना) /simaranā スィマルナー/ [cf. ਸਿਮਰਨ] *vt.* **1** 思い出す. **2** 神の御名を唱える. (⇒ਜਪਣਾ, ਰਟਣਾ) **3** 祈る.

ਸਿਮਰਨਾ[2] (सिमरना) /simaranā スィマルナー/ *m.*〖道具〗数珠, 念珠. (⇒ਮਾਲਾ)

ਸਿਮਰਨੀ (सिमरनी) /simaranī スィマルニー/ *f.*〖道具〗数珠, 念珠. (⇒ਮਾਲਾ)

ਸਿੰਮਲ (सिंमल) /simmala̧ スィンマル/ ▸ਸਿੰਬਲ, ਹਿੰਮਲ *m.* → ਸਿੰਬਲ

ਸ਼ਿਮਲਾ (शिमला) /śimalā シムラー/ *m.*〖地名〗シムラー《ヒマーチャル・プラデーシュ州の州都》.

ਸ਼ਿਮਲਾ ਮਿਰਚ (शिमला मिरच) /śimalā miraca̧ シムラーミルチ/ *f.*〖植物〗ピーマン《ナス科の野菜》.

ਸਿਰ (सिर) /sira̧ スィル/ [Skt. शिरस्] *m.*〖身体〗頭. ❒ਸਿਰ ਅੱਖਾਂ ਤੇ 喜んで. ❒ਹਾਂ ਵਿੱਚ ਸਿਰ ਹਿਲਾਉਣਾ 同意・承諾として頭を斜めに傾ける. ❒ਨਾ ਵਿੱਚ ਸਿਰ ਹਿਲਾਉਣਾ 不承諾として頭を横に振る. ❒ਸਿਰ ਖਾਣਾ 悩ます, うるさくつきまとう, 無駄なことを言って人を困らせる. ❒ਸਿਰ ਚੜ੍ਹਨਾ 甘える, つけ上がる, 増長する, 横柄な態度をとる. ❒ਸਿਰ ਚੜ੍ਹਾਉਣਾ 甘やかす, つけ上がらせる. ❒ਸਿਰ ਫੇਰਨਾ 拒否する, 断る.

— *postp.* **1**…の上に, …に, …で. (⇒ਉੱਤੇ) **2**…に対して. **3**…に応じて, …に従って. ❒ਵੇਲੇ ਸਿਰ 時機に応じて, ちょうどよい時に, 折りよく. ❒ਠੀਕ ਸਿਰ 適切さに従って, 適正に, 体系的に.

ਸਿਰਹਾਣਾ (सिरहाणा) /sirā̃ṇā | sirahāṇā スィラーナー | スィルハーナー/ ▸ਸਰਹਾਣਾ *m.*〖寝具〗枕. (⇒ਤਕੀਆ)

ਸਿਰਕੱਢ (सिरकड्ढ) /sirakâḍḍa̧ スィルカッド/ *adj.* 傑出した.

ਸਿਰਕਾ (सिरका) /sirakā スィルカー/ [Pers. *sirka*] *m.*〖食品〗酢, 食酢.

ਸਿਰਕੀ (सिरकी) /sirakī スィルキー/ *f.* 葦草で編んだ茣蓙(ござ).

ਸਿਰਕੇਦਾਰ (सिरकेदार) /sirakedāra̧ スィルケーダール/ [Pers. *sirka* Pers.*-dār*] *adj.* **1** 酢を含んでいる. **2** サラダ用の.

ਸਿਰਖਪਾਈ (सिरखपाई) /sirakʰapāī スィルカパーイー/ [Skt. शिरस् + Skt. क्षिप् -ਈ] *f.* **1** 頭を悩ませるもの. **2** 気苦労, 悩み. **3** 迷惑, 苛立ち. **4** 無駄話. **5** 意味のない議論.

ਸਿਰਜਣ (सिरजण) /sirajaṇa̧ スィルジャン/ [Skt. सृजन] *m.* 創造, 創作. (⇒ਰਚਨਾ)

ਸਿਰਜਣਹਾਰ (सिरजणहार) /sirajaṇahāra̧ スィルジャンハール/ ▸ਸਰਜਣਹਾਰ, ਸਿਰਜਣਹਾਰਾ [Skt. सृजन -ਹਾਰ] *m.* 創造主,

造物主.

ਸਿਰਜਣਹਾਰਾ (सिरजणहारा) /sira̯jaṇa̯hārā スィルジャンハーラー/ ▸ਸਰਜਣਹਾਰ, ਸਿਰਜਣਹਾਰ *m.* → ਸਿਰਜਣਹਾਰ

ਸਿਰਜਣਾ (सिरजणा) /sira̯jaṇā スィルジャナー/ [Skt. सृजति] *vt.* **1** 創る, 創造する. **2** 生む, 生み出す. (⇒ਪੈਦਾ ਕਰਨਾ) **3** 作る, 創作する. (⇒ਰਚਣਾ) **4** 建てる. **5** 創設する.

— *m.* 創造, 創作. (⇒ਰਚਨਾ)

ਸਿਰਜਣਾਤਮਕ (सिरजणातमक) /sira̯jaṇāta̯maka̯ スィルジャナートマク/ ▸ਸਿਰਜਣਾਤਮਿਕ *adj.* → ਸਿਰਜਣਾਤਮਿਕ

ਸਿਰਜਣਾਤਮਿਕ (सिरजणातमिक) /sira̯jaṇāta̯mika̯ スィルジャナートミク/ ▸ਸਿਰਜਣਾਤਮਕ [Skt. सृजन Skt.-आत्मक] *adj.* 創造する, 創造的な, 創造力のある.

ਸਿਰਜਨਾ (सिरजना) /sira̯janā スィルジャナー/ [Skt. सृजन] *f.* **1** 創造, 創作. **2** 生産. **3** 芸術作品.

ਸਿਰਟੋਪ (सिरटोप) /sira̯ṭopa̯ スィルトープ/ [Skt. शिरस् + Skt. स्तूप] *m.* ヘルメット, 兜.

ਸਿਰਤਾਜ (सिरताज) /sira̯tāja̯ スィルタージ/ *m.* クシャトリヤの首長.

ਸਿਰਤੋੜ (सिरतोड़) /sira̯toṛa̯ スィルトール/ *adj.* 無謀な, 無鉄砲な.

ਸਿਰਦਰਦ (सिरदरद) /sira̯dara̯da̯ スィルダルド/ [Skt. शिरस् + Pers. *dard*] *m.* 〖医〗頭痛. (⇒ਸਿਰਪੀੜ)

ਸਿਰਦਰਦੀ (सिरदरदी) /sira̯dara̯dī スィルダルディー/ [+ Pers. *dardī*] *f.* **1** 頭痛の種, 気苦労, 心労. **2** 苛立ち.

ਸਿਰਨ੍ਹਾਉਣੀ (सिरन्हाउणी) /sira̯nǎuṇī スィルナーウニー/ *f.* 〖生理〗月経, 月のもの, 生理. (⇒ਮਾਹਵਾਰੀ)

ਸਿਰਨਾਮਾਂ (सिरनामाँ) /sira̯nāmā̃ スィルナーマーン/ ▸ਸਰਨਾਮਾ, ਸਰਨਾਵਾਂ, ਸਿਰਨਾਵਾਂ *m.* → ਸਰਨਾਵਾਂ

ਸਿਰਨਾਵਾਂ (सिरनावाँ) /sira̯nāwā̃ スィルナーワーン/ ▸ਸਰਨਾਮਾ, ਸਰਨਾਵਾਂ, ਸਿਰਨਾਮਾਂ *m.* → ਸਰਨਾਵਾਂ

ਸਿਰਪੀੜ (सिरपीड़) /sira̯pīṛa̯ スィルピール/ [Skt. शिरस् + Skt. पीडा] *f.* 〖医〗頭痛. (⇒ਸਿਰਦਰਦ)

ਸਿਰਫ਼ (सिरफ़) /sira̯fa̯ スィルフ/ [Arab. *ṣirf*] *adv.* **1** ただ…だけ, 唯一. (⇒ਕੇਵਲ, ਮਹਿਜ਼) **2** 単に.

ਸਿਰਮੋਰ (सिरमोर) /sira̯mora̯ スィルモール/ ▸ਸਿਰਮੌਰ *m.* → ਸਿਰਮੌਰ

ਸਿਰਮੌਰ (सिरमौर) /sira̯maura̯ スィルマォール/ ▸ਸਿਰਮੋਰ *m.* **1** 冠, 王冠. **2** 長, 頭, 頭目, 首長, 首領. (⇒ਸਰਦਾਰ)

ਸਿਰਲੱਖ (सिरलक्ख) /sira̯lakkʰa̯ スィルラック/ *adj.* 無謀な, 無鉄砲な.

ਸਿਰਲੇਖ (सिरलेख) /sira̯lekʰa̯ スィルレーク/ *m.* **1** 見出し. (⇒ਅਨਵਾਨ) **2** 表題.

ਸਿਰੜ (सिरड़) /siraṛa̯ スィラル/ *m.* 頑固さ, 強情, 意地. (⇒ਹਠ, ਜ਼ਿਦ)

ਸਿਰੜੀ (सिरड़ी) /siraṛī スィラリー/ *adj.* 頑固な, 強情な, 意地っ張りの. (⇒ਹਠੀ, ਜ਼ਿੱਦੀ)

ਸਿਰਾ (सिरा) /sirā スィラー/ [Skt. शिरस्] *m.* **1** 頂点. (⇒ਨੋਕ) **2** 端. (⇒ਕਿਨਾਰਾ)

ਸਿਰੀ (सिरी) /sirī スィリー/ ▸ਸ੍ਰੀ, ਸ਼੍ਰੀ *f.adj.* → ਸ੍ਰੀ

ਸਿਰੀਮਤੀ (सिरीमती) /sirīmatī スィリーマティー/ ▸ਸ੍ਰੀਮਤੀ *f.* → ਸ੍ਰੀਮਤੀ

ਸਿਰੀਮਾਨ (सिरीमान) /sirīmāna̯ スィリーマーン/ ▸ਸ੍ਰੀਮਾਨ *m.* → ਸ੍ਰੀਮਾਨ

ਸਿਰੋਪਾ (सिरोपा) /siropā スィローパー/ ▸ਸਰੋਪਾ *m.* → ਸਰੋਪਾ

ਸ਼ਿਰੋਮਣੀ (शिरोमणी) /śiromaṇī シローマニー/ ▸ਸ਼ਿਰੋਮਨੀ [Skt. शिरोमणि] *m.f.* **1** 〖装〗頭に飾られる宝石. **2** 第一人者, 完璧な人間. **3** 最高位, 最高峰, 筆頭.

— *adj.* 最高位の, 第一位の, 首位の, 中心の, 中央の.

ਸ਼ਿਰੋਮਨੀ (शिरोमनी) /śiromanī シローマニー/ ▸ਸ਼ਿਰੋਮਣੀ *m.f.adj.* → ਸ਼ਿਰੋਮਣੀ

ਸਿਲ (सिल) /sila̯ スィル/ [Skt. शिला] *f.* **1** 幅の広い石の厚板. **2** 平たい岩板.

ਸਿਲਸਲਾ (सिलसला) /sila̯salā スィルサラー/ ▸ਸਿਲਸਿਲਾ *m.* → ਸਿਲਸਿਲਾ

ਸਿਲਸਿਲਾ (सिलसिला) /sila̯silā スィルスィラー/ ▸ਸਿਲਸਲਾ [Arab. *silsila*] *m.* **1** 続き, 連続, 連鎖, シリーズ. (⇒ਲੜੀ) **2** 一連のものや事柄, 連続するものや事柄. **3** 連結, 関連, 関係, 事, 事柄. **4** 順序, 配列, 列. **5** 並び, 連なり. **6** 〖地理〗山並み, 山脈. **7** 系統, 体系, 方式. **8** 〖イス〗スーフィズム〔イスラーム神秘主義〕の教団・流派・学派. **9** 〖俗語〗事業, 商売. **10** 〖俗語〗財産.

ਸਿਲਸਿਲੇਵਾਰ (सिलसिलेवार) /sila̯silewāra̯ スィルスィレーワール/ [Arab. *silsila* Pers.-*vār*] *adj.* **1** 連続の, 続き物の, 一連の, 一貫した. **2** 順序よく並べられた. **3** 連結された, 鎖状に繋がれた, 関連する. **4** 連続する, 引き続く.

— *adj.* **1** 連続して, 引き続いて, 一貫して. **2** 順序よく. **3** 一列に. **4** 一定の順番で, 順次に.

ਸਿਲਹ (सिलह) /sîlā スィラー/ [Arab. *silāh*] *f.* 〖武〗武器. (⇒ਅਸਲਾ)

ਸਿੱਲ੍ਹ (सिल्ल्ह) /sîlla̯ スィッル/ *f.* 湿気. (⇒ਨਮੀ)

ਸਿੱਲ੍ਹਾ (सिल्ल्हा) /sîllā スィッラー/ *adj.* 湿った, 湿気のある.

ਸਿਲਕ (सिलक) /sila̯ka̯ スィルク/ [Eng. *silk*] *f.* 〖布地〗絹, シルク, 絹布. (⇒ਰੇਸ਼ਮ)

ਸਿਲੰਡਰ (सिलंडर) /silaṇḍara̯ スィランダル/ ▸ਸਿਲੈਂਡਰ [Eng. *cylinder*] *m.* 円筒.

ਸਿਲਮਾ (सिलमा) /sila̯mā スィルマー/ *m.* 金糸.

ਸਿਲ ਲਿਖਤ (सिल लिखत) /sila̯ likʰa̯ta̯ スィル リクト/ *f.* 碑文. (⇒ਸ਼ਿਲਾਲੇਖ)

ਸਿਲਵੱਟਾ (सिलवट्टा) /sila̯waṭṭā スィルワッター/ *m.* **1** 〖道具〗刻みを入れた石板と石棒《すり潰す用途で使用》. **2** 〖道具〗臼石.

ਸਿਲਵਰ (सिलवर) /sila̯vara̯ スィルヴァル/ [Eng. *silver*] *m.* **1** 〖金属〗銀. **2** 〖金属〗アルミニウム.

ਸਿਲਵਰ ਸਕਰੀਨ (सिलवर सकरीन) /sila̯vara̯ sakarīna̯ スィルヴァル サクリーン/ [Eng. *silver screen*] *m.* (映画の)銀幕《映写用の幕》.

ਸਿਲਵਾਈ (सिलवाई) /sila̯wāī スィルワーイー/ ▸ਸਿਲਾਈ *f.* → ਸਿਲਾਈ

ਸਿਲਾ[1] (सिला) /silā スィラー/ [Arab. *ṣila*] *m.* **1** 贈り物. **2** 報酬, 報償. **3** 褒美, 賞, 報償. (⇒ਬਦਲਾ) **4** 復讐, 報復, 仕返し. (⇒ਬਦਲਾ)

ਸਿਲਾ[2] (सिला) /silā スィラー/ *m.* 〘植物〙落穂.

ਸਿਲਾ[3] (सिला) /silā スィラー/ ▸ਸ਼ਿਲਾ *f.* → ਸ਼ਿਲਾ

ਸ਼ਿਲਾ (शिला) /śilā シラー/ ▸ਸਿਲਾ [Skt. शिला] *f.* **1** 大きな石, 幅の広い石の厚板. **2** 岩, 岩石, 平たい岩板.

ਸਿਲਾਈ (सिलाई) /silāī スィラーイー/ ▸ਸਿਲਵਾਈ [cf. ਸਿਊਣਾ] *f.* 裁縫, 縫製. ❐ਸਿਲਾਈ ਕਰਨੀ 縫う, 縫い付ける, 縫い合わす. ❐ਸਿਲਾਈ ਮਸ਼ੀਨ ミシン.

ਸਿਲਾਜੀਤ (सिलाजीत) /silājīta スィラージート/ ▸ਸ਼ਲਾਜੀਤ *f.* 〘鉱物〙紅土, 代赭石(たいしゃせき). (⇒ਗੇਰੂ)

ਸ਼ਿਲਾਲੇਖ (शिलालेख) /śilālekʰa シラーレーク/ *m.* 碑文. (⇒ਸਿਲ ਲਿਖਤ)

ਸਿਲੇਬਸ (सिलेबस) /silebasa スィレーバス/ [Eng. *syllabus*] *m.* シラバス, 講義概要, 講義一覧表. (⇒ਪਾਠ-ਕ੍ਰਮ)

ਸਿਲੈਂਡਰ (सिलैंडर) /silāĩḍara スィラェーンダル/ ▸ਸਿਲੰਡਰ [Eng. *cylinder*] *m.* 円筒.

ਸ਼ਿਵ (शिव) /śiva シヴ/ [Skt. शिव] *m.* 〘ヒ〙シヴァ神《破壊と再生を司る最高神》.

ਸਿਵਲ (सिवल) /sivala スィヴァル/ ▸ਸਿਵਿਲ [Eng. *civil*] *adj.* **1** 市民の, 公民の. **2** 民間の, 一般の.

ਸਿਵਲੀਅਨ (सिवलीअन) /sivalīana スィヴリーアン/ [Eng. *civilian*] *adj.* 一般市民の, 民間の, 文民の.
— *m.* **1** 一般市民, 民間人, 文民, 非戦闘員. **2** 官庁の職員, 公務員.

ਸਿਵਾ[1] (सिवा) /siwā スィワー/ ▸ਸਿਵਾਇ, ਸਿਵਾਏ, ਸੁਆਏ [Arab. *sivā*] *adv.* **1** 除いて. **2** 以外に, 他に.
— *postp.* (…を)除いて, (…の)他に. (⇒ਬਿਨਾਂ) ❐ਦੇ ਸਿਵਾ …を除いて, …以外に, …の他に

ਸਿਵਾ[2] (सिवा) /siwā スィワー/ *m.* 薪. (⇒ਚਿਤਾ)

ਸਿਵਾਉਣਾ (सिवाउणा) /siwāuṇā スィワーウナー/ ▸ਸੁਆਉਣਾ [cf. ਸਿਊਣਾ] *vt.* 縫わせる, 縫ってもらう. (⇒ਸਿਵਾਈ ਕਰਾਉਣਾ)

ਸਿਵਾਇ (सिवाइ) /siwāe スィワーエー/ ▸ਸਿਵਾ, ਸਿਵਾਏ, ਸੁਆਏ *adv.postp.* → ਸਿਵਾ[1]

ਸਿਵਾਏ (सिवाए) /siwāe スィワーエー/ ▸ਸਿਵਾ, ਸਿਵਾਇ, ਸੁਆਏ *adv.postp.* → ਸਿਵਾ[1]

ਸ਼ਿਵਾਲਾ (शिवाला) /śivālā シヴァーラー/ *m.* 〘ヒ〙シヴァ神を祀る寺院.

ਸਿਵਿਲ (सिविल) /sivila スィヴィル/ ▸ਸਿਵਲ [Eng. *civil*] *adj.* → ਸਿਵਲ

ਸਿੜ੍ਹੀ (सिड़्ही) /sîṛī スィリー/ *f.* 梯子形の棺架.

ਸੀਂ[1] (सीं) /sĩ スィーン/ *f.* **1** 境界, 境目. (⇒ਹੱਦ, ਸੀਮਾ) **2** 畑の境目. **3** 畑の畝, (畑の畝と畝との間の)溝. (⇒ਸਿਆੜ, ਬੰਨ੍ਹਾ)

ਸੀਂ[2] (सीं) /sĩ スィーン/ ▸ਸੀ, ਸੀਤ [(Lah.)] *m.* → ਸੀਤ

ਸੀ[1] (सी) /sī スィー/ ▸ਸਾ *vi.* 《動詞 ਹੋਣਾ の3人称・単数・過去形. 本来3人称の単数・過去形であるが, 1人称及び2人称の単数及び複数・過去形でも用いられる. ਉਹ … ਸੀ, ਮੈਂ … ਸੀ (= ਸਾਂ), ਅਸੀਂ … ਸੀ (= ਸਾਂ), ਤੂੰ … ਸੀ (= ਸੈਂ), ਤੁਸੀਂ … ਸੀ (= ਸੋ)》 **1**…であった, …でした. **2**…あった・いた, …ありました・いました.

ਸੀ[2] (सी) /sī スィー/ *f.* 突然の痛みや辛さなどの刺激のために発する声.

ਸੀ[3] (सी) /sī スィー/ [Pers. *sī*] *adj.* 30, 三十. (⇒ਤੀਹ)
— *suff.* 「30」を意味する接尾辞. (⇒ਤੀਹ)

ਸੀ[4] (सी) /sī スィー/ ▸ਸੀਂ, ਸੀਤ *m.* → ਸੀਤ

ਸੀਉਣ (सीउण) /sīuṇa スィーウン/ ▸ਸੀਊਣ, ਸਿਓਣ *f.* **1** 縫い目. **2** 縫合.

ਸੀਉਣਾ (सीउणा) /sīuṇā スィーウナー/ ▸ਸਿਊਂਣਾ, ਸਿਊਣਾ, ਸੀਊਣਾ, ਸੀਣਾ *vt.* → ਸਿਊਣਾ

ਸੀਊਣ (सीऊण) /sīūṇa スィーウーン/ ▸ਸੀਉਣ, ਸਿਓਣ *f.* **1** 縫い目. **2** 縫合.

ਸੀਊਣਾ (सीऊणा) /sīūṇā スィーウーナー/ ▸ਸਿਊਂਣਾ, ਸਿਊਣਾ, ਸੀਉਣਾ, ਸੀਣਾ *vt.* → ਸਿਊਣਾ

ਸ਼ੀਆ (शीआ) /śiā シーアー/ [Arab. *śī`a*] *m.* 〘イス〙シーア派.

ਸੀਸ (सीस) /sīsa スィース/ *m.* 〘身体〙頭. (⇒ਸਿਰ) ❐ਸੀਸ ਕੱਟਣਾ 首を切る, 斬首する. ❐ਸੀਸ ਕਟਾਉਣਾ, ਸੀਸ ਦੇਣਾ, ਸੀਸ ਭੇਟ ਕਰਨਾ 自分の首を切らせる, 大義のために死ぬ, 命を捧げる.

ਸ਼ੀਸ਼ਮ (शीशम) /śīśama シーシャム/ [Pers. *śīśam*] *m.* 〘植物〙シッソーシタン(紫檀)《マメ科の高木》. (⇒ਟਾਹਲੀ)

ਸੀਸਾ (सीसा) /sīsā スィーサー/ [Skt. सीसक] *m.* 〘金属〙鉛.

ਸ਼ੀਸ਼ਾ (शीशा) /śīśā シーシャー/ [Pers. *śīśā*] *m.* **1** ガラス. **2** 〘道具〙鏡.

ਸ਼ੀਸ਼ੀ (शीशी) /śīśī シーシー/ *f.* 〘容器〙瓶(びん), ガラス瓶, 小瓶. (⇒ਛੋਟੀ ਬੋਤਲ)

ਸ਼ੀਂਹ (शींह) /śī̂ シーン/ ▸ਸਿੰਘ [Skt. सिंह] *m.* 〘動物〙(雄)ライオン, 獅子.

ਸ਼ੀਂਹਣੀ (शींहणी) /śī̂ṇī シーンニー/ ▸ਸਿੰਘਣੀ [-ਣੀ] *f.* **1** 〘動物〙雌ライオン, 牝獅子. **2** 〘スィ〙スィック教徒の女性.

ਸੀਹਰ (सीहर) /sîra スィール/ ▸ਸੀਰ [(Pot.)] *f.* → ਸੀਰ[1]

ਸੀਹਰਫ਼ੀ (सीहरफ़ी) /sīharafī スィーハルフィー/ ▸ਸੀਰ [Pers. *sīharfī*] *f.* 〘文学〙三十文字歌《ペルシア文字中の30の字母に基づいて各連を詠んだ詩》.

ਸੀਹੜ (सीहड़) /sîṛa スィール/ ▸ਸੀਰ *m.f.* **1** にじみ出ること, だらだら流れること. **2** 土手から水がちょろちょろ流れること. **3** 〘医〙皮膚から血がにじみ出ること.

ਸੀਖ (सीख) /sīkʰa スィーク/ [Skt. शिक्षा] *f.* **1** 忠告, 助言. **2** 教え, 教示, 教訓.

ਸੀਖ਼ (सीख़) /sīxa スィーク/ [Pers. *sīx*] *f.* **1** 鉄の棒. **2** 焼き串. **3** 〘口語〙マッチ棒.

ਸੀਖ਼ ਕਬਾਬ (सीख़ कबाब) /sīxa kabāba スィーク カバーブ/ [Pers. *sīx* + Arab. *kabāb*] *m.* 〘料理〙スィーク・カバーブ(シシ・カバブ)《練った挽き肉を焼き串に巻きつけてタンドゥール〔粘土製の壺窯型オーブン〕で焼いたもの》.

ਸੀਗਾ (सीगा) /sīgā スィーガー/ *vi.* 《動詞 ਹੋਣਾ の過去形》 **1**…であった, …でした. **2**…あった・いた, …ありました・いました.

ਸੀਘਰ (सीघर) /sîgara スィーガル/ ▸ਸ਼ੀਘਰ *adv.* → ਸ਼ੀਘਰ

ਸ਼ੀਘਰ (शीघर) /śîgara シーガル/ ▸ਸੀਘਰ [Skt. शीघ्र] *adv.* すぐに, 直ちに, 早く, 急いで. (⇒ਛੇਤੀ)

ਸੀਜ਼ਨ (सीज़न) /sīzana スィーザン/ [Eng. *season*] *m.* **1** 〖暦〗季節. (⇒ਰੁੱਤ) **2** 旬.

ਸੀਟ (सीट) /sīṭa スィート/ [Eng. *seat*] *f.* **1** 席, 座席, 座る場所. **2** 〖政治〗議席, 議員の地位. **3** 所在地.

ਸੀਟੀ (सीटी) /sīṭī スィーティー/ [Skt. शीतृ] *f.* **1** 口笛. **2** 汽笛. **3** 合図の笛, 呼子. **4** ホイッスル, 審判員の吹く笛. (⇒ਵਿਸਲ)

ਸੀਂਢ (सींढ) /sī̃ḍa スィーンド/ [Skt. सिंहाण] *m.* **1** 〖生理〗鼻汁, 鼻水. **2** 鼻孔から鼻汁を垂らすこと. ❐ਸੀਂਢ ਵਗਣਾ 鼻汁が垂れる. **3** 〖生理〗よだれ. ❐ਸੀਂਢ ਵਗਾਉਣਾ よだれを垂らす.

ਸੀਂਢਲ (सींढल) /sī̃ḍala スィーンダル/ ▸ਸੀਂਢੂ *adj.* **1** いつもよだれを垂らしている. **2** 鼻汁を垂らしている.
— *m.* **1** いつもよだれを垂らしている人. **2** 鼻汁を垂らしている人.

ਸੀਂਢੂ (सींढू) /sī̃ḍū スィーンドゥー/ ▸ਸੀਂਢਲ *adj.m.* → ਸੀਂਢਲ

ਸੀਣਾ (सीणा) /sīṇā スィーナー/ ▸ਸਿਉਂਣਾ, ਸਿਊਣਾ, ਸੀਉਣਾ, ਸੀਊਣਾ *vt.* → ਸਿਊਣਾ

ਸੀਤ (सीत) /sīta スィート/ ▸ਸੀਂ, ਸੀ [Skt. शीत] *m.f.* **1** 涼しさ, 涼気. (⇒ਠੰਢ) **2** 冷え, 冷たさ, 冷気. (⇒ਠੰਢ) **3** 寒さ. (⇒ਸਰਦੀ) ❐ਸੀਤ ਲਹਿਰ 寒波. ❐ਬੰਗਲਾਦੇਸ਼ ਵਿੱਚ ਸੀਤ ਲਹਿਰ ਚੱਲਣ ਕਾਰਨ ਹੁਣ ਤਕ ਮਰਨ ਵਾਲਿਆਂ ਦੀ ਗਿਣਤੀ ੫੦ ਦੇ ਅੰਕੜੇ ਨੂੰ ਪਾਰ ਕਰ ਗਈ ਹੈ। バングラデシュでは寒波襲来のためにこれまで死者の数は50人を越えています.
— *adj.* **1** 涼しい. (⇒ਠੰਢਾ) **2** 冷たい, 冷えた, 冷え冷えする. (⇒ਠੰਢਾ) **3** 寒い. (⇒ਸਰਦ)

ਸੀਤਲ (सीतल) /sītala スィータル/ [Skt. शीतल] *adj.* **1** 涼しい. **2** 冷たい, 冷えた, 冷え冷えする. **3** 寒い. (⇒ਠੰਢਾ) **4** 冷静な, 落ち着いた. **5** 安らぎを与える, なだめるような.

ਸੀਤਲਤਾ (सीतलता) /sītalatā スィータルター/ [Skt.-ता] *f.* **1** 涼しさ. (⇒ਠੰਢ) **2** 冷たさ, 寒さ. (⇒ਠੰਢ) **3** 冷静さ, 落ち着き. **4** 鎮静, 緩和.

ਸੀਤਲਾ (सीतला) /sītalā スィートラー/ [Skt. शीतला] *f.* **1** 〖医〗天然痘, 疱瘡, 痘瘡. (⇒ਚੀਚਕ, ਮਾਤਾ) **2** 〖ヒ〗シータラー女神《天然痘の驚異を神格化した女神. 天然痘の守り神とされる》.

ਸੀਤਾ (सीता) /sītā スィーター/ [Skt. सीता] *f.* **1** 〖人名・文学〗スィーター《古代インドの大叙事詩『ラーマーヤナ』の主人公ラーマの妃で, ジャナカ王の娘》. ❐ਸੀਤਾ ਸਵਿਤ੍ਰੀ 貞節な女性, 貞女. **2** 〖人名〗スィーター《女子名》.

ਸੀਤਾ ਫਲ (सीता फल) /sītā pʰala スィーター パル/ [Skt. सीता + Skt. फल] *m.* 〖植物〗バンレイシ(番茘枝), シャカトウ(釈迦頭)《 → ਸ਼ਰੀਫ਼ਾ 》.

ਸੀਧਾ (सीधा) /sī̂dā スィーダー/ ▸ਸਿੱਧਾ *adj.adv.* → ਸਿੱਧਾ

ਸੀਨ (सीन) /sīna スィーン/ [Eng. *scene*] *m.* **1** 場面, 光景, シーン. (⇒ਨਜ਼ਾਰਾ, ਦਰਿਸ਼) **2** 〖演劇〗舞台面, 背景.

ਸੀਨਰੀ (सीनरी) /sīnarī スィーンリー/ [Eng. *scenery*] *f.* 風景, 景色, 景観. (⇒ਕੁਦਰਤੀ ਨਜ਼ਾਰਾ)

ਸੀਨਾ (सीना) /sīnā スィーナー/ [Pers. *sīna*] *m.* 〖身体〗胸. (⇒ਛਾਤੀ)

ਸੀਨੀਅਰ (सीनीअर) /sīnīara スィーニーアル/ [Eng. *senior*] *adj.* **1** 年上の, 先輩の, 先任の. **2** 上級の, 上位の.

ਸੀਮ (सीम) /sīma スィーム/ ▸ਸੀਮਾ *f.* → ਸੀਮਾ

ਸੀਮਤ (सीमत) /sīmata スィーマト/ ▸ਸੀਮਿਤ *adj.* → ਸੀਮਿਤ

ਸੀਮਾ (सीमा) /sīmā スィーマー/ ▸ਸੀਮ [Skt. सीमा] *f.* **1** 境, 境目, 境界. (⇒ਹੱਦ) ❐ਸੀਮਾ ਰੇਖਾ 境界線. **2** 限度, 限界.

ਸੀਮਾਂਕਣ (सीमाँकण) /sīmā̃kaṇa スィーマーンカン/ [Skt. सीमांकन] *m.* 境界の設定.

ਸੀਮਾ-ਕਰ (सीमा-कर) /sīmā-kara スィーマー・カル/ [Skt. सीमा + Skt. कर] *m.* 〖経済〗関税.

ਸੀਮਾਂਤ (सीमाँत) /sīmā̃ta スィーマーント/ [Skt. सीमांत] *m.* 境界, 辺境, 国境. (⇒ਸਰਹੱਦ)

ਸੀਮਿੰਟ (सीमिंट) /sīmiṇṭa スィーミント/ [Eng. *cement*] *m.* **1** セメント. **2** 接合剤.

ਸੀਮਿਤ (सीमित) /sīmita スィーミト/ ▸ਸੀਮਤ [Skt. सीमित] *adj.* **1** 限られた, 限定された. (⇒ਮਹਿਦੂਦ) **2** 制限された.

ਸੀਰ[1] (सीर) /sīra スィール/ ▸ਸੀਹਰ [Skt. सीर] *m.* **1** 部分, 分け前, 割り当て, 分担. (⇒ਹਿੱਸਾ) **2** 協力, 共同, 提携. (⇒ਹਿੱਸੇਦਾਰੀ) **3** 共同経営.

ਸੀਰ[2] (सीर) /sīra スィール/ ▸ਸੀਹੜ *f.* **1** にじみ出ること, しみ出ること, 漏れること, だらだら流れること. ❐ਸੀਰ ਪੈਣੀ 水がしみ出る, 水が漏れる. **2** 土手から水がちょろちょろ流れること. **3** 皮膚から血がにじみ出ること. ❐ਸੀਰ ਫੁੱਟਣੀ 血が流れる.

ਸ਼ੀਰ (शीर) /śīra シール/ [Pers. *śīr*] *m.* 〖飲料〗ミルク. (⇒ਦੁੱਧ)

ਸ਼ੀਰਸ਼ (शीरश) /śīraśa シーラシュ/ [Skt. शीर्ष] *m.* **1** 〖身体〗頭, 頭部. **2** 最上部, 頂上. **3** 〖幾何〗頂点.

ਸ਼ੀਰਸ਼ਕ (शीरशक) /śīraśaka シールシャク/ [Skt. शीर्षक] *m.* **1** 題, 表題, 題名, タイトル. **2** 見出し. **3** 〖身体〗頭, 頭部.

ਸੀਰਤ (सीरत) /sīrata スィーラト/ [Pers. *sīrat*] *f.* **1** 性分, 性質, 気質, 性向. (⇒ਸੁਭਾਉ) **2** 品行, 品位, 道徳.

ਸੀਰਨਾ (सीरना) /sīranā スィールナー/ *vi.* **1** にじみ出る, しみ出る, したたる. **2** だらだら流れ出る, ちょろちょろ流れる. (⇒ਥੋੜ੍ਹਾ ਥੋੜ੍ਹਾ ਕਰ ਕੇ ਵਗਣਾ)

ਸ਼ੀਰਨੀ (शीरनी) /śīranī シールニー/ ▸ਸ਼ਰੀਣੀ [Pers. *śīrīnī*] *f.* 〖食品〗シールニー(シャリーニー)《慶事の際に配られる甘い菓子》.

ਸੀਰਾ (सीरा) /sīrā スィーラー/ [Pers. *śīra*] *m.* **1** 〖食品〗小麦粉のプディング. **2** 〖飲料〗甘露水, シロップ.

ਸ਼ੀਰੀਂ (शीरीं) /śīrī̃ シーリーン/ [Pers. *śīrīn*] *adj.* 甘い. (⇒ਮਿੱਠਾ)

ਸੀਰੀ (सीरी) /sīrī スィーリー/ *m.* 協力者. (⇒ਹਿੱਸੇਦਾਰ)

ਸੀਰੀਅਸ (सीरीअस) /sīrīasa スィーリーアス/ [Eng. *serious*] *adj.* **1** 真面目な, 真剣な, 本気の. **2** 深刻な, 重大な, 由々しい. (⇒ਨਾਜ਼ਕ)

ਸੀਰੀਅਲ (सीरीअल) /sīriala スィーリーアル/ [Eng. *serial*] *m.* **1** 一連の物, 続き物. **2** 連載物, 連続番組, 連続ドラマ.

ਸੀਰੀਆ (सीरीआ) /sīrīā スィーリーアー/ [Eng. *Syria*] *m.*

〖国名〗シリア(アラブ共和国). (⇒ਸ਼ਾਮ)

ਸੀਲ¹ (सील) /sīla スィール/ ▶ਅਸੀਲ [Arab. asīl] adj. 〖口語〗おとなしい, 優しい, 従順な, 上品な《 ਅਸੀਲ の ਅ の音の脱落した口語形》.

ਸੀਲ² (सील) /sīla スィール/ [Eng. seal] f. 1 判, 印章, 封印, 封緘, シール. 2 封鎖.

ਸ਼ੀਲ (शील) /śīla シール/ [Skt. शील] m. 1 性格, 性質, 性向. 2 適性, 礼儀正しさ. 3 謙虚さ, 慎み, しとやかさ. 4 上品さ, 高貴さ, 気高さ. 5 優しさ, 物腰の柔らかさ. 6 性格の良さ, 美徳. 7 気立ての良さ. 8 育ちの良さ. 9 徳性, 品行の良さ. 10 倫理的原則.
— suff. 「…の性質を持った」「…の傾向を帯びた」などの意味の形容詞を形成する接尾辞.

ਸ਼ੀਲ ਸੰਜਮ (शील संजम) /śīla sañjama シール サンジャム/ [+ Skt. संयम] m. 礼儀と節度.

ਸੀਲਬੰਦ (सीलबंद) /sīlabanda スィールバンド/ [Eng. seal Pers.-band] adj. 封印された.

ਸ਼ੀਲਵੰਤ (शीलवंत) /śīlawanta シールワント/ [Skt. शील -वंत] adj. 1 性格の良い. 2 礼儀正しい, 行儀の良い. 3 謙虚な, 慎み深い, しとやかな. 4 上品な, 気高い. 5 優しい, 物腰の柔らかい. 6 高潔な, 高徳な. 7 気立ての良い. 8 育ちの良い.

ਸ਼ੀਲਵਾਨ (शीलवान) /śīlawāna シールワーン/ [Skt.-वान्] adj. → ਸ਼ੀਲਵੰਤ

ਸੀਲਿੰਗ¹ (सीलिंग) /sīliṅga スィーリング/ [Eng. ceiling] f. 〖建築〗天井. (⇒ਛੱਤ)

ਸੀਲਿੰਗ² (सीलिंग) /sīliṅga スィーリング/ [Eng. sealing] f. 1 封印すること. 2 封鎖すること, 封鎖.

ਸੀਵੇਂ (सीवें) /sīwẽ スィーウェーン/ adv. 近くに. (⇒ਨੇੜੇ)

ਸੀੜ੍ਹ (सीड़्ह) /sīṛa スィール/ m. 縫い目. (⇒ਸਿਓਣ)

ਸੀੜ੍ਹੀ (सीड़्ही) /sīṛī スィーリー/ [Skt. श्रेणी] f. 1 梯子. (⇒ਪੌੜੀ) 2 〖建築〗階段. (⇒ਜ਼ੀਨਾ)

ਸੀੜਨਾ (सीड़ना) /sīṛanā スィールナー/ vt. 縫う.

ਸੁ (सु) /su ス/ ▶ਸ [Skt. सु] pref. 「良い」「美しい」「すぐれた」「立派な」「めでたい」などの意味を表す接頭辞.

ਸੁਅਸਥ (सुअसथ) /suasatʰa スアスト/ ▶ਸਵਸਥ, ਸੁਅਸਥ adj. → ਸਵਸਥ

ਸੁਅੱਛ (सुअच्छ) /suaccʰa スアッチ/ [Skt. स्वच्छ] adj. 1 新鮮な, 澄んだ. 2 清潔な, きれいな. 3 純潔な, 純粋な, 誠実な. (⇒ਪਵਿੱਤਰ)

ਸੁਅਰ (सुअर) /suara スアル/ ▶ਸਵਰ, ਸੁਅਰ, ਸੁਰ m. → ਸੁਰ

ਸੁਅਰਗ (सुअरग) /suaraga スアルグ/ ▶ਸਵਰਗ, ਸੁਅਰਗ, ਸੁਰਗ m. → ਸੁਰਗ

ਸੁਅਰਣ (सुअरण) /suaraṇa スアラン/ ▶ਸਵਰਣ, ਸਵਰਨ [Skt. स्वर्ण] m. 〖金属〗金.

ਸੁਆਉਣਾ¹ (सुआउणा) /suāuṇā スアーウナー/ ▶ਸਵਾਉਣਾ, ਸੁਆਲਣਾ, ਸੁਲਾਉਣਾ [cf. ਸੌਣਾ] vt. 眠らせる, 寝かしつける.

ਸੁਆਉਣਾ² (सुआउणा) /suāuṇā スアーウナー/ vt. 1 子を産ませる, 出産させる, 出産を手伝う. (⇒ਜਮਾਉਣਾ) 2 (牛馬などの動物に)子を産ませる.

ਸੁਆਉਣਾ³ (सुआउणा) /suāuṇā スアーウナー/ ▶ਸਿਵਾਉਣਾ vt. → ਸਿਵਾਉਣਾ

ਸੁਆਏ (सुआए) /suāe スアーエー/ ▶ਸਿਵਾ, ਸਿਵਾਇ, ਸਿਵਾਏ adv.postp. → ਸਿਵਾ¹

ਸੁਆਸ (सुआस) /suāsa スアース/ ▶ਸਵਾਸ, ਸੁਆਸ, ਸਾਸ, ਸਾਹ m. → ਸਾਹ

ਸੁਆਹ (सुआह) /suâ スアー/ f. 1 灰. (⇒ਛਾਰ, ਰਾਖ) ❒ ਸੁਆਹ ਕਰਨਾ 灰に変える, 何もしない, 無駄にする. ❒ ਸੁਆਹ ਖੇਹ, ਸੁਆਹ ਭੱਸ 役に立たないこと, 役に立たないもの, 無駄なもの. 2 金属灰《金属・鉱物の焼けたあとのかす》.

ਸੁਆਂਗ (सुआँग) /suā̃ga スアーング/ ▶ਸਵਾਂਗ, ਸੁਆਂਗ, ਸਾਂਗ m. → ਸਾਂਗ¹

ਸੁਆਗਤ (सुआगत) /suāgata スアーガト/ ▶ਸਵਾਗਤ, ਸੁਆਗਤ [Skt. स्वागत] m. 1 歓迎, 出迎え. (⇒ਅਗਵਾਨੀ) 2 接待, もてなし. (⇒ਮੇਜ਼ਬਾਨੀ)

ਸੁਆਣੀ (सुआणी) /suāṇī スアーニー/ ▶ਸਵਾਣੀ f. 1 女性. (⇒ਤਰੀਮਤ) 2 妻. (⇒ਵਹੁਟੀ) 3 主婦. (⇒ਗ੍ਰਹਿਣੀ)

ਸੁਆਦ (सुआद) /suāda スアード/ ▶ਸਵਾਦ, ਸੁਆਦ [Skt. स्वाद] m. 1 味, 風味. ❒ਸੁਆਦ ਲੈਣਾ 味わう. 2 面白味, 興趣, 味わい. 3 旨味, 美味しさ. ❒ਸੁਆਦ ਆਉਣਾ 美味しく感じる. 4 楽しみ, 喜び. ❒ਸੁਆਦ ਲੈਣਾ 楽しむ.
— adj. 1 美味な, 美味しい, 旨い, 風味のある, 香ばしい. (⇒ਜ਼ਾਇਕੇਦਾਰ, ਮਜ਼ੇਦਾਰ) ❒ਨਾਰੀਅਲ ਦਾ ਪਾਣੀ ਬੜਾ ਸੁਆਦ ਸੀ। ココナツの汁はとても美味しかった. ❒ਸੁਆਦ ਲੱਗਣਾ 美味しく感じられる. 2 心地よい, 楽しい.

ਸੁਆਦਲਾ (सुआदला) /suādalā スアードラー/ ▶ਸੁਆਦਲਾ [+ ਲਾ] adj. 美味な, 美味しい, 旨い. (⇒ਜ਼ਾਇਕੇਦਾਰ, ਮਜ਼ੇਦਾਰ)

ਸੁਆਦੀ (सुआदी) /suādī スアーディー/ ▶ਸਵਾਦੀ, ਸਵਾਦੀਕ, ਸਵਾਦੂ [Skt. स्वादिन्] adj. 美味な, 美味しい, 旨い. (⇒ਜ਼ਾਇਕੇਦਾਰ, ਮਜ਼ੇਦਾਰ)

ਸੁਆਧੀਨ (सुआधीन) /suādīna スアーディーン/ ▶ਸਵਾਧੀਨ adj. → ਸਵਾਧੀਨ

ਸੁਆਨ (सुआन) /suāna スアーン/ [Skt. श्वान] m. 〖動物〗イヌ, 犬. (⇒ਕੁੱਤਾ)

ਸੁਆਬ (सुआब) /suāba スアーブ/ ▶ਸਵਾਬ m. → ਸਵਾਬ

ਸੁਆਮੀ (सुआमी) /suāmī スアーミー/ ▶ਸਵਾਮੀ, ਸੁਆਮੀ m. → ਸਵਾਮੀ

ਸੁਆਰਥ (सुआरथ) /suāratʰa スアールト/ ▶ਸਵਾਰਥ, ਸੁਆਰਥ m. → ਸਵਾਰਥ

ਸੁਆਰਥੀ (सुआरथी) /suāratʰī スアールティー/ ▶ਸਵਾਰਥੀ, ਸੁਆਰਥੀ adj. → ਸਵਾਰਥੀ

ਸੁਆਰਨਾ (सुआरना) /suāranā スアールナー/ ▶ਸੰਵਾਰਨਾ, ਸਵਾਰਨਾ [Skt. संवारयति] vt. 1 改善する, 改良する, 良くする. (⇒ਠੀਕ ਕਰਨਾ) ❒ਬਿਜਲੀ ਮਨੁੱਖ ਦੇ ਹਜ਼ਾਰਾਂ ਕੰਮ ਸੁਆਰਦੀ ਹੈ। 電気は人間の何千もの仕事を改善します. 2 改革する. 3 修繕する, 修理する.

ਸੁਆਲ (सुआल) /suāla スアール/ ▶ਸਵਾਲ m. → ਸਵਾਲ

ਸੁਆਲਣਾ (सुआलणा) /suālaṇā スアールナー/ ▶ਸਵਾਉਣਾ, ਸੁਆਉਣਾ, ਸੁਲਾਉਣਾ vt. → ਸੁਆਉਣਾ¹

ਸੁਆਲੀ (सुआली) /suālī スアーリー/ ▶ਸਵਾਲੀ m. → ਸਵਾਲੀ

ਸੁਆਲੀਆ (सुआलीआ) /suālīā スアーリーアー/ ▶ਸਵਾਲੀਆ adj. → ਸਵਾਲੀਆ

ਸੁਸਤ (सुसत) /susata ススト/ [Pers. sust] adj. 1 怠けている, 怠惰な, 不精な. 2 元気のない, 無気力な. 3

鈍い, 不活発な. **4** 緩い, 弛んだ. **5** 遅い.

ਸੁਸਤੀ (सुसती) /susatī ススティー/ [Pers. *sustī*] *f.* **1** 怠け, 怠惰, 不精. **2** 元気のないこと, 無気力. **3** 鈍さ, 不活発なこと. **4** 緩慢.

ਸੁਸਰ (सुसर) /susara スサル/ [(Pot.)] *m.* 熱い灰. (⇒ਭੁੱਬਲ)

ਸੁਸਰੀ (सुसरी) /susarī ススリー/ ▸ਸੁੱਸਰੀ *f.* 〘虫〙ゾウムシ.

ਸੁੱਸਰੀ (सुस्सरी) /sussarī スッサリー/ ▸ਸੁਸਰੀ *f.* → ਸੁਸਰੀ

ਸੁਸਾਇਟੀ (सुसाइटी) /susāiṭī スサーイティー/ ▸ਸੋਸਾਇਟੀ [Eng. *society*] *f.* **1** 社会, 世間. (⇒ਸਮਾਜ) **2** 協会. **3** 社交界.

ਸੁਸਿਖਸ਼ਤ (सुसिखशत) /susikʰaśata ススィクシャト/ ▸ਸੁਸਿੱਖਿਅਤ *adj.* → ਸੁਸਿੱਖਿਅਤ

ਸੁਸਿੱਖਿਅਤ (सुसिक्खिअत) /susikkʰiata ススィッキアト/ ▸ਸੁਸਿਖਸ਼ਤ [Skt. सु- Skt. शिक्षित] *adj.* よく教育された, よく訓練された.

ਸੁਸ਼ੀਲ (सुशील) /suśīla スシール/ [Skt. सु- Skt. शील] *adj.* **1** 育ちの良い, 行儀の良い, 礼儀正しい. **2** 気立ての良い, 素直な. **3** 慎み深い, 謙虚な.

ਸੁਸ਼ੀਲਤਾ (सुशीलता) /suśīlatā スシールター/ [Skt.-ता] *f.* **1** 育ちの良さ, 行儀の良さ, 礼儀正しさ. **2** 気立ての良さ, 素直さ. **3** 慎み深さ, 謙虚さ.

ਸੁਸ਼ੋਭਤ (सुशोभत) /suśôbata スショーバト/ ▸ਸਸ਼ੋਭਤ, ਸਸ਼ੋਭਿਤ [Skt. सु- Skt. शोभित] *adj.* 美しく飾られた, 光彩を放つ. (⇒ਸ਼ੋਭਾ ਦਿੰਦਾ ਹੋਇਆ)

ਸੁਹਜ (सुहज) /sôja ソージ/ ▸ਸੋਹਜ *f.* **1** 美しさ, 優美さ, 優雅さ. **2** 麗しさ, 壮麗さ. **3** しなやかさ, 繊細さ. **4** 洗練, 上品. **5** 美的感覚, 審美眼.

ਸੁਹਜ ਸੁਆਦ (सुहज सुआद) /sôja suāda ソージ スアード/ *m.* **1** 審美的な楽しみ. **2** 芸術や文学の楽しみ.

ਸੁਹਜਮਈ (सुहजमई) /sôjamaī ソージマイー/ *adj.* **1** 美しい, 優雅な, 優美な. **2** しなやかな, 繊細な. **3** 洗練された, 上品な. **4** 美の, 美的な.

ਸੁਹਜਵਾਦ (सुहजवाद) /sôjawāda ソージワード/ *m.* **1** 審美主義, 耽美派. **2** 美学.

ਸੁਹਜਵਾਦੀ (सुहजवादी) /sôjawādī ソージワーディー/ *adj.* **1** 唯美主義の, 耽美派の. **2** 美学の, 耽美眼のある.
— *m.* **1** 唯美主義者, 耽美派の人. **2** 耽美眼のある人.

ਸੁਹੰਢਣਾ (सुहंढणा) /suâṇḍaṇā スアンドナー/ *adj.* 長続きする, 永続する.

ਸੁਹੰਣਪ (सुहंणप) /sûṇṇapa スンナプ/ ▸ਸੁਹਣੱਪ, ਸੁਹੱਪਣ *m.* → ਸੁਹਣੱਪ

ਸੁਹਣੱਪ (सुहणाप्प) /sûṇappa スナップ/ ▸ਸੁਹੰਣਪ, ਸੁਹੱਪਣ [Skt. शोभन -ਪਣ] *m.* **1** 美, 美しさ, 優美さ. (⇒ਸੁੰਦਰਤਾ) **2** 綺麗さ, 可愛らしさ, 器量の良さ. (⇒ਖ਼ੂਬਸੂਰਤੀ)

ਸੁਹਣਾ (सुहणा) /sôṇā ソーナー/ ▸ਸੋਹਣਾ *adj.* → ਸੋਹਣਾ[1]

ਸੁਹੰਦਾ (सुहंदा) /suhandā スハンダー/ *adj.* 適当な.

ਸੁਹੱਪਣ (सुहप्पण) /suhappaṇa スハッパン/ ▸ਸੁਹੰਣਪ, ਸੁਹਣੱਪ *m.* → ਸੁਹਣੱਪ

ਸੁਹਬਤ (सुहबत) /sôbata ソーバト/ [Pers. *ṣohbat*] *f.* **1** 交際, 親交, 協力関係. (⇒ਸੰਗਤ) **2** 同棲. **3** 〘俗語〙性交, 姦通, 不義密通.

ਸ਼ੁਹਰਤ (शुहरत) /śôrata ショーラト/ [Pers. *śuhrat*] *f.* 名声, 高名. (⇒ਪਰਸਿੱਧੀ, ਮਸ਼ਹੂਰੀ)

ਸੁਹਲ (सुहल) /sôla ソール/ ▸ਸੋਹਲ *adj.* しなやかな, 繊細な. (⇒ਬਹੁਤ ਨਰਮ)

ਸੁਹਾਉਣਾ[1] (सुहाउणा) /suhāuṇā スハーウナー/ ▸ਸੁਹਾਵਣਾ, ਸੁਹਾਵਨਾ [Skt. शोभन] *adj.* **1** 感じのよい, 心地よい, 快適な, 爽やかな. **2** 素敵な, 素晴らしい.

ਸੁਹਾਉਣਾ[2] (सुहाउणा) /suhāuṇā スハーウナー/ [Skt. शोभते] *vi.* **1** 美しく感じられる. (⇒ਸੋਹਣਾ ਲੱਗਣਾ) **2** 良く見える. **3** 似合う. (⇒ਫਬਣਾ)

ਸੁਹਾਗ (सुहाग) /suăga スアーグ/ [Skt. सौभाग्य] *m.* **1** 夫が健在である女性の幸福. **2** 夫が健在の結婚生活, 幸せな結婚生活.

ਸੁਹਾਗਣ (सुहागण) /suăgaṇa スアーガン/ [Skt. सौभाग्य -ਣ] *f.* 夫が健在の幸せな女性.

ਸੁਹਾਗਣਾ (सुहागणा) /suăgaṇā スアーガナー/ *vt.* **1** 平らにする, (地面を)ならす, (基礎を)固める. **2** 〘農業〙(畑を)地ならしする.

ਸੁਹਾਗਾ[1] (सुहागा) /suăgā スアーガー/ [Skt. सुभग] *m.* 〘道具〙畑の地ならしに用いる重い木製の板.

ਸੁਹਾਗਾ[2] (सुहागा) /suăgā スアーガー/ ▸ਸੋਹਾਗਾ [Skt. सुभग] *m.* 〘化学〙硼砂(ほうしゃ). (⇒ਟੰਕਣ)

ਸੁਹਾਵਣਾ (सुहावणा) /suăwaṇā スアーウナー/ ▸ਸੁਹਾਉਣਾ, ਸੁਹਾਵਨਾ *adj.* → ਸੁਹਾਉਣਾ[1]

ਸੁਹਾਵਨਾ (सुहावना) /suăwanā スアーウナー/ ▸ਸੁਹਾਉਣਾ, ਸੁਹਾਵਣਾ *adj.* → ਸੁਹਾਉਣਾ[1]

ਸੁਹਾਵਾ (सुहावा) /suăwā スアーワー/ *adj.* 美しい, 優美な, 綺麗な. (⇒ਸੁੰਦਰ, ਸੋਹਣਾ)

ਸੁਹਿਰਦ (सुहिरद) /suhirada スヒルド/ [Skt. सु- Skt. हृद] *adj.* 温厚な, 気立ての良い, 心優しい.
— *m.* **1** 友人, 友達, 親友. **2** 応援者, 支持者.

ਸੁਹਿਰਦਤਾ (सुहिरदता) /suhiradatā スヒルドター/ [Skt.-ता] *f.* 温厚さ, 気立ての良さ, 優しさ.

ਸੁਹੇਲੜਾ (सुहेलड़ा) /suhelaṛā スヘールラー/ ▸ਸੁਹੇਲਾ *adj.* → ਸੁਹੇਲਾ

ਸੁਹੇਲਾ (सुहेला) /suhelā スヘーラー/ ▸ਸੁਹੇਲੜਾ *adj.* 安楽な, 快適な. (⇒ਸੌਖਾ, ਸੁਖੀ)(⇔ਦੁਹੇਲਾ)

ਸੁੱਕ (सुक्क) /sukka スック/ [Skt. शुष्कक] *f.* **1** 乾き, 乾燥. **2** 乾燥地.

ਸੁੱਕਣਾ (सुक्कणा) /sukkaṇā スッカナー/ [Skt. शुष्कति] *vi.* **1** 乾く, 乾燥する. **2** 蒸発する, 水分が抜ける. **3** 縮む, しぼむ, 痩せ細る.

ਸੁਕਮਾਂਜ (सुकमाँज) /sukamā̃ja スクマーンジ/ [Skt. शुष्कक + Skt. मार्जन] *adj.* 水を使わずにこすって洗浄された.

ਸ਼ੁਕਰ[1] (शुकर) /śukara シュカル/ [Arab. *śukr*] *m.* **1** 感謝, 感謝すること. (⇒ਧੰਨਵਾਦ) **2** 恩恵, お陰. (⇒ਕਿਰਪਾ)

ਸ਼ੁਕਰ[2] (शुकर) /śukara シュカル/ ▸ਸ਼ੁੱਕਰ *m.* → ਸ਼ੁੱਕਰ

ਸ਼ੁੱਕਰ (शुक्कर) /śukkara シュッカル/ ▸ਸ਼ੁਕਰ [Skt. शुक्र] *m.* **1** 〘天文〙金星. **2** 精子, 精液.

ਸ਼ੁਕਰਗੁਜ਼ਾਰ (शुकरगुज़ार) /śukaraguzāra シュカルグザール/ [Arab. *śukr* Pers.-*guzār*] *adj.* 感謝する, 感謝している, ありがたく思っている.

ਸ਼ੁਕਰਗੁਜ਼ਾਰੀ (शुकरगुज़ारी) /śukaraguzārī シュカルグザーリー/ [Arab. *śukr* Pers.-*guzārī*] *f.* **1** 感謝すること, 感謝

の表現, 感謝の祈り.　**2** 謝辞.

ਸੁਕਰਮ (सुकरम) /sukara̸ma̸ スカルム/ [Skt. सु- Skt. कर्म] *m.* 良い行い, 善行, 功徳. (⇒ਸੁਕ੍ਰਿਤ)

ਸ਼ੁੱਕਰਵਾਰ (शुक्करवार) /śukkara̸wāra̸ シュッカルワール/ [Skt. शुक्र + Skt. वार] *m.* 〖暦〗金曜日.

ਸ਼ੁਕਰਾਣੂ (शुकराणू) /śuka̸rāṇū シュクラーヌー/ [Skt. शुक्र + Skt. अणु] *m.* 精子, 精液.

ਸ਼ੁਕਰਾਨਾ (शुकराना) /śuka̸rānā シュクラーナー/ [Arab. *śukrāna*] *m.* **1** 感謝, 謝礼. (⇒ਸ਼ੁਕਰੀਆ) **2** 謝礼金, 謝金.

ਸੁਕ੍ਰਿਤ (सुक्रित) /sukrita̸ スクリト/ [Skt. सु- Skt. कृत] *f.* 良い行い, 善行, 功徳. (⇒ਸੁਕਰਮ)

ਸ਼ੁਕਰੀਆ (शुकरीआ) /śuka̸rīā シュクリーアー/ [Arab. *śukrīya*] *m.* 感謝, 謝意.
— *int.* ありがとう, ありがとうございます. (⇒ਧੰਨਵਾਦ)

ਸ਼ੁਕਲ (शुकल) /śukala̸ シュカル/ [Skt. शुक्ल] *adj.* **1** 白い. (⇒ਚਿੱਟਾ) **2** 明るい.　**3** 純粋な.

ਸੁਕਵਾਂ (सुकवाँ) /suka̸wā̃ スクワーン/ [Skt. शुष्कक Skt.-वान्] *adj.* **1** 乾きやすい, 乾燥しやすい.　**2** 干している, 乾かすための.

ਸੁਕਵਾਉਣਾ (सुकवाउणा) /suka̸wāuṇā スクワーウナー/ [cf. ਸੁੱਕਣਾ] *vt.* 乾かさせる, 干させる.

ਸੁਕੜੰਗ (सुकड़ंग) /suka̸raṅga̸ スクラング/ ▸ਸੁਕੜੰਜ *f.* → ਸੁਕੜੰਜ

ਸੁਕੜੰਜ (सुकड़ंज) /suka̸rañja̸ スクランジ/ ▸ਸੁਕੜੰਗ *f.* 〖身体〗脛骨(けいこつ).

ਸੁਕੜਨਾ (सुकड़ना) /sukaṛanā スカルナー/ ▸ਸੁੰਗੜਨਾ, ਸੁੰਗੜਨਾ *vi.* → ਸੁੰਗੜਨਾ

ਸੁਕੜੂ (सुकड़ू) /suka̸ṛū スクルー/ *adj.* **1** 痩せた, 痩せ衰えた, やつれた.　**2** 痩せこけた, 骨ばった.

ਸੁਕੜੇਵਾਂ (सुकड़ेवाँ) /suka̸ṛewā̃ スクレーワーン/ *m.* **1** 痩せていること, やつれていること, 痩身.　**2** 細いこと, 細身.

ਸੁੱਕਾ (सुक्का) /sukkā スッカー/ [Skt. शुष्क] *adj.* 乾いた, 乾燥した.

ਸੁਕਾਉਣਾ (सुकाउणा) /sukāuṇā スカーウナー/ [cf. ਸੁੱਕਣਾ] *vt.* 乾かす, 乾燥させる, 干す.

ਸੁਕਿਰਤ (सुकिरत) /sukirata̸ スキルト/ [Skt. सु- Skt. कृत्य] *f.* 良い行い, 善行, 功徳. (⇒ਸੁਕਰਮ)

ਸ਼ੁਕੀਨ (शुकीन) /śukīna̸ シュキーン/ ▸ਸ਼ੌਕੀਨ [Pers. *śauqīn*] *adj.* **1** 好きな, 愛好している.　**2** 道楽の, 趣味の.　**3** お洒落な.

ਸ਼ੁਕੀਨੀ (शुकीनी) /śukīnī シュキーニー/ [-ई] *f.* **1** 愛好.　**2** 道楽, 趣味, 贅沢.　**3** お洒落.　**4** けばけばしさ.

ਸੁਕੇੜਨਾ (सुकेड़ना) /sukeṛanā スケールナー/ *vt.* **1** 集める. (⇒ਇਕੱਠਾ ਕਰਨਾ) **2** 収縮させる.

ਸੁਕੈਸ਼ (सुकैश) /sukaiśa̸ スカェーシュ/ [Eng. *squash*] *m.* **1** 〖飲料〗果汁飲料, スカッシュ.　**2** 〖競技〗スカッシュ.

ਸੁਖ (सुख) /sukʰa̸ スク/ ▸ਸੁੱਖ [Skt. सुख] *m.* **1** 安楽, 安寧. (⇒ਅਰਾਮ) **2** 幸せ, 幸福. (⇒ਖ਼ੁਸ਼ੀ)

ਸੁੱਖ^{1} (सुक्ख) /sukkʰa̸ スック/ ▸ਸੁਖ *f.* → ਸੁਖ

ਸੁੱਖ^{2} (सुक्ख) /sukkʰa̸ スック/ *f.* 誓い, 誓約.

ਸੁੱਖਣਾ (सुक्खणा) /sukkʰaṇā スッカナー/ *f.* 誓い, 誓約.
— *vi.* 誓う.

ਸੁਖ਼ਨ (सुख़न) /suxana̸ スカン/ [Pers. *suxan*] *m.* **1** 発言. (⇒ਬਚਨ) **2** 言葉.　**3** 〖文学〗詩文. (⇒ਕਵਿਤਾ)

ਸੁਖਮਣੀ (सुखमणी) /sukʰa̸maṇī スクマニー/ ▸ਸੁਖਮਨੀ *f.* → ਸੁਖਮਨੀ

ਸੁਖਮਨਾ ਨਾੜੀ (सुखमना नाड़ी) /sukʰa̸manā nāṛī スクマナー ナーリー/ [Skt. सुषुम्ना + Skt. नाडि] *f.* 〖身体〗スクマナー(スシュムナー)脈管《ハタ・ヨーガにおいて生命エネルギーの回路とされる脈管の一つ》.

ਸੁਖਮਨੀ (सुखमनी) /sukʰa̸manī スクマニー/ ▸ਸੁਖਮਣੀ *f.* 〖文学・スィ〗スクマニー《第5代教主グル・アルジャンの詠んだ賛歌》.

ਸੁਖਰਹਿਣਾ (सुखरहिणा) /sukʰa̸raîṇā スクラェーナー/ *adj.* **1** のんびりした, 暢気な.　**2** 安逸な, 安穏な.

ਸੁਖੱਲਾ (सुखल्ला) /sukʰallā スカッラー/ *adj.* 易しい, 平易な. (⇒ਸੌਖਾ)

ਸੁੱਖਾ (सुक्खा) /sukkʰā スッカー/ *m.* 〖植物〗スッカー《麻薬となる草》. (⇒ਭੰਗ)

ਸੁਖਾਉਣਾ^{1} (सुखाउणा) /sukʰāuṇā スカーウナー/ [cf. ਸੁਖ] *vi.* **1** 気に入る. (⇒ਚੰਗਾ ਲੱਗਣਾ) **2** (薬などで苦痛などが)和らぐ, 楽になる.

ਸੁਖਾਉਣਾ^{2} (सुखाउणा) /sukʰāuṇā スカーウナー/ ▸ਸੁਕਾਉਣਾ *vt.* → ਸੁਕਾਉਣਾ

ਸੁਖਾਂਤ (सुखाँत) /sukʰā̃ta̸ スカーント/ [Skt. सुखांत] *m.* **1** 幸せな結末の劇, ハッピーエンドの劇.　**2** 喜劇.
— *adj.* 幸せな結末の, ハッピーエンドの.

ਸੁਖਾਲ (सुखाल) /sukʰāla̸ スカール/ *m.* 安楽, 安寧. (⇒ਅਰਾਮ)

ਸੁਖਾਲਾ (सुखाला) /sukʰālā スカーラー/ *adj.* 易しい. (⇒ਸੌਖਾ)

ਸੁਖਾਵਾਂ (सुखावाँ) /sukʰāwā̃ スカーワーン/ [Skt. सुख Skt.-वान्] *adj.* **1** 安楽な.　**2** (苦痛や緊張などが)和らいだ, 緩和した.

ਸੁਖੀ (सुखी) /sukʰī スキー/ [Skt. सुखिन्] *adj.* **1** 幸せな, 幸福な.　**2** 安楽な.

ਸੁਗੰਦ (सुगंद) /suganda̸ スガンド/ ▸ਸੌਗੰਦ [Skt. सौगंध] *f.* 誓い. (⇒ਸ਼ਪਥ, ਸਹੁੰ, ਕਸਮ)

ਸੁਗੰਧ (सुगंध) /sugânda̸ スガンド/ [Skt. सु- Skt. गंध] *f.* 芳香. (⇒ਖ਼ੁਸ਼ਬੂ)

ਸੁਗੰਧਮਈ (सुगंधमई) /sugânda̸maī スガンドマイー/ [Skt.-मयी] *adj.* 香りの良い, 芳香のある, かぐわしい.

ਸੁਗੰਧਿਤ (सुगंधित) /sugândita̸ スガンディト/ [Skt. सुगंधित] *adj.* 香りの良い, 芳香のある, かぐわしい.

ਸੁਗੰਧੀ (सुगंधी) /sugândī スガンディー/ [Skt. सु- Skt. गंध -ई] *f.* 芳香. (⇒ਖ਼ੁਸ਼ਬੂ)

ਸੁਗਮ (सुगम) /sugama̸ スガム/ [Skt. सुगम] *adj.* 易しい, 容易な, 簡単な. (⇒ਸੌਖਾ)

ਸ਼ੁਗ਼ਲ (शुग़ल) /śuğala̸ シュガル/ [Arab. *śağl*] *m.* **1** 活動.　**2** 娯楽, 気晴らし.

ਸੁੰਗੜਨਾ (सुंगड़ना) /suṅgaṛanā スンガルナー/ ▸ਸੁਕੜਨਾ, ਸੁੰਗੜਨਾ *vi.* **1** 縮む, 収縮する, しぼむ, 萎縮する. (⇒ਸਿਮਟਣਾ) ❒ਇਹ ਕੱਪੜਾ ਧੋਣ ਤੇ ਸੁੰਗੜ ਜਾਂਦਾ ਹੈ। この布は洗うと縮んでしまいます.　**2** 皺が寄る, しなびる. (⇒ਵਿਗੁੱਚਣਾ) **3** 痩せ細る.

ਸੁੰਗੜਾ (सुंगड़ा) /suṅgaṛā スングラー/ *m.* **1** 縮むこと, 収縮. **2** しぼむこと, 萎縮.

ਸੁੰਗੜੇਵਾਂ (सुंगड़ेवाँ) /suṅgaṛewā̃ スングレーワーン/ *m.* **1** 縮むこと, 収縮, 縮小. **2** しぼむこと, 萎縮.

ਸੁਗ਼ਾਤ (सुग़ात) /suğātạ スガート/ ▸ਸਉਗ਼ਾਤ, ਸੌਗ਼ਾਤ, ਸੌਗ਼ਾਤ [Pers. *sauğāta*] *f.* **1** 土産(みやげ), おみやげ. (⇒ਸੁਵਿਨਰ) **2** 贈り物, プレゼント. (⇒ਤੁਹਫ਼ਾ) ❐ਜੰਗਲ ਕੁਦਰਤ ਦੀ ਖ਼ੂਬਸੂਰਤ ਸੁਗ਼ਾਤ ਹੈ। 森は自然の美しい贈り物です.

ਸੁੰਗੇੜਨਾ (सुंगेड़ना) /suṅgeṛanā スンゲールナー/ *vt.* **1** 縮ませる, 収縮させる. **2** 小さくする, 縮小する. **3** 減らす. **4** 短くする, 縮める.

ਸੁੰਘਣਾ (सुंघणा) /sûṅgaṇā スンガナー/ [(Pkt. सुंघइ) Skt. शृङ्घति] *vt.* 嗅ぐ.

ਸੁਘਰ (सुघर) /sûgarạ スガル/ ▸ਸੁਘੜ *adj.* → ਸੁਘੜ

ਸੁੰਘਵਾਉਣਾ (सुंघवाउणा) /suṅgawā̆uṇā スングワーウナー/ ▸ਸੁੰਘਾਉਣਾ [cf. ਸੁੰਘਣਾ] *vt.* 嗅がせる.

ਸੁਘੜ (सुघड़) /sûgaṛạ スガル/ ▸ਸੁਘਰ [Skt. सु- Skt. घट] *adj.* **1** 形の美しい, 均整のとれた. (⇒ਸੁੰਦਰ, ਸੁਡੌਲ) **2** 上手な, 巧みな, 熟達した. (⇒ਕੁਸ਼ਲ) **3** 賢い, 賢明な. (⇒ਸਿਆਣਾ)

ਸੁਘੜਤਾ (सुघड़ता) /sûgaṛatā スガルター/ [Skt.-ता] *f.* **1** 形の美しさ, 均整のとれていること. **2** 熟達. (⇒ਕੁਸ਼ਲਤਾ)

ਸੁੰਘਾਉਣਾ (सुंघाउणा) /suṅgā̆uṇā スンガーウナー/ ▸ਸੁੰਘਵਾਉਣਾ *vt.* → ਸੁੰਘਵਾਉਣਾ

ਸੁਚ (सुच) /sucạ スチ/ ▸ਸੁੱਚ *f.* → ਸੁੱਚ

ਸੁੱਚ (सुच्च) /succạ スッチ/ ▸ਸੁਚ [Skt. शुचि] *f.* 純粋, 純潔, 清純, 神聖. (⇒ਪਵਿਤਰਤਾ)

ਸੁਚੱਜ (सुचज्ज) /sucajjạ スチャッジ/ *m.* **1** 巧みさ, 技巧, 技術. **2** 礼儀正しさ. (⇒ਸਲੀਕਾ)

ਸੁਚੱਜਾ (सुचज्जा) /sucajjā スチャッジャー/ *adj.* 巧みな, 器用な. (⇒ਚਤਰ)

ਸੁਚਮ (सुचम) /sucamạ スチャム/ ▸ਸੁੱਚਮ *f.* 神聖. (⇒ਪਵਿਤਰਤਾ)

ਸੁੱਚਮ (सुच्चम) /succamạ スッチャム/ ▸ਸੁਚਮ *f.* → ਸੁਚਮ

ਸੁੱਚਾ (सुच्चा) /succā スッチャー/ [Skt. शुचि] *adj.* **1** 純粋な. **2** 清い, 穢れのない. **3** 本当の, 本物の. **4** 神聖な. (⇒ਪਵਿੱਤਰ)

ਸੁਚਾਲਕ (सुचालक) /sucālakạ スチャーラク/ [Skt. सु- Skt. चालक] *m.* 〖物理〗良導体. (⇔ਕੁਚਾਲਕ)

ਸੁਚੇਤ (सुचेत) /sucetạ スチェート/ ▸ਸਹਿਚੇਤ, ਸਚੇਤ *adj.* → ਸਚੇਤ

ਸੁੰਜ (सुंज) /suñjạ スンジ/ ▸ਸੁੰਞ *f.adj.* → ਸੁੰਞ

ਸੁੱਜਣਾ (सुज्जणा) /sujjaṇā スッジャナー/ [शूयते] *vi.* **1** 腫れる. **2** 炎症を起こす.

ਸੁੰਜਾ (सुंजा) /suñjā スンジャー/ ▸ਸੁੰਞਾ, ਸੁੰਨਾ *adj.* → ਸੁੰਞਾ

ਸੁਜਾ (सुजा) /sujā スジャー/ [cf. ਸੁੱਜਣਾ] *m.* **1** 〖医〗腫れ, 結節. **2** 〖医〗炎症.

ਸੁੱਜਾ (सुज्जा) /sujjā スッジャー/ *adj.* 腫れた.

ਸੁਜ਼ਾਕ (सुज़ाक) /suzākạ スザーク/ ▸ਸੋਜ਼ਾਕ [Pers. *sūzāk*] *m.* 〖医〗淋病.

ਸੁਜਾਖਾ (सुजाखा) /sujākʰā スジャーカー/ *adj.* 目の見える. (⇒ਅੱਖੀਆਂ ਵਾਲਾ)

ਸੁਜਾਣ (सुजाण) /sujāṇạ スジャーン/ ▸ਸੁਜਾਨ *adj.* → ਸੁਜਾਨ

ਸੁਜਾਨ (सुजान) /sujānạ スジャーン/ ▸ਸੁਜਾਣ *adj.* **1** 賢い, 賢明な. (⇒ਸਿਆਣਾ) **2** 聡明な, 利口な. **3** 物知りの, 博学の.

ਸੁਜੋਗ (सुजोग) /sujogạ スジョーグ/ [Skt. सु- Skt. योग] *m.* **1** 良い巡り合わせ. **2** 好機, チャンス.

ਸੁਜੋੜ (सुजोड़) /sujoṛạ スジョール/ [Skt. सु- Skt. जुड़] *m.* 良く合うこと, 適合, 適切さ.

— *adj.* 良く合っている, 適合する, 適切な, ふさわしい.

ਸੁੱਝ (सुज्झ) /sûjjạ スッジ/ [cf. ਸੁੱਝਣਾ] *f.* **1** 思いつき. **2** 理解, 理解力. **3** 自覚, 意識.

ਸੁਝਣਾ (सुझणा) /sûjaṇā スジャナー/ ▸ਸੁੱਝਣਾ *vi.* → ਸੁੱਝਣਾ

ਸੁੱਝਣਾ (सुज्झणा) /sûjjaṇā スッジャナー/ ▸ਸੁਝਣਾ [Skt. शुध्यति] *vi.* **1** 思い浮かぶ, 思いつく, 考えつく. (⇒ਅਹੁੜਨਾ, ਖ਼ਿਆਲ ਵਿੱਚ ਆ ਜਾਣਾ) ❐ਕਾਂ ਨੂੰ ਇੱਕ ਢੰਗ ਸੁੱਝ ਗਿਆ। カラスには一つの方法が思い浮かびました. **2** 目に見える, 見分けられる. (⇒ਦਿੱਸਣਾ)

ਸੁਝਾ (सुझा) /sujā̆ スジャー/ ▸ਸੁਝਾਉ, ਸੁਝਾਅ *m.* → ਸੁਝਾਉ

ਸੁਝਾਉ (सुझाउ) /sujā̆o スジャーオー/ ▸ਸੁਝਾ, ਸੁਝਾਅ [cf. ਸੁਝਾਉਣਾ] *m.* **1** 提案, 提言, 意見. **2** 示唆, 手掛かり.

ਸੁਝਾਉਣਾ (सुझाउणा) /sujā̆uṇā スジャーウナー/ [cf. ਸੁੱਝਣਾ] *vt.* **1** 提案する, 提言する. **2** 示唆する.

ਸੁਝਾਊ (सुझाऊ) /sujā̆ū スジャーウー/ [cf. ਸੁਝਾਉਣਾ] *adj.* 暗示的な, 示唆的な.

ਸੁਝਾਅ (सुझाअ) /sujā̆a スジャーア/ ▸ਸੁਝਾ, ਸੁਝਾਉ *m.* → ਸੁਝਾਉ

ਸੁੰਞ (सुंञ) /suññạ スンヌ/ ▸ਸੁੰਜ [Skt. शून्य] *f.* **1** 無人の土地, 荒野. (⇒ਉਜਾੜ) **2** 荒廃. **3** 寂れた様子. (⇒ਬੇਰੌਣਕੀ)

— *adj.* → ਸੁੰਞਾ

ਸੁੰਞਾ (सुंञा) /suññā スンナー/ ▸ਸੁੰਜਾ, ਸੁੰਨਾ [Skt. शून्य] *adj.* **1** 空(から)の. (⇒ਖ਼ਾਲੀ) **2** 空虚な, 無の. **3** 人の住んでいない, 無人の, 荒れ果てた. **4** 寂れた. (⇒ਬੇਰੌਣਕ)

ਸੁੱਟਣਾ (सुट्टणा) /suṭṭaṇā スッタナー/ ▸ਸੱਟਣਾ, ਸਿੱਟਣਾ *vt.* **1** 投げる. (⇒ਪਰੇ ਮਾਰਨਾ) **2** 捨てる. **3** (錨を)降ろす, 下ろす.

ਸੁਟਵਾਉਣਾ (सुटवाउणा) /suṭawāuṇā ストワーウナー/ ▸ਸਟਾਉਣਾ, ਸੁਟਾਉਣਾ *vt.* **1** 投げさせる. **2** 捨てさせる.

ਸੁਟਾਉਣਾ (सुटाउणा) /suṭāuṇā スターウナー/ ▸ਸਟਾਉਣਾ, ਸੁਟਵਾਉਣਾ *vt.* → ਸੁਟਵਾਉਣਾ

ਸੁੰਡ (सुंड) /sunḍạ スンド/ [Skt. शुण्ड] *f.* 〖身体〗象の鼻. ❐ਦਰਜ਼ੀ ਨੇ ਖਾਣ ਦੀ ਕੋਈ ਚੀਜ਼ ਹਾਥੀ ਦੀ ਸੁੰਡ ਵਿੱਚ ਰੱਖ ਦਿੱਤੀ। 仕立て屋は何か食べる物を象の鼻の中に置きました.

ਸੁੰਡੀ (सुंडी) /sunḍī スンディー/ ▸ਸੂੰਡੀ *f.* 〖虫〗いも虫, 毛虫《蝶・蛾の幼虫》.

ਸੁਡੌਲ (सुडौल) /suḍaulạ スダォール/ ▸ਸਡੌਲ *adj.* **1** 形の美しい, 均整のとれた. (⇒ਸੁੰਦਰ) **2** たくましい.

ਸੁੰਢ (सुंढ) /sûnḍạ スンド/ [Skt. शुंठि] *f.* 〖植物〗乾燥したショウガ. (⇒ਸੁੱਕਾ ਹੋਇਆ ਅਦਰਕ)

ਸੁਣ੍ਹਪ (सुण्हप) /sûṇapạ スナプ/ [(Pot.)] *m.* **1** 美しさ. (⇒ਸੁੰਦਰਤਾ) **2** 美貌, 見目麗しさ. (⇒ਖ਼ੂਬਸੂਰਤੀ)

ਸੁਣਕਣਾ (सुणकणा) /suṇakaṇā スンクナー/ *vt.* (鼻を)かむ.

ਸੁਣਕਵਾਉਣਾ (सुणकवाउणा) /suṇakawāuṇā スンクワーウナー/ ▸ਸੁਣਕਾਉਣਾ vt. (鼻を)かませる.
ਸੁਣਕਾਉਣਾ (सुणकाउणा) /suṇakāuṇā スンカーウナー/ ▸ਸੁਣਕਵਾਉਣਾ vt. → ਸੁਣਕਵਾਉਣਾ
ਸੁਣੱਖਾ (सुणक्खा) /suṇakkʰā スナッカー/ ▸ਸੁਨੱਖਾ adj. → ਸੁਨੱਖਾ
ਸੁਣਨ (सुणन) /suṇana スナン/ [cf. ਸੁਣਨਾ] m. 1 聴くこと, 聴取. 2 聴覚, 聴覚器官.
ਸੁਣਨ-ਸ਼ਕਤੀ (सुणन-शकती) /suṇana-śakatī スナン・シャクティー/ [+ Skt. शक्ति] f. 聴力.
ਸੁਣਨਾ (सुणना) /suṇanā スンナー/ [Skt. शृणोति] vt. 1 聞く. 2 聴く, 聴取する, 聞き取る. 3 聞き入る. 4 注意する, 気をつける.
ਸੁਣਵਾਉਣਾ (सुणवाउणा) /suṇawāuṇā スンワーウナー/ [cf. ਸੁਣਨਾ] vt. 1 聞かせる, 聞こえるようにする. 2 語らせる, 語ってもらう, 伝えさせる, 告げさせる.
ਸੁਣਵਾਈ (सुणवाई) /suṇawāī スンワーイー/ ▸ਸੁਣਾਈ [cf. ਸੁਣਨਾ] f. 1 聞くこと. 2〘法〙聴取, 聴聞会, 審問.
ਸੁਣਾਉਣਾ (सुणाउणा) /suṇāuṇā スナーウナー/ [cf. ਸੁਣਨਾ] vt. 1 聞かせる. 2 語る, 伝える, 告げる.
ਸੁਣਾਉਣੀ (सुणाउणी) /suṇāuṇī スナーウニー/ f. 訃報. (⇒ਕਿਸੇ ਦੀ ਮੌਤ ਦੀ ਖ਼ਬਰ)
ਸੁਣਾਉਤ (सुणाउत) /suṇāuta スナーウト/ ▸ਸੁਣੌਤ f. 1 知らせ. (⇒ਖ਼ਬਰ) 2 弔問.
ਸੁਣਾਈ (सुणाई) /suṇāī スナーイー/ ▸ਸੁਣਵਾਈ [cf. ਸੁਣਨਾ] f. 1 聞こえること, 聞き取り《次の成句で用いる. (ਨੂੰ) … ਸੁਣਾਈ ਦੇਣਾ (人に)…が聞こえる》. ❐ਉਸ ਨੂੰ ਦੂਰੋਂ ਰੇਲ ਗੱਡੀ ਦੇ ਆਉਣ ਦਾ ਸ਼ੋਰ ਸੁਣਾਈ ਦੇਣ ਲੱਗਾ। 彼には遠くから列車が来る音が聞こえ始めました. ❐ਸੁਣਾਈ ਦੇਣ ਵਾਲਾ 聞こえる, 聞き取れる, 可聴の. 2 聞かれた事実. 3〘法〙聴取, 聴聞会, 審問.
ਸੁਣਿਆ (सुणिआ) /suṇiā スニアー/ [cf. ਸੁਣਨਾ] adj. 聞いた.
ਸੁਣੀ (सुणी) /suṇī スニー/ [cf. ਸੁਣਨਾ] adj. 聞いた. ❐ਸੁਣੀ ਅਣਸੁਣੀ ਕਰਨਾ 聞かぬふりをする, 無視する.
ਸੁਣੀ-ਸੁਣਾਈ (सुणी-सुणाई) /suṇī-suṇāī スニー・スナーイー/ f. 1 また聞き, 伝聞. 2 噂, 風聞.
ਸੁਣੌਤ (सुणौत) /suṇauta スナォート/ ▸ਸੁਣਾਉਤ f. 1 知らせ. (⇒ਖ਼ਬਰ) 2 弔問.
ਸੁਤ (सुत) /suta スト/ m.〘親族〙息子. (⇒ਪੁੱਤਰ)
ਸੁੱਤ (सुत्त) /sutta スット/ f. 1〘道具〙干し草熊手. 2〘道具〙籾殻集め.
ਸੁਤੰਤਰ (सुतंतर) /sutantara スタンタル/ ▸ਸਵਤੰਤਰ, ਸੁਤੰਤ੍ਰ [Skt. स्वतंत्र] adj. 1 独立した, 自立した. (⇒ਸਵਾਧੀਨ)(⇔ਪਰਤੰਤਰ) 2 自由な. (⇒ਅਜ਼ਾਦ)
ਸੁਤੰਤਰਤਾ (सुतंतरता) /sutantaratā スタンタルター/ ▸ਸਵਤੰਤਰਤਾ, ਸੁਤੰਤ੍ਰਤਾ [Skt.-ता] f. 1 独立, 自立. (⇒ਸਵਾਧੀਨਤਾ)(⇔ਪਰਤੰਤਰਤਾ) 2 自由. (⇒ਅਜ਼ਾਦੀ)
ਸ਼ੁਤਰ (शुतर) /śutara シュタル/ [Pers. śutur] m.〘動物〙(雄)ラクダ, 牡駱駝. (⇒ਉਠ)
ਸ਼ੁਤਰਮੁਰਗ (शुतरमुरग) /śutaramuraga シュタルムルグ/ m.〘鳥〙ダチョウ, 駝鳥.
ਸੁਤੁਦਰ (सुतुदर) /sutudara ストゥダル/ [Skt. सतद्रु] m.〘河川〙ストゥダル川《サトルジ川〔パンジャーブ地方を流れる五河の一つ〕の古い名称》.
ਸੁੱਥਣ (सुत्थण) /sutthaṇa スッタン/ f.〘衣服〙女性用のズボン. (⇒ਸਲਵਾਰ)
ਸੁਥਰਾ (सुथरा) /sutʰarā ストラー/ [Skt. स्वच्छ] adj. 1 小ぎれいな, きちんとした, 整頓された, きれいな, 清潔な. (⇒ਸਾਫ਼) 2 洗練された, あか抜けした, 飾られた.
ਸੁੰਦਰ (सुंदर) /sundara スンダル/ [Skt. सुंदर] adj. 1 美しい, 優美な. (⇒ਸੋਹਣਾ) 2 綺麗な, 麗しい, 美貌の. (⇒ਖ਼ੂਬਸੂਰਤ)
ਸੁਦਰਸ਼ਨ (सुदरशन) /sudaraśana スダルシャン/ [Skt. सु- Skt. दर्शन] adj. 1 美しい, 綺麗な. 2 見目麗しい.
ਸੁੰਦਰਤਾ (सुंदरता) /sundaratā スンダルター/ [Skt. सुंदर Skt.-ता] f. 1 美, 美しさ. ❐ਅੰਦਰੂਨੀ ਸੁੰਦਰਤਾ ਬਾਹਰੀ ਸੁੰਦਰਤਾ ਤੋਂ ਵੱਧ ਜ਼ਰੂਰੀ ਹੈ। 内面の美しさは外面の美しさよりずっと大切です. 2 麗しさ, 綺麗さ. (⇒ਖ਼ੂਬਸੂਰਤੀ)
ਸੁੰਦਰਤਾਈ (सुंदरताई) /sundaratāī スンダルターイー/ [Skt. सुंदर -ਤਾਈ] f. → ਸੁੰਦਰਤਾ
ਸੁੰਦਰਾਈ (सुंदराई) /sundarāī | sundarāī スンドラーイー | スンダラーイー/ [(Pot.) Skt. सुंदर -ਆਈ] f. → ਸੁੰਦਰਤਾ
ਸੁੰਦਰੀ (सुंदरी) /sundarī | sundarī スンドリー | スンダリー/ [Skt. सुंदरी] f. 1 美女, 美人, 器量よし. (⇒ਸੋਹਣੀ ਤਰੀਮਤ) 2 乙女. 3 少女.
ਸੁਦਾ (सुदा) /sudā スダー/ ▸ਸਉਦਾ, ਸੌਦਾ [Arab. saudā] m. 1 狂気, 熱狂, 熱中. (⇒ਕਮਲ) 2〘医〙鬱病.
ਸ਼ੁਦਾ (शुदा) /śudā シュダー/ [Pers. śuda] suff. 「終えている」「…済みの」「生じてしまった」「なってしまった」などを意味する接尾辞.
ਸੁੱਦਾ (सुद्दा) /suddā スッダー/ [Arab. sudda] m. 1 障害物, ふさぐ物. 2 便秘により固まった糞便.
ਸੁਦਾਈ (सुदाई) /sudāī スダーイー/ ▸ਸੌਦਾਈ [Pers. saudāī] adj. 1 気が狂った, 狂気の. (⇒ਪਾਗਲ) 2〘医〙鬱病の.
ਸੁਦਾਈਪੁਣਾ (सुदाईपुणा) /sudāīpuṇā スダーイープナー/ [-ਪੁਣਾ] m. 気が狂った状態, 狂気. (⇒ਪਾਗਲਪਣ)
ਸੁਦਾਗਰ (सुदागर) /sudāgara スダーガル/ ▸ਸਉਦਾਗਰ, ਸੌਦਾਗਰ [Pers. saudā Pers.-gar] m. 1 商人. (⇒ਵਪਾਰੀ, ਤਾਜਰ) 2 行商人.
ਸੁਦਾਗਰੀ (सुदागरी) /sudāgarī スダーグリー/ [Pers. saudā Pers.-garī] f. 商売, 商い, 売買, 商取引.
ਸੁਦੀ (सुदी) /sudī スディー/ [Skt. सुदि] f.〘暦〙太陰暦の白半月. (⇔ਵਦੀ)
ਸੁਦੇਸ਼ੀ (सुदेशी) /sudeśī スデーシー/ ▸ਸਵਦੇਸ਼ੀ [Skt. स्वदेशीय] adj. 1 自国の. 2 母国の. 3 国内の.
ਸੁੱਧ[1] (सुद्ध) /sûdda スッド/ [Skt. शुद्धि] f. 1 意識, 感覚, 知覚. (⇒ਹੋਸ਼, ਚੇਤਨਾ) ❐ਸੁੱਧ ਨਾ ਰਹਿਣੀ 意識しない, 気づかない. 2 知性. 3 注意. (⇒ਧਿਆਨ) ❐ਸੁੱਧ ਲੈਣੀ 注意を向ける, 気遣う. ❐ਸੁੱਧ ਨਾ ਲੈਣੀ 注意を向けない, 無視する. 4 記憶. (⇒ਯਾਦ) 5 情報, 知らせ, 知っていること. (⇒ਖ਼ਬਰ, ਪਤਾ)
ਸੁੱਧ[2] (सुद्ध) /sûdda スッド/ ▸ਸ਼ੁੱਧ adj. → ਸ਼ੁੱਧ
ਸ਼ੁੱਧ (शुद्ध) /śûdda シュッド/ ▸ਸੁੱਧ [Skt. शुद्ध] adj. 1 純粋な, 純然たる, 混じりけのない, 生粋の. (⇒ਖ਼ਾਲਸ) 2 本物の, 真正の, 正味の. (⇒ਅਸਲੀ) 3 清らかな, 清浄な, 清潔な. (⇒ਪਾਕ, ਸਾਫ਼) 4 正確な.

ਸੁੰਧਕ (सुंधक) /sûndaka スンダク/ f. 1 情報, 知らせ. (⇒ਸਮਾਚਾਰ) 2 手掛かり, 糸口. 3 形跡, 痕跡. 4 機密情報, 軍事情報.

ਸੁੱਧਤਾ (सुद्धता) /sûddatā スッダター/ [Skt. शुद्ध Skt.-ता] f. 1 純粋さ. 2 本物であること, 真正, 正真正銘. 3 清浄, 清潔. 4 正確さ.

ਸੁਧਤਾਈ (सुधताई) /sûdatāī スドターイー/ [-ਤਾਈ] f. → ਸੁੱਧਤਾ

ਸੁਧਰਨਾ (सुधरना) /sûdaranā スダルナー/ [cf. ਸੁਧਾਰਨਾ] vi. 1 改善される, 改良される. (⇒ਸੰਵਰਨਾ) 2 良くなる, 直る. (⇒ਠੀਕ ਹੋ ਜਾਣਾ)

ਸੁਧਰਾਈ (सुधराई) /sudarăī スダラーイー/ ▸ਸੁਧਵਾਈ, ਸੁਧਾਈ, ਸੋਧਾਈ f. → ਸੁਧਵਾਈ

ਸੁਧਵਾਉਣਾ (सुधवाउणा) /sudawăuṇā スドワーウナー/ ▸ ਸੁਧਾਉਣਾ [cf. ਸ਼ੁੱਧ] vt. 1 きれいにさせる, 清めさせる, 純化させる, 浄化させる. 2 良くさせる, 改善させる, 改良させる. 3 直してもらう, 修理させる.

ਸੁਧਵਾਈ (सुधवाई) /sudawăī スドワーイー/ ▸ਸੁਧਰਾਈ, ਸੁਧਾਈ, ਸੋਧਾਈ [cf. ਸ਼ੁੱਧ] f. 1 純化する行為, 浄化する行為. 2 改正, 改善. 3 修正, 訂正. (⇒ਦਰੁਸਤੀ)

ਸੁਧਾ[1] (सुधा) /sûdā スダー/ [Skt. सुधा] m. 1 神々の飲物. 2 不老不死の霊水. (⇒ਅੰਮ੍ਰਿਤ)

ਸੁਧਾ[2] (सुधा) /sûdā スダー/ ▸ਸੁੱਧਾ adj. 1 全体の, すべての. (⇒ਸਾਰਾ) 2 混じり気のない, 純粋な. (⇒ਸਾਰਾ)

ਸੁੱਧਾ (सुद्धा) /sûddā スッダー/ ▸ਸੁਧਾ adj. → ਸੁਧਾ

ਸੁਧਾਉਣਾ (सुधाउणा) /sudăuṇā スダーウナー/ ▸ਸੁਧਵਾਉਣਾ vt. → ਸੁਧਵਾਉਣਾ

ਸੁਧਾਈ (सुधाई) /sudăī スダーイー/ ▸ਸੁਧਰਾਈ, ਸੁਧਵਾਈ, ਸੋਧਾਈ f. → ਸੁਧਵਾਈ

ਸੁਧਾਰ (सुधार) /sudăra スダール/ [cf. ਸੁਧਾਰਨਾ] m. 1 改善, 改良. 2 改革. 3 修正, 訂正, 修理. 4 更正. 5 校訂.

ਸੁਧਾਰਕ (सुधारक) /sudăraka スダールク/ [cf. ਸੁਧਾਰਨਾ] m. 改善する人, 直す人, 改革者.

ਸੁਧਾਰ ਘਰ (सुधार घर) /sudăra kăra スダール カル/ [cf. ਸੁਧਾਰਨਾ Skt.-गृह] m. 1 〖法〗少年更正施設, 少年院. 2 〖法〗教護院, 感化院.

ਸੁਧਾਰਨਾ (सुधारना) /sudăranā スダールナー/ [cf.Skt. शुद्धकार] vt. 1 良くする, 改善する, 改良する. 2 改める, 改革する. (⇒ਸੁੱਧ ਕਰਨਾ) 3 正す, 直す, 修正する, 修理する. (⇒ਠੀਕ ਕਰਨਾ)

ਸੁਧਾਰਵਾਦ (सुधारवाद) /sudărawāda スダールワード/ [cf. ਸੁਧਾਰਨਾ Skt.-वाद] m. 改良主義, 改革主義.

ਸੁਧਾਰਵਾਦੀ (सुधारवादी) /sudărawādī スダールワーディー/ [Skt.-वादिन्] adj. 改良主義の, 革新的な.
— m. 改良主義者, 改革者.

ਸੁੱਧੀ (सुद्धी) /sûddī スッディー/ ▸ਸ਼ੁੱਧੀ f. → ਸ਼ੁੱਧੀ

ਸ਼ੁੱਧੀ (शुद्धी) /śddī シュッディー/ ▸ਸੁੱਧੀ [Skt. शुद्धि] f. 1 清浄. 2 浄化. (⇒ਸਫ਼ਾਈ) 3 欠点の除去.

ਸੁੰਨ (सुंन) /sunna スンヌ/ ▸ਸੂੰਨ, ਸ਼ੂਨਯ [Skt. शून्य] m. 1 空(くう), 空虚. 2 無, 虚無, 実在しないこと.
— ca.num.(m.) 〖数学〗ゼロ, れい, 零, ゼロの記号, 0. (⇒ਸਿਫ਼ਰ, ਜ਼ੀਰੋ)
— adj. 1 空(から)の. (⇒ਖ਼ਾਲੀ) 2 空虚な, 無の. 3 感覚を失った, 無感覚の. 4 意識を失った, 気絶した. 5 麻痺した. 6 とても冷たい, 凍てつくような.

ਸੁੰਨਸਾਨ (सुंनसान) /sunnasāna スンヌサーン/ ▸ਸੁਨਸਾਨ adj.m. → ਸੁਨਸਾਨ

ਸੁਨਸਾਨ (सुनसान) /sunasāna スンサーン/ ▸ਸੁੰਨਸਾਨ [Skt. शून्य + Skt. स्थान] adj. 1 淋しい, 人の気配のない, ひっそりした. 2 陰気な, 陰鬱な. 3 住む人のいない, 荒れ果てた, 荒涼とした, 寂れた. 4 音のしない, 静かな.
— m. 住む人のいない荒地.

ਸੁਨਹਿਰਾ[1] (सुनहिरा) /sunaîrā スナェーラー/ adj. 1 金の. 2 金色の. 3 赤褐色の.

ਸੁਨਹਿਰਾ[2] (सुनहिरा) /sunaîrā スナェーラー/ m. 〖調〗石製のすり鉢, 焼き物のすり鉢. (⇒ਕੂੰਡਾ)

ਸੁਨਹਿਰੀਆ (सुनहिरीआ) /sunaîrīā スナェーリーアー/ adj. 金色の.

ਸੁਨੱਖਾ (सुनक्खा) /sunakkʰā スナッカー/ ▸ਸੁਣੱਖਾ adj. 1 美しい目を持つ. 2 美しい容貌の, 美貌の. (⇒ਸੋਹਣੇ ਨਕਸ਼ਾਂ ਵਾਲਾ) 3 美しい. (⇒ਸੁੰਦਰ)

ਸੁੰਨਤ (सुंनत) /sunnata スンナト/ [Pers. sunnat] f. 1 儀式, 儀礼, 慣例, 慣行. 2 法, 律法. 3 〖儀礼・イス〗男子の割礼.

ਸੁੰਨਤਾ (सुंनता) /sunnatā スンナター/ [Skt. शून्य Skt.-ता] f. 1 空虚さ, 空しさ. 2 静寂. 3 沈黙, 無言. (⇒ਖ਼ਮੋਸ਼ੀ)

ਸੁੰਨਾ (सुंना) /sunnā スンナー/ ▸ਸੁੰਞਾ, ਸੁੰਵਾ adj. → ਸੁੰਵਾ

ਸੁਨਾਮੀ (सुनामी) /sunāmī スナーミー/ ▸ਸੂਨਾਮੀ [Jap. tsunami] f. 〖気象〗津波. (⇒ਸਮੁੰਦਰੀ ਉਫਾਨ) ❐ਸੁਨਾਮੀ ਲਹਿਰਾਂ 津波《複数形》.

ਸੁਨਾਰ (सुनार) /sunāra スナール/ ▸ਸੁਨਿਆਰ, ਸੁਨਿਆਰਾ m. → ਸੁਨਿਆਰ

ਸੁਨਿਆਰ (सुनिआर) /suniāra スニアール/ ▸ਸੁਨਾਰ, ਸੁਨਿਆਰਾ [Skt. स्वर्णकार] m. 金銀細工師, 金銀製装身具の細工人.

ਸੁਨਿਆਰਨ (सुनिआरन) /suniārana スニアーラン/ [-ਨ] f. 1 女の金銀細工師. 2 金銀細工師の妻.

ਸੁਨਿਆਰਾ (सुनिआरा) /suniārā スニアーラー/ ▸ਸੁਨਾਰ, ਸੁਨਿਆਰ m. → ਸੁਨਿਆਰ

ਸੁਨੀਤੀ (सुनीती) /sunītī スニーティー/ [Skt. सु- Skt. नीति] f. 良い政策, 健全な政策. (⇒ਉੱਤਮ ਨੀਤੀ)

ਸੁਨੇਹੜਾ (सुनेहड़ा) /sunêuṛā スネーウラー/ ▸ਸਨਾਹ, ਸਨੇਹਾ, ਸੁਨੇਹਾ m. → ਸਨੇਹਾ

ਸੁਨੇਹਾ (सुनेहा) /sunêā スネーアー/ ▸ਸਨਾਹ, ਸਨੇਹਾ, ਸੁਨੇਹੜਾ m. → ਸਨੇਹਾ

ਸੁਪਨਾ (सुपना) /supanā スプナー/ ▸ਸੁਫਨਾ [Skt. स्वप्न] m. 1 夢. 2 夢想, 空想. 3 願い, 願望, 念願.

ਸੁਪਰਸਿੱਧ (सुपरसिद्ध) /suparasîdda スパルスィッド/ ▸ ਸੁਪ੍ਰਸਿੱਧ [Skt. सुप्रसिद्ध] adj. 有名な, 著名な, 高名な. (⇒ਮਸ਼ਹੂਰ)

ਸੁਪ੍ਰਸਿੱਧ (सुप्रसिद्ध) /suprasîdda (suparasîdda) スプラスィッド (スパルスィッド)/ ▸ਸੁਪਰਸਿੱਧ adj. → ਸੁਪਰਸਿੱਧ

ਸੁਪਰਹਿੱਟ (सुपरहिट्ट) /suparahiṭṭa スパルヒット/ [Eng. super hit] f. 大当たり, 大ヒット.

ਸੁਪਰਡੰਟ (सुपरडंट) /suparadaṇṭa スパルダント/ ▸ ਸੁਪਰਿਨਟੈਂਡੰਟ, ਸੁਪਰੀਡੰਟ [Eng. superintendent] m. 1 監督者, 管理者, 所長, 局長, 校長. (⇒ਨਿਗਰਾਨ) 2 警視, 警察署

長.
ਸੁਪਰਵਾਈਜ਼ਰ (सुपरवाईज़र) /suparavāīzara スパルヴァーイーザル/ [Eng. *supervisor*] *m.* **1** 監督者, 管理者, 指導主事, 主幹. (⇒ਨਿਗਰਾਨ) **2** 監修者.
ਸੁਪਰਵਾਈਜ਼ਰੀ (सुपरवाईज़री) /suparavāīzarī スパルヴァーイーザリー/ [-ਈ] *f.* **1** 監督, 管理, 監督者の仕事・職務. (⇒ਨਿਗਰਾਨੀ) **2** 監修.
ਸੁਪਰਿਨਟੈਂਡੰਟ (सुपरिनटैंडंट) /suparinaṭāīḍanṭa スパリンタェーンダント/ ▸ਸੁਪਰਡੰਟ, ਸੁਪਰੀਡੰਟ *m.* → ਸੁਪਰਡੰਟ
ਸੁਪਰੀਡੰਟ (सुपरीडंट) /suparīḍanṭa スプリーダント/ ▸ਸੁਪਰਡੰਟ, ਸੁਪਰਿਨਟੈਂਡੰਟ *m.* → ਸੁਪਰਡੰਟ
ਸੁਪਰੀਮ (सुपरीम) /suparīma スプリーム/ ▸ਸੁਪ੍ਰੀਮ [Eng. *supreme*] *adj.* 最高の, 至高の.
ਸੁਪ੍ਰੀਮ (सुप्रीम) /suprīma スプリーム/ ▸ਸੁਪਰੀਮ *adj.* → ਸੁਪਰੀਮ
ਸੁਪਰੀਮ ਕਮਾਂਡਰ (सुपरीम कमाँडर) /suparīma kamā̃ḍara スプリーム カマーンダル/ ▸ਸੁਪ੍ਰੀਮ ਕਮਾਂਡਰ [Eng. *supreme-commander*] *m.* 最高司令官, 最高指揮官.
ਸੁਪ੍ਰੀਮ ਕਮਾਂਡਰ (सुप्रीम कमाँडर) /suprīma kamā̃ḍara スプリーム カマーンダル/ ▸ਸੁਪਰੀਮ ਕਮਾਂਡਰ *m.* → ਸੁਪਰੀਮ ਕਮਾਂਡਰ
ਸੁਪਰੀਮ ਕੋਰਟ (सुपरीम कोरट) /suparīma koraṭa スプリーム コールト/ ▸ਸੁਪ੍ਰੀਮ ਕੋਰਟ [Eng. *supreme court*] *m.* 〖法〗最高裁判所.
ਸੁਪ੍ਰੀਮ ਕੋਰਟ (सुप्रीम कोरट) /suprīma koraṭa スプリーム コールト/ ▸ਸੁਪਰੀਮ ਕੋਰਟ *m.* → ਸੁਪਰੀਮ ਕੋਰਟ
ਸੁਪਾਟਾ (सुपाटा) /supāṭā スパーター/ ▸ਸਪਾਟਾ [Skt. सर्पण] *m.* **1** 動きの速さ, 急速な進行. **2** 駆け足.
ਸੁਪਾਰੀ (सुपारी) /supārī スパーリー/ *f.* 〖植物〗ビンロウ(檳榔), ビンロウジュ(檳榔樹)《ヤシ科の植物》, ビンロウジ(檳榔子)《ビンロウジュの実》.
ਸੁਪੀਰੀਅਰ (सुपीरीअर) /supīrīara スピーリーアル/ [Eng. *superior*] *adj.* 上位の, 優勢な, 優秀な. (⇒ਚੰਗੇਰਾ)
ਸੁਪੇਦ (सुपेद) /supeda スペード/ ▸ਸਫ਼ੇਦ, ਸਫ਼ੈਦ *adj.* → ਸਫ਼ੈਦ
ਸੁਪੇਦੀ (सुपेदी) /supedī スペーディー/ ▸ਸਫ਼ੇਦੀ, ਸਫ਼ੈਦੀ *f.* → ਸਫ਼ੈਦੀ
ਸੁਫਨਾ (सुफना) /supʰanā スプナー/ ▸ਸੁਪਨਾ *m.* → ਸੁਪਨਾ
ਸੁਫਲ (सुफल) /supʰala スパル/ ▸ਸੁਫਲਾ [Skt. सु- Skt. फल] *adj.* **1** 美しい実をつけた. **2** 良い結果の. **3** 素晴らしい成果を伴った, 実を結んだ, 結実した, 実りある, 実り多い, 成果を伴った. (⇒ਫਲ ਸਹਿਤ) **4** 成功した, 成功を収めた.
ਸੁਫਲਾ (सुफला) /supʰalā スプラー/ ▸ਸੁਫਲ *adj.* → ਸੁਫਲ
ਸੁਫ਼ਾ[1] (सुफ़ा) /sufā スファー/ ▸ਸਫ਼ਾ [Arab. *safha*] *m.* (本の)ページ, 頁. (⇒ਪੰਨਾਂ)
ਸੁਫ਼ਾ[2] (सुफ़ा) /sufā スファー/ *m.* 先買.
ਸੁਬਹ (सुबह) /sûbā スバー/ ▸ਸੁਬ੍ਹਾ *m.* → ਸੁਬ੍ਹਾ
ਸੁਬ੍ਹਾ (सुब्हा) /sûbā スバー/ ▸ਸੁਬਹ [Arab. *ṣubh*] *f.* **1** 朝. (⇒ਸਵੇਰਾ) **2** 早朝, 明け方, 夜明け. (⇒ਪਰਭਾਤ) ❒ਸੁਬ੍ਹਾ ਸਵੇਰੇ 早朝に, 明け方に, 夜明けに.
ਸ਼ੁਬ੍ਹਾ (शुब्हा) /śûbā シュバー/ ▸ਸ਼ੁਬਾ [Arab. *śubha*] *m.* **1** 疑い, 疑念, 疑惑. (⇒ਸ਼ੱਕ) ❒ਸ਼ੁਬ੍ਹਾ ਕਰਨਾ 疑う. **2** 不信. (⇒ਬੇਵਸਾਹੀ)
ਸੁਬਕ (सुबक) /subaka スバク/ [Pers. *sabuk*] *adj.* **1** 軽い, 軽量の. **2** 痩せた. (⇒ਪਤਲਾ) **3** 繊細な, か弱い.
ਸੁਬੜਾ (सुबड़ा) /subaṛā スバラー/ *m.* 〖医〗水疱のような皮膚病.
ਸੁੰਬਾ (सुंबा) /sumbā スンバー/ *m.* 〖道具〗穴開け道具.
ਸ਼ੁਬਾ (शुबा) /śubā シュバー/ ▸ਸ਼ੁਬ੍ਹਾ *m.* → ਸ਼ੁਬ੍ਹਾ
ਸੁਬੋਧ (सुबोध) /subôda スボード/ [Skt. सुबोध] *adj.* **1** 並外れて知識のある, 頭脳明晰な. **2** 理解しやすい, 分かりやすい.
— *m.* **1** 十分な知識. **2** 明確な認識.
ਸ਼ੁਭ (शुभ) /śûba シュブ/ ▸ਸ਼ੁੱਭ [Skt. शुभ] *adj.* **1** めでたい, 吉祥の, 縁起の良い. **2** お祝いの, 祝賀の, 喜びの, 慶祝の. **3** 幸福な. **4** 良い, ためになる, 有益な.
ਸ਼ੁੱਭ (शुब्भ) /śûbba シュッブ/ ▸ਸ਼ੁਭ *adj.* → ਸ਼ੁਭ
ਸ਼ੁਭ ਅਸੀਸ (शुभ असीस) /śûba asīsa シュブ アスィース/ [Skt. शुभ + Skt. आशिष] *f.* 祝福.
ਸ਼ੁਭ ਅਵਸਰ (शुभ अवसर) /śûba awasara シュブ アウサル/ [+ Skt. अवसर] *m.* 良き折.
ਸ਼ੁਭ ਇੱਛਕ (शुभ इच्छक) /śûba iccʰaka シュブ イッチャク/ [+ Skt. इच्छुक] *m.* 人の幸福を願う人.
ਸ਼ੁਭ ਇੱਛਿਆ (शुभ इच्छिआ) /śûba iccʰiā シュブ イッチアー/ [+ Skt. इच्छा] *f.* **1** 善意, 真心. **2** 慈悲.
ਸ਼ੁਭ ਕਰਮ (शुभ करम) /śûba karama シュブ カルム/ [+ Skt. कर्म] *m.* 善行.
ਸ਼ੁਭ ਨਾਂ (शुभ नाँ) /śûba nā̃ シュブ ナーン/ ▸ਸ਼ੁਭ ਨਾਮ [+ Skt. नामन्] *m.* 《人の名前に対する丁寧な言い方》お名前, 御芳名, 御尊名.
ਸ਼ੁਭ ਨਾਮ (शुभ नाम) /śûba nāma シュブ ナーム/ ▸ਸ਼ੁਭ ਨਾਂ *m.* → ਸ਼ੁਭ ਨਾਂ
ਸੁਭਾ (सुभा) /subǎ スバー/ ▸ਸੁਭਾਉ, ਸੁਭਾਅ, ਸੁਭਾਵ *m.* → ਸੁਭਾਉ
ਸੁਭਾਉ (सुभाउ) /subǎo スバーオー/ ▸ਸੁਭਾ, ਸੁਭਾਅ, ਸੁਭਾਵ [Skt. स्वभाव] *m.* **1** 性質, 性格, 性向, 性分, 気性, 気質. (⇒ਸੀਰਤ) **2** 天性, 本性. ❒ਸੁਭਾਉ ਵੱਲੋਂ 生来. **3** 習性, 習癖. **4** 特性, 特徴, 特質.
ਸੁਭਾਅ (सुभाअ) /subǎa スバーア/ ▸ਸੁਭਾ, ਸੁਭਾਉ, ਸੁਭਾਵ *m.* → ਸੁਭਾਉ
ਸੁਭਾਗ (सुभाग) /supǎga スパーグ/ [Skt. सौभाग्य] *m.* 幸運. (⇒ਚੰਗੀ ਕਿਸਮਤ)
— *adj.* 幸運な.
ਸੁਭਾਗਾ (सुभागा) /supǎgā スパーガー/ [Skt. सौभाग्य] *adj.* 幸運な.
ਸੁਭਾਵ (सुभाव) /subǎva スバーヴ/ ▸ਸੁਭਾ, ਸੁਭਾਉ, ਸੁਭਾਅ *m.* → ਸੁਭਾਉ
ਸੁਭਾਵਕ (सुभावक) /subǎvaka スバーヴァク/ ▸ਸੁਭਾਵਿਕ *adj.* → ਸੁਭਾਵਿਕ
ਸੁਭਾਵਿਕ (सुभाविक) /subǎvika スバーヴィク/ ▸ਸੁਭਾਵਕ [Skt. स्वाभाविक] *adj.* **1** 生来の, 自身の性質のままの, ありのままの. **2** 自然の. **3** 正常な.
ਸੁਭਾਵਿਕਤਾ (सुभाविकता) /subǎvikatā スバーヴィクター/ [Skt.-ता] *f.* 自然であること, 自然な様子.
ਸੁੰਮ (सुंम) /summa スンム/ [Pers. *sum*] *m.* 〖動物〗蹄(ひづめ).

ਸੁਮੱਤ (सुमत्त) /sumatta スマット/ [Skt. सु- Skt. मति] *f.* **1** 良識. **2** 良い気質.

ਸ਼ੁਮਾਰ (शुमार) /śumāra シュマール/ [Pers. *śumār*] *m.* **1** 勘定. (⇒ਗਿਣਤੀ) **2** 計算. **3** 見積もり, 概算.

ਸ਼ੁਮਾਰੀ (शुमारी) /śumārī シュマーリー/ [Pers. *śumārī*] *f.* **1** 勘定. (⇒ਗਿਣਤੀ) **2** 統計.

ਸ਼ੁਮਾਲ (शुमाल) /śumāla シュマール/ ▸ਸ਼ਮਾਲ *m.* → ਸ਼ਮਾਲ

ਸੁਮਿਲਨ (सुमिलन) /sumilana スミラン/ [Skt. सु- Skt. मिलन] *m.* 幸運な出会い.

ਸੁਮੇਰ (सुमेर) /sumera スメール/ ▸ਮੇਰ, ਮੇਰੁ, ਮੇਰੂ [Skt. सुमेरु] *m.* **1** ヒマラヤにある神話上の山. **2**〖ヒ〗スメール山《ヒンドゥー教の宇宙観において大陸の中央にそびえる山》. **3**〖仏〗須弥山(しゅみせん)《仏教の宇宙観において地上世界の中心にそびえる山》. **4** 金でできているという神話上の山.

ਸੁਮੇਲ (सुमेल) /sumela スメール/ [Skt. सु- Skt. मेल] *m.* **1** 幸運な出会い. (⇒ਸੁਮਿਲਨ) **2** 適合, 適応. (⇒ਸੁਜੋੜ) **3** 調和, 和合, 仲の良さ. **3** 矛盾のないこと, 適合性, 互換性.

ਸੁਯੋਗ (सुयोग) /suyoga スヨーグ/ [Skt. सु- Skt. योग्य] *adj.* **1** 価値のある, 有用な. **2** 適切な, ふさわしい. **3** 有能な, 優秀な.

ਸੁਯੋਗਤਾ (सुयोगता) /suyogatā スヨーグター/ [Skt.-ता] *f.* **1** 価値のあること, 有用性. **2** 適切さ, 適合性. **3** 有能さ, 優秀さ.

ਸੁਰ[1] (सुर) /sura スル/ ▸ਸਵਰ, ਸੂਰ, ਸੁਅਰ [Skt. स्वर] *m.* **1** 声, 音声, 鳴き声. (⇒ਅਵਾਜ਼) **2**〖物理〗音, 音響. **3**〖音楽〗旋律, メロディー, 曲, 節, 音階. **4** 抑揚, 韻律. **5** 音の高低. **6**〖音〗声調. **7**〖音〗母音. **8**〖俗語〗正しい方法.

ਸੁਰ[2] (सुर) /sura スル/ [Skt. सुर] *m.* **1** 天使, 天人. **2** 神.

ਸੁਰਸਤੀ (सुरसती) /surasatī スラスティー/ ▸ਸਰਸਵਤੀ, ਸਾਰਸਵਤੀ, ਸੁਰੱਸਵਤੀ *f.* → ਸਰਸਵਤੀ

ਸੁਰੱਸਵਤੀ (सुरस्सवती) /surassavatī スラッサヴァティー/ ▸ਸਰਸਵਤੀ, ਸਾਰਸਵਤੀ, ਸੁਰਸਤੀ *f.* → ਸਰਸਵਤੀ

ਸੁਰਸੁਰ (सुरसुर) /surasura スルスル/ *f.* 鼻声.

ਸੁਰਸੁਰਾਉਣਾ (सुरसुराउणा) /surasurāuṇā スルスラーウナー/ [Skt. सरसरायते] *vi.* **1** 這う, 這って進む. **2**(肌が)むずむずする.

ਸੁਰਸੁਰਾਹਟ (सुरसुराहट) /surasurâṭa スルスラート/ [cf. ਸੁਰਸੁਰਾਉਣਾ] *f.* (肌が)むずむずする感じ.

ਸੁਰਖ਼ (सुरख़) /suraxa スルク/ [Pers. *surx*] *adj.* **1** 赤い. (⇒ਲਾਲ) **2** 深紅の, 緋色の.

ਸੁਰਖ਼ਰੂ (सुरख़रू) /suraxarū スルカルー/ ▸ਸੁਰਖ਼ਰੋ [Pers. *surxrū*] *adj.* **1** 赤い顔の. **2** 立派に義務・責任から解放された. **3** 成功した, 成功を収めた. **4** 勝ち誇った, 意気揚々とした. **5** 敬われた, 尊敬された. **6** 厚かましい, 恥じない. **7** 解除された, 免除された. **8** 解放された, ほっとした.

ਸੁਰਖ਼ਰੂਈ (सुरख़रूई) /suraxarūī スルクルーイー/ [-ਈ] *f.* **1** 名誉ある放免. **2** 尊敬. **3** 成功. **4** 大勝利.

ਸੁਰਖ਼ਰੋ (सुरख़रो) /suraxaro スルカロー/ ▸ਸੁਰਖ਼ਰੂ *adj.* → ਸੁਰਖ਼ਰੂ

ਸੁਰਖਾ (सुरखा) /surakʰā スルカー/ [Pers. *surx*] *adj.* **1** 赤みがかった, やや赤い. **2** 赤い色合いの.

ਸੁਰਖਾਉਣਾ (सुरखाउणा) /surakʰāuṇā スルカーウナー/ [cf. ਸੁਰਖ਼] *vt.* 赤くする, 赤く染める. (⇒ਲਾਲ ਕਰਨਾ)

ਸੁਰਖ਼ਾਬ (सुरख़ाब) /suraxāba スルカーブ/ [Pers. *surxāb*] *m.*〖鳥〗アカガモ, 赤鴨《つがいの一羽が死ぬと残りの一羽も死ぬと伝えられる水鳥》.

ਸੁਰੱਖਿਅਕ (सुरक्खिअक) /surakkʰiaka スラッキアク/ [Skt. सुरक्षक] *m.* 保護者.

ਸੁਰੱਖਿਅਤ (सुरक्खिअत) /surakkʰiata スラッキアト/ [Skt. सुरक्षित] *adj.* **1** 安全な. **2** 危険のない, 防護された. **3** 保護された. **4** 保存された. **5** 動じない.

ਸੁਰੱਖਿਆ (सुरक्खिआ) /surakkʰiā スラッキアー/ [Skt. सुरक्षा] *f.* **1** 安全. (⇒ਸੇਫ਼ਟੀ) **2** 保安. (⇒ਸਕਿਊਰਟੀ) **3** 保護, 防護. **4** 保存, 保守.

ਸੁਰੱਖਿਆਪਣ (सुरक्खिआपण) /surakkʰiāpaṇa スラッキアーパン/ [-ਪਣ] *m.* → ਸੁਰੱਖਿਆ

ਸੁਰਖ਼ੀ (सुरख़ी) /suraxī スルキー/ [Pers. *surxī*] *f.* **1** 赤色. **2** 煉瓦の粉.

ਸੁਰੰਗ[1] (सुरंग) /suraṅga スラング/ [Skt. सुरंग] *adj.* **1** 美しい色の. **2** 栗色の, 赤褐色の.

ਸੁਰੰਗ[2] (सुरंग) /suraṅga スラング/ ▸ਸੁਰੰਙ [Skt. सुरंगा] *f.* **1** 鉱坑, 坑道. **2** トンネル. **3** 地下通路, 地下道. **4** 爆撃. **5**〖武〗魚雷, 水雷.

ਸੁਰਗ (सुरग) /suraga スルグ/ ▸ਸਵਰਗ, ਸੁਰਗ, ਸੁਅਰਗ [Skt. स्वर्ग] *m.* **1** 天国, 天界, 極楽, 楽園. (⇒ਜੰਨਤ, ਬਹਿਸ਼ਤ)(⇔ਨਰਕ, ਦੋਜ਼ਖ਼, ਜਹੰਨਮ) **2** 来世, あの世. (⇒ਪਰਲੋਕ)

ਸੁਰਗਵਾਸ (सुरगवास) /suragawāsa スルグワース/ ▸ਸਵਰਗਵਾਸ [Skt. स्वर्गवास] *m.* **1** 天国に住むこと. **2** 死亡, 死去, 逝去.

ਸੁਰਗਵਾਸੀ (सुरगवासी) /suragawāsī スルグワースィー/ ▸ਸਵਰਗਵਾਸੀ [Skt. स्वर्गवासिन्] *adj.* **1** 天国に住んでいる. **2** 死去した, 亡くなった. **3** 故….

— *m.* **1** 天国に住む人. **2** 死者. **3** 故人.

ਸੁਰੰਙ (सुरंङ) /suraṅṅa スランヌ/ ▸ਸੁਰੰਗ *f.* → ਸੁਰੰਗ

ਸੁਰਜਣ (सुरजण) /surajaṇa スルジャン/ [Skt.] *m.* 信心深い人.

ਸੁਰਜੀਤ (सुरजीत) /surajīta スルジート/ *adj.* **1** 生きている. **2** 活動している. **3** 再生している, 生き返っている, よみがえっている. ❒ਸੁਰਜੀਤ ਹੋਣਾ (思い出が)鮮やかによみがえる.

ਸੁਰਤ (सुरत) /surata スルト/ ▸ਸੁਰਤੀ [Skt. स्मृति] *f.* **1** 意識. **2** 自覚. **3** 理解, 把握. **4** 精神活動. **5** 正気. **6** 記憶, 記憶力. **7** 回想. **8** 注意, 警戒, 用心.

ਸੁਰਤੰਦ (सुरतंद) /suratanda スルタンド/ *f.*〖身体〗声帯.

ਸੁਰਤੀ (सुरती) /suratī スルティー/ ▸ਸੁਰਤ *f.* → ਸੁਰਤ

ਸੁਰਮਈ (सुरमई) /suramaī スルマイー/ [Pers. *surmaʰī*] *adj.* **1** スルマーの色の. **2** 灰青色の. **3** 薄青い. **4** 暗灰色の.

ਸੁਰਮਚੂ (सुरमचू) /suramacū スルマチュー/ [Pers. *surma* + ਚੂ] *m.*〖道具〗点眼棒《眼にスルマーを付ける細い棒》.

ਸੁਰਮਾ (सुरमा) /suramā スルマー/ [Pers. *surma*] *m.* **1** 〖化学〗アンチモン. **2**〖薬剤〗スルマー《アンチモンの粉末. アイシャドー及び洗眼剤として用いられる》. **3** 鉛筆の黒鉛の芯.

ਸੁਰਮੇਦਾਨੀ (सुरमेदानी) /suramedānī スルメーダーニー/ [Pers. *surma* Pers.-*dānī*] *f.* **2**〖薬剤〗スルマーを入れる瓶.

ਸੁਰਮੇਲ (सुरमेल) /suramela スルメール/ [Skt. स्वर + Skt. मेल] *m.* **1** 音の類似, 類韻. **2**〖音楽〗和音, ハーモニー. **3**〖音楽〗協和音. **4**〖音楽〗合唱, コーラス. **5**〖音楽〗斉唱. **6** 抑揚.

ਸੁਰੱਯਾ (सुरय्या) /surayyā スラッヤー/ *m.*〖天文〗七人の聖仙を表すとされる七つの星の集まり.

ਸੁਰਯਾਨੀ (सुरयानी) /surayānī スルヤーニー/ *adj.* シリアの.

— *m.* シリア人, シリアの住民.

— *f.*〖文字〗シリアの言語, シリアの文字.

ਸੁਰ ਲਿਪੀ (सुर लिपी) /sura lipī スル リピー/ ▸ਸੁਰਲਿੱਪੀ *f.*〖音楽〗記譜法, 歌唱指導法における階名唱法.

ਸੁਰਲਿੱਪੀ (सुरलिप्पी) /suralippī スルリッピー/ ▸ਸੁਰ ਲਿਪੀ *f.* → ਸੁਰ ਲਿਪੀ

ਸੁਰਲੋਕ (सुरलोक) /suraloka スルローク/ [Skt. सुर + Skt. लोक] *m.* **1** 神々の世界. **2** 神々の住む天. **3** 天界, 天国. (⇒ਸੁਰਗ)

ਸੁਰਾਹੀ (सुराही) /surâī スラーイー/ [Pers. *surāhī*] *f.*〖容器〗スラーヒー《水を入れる首の細長い素焼きの壺》.

ਸੁਰਾਖ਼ (सुराख़) /surāxa スラーク/ [Pers. *sūrāx*] *m.* **1** 穴. **2** 貫通. **3** 開口部. **4** 開き口.

ਸੁਰਾਗ਼ (सुराग़) /surāǧa スラーグ/ [Pers. *surāǧ*] *m.* **1** 痕跡. **2** 手掛かり.

ਸੁਰਾਘਾਤ (सुराघात) /surākǎta スラーカート/ [Skt. सुर + Skt. आघात] *m.*〖音〗アクセント.

ਸੁਰਾਜ (सुराज) /surāja スラージ/ ▸ਸਵਰਾਜ [Skt. स्वराज्य] *m.* **1** 自治. **2** 独立.

ਸੁਰੀਤਾ (सुरीता) /surītā スリーター/ *f.* 召使の女性. (⇒ਬਾਂਦੀ)

ਸੁਰੀਲਾ (सुरीला) /surīlā スリーラー/ *adj.* 旋律の美しい, 耳あたりが良い. (⇒ਮਿੱਠੀ ਸੁਰ ਵਾਲਾ)

ਸੁਰੀਲਾਪਣ (सुरीलापण) /surīlāpaṇa スリーラーパン/ *m.* 旋律の美しさ, 音の美しさ.

ਸ਼ੁਰੂ (शुरू) /śurū シュルー/ [Arab. *śurūʿ*] *m.* **1** 始まり, 開始. (⇒ਅਰੰਭ) ❐ਸ਼ੁਰੂ ਹੋਣਾ 始まる. ❐ਖੇਡ ਦੁਬਾਰਾ ਸ਼ੁਰੂ ਹੋ ਗਈ। ゲームがまた始まりました. ❐ਰਾਸ਼ਟਰਪਤੀ ਬੁਸ਼ ਦੀ ਵਿਦੇਸ਼ ਨੀਤੀ ਵਿਰੁੱਧ ਸਿਰਫ਼ ਮੁਸਲਮ ਮੁਲਕ ਹੀ ਨਹੀਂ ਸਗੋਂ ਦੁਨੀਆ ਦੇ ਕਈ ਹੋਰ ਮੁਲਕ ਵੀ ਮੰਨਦੇ ਹਨ ਕਿ ਜੋ ਲੜਾਈ ਅਤਵਾਦ ਵਿਰੁੱਧ ਸ਼ੁਰੂ ਹੋਈ ਸੀ ਉਹ ਕਿਸੇ ਹੋਰ ਦਿਸ਼ਾ ਵਿੱਚ ਚਲੀ ਗਈ ਹੈ। ブッシュ大統領の外交政策に反対してイスラーム諸国だけでなく世界の他の多くの国々もテロリズムに反対して始まった戦いがどこか別の方向に行ってしまっていると認めています. ❐ਸ਼ੁਰੂ ਕਰਨਾ 始める. ❐ਉਸ ਨੇ ਫਿਰ ਸੋਚਣਾ ਸ਼ੁਰੂ ਕੀਤਾ। あの人はまた考え始めました. **2** 開くこと. **3** 出発, 着手. **4** 最初, 当初, 発端. **5** 起源. **6** 導入, 最初の部分.

ਸ਼ੁਰੂਆਤ (शुरूआत) /śurūāta シュルーアート/ [Arab. *śurūʿāt*] *f.* **1** 始まり. (⇒ਅਰੰਭ) **2** 始まりの段階, 最初の部分, 導入.

ਸੁਲ੍ਹਾ (सुल्हा) /sûlā スラー/ [Arab. *ṣulh*] *f.* **1** 平和, 和平, 講和. **2** 妥協, 歩み寄り, 和睦, 和解. **3** 友愛, 友好, 親善. **4** 調停. **5** 和平協定, 平和条約.

ਸੁਲ੍ਹਾ ਸਫ਼ਾਈ (सुल्हा सफ़ाई) /sûlā safāī スラー サファーイー/ [+ Pers. *ṣafāī*] *f.* **1** 妥協, 歩み寄り, 和睦, 和解. **2** 親交回復, 親善, 友好.

ਸੁਲ੍ਹਾਕੁਲ (सुल्हाकुल) /sûlākula スラークル/ [+ ਕੁਲ] *adj.* **1** 平和主義の, 反戦の, 親善を望む. **2** 平和的な, 友好政策の.

ਸੁਲ੍ਹਾਨਾਮਾ (सुल्हानामा) /sûlānāmā スラーナーマー/ [Pers.-*nāma*] *m.* 和解書, 親善書, 和平協定書, 講和条約. (⇒ਰਾਜ਼ੀਨਾਮਾ)

ਸੁਲੱਖਣਾ (सुलक्खणा) /sulakkʰaṇā スラッカナー/ ▸ਸੁਲੱਛਣਾ [Skt. सु- Skt. लक्षण] *adj.* **1** 幸運な, 運のいい, ついている. **2** 幸先の良い, めでたい.

ਸੁਲਗਣਾ (सुलगणा) /sulagaṇā スルガナー/ ▸ਸੁਲਘਣਾ [Skt. समुल्लग्यति] *vi.* くすぶる, 煙が出る, もやもやする.

ਸੁਲਘਣਾ (सुलघणा) /sûlagaṇā スルガナー/ ▸ਸੁਲਗਣਾ *vi.* → ਸੁਲਗਣਾ

ਸੁਲੱਛਣਾ (सुलच्छणा) /sulaccʰaṇā スラッチャナー/ ▸ਸੁਲੱਖਣਾ *adj.* → ਸੁਲੱਖਣਾ

ਸੁਲਝਣਾ (सुलझणा) /sûlajaṇā スルジャナー/ [Skt. सु- Skt. उपरुध्यते] *vi.* **1**(結ばれたものや絡んだものが)解きほぐされる, ほどける. **2**(疑問や問題が)解ける, 解決される.

ਸੁਲਝਾਉਣਾ (सुलझाउणा) /sulajǎuṇā スルジャーウナー/ [cf. ਸੁਲਝਣਾ] *vt.* **1**(絡まりやもつれを)解きほぐす, ほどく. **2**(疑問や問題を)解く, 解決する.

ਸੁਲਤਾਨ (सुलतान) /sulatāna スルターン/ [Arab. *sultān*] *m.* 王, 国王, スルタン(サルタン)《回教国の君主》.

ਸੁਲਤਾਨੀ (सुलतानी) /sulatānī スルターニー/ [Arab. *sultānī*] *adj.* 王の, 国王の, スルタンの.

ਸੁਲਫ਼ਈ (सुलफ़ई) /sulafaī スルファイー/ [Pers. *sulfah* -ਈ] *m.* **1** 大麻中毒者. **2** 喫煙常習者.

ਸੁਲਫ਼ਾ (सुलफ़ा) /sulafā スルファー/ [Pers. *sulfah*] *m.*〖麻薬〗大麻製の麻薬.

ਸੁਲਫ਼ੇਬਾਜ਼ (सुलफ़ेबाज़) /sulafebāza スルフェーバーズ/ [Pers. *sulfa* Pers.-*bāz*] *m.* **1** 大麻中毒者. **2** 喫煙常習者.

ਸੁਲਭ (सुलभ) /sulâba スラブ/ [Skt. सु- Skt. लभन] *adj.* 容易に手に入る, たやすく利用できる.

ਸੁਲਭਤਾ (सुलभता) /sulâbatā スラブター/ [Skt.-ता] *f.* **1** 容易に手に入ること, たやすく利用できること, 入手可能. **2** 豊富, あり余ること.

ਸੁਲਵਾਉਣਾ (सुलवाउणा) /sulawāuṇā スルワーウナー/ [cf. ਸੌਣਾ] *vt.* 眠らせてもらう, 寝かしつけさせる.

ਸੁਲਾਉਣਾ (सुलाउणा) /sulāuṇā スラーウナー/ ▸ਸਵਾਉਣਾ, ਸੁਆਉਣਾ, ਸੁਆਲਣਾ [cf. ਸੌਣਾ] *vt.* 眠らせる, 寝かしつける.

ਸੁਵੰਨਾ (सुवंना) /suwannā スワンナー/ *adj.* **1** 良い色の. **2** 見た目の良い.

ਸੁਵੰਬਰ (सुवंबर) /suwambara スワンバル/ [Skt. स्वयंवर] *m.* **1**〖儀礼〗自選式《娘が会衆の中から婿を選んだ古

代インドの習俗》. 2 自己選択.

ਸੁਵੱਲਾ (सुवल्ला) /suwallā スワッラー/ *adj.* 安い, 安価な, 低価格の. (⇒ਸਸਤਾ)

ਸੁਵਿਧਾ (सुविधा) /sûvidā スヴィダー/ [Skt. सुविधि] *f.* 1 便, 便宜. 2 利器. 3 設備, 施設.

ਸੁਵਿਧਾਜਨਕ (सुविधाजनक) /sûvidājanaka スヴィダージャナク/ [Skt.-जनक] *adj.* 便利な, 好都合な.

ਸੁਵਿਨਰ (सुविनर) /suvinara スヴィナル/ ▸ਸੁਵੀਨਰ [Eng. *souvenir*] *m.* 1 思い出の品, 記念品, 形見. (⇒ਯਾਦਗਾਰ) 2 土産(みやげ), おみやげ. (⇒ਸੁਗਾਤ)

ਸੁਵੀਨਰ (सुवीनर) /suvīnara スヴィーナル/ ▸ਸੁਵਿਨਰ *m.* → ਸੁਵਿਨਰ

ਸੁੜਕਣਾ (सुड़कणा) /suṛakaṇā スルカナー/ *vt.* 音をたてて飲む, 啜る.

ਸੁੜਕਾ (सुड़का) /suṛakā スルカー/ ▸ਸੁੜਾਕਾ *m.* 音をたてて飲むこと, 啜る音. ❐ਸੁੜਕਾ ਮਾਰਨਾ 音をたてて飲む, 啜る.

ਸੁੜਾਕਾ (सुड़ाका) /suṛākā スラーカー/ ▸ਸੁੜਕਾ *m.* → ਸੁੜਕਾ

ਸੂ (सू) /sū スー/ *f.* 1 方角, 方向. (⇒ਦਿਸ਼ਾ) ❐ਹਰ ਸੂ あらゆる方向に, どこにでも. 2 側, 側面. (⇒ਪਾਸਾ)

ਸ਼ੂ (शू) /śū シュー/ [Eng. *shoe*] *m.* 〘履物〙靴. (⇒ਜੁੱਤਾ)

ਸੂਅਰ (सूअर) /sūara スーアル/ ▸ਸੂਕਰ, ਸੂਰ *m.* → ਸੂਰ[1]

ਸੂਆ (सूआ) /sūā スーアー/ *m.* 1 大きな針. 2 水路.

ਸੂਈ (सूई) /sūī スーイー/ [Skt. सूची] *f.* 1 針, 縫い針. ❐ਸੂਈ ਦਾ ਨੱਕਾ 針のめど, ごく小さな透き間. ❐ਸੂਈ ਦੇ ਨੱਕੇ ਵਿੱਚੋਂ ਕੱਢਣਾ 針のめどから引き出す, 厳しい訓練を経験させる, 鍛えて一人前にする. ❐ਸੂਈ ਧਾਗਾ 針と糸, 主婦. ❐ਸੂਈ ਪਰੋਣਾ, ਸੂਈ ਵਿੱਚ ਧਾਗਾ ਪਾਉਣਾ 針に糸を通す. 2 時計の針. 3〘器具〙注射針, 注射器.

ਸੂਸਲਾ (सूसला) /sūsalā スースラー/ *m.*〘道具〙台所道具をごしごし洗うための小さな藁束.

ਸੂੰਹ[1] (सूँह) /sū̃ スーン/ ▸ਸੂਹ *f.* 1 情報. 2 手掛かり. 3 形跡. 4 糸口. 5 機密情報. 6 連携. 7 内報, 警告. 8 ニュース. 9 面識, 馴染み.

ਸੂੰਹ[2] (सूँह) /sū̃ スーン/ *m.f.*〘植物〙キバナスズシロ(黄花蘿蔔)《アブラナ科の一年草》. (⇒ਤਾਰਾਮੀਰਾ)

ਸੂਹ (सूह) /sū̂ スー/ ▸ਸੂੰਹ *f.* → ਸੂੰਹ[1]

ਸੂਹਾ (सूहा) /sūhā スーハー/ *adj.* 濃い赤の. (⇒ਲਾਲ)

ਸੂੰਹੀਆ (सूँहीआ) /sū̃īā スーンイーアー/ ▸ਸੂਹੀਆ *m.* 1 スパイ, 密偵, 諜報員. (⇒ਜਸੂਸ) 2 探偵.

ਸੂਹੀਆ (सूहीआ) /sûīā スーイーアー/ ▸ਸੂੰਹੀਆ *m.* → ਸੂੰਹੀਆ

ਸ਼ੂੰਕ (शूँक) /śū̃ka シューンク/ ▸ਸ਼ੂਕ, ਸ਼ੂੰਕਰ, ਸ਼ੂਕਰ *f.* → ਸ਼ੂਕ

ਸ਼ੂਕ (शूक) /śūka シューク/ ▸ਸ਼ੂੰਕ, ਸ਼ੂੰਕਰ, ਸ਼ੂਕਰ *f.* 〘擬声語〙ヒュー, シュー《風が勢いよく吹く音, 蛇が発する音など》.

ਸੂਕਣਾ (सूकणा) /sūkaṇā スーカナー/ ▸ਸ਼ੂਕਣਾ *vi.* → ਸ਼ੂਕਣਾ

ਸ਼ੂਕਣਾ (शूकणा) /śūkaṇā シューカナー/ ▸ਸੂਕਣਾ *vi.* 1(風が)勢いよくヒューと吹く. 2(蛇が)シューという音を発する.

ਸੂਕਰ (सूकर) /sūkara スーカル/ ▸ਸੂਅਰ, ਸੂਰ *m.* → ਸੂਰ[1]

ਸ਼ੂੰਕਰ (शूँकर) /śū̃kara シューンカル/ ▸ਸ਼ੂੰਕ, ਸ਼ੂਕ, ਸ਼ੂਕਰ *f.* → ਸ਼ੂਕ

ਸ਼ੂਕਰ (शूकर) /śūkara シューカル/ ▸ਸ਼ੂੰਕ, ਸ਼ੂਕ, ਸ਼ੂੰਕਰ *f.* → ਸ਼ੂਕ

ਸੂਖਸ਼ਮ (सूखशम) /sūkʰaśama スークシャム/ ▸ਸੂਖਮ *adj.* → ਸੂਖਮ

ਸੂਖਮ (सूखम) /sūkʰama スーカム/ ▸ਸੂਖਸ਼ਮ [Skt. सूक्ष्म] *adj.* 1 細かい, 微細な, 微小な. 2 かすかな, 感知できない. 3 微妙な. 4 繊細な. 5 緻密な, 精緻な, 綿密な.

ਸੂਖਮਤਾ (सूखमता) /sūkʰamatā スーカムター/ [Skt.-ता] *f.* 1 細かいこと, 微細さ, 微小であること. 2 かすかなこと, 感知できないこと. 3 微妙さ, 微妙であること. 4 繊細さ. 5 緻密さ, 精緻さ, 綿密さ.

ਸੂਖਾ (सूखा) /sūkʰā スーカー/ [(Pot.)] *m.* 〘医〙微熱. (⇒ਕਸ)

ਸੂਗ (सूग) /sūga スーグ/ *f.* 憎しみ, 憎悪, 嫌悪. (⇒ਘਿਰਨਾ, ਕਰਾਹਤ)

ਸੂੰਗੜਨਾ (सूँगड़ना) /sū̃garanā スーンガルナー/ ▸ਸੁਕੜਨਾ, ਸੁੰਗੜਨਾ *vi.* → ਸੁੰਗੜਨਾ

ਸੂਚਕ (सूचक) /sūcaka スーチャク/ [Skt. सूचक] *adj.* それとなく示す, 示唆するような. (⇒ਸੂਚਨਾ ਦੇਣ ਵਾਲਾ)
— *m.* 指示するもの.

ਸੂਚਤ (सूचत) /sūcata スーチャト/ ▸ਸੂਚਿਤ *adj.* → ਸੂਚਿਤ

ਸੂਚਨਾ (सूचना) /sūcanā スーチャナー/ [Skt. सूचना] *f.* 1 お知らせ, 掲示. 2 情報, 通知. (⇒ਖ਼ਬਰ, ਇਤਲਾਹ) 3 警告. 4 報告.

ਸੂਚਿਤ (सूचित) /sūcita スーチト/ ▸ਸੂਚਤ [Skt. सूचित] *adj.* 知らされた, 通知された, 届けられた. ❐ਸੂਚਿਤ ਕਰਨਾ 知らせる, 報告する, 連絡する, 通知する, 届ける, 届け出る.

ਸੂਚੀ (सूची) /sūcī スーチー/ [Skt. सूची] *f.* 1 針. (⇒ਸੂਈ) 2 表. 3 一覧表, リスト. 4 目録.

ਸੂਜੀ (सूजी) /sūjī スージー/ *f.* 〘食品〙粗挽きの小麦粉, セモリナ. (⇒ਰਵਾ)

ਸੂਝ (सूझ) /sûja スージ/ [Skt. संज्ञान] *f.* 1 理解, 理解力. 2 知覚, 感覚. 3 識別, 認識. 4 知識. 5 眼識, 洞察. 6 自覚, 意識. 7 知力. 8 聡明さ, 洞察力. 9 賢明, 明敏. 10 常識. 11 機敏さ, 抜け目のなさ.

ਸੂਝਹੀਣ (सूझहीण) /sûjahīṇa スージヒーン/ [Skt.-हीन] *adj.* 1 理解力のない. 2 鈍い, 鈍感な. 3 うすのろの.

ਸੂਝਵਾਨ (सूझवान) /sûjawāna スージワーン/ [Skt.-वान] *adj.* 1 理解力のある. 2 賢い, 賢明な, 聡明な. 3 機敏な, 抜け目のない. 4 よく知っている, 物知りの.

ਸੂਟ (सूट) /sūṭa スート/ [Eng. *suit*] *m.* 1 〘衣服〙スーツ, 一揃いの衣服. 2 〘法〙訴訟, 告訴. 3 適合. ❐ਸੂਟ ਕਰਨਾ 合わせる, 適合させる, 合う, 適合する.

ਸ਼ੂਟ (शूट) /śūṭa シュート/ *f.* 疾走.

ਸੂਟਕੇਸ (सूटकेस) /sūṭakesa スートケース/ [Eng. *suitcase*] *m.* スーツケース, 旅行用の鞄.

ਸੂਟਾ (सूटा) /sūṭā スーター/ *m.* (煙などの)ひと吹き.

ਸ਼ੂਟਿੰਗ (शूटिंग) /śūṭiṅga シューティング/ [Eng. *shooting*] *f.* 1 射撃, 銃弾の発射. 2 銃猟. 3 映画撮影, ロケ撮影, ロケーション.

ਸੂੰਡੀ (सूँडी) /sū̃ḍī スーンディー/ ▸ਸੁੰਡੀ [(Pot.)] *f.* →

ਮੁੰਡੀ
ਸੂਣਾ (सूणा) /sūṇā スーナー/ *vi.* **1**(牛馬などの動物が)子を産む. **2** 子を産む, 出産する. (⇒ਜੰਮਣਾ)
ਸੂਤ[1] (सूत) /sūta スート/ ▶ਸੂਤਰ [Skt. सूत्र] *m.* **1** 糸, より糸, 織り糸. **2** 綿糸, 木綿糸.
ਸੂਤ[2] (सूत) /sūta スート/ *adj.* **1** 正しい, 適正な. **2** 適した, 適切な, 適合した. **3** 処理しやすい. **4** 一直線になった, 一列に並んだ, 揃った, 整列した. **5** 適正化された, 補正された.
ਸੂਤਕ (सूतक) /sūtaka スータク/ [Skt. सूतक] *m.* **1** 生誕. **2** 生誕の穢れ.
ਸੂਤਣਾ (सूतणा) /sūtaṇā スータナー/ *vt.* **1** 伸ばす. **2** 振り回す.
ਸੂਤਨਾ (सूतना) /sūtanā スータナー/ *m.* 〖衣服〗腰布.
ਸੂਤਰ (सूतर) /sūtara スータル/ ▶ਸੂਤ [Skt. सूत्र] *m.* **1** 糸, より糸, 織り糸. **2** 綿糸, 木綿糸. **3** 公式, 方式. **4** 項目, 細目. **5** 格言, 金言, 処世訓, 教育手引書. **6** 情報源, 情報筋, 消息筋. **7** 糸口, 手掛かり, 端緒. **8** 結び付き, 絆.
ਸੂਤਰਧਾਰ (सूतरधार) /sūtaratǎra スータルタール/ [Skt. सूत्रधर] *m.* **1** 舞台主任, 座頭. **2** 人形遣い, 操り人形師. **3** 主宰者, 製作責任者.
ਸੂਤਰੀ (सूतरी) /sūtarī スータリー/ [Skt. सूत्रिन्] *adj.* **1** 糸の, 糸状の, 糸で作られた. **2**…項目の, …項目から成る.
ਸੂਤਰੀਕਰਨ (सूतरीकरन) /sūtarīkarana スータリーカラン/ [Skt.-करण] *m.* **1** 公式化. **2** 項目に分けた系統的な記述.
ਸੂਤਲੀ (सूतली) /sūtalī スータリー/ ▶ਸੂਤੜੀ *f.* 袋の口を閉じる麻紐. (⇒ਸੇਬਾ)
ਸੂਤਵਾਂ (सूतवाँ) /sūtawā̃ スートワーン/ *adj.* **1**〖身体〗痩せているが頑健な, 細くても頑丈な体の. (⇒ਪਤਲਾ ਪਰ ਮਜ਼ਬੂਤ) **2**〖身体〗鼻が細く尖っている. (⇒ਤਿੱਖਾ)
ਸੂਤੜੀ (सूतड़ी) /sūtaṛī スータリー/ ▶ਸੂਤਲੀ [(Lah.)] *f.* → ਸੂਤਲੀ
ਸੂਤੀ (सूती) /sūtī スーティー/ *adj.* **1**〖布地〗綿の. (⇒ਸੂਤ ਦਾ) **2**〖布地〗綿製の.
ਸੂਦ (सूद) /sūda スード/ [Pers. *sūd*] *m.*〖経済〗利子, 利息, 金利. (⇒ਬਿਆਜ)
ਸ਼ੂਦਰ (शूदर) /śūdara シューダル/ [Skt. शूद्र] *m.* **1**〖姓・ヒ〗シュードラ《種姓制度の最下位に置かれた隷属民》. **2** 低いカーストの人. **3** 不可触民. **4** 奉公人, 下男.
ਸੂਦੀ (सूदी) /sūdī スーディー/ [Pers. *sūdī*] *adj.* **1** 利子の, 利子に関わる. **2** 利子付きで借りた. **3** 金融上の, 金融機関の.
ਸ਼ੂਨ (शून) /śūna シューン/ ▶ਸੁੰਨ, ਸ਼ੂਨਯ *m. ca.num.(m.) adj.* → ਸੁੰਨ
ਸ਼ੂਨਯ (शूनय) /śūnaya シューナユ/ ▶ਸੁੰਨ, ਸ਼ੂਨ *m. ca.num.(m.) adj.* → ਸੁੰਨ
ਸੂਨਾਮੀ (सूनामी) /sūnāmī スーナーミー/ ▶ਸੁਨਾਮੀ *f.* → ਸੁਨਾਮੀ
ਸੂਪ (सूप) /sūpa スープ/ [Eng. *soup*] *m.*〖料理〗スープ. (⇒ਸ਼ੋਰਬਾ)
ਸੂਫ਼ (सूफ़) /sūfa スーフ/ [Arab. *ṣūf*] *m.* **1**〖布地〗羊毛, 毛織物, 毛織の黒い布. (⇒ਉੱਨ) **2**〖植物〗マンゴーの繊維. **3** インク壺に入れるぼろ布.
ਸੂਫ਼ਣ (सूफ़ण) /sūfaṇa スーファン/ [Arab. *ṣūf* -ਣ] *f.*〖イス〗女性のスーフィー《イスラーム神秘主義者》.
ਸੂਫ਼ੀ (सूफ़ी) /sūfī スーフィー/ [Arab. *ṣūfī*] *adj.* **1** 羊毛の, 毛織の衣服を身につけている. **2** 謹厳な. **3** 清純な, 純粋な. **4** 無垢の, 罪のない.
— *m.*〖イス〗スーフィー《イスラーム神秘主義者. その宗派・教団》.
ਸੂਫ਼ੀਆਨਾ (सूफ़ीआना) /sūfīānā スーフィーアーナー/ [Pers.-*āna*] *adj.* **1** スーフィズムの. **2** スーフィーのような. **3** 謹厳な. **4** 清純な, 純粋な. **5** 無垢の, 罪のない.
ਸੂਫ਼ੀ ਮਤ (सूफ़ी मत) /sūfī mata スーフィー マト/ [+ Skt. मत] *m.*〖イス〗スーフィズム《イスラーム神秘主義》.
ਸੂਬਾ (सूबा) /sūbā スーバー/ [Arab. *ṣūba*] *m.* **1** 州, 省. **2**〖歴史〗スーバー(スーバ)《ムガル朝の行政区分としての州》. **3**〖口語〗スーベーダール《ムガル朝時代の州長官》.
ਸੂਬੇਦਾਰ (सूबेदार) /sūbedāra スーベーダール/ [Pers.-*dār*] *m.* **1** 州長官, 州知事. **2**〖歴史〗スーベーダール《ムガル朝時代の州長官》.
ਸੂਮ (सूम) /sūma スーム/ ▶ਸ਼ੂਮ [Pers. *śūm*] *adj.* けちな. (⇒ਕੰਜੂਸ, ਮੱਖੀ-ਚੂਸ)
— *m.* けちん坊. (⇒ਕੰਜੂਸ, ਮੱਖੀ-ਚੂਸ)
ਸ਼ੂਮ (शूम) /śūma シューム/ ▶ਸੂਮ *adj.m.* → ਸੂਮ
ਸੂਰ[1] (सूर) /sūra スール/ ▶ਸੂਅਰ, ਸੂਕਰ [Skt. शूकर] *m.* **1**〖動物〗ブタ, 豚. **2**〖動物〗イノシシ, 猪.
ਸੂਰ[2] (सूर) /sūra スール/ ▶ਸਿੱਝ, ਸੂਰਜ, ਸੂਰਯ [Skt. सूर्य] *m.* **1**〖天文〗太陽, 日, お日さま. **2** 賢者, 学識者.
ਸੂਰ[3] (सूर) /sūra スール/ ▶ਸੂਰਮਾ [Skt. शूर] *m.* **1** 英雄. **2** 戦士.
— *adj.* **1** 英雄的な, 雄々しい. **2** 勇敢な, 勇壮な, 大胆不敵な. (⇒ਬਹਾਦਰ)
ਸੂਰਜ (सूरज) /sūraja スーラジ/ ▶ਸਿੱਝ, ਸੂਰ, ਸੂਰਯ [Skt. सूर्य] *m.*〖天文〗太陽, 日, お日さま. ❒ਸੂਰਜ ਅਸਤ ਹੋਣਾ 日が沈む. ❒ਸੂਰਜ ਚੜ੍ਹਨਾ, ਸੂਰਜ ਨਿਕਲਣਾ 日が昇る. ❒ਸੂਰਜ ਨੂੰ ਦੀਵਾ ਵਿਖਾਉਣਾ 太陽に灯りを見せる〔諺〕〈学識のある人に学識のない者が教える〉〈釈迦に説法〉.
ਸੂਰਜ ਉਦੇ (सूरज उदे) /sūraja ude スーラジ ウデー/ [+ Skt. उदय] *m.* 日の出.
ਸੂਰਜ ਅਸਤ (सूरज असत) /sūraja asata スーラジ アスト/ [+ Skt. अस्त] *m.* 日の入り, 日没.
ਸੂਰਜ-ਕੇਂਦ੍ਰਿਤ (सूरज-केंद्रित) /sūraja-kēdrita (sūraja-kēdarita) スーラジ・ケーンドリト (スーラジ・ケーンダリト)/ [+ Skt. केन्द्रित] *adj.* 太陽を中心として考えた.
ਸੂਰਜਮੁਖੀ (सूरजमुखी) /sūrajamukʰī スーラジムキー/ [+ Skt. मुखिन्] *m.*〖植物〗ヒマワリ(向日葵)《キク科の一年草》.
ਸੂਰਜੀ (सूरजी) /sūrajī スールジー/ [-ਈ] *adj.* 太陽の. (⇒ਸੂਰਜ ਦਾ)
ਸੂਰਤ[1] (सूरत) /sūrata スーラト/ [Pers. *ṣūrat*] *f.* **1** 形. **2** 姿, 体つき, スタイル. **3** 顔立ち, 容貌. **4** 状況, 状態, 様子.

ਸੂਰਤ[2] (**सूरत**) /sūrata スーラト/ [Skt. सौराष्ट्र] *m.* 〖地名〗スーラト《グジャラート州南部のカンバト湾沿いの港市》.

ਸੂਰਦਾਸ (**सूरदास**) /sūradāsa スールダース/ *m.* 〖人名・文学〗スールダース《16世紀中頃の北インドで, クリシュナ信仰を主題とする賛歌を詠唱したヴィシュヌ派の盲目の詩人》.

ਸੂਰਨੀ (**सूरनी**) /sūranī スールニー/ ▸ਸੂਰੀ [Skt. शूकर -ਨੀ] *f.* 〖動物〗雌豚.

ਸੂਰਬੀਰ (**सूरबीर**) /sūrabīra スールビール/ *adj.* 勇ましい, 勇敢な.

— *m.* 英雄, 勇者.

ਸੂਰਮਾ (**सूरमा**) /sūramā スールマー/ ▸ਸੂਰ [Skt. शूर] *m.* **1** 英雄. **2** 戦士.

— *adj.* **1** 英雄的な, 雄々しい. **2** 勇敢な, 勇壮な, 大胆不敵な. (⇒ਬਹਾਦਰ)

ਸੂਰਯ (**सूरय**) /sūraya スーラユ/ ▸ਸਿੱਝ, ਸੂਰ, ਸੂਰਜ [Skt. सूर्य] *m.* 〖天文〗太陽, 日, お日さま.

ਸੂਰੀ (**सूरी**) /sūrī スーリー/ ▸ਸੂਰਨੀ [Skt. शूकर -ई] *f.* 〖動物〗雌豚.

ਸੂਲ (**सूल**) /sūla スール/ [Skt. शूल] *m.f.* **1** 杭, 長釘, 鋲. **2** 〖植物〗棘(とげ), 長い棘. **3** 〖武〗先の尖った武器, 槍, 矛, シヴァ神の三つ又の矛. **4** 鉄の棒. **5** 〖医〗激痛, 疝痛, さしこみ. **6** 苦悩.

ਸੂਲੀ (**सूली**) /sūlī スーリー/ [-ई] *f.* 磔台(はりつけだい), 処刑台, 絞首台.

ਸੇ[1] (**से**) /se セー/ ▸ਸਨ *vi.* → ਸਨ[1]

ਸੇ[2] (**से**) /se セー/ ▸ਸਿਉ, ਸਿਊ, ਸਿਓ, ਸੇਉ, ਸੇਅ, ਸੇਬ *m.* → ਸੇਉ

ਸੇਉ (**सेउ**) /seo セーオー/ ▸ਸਿਉ, ਸਿਊ, ਸਿਓ, ਸੇ, ਸੇਅ, ਸੇਬ [Pers. *seb*] *m.* 〖植物〗リンゴ(林檎)《バラ科の高木》, リンゴの果実.

ਸੇਅ (**सेअ**) /sea セーア/ ▸ਸਿਉ, ਸਿਊ, ਸਿਓ, ਸੇ, ਸੇਉ, ਸੇਬ *m.* → ਸੇਉ

ਸ਼ੇਸ਼ (**शेश**) /śeśa シェーシュ/ [Skt. शेष] *adj.* 残りの, 残された, 残った. (⇒ਬਾਕੀ ਬਚਿਆ)

— *m.* **1** 残り, 残りのもの, 残余. **2** 差, 差し引き, 差額.

ਸ਼ੇਸ਼ਨਾਗ (**शेशनाग**) /śeśanāga シェーシュナーグ/ [Skt. शेषनाग] *m.* **1** 〖動物〗大蛇. **2** 〖ヒ〗シェーシャナーガ《ヒンドゥー神話に現れる千の頭で世界を支える大蛇》.

ਸੇਂਸਰ (**सेंसर**) /sẽsara セーンサル/ ▸ਸੈਂਸਰ [Eng. *censor*] *m.* **1** 検閲. **2** 検閲官.

ਸੇਂਸਰ ਬੋਰਡ (**सेंसर बोरड**) /sẽsara borada セーンサル ボールド/ [Eng. *censor board*] *m.* 検閲局.

ਸੇਹ (**सेह**) /sê セー/ *f.* 〖動物〗ヤマアラシ.

ਸੇਹਤ (**सेहत**) /sêta | sêata セート | セーアト/ ▸ਸਿਹਤ *m.* → ਸਿਹਤ

ਸੇਹਰਾ (**सेहरा**) /sêrā セーラー/ ▸ਸਿਹਰਾ *m.* → ਸਿਹਰਾ[1]

ਸੇਂਕ (**सेंक**) /sẽka セーンク/ ▸ਸਿਓਂਕ, ਸਿਉਂਕ, ਸਿਊਂਕ *f.* 〖虫〗シロアリ, 白蟻.

ਸੇਕ (**सेक**) /seka セーク/ [Skt. श्रेष] *m.* **1** 熱, 暖かさ, 温暖. (⇒ਤਾਉ) **2** 温湿布. **3** 〖比喩〗温情, 同情, 思いやり.

ਸੇਕਣਾ (**सेकणा**) /sekaṇā セーカナー/ [cf. ਸੇਕ] *vt.* **1** 熱する, 暖める, 暖めて乾かす. (⇒ਤਾਉ ਦੇਣਾ) **2** 焼く, 炒る. **3**(日光で肌を)灼く, (日光を)浴びる. ❏ਧੁੱਪ ਸੇਕਣਾ 日向ぼっこをする, 日光浴をする. ❏ਐਤਵਾਰ ਦਾ ਦਿਨ ਸੀ। ਅਸੀਂ ਸਾਰੇ ਛੱਤ ਤੇ ਬੈਠੇ ਧੁੱਪ ਸੇਕ ਰਹੇ ਸੀ। 日曜日のことでした. 私たちは皆屋上に座って日向ぼっこをしていました. **4** 湿布する. **5** 打つ, 打ちのめす.

ਸ਼ੇਖ਼ (**शेख़**) /śexa シェーク/ [Arab. *śaix*] *m.* **1** 〖イス〗シェーク(シェイク, シャイフ)《本来は, 預言者ムハンマドの子孫とされる一族の称号. 一般的には, イスラーム教徒への敬称》. **2** 首長, 族長. **3** 長老. (⇒ਬੁੱਢਾ ਆਦਮੀ)

ਸ਼ੇਖ਼ ਚਿੱਲੀ (**शेख़ चिल्ली**) /śexa cillī シェーク チッリー/ *m.* **1** 〖人名〗シェーク・チッリー《北インドの民話・笑話・愚人譚に登場する主人公の名前》. **2** 空想にふける愚か者. **3** 空中楼閣を描く男.

ਸ਼ੇਖ਼ਜ਼ਾਦਾ (**शेख़ज़ादा**) /śexazādā シェークザーダー/ [Arab. *śaix* + Pers. *zāda*] *m.* シェークの息子.

ਸ਼ੇਖ਼ਜ਼ਾਦੀ (**शेख़ज़ादी**) /śexazādī シェークザーディー/ [+ Pers. *zādī*] *f.* シェークの娘.

ਸ਼ੇਖ਼ਾਣੀ (**शेख़ाणी**) /śexāṇī シェーカーニー/ [Arab. *śaix* -ਣੀ] *f.* シェークの妻.

ਸ਼ੇਖ਼ੀ (**शेख़ी**) /śexī シェーキー/ [Pers. *śaixī*] *f.* 自慢, 自慢話, 大言壮語, 大ぼら, 大ぶろしき. (⇒ਫੜ੍ਹ, ਡੀਂਗ)

ਸ਼ੇਖ਼ੀਖ਼ੋਰ (**शेख़ीख़ोर**) /śexīxora シェーキーコール/ ▸ਸ਼ੇਖ਼ੀਖ਼ੋਰਾ [Pers.-*xor*] *adj.* ほら吹きの, 自慢屋の.

— *m.* ほら吹き, 自慢屋.

ਸ਼ੇਖ਼ੀਖ਼ੋਰਾ (**शेख़ीख़ोरा**) /śexīxorā シェーキーコーラー/ ▸ਸ਼ੇਖ਼ੀਖ਼ੋਰ *adj.m.* → ਸ਼ੇਖ਼ੀਖ਼ੋਰ

ਸ਼ੇਖ਼ੀਬਾਜ਼ (**शेख़ीबाज़**) /śexībāza シェーキーバーズ/ [Pers. *śaixī* Pers.-*bāz*] *adj.* ほら吹きの, 自慢屋の.

— *m.* ほら吹き, 自慢屋.

ਸੇਂਘਾ (**सेंघा**) /sẽgā セーンガー/ *m.* 水脈探知者.

ਸੇਜ (**सेज**) /seja セージ/ ▸ਸੇਜੜੀ, ਸੇਜਾ, ਛੇਜ [Skt. शय्या] *f.* 〖家具〗寝台, ベッド.

ਸੇਂਜਣਾ (**सेंजणा**) /sẽjaṇā セーンジャナー/ *m.* 〖楽器〗太鼓のばち. (⇒ਸੁਹਾਂਜਣਾ)

ਸੇਜਲ (**सेजल**) /sejala セージャル/ ▸ਸੇਗਲ *f.* 湿気. (⇒ਸਲ੍ਹਾਬ)

ਸੇਜੜੀ (**सेजड़ी**) /sejaṛī セージリー/ ▸ਸੇਜ, ਸੇਜਾ, ਛੇਜ *f.* → ਸੇਜ

ਸੇਜਾ (**सेजा**) /sejā セージャー/ ▸ਸੇਜ, ਸੇਜੜੀ, ਛੇਜ *f.* → ਸੇਜ

ਸੇਂਜੂ (**सेंजू**) /sẽjū セーンジュー/ *adj.* 灌漑された.

ਸੇਂਟ (**सेंट**) /sẽṭa セーント/ [Eng. *saint*] *m.* 聖人, 聖者. (⇒ਸੰਤ)

ਸੇਠ (**सेठ**) /seṭ^{h}a セート/ [Skt. श्रेष्ठ] *m.* **1** 富豪, 大尽. **2** 裕福な商人. **3** 金貸し.

ਸੇਠਾਣੀ (**सेठाणी**) /seṭ^{h}āṇī セーターニー/ [-ਣੀ] *f.* 富豪の妻, 裕福な商人の妻.

ਸ਼ੇਡ (**शेड**) /śeḍa シェード/ [Eng. *shade*] *m.* **1** 陰, 日陰. (⇒ਪਰਛਾਵਾਂ) **2** 日除け, ブラインド. **3** 色合い, 濃淡, 陰影. **4** ちょっとした違い, (意味などの)微妙な違い, ニュアンス.

ਸੇਣਾ (**सेणा**) /seṇā セーナー/ *vt.* (鳥が卵を)抱く.

ਸੇਤ[1] (सेत) /setạ セート/ ▸ਸਿਤ, ਸੇਤੀ [Skt. श्वेत] *adj.* **1** 白い, 白色の. (⇒ਚਿੱਟਾ, ਸਫ਼ੈਦ) **2** きれいな, 清潔な. (⇒ਸਾਫ਼)

ਸੇਤ[2] (सेत) /setạ セート/ [Skt. स्वेद] *m.* 〖生理〗汗, 発汗. (⇒ਪਸੀਨਾ, ਮੁੜ੍ਹਕਾ)

ਸੇਤਜ (सेतज) /setajạ セータジ/ *m.* 汚物, 熱, 湿気から発生する生物.

ਸੇਤੀ[1] (सेती) /setī セーティー/ ▸ਸਿਤ, ਸੇਤ *adj.* → ਸੇਤ[1]

ਸੇਤੀ[2] (सेती) /setī セーティー/ *adv.* ともに, 一緒に. (⇒ਨਾਲ)

— *postp.* …とともに, …と一緒に. (⇒ਨਾਲ)

ਸੇਧ (सेध) /sêdạ セード/ [Skt. शुद्ध] *f.* **1** 方向, 方角. **2** 指図, 指導. **3** 案内, 目安. **4** まっすぐなこと, 曲がっていないこと. **5** 狙うこと, 目指すこと. **6** 正面に据えること.

ਸੇਧਣਾ (सेधणा) /sêdaṇā セーダナー/ [cf. ਸੇਧ] *vt.* **1** 狙う, 目指す. **2** 正面に据える. **3** まっすぐにする. **4** 直線に並べる, 揃える.

ਸੇਂਧਾ (सेंधा) /sẽdā セーンダー/ *m.* 岩塩.

ਸੇਪ (सेप) /sepạ セープ/ *f.* 〖農業〗農作業等の契約労働.

ਸੇਪੀ (सेपी) /sepī セーピー/ *m.* 農作業等の契約労働者.

ਸੇਫ਼ (सेफ़) /sefạ セーフ/ [Eng. *safe*] *m.f.* 金庫. (⇒ਤਜੌਰੀ, ਤਿਜੌਰੀ)

ਸੇਫ਼ਟੀ (सेफ़टी) /safaṭī サフティー/ [Eng. *safety*] *f.* 安全, 無事. (⇒ਸੁਰੱਖਿਆਪਣ)

ਸੇਬ (सेब) /sebạ セーブ/ ▸ਸਿਉ, ਸਿਊ, ਸਿਓ, ਸੇ, ਸੇਉ, ਸੇਅ [Pers. *seb*] *m.* 〖植物〗リンゴ(林檎)《バラ科の高木》, リンゴの果実.

ਸੇਬਾ (सेबा) /sebā セーバー/ *m.* 袋の口を閉じる麻紐. (⇒ਸੁਤਲੀ)

ਸੇਮ[1] (सेम) /semạ セーム/ *f.* **1** 浸水, 水びたし. **2** 水のじくじくしている状態. **3** 浸出, 滲出, 滲み出ること.

ਸੇਮ[2] (सेम) /semạ セーム/ *f.* 〖植物〗アオイマメ《マメ科の蔓木. 食用》.

ਸੇਮਾ (सेमा) /semā セーマー/ *m.* 浸出, 滲出, 滲み出ること.

ਸੇਮੀਆਂ (सेमीआँ) /semiā̃ セーミーアーン/ ▸ਸੇਵੀਆਂ [(Mal.)] *f.* → ਸੇਵੀਆਂ

ਸੇਰ (सेर) /serạ セール/ [Skt. सेठ] *m.* 〖重量〗約1キログラム(約2ポンド)に相当する重量単位.

ਸ਼ੇਰ (शेर) /śerạ シェール/ [Pers. *śer*] *m.* **1** 〖動物〗(雄)トラ, 虎. **2** 〖動物〗(雄)ライオン, 獅子. (⇒ਸਿੰਘ) **3** 〖比喩〗勇敢な男.

ਸ਼ੇਰ ਦਿਲ (शेर दिल) /śerạ dilạ シェール ディル/ [+ Pers. *dil*] *adj.* **1** 獅子の心の. **2** 勇猛な, 勇敢な. **3** 恐れ知らずの.

ਸ਼ੇਰ ਦੀ ਗੁਫਾ (शेर दी गुफा) /śerạ dī gupʰā シェール ディーグパー/ *f.* 虎の穴, 虎のねぐら.

ਸ਼ੇਰਨੀ (शेरनी) /śerạnī シェールニー/ [Pers. *śer* -ਨੀ] *f.* **1** 〖動物〗雌トラ, 牝虎. **2** 〖動物〗雌ライオン, 牝獅子. (⇒ਸਿੰਘਣੀ)

ਸ਼ੇਰ ਬੱਬਰ (शेर बब्बर) /śerạ babbarạ シェール バッバル/ [+ Pers. *babar*] *m.* 〖動物〗(雄)ライオン, 獅子. (⇒ਸਿੰਘ)

ਸ਼ੇਰ ਮਰਦ (शेर मरद) /śerạ marạdạ シェール マルド/ [+ Pers. *mard*] *m.* **1** 勇敢な男. **2** 大胆不敵な男, 向こう見ずの男.

ਸ਼ੇਰ ਮਰਦੀ (शेर मरदी) /śerạ marạdī シェール マルディー/ [-ਈ] *f.* **1** 勇敢さ, 勇気. **2** 大胆不敵, 向こう見ず.

ਸ਼ੇਰਵਾਨੀ (शेरवानी) /śerạwānī シェールワーニー/ *f.* 〖衣服〗シェールワーニー《男子の正装用の衣服の一つ. 詰め襟・長袖で, 丈が膝まである長い上着》.

ਸੇਲ੍ਹਾ (सेल्हा) /sêlā セーラー/ *m.* 〖武〗槍.

ਸੇਲ੍ਹੀ (सेल्ही) /sêlī セーリー/ *f.* 〖衣服〗小さなスカーフ.

ਸ਼ੇਵ (शेव) /śevạ シェーヴ/ [Eng. *shave*] *m.* ひげ剃り. ❐ਸ਼ੇਵ ਕਰਨਾ ひげ剃りをする, ひげを剃る.

ਸੇਵਕ (सेवक) /sewakạ セーワク/ [Skt. सेवक] *m.* **1** 召使, 奉公人, 下僕, 使用人. (⇒ਨੌਕਰ) **2** 奉仕者. (⇒ਸੇਵਾਦਾਰ) **3** 弟子. **4** 従者, 付き添い人, お供の者.

ਸੇਵਕੀ (सेवकी) /sewạkī セーウキー/ [-ਈ] *f.* 奉仕, 世話. (⇒ਸੇਵਾ)

ਸੇਵਣਾ (सेवणा) /sewạṇā セーウナー/ [cf. ਸੇਵਾ] *vt.* 仕える, 奉仕する, 世話をする. (⇒ਸੇਵਾ ਕਰਨੀ)

ਸੇਵਤੀ (सेवती) /sewạtī セーウティー/ *f.* 〖植物〗白バラ(白薔薇). (⇒ਚਿੱਟਾ ਗੁਲਾਬ)

ਸੇਵਨ (सेवन) /sewanạ セーワン/ *m.* **1**(薬の)服用, (麻薬の)使用. ❐ਪਿੰਡਾਂ ਵਿੱਚ ਹੁਣ ਸ਼ਾਇਦ ਸ਼ਹਿਰਾਂ ਨਾਲੋਂ ਜ਼ਿਆਦਾ ਨਸ਼ਿਆਂ ਦਾ ਸੇਵਨ ਕੀਤਾ ਜਾਂਦਾ ਹੈ। 農村部においては現在恐らく都市部におけるよりも多くの麻薬が使用されています. **2**(煙草を)吸うこと. ❐ਤੰਬਾਕੂ ਦਾ ਸੇਵਨ ਸਿਹਤ ਲਈ ਹਾਨੀਕਾਰਕ ਹੈ। 喫煙は健康にとって有害です. **3** 食べること. ❐ਇਸ ਲਈ ਰੁਜ਼ਾਨਾ ਦੀ ਡਾਈਟ ਵਿੱਚ ਪਾਲਕ ਦਾ ਸੇਵਨ ਜ਼ਰੂਰ ਕਰਨਾ ਚਾਹੀਦਾ ਹੈ। このため毎日の食事においてホウレンソウを必ず食べるべきです. **4** 飲むこと. **5** 使用, 消費. (⇒ਵਰਤੋਂ)

ਸੇਵੜਾ (सेवड़ा) /sewạṛā セーウラー/ ▸ਸਰੇਉੜਾ, ਸਰੇਵੜਾ *m.* → ਸਰੇਵੜਾ

ਸੇਵਾ (सेवा) /sewā セーワー/ [Skt. सेवा] *f.* **1** 奉仕, 尽力, 無償の労働. (⇒ਖ਼ਿਦਮਤ) **2** 勤め, 勤務, 俸給をもらう仕事. **3** 公共への奉仕, 事業, 業務. **4** 用役, 役務, サービス. **5** 運転, 運行, 便. **6** 世話, 面倒を見ること. **7** 介護, 看護. **8** 応対, 客あしらい.

ਸ਼ੇਵਾ (शेवा) /śewā シェーワー/ [Pers. *śevah*] *m.* **1** 方法, やり方. (⇒ਢੰਗ, ਤਰੀਕਾ) **2** 習慣. **3** 事業, 商売.

ਸੇਵਾਦਾਰ (सेवादार) /sewādārạ セーワーダール/ [Skt. सेवा Pers.-*dār*] *m.* **1** 仕えるもの, 召使, 奉公人, 下僕, 使用人. (⇒ਨੌਕਰ) **2** 世話をするもの, 奉仕者.

ਸੇਵਾ-ਪੱਤਰੀ (सेवा-पत्तरी) /sewā-pattarī セーワー・パッタリー/ [+ Skt. पत्री] *f.* 就業手引書.

ਸੇਵਾਪੰਥੀ (सेवापंथी) /sewāpantʰī セーワーパンティー/ [Skt.-पथिन्] *m.* **1** 〖スィ〗セーワーパンティー《博愛主義と奉仕活動に身を捧げるスィック教の一派》. **2** 〖スィ〗セーワーパンティーの信者, この派の一員.

ਸੇਂਵੀਂ (सेंवीं) /sẽwī̃ セーンウィーン/ ▸ਸੇਵੀਂ *f.* → ਸੇਵੀਂ

ਸੇਵੀਂ (सेवीं) /sewī̃ セーウィーン/ ▸ਸੇਂਵੀਂ [Skt. सेविका] *f.* 〖料理〗セーウィーン《小麦粉でそうめんのように細い

棒状に作るインド風マカロニ》.

ਸੇਵੀਆਂ (सेवीआँ) /sewiā̃ セーウィーアーン/ ▸ਸੇਮੀਆਂ [Skt. सेविका] *f.* 〖料理〗→ ਸੇਵੀਂ の複数形.

ਸੈਂ (सैं) /sā̃ サェーン/ *vi.* 《動詞 ਹੋਣਾ の2人称・単数・過去形. ਤੂੰ … ਸੈਂ》 **1**…であった, …でした. **2**…あった・いた, …ありました・いました.

ਸੈ[1] (सै) /sai サェー/ ▸ਸਉ, ਸੌ *ca.num. adj.* → ਸੌ[1]

ਸੈ[2] (सै) /sai サェー/ *f.* 牡牛の糞. (⇒ਬਲਦਾਂ ਦਾ ਗੋਹਾ)

ਸ਼ੈ (शै) /śai シャェー/ [Arab. *śai*] *f.* **1** 物. (⇒ਚੀਜ਼) **2** 事, 事柄.

ਸੈਸ਼ਨ (सैशन) /saiśana サェーシャン/ ▸ਸਿਸ਼ਨ [Eng. *session*] *m.* **1** 会議, 開会, 会期. **2** 講習会, 集団活動. **3** 学期, 学年, 授業. **4** 〖法〗法廷, 法廷の開廷.

ਸੈਂਸਰ (सैंसर) /sā̃sara サェーンサル/ ▸ਸੇਂਸਰ [Eng. *censor*] *m.* **1** 検閲. **2** 検閲官.

ਸੈਂਸਾ (सैंसा) /sā̃sā サェーンサー/ ▸ਸੰਸ, ਸੰਸਾ [Skt. संशय] *m.* → ਸੰਸਾ

ਸੈਂਸਾਰ (सैंसार) /sā̃sāra サェーンサール/ ▸ਸੰਸਾਰ *m.* → ਸੰਸਾਰ

ਸੈਂਸਾਰੀ (सैंसारी) /sā̃sārī サェーンサーリー/ ▸ਸੰਸਾਰੀ *adj.* → ਸੰਸਾਰੀ

ਸੈਕਸ (सैकस) /saikasa サェークス/ [Eng. *sex*] *m.* **1** 男女の性, 性別. **2** 性的なこと, 性欲. **3** 性交, 性交渉, 性行為, セックス.

ਸੈਕਸਟੈਂਟ (सैकसटैंट) /saikasaṭā̃ṭa サェークスタェーント/ [Eng. *sextant*] *m.* 〖器具〗六分儀《天体間の角度などを測って現在地を測定する, 船舶用の小型観測器》.

ਸੈਕਸ਼ਨ (सैकशन) /saikaśana サェークシャン/ [Eng. *section*] *m.* **1** 断片, 部分. (⇒ਹਿੱਸਾ) **2** 節, 条, 段落. **3** 部門, 課.

ਸੈਕਸੀ (सैकसी) /saikasī サェークスィー/ [Eng. *sexy*] *adj.* **1** 性的魅力のある, セクシーな. **2** 性的な, 性欲をそそるような, 欲情させるような, 挑発的な.

ਸੈਕਟਰੀ (सैकटरी) /saikaṭarī サェークタリー/ ▸ਸਕੱਤਰ [Eng. *secretary*] *m.* 秘書, 書記.

ਸੈਕੰਡ (सैकंड) /saikaṇḍa サェーカンド/ [Eng. *second*] *m.* 〖時間〗秒, 1秒, 1秒間.

ਸੈਕਲ (सैकल) /saikala サェーカル/ ▸ਸਾਈਕਲ *m.* → ਸਾਈਕਲ

ਸੈਂਕੜਾ (सैंकड़ा) /sā̃kaṛā サェーンクラー/ ▸ਸੈਕੜਾ *ca.num.(m.)* **1** 〖数量〗 100, 百の単位(⇒ਸੌ) **2** 〖数学〗百の位, 百の桁.

— *adj.* 100の, 百の. (⇒ਸੌ)

ਸੈਕੜਾ (सैकड़ा) /saikaṛā サェークラー/ ▸ਸੈਂਕੜਾ *ca.num.(m.), adj.* → ਸੈਂਕੜਾ

ਸੈਂਚੀ (सैंची) /sā̃cī サェーンチー/ *f.* 巻, 冊《続き物の書物の一冊》.

ਸੈਂਟ (सैंट) /sā̃ṭa サェーント/ [Eng. *scent*] *f.* **1** 芳香. **2** 香水.

ਸੈਟ (सैट) /saiṭa サェート/ ▸ਸੈੱਟ *m.* → ਸੈੱਟ

ਸੈੱਟ (सैट्ट) /saiṭṭa サェーット/ ▸ਸੈਟ [Eng. *set*] *m.* セット, 一揃い, 一式.

ਸੈਂਟਰ (सैंटर) /sā̃ṭara サェーンタル/ ▸ਸੰਟਰ [Eng. *center*] *m.* 中央, 中心, 中心地, センター. (⇒ਕੇਂਦਰ)

ਸੈਂਟਰਲ (सैंटरल) /sā̃ṭarala サェーンタラル/ ▸ਸੰਟਰਲ [Eng. *central*] *adj.* 中央の, 中心の. (⇒ਕੇਂਦਰੀ)

ਸੈਂਡਲ (सैंडल) /sā̃ḍala サェーンダル/ [Eng. *sandal*] *m.* 〖履物〗サンダル, つっかけ.

ਸੈਂਡਵਿਚ (सैंडविच) /sā̃ḍawica サェーンダウィチ/ [Eng. *sandwich*] *m.* 〖料理〗サンドウィッチ.

ਸੈਂਤ੍ਹੀਵਾਂ (सैंत्हीवाँ) /sā̃tīwā̃ サェーンティーワーン/ ▸ਸੈਂਤੀਮਾਂ, ਸੈਂਤੀਵਾਂ [(Pkt. सत्तिंसइ) Skt. सप्तत्रिंशत् -वां] *or.num.* 37番目.

— *adj.* 37番目の.

ਸੈਂਤਣਾ (सैंतणा) /sā̃taṇā サェーントナー/ *vt.* 集める. (⇒ਇਕੱਠਾ ਕਰਨਾ)

ਸ਼ੈਤਾਨ (शैतान) /śaitāna シャェーターン/ ▸ਸਤਾਨ, ਸ਼ਤਾਨ *m.adj.* → ਸ਼ਤਾਨ

ਸ਼ੈਤਾਨੀ (शैतानी) /śaitānī シャェーターニー/ ▸ਸ਼ਤਾਨੀ *f.adj.* → ਸ਼ਤਾਨੀ

ਸੈਂਤੀ (सैंती) /sā̃tī サェーンティー/ [(Pkt. सत्तिंसइ) Skt. सप्तत्रिंशत्] *ca.num.* 37.

— *adj.* 37の.

ਸੈਂਤੀਮਾਂ (सैंतीमाँ) /sā̃tīmā̃ サェーンティーマーン/ ▸ਸੈਂਤ੍ਹੀਵਾਂ, ਸੈਂਤੀਵਾਂ [-ਮਾਂ] *or.num. adj.* → ਸੈਂਤ੍ਹੀਵਾਂ

ਸੈਂਤੀਵਾਂ (सैंतीवाँ) /sā̃tīwā̃ サェーンティーワーン/ ▸ਸੈਂਤ੍ਹੀਵਾਂ, ਸੈਂਤੀਮਾਂ [-ਵਾਂ] *or.num. adj.* → ਸੈਂਤ੍ਹੀਵਾਂ

ਸ਼ੈਦ (शैद) /śaida シャェード/ ▸ਸ਼ਾਇਦ *adv.* → ਸ਼ਾਇਦ

ਸੈਨ (सैन) /saina サェーン/ ▸ਸਾਈਨ *f.* → ਸਾਈਨ

ਸੈਨਕ (सैनक) /sainaka サェーナク/ ▸ਸੈਨਿਕ *adj.m.* → ਸੈਨਿਕ

ਸੈਨਤ (सैनत) /sainata サェーナト/ *f.* 合図. (⇒ਇਸ਼ਾਰਾ)

ਸੈਨਾ (सैना) /sainā サェーナー/ [Skt. सेना] *f.* 〖軍〗軍, 軍隊. (⇒ਫ਼ੌਜ)

ਸੈਨਾਪਤੀ (सैनापती) /saināpatī サェーナーパティー/ [+ Skt. पति] *m.* **1** 〖軍〗指揮官, 司令官. (⇒ਸਰਦਾਰ) **2** 〖軍〗将軍. (⇒ਜਰਨੈਲ)

ਸੈਨਾ ਵਿਗਿਆਨ (सैना विगिआन) /sainā vigiāna サェーナー ヴィギアーン/ [+ Skt. विज्ञान] *m.* 軍事科学.

ਸੈਨਿਕ (सैनिक) /sainika サェーニク/ ▸ਸੈਨਕ [Skt. सैनिक] *adj.* 〖軍〗軍隊の.

— *m.* 〖軍〗兵士. (⇒ਸਿਪਾਹੀ)

ਸੈਨੀਟਰੀ (सैनीटरी) /sainīṭarī サェーニータリー/ [Eng. *sanitary*] *adj.* **1** 公衆衛生の. (⇒ਸਿਹਤ ਸਫ਼ਾਈ ਸੰਬੰਧੀ) **2** 衛生的な, 清潔な. (⇒ਸਾਫ਼)

ਸੈਨੀਟੇਸ਼ਨ (सैनीटेशन) /sainīṭeśana サェーニーテーシャン/ [Eng. *sanitation*] *f.* **1** 公衆衛生. (⇒ਸਿਹਤ ਸਫ਼ਾਈ) **2** 衛生施設.

ਸੈਂਪਲ (सैंपल) /sā̃pala サェーンパル/ [Eng. *sample*] *m.* **1** 見本, サンプル. **2** 標本. **3** 実例.

ਸ਼ੈਂਪੂ (शैंपू) /śā̃pū シャェーンプー/ [Eng. *shampoo*] *m.* シャンプー.

ਸੈਫ਼ (सैफ़) /saifa サェーフ/ [Arab. *saif*] *f.* 〖武〗剣, 刀, 刀剣. (⇒ਤਲਵਾਰ)

ਸੈਫ਼ਨ (सैफ़न) /saifana サェーファン/ ▸ਸਾਈਫ਼ਨ [Eng. *syphon*] *m.* 〖道具〗サイフォン, 吸い上げ管.

ਸੈਭੰ (सैभँ) /saîbã サェーバン/ *adj.* **1** 自生する. (⇒ਆਪਣੇ ਆਪ ਹੋਣ ਵਾਲਾ) **2** 〖スイ〗自存の. ❐ਅਜੂਨੀ ਸੈਭੰ 生死を

超えて厳然として自存する(もの)《唯一神への賛辞としての表現》.

ਸੈਰ (सैर) /sairạ サェール/ ▸ਸੈਲ [Arab. *sair*] *f.* **1** 散歩, 散策. (⇒ਫਿਰਨਾ ਟੁਰਨਾ) **2** 遠足, ピクニック. **3** 遊山, 遊覧. **4** 旅, 旅行. **5** 観光, 観光旅行.

ਸੈਰ-ਸਪਾਟਾ (सैर-सपाटा) /sairạ-sapāṭā サェール・サパーター/ [+ Skt. सर्पण] *m.* **1** 散歩, 散策, 遠足. (⇒ਫਿਰਨਾ ਟੁਰਨਾ) **2** 旅, 旅行. **3** 観光, 観光旅行.

ਸੈਰਗਾਹ (सैरगाह) /sairạgā̂ サェールガー/ ▸ਸੈਲ [+ Pers. *gāh*] *f.* **1** 遠足・ピクニックなどの行先. **2** 行楽地.

ਸੈਰਾਬ (सैराब) /sairābạ サェーラーブ/ [Pers. *sairāb*] *adj.* 〖農業〗灌漑された. (⇒ਸਿੰਜਿਆ ਹੋਇਆ)

ਸ਼ੈਰਿਫ਼ (शैरिफ़) /śairifạ シャエーリフ/ [Eng. *sheriff*] *m.* **1** 郡保安官. **2** 州長官.

ਸੈਲ (सैल) /sailạ サエール/ ▸ਸੈਰ *f.* → ਸੈਰ

ਸੈੱਲ (सैल्ल) /saillạ サェーッル/ [Eng. *cell*] *m.* **1** 小室, 個室, 独房. **2** 電池, 乾電池. **3**〖生物〗細胞. (⇒ਕੋਸ਼ਕਾ, ਕੋਸ਼ਾਣੂ)

ਸੈੱਲਫ਼ (सैल्लफ़) /saillafạ サェーッラフ/ [Eng. *self*] *m.* 〖機械〗(自動車やオートバイなどの)自動スターター.

ਸੈਲਬਾਜ਼ (सैलबाज़) /sailạbāzạ サェールバーズ/ [Arab. *sair* Pers.-*bāz*] *m.* **1** 散策者. **2** 観光客. **3** 旅行者. (⇒ਯਾਤਰੂ)

ਸੈਲਾ (सैला) /sailā サェーラー/ [Arab. *sairān*] *m.* **1** 散歩, 散策. (⇒ਫਿਰਨਾ ਟੁਰਨਾ) **2** 観光, 遊覧. **3** 旅行.

ਸੈਲਾਨੀ (सैलानी) /sailānī サェーラーニー/ [Arab. *sairānī*] *adj.* **1** 散策している, 歩き回っている. **2** 散策好きの.
— *m.* **1** 旅行者. (⇒ਯਾਤਰੂ) **2** 観光客.

ਸੈਲਾਬ (सैलाब) /sailābạ サェーラーブ/ [Pers. *sairāb*] *m.* 〖気象〗洪水, 水害. (⇒ਹੜ੍ਹ)

ਸੈਲੀ (सैली) /sailī サェーリー/ ▸ਸੈਲੂ [Arab. *sair* -ਈ] *adj.* **1** 散策する. **2** 観光の. **3** 旅行の.
— *m.* **1** 散策者. **2** 観光客. **3** 旅行者. (⇒ਯਾਤਰੂ)

ਸ਼ੈਲੀ (शैली) /śailī シャエーリー/ [Skt. शैली] *f.* **1** 様式, 方式. **2** 流派, 流儀, 作風, スタイル. **3**〖文学〗文体.

ਸੈਲੂ (सैलू) /sailū サェールー/ ▸ਸੈਲੀ *adj.m.* → ਸੈਲੀ

ਸੈਲੂਨ (सैलून) /sailūnạ サェールーン/ [Eng. *saloon*] *f.* **1** 大広間, 談話室, (旅客機の)客室. **2** 酒場. **3**(特定の目的の)…店, …場.

ਸੈਲੂਲਾਈਡ (सैलूलाईड) /sailūlāīḍạ サェールーラーイード/ [Eng. *celluloid*] *f.* セルロイド《以前写真フィルムの材料にも用いられた》.

ਸੈਲੂਲੋਜ਼ (सैलूलोज़) /sailūlozạ サェールーローズ/ [Eng. *cellulose*] *f.* 〖化学〗セルローズ, 繊維素.

ਸ਼ੈਵ (शैव) /śaivạ シャエーヴ/ [Skt. शैव] *adj.* **1**〖ヒ〗シヴァ神の, シヴァ神に属する. (⇒ਸ਼ਿਵ ਸੰਬੰਧੀ) **2**〖ヒ〗シヴァ神を信仰する.
— *m.* 〖ヒ〗シヴァ神の信仰者.

ਸੋ[1] (सो) /so ソー/ ▸ਸਉ, ਸਓ, ਸਾਉ, ਸੌ *vi.* 《動詞 ਹੋਣਾ の2人称・複数・過去形. ਤੁਸੀਂ … ਸੋ 》 **1** …であった, …でした. **2** …あった・いた, …ありました・いました.

ਸੋ[2] (सो) /so ソー/ *adv.* **1** それゆえ, だから, 故に. (⇒ਇਸ ਕਰਕੇ) **2** それで. **3** つまり.

ਸੋ[3] (सो) /so ソー/ ▸ਸੋਇ *pron.* **1**《関係詞と相関的に用いられる. ただし関係詞が省略される場合もある》…のもの, …のこと. **2** 同じもの, 前に述べたもの. **3** それ, そのこと. **4** あれ. (⇒ਉਹ) **5** これ. (⇒ਇਹ)

ਸ਼ੋ (शो) /śo ショー/ ▸ਸ਼ੋਅ [Eng. *show*] *m.* **1**(映画・演劇・テレビ番組などの)ショー, 見せ物, 興行, 上映. **2** 品評会, 展示会, 展覧会. **3** 見せかけ, うわべ, 見栄. (⇒ਦਿਖਾਵਾ)

ਸ਼ੋ ਕੇਸ (शो केस) /śo kesạ ショー ケース/ [Eng. *showcase*] *m.* **1** 陳列用ガラスケース. **2** 陳列場.

ਸ਼ੋਅ (शोअ) /śoa ショーア/ ▸ਸ਼ੋ *m.* → ਸ਼ੋ

ਸੋਇ (सोइ) /soe ソーエー/ ▸ਸੋ *pron.* → ਸੋ[3]

ਸੋਇਆ (सोइआ) /soiā ソーイアー/ *m.* 〖植物〗ディル, イノンド, ジイラ(蒔蘿)《セリ科の草本》.

ਸੋਇਆਬੀਨ (सोइआबीन) /soiābīnạ ソーイアービーン/ [Eng. *soybean*] *f.* 〖植物〗ダイズ(大豆).

ਸੋਈ (सोई) /soī ソーイー/ ▸ਸੋਈਓ *pron.* まさに同じもの, まさにそのもの. (⇒ਉਹੀ)

ਸੋਈਓ (सोईओ) /soīo ソーイーオー/ ▸ਸੋਈ *pron.* → ਸੋਈ

ਸੋਏ (सोए) /soe ソーエー/ *m.* 〖植物〗《 ਸੋਇਆ の複数形》ディル, イノンド, ジイラ(蒔蘿).

ਸੋਸ (सोस) /sosạ ソース/ [Skt. शोष] *adj.* 乾いた, 乾燥した. (⇒ਸੁੱਕਾ)
— *m.* 乾き, 乾燥.

ਸ਼ੋਸ਼ਕ (शोशक) /śośakạ ショーシャク/ [Skt. शोषक] *adj.* **1** 乾かす, 乾燥させる. **2** 吸い取る, 吸収する, 吸水性の. **3** 搾り取る, 搾取する, 搾取の.
— *m.* 搾取者.

ਸ਼ੋਸ਼ਣ (शोशण) /śośaṇạ ショーシャン/ [Skt. शोषण] *m.* **1** 乾かすこと, 乾燥. **2** 吸い取ること, 吸収. **3** 搾り取ること, 搾取.

ਸੋਸਨ (सोसन) /sosanạ ソーサン/ [Pers. *sosan*] *m.* 〖植物〗ハナショウブ(花菖蒲), アイリス《アヤメ科の植物》.

ਸੋਸਨੀ (सोसनी) /sosanī ソーサニー/ [Pers. *sosanī*] *adj.* **1** ハナショウブの花の色の, アイリス色の. **2** 紫色の, 薄紫色の, 紫青色の.

ਸੋਸ਼ਲ (सोशल) /sośalạ ソーシャル/ [Eng. *social*] *adj.* 社会の, 社交的な, 社交界の.

ਸ਼ੋਸ਼ਾ (शोशा) /śośā ショーシャー/ [Pers. *śa`śa`a*] *m.* **1** 混ぜること, 薄めること. **2** 突き出た部分, ぎざぎざ. **3** 悪ふざけ. **4** 虚報, デマ, 噂, 風評. ❒ਸ਼ੋਸ਼ਾ ਛੱਡਣਾ 虚報を流す, 噂を広める.

ਸੋਸਾਇਟੀ (सोसाइटी) /sosāiṭī ソーサーイティー/ ▸ਸੁਸਾਇਟੀ *f.* → ਸੁਸਾਇਟੀ

ਸ਼ੋਸ਼ਿਤ (शोशित) /śośitạ ショーシト/ [Skt. शोषित] *adj.* **1** 乾かされた, 乾燥した. **2** 吸い取られた, 吸収された. **3** 搾り取られた, 搾取された.

ਸ਼ੋਸ਼ੇਬਾਜ਼ (शोशेबाज़) /śośebāzạ ショーシェーバーズ/ [Pers. *śa`śa`a* Pers.-*bāz*] *m.* 噂を広める人, デマを流す人.

ਸੋਹਜ (सोहज) /sôjạ ソージ/ ▸ਸੁਹਜ *f.* **1** 美しさ, 優美さ, 優雅さ. **2** 麗しさ, 壮麗さ. **3** しなやかさ, 繊細さ. **4** 洗練, 上品. **5** 美的感覚, 審美眼.

ਸੋਹਣਾ[1] (सोहणा) /sôṇā ソーナー/ ▸ਸੁਹਣਾ [Skt. शोभन]

adj. **1** 美しい, 優美な. **2** 綺麗な, 可愛らしい, 魅力的な. **3** 顔立ちの良い, 器量良しの, 姿の良い. **4** 見事な, 素晴らしい.

ਸੋਹਣਾ[2] (सोहणा) /sôṇā ソーナー/ [Skt. शोभते] *vi.* **1** 美しくなる, 優美になる, 綺麗になる. **2** 良く見える. **3** 似合う, 似合って見える. **4** 輝く.

ਸੋਹਣੀ (सोहणी) /sôṇī ソーニー/ [Skt. शोभन -ਣੀ] *f.* **1** 美女, 美人, 器量よし. (⇒ਸੁੰਦਰੀ) **2**〖人名・文学〗ソーホニー《パンジャーブの伝承悲恋物語に登場する女性主人公. 恋人の男性主人公はマヒーンワール ਮਹੀਂਵਾਲ》.

ਸ਼ੋਹਦਾ (शोहदा) /śôdā ショーダー/ [Arab. *śuhadā*] *adj.* **1** 卑しい, 下劣な, 陳腐な. **2** 浅ましい, 強欲な. **3** 弱い, 弱々しい, みすぼらしい. **4** 哀れな, 可哀相な, 不幸な.

— *m.* **1** ならず者, 悪党, よた者. **2** 放蕩者, 道楽者.

ਸੋਹਲ (सोहल) /sôla ソール/ *adj.* 繊細な, 微妙な. (⇒ਨਾਜ਼ਕ)

ਸੋਹਲਾ (सोहला) /sôlā ソーラー/ ▸ਸੋਹਿਲਾ *m.* → ਸੋਹਿਲਾ

ਸ਼ੋਹਲਾ (शोहला) /śôlā ショーラー/ ▸ਛੁਹਲਾ, ਛੋਹਲਾ *m.* **1** 火花. **2** 閃き, 閃光.

— *adj.* **1** 敏捷な, 機敏な. **2** 活発な. **3** 利口な, 賢い.

ਸੋਹਾਗਾ (सोहागा) /soǎgā ソーアーガー/ ▸ਸੁਹਾਗਾ *m.* → ਸੁਹਾਗਾ[2]

ਸੋਹਿਲਾ (सोहिला) /sohilā ソーヒラー/ ▸ਸੋਹਲਾ *m.* **1** 讃歌, 賛美歌. **2**〖スィ〗就寝時の祈りの讃歌.

ਸੋਕ (सोक) /soka ソーク/ ▸ਸੋਖ *f.* **1** 乾いた状態, 乾燥. **2** 脱水・蒸発による重量の減少.

ਸ਼ੋਕ (शोक) /śoka ショーク/ [Skt. शोक] *m.* **1** 悲しみ, 悲嘆. (⇒ਗ਼ਮ) **2** 哀悼, 弔意. (⇒ਅਫ਼ਸੋਸ)

ਸ਼ੋਕ ਸਭਾ (शोक सभा) /śoka sâbā ショーク サバー/ [+ Skt. सभा] *f.* 追悼会.

ਸ਼ੋਕ ਗੀਤ (शोक गीत) /śoka gīta ショーク ギート/ [+ Skt. गीत] *m.* **1** 哀悼歌, 挽歌. **2** 葬送歌. **3** 悲歌, 哀歌.

ਸੋਕਣਾ (सोकणा) /sokaṇā ソーカナー/ ▸ਸੋਖਣਾ *vt.* → ਸੋਖਣਾ

ਸ਼ੋਕ ਪੱਤਰ (शोक पत्तर) /śoka pattara ショーク パッタル/ [Skt. शोक + Skt. पत्र] *m.* **1** 悔やみ状. **2** 死亡通知書.

ਸ਼ੋਕਮਈ (शोकमई) /śokamaī ショークマイー/ [Skt.-मयी] *adj.* **1** 悲しんでいる, 悲嘆に暮れている. **2** 悲痛な, 痛ましい, 哀れな.

ਸੋਕਲ (सोकल) /sokala ソーカル/ *adj.* 乾いた, 乾燥した, 乾ききった, 不毛の.

ਸੋਕੜਾ (सोकड़ा) /sokaṛā ソークラー/ *m.*〖医〗くる病.

ਸੋਕਾ (सोका) /sokā ソーカー/ *m.*〖気象〗干ばつ, ひでり. (⇒ਔੜ)

ਸੋਖ (सोख) /sokʰa ソーク/ ▸ਸੋਕ *f.* **1** 乾いた状態, 乾燥. **2** 脱水・蒸発による重量の減少.

ਸ਼ੋਖ਼ (शोख़) /śoxa ショーク/ [Pers. *śok*] *adj.* **1** 陽気な, ひょうきんな, 快活な, 活発な. **2** 気まぐれな, いたずらな, 浮かれ気分の, 軽はずみな. (⇒ਚੰਚਲ) **3** 横柄な, 厚かましい.

ਸੋਖਕ (सोखक) /sokʰaka ソーカク/ [Skt. शोषक] *adj.* 吸収する, 吸収力のある, 吸収性の.

ਸੋਖਣ (सोखण) /sokaṇa ソーカン/ [Skt. शोषण] *m.* **1** 吸収. **2** 没頭, 熱中.

ਸੋਖਣਾ (सोखणा) /sokʰaṇā ソーカナー/ ▸ਸੋਕਣਾ [cf. ਸੋਖਣ] *vt.* **1** 吸う, 吸収する. (⇒ਚੂਸਣਾ) **2** 吸い込む, 吸い上げる. **3** 飲み干す, (水分・湿気を)吸い取る. **4** 乾かす, 排水する, 枯渇させる.

ਸ਼ੋਖ਼ੀ (शोख़ी) /śoxī ショーキー/ [Pers. *śoxī*] *f.* **1** 陽気なこと, ひょうきん, 快活. **2** 気まぐれ, いたずらっぽさ, 浮かれ気分, 軽はずみ. (⇒ਚੰਚਲਤਾ) **3** 横柄さ, 厚かましさ.

ਸੋਗ (सोग) /soga ソーグ/ [Pers. *sog*] *m.* **1** 悲しみ, 悲嘆. (⇒ਗ਼ਮ) **2** 追悼, 哀悼, 弔意. (⇒ਅਫ਼ਸੋਸ) ❏ਸੋਗ ਮਨਾਉਣਾ 追悼する.

ਸੋਗੀ (सोगी) /sogī ソーギー/ [Pers. *sogī*] *adj.* **1** 悲しんでいる, 悲嘆に暮れている. **2** 哀悼する, 弔う.

ਸੋਚ (सोच) /soca ソーチ/ [cf. ਸੋਚਣਾ] *f.* **1** 考え, 思考, 考えること. **2** 思慮, 考慮, 熟慮. **3** 瞑想. **4** 思案, 考え込むこと. **5** 心配, 懸念, 悩み. **6** 悲しみ.

ਸੋਚ ਉਡਾਰੀ (सोच उडारी) /soca uḍārī ソーチ ウダーリー/ [+ cf. ਉੱਡਣਾ] *f.* 思考の飛躍, 想像.

ਸੋਚ ਸ਼ਕਤੀ (सोच शकती) /soca śakatī ソーチ シャクティー/ [+ Skt. शक्ति] *f.* **1** 認知機能, 認識能力. **2** 理解力, 判断力, 聡明さ, 知性.

ਸੋਚ ਸਮਝ (सोच समझ) /soca sâmaja ソーチ サマジ/ [+ cf. ਸਮਝਣਾ] *f.* **1** 理解, 判断, 思慮, 分別. ❏ਸੋਚ ਸਮਝ ਕੇ 熟考して, 熟慮して. **2** 慎重さ, 用心, 注意深さ. ❏ਸੋਚ ਸਮਝ ਕੇ 慎重に, 用心して, 注意深く.

ਸੋਚਹੀਣ (सोचहीण) /socahīṇa ソーチヒーン/ [Skt.-हीन] *adj.* 考えない, 無思慮な.

ਸੋਚ ਕਿਰਿਆ (सोच किरिआ) /soca kiriā ソーチ キリアー/ [+ Skt. क्रिया] *f.* **1** 思考作用, 脳作用, 熟考, 熟慮. **2** 沈思, 瞑想.

ਸੋਚ ਢੰਗ (सोच ढंग) /soca ṭǎṅga ソーチ タング/ *m.* **1** 思考法, 思考過程. **2** 心構え, 判断, 考え方.

ਸੋਚਣਾ (सोचणा) /socaṇā ソーチャナー/ [Skt. शोच्यते] *vi.vt.* **1** 考える, 思う, 思考する, 思念する, 検討する. **2** 考慮する, 思慮する, 配慮する. **3** 思案する, 心配する. **4** 思いつく.

ਸੋਚਣੀ (सोचणी) /socaṇī ソーチャニー/ [cf. ਸੋਚਣਾ] *f.* **1** 思考法, 思考過程. **2** 心構え, 判断, 考え方.

ਸੋਚਵਾਨ (सोचवान) /socawāna ソーチワーン/ [cf. ਸੋਚਣਾ Skt.-वान्] *adj.* **1** 思慮深い, 思慮分別のある. **2** 聡明な, 利口な. **3** 慎重な, 用心深い.

ਸੋਚ ਵਿਚਾਰ (सोच विचार) /soca vicāra ソーチ ヴィチャール/ [+ Skt. विचार] *m.* **1** 熟考, 熟慮. **2** 慎重さ, 用心, 注意.

ਸੋਚੀਂ ਪੈਣਾ (सोचीं पैणा) /socī̃ paiṇā ソーチーン パェーナー/ *vi.* 思い悩む.

ਸੋਜ (सोज) /soja ソージ/ [Pers. *soziś*] *f.* **1**〖医〗腫れ, 結節. **2**〖医〗炎症.

ਸੋਜ਼ (सोज़) /soza ソーズ/ [Pers. *soz*] *m.* **1** 燃えること, 燃焼. **2** 燃える思い, 熱情. (⇒ਜਲਨ) **3** 悲哀.

ਸੋਜ਼ਸ਼ (सोज़श) /sozaśa ソーザシュ/ [Pers. *soziś*] *f.* **1** 燃えること, 燃焼. **2** 燃える思い, 熱情. **3**〖医〗炎症, ただれ. (⇒ਜਲਨ)

ਸੋਜ਼ਾਕ (सोज़ाक) /sozāka ソーザーク/ ▸ਸੁਜ਼ਾਕ [Pers. sūzāk] m. 〖医〗淋病.

ਸੋਝੀ (सोझी) /sôjī ソージー/ [Skt. संज्ञान -ई] f. 1 自覚, 意識. 2 理解, 理解力. (⇒ਸਮਝ) 3 知覚. 4 識別, 認識. 5 知力, 理解力. 6 聡明さ, 洞察力. 7 油断のないこと, 抜け目のなさ. (⇒ਚੌਕਸੀ) 8 スパイ活動, 諜報活動, 秘密情報. (⇒ਜਸੂਸੀ, ਮੁਖ਼ਬਰੀ)

ਸੋਟਾ (सोटा) /soṭā ソーター/ [Skt. शुण्ड] m. 棍棒, 木や竹の棒. (⇒ਡੰਡਾ)

ਸੋਟੀ (सोटी) /soṭī ソーティー/ [Skt. शुण्ड] f. 1 細い棒, 棒切れ. (⇒ਡੰਡੀ, ਪਤਲੀ ਲਾਠੀ) 2 〖道具〗杖, ステッキ.

ਸੋਡਾ (सोडा) /soḍā ソーダー/ ▸ਸੋਢਾ m. → ਸੋਢਾ

ਸੋਢਾ (सोढा) /sôḍā ソーダー/ ▸ਸੋਡਾ [Eng. soda] m. 1 ソーダ《炭酸ソーダ, 重炭酸ソーダ, 苛性ソーダ》. ❐ਸੋਢਾ ਕਾਸਟਕ 苛性ソーダ. ❐ਸੋਢਾ ਵਾਟਰ ソーダ水. 2 膨らし粉. 3 〖飲料〗ソーダ水.

ਸੋਢੀ (सोढी) /sôḍī ソーディー/ m. ソーディー《カッタリー(クシャトリヤ)の姓の一つ》.

ਸੋਣ (सोण) /soṇa ソーン/ [Skt. शोण] adj. 赤い, 深紅の. (⇒ਲਾਲ)

ਸੋਤ[1] (सोत) /sota ソート/ f. 1 寝具, 寝具一式. (⇒ਬਿਸਤਰ) 2 眠り, 睡眠, 眠ること. (⇒ਨੀਂਦ) 3 眠気, まどろみ. 4 寝ること, 就寝.

ਸੋਤ[2] (सोत) /sota ソート/ ▸ਸਰੋਤ, ਸ੍ਰੋਤ, ਸੋਤਾ m. → ਸਰੋਤ

ਸੋਤ[3] (सोत) /sota ソート/ [Skt. शोथ] f. 1 〖医〗腫れ, 腫れ物, 腫瘍. (⇒ਸੋਜ) 2 炎症.

ਸੋਤਲ (सोतल) /sotala ソータル/ ▸ਸੋਤੜ adj.m, → ਸੋਤੜ

ਸੋਤੜ (सोतड़) /sotaṛa ソータル/ ▸ਸੋਤਲ adj. 1 眠い. 2 寝坊な.
— m. 寝坊な人, ねぼすけ.

ਸੋਤਾ[1] (सोता) /sotā ソーター/ [(Pot.)] m. 就寝時間. (⇒ਸੌਣ ਦਾ ਵੇਲਾ)

ਸੋਤਾ[2] (सोता) /sotā ソーター/ ▸ਸਰੋਤ, ਸ੍ਰੋਤ, ਸੋਤ m. → ਸਰੋਤ

ਸੋਧ (सोध) /sôda ソード/ [Skt. शोध] f. 1 改正, 改良, 改善. 2 訂正. 3 検査. 4 改訂. 5 純化, 浄化. 6 修正, 修繕. 7 追究, 探求, 究明.

ਸੋਧਕ (सोधक) /sôdaka ソーダク/ [Skt. शोधक] adj. 1 改正する, 改善する. 2 純化する, 浄化する. 3 追究する, 探求する, 究明する.

ਸੋਧਣਾ (सोधणा) /sôdaṇā ソーダナー/ [Skt. शोधयति] vt. 1 改正する, 改訂する, 改良する. 2 訂正する, 修正する. 3 検査する. 4 洗練する. 5 純化する, 浄化する. 6 追究する, 探求する, 究明する.

ਸੋਧਵਾਦ (सोधवाद) /sôdawāda ソードワード/ [Skt. शोध Skt.-वाद] m. 1 修正主義. 2 改良主義.

ਸੋਧਵਾਦੀ (सोधवादी) /sôdawādī ソードワーディー/ [Skt.-वादिन्] adj. 1 修正主義の. 2 改良主義の.
— m. 1 修正主義者. 2 改良主義者.

ਸੋਧਾ (सोधा) /sôdā ソーダー/ m. 抑圧, 鎮圧. (⇒ਸਰਕੋਬੀ)

ਸੋਧਾਈ (सोधाई) /sodăī ソーダーイー/ ▸ਸੁਧਰਾਈ, ਸੁਧਵਾਈ, ਸੁਧਾਈ f. → ਸੁਧਵਾਈ

ਸੋਂਧੀ (सोंधी) /sôdī ソーンディー/ m. 〖姓〗ソーンディー《カッタリー(クシャトリヤ)の姓の一つ》.

ਸੋਨ (सोन) /sona ソーン/ ▸ਸੋਨਾ m. → ਸੋਨਾ[1]

ਸੋਨਾ[1] (सोना) /sonā ソーナー/ ▸ਸੋਨ [Skt. स्वर्ण] m. 〖金属〗金. ❐ਸੋਨੇ ਦਾ ਵਰਕ 金箔. ❐ਸੋਨੇ ਦੀ ਇੱਟ 金の延べ棒. ❐ਸੋਨੇ ਦੀ ਖਾਣ 金鉱. ❐ਸੋਨੇ ਦੀ ਡਲੀ 金塊.

ਸੋਨਾ[2] (सोना) /sonā ソーナー/ m. 〖姓〗ソーナー《カッタリー(クシャトリヤ)の姓の一つ》.

ਸੋਪ (सोप) /sopa ソープ/ [Eng. soap] m. 石鹸. (⇒ਸਾਬਣ)

ਸੋਂਫ (सोंफ) /sõpʰa ソーンプ/ ▸ਸੌਂਫ f. → ਸੌਂਫ

ਸੋਫਤੀ (सोफती) /sopʰatī ソープティー/ ▸ਸੋਬਤੀ adv. → ਸੋਬਤੀ[1]

ਸੋਫ਼ਾ (सोफ़ा) /sofā ソーファー/ [Eng. sofa] m. 〖家具〗ソファー.

ਸੋਫੀ (सोफी) /sopʰī ソーピー/ adj. 1 節制する, 質素な. 2 酒をたしなまない. 3 酔っていない, しらふの.

ਸੋਬਤੀ[1] (सोबती) /sobatī ソーブティー/ ▸ਸੋਫਤੀ adv. 1 自然に. (⇒ਵੈਸੇ ਹੀ) 2 何気なく. 3 さらりと. 4 優しく.

ਸੋਬਤੀ[2] (सोबती) /sobatī ソーブティー/ m. 〖姓〗ソーブティー《カッタリー(クシャトリヤ)の姓の一つ》.

ਸੋਭਣਾ (सोभणा) /sôbaṇā ソーバナー/ [Skt. शोभायते] vi. 1 優雅に見える, 美しく見える. (⇒ਸੋਭਾ ਪਾਉਣਾ) 2 似合う. 3 信頼できるようになる.

ਸੋਭਨੀਕ (सोभनीक) /sôbanīka ソーブニーク/ [cf. ਸੋਭਣਾ] adj. 1 優雅な, 雅な. 2 美しい, 綺麗な. 3 見栄えの良い, 見事な. 4 厳かな, 威厳のある. 5 似合っている.

ਸੋਭਾ (सोभा) /sôbā ソーバー/ ▸ਸ਼ੋਭਾ [Skt. शोभा] f. 1 輝き, 光輝, 光彩. (⇒ਚਮਕ, ਲਿਸ਼ਕ) 2 栄光, 見事さ. (⇒ਮਹਿਮਾ) 3 称賛, 賛美. (⇒ਉਸਤਤ) 4 名声. (⇒ਮਸ਼ਹੂਰੀ) 5 優雅さ. 6 美, 美しさ. (⇒ਸੁਹੱਪਣ, ਸੁੰਦਰਤਾ) 7 飾り, 装飾.

ਸ਼ੋਭਾ (शोभा) /śôbā ショーバー/ ▸ਸੋਭਾ f. → ਸੋਭਾ

ਸੋਮ (सोम) /soma ソーム/ [Skt. सोम] m. 1 〖植物・儀礼〗ソーマ《ガガイモ科の植物. ヴェーダ時代の祭式において, その搾った液から作られた興奮性の飲料が神々に捧げられた》. 2 〖飲料〗神々の飲料. 3 〖天文〗月. (⇒ਚੰਦਰਮਾ)

ਸੋਮਵਾਰ (सोमवार) /somawāra ソームワール/ [+ Skt. वार] m. 〖暦〗月曜日. (⇒ਪੀਰ)

ਸੋਮਾ (सोमा) /somā ソーマー/ m. 1 泉, 湧水. (⇒ਚਸ਼ਮਾ) 2 源, 水源, 源泉. 3 起源.

ਸ਼ੋਰ (शोर) /śora ショール/ [Pers. śor] m. 1 騒音. (⇒ਰੌਲਾ) 2 喧騒. 3 騒ぎ. ❐ਸ਼ੋਰ ਮਚਾਉਣਾ 騒ぐ, うるさくする, 騒ぎ立てる.

ਸ਼ੋਰਸ਼ (शोरश) /śoraśa ショーラシュ/ [Pers. śoraś] f. 1 暴動, 騒乱, 騒動. (⇒ਦੰਗਾ) 2 反乱, 謀反. (⇒ਬਲਵਾ)

ਸ਼ੋਰਸ਼ੀ (शोरशी) /śoraśī ショーラシー/ [Pers. śoraśī] adj. 暴動の, 騒乱の, 騒動の起きている, 混乱した. 2 反乱の, 謀反を起こした.

ਸੋਰਠ (सोरठ) /soraṭʰa ソーラト/ [Skt. सौराष्ट्र] m. 〖音楽〗ソーラタ(ソーラト)《インド古典音楽の拍子の一つ》.

ਸੋਰਠਾ (सोरठा) /soraṭʰā ソールター/ [Skt. सौराष्ट्र] m. 〖文学〗ソーラター(ソールター)《ドーハーと逆の構成の韻律》.

ਸੋਰਨ (सोरन) /soranạ ソーラン/ ▸ਸਮਰਣ, ਸਿਮਰਣ, ਸਿਮਰਨ [(Mul.) Skt. स्मरण] *m.* **1** 回想. (⇒ਯਾਦ) **2** 神の御名の暗唱. **3** 祈り.

ਸ਼ੋਰਬਾ (शोरबा) /śorạbā ショールバー/ ▸ਸ਼ੋਰਾ [Pers. *śorbā*] *m.* 〚料理〛汁, 煮出し汁, スープ, ソース.

ਸ਼ੋਰਾ¹ (शोरा) /śorā ショーラー/ [Pers. *śora*] *m.* 〚鉱物・化学〛硝石, 硝酸カリ《火薬・ガラス・食品保存料などの原料》.

ਸ਼ੋਰਾ² (शोरा) /śorā ショーラー/ ▸ਸ਼ੋਰਬਾ *m.* → ਸ਼ੋਰਬਾ

ਸੋਲ੍ਹਵਾਂ (सोल्हवाँ) /sôlạwā̃ ソールワーン/ [(Pkt. सोलस) Skt. षोडश -वां] *or.num.* 16番目.

— *adj.* 16番目の.

ਸੋਲਾਂ (सोलाँ) /solā̃ ソーラーン/ [(Pkt. सोलस) Skt. षोडश] *ca.num.* 16.

— *adj.* 16の.

ਸੌ¹ (सौ) /sau サォー/ ▸ਸਉ, ਸੈ [Skt. शत] *ca.num.* 〚数量〛 100, 百の単位. (⇒ਸੈਂਕੜਾ)

— *adj.* 100の, 百の. (⇒ਸੈਂਕੜਾ)

ਸੌ² (सौ) /sau サォー/ ▸ਸਉ, ਸਓ, ਸਾਉ, ਸੋ *vi.* 《動詞 ਹੋਣਾ の2人称・複数・過去形. ਤੁਸੀਂ … ਸੌ》 **1**…であった, …でした. **2**…あった・いた, …ありました・いました.

ਸੌਈਂ (सौईं) /sauī̃ サォーイーン/ *adv.* **1** 百ルピーで. **2** 数百ルピーで.

ਸੌਂਹ (सौंह) /sā̃û サォーン/ ▸ਸਉਂਹ, ਸਹੁੰ *f.* → ਸਹੁੰ

ਸ਼ੌਂਹਰ (शौंहर) /śā̃ûrạ シャオーンル/ [Pers. *śauhar*] *m.* 〚親族〛夫, 主人. (⇒ਪਤੀ)

ਸੌਹਰਾ (सौहरा) /saûrā サォーラー/ ▸ਸਸੁਰ, ਸਹੁਰਾ, ਸਾਹਵਾਰਾ [Skt. श्वसुर] *m.* 〚親族〛舅(しゅうと)《夫または妻の父である義父》.

ਸੌਹਰੀ (सौहरी) /saûrī サォーリー/ [-ਈ] *f.* 〚親族〛姑(しゅうとめ)《夫または妻の母である義母》.

ਸੌਹੇਂ (सौहें) /sauhẽ サォーヘーン/ ▸ਸਾਹਵੇਂ *adv.* → ਸਾਹਵੇਂ

ਸ਼ੌਕ (शौक) /śaukạ シャオーク/ [Arab. *śauq*] *m.* **1** 熱意, 熱中, 熱情. **2** 好み, 嗜好. **3** 興味, 関心. **4** 趣味, 道楽.

ਸੌਂਕਣ (सौंकण) /sā̃ūkaṇạ サォーンカン/ ▸ਸੌਕਣ [Pkt. सवक्की] *f.* **1** 〚親族〛(妻から見て)夫の自分以外の妻, 第二夫人. **2** 妾. **3** 〚比喩〛競争相手, 好敵手, ライバル.

ਸੌਕਣ (सौकण) /saukaṇạ サォーカン/ ▸ਸੌਂਕਣ *f.* → ਸੌਂਕਣ

ਸ਼ੌਕਣ (शौकण) /śaukaṇạ シャオーカン/ [Arab. *śauq* -ਣ] *f.* 興味を持っている女性, 熱心な女の人.

ਸ਼ੌਕਤ (शौकत) /śaukatạ シャオーカト/ [Pers. *śaukat*] *f.* **1** 輝き, 荘厳, 心に迫る様子. (⇒ਜਾਹੋ-ਜਲਾਲ) **2** 豪華, 豪奢, 壮麗, 華麗.

ਸ਼ੌਕੀ (शौकी) /śaukī シャオーキー/ [Arab. *śauq* -ਈ] *m.* 興味を持っている男性, 熱心な男の人.

ਸ਼ੌਕੀਆ (शौकीआ) /śaukīā シャオーキーアー/ [Pers. *śauqiya*] *adv.* **1** 興味を持って. **2** 道楽で, 楽しんで. **3** 趣味で.

ਸ਼ੌਕੀਨ (शौकीन) /śaukīnạ シャオーキーン/ ▸ਸ਼ੁਕੀਨ *adj.* → ਸ਼ੁਕੀਨ

ਸੌਖ (सौख) /saukʰạ サォーク/ ▸ਸਉਖ [Skt. सौख्य] *m.* **1** 安楽, 幸福, 心地よい状態. (⇒ਖ਼ੁਸ਼ਹਾਲੀ, ਅਰਾਮ) **2** 容易. (⇒ਸੁਖਾਲ, ਅਸਾਨੀ) **3** 便宜.

ਸੌਖਾ (सौखा) /saukʰā サォーカー/ *adj.* **1** 楽な, 安楽な, 心地よい, 幸せな. (⇒ਸੁਖੀ, ਖ਼ੁਸ਼ਹਾਲ) **2** 易しい, 容易な, 簡単な. (⇒ਅਸਾਨ)(⇔ਔਖਾ) **3** 便利な.

ਸੌਗੰਦ (सौगंद) /sauganda̯ サォーガンド/ ▸ਸੁਗੰਦ [Skt. सौगंध] *f.* 誓い, 誓約. (⇒ਸ਼ਪਥ, ਸਹੁੰ, ਕਸਮ)

ਸੌਂਗ਼ਾਤ (सौंग़ात) /sā̃ūǧātạ サォーンガート/ ▸ਸਉਗ਼ਾਤ, ਸੁਗ਼ਾਤ, ਸੌਗ਼ਾਤ *f.* → ਸੁਗ਼ਾਤ

ਸੌਗ਼ਾਤ (सौग़ात) /sauǧātạ サォーガート/ ▸ਸਉਗ਼ਾਤ, ਸੁਗ਼ਾਤ, ਸੌਂਗ਼ਾਤ *f.* → ਸੁਗ਼ਾਤ

ਸੌਂਗੀ (सौंगी) /sā̃ūgī サォーンギー/ ▸ਸਾਉਗੀ, ਸੌਗੀ *f.* → ਸੌਗੀ

ਸੌਗੀ (सौगी) /saugī サォーギー/ ▸ਸਾਉਗੀ, ਸੌਂਗੀ *f.* 〚食品〛干しブドウ. (⇒ਕਿਸ਼ਮਿਸ਼)

ਸੌਜਗਾਰ (सौजगार) /saujạgārạ サォージガール/ *adj.* 利益のある, 儲かる, 有益な. (⇒ਲਾਹੇਵੰਦ)

ਸੌਜਣਾ (सौजणा) /saujaṇā サォージャナー/ ▸ਸੌਜਲਨਾ *vi.* 利益が出る, 儲かる. (⇒ਲਾਹੇਵੰਦ ਹੋਣਾ)

ਸੌਜਲਨਾ (सौजलना) /saujalạnā サォージャルナー/ ▸ਸੌਜਣਾ *vi.* → ਸੌਜਣਾ

ਸੌਣ¹ (सौण) /sauṇạ サォーン/ ▸ਸਉਣ, ਸਾਉਣ, ਸਾਵਣ *m.* → ਸਾਉਣ

ਸੌਣ² (सौण) /sauṇạ サォーン/ ▸ਸਉਣ *m.* **1** 眠り, 睡眠, 眠ること. (⇒ਨੀਂਦ) **2** 眠気, まどろみ. **3** 寝ること, 就寝.

ਸੌਂਣਾ (सौंणा) /sā̃ūṇā サォーンナー/ ▸ਸਉਣਾ, ਸੌਣਾ [Skt. स्वपति] *vi.* **1** 眠る. **2** 寝る. **3** 横になる.

ਸੌਣਾ (सौणा) /sauṇā サォーナー/ ▸ਸਉਣਾ, ਸੌਂਣਾ *vi.* → ਸੌਂਣਾ

ਸੌਤ (सौत) /sautạ サォート/ [Skt. सपत्नी] *f.* **1** 〚親族〛(妻から見て)夫の自分以外の妻, 第二夫人. **2** めかけ, 妾.

ਸੌਦਾ¹ (सौदा) /saudā サォーダー/ [Pers. *saudā*] *m.* **1** 取引. **2** 商売, 売買. **3** 商品, 品物. **4** 買い物, 購入, 購買.

ਸੌਦਾ² (सौदा) /saudā サォーダー/ ▸ਸਉਦਾ, ਸੁਦਾ *m.* → ਸੁਦਾ

ਸੌਦਾਈ (सौदाई) /saudāī サォーダーイー/ ▸ਸੁਦਾਈ *adj.* → ਸੁਦਾਈ

ਸੌਦਾਗਰ (सौदागर) /saudāgarạ サォーダーガル/ ▸ਸਉਦਾਗਰ, ਸੌਦਾਗਰ *m.* → ਸੁਦਾਗਰ

ਸੌਂਪ (सौंप) /sā̃ūpạ サォーンプ/ [cf. ਸੌਂਪਣਾ] *f.* 委託, 委譲. (⇒ਹਵਾਲਗੀ)

ਸੌਂਪਣਾ (सौंपणा) /sā̃ūpaṇā サォーンパナー/ ▸ਸਉਂਪਣਾ [Skt. समर्पयति] *vt.* **1** 委ねる, 任せる, 委任する, 委託する. (⇒ਹਵਾਲੇ ਕਰਨਾ) **2** 預ける, 預託する. **3** 委譲する, 譲る, 引き渡す, 明け渡す.

ਸੌਂਪਣੀ (सौंपणी) /sā̃ūpaṇī サォーンパニー/ [cf. ਸੌਂਪਣਾ] *f.* **1** 委任, 委託, 信託. (⇒ਸਪੁਰਦਗੀ) **2** 預託. **3** 委譲, 引き渡し, 明け渡し. **4** 〚法〛拘留.

ਸੌਂਫ (सौंफ) /sā̃ūpʰạ サォーンプ/ ▸ਸੋਂਫ [Skt. शतपुष्पा] *f.* **1** 〚植物〛アニス, アニスの実《セリ科の草本. 芳香があり, 薬用・調味用となる》. **2** 〚植物〛ウイキョウ(茴香), フェンネル.

ਸੌਰ (सौर) /saurạ サォール/ [Skt. सौर] *adj.* **1** 太陽と関

係のある． **2** 太陽から生まれた． **3** 太陽を崇拝する．(⇒ਸੂਰਜ ਉਪਾਸ਼ਨ ਵਾਲਾ)

— *m.* 太陽の崇拝者．(⇒ਸੂਰਜ ਦਾ ਉਪਾਸ਼ਕ)

ਸੌਰਸੈਨੀ (सौरसैनी) /saurasainī サォールサェーニー/ [Skt. शौरसेनी] *f.* シャウラセーニー語《現在のマトゥラーとその周辺に相当するシャウラセーナ(シューラセーナ)と呼ばれた地域で用いられていたプラークリット語の一つ》．

ਸੌਰਨਾ (सौरना) /sauranā サォールナー/ ▸ਸਉਰਨਾ *vi.* **1** 良くなる．(⇒ਠੀਕ ਹੋਣਾ) **2** 改善される．(⇒ਸੁਧਰਨਾ) **3** 調節される． **4** 修理される． **5** 修正される． **6** 整えられる，整理される． **7** 飾られる，装飾される． **8** 達成される． **9** 遂行される． **10** 〖俗語〗(家畜が)交配して妊娠する．

ਸੌਰਾਸ਼ਟਰ (सौराशटर) /saurāśaṭara サォーラーシュタル/ [Skt. सौराष्ट्र] *m.* 〖地名〗サウラーシュトラ《グジャラート州のカーティヤーワール地方の古名》．(⇒ਕਾਠੀਆਵਾੜ)

ਸੌਰਾਸ਼ਟਰੀ (सौराशटरी) /saurāśaṭarī サォーラーシュタリー/ [Skt. सौराष्ट्री] *f.* サウラーシュトラ語《インド・アーリア系の語彙を維持しながらドラヴィダ語化した文法体系をも有する特異な言語》．

ਸੌਰੀ (सौरी) /saurī サォーリー/ [Skt. सौरीय] *adj.* **1** 太陽の，太陽に関する． **2** 太陽を崇拝する．(⇒ਸੂਰਜ ਉਪਾਸ਼ਨ ਵਾਲਾ)

ਸੌਲ (सौल) /saula サォール/ ▸ਸਉਲ *f.* **1** ボルト． **2** 頸木(くびき)の端に使われる木製または鉄製の留め具．

ਸੌਲਾ (सौला) /saulā サォーラー/ ▸ਸਉਲਾ, ਸਾਉਂਲਾ, ਸਾਉਲਾ, ਸਾਂਵਰਾ, ਸਾਂਵਲਾ, ਸਾਵਲਾ *adj.* → ਸਾਉਲਾ

ਸੌਵਾਂ (सौवाँ) /sauwā̃ サォーワーン/ [Skt. शत -वां] *or.num.* 100番目，百番目．

— *adj.* 100番目の，百番目の．

ਸੌੜ (सौड़) /sauṛa サォール/ [(Lah.)] *f.* **1** 窮屈． **2** 狭いこと． **3** 困難，窮地．(⇒ਮੁਸੀਬਤ) **4** 不足，窮乏．

ਸੌੜਾ (सौड़ा) /sauṛā サォーラー/ [(Lah.)] *adj.* **1** 窮屈な． **2** 狭い． **3** 窮乏した． **4** 苛々した．

ਹ

ਹ (ह) /hāhā ハーハー/ *m.* 〖文字〗グルムキー文字の字母表の5番目の文字《声門摩擦音の「ハ」を表す．語中・語末においては，「ハ」ではなく，高声調(高降りアクセント)または低声調(低昇りアクセント)を表す場合が多い》．

ਹਉਂ (हउँ) /haõ ハオーン/ ▸ਹਉ, ਹਉਮੇ, ਹਉਮੈ, ਹਉਮੈਂ, ਹੌਮੇਂ, ਹੌਮੈ, ਹੌਮੈਂ *f.* → ਹਉਮੈਂ

ਹਉ (हउ) /hau ハウ/ ▸ਹਉਂ, ਹਉਮੇ, ਹਉਮੈ, ਹਉਮੈਂ, ਹੌਮੇਂ, ਹੌਮੈ, ਹੌਮੈਂ *f.* → ਹਉਮੈਂ

ਹਉਸ (हउस) /hausa ハウス/ ▸ਹਬਸ਼, ਹਵਸ *f.* → ਹਵਸ

ਹਉਕਾ (हउका) /haukā ハウカー/ ▸ਹੌਕਾ *m.* → ਹੌਕਾ

ਹਉਮੇ (हउमे) /haume ハウメー/ ▸ਹਉਂ, ਹਉ, ਹਉਮੈ, ਹਉਮੈਂ, ਹੌਮੇਂ, ਹੌਮੈ, ਹੌਮੈਂ *f.* → ਹਉਮੈਂ

ਹਉਮੈਂ (हउमैं) /haumãĩ ハウマェーン/ ▸ਹਉਂ, ਹਉ, ਹਉਮੇ, ਹਉਮੈ, ਹੌਮੇਂ, ਹੌਮੈ, ਹੌਮੈਂ [Skt. अहं] *f.* **1** 自我，自己． **2** 自己認識，自我意識． **3** 自己信頼，自尊心． **4** 我欲，利己心，利己主義，自己本位． **5** 驕り，慢心，傲慢さ，うぬぼれ．(⇒ਘਮੰਡ)

ਹਉਮੈ (हउमै) /haumai ハウマェー/ ▸ਹਉਂ, ਹਉ, ਹਉਮੇ, ਹਉਮੈਂ, ਹੌਮੇਂ, ਹੌਮੈ, ਹੌਮੈਂ *f.* → ਹਉਮੈਂ

ਹਊਆ (हऊआ) /haūā ハウーアー/ *m.* 恐いもの．

ਹਅਹਾ (हअहा) /haahā ハアハー/ *int.* ああ，嗚呼《悲しみ・苦痛などを表す発声》．

ਹੰਸ (हंस) /hansa ハンス/ [Skt. हंस] *m.* **1** 〖鳥〗ハクチョウ，白鳥． **2** 〖比喩〗魂，霊魂．

ਹੱਸ (हस्स) /hassa ハッス/ [Skt. अंस] *m.* **1** 〖身体〗鎖骨． **2** 〖衣服〗襟． **3** 〖装〗首飾り．(⇒ਤੰਦੀਰਾ)

ਹਸਣਾ (हसणा) /hasaṇā ハスナー/ ▸ਹੱਸਣਾ *vi.* → ਹੱਸਣਾ

ਹੱਸਣਾ (हस्सणा) /hassaṇā ハッサナー/ ▸ਹਸਣਾ [Skt. हसति] *vi.* **1** 笑う． **2** 嘲る，あざ笑う，嘲笑する，からかう． **3** 冗談を言う，ふざける．

ਹਸਤ[1] (हसत) /hasata ハスト/ ▸ਹੱਥ [Skt. हस्त] *m.* 〖身体〗手．

ਹਸਤ[2] (हसत) /hasata ハスト/ ▸ਹਸਤੀ, ਹਾਥੀ *m.* → ਹਾਥੀ

ਹਸਤਨੀ (हसतनी) /hasatanī ハスタニー/ ▸ਹਥਣੀ, ਹਥਾਣੀ *f.* → ਹਥਣੀ

ਹਸਤਨਾਪੁਰ (हसतनापुर) /hasatanāpura ハスタナープル/ *m.* 〖地名〗ハスティナープラ《バラタ王の建てたガンジス川中原の古都．現在のウッタル・プラデーシュ州メーラト県で発掘された》．

ਹਸਤਨਾਪੁਰੀ (हसतनापुरी) /hasatanāpurī ハスタナープリー/ *m.* ハスティナープラの人．

ਹਸਤਾਖਰ (हसताखर) /hasatākʰara ハスターカル/ [Skt. हस्ताक्षर] *m.* 署名，サイン．(⇒ਦਸਖ਼ਤ)

ਹਸਤਾਖਰਿਤ (हसताखरित) /hasatākʰarita ハスタークリト/ [Skt. हस्ताक्षरित] *adj.* 署名された．

ਹਸਤਾਂਤਰਣ (हसताँतरण) /hasatā̃taraṇa ハスターンタラン/ [Skt. हस्तांतरण] *m.* 手渡し，引渡し，譲渡．

ਹਸਤੀ[1] (हसती) /hasatī ハスティー/ [Pers. *hastī*] *f.* **1** 存在，存在するもの． **2** 生き物． **3** 人物．

ਹਸਤੀ[2] (हसती) /hasatī ハスティー/ ▸ਹਸਤ, ਹਾਥੀ *m.* → ਹਾਥੀ

ਹਸਦ (हसद) /hasada ハサド/ [Arab. *hasad*] *m.* 妬み，嫉妬，やきもち．(⇒ਈਰਖਾ, ਸਾੜਾ)

ਹਸਨਅਬਦਾਲ (हसनअबदाल) /hasanaabadāla ハサンアブダール/ *m.* 〖地名〗ハサン・アブダール《パキスタンの北西部の小都市．グル・ナーナクが転がって来る岩を手のひらで止めた聖地とされ，グルドゥワーラー・パンジャー・サーヒブが建立されている》．

ਹਸਪਤਾਲ (हसपताल) /hasapatāla ハスパタール/ [Eng. *hospital*] *m.* 病院． ❐ਹਸਪਤਾਲ ਦੀ ਗੱਡੀ 救急車．

ਹਸਪਤਾਲੀ (हसपताली) /hasapatālī ハスパターリー/ [-ਈ] *adj.* 病院の．

ਹਸਬ (हसब) /hasaba ハサブ/ [Arab. *hasb*] *pref.* 「…に応じて」「…に従って」「…に基づいて」「…通り」などの意味を表す接頭辞．(⇒ਅਨੁਸਾਰ)

ਹਸਬ ਕਾਇਦਾ (हसब काइदा) /hasaba kāidā ハサブ カーイダー/ [Arab. *hasb*- Arab. *qā`ida*] *adv.* 規則に基づ

いて, 決まりによって.

ਹਸਬ ਕਾਨੂੰਨ (हसब कानूँन) /hasaba̸ kānū̃na̸ ハサブ カーヌーンヌ/ [Arab. *hasb-* Arab. *qānūn*] *adv.* 法に基づいて.

ਹਸਬ ਜ਼ਾਬਤਾ (हसब ज़ाबता) /hasaba̸ zāba̸tā ハサブ ザーブター/ [Arab. *hasb-* Arab. *zābita*] *adv.* 法に基づいて.

ਹਸਬ ਜ਼ੈਲ (हसब जैल) /hasaba̸ zaila̸ ハサブ ザェール/ [Arab. *hasb-* Arab. *zail*] *adv.* 下記の通り.

ਹਸਬ ਨਸਬ (हसब नसब) /hasaba̸ nasaba̸ ハサブ ナサブ/ [Arab. *hasb-* Arab. *nasb*] *m.* **1** 家柄, 家系. **2** 祖先. **3** 家族の特色.

ਹਸਬ ਮਨਸ਼ਾ (हसब मनशा) /hasaba̸ mana̸śā ハサブ マンシャー/ [Arab. *hasb-* Arab. *manśā*] *adv.* 願いに応じて, 望み通り.

ਹਸਬ ਮਿਕਦਾਰ (हसब मिकदार) /hasaba̸ mika̸dāra̸ ハサブ ミクダール/ [Arab. *hasb-* Arab. *miqdār*] *adv.* 量に応じて.

ਹਸਮੁਖ (हसमुख) /hasa̸muk^{h}a̸ ハスムク/ ▸ਹਸਮੁਖਾ [Skt. हंसन + Skt. मुख] *adj.* **1** 笑顔の, にこやかな, 愛想のよい. **2** 陽気な, 愉快な, 明朗な, 朗らかな.

ਹਸਮੁਖਾ (हसमुखा) /hasa̸muk^{h}ā ハスムカー/ ▸ਹਸਮੁਖ *adj.* → ਹਸਮੁਖ

ਹਸ਼ਰ (हशर) /haśara̸ ハシャル/ [Arab. *haśr*] *m.* **1** 集まり, 会合. **2** よみがえり, 生き返り, 復活. **3** 最後の審判の日.

ਹਸਰਤ (हसरत) /hasa̸rata̸ ハスラト/ [Pers. *hasrat*] *f.* **1** 悲しみ, 遺憾. **2** 満たされない願望.

ਹਸ਼ਰੀ (हशरी) /haśa̸rī ハシュリー/ [(Lah.)] *f.* 悪評, 汚名. (⇒ਬਦਨਾਮੀ)

ਹਸਾਉਣਾ (हसाउणा) /hasāuṇā ハサーウナー/ ▸ਹਸਾਣਾ [cf. ਹੱਸਣਾ] *vt.* 笑わせる.

ਹਸਾਈ (हसाई) /hasāī ハサーイー/ [cf. ਹੱਸਣਾ] *f.* **1** 笑い. **2** 笑うこと.

ਹਸਾਣਾ (हसाणा) /hasāṇā ハサーナー/ ▸ਹਸਾਉਣਾ *vt.* → ਹਸਾਉਣਾ

ਹਸਾਸ (हसास) /hasāsa̸ ハサース/ *adj.* 感じやすい.

ਹਸਾਬ (हसाब) /hasāba̸ ハサーブ/ ▸ਹਿਸਾਬ *m.* → ਹਿਸਾਬ

ਹਸਾਬੀ (हसाबी) /hasābī ハサービー/ ▸ਹਿਸਾਬੀ *adj.* → ਹਿਸਾਬੀ

ਹੱਸੀ (हस्सी) /hassī ハッスィー/ ▸ਹਸੀਰੀ, ਹਸੀਲੀ [Skt. अंस -ਈ] *f.* **1**〖身体〗鎖骨. **2**〖装〗小さな首飾り. (⇒ਤੰਦੀਰੀ)

ਹਸੀਰਾ (हसीरा) /hasīrā ハスィーラー/ [+ ਰਾ] *m.* **1**〖身体〗肩, 肩甲骨. (⇒ਕੰਧਾ, ਮੋਢਾ) **2**〖身体〗鎖骨. **3** 襟. **4**〖装〗首飾り. (⇒ਤੰਦੀਰਾ)

ਹਸੀਰੀ (हसीरी) /hasīrī ハスィーリー/ ▸ਹੱਸੀ, ਹਸੀਲੀ [(Lah.)] *f.* → ਹੱਸੀ

ਹਸੀਲੀ (हसीली) /hasīlī ハスィーリー/ ▸ਹੱਸੀ, ਹਸੀਰੀ [(Lah.)] *f.* → ਹੱਸੀ

ਹੱਕ[1] (हक्क) /hakka̸ ハック/ [Arab. *haqq*] *m.* **1** 権利. (⇒ਅਧਿਕਾਰ) ❒ਹੱਕ ਮਾਰਨਾ 権利を侵害(強奪・否定)する, 不当に扱う. **2** 資格. **3** 請求権, 主張.

ਹੱਕ[2] (हक्क) /hakka̸ ハック/ *f.* どもる人, どもり. (⇒ਥਥਲਾ) ❒ਹੱਕ ਪੈਣੀ どもる.

ਹੱਕਸ਼ਨਾਸ (हक्कशनास) /hakka̸śanāsa̸ ハックシャナース/ [+ Pers. *śinās*] *adj.* **1** 誠実な, 真実の. **2** 公正な, 正当な. **3** 恩義を感じている, 恩を知る. (⇒ਕਰਿਤੱਗ)

ਹੱਕਸ਼ਨਾਸੀ (हक्कशनासी) /hakka̸śanāsī ハックシャナースィー/ [+ Pers. *śināsī*] *f.* **1** 誠実, 真実. **2** 公正, 正当性. **3** 恩義を感じること, 恩を知ること. (⇒ਕਰਿਤੱਗਤਾ)

ਹੱਕਸ਼ੁਫ਼ਾ (हक्कशुफ़ा) /hakka̸śup^{h}ā ハックシュパー/ [+ Pers. *śuf'ā*] *m.* **1**〖経済〗先買権. **2**〖法〗先買権訴訟.

ਹੱਕ ਹਕੂਕ (हक्क हकूक) /hakka̸ hakūka̸ ハック ハクーク/ *m.* 諸権利.

ਹੱਕ ਹਲਾਲ (हक्क हलाल) /hakka̸ halāla̸ ハック ハラール/ [Arab. *haqq* + Arab. *halāl*] *m.* 正当な手段.

ਹੱਕਣਾ (हक्कणा) /hakkaṇā ハッカナー/ ▸ਹਿੱਕਣਾ [(Mal.)] *vt.* → ਹਿੱਕਣਾ

ਹੱਕ ਤਲਫ਼ੀ (हक्क तलफ़ी) /hakka̸ tala̸fī ハック タルフィー/ [Arab. *haqq* Pers.*-talafī*] *f.* **1** 権利の侵害・強奪・否定. **2** 権利の不当な剥奪.

ਹੱਕਦਾਰ (हक्कदार) /hakka̸dāra̸ ハックダール/ [Pers.*-dār*] *adj.* **1** 権利を持つ, 権利がある. **2** 資格を持つ, 資格がある.

— *m.* **1** 権利を持つ者, 権利がある者. **2** 正当な所有者.

ਹੱਕਦਾਰੀ (हक्कदारी) /hakka̸dārī ハックダーリー/ [Pers.*-dārī*] *f.* **1** 権利を持つこと, 権利があること. **2** 資格を持つこと, 資格があること. **3** 請求権.

ਹੱਕਪਸੰਦ (हक्कपसंद) /hakka̸pasanda̸ ハックパサンド/ [+ Pers. *pasand*] *adj.* **1** 誠実な, 真実の. **2** 公正な, 正当な.

ਹੱਕਪਸੰਦੀ (हक्कपसंदी) /hakka̸pasandī ハックパサンディー/ [+ Pers. *pasandī*] *f.* **1** 誠実, 真実. **2** 公正, 正当性.

ਹੱਕਪਰਸਤ (हक्कपरसत) /hakka̸parasa̸ta̸ ハックパラスト/ [Pers.*-parast*] *adj.* 真実を崇拝する.

— *m.* **1** 真実を崇拝する者. **2** 神を崇拝する者.

ਹੱਕਪਰਸਤੀ (हक्कपरसती) /hakka̸parasa̸tī ハックパラスティー/ [Pers.*-parastī*] *f.* **1** 真実の崇拝. **2** 有神論. **3** 理神論. **4** 神の崇拝.

ਹੱਕ ਬਜਾਨਬ (हक्क बजानब) /hakka̸ bajānaba̸ ハック バジャーナブ/ [+ Pers. *ba-* Arab. *jānib*] *adj.* **1** 権利を与えられた. **2** 正当化された.

ਹੱਕ ਮਾਲਕਾਨਾ (हक्क मालकाना) /hakka̸ māla̸kānā ハック マールカーナー/ [+ Pers. *mālikāna*] *m.* 所有権.

ਹੱਕਰਸੀ (हक्करसी) /hakka̸rasī ハックラスィー/ *f.* **1** 権利の承認・授与・復元. **2** 正義.

ਹਕਲਾ (हकला) /haka̸lā ハクラー/ *adj.* どもりの, 吃音の.

— *m.* どもる人, どもり. (⇒ਥਥਲਾ)

ਹਕਲਾਉਣਾ (हकलाउणा) /haka̸lāuṇā ハクラーウナー/ *vi.* どもる. (⇒ਥਥਲਾਉਣਾ)

ਹੱਕਾ-ਬੱਕਾ (हक्का-बक्का) /hakkā-bakkā ハッカー・バッカー/ *adj.* **1** 驚いた, びっくりした, 呆然とした. (⇒ਹੈਰਾਨ) **2** 困惑した, あわてふためいた.

ਹੰਕਾਰ (हंकार) /haṅkāra̸ ハンカール/ ▸ਅਹੰਕਾਰ, ਹਕਾਰ [Skt. अहंकार] *m.* **1** 自尊心, うぬぼれ. (⇒ਅਭਿਮਾਨ) **2** 虚栄心. **3** 横柄さ, 傲慢さ.

ਹਕਾਰ (हकार) /hakāra̸ ハカール/ ▸ਹੰਕਾਰ *m.* → ਹੰਕਾਰ

ਹਕਾਰਤ (हकारत) /hakāra̸ta̸ ハカールト/ [Pers. *hiqārat*] *f.* **1** 憎しみ, 憎悪. (⇒ਘਿਰਣਾ) **2** 軽蔑, 侮蔑.

ਹੰਕਾਰਨਾ (हंकारना) /haṅkāra̸nā ハンカールナー/ [cf. ਹੰਕਾਰ] *vi.* 威張る, うぬぼれる. (⇒ਅਭਿਮਾਨ ਕਰਨਾ)

ਹੰਕਾਰੀ (हंकारी) /haṅkārī ハンカーリー/ [Skt. अहंकार -ਈ] *adj.* 傲慢な, 尊大な, うぬぼれの強い. (⇒ਅਭਿਮਾਨੀ)

ਹੱਕੀ (हक्की) /hakkī ハッキー/ *adj.* **1** 正当な. **2** 本当の.

ਹਕੀਕਤ (हकीकत) /hakīkata̸ ハキーカト/ [Pers. *haqīqat*] *f.* **1** 真実, 本当のこと. (⇒ਅਸਲੀਅਤ) **2** 事実, 実際, 実情, 実態. **3** 価値.

ਹਕੀਕਤਨ (हकीकतन) /hakīkatana̸ ハキーカタン/ [Arab. *haqīqatan*] *adv.* 本当に, 実のところ, 実際に. (⇒ਦਰਅਸਲ, ਵਾਕਈ)

ਹਕੀਕਤ ਪਸੰਦ (हकीकत पसंद) /hakīkata̸ pasanda̸ ハキーカト パサンド/ [Arab. *haqīqa* + Pers. *pasand*] *adj.* 現実主義の, 写実主義の.
— *m.* 現実主義者, 写実主義者.

ਹਕੀਕਤ ਪਸੰਦੀ (हकीकत पसंदी) /hakīkata̸ pasandī ハキーカト パサンディー/ [-ਈ] *f.* 現実主義, 写実主義.

ਹਕੀਕੀ (हकीकी) /hakīkī ハキーキー/ [Arab. *haqīqī*] *adj.* **1** 本当の, 実際の. (⇒ਅਸਲੀ) **2** 本質的な, 本物の.

ਹਕੀਮ (हकीम) /hakīma̸ ハキーム/ [Arab. *hakīm*] *m.* **1** ユーナーニー〔ギリシア・イスラーム医学, アラビア医学〕の医者. (⇒ਤਬੀਬ) **2** 哲学者, 哲人. (⇒ਦਾਰਸ਼ਨਿਕ) **3** 賢者, 賢人.

ਹਕੀਮੀ (हकीमी) /hakīmī ハキーミー/ [Pers. *hakīmī*] *f.* ユーナーニーの医術, 医者の仕事・職業.
— *adj.* ユーナーニーの医術の.

ਹਕੀਰ (हकीर) /hakīra̸ ハキール/ [Arab. *haqīr*] *adj.* **1** 卑劣な. (⇒ਕਮੀਨਾ) **2** ごく小さい, ちっぽけな. **3** 取るに足らない, 価値のない.

ਹਕੂਮਤ (हकूमत) /hakūmata̸ ハクーマト/ [Pers. *hukūmat*] *f.* **1** 統治. (⇒ਸ਼ਾਸਨ) **2** 政府. (⇒ਰਾਜ) **3** 支配権力.

ਹਕੂਮਤੀ (हकूमती) /hakūmatī ハクーマティー/ [-ਈ] *adj.* 政府の.

ਹੱਕੋ-ਹੱਕ (हक्को-हक्क) /hakko-hakka̸ ハッコー・ハック/ *adv.* 正当に. (⇒ਸੱਚੋ-ਸੱਚ)

ਹੱਗਣਾ (हग्गणा) /hagganạ̄ ハッガナー/ [Skt. हदति] *vi.* 〖生理〗排便する, 糞をする. (⇒ਟੱਟੀ ਫਿਰਨਾ)

ਹੰਗਤਾ (हंगता) /haṅga̸tā ハングター/ *f.* 自我, 自己認識, 利己心. (⇒ਹਉਮੈਂ)

ਹਗੱਦੜ (हगद्दड़) /hagaddaṛa̸ ハガッダル/ [(Pua.)] *m.* 糞で汚れた場所, ひどく汚い場所.

ਹੰਗਰੀ (हंगरी) /haṅgarī ハンガリー/ [Eng. *Hungary*] *m.* 〖国名〗ハンガリー(共和国).

ਹੰਗਾ (हंगा) /haṅgā ハンガー/ ▸ਹੰਗਾਅ [(Pot.)] *m.* **1** 部分. (⇒ਹਿੱਸਾ) **2** 要素. **3** 〖身体〗肢体. **4** 〖身体〗手足.

ਹਗਾਉਣਾ (हगाउणा) /hagāuṇā ハガーウナー/ [cf. ਹੱਗਣਾ] *vt.* 排便させる, 糞をさせる.

ਹੰਗਾਅ (हंगाअ) /haṅgāa ハンガーア/ ▸ਹੰਗਾ [(Pot.)] *m.* → ਹੰਗਾ

ਹੰਗਾਮਾ (हंगामा) /haṅgāmā ハンガーマー/ [Pers. *hangāma*] *m.* **1** 騒乱, 騒動, 混乱. **2** 暴動. **3** 暴徒.

ਹੰਗਾਮੀ (हंगामी) /haṅgāmī ハンガーミー/ [Pers. *hangāmī*] *adj.* **1** 騒乱・騒動の起きている. **2** 暴動の.

ਹੰਗਾਰ (हंगार) /haṅgāra̸ ハンガール/ ▸ਹੰਘਾਰਾ, ਹੁੰਗਾਰਾ [(Pua.)] *m.* 鼻を使って「はぁーん・はぁーん」または「ふぅーん・ふぅーん」と同意するしぐさ.

ਹਗਾਰ (हगार) /hagāra̸ ハガール/ *f.* 蝿の排泄物.

ਹੰਗਾਲ (हंगाल) /haṅgāla̸ ハンガール/ ▸ਖੰਘਾਲ [(Pkt. खग्घाल) Skt. क्षल्] *m.* すすぎ.

ਹੰਗਾਲਣਾ (हंगालणा) /haṅgāla̸ṇā ハンガールナー/ ▸ਹੰਘਾਲਨਾ, ਖੰਘਾਲਨਾ *vt.* → ਹੰਘਾਲਨਾ

ਹਗੇੜ (हगेड़) /hageṛa̸ ハゲール/ *f.* **1** 人や犬の排泄物, 糞便. **2** 汚れた場所, 不潔な区域.

ਹੰਘਾਰਾ (हंघारा) /haṅgărā ハンガーラー/ ▸ਹੰਗਾਰ, ਹੁੰਗਾਰਾ [(Pua.)] *m.* 鼻を使って「はぁーん・はぁーん」または「ふぅーん・ふぅーん」と同意するしぐさ.

ਹੰਘਾਲਨਾ (हंघालना) /haṅgăla̸nā ハンガールナー/ ▸ਹੰਗਾਲਣਾ, ਖੰਘਾਲਨਾ [Skt. खङ्खालयति] *vt.* **1** すすぐ, ゆすぐ. **2** 水を注いで洗う.

ਹੰਘੀ (हंघी) /hâṅgī ハンギー/ *f.* 〖道具〗網目の細かい小さな篩(ふるい). (⇒ਛਾਨਣੀ)

ਹਚ (हच) /haca̸ ハチ/ [(Lah.)] *m.* 貪欲. (⇒ਲਾਲਚ)

ਹਚਕੋਲਾ (हचकोला) /haca̸kolā ハチコーラー/ ▸ਹਿਚਕਿਕੋਲਾ, ਹਿਚਕੋਲਾ *m.* **1** 強振, 激しい揺れ. (⇒ਝਟਕਾ) **2** ぐいという押し. (⇒ਧੱਕਾ)

ਹੱਚਾ (हच्चा) /haccā ハッチャー/ [(Lah.)] *m.* **1** 欠点, 欠陥. (⇒ਕਜ) **2** 争い. (⇒ਝਗੜਾ)

ਹੱਛਾ (हच्छा) /hacchā ハッチャー/ ▸ਅੱਛਾ *adj.int.* → ਅੱਛਾ

ਹੰਜ (हंज) /hañja̸ ハンジ/ ▸ਅੰਝੂ, ਇੰਝੂ, ਹੰਝ, ਹੰਝੂ [(Lah.)] *m.* → ਹੰਝੂ

ਹੱਜ (हज्ज) /hajja̸ ハッジ/ [Arab. *hajj*] *m.* 〖イス〗メッカ巡礼.

ਹਜਕਾ (हजका) /haja̸kā ハジカー/ ▸ਹਜੋਕਾ, ਹਝਕਾ, ਹਝੋਕਾ, ਹੁਜਕਾ, ਹੁਝਕਾ [(Pua.)] *m.* → ਹਝੋਕਾ

ਹਜਮ (हजम) /hajama̸ ハジャム/ ▸ਹਜ਼ਮ *adj.m.* → ਹਜ਼ਮ

ਹਜ਼ਮ (हज़म) /hazama̸ ハザム/ ▸ਹਜਮ [Arab. *hazm*] *adj.* 消化された, こなれた. ❐ਹਜ਼ਮ ਹੋਣਾ 消化される. ❐ਹਜ਼ਮ ਕਰਨਾ 消化する.
— *m.* **1** 消化, こなれ. **2** 〖比喩〗横領, 着服, 使い込み. (⇒ਗ਼ਬਨ)

ਹਜ਼ਰਤ (हज़रत) /hazara̸ta̸ ハズラト/ [Pers. *hazrat*] *adj.* **1** 尊敬すべき. **2** 著名な. **3** 預言者・聖者・偉人・身分の高い人などの名に冠して「預言者…」「…師」.

ਹਜਾਮਤ (हजामत) /hajāmata̸ ハジャーマト/ [Pers. *hajāmat*] *f.* **1** ひげ剃り. ❐ਹਜਾਮਤ ਕਰਨੀ, ਹਜਾਮਤ ਬਣਾਉਣੀ ひげを剃る. **2** 散髪. ❐ਹਜਾਮਤ ਕਰਨੀ, ਹਜਾਮਤ ਬਣਾਉਣੀ 散髪する.

ਹਜ਼ਾਰ (हज़ार) /hazāra̸ ハザール/ [Pers. *hazār*]

ca.num.(m.) 〖数量〗 千(の単位). (⇒ਸਹੰਸਰ)
— *adj.* 1000の, 千の. (⇒ਸਹੰਸਰ)
ਹਜ਼ਾਰਵਾਂ (हज़ारवाँ) /hazārawā̃ ハザールワーン/ [-ਵਾਂ] *or.num.* 1000番目, 千番目.
— *adj.* 1000番目の, 千番目の.
ਹਜ਼ਾਰਾਂ (हज़ाराँ) /hazārā̃ ハザーラーン/ [+ ਆਂ] *ca.num.* 〖数量〗 数千.
— *adj.* 数千の.
ਹਜ਼ਾਰੀਂ (हज़ारीं) /hazārī̃ ハザーリーン/ [-ਈਂ] *adv.* 数千ルピーで.
ਹਜ਼ਾਰੀ (हज़ारी) /hazārī ハザーリー/ [Pers. *hazārī*] *adj.* **1** 千に関係する. **2** 豊富な, たくさんの.
— *m.* **1** 〖軍〗 千人の兵士を率いる将軍. **2** 〖軍〗 千人の兵士から成る軍団.
ਹੰਜੀਰ (हंजीर) /hañjīra ハンジール/ ▸ਅੰਜੀਰ, ਹਜੀਰ [(Lah.)] *f.* → ਅੰਜੀਰ
ਹਜੀਰ (हजीर) /hajīra ハジール/ ▸ਅੰਜੀਰ, ਹੰਜੀਰ *f.* → ਅੰਜੀਰ
ਹਜੂਮ (हजूम) /hajūma ハジューム/ [Arab. *hujūm*] *m.* **1** 集まり, 群れ. **2** 群衆. (⇒ਭੀੜ)
ਹਜ਼ੂਰ (हज़ूर) /hazūra ハズール/ [Arab. *huzūr*] *m.* **1** 閣下, 殿《身分の高い人に対する敬称》. **2** 人前, 面前, 御前, 拝謁.
ਹਜ਼ੂਰੀ[1] (हज़ूरी) /hazūrī ハズーリー/ [Pers. *huzūrī*] *f.* **1** 御前, お側. **2** 出席, 参列.
— *m.* 従者, 廷臣.
ਹਜ਼ੂਰੀ[2] (हज़ूरी) /hazūrī ハズーリー/ [Arab. *huzūr* -ਈ] *adj.* **1** 閣下の. (⇒ਹਜ਼ੂਰ ਦਾ) **2** 面前の.
ਹਜ਼ੂਰੀਆ (हज़ूरीआ) /hazūrīā ハズーリーアー/ [-ਈਆ] *adj.* → ਹਜ਼ੂਰੀ[2]
ਹਜੋ (हजो) /hajo ハジョー/ [Arab. *hajv*] *f.* **1** 悪口, 中傷, そしり. (⇒ਨਿੰਦਾ) **2** 卑猥な言葉. (⇒ਸਿੱਠਣੀ)
ਹਜੋਕਾ (हजोका) /hajokā ハジョーカー/ ▸ਹਜਕਾ, ਹਝਕਾ, ਹਝੋਕਾ, ਹੁਜਕਾ, ਹੁਝਕਾ *m.* → ਹਝੋਕਾ
ਹੰਝ (हंझ) /hâñja ハンジ/ ▸ਅੰਝੂ, ਇੰਝੂ, ਹੰਜ, ਹੰਝੂ *m.* → ਹੰਝੂ
ਹਝਕਾ (हझका) /hâjakā ハジカー/ ▸ਹਜਕਾ, ਹਜੋਕਾ, ਹਝੋਕਾ, ਹੁਜਕਾ, ਹੁਝਕਾ *m.* → ਹਝੋਕਾ
ਹੰਝੂ (हंझू) /hâñjū ハンジュー/ ▸ਅੰਝੂ, ਇੰਝੂ, ਹੰਜ, ਹੰਝ *m.* 涙. (⇒ਅੱਥਰੂ) ❐ਹੰਝੂ ਆਉਣੇ 涙が出てくる, 涙が浮かぶ. ❐ਹੰਝੂ ਕੇਰਨੇ 涙を落とす, 涙を流す, 泣く. ❐ਹੰਝੂ ਵਹਾਉਣੇ, ਹੰਝੂ ਵਗਾਉਣੇ 涙を流す, 泣く.
ਹਝੋਕਾ (हझोका) /hajŏkā ハジョーカー/ ▸ਕਜਕਾ, ਹਝਕਾ, ਹਜੋਕਾ, ਹੁਜਕਾ, ਹੁਝਕਾ *m.* **1** 強振, 激しい揺れ. (⇒ਝਟਕਾ) **2** ぐいという押し. (⇒ਧੱਕਾ)
ਹੱਟ (हट्ट) /hatta ハット/ [Skt. हट्ट] *m.f.* **1** 店, 商店, 店舗, 販売所. (⇒ਦੁਕਾਨ) **2** (一般的に) 大きな店, 大商店, 大店. **3** 商店街, 大市場.
ਹਟਕ (हटक) /haṭaka ハタク/ [cf. ਹਟਕਣਾ] *f.* **1** 禁止. (⇒ਮਨਾਹੀ) **2** 妨害, 阻止. **3** 抑止, 抑制, 制限.
ਹਟਕਣਾ (हटकणा) /haṭakaṇā ハタカナー/ [cf. ਹਟਾਉਣਾ] *vt.* **1** 禁じる, 禁止する. (⇒ਮਨ੍ਹਾ ਕਰਨਾ) **2** 妨げる, 阻止する. **3** 抑制する, 抑える, 制御する. **4** 思い留まらせる.
ਹਟਕਵਾਂ (हटकवाँ) /haṭakawā̃ ハタクワーン/ [cf. ਹਟਕਣਾ] *adj.* **1** 禁止するための. **2** 妨げるような, 阻止するための. **3** 抑制的な, 抑えるための. **4** 思い留まらせるための.
ਹਟਕੋਰਾ (हटकोरा) /haṭakorā ハトコーラー/ ▸ਹਡਕੋਰਾ *m.* 啜り泣き.
ਹਟਣਾ (हटणा) /haṭaṇā ハタナー/ [Skt. घट्टते] *vi.* **1** どく, 脇に寄る, 避ける, 離れる, 遠ざかる, ずれる, 外れる. **2** 退く, 退却する, 下がる, 後退する, 引き下がる. **3** 除かれる, 取り除かれる, 除去される. **4** 止む, 止まる. ❐ਮੀਂਹ ਹਟਣਾ 雨が止む.
ਹਟਬਾਣੀਆ (हटबाणीआ) /haṭabāṇīā ハタバーニーアー/ ▸ਹਟਵਾਣੀਆਂ, ਹਟਵਾਣੀਆ *m.* → ਹਟਵਾਣੀਆਂ
ਹੰਟਰ (हंटर) /hanṭara ハンタル/ *m.* 鞭. (⇒ਛਾਟ, ਕੋੜਾ, ਚਾਬਕ) ❐ਹੰਟਰ ਨਾਲ ਕੁੱਟਣਾ 鞭で打つ. ❐ਹੰਟਰ ਮਾਰਨੇ 鞭打つ.
ਹਟਵਾਂ (हटवाँ) /haṭawā̃ ハトワーン/ [cf. ਹਟਣਾ] *adj.* 離れた, 遠くの, 距離をおいた.
ਹਟਵਾਉਣਾ (हटवाउणा) /haṭawāuṇā ハトワーウナー/ [cf. ਹਟਣਾ] *vt.* **1** どけさせる. (⇒ਦੂਰ ਕਰਾਉਣਾ) **2** 退けさせる, 下げさせる. **3** 取り除かせる, 除去させる. **4** 解任させる.
ਹਟਵਾਣੀਆਂ (हटवाणीआँ) /haṭawāṇīā̃ ハトワーニーアーン/ ▸ਹਟਬਾਣੀਆ, ਹਟਵਾਣੀਆ *m.* **1** 店主, 商店主, 店の主人, 店の経営者. (⇒ਦੁਕਾਨਦਾਰ) **2** 小売商.
ਹਟਵਾਣੀਆ (हटवाणीआ) /haṭawāṇīā ハトワーニーアー/ ▸ਹਟਬਾਣੀਆ, ਹਟਵਾਣੀਆਂ *m.* → ਹਟਵਾਣੀਆਂ
ਹਟੜੀ (हटड़ी) /haṭaṛī ハタリー/ *f.* **1** 小さな店. (⇒ਹੱਟੀ) **2** 土造りの仮店舗.
ਹਟਾਉਣਾ (हटाउणा) /haṭāuṇā ハターウナー/ [cf. ਹਟਣਾ] *vt.* **1** どける, 脇に寄せる, 遠ざける, ずらす, 外す. (⇒ਦੂਰ ਕਰਨਾ) **2** 退ける, 下げる, 後退させる. **3** 除く, 取り除く, 除去する. ❐ਇਸ ਰੋੜੇ ਨੂੰ ਹਟਾਉਣਾ ਹੀ ਹੈ ਭਾਵੇਂ ਕਿੰਨਾ ਹੀ ਮੁੱਲ ਕਿਉਂ ਨਾ ਤਾਰਨਾ ਪਏ। たとえどれほどの代価を払ってもこの障害をなんとか除去しなければなりません. **4** 解任する.
ਹੱਟਾ-ਕੱਟਾ (हट्टा-कट्टा) /haṭṭā-kaṭṭā ハッター・カッター/ *adj.* **1** 強い. (⇒ਤਾਕਤਵਰ) **2** 頑丈な, がっしりした. **3** 頑健な, たくましい. **4** 元気の良い, 活気に満ちた. **5** まるまる太った, かさばった.
ਹੱਟੀ (हट्टी) /haṭṭī ハッティー/ [Skt. हट्ट -ਈ] *f.* **1** 小店舗, 店, 商店, 販売所. (⇒ਛੋਟੀ ਹੱਟ) ❐ਹੱਟੀ ਕਰਨੀ, ਹੱਟੀ ਪਾਉਣੀ 店を開く, 商売を始める. **2** 食料雑貨店, 雑貨屋.
ਹੱਟੋ ਹੱਟ (हट्टो हट्ट) /haṭṭo haṭṭa ハットー ハット/ *adv.* 店から店へ.
ਹਠ (हठ) /haṭʰa ハト/ [Skt. हठ] *m.* **1** 頑固さ, 強情, 意地. (⇒ਜ਼ਿਦ) **2** すねること, むずかること. **3** 固い決意.
ਹਠਜੋਗ (हठजोग) /haṭʰajoga ハトジョーグ/ ▸ਹਠਯੋਗ [+ Skt. योग] *m.* 〖ヒ〗 ハタ・ヨーガ《主に困難な座法による肉体的な修行を中心とするヨーガ》.
ਹਠਜੋਗੀ (हठजोगी) /haṭʰajogī ハトジョーギー/ ▸ਹਠਯੋਗੀ [+ Skt. योगिन्] *m.* 〖ヒ〗 ハタ・ヨーガを修する者.
ਹਠਧਰਮ (हठधरम) /haṭʰatărama ハトタラム/ [+ Skt. धर्म] *m.* 強情, 意地っ張り.
— *adj.* **1** 強情な, 意地っ張りの. **2** 独断的な, 偏狭な,凝り固まった, 狂信的な.
ਹਠਧਰਮੀ (हठधरमी) /haṭʰa̯tǎrami ハトタルミー/ [+ Skt. धर्मिन्] *f.* 1 頑固さ, 強情, 意固地. (⇒ਜ਼ਿਦ) 2 独断, 偏狭, 狂信性.
— *m.* 1 頑固者, 強情っぱり. 2 独断的な人, 偏狭な人, 狂信的な人.
ਹਠਯੋਗ (हठयोग) /haṭʰa̯yoga̯ ハトヨーグ/ ▶ਹਠਜੋਗ *m.* → ਹਠਜੋਗ
ਹਠਯੋਗੀ (हठयोगी) /haṭʰa̯yogī ハトヨーギー/ ▶ਹਠਜੋਗੀ *m.* → ਹਠਜੋਗੀ
ਹਠਿਲ (हठिल) /haṭʰila̯ ハティル/ [(Lah.)] *adj.* 頑固な, 強情な. (⇒ਅੜੀਅਲ, ਜ਼ਿੱਦੀ)
ਹਠੀ (हठी) /haṭʰī ハティー/ *adj.* 1 不屈の. 2 頑固な, 強情な, 意地っ張りの. (⇒ਅੜੀਅਲ, ਜ਼ਿੱਦੀ) 3 独断的な, 偏狭な, 凝り固まった, 狂信的な.
— *m.* 頑固者.
ਹਠੀਲਾ (हठीला) /haṭʰīlā ハティーラー/ *adj.* 1 強情な, 意地っ張りの. (⇒ਅੜੀਅਲ, ਜ਼ਿੱਦੀ) 2 頑固な, 不屈の.
— *m.* 頑固者.
ਹਠੇਵੇਲੇ (हठेवेले) /haṭʰewele ハテーウェーレー/ [(Lah.)] *adv.* 絶え間なく. (⇒ਲਗਾਤਾਰ)
ਹੱਡ (हड्ड) /haḍḍa̯ ハッド/ [Pkt. हड्ड] *m.* 1 骨. (⇒ਅਸਥੀ) 2 死んだ動物の骨. 3 自分, 自己.
ਹੱਡ ਹਰਾਮ (हड्ड हराम) /haḍḍa̯ harāma̯ ハッド ハラーム/ [+ Arab. *harām*] *adj.* 1 責任を避ける, 無責任な. 2 怠ける, 怠け者の.
ਹੱਡ ਹਰਾਮਣ (हड्ड हरामण) /haḍḍa̯ harāmaṇa̯ ハッド ハラーマン/ [-ਣ] *f.* 1 責任を避ける女. 2 怠ける女.
ਹੱਡ ਹਰਾਮੀ (हड्ड हरामी) /haḍḍa̯ harāmī ハッド ハラーミー/ [Pkt. हड्ड + Arab. *harāmī*] *m.* 1 責任を避ける男. 2 怠ける男.
ਹੱਡ ਖੋਰਾ (हड्ड खोरा) /haḍḍa̯ kʰorā ハッド コーラー/ [+ Skt. क्षरण] *m.* 〖医〗骨軟化症.
ਹੱਡ ਚੂਰਾ (हड्ड चूरा) /haḍḍa̯ cūrā ハッド チューラー/ [+ Skt. चूर्ण] *m.* 骨粉.
ਹੱਡ ਬੀਤੀ (हड्ड बीती) /haḍḍa̯ bītī ハッド ビーティー/ [+ cf. ਬੀਤਣਾ] *f.* 1 自分の過去, 自分の経験. 2 自叙伝.
ਹੱਡ ਵਰਤੀ (हड्ड वरती) /haḍḍa̯ warat̤ī ハッド ワルティー/ [+ cf. ਵਰਤਣਾ[1]] *f.* → ਹੱਡ ਬੀਤੀ
ਹੱਡਾ (हड्डा) /haḍḍā ハッダー/ [Pkt. हड्ड] *m.* 〖医〗馬の脚の飛節内腫, スパーピン《飛節〔馬の脚の丁度真ん中あたりにある関節〕の前内側に骨瘤が発生する関節炎》.
ਹੰਡਾਲੀ (हंडाली) /hanḍālī ハンダーリー/ ▶ਹੰਢਾਲੀ, ਹਰਨਾਲੀ *f.* → ਹੰਢਾਲੀ
ਹੱਡੀ (हड्डी) /haḍḍī ハッディー/ [Pkt. हड्ड] *f.* 〖身体〗骨. (⇒ਅਸਥੀ) ❐ਹੱਡੀ ਦਾ ਇਲਾਜ 整骨治療. ❐ਹੱਡੀ ਦਾ ਸੁੱਕਣਾ 壊死. ❐ਹੱਡੀ ਦਾ ਡਾਕਟਰ, ਹੱਡੀ ਦਾ ਮਾਹਰ 整形外科医. ❐ਹੱਡੀ ਦਾ ਪਿੰਜਰ 骸骨, ひどく痩せた様子. ❐ਮੱਝ ਦੀਆਂ ਹੱਡੀਆਂ ਵੀ ਖਾਦ ਬਣਾਉਣ ਦੇ ਕੰਮ ਆਉਂਦੀਆਂ ਹਨ। 水牛の骨も肥料の製造に役立ちます.
ਹੱਡੂੰ (हड्डूँ) /haḍḍū̃ ハッドゥーン/ ▶ਹਡੋਂ [(Lah.)] *adv.* 1 本当に, もともと. (⇒ਅਸਲੋਂ) 2 全く. (⇒ਬਿਲਕੁਲ)
ਹਡੋਂ (हडों) /haḍõ ハドーン/ ▶ਹੱਡੂੰ [(Lah.)] *adv.* → ਹੱਡੂੰ
ਹੰਡੋਲਾ[1] (हंडोला) /hanḍolā ハンドーラー/ ▶ਹਿੰਡੋਲਾ *m.* → ਹਿੰਡੋਲਾ
ਹੰਡੋਲਾ[2] (हंडोला) /hanḍolā ハンドーラー/ ▶ਹਰਨੌਲਾ *m.* → ਹਰਨੌਲਾ
ਹੰਢਣਸਾਰ (हंढणसार) /hânḍaṇa̯sāra̯ ハンダンサール/ *adj.* 耐久性のある, 長持ちする.
ਹੰਢਣਸਾਰਤਾ (हंढणसारता) /hânḍaṇa̯sāra̯tā ハンダンサールター/ *f.* 耐久性.
ਹੰਢਣਾ (हंढणा) /hânḍaṇā ハンダナー/ ▶ਹਢਣਾ *vi.* 1 擦り切れる. 2 着古される.
ਹਢਣਾ (हढणा) /hâḍaṇā ハダナー/ ▶ਹੰਢਣਾ *vi.* → ਹੰਢਣਾ
ਹੰਢਵਾਉਣਾ (हंढवाउणा) /hanḍa̯wǎuṇā ハンドワーウナー/ *vt.* 1 擦り切れるまで使わせる. 2 着古させる.
ਹੰਢਾਉਣਾ (हंढाउणा) /hanḍǎuṇā ハンダーウナー/ ▶ਹੰਢਾਣਾ, ਹੰਢਾਵਣਾ *vt.* 1 擦り切れるまで使う. 2 着古す.
ਹੰਢਾਈ (हंढाई) /hanḍǎī ハンダーイー/ *f.* 1 擦り切れるまで使うこと. 2 着古すこと. 3 持ちの良さ, 耐久性.
ਹੰਢਾਣਾ (हंढाणा) /hanḍǎṇā ハンダーナー/ ▶ਹੰਢਾਉਣਾ, ਹੰਢਾਵਣਾ *vt.* → ਹੰਢਾਉਣਾ
ਹੰਢਾਲੀ (हंढाली) /hanḍǎlī ハンダーリー/ ▶ਹੰਡਾਲੀ, ਹਰਨਾਲੀ *f.* 1 〖動物〗頸木(くびき)で繋がれた二頭の牡牛. 2 犂を固定した頸木.
ਹੰਢਾਵਣਾ (हंढावणा) /hanḍǎwaṇā ハンダーウナー/ ▶ਹੰਢਾਉਣਾ, ਹੰਢਾਣਾ [(Lah.)] *vt.* → ਹੰਢਾਉਣਾ
ਹੰਢੇਪਾ (हंढेपा) /hânḍepā ハンデーパー/ [(Pot.)] *m.* 1 擦り切れるまで使うこと. 2 着古すこと. 3 持ちの良さ, 耐久性.
ਹਣ (हण) /haṇa̯ ハン/ ▶ਹਨ, ਹੈਣ, ਨੇ *vi.* → ਹਨ
ਹਣ੍ਹਿਉ (हण्हिउ) /hâṇiu ハニウ/ ▶ਹਣ੍ਹੋਂ, ਹਣੂੰ, ਹੰਨ [(Lah.)] *f.* → ਹਣ੍ਹੋਂ
ਹਣ੍ਹੋਂ (हण्हों) /hâṇõ ハノーン/ ▶ਹਣ੍ਹਿਉ, ਹਣੂੰ, ਹੰਨ *f.* 〖身体〗臼歯. (⇒ਪਿਛਲਾ ਦੰਦ)
ਹਣੂੰ (हणूँ) /haṇū̃ ハヌーン/ ▶ਹਣ੍ਹਿਉ, ਹਣ੍ਹੋਂ, ਹੰਨ [(Lah.)] *f.* → ਹਣ੍ਹੋਂ
ਹਤ (हत) /hata̯ ハト/ *int.* しいっ, 静かに《静寂・沈黙を促す言葉》.
ਹੱਤਕ (हत्तक) /hattaka̯ ハッタク/ [Arab. *hatk*] *f.* 1 (ベールやカーテンを)引き裂くこと. 2 無礼. 3 侮辱. (⇒ਅਪਮਾਨ) ❐ਹੱਤਕ ਕਰਨੀ 侮辱する.
ਹਤਵਾੜਾ (हतवाड़ा) /hata̯wāṛā ハトワーラー/ ▶ਹੱਥਵਾੜਾ, ਹਥੌੜਾ [(Lah.)] *m.* → ਹਥੌੜਾ
ਹੱਤਿਆ (हत्तिआ) /hattiā ハッティアー/ [Skt. हत्या] *f.* 1 殺害. (⇒ਹਿੰਸਾ, ਕਤਲ) ❐ਹੱਤਿਆ ਕਰਨੀ 殺害する. 2 殺人.
ਹੱਤਿਆਚਾਰ (हत्तिआचार) /hattiācāra̯ ハッティアーチャール/ ▶ਅੱਤਿਆਚਾਰ *m.* → ਅੱਤਿਆਚਾਰ
ਹੱਤਿਆਰਾ (हत्तिआरा) /hattiārā ハッティアーラー/ *m.* 殺人者, 殺人犯.
ਹਤੈਸ਼ੀ (हतैशी) /hataiśī ハタェーシー/ ▶ਹਿਤੈਸ਼ੀ *adj.m.* → ਹਿਤੈਸ਼ੀ
ਹੱਥ (हत्थ) /hattʰa̯ ハット/ [(Pkt. हत्थ) Skt. हस्त] *m.* 〖身体〗手, 腕, 肩から指先までの部位. ❐ਹੱਥ ਉਧਾਰ 返済の証文のない口約束の借金. ❐ਹੱਥ ਅੱਡਣੇ 乞う, 謙虚に頼む. ❐ਹੱਥ ਆਉਣਾ 手が届く, 手に入る. ❐ਹੱਥ ਸਾਫ਼ ਕਰਨਾ 盗む, だまし取る. ❐ਹੱਥ ਸੁੰਗੇੜਨਾ 手を縮める, け

ちくさく振る舞う. ❒ਹੱਥ ਹੌਲਾ ਕਰਨਾ 呪文を唱える, 魔除けの祈祷をする. ❒ਹੱਥ ਕਰਨਾ (物を受け取るために)手を伸ばす, だます, だまし取る. ❒ਹੱਥ ਖੜ੍ਹੇ ਕਰਨਾ 手を挙げる. ❒ਹੱਥ ਖੜ੍ਹੇ ਕਰੋ। 手を挙げなさい. ❒ਹੱਥ ਖਿੱਚਣਾ 避ける, そらす, はぐらかす, 引っ込む. ❒ਹੱਥ ਗੋਲਾ 手榴弾, 手投げ弾. ❒ਹੱਥ ਘੜੀ 腕時計. ❒ਹੱਥ ਘੁਮਾਣਾ 避ける, つつしむ, やめる. ❒ਹੱਥ ਚੁੱਕਣਾ 暴行を加える, 殴打する. ❒ਹੱਥ ਜੋੜਕੇ 手を合わせて, 合掌して, 謙虚に. ❒ਹੱਥ ਜੋੜਨੇ (相手に敬意を表して, またはお祈り・嘆願のため)手を合わせる, 合掌する, 乞う, 許しを乞う. ❒ਹੱਥ ਤੰਗ ਹੋਣਾ お金が不足する, 財政が苦しくなる. ❒ਹੱਥ ਧੋਣੇ 手を洗う, 物を失う, 奪われる. ❒ਹੱਥ ਪਸਾਰਨਾ (物を受け取るために)手を伸ばす, だます, だまし取る. ❒ਹੱਥ ਪਾਉਣਾ 着手する, 引き受ける, 握る, つかむ. ❒ਹੱਥ ਪੈਰ ਮਾਰਨੇ 懸命になる, 奮闘する, 励む. ❒ਹੱਥ ਫੇਰਨਾ 手で撫で回す, (物の上で)そっと手を動かす, 盗む, だまし取る. ❒ਹੱਥ ਫੇਰੀ 窃盗, だまし取ること, 詐欺. ❒ਹੱਥ ਬੰਨ੍ਹ 忠誠な, 従順な. ❒ਹੱਥ ਬੰਨ੍ਹਣੇ させない, 禁止する, 禁ずる. ❒ਹੱਥ ਭੜਥੀ 一緒に, 助け合って, 協力して. ❒ਹੱਥ ਮਲਨੇ 悔やむ, 後悔する. ❒ਹੱਥ ਮਾਰਨਾ つかむ, ひったくる, 安価でまたは無料で手に入れる. ❒ਹੱਥ ਮਿਲਾਉਣਾ 握手する. ❒ਹੱਥ ਰੇੜ੍ਹੀ 二輪の手押し車, 手押し一輪車. ❒ਹੱਥ ਲਾਉਣਾ 手を触れる, さわる, 手をつける, 始める. ❒ਹੱਥ ਵਿਖਾਉਣਾ 脈を診てもらう, 手相を見てもらう. ❒ਹੱਥ ਵਿਖਾਉਣੇ 力・技量・権威などを見せつける.

ਹਥਕੰਡਾ (हथकंडा) /hatʰa̤kaṇḍā ハトカンダー/ *m.* **1** 手練, 巧妙さ, 早業. **2** 狡猾さ, ずる賢さ. **3** ぺてん, 詐欺, 策略.

ਹਥਕੜੀ (हथकड़ी) /hatʰa̤kaṛī ハトカリー/ [Skt. हस्त + Skt. कटक] *f.* **1** 手錠. **2** 手枷.

ਹਥਣੀ (हथणी) /hatʰaṇī ハタニー/ ▸ਹਸਤਨੀ, ਹਥਾਣੀ [Skt. हस्ति -ਣੀ] *f.* 〖動物〗雌ゾウ, 雌象. (⇒ਕਰਨੀ)

ਹੱਥਰਾਧ (हत्थराध) /hattʰarâda̤ ハッタラード/ [(Lah.)] *f.* 〖農業〗地主の手で耕された土地, 自作農地.

ਹੱਥਲ (हत्थल) /hattʰala̤ ハッタル/ *adj.* 無力な.

ਹਥਲਾ[1] (हथला) /hatʰa̤lā ハトラー/ *adj.* **1** 資力のない. **2** 取り上げられた. **3** 障害のある.

ਹਥਲਾ[2] (हथला) /hatʰa̤lā ハトラー/ [Skt. हस्त + ਲਾ] *adj.* 手中の, 手に持った, 手持ちの.

ਹੱਥ ਲਿਖਤ (हत्थ लिखत) /hattʰa̤ likʰa̤ta̤ ハット リクト/ [+ Skt. लिखित] *adj.* 手書きの, 直筆の.
— *f.* 原稿, 手書き文書. (⇒ਮਸੌਦਾ)

ਹਥਵਾਨ (हथवान) /hatʰa̤wāna̤ ハトワーン/ [Skt. हस्ति Skt.-वान्] *m.* 象使い. (⇒ਮਹਾਵਤ)

ਹਥਵਾਨੀ (हथवानी) /hatʰa̤wānī ハトワーニー/ [-ਈ] *f.* 象使いの仕事.

ਹੱਥਵਾੜਾ (हत्थवाड़ा) /hattʰawāṛā ハッタワーラー/ ▸ਹਤਵਾੜਾ, ਹਥੌੜਾ [(Lah.)] *m.* → ਹਥੌੜਾ

ਹੱਥਾ (हत्था) /hattʰā ハッター/ [Skt. हस्त] *m.* **1** 取っ手, 柄. (⇒ਹੈਂਡਲ) **2** 手形, 手のひらの跡. (⇒ਪੰਜਾ) **3** 文書, 書類. (⇒ਲਿਖਤ)

ਹਥਾਣੀ (हथाणी) /hatʰāṇī ハターニー/ ▸ਹਸਤਨੀ, ਹਥਣੀ [(Lah.)] *f.* → ਹਥਣੀ

ਹਥਿਆਉਣਾ (हथिआउणा) /hatʰiāuṇā ハティアーウナー/ *vt.* **1** 捕まえる. **2** 得る. **3** つかむ. **4** 見つける.

ਹਥਿਆਰ (हथिआर) /hatʰiāra̤ ハティアール/ [Pkt. हत्थियार] *m.* **1** 〖武〗武器, 兵器. (⇒ਅਸਲਾ, ਸ਼ਸਤਰ) ❒ਹਥਿਆਰ ਸੁੱਟਣੇ 武器を捨てる, 降伏する. ❒ਹਥਿਆਰ ਘਟਾਈ 軍備縮小. ❒ਹਥਿਆਰ ਚੁਕਣੇ 武器をとる. **2** 工具. **3** 道具. (⇒ਔਜ਼ਾਰ, ਸੰਦ) **4** 〖比喩〗強み.

ਹਥਿਆਰਸਾਜ਼ (हथिआरसाज़) /hatʰiāra̤sāza̤ ハティアールサーズ/ [Pers.-*sāz*] *m.* **1** 武器製造業者, 兵器製造者, 武具師. (⇒ਸ਼ਸਤਰਕਾਰ) **2** 武具師.

ਹਥਿਆਰਸਾਜ਼ੀ (हथिआरसाज़ी) /hatʰiāra̤sāzī ハティアールサーズィー/ [Pers.-*sāzī*] *m.* 武器製造業, 兵器産業.

ਹਥਿਆਰ ਘਰ (हथिआर घर) /hatʰiāra̤ kăra̤ ハティアールカル/ [Skt.-गृह] *m.* 〖軍〗兵器庫, 兵器廠. (⇒ਅਸਲਾ ਘਰ)

ਹਥਿਆਰਬੰਦ (हथिआरबंद) /hatʰiāra̤banda̤ ハティアールバンド/ [Pers.-*band*] *adj.* 武器を持った, 武装した. (⇒ਸ਼ਸਤਰਧਾਰੀ)

ਹਥਿਆਰਬੰਦੀ (हथिआरबंदी) /hatʰiāra̤bandī ハティアールバンディー/ [Pers.-*bandī*] *f.* 武装, 軍備を整えること. (⇒ਸ਼ਸਤਰੀਕਰਨ)

ਹੱਥੀਂ (हत्थीं) /hattʰī̃ ハッティーン/ [Skt. हस्त -ਈਂ] *adv.* **1** 手で, 手を使って. ❒ਉਹ ਹੱਥੀਂ ਕੰਮ ਕਰਦਾ ਹੈ। 彼は手で仕事をしています〈職人です〉. ❒ਹੱਥੀਂ ਪੈਣਾ つかみ合う, 戦う, 喧嘩する, 取っ組み合う, 格闘する. **2** 自分で. **3** 実際に.

ਹੱਥੀ (हत्थी) /hattʰī ハッティー/ ▸ਹਥੀਲੀ [-ਈ] *f.* **1** 柄, グリップ. **2** 取っ手, つまみ.

ਹਥੀਲੀ (हथीली) /hatʰīlī ハティーリー/ ▸ਹੱਥੀ [(Pua.)] *f.* → ਹੱਥੀ

ਹਥੂੰ (हथूँ) /hatʰū̃ ハトゥーン/ [(Lah.)] *conj.* **1** しかし. **2** むしろ. **3** それどころか.

ਹਥੂ (हथू) /hatʰū ハトゥー/ ▸ਉੱਥਰੂ, ਉੱਥੂ [(Pua.)] *m.* → ਉੱਥੂ

ਹਥੇਲੀ (हथेली) /hatʰelī ハテーリー/ [Skt. हस्त-तल] *f.* 〖身体〗手のひら. (⇒ਤਲੀ)

ਹਥੋਂ (हथों) /hatʰõ ハトーン/ [Skt. हस्त + ਓਂ] *adv.* 《ਹਥ ਤੋਂ または ਹਥਾਂ ਤੋਂ の融合形》手から.

ਹੱਥੋ ਹੱਥ (हत्थो हत्थ) /hattʰo hattʰa̤ ハットー ハット/ [+ ਓ + Skt. हस्त] *adv.* **1** 手から手へ. **2** 人から人へ.

ਹੱਥੋ-ਹੱਥੀ (हत्थो-हत्थी) /hattʰo-hattʰī ハットー・ハッティー/ [-ਈ] *adv.* **1** 助け合って, 力を合わせて. **2** すぐに, 間もなく.

ਹਥੌਟੀ (हथौटी) /hatʰauṭī ハタォーティー/ *f.* 技術, 器用さ, 職人技. (⇒ਕਾਰੀਗਰੀ)

ਹਥੌੜਾ (हथौड़ा) /hatʰauṛā ハタォーラー/ ▸ਹਤਵਾੜਾ, ਹੱਥਵਾੜਾ *m.* 〖道具〗金鎚, 鉄槌, ハンマー.

ਹਥੌੜੀ (हथौड़ी) /hatʰauṛī ハタォーリー/ *f.* 〖道具〗小さな金鎚, 小さなハンマー.

ਹੱਦ (हद्द) /hadda̤ ハッド/ [Arab. *hadd*] *f.* **1** 限界, 限度. ❒ਹੱਦ ਹੋ ਗਈ 限度になった, もうそれまで. ❒ਹੱਦ ਕਰਨੀ, ਹੱਦ ਕਰ ਛੱਡਣੀ, ਹੱਦ ਕਰ ਦੇਣੀ (それ以上は不可能なくらい)思いがけないことをする. ❒ਹੱਦ ਤੋਂ ਬਾਹਰ ਹੋਣਾ (礼儀の)限界を越える, (怒りなどで)我を忘れる, 逆上する, 切れ

る. **2** 境界, 境目, 境界線. **3** 範囲.

ਹੱਦਬਸਤ (हद्दबसत) /haddabasata ハッドバスト/ *adj.* **1** 限界設定された, 限定された. **2** 境界設定された, 区分された.

— *f.* **1** 限界設定, 限定. (⇒ਹੱਦਬੰਦੀ) **2** 境界設定, 区分. (⇒ਹੱਦਬੰਦੀ)

ਹੱਦਬੰਦੀ (हद्दबंदी) /haddabandī ハッドバンディー/ *f.* **1** 限界設定, 限定. (⇒ਹੱਦਬਸਤ) ❐ਹੱਦਬੰਦੀ ਕਰਨੀ 限界を設定する, 限定する. **2** 境界設定, 区分. (⇒ਹੱਦਬਸਤ) ❐ਹੱਦਬੰਦੀ ਕਰਨੀ 境界を設定する, 区分する.

ਹੱਦ-ਬੰਨਾ (हद्द-बंना) /hadda-bannā ハッド・バンナー/ *m.* **1** 限界, 限度. **2** 終わり, 終局, 末端. **3** 境界, 境界線. **4** 究極. **5** 農業地域.

ਹਦਵਾਣਾ (हदवाणा) /hadawāṇā ハドワーナー/ ▸ਹਿਦਵਾਣਾ [Pers. *hidwana*] *m.* 〖植物〗スイカ(西瓜). (⇒ਤਰਬੂਜ਼, ਮਤੀਰਾ)

ਹੰਦਾ (हंदा) /handā ハンダー/ *m.* 毎日僧侶に供される食物.

ਹਦਾਇਤ (हदाइत) /hadāita ハダーイト/ ▸ਹਦੈਤ, ਹਿਦਾਇਤ, ਹਿਦੈਤ *f.* → ਹਿਦਾਇਤ

ਹੰਦਾਲ (हंदाल) /handāla ハンダール/ *m.* 〖人名・スィ〗ハンダール《グル・アルジャンの弟子》.

ਹਦੀਆ (हदीआ) /hadīā ハディーアー/ [Arab. *hadīā*] *m.* 贈り物. (⇒ਤੁਹਫ਼ਾ)

ਹਦੀਸ (हदीस) /hadīsa ハディース/ [Arab. *hadīs*] *f.* 〖イス〗ハディース, 聖伝《預言者ムハンマドの言行録》.

ਹਦੀਨ (हदीन) /hadīna ハディーン/ ▸ਅਧੀਨ *adj.* → ਅਧੀਨ

ਹਦੀਨਤਾ (हदीनता) /hadīnatā ハディーンター/ ▸ਅਧੀਨਤਾ *f.* → ਅਧੀਨਤਾ

ਹੰਦੇਸ਼ਾ (हंदेशा) /handeśā ハンデーシャー/ ▸ਅੰਦੇਸ਼ਾ *m.* → ਅੰਦੇਸ਼ਾ

ਹਦੈਤ (हदैत) /hadaita ハダェート/ ▸ਹਦਾਇਤ, ਹਿਦਾਇਤ, ਹਿਦੈਤ *f.* 〖口語〗→ ਹਿਦਾਇਤ

ਹੰਧਾ (हंधा) /hândā ハンダー/ [(Pua.)] *m.* **1** 力. (⇒ਜ਼ੋਰ) **2** 助け, 助力. (⇒ਮਦਦ)

ਹੰਨ (हंन) /hanna ハンヌ/ ▸ਹਨ੍ਹਿਉ, ਹਨੂੰ, ਹਣੂੰ [(Lah.)] *f.* → ਹਨੂੰ

ਹਨ (हन) /hana ハン/ ▸ਹਣ, ਹੈਨ, ਨੇ *vi.* 《動詞 ਹੋਣਾ の3人称・複数・現在形. ਉਹ … ਹਨ 》 **1** …である, …です. **2** …ある・いる, …あります・います.

ਹਨੀ-ਮੂਨ (हनी-मून) /hanī-mūna ハニー・ムーン/ [Eng. *honeymoon*] *m.* **1** 蜜月, 新婚の月. **2** 新婚旅行, ハネムーン.

ਹਨੂੰ (हनूँ) /hanū̃ ハヌーン/ [Skt. हनु] *f.* 〖身体〗顎(あご). (⇒ਜਬਾੜਾ)

ਹਨੂਜ਼ (हनूज़) /hanūza ハヌーズ/ ▸ਹਨੋਜ਼ *adv.* → ਹਨੋਜ਼

ਹਨੂਦ (हनूद) /hanūda ハヌード/ [Arab. *hanūd*] *m.* ヒンドゥー教徒たち《複数形》.

ਹਨੂੰਮਾਨ (हनूँमान) /hanū̃māna ハヌーンマーン/ ▸ਹਨੂਮਾਨ *m.* → ਹਨੂਮਾਨ

ਹਨੂਮਾਨ (हनूमान) /hanūmāna ハヌーマーン/ ▸ਹਨੂੰਮਾਨ [Skt. हनुमत्] *m.* 〖ヒ〗ハヌマーン《叙事詩ラーマーヤナに登場する神猿. ラーマ王子を支援してラーヴァナと戦い, 不死身の活躍をする》.

ਹਨੇਰ (हनेर) /hanera ハネール/ ▸ਅਨ੍ਹੇਰ [(Pkt. अंधयार) Skt. अंधकार] *m.* **1** 暗闇, 暗黒, 真っ暗. **2** 混乱. **3** 不法. **4** 暴虐. (⇒ਜ਼ੁਲਮ)

ਹਨੇਰਾ (हनेरा) /hanerā ハネーラー/ ▸ਨ੍ਹੇਰਾ [(Pkt. अंधयार) Skt. अंधकार] *m.* **1** 暗闇, 暗黒, 真っ暗. (⇒ਤਮ) **2** 暗がり, 薄暗さ. **3** 光がない状態. **4** はっきりしないこと, 不明瞭. **5** 〖比喩〗無知, 蒙昧.

— *adj.* **1** 真っ暗な, 暗黒の, 暗闇の. ❐ਹਨੇਰੀ ਰਾਤ ਸੀ। 真っ暗な夜でした. **2** 暗い, 薄暗い. **3** 〖気象〗霧の深い, 靄のかかった.

ਹਨੇਰੀ (हनेरी) /hanerī ハネーリー/ [-ई] *f.* **1** 暗闇, 暗黒, 真っ暗. (⇒ਤਮ) **2** 暗がり, 薄暗さ. **3** 光がない状態. **4** 〖比喩〗はっきりしないこと, 不明瞭. **5** 〖比喩〗無知, 蒙昧. **6** 〖気象〗嵐, 砂嵐, 暴風, 旋風.

ਹਨੋਜ਼ (हनोज़) /hanoza ハノーズ/ ▸ਹਨੂਜ਼ [Pers. *hanoz*] *adv.* まだ, 今なお. (⇒ਅਜੇ)

ਹਨੋਰਾ (हनोरा) /hanorā ハノーラー/ ▸ਨਹੋਰਾ, ਨਿਹੋਰਾ *m.* → ਨਹੋਰਾ

ਹਪੜੇ (हपड़े) /hapaṛe ハプレー/ [(Pua.)] *int.* でかした, いいぞ, うまい《称賛の呼びかけを表す言葉》. (⇒ਸ਼ਾਬਾਸ਼, ਬੱਲੇ)

ਹਫਣਾ (हफणा) /hapʰaṇā ハパナー/ *vi.* **1** 息切れする, 息を切らす. **2** 喘ぐ. (⇒ਹੌਂਕਣਾ)

ਹਫ਼ਤ (हफ़त) /hafata ハファト/ [Pers. *haft*] *ca.num.* 7, 七つ. (⇒ਸੱਤ)

— *adj.* 七つの. (⇒ਸੱਤ)

ਹਫ਼ਤਾ (हफ़ता) /hafatā ハフター/ [Pers. *hafta*] *m.* **1** 〖時間〗週, 一週間, 七日間. (⇒ਸਪਤਾਹ) **2** 〖暦〗土曜日.

ਹਫ਼ਤਾਵਾਰ (हफ़तावार) /hafatāwāra ハフターワール/ [+ Pers. *vāra*] *adj.* 週の, 毎週の, 週刊の. (⇒ਸਪਤਾਹਿਕ)

ਹਫਲਣਾ (हफलणा) /hapʰalaṇā ハパルナー/ [(Pua.)] *vi.* **1** 苛々する, 腹を立てる. (⇒ਵਿੱਫਲਨਾ) **2** そわそわする. (⇒ਮਚਲਣਾ)

ਹਫਾ (हफा) /hapʰā ハパー/ *m.* 息切れ, 喘ぎ.

ਹਫਾਉਣਾ (हफाउणा) /hapʰāuṇā ハパーウナー/ *vt.* **1** 息切れさせる. **2** 喘がせる.

ਹਫੂੰ-ਹਫੂੰ (हफूँ-हफूँ) /hapʰū̃-hapʰū̃ ハプーン・ハプーン/ [(Pua.)] *m.* **1** 卑猥な話. (⇒ਹੋਛੀਆਂ ਗੱਲਾਂ) **2** 憤慨.

ਹਬ (हब) /haba ハブ/ ▸ਹਭ [(Pot.)] *pron.* すべて.

— *adj.* すべての.

ਹੱਬ[1] (हब्ब) /habba ハッブ/ [Arab. *hubūb*] *f.* **1** 穀粒. **2** 丸い粒, 小球. (⇒ਗੋਲੀ)

ਹੱਬ[2] (हब्ब) /habba ハッブ/ [(Lah.)] *f.* **1** 論争, 言い争い, 諍い. (⇒ਬਹਿਸ) **2** 争い, 喧嘩, 揉め事. (⇒ਝਗੜਾ) **3** 反対, 対立, 敵対. (⇒ਵਿਰੋਧ)

ਹੱਬ[3] (हब्ब) /habba ハッブ/ [Eng. *hub*] *f.* ハブ, 車輪の中央部. (⇒ਪਹੀਏ ਦੀ ਨਾਭ)

ਹਬਸ਼[1] (हबश) /habaśa ハバシュ/ ▸ਹਉਸ, ਹਵਸ *f.* → ਹਵਸ

ਹਬਸ਼[2] (हबश) /habaśa ハバシュ/ [Arab. *habś*] *m.* 黒人の国. (⇒ਹਬਸ਼ੀਆਂ ਦਾ ਦੇਸ਼)

ਹਬਸ਼ਣ (हबशण) /habaśaṇa ハブシャン/ [-ਣ] *f.* 黒人

女性.

ਹਬਸ਼ੀ (हबशी) /haba̸śī ハブシー/ [Arab. habśī] m. **1** エチオピア人. **2** アフリカの黒人, 黒人.

ਹਬਕ (हबक) /habaka̸ ハバク/ ▸ਹਮਕ f. 悪臭.

ਹੰਬਣਾ (हंबणा) /hambaṇā ハンバナー/ ▸ਹੰਭਣਾ vi. → ਹੰਭਣਾ

ਹਭ (हभ) /hâba̸ ハブ/ ▸ਹਬ [(Lah.)] pron. すべて.
— adj. すべての.

ਹਭਸੇ (हभसे) /hâba̸se ハブセー/ [(Lah.)] pron. すべてに, すべてにとって. (⇒ਸਭ ਨੂੰ)

ਹਭਕਾ (हभका) /hâba̸kā ハブカー/ m. **1** 衝撃, ショック. (⇒ਧੱਕਾ) **2** 激しい突き. **3** 突然悲しみが襲うこと.

ਹੰਭਣਾ (हंभणा) /hâmbaṇā ハンバナー/ ▸ਹੰਬਣਾ vi. 疲れる, くたびれる.

ਹੰਭਲਾ (हंभला) /hâmba̸lā ハンブラー/ m. 跳躍, 飛び跳ねること.

ਹਭੇ (हभे) /habĕ ハベー/ ▸ਹਭੈ [(Lah.)] adj. すべての. (⇒ਸਭ)

ਹਭੋ (हभो) /habŏ ハボー/ ▸ਹਭੇ [(Lah.)] adj. すべての. (⇒ਸਭ)

ਹਮ[1] (हम) /hama̸ ハム/ pron. 《1人称複数・主格. アムリトサル, ラホールを中心とするマージー ਮਾਝੀ 方言に基づく標準語では ਅਸੀਂ であるが, 主として, ヒンディー語地域に近いパンジャーブ南部のパティアーラー ਪਟਿਆਲਾ などにおいては, ヒンディー語と同じこの語形も混在して用いられる》私たち, 我々. (⇒ਅਸੀਂ) ❒ਹਮ ਨਾ ਵਿਆਹੇ ਤਾਂ ਕਾਹਦੇ ਸਾਹੇ। 私たちが結婚するのでなければ何のめでたい行事か〔諺〕〈他人の祝い事や成功などは自分たちの利益にはならない〉. ❒ਹਮਰਾ 私たちの, 我々の. ❒ਹਮਾਸ਼ੁਮਾ どの人でも, 誰でも. ❒ਹਮਾਤੜ 私たち, 我々. ❒ਹਮਾਤੜ ਤੁਮਾਤੜ 私たちもあなたたちも, どの人でも, 誰でも. ❒ਹਮਾ ਤੁਮਾ 私たちもあなたたちも, どの人でも, 誰でも. ❒ਹਮਾਨੂੰ 私たちに, 私たちにとって.

ਹਮ[2] (हम) /hama̸ ハム/ [Pers. ham] pref. 「類似の」「同じ」「同等の」「同伴の」「一緒の」などを意味する接頭辞.

ਹਮਸ਼ਕਲ (हमशकल) /hama̸śakala̸ ハムシャカル/ [Pers. ham- Arab. śakl] adj. **1** 同じ形の, 同じ姿の, 同じ容貌の. **2** 似ている. **3** 同様の, そっくりの, 瓜二つの. **4** 類似した, よく似た. **5** 同一の, 寸分たがわない, 見分けがつかないくらい似ている.

ਹਮਸਫ਼ਰ (हमसफ़र) /hama̸safara̸ ハムサファル/ [Pers. ham- Pers. safar] m. 道連れ, 旅の同伴者.

ਹਮਸਾਇਆ (हमसाइआ) /hama̸sāiā ハムサーイアー/ ▸ਹਮਸਾਯਾ [Pers. hamsāya] m. 隣人, 近所の人. (⇒ਗੁਆਂਢੀ, ਪੜੋਸੀ)

ਹਮਸਾਯਾ (हमसाया) /hama̸sāyā ハムサーヤー/ ▸ਹਮਸਾਇਆ m. → ਹਮਸਾਇਆ

ਹਮਸ਼ੀਰਾ (हमशीरा) /hama̸sīrā ハムスィーラー/ f. 〖親族〗両親が同一の姉妹, 姉または妹.

ਹਮਕ (हमक) /hamaka̸ ハマク/ ▸ਹਬਕ f. 悪臭. (⇒ਬੈੜੀ ਬਾਸ਼ਨਾ)

ਹਮਕਾਫ਼ੀਆ (हमकाफ़ीआ) /hama̸kāfiā ハムカーフィーアー/ [Pers. ham- Arab. qāfiyā] adj. 〖文学〗同じ音韻の, 押韻する.

ਹਮਕੌਮ (हमकौम) /hama̸kauma̸ ハムカォーム/ [Pers. ham- Arab. qaum] adj. **1** 同じ民族の. **2** 同じ部族の. **3** 同郷の, 同国民の.
— m. 同郷人, 同国民.

ਹਮਜ਼ਬਾਨ (हमज़बान) /hama̸zabāna̸ ハムザバーン/ [Pers. ham- Pers. zabān] adj. 同じ言語を話す.

ਹਮਜਮਾਤੀ (हमजमाती) /hama̸jamātī ハムジャマーティー/ [Pers. ham- Pers. jamā`at -ਈ] m. 同級生, 級友, 学友. (⇒ਸਹਿਪਾਠੀ)

ਹਮਜ਼ਾ (हमज़ा) /hama̸zā ハムザー/ [Arab. hamzah] m. 〖文字〗ハムザ《アラビア語の声門閉鎖音を表す記号. ウルドゥー語では主に連続する母音の区切り目を表す. 転写記号では一般的にアポストロフィを用いるが, 本辞典では上の方の位置にある小さな h を用いている》.

ਹਮਜਾਤ (हमजात) /hama̸jāta̸ ハムジャート/ [Pers. ham- Arab. zāt] adj. 同一種姓の, 同じ家系の.

ਹਮਜਿਨਸ (हमजिनस) /hama̸jinasa̸ ハムジンス/ [Pers. ham- Arab. jins] adj. 同じ種類の, 同種の.

ਹਮਜੋਲੀ (हमजोली) /hama̸jolī ハムジョーリー/ [Pers. ham- Skt. युगल] m. **1** 同輩, 仲間. **2** 同年齢の人. **3** 仲良し, 遊び友達. (⇒ਸਾਥੀ)

ਹਮਦਮ (हमदम) /hama̸dama̸ ハムダム/ [Pers. ham- Pers. dam] m. **1** 一緒に呼吸すること. **2** 心の友, 親友. (⇒ਜਾਨੀ) **3** 親密な間柄の人.

ਹਮਦਰਦ (हमदरद) /hama̸dara̸da̸ ハムダルド/ [Pers. ham- Pers. dard] adj. **1** 同情する, 思いやる. **2** 応援する, 支持する.
— m. **1** 同情する人, 同情者. **2** 応援者, 支持者.

ਹਮਦਰਦੀ (हमदरदी) /hama̸dara̸dī ハムダルディー/ [Pers. ham- Pers. dardī] f. 同情, 同情心, 思いやり. ❒ਹਮਦਰਦੀ ਕਰਨੀ 同情する, 思いやる. ❒ਹਮਦਰਦੀ ਪਿਆਰ ਦੀ ਪਹਿਲੀ ਪੌੜੀ। 思いやりは愛情の第一段階〔諺〕.

ਹਮਨਸ਼ੀਨ (हमनशीन) /hama̸naśīna̸ ハムナシーン/ [Pers. ham- Pers. naśīn] adj. 一緒に座っている, 身近にいる.
— m. **1** 一緒に座っている人, 身近にいる人. **2** 仲間, 友. (⇒ਦੋਸਤ, ਮਿੱਤਰ)

ਹਮਨਸ਼ੀਨੀ (हमनशीनी) /hama̸naśīnī ハムナシーニー/ [Pers. ham- Pers. naśīnī] f. **1** 一緒に座ること. **2** 交友.

ਹਮਪਿਆਲਾ (हमपिआला) /hama̸piālā ハムピアーラー/ [Pers. ham- Pers. piyāla] adj. **1** 杯を共にする. **2** 親密な.
— m. 飲み友達.

ਹਮਪੇਸ਼ਾ (हमपेशा) /hama̸peśā ハムペーシャー/ [Pers. ham- Pers. peśa] adj. 同業の, 同じ職業の.

ਹਮਮਜ਼੍ਹਬ (हममज़्हब) /hama̸mâzaba̸ ハムマザブ/ [Pers. ham- Arab. mazhab] adj. 同じ宗教の, 同じ信仰を持つ.
— m. 同宗信徒, 同じ宗教の者, 同じ信仰を持つ者.

ਹਮਮਜ਼੍ਹਬੀ (हममज़्हबी) /hama̸mâza̸bī ハムマズビー/ [Pers. ham- Arab. mazhabī] m. 同宗信徒, 同じ宗教の者, 同じ信仰を持つ者.

ਹਮਰਾਹ (हमराह) /hamarâ ハムラー/ [Pers. ham- Pers. rāh] adv. 同伴して, 共に, 一緒に.

ਹਮਰਾਹੀ (हमराही) /hamarāhī | hamarâī ハムラーヒー | ハムラーイー/ [Pers. ham- Pers. rāhī] m. 1 同じ道を行く人, 仲間. 2 旅の同伴者, 道連れ, 同行者. (⇒ਸੰਗੀ, ਸਾਥੀ)

ਹਮਲ (हमल) /hamala ハマル/ [Pers. haml] m. 妊娠. (⇒ਗਰਭ)

ਹਮਲਾ (हमला) /hamalā ハムラー/ [Arab. hamla] m. 1 攻撃, 襲撃. (⇒ਆਕਰਮਣ) 2 侵攻, 侵略, 侵犯.

ਹਮਵਤਨ (हमवतन) /hamawatana ハムワタン/ [Pers. ham- Arab. vatan] adj. 同郷の, 同国の.
— m. 同郷人, 同国人, 同胞.

ਹਮਵਾਰ (हमवार) /hamawāra ハムワール/ [Pers. ham- Pers. vār] adj. 1 平らな, 平坦な. 2 均整のとれた, 良くできている.

ਹਮਵਾਰੀ (हमवारी) /hamawārī ハムワーリー/ [-ਈ] f. 1 平らなこと, 平坦. 2 平地.

ਹਮਾਇਤ (हमाइत) /hamāita ハマーイト/ ▸ਹਮੈਤ, ਹਿਮਾਇਤ f. → ਹਿਮਾਇਤ

ਹਮਾਇਤੀ (हमाइती) /hamāitī ハマーイティー/ ▸ਹਿਮਾਇਤੀ m. → ਹਿਮਾਇਤੀ

ਹਮਾਕਤ (हमाकत) /hamākata ハマーカト/ [Pers. himāqat] f. 1 愚かさ, 愚かしさ. 2 無知, 無学.

ਹਮਾਮ (हमाम) /hamāma ハマーム/ [Arab. hammām] m. 1 浴場, 浴室, 風呂場. 2 ハマーム(ハンマーム)《アラブ式の公衆浴場・銭湯》.

ਹਮਾਰੀ (हमारी) /hamārī ハマーリー/ ▸ਅਮਾਰੀ f. 象の背に載せる座席. (⇒ਹਾਥੀ ਦਾ ਹੌਦਾ)

ਹਮੇਸ਼ (हमेश) /hameśa ハメーシュ/ ▸ਹਮੇਸ਼ਾਂ adv. → ਹਮੇਸ਼ਾਂ

ਹਮੇਸ਼ਾਂ (हमेशाँ) /hameśā̃ ハメーシャーン/ ▸ਹਮੇਸ਼ [Pers. hameśa] adv. 1 いつも, 常に, 必ず. (⇒ਸਦਾ) 2 絶え間なく, 絶えず, 相変わらず. (⇒ਲਗਾਤਾਰ) 3 いつまでも, 永遠に.

ਹਮੇਲ (हमेल) /hamela ハメール/ [Arab. hamāʰil] f. 『装』女性用の首飾り.

ਹਮੈਤ (हमैत) /hamaita ハマェート/ ▸ਹਮਾਇਤ, ਹਿਮਾਇਤ f. → ਹਿਮਾਇਤ

ਹਯਾ (हया) /hayā ハヤー/ ▸ਹਯਾਉ [Arab. hayā] f. 1 謙虚. 2 恥, 恥じらい, はにかみ. (⇒ਸ਼ਰਮ)

ਹਯਾਉ (हयाउ) /hayāo ハヤーオー/ ▸ਹਯਾ f. → ਹਯਾ

ਹਯਾਤ (हयात) /hayāta ハヤート/ [Arab. hayāt] f. 1 命, 生命. 2 生存. 3 生活. 4 人生, 生涯.

ਹਯਾਤੀ (हयाती) /hayātī ハヤーティー/ ▸ਹਿਯਾਤੀ [Arab. hayāt] f. 1 生活. ❒ਜਿੱਥੇ ਪਾਣੀ ਹੈ ਉੱਥੇ ਹਯਾਤੀ ਹੈ। 水がある所に生活があります. 2 人生. 3 寿命.

ਹਰ[1] (हर) /hara ハル/ [Pers. har] adj. それぞれの, 各々の, どの…も, あらゆる, すべての, 毎…. ❒ਹਰ ਇੱਕ 一つ一つ, 一人一人, どれも, 誰でも, 誰も彼も. ❒ਹਰ ਹੀਲੇ ぜひとも, 必ず. ❒ਹਰ ਕੋਈ 誰でも, 猫も杓子も.

ਹਰ[2] (हर) /hara ハル/ m. 1『数学』分母. 2『数学』除数, 約数.

ਹਰ[3] (हर) /hara ハル/ ▸ਹਰਿ, ਹਰੀ m. → ਹਰਿ

ਹਰਸ਼ (हरश) /haraśa ハルシュ/ ▸ਹਰਖ [Skt. हर्ष] m. 1 喜び, 歓喜. (⇒ਪਰਸੰਨਤਾ) ❒ਹਰਸ਼ ਧੁਨੀ 歓呼, 歓声. 2 幸福. 3 陽気な笑い, 楽しさ, 面白さ.

ਹਰਸ਼ਿਤ (हरशित) /haraśita ハルシト/ [Skt. हर्षित] adj. 1 嬉しい, 喜ばしい. 2 陽気な, 快活な.

ਹਰਕਤ (हरकत) /harakata ハルカト/ [Pers. harakat] f. 1 動き, 活動. 2 行動, 振る舞い.

ਹਰਕਤੀ (हरकती) /harakatī ハルカティー/ [Arab. harakatī] adj. 1 怠惰な, ものぐさな, 不精な. 2 邪魔になる, 妨害をする.

ਹਰਕਾਰਾ (हरकारा) /harakārā ハルカーラー/ ▸ਹਲਕਾਰਾ [Pers. har Pers.-kār] m. 1 すべての仕事をすること・人. 2 使い走り. 3 使者, 伝令, 配達人. (⇒ਕਾਸਦ)

ਹਰਖ (हरख) /harakʰa ハルク/ ▸ਹਰਸ਼ [Skt. हर्ष] m. → ਹਰਸ਼

ਹਰਗਜ਼ (हरगज़) /haragaza ハルガズ/ ▸ਹਰਗਿਜ਼ adv. → ਹਰਗਿਜ਼

ਹਰਗਿਜ਼ (हरगिज़) /haragiza ハルギズ/ ▸ਹਰਗਜ਼ [Pers. hargiz] adv. 決して(…ない), 断じて(…ない)《 ਨਹੀਂ とともに用いる》.

ਹਰਜ (हरज) /haraja ハルジ/ [Arab. harj] m. 1 損失, 損害. (⇒ਹਾਨੀ, ਨੁਕਸਾਨ) 2 困難, 面倒. (⇒ਮੁਸੀਬਤ) 3 障害, 妨害. (⇒ਅਟਕਾ)

ਹਰਜਾਈ (हरजाई) /harajāī ハルジャーイー/ [Pers. har + Pers. jā] adj. 1 気まぐれな, 移り気な. 2 浮気な.
— m. 女たらし, 女道楽をする人.

ਹਰਜਾਨਾ (हरजाना) /harajānā ハルジャーナー/ m. 1 罰金. (⇒ਘਾਟਾ) 2 賠償.

ਹਰਟ (हरट) /harata ハルト/ ▸ਹਲਟ, ਰਹਿਟ m. → ਹਲਟ[2]

ਹਰਣ (हरण) /harana ハルン/ ▸ਹਰਨ m. → ਹਰਨ[2]

ਹਰਣੋਟਾ (हरणोटा) /haranotā ハルノーター/ ▸ਹਰਨੋਟਾ m. → ਹਰਨੋਟਾ

ਹਰਦਲ (हरदल) /haradala ハルダル/ ▸ਹਲਦੀ f. → ਹਲਦੀ

ਹਰਨ[1] (हरन) /harana ハルン/ ▸ਹਿਰਨ [Skt. हरिण] m. 『動物』(雄)シカ, 牡鹿. (⇒ਮਿਰਗ) ❒ਹਰਨ ਦਾ ਬੱਚਾ 子ジカ, 小鹿. ❒ਹਰਨ ਦਾ ਮਾਸ シカの食肉. 鹿肉.

ਹਰਨ[2] (हरन) /harana ハルン/ ▸ਹਰਣ [Skt. हरण] m. 1 誘拐, 拉致. 2 駆け落ち, 出奔. ❒ਹਰਨ ਹੋ ਜਾਣਾ 逃げる, 駆け落ちする, 出奔する, 姿を消す.

ਹਰਨਾ (हरना) /haranā ハルナー/ [Skt. हरति] vt. 1 誘拐する, 拉致する, さらう. 2 盗む. 3 奪う, 奪い取る.

ਹਰਨਾਲੀ (हरनाली) /haranalī ハルナリー/ ▸ਹੰਡਾਲੀ, ਹੰਢਾਲੀ f. → ਹੰਢਾਲੀ

ਹਰਨੀ (हरनी) /haranī ハルニー/ ▸ਹਿਰਨੀ [Skt. हरिण -ਈ] f. 『動物』雌シカ, 牝鹿.

ਹਰਨੀਆਂ (हरनीआँ) /haranīā̃ ハルニーアーン/ ▸ਹਿਰਨੀਆਂ [+ ਆਂ] f. 『動物』雌シカ, 牝鹿《 ਹਰਨੀ 複数形》.

ਹਰਨੀਆ (हरनीआ) /haranīā ハルニーアー/ [Eng. hernia] m. 『医』ヘルニア, 脱腸. ❒ਹਰਨੀਏ ਦਾ ਓਪਰੇਸ਼ਨ ヘルニア手術, ヘルニア切開術.

ਹਰਨੋਟਾ (हरनोटा) /haranotā ハルノーター/ ▸ਹਰਣੋਟਾ m. 『動物』子ジカ, 子鹿. (⇒ਬੱਕ, ਹਰਨ ਦਾ ਬੱਚਾ)

ਹਰਨੋਟੀ (हरनोटी) /haranoṭī ハルノーティー/ *f.* 〖動物〗雌の小鹿, 小さな牝鹿. (⇒ਬੱਕੀ)

ਹਰਨੌਲਾ (हरनौला) /haranaulā ハルナォーラー/ ▸ਹੰਡੋਲਾ *m.* 〖植物〗トウゴマ(唐胡麻), ヒマ(蓖麻)《トウダイグサ科の多年草. その種子からひまし油(蓖麻子油)が得られる》. (⇒ਅਰਿੰਡ)

ਹਰਨੌਲੀ (हरनौली) /haranaulī ハルナォーリー/ [(Pot.)] *f.* 〖植物〗トウゴマの種.

ਹਰਫ਼ (हरफ़) /harafa ハルフ/ [Arab. *harf*] *m.* **1** 〖文字〗文字, 字母. **2** 非難, とがめ. ❐ਹਰਫ਼ ਆਉਣਾ 非難を受ける. **3** 傷, 汚れ. ❐ਹਰਫ਼ ਆਉਣਾ 恥辱を受ける.

ਹਰਫ਼ ਬਹਰਫ਼ (हरफ़ बहरफ़) /harafa baharafa ハルフ バハルフ/ [Arab. *harf* + Pers. *ba* + Arab. *harf*] *adv.* **1** 文字通りに, 逐字的に. **2** 言葉通りに, 逐語的に. **3** 正確に, 厳密に, 全くその通り.

ਹਰਫ਼ੀ (हरफ़ी) /harafī ハルフィー/ *adj.* 文字通りの, 逐字的な, 逐語的な.

ਹਰਫ਼ੋ-ਹਰਫ਼ (हरफ़ो-हरफ़) /harafo-harafa ハルフォー・ハルフ/ ▸ਹਰਫ਼ੋ-ਹਰਫ਼ੀ *adv.* **1** 文字通りに, 逐字的に. **2** 言葉通りに, 逐語的に. **3** 正確に, 厳密に, 全くその通り.

ਹਰਫ਼ੋ-ਹਰਫ਼ੀ (हरफ़ो-हरफ़ी) /harafo-harafī ハルフォー・ハルフィー/ ▸ਹਰਫ਼ੋ-ਹਰਫ਼ *adv.* → ਹਰਫ਼ੋ-ਹਰਫ਼

ਹਰਬ (हरब) /haraba ハルブ/ [Arab. *harb*] *f.* **1** 戦い, 争い. (⇒ਲੜਾਈ) **2** 戦争. (⇒ਜੰਗ)

ਹਰਬਾ (हरबा) /harabā ハルバー/ [Arab. *harbah*] *m.* **1** 〖武〗武器. (⇒ਹਥਿਆਰ) **2** 手段.

ਹਰਬਾ-ਜਰਬਾ (हरबा-जरबा) /harabā-jarabā ハルバー・ジャルバー/ *m.* **1** 損害, 被害. **2** 怪我, 傷, 傷害. **3** 不幸, 災難.

ਹਰਮ (हरम) /harama ハラム/ [Arab. *haram*] *m.* **1** 禁制の場所. **2** ハレム《男子禁制の女性部屋》.

ਹਰ ਰੋਜ਼ (हर रोज़) /hara roza ハル ローズ/ ▸ਹਰੋਜ਼ [Pers. *har* + Pers. *roz*] *adv.* 毎日.

ਹਰਵਾਉਣਾ (हरवाउणा) /harawāuṇā ハルワーウナー/ [cf. ਹਾਰਨਾ] *vt.* 負かさせる, 打ち負かさせる, 打倒させる.

ਹਰਵਾਂਹ (हरवाँह) /harawā̃ ハルワーン/ ▸ਰਵਾਂਹ *m.* 〖植物〗ハルワーン《豆のなる植物の一種》.

ਹਰੜ (हरड़) /harara ハラル/ ▸ਹਰੀੜ *f.* 〖植物〗ミロバランノキ, かりろく(呵梨勒)《シクンシ科の高木. 実に限らず葉から幹・根にいたるまで利用される, 豊富なビタミンCを含有する薬用植物の一種》, その実.

ਹਰੜ-ਪੋਪੋ (हरड़-पोपो) /harara-popo ハラル・ポーポー/ *m.* 手相見.

ਹਰਾ (हरा) /harā ハラー/ [Skt. हरित] *adj.* 緑の, 緑色の.

ਹਰਾਉਣਾ (हराउणा) /harāuṇā ハラーウナー/ [cf. ਹਾਰਨਾ] *vt.* 負かす, 打ち負かす, 打倒する, 破る.

ਹਰਾਸ (हरास) /harāsa ハラース/ ▸ਹਿਰਾਸ *m.* → ਹਿਰਾਸ

ਹਰਾਨ (हरान) /harāna ハラーン/ ▸ਹਿਰਾਣ, ਹੈਰਾਣ, ਹੈਰਾਨ *adj.* 〖口語〗→ ਹੈਰਾਨ

ਹਰਾਮ (हराम) /harāma ハラーム/ [Arab. *harām*] *adj.* **1** 〖イス〗(宗教上)禁じられた. (⇔ਹਲਾਲ) **2** 禁忌の. **3** 道徳上誤っている. **4** 罪深い. **5** 嫡出でない, 不義密通の結果の.

ਹਰਾਮਜ਼ਾਦਾ (हरामज़ादा) /harāmazādā ハラームザーダー/ ▸ਹਰਾਮਦਾ [Pers.-*zāda*] *m.* **1** 〖罵言〗私生児, 不義の子, 畜生! **2** 〖罵言〗悪者.

ਹਰਾਮਦਾ (हरामदा) /harāmadā ハラームダー/ ▸ਹਰਾਮਜ਼ਾਦਾ *m.* → ਹਰਾਮਜ਼ਾਦਾ

ਹਰਾਮੜ (हरामड़) /harāmara ハラーマル/ [Arab. *harām* + ੜ] *f.* 〖罵言〗悪女, 性悪女. (⇒ਬਦਮਾਸ਼ ਇਸਤਰੀ)

ਹਰਾਮੀ (हरामी) /harāmī ハラーミー/ [Arab. *harāmī*] *adj.* 私生児の.

— *m.* **1** 〖罵言〗私生児, 不義の子, 畜生! **2** 〖罵言〗悪者, ごろつき.

ਹਰਾਰਤ (हरारत) /harārata ハラーラト/ [Pers. *harārat*] *f.* **1** 熱. **2** 〖医〗熱のあること, 高熱. **3** 熱狂, 熱意.

ਹਰਾਵਲ (हरावल) /harāwala ハラーワル/ [Pers. *harāval*] *m.* 〖軍〗先陣, 前衛, 前衛部隊. (⇒ਮੁਹਰੈਲ)

ਹਰਿ (हरि) /hari ハリ/ ▸ਹਰ, ਹਰੀ [Skt. हरि] *m.* **1** 神, 最高神. (⇒ਰੱਬ, ਪਰਮੇਸ਼ਰ) **2** 〖ヒ〗ヴィシュヌ神. (⇒ਵਿਸ਼ਨੂ) **3** 〖ヒ〗シヴァ神. (⇒ਸ਼ਿਵ)

ਹਰਿਆਉਲ (हरिआउल) /hariāula ハリアーウル/ ▸ਹਰਿਆਵਲ [cf. ਹਰਾ] *f.* **1** 緑, 緑色, 新緑色, 新鮮さ, みずみずしさ. **2** 緑の草木, 一面の草木の緑, 植物. **3** 野菜. (⇒ਸਬਜ਼ੀ)

ਹਰਿਆਈ (हरिआई) /hariāī ハリアーイー/ [cf. ਹਰਾ] *f.* **1** 緑, 緑色, 新緑色, 新鮮さ, みずみずしさ. **2** 〖植物〗緑の草木, 一面の草木の緑, 青葉, 植物.

ਹਰਿਆਣਾ[1] (हरिआणा) /hariāṇā ハリアーナー/ [Skt. हरियान] *m.* 〖地名〗ハリヤーナー州(ハリアーナー州)《インド北部の州. 1966年, 当時のパンジャーブ州のうちのヒンディー語地帯を範域として形成された. 州都はチャンディーガル》.

ਹਰਿਆਣਾ[2] (हरिआणा) /hariāṇā ハリアーナー/ [(Pot.) cf. ਹਰਾ] *vt.* (草木を)青々とさせる. (⇒ਹਰੇ ਕਰਨਾ)

ਹਰਿਆਲਾ (हरिआला) /hariālā ハリアーラー/ [cf. ਹਰਾ] *adj.* 緑の, 緑色の.

ਹਰਿਆਲੀ (हरिआली) /hariālī ハリアーリー/ [cf. ਹਰਾ] *f.* **1** 緑, 緑色, 新緑色, 新鮮さ, みずみずしさ. **2** 〖植物〗緑の草木, 一面の草木の緑, 青葉, 植物. **3** 〖植物〗野菜. (⇒ਸਬਜ਼ੀ) **4** 〖植物〗コケ(苔), モ(藻).

ਹਰਿਆਵਲ (हरिआवल) /hariāwala ハリアーワル/ ▸ਹਰਿਆਉਲ *f.* → ਹਰਿਆਉਲ

ਹਰਿਗੋਬਿੰਦ (हरिगोबिंद) /harigobinda ハリゴービンド/ *m.* 〖人名・スィ〗ハルゴービンド《スィック教の第6代教主》.

ਹਰਿਦਵਾਰ (हरिदवार) /haridawāra ハリダワール/ ▸ਹਰਿਦੁਆਰ [Skt. हरिद्वार] *m.* 〖地名〗ハリドワール《インドのウッタラーカンド州の地名. ガンジス川上流のヒンドゥー教の聖地》.

ਹਰਿਦੁਆਰ (हरिदुआर) /hariduāra ハリドゥアール/ ▸ਹਰਿਦਵਾਰ *m.* → ਹਰਿਦਵਾਰ

ਹਰਿਮੰਦਰ (हरिमंदर) /harimandara ハリマンダル/ ▸ਹਰੀਮੰਦਰ [Skt. हरि + Skt. मन्दिर] *m.* **1** 〖スィ〗ハリマンダル《第5代グル・アルジャンがアムリトサルに建設したスィック教総本山の中心にある建物. 一般に黄金寺院または

ゴールデン・テンプルと呼ばれる》. (⇒ਸ੍ਰੀ ਦਰਬਾਰ ਸਾਹਿਬ ਅੰਮ੍ਰਿਤਸਰ, ਸਵਰਨ ਮੰਦਰ, ਗੋਲਡਨ ਟੈਂਪਲ) **2**〖スィ〗神の領域. (⇒ਸਚਖੰਡ)

ਹਰੀ (हरी) /harī ハリー/ ▸ਹਰ, ਹਰਿ *m.* → ਹਰਿ

ਹਰੀਜਨ (हरीजन) /harījana ハリージャン/ [Skt. हरि + Skt. जन] *m.*〖社会〗ハリジャン《神の子. インド社会における不可触民〔指定カースト〕の別称》.

ਹਰੀਫ਼ (हरीफ़) /harīfa ハリーフ/ [Arab. *harīf*] *m.* **1** 敵, 敵対者. (⇒ਦੁਸ਼ਮਨ) **2** 好敵手, 反対者.

ਹਰੀਮੰਦਰ (हरीमंदर) /harīmandara ハリーマンダル/ ▸ਹਰਿਮੰਦਰ *m.* → ਹਰਿਮੰਦਰ

ਹਰੀ ਮਿਰਚ (हरी मिरच) /harī miraca ハリー ミルチ/ [Skt. हरित + Skt. मरिच] *f.*〖植物〗アオトウガラシ, 青唐辛子.

ਹਰੀੜ (हरीड़) /harīṛa ハリール/ ▸ਹਰੜ *f.* → ਹਰੜ

ਹਰੇਕ (हरेक) /hareka ハレーク/ [Pers. *har* + Skt. एक] *adj.* **1** 一つ一つの, 一人一人の, それぞれの. **2** あらゆる, すべての, どの…も.

ਹਰੋਜ਼ (हरोज़) /haroza ハローズ/ ▸ਹਰ ਰੋਜ਼ [(Pua.) Pers. *har* + Pers. *roz*] *adv.* 毎日.

ਹਲ (हल) /hala ハル/ [Skt. हल] *m.* **1**〖道具〗鋤, 犂(すき). **2**〖文字〗ハル記号《子音字の下に付き, その子音字が母音を伴わず子音のみの発音であることを表す記号. 右下に向かう短い斜線の形》.

ਹੱਲ (हल्ल) /halla ハッル/ [Arab. *hall*] *m.* **1** 解決, 解決策. ❐ਹੱਲ ਹੋਣਾ 解決される. ❐ਲੜਾਈ ਝਗੜੇ ਨਾਲ ਇਹ ਮਸਲਾ ਹੱਲ ਨਹੀਂ ਹੋਣਾ। 争いによってこの問題は解決されません. ❐ਹੱਲ ਕਰਨਾ 解決する. **2** 解答. **3** 手段.

ਹਲਕ[1] (हलक) /halaka ハルク/ [Arab. *halaq*] *m.*〖身体〗喉, 咽喉. (⇒ਸੰਘ, ਕੰਠ, ਗਲਾ)

ਹਲਕ[2] (हलक) /halaka ハルク/ *m.* **1**〖医〗狂犬病. (⇒ਰੇਬੀਜ਼) **2**〖医〗恐水病. **3**〖医〗躁病. **4** 狂気.

ਹਲਕਣਾ (हलकणा) /halakaṇā ハルカナー/ *vi.* **1**〖医〗狂犬病に罹る. **2**〖医〗恐水病に罹る. **3** 気が狂う. **4**〖比喩〗突然の衝動に襲われる.

ਹਲਕਾ[1] (हलका) /halakā ハルカー/ ▸ਲਹੁਕਾ, ਲੌਹਕਾ [Skt. लघुक] *adj.* **1** 軽い, 軽量の. (⇒ਹੌਲਾ) **2** 軽快な, 軽やかな. **3** 軽微な, 微かな, 程度の軽い, 少ない, 僅かの. **4** 軽薄な, 安っぽい. **5** 色の薄い, 淡い. **6** 濃度の薄い, 弱い.

ਹਲਕਾ[2] (हलका) /halakā ハルカー/ [Arab. *halqa*] *m.* **1** 円, 輪, 範囲. **2** 区域, 地区, 地域. (⇒ਇਲਾਕਾ) **3**(人々の)集団, 仲間.

ਹਲਕਾ[3] (हलका) /halakā ハルカー/ *adj.* **1**〖医〗狂犬病に罹った, 恐水病に罹った. **2** 気の狂った.

— *m.* **1**〖医〗狂犬病に罹った人, 恐水病に罹った人. **2** 狂人.

ਹਲਕਾਰਾ (हलकारा) /halakārā ハルカーラー/ ▸ਹਰਕਾਰਾ *m.* → ਹਰਕਾਰਾ

ਹਲਕੇਵਾਰ (हलकेवार) /halakewāra ハルケーワール/ *adv.* 円形に, 環状に.

ਹਲਚਲ (हलचल) /halacala ハルチャル/ ▸ਹਲਚਲਾ *f.* **1** 騒乱. (⇒ਗੜਬੜੀ) **2** 騒動, 大騒ぎ. **3** 動揺, 混乱.

ਹਲਚਲਾ (हलचला) /halacalā ハルチャラー/ ▸ਹਲਚਲ *m.* → ਹਲਚਲ

ਹਲਟ[1] (हलट) /halaṭa ハルト/ [(Lah.)] *m.* 怒り. (⇒ਗ਼ੁੱਸਾ)

ਹਲਟ[2] (हलट) /halaṭa ハルト/ ▸ਹਰਟ, ਰਹਿਟ *m.*〖農業〗揚水車, ペルシア風灌漑井戸.

ਹਲਟ[3] (हलट) /halaṭa ハルト/ ▸ਹਾਲਟ [Eng. *halt*] *m.* **1** 一時停止, 停止, 休止. (⇒ਠਹਿਰਾਉ) **2** 逗留, 滞在. (⇒ਮੁਕਾਮ)

— *int.* 止まれ《制止する言葉》.

ਹਲੰਤ (हलंत) /halanta ハラント/ [Skt. हलंत] *adj.* **1**〖文字〗ハル記号〔母音を伴わず子音のみの発音であることを表す記号〕で終わる. **2**〖音〗子音で終わる, 母音を伴わない.

ਹਲਤ (हलत) /halata ハラト/ *m.* 世界. (⇒ਦੁਨੀਆ)

ਹਲਤਕ (हलतक) /halataka ハルタク/ [(Pua.)] *adv.* 今まで. (⇒ਹੁਣ ਤੀਕ)

ਹਲਦੀ (हलदी) /haladī ハルディー/ ▸ਹਰਦਲ [Skt. हरिद्रा] *f.* **1**〖植物〗ウコン(鬱金)《ショウガ科の多年草. 根茎を香辛料に使う》. (⇒ਵਸਾਰ) **2**〖食品〗ターメリック《ウコンの根茎を乾燥させ粉末にしたもの. 料理に欠かせない香辛料であり, また黄色の着色料としても用いられる》. (⇒ਵਸਾਰ)

ਹਲਦੀਆ (हलदीआ) /haladīā ハラディーアー/ [Skt. हरिद्रा] *adj.* **1** ウコン色の. **2** 黄色い. (⇒ਪੀਲਾ)

ਹਲਫ਼ (हलफ़) /halafa ハルフ/ [Arab. *half*] *f.* 誓い, 宣誓. (⇒ਕਸਮ, ਸਹੁੰ) ❐ਹਲਫ਼ ਚੁੱਕਣੀ 誓う, 宣誓する.

ਹਲਫ਼ ਸ਼ਿਕਨੀ (हलफ़ शिकनी) /halafa śikanī ハルフ シクニー/ [+ Pers. *śikan* -ਈ] *f.* **1** 誓いを破ること, 誓いの違反・不履行. **2** 偽証, 偽証罪.

ਹਲਫ਼ਨ (हलफ़न) /halafana ハルファン/ [Arab. *halfan*] *adv.* 誓って, 宣誓して. (⇒ਕਸਮ ਖਾ ਕੇ)

ਹਲਫ਼ੀ (हलफ़ी) /halafī ハルフィー/ ▸ਹਲਫ਼ੀਆ [Arab. *halfī*] *adj.* 誓った, 宣誓した, 誓いの. ❐ਹਲਫ਼ੀ ਬਿਆਨ 宣誓証言, 供述. ❐ਹਲਫ਼ੀ ਬਿਆਨ ਦੇਣ ਵਾਲਾ 宣誓証人, 供述者. ❐ਹਲਫ਼ੀ ਬਿਆਨ ਦੇਣਾ 宣誓証言を行う, 供述する.

ਹਲਫ਼ੀਆ (हलफ़ीआ) /halafīā ハルフィーアー/ ▸ਹਲਫ਼ੀ *adj.* → ਹਲਫ਼ੀ

ਹਲੱਬਰ (हलब्बर) /halabbara ハラッバル/ ▸ਹਲੱਭਰ [(Lah.)] *m.* 犂や地ならし機を頸木(くびき)に縛り付けるための太綱.

ਹਲੱਭਰ (हलब्भर) /halâbbara ハラッバル/ ▸ਹਲੱਬਰ *m.* → ਹਲੱਬਰ

ਹਲਵਾ (हलवा) /halawā ハルワー/ [Arab. *halva*] *m.*〖食品〗ハルワー菓子《小麦粉・豆粉などをバター油で炒め砂糖・牛乳などを加えて作った菓子》. (⇒ਕੜਾਹ)

ਹਲਵਾਈ (हलवाई) /halawāī ハルワーイー/ [Pers. *halvāī*] *m.* **1** 菓子屋. **2** 菓子製造業者.

ਹਲਵਾਣ (हलवाण) /halawāṇa ハルワーン/ ▸ਹਲਵਾਨ *m.* → ਹਲਵਾਨ

ਹਲਵਾਨ (हलवान) /halawāna ハルワーン/ ▸ਹਲਵਾਣ [Arab. *alvān*] *m.* **1**〖布地〗赤い綿布の一種. **2**〖布地・衣服〗ショールの布地, ウールのショール.

ਹਲਾ (हला) /halā ハラー/ [Skt. हला] *int.* 《承諾を意味

する言葉》 **1** ええ, はい. **2** いいですよ, 大丈夫. **3** オーケー, よろしい.

ਹੱਲਾ (हल्ला) /hallā ハッラー/ *m.* **1** 騒音, やかましい音. **2** 叫び声, 雄叫び. **3** 攻撃, 襲撃, 強襲. ❐ਹੱਲਾ ਕਰਨਾ, ਹੱਲਾ ਬੋਲਣਾ 攻撃する, 襲う, 突撃する.

ਹੱਲਾਸ਼ੇਰੀ (हल्लाशेरी) /hallāśerī ハッラーシェーリー/ *f.* 勇気, 士気, 大胆さ, 激励, 鼓舞. (⇒ਹੌਸਲਾ) ❐ਹੱਲਾ-ਸ਼ੇਰੀ ਦੇਣੀ 励ます, 勇気づける, 士気を盛り上げる, 鼓舞する.

ਹਲਾਕ (हलाक) /halāka ハラーク/ [Arab. *halāk*] *adj.* **1** 破壊された. **2** 殺された.

ਹਲਾਲ (हलाल) /halāla ハラール/ [Arab. *halāl*] *adj.* **1** 合法の. **2** 〖イス〗イスラーム法に適っている. (⇔ਹਰਾਮ)

— *m.* 〖食品〗ハラール《イスラーム法の規定に照らして合法的な食物. イスラームの儀礼に従って屠殺された動物の肉》.

ਹਲੀਮ (हलीम) /halīma ハリーム/ [Arab. *halīm*] *adj.* **1** 忍耐強い, 我慢強い. (⇒ਸਹਿਨਸ਼ੀਲ, ਬਰਦਾਸ਼ਤ ਕਰਨ ਵਾਲਾ) **2** おとなしい, 柔和な, 温厚な, 穏やかな. **3** 優しい, 親切な. **4** 謙虚な, へりくだった.

ਹਲੀਮੀ (हलीमी) /halīmī ハリーミー/ [-ਈ] *f.* **1** 忍耐強さ, 我慢強さ. (⇒ਸਹਿਨਸ਼ੀਲਤਾ) **2** おとなしさ, 柔和さ, 温厚さ, 穏やかさ. **3** 優しさ, 親切. **4** 謙虚さ, へりくだっていること.

ਹਲੂਣਨਾ (हलूणना) /halūṇanā ハルーナナー/ *vt.* 揺らす, 振り動かす, ぐいと動かす, がたがたと動かす. (⇒ਝੂਣਨਾ)

ਹਲੂਣਾ (हलूणा) /halūṇā ハルーナー/ *m.* **1** 揺らすこと, 振り動かすこと, がたがたと動かすこと. **2** 揺れ, 動揺, 振動.

ਹਵਸ (हवस) /hawasa ハワス/ ▸ਹਉਸ, ਹਬਸ਼ [Arab. *havas*] *f.* **1** 強い願望, 熱望, 切望, 渇望. (⇒ਤਰਿਸ਼ਣਾ) **2** 強い欲望, 貪欲. (⇒ਲੋਭ, ਲਾਲਚ) **3** 野望, 野心.

ਹਵਸੀ (हवसी) /hawasī ハウスィー/ [Pers. *havasī*] *adj.* **1** 熱望している, 切望している, 渇望している. **2** 貪欲な, がつがつしている. **3** 野心のある, 野心的な.

ਹਵਨ (हवन) /hawana ハワン/ [Skt. हवन] *m.* 〖儀礼〗ハワン(ハヴァナ), 献供《祭壇に火を起こしてその中にバターや祭餅などを投げ込むバラモン教の儀式》. (⇒ਹੋਮ)

ਹਵਾ (हवा) /hawā ハワー/ ▸ਵਾ [Arab. *havā*] *f.* **1** 空気, 大気, 空中. **2** 〖気象〗風. (⇒ਪੌਣ, ਵਾਯੂ)

ਹਵਾਈ (हवाई) /hawāī ハワーイー/ [Pers. *havāī*] *adj.* **1** 空気の, 大気の. **2** 空の, 空中の.

— *f.* 打ち上げ花火, ロケット花火.

ਹਵਾਈ ਉਡਾਨ (हवाई उडान) /hawāī uḍāna ハワーイー ウダーン/ [+ Skt. उड्डयन] *f.* **1** 飛行. **2** 〖軍〗軍用機の出撃.

ਹਵਾਈ ਅੱਡਾ (हवाई अड्डा) /hawāī aḍḍā ハワーイー アッダー/ [+ Skt. अट्ट] *m.* **1** 飛行場, 飛行機の離着陸場. **2** 空港. **3** 滑走路.

ਹਵਾਈ ਸਰਵੇਖਣ (हवाई सरवेखण) /hawāī sarawekʰaṇa ハワーイー サルウェーカン/ [+ Skt. सर्वेक्षण] *m.* 空からの調査, 航空測量, 空中査察.

ਹਵਾਈ ਸੈਨਾ (हवाई सैना) /hawāī sainā ハワーイー サェーナー/ [+ Skt. सेना] *f.* 〖軍〗空軍.

ਹਵਾਈ ਹਮਲਾ (हवाई हमला) /hawāī hamalā ハワーイー ハムラー/ [+ Arab. *hamla*] *m.* 〖軍〗空襲.

ਹਵਾਈ ਕਿਲ੍ਹੇ (हवाई किल्हे) /hawāī kîle ハワーイー キレー/ [+ Arab. *qala*] *m.* **1** 空中の城《ਕਿਲ੍ਹੇ は ਕਿਲ੍ਹਾ「城」の複数形》. **2** 空想的計画. **3** 願望的思考, 希望的観測. **4** 空頼み. **5** 見せかけ, 仮装.

ਹਵਾਈ ਚੱਕੀ (हवाई चक्की) /hawāī cakkī ハワーイー チャッキー/ [+ Skt. चक्र] *f.* 風車, 風車小屋.

ਹਵਾਈ ਛਤਰੀ (हवाई छतरी) /hawāī cʰatarī ハワーイー チャタリー/ [+ Skt. छत्र -ਈ] *f.* 落下傘, パラシュート. (⇒ਪੈਰਾਸ਼ੂਟ)

ਹਵਾਈ ਜਹਾਜ਼ (हवाई जहाज़) /hawāī jăza ハワーイー ジャーズ/ [+ Arab. *jahāz*] *m.* 〖乗物〗飛行機, 航空機. ❐ਹਵਾਈ ਜਹਾਜ਼ ਚਾਲਕ パイロット, (航空機・宇宙船の)操縦士, 飛行士, 飛行家. ❐ਹਵਾਈ ਜਹਾਜ਼ ਦਾ ਅਮਲਾ 航空機の乗務員.

ਹਵਾਈ ਪੱਤਰ (हवाई पत्तर) /hawāī pattara ハワーイー パッタル/ [Pers. *havāī* + Skt. पत्र] *m.* 航空書簡, エアログラム.

ਹਵਾਈ ਰਸਤਾ (हवाई रसता) /hawāī rasatā ハワーイー ラスター/ [+ Pers. *rāsta*] *m.* 航空路.

ਹਵਾਸ (हवास) /hawāsa ハワース/ [Arab. *havās*] *m.* **1** 意識, 正気. **2** 感覚, 知覚. **3** 〖身体〗感覚器官.

ਹਵਾਂਕ (हवाँक) /hawā̃ka ハワーンク/ ▸ਹਵਾਂਕਣ *f.* (犬・ジャッカル・狼などの)遠吠え.

ਹਵਾਂਕਣ (हवाँकण) /hawā̃kaṇa ハワーンカン/ ▸ਹਵਾਂਕ *m.* → ਹਵਾਂਕ

ਹਵਾਂਕਣਾ (हवाँकणा) /hawā̃kaṇā ハワーンクナー/ ▸ਹਵਾਂਗਣਾ *vi.* (犬・ジャッカル・狼などが)遠吠えする.

ਹਵਾਂਗਣਾ (हवाँगणा) /hawā̃gaṇā ハワーングナー/ ▸ਹਵਾਂਕਣਾ *vi.* → ਹਵਾਂਕਣਾ

ਹਵਾਨ (हवान) /hawāna ハワーン/ [Arab. *haivān*] *m.* **1** 〖動物〗獣, 動物. (⇒ਪਸ਼ੂ) **2** 〖動物〗家畜. (⇒ਡੰਗਰ)

ਹਵਾਨਾ (हवाना) /hawānā ハワーナー/ *m.* (牛や山羊などの)乳房. (⇒ਲੇਵਾ)

ਹਵਾ-ਪਾਣੀ (हवा-पाणी) /hawā-pāṇī ハワー・パーニー/ [Arab. *havā* + Skt. पानीय] *m.* **1** 空気と水. **2** 気候, 気候風土. (⇒ਆਬੋ-ਹਵਾ, ਜਲ-ਵਾਯੂ, ਪੌਣ-ਪਾਣੀ)

ਹਵਾਬੰਦ (हवाबंद) /hawābanda ハワーバンド/ [Pers.*-band*] *adj.* **1** 空気を通さない. **2** 気密の.

ਹਵਾਬਾਜ਼ (हवाबाज़) /hawābāza ハワーバーズ/ [Pers.*-bāz*] *m.* パイロット, (航空機・宇宙船の)操縦士, 飛行士, 飛行家. (⇒ਪਾਈਲਾਟ, ਵਿਮਾਨ ਚਾਲਕ)

ਹਵਾਬਾਜ਼ੀ (हवाबाज़ी) /hawābāzī ハワーバーズィー/ [Pers.*-bāzī*] *f.* 飛行, 航空, 飛行術.

ਹਵਾਰੀ (हवारी) /hawārī ハワーリー/ *m.* **1** 仲間, 付き添い. **2** 弟子, 門弟. **3** 従者, 信奉者.

ਹਵਾਲ (हवाल) /hawāla ハワール/ [Arab. *ahvāl*] *m.* 状態, ありさま, 様子, 具合. (⇒ਦਸ਼ਾ)

ਹਵਾਲਗੀ (हवालगी) /hawālagī ハワールギー/ [Arab. *havāla* Pers.*-gī*] *f.* 委託, 信託, 委任. (⇒ਸਪੁਰਦਗੀ)

ਹਵਾਲਦਾਰ (हवालदार) /hawāladāra ハワールダール/ ▸

ਹੌਲਦਾਰ [Pers.-*dār*] *m.* **1** 巡査部長. **2**〖軍〗陸軍軍曹. **3**〖歴史〗収穫物の監視や徴税の任に当たった支配人・兵士.

ਹਵਾਲਦਾਰਨੀ (हवालदारनी) /hawālạdārạnī ハワールダールニー/ [-ਨੀ] *f.* **1** 女性巡査部長. **2** 巡査部長の妻.

ਹਵਾਲਾ (हवाला) /hawālā ハワーラー/ [Arab. *havāla*] *m.* **1** 参照. **2** 言及, 触れること. (⇒ਜ਼ਿਕਰ) **3** 例, 引用. **4** 委託, 信託, 委任. (⇒ਸੌਂਪਣੀ) **5** 管理, 保護. **6**〖経済〗内密の外国為替取引.

ਹਵਾਲਾਤ (हवालात) /hawālātạ ハワーラート/ [Pers. *havālāt*] *f.* **1** 保護. **2** 後見. **3**〖法〗留置, 拘置. **4** 留置場, 拘置所, 監獄.

ਹਵਾਲੇ (हवाले) /hawāle ハワーレー/ [Arab. *havāla*] *adv.* 管理下に, 保護下に, 委託されて. (⇒ਸਪੁਰਦ) ❐ਹਵਾਲੇ ਕਰਨਾ 委託する, 委譲する, 引き渡す.

ਹਵਾੜ੍ਹ (हवाड़्ह) /hawâṛạ ハワール/ *f.* 蒸気.

ਹਵੇਲੀ (हवेली) /hawelī ハウェーリー/ [Arab. *havelī*] *f.*〖建築〗邸宅, 屋敷, 館, 豪邸.

ਹੜ੍ਹ (हड़्ह) /hâṛạ ハル/ *m.*〖気象〗洪水, 水害. (⇒ਸੈਲਾਬ, ਕਾਂਗ)

ਹੜ੍ਹਬ (हड़्हब) /hâṛạbạ ハルブ/ ▸ਹੜਬ *f.* → ਹੜਬ

ਹੜਤਾਲ (हड़ताल) /haṛạtālạ ハルタール/ [Skt. हट्ट + Skt. तलक] *f.*〖政治〗ストライキ, 同盟罷業. (⇒ਸਟਰਾਈਕ)

ਹੜਤਾਲੀ (हड़ताली) /haṛạtālī ハルターリー/ [-ਈ] *m.* ストライキをしている人.

ਹੜੱਪ (हड़प्प) /haṛappạ ハラップ/ *adj.* ぐいと飲まれた, 飲み込まれた.

— *f.* ぐいと飲むこと, 飲み込み.

ਹੜੱਪਣਾ (हड़प्पणा) /haṛappaṇā ハラッパナー/ *vt.* **1** ぐいと飲む, 飲み込む. (⇒ਨਿਗਲਣਾ) **2** 食べてしまう, 食べ尽くす, むさぼり食う. (⇒ਖਾ ਜਾਣਾ) **3**〖比喩〗奪う, 強奪する, 横取りする. **4**〖比喩〗横領する, 着服する. (⇒ਘਾਲਾ-ਮਾਲਾ ਕਰਨਾ)

ਹੜੱਪਾ (हड़प्पा) /haṛappā ハラッパー/ *m.*〖地名〗ハラッパー《パキスタンのパンジャーブ州ムルターンの北東にあるインダス文明都市期を代表する遺跡》.

ਹੜੱਪੂੰ (हड़प्पूँ) /haṛappū̃ ハラップーン/ ▸ਹੜੱਪੂ *adj.m.* → ਹੜੱਪੂ

ਹੜੱਪੂ (हड़प्पू) /haṛappū ハラップー/ ▸ਹੜੱਪੂੰ *adj.* **1** ぐいと飲む, 飲み込む. (⇒ਨਿਗਲ ਜਾਣ ਵਾਲਾ) **2** 何でも食べてしまう, 食い意地の張った. (⇒ਸਰਬਭੱਖੀ) **3** 浅ましい, 卑しい. (⇒ਚਗਲ)

— *m.f.* **1** ぐいと飲むこと, 飲み込み. **2** ぐいと飲む音.

ਹੜਬ (हड़ब) /haṛạbạ ハルブ/ ▸ਹੜ੍ਹਬ *f.* **1**〖身体〗顎(あご). (⇒ਬਾਚੀ) **2**〖身体〗下顎骨.

ਹੜਬੜ (हड़बड़) /haṛạbaṛạ ハルバル/ ▸ਹੜਬੜੀ *f.* **1** 心配, 不安, 動揺. **2** あわてること, あわてた様子, 当惑, 混乱, 狼狽, 大あわて. (⇒ਘਬਰਾਹਟ) **3** 驚き, 仰天. **4** ごった返し, 雑踏.

ਹੜਬੜਾਉਣਾ (हड़बड़ाउणा) /haṛạbaṛāuṇā ハルバラーウナー/ *vi.* **1** 心配する, 不安に思う, 動揺する. **2** 当惑する, 混乱する, あわてる, うろたえる, 狼狽する. (⇒ਘਬਰਾਉਣਾ)

ਹੜਬੜੀ (हड़बड़ी) /haṛạbaṛī ハルバリー/ ▸ਹੜਬੜ *f.* → ਹੜਬੜ

ਹਾਂ[1] (हाँ) /hā̃ ハーン/ [Skt. आम] *int.* ええ, うん《肯定の返事》. ❐ਹਾਂ ਜੀ はい《丁寧な肯定の返事》.

— *f.* 肯定, 同意, 是認. ❐ਹਾਂ ਕਰਨੀ 肯定する, 同意する. ❐ਹਾਂ ਵਿੱਚ 肯定して, 同意して.

ਹਾਂ[2] (हाँ) /hā̃ ハーン/ ▸ਆਂ *vi.* 《動詞 ਹੋਣਾ の1人称・単数及び複数・現在形. ਮੈਂ … ਹਾਂ , ਅਸੀਂ … ਹਾਂ 》 **1**…である, …です. **2**…ある・いる, …あります・います.

ਹਾਉਸ (हाउस) /hāusạ ハーウス/ ▸ਹਾਊਸ *m.* → ਹਾਊਸ

ਹਾਊਸ (हाऊस) /hāūsạ ハーウース/ ▸ਹਾਉਸ [Eng. *house*] *m.*〖建築〗家, 家屋, 住宅, 住居, 住まい. (⇒ਮਕਾਨ)

ਹਾਈ (हाई) /hāī ハーイー/ [Eng. *high*] *adj.* 高い, 高度の. (⇒ਉੱਚਾ)

ਹਾਈ ਕੋਰਟ (हाई कोरट) /hāī korạṭạ ハーイー コールト/ [Eng. *high court*] *m.* **1**〖法〗高等裁判所. **2**〖法〗高等法院.

ਹਾਈਜੀਅਨ (हाईजीअन) /hāījīanạ ハーイージーアン/ [Eng. *hygiene*] *f.* 衛生, 衛生学, 衛生法.

ਹਾਈਡਰੋਮੀਟਰ (हाईडरोमीटर) /hāīḍaromīṭarạ ハーイードローミータル/ [Eng. *hydrometer*] *m.*〖器具〗液体比重計.

ਹਾਈਫ਼ਨ (हाईफ़न) /hāīfanạ ハーイーファン/ [Eng. *hyphen*] *m.*〖符号〗連字符, ハイフン.

ਹਾਏ (हाए) /hāe ハーエー/ *int.* ああ, 嗚呼《苦痛・悲しみ・喜びなどを表す発声》.

— *f.* 苦痛・悲しみ・喜びなどを表す叫び.

ਹਾਸ (हास) /hāsạ ハース/ [Skt. हास्य] *pref.* 「笑い」を表す接頭辞.

ਹਾਸਦ (हासद) /hāsadạ ハーサド/ [Arab. *hāsid*] *adj.* 嫉妬深い.

— *m.* 嫉妬深い人.

ਹਾਸਲ (हासल) /hāsalạ ハーサル/ [Arab. *hāṣil*] *adj.* 得られた, 獲得された. (⇒ਪਰਾਪਤ)

— *m.* **1** 獲得, 利益. **2** 生産. **3** 産物, 成果, 結末, 結果. **4**〖数学〗計算の結果, 合計.

ਹਾਸ-ਵਿਅੰਗ (हास-विअंग) /hāsạ-viaṅgạ ハース・ヴィアング/ [Skt. हास्य + Skt. व्यंग्य] *m.* **1** 諧謔, 洒落. **2** 風刺的ユーモア, 皮肉な笑い.

ਹਾਸਾ (हासा) /hāsā ハーサー/ *m.* **1** 笑い. **2** 冗談, 洒落. (⇒ਮਖੌਲ)

ਹਾਸੀ (हासी) /hāsī ハースィー/ *f.* 笑い, 冷やかし, あざけり. (⇒ਠੱਠਾ)

ਹਾਸ਼ੀਆ (हाशीआ) /hāśīā ハーシーアー/ [Arab. *hāśiya*] *m.* **1** 端, 境目. **2** 縁. **3**(ページなどの)余白, 欄外.

ਹਾਸੋਹੀਣਾ (हासोहीणा) /hāsohīṇā ハーソーヒーナー/ *adj.* **1** 軽薄な. (⇒ਹੋਛਾ) **2** 卑しい. (⇒ਕਮੀਨਾ)

ਹਾਹ (हाह) /hâ ハー/ ▸ਆਹ *int.f.* → ਆਹ

ਹਾਹਾ (हाहा) /hāhā ハーハー/ *m.*〖文字〗ハーハー《声門摩擦音の「ハ」または声調を表す, グルムキー文字の字母表の5番目の文字 ਹ の名称》.

ਹਾਹਾਕਾਰ (हाहाकार) /hāhākārạ ハーハーカール/ *f.* 苦痛に呻く声, 悲嘆の声, 悲鳴, 慟哭.

ਹਾਹੋ (हाहो) /hāho ハーホー/ ▸ਆਹੋ *int.* → ਆਹੋ

ਹਾਕ (हाक) /hākạ ハーク/ *f.* **1** 叫び, 叫び声. **2** 大声,

怒鳴り声.

ਹਾਕਮ (हाकम) /hākama̸ ハーカム/ [Arab. *hākim*] *m.* **1** 支配者. **2** 統治者, 領主. **3** 行政官, 代官.

ਹਾਂਕਾਂਗ (हाँकाँग) /hā̃kā̃ga̸ ハーンカーング/ [Eng. *Hong Kong*] *m.* 〚地名〛ホンコン, 香港.

ਹਾਕੀ (हाकी) /hākī ハーキー/ [Eng. *hockey*] *f.* **1** 〚競技〛ホッケー. **2** 〚道具〛ホッケーで使うスティック.

ਹਾਂਜਣ (हाँजण) /hā̃jaṇa̸ ハーンジャン/ [Kash.] *f.* 船頭の妻.

ਹਾਜਤ (हाजत) /hājata̸ ハージャト/ [Pers. *hājat*] *f.* **1** 必要. **2** 拘置所, 留置場. **3** 〚生理〛排便.

ਹਾਜ਼ਮਾ (हाज़मा) /hāzamā ハーズマー/ [Arab. *hāzima*] *m.* **1** 消化, こなれ. **2** 消化力.

ਹਾਜ਼ਰ (हाज़र) /hāzara̸ ハーザル/ [Arab. *hāzir*] *adj.* **1** 出席している, その場にいる, 居合わせている. (⇒ਉਪਸਥਿਤ) **2** 臨席している, 参列している. **3** 存在している. (⇒ਮੌਜੂਦ)

ਹਾਜ਼ਰੀ (हाज़री) /hāzarī ハーズリー/ [Arab. *hāzirī*] *f.* **1** 出席, 居合わせること. **2** 臨席, 参列, 参上.

ਹਾਜ਼ਰੀਨ (हाज़रीन) /hāzarīna̸ ハーズリーン/ [Pers. *hāzirīn*] *m.* 聴衆. (⇒ਸਰੋਤਾ-ਗਣ)

ਹਾਂਜੀ (हाँजी) /hā̃jī ハーンジー/ [Kash.] *m.* 船頭. (⇒ਮਲਾਹ)

ਹਾਜੀ (हाजी) /hājī ハージー/ ▸ਹੱਜ [Arab. *hājī*] *m.* 〚イス〛メッカ巡礼者, メッカ巡礼を終えた人.

ਹਾਠ[1] (हाठ) /hāṭʰa̸ ハート/ *adj.* 意志強固な, 断固とした, 決然たる.

ਹਾਠ[2] (हाठ) /hāṭʰa̸ ハート/ [(Lah.)] *f.* 〚競技〛競馬. (⇒ਘੋੜਦੌੜ)

ਹਾਂਡੀ (हाँडी) /hā̃ḍī ハーンディー/ *f.* 〚調〛料理鍋, 土鍋.

ਹਾਂਢ (हाँढ) /hā̃ḍ̣a̸ ハーンド/ *f.* 放浪, 流浪.

ਹਾਣ (हाण) /hāṇa̸ ハーン/ ▸ਹਾਨ, ਹਾਨੀ *m.* → ਹਾਨੀ

ਹਾਣਤ (हाणत) /hāṇata̸ ハーナト/ [Arab. *ihānat*] *f.* **1** 不名誉, 侮辱, 侮蔑, 軽蔑. (⇒ਹੇਠੀ, ਬੇਇੱਜ਼ਤੀ) **2** 恥, 恥辱. (⇒ਸ਼ਰਮਿੰਦਗੀ, ਨਮੋਸ਼ੀ)

ਹਾਣੀ (हाणी) /hāṇī ハーニー/ *m.* 同年代の人. (⇒ਹਮਉਮਰ)

ਹਾਤਾ (हाता) /hātā ハーター/ [Arab. *ihāta*] *m.* 構内. (⇒ਘੇਰ)

ਹਾਤੋ (हातो) /hāto ハートー/ *m.* カシミール人の労働者.

ਹਾਥ (हाथ) /hātʰa̸ ハート/ *f.* 深さ. (⇒ਡੂੰਘਾਈ)

ਹਾਥੀ (हाथी) /hātʰī ハーティー/ ▸ਹਸਤ, ਹਸਤੀ [Skt. हस्ति] *m.* 〚動物〛(雄)ゾウ, 象.

ਹਾਥੀ-ਦੰਦ (हाथी-दंद) /hātʰī-danda̸ ハーティー・ダンド/ [+ Skt. दंत] *m.* 〚身体〛象牙.

ਹਾਦਸਾ (हादसा) /hādasā ハードサー/ [Arab. *hādisa*] *m.* **1** 事故. (⇒ਦੁਰਘਟਨਾ) **2** 突発的な出来事, 事件, 被災. **3** 不慮の災難, 悲劇, 惨事.

ਹਾਦੀ (हादी) /hādī ハーディー/ [Arab. *hādī*] *m.* **1** 案内人, 案内者, 道案内. **2** 指導者, 先達. **3** 教授者.

ਹਾਨ (हान) /hāna̸ ハーン/ ▸ਹਾਣ, ਹਾਨੀ *m.* → ਹਾਨੀ

ਹਾਨੀ (हानी) /hānī ハーニー/ ▸ਹਾਣ, ਹਾਨ [Skt. हानि] *f.* **1** 損失, 損害. (⇒ਨੁਕਸਾਨ) **2** 害, 害悪.

ਹਾਨੀਕਾਰਕ (हानीकारक) /hānīkāraka̸ ハーニーカーラク/ [Skt. हानि Skt.-कारक] *adj.* **1** 損害を与える. **2** 有害な, 害を及ぼす. ❐ਸ਼ਰਾਬ ਪੀਣਾ ਸਿਹਤ ਲਈ ਹਾਨੀਕਾਰਕ ਹੈ। 飲酒は健康にとって有害です.

ਹਾਨੀਪੂਰਤੀ (हानीपूरती) /hānīpūrata̸ī ハーニープールティー/ [Skt. हानि + Skt. पूर्ति] *f.* 〚法〛損害賠償, 補償.

ਹਾਫ਼ (हाफ़) /hāfa̸ ハーフ/ [Eng. *half*] *adj.* 半分の. (⇒ਅੱਧਾ)

ਹਾਫ਼ਜ਼ (हाफ़ज़) /hāfaza̸ ハーファズ/ [Arab. *hāfiz*] *m.* **1** 保護者, 庇護者. **2** 〚イス〛アッラーの称号. **3** 〚イス〛コーランを暗唱した人.

ਹਾਫ਼ਜ਼ਾ (हाफ़ज़ा) /hāfa̸zā ハーフザー/ [Arab. *hāfiz*] *m.* **1** 記憶. (⇒ਯਾਦ) **2** 記憶力. (⇒ਯਾਦਦਾਸ਼ਤ)

ਹਾਫ਼ਜ਼ਾਬਾਦ (हाफ़ज़ाबाद) /hāfa̸zābāda̸ ハーフザーバード/ *m.* 〚地名〛ハーフザーバード《グジュラーンワーラー県の町》.

ਹਾਬੜ (हाबड़) /hābaṛa̸ ハーバル/ ▸ਹਾਬੜੀ *f.* 貪欲, 強欲.

ਹਾਬੜੀ (हाबड़ी) /hāba̸ṛī ハーブリー/ ▸ਹਾਬੜ *f.* → ਹਾਬੜ

ਹਾਬੀ (हाबी) /hābī ハービー/ [Eng. *hobby*] *f.* 趣味. (⇒ਸ਼ੌਕ)

ਹਾਬੀਲ (हाबील) /hābīla̸ ハービール/ [Heb.] *m.* **1** 〚人名〛ハービール(アベル)《アダムの息子》. **2** アダムの子孫, 人間.

ਹਾਂਭ (हाँभ) /hā̃̀ba̸ ハーンブ/ *f.* 疲れ, 疲労. (⇒ਥਕਾਵਟ)

ਹਾਮਜੇਂ (हामजें) /hāma̸jẽ ハームジェーン/ ▸ਹਾਮਜੋ [(Lah.)] *adv.* わざと, 意図して. (⇒ਜਾਣ ਕੇ)

ਹਾਮਜੋ (हामजो) /hāma̸jo ハームジョー/ ▸ਹਾਮਜੇਂ [(Lah.)] *adv.* → ਹਾਮਜੇਂ

ਹਾਮਲਾ (हामला) /hāma̸lā ハームラー/ [Arab. *hāmila*] *adj.* 妊娠している. (⇒ਗਰਭਵਤੀ)

ਹਾਮੀ (हामी) /hāmī ハーミー/ [Arab. *hāmī*] *f.* **1** 確認, 確信, 保証. **2** 支持, 支援, 是認. **3** 同意, 承諾, 賛同, 賛成, 肯定の返事.

― *adj.* 支持する, 支援する, 味方の.

― *m.* 支持者, 支援者, 味方.

ਹਾਰ[1] (हार) /hāra̸ ハール/ [Skt. हार] *m.* **1** 花輪. **2** 〚装〛首飾り, ネックレス. (⇒ਕੰਠਮਾਲਾ)

ਹਾਰ[2] (हार) /hāra̸ ハール/ [(Pkt. हारि) Skt. हारि] *f.* **1** 敗北, 負け, 敗戦. **2** 損失, 損害. (⇒ਨੁਕਸਾਨ, ਕਸਰ) **3** 疲労, 倦怠. **4** 落胆, 気落ち.

ਹਾਰ[3] (हार) /hāra̸ ハール/ ▸ਹਾਰਾ *suff.* 先行する語と合わせて, 特徴や属性などを指定する形容詞または名詞を形成する接尾辞.「…する(もの・人)」「…しやすい(もの・人)」「…(の性質)を持つ(もの・人)」「…に携わる(もの・人)」「…に関係する(もの・人)」などの意味を表す.

ਹਾਰਸ (हारस) /hārasa̸ ハールス/ [Eng. *horse*] *m.* 〚動物〛馬. (⇒ਘੋੜਾ)

ਹਾਰ-ਜਿੱਤ (हार-जित्त) /hārajitta̸ ハールジット/ [Skt. हारि + cf. ਜਿੱਤਣਾ] *f.* 勝敗, 勝ち負け.

ਹਾਰਜੀਤ (हारजीत) /hāra̸jīta̸ ハールジート/ [(Lah.)] *f.* 損害. (⇒ਨੁਕਸਾਨ)

ਹਾਰਟ (हारट) /hārața ハールト/ [Eng. *heart*] *m.* **1**〖身体〗心臓, 胸. (⇒ਦਿਲ) **2** 心, 心情, 気持ち. (⇒ਦਿਲ)

ਹਾਰਟ ਅਟੈਕ (हारट अटैक) /hārața aṭaika ハールト アタェーク/ [Eng. *heart-attack*] *m.*〖医〗心臓発作, 心筋梗塞.

ਹਾਰਦਿਕ (हारदिक) /hāradika ハールディク/ [Skt. हार्दिक] *adj.* 心からの, 心底からの, 本心からの, 真心のこもった. (⇒ਦਿਲੀ)

ਹਾਰਨ (हारन) /hārana ハールン/ [Eng. *horn*] *m.* **1**〖楽器〗角笛, ホルン. **2** 自動車の警笛, クラクション.

ਹਾਰਨਾ (हारना) /hāranā ハールナー/ [Skt. हारयति] *vi.* **1** 負ける, 敗れる. (⇔ਜਿੱਤਣਾ) **2** 失敗に終わる. **3** 疲れる, 根負けする.

— *vt.* **1** 捨てる, 手放す, 失う. **2**(賭け事や商売で金銭や物を)失う.

ਹਾਰਮਨੀ (हारमनी) /hāramanī ハールマニー/ [Eng. *harmony*] *f.* 調和, 一致, 和合. (⇒ਮਿਲੌਣੀ)

ਹਾਰਮੋਨੀਅਮ (हारमोनीअम) /hāramonīama ハールモーニーアム/ [Eng. *harmonium*] *m.*〖楽器〗ハルモニアム(ハーモニウム)《卓上アコーディオン風の小さなオルガン》.

ਹਾਰਾ (हारा) /hārā ハーラー/ ▸ਹਾਰ *suff.* → ਹਾਰ[3]

ਹਾਰੀ-ਸਾਰੀ (हारी-सारी) /hārī-sārī ハーリー・サーリー/ *pron.* 誰でも.

ਹਾਲ[1] (हाल) /hāla ハール/ [Arab. *hāl*] *m.* **1** 状態, 状況, 情勢, 様子, ありさま, 具合. (⇒ਦਸ਼ਾ) **2** 現在, 最近. (⇒ਵਰਤਮਾਨ ਕਾਲ) **3** 知らせ, 近況.

ਹਾਲ[2] (हाल) /hāla ハール/ [Eng. *hall*] *m.* **1** 会館, ホール, 公衆の集まる会場. **2** 大広間, 大食堂, 講堂, 大教室.

ਹਾਲ ਓਏ (हाल ओए) /hāla oe ハール オーエー/ *int.* おい助けて.

ਹਾਲ ਹਵਾਲ (हाल हवाल) /hāla hawāla ハール ハワール/ *m.* **1** 状況, 状態, 様子. **2** 御機嫌, 具合. **3** 近況, 消息.

ਹਾਲ ਹਾਲ (हाल हाल) /hāla hāla ハール ハール/ *f.* **1** 非難を浴びせる叫び. **2** 悲しみや苦痛を訴える叫び.

ਹਾਲ ਚਾਲ (हाल चाल) /hāla cāla ハール チャール/ *m.* **1** 状況, 状態, 様子. **2** 御機嫌, 具合. **3** 近況, 消息.

ਹਾਲਟ (हालट) /hālața ハールト/ ▸ਹਲਟ *m.int.* → ਹਲਟ[3]

ਹਾਲਡੋਲਾ (हालडोला) /hālaḍolā ハールドーラー/ *m.* 地震. (⇒ਭੁਚਾਲ)

ਹਾਲਤ (हालत) /hālata ハーラト/ [Pers. *hālat*] *f.* **1** 状態, 状況, 事情. (⇒ਦਸ਼ਾ) **2** 立場, 境遇.

ਹਾਲਾਂ (हालाँ) /hālā̃ ハーラーン/ ▸ਹਾਲੀ, ਹਾਲੇ *adv.* → ਹਾਲੇ

ਹਾਲਾ (हाला) /hālā ハーラー/ *m.*〖経済〗土地の収入. (⇒ਮਾਲੀਆ)

ਹਾਲਾਂਕਿ (हालाँकि) /hālā̃ki | hālā̃ke ハーラーンキ｜ハーラーンケー/ [Pers. *hāl ān ki*] *conj.* **1** にもかかわらず. **2**…だが, もっとも…だが. **3** たとえ…とはいえ.

ਹਾਲਾਤ (हालात) /hālāta ハーラート/ [Arab. *hālāt*, plural] *m.* 状態, 状況, 事態, 環境. ❐ਸ੍ਰੀਮਤੀ ਸੋਨੀਆ ਗਾਂਧੀ ਨੇ ਉਹ ਸਾਰੇ ਹਾਲਾਤ ਪੈਦਾ ਕਰ ਲਏ ਸਨ ਜਿਨ੍ਹਾਂ ਕਾਰਨ ਉਹੀ ਪ੍ਰਧਾਨ ਮੰਤਰੀ ਬਣ ਸਕਦੀ ਸੀ। ソーニアー・ガーンディー夫人は自身が首相になれる根拠となるすべての状況を生み出していました.

ਹਾਲੀ[1] (हाली) /hālī ハーリー/ *m.* **1** 鋤で耕す人, 耕作者. **2** 農夫, 農民.

ਹਾਲੀ[2] (हाली) /hālī ハーリー/ ▸ਹਾਲਾਂ, ਹਾਲੇ *adv.* → ਹਾਲੇ

ਹਾਲੀਆ (हालीआ) /hālīā ハーリーアー/ [Arab. *hāliyā*] *adj.* **1** 今の, 現在の. **2** 最近の, 最新の.

ਹਾਲੀਵੁੱਡ (हालीवुड्ड) /hālīwuḍḍa ハーリーウッド/ [Eng. *Hollywood*] *m.* ハリウッド《アメリカ合衆国カリフォルニア州のロサンゼルス市にある地区. 映画産業の中心地》.

ਹਾਲੇ (हाले) /hāle ハーレー/ ▸ਹਾਲਾਂ, ਹਾਲੀ [Arab. *hālī*] *adv.* **1** 今, 今すぐ. (⇒ਹੁਣੇ) **2** 目下, 今のところ, 当面, 差し当たり. (⇒ਇਸੇ ਵੇਲੇ) **3** 今も, 依然として. (⇒ਅਜੇ)

ਹਾਲੋਂ-ਬੇਹਾਲ (हालों-बेहाल) /hālõ-behāla ハーローン・ベーハール/ *adj.* みじめな, 不幸な, 哀れな.

ਹਾਵਾ (हावा) /hāwā ハーワー/ *m.* **1** 溜息. (⇒ਹੌਕਾ) **2** 悲しみ. **3** 別離の苦しみ.

ਹਾੜ੍ਹ (हाड़्ह) /hâṛa ハール/ ▸ਅਸਾੜ੍ਹ [Skt. आषाढ] *m.* **1**〖暦〗ハール(アーシャーダ)月《インド暦4月・西洋暦6〜7月》. **2**〖暦〗夏.

ਹਾੜ੍ਹੀ (हाड़्ही) /hâṛī ハーリー/ *adj.* ハール月に収穫された, 夏に収穫された.

— *f.* ハール月の収穫物, 夏の収穫物.

ਹਾੜਨਾ (हाड़ना) /hāṛanā ハールナー/ *vt.* **1** 計る, 測る, 量る. (⇒ਨਾਪਣਾ) **2** 見積もる. (⇒ਅੰਦਾਜ਼ਾ ਕਰਨਾ)

ਹਾੜਬਾ (हाड़बा) /hāṛabā ハールバー/ *m.* **1** ひどい空腹, 極度の飢え. **2** 貪り食うこと. **3** 貪欲.

ਹਾੜਾ (हाड़ा) /hāṛā ハーラー/ *m.* **1** 適量, 分量. **2** 釣り合い, 平衡. **3** 嘆願, 懇願. **4** へつらい.

ਹਾੜੇ ਹਾੜੇ (हाड़े हाड़े) /hāṛe hāṛe ハーレー ハーレー/ *int.* お情けを, お助けを《慈悲を懇願する発声》.

ਹਿੰ (हिं) /hĩ ヒン/ [(Lah.)] *pron.* これ, この人. (⇒ਇਹ)

ਹਿੰਸਕ (हिंसक) /hinsaka ヒンサク/ [Skt. हिंसक] *adj.* **1** 乱暴な, 狂暴な. **2** 破壊的な.

ਹਿਸਟਰੀ (हिसटरी) /hisaṭarī ヒスタリー/ [Eng. *history*] *f.* 歴史. (⇒ਇਤਿਹਾਸ)

ਹਿਸਟੀਰੀਆ (हिसटीरीआ) /hisaṭīrīā ヒスティーリーアー/ [Eng. *hysteria*] *m.*〖医〗ヒステリー, 病的興奮.

ਹਿੱਸਣਾ (हिस्सणा) /hissaṇā ヒッサナー/ *vi.* **1** 縮む. **2** 収縮する. **3** 熱や煮沸によって体積が減る.

ਹਿੰਸਾ (हिंसा) /hinsā ヒンサー/ [Skt. हिंसा] *f.* **1** 暴力, 暴行, 危害. **2** 殺害, 殺生. (⇒ਹੱਤਿਆ, ਕਤਲ) **3** 殺人. **4** 加害.

ਹਿੱਸਾ (हिस्सा) /hissā ヒッサー/ [Arab. *hiṣṣa*] *m.* **1** 部分, 一部, 断片. (⇒ਭਾਗ) **2** 配分, 分け前, 割り当て, 分担. (⇒ਸੀਰ) **3** 分割. (⇒ਵੰਡ) **4** 参加. ❐ਹਿੱਸਾ ਲੈਣਾ 参加する, 加わる. ❐ਇਸ ਕਨਵੈਨਸ਼ਨ ਵਿੱਚ ੨੭ ਮੁਲਕਾਂ ਤੋਂ ੫੦ ਨੁਮਾਇੰਦੇ ਹਿੱਸਾ ਲੈਣਗੇ। この会議には27カ国から50人の代表が参加するでしょう. **5** 関与.

ਹਿੰਸਾਤਮਿਕ (हिंसातमिक) /hinsātamika ヒンサートミク/ [Skt. हिंसा Skt.-आत्मक] *adj.* **1** 暴力的な, 凶暴な, 乱暴な.

2 破壊的な.

ਹਿਸਾਬ (हिसाब) /hisāba ヒサーブ/ ▸ਹਸਾਬ [Arab. *hisāb*] *m.* 1 勘定, 会計. 2 計算.(⇒ਲੇਖਾ ਜੋਖਾ) ❒ਹਿਸਾਬ ਕਰਨਾ 計算する. 3 算数. 4 精算. ❒ਹਿਸਾਬ ਚੁਕਾਉਣਾ 精算する. 5 概算, 見積もり.(⇒ਅਟਕਲ, ਅੰਦਾਜ਼ਾ)

ਹਿਸਾਬ ਕਿਤਾਬ (हिसाब किताब) /hisāba kitāba ヒサーブ キターブ/ [+ Arab. *kitāb*] *m.* 1 勘定, 計算, 計算書. 2 簿記. 3 出納帳.

ਹਿਸਾਬਦਾਨ (हिसाबदान) /hisābadāna ヒサーブダーン/ [Pers.-*dān*] *m.* 数学者, 算数研究家.

ਹਿਸਾਬੀ (हिसाबी) /hisābī ヒサービー/ ▸ਹਸਾਬੀ [Arab. *hisābī*] *adj.* 1 計算の.(⇒ਹਿਸਾਬ ਦਾ) 2 計算している. 3 抜け目のない.

ਹਿੰਸਾਵਾਦੀ (हिंसावादी) /hinsāwādī ヒンサーワーディー/ [Skt. हिंसा Skt.-वादिन्] *adj.* 1 暴力的な, 暴力主義の, 暴力を行使する. 2 破壊的な.

— *m.* 1 暴力肯定論者, 暴力行使者. 2〘政治〙暴力主義者, テロリスト.(⇒ਆਤੰਕਵਾਦੀ) 3 破壊主義者.

ਹਿੱਸੇਦਾਰ (हिस्सेदार) /hissedāra ヒッセーダール/ [Arab. *hiṣṣa* Pers.-*dār*] *m.* 1 共有者, 共同経営者.(⇒ਭਾਗੀ) 2 相棒, 仲間, 連れ.(⇒ਸਾਂਝੀ) 3〘経済〙出資者, 株主.

ਹਿੱਸੇਦਾਰੀ (हिस्सेदारी) /hissedārī ヒッセーダーリー/ [Pers.-*dārī*] *f.* 1 共有, 共同所有. 2 協力, 共同, 提携, 共同経営. 3〘経済〙出資.

ਹਿਹ (हिह) /hiha | hê ヒフ | ヘー/ ▸ਅਹ, ਇਹ, ਏਹ, ਹੇਹ [(Lah.) (Pot.)] *pron.* → ਇਹ

ਹਿਕ (हिक) /hika ヒク/ ▸ਇਕ, ਇੱਕ, ਏਕ [(Lah.)] *ca.num. adj.* → ਇੱਕ

ਹਿੱਕ (हिक्क) /hikka ヒック/ *f.*〘身体〙胸.(⇒ਛਾਤੀ)

ਹਿੱਕਣਾ (हिक्कणा) /hikkaṇā ヒッカナー/ ▸ਹੱਕਣਾ *vt.* (動物などを)駆る, 追う, 駆り立てる.

ਹਿਕਮਤ (हिकमत) /hikamata ヒクマト/ [Pers. *hikmat*] *m.* 1 知恵, 知識. 2 ユーナーニー医学 3 学理, 学問. 4 賢さ, 慎重さ, 用心深さ. 5 方法, 方策, 解決策, 工夫. 6 計画

ਹਿਕਮਤੀ (हिकमती) /hikamatī ヒクマティー/ [-ਈ] *adj.* 1 知恵のある, 賢い. 2 巧みな, 巧妙な. 3 抜け目のない, 機敏な.

ਹਿਕਵਾਉਣਾ (हिकवाउणा) /hikawāuṇā ヒクワーウナー/ ▸ਹਿਕਾਉਣਾ *vt.* (動物などを)駆らせる, 追わせる.

ਹਿਕੜਾ (हिकड़ा) /hikaṛā ヒクラー/ [(Lah.)] *adj.* 1 一つの. 2 同一の. 3 同じ.

ਹਿਕਾਉਣਾ (हिकाउणा) /hikāuṇā ヒカーウナー/ ▸ਹਿਕਵਾਉਣਾ *vt.* → ਹਿਕਵਾਉਣਾ

ਹਿੰਗ (हिंग) /hiṅga ヒング/ ▸ਹਿੰਙ [Skt. हिङ्गु] *f.* 1〘植物〙オオウイキョウ, アサフェティダ《セリ科の多年草》. 2〘食品・薬剤〙アギ(阿魏)《その茎や根から採れる樹脂状の物質. 香辛料や生薬として用いる》. ❒ਨਾ ਹਿੰਗ ਲਗੇ ਨਾ ਫਟਕੜੀ, ਰੰਗ ਆਏ ਚੋਖਾ। 阿魏も明礬も用いないで, 色は鮮やか〔諺〕〈費用も労力もかけずに目的が達成され得をする〉.

ਹਿੰਙ (हिंङ) /hiṅṅa ヒンヌ/ ▸ਹਿੰਗ *f.* → ਹਿੰਗ

ਹਿੱਚ (हिच्च) /hicca ヒッチ/ [Eng. *hitch*] *f.* 障害, 支障.(⇒ਰੁਕਾਵਟ)

ਹਿਚਹਿਚ (हिचहिच) /hicahica ヒチヒチ/ *f.* 1 くすくす笑い, 忍び笑い. 2 馬鹿笑い, ふざけ笑い.

ਹਿਚਕ (हिचक) /hicaka ヒチャク/ *f.* ためらい, 躊躇, 遠慮, 気後れ.(⇒ਸੰਕੋਚ, ਝਿਜਕ)

ਹਿਚਕਚਾਉਣਾ (हिचकचाउणा) /hicakacāuṇā ヒチカチャーウナー/ *vi.* ためらう, ひるむ, 躊躇する, 臆する.(⇒ਝਿਜਕਣਾ)

ਹਿਚਕਚਾਹਟ (हिचकचाहट) /hicakacâṭa ヒチカチャート/ *f.* ためらい, 躊躇, 遠慮, 気後れ.(⇒ਸੰਕੋਚ, ਝਿਜਕ)

ਹਿਚਕਣਾ (हिचकणा) /hicakaṇā ヒチャクナー/ *vi.* ためらう, ひるむ, 躊躇する, 臆する.(⇒ਝਿਜਕਣਾ)

ਹਿਚਕਿਚੋਲਾ (हिचकिचोला) /hicakicolā ヒチキチョーラー/ ▸ਹਚਕੋਲਾ, ਹਿਚਕੋਲਾ *m.* → ਹਿਚਕੋਲਾ

ਹਿਚਕੀ (हिचकी) /hicakī ヒチャキー/ ▸ਹਿਡਕੀ *f.* 1〘生理〙しゃっくり. 2 しゃくり上げて泣くこと, 泣きじゃくること, むせび泣き.(⇒ਘਿੱਗੀ)

ਹਿਚਕੋਲਾ (हिचकोला) /hicakolā ヒチコーラー/ ▸ਹਚਕੋਲਾ, ਹਿਚਕਿਚੋਲਾ *m.* 1 強振, 激しい揺れ.(⇒ਝਟਕਾ) 2 ぐいという押し.(⇒ਧੱਕਾ)

ਹਿਜਰ (हिजर) /hijara ヒジャル/ [Arab. *hajr*] *m.* 別離, 離別.(⇒ਜੁਦਾਈ)

ਹਿਜਰਤ (हिजरत) /hijarata ヒジラト/ [Pers. *hijrat*] *f.* 1 移住, 国外逃走. 2〘イス〙ヒジュラ, 聖遷《ムハンマドのマディーナ移住》.

ਹਿਜਰੀ (हिजरी) /hijarī ヒジリー/ [Arab. *hijrī*] *adj.*〘イス〙ヒジュラに関係する.

— *m.*〘暦・イス〙ヒジュラ暦, イスラーム暦《太陰暦. ヒジュラの日に当たる西暦622年7月16日が紀元元年1月1日. 欧米では Anno Hijrae「ヒジュラ後」を略して A. H. と表記する》.

ਹਿਜੜਾ (हिजड़ा) /hijaṛā ヒジラー/ ▸ਹੀਜੜਾ *m.* → ਹੀਜੜਾ

ਹਿੱਜਾ (हिज्जा) /hijjā ヒッジャー/ [Arab. *hijā*] *m.* 1〘言〙つづり字, 正字法, 正書法.(⇒ਸ਼ਬਦ-ਜੋੜ) 2〘言〙音節に分けること, 分節, 分節法.

ਹਿਜਾਬ (हिजाब) /hijāba ヒジャーブ/ [Arab. *hijāb*] *m.* 1 カーテン, 幕, 衝立.(⇒ਪਰਦਾ) 2〘衣服〙ヒジャーブ《イスラーム教徒の女性が着用する頭髪を隠す被り物》, 覆う布, 被布, スカーフ. 3 恥じらい, はにかみ, 謙虚さ.(⇒ਸ਼ਰਮ) 4 ためらい, 遠慮.

ਹਿੰਜਾਰ (हिंजार) /hiñjāra ヒンジャール/ [(Lah.)] *adv.* 十分に, たっぷり.

ਹਿੱਟ (हिट्ट) /hiṭṭa ヒット/ [Eng. *hit*] *f.* 1 打つこと.(⇒ਸੱਟ) 2〘競技〙打撃, 安打, ヒット. 3 当たり, 成功, ヒット. ❒ਸੁਰਿੰਦਰ ਨੇ ਹਿੰਦੀ ਦੀਆਂ ਫ਼ਿਲਮਾਂ ਵਿੱਚ ਹਿੱਟ ਗੀਤ ਗਾਏ। スリンダルはヒンディー語の映画の中のヒット曲を歌いました.

ਹਿਟਲਰ (हिटलर) /hiṭalara ヒトラル/ [Eng. *Hitler*] *m.*〘人名・歴史〙ヒトラー《第二次世界大戦を起こしユダヤ人撲滅を企画したドイツの独裁者》.

ਹਿਠਾਂ (हिठाँ) /hiṭʰā̃ ヒターン/ ▸ਅਠਾਂਹ, ਅਠਾਹਾਂ, ਹਿਠਾਂਹ, ਹੇਠ, ਹੇਠਾਂ *adv.postp.* → ਹੇਠ

ਹਿਠਾਂਹ (हिठाँह) /hiṭʰā̂ ヒターン/ ▸ਅਠਾਂਹ, ਅਠਾਹਾਂ, ਹਿਠਾਂ, ਹੇਠ, ਹੇਠਾਂ *adv.postp.* → ਹੇਠ

ਹਿਠਾੜ (हिठाड़) /hiṭʰāṛa ヒタール/ [(Lah.)] *m.* 下流.

(⇔ਉਤਾੜ)

ਹਿੰਡ (हिंड) /hiṇḍa ヒンド/ f. 1 頑固, 強情, 意地, 意固地. (⇒ਆਕੜ, ਅੜੀ, ਜ਼ਿਦ) ❐ਹਿੰਡ ਫੜਨੀ 意地を張る. 意固地になる. 2 うぬぼれ, 高慢, 傲慢さ, 独り善がり. ❐ਹਿੰਡ ਭੰਨਣੀ (人の)高慢の鼻をへし折る.

ਹਿਡਕ (हिडक) /hiḍaka ヒダク/ f. 熱望.

ਹਿਡਕਣਾ (हिडकणा) /hiḍakaṇā ヒダカナー/ [(Lah.)] vt. 熱望する. (⇒ਲੋਚਣਾ)

ਹਿਡਕਾ (हिडका) /hiḍakā ヒダカー/ m. 1 希望. (⇒ਆਸ) 2 願い, 願望. (⇒ਇੱਛਾ) 3 欲望, 熱望.

ਹਿਡਕੀ (हिडकी) /hiḍakī ヒダキー/ ▸ਹਿਚਕੀ f. → ਹਿਚਕੀ

ਹਿੰਡੀ (हिंडी) /hiṇḍī ヒンディー/ adj. 頑固な, 強情な. (⇒ਜ਼ਿੱਦੀ)

ਹਿੰਡੋਲ (हिंडोल) /hiṇḍola ヒンドール/ [Skt. हिन्दोल] m. 『音楽』インド古典音楽の音階.

ਹਿੰਡੋਲਾ (हिंडोला) /hiṇḍolā ヒンドーラー/ ▸ਹੰਡੋਲਾ [Skt. हिन्दोल] m. 『寝具』上から吊るされた揺れる寝台, 揺り籠. (⇒ਝੂਲਾ, ਪੰਘੂੜਾ, ਪਾਲਨਾ, ਪੀਂਘਾ)

ਹਿਣਹਿਣ (हिणहिण) /hiṇahiṇa ヒンヒン/ f. 『擬声語』ヒヒーン《馬のいななき》.

ਹਿਣਹਿਣਾਉਣਾ (हिणहिणाउणा) /hiṇahiṇāuṇā ヒンヒナーウナー/ vi. (馬が)いななく. (⇒ਹਿਣਕਣਾ)

ਹਿਣਹਿਣਾਹਟ (हिणहिणाहट) /hiṇahiṇāṭa ヒンヒナート/ f. (馬の)いななき. (⇒ਹਿਣਕ, ਹਿਣਕਾਰ)

ਹਿਣਕ (हिणक) /hiṇaka ヒナク/ ▸ਹਿਣਕਾਰ f. (馬の)いななき. (⇒ਹਿਣਹਿਣਾਹਟ)

ਹਿਣਕਣਾ (हिणकणा) /hiṇakaṇā ヒナカナー/ vi. (馬が)いななく. (⇒ਹਿਣਹਿਣਾਉਣਾ)

ਹਿਣਕਾਰ (हिणकार) /hiṇakāra ヒンカール/ ▸ਹਿਣਕ m.f. → ਹਿਣਕ

ਹਿਣਪ (हिणप) /hiṇapa ヒナプ/ ▸ਹੀਣਪ [(Lah.)] m. 1 劣っていること, 劣等. (⇒ਹੀਣਤਾ) 2 弱さ, 脆弱. (⇒ਕਮਜ਼ੋਰੀ)

ਹਿਤ (हित) /hita ヒト/ [Skt. हित] m. 1 利得, 利益. (⇒ਲਾਭ) 2 愛, 愛情. (⇒ਪਿਆਰ, ਮੁਹੱਬਤ) 3 友情, 友好. (⇒ਦੋਸਤੀ)

ਹਿਤਕਰ (हितकर) /hitakara ヒトカル/ [Skt. हितकर] adj. 利益のある, 有益な. (⇒ਲਾਭਦਾਇਕ)

ਹਿਤਕਾਰ (हितकार) /hitakāra ヒトカール/ [Skt. हित Skt.-कार] m. 利益. (⇒ਲਾਭ)

ਹਿਤਕਾਰੀ (हितकारी) /hitakārī ヒトカーリー/ [Skt.-कारिन्] adj. 1 利益のある, 有益な. (⇒ਲਾਭਦਾਇਕ) 2 善行を行う, 慈善を施す. 3 情深い, 慈悲深い, 親切な.

ਹਿਤੀ (हिती) /hitī ヒティー/ ▸ਹਿਤੂ [-ਈ] adj. 1 利益のある, 有益な. (⇒ਲਾਭਦਾਇਕ) 2 善行を行う, 慈善を施す. 3 情深い, 慈悲深い, 親切な.

ਹਿਤੂ (हितू) /hitū ヒトゥー/ ▸ਹਿਤੀ adj. → ਹਿਤੀ

ਹਿਤੈਸ਼ੀ (हितैशी) /hitaiśī ヒタェーシー/ ▸ਹਤੈਸ਼ੀ [Skt. हितैषिन्] adj. 1 人の幸せを願う, 好意を寄せる, 味方の. 2 善行を行う, 慈善を施す. 3 情深い, 慈悲深い, 親切な. 4 利益のある, 有益な. (⇒ਲਾਭਦਾਇਕ)

— m. 1 人の幸せを願う人, 好意を寄せる人, 味方. 2 友, 友人.

ਹਿਥੀ (हिथी) /hitʰī ヒティー/ [(Pua.)] adv. この場で. (⇒ਇੱਥੇ ਹੀ)

ਹਿਥੇ (हिथे) /hitʰe ヒテー/ ▸ਐਥੇ, ਇੱਥੇ, ਏਥੇ, ਹਿੱਥੈ [(Lah.)(Pot.)] adv. → ਇੱਥੇ

ਹਿੱਥੈ (हित्थै) /hittʰai ヒッタェー/ ▸ਐਥੇ, ਇੱਥੇ, ਏਥੇ, ਹਿੱਥੇ [(Lah.)(Pot.)] adv. → ਇੱਥੇ

ਹਿੰਦ (हिंद) /hinda ヒンド/ [Pers. hind] m. 1 『国名』インド. (⇒ਭਾਰਤ) 2 インド亜大陸. (⇒ਭਾਰਤਵਰਸ਼)

ਹਿੰਦਸਾ (हिंदसा) /hindasā ヒンドサー/ [Arab. handsā] m. 1 概算, 見積もり. (⇒ਅਟਕਲ) 2 数, 数字, 数を表す記号, 数詞. (⇒ਅੰਕ) 3 数学.

ਹਿੰਦਣੀ (हिंदणी) /hindaṇī ヒンドニー/ f. 『ヒ』ヒンドゥー教徒の女性. (⇒ਹਿੰਦੂ ਇਸਤਰੀ)

ਹਿੰਦ ਵਾਸੀ (हिंद वासी) /hinda wāsī ヒンド ワースィー/ [Pers. hind + Skt. वासिन्] m. インドに居住する人, インドで生まれ育った人, インド人. (⇒ਹਿੰਦੁਸਤਾਨੀ, ਭਾਰਤੀ)

ਹਿਦਵਾਣਾ (हिदवाणा) /hidawāṇā ヒドワーナー/ ▸ਹਦਵਾਣਾ m. → ਹਦਵਾਣਾ

ਹਿੰਦਵਾਣੀ (हिंदवाणी) /hindawāṇī ヒンドワーニー/ ▸ਹਿੰਦੁਆਣੀ f. 『ヒ』ヒンドゥー教徒の女性. (⇒ਹਿੰਦੂ ਇਸਤਰੀ)

— adj. インドまたはヒンドゥー教に属する.

ਹਿਦਾਇਤ (हिदाइत) /hidāita ヒダーイト/ ▸ਹਦਾਇਤ, ਹਦੈਤ, ਹਿਦੈਤ [Pers. hidāyat] f. 1 指導, 案内. (⇒ਸਿੱਖਿਆ) 2 指示, 指図, 命令, 指令. (⇒ਆਦੇਸ਼, ਆਗਿਆ) 3 助言. (⇒ਉਪਦੇਸ਼)

ਹਿੰਦੀ (हिंदी) /hindī ヒンディー/ [Pers. hindī] f. ヒンディー語.

— adj. ヒンディー語の.

ਹਿੰਦੁਆਣੀ (हिंदुआणी) /hinduāṇī ヒンドゥアーニー/ ▸ਹਿੰਦਵਾਣੀ f.adj. → ਹਿੰਦਵਾਣੀ

ਹਿੰਦੁਇਜ਼ਮ (हिंदुइज़म) /hinduizama ヒンドゥイズム/ ▸ਹਿੰਦੂਇਜ਼ਮ m. → ਹਿੰਦੂਇਜ਼ਮ

ਹਿੰਦੁਸਤਾਨ (हिंदुसतान) /hindusatāna ヒンドゥサターン/ [Pers. hindūstān] m. 『国名』インド. (⇒ਭਾਰਤਵਰਸ਼)

ਹਿੰਦੁਸਤਾਨੀ (हिंदुसतानी) /hindusatānī ヒンドゥサターニー/ [Pers. hindūstānī] adj. インドの.

— m. インド人.

— f. ヒンドゥスターニー語.

ਹਿੰਦੂ (हिंदू) /hindū ヒンドゥー/ [Pers. hindū] m. 『ヒ』ヒンドゥー, ヒンドゥー教徒.

— adj. ヒンドゥー教の.

ਹਿੰਦੂਇਜ਼ਮ (हिंदूइज़म) /hindūizama ヒンドゥーイズム/ ▸ਹਿੰਦੁਇਜ਼ਮ [Eng. Hinduism] m. 『ヒ』ヒンドゥー教. (⇒ਹਿੰਦੂ ਧਰਮ, ਹਿੰਦੂ ਮਤ)

ਹਿੰਦੂਕੁਸ਼ (हिंदूकुश) /hindūkuśa ヒンドゥークシュ/ [Pers. hindūkaś] m. ヒンドゥークシュ山脈.

ਹਿੰਦੂ ਧਰਮ (हिंदू धरम) /hindū tărama ヒンドゥー タラム/ [Pers. hindū + Skt. धर्म] m. 『ヒ』ヒンドゥー教. (⇒ਹਿੰਦੂ ਮਤ)

ਹਿੰਦੂ ਮਤ (हिंदू मत) /hindū mata ヒンドゥー マト/ [+ Skt. मत] m. 『ヒ』ヒンドゥー教. (⇒ਹਿੰਦੂ ਧਰਮ)

ਹਿਦੈਤ (हिदैत) /hidaita ヒダェート/ ▸ਹਦਾਇਤ, ਹਦੈਤ, ਹਿਦਾਇਤ f. 『口語』→ ਹਿਦਾਇਤ

ਹਿਧਰ (हिधर) /hîdara ヒダル/ ▸ਇੱਧਰ, ਐਧਰ, ਏਧਰ [(Pot.)] adv. こちらに.

ਹਿਨ (हिन) /hina ヒン/ [(Lah.)] *pron.* 《3人称主格・複数形》これら, これらの, この人たち.

ਹਿਨਕਾਰ (हिनकार) /hinakāra ヒンカール/ ▸ਇਨਕਾਰ [(Lah.)] *f.* → ਇਨਕਾਰ

ਹਿਨਣਾ (हिनणा) /hinaṇā ヒンナー/ ▸ਘਿਣਨਾ [(Pot.)] *vt.* → ਘਿਣਨਾ

ਹਿਨਾ (हिना) /hinā ヒナー/ [Arab. *hinnā*] *f.* **1**〖植物〗シコウカ(指甲花)《ミソハギ科の多年生低木》. **2** ヘンナ(ヘナ), メヘンディー《指甲花の葉を乾燥させ粉末状にしたもの. 手のひらに模様を描いたり, 髪染めにも使われる》. (⇒ਮਹਿੰਦੀ)

ਹਿਪ (हिप) /hipa ヒプ/ [Eng. *hip*] *f.*〖身体〗ヒップ, 尻, 腰, 腰周り.

ਹਿਪਨੋਟਿਜ਼ਮ (हिपनोटिज़म) /hipanoṭizama ヒプノーティズム/ [Eng. *hypnotism*] *m.* **1** 催眠術. **2** 催眠状態.

ਹਿਫ਼ਜ਼ (हिफ़ज़) /hifaza ヒフズ/ [Arab. *hifz*] *adj.* **1** 記憶された. **2** 暗記された.

ਹਿਫ਼ਜ਼ਾਨੇਸਿਹਤ (हिफ़ज़ानेसिहत) /hifazānesêta ヒフザーネーセート/ [+ Pers. *ṣehhat*] *m.* **1** 保健学. **2** 健康法.

ਹਿਫ਼ਾਜ਼ਤ (हिफ़ाज़त) /hifāzata ヒファーザト/ [Pers. *hifāzat*] *f.* **1** 安全. **2** 保護. (⇒ਸੰਭਲ) **3** 防御, 防衛. (⇒ਰੱਖਿਆ) **4** 保管, 管理.

ਹਿਫ਼ਾਜ਼ਤੀ (हिफ़ाज़ती) /hifāzatī ヒファーザティー/ [Pers. *hifāzatī*] *adj.* **1** 防御の, 防衛の. **2** 保護の, 安全を保つための.

ਹਿਫ਼ਾਜ਼ਤੀ ਦਸਤਾ (हिफ़ाज़ती दसता) /hifāzatī dasatā ヒファーザティー ダスター/ [+ Pers. *dasta*] *m.* **1** 警備員, 護衛者, 護衛兵. **2** 防衛隊, 護衛隊.

ਹਿਫ਼ਾਜ਼ਤੀ ਦਸਤੇ (हिफ़ाज़ती दसते) /hifāzatī dasate ヒファーザティー ダステー/ [+ Pers. *dasta*] *m.* 《複数形》防衛軍, 治安部隊.

ਹਿਬਾ (हिबा) /hibā ヒバー/ [Arab. *hiba*] *m.* **1** 贈り物. **2** 寄贈, 贈与. **3** 遺贈. **4** 賞, 褒美.

ਹਿਮ (हिम) /hima ヒム/ [Skt. हिम] *f.* **1**〖気象〗雪. (⇒ਬਰਫ਼) **2** 氷. **3**〖気象〗霜. **4** 寒さ, 寒気, 冷気, 寒冷. **5**〖暦〗冬, 冬季, 厳冬期, 12月から2月の季節《 ਪੋਹ と ਮਾਘ の月》.

ਹਿਮ ਕਣ (हिम कण) /hima kaṇa ヒム カン/ [+ Skt. कण] *m.* **1** 雪の結晶. **2** 雪片.

ਹਿਮ ਖੰਡ (हिम खंड) /hima kʰaṇḍa ヒム カンド/ [+ Skt. खंड] *m.*〖地理〗寒帯.

ਹਿੰਮਤ (हिंमत) /himmata ヒンマト/ [Pers. *himmat*] *f.* **1** 勇気, 勇敢さ. (⇒ਸਾਹਸ) ❐ਹਿੰਮਤ ਅੱਗੇ ਫ਼ਤਿਹ ਨਜ਼ਦੀਕ। 勇気の前に勝利は近い〔諺〕〈勇気をもって事に当たれば成功する〉. **2** 度胸, 大胆さ. (⇒ਹੌਸਲਾ)

ਹਿੰਮਤਾਲ (हिंमताल) /himmatāla ヒンマタール/ [(Lah.)] *adj.* **1** 強い, 屈強な. (⇒ਤਕੜਾ) **2** 力の強い, 強力な. (⇒ਸਤਰਾਣਾ)

ਹਿੰਮਤੀ (हिंमती) /himmatī ヒンマティー/ [Pers. *himmatī*] *adj.* **1** 勇敢な. **2** 度胸のある.

ਹਿਮ ਨਦੀ (हिम नदी) /hima nadī ヒム ナディー/ [Skt. हिम + Skt. नदी] *f.*〖地理〗氷河.

ਹਿਮ ਪਰਬਤ (हिम परबत) /hima parabata ヒム パルバト/ [+ Skt. पर्वत] *m.*〖地理〗氷山.

ਹਿਮ ਪਾਤ (हिम पात) /hima pāta ヒム パート/ [+ Skt. पात] *m.* **1**〖気象〗降雪. **2**〖気象〗霙(みぞれ).

ਹਿੰਮਲ (हिंमल) /himmala ヒンマル/ ▸ਸਿੰਬਲ, ਸਿੰਮਲ *m.* → ਸਿੰਬਲ

ਹਿਮਵੰਤ (हिमवंत) /himawanta ヒムワント/ [Skt. हिम Skt.-वंत] *adj.* 雪の. (⇒ਬਰਫ਼ ਵਾਲਾ)

ਹਿਮਾਇਤ (हिमाइत) /himāita ヒマーイト/ ▸ਹਮਾਇਤ, ਹਮੈਤ [Pers. *himāyat*] *f.* **1** 支持, 支援. **2** 助力, 援助. (⇒ਮਦਦ) **3** 保護, 防御, 防衛.

ਹਿਮਾਇਤੀ (हिमाइती) /himāitī ヒマーイティー/ ▸ਹਮਾਇਤੀ [Pers. *himāyatī*] *m.* **1** 支持者, 支援者, 後援者. (⇒ਹਾਮੀ) **2** 守護者, 保護者, 後見人.

ਹਿਮਾਚਲ (हिमाचल) /himācala ヒマーチャル/ ▸ਹੈਮੰਚਲ [Skt. हिमाचल] *m.* **1**〖地理〗雪山. **2**〖地名〗ヒマーチャル・プラデーシュ州.

ਹਿਮਾਚਲ ਪ੍ਰਦੇਸ਼ (हिमाचल प्रदेश) /himācala pradeśa ヒマーチャル プラデーシュ/ [+ Skt. प्रदेश] *m.*〖地名〗ヒマーチャル・プラデーシュ州《インド北部の州. 州名は「雪山の州」の意味. 州都はシムラー》.

ਹਿਮਾਲਾ (हिमाला) /himālā ヒマーラー/ ▸ਹਿਮਾਲੀਆ [Skt. हिम Skt.-आलय] *m.* ヒマラヤ《チベット高原を縁取り, インド亜大陸の北を限る大山脈. 「ヒマラヤ」は ਹਿਮ 「雪」と ਆਲਾ 「住まい」の合成語で「雪の住まい」の意味》.

ਹਿਮਾਲੀਆ (हिमालीआ) /himālīā ヒマーリーアー/ ▸ਹਿਮਾਲਾ *m.* → ਹਿਮਾਲਾ

ਹਿਯਾਤੀ (हियाती) /hiyātī ヒヤーティー/ ▸ਹਯਾਤੀ *f.* → ਹਯਾਤੀ

ਹਿਰਸ (हिरस) /hirasa ヒルス/ [Arab. *hirṣ*] *f.* **1** 貪欲, 浅ましさ. (⇒ਲਾਲਚ) **2** 熱望, 渇望. (⇒ਤਰਿਸ਼ਣਾ) **3** 野心. **4** 情欲.

ਹਿਰਸੀ (हिरसी) /hirasī ヒルスィー/ [Arab. *hirṣī*] *adj.* **1** 貪欲な, 強欲な. (⇒ਲਾਲਚੀ, ਲੋਭੀ) **2** 渇いた, 渇望している, 熱望している. (⇒ਤ੍ਰਿਸ਼ਨਾਲੂ, ਤ੍ਰਿਸ਼ਨਾਵਾਨ) **3** 野心のある. **4** 淫らな.

ਹਿਰਖ (हिरख) /hirakʰa ヒルク/ [(Mal.) Skt. हर्ष] *m.* **1** 怒り, 立腹. (⇒ਕਰੋਧ, ਗੁੱਸਾ) **2** 不満.

ਹਿਰਖੀ (हिरखी) /hirakʰī ヒルキー/ [(Mal.) -ਈ] *adj.* 怒っている, 腹を立てている, 不満に思っている. (⇒ਗੁੱਸੇ ਵਾਲਾ)

ਹਿਰਦਾ (हिरदा) /hiradā ヒルダー/ [Skt. हृदय] *m.* **1** 心. (⇒ਮਨ) **2**〖身体〗心臓.

ਹਿਰਦੀ (हिरदी) /hiradī ヒルディー/ [(Pot.)] *f.* 不名誉, 恥, 恥辱. (⇒ਬੇਇੱਜ਼ਤੀ)

ਹਿਰਨ (हिरन) /hirana ヒルン/ ▸ਹਰਨ *m.* → ਹਰਨ[1]

ਹਿਰਨੀ (हिरनी) /hiranī ヒルニー/ ▸ਹਰਨੀ *f.* → ਹਰਨੀ

ਹਿਰਨੀਆਂ (हिरनीआँ) /hiraniā̃ ヒルニーアーン/ ▸ਹਰਨੀਆਂ *f.* → ਹਰਨੀਆਂ

ਹਿਰਮਚੀ (हिरमची) /hiramacī ヒラムチー/ ▸ਹਿਰਮਜ਼ੀ [Pers. *qirmizī*] *f.* **1** コチニール染料. **2** コチニール染料の暗紅色.
— *adj.* コチニール染料の暗紅色の.

ਹਿਰਮਜ਼ੀ (हिरमज़ी) /hiramazī ヒラムズィー/ ▸ਹਿਰਮਚੀ *f.adj.* → ਹਿਰਮਚੀ

ਹਿਰਾਸ (हिरास) /hirāsa ヒラース/ ▸ਹਰਾਸ [Pers. *hirās*]

m. 1 恐れ, 恐怖. (⇒ਡਰ, ਦਹਿਸ਼ਤ) 2 悲しみ. (⇒ਗ਼ਮ, ਦੁਖ) 3 失望, 絶望. (⇒ਨਿਰਾਸ਼ਾ, ਨਾਉਮੀਦੀ) 4 不安, 疑念. (⇒ਸ਼ੰਕਾ) 5 減少, 減退. 6 不足, 欠乏. 7 衰退, 衰微, 凋落, 退廃. (⇒ਪਤਨ) 8 消滅, 消失, 消去. (⇒ਨਾਸ਼)

ਹਿਰਾਸਣਾ (हिरासणा) /hirāsaṇā ヒラースナー/ [cf. ਹਿਰਾਸ] vi. 1 恐れる, 怖がる. (⇒ਡਰਨਾ) 2 不安に思う, 心配する, 懸念する.

ਹਿਰਾਸਤ (हिरासत) /hirāsata ヒラースト/ [Pers. hirāsat] f. 1 逮捕, 拘置, 拘留, 拘禁, 拘束. (⇒ਕੈਦ, ਨਜ਼ਰਬੰਦੀ) 2 保護, 護衛, 警護. 3 拘置所, 留置場.

ਹਿਰਾਸਤੀ (हिरासती) /hirāsatī ヒラースティー/ [Pers. hirāsatī] adj. 逮捕された, 拘留中の, 拘置中の. (⇒ਨਜ਼ਰਬੰਦ)

ਹਿਰਾਣ (हिराण) /hirāṇa ヒラーン/ ▸ਹਰਾਨ, ਹੈਰਾਣ, ਹੈਰਾਨ [(Lah.)] adj. → ਹੈਰਾਨ

ਹਿਰਾਣਗੀ (हिराणगी) /hirāṇagī ヒラーンギー/ ▸ਹੈਰਾਨਗੀ [(Lah.)] f. → ਹੈਰਾਨਗੀ

ਹਿਰੋਇਨ (हिरोइन) /hiroina ヒローイン/ ▸ਹੀਰੋਇਨ f. → ਹੀਰੋਇਨ

ਹਿਲਜੁਲ (हिलजुल) /hilajula ヒルジュル/ f. 1 動き. (⇒ਹਰਚਲ) 2 運動. 3 扇動.

ਹਿਲਣਾ (हिलणा) /hilaṇā ヒルナー/ ▸ਹਿਲਨਾ vi. → ਹਿਲਨਾ

ਹਿੱਲਣਾ (हिल्लणा) /hillaṇā ヒッラナー/ [Skt. हिल्लति] vi. 1 動く, 移動する. (⇒ਹਰਕਤ ਕਰਨਾ) 2 揺れる, 振動する. 3 揺らぐ, ぐらつく, ふらつく, 安定を失う.

ਹਿਲਤਰ (हिलतर) /hilatara ヒルタル/ f. 1 習慣, 習癖, 習性. 2 傾向, 性向, 性癖.

ਹਿਲਨਾ (हिलना) /hilanā ヒルナー/ ▸ਹਿਲਣਾ [Skt. हिलति] vi. 1 慣れる, 癖になる, 習慣になる. (⇒ਆਦਤ ਹੋਣਾ) 2 なつく, 馴れる, 馴染む, 親しくなる, 打ち解ける. (⇒ਗਿੱਝਣਾ)

ਹਿਲਾਉਣਾ[1] (हिलाउणा) /hilāuṇā ヒラーウナー/ ▸ਹਿੱਲਾਉਣਾ [cf. ਹਿੱਲਣਾ] vt. 1 動かす. (⇒ਹਰਕਤ ਦੇਣਾ) 2 揺らす, 揺さぶる, 振る, 振動させる.

ਹਿਲਾਉਣਾ[2] (हिलाउणा) /hilāuṇā ヒラーウナー/ [cf. ਹਿਲਨਾ] vt. 1 慣れさせる, 慣らす, 習慣にさせる. 2 なつかせる, 馴らす, 馴染ませる, 打ち解けさせる.

ਹਿੱਲਾਉਣਾ (हिल्लाउणा) /hillāuṇā ヒッラーウナー/ ▸ਹਿਲਾਉਣਾ vt. → ਹਿਲਾਉਣਾ[1]

ਹਿਲਿਆ (हिलिआ) /hiliā ヒリアー/ adj. 《ਹਿਲਨਾ の完了分詞の男性・単数形. 女性・単数形は ਹਿਲੀ》 1 慣れた, 癖になった, 習慣化した. 2 習熟した, 熟練の. 3 なついた, 馴れた, 馴染んだ, 親しくなった, 親密な, 打ち解けた.

ਹਿੜਹਿੜ (हिड़हिड़) /hiṛahiṛa ヒルヒル/ f. 笑い. (⇒ਹਾਸਾ)

ਹਿੜਹਿੜਾਉਣਾ (हिड़हिड़ाउणा) /hiṛahiṛāuṇā ヒルヒラーウナー/ vi. けらけら笑う.

ਹਿੜਕ (हिड़क) /hiṛaka ヒルク/ f. 『植物』果物の種, 硬い内果皮《果物の中心にある固いところ》. (⇒ਗਿਟਕ, ਗੁਠਲੀ)

ਹਿੜਨਾ (हिड़ना) /hiṛanā ヒルナー/ vi. 『生理』勃起する.

ਹਿੜਬਸ (हिड़बस) /hiṛabasa ヒルバス/ ▸ਹਿੜਵਸ [(Pua.)] f. → ਹਿੜਵਸ

ਹਿੜਵਸ (हिड़वस) /hiṛawasa ヒルワス/ ▸ਹਿੜਬਸ f. 1 熱望, 渇望. (⇒ਤਰਿਸ਼ਨਾ, ਹਿਰਸ) 2 貪欲, 浅ましさ. (⇒ਲਾਲਚ)

ਹਿੜਾਉਣਾ (हिड़ाउणा) /hiṛāuṇā ヒラーウナー/ ▸ਹਿੜਾਣਾ vt. 『生理』勃起させる.

ਹਿੜਾਟ (हिड़ाट) /hiṛāṭa ヒラート/ m. 1 『生理』勃起. 2 性欲. 3 性的興奮.

ਹਿੜਾਣਾ (हिड़ाणा) /hiṛāṇā ヒラーナー/ ▸ਹਿੜਾਉਣਾ vt. → ਹਿੜਾਉਣਾ

ਹੀ (ही) /hī ヒー/ ▸ਈ [Skt. हि] adv. 1《他との比較の結果, 他を捨てて直前の語を強調する意味》(他ではなく) …こそ, まさに…, たった…, 本当に, もちろん. ❐ਇਹ ਹੀ ਕੰਮ ਅੱਜ ਕਰਨਾ ਹੋਏਗਾ। まさにこの仕事は今日しなければならないでしょう. ❐ਇਹ ਕੰਮ ਹੀ ਅੱਜ ਕਰਨਾ ਹੋਏਗਾ। この仕事こそ今日しなければならないでしょう. ❐ਇਹ ਕੰਮ ਅੱਜ ਹੀ ਕਰਨਾ ਹੋਏਗਾ। この仕事は今日こそしなければならないでしょう. ❐ਇਹ ਕੰਮ ਅੱਜ ਕਰਨਾ ਹੀ ਹੋਏਗਾ। この仕事は今日本当にしなければならないでしょう. ❐ਸਾਰੇ ਇਨਸਾਨ ਪੰਜ ਹੀ ਤੱਤਾਂ ਦੇ ਬਣੇ ਹਨ। すべての人間はたった五つの元素でできています. ❐ਮੈਂ ਹੁਣੇ ਹੀ ਆਇਆ ਹਾਂ। 私はたった今来たところです. ❐ਉਹ ਕੋਈ ਦੂਸਰਾ ਹੀ ਸੀ। その人は本当に誰か他の人でした. ❐ਤੂੰ ਜਾ ਹੀ ਰਿਹਾ ਸੀ। おまえはまさに行くところだった. ❐ਮੈਂ ਜਾਵਾਂਗਾ ਹੀ। 私はもちろん行きます. 2…だけ, …のみ, …ばかり. (⇒ਕੇਵਲ) ❐ਮੈਂ ਹੀ ਰਹਿ ਗਿਆ। 私だけが残りました. ❐ਉੱਥੇ ਪਾਣੀ ਹੀ ਪਾਣੀ ਸੀ। そこには水ばかりがありました. 3《未完了分詞の後で》…するやいなや, …するとすぐ. ❐ਬੈਠਦਿਆਂ ਹੀ ਇੱਕ ਚੋਰ ਕਹਿਣ ਲੱਗਾ। 座るやいなや一人の泥棒が言い始めました. ❐ਆਉਂਦਿਆਂ ਹੀ ਉਹਨਾਂ ਨੇ ਤਾੜ ਤਾੜ ਗੋਲੀਆਂ ਚਲਾਉਣੀਆਂ ਸ਼ੁਰੂ ਕਰ ਦਿੱਤੀਆਂ। 来るやいなや彼らは鋭い音をたてて発砲し始めました. ❐ਇਹ ਯਾਦ ਆਉਂਦਿਆਂ ਹੀ ਮੇਰੀਆਂ ਅੱਖਾਂ ਵਿੱਚ ਹੰਝੂ ਆ ਗਏ ਸਨ। このことを思い出すとすぐ私の目に涙が浮かんできていました. 4《未完了分詞の後で》…しているまま. ❐ਉਹਨਾਂ ਮਾਸੂਮ ਪੁੱਤਰਾਂ ਨੂੰ ਜੀਉਂਦਿਆਂ ਹੀ ਕੰਧਾਂ ਵਿੱਚ ਚਿਣਵਾ ਦਿੱਤਾ ਗਿਆ। その罪のない息子たちは生きたまま壁に埋め込まれてしまいました.

ਹੀਆ (हीआ) /hīā ヒーアー/ m. 心. (⇒ਮਨ)

ਹੀਂਹ (हींह) /hī̃ ヒーン/ ▸ਹੀਹ f. → ਹੀਹ

ਹੀਹ (हीह) /hī̃ ヒー/ ▸ਹੀਂਹ f. 『家具』寝台の枠木. (⇒ਮੰਜੇ ਦੀ ਬਾਹੀ)

ਹੀਹਾਂ (हीहाँ) /hīhā̃ ヒーハーン/ [(Pot.)] adv. 1 このように. (⇒ਇਉਂ) 2 こうやって. (⇒ਇਉਂ)

ਹੀਕ (हीक) /hīka ヒーク/ [(Pot.)] f. 悪臭. (⇒ਬਦਬੋ)

ਹੀਖੀ (हीखी) /hīkʰī ヒーキー/ [(Pot.)] f. 希望. (⇒ਆਸ)

ਹੀਂਗ (हींग) /hī̃ga ヒーング/ ▸ਹੀਂਗਣ f. 『擬声語』ヒヒーン《馬や驢馬がいななく声》.

ਹੀਂਗਣ (हींगण) /hī̃gaṇa ヒーンガン/ ▸ਹੀਂਗ f. → ਹੀਂਗ

ਹੀਂਗਣਾ (हींगणा) /hī̃gaṇā ヒーンガナー/ vi. (馬や驢馬が)鳴く, いななく.

ਹੀਂਗੋਵਾੜਾ (हींगोवाड़ा) /hī̃gowāṛā ヒーンゴーワーラー/ [(Pot.)] m. 泣きわめく声. (⇒ਚੀਕ ਚਿਹਾੜਾ)

ਹੀਜੜਾ (हीजड़ा) /hījaṛā ヒージラー/ ▸ਹਿਜੜਾ [Pers. hīz

-ੜਾ] *m.* **1** ヒジュラー（ヒージュラー）《両性具有・半陰陽とされる人で，祝い事に招かれて歌や踊りを見せる女装芸人集団に属する人》．(⇒ਖ਼ੁਸਰਾ) **2** 去勢された男．(⇒ਨਿਪੁੰਸਕ)

ਹੀਟਰ (हीटर) /hīṭarạ ヒータル/ [Eng. *heater*] *m.* 〖器具〗電熱器，暖房機，ヒーター．

ਹੀਣ[1] (हीण) /hīṇạ ヒーン/ ▸ਹੀਨ [Skt. हीन] *adj.* **1** 劣っている，劣等の，低い． **2** 少ない． **3** 卑しい，下劣な，浅ましい．

— *suff.* 名詞に付いて，「…のない」「…が欠けている」などを意味する形容詞を形成する接尾辞．

ਹੀਣ[2] (हीण) /hīṇạ ヒーン/ [(Pua.)] *f.* **1** 不名誉，恥，恥辱，侮蔑，侮辱．(⇒ਬੇਇੱਜ਼ਤੀ) **2** 損害．(⇒ਨੁਕਸਾਨ)

ਹੀਣਤ[1] (हीणत) /hīṇạtạ ヒーナト/ ▸ਹੀਣਤਾ *f.* → ਹੀਣਤਾ

ਹੀਣਤ[2] (हीणत) /hīṇạtạ ヒーナト/ ▸ਹਾਣਤ *f.* → ਹਾਣਤ

ਹੀਣਤਾ (हीणता) /hīṇạtā ヒーンター/ ▸ਹੀਣਤ [Skt. हीन Skt.-ता] *f.* **1** 欠損．(⇒ਘਾਟਾ) **2** 不足．(⇒ਕਮੀ) **3** 劣等．(⇒ਨੀਚਤਾ)

ਹੀਣਤਾਈ[1] (हीणताई) /hīṇạtāī ヒーンターイー/ [Skt. हीन -ਤਾਈ] *f.* → ਹੀਣਤਾ

ਹੀਣਤਾਈ[2] (हीणताई) /hīṇạtāī ヒーンターイー/ [Arab. *ihānat* -ਆਈ] *f.* → ਹਾਣਤ

ਹੀਣਾ (हीणा) /hīṇā ヒーナー/ *m.* 身体障害者．

ਹੀਣਾਈ (हीणाई) /hīṇāī ヒーナーイー/ [(Lah.) Skt. हीन -ਆਈ] *f.* 弱さ．(⇒ਕਮਜ਼ੋਰੀ)

ਹੀਨ (हीन) /hīnạ ヒーン/ ▸ਹੀਣ *adj.suff.* → ਹੀਣ[1]

ਹੀਫਲਣਾ (हीफलणा) /hīpʰalạṇā ヒーパルナー/ [(Pua.)] *vi.* **1** 甘える，甘やかされる，つけ上がる，増長する．(⇒ਚੰਭਲਨਾ) **2** 行儀が悪くなる，横柄な態度をとる．(⇒ਬੇਅਦਬ ਹੋਣਾ)

ਹੀਰ (हीर) /hīrạ ヒール/ *f.* 〖人名・文学〗ヒール《パンジャーブの伝承悲恋物語に登場する女性主人公．恋人の男性主人公はラーンジャー ਰਾਂਝਾ 》．

ਹੀਰਖਾ (हीरखा) /hīrạkʰā ヒールカー/ ▸ਈਰਖਾ [(Pua.)] *f.* → ਈਰਖਾ

ਹੀਰਨ (हीरन) /hīranạ ヒーラン/ ▸ਈਰਣ [(Pot.)] *m.* → ਈਰਣ

ਹੀਰਾ (हीरा) /hīrā ヒーラー/ [Skt. हीरक] *m.* 〖鉱物〗ダイヤモンド．

ਹੀਰੋ (हीरो) /hīro ヒーロー/ [Eng. *hero*] *m.* **1** 英雄，勇士，偉人．(⇒ਸੂਰਮਾ) **2** 主役，主人公．

ਹੀਰੋਇਨ (हीरोइन) /hīroinạ ヒーローイン/ ▸ਹਿਰੋਇਨ [Eng. *heroine*] *f.* **1** 英雄的な女性，女傑． **2** 女性主人公，女性の主役，ヒロイン．

ਹੀਲ (हील) /hīlạ ヒール/ [Eng. *heel*] *f.* **1** 〖身体〗踵（かかと）．(⇒ਅੱਡੀ, ਏੜ) **2** 〖履物〗靴・靴下の踵の部分．

ਹੀਲ-ਹੁੱਜਤ (हील-हुज्जत) /hīlạ-hujjatạ ヒール・フッジャト/ *f.* **1** 回避． **2** 猶予． **3** 言い逃れ．

ਹੀਲਣਾ (हीलणा) /hīlạṇā ヒーラナー/ *vt.* 危険にさらす．

ਹੀਲਾ (हीला) /hīlā ヒーラー/ [Arab. *hīla*] *m.* **1** 手段．(⇒ਬਹਾਨਾ) **2** 方法． **3** 努力． **4** 試み． **5** 方策． **6** 口実． **7** 言い逃れ，ごまかし． **8** ぺてん，まやかし．

ਹੀਲੀਓਗਰਾਫ਼ (हीलीओगराफ़) /hīlīogarāfạ ヒーリーオーグラーフ/ [Eng. *heliograph*] *m.* 〖機械〗日光反射信号機．

ਹੀਲੀਓਮੀਟਰ (हीलीओमीटर) /hīlīomīṭarạ ヒーリーオーミータル/ [Eng. *heliometer*] *m.* 〖器具〗太陽儀《太陽の視直径を測定するため一組の対物レンズを半分に切断した望遠鏡》．

ਹੀਲੀਅਮ (हीलीअम) /hīlīamạ ヒーリーアム/ [Eng. *helium*] *f.* 〖化学〗ヘリウム．

ਹੁੰ (हुँ) /hũ フン/ ▸ਹੂੰ *int.* → ਹੂੰ

ਹੁਆਂ (हुआँ) /huā̃ フアーン/ *f.* ジャッカルの遠吠え．

ਹੁਆਂਕਣਾ (हुआँकणा) /huā̃kaṇā フアーンカナー/ *vi.* （ジャッカルが）遠吠えする．(⇒ਗਿੱਦੜ ਦਾ ਬੋਲਣਾ)

ਹੁਈ (हुई) /huī フイー/ ▸ਉਈ [(Pua.)] *int.* ひいー，うわー《苦痛・悲しみ・喜びなどを表す発声》．

ਹੁਸ (हुस) /husạ フス/ ▸ਉਸ, ਓਸ [(Pot.)] *pron.* → ਉਸ

ਹੁਸ਼ (हुश) /huśạ フシュ/ [Pers. *huś*] *int.* **1** しいっ《鳥や動物を追い払う時の声》． **2** おすわり《駱駝などの動物に「座れ」などの指示として発する言葉》． **3** こらっ，だめっ《非難・咎め・禁止・不快などの意味を込めて発する声や言葉》．

ਹੁੱਸ (हुस्स) /hussạ フッス/ [Arab. *habs*] *m.* 〖気象〗蒸し暑さ，蒸し暑い天気．

ਹੁਸਣ (हुसण) /husaṇạ フサン/ ▸ਹੁਸਨ *m.* → ਹੁਸਨ

ਹੁੱਸਣਾ (हुस्सणा) /hussaṇā フッサナー/ *vi.* **1** 疲れる，へとへとに疲れる，疲弊する．(⇒ਥਕਣਾ) **2** 息切れする，息を切らす，喘ぐ．(⇒ਹਫਣਾ)

ਹੁਸਨ (हुसन) /husanạ フサン/ ▸ਹੁਸਣ [Arab. *husn*] *m.* **1** 美しさ． **2** 可愛らしさ． **3** 奇麗さ．

ਹੁਸ਼ਨਾਕ (हुशनाक) /huśạnākạ フシュナーク/ *adj.* **1** 美しい，綺麗な，魅力的な．(⇒ਸੁੰਦਰ, ਸੋਹਣਾ, ਮਲੂਕ) **2** 利口な，賢い，巧妙な．(⇒ਹੁਸ਼ਿਆਰ)

ਹੁੱਸੜ (हुस्सड़) /hussaṛạ フッサル/ [Arab. *habs* + ੜ] *m.* **1** 蒸し暑さ． **2** うっとうしさ． **3** うっとうしい天気． **4** 退屈． **4** 苛立ち．

ਹੁੱਸੜਨਾ (हुस्सड़ना) /hussaṛạnā フッサルナー/ *vi.* **1** 飽き飽きする，うんざりする． **2** 苛々する． **3** 寂しくなる．

ਹੁਸੜਾਉਣਾ (हुसड़ाउणा) /husaṛāuṇā フスラーウナー/ *vt.* **1** 飽き飽きさせる，うんざりさせる． **2** 苛々させる． **3** 寂しい思いをさせる．

ਹੁਸਾਉਣਾ (हुसाउणा) /husāuṇā フサーウナー/ *vt.* **1** 疲れさせる，へとへとに疲れさせる，疲弊させる．(⇒ਥਕਾਉਣਾ) **2** 息切れさせる，喘がせる．(⇒ਹਫਾਉਣਾ)

ਹੁਸ਼ਿਆਰ (हुशिआर) /huśiārạ フシアール/ [Pers. *hośyār*] *adj.* **1** 賢い，利口な，賢明な． **2** 明敏な，頭脳明晰な． **3** 優秀な，よくできる． **4** 抜け目ない，用心深い，注意深い，油断のない，細心の．(⇒ਸਾਵਧਾਨ, ਚੇਤੰਨ) **5** 器用な，巧妙な．

ਹੁਸ਼ਿਆਰੀ (हुशिआरी) /huśiārī フシアーリー/ [Pers. *hośyārī*] *f.* **1** 賢さ，賢明さ，明敏さ． **2** 抜け目なさ，用心深さ． **3** 器用さ，巧妙さ．

ਹੁਸੀਨ (हुसीन) /husīnạ フスィーン/ [Arab. *hasīn*] *adj.* 美しい，美貌の，優美な．(⇒ਸੋਹਣਾ)

ਹੁਸੀਨਾ (हुसीना) /husīnā フスィーナー/ *f.* 美女．(⇒ਸੋਹਣੀ ਇਸਤਰੀ)

ਹੁਕ (हुक) /hukạ フク/ [Eng. *hook*] *f.* 鉤，掛け金，留

め金.

ਹੁੱਕ (हुक्क) /hukka フック/ [(Lah.)] *m.* 〖鳥〗フクロウ, 梟. (⇒ਉੱਲੂ)

ਹੁਕਈ (हुकई) /hukaī フカイー/ *m.* **1** 喫煙. **2** フッカー《水煙管》喫煙常習者.

ਹੁਕਨਾ (हुकना) /hukanā フクナー/ [Arab.] *m.* 〖医〗浣腸. (⇒ਅਨੀਮਾ)

ਹੁਕਮ (हुकम) /hukama フカム/ [Arab. *hukm*] *m.* **1** 命令, 指令, 訓令. ❒ਹੁਕਮ ਕਰਨਾ, ਹੁਕਮ ਦੇਣਾ 命令する, 指令する. **2** 命令書, 指令書. **3** 裁定, 判定. **4** 決定. **5** 認可, 裁可. **6** 運命. **7** 神の意志. **8** 〖遊戯〗(トランプの絵柄の)スペード.

ਹੁਕਮਨਾਮਾ (हुकमनामा) /hukamanāmā フカムナーマー/ [Pers.-*nāma*] *m.* **1** 命令書. (⇒ਆਗਿਆਪੱਤਰ) **2** 布告.

ਹੁਕਮਰਾਨ (हुकमरान) /hukamarāna フカムラーン/ [+ Pers. *rān*] *m.* **1** 王. (⇒ਹਾਕਮ) **2** 統治者.

ਹੁਕਮਾ (हुकमा) /hukamā フクマー/ [Arab.] *m.* **1** 哲学者. (⇒ਫ਼ਿਲਾਸਫ਼ਰ) **2** 学者, 賢者, 知識人. (⇒ਵਿਦਵਾਨ)

ਹੁਕਮੀ (हुकमी) /hukamī フクミー/ [Pers. *hukmī*] *adj.* **1** 命令に従う, 忠実な. (⇒ਹੁਕਮ ਅਨੁਸਾਰ) **2** 必要な, 不可欠な.

ਹੁੱਕਾ (हुक्का) /hukkā フッカー/ [Arab. *huqqa*] *m.* 〖道具〗フッカー(フッカ)《水煙管, 水ぎせる》. ❒ਹੁੱਕਾ ਪਾਣੀ 社交関係, 付き合い, 交際. ❒ਹੁੱਕਾ ਪਾਣੀ ਬੰਦ ਕਰਨਾ 追放する, のけ者にする, 付き合いを断つ, 絶交する. ❒ਹੁੱਕਾ ਪੀਣਾ フッカーを吸う.

ਹੁੱਕੀ (हुक्की) /hukkī フッキー/ [-ਈ] *f.* 〖道具〗小さなフッカー《水煙管, 水ぎせる》. (⇒ਨਿੱਕਾ ਹੁੱਕਾ)

ਹੁਕੈਣ (हुकैण) /hukaiṇa フカェーン/ [Arab. *huqqa* + ਣ] *f.* フッカー喫煙常習の女性.

ਹੁੱਗ (हुग्ग) /hugga フッグ/ *f.* 評判.

ਹੁੰਗਾਰਾ (हुंगारा) /huṅgārā フンガーラー/ ▸ਹੰਗਾਰ *m.* 鼻を使って「はぁーん・はぁーん」または「ふぅーん・ふぅーん」と同意するしぐさ. ❒ਹੁੰਗਾਰਾ ਭਰਨਾ 鼻を使って「はぁーん・はぁーん」または「ふぅーん・ふぅーん」と同意する.

ਹੁਛਲਾ (हुछला) /huchʰalā フチラー/ [(Pua.)] *adj.* **1** 軽薄な. (⇒ਹੋਛਾ) **2** 卑しい. (⇒ਕਮੀਨਾ)

ਹੁੱਜ (हुज्ज) /hujja フッジ/ [(Lah.)] *f.* 信念. (⇒ਯਕੀਨ)

ਹੁਜਕਾ (हुजका) /hujakā フジカー/ ▸ਹਜਕਾ, ਹਝਕਾ, ਹਜੋਕਾ, ਹਝੋਕਾ, ਹੁਝਕਾ *m.* → ਹਝੋਕਾ

ਹੁਜਣਾ (हुजणा) /hujaṇā フジナー/ ▸ਹੁੰਝਣਾ [(Lah.)] *vt.* → ਹੁੰਝਣਾ

ਹੁੱਜਤ (हुज्जत) /hujjata フッジャト/ [Pers. *hujjat*] *f.* **1** 議論, 論争, 口論, 口喧嘩. **2** 軽薄な議論, くだらない論争. **3** 冗談, 嫌み, 皮肉.

ਹੁੱਜਤਬਾਜ਼ (हुज्जतबाज़) /hujjatabāza フッジャトバーズ/ [Pers.-*bāz*] *adj.* **1** 議論好きな. **2** 冗談好きな, ひょうきんな, おどけた.

— *m.* **1** 口論する人. **2** 冗談好きな人.

ਹੁੱਜਤਬਾਜ਼ੀ (हुज्जतबाज़ी) /hujjatabāzī フッジャトバーズィー/ [Pers.-*bāzī*] *f.* **1** 的外れな議論. **2** 詭弁, こじつけ. **3** おどけ, おどけた言動.

ਹੁੱਜਤੀ (हुज्जती) /hujjatī フッジャティー/ [Pers. *hujjatī*] *adj.* **1** 議論好きな. **2** 冗談好きな, ひょうきんな, おどけた.

— *m.* **1** 口論する人. **2** 冗談好きな人.

ਹੁਜਦਾ (हुजदा) /hujadā フジダー/ *adj.* 届く範囲の. (⇒ਪੁਜਦਾ)

— *m.* 届く範囲, 届くこと. (⇒ਪੁੱਜ)

ਹੁਜਮ (हुजम) /hujama フジャム/ [Arab. *hajm*] *m.* **1** 体積. **2** かさ, 大きさ, 容積. .

ਹੁਜਰਾ (हुजरा) /hujarā フジラー/ [Arab. *hujrah*] *m.* 〖建築・イス〗フジュラー《モスクに設けられた瞑想用の小部屋》.

ਹੁੱਝ (हुज्झ) /hûjja フッジ/ *f.* 突き, 強く押すこと, 突き刺すこと. ❒ਹੁੱਝ ਮਾਰਨੀ 突き, 強く押す, 突き刺す.

ਹੁਝਕਾ (हुझका) /hûjakā フジカー/ ▸ਹਜਕਾ, ਕਝਕਾ, ਹਜੋਕਾ, ਹਝੋਕਾ, ਹੁਜਕਾ *m.* → ਹਝੋਕਾ

ਹੁੱਟਣਾ (हुट्टणा) /huṭṭaṇā フッタナー/ *vi.* **1** へとへとに疲れる, 疲れ切る. **2** 疲弊する.

ਹੁੱਡ[1] (हुड्ड) /huḍḍa フッド/ *m.* **1** 〖身体〗猪の牙. **2** 〖身体〗鬼歯.

ਹੁੱਡ[2] (हुड्ड) /huḍḍa フッド/ [Eng. *hood*] *f.* **1** 〖衣服〗頭巾, フード. **2** 幌.

ਹੁਡਕ (हुडक) /huḍaka フダク/ *f.* **1** 待つこと, 待機. (⇒ਉਡੀਕ, ਇੰਤਜ਼ਾਰ) **2** 期待, 予想, 見込み. (⇒ਉਮੀਦ)

ਹੁੰਡਰ (हुंडर) /hunḍara フンダル/ ▸ਹੁਣਰ, ਹੁਨਰ *m.* → ਹੁਨਰ

ਹੁੰਡਰੀ (हुंडरी) /hunḍarī フンドリー/ [Pers. *hunar* -ਈ] *m.* 技術者, 職人, 技能工. (⇒ਕਾਰੀਗਰ)

ਹੁੰਡਲ (हुंडल) /hunḍala フンダル/ [(Lah.)] *m.* 欺き. (⇒ਧੋਖਾ)

ਹੁੰਡੀ (हुंडी) /hunḍī フンディー/ *f.* 小切手, 為替手形. ❒ਹੁੰਡੀ ਕਰਨੀ 手形・小切手を振り出す.

ਹੁਣ (हुण) /huṇa フン/ *adv.* **1** 今. ❒ਹੁਣ ਤੀਕ 今まで, もう, すでに, (否定文で)まだ. ❒ਹੁਣ ਵੀ 今でも, 依然として. **2** 現在.

ਹੁਣਰ (हुणर) /huṇara フナル/ ▸ਹੁੰਡਰ, ਹੁਨਰ *m.* → ਹੁਨਰ

ਹੁਣਰੀ (हुणरी) /huṇarī フナリー/ ▸ਹੁਨਰੀ *adj.* → ਹੁਨਰੀ

ਹੁਣੇ (हुणे) /huṇe フネー/ *adv.* **1** たった今. **2** 今すぐ, 直ちに. ❒ਜੋ ਅੱਜ ਕਰਨਾ ਹੈ, ਹੁਣੇ ਕਰੋ। 今日すべきことは, 今すぐしなさい〔諺〕.

ਹੁਥੋਂ (हुथों) /hutʰõ フトーン/ [(Pot.)] *adv.* そこから. (⇒ਓਥੋਂ)

ਹੁਦਰ[1] (हुदर) /hudara フダル/ [(Pua.)] *m.* 心. (⇒ਦਿਲ, ਮਨ)

ਹੁਦਰ[2] (हुदर) /hudara フダル/ [(Pot.)] *adv.* あちらに.

ਹੁੰਦਾ (हुंदा) /hundā フンダー/ [(Pot.)] *adv.* 代わりに. (⇒ਬਜਾਏ)

ਹੁੱਦਾ (हुद्दा) /huddā フッダー/ ▸ਓਹਦਾ, ਅਹੁਦਾ *m.* → ਅਹੁਦਾ

ਹੁਦਾਰ (हुदार) /hudāra フダール/ ▸ਉਧਾਰ, ਹੁਧਾਰ *m.* → ਉਧਾਰ

ਹੁੰਦਿਆਂ-ਸੁੰਦਿਆਂ (हुंदिआँ-सुंदिआँ) /hundiā̃-sundiā̃ フンディアーン・スンディアーン/ *adv.* にもかかわらず, それにもかかわらず.

ਹੁੰਦੇ-ਸੁੰਦੇ (हुंदे-सुंदे) /hunde-sunde フンデー・スンデー/ *adv.* にもかかわらず, それにもかかわらず.

ਹੁਧਰ (हुधर) /hûdara フダル/ [(Pot.)] *adv.* あちらに. (⇒ਓਧਰ)

ਹੁਧਾਰ (हुधार) /hudăra フダール/ ▸ਉਧਾਰ, ਹੁਦਾਰ *m.* → ਉਧਾਰ

ਹੁੰਨ੍ਹਾਂ (हुंन्हाँ) /hûnnã フンナーン/ ▸ਉਹਨਾਂ, ਉਨ੍ਹਾਂ, ਓਹਨਾਂ [(Lah.)] *pron.* → ਉਹਨਾਂ

ਹੁਨਰ (हुनर) /hunara フナル/ ▸ਹੁੰਡਰ, ਹੁਣਰ [Pers. *hunar*] *m.* **1** 技術, 技能, 技芸. (⇒ਕਾਰੀਗਰੀ) **2** 良質, 特質. **3** 才能.

ਹੁਨਰਮੰਦ (हुनरमंद) /hunaramanda フナルマンド/ [Pers.-*mand*] *adj.* 技術を持っている, 熟練した, 熟達した.

— *m.* 技術を持っている人, 熟練した人, 専門家. (⇒ਉਸਤਾਕਾਰ)

ਹੁਨਰੀ (हुनरी) /hunarī フナリー/ ▸ਹੁਣਰੀ [-ਈ] *adj.* 熟練した, 熟達した.

ਹੁਨਾਲ (हुनाल) /hunāla フナール/ ▸ਹੁਨਾਲਾ *m.* 〖暦〗夏. (⇒ਗਰਮੀਆਂ ਦੀ ਰੁੱਤ)

ਹੁਨਾਲਾ (हुनाला) /hunālā フナーラー/ ▸ਹੁਨਾਲ *m.* → ਹੁਨਾਲ

ਹੁੱਬ (हुब्ब) /hubba フッブ/ [Arab. *hubb*] *f.* **1** 胸の痛み, 肋骨の下の痛み. **2** 愛情. (⇒ਪਿਆਰ) **3** 熱意, 情熱. (⇒ਉਤਸ਼ਾਹ)

ਹੁਬਕਾਰ (हुबकार) /hubakāra フブカール/ [(Lah.)] *f.* 芳香. (⇒ਚੰਗੀ ਵਾਸ਼ਨਾ)

ਹੁੱਬਲਵਤਨ (हुब्बलवतन) /hubbalawatana フッバルワタン/ [Arab. *hubbul-vatan*] *m.* 母国を愛する者, 愛国者. (⇒ਦੇਸ਼ ਭਗਤ)

ਹੁੱਬਲਵਤਨੀ (हुब्बलवतनी) /hubbalawatanī フッバルワトニー/ [-ਈ] *m.* 愛国心.

ਹੁੰਮਸ (हुंमस) /hummasa フンマス/ ▸ਉਂਮਸ, ਹੁੰਮ੍ਹ, ਹੁਮਕ [Skt. उश्म] *f.* 〖気象〗蒸し暑さ, 蒸し暑い天気.

ਹੁੰਮ੍ਹ (हुंम्ह) /hûmma フンム/ ▸ਉਂਮਸ, ਹੁੰਮਸ, ਹੁਮਕ *f.* → ਹੁੰਮਸ

ਹੁਮਹੁਮਾਉਣਾ (हुमहुमाउणा) /humahumāuṇā フムフマーウナー/ *vi.* たくさん群がる.

ਹੁਮਕ[1] (हुमक) /humaka フマク/ ▸ਉਂਮਸ, ਹੁੰਮਸ, ਹੁੰਮ੍ਹ *f.* → ਹੁੰਮਸ

ਹੁਮਕ[2] (हुमक) /humaka フマク/ [Arab.] *f.* 愚かなこと, 鈍いこと. (⇒ਬੇਸਮਝੀ)

ਹੁੱਮਯਾਤ (हुम्मयात) /hummayāta フンムヤート/ [Arab.] *m.* **1** 熱. (⇒ਤਾਪ) **2** 発熱. (⇒ਬੁਖ਼ਾਰ)

ਹੁਮਾ (हुमा) /humā フマー/ [Pers. *humā*] *m.* 〖鳥〗火の鳥, 不死鳥.

ਹੁਮਾਯੂੰ (हुमायूँ) /humāyū̃ フマーユーン/ [Pers. *humāyūn*] *m.* 〖歴史〗フマーユーン《ムガル帝国第2代皇帝》.

ਹੁਰ (हुर) /hura フル/ ▸ਹੁੱਰ *int.* → ਹੁੱਰ

ਹੁੱਰ (हुर्र) /hurra フッル/ ▸ਹੁਰ *int.* ふれー, フレー, 万歳《歓喜・喝采・激励などを表す掛け声》.

ਹੁਰਨਾ (हुरना) /huranā フルナー/ [(Lah.)] *vi.* 降りる. (⇒ਉੱਤਰਨਾ)

ਹੁਰਮਤ (हुरमत) /huramata フルマト/ ▸ਹੁਰਮਤੀ [Pers. *hurmat*] *f.* **1** 尊敬, 名誉, 尊厳. (⇒ਮਾਨ, ਇੱਜ਼ਤ) **2** 名声, 好評. (⇒ਆਬਰੂ)

ਹੁਰਮਤੀ (हुरमती) /huramatī フルマティー/ ▸ਹੁਰਮਤ *f.* → ਹੁਰਮਤ

ਹੁਰਾਂ (हुराँ) /hurā̃ フラーン/ *suff.* …様, …氏, …殿《名詞の後に付けて敬意を表わす言葉》. (⇒ਸਾਹਿਬ, ਜੀ)

ਹੁੱਰਾ (हुर्रा) /hurrā フッラー/ [Eng. *hurrah*] *int.* ふれー, フレー, 万歳《歓喜・喝采・激励などを表す掛け声》.

— *m.* 喝采, 歓声. (⇒ਖ਼ੁਸ਼ੀ ਦਾ ਨਾਅਰਾ)

ਹੁਰਾਈ (हुराई) /hurāī フラーイー/ [(Lah.)] *f.* 下降. (⇒ਉਤਰਾਈ)

ਹੁੱਲ (हुल्ल) /hulla フッル/ *f.* 〖医〗目と頭のずきずきする痛み.

ਹੁਲਸਣਾ (हुलसणा) /hulasaṇā フラスナー/ [Skt. उल्लसति] *vi.* **1** 喜ぶ. (⇒ਖ਼ੁਸ਼ ਹੋਣਾ) **2** 嬉しそうな顔をする, 得意満面になる. (⇒ਖ਼ੁਸ਼ ਨਾਲ ਫੁੱਲਣਾ) **3** 奮い立つ.

ਹੁਲਸਾਉਣਾ (हुलसाउणा) /hulasāuṇā フルサーウナー/ [cf. ਹੁਲਸਣਾ] *vt.* **1** 喜ばす, 喜ばせる, 嬉しがらせる. **2** 奮い立たせる, 激励する, 応援する. **3** 意気揚々とさせる, 得意にさせる. (⇒ਉਮਾਹ ਦੇਣਾ)

— *vi.* 意気揚々となる, 得意になる. (⇒ਉਮਾਹ ਵਿੱਚ ਆਉਣਾ)

ਹੁੱਲਣਾ (हुल्लणा) /hullaṇā フッラナー/ *vi.* **1** 良い香りがする. **2** 有名になる. (⇒ਮਸ਼ਹੂਰ ਹੋਣਾ)

ਹੁੱਲੜ (हुल्लड़) /hullaṛa フッラル/ *m.* **1** やかましい音, 騒音. **2** 喧噪, 大騒ぎ. (⇒ਰੌਲਾ) **3** 騒動, 騒乱.

ਹੁਲਾਸ (हुलास) /hulāsa フラース/ ▸ਉੱਲਾਸ [Skt. उल्लास] *m.* **1** 喜び, 歓喜. **2** 意気揚々. (⇒ਉਤਸ਼ਾਹ, ਉਮਾਹ) **3** 快活, 上機嫌.

ਹੁਲਾਰਾ (हुलारा) /hulārā フラーラー/ *m.* **1** 振り回すこと. (⇒ਝੂਟਾ) **2** 振動, 動揺, ぐらつき. **3** 身震い, ぞくぞくする感じ. **4** 酔い, 陶酔. **5** 意気揚々. (⇒ਉਮਾਹ, ਉਤਸ਼ਾਹ)

ਹੁਲੀਆ (हुलीआ) /hulīā フリーアー/ [Arab. *hilya*] *m.* **1** 容姿. (⇒ਸ਼ਕਲ, ਸੂਰਤ) **2** 外観. **3** 描写.

ਹੁੜਕ (हुड़क) /huṛaka フルク/ *f.* **1** 切望, 熱望, 憧れ. **2** 願い, 願望. **3** 満たされずいつまでも続く期待.

ਹੁੜਕਾ (हुड़का) /huṛakā フルカー/ *m.* **1** 錠の取っ手. **2** ドアに鍵を掛ける装置.

ਹੂੰ (हूँ) /hū̃ フーン/ ▸ਹੂੰ *int.* ふうん, ふーん, うん《了解や同意を表すあいづちの言葉. 鼻を使って発する, 了解や同意を表す声》.

ਹੂ[1] (हू) /hū フー/ *f.* **1** 名声. (⇒ਮਸ਼ਹੂਰੀ) **2** 悪評, 悪名. (⇒ਬਦਨਾਮੀ)

ਹੂ[2] (हू) /hū フー/ [Arab. *huva*] *pron.* あれ. (⇒ਉਹ)

— *m.* 神. (⇒ਰੱਬ)

ਹੂਸ (हूस) /hūsa フース/ [(Lah.)] *f.* 敵意. (⇒ਵੈਰ)

ਹੂੰਹ (हूँह) /hū̃ フーン/ [(Lah.)] *int.* やあ, それっ《駱駝やその他の家畜を立たせたり駆ったりする時の掛け声》.

ਹੂਹੀਂ (हूहीं) /hūī̃ | hūhī̃ フーイーン | フーヒーン/ [(Lah.)] *pron.* まさにあれ, あれこそ. (⇒ਓਹੀ)

ਹੂਕ[1] (हूक) /hūka フーク/ [(Mal.)] *f.* **1** 名声. (⇒ਧੁੰਮ, ਸ਼ੁਹਰਤ) **2** 情報, 通知. (⇒ਖ਼ਬਰ)

ਹੂਕ[2] (हूक) /hūka フーク/ [(Lah.)] *f.* 名声, 高名, 著名. (⇒ਪਰਸਿੱਧੀ, ਮਸ਼ਹੂਰੀ)

ਹੂਕ[3] (हूक) /hūka フーク/ *f.* **1** 呻き, 激しい痛みや苦し

みによる呻き声. 2 激しい痛み, 激痛, さしこみ. (⇒ ਚੀਸ) ❒ਹੂਕ ਉੱਠਣੀ 激しい痛みを感じる. 3 苦悶. (⇒ ਸੰਤਾਪ)

ਹੂਕਣਾ (हूकणा) /hūkaṇā フーカナー/ *vi.* 1 呻く, 苦痛のため呻き声を出す. 2 激痛が走る. 3 苦悶する.

ਹੂਕਰ (हूकर) /hūkara フーカル/ *f.* 1 叫び声. 2 呼び声. 3 わめき声, どなり声.

ਹੂਕਰਨਾ (हूकरना) /hūkaranā フーカルナー/ *vi.* 1 叫ぶ. 2 わめく, 怒鳴る.

ਹੂੰਗ (हूँग) /hũga フーング/ ▸ਹੂੰਗਰ, ਹੂੰਗਰਾ *f.* 唸り声, 呻き声.

ਹੂੰਗਣਾ (हूँगणा) /hũgaṇā フーンガナー/ ▸ਹੂੰਗਰਨਾ *vi.* 唸る, (苦痛や悲しみなどで)唸り声を出す.

ਹੂੰਗਰ (हूँगर) /hũgara フーンガル/ ▸ਹੂੰਗ, ਹੂੰਗਰਾ *f.* → ਹੂੰਗ

ਹੂੰਗਰਨਾ (हूँगरना) /hũgaranā フーンガルナー/ ▸ਹੂੰਗਣਾ *vi.* → ਹੂੰਗਣਾ

ਹੂੰਗਰਾ (हूँगरा) /hũgarā フーンガラー/ ▸ਹੂੰਗ, ਹੂੰਗਰ *m.* → ਹੂੰਗ

ਹੂਚਰਾ (हूचरा) /hūcarā フーチャラー/ [(Lah.)] *m.* 1 騒音. (⇒ਸ਼ੋਰ) 2 喧騒, 大騒ぎ. (⇒ਰੌਲਾ)

ਹੂੰਝ (हूँझ) /hũ̀ja フーンジ/ [(Pot.)] *m.* 〖道具〗箒. (⇒ ਬੁਹਾਰੀ)

ਹੂੰਝਣਾ (हूँझणा) /hũ̀jaṇā フーンジャナー/ ▸ਹੁਜਣਾ *vt.* 掃く, 掃除する. (⇒ਬੁਹਾਰਨਾ)

ਹੂੰਝਾ (हूँझा) /hũ̀jā フーンジャー/ *m.* 掃くこと. (⇒ਸਫ਼ਾਈ)

ਹੂਤ (हूत) /hūta フート/ [(Pua.)] *m.* 脅し, 脅迫. (⇒ ਦਾਬਾ)

ਹੂਥਰਾ (हूथरा) /hūtʰarā フータラー/ [(Lah.)] *adj.* いたずらな, 悪ふざけする. (⇒ਸ਼ਰਾਰਤੀ)

ਹੂਬਹੂ (हूबहू) /hūbahū フーバフー/ [Arab. *huva* + Pers. *ba* + Arab. *huva*] *adj.* そっくりの, 非常によく似ている.
— *adj.* そっくりに, 全く同じように.

ਹੂਰ (हूर) /hūra フール/ [Arab. *hūr*] *f.* 1 天女. 2 妖精. 3 美少女.

ਹੂਰਾ (हूरा) /hūrā フーラー/ *m.* 〖身体〗握りこぶし, げんこつ. (⇒ਮੁੱਕਾ, ਘਸੁੰਨ)

ਹੂਲੀ (हूली) /hūlī フーリー/ [(Pua.)] *f.* ひと吹き. (⇒ ਫੂਕ)

ਹੂੜ੍ਹ (हूड़्ह) /hûṛa フール/ *adj.* 1 愚かな, 間抜けな. (⇒ ਮੂਰਖ) 2 粗野な, 無作法な. 3 無鉄砲な, 向こう見ずな, 無謀な. 4 強情な, 頑固な. (⇒ਜ਼ਿੱਦੀ)

ਹੂੜ੍ਹਮਤ (हूड़्हमत) /hûṛamata フールマト/ *f.* 1 愚かさ. (⇒ਮੂਰਖਤਾ) 2 粗野, 無作法. 3 無鉄砲, 無謀. 4 強情, 頑固. (⇒ਜ਼ਿਦ)

ਹੇ (हे) /he ヘー/ ▸ਏ *int.* 1 おい, ねえ, ちょっと《呼びかけの言葉, または注意を喚起する言葉》. 2 おお, ああ《神仏などに祈る言葉》. 3 へえ, ああ, 嗚呼《驚きや悲嘆の気持ちを表す言葉》.

ਹੇਂਹ (हेंह) /hẽ ヘーン/ [(Lah.)] *int.* 1 おうい, おい, ちょっと《呼びかけの言葉》. (⇒ਓਇ) 2 へえん, へーん, どうした《様子を尋ねる言葉》. (⇒ਕੀ ਹੈ)

ਹੇਹ (हेह) /hê ヘー/ ▸ਅਹ, ਇਹ, ਏਹ, ਹਿਹ [(Lah.)] *pron.* → ਇਹ

ਹੇਹਾ (हेहा) /hêā | hehā ヘーアー | ヘーハー/ *m.* 性欲, 肉欲, 情欲, 淫欲. (⇒ਕਾਮਚੇਸ਼ਟਾ, ਭੋਗ ਦੀ ਇੱਛਾ)

ਹੇਕ (हेक) /heka ヘーク/ *f.* 詠唱.

ਹੇਕੁਲ (हेकुल) /hekula ヘークル/ [(Lah.) (Pot.)] *m.* 〖動物〗ブタ, 豚. (⇒ਸੂਰ)

ਹੇਚ (हेच) /heca ヘーチ/ [Pers. *hec*] *adj.* 1 つまらない. 2 くだらない, 価値のない. 3 浅はかな, 浅薄な.

ਹੇਜ (हेज) /heja ヘージ/ *m.* 情愛.

ਹੇਜਲ (हेजल) /hejala ヘージャル/ ▸ਹੇਜਲਾ *adj.* 情愛の深い, 優しい.

ਹੇਜਲਾ (हेजला) /hejalā ヘージラー/ ▸ਹੇਜਲ *adj.* → ਹੇਜਲ

ਹੇਠ (हेठ) /heṭʰa ヘート/ ▸ਅਠਾਂਹ, ਅਠਾਹਾਂ, ਹਿਠਾਂ, ਹਿਠਾਂਹ, ਹੇਠਾਂ [Pal. हेट्ठा] *adv.* 下に. (⇒ਥੱਲੇ)
— *postp.* …の下に. (⇒ਥੱਲੇ) ❒ਮੈਂ ਨਿੰਮ ਹੇਠ ਬੈਠ ਰਿਹਾ ਸਾਂ। 私はニームの木の下に座っていました.

ਹੇਠਲਾ (हेठला) /heṭʰalā ヘートラー/ *adj.* 下の方の, 下位の. (↔ਉਤਲਾ, ਉੱਪਰਲਾ)

ਹੇਠਲੀ (हेठली) /heṭʰalī ヘートリー/ *adj.* 《 ਹੇਠਲਾ の女性形》下の方の, 下位の. (↔ਉਤਲੀ, ਉੱਪਰਲੀ)
— *f.* 1 〖身体〗女陰, 陰門. (⇒ਯੋਨੀ) 2 〖身体〗肛門. (⇒ਗੁਦਾ)

ਹੇਠਾਂ (हेठाँ) /heṭʰā̃ ヘーターン/ ▸ਅਠਾਂਹ, ਅਠਾਹਾਂ, ਹਿਠਾਂ, ਹਿਠਾਂਹ, ਹੇਠ *adv.postp.* → ਹੇਠ

ਹੇਠੀ (हेठी) /heṭʰī ヘーティー/ *f.* 1 不名誉, 恥, 恥辱. (⇒ਬੇਇੱਜ਼ਤੀ) 2 侮辱, 軽蔑. ❒ਹੇਠੀ ਕਰਨੀ 侮辱する.

ਹੇਠੋਂ (हेठों) /heṭʰõ ヘートーン/ [Pal. हेट्ठा + ਓਂ] *adv.* 《 ਹੇਠ ਤੋਂ の融合形》下から.
— *postp.* 《 ਹੇਠ ਤੋਂ の融合形》…の下から.

ਹੇਤ (हेत) /heta ヘート/ [Skt. हित] *m.* 愛, 愛情. (⇒ ਪਿਆਰ)
— *postp.* 1…のために. 2…の理由で. 3…の目的で.

ਹੇਬੀਅਸ ਕੌਰਪਸ (हेबीअस कोरपस) /hebīasa korapasa ヘービーアス コールパス/ [Eng. *habeas corpus*] *m.* 〖法〗人身保護令状, 身柄提出令状.

ਹੇਮ[1] (हेम) /hema ヘーム/ [(Mal.) Skt. हिम] *f.* 1 〖気象〗雪. (⇒ਬਰਫ਼) 2 〖気象〗降雪, 積雪. 3 氷.

ਹੇਮ[2] (हेम) /hema ヘーム/ [Skt. हेमन्] *m.* 〖金属〗金. (⇒ਸਵਰਨ, ਸੋਨਾ)

ਹੇਮਕੁੰਟ (हेमकुंट) /hemakuṇṭa ヘームクント/ ▸ਹੇਮਕੁੰਡ, ਹੇਮਕੂਟ [Skt. हिम + कुण्ड] *m.* 〖スィ〗ヘームクント山《スィック教の第10代教主グル・ゴービンド・スィングが, その作品『ヴィチッタル・ナータク』〔不思議な劇〕の中で, 前世において苦行瞑想したと述べているヒマラヤ山中の険しい山. ヘームクントは「雪の池」を意味する》.

ਹੇਮਕੁੰਡ (हेमकुंड) /hemakuṇḍa ヘームクンド/ ▸ਹੇਮਕੁੰਟ, ਹੇਮਕੂਟ *m.* → ਹੇਮਕੁੰਟ

ਹੇਮਕੂਟ (हेमकूट) /hemakūṭa ヘームクート/ ▸ਹੇਮਕੁੰਟ, ਹੇਮਕੁੰਡ *m.* → ਹੇਮਕੁੰਟ

ਹੇਮੰਤ (हेमंत) /hemanta ヘーマント/ *f.* 〖暦〗寒気, 冬, 冬季.

ਹੇਰ (हेर) /hera ヘール/ *f.* 探索. (⇒ਖੋਜ)

ਹੇਰਨਾ[1] (हेरना) /heranā ヘールナー/ [Skt. हेरति] *vt.* 1 見る. (⇒ਵੇਖਣਾ) 2 探す. (⇒ਢੂੰਡਣਾ)

ਹੇਰਨਾ[2] (हेरना) /heranā ヘールナー/ [(Pua.)] *vt.* **1** 取り囲む. (⇒ਘੇਰਨਾ) **2** 止める. (⇒ਰੋਕਣਾ)

ਹੇਰਫੇਰ (हेरफेर) /herapʰera ヘールペール/ *m.* **1** 交換, 入れ替え, 並べ替え, 置き換え, 組み換え. (⇒ਅਦਲ ਬਦਲ) **2** 変更, 変化, 変転, 変換. (⇒ਤਬਦੀਲੀ) **3** 狡猾, 詭計. (⇒ਚਲਾਕੀ) **4** ごまかし, いんちき, 不正. (⇒ਛਲ) **5** 回転. (⇒ਚੱਕਰ) **6** 回りくどい言い方, 言い逃れ, 逃げ口上.

ਹੇਰਵਾ (हेरवा) /herawā ヘールワー/ *m.* **1** 熱望, 憧れ. **2**(愛する者が)いなくて寂しく思う気持ち. **3** 郷愁, 懐旧の情.

ਹੇਰਾਫੇਰੀ (हेराफेरी) /herāpʰerī ヘーラーペーリー/ *f.* **1** 交換, 入れ替え. **2** 変化, 変転. **3** 狡猾, 詭計. (⇒ਚਲਾਕੀ) **4** ごまかし, いんちき. (⇒ਛਲ)

ਹੇਲ (हेल) /hela ヘール/ [(Lah.)] *f.* 習慣, 癖. (⇒ਆਦਤ)

ਹੇਲੀ (हेली) /helī ヘーリー/ [(Pua.)] *f.* **1** 少女. (⇒ਕੁੜੀ) **2**〖親族〗娘. (⇒ਧੀ)

ਹੇੜ (हेड़) /heṛa ヘール/ ▸ਹੇੜ੍ਹ [(Maj.)] *f.* **1** 動物の群れ. **2** 作物を荒らす畜牛の群れ. **3** 群衆.

ਹੇੜ੍ਹ[1] (हेड़्ह) /hêṛa ヘール/ ▸ਹੇੜ [(Maj.)] *f.* → ਹੇੜ

ਹੇੜ੍ਹ[2] (हेड़्ह) /hêṛa ヘール/ [(Pot.)] *f.* 性欲, 肉欲, 情欲, 淫欲. (⇒ਕਾਮਚੇਸ਼ਟਾ)

ਹੇੜ੍ਹਨਾ (हेड़्हना) /hêṛanā ヘールナー/ [(Pua.)] *vt.* **1** 回して下ろす. **2** 流す. (⇒ਵਗਾਉਣਾ)

ਹੇੜਾ[1] (हेड़ा) /heṛā ヘーラー/ *m.*〖身体〗体, 身体, 肉体. (⇒ਸਰੀਰ, ਪਿੰਡਾ, ਦੇਹ)

ਹੇੜਾ[2] (हेड़ा) /heṛā ヘーラー/ *m.* 狩り, 猟, 狩猟. (⇒ਸ਼ਿਕਾਰ)

ਹੇੜੀ[1] (हेड़ी) /heṛī ヘーリー/ *m.* 狩人, 猟師. (⇒ਸ਼ਿਕਾਰੀ)

ਹੇੜੀ[2] (हेड़ी) /heṛī ヘーリー/ [(Lah.)] *f.* 家畜などの囲い, 檻. (⇒ਫਾਟਕ)

ਹੈਂ[1] (हैं) /hãĩ ハェーン/ *int.* ええっ《疑問・驚き・悲嘆などを表す言葉》.

ਹੈਂ[2] (हैं) /hãĩ ハェーン/ ▸ਏਂ *vi.* 《動詞 ਹੋਣਾ の2人称・単数・現在形. ਤੂੰ … ਹੈਂ 》 **1**…である, …です. **2**…ある・いる, …あります・います.

ਹੈ (है) /hai ハェー/ ▸ਏ, ਹੈਗਾ *vi.* 《動詞 ਹੋਣਾ の3人称・単数・現在形. ਉਹ … ਹੈ 》 **1**…である, …です. **2**…ある・いる, …あります・います.

ਹੈਂਸਿਆਰਾ (हैंसिआरा) /hãĩsiārā ハェーンスィアーラー/ [Skt. हिंसा] *adj.* **1** 残酷な, 残虐な, 残忍な. **2** 無慈悲な. **3** 暴虐な.

— *m.* **1** 残酷な人, 残虐な人, 残忍な人. **2** 暴君. **3** 冷血漢. **4** 残忍な殺人者.

ਹੈਸੀਅਤ (हैसीअत) /haisīata ハェースィーアト/ [Pers. *haiṣiyat*] *f.* **1** 身分, 地位, 資格. (⇒ਔਕਾਤ) **2** 財力, 資力, 経済力, 財産, 富. **3** 能力, 才能.

ਹੈਕਟੋਗਰਾਮ (हैकटोगराम) /haikaṭogarāma ハェークトーグラーム/ [Eng. *hectogram*] *m.*〖重量〗ヘクトグラム《百グラム》. (⇒ਸੌ ਗਰਾਮ)

ਹੈਂਕਲ (हैंकल) /hãĩkala ハェーンカル/ ▸ਹੈਕਲ *f.* → ਹੈਕਲ

ਹੈਕਲ (हैकल) /haikala ハェーカル/ ▸ਹੈਂਕਲ *f.* **1**〖身体〗首の回りの毛. **2** 大きい羽毛, 羽飾り. **3**〖装〗首飾り. **4** 護符, 魔よけの札, お守り. (⇒ਤਵੀਤ)

ਹੈਂਕੜ (हैंकड़) /hãĩkaṛa ハェーンカル/ ▸ਹੈਕੜ *f.* **1** 自尊心, うぬぼれ. **2** 虚栄心. **3** 横柄さ, 傲慢さ.

ਹੈਕੜ (हैकड़) /haikaṛa ハェーカル/ ▸ਹੈਂਕੜ *f.* → ਹੈਂਕੜ

ਹੈਂਗਰ (हैंगर) /hãĩgara ハェーンガル/ [Eng. *hanger*] *m.*〖道具〗衣紋掛け, ハンガー. (⇒ਟੰਗਣਾ)

ਹੈਗਾ (हैगा) /haigā ハェーガー/ ▸ਏ, ਹੈ *vi.*〖口語〗→ ਹੈ

ਹੈਗਾੜ (हैगाड़) /haigāṛa ハェーガール/ [(Pua.)] *f.* **1** 頑固. (⇒ਆਕੜ) **2** 傲慢. (⇒ਆਕੜ) **3** 厚顔. (⇒ਆਕੜ)

ਹੈਜ਼ (हैज़) /haiza ハェーズ/ [Arab.] *m.* **1** 季節. (⇒ਰੁੱਤ) **2**〖暦〗月. (⇒ਮਹੀਨਾ) **3**〖生理〗月経. (⇒ਮਾਹਵਾਰੀ, ਸਿਰਨ੍ਹਾਉਣੀ)

ਹੈਜ਼ਾ (हैज़ा) /haizā ハェーザー/ [Arab. *haiza*] *m.*〖医〗コレラ. (⇒ਕਾਲਰਾ)

ਹੈਂਡ (हैंड) /hãĩḍa ハェーンド/ [Eng. *hand*] *m.*〖身体〗手. (⇒ਹੱਥ)

ਹੈੱਡ (हैड्ड) /haiḍḍa ハェーッド/ [Eng. *head*] *m.* **1**〖身体〗頭, 頭部. (⇒ਸਿਰ) **2** 頭目, 中心人物, 長, 統率者, 主席. **3** 見出し. (⇒ਸਿਰਲੇਖ)

— *adj.* 中心の, 長の, 統率する, 主席の.

ਹੈਂਡਸ਼ੇਕ (हैंडशेक) /hãĩḍaśeka ハェーンドシェーク/ [Eng. *handshake*] *m.* 握手.

ਹੈੱਡਮਾਸਟਰ (हैड्डमासटर) /haiḍḍamāsaṭara ハェーッドマースタル/ [Eng. *headmaster*] *m.* **1** 教頭. **2** 校長.

ਹੈਂਡਲ (हैंडल) /hãĩḍala ハェーンダル/ [Eng. *handle*] *m.* 取っ手, 柄. (⇒ਹੱਥਾ)

ਹੈਡਾ (हैडा) /haiḍā ハェーダー/ ▸ਐਡਾ, ਇੱਡਾ, ਏਡਾ [(Pot.)] *adj.* → ਐਡਾ

ਹੈਣ (हैण) /haiṇa ハェーン/ ▸ਹਣ, ਹਨ, ਨੇ *vi.* → ਹਨ

ਹੈਤ (हैत) /haita ハェート/ [(Lah.)] *m.* 駱駝の小さな鞍.

ਹੈਦਰ (हैदर) /haidara ハェーダル/ [Arab. *haidar*] *m.* **1**〖動物〗ライオン, 獅子. (⇒ਸ਼ੇਰ) **2**〖イス〗四代目正統カリフであるアリーの別名.

ਹੈਦਰਾਬਾਦ (हैदराबाद) /haidarābāda ハェーダラーバード/ *m.* **1**〖地名〗ハイダラーバード《インド南部, テーランガーナー州の都市. この州とアーンドラ・プラデーシュ州の両州の共同州都》. **2**〖地名〗ハイダラーバード《パキスタン南部, スィンド州の都市》.

ਹੈਫ਼ (हैफ़) /haifa ハェーフ/ [Arab. *haif*] *int.* ああ, 嗚呼《悲嘆を表す言葉》.

— *m.* **1** 悲しみ, 嘆き, 悲嘆. **2** 残念, 遺憾.

ਹੈਮੰਚਲ (हैमंचल) /haimañcala ハェーマンチャル/ ▸ਹਿਮਾਚਲ *m.* → ਹਿਮਾਚਲ

ਹੈਮਰ ਥਰੋ (हैमर थरो) /haimara tʰaro ハェーマル タロー/ [Eng. *hammer throw*] *m.*〖競技〗ハンマー投げ.

ਹੈਰਤ (हैरत) /hairata ハェーラト/ [Pers. *hairat*] *f.* **1** 驚き. **2** びっくり. (⇒ਹੈਰਾਨੀ) **3** 驚異. **4** あっけにとられること. **5** 衝撃.

ਹੈਰਾਣ (हैराण) /hairāṇa ハェーラーン/ ▸ਹਰਾਨ, ਹਿਰਾਣ, ਹੈਰਾਨ *adj.* → ਹੈਰਾਨ

ਹੈਰਾਨ (हैरान) /hairāna ハェーラーン/ ▸ਹਰਾਨ, ਹਿਰਾਣ, ਹੈਰਾਣ [Arab. *hairān*] *adj.* **1** 驚いた, びっくりした. **2** 困惑した, 当惑した, (頭が)混乱した.

ਹੈਰਾਨਗੀ (हैरानगी) /hairānagī ハェーラーンギー/ ▸ ਹਿਰਾਨਗੀ [Pers.-*gī*] *f.* **1** 驚き. (⇒ਅਸਚਰਜਤਾ) **2** 困惑.

ਹੈਰਾਨੀ (हैरानी) /hairānī ハェーラーニー/ [Pers. *hairānī*] *f.* **1** 驚き, 驚愕, びっくり仰天. **2** 困惑, 当惑, 唖然. **3** 衝撃.

ਹੈਲ (हैल) /haila ハェール/ [(Pot.)] *m.* 〖農業〗肥料. (⇒ਖਾਦ, ਰੂੜੀ, ਰੇਹ)

ਹੈਲਥ (हैलथ) /hailatʰa ハェーラト/ [Eng. *health*] *f.* 健康. (⇒ਸਿਹਤ)

ਹੈਲਮਟ (हैलमट) /hailamaṭa ハェールマト/ [Eng. *helmet*] *m.* ヘルメット.

ਹੈਲੀਕਾਪਟਰ (हैलीकापटर) /hailīkāpaṭara ハェーリーカープタル/ [Eng. *helicopter*] *m.* 〖乗物〗ヘリコプター.

ਹੈਲੋ (हैलो) /hailo ハェーロー/ [Eng. *hello*] *int.* **1** ハロー, やあ, こんにちは. **2** おい, ちょっと, ねえ, もし. **3**(電話での)もしもし.

ਹੈਵਾਨ (हैवान) /haiwāna ハェーワーン/ [Arab. *haivān*] *m.* 獣, 畜生, 野獣. (⇒ਪਸ਼ੂ)

ਹੈਵਾਨੀ (हैवानी) /haiwānī ハェーワーニー/ [Arab. *haivānī*] *adj.* **1** 獣の, 野獣の, 野獣のような. **2** 残忍な, 野蛮な.

ਹੈਵਾਨੀਅਤ (हैवानीअत) /haiwānīata ハェーワーニーアト/ [Pers. *haivāniyat*] *f.* **1** 獣性. **2** 残忍さ, 野蛮さ, 無慈悲.

ਹੋ (हो) /ho ホー/ ▸ਓ *vi.* 《動詞 ਹੋਣਾ の2人称・複数・現在形. ਤੁਸੀਂ … ਹੋ 》 **1**…である, …です. **2**…ある・いる, …あります・います.

ਹੋਸ਼ (होश) /hośa ホーシュ/ [Pers. *hoś*] *m.* **1** 意識があること. **2** 正気の状態.

ਹੋਸਟਲ (होसटल) /hosaṭala ホースタル/ [Eng. *hostel*] *m.* **1** ホステル, 宿舎. **2** 寄宿舎, 寮.

ਹੋਕਰ (होकर) /hokara ホーカル/ ▸ਹੋਕਰਾ *f.* 物売りの声, 行商の売り声.

ਹੋਕਰਾ (होकरा) /hokarā ホークラー/ ▸ਹੋਕਰ *m.* → ਹੋਕਰ

ਹੋਕਾ (होका) /hokā ホーカー/ *m.* **1** 物売りの声, 行商の売り声. **2** 公表, 公布.

ਹੋਖਾ (होखा) /hokʰā ホーカー/ *adj.* **1** 弱い. (⇒ਕਮਜ਼ੋਰ) **2** 軽い. (⇒ਹੌਲਾ) **3** 品位に欠けた振る舞いの, 無礼な. (⇒ਆਚਾਰਹੀਣ)

ਹੋਛਪੁਣਾ (होछपुणा) /hocʰapuṇā ホーチプナー/ *m.* **1** 卑しさ, 卑劣, 下劣, 下品. (⇒ਕਮੀਨਾਪਣ) **2** 不道徳. **3** 落ちぶれた様子.

ਹੋਛਾ (होछा) /hocʰā ホーチャー/ ▸ਓਛਾ *adj.* **1** 卑しい, 下劣な. (⇒ਕਮੀਨਾ) **2** 軽薄な, 浅薄な.

ਹੋਛਾਪਣ (होछापण) /hocʰāpaṇa ホーチャーパン/ *m.* **1** 卑しさ. (⇒ਕਮੀਨਾਪਣ) **2** 軽薄.

ਹੋਂਟ (होंट) /hõṭa ホーント/ ▸ਓਂਠ, ਓਠ, ਹੋਂਠ, ਹੋਠ *m.* → ਹੋਂਠ

ਹੋਟਣਾ (होटणा) /hoṭaṇā ホートナー/ *vt.* 禁じる, 禁止する. (⇒ਹਟਕਣਾ)

ਹੋਟਲ (होटल) /hoṭala ホータル/ [Eng. *hotel*] *m.* **1** ホテル, 宿屋. **2** レストラン, 飲食店, 食堂.

ਹੋਂਠ (होंठ) /hõṭʰa ホーント/ ▸ਓਂਠ, ਓਠ, ਹੋਂਟ, ਹੋਠ [Skt. ओष्ठ] *m.* 〖身体〗唇. (⇒ਬੁੱਲ੍ਹ)

ਹੋਠ (होठ) /hoṭʰa ホート/ ▸ਓਂਠ, ਓਠ, ਹੋਂਟ, ਹੋਂਠ *m.* → ਹੋਂਠ

ਹੋਂਠੀ (होंठी) /hõṭʰī ホーンティー/ ▸ਹੋਠੀ [Skt. ओष्ठ -ਈ] *adj.* 唇の.

ਹੋਠੀ (होठी) /hoṭʰī ホーティー/ ▸ਹੋਂਠੀ *adj.* → ਹੋਂਠੀ

ਹੋਣਹਾਰ (होणहार) /hoṇahāra ホーンハール/ ▸ਹੋਨਹਾਰ *adj.* **1** 前途有望な, 将来楽しみな, 期待される. **2** 将来の, 未来の, 来るべき. **3** 起こりそうな.

— *f.* **1** 運命, 運勢, 宿命, 必然, 定め. (⇒ਕਿਸਮਤ) **2** 必ず起こるべきこと. (⇒ਹੋਣੀ)

ਹੋਣਾ (होणा) /hoṇā ホーナー/ *vi.* **1**《コピュラ動詞(繋辞)として「等位関係」を表す. コピュラ動詞としては, 現在形・過去形・未来形・不確定未来形・未完了分詞が実際の語形として用いられる. 現在形 ਹਾਂ (ਆਂ), ਹੈਂ (ਏਂ), ਹੋ (ਓ), ਹੈ (ਏ), ਹਨ (ਨੇ) と過去形 ਸਾਂ, ਸੈਂ, ਸੋ, ਸੀ, ਸਨ については, 各語形を見出し語とし, その項に対応する主語の人称・数を示してある》例えば, 現在形では「…である」「…です」. **2**《コピュラ動詞の各語形は「存在」も表す》例えば, 現在形では(ものが)「ある」「あります」(人・生き物が)「いる」「います」. **3**《未完了分詞あるいは完了分詞の後に置かれ, 未完了表現あるいは完了表現を作る補助動詞となる》. **4**《一般動詞の不定詞の後に置かれ, 予定「…することになっている」・義務「…しなければならない」を表す. 否定は「…しなくてよい」「…する必要はない」. 意味上の主語の「人」は能格形になり, 3人称の場合は後置詞 ਨੇ を伴うこともある》. ❒ਹੁਣ ਮੈਂ ਜਾਣਾ ਹੈ। もう私は行かねばなりません. ❒ਮੈਂ ਤੁਹਾਡੇ ਨਾਲ ਇੱਕ ਗੱਲ ਕਰਨੀ ਹੈ। 私はあなたとちょっと話をしなければなりません. ❒ਅਸਾਂ ਦੂਰ ਜਾਣਾ ਹੈ। 私たちは遠くに行かねばなりません. ❒ਇਸ ਨੇ ਕੀ ਕਰਨਾ ਹੈ? この人は何をしなければなりませんか. ❒ਮਾਂ ਨੇ ਬੱਚੇ ਨੂੰ ਕੰਘੀ ਕਰਨੀ ਹੋਵੇਗੀ। 母は子どもの髪を梳かさねばならないでしょう. ❒ਤੁਸਾਂ ਇੱਥੇ ਨਹੀਂ ਆਉਣਾ ਸੀ। あなたはここに来る必要はありませんでした. **5**《以下に示すのは「動作」「変化」を表す一般動詞としての意味である. 一般動詞の語形としては, 完了分詞も加わる》(結果として)…になる. ❒ਉਹ ਬਹੁਤ ਖ਼ੁਸ਼ ਹੋਇਆ। 彼はとても喜びました. ❒ਦੋਵੇਂ ਇਸ ਸ਼ਹਿਰ ਵਿੱਚ ਵੱਡੇ ਹੋਏ। 二人はこの町で大きくなりました. ❒ਹਿੰਦੁਸਤਾਨ ਨੂੰ ਅਜ਼ਾਦ ਹੋਇਆਂ ਸਤਵੰਜਾ ਵਰ੍ਹੇ ਹੋ ਗਏ ਹਨ। インドが独立して57年になります. ❒ਦੂਜੀ ਲੜਾਈ ਦੇ ਬਾਅਦ ਹਿੰਦੁਸਤਾਨ ਅਜ਼ਾਦ ਹੋਇਆ ਸੀ। 第2次大戦後インドは独立しました. **6** 起こる, 生じる. ❒ਪਿੰਡ ਵਿੱਚ ਨਾ ਕੋਈ ਲੜਾਈ-ਝਗੜਾ ਹੋਇਆ ਸੀ। 村では何も争い事が起こりませんでした. **7** 行われる, 開催される. ❒ਕੱਲ੍ਹ ਦਿੱਲੀ ਵਿੱਚ ਸੰਮੇਲਨ ਹੋਇਆ ਸੀ। 昨日デリーで集会が行われました. ❒ਸਕੂਲ ਦੀਆਂ ਖੇਡਾਂ ਹੋਈਆਂ। 学校の運動会が行われました. **8**(子供が)生まれる. **9** 成立する.

ਹੋਣੀ (होणी) /hoṇī ホーニー/ *f.* **1** 必ず起こるべきこと. (⇒ਹੋਣਹਾਰ) **2** 必然, 宿命, 運命. (⇒ਕਿਸਮਤ)

ਹੋਤ (होत) /hota ホート/ *m.* 駱駝追い, 駱駝を操る御者.

ਹੋਂਦ (होंद) /hõda ホーンド/ *f.* **1** 実在, 実存. **2** 存在. (⇒ਹਸਤੀ) ❒ਹੋਂਦ ਵਿੱਚ ਆਉਣਾ 生まれる, 創られる.

ਹੋਂਦਵਾਦ (होंदवाद) /hõdawāda ホーンドワード/ *m.* 実存主義.

ਹੋਂਦਵਾਦੀ (होंदवादी) /hõdawādī ホーンドワーディー/ *adj.* 実存主義の.

— *m.* 実存主義者.

ਹੋਨਹਾਰ (होनहार) /honahāra ホーンハール/ ▸ਹੋਣਹਾਰ *adj.f.* → ਹੋਣਹਾਰ

ਹੋਮ[1] (होम) /homa ホーム/ [Skt. होम] *m.* 〘儀礼〙ホーマ, 護摩, 焚焼《祭壇に火を起こしてその中にバターや祭餅などを投げ込むバラモン教の儀式》. (⇒ਹਵਨ)

ਹੋਮ[2] (होम) /homa ホーム/ [Eng. *home*] *m.* **1** 家. (⇒ਘਰ) **2** 家庭. (⇒ਗ੍ਰਹਿ)

ਹੋਰ (होर) /hora ホール/ ▸ਔਰ [Skt. अपर] *adj.* **1** 他の. ❒ਤੁਹਾਡੀ ਥਾਂ ਹੋਰ ਬੱਚੇ ਆਉਣਗੇ। あなたたちに代わって他の子供たちが来るでしょう. **2** 別の, もう一つの. **3** もっとたくさんの. **4** 追加の.

— *adv.* **1** さらに. ❒ਆਦਮੀ ਹੋਰ ਅੱਗੇ ਚਲਾ ਗਿਆ। 男はさらに先へと進みました. **2** もっと…な, より…な.

— *pron.* **1** 他のもの, 他人. **2** 別のもの, もう一つのもの, もう一人の人.

ਹੋਰਸ (होरस) /horasa ホーラス/ *adj.* **1** 何か他の. (⇒ਹੋਰ ਕੋਈ) **2** 誰か他の. (⇒ਹੋਰ ਕੋਈ)

— *pron.* **1** 何か他のもの(⇒ਹੋਰ ਕੋਈ) **2** 誰か他の人. (⇒ਹੋਰ ਕੋਈ)

ਹੋਰ ਕੁਝ (होर कुझ) /hora kûja ホール クジ/ *pron.* **1** 何か他のもの. **2** もっとたくさんのもの.

ਹੋਰਵੇਂ (होरवें) /horawẽ ホールウェーン/ *adv.* 違ったやり方で, 他の方法で. (⇒ਹੋਰ ਤਰੀਕੇ ਨਾਲ)

ਹੋਰੀ (होरी) /horī ホーリー/ ▸ਹੋਲੀ *f.* → ਹੋਲੀ

ਹੋਲਡਰ (होलडर) /holadara ホールダル/ [Eng. *holder*] *m.* **1** 所持者, 保持者. **2** 支える道具, 入れる道具.

ਹੋਲਾ (होला) /holā ホーラー/ [(Pkt. होलिया) Skt. होलिका] *m.* 〘スィ〙ホーラー・マハッラー祭の略称.

ਹੋਲਾ ਮਹੱਲਾ (होला महल्ला) /holā mahallā ホーラー マハッラー/ [+ Arab. *hal*] *m.* 〘スィ〙ホーラー・マハッラー(モハッラー)祭《スィック教の第10代教主グル・ゴービンド・スィングが, ヒンドゥー教のホーリーの祭りを改め, スィック教徒の祭りとして始めたもの. 昔の戦いの訓練を模した催し物を中心に, スポーツ・音楽・詩などの競技会も行われる》.

ਹੋਲਿਕਾ (होलिका) /holikā ホーリカー/ [Skt. होलिका] *f.* 〘ヒ〙ホーリカー《ホーリー祭の由来となる伝説に現れる女性. 火に入っても焼けない通力を持つホーリカーは, 邪悪な王ヒラニヤカシプの命令で, 王の息子のプラフラード(プラフラーダ)を殺そうとプラフラードを抱いて火に入る. しかしプラフラードだけが生き残る》.

ਹੋਲੀ (होली) /holī ホーリー/ ▸ਹੋਰੀ [(Pkt. होलिया) Skt. होलिका] *f.* 〘祭礼・ヒ〙ホーリー祭《パッガン(パールグナ)月〔インド暦12月・西洋暦2～3月〕の満月の日に行われるヒンドゥー教の春の祭り. ホーリカーの人形を焼き, 色つきの粉や水をかけあう》.

ਹੋੜ (होड़) /hoṛa ホール/ *f.* **1** 競争. **2** 競走. **3** 賭.

ਹੋੜਨਾ (होड़ना) /hoṛanā ホールナー/ [(Lah.)] *vt.* **1** やめさせる. **2** 思い留まらせる. **3** 妨げる, 阻止する. **4** 禁じる, 禁止する. **5** 断念させる.

ਹੋੜਾ (होड़ा) /hoṛā ホーラー/ *m.* **1**(門・戸・窓などの)閂. **2** 〘文字〙ホーラー《長母音「オー」を表す, グルムキー文字の母音記号 ˜ の名称. ਹੋੜਾ ホーラーは「両端の曲がった閂棒」. ˜ の形を, 抜けないように両端が上下に曲がった閂棒に見立てたところから生まれた名称》. **3** 邪魔, 支障. **4** 妨害, 障害. **5** 制限, 拘束. **6** 禁止.

ਹੌਂਸਲਾ (हौंसला) /hā̃usalā ハォーンスラー/ ▸ਹੌਸਲਾ *m.* → ਹੌਸਲਾ

ਹੌਸਲਾ (हौसला) /hausalā ハォースラー/ ▸ਹੌਂਸਲਾ [Arab. *hausala*] *m.* **1** 勇気, 士気. (⇒ਹਿੰਮਤ) ❒ਹੌਸਲਾ ਢਾਉਣਾ 落胆させる, がっかりさせる, 士気を阻喪させる. ❒ਹੌਸਲਾ ਦੇਣਾ 励ます, 慰める. ❒ਹੌਸਲਾ ਵਧਾਉਣਾ 励ます, 勇気づける, 士気を盛り上げる. **2** 大胆さ. (⇒ਸਾਹਸ) **3** 精神力. **4** 忍耐.

ਹੌਸਲਾ ਅਫ਼ਜ਼ਾਈ (हौसला अफ़ज़ाई) /hausalā afazāī ハォースラー アフザーイー/ *f.* 激励, 鼓舞, 士気を盛り上げること.

ਹੌਂਕਣਾ (हौंकणा) /hā̃ukaṇā ハォーンカナー/ *vi.* **1** 喘ぐ. **2** 息を切らす. (⇒ਹਫਣਾ)

ਹੌਂਕਣੀ (हौंकणी) /hā̃ukaṇī ハォーンカニー/ *f.* 喘ぎ.

ਹੌਕਾ (हौका) /haukā ハォーカー/ *m.* 溜息, 深い息. (⇒ਲੰਮਾ ਡੂੰਘਾ ਸਾਹ) ❒ਹੌਕਾ ਭਰਨਾ, ਹੌਕਾ ਲੈਣਾ 溜息をつく.

ਹੌਜ਼ (हौज़) /hauza ハォーズ/ ▸ਹੌਦ [Arab. *hauz*] *m.* **1** 〘地理〙貯水池, 溜池. (⇒ਚਬੱਚਾ) **2** 石造りの水槽.

ਹੌਜ਼ਰੀ (हौज़री) /hauzarī ハォーザリー/ [Eng. *hosiery*] *f.* 〘衣服〙洋品類, 靴下・男性用下着類.

ਹੌਜ਼ੀ (हौज़ी) /hauzī ハォーズィー/ ▸ਹੌਦੀ [Arab. *hauz* -ਈ] *f.* 〘地理〙小さな貯水池.

ਹੌਦ (हौद) /hauda ハォード/ ▸ਹੌਜ਼ *m.* → ਹੌਜ਼

ਹੌਦਾ (हौदा) /haudā ハォーダー/ [Arab. *haudaz*] *m.* 象や駱駝の背に載せる座席. (⇒ਅਮਾਰੀ)

ਹੌਦੀ (हौदी) /haudī ハォーディー/ ▸ਹੌਜ਼ੀ *f.* → ਹੌਜ਼ੀ

ਹੌਮੇਂ (हौमें) /haumẽ ハォーメーン/ ▸ਹਉਂ, ਹਉ, ਹਉਮੇ, ਹਉਮੈ, ਹਉਮੈਂ, ਹੌਮੇ, ਹੌਮੈਂ *f.* → ਹਉਮੈਂ

ਹੌਮੈਂ (हौमैं) /haumā̃ī ハォーマェーン/ ▸ਹਉਂ, ਹਉ, ਹਉਮੇ, ਹਉਮੈਂ, ਹਉਮੈ, ਹੌਮੇਂ, ਹੌਮੈ *f.* → ਹਉਮੈਂ

ਹੌਮੈ (हौमै) /haumai ハォーマェー/ ▸ਹਉਂ, ਹਉ, ਹਉਮੇ, ਹਉਮੈਂ, ਹਉਮੈ, ਹੌਮੇਂ, ਹੌਮੈਂ *f.* → ਹਉਮੈਂ

ਹੌਲ (हौल) /haula ハォール/ [Arab. *haul*] *m.* **1** 恐怖, 恐ろしさ, 畏怖, 戦慄. (⇒ਡਰ) **2** 恐慌, 大混乱. **3** 警戒. **4** 気絶, 卒倒. **5** 士気阻喪.

ਹੌਲਡਰ (हौलडर) /hauladara ハォールダル/ [Eng. *holder*] *m.* ペン軸, ペン置き台, ペン掛け.

ਹੌਲਣਾ (हौलणा) /haulaṇā ハォールナー/ [cf. ਹੌਲ] *vi.* 恐れる. (⇒ਡਰਨਾ)

ਹੌਲਦਾਰ (हौलदार) /hauladāra ハォールダール/ ▸ਹਵਾਲਦਾਰ *m.* → ਹਵਾਲਦਾਰ

ਹੌਲਦਿਲ (हौलदिल) /hauladila ハォールディル/ [Arab. *haul* + Pers. *dil*] *adj.* **1** 恐れている. **2** おびえた, 震え上がった.

— *m.* **1** 恐怖心. **2** おびえた状態.

ਹੌਲਦਿਲਾ (हौलदिला) /hauladilā ハォールディラー/ [Arab. *haul* + Pers. *dil*] *adj.* **1** 臆病な. (⇒ਡਰਪੋਕ, ਗੀਦੀ) **2** 気が小さい, おずおずした. **3** 気の弱い. **4** 貧弱な. **5** 卑屈な.

ਹੌਲਦਿਲੀ (हौलदिली) /hauladilī ハォールディリー/ [-ਈ] *f.* **1** 臆病. **2** 気が小さいこと, おずおずした様子. **3** 気

の弱いこと. **4** 貧弱.
ਹੌਲਾ (हौला) /haulā ハォーラー/ *adj.* **1** 軽い. (⇒ਹਲਕਾ) ❐ਹੌਲਾ ਕਰਨਾ 軽くする. **2** 小さな. **3** 若い. **4** 劣った. **5** 安っぽい. **6** 卑しい. (⇒ਕਮੀਨਾ)
ਹੌਲਾਪਣ (हौलापण) /haulāpaṇa̯ ハォーラーパン/ *m.* **1** 軽さ. **2** 軽薄さ. **3** 卑しさ.
ਹੌਲੀ (हौली) /haulī ハォーリー/ *adv.* **1** ゆっくり. **2** 静かに, そっと. **3** 優しく.
ਹੌਲੀ ਹੌਲੀ (हौली हौली) /haulī haulī ハォーリー ハォーリー/ ▸ਹੌਲੇ ਹੌਲੇ *adv.* **1** ゆっくり, そろりそろりと. **2** だんだん, 徐々に, 次第に. ❐ਹੌਲੀ ਹੌਲੀ ਇਹ ਤਿੰਨੋ ਜਣੇ ਮਿੱਤਰ ਬਣ ਗਏ। 次第にこの三人の男の人は友達になりました. **3** 一歩一歩.
ਹੌਲੇ ਹੌਲੇ (हौले हौले) /haule haule ハォーレー ハォーレー/ ▸ਹੌਲੀ ਹੌਲੀ *adv.* → ਹੌਲੀ ਹੌਲੀ

ਕ ਕ਼

ਕ[1] (क) /kakkā カッカー/ *m.* 〘文字〙グルムキー文字の字母表の6番目の文字《軟口蓋・閉鎖音の「カ」(後舌面を軟口蓋に付けて急に放し発音する無声・無気音)を表す》.
ਕ[2] (क) /ka カ/ ▸ਕੁ [Skt. कु] *pref.* 「悪い」「堕落した」「下劣な」「呪われた」などの意味を表す接頭辞. (⇒ਅਪ)
ਕ਼ (क़) /kakke pairī̃ bindī | qaqqā カッケー パェーリーン ビンディー | カッカー/ *m.* 〘文字〙グルムキー文字の字母表の6番目の文字 ਕ の下に点の付いた文字《無声・口蓋垂・閉鎖音の「カ」 qa を表す. qāf いう名称のアラビア系文字が表す音で,「クァ」とカナ表記することもある. 喉の奥での発音で, 舌の後ろが喉の奥の口蓋垂に接する. ウルドゥー語などでは, この qa が発音されるが, パンジャービー語では, 軟口蓋・閉鎖音の「カ」 ka (無声・無気音)と同じ発音となる. 下に点(パイリーン・ビンディー)の付いた他の文字 ਸ਼, ਖ਼, ਗ਼, ਜ਼, ਫ਼ は語のつづりの表記として実際に用いられるが, ਕ਼ の場合は, 表記上も ਕ が代用されるのが普通である. 本辞典でも ਕ਼ を語のつづりに用いず, すべて ਕ に統一した》.
ਕਉਂ (कउँ) /kaũ | kaõ カウン | カオーン/ ▸ਕਊਆ, ਕਾਂ, ਕਾਉਂ, ਕਾਗ *m.* → ਕਊਆ
ਕਉਂਸਲ (कउंसल) /kaunsala̯ カウンサル/ ▸ਕੌਂਸਲ [Eng. *council*] *f.* 会議.
ਕਉਡ (कउड) /kauḍa̯ カウド/ ▸ਕੌਡ *m.* → ਕੌਡ
ਕਉਡਆਰਾ (कउडआरा) /kauḍaārā カウドアーラー/ ▸ਕਉਡਿਆਲਾ, ਕਉਡੀਆ, ਕੌਡੀਆਲਾ *m.* → ਕੌਡੀਆਲਾ
ਕਉਡਾ (कउडा) /kauḍā カウダー/ ▸ਕੌਡਾ *m.* → ਕੌਡਾ
ਕਉਡਿਆਲਾ (कउडिआला) /kauḍiālā カウディアーラー/ ▸ਕਉਡਆਰਾ, ਕਉਡੀਆ, ਕੌਡੀਆਲਾ *m.* → ਕੌਡੀਆਲਾ
ਕਉਡੀ (कउडी) /kauḍī カウディー/ ▸ਕੌਡੀ *f.* → ਕੌਡੀ
ਕਉਡੀਆ (कउडीआ) /kauḍīā カウディーアー/ ▸ਕਉਡਆਰਾ, ਕਉਡਿਆਲਾ, ਕੌਡੀਆਲਾ *m.* → ਕੌਡੀਆਲਾ
ਕਉਣ (कउण) /kauṇa̯ カウン/ ▸ਕੌਣ, ਕਵਣ *pron.* → ਕੌਣ
ਕਉਤਕ (कउतक) /kautaka̯ カウタク/ ▸ਕੌਤਕ, ਕੌਤਕ *m.* → ਕੌਤਕ
ਕਉਨ (कउन) /kauna̯ カウン/ [Arab. *kaun*] *m.* **1** 存在, 実在. (⇒ਹੋਂਦ) **2** 生存, 生命, 人生. (⇒ਜੀਵਨ, ਜ਼ਿੰਦਗੀ) **3** 世界.
ਕਉਰ (कउर) /kaura̯ カウル/ ▸ਕੌਰ, ਕੰਵਰ [Skt. कुमार] *m.* 王子. (⇒ਰਾਜਕੁਮਾਰ)
ਕਉਲ (कउल) /kaula̯ カウル/ ▸ਕੌਲ *m.* → ਕੌਲ[1]
ਕਉਲੀਨ (कउलीन) /kaulīna̯ カウリーン/ ▸ਕੁਲੀਨ *adj.* **1** 高貴な生まれの. (⇒ਕੁਲਵੰਤ) **2** 良家の, 育ちの良い. (⇒ਅਸੀਲ)
ਕਉੜਾ (कउड़ा) /kauṛā カウラー/ ▸ਕੜਵਾ, ਕੌੜਾ *adj.* → ਕੌੜਾ
ਕਊਆ (कऊआ) /kaūā カウーアー/ ▸ਕਉਂ, ਕਾਂ, ਕਾਉਂ, ਕਾਗ [(Pkt. काग) Skt. काक] *m.* 〘鳥〙カラス, 烏.
ਕਈ (कई) /kaī カイー/ ▸ਕੇ [(Pkt. कइ) Skt. कति] *adj.* **1** 複数の, いくつかの, いく人かの. ❐ਕਈ ਦਿਨ ਮੇਰਾ ਮਨ ਉਦਾਸ ਰਿਹਾ। いく日かの間私の心は沈んでいました. ❐ਕਈ ਬੱਚਿਆਂ ਨੇ ਹੱਥ ਖੜ੍ਹੇ ਕੀਤੇ। いく人かの子供たちが手を挙げました. **2** いくつもの, いく人もの. ❐ਅਜੋਕੇ ਜੁਗ ਵਿੱਚ ਗੁਰੂ ਗ੍ਰੰਥ ਸਾਹਿਬ ਨੂੰ ਕਈ ਭਾਸ਼ਾਵਾਂ ਵਿੱਚ ਪੜ੍ਹਿਆ ਜਾ ਸਕਦਾ ਹੈ। 今の時代はグル・グラント・サーヒブをいくつもの言語で読むことができます **3** 多くの, 多数の. ❐ਭਾਰਤੀ ਉਪਮਹਾਂਦੀਪ ਕਈ ਕੌਮੀਅਤਾਂ ਦਾ ਘਰ ਹੈ। インド亜大陸は多くの民族性の集まった所です. **4** かなりたくさんの, 相当数の.
— *pron.* **1** いく人かの人たち. **2** いく人もの人たち. **3** 多くの人たち.
ਕਸ[1] (कस) /kasa̯ カス/ *f.* **1** 熱. **2** 微熱. (⇒ਸੂਖਾ) **3** 体温.
ਕਸ[2] (कस) /kasa̯ カス/ [Pers. *kas*] *m.* 誰か. (⇒ਕੋਈ ਆਦਮੀ)
ਕਸ[3] (कस) /kasa̯ カス/ *f.* 〘化学〙錆.
ਕਸ[4] (कस) /kasa̯ カス/ [(Lah.)] *f.* 不足. (⇒ਕਮੀ, ਘਾਟ)
ਕਸ[5] (कस) /kasa̯ カス/ [Skt. कष] *m.* 試金, 試験, 分析, 検査. (⇒ਪਰੀਖਿਆ)
ਕੱਸ (कस्स) /kassa̯ カッス/ [Skt. कर्ष] *f.* **1** 引くこと, 引っ張ること, 牽引. **2** 緊張, 緊迫. (⇒ਤਣਾਉ) **3** 不和, 衝突. **4** 怒り.
ਕਸ਼ (कश) /kaśa̯ カシュ/ [Pers. *kaś*] *m.* **1** 引くこと, 引っ張ること, 牽引. **2** 描くこと. **3** 一吹き. **4** 煙草の一ふかし.
ਕਸ਼ਸ਼ (कशश) /kaśaśa̯ カシャシュ/ [Pers. *kaśiś*] *f.* **1** 魅力. (⇒ਆਕਰਸ਼ਨ) **2** 引力. **3** 魅惑.
ਕਸਕ (कसक) /kasaka̯ カサク/ [Skt. कष] *f.* **1** 痛み, しつこい痛み, 繰り返し起きる痛み. **2** 激痛, さしこみ. (⇒ਚੀਸ) **3** 苦痛. **4** 苦悶. **5** 敵意. **6** 嫉妬.
ਕਸਕਣਾ (कसकणा) /kasakaṇā カサクナー/ [Skt. कषति] *vi.* **1** 痛む, 痛みを感じる. (⇒ਦਰਦ ਹੋਣਾ) **2** 苦悶する.
ਕਸ਼ਕੌਲ (कशकौल) /kaśakaula̯ カシュカォール/ ▸ਕਚਕੌਲ, ਕਚਕੌਲ [Pers. *kackol*] *m.* **1** 〘容器〙托鉢用の鉢. (⇒ਫ਼ਕੀਰੀ ਠੂਠਾ) **2** 〘容器〙大きな椀. (⇒ਵੱਡਾ ਠੂਠਾ)
ਕਸ਼ਟ (कशट) /kaśaṭa̯ カシュト/ ▸ਕਰਸਟ, ਕਰਸ਼ਟ [Skt. कष्ट] *m.* **1** 苦難, 苦痛, 苦しみ. (⇒ਦੁਖ) **2** 困難, 困苦, 苦労. (⇒ਔਖ, ਤਕਲੀਫ਼) **3** 苦悩, 悩み. (⇒ਸੰਤਾਪ) **4** 骨折り,

面倒, 手数. (⇒ਮਿਹਨਤ)

ਕਸ਼ਟਣੀ (कशटणी) /kaśaṭaṇī カシュタニー/ [-ਣੀ] *f.* **1** 苦難, 苦痛, 苦しみ. (⇒ਦੁਖ) **2** 困難, 困苦, 苦労. (⇒ਔਖ, ਤਕਲੀਫ਼)

ਕਸਟਮ (कसटम) /kasaṭama カスタム/ [Eng. *custom*] *m.* **1** 慣習, 慣行, しきたり, 習わし, 伝統. (⇒ਰਸਮ ਰਿਵਾਜ) **2** 関税.

ਕਸਟਮਰ (कसटमर) /kasaṭamara カスタマル/ [Eng. *customer*] *m.* 顧客. (⇒ਗਾਹਕ)

ਕਸਟਰਡ (कसटरड) /kasaṭaraḍa カスタルド/ [Eng. *custard*] *m.* 〖食品〗カスタード.

ਕਸਟਰੈਲ (कसटरैल) /kasaṭaraila カストラェール/ [Eng. *castor oil*] *m.* ヒマシ油.

ਕਸਟੋਡੀਅਨ (कसटोडीअन) /kasaṭoḍīana カストーディーアン/ [Eng. *custodian*] *m.* 後見人.

ਕੱਸਣ (कस्सण) /kassaṇa カッサン/ *f.* **1** 〖気象〗薄い雲. **2** 〖気象〗薄曇り.

ਕੱਸਣਾ (कस्सणा) /kassaṇā カッサナー/ ▸ਕਸਨਾ [Skt. कर्षति] *vt.* **1** 締める, 締めつける, きつく締める, 固く締める. **2** 引っ張る, ぴんと張る.

ਕੱਸਣੀ (कस्सणी) /kassaṇī カッサニー/ [cf. ਕੱਸਣਾ] *f.* 紐やロープなど固く締めるためのもの.

ਕਸ਼ੱਤਰੀ (कशत्तरी) /kaśattarī カシャッタリー/ ▸ਖਤਰੀ, ਖੱਤਰੀ, ਛੱਤਰੀ [Skt. क्षत्रिय] *m.* 〖姓・ヒ〗クシャトリヤ《インドの種姓制度における王侯・貴族・武士階級. 政治および軍事を職務とする》.

ਕਸਤੂਰ (कसतूर) /kasatūra カストゥール/ ▸ਕਸਤੂਰਾ *m.* → ਕਸਤੂਰਾ

ਕਸਤੂਰਾ (कसतूरा) /kasatūrā カストゥーラー/ ▸ਕਸਤੂਰ *m.* 〖動物〗ジャコウジカ, 麝香鹿.

ਕਸਤੂਰੀ (कसतूरी) /kasatūrī カストゥーリー/ *f.* 麝香. (⇒ਮੁਸ਼ਕ)

ਕਸਦ (कसद) /kasada カサド/ [Arab. *qaṣd*] *m.* **1** 願望. (⇒ਇੱਛਾ, ਮਨਸ਼ਾ) **2** 意図. (⇒ਇਰਾਦਾ) **3** 決心, 決意. (⇒ਨਿਸ਼ਚਾ)

ਕਸਦਨ (कसदन) /kasadana カスダン/ [Arab. *qaṣdan*] *adv.* **1** 意図的に, 故意に, わざと. (⇒ਇਰਾਦੇ ਨਾਲ) **2** 計画的に. (⇒ਖ਼ਾਸ ਨੀਤੀ ਨਾਲ)

ਕਸਨਾ (कसना) /kasanā カスナー/ ▸ਕੱਸਣਾ *vt.* → ਕੱਸਣਾ

ਕਸ਼ਨੀਜ਼ (कशनीज़) /kaśanīza カシュニーズ/ [Pers.] *m.* 〖植物〗コリアンダー, コエンドロ, カメムシソウ(亀虫草)《セリ科の草本. さっぱりとした刺激性の芳香を持ち, 防臭・消化作用があり, カレー粉の主成分をなす》, その葉または種子. (⇒ਧਨੀਆ)

ਕਸ਼ਪ (कशप) /kaśapa カシャプ/ [Skt. कश्यप] *m.* 〖姓〗カシャプ《ブラーフマン(バラモン)の姓の一つ》.

ਕਸੱਪਣ (कसप्पण) /kasappaṇa カサッパン/ [Arab. *qaṣṣāb* -ਪਣ] *m.* **1** 精肉業. **2** 無慈悲, 残酷.

ਕਸਬ (कसब) /kasaba カサブ/ [Arab. *kasb*] *m.* **1** 熟練. **2** 技術, 技芸. **3** 職業, 仕事. (⇒ਪੇਸ਼ਾ) **4** 商売. **5** 稼ぐこと.

ਕਸਬਣ (कसबण) /kasabaṇa カスバン/ ▸ਕਸਬਨ [Arab. *kasb* -ਣ] *adj.* 熟練した.

— *f.* **1** 熟練した女性. **2** 職業婦人. **3** 〖俗語〗娼婦, 売春婦. (⇒ਕੰਜਰੀ, ਵੇਸਵਾ)

ਕਸਬਨ (कसबन) /kasabana カスバン/ ▸ਕਸਬਣ *adj.f.* → ਕਸਬਣ

ਕਸਬਾ (कसबा) /kasabā カスバー/ [Arab. *qaṣba*] *m.* **1** 町. (⇒ਨਗਰ) **2** 小さな町, 田舎町. (⇒ਨਗਰੀ) **3** 小都市. (⇒ਛੋਟਾ ਸ਼ਹਿਰ) **4** 大きな村.

ਕਸਬਾਤੀ (कसबाती) /kasabātī カスバーティー/ [Arab. *qaṣbātī*] *adj.* 町の. (⇒ਕਸਬੇ ਦਾ)

ਕਸਬੀ (कसबी) /kasabī カスビー/ [Arab. *kasb* -ਈ] *adj.* **1** 熟練した. **2** 手練手管の, 男をだます.

— *m.* **1** 熟練した人. **2** 職業人, 職人, 商人. **3** 稼ぐ人. **4** 娼婦, 売春婦, 女郎. (⇒ਵੇਸਵਾ)

ਕਸਮ (कसम) /kasama カサム/ [Arab. *qasm*] *f.* 誓い, 誓約, 誓言, 宣誓. (⇒ਸਹੁੰ, ਸ਼ਪਥ) ❐ਕਸਮ ਖਾਣੀ 誓いを立てる, 誓う, 宣誓する. ❐ਕਸਮ ਖੁਆਉਣੀ 誓いを立てさせる, 誓わせる.

ਕਸ਼ਮਕਸ਼ (कशमकश) /kaśamakaśa カシャマクシュ/ [Pers. *kaś-ma-kaś*] *f.* **1** 引っ張り合い. **2** 緊張. **3** 押し合いへし合い. **4** せめぎ合い, 攻防, 闘争, 対立. ❐ਪਿਛਲੇ ਕੁਝ ਸਾਲਾਂ ਤੋਂ ਨਾਜ਼ੀਆ ਹਸਨ ਦੀ ਜ਼ਿੰਦਗੀ ਅਤੇ ਮੌਤ ਵਿਚਾਲੇ ਕਸ਼ਮਕਸ਼ ਚੱਲ ਰਹੀ ਸੀ। 過去数年間ナーズィーアー・ハサンが生き延びるか死を迎えるかせめぎ合いが続いていました. **5** 引き延ばし. **6** ためらい, 躊躇. (⇒ਸੰਕੋਚ) **7** 疑い. (⇒ਸ਼ੱਕ) **8** 板挟み, 決心のつかないこと, 迷い. (⇒ਦੁਚਿੱਤੀ, ਸ਼ਸ਼ੋਪੰਜ) ❐ਕਸ਼ਮਕਸ਼ ਵਿੱਚ ਪੈਣਾ 板挟みになる, ジレンマに陥る, 決心がつかなくなる.

ਕਸ਼ਮਲ (कशमल) /kaśamala カシュマル/ [Skt. कश्मल] *f.* **1** 罪, 罪悪. (⇒ਪਾਪ, ਗੁਨਾਹ) **2** 意識不明. (⇒ਬੇਸੁਰਤੀ) **3** 無知, 迷妄. (⇒ਅਗਿਆਨ, ਮੋਹ)

ਕਸਮੀਆ (कसमीआ) /kasamīā カスミーアー/ *adv.* 誓って.

ਕਸ਼ਮੀਰ (कशमीर) /kaśamīra カシュミール/ ▸ਕਾਸ਼ਮੀਰ [Skt. कश्मीर] *m.* 〖地名〗カシュミール《インド亜大陸北西端の地方名. インドのジャンムー・カシュミール州(Jammu and Kashmir)とパキスタンのアーザード・ジャンムー・カシュミールに分断された係争地》.

ਕਸ਼ਮੀਰਨ (कशमीरन) /kaśamīrana カシュミーラン/ [-ਨ] *m.* カシュミール人の女性.

ਕਸ਼ਮੀਰੀ (कशमीरी) /kaśamīrī カシュミーリー/ [-ਈ] *adj.* **1** カシュミールの, カシュミール人の, カシュミール出身の. **2** カシュミーリー語の.

— *m.* カシュミール人.

— *f.* カシュミーリー(カシュミール)語.

ਕਸਰ (कसर) /kasara カサル/ [Arab. *kasr*] *f.* **1** 〖数学〗分数. **2** 不完全. ❐ਕਸਰ ਰਹਿਣੀ 不完全なままでいる. **3** 不足, 欠乏. (⇒ਕਮੀ) ❐ਕਸਰ ਕੱਢਣੀ 不足を補う. **4** 損失. (⇒ਨੁਕਸਾਨ) ❐ਕਸਰ ਕੱਢਣੀ 損失を補填する, 補償する, 償う. ❐ਕਸਰ ਖਾਣੀ 失う, 不利な取引をする. ❐ਕਸਰ ਪੂਰਨੀ 償う, 補償する.

ਕੰਸਰਟ (कंसरट) /kansaraṭa カンサルト/ [Eng. *concert*] *m.* 音楽会, コンサート.

ਕਸਰਤ[1] (कसरत) /kasarata カスラト/ [Pers. *kasrat*] *f.* **1** 運動, 身体の鍛錬, 筋肉トレーニング. (⇒ਵਰਜ਼ਸ਼, ਵਿਆਯਾਮ) **2** 〖競技〗体操.

ਕਸਰਤ[2] (कसरत) /kasarata カスラト/ [Arab. *kasrat*] *f.* 1 豊富. (⇒ਬਹੁਤਾਤ) 2 過分.

ਕਸਰਤ[3] (कसरत) /kasarata カスラト/ [(Lah.).] *f.* 不足. (⇒ਕਮੀ)

ਕਸਰਤੀ (कसरती) /kasaratī カスラティー/ [Pers. *kasrat* -ਈ] *adj.* 1 運動の, 運動をする. 2 体操の, 体操をする. 3 身体を鍛えた, 鍛錬した.

ਕਸਰਵੰਦ (कसरवंद) /kasarawanda カサルワンド/ [Arab. *kasr* Pers.-*mand*] *adj.* 損失になる, 不利益な.

ਕਸਰਵੰਦਾਂ (कसरवंदाँ) /kasarawandā̃ カサルワンダーン/ [+ ਆਂ] *adj.* 損失になる, 不利益な.

ਕਸਰਵਾਨੀ (कसरवानी) /kasarawānī カサルワーニー/ [Skt. कांस्यवणिक] *m.* 〚姓〛カサルーワーニー《バーニーアーン(バニヤー)の姓の一つ》.

ਕਸਵਟੀ (कसवटी) /kasawaṭī カスワティー/ ▸ਕਸਵੱਟੀ, ਕਸੌਟੀ *f.* → ਕਸਵੱਟੀ

ਕਸਵੱਟੀ (कसवट्टी) /kasawaṭṭī カスワッティー/ ▸ਕਸਵਟੀ, ਕਸੌਟੀ [(Pkt. कसवट्टी) Skt. कषपट्टी] *f.* 1 試金石. 2 基準.

ਕਸਵਾਂ (कसवाँ) /kasawā̃ カスワーン/ [Skt. कर्षण Skt.-वान्] *adj.* 1 引き締まった. 2 緊張した. 3 ぴんと張った. 4 屈強な.

ਕਸਵਾਉਣਾ (कसवाउणा) /kasawāuṇā カスワーウナー/ ▸ਕਸਾਉਣਾ [cf. ਕੱਸਣਾ] *vt.* 1 締めつけさせる, きつく締めさせる, 固く締めさせる. 2 引っ張らせる, ぴんと張らせる.

ਕਸੜੱਬਣਾ (कसड़ब्बणा) /kasaṛabbaṇā カスラッバナー/ [(Pua.)] *vt.* 1 潰す. (⇒ਮਿੱਧਣਾ) 2 だめにする. (⇒ਖ਼ਰਾਬ ਕਰਨਾ)

ਕੱਸਾ[1] (कस्सा) /kassā カッサー/ [Skt. कृश] *adj.* 1 短い. 2 欠けた, 不足した. 3 痩せ衰えた, 衰弱した. 4 弱い, 弱々しい.

ਕੱਸਾ[2] (कस्सा) /kassā カッサー/ [(Lah.)] *m.* 〚食品〛攪拌棒または攪乳器でバターを採取した後の凝乳, バターミルク. (⇒ਛਾਛ, ਮੱਠਾ, ਲੱਸੀ)

ਕਸਾਉਟ (कसाउट) /kasāuṭa カサーウト/ ▸ਕਸਾਵਟ *f.* → ਕਸਾਵਟ

ਕਸਾਉਣਾ (कसाउणा) /kasāuṇā カサーウナー/ ▸ਕਸਵਾਉਣਾ *vt.* → ਕਸਵਾਉਣਾ

ਕਸਾਇਣ (कसाइण) /kasāiṇa カサーイン/ [Arab. *qaṣṣāb* -ਣ] *f.* 1 精肉業者の妻, 肉屋の妻. 2 無慈悲な女, 残忍な女.

ਕਸਾਈ (कसाई) /kasāī カサーイー/ [Arab. *qaṣṣāb*] *m.* 1 食肉処理業者, 精肉業者, 肉屋. (⇒ਬੁੱਚੜ) 2 無慈悲な人, 残忍な人.

ਕਸਾਈਖ਼ਾਨਾ (कसाईख़ाना) /kasāīxānā カサーイーカーナー/ [Pers.-*xāna*] *m.* 屠殺小屋, 屠畜場, 食肉解体処理場. (⇒ਬੁੱਚੜਖ਼ਾਨਾ)

ਕਸਾਈਪੁਣਾ (कसाईपुणा) /kasāīpuṇā カサーイープナー/ [-ਪੁਣਾ] *m.* 1 精肉業. 2 無慈悲, 残酷.

ਕਸਾਬ (कसाब) /kasāba カサーブ/ [Arab. *qaṣṣāb*] *m.* 食肉処理業者, 精肉業者, 肉屋. (⇒ਬੁੱਚੜ)

ਕਸਾਰਾ (कसारा) /kasārā カサーラー/ ▸ਖ਼ਸਾਰਾ *m.* → ਖ਼ਸਾਰਾ

ਕਸ਼ਾਮਤ (कशामत) /kaśāmata カシャーマト/ ▸ਕਸ਼ਾਮਦ, ਖ਼ੁਸ਼ਾਮਦ *f.* → ਖ਼ੁਸ਼ਾਮਦ

ਕਸ਼ਾਮਤੀ (कशामती) /kaśāmatī カシャームティー/ ▸ਕੁਸ਼ਾਮਦੀ, ਖ਼ੁਸ਼ਾਮਦੀ *adj.* → ਖ਼ੁਸ਼ਾਮਦੀ

ਕਸ਼ਾਮਦ (कशामद) /kaśāmada カシャーマド/ ▸ਕਸ਼ਾਮਤ, ਖ਼ੁਸ਼ਾਮਦ *f.* → ਖ਼ੁਸ਼ਾਮਦ

ਕਸਾਵਟ (कसावट) /kasāwaṭa カサーワト/ ▸ਕਸਾਉਟ [Skt. कर्षण] *f.* 1 引くこと. (⇒ਖਿੱਚ) 2 ぴんと張ること, 緊張. (⇒ਕੱਸ)

ਕਸੀ (कसी) /kasī カスィー/ ▸ਕਹੀ *f.* → ਕਹੀ

ਕਸੀਸ (कसीस) /kasīsa カスィース/ *f.* 歯をくいしばること.

ਕਸ਼ੀਦਗੀ (कशीदगी) /kaśīdagī カシードギー/ [Pers. *kaśīda* Pers.-*gī*] *f.* 1 緊張. 2 不平. 3 意見の相違, 不和.

ਕਸੀਦਾ[1] (कसीदा) /kasīdā カスィーダー/ [Arab. *qaṣīda*] *m.* 〚文学〛カスィーダ(ガスィーデ), 頌詩, 頌賦《韻を踏む対句から成るウルドゥー語やペルシア語の詩形の一つ. 心服する人物の名誉や事績の称賛を主題とする》.

ਕਸੀਦਾ[2] (कसीदा) /kasīdā カスィーダー/ [Pers. *kaśīda*] *m.* 刺繍.

ਕਸੀਦਾਕਾਰੀ (कसीदाकारी) /kasīdākārī カスィーダーカーリー/ [Pers.-*kārī*] *f.* 刺繍の仕事, 刺繍の技術.

ਕਸੁੱਧ (कसुद्ध) /kasûdda カスッド/ ▸ਕਸੁੱਧਾ [Skt. कु- Skt. शुद्ध] *adj.* 1 純粋でない, 不純な, 不浄な. (⇒ਅਪਵਿੱਤਰ, ਨਾਪਾਕ) 2 間違っている, 悪い. (⇒ਗ਼ਲਤ) 3 不適当な.

ਕਸੁੱਧਾ (कसुद्धा) /kasûddā カスッダー/ ▸ਕਸੁੱਧ *adj.* → ਕਸੁੱਧ

ਕਸੁੰਭੜਾ (कसुंभड़ा) /kasûmbaṛā カスンブラー/ ▸ਕਸੁੰਭਾ, ਕੁਸਮ [Skt. कुसुम्भ] *m.* 1 〚植物〛ベニバナ(紅花)《キク科の植物》. 2 ベニバナからとれる紅色の染料・着色料.

ਕਸੁੰਭਾ (कसुंभा) /kasûmbā カスンバー/ ▸ਕਸੁੰਭੜਾ, ਕੁਸਮ *m.* → ਕਸੁੰਭੜਾ

ਕਸੁਰਾ (कसुरा) /kasurā カスラー/ [Skt. कु- Skt. स्वर] *adj.* 音程が外れた, 調子外れの. (⇒ਬੇਸੁਰਾ)

ਕਸੂਤਾ (कसूता) /kasūtā カスーター/ [Skt. कु- Skt. सूत्र] *adj.* 1 一直線になっていない, 揃っていない. (⇒ਜੋ ਸੂਤ ਨਹੀਂ) 2 もつれた. 3 悪い. (⇒ਭੈੜਾ) 4 難しい.

ਕਸੂਰ[1] (कसूर) /kasūra カスール/ [Arab. *quṣūr*] *m.* 1 過ち, 過失, 落ち度. 2 罪, 法律違反.

ਕਸੂਰ[2] (कसूर) /kasūra カスール/ [Skt. कुश Skt.-पुर] *m.* 〚地名〛カスール《パキスタンのパンジャーブ州の町. インド側のパッティーとともにマージャー地方の中心地の一部を成す》.

ਕਸੂਰਵਾਰ (कसूरवार) /kasūrawāra カスールワール/ [Arab. *quṣūr* Pers.-*vār*] *adj.* 罪のある, 有罪の, 落ち度のある.

ਕਸੇਰਾ[1] (कसेरा) /kaserā カセーラー/ *m.* 真鍮細工師.

ਕਸੇਰਾ[2] (कसेरा) /kaserā カセーラー/ [Skt. कृश -ਏਰਾ] *adj.* 1 より少ない. 2 より短い. 3 さらに不足した.

ਕਸੈਲਾ (कसैला) /kasailā カサェーラー/ ▸ਕੁਸੈਲਾ [Skt. कशाय] *adj.* 1 苦い. 2 渋い. 3 酸っぱい. 4 刺激性の, つんとくる. 5 収斂性の. 6 まずい. (⇒ਬੇਸੁਆਦ)

ਕਸੈਲਾਪਣ (कसैलापण) /kasailāpaṇa カサェーラーパン/

[Skt. कशाय -ਪਣ] *m.* **1** 苦さ, 苦み, 苦い味. **2** 渋さ, 渋み, 渋い味. **3** 酸っぱさ, 酸っぱい味, 酸味. **4** 刺激性の味, つんとくること. **5** 収斂性.

ਕਸੋਹਣਾ (कसोहणा) /kasôṇā カソーナー/ ▸ਕੁਸੁਹਣਾ, ਕੁਸੋਹਣਾ [Skt. कु- Skt. शोभन] *adj.* **1** 美しくない, 美貌でない. **2** 容姿の悪い, 恰好の悪い. (⇒ਕੁਰੂਪ, ਬਦਸ਼ਕਲ) **3** 醜い.

ਕਸੌਟੀ (कसौटी) /kasauṭī カサォーティー/ ▸ਕਸਵਟੀ, ਕਸਵੱਟੀ *f.* → ਕਸਵੱਟੀ

ਕਹਕਹਾ (कहकहा) /kahakahā カフカハー/ ▸ਕਹਕਾ, ਕਹਕਹਾਟ, ਕਹਿਕਾ, ਕਹਿਕਹਾ *m.* → ਕਹਿਕਹਾ

ਕਹਕਹਾਟ (कहकहाट) /kahakahāṭa̯ カフカハート/ ▸ਕਹਕਹਾ, ਕਹਕਾ, ਕਹਿਕਹਾ, ਕਹਿਕਾ *f.* → ਕਹਿਕਹਾ

ਕਹਕਾ (कहका) /kahakā カフカー/ ▸ਕਹਕਹਾ, ਕਹਕਹਾਟ, ਕਹਿਕਹਾ, ਕਹਿਕਾ *m.* → ਕਹਿਕਹਾ

ਕਹਤ[1] (कहत) /kahata̯ カハト/ [Skt. कथ] *adj.* 言われた, 語られた. (⇒ਕਿਹਾ ਹੋਇਆ)

ਕਹਤ[2] (कहत) /kahata̯ カハト/ ▸ਕਹਿਤ *m.* → ਕਹਿਤ

ਕਹਰੀ (कहरी) /kaharī | kârī カフリー | カーリー/ *m.* 〖姓〗カハリー《ラージプートの一種姓》.

ਕਹਾਂ (कहाँ) /kahā̃ | kā̃ カハーン | カーン/ ▸ਕੀਹਾਂ [Skt. किम् + ਹਾਂ] *adv.* どこに. (⇒ਕਿੱਥੇ)

ਕਹਾ[1] (कहा) /kǎ | kahā カー | カハー/ *adv.* なぜ. (⇒ਕਿਉਂ)

ਕਹਾ[2] (कहा) /kǎ | kahā カー | カハー/ *pron.* **1**《ਕੌਣ の後置格・単数形》誰. (⇒ਕਿਸ) **2**《ਕੀ の後置格・単数形》何. (⇒ਕਿਸ)

ਕਹਾ[3] (कहा) /kǎ | kahā カー | カハー/ [Skt. कथा] *f.* 苦痛に呻く声, 悲嘆の声, 悲鳴, 慟哭. (⇒ਹਾਹਾਕਾਰ)

ਕਹਾ[4] (कहा) /kǎ | kahā カー | カハー/ [Skt. कथा] *m.* 発話, 発言. (⇒ਆਖਿਆ, ਆਖੀ ਗੱਲ)

ਕਹਾਉਣਾ (कहाउणा) /kǎuṇā | kahāuṇā カーウナー | カハーウナー/ ▸ਕਹਾਣਾ [cf. ਕਹਿਣਾ] *vt.* 言わせる, 述べさせる, 語らせる.

ਕਹਾਉਤ (कहाउत) /kǎuta̯ | kahāuta̯ カーウト | カハーウト/ ▸ਕਹਾਬਤ, ਕਹਾਵਤ, ਕਹਾਵਥ *f.* → ਕਹਾਵਤ

ਕਹਾਣਾ[1] (कहाणा) /kǎṇā | kahāṇā カーナー | カハーナー/ *m.* **1** 諺. (⇒ਅਖਾਣ) **2** 格言(⇒ਕਹਾਉਤ)

ਕਹਾਣਾ[2] (कहाणा) /kǎṇā | kahāṇā カーナー | カハーナー/ ▸ਕਹਾਉਣਾ *vt.* → ਕਹਾਉਣਾ

ਕਹਾਣੀ (कहाणी) /kǎṇī | kahāṇī カーニー | カハーニー/ [Skt. कथानिका] *f.* **1**〖文学〗話, 物語, 作り話. ❒ਕੱਲ੍ਹ ਮਾਸਟਰ ਜੀ ਨੇ ਸਾਨੂੰ ਇੱਕ ਕਹਾਣੀ ਸੁਣਾਈ। 昨日先生は私たちに一つの話を聞かせてくれました. **2**〖文学〗短編小説. **3**〖文学〗民話, 昔話, 説話. **4** 話, 話題, 噂, 噂話.

ਕਹਾਣੀਕਾਰ (कहाणीकार) /kǎṇīkāra̯ | kahāṇīkāra̯ カーニーカール | カハーニーカール/ [Skt. कथानिका Skt.-कार] *m.*〖文学〗物語作家, 短編小説作家.

ਕਹਾਬਤ (कहाबत) /kǎbata̯ | kahābata̯ カーバト | カハーバト/ ▸ਕਹਾਉਤ, ਕਹਾਵਤ, ਕਹਾਵਥ *f.* → ਕਹਾਵਤ

ਕਹਾਰ[1] (कहार) /kǎra̯ | kahāra̯ カール | カハール/ [Pkt. काहार] *m.* 駕籠かき.

ਕਹਾਰ[2] (कहार) /kǎra̯ | kahāra̯ カール | カハール/ [(Lah.)] *m.* **1**〖地理〗湖. (⇒ਝੀਲ) **2**〖地理〗潟.

ਕਹਾਵਤ (कहावत) /kǎwata̯ | kahāwata̯ カーワト | カハーワト/ ▸ਕਹਾਉਤ, ਕਹਾਬਤ, ਕਹਾਵਥ [Skt. कथ -ਵਤ] *f.* **1** 諺. (⇒ਅਖਾਣ, ਅਖੌਤ) **2** 格言.

ਕਹਾਵਥ (कहावथ) /kǎwatʰa̯ | kahāwatʰa̯ カーワト | カハーワト/ ▸ਕਹਾਉਤ, ਕਹਾਬਤ, ਕਹਾਵਤ *f.* → ਕਹਾਵਤ

ਕਹਿੰ (कहिं) /kaî カェーン/ ▸ਕੈਂਹ *m.*〖金属〗青銅, ブロンズ.

ਕਹਿਆ (कहिआ) /kaîā カェーアー/ [Skt. कथित] *m.* **1** 述べられた意思. (⇒ਆਖਾ) **2** 言い付け, 指示. (⇒ਆਗਿਆ) **3** 命令. (⇒ਹੁਕਮ)

ਕਹਿਕਸ਼ਾਂ (कहिकशाँ) /kaîkaśā̃ カェーカシャーン/ *f.*〖気象〗虹. (⇒ਇੰਦਰ-ਧਨੁਸ਼, ਪੀਂਘ)

ਕਹਿਕਹਾ (कहिकहा) /kaîkahā カェーカハー/ ▸ਕਹਕਹਾ, ਕਹਕਾ, ਕਹਕਹਾਟ, ਕਹਿਕਾ [Arab. *qahqaha*] *m.* 大笑い, 爆笑. (⇒ਜ਼ੋਰ ਦਾ ਹਾਸਾ)

ਕਹਿਕਾ (कहिका) /kaîkā カェーカー/ ▸ਕਹਕਹਾ, ਕਹਕਾ, ਕਹਕਾਟ, ਕਹਿਕਹਾ *m.* → ਕਹਿਕਹਾ

ਕਹਿਣਾ (कहिणा) /kaîṇā カェーナー/ [Skt. कथयति] *vt.* **1** 言う, 話す, 述べる, 語る. ❒ਡਾਕਟਰ ਕੀ ਕਹਿੰਦੇ ਹਨ? 医者は何を言いますか. ❒ਇਹ ਔਰਤ ਕੌਣ ਹੈ? ਕਿਉਂ ਮੈਨੂੰ ਫ਼ੋਨ ਕਰਦੀ ਹੈ? ਕੀ ਕਹਿਣਾ ਚਾਹੁੰਦੀ ਹੈ? この女性は誰なのか. なぜ私に電話をするのか. 何を話したいのか. **2** 論評する.

— *m.* **1** 言うこと, 言い付け, 発言, 語り. (⇒ਕਥਨ) ❒ਮਨਪ੍ਰੀਤ ਤੇ ਜਗਪ੍ਰੀਤ ਸਿਆਣੀਆਂ ਲੜਕੀਆਂ ਹਨ। ਉਹ ਆਪਣੇ ਮਾਤਾ ਜੀ ਦਾ ਕਹਿਣਾ ਮੰਨਦੀਆਂ ਹਨ। マンプリートとジャグプリートは賢い少女たちです. 彼女たちは自分のお母さんの言い付けに従います. **2** 言葉. **3** 寸評, 所見. **4** 評言, 意見, 論評. **5** 報告, 感想.

ਕਹਿਣੀ (कहिणी) /kaîṇī カェーニー/ [cf. ਕਹਿਣਾ] *f.* **1** 話し方, 話しぶり. **2** 発言, 語り. (⇒ਕਥਨ) **3** 信条を述べること. **4** 公言, 表明.

ਕਹਿਤ (कहित) /kaîta̯ カェート/ ▸ਕਹਤ [Arab. *qaht*] *m.* **1**〖農業〗飢饉. (⇒ਕਾਲ) **2**〖経済〗不足, 物不足, インフレ. (⇒ਕਮੀ, ਘਾਟਾ)

ਕਹਿਤਾ (कहिता) /kaîtā カェーター/ *m.* 発言者. (⇒ਕਹਿਣ ਵਾਲਾ)

ਕਹਿੰਦ (कहिंद) /kaîda̯ カェーンド/ *adj.* 頑固な, 強情な. (⇒ਜ਼ਿੱਦੀ)

ਕਹਿਰ (कहिर) /kaîra̯ カェール/ ▸ਕਹੁਰ [Arab. *qahr*] *m.* **1** 怒り, 激怒. (⇒ਗੁੱਸਾ) **2** 災難, 痛ましい不幸. (⇒ਬਿਪਤਾ)

ਕਹਿਰਵਾਨ (कहिरवान) /kaîrawāna̯ カェールワーン/ [Skt.-वान्] *adj.* **1** 激怒した, 荒れ狂った. **2** 災難を起こす, 不幸な, 悲惨な.

ਕਹਿਲਵਾਉਣਾ (कहिलवाउणा) /kaîlawāuṇā カェールワーウナー/ ▸ਕਹਿਲਾਉਣਾ [cf. ਕਹਿਣਾ] *vt.* **1** 言わせる, 述べさせる, 語らせる. (⇒ਅਖਵਾਉਣਾ) **2** 呼ばれる.

ਕਹਿਲਾਉਣਾ (कहिलाउणा) /kaîlāuṇā カェーラーウナー/ ▸ਕਹਿਲਵਾਉਣਾ *vt.* → ਕਹਿਲਵਾਉਣਾ

ਕਹੀਂ (कहीं) /kahī̃ カヒーン/ ▸ਕੋਈ [(Lah.)] *pron.* **1** 誰か. **2** 何か.

— *adj.* **1** 何らかの. **2** ある, 不特定の. **3** どんな…でも.

ਕਹੀ (कही) /kahī | kâī カヒー | カイー/ ▸ਕਸੀ *f.* **1**〖道具〗鋤. **2**〖道具〗鍬. **3**〖道具〗根掘り鍬, つるは

しの一種. **4**〖道具〗シャベル.

ਕਹੁਰ[1] **(कहुर)** /kaûra カォール/ ▸ਕਹਿਰ [(Lah.)] *m.* → ਕਹਿਰ

ਕਹੁਰ[2] **(कहुर)** /kaûra カォール/ ▸ਕੌਹਰ *m.* → ਕੌਹਰ

ਕਹੇ[1] **(कहे)** /kahe | kâe カヘー | カエー/ ▸ਕਿਹਾ, ਕੇਹਾ *adj.* → ਕਿਹਾ[1]

ਕਹੇ[2] **(कहे)** /kahe | kâe カヘー | カエー/ [Skt. कथन] *m.* 言い付け, 指示, 命令. (⇒ਹੁਕਮ, ਫ਼ਰਮਾਨ) ❐ਕਹੇ ਤੇ ਜਾਣਾ, ਕਹੇ ਲੱਗਣਾ 言われた通りにする, 従う.

ਕਹੇਕਰ (कहेकर) /kahekara | kâekara カヘーカル | カエーカル/ ▸ਕਹੇਕਾਰ *m.* **1** 言い付けに従うこと. **2** 従順, 服従. (⇒ਆਗਿਆਕਾਰੀ)

ਕਹੇਕਾਰ (कहेकार) /kahekāra | kâekāra カヘーカール | カエーカール/ ▸ਕਹੇਕਰ *m.* → ਕਹੇਕਰ

ਕੱਕ (कक्क) /kakka カック/ [(Lah.)] *f.*〖鳥〗アジアイワシャコ《月を愛し火を食べると言われる鳥》. (⇒ਚਕੋਰ)

ਕਕਸ਼ਾ (ककशा) /kakaśā カクシャー/ *f.* **1**〖衣服〗帯, ベルト. (⇒ਪੇਟੀ) **2**〖衣服〗(女性用の)腰帯. (⇒ਕਮਰਕੱਸਾ)

ਕੰਕਰ (कंकर) /kaṅkara カンカル/ [Skt. कर्कर] *m.* **1** 石ころ. ❐ਆਦਮੀ ਆਦਮੀ ਅੰਤਰ, ਕੋਈ ਹੀਰਾ ਤੇ ਕੋਈ ਕੰਕਰ। 人はそれぞれ違うもの, ダイヤもあれば石ころもある〔諺〕. **2** 小石, 砂利. (⇒ਬਜਰੀ)

ਕੱਕਰ (कक्कर) /kakkara カッカル/ [Skt. कर्कर] *m.*〖気象〗霜.

ਕੰਕਰੀ (कंकरी) /kaṅkarī カンカリー/ [Skt. कर्कर -ਈ] *f.* 小石, 砂利. (⇒ਬਜਰੀ)

ਕੰਕਰੀਟ (कंकरीट) /kaṅkarīṭa カンカリート/ [Eng. *concrete*] *f.*〖建築〗コンクリート.

ਕਕਰੀਲਾ (ककरीला) /kakarīlā カクリーラー/ *adj.* 霜に覆われた.

ਕਕਰੋਜਾ (ककरोजा) /kakarojā カクロージャー/ ▸ਕਕਰੋਲਾ [(Lah.) (Pkt. कुक्कुड) Skt. कुक्कुट] *m.*〖鳥〗ヤマウズラ, 山鶉. (⇒ਤਿੱਤਰ)

ਕਕਰੋਲਾ (ककरोला) /kakarolā カクローラー/ ▸ਕਕਰੋਜਾ [(Mul.)] *m.* → ਕਕਰੋਜਾ

ਕੱਕੜੀ (कक्कड़ी) /kakkaṛī カックリー/ [(Pkt. ककड़ी) Skt. कर्कटिका] *f.*〖植物〗ヘビキュウリ, ヘビメロン《ウリ科の蔓草》. (⇒ਤਰ)

ਕੱਕਾ[1] **(कक्का)** /kakkā カッカー/ *m.*〖文字〗カッカー《軟口蓋・閉鎖音の「カ」(無声・無気音)を表す, グルムキー文字の字母表の6番目の文字 ਕ の名称》.

ਕੱਕਾ[2] **(कक्का)** /kakkā カッカー/ *adj.* 亜麻色の.

ਕਕਾਰ (ककार) /kakāra カカール/ *m.*〖スィ〗頭文字が ਕ である五つの象徴《入信したスィック教徒が身につけるもので, ਕੱਛ「膝下までの短いズボン」, ਕੜਾ「鉄製の腕輪」, ਕਿਰਪਾਨ「剣」, ਕੇਸ「刈らない髪」, ਕੰਘਾ「櫛」の五つ》. (⇒ਪੰਜ ਕੱਕੇ)

ਕਕੂਹਾ (ककूहा) /kakûā カクーアー/ [(Lah.)] *f.*〖鳥〗タゲリ, 田鳧. (⇒ਟਟੀਹਰੀ)

ਕਕੂਹੀ (ककूही) /kakûī カクーイー/ ▸ਕਕੋਹੀ *f.*〖鳥〗タゲリ, 田鳧. (⇒ਟਟੀਹਰੀ)

ਕੱਕੇ ਪੈਰੀਂ ਬਿੰਦੀ (कक्के पैरीं बिंदी) /kakke pairī̃ bindī カッケー パェーリーン ビンディー/ *m.*〖文字〗カッケー・パイリーン・ビンディー《「足に点の付いたカッカー」の意味. グルムキー文字の字母表の6番目の文字 ਕ の下に点の付いた文字 ਕ਼ の名称》.

ਕਕੋਹੀ (ककोही) /kakôī カコーイー/ ▸ਕਕੂਹੀ *f.* → ਕਕੂਹੀ

ਕੱਖ (कक्ख) /kakkʰa カック/ [Skt. कक्श] *m.* 藁. (⇒ਤਿਣਕਾ, ਤੀਲਾ) ❐ਕੱਖ ਭੰਨ ਕੇ ਦੂਹਰਾ ਨਾ ਕਰਨਾ 藁を二つに折りもしない(「藁を折る」は労力のいらない仕事の喩え. それですら行わないような怠け者を軽蔑して言う表現). ❐ਤੂੰ ਤਾਂ ਕੱਖ ਭੰਨ ਕੇ ਦੂਹਰਾ ਕਰਨ ਜੋਗਾ ਵੀ ਨਹੀਂ! おまえなんか何にもできないくせに.

ਕਖਾੜੀ (कखाड़ी) /kakʰāṛī カカーリー/ [(Lah.)] *f.*〖身体〗顎(あご). (⇒ਜਬਾੜਾ, ਠੋਡੀ)

ਕੰਗਣ (कंगण) /kaṅgaṇa カンガン/ ▸ਕੰਙਣ *m.* → ਕੰਙਣ

ਕੰਗਣਾ (कंगणा) /kaṅgaṇā カンガナー/ ▸ਕੰਙਣਾ *m.* → ਕੰਙਣਾ

ਕੰਗਣੀ (कंगणी) /kaṅgaṇī カンガニー/ ▸ਕੰਙਣੀ *f.* → ਕੰਙਣੀ

ਕੰਗਰੂੜ (कंगरूड़) /kaṅgarūṛa カングルール/ ▸ਕੰਗਰੋੜ, ਕਨਕੋੜ *f.* → ਕੰਗਰੋੜ

ਕੰਗਰੋੜ (कंगरोड़) /kaṅgaroṛa カングロール/ ▸ਕੰਗਰੂੜ, ਕਨਕੋੜ *f.*〖身体〗背骨, 脊椎, 脊柱. (⇒ਰੀੜ੍ਹ)

ਕੰਗਲਾ (कंगला) /kaṅgalā カングラー/ ▸ਕੰਗਾਲ *adj.m.* → ਕੰਗਾਲ

ਕੰਗਾਲ (कंगाल) /kaṅgāla カンガール/ ▸ਕੰਗਲਾ [Skt. कंकाल] *adj.* 何も持っていない, 無一文の, 貧しい, 貧乏な, 窮乏している, 極貧の. (⇒ਗ਼ਰੀਬ)

— *m.* 一文無しの人, 極貧の人.

ਕੰਗਾਲਪੁਣਾ (कंगालपुणा) /kaṅgālapuṇā カンガールプナー/ [-ਪੁਣਾ] *m.* 無一文, 貧しさ, 貧乏, 貧困, 窮乏, 極貧. (⇒ਗ਼ਰੀਬੀ)

ਕੰਗਾਲੀ (कंगाली) /kaṅgālī カンガーリー/ [-ਈ] *f.* 無一文, 貧しさ, 貧乏, 貧困, 窮乏, 極貧. (⇒ਗ਼ਰੀਬੀ)

ਕੰਘਾ (कंघा) /kâṅgā カンガー/ [Skt. कंक] *m.*〖道具〗櫛(くし).

ਕੰਘੀ (कंघी) /kâṅgī カンギー/ [Skt. कंकती] *f.* **1**〖道具〗櫛(くし). **2** 小さな櫛.

ਕੰਙਣ (कंङण) /kaṅṅaṇa カンナン/ ▸ਕੰਗਣ [Skt. कंकण] *m.*〖装〗腕輪, ブレスレット, 円形の手首飾り.

ਕੰਙਣਾ (कंङणा) /kaṅṅaṇā カンナナー/ ▸ਕੰਗਣਾ [Skt. कंकण] *m.* **1**〖装〗花嫁・花婿の手首に結び付けられる赤と白の綿の撚り糸. **2**〖音楽〗この撚り糸を結び付ける行事で歌われる歌.

ਕੰਙਣੀ (कंङणी) /kaṅṅaṇī カンナニー/ ▸ਕੰਗਣੀ *f.*〖植物〗アワ(粟).

ਕੰਚ (कंच) /kañca カンチ/ ▸ਕੱਚ *m.* → ਕੱਚ[1]

ਕੱਚ[1] **(कच्च)** /kacca カッチ/ ▸ਕੰਚ [Skt. काच] *m.* ガラス. (⇒ਸ਼ੀਸ਼ਾ)

ਕੱਚ[2] **(कच्च)** /kacca カッチ/ [Skt. कषण] *m.* **1** 熟していないこと. **2** 生であること, 火を通していないこと, 生焼け, 生煮え. **3** 未熟さ, 未経験. **4** もろさ, 弱さ. **5** 偽り.

ਕੱਚਸੱਚ (कच्चसच्च) /kaccasacca カッチサッチ/ *m.* 真相の一部しか伝えない説明.

ਕਚਹਿਰੀ (कचहिरी) /kacaîrī カチャェーリー/ [Skt. कृत्यगृह] *f.*〖法〗法廷, 裁判所. (⇒ਅਦਾਲਤ, ਕੋਰਟ)

ਕਚਕੜਾ (कचकड़ा) /kacakaṛā カチカラー/ *m.* 〖装〗ガラス製の腕輪. (⇒ਕੱਚ ਦਾ ਕੜਾ)

ਕਚਕੋਲ (कचकोल) /kacakola カチコール/ ▸ਕਸ਼ਕੌਲ, ਕਚਕੌਲ *m.* → ਕਚਕੌਲ

ਕਚਕੌਲ (कचकौल) /kacakaula カチカォール/ ▸ਕਸ਼ਕੌਲ, ਕਚਕੋਲ [Pers. *kackol*] *m.* **1**〖容器〗托鉢用の鉢. (⇒ਫ਼ਕੀਰੀ ਠੂਠਾ) **2**〖容器〗大きな椀. (⇒ਵੱਡਾ ਠੂਠਾ)

ਕੰਚਣ (कंचण) /kañcaṇa カンチャン/ ▸ਕੰਚਨ *m.adj.* → ਕੰਚਨ

ਕੰਚਣੀ (कंचणी) /kañcaṇī カンチニー/ ▸ਕੰਚਨੀ *f.* → ਕੰਚਨੀ

ਕੱਚਦਿਲੀ (कच्चदिली) /kaccadilī カッチディリー/ *f.* **1** 不決断. **2** 気乗りのしないこと. **3** 臆病.

ਕੰਚਨ (कंचन) /kañcana カンチャン/ ▸ਕੰਚਣ [Skt. काञ्चन] *m.* **1**〖金属〗金. (⇒ਸੋਨਾ) **2** 富, 財産. (⇒ਧਨ)
— *adj.* **1** 金色の. **2** 純粋な, 純潔な. **3** 清潔な, 清廉な. **4** 高潔な. **5** 美しい, 麗しい.

ਕਚਨਾਰ (कचनार) /kacanāra カチナール/ ▸ਕਚਨਾਲ [Skt. काञ्चनार] *m.*〖植物〗フイリソシンカ(斑入り蘇芯花)《マメ科の落葉小高木. 若葉・花・蕾は食用となり, 樹幹からはガム・タンニン・染料が採れる》.

ਕਚਨਾਲ (कचनाल) /kacanāla カチナール/ ▸ਕਚਨਾਰ *m.* → ਕਚਨਾਰ

ਕੰਚਨੀ (कंचनी) /kañcanī カンチニー/ ▸ਕੰਚਣੀ *f.* **1** 踊り子. **2** 娼婦, 売春婦, 遊女. (⇒ਵੇਸਵਾ) **3** 美少女.

ਕੱਚਪੱਕ (कच्चपक्क) /kaccapakka カッチパック/ *adj.* 不確実な, 当てにならない, あやふやな.
— *f.* 不確実, 当てにならないこと.

ਕਚਪੁਣਾ (कचपुणा) /kacapuṇā カチプナー/ [Skt. कषण -ਪੁਣਾ] *m.* **1** 熟していないこと. **2** 未熟さ. **3** 頼りないこと.

ਕਚਰਾ (कचरा) /kacarā カチャラー/ ▸ਕਚੜਾ, ਕੱਚੜਾ [Skt. कषण] *adj.* **1**〖植物〗熟していない. (⇔ਪੱਕਾ) **2**〖料理〗生の, 火を通していない, 生焼けの, 生煮えの. (⇔ਪੱਕਾ) **3** 信頼性の薄い, 不確実な, 当てにならない. (⇒ਸ਼ਰਧਾਹੀਣ)(⇔ਪੱਕਾ)
— *m.* **1**〖植物〗未熟のメロン. (⇒ਕੱਚਾ ਖ਼ਰਬੂਜ਼ਾ) **2** ごみ, 屑, 廃棄物, 生ごみ.

ਕਚਰਾਉਣਾ (कचराउणा) /kacarāuṇā カチラーウナー/ *vi.* 恐れる. (⇒ਡਰਨਾ)

ਕਚਰਾਧਾ (कचराधा) /kacarâdā カチラーダー/ *adj.* 半分生の, 完全に熟していない, 未熟な. (⇒ਅੱਧਕੱਚਾ, ਅੱਧਾ ਕੱਚਾ, ਗੱਦਰ)

ਕਚਲਹੂ (कचलहू) /kacalâū | kacalahū カチラウー | カチラフー/ *m.* 膿の混ざった血. (⇒ਪਾਕ ਮਿਲਿਆ ਲਹੂ)

ਕਚੜਾ (कचड़ा) /kacaṛā カチャラー/ ▸ਕਚਰਾ, ਕੱਚੜਾ *adj.m.* → ਕਚਰਾ

ਕੱਚੜਾ (कच्चड़ा) /kaccaṛā カッチャラー/ ▸ਕਚਰਾ, ਕਚੜਾ *adj.m.* → ਕਚਰਾ

ਕੱਚਾ (कच्चा) /kaccā カッチャー/ ▸ਕਚੜਾ, ਕੱਚੜਾ [Skt. कषण] *adj.* **1**〖植物〗熟していない. (⇔ਪੱਕਾ) **2**〖料理〗生の, 火を通していない, 生焼けの, 生煮えの. (⇔ਪੱਕਾ) **3** 信頼性の薄い, 不確実な, 当てにならない. (⇒ਸ਼ਰਧਾਹੀਣ)(⇔ਪੱਕਾ) **4** 経験のない, 未熟な. **5** 未開発の. **6**〖建築〗煉瓦またはコンクリート造りでない. **7** 舗装されていない. ❐ਕੱਚੀ ਸੜਕ 舗装されていない道路. **8** 臨時の. ❐ਕੱਚੀ ਨੌਕਰੀ 臨時雇い. **9** 未加工の. ❐ਕੱਚਾ ਮਾਲ 原料.

ਕਚਾਈ (कचाई) /kacāī カチャーイー/ ▸ਕਚਿਆਈ *f.* → ਕਚਿਆਈ

ਕਚਾਣ (कचाण) /kacāṇa カチャーン/ ▸ਕਚਿਆਹਣ, ਕਚਿਆਣ, ਕਚਿਆਣ੍ਹ *f.* → ਕਚਿਆਣ੍ਹ

ਕੱਚਾਪਣ (कच्चापण) /kaccāpaṇa カッチャーパン/ [Skt. कषण -ਪਣ] *m.* **1** 熟していないこと. **2** 未熟さ. **3** 頼りないこと.

ਕਚਾਰੂ (कचारू) /kacārū カチャールー/ ▸ਕਚਾਲੂ *m.* → ਕਚਾਲੂ

ਕਚਾਲੂ (कचालू) /kacālū カチャールー/ ▸ਕਚਾਰੂ *m.*〖植物〗カチャールー《アルヴィー ਅਰਵੀ に似たサトイモ科の根菜の一種》.

ਕਚਾਵਾ (कचावा) /kacāwā カチャーワー/ ▸ਕਜਾਵਾ [Pers. *kacāvā*] *m.* 駱駝の荷鞍.

ਕਚਿਆਉਣਾ (कचिआउणा) /kaciāuṇā カチアーウナー/ *vi.* **1** 吐き気を催す, むかむかする, むかつく. **2** 恥じる, 恥じらう, 恥ずかしく思う. (⇒ਸ਼ਰਮ ਖਾਣਾ)

ਕਚਿਆਈ (कचिआई) /kaciāī カチアーイー/ ▸ਕਚਾਈ [Skt. कषण -ਈ] *f.* **1** 生であること, 未加工, 調理されていないこと, 火が通っていないこと. **2** 熟していないこと. **3** もろさ. **4** 未熟さ. **5** 未経験. **6** 弱さ, 薄弱, あやふやなこと. **7** 偽り.

ਕਚਿਆਹਣ (कचिआहण) /kaciâṇa カチアーン/ ▸ਕਚਾਣ, ਕਚਿਆਣ, ਕਚਿਆਣ੍ਹ *f.* → ਕਚਿਆਣ੍ਹ

ਕਚਿਆਣ (कचिआण) /kaciāṇa カチアーン/ ▸ਕਚਾਣ, ਕਚਿਆਹਣ, ਕਚਿਆਣ੍ਹ *f.* → ਕਚਿਆਣ੍ਹ

ਕਚਿਆਣ੍ਹ (कचिआण्ह) /kaciâṇa カチアーン/ ▸ਕਚਾਣ, ਕਚਿਆਹਣ, ਕਚਿਆਣ [Skt. कषण + ਣ੍ਹ] *f.* **1** 生のような味, 熟していない味. (⇒ਕੱਚੇ ਵਰਗਾ ਸੁਆਦ) **2**〖医〗吐き気, むかつき. (⇒ਮਤਲੀ) ❐ਕਚਿਆਣ੍ਹ ਆਉਣੀ 吐き気がする, 吐き気を催す, むかむかする, むかつく. **3** 嫌悪感.

ਕਚੀਚੜੀ (कचीचड़ी) /kacīcaṛī カチーチャリー/ ▸ਕਚੀਚੀ *f.* → ਕਚੀਚੀ

ਕਚੀਚੀ (कचीची) /kacīcī カチーチー/ ▸ਕਚੀਚੜੀ *f.* 歯ぎしり.

ਕੰਚੁਕੀ (कंचुकी) /kañcukī カンチュキー/ [Skt. कंचुकी] *f.*〖衣服〗女性の胸衣, 丈の短い半袖ブラウス. (⇒ਚੋਲੀ, ਅੰਗੀਆ)

ਕਚੂੰਬਰ (कचूँबर) /kacũbara カチューンバル/ ▸ਕਚੂਮਰ *m.* → ਕਚੂਮਰ

ਕਚੂਮਰ (कचूमर) /kacūmara カチューマル/ ▸ਕਚੂੰਬਰ [Skt. कर्चूर + Skt. आम्र] *m.* **1**〖食品〗マンゴーの実を潰して作った漬物, 果物を小さく切って作った漬物. **2** 叩き潰されて柔らかくなったもの. ❐ਕਚੂਮਰ ਕੱਢਣਾ 完全に叩き潰す, 打ちのめす, 滅多打ちにする, 台無しにする.

ਕਚੂਰ (कचूर) /kacūra カチュール/ [Skt. कर्चूर] *m.*〖植物〗カチュール, ガジュツ(莪朮)《ショウガ科の多年草. 根茎が生薬として用いられ芳香健胃作用がある. 医薬用植物》.

ਕਚੇਰਾ (कचेरा) /kacerā カチェーラー/ [Skt. कषण -ਏਰਾ]

adj. 生っぽい, あまり熟していない.
ਕਚੌਰੀ (कचौरी) /kacaurī カチャオーリー/ [Tam. *kac* + ਔਰੀ] *f.* 〘料理〙カチョーリー《潰した豆を衣で包み油で揚げたもの》. (⇒ਪੀਠੀਦਾਰ ਪੂੜੀ)
ਕੱਛ[1] (कच्छ) /kacc^h^a カッチ/ *f.* 〘身体〙脇の下. (⇒ਬਗ਼ਲ)
ਕੱਛ[2] (कच्छ) /kacc^h^a カッチ/ ▸ਕਛਹਿਰਾ, ਕੱਛਾ *f.* → ਕੱਛਾ
ਕਛਹਿਰਾ (कछहिरा) /kac^h^aîrā カチャエーラー/ ▸ਕੱਛ, ਕੱਛਾ *m.* → ਕੱਛਾ
ਕੱਛਣਾ (कच्छणा) /kacc^h^aṇā カッチャナー/ *vt.* 測量する.
ਕਛਰਾਲੀ (कछराली) /kac^h^arālī カチラーリー/ *f.* 〘身体〙脇の下のねぶと.
ਕਛਵਾਹ (कछवाह) /kac^h^awâ カチワー/ ▸ਕਛਵਾਹਾ *m.* 〘姓〙カチュワー(カチュワーハー)《ラージプートの一種姓》.
ਕਛਵਾਹਾ (कछवाहा) /kac^h^awāhā カチワーハー/ ▸ਕਛਵਾਹ *m.* → ਕਛਵਾਹ
ਕੱਛਾ (कच्छा) /kacc^h^ā カッチャー/ ▸ਕੱਛ, ਕਛਹਿਰਾ [Skt. कक्ष्य] *m.* **1**〘衣服〙下ばき, 下着パンツ. **2**〘衣服・スィ〙入信したスィック教徒が信仰の五つの象徴の一つとして身につける膝下までの短いズボン.
ਕਛਾਉਣਾ (कछाउणा) /kac^h^āuṇā カチャーウナー/ *vt.* 測量させる.
ਕਛਾਰ (कछार) /kac^h^āra カチャール/ ▸ਕਾਛਲ, ਕਾਛੜ *f.* → ਕਾਛੜ
ਕਛਾਰੀ (कछारी) /kac^h^ārī カチャーリー/ *adj.* 〘地理〙沖積の.
ਕੱਛੀ (कच्छी) /kacc^h^ī カッチー/ [Skt. कक्ष्य -ई] *f.* 〘衣服〙小さい下着パンツ. (⇒ਛੋਟੀ ਕੱਛ)
ਕਛੁ (कछु) /kac^h^u カチュ/ [(Braj.) Skt. किंचित्] *adj.* 少しの.
ਕੱਛੂ (कच्छू) /kacc^h^ū カッチュー/ ▸ਕੱਛੂਆ, ਕੱਛੂ-ਕੁੰਮਾ [Skt. कच्छप] *m.* 〘動物〙カメ, 亀.
ਕੱਛੂਆ (कच्छूआ) /kacc^h^ūā カッチューアー/ ▸ਕੱਛੂ, ਕੱਛੂ-ਕੁੰਮਾ *m.* → ਕੱਛੂ
ਕੱਛੂ-ਕੁੰਮਾ (कच्छू-कुंमा) /kacc^h^ū-kummā カッチュー・クンマー/ ▸ਕੱਛੂ, ਕੱਛੂਆ *m.* → ਕੱਛੂ
ਕਛੌਟੀ (कछौटी) /kac^h^auṭī カチャオーティー/ [Skt. कच्छपट्ट] *f.* 〘衣服〙腰布.
ਕਜ (कज) /kaja カジ/ [Pers. *kaj*] *m.* **1** 曲がり, 曲がっていること, 屈曲, 湾曲. **2** 誤り, 間違い. **3** 欠点, 欠陥. (⇒ਦੋਸ਼)
ਕੱਜ (कज्ज) /kajja カッジ/ *m.* 覆い.
ਕੱਜਣ (कज्जण) /kajjaṇa カッジャン/ *m.* **1** 被りもの. **2** 本のカバー.
ਕਜਣਾ (कजणा) /kajaṇā カジナー/ ▸ਕੱਜਣਾ *vt.* → ਕੱਜਣਾ
ਕੱਜਣਾ (कज्जणा) /kajjaṇā カッジャナー/ ▸ਕਜਣਾ *vt.* **1** 覆う. (⇒ਢਕਣਾ) **2** 蓋をする. **3** 隠す. (⇒ਪਰਦਾ ਪਾਉਣਾ)
ਕੰਜਰ (कंजर) /kañjara カンジャル/ *m.* **1** カンジャル《インド亜大陸北中部に居住する指定部族の一つ》. **2**〘姓〙カンジャル《女性を私娼や踊り子として稼がせる流浪の種姓の男性》. **3**〘罵言〙ヒモ野郎.
ਕੰਜਰਖ਼ਾਨਾ (कंजरख़ाना) /kañjaraxānā カンジャルカーナー/ *m.* **1** カンジャルの家. **2** 売春宿.
ਕੰਜਰਪੁਣਾ (कंजरपुणा) /kañjarapuṇā カンジャルプナー/ *m.* **1** カンジャルであること. **2** 売春. **3** 無恥, 猥褻, 堕落.
ਕਜਰਾਰਾ (कजरारा) /kajarārā カジラーラー/ [Skt. कु-जल] *adj.* カッジャル《黒い粉》の付いた, カッジャルで黒くした, カッジャルのように黒い. (⇒ਕੱਜਲ ਵਾਲਾ) ❒ਕਜਰਾਰੇ ਨੈਣ カッジャルで黒くした目.
ਕੰਜਰੀ (कंजरी) /kañjarī カンジャリー/ *f.* **1** カンジャリー《カンジャル部族の女性》. **2**〘姓〙カンジャリー《私娼や踊り子として稼ぐ流浪の種姓の女性》. **3**〘俗語〙娼婦, 売春婦. (⇒ਵੇਸਵਾ)
ਕੱਜਲ (कज्जल) /kajjala カッジャル/ ▸ਕਜਲਾ [Skt. कज्जलम्] *m.* **1** 油煙, 煤(すす). **2**〘薬剤〙カッジャル(カージャル)《油煙を材料として作られた黒い粉. 化粧または薬として目と睫毛に付ける》. (⇒ਅੰਜਨ)
ਕੰਜਲਾ (कंजला) /kañjalā カンジャラー/ [(Lah.) Skt. कञ्चुलिका] *m.* 〘衣服〙女性の胸衣, 丈の短い半袖ブラウス. (⇒ਚੋਲੀ, ਅੰਗੀਆ)
ਕਜਲਾ (कजला) /kajalā カジラー/ ▸ਕੱਜਲ *m.* → ਕੱਜਲ
ਕਜਾ (कजा) /kajā カジャー/ ▸ਕਜ਼ਾ *f.* → ਕਜ਼ਾ
ਕਜ਼ਾ (कज़ा) /kazā カザー/ ▸ਕਜਾ [Arab. *qazā*] *f.* **1** 死. (⇒ਮੌਤ) **2** 運命.
ਕਜ਼ਾਕ (कज़ाक) /kazāka カザーク/ [Turk. *qazzāq*] *m.* **1** 略奪者. (⇒ਲੁਟੇਰਾ) **2** 強盗, 追い剥ぎ. (⇒ਰਾਹਮਾਰ) **3** コサック. → ਕਾਸਕ
ਕਜ਼ਾਕੀ (कज़ाकी) /kazākī カザーキー/ [Turk. *qazzāqī*] *f.* **1** 略奪. (⇒ਲੁੱਟ) **2** 強盗行為. (⇒ਡਾਕੂਪੁਣਾ)
ਕਜਾਵਾ (कजावा) /kajāwā カジャーワー/ ▸ਕਚਾਵਾ *m.* → ਕਚਾਵਾ
ਕਜ਼ੀਆ (कज़ीआ) /kazīā カズィーアー/ [Arab. *qazīya*] *m.* **1** 厄介, 面倒, 揉め事, 迷惑. (⇒ਪੱਭ) **2** 争い, 紛争. (⇒ਝਗੜਾ) **3**〘法〙係争.
ਕਜੁ (कजु) /kaju カジュ/ [(Kang.) Pkt. किरणो] *adv.* なぜ. (⇒ਕਿਉਂ)
ਕਜੁਨ (कजुन) /kajuna カジュン/ [(Pua.)] *adv.* 時期外れに, 折悪しく. (⇒ਕੁਵੇਲੇ)
ਕੰਜੂਸ (कंजूस) /kañjūsa カンジュース/ ▸ਚੰਜੂਸ [Skt. कण + Skt. चूषण] *adj.* **1** けちな, しみったれの. (⇒ਸੂਮ, ਮੱਖੀ-ਚੂਸ) **2** 締まり屋の.
— *m.* **1** けち, けちん坊, しみったれ. (⇒ਮੱਖੀ-ਚੂਸ) **2** 締まり屋.
ਕੰਜੂਸੀ (कंजूसी) /kañjūsī カンジュースィー/ [-ई] *f.* けちなこと, けちくささ, 物惜しみすること. (⇒ਬਖ਼ੀਲੀ)
ਕਝੋਲਣਾ (कझोलणा) /kajŏlaṇā カジョールナー/ [(Pua.)] *vt.* **1** すすぐ, 水を注いで洗う. (⇒ਹੰਘਾਲਨਾ) **2** 揺さぶる, 混乱させる. (⇒ਘਚੋਲਨਾ)
ਕਟ (कट) /kaṭa カト/ [Eng. *cut*] *f.* **1** 切断, 裁断, 切り離し. (⇒ਕਟਾਈ) **2** 切り傷, 怪我. (⇒ਚੀਰ, ਜ਼ਖ਼ਮ) **3**(服の)裁ち方, 仕立て(方), (髪の)切り方, 型, スタイル.
ਕਟਆਊਟ (कटआऊट) /kaṭaāūṭa カトアーウート/ [Eng. *cutout*] *m.* **1** 切り絵, 切抜き細工. **2**〘器具〙安全器, 排気弁.
ਕਟਹਰ (कटहर) /kaṭahara カタハル/ ▸ਕਟਹਲ, ਕੱਟਰ,

ਕਟਾਹਰ, ਕੱਠਲ [Skt. कण्टकिफल] *m.* 〖植物〗ナガミパンノキ, パラミツ(波羅蜜)《クワ科の常緑高木》, その果実, ジャックフルーツ《果実は大きく, パイナップルとドリアンの中間のような味. 未熟のものは料理にも用いられる》. (⇒ਪਨਸ)

ਕਟਹਲ (कटहल) /kaṭahala カタハル/ ▸ਕਟਹਰ, ਕੱਟਰ, ਕਟਾਹਰ, ਕੱਠਲ *m.* → ਕਟਹਰ

ਕਟਹਿਰਾ (कटहिरा) /kaṭaîrā カタエーラー/ ▸ਕਟਹਿੜਾ *m.* **1** 柵. **2** 証人席. **3** 被告席.

ਕਟਹਿੜਾ (कटहिड़ा) /kaṭaîṛā カタエーラー/ ▸ਕਟਹਿਰਾ *m.* → ਕਟਹਿਰਾ

ਕਟਕ[1] (कटक) /kaṭaka カタク/ [Skt. कटक] *m.* **1** 軍隊, 軍勢, 大軍. (⇒ਸੈਨਾ, ਫ਼ੌਜ) **2** 集まり, 集会. (⇒ਜਲਸਾ) **3** 腕輪, ブレスレット. (⇒ਕੰਙਣ)

ਕਟਕ[2] (कटक) /kaṭaka カタク/ [Skt. कटक] *m.* 〖地名〗カタック《オディシャ州東部の都市》.

ਕਟਕਟ (कटकट) /kaṭakaṭa カトカト/ ▸ਕਟਕਟੀ *m.* 歯ぎしり.

ਕਟਕਟੀ (कटकटी) /kaṭakaṭī カトカティー/ ▸ਕਟਕਟ *f.* → ਕਟਕਟ

ਕੱਟਣਾ (कट्टणा) /kaṭṭaṇā カッタナー/ [Skt. कर्तति] *vt.* **1** 切る, 伐る, 伐採する. ❐ਨਹੁੰ ਸਦਾ ਕੱਟ ਕੇ ਰੱਖਣੇ ਚਾਹੀਦੇ ਹਨ। 爪はいつも切っておくべきです. ❐ਉਹ ਹਰੇ ਦਰਖ਼ਤਾਂ ਨੂੰ ਕੱਟਣ ਦਾ ਵਿਰੋਧ ਕਰ ਰਹੇ ਸਨ। 彼らは緑の木を伐ることに反対していました. **2** 切り離す. **3** 切断する, 遮断する. **4** 切り取る. **5** 刈り込む. **6**(動物が)噛む, 咬む, 噛み切る. ❐ਚੂਹੇ ਬਿਜਲੀ ਦੀ ਤਾਰਾਂ ਕੱਟ ਦਿੰਦੇ ਹਨ। 鼠は電線を噛み切ります. **7**(虫が)刺す. **8** 削除する. ❐ਸੈਂਸਰ ਬੋਰਡ ਨੇ ਪੀੜਤ ਔਰਤਾਂ ਵਿੱਚੋਂ ਇੱਕ ਵੱਲੋਂ ਦਿੱਤੇ ਗਏ ਘਟਨਾ ਦੇ ਵੇਰਵੇ ਵਿੱਚੋਂ ਦੋ ਵਾਕ ਕੱਟ ਦਿੱਤੇ। 検閲局は惨い仕打ちを受けた女性たちのうちの一人から聴取された事件についての詳しい説明のうち二つの発言を削除しました. **9** 抹消する. **10** 消す, 消し去る. **11** 取り消す, 解消する. **12** 差し引く, 控除する, 削減する. **13**(道を)横切る, 横断する. **14** 追い越す. **15** 凌ぐ. **16**(時・人生を)過ごす, 送る. ❐ਜੇ ਚਾਹੇ ਤਾਂ ਰਾਤ ਬਾਹਰ ਵੀ ਕੱਟ ਸਕਦਾ ਹੈ ਇਹ। そうしたいと思えば夜を外ででも過ごすことができるのです この人は. **17**〖比喩〗(話を)遮る. **18**〖比喩〗論破する, 反駁する.

ਕਟਪੀਸ (कटपीस) /kaṭapīsa カトピース/ [Eng. *cut piece*] *m.* **1** 切片, 切れ端. **2** 裁断して用いた布地の残り.

ਕਟਪੁਤਲੀ (कटपुतली) /kaṭaputalī カトプトリー/ ▸ਕਠਪੁਤਲੀ *f.* → ਕਠਪੁਤਲੀ

ਕਟਮਾਲਾ (कटमाला) /kaṭamālā カトマーラー/ [(Lah.) Skt. कण्ठ + Skt. माला] *f.* 〖装〗首飾り, ネックレス. (⇒ਗਲ ਦਾ ਗਹਿਣਾ)

ਕੰਟਰ (कंटर) /kanṭara カンタル/ [Eng. *decanter*] *m.* 〖容器〗デカンター.

ਕਟਰ (कटर) /kaṭara カタル/ [Eng. *cutter*] *m.* 〖道具〗切る道具, カッター.

ਕੱਟਰ[1] (कट्टर) /kaṭṭara カッタル/ [(Lah.)] *m.* 〖虫〗蚊. (⇒ਮੱਛਰ)

ਕੱਟਰ[2] (कट्टर) /kaṭṭara カッタル/ ▸ਕਟਹਰ, ਕਟਹਲ, ਕਟਾਹਰ, ਕੱਠਲ *m.* → ਕਟਹਰ

ਕਟਰਾ (कटरा) /kaṭarā カトラー/ ▸ਕਟੜਾ *m.* **1** 壁を巡らした地区, 城の近くの区域. **2** 壁を巡らした地区にある市場や商店街. **3** 市街区. (⇒ਮਹੱਲਾ)

ਕੰਟ੍ਰੈਕਟ (कंट्रैकट) /kanṭraikaṭa (kanṭaraikaṭa) カントラエーカト (カンタラエーカト)/ [Eng. *contract*] *m.* 請負, 契約, 約定. (⇒ਠੇਕਾ, ਅਹਿਦ, ਇਕਰਾਰ, ਸੰਵਿਦਾ)

ਕੰਟ੍ਰੈਕਟਰ (कंट्रैकटर) /kanṭraikaṭara (kanṭaraikaṭara) カントラエークタル (カンタラエークタル)/ [Eng. *contractor*] *m.* 請負人, 請負業者, 契約者. (⇒ਠੇਕੇਦਾਰ)

ਕੰਟਰੋਲ (कंटरोल) /kanṭarola カントロール/ [Eng. *control*] *m.* **1** 制御, 抑制. **2** 統制, 支配, 指揮.

ਕੰਟਰੋਲਰ (कंटरोलर) /kanṭarolara カントローラル/ [Eng. *controller*] *m.* **1** 制御装置, 制御器. **2** 統制者, 管理者. **3** 監査官, 会計検査官.

ਕਟਲਸ (कटलस) /kaṭalasa カトラス/ [Eng. *cutless*] *m.* **1** 〖料理〗カトレス, カツレツ《焼いた肉や魚の切り身》. **2** 薄い切り身, 小さな切り身. (⇒ਛੋਟਾ ਟੁਕੜਾ)

ਕਟਲਟ (कटलट) /kaṭalaṭa カトラト/ [Eng. *cutlet*] *m.* **1** 〖料理〗カトレト, カツレツ《焼いた肉や魚の切り身》. **2** 薄い切り身, 小さな切り身. (⇒ਛੋਟਾ ਟੁਕੜਾ)

ਕਟਲਰੀ (कटलरी) /kaṭalarī カタルリー/ [Eng. *cutlery*] *m.* 〖道具〗刃物類, ナイフ・フォークなどの食卓用金物.

ਕੱਟ ਵੱਢ (कट्ट वड्ढ) /kaṭṭa wâḍḍa カット ワッド/ *f.* **1** 大虐殺. (⇒ਵੱਢ ਟੁੱਕ, ਕਤਲੇਆਮ) **2** 破壊, 絶滅, 駆除. **3** 切開. **4**〖医〗生体解剖.

ਕਟਵਾਂ (कटवाँ) /kaṭawā̃ カトワーン/ [Skt. कर्त्तन -वान्] *adj.* 切ってある. (⇒ਕਟਿਆ ਹੋਇਆ)

ਕਟਵਾਉਣਾ (कटवाउणा) /kaṭawāuṇā カトワーウナー/ ▸ਕਟਾਉਣਾ [cf. ਕੱਟਣਾ] *vt.* 切らせる, 切断させる, 伐採させる, 刈り取らせる. (⇒ਡਸਵਾਉਣਾ)

ਕਟਵਾਈ (कटवाई) /kaṭawāī カトワーイー/ ▸ਕਟਾਈ [cf. ਕੱਟਣਾ] *f.* **1** 切断, 裁断, 切り離し, 伐採. **2** 裁断・伐採などの労賃. **3**〖農業〗刈り入れ, 取り入れ, 収穫. **4** 刈り入れ・取り入れなどの労賃.

ਕੱਟੜ (कट्टड़) /kaṭṭaṛa カッタル/ *adj.* **1** 忠実な, 信頼するに足る. **2** 不屈の, 頑強な, かたくなな, 頑固な, 粘り強い, しつこい. **3** 独断的な. **4** 狂信的な, 熱狂的な, 妄信的な. **5** 協調しない, 不寛容な, 狭量な. **6** 因習的な.

ਕੱਟੜਤਾ (कट्टड़ता) /kaṭṭaṛatā カッタルター/ *f.* **1** 忠実, 信頼するに足ること. **2** 不屈, 頑強, 固執, 頑固, 一徹さ, 粘り強さ. **3** 独断, 独断的態度. **4** 狂信, 熱狂, 妄信. **5** 不寛容, 狭量. **6** 因習的な意見.

ਕੱਟੜਪੰਥੀ (कट्टड़पंथी) /kaṭṭaṛapanthī カッタルパンティー/ *adj.* **1** 忠実な, 信頼するに足る, 頑強な. **2** 不屈の, かたくなな, 頑固な, 粘り強い, しつこい. **3** 独断的な. **4** 狂信的な, 熱狂的な, 妄信的な. **5** 協調しない, 不寛容な, 狭量な. **6** 因習的な.

— *m.* **1** 頑固者. **2** 狂信者, 熱狂者, 妄信者. **3** 原理主義者.

ਕੱਟੜਪੁਣਾ (कट्टड़पुणा) /kaṭṭaṛapuṇā カッタルプナー/ *f.* **1** 忠実, 信頼するに足ること, 頑強. **2** 不屈, 固執, 頑固, 一徹さ, 粘り強さ. **3** 独断, 独断的態度. **4** 狂信, 熱狂, 妄信. **5** 不寛容, 狭量. **6** 因習的な意見.

ਕਟੜਾ[1] (कटड़ा) /kaṭaṛā カタラー/ ▸ਕਟਰਾ *m.* **1** 壁を巡ら

した地区, 城の近くの区域. **2** 壁を巡らした地区にある市場や商店街. **3** 市街区. (⇒ਮਹੱਲਾ)

ਕਟੜਾ[2] (कटड़ा) /kaṭarā カタラー/ ▸ਕਟੜੂ, ਕੱਟਾ *m.* → ਕੱਟਾ[1]

ਕਟੜੂ (कटड़ू) /kaṭarū カトルー/ ▸ਕਟੜਾ, ਕੱਟਾ *m.* → ਕੱਟਾ[1]

ਕੱਟਾ[1] (कट्टा) /kaṭṭā カッター/ ▸ਕਟੜਾ, ਕਟੜੂ [Skt. कटाह] *m.* 〖動物〗水牛の雄の子.

ਕੱਟਾ[2] (कट्टा) /kaṭṭā カッター/ *m.* (セメントや飼料の入った)小さな袋. (⇒ਛੋਟੀ ਬੋਰੀ)

ਕਟਾਉ (कटाउ) /kaṭāo カターオー/ [Skt. कर्त्तन + ਆਉ] *m.* **1** 切れ目. **2** 傷口. **3** 切り傷.

ਕਟਾਉਣਾ (कटाउणा) /kaṭāuṇā カターウナー/ ▸ਕਟਵਾਉਣਾ *vt.* → ਕਟਵਾਉਣਾ

ਕਟਾਊ (कटाऊ) /kaṭāū カターウー/ [-ਆਊ] *adj.* 切ることができる, 切るに値する. (⇒ਕੱਟਣ ਯੋਗ)

ਕਟਾਈ (कटाई) /kaṭāī カターイー/ ▸ਕਟਵਾਈ *f.* → ਕਟਵਾਈ

ਕਟਾਸ (कटास) /kaṭāsa カタース/ *m.* 〖地名〗カタース《ジェーラムにある聖地》.

ਕਟਾਹਰ (कटाहर) /kaṭāhara カターハル/ ▸ਕਟਹਰ, ਕਟਹਲ, ਕੱਟਰ, ਕੱਠਲ *m.* → ਕਟਹਰ

ਕਟਾਕਸ਼ (कटाकश) /kaṭākaśa カターカシュ/ ▸ਕਟਾਖ, ਕਟਾਖਸ਼, ਕਟਾਛ [Skt. कटाक्ष] *m.* **1** 横目で見ること, 横目遣い, 流し目. (⇒ਟੇਢੀ ਝਾਤੀ) **2** 嫌み, 当てこすり, 皮肉. **3** 嘲り, 嘲笑.

ਕਟਾਖ (कटाख) /kaṭākʰa カターク/ ▸ਕਟਾਕਸ਼, ਕਟਾਖਸ਼, ਕਟਾਛ *m.* → ਕਟਾਕਸ਼

ਕਟਾਖਸ਼ (कटाखश) /kaṭākʰaśa カターカシュ/ ▸ਕਟਾਕਸ਼, ਕਟਾਖ, ਕਟਾਛ *m.* → ਕਟਾਕਸ਼

ਕਟਾਛ (कटाछ) /kaṭācʰa カターチ/ ▸ਕਟਾਕਸ਼, ਕਟਾਖ, ਕਟਾਖਸ਼ *m.* → ਕਟਾਕਸ਼

ਕਟਾਰ (कटार) /kaṭāra カタール/ [Skt. कट्टार] *f.* 〖武〗短剣. (⇒ਛੋਟਾ ਖੰਡਾ)

ਕੱਟੀ (कट्टी) /kaṭṭī カッティー/ [Skt. कटाह] *f.* 〖動物〗水牛の雌の子.

ਕਟੁੰਬ (कटुंब) /kaṭumba カトゥンブ/ ▸ਕੁਟੰਬ [Skt. कुटुंब] *m.* 家族. (⇒ਪਰਿਵਾਰ)

ਕਟੋਰਾ (कटोरा) /kaṭorā カトーラー/ [(Lah.) Skt. कटोरा] *m.* 〖容器〗金属製の器, 鋺, 鉢. (⇒ਕੌਲ)

ਕਟੋਰੀ (कटोरी) /kaṭorī カトーリー/ [-ਈ] *f.* 〖容器〗小型の金属製の器, 小さな鋺, 小鉢. (⇒ਕੌਲੀ)

ਕਟੌਤੀ (कटौती) /kaṭautī カタオーティー/ *f.* **1** 減らすこと, 削ること, 削減. **2** 差し引き, 控除, 値引き, 割引き, 減額. (⇒ਮੁਜਰਾ)

ਕੰਠ (कंठ) /kanṭʰa カント/ [Skt. कण्ठ] *m.* **1** 〖身体〗喉, 咽喉. (⇒ਸੰਘ, ਗਲਾ) ❒ਕੰਠ ਸੰਬੰਧੀ 喉の. ❒ਕੰਠ ਕਰਨਾ 記憶する, 暗記する. **2** 〖身体〗首. (⇒ਗਰਦਨ) ❒ਕੰਠ ਲਾਉਣਾ 抱擁する, 抱き締める, 抱きあう, 護ってあげる.

ਕੱਠ (कट्ठ) /kaṭṭʰa カット/ ▸ਇਕੱਠ *m.* → ਇਕੱਠ

ਕੱਠਗੁੱਲਰ (कट्ठगुल्लर) /kaṭṭʰagullara カットグッラル/ *m.* 〖植物〗フィクス・ヒスピダ, 対葉榕《クワ科の小高木または灌木. 葉は卵状長楕円形で先は尖り基部は円形. 果実は腋生で黄色に熟す》.

ਕਠਣ (कठण) /kaṭʰaṇa カタン/ ▸ਕਠਨ, ਕਠਿਨ *adj.* → ਕਠਨ

ਕਠਨ (कठन) /kaṭʰana カタン/ ▸ਕਠਣ, ਕਠਿਨ [Skt. कठिन] *adj.* **1** 難しい, 困難な, 難解な. (⇒ਔਖਾ) **2** 厳しい, 辛い, 苛酷な, 険しい.

ਕਠਨਤਾ (कठनता) /kaṭʰanatā カタンター/ ▸ਕਠਿਨਤਾ [Skt. कठिन Skt.-ता] *f.* **1** 困難, 難儀, 苦労. (⇒ਔਕੜ) **2** 厳しさ, 辛さ, 苛酷さ, 険しさ. **3** 難しさ, 難解さ.

ਕਠਨਾਈ (कठनाई) /kaṭʰanāī カトナーイー/ ▸ਕਠਿਨਾਈ [Skt. कठिन -ਆਈ] *f.* **1** 困難, 難儀, 苦労. (⇒ਔਕੜ) ❒ ਛੋਟੇ ਬੱਚੇ ਜੋ ਭਾਸ਼ਾ ਨਹੀਂ ਜਾਣਦੇ, ਸਿਰਫ਼ ਰੋਣਾ ਜਾਣਦੇ ਹਨ, ਉਨ੍ਹਾਂ ਨੂੰ ਬੋਲਣਾ ਸਿੱਖਣ ਵਿੱਚ ਕੋਈ ਕਠਨਾਈ ਨਹੀਂ ਹੁੰਦੀ। 小さい子は言葉を知らず, 泣くことしか知りませんが, 話すことを学ぶのに何も困難はありません. **2** 厳しさ, 辛さ, 苛酷さ, 険しさ. **3** 難しさ, 難解さ.

ਕਠਪੁਤਲੀ (कठपुतली) /kaṭʰaputalī カトプトリー/ ▸ਕਟਪੁਤਲੀ *f.* **1** 操り人形. **2** 傀儡.

ਕਠਫੋੜਾ (कठफोड़ा) /kaṭʰapʰorā カトポーラー/ *m.* 〖鳥〗キツツキ, 啄木鳥. (⇒ਚੱਕੀਰਾਹਾ)

ਕੰਠਮਾਲਾ (कंठमाला) /kanṭʰamālā カントマーラー/ [Skt. कण्ठ + Skt. माला] *f.* **1** 〖装〗首飾り, ネックレス. (⇒ਹਾਰ) **2** 〖医〗瘰癧(るいれき), 腺病《首のリンパ腺が膨れる病気》.

ਕੱਠਲ (कट्ठल) /kaṭṭʰala カッタル/ ▸ਕਟਹਰ, ਕਟਹਲ, ਕੱਟਰ, ਕਟਾਹਰ *m.* → ਕਟਹਰ

ਕੰਠਾ (कंठा) /kanṭʰā カンター/ [Skt. कण्ठक] *m.* **1** 〖装〗首飾り, ネックレス. (⇒ਹਾਰ) **2** 短数珠. **3** 金・銀・水晶・縞瑪瑙などの玉を連ねた数珠.

ਕੱਠਾ (कट्ठा) /kaṭṭʰā カッター/ ▸ਇਕੱਠਾ, ਘੱਠਾ *adj.* → ਇਕੱਠਾ

ਕਠਿਨ (कठिन) /kaṭʰina カティン/ ▸ਕਠਣ, ਕਠਨ *adj.* → ਕਠਨ

ਕਠਿਨਤਾ (कठिनता) /kaṭʰinatā カティンター/ ▸ਕਠਨਤਾ *f.* → ਕਠਨਤਾ

ਕਠਿਨਾਈ (कठिनाई) /kaṭʰināī カティナーイー/ ▸ਕਠਨਾਈ *f.* → ਕਠਨਾਈ

ਕਠੋਰ (कठोर) /kaṭʰora カトール/ [Skt. कठोर] *adj.* **1** 堅い, 固い, 硬い. **2** 厳しい, 厳格な, 厳正な. (⇒ਸਖ਼ਤ) **3** 過酷な, 残酷な, 冷酷な, 容赦のない. (⇒ਨਿਰਦਈ)

ਕਠੋਰਤਾ (कठोरता) /kaṭʰoratā カトールター/ [Skt.-ता] *f.* **1** 堅さ, 固さ, 硬さ. **2** 厳しさ, 厳格さ, 厳正さ. **3** 過酷さ, 残酷さ, 冷酷さ, 容赦のないこと.

ਕੰਡ (कंड) /kaṇḍa カンド/ [Pkt. कंड] *f.* **1** 〖身体〗背中. (⇒ਪਿੱਠ) **2** 背後.

ਕੰਡਹਿਲਾ (कंडहिला) /kaṇḍaîlā カンダェーラー/ ▸ਕੰਡੈਲਾ [Skt. कण्टक] *m.* 〖動物〗ハリネズミ, 針鼠《側面と背全体にトゲのある哺乳動物》. (⇒ਝਾਹਾ, ਝਾੜ ਚੂਹਾ)

ਕੰਡਕਟਰ (कंडकटर) /kaṇḍakaṭara カンダクタル/ [Eng. *conductor*] *m.* **1** 指揮者. **2** 案内者.

ਕਡਨ (कडन) /kaḍana カダン/ ▸ਕਡਾਂ, ਕਡੀਂ, ਕਡੀ, ਕਤ, ਕਦ, ਕਦਣ, ਕਦਨ, ਕਦੋਂ [(Lah.)] *adv.* → ਕਦੋਂ

ਕੰਡਲ (कंडल) /kaṇḍala カンダル/ [(Lah.) Skt. कुण्डल] *m.* **1** 端, 際, 縁. (⇒ਕਿਨਾਰਾ) **2** 〖植物〗玉葱の皮.

ਕਡਾਂ (कडाँ) /kaḍā̃ カダーン/ ▸ਕਡਨ, ਕਡੀਂ, ਕਡੀ, ਕਤ, ਕਦ,

ਕਦਣ, ਕਦਨ, ਕਦੋਂ [(Lah.)] *adv.* → ਕਦੋਂ

ਕੰਡਾ (कंडा) /kaṇḍā カンダー/ [Skt. कण्टक] *m.* **1** 棘. **2** 骨,(魚などの)小骨.

ਕੰਡਾਈਲ (कंडाईल) /kaṇḍāīla カンダーイール/ [Eng. *condyle*] *m.* 〖身体〗関節丘《骨端の丸い隆起》.

ਕਡਾਹੀਂ (कडाहीं) /kaḍāhī̃ カダーヒーン/ ▸ਕਦਾਈਂ [(Lah.) Skt. कदा] *adv.* どこかに. (⇒ਕਿਤੇ)

ਕੰਡਿਆਲਾ (कंडिआला) /kaṇḍiālā カンディアーラー/ ▸ ਕੜਿਆਲਾ [Skt. कण्टक] *adj.* **1** 棘のある, 棘の多い. (⇒ਕੰਡੇਦਾਰ) **2**(道や進路などが)困難な, 危険な.

— *m.* **1** 茨の道, 困難な道. **2**〖動物〗ハリネズミ, 針鼠. (⇒ਝਾਹਾ, ਝਾੜ ਚੂਹਾ)

ਕਡੀਂ (कडीं) /kaḍī̃ カディーン/ ▸ਕਡਨ, ਕਡਾਂ, ਕਡੀ, ਕਤ, ਕਦ, ਕਦਣ, ਕਦਨ, ਕਦੋਂ [(Lah.)] *adv.* → ਕਦੋਂ

ਕਡੀ (कडी) /kaḍī カディー/ ▸ਕਡਨ, ਕਡਾਂ, ਕਡੀਂ, ਕਤ, ਕਦ, ਕਦਣ, ਕਦਨ, ਕਦੋਂ [(Lah.)] *adv.* → ਕਦੋਂ

ਕੰਡੇਦਾਰ (कंडेदार) /kaṇḍedāra カンデーダール/ [Skt. कण्टक Pers.-*dār*] *adj.* 棘のある, 棘の多い. (⇒ਕੰਡਿਆਲਾ)

ਕੰਡੇਰਨਾ (कंडेरना) /kaṇḍeranā カンデールナー/ [Skt. कण्टक] *m.*〖動物〗ハリネズミ, 針鼠. (⇒ਝਾਹਾ, ਝਾੜ ਚੂਹਾ)

ਕੰਡੈਂਸਰ (कंडैंसर) /kaṇḍãīsara カンダェーンサル/ ▸ ਕਨਡੈਂਸਰ [Eng. *condenser*] *m.*〖器具〗コンデンサー, 蓄電器, 凝縮器, 冷却器, 集光レンズ.

ਕੰਡੈਲਾ (कंडैला) /kaṇḍailā カンダェーラー/ ▸ਕੰਡਹਿਲਾ *m.* → ਕੰਡਹਿਲਾ

ਕੰਡੋਕਣਾ (कंडोकणा) /kaṇḍokaṇā カンドークナー/ [(Lah.) Skt. कदा] *adv.* いつから.

ਕੱਢਣਾ (कड्ढणा) /kâḍḍaṇā カッダナー/ [(Pal. कड्ढति) Skt. कर्शति] *vt.* **1** 引く, 引き出す. **2** 掘り出す, 発掘する. ❐ਉਹ ਕਬਰ ਵਿੱਚੋਂ ਕੱਢੇ ਮੁਰਦੇ ਵਾਂਗ ਜਾਪਦੀ ਸੀ। 彼女は墓から掘り出された死体のように見えました. **3** 取り出す, 抜き取る, 引き抜く. ❐ਉਹ ਫ਼ਰਿੱਜ ਵਿੱਚੋਂ ਬੀਅਰ ਕੱਢ ਕੇ ਪੀਣ ਲੱਗਿਆ। 彼は冷蔵庫からビールを取り出して飲み始めました. ❐ਨਦੀਣ ਕੱਢਣਾ 雑草を引き抜く, 雑草を除く, 無用なものを取り除く. **4** 持ち出す. **5** 発見する, 発明する. **6** 生み出す. **7** 追い出す, 追放する, 放逐する. ❐ਸਕੂਲ ਵਿੱਚੋਂ ਕੱਢਣਾ 学校から追放する, 退学させる. ❐ਮੇਰੇ ਪਤੀ ਨੇ ਮੈਨੂੰ ਦਾਰੂ ਪੀ ਕੇ ਮਾਰ ਕੁੱਟ ਕੇ ਘਰੋਂ ਕੱਢ ਦਿੱਤਾ ਸੀ। 私の夫は私を酒を飲んで殴り家から追い出しました. ❐ਪ੍ਰੀਤਮ ਸਿੰਘ ਅਤੇ ਮੋਹਣ ਸਿੰਘ ਜਪਾਨ ਨਾਲ ਸਮਝੌਤਾ ਕਰ ਕੇ ਅੰਗਰੇਜ਼ ਨੂੰ ਭਾਰਤ ਵਿੱਚੋਂ ਕੱਢਣ ਦੇ ਜਤਨ ਕਰ ਰਹੇ ਸਨ। プリータム・スィングとモーハン・スィングは日本と協定を結んでイギリスをインドから追い出そうと努めていました. **8** 解雇する, 免職する, 辞めさせる. **9**(問題を)解く, 解決法を見つける. **10**(時間を)見つける, 割く. ❐ਤੁਸੀਂ ਆਪਣੇ ਕੀਮਤੀ ਸਮੇਂ ਵਿੱਚੋਂ ਇੰਨਾ ਸਮਾਂ ਕੱਢ ਕੇ ਆਪਣੇ ਵਿਚਾਰ ਦਿੱਤੇ ਮੈਂ ਆਪ ਦਾ ਬਹੁਤ ਧੰਨਵਾਦੀ ਹਾਂ। 貴重な時間からこれほど時間を割いて意見を述べてくださり たいへんありがとうございます. **11** 差し引く. **12** 刺繍する.

ਕਢਵਾਉਣਾ (कढवाउणा) /kaḍawǎuṇā カドワーウナー/ ▸ ਕਢਾਉਣਾ [cf. ਕੱਢਣਾ] *vt.* **1** 引き出させる, 引き出してもらう, 取り出させる, 取り出してもらう. (⇒ਨਿਕਲਵਾਉਣਾ) ❐ਹਫ਼ਤੇ ਵਿੱਚ ਕੇਵਲ ਦੋ ਵਾਰ ਹੀ ਪੈਸੇ ਕਢਵਾ ਸਕਦੇ ਹੋ। 一週間に二回だけお金を引き出してもらえます. **2** 刺繍させる.

ਕੰਢਾ (कंढा) /kâṇḍā カンダー/ [Pkt. कण्ठ] *m.* **1**〖地理〗(海・川・湖・池などの)岸, 岸辺, ほとり, 沿岸, 土手, 堤. (⇒ਤਟ) **2** 境界, 境界線, 限界, はて. **3** 際, 縁, 端. (⇒ਕਿਨਾਰਾ) **4** 目的地.

ਕਢਾਉਣਾ (कढाउणा) /kaḍǎuṇā カダーウナー/ ▸ ਕਢਵਾਉਣਾ *vt.* → ਕਢਵਾਉਣਾ

ਕਢਾਈ (कढाई) /kaḍǎī カダーイー/ *f.* 刺繍.

ਕੰਢੀ (कंढी) /kâṇḍī カンディー/ [Pkt. कण्ठ] *f.* **1**〖地理〗川の土手. (⇒ਨਦੀ ਦਾ ਕੰਢਾ) **2**〖地理〗山のふもとの小丘に沿った地域, 山腹の地域.

ਕੰਢੇ-ਕੰਢੇ (कंढे-कंढे) /kâṇḍe-kâṇḍe カンデー・カンデー/ [Pkt. कण्ठ] *adv.* **1**〖地理〗(海・川・湖・池などの)岸に沿って. **2** 縁に沿って.

ਕਣ (कण) /kaṇa カン/ [Skt. कण] *m.* **1** 微小な粒, 粒子. (⇒ਅਣੂ) **2** 小片. **3** 小面, 切り子面. **4** 細片, 塵. **5** 穀粒. **6** 活力, 精力. (⇒ਬਲ) **7** 自尊心. (⇒ਸਵੈਮਾਨ)

ਕਣਕ (कणक) /kaṇaka カナク/ [Skt. कणिक] *f.*〖植物〗コムギ(小麦)《イネ科の一年草》. (⇒ਗੇਹੂੰ)

ਕਣਤਾਉਣਾ (कणताउणा) /kaṇatāuṇā カンターウナー/ ▸ ਕਣਤੌਣਾ *vt.* 苦しめる. (⇒ਸਤਾਉਣਾ)

ਕਣਤੌਣਾ (कणतौणा) /kaṇatauṇā カンタォーナー/ ▸ ਕਣਤਾਉਣਾ *vt.* → ਕਣਤਾਉਣਾ

ਕਣਾ[1] (कणा) /kaṇā カナー/ *m.* 天秤棒の端にある穴.

ਕਣਾ[2] (कणा) /kaṇā カナー/ *m.*〖気象〗大粒の雨滴. (⇒ਮੋਟੀ ਬੂੰਦ)

ਕਣਾ[3] (कणा) /kaṇā カナー/ [(Pot.)] *f.*〖建築〗建物の土台. (⇒ਇਮਾਰਤਾਂ ਦੀ ਨੀਂਹ)

ਕਣਿਓਂ (कणिओं) /kaṇiõ カニオーン/ [(Pua.) Skt. कण] *f.* **1** 力. (⇒ਸ਼ਕਤੀ) **2** 強さ. (⇒ਤਾਕਤ)

ਕਣੀ[1] (कणी) /kaṇī カニー/ [Skt. कण] *f.* **1** 滴, 水滴. (⇒ਬੂੰਦ, ਕਤਰਾ, ਚੋਆ) **2** 雨の滴, 雨滴.

ਕਣੀ[2] (कणी) /kaṇī カニー/ *f.* 自尊心. (⇒ਸਵੈਮਾਨ)

ਕੰਤ (कंत) /kanta カント/ [Skt. कान्त] *m.* **1** 愛する人, 最愛の人. (⇒ਮਸ਼ੂਕ) **2**〖親族〗夫, 主人. (⇒ਪਤੀ, ਘਰਵਾਲਾ) **3** 神, 主. (⇒ਰੱਬ)

ਕਤ (कत) /kata カト/ ▸ਕਡਨ, ਕਡਾਂ, ਕਡੀਂ, ਕਡੀ, ਕਦ, ਕਦਣ, ਕਦਨ, ਕਦੋਂ *adv.* → ਕਦੋਂ

ਕਤਈ[1] (कतई) /kataī カタイー/ [Arab. *qatī*] *adj.* **1** 全く《否定文で用いる》. ❐ਕਤਈ ਨਹੀਂ 全く…でない. **2** 絶対の. **3** 堅固な, 確実な. (⇒ਪੱਕਾ)

ਕਤਈ[2] (कतई) /kataī カタイー/ *f.*〖道具〗仕立て屋の使う巻き尺. (⇒ਦਰਜ਼ੀ ਦਾ ਗਜ਼)

ਕੱਤਕ (कत्तक) /kattaka カッタク/ ▸ਕੱਤਿਕ, ਕੱਤਾ, ਕੱਤੇਂ, ਕਤੇਂਹ, ਕਾਰਤਿਕ [Skt. कार्तिक] *m.*〖暦〗カッタク(カールティカ)月《インド暦8月・西洋暦10～11月》.

ਕੱਤਣ (कत्तण) /kattaṇa カッタン/ [Skt. कर्तन] *m.* 紡ぐ仕事. (⇒ਕੱਤਣ ਦਾ ਕੰਮ)

ਕੱਤਣਾ (कत्तणा) /kattaṇā カッタナー/ [Skt. कर्तति] *vt.* 紡ぐ.

ਕੱਤਣੀ (कत्तणी) /kattaṇī カッタニー/ [Skt. कर्तन -ਣੀ] *f.* 紡ぐ仕事. (⇒ਕੱਤਣ ਦਾ ਕੰਮ)

ਕਤਰ (कतर) /katara カタル/ ▸ਕਤਰਨ, ਕਾਤਰ [Skt. कर्तन] *f.* **1** 切断, 裁断. **2** 切片, 小さく切られた紙片, 小さく裁断された布.

ਕਤਰਨ (कतरन) /katarana カトラン/ ▸ਕਤਰ, ਕਾਤਰ *m.*

→ ਕਤਰ

ਕਤਰਨਾ (कतरना) /kataranā カタルナー/ [cf.Skt. कर्तरि] *vt.* **1** 切る, 刻む. **2**(鋏で)切り取る, 切り抜く.

ਕਤਰਨੀ (कतरनी) /kataranī カタルニー/ [Skt. कर्तन -ਨੀ] *f.* 〖道具〗鋏(はさみ). (⇒ਕੈਂਚੀ)

ਕਤਰਵਾਉਣਾ (कतरवाउणा) /katarawāuṇā カタルワーウナー/ ▶ਕਤਰਾਉਣਾ [cf. ਕਤਰਨਾ] *vt.* **1** 切らせる, 刻ませる. **2** 切り取らせる.

ਕਤਰਾ[1] (कतरा) /katarā カトラー/ [Arab. *qatra*] *m.* **1** 滴, 水滴. (⇒ਬੂੰਦ, ਤੁਪਕਾ, ਚੋਆ) ❐ਖ਼ੂਨ ਦਾ ਕਤਰਾ 血の滴. **2** 小さな水滴. (⇒ਛੂਹੀ)

ਕਤਰਾ[2] (कतरा) /katarā カトラー/ [(Lah.)] *adj.* 少しの.

ਕਤਰਾਉਣਾ[1] (कतराउणा) /katarāuṇā カトラーウナー/ ▶ਕਤਰਵਾਉਣਾ *vt.* → ਕਤਰਵਾਉਣਾ

ਕਤਰਾਉਣਾ[2] (कतराउणा) /katarāuṇā カトラーウナー/ ▶ਕਤਰਾਣਾ *vi.* **1** 避ける, 回避する, よける, 怠る. **2** 人を避ける, 恥ずかしがる. **3** こっそり逃げる. (⇒ਖਿਸਕਣਾ)

ਕਤਰਾਣਾ (कतराणा) /katarāṇā カトラーナー/ ▶ਕਤਰਾਉਣਾ *vi.* → ਕਤਰਾਉਣਾ[2]

ਕਤਲ (कतल) /katala カタル/ [Arab. *qatl*] *m.* **1** 殺害, 殺し. (⇒ਹੱਤਿਆ, ਹਿੰਸਾ) **2** 殺人. **3** 謀殺, 暗殺.

ਕੱਤਲ (कत्तल) /kattala カッタル/ *f.* (煉瓦や石の)かけら, 裂片. (⇒ਠੀਕਰੀ)

ਕਤਲਗਾਹ (कतलगाह) /katalagâ カタルガー/ [Arab. *qatl* Pers.*-gāh*] *f.* **1** 処刑場. **2** 絞首台. **3** 屠殺場. **4** 大殺戮現場.

ਕਤਲੰਮਾ (कतलंमा) /katalammā カトランマー/ [Pers.] *m.* 〖料理〗厚いプーリー ਪੂਰੀ の一種. (⇒ਮੋਟੀ ਲੁੱਚੀ)

ਕਤਲਾਮ (कतलाम) /katalāma カトラーム/ ▶ਕਤਲੇਆਮ [Arab. *qatl `ām*] *m.* **1** 虐殺, 殺戮. **2** 大虐殺, 大殺戮, 大量殺人, 皆殺し.

ਕਤਲੇਆਮ (कतलेआम) /kataleāma カトレーアーム/ ▶ਕਤਲਾਮ *m.* → ਕਤਲਾਮ

ਕਤਵਾਉਣਾ (कतवाउणा) /katawāuṇā カトワーウナー/ ▶ਕਤਾਉਣਾ [cf. ਕੱਤਣਾ] *vt.* 紡がせる, 紡いでもらう.

ਕਤਵਾਈ (कतवाई) /katawāī カトワーイー/ ▶ਕਤਾਈ [cf. ਕੱਤਣਾ] *f.* **1** 紡がせること, 紡ぐこと, 糸紡ぎ, 紡績. **2** 糸紡ぎの労賃.

ਕੱਤਾ[1] (कत्ता) /kattā カッター/ *f.* 〖武〗まっすぐな広刃の短剣.

ਕੱਤਾ[2] (कत्ता) /kattā カッター/ ▶ਕੱਤਕ, ਕੱਤਿਕ, ਕੱਤੇਂ, ਕਤੇਂਹ, ਕਾਰਤਿਕ [(Mal.)] *m.* → ਕੱਤਕ

ਕਤਾਉਣਾ (कताउणा) /katāuṇā カターウナー/ ▶ਕਤਵਾਉਣਾ *vt.* → ਕਤਵਾਉਣਾ

ਕਤਾਈ (कताई) /katāī カターイー/ ▶ਕਤਵਾਈ *f.* → ਕਤਵਾਈ

ਕਤਾਬ (कताब) /katāba カターブ/ ▶ਕਿਤਾਬ *f.* → ਕਿਤਾਬ

ਕਤਾਰ (कतार) /katāra カタール/ [Arab. *qitār*] *f.* **1** 線. **2** 列, 行列, 並び. **3** 連続, 連なったもの. **4** 順序.

ਕਤਾਰੋ ਕਤਾਰ (कतारो कतार) /katāro katāra カターローカタール/ [+ ਓ + Arab. *qitār*] *adv.* 列に並んで, 連続して, 連なって. (⇒ਪਾਲੋ ਪਾਲ)

ਕੱਤਾਲ (कत्ताल) /kattāla カッタール/ [Arab. *qattāl*] *m.* 殺害者, 殺人者, 殺人犯.

ਕਤਾਲੀ (कताली) /katālī カターリー/ ▶ਇਕਤਾਲੀ *ca.num., adj.* → ਇਕਤਾਲੀ

ਕਤਾਲੀਆਂ (कतालीआँ) /katālīā̃ カターリーアーン/ ▶ਇਕਤਾਲੀਆਂ, ਇਕਤਾਲੀਵਾਂ *or.num. adj.* → ਇਕਤਾਲੀਵਾਂ

ਕੱਤਿਕ (कत्तिक) /kattika カッティク/ ▶ਕੱਤਕ, ਕੱਤਾ, ਕੱਤੇਂ, ਕਤੇਂਹ, ਕਾਰਤਿਕ *m.* → ਕੱਤਕ

ਕਤੀਰਾ (कतीरा) /katīrā カティーラー/ *m.* 〖道具〗ブリキ職人や金細工職人が使う鋏(はさみ).

ਕਤੂਰਾ (कतूरा) /katūrā カトゥーラー/ *m.* 〖動物〗子犬.

ਕੱਤੇਂ (कत्तें) /kattẽ カッテーン/ ▶ਕੱਤਕ, ਕੱਤਾ, ਕੱਤਿਕ, ਕਤੇਂਹ, ਕਾਰਤਿਕ [(Maj.)] *m.* → ਕੱਤਕ

ਕਤੇਂਹ (कतेंह) /katê カテーン/ ▶ਕੱਤਕ, ਕੱਤਾ, ਕੱਤਿਕ, ਕੱਤੇਂ, ਕਾਰਤਿਕ [(Lah.)] *m.* → ਕੱਤਕ

ਕਥ (कथ) /katʰa カト/ ▶ਕਥਾ [Skt. कथा] *f.* 物語. (⇒ਕਹਾਣੀ)

ਕੱਥਕ (कत्थक) /kattʰaka カッタク/ [Skt. कथक] *m.* 〖舞踊〗カタック《北インドの舞踊》.

ਕਥਣਾ[1] (कथणा) /katʰaṇā カタナー/ [cf.Skt. कथन] *vt.* **1** 話す, 語る. (⇒ਬੋਲਣਾ) **2** 詩を作る, 詩作する. (⇒ਕਵਿਤਾ ਬਣਾਉਣਾ)

ਕਥਣਾ[2] (कथणा) /katʰaṇā カタナー/ [(Lah.)] *vt.* 輝かせる, 磨く. (⇒ਚਮਕਾਉਣਾ)

ਕਥਤ (कथत) /katʰata カタト/ ▶ਕਥਿਤ [Skt. कथित] *adj.* → ਕਥਿਤ

ਕਥਨ (कथन) /katʰana カタン/ [Skt. कथन] *m.* **1** 語り, 言い回し. (⇒ਵਿਵਰਣ) **2** 語られたこと, 言説, 陳述.

ਕਥਨੀ (कथनी) /katʰanī カタニー/ [-ਈ] *f.* **1** 言うこと, 語り. **2** 告白.

ਕਥਾ (कथा) /katʰā カター/ [Skt. कथा] *f.* **1** 話, 物語. (⇒ਕਹਾਣੀ) **2** 言い伝え, 伝説. **3** 逸話. **4** 説教. **5** 宗教説話.

ਕੱਥਾ (कत्था) /kattʰā カッター/ [Skt. क्वाथ] *m.* 〖薬剤〗阿仙薬.

ਕਥਾਕਲੀ (कथाकली) /katʰākalī カターカリー/ *f.* 〖舞踊〗カタカリ《ケーララの舞踊》.

ਕਥਾਕਾਰ (कथाकार) /katʰākāra カターカール/ [Skt. कथा Skt.-कार] *m.* **1** 物語の書き手. **2** 物語の語り手.

ਕਥਾਨਕ (कथानक) /katʰānaka カターナク/ [Skt. कथानक] *m.* **1** 物語のあらすじ. (⇒ਕਥਾ ਦਾ ਸਾਰ) **2**(小説の)筋. (⇒ਕਥਾ ਦਾ ਸਾਰ)

ਕਥਾਵਾਚਕ (कथावाचक) /katʰāwācaka カターワーチャク/ [Skt. कथा Skt.-वाचक] *m.* 物語の語り手.

ਕਥਿਤ (कथित) /katʰita カティト/ ▶ਕਥਤ [Skt. कथित] *adj.* **1** 言われた, 述べられた, 語られた. (⇒ਕਿਹਾ ਹੋਇਆ) **2** 件の, 例の. **3** いわゆる, 俗に言う.

ਕਦ (कद) /kada カド/ ▶ਕਡਨ, ਕਡਾਂ, ਕਡੀਂ, ਕਡੀ, ਕਤ, ਕਦਣ, ਕਦਨ, ਕਦੋਂ *adv.* → ਕਦੋਂ

ਕੱਦ (कद्द) /kadda カッド/ [Arab. *qadd*] *m.* **1** 高さ. **2** 身長, 背丈. (⇒ਕਾਮਤ) **3** 大きさ.

ਕੱਦ ਆਵਰ (कद्द आवर) /kadda āwara カッド アーワル/ *adj.* 背の高い.

ਕੱਦ ਕਾਠ (कद्द काठ) /kadda kāṭʰa カッド カート/ *m.* **1** 体格. **2** 身長, 背丈.

ਕਦਣ (कदण) /kadaṇa カダン/ ▸ਕਡਨ, ਕਡਾਂ, ਕਡੀਂ, ਕਡੀ, ਕਤ, ਕਦ, ਕਦਨ, ਕਦੋਂ *adv.* → ਕਦੋਂ

ਕਦਨ (कदन) /kadana カダン/ ▸ਕਡਨ, ਕਡਾਂ, ਕਡੀਂ, ਕਡੀ, ਕਤ, ਕਦ, ਕਦਣ, ਕਦੋਂ *adv.* → ਕਦੋਂ

ਕੱਦ ਬੁੱਤ (कद्द बुत्त) /kadda butta カッド ブット/ *m.* **1** 体格. **2** 身長, 背丈.

ਕਦਮ (कदम) /kadama カダム/ [Arab. *qadam*] *m.* **1** 足, 足下, 足元. **2** 歩み, 一歩. ❒ਕਦਮ ਵਧਾਉਣਾ 前進する. **3** 足取り, 歩調. ❒ਕਦਮ ਮਿਲਾਉਣਾ 歩調を合わせる. **4** 段階. **5** 措置, 処置, 手段. ❒ਕਦਮ ਚੁੱਕਣਾ 措置を取る, 手段を講ずる.

ਕੰਦਰ (कंदर) /kandara カンダル/ [Skt. कंदर] *f.* ほら穴. (⇒ਗੁਫਾ)

ਕਦਰ (कदर) /kadara カダル/ [Arab. *qadr*] *f.* **1** 見積もり, 測定, 評価, 高く評価すること. **2** 価値, 値打ち, 重要性, 価値を見定めること, 価値観. **3** 名誉, 尊敬すること, 敬うこと, 敬意, 尊重. **4** 量, 分量. **5** 程度.

ਕਦਰਸ਼ਨਾਸ (कदरशनास) /kadaraśanāsa カダルシャナース/ [Pers.-*śanās*] *adj.* 真価を認識している, 称賛している. (⇒ਕਦਰਦਾਨ)
— *m.* 後援者, ひいき客. (⇒ਕਦਰਦਾਨ)

ਕਦਰਸ਼ਨਾਸੀ (कदरशनासी) /kadaraśanāsī カダルシャナースィー/ [-ਈ] *f.* 後援, ひいき, 愛顧. (⇒ਕਦਰਦਾਨੀ)

ਕਦਰਦਾਨ (कदरदान) /kadaradāna カダルダーン/ [Arab. *qadr* Pers.-*dān*] *adj.* 真価を認識している, 称賛している. (⇒ਕਦਰਸ਼ਨਾਸ)
— *m.* 後援者, ひいき客. (⇒ਕਦਰਸ਼ਨਾਸ)

ਕਦਰਦਾਨੀ (कदरदानी) /kadaradānī カダルダーニー/ [Pers.-*dānī*] *f.* 後援, ひいき, 愛顧. (⇒ਕਦਰਸ਼ਨਾਸੀ)

ਕੰਦਰਾ (कंदरा) /kandarā カンドラー/ [Skt. कंदरा] *f.* ほら穴. (⇒ਗੁਫਾ)

ਕਦਾਈਂ (कदाईं) /kadāī̃ カダーイーン/ ▸ਕਡਾਹੀਂ [(Lah.)] *adv.* どこかに. (⇒ਕਿਤੇ)

ਕਦਾਈ (कदाई) /kadāī カダーイー/ *adv.* **1** 時々. (⇒ਕਦੀ ਕਦੀ) **2** 稀に, めったに…ない.

ਕਦਾਚਾਰ (कदाचार) /kadācāra カダーチャール/ [Skt. कत + Skt. आचार] *m.* **1** 非行, 不品行. (⇒ਬੁਰੀ ਚਾਲ) **2** 違法行為.

ਕਦਾਚਾਰੀ (कदाचारी) /kadācārī カダーチャーリー/ [Skt. कत + Skt. आचारिन्] *adj.* 非行の.

ਕਦਾਚਿਤ (कदाचित) /kadācita カダーチト/ [Skt. कदाचित्] *adv.* かつて.

ਕਦਾਵਰ (कदावर) /kadāwara カダーワル/ *adj.* たくましい.

ਕਦੀ (कदी) /kadī カディー/ ▸ਕਦੇ [Skt. कदापि] *adv.* **1** いつか. ❒ਕਦੀ ਕਦੀ 時々. ❒ਕਦੀ ਕਦਾਈਂ, ਕਦੀ ਕਦਾਈ 時々. **2** 決して, 絶対, 一度も(…ない)《否定文で》. ❒ਉਹ ਸਕੂਲ ਤੋਂ ਕਦੀ ਲੇਟ ਨਹੀਂ ਹੁੰਦੀ। 彼女は学校に決して遅刻しません.

ਕਦੀਮ (कदीम) /kadīma カディーム/ [Arab. *qadīm*] *adj.* **1** 古代の. **2** 以前の, 昔の.

ਕਦੀਮੀ (कदीमी) /kadīmī カディーミー/ [Pers. *qadīmī*] *adj.* **1** 古代の. **2** 以前の, 昔の.

ਕੱਦੂ (कद्दू) /kaddū カッドゥー/ [Pers. *kadū*] *m.* **1**〘植物〙カボチャ(南瓜). **2**〘植物〙ヒョウタン(瓢箪), ユウガオ(夕顔)などウリ科の植物.

ਕੱਦੂਕਸ਼ (कद्दूकश) /kaddūkaśa カッドゥーカシュ/ [Pers. *kadūkaś*] *m.*〘道具〙おろし金.

ਕੱਦੂਦਾਣਾ (कद्दूदाणा) /kaddūdāṇā カッドゥーダーナー/ [Pers. *kadūdāna*] *m.*〘虫〙ギョウチュウ, 蟯虫.

ਕਦੇ (कदे) /kade カデー/ ▸ਕਦੀ [Skt. कदापि] *adv.* **1** いつか, ある時, 時には. (⇒ਕਿਸੇ ਵੇਲੇ) ❒ਕਦੇ ਕਦੇ 時々. ❒ਕਦੇ ਕਦਾਈਂ, ਕਦੇ ਕਦਾਈ 時々. **2** 決して(…ない)《否定文で》. ❒ਚਲਦੀ ਗੱਡੀ ਤੇ ਕਦੇ ਨਹੀਂ ਚੜ੍ਹਨਾ ਚਾਹੀਦਾ। 動いている列車に決して飛び乗るべきではありません. ❒ਸਿਗਰਟ ਕਦੇ ਨਾ ਪੀਓ। 決して煙草を吸わないで.

ਕਦੋਂ (कदों) /kadō カドーン/ ▸ਕਡਨ, ਕਡਾਂ, ਕਡੀਂ, ਕਡੀ, ਕਤ, ਕਦ [Skt. कदा] *adv.* いつ. ❒ਤੁਸੀਂ ਚੰਡੀਗੜ੍ਹ ਕਦੋਂ ਗਏ ਸੋ? あなたはチャンディーガルにいつ行きましたか. ❒ਕਦੋਂ ਤੋਂ いつから.

ਕੰਧ (कंध) /kânda カンド/ [Skt. स्कंध] *f.* **1** 壁, 側壁, 壁面. (⇒ਦਿਵਾਰ) ❒ਜਲ੍ਹਿਆਂਵਾਲੇ ਬਾਗ਼ ਦੇ ਲਾਗਲੇ ਘਰਾਂ ਦੀਆਂ ਕੰਧਾਂ ਉੱਤੇ ਗੋਲੀਆਂ ਦੇ ਨਿਸ਼ਾਨ ਹੁਣ ਤਕ ਹਨ। ジャリアーン・ワーラー・バーグに隣接する家々の壁には銃弾の痕跡が今でも残っています. **2** 仕切り. ❒ਕੰਧ ਕਰਨੀ 仕切りを作る. **3** 障壁.

ਕੰਧਲਾ (कंधला) /kândalā カンドラー/ [(Pot.) + ਲਾ] *adj.* 壁際の, 端の, 隅の. (⇒ਕਿਨਾਰੇ ਦਾ)

ਕੰਧਲੀ (कंधली) /kândalī カンドリー/ [Skt. कण्ठ] *f.*〘装〙首飾り, ネックレス《一般的には子供, 時には女性が身につける物を指す》. (⇒ਗਲੇ ਦਾ ਹਾਰ)

ਕੰਧਾ (कंधा) /kândā カンダー/ [Skt. स्कंध] *m.*〘身体〙肩. (⇒ਮੋਢਾ)

ਕੰਧਾਲੀ (कंधाली) /kandălī カンダーリー/ *f.*〘道具〙つるはし.

ਕੰਧੀ (कंधी) /kândī カンディー/ [(Lah.)] *f.* **1**(川・運河の)岸, 土手. **2** 土手.

ਕੰਧੋਲੀ (कंधोली) /kandŏlī カンドーリー/ *f.* **1** 低い壁. **2**〘寝具〙ぼろぼろの掛け布団. (⇒ਪੁਰਾਣੀ ਰਜ਼ਾਈ)

ਕੰਨ (कंन) /kanna カンヌ/ ▸ਕਾਨ [(Pkt. कन्न) Skt. कर्ण] *m.* **1**〘身体〙耳. ❒ਕੰਨ ਸੰਬੰਧੀ 耳の, 聴覚の. ❒ਕੰਨ ਸੁੱਟਣੇ 気分がすぐれないように見える, 意気消沈したように見える. ❒ਕੰਨ ਸੇਕਣੇ 打ちのめす, 罰する. ❒ਕੰਨ ਹੋ ਜਾਣੇ 用心する, 教訓を学ぶ. ❒ਕੰਨ ਕੱਟਣਾ 狡猾さで勝る. ❒ਕੰਨ ਕਰਨਾ 熱心に耳を傾ける. ❒ਕੰਨ ਖੜਿੱਕੇ ਲੈਣਾ 聞き耳を立てる, 盗み聞きする. ❒ਕੰਨ ਖੜੇ ਹੋਣੇ 驚く, びっくりする. ❒ਕੰਨ ਖੜੇ ਕਰਨੇ 耳をぴんと立てる, 耳をそばだてる. ❒ਕੰਨ ਖਾਣਾ きしませる, うるさくする. ❒ਕੰਨ ਚੁੱਕਣੇ 警戒する, 熱心に耳を傾ける. ❒ਕੰਨ ਝਾੜ たしなめ, 軽い叱責, 警告. ❒ਕੰਨ ਦੀ ਸੋਜ 耳炎. ❒ਕੰਨ ਦੀ ਮੈਲ 耳あか, 耳くそ. ❒ਕੰਧ ਦੇ ਵੀ ਕੰਨ ਹੁੰਦੇ ਹਨ। 壁にも耳があるものだ〔諺〕〈壁に耳あり障子に目あり〉. ❒ਕੰਨ ਧਰਨਾ 耳を傾ける. ❒ਕੰਨ ਨਾ ਹਿਲਾਉਣਾ 服従する, 異議なく従う. ❒ਕੰਨ ਨਾ ਧਰਨਾ 耳を貸さない, 聞く耳を持たない, 無視する. ❒ਕੰਨ ਪੁੱਟਣੇ 耳をねじる, 耳を引っぱる, じゃまをする, たしなめる. ❒ਕੰਨ ਰਸ 噂話を聞くのを好むこと. ❒ਕੰਨਾਂ ਤੇ ਹੱਥ ਧਰਨੇ 両耳に手を置く, 知らないふりをする, 無実を誓う. **2**〘身体〙外耳.

ਕਨਸ[1] (**कनस**) /kanasa カナス/ [(Lah.) Skt. खुनस] *f.* **1** 嫉妬. (⇒ਈਰਖਾ) **2** 悪意. (⇒ਵੈਰ)

ਕਨਸ[2] (**कनस**) /kanasa カナス/ ▸ਕਾਨਸ, ਕਾਰਨਸ, ਕਾਰਨਿਸ *f.* → ਕਾਰਨਿਸ

ਕਨਸਤਰ (**कनसतर**) /kanasatara カナスタル/ ▸ਕਨੱਸਤਰ [Eng. *canister*] *m.* 〖容器〗(金属製の)小缶. (⇒ਟੀਨ ਦਾ ਪੀਪਾ)

ਕਨੱਸਤਰ (**कनस्सतर**) /kanassatara カナッサタル/ ▸ਕਨਸਤਰ *m.* → ਕਨਸਤਰ

ਕਨਸਰਵੇਟਰ (**कनसरवेटर**) /kanasaravetara カンサルヴェータル/ ▸ਕਨਜ਼ਰਵੇਟਰ [Eng. *conservator*] *m.* **1** 保存者, 保護者. **2** (博物館などの)管理者, 館員. **3** (河川などの)管理委員, 管理局員.

ਕਨਸੈਸ਼ਨ (**कनसैशन**) /kanasaiśana カンサェーシャン/ [Eng. *concession*] *m.* 割引. (⇒ਰਿਆਇਤ)

ਕਨਸੋ (**कनसो**) /kanaso カンソー/ [Skt. कर्ण + Skt. श्रुत] *f.* **1** 暗示. **2** ヒント. **3** 噂. **4** 情報.

ਕੰਨ੍ਹ (**कंन्ह**) /kânna カンヌ/ ▸ਕੰਨ੍ਹਾ *m.* → ਕੰਨ੍ਹਾ

ਕਨ੍ਹਈਆ (**कन्हईआ**) /kanaĩā カナイーアー/ ▸ਘਨਈਆ [(Pkt. कण्ह) Skt. कृष्ण ; cf. Hin. कन्हैया] *m.* **1** 〖ヒ〗カンハイヤー《クリシュナ神の異名の一つ》. (⇒ਕਰਿਸ਼ਨ) **2** 〖人名〗カンハイヤー《男子名》. **3** 〖比喩〗最愛の人. **4** 〖比喩〗美男子.

ਕੰਨ੍ਹਾ (**कंन्हा**) /kânnā カンナー/ ▸ਕੰਨ੍ਹ [Skt. स्कन्ध] *m.* **1** 〖動物〗頸木(くびき)を付けた牡牛の首. **2** 〖動物〗き甲《牛馬の肩甲骨間の隆起》. **3** 〖身体〗肩. ❐ ਕੰਨ੍ਹਾ ਡਾਹੁਣਾ, ਕੰਨ੍ਹਾ ਦੇਣਾ 肩を差し出す, 引き受ける, (困難な仕事を)助ける.

ਕਨਕ (**कनक**) /kanaka カナク/ [Skt. कनक] *m.* 〖金属〗金. (⇒ਸੋਨਾ)

ਕਨਕੋੜ (**कनकोड़**) /kanakora カンコール/ ▸ਕੰਗਰੂੜ, ਕੰਗਰੋੜ *f.* → ਕੰਗਰੋੜ

ਕੰਨਖਜੂਰਾ (**कंनखजूरा**) /kannak^{h}ajūrā カンヌカジューラー/ *m.* 〖虫〗ムカデ, 百足.

ਕਨਜ਼ਰਵੇਟਰ (**कनज़रवेटर**) /kanazaravetara カンザルヴェータル/ ▸ਕਨਸਰਵੇਟਰ *m.* → ਕਨਸਰਵੇਟਰ

ਕਨਟਨਜੈਂਸੀ (**कनटनजैंसी**) /kanatanajãĩsī カンタンジャェーンスィー/ [Eng. *contingency*] *f.* **1** 偶発事件, 不慮の出来事. **2** 偶然性, 偶発性.

ਕਨਟੋਪ (**कनटोप**) /kanatopa カントープ/ *m.* 〖衣服〗耳の覆いのついた帽子, 僧帽.

ਕਨਡੈਂਸਰ (**कनडैंसर**) /kanadãĩsara カンダェーンサル/ ▸ਕੰਡੈਂਸਰ *m.* → ਕੰਡੈਂਸਰ

ਕੰਨਪਟੀ (**कंनपटी**) /kannapatī カンヌパティー/ ▸ਕਨਪਟੀ [Skt. कर्ण + Skt. पट्टिका] *f.* **1** 〖身体〗こめかみ. (⇒ਪੁੜਪੁੜੀ) **2** 〖身体〗こめかみと耳の間の部分.

ਕਨਪਟੀ (**कनपटी**) /kanapatī カンパティー/ ▸ਕੰਨਪਟੀ *f.* → ਕੰਨਪਟੀ

ਕੰਨਪਾਟਾ (**कंनपाटा**) /kannapātā カンヌパーター/ *adj.* 耳に穴を開けた.

— *m.* 〖ヒ〗ヨーガの一派, 托鉢行者の一派.

ਕੰਨਪੇਲ੍ਹਾ (**कंनपेल्हा**) /kannapêlā カンヌペーラー/ ▸ਕੰਨਪੇੜਾ, ਕਨਪੇੜਾ [(Pot.)] *m.* → ਕਨਪੇੜਾ

ਕੰਨਪੇੜਾ (**कंनपेड़ा**) /kannaperā カンヌペーラー/ ▸ਕੰਨਪੇਲ੍ਹਾ, ਕਨਪੇੜਾ [(Pot.)] *m.* → ਕਨਪੇੜਾ

ਕਨਪੇੜਾ (**कनपेड़ा**) /kanaperā カンペーラー/ ▸ਕੰਨਪੇਲ੍ਹਾ, ਕੰਨਪੇੜਾ [(Pot.)] *m.* **1** 〖医〗耳の後ろの腫れ物. (⇒ਕਨੇਡੂ) **2** 〖医〗流行性耳下腺炎, お多福風邪. (⇒ਕਨੇਡੂ)

ਕੰਨਫੂਲ (**कंनफूल**) /kannap^{h}ūla カンヌプール/ ▸ਕਰਣਫੂਲ, ਕਰਨਫੂਲ [Skt. कर्ण + Skt. फुल्ल] *m.* 〖装〗耳たぶに付ける貴金属製の耳飾り.

ਕਨਯਾ (**कन्या**) /kanyā カニャー/ ▸ਕੰਨਿਆਂ *f.* → ਕੰਨਿਆਂ

ਕਨਵੋਕੇਸ਼ਨ (**कनवोकेशन**) /kanavokeśana カンヴォーケーシャン/ [Eng. *convocation*] *f.* **1** (会議・議会の)招集. **2** 集会. **3** 〖キ〗(教会の)聖職会議.

ਕੰਨੜ (**कंनड़**) /kannara カンナル/ *f.* カンナダ語《カルナータカ州の公用語》.

— *adj.* カンナダ語の.

ਕੰਨਾ (**कंना**) /kannā カンナー/ [Skt. कर्ण] *m.* 〖文字〗カンナー《長母音「アー」を表す, グルムキー文字の母音記号 ਾ の名称. カンヌ「耳」から生まれた名称. 子音字の脇に付いている母音記号を, 頭部の脇に付いている耳に見立てたとされる. ਾ の形は, もとは丸い点であったのが変化して, 現在の短い縦線となった》.

ਕਨਾਇਤ (**कनाइत**) /kanāita カナーイト/ [Arab. *qanā`at*] *f.* **1** 満足, 満足感, 充足. (⇒ਸੰਤੋਖ) **2** 少ない物で満足すること, 忍耐, 我慢.

ਕਨਾਤ[1] (**कनात**) /kanāta カナート/ [Pers. *qanāt*] *f.* テントの壁, 幔幕.

ਕਨਾਤ[2] (**कनात**) /kanāta カナート/ [Arab.] *f.* **1** 〖武〗長柄の槍. (⇒ਨੇਜ਼ਾ) **2** 〖身体〗背骨, 脊柱. (⇒ਰੀੜ੍ਹ, ਕੰਗਰੋੜ)

ਕਨਾਤਰਾ (**कनातरा**) /kanātarā カナートラー/ ▸ਕਨੌਤਰਾ [Skt. कर्ण + Skt. तुङ्ग] *m.* 〖動物〗馬・驢馬・騾馬などの耳の先端.

ਕਨਾਰ (**कनार**) /kanāra カナール/ [Pers.] *m.* 〖医〗顎の下が腫れ鼻汁が流れる症状の馬の病気.

ਕਨਾਰੀ (**कनारी**) /kanārī カナーリー/ ▸ਕਿਨਾਰੀ [Pers. *kinār*] *f.* **1** (布や衣服などの)縁. **2** 金銀の縁飾り.

ਕਨਾਲ (**कनाल**) /kanāla カナール/ *f.* 〖面積〗 8分の1エーカー相当の面積単位.

ਕੰਨਿ (**कंनि**) /kanni カンニ/ [Skt. स्कंध] *adv.* 壁に. (⇒ਕੰਧ ਤੇ)

ਕੰਨਿਆਂ (**कंनिआँ**) /kanniā̃ カンニアーン/ ▸ਕਨਯਾ [Skt. कन्या] *f.* **1** 処女, 乙女, 未婚の女性. **2** 少女, 女子. **3** 〖親族〗娘.

ਕੰਨੀ[1] (**कंनी**) /kannī カンニー/ [Skt. कर्णिका] *f.* 端, 端末, (布や衣服などの)縁. ❐ਕੰਨੀ ਕਤਰਾਉਣਾ 避ける, 回避する, 怠る.

ਕੰਨੀ[2] (**कंनी**) /kannī カンニー/ [Skt. कर्ण -ਈ] *adv.* 耳に, 耳で. (⇒ਕੰਨਾਂ ਰਾਹੀਂ, ਕੰਨਾਂ ਵਿੱਚ)

ਕੰਨੀ[3] (**कंनी**) /kannī カンニー/ [(Mal.)] *adv.* **1** 方に, 方向に. **2** 側に.

— *postp.* **1** …の方に, …の方向に. **2** …の側に.

ਕਨੀਜ਼ (**कनीज़**) /kanīza カニーズ/ *f.* **1** 奴隷女. **2** 下女. **3** 内妻, めかけ.

ਕਨੂੰ (**कनूँ**) /kanū̃ カヌーン/ [(Lah.)] *adv.* どこから. (⇒ਕਿੱਥੋਂ)

ਕਨੂਣੀ (कनूणी) /kanūṇī カヌーニー/ *f.* 〖身体〗耳たぶ, 外耳. (⇒ਕੰਨ ਦਾ ਬਾਹਰਲਾ ਹਿੱਸਾ)

ਕਨੂੰਨ (कनूँन) /kanū̃na̸ カヌーンヌ/ ▸ਕਨੂਨ, ਕਾਨੂੰਨ, ਕਾਨੂਨ [Arab. *qānūn*] *m.* **1** 法, 法律, 法規. **2** 規則, 規定. **3** 掟, 決まり. **4** 原理, 原則.

ਕਨੂਨ (कनून) /kanūna̸ カヌーン/ ▸ਕਨੂੰਨ, ਕਾਨੂੰਨ, ਕਾਨੂਨ *m.* → ਕਨੂੰਨ

ਕਨੂੰਨਸਾਜ਼ (कनूँनसाज़) /kanū̃na̸sāza̸ カヌーンヌサーズ/ [Arab. *qānūn* Pers.*-sāz*] *m.* **1** 〖政治〗法律制定者, 立法者. **2** 〖政治〗国会議員.

— *adj.* 〖政治〗立法の, 立法権のある.

ਕਨੂੰਨਸਾਜ਼ੀ (कनूँनसाज़ी) /kanū̃na̸sāzī カヌーンヌサーズィー/ [Pers.*-sāzī*] *f.* 〖政治〗法律制定, 立法.

ਕਨੂੰਨਦਾਨ (कनूँनदान) /kanū̃na̸dāna̸ カヌーンヌダーン/ [Arab. *qānūn* Pers.*-dān*] *m.* **1** 〖法〗法学者. **2** 〖法〗法律家, 弁護士. **3** 〖法〗法律専門家.

ਕਨੂੰਨਨ (कनूँनन) /kanū̃nana̸ カヌーンナン/ [Arab. *qānūnan*] *adv.* 法律に従って.

ਕਨੂੰਨੀ (कनूँनी) /kanū̃nī カヌーンニー/ [Pers. *qānūnī*] *adj.* **1** 法律の, 法律に関する, 法的な, 法律上の, 法律に基づく. **2** 合法の, 合法的な, 適法の, 法律上正当な, 正当な.

ਕਨੂਲੀ (कनूली) /kanūlī カヌーリー/ [Skt. कर्ण + Skt. नाल] *f.* 〖身体〗耳の穴, 外聴道. (⇒ਕੰਨ ਦਾ ਬਾਹਰਲਾ ਸੁਰਾਖ)

ਕਨੇਡਾ[1] (कनेडा) /kaneḍā カネーダー/ ▸ਕੈਨੇਡਾ [Eng. *Canada*] *m.* 〖国名〗カナダ.

ਕਨੇਡਾ[2] (कनेडा) /kaneḍā カネーダー/ ▸ਕਨੇਡੂ *m.* → ਕਨੇਡੂ

ਕਨੇਡੂ (कनेडू) /kaneḍū カネードゥー/ ▸ਕਨੇਡਾ [Skt. कर्ण + ਪੀੜਾ] *m.* **1** 〖医〗耳の後ろの腫れ物. (⇒ਕਨਪੇੜਾ) **2** 〖医〗流行性耳下腺炎, お多福風邪. (⇒ਕਨਪੇੜਾ)

ਕਨੇਰ (कनेर) /kanera̸ カネール/ [Skt. कणेर] *f.* 〖植物〗キョウチクトウ(夾竹桃)《キョウチクトウ科の低木》.

ਕਨੌਤਰਾ (कनौतरा) /kanauta̸rā カナォートラー/ ▸ਕਨਾਤਰਾ *m.* → ਕਨਾਤਰਾ

ਕਨੌਤੀ (कनौती) /kanautī カナォーティー/ *f.* 〖動物〗馬・驢馬・騾馬などの耳の先端.

ਕਨੌੜਾ (कनौड़ा) /kanauṛā カナォーラー/ *m.* 〖文字〗カナォーラー《長母音「アォー」を表す, グルムキー文字の母音記号 ੌ の名称. 一説では ਕਨੌੜਾ カナォーラーは ਕੰਨਾ ਉੜਾ の結合変化形. ਕੰਨਾ は長母音「アー」を表す母音記号 ਾ の名称. ਉੜਾ は3種の母音字 ੳ「ウ」, ੳ「ウー」, ੳ「オー」の基となる文字 ੳ の名称. 両方の発音が融合した「アォー」の音を表す名称として ਕੰਨਾ ਉੜਾ を結合変化させたもの. また別の説では ਕਨੌੜਾ カナォーラーは ਕੰਨ ਹੋੜਾ カンヌ・ホーラー「耳の形のホーラー」の結合変化形. ਹੋੜਾ ホーラーは「両端の曲がった閂(かんぬき)棒」の意味で, 長母音「オー」を表す母音記号 ੋ の名称. 現在のカナォーラー ੌ の形はホーラー ੋ の中ほどに点を加えたものであるが, 古い形はホーラーの右にさらに小さな半円を加えたものであった. 加えた半円がちょうど耳たぶに相当し, 全体として耳の形に見えたので ਕੰਨ カンヌ「耳」が名称に含まれるようになったと言われる》.

ਕੰਪ[1] (कंप) /kampa̸ カンプ/ [Skt. कंप] *f.* **1** 震え, 震動. (⇒ਥਰਥਰਾਹਟ) **2** (恐怖や寒さなどのために)震えること, おののき.

ਕੰਪ[2] (कंप) /kampa̸ カンプ/ ▸ਕੈਂਪ [Eng. *camp*] *m.* → ਕੈਂਪ

ਕੱਪ (कप्प) /kappa̸ カップ/ [Eng. *cup*] *m.* **1** 〖容器〗カップ, 取っ手の付いた茶碗. **2** 優勝杯. **3** 〖競技〗優勝杯争奪戦.

ਕਪਕਪੀ (कपकपी) /kapa̸kapī カプカピー/ *f.* 震え.

ਕਪਟ (कपट) /kapaṭa̸ カパト/ ▸ਕਾਪਟ [Skt. कपट] *m.* **1** 不誠実, 不真面目. **2** ごまかし. **3** 欺くこと, だますこと, 詐欺.

ਕਪਟਤਾ (कपटता) /kapaṭatā カパタター/ [Skt.-ता] *f.* **1** 不誠実, 不真面目. **2** ごまかし. **3** 欺くこと, だますこと, 詐欺.

ਕਪਟੀ (कपटी) /kapa̸ṭī カプティー/ *adj.* **1** 嘘つきの, 人をだます, 欺瞞的な. **2** ずるい, 邪な, 陰険な. **3** 偽の, 偽造の.

ਕੱਪਣਾ (कप्पणा) /kappaṇā カッパナー/ [(Pot.) Skt. कल्पन] *vt.* **1** 切る, 切り取る. (⇒ਵੱਢਣਾ) **2** 切断する, 切り離す. (⇒ਕੱਟਣਾ) **3** 切り刻む, ぶち切る.

ਕੰਪਣੀ (कंपणी) /kampaṇī カンパニー/ ▸ਕੰਪਨੀ *f.* → ਕੰਪਨੀ

ਕਪਤਾਨ (कपतान) /kapa̸tāna̸ カプターン/ ▸ਕੈਪਟਨ [Eng. *captain*] *m.* **1** 首領, 指導者. **2** 船長, 機長. **3** キャプテン, 主将.

ਕੰਪਨੀ (कंपनी) /kampanī カンパニー/ ▸ਕੰਪਣੀ [Eng. *company*] *f.* **1** 会社, 商会. **2** 仲間, 連れ, 友人, 団体.

ਕੱਪਰ (कप्पर) /kappara̸ カッパル/ [Skt. कपर] *m.* **1** 固い粘土質の土壌, この土壌の地域. **2** 急勾配の土手.

ਕਪਰੀ (कपरी) /kaparī カパリー/ ▸ਕਪਰੀਲੀ [-ਈ] *adj.* 粘土質の, 粘土質の土壌の.

ਕਪਰੀਲੀ (कपरीली) /kapa̸rīlī カプリーリー/ ▸ਕਪਰੀ *adj.* → ਕਪਰੀ

ਕਪਲਵਸਤੂ (कपलवसतू) /kapala̸wasa̸tū カパルワストゥー/ *m.* 〖地名〗カピラヴァストゥ《釈迦(ブッダ)生誕の国の名. 釈迦の父親の浄飯王(スッドーダナ)の城の名》.

ਕਪੜ (कपड़) /kapaṛa̸ カパル/ ▸ਕੱਪੜ *m.* → ਕੱਪੜ

ਕੱਪੜ (कप्पड़) /kappaṛa̸ カッパル/ ▸ਕਪੜ [Skt. कर्पट] *m.* **1** ਕੱਪੜਾ の異形で, 「布」「切れ」などの意味を表す造語要素として用いられる. **2** 大量の布・衣類, 布・衣類の山.

ਕੱਪੜ-ਹਾਨ (कप्पड़-हान) /kappaṛa̸-hāna̸ カッパル・ハーン/ *f.* 布が焼ける臭い.

ਕੱਪੜ-ਕੋਟ (कप्पड़-कोट) /kappaṛa̸-koṭa̸ カッパル・コート/ *m.* **1** 布製の天幕, テント. (⇒ਤੰਬੂ) **2** 衣類の山.

ਕੱਪੜ-ਕੋਠਾ (कप्पड़-कोठा) /kappaṛa̸-koṭ^{h}ā カッパル・コーター/ *m.* 布製の天幕, テント. (⇒ਤੰਬੂ)

ਕੱਪੜ-ਛਾਣ (कप्पड़-छाण) /kappaṛa̸-c^{h}āṇa̸ カッパル・チャーン/ *adj.* 布で濾した.

— *m.* 布で濾すこと, 布で濾したもの, 裏濾し.

ਕਪੜਾ (कपड़ा) /kapa̸ṛā カプラー/ ▸ਕੱਪੜਾ *m.* → ਕੱਪੜਾ

ਕੱਪੜਾ (कप्पड़ा) /kappaṛā カッパラー/ ▸ਕਪੜਾ [Skt.

ਕਰਪਟ] *m.* **1**〖布地〗布, 切れ, 布地, 生地, 織物. ❐ ਕੱਪੜਾ ਕਰਨਾ, ਕੱਪੜਾ ਲੈਣਾ (頭・顔・身を)布で覆う. **2**〖衣服〗衣服, 衣類, 衣装, 着物, 服装.

ਕੱਪੜੀਂ (कप्पड़ीं) /kappaṛī̃ カッパリーン/ *adv.* 衣服を着て. ❐ਤਿੰਨੀਂ ਕੱਪੜੀਂ 着のみ着のまま.

ਕਪੜੇ (कपड़े) /kapaṛe カプレー/ ▸ਕੱਪੜੇ *m.* → ਕੱਪੜੇ

ਕੱਪੜੇ (कप्पड़े) /kappaṛe カッパレー/ ▸ਕਪੜੇ [Skt. कर्पट] *m.* **1**〖衣服〗《ਕੱਪੜਾ の複数形》衣服, 衣類, 衣装, 着物, 服装. ❐ਕੱਪੜਿਆਂ ਤੋਂ ਬਾਹਰ ਹੋਣਾ 激怒する, 怒り狂う, 怒鳴り散らす. ❐ਕੱਪੜੇ ਪਾਉਣਾ 衣服を着る. ❐ਕੱਪੜੇ ਲਾਹੁਣੇ 衣服を脱ぐ. **2**〖生理〗月経, 生理. ❐ਕੱਪੜੇ ਆਉਣੇ 月経がある, 月のものが始まる.

ਕੰਪਾਸ (कंपास) /kampāsa カンパース/ [Eng. *compass*] *f.* **1**〖器具〗羅針盤. **2**〖器具〗コンパス, 両脚規.

ਕਪਾਹ (कपाह) /kapâ カパー/ [Skt. कर्पास] *f.* **1**〖植物〗ワタノキ(綿の木), キダチワタ(木立綿)《アオイ科の低木》. **2** 綿, 綿花.

ਕਪਾਲ (कपाल) /kapāla カパール/ [Skt. कपाल] *m.* **1**〖身体〗頭. (⇒ਸਿਰ) **2**〖身体〗頭蓋骨. **3**〖身体〗額.

ਕੰਪਿਊਟਰ (कंपिऊटर) /kampiūṭara カンピウータル/ ▸ਕੰਪੂਟਰ [Eng. *computer*] *m.*〖電算〗コンピューター.

ਕੰਪਿਊਟਰੀ (कंपिऊटरी) /kampiūṭarī カンピウータリー/ [-ਈ] *adj.*〖電算〗コンピューターの.
— *f.* **1**〖電算〗コンピューターの操作. **2** コンピューターによる仕事.

ਕੰਪੀਟੀਸ਼ਨ (कंपीटीशन) /kampīṭīśana カンピーティーシャン/ [Eng. *competition*] *m.* **1** 競争. **2** 競技, 試合.

ਕਪੁਤ (कपुत) /kaputa カプト/ ▸ਕਪੁੱਤ, ਕਪੁੱਤਰ, ਕੁਪੁੱਤ, ਕੁਪੁਤਰ, ਕੁਪੁੱਤਰ *m.* → ਕਪੁੱਤਰ

ਕਪੁੱਤ (कपुत्त) /kaputta カプット/ ▸ਕਪੁਤ, ਕਪੁੱਤਰ, ਕੁਪੁੱਤ, ਕੁਪੁਤਰ, ਕੁਪੁੱਤਰ *m.* → ਕਪੁੱਤਰ

ਕਪੁੱਤਰ (कपुत्तर) /kaputtara カプッタル/ ▸ਕਪੁਤ, ਕਪੁੱਤ, ਕੁਪੁੱਤ, ਕੁਪੁਤਰ, ਕੁਪੁੱਤਰ [Skt. कु- पुत्र] *m.* 不肖の息子, 親不孝な息子.

ਕੰਪੂਟਰ (कंपूटर) /kampūṭara カンプータル/ ▸ਕੰਪਿਊਟਰ *m.* → ਕੰਪਿਊਟਰ

ਕਪੂਰ[1] (कपूर) /kapūra カプール/ [Skt. कर्पूर] *m.* 樟脳.

ਕਪੂਰ[2] (कपूर) /kapūra カプール/ *m.*〖姓〗カプール《カッタリー(クシャトリヤ)の姓の一つ》.

ਕਪੂਰਥਲਾ (कपूरथला) /kapūratʰalā カプールタラー/ *m.*〖地名〗カプールタラー《ビアース川の東側に位置するインドのパンジャーブ州の都市》.

ਕਪੂਰੀ (कपूरी) /kapūrī カプーリー/ [Skt. कर्पूर -ਈ] *adj.* **1** 樟脳色の, 薄黄色の. **2** 樟脳から作られた.
— *f.* **1** 樟脳色, 薄黄色. **2** 樟脳から作られたもの.

ਕੰਪੋਜ਼ਿੰਗ (कंपोज़िंग) /kampoziṅga カンポーズィング/ [Eng. *composing*] *f.* 植字.

ਕੰਪੋਜ਼ੀਟਰ (कंपोज़ीटर) /kampozīṭara カンポーズィータル/ [Eng. *compositor*] *m.* 植字工.

ਕੰਪੋਡਰ (कंपोडर) /kampoḍara カンポーダル/ ▸ਕਮਪੋਂਡਰ [Eng. *compounder*] *m.* 混合者, 調合者, 示談者, 和議調停者.

ਕਪੋਲ (कपोल) /kapola カポール/ [Skt. कपोल] *m.* 頬. (⇒ਗੱਲ੍ਹ, ਰੁਖ਼ਸਾਰ)

ਕਫ਼[1] (कफ़) /kafa カフ/ [Pers. *kaf*] *f.*〖生理〗痰. (⇒ਬਲਗ਼ਮ)

ਕਫ਼[2] (कफ़) /kafa カフ/ [Eng. *cuff*] *m.* **1**〖衣服〗(服・ワイシャツの)カフス, 袖. **2**〖衣服〗ズボンの裾の折り返し.

ਕਫ਼ਸ (कफ़स) /kafasa カファス/ [Pers. *qafaṣ*] *m.* **1** 籠, 鳥籠. (⇒ਪਿੰਜਰਾ) **2** 網. (⇒ਜਾਲ) **3** 拘置所, 監獄. (⇒ਕੈਦਖ਼ਾਨਾ) **4** 投獄, 拘置, 監禁.

ਕਫ਼ਨ (कफ़न) /kafana カファン/ [Arab. *kafan*] *m.* **1** 棺. **2** 屍衣, 経帷子(きょうかたびら), 経衣(きょうえ)《死体に着せる衣》.

ਕਫ਼ਨਾਉਣਾ (कफ़नाउणा) /kafanāuṇā カフナーウナー/ ▸ਕਫ਼ਨੀਰਨਾ [cf. ਕਫ਼ਨ] *vt.* **1**(死体を)屍衣で覆う, 経帷子で覆う. **2** 埋葬する. (⇒ਦਫ਼ਨਾਉਣਾ)

ਕਫ਼ਨੀ (कफ़नी) /kafanī カフニー/ [Pers. *kafanī*] *f.*〖衣服〗聖者・行者が着る長くゆったりとした着物.

ਕਫ਼ਨੀਰਨਾ (कफ़नीरना) /kafanīranā カフニールナー/ ▸ਕਫ਼ਨਾਉਣਾ *vt.* → ਕਫ਼ਨਾਉਣਾ

ਕਫ਼ਰਾ (कफ़रा) /kafarā カフラー/ [(Lah.) Pers. *kafrā*] *m.* とぐろ, 蛇がからだを渦巻状に巻いたもの. (⇒ਸੱਪ ਦਾ ਕੁੰਡਲ)

ਕਫ਼ਾਇਤ (कफ़ाइत) /kafāita カファーイト/ [Pers. *kifāyat*] *f.* **1** 十分. **2** 節約による利益. **3** 節約, 倹約. **4** 経済性.

ਕਫ਼ਾਰਾ (कफ़ारा) /kafārā カファーラー/ [Arab. *kafārā*] *m.* 罪の償い, 罪滅ぼし, 贖罪.

ਕਫ਼ਾਲਤ (कफ़ालत) /kafālata カファーラト/ [Arab. *kafālat*] *f.* **1** 保証, 担保, 抵当. **2** 責任. (⇒ਜ਼ਿੰਮੇਵਾਰੀ)

ਕਫ਼ੂਰ (कफ़ूर) /kafūra カフール/ ▸ਕਾਫ਼ੂਰ [Pers. *kāfūr*] *m.* 樟脳. ❐ਕਫ਼ੂਰ ਹੋ ਜਾਣਾ 蒸発する, 消滅する, 消え失せる.

ਕਬ (कब) /kaba カブ/ [Apb. कब्बे Skt. कदा] *adv.* いつ.

ਕਬਜ਼ (कबज़) /kabaza カバズ/ [Arab. *qabz*] *f.*〖医〗便秘.

ਕਬਜ਼ਾ (कबज़ा) /kabazā カブザー/ [Arab. *qabza*] *m.* **1** つかむこと, しっかり握ること, 把握. **2** 占領, 占拠. **3** 所有, 掌握. **4** 制圧. **5** 押収. ❐ਦੋ ਪਾਸਪੋਰਟ ਹੋਰ ਪੁਲਿਸ ਨੇ ਕਬਜ਼ੇ ਵਿੱਚ ਲਏ ਹਨ। さらに2冊のパスポートを警察は押収しています. **6**(刀・短剣・道具などの)つか, 柄. **7** 取っ手. **8**(道具などの)握る部分. **9** ちょうつがい.

ਕਬਜ਼ਾਦਾਰ (कबज़ादार) /kabazādāra カブザーダール/ [Pers.-*dār*] *m.* 所有権を有する者, (土地や家屋などの)占有者. (⇒ਦਖ਼ਲਦਾਰ)

ਕਬਜ਼ੀ (कबज़ी) /kabazī カブズィー/ [Arab. *qabz* -ਈ] *adj.*〖医〗便秘させる, 便秘の原因となる.

ਕਬਜ਼ੇਦਾਰ (कबज़ेदार) /kabazedāra カブゼーダール/ [Arab. *qabza* Pers.-*dār*] *adj.* **1** ちょうつがいで固定された. **2** 動かせる.

ਕਬੱਡੀ (कबड्डी) /kabaḍḍī カバッディー/ [(Pkt. कबड्डु) Skt. कपर्दक] *f.*〖競技〗カバッディー(カバディ)《約二千年前のインドで, 猛獣を数人で取り囲み武器を持たずに捕らえるという狩りの手法があり, これがカバッディーの起源といわれている. 鬼ごっこと格闘技をかけ合わせたような伝統のあるチーム競技》.

ਕੰਬਣਾ (कंबणा) /kambaṇā カンバナー/ [Skt. कम्पते] *vi.* **1** 震える, 震動する, 身震いする. ❐ਉਹ ਠੰਡ ਨਾਲ ਕੰਬ ਰਹੇ ਸਨ। 彼らは寒さに震えていました. ❐ਦਾਦਾ ਜੀ ਗੁੱਸੇ ਨਾਲ ਕੰਬ ਰਹੇ ਸਨ। おじいさんは怒りに震えていました. ❐ਉਸ ਦੀਆਂ ਝੁਰੜੀਆਂ ਕੰਬ ਰਹੀਆਂ ਸਨ। 彼女の皺は震えていました. ❐ਮੇਰੀਆਂ ਲੱਤਾਂ ਉਸ ਵਕਤ ਕੰਬ ਰਹੀਆਂ ਸਨ। 私の両足はその時震えていました. **2** 揺れる. **3** おののく.

ਕੰਬਣੀ (कंबणी) /kambaṇī カンバニー/ [cf. ਕੰਬਣਾ] *f.* **1** 震え. (⇒ਥਰਥਰਾਹਟ) **2** 揺れ. **3** 震動. **4** 身震い. **5** おののき.

ਕਬਰ (कबर) /kabara カバル/ [Arab. *qabr*] *f.* **1** 墓. (⇒ਮਜ਼ਾਰ) ❐ਕਬਰ ਵਿੱਚੋਂ ਉਠ ਕੇ ਆਉਣਾ 墓から起き上がって来る, 生き返る. ❐ਕਬਰ ਵਿੱਚੋਂ ਨਿਕਲ ਕੇ ਆਉਣਾ 墓から出てくる, 病気で痩せ細る. ❐ਕਬਰ ਤੇ ਫੁੱਲ ਚੜ੍ਹਾਉਣਾ 墓に花を捧げる, 死者の冥福を祈る. ❐ਕਬਰ ਦੇ ਮੁਰਦੇ ਪੁੱਟਣਾ 墓の死体を掘り返す, 昔の喧嘩を蒸し返す. ❐ਕਬਰ ਵਿੱਚ ਸਭ ਇਕੋ ਜੇਹੇ 墓の中では皆同じ〔諺〕〈死んだ後は上下関係なく皆平等である〉. ❐ਕਬਰ ਵਿੱਚ ਪੈਣਾ 墓に入る, 死ぬ. ❐ਕਬਰ ਵਿੱਚ ਪੈਰ ਹੋਣੇ 墓に足が入る, 死期が近づく. **2** 埋葬所. **3** 霊廟. (⇒ਮਕਬਰਾ)

ਕਬਰਸਤਾਨ (कबरसतान) /kabarasatāna カバラスターン/ [Arab. *qabr* Pers.*-stān*] *m.* **1** 埋葬所. **2** 墓地, 墓所.

ਕਬਰਾ (कबरा) /kabarā カブラー/ [Skt. कर्बुर] *adj.* **1** 白黒のぶちの, 斑点のある, まだらの. (⇒ਚਿਤਕਬਰਾ) **2** 様々な色の. (⇒ਰੰਗ ਬਰੰਗ) **3** 茶色のまたは青い眼の.

ਕੰਬਲ (कंबल) /kambala カンバル/ *m.* **1**〖寝具〗毛布. **2** 羊毛の被布.

ਕਬਲ (कबल) /kabala カバル/ [Arab. *qabl*] *adv.* **1** 前に. (⇒ਪਹਿਲਾਂ) **2** 先立って. **3** 以前に. **4** 早く.

ਕੰਬਲਾ (कंबला) /kambalā カンブラー/ ▸ਕਮਲਾ [(Pua.) Pers. *kumlā*] *adj.* **1** 狂気の. (⇒ਪਾਗਲ) **2** 愚かな. (⇒ਮੂਰਖ)

ਕੱਬਾ (कब्बा) /kabbā カッバー/ [Skt. कुब्ज] *adj.* **1** せむしの, 猫背の. **2** 歪んだ, 奇形の. **3** 喧嘩好きの.

ਕੰਬਾਉਣਾ (कंबाउणा) /kambāuṇā カンバーウナー/ [cf. ਕੰਬਣਾ] *vt.* 震わせる, 震動させる, 身震いさせる.

ਕਬਾਹਤ (कबाहत) /kabâta カバート/ [Pers. *qabāhat*] *f.* **1** 不純, 欠点, 悪. (⇒ਖੋਟ) **2** 悪い状態. (⇒ਬੁਰੀ ਹਾਲਤ) **3** 困難, 苦難. (⇒ਔਕੜ, ਤਕਲੀਫ਼) **4** 損害, 損失. (⇒ਨੁਕਸਾਨ)

ਕਬਾਬ (कबाब) /kabāba カバーブ/ [Pers. *kabāb*] *m.*〖料理〗カバーブ《串に付けて焼いた焼肉》.

ਕਬਾਬੀ (कबाबी) /kabābī カバービー/ [Pers. *kabābī*] *m.* カバーブを売る人, カバーブ屋, 焼肉屋.

ਕਬਾੜ (कबाड़) /kabāṛa カバール/ [Skt. कर्पट] *m.* **1** がらくたの山. **2** 廃物.

ਕਬਾੜੀ (कबाड़ी) /kabāṛī カバーリー/ ▸ਕਬਾੜੀਆ [-ਈ] *m.* 古道具屋, 古物商.

ਕਬਾੜੀਆ (कबाड़ीआ) /kabāṛīā カバーリーアー/ ▸ਕਬਾੜੀ *m.* → ਕਬਾੜੀ

ਕਬਿੱਤ (कबित्त) /kabitta カビット/ [Skt. कवित्व] *m.* **1**〖文学〗詩, 韻文. **2** 各行31音節から成る四行詩.

ਕਬੀਰ (कबीर) /kabīra カビール/ [Arab. *kabīr*] *adj.* 大きな, 偉大な, 高貴な. (⇒ਵੱਡਾ)

— *m.* **1**〖人名・文学〗カビール《中世インドの詩人・宗教改革者》. **2** ホーリーの祭りの時に歌われる一種の淫らな歌.

ਕਬੀਲ (कबील) /kabīla カビール/ [Arab. *kubīl*] *m.* 家族, 家庭. (⇒ਟੱਬਰ)

ਕਬੀਲਦਾਰ (कबीलदार) /kabīladāra カビールダール/ [Arab. *kubīl* Pers.*-dār*] *adj.* 所帯持ちの, 結婚している, 子供がいる. (⇒ਗਰਿਸਤੀ)

— *m.* 所帯持ち, 世帯主.

ਕਬੀਲਾ (कबीला) /kabīlā カビーラー/ [Arab. *qabīlā*] *m.* **1** 部族, 種族, トライブ. **2** 家族, 血族. (⇒ਕੁਲ)

ਕਬੀਲੀ (कबीली) /kabīlī カビーリー/ [Pers. *qabīlī*] *adj.* 部族の, トライブの.

ਕਬੂਤਰ (कबूतर) /kabūtara カブータル/ ▸ਕਲਬੂਤਰ [Pers. *kabūtar*] *m.*〖鳥〗(雄)ハト, 鳩.

ਕਬੂਤਰੀ (कबूतरी) /kabūtarī カブータリー/ [-ਈ] *f.*〖鳥〗雌バト, 雌鳩.

ਕਬੂਲ (कबूल) /kabūla カブール/ [Arab. *qabūl*] *adj.* **1** 受け入れられた. **2** 認められた, 承認された. **3** 白状した, 自白した, 自供した.

ਕਬੂਲਣਾ (कबूलणा) /kabūlaṇā カブーラナー/ [cf. ਕਬੂਲ] *vt.* **1** 受け入れる. **2** 認める, 承認する, 同意する. (⇒ਮੰਨਣਾ) **3** 白状する, 自白する, 自供する.

ਕਬੂਲੀ (कबूली) /kabūlī カブーリー/ [Pers. *qabūlī*] *f.* **1** 受け入れること. **2** 認めること, 承認.

ਕਬੂਲੀਅਤ (कबूलीअत) /kabūlīata カブーリーアト/ Pers. *qabūliyat*] *f.* **1** 受け入れ, 承認, 承諾, 受諾, 受理. (⇒ਮਨਜ਼ੂਰੀ) **2** 聞き入れること.

ਕੰਬੋਡੀਆ (कंबोडीआ) /kamboḍīā カンボーディーアー/ [Eng. *Cambodia*] *m.*〖国名〗カンボジア(王国).

ਕਬੋਲ (कबोल) /kabola カボール/ ▸ਕੁਬੋਲ *m.* → ਕੁਬੋਲ

ਕੰਮ (कंम) /kamma カンム/ ▸ਕਾਮ [(Pkt. कम्म) Skt. कर्म] *m.* **1** 行為, 行動. **2** 仕事, 職業. ❐ਕੰਮ ਕਰਨਾ 働く, 勤める. **3** 務め, 業務, 職務. **4** 作業, 労働. **5** 実務, 商売. **6** 雇用. **7** 機能. **8** 目的, 用事. ❐ਕੰਮ ਮਾਰਨਾ 間に合う, 目的にかなう. ❐ਕੰਮ ਹੋਣਾ 目的が達せられる, 用事が足される, 用が済む. ❐ਮੇਰੇ ਜਾਣ ਨਾਲ ਤੁਹਾਡਾ ਕੰਮ ਨਹੀਂ ਹੋਣਾ। 私が行ったのではあなたの用事は足せません. **9** 使用, 用途. ❐ਕੰਮ ਦਾ 役に立つ. ❐ਸੋਚਿਆ ਇਹ ਕਿਤਾਬ ਤੁਹਾਡੇ ਕੰਮ ਦੀ ਹੋਏਗੀ। この本はあなたの役に立つだろうと思いました. ❐ਕੰਮ ਆਉਣਾ 使われる, 役に立つ, 戦死する, 殉死する.

ਕਮ (कम) /kama カム/ [Pers. *kam*] *adj.* **1** 少ない, 少しの, より少ない, より小さい, より低い. (⇒ਘਟ) **2** 僅かな, 足りない, 不足している.

— *pref.* 「少ない」「僅かな」「足りない」などを意味する接頭辞.

ਕਮ-ਉਮਰ (कम-उमर) /kama-umara カム・ウマル/ [Pers. *kam-* Arab. *umr*] *adj.* **1** 年少の. **2** 若い.

ਕਮ-ਅਕਲ (कम-अकल) /kama-akala カム・アカル/ ▸ਕਮੱਕਲ [Pers. *kam-* Arab. *`aql*] *adj.* **1** 知力の少ない, 知恵の足りない. **2** 愚かな, 馬鹿な.

ਕਮ-ਅਕਲੀ (कम-अकली) /kama-akalī カム・アクリー/

[-ਈ] *f.* 1 知恵の足りないこと. 2 愚かさ, 馬鹿なこと.

ਕਮਸਰੇਟ (कमसरेट) /kamasareṭa カムサレート/ [Eng. *commissariat*] *m.* 〖軍〗兵站部.

ਕੰਮ ਸਾਰੂ (कंम सारू) /kamma sārū カンム サールー/ *adj.* 1 間に合わせの, 代用の. 2 その場限りの.

ਕਮਸਿਨ (कमसिन) /kamasina カムスィン/ [Pers. *kam*- Arab. *sin*] *adj.* 若い, 若年の, 年少の.

ਕਮਸਿਨੀ (कमसिनी) /kamasinī カムスィニー/ [-ਈ] *f.* 若年, 年少.

ਕਮੱਕਲ (कमक्कल) /kamakkala カマッカル/ ▸ਕਮ-ਅਕਲ *adj.* → ਕਮ-ਅਕਲ

ਕੰਮ ਕਾਜ (कंम काज) /kamma kāja カンム カージ/ [Skt. कर्म + Skt. कार्य] *m.* 1 仕事, 業務, 事業, 商業. 2 職業, 職務. 3 勤務, 勤労, 勤め. 4 雇用. 5 営み, 行為.

ਕੰਮ ਕਾਰ (कंम कार) /kamma kāra カンム カール/ [Skt.-कार] *m.* 1 仕事, 業務, 職業, 事業. 2 営み, 行為.

ਕੰਮ ਚਲਾਊ (कंम चलाऊ) /kamma calāū カンム チャラーウー/ *adj.* 1 間に合わせの, 代用の. 2 その場限りの.

ਕਮਚੀ (कमची) /kamacī カムチー/ [Turk. *qamcī*] *f.* 1 細い棒, 細い杖. (⇒ਪਤਲੀ ਛਟੀ) 2 鞭. 3 竹ひご, 竹の枝.

ਕਮਜ਼ਾਤ (कमज़ात) /kamazāta カムザート/ [Pers. *kamzāt*] *adj.* 1 身分の低い, 生まれの卑しい. 2 卑しい, 卑劣な, 下劣な. (⇒ਕਮੀਨਾ)

ਕਮਜ਼ੋਰ (कमज़ोर) /kamazora カムゾール/ [Pers. *kamzor*] *adj.* 1 弱い. (⇒ਨਤਾਕਤਾ) 2 弱々しい. ❐ਬੁੱਢੇ ਕਿਸਾਨ ਨੇ ਆਪਣੀ ਕਮਜ਼ੋਰ ਜਿਹੀ ਆਵਾਜ਼ ਵਿੱਚ ਕਿਹਾ। 年老いた農夫はその弱々しい声で言いました. 3 もろい, 脆弱な. 4 活気のない. 5 無気力な. 6 不得意な. 7 欠けた, 欠陥のある, 不備な. 8 衰えた, 衰弱した.

ਕਮਜ਼ੋਰੀ (कमज़ोरी) /kamazorī カムゾーリー/ [Pers. *kamzorī*] *f.* 1 弱さ, 弱点. 2 弱々しさ. 3 もろさ, 脆弱. 4 無気力. 5 不得意. 7 不足, 欠乏, 欠陥, 不備. 8 衰え, 衰弱.

ਕਮਤਰ (कमतर) /kamatara カムタル/ [Pers. *kam* Pers.-*tar*] *adj.* 1 より少ない, さらに少ない, 少な目の. 2 より劣る, 下位の, もっと悪い.

ਕਮੰਦ (कमंद) /kamanda カマンド/ [Pers. *kamamd*] *m.* 1 攻城梯子. 2 縄梯子.

ਕੰਮ ਧੰਧਾ (कंम धंधा) /kamma tăndā カンム タンダー/ [Skt. कर्म + Skt. धन-धान्य] *m.* 1 仕事, 業務, 職業. 2 事業, 商業, 商売.

ਕਮਪੋਂਡਰ (कमपोडर) /kamapoḍara カムポーダル/ ▸ਕੰਪੋਂਡਰ [Eng. *compounder*] *m.* 混合者, 調合者, 示談者, 和議調停者.

ਕਮਰ (कमर) /kamara カマル/ [Pers. *kamar*] *f.* 1 〖身体〗腰. (⇒ਲੱਕ) ❐ਕਮਰ ਕੱਸਣੀ 腰を締める, ベルトを締める, 仕事をする準備ができる. ❐ਕਮਰ ਟੁੱਟਣੀ 失望する, 意気消沈する. 2 〖身体〗腰部. 3 中央の部分.

ਕਮਰਕੱਸਾ (कमरकस्सा) /kamarakassā カマルカッサー/ *m.* 1 〖衣服〗腰を締めるもの, 腰帯, 腰紐, 帯, ベルト. (⇒ਫੈਂਟ) 2 腰を締めるものを身につけること. 3 物事を始める準備ができた状態, 出発の準備ができた状態.

ਕਮਰਖ[1] (कमरख) /kamarakʰa カムラク/ [Skt. कर्मरङ्ग] *m.* 〖植物〗ゴレンシ(五斂子)《カタバミ科の常緑中木》, ゴレンシの果実, スターフルーツ《果実は食用にし, 生食やサラダ・ピクルス・砂糖漬けなどに用いる. 味はナシに似ていて酸味がある》.

ਕਮਰਖ[2] (कमरख) /kamarakʰa カムラク/ [Eng. *cambric*] *m.* 〖布地〗キャンブリック, 寒冷紗《薄地の白い麻布または綿布》.

ਕਮਰਬੰਦ (कमरबंद) /kamarabanda カマルバンド/ [Pers. *kamar* + Pers. *band*] *m.* 〖衣服〗腰を縛るもの, 腰帯, 腰紐, 帯, ベルト. (⇒ਫੈਂਟ)

ਕਮਰਾ (कमरा) /kamarā カムラー/ [Portug. *camara*] *m.* 1 部屋. 2 小室. 3 執務室. 4 小ホール. 5 一世帯分の部屋. 5 仕切り部屋, 個室.

ਕਮਰੋੜ (कमरोड़) /kamaroṛa カムロール/ [Pkt. कंड + Skt. रीढ़क] *f.* 〖身体〗背骨. (⇒ਰੀੜ੍ਹ ਦੀ ਹੱਡੀ)

ਕਮਲ[1] (कमल) /kamala カマル/ ▸ਕੰਵਲ, ਕਵਲ, ਕੌਲ [Skt. कमल] *m.* 〖植物〗ハス(蓮)《スイレン科の水草》. (⇒ਪੰਕਜ, ਪਦਮ)

ਕਮਲ[2] (कमल) /kamala カマル/ [Pers. *kumlā*] *m.* 狂気. (⇒ਪਾਗਲਪਣ)

ਕਮਲਾ[1] (कमला) /kamalā カムラー/ [Skt. कमला] *f.* 1 〖ヒ〗カマラー女神《ラクシュミー女神の異名》. (⇒ਲਕਸ਼ਮੀ) 2 富, 財産.

ਕਮਲਾ[2] (कमला) /kamalā カムラー/ ▸ਕੰਬਲਾ [Pers. *kumlā*] *adj.* 1 狂気の. (⇒ਪਾਗਲ) 2 愚かな. (⇒ਮੂਰਖ)

ਕਮਾਉਣਾ (कमाउणा) /kamāuṇā カマーウナー/ ▸ਕਮਾਣਾ, ਕਮਾਵਣਾ *vt.* 1 稼ぐ, 収入を得る. (⇒ਖੱਟਣਾ) ❐ਤੁਸੀਂ ਆਪਣੀ ਰੋਜ਼ੀ ਕਿਵੇਂ ਕਮਾਉਂਦੇ ਹੋ? あなたは生活費をどうやって稼いでいますか. 2 (名声・評判を)博す.

ਕਮਾਊ (कमाऊ) /kamāū カマーウー/ *adj.* 稼いでいる. (⇒ਕਮਾਉਣ ਵਾਲਾ)

— *m.* 稼いでいる人, 稼ぎ手. (⇒ਕਮਾਉਣ ਵਾਲਾ)

ਕਮਾਈ (कमाई) /kamāī カマーイー/ *f.* 1 稼ぎ, 収入. (⇒ਆਮਦਨੀ) 2 稼業, 生業. (⇒ਰੁਜ਼ਗਾਰ)

ਕਮਾਂਡ (कमाँड) /kamā̃ḍa カマーンド/ [Eng. *command*] *f.* 1 命令, 指令. (⇒ਹੁਕਮ, ਆਗਿਆ) 2 司令, 指揮権, 支配力.

ਕਮਾਂਡਰ (कमाँडर) /kamā̃ḍara カマーンダル/ ▸ਕਮਾਨੀਅਰ [Eng. *commander*] *m.* 1 指揮する人. 2 〖軍〗指揮官, 司令官. (⇒ਸੈਨਾਪਤੀ)

ਕਮਾਣ (कमाण) /kamāṇa カマーン/ ▸ਕਮਾਨ *f.* → ਕਮਾਨ[1]

ਕਮਾਣਚਾ (कमाणचा) /kamāṇacā カマーンチャー/ ▸ਕਮਾਨਚਾ *m.* → ਕਮਾਨਚਾ

ਕਮਾਣਚੀ (कमाणची) /kamāṇacī カマーンチー/ ▸ਕਮਾਨਚੀ *m.* → ਕਮਾਨਚੀ

ਕਮਾਣਾ (कमाणा) /kamāṇā カマーナー/ ▸ਕਮਾਉਣਾ, ਕਮਾਵਣਾ *vt.* → ਕਮਾਉਣਾ

ਕਮਾਨ[1] (कमान) /kamāna カマーン/ ▸ਕਮਾਣ [Pers. *kamān*] *f.* 〖武〗弓. (⇒ਧਣਖ)

ਕਮਾਨ[2] (कमान) /kamāna カマーン/ [Eng. *command*] *f.* 1 命令, 指令. (⇒ਹੁਕਮ, ਆਗਿਆ) 2 司令, 指揮権, 支配力.

ਕਮਾਨਚਾ (कमानचा) /kamānạcā カマーンチャー/ ▸ਕਮਾਣਚਾ [Pers. *kamānca*] *m.* 〖武〗小さな弓. (⇒ਛੋਟੀ ਕਮਾਨ)

ਕਮਾਨਚੀ (कमानची) /kamānạcī カマーンチー/ ▸ਕਮਾਣਚੀ [-ਈ] *m.* 弓の射手.

ਕਮਾਨਾ (कमाना) /kamānā カマーナー/ [Pers. *kamān*] *m.* 〖武〗小さな弓. (⇒ਛੋਟੀ ਕਮਾਨ)

ਕਮਾਨੀ (कमानी) /kamānī カマーニー/ [Pers. *kamānī*] *f.* **1** ばね, スプリング. **2** 腕金.

ਕਮਾਨੀਅਰ (कमानीअर) /kamānīarạ カマーニーアル/ ▸ਕਮਾਂਡਰ *m.* → ਕਮਾਂਡਰ

ਕਮਾਮ (कमाम) /kamāmạ カマーム/ [Arab.] *m.* 〖植物〗バラ(薔薇)の蕾. (⇒ਗੁਲਾਬ ਦੀਆਂ ਕਲੀਆਂ)

ਕਮਾਰੀ (कमारी) /kamārī カマーリー/ ▸ਕੁਆਰੀ, ਕੁਮਾਰੀ *f.* → ਕੁਮਾਰੀ

ਕਮਾਲ (कमाल) /kamālạ カマール/ [Arab. *kamāla*] *m.* **1** 不思議なこと. **2** 驚異. **3** 妙技.

ਕਮਾਵਣਾ (कमावणा) /kamāwạṇā カマーウナー/ ▸ਕਮਾਣਾ, ਕਮਾਉਣਾ *vt.* → ਕਮਾਉਣਾ

ਕਮਿਊਨਿਸਟ (कमिऊनिसट) /kamiūnisạṭạ カミウーニスト/ [Eng. *communist*] *adj.* 〖政治〗共産主義の, 共産主義者の. (⇒ਸਾਮਵਾਦੀ)

— *m.* 〖政治〗共産主義者. (⇒ਸਾਮਵਾਦੀ)

ਕਮਿਸ਼ਨ (कमिशन) /kamiśanạ カミシャン/ ▸ਕਮੀਸ਼ਣ [Eng. *commission*] *m.* **1** (調査)委員会. **2** 手数料. **3** 値引き, 割り引き.

ਕਮਿਸ਼ਨਰ (कमिशनर) /kamiśạnarạ カミシュナル/ [Eng. *commissioner*] *m.* 委員, 理事, 行政長官, 総督代理, 警視総監, (プロスポーツの)コミッショナー.

ਕੰਮੀਂ (कंमीं) /kammĩ カンミーン/ ▸ਕੰਮੀ *m.* **1** 奉公人. **2** 下層階級の職人.

ਕੰਮੀ[1] (कंमी) /kammī カンミー/ ▸ਕੰਮੀਂ *m.* → ਕੰਮੀਂ

ਕੰਮੀ[2] (कंमी) /kammī カンミー/ *f.* 〖植物〗スイレン(睡蓮), アスフォデル.

ਕਮੀ (कमी) /kamī カミー/ [Pers. *kamī*] *f.* **1** 不足, 欠乏, 不十分なこと. (⇒ਘਾਟਾ) **2** 減少, 削減. **3** 欠損. **4** 欠点.

ਕਮੀਸ਼ਣ (कमीशण) /kamīśaṇạ カミーシャン/ ▸ਕਮਿਸ਼ਨ *m.* → ਕਮਿਸ਼ਨ

ਕਮੀਜ਼ (कमीज़) /kamīzạ カミーズ/ [Arab. *qamīṣ*] *f.* **1** 〖衣服〗カミーズ《丈の長さが腰部まであるワンピース状のシャツの総称》. **2** 〖衣服〗シャツ, (ワイシャツなどの)シャツ類.

ਕਮੀਨ[1] (कमीन) /kamīnạ カミーン/ [Arab. *kamīn*] *f.* 敵. (⇒ਦੁਸ਼ਮਨ)

ਕਮੀਨ[2] (कमीन) /kamīnạ カミーン/ [Pers. *kamīn*] *adj.* **1** 低い, 低級な. (⇒ਛੋਟੇ ਦਰਜੇ ਦਾ) **2** 卑しい, 下劣な, 浅ましい.

ਕਮੀਨਗੀ (कमीनगी) /kamīnạgī カミーンギー/ [Pers.-*gī*] *f.* **1** 卑しさ, 卑しいこと. **2** 下劣. **3** 不道徳. **4** 下品. **5** 落ちぶれた様子. **6** 浅ましさ.

ਕਮੀਨਾ (कमीना) /kamīnā カミーナー/ [Pers. *kamīna*] *adj.* **1** 生まれの卑しい. (⇒ਬਦਜ਼ਾਤ) **2** 下劣な, 卑劣な. **3** 不道徳な. **4** 下品な, 恥ずべき. **5** 落ちぶれた. **6** 浅ましい.

— *m.* 〖罵言〗生まれの卑しい男, 身分の低い男, 下種男. (⇒ਬਦਜ਼ਾਤ)

ਕਮੀਨਾਪਣ (कमीनापण) /kamīnāpaṇạ カミーナーパン/ [-ਪਣ] *m.* **1** 生まれの卑しいこと, 卑しさ, 卑劣. **2** 下劣, 下賤. **3** 不道徳. **4** 下品. **5** 落ちぶれた様子. **6** 浅ましさ.

ਕਮੂਨ (कमून) /kamūnạ カムーン/ [Arab. *kamūn*] *m.* 〖植物〗クミン, クミンの種子(クミンシード)《セリ科の一年草. 種子は料理用の主要な香辛料. 胃薬などの薬用にもなる》. (⇒ਜ਼ੀਰਾ)

ਕਮੂਨੂੰ (कमूनूँ) /kamūnū̃ カムーヌーン/ ▸ਕਿਮੋਨੋ [Jap. *kimono*] *m.* 〖衣服〗着物, 和服.

ਕਮੂਰਤ (कमूरत) /kamūratạ カムーラト/ [Skt. कु- मूर्ति] *f.* 漫画. (⇒ਕਾਰਟੂਨ)

ਕਮੇਟੀ (कमेटी) /kameṭī カメーティー/ ▸ਕੁਮੇਟੀ [Eng. *committee*] *f.* 委員会. (⇒ਸਮਿਤੀ)

ਕਰ[1] (कर) /karạ カル/ [Skt. कर] *m.* **1** 〖身体〗手. (⇒ਹੱਥ) **2** 税, 税金. (⇒ਮਸੂਲ, ਟੈਕਸ)

ਕਰ[2] (कर) /karạ カル/ *adv.* (頭の)ふけ. (⇒ਸਿੱਕਰੀ, ਰੂਸੀ)

ਕਰਸਟ (करसट) /karạsaṭạ カルサト/ ▸ਕਸ਼ਟ, ਕਰਸ਼ਟ [(Pot.)] *f.* → ਕਸ਼ਟ

ਕਰਸ਼ਟ (करशट) /karạśaṭạ カルシャト/ ▸ਕਸ਼ਟ, ਕਰਸਟ [(Kang.)] *f.* → ਕਸ਼ਟ

ਕਰੰਸੀ (करंसी) /karansī カランスィー/ [Eng. *currency*] *f.* 〖経済〗通貨, 貨幣.

ਕਰਹਲ (करहल) /karạhalạ カルハル/ ▸ਕਰਹਲਾ *m.* 〖動物〗ラクダ, 駱駝. (⇒ਊਠ)

ਕਰਹਲਾ (करहला) /karạhalā カルハラー/ ▸ਕਰਹਲ *m.* → ਕਰਹਲ

ਕਰਹਿਤ (करहित) /karaîtạ カラェート/ *f.* 嫌悪, 反感. ❐ਕਰਹਿਤ ਆਉਣੀ, ਕਰਹਿਤ ਕਰਨੀ 嫌う, 嫌悪する.

ਕਰਕ[1] (करक) /karakạ カラク/ [Skt. कष] *f.* **1** 〖医〗ずきずきする痛み. (⇒ਪੀੜ) **2** 〖医〗激痛, さしこみ.

ਕਰਕ[2] (करक) /karakạ カラク/ [Skt. कर्क] *f.* 〖天文〗かに座. ❐ਕਰਕ ਰੇਖਾ 北回帰線, (北半球で)夏至線.

ਕਰਕੇ (करके) /karạke カルケー/ ▸ਕਰ ਕੇ *postp.* …ので, …だから, …のために, …の理由で. (⇒ਕਾਰਨ, ਮਾਰੇ, ਲਈ) ❐ਇਸ ਕਰਕੇ この理由で, このため. ❐ਇਸ ਕਰਕੇ ਹਰਿਮੰਦਰ ਸਾਹਿਬ ਨੂੰ ਸਵਰਨ ਮੰਦਰ ਵੀ ਕਿਹਾ ਜਾਂਦਾ ਹੈ। このためハリマンダル・サーヒブは黄金寺院とも言われます.

ਕਰ ਕੇ (कर के) /karạ ke カル ケー/ ▸ਕਰਕੇ *postp.* → ਕਰਕੇ

ਕਰੱਖ਼ਤ (करख़्ख़त) /karaxxatạ カラッカト/ ▸ਕੁਰਖ਼ਤ *adj.* → ਕੁਰਖ਼ਤ

ਕਰੰਗ (करंग) /karaṅgạ カラング/ [Skt. करंक] *m.* 〖身体〗骨格, 骸骨. (⇒ਪਿੰਜਰ)

ਕਰਘ (करघ) /kârạgạ カルグ/ *f.* **1** ぴんと張った綱. **2** 〖楽器〗太鼓に張られた紐.

ਕਰਘਾ (करघा) /kârạgā カルガー/ [Skt. कर्कत] *m.* 〖機械〗織機.

ਕਰਚ (करच) /karạcạ カルチ/ *f.* **1** 〖擬声語〗ザクザク《踏みつける音》. **2** 〖擬声語〗ボリボリ《歯で噛む音》.

ਕਰਛੋਟ (करछोट) /karạc^{h}oṭạ カルチョート/ *f.* 課税免除, 課税減額.

ਕਰਜ਼ (करज़) /karạzạ カルズ/ ▸ਕਰਜ਼ਾ [Arab. *qarz*] *m.* **1** 借り, 借金, 負債, ローン, 借款. (⇒ਰਿਣ) **2** 借り入れ, 借用. **3** 信用貸し, 融資.

ਕਰਜ਼ਖਾਹ (करज़ख़ाह) /karạzạk^{h}ā̂ カルズカー/ [Arab. *qarz* + Pers. *xvāh*] *m.* **1** 借金を望んでいる人, 負債を申請している人. **2** 借り主, 債務者.

ਕਰਜ਼ਦਾਰ (करज़दार) /karạzạdārạ カルズダール/ [Arab. *qarz* Pers.*-dār*] *adj.* 借りている, 借金のある, 負債のある, 債務のある.

— *m.* 借り主, 債務者.

ਕਰਜ਼ਦਾਰੀ (करज़दारी) /karạzạdārī カルズダーリー/ [Arab. *qarz* Pers.*-dārī*] *f.* 借りていること, 借金のあること, 負債のあること.

ਕਰਜ਼ਾ (करज़ा) /karạzā カルザー/ ▸ਕਰਜ਼ *m.* → ਕਰਜ਼

ਕਰਜ਼ਾਈ (करज़ाई) /karạzāī カルザーイー/ ▸ਕਰਜ਼ੋਈ [Arab. *qarza* -ਈ] *adj.* 借りている, 借金のある, 負債のある, 債務のある.

— *m.* 借り主, 債務者.

ਕਰਜ਼ੋਈ (करज़ोई) /karạzoī カルゾーイー/ ▸ਕਰਜ਼ਾਈ [(Pot.)] *adj.* → ਕਰਜ਼ਾਈ

ਕਰੰਟ (करंट) /karanṭạ カラント/ [Eng. *current*] *m.* 〖物理〗電流.

ਕਰਣ[1] (करण) /karaṇạ カラン/ ▸ਕਰਨ *m.* → ਕਰਨ[1]

ਕਰਣ[2] (करण) /karaṇạ カラン/ [Skt. कर्ण] *m.* 〖文学・ヒ〗カルナ（カラン）《『マハーバーラタ』に登場する戦士》.

ਕਰਣ[3] (करण) /karaṇạ カラン/ [Arab.] *adj.* 等しい, 同等の. (⇒ਬਰਾਬਰ ਦਾ)

ਕਰਣ[4] (करण) /karaṇạ | karạṇạ カラン | カルン/ ▸ਕਰਨ *m.suff.* → ਕਰਨ[2]

ਕਰਣ[5] (करण) /karaṇạ カラン/ ▸ਕਾਰਣ, ਕਾਰਨ *m.postp.* → ਕਾਰਨ

ਕਰਣਫੂਲ (करणफूल) /karaṇạp^{h}ūlạ カランプール/ ▸ ਕੰਨਫੂਲ, ਕਰਨਫੂਲ *m.* → ਕੰਨਫੂਲ

ਕਰਣਾ[1] (करणा) /karạṇā カルナー/ ▸ਕਰੁਣਾ, ਕਰੁਨ, ਕਰੁਨਾ *m.* → ਕਰੁਨਾ

ਕਰਣਾ[2] (करणा) /karạṇā カルナー/ ▸ਕਰਨਾ [(Lah.)] *vt.* → ਕਰਨਾ

ਕਰਣਾਟ (करणाट) /kārạṇāṭạ カールナート/ [Skt. कर्णाट] *m.* **1** 〖地名〗カルナータ《デカン南西部から現在のカルナータカ州を中心とする地域》. **2** 〖地名〗カルナータカ州.

ਕਰਣਾਟਕ (करणाटक) /karạṇāṭakạ カルナータク/ ▸ ਕਰਨਾਟਕ [Skt. कर्णाटक] *m.* 〖地名〗カルナータカ州《デカン高原と西海岸とにまたがるインド南部の州. この地方の古名カルナードゥ（「黒色土の国」の意）に由来する名称. 州都はバンガロール》.

ਕਰਤਸ (करतस) /karạtasạ カルタス/ ▸ਕਰਤਾਸ [Arab. *qirtās*] *m.* 紙. (⇒ਕਾਗ਼ਜ਼)

ਕਰਤਬ (करतब) /karạtabạ カルタブ/ ▸ਕਰਤੱਬ [Skt. कर्तव्य] *adj.* **1** なすべき, 行うべき. **2** することができる. (⇒ਕਰਨ ਯੋਗ)

— *m.* **1** なすべきこと, 義務, 務め. (⇒ਫ਼ਰਜ਼) **2** なすべき仕事, 職務. **3** 技術, 技芸. (⇒ਹੁਨਰ, ਕਾਰੀਗਰੀ) **4** 演技, 芸当, 妙技, 熟練技.

ਕਰਤੱਬ (करतब्ब) /karạtabbạ カルタッブ/ ▸ਕਰਤਬ *adj.m.* → ਕਰਤਬ

ਕਰਤੱਵ (करतव्व) /karạtavvạ カルタッヴ/ [Skt. कर्तव्य] *m.* **1** なすべきこと, 義務, 務め. **2** なすべき仕事, 職務.

ਕਰਤੱਵੀ (करतव्वी) /karạtavvī カルタッヴィー/ [-ਈ] *m.* **1** 義務を果たす者. **2** 職務遂行者.

ਕਰੰਤਾ (करंता) /karantā カランター/ ▸ਕਰਤਾ *m.* → ਕਰਤਾ

ਕਰਤਾ (करता) /karạtā カルター/ ▸ਕਰੰਤਾ [Skt. कर्ता] *m.* **1** する人, 行為者. **2** 作り手, 製作者. **3** 作者. **4** 作曲家. **5** 創造者. **6** 神. **7** 〖スィ〗創造主, 造物主. 「能動的行為者として一切を創造したる唯一神」すなわち「万物の創造主」を表す. **8** 〖言〗主語. ❐ਕਰਤਾ ਕਾਰਕ 主格.

ਕਰਤਾਸ (करतास) /karạtāsạ カルタース/ ▸ਕਰਤਸ *m.* → ਕਰਤਸ

ਕਰਤਾਰ (करतार) /karạtārạ カルタール/ [Skt. कर्तार] *m.* **1** 造物主. **2** 神.

ਕਰਤਾਰਪੁਰ (करतारपुर) /karạtārạpurạ カルタールプル/ [Skt.-पुर] *m.* 〖地名〗カルタールプル《グル・ナーナクが定住した町の名. インドのパンジャーブ州グルダースプル県にある》.

ਕਰਤਾਰੀ (करतारी) /karạtārī カルターリー/ [-ਈ] *f.* **1** 造物主の行い, 神の仕業. **2** 創造. (⇒ਰਚਨਾ)

ਕਰਤੂਤ (करतूत) /karạtūtạ カルトゥート/ [Skt. कर्तृत्व] *f.* **1** 行為. (⇒ਕਰਮ) **2** 悪行.

ਕਰਦ (करद) /karạdạ カルド/ [Skt. कृत] *f.* **1** 包丁. **2** 〖武〗小刀, 短剣. (⇒ਛੁਰੀ)

ਕਰਦਾਤਾ (करदाता) /karạdātā カルダーター/ [Skt. कर + Skt. दाता] *m.* **1** 納税者. **2** 被課税者.

ਕਰਨ[1] (करन) /karanạ カラン/ ▸ਕਰਣ [Skt. कर्ण] *m.* **1** 〖身体〗耳. (⇒ਕੰਨ) **2** 舵. (⇒ਜਹਾਜ਼ ਦਾ ਪਤਵਾਰ) **3** 〖幾何〗割線, 正割, セカント. (⇒ਚੱਕਰ ਦੀ ਛੇਦਕ ਰੇਖਾ)

ਕਰਨ[2] (करन) /karanạ | karạnạ カラン | カルン/ ▸ਕਰਣ [Skt. करण] *m.* **1** なすこと, すること, ある状態にすること. **2** 道具. **3** 〖言〗具格.

— *suff.* 「…化」「…にすること」などを意味する男性名詞を形成する接尾辞.

ਕਰਨਫੂਲ (करनफूल) /karanạp^{h}ūlạ カランプール/ ▸ ਕੰਨਫੂਲ, ਕਰਣਫੂਲ *m.* → ਕੰਨਫੂਲ

ਕਰਨਾ (करना) /karạnā カルナー/ ▸ਕਰਣਾ [(Pkt. करेइ) Skt. करोति] *vt.* **1** する, 行う, 遂行する. **2**《名詞（代名詞）・形容詞・副詞と一緒に用いて動詞句を形成する. 「先行する語そのままの意味＋…する」の場合と「語の意味を離れて全体として一定の意味を持つ慣用句」となる場合がある》…する. ❐ਇਸਤੇਮਾਲ ਕਰਨਾ 使用する, 使う. ❐ਸਾਫ਼ ਕਰਨਾ きれいにする, 掃除する. ❐ਕੱਚਾ ਕਰਨਾ 恥をかかせる, ひどく叱りつける. ❐ਕੰਮ ਕਰਨਾ 仕事をする, 働く. ❐ਖੜ੍ਹਾ ਕਰਨਾ 立ち止まらせる. ❐ਗੱਲ ਕਰਨੀ 話す, 会話する. ❐ਗੁੱਸਾ ਕਰਨਾ 怒る, 腹を立てる. ❐ਢਿੱਡ ਕਰਨਾ 妊娠させる. ❐ਤੂੰ ਤੂੰ ਮੈਂ ਮੈਂ ਕਰਨਾ 喧嘩をする, 争う.

❐ਦੂਰ ਦੂਰ ਕਰਨਾ 追い払う, 侮蔑する. ❐ਦਿਲ ਕਰਨਾ 望む, 欲する. ❐ਪਿੱਛਾ ਕਰਨਾ 後を追う, 追いかける, 追跡する. ❐ਬੰਦ ਕਰਨਾ 閉める, 閉じる. ❐ਬਾਹਰ ਕਰਨਾ 外に出す, 追い出す. ❐ਰਸੋਈ ਕਰਨਾ 調理する. **3** 始める, 開く. (⇒ਅਰੰਭਣਾ, ਖੋਲ੍ਹਣਾ) ❐ਹੱਟੀ ਕਰਨੀ 店を開く, 商売を始める **4** まとう, 着る. (⇒ਪਹਿਨਣਾ, ਉੱਤੇ ਲੈਣਾ) ❐ਕਪੜਾ ਕਰਨਾ 布をまとう, 衣を着る. **5** 聞かせる. (⇒ਸੁਣਾਉਣਾ) ❐ਕਿੱਸਾ ਕਰਨਾ 物語を聞かせる. **6**《完了分詞の男性・単数形の後の位置に用いて, ①習慣的な動作の反復, または ②恒常的な状態や存在の強調を表す述語を形成する. この位置の動詞 ਕਰਨਾ は完了表現以外の形式(未完了表現・未来形・命令表現など)をとる. ਕਰਨਾ, ਜਾਣਾ, ਪੀਣਾ などの不規則変化の完了分詞の男性・単数形は通常 ਕੀਤਾ, ਗਿਆ, ਪੀਤਾ であるが, この反復表現では例外的に ਕਰਿਆ, ਜਾਇਆ, ਪੀਆ となる》①(よく, たびたび, 定期的に, 日常的に, いつも)…する, …してばかりいる. ②(常に)…である, …ある, …いる. ❐ਰੋਜ਼ ਦਾਤਣ ਕਰਿਆ ਕਰਾਂਗਾ। 毎日歯磨きをします. ❐ਉਹ ਜਾਇਆ ਕਰਦਾ ਸੀ। 彼はよく行ったものでした. ❐ਮੈਂ ਪੀਆ ਕਰਦਾ ਸਾਂ। 私はよく飲んだものでした. ❐ਉਸ ਨੂੰ ਕਹਿ ਦਿਓ ਕਿ ਇੱਥੇ ਨਾ ਆਇਆ ਕਰੇ। あの人にたびたびここに来るなと言いなさい. ❐ਦੀਵਾ ਹਰ ਘਰ ਵਿੱਚ ਹੋਇਆ ਕਰਦਾ ਸੀ। ランプはどの家にも常にありました.

ਕਰਨਾਟਕ (करनाटक) /karanāṭaka カルナータク/ ▸ਕਰਣਾਟਕ *m.* → ਕਰਣਾਟਕ

ਕਰਨਾਲ (करनाल) /karanāla カルナール/ [Skt. कर्ण + Skt. कालय] *m.* 〖地名〗カルナール《ハリヤーナー州東部の都市》.

ਕਰਨੀ[1] (करनी) /karanī カルニー/ *f.* 行為, 行動. (⇒ਕਰਤੂਤ)

ਕਰਨੀ[2] (करनी) /karanī カルニー/ [Skt. करिणी] *f.* 〖動物〗雌ゾウ, 雌象. (⇒ਹਥਣੀ)

ਕਰਨੀਆਂ (करनीआँ) /karaniā̃ カルニーアーン/ [Eng. *cornea*] *m.* 〖身体〗角膜.

ਕਰਨੀ ਭਰਨੀ (करनी भरनी) /karanī pǎranī カルニー パルニー/ *f.* 行為の結果.

ਕਰਨੈਲ (करनैल) /karanaila カルナェール/ [Eng. *colonel*] *m.* 〖軍〗海軍大佐.

ਕਰਨੈਲੀ (करनैली) /karanailī カルナェーリー/ [-ਈ] *f.* 〖軍〗海軍大佐の職・地位.

ਕਰਪਾਲ (करपाल) /karapāla カルパール/ ▸ਕਿਰਪਾਲੂ *adj.* → ਕਿਰਪਾਲੂ

ਕਰਫ਼ੀਊ (करफ़ीऊ) /karafiū カルフィーウー/ [Eng. *curfew*] *m.* 〖政治〗(戒厳令下の)夜間外出禁止令.

ਕਰਬ (करब) /karaba カラブ/ [Arab. *karab*] *m.* 悲しみ, 苦しみ, 苦痛. (⇒ਗ਼ਮ, ਦਰਦ, ਤਕਲੀਫ਼)

ਕਰਬੜ (करबड़) /karabaṛa カルバル/ [Skt. कर्बुर] *adj.* **1** 斑点のある, ぶちの, まだら模様の. (⇒ਡੱਬਖੜੱਬਾ) **2** 多色の, 色とりどりの, 色の混ざった, 雑色の.

ਕਰਭ (करभ) /karâb カラブ/ [Arab.] *m.* 〖動物〗ラクダの子, 子駱駝. (⇒ਊਠ ਦਾ ਬੱਚਾ)

ਕਰਮ[1] (करम) /karama | karama カルム | カラム/ [Skt. कर्म] *m.* **1** 行い, 行為, 行動, 活動, 動作. **2** 宗教的義務, 御勤め, 通過儀礼. **3** 業(ごう), カルマ. **4** 運, 運命, 宿命. **5** 〖言〗目的語.

ਕਰਮ[2] (करम) /karama カラム/ ▸ਕ੍ਰਮ [Skt. क्रम] *m.* **1** 一続き. (⇒ਸਿਲਸਿਲਾ) **2** 順序, 配列. **3** 一連のもの.

ਕ੍ਰਮ (क्रम) /krama (karama) クラム (カラム)/ ▸ਕਰਮ *m.* → ਕਰਮ[2]

ਕਰਮਸ਼ੀਲ (करमशील) /karamaśīla カラムシール/ [Skt. कर्म Skt.-शील] *adj.* **1** 結果を目的としない, 私利私欲を離れた. **2** 義務に忠実な. **3** 勤勉な. **4** 活動的な, 精力的な.

ਕਰਮਹੀਣ (करमहीण) /karamahīṇa | karamahīṇa カルムヒーン | カラムヒーン/ [Skt. कर्म Skt.-हीन] *adj.* 運のない, 不運な.

ਕਰਮਚਾਰੀ (करमचारी) /karamacārī カラムチャーリー/ [Skt. कर्मचारिन्] *m.* **1** 従業員, 職員. **2** 官吏, 役人. **3** 召使い, 使用人.

ਕਰਮਣੀ (करमणी) /karamaṇī カルマニー/ [Skt. कर्मणि] *adj.* **1** 〖言〗動詞の. **2** 〖言〗受動の.

ਕਰਮਣੀ ਕਿਰਿਆ (करमणी किरिआ) /karamaṇī kiriā カルマニー キリアー/ [+ Skt. क्रिया] *f.* 〖言〗他動詞.

ਕਰਮਣੀ ਰੂਪ (करमणी रूप) /karamaṇī rūpa カルマニー ループ/ [+ Skt. रूप] *m.* 〖言〗受動形.

ਕਰਮਣੀ ਵਾਚ (करमणी वाच) /karamaṇī wāca カルマニー ワーチ/ [+ Skt. वाच्य] *m.* 〖言〗受動態.

ਕਰਮ ਵਾਚ (करम वाच) /karama wāca | karama wāca カルム ワーチ | カラム ワーチ/ [Skt. कर्म + Skt. वाच्य] *m.* 〖言〗受動態.

ਕ੍ਰਮਵਾਚਕ (क्रमवाचक) /kramawācaka (karamawācaka) クラムワーチャク (カラムワーチャク)/ [Skt. क्रम + Skt. वाचक] *adj.* **1** 順序を示す. ❐ਕ੍ਰਮਵਾਚਕ ਸੰਖਿਆ 序数. **2** 序数の.

ਕਰਮਵਾਦ (करमवाद) /karamawāda カラムワード/ [Skt. कर्म Skt.-वाद] *m.* 行動主義, 行動哲学.

ਕਰਮਾਤ (करमात) /karamāta カルマート/ ▸ਕਰਾਮਤ, ਕਰਾਮਾਤ [(Lah.)] *f.* → ਕਰਾਮਾਤ

ਕਰਮਾਲ (करमाल) /karamāla カルマール/ ▸ਕਰਮਾਲੀ *m.* → ਕਰਮਾਲੀ

ਕਰਮਾਲੀ (करमाली) /karamālī カルマーリー/ ▸ਕਰਮਾਲ [Skt. करमालिन्] *m.* 〖天文〗太陽. (⇒ਸੂਰਜ)

ਕਰਮੀ (करमी) /karamī カルミー/ [Skt. कर्मिन्] *adj.* **1** 行為をする, 活動する. **2** 宗教的義務を実践する, 行を行う. **3** 勤勉な.

— *m.* **1** 作業をする人, 作業員. **2** 宗教的義務を実践する人, 行を行う人. **3** 職務を果たす人, 勤勉な人.

ਕਰ ਮੁਕਤ (कर मुकत) /kara mukata カル ムカト/ [Skt. कर + Skt. मुक्त] *adj.* 免税の, 無税の. (⇒ਕਰ ਰਹਿਤ)

ਕਰ ਯੋਗ (कर योग) /kara yoga カル ヨーグ/ [Skt.-योग्य] *adj.* 課税できる, 課税対象となる.

ਕਰ ਰਹਿਤ (कर रहित) /kara raîta カル ラェート/ [Skt.-रहित] *adj.* 免税の, 無税の. (⇒ਕਰ ਮੁਕਤ)

ਕਰਵਟ (करवट) /karawaṭa カルワト/ [Skt. करवर्त्त] *f.* **1** 横向きに寝ること, 寝た時の体の向き, 寝返り. ❐ਕਰਵਟ ਬਦਲਨੀ, ਕਰਵਟ ਭਰਨੀ, ਕਰਵਟ ਲੈਣੀ 寝返りを打つ. **2** 〖身体〗脇.

ਕਰਵੱਲਾ (करवल्ला) /karawallā カルワッラー/ [(Lah.) Skt.

कर्बर] *adj.* **1** まだらの, ぶちの. (⇒ਚਿਤਕਬਰਾ) **2** 茶褐色の.

ਕਰਵਾ (करवा) /karḁwā カルワー/ ▸ਕਰਵਾਲ, ਕਰੁਵਾ [Skt. करक] *m.* 〖容器〗飲み口のついた水差し・壺.

ਕਰਵਾਉਣਾ (करवाउणा) /karḁwāuṇā カルワーウナー/ ▸ ਕਰਾਉਣਾ [cf. ਕਰਨਾ] *vt.* させる, 行わせる, してもらう.

ਕਰਵਾ-ਚੌਥ (करवा-चौथ) /karḁwā-cautʰḁ カルワー・チャォート/ [Skt. करका चतुर्थी] *f.* **1** 〖暦〗カッタク(カールティカ)月の黒分4日. **2** 〖祭礼・ヒ〗カルワー・チャウト《この日既婚の婦人が夫と子供の無病息災・長寿を祈って断食を行う祭事》.

ਕਰਵਾਲ (करवाल) /karḁwālḁ カルワール/ ▸ਕਰਵਾ, ਕਰੁਵਾ *m.* → ਕਰਵਾ

ਕਰੜਾ (करड़ा) /karaṛā カララー/ [(Pkt. करकड) Skt. कर्कर] *adj.* **1** 頑丈な, 堅固な, 堅牢な. (⇒ਮਜ਼ਬੂਤ) **2** 固い, 硬い, 強硬な. (⇒ਸਖ਼ਤ) **3** 難しい, 困難な, 骨の折れる. (⇒ਔਖਾ, ਮੁਸ਼ਕਲ) **4** 厳しい, 残酷な. (⇒ਤੁੰਦ ਮਿਜ਼ਾਜ, ਬੇਰਹਿਮ) **5** 乾いた, 乾燥した.

ਕਰੜਾਈ (करड़ाई) /karaṛāī カララーイー/ [-ਈ] *f.* **1** 頑丈, 堅固, 堅牢. (⇒ਮਜ਼ਬੂਤੀ) **2** 固さ, 硬さ, 強硬. **3** 困難, 骨の折れること. (⇒ਔਕੜ, ਔਖਿਆਈ) **4** 厳しさ, 残酷さ. (⇒ਸਖ਼ਤੀ)

ਕਰਾਉਣਾ (कराउणा) /karāuṇā カラーウナー/ ▸ਕਰਵਾਉਣਾ [cf. ਕਰਨਾ] *vt.* させる, 行わせる, してもらう.

ਕਰਾਊਨ (कराऊन) /karāūnḁ カラーウーン/ [Eng. *crown*] *m.* 王冠.

ਕਰਾਇਆ (कराइआ) /karāiā カラーイアー/ ▸ਕਿਰਾਇਆ *m.* → ਕਿਰਾਇਆ

ਕਰਾਸ (करास) /karāsḁ カラース/ [Eng. *cross*] *m.* **1** 〖キ〗十字架. **2** 十字, 十字標.

ਕਰਾਹ (कराह) /karâ カラー/ ▸ਕਰਾਹਾ [Arab. *karāh*] *m.* **1** 〖道具〗畑を整地する農具, 地ならしをする農具. **2** (種を蒔くために)平らに整地された畑, 種の蒔かれた畑.

ਕਰਾਹਣਾ (कराहणा) /karâṇā カラーナー/ ▸ਕਰਾਹੁਣਾ *vt.* → ਕਰਾਹੁਣਾ

ਕਰਾਹਤ (कराहत) /karâtḁ カラート/ [Pers. *karāhat*] *f.* 嫌悪, 不快感, 憎悪, 反感. (⇒ਘਿਰਨਾ)

ਕਰਾਹਾ (कराहा) /karāhā カラーハー/ ▸ਕਰਾਹ *m.* → ਕਰਾਹ

ਕਰਾਹੁਣਾ (कराहुणा) /karâuṇā カラーウナー/ ▸ਕਰਾਹਣਾ [cf. ਕਰਾਹ] *vt.* 〖農業〗農具で整地する, 地ならしをする.

ਕਰਾਂਗੁਰ (कराँगुर) /karā̃gurḁ カラーングル/ [Skt. कर + Skt. अंगुलि] *f.* 〖身体〗手の指. (⇒ਹੱਥ ਦੀ ਉਂਗਲ)

ਕਰਾਚੀ (कराची) /karācī カラーチー/ *f.* 〖地名〗カラーチー《インダス河口西方に位置するパキスタン最大の都市. スィンド州の州都》.

ਕਰਾਂਟਾ (कराँटा) /karā̃ṭā カラーンター/ [Eng. *Christian* + ਟਾ] *m.* 〖キ〗インド人のキリスト教徒. (⇒ਦੇਸੀ ਈਸਾਈ)

ਕਰਾਟੇ (कराटे) /karāṭe カラーテー/ [Eng. *karate* bf. Jap.] *m.* 〖競技〗空手.

ਕਰਾਂਤ (कराँत) /karā̃tḁ カラーント/ [Skt. क्रांत] *adj.* **1** 渡られた, 越えられた. (⇒ਲੰਘਿਆ ਹੋਇਆ) **2** 抑えられた, 抑圧された. (⇒ਦੱਬਿਆ ਹੋਇਆ) **3** 攻められた, 打ち負かされた.

ਕਰਾਂਤੀ (कराँती) /karā̃tī カラーンティー/ ▸ਕ੍ਰਾਂਤੀ [Skt. क्रांति] *f.* **1** 渡ること, 越えること. **2** 革命, 変革. (⇒ਇਨਕਲਾਬ)

ਕ੍ਰਾਂਤੀ (क्राँती) /krā̃tī (karā̃tī) クラーンティー (カラーンティー)/ ▸ਕਰਾਂਤੀ *f.* → ਕਰਾਂਤੀ

ਕਰਾਂਤੀਕਾਰ (कराँतीकार) /karā̃tīkārḁ カラーンティーカール/ ▸ਕ੍ਰਾਂਤੀਕਾਰ [Skt. क्रांति Skt.-कार] *adj.* 革命を行う, 革命を起こす, 革命的な, 革命の. (⇒ਇਨਕਲਾਬੀ)
— *m.* 革命家. (⇒ਇਨਕਲਾਬੀ)

ਕ੍ਰਾਂਤੀਕਾਰ (क्राँतीकार) /krā̃tīkārḁ (karā̃tīkārḁ) クラーンティーカール (カラーンティーカール)/ ▸ਕਰਾਂਤੀਕਾਰ *adj.m.* → ਕਰਾਂਤੀਕਾਰ

ਕਰਾਂਤੀਕਾਰੀ (कराँतीकारी) /karā̃tīkārī カラーンティーカーリー/ ▸ਕ੍ਰਾਂਤੀਕਾਰੀ [Skt. क्रांति Skt.-कारिन्] *adj.* 革命を行う, 革命を起こす, 革命的な, 革命の. (⇒ਇਨਕਲਾਬੀ)
— *m.* 革命家. (⇒ਇਨਕਲਾਬੀ)

ਕ੍ਰਾਂਤੀਕਾਰੀ (क्राँतीकारी) /krā̃tīkārī (karā̃tīkārī) クラーンティーカーリー (カラーンティーカーリー)/ ▸ਕਰਾਂਤੀਕਾਰੀ *adj.m.* → ਕਰਾਂਤੀਕਾਰੀ

ਕਰਾਂਧ (कराँध) /karā̃dḁ カラーンド/ [(Pua.) Skt. क्रांत] *adj.* **1** 勇敢な. (⇒ਹਿੰਮਤੀ) **2** 力のある, 強い. (⇒ਬਲਵਾਨ)

ਕਰਾਨੀ (करानी) /karānī カラーニー/ [Eng. *Christian*] *m.* 〖キ〗キリスト教徒. (⇒ਈਸਾਈ)

ਕਰਾਬੀਨ (कराबीन) /karābīnḁ カラービーン/ [Eng. *carbine*] *f.* 〖武〗(昔の銃身の短い)騎兵銃, カービン銃. (⇒ਛੋਟੀ ਬੰਦੂਕ)

ਕਰਾਮਤ (करामत) /karāmatḁ カラーマト/ ▸ਕਰਮਾਤ, ਕਰਾਮਾਤ *f.* → ਕਰਾਮਾਤ

ਕਰਾਮਾਤ (करामात) /karāmātḁ カラーマート/ ▸ਕਰਮਾਤ, ਕਰਾਮਤ [Arab. *karāmāt*] *f.* **1** 奇跡, 奇蹟. (⇒ਕਰਿਸ਼ਮਾ) **2** 妙技. **3** 超自然現象, 神秘. **4** 驚異. **5** 不思議. **6** 魔法, 魔術. (⇒ਜਾਦੂ)

ਕਰਾਮਾਤੀ (करामाती) /karāmātī カラーマーティー/ [Pers. *karāmātī*] *adj.* **1** 奇跡の, 奇跡的な. **2** 魔術の.
— *m.* **1** 奇跡を起こす人. **2** 魔術師. (⇒ਜਾਦੂਗਰ)

ਕਰਾਰ[1] (करार) /karārḁ カラール/ [Arab. *qarār*] *m.* **1** 休息, 安息. **2** 安定した状態, 安らかな状態. **3** 精神の安定. **4** 精神の静けさ, 沈静. **5** 鎮静. **6** 決定. **7** 同意, 一致.

ਕਰਾਰ[2] (करार) /karārḁ カラール/ ▸ਇਕਰਾਰ *m.* → ਇਕਰਾਰ

ਕਰਾਰਾ (करारा) /karārā カラーラー/ *adj.* **1** 固い, 堅固な. **2** 強い, 頑丈な. **3** よく焼けた, ぱりぱりした. **4** 厳しい. **5** ぴりっとした, 辛い. (⇒ਮਸਾਲੇਦਾਰ, ਤਿੱਖਾ) ❏ਕੀ ਇਹ ਸਮੋਸੇ ਕਰਾਰੇ ਹਨ? これらのサモーサーは辛いですか.

ਕਰਾਲ[1] (कराल) /karālḁ カラール/ ▸ਕਲਾਲ *m.* → ਕਲਾਲ

ਕਰਾਲ[2] (कराल) /karālḁ カラール/ *adj.* **1** 〖身体〗出っ歯の. **2** 恐ろしい. (⇒ਭਿਆਨਕ) **3** 高い, そそり立つ.

ਕਰਾਵਲ (करावल) /karāwalḁ カラーワル/ [Turk. *qarāghol*] *m.* **1** 〖軍〗先兵. **2** 〖軍〗歩哨, 衛兵. **3** 銃撃手. (⇒ਬੰਦੂਕਚੀ) **4** 猟師.

ਕਰਾਵਾ (करावा) /karāwā カラーワー/ [(Lah.) Skt. कर +

ਆਵਾ] *m.* 収税官. (⇒ਮਸੂਲੀਆ)

ਕਰਾੜ (कराड़) /karāṛa カラール/ [Skt. किराट] *m.* **1** ヒンドゥー教徒の金融業者. **2** 商人. (⇒ਸੁਦਾਗਰ) **3** 商店主. (⇒ਦੁਕਾਨਦਾਰ)

ਕਰਿਆ (करिआ) /kariā カリアー/ *vi.* 動作の反復を表す述語を形成する ਕਰਨਾ の完了分詞の男性・単数形《後に続く ਕਰਨਾ と一緒に用いて動作の反復「よく(たびたび・定期的に)…する」を表す. この用法以外では ਕਰਨਾ の完了分詞の男性・単数形は ਕੀਤਾ となる》. ❐ ਕਰਿਆ ਕਰਨਾ よく(たびたび・定期的に)する, よく行う. ❐ਉਹ ਕੀਰਤਨ ਕਰਿਆ ਕਰਦੇ ਸਨ। 彼らはよく神を讃えて賛歌を歌っていました. ❐ਉਹ ਇੱਥੇ ਅਰਾਮ ਕਰਿਆ ਕਰਦਾ ਸੀ। 彼はよくここで休息していました. ❐ਉਹ ਬਜ਼ੁਰਗ ਨੂੰ ਸ਼ਿਕਾਇਤ ਕਰਿਆ ਕਰਦੀ ਸੀ। 彼女は老人によく苦情を言っていました.

ਕ੍ਰਿਆ (क्रिआ) /kriā (kariā) クリアー (カリアー)/ ▸ਕਿਰਿਆ *f.* → ਕਿਰਿਆ

ਕਰਿਆਨਾ (करिआना) /kariānā カリアーナー/ ▸ਕਿਰਿਆਨਾ [Skt. क्रयणक] *m.* **1** 食糧, 糧食, 食料品, 食料雑貨. **2** 〖貨幣〗小銭.

ਕਰਿਸ਼ਕ[1] (करिशक) /kariśaka カリシャク/ ▸ਆਕਰਸ਼ਿਕ *adj.m.* → ਆਕਰਸ਼ਿਕ

ਕਰਿਸ਼ਕ[2] (करिशक) /kariśaka カリシャク/ [Skt. कृषक] *m.* **1** 農耕者, 耕作者, 農業経営者. **2** 農夫, 農民.

ਕਰਿਸ਼ਚੀਅਨ (करिशचीअन) /kariśacīana カリシュチーアン/ [Eng. *Christian*] *m.* 〖キ〗キリスト教徒, クリスチャン. (⇒ਇਸਾਈ)

ਕਰਿਸਟਾਨ (करिसटान) /karisaṭāna カリスターン/ ▸ ਕਰਿਸਤਾਨ *m.* → ਕਰਿਸਤਾਨ

ਕਰਿਸਤਾਨ (करिसतान) /karisatāna カリスターン/ ▸ ਕਰਿਸਟਾਨ [Portug. *cristão*] *m.* 〖キ〗キリスト教徒, クリスチャン. (⇒ਇਸਾਈ)

ਕਰਿਸ਼ਨ (करिशन) /kariśana カリシャン/ ▸ਕ੍ਰਿਸ਼ਨ, ਕਿਸ਼ਣ [Skt. कृष्ण] *m.* 〖ヒ〗クリシュナ神《ヴィシュヌ神の化身の一人. ヤーダヴァ族のヴァスデーヴァとその妻デーヴァキーの息子として生まれた》.

ਕ੍ਰਿਸ਼ਨ (क्रिशन) /kriśana (kariśana) クリシャン (カリシャン)/ ▸ਕਰਿਸ਼ਨ, ਕਿਸ਼ਣ *m.* → ਕਰਿਸ਼ਨ

ਕਰਿਸਮਸ (करिसमस) /karisamasa カリスマス/ ▸ ਕਰਿਸਮਿਸ, ਕ੍ਰਿਸਮਿਸ *f.* → ਕਰਿਸਮਿਸ

ਕਰਿਸ਼ਮਾ (करिशमा) /kariśamā カリシュマー/ ▸ਕ੍ਰਿਸ਼ਮਾ [Pers. *kiriśma*] *m.* **1** 奇跡, 奇蹟. (⇒ਕਰਾਮਾਤ) **2** 妙技. **3** 超自然現象, 神秘. **4** 驚異. **5** 不思議. **6** 魔法, 魔術. (⇒ਜਾਦੂ)

ਕ੍ਰਿਸ਼ਮਾ (क्रिशमा) /kriśamā (kariśamā) クリシュマー (カリシュマー)/ ▸ਕਰਿਸ਼ਮਾ *m.* → ਕਰਿਸ਼ਮਾ

ਕਰਿਸਮਿਸ (करिसमिस) /karisamisa カリスミス/ ▸ ਕਰਿਸਮਸ, ਕ੍ਰਿਸਮਿਸ [Eng. *Christmas*] *f.* 〖祭礼・キ〗クリスマス, キリスト降誕祭. (⇒ਵੱਡਾ ਦਿਹਾੜਾ, ਵੱਡਾ ਦਿਨ)

ਕ੍ਰਿਸਮਿਸ (क्रिसमिस) /krisamisa (karisamisa) クリスミス (カリスミス)/ ▸ਕਰਿਸਮਸ, ਕਰਿਸਮਿਸ *f.* → ਕਰਿਸਮਿਸ

ਕਰਿਸ਼ੀ (करिशी) /kariśī カリシー/ ▸ਕ੍ਰਿਸ਼ੀ [Skt. कृषि] *f.* **1** 農業. **2** 耕作.

ਕ੍ਰਿਸ਼ੀ (क्रिशी) /kriśī (kariśī) クリシー (カリシー)/ ▸ਕਰਿਸ਼ੀ *f.* → ਕਰਿਸ਼ੀ

ਕਰਿਸ਼ੀ ਸੰਬੰਧੀ (करिशी संबंधी) /kariśī sambândī カリシー サンバンディー/ [Skt. कृषि + Skt. संबंधिन्] *adj.* **1** 農地の. **2** 農業の, 農芸の.

ਕਰਿਸ਼ੀ ਵਿਗਿਆਨ (करिशी विगिआन) /kariśī vigiāna カリシー ヴィギアーン/ [+ Skt. विज्ञान] *m.* 農学.

ਕਰਿਸ਼ੀ ਵਿਗਿਆਨੀ (करिशी विगिआनी) /kariśī vigiānī カリシー ヴィギアーニー/ [+ Skt. विज्ञानिन्] *m.* 農学者.

ਕਰਿਸ਼ੀ ਵਿਭਾਗ (करिशी विभाग) /kariśī vipăga カリシー ヴィパーグ/ [+ Skt. विभाग] *m.* 農業局.

ਕਰਿਕਟ (करिकट) /karikaṭa カリカト/ ▸ਕ੍ਰਿਕਟ, ਕਿਰਕਟ, ਕ੍ਰਿਕੇਟ [Eng. *cricket*] *m.* 〖競技〗クリケット. (⇒ਗੇਂਦ-ਬੱਲਾ)

ਕ੍ਰਿਕਟ (क्रिकट) /krikaṭa (karikaṭa) クリカト (カリカト)/ ▸ ਕਰਿਕਟ, ਕਿਰਕਟ, ਕ੍ਰਿਕੇਟ *m.* → ਕਰਿਕਟ

ਕ੍ਰਿਕੇਟ (क्रिकेट) /kriketa (kariketa) クリケート (カリケート)/ ▸ਕਰਿਕਟ, ਕ੍ਰਿਕਟ, ਕਿਰਕਟ *m.* → ਕਰਿਕਟ

ਕ੍ਰਿਕੇਟਰ (क्रिकेटर) /kriketara (kariketara) クリケータル (カリケータル)/ [Eng. *cricketer*] *m.* 〖競技〗クリケット競技者, クリケット選手.

ਕਰਿਖਾ (करिखा) /karikʰā カリカー/ [Skt. आकर्षण] *adj.* 引き付けられた. (⇒ਖਿਚਿਆ ਹੋਇਆ)

ਕਰਿਗੱਰ (करिगर्र) /karigarra カリガッル/ ▸ਕਾਰੀਗਰ [(Lah.)] *m.adj.* → ਕਾਰੀਗਰ

ਕਰਿੱਝਣਾ (करिज्झणा) /karîjjaṇā カリッジャナー/ [Skt. क्रन्दति] *vi.* **1** 苛々する, 怒る. (⇒ਖਿਝਣਾ) **2** すねる, 不機嫌になる. (⇒ਰੁੱਸਣਾ)

ਕਰਿਤ (करित) /karita カリト/ ▸ਕ੍ਰਿਤ [Skt. कृत] *adj.* **1** なされた, 行われた. **2** 遂行された. **3** 書かれた. **4** 生産された, 創作された.

ਕ੍ਰਿਤ (क्रित) /krita (karita) クリト (カリト)/ ▸ਕਰਿਤ *adj.* → ਕਰਿਤ

ਕਰਿਤੱਗ (करितग्ग) /karitagga カリタッグ/ ▸ਕ੍ਰਿਤੱਗ, ਕਿਰਤੱਗ [Skt. कृतज्ञ] *adj.* **1** ありがたく思っている, 感謝している. **2** 恩義を感じている, 恩を知る.

ਕ੍ਰਿਤੱਗ (क्रितग्ग) /kritagga (karitagga) クリタッグ (カリタッグ)/ ▸ਕਰਿਤੱਗ, ਕਿਰਤੱਗ *adj.* → ਕਰਿਤੱਗ

ਕਰਿਤੱਗਤਾ (करितग्गता) /karitaggatā カリタッガター/ ▸ ਕ੍ਰਿਤੱਗਤਾ [Skt. कृतज्ञ Skt.-ता] *f.* **1** ありがたく思うこと, 感謝, 感謝の念. **2** 恩義を感じること, 恩を知ること.

ਕ੍ਰਿਤੱਗਤਾ (क्रितग्गता) /kritaggatā (karitaggatā) クリタッガター (カリタッガター)/ ▸ਕਰਿਤੱਗਤਾ *f.* → ਕਰਿਤੱਗਤਾ

ਕਰਿਤਘਣ (करितघण) /karitakăṇa カリトカン/ ▸ਕ੍ਰਿਤਘਣ [Skt. कृतघ्न] *adj.* **1** 感謝していない. **2** 恩義を感じていない, 恩知らずの.

ਕ੍ਰਿਤਘਣ (क्रितघण) /kritakăṇa (karitakăṇa) クリトカン (カリトカン)/ ▸ਕਰਿਤਘਣ *adj.* → ਕਰਿਤਘਣ

ਕਰਿਤਘਣਤਾ (करितघणता) /karitakăṇatā カリトカンター/ ▸ਕ੍ਰਿਤਘਣਤਾ [Skt. कृतघ्न Skt.-ता] *f.* **1** 感謝していないこと. **2** 恩知らず, 忘恩.

ਕ੍ਰਿਤਘਣਤਾ (क्रितघणता) /kritakăṇatā (karitakăṇatā) クリトカンター (カリトカンター)/ ▸ਕਰਿਤਘਣਤਾ *adj.* → ਕਰਿਤਘਣਤਾ

ਕ੍ਰਿਦੰਤ (क्रिदंत) /kridanta (karidanta) クリダント (カリダント)/ ▸ਕਿਰਦੰਤ [Skt. कृदंत] *m.* 〖言〗分詞.

ਕਰਿੰਦਾ (करिंदा) /karindā カリンダー/ ▸ਕਾਰਿੰਦਾ [Pers. *kāranda*] *m.* **1** 労働者. (⇒ਕਾਮਾ) **2** 使用人, 召使. **3** 代理人, 取扱者, 問屋.

ਕ੍ਰਿਪਾ (क्रिपा) /kripā (karipā) クリパー (カリパー)/ ▸ ਕਿਰਪਾ *f.* → ਕਿਰਪਾ

ਕਰੀ[1] (करी) /karī カリー/ [Tam. *kari*] *f.* **1**〘料理〙調理した野菜, 野菜料理. (⇒ਸਾਲਨ) **2**〘料理〙スープ. (⇒ਸ਼ੋਰਬਾ)

ਕਰੀ[2] (करी) /karī カリー/ [Skt. कटक] *f.*〘装〙足に付ける輪飾り. (⇒ਪੈਰਾਂ ਦਾ ਗਹਿਣਾ)

ਕਰੀਚ (करीच) /karīca カリーチ/ *f.* **1** 不快感. (⇒ਸੂਗ) **2** 嫌気.

ਕਰੀਚਣਾ (करीचणा) /karīcaṇā カリーチャナー/ ▸ਕਰੀਟਣਾ *vt.* **1** こすり合わせる, きしらせる. **2** 歯ぎしりする.

ਕਰੀਟਣਾ (करीटणा) /karīṭaṇā カリータナー/ ▸ਕਰੀਚਣਾ [(Lah.)] *vt.* → ਕਰੀਚਣਾ

ਕਰੀਨਾ (करीना) /karīnā カリーナー/ [Pers. *qarīna*] *m.* **1** 関係, 前後関係, 文脈. **2** 方法, 様式. **3** 適切な行動様式. **4** 整頓, 整理. **5** 順序, 秩序. **6** 釣り合い, 調和美.

ਕਰੀਬ (करीब) /karība カリーブ/ [Arab. *qarīb*] *adv.* **1** おおよそ, およそ, 約, 大体. **2** 近くに, そばに.

ਕਰੀਬਨ (करीबन) /karībana カリーバン/ [Arab. *qarīban*] *adv.* **1** おおよそ, およそ, 約, 大体. **2** 近くに, そばに. **3** ほとんど.

ਕਰੀਬੀ (करीबी) /karībī カリービー/ [Arab. *qarībī*] *adj.* **1** 近くの, そばの, 近隣の. **2** 近しい, 近親の, 血縁の近い. **3** 仲の良い, 親しい, 親密な, 友好関係の.
— *m.* **1** 近しい人, 近親者. **2** 親交のある人, 親密な人. **3** 側近.

ਕਰੀਮ[1] (करीम) /karīma カリーム/ [Arab. *karīm*] *adj.* **1** 親切な, 優しい. **2** 情深い, 慈悲深い. (⇒ਦਿਆਲ) **3** 寛大な, 寛容な.

ਕਰੀਮ[2] (करीम) /karīma カリーム/ ▸ਕ੍ਰੀਮ *f.* → ਕ੍ਰੀਮ

ਕ੍ਰੀਮ (क्रीम) /krīma (karīma) クリーム (カリーム)/ ▸ਕਰੀਮ [Eng. *cream*] *f.* クリーム.

ਕਰੀਰ (करीर) /karīra カリール/ ▸ਕਰੀਲ [Skt. करीर] *m.*〘植物〙カリール, ケーパー《フウチョウソウ科の棘のある低木》.

ਕਰੀਲ (करील) /karīla カリール/ ▸ਕਰੀਰ *m.* → ਕਰੀਰ

ਕਰੀਲੀ[1] (करीली) /karīlī カリーリー/ [Urd.] *f.*〘身体〙脹脛(ふくらはぎ)の肉. (⇒ਪਿੰਡਲੀ ਦਾ ਮਾਸ)

ਕਰੀਲੀ[2] (करीली) /karīlī カリーリー/ [Skt. कराज] *f.* 歯ぎしり. (⇒ਕਚੀਚੀ)

ਕਰੀੜਾ (करीड़ा) /karīṛā カリーラー/ ▸ਕ੍ਰੀੜਾ [Skt. क्रीड़ा] *m.* **1** 遊び, 競技. (⇒ਖੇਡ) ❐ਕਰੀੜਾ ਥਲ 遊び場, 運動場, 競技場. **2** 遊戯, 娯楽. (⇒ਮਨੋਰੰਜਨ)

ਕ੍ਰੀੜਾ (क्रीड़ा) /krīṛā (karīṛā) クリーラー (カリーラー)/ ▸ ਕਰੀੜਾ *m.* → ਕਰੀੜਾ

ਕਰੁੰਡ (करुंड) /karuṇḍa カルンド/ *m.*〘鉱物〙金剛砂.

ਕਰੁਣਾ (करुणा) /karuṇā カルナー/ ▸ਕਰਣਾ, ਕਰੁਨ, ਕਰੁਨਾ *f.* → ਕਰੁਨਾ

ਕਰੁਤਾ (करुता) /karutā カルター/ ▸ਕਰੁੱਤਾ *adj.* → ਕਰੁੱਤਾ

ਕਰੁੱਤਾ (करुत्ता) /karuttā カルッター/ ▸ਕਰੁਤਾ [Skt. कु- Skt. ऋतु] *adj.* 季節外れの.

ਕਰੁਨ (करुन) /karuna カルン/ ▸ਕਰਣਾ, ਕਰੁਣਾ, ਕਰੁਨਾ *f.* → ਕਰੁਨਾ

ਕਰੁਨਾ (करुना) /karunā カルナー/ ▸ਕਰਣਾ, ਕਰੁਣਾ, ਕਰੁਨ [Skt. करुणा] *f.* **1** 慈悲, 憐憫. **2** 情け, 同情.

ਕਰੁਵਾ (करुवा) /karuwā カルワー/ ▸ਕਰਵਾ, ਕਰਵਾਲ [Skt. करक] *m.*〘容器〙飲み口のついた壺.

ਕਰੂਜ਼ਰ (करूज़र) /karūzara カルーザル/ [Eng. *cruiser*] *m.* **1**〘乗物〙周遊客船. **2**〘乗物〙巡洋艦.

ਕਰੂੰਜੜਾ (करूँजड़ा) /karū̃jaṛā カルーンジャラー/ ▸ਕੁੰਜੜਾ *m.* → ਕੁੰਜੜਾ

ਕਰੂਨੀ (करूनी) /karūnī カルーニー/ [Skt. कृपण] *m.* けちな. (⇒ਕੰਜੂਸ)

ਕਰੂਪ (करूप) /karūpa カループ/ ▸ਕੁਰੂਪ [Skt. कु- Skt. रूप] *adj.* 形の悪い, 醜い, 恰好の悪い. (⇒ਬਦਸੂਰਤ)

ਕਰੂੰਬਲ (करूँबल) /karū̃bala カルーンバル/ ▸ਕੁੰਬਲ, ਕੂੰਬਲ, ਕੂਮਲ [Skt. कुड्मल] *f.* **1**〘植物〙枝の先の柔らかい部分. **2**〘植物〙葉芽. **3**〘植物〙新芽.

ਕਰੂਰ[1] (करूर) /karūra カルール/ [Skt. क्रूर] *adj.* **1** 残酷な. (⇒ਜ਼ਾਲਮ) **2** 無慈悲な.

ਕਰੂਰ[2] (करूर) /karūra カルール/ ▸ਕਰੂਰਾ [(Lah.)] *m.* → ਕਰੂਰਾ

ਕਰੂਰਾ (करूरा) /karūrā カルーラー/ ▸ਕਰੂਰ [Arab. *kārūrā*] *m.* **1** ガラス. (⇒ਸ਼ੀਸ਼ਾ) **2**〘容器〙小さな球形の瓶. (⇒ਛੋਟੀ ਗੋਲ ਬੋਤਲ) **3** 尿. (⇒ਪਿਸ਼ਾਬ) **4**〘医〙患者の尿.

ਕਰੂਲਾ (करूला) /karūlā カルーラー/ ▸ਕਰੂਲੀ [Skt. कवल] *m.* うがい.

ਕਰੂਲੀ (करूली) /karūlī カルーリー/ ▸ਕਰੂਲਾ [Skt. कवल] *f.* うがい.

ਕਰੇਨ (करेन) /karena カレーン/ ▸ਕ੍ਰੇਨ [Eng. *crane*] *m.* **1**〘機械〙クレーン, 起重機. **2**〘鳥〙ツル, 鶴.

ਕ੍ਰੇਨ (क्रेन) /krena (karena) クレーン (カレーン)/ ▸ਕਰੇਨ *m.* → ਕਰੇਨ

ਕਰੇਪ (करेप) /karepa カレープ/ ▸ਕਰੇਬ *f.* → ਕਰੇਬ

ਕਰੇਬ (करेब) /kareba カレーブ/ ▸ਕਰੇਪ [Eng. *crepe*] *f.* **1**〘布地〙クレープ《ちりめん織り》. **2**〘食品〙クレープ《薄いパンケーキ》.

ਕਰੇਬਾ (करेबा) /karebā カレーバー/ ▸ਕਰੇਵਾ *m.* → ਕਰੇਵਾ

ਕਰੇਲਾ (करेला) /karelā カレーラー/ [Skt. कारवेल्ल] *m.*〘植物〙ニガウリ(苦瓜)《ウリ科の蔓草》, ニガウリの実.

ਕਰੇਵਾ (करेवा) /karewā カレーワー/ ▸ਕਰੇਬਾ *m.*〘社会〙寡婦の再婚, 未亡人との結婚.

ਕਰੇੜਾ (करेड़ा) /kareṛā カレーラー/ *m.* 歯石.

ਕਰੈਕਟਰ (करैकटर) /karaikaṭara カラェークタル/ ▸ਕ੍ਰੈਕਟਰ [Eng. *character*] *m.* **1** 性格, 性質, 特徴, 人格. **2** 行為, 振る舞い, 品行.

ਕ੍ਰੈਕਟਰ (क्रैकटर) /kraikaṭara (karaikaṭara) クラェークタル (カラェークタル)/ ▸ਕਰੈਕਟਰ *m.* → ਕਰੈਕਟਰ

ਕਰੈਡਿਟ (करैडिट) /karaiḍiṭa カラェーディト/ ▸ਕ੍ਰੈਡਿਟ [Eng. *credit*] *m.* **1** 信用, 信頼. **2** 称賛, 名誉, 名声. **3**〘経済〙クレジット, 信用販売. **4** 履修単位.

ਕ੍ਰੈਡਿਟ (क्रैडिट) /kraiḍiṭa (karaiḍiṭa) クラェーディト (カラェ

ーディト)/ ▸ਕਰੈਡਿਟ *m.* → ਕਰੈਡਿਟ

ਕਰੈਡਿਟ ਕਾਰਡ (करैडिट कारड) /karaiḍitạ kārạḍạ カラエーディト カールド/ ▸ਕ੍ਰੈਡਿਟ ਕਾਰਡ [Eng. *credit card*] *m.* 〖経済〗クレジットカード.

ਕ੍ਰੈਡਿਟ ਕਾਰਡ (क्रैडिट कारड) /kraiḍitạ kārạḍạ (karaiḍitạ kārạḍạ) クラェーディト カールド (カラェーディト カールド)/ ▸ਕਰੈਡਿਟ ਕਾਰਡ *m.* → ਕਰੈਡਿਟ ਕਾਰਡ

ਕਰੋਸ਼ੀਆ (करोशीआ) /karośīā カローシーアー/ [Eng. *crochet*] *m.* 鉤針編み.

ਕਰੋਂਦਾ (करोंदा) /karõdā カローンダー/ ▸ਕਰੌਂਦਾ *m.* → ਕਰੌਂਦਾ

ਕਰੋਧ (करोध) /karôdạ カロード/ ▸ਕ੍ਰੋਧ [Skt. क्रोध] *m.* **1** 怒り, 立腹. (⇒ਗੁੱਸਾ) **2** 激怒, 憤激, 憤慨, 憤怒.

ਕ੍ਰੋਧ (क्रोध) /krôdạ (karôdạ) クロード (カロード)/ ▸ਕਰੋਧ *m.* → ਕਰੋਧ

ਕਰੋਧੀ (करोधी) /karôdī カローディー/ [Skt. क्रोधिन्] *adj.* **1** 怒っている, 憤慨している, 激怒している. **2** 怒りっぽい, 短気な.

— *m.* 怒っている者.

ਕਰੋਨੋਸਕੋਪ (करोनोसकोप) /karonosạkopạ カローノースコープ/ [Eng. *chronoscope*] *m.* 〖道具〗クロノスコープ《微少な時間を計る時計》.

ਕਰੋਨੋਗਰਾਫ਼ (करोनोगराफ़) /karonogarāfạ カローノーガラーフ/ [Eng. *chronograph*] *m.* 〖道具〗クロノグラフ《時間の経過を測定・図示する装置》.

ਕਰੋਨੋਮੀਟਰ (करोनोमीटर) /karonomīṭarạ カローノーミータル/ [Eng. *chronometer*] *m.* 〖道具〗クロノメーター《高精度の時計》.

ਕਰੋਪ (करोप) /karopạ カロープ/ [Skt. कोप] *m.* **1** 怒り, 立腹. (⇒ਗੁੱਸਾ) **2** 激怒, 憤激, 憤慨, 憤怒.

— *adj.* 怒っている, 憤慨している, 憤激している, 激怒している.

ਕਰੋਪਵਾਨ (करोपवान) /karopạwānạ カロープワーン/ [Skt.-वान्] *adj.* **1** 怒っている, 憤慨している, 激怒している. **2** 怒りっぽい, 短気な.

ਕਰੋਪੀ (करोपी) /karopī カローピー/ [Skt. कोपिन्] *f.* **1** 怒り, 立腹. (⇒ਗੁੱਸਾ) **2** 激怒, 憤激, 憤慨, 憤怒.

— *adj.* 怒っている, 憤慨している, 憤激している, 激怒している.

ਕਰੋਮ (करोम) /karomạ カローム/ ▸ਕ੍ਰੋਮ, ਕੁਰਮ [Eng. *chrome*] *m.* 〖化学・金属〗クロム.

ਕ੍ਰੋਮ (क्रोम) /kromạ (karomạ) クローム (カローム)/ ▸ਕਰੋਮ, ਕੁਰਮ *m.* → ਕਰੋਮ

ਕਰੋਮੀਅਮ (करोमीअम) /karomīamạ カローミーアム/ [Eng. *chromium*] *f.* 〖化学・金属〗クロム, クロミウム.

ਕਰੋਮੇਟ (करोमेट) /karomeṭạ カローメート/ [Eng. *chromite*] *m.* **1** 〖化学〗亜クロム酸塩. **2** 〖鉱物〗クロム鉄鉱.

ਕਰੋਰ (करोर) /karorạ カロール/ ▸ਕਰੋੜ, ਕ੍ਰੋੜ, ਕੋਟ *ca.num.(m.) adj.* → ਕਰੋੜ

ਕਰੋਲਣਾ (करोलणा) /karolạṇā カロールナー/ [Skt. क्षुरति] *vt.* **1** 突つく. **2** 掘る. **3** 棒で探る.

ਕਰੋਲਣੀ (करोलणी) /karolạṇī カロールニー/ [-ਣੀ] *f.* **1** 突つく棒. **2** 掘削.

ਕਰੋੜ (करोड़) /karoṛạ カロール/ ▸ਕਰੋਰ, ਕ੍ਰੋੜ, ਕੋਟ [(Pkt. क्रोडि) Skt. कोटि] *ca.num.(m.)* 〖数量〗千万(の単位). (⇒ਸੌ ਲੱਖ)

— *adj.* 一千万の. (⇒ਸੌ ਲੱਖ)

ਕ੍ਰੋੜ (क्रोड़) /kroṛạ (karoṛạ) クロール (カロール)/ ▸ਕਰੋਰ, ਕਰੋੜ, ਕੋਟ *ca.num.(m.) adj.* → ਕਰੋੜ

ਕਰੋੜਪਤੀ (करोड़पती) /karoṛạpatī カロールパティー/ [Skt. कोटि + Skt. पति] *m.* 千万長者, 大金持ち, 富豪.

ਕਰੋੜੀ (करोड़ी) /karoṛī カローリー/ [-ਈ] *adj.* 一千万の.

ਕਰੌਂਦਾ (करौंदा) /karãũdā カラォーンダー/ ▸ਕਰੋਂਦਾ [Skt. करमर्द] *m.* 〖植物〗カリッサ《キョウチクトウ科の常緑低木》.

ਕਰੌਲੀ[1] (करौली) /karaulī カラォーリー/ [Skt. करवाली] *f.* 短剣, 短刀. (⇒ਛੁਰੀ)

ਕਰੌਲੀ[2] (करौली) /karaulī カラォーリー/ *m.* 〖地名〗カロウリー《ラージプーターナーの都市》.

ਕਲ[1] (कल) /kalạ カル/ [Skt. कला] *f.* **1** 機械. **2** 装置. **3** 機械の部品, 機械の稼動部分.

ਕਲ[2] (कल) /kalạ カル/ [Skt. कलह] *f.* 戦い, 戦闘, 戦争. (⇒ਲੜਾਈ)

ਕਲ[3] (कल) /kalạ カル/ [Skt. काल] *adj.* 黒い. (⇒ਕਾਲਾ)

ਕੱਲ[1] (कल्ल) /kallạ カッル/ ▸ਇਕੱਲ *f.* → ਇਕੱਲ

ਕੱਲ[2] (कल्ल) /kallạ カッル/ ▸ਕਲ੍ਹ, ਕੱਲ੍ਹ *m.f.adv.* → ਕੱਲ੍ਹ

ਕਲਈ (कलई) /kalaī カライー/ ▸ਕਲੀ *f.* → ਕਲੀ[4]

ਕਲਸ (कलस) /kalạsạ カルス/ ▸ਕਲਸ਼, ਕਲਸਾ [Skt. कलश] *m.* **1** 壺, 瓶. (⇒ਘੜਾ) **2** 〖建築〗円屋根, ドーム, 尖塔. (⇒ਗੁੰਬਦ, ਮਿਨਾਰ) **3** 頂き, 頂上. (⇒ਸਿਖਰ)

ਕਲਸ਼ (कलश) /kalạśạ カルシュ/ ▸ਕਲਸ, ਕਲਸਾ *m.* → ਕਲਸ

ਕਲਸਾ (कलसा) /kalạsā カルサー/ ▸ਕਲਸ, ਕਲਸ਼ *m.* → ਕਲਸ

ਕਲਸੀ (कलसी) /kalạsī カルスィー/ *f.* 〖姓〗カルスィー《大工を職業とするの姓の一つ》.

ਕਲਸੀਆ (कलसीआ) /kalạsīā カルスィーアー/ *m.* 〖歴史〗カルスィーアー《東部パンジャーブの藩王国》.

ਕਲਹ (कलह) /kâlạ カル/ ▸ਕਲ੍ਹਾ *f.* → ਕਲ੍ਹਾ

ਕਲ੍ਹ (कल्ह) /kâlạ カル/ ▸ਕੱਲ੍ਹ, ਕੱਲ *m.f.adv.* → ਕੱਲ੍ਹ

ਕੱਲ੍ਹ (कल्ल्ह) /kâllạ カッル/ ▸ਕਲ੍ਹ, ਕੱਲ [Skt. कल्य] *m.f.* **1** 朝. (⇒ਸਵੇਰ) **2** あす, あした, 明日, 将来. (⇒ਆਉਣ ਵਾਲਾ ਦਿਨ) **3** 翌日, 次の日. **4** きのう, 昨日. (⇒ਬੀਤ ਚੁਕਾ ਦਿਨ) **5** 前日, 先日, 過日.

— *adv.* **1** あす, あした, 明日. **2** きのう, 昨日.

ਕਲਹਕਾਰ (कलहकार) /kâlạkārạ | kâlākārạ カルカール | カラーカール/ [Skt. कलह Skt.-कार] *adj.* 喧嘩好きの, 好戦的な. (⇒ਲੜਾਕਾ)

— *m.* 喧嘩好きの人, 好戦的な人. (⇒ਲੜਾਕਾ)

ਕਲ੍ਹਾ (कल्हा) /kâlā カラー/ ▸ਕਲਹ [Skt. कलह] *f.* **1** 戦い, 戦争. (⇒ਲੜਾਈ, ਯੁੱਧ, ਜੰਗ) **2** 争い, 喧嘩. (⇒ਝਗੜਾ) ❐ ਕਲ੍ਹਾ ਕਲੰਦਰ ਵਸੇ ਤੇ ਘੜਿਓਂ ਪਾਣੀ ਨਸੇ 争いが住みつくと水瓶から水が逃げる〔諺〕〈日々の争い事は家を滅ぼす〉 **3** 口論.

ਕਲਹਿਣਾ (कलहिणा) /kalaîṇā カラェーナー/ [Skt. कलह] *adj.* **1** いつも争っている, 喧嘩好きの, 好戦的な. **2** 厚

かましい, 無礼な.

ਕਲਹੂਰ (कलहूर) /kalahūra カルフール/ [(Pua.) Skt. कलह] *f.* 騒乱.

ਕਲੰਕ (कलंक) /kalaṅka カランク/ [Skt. कलंक] *m.* **1** 汚点. (⇒ਦਾਗ਼) **2** 悪評. (⇒ਬਦਨਾਮੀ) **3** 罪. (⇒ਪਾਪ)

ਕਲਕ (कलक) /kalaka カラク/ [Arab. *qalaq*] *m.* **1** 激しい悲嘆. **2** 苦痛, 苦悩. **3** 悲しみ. (⇒ਦੁਖ) **4** 困難, 苦労. (⇒ਤਕਲੀਫ਼) **5** 困惑. (⇒ਬੇਤਾਬੀ) **6** 満たされない願望. (⇒ਹਸਰਤ) **7** 後悔. (⇒ਪਛਤਾਵਾ)

ਕਲਕਟਰ (कलकटर) /kalakaṭara カラクタル/ ▸ਕਲੈਕਟਰ [Eng. *collector*] *m.* **1** 収集家. **2** 集金人, 収税官.

ਕਲੰਕਤ (कलंकत) /kalaṅkata カランカト/ [Skt. कलंकित] *adj.* **1** 汚点のある, 汚れた. (⇒ਦਾਗ਼ੀ) **2** 悪名高い. (⇒ਬਦਨਾਮ) **3** 罪を犯した, 罪深い. (⇒ਪਾਪੀ)

ਕਲਕਤਾ (कलकता) /kalakatā カルカター/ ▸ਕੋਲਕਤਾ *m.* → ਕੋਲਕਤਾ

ਕਲਕਲ (कलकल) /kalakala カルカル/ *m.* 〖擬声語〗サラサラ, ザーザー《小さく波立つ音, 水の流れる音, 滝の水の落ちる音など》.

ਕਲਕਲਾਂ (कलकलाँ) /kalakalā̃ カラクラーン/ [Skt. कल्य] *adv.* **1** 明日. **2** この次, また, 後で. **3** 将来, そのうち.

ਕਲਕਲਾ (कलकला) /kalakalā カラクラー/ [Pers. *qalaqla*] *m.* **1** 情熱, 興奮. (⇒ਜੋਸ਼) **2** 混乱. (⇒ਬੇਕਰਾਰੀ) **3** 不安, 焦燥. (⇒ਬੇਚੈਨੀ)

ਕਲਕਾਰਨਾ (कलकारना) /kalakāranā カルカールナー/ ▸ ਕਿਲਕਾਰਨਾ *vi.* → ਕਿਲਕਾਰਨਾ

ਕਲਕੀ (कलकी) /kalakī カルキー/ [Skt. कल्कि] *m.* 〖ヒ〗カルキ《ヴィシュヌ神の10番目の化身》.

ਕਲਗ਼ੀ (कलग़ी) /kalağī カルギー/ [Pers. *kalğī*] *f.* **1** 鳥の冠毛. **2** 〖装〗羽根飾り, 羽毛飾り.

ਕਲਗ਼ੀਦਾਰ (कलग़ीदार) /kalağīdāra カルギーダール/ [Pers.-*dār*] *adj.* 羽飾りのある, 羽毛飾りを付けた.

ਕਲਗ਼ੀਧਰ (कलग़ीधर) /kalağītăra カルギータル/ [Skt.-धर] *adj.* 羽飾りのある, 羽毛飾りを付けた.

ਕਲਚਰ (कलचर) /kalacara カルチャル/ [Eng. *culture*] *f.* **1** 文化, 教養, 精神文明. (⇒ਸੰਸਕ੍ਰਿਤੀ, ਤਹਿਜ਼ੀਬ) **2** 培養, 培養菌, 培養検査.

ਕਲਚੂਨਾ (कलचूना) /kalacūnā カルチューナー/ [(Lah.)] *f.* 〖身体〗こめかみ. (⇒ਪੁੜਪੁੜੀ)

ਕਲਜੀਭਾ (कलजीभा) /kalajībā カルジーバー/ [Skt. काल + Skt. जिह्वा] *adj.* **1** 黒い舌の. **2** 不吉な.

ਕਲਜੁਗ (कलजुग) /kalajuga カルジュグ/ [Skt. कलियुग] *m.* 〖ヒ〗カリユガ, 末世《世界周期の最後とされる第四期. 悪がはびこる暗黒時代》. (⇒ਕਲੀਕਾਲ)

ਕਲਜੋਗਣ (कलजोगण) /kalajogaṇa カルジョーガン/ ▸ ਕਲਜੋਗਨ, ਕਲਜੋਗਨੀ [Skt. कलह + Skt. योग -ਣ] *f.* **1** 神話に現れる血を吸う悪魔. **2** 妖婦, 意地悪女. **3** がみがみ言う女, 口やかましい女.

ਕਲਜੋਗਨ (कलजोगन) /kalajogana カルジョーガン/ ▸ ਕਲਜੋਗਣ, ਕਲਜੋਗਨੀ *f.* → ਕਲਜੋਗਣ

ਕਲਜੋਗਨੀ (कलजोगनी) /kalajoganī カルジョーグニー/ ▸ ਕਲਜੋਗਣ, ਕਲਜੋਗਨ *f.* → ਕਲਜੋਗਣ

ਕਲਟੀਵੇਟਰ (कलटीवेटर) /kalaṭiveṭara カルティヴェータル/ [Eng. *cultivator*] *m.* 耕作者. (⇒ਕਿਸਾਨ, ਵਾਹਕ)

ਕਲੰਡਰ (कलंडर) /kalaṇḍara カランダル/ ▸ਕਲੰਦਰਾ, ਕੈਲੰਡਰ [Eng. *calendar*] *m.* 〖暦〗暦, 暦法, カレンダー.

ਕਲਤ (कलत) /kalata カラト/ ▸ਕਲਤਰ, ਕਲੱਤਰ *f.* → ਕਲੱਤਰ

ਕਲੱਤਣ (कलत्तण) /kalattaṇa カラッタン/ [kala, Skt. काल + ਤਣ] *f.* **1** 黒色. (⇒ਕਾਲਖ) **2** 暗黒.

ਕਲਤਰ (कलतर) /kalatara カルタル/ ▸ਕਲਤ, ਕਲੱਤਰ *f.* → ਕਲੱਤਰ

ਕਲੱਤਰ (कलत्तर) /kalattara カラッタル/ ▸ਕਲਤ, ਕਲਤਰ [Skt. कलत्र] *f.* **1** 女. (⇒ਇਸਤ੍ਰੀ) **2** 〖親族〗妻. (⇒ਵਹੁਟੀ)

ਕਲਤਰੇਤ (कलतरेत) /kalatareta カラトレート/ [Eng. *collectorate*] *f.* 〖政治〗収税官の職, 収税官を筆頭とした行政機関, 収税管区.

ਕਲੰਦਰ (कलंदर) /kalandara カランダル/ [Pers. *qalandar*] *m.* **1** 〖イス〗(ムスリムの)遊行者, 修行僧, 托鉢僧. (⇒ਦਰਵੇਸ਼, ਫ਼ਕੀਰ) **2** 熊使い. **3** 猿回し.

ਕਲੰਦਰਾ (कलंदरा) /kalandarā カランダラー/ ▸ਕਲੰਡਰ, ਕੈਲੰਡਰ *m.* → ਕਲੰਡਰ

ਕਲਦਾਰ (कलदार) /kaladāra カルダール/ [Skt. कला Pers.-*dār*] *adj.* 機械の, 機械の付いた.

ਕਲਪਣਾ[1] (कलपणा) /kalapaṇā カルパナー/ ▸ਕਲਫਣਾ [Skt. कल्पन] *vt.* **1** 想像する, 想定する, 仮想する. **2** 空想する.

ਕਲਪਣਾ[2] (कलपणा) /kalapaṇā カルパナー/ [Skt. कलयति] *vi.* **1** 嘆き悲しむ. **2** 苦痛を表す.

ਕਲਪਤ (कलपत) /kalapata カルパト/ ▸ਕਲਪਿਤ *adj.* → ਕਲਪਿਤ

ਕਲਪਨਾ (कलपना) /kalapanā カルパナー/ [Skt. कल्पना] *f.* **1** 想像, 想定, 仮想. ❐ਕਰਨਾਲ ਦੇ ਵਾਸੀ ਖ਼ਾਸ ਕਰਕੇ ਕਲਪਨਾ ਦੀ ਭਵਿੱਖ ਦੀ ਉਡਾਣ ਨੂੰ ਲੈ ਕੇ ਕਈ ਕਲਪਨਾਵਾਂ ਕਰ ਰਹੇ ਹਨ। カルナールの住民は特にカルパナー〔2003年スペースシャトル事故で死亡した女性宇宙飛行士カルパナー・チャーウラー〕の将来の飛行について多くの想像をしています. **2** 仮定, 憶測. **3** 空想, 幻想, 根拠のない考え.

ਕਲਪਨਾਤਮਿਕ (कलपनातमिक) /kalapanātamika カルパナートミク/ [Skt.-आत्मक] *adj.* **1** 想像の, 想像的な, 想像上の, 空想の, 架空の. **2** 想像力に富んだ, 創意に富む.

ਕਲਪਾਉਣਾ (कलपाउणा) /kalapāuṇā カルパーウナー/ ▸ ਕਲਪਾਣਾ [cf. ਕਲਪਣਾ[2]] *vt.* 嘆き悲しませる. (⇒ਦੁਖੀ ਕਰਨਾ)

ਕਲਪਾਕ (कलपाक) /kalapāka カルパーク/ [Turk.] *m.* **1** 〖衣服〗帽子. (⇒ਟੋਪੀ) **2** 〖衣服〗ターバンを巻くための頭巾. (⇒ਕੁੱਲਾ)

ਕਲਪਾਣਾ (कलपाणा) /kalapāṇā カルパーナー/ ▸ ਕਲਪਾਉਣਾ *vt.* → ਕਲਪਾਉਣਾ

ਕਲਪਿਤ (कलपित) /kalapita カルピト/ ▸ਕਲਪਤ [Skt. कल्पित] *adj.* **1** 想像された, 想像上の, 空想の, 架空の. **2** 仮定の. (⇒ਮਿਥਿਆ ਹੋਇਆ) **3** 作られた, 作りものの. **4** 虚構の.

ਕਲਫ (कलफ) /kalap^ha カルプ/ [Skt. कल्क] *m.* **1** 糊状のもの, 糊, 衣類用の糊, 洗濯糊. (⇒ਲੇਵੀ) ❐ਕਲਫ ਲਾਉਣਾ (衣服に)糊を付ける. **2** 澱粉.

ਕਲਫ਼ (कलफ़) /kalafa カルフ/ [Arab. *kalaf*] *m.* **1** 顔のしみ, そばかす. **2** 毛染めの染料. ❐ਕਲਫ਼ ਲਾਉਣਾ (髪を)染める.

ਕਲਫਣਾ (कलफणा) /kalapaʰṇā カルパナー/ ▸ਕਲਪਣਾ *vt.* → ਕਲਪਣਾ¹

ਕਲਬ (कलब) /kalaba カラブ/ [Arab. *qalab*] *m.* 心の中. (⇒ਦਿਲ ਅੰਦਰਲਾ)

ਕਲੱਬ (कलब्ब) /kalabba カラッブ/ [Eng. *club*] *f.* **1** 棍棒, (ゴルフ・ホッケー用の)クラブ. **2** (スポーツ・社交・娯楽などの)クラブ, 会員制のクラブ, 同好会. ❐ਕਲੱਬ ਬਣਾਉਣੀ クラブを作る, クラブを創設する. **3** クラブの部屋, クラブの建物.

ਕਲਬੂਤ (कलबूत) /kalabūta カルブート/ [Pers. *kalabūd*] *m.* **1** 型. **2** 身体, 体型.

ਕਲਬੂਤਰ (कलबूतर) /kalabūtara カルブータル/ ▸ਕਬੂਤਰ [Pers. *kabūtar*] *m.* 〖鳥〗(雄)ハト, 鳩.

ਕਲਭ (कलभ) /kalâba カラブ/ [Skt. कलभ] *m.* 〖動物〗子象, 若い象. (⇒ਹਾਥੀ ਦਾ ਬੱਚਾ)

ਕਲਮ (कलम) /kalama カラム/ [Arab. *qalam*] *f.* **1** 〖道具〗ペン, 葦ペン. (⇒ਕਾਨੀ) ❐ਕਲਮ ਘੜਨੀ 葦ペンを尖らせる. ❐ਕਲਮ ਚਲਾਉਣੀ 権力を行使する, 命令を出す. ❐ਕਲਮ ਫੇਰਨੀ 削除する, 消す, 取り消す. **2** 〖道具〗筆, 絵筆.

ਕਲਮ-ਕੱਲਾ (कलम-कल्ला) /kalama-kallā カラム・カッラー/ *adj.* 一人っきりの.

ਕਲਮਤਰਾਸ਼ (कलमतराश) /kalamatarāśa カラムタラーシュ/ [Arab. *qalam* + Pers. *tarāś*] *m.* 〖道具〗小形のポケットナイフ.

ਕਲਮਦਾਨ (कलमदान) /kalamadāna カラムダーン/ [Pers.-*dān*] *m.* **1** 筆入れ, 筆箱, 筆記用具入れ. **2** インクスタンド《インク壺とペン立てが一体となった文房具》.

ਕਲਮਬੰਦ (कलमबंद) /kalamabanda カラムバンド/ [Pers.-*band*] *adj.* **1** 書かれた, 書き記された. **2** 記録された.

ਕਲਮਾ (कलमा) /kalamā カルマー/ [Pers. *kalma*] *m.* **1** 〖イス〗イスラームの聖句. **2** 言葉, 談話, 演説. **3** 文. (⇒ਵਾਕ)

ਕਲਮੀ (कलमी) /kalamī カルミー/ [Pers. *qalamī*] *adj.* **1** ペンの, 筆の. **2** ペンで書かれた, 筆で書かれた. **3** 手書きの. (⇒ਹੱਥ ਲਿਖਤ) **4** 接ぎ木の, 挿し木の.

ਕਲਮੂਹਾਂ (कलमूहाँ) /kalamūhā̃ カルムーハーン/ [Skt. काल + Skt. मुख] *adj.* **1** 黒い顔の. **2** 悪評の.

ਕਲਯ (कलय) /kalaya カラユ/ *m.* 〖文学〗詩人. (⇒ਕਵੀ)

ਕਲਰ (कलर) /kalara カラル/ [Eng. *colour*] *m.* 色, 色彩, カラー. (⇒ਰੰਗ)

ਕੱਲਰ (कल्लर) /kallara カッラル/ [Skt. वल्लुर] *adj.* 不毛の.

ਕਲਰਕ (कलरक) /kalaraka カラルク/ [Eng. *clerk*] *m.* 事務員, 職員, 従業員, 店員.

ਕਲਵੱਲੜਾ (कलवल्लड़ा) /kalawallaṛā カルワッララー/ *adj.* 独りの, 単独の, 孤独な(⇒ਇਕੱਲਾ)

ਕਲਾ (कला) /kalā カラー/ [Skt. कला] *f.* **1** 芸術, 技芸. **2** 美術. **3** 技術, 技法, 術, 方法.

ਕੱਲਾ¹ (कल्ला) /kallā カッラー/ ▸ਅਕੱਲਾ, ਇਕੱਲਾ, ਕੇਲਾ *adj.adv.* → ਇਕੱਲਾ

ਕੱਲਾ² (कल्ला) /kallā カッラー/ [Skt. कल्] *m.* 騒ぎ. (⇒ਸ਼ੋਰ)

ਕਲਾਈ (कलाई) /kalāī カラーイー/ [Skt. कलाची] *f.* 〖身体〗手首. (⇒ਗੁੱਟ, ਵੀਣੀ)

ਕਲਾਸ (कलास) /kalāsa カラース/ [Eng. *class*] *f.* **1** クラス, 組, 学級. **2** 授業, 授業時間. **3** 等級, 階級.

ਕਲਾਸ਼ (कलाश) /kalāśa カラーシュ/ [Turk. *kaṇṇāś*] *adj.* 貧しい, 困窮している. (⇒ਗ਼ਰੀਬ, ਆਤੁਰ)

ਕਲਾਸਕੀ (कलासकी) /kalāsakī カラースキー/ [Eng. *classic* -ਈ] *adj.* 古典の, クラシックの.

ਕਲਾਹੀਣ (कलाहीण) /kalāhīṇa カラーヒーン/ [Skt. कला Skt.-हीन] *adj.* 芸術的でない, 非芸術的な.

ਕਲਾਕ (कलाक) /kalāka カラーク/ [Eng. *clock*] *m.* 時計. (⇒ਘੜੀ)

ਕਲਾਕੰਦ (कलाकंद) /kalākanda カラーカンド/ ▸ਕਲੀਕੰਦ *f.* 〖食品〗カラーカンド(カリーカンド)《煮つめた牛乳・氷砂糖などを材料にして作った甘い菓子》.

ਕਲਾਕਾਰ (कलाकार) /kalākāra カラーカール/ [Skt. कला Skt.-कार] *m.* 芸術家.

ਕਲਾਧਾਰੀ (कलाधारी) /kalātǎrī カラーターリー/ [Skt.-धारिन्] *adj.* 技術を身につけた, 巧みな.

ਕਲਾਬ (कलाब) /kalāba カラーブ/ [Pers. *qalābā*] *m.* **1** (ドア・窓・鞄などの)掛け金, 留め金, 鉤. ❐ਕੁੰਡੀ **2** 釣り針. **3** 環. (⇒ਕੜੀ)

ਕਲਾਬਾਜ਼ (कलाबाज़) /kalābāza カラーバーズ/ [Skt. कला Pers.-*bāz*] *m.* 軽業師, 曲芸師.

ਕਲਾਬਾਜ਼ੀ (कलाबाज़ी) /kalābāzī カラーバーズィー/ ▸ਖਰਬਾਜ਼ੀ, ਖੜਬਾਜ਼ੀ [Skt. कला Pers.-*bāzī*] *f.* **1** 軽業の芸当, 曲芸. **2** 妙技, 離れ技. **3** 宙返り, とんぼ返り.

ਕਲਾਮ (कलाम) /kalāma カラーム/ [Arab. *kalām*] *m.* **1** 発言, 発話. (⇒ਵਾਚ) **2** 話し, 語り. (⇒ਗੱਲ, ਬਾਤ) **3** 言葉. (⇒ਸ਼ਬਦ) **4** 陳述. **5** 作文, 作品. **6** 〖文学〗詩, 韻文. **7** 聖典.

ਕਲਾਮਈ (कलामई) /kalāmaī カラーマイー/ [Skt. कला Skt.-मयी] *adj.* 芸術的な.

ਕਲਾਲ (कलाल) /kalāla カラール/ ▸ਕਰਾਲ [(Pkt. कल्लवाल) Skt. कल्यपाल] *m.* **1** 酒造業者, 酒類販売業者. (⇒ਸ਼ਰਾਬਫ਼ਰੋਸ਼) **2** 地酒屋.

ਕਲਾਵੰਤ (कलावंत) /kalāwanta カラーワント/ ▸ਕਲੌਂਤ [(Lah.)] *m.* → ਕਲੌਂਤ

ਕਲਾਵਾ (कलावा) /kalāwā カラーワー/ [(Pkt. कलावयो) Skt. कलाप] *m.* **1** 両腕いっぱい, 両腕でしっかり囲むこと. **2** 抱擁, 抱きしめること.

ਕਲਾਵਾਨ (कलावान) /kalāwāna カラーワーン/ [Skt. कला Skt.-वान्] *adj.* **1** 巧みな. **2** 優れた技巧の. **3** 芸術的な.

ਕਲਿਆਣ (कलिआण) /kaliāṇa カリアーン/ ▸ਕਲਿਆਨ [Skt. कल्याण] *m.* **1** 福祉, 福利. **2** 幸福, 安寧. **3** 成功. **4** 祝祷, めでたさ.

ਕਲਿਆਨ (कलिआन) /kaliāna カリアーン/ ▸ਕਲਿਆਣ *m.* → ਕਲਿਆਣ

ਕਲਿੱਕ (कलिक्क) /kalikka カリック/ [Eng. *click*] *m.* **1** カチッという音. **2**〖音〗舌打ち音. **3**〖電算〗クリック. ❒ਕਲਿੱਕ ਕਰਨਾ クリックする.

ਕਲਿੰਗ[1] (कलिंग) /kaliṅga カリング/ [Skt. कलिङ्ग] *m.*〖歴史〗カリンガ(迦陵伽)《ベンガル湾一帯の古地名. この地に紀元前四世紀頃あったとされる強大な古代国家》.

ਕਲਿੰਗ[2] (कलिंग) /kaliṅga カリング/ [Pers. *kalang*] *m.*〖鳥〗ツル, 鶴. (⇒ਸਾਰਸ)

ਕਲਿੱਟ (कलिट्ट) /kaliṭṭa カリット/ *f.* 煉瓦形豆炭.

ਕਲਿੱਤਣ (कलित्तण) /kalittaṇa カリッタン/ ▸ਕਲੱਤਣ [Skt. काल + तण] *m.* **1** 黒色. (⇒ਕਾਲਖ) **2** 暗黒.

ਕਲਿੱਪ (कलिप्प) /kalippa カリップ/ [Eng. *clip*] *m.* **1** クリップ, 髪ばさみ. **2**(ヘアクリップなどの)留め金具, 髪留め.

ਕਲੀ[1] (कली) /kalī カリー/ [Skt. कलिका] *f.*〖植物〗蕾, 花芽.

ਕਲੀ[2] (कली) /kalī カリー/ [Skt. कलि] *m.*〖ヒ〗カリユガ. (⇒ਕਲਜੁਗ)

ਕਲੀ[3] (कली) /kalī カリー/ ▸ਕਾਲੀ *f.* → ਕਾਲੀ

ਕਲੀ[4] (कली) /kalī カリー/ ▸ਕਲਈ [Arab. *qal`ī*] *f.* **1**〖金属〗錫, ブリキ, (ブリキ)缶. (⇒ਰਾਂਗਾ) ❒ਕਲੀ ਕਰਨੀ 錫めっきをする, 缶詰にする. **2**〖建築〗水漆喰《壁・天井などの上塗り用》. (⇒ਸਫ਼ੈਦੀ) ❒ਕਲੀ ਕਰਨੀ 水漆喰を塗る. **3**〖化学〗生石灰, 石灰, 酸化カルシウム.

ਕਲੀ[5] (कली) /kalī カリー/ *m.*〖文学〗二行連句, パンジャーブ民謡の韻律形式の一つ.

ਕੱਲੀ (कल्ली) /kallī カッリー/ ▸ਇਕੱਲੀ *adv.* → ਇਕੱਲੀ

ਕਲੀਓ (कलीओ) /kalīo カリーオー/ [Skt. कलि + ਓ] *adv.*〖ヒ〗カリユガから. (⇒ਕਲਜੁਗ ਤੋਂ)

ਕਲੀਆ (कलीआ) /kalīā カリーアー/ [Arab. *qaliya*] *m.*〖料理〗焙り焼きの肉, 味付けソースで煮込んだ肉または揚げた肉, 肉のカレー.

ਕਲੀਸਾ (कलीसा) /kalīsā カリーサー/ [Pers. *kalīsā*] *m.*〖キ〗キリスト教の教会. (⇒ਗਿਰਜਾ)

ਕਲੀਸੀਆ (कलीसीआ) /kalīsīā カリースィーアー/ [-ਈਆ] *m.*〖キ〗キリスト教徒の集まり・会衆, キリスト教団. (⇒ਈਸਾਈਆਂ ਦੀ ਸਭਾ)

ਕਲੀਕੰਦ (कलीकंद) /kalīkanda カリーカンド/ ▸ਕਲਾਕੰਦ *f.* → ਕਲਾਕੰਦ

ਕਲੀਕਾਲ (कलीकाल) /kalīkāla カリーカール/ [Skt. कलिकाल] *m.*〖ヒ〗カリユガ, 末世. (⇒ਕਲਜੁਗ)

ਕਲੀਗਰ (कलीगर) /kalīgara カリーガル/ *m.* **1** 水漆喰を塗る職人. **2** 錫細工師, ブリキ職人.

ਕਲੀਗਰੀ (कलीगरी) /kalīgarī カリーガリー/ *f.* **1** 水漆喰を塗る職業. **2** 錫細工の仕事, ブリキ職.

ਕਲੀਚੜੀ (कलीचड़ी) /kalīcaṛī カリーチャリー/ *f.*〖装〗女性が身につける軽量の指輪.

ਕਲੀਨ (कलीन) /kalīna カリーン/ ▸ਕਾਲੀਨ [Pers. *qālīn*] *m.*〖家具〗絨毯.

ਕਲੀਨਰ (कलीनर) /kalīnara カリーナル/ [Eng. *cleaner*] *m.* **1** 掃除人. **2** 自動車の運転助手. **3**〖機械〗掃除機.

ਕਲੀਨਰੀ (कलीनरी) /kalīnarī カリーナリー/ [-ਈ] *f.* **1** 掃除人の仕事. **2** 運転助手の仕事.

ਕਲੀਨਿਕ (कलीनिक) /kalīnika カリーニク/ [Eng. *clinic*] *m.* 診療所. (⇒ਚਿਕਿਤਸਾਲਾ)

ਕਲੀਲ (कलील) /kalīla カリール/ [Arab. *qalīl*] *adj.* 少しの, 僅かの. (⇒ਥੋੜ੍ਹਾ)

ਕਲੂ (कलू) /kalū カルー/ [Skt. कलि] *m.*〖ヒ〗カリユガ, 末世. (⇒ਕਲਜੁਗ)

ਕਲੂਆ[1] (कलूआ) /kalūā カルーアー/ [Skt. कलि] *adj.*〖ヒ〗カリユガの.

ਕਲੂਆ[2] (कलूआ) /kalūā カルーアー/ [Skt. काल] *adj.* 黒い. (⇒ਕਾਲਾ)

ਕਲੂਖਤ (कलूखत) /kalūkʰata カルーカト/ *f.* 恥辱.

ਕਲੂਚਾ (कलूचा) /kalūcā カルーチャー/ [(Pua.) Skt. कड्] *m.* 火花. (⇒ਮੁਆਤਾ)

ਕਲੂਟਾ (कलूटा) /kalūṭā カルーター/ [Skt. काल] *adj.* 色の黒い.

ਕਲੂਰ (कलूर) /kalūra カルール/ [Skt. कलह] *m.* 戦い, 争い, 戦争. (⇒ਲੜਾਈ)

ਕਲੂਲਾ (कलूला) /kalūlā カルーラー/ [Arab. *kailūlā*] *m.* 昼寝.

ਕਲੇਸ਼ (कलेश) /kaleśa カレーシュ/ [Skt. क्लेश] *m.* **1** 苦悩, 心痛, 苦痛, 苦渋. (⇒ਦੁਖ) **2** 困難, 危難.

ਕਲੇਜਾ (कलेजा) /kalejā カレージャー/ ▸ਕਲੈਜਾ, ਕਾਲਜਾ [(Pkt. कुज्ज) Skt. यकृत] *m.*〖身体〗肝臓. (⇒ਜਿਗਰ)

ਕਲੇਜੀ (कलेजी) /kalejī カレージー/ ▸ਕਲੈਜੀ [(Pkt. कुज्ज) Skt. यकृत] *f.*〖身体〗屠殺された動物や鳥の肝臓.

ਕਲੇਦ (कलेद) /kaleda カレード/ [Skt. कलेद] *m.* 汗. (⇒ਪਸੀਨਾ)

ਕਲੇਮ (कलेम) /kalema カレーム/ [Eng. *claim*] *m.* 要求, 主張.

ਕਲੇਲ (कलेल) /kalela カレール/ ▸ਕਲੋਲ [Skt. कल्लोल] *f.* **1** 波. (⇒ਲਹਿਰ)

ਕਲੇਵਰ (कलेवर) /kalewara カレーワル/ [Skt. कलेवर] *m.* **1** 身体. (⇒ਸਰੀਰ) **2** 体格. **3** 骨組み, 枠組み.

ਕਲੈਕਟਰ (कलैकटर) /kalaikaṭara カラェークタル/ ▸ਕਲਕਟਰ [Eng. *collector*] *m.* **1** 収集家. **2** 収税官.

ਕਲੈਜਾ (कलैजा) /kalaijā カラェージャー/ ▸ਕਲੇਜਾ, ਕਾਲਜਾ *m.* → ਕਲੇਜਾ

ਕਲੈਜੀ (कलैजी) /kalaijī カラェージー/ ▸ਕਲੇਜੀ *f.* → ਕਲੇਜੀ

ਕਲੈਂਪ (कलैंप) /kalãīpa カラェーンプ/ [Eng. *clamp*] *m.* 締め金.

ਕਲੋਕਾ (कलोका) /kalokā カローカー/ [(Lah.)] *adj.* 束の間の.

ਕਲੋਭੜਾ (कलोभड़ा) /kalôbaṛā カローブラー/ [(Pot.) Skt. काल] *adj.* 黒色の. (⇒ਕਾਲੇ ਰੰਗ ਦਾ)

ਕਲੋਰਸ (कलोरस) /kalorasa カローラス/ [Eng. *chlorous*] *m.*〖化学〗塩素.

ਕਲੋਰੀ (कलोरी) /kalorī カローリー/ ▸ਕੈਲੋਰੀ [Eng. *calorie*] *f.*〖熱量〗カロリー.

ਕਲੋਲ (कलोल) /kalola カロール/ [Skt. कल्लोल] *m.* **1** 波. (⇒ਲਹਿਰ) **2** 浮かれ騒ぎ.

ਕਲੋਲੀ (कलोली) /kalolī カローリー/ *adj.* 浮かれ気分の.

ਕਲੌਂਜੀ (कलौंजी) /kalãũjī カラォーンジー/ [Skt.

कालकुञ्जिका] *f.* 〖植物〗カローンジー, ニゲラ・サティヴァ《キンポウゲ科の草本. 香辛料の一種》.

ਕਲੌਂਤ (कलौंत) /kalãũṭa カラォーント/ ▸ਕਲਾਵੰਤ [Skt. कला Skt.-वंत] *m.* **1** 芸人, 吟遊詩人. (⇒ਮਰਾਸੀ) **2** 軽業師.

ਕਵਚ (कवच) /kawaca カワチ/ [Skt. कवच] *m.* **1** 〖武〗鎧, 鎖帷子. (⇒ਸੰਜੋ) **2** 〖武〗兜, 鉄兜. **3** 護符, お守り, 護身のための呪文を書いたもの. (⇒ਤਵੀਤ)

ਕਵਣ (कवण) /kawaṇa カワン/ ▸ਕਉਣ, ਕੌਣ *pron.* → ਕੌਣ

ਕਵਤਾ (कवता) /kavatā カヴター/ ▸ਕਵਿਤਾ *f.* → ਕਵਿਤਾ

ਕੰਵਰ (कंवर) /kanwara カンワル/ [Skt. कुमार] *m.* 王子. (⇒ਰਾਜਕੁਮਾਰ)

ਕਵਰ (कवर) /kavara カヴァル/ [Eng. *cover*] *m.* 覆い.

ਕਵਰਗ (कवरग) /kawaraga カワルグ/ [Skt. कवर्ग] *m.* 〖文字・音〗カ段《グルムキー字母表の軟口蓋・閉鎖音の子音グループ》.

ਕੰਵਲ (कंवल) /kanwala カンワル/ ▸ਕਮਲ, ਕਵਲ, ਕੌਲ [Skt. कमल] *m.* 〖植物〗ハス(蓮)《スイレン科の水草》. (⇒ਪੰਕਜ, ਪਦਮ)

ਕਵਲ (कवल) /kawala カワル/ ▸ਕਮਲ, ਕੰਵਲ, ਕੌਲ *m.* → ਕੰਵਲ

ਕਵਾਇਦ (कवाइद) /kawāida カワーイド/ ▸ਕਵੈਦ [Arab. *qavā`id*, plural of Arab. *qā`ida*] *f.* 〖軍〗軍事訓練, 教練, 練兵, 演習, 行進, 閲兵.
— *m.* **1** 原理, 原則. (⇒ਅਸੂਲ) **2** 規則, きまり. **3** 文法, 文法規則.

ਕਵਾਟਰ (कवाटर) /kawāṭara カワータル/ ▸ਕੁਆਟਰ [Eng. *quarter*] *m.* 4分の1. (⇒ਚੌਥਾ ਹਿੱਸਾ)

ਕਵਾਰਾ (कवारा) /kawārā カワーラー/ *m.* 独身の男子.

ਕਵਾਲ (कवाल) /kawāla カワール/ [Arab. *qavvāl*] *m.* 〖音楽〗カッワーリー(カウワーリー)の歌い手.

ਕਵਾਲੀ (कवाली) /kawālī カワーリー/ [Arab. *qavvālī*] *f.* 〖音楽〗カッワーリー(カウワーリー)《スーフィズム〔イスラーム神秘主義〕に根ざす宗教歌謡》.

ਕਵਾੜ (कवाड़) /kawāṛa カワール/ ▸ਕਿਵਾੜ [(Pkt. कवाड) Skt. कपाट] *m.* ドア. (⇒ਬੂਹਾ)

ਕਵਿੱਤਰੀ (कवित्तरी) /kavittarī カヴィッタリー/ [Skt. कवयित्री] *f.* 〖文学〗女流詩人.

ਕਵਿਤਾ (कविता) /kavitā カヴィター/ ▸ਕਵਤਾ [Skt. कविता] *f.* 〖文学〗詩.

ਕਵਿਲਾਸ (कविलास) /kawilāsa カウィラース/ ▸ਕੈਲਾਸ, ਕੈਲਾਸ਼ *m.* → ਕੈਲਾਸ

ਕਵੀ (कवी) /kavī カヴィー/ [Skt. कवि] *m.* 〖文学〗詩人, 歌人. (⇒ਸ਼ਾਇਰ)

ਕਵੀਸ਼ਰ (कवीशर) /kavīśara カヴィーシャル/ *m.* 〖文学〗詩人. (⇒ਕਵਿ)

ਕਵੀਸ਼ਰੀ (कवीशरी) /kavīśarī カヴィーシャリー/ *f.* 〖文学〗詩, 詩作. (⇒ਕਵਿਤਾ)

ਕਵੈਦ (कवैद) /kawaida カワェード/ ▸ਕਵਾਇਦ *f.m.* → ਕਵਾਇਦ

ਕੜ (कड़) /kaṛa カル/ [Skt. कड्ड] *m.* 堅い土. (⇒ਸਖ਼ਤ ਤਹਿ)

ਕੜ੍ਹਨਾ (कड़्हना) /kâṛanā カルナー/ [cf. ਕਾੜ੍ਹਨਾ] *vi.* **1** 煮える. **2** 沸く, 沸騰する.

ਕੜ੍ਹੀ (कड़्ही) /kâṛī カリー/ *f.* 〖料理〗カリー《ひよこ豆の粉をヨーグルトで溶いて塩と香辛料を加えて煮込んだ料理》.

ਕੜਕ (कड़क) /kaṛaka カルク/ ▸ਕੜਕੜ, ਕੜਕਾ, ਕੜਾਕਾ *f.* → ਕੜਕੜ

ਕੜੱਕ (कड़क्क) /kaṛakka カラック/ *f.* **1** 鋭い物音. **2** パチッという音.
— *adv.* 突然, 急に, 不意に, 思いがけなく. (⇒ਅਚਾਣਕ, ਯਕਾਯਕ)

ਕੜਕਣਾ (कड़कणा) /kaṛakaṇā カルカナー/ *vi.* **1** 鳴る, 響く, 鋭い物音をたてる. **2** 轟く, 雷が鳴る, 雷鳴が響く.

ਕੜਕਵਾਂ (कड़कवाँ) /kaṛakawā̃ カルカワーン/ *adj.* **1** 轟いている, 雷のような. **2**(程度が)激しい, 強烈な.

ਕੜਕੜ (कड़कड़) /kaṛakaṛa カルカル/ ▸ਕੜਕ, ਕੜਕਾ, ਕੜਾਕਾ *f.* **1** 〖擬声語〗バリバリ, ゴロゴロ《弾けるような激しく鋭い物音》. **2** 轟音, 激しい音. (⇒ਜ਼ੋਰ ਦੀ ਅਵਾਜ਼) **3** 雷鳴. (⇒ਗਰਜ)

ਕੜਕਾ (कड़का) /kaṛakā カルカー/ ▸ਕੜਕ, ਕੜਕੜ, ਕੜਾਕਾ *m.* → ਕੜਕੜ

ਕੜੱਕੀ (कड़क्की) /kaṛakkī カラッキー/ ▸ਕੜਿੱਕੀ *f.* 〖文字〗マハージャニー文字《金融商人が帳簿記入に用いる文字》. (⇒ਮਹਾਜਨੀ ਲਿਪੀ)

ਕੜਛ (कड़छ) /kaṛacʰa カルチ/ ▸ਕੜਛਾ [Skt. कड़च्छक] *m.* 〖道具〗大きな柄杓(ひしゃく), 大きな杓子, お玉. (⇒ਵੱਡੀ ਡੋਈ)

ਕੜਛਾ (कड़छा) /kaṛacʰā カルチャー/ ▸ਕੜਛ *m.* → ਕੜਛ

ਕੜਛੀ (कड़छी) /kaṛacʰī カルチー/ [Skt. कड़च्छक] *f.* 〖道具〗小さな柄杓, 小さな杓子.

ਕੜਨਾ (कड़ना) /kaṛanā カルナー/ [Skt. कर्षण] *vt.* きつく結ぶ.

ਕੜਬ (कड़ब) /kaṛaba カラブ/ [Skt. कडम्ब] *f.* 〖植物〗堅く乾燥した飼料作物の茎.

ਕੜਬੜ[1] (कड़बड़) /kaṛabaṛa カルバル/ *f.* 〖擬声語〗パカパカ《馬の足音, 蹄の音》.

ਕੜਬੜ[2] (कड़बड़) /kaṛabaṛa カルバル/ ▸ਕੜਬੜਾ *adj.* → ਕੜਬੜਾ

ਕੜਬੜਾ (कड़बड़ा) /kaṛabaṛā カルバラー/ ▸ਕੜਬੜ [Skt. कर्बुर] *adj.* まだらの, 斑点のある, ぶちの. (⇒ਚਿਤਕਬਰਾ, ਚਿਤਰਾ)

ਕੜਮਾਈ (कड़माई) /kaṛamāī カルマーイー/ ▸ਕੁੜਮਾਈ *f.* → ਕੁੜਮਾਈ

ਕੜਵਾ (कड़वा) /kaṛawā カルワー/ ▸ਕਉੜਾ, ਕੌੜਾ *adj.* → ਕੌੜਾ

ਕੜਾ (कड़ा) /kaṛā カラー/ [Skt. कटक] *m.* **1**(樽や桶などの)たが. **2** 輪. **3** 〖装〗腕輪, ブレスレット. **4** 〖装〗カラー《金属製の腕輪》. **5** 〖スィ〗カラー《入信したスィック教徒が信仰の五つの象徴の一つとして身につける鉄製の腕輪》.

ਕੜਾਹ (कड़ाह) /kaṛā̂ カラー/ [Skt. कटाह] *m.* 〖料理〗カラー《小麦粉と砂糖とバター油を混ぜて作った甘い食べ物》. (⇒ਹਲਵਾ)

ਕੜਾਹ ਪਰਸ਼ਾਦ (कड़ाह परशाद) /kaṛā̂ paraśāda カラー パ

ルシャード/ [+ Skt. प्रसाद] *m.* 〖スィ〗カラー・パルシャード《スィック教徒の会合の終わりやグルドゥワーラーで信徒や参拝者に与えられる，神からの贈り物としての小麦粉と砂糖とバター油を混ぜて作った甘い食べ物》.

ਕੜਾਹਾ (कड़ाहा) /karāhā カラーハー/ [Skt. कटाह] *m.* **1** 〖調〗金属製の大鍋，大きな深鍋．**2**〖調〗平口の大釜.

ਕੜਾਹੀ (कड़ाही) /karâī カラーイー/ [-ਈ] *f.* **1**〖調〗小型の金属製の鍋，(小さな)フライパン．**2**〖調〗小釜.

ਕੜਾਕਾ (कड़ाका) /karākā カラーカー/ ▸ਕੜਕ, ਕੜਕੜ, ਕੜਕਾ *m.* **1**→ ਕੜਕੜ **2**(程度が)激しいこと，強烈なこと. ❒ਕੜਾਕੇ ਦੀ ਠੰਡ 厳しい寒さ，厳寒.

ਕੜਾਕੇਦਾਰ (कड़ाकेदार) /karākedāra カラーケーダール/ *adj.* (程度が)激しい，強烈な.

ਕੜਿਆਲਾ (कड़िआला) /kariālā カリアーラー/ ▸ਕੰਡਿਆਲਾ *m.* → ਕੰਡਿਆਲਾ

ਕੜਿੱਕੀ[1] (कड़िक्की) /karikkī カリッキー/ ▸ਕੁੜੱਕੀ, ਕੁੜਿੱਕੀ *f.* 罠. (⇒ਫੰਧਾ)

ਕੜਿੱਕੀ[2] (कड़िक्की) /karikkī カリッキー/ ▸ਕੜੱਕੀ *f.* → ਕੜੱਕੀ

ਕੜੀ (कड़ी) /karī カリー/ [Skt. कटक] *f.* **1** 腕輪，ブレスレット. (⇒ਕੰਙਣ) **2** 金属製の輪．**3** 鎖．**4** 環，輪．**5** 連なり，関連.

ਕਾਂ (काँ) /kā̃ カーン/ ▸ਕਉਂ, ਕਊਆ, ਕਾਉਂ, ਕਾਗ [(Pkt. काग) Skt. काक] *m.* 〖鳥〗カラス，鳥.

ਕਾ[1] (का) /kā カー/ [Skt. कृत] *postp.* …の. (⇒ਦਾ)

ਕਾ[2] (का) /kā カー/ *pron.* 何. (⇒ਕਿਆ, ਕਿਹੜੀ ਵਸਤੂ)

ਕਾਉਂ (काउँ) /kāū̃ カーウン/ ▸ਕਉਂ, ਕਊਆ, ਕਾਂ, ਕਾਗ *m.* → ਕਾਂ

ਕਾਉਨੀ (काउनी) /kāunī カーウニー/ ▸ਕਾਉਣੀ [(Lah.) Pkt. काग -ਨੀ] *f.* 〖鳥〗雌ガラス，雌鳥.

ਕਾਊਣੀ (काऊणी) /kāūṇī カーウーニー/ ▸ਕਾਉਨੀ *f.* → ਕਾਉਨੀ

ਕਾਇ (काइ) /kāe カーエー/ [(Pkt. किअउ) Skt. किम्] *adv.* なぜ，どうして. (⇒ਕਿਉਂ)

ਕਾਇਆਂ (काइआँ) /kāiā̃ カーイアーン/ ▸ਕਾਇਆ [Skt. काया] *f.* 身体. (⇒ਸਰੀਰ)

ਕਾਇਆ (काइआ) /kāiā カーイアー/ ▸ਕਾਇਆਂ *f.* → ਕਾਇਆਂ

ਕਾਇਕ (काइक) /kāika カーイク/ [Skt. कायिक] *adj.* 身体の. (⇒ਸਰੀਰਕ)

ਕਾਇਚੇ (काइचे) /kāice カーイチェー/ [(Pkt. कहु) Skt. कथ + ਚੇ] *adv.* なぜ，どうして. (⇒ਕਿਸ ਲਈ, ਕਿਉਂ)

ਕਾਇਤ (काइत) /kāita カーイト/ [+ ਤ] *adv.* どのように，どうやって. (⇒ਕਿਵੇਂ)

ਕਾਇਥ (काइथ) /kāit^{h}a カーイト/ [Skt. कायस्थ] *m.* 〖姓〗カーヤスト(カーイト)《書記種姓．ヒンドゥー教徒の種姓の一つ》.

ਕਾਇਥੀ (काइथी) /kāit^{h}ī カーイティー/ [Skt. कायस्थ -ਈ] *f.* 〖文字〗カイティー文字《ナーガリー文字の一変種．名称はカーヤスト種姓の間に用いられたことに由る．速い筆記に適し，ビハール州で多く用いられる》.

ਕਾਇਦ (काइद) /kāida カーイド/ [Arab. *qā`ida*] *m.* 指導者，指令者. (⇒ਆਗੂ)

ਕਾਇਦਾ (काइदा) /kāidā カーイダー/ ▸ਕੈਦਾ [Arab. *qā`ida*] *m.* **1** 規則. (⇒ਕਨੂੰਨ) **2** 習慣. (⇒ਰੀਤੀ) **3** 方法. (⇒ਢੰਗ)

ਕਾਇਨ (काइन) /kāina カーイン/ [Eng. *coin*] *m.* 〖貨幣〗コイン，硬貨. (⇒ਸਿੱਕਾ)

ਕਾਇਨਾਤ (काइनात) /kāināta カーイナート/ [Arab. *kā^{h}ināt*] *f.* **1**〖天文〗宇宙. (⇒ਬ੍ਰਹਿਮੰਡ) **2** 創造，創造されたもの，神の創造した世界. (⇒ਸ੍ਰਿਸ਼ਟੀ) **3** 世界. (⇒ਦੁਨੀਆ)

ਕਾਇਮ (काइम) /kāima カーイム/ [Arab. *qā^{h}im*] *adj.* **1** 立っている，直立の．**2** 固定した，堅固な，強固な．**3** 確立された，設置された．**4** 安定した，落ち着いた.

ਕਾਇਮੀ (काइमी) /kāimī カーイミー/ [-ਈ] *f.* **1** 取り付け，設置，固定. (⇒ਥਾਪਣਾ) **2** 確立，確かさ. (⇒ਪਕਿਆਈ)

ਕਾਇਰ (काइर) /kāira カーイル/ ▸ਕਾਤਰ [Skt. कातर] *adj.* **1** おびえた，恐れ戦いた．**2** 臆病な. (⇒ਡਰਪੋਕ, ਬੁਜ਼ਦਿਲ) **3** 失望した，落胆した. (⇒ਨਿਰਾਸ਼)

ਕਾਇਰਤਾ (काइरता) /kāiratā カーイルター/ [Skt.-ता] *f.* **1** おびえること．**2** 臆病，小心.

ਕਾਇਲ (काइल) /kāila カーイル/ [Arab. *qā^{h}il*] *adj.* **1** 信じている，確信している，信奉している．**2** 賛成している，同意している．**3** 深く感銘している，傾倒している.

ਕਾਈ[1] (काई) /kāī カーイー/ ▸ਕਾਹੀ *f.* → ਕਾਹੀ

ਕਾਈ[2] (काई) /kāī カーイー/ ▸ਕੋਇ, ਕੋਈ, ਕੋਏ *pron.adj.adv.* → ਕੋਈ

ਕਾਸ (कास) /kāsa カース/ [Eng. *cash*] *m.* 現金.

ਕਾਸ਼[1] (काश) /kāśa カーシュ/ ▸ਕਾਜ [Pers. *kāś*] *int.* **1** 《現実に反する願望を表す》ああ，あーあ(…ならいいのに，…ならよかったのだが)，どうか(…であってくれればいいのに)，願わくば(…でありますように). ❒ਕਾਸ਼! ਸਾਡੇ ਸਕੂਲ ਵੀ ਅਮਰੀਕਾ ਵਰਗੇ ਹੋਣ। ああ！私たちの学校もアメリカの学校と同じようになればいいのに. ❒ਕਾਸ਼ ਉਹ ਵੀ ਕਿਸੇ ਮੰਤਰੀ ਦੇ ਰਿਸ਼ਤੇਦਾਰ ਹੁੰਦੇ। どうか彼らも誰か大臣の親戚であってくれればいいのに．**2**《落胆・失望を表す》ああ，なんと.

ਕਾਸ਼[2] (काश) /kāśa カーシュ/ ▸ਅਕਾਸ, ਅਕਾਸ਼, ਆਕਾਸ਼ *m.* → ਅਕਾਸ਼

ਕਾਸਕ (कासक) /kāsaka カーサク/ [Eng. *Cossack* bf. Turk.] *f.* コサック《ウクライナと南ロシアなどに生活していた軍事的共同体，またはその共同体の一員》.

ਕਾਸ਼ਗਰ (काशगर) /kāśagara カーシュガル/ *m.* 〖地名〗カシュガル《中国新疆ウイグル自治区タリム盆地西北隅の都市》.

ਕਾਸਟਕ (कासटक) /kāsaṭaka カースタク/ [Eng. *caustic*] *m.* 〖薬剤〗腐食剤.

ਕਾਂਸਟੇਬਲ (काँसटेबल) /kā̃saṭebala カーンステーバル/ ▸ਕਾਨਸਟੇਬਲ [Eng. *constable*] *m.* 巡査，警官，警察官. (⇒ਪੁਲਸੀਆ)

ਕਾਸਣੀ (कासणी) /kāsaṇī カースニー/ ▸ਕਾਸ਼ਨੀ *f.* → ਕਾਸ਼ਨੀ

ਕਾਸ਼ਤ (काशत) /kāśata カーシュト/ [Pers. *kāśat*] *f.* 耕作. (⇒ਖੇਤੀ, ਵਾਹੀ)

ਕਾਸ਼ਤਕਾਰ (काशतकार) /kāśatakāra カーシュトカール/ [Pers.-*kār*] *m.* **1** 耕作者，農夫，農民. (⇒ਕਿਸਾਨ, ਵਾਹਕ)

2 農耕者, 農業経営者.

ਕਾਸਤੇ (कासते) /kāsate カーステー/ [Skt. कः] *adv.* なぜ, どうして. (⇒ਕਿਉਂ)

ਕਾਸਦ (कासद) /kāsada カーサド/ ▸ਕਾਸਿਦ [Arab. *qāsid*] *m.* **1** 使者, 派遣された人. (⇒ਦੂਤ) **2** 伝令, 配達人. (⇒ਹਰਕਾਰਾ)

ਕਾਸ਼ਨੀ (काशनी) /kāśanī カーシュニー/ ▸ਕਾਸਣੀ [Pers. *kāsinī*] *f.* 〚植物〛チコリ, キクニガナ(菊苦菜)《キク科の耐寒性多年草》.

ਕਾਸਬੀ (कासबी) /kāsabī カースビー/ [Arab. *kāsib*] *m.* 機織職人.

ਕਾਸ਼ਮੀਰ (काशमीर) /kāśamīra カーシュミール/ ▸ਕਸ਼ਮੀਰ *m.* → ਕਸ਼ਮੀਰ

ਕਾਂਸਲ (काँसल) /kā̃sala カーンサル/ [Eng. *consul*] *m.* 領事. (⇒ਵਣਜ-ਦੂਤ)

ਕਾਸਾ (कासा) /kāsā カーサー/ [Pers. *kāsa*] *m.* **1** 〚容器〛カップ, 器, 鋺, 茶碗. (⇒ਪਿਆਲਾ) **2** 〚容器〛托鉢用の鉢. (⇒ਠੂਠਾ)

ਕਾਸ਼ਾਨ (काशान) /kāśāna カーシャーン/ [Pers. *kāśān*] *m.* 〚地名〛カーシャーン《イランの都市. テヘラーンとイスファハーンの中間に位置し, 古くから伝統工芸を中心に栄えたオアシス都市》.

ਕਾਸਿਦ (कासिद) /kāsida カースィド/ ▸ਕਾਸਦ *m.* → ਕਾਸਦ

ਕਾਂਸੀ (काँसी) /kā̃sī カーンスィー/ *f.* 〚金属〛青銅, ブロンズ.

ਕਾਸ਼ੀ (काशी) /kāśī カーシー/ [Skt. काशी] *f.* **1** 〚国名〛カーシー《ガンジス川中流域にあった古代インドの王国名》. **2** 〚地名〛ヴァーラーナスィー(ワーラーナシー)《ウッタル・プラデーシュ州の都市》の別称. **3** 学都, 学問の中心地.

ਕਾਹ (काह) /kâ カー/ [Skt. कः] *adv.* なぜ, どうして. (⇒ਕਿਉਂ)

ਕਾਹਜ਼ਬਾਨ (काहज़बान) /kâzabāna カーザバーン/ [Pers. *ğāuzabān*] *m.* **1** 牝牛の舌. **2** 〚植物〛ツツジ.

ਕਾਹਤੋਂ (काहतों) /kâtõ カートーン/ *adv.* なぜ, どうして. (⇒ਕਿਉਂ)

ਕਾਹਦਾ (काहदा) /kâdā カーダー/ *pron.* 《 ਕੀ の属格形》何の.

ਕਾਹਨੂੰ (काहनूँ) /kânū̃ カーヌーン/ [(Pkt. कह) Skt. कथ + ਨੂੰ] *adv.* なぜ, どうして. (⇒ਕਿਉਂ)

ਕਾਹਬਾ (काहबा) /kâbā カーバー/ ▸ਕਾਬਾ [Arab. *kaba*] *m.* 〚イス〛カーバー《聖地メッカにある神殿》.

ਕਾਹਲ[1] (काहल) /kâla カール/ [Arab. *kāhil*] *adj.* **1** 怠惰な. (⇒ਸੁਸਤ) **2** 無気力な, 不活発な.

ਕਾਹਲ[2] (काहल) /kâla カール/ [Skt. काहल] *f.* 急ぎ, 急速, 早急, 緊急. (⇒ਛੇਤੀ, ਜਲਦੀ) ❒ਕਾਹਲ ਕਰਨੀ 急ぐ, 速く動く. ❒ਕਾਹਲ ਦਾ 急を要する, 緊急の.

ਕਾਹਲਾ (काहला) /kâlā カーラー/ [Skt. काहल] *adj.* **1** 急速な, 敏速な, 素早い. (⇒ਤੇਜ਼) **2** 急いでいる, 急ぎの, 緊急の. **3** 気短な, 性急な, せっかちな.

ਕਾਹਲਾਪਣ (काहलापण) /kâlāpaṇa カーラーパン/ [-ਪਣ] *m.* **1** 急速, 敏速, 素早いこと. (⇒ਤੇਜ਼ੀ) **2** 短気, 性急.

ਕਾਹਲੀ (काहली) /kâlī カーリー/ [-ਈ] *adv.* 急いで. (⇒ਛੇਤੀ)

ਕਾਹਵਾ (काहवा) /kâwā カーワー/ [Arab. *kāhvāh*] *m.* 〚飲料〛コーヒー, ブラックコーヒー. (⇒ਕਾਫ਼ੀ)

ਕਾਹਿਰਾ (काहिरा) /kâirā カーイラー/ [Arab. *kahirā*] *m.* 〚地名〛カイロ《エジプトの首都》.

ਕਾਹੀ (काही) /kâī カーイー/ ▸ਕਾਈ [Skt. कावार] *f.* **1** 〚植物〛コケ(苔). **2** 〚植物〛モ(藻).

ਕਾਹੇ (काहे) /kâe カーエー/ [(Braj.) (Pkt. कहं) Skt. कथं] *adv.* なぜ, どうして. (⇒ਕਿਉਂ)

ਕਾਕ (काक) /kāka カーク/ ▸ਕਾਗ, ਕਾਰਕ [Eng. *cork*] *m.* コルク.

ਕਾਕਾ (काका) /kākā カーカー/ *m.* **1** 男の子. (⇒ਨਿੱਕਾ ਮੁੰਡਾ) **2** 子供. (⇒ਬਾਲ)

ਕਾਕੀ (काकी) /kākī カーキー/ *f.* **1** 女の子, 少女. (⇒ਨਿੱਕੀ ਕੁੜੀ) **2** 〚身体〛瞳.

ਕਾਂਗ (काँग) /kā̃ga カーング/ [Skt. कांक्ष] *f.* **1** 〚気象〛洪水. (⇒ਹੜ੍ਹ) **2** 津波. (⇒ਸੁਨਾਮੀ)

ਕਾਗ[1] (काग) /kāga カーグ/ ▸ਕਉਂ, ਕਊਆ, ਕਾਂ, ਕਾਉਂ [(Pkt. काग) Skt. काक] *m.* 〚鳥〛カラス, 烏.

ਕਾਗ[2] (काग) /kāga カーグ/ ▸ਕਾਕ, ਕਾਰਕ *m.* → ਕਾਕ

ਕਾਗ਼ਜ਼ (काग़ज़) /kāğaza カーガズ/ ▸ਕਾਗਦ [Pers. *kāğaz*] *m.* **1** 紙. **2** 書類, 文書. **3** 約束証書, 保証書, 契約書, 証文, 証券.

ਕਾਗ਼ਜ਼ੀ (काग़ज़ी) /kāğazī カーガズィー/ ▸ਕਾਗਤੀ [Pers. *kāğazī*] *adj.* **1** 紙の, 紙でできた. **2** 書かれた, 書面の. **3** 紙のような, 薄い. **4** 外皮の薄い, 薄皮の. **5** もろい, 壊れやすい.

ਕਾਗ਼ਜ਼ੀ ਪਹਿਲਵਾਨ (काग़ज़ी पहिलवान) /kāğazī paîlawāna カーガズィー パェールワーン/ [+ Pers. *pahlvān*] *m.* **1** 紙の力士. **2** 張り子の虎. **3** 弱々しい男.

ਕਾਗਤੀ (कागती) /kāgatī カーガティー/ ▸ਕਾਗ਼ਜ਼ੀ *adj.* → ਕਾਗ਼ਜ਼ੀ

ਕਾਗਦ (कागद) /kāgada カーガド/ ▸ਕਾਗ਼ਜ਼ *m.* → ਕਾਗ਼ਜ਼

ਕਾਂਗਰਸ (काँगरस) /kā̃garasa カーングラス/ [Eng. *congress*] *f.* 〚政治〛国民会議派.

ਕਾਂਗਰਸੀ (काँगरसी) /kā̃garasī カーングラスィー/ [-ਈ] *adj.* 〚政治〛国民会議派の.

ਕਾਂਗਰੀ (काँगरी) /kā̃garī カーンガリー/ ▸ਕਾਂਗੜੀ [Skt. काग्नि] *f.* 〚器具〛カーンガリー(カーングリー)《北部ヒマラヤ地方で冬期に用いられる携帯用の素焼きの小型火鉢・行火(あんか)》.

ਕਾਂਗਰੂ (काँगरू) /kā̃garū カーンガルー/ ▸ਕੰਗਰੂ *m.* → ਕੰਗਰੂ

ਕਾਂਗੜਾ (काँगड़ा) /kā̃gaṛā カーンガラー/ *m.* 〚地名〛カーンガラー(カーングラー)地方・県《1966年以前はパンジャーブ州に属していたが, 言語州再編でパンジャーブ州から分離したヒマーチャル・プラデーシュ州に加わった》.

ਕਾਂਗੜੀ[1] (काँगड़ी) /kā̃gaṛī カーンガリー/ *adj.* カーンガラー(カーングラー)地方の.

— *f.* カーンガリー(カーングリー)方言《カーンガラー地方で話されているパンジャービー語の方言》.

ਕਾਂਗੜੀ[2] (काँगड़ी) /kā̃gaṛī カーンガリー/ ▸ਕਾਂਗਰੀ *f.* →

ਕਾਂਗਰੀ

ਕਾਂਗੜੂ (कांँगड़ू) /kā̃gaṛū カーンガルー/ [Pkt. काअ] *adj.* 痩せた. (⇒ਪਤਲਾ)

ਕਾਚੂ (काचू) /kācū カーチュー/ ▸ਚੱਕੂ, ਚਾਕੂ *m.* → ਚਾਕੂ

ਕਾਛਰ (काछर) /kāc^{h}ara カーチャル/ ▸ਕਛਾਰ, ਕਾਛਲ, ਕਾਛੜ *adj.* → ਕਾਛੜ

ਕਾਛਲ (काछल) /kāc^{h}ala カーチャル/ ▸ਕਛਾਰ, ਕਾਛਰ, ਕਾਛੜ *adj.f.* → ਕਾਛੜ

ਕਾਛੜ (काछड़) /kāc^{h}aṛa カーチャル/ ▸ਕਛਾਰ, ਕਾਛਰ, ਕਾਛਲ [Skt. कच्छ] *adj.* ぬかるんだ.
— *f.*〖地理〗沼地, 低湿地.

ਕਾਛੀ (काछी) /kāc^{h}ī カーチー/ *m.* 測量者.

ਕਾਜ[1] (काज) /kāja カージ/ [(Pkt. कज्ज) Skt. कार्य] *m.* **1** 仕事, 労働, 作業. (⇒ਕੰਮ) **2** 社交行事.

ਕਾਜ[2] (काज) /kāja カージ/ ▸ਕਾਸ਼ *int.* → ਕਾਸ਼[1]

ਕਾਜ਼ੀ (काज़ी) /kāzī カーズィー/ [Arab. *qāzī*] *m.* **1**〖イス〗イスラーム教徒の裁判官. **2**〖イス〗イスラーム法の解釈者.

ਕਾਜੂ (काजू) /kājū カージュー/ *m.* **1**〖植物〗カシュー, カシューノキ《ウルシ科の常緑小高木》. **2**〖食品〗カシューナッツ.

ਕਾਟ (काट) /kāṭa カート/ [(Pkt. कट्ट) Skt. कृत] *f.* **1** 切ること, 切断, 裁断. **2** 噛むこと, 咬むこと, 噛まれた傷. **3** 侵食.

ਕਾਟਰਪਿਨ (काटरपिन) /kāṭarapina カータルピン/ [Eng. *cotter-pin*] *m.* 割りピン.

ਕਾਟਵਾਂ (काटवाँ) /kāṭawā̃ カートワーン/ [Pkt. कट्ट Skt.-वान्)] *adj.* **1** 部分の. **2** 辛辣な.

ਕਾਂਟਾ (काँटा) /kā̃ṭā カーンター/ ▸ਕੰਡਾ [Skt. कण्टक] *m.* **1**〖植物〗棘. **2**〖装〗耳飾り. **3**〖道具〗釣り針. **4**〖道具〗(食卓用の)フォーク. **5**(魚などの)小骨. **6**〖機械〗鉄道の指示板式信号機.
— *adj.* **1** 賢い. **2** 悪賢い.

ਕਾਟੀਲੀਡਨ (काटीलीडन) /kāṭīlīḍana カーティーリーダン/ [Eng. *cotyledon*] *m.*〖植物〗子葉.

ਕਾਠ[1] (काठ) /kāṭ^{h}a カート/ [(Pkt. कट्ठ) Skt. काष्ठ] *f.* **1** 木, 木材, 材木. (⇒ਲੱਕੜ) **2** 薪. (⇒ਈਂਧਣ, ਬਾਲਣ)

ਕਾਠ[2] (काठ) /kāṭ^{h}a カート/ ▸ਕਾਠੀ *m.* 体格, 体つき, 体形.

ਕਾਠਮਾਂਡੂ (काठमाँडू) /kāṭ^{h}amā̃ḍū カートマーンドゥー/ *m.*〖地名〗カトマンズ(カートマーンドゥー)《ネパール連邦民主共和国の首都》.

ਕਾਠਾ (काठा) /kāṭ^{h}ā カーター/ ▸ਕਾਠੂ [(Pkt. कट्ठ) Skt. काष्ठ] *adj.* **1** 堅い, 堅固な, 頑丈な. (⇒ਪੱਕਾ, ਕਰੜਾ) **2** 熟していない, 未熟な, 生の. (⇒ਅਣਪੱਕਿਆ)

ਕਾਠੀ[1] (काठी) /kāṭ^{h}ī カーティー/ *f.* **1** 鞍. **2**(二輪車の)サドル.

ਕਾਠੀ[2] (काठी) /kāṭ^{h}ī カーティー/ ▸ਕਾਠ *f.* 体格, 体つき, 体形.

ਕਾਠੀਆਵਾੜ (काठीआवाड़) /kāṭ^{h}īāwāṛa カーティーアーワール/ *m.*〖地名〗カーティアーワール《アラビア海に面するグジャラート州の半島地方》.

ਕਾਠੂ (काठू) /kāṭ^{h}ū カートゥー/ ▸ਕਾਠਾ *adj.* → ਕਾਠਾ

ਕਾਂਡ (काँड) /kā̃ḍa カーンド/ [Skt. काण्ड] *m.* **1**〖植物〗竹や葦などの茎の節から節までの一区切りの部分. **2** 一区切り, 部分, 断片. **3** 文章の大きな区切り, 章. **4**(連続小説などの)一編, 挿話, 挿話的な事件. **5** 事件, 出来事.

ਕਾਡ[1] (काड) /kāḍa カード/ [Eng. *cod*] *f.*〖魚〗タラ, 鱈.

ਕਾਡ[2] (काड) /kāḍa カード/ ▸ਕਾਰਡ *m.* → ਕਾਰਡ

ਕਾਢ (काढ) /kâḍa カード/ [cf. ਕੱਢਣਾ] *f.* **1** 見つけること, 発見. **2** 発明. **3** 考案. **4** 探すこと, 探索, 探求. (⇒ਖੋਜ) **5** 手掛かり.

ਕਾਢਾ[1] (काढा) /kâḍā カーダー/ [cf. ਕੱਢਣਾ] *m.* **1** 発見者. **2** 発明者, 考案者. **3** 沈んだ物を回収する人.

ਕਾਢਾ[2] (काढा) /kâḍā カーダー/ *m.* 飼料用植物, 青刈飼料作物.

ਕਾਢਾ[3] (काढा) /kâḍā カーダー/ *m.*〖虫〗大型の黒蟻.

ਕਾਣ[1] (काण) /kāṇa カーン/ [Skt. कोण] *f.* **1** 傾き, 傾斜. **2** 不完全, 不十分. **3** 不履行. **4** 欠陥, 欠点, 不備, 弱点. **5** 悪, 汚点. **6** 片目が見えないこと.

ਕਾਣ[2] (काण) /kāṇa カーン/ ▸ਕਾਨ, ਖਾਣ, ਖਾਨ *f.* → ਖਾਣ[1]

ਕਾਣ[3] (काण) /kāṇa カーン/ ▸ਮਕਾਣ, ਮੁਕਾਣ *f.*〖口語〗→ ਮਕਾਣ

ਕਾਣਸ (काणस) /kāṇasa カーナス/ ▸ਕਾਰਨਸ [Eng. *cornice*] *f.* 暖炉の上の飾り棚.

ਕਾਣਸਰ (काणसर) /kāṇasara カーンサル/ [Skt. कोण + ਸਰ] *f.* 傾き, 傾斜, 傾斜度.

ਕਾਣਾ (काणा) /kāṇā カーナー/ [Skt. काण] *adj.* **1** 一つ目の, 片目の. **2** 傷物の, 染みのある. **3** 非難されるべき, けしからぬ. **4** 病気に罹った. **5** 虫に喰われた. **6** 斜めの, 傾いた, 傾斜した.
— *m.*〖俗語・鳥〗カラス, 烏.

ਕਾਣੋ (काणो) /kāṇo カーノー/ [Skt. कोण + ਓ] *f.* 傾き, 傾斜, 傾斜度.

ਕਾਂਤ (काँत) /kā̃ta カーント/ [Skt. कान्त] *adj.* **1** 可愛い, 愛らしい. (⇒ਪਿਆਰਾ) **2** 美しい, 綺麗な. (⇒ਸੁੰਦਰ) **3** 好ましい.
— *m.* **1** 夫, 主人. (⇒ਪਤੀ) **2** 恋人, 愛人. **3** 月. (⇒ਚੰਦਰਮਾ) **4**〖ヒ〗カーンタ《クリシュナ神の異名の一つ》. (⇒ਕਰਿਸ਼ਨ)

ਕਾਤ (कात) /kāta カート/ *f.*〖道具〗切る道具, 刈る道具, 大きな鋏(はさみ).

ਕਾਤਨੀ (कातनी) /kātanī カートニー/ [(Pua.) Skt. कर्त] *f.*〖道具〗小さな鋏(はさみ). (⇒ਛੋਟੀ ਕੈਂਚੀ)

ਕਾਤਬ (कातब) /kātaba カータブ/ ▸ਕਾਤਿਬ [Arab. *kātib*] *m.* **1** 筆記者, 書記, 代書人. (⇒ਲਿਖਾਰੀ) **2** 書家, 書道家, 筆耕屋.

ਕਾਤਰ[1] (कातर) /kātara カータル/ ▸ਕਤਰ, ਕਤਰਨ *f.* → ਕਤਰ

ਕਾਤਰ[2] (कातर) /kātara カータル/ ▸ਕਾਇਰ *adj.* → ਕਾਇਰ

ਕਾਤਲ (कातल) /kātala カータル/ [Arab. *qātil*] *m.* 殺人者, 人殺し.

ਕਾਤਿਬ (कातिब) /kātiba カーティブ/ ▸ਕਾਤਬ *m.* → ਕਾਤਬ

ਕਾਤੀ (काती) /kātī カーティー/ [Skt. कर्त्री] *f.*〖道具〗鋏

(はさみ). (⇒ਕੈਂਚੀ)

ਕਾਦਸ਼ੀ (कादशी) /kādaśī カードシー/ ▸ਇਕਾਦਸ਼ੀ, ਏਕਾਦਸ਼ੀ *f.* → ਇਕਾਦਸ਼ੀ

ਕਾਦਰ (कादर) /kādara カーダル/ [Arab. *qādir*] *adj.* **1** 強力な, 力強い. (⇒ਸ਼ਕਤੀਮਾਨ) **2** 有力な, 力がある, 有能な. **3** 運の強い, 強運な.
— *m.* 創造者, 造物主, 神.

ਕਾਨ[1] (कान) /kāna カーン/ ▸ਕੰਨ [Skt. कर्ण] *m.* 〖身体〗耳.

ਕਾਨ[2] (कान) /kāna カーン/ ▸ਕਾਣ, ਖਾਣ, ਖਾਨ *f.* → ਖਾਣ[1]

ਕਾਨਸ (कानस) /kānasa カーナス/ ▸ਕਨਸ, ਕਾਰਨਸ, ਕਾਰਨਿਸ *f.* → ਕਾਰਨਿਸ

ਕਾਨਸਟੀਚਿਊਸ਼ਨ (कानसटीचिऊशन) /kānasaṭīciūśana カーンサティーチウーシャン/ [Eng. *constitution*] *m.* 憲法. (⇒ਸੰਵਿਧਾਨ)

ਕਾਨਸਟੇਬਲ (कानसटेबल) /kānasaṭebala カーンステーバル/ ▸ਕਾਂਸਟੇਬਲ [Eng. *constable*] *m.* 巡査, 警官, 警察官. (⇒ਪੁਲਸੀਆ)

ਕਾਨਸ਼ੈਂਸ (कानशैंस) /kānaśãĩsa カーンシャェーンス/ [Eng. *conscience*] *f.* 良心. (⇒ਆਤਮਾ)

ਕਾਨ੍ਹ (कान्ह) /kâna カーン/ [(Pkt. कण्ह) Skt. कृष्ण] *m.* **1** 〖ヒ〗カンハ《クリシュナ神の異名の一つ》. (⇒ਕਰਿਸ਼ਨ) **2** 〖比喩〗顔立ちの整った人, 最愛の人.

ਕਾਨ੍ਹੀ (कान्ही) /kânī カーニー/ [Skt. स्कन्ध -ਈ] *m.* 棺架を肩に担ぐ人, 棺の運び人.

ਕਾਨਫ਼ਰੰਸ (कानफ़रंस) /kānafaransa カーンファランス/ ▸ਕਾਨਫ਼੍ਰੰਸ [Eng. *conference*] *f.* 会議, 会談, 協議会.

ਕਾਨਫ਼੍ਰੰਸ (कानफ़्रंस) /kānafransa (kānafaransa) カーンフランス (カーンファランス)/ ▸ਕਾਨਫ਼ਰੰਸ *f.* → ਕਾਨਫ਼ਰੰਸ

ਕਾਨਫ਼ੀਡੈਂਸ਼ਲ (कानफ़ीडैंशल) /kānafīḍãĩśal カーンフィーダェーンシャル/ [Eng. *confidential*] *adj.* 内密の, 秘密の, 機密の. (⇒ਗੁਪਤ)

ਕਾਨਵਾਈ (कानवाई) /kānavāī カーンヴァーイー/ [Eng. *convoy*] *f.* **1** 護送, 護衛. **2** 〖軍〗護衛隊, 護送船団, 輸送車隊.

ਕਾਨਵੇਐਂਸ (कानवेऐंस) /kānaveãĩsa カーンヴェーアェーンス/ [Eng. *conveyance*] *f.* 運搬, 輸送.

ਕਾਨਾ (काना) /kānā カーナー/ *m.* 〖植物〗トウシンソウの穂または茎.

ਕਾਨਾਫੂਸੀ (कानाफूसी) /kānāpʰūsī カーナープースィー/ [Skt. कर्ण + Skt. फुत्] *f.* ささやき, ひそひそ話.

ਕਾਨੀ (कानी) /kānī カーニー/ [Skt. काण्ड] *f.* **1** 〖植物〗アシ(葦). **2** 〖道具〗葦ペン.

ਕਾਨੀਗੋ (कानीगो) /kānīgo カーニーゴー/ ▸ਕਾਨੂੰਗੋ *m.* → ਕਾਨੂੰਗੋ

ਕਾਨੂੰਗੋ (कानूँगो) /kānũgo カーヌーンゴー/ ▸ਕਾਨੀਗੋ [Arab. *qānūn* Pers.*-go*] *m.* **1** 法の司. **2** 高級徴税官.

ਕਾਨੂੰਨ (कानूँन) /kānũna カーヌーンヌ/ ▸ਕਨੂੰਨ, ਕਨੂਨ, ਕਾਨੂਨ *m.* → ਕਨੂੰਨ

ਕਾਨੂਨ (कानून) /kānūna カーヌーン/ ▸ਕਨੂੰਨ, ਕਨੂਨ, ਕਾਨੂੰਨ *m.* → ਕਨੂੰਨ

ਕਾਨੇ (काने) /kāne カーネー/ [(Braj.) Skt. कः] *pron.* **1** 誰に. (⇒ਕਿਸੇ ਨੂੰ) **2** 誰が. (⇒ਕਿਸ ਨੇ)

ਕਾਪਟ (कापट) /kāpaṭa カーパト/ ▸ਕਪਟ [(Braj.) Skt. कपट] *m.* **1** 不誠実, 不真面目. **2** ごまかし. **3** 欺くこと, だますこと, 詐欺.

ਕਾਪਰ (कापर) /kāpara カーパル/ [Eng. *copper*] *m.* 〖金属〗銅.

ਕਾਪੜ (कापड़) /kāpaṛa カーパル/ [Skt. कर्पण] *m.* 〖布地〗布. (⇒ਕੱਪੜਾ)

ਕਾਪੀ (कापी) /kāpī カーピー/ [Eng. *copy*] *f.* **1** 写し, 複写, コピー. **2** ノート, 帳面, 雑記帳, 練習帳. **3**(書物や雑誌などの)部, 冊.

ਕਾਫ਼ (काफ़) /kāfa カーフ/ [Arab. *qāf*] *m.* カフカズ(コーカサス)山脈《黒海とカスピ海との間を西北西方向に走る山脈》.

ਕਾਫ਼ਰ (काफ़र) /kāfara カーファル/ [Arab. *kāfir*] *m.* **1** (イスラーム教徒から見た)異教徒. (⇒ਗ਼ੈਰ ਮੁਸਲਮਾਨ) **2** 不信心者. (⇒ਨਾਸਤਿਕ)

ਕਾਫ਼ਲਾ (काफ़ला) /kāfalā カーファラー/ [Arab. *kāfilā*] *m.* **1** 隊商, キャラバン. **2** 旅人の一団. **3** 護衛隊, 輸送車隊.

ਕਾਫ਼ੀ[1] (काफ़ी) /kāfī カーフィー/ [Arab. *kāfī*] *adj.* **1** 十分な. **2** かなりの, 相当な.
— *adv.* **1** 十分に. **2** かなり, 相当, 大いに.

ਕਾਫ਼ੀ[2] (काफ़ी) /kāfī カーフィー/ [Eng. *coffee*] *f.* 〖飲料〗コーヒー. (⇒ਕਾਹਵਾ) ❐ਕਾਫ਼ੀ ਹਾਊਸ コーヒーショップ, 喫茶店.

ਕਾਫ਼ੀ[3] (काफ़ी) /kāfī カーフィー/ *f.* 〖文学〗カーフィー《旋律に合わせて歌われる押韻叙情詩の形式の一つ》.

ਕਾਫ਼ੀਆ (काफ़ीआ) /kāfīā カーフィーアー/ [Arab. *qāfiyā*] *m.* **1** 音韻. **2** 〖文学〗脚韻. **3** 〖文学〗二重押韻の先頭部.

ਕਾਫ਼ੂਰ (काफ़ूर) /kāfūra カーフール/ ▸ਕਫ਼ੂਰ [Pers. *kāfūr*] *m.* 樟脳.

ਕਾਬਜ਼ (काबज़) /kābaza カーバズ/ [Arab. *qābiz*] *adj.* 所有している.

ਕਾਬਲ[1] (काबल) /kābala カーバル/ [Arab. *qābil*] *adj.* **1** 価値のある. (⇒ਯੋਗ) **2** 有能な, 能力のある, 可能な. **3** 適した, ふさわしい. **4** 適格の, 資格のある. **5** 知的な, 学識のある.

ਕਾਬਲ[2] (काबल) /kābala カーバル/ [Pers. *kābul*] *m.* 〖地名〗カーブル(カブール)《アフガニスタンの首都》.

ਕਾਬਲਾ (काबला) /kābalā カーブラー/ [Pers. *qābala*] *m.* ボルト. ❐ਕਾਬਲਾ ਕੱਸਣਾ ボルトを締める.

ਕਾਬਲੀ (काबली) /kābalī カーブリー/ [Pers. *kābulī*] *adj.* カーブルの. (⇒ਕਾਬਲ ਦਾ)

ਕਾਬਲੀਅਤ (काबलीअत) /kābalīata カーブリーアト/ [Pers. *qābilīyat*] *f.* **1** 能力. (⇒ਯੋਗਤਾ) **2** 適性, 資格. **3** 知性, 学識.

ਕਾਂਬਾ (काँबा) /kā̃bā カーンバー/ [Skt. कम्प] *m.* 震え. (⇒ਕੰਬਣੀ)

ਕਾਬਾ (काबा) /kābā カーバー/ ▸ਕਾਹਬਾ [Arab. *kaba*] *m.* 〖イス〗カーバー《聖地メッカにある神殿》.

ਕਾਬੀਨਾ (काबीना) /kābīnā カービーナー/ [Pers. *kābīna*] *f.* 〖政治〗内閣. (⇒ਮੰਤਰੀਮੰਡਲ)

ਕਾਬੂ[1] (काबू) /kābū カーブー/ [Pers. *qābū*] *m.* **1** つかむこと, 握ること, 掌握. **2** 制御, 統御. (⇒ਵੱਸ) ❐ਕਾਬੂ

ਵਿੱਚ 制御されて, 統御されて. ❐ਕਾਬੂ ਤੋਂ ਬਾਹਰ 制御できない, 統御できない, 手に負えない. **3** 支配, 統制. **4** 所有. **5** 自由に操ること.

ਕਾਬੂ[2] (काबू) /kābū カーブー/ [Turk. *kāpū*] *m.* 時間. (⇒ਸਮਾਂ)

ਕਾਮ[1] (काम) /kāma カーム/ [Skt. काम] *m.* **1** 願い, 願望, 欲望. **2** 情熱. **3** 愛欲, 性愛. **4** 性欲.

ਕਾਮ[2] (काम) /kāma カーム/ [Pers. *kām*] *m.* **1** 意欲, 欲求, 願い, 願望, 念願, 熱望. (⇒ਚਾਹ, ਖ਼ਾਹਸ਼) **2** 意図, 目的, 目標. (⇒ਉਦੇਸ਼)

ਕਾਮ[3] (काम) /kāma カーム/ ▸ਕੰਮ *m.* → ਕੰਮ

ਕਾਮਕ (कामक) /kāmaka カーマク/ [Eng. *comic*] *m.* 漫画.

ਕਾਮਚੇਸ਼ਟਾ (कामचेशटा) /kāmaceśaṭā カームチェーシュター/ [Skt. काम + Skt. चेष्टा] *f.* 性欲, 肉欲, 情欲, 淫欲. (⇒ਸ਼ਹਿਵਤ)

ਕਾਮਣ[1] (कामण) /kāmaṇa カーマン/ [Skt. कार्मण] *m.* **1** 魔除け, 悪魔祓い. **2** 祈祷, まじない. (⇒ਟੂਣਾ)

ਕਾਮਣ[2] (कामण) /kāmaṇa カーマン/ ▸ਕਾਮਣੀ, ਕਾਮਨੀ *f.* → ਕਾਮਨੀ

ਕਾਮਣਾ (कामणा) /kāmaṇā カームナー/ ▸ਕਾਮਨਾ *f.* → ਕਾਮਨਾ

ਕਾਮਣੀ (कामणी) /kāmaṇī カームニー/ ▸ਕਾਮਣ, ਕਾਮਨੀ *f.* → ਕਾਮਨੀ

ਕਾਮਤ (कामत) /kāmata カーマト/ [Pers. *qāmat*] *m.* **1** 身長, 背丈. (⇒ਕੱਦ) **2** 体格, 体型.

ਕਾਮਦੇਵ (कामदेव) /kāmadeva カームデーヴ/ [Skt. कामदेव] *m.* 〖ヒ〗性愛の神カーマ.

ਕਾਮਨ (कामन) /kāmana カーマン/ [Eng. *common*] *adj.* **1** 共通の, 共同の. **2** 普通の, ありふれた.

ਕਾਮਨਸੈਂਸ (कामनसैंस) /kāmanasãīsa カーマンサェーンス/ [Eng. *common sense*] *m.* 常識.

ਕਾਮਨਵੈਲਥ (कामनवैलथ) /kāmanawailat^{h}a カーマンワェーラト/ [Eng. *commonwealth*] *m.* 〖政治〗民主国家. (⇒ਲੋਕਰਾਜ)

ਕਾਮਨਾ (कामना) /kāmanā カームナー/ ▸ਕਾਮਣਾ [Skt. कामना] *f.* **1** 願い. (⇒ਇਛਿਆ) **2** 願望. (⇒ਮਨੋਰਥ)

ਕਾਮਨੀ (कामनी) /kāmanī カームニー/ ▸ਕਾਮਣ, ਕਾਮਣੀ [Skt. कामिनी] *f.* 美女, 麗しき乙女, 恋する女性.

ਕਾਮਯਾਬ (कामयाब) /kāmayāba カームヤーブ/ ▸ਕਾਮਿਆਬ [Pers. *kām* Pers.*-yāb*] *adj.* **1** 望みを叶えた. **2** 目的を達成した. **3** 成功した. (⇒ਸਫਲ)

ਕਾਮਯਾਬੀ (कामयाबी) /kāmayābī カームヤービー/ ▸ਕਾਮਿਆਬੀ [Pers.*-yābī*] *f.* **1** 望みを叶えた状態. **2** 成功. (⇒ਸਫਲਤਾ)

ਕਾਮਰਾਨ[1] (कामरान) /kāmarāna カームラーン/ [Pers. *kāmrān*] *adj.* 成功した, 成功を収めた. (⇒ਸਫਲ, ਕਾਮਯਾਬ)

ਕਾਮਰਾਨ[2] (कामरान) /kāmarāna カームラーン/ *m.* 〖人名・歴史〗カームラーン《ムガル帝国の創設者バーブルの次男》.

ਕਾਮਰੂਪ (कामरूप) /kāmarūpa カームループ/ *m.* 〖地名〗カームループ(カーマルーパ)県《商工業都市ガウハーティを含むアッサム州の西部地域》.

ਕਾਮਰੇਡ (कामरेड) /kāmareḍa カームレード/ [Eng. *comrade*] *m.* 同志. (⇒ਸਾਥੀ)

ਕਾਮਲ (कामल) /kāmala カーマル/ [Arab. *kāmil*] *adj.* 完全な. (⇒ਸੰਪੂਰਨ, ਪੂਰਾ)

ਕਾਮਵਾਸਨਾ (कामवासना) /kāmawāsanā カームワースナー/ [Skt. कामवासना] *f.* 性欲, 肉欲, 情欲, 淫欲. (⇒ਸ਼ਹਿਵਤ)

ਕਾਮਾ[1] (कामा) /kāmā カーマー/ [Skt. कर्म -ਆ] *m.* 働く人, 労働者.

ਕਾਮਾ[2] (कामा) /kāmā カーマー/ [Eng. *comma*] *m.* 〖符号〗(,)カンマ, コンマ.

ਕਾਮਿਆਬ (कामिआब) /kāmiāba カーミアーブ/ ▸ਕਾਮਯਾਬ *adj.* → ਕਾਮਯਾਬ

ਕਾਮਿਆਬੀ (कामिआबी) /kāmiābī カーミアービー/ ▸ਕਾਮਯਾਬੀ *f.* → ਕਾਮਯਾਬੀ

ਕਾਮੀ (कामी) /kāmī カーミー/ [Skt. कामिन्] *adj.* **1** 欲しがる, 望んでいる. **2** 好色な, 官能的な喜びにふける. (⇒ਅੱਯਾਸ਼)

ਕਾਮੇਡੀ (कामेडी) /kāmeḍī カーメーディー/ [Eng. *comedy*] *f.* 喜劇, コメディー.

ਕਾਰ[1] (कार) /kāra カール/ [Pers. *kār*] *m.f.* **1** 行い, 行為, 行動, 活動. (⇒ਕਿਰਿਆ, ਵਿਹਾਰ) **2** 仕事, 労働, 作業. (⇒ਕੰਮ) **3** 作品. (⇒ਰਚਨਾ)

— *suff.* **1**「…する人」「…を作る人」「…に従事する人」などを意味する男性名詞を形成する接尾辞. 例えば ਆਬਕਾਰ は「酒造業者」「酒屋」, ਕਾਸ਼ਤਕਾਰ は「耕作者」「農夫」. (⇒ਕਰਨ ਵਾਲਾ) **2**「…している」「…を行っている」「…の豊かな」などを意味する形容詞を形成する接尾辞. **3**「行為」「動き」「作用」などの意味を加えて副詞を形成する接尾辞.

ਕਾਰ[2] (कार) /kāra カール/ [Skt. कार] *m.f.* **1** 行い, 行為, 行動, 活動. (⇒ਕਿਰਿਆ, ਵਿਹਾਰ) **2** 仕事, 労働, 作業. (⇒ਕੰਮ)

— *suff.* **1**「…する人」「…を作る人」「…に従事する人」などを意味する男性名詞を形成する接尾辞. 例えば ਕਲਾਕਾਰ は「芸術家」, ਕੋਸ਼ਕਾਰ は「辞書編纂者」. (⇒ਕਰਨ ਵਾਲਾ) **2**「行為」「行動」「仕事」「作用」「動き」などの意味を加えて名詞・形容詞・副詞などを形成する接尾辞.

ਕਾਰ[3] (कार) /kāra カール/ [Eng. *car*] *f.* 〖乗物〗自動車.

ਕਾਰ[4] (कार) /kāra カール/ ▸ਲਕਾਰ, ਲਕੀਰ *f.* → ਲਕੀਰ

ਕਾਰਸਤਾਨੀ (कारसतानी) /kārasatānī カールサターニー/ [Pers. *kār* + Arab. *śaitānī*] *f.* **1** いたずら. (⇒ਸ਼ੈਤਾਨੀ, ਸ਼ਰਾਰਤ) **2** 陰謀, 謀略. (⇒ਸਾਜ਼ਸ਼)

ਕਾਰਸਪਾਂਡੈਂਸ (कारसपाँडैंस) /kārasapā̃ḍãīsa カーラスパーンダェーンス/ [Eng. *correspondence*] *f.* 文通. (⇒ਚਿੱਠੀ ਪੱਤਰ, ਪੱਤਰ-ਵਿਹਾਰ)

ਕਾਰਕ[1] (कारक) /kāraka カーラク/ [Skt. कारक] *m.* **1** 行為者. **2** 〖言〗格.

— *suff.* 名詞に付いて「…を行う」「…を与える」「…を及ぼす」などの意味を表す形容詞を形成する接尾辞.

ਕਾਰਕ[2] (कारक) /kāraka カーラク/ ▸ਕਾਕ, ਕਾਗ *m.* → ਕਾਕ

ਕਾਰਖ਼ਾਨਾ (कारख़ाना) /kāraxānā カールカーナー/ [Pers.

kār Pers.-*xāna*] *m.* **1** 工場, 製作所, 製造所. **2** 仕事場, 作業所.

ਕਾਰਖ਼ਾਨੇਦਾਰ (कारख़ानेदार) /kārạxānedārạ カールカーネーダール/ [Pers.-*dār*] *m.* 工場主, 工場経営者.

ਕਾਰਗਰ (कारगर) /kārạgarạ カールガル/ [Pers. *kār* Pers.-*gar*] *adj.* **1** 仕事を行う. **2** 有効な. (⇒ਗੁਣਕਾਰੀ) **3** 実用的な. **4** 成功した, うまく行った.

ਕਾਰਗਾਹ (कारगाह) /kārạgâ | kārạgāhạ カールガー | カールガーフ/ [Pers. *kār* Pers.-*gāh*] *f.* **1** 仕事場, 作業所. **2** 工場, 製作所. (⇒ਕਾਰਖ਼ਾਨਾ)

ਕਾਰਗੁਜ਼ਾਰ (कारगुज़ार) /kārạguzārạ カールグザール/ [Pers. *kār* Pers.-*guzār*] *adj.* **1** 有能な, 仕事のできる, 敏腕の. **2** 上手な, 巧みな, 器用な.
— *m.* 仕事をする人, 働き手, 遂行者.

ਕਾਰਗੁਜ਼ਾਰੀ (कारगुज़ारी) /kārạguzārī カールグザーリー/ [Pers.-*guzārī*] *f.* **1** 実行, 遂行, 完遂, 完成, 達成. **2** 仕事, 任務, 働きぶり, 仕事ぶり. (⇒ਕੰਮ) **3** 活躍, 業績, 功績. (⇒ਕਾਰਨਾਮਾ) **4** 巧みさ, 器用さ, 敏腕.

ਕਾਰਜ (कारज) /kārajạ カーラジ/ [Skt. कार्य] *m.* **1** 機能. **2** 仕事. **3** 職業.

ਕਾਰਜਸਾਧਕ (कारजसाधक) /kārajạsâdakạ カーラジサーダク/ [Skt.-साधक] *adj.* **1** 職務を遂行している, 実務を行っている. **2** 仕事の役に立つ, 目的達成に有効な. **3** 執行力のある.

ਕਾਰਜਸ਼ੀਲ (कारजशील) /kārajạśīlạ カーラジシール/ [Skt.-शील] *adj.* **1** 活動的な, 活発な, 精力的な, 働き者の. **2** 職務に携わっている, 勤務中の.

ਕਾਰਜਕਾਰਨੀ (कारजकारनी) /kārajạkārạnī カーラジカールニー/ [Skt. कार्यकारिणी] *f.* 執行部, 執行委員会.

ਕਾਰਜਕਾਰੀ (कारजकारी) /kārajạkārī カーラジカーリー/ [Skt. कार्य Skt.-कारिन्] *adj.* **1** 活動する, 機能する. **2** 職務を遂行している, 実務を行っている. **3** 臨時の, 代理の. **4** 有効な, 効力のある.
— *m.* **1** 職員. **2** 活動家, 運動員.

ਕਾਰਜ-ਕਾਲ (कारज-काल) /kārajạ-kālạ カーラジ・カール/ [Skt. कार्य + Skt. काल] *m.* 在任期間, 任期.

ਕਾਰਜ-ਭਾਰ (कारज-भार) /kārajạ-pǎrạ カーラジ・パール/ [+ Skt. भार] *m.* **1** 職務, 任務. **2** 仕事量, かかえ込んだ仕事.

ਕਾਰਜੀ (कारजी) /kārạjī カールジー/ [-ਈ] *adj.* 仕事が行われている, 勤務中の, 就労している.

ਕਾਰਟੂਨ (कारटून) /kārạṭūnạ カールトゥーン/ [Eng. *cartoon*] *m.* 漫画. (⇒ਕਮੂਰਤ)

ਕਾਰਡ (कारड) /kārạḍạ カールド/ ▸ਕਾਡ [Eng. *card*] *m.* **1** カード, 厚紙, 名刺, トランプのカード, カルタの札. **2** はがき.

ਕਾਰਡਾਈਟ (कारडाईट) /kārạḍāiṭạ カールダーイト/ [Eng. *cordite*] *m.* コルダイト爆薬《紐状の無煙火薬》.

ਕਾਰਣ (कारण) /kāraṇạ カーラン/ ▸ਕਰਣ, ਕਾਰਨ *m.postp.* → ਕਾਰਨ

ਕਾਰਤਿਕ (कारतिक) /kārạtikạ カールティク/ ▸ਕੱਤਕ, ਕੱਤਾ, ਕੱਤਿਕ, ਕੱਤੇਂ, ਕਤੇਂਹ *m.* → ਕੱਤਕ

ਕਾਰਤੂਸ (कारतूस) /kārạtūsạ カールトゥース/ [Fre. *cartouche*] *m.* 弾薬筒, 弾薬筒.

ਕਾਰਥੇਜ (कारथेज) /kārạtʰejạ カールテージ/ [Eng. *carthage*] *m.* 〖地名〗カルタゴ《アフリカ北岸の古代都市国家》.

ਕਾਰਦਾਰ (कारदार) /kārạdārạ カールダール/ [Pers. *kār* Pers.-*dār*] *m.* 役人, 官吏. (⇒ਅਹਿਲਕਾਰ)

ਕਾਰਨ (कारन) /kāranạ カーラン/ ▸ਕਰਣ, ਕਾਰਣ [Skt. कारण] *m.* **1** 原因, 根拠. **2** 理由, 事情, 訳. (⇒ਸਬੱਬ) ❒ਉਸ ਨੇ ਇਸ ਦਾ ਕਾਰਨ ਪੁੱਛਿਆ। あの人はこの理由を尋ねました.
— *postp.* …ので, …だから, …のために, …の理由で. (⇒ਕਰਕੇ, ਮਾਰੇ, ਲਈ) ❒ਇਸ ਕਾਰਨ この理由で, このため.

ਕਾਰਨਸ (कारनस) /kārạnasạ カールナス/ ▸ਕਨਸ, ਕਾਨਸ, ਕਾਰਨਿਸ *f.* → ਕਾਰਨਿਸ

ਕਾਰਨਰ (कारनर) /kārạnarạ カールナル/ [Eng. *corner*] *m.* **1** 角(かど), 曲がり角. **2** 隅.

ਕਾਰਨਾਮਾ (कारनामा) /kārạnāmā カールナーマー/ [Pers. *kār* Pers.-*nāma*] *m.* **1** 大業, 偉業, 大仕事. **2** 活躍, 手柄, 功績. **3** 勇敢な行為, 武勲.

ਕਾਰਨਿਸ (कारनिस) /kārạnisạ カールニス/ ▸ਕਨਸ, ਕਾਨਸ, ਕਾਰਨਸ [Eng. *cornice*] *f.* 〖建築〗コーニス, 蛇腹.

ਕਾਰਨੀਆ (कारनीआ) /kārạnīā カールニーアー/ [Eng. *cornea*] *m.* 〖身体〗角膜.

ਕਾਰਨੀਵਾਲ (कारनीवाल) /kārạnīvālạ カールニーヴァール/ [Eng. *carnival*] *m.* **1** 〖祭礼・キ〗謝肉祭, カーニバル《カトリック教国で四旬節前の数日間続く祭典の期間》. **2** 巡業ショー, 移動娯楽興行. **3** 祭り, 催し, 大会. **4** お祭り騒ぎ.

ਕਾਰਪਲ (कारपल) /kārạpalạ カールパル/ [Eng. *carpel*] *m.* 〖植物〗心皮《めしべを構成する特殊な分化をした葉》.

ਕਾਰਪੈਟ (कारपैट) /kārạpaiṭạ カールパェート/ [Eng. *carpet*] *f.* 絨毯, カーペット. (⇒ਗ਼ਲੀਚਾ)

ਕਾਰਪੈਂਟਰ (कारपैंटर) /kārạpãĩṭarạ カールパェーンタル/ [Eng. *carpenter*] *m.* 大工. (⇒ਤਰਖਾਨ)

ਕਾਰਪੋਰਲ (कारपोरल) /kārạporalạ カールポーラル/ [Eng. *corporal*] *m.* 〖軍〗伍長.

ਕਾਰਪੋਰੇਸ਼ਨ (कारपोरेशन) /kārạporeśanạ カールポーレーシャン/ [Eng. *cooperation*] *f.* 協力, 連携.

ਕਾਰਬੰਕਲ (कारबंकल) /kārạbaṅkalạ カールバンカル/ [Eng. *carbuncle*] *m.* 〖鉱物〗深紅色の宝石, ざくろ石, ガーネット.

ਕਾਰਬਨ (कारबन) /kārạbanạ カールバン/ [Eng. *carbon*] *m.* 〖化学〗炭素.

ਕਾਰਬਾਲਕ (कारबालक) /kārạbālakạ カールバーラク/ ▸ਕਾਰਬਾਲਿਕ *m.* → ਕਾਰਬਾਲਿਕ

ਕਾਰਬਾਲਿਕ (कारबालिक) /kārạbālikạ カールバーリク/ ▸ਕਾਰਬਾਲਕ [Eng. *carbolic*] *m.* 炭素から製した.

ਕਾਰਬੀਨ (कारबीन) /kārạbīnạ カールビーン/ [Eng. *carbine*] *f.* 〖武〗騎兵銃.

ਕਾਰਮਣਾ (कारमणा) /kārạmaṇā カールマナー/ [Skt. कार्मण] *vt.* **1** 決める, 合意する. (⇒ਤੈ ਕਰਨਾ) **2** 約束する. (⇒ਵਾਇਦਾ ਕਰਨਾ) **3** 話す, 協議する. (⇒ਗੱਲ ਕਰਨੀ) **4** 条件を決める.

ਕਾਰਯਾਲਾ (कारयाला) /kārạyālā カールヤーラー/ [Skt.

कार्यालय] *m.* **1** 事務所, オフィス. (⇒ਆਫ਼ਿਸ) **2** 役所, 官庁.

ਕਾਰਵਾਈ (कारवाई) /kārawāī カールワーイー/ [Pers. *kārvāī*] *f.* **1** 行動. **2** 議事録.

ਕਾਰਾ[1] (कारा) /kārā カーラー/ [Pers. *kar*] *m.* **1** 悪行, 不道徳な行為. (⇒ਕਰਤੂਤ) **2** 非常識な事件.

ਕਾਰਾ[2] (कारा) /kārā カーラー/ [Skt. कारा] *m.* 拘置所, 刑務所. (⇒ਕੈਦਖ਼ਾਨਾ)

ਕਾਰਾ[3] (कारा) /kārā カーラー/ ▸ਕਾਲਾ [(Braj.) Skt. काल] *adj.* 黒い.

ਕਾਰਿੰਦਾ (कारिंदा) /kārindā カーリンダー/ ▸ਕਰਿੰਦਾ *m.* → ਕਰਿੰਦਾ

ਕਾਰੀ[1] (कारी) /kārī カーリー/ [Pers. *kārī*] *adj.* **1** 作用する, 影響を及ぼす, 効く. (⇒ਅਸਰ ਕਰਨ ਵਾਲਾ) **2** 重篤な, ひどい, 致命的な.

— *f.* **1** 行い, 行為. (⇒ਕਿਰਿਆ) **2** 仕事, 作業, 職業. (⇒ਕੰਮ) **3** 技術, 技芸.

— *suff.* 「…すること」「…を行うこと」「…の仕事」「…の仕事をする所」「…の技術」「…の技芸」などを意味する女性名詞を形成する接尾辞. 例えば ਆਬਕਾਰੀ は「酒造業」「酒造所」. (⇒ਕਰਨ ਦਾ ਕੰਮ)

ਕਾਰੀ[2] (कारी) /kārī カーリー/ [Skt. कारिन्] *suff.* **1**「…をする」「…を作る」「…を行う」「…を及ぼす」「…を起こす」などを意味する形容詞を形成する接尾辞. **2**「…をすること」「…を作ること」「…を行うこと」「…を及ぼすこと」「…を起こすこと」などを意味する女性名詞を形成する接尾辞. **3**「…をするもの」「…を作るもの」「…を行うもの」「…を及ぼすもの」「…を起こすもの」などを意味する男性名詞を形成する接尾辞.

ਕਾਰੀ[3] (कारी) /kārī カーリー/ [Skt. कारिता] *f.* **1** 行い, 行為. (⇒ਕਿਰਿਆ) **2** 仕事, 作業, 職業. (⇒ਕੰਮ) **3** 技術, 技芸.

— *suff.* 「…の行為」「…の仕事」「…の技術」「…の技法」「…の技芸」などを意味する女性名詞を形成する接尾辞. 例えば ਕੋਸ਼ਕਾਰੀ は「辞書編纂(法)」. (⇒ਕਰਨ ਦਾ ਕੰਮ)

ਕਾਰੀਗਰ (कारीगर) /kārīgara カーリーガル/ ▸ਕਰਿਗੱਰ [Pers. *kārī* Pers.*-gar*] *m.* 職人, 職工, 技術者, 熟練工. ❐ਉਹ ਲੱਕੜ ਦੇ ਕੰਮ ਦਾ ਚੰਗਾ ਕਾਰੀਗਰ ਹੈ। 彼は木工の仕事の立派な職人です.

— *adj.* 熟達した, 腕利きの, 巧みな, 器用な.

ਕਾਰੀਗਰੀ (कारीगरी) /kārīgarī カーリーガリー/ [Pers. *kārī* Pers.*-garī*] *f.* **1** 技術, 技能, 技量, 腕前. **2** 熟達, 巧みさ.

ਕਾਰੀਡੋਰ (कारीडोर) /kārīḍora カーリードール/ [Eng. *corridor*] *m.* 〖建築〗廊下, 通廊, 通路.

ਕਾਰੋਨੇਸ਼ਨ (कारोनेशन) /kāronešana カーローネーシャン/ [Eng. *coronation*] *m.* 〖儀礼〗戴冠式.

ਕਾਰੋਨਰ (कारोनर) /kāronara カーローナル/ [Eng. *coroner*] *m.* 〖法〗検死官.

ਕਾਰੋਬਾਰ (कारोबार) /kārobāra カーローバール/ [Pers. *kār-o-bār*] *m.* **1** 職業. (⇒ਕੰਮ ਕਾਜ) **2** 商売.

ਕਾਲ[1] (काल) /kāla カール/ [Skt. काल] *m.* **1** 時, 時間, 期間. (⇒ਸਮਾਂ, ਵੇਲਾ, ਵਕਤ) **2** 時代. (⇒ਜ਼ਮਾਨਾ) **3** 〖言〗時制.

ਕਾਲ[2] (काल) /kāla カール/ ▸ਕਾਲਾ [Skt. काल] *adj.* 黒い.

ਕਾਲ[3] (काल) /kāla カール/ [Skt. अकाल] *m.* 〖農業〗飢饉. (⇒ਕਹਿਤ)

ਕਾਲ[4] (काल) /kāla カール/ [Eng. *call*] *f.* **1** 呼び声, 呼びかけ. **2** 召喚, 召集, 呼び出し. (⇒ਬੁਲਾਵਾ) **3** 招待, 招き, 誘い. (⇒ਸੱਦਾ)

ਕਾਲਸ (कालस) /kālasa カーラス/ ▸ਕਾਲਕ, ਕਾਲਖ [Skt. कालक] *f.* → ਕਾਲਖ

ਕਾਲਕ (कालक) /kālaka カーラク/ ▸ਕਾਲਸ, ਕਾਲਖ [Skt. कालक] *f.* → ਕਾਲਖ

ਕਾਲਕਾ (कालका) /kālakā カールカー/ *m.* 〖地名〗カールカー《アンバーラーとシムラーの間の都市》.

ਕਾਲਖ (कालख) /kālakʰa カーラク/ ▸ਕਾਲਸ, ਕਾਲਕ [Skt. कालक] *f.* **1** 黒, 黒いこと, 黒色. (⇒ਸਿਆਹੀ) **2** 煤(すす).

ਕਾਲਚੂ (कालचू) /kālacū カールチュー/ [Skt. काल + ਚੂ] *m.f.* 色の黒い人.

ਕਾਲਜ (कालज) /kālaja カーラジ/ ▸ਕਾਲਿਜ [Eng. *college*] *m.* カレッジ, 大学.

ਕਾਲਜਾ (कालजा) /kālajā カールジャー/ ▸ਕਲੇਜਾ, ਕਲੈਜਾ *m.* → ਕਲੇਜਾ

ਕਾਲਪਨਿਕ (कालपनिक) /kālapanika カールパニク/ [Skt. काल्पनिक] *adj.* 想像上の, 空想の, 架空の.

ਕਾਲਬ (कालब) /kālaba カーラブ/ [Arab. *qālab*] *m.* **1** 〖身体〗骨格. (⇒ਢਾਂਚਾ) **2** 身体. (⇒ਬਦਨ) **3** 〖建築〗アーチ・窓枠などの仮の骨組み.

ਕਾਲਬੁਦ (कालबुद) /kālabuda カールブド/ ▸ਕਾਲਬੂਤ *m.* → ਕਾਲਬੂਤ

ਕਾਲਬੂਤ (कालबूत) /kālabūta カールブート/ ▸ਕਾਲਬੁਦ [Pers. *qālbūt*] *m.* **1** 〖身体〗骨格. (⇒ਢਾਂਚਾ) **2** 身体. (⇒ਬਦਨ) **3** 枠組み, 構造, 構築.

ਕਾਲਮ (कालम) /kālama カーラム/ [Eng. *column*] *m.* 欄.

ਕਾਲਰ (कालर) /kālara カーラル/ [Eng. *collar*] *m.* 〖衣服〗襟.

ਕਾਲਰਾ (कालरा) /kālarā カールラー/ [Eng. *cholera*] *m.* 〖医〗コレラ. (⇒ਹੈਜ਼ਾ)

ਕਾਲਵਿਣ (कालविण) /kālawiṇa カールウィン/ [(Lah.) Skt. काल + Skt. वर्ण] *m.* 黒色. (⇒ਕਾਲਾ ਰੰਗ)

ਕਾਲੜਾ (कालड़ा) /kālaṛā カールラー/ [-ੜਾ] *adj.* 黒い.

ਕਾਲਾ (काला) /kālā カーラー/ [Skt. काल] *adj.* **1** 黒い. **2** 黒い肌の色の. **3** 黒ずんだ, 浅黒い. **4** 暗黒の.

ਕਾਲਿਜ (कालिज) /kālija カーリジ/ ▸ਕਾਲਜ *m.* → ਕਾਲਜ

ਕਾਲੀ (काली) /kālī カーリー/ ▸ਕਲੀ [Skt. काली] *f.* 〖ヒ〗カーリー女神《シヴァ神の妃》.

ਕਾਲੀਨ (कालीन) /kālīna カーリーン/ ▸ਕਲੀਨ *m.* → ਕਲੀਨ

ਕਾਲੀ ਮਿਰਚ (काली मिरच) /kālī miraca カーリー ミルチ/ [+ Skt. मरिच] *f.* **1** 〖植物・食品〗コショウ(胡椒). **2** 黒コショウ.

ਕਾਲੂ[1] (कालू) /kālū カールー/ [Skt. काल] *adj.* 黒色の, 黒い.

ਕਾਲੂ[2] (कालू) /kālū カールー/ *m.* 〖人名・スィ〗カール

—《グル・ナーナクの父親の名前》.

ਕਾਲੋਨੀ (कालोनी) /kālonī カーローニー/ [Eng. *colony*] *f.* **1**〖歴史〗植民地. (⇒ਉਪਨਿਵੇਸ਼) **2** 集団居住地.

ਕਾਵ (काव) /kāva カーヴ/ ▸ਕਾਵਯ, ਕਾਵਿ *m.* → ਕਾਵਿ

ਕਾਵਯ (कावय) /kāvaya カーヴァユ/ ▸ਕਾਵ, ਕਾਵਿ *m.* → ਕਾਵਿ

ਕਾਵੜ (कावड़) /kāwaṛa カーワル/ [Skt. कद्] *f.* 怒り. (⇒ਗ਼ੁੱਸਾ)

ਕਾਵਾ (कावा) /kāwā カーワー/ [Pers. *kāva*] *m.* **1** 円を描いて馬を走らせること. **2** 糞便. (⇒ਟੱਟੀ) **3** 便所. (⇒ਪਾਖ਼ਾਨਾ)

ਕਾਵਿ (कावि) /kāv カーヴ/ ▸ਕਾਵ, ਕਾਵਯ [Skt. काव्य] *m.*〖文学〗詩. (⇒ਕਵਿਤਾ)

ਕਾਵਿਮਈ (काविमई) /kāvmaī カーヴマイー/ [Skt.-मयी] *adj.*〖文学〗詩の, 詩的な.

ਕਾਵੇਰੀ (कावेरी) /kāverī カーヴェーリー/ [Skt. कावेरी] *f.*〖河川〗カーヴェーリー川《デカン高原を流れる川》.

ਕਾੜ (काड़) /kāṛa カール/ *f.*〖擬声語〗ポキッ《木の枝などが折れる鋭い音》.

ਕਾੜ੍ਹ (काड़्ह) /kâṛa カール/ [cf. ਕਾੜ੍ਹਨਾ] *m.* **1** 煮ること, 煮込むこと, 煮出すこと, 煎じること. **2** 沸かすこと, 沸騰させること.

ਕਾੜ੍ਹਨਾ (काड़्हना) /kâṛanā カールナー/ [Skt. कड्डति] *vt.* **1** 煮る, 煮込む, 煮出す, 煎じる. **2** 沸かす, 沸騰させる.

ਕਾੜ੍ਹਾ (काड़्हा) /kâṛā カーラー/ [cf. ਕਾੜ੍ਹਨਾ] *m.* **1**〖薬剤〗煎じ薬. **2**〖比喩〗酷く蒸し暑い天候.

ਕਿ (कि) /ki | ke キ | ケー/ ▸ਕੇ, ਕੈ [Pers. *ki*] *conj.* **1**《名詞節を作る》…ということ. (⇒ਜੁ) ❐ਰਾਮ ਨੇ ਕਿਹਾ ਸੀ ਕਿ ਮੈਂ ਕੱਲ੍ਹ ਆਵਾਂਗਾ। ラームは明日来ると言いました. ❐ਬੈਰ੍ਹੇ ਨੂੰ ਕਹੋ ਕਿ ਚਾਹ ਲਿਆਏ। 給仕にお茶を持って来るように言いなさい. ❐ਉਸ ਨੂੰ ਇਹ ਨਹੀਂ ਪਤਾ ਕਿ ਮੇਰੇ ਕੋਲ ਕਿੰਨਾ ਕੁ ਪੈਸਾ ਹੈ। あの人は私がどれくらいお金を持っているか知りません. **2**《従属節を導き出す》それは以下の通り. (⇒ਜੁ) **3** …するとすぐ, …と同時に, …するが早いか, まさにその時. (⇒ਜੁ) ❐ਅਸੀਂ ਬਾਹਰ ਨਿਕਲਣ ਵਾਲੇ ਗੇਟ ਦੇ ਕੋਲ ਹੀ ਅੱਪੜੇ ਸਾਂ ਕਿ ਗੱਡੀ ਚੱਲ ਪਈ। 私たちが出口の近くまでたどり着くとすぐ列車は動き出してしまいました. **4** それとも, あるいは. (⇒ਜਾਂ) ❐ਮੋਰ ਸੋਹਣਾ ਹੁੰਦਾ ਹੈ ਕਿ ਮੋਰਨੀ? 雄孔雀が美しいですか, それとも雌孔雀ですか.

ਕਿਉਂ (किउँ) /kiõ キオーン/ ▸ਕਿਊਂ, ਕੇਉ [Pkt. किरणो] *adv.* なぜ, どうして. (⇒ਕਾਹਤੋਂ, ਕਾਹਨੂੰ) ❐ਕੀ ਤੈਨੂੰ ਮਾਲੂਮ ਹੈ ਕਿ ਉਹ ਕਿਉਂ ਨਹੀਂ ਆਇਆ? あなたは彼がなぜ来なかったのか知っていますか. ❐ਕਿਉਂ ਨਹੀਂ? もちろん.
— *int.* おい, ねえ, ちょっと, さあ, どう.

ਕਿਉਂਕਿ (किउँकि) /kiõki | kiõke キオーンキ | キオーンケー/ *conj.* なぜなら, というのは, …だから, …なので. ❐ਮੁੰਡਾ ਖ਼ੁਸ਼ ਹੈ ਕਿਉਂਕਿ ਉਹ ਇਮਤਿਹਾਨ ਵਿੱਚੋਂ ਪਾਸ ਹੋ ਗਿਆ ਹੈ। 少年は試験に合格したので喜んでいます.

ਕਿਉਂਜੋ (किउँजो) /kiõjo キオーンジョー/ ▸ਕਿਊਂਜੋ *conj.* なぜなら, というのは, …だから, …なので.

ਕਿਉਂਟਣਾ (किउँटणा) /kiõṭaṇā キオーンタナー/ *vt.* **1** 終える, 終わらせる, 終了させる. (⇒ਮੁਕਾਉਣਾ) **2** 完成させる, 仕上げる.

ਕਿਉੜਾ (किउड़ा) /kioṛā キオーラー/ ▸ਕੇਉੜਾ, ਕੇਤਕਿ, ਕੇਤਕੀ, ਕੇਵੜਾ [(Pkt. केवडा) Skt. केतक] *m.*〖植物〗アダン(阿檀)《熱帯の海岸に広く分布するタコノキ科の常緑小高木》.

ਕਿਊਂ (किऊँ) /kiõ キオーン/ ▸ਕਿਉਂ, ਕੇਉ [(Lah.)] *adv.* → ਕਿਉਂ

ਕਿਊਂਜੋ (किऊँजो) /kiõjo キオーンジョー/ ▸ਕਿਉਂਜੋ [(Lah.)] *conj.* → ਕਿਉਂਜੋ

ਕਿਊਬਾ (किऊबा) /kiūbā キウーバー/ [Eng. *Cuba*] *m.*〖国名〗キューバ(共和国).

ਕਿਆ (किआ) /kiā キアー/ [(Hin. क्या) Skt. किम्] *pron.*《マージー ਮਾਝੀ 方言に基づく標準語では,「何」は ਕੀ であるが, ヒンディー語の ਕਯਾ [キャー]を借用語として用いた場合の標準的なつづりは, ਯ を用いないこの ਕਿਆ [キアー]のつづりとなる》何. (⇒ਕੀ)

ਕਿਆਂਸ (किआँस) /kiā̃sa キアーンス/ ▸ਕਿਆਸ [(Pot.)] *m.* → ਕਿਆਸ

ਕਿਆਸ (किआस) /kiāsa キアース/ ▸ਕਿਆਂਸ [Arab. *qiyās*] *m.* **1** 推測, 推理, 推察. (⇒ਅੰਦਾਜ਼ਾ) **2** 考え, 思索, 考察. **3** 判断.

ਕਿਆਸੀ (किआसी) /kiāsī キアースィー/ [Arab. *qiyāsī*] *adj.* **1** 推測的な, 類推の. **2** 空想の, 想像上の. (⇒ਖ਼ਿਆਲੀ)

ਕਿਆਫ਼ਾ (किआफ़ा) /kiāfā キアーファー/ [Arab. *qiāfā*] *m.* 推量, 推測, 推察, 推定, 見積もり. (⇒ਅੰਦਾਜ਼ਾ, ਅਨੁਮਾਨ)

ਕਿਆਮਤ (किआमत) /kiāmata キアーマト/ [Pers. *qiāmat*] *f.* **1** 最後の審判の日. **2** 災難.

ਕਿਆਰਾ (किआरा) /kiārā キアーラー/ [Skt. केदार] *m.* **1** 畝. **2** 農地の区画. **3** 小さな地所. **4**〖ヒ〗ケーダーラ《シヴァ神の異名の一つ》. (⇒ਸ਼ਿਵ)

ਕਿਆਰੀ (किआरी) /kiārī キアーリー/ [-ਈ] *f.* 花壇.

ਕਿਸ[1] (किस) /kisa キス/ ▸ਕੀਸ, ਕੈਸ [Skt. कस्या] *pron.* **1**《 ਕੌਣ の後置格または能格・単数形(複数形は ਕਿਨ੍ਹਾਂ)》誰. ❐ਇਹ ਕਿਸ ਦਾ ਘਰ ਹੈ? これは誰の家ですか. ❐ਕਿਸ ਲਈ 誰のために, 誰にとって. ❐ਲੀਚੀ ਕਿਸ ਨੇ ਖਾਧੀ ਏ? リーチーを誰が食べたの. ❐ਰੋਟੀ ਕਿਸ ਨੇ ਦਿੱਤੀ? —ਪਿੰਡ ਦਿਆਂ ਹਿੰਦੂਆਂ ਨੇ। 食事は誰が与えたのですか. — 村のヒンドゥー教徒たちです. **2**《 ਕੀ の後置格または能格・単数形(複数形は ਕਿਨ੍ਹਾਂ)》何. ❐ਕਿਸ ਲਈ 何のために, なぜ. ❐ਤੁਸੀਂ ਕਿਸ ਲਈ ਪੁਛਦੇ ਹੋ? あなたは何のために(=なぜ)尋ねているのですか. ❐ਕਿਸ ਤਰ੍ਹਾਂ いかに, どうやって. ❐ਤੂੰ ਜਾਣਦਾ ਹੈਂ ਕਿ ਕਾਫ਼ੀ ਕਿਸ ਤਰ੍ਹਾਂ ਬਣਾਈਦੀ ਹੈ? おまえはコーヒーがどうやっていれられるか知っているか.

ਕਿਸ[2] (किस) /kisa キス/ [Eng. *kiss*] *m.* キス, 接吻, 口づけ. (⇒ਚੁੰਮੀ)

ਕਿਸ਼ (किश) /kiśa キシュ/ [(Lah.)] *f.*〖擬声語〗しっ《猫を追い払う声》.

ਕਿਸ਼ਣ (किशण) /kiśaṇa キシャン/ ▸ਕਰਿਸ਼ਨ, ਕ੍ਰਿਸ਼ਨ *m.* → ਕਰਿਸ਼ਨ

ਕਿਸ਼ਤ[1] (किशत) /kiśata キシュト/ [Arab. *qist*] *f.* **1** 部分, 一部分. (⇒ਹਿੱਸਾ) **2** 分割払い. ❐ਕਿਸ਼ਤਾਂ ਤੇ 分割払いで. **3** 分割払いの一回分. ❐ਕਿਸ਼ਤ ਦੇਣੀ 分割で払う, 分割

払いの一回分を払う. **4**(連載物の)一部.

ਕਿਸ਼ਤ[2] (किशत) /kiśata キシュト/ [Pers. *kiśt*] *f.* 〖遊戯〗(チェスの)王手, チェック《王の駒を詰めること》. ❒ਕਿਸ਼ਤ ਦੇਣੀ チェックする, 王の駒を詰める. ❒ਕਿਸ਼ਤ ਮਾਤ (チェスの)詰み.

ਕਿਸ਼ਤਵਾਰ (किशतवार) /kiśatawāra キシュトワール/ [Arab. *qist* Pers.-*vār*] *adv.* **1** 分割払いで. **2** 部分に分けて, 分割して. **3** 続き物として, 連載で.

ਕਿਸ਼ਤਾ (किशता) /kiśatā キシュター/ [Pers.] *m.* 〖ゾロ〗ゾロアスター教の聖典.

ਕਿਸ਼ਤੀ (किशती) /kiśatī キシュティー/ [Pers. *kaśtī*] *f.* 〖乗物〗小舟, ボート. (⇒ਨਾਓ, ਬੇੜੀ) ❒ਕਿਸ਼ਤੀਆਂ ਦਾ ਕਾਰਖ਼ਾਨਾ ボート製造所. ❒ਕਿਸ਼ਤੀਆਂ ਦੀ ਦੌੜ, ਕਿਸ਼ਤੀ-ਦੌੜ ボートレース.

ਕਿਸ਼ਤੀਸਾਜ਼ (किशतीसाज़) /kiśatīsāza キシュティーサーズ/ [Pers.-*sāz*] *m.* 舟造りの職人, ボート製造者.

ਕਿਸਮ (किसम) /kisama キサム/ [Arab. *qism*] *f.* **1** 種類, 種, 品種. (⇒ਪਰਕਾਰ) **2** 型, タイプ.

ਕਿਸਮਤ (किसमत) /kisamata キスマト/ [Pers. *qismat*] *f.* **1** 運. (⇒ਭਾਗ) ❒ਕਿਸਮਤ ਦਾ ਧਨੀ 運の良い(人), 幸運な(人). **2** 運命. (⇒ਨਸੀਬ) ❒ਕਿਸਮਤ ਦਾ ਗੇੜ 運命の巡り合わせ, 運命のいたずら.

ਕਿਸਮਿਸ (किसमिस) /kisamisa キスミス/ ▸ਕਿਸ਼ਮਿਸ਼ *f.* → ਕਿਸ਼ਮਿਸ਼

ਕਿਸ਼ਮਿਸ਼ (किशमिश) /kiśamiśa キシュミシュ/ ▸ਕਿਸਮਿਸ [Pers. *kiśmiś*] *f.* 〖食品〗干し葡萄, レーズン.

ਕਿਸ਼ਮਿਸ਼ੀ (किशमिशी) /kiśamiśī キシュミシー/ [Pers. *kiśmiśī*] *adj.* **1** 〖食品〗干しブドウで作られた, 干しブドウの混ざった. **2** 干しブドウの色の. **3** 干しブドウの味の.

ਕਿੱਸਾ (किस्सा) /kissā キッサー/ [Arab. *qiṣṣa*] *m.* **1** 〖文学〗話, 物語, 短編小説. (⇒ਕਹਾਣੀ) **2** 〖文学〗作り話. **3** 〖文学〗民話, 民間伝承. **4** 〖文学〗恋物語, 悲恋伝説. **5** 争い, 戦い. (⇒ਲੜਾਈ)

ਕਿਸਾਸ਼ (किसाश) /kisāśa キサーシュ/ [Arab. *qisās*] *m.* **1** 復讐. (⇒ਬਦਲਾ) **2** 報復. **3** 応報.

ਕਿਸਾਂਹ (किसाँह) /kisā̃ キサーン/ [(Lah.) Pkt. किस्स] *adv.* **1** 誰に. (⇒ਕਿਸ ਨੂੰ) **2** 何に. (⇒ਕਿਸ ਨੂੰ)

ਕਿਸਾਣ (किसाण) /kisāṇa キサーン/ ▸ਕਿਸਾਨ, ਕਿਰਸਾਣ, ਕਿਰਸਾਨ *m.* → ਕਿਸਾਨ

ਕਿਸਾਨ (किसान) /kisāna キサーン/ ▸ਕਿਸਾਣ, ਕਿਰਸਾਣ, ਕਿਰਸਾਨ [Skt. कृषाण] *m.* 農夫, 農民, 農業従事者, 百姓.

ਕਿਸਾਨੀ (किसानी) /kisānī キサーニー/ ▸ਕਿਰਸਾਨੀ [-ਈ] *f.* 農業. (⇒ਖੇਤੀਬਾੜੀ)

ਕਿਸੇ (किसे) /kise キセー/ ▸ਕੁਸੇ [Skt. कस्य] *pron.* 《ਕੋਈ の後置格形》 **1** 誰か. **2** 何か.

— *adj.* 《ਕੋਈ の後置格形》 **1** 何らかの. ❒ਕਿਸੇ ਤਰ੍ਹਾਂ 何らかの方法で, どうにか, 何とかして. **2** いずれかの. ❒ਕਿਸੇ ਥਾਂ いずれかの場所に, どこかに.

ਕਿਸ਼ੋਰ (किशोर) /kiśora キショール/ [Skt. किशोर] *m.* **1** 男の子, 少年. **2** 十代の男子, 十八歳以下ぐらいの男子.

ਕਿਹੜਾ (किहड़ा) /kêṛā ケーラー/ [Skt. कः] *adj.* **1** どの, どちらの. ❒ਕਿਹੜੀ ਦਿਸ਼ਾ ਵਿੱਚ ਗੱਲ ਤੋਰਨੀ ਹੈ? どの方向に話を進めねばなりませんか. ❒ਇਹ ਕਿਹੜੀ ਥਾਂ ਹੋ ਸਕਦੀ ਹੈ ਅਤੇ ਇਹ ਕੌਣ ਲੋਕ ਹਨ? これはどの場所でありえますか, そしてこの人たちは誰ですか. ❒ਤੂੰ ਕਿਹੜੀ ਜਮਾਤ ਵਿੱਚ ਪੜ੍ਹਦੀ ਹੈਂ? おまえはどの学年で学んでいるの. **2** 何の, 何という. ❒ਉਹ ਕਿਹੜਾ ਬਜ਼ਾਰ ਹੈ? あれは何という商店街ですか. **3** どんな. ❒ਤੁਹਾਨੂੰ ਕਿਹੜੀ ਖੇਡ ਪਸੰਦ ਹੈ? あなたはどんな競技が好きですか.

— *pron.* **1** どれ, どちら. ❒ਸੌਖਾ ਸ਼ਬਦ ਕਿਹੜਾ ਹੈ ਅਤੇ ਔਖਾ ਕਿਹੜਾ? 易しい語はどれで, 難しい語はどれですか. **2** 誰.

ਕਿਹਾ[1] (किहा) /kîā キアー/ ▸ਕੇਹਾ, ਕਹੇ [(Pkt. कइस) Skt. कीदृश] *adj.* どんな, どのような. (⇒ਕਿਸ ਤਰ੍ਹਾਂ ਦਾ)

— *adv.* **1** どう, どのように. (⇒ਕਿਸ ਤਰ੍ਹਾਂ, ਕਿਵੇਂ) **2**《感嘆文で》なんと, なんという.

ਕਿਹਾ[2] (किहा) /kîā キアー/ [Skt. कथन] *m.* **1** 話, 発言. (⇒ਗੱਲ, ਬਚਨ) **2** 言い付け, 指示. (⇒ਆਖਾ) ❒ਕਿਹਾ ਮੰਨਣਾ 言い付けに従う, 言われた通りにする.

ਕਿਹਿ (किहि) /kîi キイ/ [Skt. कः] *pron.* **1**《ਕਿਸ ਨੂੰ の融合形》誰に, 誰を, 誰にとって. **2**《ਕਿਸ ਨੂੰ の融合形》何に, 何を, 何にとって.

ਕਿਹੋ (किहो) /kîo キオー/ [(Pkt. कइस) Skt. कीदृश] *adj.* 《ਜਿਹਾ の前に現れる ਕਿਹਾ の変化形. 後に ਜਿਹਾ が続き ਕਿਹੋ ਜਿਹਾ の形で用い, 全体として「どのような」「どんな」「どのように」「どう」などの意味を表す. ਜਿਹਾ の語尾変化は, 接尾辞 ਜਿਹਾ の見出しの項に示してある》.

ਕਿਹੋ ਜਿਹਾ (किहो जिहा) /kîo jîā キオー ジアー/ *adj.* どのような, どんな.

— *adv.* どのように, どう. ❒ਇਹ ਕੱਪੜਾ ਕਿਹੋ ਜਿਹਾ ਲੱਗਦਾ ਹੈ? この布をどう思いますか.

ਕਿਕ (किक) /kika キク/ [Eng. *kick*] *f.* 蹴り, 足蹴.

ਕਿੱਕਰ (किक्कर) /kikkara キッカル/ [Skt. किङ्कराल] *m.* 〖植物〗アカシア, アラビアゴムモドキ《マメ科の高木》. (⇒ਬਬੂਲ)

ਕਿੰਗ (किंग) /kiṅga キング/ [Pers. *kingrī*] *f.* 〖楽器〗一弦楽器.

ਕਿੰਗਰਾ (किंगरा) /kiṅgarā キンガラー/ [Pers. *kingrā*] *m.* **1** 〖建築〗装飾的な胸壁. **2** 縁.

ਕਿੰਗਰੀ (किंगरी) /kiṅgarī キングリー/ [Pers. *kingrā*] *f.* 〖布地〗布の縁.

ਕਿਚਨ (किचन) /kicana キチャン/ [Eng. *kitchen*] *m.* 〖料理〗台所, キッチン, 調理場, 厨房. (⇒ਰਸੋਈ, ਚੌਂਕਾ)

ਕਿਚਰ (किचर) /kicara キチャル/ ▸ਕਿਚਰਕ, ਕਿਚਰਤੁ *adv.* 《ਕਿੰਨਾ ਚਿਰ の融合形》 **1** どのくらいの時間. **2** いつまで.

ਕਿਚਰਕ (किचरक) /kicaraka キチラク/ ▸ਕਿਚਰ, ਕਿਚਰਤੁ *adv.* → ਕਿਚਰ

ਕਿਚਰਤੁ (किचरतु) /kicaratu キチラトゥ/ ▸ਕਿਚਰ, ਕਿਚਰਕ *adv.* → ਕਿਚਰ

ਕਿਛ (किछ) /kicʰa キチ/ ▸ਕੁਸ, ਕੁਸ਼, ਕੁਝ *adj.adv.pron.* → ਕੁਝ

ਕਿੰਜ (किंज) /kiñja キンジ/ ▸ਕਿੰਝ, ਕਿੰਵ *adv.* どのように, どうやって. (⇒ਕਿਵੇਂ)

ਕਿਜੇਹਾ (किजेहा) /kijêā キジェーアー/ *adj.* 《ਕਿਸ ਜਿਹਾ

の融合形》どのような, どんなふうな.

— *adj.* 《 ਕਿਸ ਜਿਹਾ の融合形》どのように, どんなふうに.

ਕਿੰਝ (किंझ) /kĩnja キンジ/ ▸ਕਿੰਜ, ਕਿੰਞ *adv.* → ਕਿੰਜ

ਕਿੰਞ (किंञ) /kĩñña キンヌ/ ▸ਕਿੰਜ, ਕਿੰਝ *adv.* → ਕਿੰਜ

ਕਿੱਟ (किट्ट) /kiṭṭa キット/ [Eng. *kit*] *m.* 道具一式.

ਕਿੰਡ (किंड) /kiṇḍa キンド/ [(Lah.) Skt. किटि] *m.* 〖動物〗ブタ, 豚. (⇒ਸੂਰ)

ਕਿੰਡਰਗਾਰਟਨ (किंडरगारटन) /kinḍaragāraṭana キンダルガールタン/ [Eng. *kindergarten*] *m.* 幼稚園. (⇒ਬਾਲਵਾੜੀ)

ਕਿੱਡਾ (किड्डा) /kiḍḍā キッダー/ ▸ਕੇਡ, ਕੇਡਾ *adj.* **1** どのくらいの. **2** どのくらい大きい, どのくらいの大きさの. (⇒ਕਿੰਨਾ ਵੱਡਾ)

ਕਿਡਾਹੀਂ (किडाहीं) /kiḍâĩ キダーイーン/ *adv.* どの場所から. (⇒ਕਿਸ ਥਾਂ ਤੋਂ)

ਕਿੱਡੇ (किड्डे) /kiḍḍe キッデー/ [(Lah.)] *adv.* どこに.

ਕਿਣਕਾ (किणका) /kiṇakā キンカー/ [Skt. कणिका] *m.* **1** 粒子. (⇒ਜ਼ੱਰਾ) **2** 小さなかけら. **3** 〖植物〗穀粒.

ਕਿਣਮਣਾਣ (किणमणाण) /kiṇamaṇāṇa キンマナーン/ [Skt. कण] *f.* 〖気象〗小雨. (⇒ਬੋੜ੍ਹਾ ਮੀਂਹ)

ਕਿਤ (कित) /kita キト/ [Skt. कुत्र] *adv.* どこに.

ਕਿਤਨਾ (कितना) /kitanā キトナー/ ▸ਕਿੰਨਾ *adj.adv.* → ਕਿੰਨਾ

ਕਿਤਰਾਂ (कितराँ) /kitarā̃ キトラーン/ [Skt. कः + Arab. *tarh*] *adv.* 《 ਕਿਸ ਤਰ੍ਹਾਂ の融合形》どのように.

ਕਿਤਲੇ (कितले) /kitale キトレー/ *adv.* どちらに. (⇒ਕਿਧਰ)

ਕਿਤਾ (किता) /kitā キター/ *adj.* どのくらいの. (⇒ਕਿੰਨਾ)

ਕਿੱਤਾ (कित्ता) /kittā キッター/ [Skt. कृत्य] *m.* 職業. (⇒ਪੇਸ਼ਾ) ❐ਕਿੱਤਾ ਸਿਖਲਾਈ 職業訓練. ❐ਜੇਲ੍ਹਾਂ ਵਿੱਚ ਕੈਦੀਆਂ ਨੂੰ ਕਿੱਤਾ ਸਿਖਲਾਈ ਦਿੱਤੀ ਜਾਂਦੀ ਹੈ। 刑務所では受刑者たちに職業訓練が行われています.

ਕਿਤਾਬ (किताब) /kitāba キターブ/ ▸ਕਤਾਬ [Arab. *kitāb*] *f.* **1** 本, 書物, 書籍, 図書. (⇒ਪੁਸਤਕ, ਪੋਥੀ) **2** 出版物. **3** 帳簿, 記録簿.

ਕਿਤਾਬਚਾ (किताबचा) /kitābacā キターブチャー/ [Arab. *kitābcā*] *m.* **1** 小冊子, パンフレット. (⇒ਪੁਸਤਕਾ) **2** パンフレット, リーフレット. (⇒ਪੈਂਫਲਿਟ)

ਕਿਤਾਬਤ (किताबत) /kitābata キターバト/ [Pers. *kitābat*] *f.* **1** 書道, 習字, 達筆. **2** 筆記, 書写, 書体. (⇒ਲਿਖਾਈ)

ਕਿਤਾਬੀ (किताबी) /kitābī キタービー/ [Pers. *kitābī*] *adj.* **1** 本の, 書物の. **2** 書物上の. **3** 堅苦しい.

ਕਿੰਤੂ (किंतू) /kintū キントゥー/ [Skt. किंतु] *conj.* しかし, けれど. (⇒ਲੇਕਨ)

ਕਿੰਤੇ (किंते) /kinte キンテー/ ▸ਕਿਤੇ [(Lah.)] *adv.* → ਕਿਤੇ

ਕਿਤੇ (किते) /kite キテー/ ▸ਕਿੰਤੇ [Skt. कुत्र] *adv.* どこかに. (⇒ਕਿਸੇ ਥਾਂ) ❐ਕਿਤੇ ਘੁੰਮਣ ਚਲੀਏ। どこかに出かけましょう.

ਕਿੱਤੇ (कित्ते) /kitte キッテー/ *adj.* いくつの. (⇒ਕਿੰਨੇ)

ਕਿਥਾਂ (किथाँ) /kitʰā̃ キターン/ ▸ਕਿਥਾਊ, ਕਿਥਾਈਂ, ਕਿਥਾਈ [(Lah.) Skt. कः + Skt. स्थान] *adv.* どの場所から. (⇒ਕਿਸ ਥਾਂ ਤੋਂ)

ਕਿਥਾਊ (किथाऊ) /kitʰāū キターウー/ ▸ਕਿਥਾਂ, ਕਿਥਾਈਂ, ਕਿਥਾਈ [(Lah.)] *adv.* → ਕਿਥਾਂ

ਕਿਥਾਈਂ (किथाईं) /kitʰāĩ キターイーン/ ▸ਕਿਥਾਂ, ਕਿਥਾਊ, ਕਿਥਾਈ [(Lah.)] *adv.* → ਕਿਥਾਂ

ਕਿਥਾਈ (किथाई) /kitʰāī キターイー/ ▸ਕਿਥਾਂ, ਕਿਥਾਊ, ਕਿਥਾਈਂ [(Lah.)] *adv.* → ਕਿਥਾਂ

ਕਿਥੂੰ (किथूँ) /kitʰū̃ キトゥーン/ ▸ਕਿਥੋਂ, ਕਿੱਥੋਂ [(Lah.)] *adv.* → ਕਿੱਥੋਂ

ਕਿੱਥੇ (कित्थे) /kittʰe キッテー/ [Skt. कः + Skt. स्थान] *adv.* どこに. ❐ਉਹ ਕੱਲ੍ਹ ਕਿੱਥੇ ਗਿਆ ਸੀ? 彼は昨日どこに行きましたか.

ਕਿਥੋਂ (किथों) /kitʰõ キトーン/ ▸ਕਿਥੂੰ, ਕਿੱਥੋਂ *adv.* → ਕਿੱਥੋਂ

ਕਿੱਥੋਂ (कित्थों) /kittʰõ キットーン/ ▸ਕਿਥੂੰ, ਕਿਥੋਂ [Skt. कः + Skt. स्थान + ਓਂ] *adv.* 《 ਕਿੱਥੇ ਤੋਂ の融合形》どこから. (⇒ਕਿਸ ਥਾਂ ਤੋਂ) ❐ਤੁਸੀਂ ਕਿੱਥੋਂ ਆਏ ਹੋ? あなたはどこから来たのですか. ❐ਕਣਕ ਕਿੱਥੋਂ ਆਉਂਦੀ ਹੈ? 小麦はどこから来るのですか.

ਕਿੱਦਣ (किद्दण) /kiddaṇa キッダン/ ▸ਕਿੱਦਨ, ਕਿਦਿਨ [(Pua.)] *adv.* → ਕਿੱਦਨ

ਕਿੱਦਨ (किद्दन) /kiddana キッダン/ ▸ਕਿੱਦਣ, ਕਿਦਿਨ [(Pua.) Skt. कः, किम् + Skt. दिन] *adv.* どの日に.

ਕਿਦਰ (किदर) /kidara キダル/ ▸ਕਿਧਰ, ਕਿੱਧਰ [(Lah.)] *adv.* → ਕਿੱਧਰ

ਕਿਦਰੇ (किदरे) /kidare キダレー/ ▸ਕਿਧਰੇ [(Lah.)] *adv.* → ਕਿਧਰੇ

ਕਿਦਾਂ (किदाँ) /kidā̃ キダーン/ ▸ਕਿੱਦਾਂ *adj.adv.* → ਕਿੱਦਾਂ

ਕਿੱਦਾਂ (किद्दाँ) /kiddā̃ キッダーン/ ▸ਕਿਦਾਂ [Skt. किम्, कः + ਦਾਂ] *adj.* どのような, どんな, いかがな.

— *adv.* どのように, どうやって, いかに. (⇒ਕਿਸ ਤਰ੍ਹਾਂ)

ਕਿਦਾ (किदा) /kidā キダー/ [+ ਦਾ] *adj.* **1**《 ਕੌਣ の属格形》誰の. (⇒ਕਿਸ ਦਾ) **2**《 ਕੀ の属格形》何の. (⇒ਕਿਸ ਦਾ)

ਕਿਦਿਨ (किदिन) /kidina キディン/ ▸ਕਿੱਦਣ, ਕਿੱਦਨ *adv.* → ਕਿੱਦਨ

ਕਿਦੂਰ (किदूर) /kidūra キドゥール/ [Skt. कियत् + Skt. दूर] *adv.* どのくらい遠くに. (⇒ਕਿੰਨੀ ਦੂਰ)

ਕਿਦੇ (किदे) /kide キデー/ ▸ਕਿੱਦੇ [(Lah.)] *adv.* → ਕਿੱਦੇ

ਕਿੱਦੇ (किद्दे) /kidde キッデー/ ▸ਕਿਦੇ [(Lah.) Skt. कुत्र] *adv.* どこに.

ਕਿਧਰ (किधर) /kîdara キダル/ ▸ਕਿਦਰ, ਕਿੱਧਰ *adv.* → ਕਿੱਧਰ

ਕਿੱਧਰ (किद्धर) /kîddara キッダル/ ▸ਕਿਦਰ, ਕਿਧਰ [Skt. कुत्र] *adv.* **1** どちらに, どちら側に. (⇒ਕਿਸ ਪਾਸੇ) **2** どちらの方向に. (⇒ਕਿਸ ਵੱਲ)

ਕਿਧਰੇ (किधरे) /kîdare キダレー/ ▸ਕਿਦਰੇ [+ ਏ] *adv.* **1** どちらかに. (⇒ਕਿਸੀ ਤਰਫ਼, ਕਿਸੀ ਪਾਸੇ) **2** どこかに. (⇒ਕਿਤੇ) **3** 恐らくは, もしかすると. (⇒ਸ਼ਾਇਦ)

ਕਿਧਰੋਂ (किधरों) /kîdarõ キドローン/ [+ ਓਂ] *adv.* 《 ਕਿਧਰ ਤੋਂ の融合形》どちらから, どこから.

ਕਿੰਨ੍ਹਾਂ (किन्हाँ) /kînnā̃ キンナーン/ *pron.* **1**《 ਕੌਣ の後置格または能格・複数形(単数形は ਕਿਸ)》誰と誰, 誰たち. **2**《 ਕੀ の後置格または能格・複数形(単数形は ਕਿਸ)》何と何.

ਕਿੰਨਾ (किंना) /kinnā キンナー/ ▸ਕਿਤਨਾ [Skt. कियत्] *adj.*

1 どれだけの, どれほどの, どれくらいの, いくらの. ❒ ਪਤਾ ਨਹੀਂ ਕਿੰਨਾ ਸਮਾਂ ਲੰਘ ਗਿਆ। どれだけの時間が過ぎたのか分かりません. ❒ਕਿੰਨਾ ਕੁਝ 相当, 随分と. ❒ਕਿੰਨਾ ਕੁਝ ਬਦਲ ਗਿਆ ਹੈ, ਇੰਨੇ ਕੁ ਸਮੇਂ ਵਿੱਚ ਹੀ। 随分と変わってしまったものです, これっぽっかりの間に. **2** いくつの. ❒ ਇਸ ਸਹਿਰ ਵਿੱਚ ਕੁੱਲ ਕਿੰਨੇ ਕਾਂ ਹਨ? この都市には全部で何羽のカラスがいますか. ❒ਤੁਸੀਂ ਕਿੰਨੇ ਵੱਜੇ ਪੁੱਜ ਜਾਓਗੇ? あなたは何時に着くでしょうか.

— *adv.* **1** どれほど…な, どれくらい…な. ❒ਭਾਰ ਘੱਟ ਕਰਨ ਦੀਆਂ ਦਵਾਈਆਂ ਲੈਣਾ ਕਿੰਨਾ ਪਰਭਾਵਕਾਰੀ ਹੁੰਦਾ ਹੈ? 体重を減らす薬を飲むことはどれほど効き目があるものなのですか. **2**《感嘆文で》なんと…な. ❒ਕਿੰਨਾ ਵਧੀਆ ਮੌਸਮ ਹੈ! なんと素晴らしい天気なのでしょう.

ਕਿਨਾਰਾ (किनारा) /kinārā キナーラー/ [Pers. *kanāra*] *m.* **1** 縁, 端, 外辺, 周辺部分. **2**〖地理〗(海・川・湖・池などの)岸, 岸辺, ほとり, 沿岸, 土手, 堤. (⇒ਤਟ)

ਕਿੱਨੂੰ (किन्नूँ) /kinnū̃ キンヌーン/ [(Pua.) Skt. किम् + ਨੂੰ] *pron.* 《 ਕਿਸ ਨੂੰ の融合形》 **1** 誰に, 誰を, 誰にとって. **2** 何に, 何を, 何にとって.

ਕਿਪਚਾਕ (किपचाक) /kipacāka キプチャーク/ ▸ਕਿਬਚਾਕ [Turk. *kipcāk*] *m.* キプチャーク《トルコ系の一民族》.

ਕਿੰਬ (किंब) /kimba キンブ/ [ਕਿੰ + Skt. निंबूक] *m.* 〖植物〗シトロン.

ਕਿਬਚਾਕ (किबचाक) /kibacāka キブチャーク/ ▸ਕਿਪਚਾਕ *m.* → ਕਿਪਚਾਕ

ਕਿਮੋਨੋ (किमोनो) /kimono キモーノー/ ▸ਕਮੂਨੋ [Jap. *kimono*] *m.* 〖衣服〗着物, 和服.

ਕਿਰਸ (किरस) /kirasa キルス/ [Skt. कृश] *f.* 倹約, 節約.

ਕਿਰਸਾਣ (किरसाण) /kirasāṇa キルサーン/ ▸ਕਿਸਾਣ, ਕਿਸਾਨ, ਕਿਰਸਾਨ *m.* → ਕਿਸਾਨ

ਕਿਰਸਾਨ (किरसान) /kirasāna キルサーン/ ▸ਕਿਸਾਣ, ਕਿਸਾਨ, ਕਿਰਸਾਣ *m.* → ਕਿਸਾਨ

ਕਿਰਸਾਨੀ (किरसानी) /kirasānī キルサーニー/ ▸ਕਿਸਾਨੀ *f.* → ਕਿਸਾਨੀ

ਕਿਰਸੀ (किरसी) /kirasī キルスィー/ *adj.* **1** 質素な. **2** 倹約している. **3** けちな.

ਕਿਰਕ (किरक) /kiraka キルク/ [Skt. कर्कर] *f.* **1** 食べ物に紛れ込んだ砂やごみ. **2** 嫌悪, 不快感, 嫌気. **3** 憎悪, 敵意.

ਕਿਰਕਟ (किरकट) /kirakaṭa キルカト/ ▸ਕਰਿਕਟ, ਕ੍ਰਿਕਟ, ਕ੍ਰਿਕੇਟ [Eng. *cricket*] *m.* 〖競技〗クリケット. (⇒ਗੇਂਦ-ਬੱਲਾ)

ਕਿਰਕਿਰਾ (किरकिरा) /kirakirā キルキラー/ [Skt. कर्कर] *adj.* 食べ物に砂やごみの紛れ込んだ.

ਕਿਰਚ (किरच) /kiraca キルチ/ [Skt. किरच] *f.* 〖武〗突き専用の細い剣.

ਕਿਰਣ (किरण) /kiraṇa キルン/ ▸ਕਿਰਨ *f.* → ਕਿਰਨ

ਕਿਰਤ (किरत) /kirata キルト/ [Skt. कृत्य] *f.* **1** 行為, 行動, 活動. **2** 仕事, 任務, 務め. **3** 労働, 労務. **4** 職務, 職業, 役目. **5** 商売, 商務. **6** 労苦.

ਕਿਰਤੱਗ (किरतग्ग) /kiratagga キルタッグ/ ▸ਕ੍ਰਿਤੱਗ, ਕਰਿਤੱਗ *adj.* → ਕਰਿਤੱਗ

ਕਿਰਤਾਸ (किरतास) /kiratāsa キルタース/ [Arab. *qirtās*] *m.* 紙. (⇒ਕਾਗ਼ਜ਼)

ਕਿਰਤਾਰਥ (किरतारथ) /kiratāratʰa キルターラト/ [Skt. कृतार्थ] *adj.* 成就した, 満足した.

ਕਿਰਤੀ (किरती) /kiratī キルティー/ [Skt. कृती] *m.* **1** 仕事をする人, 働き手. **2** 労働者, 労務者.

ਕਿਰਦੰਤ (किरदंत) /kiradanta キルダント/ ▸ਕ੍ਰਿਦੰਤ [Skt. कृदंत] *m.* 〖言〗分詞.

ਕਿਰਦਾਰ (किरदार) /kiradāra キルダール/ [Pers. *kirdār*] *m.* **1** 役割. **2** 役, 配役, 登場人物. **3** 行い, 行為, 行状. **4** 特徴. **5** 特性.

ਕਿਰਨ (किरन) /kirana キルン/ ▸ਕਿਰਣ [Skt. किरण] *f.* **1** 輝き. **2** 光線.

ਕਿਰਨਾ (किरना) /kiranā キルナー/ [Skt. किरति] *vi.* **1** 落ちる, 落下する. (⇒ਗਿਰਨਾ) **2** 散る.

ਕਿਰਪਾ (किरपा) /kirapā キルパー/ ▸ਕ੍ਰਿਪਾ [Skt. कृपा] *f.* **1** 恩, 恩恵, お陰. **2** 好意, 親切, 厚情. **3** 情け, 哀れみ, 慈悲.

ਕਿਰਪਾ ਕਰ ਕੇ (किरपा कर के) /kirapā kara ke キルパー カル ケー/ *adv.* どうか, どうぞ. ❒ਕਿਰਪਾ ਕਰ ਕੇ ਮੇਰੀ ਧੀ ਨੂੰ ਵਾਪਸ ਕਰ ਦੇ। どうか私の娘を返してくれ.

ਕਿਰਪਾਨ (किरपान) /kirapāna キルパーン/ [Skt. कृपान] *f.* **1** 〖武〗剣. (⇒ਤਲਵਾਰ) **2** 〖武・スィ〗入信したスィック教徒が信仰の五つの象徴の一つとして身につける短剣.

ਕਿਰਪਾਲੂ (किरपालू) /kirapālū キルパールー/ ▸ਕਰਪਾਲ [Skt. कृपालु] *adj.* **1** 情け深い, 慈悲深い. **2** 親切な.

ਕਿਰਮ (किरम) /kirama キルム/ [Skt. कृमि] *m.* **1** 虫. **2** 幼虫, 芋虫. **3** ナメクジ, 蛞蝓.

ਕਿਰਮਚੀ (किरमची) /kiramacī キルムチー/ ▸ਕਿਰਮਜ਼ੀ [Arab. *qirmizī*] *adj.* **1** 深紅色の. **2** 緋色の.

— *m.* **1** 深紅. **2** 緋色.

ਕਿਰਮਜ਼ (किरमज़) /kiramaza キルマズ/ [Arab. *qirmiz*] *m.* 〖虫〗コチニール《深紅色・緋色の染料となった虫. カイガラムシの一種》.

ਕਿਰਮਜ਼ੀ (किरमज़ी) /kiramazī キルムズィー/ ▸ਕਿਰਮਚੀ *adj.m.* → ਕਿਰਮਚੀ

ਕਿਰਲਾ (किरला) /kiralā キルラー/ *m.* 〖動物〗オオトカゲ, 大蜥蜴.

ਕਿਰਲੀ (किरली) /kiralī キルリー/ *f.* 〖動物〗トカゲ, 蜥蜴.

ਕਿਰਾਇਆ (किराइआ) /kirāiā キラーイアー/ ▸ਕਰਾਇਆ [Pers. *kirāya*] *m.* **1** 料金. (⇒ਭਾੜਾ) **2** 使用料, 賃貸料, 賃借料, 借り賃. **3** 運賃. ❒ਦਿੱਲੀ ਤੋਂ ਅੰਬਾਲੇ ਦਾ ਕੀ ਕਿਰਾਇਆ ਹੈ? デリーからアンバーラーまでの運賃はいくらですか.

ਕਿਰਾੜ (किराड़) /kirāṛa キラール/ [Skt. किराट] *m.* 商人. (⇒ਵਪਾਰੀ)

ਕਿਰਿਆ (किरिआ) /kiriā キリアー/ ▸ਕ੍ਰਿਆ [Skt. क्रिया] *f.* **1** 動き. **2** 作動, 作用. **3** 動作, 行為. **4** 活動, 活躍. **5** 働き, 仕事. (⇒ਕੰਮ) **6** 〖言〗動詞.

ਕਿਰਿਆਸ਼ੀਲ (किरिआशील) /kiriāśīla キリアーシール/ [Skt.-शील] *adj.* **1** 活動的な, 活発な. **2** 活動している. **3** 仕事中の, 忙しい.

ਕਿਰਿਆਸ਼ੀਲਤਾ (किरिआशीलता) /kiriāśīlatā キリアーシールター/ [Skt.-ता] *f.* **1** 活動, 働き. **2** 活動的なこと, 活発さ. **3** 忙しい状態.

ਕਿਰਿਆ ਕਰਮ (किरिआ करम) /kiriā karamạ キリアー カルム/ [Skt. क्रिया + Skt. कर्म] m. 〖儀礼〗葬式, 葬儀.

ਕਿਰਿਆਤਮਿਕ (किरिआतमिक) /kiriātạmikạ キリアートミク/ [Skt.-आत्मक] adj. 1 活動的な, 活発な. 2 機能的な. 3〖言〗動詞の.

ਕਿਰਿਆਨਾ (किरिआना) /kiriānā キリアーナー/ ▸ਕਰਿਆਨਾ m. → ਕਰਿਆਨਾ

ਕਿਰਿਆ-ਵਿਸ਼ੇਸ਼ਣ (किरिआ-विशेशण) /kiriā viśeśaṇạ キリアー ヴィシェーシャン/ [Skt. क्रिया + Skt. विशेषण] m. 〖言〗副詞.

ਕਿਰੋੜੀ (किरोड़ी) /kiroṛī キローリー/ [(Lah.) Skt. कोटि -ਈ] m. 億万長者. (⇒ਕਰੋੜਪਤੀ)

ਕਿੱਲ (किल्ल) /killạ キッル/ [Skt. कील] m. 1 釘, 止め釘, 鋲. 2 杭.

ਕਿੱਲ੍ਹਣਾ (किल्हणा) /kîllaṇā キッラナー/ vi. 1 力を出し切る. (⇒ਪੂਰਾ ਪੂਰਾ ਜ਼ੋਰ ਲਾਉਣਾ) 2 筋肉を極度に使う. 3 身体をいじめる.

ਕਿਲ੍ਹਾ (किल्हा) /kîlā キラー/ ▸ਕਿਲਾ [Arab. qal`a] m. 1〖軍〗城, 城塞, 要塞, 砦. (⇒ਗੜ੍ਹ) 2 拠点, 牙城.

ਕਿਲ੍ਹੇਦਾਰ (किल्हेदार) /kîledārạ キレーダール/ [Pers.-dār] m. 1 城主. 2〖軍〗守備隊長.

ਕਿਲ੍ਹੇਬੰਦੀ (किल्हेबंदी) /kîlebandī キレーバンディー/ [+ Pers. bandī] f. 〖軍〗砦で固めること, 要塞化.

ਕਿਲਕਾਰਨਾ (किलकारना) /kilạkārạnā キルカールナー/ ▸ਕਲਕਾਰਨਾ [Skt. किलकिलायति] vi. 1 叫ぶ, 金切り声を出す. (⇒ਚੀਕਣਾ) 2 甲高い声を出す, 甲高い歓声を上げる. 3 大笑いする, 馬鹿笑いする.

ਕਿਲਕਾਰੀ (किलकारी) /kilạkārī キルカーリー/ [Skt. किलकिल] f. 1 甲高い歓声. ❒ਕਿਲਕਾਰੀ ਮਾਰਨੀ 甲高い歓声を上げる. 2 抑えきれない大笑い, 馬鹿笑い. ❒ਕਿਲਕਾਰੀ ਮਾਰਨੀ 大笑いする, 馬鹿笑いする.

ਕਿਲਕਾਵਣਾ (किलकावणा) /kilạkāwaṇā キルカーウナー/ ▸ਚਿਲਕਾਉਣਾ vt. → ਚਿਲਕਾਉਣਾ

ਕਿੱਲਤ (किल्लत) /killatạ キッラト/ [Pers. qillat] f. 1 不足. (⇒ਕਮੀ) 2 欠乏. 3 稀なこと. 4 少量.

ਕਿਲਾ (किला) /kilā キラー/ ▸ਕਿਲ੍ਹਾ m. → ਕਿਲ੍ਹਾ

ਕਿੱਲਾ (किल्ला) /killā キッラー/ [Skt. कीलक] m. 1 大釘, 掛け釘, 大きな鋲. 2 回転軸. 3 杭.

ਕਿਲਿਆਉਣਾ (किलिआउणा) /kiliāuṇā キリアーウナー/ [(Pua.)] vt. 1 (籾殻を)吹き分ける. 2 脱穀する.

ਕਿੱਲੀ (किल्ली) /killī キッリー/ [Skt. कील] f. 小釘.

ਕਿਲੋ (किलो) /kilo キロー/ ▸ਕਿੱਲੋ m. → ਕਿੱਲੋ

ਕਿੱਲੋ (किल्लो) /killo キッロー/ ▸ਕਿਲੋ [Eng. kilo] m. 1〖重量〗キロ(グラム). (⇒ਕਿੱਲੋਗਰਾਮ) 2〖長さ〗キロ(メートル), キロ(メーター). (⇒ਕਿੱਲੋਮੀਟਰ) 3〖容量〗キロ(リットル). (⇒ਕਿੱਲੋਲਿਟਰ)

ਕਿੱਲੋਗਰਾਮ (किल्लोगराम) /killogarāmạ キッローガラーム/ [Eng. kilogram] m. 〖重量〗キログラム.

ਕਿੱਲੋਮੀਟਰ (किल्लोमीटर) /killomīṭarạ キッローミータル/ [Eng. kilometre] m. 〖長さ〗キロメートル.

ਕਿੱਲੋਲਿਟਰ (किल्लोलिटर) /killoliṭarạ キッローリタル/ [Eng. kilolitre] m. 〖容量〗キロリットル.

ਕਿਵਾਰ (किवार) /kiwārạ キワール/ ▸ਕਿਵਾੜ m. → ਕਿਵਾੜ

ਕਿਵਾੜ (किवाड़) /kiwāṛạ キワール/ ▸ਕਿਵਾਰ [(Pkt. कवाडो) Skt. कपाट] m. 戸, ドア. (⇒ਦਰਵਾਜ਼ਾ, ਬੂਹਾ)

ਕਿਵੇਂ (किवें) /kiwẽ キウェーン/ [Skt. किम्] adv. 1 どのように, どうやって, いかにして. ❒ਤੂੰ ਕਿਵੇਂ ਹੈਂ? おまえはどうだ. ❒ਵਿਆਹ ਕਿਵੇਂ ਰਿਹਾ? 結婚式はどうでしたか. ❒ਅਸਮਾਨੀ ਬਿਜਲੀ ਕਿਵੇਂ ਪੈਦਾ ਹੁੰਦੀ ਹੈ? 雷はどのように発生するのですか. ❒ਕੁੱਤੇ ਨੂੰ ਮਾਲਕ ਕਿਵੇਂ ਲੱਭਾ? 犬を飼い主はどうやって見つけましたか. ❒ਅਸੀਂ ਅਜ਼ਾਦੀ ਕਿਵੇਂ ਪਰਾਪਤ ਕੀਤੀ? 我々はいかにして独立を達成したのか. 2 どうして, なぜ.

ਕਿੜ (किड़) /kiṛạ キル/ f. 憎しみ, 敵意.

ਕਿੜੀ (किड़ी) /kiṛī キリー/ [(Lah.) Skt. कट -ਈ] f. 〖建築〗小屋, あばら屋, 掘っ建て小屋. (⇒ਝੌਂਪੜੀ)

ਕੀ[1] (की) /kī キー/ ▸ਹੀਹ [Skt. किम्] pron. 1 何. ❒ਇਹ ਕੀ ਹੈ? これは何ですか. ❒ਇਹਦੇ ਵਿੱਚ ਕੀ ਹੈ? この中には何が入っていますか. ❒ਉਸ ਨੂੰ ਪਤਾ ਨਹੀਂ ਸੀ ਕਿ ਉਸ ਦੀ ਕਿਸਮਤ ਵਿੱਚ ਕੀ ਲਿਖਿਆ ਹੈ। あの人は自分の運命に何が記されているのか知りませんでした. ❒ਪਤਾ ਨਹੀਂ ਅੱਜ ਦੀਆਂ ਫ਼ਿਲਮਾਂ ਨੂੰ ਕੀ ਹੋ ਗਿਆ ਹੈ। 最近の映画はどうなってしまっているのか分かりません. 2 何の, 何という, どんな, どのような. ❒ਤੁਹਾਡਾ ਕੀ ਨਾਂ ਹੈ? 君は何という名前ですか. ❒ਹੋਰ ਕੀ ਚੀਜ਼ਾਂ ਹਨ? 他にどんなものがありますか. ❒ਤੁਸੀਂ ਕੀ ਕੰਮ ਕਰਦੇ ਹੋ? あなたはどんな仕事をしていますか.

— int. …か《疑問詞のない疑問文の文頭または文末に置いて, 疑問文であることを明示する. 必ずしも必要ではない》. ❒ਕੀ ਇਹ ਫਲ ਹੈ? これは果物ですか. ❒ਕੀ ਤੁਸੀਂ ਜਪਾਨੀ ਹੋ? あなたは日本人ですか. ❒ਕੀ ਤੂੰ ਠੀਕ ਨਹੀਂ ਹੈਂ? おまえは調子が良くないのか. ❒ਕੀ ਤੁਸੀਂ ਪੰਜਾਬੀ ਬੋਲ ਸਕਦੇ ਹੋ? あなたはパンジャービー語を話せますか.

ਕੀ[2] (की) /kī キー/ [Eng. key] f. 1 鍵(かぎ). (⇒ਚਾਬੀ, ਕੁੰਜੀ) 2〖楽器・電算〗(ピアノ・管楽器・タイプライター・コンピューター端末機などの)キー, 鍵(けん).

ਕੀਸ (कीस) /kīsạ キース/ ▸ਕਿਸ, ਕੈਸ pron. → ਕਿਸ

ਕੀਹ (कीह) /kî キー/ ▸ਕੀ pron. → ਕੀ

ਕੀਹਾਂ (कीहाँ) /kîã キーアーン/ ▸ਕਹਾਂ [Skt. किम् + ਹਾਂ] adv. どこに. (⇒ਕਿੱਥੇ)

ਕੀਕਣ (कीकण) /kīkaṇạ キーカン/ ▸ਕਿੱਕਣ adv. どのように. (⇒ਕਿਸ ਤਰ੍ਹਾਂ)

ਕੀਕਰ (कीकर) /kīkarạ キーカル/ [Skt. किम् + Skt. कारण] adv. どのように. (⇒ਕਿਸ ਤਰ੍ਹਾਂ)

ਕੀਜੜ (कीजड़) /kījaṛạ キージャル/ [Skt. चिकिल] m. ぬかるみ, 泥, 泥土. (⇒ਚਿੱਕੜ)

ਕੀਟ[1] (कीट) /kīṭạ キート/ [Skt. कीट] m. 〖虫〗(ミミズ・ヒル・ウジなど)骨や足のない這う虫.

ਕੀਟ[2] (कीट) /kīṭạ キート/ [Skt. किट्ट] f. 溜まった沈殿物・沈積物, 固まった汚れ. (⇒ਜਮੀ ਹੋਈ ਮੈਲ)

ਕੀਟਾਣੂ (कीटाणू) /kīṭāṇū キーターヌー/ [Skt. कीटाणु] m. 微生物.

ਕੀਤੀ[1] (कीती) /kītī キーティー/ [Skt. कृत] f. 1 努力. (⇒ਕੋਸ਼ਿਸ਼) 2 忠告, 教訓. (⇒ਉਪਦੇਸ਼, ਨਸੀਹਤ)

ਕੀਤੀ[2] (कीती) /kītī キーティー/ [Skt. कृत] f. 恩恵, 恩義, 好意. (⇒ਉਪਕਾਰ, ਅਹਿਸਾਨ, ਮਿਹਰਬਾਨੀ)

ਕੀਤੋ (कीतो) /kīto キートー/ [(Lah.) (Pkt. किणो) Skt.

कथं] *adv.* どのように, どうやって. (⇒ਕਿਵੇਂ)

ਕੀਨ (कीन) /kīna キーン/ *adv.* なぜ, どうして. (⇒ਕਿਉਂ)

ਕੀਨਾ (कीना) /kīnā キーナー/ [Pers. *kīna*] *m.* 悪意. (⇒ਵੈਰ)

ਕੀਮਖਾਬ (कीमखाब) /kīmakʰāba キームカーブ/ *f.* 〖布地〗錦.

ਕੀਮਤ (कीमत) /kīmata キーマト/ [Pers. *qīmat*] *f.* **1** 値段, 価格, 代価, 代金. (⇒ਦਾਮ, ਮੁੱਲ) **2** 価値, 値打ち, 重要性.

ਕੀਮਤੀ (कीमती) /kīmatī キームティー/ [Pers. *qīmatī*] *adj.* **1** 高価な, 値段の高い. ❐ਜੇ ਕੀਮਤੀ ਕੱਪੜੇ ਵੀ ਸਾਫ਼ ਨਾ ਕੀਤੇ ਜਾਣ, ਤਾਂ ਉਹ ਵੀ ਭੱਦੇ ਲੱਗਣਗੇ। 高価な衣服もきれいに洗濯してなければ, みっともなく見えるでしょう. **2** 価値のある, 貴重な, 重要な. ❐ਮੇਰੇ ਲਈ ਇਹ ਸਭ ਤੋਂ ਕੀਮਤੀ ਚੀਜ਼ ਹੈ। 私にとってこれは最も価値のある物です.

ਕੀਮਾ[1] (कीमा) /kīmā キーマー/ [Arab. *qīma*] *m.* 〖食品〗挽き肉.

ਕੀਮਾ[2] (कीमा) /kīmā キーマー/ [Arab. *karīm uddīn*] *m.* 〖人名・文学〗キーマー《パンジャーブの口承悲恋物語『マルキー・キーマー』の主人公.「キーマー」は「カリーム・ウッディーン」を短縮した呼称》.

ਕੀਮੀਆ (कीमीआ) /kīmīā キーミーアー/ [Arab. *kīmiyā* bf. Grk. *chemeia*] *m.* 錬金術.

ਕੀਮੀਆਗਰ (कीमीआगर) /kīmīāgara キーミーアーガル/ [Pers.*-gar*] *m.* 錬金術師.

ਕੀਰਤ[1] (कीरत) /kīrata キーラト/ [Skt. कीर्ति] *f.* 名声, 名誉, 栄誉, 栄光. (⇒ਜੱਸ)

ਕੀਰਤ[2] (कीरत) /kīrata キーラト/ [(Lah.) Skt. रीति] *f.* **1** 習慣, 慣習, 風習, 習わし, しきたり. (⇒ਰਸਮ, ਰਿਵਾਜ) **2** 伝統.

ਕੀਰਤਣ (कीरतण) /kīratana キールタン/ ▸ਕੀਰਤਨ *m.* → ਕੀਰਤਨ

ਕੀਰਤਨ (कीरतन) /kīratana キールタン/ ▸ਕੀਰਤਣ [Skt. कीर्तन] *m.* **1** 称えること, 賛歌. **2**〖音楽〗キールタン《特定の神を讃えて, 楽器を奏しながら歌唱する宗教的な行為. そこで歌われる賛歌》. (⇒ਭਜਨ)

ਕੀਰਤਨੀ (कीरतनी) /kīratanī キールタニー/ [-ਈ] *adj.* 〖音楽〗キールタンの, キールタンに関わる.

ਕੀਰਤਨੀਆ (कीरतनीआ) /kīratanīā キールタニーアー/ [Skt. कीर्तनिया] *m.* キールタンを行う人, キールタンの歌唱を職業とする人.

ਕੀਰਤਪੁਰ (कीरतपुर) /kīratapura キーラトプル/ [Skt. कीर्ति Skt.-पुर] *m.* 〖地名〗キーラトプル《インドのパンジャーブ州ローパル県の町. サトルジ川上流に位置し, 第6代教主グル・ハルゴービンドがその晩年の1635年に定住し, その後1665年に第9代教主グル・テーグ・バハードゥルがアナンドプルを創設するまで, 歴代教主たちの拠点となった地. 第6代から第8代に至る3人の教主の遺灰が流された河畔には, グルドゥワーラーが建立され, 親族の遺灰をもって葬礼に訪れる信徒が絶えない》.

ਕੀਰਤੀ (कीरती) /kīratī キールティー/ [Skt. कीर्ति] *f.* **1** 言及. **2** 名声, 名誉, 栄光. (⇒ਜੱਸ)

ਕੀਰਨਾ (कीरना) /kīranā キールナー/ [Skt. क्रन्दन] *m.* 悲しみの泣き叫び, 哀悼の叫び. ❐ਕੀਰਨੇ ਪਾਉਣੇ 嘆き悲しむ.

ਕੀਲਣਾ (कीलणा) /kīlaṇā キーラナー/ [Skt. कील] *vt.* **1** 釘を打つ, 鋲を打つ, 釘で留める, 釘付けにする, 一緒に留める. **2** 一緒に留める, 動かないようにする. **3** 魔法をかける, 呪文や魔法で相手の力を抑える.

ਕੀੜਾ (कीड़ा) /kīṛā キーラー/ [Skt. कीट] *m.* **1** (ミミズ・ヒル・ウジなど) 足のない這う虫. **2**〖虫〗大きな蟻. **3**〖俗語・動物〗蛇.

ਕੀੜੀ (कीड़ी) /kīṛī キーリー/ [-ਈ] *f.* **1** 小さな虫. **2**〖虫〗蟻. (⇒ਚੀਂਟੀ)

ਕੀੜੂ (कीड़ू) /kīṛū キールー/ [(Pua.) Skt. कीट] *adj.* 弱い. (⇒ਕਮਜ਼ੋਰ, ਮਾੜਚੂ)

ਕੁ[1] (कु) /ku ク/ [Skt. एक] *suff.* 「およそ」「約」「大体」「少し」「僅か」などを意味する接尾辞. ❐ਕਿੰਨਾ ਕੁ およそどのくらい. ❐ਮੀਲ ਕੁ 約1マイル. ❐ਰਤਾ ਕੁ 少しばかりの, 少しだけ. ❐ਵੀਹ ਕੁ ਸਾਲ ਪਹਿਲਾਂ ਦੀ ਗੱਲ ਹੈ। 20年ほど前のことです.

ਕੁ[2] (कु) /ku ク/ ▸ਕ [Skt. कु] *pref.* 「悪い」「堕落した」「下劣な」「呪われた」「異なる」などの意味を表す接頭辞. (⇒ਅਪ)

ਕੁਆਟਰ (कुआटर) /kuāṭara クアータル/ ▸ਕਵਾਟਰ [Eng. *quarter*] *m.* 4分の1.

ਕੁਆਡਰੈਂਟ (कुआडरैंट) /kuāḍarāĩṭa クアードラェーント/ [Eng. *quadrant*] *m.* **1**〖幾何〗4分円. **2**〖天文〗4分儀.

ਕੁਆਦੀ (कुआदी) /kuādī クアーディー/ [Skt. कु- Arab. *`ādī*] *adj.* 慣れていない.

ਕੁਆਰਾ (कुआरा) /kuārā クアーラー/ [Skt. कुमार] *adj.* 未婚の, 独身の.

— *m.* 未婚の男性, 独身者.

ਕੁਆਰੀ (कुआरी) /kuārī クアーリー/ ▸ਕਮਾਰੀ, ਕੁਮਾਰੀ *f.* → ਕੁਮਾਰੀ

ਕੁਆਲਟੀ (कुआलटी) /kuālaṭī クアールティー/ [Eng. *quality*] *f.* **1** 質, 性質, 特質, 品質. **2** 良質, 優秀.

ਕੁਇਕ (कुइक) /kuika クイク/ [Eng. *quick*] *adj.* 速い, 素早い, 敏速な.

ਕੁਸ[1] (कुस) /kusa クス/ ▸ਕੁੱਸ *f.* → ਕੁੱਸ

ਕੁਸ[2] (कुस) /kusa クス/ ▸ਕਿਛ, ਕੁਸ਼, ਕੁਝ [(Pua.)] *adj.adv.pron.* → ਕੁਝ

ਕੁਸ਼ (कुश) /kuśa クシュ/ ▸ਕਿਛ, ਕੁਸ, ਕੁਝ *adj.adv.pron.* → ਕੁਝ

ਕੁੱਸ (कुस्स) /kussa クッス/ ▸ਕੁਸ [Pers.] *f.* 〖身体〗女性の外生殖器, 外陰部. (⇒ਯੋਨੀ)

ਕੁਸਕਣਾ (कुसकणा) /kusakaṇā クスカナー/ *vi.* 囁く, かすかな声で話す.

ਕੁਸੰਗ (कुसंग) /kusaṅga クサング/ [Skt. कु- Skt. संग] *m.* 悪い仲間, 悪友.

ਕੁਸ਼ਟ (कुशट) /kuśaṭa クシャト/ [Skt. कुष्ट] *m.* 〖医〗ハンセン病. (⇒ਕੋੜ੍ਹ)

ਕੁਸੱਤ (कुसत्त) /kusatta クサット/ [Skt. कु- Skt. सत्य] *m.* **1** 偽り, 虚偽. (⇒ਝੂਠ) **2** だまし, 欺き, 詐欺. (⇒ਫ਼ਰੇਬ, ਛਲ)

ਕੁਸ਼ਤਾ (कुशता) /kuśatā クシュター/ [Pers. *kuśta*] *m.* **1**〖化学〗ユーナーニー医学で用いる金属酸化物. **2**〖化学〗水銀剤《強壮剤として用いられる》.

ਕੁਸ਼ਤੀ (कुशती) /kuśatī クシュティー/ [Pers. kuśtī] f. 〖競技〗レスリング, インド相撲.

ਕੁਸਮ[1] (कुसम) /kusama クサム/ [Skt. कुसुम] m. 〖植物〗花. (⇒ਫੁੱਲ)

ਕੁਸਮ[2] (कुसम) /kusama クサム/ ▶ਕਸੁੰਭੜਾ, ਕਸੁੰਭਾ [Skt. कुसुम्भ] m. 1〖植物〗ベニバナ(紅花)《キク科の植物》. 2 ベニバナからとれる紅色の染料・着色料.

ਕੁਸਮਾ (कुसमा) /kusamā クサマー/ [Skt. कु- Skt. समय] m. 不適当な時. (⇒ਬੁਰਾ ਵੇਲਾ)

ਕੁਸ਼ਲ (कुशल) /kuśala クシャル/ [Skt. कुशल] adj. 1 器用な, 巧みな, 上手な, うまい. (⇒ਚਤਰ) 2 熟達した, 熟練した, 老練な. (⇒ਚਤਰ) 3 元気な, 達者な, 健康な, 無事な, 幸福な. (⇒ਰਾਜ਼ੀ-ਖ਼ੁਸ਼ੀ)

ਕੁਸ਼ਲਤਾ (कुशलता) /kuśalatā クシャルター/ [Skt. कुशल Skt.-ता] f. 1 器用さ, 巧みさ. 2 熟達, 熟練. 3 無事, 安寧, 安穏, 幸福.

ਕੁਸਲਾਹ (कुसलाह) /kusalâ クサラー/ [Skt. कु- Arab. ṣalāh] f. 1 悪い助言. (⇒ਉਲਟੀ ਸਲਾਹ) 2 間違った意見. (⇒ਗ਼ਲਤ ਰਾਏ)

ਕੁਸਾਂਗਾ (कुसाँगा) /kusā̃gā クサーンガー/ [(Lah.)] adj. 遠くの. (⇒ਦੂਰ ਦਾ)

ਕੁਸਾਥ (कुसाथ) /kusātʰa クサート/ [Skt. कु- Skt. सार्थ] m. 悪い仲間, 悪い交際. (⇒ਬੁਰਾ ਸੰਗ)

ਕੁਸ਼ਾਮਦ (कुशामद) /kuśāmada クシャーマド/ ▶ਕਸ਼ਾਮਤ, ਕਸ਼ਾਮਦ, ਖ਼ੁਸ਼ਾਮਦ f. → ਖ਼ੁਸ਼ਾਮਦ

ਕੁਸ਼ਾਮਦੀ (कुशामदी) /kuśāmadī クシャームディー/ ▶ਕਸ਼ਾਮਤੀ, ਖ਼ੁਸ਼ਾਮਦੀ adj. → ਖ਼ੁਸ਼ਾਮਦੀ

ਕੁਸ਼ਾਲ (कुशाल) /kuśāla クシャール/ ▶ਖ਼ੁਸ਼ਹਾਲ adj. → ਖ਼ੁਸ਼ਹਾਲ

ਕੁਸਿਫ਼ਤ (कुसिफ़त) /kusifata クスィフト/ [(Pot.) Skt. कु- Pers. ṣifat] f. 1 良くない点. 2 悪, 悪行. 3 短所, 欠点, 欠陥. (⇒ਔਗੁਣ, ਦੋਸ਼) 4 汚点.

ਕੁਸ਼ੀਨਾਰ (कुशीनार) /kuśīnāra クシーナール/ [Skt. कुशनगर] m. 〖地名〗クシーナガル《釈迦入滅の地》.

ਕੁਸ਼ੀਲ (कुशील) /kuśīla クシール/ [Skt. कु- Skt. शील] adj. 1 慎みのない, 不謹慎な. (⇒ਬੇਸ਼ਰਮ) 2 無作法な, 行儀の悪い, 不品行な.

ਕੁਸ਼ੀਲਤਾ (कुशीलता) /kuśīlatā クシールター/ [Skt. कु- Skt. शील Skt.-ता] f. 1 不謹慎. (⇒ਬੇਸ਼ਰਮੀ) 2 無作法, 行儀の悪いこと, 不品行.

ਕੁਸੁਆਦ (कुसुआद) /kusuāda クスアード/ [Skt. कु- Skt. स्वाद] adj. 味の悪い, 美味しくない, まずい. (⇒ਬੇਸੁਆਦ)

ਕੁਸੁਹਜ (कुसुहज) /kusôja クソージ/ m. 1 醜さ. 2 堕落した審美感覚.

ਕੁਸੁਹਣਾ (कुसुहणा) /kusôṇā クソーナー/ ▶ਕਸੋਹਣਾ, ਕੁਸੋਹਣਾ adj. → ਕੁਸੋਹਣਾ

ਕੁਸੁੱਧ (कुसुद्ध) /kusûdda クスッド/ [Skt. कु- Skt. शुद्ध] adj. 純粋でない. (⇒ਅਸ਼ੁੱਧ)

ਕੁਸੂਤਾ (कुसूता) /kusūtā クスーター/ ▶ਕਸੂਤਾ adj. 1 適正でない. 2 普通でない, 異常な.

ਕੁਸੇ (कुसे) /kuse クセー/ ▶ਕਿਸੇ [(Pot.)] pron. → ਕਿਸੇ

ਕੁਸੈਲਾ (कुसैला) /kusailā クサェーラー/ ▶ਕਸੈਲਾ adj. → ਕਸੈਲਾ

ਕੁਸੋਹਣਾ (कुसोहणा) /kusôṇā クソーナー/ ▶ਕਸੋਹਣਾ, ਕੁਸੁਹਣਾ [Skt. कु- Skt. शोभन] adj. 1 美しくない, 美貌でない. 2 容姿の悪い, 恰好の悪い. (⇒ਕੁਰੂਪ, ਬਦਸ਼ਕਲ) 3 醜い.

ਕੁਹਜ (कुहज) /kôja コージ/ ▶ਕੋਝ m. 1 不器用, ぎこちなさ. 2 無作法. 3 醜さ, 醜悪. 4 容貌の欠陥. 5 傷, 汚れ, 染み.

ਕੁਹਣੀ (कुहणी) /kôṇī コーニー/ ▶ਕੂਹਣੀ f. → ਕੂਹਣੀ

ਕੁਹਰ[1] (कुहर) /kôra コール/ [Skt. कुहर] m. 1 穴. (⇒ਛੇਕ) 2 割れ目.

ਕੁਹਰ[2] (कुहर) /kôra コール/ ▶ਕੁਹਰਾ [Skt. कुहा] f. 〖気象〗霧. (⇒ਧੁੰਧ)

ਕੁਹਰਾ (कुहरा) /kôrā コーラー/ ▶ਕੁਹਰ m. → ਕੁਹਰ[2]

ਕੁਹਾਰਾ (कुहारा) /kuǎrā | kuhārā クアーラー | クハーラー/ ▶ਕੁਹਾੜਾ m. → ਕੁਹਾੜਾ

ਕੁਹਾਰੀ (कुहारी) /kuǎrī | kuhārī クアーリー | クハーリー/ ▶ਕੁਹਾੜੀ f. → ਕੁਹਾੜੀ

ਕੁਹਾੜਾ (कुहाड़ा) /kuǎṛā | kuhāṛā クアーラー | クハーラー/ ▶ਕੁਹਾਰਾ [(Pkt. कुहाड) Skt. कुठार] m. 〖道具〗斧(おの), 大きな斧, 伐採用の斧.

ਕੁਹਾੜੀ (कुहाड़ी) /kuǎṛī | kuhāṛī クアーリー | クハーリー/ ▶ਕੁਹਾਰੀ [-ਈ] f. 〖道具〗小さな斧, 手斧.

ਕੁੱਕਟ (कुक्कट) /kukkaṭa クッカト/ ▶ਕੁੱਕਰ, ਕੁੱਕੜ, ਕੁੱਕੁੜ m. → ਕੁੱਕੜ

ਕੁੱਕਰ[1] (कुक्कर) /kukkara クッカル/ [Eng. cooker] m. 〖調〗(料理用の鍋・釜など)炊事器具, 圧力鍋.

ਕੁੱਕਰ[2] (कुक्कर) /kukkara クッカル/ ▶ਕੁੱਕਟ, ਕੁੱਕੜ, ਕੁੱਕੁੜ m. → ਕੁੱਕੜ

ਕੁਕਰਮ (कुकरम) /kukarama クカルム/ [Skt. कु- Skt. कर्म] m. 1 悪い行い, 邪悪な行為. 2 悪習, 悪徳行為. 3 罪, 犯罪. 4 背信行為, 背任行為. 5 悪事, 不正行為.

ਕੁਕਰਮਣ (कुकरमण) /kukaramaṇa クカルマン/ [-ਣ] f. 女性の悪人.

ਕੁਕਰਮੀ (कुकरमी) /kukaramī クカルミー/ [Skt. कु- Skt. कर्मिन्] adj. 1 罪を犯した. (⇒ਪਾਪੀ) 2 罪深い.

— m. 1 罪を犯した人, 罪人. (⇒ਪਾਪੀ) 2 罪深い人, 悪人.

ਕੁੱਕਰਾ (कुक्करा) /kukkarā クッカラー/ [Skt. कर्कर] m. 〖医〗トラコーマ.

ਕੁਕਰੀ (कुकरी) /kukarī ククリー/ ▶ਕੁੱਕੜੀ f. → ਕੁੱਕੜੀ

ਕੁੱਕੜ (कुक्कड़) /kukkaṛa クッカル/ ▶ਕੁੱਕਟ, ਕੁੱਕਰ, ਕੁੱਕੁੜ [(Pkt. कुक्कुड) Skt. कुक्कुट] m. 〖鳥〗雄のニワトリ, 雄鶏(おんどり). (⇒ਮੁਰਗਾ)

ਕੁੱਕੜੀ (कुक्कड़ी) /kukkaṛī クッカリー/ ▶ਕੁਕਰੀ [Skt. कुक्कुटी] f. 〖鳥〗雌のニワトリ, 雌鶏(めんどり). (⇒ਮੁਰਗੀ)

ਕੁੱਕੜੂਕੂੰ (कुक्कड़ूकूँ) /kukkaṛūkū̃ クッカルークーン/ ▶ਕੁੱਕੜੂੰ ਘੜੂੰ f. → ਕੁੱਕੜੂੰ ਘੜੂੰ

ਕੁੱਕੜੂੰ ਘੜੂੰ (कुक्कड़ूँ घड़ूँ) /kukkaṛū̃ kǎṛū̃ クッカルーン カルーン/ ▶ਕੁੱਕੜੂਕੂੰ f. 〖擬声語〗コケコッコー《雄鶏が鳴く声》.

ਕੁਕਾਰ (कुकार) /kukāra クカール/ [Skt. कू Skt.-कार] m. 1 騒音. (⇒ਸ਼ੋਰ) 2 金切り声, 叫び声. (⇒ਚੀਕ)

ਕੁੱਕੁੜ (कुक्कुड़) /kukkuṛa クックル/ ▶ਕੁੱਕਟ, ਕੁੱਕਰ, ਕੁੱਕੜ m. → ਕੁੱਕੜ

ਕੁੱਖ (कुक्ख) /kukkʰa クック/ [Skt. कुक्षि] *f.* 1〖身体〗子宮. (⇒ਗਰਭ) 2 腹, 腹部.

ਕੁੰਗਰੂ (कुंगरू) /kuṅgarū クングルー/ ▸ਕਾਂਗਰੂ [Eng. *kangaroo*] *m.*〖動物〗カンガルー.

ਕੁੰਗੀ (कुंगी) /kuṅgī クンギー/ [Skt. कुङ्कुम] *f.*〖植物〗小麦の赤錆病.

ਕੁੰਗੂ (कुंगू) /kuṅgū クングー/ [(Lah.) Skt. कुङ्कु] *m.*〖植物〗サフラン《アヤメ科の多年草. 香料・染料として利用されている》. (⇒ਕੇਸਰ)

ਕੁੱਚ (कुच्च) /kucca クッチ/ [Skt. कुर्च] *m.*〖道具〗機織職人のブラシ.

ਕੁਚੱਜ (कुचज्ज) /kucajja クチャッジ/ [Skt. कु- Skt. चर्या] *m.* 1 不器用. 2 へま.

ਕੁਚੱਜਾ (कुचज्जा) /kucajjā クチャッジャー/ [Skt. कु- Skt. चर्या] *adj.* 1 不器用な. 2 へまな.

ਕੁਚਲਣਾ (कुचलणा) /kucalaṇā クチャルナー/ ▸ਕੁਚਲਨਾ *vt.* → ਕੁਚਲਨਾ

ਕੁਚਲਨਾ (कुचलना) /kucalanā クチャルナー/ ▸ਕੁਚਲਣਾ [Skt. कुच्यते] *vt.* 潰す, 押し潰す, 粉々にする, 砕く. (⇒ਮਿੱਧਣਾ)

ਕੁਚਲਾ (कुचला) /kucalā クチラー/ [Skt. कुचफल] *m.* マチン《マチン科の小高木》.

ਕੁਚਾਰ (कुचार) /kucāra クチャール/ ▸ਕੁਚਾਰੀ, ਕੁਚਾਲ, ਕੁਚਾਲਾ *f.* → ਕੁਚਾਲ

ਕੁਚਾਰੀ (कुचारी) /kucārī クチャーリー/ ▸ਕੁਚਾਰ, ਕੁਚਾਲ, ਕੁਚਾਲਾ *f.* → ਕੁਚਾਲ

ਕੁਚਾਲ (कुचाल) /kucāla クチャール/ ▸ਕੁਚਾਰ, ਕੁਚਾਰੀ, ਕੁਚਾਲਾ [Skt. कु- Skt. चाल] *f.* 1 不良行為, 不品行. 2 悪事, 悪さ.

ਕੁਚਾਲਕ (कुचालक) /kucālaka クチャーラク/ [Skt. कु- Skt. चालक] *m.*〖物理〗不良導体. (↔ਸੁਚਾਲਕ)

ਕੁਚਾਲਾ (कुचाला) /kucālā クチャーラー/ ▸ਕੁਚਾਰ, ਕੁਚਾਰੀ, ਕੁਚਾਲ *m.* → ਕੁਚਾਲ

ਕੁੱਛੜ (कुच्छड़) /kuccʰaṛa クッチャル/ [Skt. कुक्षि] *m.* 1〖身体〗腿. 2〖身体〗腰. 3〖身体〗尻. 4〖身体〗膝, 座った時の腿の上の部分. (⇒ਗੋਦ)

ਕੁੱਛੜਲਾ (कुच्छड़ला) /kuccʰaṛalā クッチャルラー/ [Skt. कुक्षि] *adj.* 1 膝にのせられた. 2 乳を飲んでいる, 乳離れしていない. (⇒ਦੁੱਧ ਚੁੰਘਦਾ)

— *m.* 1 乳飲み子, 乳児. 2 幼児.

ਕੁੰਜ[1] (कुंज) /kuñja クンジ/ [Skt. कञ्चुक] *f.* 蛇の抜け殻.

ਕੁੰਜ[2] (कुंज) /kuñja クンジ/ [Pers. *kunj*] *m.* 隅. (⇒ਕੋਣਾ)

ਕੁਜਰਤ (कुजरत) /kujarata クジラト/ ▸ਕੁਦਰਤ *f.* → ਕੁਦਰਤ

ਕੁੰਜੜਾ (कुंजड़ा) /kuñjaṛā クンジャラー/ ▸ਕਰੁੰਜੜਾ [Skt. कुञ्ज -ੜਾ] *m.* 1〖姓〗クンジャラー《野菜や果物などの栽培と販売を生業とする種姓(の人)》. 2 八百屋, 野菜売り, 果物売り.

ਕੁੱਜਾ (कुज्जा) /kujjā クッジャー/ *m.* 小さな焼き物の水差し.

ਕੁਜਾਤ (कुजात) /kujāta クジャート/ [Skt. कु- Skt. जाति] *adj.*〖社会〗低いカーストの.

ਕੁੰਜੀ (कुंजी) /kuñjī クンジー/ [Skt. कुञ्चिका] *f.* 鍵, キー. (⇒ਚਾਬੀ, ਤਾਲੀ)

ਕੁਝ (कुझ) /kûja クジ/ ▸ਕਿਛ, ਕੁਸ, ਕੁਸ਼ [Skt. किञ्चित्] *adj.* 1 いくらかの, いくぶんかの. ❐ਕੁਝ ਚਿਰ いくらかの時間, しばらく. ❐ਰਾਜਾ ਕੁਝ ਚਿਰ ਉਸ ਬੁੱਢੇ ਵੱਲ ਵੇਖਦਾ ਰਿਹਾ। 王様はしばらくその老人の方を見続けていました. 2 いくつかの, 何人かの. ❐ਹਰਨਾਮੇ ਦੇ ਘਰ ਕੁਝ ਪਰਾਹੁਣੇ ਆਏ। ハルナーマーの家に何人かのお客さんが来ました. 3 少しの, 若干の.

— *adv.* いくらか, いくぶんか, ちょっと, 少し. ❐ਦਾਦੀ ਅੰਮਾਂ ਅੱਜ ਕੁਝ ਥਕੇ ਹੋਏ ਸਨ। おばあちゃんは今日はちょっと疲れていました.

— *pron.* 何か.

ਕੁੰਟ (कुंट) /kuṇṭa クント/ [(Pua.)] *f.* 1 方向. (⇒ਦਿਸ਼ਾ) 2 側. (⇒ਤਰਫ਼)

ਕੁੱਟ (कुट्ट) /kuṭṭa クット/ [cf. ਕੁੱਟਣਾ] *f.* 打つこと, 叩くこと, 殴ること, 殴打, 打ちのめすこと. ❐ਕੁੱਟ ਖਾਣੀ 打たれる, 打ちのめされる.

ਕੁੱਟਣਾ (कुट्टणा) /kuṭṭaṇā クッタナー/ [Skt. कुट्टयति] *vt.* 打つ, 叩く, 殴る, 打ちのめす.

ਕੁਟੰਬ (कुटंब) /kuṭamba クタンブ/ ▸ਕਟੁੰਬ [Skt. कुटुंब] *m.* 家族. (⇒ਪਰਿਵਾਰ)

ਕੁੱਟਮਾਰ (कुट्टमार) /kuṭṭamāra クットマール/ [cf. ਕੁੱਟਣਾ + cf. ਮਾਰਨਾ] *f.* 1 打つこと, 叩くこと, 殴ること, 殴打. 2 打ちのめすこと, 激しく打つこと. 3 殴りつけること. 4 殴り合い, 格闘, 取っ組み合い.

ਕੁਟਲ (कुटल) /kuṭala クタル/ ▸ਕੁਟਿਲ *adj.* → ਕੁਟਿਲ

ਕੁੱਟਲ (कुट्टल) /kuṭṭala クッタル/ *m.*〖植物〗油を採る種子植物の籾殻と脱穀した茎.

ਕੁਟਾਈ (कुटाई) /kuṭāī クターイー/ [cf. ਕੁੱਟਣਾ] *f.* 叩くこと, 殴ること.

ਕੁਟਾਣਾ (कुटाणा) /kuṭāṇā クターナー/ ▸ਕੁਰਟਾਣਾ [(Lah.) Eng. *Christian*] *m.*〖姓〗クターナー《イスラームに改宗したチューラー ਚੂਹੜਾ〔清掃を生業とする種姓の人〕》. (⇒ਮੁਸੱਲੀ)

ਕੁਟਾਪਾ (कुटापा) /kuṭāpā クターパー/ [cf. ਕੁੱਟਣਾ] *m.* 叩くこと, 殴ること.

ਕੁਟਿਲ (कुटिल) /kuṭila クティル/ ▸ਕੁਟਲ [Skt. कुटिल] *adj.* 1 曲がった, 歪んだ. 2 ひねくれた, 不誠実な, 性悪な.

ਕੁਟੀਆ (कुटीआ) /kuṭīā クティーアー/ [Skt. कुटी] *f.* 1〖建築〗小屋. 2〖建築〗隠者の住居, 庵.

ਕੁਟੇਸ਼ਨ (कुटेशन) /kuṭeśana クテーシャン/ ▸ਕੋਟੇਸ਼ਨ [Eng. *quotation*] *f.* 1 引用, 引用語句, 引用文. (⇒ਟੂਕ) 2〖符号〗引用符. 3〖経済〗相場, 時価.

ਕੁੱਠਣਾ (कुट्ठणा) /kuṭṭʰaṇā クッタナー/ [Pers. *kośtan*] *vt.* 1 殺す. (⇒ਮਾਰਨਾ) 2 苦しめる.

— *vi.* 1 苦しむ. 2 悩む, さいなまれる.

ਕੁੱਠਾ (कुट्ठा) /kuṭṭʰā クッター/ [Pers. *kośtan*] *m.*〖食品〗イスラーム法に規定された方法でゆっくりと屠殺された鳥獣の肉. (⇒ਹਲਾਲ)

ਕੁਠਾਲੀ (कुठाली) /kuṭʰālī クターリー/ [Skt. कुठाली] *f.*〖道具〗金細工職人の坩堝(るつぼ).

ਕੁੰਡ (कुंड) /kuṇḍa クンド/ [Skt. कुण्ड] *m.* 1 水溜り. 2〖地理〗池, 貯水池, 溜池. (⇒ਤਲਾਬ, ਸਰੋਵਰ) 3〖地

理】湖. (⇒ਝੀਲ) **4** 神に捧げる火を焚く窪み. **5** 聖火壇.

ਕੁਡਣਾ (कुडणा) /kuḍaṇā クドナー/ ▸ਕੁੱਦਣਾ [(Lah.)] *vi.* → ਕੁੱਦਣਾ

ਕੁਡਰ (कुडर) /kuḍara クダル/ [Skt. कु- Skt. दर] *adj.* 恐れを知らない. (⇒ਨਿਡਰ)

ਕੁੰਡਲ (कुंडल) /kuṇḍala クンダル/ [Skt. कुण्डल] *m.* **1** 輪. (⇒ਚੱਕਰ) **2** ぐるぐる巻いたもの, 渦巻き状のもの. **3** とぐろ, 蛇がからだを渦巻状に巻いたもの. **4** 巻き毛. **5** 渦巻き, 螺旋. **6** 輪縄, くびり縄. **7**〖装〗大きな重い耳輪. **8** (署名などの) 飾り書き.

ਕੁੰਡਲਦਾਰ (कुंडलदार) /kuṇḍaladāra クンダルダール/ [Skt. कुण्डल Pers.-*dār*] *adj.* **1** 輪になった. **2** ぐるぐる巻いた, 渦巻き状の. **3** (蛇などが) とぐろを巻いた.

ਕੁੰਡਲਿਆਲੀ (कुंडलिआली) /kuṇḍaliālī クンダリアーリー/ ▸ਕੁੰਡਲੀਆ *adj.* → ਕੁੰਡਲੀਆ

ਕੁੰਡਲੀ (कुंडली) /kuṇḍalī クンドリー/ [Skt. कुण्डली] *f.* **1** 小さな輪. (⇒ਛੋਟਾ ਘੇਰਾ) **2** 小さな渦巻き, 小さなとぐろ, 小さな巻き毛. **3**〖天文〗(占星用の) 天宮図, 星占いによる予言.

ਕੁੰਡਲੀਆ (कुंडलीआ) /kuṇḍalīā クンダリーアー/ ▸ਕੁੰਡਲਿਆਲੀ [Skt. कुण्डल -ਈਆ] *adj.* **1** 輪になった. **2** ぐるぐる巻いた, 渦巻き状の. **3** (蛇などが) とぐろを巻いている.

— *m.*〖動物〗とぐろを巻く蛇の一種.

ਕੁੰਡਾ (कुंडा) /kuṇḍā クンダー/ [Skt. कुण्डल] *m.* **1** (ドア・窓・鞄などの) 掛け金, 留め金, 鉤. **2** U字型の釘, かすがい. **3** ドアを締める鎖. **4** ひっかけ錨. **5** (バケツなどの) 取っ手. **6** (大釜の) 握る部分, 取っ手. **7** 編み糸の輪. **8**〖道具〗象使いが使う鉄棒.

ਕੁੰਡੀ (कुंडी) /kuṇḍī クンディー/ [-ਈ] *f.* **1** 小さな掛け金, 小さな留め金, 小さな鉤. **2** ドアを締める小さな鎖. **3** 釣り針.

ਕੁਢੰਗ (कुढंग) /kuṭăṅga クタング/ *m.* **1** 悪い方法, 下手なやり方. **2** 不器用.

ਕੁਢੰਗਾ (कुढंगा) /kuṭăṅgā クタンガー/ *adj.* **1** 下手な. **2** 不器用な.

ਕੁਢੱਬ (कुढब्ब) /kutăbba クタッブ/ [Skt. कु- Skt. धव] *m.* 不器用.

ਕੁਢਬਾ (कुढबा) /kûḍabā クドバー/ [Skt. कु- Skt. धव] *adj.* 不器用な.

ਕੁੰਢਾ (कुंढा) /kûṇḍā クンダー/ [(Lah.) Skt. कण्डल] *adj.* 曲がった.

— *m.*〖動物〗角の曲がった水牛.

ਕੁਣਸ (कुणस) /kuṇasa クナス/ [Arab. *naqṣ*] *f.* 欠点. (⇒ਦੋਸ਼)

ਕੁਣਸਣਾ (कुणसणा) /kuṇasaṇā クナサナー/ [(Pua.)] *vi.* **1** 困る. (⇒ਔਖੇ ਹੋਣਾ) **2** 悲しむ. (⇒ਦੁਖੀ ਹੋਣਾ)

ਕੁਣਕਾ (कुणका) /kuṇakā クンカー/ [Skt. कणिक] *m.*〖食品〗小麦粉と砂糖とバター油を混ぜて作った甘い食べ物. (⇒ਕੜਾਹ)

ਕੁਤਕਾ (कुतका) /kutakā クトカー/ ▸ਕੁੱਤਕਾ [Turk. *kutakā*] *m.* **1** 短い棍棒. **2**〖調〗乳棒. (⇒ਘੋਟਣਾ)

ਕੁੱਤਕਾ (कुत्तका) /kuttakā クッタカー/ ▸ਕੁਤਕਾ *m.* → ਕੁਤਕਾ

ਕੁਤਕੁਤਾਉਣਾ (कुतकुताउणा) /kutakutāuṇā クトクターウナー/ [Skt. कूर्दति] *vt.* くすぐる.

ਕੁਤਕੁਤਾਈ (कुतकुताई) /kutakutāī クトクターイー/ ▸ਕੁਤਕੁਤਾਰੀ, ਕੁਤਕੁਤਾੜੀ *f.* → ਕੁਤਕੁਤਾੜੀ

ਕੁਤਕੁਤਾਰੀ (कुतकुतारी) /kutakutārī クトクターリー/ ▸ਕੁਤਕੁਤਾਈ, ਕੁਤਕੁਤਾੜੀ *f.* → ਕੁਤਕੁਤਾੜੀ

ਕੁਤਕੁਤਾੜੀ (कुतकुताड़ी) /kutakutāṛī クトクターリー/ ▸ਕੁਤਕੁਤਾਈ, ਕੁਤਕੁਤਾਰੀ [Skt. कुर्द] *f.* くすぐり.

ਕੁੱਤਪੁਣਾ (कुत्तपुणा) /kuttapuṇā クットプナー/ [Skt. कुक्कुर -ਪੁਣਾ] *m.* **1** 犬の振る舞い, 犬のような振る舞い. **2** 喧嘩好き. **3** 恥知らず, 無恥. **4** 卑しさ, 下品. **5** 恥ずかしい振る舞い.

ਕੁਤਬ (कुतब) /kutaba クタブ/ [Arab. *kutub*, plural of Arab. *kitāb*] *f.* 本, 書物.

ਕੁਤਬਫ਼ਰੋਸ਼ (कुतबफ़रोश) /kutabafarośa クタブファローシュ/ [Pers.-*faroś*] *m.* 本を売る人, 本屋, 書店主.

ਕੁਤਬਫ਼ਰੋਸ਼ੀ (कुतबफ़रोशी) /kutabafarośī クタブファローシー/ [Pers.-*farośī*] *f.* 本を売る仕事, 本屋の稼業.

ਕੁਤਰ (कुतर) /kutara クタル/ [Arab. *kutar*] *m.* **1** 三角形の領域. **2**〖幾何〗直径.

ਕੁਤਰਕ (कुतरक) /kutaraka クタルク/ [Skt. कु- Skt. तर्क] *m.* **1** 屁理屈. **2** 詭弁. (⇒ਬੁਰੀ ਦਲੀਲ)

ਕੁਤਰਨਾ (कुतरना) /kutaranā クタルナー/ [Skt. कर्तन] *vt.* (歯で) かじる, かじって小さなかけらにする.

ਕੁਤਰਾ (कुतरा) /kutarā クトラー/ [Skt. कर्तन] *m.* こま切れ.

ਕੁੱਤਾ[1] (कुत्ता) /kuttā クッター/ [(Pkt. कुत्त) Skt. कुक्कुर] *m.*〖動物〗(雄) イヌ, 犬. ❐ਆਪਣੀ ਗਲੀ ਵਿੱਚ ਕੁੱਤਾ ਵੀ ਸ਼ੇਰ ਹੁੰਦਾ ਹੈ। 自分の路地では犬もライオンになる〔諺〕〈外では弱い者も, 自分の領域では威張っている〉.

ਕੁੱਤਾ[2] (कुत्ता) /kuttā クッター/ *m.* **1** ペルシア井戸の停止装置. **2** 停止装置, ブレーキ. (⇒ਤੁੱਕਾ)

ਕੁਤਾਹੀ (कुताही) /kutâī クターイー/ ▸ਕੋਤਾਹੀ [Pers. *kotāhī*] *f.* **1** 短いこと, 少ないこと, 不足. **2** 手抜かり, 失敗, 失策. (⇒ਉਕਾਈ) **3** 手抜き, 怠慢.

ਕੁੱਤੀ (कुत्ती) /kuttī クッティー/ [Skt. कुक्कुर -ਈ] *f.*〖動物〗雌イヌ, 雌犬.

ਕੁਤੀੜ (कुतीड़) /kutīṛa クティール/ [+ ਈੜ] *f.* 多数の犬, 犬の集まり, 野良犬の群れ.

ਕੁੱਤੇ ਸੰਬੰਧੀ (कुत्ते संबंधी) /kutte sambândī クッテー サンバンディー/ [Skt. कुक्कुर + Skt. संबंधिन्] *adj.* 犬の, 犬に関する.

ਕੁੱਤੇ-ਖੱਸੀ (कुत्ते-खस्सी) /kutte-kʰassī クッテー・カッスィー/ [+ Arab. *xaṣī*] *f.* **1** 犬の去勢. ❐ਕੁੱਤੇ ਖੱਸੀ ਕਰਨਾ 犬を去勢する. **2**〖俗語〗目的もなくさまようこと, うろつくこと, ぶらぶらすること, 徘徊, 彷徨. ❐ਕੁੱਤੇ ਖੱਸੀ ਕਰਨਾ 目的もなくさまよう, うろつく, ぶらぶらする, 無駄に過ごす, 時間を無駄にする.

ਕੁੱਤੇ-ਖਾਣੀ (कुत्ते-खाणी) /kutte-kʰāṇī クッテー・カーニー/ *f.* **1** 犬のように扱うこと. **2** 侮辱, 侮蔑, 屈辱. **3** 虐待, 酷使.

ਕੁੱਤੇਖ਼ਾਨਾ (कुत्तेख़ाना) /kuttexānā クッテーカーナー/ [Skt. कुक्कुर Pers.-*xāna*] *m.* 犬小屋.

ਕੁੱਤੇ-ਚਾਲ (कुत्ते-चाल) /kutte-cāla クッテー・チャール/ [+ Skt. चलन] *f.* 1 犬の歩み. 2 のろい歩み.

ਕੁੱਤੇ ਦੀ ਪੂਛ (कुत्ते दी पूछ) /kutte dī pūcʰa クッテー ディー プーチ/ [+ Skt. पुच्छ] *f.* 1 犬の尻尾. 2〖俗語〗矯正できない悪癖を持った奴, 手に負えない奴.

ਕੁੱਤੇ ਦੀ ਮੌਤ (कुत्ते दी मौत) /kutte dī mauta クッテー ディー マォート/ [+ Arab. *maut*] *f.* 1 犬死. 2 惨めな死, 不面目な死.

ਕੁੱਤੇ-ਫੁੱਲ (कुत्ते-फुल्ल) /kutte-pʰulla クッテー・プッル/ [+ Skt. फुल्ल] *m.* シロイヌナズナ, キンギョソウ《ゴマノハグサ科 アンティリヌム属》.

ਕੁੱਤੇ-ਮੱਖੀ (कुत्ते-मक्खी) /kutte-makkʰī クッテー・マッキー/ [+ Pkt. मक्खिआ] *f.*〖虫〗アブ, ウシバエ, ウマバエ.

ਕੁਤੇਲਾ (कुतेला) /kutelā クテーラー/ [(Lah.)] *m.*〖動物〗一歳から六歳までの駱駝.

ਕੁਥੱਥ (कुथत्थ) /kutʰattʰa クタット/ [(Pua.)] *m.* 悪い習慣. (⇒ਭੈੜੀ ਆਦਤ)

ਕੁਥਾਂ (कुथाँ) /kutʰā̃ クターン/ ▸ਕੁਥਾਉਂ [Skt. कु- Pkt. थाण] *f.* 悪い所, 不適切な場所. (⇒ਅਯੋਗ ਥਾਂ)
— *adv.* 悪い所で, 不適切な場所で.

ਕੁਥਾਉਂ (कुथाउँ) /kutʰāū̃ クターウン/ ▸ਕੁਥਾਂ *f.adv.* → ਕੁਥਾਂ

ਕੁਥਾਵੇਂ (कुथावें) /kutʰāwẽ クターウェーン/ [Skt. कु- Pkt. थाण] *adv.* 1 悪い所に, 不適切な場所に. 2 感じやすい所に.

ਕੁੱਦ (कुद्द) /kudda クッド/ [Skt. स्कुदन] *f.* 1 跳ぶこと, 跳躍. 2 跳び上がること, 飛び上がること. 3 躍り上がること, 踊り回ること.

ਕੁੱਦਣਾ (कुद्दणा) /kuddaṇā クッダナー/ ▸ਕੁਦਣਾ [Skt. कूर्दति] *vi.* 1 跳ぶ. 2 跳ねる, 躍動する. 3 飛び跳ねる, 跳躍する. 4 跳ね回る, はしゃぎ回る. 5 ふざけて跳び回る, ふざける. 6 大はしゃぎする. 7 踊り回る. 8 突然の衝動で行動する. 9 急に飛びかかる.

ਕੁੰਦਨ (कुंदन) /kundana クンダン/ [Skt. कन्दल] *m.*〖金属〗純金. (⇒ਖ਼ਾਲਸ ਸੋਨਾ)

ਕੁਦਰਤ (कुदरत) /kudarata クドラト/ ▸ਕੁਜਰਤ [Pers. *qudrat*] *f.* 1 自然. 2 創造された存在. 3 宇宙, 全世界. 4 現象世界. 5 物質世界. 6 全能. 7 神の力, 神の創造力. 8 生命の維持と破壊. 9 摂理. 10 神の意志, 神意.

ਕੁਦਰਤਨ (कुदरतन) /kudaratana クダルタン/ [+ ਨ] *adv.* 1 自然に. 2 思いがけなく. 3 偶然.

ਕੁਦਰਤੀ (कुदरती) /kudaratī クダルティー/ [Pers. *qudratī*] *adj.* 1 自然の. 2 神の. 3 生まれつきの, 生来の, 先天的な. 4 予期しない.
— *adv.* 1 自然に. 2 思いがけなく. 3 偶然.

ਕੁਦਰਿਸ਼ਟੀ (कुदरिशटी) /kudariśaṭī クダリシュティー/ [Skt. कु- Skt. दृष्टि] *f.* 1 邪悪な視線, 邪視. (⇒ਬੁਰੀ ਨਜ਼ਰ) 2 不吉な視線

ਕੁੰਦਲੀ (कुंदली) /kundalī クンドリー/ [(Kang.) Skt. कुण्डल] *m.*〖植物・農業〗籾米を丸く積み上げたもの.

ਕੁੰਦਾ[1] (कुंदा) /kundā クンダー/ [Pers. *kunda*] *m.* 1 木材の塊. 2 厚板, 台木, 盤. (⇒ਤਖ਼ਤਾ) 3〖武〗銃床《銃の木部》.

ਕੁੰਦਾ[2] (कुंदा) /kundā クンダー/ *m.* 1〖食品〗料理用の油. 2〖食品〗菜種油. 3〖食品〗不純な食用油.

ਕੁਦਾਈ (कुदाई) /kudāī クダーイー/ [Skt. स्कुदन -ਈ] *f.* 1 跳ぶこと, 跳ぶ動作. 2 跳ねる動作, 跳躍.

ਕੁਦਾਕਲ (कुदाकल) /kudākala クダーカル/ ▸ਕੁਦਾਕੜ [+ ਕਲ] *adj.* 跳んでいる, 跳ねている.

ਕੁਦਾਕੜ (कुदाकड़) /kudākaṛa クダーカル/ ▸ਕੁਦਾਕਲ *adj.* → ਕੁਦਾਕਲ

ਕੁਦਾਮ (कुदाम) /kudāma クダーム/ [Pers. *kodām*] *pron.* 1 どれ, どちら. (⇒ਕਿਹੜਾ) 2 誰. (⇒ਕੌਣ)

ਕੁਦਾਲਤੀ (कुदालती) /kudālatī クダールティー/ [Skt. कु- Arab. *adala*] *adj.* 不正な. (⇒ਬੇਈਮਾਨ)

ਕੁਦਾੜਾ (कुदाड़ा) /kudāṛā クダーラー/ [Skt. स्कुदन -ੜਾ] *m.* 跳ぶこと, 跳ねること, 跳躍.

ਕੁਦਾੜੀ (कुदाड़ी) /kudāṛī クダーリー/ [-ੜੀ] *f.* 軽い跳躍. (⇒ਟਪੂਸੀ)

ਕੁੰਦੀ[1] (कुंदी) /kundī クンディー/ [Pers. *kundā*] *f.* 1 叩くこと, 打つこと. 2 洗濯の後で衣類のしわを伸ばす過程. 3 革紐で打つこと.

ਕੁੰਦੀ[2] (कुंदी) /kundī クンディー/ *f.*〖人名・文学〗クンディー《パンジャーブの伝承悲恋物語に登場する女性主人公ヒールの母親の名前》.

ਕੁੰਦੂਸ (कुंदूस) /kundūsa クンドゥース/ [Arab. *quddūs*] *adj.* 1 純粋な. (⇒ਸ਼ੁੱਧ) 2 神聖な. (⇒ਪਵਿੱਤਰ)

ਕੁਦੇਸ (कुदेस) /kudesa クデース/ [Skt. कु- Skt. देश] *m.* 異国, 外国. (⇒ਦੂਜਾ ਦੇਸ)

ਕੁਧਕਾ (कुधका) /kutǎkā クタカー/ ▸ਕੁਧੱਕਾ *m.* → ਕੁਧੱਕਾ

ਕੁਧੱਕਾ (कुधक्का) /kutǎkkā クタッカー/ ▸ਕੁਧਕਾ [Skt. कु- Pkt. धक्क] *m.* 運命を左右するひと押し.

ਕੁਧਰਮ (कुधरम) /kutǎrama クタラム/ [Skt. कु- Skt. धर्म] *m.* 1 反宗教, 不敬. 2 異教, 異端. 3 (道徳的に)正しくないこと. 4 罪. (⇒ਪਾਪ)

ਕੁਧਰਮੀ (कुधरमी) /kutǎramī クタルミー/ [Skt. कु- Skt. धर्मिन्] *adj.* 1 反宗教の, 不敬な. (⇒ਬੇਧਰਮੀ) 2 (道徳的に)正しくない.

ਕੁਧਾਤ (कुधात) /kutǎta クタート/ [Skt. कु- Skt. धातु] *f.* 1 卑金属《錫, 鉛, 亜鉛などの容易に酸化する金属》. 2〖金属〗鉄. (⇒ਲੋਹਾ)

ਕੁਧਿੱਤ (कुधित्त) /kutǐtta クティット/ [Skt. कु- Skt. धृत] *f.* 悪い習慣, 悪習. (⇒ਬੁਰੀ ਆਦਤ)

ਕੁਨ (कुन) /kuna クン/ *pron.*〖詩語〗誰. (⇒ਕੌਣ)

ਕੁਨਸਲ (कुनसल) /kunasala クナサル/ ▸ਕੁਨਸਲਾ [Skt. कु- Arab. *nasl*] *adj.* 1 血統の悪い, 純血でない, 雑種の. 2 堕落した.

ਕੁਨਸਲਾ (कुनसला) /kunasalā クナサラー/ ▸ਕੁਨਸਲ *adj.* → ਕੁਨਸਲ

ਕੁਨਬਾ (कुनबा) /kunabā クンバー/ [Skt. कुटुंब] *m.* 1 家族. (⇒ਟੱਬਰ, ਪਰਿਵਾਰ) 2 親族.

ਕੁੰਨਾਂ (कुंनाँ) /kunnā̃ クンナーン/ *m.* 1〖調〗鍋, 釜. 2〖調〗蓋付きの鍋. 3〖俗語・身体〗腹.
— *adj.* (料理が)鍋に入った.

ਕੁੰਨਾ[1] (कुंना) /kunnā クンナー/ [(Lah.) Sind. *kunne*] *m.*〖容器〗中型の焼き物の水差し. (⇒ਮੱਘਾ)

ਕੁੰਨਾ[2] (कुंना) /kunnā クンナー/ [(Lah.) Skt. कुण्ड] *m.*

〖容器〗桶. (⇒ਟੱਬ)

ਕੁਨਾਂ (कुनाँ) /kunā̃ クナーン/ ▸ਕੁਨਾਉਂ [Skt. कु- Skt. नामन्] *m.* 1 誤った名前. 2 悪い名前.

ਕੁਨਾਉਂ (कुनाउँ) /kunāõ クナーオーン/ ▸ਕੁਨਾਂ *m.* → ਕੁਨਾਂ

ਕੁਨਾਲ (कुनाल) /kunālạ クナール/ ▸ਕੁਨਾਲਾ [Skt. कुण्ड] *m.* 1〖容器〗底の平らな丸い焼き物の容器. 2〖容器〗浅い鉢, 浅いたらい. 3 大桶.

ਕੁਨਾਲਾ (कुनाला) /kunālā クナーラー/ ▸ਕੁਨਾਲ *m.* → ਕੁਨਾਲ

ਕੁਨਾਲੀ (कुनाली) /kunālī クナーリー/ [Skt. कुण्ड -ई] *f.* 1〖容器〗底の浅い焼き物の容器. 2〖調〗中で小麦をこねるために用いる底の平らな焼き物の鉢.

ਕੁਨੀਤ (कुनीत) /kunītạ クニート/ [Skt. कु- Pers. *nīyat*] *f.* 悪意. (⇒ਬੁਰਾ ਇਰਾਦਾ)

ਕੁਨੀਨ (कुनीन) /kunīnạ クニーン/ ▸ਕੁਨੈਣ, ਕੁਨੈਨ [Eng. *quinine*] *f.*〖薬剤〗キニーネ《マラリアの治療薬》.

ਕੁਨੀਰ (कुनीर) /kunīrạ クニール/ [Skt. कु- Skt. नीर] *m.* 汚れた水, 汚水. (⇒ਮੈਲਾ ਪਾਣੀ)

ਕੁਨੈਕਸ਼ਨ (कुनैकशन) /kunaikạśanạ クナエークシャン/ [Eng. *connection*] *m.* 1 連結, 連絡, 関係, 繋がり. 2 縁故, コネ.

ਕੁਨੈਣ (कुनैण) /kunaiṇạ クナエーン/ ▸ਕੁਨੀਨ, ਕੁਨੈਨ *f.* → ਕੁਨੀਨ

ਕੁਨੈਨ (कुनैन) /kunainạ クナエーン/ ▸ਕੁਨੀਨ, ਕੁਨੈਣ *f.* → ਕੁਨੀਨ

ਕੁਨੋਂ (कुनों) /kunõ クノーン/ *postp.* …から, …より. (⇒ਤੋਂ)

ਕੁੱਪ (कुप्प) /kuppạ クップ/ [Skt. कप] *m.* 麦藁の山.

ਕੁਪੱਤ (कुपत्त) /kupattạ クパット/ [Skt. कु- Skt. प्रतिष्ठा] *m.* 1 喧嘩, 争い. (⇒ਝਗੜਾ) 2 口論, 論争. 3 激論. 4 騒乱. 5 乱闘. 6 乱暴な振る舞い, 紊乱行為. (⇒ਚੌਤੇ)

ਕੁਪਤਾ (कुपता) /kupạtā クプター/ ▸ਕੁਪੱਤਾ *adj.* → ਕੁਪੱਤਾ

ਕੁਪੱਤਾ (कुपत्ता) /kupattā クパッター/ ▸ਕੁਪਤਾ [Skt. कु- Skt. प्रतिष्ठा] *adj.* 喧嘩好きの. (⇒ਝਗੜਾਲੂ)

ਕੁੱਪਾ (कुप्पा) /kuppā クッパー/ [Skt. कुपक] *m.* 1〖容器〗大きな皮製の壺. 2〖比喩〗太った人, デブ, 肥満の男. (⇒ਗੋਗੜੀਆ)

— *adj.* 1 太った, デブの, 肥満の. 2 かさばった.

ਕੁੱਪੀ (कुप्पी) /kuppī クッピー/ [-ई] *f.* 1〖容器〗小さな皮製の瓶. 2〖容器〗油の容器. 3〖容器〗オイル缶.

ਕੁਪੀਣ (कुपीण) /kupīṇạ クピーン/ ▸ਕੁਪੀਨ *f.* → ਕੁਪੀਨ

ਕੁਪੀਨ (कुपीन) /kupīnạ クピーン/ ▸ਕੁਪੀਣ [Skt. कौपीन] *f.*〖衣服〗腰布. (⇒ਲੰਗੋਟੀ)

ਕੁਪੁੱਤ (कुपुत्त) /kuputtạ クプット/ ▸ਕਪੁਤ, ਕਪੁੱਤ, ਕਪੁੱਤਰ, ਕੁਪੁਤਰ, ਕੁਪੁੱਤਰ *m.* → ਕੁਪੁੱਤਰ

ਕੁਪੁਤਰ (कुपुतर) /kuputarạ クプタル/ ▸ਕਪੁਤ, ਕਪੁੱਤ, ਕਪੁੱਤਰ, ਕੁਪੁੱਤ, ਕੁਪੁੱਤਰ *m.* → ਕੁਪੁੱਤਰ

ਕੁਪੁੱਤਰ (कुपुत्तर) /kuputtarạ クプッタル/ ▸ਕਪੁਤ, ਕਪੁੱਤ, ਕਪੁੱਤਰ, ਕੁਪੁੱਤ, ਕੁਪੁਤਰ [Skt. कु- पुत्र] *m.* 不肖の息子, 親不孝な息子.

ਕੁਫ (कुफ) /kupʰạ クプ/ [Arab. *kufū*] *adj.* 1 等しい. (⇒ਬਰਾਬਰ) 2 同じ. (⇒ਸਮਾਨ)

ਕੁਫ਼ਰ (कुफ़र) /kufarạ クファル/ [Arab. *kufr*] *m.* 1 無神論. 2 不信心. 3 異教信仰. 4 神に対する不敬, 冒涜(ぼうとく). ❐ਕੁਫ਼ਰ ਤੋਲਣਾ 冒涜する, ほら話をする, 嘘をつく.

ਕੁਫ਼ਲ (कुफ़ल) /kufalạ クファル/ [Arab. *qufl*] *m.* 1 錠, 錠前. (⇒ਤਾਲਾ) 2 錠を掛ける装置.

ਕੁਫੇਟੀ (कुफेटी) /kupʰeṭī クペーティー/ [(Pua.) Skt. कु- Skt. फेट्] *f.* 1 敵対. (⇒ਦੁਫੇੜ) 2 喧嘩, 争い. (⇒ਝਗੜਾ)

ਕੁਬ (कुब) /kubạ クブ/ ▸ਕੁੱਬ *m.* → ਕੁੱਬ

ਕੁੱਬ (कुब्ब) /kubbạ クッブ/ ▸ਕੁਬ [Skt. कुब्ज] *m.* 1 せむし, 背骨が曲がっていること, 脊柱湾曲. 2 背中の瘤(こぶ).

ਕੁਬਜਾਂ (कुबजाँ) /kubạjā̃ クブジャーン/ ▸ਕੁਬਜਾ [Skt. कुब्जा] *adj.* せむしの, 背骨の曲がった.

— *f.* 1 せむしの女性, 背骨の曲がった女性. 2〖ヒ〗クブジャー(クブジャーン)《カンサ王の侍女のせむしの女性. せむしを治してくれたクリシュナに恋した》.

ਕੁਬਜਾ (कुबजा) /kubạjā クブジャー/ ▸ਕੁਬਜਾਂ *adj.f.* → ਕੁਬਜਾਂ

ਕੁਬੜਾ (कुबड़ा) /kubạṛā クブラー/ [Skt. कुब्ज -ड़ा] *adj.* せむしの, 背骨の曲がった.

ਕੁੰਬਲ (कुंबल) /kumbalạ クンバル/ ▸ਕਰੂੰਬਲ, ਕੂੰਬਲ, ਕੁਮਲ [(Pua.) (Pkt. कुंपल) Skt. कड्मल] *f.* 1〖植物〗枝の先の柔らかい部分. 2〖植物〗葉芽. 3〖植物〗新芽.

ਕੁੱਬਾ (कुब्बा) /kubbā クッバー/ [Skt. कुब्ज] *adj.* せむしの, 背骨の曲がった, 猫背の.

ਕੁਬਾਣ (कुबाण) /kubāṇạ クバーン/ [Skt. कु- Skt. वर्ण] *f.* 悪い習慣, 悪習. (⇒ਬੁਰੀ ਆਦਤ)

ਕੁਬੇਰ (कुबेर) /kuberạ クベール/ [Skt. कुबेर] *m.*〖ヒ〗クベーラ《富と財宝の神》.

ਕੁਬੋਲ (कुबोल) /kubolạ クボール/ ▸ਕਬੋਲ [Skt. कु- Skt. वल्ह] *m.* 1 悪い言葉, 不適切な発言. (⇒ਬੁਰਾ ਬੋਲ) 2 口汚い言葉, 悪口, 悪態, 罵詈雑言. (⇒ਦੁਰਬਚਨ) 3 不吉な言葉.

ਕੁਬੋਲਾ (कुबोला) /kubolā クボーラー/ [Skt. कु- Skt. वल्ह] *adj.* 口の悪い, 口汚い. (⇒ਮੰਦਾ ਬੋਲਣ ਵਾਲਾ)

ਕੁੰਭ (कुंभ) /kûmbạ クンブ/ [Skt. कुम्भ] *m.* 1〖容器〗(素焼きの)水瓶, 水差し, 壺. (⇒ਘੜਾ) 2〖天文〗水瓶座. 3〖祭礼・ヒ〗12年ごとに催される大祭礼市.

ਕੁੰਭਦਾਸ (कुंभदास) /kûmbạdāsạ クンブダース/ *m.*〖人名・文学〗クムブダース《ブラジュ・バーシャーの八詩仙の一人》.

ਕੁੰਭੀਨਰਕ (कुंभीनरक) /kûmbīnarạkạ クンビーナルク/ *m.* 無間地獄.

ਕੁਮ੍ਹਿਆਰ (कुम्हिआर) /kumiărạ クミアール/ ▸ਘੁਮਾਰ, ਘੁਮਿਆਰ *m.* → ਘੁਮਾਰ

ਕੁਮਕ (कुमक) /kumakạ クマク/ [Turk. *kumak*] *f.* 1 助力, 援助, 応援. (⇒ਮਦਦ) 2〖軍〗援兵, 援軍, 増援隊.

ਕੁਮੱਤ[1] (कुमत्त) /kumattạ クマット/ [Skt. कु- Skt. मत] *m.* 悪い宗教, 邪教.

ਕੁਮੱਤ[2] (कुमत्त) /kumattạ クマット/ [Skt. कु- Skt. मति] *f.* 1 悪い心. 2 悪い考え. 3 悪い忠告.

ਕੁਮੱਤੀ (कुमत्ती) /kumattī クマッティー/ -ई] *adj.* 悪い忠告を受けた.

ਕੁਮਲਾਉਣਾ (कुमलाउणा) /kumalāuṇā クムラーウナー/ ▸

ਕੁਮਲਾਣਾ [Skt. कमशल] *vi.* **1** 萎れる. (⇒ਮੁਰਝਾਉਣਾ) **2** 枯れる. **3** しぼむ, 垂れ下がる. **4** 弱る, 衰える. (⇒ਕਮਜ਼ੋਰ ਹੋਣਾ) **5**〖比喩〗元気がなくなる, しょんぼりする, しょげる, めげる. (⇒ਉਦਾਸ ਹੋਣਾ)

ਕੁਮਲਾਨਾ (कुमलाणा) /kumalāṇā クムラーナー/ ▸ਕੁਮਲਾਉਣਾ *vi.* → ਕੁਮਲਾਉਣਾ

ਕੁਮਾਰ (कुमार) /kumāra クマール/ [Skt. कुमार] *m.* **1** 年少の男子, 男児, 少年. **2** 未婚の男子. **3** 王子, 皇子.

ਕੁਮਾਰਗ (कुमारग) /kumāraga クマーラグ/ [Skt. कु- Skt. मार्ग] *m.* **1** 悪の道. **2** 不品行.

ਕੁਮਾਰੀ (कुमारी) /kumārī クマーリー/ ▸ਕਮਾਰੀ, ਕੁਆਰੀ [Skt. कुमारी] *f.* **1** 処女, 乙女, 未婚の女性. **2** 女児, 女子, 少女, 娘. (⇒ਕੁੜੀ) **3** 王女.

ਕੁਮੇਟੀ (कुमेटी) /kumeṭī クメーティー/ ▸ਕਮੇਟੀ *f.* → ਕਮੇਟੀ

ਕੁਮੇਦਨ (कुमेदन) /kumedana クメーダン/ [Eng. *commandant*] *m.*〖軍〗司令官.

ਕੁਮੈਤ (कुमैत) /kumaita クマェート/ [Arab. *kumait*] *adj.* 赤茶色の.

ਕੁਰਸੀ (कुरसी) /kurasī クルスィー/ [Arab. *kursī*] *f.* **1**〖家具〗椅子, 腰掛け. (⇒ਚੇਅਰ) **2** 座席. (⇒ਸੀਟ) **3** 地位. **4** 王座, 王位.

ਕੁਰਹਿਤ (कुरहित) /kuraîta クラェート/ [Skt. कु- Skt. रहित] *f.* **1** 戒律を破ること, 破戒. ❐ਕੁਰਹਿਤ ਆਉਣੀ, ਕੁਰਹਿਤ ਕਰਨੀ 宗教規範を無視する. **2** 破門. **3** 嫌悪, 反感. ❐ਕੁਰਹਿਤ ਆਉਣੀ, ਕੁਰਹਿਤ ਕਰਨੀ 嫌う, 嫌悪する.

ਕੁਰਕ (कुरक) /kuraka クルク/ [Turk. *qurq*] *adj.* **1** 取り上げられた, 没収された. **2** 押収された, 差し押さえられた.

ਕੁਰਕਣਾ (कुरकणा) /kurakaṇā クルカナー/ [Turk. *qurq*] *vt.* **1** 取り上げる, 没収する. **2** 押収する, 差し押さえる.

ਕੁਰਕੀ (कुरकी) /kurakī クルキー/ [Turk. *qurqī*] *f.* **1** 取り上げること, 没収. **2**〖法〗押収, 差し押さえ.

ਕੁਰਖ਼ਤ (कुरख़त) /kuraxata クラクト/ ▸ਕਰੱਖ਼ਤ [Pers. *kuraxt*] *adj.* **1** 厳しい. (⇒ਸਖ਼ਤ) **2** 激しい, 強烈な, 痛烈な. (⇒ਕਰੜਾ) ❐ਕੁਰਖ਼ਤ ਬੋਲ 激しい口調. **3** 耳障りな, 調和しない, 不協和の. ❐ਕੁਰਖ਼ਤ ਬੋਲ 耳障りな声.

ਕੁਰਖ਼ਤਗੀ (कुरख़तगी) /kuraxatagī クラクタギー/ [Pers.-*gī*] *f.* **1** 厳しさ. (⇒ਸਖ਼ਤੀ) **2** 激しさ. (⇒ਕਰੜਾਈ)

ਕੁਰਛੇਤਰ (कुरछेतर) /kuracʰetara クルチェータル/ ▸ਕੁਰੁਕਸ਼ੇਤਰ *m.* → ਕੁਰੁਕਸ਼ੇਤਰ

ਕੁਰਟਾਣਾ (कुरटाणा) /kuraṭāṇā クルターナー/ ▸ਕੁਟਾਣਾ [(Lah.)] *m.* → ਕੁਟਾਣਾ

ਕੁਰਤਾ (कुरता) /kuratā クルター/ ▸ਕੁੜਤਾ *m.* → ਕੁੜਤਾ

ਕੁਰਤੀ (कुरती) /kuratī クルティー/ ▸ਕੁੜਤੀ *f.* → ਕੁੜਤੀ

ਕੁਰਬਣਾ (कुरबणा) /kurabaṇā クルバナー/ [Skt. क्रुध्यति] *vi.* 怒る, 腹を立てる.

ਕੁਰਬਾਨ (कुरबान) /kurabāna クルバーン/ [Arab. *qurbān*] *adj.* **1** 犠牲になった. ❐ਕੁਰਬਾਨ ਕਰਨਾ 犠牲にする. **2** 命を捧げた, 殉教した. ❐ਕੁਰਬਾਨ ਹੋਣਾ 命を捧げる, 殉教する.

ਕੁਰਬਾਨੀ (कुरबानी) /kurabānī クルバーニー/ [Pers. *qurbānī*] *f.* **1** 犠牲. **2** 殉教.

ਕੁਰਮ (कुरम) /kurama クルム/ ▸ਕਰੋਮ, ਕ੍ਰੋਮ [Eng. *chrome*] *m.*〖金属〗クロム.

ਕੁਰਲਾਉਣਾ (कुरलाउणा) /kuralāuṇā クルラーウナー/ [Skt. कुरति] *vi.* **1** 泣く. (⇒ਰੋਣਾ) **2** 泣きわめく, 泣き叫ぶ. **3** 嘆く, 嘆き悲しむ.

ਕੁਰਲੀ (कुरली) /kuralī クルリー/ [Skt. कवल -ई] *f.* 口をすすぐこと. (⇒ਚੁਲੀ)

ਕੁਰਾਹ (कुराह) /kurâ クラー/ [Skt. कु- Pers. *rāh*] *m.* **1** 悪の道. (⇒ਬੁਰਾ ਰਸਤਾ) **2** 堕落した行為. **3** 常軌の逸脱.

ਕੁਰਾਹੀ (कुराही) /kurāhī | kurâī クラーヒー | クラーイー/ ▸ਕੁਰਾਹੀਆ *adj.* → ਕੁਰਾਹੀਆ

ਕੁਰਾਹੀਆ (कुराहीआ) /kurâīā クラーイーアー/ ▸ਕੁਰਾਹੀ [-ਈਆ] *adj.* 正道を外れた, 常軌を逸脱した.

ਕੁਰਾਹੇ (कुराहे) /kurâe クラーエー/ [+ ਏ] *adv.* 正道を外れて, 常軌を逸脱して. ❐ਕੁਰਾਹੇ ਪਾਉਣਾ 正道を外れさせる, 常軌を逸脱させる, 道に迷わせる. ❐ਕੁਰਾਹੇ ਪੈਣਾ 正道を外れる, 常軌を逸脱する, 道に迷う.

ਕੁਰਾਟੀਨ (कुराटीन) /kuraṭīna クラティーン/ [Eng. *quarantine*] *f.*〖医〗隔離, 検疫.

ਕੁਰਾਨ (कुरान) /kurāna クラーン/ [Arab. *qurʰān*] *m.*〖イス〗コーラン(クルアーン)《イスラームの聖典》.

ਕੁਰੀਤੀ (कुरीती) /kurītī クリーティー/ [Skt. कु- Skt. रीति] *f.* 悪い慣習, 悪習.

ਕੁਰੁਕਸ਼ੇਤਰ (कुरुकशेतर) /kurukaśetara クルクシェータル/ ▸ਕੁਰਛੇਤਰ [Skt. कुरुक्षेत्र] *m.*〖地名〗クルクシェートラ《ハリヤーナー州東部のヒンドゥー教巡礼地》.

ਕੁਰੂਪ (कुरूप) /kurūpa クループ/ ▸ਕਰੂਪ [Skt. कु- Skt. रूप] *adj.* 形の悪い, 醜い, 恰好の悪い, 見苦しい. (⇒ਬਦਸੂਰਤ)

ਕੁਰੂਪਤਾ (कुरूपता) /kurūpatā クループター/ [Skt.-ता] *f.* 形の悪いこと, 醜さ, 恰好の悪いこと, 見苦しさ.

ਕੁਰੇਦਣਾ (कुरेदणा) /kuredaṇā クレーダナー/ *vt.* **1** 引っ掻く, こする. (⇒ਖੁਰਚਣਾ) **2** ほじる, ほじくる, 探る.

ਕੁਲ[1] (कुल) /kula クル/ [Skt. कुल] *f.* **1** 群れ, 集団. **2** 家系. (⇒ਬੰਸ) **3** 家族, 一家, 血族, 一族, 一門. (⇒ਟੱਬਰ, ਕਬੀਲਾ, ਖ਼ਾਨਦਾਨ)

ਕੁਲ[2] (कुल) /kula クル/ ▸ਕੁੱਲ *m.adj.adv.* → ਕੁੱਲ

ਕੁੱਲ (कुल्ल) /kulla クッル/ ▸ਕੁਲ [Arab. *kull*] *m.* **1** 全体, 全部, 総体. **2** 合計, 総計.

— *adj.* **1** すべての, あらゆる, 全部の, 全体の. (⇒ਸਾਰਾ) **2** 総体の, 総計の, 合計の.

— *adv.* 全部で, 合計で.

ਕੁਲਕੁਲਾਂ (कुलकुलाँ) /kulakulā̃ クルクラーン/ [(Lah.) + Arab. *kull* + ਆਂ] *adv.* すべて一緒に.

ਕੁਲਚਾ (कुलचा) /kulacā クルチャー/ [Pers. *kulīca*] *m.*〖料理〗クルチャー《ナーンの生地の中に色々なものを詰めてピザのような平たい丸い形にして焼いた食べ物》.

ਕੁਲੱਛਣ (कुलच्छण) /kulaccʰaṇa クラッチャン/ [Skt. कु- Skt. लक्षण] *m.* **1** 不良行為, 不品行. (⇒ਕੁਚਾਲ) **2** 不吉.

ਕੁਲੱਛਣਾ (कुलच्छणा) /kulaccʰaṇā クラッチャナー/ [Skt. कु- Skt. लक्षण] *adj.* **1** 不品行の. **2** 不吉な.

— *m.* 悪事を行う男.

ਕੁਲੱਛਣੀ (कुलच्छणी) /kulaccʰaṇī クラッチャニー/ [-ਈ] *f.* 悪事を行う女.

ਕੁਲੰਜ (कुलंज) /kulañjạ クランジ/ [Grk. *kolon*] *m.* 〖医〗大腸炎, 結腸の炎症.

ਕੁਲੱਜ (कुलज्ज) /kulajjạ クラッジ/ ▶ਕੁਲਾਜ [Skt. कु- Skt. लज्जा] *adj.* **1** 恥知らずの, 厚かましい. (⇒ਬੇਸ਼ਰਮ) **2** 悪名高い, 評判の悪い.

— *f.* **1** 悪名. **2** 悪評, 不評.

ਕੁਲਤ (कुलत) /kulatạ クルト/ ▶ਕੁਲੱਤ [Skt. कु- Pers. *`illat*] *f.* 悪い習慣, 悪習, 悪癖. (⇒ਮੰਦੀ ਵਾਦੀ)

ਕੁਲੱਤ (कुलत्त) /kulattạ クラット/ ▶ਕੁਲਤ *f.* → ਕੁਲਤ

ਕੁਲੱਥੀ (कुलत्थी) /kulattʰī クラッティー/ [Skt. कुलस्थिक] *f.* 〖植物〗ホースグラム《マメ科の一年生草本. 種子は小さな菱形》.

ਕੁਲਪਤੀ (कुलपती) /kulạpatī クルパティー/ [Skt. कुलपति] *m.* **1** 一家の長, 家長. (⇒ਘਰ ਦਾ ਮਾਲਕ) **2** 大学の学長, 総長, 大学の最高責任者. (⇒ਵਾਈਸ ਚਾਨਸਲਰ)

ਕੁਲਫ਼ਾ (कुलफ़ा) /kulạfā クルファー/ *m.* 〖植物〗スベリヒユ《畑などに自生する一年草》.

ਕੁਲਫ਼ੀ (कुलफ़ी) /kulạfī クルフィー/ [Pers. *quflī*] *f.* **1** 〖食品〗アイスクリーム《生乳を煮つめて浮いてくる薄膜状のクリームを集めたマラーイー ਮਲਾਈ に砂糖を加え水分を蒸発させて作ったもの》. **2** 〖食品〗アイスキャンディー.

ਕੁਲਵੰਤ (कुलवंत) /kulạwantạ クルワント/ [Skt. कुल Skt.-वंत] *adj.* **1** 高貴な生まれの. **2** 良家の, 育ちの良い. (⇒ਅਸੀਲ)

— *m.* 良家の子弟.

ਕੁੱਲਾ (कुल्ला) /kullā クッラー/ [Pers. *kulah*] *m.* 〖衣服〗ターバンを巻くための頭巾.

ਕੁਲਾਜ (कुलाज) /kulājạ クラージ/ ▶ਕੁਲੱਜ *adj.f.* → ਕੁਲੱਜ

ਕੁਲੀ (कुली) /kulī クリー/ ▶ਕੁੱਲੀ [Turk. *qulī*] *m.* **1** クリー, 苦力. **2** 運搬人, 担ぎ人夫.

ਕੁੱਲੀ[1] (कुल्ली) /kullī クッリー/ ▶ਕੁਲੀ *m.* → ਕੁਲੀ

ਕੁੱਲੀ[2] (कुल्ली) /kullī クッリー/ [Skt. कल] *f.* 〖建築〗掘っ建て小屋, 粗末な小屋. (⇒ਝੁੱਗੀ)

ਕੁਲੀਨ (कुलीन) /kulīnạ クリーン/ [Skt. कुलीन] *adj.* **1** 高貴な生まれの. (⇒ਕੁਲਵੰਤ) **2** 良家の. (⇒ਅਸੀਲ)

ਕੁਲੈਕਟਰ (कुलैकटर) /kulaikạṭarạ クラェークタル/ [Eng. *collector*] *m.* **1** 収集家. **2** 集金人, 収税官.

ਕੁਵਕਤ (कुवकत) /kuwakạtạ クワクト/ [Skt. कु- Arab. *vaqt*] *m.* **1** 時期外れ, 時を得ないこと. (⇒ਅਵੇਰ) **2** 時期遅れ. (⇒ਦੇਰੀ)

ਕੁਵਕਤਾ (कुवकता) /kuwakạtā クワクター/ [Skt. कु- Arab. *vaqt*] *adj.* 時期外れの, 時を得ない. (⇒ਅਵੇਰਾ)

ਕੁਵਖਤ (कुवखत) /kuwakʰạtạ クワクト/ [Skt. कु- Arab. *vaqt*] *m.* 逆境.

ਕੁਵਰਤੋਂ (कुवरतों) /kuwarạtõ クワルトーン/ [Skt. कु- Skt. वर्तन] *m.* 悪用, 誤用. (⇒ਬੁਰਾ ਇਸਤੇਮਾਲ)

ਕੁਵੱਲਾ (कुवल्ला) /kuwallā クワッラー/ [Skt. कु- Skt. बल्] *adj.* 扱いにくい. (⇒ਕੁਚੱਜਾ)

ਕੁਵਾਕ (कुवाक) /kuwākạ クワーク/ [Skt. कु- Skt. वाक्] *m.* 悪口, 悪態, 口汚い言葉, 罵り. (⇒ਦੁਰਬਚਨ)

ਕੁਵੇਲ (कुवेल) /kuwelạ クウェール/ ▶ਕੁਵੇਲਾ [(Pot.)] *f.* → ਕੁਵੇਲਾ

ਕੁਵੇਲਾ (कुवेला) /kuwelā クウェーラー/ ▶ਕੁਵੇਲ [Skt. कु- Skt. वेला] *m.* **1** 時期外れ, 時を得ないこと. (⇒ਅਵੇਰ) **2** 時期遅れ. (⇒ਦੇਰੀ)

ਕੁਵੇਲੇ (कुवेले) /kuwele クウェーレー/ [+ ਏ] *adv.* 時期外れに, 遅れて. (⇒ਦੇਰੀ ਨਾਲ)

ਕੁੜ੍ਹਨਾ (कुड़्हना) /kûṛạnā クルナー/ [Skt. क्रुध्यति] *vi.* **1** 苛々する. **2** すねる, 不機嫌になる. **3** うらやむ, 妬む.

ਕੁੜੱਕੀ (कुड़क्की) /kuṛakkī クラッキー/ ▶ਕੜਿੱਕੀ, ਕੁੜਿੱਕੀ *f.* 罠. (⇒ਫੰਧਾ)

ਕੁੜਕੁੜੂ (कुड़कुड़ू) /kuṛạkuṛū クルクルー/ ▶ਕੋਕੜੂ, ਕੋਰੜੂ, ਕੋੜਕੂ *m.* → ਕੋੜਕੂ

ਕੁੜੱਤ (कुड़त्त) /kuṛattạ クラット/ ▶ਕੁੜੱਤਣ, ਕੁੜਿੱਤਣ, ਕੌੜੱਤਣ *f.* → ਕੁੜੱਤਣ

ਕੁੜੱਤਣ (कुड़त्तण) /kuṛattaṇạ クラッタン/ ▶ਕੁੜੱਤ, ਕੁੜਿੱਤਣ, ਕੌੜੱਤਣ [Skt. कटुता] *f.* **1** 苦さ, 苦味. (⇒ਕੌੜਾਪਣ) **2** 苦しさ, 辛さ. **3** 辛辣さ, 痛烈さ.

ਕੁੜਤਾ (कुड़ता) /kuṛạtā クルター/ ▶ਕੁਰਤਾ [Pers. *kurta*] *m.* 〖衣服〗クルター《襟のない長袖のゆったりとしたシャツ》.

ਕੁੜਤੀ (कुड़ती) /kuṛạtī クルティー/ ▶ਕੁਰਤੀ [-ਈ] *f.* 〖衣服〗クルティー《襟のない長袖のゆったりとした短いシャツ. 女性用のブラウス》. (⇒ਜ਼ਨਾਨਾ ਕੁੜਤਾ)

ਕੁੜਮ (कुड़म) /kuṛạmạ クルム/ [Skt. कुटुम्ब] *m.* 〖親族〗息子または娘の義父.

ਕੁੜਮਣੀ (कुड़मणी) /kuṛạmaṇī クルマニー/ [-ਣੀ] *f.* 〖親族〗息子または娘の義母.

ਕੁੜਮਾਈ (कुड़माई) /kuṛạmāī クルマーイー/ ▶ਕੜਮਾਈ [-ਆਈ] *f.* 〖儀礼〗婚約, 婚約式. (⇒ਸਗਾਈ, ਮੰਗਣੀ)

ਕੁੜਮਾਚਾਰੀ (कुड़माचारी) /kuṛạmācārī クルマーチャーリー/ *m.* 外戚関係.

ਕੁੜਾਂਘ (कुड़ाँघ) /kuṛā̃gạ クラーング/ [Skt. कटु] *f.* **1** 苦さ, 苦味. (⇒ਕੌੜਾਪਣ) **2** 苦しさ, 辛さ. **3** 辛辣さ, 痛烈さ.

ਕੁੜਿੱਕੀ (कुड़िक्की) /kuṛikkī クリッキー/ ▶ਕੜਿੱਕੀ, ਕੁੜੱਕੀ *f.* 罠. (⇒ਫੰਧਾ)

ਕੁੜਿੱਤਣ (कुड़ित्तण) /kuṛittaṇạ クリッタン/ ▶ਕੁੜੱਤ, ਕੁੜੱਤਣ, ਕੌੜੱਤਣ *f.* → ਕੁੜੱਤਣ

ਕੁੜੀ (कुड़ी) /kuṛī クリー/ [Skt. कुड्] *f.* **1** 女の子, 少女, 女子. (⇒ਲੜਕੀ, ਕੰਨਿਆਂ) **2** 乙女, 未婚の女性. **3** 処女. **4** 娘. (⇒ਧੀ, ਬੇਟੀ)

ਕੁੜੇ (कुड़े) /kuṛe クレー/ [(Pua.) + ਏ] *int.* 《マージー方言に基づく標準語形は ਕੁੜੀਏ (女性名詞の呼格・単数形)》少女よ, ねえ娘さん, ちょっとそこの彼女.

ਕੂੰ (कूँ) /kū̃ クーン/ ▶ਨੂੰ [(Lah.)] *postp.* 《マージー方言に基づく標準語形は ਨੂੰ 》→ ਕਲਾਲ

ਕੂਹਣੀ (कूहणी) /kûṇī クーニー/ ▶ਕੁਹਣੀ [(Pkt. कुहणी) Skt. कफोणी] *f.* 〖身体〗肘. (⇒ਅਰਕ)

ਕੂਕ (कूक) /kūkạ クーク/ [Skt. कू] *f.* **1** 叫び, 叫び声. (⇒ਚੀਕ) **2** 甲高い声, 金切り声. **3** 悲鳴. **4** わめき, 怒号. **5** 列車の警笛.

ਕੂਕਣਾ (कूकणा) /kūkaṇā クーカナー/ [(Lah.) Skt. कूक्कति] *vi.* **1** 叫ぶ. (⇒ਚੀਕਣਾ) **2** 甲高い声を出す, 金切り

声を出す. **3** 悲鳴を上げる. **4** わめく, 怒鳴る.

ਕੂਕਰ (कूकर) /kūkara クーカル/ [Skt. कूकर] *m.* 〖動物〗犬.

ਕੂਕਾ (कूका) /kūkā クーカー/ *m.* **1** 叫ぶ者. **2** 〖スィ〗クーカー《ナームダーリー派のスィック教徒の通称》.

ਕੂਚ (कूच) /kūca クーチ/ [Pers. *kūc*] *m.* **1** 出発, 出かけること, 旅立ち. (⇒ਰਵਾਨਗੀ) **2** 旅, 旅行, 移動. (⇒ਸਫ਼ਰ) **3** あの世への旅立ち, 死. (⇒ਮੌਤ, ਮਿਰਤੂ, ਦਿਹਾਂਤ) **4** 行進. **5** 〖軍〗行軍.

ਕੂਚਣਾ (कूचणा) /kūcaṇā クーチャナー/ [Skt. कूर्च] *vt.* **1** 強くこする. **2** ブラシで磨く.

ਕੂਚਾ (कूचा) /kūcā クーチャー/ [Skt. कूर्च] *m.* **1** 〖道具〗硬いブラシ. **2** 細道, 狭い路地.

ਕੂਚੀ (कूची) /kūcī クーチー/ [Skt. कूर्ची] *f.* **1** 〖道具〗小さなブラシ. **2** 〖道具〗絵筆.

ਕੂੰਜ (कूँज) /kū̃ja クーンジ/ [(Pkt. कुंच) Skt. कौञ्च] *f.* 〖鳥〗シベリアヅル.

ਕੂਜ਼ਾ (कूज़ा) /kūzā クーザー/ [Pers. *kūza*] *m.* 〖容器〗土製の壺.

ਕੂਟਨੀਤਕ (कूटनीतक) /kūṭanītaka クートニータク/ ▸ਕੂਟਨੀਤਗ *m.* → ਕੂਟਨੀਤਗ

ਕੂਟਨੀਤਗ (कूटनीतग) /kūṭanītaga クートニータグ/ ▸ਕੂਟਨੀਤਕ [Skt. कूटनीतिज्ञ] *m.* 外交官.

ਕੂਟਨੀਤੀ (कूटनीती) /kūṭanītī クートニーティー/ [Skt. कूटनीति] *f.* **1** 外交, 外交政策. **2** 秘密の政策, 秘策, 秘密の計画, 密計, 陰謀.

ਕੂੰਡਾ (कूँडा) /kū̃ḍā クーンダー/ [Skt. कुण्ड] *m.* **1** 〖調〗石製または焼き物のすり鉢. (⇒ਸੁਨਹਿਰਾ) **2** 〖容器〗底の平らな丸い焼き物の容器. **3** 〖容器〗浅い鉢, 浅いたらい. **4** 大桶.

ਕੂੰਡੀ (कूँडी) /kū̃ḍī クーンディー/ [-ਈ] *f.* **1** 〖調〗小型の石製または焼き物のすり鉢. **2** 〖容器〗小鉢.

ਕੂਣਾ (कूणा) /kūṇā クーナー/ [Skt. कूणति] *vt.* 話す, しゃべる, 言う.

ਕੂਤ (कूत) /kūta クート/ [Skt. आकूत] *m.* **1** 見積もり, 査定. (⇒ਅਟਕਲ) **2** 推測, 推量. (⇒ਅੰਦਾਜ਼ਾ)

ਕੂਤਣਾ (कूतणा) /kūtaṇā クータナー/ [Skt. आकूत] *vt.* 見積もる, 査定する.

ਕੂੰਦਣਾ (कूँदणा) /kū̃daṇā クーンダナー/ [Skt. कान्ति] *vi.* 輝く, きらめく. (⇒ਚਮਕਣਾ)

ਕੂਨਾ (कूना) /kūnā クーナー/ [Skt. कूजन] *adj.* **1** おとなしい, 寡黙の. (⇒ਚੁੱਪੂ) **2** 優しい, 温厚な. (⇒ਹਲੀਮ) **3** 言葉遣いは優しいが狡猾な.

— *m.* **1** おとなしい人, 寡黙の人. **2** 優しい人, 温厚な人. **3** 言葉遣いは優しいが狡猾な人.

ਕੂਪ (कूप) /kūpa クープ/ ▸ਖੂਹ [Skt. कूप] *m.* **1** 井戸. **2** 穴, 窪み.

ਕੂਪਣ (कूपण) /kūpaṇa クーパン/ ▸ਕੂਪਨ [Eng. *coupon*] *m.* クーポン券, 注文券, 配給切符, 債券の利札.

ਕੂਪਨ (कूपन) /kūpana クーパン/ ▸ਕੂਪਣ *m.* → ਕੂਪਣ

ਕੂੰਬਲ (कूँबल) /kū̃bala クーンバル/ ▸ਕਰੂੰਬਲ, ਕੁੰਬਲ, ਕੂਮਲ [Skt. कुड्मल] *m.* **1** 〖植物〗枝の先の柔らかい部分. **2** 〖植物〗葉芽. **3** 〖植物〗新芽.

ਕੂਮਲ (कूमल) /kūmala クーマル/ ▸ਕਰੂੰਬਲ, ਕੁੰਬਲ, ਕੂੰਬਲ *m.* → ਕੂੰਬਲ

ਕੂਮਿਸ (कूमिस) /kūmisa クーミス/ [Eng. *kumiss, koumiss*] *m.* 〖飲料〗クミス, 乳酒《アジアの遊牧民が馬乳や駱駝の乳から作る発酵酒》.

ਕੂਰ¹ (कूर) /kūra クール/ [Skt. कुक्कर] *m.* 子犬.

ਕੂਰ² (कूर) /kūra クール/ ▸ਕੂੜ *m.* → ਕੂੜ

ਕੂਰ³ (कूर) /kūra クール/ [(Pkt. कूर) Skt. क्रूर] *adj.* **1** 恐ろしい. (⇒ਭਿਆਨਕ) **2** 無慈悲な. (⇒ਨਿਰਦਈ)

ਕੂਲ੍ਹ (कूल्ह) /kûla クール/ [Skt. कुल्या] *f.* **1** 水路. **2** 小川. (⇒ਛੋਟੀ ਨਦੀ)

ਕੂਲਾ (कूला) /kūlā クーラー/ [Skt. कोमल] *adj.* 柔らかい. (⇒ਨਰਮ)

ਕੂੜ (कूड़) /kūṛa クール/ ▸ਕੂਰ [(Pkt. कूड) Skt. कूट] *m.* **1** 嘘, 虚偽. (⇒ਝੂਠ) **2** 不実. (⇒ਅਸੱਤ)

ਕੂੜਾ¹ (कूड़ा) /kūṛā クーラー/ [(Pkt. कूड) Skt. कूट] *adj.* 偽りの, 嘘の, 虚偽の. (⇒ਝੂਠਾ)

ਕੂੜਾ² (कूड़ा) /kūṛā クーラー/ [(Pkt. कूड) Skt. कूट] *m.* **1** ごみ, 屑. **2** 廃棄物.

ਕੂੜੇਦਾਨ (कूड़ेदान) /kūṛedāna クーレーダーン/ [Pers.-*dān*] *m.* ごみ箱, 屑入れ.

ਕੇ¹ (के) /ke ケー/ [Pkt. किम] *adv.* なぜ, どうして. (⇒ਕਿਉਂ)

ਕੇ² (के) /ke ケー/ ▸ਕਿ, ਕੈ *conj.* → ਕਿ

ਕੇ³ (के) /ke ケー/ [Skt. कृ] *suff.* 《分かち書きせずに動詞の語幹に付いた場合,「…して」「…した後で」の意味を表す接続分詞を形成する接尾辞. 例えば動詞 ਕਰਨਾ に付く場合は ਕਰਕੇ となる》…して, …した後で.

— *conj.* 《分かち書きして動詞の語幹に続いた場合,「…して」「…した後で」の意味を表す語句を形成する接続詞. 例えば動詞 ਖਾਣਾ に付く場合は ਖਾ ਕੇ「食べて」「食べた後で」, また動詞 ਪੀਣਾ に付く場合は ਪੀ ਕੇ「飲んで」「飲んだ後で」となる》…して, …した後で.

ਕੇ⁴ (के) /ke ケー/ ▸ਕਈ *adj.pron.* → ਕਈ

ਕੇ⁵ (के) /ke ケー/ [Skt. कदा] *adv.* いつ. (⇒ਕਦੋਂ)

ਕੇਉ (केउ) /keo | keu ケーオー | ケーウ/ ▸ਕਿਉਂ, ਕਿਊਂ *adv.* → ਕਿਉਂ

ਕੇਉੜਾ (केउड़ा) /keuṛā ケーウラー/ ▸ਕਿਉੜਾ, ਕੇਤਕਿ, ਕੇਤਕੀ, ਕੇਵੜਾ *m.* → ਕਿਉੜਾ

ਕੇਸ¹ (केस) /kesa ケース/ ▸ਕੇਸ਼ [(Pkt. केस) Skt. केश] *m.* **1** 〖身体〗髪, 頭髪, 毛. **2** 〖身体・スィ〗入信したスィック教徒の刈らない髪.

ਕੇਸ² (केस) /kesa ケース/ [Eng. *case*] *m.* **1** 〖容器〗ケース, 箱, 容器, 入れ物. **2** 場合, 事例, 事件. **3** 〖法〗訴訟, 判例.

ਕੇਸ਼ (केश) /keśa ケーシュ/ ▸ਕੇਸ *m.* → ਕੇਸ¹

ਕੇਸਕੀ (केसकी) /kesakī ケースキー/ [Skt. केश + की] *f.* 〖衣服〗小さなターバン《頭全体を覆うターバンの下に着用し髪を覆うもの》. (⇒ਛੋਟੀ ਪੱਗ)

ਕੇਸਰ (केसर) /kesara ケーサル/ [Skt. केसर] *m.* **1** 〖植物〗サフラン《アヤメ科の多年草. 香料・染料として利用される》. (⇒ਜ਼ਾਫ਼ਰਾਨ) **2** 〖動物〗(ライオンや馬の)たてがみ. (⇒ਅੱਯਾਲ)

ਕੇਸਰੀ (केसरी) /kesarī ケースリー/ [Skt. केसरिन्] *adj.* **1** サフラン色の. **2** 濃いオレンジ色の. (⇒ਜ਼ਾਫ਼ਰਾਨੀ)

ਕੇਸ਼ਰੀਆਂ (केशरीआँ) /keśarīā̃ ケーシュリーアーン/ [(Pot.) Skt. केसर] *f.* 〖身体〗頭髪. (⇒ਸਿਰ ਦੇ ਵਾਲ)

ਕੇਸ਼ਵ (केशव) /keśava ケーシャヴ/ [Skt. केशव] *m.* **1** 長くふさふさした美しい髪を持つもの. (⇒ਸੁੰਦਰ ਕੇਸ਼ਾਂ ਵਾਲਾ) **2** 〖ヒ〗ケーシャヴァ《ヴィシュヌ神・クリシュナ神の異名の一つ》.

ਕੇਸਾਧਾਰੀ (केसाधारी) /kesātǎrī ケーサーターリー/ *adj.* 髪を切らずに伸ばしている.

— *m.* **1** 髪を切らずに伸ばしている人. **2** 〖スィ〗髪を切らずひげを剃らないで伸ばしているスィック教徒.

ਕੇਸੂ (केसू) /kesū ケースー/ ▸ਟੇਸੂ [Skt. किशुक] *m.* 〖植物〗ハナモツヤクノキ《マメ科の落葉高木》, ハナモツヤクノキの花《濃いオレンジ色の派手な花》. (⇒ਢੱਕ)

ਕੇਹ (केह) /kê ケー/ [(Mul.)] *f.* 〖地理〗川. (⇒ਨਦੀ)

ਕੇਹਰ (केहर) /kêra ケール/ [(Pkt. केसरी) Skt. केशरि] *m.* **1** 〖動物〗トラ, 虎. **2** 〖動物〗ライオン, 獅子.

ਕੇਹਾ (केहा) /kêā ケーアー/ ▸ਕਿਹਾ *adj.adv.* → ਕਿਹਾ

ਕੇਕ (केक) /keka ケーク/ [Eng. *cake*] *m.* **1** 〖食品〗ケーキ, 洋菓子. **2** 平たい形の固形物.

ਕੇਕੜਾ (केकड़ा) /kekaṛā ケークラー/ *m.* 〖魚〗カニ, 蟹.

ਕੇਚਵਾ (केचवा) /kecawā ケーチワー/ ▸ਕੇਂਚੁਵਾ [Skt. किञ्चिलिक्] *m.* **1** 〖虫〗線虫, 回虫. (⇒ਮਲ੍ਹੱਪ) **2** 〖動物〗ナメクジ, 蛞蝓. (⇒ਗੰਡੋਆ) **3** 〖動物〗ミミズ, 蚯蚓.

ਕੇਂਚੁਵਾ (केंचुवा) /kēcuwā ケーンチュワー/ ▸ਕੇਚਵਾ *m.* → ਕੇਚਵਾ

ਕੇਟਾਇਨ (केटाइन) /keṭāina ケーターイン/ [Eng. *cation*] *m.* 〖化学〗陽イオン, カチオン.

ਕੇਡ (केड) /keḍa ケード/ ▸ਕਿੱਡਾ, ਕੇਡਾ *adj.* → ਕੇਡਾ

ਕੇਡਾ (केडा) /keḍā ケーダー/ ▸ਕਿੱਡਾ, ਕੇਡ [(Lah.)] *adj.* **1** どのくらいの. **2** どのくらい大きい, どのくらいの大きさの. (⇒ਕਿੰਨਾ ਵੱਡਾ)

ਕੇਡੈਂ (केडैं) /keḍā̃ĩ ケーダェーン/ [(Lah.) Skt. कुत्र] *adv.* **1** どちらに, どちら側に. (⇒ਕਿਸ ਪਾਸੇ) **2** どちらの方向に. (⇒ਕਿਸ ਵੱਲ)

ਕੇਤ[1] (केत) /keta ケート/ [Skt. कियत्] *adj.* どのくらいの. (⇒ਕਿਤਨਾ)

— *adv.* なぜ, どうして.

ਕੇਤ[2] (केत) /keta ケート/ [Skt. केत] *m.* **1** 家. (⇒ਘਰ) **2** 場所. (⇒ਸਥਾਨ) **3** 知恵. (⇒ਬੁੱਧੀ) **4** 概念. (⇒ਸੰਕਲਪ)

ਕੇਤਕਿ (केतकि) /ketaki ケートキ/ ▸ਕਿਉੜਾ, ਕੇਉੜਾ, ਕੇਤਕੀ, ਕੇਵੜਾ *f.* → ਕੇਤਕੀ

ਕੇਤਕੀ (केतकी) /ketakī ケートキー/ ▸ਕਿਉੜਾ, ਕੇਉੜਾ, ਕੇਤਕਿ, ਕੇਵੜਾ [Skt. केतक] *f.* 〖植物〗アダン(阿檀)《熱帯の海岸に広く分布するタコノキ科の常緑小高木》.

ਕੇਤਲੀ (केतली) /ketalī ケートリー/ [Eng. *kettle*] *f.* 〖調〗やかん, 湯沸かし.

ਕੇਤਾ (केता) /ketā ケーター/ *adj.* どのくらいの. (⇒ਕਿੰਨਾ)

ਕੇਤੂ (केतू) /ketū ケートゥー/ [Skt. केतु] *m.* **1** 〖天文〗彗星, 流星. **2** 〖天文〗月の降交点.

ਕੇਂਦਰ (केंदर) /kēdara ケーンダル/ [Skt. केन्द्र] *m.* **1** 中央. **2** 中心. **3** 中央政府.

ਕੇਂਦਰਿਤ (केंदरित) /kēdarita ケーンドリト/ ▸ਕੇਂਦ੍ਰਿਤ [Skt. केन्द्रित] *adj.* **1** 中央に置かれた. **2** 中央に据えた, 中心として考えた. **3** 集中した.

ਕੇਂਦ੍ਰਿਤ (केंद्रित) /kēdrita ケーンドリト/ ▸ਕੇਂਦਰਿਤ *adj.* → ਕੇਂਦਰਿਤ

ਕੇਂਦਰੀ (केंदरी) /kēdarī ケーンドリー/ [Skt. केन्द्रीय] *adj.* **1** 中央の. **2** 中心の. **3** 中央政府の.

ਕੇਂਦਰੀਕਰਨ (केंदरीकरन) /kēdarīkarana ケーンドリーカルン/ [Skt.-करण] *m.* **1** 中央に集めること, 中央に集まっていること. **2** 集中, 集中化.

ਕੇਂਦਰੀਵਾਦ (केंदरीवाद) /kēdarīwāda ケーンドリーワード/ [Skt.-वाद] *m.* 〖政治〗中央集権主義.

ਕੇਨ (केन) /kena ケーン/ [Eng. *cane*] *f.* **1** 〖道具〗杖, ステッキ. **2** 〖道具〗鞭. **3** 〖植物〗(竹・葦・籐などの)細長い茎.

ਕੇਨੀਆ (केनीआ) /kenīā ケーニーアー/ [Eng. *Kenya*] *m.* 〖国名〗ケニア(共和国).

ਕੇਬਨ (केबन) /kebana ケーバン/ ▸ਕੇਬਿਨ *m.* → ਕੇਬਿਨ

ਕੇਬਲ (केबल) /kebala ケーバル/ [Eng. *cable*] *m.* **1** 太綱. **2** ケーブル線.

ਕੇਬਿਨ (केबिन) /kebina ケービン/ ▸ਕੇਬਨ [Eng. *cabin*] *m.* **1** 小屋. **2** 〖乗物〗船室. **3** 〖乗物〗(飛行機の)客室, 乗務員室, 貨物室.

ਕੇਯੂਰ (केयूर) /keyūra ケーユール/ [Skt. केयूर] *m.* 〖装〗腕輪, 腕飾り, 腕章. (⇒ਬਾਜ਼ੂਬੰਦ)

ਕੇਰ (केर) /kera ケール/ ▸ਕੇਰਾ *postp.* …の. (⇒ਦਾ)

ਕੇਰਣਾ (केरणा) /keraṇā ケールナー/ ▸ਕੇਰਨਾ *vt.* → ਕੇਰਨਾ

ਕੇਰਨਾ (केरना) /keranā ケールナー/ ▸ਕੇਰਣਾ [cf. ਕਿਰਨਾ] *vt.* **1** 落とす. **2** 撒き散らす, 散布する. **3** 均等に注ぐ. **4** 〖農業〗列を成すように並べて種を蒔く, 畑に種を蒔く.

ਕੇਰਲ (केरल) /kerala ケーラル/ [Skt. केरल] *m.* 〖地名〗ケーララ州《インド南西端の州》.

ਕੇਰਾਂ (केराँ) /kerā̃ ケーラーン/ ▸ਇਕੇਰਾਂ *adv.* → ਇਕੇਰਾਂ

ਕੇਰਾ[1] (केरा) /kerā ケーラー/ [Skt. किर] *m.* **1** 〖農業〗種蒔き, 手で種を撒くこと, 列を成すように並べてまかれた種. **2** 果物が自然に木から落ちること.

ਕੇਰਾ[2] (केरा) /kerā ケーラー/ ▸ਕੇਰ *postp.* …の. (⇒ਦਾ)

ਕੇਰੀ[1] (केरी) /kerī ケーリー/ [Skt. किर] *f.* 〖植物〗細身の穀粒, 雑草の種.

ਕੇਰੀ[2] (केरी) /kerī ケーリー/ [(Pkt. क्यर) Skt. क्रकर] *f.* 〖植物〗熟していないマンゴー, 青いマンゴー. (⇒ਅੰਬੀ)

ਕੇਲ (केल) /kela ケール/ ▸ਖੇਲ *f.* → ਖੇਲ

ਕੇਲਾ[1] (केला) /kelā ケーラー/ [(Pkt. कयल) Skt. कदल] *m.* 〖植物〗バナナ《バショウ科の多年草》, バナナの実.

ਕੇਲਾ[2] (केला) /kelā ケーラー/ ▸ਅਕੱਲਾ, ਇਕੱਲ, ਕੱਲਾ *adj.adv.* → ਇਕੱਲਾ

ਕੇਲੋਂ (केलों) /kelõ ケーローン/ [(Pkt. केलिय) Skt. किलिम] *f.* 〖植物〗山地に分布するモミの木の一種.

ਕੇਵ (केव) /kewa ケーウ/ *adv.* どのように, どう, どうやって. (⇒ਕਿਵੇਂ)

ਕੇਵਡ (केवड) /kewaḍa ケーワド/ [(Lah.) Skt. कियत् + Skt. बृहत्] *adj.* どのくらいの, どのくらい大きな. (⇒ਕਿੰਨਾ ਵੱਡਾ)

ਕੇਵਲ (केवल) /kewala ケーワル/ [Skt. केवल] *adv.* **1** ただ…だけ, 唯一. (⇒ਸਿਰਫ਼, ਮਹਿਜ਼) **2** 単に. **3** たった.

ਕੇਵੜਾ (केवड़ा) /kewaṛā ケーウラー/ ▸ਕਿਉੜਾ, ਕੇਉੜਾ, ਕੇਤਕਿ, ਕੇਤਕੀ *m.* → ਕਿਉੜਾ

ਕੇੜਾ (केड़ा) /keṛā ケーラー/ [(Mul.) Skt. कट] *m.* 〖医〗腹痛. (⇒ਢਿੱਡ ਪੀੜ)

ਕੈਂ (कैं) /kãĩ カェーン/ ▸ਕੈ *adj.* → ਕੈ[1]

ਕੈ[1] (कै) /kai カェー/ ▸ਕੈਂ [Skt. कति] *adj.* いくつの. (⇒ਕਿੰਨੇ)

ਕੈ[2] (कै) /kai カェー/ ▸ਕੈਅ [Arab. *qai*] *f.* 〖医〗吐くこと, 嘔吐. (⇒ਉਲਟੀ, ਵੋਮੀ) ❒ਕੈ ਆਉਣਾ 吐き気をもよおす, 吐き気がする. ❒ਕੈ ਕਰਨੀ 嘔吐する, 吐く.

ਕੈ[3] (कै) /kai カェー/ ▸ਕਿ, ਕੇ *conj.* → ਕਿ

ਕੈਅ (कैअ) /kaia カェーア/ ▸ਕੈ *f.* → ਕੈ[2]

ਕੈਸ (कैस) /kaisa カェース/ ▸ਕਿਸ, ਕੀਸ [(Pot.)] *pron.* → ਕਿਸ

ਕੈਸ਼ (कैश) /kaiśa カェーシュ/ [Eng. *cash*] *m.* 現金. (⇒ਨਕਦ, ਰੁਪਇਆ) ❒ਕੈਸ਼ ਕਰਨਾ 現金にする, 現金化する. ❒ਕੈਸ਼ ਬਕਸ 現金箱, 金庫. ❒ਕੈਸ਼ ਬੁੱਕ 現金出納簿. ❒ਕੈਸ਼ ਮੀਮੋ 現金メモ, 現金出納覚え書き.

ਕੈਸਟ (कैसट) /kaisaṭa カェーサト/ [Eng. *cassette*] *m.* (テープレコーダーやビデオ用の)カセット.

ਕੈਸਟਰ ਆਇਲ (कैसटर आइल) /kaisaṭara āila カェースタル アーイル/ [Eng. *castor oil*] *m.* 蓖麻子油(ひましゆ).

ਕੈਂਸਰ (कैंसर) /kãĩsara カェーンサル/ ▸ਕੈਨਸਰ [Eng. *cancer*] *m.* **1** 〖医〗癌, 癌腫, 悪性腫瘍. **2** 〖比喩〗害悪, 厄介なもの.

ਕੈਂਸਲ (कैंसल) /kãĩsala カェーンサル/ [Eng. *cancel*] *adj.* 取り消された, 解除された, 破棄された. ❒ਕੈਂਸਲ ਕਰਨਾ 取り消す, 解除する, 破棄する.

ਕੈਸਲ (कैसल) /kaisala カェーサル/ [Eng. *castle*] *m.* 〖建築〗城, 城郭.

ਕੈਸਾ (कैसा) /kaisā カェーサー/ ▸ਕੈਸੋ [(Pkt. कइस) Skt. कीदृश] *adj.* どのような, どんな. (⇒ਕਿਸ ਤਰ੍ਹਾਂ ਦਾ, ਕਿਹੋ ਜਿਹਾ) ❒ਕੱਲੂ ਕੈਸਾ ਮੁੰਡਾ ਸੀ? クッルーはどんな男の子でしたか.

— *adv.* **1** どう, どのように. (⇒ਕਿਸ ਤਰ੍ਹਾਂ, ਕਿਵੇਂ) **2**《感嘆文で》なんと, なんという.

ਕੈਂਸੀ (कैंसी) /kãĩsī カェーンスィー/ *f.* 〖楽器〗震動楽器, 小型シンバル.

ਕੈਸ਼ੀਅਰ (कैशीअर) /kaiśīara カェーシーアル/ [Eng. *cashier*] *m.* 現金出納係, レジ係. (⇒ਖ਼ਜ਼ਾਨਚੀ)

ਕੈਸੀਨ (कैसीन) /kaisīna カェースィーン/ [Eng. *casein*] *f.* 〖化学〗カゼイン《乾酪素. 牛乳中にある蛋白質でチーズの素. 絵の具, プラスチック, 膠の原料》.

ਕੈਸੇ (कैसे) /kaise カェーセー/ [(Pkt. कइस) Skt. कीदृश] *adv.* どのように, どう, どうやって. (⇒ਕਿਵੇਂ)

ਕੈਸੋ (कैसो) /kaiso カェーソー/ ▸ਕੈਸਾ *adj.adv.* → ਕੈਸਾ

ਕੈਂਹ (कैंह) /kãî カェーン/ ▸ਕਹਿੰ *m.* 〖金属〗青銅, ブロンズ.

ਕੈਂਚ (कैंच) /kãĩca カェーンチ/ [Skt. कक्ष] *m.* 〖衣服〗腰布の一種. (⇒ਲੰਗੋਟੀ)

ਕੈਚ (कैच) /kaica カェーチ/ [Eng. *catch*] *m.* **1** 捕らえること. **2** 捕らえたもの. **3** 落とし穴.

ਕੈਚਪ (कैचप) /kaicapa カェーチャプ/ [Eng. *catchup*] *m.* 〖食品〗ケチャップ.

ਕੈਂਚੀ (कैंची) /kãĩcī カェーンチー/ [Turk. *kaincī*] *f.* 〖道具〗鋏(はさみ).

ਕੈਂਠਾ (कैंठा) /kãĩṭʰā カェーンター/ [Skt. कण्ठ] *m.* 〖装〗首飾り, ネックレス.

ਕੈਡਟ (कैडट) /kaiḍaṭa カェーダト/ [Eng. *cadet*] *m.* 〖軍〗陸軍士官学校生.

ਕੈਂਡਲ (कैंडल) /kãĩḍala カェーンダル/ [Eng. *candle*] *f.* 蝋燭. (⇒ਮੋਮਬੱਤੀ, ਸ਼ਮ੍ਹਾ)

ਕੈਂਡਲ ਸਟੈਂਡ (कैंडल सटैंड) /kãĩḍala saṭãĩḍa カェーンダル サタェーンド/ [Eng. *candle stand*] *m.* 蝋燭立て, 燭台.

ਕੈਂਡਾ (कैंडा) /kãĩḍā カェーンダー/ [(Pot.)] *pron.* 《 ਕੌਣ の属格》誰の. (⇒ਕਿਸ ਦਾ)

ਕੈਥਲਿਕ (कैथलिक) /kaitʰalika カェートリク/ ▸ਕੈਥੋਲਿਕ [Eng. *Catholic*] *adj.* 〖キ〗カトリックの, 旧教の.

— *m.* 〖キ〗カトリック教徒, 旧教徒.

ਕੈਥੋਲਿਕ (कैथोलिक) /kaitʰolika カェートーリク/ ▸ਕੈਥਲਿਕ *adj.m.* → ਕੈਥਲਿਕ

ਕੈਦ (कैद) /kaida カェード/ [Arab. *qaid*] *f.* **1** 投獄. (⇒ਬੰਦੀ) **2** 逮捕, 監禁. **3** 拘禁.

— *adj.* **1** 投獄された. **2** 逮捕された, 監禁された. **3** 拘禁された.

ਕੈਦਖ਼ਾਨਾ (कैदख़ाना) /kaidaxānā カェードカーナー/ [Pers.-*xāna*] *m.* **1** 刑務所. (⇒ਕਾਰਾ) **2** 拘置所. (⇒ਜੇਲ੍ਹ) **3** 獄舎, 監獄, 牢獄.

ਕੈਦਣ (कैदण) /kaidaṇa カェーダン/ [-ਣ] *f.* **1** 女性の囚人. **2** 女性の受刑者. **3** 女性の被拘留者, 女性の被抑留者. **4** 〖軍〗女性の捕虜.

ਕੈਂਦਾ (कैंदा) /kãĩdā カェーンダー/ [Skt. किम् + दा] *adj.* 誰の. (⇒ਕਿਸ ਦਾ)

ਕੈਦਾ (कैदा) /kaidā カェーダー/ ▸ਕਾਇਦਾ *m.* 〖口語〗→ ਕਾਇਦਾ

ਕੈਦੀ (कैदी) /kaidī カェーディー/ [Pers. *qaidī*] *m.* **1** 囚人, 入獄者. (⇒ਬੰਦੀ) **2** 受刑者. **3** 被拘留者, 被抑留者, 逮捕者. **4** 〖軍〗虜, 捕虜.

ਕੈਨਸਰ (कैनसर) /kainasara カェーンサル/ ▸ਕੈਂਸਰ *m.* → ਕੈਂਸਰ

ਕੈਨਟੀਨ (कैनटीन) /kainaṭīna カェーンティーン/ [Eng. *canteen*] *f.* **1** 飲食物・雑貨を売る店. **2** 〖軍〗酒保.

ਕੈਨੇਡਾ (कैनेडा) /kaineḍā カェーネーダー/ ▸ਕਨੇਡਾ *m.* → ਕਨੇਡਾ[1]

ਕੈਂਪ (कैंप) /kãĩpa カェーンプ/ ▸ਕੰਪ [Eng. *camp*] *m.* **1** 野営, 野営生活, キャンプ. **2** 野営テント. **3** 野営地, 駐留地, 駐屯地. **4**(捕虜や避難民などの)収容所.

ਕੈਪਸੂਲ (कैपसूल) /kaipasūla カェープスール/ [Eng. *capsule*] *m.* **1** 〖薬剤〗(薬の)カプセル. **2** 〖乗物〗(宇宙船の)カプセル.

ਕੈਪਹਿ (कैपहि) /kaipaî カェーパェー/ *adv.* 誰のそばに, 何のそばに. (⇒ਕਿਸ ਪਾਸ)

ਕੈਪਟਨ (कैपटन) /kaipaṭana カェープタン/ ▸ਕਪਤਾਨ *m.* → ਕਪਤਾਨ

ਕੈਫ਼[1] (कैफ़) /kaifa カェーフ/ [Pers. *kaif*] *m.* **1** 酔い, 陶酔, 酩酊, 興奮. **2** 〖飲料〗強い酒. (⇒ਤੇਜ਼ ਸ਼ਰਾਬ)

ਕੈਫ਼[2] (कैफ़) /kaifa カェーフ/ [Eng. *cafe*] *m.* カフェ, コーヒーショップ, 喫茶店. (⇒ਕਾਫ਼ੀ ਹਾਊਸ)

ਕੈਫ਼ੀਅਤ (कैफ़ीअत) /kaifīata カェーフィーアト/ [Pers. *kaifiyat*] *f.* **1** 状態, 状況. (⇒ਹਾਲਤ) **2** 様子, 事情. **3** 説明, 報告, 詳細.

ਕੈਫ਼ੀਨ (कैफ़ीन) /kaifīna カェーフィーン/ [Eng. *caffeine*] *f.* 〖化学〗カフェイン.

ਕੈਬ (कैब) /kaiba カェーブ/ [Eng. *cab*] *f.* タクシー.

ਕੈਬਨਿਟ (कैबनिट) /kaibanița カェーブニト/ ▸ਕੈਬੀਨਟ [Eng. *cabinet*] *f.* **1** 〖家具〗飾り戸棚, 戸棚. **2** 〖家具〗(ラジオやテレビなどの)キャビネット. **3** 〖政治〗内閣. (⇒ਮੰਤਰੀਮੰਡਲ)

ਕੈਬਰ (कैबर) /kaibara カェーバル/ *m.* 〖武〗矢. (⇒ਤੀਰ)

ਕੈਬਰੇ (कैबरे) /kaibare カェーブレー/ [Eng. *cabaret*] *m.* キャバレー.

ਕੈਬੀਨਟ (कैबीनट) /kaibīnața カェービーナト/ ▸ਕੈਬਨਿਟ *f.* → ਕੈਬਨਿਟ

ਕੈਮਰਾ (कैमरा) /kaimarā カェームラー/ [Eng. *camera*] *m.* 〖機械〗カメラ, 写真機.

ਕੈਮਿਸਟ (कैमिसट) /kaimisața カェーミスト/ [Eng. *chemist*] *m.* 化学者, 薬剤師.

ਕੈਮਿਸਟਰੀ (कैमिसटरी) /kaimisațarī カェーミスタリー/ [Eng. *chemistry*] *f.* 化学.

ਕੈਰਟ (कैरट) /kairața カェーラト/ [Eng. *carat*] *m.* 〖重量〗カラット《宝石の重量単位. 5分の1グラム》.

ਕੈਰਮ (कैरम) /kairama カェーラム/ [Eng. *caroms*] *m.* 〖遊戯〗キャロム《玉をはじいて遊ぶ, ビリヤードとおはじきを併せたようなボードゲーム》.

ਕੈਰਾ (कैरा) /kairā カェーラー/ [Skt. केकर] *adj.* **1** 褐色の目の. **2** 斜視の.

ਕੈਰੀਅਰ[1] (कैरीअर) /kairīara カェーリーアル/ [Eng. *carrier*] *m.* (自転車などの)荷台.

ਕੈਰੀਅਰ[2] (कैरीअर) /kairīara カェーリーアル/ [Eng. *career*] *m.* **1** 経歴, 職歴. **2** 職業, キャリア.

ਕੈਰੈਕਟਰ (कैरैकटर) /kairaikațara カェーラェークタル/ [Eng. *character*] *m.* **1** 特徴, 特性, 性格, 性質. **2** 登場人物.

ਕੈਲਸ਼ੀਅਮ (कैलशीअम) /kailaśīama カェールシーアム/ [Eng. *calcium*] *m.* 〖金属〗カルシウム.

ਕੈਲੰਡਰ[1] (कैलंडर) /kailaṇḍara カェーランダル/ ▸ਕਲੰਡਰ, ਕਲੰਦਰਾ [Eng. *calendar*] *m.* 〖暦〗暦, カレンダー, 暦法.

ਕੈਲੰਡਰ[2] (कैलंडर) /kailaṇḍara カェーランダル/ [Eng. *calender*] *f.* 〖機械〗カレンダー《紙・布などをつや出しするロール機械》.

ਕੈਲਾਸ (कैलास) /kailāsa カェーラース/ ▸ਕਵਿਲਾਸ, ਕੈਲਾਸ਼ [Skt. कैलास] *m.* カイラース(カイラーサ)山《古代インドの伝説上の山. チベット南西部のカイラース山(チベット名カンリンボチェ)がそれに当たるとされている》.

ਕੈਲਾਸ਼ (कैलाश) /kailāśa カェーラーシュ/ ▸ਕਵਿਲਾਸ, ਕੈਲਾਸ *m.* → ਕੈਲਾਸ

ਕੈਲਿਕਸ (कैलिकस) /kailikasa カェーリカス/ [Eng. *calyx*] *f.* 〖植物〗萼(がく).

ਕੈਲੀਪਰ (कैलीपर) /kailīpara カェーリーパル/ [Eng. *caliber*] *m.* 〖武〗(銃砲の)口径.

ਕੈਲੋਰੀ (कैलोरी) /kailorī カェーローリー/ ▸ਕਲੋਰੀ [Eng. *calorie*] *f.* 〖熱量〗カロリー.

ਕੈਲੋਰੀਮੀਟਰ (कैलोरीमीटर) /kailorīmīțara カェーローリーミータル/ [Eng. *calorimeter*] *m.* 〖器具〗カロリーメーター, 熱量計.

ਕੈਲੋਰੀਮੀਟਰੀ (कैलोरीमीटरी) /kailorīmīțarī カェーローリーミータリー/ [Eng. *calorimetry*] *f.* 熱量測定(法).

ਕੈੜ (कैड़) /kaira カェール/ [(Pot.) Skt. कै] *f.* 知らせ, 情報. (⇒ਇਤਲਾਹ)

ਕੋਆਪੇਰੇਟਿਵ (कोआपेरेटिव) /koāperețiva コーアーペーレーティヴ/ [Eng. *cooperative*] *adj.* **1** 協力の. **2** 協同の. **3** 協力的な.

ਕੋਇ (कोइ) /koe コーエー/ ▸ਕਾਈ, ਕੋਈ, ਕੋਏ *pron.adj.adv.* → ਕੋਈ

ਕੋਇਲ (कोइल) /koila コーイル/ ▸ਕੋਕਲ, ਕੋਕਲਾ, ਕੋਕਿਲ [(Pkt. कोइल) Skt. कोकिल] *f.* 〖鳥〗郭公, インドカッコウ, オニカッコウ.

ਕੋਇਲਾ (कोइला) /koilā コーイラー/ ▸ਕੋਲਾ *m.* → ਕੋਲਾ

ਕੋਈ (कोई) /koī コーイー/ ▸ਕਾਈ, ਕੋਇ, ਕੋਏ [Pkt. कोवि] *pron.* **1** 誰か. **2** 何か.
— *adj.* **1** 何らかの. **2**(はっきりとは言わない)ある, 不特定の. **3** どんな…でも.
— *adv.* おおよそ, 大体, 約. (⇒ਤਕਰੀਬਨ) ❐ਉਸ ਪਿੰਡ ਤੋਂ ਸਟੇਸ਼ਨ ਕੋਈ ਡੇਢ ਕਿਲੋਮੀਟਰ ਦੂਰ ਸੀ। その村から駅は約1．5キロメートル離れていました.

ਕੋਏ (कोए) /koe コーエー/ ▸ਕਾਈ, ਕੋਇ, ਕੋਈ *pron.adj.adv.* → ਕੋਈ

ਕੋਸ਼ (कोश) /kośa コーシュ/ [Skt. कोश] *m.* **1** 宝物, 財宝. **2** 倉庫, 倉, 蔵, 宝庫, 金庫. **3** 蓄財, 財産, 基金, 資金. (⇒ਫ਼ੰਡ) **4** 辞書, 辞典, 用語集. (⇒ਫ਼ਰਹੰਗ, ਲੁਗ਼ਾਤ)

ਕੋਸ਼ਸ਼ (कोशश) /kośaśa コーシャシュ/ ▸ਕੋਸ਼ਿਸ਼ *f.* → ਕੋਸ਼ਿਸ਼

ਕੋਸ਼ ਕਲਾ (कोश कला) /kośa kalā コーシュ カラー/ [Skt. कोश + Skt. कला] *f.* 辞書編集法, 辞典編纂法.

ਕੋਸ਼ਕਾ (कोशका) /kośakā コーシュカー/ ▸ਕੋਸ਼ਿਕਾ [Skt. कोशिका] *f.* 〖生物〗細胞, 神経細胞. (⇒ਸੈੱਲ)

ਕੋਸ਼ਕਾਰ (कोशकार) /kośakāra コーシュカール/ [Skt. कोश Skt.-कार] *m.* 辞書編集者, 辞典編纂者, 辞書家.

ਕੋਸ਼ਕਾਰੀ (कोशकारी) /kośakārī コーシュカーリー/ [Skt.-कारिता] *f.* 辞書編集(法), 辞典編纂(法).

ਕੋਸਣਾ (कोसणा) /kosaṇā コーサナー/ [Skt. क्रोशति] *vt.* **1** 呪う. **2** 罵る. **3** 責める, 非難する. **4** 告発する. **5** 中傷する. (⇒ਨਿੰਦਣਾ)

ਕੋਸ਼ਪਾਲ (कोशपाल) /kośapāla コーシュパール/ [Skt. कोश Skt.-पाल] *m.* **1** 財務担当者, 会計係. **2** 出納官.

ਕੋਸਾ[1] (कोसा) /kosā コーサー/ [Skt. कोष्ण] *adj.* ぬるい, なまぬるい. (⇒ਥੋੜ੍ਹਾ ਗਰਮ)

ਕੋਸਾ[2] (कोसा) /kosā コーサー/ [(Lah.) Skt. कोष्ण] *m.* 熱. (⇒ਤਾਪ)

ਕੋਸ਼ਾਣੂ (कोशाणू) /kośāṇū コーシャーヌー/ [Skt. कोश + Skt. अणु] *m.* 〖生物〗細胞. (⇒ਸੈੱਲ)

ਕੋਸ਼ਿਸ਼ (कोशिश) /kośiśa コーシシュ/ ▸ਕੋਸ਼ਸ਼ [Pers. *kośiś*] *f.* **1** 努力, 尽力, 励むこと. (⇒ਪਰਯਤਨ) ❐ਕੋਸ਼ਿਸ਼ ਕਰਨੀ 努力する, 努める, 尽力する. **2** 試み. ❐ਕੋਸ਼ਿਸ਼ ਕਰਨੀ 試みる.

ਕੋਸ਼ਿਕਾ (कोशिका) /kośikā コーシカー/ ▶ਕੋਸ਼ਕਾ *f.* → ਕੋਸ਼ਕਾ

ਕੋਹ[1] (कोह) /kô コー/ [(Pkt. कोस) Skt. कोश] *m.* 〖距離〗距離の単位, 約2．4キロメートル.

ਕੋਹ[2] (कोह) /kô コー/ [Pers. *koh*] *m.* **1**〖地理〗山. (⇒ਪਹਾੜ) **2**〖地理〗丘, 丘陵.

ਕੋਹਸਤਾਨ (कोहसतान) /kohasatāna | kôsatāna コーハスターン | コースターン/ [Pers. *koha* Pers.-*stān*] *m.* **1**〖地理〗山国. **2**〖地理〗山地, 山岳地帯. (⇒ਪਹਾੜੀ ਥਾਂ) **3**〖地理〗丘陵地域.

ਕੋਹਕਾਫ਼ (कोहकाफ़) /kôkāfa コーカーフ/ *m.* **1** 悪魔と妖精が棲む伝説の国. **2** コーカサス(カフカズ)山脈.

ਕੋਹਣਾ (कोहणा) /kôṇā コーナー/ [Pers. *kośtan*] *vt.* **1** 殺す, 殺害する. **2** 虐殺する. **3** 苦しめる, ひどい目に遭わせる. **4** 容赦なく叩く.

ਕੋਹਤੂਰ (कोहतूर) /kôtūra コートゥール/ *m.* シナイ山.

ਕੋਹਨੂਰ (कोहनूर) /kônūra コーヌール/ [Pers. *koh-i-nūr*] *m.*〖鉱物〗コイヌール(コー・イ・ヌール)《1849年ヴィクトリア(Victoria)女王に献上して以来英国王室御物として有名になった109カラットのインド産ダイヤモンド. ペルシア語 koh-i-nūr の原義は「光の山」(ਕੋਹ「山」＋ ਇ「の」＋ ਨੂਰ「光」)》.

ਕੋਹਰ (कोहर) /kôra コール/ [(Pua.) Skt. कोरक] *m.* **1**〖植物〗マンゴーの花. (⇒ਅੰਬ ਦਾ ਬੂਰ) **2**〖植物〗マンゴーの木の開花.

ਕੋਹਲੀ (कोहली) /kôlī コーリー/ *f.*〖姓〗コーホリー《カッタリー(クシャトリヤ)の姓の一つ》.

ਕੋਹਲੂ (कोहलू) /kôlū コールー/ [(Pkt. कुठलो) Skt. कुठर] *m.*〖器具〗油搾り器, 搾油器.

ਕੋਹੜ (कोहड़) /kôra コール/ ▶ਕੋੜ੍ਹ *m.* → ਕੋੜ੍ਹ

ਕੋਹੜਾ (कोहड़ा) /kôrā コーラー/ ▶ਕੋੜ੍ਹਾ *m.* → ਕੋੜ੍ਹਾ

ਕੋਹੜੀ (कोहड़ी) /kôrī コーリー/ ▶ਕੋੜ੍ਹੀ *m.f.* → ਕੋੜ੍ਹੀ

ਕੋਕ[1] (कोक) /koka コーク/ [Skt. कोक] *m.*〖鳥〗アカツクシガモ, 赤筑紫鴨. (⇒ਚਕਵਾ)

ਕੋਕ[2] (कोक) /koka コーク/ [Eng. *coke*] *m.* **1**〖鉱物〗コークス, 骸炭. **2**〖麻薬〗コカイン. **3**〖飲料〗コーラ, コカコーラ.

ਕੋਕਣ (कोकण) /kokaṇa コーカン/ [Skt. कोरक] *adj.* 小さな. (⇒ਛੋਟਾ, ਨਿੱਕਾ)

ਕੋਕਣ ਬੇਰ (कोकण बेर) /kokaṇa bera コーカン ベール/ [Skt. कुकोल] *m.*〖植物〗イヌナツメの果実.

ਕੋਕਣੀ (कोकणी) /kokaṇī コークニー/ [Skt. कोरक] *adj.* 小さな. (⇒ਛੋਟਾ, ਨਿੱਕਾ) ❒ਕੋਕਣੀ ਕੇਲਾ 小さなバナナ.

ਕੋਕਰੋਚ (कोकरोच) /kokaroca コークローチ/ [Eng. *cockroach*] *m.*〖虫〗ゴキブリ. (⇒ਤਿਲਚਟਾ)

ਕੋਕਲ (कोकल) /kokala コーカル/ ▶ਕੋਇਲ, ਕੋਕਲਾ, ਕੋਕਿਲ *f.* → ਕੋਇਲ

ਕੋਕਲਾ (कोकला) /kokalā コークラー/ ▶ਕੋਇਲ, ਕੋਕਲ, ਕੋਕਿਲ *f.* → ਕੋਇਲ

ਕੋਕੜਾ (कोकड़ा) /kokarā コークラー/ [Skt. कर्कर] *m.*〖医〗空腹または寒さに因る腸管の収縮.

ਕੋਕੜੂ (कोकड़ू) /kokarū コークルー/ ▶ਕੁੜਕੁੜੂ, ਕੋਰੜੂ, ਕੋੜਕੂ *m.* → ਕੋੜਕੂ

ਕੋਕਾ[1] (कोका) /kokā コーカー/ [Skt. कीलिका] *m.*〖身体〗小さな爪.

ਕੋਕਾ[2] (कोका) /kokā コーカー/ [Eng. *coca*] *m.*〖植物〗コカ《南米など原産の低木. その乾燥した葉からコカインを採る》.

ਕੋਕਿਲ (कोकिल) /kokila コーキル/ ▶ਕੋਇਲ, ਕੋਕਲ, ਕੋਕਲਾ *f.* → ਕੋਇਲ

ਕੋਕੀਨ (कोकीन) /kokīna コーキーン/ [Eng. *cocaine*] *f.*〖麻薬〗コカイン.

ਕੋਕੋ[1] (कोको) /koko コーコー/ [Skt. काक] *f.*〖鳥〗雌のカラス, 雌鳥. (⇒ਮਾਦਾ ਕਾਂ)

ਕੋਕੋ[2] (कोको) /koko コーコー/ [Eng. *coco*] *m.*〖植物〗ココヤシの木. (⇒ਨਾਰੀਅਲ ਦਾ ਰੁੱਖ)

ਕੋਕੋ[3] (कोको) /koko コーコー/ [Eng. *cocoa*] *f.* **1**〖飲料〗ココア. **2** 粉末のココア.

ਕੋਚ (कोच) /koca コーチ/ [Eng. *coach*] *m.* コーチ, 指導者, 指導員.

— *f.* **1**〖乗物〗大型四輪馬車. **2**〖乗物〗客車. **3**〖乗物〗バス.

ਕੋਚਬਾਨ (कोचबान) /kocabāna コーチバーン/ [Pers.-*bān*] *m.* 馬車の御者.

ਕੋਚਵਾਨ (कोचवान) /kocawāna コーチワーン/ [Pers.-*vān*] *m.* 馬車の御者.

ਕੋਚਿੰਗ (कोचिंग) /kocinga コーチング/ [Eng. *coaching*] *f.* 指導.

ਕੋਝ (कोझ) /kôja コージ/ ▶ਕੁਹਜ *m.* **1** 不器用, ぎこちなさ. **2** 無作法. **3** 醜さ, 醜悪. **4** 容貌の欠陥. **5** 傷, 汚れ, 染み.

ਕੋਝੜੀ (कोझड़ी) /kôjarī コージリー/ *adj.* **1** 悪い, 邪悪な. (⇒ਭੈੜਾ) **2** 汚い, 汚れた.

ਕੋਝਾ (कोझा) /kôjā コージャー/ *adj.* **1** 不器用な, ぎこちない. **2** 無作法な. **3** 見苦しい, みっともない. **4** 醜い, 醜悪な. (⇒ਕੁਰੂਪ) **5** 不似合いな, 不適切な.

ਕੋਟ[1] (कोट) /koṭa コート/ [Eng. *coat*] *m.* **1**〖衣服〗上着, 外套, コート. **2** 覆い, (表面を薄く)覆うもの, 被膜.

ਕੋਟ[2] (कोट) /koṭa コート/ [Skt. कोट] *m.* **1**〖軍〗城塞, 要塞, 城, 砦. (⇒ਕਿਲ੍ਹਾ, ਗੜ੍ਹ) **2** 拠点, 牙城. **3** 城壁, 周りを囲んだ高い壁.

ਕੋਟ[3] (कोट) /koṭa コート/ ▶ਕਰੋੜ, ਕਰੋੜ, ਕ੍ਰੋੜ [Skt. कोटि] *ca.num.(m.)*〖数量〗千万(の単位). (⇒ਸੌ ਲੱਖ)

— *adj.* 一千万の. (⇒ਸੌ ਲੱਖ)

ਕੋਟ[4] (कोट) /koṭa コート/ ▶ਕੋਰਟ *m.* → ਕੋਰਟ

ਕੋਟਾ (कोटा) /koṭā コーター/ [Eng. *quota*] *m.* 割り当て, 割当量, 割当額, 配分, 分け前, 分担分.

ਕੋਟੀ (कोटी) /koṭī コーティー/ [Skt. काटी] *f.* **1**〖衣服〗肌着. **2**〖衣服〗詰め物入りのチョッキ. **3**〖衣服〗長袖のセーター.

ਕੋਟੇਸ਼ਨ (कोटेशन) /koṭeśana コーテーシャン/ ▶ਕੁਟੇਸ਼ਨ [Eng. *quotation*] *f.* → ਕੁਟੇਸ਼ਨ

ਕੋਠੜੀ (कोठड़ी) /koṭʰarī コートリー/ *f.* **1** 小部屋. **2** 個室, 私室. **3** 独房. **4** 収納室, 物置き.

ਕੋਠਾ (कोठा) /koṭʰā コーター/ [(Pkt. कोट्ठ) Skt. कोष्ठ] *m.* **1**〖建築〗家, 館. (⇒ਮਕਾਨ) **2** 部屋, 大きな部屋. (⇒ਕਮਰਾ) **3** 売春宿, 遊郭, 廓. **4** 穀物倉庫, 穀物貯蔵所.

5 屋根, 屋上, 屋上の部屋, 塔屋. (⇒ਛੱਤ, ਚੁਬਾਰਾ) 6〘身体〙腹, 子宮. (⇒ਢਿੱਡ, ਪੇਟ, ਗਰਭਾਸ, ਬੱਚੇਦਾਨੀ)

ਕੋਠੀ (कोठी) /koṭʰī コーティー/ [-ਈ] *f.* 1〘建築〙大邸宅, 屋敷, 豪邸. (⇒ਹਵੇਲੀ) 2 商館, 大商店. (⇒ਵੱਡੇ ਸੁਦਾਗਰ ਦੀ ਦੁਕਾਨ) 3 蔵, 貯蔵所, 倉庫. 4 井戸や橋などの支柱. 5 小部屋. 6 刑務所の独房, 監房. 7 売春宿, 遊郭, 廓. 8 工場, 製作所. (⇒ਕਾਰਖ਼ਾਨਾ) 9〘身体〙心臓. (⇒ਹਿਰਦਾ, ਦਿਲ) 10〘身体〙胸, 胸郭. (⇒ਛਾਤੀ)

ਕੋਡ (कोड) /koḍa コード/ [Eng. *code*] *m.* 1 暗号, コード. 2 略号, 符号, 番号. 3 慣例, 掟, 規則.

ਕੋਣ[1] (कोण) /koṇa コーン/ ▸ਕੋਨ [Skt. कोण] *m.* 1 角(かく), 角度. 2 角(かど), 隅. 3〘幾何〙円錐, 円錐形. (⇒ਸ਼ੰਕੂ)

ਕੋਣ[2] (कोण) /koṇa コーン/ [Eng. *cone*] *m.f.*〘幾何〙円錐, 円錐形. (⇒ਸ਼ੰਕੂ)

ਕੋਣਕ (कोणक) /koṇaka コーナク/ [Skt. कोणिक] *adj.* 1 角(かど)のある, 角の尖った. 2 角(かく)の, 角度の. 3〘幾何〙円錐形の.

ਕੋਣਾ (कोणा) /koṇā コーナー/ ▸ਕੋਨਾ [Skt. कोण] *m.* 1 角(かど). 2 角(かく), 角度. 3 隅. 4 端. 5 先端. 6 角の尖ったかけら, 裂片, 細片, 棘.

ਕੋਣੀ (कोणी) /koṇī コーニー/ [Skt. कोणीय] *adj.* → ਕੋਣਕ

ਕੋਣੇਦਾਰ (कोणेदार) /koṇedāra コーネーダール/ ▸ਕੋਨੇਦਾਰ [Skt. कोण Pers.-*dār*] *adj.* → ਕੋਣਕ

ਕੋਤਲ (कोतल) /kotala コータル/ [Turk. *kutal*] *m.* 1 予備馬. 2〘動物〙王侯貴族の乗る馬.

ਕੋਤਵਾਲ (कोतवाल) /kotawāla コートワール/ [Pers. *kotvāl*] *m.* 警察署長, 警察本部長.

ਕੋਤਵਾਲੀ (कोतवाली) /kotawālī コートワーリー/ [Pers. *kotvālī*] *f.* 1 警察署長の地位・職務. 2 警察署, 警察本部.

ਕੋਤਾਹੀ (कोताही) /kotāhī コーターヒー/ ▸ਕੁਤਾਹੀ *f.* → ਕੁਤਾਹੀ

ਕੋਦਰਾ (कोदरा) /kodarā コーダラー/ ▸ਕੋਦਾ, ਕੋਧਰਾ *m.* → ਕੋਧਰਾ

ਕੋਦਾ (कोदा) /kodā コーダー/ ▸ਕੋਦਰਾ, ਕੋਧਰਾ *m.* → ਕੋਧਰਾ

ਕੋਧਰਾ (कोधरा) /kôdarā コーダラー/ ▸ਕੋਦਰਾ, ਕੋਦਾ [Skt. कोद्रव] *m.*〘植物〙スズメノヒエ《イネ科の雑草》.

ਕੋਨ (कोन) /kona コーン/ ▸ਕੋਣ *m.* → ਕੋਣ[1]

ਕੋਨਾ (कोना) /konā コーナー/ ▸ਕੋਣਾ *m.* → ਕੋਣਾ

ਕੋਨਾਕਾਰ (कोनाकार) /konākāra コーナーカール/ [+ Skt. आकार] *adj.* 1 角(かど)のある形の, 角の尖った形の. 2〘幾何〙円錐形の.

ਕੋਨੇਦਾਰ (कोनेदार) /konedāra コーネーダール/ ▸ਕੋਣੇਦਾਰ [Skt. कोण Pers.-*dār*] *adj.* → ਕੋਣਕ

ਕੋਪ (कोप) /kopa コープ/ [Skt. कोप] *m.* 怒り. (⇒ਕਰੋਧ)

ਕੋਪਰ (कोपर) /kopara コーパル/ ▸ਖੋਪਰ, ਖੋਪਰੀ, ਖੋਪੜੀ [(Pkt. खप्पर) Skt. खर्पर] *m.* 1〘身体〙頭蓋骨. 2〘身体〙頭.

ਕੋਂਪਲ (कोंपल) /kõpala コーンパル/ [(Pkt. कुंपल) Skt. कुडमल] *f.*〘植物〙若芽, 葉や枝に成長する木の芽, 若葉, 若枝.

ਕੋਫ਼ਤ (कोफ़त) /kofata コーフト/ [Pers. *koft*] *m.f.* 1 精神的打撃, 苦悩. (⇒ਸੱਟ) 2 面倒, 厄介. (⇒ਕਸ਼ਟ) 3 悲しみ, 悲痛. 4 苛立たしさ, 悩みの種. 5 疲弊, 労苦.

ਕੋਫ਼ਤਾ (कोफ़ता) /kofatā コーフター/ [Pers. *kofta*] *m.*〘料理〙挽き肉団子揚げ, 豆・野菜団子揚げ《挽き肉または豆・野菜の小片を円形に丸めて油で揚げたもの》.

ਕੋਬਰਾ (कोबरा) /kobarā コーブラー/ [Eng. *cobra*] *m.*〘動物〙コブラ《有鱗目コブラ科の毒蛇の総称》.

ਕੋਬਾਲਟ (कोबालट) /kobālaṭa コーバールト/ [Eng. *cobalt*] *m.*〘金属〙コバルト.

ਕੋਮਲ (कोमल) /komala コーマル/ [Skt. कोमल] *adj.* 1 柔らかい, 柔軟な. 2 柔和な, 優しい. 3 感じやすい. 4 華奢な.

ਕੋਮਲਤਾ (कोमलता) /komalatā コーマルター/ [Skt.-ता] *f.* 1 柔らかさ, 柔軟性. 2 柔和さ, 優しさ. 3 感じやすさ.

ਕੋਰ (कोर) /kora コール/ [Skt. कोटि] *f.* 1 先, 先端. 2 端, 縁. (⇒ਕਿਨਾਰਾ) 3 小さな破片. 4 棘.

ਕੋਰਸ[1] (कोरस) /korasa コールス/ [Eng. *course*] *m.* 1 進路, 方向, 走路. 2 課程, 学習過程, 学科, 講座, コース.

ਕੋਰਸ[2] (कोरस) /korasa コールス/ [Eng. *coarse*] *adj.* 粒が大きい, 粗い, 粗末な.

ਕੋਰਟ (कोरट) /koraṭa コールト/ ▸ਕੋਟ [Eng. *court*] *m.* 1〘法〙法廷, 裁判所. (⇒ਅਦਾਲਤ, ਕਚਹਿਰੀ) 2 検察官, 検察職員. 3(球技の)コート.

ਕੋਰਟ ਫ਼ੀਸ (कोरट फ़ीस) /koraṭa fīsa コールト フィース/ [Eng. *court fee*] *f.* 裁判費用.

ਕੋਰਟ ਮਾਰਸ਼ਲ (कोरट मारशल) /koraṭa mārasala コールト マールシャル/ [Eng. *court martial*] *m.*〘軍〙軍法会議, 軍事裁判所. (⇒ਫ਼ੌਜੀ ਅਦਾਲਤ)

ਕੋਰਮ (कोरम) /korama コーラム/ [Eng. *quorum*] *m.* (会議の成立に必要な)定数, 定足数.

ਕੋਰਮ ਕੋਰਾ (कोरम कोरा) /korama korā コーラム コーラー/ *adj.* 1 真っ白な, 白紙の. 2 全く無知の.

ਕੋਰਮਾ (कोरमा) /koramā コールマー/ [Turk. *qavurma*] *m.* 1〘料理〙香辛料で薄く味付けした炒めカレー. 2〘料理〙コールマー(コルマ)《サイコロ状に切った肉入りのカレー. 水分はほとんどない》.

ਕੋਰੜਾ (कोरड़ा) /koraṛā コーララー/ ▸ਕੋੜਾ [Skt. कवर] *m.*〘道具〙鞭. (⇒ਚਾਬਕ)

ਕੋਰੜੂ (कोरड़ू) /koraṛū コーラルー/ ▸ਕੁੜਕੁੜੂ, ਕੋਕੜੂ, ਕੋੜਕੂ *m.* → ਕੋੜਕੂ

ਕੋਰਾ[1] (कोरा) /korā コーラー/ [Skt. कर्बुर] *adj.* 1 新しい. 2 未使用の. 3 白紙の, 何も書いていない. 4 無関心な, そっけない, 冷淡な.

ਕੋਰਾ[2] (कोरा) /korā コーラー/ *m.*〘気象〙霜, 白霜, 降霜, 寒気, 寒冷. ❑ਕੋਰਾ ਜੰਮਣਾ, ਕੋਰਾ ਪੈਣਾ 霜で覆われる.

ਕੋਰਾ ਜਵਾਬ (कोरा जवाब) /korā jawāba コーラー ジャワーブ/ [Skt. कर्बुर + Arab. *javāb*] *m.* そっけない返事, にべもない拒絶, はっきり断ること.

ਕੋਰਾਪਣ (कोरापण) /korāpaṇa コーラーパン/ [-ਪਣ] *m.* 1 新しいこと. 2 未使用. 3 白紙, 何も書いてないこと. 4 無関心, そっけなさ, 冷淡な様子.

ਕੋਰੀਅਨ (कोरीअन) /korīana コーリーアン/ [Eng. *Korean*] *adj.* 朝鮮の.

ਕੋਰੀਆ (कोरीआ) /korīā コーリーアー/ [Eng. *Korea*] *m.* **1** 朝鮮. **2**〖国名〗韓国.

ਕੋਰੀਆਈ (कोरीआई) /korīāī コーリーアーイー/ [-ਈ] *adj.* **1** 朝鮮の. **2** 韓国の.

— *m.* **1** 朝鮮人. **2** 韓国人.

— *f.* **1** 朝鮮語. **2** 韓国語.

ਕੋਰੋਲਾ (कोरोला) /korolā コーローラー/ [Eng. *corolla*] *m.*〖植物〗花冠.

ਕੋਲ[1] (कोल) /kola コール/ [Skt. कोल] *m.* **1**〖身体〗乳房, 胸. **2**〖身体〗膝, 座った時の腿の上の部分. (⇒ਗੋਦ) **3** 抱擁.

— *adv.* 近くに, そばに, 迫って. (⇒ਨੇੜੇ) ❐ਗੱਡੀ ਕੋਲ ਆਈ। 列車が近くに来ました.

— *postp.* **1**…の近くに, …のそばに, …のもとに, …の所に. ❐ਬਿੱਲੀ ਦਾਦੀ ਜੀ ਕੋਲ ਆ ਗਈ। 猫はおばあちゃんのそばに来ました. ❐ਉਹ ਪਰਾਹੁਣਿਆਂ ਕੋਲ ਬੈਠੇ ਸਨ। 彼らは来客たちのそばに座っていました. **2**《所有表現「(人は)…を持っている」は,「(人のそばに)…がある」という形式をとる. ਕੋਲ は, 動詞 ਹੋਣਾ とともに用いられ, ਕੋਲ の前に置かれる意味上の主語の「人」が所有していることを表す》. ❐ਫ਼ੌਜੀਆਂ ਕੋਲ ਹਥਿਆਰ ਸਨ। 兵士たちは武器を持っていました. ❐ਮੇਰੇ ਕੋਲ ਬਹੁਤ ਪੈਸੇ ਹੋ ਜਾਣਗੇ। 私は大金持ちになるでしょう. ❐ਤੁਹਾਡੇ ਕੋਲ ਕਿੰਨਾ ਪੈਸਾ ਹੈ? あなたはいくらお金を持っていますか.

ਕੋਲ[2] (कोल) /kola コール/ [Eng. *coal*] *m.*〖鉱物〗石炭. (⇒ਕੋਲਾ)

ਕੋਲਕਤਾ (कोलकता) /kolakatā コールカター/ ▸ਕਲਕਤਾ *m.*〖地名〗コルカタ《西ベンガル州の州都. 旧名はカルカッタ》.

ਕੋਲਟਾਰ (कोलटार) /kolaṭāra コールタール/ ▸ਤਾਰਕੋਲ [Eng. *coal tar*] *f.*〖化学〗コールタール, 炭脂《染料・医薬・溶剤などの原料》. (⇒ਲੁੱਕ)

ਕੋਲਨ[1] (कोलन) /kolana コーラン/ [Eng. *colon*] *f.*〖符号〗コロン(:). ❐ਸੈਮੀ ਕੋਲਨ セミコロン(;)

ਕੋਲਨ[2] (कोलन) /kolana コーラン/ [Eng. *colon*] *m.*〖身体〗結腸.

ਕੋਲੰਬੀਆ (कोलंबीआ) /kolambīā コーランビーアー/ [Eng. *Colombia*] *m.*〖国名〗コロンビア(共和国).

ਕੋਲਾ (कोला) /kolā コーラー/ ▸ਕੋਇਲਾ [Skt. कोकिल] *m.* **1** 炭(すみ), 木炭.

ਕੋਲੋਂ (कोलों) /kolõ コーローン/ [Skt. कोल + ਓਂ] *adv.*《ਕੋਲ ਤੋਂ の融合形》近くを, そばを, 近くから, そばから, 近くで, 近くに. (⇒ਨੇੜਿਓਂ)

— *postp.*《ਕੋਲ ਤੋਂ の融合形》**1**…の近くを, …のそばを, …の近くから, …のそばから, …の所から, …から, …の近くで, …の近くに. ❐ਇੱਕ ਦਿਨ ਮਨਪ੍ਰੀਤ ਤੇ ਜਗਪ੍ਰੀਤ ਇੱਕ ਛੋਟੇ ਚੌਕ ਕੋਲੋਂ ਲੰਘੀਆਂ। ある日マンプリートとジャグプリートはある小さな交差点の近くを通り過ぎました. **2**《ਪੁੱਛਣਾ「尋ねる」「質問する」などの動詞を用いた文で, 動作や作用の対象を表す》…に, …に対して, …に向かって, …と. ❐ਇੱਕ ਦਿਨ ਸੁਮਨ ਨੇ ਉਹਨਾਂ ਕੋਲੋਂ ਬੜਾ ਅਜੀਬ ਸਵਾਲ ਪੁੱਛਿਆ। ある日スマンはあの人たちにとても奇妙な質問をしました. **3**《受動表現における動作主の後に置いて》…によって, …には〈ਕੋਲੋਂ を用いて否定文となった場合の受動態は, 動作主自身の内的要因による不可能「どうしても～できない」「とても～できない」を表す〉. ❐ਮੇਰੇ ਕੋਲੋਂ ਇਹ ਕੰਮ ਨਹੀਂ ਕੀਤਾ ਜਾਂਦਾ। 私にはこの仕事はどうしてもすることができません. **4**《使役動詞を用いた文で, 被使役者の後に置いて》…に, …を使って, …に頼んで(…してもらう), …に命じて(…させる). ❐ਪਿੰਡ ਵਾਲੇ ਉਸ ਦਾ ਬੜਾ ਆਦਰ ਕਰਦੇ ਸਨ। ਉਸ ਕੋਲੋਂ ਆਪਣੇ ਘਰੇਲੂ ਝਗੜਿਆਂ ਦੇ ਫ਼ੈਸਲੇ ਕਰਾਉਂਦੇ ਸਨ। 村人たちは彼をとても尊敬していました. 彼に頼んで自分たちの家庭内の争いの裁決を下してもらっていました.

ਕੋੜ੍ਹ (कोढ़) /kôṛa コール/ ▸ਕੋਹੜ [Skt. कुष्ट] *m.*〖医〗ハンセン病.

ਕੋੜ੍ਹ ਵਿਗਿਆਨ (कोढ़ विगिआन) /kôṛa vigiāna コール ヴィギアーン/ [+ Skt. विज्ञान] *m.*〖医〗ハンセン病理学.

ਕੋੜ੍ਹਾ (कोढ़ा) /kôṛā コーラー/ ▸ਕੋਹੜਾ [Skt. कुष्ट] *m.*〖医〗ハンセン病患者.

ਕੋੜ੍ਹੀ (कोढ़ी) /kôṛī コーリー/ ▸ਕੋਹੜੀ [Skt. कुष्ट] *m.f.*〖医〗ハンセン病患者.

ਕੋੜਕੂ (कोड़कू) /koṛakū コールクー/ ▸ਕੁੜਕੁੜੂ, ਕੋਕੜੂ, ਕੋਰੜੂ [Skt. कर्कर] *m.* **1**〖食品〗炊いても硬いままの穀物. **2**〖比喩〗人づき合いの悪い人, 無愛想な人, 変わり者.

ਕੋੜਮਾ (कोड़मा) /koṛamā コールマー/ ▸ਕੋੜਵਾਂ [(Pkt. कुडंबब) Skt. कुटुम्ब] *m.* **1** 家族. (⇒ਪਰਿਵਾਰ) **2** 親族, 親類, 親戚. **3** 血族, 親類縁者.

ਕੋੜਵਾਂ (कोड़वाँ) /koṛawā̃ コールワーン/ ▸ਕੋੜਮਾ *m.* → ਕੋੜਮਾ

ਕੋੜਾ (कोड़ा) /koṛā コーラー/ ▸ਕੋਰੜਾ [Skt. कवर] *m.*〖道具〗鞭. (⇒ਚਾਬਕ)

ਕੋੜੀ (कोड़ी) /koṛī コーリー/ [Eng. *score*] *ca.num.(f.)* 20.

— *adj.* 20の.

ਕੌਂਸਲ (कौंसल) /kāũsala カオーンサル/ [Eng. *council*] *f.* 会議.

ਕੌਸ਼ਲ (कौशल) /kauśala カオーシャル/ [Skt. कुशल] *m.* 熟達, 巧妙.

ਕੌਹਰ (कौहर) /kaûra カオール/ ▸ਕਹੁਰ [(Pkt. कोह) Skt. क्रोध] *m.* **1** 怒り, 激怒. (⇒ਗੁੱਸਾ) **2** 困難, 苦難. (⇒ਆਫ਼ਤ, ਮੁਸੀਬਤ)

ਕੌਚ (कौच) /kauca カオーチ/ [Eng. *couch*] *m.* **1**〖家具〗寝椅子, ソファー. **2**〖家具〗寝台. **3** 診察用ベッド.

ਕੌਂਟੀ (कौंटी) /kāũṭī カオーンティー/ [Eng. *county*] *f.* 郡.

ਕੌਡ (कौड) /kauḍa カオード/ ▸ਕਉਡ [(Pkt. कवड्डुअ) Skt. कपर्दक] *m.* **1** 大きな貝殻. **2** 大きな宝貝.

ਕੌਡਾ (कौडा) /kauḍā カオーダー/ ▸ਕਉਡਾ [(Pkt. कवड्डुअ) Skt. कपर्दक] *m.* **1** 大きな貝殻. **2** 大きな宝貝. **3**〖スィ〗カウダー《グル・ナーナクの伝記に登場する食人族の首領》.

— *adj.* 斑点のある, まだらの. (⇒ਚਿਤਕਬਰਾ)

ਕੌਡਿਆਲਾ (कौडिआला) /kauḍiālā カオーディアーラー/ [+ ਆਲਾ] *adj.* 斑点のある, まだらの. (⇒ਚਿਤਕਬਰਾ)

ਕੌਡੀ (कौडी) /kauḍī カォーディー/ ▸ਕਉਡੀ [Pkt. कवड्डिआ (Skt. कपर्दिका)] *f.* **1** 貝, 貝殻. **2** 宝貝. **3**〖貨幣〗昔貨幣として用いられた小さな貝殻.

ਕੌਡੀਆਲਾ (कौडीआला) /kauḍīālā カォーディーアーラー/ ▸ਕਉਡਆਰਾ, ਕਉਡਿਆਲਾ, ਕਉਡੀਆ [+ ਆਲਾ] *m.*〖動物〗皮に斑点のある蛇の一種.

ਕੌਣ (कौण) /kauṇa カォーン/ ▸ਕਉਣ, ਕਵਣ [(Pkt. कवण) Skt. को जन:] *pron.* **1** だれ, 誰. **2** どれ.

ਕੌਂਤਕ (कौंतक) /kãũtaka カォーンタク/ ▸ਕਉਤਕ, ਕੌਤਕ *m.* → ਕੌਤਕ

ਕੌਤਕ (कौतक) /kautaka カォータク/ ▸ਕਉਤਕ, ਕੌਂਤਕ [Skt. कौतुक] *m.* **1** 奇跡, 奇蹟. (⇒ਕਰਾਮਾਤ, ਕਰਿਸ਼ਮਾ, ਚਮਤਕਾਰ) **2** 驚異, 不思議, 不思議な出来事. **3** 見せ物, 奇観.

ਕੌਤਕਹਾਰ (कौतकहार) /kautakahāra カォータクハール/ [-ਹਾਰ] *m.* **1** 奇跡を起こすもの. **2** 神.

ਕੌਤਕੀ (कौतकी) /kautakī カォートキー/ [Skt. कौतुकिन्] *adj.* **1** 奇跡の, 奇跡的な. **2** 驚異の, 不思議な.

ਕੌਮ (कौम) /kauma カォーム/ [Arab. *qaum*] *f.* **1** 民族, 国民. **2** 国家. **3** 共同体.

ਕੌਮਪ੍ਰਸਤ (कौमप्रसत) /kaumaprasata (kaumaparasata) カォームプラスト (カォームパラスト)/ [Pers.*-parast*] *adj.* 民族主義の, 国家主義の, 国粋主義の, 愛国主義の.
— *m* 民族主義者, 国家主義者, 国粋主義者, 愛国主義者.

ਕੌਮਪ੍ਰਸਤੀ (कौमप्रसती) /kaumaprasatī (kaumaparasatī) カォームプラスティー (カォームパラスティー)/ [Pers.*-parastī*] *f.* 民族主義, 国家主義, 国粋主義, 愛国主義.

ਕੌਮਾਂਤਰਨ (कौमाँतरन) /kaumãtarana カォーマーンタラン/ [Eng. *Comintern*] *m.*〖政治・歴史〗コミンテルン, 第三インターナショナル (1919−43).

ਕੌਮਾਂਤਰੀ (कौमाँतरी) /kaumãtarī カォーマーントリー/ [Arab. *qaum* + Skt. अंतरीय] *adj.* 国際的な. (⇒ਅੰਤਰਰਾਸ਼ਟਰੀ)

ਕੌਮੀ (कौमी) /kaumī カォーミー/ [Arab. *qaumī*] *adj.* **1** 民族の, 国家の, 国民の. **2** 共同体の.

ਕੌਮੀਅਤ (कौमीअत) /kaumīata カォーミーアト/ [Pers.*-yat*] *f.* **1** 国民性, 民族性, 民族精神. (⇒ਰਾਸ਼ਟਰੀਅਤਾ) **2** 国民的統一. **3** 国籍.

ਕੌਮੀਕਰਨ (कौमीकरन) /kaumīkarana カォーミーカルン/ [Skt.-करण] *m.* 国有化. ❐ਕੌਮੀਕਰਨ ਕਰਨਾ 国有化する.

ਕੌਰ¹ (कौर) /kaura カォール/ [Skt. कुमारी] *f.* **1** 王女, 姫. (⇒ਰਾਜਕੁਮਾਰੀ) **2**〖スィ〗スィック教徒の女性の名として加える称号.

ਕੌਰ² (कौर) /kaura カォール/ ▸ਕਉਰ, ਕੰਵਰ [Skt. कुमार] *m.* 王子. (⇒ਰਾਜਕੁਮਾਰ)

ਕੌਰਨੀਆ (कौरनीआ) /kauranīā カォールニーアー/ [Eng. *cornea*] *m.*〖身体〗角膜.

ਕੌਲ¹ (कौल) /kaula カォール/ ▸ਕਉਲ [Arab. *qaul*] *m.* **1** 言葉. (⇒ਸ਼ਬਦ) **2** 約束. (⇒ਬਚਨ, ਵਾਇਦਾ, ਇਕਰਾਰ) ❐ਕੌਲ ਦੇਣਾ 約束する. ❐ਕੌਲ ਹਾਰਨਾ 約束を破る. ❐ਕੌਲ ਦਾ ਪੂਰਾ 約束をしっかり守る(人). ❐ਕੌਲ ਨਿਭਾਉਣਾ, ਕੌਲ ਪੂਰਾ ਕਰਨਾ 約束を果たす.

ਕੌਲ² (कौल) /kaula カォール/ *m.*〖容器〗鉢, 椀.

ਕੌਲ³ (कौल) /kaula カォール/ ▸ਕਮਲ, ਕੰਵਲ, ਕਵਲ *m.* → ਕਮਲ¹

ਕੌਲਾ¹ (कौला) /kaulā カォーラー/ [Skt. कोल] *m.* 柱. (⇒ਥੰਮ੍ਹ)

ਕੌਲਾ (कौला) /kaulā カォーラー/ *m.*〖容器〗金属製の器, 大きな鋺(わん), 大鉢. (⇒ਕਟੋਰਾ)

ਕੌਲੀ (कौली) /kaulī カォーリー/ *f.*〖容器〗小型の金属製の器, 小さな鋺, 小鉢. (⇒ਕਟੋਰੀ)

ਕੌੜ (कौड़) /kauṛa カォール/ [(Pkt. कडु) Skt. कटु] *f.* **1** 不機嫌. **2** 怒り. (⇒ਗੁੱਸਾ) **3** 憤慨, 恨み.

ਕੌੜ ਗੰਦਲ (कौड़ गंदल) /kauṛa gandala カォール ガンダル/ *f.* **1**〖植物〗数種類の苦い薬草の総称. **2**〖比喩〗性格の悪い奴, 他人の興をそぐ人, 面白くない奴.

ਕੌੜੱਤਣ (कौड़त्तण) /kauṛattaṇa カォーラッタン/ ▸ਕੁੜੱਤ, ਕੁੜੱਤਣ, ਕੁੜਿੱਤਣ *f.* → ਕੁੜੱਤਣ

ਕੌੜਤੁੰਬਾ (कौड़तुंबा) /kauṛatumbā カォールトゥンバー/ ▸ ਕੌੜਤੁੰਮਾ *m.* → ਕੌੜਤੁੰਮਾ

ਕੌੜਤੁੰਮਾ (कौड़तुंमा) /kauṛatummā カォールトゥンマー/ ▸ ਕੌੜਤੁੰਬਾ [ei{[Skt. कटु] *m.*〖植物〗コロシントウリ《ウリ科の薬用植物》.

ਕੌੜਨਾ (कौड़ना) /kauṛanā カォールナー/ [cf. ਕੌੜ] *vi.* **1** 怒る, 憤慨する. **2** 不機嫌になる.

ਕੌੜਾ (कौड़ा) /kauṛā カォーラー/ ▸ਕਉੜਾ, ਕੜਵਾ [(Lah.) Skt. कटु] *adj.* **1** 苦い, 苦味のある. (⇒ਤਲਖ਼) **2** 苦しい, 辛い. **3** 刺激の強い, 強烈な, きつい. **4** 辛辣な, 痛烈な.

ਕੌੜਾਪਣ (कौड़ापण) /kauṛāpaṇa カォーラーパン/ [(Lah.) Skt. कटु -ਪਣ] *m.* **1** 苦さ, 苦味. (⇒ਕੁੜੱਤਣ) **2** 苦しさ, 辛さ. **3** 刺激性, 強烈さ, きつさ. **4** 辛辣さ, 痛烈さ.

ਖ ਖ਼

ਖ (ख) /kʰakkʰā カッカー/ *m.*〖文字〗グルムキー文字の字母表の第7番目の文字《軟口蓋・閉鎖音の「カ」(後舌面を軟口蓋に付けて急に放し強い呼気を伴い発音する無声・有気音)を表す》.

ਖ਼ (ख़) /kʰakkʰe pairī̃ bindī | xaxxā カッケー パェーリーン ビンディー | カッカー/ *m.*〖文字〗グルムキー文字の字母表の7番目の文字 ਖ の下に点の付いた文字《うがいの時のように奥舌を軟口蓋の後部に近づけ, その狭い隙間から擦って出す無声・軟口蓋・摩擦音の「ハ」を表す. xe という名称のアラビア系文字が表す音. 語源を意識しない表記では ਖ਼ は用いず ਖ となっているのが普通である. また ਖ kʰa と区別して, 表記上 ਖ਼ xa が用いられても, 実用上の発音は, 軟口蓋・閉鎖音の kʰa (無声・有気音)で代用される. そのため xa の便宜上のカタカナ表記を「ハ」とせず, 本辞典では「カ」とした. 例えば, ਬੁਖ਼ਾਰ は「ブハール」でなく「ブカール」となっている》.

ਖਉ (खउ) /kʰau カウ/ ▸ਖੈ [Skt. क्षय] *m.* **1** 壊滅, 破滅, 退廃, 荒廃, 滅亡. (⇒ਵਿਨਾਸ਼) **2** 害, 損害. (⇒ਹਾਨੀ, ਨੁਕਸਾਨ)

ਖਈ (खई) /kʰaī カイー/ ▸ਛਈ [Skt. क्षय] *f.* **1**〖医〗結核, 肺結核. (⇒ਤਪਦਿੱਕ, ਟੀ ਬੀ) **2** 不治の病.

ਖ਼ਸ (ख़स) /kʰasa̯ カス/ [Pers. *xās*] *f.* **1**〖植物〗ベチバー, ベチベルソウ《イネ科の草本. 香料の原料になる》. **2**〖植物〗ベチベルソウの側根. ❐ਖ਼ਸ ਦੀ ਟੱਟੀ ベチベルソウの側根で編んだ日除けの簾(すだれ)《ドアや窓に用い部屋を涼しくする》.

ਖਸਖਸ (खसखस) /kʰasa̯kʰasa̯ カスカス/ ▸ਖਸ਼ਖਸ਼, ਖਸਖਾਸ, ਖਸ਼ਖਾਸ਼ [Pers. *xaśxās*] *f.*〖植物〗ケシ(芥子・罌粟), ケシの実・種.

ਖਸ਼ਖਸ਼ (खशखश) /kʰaśa̯kʰaśa̯ カシュカシュ/ ▸ਖਸਖਸ, ਖਸਖਾਸ, ਖਸ਼ਖਾਸ਼ *f.* → ਖਸਖਸ

ਖਸਖਾਸ (खसखास) /kʰasa̯kʰāsa̯ カスカース/ ▸ਖਸਖਸ, ਖਸ਼ਖਸ਼, ਖਸ਼ਖਾਸ਼ *f.* → ਖਸਖਸ

ਖਸ਼ਖਾਸ਼ (खशखाश) /kʰaśa̯kʰāśa̯ カシュカーシュ/ ▸ਖਸਖਸ, ਖਸ਼ਖਸ਼, ਖਸਖਾਸ *f.* → ਖਸਖਸ

ਖੱਸਣਾ (खस्सणा) /kʰassaṇā カッサナー/ [Skt. कर्षयति] *vt.* **1** 奪う, 奪い取る. **2** ひったくる.

ਖ਼ਸਤਾ (ख़सता) /xasa̯tā カスター/ [Pers. *xasta*] *adj.* **1** 壊れた, 破れた. **2** 荒れ果てた, がたがたになった, ぼろぼろの. **3** 傷ついた. **4** 哀れな, みじめな, ひどい. **5** もろい, 壊れやすい. **6**(ビスケットやウエハースなどが)ぱりぱりした. **7** 疲れた, くたくたの. **8** 悪い, 不調の, 悪化した, ひどい.

ਖ਼ਸਮ (ख़सम) /xasama̯ カサム/ [Arab. *xaṣm*] *m.* **1** 夫. **2** 主人, 主. **3** 所有者.

ਖ਼ਸਮਾਨਾ (ख़समाना) /xasa̯mānā カスマーナー/ [Pers. *xaṣm* Pers.-*āna*] *m.* **1** 夫の役割. **2** 保護. **3** 庇護.

ਖ਼ਸਰਾ (ख़सरा) /xasa̯rā カスラー/ [Pers. *xasra*] *m.* 土地台帳, 地税台帳.

ਖ਼ਸਲਤ (ख़सलत) /xasa̯lata̯ カスラト/ [Arab. *xaṣlat*] *f.* **1** 性質. (⇒ਸੁਭਾਉ) **2** 性格, 気質, 性向. **3** 習慣, 習性. (⇒ਆਦਤ) **4** 行動. **5** 才能, 美徳.

ਖ਼ੱਸੜ (ख़स्सड़) /xassaṛa̯ カッサル/ [Arab. *xassī* + ੜ] *adj.* 実のならない.

ਖ਼ਸਾਰਾ (ख़सारा) /xasārā カサーラー/ ▸ਕਸਾਰਾ [Pers. *xasāra*] *m.* **1** 損害, 打撃. (⇒ਹਾਨੀ, ਨੁਕਸਾਨ) **2** 損失, 欠損, 赤字. (⇒ਘਾਟਾ)

ਖ਼ੱਸੀ (ख़स्सी) /xassī カッスィー/ [Arab. *xaṣī*] *adj.* **1** 去勢された. **2** 性的不能の. **3** 臆病な.
— *m.*〖動物〗去勢された動物(特にヤギ).

ਖ਼ਸੂਸਨ (ख़सूसन) /xasūsana̯ カスーサン/ [Arab. *xuṣūṣan*] *adv.* 特に, 特別に, 取り立てて. (⇒ਖ਼ਾਸ ਕਰਕੇ)

ਖ਼ਸੂਸੀ (ख़सूसी) /xasūsī カスースィー/ [Arab. *xuṣūṣī*] *adj.* 特別の, 独特の.

ਖ਼ਸੂਸੀਅਤ (ख़सूसीअत) /xasūsīata̯ カスースィーアト/ [Pers.-*yat*] *f.* **1** 特性. **2** 特徴.

ਖਹਿ (खहि) /kʰaî カェー/ *f.* **1** こすれること. **2** 摩擦. **3** 衝突. **4** 敵意.

ਖਹਿਣਾ (खहिणा) /kʰaîṇā カェーナー/ [Skt. घर्षति] *vi.* **1** こすれる. (⇒ਘਸਰਨਾ) **2** 押し合う. **3** 喧嘩する, 仲たがいする. (⇒ਝਗੜਨਾ) **4** 喧嘩を吹っかける, 喧嘩を始める. (⇒ਝਗੜਾ ਖੜ੍ਹਾ ਕਰਨਾ) **5** 言い争う, 口論する, 激論する.

ਖਹਿਬੜ (खहिबड़) /kʰaîbaṛa̯ カェーバル/ [cf. ਖਹਿਣਾ] *f.* **1** 喧嘩, 仲たがい. **2** 言い争い, 口喧嘩, 口論.

ਖਹਿਬੜਨਾ (खहिबड़ना) /kʰaîbaṛa̯nā カェーバルナー/ [cf. ਖਹਿਣਾ] *vi.* **1** 喧嘩する, 仲たがいする. **2** 言い争う.

ਖਹਿੜਾ (खहिड़ा) /kʰaîṛā カェーラー/ *m.* **1** 主張. **2** 追及.

ਖਹੁਰ (खहुर) /kʰaûra̯ カォール/ ▸ਖੌਹਰ *f.* **1** 激しさ, 厳しさ. **2** 荒々しさ, 粗野, 粗暴, 無作法, ぶっきらぼう. **3** 威嚇, 脅威, 脅迫.

ਖਹੁਰਨਾ (खहुरना) /kʰaûra̯nā カォールナー/ *vt.* **1** 威嚇する, 脅迫する. **2** 脅す, 脅かす.

ਖਹੁਰਾ[1] (खहुरा) /kʰaûrā カォーラー/ ▸ਖੌਹਰਾ *adj.* **1** 激しい, 猛烈な. **2** 荒れた, 荒々しい, 粗野な. **3** 怒りっぽい, 短気な, 威嚇するような.

ਖਹੁਰਾ[2] (खहुरा) /kʰaûrā カォーラー/ [(Pot.)] *adj.* 過度に熱い, とても熱くなっている. (⇒ਜ਼ਿਆਦਾ ਗਰਮ)

ਖਹੂਰੂ (खहुरू) /kʰaûrū カォールー/ ▸ਖੌਰੂ *m.* → ਖੌਰੂ

ਖਹੂੰ ਖਹੂੰ (खहूँ खहूँ) /kʰaû̃ kʰaû̃ カウーン カウーン/ *f.* **1**〖擬声語〗コンコン, ゴホンゴホン《咳をする音》. (⇒ਖੰਘਣ ਦੀ ਅਵਾਜ਼) ❐ਖਹੂੰ ਖਹੂੰ ਕਰਨਾ 咳をする, 喘息を患う. **2**〖医〗咳. (⇒ਖੰਘ, ਖਾਂਸੀ)

ਖੱਖ (खक्ख) /kʰakkʰa̯ カック/ [Skt. कक्ष] *f.*〖身体〗頬. (⇒ਗੱਲ੍ਹ, ਰੁਖ਼ਸਾਰ)

ਖੱਖਰ (खक्खर) /kʰakkʰara̯ カッカル/ *f.* 蜂の巣.

ਖੱਖਰੀ (खक्खरी) /kʰakkʰarī カッカリー/ ▸ਖੱਖੜੀ *f.* → ਖੱਖੜੀ

ਖੱਖੜੀ (खक्खड़ी) /kʰakkʰaṛī カッカリー/ ▸ਖੱਖਰੀ *f.*〖植物〗マスクメロン.

ਖੱਖਾ[1] (खक्खा) /kʰakkʰā カッカー/ *m.*〖文字〗カッカー《軟口蓋・閉鎖音の「カ」(無声・有気音)を表す, グルムキー文字の字母表の第7番目の文字 ਖ の名称》.

ਖੱਖਾ[2] (खक्खा) /kʰakkʰā カッカー/ *adj.* 喧嘩好きの.

ਖੱਖੇ ਪੈਰੀਂ ਬਿੰਦੀ (खक्खे पैरीं बिंदी) /kʰakkʰe pairī̃ bindī カッケー パェーリーン ビンディー/ *m.*〖文字〗カッケー・パイリーン・ビンディー《「足に点の付いたカッカー」の意味. グルムキー文字の字母表の7番目の文字 ਖ の下に点の付いた文字 ਖ਼ の名称》.

ਖੱਗਣਾ (खग्गणा) /kʰaggaṇā カッガナー/ *vt.* 土とともに根こそぎにする. (⇒ਗੱਚਣਾ)

ਖੱਗਾ[1] (खग्गा) /kʰaggā カッガー/ *m.*〖植物〗土とともに根こそぎにされた植物.

ਖੱਗਾ[2] (खग्गा) /kʰaggā カッガー/ *m.* 蜂の巣.

ਖੱਗਾ[3] (खग्गा) /kʰaggā カッガー/ *m.*〖植物〗ナツメヤシ(棗椰子)の葉.

ਖਗੋਲ (खगोल) /kʰagola̯ カゴール/ [Skt. खगोल] *m.* **1** 空. **2** 天球. **3** 蒼穹.

ਖਗੋਲੀ (खगोली) /kʰagolī カゴーリー/ [-ਈ] *adj.* **1** 天文の. **2** 天空の.

ਖੰਘ (खंघ) /kʰâṅga̯ カング/ [Sind. *kʰā̃gʰu*] *f.*〖医〗咳. (⇒ਖਾਂਸੀ)

ਖੰਘਣਾ (खंघणा) /kʰâṅgaṇā カンガナー/ [Sind. *kʰā̃gʰaṇu*] *vi.* 咳をする.

ਖੰਘਾਰ (खंघार) /kʰaṅgā̆ra̯ カンガール/ *m.*〖生理〗痰. ❐ਖੰਘਾਰ ਸੁੱਟਣਾ, ਖੰਘਾਰ ਮਾਰਨਾ 痰を出す, 痰を吐く

ਖੰਘਾਰਨਾ (खंघारना) /kʰaṅgā̆ra̯nā カンガールナー/ *vi.* **1**

痰を吐く．**2** 痰を出すために咳払いをする．

ਖੰਘਾਲ (खंघाल) /kʰaṅgăla̦ カンガール/ ▸ਹੰਘਾਲ [cf. ਖੰਘਾਲਨਾ] *m.* すすぎ．

ਖੰਘਾਲਨਾ (खंघालना) /kʰaṅgăla̦nā カンガールナー/ ▸ ਹੰਗਾਲਣਾ, ਹੰਘਾਲਨਾ [Skt. खङ्क्षालयति] *vt.* **1** すすぐ． **2** 水を注いで洗う．

ਖੰਘੂਰਾ (खंघूरा) /kʰaṅgŭrā カングーラー/ *m.* 〖生理〗咳払い． ❒ਖੰਘੂਰਾ ਮਾਰਨਾ 咳払いをする，咳払いをして気を引く． ❒ਮੈਂ ਖੰਘੂਰਾ ਮਾਰ ਕੇ ਕਹਾਂਗਾ। 私は咳払いをして言うだろう．

ਖੱਚ (खच्च) /kʰacca̦ カッチ/ *m.f.* **1** 恥知らずの行為・発言・人，無節操な行為・発言・人． **2** 卑しさ，卑劣さ．

ਖਚਖਚ (खचखच) /kʰaca̦kʰaca̦ カチカチ/ *f.* ふしだらな会話．

ਖੱਚਰ[1] (खच्चर) /kʰaccara̦ カッチャル/ [Skt. खेसर] *f.* 〖動物〗ラバ，騾馬《驢馬と馬との雑種》．

ਖੱਚਰ[2] (खच्चर) /kʰaccara̦ カッチャル/ [Skt. खच्चर] *m.* **1** 心の不純なこと．(⇒ਮੀਸਣਾਪਣ) **2** ずるいこと，悪賢いこと，狡猾さ．(⇒ਚਲਾਕੀ)

— *adj.* **1** 心の不純な．(⇒ਮੀਸਣਾ) **2** ずるい，悪賢い，狡猾な．(⇒ਚਲਾਕ)

ਖੱਚਰਪੁਣਾ (खच्चरपुणा) /kʰaccara̦puṇā カッチャルプナー/ [-ਪੁਣਾ] *m.* **1** 心の不純なこと．(⇒ਮੀਸਣਾਪਣ) **2** ずるいこと，悪賢いこと，狡猾さ．(⇒ਚਲਾਕੀ)

ਖਚਰਾ[1] (खचरा) /kʰacarā カチラー/ [Skt. खेसर] *m.* 〖動物〗雄ラバ，牡騾馬．

ਖਚਰਾ[2] (खचरा) /kʰaca̦rā カチラー/ [Skt. कच्चर] *adj.* **1** 心の不純な，たちの悪い，悪辣な．(⇒ਮੀਸਣਾ) **2** ずるい，悪賢い，狡猾な．(⇒ਚਲਾਕ)

ਖਚਾਖਚ (खचाखच) /kʰacākʰaca̦ カチャーカチ/ [Skt. कच्] *adj.* いっぱいに詰まった，ぎっしり詰まった．

— *adv.* いっぱいに，ぎっしり，びっしり．

ਖਚਿਤ (खचित) /kʰacita̦ カチト/ [Skt. खचित] *adj.* **1** 合わさった．(⇒ਮਿਲਿਆ ਹੋਇਆ) **2** 結合した．(⇒ਜੁੜਿਆ ਹੋਇਆ) **3** 引き付けられた，魅惑された，うっとりしている．(⇒ਖਿੱਚਿਆ ਹੋਇਆ) **4** 夢中の，没頭している．(⇒ਲੀਨ)

ਖ਼ੰਜਰ (ख़ंजर) /xañjara̦ カンジャル/ [Arab. *xanjar*] *m.* 〖武〗短剣，短刀．

ਖ਼ੰਜਰੀ (ख़ंजरी) /xañjarī カンジャリー/ [Pers. *xanjarī*] *f.* 〖楽器〗小型のタンバリン．(⇒ਡਫਲੀ)

ਖ਼ੱਜਲ (ख़ज्जल) /xajjala̦ カッジャル/ [Arab. *xajil*] *adj.* **1** 恥じている．(⇒ਸ਼ਰਮਿੰਦਾ) **2** 悪い．(⇒ਖ਼ਰਾਬ) **3** 放浪の，流浪の．(⇒ਅਵਾਰਾ)

ਖ਼ਜ਼ਾਨਚੀ (ख़ज़ानची) /xazāna̦cī カザーンチー/ [Pers. *xazāncī*] *m.* **1** 会計係，収入役． **2** 出納係．

ਖ਼ਜ਼ਾਨਾ (ख़ज़ाना) /xazānā カザーナー/ ▸ਖ਼ਜ਼ੀਨਾ [Arab. *xizāna*] *m.* **1** 宝，財宝，宝物． **2** 宝庫． **3** 国庫，歳入，国税．

ਖੱਜੀ (खज्जी) /kʰajjī カッジー/ ▸ਖਜੂਰ *f.* → ਖਜੂਰ

ਖ਼ਜ਼ੀਨਾ (ख़ज़ीना) /xazīnā カズィーナー/ ▸ਖ਼ਜ਼ਾਨਾ *m.* → ਖ਼ਜ਼ਾਨਾ

ਖਜੂਰ (खजूर) /kʰajūra̦ カジュール/ ▸ਖੱਜੀ [Skt. खजूर] *f.* 〖植物〗ナツメヤシ（棗椰子），ナツメヤシの実《ヤシ科の常緑高木．果実（デーツ）は食用とされる》．(⇒ਨਖ਼ਲ)

ਖਟ[1] (खट) /kʰaṭa̦ カト/ ▸ਛਟ, ਛੀ, ਛੇ [Skt. षट्] *ca.num.* 6，六つ．

— *adj.* 六つの．

— *pref.* 「六つの」を意味する接頭辞． ❒ਖਟ ਸ਼ਾਸਤਰ 六派哲学．

ਖਟ[2] (खट) /kʰaṭa̦ カト/ ▸ਖੱਟ *f.* → ਖੱਟ

ਖੱਟ (खट्ट) /kʰaṭṭa̦ カット/ ▸ਖਟ [Skt. खटवा] *f.* **1** ベッドの台枠． **2** 〖家具〗ベッド，寝台．

ਖਟਕਣਾ (खटकणा) /kʰaṭaka̦ṇā カタクナー/ ▸ਖੜਕਣਾ [cf. ਖਟਖਟਾਉਣਾ] *vi.* **1**（ぶつかり合ったり，叩かれたりして）カタカタと鳴る． **2** カチンと来る，障る，気に障る，不快に思う． **3** ちくちく痛む． **4** 〖比喩〗怒って話す，論争する． **5** 〖比喩〗剣を交える，戦う．

ਖਟਕਾ (खटका) /kʰaṭa̦kā カトカー/ [cf. ਖਟਖਟਾਉਣਾ] *m.* **1** カタカタと鳴る音，くり返し叩く音． **2** 恐れ，恐怖．(⇒ਡਰ, ਭੈ) **3** 心配，不安，懸念．(⇒ਚਿੰਤਾ, ਫ਼ਿਕਰ)

ਖਟਖਟ (खटखट) /kʰaṭa̦kʰaṭa̦ カトカト/ [cf. ਖਟਖਟਾਉਣਾ] *f.* 〖擬声語〗カタカタ，コトコト《物がぶつかり合って鳴る音，くり返し叩く音など》．

ਖਟਖਟਾਉਣਾ (खटखटाउणा) /kʰaṭa̦kʰaṭāuṇā カトカターウナー/ ▸ਖਟਖਟਾਣਾ [Skt. खटखटायते] *vt.* **1** カタカタ鳴らす，カタカタ音を立てる． **2**（ドアを）ノックする，叩く，

ਖਟਖਟਾਣਾ (खटखटाणा) /kʰaṭa̦kʰaṭāṇā カトカターナー/ ▸ ਖਟਖਟਾਉਣਾ *vt.* → ਖਟਖਟਾਉਣਾ

ਖਟਗਾਮ (खटगाम) /kʰaṭa̦gāma̦ カトガーム/ [(Lah.)] *adj.* 歩みの遅い．

ਖੱਟਣਾ[1] (खट्टणा) /kʰaṭṭaṇā カッタナー/ [Sind. *kʰaṭaṇu*] *vt.* 稼ぐ，儲ける，利益を得る．(⇒ਕਮਾਉਣਾ)

— *vi.* 一生懸命働く．

ਖੱਟਣਾ[2] (खट्टणा) /kʰaṭṭaṇā カッタナー/ [Skt. खनति] *vt.* 掘る，掘り出す，発掘する．(⇒ਖੋਦਣਾ, ਪੁੱਟਣਾ)

ਖਟਪਟ (खटपट) /kʰaṭa̦paṭa̦ カトパト/ ▸ਖਟਪਟੀ *f.* **1** 〖擬声語〗カタカタ《物がぶつかり合って鳴る音》． **2** 衝突，喧嘩，争い，対立，不和． **3** 疎外．

ਖਟਪਟੀ (खटपटी) /kʰaṭa̦paṭī カトパティー/ ▸ਖਟਪਟ *f.* → ਖਟਪਟ

ਖਟਮਲ (खटमल) /kʰaṭa̦mala̦ カトマル/ [Skt. खट + मल] *m.* 〖虫〗ナンキンムシ，南京虫．(⇒ਮਾਂਗਣੂ)

ਖਟਮਿਠਾ (खटमिठा) /kʰaṭa̦miṭʰā カトミター/ [Skt. खट्ट + Skt. मिष्ट] *adj.* 甘酸っぱい．

ਖੱਟਰ (खट्टर) /kʰaṭṭara̦ カッタル/ ▸ਖੱਟੜ *adj.* **1**（牛や水牛の）乳の出が悪い． **2** 厄介な．

ਖਟਵਾਉਣਾ[1] (खटवाउणा) /kʰaṭa̦wāuṇā カトワーウナー/ [cf. ਖੱਟਣਾ[1]] *vt.* 稼がせる，働かせる．

ਖਟਵਾਉਣਾ[2] (खटवाउणा) /kʰaṭa̦wāuṇā カトワーウナー/ [cf. ਖੱਟਣਾ[2]] *vt.* 掘らせる，発掘させる．

ਖੱਟੜ (खट्टड़) /kʰaṭṭaṛa̦ カッタル/ ▸ਖੱਟਰ *adj.* → ਖੱਟਰ

ਖਟੜਾ (खटड़ा) /kʰaṭa̦ṛā カトラー/ [(Lah.) Skt. खटवा] *m.* **1** 〖家具〗寝台，ベッド．(⇒ਮੰਜਾ) **2** 死体を運ぶ厚板．

ਖੱਟਾ (खट्टा) /kʰaṭṭā カッター/ [Skt. खट्ट] *m.* **1** 〖植物〗シトロン《ミカン類のレモンに似た果実，その木》． **2** 〖植物〗ダイダイ，橙《ミカン科の常緑喬木，その果実》． **2** シトロン色，黄色，橙色．(⇒ਖੱਟੇ ਦਾ ਰੰਗ, ਪੀਲਾ ਰੰਗ)

— *adj.* **1** 酸っぱい，酸味の． **2** シトロン色の，黄色い，

橙色の. (⇒ਖੱਟੇ ਰੰਗ ਦਾ, ਪੀਲਾ)

ਖਟਾਈ (खटाई) /kʰaṭāī カターイー/ [-ਆਈ] *f.* **1** 酸味, 酸っぱさ. (⇒ਖਟਾਸ) **2** 宙ぶらりん, 宙に浮いた状態, 不確実, 期限の不明確な延期. ❑ਖਟਾਈ ਵਿੱਚ ਪੈਣਾ 宙ぶらりんな状態になる, 宙に浮く, 無期限に延期される. ❑ਖਟਾਈ ਵਿੱਚ ਪਾਉਣਾ 宙ぶらりんな状態にする, 宙に浮かせる, 無期限に延期する.

ਖਟਾਸ (खटास) /kʰaṭāsa カタース/ [+ ਆਸ] *f.* 酸味, 酸っぱさ. (⇒ਖਟਾਈ)

ਖਟਿਆਈ (खटिआई) /kʰaṭiāī カティアーイー/ [-ਆਈ] *f.* **1**〖食品〗酸っぱい食べ物. **2** 酸っぱさ, 酸味.

ਖੱਟੀ (खट्टी) /kʰaṭṭī カッティー/ *f.* **1** 所得, 収入, 稼ぎ. **2** 利益.

ਖਟੀਕ (खटीक) /kʰaṭīka カティーク/ *m.* なめし革業者.

ਖਟੋਲਾ (खटोला) /kʰaṭolā カトーラー/ [Skt. खटवा] *m.*〖家具〗小さな寝台, 簡易ベッド.

ਖੰਡ (खंड) /kʰaṇḍa カンド/ [Skt. खंड] *m.* **1** 部分, 一部. (⇒ਹਿੱਸਾ, ਭਾਗ) **2** かけら, 破片, 断片, 切片. (⇒ਟੁਕੜਾ) ❑ਖੰਡ ਹੋਣਾ 砕ける. ❑ਖੰਡ ਕਰਨਾ 砕く. **3** 区分, 区域, 地区. **4** 領域, 地域. (⇒ਇਲਾਕਾ) **5** 地方, 州, 国. **6**〖建築〗(建物の)階. (⇒ਮੰਜ਼ਲ) **7** 項, 条項. **8** 章, 巻. **9** 分冊.

— *f.* **1**〖食品〗砂糖. (⇒ਚੀਨੀ) ❑ਖੰਡ ਵਰਗਾ 砂糖のような, 甘い, 甘ったるい. **2**〖食品〗粗糖. (⇒ਗੁੜ)

ਖੱਡ (खड्ड) /kʰaḍḍa カッド/ [Pkt. खड्डा] *f.* **1** 溝, 穴, 窪地. **2** 峡谷, 谷間, 山峡. **3** 深い淵, 底知れぬ穴, 深い割れ目.

ਖੜਗ (खडग) /kʰaḍaga カダグ/ [Skt. खड्ग] *m.* **1**〖武〗剣. **2**〖武〗短剣, 短刀.

ਖੰਡਣ (खंडण) /kʰaṇḍaṇa カンダン/ ▸ਖੰਡਨ [Skt. खण्डन] *m.* **1** 分裂, 炸裂, 破砕. **2** 反駁, 反論, 論破.

ਖੰਡਣਾ (खंडणा) /kʰaṇḍaṇā カンダナー/ [Skt. खण्डयति] *vt.* **1** 分裂させる, 炸裂させる, 砕く. **2** 反駁する, 反論する, 論破する.

ਖੰਡਤ (खंडत) /kʰaṇḍata カンダト/ ▸ਖੰਡਿਤ *adj.* → ਖੰਡਿਤ

ਖੰਡਨ (खंडन) /kʰaṇḍana カンダン/ ▸ਖੰਡਣ *m.* → ਖੰਡਣ

ਖੰਡਰ (खंडर) /kʰaṇḍara カンダル/ [cf. ਖੰਡਣਾ] *m.* **1** 崩れた建物, 廃屋. **2** 廃墟. **3** 遺跡.

ਖੰਡਰਾਤ (खंडरात) /kʰaṇḍarāta カンドラート/ [cf. ਖੰਡਣਾ] *m.* → ਖੰਡਰ

ਖੰਡਾ (खंडा) /kʰaṇḍā カンダー/ [cf. ਖੰਡਣਾ] *m.*〖武〗両刃の剣.

ਖੱਡਾ (खड्डा) /kʰaḍḍā カッダー/ *m.* 溝, 穴, 窪地.

ਖੰਡਿਤ (खंडित) /kʰaṇḍita カンディト/ ▸ਖੰਡਤ [Skt. खंडित] *adj.* **1** 壊れた, 破壊された, 破損した. **2** 分割された.

ਖੱਡੀ (खड्डी) /kʰaḍḍī カッディー/ *f.*〖機械〗機(はた), 織機.

ਖੰਡੂ (खंडू) /kʰaṇḍū カンドゥー/ *adj.*〖身体・医〗三つ口の.

ਖਣਕਾਰ (खणकार) /kʰaṇakāra カンカール/ [(Lah.)] *f.* チリンと鳴る音. (⇒ਟੁਣਟੁਣ)

ਖਣਿਜ (खणिज) /kʰaṇija カニジ/ [Pkt. खनिय] *adj.* 鉱物の.

— *m.* 鉱物.

ਖ਼ਤ (ख़त) /xata カト/ [Arab. *xatt*] *m.* **1** 線. ❑ਖ਼ਤ ਖਿੱਚਣਾ, ਖ਼ਤ ਵਾਹੁਣਾ 線を引く. **2** 直線. **3** 手書き, 筆跡. **4** 手紙, 書簡, 便り. (⇒ਚਿੱਠੀ) ❑ਖ਼ਤ ਪਾਉਣਾ 手紙を書く, 手紙を投函する, 手紙を送る.

ਖ਼ਤਨਾ (ख़तना) /xatanā カトナー/ [Arab. *xatna*] *m.*〖儀礼〗割礼.

ਖ਼ਤਮ (ख़तम) /xatama カタム/ [Arab. *xatm*] *adj.* **1** 終わった, 終了した. ❑ਖ਼ਤਮ ਹੋਣਾ 終わる, 尽きる, なくなる. ❑ਖ਼ਤਮ ਕਰਨਾ 終える, 終わりにする. ❑ਖ਼ਤਮ ਕਰ ਦੇਣਾ 殺す, 殺害する. **2** 完了した. **3** 尽きた.

ਖ਼ਤਮੀ (ख़तमी) /xatamī カトミー/ [Arab. *xitmī*] *f.*〖植物〗ウスベニタチアオイ《両面がけば立った柔らかな厚みのある葉のあるアオイ科の草本. 西・中央アジア, 東ヨーロッパ, さらに南アジアでは, カシュミール地方・ヒマラヤ山脈周辺に分布. 花・葉・根茎は薬用に用いられる》.

ਖ਼ਤਰ (ख़तर) /xatara カタル/ [Arab. *xatar*] *m.* **1** 危険, 危機, 脅威. **2** 恐れ, 恐怖, 危惧, 不安, 心配.

ਖ਼ਤਰਨਾਕ (ख़तरनाक) /xataranāka カタルナーク/ [Pers.*-nāk*] *adj.* **1** 危ない, 危険な. **2** 恐ろしい, 怖い.

ਖ਼ਤਰਾ (ख़तरा) /xatarā カトラー/ [Arab. *xatra*] *m.* **1** 危険, 危機, 脅威. **2** 恐れ, 恐怖, 危惧, 不安, 心配.

ਖਤਰਾਣੀ (खतराणी) /kʰatarāṇī カトラーニー/ [Skt. क्षत्राणी] *f.*〖姓〗カッタリー種姓の女性.

ਖਤਰੀ (खतरी) /kʰatarī カトリー/ ▸ਕਸ਼ੱਤਰੀ, ਖੱਤਰੀ, ਛੱਤਰੀ *m.* → ਖੱਤਰੀ

ਖੱਤਰੀ (खत्तरी) /kʰattarī カッタリー/ ▸ਕਸ਼ੱਤਰੀ, ਖਤਰੀ, ਛੱਤਰੀ [Skt. क्षत्रिय ; cf.Hin. खत्री] *m.* **1**〖姓・ヒ〗カッタリー《インドの種姓制度における王侯・貴族・武士階級. 政治および軍事を職務とする.「クシャトリヤ」が音変化した呼称》. **2**〖姓・ヒ〗カッタリー《パンジャーブにおけるヒンドゥー教徒の商人階級》.

ਖਤਰੇਟਾ (खतरेटा) /kʰatareṭā カトレーター/ *m.*〖姓〗カッタリー種姓の子供.

ਖ਼ਤਾ (ख़ता) /xatā カター/ [Arab. *xatā*] *f.* **1** 欠点, 欠陥. **2** 罪. (⇒ਕਸੂਰ) **3** 誤り. (⇒ਗ਼ਲਤੀ)

ਖੱਤਾ[1] (खत्ता) /kʰattā カッター/ [(Pkt. खत्त) Skt. खात्र] *m.* 穀物を貯蔵する穴, 穀物庫.

ਖੱਤਾ[2] (खत्ता) /kʰattā カッター/ [(Pkt. खेत्त) Skt. क्षेत्र] *m.* 土地の一区画, 小区画地.

ਖ਼ਤਾਈ[1] (ख़ताई) /xatāī カターイー/ [Pers. *xatāī*] *f.*〖食品〗ぱりぱりしたビスケットの一種.

ਖ਼ਤਾਈ[2] (ख़ताई) /xatāī カターイー/ [Arab. *xatā* -ਈ] *f.* **1** 欠点, 欠陥. **2** 罪. (⇒ਕਸੂਰ) **3** 誤り. (⇒ਗ਼ਲਤੀ)

— *adj.* **1** 罪のある, 有罪の. (⇒ਕਸੂਰਵਾਰ) **2** 誤りの, 間違った. (⇒ਗ਼ਲਤ)

ਖਤਾਨ (खतान) /kʰatāna カターン/ *m.* **1** 穴, 窪地, 深い溝, 土や石の採掘場. **2** 土を供給するため運河や道路の脇に掘られた穴・窪地.

ਖੱਤੀ (खत्ती) /kʰattī カッティー/ *f.* 土地の小さなひと区画, 小区画地.

ਖਤੌਨੀ (खतौनी) /kʰataunī カタォーニー/ *f.* **1** 原簿, 台帳, 会計簿, 出納帳. **2**〖農業〗耕作者の借有地, 小作地.

ਖਤੌਨੀ ਨੰਬਰ (खतौनी नंबर) /kʰataunī nambara カタォー

ニー ナンバル/ *m.* 〖農業〗小作地番号, 租税賦課のため耕作地に割り与えられた番号.

ਖਥੀ (खथी) /kʰatʰī カティー/ [(Lah.) Skt. कन्था] *f.* 〖寝具〗毛布. (⇒ਕੰਬਲ)

ਖ਼ਦਸ਼ਾ (ख़दशा) /kʰada̷śā カドシャー/ [Arab. *xadśat*] *f.* **1** 恐れ, 心配, 懸念, 不安. (⇒ਫ਼ਿਕਰ, ਡਰ, ਚਿੰਤਾ) **2** 危険性.

ਖੰਦਕ (खंदक) /kʰandaka̷ カンダク/ [Arab. *xandaq*] *f.* **1** 溝, 堀. **2** 〖軍〗塹壕.

ਖੱਦਰ (खद्दर) /kʰaddara̷ カッダル/ ▶ਖਾਦੀ *m.* 〖布地〗粗末な綿布, 手織りの粗布.

ਖੱਦਰਧਾਰੀ (खद्दरधारी) /kʰaddara̷tă̄rī カッダルターリー/ *adj.* **1** 〖衣服〗粗末な衣服を着た. **2** 質素な, 飾り気のない.

ਖੱਦਰਪੋਸ਼ (खद्दरपोश) /kʰaddara̷pośa̷ カッダルポーシュ/ *adj.* → ਖੱਦਰਧਾਰੀ

ਖੰਧਲਾ (खंधला) /kʰândalā カンダラー/ *m.* 編み枝.

ਖੰਧਾ (खंधा) /kʰândā カンダー/ [(Kang.) (Pkt. खंध) Skt. स्कन्ध] *m.* 群れ, 群集. (⇒ਭੀੜ)

ਖੰਧੋਲੀ (खंधोली) /kʰandŏlī カンドーリー/ *f.* **1** 〖寝具〗ぼろぼろの布団. **2** 〖寝具〗ぼろぼろの毛布.

ਖੰਨੀ (खंनी) /kʰannī カンニー/ [(Jat.) Skt. खंड] *f.* **1** 切れ端, 切片. (⇒ਟੁਕੜਾ) **2** 靴の底. (⇒ਜੁੱਤੀ ਦਾ ਤਲਵਾ)

— *adj.* 半分の. (⇒ਅੱਧਾ)

ਖੱਪ (खप्प) /kʰappa̷ カップ/ [Skt. क्षिप्] *f.* **1** 喧噪. **2** 争い. **3** 騒乱.

ਖੱਪਖਾਨਾ (खप्पखाना) /kʰappa̷kʰānā カップカーナー/ *m.* 無意味な会話, わいわい騒ぎ.

ਖਪਣਾ (खपणा) /kʰapaṇā カパナー/ [Skt. क्षप्यते] *vi.* **1** 使われる, 消費される. **2** 吸収される. **3** なくなる, 消える, 失われる. **4** 滅びる, 台無しになる, 潰れる. (⇒ਨਸ਼ਟ ਹੋਣਾ) **5** 悩む, 苦労する.

ਖਪਤ[1] (खपत) /kʰapata̷ カパト/ [cf. ਖਪਣਾ] *f.* **1** 消費, 使用. **2** 需要. **3** 販売.

ਖਪਤ[2] (खपत) /kʰapata̷ カパト/ ▶ਖ਼ਬਤ *m.* → ਖ਼ਬਤ

ਖਪਤੀ (खपती) /kʰapa̷tī カプティー/ [Arab. *xabtī*] *adj.* **1** 狂気の, 気の狂っている. **2** 熱狂した, 夢中の. **3** 取りつかれている, 妄想にとらわれた.

ਖੱਪਰ (खप्पर) /kʰappara̷ カッパル/ [(Pkt. खप्पर) Skt. कर्पर] *m.* **1** 〖容器〗托鉢用の鉢, お椀. **2** お椀の形をした物. **3** 〖身体〗頭蓋骨.

ਖਪਰਾ (खपरा) /kʰapa̷rā カプラー/ *m.* **1** 〖動物〗蛇の一種. **2** 〖虫〗小麦にたかる虫.

ਖਪਰੈਲ (खपरैल) /kʰapa̷raila̷ カプラェール/ [Skt. कर्पर] *f.* **1** 〖建築〗屋根にふくタイル. **2** 〖建築〗タイルぶきの屋根.

ਖੱਪਾ (खप्पा) /kʰappā カッパー/ [Skt. घात] *m.* 割れ目.

ਖਪਾਉਣਾ (खपाउणा) /kʰapāuṇā カパーウナー/ [cf. ਖਪਣਾ] *vt.* **1** 使い尽くす, 消費する. **2** 消化する, 吸収する. (⇒ਹਜ਼ਮ ਕਰਨਾ) **3** 悩ます, 困らす, からかう, 嫌がらせをする. (⇒ਤੰਗ ਕਰਨਾ) **4** 滅ぼす, 台無しにする, 潰す. (⇒ਨਾਸ਼ ਕਰਨਾ) **5** 苦労させる.

ਖਪਾਈ (खपाई) /kʰapāī カパーイー/ [cf. ਖਪਣਾ] *suff.* 「悩み」「苦労」「迷惑」などの意味を含む女性名詞を形成する接尾辞.

ਖਪਾਰਾ (खपारा) /kʰapārā カパーラー/ [(Jat.)] *m.* **1** 無作法な忠告. (⇒ਬੇਅਦਬ ਉਪਦੇਸ਼) **2** 頭を悩ますこと, 苛々させること. (⇒ਮਗ਼ਜ਼ ਪੱਚੀ)

ਖਪਾੜਾ (खपाड़ा) /kʰapāṛā カパーラー/ [(Mul.)] *m.* **1** 喧嘩, 争い, 揉め事. (⇒ਝਗੜਾ) **2** 紛争. (⇒ਪੁਆੜਾ)

ਖ਼ਫ਼ਕੀ (ख़फ़की) /xafakī カファキー/ ▶ਖ਼ਫ਼ਗੀ *f.* → ਖ਼ਫ਼ਗੀ

ਖ਼ਫ਼ਗੀ (ख़फ़गी) /xafagī カファギー/ ▶ਖ਼ਫ਼ਕੀ [Pers. *xafa* Pers.*-gī*] *f.* **1** 不愉快, 不機嫌. **2** 怒り.

ਖ਼ਫ਼ਣੀ (ख़फ़णी) /xafaṇī カファニー/ *f.* 〖衣服〗カファニー《行者がまとうゆったりとした上衣》.

ਖ਼ਫ਼ਾ (ख़फ़ा) /xafā カファー/ [Pers. *xafa*] *adj.* **1** 不愉快な, 不機嫌な. **2** 怒っている, 立腹した.

ਖ਼ਫ਼ੇ (ख़फ़े) /xafe カフェー/ [(Pot.) Pers. *xafa*] *adv.* 怒って, 腹を立てて. (⇒ਗ਼ੁੱਸੇ ਵਿੱਚ)

ਖਬਚੂ (खबचू) /kʰaba̷cū カブチュー/ *adj.* 左利きの.

— *m.* 左利きの人.

ਖ਼ਬਤ (ख़बत) /xabata̷ カバト/ ▶ਖਪਤ [Arab. *xabt*] *m.* **1** 狂気. **2** 熱狂, 夢中. **3** 取りつかれること, 妄想.

ਖ਼ਬਰ (ख़बर) /xabara̷ カバル/ [Arab. *xabar*] *f.* **1** ニュース, 報道. (⇒ਸਮਾਚਾਰ) **2** 通知, 通報, 知らせ, 便り. **3** 情報, 必要な知識. **4** 様子, 動静, 消息. **5** 警告.

ਖ਼ਬਰਗੀਰ (ख़बरगीर) /xabara̷gīra̷ カバルギール/ [Pers.*-gīr*] *adj.* 情報に精通した.

— *m.* **1** 密偵, スパイ. **2** 情報提供者.

ਖ਼ਬਰਦਾਰ (ख़बरदार) /xabara̷dāra̷ カバルダール/ [Pers.*-dār*] *adj.* **1** 用心深い, 注意深い. **2** 情報を得ている, 知っている.

— *int.* 気をつけろ, 危ないっ, やめとけっ.

ਖ਼ਬਰਦਾਰੀ (ख़बरदारी) /xabara̷dārī カバルダーリー/ [Pers.*-dārī*] *f.* **1** 用心, 用心深さ, 注意深さ, 警戒. **2** 情報を得ていること, 気にとめること.

ਖ਼ਬਰੇ (ख़बरे) /xaba̷re カブレー/ ▶ਖ਼ਬਰੈ, ਖਵਰੇ, ਖਵਰੈ, ਖੌਰੇ [Arab. *xabar*] *adv.* 多分. (⇒ਸ਼ਾਇਦ)

ਖ਼ਬਰੈ (ख़बरै) /xaba̷rai カブラェー/ ▶ਖ਼ਬਰੇ, ਖਵਰੇ, ਖਵਰੈ, ਖੌਰੇ *adv.* → ਖ਼ਬਰੇ

ਖੱਬਲ[1] (खब्बल) /kʰabbala̷ カッバル/ *m.* 〖植物〗ギョウギシバ(行儀芝)《イネ科の多年草》, 芝草.

ਖੱਬਲ[2] (खब्बल) /kʰabbala̷ カッバル/ *adj.* 左利きの.

ਖੱਬੜ (खब्बड़) /kʰabbaṛa̷ カッバル/ *m.* 小麦の茎で作った縄.

ਖੱਬਾ (खब्बा) /kʰabbā カッバー/ [(Pkt. खव्व) Skt. सव्य] *adj.* **1** 左の, 左手の, 左側の. (⇒ਬਾਇਆਂ, ਵਾਮ)(⇔ਸੱਜਾ) **2** 左利きの, ぎっちょの.

— *m.* **1** 〖政治〗左翼. **2** 〖政治〗共産主義者.

ਖੱਬਿਓਂ (खब्बिओं) /kʰabbiõ カッビオーン/ *adv.* 《ਖੱਬੇ ਤੋਂ の融合形》左から.

ਖ਼ਬੀਸ (ख़बीस) /xabīsa̷ カビース/ [Arab. *xabīs*] *adj.* **1** 性悪な, 邪悪な, たちの悪い, ひねくれた. **2** 邪な, 卑劣な.

— *m.* **1** たちの悪い人, ひねくれ者, 悪党, ひどい奴. **2** 悪霊.

ਖੱਬੀਖ਼ਾਨ (खब्बीख़ान) /kʰabbīxāna̷ カッビーカーン/ *m.* **1** 横柄な人, 傲慢な人. **2** 見栄っ張り.

ਖਬੀਲ (खबील) /kʰabīla̦ カビール/ *m.* 〖道具〗靴職人が用いる革を柔らかくする道具.

ਖੱਬੇ (खब्बे) /kʰabbe カッベー/ [cf. ਖੱਬਾ] *adv.* 左に, 左の方に, 左手に, 左側に.

ਖੰਭ (खंभ) /kʰâmba̦ カンブ/ ▸ਪੰਖ [(Pkt. पंख) Skt. पक्ष] *m.* 《 ਪੰਖ が音位転換した語と推測される》. **1** 翼. **2** 羽, 羽根.

ਖੰਭਰ (खंभर) /kʰâmbara̦ カンバル/ [(Lah.)] *m.* 矢羽根.

ਖੰਭੜਾ (खंभड़ा) /kʰâmbaṛā カンブラー/ [(Lah.)] *m.* (魚の)ひれ.

ਖੰਭਾ (खंभा) /kʰâmbā カンバー/ [Skt. स्तम्भ] *m.* **1** 柱. (⇒ਥੰਮ੍ਹ) **2** 杭. **3** 電柱, 街灯.

ਖ਼ਮ (ख़म) /xama̦ カム/ [Pers. *xam*] *m.* **1** 曲がり. **2** 湾曲.

ਖਮਤਾ (खमता) /kʰama̦tā カムター/ [Skt. क्षामता] *f.* 力, 能力, 力量.

ਖਮਦਾਰ (खमदार) /kʰama̦dāra̦ カムダール/ [Pers. *xam* Pers.-*dār*] *adj.* **1** 曲がった. **2** 湾曲した.

ਖ਼ਮਿਆਜ਼ਾ (ख़मिआज़ा) /xamiāzā カミアーザー/ [Pers. *xamiyāza*] *m.* **1** 伸びをすること. **2** 処罰. **3** 悪行の結果, 因果, 報い.

ਖ਼ਮੀਰ (ख़मीर) /xamīra̦ カミール/ [Arab. *xamīr*] *m.* **1** 〖生物〗酵母, イースト, パン種. **2** 発酵.

ਖ਼ਮੀਰਾ (ख़मीरा) /xamīrā カミーラー/ [Arab. *xamīra*] *adj.* 酵母で作った, 酵母菌を入れた, 発酵した.

ਖ਼ਮੋਸ਼ (ख़मोश) /xamośa̦ カモーシュ/ ▸ਖ਼ਾਮੋਸ਼ [Pers. *xāmoś*] *adj.* **1** 黙っている, 沈黙の, 無言の. (⇒ਚੁੱਪ) **2** 静かな, 静寂な.

ਖ਼ਮੋਸ਼ੀ (ख़मोशी) /xamośī カモーシー/ ▸ਖ਼ਾਮੋਸ਼ੀ [Pers. *xāmośī*] *f.* **1** 沈黙, 無言. **2** 静けさ, 静寂. (⇒ਸੰਨਾਟਾ)

ਖ਼ਯਾਲ (ख़याल) /xayāla̦ カヤール/ ▸ਖ਼ਜ਼ਾਲ, ਖ਼ਿਆਲ *m.* → ਖ਼ਿਆਲ

ਖ਼ਯਾਲ (ख़्याल) /xyāla̦ (xayāla̦) キャール (カヤール)/ ▸ਖ਼ਯਾਲ, ਖ਼ਿਆਲ *m.* → ਖ਼ਿਆਲ

ਖਰ (खर) /kʰara̦ カル/ [Skt. खर] *m.* **1** 〖動物〗ロバ, 驢馬. **2** 〖比喩〗愚か者, 馬鹿.
— *pref.* 「愚かさ」を意味する接頭辞.

ਖ਼ਰ (ख़र) /xara̦ カル/ [Pers. *xar*] *m.* **1** 〖動物〗ロバ, 驢馬. **2** 〖比喩〗愚か者, 馬鹿.
— *pref.* 「愚かさ」を意味する接頭辞.

ਖਰ੍ਹਵਾ (खर्हवा) /kʰâra̦wā カルワー/ *adj.* **1** 粗い, ざらざらの. **2** 平らでない, でこぼこの. **3** 粗野な, 粗暴な.

ਖਰਕਣਾ (खरकणा) /kʰara̦kaṇā カルカナー/ ▸ਖਰਖਰਾ, ਖ਼ਰਖ਼ਰਾ *m.* → ਖ਼ਰਖ਼ਰਾ

ਖਰਕਾ (खरका) /kara̦kā カルカー/ [(Pot.) Skt. खर] *m.* 〖動物〗ロバ, 驢馬. (⇒ਖੋਤਾ, ਗਧਾ)
— *adj.* **1** 驢馬のような. **2** 〖比喩〗愚かな.

ਖ਼ਰਖ਼ਸ਼ਾ (ख़रख़शा) /xara̦xaśā カルカシャー/ [Pers. *xarxaśā*] *m.* **1** 問題, 悩み事. **2** 厄介, 面倒なこと. **3** 揉め事, 喧嘩, 争い.

ਖਰਖਰਾ (खरखरा) /kʰara̦kʰarā カルカラー/ ▸ਖਰਕਣਾ, ਖ਼ਰਖ਼ਰਾ *m.* → ਖ਼ਰਖ਼ਰਾ

ਖ਼ਰਖ਼ਰਾ (ख़रख़रा) /xara̦xarā カルカラー/ ▸ਖਰਕਣਾ, ਖਰਖਰਾ [Pers.] *m.* 〖道具〗馬櫛《櫛を何列も並べた幅の広い道具. 馬の体を清潔にするために用いる》.

ਖਰਖਰੀ (खरखरी) /kʰara̦kʰarī カルカリー/ *f.* **1** 〖医〗喉の痒み. **2** 〖医〗咳. **3** 馬のマッサージ.

ਖ਼ਰਗੋਸ਼ (ख़रगोश) /xara̦gośa̦ カルゴーシュ/ [Pers. *xargoś*] *m.* **1** 〖動物〗ノウサギ, 野兎. **2** 〖動物〗ウサギ, 兎. (⇒ਸਹਿਆ)

ਖ਼ਰਚ (ख़रच) /xara̦ca̦ カルチ/ [Pers. *xarc*] *m.* **1** 出費, 支出. **2** 費用. **3** 消費.

ਖ਼ਰਚਣਾ (ख़रचणा) /xara̦caṇā カルチャナー/ [Pers. *xarc*] *vt.* **1** 費やす, 出費する, (金を)使う. ❐ਕਿਹਾ ਜਾਂਦਾ ਹੈ ਕਿ ਪੰਜਾਬੀ ਸ਼ਰਾਬ ਅਤੇ ਮੁਰਗੇ ਉੱਤੇ ਤਾਂ ਸੈਂਕੜੇ ਖ਼ਰਚ ਦੇਣਗੇ ਪਰ ਕਿਤਾਬ ਉੱਤੇ ਨਹੀਂ ਖ਼ਰਚਣਗੇ। パンジャーブの人たちは酒と鶏肉には大金を費やすだろうが本に費やすことはないだろうと言われています. **2** 消費する.

ਖ਼ਰਚਾ (ख़रचा) /xara̦cā カルチャー/ [Pers. *xarca*] *m.* **1** 出費, 支出. **2** 費用. **3** 消費.

ਖਰਚਾਮ (खरचाम) /kʰara̦cāma̦ カルチャーム/ *m.* 〖楽器〗大きな太鼓.

ਖ਼ਰਚੀਲਾ (ख़रचीला) /xara̦cīlā カルチーラー/ [Pers. *xarcīlā*] *adj.* **1** 浪費する, 金遣いの荒い. **2** 放蕩の.

ਖ਼ਰਦਿਮਾਗ਼ (ख़रदिमाग़) /xara̦dimāğa̦ カルディマーグ/ [Pers. *xar* + Arab. *dimāğ*] *adj.* **1** 驢馬の頭脳の. **2** 〖比喩〗愚かな, 馬鹿な, 知恵のない.

ਖਰਨਾ (खरना) /kʰara̦nā カルナー/ ▸ਖੁਰਨਾ *vi.* → ਖੁਰਨਾ

ਖਰਬ (खरब) /kʰara̦ba̦ カルブ/ [Skt. खर्व] *ca.num.(m.)* 〖数量〗 1000億, 千億の単位. (⇒ਸੌ ਅਰਬ ਦੀ ਸੰਖਿਆ)
— *adj.* 1000億の, 千億の. (⇒ਸੌ ਅਰਬ)

ਖਰਬੜ (खरबड़) /kara̦bara̦ カルバル/ [Skt. खर] *adj.* **1** 上下する. **2** 平らでない, でこぼこの. (⇒ਉੱਚਾ ਨੀਵਾਂ)

ਖਰਬਾਜੀ (खरबाजी) /kʰara̦bājī カルバージー/ ▸ਕਲਾਬਾਜ਼ੀ, ਖੜਬਾਜ਼ੀ [(Jat.)] *f.* → ਕਲਾਬਾਜ਼ੀ

ਖ਼ਰਬੂਜ਼ਾ (ख़रबूज़ा) /xara̦būzā カルブーザー/ [Pers. *xarbūza*] *m.* 〖植物〗マスクメロン《ウリ科の蔓草》.

ਖ਼ਰਮਸਤ (ख़रमसत) /xara̦masa̦ta̦ カルマスト/ [Pers. *xarmast*] *adj.* **1** 気まぐれな. **2** 浮かれ気分の, 騒がしい, どんちゃん騒ぎの. **3** 淫らな, 淫乱な, 下品な.

ਖ਼ਰਮਸਤੀ (ख़रमसती) /xara̦masa̦tī カルマスティー/ [Pers. *xarmastī*] *f.* **1** 馬鹿騒ぎ, どんちゃん騒ぎ. **2** 気まぐれ. **3** 浮かれ気分. **4** 淫らな振る舞い, 下品な行い.

ਖਰਲ (खरल) /kʰara̦la̦ カルル/ [Skt. खल्ल] *m.* 〖道具〗乳鉢.

ਖਰਵਾਰ (खरवार) /kʰara̦wāra̦ カルワール/ *m.* 〖農業〗脱穀された穀物を積み上げた山.

ਖਰੜ (खरड़) /kʰara̦ṛa̦ カラル/ [Skt. क्षरण] *m.* 〖農業〗家畜の飼料を運ぶ車の上に敷く毛布.

ਖਰੜਾ (खरड़ा) /kʰara̦ṛā カララー/ [Pkt. खरडिअ] *m.* 草稿.

ਖਰਾ (खरा) /kʰarā カラー/ [(Pkt. खर) Skt. खरः] *adj.* **1** 純粋な. (⇒ਖ਼ਾਲਸ, ਸ਼ੁੱਧ) **2** 本当の, 本物の. (⇒ਅਸਲੀ) **3** 正直な. (⇒ਇਮਾਨਦਾਰ)

ਖ਼ਰਾਇਤ (ख़राइत) /xarāita̦ カラーイト/ ▸ਖ਼ੈਰਾਤ *f.* → ਖ਼ੈਰਾਤ

ਖ਼ਰਾਇਤੀ (ख़राइती) /xarāitī カラーイティー/ ▸ਖ਼ੈਰਾਤੀ *adj.*

→ ਖ਼ੈਰਾਤੀ

ਖ਼ਰਾਸ[1] (ख़रास) /xarāsa̸ カラース/ [Pers. *xar*] *m.* 〖道具〗動物によって動かされる製粉用の挽き臼.

ਖ਼ਰਾਸ਼[2] (ख़राश) /xarāśa̸ カラーシュ/ [Pers. *xarāś*] *f.* **1** 掻き傷. **2** 擦り傷.

ਖ਼ਰਾਸੀਆ (ख़रासीआ) /xarāsīā カラースィーアー/ [Pers. *xar* -ਈਆ] *m.* 製粉用の挽き臼で粉をひく人, 粉屋, 製粉業者.

ਖ਼ਰਾਜ (ख़राज) /xarāja̸ カラージ/ ▸ਖ਼ਿਰਾਜ [Pers. *xarāj*] *m.* **1** 貢ぎ物, 上納金. **2** 国税, 歳入.

ਖਰਾਂਟ (खराँट) /kʰarā̃ṭa̸ カラーント/ ▸ਖੁਰਾਂਟ [Hin. खुर्राट] *adj.* **1** 経験豊かな, 熟達した, 老練な. (⇒ਤਜਰਬੇਕਾਰ) **2** 老獪な, 狡猾な, ずる賢い. (⇒ਚਲਾਕ) **3** 賢い. **4** いたずらな.

ਖਰਾਂਟਪੁਣਾ (खराँटपुणा) /kʰarā̃ṭa̸puṇā カラーントプナー/ [-ਪੁਣਾ] *m.* **1** 経験豊かなこと, 熟達, 老練. (⇒ਤਜਰਬੇਕਾਰੀ) **2** 老獪, 狡猾, ずる賢さ. (⇒ਚਲਾਕੀ) **3** 賢さ. **4** いたずら好き.

ਖ਼ਰਾਦ (ख़राद) /xarāda̸ カラード/ [Pers. *xarrād*] *m.* 〖道具〗旋盤.

ਖ਼ਰਾਦਣਾ (ख़रादणा) /xarādaṇā カラーダナー/ [cf. ਖ਼ਰਾਦ] *vt.* **1** 旋盤の上で回す, 旋盤にかける. **2** 磨く, 磨き上げる.

ਖਰਾਪਣ (खरापण) /kʰarāpaṇa̸ カラーパン/ [Skt. खरः -ਪਣ] *m.* **1** 純粋性. **2** 正直.

ਖ਼ਰਾਬ (ख़राब) /xarāba̸ カラーブ/ [Arab. *xarāb*] *adj.* **1** 悪い, 良くない, 劣った, 価値のない. **2** 故障した, 障害のある, 欠陥のある. **3** 台無しの, 傷んだ, 壊れた. **4** 堕落した, 下品な, 淫らな, 邪悪な. **5**(食べ物が)いたんだ, 腐った. **6** 汚れた, 汚れている.

ਖ਼ਰਾਬੀ (ख़राबी) /xarābī カラービー/ [Pers. *xarābī*] *f.* **1** 悪, 悪いこと. **2** 故障, 障害, 不調. **3** 欠陥, 欠点, 難点.

ਖਰੀਂਡ (खरींड) /kʰarī̃ḍa̸ カリーンド/ ▸ਖਰੀਂਢ [Hin. खुरंड] *m.* かさぶた.

ਖਰੀਂਢ (खरींढ) /kʰarī̃ḍa̸ カリーンド/ ▸ਖਰੀਂਡ *m.* → ਖਰੀਂਡ

ਖਰੀਤਾ (खरीता) /kʰarītā カリーター/ *m.* 革製の鞄.

ਖ਼ਰੀਦ (ख़रीद) /xarīda̸ カリード/ [Pers. *xarīd*] *f.* **1** 買うこと, 購入, 買い入れ. **2** 買い物.

ਖ਼ਰੀਦਣਾ (ख़रीदणा) /xarīdaṇā カリーダナー/ [cf. ਖ਼ਰੀਦ] *vt.* **1** 買う, 購入する. (⇔ਵੇਚਣਾ) **2** 身に受ける, 招く.

ਖ਼ਰੀਦਾਰ (ख़रीदार) /xarīdāra̸ カリーダール/ [Pers. *xarīdār*] *m.* **1** 買い手, 購入者. **2** 顧客.

ਖ਼ਰੀਦਾਰੀ (ख़रीदारी) /xarīdārī カリーダーリー/ [Pers. *xarīdārī*] *f.* **1** 買い物, ショッピング. ❐ਚਲੋ ਜੀ, ਜ਼ਰਾ ਖ਼ਰੀਦਾਰੀ ਕਰ ਲਿਆਈਏ। さあ, ちょっと買い物をしてきましょう. **2** 買うこと, 購入, 買い入れ.

ਖ਼ਰੀਫ਼ (ख़रीफ़) /xarīfa̸ カリーフ/ [Arab. *xarīf*] *f.* **1** 〖農業〗秋の収穫. **2** 〖農業〗夏に蒔かれ, 秋から初冬に収穫される作物.

ਖਰੂੰਡ (खरूँड) /kʰarū̃ḍa̸ カルーンド/ [cf. ਖਰੂੰਡਣਾ] *m.* 爪による引っ掻き傷.

ਖਰੂੰਡਣਾ (खरूँडणा) /kʰarū̃ḍaṇā カルーンダナー/ [Skt. क्षुरति] *vt.* 爪で引っ掻く. (⇒ਨਹੁੰਦਰਨਾ)

ਖਰੂਦ (खरूद) /kʰarūda̸ カルード/ [Skt. क्रोश] *m.* **1** 騒ぎ, 騒乱. ❐ਖਰੂਦ ਕਰਨਾ, ਖਰੂਦ ਮਚਾਉਣਾ 騒ぎを起こす, 騒ぐ, 騒ぎ回る, 浮かれ騒ぐ. **2** 暴動.

ਖਰੂਦੀ (खरूदी) /kʰarūdī カルーディー/ [-ਈ] *adj.* **1** 騒乱の. **2** 荒れた.

ਖਰੇਪੜ (खरेपड़) /kʰarepaṛa̸ カレーパル/ *m.* **1**(皮膚などの)薄片, かさぶた. **2** 堅い皮. **3** 厚い層. **4** 乾いた土や壁土の平たい片.

ਖਰੇਪੜੀ (खरेपड़ी) /kʰarepaṛī カレーパリー/ *f.* **1**(皮膚などの)小さな薄片, 小さなかさぶた. **2** 小さな堅い皮. **3** 小さな厚い層. **4** 乾いた土や壁土の小さな平たい片.

ਖ਼ੈਰਾਤ (ख़ैरात) /xaraita̸ カラェート/ ▸ਖ਼ਰਾਇਤ [Arab. *xairāt*] *f.* **1** 施し, 恵み与えること, 喜捨. **2** 慈善行為. **3** 寄付, 寄進.

ਖ਼ੈਰਾਤੀ (ख़ैराती) /xaraitī カラェーティー/ ▸ਖ਼ਰਾਇਤੀ [Arab. *xairātī*] *adj.* **1** 慈善の, 慈善のための, 慈善目的の. **2** 無償の, 無料の.

ਖਰੋਸ਼ਟੀ (खरोशटी) /kʰarośaṭī カローシュティー/ [Skt. खरोष्टी] *f.* 〖文字〗カローシュティー文字《インド亜大陸の西北地帯で用いられていた文字》.

ਖਰੋਚਣਾ (खरोचणा) /kʰarocaṇā カローチャナー/ [Skt. क्षुरति] *vt.* **1** こする. **2** 引っ掻く.

ਖਰੋੜਾ (खरोड़ा) /kʰaroṛā カローラー/ [Skt. खुर] *m.* **1** 〖身体〗四足獣の関節・球説を含む下肢. **2** 〖身体〗蹄(ひづめ), 蹄のある動物の足.

ਖਲ[1] (खल) /kʰala̸ カル/ [Skt. खल] *adj.* **1** 邪悪な. (⇒ਦੁਸ਼ਟ) **2** 下劣な, 卑しい. (⇒ਨੀਚ) **3** 愚かな. (⇒ਮੂਰਖ)

ਖਲ[2] (खल) /kʰala̸ カル/ ▸ਖਲੀ [Skt. खल] *f.* 〖飼料〗家畜飼料用の固形油かす.

ਖੱਲ (खल्ल) /kʰalla̸ カッル/ [Skt. खल्ल] *f.* **1** 皮, 表皮. **2** 〖動物〗毛皮, 獣皮.

ਖਲ੍ਹਿਆਰਨਾ (खल्हिआरना) /kʰâliāranā カリアールナー/ *vt.* 泊まらせる.

ਖ਼ਲਕ (ख़लक) /xalaka̸ カラク/ [Arab. *xalq*] *f.* **1** 創造されたもの, 創造物, 被造物. (⇒ਸਰਿਸ਼ਟਿ) ❐ਖ਼ਲਕ ਖ਼ੁਦਾ 神の創造物. **2** 生きもの, 生物, 動物. **3** ヒト, 人, 人間. **4** 人々, 民, 公衆. **5** 自然. (⇒ਕੁਦਰਤ) **6** 世界, 宇宙.

ਖ਼ਲਕਤ (ख़लकत) /xalakata̸ カルカト/ [Pers. *xalqat*] *f.* **1** ヒト, 人, 人間. **2** 人類. **3** 人々, 民, 公衆. **4** 世界.

ਖਲਜਗਣ (खलजगण) /kʰala̸jagaṇa̸ カルジャガン/ ▸ਖਲਜਗਨ [Skt. खलयजन] *m.* **1** 散らばった状態, 拡散. (⇒ਖਿਲਾਰ) **2** 混乱. **3** 邪魔者, 負担.

ਖਲਜਗਨ (खलजगन) /kʰala̸jagana̸ カルジャガン/ ▸ਖਲਜਗਣ *m.* → ਖਲਜਗਣ

ਖੱਲਣਾ[1] (खल्लणा) /kʰallaṇā カッラナー/ [Skt. कुल] *m.* **1** 家族. **2** 一族. **3** 家系, 血統.

ਖੱਲਣਾ[2] (खल्लणा) /kʰallaṇā カッラナー/ [Skt. खल्लते] *vt.* **1** 壊す, 破壊する. **2** 打つ, 叩く. (⇒ਕੁੱਟਣਾ) **3** 傷つける, 怪我をさせる. **4** 殺す. (⇒ਮਾਰਨਾ)

ਖਲਬਲੀ (खलबली) /kʰala̸balī カルバリー/ *f.* **1** 騒ぎ, 騒動, 動乱. **2** 動揺, 混乱. **3** 無秩序.

ਖ਼ਲਲ (ख़लल) /xalala̸ カラル/ [Arab. *xalal*] *m.* **1** 裂け

目, 破れ目, 中断, 途切れ. **2** 妨げ, 妨害. **3** 無秩序, 混乱. **4** 動転.

ਖਲਵਾੜਾ (खलवाड़ा) /k^halạwāṛā カルワーラー/ ▸ਖਲਵੇੜਾ [Skt. खल + Skt. वाट] *m.* 〖農業〗脱穀されていない穀物を積み上げた山.

ਖਲਵੇੜਾ (खलवेड़ा) /k^halạweṛā カルウェーラー/ ▸ਖਲਵਾੜਾ [(Jat.)] *m.* → ਖਲਵਾੜਾ

ਖੱਲੜੀ (खल्लड़ी) /k^hallaṛī カッラリー/ [Skt. खल्ल] *f.* **1** 皮. **2**〖動物〗毛皮, 獣皮.

ਖਲਾ (खला) /k^halā カラー/ ▸ਖੜ੍ਹਾ, ਖੜਾ [(Pot.)] *adj.* → ਖੜ੍ਹਾ

ਖ਼ਲਾ (ख़ला) /xalā カラー/ [Arab. *xalā*] *m.* **1** 空(から), 空虚. **2** 空間, 空所. **3** 虚空, 宇宙.

ਖੱਲਾ (खल्ला) /k^hallā カッラー/ [(Lah.) Skt. खल्ल] *m.* 〖履物〗靴.

ਖ਼ਲਾਸ (ख़लास) /xalāsạ カラース/ [Arab. *xalāṣ*] *adj.* **1** 解放された, 自由な. **2** 貧しい, 無一文の.

ਖ਼ਲਾਸੀ (ख़लासी) /xalāsī カラースィー/ [Pers. *xalāṣī*] *f.* **1** 解放, 自由. **2** 免除.

ਖਲੀ (खली) /k^halī カリー/ ▸ਖਲ [(Lah.) Skt. खल] *f.* 〖飼料〗家畜飼料用の固形油かす.

ਖੱਲੀ (खल्ली) /k^hallī カッリー/ [Skt. खल्लि] *f.* 筋肉の硬直. (⇒ਗਿਲ੍ਹਟ)

ਖ਼ਲੀਫ਼ਾ (ख़लीफ़ा) /xalīfā カリーファー/ [Arab. *xalīfa*] *m.* **1**〖イス〗カリフ《ムハムマド, ムハンマド(マホメット)の後継者》. **2** 仕事をさぼる人.

ਖਲੋਣਾ (खलोणा) /k^haloṇā カローナー/ ▸ਖੜ੍ਹਨਾ, ਖੜੋਣਾ, ਖੜੋਨਾ [Pkt. खड्डओ] *vi.* **1** 立つ. ❐ਰਾਜਾ ਘੋੜੇ ਤੋਂ ਉੱਤਰ ਕੇ ਬੁੱਢੇ ਦੇ ਕੋਲ ਖਲੋ ਗਿਆ। 王様は馬から降りて老人のそばに立ちました. **2** 止まる, 停止する. **3** 支えなしでまっすぐに立つ. **4** 安定する, 固定される.

ਖਲੋਤਾ (खलोता) /k^halotā カローター/ [cf. ਖਲੋਣਾ] *adj.* **1** 《ਖਲੋਣਾ の完了分詞》立っていた. **2** 立っている, 立ち止まっている. **3** 流れない, よどんだ. ❐ਖਲੋਤਾ ਪਾਣੀ よどんだ水.

ਖਲੋਤੇ ਖਲੋਤੇ (खलोते खलोते) /k^halote k^halote カローテー カローテー/ [cf. ਖਲੋਣਾ] *adv.* **1** 待たずに. **2** 短時間で, 間もなく, じきに.

ਖਵਰੇ (खवरे) /k^havạre カヴレー/ ▸ਖ਼ਬਰੇ, ਖ਼ਬਰੈ, ਖਵਰੈ, ਖੌਰੇ *adv.* → ਖ਼ਬਰੇ

ਖਵਰੈ (खवरै) /k^havạrai カヴラェー/ ▸ਖ਼ਬਰੇ, ਖ਼ਬਰੈ, ਖਵਰੇ, ਖੌਰੇ *adv.* → ਖ਼ਬਰੇ

ਖਵਾਉਣਾ (खवाउणा) /k^hawāuṇā カワーウナー/ ▸ਖੁਆਉਣਾ, ਖੁਵਾਉਣਾ *vt.* → ਖੁਆਉਣਾ

ਖੜ ਸੁੱਕ (खड़ सुक्क) /k^haṛạ sukkạ カル スック/ *adj.* 枯れた, 枯死した.

ਖੜ੍ਹਨਾ (खड़्हना) /k^hâṛạnā カルナー/ ▸ਖਲੋਣਾ, ਖੜੋਣਾ, ਖੜੋਨਾ [(Pua.)] *vi.* → ਖਲੋਣਾ

ਖੜ੍ਹਵਾਂ (खड़्हवाँ) /k^hâṛạwā̃ カルワーン/ *adj.* **1** 立っている, 立ち止まっている. (⇒ਖਲੋਤਾ ਹੋਇਆ) **2** 直立した, まっすぐ立っている. **3** 垂直な.

ਖੜ੍ਹਾ (खड़्हा) /k^hâṛā カラー/ ▸ਖਲਾ, ਖੜਾ *adj.* **1** 立っている, 直立した, 建っている. ❐ਖੜ੍ਹਾ ਹੋਣਾ 立つ, 立ち上がる. ❐ਕੁਝ ਲੋਕ ਦਰਿਆ ਦੇ ਕਿਨਾਰੇ ਖੜ੍ਹੇ ਸਨ। 何人かの人々が川の岸辺に立っていました. ❐ਖੜ੍ਹਾ ਕਰਨਾ 立てる, 起こす, 建てる, 築く. **2** 静止した, 立ち止まっている, 停止している. **3**(車が)停まっている, 駐まっている, 駐車している. ❐ਅਸੀਂ ਸਾਈਕਲ ਬਾਹਰ ਖੜ੍ਹਾ ਦਿੱਤੇ। 私たちは自転車を外に駐めました. **4** 生じた, 起こった, 現れた.

ਖੜਕਣਾ (खड़कणा) /k^haṛạkaṇā カルカナー/ ▸ਖਟਕਣਾ *vi.* → ਖਟਕਣਾ

ਖੜਕੰਨਾ (खड़कंना) /k^haṛạkannā カルカンナー/ [(Pua.)] *adj.* 大きな突き出た耳をした.

ਖੜਕਾ (खड़का) /k^haṛạkā カルカー/ ▸ਖੜੱਕਾ, ਖੜਾਕ [cf. ਖਟਖਟਾਉਣਾ] *m.* **1** カラカラと鳴る音. **2** 叩く音, ノックする音. **3** 騒音.

ਖੜੱਕਾ (खड़क्का) /k^haṛakkā カラッカー/ ▸ਖੜਕਾ, ਖੜਾਕ *m.* → ਖੜਕਾ

ਖੜਕਾਉਣਾ (खड़काउणा) /k^haṛạkāuṇā カルカーウナー/ [cf. ਖਟਖਟਾਉਣਾ] *vt.* **1** カラカラ鳴らす, カラカラ音を立てる. **2** ノックする, 叩く. **3** 揺さぶる. **4**〖比喩〗懲らしめる, 罰する.

ਖੜਖੜ (खड़खड़) /k^haṛạk^haṛạ カルカル/ [cf. ਖਟਖਟਾਉਣਾ] *f.* 〖擬声語〗カタカタ, カラカラ《堅い物がぶつかって生じる音》.

ਖੜਗ (खड़ग) /k^haṛạgạ カルグ/ [Skt. खड्ग] *f.* 〖武〗剣. (⇒ਤਲਵਾਰ)

ਖੜਗਧਾਰੀ (खड़गधारी) /k^haṛạgatǎrī カルグターリー/ [Skt.-धारिन्] *adj.* 剣で武装した.

— *m.* 剣で武装した人.

ਖੜਤਾਲ (खड़ताल) /k^haṛạtālạ カルタール/ [Skt. करताल] *f.* 〖楽器〗カスタネット.

ਖੜਨਾ (खड़ना) /k^haṛạnā カルナー/ [(Pot.)] *vt.* **1** 持ち去る, 片付ける. (⇒ਲੈ ਜਾਣਾ) **2** 奪う, 盗む. (⇒ਚੁਰਾਉਣਾ)

ਖੜੱਪਾ (खड़प्पा) /k^haṛappā カラッパー/ *m.* 〖動物〗頭巾の形の蛇, コブラ.

ਖੜਪੈਂਚ (खड़पैंच) /k^haṛạpāĩcạ カルパェーンチ/ [Skt. षड् + Skt. पञ्च] *m.* **1** 厚かましい奴. **2** お節介屋.

ਖੜਬਾਜ਼ੀ (खड़बाज़ी) /k^haṛạbāzī カルバーズィー/ ▸ਕਲਾਬਾਜ਼ੀ, ਖਰਬਾਜ਼ੀ [(Pot.)] *f.* → ਕਲਾਬਾਜ਼ੀ

ਖੜਾ (खड़ा) /k^haṛā カラー/ ▸ਖਲਾ, ਖੜ੍ਹਾ *adj.* → ਖੜ੍ਹਾ

ਖੜਾਕ (खड़ाक) /k^haṛākạ カラーク/ ▸ਖੜੱਕਾ, ਖੜਕਾ *m.* → ਖੜਕਾ

ਖੜਾਵਾਂ (खड़ावाँ) /k^haṛāwā̃ カラーワーン/ *f.* 〖履物〗木製のサンダル.

ਖੜੀਚਣਾ (खड़ीचणा) /k^haṛīcaṇā カリーチャナー/ [(Lah.)] *vi.* 迷子になる. (⇒ਗੁਆਚਣਾ)

ਖੜੋਣਾ (खड़ोणा) /k^haroṇā カローナー/ ▸ਖੜ੍ਹਨਾ, ਖਲੋਣਾ, ਖੜੋਨਾ [Pkt. खड्डओ] *vi.* **1** 立つ. ❐ਉਹ ਚਟਾਨ ਵਾਂਗ ਖੜੋ ਗਏ। 彼らは岩のように立ちはだかりました. **2** 止まる, 停止する. **3** 支えなしでまっすぐに立つ. **4** 安定する, 固定される.

ਖੜੋਤ (खड़ोत) /k^haṛotạ カロート/ [cf. ਖੜੋਣਾ] *f.* **1** 停滞, 進まないこと, 発展しないこと. **2** 沈滞, よどみ, 不活発なこと.

ਖੜੋਨਾ (खड़ोना) /k^haṛonā カローナー/ ▸ਖੜ੍ਹਨਾ, ਖਲੋਣਾ, ਖੜੋਣਾ *vi.* → ਖੜੋਣਾ

ਖਾਊ (खाऊ) /k^hāū カーウー/ *adj.* **1** がつがつ食う, 食い

しん坊の. **2** 大食いの, おおぐらいの.

— *m.* **1** 大食家, おおぐらい. **2** 食客, 居候.

ਖਾਈ (खाई) /kʰāī カーイー/ [(Pkt. खाई) Skt. खानि] *f.* **1** 溝, 堀. **2** 壕.

ਖ਼ਾਸ (ख़ास) /xāsa カース/ [Arab. *xāṣṣ*] *adj.* **1** 特別の. (⇒ਵਿਸ਼ਿਸ਼ਟ) **2** 特殊な, 特異な, 独特の. **3** 特定の, 固有の. **4** 著しい, 大した. **5** 意味深い, 重要な, 深刻な.

ਖ਼ਾਸ ਕਰ (ख़ास कर) /xāsa kara カース カル/ [+ ਕਰ] *adv.* 特に, とりわけ.

ਖ਼ਾਸ ਕਰਕੇ (ख़ास करके) /xāsa karake カース カルケー/ [+ ਕਰਕੇ] *adv.* 特に, とりわけ.

ਖ਼ਾਸ ਨਾਮ (ख़ास नाम) /xāsa nāma カース ナーム/ [+ Skt. नामन्] *m.* 〘言〙固有名詞.

— *m.* **1** 特徴, 特質, 特性. **2** 性質, 性向. **3** 習性, 習癖, 癖.

ਖ਼ਾਸਾ (ख़ासा) /xāsā カーサー/ [Arab. *xāṣṣa*] *adj.* **1** かなりの, 相当な. **2** 十分な, たっぷりある, 豊富な. **3** 立派な, 素敵な.

— *m.* **1** 特徴, 特質, 特性. **2** 性質, 性向. **3** 習性, 習癖, 癖.

ਖਾਂਸੀ (खाँसी) /kʰā̃sī カーンスィー/ [Skt. कासिका] *f.* 〘医〙咳. (⇒ਖੰਘ)

ਖ਼ਾਸੀਅਤ (ख़ासीअत) /xāsīata カースィーアト/ [Pers. *xāṣiyat*] *f.* **1** 特質, 特徴, 特性. **2** 性質, 本性.

ਖ਼ਾਹਸ਼ (ख़ाहश) /xâśa カーシュ/ [Pers. *xvāhiś*] *f.* **1** 望み, 願い, 願望, 意志, 意欲. (⇒ਚਾਹ) **2** 要望, 要求. **3** 熱望.

ਖ਼ਾਹਸ਼ਮੰਦ (ख़ाहशमंद) /xâśamanda カーシュマンド/ [Pers.*-mand*] *adj.* **1** 望んでいる, 願っている, 欲している. **2** 熱望している.

ਖ਼ਾਹਮਖ਼ਾਹ (ख़ाहमख़ाह) /xâmaxâ カーマカー/ [Pers. *xvāh-ma-xvāh*] *adv.* **1** 必要もないのに, 不必要に, わざわざ. **2** 否でも応でも, 否応なしに, 無理に. **3** 不当に, わけもなく.

ਖ਼ਾਕ (ख़ाक) /xāka カーク/ [Pers. *xāk*] *f.* **1** 埃. ❐ਖ਼ਾਕ ਛਾਣਨੀ さまよう, 捜し歩く. ❐ਖ਼ਾਕ ਵਿੱਚ ਮਿਲਾ ਦੇਣਾ 粉々に破壊する. **2** 灰. ❐ਖ਼ਾਕ ਵਿੱਚ ਮਿਲਾ ਦੇਣਾ 灰燼に帰させる, 破壊する. **3** 土. (⇒ਮਿੱਟੀ) ❐ਖ਼ਾਕ ਸਮਾਉਣਾ 土に帰す, 死ぬ. ❐ਖ਼ਾਕ ਵਿੱਚ ਮਿਲ ਜਾਣਾ 死ぬ, 恥をかく. ❐ਖ਼ਾਕ ਵਿੱਚ ਮਿਲਾ ਦੇਣਾ 土に帰させる, 殺す, 恥をかかせる. **4** 泥. **5** 〘比喩〙重要でない存在. **6** 〘比喩〙取るに足らない物事, 些細なもの.

ਖ਼ਾਕਸਾਰ (ख़ाकसार) /xākasāra カークサール/ [Pers.*-sār*] *adj.* **1** 卑しい, みすぼらしい, 貧弱な. **2** つまらない, 取るに足らない. **3** 謙虚な, 慎み深い. **4** おとなしい, 柔和な.

ਖ਼ਾਕਸਾਰੀ (ख़ाकसारी) /xākasārī カークサーリー/ [Pers.*-sārī*] *f.* **1** 卑下, 謙遜. **2** 謙虚さ, 慎み深さ. **3** おとなしさ, ふがいなさ.

ਖ਼ਾਕਰੋਬ (ख़ाकरोब) /xākaroba カークローブ/ [Pers. *xākrob*] *m.* 掃除人, 道路の清掃人.

ਖ਼ਾਕਾ (ख़ाका) /xākā カーカー/ [Pers. *xāka*] *m.* **1** 輪郭, 下書き, あらまし, 概要. **2** スケッチ, 点描. **3** 草案, 草稿, 略図. **4** 見積もり, 計画. **5** グラフ.

ਖ਼ਾਕੀ (ख़ाकी) /xākī カーキー/ [Pers. *xākī*] *adj.* **1** 埃の, 土埃の. **2** カーキ色の, 土色の. **3** 灰褐色の, 灰色の.

ਖਾਖ (खाख) /kʰākʰa カーク/ [Skt. कक्षा] *f.* **1** 〘身体〙頬. (⇒ਗੱਲ੍ਹ, ਰੁਖ਼ਸਾਰ) **2** 〘身体〙口元.

ਖਾਂਗੜ (खाँगड़) /kʰā̃gaṛa カーンガル/ ▸ਖਾਂਘੜ *adj.f.* → ਖਾਂਘੜ

ਖਾਂਘੜ (खाँघड़) /kʰā̃găṛa カーンガル/ ▸ਖਾਂਗੜ *adj.* 授乳期の終わりに近い.

— *f.* 〘動物〙授乳期の終わりに近い牛または水牛.

ਖਾਂਚਾ (खाँचा) /kʰā̃cā カーンチャー/ [Pers.] *m.* 〘容器〙行商人の籠.

ਖਾਜ (खाज) /kʰāja カージ/ *m.* **1** 〘医〙湿疹, 疥癬. **2** 痒み, 痒さ.

ਖ਼ਾਜਾ (ख़ाजा) /xājā カージャー/ ▸ਖ਼ੁਆਜਾ *m.* → ਖ਼ੁਆਜਾ

ਖਾਟ (खाट) /kʰāṭa カート/ [(Pkt. खट्टा) Skt. खट्वा] *f.* **1** 〘家具〙寝台, ベッド. (⇒ਮੰਜਾ, ਪਲੰਘ) **2** 〘家具〙四脚の簡易寝台. (⇒ਚਾਰਪਾਈ)

ਖਾਣ[1] (खाण) /kʰāṇa カーン/ ▸ਕਾਣ, ਕਾਨ, ਖਾਨ [(Pkt. खाणि) Skt. खानि)] *f.* **1** 鉱物資源. **2** 〘地理〙鉱山, 鉱抗. **3** 〘比喩〙豊富な蓄え, 貯蔵, 財宝.

ਖਾਣ[2] (खाण) /kʰāṇa カーン/ [cf. ਖਾਣਾ] *m.* 食べること, 食事. ❐ਖਾਣ ਪੀਣ 飲食.

ਖਾਣ ਪਾਣ (खाण पाण) /kʰāṇa pāṇa カーン パーン/ ▸ਖਾਨਪਾਨ [+ Skt. पान] *m.* **1** 飲食, 食事. **2** 食生活, 食習慣. **3** 〘食品〙飲食材.

ਖਾਣਯੋਗ (खाणयोग) /kʰāṇayoga カーンヨーグ/ [+ Skt. योग्य] *adj.* 食べられる, 食用の.

ਖਾਣਾ (खाणा) /kʰāṇā カーナー/ ▸ਖਾਵਣਾ [Skt. खादति] *vt.* **1** 食べる, 食う, 食する, 摂取する. ❐ਅਸੀਂ ਵੀ ਰੋਟੀ ਕਦੇ ਸਬਜ਼ੀ ਤੇ ਕਦੇ ਦਾਲ ਨਾਲ ਖਾਂਦੇ ਹਾਂ। 私たちもローティー〔無発酵平焼きパン〕を時には野菜とそして時には豆と一緒に食べます. ❐ਸਾਰੇ ਮੁਲਾਜ਼ਮ ਇਕੱਠੇ ਬੈਠ ਕੇ ਇਕੋ ਹੀ ਮੇਜ਼ ਤੇ ਇੱਕੋ ਹੀ ਖਾਣਾ ਖਾਂਦੇ ਹਨ। すべての従業員が集まって座り同じテーブルで同じ食事をします. ❐ਜੋ ਖਾਧਾ ਸੋ ਲਾਹੇ ਦਾ ਰਹਿੰਦਾ ਅਹਿਮਦ ਸ਼ਾਹੇ ਦਾ। 食べた分だけ取り分で 残りはすべてアフマド・シャーのもの〔諺〕(ムガル帝国衰退後の18世紀になおもアフガニスタンからパンジャーブに侵攻を重ねたアフマド・シャーの収奪を非難した言い回し).《アフマド・シャー・アブダーリー(のちにドゥッラーニーと改称)〈1722～72〉は, アブダール族のサドーザイ王家の創始者. 1747年パシュトゥーンの族長会議において首長に選出されて以後, 自らの称号として, カーン「族長」に替えてペルシア語で「王」を意味するシャーを用い, さらに「真珠の中の真珠」 durr-i-durrānī を意味するドゥッラーニーを王位の称号として採用した. 以後ドゥッラーニーは, アブダーリーとともに, アブダール族のパシュトゥーン人の呼称となっている》. **2** (薬などを)服用する, 飲む. ❐ਡੈਡੀ ਜੀ ਦਵਾਈਆਂ ਖਾ ਕੇ ਠੀਕ ਹੋ ਗਏ। お父さんは薬を飲んで元気になりました. **3** (打撃などを)くらう, 被る, (詐欺などの被害を)受ける. ❐ਕੁੱਟ ਖਾਣੀ 打たれる, 打ちのめされる, ひどい目に遭わされる. ❐ਘੱਟ ਗਿਣਤੀ ਸਦਾ ਹੀ ਕੁੱਟ ਖਾਂਦੀ ਆ ਰਹੀ ਹੈ। 少数派は常にひどい目に遭わされてきています. ❒ਮਾਰ ਖਾਣੀ 打たれる, 打撃を被る, 負ける. ❒ਧੋਖਾ ਖਾਣਾ だまされる, 欺かれる. **4** 蝕む, 食い込む, 侵食する, 腐食する, 損なう, 害する, 悪くする, 悪影響を及ぼす. ❒ਨਸ਼ੇ ਦੀ ਇਹ ਭੈੜੀ ਆਦਤ ਕਿਸਾਨਾਂ ਅਤੇ ਮਜ਼ਦੂਰਾਂ ਨੂੰ ਅੰਦਰੋਂ-ਅੰਦਰ ਖਾ ਰਹੀ ਹੈ। 麻薬のこの悪習が農民や労働者を内部で蝕んでいます. **5** 使い込む, 着服する, 横領する. **6**(誓いを)立てる, はっきり示す. ❒ਸਹੁੰ ਖਾਣੀ, ਕਸਮ ਖਾਣੀ 誓いを立てる, 誓う. **7**(身体に)受ける, 当たる, 浴びる. ❒ਹਵਾ ਖਾਣੀ 風に当たる, 散歩する, うまくいかない, 失敗する, 何も得られない.

— *m.* 食べ物, 食物, 食料, 食事, 料理. (⇒ਖ਼ੁਰਾਕ) ❒ਖਾਣਾ ਦਾਣਾ 糧食, 食糧. ❒ਖਾਣਾ ਪਕਾਉਣ ਦੀ ਕਲਾ 調理法, 料理法. ❒ਖਾਣਾ ਪਕਾਉਣਾ 食事を調理する. ❒ਖਾਣਾ ਪੀਣਾ 飲食. ❒ਖਾਣਾ ਲਗਾਉਣਾ 食事を出す, 食事を(食卓に)並べる.

ਖਾਣੀ (खाणी) /k^{h}āṇī カーニー/ [Skt. खानि] *f.* 〘地理〙 鉱山. ❒ਖਾਣੀ ਸੰਪਤੀ 鉱物資源. ❒ਖਾਣੀ ਮਜ਼ਦੂਰ 鉱夫, 鉱員. ❒ਖਾਣੀ ਲੂਣ 岩塩.

— *adj.* 鉱物の.

ਖ਼ਾਤਮਾ (ख़ातमा) /xātⱥmā カートマー/ [Arab. *xatm*] *m.* **1** 終わり. **2** 最終.

ਖ਼ਾਤਰ (ख़ातर) /xātarⱥ カータル/ ▸ਖ਼ਾਤਿਰ [Arab. *xātir*] *f.* **1** 心に起こること. **2** 敬意, 尊敬. **3** 思いやりのある気遣い, 気配り, 配慮. **4** 歓待, もてなし, 奉仕.

— *postp.* **1**…のために. **2**…の理由で, …故に. **3** …の目的で.

ਖ਼ਾਤਰ ਤਵਾਜ਼ਾ (ख़ातर तवाज़ा) /xātarⱥ tawāzā カータルタワーザー/ [+ Arab. *tavāzu*] *f.* **1** 敬意を示すこと. **2** 思いやりを示すこと, 気配り, 配慮. **3** 歓待, もてなし.

ਖ਼ਾਤਰਦਾਰੀ (ख़ातरदारी) /xātarⱥdārī カータルダーリー/ [Pers.*-dārī*] *f.* **1** 敬意を示すこと. **2** 思いやりを示すこと, 気配り. **3** 歓待, もてなし.

ਖਾਤਾ (खाता) /k^{h}ātā カーター/ [(Pal. खत्त) Skt. क्षत्र] *m.* **1** 計算, 勘定, 会計, 経理. **2** 帳簿, 元帳, 台帳, 収支計算帳, 会計簿. (⇒ਵਹੀ)

ਖ਼ਾਤਿਰ (ख़ातिर) /xātirⱥ カーティル/ ▸ਖ਼ਾਤਰ *f.postp.* → ਖ਼ਾਤਰ

ਖਾਦ (खाद) /k^{h}ādⱥ カード/ [(Pkt. खत्त) Skt. खात] *f.* 〘農業〙 肥料, 肥やし, (肥料として用いる)人や動物の糞. (⇒ਹੈਲ, ਰੂੜੀ, ਰੇਹ)

ਖ਼ਾਦਮ (ख़ादम) /xādamⱥ カーダム/ [Arab. *xādim*] *m.* **1** 召使, 奉公人. (⇒ਸੇਵਕ) **2** 使用人, 従業員. (⇒ਚਾਕਰ, ਨੌਕਰ) **3** しもべ, 下僕. (⇒ਦਾਸ) **4** 〘イス〙 モスクの司祭者.

ਖਾਦਰ (खादर) /k^{h}ādarⱥ カーダル/ [Skt. खात] *m.* 〘地理〙 低地, 低湿地, 川・湖・池・沼などの周辺の低地.

ਖਾਂਦਾ-ਪੀਂਦਾ (खाँदा-पींदा) /k^{h}ā̃dā-pī̃dā カーンダー・ピーンダー/ *adj.* 裕福な, 富裕な, 豊かな.

ਖਾਦੀ (खादी) /k^{h}ādī カーディー/ ▸ਖੱਦਰ *f.* 〘布地〙 粗末な綿布, 手織りの粗布.

ਖਾਦਯ (खादय) /k^{h}ādayⱥ カーダユ/ [Skt. खाद्य] *adj.* 食べられる, 食用の.

ਖਾਧ (खाध) /k^{h}âdⱥ カード/ [Skt. खाद्य] *f.* **1** 食物, 食品, 食糧. **2** 食事.

ਖਾਧ-ਖ਼ੁਰਾਕ (खाध-ख़ुराक) /k^{h}âdⱥ-xurākⱥ カード・クラーク/ [+ Pers. *xvurāk*] *f.* **1** 食物, 食品. **2** 食事.

ਖਾਨ (खान) /k^{h}ānⱥ カーン/ ▸ਕਾਣ, ਕਾਨ, ਖਾਣ *f.* → ਖਾਣ^1

ਖ਼ਾਨ (ख़ान) /xānⱥ カーン/ [Pers. *xān*] *m.* **1** 〘イス〙(イスラーム教徒の)族長, 封建貴族. **2** 〘姓〙 カーン(ハーン)《パターン族の称号》.

ਖ਼ਾਨਸਾਮਾ (ख़ानसामा) /xānⱥsāmā カーンサーマー/ [Pers. *xānsāmān*] *m.* 料理人, 調理人, 調理師, コック. (⇒ਬਵਰਚੀ, ਰਸੋਈਆ)

ਖ਼ਾਨਗਾਹ (ख़ानगाह) /xānⱥgâ カーンガー/ [Pers. *xān* Pers.*-gāh*] *f.* 〘イス〙 イスラーム聖者の修道院.

ਖ਼ਾਨਦਾਨ (ख़ानदान) /xānⱥdānⱥ カーンダーン/ [Pers. *xāndān*] *m.* **1** 家柄, 家系, 一家, 一門. **2** 家族, 家庭. (⇒ਟੱਬਰ)

ਖ਼ਾਨਦਾਨੀ (ख़ानदानी) /xānⱥdānī カーンダーニー/ [Pers. *xāndānī*] *adj.* **1** 名門の, 由緒ある家柄の. **2** 先祖代々の, 先祖伝来の.

ਖਾਨਪਾਨ (खानपान) /k^{h}ānⱥpānⱥ カーンパーン/ ▸ਖਾਣ ਪਾਣ *m.* **1** 飲食, 食事. **2** 食生活, 食習慣. **3** 〘食品〙 飲食材.

ਖ਼ਾਨਾ (ख़ाना) /xānā カーナー/ [Pers. *xāna*] *m.* **1** 家, 家屋. (⇒ਘਰ) **2** 建物, 舎屋. (⇒ਇਮਾਰਤ) **3** 仕切り, 区画. **4**(列車の)客室, コンパートメント. **5** 欄. **6** 縞, 格子縞.

— *suff.* 「家」「建物」「事務所」「局」「場所」などを意味する名詞を形成する接尾辞. 例えば ਡਾਕਖ਼ਾਨਾ は「郵便局」.

ਖ਼ਾਨਾ-ਬਦੋਸ਼ (ख़ाना-बदोश) /xānā-badośⱥ カーナー・バドーシュ/ [+ Pers. *ba-doś*] *adj.* **1** 移動する, 定住しない. **2** さすらいの, 流浪の, 放浪性の. **3** 遊牧の.

— *m.* **1** 放浪者, さすらい人, 浮浪者. **2** 遊牧民. **3** 流浪の民.

ਖ਼ਾਨਾ-ਬਦੋਸ਼ੀ (ख़ाना-बदोशी) /xānā-badośī カーナー・バドーシー/ [+ Pers. *ba-dośī*] *f.* **1** 流浪の生活, 放浪生活, 住居の定まらない生活. **2** 転々と家を変えること. **3** 遊牧生活.

ਖ਼ਾਨਾ ਬਰਬਾਦੀ (ख़ाना बरबादी) /xānā barⱥbādī カーナーバルバーディー/ [+ Pers. *barbādī*] *f.* **1** 家の破滅. **2** 家庭生活の崩壊. **3** 〘経済〙 破産, 倒産.

ਖ਼ਾਨੀ (ख़ानी) /xānī カーニー/ [Pers. *xāna* -ਈ] *adj.* 家の. (⇒ਘਰ ਦਾ)

ਖ਼ਾਬ (ख़ाब) /xābⱥ カーブ/ ▸ਖ਼ੁਆਬ [Pers. *xvāb*] *m.* **1** 夢. (⇒ਸੁਪਨਾ) **2** 幻, 幻影, 幻想.

ਖ਼ਾਬ-ਖ਼ਿਆਲ (ख़ाब-ख़िआल) /xābⱥ-xiālⱥ カーブ・キアール/ [+ Arab. *xayāl*] *m.* **1** 想像, 思いつき. **2** 夢想, 空想.

ਖ਼ਾਬਗਾਹ (ख़ाबगाह) /xābⱥgâ カーブガー/ [Pers. *xvāb* Pers.*-gāh*] *f.* 寝室, 寝所.

ਖ਼ਾਬੋ-ਖ਼ਿਆਲ (ख़ाबो-ख़िआल) /xābo-xiālⱥ カーボー・キアール/ [+ Arab. *xayāl*] *m.* 最小限の予想・疑い. ❒ਖ਼ਾਬੋ-ਖ਼ਿਆਲ ਨਾ ਹੋਣਾ 夢想だにしない, 思いもよらない.

ਖਾਭਾ (खाभा) /k^{h}âbā カーバー/ [Skt. स्कंभन] *m.* 〘容器〙 油売りの容器.

ਖ਼ਾਮ (ख़ाम) /xāmⱥ カーム/ [Pers. *xām*] *adj.* **1** 未熟な,

熟していない. **2** 半焼きの. **3** 経験のない, 不慣れの. **4** 不完全な, 不十分な.

ਖ਼ਾਮੀ (ख़ामी) /xāmī カーミー/ [Pers. *xāmī*] *f.* **1** 欠点, 欠陥. **2** 不足, 欠乏. **3** 不完全さ, 不十分さ.

ਖ਼ਾਮੋਸ਼ (ख़ामोश) /xāmośa カーモーシュ/ ▶ਖ਼ਮੋਸ਼ *adj.* → ਖ਼ਮੋਸ਼

ਖ਼ਾਮੋਸ਼ੀ (ख़ामोशी) /xāmośī カーモーシー/ ▶ਖ਼ਮੋਸ਼ੀ *f.* → ਖ਼ਮੋਸ਼ੀ

ਖਾਰ (खार) /kʰāra カール/ [Skt. क्षार] *f.* **1**〖化学〗アルカリ, 洗剤などに使われるアルカリ性物質. **2** 苛性ソーダ. (⇒ਸੱਜੀ) **3**〖鉱物〗硝石.

ਖ਼ਾਰ[1] (ख़ार) /xāra カール/ [Pers. *xār*] *m.* **1** 棘. **2** 恨み, 遺恨. **3** 憎しみ, 敵意. **4** 悪意. **5** 妬み, 嫉妬, やきもち. (⇒ਈਰਖਾ, ਸਾੜਾ)

ਖ਼ਾਰ[2] (ख़ार) /xāra カール/ ▶ਖ਼ੁਆਰ *adj.* → ਖ਼ੁਆਰ

ਖ਼ਾਰਸ਼ (ख़ारश) /xāraśa カーラシュ/ [Pers. *xāriś*] *f.* **1**〖医〗疥癬, 皮癬, 湿疹. (⇒ਖੁਜਲੀ) **2**〖生理〗痒さ, 痒み. (⇒ਖੁਰਕ)

ਖ਼ਾਰਸ਼ੀ (ख़ारशी) /xāraśī カールシー/ [-ਈ] *adj.* **1**〖医〗疥癬に罹った. **2**〖生理〗痒い

ਖ਼ਾਰਜ (ख़ारज) /xāraja カールジ/ [Arab. *xārij*] *adj.* **1** 外の, 外部の, 外側の. **2** 出された, 排出された, 排泄された. **3** 拒まれた, 却下された, 退けられた. **4** 解任された. **5** 追放された, 放逐された.

ਖ਼ਾਰਦਾਰ (ख़ारदार) /xāradāra カールダール/ [Pers. *xār* Pers.*-dār*] *adj.* 棘のある, 棘の多い.

ਖਾਰਨਾ (खारना) /kʰāranā カールナー/ [Skt. क्षारयति] *vt.* **1** 腐食する, 蝕む. **2** 洗い流す, 浸食する. **3** 溶かす.

ਖਾਰਾ[1] (खारा) /kʰārā カーラー/ [Skt. क्षार] *adj.* **1**〖化学〗アルカリ性の. **2** 塩気のある, 塩分を含んだ. **3** 塩辛い. **4** 塩水の. **5** 不快な, 嫌な.

ਖਾਰਾ[2] (खारा) /kʰārā カーラー/ [Skt. क्षारक] *m.* **1**〖容器〗葦で作られた大きな籠. **2**〖儀礼〗結婚式に先立ちその前夜などに花嫁または花婿が大きな籠の中に座って沐浴する儀礼.

ਖ਼ਾਰਾ (ख़ारा) /xārā カーラー/ [Pers. *xārā*] *m.* **1** 硬い石. **2** 火打ち石, 燧石.

ਖਾਰਾਪਣ (खारापण) /kʰārāpaṇa カーラーパン/ [Skt. क्षार -ਪਣ] *m.* **1** 塩気, 塩分, 塩度. **2** 塩辛さ.

ਖਾਰੀ (खारी) /kʰārī カーリー/ [Skt. क्षारक -ਈ] *f.* **1**〖容器〗葦で作られた籠.

ਖ਼ਾਰੀ (ख़ारी) /xārī カーリー/ ▶ਖ਼ੁਆਰੀ *f.* → ਖ਼ੁਆਰੀ

ਖਾਰੀ ਬੀੜ (खारी बीड़) /kʰārī bīṛa カーリー ビール/ *f.*〖スィ〗カーリー・ビール〔カーラー村の写本〕《西部パンジャーブ〔現在のパキスタン国内〕グジラートのカーラー〔現在の名称はマーンガト〕村に住むバーイー・バンノーによって改竄されたとされるスィック教の聖典『グル・グラント・サーヒブ』の写本. この写本は現在もバーイー・バンノーの子孫が保管していると信じられている》.

ਖਾਰੂ (खारू) /kʰārū カールー/ [cf. ਖਾਰਨਾ] *adj.* **1** 腐食性の. **2** 浸食性の.

ਖਾਲ (खाल) /kʰāla カール/ [Skt. खल्ल] *m.* 水路.

ਖ਼ਾਲਸ (ख़ालस) /xālasa カーラス/ ▶ਖ਼ਾਲਿਸ [Arab. *xāliṣ*] *adj.* **1** 純粋な, 純然たる, 混じりけのない, 生粋の. (⇒ਸ਼ੁੱਧ) **2** 真正の, 本物の, 正味の. (⇒ਅਸਲੀ) **3** 清らかな, 清浄な, 清潔な. (⇒ਪਾਕ, ਸਾਫ਼)

ਖ਼ਾਲਸਾ (ख़ालसा) /xālasā カールサー/ [Arab. *xālṣa*] *m.* **1** 直轄地, 直轄領, 天領. **2** 国庫, 公庫, 国税局. **3** 独立した主権国家に住む人, 公衆, 民衆. **4**〖スィ〗カールサー《1699年にスィック教の第10代グル・ゴービンド・スィングによって新たに創設された教団組織》.

— *adj.* **1** 純粋な, 純然たる, 混じりけのない, 生粋の. (⇒ਸ਼ੁੱਧ) **2** 真正の, 本物の, 正味の. (⇒ਅਸਲੀ) **3** 清らかな, 清浄な, 清潔な. (⇒ਪਾਕ, ਸਾਫ਼)

ਖ਼ਾਲਕ (ख़ालक) /xālaka カーラク/ ▶ਖ਼ਾਲਿਕ [Arab. *xāliq*] *m.* **1** 造物主, 創造主. (⇒ਕਰਤਾਰ) **2** 神. (⇒ਰੱਬ)

ਖ਼ਾਲਾ (ख़ाला) /xālā カーラー/ [Arab. *xāla*] *f.*〖親族〗母方の伯母, 叔母(おば)《母の姉妹》. (⇒ਮਾਸੀ)

ਖ਼ਾਲਿਸ (ख़ालिस) /xālisa カーリス/ ▶ਖ਼ਾਲਸ *adj.* → ਖ਼ਾਲਸ

ਖ਼ਾਲਿਸਤਾਨ (ख़ालिसतान) /xālisatāna カーリスターン/ [Arab. *xāliṣ* Pers.*-i-stān*] *m.*〖スィ〗カーリスターン, カリスタン《インドのパンジャーブの地に一部のスィック教徒が要求する独立国家の名称》.

ਖ਼ਾਲਿਸਤਾਨੀ (ख़ालिसतानी) /xālisatānī カーリスターニー/ [Pers.*--i-stānī*] *adj.*〖スィ〗カーリスターンの, スィック教徒独立国家要求運動に関わる.

— *m.*〖スィ〗カーリスターン運動〔スィック教徒独立国家要求運動〕に関わっている人.

ਖ਼ਾਲਿਕ (ख़ालिक) /xālika カーリク/ ▶ਖ਼ਾਲਕ *m.* → ਖ਼ਾਲਕ

ਖ਼ਾਲੀ (ख़ाली) /xālī カーリー/ [Arab. *xālī*] *adj.* **1** 空(から)の, 空いている. ❐ਖ਼ਾਲੀ ਹੋਣਾ 空になる, 空く. ❐ਖ਼ਾਲੀ ਕਰਨਾ 空にする, 空ける. ❐ਕੀ ਇਹ ਸੀਟ ਖ਼ਾਲੀ ਹੈ? この席は空いていますか. **2** 空白の. **3** 空虚な. **4** 暇な.

ਖ਼ਾਲੀ-ਹੱਥ (ख़ाली-हत्थ) /xālī-hattʰa カーリー・ハット/ *adj.* **1** 手ぶらの, 空手の. **2** 武器を持たない, 素手の, 丸腰の, 非武装の.

ਖਾਵਣਾ (खावणा) /kʰāwaṇā カーワナー/ ▶ਖਾਣਾ *vt.* → ਖਾਣਾ

ਖ਼ਾਵੰਦ (ख़ावंद) /xāwanda カーワンド/ [Pers. *xāvand*] *m.* **1** 君主, 支配者. **2** 雇い主. **3**〖親族〗夫, 主人. (⇒ਪਤੀ)

ਖਾੜਕੂ (खाड़कू) /kʰāṛakū カールクー/ *adj.* **1** 勇敢な. **2** 大胆な.

ਖਾੜੀ (खाड़ी) /kʰāṛī カーリー/ *f.*〖地理〗湾.

ਖ਼ਿਆਨਤ (ख़िआनत) /xiānata キアーナト/ [Pers. *xiyānat*] *f.* **1** 信頼の裏切り, 背信行為. **2** 不正直.

ਖ਼ਿਆਲ (ख़िआल) /xiāla キアール/ ▶ਖ਼ਯਾਲ, ਖ਼ਜਾਲ [Arab. *xayāla*] *m.* **1** 考え, 思考, 思うこと. **2** 意見, 説. **3** 記憶, 意識. **4** 想像, 思いつき. **5** 配慮, 考慮, 気配り. **6** 注意, 留意.

ਖ਼ਿਆਲਾਤ (ख़िआलात) /xiālāta キアーラート/ *m.* **1** 考え, 思考. **2** 意見, 説. **3** 配慮, 考慮.

ਖ਼ਿਆਲੀ (ख़िआली) /xiālī キアーリー/ *adj.* **1** 空想の, 想像上の. **2** 非現実の, 突拍子もない. **3** 幻想的な.

ਖਿਸਕਣਾ (खिसकणा) /kʰisạkaṇā キスカナー/ [Skt. खसति] *vi.* **1** 滑る. **2**(底が接したまま)動く, ずれる. **3** 移動する. **4** こっそり行く. **5** こっそり抜け出す. **6** そっと去る. **7** こっそり立ち去る, 逃げる.

ਖਿਸਕਾਉਣਾ (खिसकाउणा) /kʰisạkāuṇā キスカーウナー/ [cf. ਖਿਸਕਣਾ] *vt.* **1** 滑らす. **2**(底が接したまま)動かす, ずらす. **3** 移す, 移動させる. **4** 取って逃げる, 持ち去る, 盗む.

ਖਿਸਕੂ (खिसकू) /kʰisạkū キスクー/ *adj.* 一貫していない.

ਖਿੰਘਰ (खिंघर) /kʰîṅgarạ キンガル/ *m.* 堅焼きの煉瓦.

ਖਿੱਚ (खिच्च) /kʰiccạ キッチ/ [Skt. कर्षण] *f.* **1** 引くこと, 引力. **2** 魅力, 魅惑. (⇒ਆਕਰਸ਼ਣ)

ਖਿੱਚਣਾ (खिच्चणा) /kʰiccaṇā キッチャナー/ [Skt. कर्षयति] *vt.* **1** 引く, 引っ張る, 牽引する. ❐ਘੋੜਾ ਟਾਂਗਾ ਖਿੱਚਦਾ ਹੈ। 馬はターンガー〔腰掛席のある馬車〕を引きます. **2** 引き付ける, 引き寄せる. **3** 取り出す, (剣を)抜く. ❐ਤਲਵਾਰ ਖਿੱਚਣਾ 剣を抜く. **4** 魅惑する, 引き付ける. **5** 描く, (線を)引く. ❐ਖ਼ਤ ਖਿੱਚਣਾ 線を引く. **6**(写真を)撮る. ❐ਤਸਵੀਰ ਖਿੱਚਣੀ 写真を撮る.

ਖਿਚਵਾਉਣਾ (खिचवाउणा) /kʰicạwāuṇā キチワーウナー/ ▸ਖਿਚਾਉਣਾ [cf. ਖਿੱਚਣਾ] *vt.* 引かせる, 引っ張らせる.

ਖਿਚੜੀ (खिचड़ी) /kʰicạṛī キチリー/ [(Pkt. खिच्चड़) Skt. खिच्चा] *f.* 〘料理〙キチュリー《米と挽き割り豆を煮た混ぜ粥. 豆粥》.

ਖਿਚਾਉਣਾ (खिचाउणा) /kʰicāuṇā キチャーウナー/ ▸ਖਿਚਵਾਉਣਾ *vt.* → ਖਿਚਵਾਉਣਾ

ਖਿਚੋਤਾਣ (खिचोताण) /kʰicotāṇạ キチョーターン/ *f.* 闘争, 格闘.

ਖ਼ਿਜ਼ਰ (ख़िज़र) /xizarạ キザル/ [Arab. *xizar*] *adj.* 緑の, 新鮮な, みずみずしい. (⇒ਹਰਾ, ਸਬਜ਼)

— *m.* 〘イス〙不死の聖者.

ਖ਼ਿਜ਼ਾਂ (ख़िज़ाँ) /xizā̃ キザーン/ [Pers. *xizān*] *f.* **1** 〘暦〙落ち葉の季節, 秋. **2** 衰退期, 落ち目.

ਖ਼ਿਜ਼ਾਬ (ख़िज़ाब) /xizābạ キザーブ/ [Arab. *xizāb*] *m.* 染毛剤.

ਖਿਝ (खिझ) /kʰîjạ キジ/ [cf. ਖਿਝਣਾ] *f.* **1** 苛々, 苛立ち, 苛立たしさ, 腹立たしさ. **2** じれったさ, 焦り.

ਖਿਝਣਾ (खिझणा) /kʰîjaṇā キジャナー/ [Skt. खिदति] *vi.* **1** 苛立つ, 苛々する, 腹を立てる. **2** じれる, 焦る.

ਖਿੱਝਲ (खिज्झल) /kʰîjjalạ キッジャル/ [cf. ਖਿਝਣਾ] *adj.* **1** 苛立っている, 苛々している, 腹を立てている, 怒っている. **2** 気難しい, 怒りっぽい. **3** じれている, 焦っている.

ਖਿਝਾਉਣਾ (खिझाउणा) /kʰijā̃uṇā キジャーウナー/ [cf. ਖਿਝਣਾ] *vt.* **1** 苛立たせる, 苛々させる, 怒らせる. **2** じらす, 焦らす.

ਖਿਝੂ (खिझू) /kʰîjū キジュー/ [cf. ਖਿਝਣਾ] *adj.* **1** 苛立っている, 苛々している, 腹を立てている, 怒っている. **2** 気難しい, 怒りっぽい. **3** じれている, 焦っている.

ਖਿੰਡਣਾ (खिंडणा) /kʰiṇḍaṇā キンダナー/ ▸ਖਿੰਡਰਨਾ [Skt. कीर्ण] *vi.* **1** 散る, 散らばる, 撒き散らされる, 散乱する. **2** 拡散する, 広がる, 広まる. **3** 流れ出る, 流出する.

ਖਿੰਡਰਨਾ (खिंडरना) /kʰiṇḍarạnā キンダルナー/ ▸ਖਿੰਡਣਾ *vi.* → ਖਿੰਡਣਾ

ਖਿੰਡਾ (खिंडा) /kʰiṇḍā キンダー/ [cf. ਖਿੰਡਣਾ] *m.* **1** 散ること, 散らばること, 散乱. **2** 拡散, 広がること, 広まること. **3** 流出.

ਖਿੰਡਾਉਣਾ (खिंडाउणा) /kʰiṇḍāuṇā キンダーウナー/ [cf. ਖਿੰਡਣਾ] *vt.* **1** 散らす, 散らばらせる, 撒き散らす, 散乱させる. **2** 拡散させる, 広げる, 広める. **3** 流出させる.

ਖਿਡਾਉਣਾ[1] (खिडाउणा) /kʰiḍāuṇā キダーウナー/ [cf. ਖੇਡਣਾ] *vt.* 遊ばせる, 遊びを指南する, 遊び相手になる. (⇒ਖਿਲਾਉਣਾ)

ਖਿਡਾਉਣਾ[2] (खिडाउणा) /kʰiḍāuṇā キダーウナー/ ▸ਖਿਡੌਣਾ *m.* → ਖਿਡੌਣਾ

ਖਿਡਾਰਨ (खिडारन) /kʰiḍāranạ キダーラン/ [Pkt. खेड्ड -ਨ] *f.* **1** 遊び・遊戯・ゲームなどをする女性. **2** 女子運動選手, 女性競技者.

ਖਿਡਾਰੀ (खिडारी) /kʰiḍārī キダーリー/ [-ਈ] *m.* **1** 遊び・遊戯・ゲームなどをする人. **2** 運動選手, 競技者.

ਖਿਡਾਲ (खिडाल) /kʰiḍālạ キダール/ [cf. ਖੇਡਣਾ] *f.* **1** 遊び, ゲーム, 楽しみ, 趣味. (⇒ਬਾਜ਼ੀ) **2** おもちゃ, 玩具, 遊び道具. (⇒ਖਿਡੌਣਾ)

ਖਿਡਾਵਾ (खिडावा) /kʰiḍāwā キダーワー/ [cf. ਖੇਡਣਾ] *m.* 子供を遊ばせる人, 子供の世話をする人, 男性の子守.

ਖਿਡਾਵੀ (खिडावी) /kʰiḍāwī キダーウィー/ [-ਈ] *f.* 子供を遊ばせる人, 子供の世話をする人, 女性の子守.

ਖਿਡੌਣਾ (खिडौणा) /kʰiḍauṇā キダォーナー/ ▸ਖਿਡਾਉਣਾ [Pkt. खेल्लारणय] *m.* おもちゃ, 玩ばれるもの, 玩具, 遊び道具.

ਖਿਣ[1] (खिण) /kʰiṇạ キン/ [Skt. क्षण] *m.* 瞬間, 瞬時. (⇒ਲਮਹਾ)

ਖਿਣ[2] (खिण) /kʰiṇạ キン/ [(Pot.) Skt. किट्ट] *f.* **1** 汚れ. (⇒ਮੈਲ) **2** 歯垢. (⇒ਦੰਦਾਂ ਦੀ ਮੈਲ)

ਖਿਤਜ (खितज) /kʰitajạ キタジ/ ▸ਖਿਤਿਜ *m.* → ਖਿਤਿਜ

ਖ਼ਿੱਤਾ (ख़ित्ता) /xittā キッター/ [Arab. *xitah*] *m.* **1** 地域, 地方, 地理上の区域. **2** 区画. **3** 州.

ਖ਼ਿਤਾਬ (ख़िताब) /xitābạ キターブ/ [Arab. *xitāb*] *m.* **1** 称号, 肩書, 名称. (⇒ਉਪਾਧੀ, ਲਕਬ) **2** 添え名, 呼び名, 異名, あだ名. (⇒ਉਪਨਾਮ) **3** タイトル, 選手権. **4** 賞. **5** 会話, 対話, 話. (⇒ਗੱਲ-ਬਾਤ, ਬਾਤ-ਚੀਤ) **6** 呼びかけ, 演説, スピーチ. (⇒ਭਾਸ਼ਣ)

ਖਿਤਿਜ (खितिज) /kʰitijạ キティジ/ ▸ਖਿਤਜ [Skt. क्षितिज] *m.* 〘地理〙地平, 地平線. (⇒ਉਫ਼ਕ, ਦਿਸਹੱਦਾ, ਦੁਮੇਲ)

ਖਿਤਿਜੀ (खितिजी) /kʰitijī キティジー/ [-ਈ] *adj.* 地平の, 地平線の.

ਖਿੱਤੀ (खित्ती) /kʰittī キッティー/ [Skt. क्षितिज] *f.* **1** 〘天文〙星座. **2** 樹木や灌木の切り落としたばかりの枝を積み重ねたもの.

ਖਿੰਥਾ (खिंथा) /kʰintʰā キンター/ [Skt. कन्था] *f.* 〘寝具〙ぼろぼろの毛布.

ਖ਼ਿਦਮਤ (ख़िदमत) /xidạmatạ キドマト/ [Pers. *xidmat*] *f.* **1** 奉仕, 尽力. (⇒ਸੇਵਾ) **2** 奉公, 勤め, 仕えること. **3** 世話, 面倒を見ること.

ਖ਼ਿਦਮਤਗਾਰ (ख़िदमतगार) /xidạmatạgārạ キドマトガール/ [Pers.*-gār*] *m.* 奉仕者, 奉公人, 使用人, 召使.

ਖ਼ਿਦਮਤਗਾਰੀ (ख़िदमतगारी) /xidạmatạgārī キドマトガーリ

ー/ [Pers.-*gārī*] *f.* **1** 仕えること, 奉仕. **2** 奉公, 勤め.

ਖਿੱਦੂ (खिद्दू) /kʰiddū キッドゥー/ ▶ਖਿੱਦੋ *m.* → ਖਿੱਦੋ

ਖਿੱਦੋ (खिद्दो) /kʰiddo キッドー/ ▶ਖਿੱਦੂ [Skt. कन्दुक] *m.* 毬, 球, ボール. (⇒ਫਿੰਡ)

ਖਿਮਣਾ (खिमणा) /kʰimaṇā キムナー/ [(Lah.)] *vi.* **1** 輝く. (⇒ਚਮਕਣਾ) **2** きらめく. (⇒ਲਿਸ਼ਕਣਾ)

ਖਿਮਾ (खिमा) /kʰimā キマー/ [(Pkt. खमा) Skt. क्षमा] *f.* **1** 許し, 赦し, 容赦, 勘弁, 赦免. (⇒ਮਾਫ਼ੀ) ❐ਖਿਮਾ ਕਰਨਾ 許す, 容赦する. ❐ਖਿਮਾ ਮੰਗਣੀ 許しを請う, 容赦を請う. **2** 謝罪, 詫び, 弁解. ❐ਖਿਮਾ ਮੰਗਣੀ 謝罪する, 謝る, 詫びる. **3** 免除. ❐ਖਿਮਾ ਕਰਨਾ 免除する. ❐ਖਿਮਾ ਮੰਗਣੀ 免除を請う.

ਖਿਰਕ (खिरक) /kʰiraka キルク/ ▶ਖੁਰਕ [(Pua.)] *m.* → ਖੁਰਕ

ਖ਼ਿਰਾਜ (ख़िराज) /xirāja キラージ/ ▶ਖ਼ਰਾਜ [Pers. *xarāj*] *m.* **1** 貢ぎ物, 上納金. **2** 国税, 歳入.

ਖਿੱਲ (खिल्ल) /kʰilla キッル/ *f.* 炒った穀物.

ਖਿਲਖਿਲਾਉਣਾ (खिलखिलाउणा) /kʰilakʰilāuṇā キルキラーウナー/ ▶ਖਿੜਖਿੜਾਉਣਾ *vi.* → ਖਿੜਖਿੜਾਉਣਾ

ਖਿੱਲਰਨਾ (खिल्लरना) /kʰillaranā キッラルナー/ *vi.* **1** 広がる, 拡大する. (⇒ਫੈਲਣਾ) **2** 散らばる, 拡散する, 離散する.

ਖਿੱਲਰ ਪੁੱਲਰ ਜਾਣਾ (खिल्लर पुल्लर जाणा) /kʰillara pullara jāṇā キッラル プッラル ジャーナー/ *vi.* → ਖਿੱਲਰਨਾ

ਖਿੱਲਰਾ ਪੁੱਲਰਾ (खिल्लरा पुल्लरा) /kʰillarā pullarā キッララー プッララー/ *adj.* **1** 広がった, 拡大した. **2** 散らばった, 拡散した, 離散した.

ਖਿਲਾਉਣਾ[1] (खिलाउणा) /kʰilāuṇā キラーウナー/ [cf. ਖੇਲਣਾ] *vt.* 遊ばせる, 遊びを指南する, 遊び相手になる. (⇒ਖਿਡਾਉਣਾ)

ਖਿਲਾਉਣਾ[2] (खिलाउणा) /kʰilāuṇā キラーウナー/ [cf. ਖਾਣਾ] *vt.* 食べさせる, 食事をさせる. (⇒ਖੁਆਉਣਾ)

ਖ਼ਿਲਾਫ਼ (ख़िलाफ़) /xilāfa キラーフ/ [Arab. *xilāf*] *adj.* 反対の, 反する, 対抗する.
— *postp.* (…に)反対して, (…に)反して, (…に)対抗して. ❐ਦੇ ਖ਼ਿਲਾਫ਼ …に反対して, …に反して, …に対して.

ਖ਼ਿਲਾਫ਼ਤ (ख़िलाफ़त) /xilāfata キラーファト/ [Pers. *xilāfat*] *f.* **1** 継承, 後継, 王位継承, 戴冠. (⇒ਜਾਨਸ਼ੀਨੀ) **2**〖イス〗カリフの地位, カリフ制. **3**〖歴史〗ヒラーファト運動《第一次世界大戦後のカリフ制擁護を掲げてインドで起こった反英運動》. **4** 反対, 対抗, 反抗.

ਖ਼ਿਲਾਫ਼ਵਰਜ਼ੀ (ख़िलाफ़वरज़ी) /xilāfawarazī キラーフワルズィー/ [Pers. *xilāfavarzī*] *f.* 違背, 違反, 反対, 反抗, 無視. (⇒ਉਲੰਘਣਾ)

ਖਿਲਾਰ (खिलार) /kʰilāra キラール/ ▶ਖਿਲਾਰਾ *m.* **1** 散らばった状態, 拡散. **2** 広がり, 拡大, 拡張, 範囲.

ਖਿਲਾਰਨਾ (खिलारना) /kʰilāranā キラールナー/ *vt.* **1** 広げる, 拡大する. (⇒ਫੈਲਾਉਣਾ) **2** 散らす, 散らばらせる, 拡散させる.

ਖਿਲਾਰਾ (खिलारा) /kʰilārā キラーラー/ ▶ਖਿਲਾਰ *m.* → ਖਿਲਾਰ

ਖਿਲਾੜੀ (खिलाड़ी) /kʰilāṛī キラーリー/ [Skt. केलि + ਆੜੀ] *m.* **1** 遊び・遊戯・ゲームなどをする人. **2** 運動選手, 競技者.

ਖਿੱਲੀ (खिल्ली) /kʰillī キッリー/ (Pkt. खेड्डिआ) Skt. क्रीड] *f.* 笑い. (⇒ਹਾਸਾ)

ਖਿੜਕ (खिड़क) /kʰiṛaka キルク/ ▶ਫਿੜਕ [(Pkt. खडक्की) Skt. खटक्किका] *m.* **1**〖建築〗横木の取り付けられた門. **2**〖建築〗戸の枠組み.

ਖਿੜਕੀ (खिड़की) /kʰiṛakī キルキー/ [(Pkt. खडक्की) Skt. खटक्किका] *f.*〖建築〗窓. (⇒ਬਾਰੀ)

ਖਿੜ ਖਿੜ (खिड़ खिड़) /kʰiṛa kʰiṛa キル キル/ [cf. ਖਿੜਨਾ] *f.* 大きな笑い声. ゲラゲラ笑う声. ❐ਖਿੜ ਖਿੜ ਕਰਕੇ ਹੱਸਣਾ 大声で笑う, ゲラゲラ笑う.

ਖਿੜਖਿੜਾਉਣਾ (खिड़खिड़ाउणा) /kʰiṛakʰiṛāuṇā キルキラーウナー/ ▶ਖਿਲਖਿਲਾਉਣਾ [cf. ਖਿੜਨਾ] *vi.* 大声で笑う, ゲラゲラ笑う. ❐ਖਿੜਖਿੜਾ ਕੇ ਹੱਸਣਾ 大声で笑う, ゲラゲラ笑う. ❐ਇਹ ਮਖ਼ੌਲ ਸੁਣ ਕੇ ਸਾਰੀਆਂ ਫਿਰ ਖਿੜਖਿੜਾ ਕੇ ਹੱਸ ਪਈਆਂ। この冗談を聞いて皆またゲラゲラ笑い出しました.

ਖਿੜਖਿੜਾਹਟ (खिड़खिड़ाहट) /kʰiṛakʰiṛâṭa キルキラート/ [cf. ਖਿੜਨਾ] *f.* **1** 大声で笑うこと. **2** 大きな笑い声.

ਖਿੜਨਾ (खिड़ना) /kʰiṛanā キルナー/ [(Pkt. किड्) Skt. क्रिड्] *vi.* **1** 花や蕾が開く, 咲く. **2** 浮き浮きする, 嬉しくなる, 喜ぶ. (⇒ਪਰਸੰਨ ਹੋਣਾ) **3** 顔が綻びる, 笑顔になる, 笑う. (⇒ਹੱਸਣਾ)

ਖੀਸਾ (खीसा) /kʰīsā キーサー/ [Pers. *kīsa*] *m.* **1** 小さな袋. **2** ポケット. (⇒ਜੇਬ)

ਖੀਣ (खीण) /kʰīṇa キーン/ ▶ਖੀਣਾ [Skt. क्षीण] *adj.* **1** 弱い, 弱々しい, ひ弱な. (⇒ਕਮਜ਼ੋਰ) **2** か弱い, 壊れやすい, もろい, 華奢な. (⇒ਦੁਰਬਲ, ਪਤਲਾ)

ਖੀਣਤਾ (खीणता) /kʰīṇatā キーンター/ [Skt. क्षीण Skt.-ता] *f.* **1** ひ弱さ, 虚弱. **2** 壊れやすさ, もろさ.

ਖੀਣਾ (खीणा) /kʰīṇā キーナー/ ▶ਖੀਣ *adj.* → ਖੀਣ

ਖੀਰ (खीर) /kʰīra キール/ ▶ਖੀਰਨੀ [(Pkt. खीर) Skt. क्षीर] *f.*〖料理〗キール, 乳粥《牛乳に米と砂糖を加えて粥状に煮た甘い食べ物》.

ਖੀਰਨੀ (खीरनी) /kʰīranī キールニー/ ▶ਖੀਰ [(Lah.)] *f.* → ਖੀਰ

ਖੀਰਾ[1] (खीरा) /kʰīrā キーラー/ [(Pkt. खीरओ) Skt. क्षीरकः] *m.*〖植物〗キュウリ(胡瓜)《ウリ科の蔓草》.

ਖੀਰਾ[2] (खीरा) /kʰīrā キーラー/ *adj.*〖動物〗(動物の子で)まだ乳歯の抜けていない.

ਖੀਵਾ (खीवा) /kʰīwā キーワー/ [(Lah.) (Pkt. खीव) Skt. क्षीब] *adj.* 陶酔した, ほろ酔いの, 浮かれ気分の. (⇒ਮਸਤ)

ਖੁਆਉਣਾ (खुआउणा) /kʰuāuṇā クアーウナー/ ▶ਖਵਾਉਣਾ, ਖੁਵਾਉਣਾ [cf. ਖਾਣਾ] *vt.* 食べさせる, 食事をさせる. (⇒ਖਿਲਾਉਣਾ)

ਖ਼ੁਆਜਾ (ख़ुआजा) /xuājā クアージャー/ ▶ਖ਼ਾਜਾ [Pers. *xvāja*] *m.* **1** 高位の人, 貴人, 名士, 著名人. **2**〖イス〗尊い行者, 聖者, 聖職者の称号. **3** 使用人頭, 執事.

ਖ਼ੁਆਬ (ख़ुआब) /xuāba クアーブ/ ▶ਖ਼ਾਬ *m.* → ਖ਼ਾਬ

ਖ਼ੁਆਰ (ख़ुआर) /xuāra クアール/ ▶ਖ਼ਾਰ [Pers. *xvār*] *adj.* **1** 卑しい, 卑劣な. **2** みじめな, 悲惨な, 不運な, 窮乏した, 虐げられた. **3** 辱められた, 侮辱された.

ਖ਼ੁਆਰੀ (ख़ुआरी) /xuārī クアーリー/ ▶ਖ਼ਾਰੀ [Pers. *xvārī*]

f. **1** 卑しさ, 卑劣. **2** みじめさ, 悲惨, 不運, 窮乏, 窮状. **3** 辱め, 侮辱, 恥辱.

ਖ਼ੁਸ਼ (ख़ुश) /xuśa クシュ/ [Pers. *xvuś*] *adj.* **1** 喜んでいる, 嬉しい. ❏ਖ਼ੁਸ਼ ਹੋਣਾ 喜ぶ. ❏ਚੂਹਾ ਫਸੀ ਹੋਈ ਬਿੱਲੀ ਨੂੰ ਵੇਖ ਕੇ ਬੜਾ ਖ਼ੁਸ਼ ਹੋਇਆ। 鼠は捕まった猫を見て大いに喜びました. **2** 幸せな, 楽しい. **3** 陽気な, 快活な. **4** 満足している, 満ち足りた, 機嫌の良い.

— *pref.* 「喜び」「幸せ」「良さ」などを意味する接頭辞.

ਖ਼ੁਸ਼ਆਮਦੀਦ (ख़ुशआमदीद) /xuśaāmadīda クシュアームディード/ ▶ਖ਼ੁਸ਼ ਆਮਦੇਦ [Pers. *xvuś-* Pers. *āmdīd*] *m.* 歓迎.

— *int.* ようこそ, いらっしゃいませ.

ਖ਼ੁਸ਼ ਆਮਦੇਦ (ख़ुश आमदेद) /xuśa āmadeda クシュ アームデード/ ▶ਖ਼ੁਸ਼ਆਮਦੀਦ *m.int.* → ਖ਼ੁਸ਼ਆਮਦੀਦ

ਖ਼ੁਸ਼ਇਖ਼ਲਾਕ (ख़ुशइख़लाक) /xuśaixalāka クシュイクラーク/ [Pers. *xvuś-* Arab. *axlāq*] *adj.* **1** 礼儀正しい, 行儀の良い, 丁重な. **2** 品行方正な, 慎み深い. **3** 教養のある, 洗練された. **4** 温厚な, 気立ての良い.

ਖ਼ੁਸ਼ਇਖ਼ਲਾਕੀ (ख़ुशइख़लाकी) /xuśaixalākī クシュイクラーキー/ [Pers. *xvuś-* Arab. *axlāqī*] *f.* **1** 礼儀正しさ, 行儀の良さ, 丁重さ. **2** 品行方正, 慎み深いこと. **3** 温厚さ, 気立ての良さ.

ਖ਼ੁਸ਼ਹਾਲ (ख़ुशहाल) /xuśahāla | xuśăla クシュハール | クシャール/ ▶ਕੁਸ਼ਾਲ [Pers. *xvuś-* Arab. *hāl*] *adj.* **1** 繁栄している, 成功した. **2** 暮らし向きのいい. **3** 豊かな, 裕福な, 金持ちの.

ਖ਼ੁਸ਼ਹਾਲੀ (ख़ुशहाली) /xuśahālī | xuśălī クシュハーリー | クシャーリー/ [Pers. *xvuś-* Arab. *hālī*] *f.* **1** 繁栄, 成功. **2** 豊かさ, 富裕.

ਖ਼ੁਸ਼ਕ (ख़ुशक) /xuśaka クシュク/ [Pers. *xuśk*] *adj.* **1** 乾いた. **2** 水分のない, 湿気のない. **3** 乾燥した, 脱水状態の. **4** からからに乾いた, 干からびた. **5** 枯れた, 萎れた.

ਖ਼ੁਸ਼ਕਿਸਮਤ (ख़ुशकिसमत) /xuśakisamata クシュキスマト/ [Pers. *xvuś-* Pers. *qismat*] *adj.* 幸運な, 運の強い. (⇒ਖ਼ੁਸ਼ਨਸੀਬ, ਭਾਗਸ਼ਾਲੀ)

ਖ਼ੁਸ਼ਕਿਸਮਤੀ (ख़ुशकिसमती) /xuśakisamatī クシュキスマティー/ [Pers. *xvuś-* Pers. *qismatī*] *f.* 幸運, 強運. (⇒ਖ਼ੁਸ਼ਨਸੀਬੀ)

ਖ਼ੁਸ਼ਕੀ (ख़ुशकी) /xuśakī クシュキー/ [Pers. *xuśkī*] *f.* **1** 乾き, 乾燥. **2** 〖地理〗陸, 陸地. **3** 〖気象〗干ばつ, 長期のひでり. **4** (頭の)ふけ. **5** 味気なさ, 無味乾燥. **6** 冷淡, そっけない態度.

ਖ਼ੁਸ਼ਖ਼ਤ (ख़ुशख़त) /xuśaxata クシュカト/ [Pers. *xvuś-* Arab. *xatt*] *adj.* 字の上手な, 達筆な, 能書家の.

— *m.* 字の上手な人, 能書家, 書道家.

ਖ਼ੁਸ਼ਖ਼ਤੀ (ख़ुशख़ती) /xuśaxatī クシュカティー/ [Pers. *xvuś-* Arab. *xattī*] *f.* **1** 字の上手なこと, 達筆. **2** 書道, 習字, 筆耕, 筆耕の仕事.

ਖ਼ੁਸ਼ਖ਼ਬਰੀ (ख़ुशख़बरी) /xuśaxabarī クシュカブリー/ [Pers. *xvuś-* Arab. *xabarī*] *f.* 嬉しい知らせ, 吉報, 朗報.

ਖ਼ੁਸ਼ਖ਼ੁਲਕ (ख़ुशख़ुलक) /xuśaxulaka クシュクルク/ [Pers. *xvuś-* Arab. *xulq*] *adj.* **1** 礼儀正しい, 行儀の良い, 丁重な. **2** 品行方正な, 慎み深い. **3** 教養のある, 洗練された. **4** 温厚な, 気立ての良い.

ਖ਼ੁਸ਼ਖ਼ੁਲਕੀ (ख़ुशख़ुलकी) /xuśaxulakī クシュクルキー/ [Pers. *xvuś-* Arab. *xulqī*] *f.* **1** 礼儀正しさ, 行儀の良さ, 丁重さ. **2** 品行方正, 慎み深いこと. **3** 温厚さ, 気立ての良さ.

ਖ਼ੁਸ਼ਗਵਾਰ (ख़ुशगवार) /xuśagawāra クシュガワール/ [Pers. *xvuś* Pers.-*guvār*] *adj.* **1** 心地よい, 気持ちの良い, 快く感じる, 爽やかな. **2** 楽しい, 愉快な.

ਖੁੱਸਣਾ (खुस्सणा) /kʰussaṇā クッサナー/ [cf. ਖੱਸਣਾ] *vi.* **1** 奪われる, ひったくられる, 強奪される, 強引に持ち去られる. **2** (髪の毛が)引き抜かれる, むしり取られる. **3** (心が)沈む, 落ち込む, 不快に思う. **4** (花が)摘まれる, もがれる.

ਖ਼ੁਸ਼ਤਬ੍ਹਾ (ख़ुशतब्हा) /xuśatâbā クシュタバー/ [Pers. *xvuś-* Arab. *taba`a*] *adj.* **1** 性格の明るい, 明朗な, 快活な. **2** 陽気な, 愉快な, ひょうきんな. **3** 気立ての良い, 心の暖かい, 思いやりのある.

ਖ਼ੁਸ਼ਤਬੀਅਤ (ख़ुशतबीअत) /xuśatabīata クシュタビーアト/ [Pers. *xvuś-* Pers. *tabī`at*] *adj.* **1** 性格の明るい, 明朗な, 快活な. **2** 陽気な, 愉快な, ひょうきんな. **3** 気立ての良い, 心の暖かい, 思いやりのある.

ਖ਼ੁਸ਼ਦਿਲ (ख़ुशदिल) /xuśadila クシュディル/ [Pers. *xvuś-* Pers. *dil*] *adj.* **1** 性格の明るい, 明朗な, 快活な. **2** 陽気な, 愉快な, ひょうきんな. **3** 気立ての良い, 心の暖かい, 思いやりのある.

ਖ਼ੁਸ਼ਦਿਲੀ (ख़ुशदिली) /xuśadilī クシュディリー/ [Pers. *xvuś-* Pers. *dilī*] *f.* **1** 明るい性格, 明朗さ, 快活さ. **2** 陽気さ, 愉快さ. **3** 気立ての良さ.

ਖ਼ੁਸ਼ਨਸੀਬ (ख़ुशनसीब) /xuśanasība クシュナスィーブ/ [Pers. *xvuś-* Arab. *nasīb*] *adj.* 幸運な, 運の強い. (⇒ਖ਼ੁਸ਼ਕਿਸਮਤ)

ਖ਼ੁਸ਼ਨਸੀਬੀ (ख़ुशनसीबी) /xuśanasībī クシュナスィービー/ [Pers. *xvuś-* Pers. *nasībī*] *f.* 幸運, 強運. (⇒ਖ਼ੁਸ਼ਕਿਸਮਤੀ)

ਖ਼ੁਸ਼ਨਵੀਸ (ख़ुशनवीस) /xuśanawīsa クシュナウィース/ [Pers. *xvuś-* Pers. *navīs*] *adj.* 字の上手な, 達筆な, 能書家の.

— *m.* 字の上手な人, 能書家, 書道家.

ਖ਼ੁਸ਼ਨਵੀਸੀ (ख़ुशनवीसी) /xuśanawīsī クシュナウィースィー/ [Pers. *xvuś-* Pers. *navīsī*] *f.* **1** 字の上手なこと, 達筆. **2** 書道, 習字. **3** 筆耕.

ਖ਼ੁਸ਼ਨੁਮਾ (ख़ुशनुमा) /xuśanumā クシュヌマー/ [Pers. *xvuś-* Pers. *numā*] *adj.* **1** 美しい, 綺麗な. **2** 魅力的な.

ਖ਼ੁਸ਼ਫ਼ਹਿਮ (ख़ुशफ़हिम) /xuśafaîma クシュファエーム/ [Pers. *xvuś-* Arab. *fahm*] *adj.* **1** 楽観的な, 安易な考えの. **2** 独り善がりの, 自己満足をしている. **3** うぬぼれの強い, 思い上がった.

ਖ਼ੁਸ਼ਫ਼ਹਿਮੀ (ख़ुशफ़हिमी) /xuśafaîmī クシュファエーミー/ [Pers. *xvuś-* Arab. *fahmī*] *f.* **1** 楽観, 安易な考え. **2** 独り善がり, 自己満足. **3** うぬぼれ, 思い上がり, 慢心.

ਖ਼ੁਸ਼ਬੂ (ख़ुशबू) /xuśabū クシュブー/ ▶ਖ਼ੁਸ਼ਬੋ, ਖ਼ੁਸ਼ਬੋਈ [Pers. *xvuś-* Pers. *bū*] *f.* 芳香. (⇒ਸ਼ਊਰਭ, ਸੁਗੰਧ, ਮਹਿਕ)

ਖ਼ੁਸ਼ਬੂਦਾਰ (ख़ुशबूदार) /xuśabūdāra クシュブーダール/ [Pers.-*dār*] *adj.* 芳香のある, 香しい.

ਖ਼ੁਸ਼ਬੋ (ख़ुशबो) /xuśabo クシュボー/ ▸ਖ਼ੁਸ਼ਬੂ, ਖ਼ੁਸ਼ਬੋਈ *f.* → ਖ਼ੁਸ਼ਬੂ

ਖ਼ੁਸ਼ਬੋਈ (ख़ुशबोई) /xuśaboī クシュボーイー/ ▸ਖ਼ੁਸ਼ਬੂ, ਖ਼ੁਸ਼ਬੋ *f.* → ਖ਼ੁਸ਼ਬੂ

ਖ਼ੁਸ਼ਮਿਜ਼ਾਜ (ख़ुशमिज़ाज) /xuśamizāja クシュミザージ/ [Pers. *xvuś-* Arab. *mizāj*] *adj.* **1** 性格の明るい, 明朗な, 快活な. **2** 陽気な, 愉快な, ひょうきんな, 愛嬌のある. **3** 気立ての良い, 心の暖かい, 思いやりのある.

ਖ਼ੁਸ਼ਮਿਜ਼ਾਜੀ (ख़ुशमिज़ाजी) /xuśamizājī クシュミザージー/ [Pers. *xvuś-* Arab. *mizājī*] *f.* **1** 明るい性格, 明朗さ, 快活さ. **2** 陽気さ, 愉快さ, 愛嬌. **3** 気立ての良さ.

ਖ਼ੁਸਰਾ (ख़ुसरा) /xusarā クスラー/ [Pers. *xājā sarā*] *m.* **1** クスラー《両性具有・半陰陽とされる人で, 祝い事に招かれて歌や踊りを見せる女装芸人集団に属する人. 北部インド一帯ではヒジュラーと呼ばれる》. (⇒ਹੀਜੜਾ) **2** 去勢された男. (⇒ਨਿਪੁੰਸਕ)

ਖ਼ੁਸ਼ਾਮਦ (ख़ुशामद) /xuśāmada クシャーマド/ ▸ਕਸ਼ਾਮਤ, ਕਸ਼ਾਮਦ, ਕੁਸ਼ਾਮਦ [Pers. *xvuś-* Pers. *āmad*] *f.* 媚び, へつらい, 甘言, おべっか, お世辞, 御機嫌取り. (⇒ਚਾਪਲੂਸੀ)

ਖ਼ੁਸ਼ਾਮਦੀ (ख़ुशामदी) /xuśāmadī クシャームディー/ ▸ਕਸ਼ਾਮਤੀ, ਕੁਸ਼ਾਮਦੀ [Pers. *xvuś-* Pers. *āmadī*] *adj.* **1** 媚びへつらう, お世辞を言う. (⇒ਚਾਪਲੂਸ) **2** 卑屈な.

ਖ਼ੁਸ਼ੀ (ख़ुशी) /xuśī クシー/ [Pers. *xvuśī*] *f.* **1** 喜び, 嬉しさ. (⇒ਅਨੰਦ) ❐ਮੈਨੂੰ ਬੜੀ ਖ਼ੁਸ਼ੀ ਹੈ। 私はとても嬉しいです. ❐ਮਿਲ ਕੇ ਬੜੀ ਖ਼ੁਸ਼ੀ ਹੋਈ। 会ってとても嬉しく思いました. **2** 楽しさ, 安楽, 幸せ, 幸福. **3** 楽しみ. **4** 陽気, 快活. **5** 祝い, お祝い事, 祝いの行事, 慶事. ❐ਖ਼ੁਸ਼ੀ ਮਨਾਉਣੀ 祝う.

ਖ਼ੁਸ਼ੀ ਖ਼ੁਸ਼ੀ (ख़ुशी ख़ुशी) /xuśī xuśī クシー クシー/ [+ Pers. *xvuśī*] *adv.* 喜んで, 機嫌よく. ❐ਅਸੀਂ ਖ਼ੁਸ਼ੀ ਖ਼ੁਸ਼ੀ ਵਿੱਦਿਆ ਪਰਾਪਤ ਕਰਾਂਗੇ। 私たちは喜んで学問を身につけるでしょう.

ਖੁੰਘ (खुंघ) /kʰûṅga クング/ *m.* 切り株.

ਖੁੰਘੀ (खुंघी) /kʰûṅgī クンギー/ *f.* 収穫された穀物の小さな切り株.

ਖੁੱਚ (खुच्च) /kʰucca クッチ/ [Skt. कुचिका] *f.* 〖身体〗膝の裏の窪み.

ਖੁਜਲਾਹਟ (खुजलाहट) /kʰujalâṭa クジラート/ *f.* 〖医〗湿疹.

ਖੁਜਲੀ (खुजली) /kʰujalī クジリー/ [(Pkt. खज्जू) Skt. खर्जु] *f.* **1** 〖生理〗痒み, 痒さ, むず痒さ. (⇒ਖੁਰਕ, ਝੌਂਰ) **2** 〖医〗疥癬, 皮癬, 疱疹, 湿疹. (⇒ਖ਼ਾਰਸ਼) **3** 苛立ち, 焦燥, むずむずする気持ち, 落ち着かない状態.

ਖੁੰਝਣਾ (खुंझणा) /kʰũñjaṇā クンジャナー/ [Sind. *gusaṇu*] *vi.* **1** 誤る, 間違う, しくじる. (⇒ਘੁੱਸਣਾ) **2** 忘れる. (⇒ਭੁੱਲਣਾ)

ਖੁੰਝਵਾਉਣਾ (खुंझवाउणा) /kʰuñjawǎuṇā クンジワーウナー/ ▸ਖੁੰਝਾਉਣਾ [cf. ਖੁੰਝਣਾ] *vt.* **1** 誤らせる, しくじらせる. (⇒ਉਕਾ ਦੇਣਾ) **2** 誤り導く, 誤った方向に導く. **3** 道に迷わせる. **4** 忘れさせる. (⇒ਭੁਲਵਾ ਦੇਣਾ)

ਖੁੰਝਾਉਣਾ (खुंझाउणा) /kʰuñjǎuṇā クンジャーウナー/ ▸ਖੁੰਝਵਾਉਣਾ *vt.* → ਖੁੰਝਵਾਉਣਾ

ਖੁੰਝਾਈ (खुंझाई) /kʰuñjāī クンジャーイー/ [cf. ਖੁੰਝਣਾ] *f.* **1** 間違い. **2** 見落とし. **3** 道に迷うこと.

ਖੁਟਕਣਾ (खुटकणा) /kʰuṭakaṇā クトカナー/ [cf. ਖਟਖਟਾਉਣਾ] *vi.* **1** 心に浮かぶ, 思い浮かぶ, 思いつく. **2** 不吉な予感がする, 悪いことが起こりそうな気がする, 危ないと感じる.

ਖੁੱਟਣਾ (खुट्टणा) /kʰuṭṭaṇā クッタナー/ [Pkt. खुट्ट] *vi.* **1** 少なくなる, 減る, 足りなくなる, 不足する. (⇒ਥੁੜਨਾ) **2** 終わる, 尽きる, 使い尽くされる.

ਖੁੱਟਰ (खुट्टर) /kʰuṭṭara クッタル/ ▸ਖੁੱਟੜ, ਖੁੱਟੜਾ *adj.* → ਖੁੱਟੜ

ਖੁੱਟੜ (खुट्टड़) /kʰuṭṭaṛa クッタル/ ▸ਖੁੱਟਰ, ਖੁੱਟੜਾ *adj.* **1** 厚かましい, 図々しい, 生意気な, 無遠慮な, 出しゃばりの. **2** 情け容赦のない, 無慈悲な, 冷酷な, 残忍な. **3** 野蛮な, 粗野な, 乱暴な.

ਖੁਟੜਾ (खुटड़ा) /kʰuṭaṛā クタラー/ ▸ਖੁੱਟਰ, ਖੁੱਟੜ *adj.* → ਖੁੱਟੜ

— *m.* **1** 厚かましい人, 図々しい人, 生意気な人, 無遠慮な人, 出しゃばりの人. **2** 情け容赦のない人, 無慈悲な人, 冷酷な人, 残忍な人. **3** 野蛮な人, 乱暴者.

ਖੁਟਿਆਈ (खुटिआई) /kʰuṭiāī クティアーイー/ ▸ਖੋਟਾਈ, ਖੋਟਿਆਈ *f.* → ਖੋਟਾਈ

ਖੁੱਟੀ (खुट्टी) /kʰuṭṭī クッティー/ [(Lah.)] *f.* 死. (⇒ਮੌਤ)

ਖੁੱਡ (खुड्ड) /kʰuḍḍa クッド/ [Pkt. खड्डा] *f.* **1** 穴, 隠れ穴. **2** 狭い洞穴. **3** 粗末な住まい. **4** 壕, 溝. **5** 隠れ場所. **6** 手掛かり, 糸口. **7** (援助や推薦などの)予期しない出所.

ਖੁਡਲਾ (खुडला) /kʰuḍalā クドラー/ ▸ਖੁੱਡਾ [(Lah.)] *m.* → ਖੁੱਡਾ

ਖੁੱਡਾ (खुड्डा) /kʰuḍḍā クッダー/ ▸ਖੁਡਲਾ *m.* **1** 家. **2** 鳩小屋. **3** (小動物を入れる)籠. **4** 檻, 畜舎. **5** 鳥小屋.

ਖੁੰਢ (खुंढ) /kʰûṇḍa クンド/ [Skt. कुण्ठ] *m.* 〖植物〗切り倒されていない木の幹.

ਖੁੰਢਾ (खुंढा) /kʰûṇḍā クンダー/ [Skt. कुण्ठ] *adj.* **1** 鈍い, 鋭くない. **2** 愚かな, 鈍感な, 無神経な. **3** 無作法な, 育ちの悪い. **4** 無愛想な, ぶっきらぼうな.

ਖੁਣਸ (खुणस) /kʰuṇasa クナス/ [Skt. खिन्नमनस्] *f.* **1** 悪意, 敵意. **2** 恨み, 憎悪.

ਖੁਣਸੀ (खुणसी) /kʰuṇasī クンスィー/ [-ਈ] *adj.* **1** 悪意のある, 敵意を持つ. **2** 恨みを持つ, 憎悪を抱いた. **3** 意地悪な.

ਖੁਣਨਾ (खुणना) /kʰuṇanā クンナー/ ▸ਉੱਖਣਨਾ [Skt. खनति] *vt.* **1** 彫る, 彫り込む, 彫刻する. (⇒ਉੱਕਰਨਾ) **2** 掘る. (⇒ਖੋਦਣਾ)

ਖੁਣੋਂ (खुणों) /kʰuṇõ クノーン/ [Pkt. खूण] *adv.* …なしで. (⇒ਬਿਨਾਂ, ਬਗ਼ੈਰ)

ਖੁਤ (खुत) /kʰuta クト/ ▸ਖੁੱਤ *m.* → ਖੁੱਤ

ਖੁੱਤ (खुत्त) /kʰutta クット/ ▸ਖੁਤ [Skt. खात] *m.* **1** 穴. (⇒ਟੋਆ) **2** 空洞.

ਖੁਤਖੁਤੀ (खुतखुती) /kʰutakʰutī クトクティー/ [Arab. *dağdağa*] *f.* くすぐり.

ਖੁੱਤੀ (खुत्ती) /kʰuttī クッティー/ [Skt. खात] *f.* 貝殻やガラス玉を使った子供の遊びで使われる地面に掘った小さな穴.

ਖੁੱਥੜ (खुत्थड़) /kʰuttʰaṛa クッタル/ [cf. ਖੱਸਣਾ] *adj.* **1** 櫛で梳かしていない, 髪を乱した. **2** 不潔な, 汚い. **3** み

すぼらしい.

ਖ਼ੁਦ (ख़ुद) /xuda クド/ [Pers. *xvud*] *pron.* 《再帰代名詞》自分, 自身, 自己, 自分自身, 本人, …自身. (⇒ ਆਪ)

— *adv.* 自分で, 自分自身で, 自ら, 自力で. (⇒ਆਪੇ, ਸਵਯੰ)

— *pref.* 「自分」「自己」「自分で」「自ら」などの意味を表す接頭辞.

ਖ਼ੁਦ-ਇਖ਼ਤਿਆਰ (ख़ुद-इख़तिआर) /xuda-ixatiāra クド・イクティアール/ [Pers. *xvud-* Arab. *ixtiyār*] *adj.* 〖政治〗自治の, 自治権のある.

ਖ਼ੁਦਕਾਸ਼ਤ (ख़ुदकाशत) /xudakāśata クドカーシュト/ [Pers. *xvud-* Pers. *kāśat*] *adj.* **1**〖農業〗自分で耕した. **2**〖農業〗所有者によって耕作された.

ਖ਼ੁਦਕੁਸ਼ੀ (ख़ुदकुशी) /xudakuśī クドクシー/ [Pers. *xvud-* Pers. *kuśī*] *f.* 自殺. (⇒ਆਤਮਹੱਤਿਆ, ਆਤਮਘਾਤ)

ਖ਼ੁਦਗ਼ਰਜ਼ (ख़ुदग़रज़) /xudağaraza クドガルズ/ [Pers. *xvud-* Pers. *ğarz*] *adj.* 自分本位の, わがままな, 身勝手な, 利己的な. (⇒ਸਵਾਰਥੀ)

ਖ਼ੁਦਗ਼ਰਜ਼ੀ (ख़ुदग़रज़ी) /xudağarazī クドガルズィー/ [Pers. *xvud-* Pers. *ğarzī*] *f.* 自分本位, わがまま. (⇒ ਸਵਾਰਥਮਤਾ)

ਖ਼ੁਦਦਾਰ (ख़ुददार) /xudadāra クドダール/ [Pers. *xvud* Pers.*-dār*] *adj.* 自尊心のある, 誇り高い.

ਖ਼ੁਦਨੁਮਾ (ख़ुदनुमा) /xudanumā クドヌマー/ [Pers.*-numā*] *adj.* **1** 自己顕示癖のある. **2**〖医〗露出症の.

ਖ਼ੁਦਨੁਮਾਈ (ख़ुदनुमाई) /xudanumāī クドヌマーイー/ [Pers.*-numāʰī*] *f.* **1** 自己顕示癖. **2**〖医〗露出症.

ਖ਼ੁਦਪਸੰਦ (ख़ुदपसंद) /xudapasanda クドパサンド/ [Pers. *xvud-* Pers. *pasand*] *adj.* **1** 自分を愛する, うぬぼれた. **2** 自己本位の, ひとりよがりの. **3** 自己陶酔者的な.

ਖ਼ੁਦਪਸੰਦੀ (ख़ुदपसंदी) /xudapasandī クドパサンディー/ [Pers. *xvud-* Pers. *pasandī*] *f.* **1** 自己愛, うぬぼれ. **2** 自己本位, ひとりよがり. **3** 自己陶酔.

ਖ਼ੁਦਪਰਸਤ (ख़ुदपरसत) /xudaparasata クドパラスト/ [Pers. *xvud* Pers.*-parast*] *adj.* **1** 自分を愛する, うぬぼれた. **2** 自己中心の, 自己本位の. **3** 自己陶酔的な, 自己耽溺の.

ਖ਼ੁਦਪਰਸਤੀ (ख़ुदपरसती) /xudaparasatī クドパラスティー/ [Pers.*-parastī*] *f.* **1** 自己愛, うぬぼれ. **2** 自己中心性, 自己本位. **3** 自己陶酔, 自己耽溺.

ਖ਼ੁਦਬਖ਼ੁਦ (ख़ुदबख़ुद) /xudabaxuda クドバクド/ [+ Pers. *ba* + Pers. *xvud*] *adv.* **1** 自動的に. **2** ひとりでに, 自ずと. **3** 自分の意志で. **4** 思わず知らず.

ਖ਼ੁਦਮੁਖ਼ਤਾਰ (ख़ुदमुख़तार) /xudamuxatāra クドムクタール/ ▸ਖ਼ੁਦਮੁਖ਼ਤਿਆਰ *adj.* → ਖ਼ੁਦਮੁਖ਼ਤਿਆਰ

ਖ਼ੁਦਮੁਖ਼ਤਾਰੀ (ख़ुदमुख़तारी) /xudamuxatārī クドムクターリー/ ▸ਖ਼ੁਦਮੁਖ਼ਤਿਆਰੀ *f.* → ਖ਼ੁਦਮੁਖ਼ਤਿਆਰੀ

ਖ਼ੁਦਮੁਖ਼ਤਿਆਰ (ख़ुदमुख़तिआर) /xudamuxatiāra クドムクティアール/ ▸ਖ਼ੁਦਮੁਖ਼ਤਾਰ [Pers. *xvud-* Arab. *muxtār*] *adj.* **1** 自立した, 束縛されない. **2** 自由な, 奔放な, 勝手な. **3**〖政治〗独立した, 自治の. **4**〖政治〗主権を有する.

ਖ਼ੁਦਮੁਖ਼ਤਿਆਰੀ (ख़ुदमुख़तिआरी) /xudamuxatiārī クドムクティアーリー/ ▸ਖ਼ੁਦਮੁਖ਼ਤਾਰੀ [Pers. *xvud-* Pers. *muxtārī*] *f.* **1** 自立, 束縛されないこと. **2** 自由, 奔放. **3**〖政治〗独立, 自治. **4**〖政治〗主権を有すること.

ਖੁੰਦਰ (खुंदर) /kʰundara クンダル/ [Skt. कन्दर] *f.* **1** ほら穴. **2** 窪み, へこみ, うろ. **3** 穴. **4** 壕.

ਖੁਦਰੌਂ (खुदरौं) /kʰudarõ クドローン/ *adj.* **1** 自然のままの. **2** 気まぐれな. **3** わがままな.

ਖ਼ੁਦਾ (ख़ुदा) /xudā クダー/ [Pers. *xudā*] *m.*〖イス〗神, 最高神, アッラーの神. (⇒ਰੱਬ)

ਖੁਦਾਉਣਾ (खुदाउणा) /kʰudāuṇā クダーウナー/ [cf. ਖੋਦਣਾ] *vt.* 掘らせる, 掘り出させる, 発掘させる.

ਖੁਦਾਈ (खुदाई) /kʰudāī クダーイー/ [cf. ਖੋਦਣਾ] *f.* **1** 掘ること. ❐ਖੁਦਾਈ ਕਰਨੀ 掘る. **2** 掘り出すこと, 発掘. ❐ਖੁਦਾਈ ਕਰਨੀ 掘り出す, 発掘する.

ਖ਼ੁਦਾਈ (ख़ुदाई) /xudāī クダーイー/ [Pers. *xudāī*] *adj.* 神の, 神による, 神性の.

— *f.* **1** 神の力, 神性, 神格. **2** (神の創造した)宇宙, 世界, 万物, 自然, 森羅万象.

ਖ਼ੁਦਾ ਹਾਫ਼ਿਜ਼ (ख़ुदा हाफ़िज़) /xudā hāfiza クダー ハーフィズ/ [Pers. *xudā hāfiz*] *int.*〖イス〗さようなら, 失礼いたします《イスラーム教徒の別れの挨拶の言葉》.

ਖ਼ੁਦੀ (ख़ुदी) /xudī クディー/ [Pers. *khvudī*] *f.* **1** 自我. **2** 自尊心, うぬぼれ. **3** 利己心, 利己主義.

ਖੁਨਾਮੀ (खुनामी) /kʰunāmī クナーミー/ [Skt. कु- Skt. नामन् -ਈ] *f.* **1** 軽い罪, 微罪. **2** 悪名, 汚名. (⇒ ਬਦਨਾਮੀ) **3** 違反. **4** 過失, 罪. (⇒ਕਸੂਰ, ਅਪਰਾਧ)

ਖ਼ੁਫ਼ੀਆ (ख़ुफ़ीआ) /xufiā クフィーアー/ [Arab. *xufya*] *adj.* **1** 秘密の. **2** 機密の.

ਖੁੰਬ (खुंब) /kʰumba クンブ/ *f.*〖植物〗キノコ(茸).

ਖੁੱਭਣ (खुब्भण) /kʰûbbaṇa クッバン/ ▸ਖੋਭਾ [cf. ਖੁਭੋਣਾ] *f.* **1**〖地理〗沼. **2** 沼地.

ਖੁਭਣਾ (खुभणा) /kʰûbaṇā クバナー/ [cf. ਖੁਭੋਣਾ] *vi.* **1** 刺さる, 突き刺さる. **2** 沈む. **3** 感銘を受ける, 感動する.

ਖੁਭੋਣਾ (खुभोणा) /kʰubŏṇā クボーナー/ [(Pkt. खुब्भइ) Skt. स्कुभ्यते] *vt.* **1** 刺す, 突き刺す, 突き通す. **2** 押す, 割り込む. **3** 入れる.

ਖ਼ੁਮਾਰ (ख़ुमार) /xumāra クマール/ [Pers. *xumār*] *m.* **1** 酒の酔い. **2** 熱中, 夢中. **3** 酔い, 陶酔, 恍惚, うっとりするような気持ち. **4** 昏睡, 眠気. **5** 二日酔い.

ਖ਼ੁਮਾਰੀ (ख़ुमारी) /xumārī クマーリー/ [Pers. *xumārī*] *f.* **1** 酒の酔い. **2** 熱中, 夢中. **3** 酔い, 陶酔, 恍惚, うっとりするような気持ち. **4** 昏睡, 眠気. **5** 二日酔い.

ਖੁਰ (खुर) /kʰura クル/ [Skt. खुर] *m.*〖身体〗蹄(ひづめ).

ਖੁਰਕ (खुरक) /kʰuraka クルク/ ▸ਖਿਰਕ [cf. ਖੁਰਕਣਾ] *f.* **1**〖生理〗痒み, 痒さ, むず痒さ. (⇒ਖੁਜਲੀ, ਝੌਰ) **2**〖医〗疥癬, 皮癬, 疱疹, 湿疹. (⇒ਖਾਰਸ਼)

ਖੁਰਕਣਾ (खुरकणा) /kʰurakaṇā クルクナー/ [Skt. क्षुरति] *vt.* 引っ掻く, (痒い所を)掻く, (痒さのため皮膚を)こする.

ਖੁਰਚਣ (खुरचण) /kʰuracaṇa クルチャン/ [cf. ਖੁਰਚਣਾ] *f.* こすってとること.

ਖੁਰਚਣਾ (खुरचणा) /kʰuracaṇā クルチナー/ [Skt. क्षुरति]

vt. **1**(付着したものをはがすために)引っ掻く, 掻く. **2** こする, こすってとる, こすりとる.
— *m.* **1**〖道具〗(付着したものをはがすために)引っ掻く道具, 掻く道具. **2**〖道具〗こすってとる道具.

ਖੁਰਚਣੀ (खुरचणी) /kʰuracaṇī クルチニー/ [cf. ਖੁਰਚਣਾ] *f.* **1**(付着したものをはがすために)引っ掻く小さな道具, 掻く小さな道具. **2**〖道具〗こすってとる小さな道具.

ਖੁਰਚਵਾਉਣਾ (खुरचवाउणा) /kʰuracawāuṇā クルチワーウナー/ ▸ਖੁਰਚਾਉਣਾ [cf. ਖੁਰਚਣਾ] *vt.* **1** 引っ掻かせる. **2** こすって取らせる. こすり取ってきれいにさせる.

ਖੁਰਚਾਉਣਾ (खुरचाउणा) /kʰuracāuṇā クルチャーウナー/ ▸ਖੁਰਚਵਾਉਣਾ *vt.* → ਖੁਰਚਵਾਉਣਾ

ਖੁਰਜੀ (खुरजी) /kʰurajī クルジー/ ▸ਖੁਰਜੀਣ *f.* 荷袋.

ਖੁਰਜੀਣ (खुरजीण) /kʰurajīṇa クルジーン/ ▸ਖੁਰਜੀ *f.* → ਖੁਰਜੀ

ਖ਼ੁਰਦ (ख़ुरद) /xurada クルド/ [Pers. *xurd*] *adj.* **1** 小さな. (⇒ਛੋਟਾ) **2** 微小な. **3** 年少の, 若い.

ਖ਼ੁਰਦਬੀਨ (ख़ुरदबीन) /xuradabīna クルドビーン/ [+ Pers. *bīn*] *f.*〖器具〗顕微鏡. (⇒ਮਾਈਕਰੋਸਕੋਪ)

ਖੁਰਦਰਾ (खुरदरा) /kʰuradarā クルダラー/ [Skt. खर] *adj.* **1** 粗い, 粗雑な, 荒い, 荒っぽい. **2** でこぼこの, 平坦でない. (⇒ਉੱਚਾ ਨੀਵਾਂ)

ਖੁਰਨਾ (खुरना) /kʰuranā クルナー/ ▸ਖਰਨਾ [Skt. क्षरति] *vi.* **1** 溶ける, 溶解する. **2** 色が褪せる, 色素が抜ける, 白くなる. **3**(土などが)浸食される.

ਖੁਰਪਕਾ (खुरपका) /kʰurapakā クルパカー/ *m.*〖医〗口蹄疫《牛・羊など偶蹄類が罹る, 口・蹄の伝染病》. (⇒ਮੂੰਹ-ਖੁਰ)

ਖੁਰਪਾ (खुरपा) /kʰurapā クルパー/ [(Pkt. खुरप) Skt. क्षुरप] *m.*〖器具〗除草ぐわ.

ਖੁਰਪੀ (खुरपी) /kʰurapī クルピー/ [-ਈ] *f.*〖器具〗小型の除草ぐわ.

ਖ਼ੁਰਮਾ (ख़ुरमा) /xuramā クルマー/ [Pers. *xurmā*] *m.* **1**〖植物〗ナツメヤシ(棗椰子)の実. (⇒ਛੁਹਾਰਾ) **2**〖食品〗ナツメヤシの実の形の菓子《小麦粉とミルクを原料として作られる》.

ਖ਼ੁਰਮਾਨੀ (ख़ुरमानी) /kʰuramānī クルマーニー/ ▸ਖ਼ੂਬਾਨੀ [Pers. *xūbānī*] *f.*〖植物〗アンズ(杏)《バラ科の落葉小高木》. (⇒ਜ਼ਰਦਾਲੂ)

ਖੁਰਲੀ (खुरली) /kʰuralī クルリー/ *f.*〖道具〗飼葉桶.

ਖੁਰਾ (खुरा) /kʰurā クラー/ *m.* 足跡.

ਖ਼ੁਰਾਕ (ख़ुराक) /xurāka クラーク/ [Pers. *xvurāk*] *f.* **1** 食べ物, 食物. ❐ਖ਼ੁਰਾਕ ਦੀ ਨਾਲੀ 食道. **2** 食料, 食糧. **3** 食事. ❐ਖ਼ੁਰਾਕ ਸੰਬੰਧੀ 食事(療法)の. ❐ਖ਼ੁਰਾਕ ਘਟਾਉਣੀ 減食する, 食事療法をする. **4** 一回の服用量.

ਖੁਰਾਂਟ (खुराँट) /kʰurā̃ṭa クラーント/ ▸ਖਰਾਂਟ *adj.* → ਖਰਾਂਟ

ਖੁਰੀ (खुरी) /kʰurī クリー/ *f.* 小さな蹄.

ਖੁੱਲ੍ਹ (खुल्ह) /kʰûlla クッル/ *f.* 自由. (⇒ਅਜ਼ਾਦੀ)

ਖੁੱਲ੍ਹਣਾ (खुल्हणा) /kʰûllaṇā クッラナー/ [cf. ਖੋਲ੍ਹਣਾ] *vi.* **1** 開く(ひらく, あく). **2** ほどける, 解ける, 緩む, 綻びる. **3** 始まる, 開始される. **4** 露(あらわ)になる, 露見する.

ਖੁੱਲ੍ਹਮ-ਖੁੱਲ੍ਹਾ (खुल्हम-खुल्हा) /kʰûllama-kʰûllā クッラム・クッラー/ *adv.* **1** 公然と. **2** 率直に, 包み隠しなく, あからさまに. (⇒ਸਾਫ਼ ਸਾਫ਼)

ਖੁੱਲ੍ਹਵਾਂ (खुल्हवाँ) /kʰûllawā̃ クッラワーン/ [cf. ਖੋਲ੍ਹਣਾ] *adj.* **1** ほどけた, 結び付けられていない, 緩い. **2** 拡張できる, 伸ばすことができる.

ਖੁਲ੍ਹਵਾਉਣਾ (खुल्हवाउणा) /kʰulawǎuṇā クルワーウナー/ ▸ਖੁਲ੍ਹਾਉਣਾ [cf. ਖੋਲ੍ਹਣਾ] *vt.* **1** 開けてもらう, 開けさせる. **2** ほどいてもらう, 解いてもらう.

ਖੁੱਲ੍ਹਾ (खुल्हा) /kʰûllā クッラー/ [cf. ਖੋਲ੍ਹਣਾ] *adj.* **1** 開いている, 開かれた, 開放された. **2** 公開の, 公然の. **3** 鍵の掛かっていない. **4** 制限なしの, 束縛のない. **5** 緩い, 弛んだ, ゆったりした. (⇒ਢਿੱਲਾ) **6** 広々とした, 広い, 広大な. (⇒ਵਿਸ਼ਾਲ) **7** 率直な, 包み隠しのない. (⇒ਸਾਫ਼)

ਖੁਲ੍ਹਾਉਣਾ (खुल्हाउणा) /kʰulǎuṇā クラーウナー/ ▸ਖੁਲ੍ਹਵਾਉਣਾ *vt.* → ਖੁਲ੍ਹਵਾਉਣਾ

ਖ਼ੁਲਾਸਾ (ख़ुलासा) /xulāsā クラーサー/ [Arab. *xulāṣa*] *m.* **1** 要約, 要旨, 要点. **2** 真髄, 精髄, 骨子. **3** 結果, 成果.

ਖੁਵਾਉਣਾ (खुवाउणा) /kʰuwāuṇā クワーウナー/ ▸ਖਵਾਉਣਾ, ਖੁਆਉਣਾ *vt.* → ਖੁਆਉਣਾ

ਖੂਹ (खूह) /kʰû クー/ ▸ਕੂਪ [(Pkt. कूव) Skt. कूप] *m.* **1** 井戸. ❐ਖੂਹ ਦਾ ਡੱਡੂ ਖੂਹ ਦਾ ਹਾਲ ਹੀ ਜਾਣੇਗਾ। 井戸の中の蛙は井戸の様子しか知らないだろう〔諺〕〈井の中の蛙大海を知らず〉. **2** 灌漑用の井戸. **3** 深い穴. (⇒ਟੋਆ)

ਖੂੰਜਾ (खूँजा) /kʰū̃jā クーンジャー/ [Pers. *kunj*] *m.* 隅. (⇒ਕੋਣਾ)

ਖੂੰਡੀ (खूँडी) /kʰū̃ḍī クーンディー/ [Skt. कुण्डल] *f.*〖道具〗杖.

ਖ਼ੂਨ (ख़ून) /xūna クーン/ [Pers. *xūn*] *m.* **1**〖身体〗血, 血液. (⇒ਰਕਤ, ਰੱਤ, ਲਹੂ) ❐ਖ਼ੂਨ ਸੁੱਕਣਾ 血が乾く, 恐怖・貧血などで蒼ざめる, ひどく怖がる, 貧血を患う. ❐ਖ਼ੂਨ ਖੌਲਨਾ 血が沸く, 激怒する, 激昂する. ❐ਖ਼ੂਨ ਚੜ੍ਹਾਉਣਾ 輸血する. ❐ਖ਼ੂਨ ਦਾ ਕੈਨਸਰ 白血病. ❐ਖ਼ੂਨ ਦਾਨ 献血. ❐ਖ਼ੂਨ ਦੀ ਕਮੀ, ਖ਼ੂਨ ਦੀ ਘਾਟ 血の不足, 貧血, 貧血症. ❐ਖ਼ੂਨ ਦੀ ਬਹੁਤਾਤ 多血症, 赤血球過多症. **2** 血縁. ❐ਖ਼ੂਨ ਦਾ ਰਿਸ਼ਤਾ 血縁関係, 血族関係 ❐ਖ਼ੂਨ ਦੀ ਨੇੜਤਾ 血族関係, 同族関係. **3** 子孫, 後裔. **4** 殺害, 殺人. (⇒ਕਤਲ) ❐ਖ਼ੂਨ ਕਰਨਾ 殺す, 殺害する. **5** 謀殺, 暗殺.

ਖ਼ੂਨ-ਖ਼ਰਾਬਾ (ख़ून-ख़राबा) /xūna-xarābā クーン・カラーバー/ [+ Pers. *xarāba*] *m.* **1** 流血. **2** 殺害, 殺戮. **3** 大虐殺. **4** 殺し合い. **5** 血みどろの戦い.

ਖ਼ੂਨਣ (ख़ूनण) /xūnaṇa クーナン/ [-ਣ] *f.* 女の殺人者.

ਖ਼ੂਨੀ (ख़ूनी) /xūnī クーニー/ [Pers. *xūnī*] *adj.* **1** 血の, 血のような. **2** 血なまぐさい, 血みどろの, 流血の. **3** 残忍な, 血に飢えた. **4** 殺人の, 殺戮の, 虐殺の.
— *m.* **1** 殺人者, 人殺し. **2** 殺し屋. **3** 暗殺者, 謀殺者. **4** 殺害者, 殺人犯.

ਖ਼ੂਬ (ख़ूब) /xūba クーブ/ [Pers. *xūb*] *adj.* **1** 良い, 正しい, 適切な. (⇒ਚੰਗਾ) **2** 美しい, 素晴らしい, 素敵な. (⇒ਸੋਹਣਾ) **3** たくさんの, 豊富な, 十分な.
— *adv.* **1** 良く, うまく, 上手に. **2** とても. **3** 大いに, 豊富に, 十分に, たっぷり.

ਖ਼ੂਬਸੂਰਤ (ख़ूबसूरत) /xūbasūrata クーブスーラト/ [Pers. *xūbṣūrat*] *adj.* **1** 美しい, 綺麗な, 形の良い. ❐ਤੋਤਾ

ਬੜਾ ਖ਼ੂਬਸੂਰਤ ਪੰਛੀ ਹੈ। 鸚鵡はとても美しい鳥です. **2** 美貌の, 顔立ちの良い. **3** 麗しい, 見目麗しい, 魅力的な, 可愛らしい. **4** 素晴らしい, 見事な, 立派な.

ਖ਼ੂਬਸੂਰਤੀ (ख़ूबसूरती) /xūbasūratī クーブスールティー/ [Pers. *xūbṣūratī*] *f.* **1** 美, 美しさ, 姿かたちの美しさ. **2** 美貌, 顔かたちの美しさ. **3** 麗しさ, 綺麗さ, 可愛らしさ. **4** 素晴らしさ, 見事さ, 立派さ.

ਖ਼ੂਬਕਲਾਂ (ख़ूबकलाँ) /xūbakalā̃ クーブカラーン/ [Pers. *xūb kalān*] *f.* 〖植物・薬剤〗ホソエガラシ(細柄芥子)《咳を鎮める薬草》.

ਖ਼ੂਬਾਨੀ (ख़ूबानी) /xūbānī クーバーニー/ ▶ਖ਼ੁਰਮਾਨੀ *f.* → ਖ਼ੁਰਮਾਨੀ

ਖ਼ੂਬੀ (ख़ूबी) /xūbī クービー/ [Pers. *xūbī*] *f.* **1** 良さ, 美徳, 美点, 長所. **2** 見事さ, 立派さ.

ਖੇਸ (खेस) /kʰesa ケース/ *m.* 〖衣服〗厚手の綿の肩掛け.

ਖੇਸੀ (खेसी) /kʰesī ケースィー/ *f.* 〖布地〗小さな綿の生地.

ਖੇਹ (खेह) /kʰê ケー/ [Skt. क्षार] *f.* 埃, 土埃. (⇒ਮਿੱਟੀ, ਧੂੜ) ❐ਖੇਹ ਉੱਡਣੀ 恥をかく, 名誉を毀損される. ❐ਖੇਹ ਉਡਾਉਣੀ 恥ずかしい振る舞いをする, 名誉を毀損する, 中傷する. ❐ਖੇਹ ਖਾਣੀ 不義・姦通などの罪を犯す, 相手かまわず性的関係を持つ. ❐ਖੇਹ ਛਾਣਨੀ 当てもなくさまよう, 無駄な努力をする.

ਖੇਹ ਖ਼ਰਾਬੀ (खेह ख़राबी) /kʰê xarābī ケー カラービー/ [+ Pers. *xarābī*] *f.* **1** 悪, 悪習. **2** 罪悪, 邪悪. **3** 淫行, 淫乱. **4** 堕落, 腐敗. **5** 悪口. **6** 誹謗, 中傷. **7** 徒労, 無駄な努力. **8** 迫害, 虐待. **9** 災難, 苦悩.

ਖੇਹ ਖੁਆਰੀ (खेह खुआरी) /kʰê kʰuārī ケー クアーリー/ *f.* → ਖੇਹ ਖ਼ਰਾਬੀ

ਖੇਹਨੂੰ (खेहनूँ) /kʰênū̃ ケーヌーン/ [(Lah.) Sind. *kʰenuro*] *m.* 毬, 球, 小さなボール. (⇒ਫਿੰਡ)

ਖੇਖਣ (खेखण) /kʰekʰaṇa ケーカン/ *m.* 見せかけ.

ਖੇਚਲ (खेचल) /kʰecala ケーチャル/ [Arab. *kʰajal*] *f.* **1** 面倒, 困難. (⇒ਕਸ਼ਟ, ਤਕਲੀਫ਼) **2** 労苦, 努力. (⇒ਮਿਹਨਤ, ਜਤਨ)

ਖੇਡ (खेड) /kʰeḍa ケード/ [Pkt. खेड्ड] *f.* **1** 遊び, 遊戯, ゲーム. **2** 競技, スポーツ, 運動. **3**《複数形 ਖੇਡਾਂ で》競技会, 運動会.

ਖੇਡਣਾ (खेडणा) /kʰeḍaṇā ケーダナー/ [cf. ਖੇਡ] *vi.* 遊ぶ, 戯れる. ❐ਅੰਦਰ ਘਰ ਵਿੱਚ ਬੱਚੇ ਖੇਡਣਗੇ। 家の中では子供たちが遊ぶでしょう.

— *vt.* **1**(遊び・ゲームを)する. **2**(競技・スポーツを)する. ❐ਪੰਜਾਬ ਵਿੱਚ ਪੰਜ ਹਜ਼ਾਰ ਖਿਡਾਰੀ ਕਬੱਡੀ ਖੇਡ ਰਹੇ ਹਨ। パンジャーブでは五千人の選手がカバッディーをしています. **3** 演じる, 上演する. **4** もてあそぶ, 弄する. **5** 賭ける, (賭けを)する.

ਖੇਤ (खेत) /kʰeta ケート/ [(Pkt. खेत्त) Skt. क्षेत्र] *m.* **1** 畑. **2** 農地, 農場, 農園. **3** 戦場, 戦地. (⇒ਜੁੱਧ ਭੂਮੀ)

ਖੇਤਰ (खेतर) /kʰetara ケータル/ [Skt. क्षेत्र] *m.* **1** 地域, 地帯, ゾーン. **2** 分野. **3** 専門領域. **4** 部門, セクター.

ਖੇਤਰੀ (खेतरी) /kʰetarī ケータリー/ [Skt. क्षेत्रीय] *adj.* 地域の, 地方の.

ਖੇਤੀ (खेती) /kʰetī ケーティー/ [Skt. क्षेत्र -ई] *f.* **1** 農業, 土地を耕すこと, 耕作, 栽培. (⇒ਵਾਹੀ) ❐ਖੇਤੀ ਕਰਨੀ 農業をする, 土地を耕す, 耕作する. ❐ਪੰਜਾਬੀ ਕਿਸਾਨਾਂ ਨੇ ਖੇਤੀ ਕਰਨੀ ਸ਼ੁਰੂ ਕੀਤੀ ਸੀ। パンジャーブの農民は耕作し始めていました. **2** 作物, 農産物. (⇒ਫ਼ਸਲ)

ਖੇਤੀਕਾਰ (खेतीकार) /kʰetīkāra ケーティーカール/ [Skt.-कार] *m.* **1** 農夫, 農民. (⇒ਕਿਸਾਨ) **2** 耕作者. (⇒ਵਾਹੀਕਾਰ)

ਖੇਤੀਬਾੜੀ (खेतीबाड़ी) /kʰetībāṛī ケーティーバーリー/ [+ Skt. वाड -ई] *f.* 農業, 耕作. (⇒ਕਿਸਾਨੀ)

ਖੇਤੀ ਵਿਗਿਆਨ (खेती विगिआन) /kʰetī vigiāna ケーティー ヴィギアーン/ [+ Skt. विज्ञान] *m.* 農学.

ਖੇਤੀ ਵਿਗਿਆਨੀ (खेती विगिआनी) /kʰetī vigiānī ケーティー ヴィギアーニー/ [+ Skt. विज्ञानिन्] *m.* 農学者.

ਖੇਦ (खेद) /kʰeda ケード/ [Skt. खेद] *m.* **1** 遺憾, 残念, 心残り. **2** 悲しみ, 悲嘆.

ਖੇਦਜਨਕ (खेदजनक) /kʰedajanaka ケードジャナク/ [Skt.-जनक] *m.* **1** 遺憾な, 残念な, 心残りのする, 惜しい, 悔しい. **2** 悲しい, 悲しむべき.

ਖੇਪ (खेप) /kʰepa ケープ/ [Skt. क्षेप] *f.* **1** 積荷, 荷物. **2** 運ばれる荷物. **3** 商品.

ਖੇਪੜ (खेपड़) /kʰepaṛa ケーパル/ *m.* 堅い表面.

ਖੇਲ (खेल) /kʰela ケール/ ▶ਕੇਲ [Skt. केलि] *f.* **1** 遊び, 遊戯, ゲーム. **2** 競技, スポーツ.

ਖੇਲਣਾ (खेलणा) /kʰelaṇā ケーラナー/ [cf. ਖੇਲ] *vi.* 遊ぶ, 戯れる.

— *vt.* **1**(遊び・ゲームを)する. **2**(競技・スポーツを)する. **3** 演じる, 上演する. **4** もてあそぶ, 弄する. **5** 賭ける, (賭けを)する.

ਖੇਵਟ[1] (खेवट) /kʰewaṭa ケーワト/ [Skt. क्षेत्र + Skt. वण्ट्] *f.* 〖経済〗農村内の徴税のための土地台帳.

ਖੇਵਟ[2] (खेवट) /kʰewaṭa ケーワト/ [cf. ਖੇਵਣਾ] *m.* **1** 船頭, 舟を操る人, 漕ぎ手. (⇒ਮਲਾਹ) **2** 漁師.

ਖੇਵਣਾ (खेवणा) /kʰewaṇā ケーワナー/ [(Pkt. खेव) Skt. क्षेपयति] *vt.* (舟を)操る, (ボートを)漕ぐ.

ਖੇਵਣਹਾਰ (खेवणहार) /kʰewaṇahāra ケーワンハール/ [cf. ਖੇਵਣਾ -ਹਾਰ] *m.* 船頭, 舟を操る人, 漕ぎ手. (⇒ਮਲਾਹ)

ਖੇੜਾ[1] (खेड़ा) /keṛā ケーラー/ [Skt. क्रिड] *m.* **1** 花が咲くこと, 蕾が開くこと. **2** 明るい表情. (⇒ਰੌਣਕ) **3** 喜び, 嬉しさ, 幸せ. (⇒ਅਨੰਦ, ਪਰਸੰਨਤਾ)

ਖੇੜਾ[2] (खेड़ा) /kʰeṛā ケーラー/ [Skt. खेट] *m.* **1** 村. (⇒ਪਿੰਡ) **2** 小さな町. (⇒ਨਗਰੀ)

ਖੇੜੀ (खेड़ी) /kʰeṛī ケーリー/ [-ई] *f.* **1** 小さな村. (⇒ਛੋਟਾ ਪਿੰਡ) **2** 小集落. (⇒ਨਗਰੀ)

ਖੈ (खै) /kʰai カェー/ ▶ਖਉ [Skt. क्षय] *f.* **1** 壊滅, 破滅, 退廃, 荒廃, 滅亡. (⇒ਵਿਨਾਸ਼) **2** 害, 損害. (⇒ਹਾਨੀ, ਨੁਕਸਾਨ)

ਖ਼ੈਰ (ख़ैर) /xaira カェール/ [Arab. *xair*] *f.* 安寧, 安泰, 安全, 無事.

ਖ਼ੈਰੀਅਤ (ख़ैरीअत) /xairīata カェーリーアト/ [Pers. *xairiyat*] *f.* **1** 幸福, 安寧, 無事, 順調. **2** 幸運.

ਖੋ (खो) /kʰo コー/ [Pers. *xū*] *f.* **1** 習慣. (⇒ਆਦਤ) **2** 習癖, 癖.

ਖੋਆ (खोआ) /kʰoā コーアー/ ▶ਖੋਇਆ [Skt. क्षोद] *m.*

〖料理〗コーアー(コーイアー)《牛乳を煮つめて固めたもの》.

ਖੋਇਆ (खोइआ) /k^{h}oiā コーイアー/ ▸ਖੋਆ *m.* → ਖੋਆ

ਖੋਸੜਾ (खोसड़ा) /k^{h}osaṛā コーサラー/ *m.* 〖履物〗履き古した靴, ぼろぼろの靴.

ਖੋਹ (खोह) /k^{h}ô コー/ *f.* 不安.

ਖੋਹਣਾ (खोहणा) /k^{h}ôṇā コーナー/ [Skt. कर्षयति] *vt.* **1** 奪う, 奪い取る, 剥奪する. ❐ਗਰਭਪਾਤ ਰੋਕਣ ਦੇ ਨਾਂ ਉੱਤੇ ਔਰਤਾਂ ਕੋਲੋਂ ਇਹ ਅਧਿਕਾਰ ਖੋਹਿਆ ਨਹੀਂ ਜਾਣਾ ਚਾਹੀਦਾ। 妊娠中絶をやめさせるという名目で女性たちからこの権利が奪われるべきではありません. **2** 強奪する, 略奪する. **3** ひったくる.

ਖੋਹਲਣਾ (खोहलणा) /k^{h}ôlaṇā コーラナー/ ▸ਖੋਲ੍ਹਣਾ *vt.* → ਖੋਲ੍ਹਣਾ

ਖੋਖਰੀ (खोखरी) /k^{h}ok^{h}arī コーカリー/ [Nep. खुकुरि] *f.* 〖武〗グルカ族の用いる内側に曲がった短剣.

ਖੋਖਲਾ (खोखला) /k^{h}ok^{h}a̸lā コークラー/ [Pkt. छुच्छ] *adj.* 空洞の.

ਖੋਖਾ (खोखा) /k^{h}ok^{h}ā コーカー/ *m.* 〖容器〗木製の入れ物.

ਖੋਖੋ (खोखो) /k^{h}ok^{h}o コーコー/ *m.* 〖競技〗コーコー《「鬼ごっこ」から派生したとされる伝統のあるチーム競技》.

ਖੋਚਰ (खोचर) /k^{h}ocara̸ コーチャル/ ▸ਖੋਚਰੀ, ਖੋਚਰੂ *adj.* ずる賢い. (⇒ਚਲਾਕ)

ਖੋਚਲਾ (खोचला) /k^{h}ocalā コーチャラー/ *adj.* 緩い.

ਖੋਜ (खोज) /k^{h}oja̸ コージ/ [Pkt. खोज्ज] *f.* **1** 探すこと, 探索, 探求. **2** 研究, 追究, 探究. **3** 調査. **4** 考案, 発明, 発見. (⇒ਕਾਢ) **5** 追跡. **6** 跡, 足跡.

ਖੋਜਣਾ (खोजणा) /k^{h}ojaṇā コージャナー/ [Pkt. खोज्ज] *vt.* **1** 探す, 探索する, 探求する. **2** 研究する, 追究する, 探究する. **3** 調べる, 調査する.

ਖੋਜ-ਨਿਬੰਧ (खोज-निबंध) /k^{h}oja̸-nibânda̸ コージ・ニバンド/ [+ Skt. निबंध] *m.* 論文, 研究論文, 学術論文.

ਖੋਜ-ਪੱਤਰ (खोज-पत्तर) /k^{h}oja̸-pattara̸ コージ・パッタル/ [+ Skt. पत्र] *m.* 研究論文, 学位論文.

ਖੋਜ-ਪ੍ਰਬੰਧ (खोज-प्रबंध) /k^{h}oja̸-prabânda̸ コージ・プラバンド/ [+ Skt. प्रबंध] *m.* 論文, 研究論文, 学術論文.

ਖ਼ੋਜਾ (ख़ोजा) /xojā コージャー/ [Pers. *xvājā*] *m.* **1** 〖イス〗ヒンドゥー教徒から改宗したイスラーム教徒の階層. **2** オカマ, 去勢された男子. (⇒ਹੀਜੜਾ)

ਖੋਜੀ (खोजी) /k^{h}ojī コージー/ [Pkt. खोज्ज -ई] *m.* **1** 探す人, 探求者, 探索者. **2** 追跡者, 追っ手. **3** 研究者.

ਖੋਟ (खोट) /k^{h}oṭa̸ コート/ [cf. ਖੋਟਾ] *m.f.* **1** 混ぜ物, 不純. **2** 質の悪さ, 劣悪. **3** 欠点, 弱点, 欠陥. **4** 悪, 悪いこと, 悪意.

ਖੋਟਾ (खोटा) /k^{h}oṭā コーター/ [Skt. क्षुद्र] *adj.* **1** 混ぜ物の, 不純な. **2** 質の悪い, 劣悪な. **3** 偽物の.

ਖੋਟਾਈ (खोटाई) /k^{h}oṭāī コーターイー/ ▸ਖੁਟਿਆਈ, ਖੋਟਿਆਈ [-ई] *f.* **1** 混ぜ物, 不純. **2** 劣悪, 質の悪さ. **3** 欠点, 欠陥, 弱点. **4** 悪, 悪さ, 悪事.

ਖੋਟਾਪਣ (खोटापण) /k^{h}oṭāpaṇa̸ コーターパン/ [-ਪਣ] *m.* → ਖੋਟਾਈ

ਖੋਟਿਆਈ (खोटिआई) /k^{h}oṭiāī コーティアーイー/ ▸ਖੁਟਿਆਈ, ਖੋਟਾਈ *f.* → ਖੋਟਾਈ

ਖੋਣਾ (खोणा) /k^{h}oṇā コーナー/ [Skt. क्षपयति] *vt.* **1** 失う, なくす, 紛失する. (⇒ਗੁਆਉਣਾ) **2** 費やす, 浪費する, 無駄にする. **3** 台無しにする.
— *vi.* **1** 失われる, なくなる, 紛失する. **2** 費やされる, 浪費される, 無駄になる. **3** 台無しになる. **4** 夢中になる, 心を奪われる, (思索に)耽る.

ਖੋਤਣਾ (खोतणा) /k^{h}otaṇā コータナー/ ▸ਖੋਤਰਨਾ [cf. ਖੋਦਣਾ] *vt.* **1** 引っ掻く, 削る, 削り取る, えぐる. **2** 掘る, ほじくる, ほじくりかえす. (⇒ਪੁੱਟਣਾ) **3** 掘り出す, 発掘する. (⇒ਖੁਦਾਈ ਕਰਨੀ) **4** 彫る, 刻む, 彫刻する. **5** (草を)刈る.

ਖੋਤਰਨਾ (खोतरना) /k^{h}otara̸nā コータルナー/ ▸ਖੋਤਣਾ *vt.* → ਖੋਤਣਾ

ਖੋਤਾ (खोता) /k^{h}otā コーター/ *m.* **1** 〖動物〗ロバ, 驢馬. (⇒ਗਧਾ, ਖਰ) **2** 〖比喩〗愚か者. **3** 〖比喩〗汚い者.

ਖੋਦਣਾ (खोदणा) /k^{h}odaṇā コーダナー/ [(Pkt. खोद) Skt. खनति] *vt.* **1** 掘る, ほじくる, ほじくりかえす. (⇒ਪੁੱਟਣਾ) **2** 掘り出す, 発掘する. (⇒ਖੁਦਾਈ ਕਰਨੀ) **3** 削る, 削り取る, えぐる. **4** 彫る, 刻む, 彫刻する.

ਖੋਦਾ (खोदा) /k^{h}odā コーダー/ [Pers. *kosa*] *adj.* **1** ひげのない. **2** ひげの薄い.
— *m.* **1** ひげのない男. **2** ひげの薄い男.

ਖੋਪਰ (खोपर) /k^{h}opara̸ コーパル/ ▸ਕੋਪਰ, ਖੋਪਰੀ, ਖੋਪੜੀ [(Pkt. खप्पर) Skt. कर्पर] *m.* **1** 〖身体〗頭蓋骨. **2** 頭.

ਖੋਪਰੀ (खोपरी) /k^{h}opa̸rī コープリー/ ▸ਕੋਪਰ, ਖੋਪਰ, ਖੋਪੜੀ *f.* → ਖੋਪਰ

ਖੋਪੜੀ (खोपड़ी) /k^{h}opa̸ṛī コープリー/ ▸ਕੋਪਰ, ਖੋਪਰ, ਖੋਪਰੀ *f.* → ਖੋਪਰ

ਖੋਪਾ (खोपा) /k^{h}opā コーパー/ [(Pkt. खप्पर) Skt. कर्पर] *m.* **1** 〖植物〗ヤシ(椰子)の実. **2** ヤシの実の核.

ਖੋਭਣਾ (खोभणा) /k^{h}ôbaṇā コーバナー/ [cf. ਖੁਭੋਣਾ] *vt.* **1** 刺す, 突き刺す, 突き通す, 突き立てる. **2** 押す, 押し込む, 割り込む.

ਖੋਭਾ (खोभा) /k^{h}ôbā コーバー/ ▸ਖੁੱਭਣ *m.* → ਖੁੱਭਣ

ਖੋਰ (खोर) /k^{h}ora̸ コール/ ▸ਖੋਰਾ *m.* → ਖੋਰਾ

ਖ਼ੋਰ (ख़ोर) /xora̸ コール/ [Pers. *xor*] *suff.* **1**「…を食べる」「…食いの」「…を貪る」などを意味する形容詞, または「…を食べる人」「…を貪る人」などを意味する男性名詞を形成する接尾辞. 例えば ਆਦਮਖ਼ੋਰ は「人食いの」「食人種」. **2**「…を飲む」「…飲みの」を意味する形容詞, または「…を飲む人」を意味する男性名詞を形成する接尾辞. 例えば ਸ਼ਰਾਬਖ਼ੋਰ は「酒飲みの」「酔っぱらい」.

ਖੋਰਨਾ (खोरना) /k^{h}ora̸nā コールナー/ [Skt. क्षारयति] *vt.* **1** 溶かす, 溶解させる. **2** 混ぜる, 液体に溶かす. **3** (色などを)褪せさせる. **4** 浸食する.

ਖੋਰਾ (खोरा) /k^{h}orā コーラー/ ▸ਖੋਰ [Skt. क्षरण] *m.* **1** 溶かすこと, 溶解. **2** 浸食, 腐食, 蝕み.

ਖੋਰੀ[1] (खोरी) /k^{h}orī コーリー/ *f.* 〖植物〗乾燥させたサトウキビの葉.

ਖੋਰੀ[2] (खोरी) /k^{h}orī コーリー/ *adj.* **1** 執念深い, 嫉妬深い. **2** 恨みを抱く, 憎悪の.

ਖ਼ੋਰੀ (ख़ोरी) /xorī コーリー/ [Pers. *xorī*] *suff.* **1**「…を食

べること」「…を貪ること」「…食べる習慣」などを意味する女性名詞を形成する接尾辞. 例えば ਆਦਮਖ਼ੋਰੀ は「人を食べること」「人食いの風習」. **2**「…を飲むこと」「…を常用すること」「…中毒」などを意味する女性名詞を形成する接尾辞. 例えば ਨਸ਼ੇਖ਼ੋਰੀ は「飲酒」「麻薬中毒」.

ਖੋਰੂ (खोरू) /kʰorū コールー/ [(Pot.) cf. ਖੋਰਨਾ] *adj.* **1** 溶かす, 溶解能力のある. **2** 浸食性の, 腐食性の.

ਖ਼ੋਲ (ख़ोल) /xolạ コール/ [Pers. *xol*] *m.* **1** 窪み, うろ, 空洞, 穴. (⇒ਟੋਆ) **2** カバー, ケース, (刃物の)鞘.

ਖੋਲ੍ਹਣਾ (खोल्हणा) /kʰôlaṇā コーラナー/ ▸ਖੋਹਲਣਾ [Pkt. खोल्ल] *vt.* **1** 開ける, 開く(ひらく). **2** ほどく, 解く. **3** 露(あらわ)にする, 暴く.

ਖੋਲਾ (खोला) /kʰolā コーラー/ *m.* **1** 壊れた建物, 屋根のない家, 廃屋. **2** 人の住む建物のない荒廃した区域.

ਖੋਲੀ (खोली) /kʰolī コーリー/ *f.* **1**〖動物〗雌スイギュウ, 牝水牛. (⇒ਮਹੀਂ, ਮੱਝ) **2**〖動物〗年老いた家畜. (⇒ਬੁੱਢਾ ਡੰਗਰ) **3**〖建築〗掘っ建て小屋, バラック, 一部屋造りの建物.

ਖੋੜ (खोड़) /kʰoṛạ コール/ [(Pot.)] *f.* 空洞.

ਖੌਹਰ (खौहर) /kʰaûrạ カォール/ ▸ਖਹੁਰ *f.* → ਖਹੁਰ

ਖੌਹਰਾ (खौहरा) /kʰaûrā カォーラー/ ▸ਖਹੁਰਾ *adj.* → ਖਹੁਰਾ

ਖ਼ੌਫ਼ (ख़ौफ़) /xaufạ カォーフ/ [Arab. *xauf*] *m.* 恐れ, 恐怖. (⇒ਡਰ, ਭੌ) ❑ਖ਼ੌਫ਼ ਆਉਣਾ, ਖ਼ੌਫ਼ ਖਾਣਾ, ਖ਼ੌਫ਼ ਲੱਗਣਾ 恐れる.

ਖ਼ੌਫ਼ਨਾਕ (ख़ौफ़नाक) /xaufanākạ カォーフナーク/ [Pers.-*nāk*] *adj.* 恐ろしい, 怖い. (⇒ਡਰਾਉਣਾ, ਭਿਅੰਕਰ, ਭਿਆਨਕ)

ਖੌਰੂ (खौरू) /kʰaurū カォールー/ ▸ਖਹੁਰੂ [Skt. खुर] *m.* **1** 興奮した牡牛が角で地面を掘り足で踏み鳴らすこと. **2** 激怒, 憤激, 激情. ❑ਖੌਰੂ ਪਾਉਣਾ 激怒する, ひどく腹を立てる, 苛立つ, 憤慨する. **3** 荒れ狂う振る舞い, たけり狂う振る舞い, 騒がしい振る舞い.

ਖੌਰੇ (खौरे) /kʰaure カォーレー/ ▸ਖ਼ਬਰੇ, ਖ਼ਬਰੈ, ਖਵਰੇ, ਖਵਰੈ *adv.* → ਖ਼ਬਰੇ

ਖੌਲਣਾ (खौलणा) /kʰaulaṇā カォーラナー/ *vi.* **1** 沸騰する, 沸く. **2** 激昂する.

ਗ ਗ਼

ਗ (ग) /gaggā ガッガー/ *m.*〖文字〗グルムキー文字の字母表の8番目の文字《軟口蓋・閉鎖音の「ガ」(後舌面を軟口蓋に付けて急に放して発音する有声・無気音)を表す》.

ਗ਼ (ग़) /gagge pairī̃ bindī | ğağğā ガッゲー パェーリーン ビンディー | ガッガー/ *m.*〖文字〗グルムキー文字の字母表の8番目の文字 ਗ の下に点の付いた文字《うがいの時のように奥舌を軟口蓋の後部に近づけ, その狭い隙間から擦って出す有声・軟口蓋・摩擦音の「ガ」を表す. ğain という名称のアラビア系文字が表す音. 実用上は, 軟口蓋・閉鎖音の「ガ」(有声・無気音)が代用される》.

ਗਉਂ (गउँ) /gaū̃ ガウン/ [(Pkt. गम) Skt. गम्] *m.* **1** 意図, 目的. ❑ਗਉਂ ਕੱਢਣਾ 自分の目的をかなえる. **2** 必要. **3** 私利私欲, 自己本位. **4** 利己主義. **5** 便宜, 得策. **6** 便宜主義, 私利.

ਗਉਹਰ[1] (गउहर) /gauharạ ガウハル/ *m.* 宝石の海.

ਗਉਹਰ[2] (गउहर) /gauharạ ガウハル/ [Skt. गह्वर] *adj.* **1** 深い, とても深い, 底のない. (⇒ਅਥਾਹ, ਡੂੰਘਾ) **2** 深刻な. (⇒ਗੰਭੀਰ) **3** 重々しく落ち着いた.

ਗਉਂ-ਕਢ (गउँ-कढ) /gaū̃-kâḍạ ガウン・カド/ *adj.* **1** 利己的な. **2** 自己本位の.

ਗਉਂਗੀਰ (गउँगीर) /gaū̃gīrạ ガウンギール/ *adj.* **1** 利己的な. **2** 自己本位の.

ਗਉਣ[1] (गउण) /gauṇạ ガウン/ ▸ਗਾਉਣ, ਗੌਣ *m.* → ਗੌਣ[1]

ਗਉਣ[2] (गउण) /gauṇạ ガウン/ ▸ਗੌਣ *adj.* → ਗੌਣ[2]

ਗਉਣਾ (गउणा) /gauṇā ガウナー/ ▸ਗਾਉਣਾ, ਗਾਣਾ, ਗੌਣਾ *vt.* → ਗਾਉਣਾ

ਗਉਤਮ (गउतम) /gautamạ ガウタム/ ▸ਗੋਤਮ, ਗੌਤਮ *m.* → ਗੋਤਮ

ਗਉਰਾਂ (गउराँ) /gaurā̃ ガウラーン/ ▸ਗਉਰਾ *f.* → ਗਉਰਾ[1]

ਗਉਰਾ[1] (गउरा) /gaurā ガウラー/ ▸ਗਉਰਾਂ [Skt. गौर] *f.* **1**〖ヒ〗ガウラー《パールヴァティー女神の異名》. (⇒ਪਾਰਵਤੀ) **2** 肌の白い女性.

ਗਉਰਾ[2] (गउरा) /gaurā ガウラー/ ▸ਗੌਰਾ *adj.* → ਗੌਰਾ

ਗਉੜੀ (गउड़ी) /gauṛī ガウリー/ ▸ਗੌੜੀ [Skt. गौड़ी] *f.*〖音楽〗ガウリー《晩に歌われるインド古典楽曲の旋律の一つ》.

ਗਊ (गऊ) /gaū ガウー/ [Skt. गो] *f.*〖動物〗雌ウシ, 雌牛, 牝牛.

ਗਊਸ਼ਾਲਾ (गऊशाला) /gaūśālā ガウーシャーラー/ ▸ਗੋਸਾਲਾ, ਗੋਸ਼ਾਲਾ [Skt. गो + Skt. शाला] *f.* **1**〖建築〗牛舎. **2**〖建築〗老いた牝牛のための慈善の牛舎.

ਗਊ-ਹੱਤਿਆ (गऊ-हत्तिआ) /gaū-hattiā ガウー・ハッティアー/ [+ Skt. हत्या] *f.* 牛屠殺. (⇒ਗਊ-ਘਾਤ)

ਗਊ ਗ਼ਰੀਬ (गऊ ग़रीब) /gaū ğarībạ ガウー ガリーブ/ [+ Arab. *ğarīb*] *adj.* **1** おとなしい, 柔和な. **2** 貧しい.

ਗਊ-ਘਾਤ (गऊ-घात) /gaū-kătạ ガウー・カート/ [+ Skt. घात] *m.* 牛屠殺. (⇒ਗਊ-ਹੱਤਿਆ)

ਗਊਦਾਨ (गऊदान) /gaūdānạ ガウーダーン/ [+ Skt. दान] *m.* 牝牛の寄贈.

ਗਊ-ਮੱਖੀ (गऊ-मक्खी) /gaū-makkʰī ガウー・マッキー/ [+ Skt. मक्षिका] *f.*〖虫〗(牛・馬にたかる)ウシアブ.

ਗਊ-ਮਾਸ (गऊ-मास) /gaū-māsạ ガウー・マース/ [+ Skt. मांस] *m.*〖食品〗牛肉.

ਗਊ-ਮੂਤਰ (गऊ-मूतर) /gaū-mūtarạ ガウー・ムータル/ [+ Skt. मूत्र] *m.* 牛の尿.

ਗਊ ਰੱਖਿਆ (गऊ रक्खिआ) /gaū rakkʰiā ガウー ラッキアー/ [+ Skt. रक्षा] *f.* 牝牛の保護.

ਗਈ ਗਵਾਚੀ (गई गवाची) /gaī gawācī ガイー ガワーチー/ ▸ਗਈ ਗੁਆਚੀ *adj.* **1** 過ぎ去った. (⇒ਗਈ ਗੁਜ਼ਰੀ) **2** 役に立たない. (⇒ਬੇਕਾਰ) **3** 失われた, なくなった.

ਗਈ ਗੁਆਚੀ (गई गुआची) /gaī guācī ガイー グアーチー/ ▸ਗਈ ਗਵਾਚੀ *adj.* → ਗਈ ਗਵਾਚੀ

ਗਈ ਗੁਜ਼ਰੀ (गई गुज़री) /gaī guzarī ガイー グズリー/ *adj.* **1** 過ぎ去った. (⇒ਗਈ ਗਵਾਚੀ) **2** 役に立たない. (⇒ਬੇਕਾਰ)

3 失われた, なくなった.

ਗਈ ਬਹੋਰ (गई बहोर) /gaī bahora ガイー バホール/ ▸ ਗਈ ਬਹੋੜ *m.* 1 改革者. 2 救済者.

ਗਈ ਬਹੋੜ (गई बहोड़) /gaī bahoṛa ガイー バホール/ ▸ ਗਈ ਬਹੋਰ *m.* → ਗਈ ਬਹੋਰ

ਗ਼ਸ਼ (ग़श) /ğaśa ガシュ/ [Arab. ğaśś] *m.* 気絶, 失神, 気を失うこと, 卒倒, 昏睡. (⇒ਬੇਹੋਸ਼ੀ) ❑ਗ਼ਸ਼ ਖਾਣਾ, ਗ਼ਸ਼ ਪੈਣਾ 気絶する, 失神する, 気を失う.

ਗਸ਼ਤ (गशत) /gaśata ガシュト/ [Pers. gaśt] *f.* 1 巡回, 巡視. 2 巡行. 3 散策.

ਗਸ਼ਤੀ (गशती) /gaśatī ガシュティー/ [Pers. gaśtī] *adj.* 1 巡回の, 巡回する, 巡視する. 2 動かしやすい, 移動できる. 3 円を描く, 循環する, ぐるぐる回る. 4 多数の人に回す, 回覧の.

ਗ਼ਸ਼ੀ (ग़शी) /ğaśī ガシー/ [Arab. ğaśś -ਈ] *f.* 1 気絶した状態. 2 昏睡. 3〚医〛強梗症《筋肉の硬直・無感覚状態》.

ਗਹਣ (गहण) /gahaṇa ガハン/ ▸ਗਹਨ, ਗਹਿਣ [Skt. गहन] *adj.* 1 深い, 深遠な, 深刻な. (⇒ਡੂੰਘਾ, ਗੰਭੀਰ) 2 難しい, 困難な. (⇒ਔਖਾ, ਕਠਨ)
— *m.* 深さ, 深み. (⇒ਡੂੰਘਾਈ)

ਗਹਣਾ (गहणा) /gâṇā | gahaṇā ガーナー | ガフナー/ ▸ ਗਹਿਣਾ *m.* → ਗਹਿਣਾ[1]

ਗਹਨ (गहन) /gahana ガハン/ ▸ਗਹਣ, ਗਹਿਣ *adj.m.* → ਗਹਣ

ਗਹਾਉਣਾ (गहाउणा) /găuṇā | gahāuṇā ガーウナー | ガハーウナー/ *vt.*〚農業〛脱穀させる.

ਗਹਾਈ (गहाई) /găī | gahāī ガーイー | ガハーイー/ *f.* 1〚農業〛脱穀. 2〚農業〛脱穀の賃金.

ਗਹਾਵਾ (गहावा) /găwā | gahāwā ガーワー | ガハーワー/ *adj.* 1〚農業〛脱穀のために雇われた. 2〚農業〛脱穀に従事する.
— *m.* 1〚農業〛脱穀のために雇われた労働者. 2〚農業〛脱穀に従事する労働者.

ਗਹਿਗੱਡ (गहिगड्ड) /gaîgaḍḍa ガェーガッド/ [Skt. गहन + Skt. गाड] *adj.* 1 意志の強い. (⇒ਦ੍ਰਿੜ੍ਹ) 2 深く結ばれた.

ਗਹਿਣ (गहिण) /gaîṇa ガェーン/ ▸ਗਹਣ, ਗਹਨ [Skt. गहन] *adj.* 1 深い, 深遠な, 深刻な. (⇒ਅਥਾਹ, ਗੰਭੀਰ) 2 難しい, 困難な. (⇒ਕਠਿਨ, ਔਖਾ)
— *m.* 深さ, 深み. (⇒ਥਾਹ, ਗਹਿਰਾਈ)

ਗਹਿਣਾ[1] (गहिणा) /gaîṇā ガェーナー/ ▸ਗਹਣਾ [Pkt. गहणय] *m.* 1〚装〛装身具. 2〚装〛宝石類.

ਗਹਿਣਾ[2] (गहिणा) /gaîṇā ガェーナー/ *m.*〚経済〛抵当, 担保. (⇒ਗਿਰਵੀ)

ਗਹਿਨ (गहिन) /gaîna ガェーン/ *adj.* 1 限りない, 無限の. 2 際限のない, 無量の.

ਗਹਿਮਾ-ਗਹਿਮ (गहिमा-गहिम) /gaîmā-gaîma ガェーマー・ガェーム/ *m.* 押し合いへし合い.

ਗਹਿਰ (गहिर) /gaîra ガェール/ [Pers. ğubār] *f.* 1 埃っぽいこと. 2 霧のかかった状態. 3 靄のかかった状態. 4〚気象〛霧や靄のかかった天候.

ਗਹਿਰ ਗੰਭੀਰ (गहिर गंभीर) /gaîra gambĭra ガェール ガンビール/ [Pkt. गहिर + Skt. गम्भीर] *adj.* 1 深刻な, 重大な. 2 深い. 3 瞑想にふける. 4 穏やかな. 5 静かな, 落ち着いた. 6 冷静な, 心の乱れていない. 7 沈着な. 8 おとなしい.

ਗਹਿਰਾ (गहिरा) /gaîrā ガェーラー/ ▸ਗਹੇਰਾ [(Pkt. गहिर) Skt. गम्भीर] *adj.* 1 深い. (⇒ਡੂੰਘਾ) 2 深遠な, 意味深長な. 3 親しい, 親密な. 4 深刻な, 重大な. 5(色が)濃い.

ਗਹਿਰਾਈ (गहिराई) /gaîrāī ガェーラーイー/ [-ਈ] *f.* 1 深さ. (⇒ਡੂੰਘਾਈ) 2 深いこと, 深み, 深遠さ, 奥行き. 3 深刻さ. 4 濃さ, 濃度.

ਗਹਿਲ (गहिल) /gaîla ガェール/ ▸ਗਹਿਲੜਾ, ਗਹਿਲੜੋ [(Pkt. गहिल) Skt. ग्रहिल] *adj.* 1 不注意な. 2 怠慢な. 3 狂った. 4 陶酔した. 5 愚かな. (⇒ਮੂਰਖ)

ਗਹਿਲੜਾ (गहिलड़ा) /gaîlaṛā ガェールラー/ ▸ਗਹਿਲ, ਗਹਿਲੜੋ *adj.* → ਗਹਿਲ

ਗਹਿਲੜੋ (गहिलड़ो) /gaîlaṛo ガェールロー/ ▸ਗਹਿਲ, ਗਹਿਲੜਾ *adj.* → ਗਹਿਲ

ਗਹਿਵਾਰਾ (गहिवारा) /gaîwārā ガェーワーラー/ [Pers. gahvāra] *m.*〚寝具〛上から吊るされた揺れる寝台, 揺り籠. (⇒ਪੰਘੂੜਾ)

ਗਹੀਰਾ (गहीरा) /gaĭrā | gahīrā ガイーラー | ガヒーラー/ ▸ਗੁਹਾਰਾ *m.* 1 牛糞の塊の積み重ね. 2 乾燥した牛糞の山.

ਗਹੁ (गहु) /gaû ガォー/ ▸ਗੌਹ [Arab. ğaur] *m.* 1 注意. (⇒ਧਿਆਨ) 2 十分な配慮. 3 綿密な観察.

ਗਹੂਰਾ (गहूरा) /gaŭrā | gahūrā ガウーラー | ガフーラー/ *m.*〚鳥〛雄スズメ, 雀. (⇒ਚਿੜਾ)

ਗਹੇਰਾ (गहेरा) /gaĕrā | gaherā ガエーラー | ガヘーラー/ ▸ਗਹਿਰਾ *adj.* → ਗਹਿਰਾ

ਗਹੇਲੜਾ (गहेलड़ा) /gaĕlaṛā | gahelaṛā ガエールラー | ガヘールラー/ *adj.* 陶酔した.

ਗੱਕੜ (गक्कड़) /gakkaṛa ガッカル/ [(Pot.) Skt. गुटिका] *f.*〚植物〛果物の種, 硬い内果皮《果物の中心にある固いところ》. (⇒ਹਿੜਕ, ਗਿਟਕ)

ਗੱਖੜ (गक्खड़) /gakkʰaṛa ガッカル/ *m.*〚姓〛ガッカル《ムスリム士族の種姓の一つ》.

ਗੰਗ (गंग) /gaṅga ガング/ ▸ਗੰਗਾ *f.* → ਗੰਗਾ

ਗੰਗਧਰ (गंगधर) /gaṅgatăra ガングタル/ [Skt. गंगाधर] *m.* 1 ガンジス川を支えるもの. 2〚ヒ〛ガンガーダラ《シヴァ神の異名の一つ》. (⇒ਸ਼ਿਵ) 3 海. 4 大洋, 海洋.

ਗਗਨ (गगन) /gagana ガガン/ [Skt. गगन] *m.* 1 空. 2 大空, 天空, 蒼穹. 3 天.

ਗਗਨ-ਦਮਾਮਾ (गगन-दमामा) /gagana-damāmā ガガン・ダマーマー/ *m.*〚楽器〛天まで響き渡る太鼓.

ਗੰਗਾ (गंगा) /gaṅgā ガンガー/ ▸ਗੰਗ [Skt. गंगा] *f.*〚河川〛ガンガー, ガンジス川《中部ヒマラヤの源流からベンガル湾の河口に至るインドの聖河》.

ਗੱਗਾ (गग्गा) /gaggā ガッガー/ *m.*〚文字〛ガッガー《軟口蓋・閉鎖音の「ガ」(有声・無気音)を表す, グルムキー文字の字母表の8番目の文字 ਗ の名称》.

ਗੰਗਾਸਾਗਰ (गंगासागर) /gaṅgāsāgara ガンガーサーガル/ [Skt. गंगासागर] *m.* 1 ガンジス川が海に注ぐ所, ガンジス河口. 2〚容器・儀礼〛(礼拝に用いる聖水を入れる)注ぎ口のある金属製の水瓶. 3〚容器〛ジョッキ, 取っ手のついた水差し, ゴブレット.

ਗੰਗਾ-ਜਮਨੀ (गंगा-जमनी) /gaṅgā-jamanī ガンガー・ジャ

ムニー/ [Skt. गंगा + Skt. यमुना -ਈ] *f.* **1** ガンジス川とジャムナー(ヤムナー)川の間の住民の混成文化. **2** 混ざったもの, 合成されたもの, 混成のもの. (⇒ਰਲੀ ਮਿਲੀ ਚੀਜ਼) **3** 色の混ざったもの. **4** 金属の混ざったもの, 合金.
— *adj.* **1** 混ざった, 混じった, 混成の. (⇒ਰਲਿਆ ਮਿਲਿਆ) **2** 色の混ざった, 白と黒の混ざった, 灰色の. **3** 合金製の.

ਗੰਗਾ-ਜਲ (गंगा-जल) /gaṅgā-jala ガンガー・ジャル/ [Skt. गंगा-जल] *m.* ガンジス川の聖水.

ਗੰਗਾਜਲੀ (गंगाजली) /gaṅgājalī ガンガージャリー/ [ਈ] *f.* 〖容器〗ガンジス川の聖水を保存しておくための容器.

ਗੰਗਾਰਾਮ (गंगाराम) /gaṅgārāma ガンガーラーム/ [Skt. गंगा + Skt. राम] *m.* **1** オウムの愛称, オウムに呼びかける言葉. **2** 〖鳥〗オウム, 鸚鵡.

ਗੱਗੇ ਪੈਰੀਂ ਬਿੰਦੀ (गग्गे पैरीं बिंदी) /gagge pairī̃ bindī ガッゲー パェーリーン ビンディー/ *m.* 〖文字〗ガッゲー・パイリーン・ビンディー《「足に点の付いたガッガー」の意味. グルムキー文字の字母表の8番目の文字 ਗ の下に点の付いた文字 ਗ਼ の名称》.

ਗੰਗੋਤਰੀ (गंगोतरी) /gaṅgotarī ガンゴータリー/ ▸ਗੰਗੋਤ੍ਰੀ [Skt. गङ्गोत्तरि] *f.* 〖河川〗ガンジス川の源.

ਗੰਗੋਤ੍ਰੀ (गंगोत्री) /gaṅgotrī (gaṅgotarī) ガンゴートリー (ガンゴータリー)/ ▸ਗੰਗੋਤਰੀ *f.* → ਗੰਗੋਤਰੀ

ਗੰਗੋਟੀ (गंगोटी) /gaṅgoṭī ガンゴーティー/ [Skt. गंगा + Skt. मृत्तिका] *f.* ガンジス川の聖泥.

ਗੰਘਲਨਾ (गंघलना) /gâṅgalanā ガンガルナー/ *vi.* (水またはその他の液体が)濁る, 泥で濁る, 混濁する, 汚濁する.

ਗੰਘਲਿਆ (गंघलिआ) /gâṅgaliā ガンガリアー/ *adj.* 濁った, 泥で濁った, 混濁した, 汚濁した.

ਗੰਘਾਲਨਾ (गंघालना) /gaṅgălanā ガンガールナー/ *vt.* **1** (水またはその他の液体を)濁す, 濁らす, 濁らせる, 混濁させる, 汚濁させる. **2** 掻き回す, 掻き混ぜる. **3** 怒らせる.

ਗੱਚ[1] (गच्च) /gacca ガッチ/ [Pers. *gac*] *m.* **1** 〖建築〗ガッチ《漆喰の一種. 石灰と煉瓦を砕いて練り合わせた建築資材》. **2** 石膏.

ਗੱਚ[2] (गच्च) /gacca ガッチ/ [Skt. ग्रीवा] *m.* **1** 〖身体〗首. (⇒ਗਰਦਨ) **2** 〖身体〗喉. (⇒ਸੰਘ, ਗਲਾ) ❒ਗੱਚ ਭਰ ਆਉਣਾ (感動で)喉がつまる, 胸がいっぱいになる. **3** 怒り, 憤慨, 立腹. (⇒ਗੁੱਸਾ, ਕ੍ਰੋਧ) ❒ਗੱਚ ਉੱਠਣਾ, ਗੱਚ ਆਉਣਾ, ਗੱਚ ਚੜ੍ਹਨਾ 怒りが生じる, 怒る. ❒ਗੱਚ ਮਾਰਨਾ 怒りを押し殺す, 怒りを抑える.

ਗਚਕ (गचक) /gacaka ガチャク/ ▸ਗੱਚਕ, ਗਜਕ [Pers. *gazak*] *f.* 〖食品〗ガチャク《粗糖と胡麻で作られた甘い菓子》.

ਗੱਚਕ (गच्चक) /gaccaka ガッチャク/ ▸ਗਚਕ, ਗਜਕ *f.* → ਗਚਕ

ਗਚਕਾਰੀ (गचकारी) /gacakārī ガチカーリー/ [Pers. *gac* Pers.-*kārī*] *f.* **1** 〖建築〗漆喰を塗る作業. **2** 色とりどりの石を用いた漆喰細工.

ਗੱਚਗਰੀ (गच्चगरी) /gaccagarī ガッチガリー/ ▸ਗਚਗੀਰੀ *f.* → ਗਚਗੀਰੀ

ਗਚਗੀਰੀ (गचगीरी) /gacagīrī ガチギーリー/ ▸ਗੱਚਗਰੀ [Pers. *gac* Pers.-*gīrī*] *f.* **1** 〖建築〗漆喰を塗る作業. **2** 色とりどりの石を用いた漆喰細工.

ਗੱਚਣਾ (गच्चणा) /gaccaṇā ガッチャナー/ *vt.* 土とともに根こそぎにする. (⇒ਖੱਗਣਾ)

ਗੱਛ (गच्छ) /gaccʰa ガッチ/ [Skt. गच्छ] *m.* **1** 木, 樹木. (⇒ਦਰਖ਼ਤ) **2** 〖ジャ〗ジャイナ教徒の会衆, 兄弟弟子.

ਗੰਜ[1] (गंज) /gañja ガンジ/ [Pers. *ganz*] *m.* **1** 宝物. **2** 堆積. **3** 市場. **4** 商店街.

ਗੰਜ[2] (गंज) /gañja ガンジ/ [Skt. खञ्ज] *m.* **1** 禿げた状態. **2** 禿, 禿げた部分. **3** 禿頭.

ਗਜ (गज) /gaja ガジ/ [Skt. गज] *m.* 〖動物〗ゾウ, 象. (⇒ਹਾਥੀ)

ਗਜ਼ (गज़) /gaza ガズ/ [Pers. *gaz*] *m.* **1** 〖長さ〗ヤード. **2** 〖道具〗ヤード尺, 巻き尺. **3** 〖道具〗長さを測る道具. **4** 〖楽器〗擦弦楽器の弓.

ਗਜਕ (गजक) /gajaka ガジャク/ ▸ਗਚਕ, ਗੱਚਕ *f.* → ਗਚਕ

ਗਜ਼ਟ (गज़ट) /gazaṭa ガザト/ ▸ਗੈਜ਼ਟ [Eng. *gazette*] *m.* **1** 新聞. **2** 官報, 公報. (⇒ਰਾਜਪੱਤਰ)

ਗਜ਼ਟਿਡ (गज़टिड) /gazaṭiḍa ガザティド/ [Eng. *gazetted*] *adj.* 官報に公示された.

ਗਜ਼ਟੀਅਰ (गज़टीअर) /gazaṭīara ガザティーアル/ [Eng. *gazetteer*] *m.* **1** 地誌. **2** 地名辞典.

ਗੱਜਣਾ (गज्जणा) /gajjaṇā ガッジャナー/ ▸ਗਰਜਣਾ [Skt. गर्जति] *vi.* **1** 雷が鳴る. **2** 轟く, 鳴り響く. **3** 怒鳴る, 吼える. (⇒ਬੁੱਕਣਾ) **4** 唸る.

ਗ਼ਜ਼ਬ (ग़ज़ब) /ğazaba ガザブ/ [Arab. *ğazab*] *m.* **1** 怒り, 憤慨, 憤怒, 激怒. (⇒ਗੁੱਸਾ) ❒ਗ਼ਜ਼ਬ ਢਾਹੁਣਾ 憤慨させる. **2** 災難, 災厄, 重大な事態. (⇒ਮੁਸੀਬਤ) **3** 祟り, 天罰. **4** 暴政. **5** 残虐行為. ❒ਗ਼ਜ਼ਬ ਢਾਹੁਣਾ 残虐行為を行う. **6** 不正. **7** 不思議な行為や出来事.

ਗਜਰਾ (गजरा) /gajarā ガジラー/ [(Pkt. गज्जरओ) Skt. गर्जर] *m.* 〖装〗花を編んだ首飾り.

ਗਜਰੇਲਾ (गजरेला) /gajarelā ガジレーラー/ [Skt. गार्जर + ਏਲਾ] *m.* 〖食品〗ガジレーラー《潰したニンジン(人参)に牛乳・砂糖などを加えて作った甘い食べ物》.

ਗ਼ਜ਼ਲ (ग़ज़ल) /ğazala ガザル/ [Arab. *ğazal*] *f.* 〖文学〗ガザル《ウルドゥー語またはペルシア語の詩型の一つ. 主題は恋愛で, 男性が女性に叶わぬ思いを切々と語りかける型式の叙情詩》.

ਗ਼ਜ਼ਲਗੋ (ग़ज़लगो) /ğazalago ガザルゴー/ [Pers.-*go*] *m.* **1** 〖文学〗ガザルの朗唱者. **2** 〖文学〗ガザルの作者.

ਗ਼ਜ਼ਲਗੋਈ (ग़ज़लगोई) /ğazalagoī ガザルゴーイー/ [Pers.-*goī*] *f.* **1** 〖文学〗ガザルの朗唱. **2** 〖文学〗ガザルの創作.

ਗੰਜਾ (गंजा) /gañjā ガンジャー/ [Skt. खञ्ज] *adj.* **1** 禿の, 禿頭の. **2** 剃髪した, 坊主頭の.

ਗਜਾ (गजा) /gajā ガジャー/ [Pers. *gadā*] *f.* **1** 乞食, 施しを乞うこと. (⇒ਭਿੱਖ) **2** 托鉢.

ਗ਼ਜ਼ਾ (ग़ज़ा) /ğazā ガザー/ ▸ਗ਼ਿਜ਼ਾ *f.* → ਗ਼ਿਜ਼ਾ

ਗਜਾਉਣਾ (गजाउणा) /gajāuṇā ガジャーウナー/ [cf. ਗੱਜਣਾ] *vt.* **1** 轟かせる. **2** 怒鳴り声で話す.

ਗਜਾਈ (गजाई) /gajāī ガジャーイー/ *adj.* **1** 食事の. **2**

食物の.

ਗ਼ਜ਼ਾਲ (ग़ज़ाल) /ğazāla ガザール/ [Arab. ğazāla] *m.* 〖動物〗シカ, 鹿. (⇒ਹਰਨ)

ਗ਼ਜ਼ਾਲਾ (ग़ज़ाला) /ğazālā ガザーラー/ [Arab. ğazāla] *f.* **1** 〖動物〗雌シカ, 牝鹿. (⇒ਹਰਨੀ) **2** 鹿のような目の女性.

ਗਜਿੰਦਰ (गजिंदर) /gajindara ガジンダル/ ▸ਗਜੇਂਦਰ [Skt. गजेन्द्र] *m.* 〖動物〗インドラ神の象, 象の王, アイラーヴァタ. (⇒ਐਰਾਵਤ)

ਗੰਜੀ (गंजी) /gañjī ガンジー/ *f.* 堆積, 積み重なったもの.

ਗਜੀ (गजी) /gajī ガジー/ [Pers. gazī] *f.* 〖布地〗織り目の粗い綿布.

ਗਜੇਂਦਰ (गजेंदर) /gajẽdara ガジェーンダル/ ▸ਗਜਿੰਦਰ [Skt. गजेन्द्र] *m.* → ਗਜਿੰਦਰ

ਗਟਾਰ (गटार) /gaṭāra ガタール/ *f.* 〖鳥〗カササギ, 鵲. (⇒ਲਾਲੜੀ)

ਗਟਾਰਾ (गटारा) /gaṭārā ガターラー/ *m.* 〖植物〗タマリンドの実.

ਗੱਟੀ (गट्टी) /gaṭṭī ガッティー/ *f.* 合い釘.

ਗਠ (गठ) /gaṭʰa ガト/ ▸ਗੱਠ [(Pkt. गंठि) Skt. ग्रन्थि] *f.* **1** 結び目. **2** こぶ, 節.

ਗੱਠ (गट्ठ) /gaṭṭʰa ガット/ ▸ਗਠ *f.* → ਗਠ

ਗਠਜੋੜ (गठजोड़) /gaṭʰajoṛa ガトジョール/ *m.* **1** 協同, 提携. **2** 連盟, 同盟. **3** 合同, 連立. **4** 徒党, 派閥. **5** 同好グループ, 同人仲間. **6** 人員構成, 陣容. **7** 共同謀議, 陰謀.

ਗੱਠਣਾ (गट्ठणा) /gaṭṭʰaṇā ガッタナー/ [Skt. ग्रन्थयते] *vt.* **1** 結ぶ. **2** 繋ぐ. **3** 直す, 修理する. **4** 縫う, 繕う. **5** 組織する.

ਗਠਨ (गठन) /gaṭʰana ガタン/ [Skt. गठन] *m.* **1** 組織. **2** 形成, 編成, 構成. **3** 協同, 提携. **4** 統合, 統一.

ਗਠਰੀ (गठरी) /gaṭʰarī ガタリー/ ▸ਗੰਠੜੀ, ਗਠੜੀ *f.* → ਗਠੜੀ

ਗੱਠੜ (गट्ठड़) /gaṭṭʰaṛa ガッタル/ *m.* 大きな重い包み.

ਗੰਠੜੀ (गंठड़ी) /ganṭʰaṛī ガンタリー/ ▸ਗਠਰੀ, ਗਠੜੀ *f.* → ਗਠੜੀ

ਗਠੜੀ (गठड़ी) /gaṭʰaṛī ガタリー/ ▸ਗਠਰੀ, ਗੰਠੜੀ *f.* 包み, 包装物, 布で包んだもの.

ਗੱਠਾ (गट्ठा) /gaṭṭʰā ガッター/ [(Pkt. गंठि) Skt. ग्रन्थि] *m.* **1** 包み, 包装物. **2** 大きな包み, 積み荷. **3** 〖植物〗(タマネギやニンニクなどの)球根.

ਗਠਿਤ (गठित) /gaṭʰita ガティト/ *adj.* **1** 組織された. **2** よく計画された.

ਗੰਠੀਆ (गंठीआ) /ganṭʰīā ガンティーアー/ ▸ਗਠੀਆ *m.* 〖医〗痛風, リューマチ.

ਗਠੀਆ (गठीआ) /gaṭʰīā ガティーアー/ ▸ਗੰਠੀਆ *m.* → ਗੰਠੀਆ

ਗਠੀਲਾ (गठीला) /gaṭʰīlā ガティーラー/ *adj.* **1** 筋肉隆々とした. **2** 堅固な.

ਗੰਡ (गंड) /ganḍa ガンド/ [Skt. गण्ड] *m.* **1** 〖身体〗頬. (⇒ਗੱਲ੍ਹ, ਰੁਖ਼ਸਾਰ) **2** 〖身体〗こめかみ. (⇒ਕੰਨਪਟੀ, ਪੁੜਪੁੜੀ)

ਗੱਡ (गड्ड) /gaḍḍa ガッド/ ▸ਗੱਡਾ *f.* → ਗੱਡਾ

ਗੱਡਣਾ (गड्डणा) /gaḍḍaṇā ガッダナー/ [(Pkt. गड्ड) Skt. गर्त्त)] *vt.* **1** 沈ませる, めりこませる, もぐりこませる. (⇒ਧਸਾਉਣਾ) **2** 突き刺す, 侵入させる. (⇒ਖੋਭਣਾ) **3** 埋める, 埋め込む. (⇒ਦੱਬਣਾ) **4** 打ち込む, 据える, 固定する. **5** 植える, 植え付ける. **6** …の種を蒔く. (⇒ਬੀਜਣਾ)

ਗਡਮਡ (गडमड) /gaḍamaḍa ガドマド/ ▸ਗੱਡਮੱਡ *adj.* **1** 寄せ集めの, ごた混ぜの, 雑然とした. **2** 混乱した, 混沌とした. **3** 乱れた, 乱雑な, 無秩序な. **4** 正常でない, 異常な, おかしい. **5** 大あわての.

ਗੱਡਮੱਡ (गड्डमड्ड) /gaḍḍamaḍḍa ガッドマッド/ ▸ਗਡਮਡ *adj.* → ਗਡਮਡ

ਗਡਰੀਆ (गडरीआ) /gaḍarīā ガダリーアー/ [(Pkt. गड्डरिया) Skt. गडरिका] *m.* 羊飼い.

ਗਡਵਾਂ (गडवाँ) /gaḍawā̃ ガドワーン/ *adj.* **1** 留められた. **2** 固定された.

ਗੱਡਾ (गड्डा) /gaḍḍā ガッダー/ ▸ਗੱਡ [(Pkt. गड्डिआ) Skt. गर्त्त] *m.* 〖乗物〗(牡牛や馬の引く)大きな荷車, 運搬車.

ਗੰਡਾਸਾ (गंडासा) /ganḍāsā ガンダーサー/ [Skt. गण्ड + Skt. असि] *m.* 〖道具〗(飼い葉などを切り刻むために用いる)長い柄の付いた斧・出刃包丁.

ਗੰਡੀ (गंडी) /ganḍī ガンディー/ ▸ਗੰਢੀ *f.* → ਗੰਢੀ

ਗੱਡੀ (गड्डी) /gaḍḍī ガッディー/ ▸ਗਾਡੀ [cf. ਗੱਡਾ] *f.* **1** 車, 車輪によって動く乗物の総称. **2** 〖乗物〗(牡牛や馬の引く)荷車, 運搬車. **3** 〖乗物〗自動車, 車両. **4** 〖乗物〗列車, 汽車.

ਗਡੀਹਰਾ (गडीहरा) /gaḍīrā ガディーラー/ ▸ਗਦੀਹਰ *m.* 〖器具〗赤ちゃんの歩行器.

ਗੱਡੀਵਾਨ (गड्डीवान) /gaḍḍīwāna ガッディーワーン/ ▸ਗਾਡੀਵਾਨ [cf. ਗੱਡਾ Skt.-वान्] *m.* (牡牛や馬の引く)荷車を走らせる人, 御者.

ਗੰਡੋਆ (गंडोआ) /ganḍoā ガンドーアー/ [(Pkt. गांडूपय) Skt. गण्डूपद] *m.* 〖動物〗ナメクジ, 蛞蝓.

ਗੰਢ (गंढ) /gâṇḍa ガンド/ [(Pkt. गंठि) Skt. ग्रन्थि] *f.* **1** 結び目, 繋ぎ目. **2** こぶ, 節, 節目. **3** 包み, 包装, 梱包. **4** 束. **5** 〖儀礼〗(遠方に住む親戚などに送られる)結婚式への招待の知らせ.

ਗੰਢਣਾ (गंढणा) /gâṇḍaṇā ガンダナー/ [Skt. ग्रन्थयते] *vt.* **1** 結ぶ. **2** 繋ぐ. **3** 繕う, 継ぎを当てる, 繋ぎ合わせる. **4** 直す, 修理する. **5** 継ぎ合わせる, 組み継ぎする. **6** 組み立てる, 構成する.

ਗੰਢਾ (गंढा) /gâṇḍā ガンダー/ *m.* 〖植物〗タマネギ(玉葱), オニオン. (⇒ਪਿਆਜ਼)

ਗੰਢੀ (गंढी) /gâṇḍī ガンディー/ ▸ਗੰਡੀ *f.* **1** 〖植物〗根. **2** 〖植物〗薬草などの根の塊. **3** 〖植物〗塊茎《こぶ状の地下茎》.

ਗਣ (गण) /gaṇa ガン/ [Skt. गण] *m.* **1** 集団, 群れ. **2** 共同体. **3** 〖政治〗党, 党派. **4** 〖軍〗軍団. **5** 階級, 等級.

— *pref.* 「人々」「民」「群れ」などを意味する接頭辞

ਗਣਤੰਤਰ (गणतंतर) /gaṇatantara ガンタンタル/ [Skt. गणतंत्र] *m.* **1** 〖政治〗民主主義, 民主制, 民主政治. **2** 〖政治〗共和国. **3** 〖政治〗共和制, 共和主義.

ਗਣਨਾ (गणना) /gaṇanā ガンナー/ [Skt. गणना] *f.* **1** 数えること, 勘定, 計算. (⇒ਗਿਣਤੀ, ਹਿਸਾਬ) **2** 数, 点数. (⇒

ਸੰਖਿਆ) **3** 数の調査, 統計. (⇒ਸ਼ੁਮਾਰੀ)
ਗਣਪਤ (गणपत) /gaṇapata ガンパト/ ▸ਗਣਪਤੀ *m.* → ਗਣਪਤੀ
ਗਣਪਤੀ (गणपती) /gaṇapatī ガンパティー/ ▸ਗਣਪਤ [Skt. गणपति] *m.* **1** 人々の主, 群れの主. **2**〖ヒ〗ガナパティ《ガネーシャ神の異名の一つ》. (⇒ਗਣੇਸ਼)
ਗਣਰਾਜ (गणराज) /gaṇarāja ガンラージ/ [Skt. गणराज्य] *m.*〖政治〗共和国, 共和政体.
ਗਣਾਤਮਿਕ (गणातमिक) /gaṇātamika ガナートミク/ [Skt. गणना Skt.-आत्मक] *adj.* **1** 計算の, 計数的な. **2**〖電算〗コンピューターの.
ਗਣਿਤ (गणित) /gaṇita ガニト/ ▸ਗਿਣਤ [Skt. गणित] *m.* **1** 算数. **2** 数学.
ਗਣੇਸ਼ (गणेश) /gaṇeśa ガネーシュ/ ▸ਗਨੇਸ, ਗਨੇਸ਼ [Skt. गणेश] *m.*〖ヒ〗ガネーシャ神《身体は人間であるが象の頭をしている厄除けと知恵の神. もともと民間で篤く信仰された土俗神であったが, ヒンドゥー教ではシヴァ神話と関連づけられ, シヴァ神とパールヴァティーの息子とされるようになった》. (⇒ਗਣਪਤੀ)
ਗਣੇਸ਼ ਚੌਥ (गणेश चौथ) /gaṇeśa cautʰa ガネーシュ チャオート/ [+ Skt. चतुर्थ] *f.*〖祭礼・ヒ〗ガネーシャチャトゥルティー《ガネーシャ神を祀る祭日》. (⇒ਸੰਘਣਚੌਥ)
ਗਤ[1] (गत) /gata ガト/ [Skt. गत] *adj.* **1** 過去の, 過ぎ去った. **2** 前の, 以前の. **3** 去る…, この前の.
— *suff.* 「…を求めて来た」「…に位置する」「…に関する」「…を所有する」などを意味する形容詞を形成する接尾辞.
ਗਤ[2] (गत) /gata ガト/ [Skt. गति] *f.* **1** 動き, 動作, 進行. **2** 状態, 様子. (⇒ਦਸ਼ਾ) **3** ありさま, 情勢. **4** 苦境, 窮境, 窮状, 困った立場. **5**〖音楽〗リズム, 音の調子, 節. **6**〖音楽〗太鼓のリズム・演奏様式・調子.
ਗਤਕਾ (गतका) /gatakā ガトカー/ [Turk. *kutkā*] *m.* **1**〖武〗剣術に使われる木製の棒. **2**〖武〗木製の棒を用いた剣術, 剣舞.
ਗਤਕੇਬਾਜ਼ (गतकेबाज़) /gatakebāza ガトケーバーズ/ [Pers.-*bāz*] *m.*〖武〗木製の棒を用いた剣術を行う人, 剣術家.
ਗਤਕੇਬਾਜ਼ੀ (गतकेबाज़ी) /gatakebāzī ガトケーバーズィー/ [Pers.-*bāzī*] *f.*〖武〗木製の棒を用いた剣術.
ਗੱਤਾ (गत्ता) /gattā ガッター/ *m.* 厚紙.
ਗਤਿਕ (गतिक) /gatika ガティク/ *adj.* 運動の.
ਗਤਿਜ (गतिज) /gatija ガティジ/ *adj.* 運動の.
ਗਤੀ (गती) /gatī ガティー/ [Skt. गति] *f.* **1** 動き, 動作. (⇒ਕਿਰਿਆ, ਚਾਲ) **2** 運動. **3** 速度, 速さ. (⇒ਰਫ਼ਤਾਰ) **4** 歩み, 進み具合, 進度. **5** 方法, 方式. **6** 状態, 立場, 境遇, 関係. (⇒ਹਾਲਤ, ਦਸ਼ਾ) **7** 率.
ਗਤੀਸ਼ੀਲ (गतीशील) /gatīśīla ガティーシール/ [Skt.-शील] *adj.* **1** 動く, 動いている, 動きのある. **2** 進んでいる, 前進する.
ਗਤੀਸ਼ੀਲਤਾ (गतीशीलता) /gatīśīlatā ガティーシールター/ [Skt.-ता] *f.* **1** 動き, 可動性, 活動性. **2** 活力.
ਗਤੀਹੀਣ (गतीहीण) /gatīhīṇa ガティーヒーン/ ▸ਗਤੀਹੀਨ [Skt. गति Skt.-हीन] *adj.* **1** 動かない, 不活発な. **2** 静止した, 停滞した.
ਗਤੀਹੀਨ (गतीहीन) /gatīhīna ガティーヒーン/ ▸ਗਤੀਹੀਣ *adj.* → ਗਤੀਹੀਣ
ਗਤੀਹੀਣਤਾ (गतीहीणता) /gatīhīṇatā ガティーヒーンター/ [Skt. गति Skt.-हीन Skt.-ता] *f.* **1** 動かないこと, 不活発. **2** 静止, 停滞.
ਗਤੀਮਾਨ (गतीमान) /gatīmāna ガティーマーン/ [Skt. गति Skt.-मान्] *adj.* **1** 動く, 動いている. **2** 活動している, 機能している.
ਗਤੀਵਾਦ (गतीवाद) /gatīwāda ガティーワード/ [Skt.-वाद] *m.* **1** 力本説, 力動説, ダイナミズム. **2** 力強さ, 活動力, 活力. **3** 革新主義.
ਗੰਦ (गंद) /ganda ガンド/ [Pers. *gand*] *m.* **1** 臭い, 悪臭. **2** 汚物. **3** 不潔.
ਗਦ[1] (गद) /gada ガド/ [Skt. गद] *m.* 毒. (⇒ਜ਼ਹਿਰ)
ਗਦ[2] (गद) /gada ガド/ ▸ਗੱਦ *f.* → ਗੱਦ
ਗੱਦ (गद्द) /gadda ガッド/ ▸ਗਦ [Skt. गद्य] *f.*〖文学〗散文. (⇒ਨਸਰ, ਵਾਰਤਕ)
ਗੱਦਕਾਰ (गद्दकार) /gaddakāra ガッドカール/ [Skt.-कार] *f.*〖文学〗散文作家.
ਗਦਗਦ (गदगद) /gadagada ガドガド/ [Skt.] *adj.* **1** 嬉しい. **2** 満悦の. **3** 喜んでいる.
ਗੰਦਗੀ (गंदगी) /gandagī ガンドギー/ [Pers. *ganda* Pers.-*gī*] *f.* **1** 不潔, 不潔なこと. **2** 汚れ, 汚いこと, 腐敗, 汚物, 糞便, ごみ. **3** 臭いこと, 悪臭. **4** 猥褻, いやらしいこと, 下品なこと.
ਗੰਦਮ (गंदम) /gandama ガンダム/ [Pers. *gandum*] *m.*〖植物〗コムギ(小麦)《イネ科の一年草》. (⇒ਕਣਕ)
ਗੰਦਮੀ (गंदमी) /gandamī ガンダミー/ [Pers. *gandumī*] *adj.* **1** 小麦のような. **2** 小麦色の.
ਗ਼ਦਰ (ग़दर) /ğadara ガダル/ [Arab. *ğadr*] *m.* **1** 反乱, 反逆. (⇒ਵਿਪਲਵ) **2** 騒乱.
ਗੱਦਰ (गद्दर) /gaddara ガッダル/ [Hin. गद्दर] *adj.* **1** 十分に熟していない, 未熟な. **2** 半分生の. (⇒ਅੱਧਕੱਚਾ)
ਗੰਦਰਫ਼ (गंदरफ़) /gandarafa ガンダラフ/ [(Mul.)] *f.*〖化学〗硫黄. (⇒ਸਲਫ਼ਰ)
ਗਦਰਾ (गदरा) /gadarā ガドラー/ *adj.* **1** ぶちの, まだらの. **2** まだら色の. **3** 様々な色の. (⇒ਰੰਗ-ਬਰੰਗਾ)
ਗੰਦਲ (गंदल) /gandala ガンダル/ *f.* **1**〖植物〗柔らかい茎. **2**〖植物〗若枝.
ਗੰਦਲਾ (गंदला) /gandalā ガンドラー/ *adj.* **1** 濁った, 透明でない. **2** 汚れた.
ਗੰਦਲਾਪਣ (गंदलापण) /gandalāpaṇa ガンドラーパン/ *m.* **1** 濁り, 透明でないこと. **2** 汚れ.
ਗੰਦਾ (गंदा) /gandā ガンダー/ [Pers. *ganda*] *adj.* **1** 汚い, 汚れた, 不潔な. ❐ਗੰਦਾ ਕਰਨਾ 汚す. ❐ਇੱਕ ਗੰਦੀ ਮੱਛੀ ਸਾਰੇ ਤਲਾਅ ਨੂੰ ਗੰਦਾ ਕਰਦੀ ਹੈ। 一匹の汚い魚は池全体を汚す〔諺〕. **2** 汚らしい, 嫌悪すべき, 悪い. **3** 卑劣な, 卑怯な, 下劣な, 下品な. **4** 淫らな, 卑猥な, いやらしい.
ਗਦਾ (गदा) /gadā ガダー/ *f.*〖道具〗棍棒.
ਗੱਦਾ (गद्दा) /gaddā ガッダー/ [Skt. गर्त] *m.* **1** クッション. **2**〖寝具〗マットレス, 敷き布団.
ਗਦਾਮ (गदाम) /gadāma ガダーム/ ▸ਗੁਦਾਮ [Portug.] *m.* ボタン. (⇒ਬਟਨ, ਬੀੜਾ)

ਗ਼ੱਦਾਰ (ग़द्दार) /ğaddāra ガッダール/ [Arab. ğaddār] *adj.* 裏切りの, 裏切る, 不実な.
— *m.* 裏切り者, 謀反人, 反逆者.

ਗ਼ੱਦਾਰੀ (ग़द्दारी) /ğaddārī ガッダーリー/ [Pers. ğaddārī] *f.* 裏切り, 謀反, 反逆.

ਗੱਦੀ (गद्दी) /gaddī ガッディー/ [Skt. गर्त] *f.* **1** クッション. **2** クッション付きの座席. **3**(二輪車の)サドル. **4** 王座, 王位. (⇒ਰਾਜਗੱਦੀ)

ਗੱਦੇਦਾਰ (गद्देदार) /gaddedāra ガッデーダール/ [Pers.-dār] *adj.* クッションの付いた.

ਗਦੇਲਾ (गदेला) /gadelā ガデーラー/ [Skt. गर्त] *m.* **1** クッション. **2**〘寝具〙マットレス, 敷き布団.

ਗੰਧ (गंध) /gânda ガンド/ [Skt. गंध] *f.* 匂い・臭い(におい), 香り・薫り(かおり).

ਗੰਧਕ (गंधक) /gândaka ガンダク/ [Skt. गंधक] *f.*〘化学〙硫黄. (⇒ਸਲਫ਼ਰ)

ਗੰਧਲਾ (गंधला) /gândalā ガンダラー/ *adj.* 香りの良い.

ਗਧਾ (गधा) /gâdā ガダー/ [Skt. गर्दभ] *m.* **1**〘動物〙(雄)ロバ, 驢馬. (⇒ਖੋਤਾ, ਖਰ) **2**〘比喩〙うすのろ, 間抜け, 愚か者. (⇒ਮੂਰਖ ਬੰਦਾ, ਬੁੱਧੀਹੀਨ ਵਿਅਕਤੀ)

ਗਨ (गन) /gana ガン/ [Eng. *gun*] *f.*〘武〙銃, 鉄砲. (⇒ਬੰਦੂਕ)

ਗੰਨਾ (गंना) /gannā ガンナー/ [(Pkt. गंड) Skt. काण्ड] *m.*〘植物〙サトウキビ(砂糖黍)《イネ科の多年草》. (⇒ਇੱਖ)

ਗੰਨੀ[1] (गंनी) /gannī ガンニー/ [Skt. कोण] *f.*〘身体〙瞼の縁.

ਗੰਨੀ[2] (गंनी) /gannī ガンニー/ [Eng. *gunny*] *f.*〘布地〙目の粗い麻布, ズック. (⇒ਬੋਰੀ)

ਗ਼ਨੀਮਤ (ग़नीमत) /ğanīmata ガニーマト/ [Pers. ğanīmat] *f.* **1** 儲け. **2** ぼろい儲け, 大した褒美. **3** 恩恵, 利益. **4** 幸運.

ਗਨੇਸ (गनेस) /ganesa ガネース/ ▸ਗਣੇਸ਼, ਗਨੇਸ਼ *m.* → ਗਣੇਸ਼

ਗਨੇਸ਼ (गनेश) /ganeśa ガネーシュ/ ▸ਗਣੇਸ਼, ਗਨੇਸ *m.* → ਗਣੇਸ਼

ਗਨੇਰੀ (गनेरी) /ganerī ガネーリー/ *f.*〘植物〙サトウキビの切片.

ਗਪ (गप) /gapa ガプ/ ▸ਗੱਪ, ਗੱਪੜ *f.* → ਗੱਪ

ਗੱਪ (गप्प) /gappa ガップ/ ▸ਗਪ, ਗੱਪੜ [Skt. कल्प] *f.* **1** おしゃべり, 雑談, 無駄話. **2** 噂話, 世間話. **3** 虚言, 大げさな話.

ਗੱਪਸ਼ੱਪ (गप्पशप्प) /gappaśappa ガップシャップ/ *f.* **1** おしゃべり, 雑談, 無駄話. **2** 噂話, 世間話. **3** 嘘, 虚言. (⇒ਝੂਠੀ ਗੱਲ)

ਗੱਪੜ (गप्पड़) /gappaṛa ガッパル/ ▸ਗਪ, ਗੱਪ *f.* → ਗੱਪ

ਗਪਾਸ਼ਟਕ (गपाशटक) /gapāśaṭaka ガパーシュタク/ ▸ਗਪਾਸ਼ਟਿਕ *f.* → ਗਪਾਸ਼ਟਿਕ

ਗਪਾਸ਼ਟਿਕ (गपाशटिक) /gapāśaṭika ガパーシュティク/ ▸ਗਪਾਸ਼ਟਕ *f.* **1** おしゃべり, 雑談, 無駄話. **2** 噂話, 世間話. **3** 嘘, 虚言. (⇒ਝੂਠੀ ਗੱਲ)

ਗੱਪੀ (गप्पी) /gappī ガッピー/ *adj.* **1** 噂話の好きな. **2** おしゃべりな.
— *m.* **1** 噂話の好きな人. **2** おしゃべりな人.

ਗਫ (गफ) /gapʰa ガプ/ ▸ਗ਼ਫ਼ *adj.* → ਗ਼ਫ਼

ਗ਼ਫ਼ (ग़फ़) /ğafa ガフ/ ▸ਗਫ [Pers. ğafs] *adj.* **1** 密集した, 稠密な, 密度の濃い. (⇒ਸੰਘਣਾ) **2** 密に織った, 織り目の細かい. **3** 厚手の. (⇒ਮੋਟਾ)

ਗ਼ਫ਼ਲਤ (ग़फ़लत) /ğafalata ガフラト/ [Pers. ğaflat] *f.* **1** 意識不明, 意識喪失, 前後不覚. (⇒ਬੇਹੋਸ਼ੀ) **2** 不注意. **3** 怠慢. **4** 誤り, しくじり.

ਗਫਾ (गफा) /gapʰā ガパー/ ▸ਗੱਫਾ *m.* → ਗੱਫਾ

ਗੱਫਾ (गप्फा) /gappʰā ガッパー/ ▸ਗਫਾ [Arab. ğuffā] *m.* **1** 相当な分け前. **2** 最大の分け前. **3** 大きな利益. **4** 思わぬ授かり物.

ਗ਼ਬਨ (ग़बन) /ğabana ガバン/ [Arab. ğabn] *m.* **1** 横領, 着服, 使い込み. (⇒ਘਪਲਾ, ਘਾਲਾ-ਮਾਲਾ) **2** 公金費消, 受託金横領. **3** 詐欺, ごまかし. (⇒ਛਲ)

ਗੱਭ (गभ्भ) /gâbba ガッブ/ *m.* **1** 中央, 中間. (⇒ਮੱਧ) **2** 中央地点, 中間点. (⇒ਵਸਤ) **3**〘身体〙子宮. **4** 妊娠.

ਗੱਭਣ (गभ्भण) /gâbbaṇa ガッバン/ [Skt. गर्भ] *adj.* 妊娠している.

ਗੱਭਰੂ (गभ्भरू) /gâbbarū ガッブルー/ [Skt. गर्भरूप] *adj.* 若い, 若々しい, 青年の. (⇒ਜਵਾਨ, ਨੌਜਵਾਨ) ❐ਕੁਝ ਗੱਭਰੂ ਮੁੰਡੇ ਕਹਿ ਰਹੇ ਸਨ। 何人かの若い男の子たちが言っていました.
— *m.* **1** 若者, 青年. (⇒ਨਵਯੁਵਕ, ਨੌਜਵਾਨ) ❐ਇੱਕ ਗੱਭਰੂ ਢੋਲ ਵਜਾ ਰਿਹਾ ਸੀ। 一人の若者が太鼓を叩いていました. **2**〘親族〙夫. (⇒ਪਤੀ)

ਗੱਭਰੂਪੁਣਾ (गभ्भरूपुणा) /gâbbarūpuṇā ガップループナー/ [-ਪੁਣਾ] *m.* 若さ.

ਗਭਰੇਟ (गभरेट) /gâbareṭa ガブレート/ ▸ਗਭਰੇਟਾ *adj.m.* → ਗਭਰੇਟਾ

ਗਭਰੇਟਾ (गभरेटा) /gâbareṭā ガブレーター/ ▸ਗਭਰੇਟ *adj.* **1** 若い, 若々しい. (⇒ਜਵਾਨ, ਨੌਜਵਾਨ) **2** 青年の.
— *m.* **1** 若者, 青年. (⇒ਨਵਯੁਵਕ) **2**〘親族〙夫. (⇒ਪਤੀ)

ਗਭਲਾ (गभला) /gâbalā ガブラー/ *adj.* **1** 中央の. (⇒ਵਿਚਕਾਰਲਾ) **2** 中心の. **3** 中間の. **4** 内部の.

ਗੱਭਾ (गभ्भा) /gâbbā ガッバー/ *m.* 中央. (⇒ਕੇਂਦਰ)

ਗੰਭੀਰ[1] (गंभीर) /gambĭra ガンビール/ ▸ਗਮਭੀਰ [Skt. गंभीर] *adj.* **1** 深い. (⇒ਡੂੰਘਾ) **2** 真面目な, 真剣な, 慎重な. **3** 深刻な, 重大な. **4** 重篤な, 重体の, 困難な. **5** 静かな, 落ち着いた. **6** 厳しい, 厳格な, きつい. **7** 厳かな, 荘厳な, 荘重な, 重々しい.

ਗੰਭੀਰ[2] (गंभीर) /gambĭra ガンビール/ [Skt. गंभीर] *m.*〘医〙潰瘍, 壊疽《特に骨を蝕むもの》.

ਗੰਭੀਰਤਾ (गंभीरता) /gambĭratā ガンビールター/ ▸ਗਮਭੀਰਤਾ [Skt. गंभीर Skt.-ता] *f.* **1** 深さ. **2** 真面目さ, 真剣さ, 慎重さ. **3** 深刻さ, 重大さ. **4** 重篤, 重体, 困難. **5** 静けさ, 落ち着き. **6** 厳しさ, 厳格さ. **7** 厳かさ, 荘厳さ, 荘重さ, 重々しさ.

ਗੱਭੇ (गभ्भे) /gâbbe ガッベー/ *adv.* 中央に.

ਗ਼ਮ (ग़म) /ğama ガム/ [Arab. ğam] *m.* **1** 悲しみ, 悲嘆, 悲痛. (⇒ਦੁਖ) **2** 苦しみ, 苦痛, 苦悩, 辛さ. (⇒ਤਕਲੀਫ਼) **3** 落胆, 気落ち. **4** 失意, 意気消沈.

ਗਮਕ (गमक) /gamaka ガマク/ [Skt. गमक] *m.* **1** 音の振

動. **2**〘音楽〙音楽の中の激しい衝突音. **3**〘音楽〙派手な太鼓の音.

ਗ਼ਮਖ਼ਾਰ (ग़मख़ार) /ǧamⱥxārⱥ ガムカール/ [Arab. *ǧam* + Pers. *xvār*] *adj.* **1** 同情する, 哀れむ, 思いやる. **2** 慰める.
— *m.* **1** 同情する者, 思いやりのある人. **2** 慰める人.

ਗ਼ਮਖ਼ਾਰੀ (ग़मख़ारी) /ǧamⱥxārī ガムカーリー/ [+ Pers. *xvārī*] *f.* **1** 同情, 哀れみ, 思いやり. **2** 慰め.

ਗ਼ਮਖ਼ੋਰ (ग़मख़ोर) /ǧamⱥxorⱥ ガムコール/ ▸ਗ਼ਮਖ਼ੋਰਾ [Pers.*-xor*] *adj.* じっと悲しみに耐える, 耐え忍ぶ.
— *m.* じっと悲しみに耐える人, 耐え忍ぶ人.

ਗ਼ਮਖ਼ੋਰਾ (ग़मख़ोरा) /ǧamⱥxorā ガムコーラー/ ▸ਗ਼ਮਖ਼ੋਰ *adj.m.* → ਗ਼ਮਖ਼ੋਰ

ਗ਼ਮਗੀਨ (ग़मगीन) /ǧamⱥgīnⱥ ガムギーン/ [Pers. *ǧamgīn*] *adj.* **1** 悲しい, 辛い. **2** 悲痛な, 悲嘆にくれた. **3** 物悲しい, 悲しげな. **4** 陰鬱な, 憂鬱な. **5** 気落ちした, 落胆した, 意気消沈した.

ਗਮਤਾ (गमता) /gamⱥtā ガムター/ [Skt. गम्यता] *f.* **1** 届くこと, 到達. ❐ਪਹੁੰਚ **2** 得ること, 入手. **3** 能力の高いこと, 有能.

ਗਮਨ (गमन) /gamanⱥ ガマン/ [Skt. गमन] *m.* **1** 行くこと. **2** 移動. **3** 出発. **4** 立ち去ること. **5** 性交.

ਗ਼ਮਨਾਕ (ग़मनाक) /ǧamⱥnākⱥ ガムナーク/ [Arab. *ǧam* Pers.*-nāk*] *adj.* **1** 悲しい, 悲しそうな, 悲しげな. **2** 痛ましい, 悲惨な.

ਗਮਬੂਟ (गमबूट) /gamⱥbūṭⱥ ガムブート/ [Eng. *gumboot*] *m.*〘履物〙(膝または膝下までの)ゴム長靴.

ਗਮਭੀਰ (गमभीर) /gamⱥbĭrⱥ ガムビール/ ▸ਗੰਭੀਰ *adj.* → ਗੰਭੀਰ

ਗਮਭੀਰਤਾ (गमभीरता) /gamⱥbĭrⱥtā ガムビールター/ ▸ਗੰਭੀਰਤਾ *f.* → ਗੰਭੀਰਤਾ

ਗਮਲਾ (गमला) /gamⱥlā ガムラー/ [Portug. *gamela*] *m.* 植木鉢.

ਗ਼ਮੀ (ग़मी) /ǧamī ガミー/ [Pers. *ǧamī*] *f.* **1** 悲しみ. **2** 悲しい出来事. **3** 身内の死. **4** 喪, 服喪, 哀悼.

ਗਯਾਤਾ (गयाता) /gayātā ガヤーター/ ▸ਗ੍ਯਾਤਾ, ਗਿਆਤਾ *adj.m.* → ਗਿਆਤਾ

ਗ੍ਯਾਤਾ (ग्याता) /gyātā (gayātā) ギャーター (ガヤーター)/ ▸ਗਯਾਤਾ, ਗਿਆਤਾ *adj.m.* → ਗਿਆਤਾ

ਗਯਾਨ (गयान) /gayānⱥ ガヤーン/ ▸ਗ੍ਯਾਨ, ਗਿਆਨ *m.* → ਗਿਆਨ

ਗ੍ਯਾਨ (ग्यान) /gyānⱥ (gayānⱥ) ギャーン (ガヤーン)/ ▸ਗਯਾਨ, ਗਿਆਨ *m.* → ਗਿਆਨ

ਗਯਾਨੀ (गयानी) /gayānī ガヤーニー/ ▸ਗ੍ਯਾਨੀ, ਗਿਆਨੀ *adj.m.* → ਗਿਆਨੀ

ਗ੍ਯਾਨੀ (ग्यानी) /gyānī (gayānī) ギャーニー (ガヤーニー)/ ▸ਗਯਾਨੀ, ਗਿਆਨੀ *adj.m.* → ਗਿਆਨੀ

ਗਰ[1] (गर) /garⱥ ガル/ *m.* 毒. (⇒ਵਿਸ਼, ਜ਼ਹਿਰ)

ਗਰ[2] (गर) /garⱥ ガル/ [Pers. *gar*] *suff.* 「…を行う人」「…行為者」「…を作る人」などを意味する男性名詞, または「…を行う」「…の働きをする」「…を作る」などを意味する形容詞を形成する接尾辞.

ਗਰਸਣਾ (गरसणा) /garasaṇā ガラサナー/ ▸ਗ੍ਰਸਣਾ [Skt. ग्रसति] *vt.* **1** しっかり捕まえる, 捕らえる, とり押さえる, つかむ, 握る. (⇒ਫੜਨਾ) **2** むさぼり食う, 呑み込む, 食い尽くす, 平らげる. (⇒ਨਿਗਲਣਾ) **3** 覆い隠す.

ਗ੍ਰਸਣਾ (ग्रसणा) /grasaṇā (garasaṇā) グラサナー (ガラサナー)/ ▸ਗਰਸਣਾ *vt.* → ਗਰਸਣਾ

ਗਰਸਤ (गरसत) /garasⱥtⱥ ガラスト/ ▸ਗ੍ਰਸਤ [Skt. ग्रस्त] *adj.* **1** 捕らえられた, 捕まえられた, つかまれた. **2** 飲み込まれた, 平らげられた. **3** 影響された, 巻き込まれた, 陥った.

ਗ੍ਰਸਤ (ग्रसत) /grasⱥtⱥ (garasⱥtⱥ) グラスト (ガラスト)/ ▸ਗਰਸਤ *adj.* → ਗਰਸਤ

ਗਰਹ (गरह) /garâ ガラー/ ▸ਗ੍ਰਹ, ਗਰਹਿ, ਗ੍ਰਹਿ, ਗਰਹੁ *m.* → ਗ੍ਰਹਿ[1]

ਗ੍ਰਹ (ग्रह) /grâ (garâ) グラー (ガラー)/ ▸ਗਰਹ, ਗਰਹਿ, ਗ੍ਰਹਿ, ਗਰਹੁ *m.* → ਗ੍ਰਹਿ[1]

ਗਰਹਿ[1] (गरहि) /garaî ガラエー/ ▸ਗਰਹ, ਗ੍ਰਹ, ਗ੍ਰਹਿ, ਗਰਹੁ *m.* → ਗ੍ਰਹਿ[1]

ਗਰਹਿ[2] (गरहि) /garaî ガラエー/ ▸ਗ੍ਰਹਿ, ਗ੍ਰਿਹ *m.* → ਗ੍ਰਹਿ[2]

ਗ੍ਰਹਿ[1] (ग्रहि) /graî (garaî) グラエー (ガラエー)/ ▸ਗਰਹ, ਗ੍ਰਹ, ਗਰਹਿ, ਗਰਹੁ [Skt. ग्रह] *m.* **1**〘天文〙惑星, 星. **2** 悪運, 不運.

ਗ੍ਰਹਿ[2] (ग्रहि) /graî (garaî) グラエー (ガラエー)/ ▸ਗਰਹਿ, ਗ੍ਰਿਹ [Skt. गृह] *m.* **1** 家, 住居, 住宅. **2** 家庭. **3** 内部, 内側. **4** 国内政治, 内政.

ਗਰਹਿਸਤ (गरहिसत) /garĭsⱥtⱥ ガリスト/ ▸ਗ੍ਰਹਿਸਤ, ਗਰਿਸਤ, ਗ੍ਰਿਸਤ, ਗਰਿਸਥ, ਗ੍ਰਿਸਥ, ਗਿਰਹਸਤ *m.* → ਗਰਿਸਤ

ਗ੍ਰਹਿਸਤ (ग्रहिसत) /grĭsⱥtⱥ (garĭsⱥtⱥ) グリスト (ガリスト)/ ▸ਗਰਹਿਸਤ, ਗਰਿਸਤ, ਗ੍ਰਿਸਤ, ਗਰਿਸਥ, ਗ੍ਰਿਸਥ, ਗਿਰਹਸਤ *m.* → ਗਰਿਸਤ

ਗਰਹਿਸਤੀ (गरहिसती) /garĭsⱥtī ガリスティー/ ▸ਗਰਿਸਤੀ, ਗ੍ਰਿਸਤੀ *adj.m.* → ਗਰਿਸਤੀ

ਗਰਹਿਣ (गरहिण) /garaîṇⱥ ガラエーン/ ▸ਗ੍ਰਹਿਣ [Skt. ग्रहण] *m.* **1** 覆い隠すこと, 陰り. **2**〘天文〙(日食や月食などの)食. **3** 採用, 取り入れること, 受け入れること. **4** 取得, 獲得, 入手. (⇒ਪਰਾਪਤੀ) **5**(知識などを)自分のものにすること, 修得, 習得. **6** 把握, 理解.

ਗ੍ਰਹਿਣ (ग्रहिण) /graîṇⱥ (garaîṇⱥ) グラエーン (ガラエーン)/ ▸ਗਰਹਿਣ *m.* → ਗਰਹਿਣ

ਗ੍ਰਹਿ ਮੰਤਰਾਲਾ (ग्रहि मंतराला) /graî mantⱥrālā (garaî mantⱥrālā) グラエー マントラーラー (ガラエー マントラーラー)/ [Skt. गृह + Skt. मंत्रालय] *m.* **1**〘政治〙内務省. **2**〘政治〙インド連邦共和国内務省.

ਗ੍ਰਹਿ ਮੰਤਰੀ (ग्रहि मंतरी) /graî mantⱥrī (garaî mantⱥrī) グラエー マントリー (ガラエー マントリー)/ [+ Skt. मंत्री] *m.*〘政治〙内務大臣, 国務大臣.

ਗ੍ਰਹਿ ਵਿਗਿਆਨ (ग्रहि विगिआन) /graî vigiānⱥ (garaî vigiānⱥ) グラエー ヴィギアーン (ガラエー ヴィギアーン)/ [+ Skt. विज्ञान] *m.* 家政学.

ਗ੍ਰਹਿ ਯੁੱਧ (ग्रहि युद्ध) /graî yûddⱥ (garaî yûddⱥ) グラエー ユッド (ガラエー ユッド)/ [+ Skt. युद्ध] *m.*〘政治〙内戦.

ਗਰਹੁ (गरहु) /garaû ガラオー/ ▸ਗਰਹ, ਗ੍ਰਹ, ਗਰਹਿ, ਗ੍ਰਹਿ *m.* → ਗ੍ਰਹਿ[1]

ਗ਼ਰਕ (ग़रक) /ǧarakⱥ ガルク/ [Arab. *ǧarq*] *adj.* **1** 沈んだ, 没した. **2** 溺れた, 溺れ死んだ. **3** 潰された, 台無

しになった, 滅ぼされた. **4** 没頭した.

ਗ਼ਰਕਣਾ (ग़रकणा) /ğarakaṇā ガルカナー/ [Arab. *ğarq*] *vi.* **1** 沈む, 没する. **2** 溺れる, 溺れ死ぬ. **3** 潰される, 台無しになる, 滅ぼされる.

ਗ਼ਰਕਾਉਣਾ (ग़रकाउणा) /ğarakāuṇā ガルカーウナー/ [cf. ਗ਼ਰਕਣਾ] *vt.* **1** 沈める, 沈没させる. **2** 溺れさせる. **3** 潰す, 台無しにする, 滅ぼす.

ਗ਼ਰਕੀ (ग़रकी) /ğarakī ガルキー/ [Pers. *ğarqī*] *f.* **1** 沈むこと, 沈没. **2**〖気象〗大雨, 洪水. **3** 災害. **4** 大惨事.

ਗਰਖਾ (गरखा) /garakʰā ガルカー/ [(Kang.)] *m.* **1**〖気象〗雷鳴. (⇒ਗਰਜ) **2** 轟き. (⇒ਗਰਜ) **3** 鋭い物音. (⇒ਕੜਕ)

ਗਰਗਰਾ (गरगरा) /garagarā ガルガラー/ [Skt. कर्कर] *adj.* **1** 少し硬い. **2** 完熟していない.

ਗਰਜ (गरज) /garaja ガルジ/ [Skt. गर्जन] *f.* **1**〖気象〗雷鳴. **2** 轟き, 轟音, どよめき. **3** 吼え声, 咆哮, 怒鳴り声, 怒号.

ਗ਼ਰਜ਼ (ग़रज़) /ğaraza ガルズ/ [Arab. *ğarz*] *f.* **1** 動機, 目的. **2** 必要, 窮乏, 切望. **3** 興味, 関心.

ਗਰਜਣਾ (गरजणा) /garajaṇā ガルジャナー/ ▸ਗੱਜਣਾ *vi.* → ਗੱਜਣਾ

ਗ਼ਰਜ਼ਮੰਦ (ग़रज़मंद) /ğarazamanda ガルズマンド/ [Arab. *ğarz* Pers.-*mand*] *adj.* **1** 必要としている, 求めている, 望んでいる. **2** 窮乏している, 困窮している. **3** 自己本位の, 利己的な, 身勝手な, 自分勝手な.

ਗ਼ਰਜ਼ਮੰਦੀ (ग़रज़मंदी) /ğarazamandī ガルズマンディー/ [Pers.-*mandī*] *f.* **1** 必要, 要求, 欲求. **2** 窮乏, 困窮. **3** 自己本位, 身勝手.

ਗ਼ਰਜ਼ੀ (ग़रज़ी) /ğarazī ガルズィー/ [Pers. *ğarazī*] *adj.* **1** 必要としている, 求めている, 望んでいる. **2** 窮乏している, 困窮している. **3** 自己本位の, 利己的な, 身勝手な, 自分勝手な.

ਗਰੰਟੀ (गरंटी) /garaṇṭī ガランティー/ ▸ਗਰਾਂਟੀ [Eng. *guarantee*] *f.* 保証, 保証書.

ਗਰੰਥ (गरंथ) /garantʰa ガラント/ ▸ਗ੍ਰੰਥ [Skt. ग्रंथ] *m.* **1** 本, 書物, 典籍. **2** 大きな本, 大冊. **3** 聖典.

ਗ੍ਰੰਥ (ग्रंथ) /grantʰa (garantʰa) グラント (ガラント)/ ▸ਗਰੰਥ *m.* → ਗਰੰਥ

ਗਰੰਥੀ (गरंथी) /garantʰī ガランティー/ ▸ਗ੍ਰੰਥੀ [Skt. ग्रंथ -ਈ] *m.*〖スィ〗スィック教典の読み手.

ਗ੍ਰੰਥੀ (ग्रंथी) /grantʰī (garantʰī) グランティー (ガランティー)/ ▸ਗਰੰਥੀ *m.* → ਗਰੰਥੀ

ਗਰਦ (गरद) /garada ガルド/ [Pers. *gard*] *f.* 埃, 土埃, 塵, 塵埃.

ਗਰਦਸ (गरदस) /garadasa ガルダス/ ▸ਗਰਦਸ਼, ਗਰਦਿਸ਼ *f.* → ਗਰਦਸ਼

ਗਰਦਸ਼ (गरदश) /garadaśa ガルダシュ/ ▸ਗਰਦਸ, ਗਰਦਿਸ਼ [Pers. *gardiś*] *f.* **1** 回転, 旋回, 循環. (⇒ਚੱਕਰ) **2** 転変, 変化, 移ろい, 時の廻り合わせ. (⇒ਸਮੇਂ ਦਾ ਫੇਰ) **3** 革命, 大変革. (⇒ਇਨਕਲਾਬ) **4** 反転, 逆転, 不運, 不幸. (⇒ਬਦਕਿਸਮਤੀ) **5** 災難, 災厄. (⇒ਮੁਸੀਬਤ)

ਗਰਦਨ (गरदन) /garadana ガルダン/ [Pers. *gardan*] *f.* **1**〖身体〗首, 首筋. (⇒ਗਿੱਚੀ, ਧੌਣ) **2**〖身体〗喉.

ਗਰਦਾਨ (गरदान) /garadāna ガルダーン/ [Pers. *gardān*] *f.* **1** 回転. **2**〖言〗語形変化, 活用. **3**〖言〗構文解析.

ਗਰਦਾਨਣਾ (गरदानणा) /garadānaṇā ガルダーナナー/ [Pers. *gardān*] *vt.* **1** 回転させる. **2** 語形変化させる, 活用させる. **3** 構文解析する. **4**…だと認める. **5**…と思う.

ਗਰਦਾਵਰ (गरदावर) /garadāwara ガルダーワル/ ▸ਗਰਦੌਰ, ਗਿਰਦਾਵਰ [Pers. *gird* + Pers. *āvar*] *m.* **1** 農地調査官. **2** 収税官, 税務官.

ਗਰਦਾਵਰੀ (गरदावरी) /garadāwarī ガルダーウリー/ ▸ਗਰਦੌਰੀ [-ਈ] *f.* 農地調査.

ਗਰਦਿਸ਼ (गरदिश) /garadiśa ガルディシュ/ ▸ਗਰਦਸ, ਗਰਦਸ਼ *f.* → ਗਰਦਸ਼

ਗਰਦੌਰ (गरदौर) /garadaura ガルダォール/ ▸ਗਰਦਾਵਰ, ਗਿਰਦਾਵਰ *m.* → ਗਰਦਾਵਰ

ਗਰਦੌਰੀ (गरदौरी) /garadaurī ガルダォーリー/ ▸ਗਰਦਾਵਰੀ *f.* → ਗਰਦਾਵਰੀ

ਗਰਨਾ (गरना) /garanā ガルナー/ [Skt. गरति] *vi.* **1** 腐る, 腐敗する. (⇒ਸੜਨਾ) **2** 悪くなる. (⇒ਵਿਗੜਨਾ)

ਗਰਨੇਡ (गरनेड) /garaneḍa ガルネード/ [Eng. *grenade*] *m.*〖武〗手榴弾.

ਗਰਬ (गरब) /garaba ガラブ/ [Skt. गर्व] *m.* **1** 誇り, 自尊心. **2** 虚栄心. **3** 慢心, 傲慢. **4** うぬぼれ.

ਗਰਬਰ (गरबर) /garabara ガルバル/ ▸ਗੜਬੜ, ਗੜਬੜੀ *f.* → ਗੜਬੜ

ਗਰਬੀਲਾ (गरबीला) /garabīlā ガルビーラー/ *adj.* 自尊心のある.

ਗਰਭ (गरभ) /gâraba ガルブ/ [Skt. गर्भ] *m.* **1**〖身体〗子供の宿る所, 胎, 子宮. (⇒ਕੁੱਖ, ਬੱਚੇਦਾਨੀ) **2** 受胎, 妊娠. ❒ਗਰਭ ਠਹਿਰਨਾ 受胎する, 妊娠する.

ਗਰਭਪਾਤ (गरभपात) /gârabapāta ガルブパート/ [Skt. गर्भ-पात] *m.* **1** 流産. **2**〖医〗妊娠中絶, 堕胎.

ਗਰਭਪਾਤਕ (गरभपातक) /gârabapātaka ガルブパータク/ [Skt. गर्भ-पातक] *adj.* 流産になる.

ਗਰਭਰੋਕੂ (गरभरोकू) /gârabarokū ガルブロークー/ [Skt. गर्भ + Skt. रोधन -ਊ] *adj.* 避妊の.

ਗਰਭਵਤੀ (गरभवती) /gârabawatī ガルブワティー/ [Skt. गर्भवती] *adj.* 妊娠した, 妊娠中の.

ਗਰਭਾਸ (गरभास) /garapāsa ガルパース/ ▸ਗਰਭਾਸ਼ਾ [Skt. गर्भाशय] *m.*〖身体〗子供の宿る所, 胎, 子宮. (⇒ਬੱਚੇਦਾਨੀ)

ਗਰਭਾਸ਼ਾ (गरभाशा) /garapāśā ガルパーシャー/ ▸ਗਰਭਾਸ *m.* → ਗਰਭਾਸ

ਗਰਮ (गरम) /garama ガラム/ [Pers. *garm*] *adj.* **1** 熱い, 熱々の, ほかほかの, 出来立ての, 入れたての. (⇔ਠੰਢਾ) ❒ਦੁਕਾਨਾਂ ਵਾਲੇ ਅਵਾਜ਼ਾਂ ਮਾਰ ਰਹੇ ਸਨ। ਗਰਮ ਜਲੇਬੀਆਂ ਖਾਓ। 店の人たちは売り声を上げていました. ほかほかのジャレービーはいかが. **2** 暑い. (⇔ਸਰਦ, ਠੰਢਾ) **3** 温かい, 暖かい. **4** 激しい, 盛んな, 活発な. **5** 怒った, 興奮した, 激怒した. **6** 気性の激しい, 熱血の. **7** 欲情した, 発情した.

ਗਰਮਾਉਣਾ (गरमाउणा) /garamāuṇā ガルマーウナー/ [Pers. *garm*] *vt.* **1** 熱する. (⇒ਗਰਮ ਕਰਨਾ) **2** 温める, 暖める. (⇒ਗਰਮ ਕਰਨਾ)

ਗਰਮਾਇਸ਼ (गरमाइश) /garamāiśa ガルマーイシュ/ [Pers. *garm*] *f.* **1** 熱. **2** 温かさ, 暖かさ.

ਗਰਮਾਈ (गरमाई) /garamāī ガルマーイー/ [-ਆਈ] *f.* **1** 熱. **2** 温かさ, 暖かさ.

ਗਰਮਾ-ਗਰਮ (गरमा-गरम) /garamā-garama ガルマー・ガラム/ [Pers. *garmāgarm*] *adj.* **1** 熱い. **2** 熱々の, ほかほかの, 出来立ての, 入れたての. **3** 熱を帯びた, 白熱した, 熱気のこもった.

ਗਰਮਾ-ਗਰਮੀ (गरमा-गरमी) /garamā-garamī ガルマー・ガルミー/ [Pers. *garmāgarmī*] *f.* **1** 熱気, 興奮. **2** 熱中, 熱意, 熱心さ. **3** 活発さ. **4** 激しさ. **5** 激論.

ਗਰਮਾਲਾ (गरमाला) /garamālā ガルマーラー/ ▸ਗਿਰਮਾਲਾ [Pers. *garj* + Pers. *māl*] *m.* **1** 漆喰を塗る道具. **2** 〘道具〙(石工や左官が用いる)こて.

ਗਰਮੀ (गरमी) /garamī ガルミー/ [Pers. *garmī*] *f.* **1** 熱, 熱さ. (⇔ਠੰਢ) **2** 暑さ. (⇔ਸਰਦੀ, ਠੰਢ) ❏ਅੱਜ ਬਹੁਤ ਗਰਮੀ ਹੈ। 今日はとても暑いです. ❏ਗਰਮੀ ਲੱਗਣੀ 暑く感じる. **3** 〘暦〙夏. ❏ਲੋਕਾਂ ਨੂੰ ਗਰਮੀ ਦੀ ਰੁੱਤ ਵਿੱਚ ਗਰਮੀ ਲੱਗਦੀ ਹੈ। 人々は夏の季節には暑く感じます. **4** 熱意, 熱情, 熱中. **5** 情欲, 色情.

ਗਰਮੀਆਂ (गरमीआँ) /garamīā̃ ガルミーアーン/ *f.* **1** 暑い季節. **2** 〘暦〙夏.

ਗਰੜ (गरड़) /garaṛa ガラル/ ▸ਗਰੁੜ [Skt. गरुड] *m.* **1** 〘鳥〙アオカケス, 青橿鳥. **2** 〘ヒ・仏〙ガルダ, 迦楼羅《インド神話における巨鳥でヴィシュヌ神の乗物とされる鳥. 蛇(竜)を常食するという. 仏教に入って天竜八部衆の一として, 仏法の守護神とされる》.

ਗਰਾਂ (गराँ) /garā̃ ガラーン/ ▸ਗਰਾਮ, ਗਾਮ, ਗਿਰਾਂ *m.* → ਗਰਾਮ[1]

ਗਰਾ (गरा) /garā ガラー/ [Pers. *garān*] *m.* **1** 堆積, (うず高い)山. **2** 積み重ね, 山積み.

ਗਰਾਊਂਡ (गराऊँड) /garāū̃ḍa ガラーウーンド/ [Eng. *ground*] *f.* **1** 地面, 土地. **2** 運動場, グラウンド.

ਗਰਾਇਣ (गराइण) /garāiṇa ガラーイン/ [Skt. ग्राम -ਣ] *f.* **1** 同じ村出身の女性. **2** 同じ村の女性.

ਗਰਾਈਂ (गराईं) /garāī̃ ガラーイーン/ ▸ਗਿਰਾਈਂ [+ ਈਂ] *m.* **1** 同じ村出身の人. **2** 同じ村の人.

ਗਰਾਂਈ (गराँई) /garā̃ī ガラーンイー/ [-ਈ] *m.* 村人. (⇒ਪੇਂਡੂ)

ਗਰਾਸ (गरास) /garāsa ガラース/ ▸ਗ੍ਰਾਸ [Skt. ग्रास] *m.* **1** (食べ物を食べる時の)ひと口. (⇒ਬੁਰਕੀ) **2** 少量の食べ物.

ਗ੍ਰਾਸ (ग्रास) /grāsa (garāsa) グラース (ガラース)/ ▸ਗਰਾਸ *m.* → ਗਰਾਸ

ਗਰਾਜ (गराज) /garāja ガラージ/ [Eng. *garage*] *m.* 車庫.

ਗਰਾਂਟੀ (गराँटी) /garā̃ṭī ガラーンティー/ ▸ਗਰੰਟੀ *f.* → ਗਰੰਟੀ

ਗਰਾਪ (गराप) /garāpa ガラープ/ ▸ਗਰਾਫ [Eng. *grapeshot*] *m.* 〘武〙ぶどう弾《昔の大砲に用いた散弾の一種》.

ਗਰਾਫ (गराफ) /garāp^{h}a ガラープ/ ▸ਗਰਾਪ *m.* → ਗਰਾਪ

ਗਰਾਫ਼ (गराफ़) /garāfa ガラーフ/ [Eng. *graph*] *m.* グラフ, 図表.

ਗਰਾਮ[1] (गराम) /garāma ガラーム/ ▸ਗਰਾਂ, ਗਾਮ, ਗਿਰਾਂ [Skt. ग्राम] *m.* 村, 村落, 村落共同体. (⇒ਪਿੰਡ)

ਗਰਾਮ[2] (गराम) /garāma ガラーム/ ▸ਗ੍ਰਾਮ [Eng. *gram*] *m.* 〘重量〙グラム《重さの単位》.

ਗ੍ਰਾਮ (ग्राम) /grāma (garāma) グラーム (ガラーム)/ ▸ਗਰਾਮ *m.* → ਗਰਾਮ[2]

ਗਰਾਮਰ (गरामर) /garāmara ガラーマル/ [Eng. *grammar*] *f.* 〘言〙文法.

ਗਰਾਮੀਣ (गरामीण) /garāmīṇa ガラーミーン/ ▸ਗਰਾਮੀਨ [Skt. ग्रामीण] *adj.* **1** 村の, 農村の, 村落の. **2** 田舎の.

ਗਰਾਮੀਨ (गरामीन) /garāmīna ガラーミーン/ ▸ਗਰਾਮੀਣ *adj.* → ਗਰਾਮੀਣ

ਗਰਾਮੀਣਤਾ (गरामीणता) /garāmīṇatā ガラーミーンター/ [Skt. ग्रामीण Skt.-ता] *f.* 農村の特性, 田舎風.

ਗਰਾਮੋਫ਼ੋਨ (गरामोफ़ोन) /garāmofona ガラーモーフォーン/ ▸ਗ੍ਰੈਮੋਫ਼ੋਨ [Eng. *gramophone*] *m.* 〘機械〙蓄音機, レコードプレーヤー.

ਗ਼ਰਾਰਾ[1] (ग़रारा) /ğarārā ガラーラー/ [Arab. *ğarğara*] *m.* うがい.

ਗ਼ਰਾਰਾ[2] (ग़रारा) /ğarārā ガラーラー/ [Pers. *ğarāra*] *m.* **1** 〘衣服〙裾口の広いパジャーマー. **2** 大袋.

ਗਰਾਰੀ (गरारी) /garārī ガラーリー/ [Eng. *gear*] *f.* **1** ギア, 歯車, 歯車装置, 伝動機. **2** 小歯車. **3** 滑車.

ਗਰਿਸਤ (गरिसत) /garisata ガリスト/ ▸ਗਰਹਿਸਤ, ਗ੍ਰਹਿਸਤ, ਗ੍ਰਿਸਤ, ਗਰਿਸਥ, ਗ੍ਰਿਸਥ, ਗਿਰਹਸਤ [Skt. गृहस्थ] *m.* 家住期の生活, 結婚生活, 所帯持ちの暮らし, 家庭生活.

ਗ੍ਰਿਸਤ (ग्रिसत) /grisata (garisata) グリスト (ガリスト)/ ▸ਗਰਹਿਸਤ, ਗ੍ਰਹਿਸਤ, ਗਰਿਸਤ, ਗਰਿਸਥ, ਗ੍ਰਿਸਥ, ਗਿਰਹਸਤ *m.* → ਗਰਿਸਤ

ਗਰਿਸਤੀ (गरिसती) /garisatī ガリスティー/ ▸ਗਰਹਿਸਤੀ, ਗ੍ਰਿਸਤੀ [Skt. गृहस्थ -ਈ] *adj.* 家住期の, 所帯持ちの, 一家を構えた.

— *m.* **1** 所帯, 世帯. **2** 家住期にある人, 所帯持ち, 一家を構えた人.

ਗ੍ਰਿਸਤੀ (ग्रिसती) /grisatī (garisatī) グリスティー (ガリスティー)/ ▸ਗਰਹਿਸਤੀ, ਗਰਿਸਤੀ *adj.m.* → ਗਰਿਸਤੀ

ਗਰਿਸਥ (गरिसथ) /garisat^{h}a ガリスト/ ▸ਗਰਹਿਸਤ, ਗ੍ਰਹਿਸਤ, ਗਰਿਸਤ, ਗ੍ਰਿਸਤ, ਗ੍ਰਿਸਥ, ਗਿਰਹਸਤ *m.* → ਗਰਿਸਤ

ਗ੍ਰਿਸਥ (ग्रिसथ) /grisat^{h}a (garisat^{h}a) グリスト (ガリスト)/ ▸ਗਰਹਿਸਤ, ਗ੍ਰਹਿਸਤ, ਗਰਿਸਤ, ਗ੍ਰਿਸਤ, ਗਰਿਸਥ, ਗਿਰਹਸਤ *m.* → ਗਰਿਸਤ

ਗ੍ਰਿਹ (ग्रिह) /grî (garî) グリ (ガリ)/ ▸ਗਰਹਿ, ਗ੍ਰਹਿ *m.* → ਗ੍ਰਹਿ[2]

ਗਰਿਹਸਤਣ (गरिहसतण) /garîsataṇa ガリスタン/ ▸ਗ੍ਰਿਹਸਤਣ [Skt. गृहस्थ -ਣ] *f.* 主婦. (⇒ਗ੍ਰਹਿਣੀ)

ਗ੍ਰਿਹਸਤਣ (ग्रिहसतण) /grîsataṇa (garîsataṇa) グリスタン (ガリスタン)/ ▸ਗਰਿਹਸਤਣ *f.* → ਗਰਿਹਸਤਣ

ਗ੍ਰਹਿਣੀ (ग्रहिणी) /graîṇī (garaîṇī) グラェーニー (ガラェーニー)/ [Skt. गृहिणी] *f.* 主婦. (⇒ਗਰਿਹਸਤਣ)

ਗਰਿਫ਼ਤ (गरिफ़त) /garifata ガリフト/ [Pers. *girift*] *f.* **1** 捕まえること, 捕獲. (⇒ਪਕੜ) **2** 握ること, 把握, 掌握. (⇒ਪਕੜ) **3** (道具などの)握る部分, 柄, 取っ手.

ਗਰਿਫ਼ਤਾਰ (गरिफ़तार) /garifatāra ガリフタール/ [Pers. *giriftār*] *adj.* 逮捕された, 捕らえられた. ❏ਗਰਿਫ਼ਤਾਰ

ਕਰਨਾ 逮捕する. ❐ਪਾਕਿਸਤਾਨ ਦੀ ਸੈਨਾ ਨੇ ਅਰਬ ਸਾਗਰ ਵਿੱਚ ਪਾਕਿਸਤਾਨੀ ਜਲ ਖੇਤਲ ਵਿੱਚ ਗ਼ੈਰ ਕਾਨੂੰਨੀ ਰੂਪ ਨਾਲ ਦਾਖ਼ਲ ਹੋਣ ਕਾਰਨ ੧੩ ਭਾਰਤੀ ਮਛੇਰਿਆਂ ਨੂੰ ਗਰਿਫ਼ਤਾਰ ਕਰ ਲਿਆ ਹੈ। パキスタン軍はアラビア海のパキスタン領海に不法侵入した理由で13人のインド人漁民を逮捕しました.

ਗਰਿਫ਼ਤਾਰੀ (गरिफ़तारी) /garifatārī ガリフターリー/ [Pers. giriftārī] f. 1 逮捕, 捕らえられること. 2 投獄.

ਗਰੀ[1] (गरी) /garī ガリー/ ▶ਗਿਰੀ [Skt. गारका] f. 1〖植物〗果実の仁. 2〖植物〗ココヤシの果肉.

ਗਰੀ[2] (गरी) /garī ガリー/ [Pers. garī] suff. 「…を行うこと」「…をする行為」「…を作ること」などを意味する女性名詞を形成する接尾辞.

ਗਰੀਸ[1] (गरीस) /garīsa ガリース/ [Eng. grease] f. 1 グリース. 2 獣油. 3 潤滑油, 潤滑剤. 4 整髪用オイル.

ਗਰੀਸ[2] (गरीस) /garīsa ガリース/ [Eng. Greece] m.〖国名〗ギリシア(ギリシャ)共和国.

ਗ੍ਰੀਸ਼ਮ (ग्रीशम) /grīśama (garīśama) グリーシャム (ガリーシャム)/ ▶ਗ੍ਰੀਖਮ m. → ਗ੍ਰੀਖਮ

ਗਰੀਕ (गरीक) /garīka ガリーク/ [Eng. Greek] adj. 1 ギリシアの. 2 ギリシア人の. 3 ギリシア語の.
— m. ギリシア人.
— f. ギリシア語.

ਗ੍ਰੀਖਮ (ग्रीखम) /grīkʰama (garīkʰama) グリーカム (ガリーカム)/ ▶ਗ੍ਰੀਸ਼ਮ [Skt. ग्रीष्म] m. 1〖暦〗夏, 夏季, 雨季前の最も暑い季節, 5月から7月の季節《 ਜੇਠ と ਹਾੜ੍ਹ の月》. 2 熱.

ਗ਼ਰੀਬ (ग़रीब) /ğarība ガリーブ/ ▶ਗ਼ਰੀਬੜਾ [Arab. ğarīb] adj. 1 貧しい, 貧乏な. (⇔ਅਮੀਰ) 2 卑しい, みすぼらしい. 3 哀れな, 可哀相な. (⇒ਬੇਚਾਰਾ) 4 謙虚な, つつましい. (⇒ਮਸਕੀਨ) 5 おとなしい, 従順な, 素直な. 6 質素な. 7 素敵な.

ਗ਼ਰੀਬੜਾ (ग़रीबड़ा) /ğarībaṛā ガリーバラー/ ▶ਗ਼ਰੀਬ adj. → ਗ਼ਰੀਬ

ਗ਼ਰੀਬਾਨਾ (ग़रीबाना) /ğarībānā ガリーバーナー/ [Pers. ğarībāna] adj. 1 貧しそうな. 2 謙虚そうな. 3 貧者のような.

ਗ਼ਰੀਬੀ (ग़रीबी) /ğarībī ガリービー/ [Pers. ğarībī] f. 1 貧しさ, 貧乏, 貧困. (⇒ਗ਼ੁਰਬਤ) 2 卑下. 3 謙虚.

ਗਰੁੱਪ (गरुप्प) /garuppa ガルップ/ [Eng. group] m. グループ, 集団, 団体. ❐ਨਾਚ ਗਰੁੱਪ ダンス・グループ, 舞踊団.

ਗਰੁੜ (गरुड़) /garuṛa ガルル/ ▶ਗਰੜ m. → ਗਰੜ

ਗ਼ਰੂਰ (ग़रूर) /ğarūra ガルール/ [Arab. ğarūr] m. 1 自尊心. 2 うぬぼれ, 慢心, 傲慢. 3 虚栄心.

ਗਰੇਡ (गरेड) /gareḍa ガレード/ ▶ਗ੍ਰੇਡ [Eng. grade] m. 1 等級, 階級, 段階. 2 学年.

ਗ੍ਰੇਡ (ग्रेड) /greḍa (gareḍa) グレード (ガレード)/ ▶ਗਰੇਡ m. → ਗਰੇਡ

ਗਰੇਬਾਨ (गरेबान) /garebāna ガレーバーン/ ▶ਗਿਰੇਬਾਣ, ਗਿਰੇਬਾਨ, ਗਿਰੇਵਾਨ [Pers. garebān] m.〖衣服〗襟.

ਗਰੇਵਾਲ (गरेवाल) /garewāla ガレーワール/ m.〖姓〗ガレーワール《ジャットと呼ばれる農耕カースト集団のうちの姓の一つ》.

ਗਰੈਚੁਟੀ (गरैचुटी) /garaicuṭī ガラェーチュティー/ ▶ਗ੍ਰੈਚੁਟੀ [Eng. gratuity] f. 心づけ, チップ, 祝儀, 賜金.

ਗ੍ਰੈਚੁਟੀ (ग्रैचुटी) /graicuṭī (garaicuṭī) グラェーチュティー (ガラェーチュティー)/ ▶ਗਰੈਚੁਟੀ f. → ਗਰੈਚੁਟੀ

ਗਰੈਜੂਏਟ (गरैजूएट) /garaijūeṭa ガラェージューエート/ ▶ਗ੍ਰੈਜੂਏਟ [Eng. graduate] m. 卒業生, 卒業者.

ਗ੍ਰੈਜੂਏਟ (ग्रैजूएट) /graijūeṭa (garaijūeṭa) グラェージューエート (ガラェージューエート)/ ▶ਗਰੈਜੂਏਟ m. → ਗਰੈਜੂਏਟ

ਗ੍ਰੈਮੋਫ਼ੋਨ (ग्रैमोफ़ोन) /graimofona (garaimofona) グラェーモーフォーン (ガラェーモーフォーン)/ ▶ਗਰਾਮੋਫ਼ੋਨ m. → ਗਰਾਮੋਫ਼ੋਨ

ਗਰੋਹ (गरोह) /garô ガロー/ ▶ਗ੍ਰੋਹ m. 1 集まり, 集団. (⇒ਇਕੱਠ) 2 一隊, 一団. 3 群衆. (⇒ਭੀੜ)

ਗ੍ਰੋਹ (ग्रोह) /grô (garô) グロー (ガロー)/ ▶ਗਰੋਹ m. → ਗਰੋਹ

ਗਲ[1] (गल) /gala ガル/ ▶ਗਲਾ [Skt. गल] m. 1〖身体〗喉, 咽喉. ❐ਗਲ ਸੰਬੰਧੀ 喉の. ❐ਗਲ ਗਲਾਵਾਂ 停止, 望んでいない義務・責任・重荷・負担. ❐ਗਲ ਘੁੱਟਣਾ 窒息させる, 絞め殺す, 無理強いする. ❐ਗਲ ਘੋਟੂ 喉をふさぐこと, 窒息させること, ジフテリア. ❐ਗਲ ਪੈਣਾ 攻撃する, 襲う. ❐ਗਲ ਭਰ ਆਉਣਾ (感動して)喉を詰まらせる, 胸がいっぱいになる, ❐ਗਲ ਮੜ੍ਹਨਾ 押しつける, 無理強いする. 2〖身体〗首. (⇒ਗਰਦਨ) ❐ਗਲ ਲਾਉਣਾ 抱擁する, 抱き締める, 抱きあう, 親愛の情を抱く, 護ってあげる, 同情する.

ਗਲ[2] (गल) /gala ガル/ ▶ਗੱਲ f. → ਗੱਲ

ਗੱਲ (गल्ल) /galla ガッル/ ▶ਗਲ f. 1 話, 語り. (⇒ਬਾਤ) ❐ਮੇਰੀ ਗੱਲ ਸੁਣੋ ਜੀ। 私の話を聞いてください. ❐ਉਸ ਨੂੰ ਭੈਣ ਜੀ ਦੀ ਗੱਲ ਬੜੀ ਚੰਗੀ ਲੱਗੀ ਸੀ। 彼はお姉さんの話がとても気に入りました. 2 談話, 会話. (⇒ਬਾਤ-ਚੀਤ) 3 言葉. (⇒ਸ਼ਬਦ) 4 発言, 発話. (⇒ਵਾਚ) 5 事柄, 事情. (⇒ਮਾਮਲਾ) 6 出来事, 事件, こと. (⇒ਘਟਨਾ) ❐ਇੱਕ ਦਿਨ ਦੀ ਗੱਲ ਹੈ। ある日のことです. ❐ਅੱਜ ਤੋਂ ਕੋਈ ਸੱਤ ਸੌ ਸਾਲ ਪਹਿਲਾਂ ਦੀ ਗੱਲ ਹੈ। 今から約七百年前のことです. 7 約束.

ਗੱਲ੍ਹ (गल्ह) /gâlla ガッル/ [(Pkt. गल्ल) Skt. गंड] f.〖身体〗頬. (⇒ਰੁਖ਼ਸਾਰ)

ਗੱਲ੍ਹੀ (गल्ही) /gâllī ガッリー/ [Eng. galley] f.〖乗物〗船体の前部.

ਗੱਲ-ਕੱਥ (गल्ल-कत्थ) /galla-kattʰa ガッル・カット/ f. 会話, 対話. (⇒ਗੱਲ-ਬਾਤ)

ਗਲਗਲ (गलगल) /galagala ガルガル/ [Pers. galgal] f.〖植物〗シトロン.

ਗਲਣ (गलण) /galaṇa ガラン/ m. 溶解, 融解.

ਗਲਣਾ (गलणा) /galaṇā ガルナー/ ▶ਗਲਨਾ [Skt. गलति] vi. 1 溶ける, 溶解する. 2 腐る, 腐敗する, 腐乱する. 3 膿む, ただれる, 壊疽に罹る. 4 崩れる, とろける.

ਗ਼ਲਤ (ग़लत) /ğalata ガルト/ [Arab. ğalat] adj. 1 間違った, 誤った, 過った. ❐ਗ਼ਲਤ ਅਰਥ ਕੱਢਣਾ, ਗ਼ਲਤ ਅਰਥ ਲੈਣਾ 誤って解釈する, 誤解する, 誤訳する. ❐ਗ਼ਲਤ ਸਮਝਣਾ 誤解する, 思い違いする. ❐ਗ਼ਲਤ ਸਾਬਤ ਕਰਨਾ 誤りを立証する, 反証をあげる. ❐ਗ਼ਲਤ ਕਰਨਾ 取り消す, 消し去る. 2 良くない, 不適当な, 不都合な.

ਗ਼ਲਤ ਧਾਰਨਾ (ग़लत धारना) /ğalata tǎranā ガルト タールナー/ [+ Skt. धारण] f. 1 見当違いの考え, 勘違い, 誤解. 2 誤った観念.

ਗ਼ਲਤ ਨਾਉਂ (ग़लत नाउँ) /ğalata nāõ ガルト ナーオーン/ [+ Skt. नामन्] *m.* 誤った名, 不適当な名称, 呼び誤り, 誤称.

ਗ਼ਲਤ ਫ਼ਹਿਮੀ (ग़लत फ़हिमी) /ğalata faîmī ガルト ファエーミー/ [+ Arab. *fahm*] *f.* **1** 誤解. **2** 意見の食い違い. **3** 独り善がり. **4** 群衆.

ਗ਼ਲਤ ਬਿਆਨੀ (ग़लत बिआनी) /ğalata biānī ガルト ビアーニー/ [+ Arab. *bayān*] *f.* **1** 虚偽の陳述. **2** 誤った陳述.

ਗ਼ਲਤ ਮਲਤ (ग़लत मलत) /ğalata malata ガルト マルト/ *adj.* **1** 混乱した. **2** 乱雑な, ごたまぜの. **3** 複雑な, 込み入った.

ਗ਼ਲਤਾਨ (ग़लतान) /ğalatāna ガルターン/ [Pers. *ğaltān*] *adj.* 没頭した, 夢中の, 熱中した, かかりきりの. (⇒ਖਚਿਤ, ਲਿਵਲੀਨ)

ਗ਼ਲਤੀ (ग़लती) /ğalatī ガルティー/ [Pers. *ğalatī*] *f.* **1** 間違い, 過ち, 過失. **2** しくじり, 失敗. **3** 失礼, 非礼.

ਗਲਨਾ (गलना) /galanā ガルナー/ ▶ਗਲਣਾ *vi.* → ਗਲਣਾ

ਗਲਪ (गलप) /galapa ガルプ/ [Skt. जल्प] *f.* **1**〘文学〙お話, 物語. (⇒ਅਫ਼ਸਾਨਾ) **2**〘文学〙小説, 短編小説. (⇒ਉਪਨਿਆਸ, ਨਾਵਲ, ਕਹਾਣੀ) **3** 話, 話題, 噂, 噂話.

ਗਲਪਕਾਰ (गलपकार) /galapakāra ガルプカール/ [Skt.-कार] *m.*〘文学〙物語作家, 小説家. (⇒ਕਹਾਣੀਕਾਰ, ਨਾਵਲਕਾਰ)

ਗਲਪਾਤਮਿਕ (गलपातमिक) /galapātamika ガルパートミク/ [Skt.-आत्मक] *adj.* 物語の, 作り話の, 虚構の.

ਗਲਫੜਾ (गलफड़ा) /galapʰaṛā ガルパラー/ *m.*〘魚〙えら.

ਗ਼ਲਬਾ (ग़लबा) /ğalabā ガルバー/ [Arab. *ğalaba*] *m.* **1** 征服, 制圧, 勝利. **2** 支配. **3** 優勢, 卓越.

ਗੱਲ-ਬਾਤ (गल्ल-बात) /galla-bāta ガッル・バート/ *f.* **1** 会話, 対話. (⇒ਗੱਲ-ਕੱਥ) **2** 話し合い, 交渉, 協議, 談判. **3** 懇談, 会談.

ਗਲਮਾ (गलमा) /galamā ガルマー/ *m.*〘衣服〙シャツの襟.

ਗਲਵੱਕੜੀ (गलवक्कड़ी) /galawakkaṛī ガルワッカリー/ [Skt. गल + Skt. वल्यल] *f.* 相手の首に腕をまわす行為, 抱擁.

ਗਲਾ (गला) /galā ガラー/ ▶ਗਲ [(Pkt. गला) Skt. गल] *m.* **1**〘身体〙喉, 喉頭. (⇒ਹਲਕ, ਸੰਘ) **2**〘身体〙首.

ਗ਼ੱਲਾ (ग़ल्ला) /ğallā ガッラー/ [Pers. *ğalla.*] *m.* **1**〘食品〙穀物. **2** 農産物の販売収益.

ਗਲਾਈਡਰ (गलाईडर) /galāīḍara ガラーイーダル/ [Eng. *glider*] *m.*〘乗物〙グライダー.

ਗਲਾਸ[1] (गलास) /galāsa ガラース/ [Kash.] *m.*〘植物〙サクランボ(桜桃).

ਗਲਾਸ[2] (गलास) /galāsa ガラース/ ▶ਗਿਲਾਸ [Eng. *glass*] *m.* **1**〘容器〙コップ, グラス. **2**〘容器〙タンブラー.

ਗਲਾਸੀ (गलासी) /galāsī ガラースィー/ [-ਈ] *f.* **1**〘容器〙小さなコップ. **2**〘容器〙小さなタンブラー.

ਗਲਾਧੜ (गलाधड़) /galâdaṛa ガラーダル/ *adj.* おしゃべりな.

ਗਲਾਵਾਂ (गलावाँ) /galāwā̃ ガラーワーン/ [(Pkt. गला) Skt. गल] *m.* **1** 家畜の首を繋ぎとめる綱. **2** 絡み合い, もつれ. **3** 掛かり合い, 関係. **4** しがらみ, 煩わしいもの. **5** 責任, 義務.

ਗਲਿਆ (गलिआ) /galiā ガリアー/ *adj.* 腐った.

ਗਲਿਆਰਾ (गलिआरा) /galiārā ガリアーラー/ *m.*〘建築〙廊下.

ਗਲਿਸਰੀਨ (गलिसरीन) /galisarīna ガリスリーン/ ▶ਗਲੈਸਰੀਨ *f.* → ਗਲੈਸਰੀਨ

ਗਲੀ (गली) /galī ガリー/ *f.* **1** 路地, 裏通り. **2** 小道, 狭い道, 小さな通り. **3** 市街区, 界隈, 横丁. (⇒ਮਹੱਲਾ)

ਗ਼ਲੀਚਾ (ग़लीचा) /ğalīcā ガリーチャー/ ▶ਗ਼ਾਲੀਚਾ [Pers. *ğālīcā*] *m.*〘家具〙カーペット, 絨毯, 毛織りの敷物. (⇒ਕਾਰਪੈਟ)

ਗ਼ਲੀਜ਼ (ग़लीज़) /ğalīza ガリーズ/ [Arab. *ğalīz*] *adj.* **1** 汚い, 汚れた, 不潔な. **2** 不浄な, 穢れた. **3** むかつく.

ਗਲੂਟਿਨ (गलूटिन) /galūṭina ガルーティン/ [Eng. *gluten*] *m.*〘化学〙グルテン, 麩質(ふしつ)《小麦粉などに含まれる各種のタンパク質の混合物》.

ਗਲੇ (गले) /gale ガレー/ *m.*〘身体〙扁桃腺《複数形》.

ਗਲੇਸ਼ੀਅਰ (गलेशीअर) /galeśiara ガレーシーアル/ [Eng. *glacier*] *m.*〘地理〙氷河.

ਗਲੇਡੂ (गलेडू) /galeḍū ガレードゥー/ *m.* **1** 涙. **2** 涙にうるんだ目.

ਗਲੇ ਦਾ ਹਾਰ (गले दा हार) /gale dā hāra ガレー ダー ハール/ *adj.* いつも一緒にいる, 親密な, 親愛なる, 愛しい. (⇒ਅਜ਼ੀਜ਼)

— *m.* 親密な友人.

ਗਲੇਫਣਾ (गलेफणा) /galepʰaṇā ガレーパナー/ *vt.* **1** 表面を覆う, くるむ. **2** 塗り付ける.

ਗਲੈਸਰੀਨ (गलैसरीन) /galaisarīna ガラェースリーン/ ▶ਗਲਿਸਰੀਨ [Eng. *glycerine*] *f.*〘化学〙グリセリン.

ਗਲੋਂ (गलों) /galõ ガローン/ [Skt. गल + ਓਂ] *adv.* **1** 喉から. **2** 首から. ❐ਗਲੋਂ ਗਲਾਵਾਂ ਲਾਹੁਣਾ 首から綱を外す, 責任を果たして解放される, 免れる.

ਗਲੋ (गलो) /galo ガロー/ *m.*〘植物〙熱病治療のために用いられる蔓植物.

ਗਲੋਖੜ (गलोखड़) /galokʰaṛa ガローカル/ ▶ਗਲੋਖੁੜ [(Pot.)] *adj.* おしゃべりな.

ਗਲੋਖੁੜ (गलोखुड़) /galokʰuṛa ガロークル/ ▶ਗਲੋਖੜ [(Pot.)] *adj.* → ਗਲੋਖੜ

ਗਲੋਬ (गलोब) /galoba ガローブ/ [Eng. *globe*] *m.* **1** 地球. **2** 球.

ਗਲੋਲਾ (गलोला) /galolā ガローラー/ [Pers.] *m.* 球形に作られたもの.

ਗਵਈਆ (गवईआ) /gawaīā ガワイーアー/ ▶ਗਵਈਯਾ, ਗਵੱਯਾ *m.* 歌手, 歌い手, 声楽家.

ਗਵਈਯਾ (गवईया) /gawaīyā ガワイーヤー/ ▶ਗਵਈਆ, ਗਵੱਯਾ *m.* → ਗਵਈਆ

ਗਵੱਯਾ (गवय्या) /gawayyā ガワッヤー/ ▶ਗਵਈਆ, ਗਵਈਯਾ *m.* → ਗਵਈਆ

ਗਵਰਨਮਿੰਟ (गवरनमिंट) /gavaranamiṇṭa ガヴァルナミント/ ▶ਗਵਰਨਮੈਂਟ, ਗਵਰਮਿੰਟ, ਗੌਰਮਿੰਟ *f.* → ਗਵਰਮਿੰਟ

ਗਵਰਨਮੈਂਟ (गवरनमैंट) /gavaranamãĩṭa ガヴァルナマェー

ント/ ▸ਗਵਰਨਮਿੰਟ, ਗਵਰਮਿੰਟ, ਗੌਰਮਿੰਟ *f.* → ਗਵਰਮਿੰਟ

ਗਵਰਨਰ (गवरनर) /gavaranara ガヴァルナル/ [Eng. *governor*] *m.* **1** 総督. **2** 知事.

ਗਵਰਮਿੰਟ (गवरमिंट) /gavaramiṇṭa ガヴァルミント/ ▸ ਗਵਰਨਮਿੰਟ, ਗਵਰਨਮੈਂਟ, ਗੌਰਮਿੰਟ [Eng. *government*] *f.* 政府. (⇒ਸਰਕਾਰ)

ਗੰਵਾਉਣਾ (गंवाउणा) /ganwāuṇā ガンワーウナー/ ▸ ਗਵਾਉਣਾ, ਗਵਾਵਣਾ, ਗਵਾਵਨਾ, ਗੁਆਉਣਾ, ਗੁਮਾਉਣਾ *vt.* → ਗੁਆਉਣਾ

ਗਵਾਉਣਾ[1] (गवाउणा) /gawāuṇā ガワーウナー/ ▸ਗੰਵਾਉਣਾ, ਗਵਾਵਣਾ, ਗਵਾਵਨਾ, ਗੁਆਉਣਾ, ਗੁਮਾਉਣਾ *vt.* → ਗੁਆਉਣਾ

ਗਵਾਉਣਾ[2] (गवाउणा) /gawāuṇā ガワーウナー/ [cf. ਗਾਉਣਾ] *vt.* **1** 歌わせる. **2** 歌ってもらう.

ਗਵਾਹ (गवाह) /gawâ ガワー/ ▸ਉਗਾਹ [Pers. *gavāh*] *m.* 〚法〛証人, 参考人, 目撃者.

ਗਵਾਹੀ (गवाही) /gawâī ガワーイー/ ▸ਉਗਾਹੀ [Pers. *gavāhī*] *f.* **1** 〚法〛証言, 供述. **2** 〚法〛証拠.

ਗਵਾਚਣਾ (गवाचणा) /gawācaṇā ガワーチャナー/ ▸ ਗੁਆਚਣਾ *vi.* → ਗੁਆਚਣਾ

ਗਵਾਂਢ (गवाँढ) /gawā̃ḍa ガワーンド/ ▸ਗੁਆਂਢ [(Pot.)] *m.* 近所.

ਗੰਵਾਰ (गंवार) /ganwāra ガンワール/ ▸ਗਵਾਰ, ਗੁਆਰ *adj.* → ਗਵਾਰ[2]

ਗਵਾਰ[1] (गवार) /gawāra ガワール/ [Pers. *guvār*] *adj.* **1** 消化される, こなれやすい. **2** 味の良い, 美味しい. **3** 認められた, 具合の良い, 快い.
— *suff.* 「認められた」「具合の良い」「快い」などの意味を加えた形容詞を形成する接尾辞.

ਗਵਾਰ[2] (गवार) /gawāra ガワール/ ▸ਗੰਵਾਰ, ਗੁਆਰ [(Pkt. गाम) Skt. ग्राम + ਆਰ] *adj.* **1** 田舎の, 野暮な, 洗練されていない. **2** 野卑な, 野蛮な, 粗野な. **3** 行儀の悪い, 無作法な. **4** 知識のない, 愚かな.

ਗਵਾਰਪੁਣਾ (गवारपुणा) /gawārapuṇā ガワールプナー/ [-ਪੁਣਾ] *m.* **1** 田舎臭さ, 野暮ったさ. **2** 野卑, 野蛮, 粗野. **3** 行儀の悪さ, 無作法. **4** 知識のなさ, 愚かさ.

ਗਵਾਰਾ[1] (गवारा) /gawārā ガワーラー/ [Pers. *guvārā*] *adj.* **1** 耐えられる, 我慢できる. **2** 許容し得る, 受け入れられる. **3** 感じのよい.

ਗਵਾਰਾ[2] (गवारा) /gawārā ガワーラー/ ▸ਗੁਆਰਾ [(Pkt. गोवाली) Skt. गोपाली] *m.* 〚植物〛キビ・アワ・モロコシの類.

ਗਵਾਲਣ (गवालण) /gawālaṇa ガワーラン/ [(Pkt. गोवाल) Skt. गोपाल -ਣ] *f.* 〚姓〛ガワーラン《アヒール種姓の女性》, 牛飼いの女性, 乳搾りの女, 乳売りの女. (⇒ਅਹੀਰਨ)

ਗਵਾਲਾ (गवाला) /gawālā ガワーラー/ ▸ਗੁਆਲਾ [(Pkt. गोवाल) Skt. गोपाल] *m.* 〚姓〛ガワーラー《アヒール種姓の人, 男性》, 牛飼い, 乳搾りの男, 乳売り, 牛乳屋. (⇒ਅਹੀਰ)

ਗਵਾਲੀਅਰ (गवालीअर) /gawālīara ガワーリーアル/ ▸ ਗੁਆਲੀਅਰ *m.* 〚地名〛グワーリヤル《インド中部, マディヤ・プラデーシュ州の都市》.

ਗਵਾਵਣਾ (गवावणा) /gawāwaṇā ガワーウナー/ ▸ ਗੰਵਾਉਣਾ, ਗਵਾਉਣਾ, ਗਵਾਵਨਾ, ਗੁਆਉਣਾ, ਗੁਮਾਉਣਾ *vt.* → ਗੁਆਉਣਾ

ਗਵਾਵਨਾ (गवावना) /gawāwanā ガワーウナー/ ▸ਗੰਵਾਉਣਾ, ਗਵਾਉਣਾ, ਗਵਾਵਣਾ, ਗੁਆਉਣਾ, ਗੁਮਾਉਣਾ *vt.* → ਗੁਆਉਣਾ

ਗੜ੍ਹ (गड़्ह) /gâṛa ガル/ [Skt. गढ] *m.* **1** 〚軍〛城, 城塞, 要塞, 砦. (⇒ਕਿਲ੍ਹਾ) **2** 堡塁, 拠点, 牙城. **3** 本拠地, 中心地.

ਗੜ੍ਹਕ (गड़्हक) /gâṛaka ガルク/ ▸ਗੜ੍ਹਕਾ *f.* **1** 沸騰. **2** 牛の鳴き声.

ਗੜ੍ਹਕਣਾ (गड़्हकणा) /gâṛakaṇā ガルカナー/ *vi.* **1** 沸く, 沸騰する. **2** 牛などが鳴く.

ਗੜ੍ਹਕਾ (गड़्हका) /gâṛakā ガルカー/ ▸ਗੜ੍ਹਕ *m.* → ਗੜ੍ਹਕ

ਗੜ੍ਹਨਾ (गड़्हना) /gâṛanā ガルナー/ [Pers. *gādan*] *vi.* **1** (家畜が)交配される. **2** 交尾する.

ਗੜ੍ਹੀ (गड़्ही) /gâṛī ガリー/ [Skt. गढ -ਈ] *f.* **1** 〚軍〛砦, 要塞. **2** 防備の固い家.

ਗੜਗੜ (गड़गड़) /gaṛagaṛa ガルガル/ *f.* **1** 〚擬声語〛ゴロゴロ《雷などが鳴る音》. **2** 雷鳴, 雷.

ਗੜਗੜਾਉਣਾ (गड़गड़ाउणा) /gaṛagaṛāuṇā ガルガラーウナー/ *vi.* **1** ゴロゴロ音を立てる. **2** 雷が鳴る, 雷鳴が轟く.

ਗੜਗੜਾਹਟ (गड़गड़ाहट) /gaṛagaṛâṭa ガルガラート/ *f.* **1** ゴロゴロ鳴る音. **2** 雷鳴, 雷.

ਗੜਬੜ (गड़बड़) /gaṛabaṛa ガルバル/ ▸ਗਰਬਰ, ਗੜਬੜੀ *f.* **1** 混乱, 混沌, 滅茶苦茶. **2** 無秩序, いざこざ, 騒動. **3** 面倒な事態, 厄介なこと. **4** 異状, 異常, 変調, 狂い. **5** 欠陥.

ਗੜਬੜੀ (गड़बड़ी) /gaṛabaṛī ガルバリー/ ▸ਗਰਬਰ, ਗੜਬੜ *f.* → ਗੜਬੜ

ਗੜਵਈ (गड़वई) /gaṛawaī ガルワイー/ *m.* 水浴の世話をする召使.

ਗੜਵਾ (गड़वा) /gaṛawā ガルワー/ [(Pkt. गडुअ) Skt. गडुक] *m.* 〚容器〛金属製の水入れ, 水瓶, 水を入れるための金属壺. (⇒ਲੋਟਾ)

ਗੜਵਾਲ (गड़वाल) /gaṛawāla ガルワール/ *m.* 〚地名〛ガルワール《ハリドワールの北方のヒマラヤの一部を成す山岳地方》.

ਗੜਵੀ (गड़वी) /gaṛawī ガルウィー/ [Skt. गडुक -ਈ] *f.* 〚容器〛小さな金属製の水入れ, 小さな水瓶, 水を入れるための小さな金属壺. (⇒ਛੋਟਾ ਲੋਟਾ)

ਗੜਾ (गड़ा) /gaṛā ガラー/ [Skt. गंडका] *m.* 〚気象〛霰(あられ), 雹(ひょう).

ਗੜੁੱਚ (गड़ुच्च) /gaṛucca ガルッチ/ *adj.* ずぶ濡れの.

ਗੜੂਆਂ (गड़ूआँ) /gaṛūā̃ ガルーアーン/ *m.* 〚虫〛サトウキビにたかる虫.

ਗੜੂੰਦ (गड़ूँद) /gaṛū̃da ガルーンド/ *adj.* **1** ずぶ濡れの. **2** 汚れた. **3** 塗られた. **4** 没頭した, 夢中の.

ਗੜੂੰਦਣਾ (गड़ूँदणा) /gaṛū̃daṇā ガルーンダナー/ *vt.* **1** ずぶ濡れにする. **2** 汚す. **3** 塗る. **4** 夢中にさせる.

ਗਾਂ (गाँ) /gā̃ ガーン/ ▸ਗੈਂ [Pers. *gāv*] *f.* 〚動物〛雌ウシ, 雌牛, 牝牛.

ਗਾ (गा) /gā ガー/ *suff.* 動詞の未来形を示す語尾《男性・単数形》.

ਗਾਂਓ (गाँउ) /gā̃o ガーンオー/ ▸ਗਾਉਂ, ਗਾਊਂ *m.* → ਗਾਉਂ

ਗਾਉਂ (गाउँ) /gāõ ガーオーン/ ▸ਗਾਂਓ, ਗਾਊਂ [(Pkt. गाम)

Skt. ग्राम] *m.* 村, 村落, 村落共同体. (⇒ਪਿੰਡ)

ਗਾਉਣ (गाउण) /gāuṇa ガーウン/ ▶ਗਉਣ, ਗੌਣ *m.* → ਗੌਣ[1]

ਗਾਉਣਾ (गाउणा) /gāuṇā ガーウナー/ ▶ਗਉਣਾ, ਗਾਣਾ, ਗੌਣਾ [Skt. गापयति] *vt.* **1** 歌う. ❐ਮੈਨੂੰ ਗਾਉਣ ਦਾ ਸ਼ੌਕ ਬਚਪਨ ਤੋਂ ਹੀ ਸੀ। ਸਕੂਲ ਸਮੇਂ ਤੋਂ ਮੈਂ ਗਾਉਣਾ ਸ਼ੁਰੂ ਕੀਤਾ। 私は歌うことが子供の頃から好きでした. 学生時代に私は歌い始めました. **2** 称える, 賛美する, 称賛する. **3** 詠じる, 詠唱する. **4** さえずる.

ਗਾਉਦੁਮ (गाउदुम) /gāoduma ガーオードゥム/ ▶ਗਾਦੁਮ [Skt. गो + Pers. *dum*] *adj.* **1** 牝牛の尾に似ている. **2** 先細りに垂れ下がった.

ਗਾਉਂ (गाऊँ) /gāõ ガーオーン/ ▶ਗਾਂਉ, ਗਾਉਂ *m.* → ਗਾਉਂ

ਗਾਊਨ (गाऊन) /gāūna ガーウーン/ [Eng. *gown*] *m.* 〖衣服〗ガウン.

ਗਾਇਕ (गाइक) /gāika ガーイク/ ▶ਗਾਯਕ [Skt. गायक] *m.* **1** 歌手, 男性歌手. **2** 声楽家, 男性声楽家.

ਗਾਇਕਾ (गाइका) /gāikā ガーイカー/ [Skt. गायिका] *f.* **1** 女性歌手. **2** 女性声楽家.

ਗਾਇਣ (गाइण) /gāiṇa ガーイン/ ▶ਗਾਇਨ, ਗਾਯਨ [Skt. गायन] *m.* 〖音楽〗歌うこと, 歌唱, 詠唱.

ਗਾਇਨ (गाइन) /gāina ガーイン/ ▶ਗਾਇਣ, ਗਾਯਨ *m.* → ਗਾਇਣ

ਗ਼ਾਇਬ (ग़ाइब) /ğāiba ガーイブ/ ▶ਗ਼ਾਯਬ, ਗ਼ੈਬ [Arab. *ğā^{h}ib*] *adj.* **1** 消えた, 消え失せた, なくなった. **2** 所在が分からなくなった, 行方不明の. **3** 隠れた, 見えなくなった, 目に見えない. **4** 紛失した, 盗まれた.

ਗਾਇਰ (गाइर) /gāira ガーイル/ ▶ਗਾਜਰ [(Pot.)] *f.* → ਗਾਜਰ

ਗਾਈਡ (गाईड) /gāīḍa ガーイード/ [Eng. *guide*] *m.* 案内人, ガイド. (⇒ਰਾਹਨੁਮਾ)

ਗਾਹ[1] (गाह) /gâ ガー/ *m.* **1** 〖農業〗収穫された穀物を脱穀のため広げたもの. **2** 〖口語〗乱雑に置かれた物. **3** 〖口語〗混乱.

ਗਾਹ[2] (गाह) /gâ ガー/ [Pers. *gāh*] *f.* **1** 場所. **2** 時, 機会.

— *suff.* 「場所」「…する場所」「…所」「…室」などを意味する女性名詞を形成する接尾辞.

ਗਾਹਕ (गाहक) /gâka ガーク/ [Skt. ग्राहक] *m.* **1** 手に取る人, 受け取る人. **2** 顧客. **3** 買い手, 購入者. **4** 得意客, 依頼人.

ਗਾਹਕੀ (गाहकी) /gâkī ガーキー/ [-ਈ] *f.* **1** 購入. (⇒ਖ਼ਰੀਦਾਰੀ) **2** 販売.

ਗਾਹਣ (गाहण) /gâṇa ガーン/ *m.* 〖地理〗浅瀬.

ਗਾਹਲ (गाहल) /gâla ガール/ ▶ਗਾਹੜ [(Mul.)] *m.* → ਗਾਹੜ

ਗਾਹੜ (गाहड़) /gâṛa ガール/ ▶ਗਾਹਲ [Skt. गाढ] *m.* 群衆, 人混み. (⇒ਭੀੜ)

ਗਾਹੁਣਾ (गाहुणा) /gâuṇā ガーウナー/ [Skt. गाहते] *vt.* 〖農業〗脱穀する.

— *vi.* **1** 巡る. (⇒ਫਿਰਨਾ, ਭੌਣਾ) **2** 散策する, 旅する, 旅行する. (⇒ਘੁੰਮਣਾ) **3** さまよう, 放浪する.

ਗਾਗਰ (गागर) /gāgara ガーガル/ [(Pkt. गग्गर) Skt. गर्ग्री] *f.* 〖容器〗(金属製または焼き物の)水差し, 瓶《注ぎ口に近い上部が細くなっているもの》.

ਗਾਚ (गाच) /gāca ガーチ/ [Eng. *gauze*] *m.* **1** 〖布地〗紗(しゃ). **2** 〖布地〗絽(ろ). **3** 医療用ガーゼ.

ਗਾਚਣੀ (गाचणी) /gācaṇī ガーチニー/ ▶ਗਾਚਨੀ *f.* → ਗਾਚਨੀ

ਗਾਚਨੀ (गाचनी) /gācanī ガーチニー/ ▶ਗਾਚਣੀ *f.* 粘土.

ਗਾਚੀ (गाची) /gācī ガーチー/ *f.* 石鹸の塊.

ਗਾਜਰ (गाजर) /gājara ガージャル/ ▶ਗਾਇਰ [Skt. गार्जर] *f.* 〖植物〗ニンジン(人参).

ਗਾਜਰ-ਮੂਲੀ (गाजर-मूली) /gājara-mūlī ガージャル・ムーリー/ *f.* ニンジン(人参)とダイコン(大根).

— *adj.* 取るに足らない, 重要でない, つまらない. ❐ਗਾਜਰ-ਮੂਲੀ ਸਮਝਣਾ 取るに足らないものと思う, みくびる, 全く重要だと思わない.

ਗਾਂਜਾ (गाँजा) /gā̃jā ガーンジャー/ [(Pkt. गंज) Pkt. गञ्जा] *m.* **1** 〖植物〗インド大麻. **2** インド大麻の葉・芽. **3** 〖麻薬〗ハシシュ《インド大麻の樹脂を固めた麻薬》.

ਗ਼ਾਜ਼ੀ (ग़ाज़ी) /ğāzī ガーズィー/ [Arab. *ğāzī*] *m.* 〖イス〗イスラーム教徒の戦士・英雄.

ਗਾਟਾ (गाटा) /gāṭā ガーター/ *m.* 〖身体〗首. (⇒ਗਰਦਨ)

ਗਾਂਡ (गाँड) /gā̃ḍa ガーンド/ *f.* 〖身体〗肛門, 尻の穴.

ਗਾਡ (गाड) /gāḍa ガード/ ▶ਗਾਰਡ *m.* → ਗਾਰਡ

ਗਾਡਰ (गाडर) /gāḍara ガーダル/ ▶ਗਾਰਡਰ [Eng. *girder*] *m.* 〖建築〗桁, 桁構え, 大梁.

ਗਾਡੀ (गाडी) /gāḍī ガーディー/ ▶ਗੱਡੀ [cf. ਗੱਡਾ] *f.* → ਗੱਡੀ

— *m.* (牝牛や馬の引く)荷車を走らせる人, 御者.

ਗਾਡੀਵਾਨ (गाडीवान) /gāḍīwāna ガーディーワーン/ ▶ਗੱਡੀਵਾਨ *m.* → ਗੱਡੀਵਾਨ

ਗਾਂਡੂ (गाँडू) /gā̃ḍū ガーンドゥー/ *m.* 男娼.

— *adj.* **1** 〖口語〗臆病な. (⇒ਡਰਪੋਕ, ਗੀਦੀ) **2** 〖口語〗恥知らずの. (⇒ਬੇਸ਼ਰਮ)

ਗਾਂਢਾ[1] (गाँढा) /gā̃ḍā ガーンダー/ *m.* 継ぎ接ぎ.

ਗਾਂਢਾ[2] (गाँढा) /gā̃ḍā ガーンダー/ [(Lah.)] *m.* 関係, 縁. (⇒ਰਿਸ਼ਤਾ)

ਗਾਣਾ[1] (गाणा) /gāṇā ガーナー/ ▶ਗਉਣਾ, ਗਾਉਣਾ, ਗੌਣਾ *vt.* → ਗਾਉਣਾ

ਗਾਣਾ[2] (गाणा) /gāṇā ガーナー/ [(Pkt. गाण) Skt. गान] *m.* 歌, 歌曲, 歌唱, 詠唱. (⇒ਗੀਤ)

ਗਾਤਰਾ (गातरा) /gātarā ガートラー/ *m.* 〖衣服〗剣をつるす帯.

ਗਾਥਾ (गाथा) /gāt^{h}ā ガーター/ [Skt. गाथा] *f.* **1** 〖文学〗頌詩, 賛歌. **2** 〖文学〗話, 物語, 語りもの. **3** 〖文学〗伝説, 武勇譚. **4** 〖文学〗バラッド, 頌歌, 物語風の伝承民謡, 歌物語.

ਗਾਦ (गाद) /gāda ガード/ *f.* **1** 沈殿物. **2** 滓(おり).

ਗਾਦੁਮ (गादुम) /gāduma ガードゥム/ ▶ਗਾਉਦੁਮ [(Lah.)] *adj.* → ਗਾਉਦੁਮ

ਗਾਧ (गाध) /gâda ガード/ [Skt. गाध] *m.* **1** 底. (⇒ਥਾਹ) **2** 水底. **2** 水の流れ, 水流. (⇒ਵਹਾਉ) **4** 場所. (⇒ਅਸਥਾਨ)

ਗਾਂਧਣ (गाँधण) /gā̃daṇa ガーンダン/ [Skt. गान्धिअक -ਣ] *f.* 香水屋の妻.

ਗਾਂਧੀ (गाँधी) /gā̂dī ガーンディー/ [Skt. गान्धिअक] *m.* **1** 香料製造販売人, 香水屋, 薬種屋. **2** 〖姓〗ガーンディー（ガンディー）《グジャラート地方を中心に居住してきたヴァイシャの一種姓》.

ਗਾਧੀ (गाधी) /gâdī ガーディー/ *f.* 牡牛の御者の座る板梁.

ਗਾਂਧੀਵਾਦ (गाँधीवाद) /gā̂dīwādạ ガーンディーワード/ [Skt. गान्धिअक Skt.-वाद] *m.* 〖政治〗ガーンディー主義.

ਗਾਨ (गान) /gānạ ガーン/ [Skt. गान] *m.* 歌, 歌唱. (⇒ਗੀਤ)

ਗਾਨਾ (गाना) /gānā ガーナー/ *m.* 〖装・儀礼〗着色した撚り糸に貝を付けた腕飾り《婚礼で花嫁・花婿の右手首に結び付けられる》.

ਗਾਨੀਂ (गानीं) /gānī̃ ガーニーン/ ▸ਗਾਨੀ *f.* → ਗਾਨੀ

ਗਾਨੀ (गानी) /gānī ガーニー/ ▸ਗਾਨੀਂ *f.* 〖装〗着色した糸に貝やビーズを付けた首飾り《子供や動物の首に付ける》.

ਗਾਫ਼ (गाफ़) /gāfạ ガーフ/ ▸ਗੌਲਫ਼ *m.* → ਗੌਲਫ਼

ਗ਼ਾਫ਼ਲ (ग़ाफ़ल) /ğāfalạ ガーファル/ [Arab. *ğāfil*] *adj.* **1** 意識を失った, 前後不覚の. **2** 無頓着な. **3** 不注意な, うっかりした, 気づいていない. **4** 怠慢な.

ਗਾਬ (गाब) /gābạ ガーブ/ ▸ਗਾਰ *f.* **1** ぬかるみ. **2** 泥. **3** 粘液. **4** 沈泥.

ਗਾਮ[1] (गाम) /gāmạ ガーム/ ▸ਗਰਾਂ, ਗਰਾਮ, ਗਿਰਾਂ [(Pkt. गाम) Skt. ग्राम] *m.* 村, 村落, 村落共同体. (⇒ਪਿੰਡ)

ਗਾਮ[2] (गाम) /gāmạ ガーム/ [Pers. *gām*] *m.* **1** 〖身体〗足. **2** 歩調, 歩きぶり. **3** 歩み, 足取り.
— *f.* **1** 側対歩《馬などが片側の前足と後足を同時に上げて歩くこと》, 緩やかな歩き方. **2** 馬の歩く足並み.

ਗਾਮਚਾ (गामचा) /gāmạcā ガームチャー/ ▸ਗਾਮਚੀ [Pers. *gāmcā*] *m.* 繋（けい）, 繋ぎ《馬・牛など有蹄類の脚の球節と蹄の中間の部分》.

ਗਾਮਚੀ (गामची) /gāmạcī ガームチー/ ▸ਗਾਮਚਾ *f.* → ਗਾਮਚਾ

ਗਾਮੀ (गामी) /gāmī ガーミー/ [Skt. गामिन्] *suff.* 「…に行く（人）」「…に通う（人）」などの意味を表す形容詞または男性名詞を形成する接尾辞.

ਗਾਯਕ (गायक) /gāyakạ ガーヤク/ ▸ਗਾਇਕ *m.* → ਗਾਇਕ

ਗਾਯਨ (गायन) /gāyanạ ガーヤン/ ▸ਗਾਇਣ, ਗਾਇਨ *m.* → ਗਾਇਣ

ਗ਼ਾਯਬ (ग़ायब) /ğāibạ ガーイブ/ ▸ਗ਼ਾਇਬ, ਗ਼ੈਬ *adj.* → ਗ਼ਾਇਬ

ਗਾਰ[1] (गार) /gārạ ガール/ [Skt. कर्द] *f.* **1** ぬかるみ. **2** 泥. **3** 粘液. **4** 沈泥. **5** 水中を浮遊する泥.

ਗਾਰ[2] (गार) /gārạ ガール/ [Pers. *gār*] *suff.* **1** 名詞に付いて「行為者」「…をする人」などを意味する名詞を形成する接尾辞. **2** 名詞に付いて「…に関すること」「…を行うこと」などを意味する抽象名詞（男性名詞）を形成する接尾辞. **3** 名詞に付いて「…に関する」「…を行う」などを意味する形容詞を形成する接尾辞.

ਗ਼ਾਰ (ग़ार) /ğārạ ガール/ ▸ਘਾਰ [Arab. *ğār*] *f.* **1** 窪んだ場所, 穴, 穴ぼこ. (⇒ਟੋਆ) **2** 洞窟. (⇒ਗੁਫਾ)

ਗਾਰਡ (गारड) /gārạḍạ ガールド/ ▸ਗਾਡ [Eng. *guard*] *m.* **1** 警備員, 見張り人. (⇒ਰਾਖਾ) **2** 守衛. (⇒ਚੌਕੀਦਾਰ) **3** 護衛. **4**（列車の）車掌.

ਗਾਰਡਨ (गारडन) /gārạḍanạ ガールダン/ [Eng. *garden*] *m.* 庭.

ਗਾਰਡਰ (गारडर) /gārạḍarạ ガールダル/ ▸ਗਾਡਰ [Eng. *girder*] *m.* 〖建築〗桁, 桁構え, 大梁.

ਗਾਰਡੀਅਨ (गारडीअन) /gārạḍīanạ ガールディーアン/ [Eng. *guardian*] *m.* **1** 保護者. **2** 後見人.

ਗਾਰਦ (गारद) /gārạdạ ガールド/ [Eng. *guard*] *f.* **1** 〖軍〗守備隊. **2** 警備隊, 護衛隊.

ਗਾਰਾ (गारा) /gārā ガーラー/ [(Pkt. गार) Skt. ग्रावन्] *m.* **1** 泥. **2** 〖建築〗泥の漆喰.

ਗਾਰੀ (गारी) /gārī ガーリー/ [Pers. *gārī*] *suff.* 名詞に付いて「…に関すること」「…を行うこと」などを意味する抽象名詞（女性名詞）を形成する接尾辞.

ਗਾਲ (गाल) /gālạ ガール/ ▸ਗਾਲ੍ਹ, ਗਾਲੀ [(Pkt. गाली) Skt. गालि] *f.* **1** 悪口, 罵り, 罵詈雑言. **2** 冒涜. **3** 毒舌.

ਗਾਲ੍ਹ (गाल्ह) /gâlạ ガール/ ▸ਗਾਲ, ਗਾਲੀ *f.* → ਗਾਲ

ਗਾਲ੍ਹੜ (गाल्हड़) /gâlaṛạ ガーラル/ *m.* 〖動物〗リス, 栗鼠.

ਗਾਲਣਾ (गालणा) /gālạṇā ガールナー/ ▸ਗਾਲਨਾ [cf. ਗਲਣਾ] *vt.* **1** 溶かす, 溶解させる. **2** 腐らせる, 腐敗させる, 腐乱させる. **3** 分解する. **4** 精錬する. **5** 融解させる, 融合させる.

ਗਾਲਨਾ (गालना) /gālạnā ガールナー/ ▸ਗਾਲਣਾ *vt.* → ਗਾਲਣਾ

ਗ਼ਾਲਬ (ग़ालब) /ğālabạ ガーラブ/ [Arab. *ğālib*] *adj.* **1** 優勢な, 支配的な. **2** 圧倒する, 圧倒的な. **3** 優れた, 勝る. **4** 凌ぐ, 超えている.

ਗ਼ਾਲਬਨ (ग़ालबन) /ğālạbanạ ガールバン/ [Arab. *ğāliban*] *adv.* **1** 多分, 恐らく. **2** きっと. **3** およそ, 大体.

ਗਾਲੜੀ (गालड़ी) /gālaṛī ガーラリー/ ▸ਗਾਲੜੀਆ, ਗਾਲੜੂ *adj.* おしゃべりの, 多弁な.

ਗਾਲੜੀਆ (गालड़ीआ) /gālaṛīā ガーラリーアー/ ▸ਗਾਲੜੀ, ਗਾਲੜੂ *adj.* → ਗਾਲੜੀ

ਗਾਲੜੂ (गालड़ू) /gālaṛū ガーラルー/ ▸ਗਾਲੜੀ, ਗਾਲੜੀਆ *adj.* → ਗਾਲੜੀ

ਗਾਲਾ (गाला) /gālā ガーラー/ [(Pot.) (Pkt. गल्ल) Skt. गण्ड] *m.* 〖食品〗製粉用穀物.

ਗਾਲੀ (गाली) /gālī ガーリー/ ▸ਗਾਲ, ਗਾਲ੍ਹ *f.* **1** 悪口, 罵り, 罵詈雑言. **2** 冒涜. **3** 毒舌.

ਗ਼ਾਲੀਚਾ (ग़ालीचा) /ğālīcā ガーリーチャー/ ▸ਗ਼ਲੀਚਾ *m.* → ਗ਼ਲੀਚਾ

ਗਾੜ੍ਹ (गाड़्ह) /gâṛạ ガール/ *m.* **1** 濃さ, 濃度, 密度. (⇒ਸੰਘਣਾਪਣ) **2** 濃いこと, 濃厚, 濃密. **3** 粘着. **4** 接近. **5** 親密さ.

ਗਾੜ੍ਹਾ (गाड़्हा) /gâṛā ガーラー/ [Skt. गाफ] *adj.* **1** 濃い, 濃厚な, 濃密な. (⇒ਸੰਘਣਾ) **2** 粘着性の. **3** 接近した. **4** 親密な.

ਗਾੜ੍ਹਾਪਣ (गाड़्हापण) /gâṛāpaṇạ ガーラーパン/ [-ਪਣ] *m.* **1** 濃さ, 濃度, 密度. (⇒ਸੰਘਣਾਪਣ) **2** 濃いこと, 濃厚, 濃密. **3** 粘着性. **4** 接近. **5** 親密さ.

ਗਿਆ (गिआ) /giā ギアー/ *vi.* ਜਾਣਾ の完了分詞の男

性・単数形《 ਕਰਨਾ と一緒に用いて動作・様態の反復「(よく)…する」を表す用法と受動表現では, ਜਾਣਾ の完了分詞の男性・単数形は ਜਾਇਆ となる》.

ਗਿਆਤ (गिआत) /giātạ ギアート/ [Skt. ज्ञात] *adj.* **1** 知られた. **2** 理解された. **3** 精通している. **4** 馴染みの.

ਗਿਆਤਾ (गिआता) /giātā ギアーター/ ▶ਗਯਾਤਾ, ਗਜਾਤਾ [Skt. ज्ञाता] *adj.* **1** 知っている. **2** 精通している. **3** 馴染みの. **4** 賢い. **5** 知識のある, 博識の.
— *m.* **1** 情報・知識を持っている人, 物知り. **2** 賢い人. **3** 知識人.

ਗਿਆਨ (गिआन) /giānạ ギアーン/ ▶ਗਯਾਨ, ਗਜਾਨ [Skt. ज्ञान] *m.* **1** 知覚, 感覚. **2** 知識, 学識. **3** 悟り, 真理の理解, 真の知識. **4** 眼識, 洞察力.

ਗਿਆਨ ਅੰਜਨ (गिआन अंजन) /giānạ añjanạ ギアーン アンジャン/ [Skt. ज्ञान + Skt. अंजन] *m.* 眼識, 洞察力.

ਗਿਆਨ ਇੰਦਰੀ (गिआन इंदरी) /giānạ indarī ギアーン インダリー/ [+ Skt. इंद्रिय] *f.* **1** 〖身体〗感覚器官. **2** 〖身体〗感受器.

ਗਿਆਨ ਸਿਧਾਂਤ (गिआन सिधाँत) /giānạ sidā̃tạ ギアーン スィダーント/ [+ Skt. सिधांत] *m.* 認識論.

ਗਿਆਨਹੀਣ (गिआनहीण) /giānạhīṇạ ギアーンヒーン/ [Skt.-हीन] *adj.* **1** 無知の. **2** 真の知識の全くない.

ਗਿਆਨ ਖੰਡ (गिआन खंड) /giānạ kʰaṇḍạ ギアーン カンド/ [+ Skt. खंड] *m.* 知識の領域.

ਗਿਆਨ ਗੋਸ਼ਟ (गिआन गोशट) /giānạ gośạṭạ ギアーン ゴーシュト/ [+ Skt. गोष्ठ] *f.* **1** 知的会話. **2** 宗教・精神世界についての知的論議.

ਗਿਆਨ ਧਿਆਨ (गिआन धिआन) /giānạ tiā̆nạ ギアーン ティアーン/ [+ Skt. ध्यान] *m.* 知識と瞑想.

ਗਿਆਨ ਬੋਧ (गिआन बोध) /giānạ bôdạ ギアーン ボード/ [+ Skt. बोध] *m.* 認知作用, 認知力.

ਗਿਆਨਮਈ (गिआनमई) /giānạmaī ギアーンマイー/ [Skt.-मयी] *adj.* **1** 知識を与える. **2** 教育的な.

ਗਿਆਨ ਮੀਮਾਂਸਾ (गिआन मीमाँसा) /giānạ mīmā̃sā ギアーン ミーマーンサー/ ▶ਗਿਆਨ ਮੀਮਾਨਸਾ [+ Skt. मीमांसा] *f.* 認識論.

ਗਿਆਨ ਮੀਮਾਨਸਾ (गिआन मीमानसा) /giānạ mīmānạsā ギアーン ミーマーンサー/ ▶ਗਿਆਨ ਮੀਮਾਂਸਾ *f.* → ਗਿਆਨ ਮੀਮਾਂਸਾ

ਗਿਆਨਵਾਦ (गिआनवाद) /giānạwādạ ギアーンワード/ [Skt.-वाद] *m.* **1** 主知主義. **2** 霊知主義.

ਗਿਆਨਵਾਦੀ (गिआनवादी) /giānạwādī ギアーンワーディー/ [Skt.-वादिन्] *adj.* **1** 知識の, 認識の. **2** 霊知の, 霊知主義の.
— *m.* **1** 主知主義者. **2** 霊知主義者.

ਗਿਆਨਵੰਤ (गिआनवंत) /giānạwantạ ギアーンワント/ [Skt.-वंत] *adj.* **1** 学識のある, 博識の. **2** 精通している. **3** よく知っている, 物知りの.

ਗਿਆਨਵਾਨ (गिआनवान) /giānạwānạ ギアーンワーン/ [Skt.-वान्] *adj.* **1** 学識のある, 博識の. **2** 精通している. **3** よく知っている, 物知りの.

ਗਿਆਨੀ (गिआनी) /giānī ギアーニー/ ▶ਗਯਾਨੀ, ਗਜਾਨੀ [Skt. ज्ञानिन्] *adj.* **1** 有識の, 博識の, 学識豊かな, 賢い. **2** 真の知識を持っている, 真理を悟った.
— *m.* **1** 学者, 知識人. **2** 真の知識を持っている人, 真理を悟った人, 覚者.

ਗਿਆਰਵਾਂ (गिआरवाँ) /giārạwā̃ ギアールワーン/ ▶ਯਾਰ੍ਹਵਾਂ [(Pkt. एग्गारह) Skt. एकादश) -वां] *or.num.* 11番目.
— *adj.* 11番目の.

ਗਿਆਰਾਂ (गिआराँ) /giārā̃ ギアーラーン/ ▶ਯਾਰ੍ਹਾਂ, ਯਾਰਾਂ [(Pkt. एग्गारह) Skt. एकादश] *ca.num.* 11.
— *adj.* 11の.

ਗਿੱਚੀ (गिच्ची) /giccī ギッチー/ [Sind. *giccī*] *f.* 〖身体〗首, 首筋. (⇒ਗਰਦਨ, ਧੌਣ)

ਗਿਜ਼ਾ (ग़िज़ा) /ğizā ギザー/ ▶ਗ਼ਜ਼ਾ [Arab. *ğizā*] *f.* **1** 食事. **2** 食物, 食糧, 食品. (⇒ਖ਼ੁਰਾਕ)

ਗਿੱਝਣਾ (गिज्झणा) /gîjjaṇā ギッジャナー/ *vi.* **1** 慣れる, 馴染む, 癖になる. (⇒ਹਿਲਨਾ) **2** 当たり前のことと思う.

ਗਿਝਾਉਣਾ (गिझाउणा) /gijă̄uṇā ギジャーウナー/ *vt.* **1** 慣らす, 癖にならせる. **2** 当たり前のことと思わせる.

ਗਿਟਕ (गिटक) /giṭakạ ギタク/ ▶ਗਿੱਟਕ [Skt. गुटिका] *f.* 〖植物〗果物の種, 硬い内果皮《果物の中心にある硬いところ》. (⇒ਹਿੜਕ, ਗੁਠਲੀ)

ਗਿੱਟਕ (गिट्टक) /giṭṭakạ ギッタク/ ▶ਗਿਟਕ *f.* → ਗਿਟਕ

ਗਿਟਮਿਟ (गिटमिट) /giṭạmiṭạ ギトミト/ *f.* **1** 知らない言語の会話. **2** 理解できない会話.

ਗਿੱਟਾ (गिट्टा) /giṭṭā ギッター/ [Skt. घुट] *m.* **1** 〖身体〗足首. **2** 〖身体〗踝.

ਗਿਟਾਰ (गिटार) /giṭārạ ギタール/ *m.* 〖楽器〗ギター.

ਗਿੱਟੀ[1] (गिट्टी) /giṭṭī ギッティー/ [Skt. गुटिका] *f.* 木製のくさび.

ਗਿੱਟੀ[2] (गिट्टी) /giṭṭī ギッティー/ *f.* **1** 丸い小石. **2** 丸い破片. **3** 小円板.

ਗਿੱਠ (गिट्ठ) /giṭṭʰạ ギット/ [Skt. अंगुष्ठ] *f.* **1** 〖長さ〗手のひらを十分に広げた時の親指と小指との間の長さ, 普通9インチ(約23cm). **2** 〖身体〗十分に広げた手のひら.

ਗਿਠਮੁਠੜਾ (गिठमुठड़ा) /giṭʰạmuṭʰạṛā ギトムトラー/ *adj.* 小人の.
— *m.* 小人.

ਗਿਠਮੁਠੀਆ (गिठमुठीआ) /giṭʰạmuṭʰīā ギトムティーアー/ *adj.* 小人の.
— *m.* 小人.

ਗਿੱਡ (गिड्ड) /giḍḍạ ギッド/ *f.* 目から出る粘液, 目やに. (⇒ਚਿੱਪੜ, ਚੀਂਘ)

ਗਿਣਤ (गिणत) /giṇạtạ ギント/ ▶ਗਣਿਤ *f.* → ਗਣਿਤ

ਗਿਣਤਾਰ (गिणतार) /giṇạtārạ ギンタール/ *m.* 〖道具〗算盤.

ਗਿਣਤੀ (गिणती) /giṇạtī ギンティー/ ▶ਗਿਨਤੀ, ਗੇਣਤੀ [cf. ਗਿਣਨਾ] *f.* **1** 計算, 勘定. ❐ਗਿਣਤੀ ਵਿੱਚ ਨਾ ਹੋਣਾ 勘定に入らない, 取るに足りない. **2** 数. (⇒ਸੰਖਿਆ) **3** 総数, 総計. **4** 統計.

ਗਿਣਨਾ (गिणना) /giṇạnā ギンナー/ [Skt. गणयति] *vt.* **1** 数える. **2** 数え挙げる, 列挙する, …の一つと見なす. ❐ਲੁਧਿਆਣਾ ਸ਼ਹਿਰ ਉੱਤਰੀ ਭਾਰਤ ਦਾ ਸਭ ਤੋਂ ਵੱਡਾ ਅਤੇ ਅਮੀਰ ਸ਼ਹਿਰ ਗਿਣਿਆ ਜਾਂਦਾ ਹੈ। ルディアーナー市は北インドの最も大きく富裕な都市に数え挙げられています. **3** 計算する. **4** 勘定する. **5** 勘定に入れる.

ਗਿਣਨਾਤਮਕ (गिणनातमक) /giṇạnātạmakạ ギンナートマク/ ▸ਗਿਣਾਤਮਿਕ *adj.* → ਗਿਣਾਤਮਿਕ

ਗਿਣਵਾਉਣਾ (गिणवाउणा) /giṇạwāuṇā ギンワーウナー/ ▸ਗਿਣਾਉਣਾ [cf. ਗਿਣਨਾ] *vt.* **1** 数えさせる, 計算させる. **2** 数えてもらう.

ਗਿਣਾਉਣਾ (गिणाउणा) /giṇāuṇā ギナーウナー/ ▸ ਗਿਣਵਾਉਣਾ *vt.* → ਗਿਣਵਾਉਣਾ

ਗਿਣਾਤਮਿਕ (गिणातमिक) /giṇātạmikạ ギナートミク/ ▸ ਗਿਣਨਾਤਮਕ [cf. ਗਿਣਨਾ] *adj.* **1** 計数上の, 計算の, 数量の. **2** 数の, 数字の.

ਗਿੱਦੜ (गिद्दड़) /giddaṛạ ギッダル/ [Skt. गृध्र or Pers. *gīdī*] *m.* 〖動物〗ジャッカル.

— *adj.* 臆病な.

ਗਿੱਦੜਹਵਾਂ (गिद्दड़हवाँ) /giddaṛạhawā̃ ギッダルハワーン/ ▸ਗਿੱਦੜਹਵਾਂਕ *f.* → ਗਿੱਦੜਹਵਾਂਕ

ਗਿੱਦੜਹਵਾਂਕ (गिद्दड़हवाँक) /giddaṛạhawā̃kạ ギッダルハワーンク/ ▸ਗਿੱਦੜਹਵਾਂ *f.* ジャッカルの遠吠え.

ਗਿੱਦੜਕੁੱਟ (गिद्दड़कुट्ट) /giddaṛạkuṭṭạ ギッダルクット/ *f.* 激しい殴打.

ਗਿੱਦੜਗੁੰਮਾ (गिद्दड़गुंमा) /giddaṛạgummā ギッダルグンマー/ *m.* **1** 不必要な口論. **2** 些細なことを巡る諍い. **3** 〖植物〗食べられない野生の茸.

ਗਿੱਦੜ ਪਰਵਾਨਾ (गिद्दड़ परवाना) /giddaṛạ parạwānā ギッダル パルワーナー/ [cf. ਗਿੱਦੜ + Pers. *parvāna*] *m.* **1** 取るに足らない覚え書き. **2** 推薦状, 許可書.

ਗਿੱਦੜ ਭਬਕੀ (गिद्दड़ भबकी) /giddaṛạ pǎbakī ギッダル パバキー/ *f.* **1** 空威張り, 虚仮威し. **2** 脅したり威張り散らしたりする行為, 強がり, 虚勢.

ਗਿੱਦੜੀ (गिद्दड़ी) /giddaṛī ギッダリー/ [cf. ਗਿੱਦੜ -ਈ] *f.* 〖動物〗雌のジャッカル.

ਗਿੱਧ (गिद्ध) /gîddạ ギッド/ ▸ਗਿਰਝ, ਗਿਲਝ *m.f.* → ਗਿਰਝ

ਗਿੱਧਾ (गिद्धा) /gîddā ギッダー/ *m.* 〖舞踊〗ギッダー《手拍子と歌を伴うパンジャーブの乙女たちの踊り》.

ਗਿਨਤੀ (गिनती) /ginạtī ギンティー/ ▸ਗਿਣਤੀ, ਗੇਣਤੀ *f.* → ਗਿਣਤੀ

ਗਿੱਨੀ (गिन्नी) /ginnī ギンニー/ [Eng. *guinea*] *f.* **1** 〖貨幣〗ギニ金貨《1663から1813年まで英国で鋳造された金貨》. **2** 〖貨単〗ギニ《21シリングに当たる英国の貨幣単位》.

ਗਿਰ (गिर) /girạ ギル/ *f.* 〖長さ〗 1ヤードの16分の1.

ਗਿਰਹਸਤ (गिरहसत) /girăsạtạ ギラスト/ ▸ਗਰਹਿਸਤ, ਗ੍ਰਹਿਸਤ, ਗਰਿਸਤ, ਗ੍ਰਿਸਤ, ਗਰਿਸਥ, ਗ੍ਰਿਸਥ *m.* → ਗਰਿਸਤ

ਗਿਰਗਟ (गिरगट) /girạgaṭạ ギルガト/ ▸ਗਿਰਗਿਟ *m.* 〖動物〗カメレオン.

ਗਿਰਗਿਟ (गिरगिट) /girạgiṭạ ギルギト/ ▸ਗਿਰਗਟ *m.* → ਗਿਰਗਟ

ਗਿਰਜਾ (गिरजा) /girạjā ギルジャー/ [Portug. *igreja*] *m.* 〖キ〗キリスト教の教会. (⇒ਕਲੀਸਾ)

ਗਿਰਜਾਘਰ (गिरजाघर) /girạjākǎrạ ギルジャーカル/ [Skt.-गृह] *m.* 〖キ〗キリスト教の教会, 教会の建物. (⇒ਕਲੀਸਾ)

ਗਿਰਝ (गिरझ) /gîrạjạ ギルジ/ ▸ਗਿੱਧ, ਗਿਲਝ [Skt. गृध्र] *m.f.* 〖鳥〗ハゲワシ, 禿鷲.

ਗਿਰਦ (गिरद) /girạdạ ギルド/ [Pers. *gird*] *m.* 周り, 囲い, 周囲, 周辺, 辺り.

— *adv.* 周りに, 周辺に.

— *postp.* (…の)周りに, (…の)周辺に. ❒ਦੇ ਗਿਰਦ …の周りに, …の周辺に

ਗਿਰਦ ਨੱਲੀ (गिरद नल्ली) /girạdạ nallī ギルド ナッリー/ [(Lah.)] *f.* 〖植物〗アマルタスの莢.

ਗਿਰਦਾਵਰ (गिरदावर) /girạdāwarạ ギルダーワル/ ▸ ਗਰਦਾਵਰ, ਗਰਦੌਰ *m.* → ਗਰਦਾਵਰ

ਗਿਰਨਾ (गिरना) /girạnā ギルナー/ ▸ਗਿੜਨਾ [Skt. गिरति] *vi.* **1** 落ちる, 落下する, 転落する, 墜落する, 下落する. (⇒ਡਿਗਣਾ) **2** 倒れる, 転ぶ, 転倒する. **3** 倒壊する, 崩れ落ちる, 崩壊する.

ਗਿਰਮਟ[1] (गिरमट) /girạmaṭạ ギルマト/ [Eng. *agreement*] *m.* 意見の一致, 賛成, 合意.

ਗਿਰਮਟ[2] (गिरमट) /girạmaṭạ ギルマト/ [Eng. *gimlet*] *m.* 〖道具〗取っ手付きの小さなねじ錐.

ਗਿਰਮਾਲਾ (गिरमाला) /girạmālā ギルマーラー/ ▸ਗਰਮਾਲਾ *m.* → ਗਰਮਾਲਾ

ਗਿਰਵਾਉਣਾ (गिरवाउणा) /girạwāuṇā ギルワーウナー/ [cf. ਗਿਰਨਾ] *vt.* **1** 落とさせる, 投下させる, 落としてもらう. (⇒ਡਿਗਵਾਉਣਾ) **2** 倒させる, 倒してもらう.

ਗਿਰਵੀ (गिरवी) /girạwī ギルウィー/ [Pers. *giravī*] *f.* 〖経済〗抵当, 担保.

— *adj.* 抵当の, 質に入った. (⇒ਗਹਿਣਾ)

ਗਿਰਾਂ (गिराँ) /girā̃ ギラーン/ ▸ਗਰਾਮ, ਗਰਾਂ, ਗਾਮ [(Lah.)] *m.* → ਗਰਾਮ[1]

ਗਿਰਾਉ (गिराउ) /girāo | girāu ギラーオー | ギラーウ/ [cf. ਗਿਰਾਉਣਾ] *m.* **1** 落下, 下落. (⇒ਪਤਨ) **2** 村, 村落. (⇒ਪਿੰਡ)

ਗਿਰਾਉਣਾ (गिराउणा) /girāuṇā ギラーウナー/ ▸ਗਿਰਾਣਾ [cf. ਗਿਰਨਾ] *vt.* **1** 落とす, 落下させる, 投下する. (⇒ਡਿਗਾਉਣਾ, ਡੇਗਣਾ) **2** 倒す, 転倒させる. **3** 倒壊させる, 崩壊させる.

ਗਿਰਾਈਂ (गिराईं) /girāī̃ ギラーイーン/ ▸ਗਰਾਈਂ *m.* → ਗਰਾਈਂ

ਗਿਰਾਣਾ (गिराणा) /girāṇạ ギラーナー/ ▸ਗਿਰਾਉਣਾ *vt.* → ਗਿਰਾਉਣਾ

ਗਿਰਾਵਟ (गिरावट) /girāwaṭạ ギラーワト/ *f.* **1** 落下, 下落, 低下. **2** 没落. **3** 衰退, 減退.

ਗਿਰਿ (गिरि) /giri ギリ/ ▸ਗਿਰੀ *m.* → ਗਿਰੀ[1]

ਗਿਰੀ[1] (गिरी) /girī ギリー/ ▸ਗਿਰਿ [Skt. गिरि] *m.* 〖地理〗山. (⇒ਪਰਬਤ)

ਗਿਰੀ[2] (गिरी) /girī ギリー/ ▸ਗਰੀ *f.* → ਗਰੀ[1]

ਗਿਰੀ[3] (गिरी) /girī ギリー/ ▸ਗੀਰੀ *suff.* → ਗੀਰੀ

ਗਿਰੇਬਾਣ (गिरेबाण) /girebāṇạ ギレーバーン/ ▸ਗਰੇਬਾਨ, ਗਿਰੇਬਾਨ, ਗਿਰੇਵਾਨ *m.* → ਗਿਰੇਬਾਨ

ਗਿਰੇਬਾਨ (गिरेबान) /girebānạ ギレーバーン/ ▸ਗਰੇਬਾਨ, ਗਿਰੇਬਾਣ, ਗਿਰੇਵਾਨ [Pers. *garebān*] *m.* 〖衣服〗衣服の襟.

ਗਿਰੇਵਾਨ (गिरेवान) /girewānạ ギレーワーン/ ▸ਗਰੇਬਾਨ, ਗਿਰੇਬਾਣ, ਗਿਰੇਬਾਨ *m.* → ਗਿਰੇਬਾਨ

ਗਿੱਲ (गिल्ल) /gillạ ギッル/ *f.* 湿気.

ਗਿਲ੍ਹਟ (गिल्हट) /gîlạṭạ ギルト/ [Skt. ग्रंथि] *m.* 〖身体〗筋肉の硬直, 激しい活動のために硬直した筋肉. (⇒

ਖੱਲੀ) ❒ਗਿਲ੍ਹਟ ਪੈਣੇ 筋肉が張る, 筋肉が硬直する, ひどく疲れる.

ਗਿਲ੍ਹਟੀ (गिल्हटी) /gîlaṭī ギルティー/ [Skt. ग्रंथि] *f.* **1**〖身体〗腺, 内分泌腺, リンパ腺. **2** 突起. **3** 瘤(こぶ). **4**〖医〗結節. **5**〖医〗腫瘍.

ਗਿੱਲ੍ਹੜ (गिल्ल्हड़) /gîllaṛa ギッラル/ [Skt. ग्रंथि] *m.*〖医〗甲状腺腫.

ਗਿਲਝ (गिलझ) /gîlaja ギルジ/ ▸ਗਿੱਧ, ਗਿਰਝ *m.f.* → ਗਿਰਝ

ਗਿਲਟ[1] (गिलट) /gilaṭa ギルト/ [Eng. *gild*] *m.* **1** めっき, めっきされたもの. **2**〖金属〗ニッケル.

ਗਿਲਟ[2] (गिलट) /gilaṭa ギルト/ [Eng. *guilt*] *m.* 法律違反, 犯罪行為, 有罪.

ਗਿਲਾ (गिला) /gilā ギラー/ [Pers. *gilā*] *m.* **1** 小言, 苦言. **2** 不平, 文句, 苦情. **3** 愚痴.

ਗਿੱਲਾ (गिल्ला) /gillā ギッラー/ *adj.* **1** 湿った. **2** 濡れた.

ਗਿਲਾਸ (गिलास) /gilāsa ギラース/ ▸ਗਲਾਸ *m.* → ਗਲਾਸ[2]

ਗ਼ਿਲਾਜ਼ਤ (ग़िलाज़त) /ğilāzata ギラーザト/ [Arab. *ğilāzat*] *f.* **1** 汚れ, 不潔. **2** 汚物. **3** 糞, 糞便.

ਗ਼ਿਲਾਫ਼ (ग़िलाफ़) /ğilāfa ギラーフ/ [Arab. *ğilāf*] *m.*〖寝具〗(枕や布団などの)カバー, 覆い.

ਗਿੜਗੜਾਉਣਾ (गिड़गड़ाउणा) /giṛagaṛāuṇā ギルガラーウナー/ ▸ਗਿੜਗਿੜਾਉਣਾ, ਗਿੜਗਿੜਾਨਾ *vi.* → ਗਿੜਗਿੜਾਉਣਾ

ਗਿੜਗਿੜਾਉਣਾ (गिड़गिड़ाउणा) /giṛagiṛāuṇā ギルギラーウナー/ ▸ਗਿੜਗੜਾਉਣਾ, ਗਿੜਗਿੜਾਨਾ *vi.* 懇願する, 哀願する, 泣きつく.

ਗਿੜਗਿੜਾਨਾ (गिड़गिड़ाना) /giṛagiṛānā ギルギラーナー/ ▸ਗਿੜਗੜਾਉਣਾ, ਗਿੜਗਿੜਾਉਣਾ *vi.* → ਗਿੜਗਿੜਾਉਣਾ

ਗਿੜਨਾ[1] (गिड़ना) /giṛanā ギルナー/ [Skt. घुरति] *vi.* 回る, 回転する.

ਗਿੜਨਾ[2] (गिड़ना) /giṛanā ギルナー/ ▸ਗਿਰਨਾ [(Pot.)] *vi.* → ਗਿਰਨਾ

ਗੀ (गी) /gī ギー/ [Pers. *gī*] *suff.* 抽象名詞(女性名詞)を形成する接尾辞.

ਗੀਗਾ (गीगा) /gīgā ギーガー/ *adj.* **1** 無垢の. **2** 純真な. — *m.* **1** 幼児. **2** 赤ん坊.

ਗੀਜ਼ਰ (गीज़र) /gīzara ギーザル/ [Eng. *geyser*] *m.* **1**〖地理〗間欠泉. **2**〖器具〗自動湯沸かし器.

ਗੀਟੜਾ (गीटड़ा) /gīṭaṛā ギータラー/ ▸ਗੀਟੜੀ, ਗੀਟਾ, ਗੀਟੀ [(Pkt. गुडिआ) Skt. गुटिका] *m.* 小石.

ਗੀਟੜੀ (गीटड़ी) /gīṭaṛī ギータリー/ ▸ਗੀਟੜਾ, ਗੀਟਾ, ਗੀਟੀ *f.* → ਗੀਟੜਾ

ਗੀਟਾ (गीटा) /gīṭā ギーター/ ▸ਗੀਟੜਾ, ਗੀਟੜੀ, ਗੀਟੀ *m.* → ਗੀਟੜਾ

ਗੀਟੀ (गीटी) /gīṭī ギーティー/ ▸ਗੀਟੜਾ, ਗੀਟੜੀ, ਗੀਟਾ *f.* → ਗੀਟੜਾ

ਗੀਂਢਾ (गींढा) /gī̃ḍā ギーンダー/ [Skt. ग्रन्थि] *adj.* **1** 背の低い, ちびの. **2** ちびで太った.
— *m.* ちび.

ਗੀਤ (गीत) /gīta ギート/ [Skt. गीत] *m.* **1**〖音楽〗歌, 歌謡. **2**〖文学〗詩歌, 叙情詩, 歌詞.

ਗੀਤਕਾਰ (गीतकार) /gītakāra ギートカール/ [Skt. गीत Skt.-कार] *m.* **1**〖音楽〗歌の作者, 作詞者, 作詞家. **2**〖文学〗詩人, 叙情詩人.

ਗੀਤਕਾਰੀ (गीतकारी) /gītakārī ギートカーリー/ [Skt.-कारिता] *f.* **1**〖音楽〗作詞. **2**〖文学〗作詩, 作詩法, 詩歌を書く芸術活動.

ਗੀਤਗੋਬਿੰਦ (गीतगोबिंद) /gītagobinda ギートゴービンド/ ▸ਗੀਤਗੋਵਿੰਦ *m.* → ਗੀਤਗੋਵਿੰਦ

ਗੀਤਗੋਵਿੰਦ (गीतगोविंद) /gītagovinda ギートゴーヴィンド/ ▸ਗੀਤਗੋਬਿੰਦ [Skt. गीतगोविंद] *m.*〖文学〗ギータ・ゴーヴィンダ《12世紀頃に成立したジャヤデーヴァの叙事詩》.

ਗੀਤ ਨਾਟ (गीत नाट) /gīta nāṭa ギート ナート/ [Skt. गीत + Skt. नाट्य] *m.*〖音楽〗歌劇, オペラ. (⇒ਓਪੇਰਾ)

ਗੀਤਮਈ (गीतमई) /gītamaī ギートマイー/ [Skt. गीत Skt.-मयी] *adj.*〖文学〗詩的な, 叙情詩調の, 感傷的な.

ਗੀਤਾ (गीता) /gītā ギーター/ [Skt. गीता] *f.*〖ヒ〗ギーター《古代インドの叙事詩『マハーバーラタ』の一部をなす詩編「バガヴァッドギーター」の略称》.

ਗੀਤਾਤਮਿਕ (गीतातमिक) /gītātamika ギータートミク/ [Skt. गीत Skt.-आत्मक] *adj.* **1** 歌の, 歌謡の, 音楽の **2**〖文学〗詩的な, 叙情詩調の, 感傷的な.

ਗੀਦੀ (गीदी) /gīdī ギーディー/ [Pers. *gīdī*] *adj.* 臆病な, 気が小さい, 気の弱い, 意気地なしの. (⇒ਡਰਪੋਕ, ਬੁਜ਼ਦਿਲ)

ਗੀਦੀਪੁਣਾ (गीदीपुणा) /gīdīpuṇā ギーディープナー/ [Pers. *gīdī* -ਪੁਣਾ] *m.* 臆病, 小心, 意気地のないこと. (⇒ਬੁਜ਼ਦਿਲੀ)

ਗੀਰ (गीर) /gīra ギール/ [Pers. *gīr*] *suff.* 名詞に付いて「…を捕らえる」「…を取る」「…を支配する」「…を征服する」などの意味を表す形容詞, または「…を捕らえるもの」「…を取るもの」「…を支配するもの」「…の征服者」などの意味を表す名詞を形成する接尾辞.

ਗੀਰੀ (गीरी) /gīrī ギーリー/ ▸ਗਿਰੀ [Pers. *gīrī*] *suff.* 「行うこと」「活動」「仕事」「職業」「技芸」などの意味を表す接尾辞. 先行する語と合わせて女性名詞を形成する.

ਗੁਆਉਣਾ (गुआउणा) /guāuṇā グアーウナー/ ▸ਗੰਵਾਉਣਾ, ਗਵਾਉਣਾ, ਗਵਾਵਣਾ, ਗਵਾਵਨਾ, ਗੁਮਾਉਣਾ [Skt. गमयति] *vt.* **1** 失う, なくす, 紛失する. (⇒ਖੋਣਾ) ❒ਆਦਮੀਆਂ ਨੇ ਪੂਛਾਂ ਕਿਵੇਂ ਗੁਆਈਆਂ? 人間たちは尻尾をどうやって失ったのですか. **2** 費やす, 浪費する, 無駄遣いする, 使い果たす, 台無しにする.

ਗੁਆਚਣਾ (गुआचणा) /guācaṇā グアーチャナー/ ▸ਗਵਾਚਣਾ *vi.* **1** 道に迷う. **2** 所在が分からなくなる, なくなる, 紛失する, 消える, 消え失せる, 行方不明になる, 姿を消す, 見えなくなる. ❒ਸੂਈ ਤਾਂ ਤੇਰੇ ਘਰ ਗੁਆਚੀ ਹੈ। 針はおまえの家でなくなったのだ. ❒ਕਿਸੇ ਦੀ ਨਿੱਕਰ ਗੁਵਾਚੀ ਹੁੰਦੀ ਹੈ। 誰かの半ズボンがなくなっています. ❒ਮੇਰੀ ਘੜੀ ਗੁਆਚ ਚੁੱਕੀ ਹੈ। 私の時計はなくなってしまっています.

ਗੁਆਂਢ (गुआँढ) /guā̃ḍa グアーンド/ ▸ਗਵਾਂਢ [Skt. ग्रामान्त] *m.* 近所, 近隣. (⇒ਪੜੋਸ)

ਗੁਆਂਢੀ (गुआँढी) /guā̃ḍī グアーンディー/ [-ਈ] *m.* 近所の人, 隣人. (⇒ਪੜੋਸੀ)

ਗੁਆਰ (गुआर) /guāra グアール/ ▸ਗੰਵਾਰ, ਗਵਾਰ *adj.* →

ਗਵਾਰ²
ਗੁਆਰਾ (गुआरा) /guārā グアーラー/ ▸ਗਵਾਰਾ [(Pkt. गोवाली) Skt. गोपाली] *m.* 〖植物〗キビ(黍)・アワ(粟)・モロコシ(唐)の類.
ਗੁਆਲਾ (गुआला) /guālā グアーラー/ ▸ਗਵਾਲਾ *m.* 〖口語〗→ ਗਵਾਲਾ
ਗੁਆਲੀਅਰ (गुआलीअर) /guālīara グアーリーアル/ ▸ ਗਵਾਲੀਅਰ *m.* → ਗਵਾਲੀਅਰ
ਗੁਸਤਾਕ (गुसताक) /gusatāka グスターク/ ▸ਗੁਸਤਾਖ਼ *adj.* → ਗੁਸਤਾਖ਼
ਗੁਸਤਾਖ਼ (गुसताख़) /gusatāxa グスターク/ ▸ਗੁਸਤਾਕ [Pers. *gustāx*] *adj.* **1** 粗野な, 無作法な, 行儀の悪い, 不躾な. **2** 厚かましい, なまいきな. **3** ぶっきらぼうな, ぞんざいな.
ਗੁਸਤਾਖ਼ੀ (गुसताख़ी) /gusatāxī グスターキー/ [Pers. *gustāxī*] *f.* **1** 粗野, 行儀の悪さ. **2** 厚かましさ. **3** ぶっきらぼう, ぞんざい.
ਗ਼ੁਸਲ (ग़ुसल) /ğusala グサル/ [Arab. *ğusl*] *m.* 入浴, 水浴び, 体を洗うこと.
ਗ਼ੁਸਲਖ਼ਾਨਾ (ग़ुसलख़ाना) /ğusalaxānā グサルカーナー/ [Arab. *ğusl* + Pers. *xāna*] *m.* 浴室, 風呂場.
ਗ਼ੁੱਸਾ (ग़ुस्सा) /ğussā グッサー/ [Arab. *ğuṣṣa*] *m.* **1** 怒り, 憤慨, 立腹. (⇒ਕਰੋਧ) ❐ਗ਼ੁੱਸੇ ਨਾਲ, ਗ਼ੁੱਸੇ ਵਿੱਚ 怒って. ❐ਗ਼ੁੱਸਾ ਆਉਣਾ 怒りを覚える, 腹を立てる, むかつく. ❐ਗ਼ੁੱਸਾ ਕਰਨਾ 怒る, 憤慨する. **2** 激怒, 憤怒.
ਗੁਸਾਈਂ (गुसाईं) /gusāī̃ グサーイーン/ ▸ਗੁਸਾਈ, ਗੋਸਾਈ [Skt. गोस्वामिन्] *m.* **1** 牝牛の主. **2** 聖者, 上人. (⇒ਸੰਤ, ਮਹਾਤਮਾ) **3** 最高神. (⇒ਪਰਮੇਸ਼ਰ)
ਗੁਸਾਈ (गुसाई) /gusāī グサーイー/ ▸ਗੁਸਾਈਂ, ਗੋਸਾਈ *m.* → ਗੁਸਾਈਂ
ਗ਼ੁਸੈਲ (ग़ुसैल) /ğusaila グサェール/ ▸ਗ਼ੁਸੈਲਾ [Arab. *ğuṣṣa*] *adj.* **1** 怒っている, 立腹した, 憤慨している, 激怒している. **2** 怒りっぽい, 短気な.
ਗ਼ੁਸੈਲਾ (ग़ुसैला) /ğusailā グサェーラー/ ▸ਗ਼ੁਸੈਲ *adj.* → ਗ਼ੁਸੈਲ
ਗੁਹਜ (गुहज) /gôja ゴージ/ *adj.* **1** 秘密の. **2** 謎の. **3** 深遠な. **4** 神秘的な.
ਗੁਹਾਰਾ (गुहारा) /guă̄rā | guhārā グアーラー | グハーラー/ ▸ਗਹੀਰਾ *m.* **1** 牛糞の塊の積み重ね. **2** 乾燥した牛糞の山.
ਗੁੰਗ (गुंग) /gunga グング/ [Pers. *gung*] *m.* **1** 無言. **2** 唖. **3** 口のきけないこと.
— *adj.* **1** 無言の. **2** 唖の. **3** 口のきけない.
ਗੁੱਗਲ (गुग्गल) /guggala グッガル/ [Skt. गुग्गुल] *m.* 〖植物〗マツヤニ, 松脂.
ਗੁੰਗਾ (गुंगा) /gungā グンガー/ ▸ਗੂੰਗਾ [Pers. *gung*] *adj.* **1** 無言の. **2** 唖の. **3** 口のきけない.
ਗੁੱਛਮਗੁੱਛਾ (गुच्छमगुच्छा) /guccʰamaguccʰā グッチャムグッチャー/ ▸ਗੁੱਥਮਗੁੱਥਾ [Skt. गुच्छ + ਮ + Skt. गुच्छ] *adj.* **1** ごた混ぜの, もつれ合った. **2** 取っ組み合いの, つかみあいの.
ਗੁੱਛਾ (गुच्छा) /guccʰā グッチャー/ [Skt. गुच्छ] *m.* **1** 房, 穂. **2** 束.
ਗੁੱਛੀ (गुच्छी) /guccʰī グッチー/ [Skt. गुच्छ] *f.* 毛房.
ਗੁੱਛੇਦਾਰ (गुच्छेदार) /guccʰedāra グッチェーダール/ [Pers.-*dār*] *adj.* **1** 房の付いた, 房になっている. **2** 毛房の.
ਗੁਜ਼ਰ (गुज़र) /guzara グザル/ [Pers. *guzar*] *f.* **1** 通行, 通過, 経過, 接近. **2** 時を過ごすこと, 生活, 暮らし. **3** 生存. **4** 生計.
ਗੁੱਜਰ (गुज्जर) /gujjara グッジャル/ [(Pkt. गुज्जर) Skt. गुर्जर] *m.* **1** 〖姓〗グッジャル《牛飼いの一種姓》. **2** 乳搾りの男.
ਗੁਜ਼ਰਨਾ (गुज़रना) /guzaranā グザルナー/ [Pers. *guzar*] *vi.* **1** (時が)過ぎる, 経つ, 経過する. (⇒ਬੀਤਣਾ) **2** 通り過ぎる, 通過する. (⇒ਲੰਘਣਾ) **3** 死ぬ, 亡くなる. (⇒ਮਰਨਾ)
ਗੁਜਰਾਤ¹ (गुजरात) /gujarāta グジラート/ *m.f.* 〖地名〗グジラート(グジュラート)《パキスタンのパンジャーブ州の都市》.
ਗੁਜਰਾਤ² (गुजरात) /gujarāta グジラート/ [Skt. गुर्जर] *m.f.* 〖地名〗グジャラート州《アラビア海に面するインド西部の州. 州都はガーンディーナガル》.
ਗੁਜਰਾਤੀ (गुजराती) /gujarātī グジラーティー/ [-ਈ] *adj.* **1** グジャラートの, グジャラート人の, グジャラート出身の. **2** グジャラーティー語の.
— *m.* **1** グジャラートの人, グジャラート人. **2** グジャラートの出身者.
— *f.* グジャラーティー語.
ਗੁਜ਼ਰਾਨ (गुज़रान) /guzarāna グズラーン/ *f.* **1** 生活. **2** 暮らし. **3** 生計.
ਗੁਜਰਾਲ (गुजराल) /gujarāla グジラール/ *f.* 〖姓〗グジュラール《ヒンドゥー教徒の一種姓》.
ਗੁਜਰਾਂਵਾਲਾ (गुजराँवाला) /gujarā̃wālā グジラーンワーラー/ *m.* 〖地名〗グジュラーンワーラー《パキスタン北部, ラホールの北方約70kmにある都市の名称. また, パキスタンのパンジャーブ州の県の一つの名称でもある》.
ਗੁਜਰੀ (गुजरी) /gujarī グジリー/ ▸ਗੁੱਜਰੀ [(Pkt. गुज्जर) Skt. गुर्जर -ਈ] *f.* 乳搾りの女. (⇒ਗੋਪੀ)
ਗੁੱਜਰੀ (गुज्जरी) /gujjarī グッジャリー/ ▸ਗੁਜਰੀ *f.* → ਗੁਜਰੀ
ਗੁੰਜਾਉਣਾ (गुंजाउणा) /guñjāuṇā グンジャーウナー/ [cf. ਗੂੰਜਣਾ] *vt.* **1** 響かせる. **2** 反響させる.
ਗੁੰਜਾਇਸ਼ (गुंजाइश) /guñjāiśa グンジャーイシュ/ ▸ਗੁੰਜੈਸ਼ [Pers. *gunjāʰiś*] *f.* **1** 余地, 機会, 自由. **2** 空間. **3** 余裕, 利益.
ਗੁੰਜਾਨ (गुंजान) /guñjāna グンジャーン/ [Urd. *gunjān*] *adj.* **1** 濃い. (⇒ਗਾੜ੍ਹਾ) **2** 密集した, 稠密な. (⇒ਸੰਘਣਾ) **3** 人口の密集した. **4** 深い. (⇒ਡੂੰਘਾ)
ਗੁਜ਼ਾਰ (गुज़ार) /guzāra グザール/ [Pers. *guzār*] *suff.* 「…を過ごす(人)」「…を実行する(人)」「…を与える(人)」などを意味する形容詞・名詞を形成する接尾辞.
ਗੁਜ਼ਾਰਸ਼ (गुज़ारश) /guzāraśa グザーラシュ/ [Pers. *guzāriś*] *f.* 懇願.
ਗੁਜ਼ਾਰਨਾ (गुज़ारना) /guzāranā グザールナー/ [Pers. *guzār*] *vt.* **1** 過ごす. **2** 通す, 通過させる.
ਗੁਜ਼ਾਰਾ (गुज़ारा) /guzārā グザーラー/ [Pers. *guzāra*] *m.* **1** 越えること, 渡ること. **2** 生計. ❐ਗੁਜ਼ਾਰਾ ਕਰਨਾ なんとか生計を立てる, どうやら生きていく, 細々と暮らしていく.

3 生存． 4 時を過ごすこと． 5 生活，暮らし．

ਗੁਜ਼ਾਰੀ (गुज़ारी) /guzārī グザーリー/ [Pers. *guzārī*] *suff.* 「…を過ごすこと」「…を実行すること」「…を与えること」などを意味する女性名詞を形成する接尾辞．

ਗੁੰਜੈਸ਼ (गुंजैश) /guñjaiśa グンジャェーシュ/ ▶ਗੁੰਜਾਇਸ਼ *f.* → ਗੁੰਜਾਇਸ਼

ਗੁੱਝ (गुज्झ) /gûjja グッジ/ ▶ਗੋਝ [Skt. गुह्य] *f.* 1 秘密． 2 謎． 3 内密，内緒． 4 賄賂．

ਗੁੰਝਲ (गुंझल) /gûñjala グンジャル/ [Skt. गुच्छ] *f.* 1 もつれ． 2 複雑さ． 3 困惑．

ਗੁੰਝਲਣਾ (गुंझलणा) /gûñjalaṇā グンジャルナー/ ▶ਗੁੰਝਲਨਾ *vi.* → ਗੁੰਝਲਨਾ

ਗੁੰਝਲਦਾਰ (गुंझलदार) /gûñjaladāra グンジャルダール/ [Skt. गुच्छ Pers.-*dār*] *adj.* 1 もつれた． 2 複雑な．

ਗੁੰਝਲਨਾ (गुंझलना) /gûñjalanā グンジャルナー/ ▶ਗੁੰਝਲਣਾ [Skt. गुच्छ] *vi.* 1 もつれる． 2 困惑する．

ਗੁੰਝਲਾਉਣਾ (गुंझलाउणा) /guñjalāuṇā グンジャラーウナー/ [Skt. गुच्छ] *vt.* 1 もつれさせる． 2 混乱させる．

ਗੁੱਝਾ (गुज्झा) /gûjjā グッジャー/ [Skt. गुह्य] *adj.* 1 秘められた，秘密の，内密の，内緒の．(⇒ਭੇਤ ਵਾਲਾ) 2 隠れた，隠された．(⇒ਗੁਪਤ) 3 見えない，現れていない． 4 謎の． 5 難解な，深遠な．

ਗੁਟ (गुट) /guṭa グト/ *m.* 1 集団． 2 派閥．

ਗੁੱਟ (गुट्ट) /guṭṭa グット/ *m.* 〖身体〗手首．(⇒ਕਲਾਈ, ਵੀਣੀ)

ਗੁਟਕ (गुटक) /guṭaka グタク/ *f.* 1 〖擬声語〗クークー《鳩などが鳴く声》． 2 〖擬声語〗クックッ《喉を鳴らす音》． 3 〖擬声語〗クスクス《含み笑いを漏らす声》．

ਗੁਟਕਣਾ (गुटकणा) /guṭakaṇā グタカナー/ ▶ਗੁਟਕਨਾ *vi.* 1 (鳩などが)クークー鳴く． 2 クックッと喉を鳴らす，クックッと喉を鳴らしながら飲む． 3 クスクス笑う，含み笑いを漏らす．

ਗੁਟਕਨਾ (गुटकना) /guṭakanā グタカナー/ ▶ਗੁਟਕਣਾ *vi.* → ਗੁਟਕਣਾ

ਗੁਟਕਾ (गुटका) /guṭakā グトカー/ [Skt. गुटिका] *m.* 1 小さな丸い玉，粒． 2 小さな木片《隙間に挿んで固定するために使う》． 3 突起物． 4 小型の本，便覧，手引書． 5 〖スィ〗グトカー《礼拝に用いる聖典の小型の個人用選集》．

ਗੁੱਟੀ (गुट्टी) /guṭṭī グッティー/ [(Pkt. जूड) Skt. जूट] *f.* 1 巻いたもの． 2 小さな束．

ਗੁੱਠ (गुट्ठ) /guṭṭʰa グット/ *f.* 1 隅． 2 角．

ਗੁਠਲੀ (गुठली) /guṭʰalī グトリー/ [(Pkt. गुडिआ) Skt. गुटिका] *f.* 〖植物〗果物の種，硬い内果皮《果物の中心にある硬いところ》．(⇒ਹਿੜਕ, ਗਿਟਕ)

ਗੁੱਠਾ (गुट्ठा) /guṭṭʰā グッター/ ▶ਗੋਡਾ [(Pot.)] *m.* → ਗੋਡਾ

ਗੁੱਡਣਾ (गुड्डणा) /guḍḍaṇā グッダナー/ ▶ਗੋਡਣਾ, ਗੋਡਨਾ [(Pot.)] *vt.* 1 土を掘り起こす，耕す． 2 雑草を取り除く．

ਗੁਡਵਾਉਣਾ (गुडवाउणा) /guḍawāuṇā グドワーウナー/ ▶ਗੁਡਾਉਣਾ *vt.* 1 土を掘り起こさせる，耕させる． 2 雑草を取り除かせる．

ਗੁੰਡਾ (गुंडा) /gunḍā グンダー/ [Skt. गुण्डक] *m.* 1 ごろつき，ならず者． 2 やくざ者，よた者． 3 悪党．(⇒ਬਦਮਾਸ਼)

ਗੁੱਡਾ (गुड्डा) /guḍḍā グッダー/ [(Pkt. गुडिआ) Skt. गुटिका] *m.* 1 男の人形． 2 大型の凧．

ਗੁਡਾਉਣਾ (गुडाउणा) /guḍāuṇā グダーウナー/ ▶ਗੁਡਵਾਉਣਾ *vt.* → ਗੁਡਵਾਉਣਾ

ਗੁਡਾਈ (गुडाई) /guḍāī グダーイー/ *f.* 〖農業〗鍬で耕すこと．

ਗੁਡਾਵਾ (गुडावा) /guḍāwā グダーワー/ *m.* 1 鍬で耕す人． 2 農業労働者．

ਗੁੱਡੀ (गुड्डी) /guḍḍī グッディー/ [(Pkt. गुडिआ) Skt. गुटिका -ई] *f.* 1 人形． 2 凧，小さな凧． 3 女の子，愛らしい女の子． 4 娘，愛娘．

ਗੁੱਡੂ (गुड्डू) /guḍḍū グッドゥー/ [(Lah.)] *m.* 〖魚〗蛇のような頭の魚．

ਗੁਣ (गुण) /guṇa グン/ [Skt. गुण] *m.* 1 質，性質． 2 長所，美点，美徳． 3 特性，特質，品質，特徴． 4 才能，天分． 5 成分．

ਗੁਣਕ (गुणक) /guṇaka グナク/ [Skt. गुणक] *f.* 1 〖数学〗乗数． 2 〖数学〗因数．

ਗੁਣਕਾਰੀ (गुणकारी) /guṇakārī グンカーリー/ [Skt. गुण Skt.-कारिन्] *adj.* 1 効果のある，効き目のある，有効な． 2 役に立つ，有益な．

ਗੁਣਗੁਣ (गुणगुण) /guṇaguṇa グングン/ *f.* 1 鼻声． 2 鼻声で聞き取れない話．

ਗੁਣਗੁਣਾ (गुणगुणा) /guṇaguṇā グングナー/ *adj.* 鼻声の，鼻声で話している．

ਗੁਣਗੁਣਾਉਣਾ (गुणगुणाउणा) /guṇaguṇāuṇā グングナーウナー/ *vi.* 1 鼻声で話す，ぼそぼそ言う． 2 鼻歌を歌う，口ずさむ．

ਗੁਣਗੁਣਾਹਟ (गुणगुणाहट) /guṇaguṇâṭa グングナート/ ▶ਗੁਣਗੁਣਾਟ *f.* 1 鼻声． 2 鼻歌．

ਗੁਣਗੁਣਾਟ (गुणगुणाट) /guṇaguṇāṭa グナグナート/ ▶ਗੁਣਗੁਣਾਹਟ *f.* → ਗੁਣਗੁਣਾਹਟ

ਗੁਣਜ (गुणज) /guṇaja グナジ/ [Skt. गुणज] *m.* 〖数学〗倍数．

ਗੁਣ-ਦੋਸ਼ (गुण-दोश) /guṇa-dośa グン・ドーシュ/ [Skt. गुण + Skt. दोष] *m.* 美点と欠点，長所と短所．

ਗੁਣਨ (गुणन) /guṇana グナン/ [Skt. गुणन] *m.* 〖数学〗乗法，掛け算．

ਗੁਣਨ-ਫਲ (गुणन-फल) /guṇana-pʰala グナン・パル/ [Skt. गुणन + Skt. फल] *m.* 〖数学〗積．

ਗੁਣਵੰਤ (गुणवंत) /guṇawanta グンワント/ ▶ਗੁਣਵੰਤਾ [Skt. गुण Skt.-वंत] *adj.* 1 美徳を備えた，有徳の，道徳的な． 2 才能のある，天分豊かな．

ਗੁਣਵੰਤਾ (गुणवंता) /guṇawantā グンワンター/ ▶ਗੁਣਵੰਤ *adj.* → ਗੁਣਵੰਤ

ਗੁਣਵਾਨ (गुणवान) /guṇawāna グンワーン/ [Skt. गुण Skt.-वान्] *adj.* 1 美徳を備えた，有徳の，道徳的な． 2 才能のある，天分豊かな．

ਗੁਣਾ (गुणा) /guṇā グナー/ [Skt. गुणन] *m.* 〖数学〗乗法，掛け算．

— *adj.* 掛けた，倍数の．

— *suff.* 「…倍の」「…重の」などの意味の形容詞を形成する接尾辞．

ਗੁਣਾਂਕ (गुणाँक) /guṇā̃ka グナーンク/ [Skt. गुणन + Skt. अंक] m. 〖数学〗被乗数.

ਗੁਣਾਤਮਿਕ (गुणातमिक) /guṇātamika グナートミク/ [Skt. गुण Skt.-आत्मक] adj. 質の, 質的な, 性質上の.

ਗੁਣੀ (गुणी) /guṇī グニー/ [Skt. गुणी] adj. 1 質の良い, 良質の. 2 才能のある, 有能な, 天分豊かな. 3 優れた, 優秀な. 4 技量の高い. 5 役に立つ, 有用な.

ਗੁਣੀਆਂ (गुणीआँ) /guṇīā̃ グニーアーン/ ▸ਗੁਣੀਆ [Pers. guniyā] m. 〖道具〗(石工や煉瓦職人などが用いる)曲尺, 直角定規, L定規, T定規.

ਗੁਣੀਆ (गुणीआ) /guṇīā グニーアー/ ▸ਗੁਣੀਆਂ m. → ਗੁਣੀਆਂ

ਗੁੱਤ (गुत्त) /gutta グット/ [(Pkt. गुत्थ) Skt. ग्रथित] f. 〖身体〗髪を編んだお下げ.

ਗੁਤਾਵਾ (गुतावा) /gutāwā グターワー/ m. 〖飼料〗きざみ藁と固形油かすなどでできた家畜用混合飼料.

ਗੁੱਥਮਗੁੱਥਾ (गुत्थमगुत्था) /gutthamagutthā グッタムグッター/ ▸ਗੁੱਛਮਗੁੱਛਾ adj. → ਗੁੱਛਮਗੁੱਛਾ

ਗੁਥਲਾ (गुथला) /guthalā グトラー/ m. 袋.

ਗੁਥਲੀ (गुथली) /guthalī グトリー/ f. 小袋.

ਗੁਦਗੁਦਾ (गुदगुदा) /gudagudā グドグダー/ adj. 1 柔らかい. 2 ふわふわした. 3 ふっくらした, ふくよかな. 4 肉付きの良い, 豊満な.

ਗੁੰਦਣਾ (गुंदणा) /gundaṇā グンダナー/ [Skt. ग्रन्थयति] vt. 1 (髪や藁などを)編む, 組む, 編んで作る. 2 織り交ぜる, 交錯させる, 組み合わせる.

ਗੁੰਦਵਾਂ (गुंदवाँ) /gundawā̃ グンドワーン/ ▸ਗੋਂਦਵਾਂ [cf. ਗੁੰਦਣਾ] adj. 編まれた, 組まれた, 織り交ぜられた.

ਗੁੰਦਵਾਉਣਾ (गुंदवाउणा) /gundawāuṇā グンドワーウナー/ ▸ਗੁੰਦਾਉਣਾ [cf. ਗੁੰਦਣਾ] vt. (髪や縄などを)編ませる, 編んでもらう.

ਗੁੱਦੜ (गुद्दड़) /guddaṛa グッダル/ [Hin. गूदड़] m. 1 ぼろ, ぼろ布. 2 古い木綿. 3 布団の詰め物.

ਗੁਦੜੀ (गुदड़ी) /gudaṛī グダリー/ ▸ਗੋਦੜੀ f. 1 〖寝具〗乞食の毛布. 2 〖寝具〗ぼろぼろの毛布.

ਗੁਦਾ (गुदा) /gudā グダー/ [Pkt. गुद] f. 〖身体〗肛門.

ਗੁੱਦਾ (गुद्दा) /guddā グッダー/ [Skt. गोर्द] m. 〖植物〗(果物などの柔らかい)果肉, (茎の中心の)髄.

ਗੁੰਦਾਉਣਾ (गुंदाउणा) /gundāuṇā グンダーウナー/ ▸ਗੁੰਦਵਾਉਣਾ vt. → ਗੁੰਦਵਾਉਣਾ

ਗੁੰਦਾਈ (गुंदाई) /gundāī グンダーイー/ [cf. ਗੁੰਦਣਾ] f. (髪や藁などを)編むこと, 組むこと, 編んで作ること.

ਗੁਦਾਮ[1] (गुदाम) /gudāma グダーム/ ▸ਗਦਾਮ [Portug.] m. ボタン. (⇒ਬਟਨ, ਬੀੜਾ)

ਗੁਦਾਮ[2] (गुदाम) /gudāma グダーム/ ▸ਗੋਦਾਮ [Eng. godown] m. 倉庫, 貯蔵所, 蔵. (⇒ਸਟੋਰ)

ਗੁੰਨ੍ਹਣਾ (गुन्हणा) /gûnnaṇā グンヌナー/ [Skt. ग्रन्थयति] vt. こねる, 練る.

ਗੁਨਾਹ (गुनाह) /gunâ グナー/ [Pers. gunāh] m. 1 罪. (⇒ਪਾਪ) 2 罪悪.

ਗੁਨਾਹਗਾਰ (गुनाहगार) /gunâgāra グナーガール/ [Pers.-gār] adj. 1 有罪の. 2 罪深い.
— m. 2 罪人.

ਗੁਨਾਹਗਾਰੀ (गुनाहगारी) /gunâgārī グナーガーリー/ [Pers.-gārī] f. 1 有罪. 2 罪深いこと.

ਗੁਨਾਹੀ (गुनाही) /gunâī グナーイー/ [Pers. gunāhī] adj. 1 有罪の. 2 罪深い.

ਗੁਪਤ (गुपत) /gupata グプト/ [Skt. गुप्त] adj. 1 隠された, 隠れた. 2 秘められた, 密かな, 秘密の. 3 内密の, マル秘の, 内緒の.

ਗੁਪਤ-ਅੰਗ (गुपत-अंग) /gupata-aṅga グプト・アング/ [Skt. गुप्त + Skt. अंग] m. 〖身体〗隠された部位, 生殖器.

ਗੁਪਤਚਰ (गुपतचर) /gupatacara グパトチャル/ [Skt. गुप्तचर] m. 1 スパイ, 密偵, 諜報員. (⇒ਜਸੂਸ) 2 探偵.

ਗੁਪਤ-ਦਾਨ (गुपत-दान) /gupata-dāna グプト・ダーン/ [Skt. गुप्त + Skt. दान] m. 匿名の贈り物, 匿名の寄付.

ਗੁਪਤ-ਰੋਗ (गुपत-रोग) /gupata-roga グプト・ローグ/ [+ Skt. रोग] m. 〖医〗診断されない病気, 性病.

ਗੁਪਤਵਾਸ (गुपतवास) /gupatawāsa グプトワース/ [+ Skt. वास] m. 隠棲, 隠遁.

ਗੁਪਤੀ (गुपती) /gupatī グプティー/ f. 1 〖道具〗仕込み杖. 2 〖武〗杖に隠された武器.

ਗੁਫ਼ਤਗੂ (गुफ़तगू) /gufatagū グファトグー/ ▸ਗੁਫ਼ਤਗੋ [Pers. guftgū] f. 1 会話, 対話. 2 話し合い, 相談. 3 談話, インタビュー.

ਗੁਫ਼ਤਗੋ (गुफ़तगो) /gufatago グファトゴー/ ▸ਗੁਫ਼ਤਗੂ f. → ਗੁਫ਼ਤਗੂ

ਗੁਫ਼ਤਾਰ (गुफ़तार) /gufatāra グフタール/ [Pers. guftār] m. 1 声, 発話, 発言. 2 話し合い, 相談. 3 談話. 4 談話体.

ਗੁਫ਼ਤੋਸ਼ੁਨੀਦ (गुफ़तोशुनीद) /gufatośunīda グフトーシュニード/ f. 1 言うことと聞くこと. 2 会話, 対話. 3 意見交換.

ਗੁਫਾ (गुफा) /guphā グパー/ [Skt. गुहा] f. 〖地理〗洞穴, 洞窟, 横穴.

ਗੁਬ (गुब) /guba グブ/ [(Lah.)] f. 太鼓腹. (⇒ਗੋਗੜ)

ਗੁੰਬਜ (गुंबज) /gumbaja グンバジ/ ▸ਗੁੰਬਦ m. → ਗੁੰਬਦ

ਗੁੰਬਦ (गुंबद) /gumbada グンバド/ ▸ਗੁੰਬਜ [Pers. gumbad] m. 1 〖建築〗円天井, 丸天井, 円屋根, ドーム. 2 〖建築〗小円塔, 球形塔.

ਗ਼ੁਬਾਰ (ग़ुबार) /ǧubāra グバール/ [Arab. ǧubār] m. 1 埃, 土埃, 砂埃, 砂塵, 塵埃. 2 砂嵐. 3 靄, 霧. 4 〖比喩〗もやもやした気持ち, わだかまり, 不満, 悲しみ.

ਗ਼ੁਬਾਰਾ (ग़ुबारा) /ǧubārā グバーラー/ [Arab. ǧubbāra] m. 1 〖乗物〗気球, 飛行船. 2 風船. 3 水袋.

ਗੁਬਿੰਦੀ (गुबिंदी) /gubindī グビンディー/ ▸ਗੋਬਿੰਦੀ f. 〖植物〗ニンジン(人参). (⇒ਗਾਜਰ)

ਗੁੰਮ[1] (गुंम) /gumma グンム/ [Pers. gum] adj. 1 消えた, 視界から消えた, 見えない. (⇒ਗ਼ਾਇਬ) 2 失われた, なくなった, 紛失した, 所在が分からなくなった, 行方不明の. (⇒ਗੁਆਚਿਆ ਹੋਇਆ) 3 黙っている, 無言の, 沈黙の. (⇒ਚੁੱਪ, ਖ਼ਮੋਸ਼) 4 隠れた, 密かな, 秘密の. (⇒ਗੁਪਤ, ਲੁਕਿਆ ਹੋਇਆ) 5 意識不明の, 気絶している, 失神している. (⇒ਬੇਸੁੱਧ)

ਗੁੰਮ[2] (गुंम) /gumma グンム/ ▸ਗੁੰਮ੍ਹ [(Pkt. घम्म) Skt. घर्म] m. 〖気象〗蒸し暑さ, 風通しの悪いこと, 風が凪いだ蒸

し暑い天気.

ਗੁੰਮ[3] (गुंम) /gumma グンム/ ▸ਗੁੱਮ [Skt. गुम्फ] m. 1 人の集まり, 群衆. 2 物の集まり, 収集物, 集積物.

ਗੁੱਮ (गुम्म) /gumma グンム/ ▸ਗੁੰਮ m. → ਗੁੰਮ[3]

ਗੁੰਮ੍ਹ (गुम्ह) /gûmma グンム/ ▸ਗੁੰਮ m. → ਗੁੰਮ[2]

ਗੁੰਮਟੀ (गुंमटी) /gummaṭī グンムティー/ ▸ਗੁਮਟੀ f. 1〖建築〗小さな球形塔, 円柱状の建物. 2〖建築〗屋根裏部屋, 上層階. 3〖建築〗踏切番の小屋.

ਗੁਮਟੀ[1] (गुमटी) /gumaṭī グムティー/ ▸ਗੁੰਮਟੀ f. → ਗੁੰਮਟੀ

ਗੁਮਟੀ[2] (गुमटी) /gumaṭī グムティー/ [Eng. *dimity*] f.〖布地〗畝織, 浮き縞綿布《縞模様を浮き織りにした綿布》.

ਗੁੰਮਣਾ (गुंमणा) /gummaṇā グンマナー/ [Pers. *gum*] vi. 1 失われる, なくなる. 2 所在が分からなくなる, 行方不明になる.

ਗੁਮਨਾਮ (गुमनाम) /gumanāma グムナーム/ [Pers. *gumnām*] adj. 1 匿名の, 名を伏せた. 2 無名の, 名前を知られていない, 目立たない.

ਗੁਮਨਾਮੀ (गुमनामी) /gumanāmī グムナーミー/ [Pers. *gumnāmī*] f. 1 匿名. 2 無名, 名前を知られていないこと.

ਗੁਮਰ (गुमर) /gumara グマル/ [Arab. *ğubār*] m. 1 嫌悪, 不快感, 嫌気. 2 憎しみ, 憎悪, 嫉妬. (⇒ਘਿਰਨਾ) 3 自尊心, 自慢, 驕り. (⇒ਹੰਕਾਰ)

ਗੁਮਰਾਹ (गुमराह) /gumarâ グムラー/ [Pers. *gumrāh*] adj. 1 道に迷った, 方向を見失った. 2 惑わされた. 3 道を外れた, 悪い道にそれた.
— m. 1 道に迷った人, 方向を見失った人. 2 惑わされた人. 3 道を踏み外した人, 悪い道にそれた人.

ਗੁਮਰਾਹੀ (गुमराही) /gumarāhī | gumarâī グムラーヒー | グムラーイー/ [Pers. *gumrāhī*] f. 1 道に迷うこと, 方向を見失うこと. 2 惑わされること. 3 道を踏み外すこと, 悪い道にそれること.

ਗੁਮਾਉਣਾ (गुमाउणा) /gumāuṇā グマーウナー/ ▸ਗਵਾਉਣਾ, ਗੰਵਾਉਣਾ, ਗਵਾਵਣਾ, ਗਵਾਵਨਾ, ਗੁਆਉਣਾ vt. → ਗੁਆਉਣਾ

ਗੁਮਾਸ਼ਤਾ (गुमाशता) /gumāśatā グマーシュター/ [Pers. *gumāśta*] m. 1 代理人. 2 代表経営者.

ਗੁਮਾਣ (गुमाण) /gumāṇa グマーン/ ▸ਗੁਮਾਨ m. → ਗੁਮਾਨ

ਗੁਮਾਨ (गुमान) /gumāna グマーン/ ▸ਗੁਮਾਣ [Pers. *gumān*] m. 1 誇り, 自尊心, 傲慢. 2 推測, 憶測. 3 不信, 疑惑.

ਗੁਰ[1] (गुर) /gura グル/ [Skt. गुरु] pref. 「ਗੁਰੂ〔スィック教の教主〕に関連する」を意味する接頭辞.

ਗੁਰ[2] (गुर) /gura グル/ [Skt. गुरु] m. 1 決まったやり方. 2 秘訣.

ਗੁਰਸ਼ਬਦ (गुरशबद) /guraśabada グルシャバド/ [Skt. गुरु- Skt. शब्द] f.〖スィ〗グルの言葉・教え《『アーディ・グラント』に収められている, グル〔スィック教の教主〕が作った讃歌・詩文》. (⇒ਗੁਰਬਾਣੀ)

ਗੁਰਗਾਬੀ (गुरगाबी) /guragābī グルガービー/ ▸ਗੁਰਗਾਵੀ [Pers. *gurgābī*] f.〖履物〗甲が広く空いて紐や留め金がない靴.

ਗੁਰਗਾਵੀ (गुरगावी) /guragāwī グルガーウィー/ ▸ਗੁਰਗਾਬੀ [(Pot.)] f. → ਗੁਰਗਾਬੀ

ਗੁਰਜ (गुरज) /guraja グルジ/ [Pers. *gurz*] m.〖武〗鎚矛(つちぼこ).

ਗੁਰਦਵਾਰਾ (गुरदवारा) /guradawārā グルダワーラー/ ▸ਗੁਰਦੁਆਰਾ, ਗੁਰਦੁਆਰਾ m. → ਗੁਰਦੁਆਰਾ

ਗੁਰਦ੍ਵਾਰਾ (गुरद्वारा) /guradwārā (guradawārā) グルドワーラー(グルダワーラー)/ ▸ਗੁਰਦਵਾਰਾ, ਗੁਰਦੁਆਰਾ m. → ਗੁਰਦੁਆਰਾ

ਗੁਰਦਾ (गुरदा) /guradā グルダー/ [Pers. *gurda*] m. 1〖身体〗腎臓. ❐ਗੁਰਦੇ ਸੰਬੰਧੀ 腎臓の, 腎臓部の. ❐ ਗੁਰਦੇ-ਕਪੂਰੇ 屠殺された動物の肝臓・腎臓・睾丸. ❐ ਗੁਰਦੇ ਦਾ ਅਪਰੇਸ਼ਨ 腎切開術. 2〖比喩〗勇気, 大胆さ, 恐れを知らないこと. 3〖比喩〗忍耐, 寛容.

ਗੁਰਦੁਆਰਾ (गुरदुआरा) /guraduārā グルドゥアーラー/ ▸ਗੁਰਦਵਾਰਾ, ਗੁਰਦ੍ਵਾਰਾ [Skt. गुरु- Skt. द्वार] m.〖スィ〗グルドゥワーラー《スィック教の礼拝堂》.

ਗੁਰਧਾਮ (गुरधाम) /guratǎma グルターム/ [Skt. गुरु- Skt. धाम] m. 1 グルの住まい. 2〖スィ〗グル〔スィック教の教主〕のゆかりの地. 3〖スィ〗スィック教徒の巡礼地.

ਗੁਰਪੁਰਬ (गुरपुरब) /gurapuraba グルプルブ/ [Skt. गुरु- Skt. पर्व] m.〖祭礼・スィ〗グルプルブ《グルの生誕または入滅などを記念する祭り》.

ਗ਼ੁਰਬਤ (ग़ुरबत) /ğurabata グルバト/ [Pers. *ğurbat*] f. 貧しさ, 貧乏, 貧困. (⇒ਗ਼ਰੀਬੀ)

ਗੁਰਬਾਣੀ (गुरबाणी) /gurabāṇī グルバーニー/ ▸ਗੁਰਬਾਨੀ, ਗੁਰੁਬਾਣੀ [Skt. गुरु- Skt. वाणी] f.〖スィ〗グルの言葉・教え《『アーディ・グラント』に収められている, グル〔スィック教の教主〕が作った讃歌・詩文》. (⇒ਗੁਰਸ਼ਬਦ)

ਗੁਰਬਾਨੀ (गुरबानी) /gurabānī グルバーニー/ ▸ਗੁਰਬਾਣੀ, ਗੁਰੁਬਾਣੀ f. → ਗੁਰਬਾਣੀ

ਗੁਰਬਿਲਾਸ (गुरबिलास) /gurabilāsa グルビラース/ [Skt. गुरु- Skt. विलास] m. 1〖スィ〗グル〔スィック教の教主〕の生涯について解説した韻文. 2〖スィ〗グルビラース《バーイー・グルダースによって書かれた6代目グルを讃えた本》.

ਗੁਰ-ਭਾਈ (गुर-भाई) /gura-pǎī グル・パーイー/ [Skt. गुरु- (Pkt. भाई) Skt. भ्रातृ] m. 同じグルの弟子仲間.

ਗੁਰਮਤ (गुरमत) /guramata グルマト/ ▸ਗੁਰਮਤਿ [Skt. गुरु- Skt. मत] m.〖スィ〗グル〔スィック教の教主〕の教え.

ਗੁਰਮੰਤਰ (गुरमंतर) /guramantara グルマンタル/ [Skt. गुरु- Skt. मंत्र] m. 宗教的な決まり文句.

ਗੁਰਮਤਾ (गुरमता) /guramatā グルマター/ [Skt. गुरु- Skt. मत] m.〖スィ〗スィックの会衆による決議.

ਗੁਰਮਤਿ (गुरमति) /guramat グルマト/ ▸ਗੁਰਮਤ m. → ਗੁਰਮਤ

ਗੁਰਮੁਖ (गुरमुख) /guramukʰa グルムク/ [Skt. गुरु- Skt. मुख] adj. 1〖スィ〗グル〔スィック教の教主〕の口から発せられた教えに従う, 敬虔な. (⇔ਮਨਮੁਖ) 2〖スィ〗グルの伝授を受けた, グルの口伝による.
— m. 1〖身体〗グルの口, グルの顔. 2〖スィ〗グルの口から発せられた教えに従う敬虔なスィック教徒, 敬虔な信者.

ਗੁਰਮੁਖੀ (गुरमुखी) /guramukʰī グルムキー/ [-ਈ] f.〖文

字』グルムキー文字《パンジャービー語の表記文字のうちの一つの名称. インド系文字の一つで, 主にインド国内で用いられる》.
— *adj.* 〖スィ〗グルムク〔グルの口から発せられた教えに従う敬虔なスィック教徒〕の, 敬虔な信者の.

ਗੁਰਵਾਰ (गुरवार) /gur̥awār̥a グルワール/ ▸ਗੁਰੂਵਾਰ *m.* → ਗੁਰੂਵਾਰ

ਗੁਰਿਆਈ (गुरिआई) /guriāī グリアーイー/ [Skt. गुरु -ਆਈ] *f.* グルの地位.

ਗੁਰੀਲਾ (गुरीला) /gurīlā グリーラー/ [Eng. *guerrilla*] *m.* 〖軍〗ゲリラ兵, ゲリラ部隊.

ਗੁਰੁਬਾਣੀ (गुरुबाणी) /gurubāṇī グルバーニー/ ▸ਗੁਰਬਾਣੀ, ਗੁਰਬਾਨੀ *f.* → ਗੁਰਬਾਣੀ

ਗੁਰੂ (गुरू) /gurū グルー/ [Skt. गुरु] *m.* **1** 師, 導師, 精神的な指導者. **2** 教師, 先生. **3** 〖スィ〗グル《10代目までのスィック教の教主(教父). 10代目までで終わった人間の教主に代わり, その後永遠の教主としての地位に就いたスィック教の根本聖典の呼称にも加えられる. パンジャービー語の発音では「グルー」であるが, 訳語としては「グル」が, 一般的に用いられているため「グル」の表記とした》.

ਗੁਰੂਵਾਰ (गुरूवार) /gurūwār̥a グルーワール/ ▸ਗੁਰਵਾਰ [Skt. गुरुवार] *m.* 〖暦〗木曜日. (⇒ਵੀਰਵਾਰ)

ਗੁਰੇਜ਼ (गुरेज़) /gurez̥a グレーズ/ [Pers. *gurez*] *m.* **1** 回避. ❒ਗੁਰੇਜ਼ ਕਰਨਾ 避ける, しないでおく, 思いとどまる, 断念する, 控える. **2** 抑制. **3** 飛翔. **4** 逃亡.

ਗੁਲ (गुल) /gul̥a グル/ [Pers. *gul*] *m.* **1** 〖植物〗花. **2** 〖植物〗バラ(薔薇).

ਗੁੱਲ (गुल्ल) /gull̥a グッル/ [Pers. *gul*] *adj.* **1** 燃え尽きた, 消された. **2** 失われた, 消費された.
— *m.* 蝋燭やランプの芯の燃えた部分.

ਗੁਲਸ਼ਨ (गुलशन) /gul̥aśan̥a グルシャン/ [Pers. *gul* + Pers. *śan*] *m.* **1** バラ園. (⇒ਗੁਲਜ਼ਾਰ) **2** 花園.

ਗੁਲਕਾਰੀ (गुलकारी) /gul̥akārī グルカーリー/ [Pers.-*kārī*] *f.* 花模様を施す工芸.

ਗੁਲਗੁਲਾ (गुलगुला) /gul̥agulā グルグラー/ *m.* 〖食品〗グルグラー《小麦粉をボール状に丸めて揚げた甘い菓子》.

ਗੁਲਜ਼ਈ (गुलज़ई) /gul̥azaī グルザイー/ ▸ਗੁਲਜ਼ਰੀ [Eng. *bull's-eye*] *f.* **1** 黒点《アーチェリーやダーツの標的の中心》. **2** 金的. **3** 命中. **4** 的を射た言葉.

ਗੁਲਜ਼ਰੀ (गुलज़री) /gul̥azarī グルザリー/ ▸ਗੁਲਜ਼ਈ *f.* → ਗੁਲਜ਼ਈ

ਗੁਲਜ਼ਾਰ (गुलज़ार) /gul̥azār̥a グルザール/ [Pers. *gul* + *zār*] *m.* **1** バラ園. (⇒ਗੁਲਸ਼ਨ) **2** 花園. **3** 庭, 庭園.

ਗੁਲਦਸਤਾ (गुलदसता) /gul̥adas̥atā グルダスター/ [+ Pers. *dasta*] *m.* 花束.

ਗੁਲਦਾਊਦੀ (गुलदाऊदी) /gul̥adāūdī グルダーウーディー/ [Pers. *guldāūdī*] *f.* 〖植物〗キク(菊).

ਗੁਲਦਾਨ (गुलदान) /gul̥adān̥a グルダーン/ [Pers. *gul* Pers.-*dān*] *m.* 〖容器〗花瓶.

ਗੁਲਦਾਰ (गुलदार) /gul̥adār̥a グルダール/ [Pers.-*dār*] *adj.* 花模様の.

ਗੁਲਨਾਰ (गुलनार) /gul̥anār̥a グルナール/ [+ Pers. *anār*] *m.* 〖植物〗ザクロ(柘榴)の花.

ਗੁਲਫ਼ਾਮ (गुलफ़ाम) /gul̥afām̥a グルファーム/ [+ Pers. *fām*] *adj.* **1** バラ色の. (⇒ਗੁਲਾਬੀ) **2** 花のような. **3** 美しい, 綺麗な. (⇒ਸੁੰਦਰ)

ਗੁਲਬਹਾਰ (गुलबहार) /gul̥abăr̥a | gul̥abahār̥a グルバール | グルバハール/ *m.* 〖植物〗ヒナギク(雛菊).

ਗੁਲਮਹਿੰਦੀ (गुलमहिंदी) /gul̥amãĩdī グルマェーンディー/ [Pers. *gul* + Skt. मेन्धी] *m.f.* 〖植物〗ホウセンカ(鳳仙花)《ツリフネソウ科の草本》.

ਗੁਲਮੁਹਰ (गुलमुहर) /gul̥amôr̥a グルモール/ ▸ਗੁਲਮੋਹਰ *m.* → ਗੁਲਮੋਹਰ

ਗੁਲਮੋਹਰ (गुलमोहर) /gul̥amôr̥a グルモール/ ▸ਗੁਲਮੁਹਰ *m.* 〖植物〗ホウオウボク(鳳凰木)《マメ科の高木》.

ਗੁਲਾਈ (गुलाई) /gulāī グラーイー/ [Skt. गोल -ਆਈ] *f.* **1** 円形. **2** 球形.

ਗੁਲਾਬ (गुलाब) /gulāb̥a グラーブ/ [Pers. *gulāb*] *m.* 〖植物〗バラ(薔薇).

ਗੁਲਾਬਜਾਮਨ (गुलाबजामन) /gulāb̥ajāman̥a グラーブジャーマン/ [Pers. *gulāb-jāmun*] *f.* 〖食品〗グラーブジャーマン《球形に丸めたパニール〔カテージチーズ〕を揚げたものを砂糖シロップで甘くした菓子》.

ਗੁਲਾਬੀ (गुलाबी) /gulābī グラービー/ [Pers. *gulābī*] *adj.* **1** バラの, バラの花の. **2** バラ色の, 淡紅色の.

ਗ਼ੁਲਾਮ (ग़ुलाम) /ğulām̥a グラーム/ [Arab. *ğulām*] *m.* **1** 奴隷, 隷属しているもの. (⇒ਦਾਸ) **2** 下僕, 召使, 使用人. (⇒ਦਾਸ, ਨੌਕਰ, ਸੇਵਕ)

ਗ਼ੁਲਾਮੀ (ग़ुलामी) /ğulāmī グラーミー/ [Pers. *ğulāmī*] *f.* **1** 隷属, 隷従. **2** 労役.

ਗੁਲਾਲ (गुलाल) /gulāl̥a グラール/ [Pers. *gulelā*] *m.* 〖祭礼〗グラール《ホーリー祭でお互いにかけ合う色つきの粉. 主として赤い粉》.

ਗੁਲਿਸਤਾਂ (गुलिसताँ) /gulis̥atā̃ グリスターン/ ▸ਗੁਲਿਸਤਾਨ *m.* → ਗੁਲਿਸਤਾਨ

ਗੁਲਿਸਤਾਨ (गुलिसतान) /gulis̥atān̥a グリスターン/ ▸ਗੁਲਿਸਤਾਂ [Pers. *gul* Pers.-*i-stān*] *m.* **1** 花園, バラ園. (⇒ਗੁਲਸ਼ਨ) **2** 庭, 庭園. (⇒ਬਾਗ਼)

ਗੁਲੀ (गुली) /gulī グリー/ ▸ਗੁੱਲੀ [(Pkt. गुलिआ) Skt. गुलिका] *f.* **1** 〖植物〗果実・木の実の仁. **2** 〖植物〗樹木・木材の芯. **3** 〖植物〗果肉. (⇒ਗੁੱਦਾ) **4** 〖植物〗トウモロコシの穂軸. (⇒ਛੱਲੀ) **5** 〖植物〗皮を剥いだ茎. **6** 両端が細くなっている小さな木片. **7** 〖料理〗ローティー〔無発酵平焼きパン〕の小さな塊. **8** 〖比喩〗(生きていくため基本的に必要なものの一つとしての)食べ物, 日常の食事, 糧.

ਗੁੱਲੀ (गुल्ली) /gullī グッリー/ ▸ਗੁਲੀ *f.* → ਗੁਲੀ

ਗੁੱਲੀ-ਡੰਡਾ (गुल्ली-डंडा) /gullī-ḍaṇḍā グッリー・ダンダー/ [(Pkt. गुलिआ) Skt. गुलिका + (Pkt. डंड) Skt. दण्ड] *m.* 〖遊戯〗グッリーダンダー《約3インチの長さの小さな木片 ਗੁੱਲੀ を約2フィートの長さの棒 ਡੰਡਾ で打って遠くへ飛ばすことを競う遊び》.

ਗੁਲੂਕੋਜ਼ (गुलूकोस) /gulūkos̥a グルーコース/ [Eng. *glucose*] *m.* 〖化学〗ぶどう糖.

ਗੁਲੂਬੰਦ (गुलूबंद) /gulūband̥a グルーバンド/ [Pers. *gulū* + Pers. *band*] *m.* **1** 〖衣服〗襟巻き. **2** 〖衣服〗スカ

ーフ．

ਗ਼ੁਲੇਲ (गुलेल) /ğulela グレール/ [Pers. ğulel] f. 〘道具〙(石や土製の弾を飛ばす)パチンコ. (⇒ਘੁਮਾਣੀ)

ਗ਼ੁਲੇਲਚੀ (गुलेलची) /ğulelacī グレールチー/ [Pers. ğulelcī] m. パチンコの使い手.

ਗ਼ੁਲੇਲਾ (गुलेला) /ğulelā グレーラー/ [Pers. ğulela] m. パチンコの弾, パチンコで飛ばされる土製の弾.

ਗੁੜ (गुड़) /guṛa グル/ ▸ਗੌੜ [Skt. गुड] m. 〘食品〙精製前の砂糖, 粗糖, 粗糖塊, 黒砂糖.

ਗੁੜ੍ਹਕਣਾ (गुड़्हकणा) /gûṛakaṇā グルカナー/ vi. くすくす笑う.

ਗੁੜ੍ਹਤੀ (गुड़्हती) /gûṛatī グルティー/ f. 〘食品〙グルティー《新生児に初めて与えられる甘い食べ物》.

ਗੁੜ੍ਹਨਾ (गुड़्हना) /gûṛanā グルナー/ [Skt. गुणयति] vi. 1 経験を積む. 2 熟達する.

ਗੁੜਗੁੜ (गुड़गुड़) /guṛaguṛa グルグル/ f. 〘擬声語〙ブクブク, ゴボゴボ, ブクブク《泡立つ音, 水の鳴る音, 水煙管(水ぎせる)を鳴らす音など》.

ਗੁੜਗੁੜਾਉਣਾ (गुड़गुड़ाउणा) /guṛaguṛāuṇā グルグラーウナー/ vi. 1 ブクブク音を立てる, ゴボゴボ鳴らす. 2 水煙管をブクブク鳴らしながら吸う.

ਗੁੜਗੁੜੀ (गुड़गुड़ी) /guṛaguṛī グルグリー/ f. 〘道具〙小型の水煙管.

ਗੂੰਗਾ (गूँगा) /gū̃gā グーンガー/ ▸ਗੁੰਗਾ [Pers. gung] adj. 1 無言の. 2 唖の. 3 口のきけない.

ਗੂੰਜ (गूँज) /gū̃ja グーンジ/ [(Pkt. गुंज) Skt. गुञ्ज] f. 1 響き, 反響. 2 共鳴. 3 轟き.

ਗੂੰਜਣਾ (गूँजणा) /gū̃jaṇā グーンジャナー/ [Skt. गुञ्जति] vi. 1 響く, こだまする, 反響する. 2 共鳴する. 3 轟く.

ਗੂਣਾ (गूणा) /gūṇā グーナー/ m. 牛の尿. (⇒ਗਊ-ਮੂਤਰ)

ਗੂੰਦ (गूँद) /gū̃da グーンド/ ▸ਗੌਂਦ [Skt. कुन्दरु] f. 1 やに, 樹脂, 樹液, (主として)ゴムノキの木の樹液. 2 糊, ゴム糊, アラビア糊. 3 接着剤, にかわ.

ਗੂੜ੍ਹ (गूड़्ह) /gûṛa グール/ m. 1 隠ぺい. 2 深さ. 3 難解. 4 親密.

ਗੂੜ੍ਹਾ (गूड़्हा) /gûṛā グーラー/ adj. 1 隠された. 2 深い, (眠りが)覚めない. ❐ਗੂੜ੍ਹੀ ਨੀਂਦ ਸੌਣਾ ぐっすり眠る. 3 難解な. 4 親密な.

ਗੇਅਰ (गेअर) /geara ゲーアル/ [Eng. gear] m. ギア, 歯車.

ਗੇਹੂੰ (गेहूँ) /gêū̃ | gehū̃ ゲーウーン｜ゲーフーン/ [Skt. गोधूम] m. 〘植物〙コムギ(小麦)《イネ科の一年草》. (⇒ਕਣਕ)

ਗੇਜ (गेज) /geja ゲージ/ [Eng. gauge] f. 1 標準寸法. 2 鉄道の軌間. 3 〘器具〙計器, 計量器.

ਗੇਝ (गेझ) /gêja ゲージ/ f. 1 習慣. 2 耽溺, 中毒.

ਗੇਟ (गेट) /geṭa ゲート/ [Eng. gate] m. 門.

ਗੇਟ ਕੀਪਰ (गेट कीपर) /geṭa kīpara ゲート キーパル/ [Eng. gate keeker] m. 門番, 門衛.

ਗੇਣਤੀ (गेणती) /geṇatī ゲーンティー/ ▸ਗਿਣਤੀ, ਗਿਨਤੀ [(Pot.)] f. → ਗਿਣਤੀ

ਗੇਂਦ (गेंद) /gẽda ゲーンド/ [(Pkt. गेंदुअ) Skt. कन्दुक] m. 毬, 球, ボール. (⇒ਫਿੰਡ)

ਗੇਂਦ-ਬੱਲਾ (गेंद-बल्ला) /gẽda-ballā ゲーンド・バッラー/ [+ Skt. बल] m. 〘競技〙クリケット. (⇒ਕਰਿਕਟ)

ਗੇਂਦਬਾਜ਼ (गेंदबाज़) /gẽdabāza ゲーンドバーズ/ [Pers.-bāz] m. 〘競技〙(クリケットの)投手. (⇒ਬਾਉਲਰ)

ਗੇਂਦਾ (गेंदा) /gẽdā ゲーンダー/ m. 1 〘植物〙キンセンカ(金盞花), トウキンセン(唐金盞). 2 〘植物〙マリーゴールド, センジュギク(千寿菊).

ਗੇਮ (गेम) /gema ゲーム/ [Eng. game] f. 1 遊戯, 娯楽, ゲーム. 2 競技, 試合, 勝負事.

ਗੇਰਨਾ (गेरना) /geranā ゲールナー/ [cf. ਗਿਰਨਾ] vt. 落とす. (⇒ਡੇਗਣਾ)

ਗੇਰੀ (गेरी) /gerī ゲーリー/ ▸ਗੇਰੂ f. → ਗੇਰੂ

ਗੇਰੂ (गेरू) /gerū ゲールー/ ▸ਗੇਰੀ [(Pkt. गेरुअ) Skt. गैरिक] m. 1 〘鉱物〙代赭石(たいしゃせき), 紅土. (⇒ਭਗਵਾ) 2 焼きシエナ土《赤茶色の顔料》.

ਗੇਰੂਆ (गेरूआ) /gerūā ゲールーアー/ [(Pkt. गेरुअ) Skt. गैरिक] adj. 1 〘鉱物〙代赭石の. 2 代赭石で染めた色の, 赭色の, 紅の, 赤茶色の. (⇒ਭਗਵਾ)

ਗੇਰੂ ਰੰਗਾ (गेरू रंगा) /gerū raṅgā ゲールー ランガー/ [-ਰੰਗਾ] adj. 代赭石で染めた色の, 赭色の, 紅の, 赤茶色の. (⇒ਭਗਵਾ)

ਗੇਲੀ[1] (गेली) /gelī ゲーリー/ f. 材木の梁.

ਗੇਲੀ[2] (गेली) /gelī ゲーリー/ [Eng. galley] f. ゲラ, 組盆.

ਗੇੜ (गेड़) /geṛa ゲール/ m. 1 回転. 2 巡回. 3 機会. 4 巡り合わせ, いたずら. 5 有為転変.

ਗੇੜਨਾ (गेड़ना) /geṛanā ゲールナー/ vt. 回す, 回転させる.

ਗੇੜਾ (गेड़ा) /geṛā ゲーラー/ m. 1 巡回. 2 周遊.

ਗੈਂ (गैं) /gãĩ ガェーン/ ▸ਗਾਂ [(Pua.)] f. → ਗਾਂ

ਗੈਸ (गैस) /gaisa ガェース/ [Eng. gas] f. ガス.

ਗੈੱਸ (गैस्स) /gaissa ガェーッス/ [Eng. guess] m. 推測. (⇒ਅੰਦਾਜ਼ਾ)

ਗੈਸਟ (गैसट) /gaisaṭa ガェースト/ [Eng. guest] m. 客, 来客, 訪問客, 客人, ゲスト. (⇒ਅਤਿਥੀ, ਪਰਾਹੁਣਾ, ਮਹਿਮਾਨ)

ਗੈਂਗ (गैंग) /gãĩga ガェーング/ [Eng. gang] m. ギャング, 暴力団.

ਗੈਜ਼ਟ (गैज़ट) /gaizaṭa ガェーザト/ ▸ਗਜ਼ਟ [Eng. gazette] m. 1 新聞. 2 官報, 公報. (⇒ਰਾਜਪੱਤਰ)

ਗੈਟਸ (गैटस) /gaiṭasa ガェータス/ [Eng. garter] m. 〘衣服〙ガーター《靴下留め》.

ਗੈਂਡਾ (गैंडा) /gãĩḍā ガェーンダー/ m. 〘動物〙サイ, 犀.

ਗੈਂਤੀ (गैंती) /gãĩtī ガェーンティー/ f. 〘道具〙つるはし.

ਗ਼ੈਬ[1] (ग़ैब) /ğaiba ガェーブ/ [Arab. ğaib] m. 1 神秘的なもの. 2 不可思議なもの. 3 知ることのできないもの. 4 目に見えないもの. 5 超自然のもの. 6 隠れた世界, 未知の世界, 天界.

ਗ਼ੈਬ[2] (ग़ैब) /ğaiba ガェーブ/ ▸ਗ਼ਾਇਬ, ਗ਼ਾਯਬ adj. → ਗ਼ਾਇਬ

ਗੈਬਰਡੀਨ (गैबरडीन) /gaibaraḍīna ガェーバルディーン/ ▸ਗੈਬਾਡੀਨ [Eng. gaberdine] m. 〘衣服〙長いゆったりしたガウン.

ਗੈਬਾਡੀਨ (गैबाडीन) /gaibāḍīna ガェーバーディーン/ ▸ਗੈਬਰਡੀਨ m. → ਗੈਬਰਡੀਨ

ਗ਼ੈਬੀ (ग़ैबी) /ğaibī ガェービー/ [Arab. ğaibī] adj. 1 見え

ない, 隠れた. **2** 知ることのできない. **3** 不可思議な, 神秘的な. **4** 超自然の.

ਗ਼ੈਰ (ग़ैर) /ǧairạ ガェール/ [Arab. *ǧair*] *adj.* **1** 他の. **2** 見知らぬ.

— *m.* **1** 見知らぬ人. **2** 恋敵.

— *pref.* 「非…」「不…」などの意味を表す反意語を形成する否定の接頭辞.

ਗ਼ੈਰ-ਆਬਾਦ (ग़ैर-आबाद) /ǧairạ-ābādạ ガェール・アーバード/ [Arab. *ǧair*- Pers. *ābād*] *adj.* 住んでいない, 居住者のいない, 生息していない.

ਗ਼ੈਰਸਰਕਾਰੀ (ग़ैरसरकारी) /ǧairạsarạkārī ガェールサルカーリー/ [Arab. *ǧair*- Pers. *sarkārī*] *adj.* 非政府の.

ਗ਼ੈਰਸਰਗਰਮ (ग़ैरसरगरम) /ǧairạsarạgarạmạ ガェールサルガルム/ [Arab. *ǧair*- Pers. *sargarm*] *adj.* 受身の, 不活発な.

ਗ਼ੈਰਸਾਲੀ (ग़ैरसाली) /ǧairạsālī ガェールサーリー/ *f.* **1** 疎外. **2** 仲たがい, 疎遠. **3** 敵意, 敵対, 反目. (⇒ਦੁਸ਼ਮਣੀ)

ਗ਼ੈਰਸਿੱਖ (ग़ैरसिक्ख) /ǧairạsikkʰạ ガェールスィック/ [Arab. *ǧair*- Skt. शिष्य] *adj.* スィック教徒でない.

— *m.* 非スィック教徒.

ਗ਼ੈਰਹਾਜ਼ਰ (ग़ैरहाज़र) /ǧairạhāzarạ ガェールハーザル/ [Arab. *ǧair*- Arab. *hāzir*] *adj.* 不在の, 欠席の.

— *m.* 不在者, 欠席者.

ਗ਼ੈਰਹਾਜ਼ਰੀ (ग़ैरहाज़री) /ǧairạhāzarī ガェールハーズリー/ [Arab. *ǧair*- Arab. *hāzirī*] *f.* 不在, 欠席. (⇒ਗ਼ੈਰਮੌਜੂਦਗੀ)

ਗ਼ੈਰਹਿੰਦੂ (ग़ैरहिंदू) /ǧairạhindū ガェールヒンドゥー/ [Arab. *ǧair*- Pers. *hindū*] *adj.* ヒンドゥー教徒でない.

— *m.* 非ヒンドゥー教徒.

ਗ਼ੈਰਕਾਨੂੰਨੀ (ग़ैरकानूँनी) /ǧairạkānū̃nī ガェールカーヌーンニー/ [Arab. *ǧair*- Pers. *qānūnī*] *adj.* 不法な, 非合法の, 違法の.

ਗ਼ੈਰਕਾਸ਼ਤਕਾਰ (ग़ैरकाशतकार) /ǧairạkāśatạkārạ ガェールカーシュトカール/ [Arab. *ǧair*- Pers. *kāśat* Pers.-*kār*] *m.* 非農耕者, 非耕作者.

ਗ਼ੈਰਕੁਦਰਤੀ (ग़ैरकुदरती) /ǧairạkudarạtī ガェールクダルティー/ [Arab. *ǧair*- Pers. *qudratī*] *adj.* 自然に反する, 不自然な, 人工の.

ਗ਼ੈਰਜ਼ਰੂਰੀ (ग़ैरज़रूरी) /ǧairạzarūrī ガェールザルーリー/ [Arab. *ǧair*- Arab. *zarūrī*] *adj.* 不必要な, 重要でない.

ਗ਼ੈਰਜ਼ੁੰਮੇਵਾਰ (ग़ैरज़ुंमेवार) /ǧairạzummewārạ ガェールズンメーワール/ [Arab. *ǧair*- Arab. *zimma* Pers.-*vār*] *adj.* **1** 無責任な. **2** 怠慢な. **3** 無関心な.

ਗ਼ੈਰਜ਼ੁੰਮੇਵਾਰੀ (ग़ैरज़ुंमेवारी) /ǧairạzummewārī ガェールズンメーワーリー/ [Arab. *ǧair*- Arab. *zimma* Pers.-*vārī*] *f.* **1** 無責任. **2** 怠慢. **3** 無関心.

ਗ਼ੈਰਤ (ग़ैरत) /ǧairatạ ガェーラト/ [Pers. *ǧairat*] *f.* **1** 恥, 恥じらい, 羞恥心. **2** 自尊心, うぬぼれ. (⇒ਸਵੈਮਾਨ, ਸਵੈਮਾਨ)

ਗ਼ੈਰਫ਼ਾਨੀ (ग़ैरफ़ानी) /ǧairạfānī ガェールファーニー/ [Arab. *ǧair*- Arab. *fānī*] *adj.* 不滅の, 不朽の, 破壊することのできない.

ਗ਼ੈਰਮਸ਼ਰੂਤ (ग़ैरमशरूत) /ǧairạmaśarūtạ ガェールマシュルート/ [Arab. *ǧair*- Arab. *maśrūt*] *adj.* 無条件の.

ਗ਼ੈਰਮਹਿਦੂਦ (ग़ैरमहिदूद) /ǧairạmaîdūdạ ガェールマエードゥード/ [Arab. *ǧair*- Arab. *mahdūd*] *adj.* 無限の, 限りない.

ਗ਼ੈਰਮਨਕੂਲਾ (ग़ैरमनकूला) /ǧairạmanạkūlā ガェールマンクーラー/ [Arab. *ǧair*- Arab. *mankūl*] *adj.* **1** 移すことのできない. **2** 譲渡できない. **3** 動かすことのできない, 不動の.

ਗ਼ੈਰਮਮੂਲੀ (ग़ैरममूली) /ǧairạmamūlī ガェールマムーリー/ [Arab. *ǧair*- Pers. *ma`mūlī*] *adj.* **1** 普通でない, 異常な. **2** 並外れた.

ਗ਼ੈਰਮਾਲਕ (ग़ैरमालक) /ǧairạmālakạ ガェールマーラク/ [Arab. *ǧair*- Arab. *mālik*] *m.* **1** 不在の所有者. **2**〖社会〗不在地主.

ਗ਼ੈਰਮਾਲਕੀ (ग़ैरमालकी) /ǧairạmālakī ガェールマールキー/ [Pers. *ǧair*- Pers. *mālikī*] *f.*〖社会〗不在地主制度.

ਗ਼ੈਰਮੁਸਲਿਮ (ग़ैरमुसलिम) /ǧairạmusạlimạ ガェールムスリム/ [Arab. *ǧair*- Arab. *muslim*] *adj.* イスラーム教徒でない.

— *m.* 非イスラーム教徒.

ਗ਼ੈਰਮੁਕੰਮਲ (ग़ैरमुकंमल) /ǧairạmukammalạ ガェールムカンマル/ [Arab. *ǧair*- Arab. *mukammal*] *adj.* 不完全な, 未完成の.

ਗ਼ੈਰਮੁਨਾਸਬ (ग़ैरमुनासब) /ǧairạmunāsabạ ガェールムナーサブ/ [Arab. *ǧair*- Arab. *munāsib*] *adj.* 不適切な, 不適当な.

ਗ਼ੈਰਮੁਮਕਨ (ग़ैरमुमकन) /ǧairạmumakanạ ガェールムマカン/ [Arab. *ǧair*- Arab. *mumkin*] *adj.* **1** 不可能な. **2** 利用できない. **3** 不毛の.

ਗ਼ੈਰਮੁਲਕੀ (ग़ैरमुलकी) /ǧairạmulạkī ガェールムルキー/ [Arab. *ǧair*- Arab. *mulkī*] *adj.* 外国の, 異国の.

— *m.* 外国人.

ਗ਼ੈਰਮੌਜੂਦਗੀ (ग़ैरमौजूदगी) /ǧairạmaujūdạgī ガェールマォージュードギー/ [Arab. *ǧair*- Pers. *maujūda* Pers.-*gī*] *f.* 不在, 欠席. (⇒ਗ਼ੈਰਹਾਜ਼ਰੀ)

ਗ਼ੈਰਮੌਰੂਸ (ग़ैरमौरूस) /ǧairạmaurūsạ ガェールマォールース/ [Arab. *ǧair*- Arab. *maurūs*] *adj.* 非世襲の, 継承できない, 相続できない.

ਗ਼ੈਰਮੌਰੂਸੀ (ग़ैरमौरूसी) /ǧairạmaurūsī ガェールマォールースィー/ [Arab. *ǧair*- Pers. *maurūsī*] *adj.* **1** 非世襲の, 継承できない, 相続できない. **2** 相続権のない.

— *m.* 相続権のない人.

ਗ਼ੈਰਰਸਮੀ (ग़ैररसमी) /ǧairạrasạmī ガェールラスミー/ [Arab. *ǧair*- Arab. *rasmī*] *adj.* **1** 非公式の. **2** 慣例的でない, 形式ばらない, 儀礼のない.

ਗ਼ੈਰਵਾਜਬ (ग़ैरवाजब) /ǧairạwājabạ ガェールワージャブ/ [Arab. *ǧair*- Arab. *vājib*] *adj.* 不適当な, 不適正な. (⇒ਨਾਵਾਜਬ)

ਗੈਲ (गैल) /gailạ ガェール/ [Skt. गल] *f.* **1** 道, 道路, 小道, 路地. (⇒ਮਾਰਗ, ਰਸਤਾ) **2** 車の跡, 轍. **3** 溝.

— *postp.* **1**…と, …と一緒に, …とともに, …を持って. (⇒ਨਾਲ) **2**…で, …を使って, …によって. (⇒ਨਾਲ)

— *adv.* 近くに, 接近して, すぐそばに, 接して, 密着し

て. (⇒ਕੋਲ)
ਗੈਲਸ (गैलस) /gailasa̯ ガェーラス/ [Eng. *gallus*] *m.* 〖衣服〗ズボン吊り.
ਗੈਲਨ (गैलन) /gailana̯ ガェーラン/ [Eng. *gallon*] *f.* 〖容量〗ガロン《液量の単位》.
ਗੈਲਰੀ (गैलरी) /gailarī ガェーラリー/ [Eng. *gallery*] *f.* **1** 美術館. **2**〖建築〗回廊, 柱廊, 上階の桟敷. **3** 見物人.
ਗੋ[1] (गो) /go ゴー/ *f.* **1** 足場. **2** 足場材料.
ਗੋ[2] (गो) /go ゴー/ [Pers. *go*] *suff.* 「…を言う(人)」「…を述べる(人)」「…を吟じる(人)」などを意味する形容詞・名詞を形成する接尾辞.
ਗੋਇਆ (गोइआ) /goiā ゴーイアー/ [Pers. *goyā*] *conj.* まるで…のように, あたかも…のように. (⇒ਮਾਨੋ)
ਗੋਈ[1] (गोई) /goī ゴーイー/ [(Pkt. गोडु) Skt. गौड] *f.* 〖薬剤〗粗糖・油・水から作った湿布薬.
ਗੋਈ[2] (गोई) /goī ゴーイー/ [Pers. *goī*] *suff.* 「言うこと」「述べること」「吟じること」などの意味を含む女性名詞を形成する接尾辞.
ਗੋਸ (गोस) /gosa̯ ゴース/ ▸ਗੋਸ਼ *m.* → ਗੋਸ਼
ਗੋਸ਼ (गोश) /gośa̯ ゴーシュ/ ▸ਗੋਸ [Pers. *goś*] *m.* 〖身体〗耳. (⇒ਕੰਨ)
ਗੋਸਟ (गोसट) /gosaṭa̯ ゴースト/ ▸ਗੋਸ਼ਟ, ਗੋਸ਼ਠ *f.* → ਗੋਸ਼ਟ
ਗੋਸ਼ਟ (गोशट) /gośaṭa̯ ゴーシュト/ ▸ਗੋਸਟ, ਗੋਸ਼ਠ [Skt. गोष्ठ] *f.* **1** 対話. **2** 討論, 議論. **3** 宗教上の論題に関する会談.
ਗੋਸ਼ਟੀ (गोशटी) /gośaṭī ゴーシュティー/ [Skt. गोष्ठी] *f.* **1** 会衆, 集会. (⇒ਸੰਗਤ, ਸਭਾ) **2** 討論会, 研究会, 研究集会.
ਗੋਸ਼ਠ (गोशठ) /gośaṭʰa̯ ゴーシュト/ ▸ਗੋਸਟ, ਗੋਸ਼ਟ *f.* → ਗੋਸ਼ਟ
ਗੋਸ਼ਤ (गोशत) /gośata̯ ゴーシュト/ [Pers. *gośt*] *m.* **1** 肉. **2**〖食品〗食肉.
ਗੋਸ਼ਤਖ਼ੋਰ (गोशतख़ोर) /gośataxora̯ ゴーシュトコール/ [Pers.-*xor*] *adj.* 肉食の. (⇒ਮਾਸਾਹਾਰੀ)
ਗੋਸ਼ਤਖ਼ੋਰੀ (गोशतख़ोरी) /gośataxorī ゴーシュトコーリー/ [Pers.-*xorī*] *f.* 肉食. (⇒ਮਾਸਾਹਾਰ)
ਗੋਸ਼ਵਾਰਾ (गोशवारा) /gośawārā ゴーシュワーラー/ [Pers. *gauśvārā*] *m.* **1** 一覧表. **2** 一覧表にして示された情報・報告書.
ਗੋਸ਼ਾ (गोशा) /gośā ゴーシャー/ *m.* 隅.
ਗੋਸਾਈ (गोसाई) /gosāī ゴーサーイー/ ▸ਗੁਸਾਈਂ, ਗੁਸਾਈ *m.* → ਗੁਸਾਈਂ
ਗੋਸਾਲਾ (गोसाला) /gosālā ゴーサーラー/ ▸ਗਊਸ਼ਾਲਾ, ਗੋਸ਼ਾਲਾ *f.* → ਗਊਸ਼ਾਲਾ
ਗੋਸ਼ਾਲਾ (गोशाला) /gośālā ゴーシャーラー/ ▸ਗਊਸ਼ਾਲਾ, ਗੋਸਾਲਾ *f.* → ਗਊਸ਼ਾਲਾ
ਗੋਹ (गोह) /gô ゴー/ [(Pkt. गोहा) Skt. गोधा] *f.* 〖動物〗インドオオトカゲ《比較的大きな体長のトカゲの一種. 力が強く, その尻尾に泥棒が綱を括り付けて塀を越えて侵入させ, その綱を辿って泥棒が塀を登れるほどであると言われる. 皮は靴などの材料に使われる》.
ਗੋਹ ਗਹੀਰਾ (गोह गहीरा) /gô gahīrā | gô gaīrā ゴー ガヒーラー | ゴー ガイーラー/ [(Pkt. गोहा) Skt. गोधा] *m.* 〖動物〗雄のインドオオトカゲ.
ਗੋਹਲ (गोहल) /gôla̯ ゴール/ ▸ਗੋਲ੍ਹ [Skt. गोलक] *f.* 〖植物〗ベンガルボダイジュの実.
ਗੋਹੜਾ (गोहड़ा) /gôṛā ゴーラー/ ▸ਗੋੜ੍ਹਾ *m.* → ਗੋੜ੍ਹਾ
ਗੋਹਾ (गोहा) /gohā ゴーハー/ ▸ਗੋਹਿਆ [(Pkt. गोहर) Skt. गोमय] *m.* **1**(家畜の)糞. **2**(牛や水牛の)糞, 牛糞. ❑ਮੱਝ ਦੇ ਗੋਹੇ ਤੋਂ ਖਾਦ ਬਣਦੀ ਹੈ। 水牛の糞から肥料が作られます.
ਗੋਹਿਆ (गोहिआ) /gohiā ゴーヒアー/ ▸ਗੋਹਾ *m.* → ਗੋਹਾ
ਗੋਕਾ (गोका) /gokā ゴーカー/ *adj.* 牛の.
ਗੋਖਰੂ (गोखरू) /gokʰarū ゴーカルー/ ▸ਗੋਖੜੂ *m.* → ਗੋਖੜੂ
ਗੋਖੜੂ (गोखड़ू) /gokʰaṛū ゴーカルー/ ▸ਗੋਖਰੂ [Skt. गोक्षुर] *m.* 〖装〗女性が手首にはめる飾り.
ਗੋਂਗਲੂ (गोंगलू) /gõgalū ゴーンガルー/ *m.* 〖植物〗カブ(蕪).
ਗੋਗੜ (गोगड़) /gogaṛa̯ ゴーガル/ [Skt. गुरु + Skt. उदर] *f.* 〖身体〗太鼓腹. (⇒ਗੁਬ)
ਗੋਗੜੀਆ (गोगड़ीआ) /gogaṛīā ゴーガリーアー/ *adj.* 太鼓腹の.
— *m.* 太った人, デブ, 肥満の男. (⇒ਕੁੱਪਾ)
ਗੋਗਾ (गोगा) /gogā ゴーガー/ *m.* 噂.
ਗੋਗੀ (गोगी) /gogī ゴーギー/ *f.* 〖料理〗ゴーギー《小さな厚い丸型のインド風のパン》.
ਗੋਚਰ (गोचर) /gocara̯ ゴーチャル/ *adj.* 感覚の及ぶ, 感じられる.
ਗੋਚਰਾ (गोचरा) /gocarā ゴーチャラー/ *adj.* **1** 適している. **2** 関連している. **3** 依存している.
ਗੋਜੀ (गोजी) /gojī ゴージー/ *f.* 〖食品〗小麦・大麦などの混合穀粒.
ਗੋਝ (गोझ) /gôja̯ ゴージ/ ▸ਗੁੱਝ [Skt. गुह्य] *m.* **1** 秘密. **2** 謎. **3** 内密, 内緒. **4** 賄賂.
— *adj.* **1** 秘められた, 秘密の, 内密の, 内緒の. (⇒ਭੇਤ ਵਾਲਾ) **2** 隠れた, 隠された. (⇒ਗੁਪਤ) **3** 見えない, 現れていない. **4** 謎の. **5** 難解な, 深遠な.
ਗੋਟ (गोट) /goṭa̯ ゴート/ ▸ਗੋਠ *f.* **1**(衣服の)縁. **2**〖遊戯〗チェスの駒. **3**〖遊戯〗(数取りの)小円板, チップ, 点棒. **4** 糸巻き, 巻き枠.
ਗੋਟਾ (गोटा) /goṭā ゴーター/ [Skt. कोटि] *m.* 〖装〗金銀のモール.
ਗੋਠ[1] (गोठ) /goṭʰa̯ ゴート/ [(Pkt. गोट्ठी) Skt. गोष्ठी] *f.* **1** 会衆, 集会. (⇒ਸੰਗਤ) **2** 座った姿勢.
ਗੋਠ[2] (गोठ) /goṭʰa̯ ゴート/ ▸ਗੋਟ *f.* → ਗੋਟ
ਗੋਡਣਾ (गोडणा) /goḍaṇā ゴーダナー/ ▸ਗੁੱਡਣਾ, ਗੋਡਨਾ *vt.* **1** 土を掘り起こす, 耕す. **2** 雑草を取り除く.
ਗੋਡਨਾ (गोडना) /goḍanā ゴーダナー/ ▸ਗੁੱਡਣਾ, ਗੋਡਣਾ *vt.* → ਗੋਡਣਾ
ਗੋਡਲ (गोडल) /goḍala̯ ゴーダル/ *adj.* 大きな不格好な膝を持った.
ਗੋਡਾ (गोडा) /goḍā ゴーダー/ ▸ਗੁੱਠਾ *m.* 〖身体〗膝, 膝頭. (⇒ਘੁਟਨਾ)
ਗੋਡੀ (गोडी) /goḍī ゴーディー/ *f.* 鍬で耕すこと, 土を掘り起こすこと, 雑草を取り除くこと.

ਗੋਣਾ (गोणा) /goṇā ゴーナー/ *vt.* (土を)こねる, 練る.
ਗੋਤ (गोत) /gota ゴート/ ▸ਗੋਤਰ, ਗੋਤ੍ਰ *m.f.* → ਗੋਤਰ
ਗੋਤਮ (गोतम) /gotama ゴータム/ ▸ਗਉਤਮ, ਗੌਤਮ [Skt. गौतम] *m.* 〖人名・仏〗ゴータマ(ガウタマ)《仏陀 ਬੁੱਧ の姓》.
ਗੋਤਰ (गोतर) /gotara ゴータル/ ▸ਗੋਤ, ਗੋਤ੍ਰ [Skt. गोत्र] *m.f.* **1** 氏族, 種姓. (⇒ਕੁਲ, ਜਾਤ) **2** 血統, 家系, 系譜. (⇒ਘਰਾਣਾ)
ਗੋਤ੍ਰ (गोत्र) /gotra (gotara) ゴートル (ゴータル)/ ▸ਗੋਤ, ਗੋਤਰ *m.f.* → ਗੋਤਰ
ਗ਼ੋਤਾ (ग़ोता) /ğotā ゴーター/ [Arab. *ğota*] *m.* **1** 沈むこと, 浸ること. (⇒ਡੁਬਕੀ) **2** 潜ること, 潜水. (⇒ਚੁੱਭੀ) **3** 飛び込み.
ਗ਼ੋਤਾਖ਼ੋਰ (ग़ोताख़ोर) /ğotāxora ゴーターコール/ [Pers.-*xor*] *adj.* 潜る, 潜水する.
— *m.* **1** 潜水夫, ダイバー. **2** 潜って真珠などを採る人.
ਗ਼ੋਤਾਖ਼ੋਰੀ (ग़ोताख़ोरी) /ğotāxorī ゴーターコーリー/ [Pers.-*xorī*] *f.* 潜ること, 潜水.
ਗੋਤੀ (गोती) /gotī ゴーティー/ [Skt. गोत्रीय] *adj.* 同じ氏族または種姓に属する.
ਗੋਂਦ[1] (गोंद) /gõda ゴーンド/ [cf. ਗੁੰਦਣਾ] *f.* **1**(髪や藁などを)編むこと, 織り交ぜること. **2** 企み, 陰謀, 謀略, 策謀, 謀り事. (⇒ਸਾਜ਼ਸ਼) ❐ਗੋਂਦ ਗੁੰਦਣੀ 陰謀を企てる, 密計を巡らす.
ਗੋਂਦ[2] (गोंद) /gõda ゴーンド/ ▸ਗੂੰਦ *f.* → ਗੂੰਦ
ਗੋਦ (गोद) /goda ゴード/ [(Pkt. गोड) Skt. क्रोड] *f.* **1** 〖身体〗膝, 座った時の腿の上の部分. **2** 〖身体〗胸, 懐, 両手で抱いたものが収まる身体の部位. (⇒ਆਗੋਸ਼) ❐ਗੋਦ ਵਿੱਚ ਲੈਣਾ 抱く, 抱き抱える. **3** やすらぎの場所, 寄る辺, 庇護. **4** 〖親族〗養子縁組. ❐ਗੋਦ ਦੇਣਾ 養子にやる. ❐ਗੋਦ ਲੈਣਾ 養子にする.
ਗੋਂਦਵਾਂ (गोंदवाँ) /gõdawā̃ ゴーンドワーン/ ▸ਗੁੰਦਵਾਂ *adj.* → ਗੁੰਦਵਾਂ
ਗੋਦੜੀ (गोदड़ी) /godaṛī ゴーダリー/ ▸ਗੁਦੜੀ *f.* **1** 〖寝具〗乞食の毛布. **2** 〖寝具〗ぼろぼろの毛布.
ਗੋਦਾਮ (गोदाम) /godāma ゴーダーム/ ▸ਗੁਦਾਮ [Eng. *godown*] *m.* 倉庫, 貯蔵所, 蔵. (⇒ਸਟੋਰ)
ਗੋਦਾਵਰੀ (गोदावरी) /godāvarī ゴーダーヴァリー/ *f.* 〖河川〗ゴーダーヴァリー川《西ガーツ山脈に水源を持ち, ラージャムンドリーを経てベンガル湾に注ぐヒンドゥー教の聖河の一つ》.
ਗੋਦੀ (गोदी) /godī ゴーディー/ [(Pkt. गोड) Skt. क्रोड -ਈ] *f.* **1** 〖身体〗膝, 座った時の腿の上の部分. **2** 船の荷積み, 波止場, 港, ドック, 造船所.
ਗੋਪਾਲ (गोपाल) /gopāla ゴーパール/ [Skt. गोपाल] *m.* **1** 牛飼い, 乳搾りの男, 牧童. **2** 〖ヒ〗ゴーパーラ《クリシュナ神の異名の一つ》. (⇒ਕਰਿਸ਼ਨ)
ਗੋਪਾਲਕ (गोपालक) /gopālaka ゴーパーラク/ [Skt. गोपालक] *m.* **1** 牛飼い, 乳搾りの男. **2** 酪農家.
ਗੋਪਿਕ (गोपिक) /gopika ゴーピク/ ▸ਗੋਪਿਕਾ *f.* → ਗੋਪਿਕਾ
ਗੋਪਿਕਾ (गोपिका) /gopikā ゴーピカー/ ▸ਗੋਪਿਕ [Skt. गोपिका] *f.* **1** 牛飼いの女, 乳搾りの女. **2** 牛飼いの妻.
ਗੋਪੀ (गोपी) /gopī ゴーピー/ [Skt. गोपी] *f.* **1** 牛飼いの女, 乳搾りの女, 牧女. **2** 牛飼いの妻. **3** 〖ヒ〗ゴーピー《クリシュナ神に恋をした牛飼いの乙女たちの一人を指す名称》.
ਗੋਬਰ (गोबर) /gobara ゴーバル/ [(Pkt. गोवर) Skt. गोमय] *m.* **1**(家畜の)糞. **2**(牛や水牛の)糞, 牛糞.
ਗੋਬਰ-ਗਣੇਸ਼ (गोबर-गणेश) /gobara-gaṇeśa ゴーバル・ガネーシュ/ [+ Skt. गणेश] *m.* **1** 〖ヒ〗牛糞のガネーシャ神像. **2** 〖比喩〗腹が太った人, 不恰好な人. **3** 〖俗語〗間抜け, 愚か者, 何の役にも立たない人.
ਗੋਬਰ-ਗੈਸ (गोबर-गैस) /gobara-gaisa ゴーバル・ガェース/ [+ Eng. *gas*] *f.* 牛糞ガス《牛や水牛の糞尿から得られるバイオガス. 専用装置の中で発生させたガスは管を通して送られ, 主に調理用などの燃料として用いられる》.
ਗੋਬਿੰਦ (गोबिंद) /gobinda ゴービンド/ ▸ਗੋਵਿੰਦ *m.* → ਗੋਵਿੰਦ
ਗੋਬਿੰਦ ਸਿੰਘ (गोबिंद सिंघ) /gobinda sîṅga ゴービンド スィング/ *m.* 〖人名・スィ〗ゴービンド・スィング《スィック教の第10代教主》.
ਗੋਬਿੰਦੀ (गोबिंदी) /gobindī ゴービンディー/ ▸ਗੁਬਿੰਦੀ *f.* 〖植物〗ニンジン(人参). (⇒ਗਾਜਰ)
ਗੋਭ (गोभ) /gôba ゴーブ/ [Pkt. गब्भ] *f.* **1** 〖植物〗髄《茎の中心のスポンジ状の柔らかい組織》. **2** 〖植物〗蕾. (⇒ਕਲੀ) **3** 〖植物〗新芽. (⇒ਅੰਕੁਰ)
ਗੋਭੀ (गोभी) /gôbī ゴービー/ ▸ਗੋਂਬੀ [Skt. गोजिह्वा] *f.* 〖植物〗カリフラワー, ハナキャベツ.
ਗੋਮਤੀ (गोमती) /gomatī ゴームティー/ *f.* 〖河川〗ゴーマティー(ゴームティー, グムティー)川《ウッタル・プラデーシュ州中央部を流れる川. バナーラス東北方のサイドプル付近でガンジス川に合流する》.
ਗੋਮੁੱਖ (गोमुक्ख) /gomukkʰa ゴームック/ [Skt. गोमुख] *m.* **1** 牛の顔, 牛の口. **2** 〖魚〗牛の顔に似たほら貝. **3** 〖楽器〗ラッパの一種. **4** 善人を装った悪人.
ਗੋਮੁਖੀ (गोमुखी) /gomukʰī ゴームキー/ [Skt. गोमुखिन्] *f.* **1** 〖地名〗ゴームキー《牛の顔の形をしているガンジス川の水源地》. **2** 念珠袋.
ਗੋਰ (गोर) /gora ゴール/ [Pers. *gor*] *f.* **1** 墓. **2** 墓所, 霊廟.
ਗੋਰਸਤਾਨ (गोरसतान) /gorasatāna ゴールサターン/ [Pers. *gor* Pers.-*stān*] *m.* 墓地. (⇒ਕਬਰਸਤਾਨ)
ਗੋਰਖਧੰਧਾ (गोरखधंधा) /gorakʰatăndā ゴーラクタンダー/ *m.* **1** 困難な問題や仕事, 難題, 難問. **2** 複雑な仕掛け.
ਗੋਰਖਾ (गोरखा) /gorakʰā ゴールカー/ *m.* **1** グルカ《ネパールの地名. その地方に住む部族名》. **2** 〖政治〗グルカ《ネパール王国を建てた政治勢力の通称》.
ਗੋਰਾ (गोरा) /gorā ゴーラー/ [(Pkt. गोर) Skt. गौर] *adj.* **1** 色白の. **2** 白人の, ヨーロッパ人の.
— *m.* **1** 白人. **2** ヨーロッパ人.
ਗੋਰੀ (गोरी) /gorī ゴーリー/ [Skt. गौरी] *f.* **1** 色白の女. **2** 美女.
ਗੋਲ[1] (गोल) /gola ゴール/ [(Pkt. गोल) Skt. गोल] *adj.* **1** 丸い, 円形の. **2** 球形の.
ਗੋਲ[2] (गोल) /gola ゴール/ [Eng. *goal*] *m.* 目標, ゴー

ル.

ਗੋਲ੍ਹ (गोल्ह) /gôla̠ ゴール/ ▸ਗੋਹਲ [Skt. गोलक] *f.* 〖植物〗ベンガルボダイジュの実.

ਗੋਲਕ (गोलक) /golaka̠ ゴーラク/ [Pers. *ğolak*] *m.* **1** 現金箱. **2** 募金箱.

ਗੋਲਚੀ (गोलची) /gola̠cī ゴールチー/ [Eng. *goal* Pers.*-cī*] *m.* 〖競技〗ゴールキーパー.

ਗੋਲਡ (गोलड) /gola̠ḍa̠ ゴールド/ [Eng. *gold*] *m.* 〖金属〗金. (⇒ਸੋਨਾ)

ਗੋਲਡ ਕੋਸਟ (गोलड कोसट) /gola̠ḍa̠ kosa̠ṭa̠ ゴールド コースト/ [Eng. *Gold Coast*] *m.* 〖地名〗黄金海岸《アフリカ西部の旧英領植民地》.

ਗੋਲਡਨ ਜੁਬਲੀ (गोलडन जुबली) /gola̠ḍana̠ juba̠lī ゴールダン ジュブリー/ [Eng. *Golden Jubilee*] *f.* 〖祭礼〗50周年記念祭.

ਗੋਲਡਨ ਟੈਂਪਲ (गोलडन टैंपल) /gola̠ḍana̠ ṭãĩpala̠ ゴールダン タェーンパル/ [Eng. *Golden Temple*] *m.* 〖スィ〗ゴールデン・テンプル, 黄金寺院《第5代グル・アルジャンがアムリトサルに建設したスィック教総本山の中心にある建物の通称. 正式の名称はハリマンダル》. (⇒ਸਵਰਨ ਮੰਦਰ, ਹਰਿਮੰਦਰ ਸਾਹਿਬ)

ਗੋਲਣਾ (गोलणा) /gola̠ṇā ゴールナー/ [(Lah.)] *vt.* **1** 追いかける, 追跡する. (⇒ਪਿੱਛਾ ਕਰਨਾ) **2** 捜す. (⇒ਢੂੰਡਣਾ)

ਗੋਲਫ਼ (गोलफ़) /gola̠fa̠ ゴールフ/ ▸ਗਾਫ਼ [Eng. *golf*] *m.* 〖競技〗ゴルフ.

ਗੋਲਮੋਲ (गोलमोल) /gola̠mola̠ ゴールモール/ *adj.* **1** 丸い. **2** 球形の. **3** 太った.

ਗੋਲਰੂਪ (गोलरूप) /gola̠rūpa̠ ゴールループ/ [Skt. गोल + Skt. रूप] *adj.* **1** 円形の. (⇒ਗੋਲਾਕਾਰ) **2** 球形の. (⇒ਗੋਲਾਕਾਰ)

ਗੋਲਾ[1] (गोला) /golā ゴーラー/ [Skt. गोल] *m.* **1** 球. **2** 〖武〗(大砲の)砲弾. **3** 〖武〗爆弾. **4** 〖武〗破裂弾. **5** 〖競技〗(競技用の)砲丸. **6** 地球儀.

ਗੋਲਾ[2] (गोला) /golā ゴーラー/ [Arab. *ğulām*] *m.* **1** 奴隷. (⇒ਗੁਲਾਮ) **2** 無給の使用人. (⇒ਨੌਕਰ)

ਗੋਲਾ[3] (गोला) /golā ゴーラー/ [Pers. *ğaulā*] *adj.* 愚かな, 馬鹿な. (⇒ਮੂਰਖ)

ਗੋਲਾਕਾਰ (गोलाकार) /golākāra̠ ゴーラーカール/ [Skt. गोल + Skt. आकार] *adj.* **1** 円形の. **2** 球形の.

ਗੋਲੀ[1] (गोली) /golī ゴーリー/ *f.* **1** 小さい玉. **2** 〖武〗弾, 弾丸, 銃弾. **3** 〖薬剤〗丸薬, 錠剤. (⇒ਵੱਟੀ)

ਗੋਲੀ[2] (गोली) /golī ゴーリー/ ▸ਗੋੱਲੀ *f.* → ਗੋੱਲੀ

ਗੋੱਲੀ (गोल्ली) /gollī ゴッリー/ ▸ਗੋਲੀ *f.* 女性の従者・召使, 侍女. (⇒ਟਹਿਲਣ, ਦਾਸੀ)

ਗੋਵਿੰਦ (गोविंद) /govinda̠ ゴーヴィンド/ ▸ਗੋਬਿੰਦ [Skt. गोविंद] *m.* **1** 牛と喜びの保護者. **2** 〖ヒ〗ゴーヴィンダ《クリシュナ神の異名の一つ》. (⇒ਕਰਿਸ਼ਨ) **3** 最高神.

ਗੋੜ੍ਹਾ (गोड़्हा) /gôṛā ゴーラー/ ▸ਗੋਹੜਾ [Pers. *ğalolā*] *m.* 〖容器〗紙と土でできた籠.

ਗੌਂ (गौं) /gãũ ガォーン/ ▸ਗੌਂ [Skt. गम्] *m.* **1** 私利, 私欲, 利己心. (⇒ਸਵਾਰਥ) **2** 意図, 目的, 魂胆. (⇒ਮਤਲਬ) **3** 必要, 必要性. (⇒ਲੋੜ)

ਗੌ (गौ) /gau ガォー/ ▸ਗੌਂ *m.* → ਗੌਂ

ਗੌਹ (गौह) /gaû ガォー/ ▸ਗਹੁ [Arab. *ğaur*] *m.* **1** 注意. (⇒ਧਿਆਨ) **2** 十分な配慮. **3** 綿密な観察.

ਗੌਣ[1] (गौण) /gauṇa̠ ガォーン/ ▸ਗਾਉਣ, ਗਾਉਣ [cf. ਗਾਉਣਾ] *m.* **1** 歌. (⇒ਗੀਤ) **2** 民謡. **3** 歌うこと.

ਗੌਣ[2] (गौण) /gauṇa̠ ガォーン/ [Skt. गौण] *adj.* **1** 二次的な, 二義的な, 重要でない, 主要でない. **2** 劣った. **3** 比喩的な, 転用の.

ਗੌਣਾ (गौणा) /gauṇā ガォーナー/ ▸ਗਾਉਣਾ, ਗਾਉਣਾ *vt.* → ਗਾਉਣਾ

ਗੌਤਮ (गौतम) /gautama̠ ガォータム/ ▸ਗਉਤਮ, ਗੋਤਮ *m.* → ਗੋਤਮ

ਗ਼ੌਰ (ग़ौर) /ğaura̠ ガォール/ [Arab. *ğaur*] *m.* **1** 深く考えること, 深慮, 熟慮, 配慮. **2** 細心の注意, 慎重さ. (⇒ਧਿਆਨ)

ਗੌਰਮਿੰਟ (गौरमिंट) /gaura̠minṭa̠ ガォールミント/ ▸ਗਵਰਨਮਿੰਟ, ਗਵਰਨਮੈਂਟ, ਗਵਰਮਿੰਟ *f.* → ਗਵਰਮਿੰਟ

ਗੌਰਵ (गौरव) /gaurava̠ ガォーラヴ/ [Skt. गौरव] *m.* **1** 重み, 重力, 重大さ, 荘重. **2** 栄誉, 名誉, 誉れ. **3** 威信, 威厳, 尊厳. **4** 偉大さ, すぐれていること, 卓越, 秀逸.

ਗੌਰਵਤਾ (गौरवता) /gaurava̠tā ガォーラヴター/ [Skt.-ता] *f.* **1** 栄誉, 名誉, 誉れ. **2** 偉大さ, 卓越. **3** 崇高さ. **4** 威信, 尊厳, 荘厳.

ਗੌਰਵਤਾਈ (गौरवताई) /gaurava̠tāī ガォーラヴターイー/ [-ताई] *f.* → ਗੌਰਵਤਾ

ਗੌਰਾ (गौरा) /gaurā ガォーラー/ ▸ਗਉਰਾ [Skt. गुरु] *adj.* **1** 重い. (⇒ਭਾਰਾ, ਵਜ਼ਨੀ) **2** 重大な, 重要な, 深刻な. (⇒ਗੰਭੀਰ) **3** 高尚な, 高遠な. **4** 瞑想にふける.

ਗੌਰੀ (गौरी) /gaurī ガォーリー/ [Skt. गौरी] *f.* 〖ヒ〗ガウリー《パールヴァティー女神の異名の一つ》. (⇒ਪਾਰਵਤੀ)

ਗੌਲਨਾ (गौलना) /gaula̠nā ガォールナー/ ▸ਅਗੌਰਨਾ, ਅਗੌਲਣਾ [Arab. *ğaur*] *vt.* **1** 注意を払う, 反応する. (⇒ਧਿਆਨ ਦੇਣਾ) ❐ਗੱਲ ਗੌਲਨੀ 話をよく聴いて反応する. **2** 守る, 保護する.

ਗੌੜ (गौड़) /gauṛa̠ ガォール/ ▸ਗੁੜ [(Pot.) Skt. गुड] *m.* 〖食品〗精製前の砂糖, 粗糖, 粗糖塊, 黒砂糖.

ਗੌੜੀ (गौड़ी) /gauṛī ガォーリー/ ▸ਗਉੜੀ [Skt. गौड़ी] *f.* 〖音楽〗ガウリー《晩に歌われるインド古典楽曲の韻律の一つ》.

ਘ

ਘ (घ) /kăggā カッガー/ *m.* 〖文字〗グルムキー文字の字母表の9番目の文字《高声調(高降りアクセント)または低声調(低昇りアクセント)を伴う, 軟口蓋・閉鎖音の「カ」(無声・無気音)または「ガ」(有声・無気音)を表す》.

ਘਉਂ-ਘੱਪ (घऊँ-घप्प) /kăũ-kăppa̠ カウーン・カップ/ *adj.* **1** 紛失した. **2** 盗まれた. **3** 使い込まれた.

ਘਈ (घई) /kăī カイー/ *f.* 〖姓〗ガイー《カッタリー(クシャトリア)の姓の一つ》.

— *m.* ガイー姓の人.

ਘਸਣਾ (घसणा) /kăsaṇā カサナー/ [Skt. घृष्यते] *vi.* **1** こすれる. **2** 擦り切れる. **3** 擦り剥ける.

ਘਸਮਿੱਟੀ (घसमिट्टी) /kăsa̱miṭṭī カスミッティー/ *f.* 砂と粘土を含む土.

ਘਸਮੈਲਾ (घसमैला) /kăsa̱mailā カスマェーラー/ [Skt. कश्मल] *adj.* **1** 灰色の, くすんだ色の. **2** 汚れた. (⇒ਗੰਦਾ)

ਘਸਰ (घसर) /kăsara̱ カサル/ [cf. ਘਸਰਨਾ] *f.* **1** 擦り剥くこと, 摩滅, 摩耗. **2** こすった跡. **3** 〖身体〗引っ掻き傷, 擦り傷.

ਘਸਰਨਾ (घसरना) /kăsara̱nā カサルナー/ [Skt. घृष्यते] *vi.* こすれる.

— *vt.* こする.

ਘਸਰਵਾਉਣਾ (घसरवाउणा) /kăsara̱wāuṇā カサルワーウナー/ [cf. ਘਸਰਨਾ] *vt.* こすらせる.

ਘਸਰਾਉਣਾ (घसराउणा) /kasa̱rắuṇā カスラーウナー/ [cf. ਘਸਰਨਾ] *vt.* **1** こする. **2** 擦り切れさせる. **3** 擦り剥く.

ਘਸਵੱਟੀ (घसवट्टी) /kăsa̱waṭṭī カスワッティー/ *f.* 試金石.

ਘਸਵਾਉਣਾ (घसवाउणा) /kasa̱wắuṇā カスワーウナー/ [cf. ਘਸਣਾ] *vt.* こすらせる.

ਘਸਾਉਣਾ (घसाउणा) /kasắuṇā カサーウナー/ [cf. ਘਸਣਾ] *vt.* **1** こする. **2** やすりをかける, 磨く, 研ぐ. **3** 擦り減らす, 擦り剥く.

ਘਸਾਊ (घसाऊ) /kasắū カサーウー/ [cf. ਘਸਾਉਣਾ] *adj.* **1** 擦り減らす, 擦り剥く. **2** 研ぐための, 磨くための, 研磨用の.

ਘਸਾਈ (घसाई) /kasắī カサーイー/ [cf. ਘਸਾਉਣਾ] *f.* **1** こすること. **2** 研ぐこと, 磨くこと, 研磨. **3** 研ぎ賃, 磨き賃, 研磨料.

ਘਸਿਆਰਾ (घसिआरा) /kasiắrā カスィアーラー/ *m.* 草刈り人.

ਘਸਿਆਰੀ (घसिआरी) /kasiắrī カスィアーリー/ *f.* 草刈り人の妻.

ਘਸੀਟਣਾ (घसीटणा) /kasī̆ṭaṇā カスィータナー/ [Skt. घृष्यते] *vt.* **1** 引きずる, ずり動かす. ❐ਉਹ ਉਹਨੂੰ ਘਸੀਟਦਾ ਮਸਾਂ ਮੇਰੀ ਕੈਬ ਤਕ ਪਹੁੰਚਿਆ। 彼はその人を引きずり何とか苦労して私のタクシーまでたどり着きました. **2** たぐり寄せる, 引きずり込む.

ਘਸੁੰਨ (घसुंन) /kasŭnna̱ カスンヌ/ *m.* **1** 〖身体〗握り拳, 拳骨. **2** 拳打ち, 拳骨による殴打. **3** パンチ.

ਘਸੋੜਨਾ (घसोड़ना) /kasŏṛa̱nā カソールナー/ *vt.* 押し込む, 急に強く押す.

ਘੱਗਰਾ (घग्गरा) /kăggarā カッガラー/ [Skt. गौड़ी] *m.* 〖衣服〗カッガラー(ガーグラー)《インドの婦女子用のゆったりしたひだスカートの総称. 丈は長めで, ふくらはぎ半ばからくるぶしくらいまで》. (⇒ਲਹਿੰਗਾ)

ਘੱਗਰੀ (घग्गरी) /kăggarī カッガリー/ [Skt. गौड़ी] *f.* 〖衣服〗丈の短い婦女子用スカート.

ਘੱਗਾ[1] (घग्गा) /kăggā カッガー/ *adj.* しわがれた.

ਘੱਗਾ[2] (घग्गा) /kăggā カッガー/ ▸ਘੱਘਾ *m.* → ਘੱਘਾ

ਘਗਿਆਉਣਾ (घगिआउणा) /kagiắuṇā カギアーウナー/ *vi.* **1** 声が掠れる, しわがれ声で話す. **2** 懇願する, 謙って請う.

ਘੱਘਾ (घग्घा) /kăggā カッガー/ ▸ਘੱਗਾ *m.* 〖文字〗カッガー《高声調(高降りアクセント)または低声調(低昇りアクセント)を伴う, 軟口蓋・閉鎖音の「カ」(無声・無気音)または「ガ」(有声・無気音)を表す, グルムキー文字の字母表の9番目の文字 ਘ の名称》.

ਘਚੋਰ (घचोर) /kacŏra̱ カチョール/ *f.* 隅にある暗く狭い場所.

ਘਚੋਲ (घचोल) /kacŏla̱ カチョール/ *m.f.* **1** 混乱. **2** 乱雑. **3** もつれ.

ਘਚੋਲਨਾ (घचोलना) /kacŏla̱nā カチョールナー/ *vt.* **1** 混乱させる. **2** もつれさせる. **3** すすぐ. (⇒ਹੰਘਾਲਨਾ) **4** 揺さぶる.

ਘਟ[1] (घट) /kăṭa̱ カト/ [Skt. घट] *m.* **1** 〖容器〗瓶, 壺. (⇒ਘੜਾ, ਕਲਸ) **2** 〖比喩〗身体. (⇒ਸਰੀਰ) **3** 〖比喩〗心. (⇒ਮਨ)

ਘਟ[2] (घट) /kăṭa̱ カト/ *f.* **1** 〖気象〗雨雲. **2** 密雲, 暗雲, 黒雲.

ਘੱਟ (घट्ट) /kăṭṭa̱ カット/ [cf. ਘਟਣਾ] *adj.* **1** 少ない, 少しの, より少ない, より小さい, より低い. (⇒ਕਮ, ਥੋੜ੍ਹਾ) **2** 僅かな, 足りない, 不足している.

— *adv.* **1** めったに…ない. **2** 僅かに.

ਘਟਣਾ (घटणा) /kăṭaṇā カタナー/ [(Pkt. गट्टइ) Skt. गट्टति] *vi.* **1** 少なくなる, 減る, 減少する, 欠ける. ❐ਹੁਣ ਇਹ ਪੁਰਾਣੀਆਂ ਰਸਮਾਂ ਘਟ ਰਹੀਆਂ ਹਨ। 今ではこれらの古い慣習は少なくなりつつあります. **2** 下がる, 低下する, 低くなる.

ਘਟਨਾ (घटना) /kăṭanā カタナー/ [Skt. घटना] *f.* **1** 出来事. **2** 事件.

ਘਟਵਾਉਣਾ (घटवाउणा) /kaṭa̱wắuṇā カトワーウナー/ [cf. ਘਟਣਾ] *vt.* 少なくさせる, 減らさせる.

ਘੰਟਾ (घंटा) /kăṇṭā カンター/ [Skt. घंट] *m.* **1** 鐘, 銅鑼. ❐ਘੰਟਾ ਖੜਕਾਉਣਾ, ਘੰਟਾ ਵਜਾਉਣਾ 鐘を鳴らす. **2** 〖時間〗時間, 1時間.

ਘੱਟਾ (घट्टा) /kăṭṭā カッター/ [Pkt. घट्ट] *m.* 塵埃, 埃, 塵, 土埃. (⇒ਮਿੱਟੀ) ❐ਘੱਟਾ-ਗੱਲ 取るに足らないこと, 些細なこと. ❐ਘੱਟਾ-ਮਿੱਟੀ 塵芥, 埃, 塵, 屑, ごみ ❐ਅੱਖਾਂ ਵਿੱਚ ਘੱਟਾ ਪਾਉਣਾ だます.

ਘਟਾਉ (घटाउ) /kaṭắo | kaṭắu カターオー | カターウ/ [cf. ਘਟਣਾ] *m.* **1** 減ること, 減少. **2** 低下. **3** 不足.

ਘਟਾਉਣਾ (घटाउणा) /kaṭắuṇā カターウナー/ [cf. ਘਟਣਾ] *vt.* **1** 少なくする, 減らす, 減少させる. ❐ਸਰਕਾਰ ਨੇ ਜੁਰਮ ਦਰ ਘਟਾਉਣ ਲਈ ਯਤਨ ਕੀਤਾ। 政府は犯罪率を減らすために努力しました. **2** 下げる, 低下させる.

ਘੰਟਾ-ਘਰ (घंटा-घर) /kăṇṭā-kăra̱ カンター・カル/ [Skt. घंट Skt.-गृह] *m.* 〖建築〗時計台.

ਘਟਾਟੋਪ (घटाटोप) /kăṭāṭopa̱ カタートープ/ *m.* **1** 密雲. **2** (乗物や輿を)覆い隠すもの, 目隠し.

— *adj.* **1** 覆い隠す, すっぽり覆う, 全体を囲んだ. **2** 真っ暗な.

ਘੰਟੀ (घंटी) /kăṇṭī カンティー/ ▸ਘੈਂਟੀ [Skt. घंटिका] *f.* **1** 小さな鐘. **2** 鈴. **3** 呼び鈴, ベル. **4** 鈴の音.

ਘਟੀਆ (घटीआ) /kăṭīā カティーアー/ [cf. ਘਟਣਾ] *adj.* **1** 劣った, 劣等な, 劣悪な, 下等な, 低級な. **2** 標準以下の. **3** 質の悪い, 粗悪な, 安物の. **4** 下品な, 下劣な, 品のない.

ਘੱਟੋ ਘੱਟ (घट्टो घट्ट) /kăṭṭo kăṭṭa̱ カットー カット/ *adj.* 最

少の, 最も少ない.
— *adv.* 少なくとも, せめて.

ਘੱਠਾ (घट्ठा) /kăṭṭʰā カッター/ ▸ਇਕੱਠਾ, ਕੱਠਾ [(Pot.)] *adj.* → ਇਕੱਠਾ

ਘੰਡ (घंड) /kăṇḍa カンド/ [Skt. कण्ट] *m.* **1**〖植物〗麻〔亜麻・ジュート・大麻〕の種子. **2** ずる賢い奴, 狡猾な者. **3** 悪者, 悪漢, ごろつき. (⇒ਬਦਮਾਸ਼) **4** 横柄な人間. (⇒ਅੱਖੜ ਆਦਮੀ)
— *adj.* **1** 賢い, 利口な. (⇒ਹੁਸ਼ਿਆਰ) **2** ずる賢い, 狡猾な. (⇒ਚਲਾਕ)

ਘੰਡਪੁਣਾ (घंडपुणा) /kăṇḍapuṇā カンドプナー/ [-ਪੁਣਾ] *m.* 悪事, 不正, 邪悪.

ਘੰਡੀ (घंडी) /kăṇḍī カンディー/ [(Pkt. घंटिका) Skt. घण्टिका] *f.* **1**〖身体〗喉頭. **2**〖身体〗のどぼとけ, 喉仏.

ਘਣ[1] (घण) /kăṇa カン/ [Skt. घन] *m.* **1** 集まり, 集合, 集合体. **2** 塊, 物体. **3**〖幾何〗立方体. **4** 金鎚, ハンマー. (⇒ਹਥੌੜਾ) **5**〖虫〗ミツバチの群れ. **6**〖気象〗雲, 雨雲. (⇒ਬੱਦਲ)
— *adj.* 立方体の.

ਘਣ[2] (घण) /kăṇa カン/ [(Pkt. घरिणी) Skt. गृहिणी] *f.* **1** 女性, 婦人. (⇒ਇਸਤਰੀ, ਤੀਵੀਂ) **2** 妻, 主婦. (⇒ਘਰਵਾਲੀ)

ਘਣਘੋਰ (घणघोर) /kăṇakŏra カンコール/ *adj.* **1** 濃い. **2** 稠密な, 密集した.

ਘਣਚੱਕਰ (घणचक्कर) /kăṇacakkara カンチャッカル/ *m.*〖罵言〗馬鹿, 間抜け.

ਘਣਤਾ (घणता) /kăṇatā カンター/ [Skt. घन Skt.-ता] *f.* **1** 稠密, 濃密, 密集. **2** 堅固.

ਘਣਾ (घणा) /kăṇā カナー/ ▸ਸੰਘਣਾ *adj.* → ਸੰਘਣਾ

ਘਣਾਕਾਰ (घणाकार) /kăṇākāra カナーカール/ [Skt. घन + Skt. आकार] *adj.*〖幾何〗立方体の.

ਘਣੇਰਾ (घणेरा) /kaṇĕrā カネーラー/ [-ਏਰਾ] *adj.* **1** より密集した, さらに稠密な. **2** より豊富な, もっとたくさんの.

ਘਨਈਆ (घनईआ) /kanaĭā カナイーアー/ ▸ਕਨ੍ਹਈਆ *m.* → ਕਨ੍ਹਈਆ

ਘਪਲਾ (घपला) /kăpalā カパラー/ *m.* **1** 横領, 着服, 使い込み. (⇒ਗ਼ਬਨ, ਘਾਲਾ-ਮਾਲਾ) **2** 詐欺, いんちき, ごまかし. (⇒ਛਲ) **3** 混乱, ごたごた, いざこざ. (⇒ਗੜਬੜ)

ਘਬਰਾਉਣਾ (घबराउणा) /kabarăuṇā カバラーウナー/ ▸ਘਾਬਰਨਾ [(Pkt. गब्भर) Skt. गह्वर] *vi.* **1** 心配する, 不安に思う, 動揺する. **2** 当惑する, 混乱する, あわてる, うろたえる, 狼狽する. (⇒ਹੜਬੜਾਉਣਾ) ❒ਸਾਧੂ ਦੇ ਚਿਹਰੇ ਤੇ ਸ਼ਾਂਤੀ ਸੀ। ਉਹ ਜ਼ਰਾ ਵੀ ਨਾ ਘਬਰਾਇਆ। 行者の表情には落ち着きがありました. 彼は少しもあわてませんでした.

ਘਬਰਾਹਟ (घबराहट) /kabarâṭa カバラート/ ▸ਘਬਰਾਟ [cf. ਘਬਰਾਉਣਾ] *f.* **1** 心配, 不安, 動揺. **2** あわてること, あわてた様子, 当惑, 混乱, 狼狽, 大あわて. (⇒ਹੜਬੜ) ❒ਪਰ ਇਸ ਟੋਲੀ ਨੂੰ ਵੇਖ ਕੇ ਪੰਜਾਂ ਸੇਵਕਾਂ ਨੇ ਆਪਣੇ ਚਿਹਰਿਆਂ ਤੇ ਜ਼ਰਾ ਵੀ ਘਬਰਾਹਟ ਨਾ ਆਉਣ ਦਿੱਤੀ। しかしこの部隊を見ても五人の従者たちはその表情に少しもあわてた様子を見せませんでした. **3** 驚き, 仰天.

ਘਬਰਾਟ (घबराट) /kabarăṭa カバラート/ ▸ਘਬਰਾਹਟ *f.* → ਘਬਰਾਹਟ

ਘਮਸਾਣ (घमसाण) /kamasăṇa カムサーン/ ▸ਘਮਸਾਨ *m.* → ਘਮਸਾਨ

ਘਮਸਾਨ (घमसान) /kamasăna カムサーン/ ▸ਘਮਸਾਣ *adj.* 激しい, 激烈な.
— *m.* **1** 戦闘. **2** 激戦, 激闘.

ਘਮਘਮ (घमघम) /kămakăma カムカム/ *f.*〖擬声語〗カムカム《牛乳を攪拌する快い調子の音》.

ਘਮੰਡ (घमंड) /kamăṇḍa カマンド/ ▸ਘੁਮੰਡ *m.* **1** うぬぼれ, 慢心, 驕り. **2** 自慢, 傲慢.

ਘਮੰਡੀ (घमंडी) /kamăṇḍī カマンディー/ *adj.* **1** うぬぼれた. **2** 傲慢な.

ਘਰ (घर) /kăra カル/ [(Pkt. घर) Skt. गृह] *m.* **1**〖建築〗家, 家屋, 住居, 住まい. ❒ਘਰ ਤੀਵੀਆਂ ਦੇ, ਨਾਂ ਮਰਦਾਂ ਦੇ। 家は女のもの, 名は男のもの〔諺〕〈家をきれいにするのは女性なのに, 褒められるのは男性. 実際に仕事をする人と, その仕事で得をする人は違う〉. **2** 家庭, 所帯, 世帯. **3** 家族, 一家. **4** 集まる所, 集う場所. **5** 寛げる場所.
— *suff.* 「家」「建物」「事務所」「局」「場所」などを意味する名詞を形成する接尾辞. 例えば ਡਾਕਘਰ は「郵便局」. (⇒ਖ਼ਾਨਾ)

ਘਰਕਣਾ (घरकणा) /kărakaṇā カルカナー/ *vi.* **1** 喘ぐ. **2** 息切れする, 息を切らす. (⇒ਹਫਣਾ)

ਘਰਕਾਉਣਾ (घरकाउणा) /karakăuṇā カルカーウナー/ *vt.* **1** 喘がせる. **2** 息切れさせる.

ਘਰਕੀਣ (घरकीण) /karakĭṇa カルキーン/ ▸ਘਰਾਇਣ, ਘਰੈਣ *f.* → ਘਰੈਣ

ਘਰਬਾਰ (घरबार) /kărabāra カルバール/ *m.* **1** 家, 家屋, 住居, 住まい. **2** 家庭, 所帯, 世帯. **3** 家族, 一家.

ਘਰਬਾਰੀ (घरबारी) /kărabārī カルバーリー/ *m.* 所帯主, 世帯主.

ਘਰਲ (घरल) /kărala カルル/ ▸ਘਰਾਲ *m.* → ਘਰਾਲ

ਘਰਵਾਲਾ (घरवाला) /kărawālā カルワーラー/ [Skt. गृह -ਵਾਲਾ] *m.* **1**〖親族〗夫. (⇒ਪਤੀ) **2** 主人.

ਘਰਵਾਲੀ (घरवाली) /kărawālī カルワーリー/ [-ਵਾਲੀ] *m.* **1**〖親族〗妻, 奥さん. (⇒ਪਤਨੀ, ਵਹੁਟੀ) **2** 主婦. (⇒ਗਰਿਹਸਤਣ)

ਘਰੜ (घरड़) /kărara カラル/ *m.*〖食品〗半ば攪拌した凝乳.

ਘਰਾਇਣ (घराइण) /karăiṇa カラーイン/ ▸ਘਰੈਣ, ਘਰਕੀਣ *f.* → ਘਰੈਣ

ਘਰਾਕੀ (घराकी) /karăkī カラーキー/ ▸ਘੁਰਕੀ [(Pot.)] *f.* → ਘੁਰਕੀ

ਘਰਾਟ (घराट) /karăṭa カラート/ [(Pkt. घरट्ट) Skt. घरट्ट] *m.* 水車.

ਘਰਾਟੀਆ (घराटीआ) /karăṭīā カラーティーアー/ *m.* 粉屋.

ਘਰਾਣਾ (घराणा) /karăṇā カラーナー/ ▸ਘਰਾਨਾ *m.* **1** 家, 家族. **2** 家柄, 家系. **3**(音楽などの)流派.

ਘਰਾਨਾ (घराना) /karănā カラーナー/ ▸ਘਰਾਣਾ *m.* → ਘਰਾਣਾ

ਘਰਾਲ (घराल) /karăla カラール/ ▸ਘਰਲ [Skt. घृ + Skt. क्षरण] *m.* **1** 雨や流水によって掘られた穴や溝. (⇒ਘਾਰ) **2** 床に浸みた水の跡. **3** 顔面に残った涙の跡. **4** 唾液, つば.

ਘ੍ਰਿਣਾ (घ्रिणा) /krĭṇā (karĭṇā) クリナー（カリナー）/ ▸ ਘਿਰਣਾ, ਘਿਰਨਾ *f.* → ਘਿਰਨਾ[2]

ਘਰੇ (घरे) /kăre カレー/ [Skt. गृह] *adv.* **1** 家庭内に. **2** 家の中に.

ਘਰੇਲੂ (घरेलू) /karĕlū カレールー/ [Skt. गृह] *adj.* **1** 家庭の, 家庭内の, 家の中の. **2** 私的な, 内部の, 内輪の. **3** 自家製の.

ਘਰੈਣ (घरैण) /karaĭṇa カラェーン/ ▸ਘਰਾਇਣ, ਘਰਕੀਣ *f.* 〖虫〗壁の表面に粘土で巣を作る虫.

ਘਰੋਂ (घरों) /kărõ カローン/ [Skt. गृह + ਓਂ] *adv.* 《ਘਰ ਤੋਂ の融合形》家から.

— *f.* 〖親族〗妻. (⇒ਪਤਨੀ, ਵਹੁਟੀ)

ਘਰੋਕੀ (घरोकी) /karŏkī カローキー/ ▸ਘਰੋਗੀ [Skt. गृह] *adj.* **1** 家庭の, 家庭内の. **2** 私的な. **3** 自家製の.

ਘਰੋਗੀ (घरोगी) /karŏgī カローギー/ ▸ਘਰੋਕੀ *adj.* → ਘਰੋਕੀ

ਘਰੋ-ਘਰ (घरो-घर) /kăro-kăra カロー・カル/ ▸ਘਰੋ-ਘਰੀ [Skt. गृह] *adv.* 家々に, 各家庭に.

ਘਰੋ-ਘਰੀ (घरो-घरी) /kăro-kărī カロー・カリー/ ▸ ਘਰੋ-ਘਰ *adv.* → ਘਰੋ-ਘਰ

ਘਰੋੜਨਾ (घरोड़ना) /karŏṛanā カロールナー/ [Skt. क्षुरति] *vt.* **1** こする. **2** 引っ掻く, 掻きむしる. **3** 磨く. **4** 繰り返す, 強調する.

ਘਰੋੜੀ (घरोड़ी) /karŏṛī カローリー/ [cf.ਘਰੋੜਨਾ] *m.* 容器を磨くこと.

ਘਰੋੜੀਦਾ (घरोड़ीदा) /karŏṛīdā カローリーダー/ *m.* 〖親族〗末子.

ਘੱਲਣਾ (घल्लणा) /kăllaṇā カッラナー/ *vt.* **1** 送る, 送付する, 発送する. (⇒ਭੇਜਣਾ) **2** 郵送する.

ਘੱਲੂਘਾਰਾ (घल्लूघारा) /kăllūkărā カッルーカーラー/ *m.* 大虐殺.

ਘੜਤ (घड़त) /kăṛata カルト/ ▸ਘਾੜਤ *f.* **1** 構造, 組成. **2** 形. **3** デザイン.

ਘੜਨਾ (घड़ना) /kăṛanā カルナー/ [Skt. गठति] *vt.* **1**(素材を加工して)作る, 製造する, 加工する. **2** 形成する, 作り出す. **3** 考案する, 案出する. **4**(話を)作る, 創作する. **5** でっち上げる,(口実や言い訳などを)作り出す. **6** 彫る, 彫刻する. **7** 鋳造する. **8**(新語を)造る. **9**(鉛筆などを)削る.

ਘੜਮੱਸ (घड़मस्स) /kaṛamăssa カルマッス/ *f.* 殺到する群衆.

ਘੜਵੰਜੀ (घड़वंजी) /kăṛawañjī カルワンジー/ *f.* 水差し立て.

ਘੜਵਾਉਣਾ (घड़वाउणा) /kaṛawăuṇā カルワーウナー/ ▸ ਘੜਾਉਣਾ [cf. ਘੜਨਾ] *vt.* **1**(素材を加工して)作らせる, 製造させる, 加工させる. **2** 研磨させる.

ਘੜਵਾਈ (घड़वाई) /kaṛawăī カルワーイー/ ▸ਘੜਾਈ [cf. ਘੜਨਾ] *f.* (宝石などの)研磨の報酬・労賃.

ਘੜਾ (घड़ा) /kăṛā カラー/ [Skt. घट] *m.* 〖容器〗素焼きの水瓶または壺.

ਘੜਾਉਣਾ (घड़ाउणा) /kaṛăuṇā カラーウナー/ ▸ਘੜਵਾਉਣਾ *vt.* → ਘੜਵਾਉਣਾ

ਘੜਾਈ (घड़ाई) /kaṛăī カラーイー/ ▸ਘੜਵਾਈ *f.* → ਘੜਵਾਈ

ਘੜਿਆਲ[1] (घड़िआल) /kaṛiăla カリアール/ [Skt. घण्टिक] *m.* 〖動物〗ワニ, 鰐. (⇒ਮਗਰਮੱਛ)

ਘੜਿਆਲ[2] (घड़िआल) /kaṛiăla カリアール/ [(Pkt. घंट) Skt. घण्ट] *m.* **1** 銅鑼(どら). **2** 鉦(かね), 鐘, 時を告げる鐘. **3** 大時計, 壁掛け時計.

ਘੜਿਆਲੀ (घड़िआली) /kaṛiălī カリアーリー/ ▸ ਘੜਿਆਲੀਆ *m.* 時を告げる鐘を鳴らす人.

ਘੜਿਆਲੀਆ (घड़िआलीआ) /kaṛiălīā カリアーリーアー/ ▸ਘੜਿਆਲੀ *m.* → ਘੜਿਆਲੀ

ਘੜੀ[1] (घड़ी) /kăṛī カリー/ [(Pkt. घड़ी) Skt. घटी] *f.* **1** 時計《腕時計・置時計・掛け時計など, 時計の総称》. **2** 〖時間〗約22分に相当する時間の単位. **3** 時, 時間. (⇒ਵਕਤ, ਵੇਲਾ, ਸਮਾਂ) **4** 瞬間, 瞬時, ちょっとの間. **5** 時機, 頃合, タイミング. **6** 縁起の良い時, 吉祥の時刻, 吉日. (⇒ਮਹੂਰਤ)

ਘੜੀ[2] (घड़ी) /kăṛī カリー/ [Skt. घटिका] *f.* 〖容器〗素焼きの小さな水瓶または壺.

ਘੜੀਸਣਾ (घड़ीसणा) /kaṛĭsaṇā カリーサナー/ *vt.* **1** 引く. **2** 引きずる, ずり動かす. (⇒ਘਸੀਟਣਾ)

ਘੜੀਸਾਜ਼ (घड़ीसाज़) /kăṛīsāza カリーサーズ/ [Skt. घटी Pers.-*sāz*] *m.* 時計作り職人, 時計修理工, 時計屋.

ਘੜੀ ਘੜੀ (घड़ी घड़ी) /kăṛī kăṛī カリー カリー/ *adv.* 何度も繰り返し, 短い間隔で.

ਘਾ[1] (घा) /kă カー/ ▸ਘਾਸ, ਘਾਹ *m.* → ਘਾਹ

ਘਾ[2] (घा) /kă カー/ ▸ਘਾਅ, ਘਾਉ, ਘਾਓ *m.* → ਘਾਉ

ਘਾਉ (घाउ) /kăo カーオー/ ▸ਘਾ, ਘਾਅ, ਘਾਓ [(Pkt. घाओ) Skt. घात] *m.* 傷, 怪我. (⇒ਜ਼ਖ਼ਮ, ਚੋਟ)

ਘਾਅ (घाअ) /kăa カーア/ ▸ਘਾ, ਘਾਉ, ਘਾਓ *m.* → ਘਾਉ

ਘਾਓ (घाओ) /kăo カーオー/ ▸ਘਾ, ਘਾਅ, ਘਾਉ *m.* → ਘਾਉ

ਘਾਇਲ (घाइल) /kăila カーイル/ [cf. ਘਾਉ] *adj.* 傷ついた, 負傷した, 怪我をした.

ਘਾਈ (घाई) /kăī カーイー/ *f.* 〖衣服〗腰布.

ਘਾਸ[1] (घास) /kăsa カース/ ▸ਘਾ, ਘਾਹ *m.* → ਘਾਹ

ਘਾਸ[2] (घास) /kăsa カース/ ▸ਘਸਰ *m.* → ਘਸਰ

ਘਾਸ ਫੂਸ[1] (घास फूस) /kăsa pʰūsa カース プース/ [Skt. घास + Skt. बुस] *m.* **1** 干し草. **2** 藁. **3** 屑, ごみ, がらくた.

ਘਾਸਾ (घासा) /kăsā カーサー/ [(Pkt. कसा) Skt. कशा] *m.* 〖道具〗鐙革(あぶみがわ)《鐙を鞍につるす細い革帯》.

ਘਾਹ (घाह) /kă カー/ ▸ਘਾ, ਘਾਸ [Skt. घास] *m.* **1** 〖植物〗草. **2** 〖植物〗雑草.

ਘਾਹੀ (घाही) /kăhī カーヒー/ *m.* 草刈り人.

ਘਾਟ[1] (घाट) /kăṭa カート/ [Skt. घट्ट] *m.* ガート〔沐浴場, 洗濯場, 水汲み場, 舟着き場〕《水辺まで降りるために川や池などの岸に階段状に設けられた場所》. ❏ਘਾਟ ਘਾਟ ਦਾ ਪਾਣੀ ਪੀਣਾ いくつかのガートの水を飲む〈あちらこちらを巡り様々な経験を積む〉.

ਘਾਟ[2] (घाट) /kăṭa カート/ ▸ਘਾਟਾ *f.* → ਘਾਟਾ

ਘਾਟਾ (घाटा) /kăṭā カーター/ ▸ਘਾਟ [cf. ਘਟਣਾ] *m.* **1** 減少. **2** 不足, 欠乏. (⇒ਕਮੀ) **3** 損失, 欠損, 赤字.

ਘਾਟੀ (घाटी) /kăṭī カーティー/ *f.* **1** 〖地理〗谷, 谷間. **2** 〖地理〗下り坂.

ਘਾਣ (घाण) /kǎṇa カーン/ ▸ਘਾਣੀ [Pkt. घाण] m. 機械を用いた作業に用いられる一回分の分量.
ਘਾਣੀ (घाणी) /kǎṇī カーニー/ ▸ਘਾਣ f. → ਘਾਣ
ਘਾਤ (घात) /kǎta カート/ [Skt. घात] m. 1 殺害. 2 壊すこと, 破壊.
ਘਾਤਕ (घातक) /kǎtaka カータク/ [Skt. घातक] m. 1 殺害者. 2 破壊するもの.
ਘਾਤੀ (घाती) /kǎtī カーティー/ [Skt. घातिन्] adj. 1 殺す, 殺害する. 2 壊す, 破壊する.
— m. 1 殺害者. 2 破壊するもの.
ਘਾਪਾ (घापा) /kǎpā カーパー/ [Skt. घात] m. 1 割れ目. 2 横領.
ਘਾਬਰਨਾ (घाबरना) /kǎbaranā カーバルナー/ ▸ਘਬਰਾਉਣਾ vi. → ਘਬਰਾਉਣਾ
ਘਾਰ[1] (घार) /kǎra カール/ [cf. ਘਸਣਾ] f. 雨や流水によって掘られた穴や溝. (⇒ਘਰਾਲ)
ਘਾਰ[2] (घार) /kǎra カール/ ▸ਗ਼ਾਰ [Arab. ğār] f. 1 窪んだ場所, 穴, 穴ぼこ. (⇒ਟੋਆ) 2 洞窟. (⇒ਗੁਫਾ)
ਘਾਲ (घाल) /kǎla カール/ f. 1 きつい仕事. 2 労苦. (⇒ਮਿਹਨਤ) 3 勤勉.
ਘਾਲਣਾ (घालणा) /kǎlaṇā カーラナー/ vi. 1 きつい仕事をする. 2 苦労する, 骨を折る.
— f. 1 きつい仕事. 2 労苦. (⇒ਮਿਹਨਤ) 3 勤勉.
ਘਾਲਾ-ਮਾਲਾ (घाला-माला) /kǎlā-mālā カーラー・マーラー/ m. 1 密議, 謀議, 企て. (⇒ਮਸ਼ਵਰਾ) 2 横領, 着服, 使い込み. (⇒ਗ਼ਬਨ, ਘਪਲਾ) 3 混乱, ごたごた, いざこざ. (⇒ਗੜਬੜ)
ਘਾੜਤ (घाड़त) /kǎṛata カーラト/ ▸ਘੜਤ f. → ਘੜਤ
ਘਾੜਾ (घाड़ा) /kǎṛā カーラー/ [cf. ਘੜਨਾ] m. 1 切る人, 彫る人, 削って形を作る人. 2 加工業者, 製造者. 3 彫刻家.
ਘਿਉ (घिउ) /kǐo | kiǒ キオー | キオー/ ▸ਘਿਓ, ਘੀ, ਘੇ m. → ਘਿਓ
ਘਿਓ (घिओ) /kǐo | kiǒ キオー | キオー/ ▸ਘਿਉ, ਘੀ, ਘੇ [(Pkt. घिअ) Skt. गृत] m. 『食品』ギー, 精製バター, 乳脂, バター油《生乳を加熱して乳酸菌で静置発酵させ撹拌して作った発酵バター ਮੱਖਣ をさらにしばらく煮立たせた後, 澱のような沈殿物をとり除いて精製した純度の高い乳脂肪. 上質のバター油として料理に用いられる》.
ਘਿਆਲ (घिआल) /kiǎla キアール/ adj. 乳に高濃度の脂肪を含んだ.
— f. 乳に高濃度の脂肪を含んだ乳牛.
ਘਿੱਗੀ (घिग्गी) /kǐggī キッギー/ ▸ਘਿੱਘੀ [Skt. कृक] f. 1 しゃくり上げること. 2 しゃくり上げて泣くこと, 泣きじゃくること, むせび泣き, 肩を震わせて泣くこと.
ਘਿੱਘੀ (घिग्घी) /kǐggī キッギー/ f. → ਘਿੱਗੀ
ਘਿਚ-ਪਿਚ (घिच-पिच) /kǐca-pica キチ・ピチ/ ▸ਘਿਚ-ਮਿਚ [Skt. घृष्ट + Skt. पिष्ट] f. 1 判読できない筆跡, 乱筆, 悪筆, 走り書き, 殴り書き. 2 殺到, 大混雑. (⇒ਭੀੜ-ਭੜੱਕਾ) 3 ごちゃまぜ, 乱雑に置かれた状態. 4 びっしり詰まった状態.
ਘਿਚ-ਮਿਚ (घिच-मिच) /kǐca mica キチ ミチ/ ▸ਘਿਚ-ਪਿਚ f. → ਘਿਚ-ਪਿਚ
ਘਿਣਨਾ (घिणना) /kǐṇanā キンナー/ ▸ਹਿਣਨਾ [(Pkt. गेण्ह) Skt. ग्रहण] vt. 1 取る. (⇒ਲੈਣਾ) 2 つかむ, 捕らえる. (⇒ਫੜਨਾ)
ਘਿਣਾਉਣਾ (घिणाउणा) /kinǎuṇā キナーウナー/ adj. 1 嫌な, 不快な, 気味の悪い. 2 憎らしい, おぞましい. 3 卑しむべき, 卑劣な.
ਘਿਰਣਾ (घिरणा) /kǐraṇā キルナー/ ▸ਘ੍ਰਿਣਾ, ਘਿਰਨਾ f. → ਘਿਰਨਾ[2]
ਘਿਰਨਾ[1] (घिरना) /kǐranā キルナー/ [Skt. ग्रहण] vi. 1 囲まれる, 取り巻かれる, 包まれる. 2 追い詰められる, 窮地に陥る. 3 周りに集まる, 立ち込める, あたり一面を覆う. 4 近づく, 迫る, 迫って来る.
ਘਿਰਨਾ[2] (घिरना) /kǐranā キルナー/ ▸ਘ੍ਰਿਣਾ, ਘਿਰਣਾ [Skt. घृणा] f. 1 嫌悪, 不快感, 嫌気. (⇒ਕਰਾਹਤ) 2 憎しみ, 憎悪. (⇒ਸੂਗ)
ਘਿਰਨਿਤ (घिरनित) /kǐranita キルニト/ [Skt. घृणित] adj. 1 嫌悪された, 嫌な, おぞましい, 忌まわしい. 2 憎まれた, 憎むべき.
ਘਿਰਨੀ (घिरनी) /kǐranī キルニー/ f. 滑車.
ਘੀ (घी) /kǐ キー/ ▸ਘਿਉ, ਘਿਓ, ਘੇ m. → ਘਿਓ
ਘੀਆ (घीआ) /kǐā キーアー/ [(Pkt. घिअ) Skt. घृत] m. 『植物』ユウガオ(夕顔)《ウリ科の蔓草》.
ਘੀਸੀ (घीसी) /kǐsī キースィー/ f. 地面に尻をこすりつけること.
ਘੁਸਣਾ (घुसणा) /kǔsaṇā クサナー/ [Skt. गुध्यति] vi. 1 入る. 2 侵入する, 侵略する. 3 強引に押し入る, 許可なしに立ち入る. 4 不法に立ち入る, 不法侵害する. 5 干渉する. 6 もぐり込む, 潜入する.
ਘੁੱਸਣਾ (घुस्सणा) /kǔssaṇā クッサナー/ [(Pot.)] vi. 1 間違う, 誤る, 間違いを犯す. 2 計算を間違う, 判断を誤る. 3 立ち往生する, 行き詰る.
ਘੁਸਪੈਠ (घुसपैठ) /kǔsapaiṭʰa クスパェート/ ▸ਘੁਸਬੈਠ f. → ਘੁਸਬੈਠ
ਘੁਸਪੈਠੀਆ (घुसपैठीआ) /kǔsapaiṭʰīā クスパェーティーアー/ ▸ਘੁਸਬੈਠੀਆ m. → ਘੁਸਬੈਠੀਆ
ਘੁਸਬੈਠ (घुसबैठ) /kǔsabaiṭʰa クスバェート/ ▸ਘੁਸਪੈਠ f. 1 侵入, 侵害行為. 2 潜入.
ਘੁਸਬੈਠੀਆ (घुसबैठीआ) /kǔsabaiṭʰīā クスバェーティーアー/ ▸ਘੁਸਪੈਠੀਆ m. 1 侵入者. 2 潜入者.
ਘੁਸਮੁਸਾ (घुसमुसा) /kǔsamusā クスムサー/ adj. 1 薄暗い. 2 ぼんやりした. 3 どんよりした. 4 薄明かりの.
— m. 1 薄暗がり. 2 ぼんやりした光, 薄明かり.
ਘੁਸਰਨਾ (घुसरना) /kǔsaranā クサルナー/ ▸ਘੁਸੜਨਾ vi. 1 入る. 2 侵入する. 3 詰め込まれる, 押し込まれる. 4 寄り添う. 5 擦り寄る.
ਘੁਸਰਮੁਸਰ (घुसरमुसर) /kǔsaramusara クサルムサル/ f. 1 囁き. 2 陰謀. 3 噂.
ਘੁਸੜਨਾ (घुसड़ना) /kǔsaṛanā クサルナー/ ▸ਘੁਸਰਨਾ vi. → ਘੁਸਰਨਾ
ਘੁਸਾਉਣਾ (घुसाउणा) /kusǎuṇā クサーウナー/ [cf. ਘੁਸਣਾ] vt. 1 入れる, 入らせる, 押し込む. 2 無理やり突っ込む. 3 押し入れる, 割り込ませる.
ਘੁਸੇੜਨਾ (घुसेड़ना) /kusěṛanā クセールナー/ [cf. ਘੁਸਣਾ] vt. 1 押して入れる, 押し込む, 突っ込む. 2 詰める, 詰め込む.

ਘੁੰਗਣੀਆਂ (घुंगणीआँ) /kŭṅgaṇiā̃ クンガニーアーン/ [Skt. घूर्णनीय] *f.* ゆでた穀物《複数形》.

ਘੁੰਗਰ (घुंगर) /kŭṅgara クンガル/ [Pkt. घूर्णन] *m.* 〖身体〗巻き毛.

ਘੁੰਗਰਾਲੇ (घुंगराले) /kuṅgarāle クングラーレー/ *adj.* 巻き毛の.

ਘੁੰਗਰੂ (घुंगरू) /kŭṅgarū クンガルー/ ▸ਘੁੰਗਰੂ *m.* 鈴.

ਘੁੱਗੀ (घुग्गी) /kŭggī クッギー/ *f.* 〖鳥〗鳩, 小型のハト, 小鳩, キジバト, 雉鳩.

ਘੁੰਗਰੂ (घुंगरू) /kŭṅgurū クングルー/ ▸ਘੁੰਗਰੂ *m.* → ਘੁੰਗਰੂ

ਘੁੱਗੂ (घुग्गू) /kŭggū クッグー/ [(Pkt. घुअ) Skt. घूक] *m.* **1** 〖鳥〗フクロウ, 梟. (⇒ਉੱਲੂ) **2** 〖鳥〗ミミズク, 耳木菟. **3** 〖鳥〗雄のハト, 雄鳩. **4** 〖玩具〗鳩の鳴き声に似た音を出す焼き物の玩具.

ਘੁੱਟ (घुट्ट) /kŭṭṭa クット/ [Pkt. घुंट] *m.* ひと口, 一度で飲む量.

ਘੁੱਟਣਾ (घुट्टणा) /kŭṭṭaṇā クッタナー/ [Skt. घर्षति] *vt.* **1** 押す, 押しつける, 抑える, 圧する, 圧迫する. **2** 張る. **3** 締める, 締めつける. **4** 揉む.

ਘੁਟੰਨਾ (घुटंना) /kŭṭannā クタンナー/ ▸ਘੁੱਟਨਾ [Skt. घुट] *m.* 〖衣服〗裾の締まったパジャーマー.

ਘੁਟਨਾ (घुटना) /kŭṭanā クタナー/ *m.* 〖身体〗膝, 膝頭. (⇒ਗੋਡਾ)

ਘੁੱਟਨਾ (घुट्टना) /kŭṭṭanā クッタナー/ ▸ਘੁਟੰਨਾ *m.* → ਘੁਟੰਨਾ

ਘੁਟਵਾਂ (घुटवाँ) /kŭṭawā̃ クトワーン/ [cf. ਘੁੱਟਣਾ] *adj.* **1** ぴったり合った, 引き締まった. **2** 肌に密着した.

ਘੁਟਵਾਉਣਾ (घुटवाउणा) /kuṭawă̄uṇā クトワーウナー/ ▸ਘੁਟਾਉਣਾ [cf. ਘੁੱਟਣਾ] *vt.* **1** 押させる, 押しつけさせる, 押してもらう, 圧迫させる. **2** 張らせる. **3** 締めつけさせる. **4** 揉んでもらう.

ਘੁਟਾਉਣਾ (घुटाउणा) /kuṭă̄uṇā クターウナー/ ▸ਘੁਟਵਾਉਣਾ *vt.* → ਘੁਟਵਾਉਣਾ

ਘੁੱਟੀ (घुट्टी) /kŭṭṭī クッティー/ *f.* 〖薬剤〗小児用の下剤.

ਘੁੰਡ (घुंड) /kŭṇḍa クンド/ *m.* **1** 〖衣服〗顔を覆い隠す布, ベール. ❐ਘੁੰਡ ਕੱਢਣਾ 顔をベールで覆う. **2** 〖社会〗(敬意と謙虚さを表す印として)長上者に対して女性が顔を覆う慣習. ❐ਘੁੰਡ ਕੱਢਣਾ パルダー〔女性を家族以外の男性の目から遮断する社会慣習〕を遵守する.

ਘੁੰਡ ਚੁਕਾਈ (घुंड चुकाई) /kŭṇḍa cukāī クンド チュカーイー/ *f.* **1** 〖儀礼〗花嫁のベールを上げて顔を見せ 金品を贈る儀礼. (⇒ਮੂੰਹ ਵਿਖਾਈ) **2** 花嫁の顔を初めて見る儀礼で花婿が与える贈り物, 花嫁のベールを上げて顔を見せる儀礼で贈られるお金.

ਘੁੰਡ ਲੁਹਾਈ (घुंड लुहाई) /kŭṇḍa luāī | kŭṇḍa luhāī クンド ルアーイー | クンド ルハーイー/ *f.* → ਘੁੰਡ ਚੁਕਾਈ

ਘੁੰਡੀ (घुंडी) /kŭṇḍī クンディー/ [(Pkt. गंठि) Skt. ग्रन्थि] *f.* **1** 鉤(かぎ). **2** 輪. **3** ごまかし. **4** 面倒な問題.

ਘੁੰਡੀਦਾਰ (घुंडीदार) /kŭṇḍīdāra クンディーダール/ [Pers.-*dār*] *adj.* **1** 鉤形の. **2** 輪になった.

ਘੁਣ (घुण) /kŭṇa クン/ [Skt. घुण] *m.* 〖虫〗木材につく虫, キクイムシ, コクゾウムシ.

ਘੁਣਤਰ (घुणतर) /kŭṇatara クンタル/ ▸ਘੁੰਤਰ *f.* → ਘੁੰਤਰ

ਘੁਣਤਰੀ (घुणतरी) /kŭṇatarī クンタリー/ ▸ਘੁੰਤਰੀ *adj.m.* → ਘੁੰਤਰੀ

ਘੁਣਾਂਦਾ (घुणाँदा) /kŭṇā̃dā クナーンダー/ ▸ਘੁਣਾਧਾ *m.* → ਘੁਣਾਧਾ

ਘੁਣਾਧਾ (घुणाधा) /kŭṇâdā クナーダー/ ▸ਘੁਣਾਂਦਾ *m.* 〖医〗虫歯.

ਘੁੰਤਰ (घुंतर) /kŭntara クンタル/ ▸ਘੁਣਤਰ *f.* **1** 批判される点. **2** 欠点, 短所, 欠陥. (⇒ਨੁਕਸ, ਐਬ) **3** 弱点, 弱み.

ਘੁੰਤਰਬਾਜ਼ (घुंतरबाज़) /kŭntarabāza クンタルバーズ/ *adj.* **1** 批判する, 批評する, 非難する. **2** 粗探しばかりする, やかまし屋の. **3** 皮肉な. **4** 小理屈をこねる.
— *m.* **1** 批判する人, 批評家. **2** 粗探しばかりする人, やかまし屋. **3** 皮肉屋. **4** 小理屈をこねる人.

ਘੁੰਤਰਬਾਜ਼ੀ (घुंतरबाज़ी) /kŭntarabāzī クンタルバーズィー/ *f.* **1** 批判, 批評, 非難. **2** 粗探し. **3** 皮肉. **4** 小理屈をこねること.

ਘੁੰਤਰੀ (घुंतरी) /kŭntarī クンタリー/ ▸ਘੁਣਤਰੀ *adj.* **1** 批判する, 批評する, 非難する. **2** 粗探しばかりする, やかまし屋の. **3** 皮肉な. **4** 小理屈をこねる.
— *m.* **1** 批判する人, 批評家. **2** 粗探しばかりする人, やかまし屋. **3** 皮肉屋. **4** 小理屈をこねる人.

ਘੁਮੰਡ (घुमंड) /kumă̄ṇḍa | kŭmaṇḍa クマンド | クマンド/ ▸ਘਮੰਡ *m.* **1** うぬぼれ, 慢心, 驕り. **2** 自慢, 傲慢.

ਘੁੰਮਣਘੇਰ (घुंमणघेर) /kŭmmaṇakĕra クンマンケール/ ▸ਘੁੰਮਣਘੇਰੀ *m.* → ਘੁੰਮਣਘੇਰੀ

ਘੁੰਮਣਘੇਰੀ (घुंमणघेरी) /kŭmmaṇakĕrī クンマンケーリー/ ▸ਘੁੰਮਣਘੇਰ *f.* **1** 渦, 渦巻き. **2** 〖医〗頭がくらくらすること, めまい.

ਘੁੰਮਣਾ (घुंमणा) /kŭmmaṇā クンマナー/ [(Pkt. घुम्मइ) Skt. घुम्मति] *vi.* **1** 回る, 回転する, 向きが変わる. **2** 循環する. **3** 巡る, 巡回する. **4** 歩き回る, 散歩する, 散策する, うろつく. **5** 行楽に出かける, 旅行する. **6** 遠回りする, 回り道をする.

ਘੁੰਮਨ (घुंमन) /kŭmmana クンマン/ ▸ਘੁੰਮਰ *m.* → ਘੁੰਮਰ

ਘੁੰਮਰ (घुंमर) /kŭmmara クンマル/ ▸ਘੁੰਮਨ *m.* 〖舞踊〗グンマル(グンマン)《輪になって踊る西部パンジャーブの民俗舞踊》.

ਘੁਮਾਉ (घुमाउ) /kumă̄o クマーオー/ *m.* **1** 回転, 回ること, 循環. **2** 迂回, 遠回り, 遠回し, 婉曲なこと. **3** 曲がり, 曲がり角.

ਘੁਮਾਉਣਾ (घुमाउणा) /kumă̄uṇā クマーウナー/ [cf. ਘੁੰਮਣਾ] *vt.* **1** 回す, 回転させる, 向きを変える. **2** 振り回す. **3** 曲げる. **4** 散策させる, (外に)連れ出す, 連れ歩く, 案内する. **5** 遠回りさせる, 回り道をさせる.

ਘੁਮਾਣੀ (घुमाणी) /kumă̄ṇī クマーニー/ *f.* 〖道具〗(石や土製の弾を飛ばす)パチンコ. (⇒ਗੁਲੇਲ)

ਘੁਮਾਰ (घुमार) /kumă̄ra クマール/ ▸ਕੁਮ੍ਹਿਆਰ, ਘੁਮਿਆਰ [Skt. कुम्भकार] *m.* **1** 〖姓〗クムハール《焼き物作りを生業とする種姓(の人)》. **2** 焼き物職人, 焼き物屋.

ਘੁਮਾਰੀ (घुमारी) /kumă̄rī クマーリー/ ▸ਘੁਮਿਆਰੀ [-ਈ] *f.* **1** 〖姓〗クムハール種姓の女性. **2** 女の焼き物職人, 焼き物職人の妻.

ਘੁਮਿਆਰ (घुमिआर) /kumiǎra̤ クミアール/ ▶ਕੁਮ੍ਹਿਆਰ, ਘੁਮਾਰ *m.* → ਘੁਮਾਰ

ਘੁਮਿਆਰੀ (घुमिआरी) /kumiǎrī クミアーリー/ ▶ਘੁਮਾਰੀ *f.* → ਘੁਮਾਰੀ

ਘੁਮੇਰ (घुमेर) /kuměra̤ クメール/ *m.* めまい.

ਘੁਰਕਣਾ (घुरकणा) /kŭra̤kaṇā クルカナー/ *vi.* 唸る.
— *vt.* **1** 脅す, 脅かす, 威嚇する. **2** 叱る, 叱りつける.

ਘੁਰਕੀ (घुरकी) /kŭra̤kī クルキー/ ▶ਘਰਾਕੀ *f.* **1** 唸り声. **2** 鼻を鳴らす音. **3** 威嚇する音, 威嚇.

ਘੁਰਘੁਰ (घुरघुर) /kŭra̤kŭra̤ クルクル/ *f.* **1**〖擬声語〗クルクル, グルグル《動物がうなったり鼻や喉を鳴らしたりする音, 人が怒って出すう唸り声など》. **2** 囁き, 小声, ひそひそ話. **3** 中傷作戦, 陰謀.

ਘੁਰਨਾ (घुरना) /kŭra̤nā クルナー/ *m.* **1** (野獣の住む)穴. **2** 隠れ場所.

ਘੁਰਾੜਾ (घुराड़ा) /kurǎṛā クラーラー/ *m.*〖生理〗いびき.

ਘੁਲਣਸ਼ੀਲ (घुलणशील) /kŭlaṇa̤śīla̤ クランシール/ [cf. ਘੋਲਣਾ] *adj.* 溶ける, 溶解性の.

ਘੁਲਣਸ਼ੀਲਤਾ (घुलणशीलता) /kŭlaṇa̤śīla̤tā クランシールター/ [cf. ਘੋਲਣਾ] *f.* 溶解性.

ਘੁਲਣਾ (घुलणा) /kŭlaṇā クラナー/ ▶ਘੁਲਨਾ [cf. ਘੋਲਣਾ] *vi.* **1** 溶ける, 溶解する. **2** 混ざる.

ਘੁਲਨਾ (घुलना) /kŭlanā クラナー/ ▶ਘੁਲਣਾ *vi.* → ਘੁਲਣਾ

ਘੁਲਾਕ (घुलाक) /kulǎka̤ クラーク/ ▶ਘੁਲਾਟ, ਘੁਲਾਟਾ, ਘੁਲਾਟੀ, ਘੁਲਾਟੀਆ, ਘੁਲਾਟੂ *m.* → ਘੁਲਾਟੀਆ

ਘੁਲਾਟ (घुलाट) /kulǎṭa̤ クラート/ ▶ਘੁਲਾਕ, ਘੁਲਾਟਾ, ਘੁਲਾਟੀ, ਘੁਲਾਟੀਆ, ਘੁਲਾਟੂ *m.* → ਘੁਲਾਟੀਆ

ਘੁਲਾਟਾ (घुलाटा) /kulǎṭā クラーター/ ▶ਘੁਲਾਕ, ਘੁਲਾਟ, ਘੁਲਾਟੀ, ਘੁਲਾਟੀਆ, ਘੁਲਾਟੂ *m.* → ਘੁਲਾਟੀਆ

ਘੁਲਾਟੀ (घुलाटी) /kulǎṭī クラーティー/ ▶ਘੁਲਾਕ, ਘੁਲਾਟ, ਘੁਲਾਟਾ, ਘੁਲਾਟੀਆ, ਘੁਲਾਟੂ *m.* → ਘੁਲਾਟੀਆ

ਘੁਲਾਟੀਆ (घुलाटीआ) /kulǎṭīā クラーティーアー/ ▶ਘੁਲਾਕ, ਘੁਲਾਟ, ਘੁਲਾਟਾ, ਘੁਲਾਟੀ, ਘੁਲਾਟੂ *m.*〖競技〗レスラー.

ਘੁਲਾਟੂ (घुलाटू) /kulǎṭū クラートゥー/ ▶ਘੁਲਾਕ, ਘੁਲਾਟ, ਘੁਲਾਟਾ, ਘੁਲਾਟੀ, ਘੁਲਾਟੀਆ *m.* → ਘੁਲਾਟੀਆ

ਘੂਆਂ[1] (घूआँ) /kŭã クーアーン/ *m.*〖虫〗ゴカイ科の虫《鳥や魚をおびき寄せる餌にする》.

ਘੂਆਂ[2] (घूआँ) /kŭã クーアーン/ *adj.* **1** いたずらな, 悪ふざけする. (⇒ਸ਼ਰਾਰਤੀ) **2** 悪賢い, 狡猾な. (⇒ਚਲਾਕ)

ਘੂੰਸ (घूँस) /kũ̌sa̤ クーンス/ ▶ਘੂਸ *f.* → ਘੂਸ

ਘੂਸ (घूस) /kŭsa̤ クース/ ▶ਘੂੰਸ *f.* 賄賂. (⇒ਰਿਸ਼ਵਤ, ਵੱਢੀ)

ਘੂਕ[1] (घूक) /kŭka̤ クーク/ ▶ਘੂਕਰ *f.*〖擬声語〗ゴーゴー《風や水流などが渦巻く音》.

ਘੂਕ[2] (घूक) /kŭka̤ クーク/ *adj.* 眠りの深い.
— *adv.* ぐっすり.

ਘੂਕਣਾ (घूकणा) /kŭkaṇā クーカナー/ ▶ਘੂਕਰਨਾ *vi.* **1** 回る, 回転する. **2** 渦巻く音を出す.

ਘੂਕਰ (घूकर) /kŭkara̤ クーカル/ ▶ਘੂਕ *f.* → ਘੂਕ[1]

ਘੂਕਰਨਾ (घूकरना) /kŭkara̤nā クーカルナー/ ▶ਘੂਕਣਾ [(Pot.)] *vi.* → ਘੂਕਣਾ

ਘੂਕੀ (घूकी) /kŭkī クーキー/ *f.* **1** うとうとした状態. **2** 眠さ. **3** 意識朦朧.

ਘੂੰ ਘੂੰ (घूँ घूँ) /kũ̌ kũ̌ クーン クーン/ *m.* **1**〖擬声語〗ブンブン, ブーン ブーン《蚊や蝿などの虫がブンブンと立てる羽音》. **2**〖擬声語〗ブンブン, ビュンビュン《車など円形の物がぐるぐる回転して発する音》.

ਘੂਠਾ[1] (घूठा) /kŭṭʰā クーター/ *adj.* **1** 悪意を持った. (⇒ਬਦਨੀਤ) **2** 邪悪な. (⇒ਭੈੜਾ)

ਘੂਠਾ[2] (घूठा) /kŭṭʰā クーター/ [(Lah.)] *adj.* **1** 無言の, 黙っている. (⇒ਚੁੱਪ) **2** 沈黙の. (⇒ਖ਼ਮੋਸ਼)

ਘੂਰਨਾ (घूरना) /kŭra̤nā クールナー/ [Skt. घूर्णति] *vt.* **1** じっと見る, 見つめる, 凝視する, じろじろ見る. **2** 睨む, 睨みつける, 威嚇して凝視する.

ਘੂਰੀ (घूरी) /kŭrī クーリー/ [cf. ਘੂਰਨਾ] *f.* **1** 見つめること, 凝視. **2** 睨むこと, 睨みつけること, 威嚇する凝視.

ਘੇ (घे) /kě ケー/ ▶ਘਿਉ, ਘਿਓ, ਘੀ *m.* → ਘਿਓ

ਘੇਸ (घेस) /kěsa̤ ケース/ ▶ਘੇਸਲ *m.* → ਘੇਸਲ

ਘੇਸਲ (घेसल) /kěsala̤ ケーサル/ ▶ਘੇਸ [Arab. *kasal*] *f.* **1** 無頓着. **2** 狸寝入り. **3** 知らんぷり.

ਘੇਸਲਾ (घेसला) /kěsalā ケーサラー/ [Arab. *kasal*] *adj.* **1** うやむやの. **2** 狸寝入りの. **3** 知らんぷりの.

ਘੇਰ[1] (घेर) /kěra̤ ケール/ *m.* **1** 不安. **2** 心配. **3** 沈鬱.

ਘੇਰ[2] (घेर) /kěra̤ ケール/ ▶ਘੇਰਾ *m.* → ਘੇਰਾ

ਘੇਰਨਾ (घेरना) /kěra̤nā ケールナー/ [Skt. ग्रहण] *vt.* **1** 囲む, 取り囲む, 取り巻く, 包囲する, 巡らす. **2** 封鎖する, 占拠する.

ਘੇਰਨੀ (घेरनी) /kěra̤nī ケールニー/ *f.* **1**〖生理〗めまい. **2**〖生理〗気絶.

ਘੇਰਾ (घेरा) /kěrā ケーラー/ ▶ਘੇਰ *m.* **1** 取り囲むこと, 包囲, 封鎖. ❏ਘੇਰਾ ਪਾਉਣਾ 取り囲む, 包囲する. **2** 囲い地, 塀や垣根で囲われた土地. (⇒ਵਲਗਣ) **3** 円, 円形, 円周, 輪.

ਘੈਂਟੀ (घैंटी) /kãĭṭī カェーンティー/ ▶ਘੰਟੀ *f.* → ਘੰਟੀ

ਘੈਰ (घैर) /kaĭra̤ カェール/ *f.*〖気象〗靄のかかった天候.

ਘੋਸ਼ਣਾ (घोशणा) /kǒśaṇā コーシャナー/ *f.* **1** 宣言, 布告, 告知. (⇒ਐਲਾਨ) **2** 発表.

ਘੋਸ਼ਤ (घोशत) /kǒśata̤ コーシャト/ *adj.* **1** 宣言された. **2** 告知された. **3** 発表された.

ਘੋਹਾ (घोहा) /kǒhā コーハー/ [(Pkt. घोस) Skt. घोष] *m.* 太鼓の音による告知.

ਘੋਖ (घोख) /kǒkʰa̤ コーク/ [cf. ਘੋਖਣਾ] *f.* **1** 調査. **2** 取り調べ. **3** 綿密な研究.

ਘੋਖਣਾ (घोखणा) /kǒkʰaṇā コーカナー/ [Skt. घोषति] *vt.* **1** 詳しく調べる. **2** 徹底的に調べる.

ਘੋਖੀ (घोखी) /kǒkʰī コーキー/ [cf. ਘੋਖਣਾ] *adj.* **1** 詳しく調べるような. **2** あら探しをする傾向のある.

ਘੋਗੜ (घोगड़) /kǒgara̤ コーガル/ ▶ਘੋਗੁੜ *m.* **1**〖鳥〗大きなトビ, 鳶. **2**〖鳥〗大きなハゲワシ, 禿鷲.

ਘੋਗਾ (घोगा) /kǒgā コーガー/ *m.* **1**〖魚〗貝, 巻き貝. **2**〖生物〗カタツムリ, 蝸牛. **3** 貝殻, 殻.

ਘੋਗੀ (घोगी) /kǒgī コーギー/ [(Lah.)] *f.*〖魚〗小さな貝, 小さな巻き貝.

ਘੋਗੁੜ (घोगुड़) /kǒguṛa̤ コーグル/ ▶ਘੋਗੜ *m.* → ਘੋਗੜ

ਘੋਟ (घोट) /kǒṭa̤ コート/ [cf. ਘੋਟਣਾ] *m.* **1** 擦り潰すこと.

2 磨くこと, 研磨, つや出し.

ਘੋਟਣਾ (घोटणा) /kŏṭaṇā コータナー/ ▸ਘੋਟਨਾ [Skt. घर्षति] *vt.* **1** 擦り潰す. **2** こする. **3** 磨く.

— *m.* 〖調〗乳棒. (⇒ਕੁਤਕਾ)

ਘੋਟਣੀ (घोटणी) /kŏṭaṇī コータニー/ [cf. ਘੋਟਣਾ] *f.* 〖調〗端に半円形の取っ手の付いた短い乳棒《野菜を潰して混ぜるために用いられる》.

ਘੋਟਨਾ (घोटना) /kŏṭanā コータナー/ ▸ਘੋਟਣਾ *m.* → ਘੋਟਣਾ

ਘੋਟਵਾਂ (घोटवाँ) /kŏṭawā̃ コートワーン/ [cf. ਘੋਟਣਾ] *adj.* 十分に潰して混ぜた.

ਘੋਟਾ (घोटा) /kŏṭā コーター/ [cf. ਘੋਟਣਾ] *m.* **1** 擦り潰すこと. **2** 磨くこと, 研磨. **3** 繰り返し言って記憶すること, 暗記. (⇒ਰੱਟਾ)

ਘੋਨ-ਮੋਨ (घोन-मोन) /kŏna-mona コーン・モーン/ ▸ਘੋਨਾ-ਮੋਨਾ [(Pkt. घुट्ठ) Skt. घृष्ट + Skt. मुण्डन] *adj.* **1** 剃髪した, 坊主頭の. **2** 禿げた, 禿頭の.

ਘੋਨਾ (घोना) /kŏnā コーナー/ [Skt. घृष्ट] *adj.* **1** 剃髪した, 坊主頭の. **2** 禿げた, 禿頭の. **3**（木が）葉や棘のない.

ਘੋਨਾ-ਮੋਨਾ (घोना-मोना) /kŏnā-monā コーナー・モーナー/ ▸ਘੋਨ-ਮੋਨ *adj.* → ਘੋਨ-ਮੋਨ

ਘੋਪਣਾ (घोपणा) /kŏpaṇā コーパナー/ [Skt. क्षुभ्यति] *vt.* 突き刺す, 突き通す.

ਘੋਬੀ (घोबी) /kŏbī コービー/ ▸ਗੋਭੀ *f.* → ਗੋਭੀ

ਘੋਰ (घोर) /kŏra コール/ [Skt. घोर] *adj.* **1** 激しい. (⇒ਸਖ਼ਤ) **2** 恐ろしい. (⇒ਭਿਆਨਕ)

ਘੋਰੜੂ (घोरड़ू) /kŏraṛū コーラルー/ *m.* 臨終時の掠れた喉音.

ਘੋਲ (घोल) /kŏla コール/ *m.* **1** 〖競技〗レスリング, レスリングの試合. **2** 競技会. **3** 闘争, 対立.

ਘੋਲਣਾ (घोलणा) /kŏlaṇā コールナー/ ▸ਘੋਲਨਾ [Skt. घोलयति] *vt.* **1** 溶かす, 溶解させる. **2** 液体に溶かす. **3** 混ぜる, 混入させる.

ਘੋਲਨਾ (घोलना) /kŏlanā コールナー/ ▸ਘੋਲਣਾ *vt.* → ਘੋਲਣਾ

ਘੋੜ (घोड़) /kŏṛa コール/ [(Pkt. घोडा) Skt. घोटक] *pref.* 「馬」に関することを示す接頭辞.

ਘੋੜ ਸਵਾਰ (घोड़ सवार) /kŏṛa sawāra コール サワール/ [Skt. घोटक- Pers. *savār*] *m.* **1** 乗馬者, 騎乗者, 騎手. **2** 〖軍〗騎兵.

ਘੋੜ ਸਵਾਰੀ (घोड़ सवारी) /kŏṛa sawārī コール サワーリー/ [Skt. घोटक- Pers. *savārī*] *f.* **1** 乗馬, 騎乗. **2** 〖競技〗馬術, 乗馬法, 曲馬術.

ਘੋੜਸਾਲ (घोड़साल) /kŏṛasāla コールサール/ [Skt. घोटक- Skt. शाला] *f.* **1** 馬小屋. **2** 厩舎.

ਘੋੜਚੜ੍ਹਾ (घोड़चड़्हा) /kŏṛacaṛā̆ コールチャラー/ [Skt. घोटक- cf. ਚੜ੍ਹਨਾ] *m.* **1** 〖軍〗騎兵. **2** 騎馬警官.

ਘੋੜਦੌੜ (घोड़दौड़) /kŏṛadauṛa コールダォール/ [Skt. घोटक- cf. ਦੌੜਨਾ] *f.* 〖競技〗競馬.

ਘੋੜਪਲਾਕੀ (घोड़पलाकी) /kŏṛapalākī コールパラーキー/ [Skt. घोटक- Skt. पल्वन] *f.* 馬にまたがって乗ること.

— *adv.* 馬にまたがって, 乗馬して.

ਘੋੜਾ[1] (घोड़ा) /kŏṛā コーラー/ [(Pkt. घोडा) Skt. घोटक] *m.* 〖動物〗(雄)ウマ, 雄馬, 牡馬. ❑ਘੋੜੇ ਬੀੜਨੇ 念入りな準備をする. ❑ਘੋੜੇ ਵੇਚ ਕੇ ਸੌਣਾ 安心してぐっすり眠る.

ਘੋੜਾ[2] (घोड़ा) /kŏṛā コーラー/ *m.* 引き金. ❑ਘੋੜਾ ਦੱਬਣਾ 引き金を引く.

ਘੋੜੀ[1] (घोड़ी) /kŏṛī コーリー/ *f.* 〖動物〗雌ウマ, 雌馬, 牝馬.

ਘੋੜੀ[2] (घोड़ी) /kŏṛī コーリー/ *f.* 〖音楽〗ゴーリー《花婿とその家族を称え, 女性たちが歌う歌》.

ਘੌਂ (घौं) /kaũ̆ カォーン/ *m.* **1** 掻き回すこと. **2** 調理でよく掻き混ぜること.

ਘੌਂਸਲਾ (घौंसला) /kaũ̆salā カォーンサラー/ *m.* 巣. (⇒ਆਲ੍ਹਣਾ)

ਘੌਲ (घौल) /kaŭla カォール/ *f.* **1** 怠惰, 怠慢. **2** 不注意. **3** 無関心.

ਘੌਲੀ (घौली) /kaŭlī カォーリー/ *adj.* **1** 怠惰な, 怠慢な. **2** 不注意な. **3** 無関心な.

ਙ

ਙ (ङ) /ṅaṅṅā ナンナー/ *m.* 〖文字〗グルムキー文字の字母表の10番目の文字《軟口蓋・閉鎖音の「ナ」(ਕ ਖ ਗ ਘ の前に表れる鼻子音)を表す. 軟口蓋音であることを示すために「ンガ」とするカナ表記もある》.

ਙੰਙਾ (ङंङा) /ṅaṅṅā ナンナー/ ▸ਙਙਾ *m.* 〖文字〗ナンナー(ンガンンガー)《軟口蓋・閉鎖音の「ナ」(ਕ ਖ ਗ ਘ の前に表れる鼻子音)を表す, グルムキー文字の字母表の10番目の文字 ਙ の名称》.

ਙਙਾ (ङङा) /ṅaṅā ナナー/ ▸ਙੰਙਾ *m.* → ਙੰਙਾ

ਚ

ਚ[1] (च) /caccā チャッチャー/ *m.* 〖文字〗グルムキー文字の字母表の11番目の文字《硬口蓋・破擦音の「チャ」(前舌を上歯茎近くの硬口蓋に付け, 呼気を一瞬閉じその狭い隙間から擦って発音する無声・無気音)を表す》.

ਚ[2] (च) /ca チャ/ ▸ਚੁ, ਚੌ [(Pkt. चउ) Skt. चतुर्] *pref.* 「4」「四つの」を意味する接頭辞.

ਚ[3] (च) /ca | ca チ | チャ/ ▸ਵਿਚ, ਵਿੱਚ [(Pkt. विच्च) Skt. व्यचस्] *postp.* 《 ਵਿੱਚ または ਵਿਚ の ਵਿ とアダクの脱落した短縮形. 短縮形であることを示すため, つづりの初めにアポストロフィ ’を伴う表記の ’ਚ が用いられることもある》→ ਵਿੱਚ

ਚਉ (चउ) /cau チャウ/ ▸ਚੌ *m.* → ਚੌ[1]

ਚਉਸਰ (चउसर) /causara チャウサル/ ▸ਚੌਸਰ *m.* → ਚੌਸਰ

ਚਉਸਾ (चउसा) /causā チャウサー/ ▸ਚੋਸਾ, ਚੌਸਾ *m.* → ਚੌਸਾ

ਚਉਕਸੀ (चउकसी) /caukạ̧sī チャウクスィー/ ▸ਚੌਕਸੀ *f.* → ਚੌਕਸੀ

ਚਉਕੜਾ (चउकड़ा) /caukạ̧ṛā チャウクラー/ ▸ਚੌਕੜ, ਚੌਂਕੜਾ, ਚੌਕੜਾ *m.* → ਚੌਂਕੜਾ

ਚਉਕੜੀ (चउकड़ी) /caukạ̧ṛī チャウクリー/ ▸ਚੌਂਕੜੀ, ਚੌਕੜੀ *f.* → ਚੌਂਕੜੀ

ਚਉਕਾ (चउका) /caukā チャウカー/ ▸ਚੌਂਕਾ, ਚੌਕਾ *m.* → ਚੌਂਕਾ

ਚਉਪਦਾ (चउपदा) /caupadā チャウパダー/ ▸ਚੌਪਦ, ਚੌਪਦਾ [(Pkt. चउपद) Skt. चतुष्पद] *m.* 〘文学〙四連詩, 四連から成る詩歌・歌詞.

ਚਸ (चस) /casạ̧ チャス/ ▸ਚੱਸ *f.* → ਚੱਸ

ਚੱਸ (चस्स) /cassạ̧ チャッス/ ▸ਚਸ [cf. ਚਸਕਣਾ] *f.* **1** 鋭利な先端, (刃物の) 刃. **2** 鋭さ, 鋭利さ. **3** 味. (⇒ਸੁਆਦ) **4** 自尊心. (⇒ਅਣਖ)

ਚਸਕ (चसक) /casakạ̧ チャサク/ ▸ਕਸਕ [cf. ਚਸਕਣਾ] *f.* **1** ずきずきする痛み. **2** 激痛.

ਚਸਕਣਾ (चसकणा) /casakạṇā チャサクナー/ [Skt. चषति] *vi.* **1** ずきんずきんと痛む. **2** 激しく痛む.

ਚਸਕਾ (चसका) /casạ̧kā チャスカー/ [Skt. चषक] *m.* **1** 熱烈な願望, 貪欲さ. (⇒ਚਾਹ) **2** 耽溺, 中毒. **3** 興味, 関心, 味わい, 風味. **4** 楽しみ, 道楽. **5** 癖, 習癖, 習慣. **6** 好み, 味, 旨味.

ਚਸਕੇਦਾਰ (चसकेदार) /casạ̧kedārạ̧ チャスケーダール/ [Pers.-*dār*] *adj.* **1** 香辛料の利いた. **2** 美味しい. **3** 食欲をそそる.

ਚਸਕੇਬਾਜ਼ (चसकेबाज़) /casạ̧kebāzạ̧ チャスケーバーズ/ [Pers.-*bāz*] *adj.* **1** 貪欲な, 欲張りな. **2** 食いしん坊の. — *m.* **1** 食通, 美食家. **2** ぜいたくな暮らしを好む人, 道楽者. **3** 放蕩者.

ਚਸਕੋਰਾ (चसकोरा) /casạ̧korā チャスコーラー/ [+ ਓਰਾ] *adj.* **1** 貪欲な, 欲張りな. **2** 食いしん坊の.

ਚੱਸਦਾਰ (चस्सदार) /cassạ̧dārạ̧ チャッスダール/ [cf. ਚੱਸ Pers.-*dār*] *adj.* **1** 鋭い, 鋭利な. **2** 美味しい.

ਚਸ਼ਮ (चशम) /caśamạ̧ チャシャム/ [Pers. *caśm*] *m.* 〘身体〙目, 眼. (⇒ਅੱਖ, ਨੇਤਰ)

ਚਸ਼ਮਦੀਦ (चशमदीद) /caśamạ̧dīdạ̧ チャシャムディード/ [+ Pers. *dīd*] *adj.* **1** 見られた. **2** 目撃された.

ਚਸ਼ਮਪੋਸ਼ੀ (चशमपोशी) /caśamạ̧pośī チャシャムポーシー/ [+ Pers. *pośīdan*] *f.* **1** 目を閉じること. **2** 見て見ぬふりをすること, 黙認.

ਚਸਮਾ (चसमा) /casạ̧mā チャスマー/ ▸ਚਸ਼ਮਾ *m.* → ਚਸ਼ਮਾ

ਚਸ਼ਮਾ (चशमा) /caśạ̧mā チャシュマー/ ▸ਚਸਮਾ [Pers. *caśma*] *m.* **1** 眼鏡. (⇒ਐਨਕ) **2** 泉, 噴水.

ਚਹਿਕ (चहिक) /caîkạ̧ チャエーク/ *f.* 鳥がチュンチュンとさえずる声, さえずり.

ਚਹਿਕਣਾ (चहिकणा) /caîkạṇā チャエーカナー/ *vi.* **1** (小鳥が) チュンチュンさえずる, さえずって歌う. **2** (人が) 声を震わせて歌う. **3** 美しい旋律で歌う. **4** (子供たちや女性たちが) 陽気におしゃべりをする, 話に興じる, 浮かれる, はしゃぐ. ❐ਕੁੜੀਆਂ ਚਹਿਕ ਰਹੀਆਂ ਸਨ। 少女たちは陽気におしゃべりをしていました. **5** 意気込む, 張り切る.

ਚਹਿਕ ਮਹਿਕ (चहिक महिक) /caîkạ̧ maîkạ̧ チャエーク マエーク/ *f.* **1** 陽気に騒ぐこと, 浮かれ騒ぎ, お祭り騒ぎ. **2** おしゃべりに興じること.

ਚਹਿਚਹਾਉਣਾ (चहिचहाउणा) /caîcăuṇā | caîcahāuṇā チャエーチャーウナー | チャエーチャハーウナー/ *vi.* **1** (小鳥が) チュンチュンさえずる. **2** (小鳥が) さえずって歌う. **3** (人が) 声を震わせて歌う. **4** (子供たちや女性たちが) 陽気におしゃべりをする, 話に興じる. **5** 美しい旋律で歌う.

ਚਹਿਚਹਾਟ (चहिचहाट) /caîcăṭạ̧ | caîcahāṭạ̧ チャエーチャート | チャエーチャハート/ *f.* さえずり.

ਚਹਿਲ-ਪਹਿਲ (चहिल-पहिल) /caîlạ̧-paîlạ̧ チャエール・パエール/ *f.* **1** 行き来, 往来. **2** 押し合いへしあい, 雑踏. **3** 群衆, 人だかり, 人混み, 賑わい, 賑やかさ. **4** 陽気な騒ぎ, 浮かれ騒ぎ.

ਚਹੁੰ (चहुँ) /cāũ チャオーン/ ▸ਚਹੁ [(Pkt. चउ) Skt. चतुर्] *adj.* 四つの.

ਚਹੁ (चहु) /caû チャオー/ ▸ਚਹੁੰ *adj.* → ਚਹੁੰ

ਚਹੁੰਆਂ (चहुँआँ) /cāũā̃ チャオーンアーン/ ▸ਚੌਹਾਂ [(Pkt. चउ) Skt. चतुर्] *adj.* 四つすべての.

ਚਹੁਰ (चहुर) /caûrạ̧ チャオール/ *f.* 四回繰り返す過程.

ਚਹੁਰਾ (चहुरा) /caûrā チャオーラー/ *adj.* **1** 四倍の. **2** 四重の.

ਚਹੇਤਾ (चहेता) /caĕtā | cahetā チャエーター | チャヘーター/ *adj.* **1** お気に入りの. **2** 最愛の.

ਚਹੇੜੂ (चहेड़ू) /caĕṛū | caheṛū チャエールー | チャヘールー/ [Skt. छच्छिका] *m.* 〘飲料〙バターミルク.

ਚੱਕ[1] (चक्क) /cakkạ̧ チャック/ [(Pkt. चक्क) Skt. चक्र] *m.* **1** 輪, 車, 車輪. **2** 〘道具〙轆轤(ろくろ). **3** 井戸の壁を積み上げる土台となる円形の木枠. **4** 村. ❐ਅੰਮ੍ਰਿਤਸਰ ਦਾ ਪਹਿਲਾ ਨਾਂ ਗੁਰੂ ਕਾ ਚੱਕ ਸੀ। アムリトサルの初めの名前はグルー・カー・チャック〔グルの村〕でした. **5** 〘農業〙灌漑居住区. **6** 〘農業〙農地の小区画.

ਚੱਕ[2] (चक्क) /cakkạ̧ チャック/ [Pers. *cāk*] *m.* 噛み痕.

ਚਕਚੁੰਧਰ (चकचुंधर) /cakạ̧cûndarạ̧ チャクチュンダル/ ▸ਚਕਚੂੰਧਰ, ਚਕੂੰਧਰ, ਛਛੂੰਦਰ [Skt. छुछुन्दर] *f.* **1** 〘動物〙ジャコウトガリネズミ, 麝香尖り鼠. **2** 〘動物〙モグラ. **3** 花火の一種.

ਚਕਚੂੰਧਰ (चकचूँधर) /cakạ̧cũ̂darạ̧ チャクチューンダル/ ▸ਚਕਚੁੰਧਰ, ਚਕੂੰਧਰ, ਛਛੂੰਦਰ *f.* → ਚਕਚੁੰਧਰ

ਚਕਣਾ (चकणा) /cakạṇā チャクナー/ ▸ਚੱਕਣਾ, ਚੁਕਣਾ, ਚੁੱਕਣਾ *vt.* → ਚੱਕਣਾ

ਚੱਕਣਾ (चक्कणा) /cakkạṇā チャッカナー/ ▸ਚਕਣਾ, ਚੁਕਣਾ, ਚੁੱਕਣਾ [(Mal.) Skt. उच्च + Skt. करोति (cf.Skt. उच्चकरण)] *vt.* **1** 上げる, 上昇させる. **2** 持ち上げる, 引き上げる, 揚げる. (⇒ਉਠਾਉਣਾ) ❐ਫੱਟੇ ਚੱਕਣਾ 板〔盤・キャロムボード〕を持ち上げる, (ゲームや試合に) 勝つ, (何かの目的に向かって) 突き進む. ❐ਚੱਕ ਦੇ ਫੱਟੇ 板を持ち上げろ, (ゲームや試合に) 勝て, やっつけろ, 頑張れ, ガンガン行け, さあやれ, 突き進め《字義通りの「板を持ち上げろ」以外の意味では, 普通 ਫੱਟੇ は省略され ਚੱਕ ਦੇ となる》. **3** 拾い上げる, つまみ上げる. **4** 奮い立たせる, 刺激する, 扇動する, けしかける. (⇒ਉਕਸਾਉਣਾ)

ਚਕੰਦਰ (चकंदर) /cakandarạ̧ チャカンダル/ *m.* 〘植物〙

テンサイ(甜菜), サトウダイコン(砂糖大根)《ヒユ科の植物. 砂糖の主要原料》.

ਚਕਨਾਚੂਰ (चकनाचूर) /cakanācūra チャクナーチュール/ [Skt. चूर्ण] *adj.* 疲労困憊の, くたくたの.

ਚਕਮਕ (चकमक) /cakamaka チャクマク/ ▸ਚਕਮਾਕ, ਚਖਮਕ, ਚਖਮਖ *m.* → ਚਕਮਾਕ

ਚਕਮਾ (चकमा) /cakamā チャクマー/ [(Pkt. चक्क) Skt. चक] *m.* **1** ごまかし. (⇒ਧੋਖਾ) **2** 欺き.

ਚਕਮਾਕ (चकमाक) /cakamāka チャクマーク/ ▸ਚਕਮਕ, ਚਖਮਕ, ਚਖਮਖ [Turk. *caqmāq*] *m.* 〖鉱物〗火打ち石.

ਚਕਮਾਕੀ (चकमाकी) /cakamākī チャクマーキー/ [Turk. *caqmāqī*] *adj.* 火打ち石の.

ਚਕਰ (चकर) /cakara チャカル/ [Skt. चक्र] *m.* **1** 輪. **2** 〖武〗頭の周りに付ける鉄の輪.

ਚੱਕਰ (चक्कर) /cakkara チャッカル/ [Skt. चक्र] *m.* **1** 輪, 車輪. **2** 円, 円形. **3** 回転, 旋回. ❐ਚੱਕਰ ਖਾਣਾ 回転する, 旋回する. **4** 巡回, 迂回. ❐ਚੱਕਰ ਕੱਟਣਾ 巡回する, うろつき回る. ❐ਚੱਕਰ ਖਾਣਾ 迂回する. **5** 混乱, 当惑. ❐ਚੱਕਰ ਖਾ ਜਾਣਾ 混乱する, 当惑する, うろたえる, あわてる. **6** だまし, 欺き. ❐ਚੱਕਰ ਖਾ ਜਾਣਾ だまされる. **7** 〖医〗めまい. ❐ਚੱਕਰ ਆਉਣਾ めまいがする. **8** 〖武〗頭の周りに付ける鉄の輪.

ਚੱਕਰਚੂੰਡਾ (चक्करचूँडा) /cakkaracū̃ḍā チャッカルチューンダー/ ▸ਚੱਕਰਚੂੰਢਾ *m.* **1** 〖玩具〗木製のがらがら. **2** 〖遊具〗回転木馬. **3** 〖遊具〗シーソー.

ਚੱਕਰਚੂੰਢਾ (चक्करचूँढा) /cakkaracū̃ḍā チャッカルチューンダー/ ▸ਚੱਕਰਚੂੰਡਾ *m.* → ਚੱਕਰਚੂੰਡਾ

ਚੱਕਰਦਾਰ (चक्करदार) /cakkaradāra チャッカルダール/ [Skt. चक्र Pers.*-dār*] *adj.* **1** 円形の. **2** 丸い. **3** 螺旋形の.

ਚਕਰਧਾਰੀ (चकरधारी) /cakaratārī チャカルターリー/ ▸ਚਕ੍ਰਧਾਰੀ, ਚੱਕਰਧਾਰੀ *adj.m.* → ਚੱਕਰਧਾਰੀ

ਚਕ੍ਰਧਾਰੀ (चक्रधारी) /cakratārī (cakaratārī) チャクラターリー (チャカルターリー)/ ▸ਚਕਰਧਾਰੀ, ਚੱਕਰਧਾਰੀ *adj.m.* → ਚੱਕਰਧਾਰੀ

ਚੱਕਰਧਾਰੀ (चक्करधारी) /cakkaratārī チャッカルターリー/ ▸ਚਕਰਧਾਰੀ, ਚਕ੍ਰਧਾਰੀ [Skt. चक्र Skt.-धारिन्] *adj.* 頭の周りに鉄の輪を付けた.

— *m.* 頭の周りに鉄の輪を付けた者.

ਚੱਕਰਵਰਤੀ (चक्करवरती) /cakkarawaratī チャッカルワルティー/ [Skt. चक्र + Skt. वर्तिन्] *adj.* **1** 全世界の. **2** 広大な帝国を領した. **3** 流浪している.

ਚਕਰਾਉਣਾ (चकराउणा) /cakarāuṇā チャクラーウナー/ [Skt. चक्र] *vi.* **1** (頭が)ふらふらする, くらくらする, 目が回る, めまいがする. ❐ਚਕਰਾ ਦੇਣਾ (頭を)くらくらさせる, ふらふらさせる. **2** 混乱する, 当惑する. ❐ਚਕਰਾ ਦੇਣਾ 混乱させる, 当惑させる.

ਚਕਰਾਕਾਰ (चकराकार) /cakarākāra チャクラーカール/ [Skt. चक्र + Skt. आकार] *adj.* **1** 輪の形の, 輪状の, 環状の. **2** 円形の. **3** 丸い.

ਚਕਰੀ (चकरी) /cakarī チャクリー/ [-ਈ] *f.* **1** 小さな輪. **2** リール, 巻き車. **3** 滑車.

ਚਕਲੱਠੀ (चकलट्ठी) /cakalaṭṭ^{h}ī チャクラッティー/ *f.* 〖道具〗焼き物職人が轆轤(ろくろ)を回転させる木製の棒.

ਚਕਲਾ[1] (चकला) /cakalā チャクラー/ [(Pkt. चक्कल) Skt. चक्र] *m.* **1** 〖調〗チャクラー《ローティー〔無発酵平焼きパン〕の生地をこねたり薄く延ばすのに用いる石製または木製の延し台》. **2** 売春宿, 遊郭, 廓. **3** 色街.

ਚਕਲਾ[2] (चकला) /cakalā チャクラー/ [Pers. *cakkar*] *m.* 〖飲料〗酒の一滴.

ਚਕਲੀ (चकली) /cakalī チャクリー/ *f.* **1** 滑車. **2** 小歯車. **3** 〖調〗小さな石臼.

ਚਕਵਾ (चकवा) /cakawā チャクワー/ [(Pkt. चक्कवाक) Skt. चक्रवाक] *m.* 〖鳥〗アカツクシガモ, 赤筑紫鴨. (⇒ਕੋਕ)

ਚੱਕਾ (चक्का) /cakkā チャッカー/ [(Pkt. चक्क) Skt. चक्र] *m.* **1** 輪. **2** 円盤. **3** 縁.

ਚਕਾਚੌਂਧ (चकाचौंध) /cakācãũda チャカーチャアォーンド/ [Skt. चकति + Skt. अंध] *adj.* **1** 目がくらんだ. **2** 恐れた. **3** 驚いた.

— *f.* 目がくらむような輝き.

ਚਕਿਤ (चकित) /cakita チャキト/ [Skt. चकित] *adj.* **1** 驚いた, びっくりした. **2** 混乱した, 当惑した, 困った.

ਚਕਿਤਸਕ (चकितसक) /cakitasaka チャキトサク/ ▸ਚਿਕਿਤਸਕ *m.* → ਚਿਕਿਤਸਕ

ਚਕਿਤਸਾ (चकितसा) /cakitasā チャキトサー/ ▸ਚਿਕਿਤਸਾ *f.* → ਚਿਕਿਤਸਾ

ਚਕਿਤਸਾਲਾ (चकितसाला) /cakitasālā チャキトサーラー/ ▸ਚਿਕਿਤਸਾਲਾ *m.* → ਚਿਕਿਤਸਾਲਾ

ਚੱਕੀ[1] (चक्की) /cakkī チャッキー/ [(Pkt. चक्किआ) Skt. चक्र] *f.* 〖調〗石臼, 手碾き臼.

ਚੱਕੀ[2] (चक्की) /cakkī チャッキー/ *f.* 石鹸の塊.

ਚੱਕੀਹੋੜਾ (चक्कीहोड़ा) /cakkīhoṛā チャッキーホーラー/ [(Jat.)] *m.* 石臼の溝を粗くする人.

ਚੱਕੀਰਾਹਾ (चक्कीराहा) /cakkīrāhā チャッキーラーハー/ *m.* 〖鳥〗ヤツガシラ, 八頭.

ਚੱਕੂ (चक्कू) /cakkū チャックー/ ▸ਕਾਚੂ, ਚਾਕੂ *m.* → ਚਾਕੂ

ਚਕੂੰਧਰ (चकूँधर) /cakū̃dara チャクーンダル/ ▸ਚਕਚੂੰਧਰ, ਚਕਚੂੰਧਰ, छछूंदर *f.* → ਚਕਚੂੰਧਰ

ਚਕੋਣ (चकोण) /cakoṇa チャコーン/ [Skt. चतुर्- Skt. कोण] *f.* 〖幾何〗四角形.

ਚਕੋਣਾ (चकोणा) /cakoṇā チャコーナー/ [Skt. चतुर्- Skt. कोण] *adj.* 〖幾何〗四角形の.

ਚਕੋਤਰਾ (चकोतरा) /cakotarā チャコータラー/ ▸ਚਕੋਤਾ [Skt. चक] *m.* 〖植物〗ザボン(朱欒), ブンタン(文旦), その果実《ミカン科の小木. 大形の果実の柑橘類の一種》. (⇒ਤੁਰੰਜ)

ਚਕੋਤਾ[1] (चकोता) /cakotā チャコーター/ ▸ਚਕੋਤਰਾ *m.* → ਚਕੋਤਰਾ

ਚਕੋਤਾ[2] (चकोता) /cakotā チャコーター/ *m.* 〖経済〗地代.

ਚਕੋਰ (चकोर) /cakora チャコール/ [Skt. चकोर] *m.* 〖鳥〗アジアイワシャコ《月を愛し火を食べると言われる鳥》.

ਚਕੋਰੀ (चकोरी) /cakorī チャコーリー/ [-ਈ] *f.* 〖鳥〗雌のアジアイワシャコ.

ਚੱਖਣਾ (चक्खणा) /cakk^{h}aṇā チャッカナー/ [(Pkt. चक्खइ) Skt. चक्षति] *vt.* **1** 味わう, 味見する. **2** 食べる.

ਚਖਮਕ[1] (चखमक) /cak^{h}amaka チャクマク/ ▸ਚਕਮਕ,

ਚਕਮਾਕ, ਚਖਮਖ *m.* → ਚਕਮਾਕ
ਚਖਮਕ[2] (चखमक) /cakʰamaka チャクマク/ ▶ਚਖਮਖ [Pers. *cax*] *f.* 喧嘩, 争い.
ਚਖਮਖ[1] (चखमख) /cakʰamaka チャクマク/ ▶ਚਕਮਕ, ਚਕਮਾਕ, ਚਖਮਕ *m.* → ਚਕਮਾਕ
ਚਖਮਖ[2] (चखमख) /cakʰamakʰa チャクマク/ ▶ਚਖਮਕ *f.* → ਚਖਮਕ[2]
ਚਖਵਾਉਣਾ (चखवाउणा) /cakʰawāuṇā チャクワーウナー/ ▶ਚਖਾਉਣਾ [cf. ਚੱਖਣਾ] *vt.* **1** 味わわせる, 味見させる. **2** 食べさせる, 食べてもらう.
ਚਖਵਾਈ (चखवाई) /cakʰawāī チャクワーイー/ ▶ਚਖਾਈ [cf. ਚੱਖਣਾ] *f.* 味わうこと, 味見すること.
ਚਖਾਉਣਾ (चखाउणा) /cakʰāuṇā チャカーウナー/ ▶ ਚਖਵਾਉਣਾ *vt.* → ਚਖਵਾਉਣਾ
ਚਖਾਈ (चखाई) /cakʰāī チャカーイー/ ▶ਚਖਵਾਈ *f.* → ਚਖਵਾਈ
ਚੱਖੀ (चक्खी) /cakkʰī チャッキー/ *f.* 鷹の餌.
ਚਗਲ (चगल) /cagala チャガル/ *adj.* **1** 卑しい, 浅ましい. **2** 下級の.
— *m.* 卑しい奴.
ਚਗਲਣਾ (चगलणा) /cagalaṇā チャガルナー/ ▶ਚਗਲਨਾ *vt.* → ਚਗਲਨਾ
ਚਗਲਨਾ (चगलना) /cagalanā チャガルナー/ ▶ਚਗਲਣਾ *vt.* **1**(飲み込まずに口の中で)噛む. **2**(飲食物を)食べ残す. **3** だめにする, 無駄にする.
ਚੰਗੜ (चंगड़) /caṅgaṛa チャンガル/ *m.*〖姓〗チャンガル《下級カーストの一つの名称. 通常, 季節的に移動する出稼ぎ労働を生業とする》.
ਚੰਗਾ (चंगा) /caṅgā チャンガー/ [Skt. चङ्ग] *adj.* **1** 良い, 優れている, 優秀な. (⇒ਅੱਛਾ) **2** 適当な, 適切な, ちょうどよい. **3** 純粋な, 清純な, 純潔な. **4** 良質な, 上質の, 上等の. **5** 善良な, 情け深い, 親切な. **6** 順調な, 元気な, 健康な. ❐ਚੰਗਾ ਭਲਾ 無事な, 平穏な, 良い状態の, 健康な, 元気な. **7** 心地よい, 快い, 快適な, 好ましい, 楽しい. **8** 綺麗な, 美しい. **9** 立派な.
— *int.* **1** よろしい, いいとも. (⇒ਅੱਛਾ) ❐ਚੰਗਾ ਜੀ いいですよ, 承知しました, 了解です. **2** へーぇ, なるほど. **3** では, さて, さあ. **4** ではまた, それじゃあ.
ਚੰਗਾਈ (चंगाई) /caṅgāī チャンガーイー/ ▶ਚੰਗਿਆਈ [(Lah.)] *f.* → ਚੰਗਿਆਈ
ਚੰਗਿਆਈ (चंगिआई) /caṅgiāī チャンギアーイー/ ▶ਚੰਗਾਈ [Skt. चङ्ग -ਈ] *f.* **1** 良いこと, 良い所, 良さ. (⇒ਅਛਾਈ, ਅੱਛਾਪਣ) **2** 徳, 美徳, 美点, 長所. **3** 優れていること, 優秀さ. (⇒ਬਿਹਤਰੀ) **4** 良質, 上質.
ਚੰਗਿਆੜਾ (चंगिआड़ा) /caṅgiāṛā チャンギアーラー/ ▶ ਚੰਗਿਆੜੀ *m.* → ਚੰਗਿਆੜੀ
ਚੰਗਿਆੜੀ (चंगिआड़ी) /caṅgiāṛī チャンギアーリー/ ▶ ਚੰਗਿਆੜਾ [Skt. चङ्गारक] *f.* 火花.
ਚੰਗੇਰ (चंगेर) /caṅgera チャンゲール/ *f.*〖容器〗竹で編まれた浅い籠.
ਚੰਗੇਰਾ (चंगेरा) /caṅgerā チャンゲーラー/ [Skt. चङ्ग -ਏਰਾ] *adj.* **1** より良い, もっと良い, ましな. (⇒ਬਿਹਤਰ) ❐ਤੁਹਾਡੇ ਚੰਗੇਰੇ ਕੱਲ੍ਹ ਲਈ। あなたのより良い明日のために. **2** 優っている.
ਚੰਘਾੜ (चंघाड़) /caṅgāṛa チャンガール/ ▶ਚਿੰਘਾੜ [(Pkt. चिक्कार) Skt. चीत्कार] *f.* **1** 虎やライオンなどの野獣の吼え声, 象の吼え声. **2** 甲高い叫び声, 金切り声, 悲鳴.
ਚੰਘਾੜਨਾ (चंघाड़ना) /caṅgāṛanā チャンガールナー/ ▶ ਚਿੰਘਾਰਨਾ, ਚਿੰਘਾੜਨਾ [Skt. चीत्कार] *vi.* **1**(獣などが)吼える. (⇒ਦਹਾੜਨਾ) **2** 甲高い声で叫ぶ, 金切り声を上げる, 悲鳴を上げる. (⇒ਚੀਕਣਾ)
ਚੰਚਲ (चंचल) /cañcala チャンチャル/ [Skt. चंचल] *adj.* **1** 動き回っている, じっとしていない, 忙しい. **2** 落ち着かない, そわそわしている. **3** 遊び好きの, いたずらな. **4** 浮気な, 浮かれ気分の, 軽はずみな. **5** 色っぽい.
ਚੰਚਲਤਾ (चंचलता) /cañcalatā チャンチャルター/ [Skt.-ता] *f.* **1** 動き回っていること, じっとしていないこと, 忙しいこと. **2** 落ち着きのないこと. **3** 遊び好き, いたずらっぽさ. **4** 浮気, 浮かれ気分. **5** 色っぽさ.
ਚੱਚਾ (चच्चा) /caccā チャッチャー/ *m.*〖文字〗チャッチャー《硬口蓋・破擦音の「チャ」(無声・無気音)を表す, グルムキー文字の字母表の11番目の文字 ਚ の名称》.
ਚਚੇਰਾ (चचेरा) /cacerā チャチェーラー/ [Skt. तात -ਏਰਾ] *adj.* **1**〖親族〗父の弟の, 父の兄弟の, 父方のおじの血筋の. ❐ਚਚੇਰਾ ਭਰਾ 従兄弟(いとこ)《父の兄弟の息子》. ❐ਚਚੇਰੀ ਭੈਣ 従姉妹(いとこ)《父の兄弟の娘》. **2** 父方のおじのような.
ਚੱਜ (चज्ज) /cajja チャッジ/ [(Pkt. चज्जा) Skt. चर्या] *m.* **1** 適切な方法. **2** 技術. **3** 器用. **4** 特技. **5** 行儀.
ਚੰਜੂਸ (चंजूस) /cañjūsa チャンジュース/ ▶ਕੰਜੂਸ [(Lah.)] *adj.m.* → ਕੰਜੂਸ
ਚੱਟ (चट्ट) /catta チャット/ [Skt. झटिति] *adv.* すぐに, 直ちに. (⇒ਫ਼ੌਰਨ)
ਚਟਕ[1] (चटक) /caṭaka チャタク/ [Skt. चटुर] *adj.* **1** 身の軽い, 敏捷な, 機敏な. **2** 活発な. **3** 手早い. **4** 賢い. **5** 抜け目ない.
ਚਟਕ[2] (चटक) /caṭaka チャタク/ [cf. ਚਟਕਣਾ] *f.* **1** パチッと割れる音, はじける音. **2**(蕾が)はじけること, 開花.
ਚਟਕਣਾ (चटकणा) /caṭakaṇā チャタクナー/ [Skt. चटति] *vi.* **1** パチッと音を立てる, はじける. **2** 割れる, ひび割れる. **3**(蕾が)はじける, 開花する.
ਚਟਕ ਮਟਕ (चटक मटक) /caṭaka maṭaka チャタク マタク/ *f.* **1** 身の軽さ, 敏捷さ, 機敏さ. **2** 抜け目のないこと, 賢さ. **3** 優美さ, きらびやかさ.
ਚਟਕਾਉਣਾ (चटकाउणा) /caṭakāuṇā チャトカーウナー/ [Skt. चाटयति] *vt.* **1** パチッと鳴らす, はじけさせる. **2** 音を立てて割る, ひびを入れる.
ਚਟਕਾਰਨਾ (चटकारना) /caṭakāranā チャトカールナー/ *vt.* **1** 舌を鳴らす, 舌鼓を打つ. **2** 指を鳴らす.
ਚਟਕਾਰਾ (चटकारा) /caṭakʰārā チャトカーラー/ ▶ਚਟਕਾਰੀ, ਚਟਖਾਰਾ *m.* **1** 舌を鳴らす音, 舌鼓を打つ音, 舌鼓. **2** 指を鳴らすこと, 指を鳴らす音.
ਚਟਕਾਰੀ (चटकारी) /caṭakārī チャトカーリー/ ▶ਚਟਕਾਰਾ, ਚਟਖਾਰਾ *f.* → ਚਟਕਾਰਾ
ਚਟਕੀ (चटकी) /caṭakī チャトキー/ *f.* **1** 身軽さ. **2** 素早さ.
ਚਟਕੀਲਾ (चटकीला) /caṭakīlā チャトキーラー/ *adj.* **1** 輝く.

2 光沢のある.

ਚਟਖਾਰਾ (चटखारा) /caṭakʰārā チャトカーラー/ ▸ਚਟਕਾਰਾ, ਚਟਕਾਰੀ *m.* → ਚਟਕਾਰਾ

ਚੱਟਣਾ (चट्टणा) /caṭṭaṇā チャッタナー/ [(Pkt. चट्टेइ) Skt. चषति] *vt.* **1** 舐める. **2** 味見する, (舌で)味わう.

ਚਟਣੀ (चटणी) /caṭaṇī チャトニー/ ▸ਚਟਨੀ [cf. ਚੱਟਣਾ] *f.* **1** 舐める食べ物. **2**〖食品〗チャトニー(チャツネ)《果物や野菜をスパイスで煮詰めた薬味・味付けソース・タレ. 甘辛く酸味のある漬物》.

ਚਟਨੀ (चटनी) /caṭanī チャトニー/ ▸ਚਟਣੀ *f.* → ਚਟਣੀ

ਚਟਪਟ (चटपट) /caṭapaṭa チャトパト/ ▸ਚੱਟਪੱਟ, ਝਟਪਟ, ਝਟਾਪਟ *adv.* → ਝਟਪਟ

ਚੱਟਪੱਟ (चट्टपट्ट) /caṭṭapaṭṭa チャットパット/ ▸ਚਟਪਟ, ਝਟਪਟ, ਝਟਾਪਟ *adv.* → ਝਟਪਟ

ਚਟਪਟਾ (चटपटा) /caṭapaṭā チャトパター/ *adj.* **1** 薬味の利いた, ぴりっとした. **2** 味付けソースの利いた. **3** 美味しい. **4** 刺激性の, 刺激のある, 面白い. **5** どぎつい, 強烈な.

ਚਟਮ (चटम) /caṭama チャタム/ [cf. ਚੱਟਣਾ] *adj.* すっかり食べ尽くされた.

ਚਟਵਾਉਣਾ (चटवाउणा) /caṭawāuṇā チャトワーウナー/ ▸ਚਟਾਉਣਾ [cf. ਚੱਟਣਾ] *vt.* **1** 舐めさせる. **2** 味見させる, (舌で)味わわせる.

ਚਟਾਉਣਾ (चटाउणा) /caṭāuṇā チャターウナー/ ▸ਚਟਵਾਉਣਾ *vt.* → ਚਟਵਾਉਣਾ

ਚਟਾਈ[1] (चटाई) /caṭāī チャターイー/ [cf. ਚੱਟਣਾ] *f.* **1** 舐めること. **2** 味見すること.

ਚਟਾਈ[2] (चटाई) /caṭāī チャターイー/ *f.* **1** 茣蓙(ござ). (⇒ਸਫ਼) **2**〖寝具〗藁布団. **3** 敷物.

ਚਟਾਕ[1] (चटाक) /caṭāka チャターク/ *m.* **1** 傷痕. **2** あざ. **3** 斑点.

ਚਟਾਕ[2] (चटाक) /caṭāka チャターク/ ▸ਚਟਾਕਾ, ਚਟੋਕਾ *m.* → ਚਟਾਕਾ

ਚਟਾਕਾ (चटाका) /caṭākā チャターカー/ ▸ਚਟਾਕ, ਚਟੋਕਾ [cf. ਚਟਕਣਾ] *m.* **1** パチッ・ポキッ・プツッなどと鳴る音. **2** 平手や鞭でピシャリと打つ音. **3** 舌打ち.

ਚਟਾਨ (चटान) /caṭāna チャターン/ ▸ਚੱਟਾਨ [cf. ਚਟਕਣਾ] *f.* **1** 岩. **2** 崖.

ਚੱਟਾਨ (चट्टान) /caṭṭāna チャッターン/ ▸ਚਟਾਨ *f.* → ਚਟਾਨ

ਚਟਾਨੀ (चटानी) /caṭānī チャターニー/ [cf. ਚਟਕਣਾ -ਈ] *adj.* **1** 岩の. **2** 高くそそり立つ.

ਚੱਟੀ (चट्टी) /caṭṭī チャッティー/ *f.* 罰金. (⇒ਜੁਰਮਾਨਾ)

ਚੱਟੂ (चट्टू) /caṭṭū チャットゥー/ ▸ਚੱਠੂ *m.*〖調〗石や鉄の大きな乳鉢.

ਚਟੂਰਾ (चटूरा) /caṭūrā チャトゥーラー/ *m.* **1**〖容器〗凝乳を攪拌して保存する土製の容器. (⇒ਚਾਟੀ) **2** 大食漢.

ਚਟੋਕਾ (चटोका) /caṭokā チャトーカー/ ▸ਚਟਾਕ, ਚਟਾਕਾ *m.* → ਚਟਾਕਾ

ਚੱਠ (चट्ठ) /caṭṭʰa チャット/ [(Pkt. चेत्त) Skt. चौत्य] *f.* 落成式.

ਚੱਠਾ[1] (चट्ठा) /caṭṭʰā チャッター/ [Pkt. चट्टू] *m.*〖容器〗家畜の飲用の水槽.

ਚੱਠਾ[2] (चट्ठा) /caṭṭʰā チャッター/ *m.*〖姓〗チャッター《ジャットと呼ばれる農耕カースト集団の姓の一つ》.

ਚੱਠੂ (चट्ठू) /caṭṭʰū チャットゥー/ ▸ਚੱਟੂ *m.* → ਚੱਟੂ

ਚੰਡ[1] (चंड) /caṇḍa チャンド/ [Skt. चंड] *adj.* **1** 激しい. **2** 凶暴な.

— *m.* **1** 怒り, 憤怒, 激怒. (⇒ਗ਼ੁੱਸਾ) **2** 熱.

ਚੰਡ[2] (चंड) /caṇḍa チャンド/ *f.* 平手打ち.

ਚੰਡਣਾ (चंडणा) /caṇḍaṇā チャンダナー/ [Skt. चण्डयते] *vt.* **1**(刀などを)鍛える, 鎚で打って刃を鋭くする. **2** 鍛える, 厳しく訓練する, 猛訓練する.

ਚੰਡਵਾਉਣਾ (चंडवाउणा) /caṇḍawāuṇā チャンドワーウナー/ ▸ਚੰਡਾਉਣਾ [cf. ਚੰਡਣਾ] *vt.* **1**(刀などを)鍛えてもらう, 鎚で打って刃を鋭くしてもらう. **2** 鍛えさせる, 厳しく訓練してもらう.

ਚੰਡਵਾਈ (चंडवाई) /caṇḍawāī チャンドワーイー/ ▸ਚੰਡਾਈ [cf. ਚੰਡਣਾ] *f.* **1**(刀などを)鍛えてもらうこと, 鎚で打って刃を鋭くしてもらうこと. **2** 鍛えさせること, 厳しく訓練してもらうこと.

ਚੱਡਾ (चड्डा) /caḍḍā チャッダー/ *m.*〖身体〗股のつけ根.

ਚੰਡਾਉਣਾ (चंडाउणा) /caṇḍāuṇā チャンダーウナー/ ▸ਚੰਡਵਾਉਣਾ *vt.* → ਚੰਡਵਾਉਣਾ

ਚੰਡਾਈ (चंडाई) /caṇḍāī チャンダーイー/ ▸ਚੰਡਵਾਈ *f.* → ਚੰਡਵਾਈ

ਚੰਡਾਲ (चंडाल) /caṇḍāla チャンダール/ [Skt. चण्डाल] *m.* **1**〖姓・ヒ〗チャンダーラ, 旃陀羅《ヒンドゥー教徒の不可触民の一種姓》. **2**〖姓・ヒ〗チャンダーラ種姓の人・男性. **3** 下賤な人・男. **4** 残忍な人・男.

ਚੰਡਾਲਣੀ (चंडालणी) /caṇḍālaṇī チャンダールニー/ ▸ਚੰਡਾਲਨੀ [-ਣੀ] *f.* **1**〖姓・ヒ〗チャンダーラの女性. **2** 下賤な女. **3** 性悪な女.

ਚੰਡਾਲਨੀ (चंडालनी) /caṇḍālanī チャンダールニー/ ▸ਚੰਡਾਲਣੀ *f.* → ਚੰਡਾਲਣੀ

ਚੰਡੀ (चंडी) /caṇḍī チャンディー/ [Skt. चण्डी] *f.*〖ヒ〗チャンディー女神《シヴァの神妃ドゥルガーの異名の一つ. ドゥルガーがマヒシャースラを退治した際の姿の呼称》. (⇒ਦੁਰਗਾ)

ਚੱਡੀ[1] (चड्डी) /caḍḍī チャッディー/ *f.* **1** 突き. **2**(家畜を)突き棒で追い立てること.

ਚੱਡੀ[2] (चड्डी) /caḍḍī チャッディー/ *f.* **1** おむつ. **2**〖衣服〗腰布. **3**〖衣服〗パンツ, 下着ショーツ.

ਚੰਡੀਗੜ੍ਹ (चंडीगड़्ह) /caṇḍīgâṛa チャンディーガル/ [Skt. चण्डी + Skt. गढ] *m.*〖地名〗チャンディーガル《インド連邦直轄地. パンジャーブ州とハリヤーナー州の州都を兼ねる都市》.

ਚੰਡੂ (चंडू) /caṇḍū チャンドゥー/ [Skt. चण्ड + ਊ] *m.*〖麻薬〗吸飲用のアヘン(阿片).

ਚੰਡੂਖ਼ਾਨਾ (चंडूख़ाना) /caṇḍūxānā チャンドゥーカーナー/ [Pers.-*xāna*] *m.* **1** 阿片吸飲のための会所, 阿片常用者の巣窟, 阿片窟. **2**〖比喩〗噂を作り広める拠点.

ਚੰਡੂਬਾਜ਼ (चंडूबाज़) /caṇḍūbāza チャンドゥーバーズ/ [Pers.-*bāz*] *m.* **1** 阿片吸飲者, 阿片中毒者, 阿片常用者. **2**〖比喩〗噂を広める人.

ਚੰਡੂਲ (चंडूल) /caṇḍūla チャンドゥール/ ▸ਚੰਡੋਲ *m.* → ਚੰਡੋਲ[1]

ਚੰਡੋਲ[1] (चंडोल) /caṇḍola チャンドール/ ▸ਚੰਡੂਲ *m.* 〖鳥〗カンムリヒバリ, 冠雲雀.

ਚੰਡੋਲ[2] (चंडोल) /caṇḍola チャンドール/ [Skt. चतुर्दोल] *m.* **1**〖寝具〗揺り籠の一種. (⇒ਹੰਡੋਲਾ) **2**〖乗物〗肩駕籠の一種. (⇒ਡੋਲੀ)

ਚੱਢਾ (चड्ढा) /câḍḍā チャッダー/ *m.* 〖姓〗チャッダー《ジャットとカッタリー(クシャトリヤ)の姓の一つ》.

ਚਣਾ (चणा) /caṇā チャナー/ [(Pkt. चण) Skt. चणक] *m.* 〖植物〗チャナー豆, チョーラー豆, ヒヨコマメ(ひよこ豆・雛豆), ガルバンゾ《豆粒の臍の近くによく目立つ鳥の嘴のような突起があり, ひよこの頭部に似ている》. (⇒ਛੋਲਾ)

ਚਣਾਖ (चणाख) /caṇākʰa チャナーク/ [(Pot.)] *f.* **1** クモの巣. **2** クモの巣の糸.

ਚਤੰਨ (चतंन) /catanna チャタンヌ/ ▸ਚਿਤੰਨ, ਚੇਤੰਨ *adj.* → ਚਿਤੰਨ

ਚਤਰ (चतर) /catara チャタル/ ▸ਚਾਤਰ [Skt. चतुर] *adj.* **1** 知恵のある. **2** 賢い, 聡明な, 優秀な. **3** 器用な, 巧みな, 上手な, うまい. **4** 熟練した, 熟達した. **5** 巧妙な, 抜け目のない, ずるい, 狡猾な.

ਚਤਰਤਾ (चतरता) /cataratā チャタルター/ [Skt.-ता] *f.* **1** 賢さ, 聡明さ. **2** 熟練.

ਚਤਰਭੁਜ (चतरभुज) /catarapŭja チャタルプジ/ ▸ਚਤੁਰਭੁਜ [Skt. चतुर्भुज] *f.* 〖幾何〗四角形.

ਚਤੁਰਭੁਜ (चतुरभुज) /caturapŭja チャトゥルプジ/ ▸ ਚਤਰਭੁਜ *adj.* → ਚਤਰਭੁਜ

ਚੰਦ (चंद) /canda チャンド/ [Skt. चंद्र] *m.* **1**〖天文〗月. ❒ਚੰਦ ਗਰਹਿਣ 月食. ❒ਚੰਦ ਚਾਨਣੀ 月光. ❒ਚੰਦ ਚਾਨਣੀ ਰਾਤ 月夜. **2** 月の形の装飾品.

— *adj.* **1** 月のような. **2** 美しい.

ਚੰਦਨ (चंदन) /candana チャンダン/ ▸ਚੰਨਣ [Skt. चन्दन] *m.* 〖植物〗ビャクダン(白檀)《ビャクダン科の小木》. (⇒ਸੰਦਲ)

ਚੰਦਰ (चंदर) /candara チャンダル/ ▸ਚੰਦ੍ਰ, ਚੰਦਾ [Skt. चंद्र] *m.* 〖天文〗月.

ਚੰਦ੍ਰ (चंद्र) /candra (candara) チャンドル (チャンダル)/ ▸ ਚੰਦਰ, ਚੰਦਾ *m.* → ਚੰਦਰ

ਚੱਦਰ (चद्दर) /caddara チャッダル/ ▸ਚਾਦਰ *f.* 〖口語〗→ ਚਾਦਰ

ਚੰਦਰਪੁਣਾ (चंदरपुणा) /candarapuṇā チャンダルプナー/ *m.* 意地悪, 邪悪な性格.

ਚੰਦਰਬੰਸ (चंदरबंस) /candarabansa チャンダルバンス/ [Skt. चंद्र + Skt. वंश] *m.* チャンドラヴァンシャ, 月種族《アトリ仙を祖としソーマの息子から生まれた王統. クリシュナなど, 叙事詩『マハーバーラタ』で活躍する勇者たちはこの王統の子孫である》.

ਚੰਦਰਬੰਸੀ (चंदरबंसी) /candarabansī チャンダルバンスィー/ [+ Skt. वंशिन्] *adj.* 月種族の.

ਚੰਦਰਮਾ (चंदरमा) /candaramā チャンダルマー/ [Skt. चंद्रमस्] *m.* 〖天文〗月.

ਚੰਦਰਮੁਖੀ (चंदरमुखी) /candaramukʰī チャンダルムキー/ [Skt. चंद्रमुखिन्] *adj.* **1** 月のように美しい顔の, 美貌の. **2** 丸顔の.

— *f.* 美女.

ਚੰਦਰਾ (चंदरा) /candarā チャンドラー/ *adj.* **1** 悪い, 邪悪な. **2** 不運な.

— *m.* 〖気象〗霰(あられ), 雹(ひょう).

ਚੰਦਾ[1] (चंदा) /candā チャンダー/ ▸ਚੰਦਰ, ਚੰਦ੍ਰ *m.* → ਚੰਦਰ

ਚੰਦਾ[2] (चंदा) /candā チャンダー/ [Pers. *candā*] *m.* **1** 寄付, 寄付金. **2** 寄贈. **3** 会費, 購読料, 掛け金.

ਚੰਦੀ (चंदी) /candī チャンディー/ [(Kang.)] *m.* **1** 計算. (⇒ਗਿਣਤੀ) **2** 数. (⇒ਹਿੰਦਸਾ)

ਚੰਦੂਆ (चंदूआ) /candūā チャンドゥーアー/ ▸ਚੰਦੋਆ *m.* → ਚੰਦੋਆ

ਚੰਦੋਆ (चंदोआ) /candoā チャンドーアー/ ▸ਚੰਦੂਆ [Skt. चन्द्रोदय] *m.* **1** 天蓋. **2** 日除けの覆い. **3** 帽子の頂の丸い部分.

ਚੰਨ (चंन) /canna チャンヌ/ [Skt. चंद्र] *m.* **1**〖天文〗月. **2**〖比喩〗美しいもの.

— *adj.* **1** 美しい. **2** 喜びを与えるような, 心地よい.

ਚੰਨਣ (चंनण) /cannaṇa チャンナン/ ▸ਚੰਦਨ *m.* 〖口語〗→ ਚੰਦਨ

ਚੰਨਾ (चंना) /cannā チャンナー/ [Skt. चरण] *m.* 〖建築〗梁の端を支える石柱.

ਚਨਾਬ (चनाब) /canāba チャナーブ/ ▸ਚੇਨਾਬ, ਝਨਾਂ, ਝਨਾ, ਝਨਾਂਅ *m.* 〖河川〗チャナーブ川《パンジャーブ地方を流れる五河の一つ》.

ਚਨਾਰ (चनार) /canāra チャナール/ ▸ਚਿਨਾਰ [Pers. *canār*] *m.* 〖植物〗プラタナス, スズカケノキ(鈴懸の木)《スズカケノキ科の植物》.

ਚਨੁਕਰਾ (चनुकरा) /canukarā チャヌクラー/ ▸ਚੌਨੁਕਰਾ [Skt. चतुर्- Pers. *nūk*] *adj.* **1**〖幾何〗四つの角のある, 四角形の.

— *m.* 〖幾何〗四角形.

ਚੰਪਕ (चंपक) /campaka チャンパク/ ▸ਚੰਪਾ, ਚੰਬਾ *m.* → ਚੰਪਾ

ਚਪਟਾ (चपटा) /capaṭā チャプター/ [Skt. चिपट] *adj.* **1** 平たい, 平らな, 平坦な. **2** 水平の. **3** 浅い.

ਚਪਟੀ (चपटी) /capaṭī チャプティー/ [-ਈ] *f.* **1** 平たい木片. **2**〖道具〗木べら.

ਚੱਪਣ (चप्पण) /cappaṇa チャッパン/ [Pkt. चाप] *m.* 大きな焼き物の蓋.

ਚੱਪਣੀ (चप्पणी) /cappaṇī チャッパニー/ [-ਈ] *f.* **1** 焼き物の容器の蓋. **2**〖身体〗膝蓋骨《ひざのお皿》. (⇒ਚੂਣੀ)

ਚੰਪਤ (चंपत) /campata チャンパト/ [Pkt. चम्पनौ] *adj.* **1** 消えた, 見えなくなった, 紛失した. (⇒ਗਾਇਬ) **2** 姿をくらました, 逃げ去った, 雲隠れした.

ਚੱਪਰ (चप्पर) /cappara チャッパル/ ▸ਪੱਚਰ, ਫੱਚਰ *m.* → ਪੱਚਰ

ਚਪਰਾਸ (चपरास) /caparāsa チャプラース/ ▸ਚਪੜਾਸ *f.* → ਚਪੜਾਸ

ਚਪਰਾਸੀ (चपरासी) /caparāsī チャプラースィー/ ▸ਚਪੜਾਸੀ *m.* → ਚਪੜਾਸੀ

ਚਪਲ (चपल) /capala チャパル/ [Skt. चपल] *adj.* **1** 動き回る, じっとしていない. **2** 素早い, 機敏な, きびきびした. **3** 活発な, 元気旺盛な. **4** 遊び好きの, 軽はずみな. **5** おしゃべりの. **6** 抜け目のない, 狡猾な.

ਚੱਪਲ (चप्पल) /cappala チャッパル/ ▸ਚਪਲੀ *f.* **1**〖履物〗サンダル. **2**〖履物〗スリッパ.

ਚਪਲਤਾ (चपलता) /capalatā チャパルター/ [Skt. चपल Skt.-ता] *f.* **1** 素早さ, 機敏さ. **2** 活発さ. **3** 元気旺盛.

ਚਪਲੀ (चपली) /capalī チャプリー/ ▸ਚੱਪਲ *f.* → ਚੱਪਲ

ਚਪੜ ਚਪੜ (चपड़ चपड़) /capaṛa capaṛa チャパル チャパル/ *f.* **1**〖擬声語〗ピチャピチャ, チャプチャプ《飲んだり食べたりする音》. **2** 意味のないおじゃべり.

ਚਪੜਾ (चपड़ा) /capaṛā チャプラー/ *f.* シェラック《ラックを精製したワニスの原料》.

ਚਪੜਾਸ (चपड़ास) /capaṛāsa チャプラース/ ▸ਚਪਰਾਸ [Pers. *caprāst*] *f.* 職員・用務員・使者などの徽章・標識.

ਚਪੜਾਸੀ (चपड़ासी) /capaṛāsī チャプラースィー/ ▸ਚਪਰਾਸੀ [-ਈ] *m.* (徽章・標識を付けた)職員・用務員・使者.

ਚੰਪਾ (चंपा) /campā チャンパー/ ▸ਚੰਪਕ, ਚੰਬਾ [Skt. चम्पक] *m.*〖植物〗キンコウボク(金香木)《モクレンカ科の常緑中木. 香りの良い黄色の花をつける》.

ਚੱਪਾ (चप्पा) /cappā チャッパー/ [Skt. चतुस् + पाद] *f.* **1** 合わせた四本指. **2** 四本指の広さ. **3** 4分の1.

ਚੰਪਾਕਲੀ (चंपाकली) /campākalī チャンパーカリー/ [Skt. चम्पक + Skt. कलिका] *f.*〖装〗女性用の首飾りの一種.

ਚਪਾਤੀ (चपाती) /capātī チャパーティー/ [(Pkt. चप्पती) Skt. चर्पटी] *f.*〖料理〗チャパーティー《ローティー〔無発酵平焼きパン〕の一種. 全粒の小麦粉を水で練って作った生地を薄く焼いたもの》. (⇒ਫੁਲਕਾ)

ਚੱਪੂ (चप्पू) /cappū チャップー/ [Pers. *capp*] *m.* オール, 櫂.

ਚਪੇਟ (चपेट) /capeṭa チャペート/ ▸ਚਪੇੜ *f.* → ਚਪੇੜ

ਚਪੇੜ (चपेड़) /capeṛa チャペール/ ▸ਚਪੇਟ [Skt. चपेट] *f.* **1** 殴打. **2** 平手打ち. **3**〖比喩〗精神的打撃, 侮辱.

ਚਬਕਣਾ (चबकणा) /cabakaṇā チャバクナー/ *vt.* むしゃむしゃ噛む.

ਚਬੱਚਾ (चबच्चा) /cabaccā チャバッチャー/ *m.*〖建築〗煉瓦で囲った水槽.

ਚੱਬਣਾ (चब्बणा) /cabbaṇā チャッバナー/ [cf. ਚਬਾਉਣਾ] *vt.* **1**(食べ物を)噛む. **2** むしゃむしゃ噛む. **3** むしゃむしゃ食べる. **4** 咀嚼する.

ਚੰਬਲ[1] (चंबल) /cambala チャンバル/ [(Pkt. चम्म) Skt. चर्म] *f.*〖医〗乾癬《皮膚病の一種》.

ਚੰਬਲ[2] (चंबल) /cambala チャンバル/ *m.*〖河川〗チャンバル川《中央インドの川》.

ਚੰਬੜ (चंबड़) /cambaṛa チャンバル/ *f.* **1** くっ付くこと. **2** 粘着.

ਚੰਬੜਨਾ (चंबड़ना) /cambaṛanā チャンバルナー/ ▸ਚੰਮੜਨਾ, ਚਿੰਬੜਨਾ, ਚਿੰਮੜਨਾ [Skt. चिपिट] *vi.* **1** くっ付く, 付着する. (⇒ਚਿਪਕਣਾ) **2** 粘着する.

ਚੰਬੜਾਉਣਾ (चंबड़ाउणा) /cambaṛāuṇā チャンブラーウナー/ [Skt. चिपिट] *vt.* **1** くっ付ける, 付着させる. **2** 粘着させる.

ਚੰਬਾ[1] (चंबा) /cambā チャンバー/ ▸ਚੰਪਕ, ਚੰਪਾ *m.* → ਚੰਪਾ

ਚੰਬਾ[2] (चंबा) /cambā チャンバー/ [Pers. *panj*] *m.*〖身体〗(動物の)前足.

ਚੰਬਾ[3] (चंबा) /cambā チャンバー/ *m.* 小鳥の群れ, 人の群れ.

ਚੰਬਾ[4] (चंबा) /cambā チャンバー/ *m.*〖地名〗チャンバー《インドのヒマーチャル・プラデーシュ州北西部の県名, 旧藩王国名. 同州のカーングラー県とジャンムー・カシュミール州の間のラーヴィー川に沿った地域. またチャンバー県の県都名でもある》.

ਚਬਾਉਣਾ (चबाउणा) /cabāuṇā チャバーウナー/ [Skt. चर्वति] *vt.* **1**(食べ物を)噛ませる. **2** むしゃむしゃ噛ませる. **3** むしゃむしゃ食べさせる. **4** 咀嚼させる.

ਚਬਾਈ (चबाई) /cabāī チャバーイー/ [cf. ਚਬਾਉਣਾ] *f.* 噛むこと, 噛み砕くこと, 咀嚼.

ਚਬੀਣਾ (चबीणा) /cabīṇā チャビーナー/ ▸ਚਬੀਨਾ *m.* → ਚਬੀਨਾ

ਚਬੀਨਾ (चबीना) /cabīnā チャビーナー/ ▸ਚਬੀਣਾ [Skt. चर्वण] *m.*〖食品〗軽い食物, 軽食.

ਚਬੂਤਰਾ (चबूतरा) /cabūtarā チャブータラー/ ▸ਚੌਂਤਰਾ [Skt. चत्वर] *m.* **1** 台, 壇. **2** コンクリートの涼み台. **3**〖建築〗テラス.

ਚੰਬੇਲੀ (चंबेली) /cambelī チャンベーリー/ ▸ਚੰਮੇਲੀ, ਚਮੇਲੀ [Skt. चम्पकवेल्लि] *f.*〖植物〗ジャスミン《モクセイ科の植物》.

ਚੰਬੇੜਨਾ (चंबेड़ना) /camberaṇā チャンベールナー/ ▸ਚਮੇੜਨਾ, ਚਮੋੜਨਾ *vt.* **1** くっ付ける, 付着させる. **2** 粘着させる.

ਚਬੌੜ (चबौड़) /cabauṛa チャバォール/ [(Pua.)] *f.* **1** 真似. (⇒ਨਕਲ) **2** 模倣. (⇒ਸਾਂਗ)

ਚੰਭਲਨਾ (चंभलना) /câmbalanā チャンバルナー/ ▸ਚਾਂਭਲਨਾ, ਚਾਮ੍ਹਲਣਾ [Skt. चपल] *vi.* **1** 甘える, 甘やかされる, つけ上がる, 増長する. (⇒ਸਿਰ ਚੜ੍ਹਨਾ) **2** 行儀が悪くなる, 横柄な態度をとる. (⇒ਬੇਅਦਬ ਹੋਣਾ) **3** いたずらをする.

ਚੰਭਲਾਉਣਾ (चंभलाउणा) /cambalǎuṇā チャンブラーウナー/ ▸ਚਮਲ੍ਹਾਉਣਾ [Skt. चपल] *vt.* **1** 甘やかす, つけ上がらせる. **2** 行儀を悪くさせる.

ਚੰਮ (चंम) /camma チャンム/ ▸ਚਮੜਾ, ਚਰਮ [(Pkt. चम्म) Skt. चर्म] *m.* **1**〖動物〗(動物の)皮, 毛皮, 皮革, なめし革. ❐ਚੰਮ ਉਧੇੜਨਾ 打ちのめす, 激しく打つ, 打って懲らしめる, 容赦なく打つ. ❐ਚੰਮ ਲਾਹੁਣਾ 皮を剥ぐ, 毛を刈る, 打ちのめす, 容赦なく打つ. **2** 皮, 皮膚, 肌.

ਚਮਕ (चमक) /camaka チャマク/ [(Pkt. चमक्क) Skt. चमत्कार] *f.* **1** 光, 輝き, きらめき, きらめく様子, ぴかぴか, ちかちか. **2** 光沢, つや. **3** 閃光, ぴかりと光ること.

ਚਮਕਣਾ (चमकणा) /camakaṇā チャマクナー/ [cf. ਚਮਕ] *vi.* 光る, 輝く, きらめく. ❐ਬਿੱਲੀ ਦੀਆਂ ਅੱਖਾਂ ਚਮਕਦੀਆਂ ਸਨ। 猫の目は輝いていました.

ਚਮਕਦਾਰ (चमकदार) /camakadāra チャマクダール/ [cf. ਚਮਕ Pers.-*dār*] *adj.* 光っている, 輝いている, きらめいている. (⇒ਚਮਕੀਲਾ)

ਚਮਕਾਉਣਾ (चमकाउणा) /camakāuṇā チャムカーウナー/ [cf. ਚਮਕ] *vt.* **1** 光らせる, 輝かせる. **2** 磨く.

ਚਮਕਾਰ (चमकार) /camakāra チャムカール/ ▸ਚਮਕਾਰਾ [(Pkt. चमक्क) Skt. चमत्कार] *m.* **1** 光, 輝き. **2** ひらめき.

3 閃光, ぴかりと光ること.

ਚਮਕਾਰਾ (चमकारा) /camakārā チャムカーラー/ ▶ਚਮਕਾਰ m. → ਚਮਕਾਰ

ਚਮਕੀ (चमकी) /camakī チャムキー/ [Skt. चमत्कार -ਈ] f. 1 ぴかぴか光る金属片, 装飾用の小型金属板. 2 金糸・銀糸などの飾りに用いる金属の糸.

ਚਮਕੀਲਾ (चमकीला) /camakīlā チャムキーラー/ [-ਈਲਾ] adj. 光っている, 輝いている, きらめいている. (⇒ਚਮਕਦਾਰ)

ਚਮਗਾਦਰ (चमगादर) /camagādara チャムガーダル/ ▶ਚਮਗਾਦੜ, ਚਮਗਿੱਦੜ m. → ਚਮਗਾਦੜ

ਚਮਗਾਦੜ (चमगादड़) /camagādaṛa チャムガーダル/ ▶ਚਮਗਾਦਰ, ਚਮਗਿੱਦੜ [(Pkt. चम्म) Skt. चर्म + ਗਾਦੜ] m. 〖動物〗コウモリ, 蝙蝠. (⇒ਚਾਮਚੜਿੱਕ) ❐ਚਮਗਾਦੜਾਂ ਦੇ ਆਏ ਪਰਾਹੁਣੇ, ਜਿਵੇਂ ਅਸੀਂ ਲਟਕਦੇ ਹਾਂ ਤਿਵੇਂ ਤੁਸੀਂ ਲਟਕੋ। コウモリの家に来たお客さん, 私たちと同じようにぶら下がってください〔諺〕〈郷に入っては郷に従え〉.

ਚਮਗਿੱਦੜ (चमगिद्दड़) /camagiddaṛa チャムギッダル/ ▶ਚਮਗਾਦਰ, ਚਮਗਾਦੜ m. → ਚਮਗਾਦੜ

ਚਮਚ (चमच) /camaca チャマチ/ ▶ਚੱਮਚ [Pers. camca] m. 1 〖道具〗スプーン, 匙. 2 小匙, 茶匙, ティースプーン.

ਚੱਮਚ (चम्मच) /cammaca チャンマチ/ ▶ਚਮਚ m. → ਚਮਚ

ਚਮਚਮ (चमचम) /camacama チャムチャム/ f. 〖食品〗チャムチャム《ベンガル地方の甘い菓子の一種》.

ਚਮਚਾ (चमचा) /camacā チャムチャー/ ▶ਚਿਮਚਾ [Pers. camca] m. 1 〖道具〗スプーン, 匙, デザートスプーン. 2 〖俗語〗おべっか使い, へつらう人, ごまをする人, 追従者. (⇒ਚਾਪਲੂਸ)

ਚਮਚਾਗੀਰੀ (चमचागीरी) /camacāgīrī チャムチャーギーリー/ [Per.-gīrī] f. 〖俗語〗おべっか, へつらい, ごますり, 追従. (⇒ਚਾਪਲੂਸੀ)

ਚਮਚੀ (चमची) /camacī チャムチー/ [-ਈ] f. 〖道具〗小匙.

ਚਮਜੂੰ (चमजूँ) /camajū̃ チャムジューン/ [Skt. चर्म + Skt. यूका] f. 〖虫〗シラミ.

ਚਮਟਾ (चमटा) /camaṭā チャムター/ ▶ਚਿਮਟਾ m. → ਚਿਮਟਾ

ਚਮਤਕਾਰ (चमतकार) /camatakāra チャマトカール/ [Skt. चमत्कार] m. 1 驚くべきこと, 驚異, 驚嘆. 2 奇跡, 奇蹟. (⇒ਕਰਾਮਾਤ) 3 不思議な出来事.

ਚਮਤਕਾਰੀ (चमतकारी) /camatakārī チャマトカーリー/ [Skt. चमत्कारिन्] adj. 1 驚くべき, 驚異的な. 2 奇跡の, 奇跡的な. 3 不思議な.

ਚਮਨ (चमन) /camana チャマン/ [Pers. caman] m. 1 花園. 2 小庭園. (⇒ਬਾਗ਼) 3 〖比喩〗繁栄している場所.

ਚਮਰਸ (चमरस) /camarasa チャムラス/ [Skt. चर्म + ਰਸ] m. 靴擦れ.

ਚਮਰਖ (चमरख) /camarakʰa チャムラク/ ▶ਚਰਮਖ m. 紡ぎ車の錘を固定する皮革の片.

ਚਮਰੰਗ (चमरंग) /camaraṅga チャムラング/ m. なめし革業者.

ਚਮਲ੍ਹਾਉਣਾ (चमल्हाउणा) /camalǎuṇā チャムラーウナー/ ▶ਚੰਭਲਾਉਣਾ vt. → ਚੰਭਲਾਉਣਾ

ਚੰਮੜਨਾ (चंमड़ना) /cammaṛanā チャンマルナー/ ▶ਚੰਬੜਨਾ, ਚਿੰਬੜਨਾ, ਚਿੰਮੜਨਾ vi. → ਚੰਬੜਨਾ

ਚਮੜਾ (चमड़ा) /camaṛā チャムラー/ ▶ਚੰਮ, ਚਰਮ m. → ਚੰਮ

ਚਮੜੀ (चमड़ी) /camaṛī チャムリー/ [Skt. चर्म] f. 〖身体〗皮, 皮膚, 肌.

ਚਮਾਟਾ (चमाटा) /camāṭā チャマーター/ m. 1 殴打. (⇒ਚਪੇੜ) 2 平手打ち. (⇒ਚਪੇੜ)

ਚਮਾਰ (चमार) /camāra チャマール/ ▶ਚਮਿਆਰ [(Pkt. चम्मार) Skt. चर्मकार] m. 〖姓〗チャマール《皮革業を生業としてきた下級種姓》.

ਚਮਾਰੜੀ (चमारड़ी) /camāraṛī チャマールリー/ [-ੜੀ] f. 1 〖姓〗チャマールの総称. 2 チャマールの居住区.

ਚਮਿਆਰ (चमिआर) /camiāra チャミアール/ ▶ਚਮਾਰ m. → ਚਮਾਰ

ਚਮੁਟਣਾ (चमुटणा) /camuṭaṇā チャムトナー/ ▶ਚਿਮਟਣਾ vi. → ਚਿਮਟਣਾ

ਚਮੂਣਾ (चमूणा) /camūṇā チャムーナー/ ▶ਚਲੂਣਾ [Skt. चर्म + Skt. अणु] m. 〖虫〗ギョウチュウ, 蟯虫. (⇒ਉਤਣੂੰ)

ਚੰਮੇਲੀ (चंमेली) /cammelī チャンメーリー/ ▶ਚੰਬੇਲੀ, ਚਮੇਲੀ f. → ਚੰਬੇਲੀ

ਚਮੇਲੀ (चमेली) /camelī チャメーリー/ ▶ਚੰਬੇਲੀ, ਚੰਮੇਲੀ f. → ਚੰਬੇਲੀ

ਚਮੇੜਨਾ (चमेड़ना) /cameṛanā チャメールナー/ ▶ਚੰਬੇੜਨਾ, ਚਮੋੜਨਾ vt. → ਚੰਬੇੜਨਾ

ਚਮੋਟਾ (चमोटा) /camoṭā チャモーター/ m. 〖道具〗床屋が剃刀の刃を滑らかで清潔なものにするため用いる革帯.

ਚਮੋੜਨਾ (चमोड़ना) /camoṛanā チャモールナー/ ▶ਚੰਬੇੜਨਾ, ਚਮੇੜਨਾ vt. → ਚੰਬੇੜਨਾ

ਚਰਸ[1] (चरस) /carasa チャルス/ [Pers. caras] f. 〖麻薬〗チャルス(チャラス)《雌株大麻の上部と葉から採った樹脂に香料を加えて粉末にした麻薬の一種. 煙草・水煙草に混ぜて吸飲したり, 噛み煙草に混ぜて歯茎から成分を吸収する》.

ਚਰਸ[2] (चरस) /carasa チャルス/ ▶ਚਰਸਾ [Skt. चर्म] m. 〖道具〗チャルス(チャラス)《灌漑用に井戸水を大量に汲むため長い綱に革袋を付けて牛に引かせる仕掛け. または, この仕掛けで用いる革袋》.

ਚਰਸਾ (चरसा) /carasā チャルサー/ ▶ਚਰਸ m. → ਚਰਸ[2]

ਚਰਸੀ (चरसी) /carasī チャルスィー/ ▶ਚਰਸੀਆ [Pers. caras -ਈ] m. チャルス(チャラス)を吸飲する人, 麻薬中毒者.

ਚਰਸੀਆ (चरसीआ) /carasīā チャルスィーアー/ ▶ਚਰਸੀ m. → ਚਰਸੀ

ਚਰ੍ਹ[1] (चर्ह) /cârạ チャル/ f. 〖植物・飼料〗モロコシ(唐), トウキビ(唐黍), ソルガム, コウリャン(高粱)《イネ科の植物》.

ਚਰ੍ਹ[2] (चर्ह) /câra チャル/ f. 炉床として掘られた穴・窪み.

ਚਰ੍ਹਗਲ (चर्हगल) /câragala チャルガル/ f. 1 化膿した深い傷, 大きく開いた傷. 2 長く深い切り傷, 深手.

ਚਰਹਾ (चरहा) /cârā チャラー/ *m.* **1** 破れ目, 裂け目, 割れ目, 透き間. **2** 屋根や堤防のひどい水漏れ.

ਚਰ੍ਹੀ (चर्हीं) /câri̅ チャリー/ *f.* 〖植物・飼料〗モロコシ(唐), トウキビ(唐黍), ソルガム, コウリャン(高粱)《イネ科の植物》.

ਚਰਕਣਾ (चरकणा) /caraka̸ṇā チャラクナー/ *vi.* きしる.

ਚਰਖ਼ (चरख़) /cara̸xa̸ チャルク/ [Pers. *carx*] *m.* **1** 空. (⇒ਅਕਾਸ਼) **2** 天国. (⇒ਸੁਰਗ) **3** 〖道具〗轆轤(ろくろ). **4** 〖動物〗ハイエナ.

ਚਰਖੜੀ (चरखड़ी) /cara̸kʰa̸ṛī チャルクリー/ *f.* **1** 滑車. **2** 〖機械〗巻き上げ機. **3** 車輪. **4** 〖道具〗中世の拷問の道具.

ਚਰਖਾ (चरखा) /cara̸kʰā チャルカー/ [Pers. *carxa*] *m.* 〖器具〗紡ぎ車.

ਚਰਖੀ (चरखी) /cara̸kʰī チャルキー/ *f.* 小滑車.

ਚਰਗ (चरग) /cara̸ga̸ チャルグ/ [Pers. *carx*] *m.* 〖鳥〗(鷹や隼などの)猛禽.

ਚਰਚ (चरच) /cara̸ca̸ チャルチ/ [Eng. *church*] *m.* 〖キ〗教会.

ਚਰਚਰ (चरचर) /cara̸cara̸ チャルチャル/ *f.* キーキーいう音.

ਚਰਚਾ (चरचा) /cara̸cā チャルチャー/ [Skt. चर्चा] *f.* **1** 話. **2** 談話. **3** 噂. ❐ਉਹ ਇੰਨੀ ਸੋਹਣੀ ਸੀ ਕਿ ਉਸ ਦੀ ਚਰਚਾ ਸਿਰਫ਼ ਆਪਣੇ ਪਿੰਡ ਵਿੱਚ ਹੀ ਨਹੀਂ ਬਲਕਿ ਆਸ-ਪਾਸ ਦੇ ਦੂਜੇ ਪਿੰਡਾਂ ਵਿੱਚ ਵੀ ਹੁੰਦੀ ਸੀ। 彼女はとても美しかったので彼女の噂は自分の村だけでなく近隣の他の村々でもされていました. **4** 論議. ❐ਪਿਛਲੇ ਕੁਝ ਹਫ਼ਤਿਆਂ ਤੋਂ ਸਕੂਲੀ ਪਾਠ ਪੁਸਤਕਾਂ ਕਾਫ਼ੀ ਚਰਚਾ ਵਿੱਚ ਹਨ। この数週間学校用教科書がかなり論議されています. **5** 言及.

ਚਰਜ (चरज) /cara̸ja̸ チャルジ/ ▸ਅਸਚਰਜ, ਅਚਰਜ *m.adj.* → ਅਸਚਰਜ

ਚਰਣ[1] (चरण) /cara̸ṇa̸ チャルン/ ▸ਚਰਨ *m.* → ਚਰਨ

ਚਰਣ[2] (चरण) /cara̸ṇa̸ チャルン/ ▸ਅਚਰਨ, ਆਚਰਨ *m.* → ਆਚਰਨ

ਚਰਨ (चरन) /cara̸na̸ チャルン/ ▸ਚਰਣ [Skt. चरण] *m.* **1** 〖身体〗足, 足元, 足先, おみあし. (⇒ਪੈਰ) ❐ਚਰਨ ਛੂਹਣਾ (尊い人の)おみあしに触れる《神, 師, 年長者などに対する恭順の挨拶》. **2** 〖文学〗詩脚, 詩の行.

ਚਰਨ ਸੇਵਕ (चरन सेवक) /cara̸na̸ sewaka̸ チャルン セーワク/ [+ Skt. सेवक] *m.* **1** 献身的な奉仕者, 謙虚な召使. **2** 敬虔な信徒・弟子.

ਚਰਨ ਸੇਵਾ (चरन सेवा) /cara̸na̸ sewā チャルン セーワー/ [+ Skt. सेवा] *f.* 献身的奉仕.

ਚਰਨ ਕਮਲ (चरन कमल) /cara̸na̸ kamala̸ チャルン カマル/ [+ Skt. कमल] *m.* **1** 蓮の花のように麗しい足. **2** 神聖なおみあし.

ਚਰਨ ਛੋਹ (चरन छोह) /cara̸na̸ cô チャルン チョー/ [+ cf. ਛੂਹਣਾ] *f.* **1** 相手の足に触れること, (大いなる敬意を表すため)敬う相手・聖者などのおみあしに触れること. **2** 至福の触れ合い.

ਚਰਨ ਦਾਸੀ (चरन दासी) /cara̸na̸ dāsī チャルン ダースィー/ [+ Skt. दासी] *f.* **1** 献身的な女性の奉仕者, 謙虚な女性の召使. (⇒ਟਹਿਲਣ) **2** 敬虔な女性の信徒・弟子. **3** 従順な妻.

ਚਰਨ ਧੂੜ (चरन धूड़) /cara̸na̸ tŭ̃ṛa̸ チャルン トゥール/ *f.* **1** 足の埃, 足に付いた塵. **2** 導師・聖者などのおみあしの埃・塵.

ਚਰਨ ਪਹੁਲ (चरन पहुल) /cara̸na̸ paûla̸ チャルン パオール/ *f.* 〖儀礼〗入門者が導師の足に注がれた水を飲む洗礼の儀式.

ਚਰਨ ਬੰਦਨਾ (चरन बंदना) /cara̸na̸ bandanā チャルン バンダナー/ [Skt. चरण + Skt. वन्दना] *f.* 年上の人・導師・聖者などの足に触れる敬礼・挨拶.

ਚਰਨਾ[1] (चरना) /cara̸nā チャルナー/ [Skt. चरति] *vi.* ぶらぶら歩く, ぶらつき回る.

— *vt.* **1** (家畜が草・飼葉を)食む. **2** (家畜が餌を)食う, 食べる. **3** 啄む.

ਚਰਨਾ[2] (चरना) /cara̸nā チャルナー/ *m.* 〖衣服〗短いパジャーマー《ゆるく仕立てたズボンの一種》.

ਚਰਨਾਮਤ (चरनामत) /cara̸nāmata̸ チャルナーマト/ ▸ਚਰਨਾਮ੍ਰਿਤ *m.* → ਚਰਨਾਮ੍ਰਿਤ

ਚਰਨਾਮ੍ਰਿਤ (चरनाम्रित) /cara̸nāmrita̸ (cara̸nāmarita̸) チャルナームリト (チャルナーマリト)/ ▸ਚਰਨਾਮਤ [Skt. चरणामृत] *m.* **1** 〖儀礼〗導師や聖像の足を洗うこと. **2** 導師や聖像の足を洗う水.

ਚਰਨੀਂ (चरनीं) /cara̸nī̃ チャルニーン/ [Skt. चरण -ईं] *adv.* 足で.

ਚਰਬਾ[1] (चरबा) /cara̸bā チャルバー/ [Pers. *carbā*] *m.* **1** 透写用の油紙. **2** 透写図.

ਚਰਬਾ[2] (चरबा) /cara̸bā チャルバー/ [(Mul.)] *adj.* **1** 気の狂った, 狂気の. (⇒ਪਾਗਲ) **2** 愚かな, 知恵のない. (⇒ਬੇਵਕੂਫ਼)

ਚਰਬਿਆ (चरबिआ) /cara̸biā チャルビアー/ [Pers. *carbī*] *adj.* **1** 脂肪の多い, 脂肪過多の. **2** 脂肪のついた, 脂肪太りの, 太った.

ਚਰਬੀ (चरबी) /cara̸bī チャルビー/ [Pers. *carbī*] *f.* **1** 〖身体〗脂肪, 脂肪分. **2** 動物から採れる油, 獣脂, 脂身.

ਚਰਬੀਲਾ (चरबीला) /cara̸bīlā チャルビーラー/ [Pers. *carbī*] *adj.* **1** 脂肪の多い, 脂肪過多の. **2** 脂肪のついた, 脂肪太りの, 太った.

ਚਰਮ[1] (चरम) /cara̸ma̸ チャルム/ [Skt. चरम] *adj.* **1** 究極の, 極みの, 極限の. **2** 最後の, 最終の. **3** 最高の, 無上の, 極致の.

ਚਰਮ[2] (चरम) /cara̸ma̸ チャルム/ ▸ਚੰਮ, ਚਮੜਾ *m.* → ਚੰਮ

ਚਰਮਖ (चरमख) /cara̸makʰa̸ チャルマク/ ▸ਚਮਰਖ *m.* → ਚਮਰਖ

ਚਰਵਾਉਣਾ (चरवाउणा) /cara̸wāuṇā チャルワーウナー/ [cf. ਚਰਨਾ[1]] *vt.* **1** (家畜に草・飼葉を)食ませる, (餌を)食べさせる. **2** 放牧させる, (牧草地・牧場で)飼わせる.

ਚਰਵਾਈ (चरवाई) /cara̸wāī チャルワーイー/ ▸ਚਰਾਈ [cf. ਚਰਨਾ[1]] *f.* **1** (家畜に)草を食ませること, 放牧. **2** 放牧の労賃.

ਚਰਵਾਹਾ (चरवाहा) /cara̸wāhā チャルワーハー/ ▸ਚਰਾਵਾ *m.* **1** 牧人. **2** 牛飼い. **3** 羊飼い.

ਚਰਵਾਹੀ (चरवाही) /cara̸wāhī チャルワーヒー/ *f.* 女性の牧人.

ਚਰੜ (चरड़) /carara̱ チャラル/ *f.* 〖擬声語〗ビリッ《紙や布を引き裂く音》. (⇒ਚਿੱਰ)

ਚਰੜਨਾ (चरड़ना) /cararanā チャラルナー/ *vt.* ビリッと引き裂く, 引きちぎる.

ਚਰਾਉਣਾ (चराउणा) /carāuṇā チャラーウナー/ [cf. ਚਰਨਾ[1]] *vt.* **1**(家畜に草・飼葉を)食ませる, (餌を)食べさせる. **2** 放牧する, (牧草地・牧場で)飼う. **3**〖俗語〗だます, たぶらかす, 欺く, 惑わす, 馬鹿にする.

ਚਰਾਈ (चराई) /carāī チャラーイー/ ▸ਚਰਵਾਈ *f.* → ਚਰਵਾਈ

ਚਰਾਗ਼ (चराग़) /carāǧa̱ チャラーグ/ ▸ਚਿਰਾਗ਼ [Pers. *cirāǧ*] *m.* **1**〖器具〗ランプ. **2** 灯り, 灯火, ともしび.

ਚਰਾਗਾਹ (चरागाह) /carāgâ チャラーガー/ [Pers. *carāgāh*] *f.* **1** 放牧場. (⇒ਚਰਾਂਦ) **2** 牧草地.

ਚਰਾਂਦ (चराँद) /carā̃da̱ チャラーンド/ ▸ਚਰਾਂਧ *f.* **1** 放牧場. (⇒ਚਰਾਗਾਹ) **2** 牧草地.

ਚਰਾਂਧ (चराँध) /carā̃̂da̱ チャラーンド/ ▸ਚਰਾਂਦ *f.* → ਚਰਾਂਦ

ਚਰਾਵਾ (चरावा) /carāwā チャラーワー/ ▸ਚਰਵਾਹਾ *m.* → ਚਰਵਾਹਾ

ਚਰਿੱਤਰ (चरित्तर) /carittara̱ チャリッタル/ [Skt. चरित्र] *m.* **1** 性質. **2** 行為, 行動, 行い, 品行. **3** 立派な品行, 徳行.

ਚਰਿੱਤਰਹੀਣ (चरित्तरहीण) /carittara̱hīṇa̱ チャリッタルヒーン/ [Skt.-हीन] *adj.* **1** 不品行な, 不道徳な. **2** 堕落した. **3** 邪悪な.

ਚਰਿੱਤਰਹੀਣਤਾ (चरित्तरहीणता) /carittara̱hīṇa̱tā チャリッタルヒーンター/ [Skt.-ता] *f.* **1** 不品行, 不道徳. **2** 堕落. **3** 邪悪.

ਚਰਿੱਤਰਵਾਨ (चरित्तरवान) /carittara̱wāna̱ チャリッタルワーン/ [Skt. चरित्र Skt.-वान्] *adj.* **1** 品行正しい, 品行方正な. **2** 高徳の, 高潔な. **3** 貞節な.

ਚਰੈਤਾ (चरैता) /caraitā チャラェーター/ [Skt. चिररिक्त] *m.* 〖薬剤〗血液浄化剤.

ਚਰੋਕਾ (चरोका) /carokā チャローカー/ ▸ਚਿਰੋਕਣਾ, ਚਿਰੋਕਾ *adv.* → ਚਿਰੋਕਣਾ

ਚਰੋਲੀ (चरोली) /carolī チャローリー/ [(Kang.)] *f.* **1**〖容器〗竹や小枝を編んで作った中央の深い丸い盆. **2**〖容器〗小枝を編んで作った籠.

ਚਲ (चल) /cala̱ チャル/ *f.* **1** 卑しい行為. **2** 下劣さ.

ਚਲਗੋਜ਼ਾ (चलगोज़ा) /cala̱gozā チャルゴーザー/ *m.*〖植物〗松の種子.

ਚਲਚਿੱਤਰ (चलचित्तर) /cala̱cittara̱ チャルチッタル/ [Skt. चल-चित्र] *m.* 映画. (⇒ਸਿਨਮਾ, ਫ਼ਿਲਮ)

ਚਲਣ (चलण) /calaṇa̱ チャラン/ ▸ਚਲਨ *m.* → ਚਲਨ

ਚਲਣਸਾਰ (चलणसार) /calaṇa̱sāra̱ チャランサール/ ▸ਚਲਨਸਾਰ *adj.adv.* → ਚਲਨਸਾਰ

ਚਲਣਹਾਰ (चलणहार) /calaṇa̱hāra̱ チャランハール/ [Skt. चलन -ਹਾਰ] *adj.* **1** 動く性質の, 変化する. **2** 移ろいやすい, 長続きしない. **3** 消えてしまう, 滅びゆく, 必滅の. **4** 一時的な.

ਚਲਣਯੋਗ (चलणयोग) /calaṇa̱yoga̱ チャランヨーグ/ [Skt.-योग्य] *adj.* **1** 動かせる, 移動できる. **2** 実行できる. **3** 使用に適した.

ਚਲਣਾ (चलणा) /cala̱ṇā チャルナー/ ▸ਚੱਲਣਾ *vi.* → ਚੱਲਣਾ

ਚੱਲਣਾ (चल्लणा) /callaṇā チャッラナー/ ▸ਚਲਣਾ [Skt. चलति] *vi.* **1** 行く, 一緒に行く. **2** 歩く, 歩む. **3** 動く, 移動する, 運行する. **4** 進む, 進行する. **5** 機能する, 効く, 用が足りる. **6** 通用する, 使える, はやっている.

ਚਲੰਤ (चलंत) /calanta̱ チャラント/ [cf. ਚੱਲਣਾ] *adj.* **1** 動いている, 活動している. **2** 現在行われている, 通用している, 流通している. **3** 流行している.

ਚਲਦਾ (चलदा) /cala̱dā チャルダー/ [cf. ਚੱਲਣਾ] *adj.* **1** 動いている. **2** 機能している. **3** 通用している. **4** 続いている.

ਚਲਨ (चलन) /calana̱ チャラン/ ▸ਚਲਣ [(Pkt. चलण) Skt. चलन] *m.* **1** 動き, 動作, 運動. (⇒ਗਤੀ) **2** 手法, 方法. **3** 習慣, 習わし, しきたり. **4** 行動, 振る舞い.

ਚਲਨਸਾਰ (चलनसार) /calana̱sāra̱ チャランサール/ ▸ਚਲਣਸਾਰ [cf. ਚੱਲਣਾ -ਸਾਰ] *adj.* **1** 通用している. (⇒ਚਾਲੂ) **2** 長続きする, 長持ちする. **3** 丈夫な. **4** 良質の.
— *adv.* **1** 動き始めてすぐに, まず最初に. **2** 直ちに.

ਚਲਾਉਣਾ (चलाउणा) /calāuṇā チャラーウナー/ ▸ਚਲਾਣਾ [cf. ਚੱਲਣਾ] *vt.* **1** 歩かせる, 歩ませる. **2** 進ませる. **3** 動かす. **4** 運転する, 操縦する, 操作する. ❒ਕਾਰ ਚਲਾਉਣੀ 車を運転する. ❒ਕਾਰ ਧਿਆਨ ਨਾਲ ਚਲਾਉਣੀ ਹੈ। 車は注意深く運転しなければなりません. **5** 営む, 経営する, 運営する. **6**(銃弾を)撃つ. ❒ਉਹਨਾਂ ਨੇ ਗੋਲੀਆਂ ਚਲਾਉਣੀਆਂ ਸ਼ੁਰੂ ਕਰ ਦਿੱਤੀਆਂ। 彼らは発砲を開始しました. ❒ਪੁਲੀਸ ਨੂੰ ਗੋਲੀ ਚਲਾਉਣੀ ਪਈ ਸੀ। 警察は発砲を余儀なくされました. **7**(矢を)射る, 放つ. ❒ਪਰ ਕਰਿਸ਼ਨ ਫਿਰ ਗੁੱਸੇ ਵਿੱਚ ਤੀਰ ਚਲਾਉਂਦਾ ਹੈ। しかしクリシュナはまた怒って矢を放ちます.

ਚਲਾਊ (चलाऊ) /calāū チャラーウー/ [cf. ਚੱਲਣਾ] *adj.* **1** 動いている. **2** 流動的な, 一時的な. **3** 不安定な, 変わりやすい. (⇒ਅਸਥਿਰ)

ਚਲਾਇਮਾਨ (चलाइमान) /calāimāna̱ チャラーイマーン/ [Skt. चलायमान] *adj.* **1** 動いている, 移動中の, 進行中の. **2** 一時的な. **3** 長続きしない. **4** 必滅の.

ਚਲਾਈ (चलाई) /calāī チャラーイー/ ▸ਚੁਲਾਈ *f.* → ਚੁਲਾਈ

ਚਲਾਕ (चलाक) /calāka̱ チャラーク/ ▸ਚਾਲਾਕ [Pers. *cālāk*] *adj.* **1** 賢い, 利口な. ❒ਕਾਂ ਬੜਾ ਚਲਾਕ ਪੰਛੀ ਹੈ। カラスはとても賢い鳥です. **2** 抜け目ない. **3** 悪賢い, ずる賢い, 狡猾な. **4** 器用な, 巧みな, 巧妙な.

ਚਲਾਕੀ (चलाकी) /calākī チャラーキー/ ▸ਚਾਲਾਕੀ [Pers. *cālākī*] *f.* **1** 賢さ, 利口さ. **2** 抜け目なさ. **3** 悪賢さ, ずるさ, 狡猾さ. **4** 器用, 巧妙さ.

ਚਲਾਚਲੀ (चलाचली) /calācalī チャラーチャリー/ *f.* **1** 止むことのない動き. **2** 一時的であること.

ਚਲਾਣਾ (चलाणा) /calāṇā チャラーナー/ ▸ਚਲਾਉਣਾ *vt.* → ਚਲਾਉਣਾ
— *m.* **1** 出発. **2** 死, 逝去.

ਚਲਾਨ (चलान) /calāna̱ チャラーン/ [Pers. *cālān*] *m.* **1** 発送, 送付. **2** 積み送り, 出荷. **3** 送り状.

ਚਲਾਵਾਂ (चलावाँ) /calāwā̃ チャラーワーン/ [cf. ਚੱਲਣਾ] *adj.* 動いている最中の, 進行中の.

ਚਲਿੱਤਰ (चलित्तर) /calittara チャリッタル/ [(cf.Nep. चलित्र) Skt. चरित्र] *m.* **1** ごまかし. **2** 見せかけ.

ਚਲਿੱਤਰਨ (चलित्तरन) /calittarana チャリッタラン/ [-ਨ] *f.* 人をだます女性.

ਚਲਿੱਤਰਨੀ (चलित्तरनी) /calittaranī チャリッタルニー/ [-ਨੀ] *f.* 人をだます女性.

ਚਲਿੱਤਰਾ (चलित्तरा) /calittarā チャリッタラー/ [+ ਆ] *adj.* 人をだますような.

— *m.* 人をだます男.

ਚਲਿੱਤਰੀ (चलित्तरी) /calittarī チャリッタリー/ [-ਈ] *adj.* 人をだますような.

— *m.* 人をだます男.

ਚਲਿੱਤਰੋ (चलित्तरो) /calittaro チャリッタロー/ [+ ਓ] *f.* 人をだます女性.

ਚਲੀਸਮਾਂ (चलीसमाँ) /calīsamā̃ チャリースマーン/ ▸ਚਲੀਸਵਾਂ, ਚਾਲ੍ਹੀਵਾਂ, ਚਾਲੀਮਾਂ *or.num. adj* → ਚਾਲ੍ਹੀਵਾਂ

ਚਲੀਸਵਾਂ (चलीसवाँ) /calīsawā̃ チャリースワーン/ ▸ਚਲੀਸਮਾਂ, ਚਾਲ੍ਹੀਵਾਂ, ਚਾਲੀਮਾਂ *or.num. adj.* → ਚਾਲ੍ਹੀਵਾਂ

ਚਲੀਹਾ (चलीहा) /calīhā チャリーハー/ *m.* 禁欲生活を行う40日の期間.

ਚਲੂਣਾ (चलूणा) /calūṇā チャルーナー/ ▸ਚਮੂਣਾ *m.* 〖虫〗ギョウチュウ, 蟯虫. (⇒ਉਤਣੂੰ)

ਚਵ੍ਹੀ (चव्ही) /câwī チャウィー/ ▸ਚੱਵੀ, ਚੌਵੀ [(Pkt. चउव्वीस) Skt. चतुर्विंशति] *ca.num.* 24.

— *adj.* 24の.

ਚਵ੍ਹੀਆਂ (चव्हीआँ) /câwīā̃ チャウィーアーン/ ▸ਚਵ੍ਹੀਵਾਂ, ਚਵੀਵਾਂ *or.num. adj.* → ਚਵ੍ਹੀਵਾਂ

ਚਵ੍ਹੀਵਾਂ (चव्हीवाँ) /câwīwā̃ チャウィーワーン/ ▸ਚਵ੍ਹੀਆਂ, ਚਵੀਵਾਂ [(Pkt. चउव्वीस) Skt. चतुर्विंशति -ਵਾਂ] *or.num.* 24番目.

— *adj.* 24番目の.

ਚੰਵਰ (चंवर) /canwara チャンワル/ ▸ਚੌਰ *m.* → ਚੌਰ

ਚਵਰਗ (चवरग) /cawaraga チャワルグ/ [Skt. चवर्ग] *m.* 〖文字・音〗チャ段《グルムキー字母表の硬口蓋・破擦音の子音グループ》.

ਚਵਾਂਗ (चवाँग) /cawā̃ga チャワーング/ [(Pot.) Skt. चतुर् + Skt. अंक] *m.* 数字の4. (⇒ਚਾਰ ਦਾ ਅੰਕ, ੪)

ਚਵਾਠ (चवाठ) /cawāṭʰa チャワート/ ▸ਚੌਂਹਟ, ਚੌਹਟ, ਚੌਂਹਠ, ਚੌਹਠ [(Jat.)] *ca.num. adj.* → ਚੌਹਠ

ਚਵਾਤੀ (चवाती) /cawātī チャワーティー/ ▸ਚੁਆਤੀ *f.* **1** 燃えさし. **2** くすぶっている小さな木片.

ਚੱਵੀ (चव्वी) /cawwī チャッウィー/ ▸ਚਵ੍ਹੀ, ਚੌਵੀ *ca.num. adj.* → ਚਵ੍ਹੀ

ਚਵੀਵਾਂ (चवीवाँ) /cawīwā̃ チャウィーワーン/ ▸ਚਵ੍ਹੀਵਾਂ *or.num. adj.* → ਚਵ੍ਹੀਵਾਂ

ਚਵੇੜਾ (चवेड़ा) /cawerā チャウェーラー/ [(Lah.)] *m.* 柔らかい物質. (⇒ਨਰਮ ਪਦਾਰਥ)

ਚੜ੍ਹਤ (चड़्हत) /câṛata チャルト/ ▸ਚੜ੍ਹਤਲ [cf. ਚੜ੍ਹਨਾ] *f.* **1** 優勢. **2** 神への捧げ物. **3** 栄光. **4** 名声, 名誉.

ਚੜ੍ਹਤਲ (चड़्हतल) /câṛatala チャルタル/ ▸ਚੜ੍ਹਤ *f.* → ਚੜ੍ਹਤ

ਚੜ੍ਹਦਾ (चड़्हदा) /câṛadā チャルダー/ [cf. ਚੜ੍ਹਨਾ] *m.* 太陽が昇る方角, 東. (⇒ਪੂਰਬ)(⇔ਲਹਿੰਦਾ) ❐ਚੜ੍ਹਦਾ ਪੰਜਾਬ 東パンジャーブ, 東部パンジャーブ.

— *adj.* 昇る, 上がる, 上昇する.

ਚੜ੍ਹਨਾ (चड़्हना) /câṛanā チャルナー/ [(Pkt. चढइ) Skt. चढति] *vi.* **1** 昇る, 上がる, 上昇する. ❐ਸੂਰਜ ਚੜ੍ਹਿਆ। 太陽が昇りました. ❐ਰਾਤ ਨੂੰ ਅਕਾਸ਼ ਵਿੱਚ ਚੰਨ ਤਾਰੇ ਚੜ੍ਹਦੇ ਹਨ। 夜には空に月と星が昇ります. ❐ਹਰ ਕੋਈ ਚੜ੍ਹਦੇ ਸੂਰਜ ਵੱਲ ਤੱਕਦਾ ਹੈ। 誰もが昇る太陽の方を見る〔諺〕〈誰もが安寧を与える者に媚びへつらう〉. **2** 登る. ❐ਬਾਂਦਰ ਰੁੱਖ ਤੇ ਚੜ੍ਹ ਗਏ। 猿たちは木に登ってしまいました. **3**(乗物や馬などに)乗る. ❐ਉਹ ਘੋੜੇ ਤੇ ਚੜ੍ਹਿਆ। 彼は馬に乗りました. **4**(台などに)載る. **5**(熱・価格・水位などが)上がる. **6** 料理される. **7**(食料品が)はかりで量られる. **8**(供儀として)捧げられる. **9**(魔力などが)効いてくる, (毒・酔いが)回る. **10**(借金が)一定の額に達する, (負債を)負う. **11**(行列が)前進する, (軍隊が)進攻する. **12**(処理・取り引きが)登録される, 記録される.

ਚੜ੍ਹਾਉ (चड़्हाउ) /caṛẵo | caṛẵu チャラーオー | チャラーウ/ [cf. ਚੜ੍ਹਨਾ] *m.* **1** 優勢. **2**(川の)異常増水.

ਚੜ੍ਹਾਉਣਾ (चड़्हाउणा) /caṛăuṇā チャラーウナー/ [cf. ਚੜ੍ਹਨਾ] *vt.* **1** 昇らせる, 上げる. **2** 登らせる. **3** 乗せる. **4**(供儀として)捧げる.

ਚੜ੍ਹਾਅ (चड़्हाअ) /caṛăa チャラーア/ [cf. ਚੜ੍ਹਨਾ] *m.* **1** 上がること, 上り, 上昇. **2** 上がる範囲, 昇る過程.

ਚੜ੍ਹਾਈ (चड़्हाई) /caṛăī チャラーイー/ [cf. ਚੜ੍ਹਨਾ] *f.* **1** 上方へ上がること, 上昇. **2** 侵略. **3** 攻撃.

ਚੜ੍ਹਾਵਾ (चड़्हावा) /caṛăwā チャラーワー/ [cf. ਚੜ੍ਹਾਉਣਾ] *m.* 神への捧げ物.

ਚਾ (चा) /cā チャー/ ▸ਚਾਉ, ਚਾਅ *m.* → ਚਾਉ

ਚਾਉ (चाउ) /cāo チャーオー/ ▸ਚਾ, ਚਾਅ [(Pkt. चाह) Skt. इच्छा] *m.* **1** 熱意, 熱心さ, 熱烈さ, 熱情. **2** 熱望, 切望. **3** 野望. **4** 愛情. **5** 強い興味, 意欲. **6** 色っぽさ. **7** 陽気さ. **8** 喜び, 大喜び. **9** 幸福, 幸福感. **10** 意気揚々, 大得意.

ਚਾਉਲ (चाउल) /cāula チャーウル/ ▸ਚਾਵਲ, ਚੌਲ *m.* → ਚੌਲ

ਚਾਅ (चाअ) /cāa チャーア/ ▸ਚਾ, ਚਾਉ *m.* → ਚਾਉ

ਚਾਏ (चाए) /cāe チャーエー/ ▸ਚਾਹ *f.* → ਚਾਹ[1]

ਚਾਂਸ (चाँस) /cā̃sa チャーンス/ ▸ਚਾਨਸ [Eng. *chance*] *m.* **1** 機会, 好機, チャンス. **2** 偶然, 巡り合わせ.

ਚਾਸ (चास) /cāsa チャース/ ▸ਚਾਸ਼ਣੀ, ਚਾਸ਼ਨੀ [Pers. *cāśnī*] *f.* 〖飲料〗シロップ, 糖蜜.

ਚਾਸ਼ਣੀ (चाशणी) /cāśaṇī チャーシュニー/ ▸ਚਾਸ, ਚਾਸ਼ਨੀ *f.* → ਚਾਸ

ਚਾਸ਼ਨੀ (चाशनी) /cāśanī チャーシュニー/ ▸ਚਾਸ, ਚਾਸ਼ਣੀ *f.* → ਚਾਸ

ਚਾਂਸਲਰ (चाँसलर) /cā̃salara チャーンスラル/ [Eng. *chancellor*] *m.* **1** 大学総長. (⇒ਕੁਲਪਤੀ) **2** 大臣, 長官, 一等書記官. **3** 首相.

ਚਾਹ[1] (चाह) /câ チャー/ ▸ਚਾਏ [Portug. *chá* ; cf. Pers. *cāy* bf. Chin.] *f.* **1** 〖植物〗茶, チャノキ《ツバキ科の常緑低木》, 茶の葉. **2** 〖飲料〗お茶, 紅茶. ❐ਅਸੀਂ ਅੱਜਕਲ੍ਹ ਚਾਹ ਪੀਂਦੇ ਹਾਂ। 私たちは最近お茶を飲んでいます. ❐ਮੈਂ ਚਾਹ ਪੀ ਕੇ ਆਵਾਂਗਾ। 私はお茶を飲んでから来ます. **3** 〖飲料〗チャーエ(チャイ)《水に茶葉または粉茶を入れ, さらに牛乳と砂糖を加え沸騰させて作るインド風ミルクティー》.

ਚਾਹ² (चाह) /câ チャー/ [(Pkt. चाह) Skt. इच्छा] *f.* **1** 願い, 願望. **2** 熱望, 切望. **3** 愛情.

ਚਾਹਕ (चाहक) /câkạ チャーク/ [cf. ਚਾਹੁਣਾ] *adj.* **1** 望んでいる. **2** 熱望している.

ਚਾਹਦਾਨੀ (चाहदानी) /câdānī チャーダーニー/ [cf. ਚਾਹ¹ Pers.-*dānī*] *f.* 〖容器〗ティーポット, 急須.

ਚਾਹਨਾ (चाहना) /cânā チャーナー/ [cf. ਚਾਹੁਣਾ] *f.* **1** 願い, 願望. **2** 望み, 希望. **3** 欲求.

ਚਾਹ-ਪੱਤੀ (चाह-पत्ती) /câ-pattī チャー・パッティー/ [cf. ਚਾਹ¹ + Skt. पत्र -ਈ] *f.* 茶葉.

ਚਾਹ-ਪਾਣੀ (चाह-पाणी) /câ-pāṇī チャー・パーニー/ [+ Skt. पानीय] *m.* 軽い飲食物.

ਚਾਹ-ਪਾਰਟੀ (चाह-पारटी) /câ-pārạṭī チャー・パールティー/ [+ Eng. *party*] *f.* 茶会, ティー・パーティー.

ਚਾਹਵਾਨ (चाहवान) /câwānạ チャーワーン/ [cf. ਚਾਹੁਣਾ Skt.-वान्] *adj.* **1** 望んでいる. **2** 熱望している.

ਚਾਹੀਦਾ (चाहीदा) /câīdā チャーイーダー/ [cf. ਚਾਹੁਣਾ] *adj.* **1**《 ਈਦਾ は受動形語尾》望まれている, 必要とされている, 要る. **2**《名詞に続く場合, 文法上の主語であるその名詞の性・数に応じて, ਚਾਹੀਦਾ は, 男性・単数 ਾ , 男性・複数 ੇ , 女性・単数 ੀ , 女性・複数 ੀਆਂ と語尾変化する.［意味上の主語(必要とする側の人間など) ＋ ਨੂੰ ＋ 文法上の主語(名詞) ＋ ਚਾਹੀਦਾ ＋ ਹੋਣਾ の変化形］の形式で》〜(に)は…が必要だ, 〜は…が欲しい. ❐ਉਹਨਾਂ ਨੂੰ ਭਾਈ ਭਾਈ ਦਾ ਪਰੇਮ ਚਾਹੀਦਾ ਹੈ। 彼らには兄弟愛が必要です. ❐ਤੈਨੂੰ ਕਿੰਨਾ ਰੁਪਇਆ ਚਾਹੀਦਾ ਹੈ? おまえはいくらお金が要るんだ. ❐ਮੈਨੂੰ ਕੁਝ ਨਹੀਂ ਚਾਹੀਦਾ ਹੈ। 私は何も要りません. ❐ਇਹਨਾਂ ਨੂੰ ਤੁਹਾਡੀ ਮਦਦ ਚਾਹੀਦੀ ਹੈ। この人たちにはあなたの援助が必要です. **3**《不定詞に続く場合は, その動作・行動の「必要性」「義務」を伝える文となる. 不定詞が他動詞で後置詞を伴わない目的語〔主格〕が先行する場合は, 不定詞と ਚਾਹੀਦਾ は, その目的語の性・数に応じて, 男性・単数 ਾ , 男性・複数 ੇ , 女性・単数 ੀ , 女性・複数 ੀਆਂ と語尾変化する. 不定詞が自動詞であったり, また他動詞であっても目的語〔主格〕が先行しない場合は, すべて男性・単数形になる. 否定文では文末の ਹੈ または ਹਨ は普通省かれる.［意味上の主語(要請されている人間など) ＋ ਨੂੰ ＋ 文法上の主語(不定詞) ＋ ਚਾਹੀਦਾ ＋ ਹੋਣਾ の現在形 ਹੈ (3人称・単数)または ਹਨ (3人称・複数)］の形式で》〜は…すべきだ, 〜は…しなければならない, 〈否定文では〉〜は…すべきではない, 〜は…してはいけない. ❐ਤੁਹਾਨੂੰ ਹਰ ਰੋਜ਼ ਨਹਾਉਣਾ ਚਾਹੀਦਾ ਹੈ। あなたは毎日水浴びをすべきです. ❐ਹਰ ਬੱਚੇ ਨੂੰ ਆਪਣੀ ਜੇਬ ਵਿੱਚ ਰੁਮਾਲ ਰੱਖਣਾ ਚਾਹੀਦਾ ਹੈ। どの子も自分のポケットにハンカチを入れておくべきです. ❐ਹੱਥ ਵੀ ਸਾਫ਼ ਰੱਖਣੇ ਚਾਹੀਦੇ ਹਨ। 両手も清潔にしておくべきです. ❐ਤੁਹਾਨੂੰ ਸੱਚੀ ਗੱਲ ਕਹਿਣੀ ਚਾਹੀਦੀ ਹੈ। あなたは本当のことを言うべきです. ❐ਤੈਨੂੰ ਇਹ ਚਿੱਠੀਆਂ ਪੜ੍ਹਨੀਆਂ ਚਾਹੀਦੀਆਂ ਹਨ। おまえはこれらの手紙を読むべきだ. ❐ਸਕੂਲ ਦੇ ਦੋਸਤਾਂ ਬਾਰੇ ਗੱਲਾਂ ਕਰਨੀਆਂ ਚਾਹੀਦੀਆਂ ਹਨ। 学校の友達について話をするべきです. ❐ਕਮੀਜ਼ ਅਤੇ ਪੈਂਟ ਦੀ ਜੇਬ ਵਿੱਚ ਕਦੇ ਵੀ ਨਹੀਂ ਰੱਖਣਾ ਚਾਹੀਦਾ। シャツやズボンのポケットに決して入れるべきではありません. **4**《［意味上の主語(要請されている人間など) ＋ ਨੂੰ ＋ 文法上の主語(不定詞) ＋ ਚਾਹੀਦਾ ＋ ਹੋਣਾ の過去形 ਸੀ (3人称・単数)または ਸਨ (3人称・複数)］の形式で》〜は…すべきだった, 〈否定文では〉〜は…すべきではなかった. ❐ਪੁਲੀਸ ਨੂੰ ਉਸ ਸਮੇਂ ਹੀ ਹਾਜ਼ਰ ਹੋਣਾ ਚਾਹੀਦਾ ਸੀ। 警察はその時に来ているべきでした. ❐ਉਸ ਨੂੰ ਕੁਝ ਨਾ ਕੁਝ ਪੈਸੇ ਭੇਜਣੇ ਚਾਹੀਦੇ ਸਨ। あの人はいくらかのお金を送るべきでした. ❐ਉਹਨਾਂ ਨੂੰ ਹੋਰ ਮਿਹਨਤ ਕਰਨੀ ਚਾਹੀਦੀ ਸੀ। あの人たちはもっと努力すべきでした. ❐ਸਾਨੂੰ ਇਹ ਗੱਲਾਂ ਸਮਝ ਲੈਣੀਆਂ ਚਾਹੀਦੀਆਂ ਸਨ। 私たちはこれらのことを理解しておくべきでした. ❐ਮੈਨੂੰ ਉੱਥੇ ਨਹੀਂ ਜਾਣਾ ਚਾਹੀਦਾ ਸੀ। 私はそこに行くべきではありませんでした.

ਚਾਹੁਣਾ (चाहुणा) /câuṇā | caûṇā チャーウナー｜チャオーナー/ [(Pkt. चाह) Skt. इच्छा] *vt.* **1** 望む, 願う, 求める, 欲する, 欲しがる.《不定詞を目的語として》…したい, …したいと思う. ❐ਮੈਂ ਹੁਣੇ ਜਾਣਾ ਚਾਹੁੰਦਾ ਹਾਂ। 私は今すぐ行きたいです. ❐ਮੈਂ ਖੇਤੀ ਕਰਨੀ ਚਾਹੁੰਦਾ ਹਾਂ। 私は農業をしたいと思います. ❐ਬਿੱਲੀ ਚੂਹੇ ਨੂੰ ਮਾਰ ਕੇ ਖਾਣਾ ਚਾਹੁੰਦੀ ਹੈ। 猫は鼠を殺して食べたいのです. ❐ਸਾਰਿਆਂ ਹਾਲ ਸੁਣਨਾ ਚਾਹਿਆ। 皆が様子を聞きたいと思いました. **2** 好む, 愛する.

ਚਾਹੇ (चाहे) /câe | cāhe チャーエー｜チャーヘー/ [cf. ਚਾਹੁਣਾ] *conj.* たとえ…でも, たとえ…しようとも.

ਚਾਕ (चाक) /cākạ チャーク/ [Eng. *chalk*] *m.* チョーク, 白墨.

ਚਾਕਰ (चाकर) /cākarạ チャーカル/ [Pers. *cākar*] *m.* **1** 召使, 下僕, 奉公人. **2** 使用人, 従業員, 雇われ人, 被雇用者. **3** 係員, 従者, 給仕. **4** 下男.

ਚਾਕਰੀ (चाकरी) /cākarī チャーカリー/ [Pers. *cākarī*] *f.* **1** 奉仕, 奉公. **2** 仕事. **3** 勤め, 勤務. **4** 地位, 任務. **5** 職, 職務. **6** 雇用. (⇒ਨੌਕਰੀ)

ਚਾਕਲੇਟ (चाकलेट) /cākaleṭạ チャークレート/ [Eng. *chocolate*] *m.* 〖食品〗チョコレート.

— *adj.* チョコレート色の.

ਚਾਕੀ (चाकी) /cākī チャーキー/ [Skt. चक्र -ਈ] *f.* 塊.

ਚਾਕੂ (चाकू) /cākū チャークー/ ▸ਕਾਚੂ, ਚੱਕੂ [Turk. *caki*] *m.* 〖道具〗ナイフ.

ਚਾਂਗ (चाँग) /cā̃gạ チャーング/ ▸ਚਾਂਗਰ *f.* **1** 叫び声, 悲鳴. (⇒ਚੀਕ) **2** わめき声.

ਚਾਂਗਰ (चाँगर) /cā̃garạ チャーンガル/ ▸ਚਾਂਗ *m.* → ਚਾਂਗ

ਚਾਘ (चाघ) /câgạ チャーグ/ [(Lah.)] *f.* **1** 忍び笑い. **2** 皮肉. **3** 嘲笑.

ਚਾਂ ਚਾਂ (चाँ चाँ) /cā̃ cā̃ チャーン チャーン/ *f.* **1** 〖擬声語〗エーン エーン《子どもが泣きわめく声》. **2** やかましい声, 騒音.

ਚਾਚਾ (चाचा) /cācā チャーチャー/ [Skt. तात] *m.* 〖親族〗父方の叔父(おじ)《父の弟》.

ਚਾਚੀ (चाची) /cācī チャーチー/ *f.* 〖親族〗叔母(おば)《父方の叔父(おじ)の妻, 父の弟の妻》.

ਚਾਂਜਾ (चाँजा) /cā̃jā チャーンジャー/ [(Pot.)] *adj.* **1** 賢い, 利口な, 抜け目ない. (⇒ਚਤੁਰ, ਚਲਾਕ) **2** 賢明な, 聡明な. (⇒ਹੁਸ਼ਿਆਰ)

ਚਾਟ (चाट) /cāṭạ チャート/ [(Pkt. चट्टइ) Skt. चष्ट] *f.* **1** 舐めること. **2** 〖食品〗塩や香辛料で味付けされたスナック・つまみ・珍味. **3** 強い願望. **4** 好み, 嗜好. **5** 習慣.

ਚਾਟੜਾ (चाटड़ा) /cāṭaṛā チャータラー/ [Skt. चेट] *m.* **1** 弟子. (⇒ਚੇਲਾ) **2** 学生, 生徒. (⇒ਸ਼ਗਿਰਦ, ਵਿਦਿਆਰਥੀ)

ਚਾਂਟਾ (चाँटा) /cā̃ṭā チャーンター/ *m.* 平手打ち. (⇒ਚਪੇੜ)

ਚਾਟੀ (चाटी) /cāṭī チャーティー/ *f.* 〖容器〗凝乳を攪拌して保存する土製の容器. (⇒ਚਟੂਰਾ)

ਚਾਣਚੱਕ (चाणचक्क) /cāṇacakka チャーンチャック/ ▶ਅਚਾਣਕ, ਅਚਾਨਕ, ਅਚਾਣਚਕ *adv.* → ਅਚਾਨਕ

ਚਾਣਾ (चाणा) /cāṇā チャーナー/ *m.* 〖魚〗鱗(うろこ).

ਚਾਤਕ (चातक) /cātaka チャータク/ ▶ਚਾਤਰਿਕ, ਚਾਤ੍ਰਿਕ *m.* → ਚਾਤਰਿਕ

ਚਾਤਰ (चातर) /cātara チャータル/ ▶ਚਤਰ *adj.* → ਚਤਰ

ਚਾਤਰਿਕ (चातरिक) /cātarika チャータリク/ ▶ਚਾਤਕ, ਚਾਤ੍ਰਿਕ [Skt. चातक] *m.* 〖鳥〗郭公, ジャコバンカッコウ, チャバラカッコウ《春または雨季に鳴く美声の鳥. 伝承上, 特定の季節の雨水しか飲まないとされる》. (⇒ਪਪੀਹਾ)

ਚਾਤ੍ਰਿਕ (चात्रिक) /cātrika (cātarika) チャートリク (チャータリク)/ ▶ਚਾਤਕ, ਚਾਤਰਿਕ *m.* → ਚਾਤਰਿਕ

ਚਾਤਰੀ (चातरी) /cātarī チャータリー/ ▶ਚਾਤੁਰੀ [Skt. चतुर] *f.* **1** 賢さ, 聡明さ. (⇒ਹੁਸ਼ਿਆਰੀ) **2** 知恵, 知性, 知能.

ਚਾਤੁਰੀ (चातुरी) /cāturī チャートゥリー/ ▶ਚਾਤਰੀ *f.* → ਚਾਤਰੀ

ਚਾਂਦਨੀ (चाँदनी) /cā̃danī チャーンダニー/ ▶ਚਾਨਣੀ *f.* → ਚਾਨਣੀ[1]

ਚਾਂਦਮਾਰੀ (चाँदमारी) /cā̃damārī チャーンドマーリー/ *f.* 射撃訓練.

ਚਾਦਰ (चादर) /cādara チャーダル/ ▶ਚੱਦਰ [Pers. *cādar*] *f.* **1** 〖寝具〗敷布, シーツ. (⇒ਵਿਛਾਈ) ❐ਚਾਦਰ ਵੇਖ ਕੇ ਪੈਰ ਪਸਾਰਨਾ 敷布を見て足を伸ばす, 収入に応じて出費する. ❐ਸਿਆਣਾ ਆਦਮੀ ਹਮੇਸ਼ਾਂ ਆਪਣੀ ਚਾਦਰ ਵੇਖ ਕੇ ਪੈਰ ਪਸਾਰਦਾ ਹੈ। 賢い人は常に自分の収入に応じて出費します. **2** 〖衣服〗被布, 女性が羽織る薄地の布, ショール. (⇒ਸ਼ਾਲ)

ਚਾਂਦੀ (चाँदी) /cā̃dī チャーンディー/ *f.* **1** 〖金属〗銀. (⇒ਨੁਕਰਾ, ਰੁੱਪਾ) **2** 富, 財産, 金(かね). **3** 儲け, 利益, 所得, 収入.

ਚਾਨਸ (चानस) /cānasa チャーナス/ ▶ਚਾਂਸ *m.* → ਚਾਂਸ

ਚਾਨਣ (चानण) /cānaṇa チャーナン/ ▶ਚਾਨਣਾ [(Pkt. चंछण) Skt. चन्द्र] *m.* **1** 光, 光明, 明かり. (⇒ਜੋਤ, ਪਰਕਾਸ਼, ਰੋਸ਼ਨੀ) **2** 月光. **3** 輝き. **4** 照明. **5** 夜明け.

ਚਾਨਣਾ (चानणा) /cānaṇā チャーナナー/ ▶ਚਾਨਣ *m.* → ਚਾਨਣ

— *adj.* 明るい, 輝く, 光る.

ਚਾਨਣੀ[1] (चानणी) /cānaṇī チャーナニー/ ▶ਚਾਂਦਨੀ [Skt. चंद्र] *f.* 月光. (⇒ਮਹਿਤਾਬ) ❐ਚਾਰ ਦਿਨ ਦੀ ਚਾਨਣੀ ਫੇਰ ਹਨੇਰੀ ਰਾਤ। 四日の月夜でまた闇夜〔諺〕〈美貌や若さは長続きしない〉〈美は短命〉.

ਚਾਨਣੀ[2] (चानणी) /cānaṇī チャーナニー/ *f.* 天蓋.

ਚਾਪ[1] (चाप) /cāpa チャープ/ *f.* **1** 圧すること, 圧力. **2** 足音.

ਚਾਪ[2] (चाप) /cāpa チャープ/ [Skt. चाप] *f.* **1** 弓形. **2** 〖幾何〗弧.

ਚਾਪ[3] (चाप) /cāpa チャープ/ [Eng. *chop*] *f.* **1** 叩き切ること. **2** 〖食品〗骨付きの肉片.

ਚਾਪਣਾ (चापणा) /cāpaṇā チャーパナー/ [Skt. चपति] *vt.* **1** 押す, 圧迫する. (⇒ਦਬਾਉਣਾ) **2** 揉む. **3** マッサージする. **4** 抱きしめる.

ਚਾਪਲੂਸ (चापलूस) /cāpalūsa チャーパルース/ ▶ਚਾਪਲੋਸ [Pers. *cāplūs*] *adj.* 媚びへつらう, おべっかを使う, お世辞を言う, 御機嫌取りをする. (⇒ਖ਼ੁਸ਼ਾਮਦੀ)

— *m.* 媚びへつらう人, おべっかを使う人, お世辞を言う人, 御機嫌取りをする人.

ਚਾਪਲੂਸੀ (चापलूसी) /cāpalūsī チャーパルースィー/ ▶ਚਾਪਲੋਸੀ [Pers. *cāplūsī*] *f.* 媚, へつらい, 甘言, おべっか, お世辞, 御機嫌取り. (⇒ਖ਼ੁਸ਼ਾਮਦ)

ਚਾਪਲੋਸ (चापलोस) /cāpalosa チャーパロース/ ▶ਚਾਪਲੂਸ *adj.m.* → ਚਾਪਲੂਸ

ਚਾਪਲੋਸੀ (चापलोसी) /cāpalosī チャーパロースィー/ ▶ਚਾਪਲੂਸੀ *f.* → ਚਾਪਲੂਸੀ

ਚਾਪੜ (चापड़) /cāpaṛa チャーパル/ [Skt. चर्पट] *m.* **1** 乾いた土の塊. **2** 泥と藁を乾燥させて作った厚板. **3** 幅の広い厚板. **4** 〖俗語〗でぶ, がっしりした体格の奴.

ਚਾਪੀ (चापी) /cāpī チャーピー/ [cf. ਚਾਪਣਾ] *f.* **1** (筋肉を)揉むこと. **2** 按摩, マッサージ.

ਚਾਬਕ (चाबक) /cābaka チャーバク/ [Pers. *cābuk*] *m.* **1** 〖道具〗鞭. (⇒ਕੋੜਾ) **2** 革紐.

ਚਾਬੀ (चाबी) /cābī チャービー/ [Portug. *chave*] *f.* **1** 鍵, キー. (⇒ਕੁੰਜੀ, ਤਾਲੀ) **2** (ぜんまいを巻く)ねじ.

ਚਾਂਭਲਨਾ (चाँभलना) /cā̃bhalanā チャーンバルナー/ ▶ਚੰਭਲਨਾ, ਚਾਮ੍ਹਲਣਾ *vi.* → ਚੰਭਲਨਾ

ਚਾਮ੍ਹਲਣਾ (चाम्हलणा) /cāmhalaṇā チャーマルナー/ ▶ਚੰਭਲਨਾ, ਚਾਂਭਲਨਾ *vi.* → ਚੰਭਲਨਾ

ਚਾਮਚੜਿੱਕ (चामचड़िक्क) /cāmacaṛikka チャームチャリック/ ▶ਚਾਮਚਿੱਠ, ਚਾਮਚਿੜਕ, ਚਾਮਚਿੜੀ [Skt. चर्मचटका] *m.* 〖動物〗コウモリ, 蝙蝠. (⇒ਚਮਗਾਦੜ)

ਚਾਮਚਿੱਠ (चामचिट्ठ) /cāmacitṭʰa チャームチット/ ▶ਚਾਮਚੜਿੱਕ, ਚਾਮਚਿੜਕ, ਚਾਮਚਿੜੀ *m.* → ਚਾਮਚੜਿੱਕ

ਚਾਮਚਿੜਕ (चामचिड़क) /cāmaciṛaka チャームチラク/ ▶ਚਾਮਚੜਿੱਕ, ਚਾਮਚਿੱਠ, ਚਾਮਚਿੜੀ *m.* → ਚਾਮਚੜਿੱਕ

ਚਾਮਚਿੜੀ (चामचिड़ी) /cāmaciṛī チャームチリー/ ▶ਚਾਮਚੜਿੱਕ, ਚਾਮਚਿੱਠ, ਚਾਮਚਿੜਕ *m.* → ਚਾਮਚੜਿੱਕ

ਚਾਰ (चार) /cāra チャール/ [(Pkt. चत्तार) Skt. चत्वारि] *ca.num.* 4, 四つ.

— *adj.* 四つの.

ਚਾਰਖ਼ਾਨਾ (चारख़ाना) /cāraxānā チャールカーナー/ ▶ਚਾਰਖ਼ਾਨੀਆ [Skt. चत्वारि + Pers. *xāna*] *m.* 碁盤縞, 格子縞.

ਚਾਰਖ਼ਾਨੀਆ (चारख़ानीआ) /cāraxānīā チャールカーニーアー/ ▶ਚਾਰਖ਼ਾਨਾ *m.* → ਚਾਰਖ਼ਾਨਾ

ਚਾਰਜ[1] (चारज) /cāraja チャールジ/ [Eng. *charge*] *m.* **1** 費用, 料金. **2** 非難, 問責, 告発. **3** 管理, 責任, 任務, 業務. **4** 攻撃, 突撃, 突進. **5** 補填, 充電.

ਚਾਰਜ[2] (चारज) /cāraja チャールジ/ ▶ਅਚਾਰਜ, ਅਚਾਰਜੀ, ਅਚਾਰੀਆ, ਆਚਾਰੀਆ *m.* → ਅਚਾਰੀਆ

ਚਾਰਟ (चारट) /cāraṭa チャールト/ [Eng. *chart*] *m.* **1** 図表. **2** 海図.

ਚਾਰਟਰ (चारटर) /cāraṭara チャールタル/ [Eng. *charter*] *m.* **1** 特許. **2** 貸借契約.

ਚਾਰਨਾ (चारना) /cāranā チャールナー/ [cf. ਚਰਨਾ[1]] *vt.* **1**

(家畜に)草を食ませる，草を食わせる，(餌を)食べさせる． **2** 飼う，飼育する． **3** 放牧する． **4**〖俗語〗だます，ごまかす，たぶらかす，欺く，惑わす，馬鹿にする．

ਚਾਰਪਾਈ (चारपाई) /cārapāī チャールパーイー/ [Skt. चत्वारि + Pers. pāe] *f.* 〖家具〗チャールパーイー《四脚の簡易寝台》．(⇒ਮੰਜੀ)

ਚਾਰਮੁਖੀ (चारमुखी) /cāramukʰī チャールムキー/ [+ Skt. मुखिन्] *adj.* 四面の．

ਚਾਰਵਾਕ (चारवाक) /cāravāka チャールヴァーク/ [Skt. चार्वाक] *m.* 〖ヒ〗チャールヴァーカ《人間は地水火風の四要素から成るもので，死ねば，四要素に帰り消滅するという唯物論を奉じる学派》．

ਚਾਰਵਾਕੀਆ (चारवाकीआ) /cāravākīā チャールヴァーキーアー/ [-ਈਆ] *m.* 〖ヒ〗チャールヴァーカ学派の唯物論の信奉者，無神論者．

ਚਾਰਾ[1] (चारा) /cārā チャーラー/ [cf. ਚਾਰਨਾ] *m.* 〖飼料〗秣(まぐさ)，飼葉，餌．

ਚਾਰਾ[2] (चारा) /cārā チャーラー/ [Pers. *cāra*] *m.* **1** 方法，手立て，方策，処置，手段，頼みの綱． **2** 治療法，手当． **3** 努力，尽力． **4** 試み．

ਚਾਰਾ[3] (चारा) /cārā チャーラー/ ▸ਚੌੜਾ [(Lah.)] *adj.* → ਚੌੜਾ

ਚਾਰਾਜੋਈ (चाराजोई) /cārājoī チャーラージョーイー/ *f.* **1** 努力，工夫． **2** 試み． **3** 方法，方策．

ਚਾਰੀ (चारी) /cārī チャーリー/ [Skt. चारिन्] *m.* 〖軍〗歩兵．(⇒ਪਿਆਦਾ, ਪੈਦਲ ਸਿਪਾਹੀ)

— *suff.* **1**「進む(もの)」「歩む(もの)」「行く(もの)」などを意味する形容詞または名詞を形成する接尾辞． **2**「…を行う(もの・こと)」「…に接する(もの・こと)」などを意味する形容詞または名詞を形成する接尾辞．.

ਚਾਰੁ (चारु) /cāru チャール/ [Skt. चारु] *adj.* **1** 美しい．(⇒ਸੋਹਣਾ, ਸੁੰਦਰ) **2** 優美な，麗しい，魅力的な．(⇒ਛਬੀਲਾ) **3** 感じのよい．

ਚਾਰੂ (चारू) /cārū チャールー/ [cf. ਚਰਨਾ[1]] *adj.* 草をむさぼり食っている．

ਚਾਰੇ (चारे) /cāre チャーレー/ *adj.* 四つすべての．

ਚਾਲ (चाल) /cāla チャール/ [Skt. चलन] *f.* **1** 動き，動かし方，動作，運動． **2** 活動，動向． **3** 歩み，歩き，歩き方，足取り，足並み． **4** 策略，策謀，計略．

ਚਾਲ੍ਹੀ (चाल्ही) /câlī チャーリー/ ▸ਚਾਲੀ, ਚਾਲੀਸ *ca.num. adj.* → ਚਾਲੀ[1]

ਚਾਲ੍ਹੀਵਾਂ (चाल्हीवाँ) /câlīwā̃ チャーリーワーン/ ▸ਚਲੀਸਮਾਂ, ਚਲੀਸਵਾਂ, ਚਾਲੀਮਾਂ [(Pkt. चतालीस) Skt. चत्वारिंशत् -ਵਾਂ] *or.num.* 40番目．

— *adj.* 40番目の．

ਚਾਲਕ (चालक) /cālaka チャーラク/ [Skt. चालक] *m.* **1** 動かす人，乗り手，御者，運転手，操縦士． **2** 運営する人，管理者． **3** 指揮者． **4** 監督．

ਚਾਲਚਲਨ (चालचलन) /cālacalana チャールチャラン/ *m.* **1** 性格． **2** 行動． **3** 道徳性．

ਚਾਲਨ (चालन) /cālana チャーラン/ [Skt. चालन] *m.* **1** 動かすこと． **2** 運転． **3** 操縦，操作．

ਚਾਲਬਾਜ਼ (चालबाज़) /cālabāza チャールバーズ/ [Skt. चलन Pers.-*bāz*] *adj.* **1** 嘘つきの． **2** 悪賢い，ずるい，狡猾な． **3** いたずら好きな．

ਚਾਲਬਾਜ਼ੀ (चालबाज़ी) /cālabāzī チャールバーズィー/ [Pers.-*bāzī*] *f.* **1** 悪賢さ，ずるさ，狡猾さ． **2** ぺてん，詐欺．

ਚਾਲਾ[1] (चाला) /cālā チャーラー/ [(Jat.)] *m.* 職業．(⇒ਕਿੱਤਾ)

ਚਾਲਾ[2] (चाला) /cālā チャーラー/ *m.* ぺてん，詐欺．

ਚਾਲਾਕ (चालाक) /cālāka チャーラーク/ ▸ਚਲਾਕ *adj.* → ਚਲਾਕ

ਚਾਲਾਕੀ (चालाकी) /cālākī チャーラーキー/ ▸ਚਲਾਕੀ *f.* → ਚਲਾਕੀ

ਚਾਲੀ[1] (चाली) /cālī チャーリー/ ▸ਚਾਲ੍ਹੀ, ਚਾਲੀਸ [(Pkt. चतालीस) Skt. चत्वारिंशत्] *ca.num.* 40.

— *adj.* 40の．

ਚਾਲੀ[2] (चाली) /cālī チャーリー/ *f.* 看守に監視された囚人の群れ．

ਚਾਲੀਸ (चालीस) /cālīsa チャーリース/ ▸ਚਾਲ੍ਹੀ, ਚਾਲੀ *ca.num. adj.* → ਚਾਲੀ[1]

ਚਾਲੀਮਾਂ (चालीमाँ) /cālīmā̃ チャーリーマーン/ ▸ਚਲੀਸਮਾਂ, ਚਲੀਸਵਾਂ, ਚਾਲ੍ਹੀਵਾਂ *or.num. adj.* → ਚਾਲ੍ਹੀਵਾਂ

ਚਾਲੂ (चालू) /cālū チャールー/ [cf. ਚੱਲਣਾ] *adj.* **1** 正しく動いている，作動している． **2** 機能している，活動している． **3** 今の，現在の，現行の． **4** 流通している，通用している． **5** 流行している．

ਚਾਵਲ (चावल) /cāwala チャーワル/ ▸ਚਾਉਲ, ਚੌਲ *m.* → ਚੌਲ

ਚਾਵਲਾ (चावला) /cāwalā チャーウラー/ *m.* 〖姓〗チャーウラー《ヒンドゥー教徒の姓の一つ．「チャーワル(チャーウル)〔米〕を商う人」の意味から付いたとされる》．

ਚਾਵੜ (चावड़) /cāwaṛa チャーワル/ *f.* 癇癪(かんしゃく)．

ਚਾੜ੍ਹਨਾ (चाड़्हना) /câṛanā チャールナー/ ▸ਚਾੜਨਾ [cf. ਚੜ੍ਹਨਾ] *vt.* **1** 昇らせる，上げる． **2** 登らせる． **3** 乗せる． **4**(供儀として)捧げる．

ਚਾੜਨਾ (चाड़ना) /cāṛanā チャールナー/ ▸ਚਾੜ੍ਹਨਾ *vt.* → ਚਾੜ੍ਹਨਾ

ਚਿਉਂਟੀ (चिउंटी) /ciunṭī チウンティー/ ▸ਚੀਂਟੀ, ਚੀਟੀ *f.* 〖虫〗アリ，蟻．(⇒ਕੀੜੀ)

ਚਿਹਨ (चिहन) /cêna チェーン/ ▸ਚਿਹਨੁ [Skt. चिह्न] *m.* **1** 印．(⇒ਨਿਸ਼ਾਨ) **2** 特徴． **3** 行動．

ਚਿਹਨੁ (चिहनु) /cênu チェーヌ/ ▸ਚਿਹਨ *m.* → ਚਿਹਨ

ਚਿਹਰਾ (चिहरा) /cêrā チェーラー/ ▸ਚੇਹਰਾ [Pers. *cehra*] *m.* **1**〖身体〗顔，顔面． **2** 顔立ち，顔つき，容貌． **3** 顔色，表情． ❐ਚਿਹਰਾ ਉਤਰਨਾ 顔色があせる，悲しい表情になる，しょげる． ❐ਚਿਹਰਾ ਪੀਲਾ ਪੈਣਾ 顔色がなくなる，青ざめる． ❐ਚਿਹਰਾ ਬਦਲਣਾ 顔色が変わる． ❐ਚਿਹਰਾ ਲਾਲ ਹੋ ਜਾਣਾ (怒り・恥ずかしさなどで)顔が赤くなる，顔を赤らめる． **4** 表，表面，うわべ，外観，外面． **5** 面，お面，仮面．

ਚਿਹਰਾ ਮੁਹਰਾ (चिहरा मुहरा) /cêrā môrā チェーラー モーラー/ *m.* 顔かたち，顔立ち，容貌．

ਚਿਕ[1] (चिक) /cika チク/ ▸ਚਿੱਕ [Turk. *ciq*] *f.* 簾(すだれ)，葦簀(よしず)《割れた竹の棒や葦を紐で繋いで作ったカーテンまたはブラインド》．(⇒ਤਰੱਟੀ)

ਚਿਕ[2] (चिक) /cika チク/ ▸ਚਿੱਕ, ਚੈਕ *m.* → ਚੈਕ

ਚਿੱਕ[1] (चिक्क) /cikka チック/ ▸ਚਿਕ *f.* → ਚਿਕ[1]

ਚਿੱਕ[2] (चिक्क) /cika チク/ ▸ਚਿਕ, ਚੈਕ *m.* → ਚੈਕ[1]

ਚਿਕਣ (चिकण) /cikaṇa チカン/ ▸ਚਿਕਨ *m.* → ਚਿਕਨ[1]

ਚਿੱਕਣਾ (चिक्कणा) /cikkaṇā チッカナー/ *vt.* **1** 追いやる. **2** 追い払う.

ਚਿਕਨ[1] (चिकन) /cikana チカン/ ▸ਚਿਕਣ [Pers. *cikan*] *m.* **1**〘布地〙刺繍をした薄い綿布. **2** 綿布や絹布に施された刺繍.

ਚਿਕਨ[2] (चिकन) /cikana チカン/ [Eng. *chicken*] *m.*〘食品〙鶏肉, チキン.

ਚਿਕਨਾ (चिकना) /cikanā チカナー/ *adj.* **1** 滑らかな, すべすべした. **2** 滑りやすい, つるつる滑る. **3** 油のついた.

ਚਿਕਰ (चिकर) /cikara チカル/ ▸ਚਿੱਕੜ [Skt. चिकिल] *m.* **1** 泥, 泥土. (⇒ਪੰਕ) **2** ぬかるみ. (⇒ਕੀਜੜ)

ਚਿੱਕੜ (चिक्कड़) /cikkaṛa チッカル/ ▸ਚਿਕਰ [Skt. चिकिल] *m.* **1** 泥, 泥土. (⇒ਪੰਕ) **2** ぬかるみ. (⇒ਕੀਜੜ)

ਚਿਕੜੀ (चिकड़ी) /cikaṛī チカリー/ *f.*〘植物〙ツゲ(黄楊・柘植)《ツゲ科の常緑小高木》.

ਚਿੰਕਾਰਾ (चिंकारा) /ciṅkārā チンカーラー/ ▸ਚਿਕਾਰਾ *m.* → ਚਿਕਾਰਾ

ਚਿਕਾਰਾ (चिकारा) /cikārā チカーラー/ ▸ਚਿੰਕਾਰਾ *m.*〘楽器〙チカーラー《サーランギーに似た弦楽器の一種》.

ਚਿਕਿਤਸਕ (चिकितसक) /cikitasaka チキトサク/ ▸ਚਕਿਤਸਕ [Skt. चिकित्सक] *m.* 治療する人, 医者, 医師. (⇒ਡਾਕਟਰ)

ਚਿਕਿਤਸਾ (चिकितसा) /cikitasā チキトサー/ ▸ਚਕਿਤਸਾ [Skt. चिकित्सा] *f.* 治療, 医療, 診療, 治療法.

ਚਿਕਿਤਸਾਲਾ (चिकितसाला) /cikitasālā チキトサーラー/ ▸ਚਕਿਤਸਾਲਾ [Skt.-आलय] *m.* 診療所. (⇒ਕਲੀਨਿਕ)

ਚਿਖਾ (चिखा) /cikʰā チカー/ ▸ਚਿਤਾ [(Pkt. चियका) Skt. चिता] *f.* 火葬用に積んだ薪, 火葬壇.

ਚਿੰਗਾਰੀ (चिंगारी) /ciṅgārī チンガーリー/ ▸ਚਿੰਗਿਆੜੀ, ਚਿਣਗ, ਚਿਣਗਾਰੀ, ਚਿਣਗੀ, ਚਿਨਗਾਰੀ *f.* → ਚਿਣਗਾਰੀ

ਚਿੰਗਿਆੜੀ (चिंगिआड़ी) /ciṅgiāṛī チンギアーリー/ ▸ਚਿੰਗਾਰੀ, ਚਿਣਗ, ਚਿਣਗਾਰੀ, ਚਿਣਗੀ, ਚਿਨਗਾਰੀ *f.* → ਚਿਣਗਾਰੀ

ਚਿੰਘਾਰਨਾ (चिंघारना) /ciṅgǎranā チンガールナー/ ▸ਚੰਘਾੜਨਾ, ਚਿੰਘਾੜਨਾ *vi.* → ਚੰਘਾੜਨਾ

ਚਿੰਘਾੜ (चिंघाड़) /ciṅgǎṛa チンガール/ ▸ਚੰਘਾੜ *f.* → ਚੰਘਾੜ

ਚਿੰਘਾੜਨਾ (चिंघाड़ना) /ciṅgǎṛanā チンガールナー/ ▸ਚੰਘਾੜਨਾ, ਚਿੰਘਾਰਨਾ *vi.* → ਚੰਘਾੜਨਾ

ਚਿਚਲਾਉਣਾ (चिचलाउणा) /cicalāuṇā チチラーウナー/ *vi.* 叫ぶ, わめく. (⇒ਚੀਕਣਾ)

ਚਿਚਲਾਹਟ (चिचलाहट) /cicalâṭa チチラート/ *f.* **1** 叫び声. **2** 金切り声. **3** 騒音, 喧騒. (⇒ਸ਼ੋਰ)

ਚਿੱਚੜ (चिच्चड़) /ciccaṛa チッチャル/ *m.*〘虫〙家畜の体につくダニ.

ਚਿਟ[1] (चिट) /ciṭa チト/ ▸ਚਿਟਾ, ਚਿੱਟਾ *adj.* → ਚਿੱਟਾ

ਚਿਟ[2] (चिट) /ciṭa チト/ ▸ਚਿੱਟ *f.* → ਚਿੱਟ

ਚਿੱਟ (चिट्ट) /ciṭṭa チット/ ▸ਚਿਟ *f.* **1** 紙片, 紙切れ, 紙や布の細長い切れ. **2** メモ, 書付け.

ਚਿਟਕ (चिटक) /ciṭaka チタク/ [Skt. चिकिल] *f.* 泥.

ਚਿਟਕਣਾ (चिटकणा) /ciṭakaṇā チタクナー/ *vi.* ぱちんと割れる.

ਚਿਟਕਣੀ (चिटकणी) /ciṭakaṇī チタクニー/ *f.*〘道具〙差し錠.

ਚਿਟਾ (चिटा) /ciṭā チター/ ▸ਚਿਟ, ਚਿੱਟਾ *adj.* → ਚਿੱਟਾ

ਚਿੱਟਾ (चिट्टा) /ciṭṭā チッター/ ▸ਚਿਟ, ਚਿਟਾ [(Pkt. चित्त) Skt. चित्र] *adj.* **1** 白い, 白色の. (⇒ਸਫ਼ੈਦ) **2** 乳白色の. **3** 真っ白な. **4** 明るい. **5**〘気象〙晴れた. **6**〘身体〙白髪の.

ਚਿਟਿਆਈ (चिटिआई) /ciṭiāī チティアーイー/ [-ਆਈ] *f.* 白さ, 白, 白色. (⇒ਸਫ਼ੈਦੀ, ਬੱਗੋਂ)

ਚਿੱਠਾ (चिट्ठा) /ciṭṭʰā チッター/ *m.* **1** 覚書き, メモ, 控え. **2** 表, リスト, 目録, 明細書. **3** 帳簿, 勘定書き. **4** 予定表. **5** 文書. **6** 長い手紙.

ਚਿੱਠੀ (चिट्ठी) /ciṭṭʰī チッティー/ *f.* **1** 手紙, 書簡, 便り. (⇒ਖ਼ਤ) **2** 書付け, 書面. **3** 手形, 支払い依頼書.

ਚਿੱਠੀ ਪੱਤਰ (चिट्ठी पत्तर) /ciṭṭʰī pattara チッティー パッタル/ *m.* 文通. (⇒ਕਾਰਸਪਾਂਡੈਂਸ, ਪੱਤਰ-ਵਿਹਾਰ)

ਚਿੱਠੀ-ਰਸਾਨ (चिट्ठी-रसान) /ciṭṭʰī-rasāna チッティー・ラサーン/ *m.* 郵便配達人. (⇒ਡਾਕੀਆ)

ਚਿਣਗ (चिणग) /ciṇaga チナグ/ ▸ਚਿੰਗਾਰੀ, ਚਿੰਗਿਆੜੀ, ਚਿਣਗਾਰੀ, ਚਿਣਗੀ, ਚਿਨਗਾਰੀ *f.* → ਚਿਣਗਾਰੀ

ਚਿਣਗਾਰੀ (चिणगारी) /ciṇagārī チンガーリー/ ▸ਚਿੰਗਾਰੀ, ਚਿੰਗਿਆੜੀ, ਚਿਣਗ, ਚਿਣਗੀ, ਚਿਨਗਾਰੀ *f.* **1** 火花, 火の粉. **2**〘比喩〙ちくりと痛い事. **3**〘比喩〙嫌がらせ.

ਚਿਣਗੀ (चिणगी) /ciṇagī チンギー/ ▸ਚਿੰਗਾਰੀ, ਚਿੰਗਿਆੜੀ, ਚਿਣਗ, ਚਿਣਗਾਰੀ, ਚਿਨਗਾਰੀ *f.* → ਚਿਣਗਾਰੀ

ਚਿਣਨਾ (चिणना) /ciṇanā チンナー/ [(Pkt. चुणइ) Skt. चिनोति] *vt.* **1** 整える. **2** 積み重ねる.

ਚਿਣਵਾਉਣਾ (चिणवाउणा) /ciṇawāuṇā チンワーウナー/ ▸ਚਿਣਾਉਣਾ [cf. ਚਿਣਨਾ] *vt.* **1** 整えさせる. **2** 積み重ねてもらう.

ਚਿਣਵਾਈ (चिणवाई) /ciṇawāī チンワーイー/ ▸ਚਿਣਾਈ [cf. ਚਿਣਨਾ] *f.* **1** 整えること. **2** 積み重ねること. **3** 取り合わせ.

ਚਿਣਾਉਣਾ (चिणाउणा) /ciṇāuṇā チナーウナー/ ▸ਚਿਣਵਾਉਣਾ *vt.* → ਚਿਣਵਾਉਣਾ

ਚਿਣਾਈ (चिणाई) /ciṇāī チナーイー/ ▸ਚਿਣਵਾਈ *f.* → ਚਿਣਵਾਈ

ਚਿਤ (चित) /cita チト/ ▸ਚਿੱਤ *m.* → ਚਿੱਤ[1]

ਚਿੱਤ[1] (चित्त) /citta チット/ ▸ਚਿਤ [Skt. चित्त] *m.* **1** 心, 心情, 魂, 精神. **2** 思い, 考え, 意識. **3** 知能.

ਚਿੱਤ[2] (चित्त) /citta チット/ [(Pkt. चित्ति) Skt. चित] *adj.* **1** 仰向けの, 仰向けに横たわった. **2** 地面に平伏した.

ਚਿੰਤਕ (चिंतक) /cintaka チンタク/ [Skt. चिन्तक] *adj.* **1** 思考する, 思慮深い. **2** 思索する, 沈思する. **3** 知的な. **4** 賢い.

ਚਿਤਕਬਰਾ (चितकबरा) /citakabarā チトカブラー/ [Skt. चित्र + Skt. कर्बुर] *adj.* **1** まだらの, 斑点のある. (⇒ਕੜਬੜਾ, ਕੌਡਿਆਲਾ) **2** ぶちの. **3** 茶褐色に白の混じった. **4** 様々な色の, 多彩な. (⇒ਰੰਗ-ਬਰੰਗਾ)

ਚਿੰਤਤ (चिंतत) /cintata チンタト/ [Skt. चिन्तित] *adj.* 心配している, 不安な, 思い悩んでいる.

ਚਿੰਤਨ (चिंतन) /cintana チンタン/ [(Pkt. चिंतण) Skt.

चिन्तन] *m.* **1** 思考, 思索. **2** 沈思. **3** 思慮. **4** 熟慮, 熟考. **5** 思惟, 思想. **6** 瞑想.

ਚਿਤੰਨ (चितंन) /citanna チタンヌ/ ▶ਚਤੰਨ, ਚੇਤੰਨ [Skt. चेतन] *adj.* **1** 意識している. **2** 注意している. **3** 油断のない.

ਚਿਤੰਨਤਾ (चितंनता) /citannatā チタンヌター/ [Skt.-ता] *f.* **1** 気づいていること, 自覚. (⇒ਸੋਝੀ) **2** 合理性, 道理をわきまえていること. (⇒ਸਮਝ) **3** 油断のなさ, 用心.

ਚਿਤਮਿਤਾਲਾ (चितमिताला) /citamitālā チトミターラー/ [Skt. चित्र] *adj.* 様々な色の, 多彩な. (⇒ਰੰਗ-ਬਰੰਗਾ)

ਚਿਤਰ (चितर) /citara チタル/ ▶ਚਿੱਤਰ, ਚਿਤ੍ਰ *m.* → ਚਿੱਤਰ

ਚਿਤ੍ਰ (चित्र) /citra (citara) チトル (チタル)/ ▶ਚਿਤਰ, ਚਿੱਤਰ *m.* → ਚਿੱਤਰ

ਚਿੱਤਰ (चित्तर) /cittara チッタル/ ▶ਚਿਤਰ, ਚਿਤ੍ਰ [Skt. चित्र] *m.* **1** 絵, 絵画. (⇒ਤਸਵੀਰ) **2** 図, 図版, 図表. **3** 写真. **4** 肖像画.

ਚਿੱਤਰਸ਼ਾਲਾ (चित्तरशाला) /cittaraśālā チッタルシャーラー/ [Skt.-शाला] *f.* **1** 絵画館. **2** 美術館.

ਚਿੱਤਰ ਕਲਾ (चित्तर कला) /cittara kalā チッタル カラー/ [+ Skt. कला] *f.* **1** 絵画芸術, 画術. **2** 絵画制作技法, 描写技法, 画法.

ਚਿੱਤਰਕਾਰ (चित्तरकार) /cittarakāra チッタルカール/ [Skt.-कार] *m.* 画家, 絵描き. (⇒ਮੁਸੱਵਰ)

ਚਿੱਤਰਕਾਰੀ (चित्तरकारी) /cittarakārī チッタルカーリー/ [Skt.-कारिता] *f.* **1** 絵画制作. (⇒ਮੁਸੱਵਰੀ) **2** 絵画術, 絵画制作技法. **3** 絵画作品.

ਚਿੱਤਰਨਾ (चित्तरना) /cittaranā チッタルナー/ [Skt. चित्र] *vt.* 絵をかく, 描く, 写生する.

ਚਿੱਤਰ ਪਟ (चित्तर पट) /cittara paṭa チッタル パト/ [Skt. चित्र + Skt. पट] *m.* **1** カンバス, (油絵用の)画布. **2** スクリーン, 映写幕, 画面.

ਚਿੱਤਰਮਈ (चित्तरमई) /cittaramaī チッタルマイー/ [Skt.-मयी] *adj.* **1** 絵のような. **2** 絵のように美しい.

ਚਿਤਰਮਿਤਰਾ (चितरमितरा) /citaramitarā チタルミタラー/ [Skt. चित्र] *adj.* **1** まだらの, 斑点のある. (⇒ਕੜਬੜਾ, ਕੌਡਿਆਲਾ) **2** ぶちの.

ਚਿੱਤਰ ਲਿਪੀ (चित्तर लिपी) /cittara lipī チッタル リピー/ [Skt. चित्र + Skt. लिपि] *f.* 〖文字〗象形文字, 象形文字を用いた書記法.

ਚਿੱਤਰ ਵਿੱਦਿਆ (चित्तर विद्दिआ) /cittara viddiā チッタル ヴィッディアー/ [+ Skt. विद्या] *f.* 絵画芸術学.

ਚਿਤਰਾ (चितरा) /citarā チトラー/ [Skt. चित्र] *adj.* **1** まだらの, 斑点のある. (⇒ਕੜਬੜਾ, ਕੌਡਿਆਲਾ) **2** ぶちの.

ਚਿੱਤਰਾ (चित्तरा) /cittarā チッタラー/ ▶ਚੀਤਾ [(Pkt. चित्त) Skt. चित्रक] *m.* **1** 〖動物〗ヒョウ(豹). **2** 〖動物〗チーター. **3** 〖動物〗ネコ科の中型野獣の総称.

ਚਿਤਰਿਤ (चितरित) /citarita チタリト/ ▶ਚਿਤ੍ਰਿਤ [Skt. चित्रित] *adj.* **1** 描かれた. **2** 描写された.

ਚਿਤ੍ਰਿਤ (चित्रित) /citrita (citarita) チトリト (チタリト)/ ▶ਚਿਤਰਿਤ *adj.* → ਚਿਤਰਿਤ

ਚਿਤਰੀਵਾਲਾ (चितरीवाला) /citarīwālā チトリーワーラー/ [Skt. चित्र -ई -वाला] *adj.* 斑点のある.
— *m.* 〖植物〗斑点のあるバナナ.

ਚਿਤਵਣਾ (चितवणा) /citawaṇā チタウナー/ [cf. ਚੇਤਣਾ] *vt.* **1** 思いつく, 気づく. **2** 思い出す, 思い起こす. **3** 考える. **4** 熟慮する, 熟考する, 考えを練る, もくろむ.

ਚਿਤਵਣੀ (चितवणी) /citawaṇī チタウニー/ [Skt. चित्तम्] *f.* 思考, 考慮.

ਚਿੱਤੜ (चित्तड़) /cittaṛa チッタル/ ▶ਚੁੱਤੜ, ਚੁਤੜ [Skt. चुत + ड़] *m.* 〖身体〗尻, 臀部.

ਚਿੰਤਾ (चिंता) /cintā チンター/ [Skt. चिन्ता] *f.* **1** 心配, 懸念. **2** 注意, 配慮. **3** 物思い, 憂い. **4** 思考.

ਚਿਤਾ (चिता) /citā チター/ ▶ਚਿਖਾ [Skt. चिता] *f.* 火葬用に積んだ薪, 火葬壇.

ਚਿਤਾਉਣਾ (चिताउणा) /citāuṇā チターウナー/ ▶ਚੇਤਾਉਣਾ *vt.* → ਚੇਤਾਉਣਾ

ਚਿਤਾਉਣੀ (चिताउणी) /citāuṇī チターウニー/ ▶ਚਿਤਾਵਣੀ, ਚਿਤਾਵਨੀ, ਚੇਤਾਉਣੀ, ਚੇਤਾਵਣੀ, ਚੇਤਾਵਨੀ *f.* → ਚੇਤਾਉਣੀ

ਚਿੰਤਾਜਨਕ (चिंताजनक) /cintājanaka チンタージャナク/ [Skt. चिन्ता Skt.-जनक] *adj.* 心配を引き起こす, 心配な, 面倒な.

ਚਿੰਤਾਤਰ (चिंतातर) /cintātara チンタータル/ ▶ਚਿੰਤਾਤੁਰ *adj.* → ਚਿੰਤਾਤੁਰ

ਚਿੰਤਾਤੁਰ (चिंतातुर) /cintātura チンタートゥル/ ▶ਚਿੰਤਾਤਰ [Skt. चिन्ता] *adj.* 心配している, 不安な, 憂慮している.

ਚਿਤਾਰਨਾ (चितारना) /citāranā チタールナー/ [cf. ਚੇਤਣਾ] *vt.* **1** 思いつく, 気づく. **2** 思い出す, 思い起こす. **3** 熟慮する, 熟考する, 考えを練る, もくろむ.

ਚਿਤਾਵਣੀ (चितावणी) /citāwaṇī チターウニー/ ▶ਚਿਤਾਉਣੀ, ਚਿਤਾਵਨੀ, ਚੇਤਾਉਣੀ, ਚੇਤਾਵਣੀ, ਚੇਤਾਵਨੀ *f.* → ਚੇਤਾਉਣੀ

ਚਿਤਾਵਨੀ (चितावनी) /citāwanī チターウニー/ ▶ਚਿਤਾਉਣੀ, ਚਿਤਾਵਣੀ, ਚੇਤਾਉਣੀ, ਚੇਤਾਵਣੀ, ਚੇਤਾਵਨੀ *f.* → ਚੇਤਾਉਣੀ

ਚਿੰਤਾਵਾਨ (चिंतावान) /cintāwāna チンターワーン/ [Skt. चिन्ता Skt.-वान्] *adj.* 心配している, 不安な, 憂慮している.

ਚਿੱਤੀ (चित्ती) /cittī チッティー/ [(Pkt. चित्त) Skt.चित्र.] *f.* 汚点, 染み. (⇒ਦਾਗ਼)

ਚਿੱਤੂ (चित्तू) /cittū チットゥー/ [Skt. च्युति] *adj.* **1** 臆病な. **2** 女々しい.

ਚਿਤੇਰਾ (चितेरा) /citerā チテーラー/ *m.* **1** 画家. (⇒ਚਿੱਤਰਕਾਰ, ਮੁਸੱਵਰ) **2** 彫刻家, 彫り物師.

ਚਿੱਥਣਾ (चित्थणा) /cittʰaṇā チッタナー/ [Skt. चीर्ण] *vt.* むしゃむしゃ食べる.

ਚਿੰਦੀ (चिंदी) /cindī チンディー/ *f.* **1** 小片, 小さなかけら. **2** 〖布地〗小さな布切れ. (⇒ਲੀਰ)

ਚਿੰਨ (चिंन) /cinna チンヌ/ ▶ਚਿੰਨ੍ਹ *m.* → ਚਿੰਨ੍ਹ

ਚਿੰਨ੍ਹ (चिंन्ह) /cînna チンヌ/ ▶ਚਿੰਨ [Skt. चिह्न] *m.* **1** 印, マーク. **2** 象徴. **3** 記章, 紋章, 文様. **4** 標識. **5** 記号, 符号. **6** 徴候. **7** 形見, 遺品.

ਚਿੰਨ੍ਹਵਾਦ (चिंन्हवाद) /cînnawāda チンヌワード/ [Skt.-वाद] *m.* 象徴主義.

ਚਿੰਨ੍ਹਵਾਦੀ (चिंन्हवादी) /cînnawādī チンヌワーディー/ [Skt.-वादिन्] *adj.* 象徴主義の, 象徴主義的な.
— *m.* 象徴主義者.

ਚਿੰਨ੍ਹਾਤਮਕ (चिंन्हातमक) /cinnătamaka チンナートマク/ [Skt.-आत्मक] *adj.* **1** 象徴的な, 象徴の, 記号の, 符号の. **2** それとなく示す.

ਚਿਨਗਾਰੀ (चिनगारी) /cinagārī チンガーリー/ ▸ਚਿੰਗਾਰੀ, ਚਿੰਗਿਆੜੀ, ਚਿਣਗ, ਚਿਣਗਾਰੀ, ਚਿਣਗੀ *f.* → ਚਿਣਗਾਰੀ

ਚਿਨਾਰ (चिनार) /cināra チナール/ ▸ਚਨਾਰ [Pers. *canār*] *m.* 〘植物〙プラタナス, スズカケノキ(鈴懸の木)《スズカケノキ科の植物》.

ਚਿਪ (चिप) /cipa チプ/ *f.* 頑固. (⇒ਜ਼ਿਦ)

ਚਿਪਸ (चिपस) /cipasa チパス/ [Eng. *chips*] *m.* **1** 切れ端. **2** 薄切り.

ਚਿਪਕਣਾ (चिपकणा) /cipakaṇā チパクナー/ [Skt. चिपिट] *vi.* **1** くっ付く, 付着する. **2** 貼り付く, 粘着する. **3** 抱きつく, しがみつく.

ਚਿਪਕਾਉਣਾ (चिपकाउणा) /cipakāuṇā チプカーウナー/ [cf. ਚਿਪਕਣਾ] *vt.* **1** くっ付ける. **2** 付着させる. **3** 貼り付ける.

ਚਿਪ-ਚਿਪ (चिप-चिप) /cipa-cipa チプ・チプ/ ▸ਪਿਚ-ਪਿਚ *f.* **1** 粘り, ねばねばすること. **2** 粘着性.

ਚਿਪਚਿਪਾ (चिपचिपा) /cipacipā チプチパー/ *adj.* **1** ねばねばした. **2** 粘着性の.

ਚਿੱਪਰ (चिप्पर) /cippara チッパル/ ▸ਪਿੱਚਰ *f.* **1** 破片, 裂片, 砕片. **2** かけら, 切れ端.

ਚਿੱਪੜ (चिप्पड़) /cippaṛa チッパル/ *f.* 目から出る粘液, 目やに. (⇒ਗਿੱਡ, ਚੀਂਘ)

ਚਿੱਪੀ (चिप्पी) /cippī チッピー/ *f.* 〘容器〙楕円形の托鉢用の椀.

ਚਿੱਬ (चिब्ब) /cibba チッブ/ *m.* **1** 窪み. **2** へこみ. ❐ ਚਿੱਬ ਪਾਉਣਾ へこませる. ❐ ਚਿੱਬ ਪੈਣਾ へこむ.

ਚਿੱਬੜ (चिब्बड़) /cibbaṛa チッバル/ ▸ਚਿੱਬਾ *adj.* **1** 窪んだ. **2** へこんだ. **3** 歪んだ.

ਚਿੰਬੜਨਾ (चिंबड़ना) /cimbaṛanā チンバルナー/ ▸ਚੰਬੜਨਾ, ਚੰਮੜਨਾ, ਚਿੰਮੜਨਾ *vi.* → ਚੰਬੜਨਾ

ਚਿੱਬਾ (चिब्बा) /cibbā チッバー/ ▸ਚਿੱਬੜ *adj.* → ਚਿੱਬੜ

ਚਿੱਭੜ (चिब्भड़) /cîbbaṛa チッバル/ ▸ਚੀਭੜ [(Pkt. चिब्भिड़) Skt. चिर्भट] *m.* 〘植物〙シロウリ, ツケウリ《ウリ科キュウリ属の植物. 酸味のある果実は, 野菜や豆の料理の味付けに加えられる》.

ਚਿਮਚਾ (चिमचा) /cimacā チムチャー/ ▸ਚਮਚਾ *m.* → ਚਮਚਾ

ਚਿਮਟਣਾ (चिमटणा) /cimaṭaṇā チマトナー/ ▸ਚਮੁਟਣਾ [Skt. चिपिट] *vi.* **1** くっ付く, 付着する. **2** 貼り付く, 粘着する.

ਚਿਮਟਾ (चिमटा) /cimaṭā チムター/ ▸ਚਮਟਾ *m.* **1** 〘道具〙挟み道具, 火挟み《熱した鉄や燃えている石炭などを挟んで取るための金属製の挟み道具》. (⇒ਸੰਨ੍ਹੀ) **2** 〘乗物〙自転車の前輪を固定する二本の鉄の棒. **3** 〘楽器〙チムター《細身の剣を重ねたような長い挟み道具の両側にいくつもの円盤を付けた金属製のカスタネット》.

ਚਿਮਟੀ (चिमटी) /cimaṭī チムティー/ *f.* **1** 〘道具〙小さな挟み道具. **2** 〘道具〙ピンセット.

ਚਿਮਨੀ (चिमनी) /cimanī チマニー/ [Eng. *chimney*] *f.* 煙突.

ਚਿੰਮੜਨਾ (चिंमड़ना) /cimmaṛanā チンマルナー/ ▸ਚੰਬੜਨਾ, ਚੰਮੜਨਾ, ਚਿੰਬੜਨਾ *vi.* → ਚੰਬੜਨਾ

ਚਿਰ (चिर) /cira チル/ [Skt. चिर] *m.* **1** 間, 時間, 期間, 合間. **2** 長い時間. **3** 一定の時間. **4** 遅れ.

ਚਿੱਰ (चिर्र) /cirra チッル/ *f.* 〘擬声語〙ビリッ《紙や布を引き裂く音》. (⇒ਚਰੜ)

ਚਿਰਕ (चिरक) /ciraka チルク/ [Pers. *cirk*] *f.* 〘生理〙頻繁な糞便の排泄.

ਚਿਰਕਣਾ (चिरकणा) /cirakaṇā チラクナー/ [Pers. *cirk*] *vi.* **1** 頻繁に糞便を排泄する. **2** 少しずつ排便する.

ਚਿਰਕਾ (चिरका) /cirakā チルカー/ ▸ਚਿਰਾਕਾ *adv.* 遅れて. (⇒ਦੇਰ ਨਾਲ)

ਚਿਰੰਕਾਲ (चिरंकाल) /ciraṅkāla チランカール/ [Skt. चिरकाल] *adv.* 長い時間を経て, 長期間の後に, 久し振りに.

ਚਿਰਕਾਲ (चिरकाल) /cirakāla チルカール/ [Skt. चिरकाल] *adj.* 古い, 古代の. (⇒ਪੁਰਾਣਾ)

— *m.* 長時間, 長期間.

ਚਿਰਕੀਨ (चिरकीन) /cirakīna チルキーン/ [Pers. *cirk*] *m.* **1** 糞便. **2** 汚物.

— *adj.* 汚い, 汚れた.

ਚਿਰਗਟ (चिरगट) /ciragaṭa チルガト/ *m.* 鳥籠, 雀の籠.

ਚਿਰੰਜੀਵ (चिरंजीव) /ciranjīva チランジーヴ/ [Skt. चिरञ्जीव] *adj.* **1** 長生きの, 長寿の. **2** 不死の, 不滅の.

ਚਿਰੰਜੀਵਤਾ (चिरंजीवता) /ciranjīvatā チランジーヴター/ [Skt.-ता] *f.* **1** 長生き, 長寿. **2** 不死, 不滅.

ਚਿਰੰਜੀਵੀ (चिरंजीवी) /ciranjīvī チランジーヴィー/ [Skt. चिरञ्जीविन्] *adj.* **1** 長生きの, 長寿の. **2** 不死の, 不滅の.

ਚਿਰਨਾ (चिरना) /ciranā チルナー/ [cf. ਚੀਰਨਾ] *vi.* **1** 切られる, 切り裂かれる. **2** 鋸で切られる. **3** 裂ける. **4** 割れる.

ਚਿਰਵਾਉਣਾ (चिरवाउणा) /cirawāuṇā チルワーウナー/ ▸ਚਿਰਾਉਣਾ [cf. ਚੀਰਨਾ] *vt.* **1** 切らせる, 切り裂かせる. **2** 裂かせる. **3** 鋸で切らせる.

ਚਿਰਵਾਈ (चिरवाई) /cirawāī チルワーイー/ ▸ਚਿਰਾਈ [cf. ਚੀਰਨਾ] *f.* **1** 木を切る仕事. **2** 木を切る仕事の賃金.

ਚਿਰਾਉਣਾ (चिराउणा) /cirāuṇā チラーウナー/ ▸ਚਿਰਵਾਉਣਾ *vt.* → ਚਿਰਵਾਉਣਾ

ਚਿਰਾਈ (चिराई) /cirāī チラーイー/ ▸ਚਿਰਵਾਈ *f.* → ਚਿਰਵਾਈ

ਚਿਰਾਕਾ (चिराका) /cirākā チラーカー/ ▸ਚਿਰਕਾ *adv.* 遅れて. (⇒ਦੇਰ ਨਾਲ)

ਚਿਰਾਗ਼ (चिराग़) /cirāğa チラーグ/ ▸ਚਰਾਗ਼ [Pers. *cirāğ*] *m.* **1** 〘器具〙ランプ. **2** 灯り, 灯火, ともしび.

ਚਿਰੋਕਣਾ (चिरोकणा) /cirokaṇā チローカナー/ ▸ਚਰੋਕਾ, ਚਿਰੋਕਾ *adv.* はるか昔に.

ਚਿਰੋਕਾ (चिरोका) /cirokā チローカー/ ▸ਚਰੋਕਾ, ਚਿਰੋਕਣਾ *adv.* → ਚਿਰੋਕਣਾ

ਚਿਰੌਂਜੀ (चिरोंजी) /cirõjī チローンジー/ *f.* 〘植物〙カッダフ・アーモンド《ウルシ科の高木》, その実.

ਚਿਲ (चिल) /cila チル/ *f.* 大きな土の塊.

ਚਿਲਕ (चिलक) /cilaka チルク/ [Pkt. चिल्लअ] *f.* **1** 輝き. **2** きらめき. **3** 閃光, ひらめき. **4** 光沢, つや.

ਚਿਲਕਣਾ (चिलकणा) /cilakaṇā チラクナー/ [Pkt. चिल्लअ] *vi.* **1** 輝く, 光る. **2** きらめく.

ਚਿਲਕਵਾਉਣਾ (चिलकवाउणा) /cilakawāuṇā チラクワーウナー/ [cf. ਚਿਲਕਣਾ] *vt.* 磨かせる, こすらせる.

ਚਿਲਕਾਉਣਾ (चिलकाउणा) /cilakāuṇā チルカーウナー/ ▶ਕਿਲਕਾਵਣਾ [cf. ਚਿਲਕਣਾ] *vt.* **1** 輝かせる, 光らせる. **2** きらめかせる. **3** 磨く, こする.

ਚਿਲਕਾਰ (चिलकार) /cilakāra チルカール/ ▶ਚਿਲਕਾਰਾ [Pkt. चिल्लअ] *f.* **1** 輝き. **2** きらめき. **3** 閃き. **4** 光の反射.

ਚਿਲਕਾਰਾ (चिलकारा) /cilakārā チルカーラー/ ▶ਚਿਲਕਾਰ *m.* → ਚਿਲਕਾਰ

ਚਿਲਮ (चिलम) /cilama チラム/ [Pers. *cilam*] *f.* 〖道具〗チラム, 火皿《煙草や麻薬を詰め炭をのせるフッカー〔水煙管〕の先の部分》.

ਚਿਲਮਚੀ (चिलमची) /cilamacī チラムチー/ [Pers. *cilamcī*] *f.* 〖容器〗洗面器.

ਚਿਲਾ (चिला) /cilā チラー/ ▶ਚਿੱਲਾ, ਛਿਲਾ [Pers. *cillā*] *m.* 〖時間〗 40日間.

ਚਿੱਲਾ[1] (चिल्ला) /cillā チッラー/ ▶ਚਿਲਾ, ਛਿਲਾ *m.* → ਚਿਲਾ

ਚਿੱਲਾ[2] (चिल्ला) /cillā チッラー/ [Pers. *cilla*] *m.* 弓の弦.

ਚਿੜ (चिड़) /ciṛa チル/ *f.* **1** 嫌悪. **2** 反感.

ਚਿੜਚਿੜ (चिड़चिड़) /ciṛaciṛa チルチル/ *f.* 不機嫌な話.

ਚਿੜਚਿੜਾ (चिड़चिड़ा) /ciṛaciṛā チルチラー/ *adj.* **1** 不機嫌な. **2** 意地の悪い. **3** 怒りっぽい. **4** 短気な.

ਚਿੜਚਿੜਾਹਟ (चिड़चिड़ाहट) /ciṛaciṛâṭa チルチラート/ ▶ਚਿੜਚਿੜਾਟ *f.* **1** 不機嫌. **2** 怒りっぽいこと. **3** 短気.

ਚਿੜਚਿੜਾਟ (चिड़चिड़ाट) /ciṛaciṛāṭa チルチラート/ ▶ਚਿੜਚਿੜਾਹਟ *f.* → ਚਿੜਚਿੜਾਹਟ

ਚਿੜਚਿੜਾਪਣ (चिड़चिड़ापण) /ciṛaciṛāpaṇa チルチラーパン/ *m.* **1** 不機嫌. **2** 怒りっぽいこと. **3** 短気.

ਚਿੜਨਾ (चिड़ना) /ciṛanā チルナー/ *vi.* **1** 苛々する, 不機嫌になる. **2** 腹を立てる, 怒る.

ਚਿੜਵੜਾ (चिड़वड़ा) /ciṛawaṛā チルワラー/ ▶ਚਿੜਵਾ [(Pkt. चिविड) Skt. चिपिट] *m.* 〖料理〗焼き米《ゆでた籾米を煎って押し潰し籾殻を取り除いたもの》.

ਚਿੜਵਾ (चिड़वा) /ciṛawā チルワー/ ▶ਚਿੜਵੜਾ *m.* → ਚਿੜਵੜਾ

ਚਿੜਾ (चिड़ा) /ciṛā チラー/ [(Pkt. चडय) Skt. चटक] *m.* 〖鳥〗(雄)スズメ, 雀.

ਚਿੜਾਉਣਾ (चिड़ाउणा) /ciṛāuṇā チラーウナー/ *vt.* **1** 苛々させる. **2** 怒らせる. **3** からかう.

ਚਿੜੀ (चिड़ी) /ciṛī チリー/ [Skt. चटिका] *f.* **1** 〖鳥〗雌スズメ, 雌雀. **2** 鳥, 小鳥. **3** 〖競技〗バドミントンの羽, シャトル. **4** 〖遊戯〗(トランプの絵柄の)クラブ.

ਚਿੜੀਆ ਘਰ (चिड़ीआ घर) /ciṛīā kǎra チリーアー カル/ *m.* 動物園.

ਚੀ (ची) /cī チー/ [Pers. *cī* bf. Turk.] *suff.* 「…に関わる人」「…を扱う人」「…を演奏する人」「…に従事する人」などを意味する男性名詞を形成する接尾辞.

ਚੀਸ (चीस) /cīsa チース/ *f.* **1** 激痛. (⇒ਹੂਕ) **2** さしこみ.

ਚੀਕ (चीक) /cīka チーク/ ▶ਚੀਖ [Pers. *cīx*] *f.* **1** 金切り声, けたたましい声. ❐ਚੀਕ ਮਾਰਨੀ 金切り声を出す. **2** 甲高い叫び声, 悲鳴. ❐ਚੀਕ ਮਾਰਨੀ 甲高い声を発する, 悲鳴を上げる. **3** 汽笛. ❐ਚੀਕ ਮਾਰਨੀ (汽車が)汽笛を鳴らす.

ਚੀਕ-ਚਿਹਾੜਾ (चीक-चिहाड़ा) /cīka-ciǎṛā チーク・チアーラー/ *m.* **1** 嘆き, 悲嘆の声, 悲鳴. ❐ਚੀਕ-ਚਿਹਾੜਾ ਪਾਉਣਾ 嘆く. **2** 号泣. ❐ਚੀਕ-ਚਿਹਾੜਾ ਪਾਉਣਾ 声を上げて泣く, 号泣する. **3** 騒ぎ立てる声. ❐ਚੀਕ-ਚਿਹਾੜਾ ਪਾਉਣਾ わめく, 騒ぎ立てる, いがみ合う.

ਚੀਕਣਾ[1] (चीकणा) /cīkaṇā チーカナー/ ▶ਚੀਖਣਾ [Pers. *cīx*] *vi.* **1** 金切り声を上げる, 甲高い声を出す, 叫ぶ. **2** 悲鳴を上げる, 泣きわめく, 呻く.

ਚੀਕਣਾ[2] (चीकणा) /cīkaṇā チーカナー/ [Skt. चिक्कण] *adj.* **1** 滑りやすい. **2** 滑らかな. **3** 柔らかい. ❐ਚੀਕਣੀ ਮਿੱਟੀ 柔らかい土, 粘土.

ਚੀਕ ਪੁਕਾਰ (चीक पुकार) /cīka pukāra チーク プカール/ [Pers. *cīx* + Skt. प्रकुश] *f.* **1** 嘆き悲しむ声, 悲嘆の声. **2** わめき声. **3** 抗議, 苦情の訴え, 正義を求め騒ぎ立てる声.

ਚੀਕਵਾਂ (चीकवाँ) /cīkawā̃ チークワーン/ [Pers. *cīx* Pers.-*vān*] *adj.* **1** 金切り声の. **2** 甲高い声の.

ਚੀਕਾ (चीका) /cīkā チーカー/ *m.* 〖楽器〗弓で弾く一弦または二弦の楽器.

ਚੀਕੂ (चीकू) /cīkū チークー/ *m.* **1** 〖植物〗チークー, サポジラ, チューインガムノキ《中南米・カリブ海沿岸原産のアカテツ科常緑中高木. チークーの名前の由来は, 中米のアズテク語のチクルからきたもの》. **2** 〖食品〗サポジラの果実《外見は薄茶色で皮のざらついた小さなジャガイモに似ている. 果肉は褐色で, 非常に甘いが酸味は全くなく干し柿のような風味がある. 口当たりは洋梨のようにざらつく》.

ਚੀਖ (चीख) /cīkʰa チーク/ ▶ਚੀਕ *f.* → ਚੀਕ

ਚੀਖਣਾ (चीखणा) /cīkʰaṇā チーカナー/ ▶ਚੀਕਣਾ *vi.* → ਚੀਕਣਾ[1]

ਚੀਂਗਰ ਪੋਟ (चींगर पोट) /cī̃gara poṭa チーンガル ポート/ ▶ਚੀਂਗਰ ਬੋਟ, ਚੀਂਗੜਬੋਟ *m.* → ਚੀਂਗੜਬੋਟ

ਚੀਂਗਰ ਬੋਟ (चींगर बोट) /cī̃gara boṭa チーンガル ボート/ ▶ਚੀਂਗਰ ਪੋਟ, ਚੀਂਗੜਬੋਟ *m.* → ਚੀਂਗੜਬੋਟ

ਚੀਂਗੜਬੋਟ (चींगड़बोट) /cī̃garaboṭa チーンガルボート/ ▶ਚੀਂਗਰ ਪੋਟ, ਚੀਂਗਰ ਬੋਟ *m.* **1** ひと孵りの雛. **2** ひと腹の子. **3** 多数の子.

ਚੀਂਘ (चींघ) /cī̃ga チーング/ *f.* 目から出る粘液, 目やに. (⇒ਗਿੱਡ, ਚਿੱਪੜ)

ਚੀਚਕ (चीचक) /cīcaka チーチャク/ ▶ਚੇਚਕ [Pers. *cecak*] *f.* 〖医〗天然痘, 疱瘡. (⇒ਸੀਤਲਾ, ਮਾਤਾ) ❐ਚੀਚਕ ਦਾ ਟੀਕਾ 種痘.

ਚੀਂ ਚੀਂ (चीं चीं) /cī̃ cī̃ チーン チーン/ *f.* **1** 〖擬声語〗チュンチュン, チューチュー, クンクン《小鳥・鼠・子犬など小動物の鳴き声》. **2** 物悲しい声. **3** 低い呻き声. **4** しくしく泣く声.

ਚੀਚੀ (चीची) /cīcī チーチー/ *f.* 〖身体〗小指. ❐ਸਭ ਤੋਂ ਛੋਟੀ ਉਂਗਲੀ ਨੂੰ ਚੀਚੀ ਆਖਦੇ ਹਨ। 一番小さな指を小指と言います.

ਚੀਜ਼[1] (चीज़) /cīza チーズ/ [Pers. *cīz*] *f.* **1** 物, 物体. **2** 品物, 物品. **3** 家財. **4** こと, 事物, 物事.

ਚੀਜ਼[2] (चीज़) /cīzạ チーズ/ [Eng. *cheese*] *m.* 〖食品〗チーズ.

ਚੀਜ਼ ਵਸਤ (चीज़ वसत) /cīzạ wasạtạ チーズ ワスト/ [Pers. *cīz* + Skt. वस्तु] *f.* **1** 物品, 品物. **2** 荷物. **3** 所持品.

ਚੀਜ ਵਹੁਟੀ (चीज वहुटी) /cījạ wôṭī チージ ウォーティー/ *f.* 〖虫〗テントウムシの一種.

ਚੀਟਾ (चीटा) /cīṭā チーター/ *m.* 〖虫〗大きな蟻. (⇒ਕੀੜਾ)

ਚੀਂਟੀ (चींटी) /cīṭī チーンティー/ ▸ਚਿਊਂਟੀ, ਚੀਟੀ *f.* 〖虫〗アリ, 蟻. (⇒ਕੀੜੀ)

ਚੀਟੀ (चीटी) /cīṭī チーティー/ ▸ਚਿਊਂਟੀ, ਚੀਂਟੀ *f.* → ਚੀਂਟੀ

ਚੀਣਾ (चीणा) /cīṇā チーナー/ [Pers. *cīn*] *m.* 〖植物〗キビ(黍)《イネ科の植物》.

ਚੀਣਾ ਚੀਣਾ (चीणा चीणा) /cīṇā cīṇā チーナー チーナー/ *adj.* 粉々に砕けた, 粉々の. ❐ਚੀਣਾ ਚੀਣਾ ਕਰਨਾ 粉々にする, 粉々に打ち砕く.

ਚੀਤਾ (चीता) /cītā チーター/ ▸ਚਿੱਤਰਾ [(Pkt. चित्त) Skt. चित्रक] *m.* **1** 〖動物〗ヒョウ(豹). **2** 〖動物〗チータ. **3** 〖動物〗ネコ科の中型野獣の総称.

ਚੀਥਰਾ (चीथरा) /cītʰarā チートラー/ ▸ਚੀਥੜਾ *m.* → ਚੀਥੜਾ

ਚੀਥੜਾ (चीथड़ा) /cītʰạṛā チートラー/ ▸ਚੀਥਰਾ *m.* 〖布地〗ぼろ布, ぼろぼろの衣類.

ਚੀਨ (चीन) /cīnạ チーン/ [Skt. चीन] *m.* 〖国名〗中国, 中華人民共和国.

ਚੀਨਾ (चीना) /cīnā チーナー/ [+ ਆ] *m.* 中国人.

ਚੀਨੀ[1] (चीनी) /cīnī チーニー/ [-ਈ] *adj.* **1** 中国の. **2** 中国人の. **3** 中国語の.

— *m.* 中国人.

— *f.* **1** 中国語. **2** 〖食品〗砂糖, 白砂糖, 氷砂糖. **3** 陶器, 陶磁器. ❐ਚੀਨੀ ਦੇ ਬਰਤਨ 陶製の食器.

ਚੀਨੀ ਮਿੱਟੀ (चीनी मिट्टी) /cīnī miṭṭī チーニー ミッティー/ [+ Skt. मृत्तिका] *f.* 白陶土, 白土《高品質の粘土》.

ਚੀਪ (चीप) /cīpạ チープ/ *f.* **1** 粘着性の物質, べとべとした物質. **2** 糊. (⇒ਗੂੰਦ) **3** 粘液. (⇒ਲੇਸ)

ਚੀਪੜ (चीपड़) /cīpaṛạ チーパル/ *adj.* けちな, しみったれの. (⇒ਕੰਜੂਸ)

ਚੀਪੜਪੁਣਾ (चीपड़पुणा) /cīpaṛạpuṇā チーパルプナー/ *m.* けちなこと, しみったれの様子. (⇒ਕੰਜੂਸੀ)

ਚੀਂ-ਪੀਂ (चीं-पीं) /cī̃-pī̃ チーン・ピーン/ *f.* **1** 不平を言うこと. **2** 愚痴を言うこと.

ਚੀਫ਼ (चीफ़) /cīfạ チーフ/ [Eng. *chief*] *adj.* 主な, 主要な. (⇒ਮੁੱਖ)

— *m.* **1**(組織の)長. **2** 首領.

ਚੀਭੜ (चीभड़) /cībaṛạ チーバル/ ▸ਚਿੱਭੜ *m.* → ਚਿੱਭੜ

ਚੀਮਾ (चीमा) /cīmā チーマー/ *m.* 〖姓〗チーマー《ジャットと呼ばれる農耕カースト集団の姓の一つ》.

ਚੀਰ (चीर) /cīrạ チール/ [Skt. चीर] *m.* **1** 細長い切れ目. **2** 割れ目. **3** 裂け目. **4** 皮膚の切り傷. ❐ਚੀਰ ਆਉਣਾ 皮膚に切り傷を負う. **5** 髪の分け目. ❐ਚੀਰ ਕੱਢਣਾ 髪の毛を分ける. **6** 鋸で切った切れ目. ❐ਚੀਰ ਪਾਉਣਾ 鋸で切る.

ਚੀਰਨਾ (चीरना) /cīrạnā チールナー/ [Skt. चीरयति] *vt.* **1** 切り裂く, 切り開く, 切開する. **2** 切り離す. **3** 鋸で切る.

ਚੀਰਨੀ (चीरनी) /cīrạnī チールニー/ [cf. ਚੀਰਨਾ] *f.* 髪の分け目の線.

ਚੀਰਫਾੜ (चीरफाड़) /cīrạpʰāṛạ チールパール/ *f.* **1** 切り裂くこと, 切開. **2** 〖医〗外科手術, 外科医療. **3** 〖医〗生体解剖.

ਚੀਰਵਾਂ (चीरवाँ) /cīrạwā̃ チールワーン/ [cf. ਚੀਰਨਾ] *adj.* **1** 良く切れる. **2** 鋭利な. **3** 鋭い.

ਚੀਰਾ (चीरा) /cīrā チーラー/ [cf. ਚੀਰਨਾ] *m.* 切り口.

ਚੀਰੀ (चीरी) /cīrī チーリー/ [cf. ਚੀਰਨਾ] *f.* **1** 端の切られたもの. **2** 死去の知らせ, 訃報. (⇒ਮੌਤ ਦਾ ਸਨੇਹਾ) **3** 手紙. (⇒ਚਿੱਠੀ, ਖ਼ਤ)

ਚੀਲ (चील) /cīlạ チール/ ▸ਚੀੜ੍ਹ [Skt. चीड़ा] *f.* 〖植物〗ヒマラヤマツ《マツ科の高木》.

ਚੀੜ੍ਹ[1] (चीड़्ह) /cī̂ṛạ チール/ ▸ਚੀਲ *f.* → ਚੀਲ

ਚੀੜ੍ਹ[2] (चीड़्ह) /cī̂ṛạ チール/ *m.* **1** 堅いこと, 頑健さ. **2** 堅苦しさ.

ਚੀੜ੍ਹਾ (चीड़्हा) /cī̂ṛā チーラー/ *adj.* **1** 堅い. **2** こうるさい, 扱いにくい. **3** 頑固な, 意志強固な. **4** けちな. (⇒ਕੰਜੂਸ)

ਚੁ (चु) /cu チュ/ ▸ਚ, ਚੌ [(Pkt. चउ) Skt. चतुर्] *pref.* 「4」「四つの」を意味する接頭辞.

ਚੁਆਂ (चुआँ) /cuā̃ チュアーン/ *m.* 〖天文〗流星.

ਚੁਆਉਣਾ (चुआउणा) /cuāuṇā チュアーウナー/ [cf. ਚੋਣਾ[1]] *vt.* **1** 滴らせる, 滴り落とす. **2** 乳を搾らせる.

ਚੁਆਈ (चुआई) /cuāī チュアーイー/ [cf. ਚੋਣਾ[1]] *f.* 乳搾り.

ਚੁਆਤੀ (चुआती) /cuātī チュアーティー/ ▸ਚਵਾਤੀ *f.* **1** 燃えさし. **2** くすぶっている小さな木片.

ਚੁਆਨੀ (चुआनी) /cuānī チュアーニー/ *f.* 〖貨幣〗25パイサー〔昔の4アンナ〕硬貨.

ਚੁਸਕੜੀ (चुसकड़ी) /cusakạṛī チュサクリー/ ▸ਚੁਸਕੀ [(Pkt. चसग) Skt. चषक] *f.* **1** 一吸い. **2** 一飲み.

ਚੁਸਕੀ (चुसकी) /cusạkī チュスキー/ ▸ਚੁਸਕੜੀ *f.* → ਚੁਸਕੜੀ

ਚੁਸਤ (चुसत) /cusạtạ チュスト/ [Pers. *cust*] *adj.* **1** きびきびした, 俊敏な. **2** 活発な, 活動的な. **3** 精力的な, 意気盛んな. **4** ぴったりした, 引き締まった.

ਚੁਸਤੀ (चुसती) /cusạtī チュスティー/ [Pers. *custī*] *f.* **1** 俊敏, 機敏さ. **2** 活発さ. **3** 精力的なこと, 意気盛ん. **4** 引き締まっていること.

ਚੁਸਾਉਣਾ (चुसाउणा) /cusāuṇā チュサーウナー/ ▸ਚੁਪਾਉਣਾ [cf. ਚੂਸਣਾ] *vt.* **1** 吸わせる. **2** 啜らせる. **3** しゃぶらせる.

ਚੁਸਾਈ (चुसाई) /cusāī チュサーイー/ [cf. ਚੂਸਣਾ] *f.* **1** 吸うこと. **2** 啜ること. **3** しゃぶること.

ਚੁਹੱਤਰ (चुहत्तर) /cuhattarạ | cuăttarạ チュハッタル | チュアッタル/ ▸ਚੌਹੱਤਰ [(Pkt. चौहत्तरि) Skt. चतु:सप्तति] *ca.num.* 74.

— *adj.* 74の.

ਚੁਹੱਤਰਮਾਂ (चुहत्तरमाँ) /cuhattarạmā̃ | cuăttarạmā̃ チュハッタルマーン | チュアッタルマーン/ ▸ਚੁਹੱਤਰਵਾਂ, ਚੌਹੱਤਰਵਾਂ *or.num. adj.* → ਚੁਹੱਤਰਵਾਂ

ਚੁਹੱਤਰਵਾਂ (चुहत्तरवाँ) /cuhattarawā̃ | cuăttarawā̃ チュハッタルワーン｜チュアッタルワーン/ ▸ਚੁਹੱਤਰਮਾਂ, ਚੌਹੱਤਰਵਾਂ [(Pkt. चौहत्तरि) Skt. चतुःसप्तति -वां] *or.num.* 74番目.
— *adj.* 74番目の.

ਚੁਹੱਦਾ (चुहद्दा) /cuhaddā チュハッダー/ *m.* **1** 四つの村の境界の出合う点. **2** 四つの畑の境界の出合う点.

ਚੁਹਰਟਾ (चुहरटा) /cuharaṭā チュハルター/ ▸ਚੁਹਲਟਾ *m.* → ਚੁਹਲਟਾ

ਚੁਹਲ (चुहल) /côla チョール/ ▸ਚੋਹਲ, ਚੋਲ੍ਹ *m.* → ਚੋਲ੍ਹ

ਚੁਹਲਬਾਜ਼ (चुहलबाज़) /côlabāza チョールバーズ/ [Skt. चुल्ल Pers.-*bāz*] *adj.* **1** 遊び戯れる, ふざける. **2** 陽気な. **3** 冗談の.

ਚੁਹਲਟਾ (चुहलटा) /cuhalaṭā チュハルター/ ▸ਚੁਹਰਟਾ *m.* 四つのペルシア風の車輪のついた井戸.

ਚੁਹਾਈ (चुहाई) /cuhāī | cuăī チュハーイー｜チュアーイー/ ▸ਚੁਥਾਈ, ਚੌਥਾਈ, ਝੁਆਈ [(Pkt. चौथा) Skt. चतुर्थ -आई] *adj.* 4分の1の.
— *f.* 4分の1, 四半分, 4分の1の部分.

ਚੁਹਾਸਮਾ (चुहासमा) /cuhāsamā | cuăsamā チュハースマー｜チュアースマー/ [Skt. चतुर्- Skt. वास] *adj.* 〖建築〗四階建ての.

ਚੁੱਕ[1] (चुक्क) /cukka チュック/ *f.* **1** 〖医〗背筋または背骨の硬化. **2** 〖医〗背筋または背骨の痛み. **3** 〖医〗脊髄の病気.

ਚੁੱਕ[2] (चुक्क) /cukka チュック/ ▸ਚੂਕ [cf. ਚੁੱਕਣਾ[3]] *f.* **1** 誤り, 過ち, 間違い. (⇒ਉਕਾਈ, ਗ਼ਲਤੀ) **2** 失敗, 失策, しくじり. **3** 手抜かり, 見落とし. (⇒ਭੁੱਲ)

ਚੁਕਣਾ[1] (चुकणा) /cukaṇā チュカナー/ ▸ਚੁੱਕਣਾ [(Pkt. चुक्कइ) Skt. च्युत्कृत] *vi.* **1** 尽きる, なくなる. **2** 終わる, 終了する, 完了する. **3** 支払いが済む, 清算される, 完済する. **4** 片付く, 解決する. **5**《動詞の語幹に続き「完遂」「完了」の意味を加える》…してしまう, 既に…していた(いた), …してしまっている(いた), …し終わる. ❒ਉਸ ਦੇ ਮਾਤਾ ਪਿਤਾ ਮਰ ਚੁਕੇ ਸਨ। あの人の両親は既に亡くなっていました. ❒ਪੁਲੀਸ ਦੇ ਆਉਣ ਤੋਂ ਪਹਿਲਾਂ ਚੋਰ ਨੱਸ ਚੁਕਾ ਸੀ। 警察が来る前に泥棒は逃げてしまっていました. ❒ਕੀ ਮੋਹਨ ਦੇ ਆਉਣ ਤੋਂ ਪਹਿਲਾਂ ਤੁਸੀਂ ਨਾਸ਼ਤਾ ਕਰ ਚੁਕੇ ਸੀ? モーハンが来る前にあなたは朝食を食べ終わっていましたか.

ਚੁਕਣਾ[2] (चुकणा) /cukaṇā チュカナー/ ▸ਚਕਣਾ, ਚੱਕਣਾ, ਚੁੱਕਣਾ *vt.* → ਚੁੱਕਣਾ[2]

ਚੁੱਕਣਾ[1] (चुक्कणा) /cukkaṇā チュッカナー/ ▸ਚੁਕਣਾ *vi.* → ਚੁਕਣਾ[1]

ਚੁੱਕਣਾ[2] (चुक्कणा) /cukkaṇā チュッカナー/ ▸ਚਕਣਾ, ਚੱਕਣਾ, ਚੁਕਣਾ [Skt. उच्चकरण] *vt.* **1** 持ち上げる, 拾い上げる, 引き上げる, 揚げる. (⇒ਉਠਾਉਣਾ) **2** 上げる, 上昇させる. **3** 奮い立たせる, 刺激する, 扇動する, けしかける. (⇒ਉਕਸਾਉਣਾ)

ਚੁੱਕਣਾ[3] (चुक्कणा) /cukkaṇā チュッカナー/ ▸ਚੂਕਣਾ [(Pkt. चुक्कइ) Skt. च्यवति] *vi.* **1** 誤る, 間違う. **2** し損なう, しくじる, 失敗する. **3** 見落とす, 見過ごす. (⇒ਉੱਕਣਾ) **4** 忘れる. (⇒ਭੁੱਲਣਾ)

ਚੁਕਤਾ (चुकता) /cukatā チュクター/ [cf. ਚੁਕਣਾ[1]] *adj.* 支払い済みの, 清算された.
— *m.* 返済, 返金. (⇒ਅਦਾਇਗੀ)

ਚੁਕੰਧਾ (चुकंधा) /cukândā チュカンダー/ [Skt. चतुर्- Skt. स्कंध] *m.* 四つの壁で囲まれた境界.

ਚੁਕੰਨਾ (चुकंना) /cukannā チュカンナー/ ▸ਚੌਕੰਨਾ *adj.* **1** 用心を怠らない, 用心深い. **2** 注意深い. **3** 警戒している. **4** 油断のない.

ਚੁਕਵਾਂ (चुकवाँ) /cukawā̃ チュクワーン/ [cf. ਚੁੱਕਣਾ[2]] *adj.* **1** 持ち上げられた. **2** 上に向けられた. **3** 持ち運びのできる.

ਚੁਕਵਾਉਣਾ (चुकवाउणा) /cukawāuṇā チュクワーウナー/ ▸ਚੁਕਾਉਣਾ [cf. ਚੁੱਕਣਾ[2]] *vt.* **1** 持ち上げさせる. **2** 拾い上げさせる.

ਚੁਕਵਾਈ (चुकवाई) /cukawāī チュクワーイー/ ▸ਚੁਕਾਈ [cf. ਚੁੱਕਣਾ[2]] *f.* **1** 持ち上げること. **2** 拾い上げること.

ਚੁੱਕਾ (चुक्का) /cukkā チュッカー/ *m.* 旋盤の軸となる部品.

ਚੁਕਾਉਣਾ (चुकाउणा) /cukāuṇā チュカーウナー/ ▸ਚੁਕਵਾਉਣਾ *vt.* → ਚੁਕਵਾਉਣਾ

ਚੁਕਾਈ (चुकाई) /cukāī チュカーイー/ ▸ਚੁਕਵਾਈ *f.* → ਚੁਕਵਾਈ

ਚੁਕਾਠ (चुकाठ) /cukāṭʰa チュカート/ ▸ਚੁਗਾਠ [Skt. चतुर्- Skt. काष्ठ] *f.* 〖建築〗ドアや窓の枠.

ਚੁਕੈਤੀ (चुकैती) /cukaitī チュカェーティー/ [cf. ਚੁਕਣਾ[1]] *f.* **1** 支払い, 清算, 決済. **2** 支払い金額, 清算額, 決済額.

ਚੁਕੌਤੀ (चुकौती) /cukautī チュカォーティー/ [cf. ਚੁਕਣਾ[1]] *f.* 返済, 返金. (⇒ਅਦਾਇਗੀ)

ਚੁਖੰਡੀ (चुखंडी) /cukʰaṇḍī チュカンディー/ *f.* 囲い込み.

ਚੁੰਗ (चुंग) /cuṅga チュング/ [Pers. *cang*] *f.* 小部分, 断片.

ਚੁਗਣਾ (चुगणा) /cugaṇā チュガナー/ [Skt. चुग्यति] *vt.* **1** (鳥が餌を)啄む. ❒ਹੁਣ ਪਛਤਾਇਆਂ ਕੀ ਬਣੇ, ਜਦ ਚਿੜੀਆਂ ਚੁਗਿਆ ਖੇਤ। もう悔やんでも仕方ない, 雀が畑を啄んだ時には〔諺〕. **2** (家畜が草や餌を)食む, 食う. (⇒ਚਰਨਾ) **3** 拾う, 拾い集める, 収集する. **4** 摘む, 摘み取る, つまむ. **5** 剪定する, 切り取る. **6** 選ぶ, 選出する, 選択する. **7** 選別する, 選り分ける.

ਚੁਗੱਤਾ (चुगत्ता) /cugattā チュガッター/ *m.* 〖姓〗チュガッター《トルコ系の一種姓》.

ਚੁਗ਼ਦ (चुग़द) /cuğada チュガド/ ▸ਚੁਗ਼ਲ [Pers. *cuğd*] *m.* 〖鳥〗フクロウ, 梟. (⇒ਉੱਲੂ)

ਚੁਗ਼ਲ[1] (चुग़ल) /cuğala チュガル/ [Pers. *cuğal*] *m.* 陰口を言う人.

ਚੁਗ਼ਲ[2] (चुग़ल) /cuğala チュガル/ ▸ਚੁਗ਼ਦ *m.* → ਚੁਗ਼ਦ

ਚੁਗ਼ਲਖ਼ੋਰ (चुग़लख़ोर) /cuğalaxora チュガルコール/ [Pers. *cuğal* Pers.-*xor*] *m.* 陰口を言う人.

ਚੁਗ਼ਲਖ਼ੋਰੀ (चुग़लख़ोरी) /cuğalaxorī チュガルコーリー/ [Pers. *cuğal* Pers.-*xorī*] *f.* 陰口を言うこと, 陰口.

ਚੁਗ਼ਲੀ (चुग़ली) /cuğalī チュグリー/ [Pers. *cuğlī*] *f.* 陰口.

ਚੁਗਵਾਉਣਾ (चुगवाउणा) /cugawāuṇā チュグワーウナー/ ▸ਚੁਗਾਉਣਾ [cf. ਚੁਗਣਾ] *vt.* **1** (鳥に餌を)啄ませる. **2** (家畜に草や餌を)食ませる, 食べさせる. **3** 拾わせる, 拾い集めさせる, 収集させる, 摘ませる. **4** 選ばせる, 選別させる, 選り分けさせる.

ਚੁਗਵਾਈ (चुगवाई) /cugawāī チュグワーイー/ ▸ਚੁਗਾਈ [cf. ਚੁਗਣਾ] *f.* **1**(鳥に餌を)啄ませること. **2**(家畜に草や餌を)食ませること, 食べさせること. **3** 拾わせること, 拾い集めさせること, 収集させること, 摘ませること. **4** 選ばせること, 選別させること, 選り分けさせること.

ਚੁਗਾਉਣਾ (चुगाउणा) /cugāuṇā チュガーウナー/ ▸ ਚੁਗਵਾਉਣਾ *vt.* → ਚੁਗਵਾਉਣਾ

ਚੁਗਾਈ (चुगाई) /cugāī チュガーイー/ ▸ਚੁਗਵਾਈ *f.* → ਚੁਗਵਾਈ

ਚੁਗਾਠ (चुगाठ) /cugātʰa チュガート/ ▸ਚੁਕਾਠ *f.* → ਚੁਕਾਠ

ਚੁਗਿਰਦ (चुगिरद) /cugirada チュギルド/ ▸ਚੌਗਿਰਦ [Pers. *caugird*] *adv.* 四方に, 周り中に.

ਚੁਗਿਰਦਾ (चुगिरदा) /cugiradā チュギルダー/ [Pers. *caugird*] *m.* **1** 四方, 周囲, 周り中. (⇒ਚੁਫੇਰਾ) **2** 近所. (⇒ਆਸ-ਪਾਸ) **3** 環境. (⇒ਵਾਤਾਵਰਨ)

ਚੁਗਿਰਦੇ (चुगिरदे) /cugirade チュギルデー/ [Pers. *caugird*] *adv.* 四方に, 周り中に. (⇒ਚੁਫੇਰੇ)

ਚੁੰਗੀ (चुंगी) /cuṅgī チュンギー/ *f.* 関税.

ਚੁਗੁੱਠਾ (चुगुट्ठा) /cuguṭṭʰā チュグッター/ *adj.* 四角形の.

ਚੁੰਘਣਾ (चुंघणा) /cûṅgaṇā チュンガナー/ [Skt. चूषति] *vt.* **1** 吸う. **2** 乳を飲む.

ਚੁੱਘਾ[1] (चुग्घा) /cûggā チュッガー/ *m.* 〖道具〗杖, ステッキ.

ਚੁੱਘਾ[2] (चुग्घा) /cûggā チュッガー/ ▸ਚੋਗਾ, ਚੋਗ਼ਾ [Turk. *coga*] *m.* 〖衣服〗膝まで丈の長い緩い外套, 長衣.

ਚੁੰਘਾਉਣਾ (चुंघाउणा) /cuṅgǎuṇā チュンガーウナー/ [cf. ਚੁੰਘਣਾ] *vt.* **1** 吸わせる. **2** 乳を飲ませる, 授乳する.

ਚੁੰਘਾਈ (चुंघाई) /cuṅgǎī チュンガーイー/ [cf. ਚੁੰਘਣਾ] *f.* **1** 吸わせること. **2** 乳を飲ませること, 授乳.

ਚੁੰਘਾਵੀ (चुंघावी) /cuṅgǎwī チュンガーウィー/ [cf. ਚੁੰਘਣਾ] *f.* 乳母.

ਚੁੱਚਾ (चुच्चा) /cuccā チュッチャー/ *adj.* 目がよく見えない, 霞み目の.

ਚੁੰਝ (चुंझ) /cûñja チュンジ/ [Pkt. चञ्चु] *f.* **1** 嘴(くちばし). **2** ペン先. **3** 尖った先端.

ਚੁਟਕਲਾ (चुटकला) /cuṭakalā チュトカラー/ [Nep. चुट्किलो] *m.* **1** 驚くような話. (⇒ਵਿਲੱਖਣ ਗੱਲ) **2** 冗談, 軽口, 機知に富んだ話. (⇒ਲਤੀਫ਼ਾ) **3** 楽しい噂話.

ਚੁਟਕਾ (चुटका) /cuṭakā チュトカー/ [cf. ਚੁੰਡਣਾ] *m.* **1** 指で多くつまむこと. **2** 指で多くつまんだ分量.

ਚੁਟਕਾਰੀ (चुटकारी) /cuṭakārī チュトカーリー/ [cf. ਚੁੰਡਣਾ] *f.* 指を弾く音.

ਚੁਟਕੀ (चुटकी) /cuṭakī チュトキー/ [cf. ਚੁੰਡਣਾ] *f.* **1** 指先でつまむこと. **2** 指先でつまんだ少ない分量. **3** 指を弾くこと, 指を鳴らすこと.

ਚੁੱਟਣਾ (चुट्टणा) /cuṭṭaṇā チュッタナー/ ▸ਚੁੰਡਣਾ [(Lah.)] *vt.* → ਚੁੰਡਣਾ

ਚੁੰਡਣਾ (चुंडणा) /cunḍaṇā チュンドナー/ ▸ਚੁੱਟਣਾ [Skt. चुण्टति] *vt.* **1** 打つ, 叩く. (⇒ਮਾਰਨਾ, ਕੁੱਟਣਾ) **2**(はじき玉・ビー玉遊びで玉を)打つ. **3**(的を)射る.

ਚੁਣਨਾ (चुणना) /cuṇanā チュンナー/ [(Pkt. चुणइ) Skt. चिनोति] *vt.* **1** 選ぶ, 選出する, 選択する. **2** 選別する, 選り分ける. **3** 摘む, 摘み取る, つまむ. **4** 拾う, 拾い集める. **5** 剪定する, 切り取る.

ਚੁਣਵਾਉਣਾ (चुणवाउणा) /cuṇawāuṇā チュンワーウナー/ ▸ਚੁਣਾਉਣਾ [cf. ਚੁਣਨਾ] *vt.* **1** 選ばせる, 選択させる. **2** 選別させる. **3** 摘ませる.

ਚੁਣਵਾਈ (चुणवाई) /cuṇawāī チュンワーイー/ ▸ਚੁਣਾਈ [cf. ਚੁਣਨਾ] *f.* **1** 選ぶこと, 選択. **2** 選別. **3** 摘み取り.

ਚੁਣਾਉ (चुणाउ) /cuṇāo | cuṇāu チュナーオー | チュナーウ/ [cf. ਚੁਣਨਾ] *m.* **1** 選択. **2** 選挙.

ਚੁਣਾਉਣਾ (चुणाउणा) /cuṇāuṇā チュナーウナー/ ▸ ਚੁਣਵਾਉਣਾ *vt.* → ਚੁਣਵਾਉਣਾ

ਚੁਣਾਈ (चुणाई) /cuṇāī チュナーイー/ ▸ਚੁਣਵਾਈ *f.* → ਚੁਣਵਾਈ

ਚੁੱਤ (चुत्त) /cutta チュット/ ▸ਚੁਤ [Skt. चुत] *f.* **1** 〖身体〗陰門, 女性の陰部. (⇒ਯੋਨੀ) **2** 〖身体〗肛門.

ਚੁਤਰਫ਼ (चुतरफ़) /cutarafa チュタラフ/ ▸ਚੁਤਰਫ਼ੀ, ਚੁਤਰਫ਼ੀਂ *adv.* → ਚੁਤਰਫ਼ੀ

ਚੁਤਰਫ਼ਾ (चुतरफ़ा) /cutarafā チュタルファー/ [Skt. चतुर्- Arab. *taraf*] *adj.* 四方に広がった.

ਚੁਤਰਫ਼ੀਂ (चुतरफ़ीं) /cutarafī̃ チュタルフィーン/ ▸ਚੁਤਰਫ਼, ਚੁਤਰਫ਼ੀ *adv.* → ਚੁਤਰਫ਼ੀ

ਚੁਤਰਫ਼ੀ (चुतरफ़ी) /cutarafī チュタルフィー/ ▸ਚੁਤਰਫ਼, ਚੁਤਰਫ਼ੀਂ [Skt. चतुर्- Pers. *tarafī*] *adv.* 四方に, すべての方向に.

ਚੁੱਤੜ (चुत्तड़) /cuttaṛa チュッタル/ ▸ਚਿੱਤੜ, ਚੂਤੜ *m.* → ਚਿੱਤੜ

ਚੁਤਾਰਾ (चुतारा) /cutārā チュターラー/ [Skt. चतुर्- Skt. तार] *adj.* 四弦の.

— *m.* 〖楽器〗四弦の楽器.

ਚੁਤਾਲ੍ਹੀਆਂ (चुताल्हीआँ) /cutâlīā̃ チューターリーアーン/ ▸ ਚੌਤਾਲ੍ਹੀਵਾਂ, ਚੌਤਾਲੀਸਵਾਂ, ਚੌਤਾਲੀਵਾਂ *or.num. adj.* → ਚੌਤਾਲ੍ਹੀਵਾਂ

ਚੁਤਾਲ੍ਹੀਵਾਂ (चुताल्हीवाँ) /cutâlīwā̃ チューターリーワーン/ ▸ ਚੌਤਾਲ੍ਹੀਆਂ, ਚੌਤਾਲੀਸਵਾਂ, ਚੌਤਾਲੀਵਾਂ [(Pkt. चउव्वालीसइ) Skt. चतुश्चत्वारिंशत् + ਵਾਂ] *or.num.* 44番目.

— *adj.* 44番目の.

ਚੁਤਾਲੀ (चुताली) /cutālī チューターリー/ ▸ਚੌਤਾਲੀ, ਚੌਤਾਲੀਸ [(Pkt. चउव्वालीसइ) Skt. चतुश्चत्वारिंशत्] *ca.num.* 44.

— *adj.* 44の.

ਚੁਥਾਈ (चुथाई) /cutʰāī チューターイー/ ▸ਚੁਹਾਈ, ਚੌਥਾਈ, ਝੁਆਈ [(Pkt. चौथा) Skt. चतुर्थ -ਆਈ] *adj.* 4分の1の.

— *f.* 4分の1, 四半分, 4分の1の部分.

ਚੁਦਰਾ (चुदरा) /cudarā チュダラー/ ▸ਚੁਦਰੀਆ *adj.m.* → ਚੁਦਰੀਆ

ਚੁਦਰੀਆ (चुदरीआ) /cudarīā チュダリーアー/ ▸ਚੁਦਰਾ [Skt. चतुर्- Skt. द्वार] *adj.* 四つのドアのある.

— *m.* 〖建築〗四つのドアのある家.

ਚੁਧਰੰਮਾ (चुधरंमा) /cûdarammā チュドランマー/ [Skt. चतुर्धर] *m.* **1** 主導権. **2** 指導者の地位.

ਚੁਧਰਾਣੀ (चुधराणी) /cudarǎṇī チュダラーニー/ ▸ਚੌਧਰਾਣੀ *f.* → ਚੌਧਰਾਣੀ

ਚੁੰਨ੍ਹਾ (चुंन्हा) /cûnnā チュンナー/ *adj.* **1** 目が光に弱い, まぶしさに耐えられない. **2** 小さい目の.

ਚੁੰਨੀ (चुंनी) /cunnī チュンニー/ [Skt. चयन] *f.* **1** 〖衣服〗小さいサイズのドゥパッター, スカーフ. (⇒ਛੋਟਾ ਦੁਪੱਟਾ) **2** 〖衣服〗女性用の薄い頭巾.

ਚੁਨੌਤੀ (चुनौती) /cunautī チュナォーティー/ *f.* **1** 任務に

最適の者を選ぶ事. **2** 挑戦, 挑戦状, 決闘・試合・競技などの申込み, 対抗. (⇒ਵੰਗਾਰ, ਚੈਲੰਜ) ❐ਚੁਨੌਤੀ ਦੇਣਾ 挑む, 挑戦する, 挑戦状をつきつける, 対抗する, 刃向かう, 異議を唱える. ❐ਅਹਮਦੀਨੇਜਾਦ ਨੇ ਜਾਰਜ ਬੁਸ਼ ਨੂੰ ਟੈਲੀਵਿਜ਼ਨ ਤੇ ਖੁੱਲ੍ਹੀ ਬਹਿਸ ਕਰਨ ਦੀ ਚੁਨੌਤੀ ਦਿੱਤੀ। アフマディーネジャードはジョージ・ブッシュにテレビ中継による公開討論を行うという挑戦状をつきつけました. **3** 正念場. **4** 励まし, 激励, 鼓舞.

ਚੁੱਪ (चुप्प) /cuppa チュップ/ [cf.Skt. चोपति] *adj.* **1** 黙っている, 沈黙の, 無言の. **2** 隠れた, 密かな. **3** 静かな.
— *adv.* **1** 黙って, 沈黙して, 無言で. **2** 隠れて, 密かに. **3** 静かに.
— *f.* **1** 黙っていること, 沈黙, 無言. **2** 隠すこと, 隠匿. **3** 静寂.
— *int.* **1** 黙れ. **2** 静かに.

ਚੁਪਹਿਰਾ (चुपहिरा) /cupaîrā チュパエーラー/ [Skt. चतुर्- Skt. प्रहर] *m.* 〖時間〗四つの ਪਹਿਰ 〔1日の8分の1である3時間の単位〕, 1日の8分の4の時間, 12時間, 半日.
— *adj.* 12時間以上に及ぶ, 半日がかりの.

ਚੁੱਪ-ਚਪੀਤੇ (चुप्प-चपीते) /cuppa-capīte チュップ・チャピーテー/ [cf. ਚੁੱਪ] *adv.* **1** 黙って, 黙々と. (⇒ਖ਼ਮੋਸ਼ੀ ਨਾਲ) **2** 静かに. **3** 密かに, 内密に. **4** そっと, こっそり.

ਚੁੱਪ ਚਾਨ (चुप्प चान) /cuppa cāna チュップ チャーン/ [cf. ਚੁੱਪ] *f.* **1** 静けさ, しんとした様子. **2** 完全な沈黙.

ਚੁੱਪ-ਚਾਪ (चुप्प-चाप) /cuppa-cāpa チュップ・チャープ/ *adv.* **1** 黙って, 黙々と. (⇒ਖ਼ਮੋਸ਼ੀ ਨਾਲ) **2** 静かに. **3** 密かに, 内密に. **4** そっと, こっそり.

ਚੁਪਕੇ ਚੁਪਕੇ (चुपके चुपके) /cupake cupake チュプケー チュプケー/ [cf. ਚੁੱਪ] *adv.* **1** 黙って, 黙々と. (⇒ਖ਼ਮੋਸ਼ੀ ਨਾਲ) **2** 静かに, そっと. (⇒ਹੌਲੀ)

ਚੁਪੱਟ (चुपट्ट) /cupaṭṭa チュパット/ [Skt. चतुर् + Skt. पाट] *adj.* 四方すべて開いている, 広く開け放たれた.

ਚੁਪੱਤੀ (चुपत्ती) /cupattī チュパッティー/ [Skt. चतुर्- Skt. पत्र] *f.* **1** 〖植物〗四葉の植物. **2** 〖遊戯〗チュパッティー《トランプのゲームの一つ》.

ਚੁਪੜਨਾ (चुपड़ना) /cupaṛanā チュパルナー/ ▸ਚੋਪੜਨਾ [(Pkt. चोप्पड) Skt. चोपड] *vt.* **1** 塗り付ける. **2** バターを塗る, 油を塗る.

ਚੁਪੜਵਾਉਣਾ (चुपड़वाउणा) /cupaṛawāuṇā チュパルワーウナー/ ▸ਚੁਪੜਾਉਣਾ [cf. ਚੁਪੜਨਾ] *vt.* **1** 塗り付けさせる, 塗り付けてもらう. **2** バターを塗ってもらう, 油を塗ってもらう.

ਚੁਪੜਵਾਈ (चुपड़वाई) /cupaṛawāī チュパルワーイー/ ▸ਚੁਪੜਾਈ [cf. ਚੁਪੜਨਾ] *f.* 塗り付ける作業, その労賃.

ਚੁਪੜਾਉਣਾ (चुपड़ाउणा) /cupaṛāuṇā チュプラーウナー/ ▸ਚੁਪੜਵਾਉਣਾ *vt.* → ਚੁਪੜਵਾਉਣਾ

ਚੁਪੜਾਈ (चुपड़ाई) /cupaṛāī チュプラーイー/ ▸ਚੁਪੜਵਾਈ *f.* → ਚੁਪੜਵਾਈ

ਚੁਪਾਉਣਾ (चुपाउणा) /cupāuṇā チュパーウナー/ ▸ਚੁਸਾਉਣਾ *vt.* → ਚੁਸਾਉਣਾ

ਚੁਪਾਇਆ (चुपाइआ) /cupāiā チュパーイアー/ ▸ਚੌਪਾਇਆ [(Pkt. चउप्पय) Skt. चतुष्पाद] *adj.* 四足の.
— *m.* 〖動物〗四足獣.

ਚੁਪਾਲ (चुपाल) /cupāla チュパール/ ▸ਚੌਪਾਲ [(Pkt. चउव्वारो) Skt. चतुर्वार] *f.* **1** 集会所. **2** 長老たちの会所.

ਚੁਪੀਤਾ (चुपीता) /cupītā チュピーター/ [cf. ਚੁੱਪ] *adj.* **1** 寡黙な, 無口な, 無言の. (⇒ਮੌਨ) **2** 静かな, 沈黙の.

ਚੁੱਪੂ (चुप्पू) /cuppū チュップー/ [cf. ਚੁੱਪ] *adj.* **1** 沈黙の, 無言の. **2** 寡黙な, 無口な, おとなしい.

ਚੁਫਾਲ (चुफाल) /cupʰāla チュパール/ [Skt. चतुर्- Skt. फलक] *adv.* 四肢を地面に着けて, 両手両足を投げ出して地面にうつ伏せに.

ਚੁਫੇਰ (चुफेर) /cupʰera チュペール/ ▸ਚੁਫੇਰਾ *m.* → ਚੁਫੇਰਾ

ਚੁਫੇਰਗੜ੍ਹੀਆ (चुफेरगड़्हीआ) /cupʰeragâṛīā チュペールガリーアー/ [Skt. चतुर्- Skt. प्रेरण + Skt. गढ -ईआ] *adj.* **1** 四方すべてに味方する, 八方美人の. **2** 頻繁に意見変える, 確固たる考えのない.
— *m.* **1** 四方すべてに味方する人, 八方美人. **2** 頻繁に意見変える人, 確固たる考えのない人. **3** ぺてん師.

ਚੁਫੇਰਾ (चुफेरा) /cupʰerā チュペーラー/ ▸ਚੁਫੇਰ [Skt. चतुर्- Skt. प्रेरण] *m.* **1** 四方, 周囲, 周り中. (⇒ਚੁਗਿਰਦਾ) **2** 近所. (⇒ਆਸ-ਪਾਸ) **3** 環境. (⇒ਵਾਤਾਵਰਨ)

ਚੁਫੇਰੇ (चुफेरे) /cupʰere チュペーレー/ [Skt. चतुर्- Skt. प्रेरण] *adv.* 四方に, 周り中に. (⇒ਚੁਗਿਰਦੇ)

ਚੁੰਬਕ (चुंबक) /cumbaka チュンバク/ *m.* **1** 磁石. **2** 〖鉱物〗磁鉄鉱.

ਚੁੰਬਕੀ (चुंबकी) /cumbakī チュンバキー/ *adj.* 磁石の.

ਚੁਬੱਚਾ (चुबच्चा) /cubaccā チュバッチャー/ ▸ਚਬੱਚਾ *m.* 〖容器〗水槽.

ਚੁਬਾਰਾ (चुबारा) /cubārā チュバーラー/ (Pkt. चोव्वारो) Skt. चतुर्वार] *m.* 〖建築〗塔屋, 屋上の部屋.

ਚੁਬੁਰਜੀ (चुबुरजी) /cuburajī チュブルジー/ [Skt. चतुर्- Arab. *burj*] *f.* 〖建築〗四方に塔のある建物.

ਚੁਭਣਾ (चुभणा) /cûbaṇā チュバナー/ [Skt. चुभ्यते] *vi.* **1** 突き刺さる. **2** ちくりと刺される. **3** 〖比喩〗心痛を感じる.

ਚੁਭਵਾਂ (चुभवाँ) /cûbawā̃ チュブワーン/ ▸ਚੋਭਵਾਂ [cf. ਚੁਭਣਾ] *adj.* **1** 突き刺さるような, ちくちくする. **2** 辛辣な.

ਚੁਭਾਉਣਾ (चुभाउणा) /cubǎuṇā チュバーウナー/ ▸ਚੋਭਣਾ [cf. ਚੁਭਣਾ] *vt.* **1** 突く, 突き刺す. **2** ちくりと刺す. **3** 〖比喩〗心痛を感じさせる.

ਚੁੱਭੀ (चुब्भी) /cûbbī チュッビー/ *f.* 潜水. (⇒ਟੁੱਭੀ) ❐ਚੁੱਭੀ ਮਾਰਨੀ 潜水する, 水に潜る.

ਚੁੰਮਣ (चुंमण) /cummaṇa チュンマン/ *m.* キス, 接吻, 口づけ.

ਚੁੰਮਣਾ (चुंमणा) /cummaṇā チュンマナー/ [Skt. चुम्बति] *vt.* キスする, 接吻する, 口づけする.

ਚੁਮਾਉਣਾ (चुमाउणा) /cumāuṇā チュマーウナー/ [cf. ਚੁੰਮਣਾ] *vt.* キスさせる, 接吻させる, 口づけさせる.

ਚੁਮਾਸਾ (चुमासा) /cumāsā チュマーサー/ ▸ਚੌਮਾਸਾ [Skt. चतुर्- Skt. मास] *m.* 〖暦〗雨期の四か月.

ਚੁੰਮੀ (चुंमी) /cummī チュンミー/ [cf. ਚੁੰਮਣਾ] *f.* キス, 接吻, 口づけ. (⇒ਕਿਸ)

ਚੁਮੱਖਾ (चुमुक्खा) /cumukkʰā チュムッカー/ ▸ਚੁਮੁਖੀਆ [Skt. चतुर्- Skt. मुख] *adj.* 四面の.

ਚੁਮੁਖੀਆ (चुमुखीआ) /cumukʰīā チュムキーアー/ ▸ਚੁਮੱਖਾ

adj. → ਚੁਮੁੱਖਾ

ਚੁਰਸਤਾ (चुरसता) /curasatā チュラスター/ ▸ਚੌਰਸਤਾ [Skt. चतुर्- Pers. *rāsta*] *m.* 四つ辻, 十字路, 交差点. (⇒ਚੌਕ, ਚੌਰਾਹਾ)

ਚੁਰ੍ਹ (चुर्ह) /cûra チュル/ *f.* **1** 狭い地下の通路. **2** 狭い地下の隠れ家. **3** トンネル. **4** 地面に掘られた穴. **5** 家・路地の狭い一隅.

ਚੁਰੰਗ (चुरंग) /curaṅga チュラング/ ▸ਚੌਰੰਗ [Skt. चतुर्- Skt. रंग] *m.* **1** 四色. **2** 四種類.

ਚੁਰੰਗਾ (चुरंगा) /curaṅgā チュランガー/ ▸ਚੌਰੰਗਾ [Skt. चतुर्- Skt. रंग] *adj.* **1** 四色の. **2** 四種類の.

ਚੁਰੰਜਮਾਂ (चुरंजमाँ) /curañjamā̃ チュランジマーン/ ▸ ਚੁਰੰਜਵਾਂ, ਚੁਰੰਞਵਾਂ, ਚੌਰੰਜਮਾਂ, ਚੌਰੰਜਵਾਂ *or.num. adj.* → ਚੁਰੰਞਵਾਂ

ਚੁਰੰਜਵਾਂ (चुरंजवाँ) /curañjawā̃ チュランジワーン/ ▸ਚੁਰੰਜਮਾਂ, ਚੁਰੰਞਵਾਂ, ਚੌਰੰਜਮਾਂ, ਚੌਰੰਜਵਾਂ *or.num. adj.* → ਚੁਰੰਞਵਾਂ

ਚੁਰੰਜਾ (चुरंजा) /curañjā チュランジャー/ ▸ਚੌਰੰਜਾ [Skt. चतुः + Pers. *panjāh*] *ca.num.* 54.

— *adj.* 54の.

ਚੁਰੰਞਵਾਂ (चुरंझवाँ) /curâñjawā̃ チュランジワーン/ ▸ਚੁਰੰਜਮਾਂ, ਚੁਰੰਜਵਾਂ, ਚੌਰੰਜਮਾਂ, ਚੌਰੰਜਵਾਂ [-ਵਾਂ] *or.num.* 54番目.

— *adj.* 54番目の.

ਚੁਰਟ (चुरट) /curaṭa チュルト/ [Eng. *cheroot*] *m.* 両切り葉巻.

ਚੁਰੜਨਾ (चुरड़ना) /curaṛanā チュラルナー/ ▸ਚੁੜਨਾ [Skt. चूर्ण] *vi.* **1** 皺くちゃになる. **2** しなびる. **3** 熱のためや枯れたために皺が寄る.

ਚੁਰੜ-ਮੁਰੜ (चुरड़-मुरड़) /curaṛa-muraṛa チュラル・ムラル/ [Skt. चूर्ण + Skt. मृदित] *adj.* **1** 皺くちゃになった. **2** しなびた. **3** 皺が寄った. **4** ねじ曲がって形の歪んだ.

ਚੁਰਾਉਣਾ (चुराउणा) /curāuṇā チュラーウナー/ [Skt. चोरयति] *vt.* **1** 盗む. ❐ਤੁਹਾਡੀ ਪੁਸਤਕ ਕਿਸ ਨੇ ਚੁਰਾਈ ਹੈ? あなたの本を誰が盗みましたか. **2** かすめ取る.

ਚੁਰਾਸ੍ਹੀਆਂ (चुरास्हीआँ) /curâsiā̃ チュラースィーアーン/ ▸ ਚੁਰਾਸ੍ਹੀਵਾਂ, ਚੁਰਾਸੀਵਾਂ, ਚੌਰਾਸੀਵਾਂ *or.num. adj.* → ਚੁਰਾਸੀਵਾਂ

ਚੁਰਾਸ੍ਹੀਵਾਂ (चुरास्हीवाँ) /curâsīwā̃ チュラースィーワーン/ ▸ ਚੁਰਾਸ੍ਹੀਆਂ, ਚੁਰਾਸੀਵਾਂ, ਚੌਰਾਸੀਵਾਂ *or.num. adj.* → ਚੁਰਾਸੀਵਾਂ

ਚੁਰਾਸੀ (चुरासी) /curāsī チュラースィー/ ▸ਚੌਰਾਸੀ [(Pkt. चउरासीइ) Skt. चतुरशीति] *ca.num.* 84.

— *adj.* 84の.

ਚੁਰਾਸੀਵਾਂ (चुरासीवाँ) /curāsīwā̃ チュラースィーワーン/ ▸ ਚੁਰਾਸ੍ਹੀਆਂ, ਚੁਰਾਸ੍ਹੀਵਾਂ, ਚੌਰਾਸੀਵਾਂ [-ਵਾਂ] *or.num.* 84番目.

— *adj.* 84番目の.

ਚੁਰਾਹਾ (चुराहा) /curāhā チュラーハー/ ▸ਚੌਰਾਹ, ਚੌਰਾਹਾ *m.* → ਚੌਰਾਹਾ

ਚੁਰਾਨ੍ਹਵਾਂ (चुरान्हवाँ) /curânawā̃ チュラーンワーン/ ▸ ਚੁਰਾਨ੍ਹਵਿਆਂ, ਚੁਰਾਨਵਾਂ [(Pkt. चउण्णवइ) Skt. चतुर्नवति -ਵਾਂ] *or.num.* 94番目.

— *adj.* 94番目の.

ਚੁਰਾਨ੍ਹਵਿਆਂ (चुरान्हविआँ) /curânawiā̃ チュラーンウィアーン/ ▸ਚੁਰਾਨ੍ਹਵਾਂ, ਚੁਰਾਨਵਾਂ *or.num.adj.* → ਚੁਰਾਨ੍ਹਵਾਂ

ਚੁਰਾਨਮੇਂ (चुरानमें) /curānamẽ チュラーンメーン/ ▸ਚੁਰਾਨਵੇਂ, ਚੌਰਾਨਵੇਂ *ca.num. adj.* → ਚੁਰਾਨਵੇਂ

ਚੁਰਾਨਵਾਂ (चुरानवाँ) /curānawā̃ チュラーンワーン/ ▸ ਚੁਰਾਨ੍ਹਵਾਂ, ਚੁਰਾਨ੍ਹਵਿਆਂ *or.num. adj.* → ਚੁਰਾਨ੍ਹਵਾਂ

ਚੁਰਾਨਵੇਂ (चुरानवें) /curānawẽ チュラーンウェーン/ ▸ ਚੁਰਾਨਮੇਂ, ਚੌਰਾਨਵੇਂ [(Pkt. चउण्णवइ) Skt. चतुर्नवति] *ca.num.* 94.

— *adj.* 94の.

ਚੁਰਾਲ (चुराल) /curāla チュラール/ *m.* 〖植物〗野生のエンドウマメの一種.

ਚੁਰੇੜਾ (चुरेड़ा) /cureṛā チュレーラー/ *adj.* **1** より広い. **2** より幅の広い.

ਚੁੱਲ੍ਹ (चुल्ल्ह) /cûlla チュッル/ ▸ਚੁੱਲ੍ਹਾ [(Pkt. चुल्ली) Skt. चुल्ल] *m.* 〖調〗かまど.

ਚੁੱਲ੍ਹਾ (चुल्ल्हा) /cûllā チュッラー/ ▸ਚੁੱਲ੍ਹ *m.* → ਚੁੱਲ੍ਹ

ਚੁਲਬਲਾ (चुलबला) /culabalā チュラブラー/ ▸ਚੁਲਬੁਲਾ *adj.* → ਚੁਲਬੁਲਾ

ਚੁਲਬਲਾਹਟ (चुलबलाहट) /culabalâṭa チュルバラート/ ▸ ਚੁਲਬੁਲਾਹਟ *f.* → ਚੁਲਬੁਲਾਹਟ

ਚੁਲਬੁਲਾ (चुलबुला) /culabulā チュルブラー/ ▸ਚੁਲਬਲਾ [Skt. चुल्ल + बुड] *adj.* **1** 気まぐれな. **2** 落ち着かない, せかせかした. **3** ふざけた. **4** いたずら好きな. **5** 陽気な.

ਚੁਲਬੁਲਾਹਟ (चुलबुलाहट) /culabulâṭa チュルブラート/ ▸ ਚੁਲਬਲਾਹਟ [-ਆਹਟ] *f.* **1** 気まぐれ. **2** 落ち着きのなさ. **3** 遊び好き. **4** いたずら好き. **5** 陽気.

ਚੁਲਬੁਲਾਪਣ (चुलबुलापण) /culabulāpaṇa チュルブラーパン/ [-ਪਣ] *m.* **1** 気まぐれ. **2** 落ち着きのなさ. **3** 遊び好き. **4** いたずら好き. **5** 陽気.

ਚੁਲਬੁਲੀ (चुलबुली) /culabulī チュルブリー/ [-ਈ] *f.* **1** 気まぐれ. **2** 落ち着きのなさ. **3** 遊び好き. **4** いたずら好き. **5** 陽気.

ਚੁਲਾਈ (चुलाई) /culāī チュラーイー/ ▸ਚਲਾਈ [Skt. चिल्लीका] *f.* 〖植物〗ヒユ, ハゲイトウ《ヒユ科の植物. 葉が食用となる菜っぱ類の野菜の一種》.

ਚੁਲੀ[1] (चुली) /culī チュリー/ [(Kang.)] *f.* トウモロコシ(玉蜀黍). (⇒ਮੱਕੀ)

ਚੁਲੀ[2] (चुली) /culī チュリー/ [Skt. अञ्जुलि] *f.* **1** 口すすぎ. **2** 口をすすぐための水.

ਚੁੜੱਤਣ (चुड़त्तण) /curattaṇa チュラッタン/ [(Pkt. चउवड्ड) Skt. चतुष्पदक -ਤਣ] *f.* **1** 幅, 横幅. **2** 広さ. **3** 広がり. **4** 長さ, 全長.

ਚੁੜਨਾ[1] (चुड़ना) /curanā チュルナー/ *vi.* **1** 燃える. **2** 焼ける.

ਚੁੜਨਾ[2] (चुड़ना) /curanā チュルナー/ ▸ਚੁਰੜਨਾ *vi.* → ਚੁਰੜਨਾ

ਚੁੜਾਈ (चुड़ाई) /curāī チュラーイー/ ▸ਚੌੜਾਈ *f.* → ਚੌੜਾਈ

ਚੁੜੇਲ (चुड़ेल) /curela チュレール/ ▸ਚੁੜੈਲ [Skt. चूड़ा + ਏਲ] *f.* **1** 魔女. **2** 小悪魔. **3** 悪女. **4** いたずら好きな女の子.

ਚੂਆਂ (चूआँ) /cūā̃ チューアーン/ *m.* **1** 〖植物〗小さな未熟のメロン・ヒョウタン・カボチャなど. **2** 体の小さい子供.

ਚੂਸਣਾ (चूसणा) /cūsaṇā チューサナー/ ▸ਚੂਪਣਾ [Skt. चूषति] *vt.* **1** 吸う. **2** 啜る. **3** しゃぶる. ❐ਮੈਂ ਦੂਜੇ ਹੱਥ ਨਾਲ ਠੰਡੀ ਕੁਲਫ਼ੀ ਚੂਸਦਾ ਰਿਹਾ। 私はもう一方の手でアイスキャ

ンディーをしゃぶり続けていました. **4** 吸収する. **5** 食いものにする, 搾取する.

ਚੂਸਣੀ (चूसणी) /cūsaṇī チューサニー/ [cf. ਚੂਸਣਾ] *f.* 吸い口.

ਚੂਹੜਾ (चूहड़ा) /cûṛā チューラー/ ▸ਚੂੜ੍ਹਾ *m.* 〖姓〗チューラー(チューフラー)《清掃を生業とする種姓(の人)》, 清掃人, 掃除人.

ਚੂਹੜੀ (चूहड़ी) /cûṛī チューリー/ *f.* 〖姓〗チューリー(チューフリー)《清掃を生業とするチューラー種姓に属する女性》, 清掃婦, 掃除婦.

ਚੂਹਾ (चूहा) /cûā | cūhā チューアー | チューハー/ *m.* 〖動物〗ネズミ, 鼠. (⇒ਮੂਸਾ)

ਚੂਹੀ (चूही) /cûī | cūhī チューイー | チューヒー/ *f.* 〖動物〗小さいネズミ, 小鼠.

ਚੂਕ (चूक) /cūka チューク/ ▸ਚੁੱਕ *f.* → ਚੁੱਕ²

ਚੂਕਣਾ (चूकणा) /cūkaṇā チュークナー/ ▸ਚੁੱਕਣਾ *vi.* → ਚੁੱਕਣਾ³

ਚੂਚਾ (चूचा) /cūcā チューチャー/ [Pers. *cūza*] *m.* 〖鳥〗ひよこ, 雛, 雛鶏.

ਚੂਚੀ¹ (चूची) /cūcī チューチー/ [-ਈ] *f.* 〖鳥〗雌のひよこ, 雌の雛, 雌の雛鶏.

ਚੂਚੀ² (चूची) /cūcī チューチー/ [Skt. चूचुक] *f.* 〖身体〗乳首. (⇒ਥਣ)

ਚੂੰ ਚੂੰ (चूँ चूँ) /cũ cũ チューン チューン/ *f.* **1** 〖擬声語〗チュンチュン《小鳥のさえずり》. **2** 不平不満を訴える声. **3** 反対する声.

ਚੂੰਡਣਾ (चूँडणा) /cũḍaṇā チューンドナー/ [Skt. चुटति] *vt.* **1** 歯や嘴で噛み切る. **2** 骨から肉を噛み取る. **3** 〖比喩〗巻き上げる, 搾取する.

ਚੂੰਡਾ (चूँडा) /cũḍā チューンダー/ [Skt. चूडा] *m.* 〖身体〗女性の結った髪.

ਚੂੰਢੀ (चूँढी) /cũ̂ḍī チューンディー/ [cf. ਚੂੰਡਣਾ] *f.* **1** 指でつまむこと, つねること. **2** 留め金. **3** クリップ.

ਚੂਤ (चूत) /cūta チュート/ ▸ਚੁੱਤ [Skt. चुत] *f.* **1** 〖身体〗陰門, 女性の陰部. (⇒ਯੋਨੀ) **2** 〖身体〗肛門.

ਚੂਤੜ (चूतड़) /cūtaṛa チュータル/ ▸ਚਿੱਤੜ, ਚੁੱਤੜ *m.* → ਚਿੱਤੜ

ਚੂਥੀ (चूथी) /cūtʰī チューティー/ *f.* ちょうつがいのないドアの回転軸.

ਚੂਨਾ (चूना) /cūnā チューナー/ [(Pkt. चुण्ण) Skt. चूर्ण] *m.* 〖鉱物〗石灰.

ਚੂਨੇਗੱਚ (चूनेगच्च) /cūnegacca チューネーガッチ/ *adj.* セメントで固められた.

ਚੂਪਣਾ (चूपणा) /cūpaṇā チュープナー/ ▸ਚੂਸਣਾ *vt.* → ਚੂਸਣਾ

ਚੂਰ (चूर) /cūra チュール/ [Skt. चूर्ण] *adj.* **1** 疲れた, くたくたの. **2** 酩酊した. **3** 砕けた.

ਚੂਰਣ (चूरण) /cūraṇa チューラン/ ▸ਚੂਰਨ *m.* → ਚੂਰਨ

ਚੂਰਨ (चूरन) /cūrana チューラン/ ▸ਚੂਰਣ [Skt. चूर्ण] *m.* **1** 細かい粉, 粉末. (⇒ਸਫ਼ੂਫ਼) **2** 〖薬剤〗粉末薬, 粉薬, 散剤. (⇒ਸਫ਼ੂਫ਼)

ਚੂਰਨਾ (चूरना) /cūranā チュールナー/ [Skt. चूर्ण] *vt.* **1** 粉々にする, 粉砕する. **2** (トウモロコシの粒を)芯から取る. (⇒ਭੋਰਨਾ)

ਚੂਰਮਾ (चूरमा) /cūramā チュールマー/ ▸ਚੂਰੀ [Skt. चूर्ण] *m.* 〖食品〗チュールマー(チューリー)《パン粉にバターと砂糖を加えて作った甘い菓子》.

ਚੂਰਾ (चूरा) /cūrā チューラー/ [Skt. चूर्ण] *m.* **1** 細かい粉, 粉末. **2** 削りくず. **3** 破片.

ਚੂਰੀ (चूरी) /cūrī チューリー/ ▸ਚੂਰਮਾ *f.* → ਚੂਰਮਾ

ਚੂਲ (चूल) /cūla チュール/ [Skt. चूला] *f.* 〖建築〗(木材などに開ける)ほぞ穴.

ਚੂੜ੍ਹਾ (चूड़्हा) /cûṛā チューラー/ ▸ਚੂਹੜਾ *m.* → ਚੂਹੜਾ

ਚੂੜਾ (चूड़ा) /cūṛā チューラー/ [(Pkt. चूड) Skt. चूडा] *m.* 〖装〗花嫁が手首から腕にかけて装着する一組になった多数の腕輪.

ਚੂੜੀ (चूड़ी) /cūṛī チューリー/ [Skt. चूडा -ਈ] *f.* **1** 〖装〗女性が手首にはめる飾り輪. **2** 〖装〗腕輪, ブレスレット.

ਚੂੜੀਗਰ (चूड़ीगर) /cūṛīgara チューリーガル/ [Pers.*-gar*] *f.* チューリーを作る人, 腕輪作り職人.

ਚੂੜੀਦਾਰ (चूड़ीदार) /cūṛīdāra チューリーダール/ [Pers.*-dār*] *adj.* **1** チューリーの形の, 輪の形をした. **2** 螺旋状の. **3** ねじ筋のような. **4** 〖衣服〗(ズボンの)膝から下がきっちりした.

ਚੇਅਰ (चेअर) /ceara チェーアル/ [Eng. *chair*] *f.* 〖家具〗椅子.

ਚੇਅਰਮੈਨ (चेअरमैन) /cearamaina チェーアルマェーン/ [Eng. *chairman*] *m.* **1** 議長. **2** 委員長. **3** 会長. **4** 学科主任教授.

ਚੇਅਰਮੈਨਸ਼ਿਪ (चेअरमैनशिप) /cearamainaśipa チェーアルマェーンシプ/ [Eng. *chairmanship*] *f.* 議長・委員長・会長・学科主任教授などの地位[仕事・職・任期]. (⇒ਚੇਅਰਮੈਨੀ)

ਚੇਅਰਮੈਨੀ (चेअरमैनी) /cearamainī チェーアルマェーニー/ [Eng. *chairman* -ਈ] *f.* → ਚੇਅਰਮੈਨਸ਼ਿਪ

ਚੇਸ (चेस) /cesa チェース/ [Eng. *chase*] *m.* 追跡, 追撃, 追求.

ਚੇਸਟਾ (चेसटा) /cesaṭā チェースター/ ▸ਚੇਸ਼ਟਾ *f.* → ਚੇਸ਼ਟਾ

ਚੇਸ਼ਟਾ (चेशटा) /ceśaṭā チェーシュター/ ▸ਚੇਸਟਾ [Skt. चेष्टा] *f.* **1** 身体の動き, 活動. **2** 興奮, 刺激. **3** 努力. (⇒ਕੋਸ਼ਿਸ਼, ਜਤਨ, ਮਿਹਨਤ) **4** 熱望, 願望. (⇒ਇੱਛਾ, ਚਾਹ) **5** 好み.

ਚੇਹ (चेह) /cê チェー/ *m.* **1** 怒り, 興奮. (⇒ਗੁੱਸਾ) **2** 頑固さ. (⇒ਜ਼ਿਦ, ਹਠ)

ਚੇਹਰਾ (चेहरा) /cêrā チェーラー/ ▸ਚਿਹਰਾ *m.* → ਚਿਹਰਾ

ਚੇਚਕ (चेचक) /cecaka チェーチャク/ ▸ਚੀਚਕ *f.* → ਚੀਚਕ

ਚੇਂਜ (चेंज) /cẽja チェーンジ/ [Eng. *change*] *m.* **1** 変化, 変貌, 交換, 取り替え, チェンジ. (⇒ਬਦਲਾ) **2** 〖経済〗両替. **3** 釣り銭, お釣り, 小銭. **4** 乗り換え. **5** 気分転換. **6** 〖医〗転地療養.

ਚੇਟਕ (चेटक) /ceṭaka チェータク/ [Skt. चेट] *f.* **1** 媚. (⇒ਲਟਕ) **2** 熱意, 熱中, 熱愛. (⇒ਲਗਨ) **3** 好み, 興味. (⇒ਪਸੰਦ, ਰੁਚੀ) **4** 気がかり, 心配. (⇒ਚਿੰਤਾ) **5** 離れ業, 魔法, 曲芸, 奇術. (⇒ਜਾਦੂ)

ਚੇਟਕੀ (चेटकी) /ceṭakī チェートキー/ *adj.* 熱心な.

ਚੇਤ[1] (चेत) /ceta̸ チェート/ ▸ਚੇਤਰ, ਚੇਤ੍ਰ [(Pkt. चेत) Skt. चैत्र] *m.* 〚暦〛チェート（チャイトラ）月《インド暦1月・西洋暦3～4月》.

ਚੇਤ[2] (चेत) /ceta̸ チェート/ [Skt. चेतस्] *f.* **1** 魂. **2** 感覚. **3** 意識.

ਚੇਤਣਾ (चेतणा) /ceta̸ṇā チェートナー/ [Skt. चेतति] *vt.* **1** 意識する. **2** 正気になる. **3** 気づく, 思いつく.

ਚੇਤੰਨ (चेतंन) /cetanna̸ チェータンヌ/ ▸ਚਤੰਨ, ਚਿਤੰਨ [Skt. चेतन] *adj.* **1** 意識している. **2** 注意している. **3** 油断のない.

ਚੇਤਨ (चेतन) /cetana̸ チェータン/ [Skt. चेतन] *adj.* **1** 知覚のある. **2** 意識のある. **3** 生きている.
— *m.* **1** 知覚のある生物. **2** 魂.

ਚੇਤਨਤਾ (चेतनता) /cetana̸tā チェータンター/ [Skt.-ता] *f.* **1** 知覚, 知覚のある状態. **2** 意識, 認識, 正気, 意識している状態. **3** 感覚. **4** 生きていること.

ਚੇਤਨਾ (चेतना) /ceta̸nā チェートナー/ [Skt. चेतना] *f.* **1** 知覚. **2** 意識, 認識, 正気. (⇒ਹੋਸ਼) **3** 感覚. **4** 生きていること.

ਚੇਤਰ (चेतर) /cetara̸ チェータル/ ▸ਚੇਤ, ਚੇਤ੍ਰ *m.* → ਚੇਤ[1]

ਚੇਤ੍ਰ (चेत्र) /cetra (cetara̸) チェートル（チェータル）/ ▸ਚੇਤ, ਚੇਤਰ *m.* → ਚੇਤ[1]

ਚੇਤਾ (चेता) /cetā チェーター/ [Skt. चेतस्] *m.* **1** 記憶力, 物覚え. (⇒ਯਾਦਦਾਸ਼ਤ) **2** 思い出, 回想. (⇒ਯਾਦ, ਸਮਰਣ) **3** 心, 思い. (⇒ਦਿਲ, ਮਨ)

ਚੇਤਾਉਣਾ (चेताउणा) /cetāuṇā チェーターウナー/ ▸ਚਿਤਾਉਣਾ [cf. ਚੇਤਣਾ] *vt.* **1** 気づかせる, 思い出させる, 目覚めさせる, 意識を戻す. **2** 警告する, 注意する.

ਚੇਤਾਉਣੀ (चेताउणी) /cetāuṇī チェーターウニー/ ▸ਚਿਤਾਉਣੀ, ਚਿਤਾਵਣੀ, ਚਿਤਾਵਨੀ, ਚੇਤਾਵਣੀ, ਚੇਤਾਵਨੀ [cf. ਚੇਤਣਾ] *f.* **1** 気づかせるもの, 思い出させるもの. **2** 警告, 注意. **3** 警報. (⇒ਅਲਾਰਮ) **4** 催促.

ਚੇਤਾਵਣੀ (चेतावणी) /cetāwaṇī チェーターワニー/ ▸ਚਿਤਾਉਣੀ, ਚਿਤਾਵਣੀ, ਚਿਤਾਵਨੀ, ਚੇਤਾਉਣੀ, ਚੇਤਾਵਨੀ *f.* → ਚੇਤਾਉਣੀ

ਚੇਤਾਵਨੀ (चेतावनी) /cetāwanī チェーターワニー/ ▸ਚਿਤਾਉਣੀ, ਚਿਤਾਵਣੀ, ਚਿਤਾਵਨੀ, ਚੇਤਾਉਣੀ, ਚੇਤਾਵਣੀ *f.* → ਚੇਤਾਉਣੀ

ਚੇਨ (चेन) /cena̸ チェーン/ ▸ਚੈਨ [Eng. *chain*] *f.* 鎖. (⇒ਸੰਗਲੀ, ਜ਼ੰਜੀਰ)

ਚੇਨਾਬ (चेनाब) /cenāba̸ チェーナーブ/ ▸ਚਨਾਬ, ਝਨਾਂ, ਝਨਾ, ਝਨਾਂਅ *m.* → ਚਨਾਬ

ਚੇਪ (चेप) /cepa̸ チェープ/ *m.* 粘り, 粘ること, 粘り気. (⇒ਚਿਪ-ਚਿਪ)

ਚੇਪਣਾ (चेपणा) /cepa̸ṇā チェープナー/ *vt.* **1** くっ付ける. **2** 貼り付ける.

ਚੇਪੀ (चेपी) /cepī チェーピー/ *f.* くっ付ける紙片または布切れ.

ਚੇਲਾ (चेला) /celā チェーラー/ [(Pkt. चेड) Skt. चेट] *m.* **1** 弟子. **2** 生徒. **3** 信奉者. **4** 徒弟.

ਚੈੱਸ (चैस्स) /caissa̸ チャエーッス/ [Eng. *chess*] *m.* 〚遊戯〛チェス. (⇒ਸ਼ਤਰੰਜ)

ਚੈੱਸੀ (चैस्सी) /caissī チャエーッスィー/ [Eng. *chassis*] *f.* **1** 〚乗物〛（自動車の）シャシー, 車台. **2** 〚機械〛（部品を取り付ける）台座.

ਚੈਕ[1] (चैक) /caika̸ チャエーク/ ▸ਚਿਕ, ਚਿੱਕ, ਚੈੱਕ [Eng. *cheque, check*] *m.* 〚経済〛小切手, チェック.

ਚੈਕ[2] (चैक) /caika̸ チャエーク/ ▸ਚੈੱਕ [Eng. *check*] *f.* **1** 検査, 調査, テスト. **2** 取り調べ, 取り締まり. **3** 点検, 確認, 照合. **4** 格子縞模様. **5** 〚布地〛格子縞模様の布.

ਚੈੱਕ[1] (चैक्क) /caikka̸ チャエーック/ ▸ਚਿਕ, ਚਿੱਕ, ਚੈਕ *m.* → ਚੈਕ[1]

ਚੈੱਕ[2] (चैक्क) /caikka̸ チャエーック/ ▸ਚੈਕ *f.* → ਚੈਕ[2]

ਚੈਕ ਆਊਟ (चैक आऊट) /caika̸ āūṭa̸ チャエーク アーウート/ [Eng. *check-out*] *m.* チェックアウト.

ਚੈਕ ਗਣਰਾਜ (चैक गणराज) /caika̸ gaṇa̸rāja̸ チャエーク ガンラージ/ [Eng. *Czech* + Skt. गणराज्य] *m.* 〚国名〛チェコ共和国.

ਚੈਕਰ (चैकर) /caikara̸ チャエーカル/ [Eng. *checker*] *m.* **1** 検査する人. **2** 点検する人.

ਚੈਕਿੰਗ (चैकिंग) /caikiṅga̸ チャエーキング/ [Eng. *checking*] *f.* **1** 検査, 調査. **2** 点検, 確認, 照合.

ਚੈਂਚਲਹਾਰੀ (चैंचलहारी) /cãĩcala̸hārī チャエーンチャルハーリー/ *adj.* **1** いたずら好きな. **2** ずる賢い.

ਚੈਨ[1] (चैन) /caina̸ チャエーン/ [Skt. चनस्] *m.* **1** 安らぎ, 安息. **2** 安楽, 寛ぎ, 楽しみ. **3** 安心, 安堵. **4** 平静さ, 落ち着き, 静穏. **5** 平和, 平穏. **6** 鎮静.

ਚੈਨ[2] (चैन) /caina̸ チャエーン/ ▸ਚੇਨ *m.* → ਚੇਨ

ਚੈਰੀ (चैरी) /cairī チャエーリー/ [Eng. *cherry*] *f.* 〚植物〛サクラ（桜）.

ਚੈਲੰਜ (चैलंज) /cailañja̸ チャエーランジ/ ▸ਚੈਲਿੰਜ [Eng. *challenge*] *m.* 挑戦, チャレンジ. (⇒ਚੁਨੌਤੀ, ਵੰਗਾਰ)

ਚੈਲਿੰਜ (चैलिंज) /cailiñja̸ チャエーリンジ/ ▸ਚੈਲੰਜ *m.* → ਚੈਲੰਜ

ਚੈੜ (चैड़) /caiṛa̸ チャエール/ ▸ਚੈੜਾ *m.* 〚植物〛キビ（黍）・アワ（粟）・モロコシ（唐）類の茎.

ਚੈੜਾ (चैड़ा) /caiṛā チャエーラー/ ▸ਚੈੜ *m.* → ਚੈੜ

ਚੋ (चो) /co チョー/ ▸ਚੋਅ, ਚੋਆ [(Kang.)] *m.* → ਚੋਆ

ਚੋਅ[1] (चोअ) /coa チョーア/ ▸ਚੋ, ਚੋਆ *m.* → ਚੋਆ

ਚੋਅ[2] (चोअ) /coa チョーア/ *m.* 炉床からそのまま取り出した燃えている木片.

ਚੋਆ (चोआ) /coā チョーアー/ ▸ਚੋ, ਚੋਅ [Skt. च्यवन] *m.* **1** 滴り, 垂れ落ちること. **2** 滴, 水滴. (⇒ਕਤਰਾ, ਤੁਪਕਾ, ਬੂੰਦ) ❐ਚੋਆ ਪੈਣਾ 滴を垂らす, ぽたぽた落ちる, 滴る. **3** 〚地理〛小山や丘に湧き出る水流, 季節によって流れの異なる小川.

ਚੋਆ-ਚੋਆ (चोआ-चोआ) /coā-coā チョーアー・チョーアー/ *adv.* 一滴一滴.

ਚੋਸਾ (चोसा) /cosā チョーサー/ ▸ਚਉਸਾ, ਚੌਸਾ *m.* → ਚੌਸਾ

ਚੋਹਲ (चोहल) /côla̸ チョール/ ▸ਚੁਹਲ, ਚੋਲ੍ਹ *m.* → ਚੋਲ੍ਹ

ਚੋਹਾ (चोहा) /côā チョーアー/ *m.* 泉. (⇒ਚਸ਼ਮਾ)

ਚੋਕ[1] (चोक) /coka̸ チョーク/ *f.* **1** 突くこと. **2** 刺すこと. **3** 鍬などで耕すこと, 除草すること. **4** 鍬で地表を掘り起こすこと. **5** 〚比喩〛刺激. **6** 〚比喩〛追い立てること. **7** 〚比喩〛鼓舞.

ਚੋਕ[2] (चोक) /coka̸ チョーク/ [Eng. *choke*] *f.* 窒息, 息が詰まること, むせること.

ਚੋਕਣਾ (चोकणा) /cokaṇā チョーカナー/ *vt.* **1** 鍬で地表を掘り起こす, 耕す. **2** 突く. **3** 刺す. **4** 小穴を開ける, パンクさせる. **5**〘比喩〙刺激する. **6**〘比喩〙追い立てる. **7**〘比喩〙鼓舞する.

ਚੋਕਰ (चोकर) /cokara チョーカル/ *m.* 籾殻. (⇒ਛੱਸੜਾ)

ਚੋਕਾ (चोका) /cokā チョーカー/ *m.* **1**〘武〙矛, 槍. **2**〘道具〙刺す道具, 突く道具.

ਚੋਖਾ (चोखा) /cokʰā チョーカー/ [(Pkt. चोक्ख) Skt. चोक्ष] *adj.* **1** きれいな, 清潔な. (⇒ਸਾਫ਼) **2** 純粋の. (⇒ਨਿਰਮਲ) **3** 本物の. (⇒ਅਸਲੀ) **4** 純良の. **5** 健全な, 正直な, 誠実な. **6** 鋭い, 鋭利な. **7** 美しい, 鮮やかな. **8** 十分な, たっぷりした, かなりの, 相当な. (⇒ਕਾਫ਼ੀ)

ਚੋਗ (चोग) /coga チョーグ/ ▸ਚੋਗਾ *f.*〘飼料〙鳥の餌.

ਚੋਗਲ (चोगल) /cogala チョーガル/ [Skt. चतुर्- Skt. कल्] *or.num.* 4番目.

— *adj.* 4番目の, 第四の.

ਚੋਗਾ[1] (चोगा) /cogā チョーガー/ ▸ਚੋਗ *m.* → ਚੋਗ

ਚੋਗਾ[2] (चोगा) /cogā チョーガー/ ▸ਚੁੱਘਾ, ਚੋਗ਼ਾ *m.* → ਚੋਗ਼ਾ

ਚੋਗ਼ਾ (चोग़ा) /coğā チョーガー/ ▸ਚੁੱਘਾ, ਚੋਗਾ [Turk. *coga*] *m.*〘衣服〙膝まで丈の長い緩い外套, 長衣.

ਚੋਚਲਾ (चोचला) /cocalā チョーチラー/ *m.* **1** 子供じみた行為. **2** 媚態.

ਚੋਚਲੇ (चोचले) /cocale チョーチレー/ *m.* 媚を売ること, 媚態《複数形》.

ਚੋਚਲੇਬਾਜ਼ (चोचलेबाज़) /cocalebāza チョーチレーバーズ/ *adj.* **1** 媚を売る. **2** 戯れの恋をする, (性的に)誘うような.

— *m.* **1** 媚を売る者, 浮気者. **2** 戯れの恋をする者.

ਚੋਚਲੇਬਾਜ਼ੀ (चोचलेबाज़ी) /cocalebāzī チョーチレーバーズィー/ *f.* **1** 媚を売ること, 媚態. **2** いちゃつき, 恋愛遊戯.

ਚੋਜ (चोज) /coja チョージ/ [(Pkt. चोज्ज) Skt. चोद्य] *m.* **1** 不可思議な行為. **2** 浮かれ騒ぎ.

ਚੋਜੀ (चोजी) /cojī チョージー/ *adj.* **1** 遊び戯れる. **2** 浮かれ気分の.

ਚੋਟ (चोट) /coṭa チョート/ *f.* **1** 傷, 怪我, 負傷, 傷害. **2** 打ち身, 打撲傷. **3** 心の傷, 精神的苦痛, 苦悩. **4** 打つこと, 打撃, 一撃. **5** 攻撃, 襲撃. **6** 衝突. **7** 当てこすり, 皮肉. **8** 打撃の届く範囲.

ਚੋਟਾ (चोटा) /coṭā チョーター/ *m.* **1** 泥棒. **2** こそどろ.

ਚੋਟੀ[1] (चोटी) /coṭī チョーティー/ [(Pkt. चोट्टि) Skt. चूडा] *f.* **1** 最上部, 頂. **2** 頂上, 頂点. **3** 山頂. **4** 絶頂, 最高潮. **5**〘身体〙頭頂. **6**(束髪用の)紐. **7**〘身体〙後頭部に剃らずにおく一束の髪の毛.

ਚੋਟੀ[2] (चोटी) /coṭī チョーティー/ *f.* **1** 女の泥棒. **2** 女のこそどろ.

ਚੋਣ (चोण) /coṇa チョーン/ [cf. ਚੁਣਨਾ] *f.* **1** 選ぶこと, 選択, 選出. **2**〘政治〙選挙, 投票. **3** 折り目. ❐ਚੋਣ ਪਾਉਣੀ 折り目を付ける, ひだを付ける.

ਚੋਣ ਅਧਿਕਾਰੀ (चोण अधिकारी) /coṇa âdikārī チョーン アディカーリー/ [+ Skt. अधिकारिन्] *m.*〘政治〙選挙管理員. (⇒ਚੋਣ ਅਫ਼ਸਰ, ਰਿਟਰਨਿੰਗ ਅਫ਼ਸਰ)

ਚੋਣ ਅਫ਼ਸਰ (चोण अफ़सर) /coṇa afasara チョーン アフサル/ [+ Eng. *officer*] *m.*〘政治〙選挙管理員. (⇒ਚੋਣ ਅਧਿਕਾਰੀ, ਰਿਟਰਨਿੰਗ ਅਫ਼ਸਰ)

ਚੋਣ ਹਲਕਾ (चोण हलका) /coṇa halakā チョーン ハルカー/ [+ Arab. *halqa*] *m.*〘政治〙選挙区. (⇒ਚੋਣ ਖੇਤਰ)

ਚੋਣ ਕਮਿਸ਼ਨਰ (चोण कमिशनर) /coṇa kamiśanara チョーン カミシュナル/ [+ Eng. *commissioner*] *m.*〘政治〙選挙管理委員.

ਚੋਣਕਾਰ (चोणकार) /coṇakāra チョーンカール/ [Skt.-कार] *m.*〘政治〙選挙人, 投票者, 有権者.

ਚੋਣ ਖੇਤਰ (चोण खेतर) /coṇa kʰetara チョーン ケータル/ [+ Skt. क्षेत्र] *m.*〘政治〙選挙区. (⇒ਚੋਣ ਹਲਕਾ)

ਚੋਣ ਮੁਹਿੰਮ (चोण मुहिंम) /coṇa muhimma チョーン ムヒンム/ [+ Arab. *muhimm*] *f.*〘政治〙選挙運動.

ਚੋਣਵਾਂ (चोणवाँ) /coṇawā̃ チョーンワーン/ [Skt.-वान्] *adj.* **1** 選ばれた, 当選した. **2** 選抜の. **3**〘政治〙選挙の.

ਚੋਣਾਂ (चोणाँ) /coṇā̃ チョーナーン/ [cf. ਚੁਣਨਾ] *f.*《ਚੋਣ の複数形》**1** 選択. **2**〘政治〙選挙, 投票. ❐ਆਮ ਚੋਣਾਂ 総選挙. ❐ਮੱਧਕਾਲੀ ਚੋਣਾਂ 中間選挙. ❐ਅਚਾਨਕ ਚੋਣਾਂ 即座の投票, 不意の選挙, 解散選挙. ❐ਉਪਚੋਣਾਂ 補欠選挙.

ਚੋਣਾ[1] (चोणा) /coṇā チョーナー/ [Skt. च्यवते] *vi.* **1** 漏れる. **2** 滴る, 滴り落ちる, ぽたぽた落ちる.

— *vt.* **1** 滴らす, 滴り落とす, ぽたぽた落とす. **2** 乳を搾る. (⇒ਦੋਹਣਾ)

ਚੋਣਾ[2] (चोणा) /coṇā チョーナー/ *m.* 綿摘み人.

ਚੋਣੀ (चोणी) /coṇī チョーニー/ *f.* 綿摘みの女性.

ਚੋਦਣਾ (चोदणा) /codaṇā チョードナー/ [Skt. चोदृति] *vt.* **1** 交接する, 性交する, 男が女と交わる. (⇒ਭੋਗ ਕਰਨਾ) **2** (女性を)犯す.

ਚੋਪ (चोप) /copa チョープ/ *m.*〘衣服〙端に刺繍のある赤いショールの一種.

ਚੋਪੜ (चोपड़) /copaṛa チョーパル/ [(Pkt. चोप्पड़) Skt. चोपड] *m.* **1** 塗り付けるもの. **2** すべすべさせるために塗るもの, 油性のクリーム. **3**〘食品〙バター油.

ਚੋਪੜਨਾ (चोपड़ना) /copaṛanā チョーパルナー/ ▸ਚੁਪੜਨਾ [(Pkt. चोप्पड़) Skt. चोपड] *vt.* **1** 塗り付ける. **2** バターを塗る, 油を塗る.

ਚੋਪੜਿਆ (चोपड़िआ) /copaṛiā チョーパリアー/ ▸ਚੋਪੜੀ [cf. ਚੋਪੜਨਾ] *vt.*《ਚੋਪੜਨਾ の完了分詞(男性単数形)》

— *adj.* **1** 塗り付けられた. **2** バターの塗られた, 油の塗られた.

ਚੋਪੜੀ (चोपड़ी) /copaṛī チョーパリー/ ▸ਚੋਪੜਿਆ [cf. ਚੋਪੜਨਾ] *vt.*《ਚੋਪੜਨਾ の完了分詞(女性単数形)》

— *adj.* → ਚੋਪੜਿਆ

ਚੋਪੜੀਆਂ (चोपड़ीआँ) /copaṛiā̃ チョーパリーアーン/ [cf. ਚੋਪੜਨਾ] *f.*〘食品〙バターの塗られたパン.

ਚੋਬ (चोब) /coba チョーブ/ [Pers. *cob*] *f.* **1** テントの支柱. **2** 職杖《職権の象徴として捧持される装飾的な杖》. **3**〘楽器〙太鼓のばち.

ਚੋਬਦਾਰ (चोबदार) /cobadāra チョーブダール/ [Pers.-*dār*] *m.* 職杖捧持者《職杖を捧持して先導する人》.

ਚੋਬਦਾਰੀ (चोबदारी) /cobadārī チョーブダーリー/ [Pers.-*dārī*] *f.* 職杖捧持者の仕事.

ਚੋਬਰ (चोबर) /cobara チョーバル/ *adj.* 太った.
— *m.* 大柄でたくましい若者.
ਚੋਭ (चोभ) /côba チョーブ/ ▸ਚੋਭੜ, ਚੋਭਾ [cf. ਚੁਭਣਾ] *f.* **1** 突くこと. **2** ちくりと刺すこと.
ਚੋਭਣਾ (चोभणा) /côbaṇā チョーブナー/ ▸ਚੁਭਾਉਣਾ *vt.* → ਚੁਭਾਉਣਾ
ਚੋਭਵਾਂ (चोभवाँ) /côbawā̃ チョーブワーン/ ▸ਚੁਭਵਾਂ *adj.* → ਚੁਭਵਾਂ
ਚੋਭੜ (चोभड़) /côbaṛa チョーバル/ ▸ਚੋਭ, ਚੋਭਾ *f.* → ਚੋਭ
ਚੋਭਾ[1] (चोभा) /côbā チョーバー/ ▸ਚੋਭ, ਚੋਭੜ *m.* → ਚੋਭ
ਚੋਭਾ[2] (चोभा) /côbā チョーバー/ *m.* 潜水夫.
ਚੋਰ (चोर) /cora チョール/ [(Pkt. चोर) Skt. चौर] *m.* **1** 泥棒, 盗人. ❐ਚੋਰ ਜਾਣੇ ਚੋਰ ਦੀ ਸਾਰ। 泥棒の情報は泥棒が知る〔諺〕〈蛇の道は蛇〉. ❐ਚੋਰ ਅੱਖ, ਚੋਰ ਨਜ਼ਰ 盗み見. **2** 詐欺師, いかさまをする人.
ਚੋਰ ਬਜ਼ਾਰ (चोर बज़ार) /cora bazāra チョール バザール/ [Skt. चौर + Pers. *bāzār*] *m.* 泥棒市場, 闇市場.
ਚੋਰ ਬਜ਼ਾਰੀ (चोर बज़ारी) /cora bazārī チョール バザーリー/ [-ਈ] *m.* **1** 闇市行為. **2** 闇市商人.
ਚੋਰੀ (चोरी) /corī チョーリー/ [Skt. चौर -ਈ] *f.* **1** 盗み, 盗むこと, 窃盗. **2** 盗まれること, 盗難. **3** くすねること, 窃取, 抜き取り. **4** 隠すこと, 隠匿. **5** 不正行為.
— *adv.* こっそりと, 密かに. ❐ਚੋਰੀ ਸੁਣਨਾ こっそりと聞く, 盗み聞きする, 盗聴する.
ਚੋਰੀ ਚੋਰੀ (चोरी चोरी) /corī corī チョーリー チョーリー/ *adv.* **1** こっそりと, 密かに, 内緒で, 知られないように. **2** 不正な手段で, ずるく.
ਚੋਰੀ ਛੱਪੀ (चोरी छप्पी) /corī cʰappī チョーリー チャッピー/ *adv.* こっそりと, 密かに, 内緒で, 知られないように.
ਚੋਲ੍ਹ (चोल्ह) /côla チョール/ ▸ਚੁਹਲ, ਚੋਹਲ [Skt. चुल्ल] *m.* **1** 軽く叩くこと, 撫でること. **2** 愛撫. **3** 戯れ, いちゃつくこと. **4** 媚態, なまめかしい行為. **5** おべっか, 御機嫌取り. **6** 陽気に騒ぐこと, 陽気な笑い, お祭り騒ぎ. **7** 笑い事, おふざけ, からかい, 楽しみ事.
ਚੋਲ੍ਹਾ (चोल्हा) /côlā チョーラー/ [(Mal.) Pkt. चोल्लक] *m.* **1**〖料理〗美味しい料理. **2** 御馳走.
ਚੋਲਾ (चोला) /colā チョーラー/ [Skt. चोल] *m.* **1**〖衣服〗行者がまとう丈の長い上衣. **2**〖衣服〗丈の長い外套. **3**〖衣服〗花嫁衣裳. **4**〖衣服〗赤ん坊の産着. **5**〖比喩〗身体, 外観.
ਚੋਲੀ (चोली) /colī チョーリー/ [Skt. चोली] *f.* **1**〖衣服〗女性の胸衣, 丈の短い半袖ブラウス. **2**〖衣服〗女性用の丈の短い上衣.
ਚੌ[1] (चौ) /cau チャオー/ ▸ਚਉ *m.* **1**〖道具〗鋤の刃. **2**〖道具〗鋤の刃が固定される部分.
ਚੌ[2] (चौ) /cau チャオー/ ▸ਚ, ਚੁ [(Pkt. चउ) Skt. चतुर्] *adj.* 四つの.
— *pref.* 「四つの」「4」を意味する接頭辞.
ਚੌਸਰ (चौसर) /causara チャオーサル/ ▸ਚਉਸਰ [(Pkt. चउस्सलिओ) Skt. चतुरस्त्र] *m.*〖遊戯〗チャウサル《さいころを使うインド古来の双六遊びの一種》.
ਚੌਸਾ (चौसा) /causā チャオーサー/ ▸ਚਉਸਾ, ਚੋਸਾ *m.* **1**〖道具〗石目やすり. **2**〖道具〗木材を削るため大工が用いる目の粗いやすり.
ਚੌਂਹਟ (चौंहट) /cãûṭa チャオーント/ ▸ਚਵਾਠ, ਚੌਹਟ, ਚੌਂਹਠ, ਚੌਹਠ *ca.num.adj.* → ਚੌਹਠ
ਚੌਹਟ (चौहट) /caûṭa チャオート/ ▸ਚਵਾਠ, ਚੌਂਹਟ, ਚੌਂਹਠ, ਚੌਹਠ *ca.num.adj.* → ਚੌਹਠ
ਚੌਹਟਮਾਂ (चौहटमाँ) /caûṭamā̃ チャオートマーン/ ▸ਚੌਹਟਵਾਂ, ਚੌਹਠਮਾਂ, ਚੌਹਠਵਾਂ *or.num.adj.* → ਚੌਹਠਵਾਂ
ਚੌਹਟਵਾਂ (चौहटवाँ) /caûṭawā̃ チャオートワーン/ ▸ਚੌਹਟਮਾਂ, ਚੌਹਠਮਾਂ, ਚੌਹਠਵਾਂ *or.num.adj.* → ਚੌਹਠਵਾਂ
ਚੌਂਹਠ (चौंहठ) /cãûṭʰa チャオーント/ ▸ਚਵਾਠ, ਚੌਂਹਟ, ਚੌਹਟ, ਚੌਹਠ *ca.num.adj.* → ਚੌਹਠ
ਚੌਹਠ (चौहठ) /caûṭʰa チャオート/ ▸ਚਵਾਠ, ਚੌਂਹਟ, ਚੌਹਟ, ਚੌਂਹਠ [(Pkt. चउसट्ठि) Skt. चतु:षष्टि] *ca.num.* 64.
— *adj.* 64の.
ਚੌਹਠਮਾਂ (चौहठमाँ) /caûṭʰamā̃ チャオートマーン/ ▸ਚੌਹਟਮਾਂ, ਚੌਹਟਵਾਂ, ਚੌਹਠਵਾਂ *or.num.adj.* → ਚੌਹਠਵਾਂ
ਚੌਹਠਵਾਂ (चौहठवाँ) /caûṭʰawā̃ チャオートワーン/ ▸ਚੌਹਟਮਾਂ, ਚੌਹਟਵਾਂ, ਚੌਹਠਮਾਂ [(Pkt. चउसट्ठि) Skt. चतु:षष्टि -ਵਾਂ] *or.num.* 64番目.
— *adj.* 64番目の.
ਚੌਹੱਤਰ (चौहत्तर) /cauhattara | cauăttara チャオーハッタル | チャオーアッタル/ ▸ਚੁਹੱਤਰ *ca.num. adj.* → ਚੁਹੱਤਰ
ਚੌਹੱਤਰਵਾਂ (चौहत्तरवाँ) /cauhattarawā̃ | cauăttarawā̃ チャオーハッタルワーン | チャオーアッタルワーン/ ▸ਚੁਹੱਤਰਮਾਂ, ਚੁਹੱਤਰਵਾਂ *or.num. adj.* → ਚੁਹੱਤਰਵਾਂ
ਚੌਹਾਂ (चौहाँ) /caûā̃ チャオーアーン/ ▸ਚਹੁੰਆਂ [(Pkt. चउ) Skt. चतुर् + ਆਂ] *adj.* 四つすべての.
ਚੌਕ (चौक) /cauka チャオーク/ [(Pkt. चउक्क) Skt. चतुष्क] *m.* **1** 四つ辻, 十字路, 交差点. (⇒ਚੁਰਸਤਾ, ਚੌਰਾਹਾ) **2**（町中の）広場. (⇒ਮਦਾਨ) **3** 市場, 商店街, ショッピングセンター. (⇒ਬਜ਼ਾਰ) **4** 中心街.
ਚੌਕਸ (चौकस) /caukasa チャオーカス/ *adj.* **1** 油断のない. **2** 注意深い. **3** 警戒している. **4** 用心深い.
ਚੌਕਸੀ (चौकसी) /caukasī チャオークスィー/ ▸ਚਉਕਸੀ *f.* **1** 油断のないこと. **2** 注意深いこと. **3** 警戒, 用心, 見張り, 監視.
ਚੌਂਕਣਾ (चौंकणा) /cãûkaṇā チャオーンクナー/ [(Pkt. चमक्क) Skt. चमत्करण] *vi.* **1** はっとする, びくっとする. **2** 驚く, たまげる. **3** 驚いて飛び上がる.
ਚੌਕੰਨਾ (चौकंना) /caukannā チャオーカンナー/ ▸ਚੁਕੰਨਾ [(Pkt. चउकणओ) Skt. चतुष्कण] *adj.* **1** 用心を怠らない, 用心深い. **2** 注意深い. **3** 警戒している. **4** 油断のない.
ਚੌਕੜ (चौकड़) /caukaṛa チャオーカル/ ▸ਚਉਕੜਾ, ਚੌਂਕੜਾ, ਚੌਕੜਾ *m.* → ਚੌਂਕੜਾ
ਚੌਂਕੜਾ (चौंकड़ा) /cãûkaṛā チャオーンクラー/ ▸ਚੌਕੜ, ਚਉਕੜਾ, ਚੌਕੜਾ [(Pkt. चउक्क) Skt. चतुष्क -ੜਾ] *m.* 四つのものの集まり, 四個, 四つ組.
ਚੌਕੜਾ (चौकड़ा) /caukaṛā チャオークラー/ ▸ਚੌਕੜ, ਚਉਕੜਾ, ਚੌਂਕੜਾ *m.* → ਚੌਂਕੜਾ
ਚੌਂਕੜੀ (चौंकड़ी) /cãûkaṛī チャオーンクリー/ ▸ਚਉਕੜੀ, ਚੌਕੜੀ [(Pkt. चउक्क) Skt. चतुष्क -ੜੀ] *f.* **1** 四つのものの集まり, 四個, 四つ組. **2**（鹿などの動物の）四足による跳躍. ❐ਚੌਂਕੜੀ ਭਰਨੀ （四足で）跳ぶ. **3** 四人組, 四人連れ. **4** 親友たちの集まり. **5** 刺繍の四角形のデザイン.

6 胡座(あぐら), しゃがんだ姿勢. (⇒ਪਥੱਲਾ) ❐ਚੌਕੜੀ ਮਾਰ ਕੇ ਬੈਠਣਾ 胡座をかく.

ਚੌਕੜੀ (चौकड़ी) /caukaṛī チャオークリー/ ▸ਚਉਕੜੀ, ਚੌਂਕੜੀ *f.* → ਚੌਂਕੜੀ

ਚੌਂਕਾ (चौंका) /cãũkā チャオーンカー/ ▸ਚਉਕਾ, ਚੌਕਾ [(Pkt. चउक्क) Skt. चतुष्क] *m.* **1**〖料理〗台所, キッチン, 調理場, 厨房. (⇒ਰਸੋਈ, ਕਿਚਨ) **2**〖料理〗料理をし食事をする清潔な場所.

ਚੌਕਾ[1] (चौका) /caukā チャオーカー/ ▸ਚਉਕਾ, ਚੌਂਕਾ *m.* → ਚੌਂਕਾ

ਚੌਕਾ[2] (चौका) /caukā チャオーカー/ [(Pkt. चउक्क) Skt. चतुष्क] *m.* 数字の4.

ਚੌਂਕਾਉਣਾ (चौंकाउणा) /cãũkāuṇā チャオーンカーウナー/ [cf. ਚੌਂਕਣਾ] *vt.* **1** はっとさせる, びくっとさせる. **2** 驚かす, 驚かせる, たまげさせる. **3** 驚いて飛び上がらせる.

ਚੌਕੀ[1] (चौकी) /caukī チャオーキー/ [(Pkt. चउक्क) Skt. चतुष्क -ਈ] *f.*〖遊戯〗トランプの4の札.

ਚੌਕੀ[2] (चौकी) /caukī チャオーキー/ [(Pkt. चौक्किआ) Skt. चतुष्क] *f.* **1** 腰掛け. **2** 座り板. **3** 駐在所. **4** 監視所.

ਚੌਕੀਦਾਰ (चौकीदार) /caukīdāra チャオーキーダール/ [Pers.-*dār*] *m.* **1** 守衛, 門番, 見張り人. **2** 警備員, ガードマン. **3**〖軍〗歩哨.

ਚੌਕੀਦਾਰੀ (चौकीदारी) /caukīdārī チャオーキーダーリー/ [Pers.-*dārī*] *f.* **1** 守衛の仕事. **2** 歩哨の仕事. **3** 警備.

ਚੌਕੁੰਟੀਂ (चौकुंटीं) /caukuṇṭī̃ チャオークンティーン/ ▸ਚੌਕੁੰਟੀ [Skt. चतुर्- Skt. कूट] *adv.* **1** 四方に, 広くすべての方向に. (⇒ਚਾਰੇ ਪਾਸੇ, ਸਭ ਪਾਸੇ) **2** どこにでも. (⇒ਹਰ ਥਾਂ)

ਚੌਕੁੰਟੀ (चौकुंटी) /caukuṇṭī チャオークンティー/ ▸ਚੌਕੁੰਟੀਂ *adv.* → ਚੌਕੁੰਟੀਂ

ਚੌਕੋਰ (चौकोर) /caukora チャオーコール/ [(Pkt. चउक्कोण) Skt. चतुष्कोण] *adj.*〖幾何〗四角形の.

— *f.*〖幾何〗四角形.

ਚੌਖਟ (चौखट) /caukʰaṭa チャオーカト/ [Skt. चतुर्- Skt. काष्ट] *f.*〖建築〗敷居.

ਚੌਖਟਾ (चौखटा) /caukʰaṭā チャオーカター/ *m.* **1** 四角い枠. **2**(眼鏡の)フレーム. **3** 羽目板. **4** 額, 額縁.

ਚੌਖਰ (चौखर) /caukʰara チャオーカル/ ▸ਚੌਖੁਰ *m.* → ਚੌਖੁਰ

ਚੌਖੁਰ (चौखुर) /caukʰura チャオークル/ ▸ਚੌਖਰ [Skt. चतुर्- Skt. खुर] *m.*〖動物〗四足獣.

ਚੌਖੁਰਾ (चौखुरा) /caukʰurā チャオークラー/ [Skt. चतुर्- Skt. खुर] *adj.* 四足の.

ਚੌਗਾ (चौगा) /caugā チャオーガー/ *adj.* 四本の歯の.

ਚੌਗਾਨ (चौगान) /caugāna チャオーガーン/ [Pers. *caugān*] *m.* **1**〖競技〗ポロ競技. **2**〖競技〗ポロ競技場.

ਚੌਗਿਰਦ (चौगिरद) /caugirada チャオーギルド/ ▸ਚੁਗਿਰਦ [Pers. *caugird*] *adv.* 四方に, 周り中に.

ਚੌਗੁਣ (चौगुण) /cauguṇa チャオーグン/ ▸ਚੌਗੁਣਾ [(Pkt. चउगुण) Skt. चतुर्गुण] *adj.* **1** 四倍の. **2** 四重の.

ਚੌਗੁਣਾ (चौगुणा) /cauguṇā チャオーグナー/ ▸ਚੌਗੁਣ *adj.* → ਚੌਗੁਣ

ਚੌਣਾ (चौणा) /cauṇā チャオーナー/ *m.*〖動物〗牛の群れ.

ਚੌਤ੍ਹੀਆਂ (चौत्हीआँ) /caûtīā̃ チャオーティーアーン/ ▸ਚੌਤ੍ਹੀਵਾਂ *or.num. adj.* → ਚੌਤ੍ਹੀਵਾਂ

ਚੌਤ੍ਹੀਵਾਂ (चौत्हीवाँ) /caûtīwā̃ チャオーティーワーン/ ▸ਚੌਤ੍ਹੀਆਂ [(Pkt. चत्तित्तिसो) Skt. चतुस्त्रिंशत् -ਵਾਂ] *or.num.* 34番目.

— *adj.* 34番目の.

ਚੌਂਤਰਾ (चौंतरा) /cãũtarā チャオーンタラー/ ▸ਚਬੂਤਰਾ *m.* → ਚਬੂਤਰਾ

ਚੌਤਾਲ (चौताल) /cautāla チャオータール/ [Skt. चतुर्- Skt. ताल] *m.f.*〖音楽〗四拍子, チャウターラ《ターラの名称の一つ》.

ਚੌਤਾਲੀ (चौताली) /cautālī チャオーターリー/ ▸ਚੁਤਾਲੀ, ਚੌਤਾਲੀਸ *ca.num. adj.* → ਚੁਤਾਲੀ

ਚੌਤਾਲੀਸ (चौतालीस) /cautālīsa チャオーターリース/ ▸ਚੁਤਾਲੀ, ਚੌਤਾਲੀ *ca.num. adj.* → ਚੁਤਾਲੀ

ਚੌਤਾਲੀਸਵਾਂ (चौतालीसवाँ) /cautālīsawā̃ チャオーターリースワーン/ ▸ਚੁਤਾਲ੍ਹੀਆਂ, ਚੁਤਾਲ੍ਹੀਵਾਂ, ਚੌਤਾਲੀਵਾਂ *or.num. adj.* → ਚੁਤਾਲ੍ਹੀਵਾਂ

ਚੌਤਾਲੀਵਾਂ (चौतालीवाँ) /cautālīwā̃ チャオーターリーワーン/ ▸ਚੁਤਾਲ੍ਹੀਆਂ, ਚੁਤਾਲ੍ਹੀਵਾਂ, ਚੌਤਾਲੀਸਵਾਂ *or.num. adj.* → ਚੁਤਾਲ੍ਹੀਵਾਂ

ਚੌਂਤੀ (चौंती) /cãũtī チャオーンティー/ ▸ਚੌਤੀ *ca.num.adj.* → ਚੌਤੀ

ਚੌਤੀ (चौती) /cautī チャオーティー/ ▸ਚੌਂਤੀ [(Pkt. चत्तित्तिसो) Skt. चतुस्त्रिंशत्] *ca.num.* 34.

— *adj.* 34の.

ਚੌਤੁਕਾ (चौतुका) /cautukā チャオートゥカー/ *m.* **1**〖文学〗四行詩. **2**〖文学〗四行連句.

ਚੌਤੋ (चौतो) /cauto チャオートー/ *f.* 乱暴な振る舞い, 紊乱行為. (⇒ਕੁਪੱਤ)

ਚੌਥ (चौथ) /cautʰa チャオート/ [(Pkt. चउत्थ) Skt. चतुर्थ] *f.* **1** 4分の1. **2**〖暦〗太陰暦第四日.

— *adv.* **1**(今日を含めて)四日前に, さきおととい, 一昨々日. (⇒ਨਰਸੋਂ) **2**(今日を含めて)四日後に, しあさって, 明々後日. (⇒ਨਰਸੋਂ)

ਚੌਥਾ (चौथा) /cautʰā チャオーター/ [(Pkt. चउत्थ) Skt. चतुर्थ] *ca.num.(m.)* 4番目, 第四.

— *adj.* 4番目の, 第四の.

ਚੌਥਾਈ (चौथाई) /cautʰāī チャオーターイー/ ▸ਚੁਹਾਈ, ਚੁਥਾਈ, ਝੁਆਈ [-ਈ] *adj.* 4分の1の.

— *f.* 4分の1, 四半分, 4分の1の部分.

ਚੌਦਸ (चौदस) /caudasa チャオーダス/ [(Pkt. चउद्दस) Skt. चतुर्दश] *f.*〖暦〗太陰暦各半月の14日目.

ਚੌਦ੍ਹਵਾਂ (चौद्हवाँ) /caûdawā̃ チャオードワーン/ ▸ਚੌਧਵਾਂ [-ਵਾਂ] *or.num.* 14番目.

— *adj.* 14番目の.

ਚੌਦ੍ਹਵੀਂ (चौद्हवीं) /caûdawī̃ チャオードウィーン/ ▸ਚੌਧਵੀਂ [-ਵੀਂ] *f.*〖暦〗太陰暦各半月の14日目.

ਚੌਦਾਂ (चौदाँ) /caudā̃ チャオーダーン/ [(Pkt. चउद्दश) Skt. चतुर्दश] *ca.num.* 14.

— *adj.* 14の.

ਚੌਧਰ (चौधर) /caûdara チャオーダル/ [Skt. चतुर्धर] *f.* **1** 主導権. **2** 指導者の地位.

ਚੌਧਰਾਣੀ (चौधराणी) /caûdarāṇī チャォードラーニー/ ▸ ਚੁਧਰਾਣੀ [-ਣੀ] *f.* **1** チョウドラーニー《チョウドリー(カースト集団または共同体の長)の妻》. **2** 自治組織の長の妻, 村長の妻.

ਚੌਧਰੀ (चौधरी) /caûdarī チャォードリー/ [Skt. चतुर्धर] *m.* **1** チョウドリー《カースト集団の長, 共同体の長》. **2** 自治組織の長, 村長. **3** 頭, 頭目.

ਚੌਧਵਾਂ (चौधवाँ) /caûdawā̃ チャォードワーン/ ▸ਚੌਦ੍ਹਵਾਂ *or.num. adj.* → ਚੌਦ੍ਹਵਾਂ

ਚੌਧਵੀਂ (चौधवीं) /caûdawī̃ チャォードウィーン/ ▸ਚੌਦ੍ਹਵੀਂ *f.* → ਚੌਦ੍ਹਵੀਂ

ਚੌਨੁਕਰਾ (चौनुकरा) /caunukarā チャォーヌクラー/ ▸ ਚਨੁਕਰਾ [Skt. चतुर्- Pers. *nūk*] *adj.* **1**〖幾何〗四つの角のある, 四角形の.

— *m.*〖幾何〗四角形.

ਚੌਪਈ (चौपई) /caupaī チャォーパイー/ [(Pkt. चउप्पई) Skt. चतुष्पदी] *f.*〖文学〗四行詩.

ਚੌਪਟ (चौपट) /caupaṭa チャォーパト/ [Skt. चतुष्पट्ट] *adj.* **1** 四方に開けた, 無防備の. **2** 平らにならされた. **3** 破壊された, 破滅した, 荒廃した. **4** 台無しになった, だめになった, 甘やかされた.

ਚੌਪਦ (चौपद) /caupada チャォーパド/ ▸ਚਉਪਦਾ, ਚੌਪਦਾ *m.* → ਚੌਪਦਾ

ਚੌਪਦਾ (चौपदा) /caupadā チャォーパダー/ ▸ਚਉਪਦਾ, ਚੌਪਦ [(Pkt. चउपद) Skt. चतुष्पद] *m.*〖文学〗四連詩, 四連から成る詩歌・歌詞.

ਚੌਪੜ (चौपड़) /caupaṛa チャォーパル/ [(Pkt. चउप्पट) Skt. चतुष्पट] *m.*〖遊戯〗チョウパル《さいころを使うインド古来の双六遊びの一種》.

ਚੌਪੜੀਆ (चौपड़ीआ) /caupaṛīā チャォーパリーアー/ [-ਈਆ] *m.* チョウパル遊びをする人, さいころで遊ぶ人.

ਚੌਪਾਇਆ (चौपाइआ) /caupāiā チャォーパーイアー/ ▸ ਚੁਪਾਇਆ [(Pkt. चउप्पय) Skt. चतुष्पाद] *adj.* 四つ足の, 四足のある.

— *m.* 四つ足の動物, 四足獣.

ਚੌਪਾਲ (चौपाल) /caupāla チャォーパール/ ▸ਚੁਪਾਲ [(Pkt. चउव्वारो) Skt. चतुर्वार] *m.* **1** 集会所. **2** 長老たちの会所.

ਚੌਂਬਕਲੀ (चौंबकली) /cā̃ubakalī チャォーンバクリー/ *f.*〖装〗ビーズのネックレス.

ਚੌਮਾਸਾ (चौमासा) /caumāsā チャォーマーサー/ ▸ਚੁਮਾਸਾ [Skt. चतुर्- Skt. मास] *m.*〖暦〗雨期の四か月.

ਚੌਮੁਖ (चौमुख) /caumukʰa チャォームク/ ▸ਚੌਮੁਖਾ [Skt. चतुर्- Skt. मुख] *adj.* 四面の.

ਚੌਮੁਖਾ (चौमुखा) /caumukʰā チャォームカー/ ▸ਚੌਮੁਖ [Skt. चतुर्- Skt. मुख] *adj.* **1** 四つの面のある, 四つの顔を持つ. **2** 四つの方向に向いた, すべての方角の.

ਚੌਰ (चौर) /caura チャォール/ ▸ਚੰਵਰ [(Pkt. चमर) Skt. चमर] *m.*〖道具〗(ヤクの尾や孔雀の尾で作られた)塵払い, 蝿追い.

ਚੌਰਸ (चौरस) /caurasa チャォーラス/ [(Pkt. चउरस्स) Skt. चतुरस्र] *adj.* **1** 四つの側面を持つ, 四辺の. **2** 四角い, 方形の. **3** 平らな, 平たい, 平坦な, 起伏のない.

ਚੌਰਸਤਾ (चौरसता) /caurasatā チャォーラスター/ ▸ਚੁਰਸਤਾ *m.* → ਚੁਰਸਤਾ

ਚੌਰਸਾ (चौरसा) /caurasā チャォールサー/ *m.*〖道具〗鑿(のみ).

ਚੌਰੰਗ (चौरंग) /cauraṅga チャォーラング/ ▸ਚੁਰੰਗ [Skt. चतुर्- Skt. रंग] *m.* **1** 四色. **2** 四種類.

ਚੌਰੰਗਾ (चौरंगा) /cauraṅgā チャォーランガー/ ▸ਚੁਰੰਗਾ [Skt. चतुर्- Skt. रंग] *adj.* **1** 四色の. **2** 四種類の.

ਚੌਰੰਜਮਾਂ (चौरंजमाँ) /caurañjamā̃ チャォーランジマーン/ ▸ਚੁਰੰਜਮਾਂ, ਚੁਰੰਜਵਾਂ, ਚੁਰੰਞਵਾਂ, ਚੌਰੰਜਵਾਂ *or.num. adj.* → ਚੁਰੰਞਵਾਂ

ਚੌਰੰਜਵਾਂ (चौरंजवाँ) /caurañjawā̃ チャォーランジワーン/ ▸ ਚੁਰੰਜਮਾਂ, ਚੁਰੰਜਵਾਂ, ਚੁਰੰਞਵਾਂ, ਚੌਰੰਜਮਾਂ *or.num. adj.* → ਚੁਰੰਞਵਾਂ

ਚੌਰੰਜਾ (चौरंजा) /caurañjā チャォーランジャー/ ▸ਚੁਰੰਜਾ *ca.num. adj.* → ਚੁਰੰਜਾ

ਚੌਰਾਸੀ (चौरासी) /caurāsī チャォーラースィー/ ▸ਚੁਰਾਸੀ *ca.num. adj.* → ਚੁਰਾਸੀ

ਚੌਰਾਸੀਵਾਂ (चौरासीवाँ) /caurāsīwā̃ チャォーラースィーワーン/ ▸ਚੁਰਾਸ੍ਹੀਆਂ, ਚੁਰਾਸ੍ਹੀਵਾਂ, ਚੁਰਾਸੀਵਾਂ *or.num. adj.* → ਚੁਰਾਸੀਵਾਂ

ਚੌਰਾਹ (चौराह) /caurâ チャォーラー/ ▸ਚੁਰਾਹਾ, ਚੌਰਾਹਾ *m.* → ਚੌਰਾਹਾ

ਚੌਰਾਹਾ (चौराहा) /caurāhā チャォーラーハー/ ▸ਚੁਰਾਹਾ, ਚੌਰਾਹ [Skt. चतुर्- Pers. *rāh*] *m.* 四つ辻, 十字路, 交差点. (⇒ਚੌਂਕ, ਚੁਰਸਤਾ)

ਚੌਰਾਨਵੇਂ (चौरानवें) /caurānawẽ チャォーラーンウェーン/ ▸ਚੁਰਾਨਮੇਂ, ਚੁਰਾਨਵੇਂ *ca.num. adj.* → ਚੁਰਾਨਵੇਂ

ਚੌਲ (चौल) /caula チャォール/ ▸ਚਾਉਲ, ਚਾਵਲ [(Pkt. चाउल) Skt. तण्डुल] *m.* **1**〖植物・食品〗イネ(稲), コメ(米), 脱穀した米. **2**〖料理〗炊いた米飯, 御飯, ライス. (⇒ਭੱਤ)

ਚੌਵੀ (चौवी) /cauwī チャォーウィー/ ▸ਚਵ੍ਹੀ, ਚੱਵੀ [(Pkt. चउव्वीस) Skt. चतुर्विंशति] *ca.num.* 24.

— *adj.* 24の.

ਚੌੜ (चौड़) /cauṛa チャォール/ [Skt. चतुष्पट्ट] *adj.* **1** 破壊された, 破滅した, 害された, 廃れた. **2** 台無しになった, だめになった, 甘やかされた.

— *f.* **1** 破壊, 荒廃. **2** 苛立ち. **3** 頑固さ, 強情さ. **4** 傲慢, わがまま. **5** 甘やかされた子供のような振る舞い. **6** いたずら. (⇒ਸ਼ਰਾਰਤ)

ਚੌੜਾ (चौड़ा) /cauṛā チャォーラー/ ▸ਚਾਰਾ [(Pkt. चउवड़ा) Skt. चतुष्पदक] *adj.* **1** 広い, 幅の広い. **2** 広がった, 開いた. **3** 広々とした, 広大な.

ਚੌੜਾਈ (चौड़ाई) /cauṛāī チャォーラーイー/ ▸ਚੁੜਾਈ [-ਈ] *f.* **1** 幅, 横幅. **2** 広さ. **3** 広がり. **4** 長さ, 全長.

ਛ

ਛ (छ) /cʰaccʰā チャッチャー/ *m.*〖文字〗グルムキー文字の字母表の12番目の文字《硬口蓋・破擦音の「チャ」(前舌を上歯茎近くの硬口蓋に付け, 呼気を一瞬閉じその狭い隙間から擦って発音する無声・有気音)を表す》.

ਛਉਂਕਣਾ (छउँकणा) /cʰaũkaṇā チャウンカナー/ ▸ਛੌਂਕਣਾ *vt.* → ਛੌਂਕਣਾ

ਛਉੜੀ (छउड़ी) /cʰauṛī チャウリー/ [Pkt. छोयर] *f.* 魅力的な女性, 愛嬌のある女性. (⇒ਸੋਭਾ ਵਾਲੀ ਇਸਤਰੀ)

ਛਈ[1] (छई) /cʰaī チャイー/ ▸ਖਈ *f.* → ਖਈ

ਛਈ[2] (छई) /cʰaī チャイー/ ▸ਛੇਤੀ [(Pua.)] *adv.f.* → ਛੇਤੀ

ਛਹਿ[1] (छहि) /cʰaî チャエー/ *f.* **1** 身をかがめること. **2** 待ち伏せ.

ਛਹਿ[2] (छहि) /cʰaî チャエー/ ▸ਸ਼ਹਿ *f.* → ਸ਼ਹਿ

ਛਹਿਣਾ (छहिणा) /cʰaîṇā チャエーナー/ *vi.* **1** 身をかがめる. **2** 待ち伏せる.

ਛਹਿਬਰ (छहिबर) /cʰaîbara チャエーバル/ *f.* **1** しぶき, 水煙. **2**〖気象〗雨, ぱらぱら雨, にわか雨. **3**〖気象〗大雨, 土砂降り.

ਛਹਿੜਨਾ (छहिड़ना) /cʰaîṛanā チャエールナー/ [(Pot.)] *vi.* **1** 身をかがめる. **2** 隠れる. (⇒ਲੁਕਣਾ)

ਛਹੀ (छही) /cʰâī チャイー/ *f.* **1** 襲うための跳躍. **2** 襲うために身をかがめること.

ਛੱਕ (छक्क) /cʰakka チャック/ *f.* 母方のおじ・祖父母から花嫁に与えられる贈り物.

ਛਕਣਾ (छकणा) /cʰakaṇā チャカナー/ [Skt. चकति] *vt.* **1** 食べる, 食う, 食事をする. (⇒ਖਾਣਾ) **2** 飲む. (⇒ਪੀਣਾ) **3** 摂取する. **4** 食べ尽くす.

— *vi.* **1** 十分満足する, 堪能する. **2** 酔う, 陶酔する.

ਛਕਵਾਉਣਾ (छकवाउणा) /cʰakawāuṇā チャクワーウナー/ [cf. ਛਕਣਾ] *vt.* **1**(人に頼んで)食べさせてもらう. **2** 食事を出させる, 食事を用意させる.

ਛਕੜਾ (छकड़ा) /cʰakaṛā チャクラー/ [(Pkt. छकड) Skt. शकट] *m.* **1**〖乗物〗荷車. **2**〖乗物〗荷馬車.

ਛੱਕਾ (छक्का) /cʰakkā チャッカー/ [(Pkt. छक्क) Skt. षत्क] *m.* **1** 六つ一組. **2**〖遊戯〗トランプの6の札. **3**〖文学〗六行詩. **4**〖競技〗(クリケットの)6打点.

ਛਕਾਉਣਾ (छकाउणा) /cʰakāuṇā チャカーウナー/ [cf. ਛਕਣਾ] *vt.* **1** 食べさせる, 食べてもらう, 食事を出す. **2** 満腹にさせる, 飽食させる. **3** 十分満足させる, 堪能させる. **4** 酔わせる, 陶酔させる

ਛਕੂ (छकू) /cʰakū チャクー/ ▸ਛਿੱਕੂ [(Pua.)] *m.* → ਛਿੱਕੂ

ਛਕੋਰ (छकोर) /cʰakora チャコール/ [Skt. शिक्य] *f.*〖容器〗シュロの枝で作られた籠.

ਛੰਗਵਾਉਣਾ (छंगवाउणा) /cʰaṅgawāuṇā チャングワーウナー/ ▸ਛੰਗਾਉਣਾ [cf. ਛਾਂਗਣਾ] *vt.* **1**(木や枝を)刈り込ませる, 剪定してもらう. **2**(木や枝を)切り落としてもらう.

ਛੰਗਵਾਈ (छंगवाई) /cʰaṅgawāī チャングワーイー/ ▸ਛੰਗਾਈ [cf. ਛਾਂਗਣਾ] *f.* **1** 木や枝の刈り込み, 剪定. **2** 木や枝の切り落とし.

ਛੰਗਾਉਣਾ (छंगाउणा) /cʰaṅgāuṇā チャンガーウナー/ ▸ਛੰਗਵਾਉਣਾ *vt.* → ਛੰਗਵਾਉਣਾ

ਛੰਗਾਈ (छंगाई) /cʰaṅgāī チャンガーイー/ ▸ਛੰਗਵਾਈ *f.* → ਛੰਗਵਾਈ

ਛੱਛ (छच्छ) /cʰaccʰa チャッチ/ *m.*〖地理〗不毛の平原.

ਛੱਛਾ (छच्छा) /cʰaccʰā チャッチャー/ *m.*〖文字〗チャッチャー《硬口蓋・破擦音の「チャ」(無声・有気音)を表す, グルムキー文字の字母表の12番目の文字 ਛ の名称》.

ਛਛੂੰਦਰ (छछूँदर) /cʰacʰũdara チャチューンダル/ ▸ਚਕਚੁੰਧਰ, ਚਕਚੂੰਧਰ, ਚਕੂੰਧਰ *f.* → ਚਕਚੁੰਧਰ

ਛਛੋਹਰਾ (छछोहरा) /cʰacʰôrā チャチョーラー/ ▸ਛਛੋਰਾ *adj.* → ਛਛੋਰਾ

ਛਛੋਰਾ (छछोरा) /cʰacʰorā チャチョーラー/ ▸ਛਛੋਹਰਾ [(Pkt. छुच्छ) Skt. तुच्छ] *adj.* **1** 卑しい, 下劣な. **2** 軽薄な, 浅ましい. **3** つまらない, くだらない.

ਛਛੋਰਾਪਣ (छछोरापण) /cʰacʰorāpaṇa チャチョーラーパン/ [-ਪਣ] *m.* **1** 卑しさ, 下劣さ. **2** 軽薄さ, 浅ましさ. **3** つまらないこと, くだらないこと.

ਛੱਜ (छज्ज) /cʰajja チャッジ/ [Skt. छाद्यते] *m.*〖道具〗穀物を選り分けたり籾殻を吹き分けるため用いる平たい盆状に藁を編んだ籠.

ਛਜਲੀ (छजली) /cʰajalī チャジリー/ [+ ਲੀ] *f.* **1**〖道具〗大型の ਛੱਜ. **2**〖動物〗コブラの頭の広がった部分.

ਛੱਜਾ (छज्जा) /cʰajjā チャッジャー/ [cf. ਛੱਜ] *m.* **1**〖建築〗軒, 庇, バルコニー, 塔屋. **2** 幅の広い帽子の庇.

ਛਟ (छट) /cʰaṭa チャト/ ▸ਖਟ, ਛੀ, ਛੇ [(Pkt. छः) Skt. षट्] *ca.num.* 6, 六つ.

— *adj.* 六つの.

— *f.*〖暦〗太陰暦各半月の6日目.

ਛੱਟ (छट्ट) /cʰaṭṭa チャット/ *f.* 馬や驢馬の背に載せる振り分け荷物の袋.

ਛੱਟਣ (छट्टण) /cʰaṭṭaṇa チャッタン/ [cf. ਛੱਟਣਾ] *m.* **1** 籾殻. (⇒ਚੋਕਰ, ਫੱਸੜਾ) **2** 籾殻を篩い分けること, 籾殻を吹き分けること, 穀物を選り分けること.

ਛਟਣਾ (छटणा) /cʰaṭaṇā チャタナー/ [cf. ਛਾਂਟਣਾ] *vi.* **1** 選ばれる, 選り分けられる, 分別される, 選別される. **2** 切られる, 切れる, ちぎれる, 剪定される. **3** 散る, 散らばる.

ਛੱਟਣਾ (छट्टणा) /cʰaṭṭaṇā チャッタナー/ ▸ਛੜਨਾ [Pkt. छंट] *vt.* **1** 打つ, 強く叩く, 打ちのめす. (⇒ਕੁੱਟਣਾ) **2**(衣服を)叩いて洗う. **3** 皮・殻・莢などを取り除く, 脱穀する, 籾殻を篩い分ける, 籾殻を吹き分ける. **4**(汚れなどを)取り除く, 落とす.

ਛਟਮ (छटम) /cʰaṭama チャタム/ [Skt. षष्ठ] *or.num.* 6番目. (⇒ਛੇਵਾਂ)

— *adj.* 6番目の. (⇒ਛੇਵਾਂ)

ਛਟਵਾਉਣਾ[1] (छटवाउणा) /cʰaṭawāuṇā チャトワーウナー/ [cf. ਛਾਂਟਣਾ] *vt.* **1** 選ばせる, 選り分けさせる, 分別させる, 選別させる. **2** 切らせる, ちぎらせる, 剪定してもらう. **3** 散らしてもらう.

ਛਟਵਾਉਣਾ[2] (छटवाउणा) /cʰaṭawāuṇā チャトワーウナー/ ▸ਛਟਾਉਣਾ [cf. ਛੱਟਣਾ] *vt.* **1** 打たせる, 強く叩かせる, 打ちのめさせる. **2**(衣服を)叩いて洗わせる. **3** 脱穀させる, 籾殻を篩い分けさせる. **4**(汚れなどを)取り除かせる, 落とさせる.

ਛਟਵਾਈ (छटवाई) /cʰaṭawāī チャトワーイー/ ▸ਛਟਾਈ [cf. ਛੱਟਣਾ] *f.* **1** 強く叩くこと, 打ちのめすこと. **2**(衣服を)叩いて洗うこと, 洗濯の賃金. **3** 脱穀の仕事・賃金, 籾殻を篩い分ける仕事・賃金.

ਛੱਟਾ (छट्टा) /c^{h}aṭṭā チャッター/ [Pkt. छंट] *m.* **1** 振り撒くこと. **2** 撒き散らすこと, 散布. **3** 種蒔き.

ਛਟਾਉਣਾ (छटाउणा) /c^{h}aṭāuṇā チャターウナー/ ▸ਛਟਵਾਉਣਾ *vt.* → ਛਟਵਾਉਣਾ²

ਛਟਾਈ (छटाई) /c^{h}aṭāī チャターイー/ ▸ਛਟਵਾਈ *f.* → ਛਟਵਾਈ

ਛਟਾਂਕ (छटाँक) /c^{h}aṭā̃ka̸ チャターンク/ *f.* 〖重量〗 16分の1セールの重量《約2オンス》.

ਛਟਾਕਾ (छटाका) /c^{h}aṭākā チャターカー/ *m.* 籾殻の吹き分け, 穀物を選り分けること.

ਛਟੀ (छटी) /c^{h}aṭī チャティー/ ▸ਛਿਟੀ [Skt. षष्ठी] *f.* **1** 棒. **2**〖道具〗杖, ステッキ. **3**〖道具〗木べら. **4**〖儀礼〗生後六日目に祝う儀式.

ਛੰਡਣਾ (छंडणा) /c^{h}aṇḍaṇā チャンダナー/ [Pkt. छंट] *vt.* **1** 塵を払う. **2** 追い払う. **3** 激しく振る.

ਛੱਡਣਾ (छड्डणा) /c^{h}aḍḍaṇā チャッダナー/ ▸ਛੋਡਣਾ, ਛੋੜਨਾ [Skt. क्षोटयति] *vt.* **1** 放す, 手放す, 捨てる. ❐ਕਰਮਜੀਤ ਦੇ ਬਾਪੂ ਜੀ ਨੇ ਹਲ ਛੱਡ ਦਿੱਤਾ। カラムジートのお父さんは鋤を捨てました. **2** 残す, 置いたままにする, 置き去りにする, 放置する. ❐ਪਲੇਟਾਂ ਵਿੱਚ ਜੂਠ ਛੱਡਣੀ ਵੀ ਬੜੀ ਭੈੜੀ ਵਾਦੀ ਏ। 皿に食べ残しをするのもとても悪い習慣です. ❐ਆਪਣਾ ਸਮਾਨ ਛੱਡ ਕੇ ਸਟੇਸ਼ਨਾਂ ਤੇ ਉੱਤਰਣ ਵਾਲੇ ਯਾਤਰੀਆਂ ਤੇ ਨਜ਼ਰ ਰੱਖੋ। 自分の手荷物を置いたままにして駅で降りる旅行者たちを監視しなさい. **3** 離れる, 去る. ❐ਉਹਨਾਂ ਦਿਨਾਂ ਵਿੱਚ ਲੋਕ ਆਪਣੇ ਵਤਨ ਨੂੰ ਛੱਡ ਕੇ ਪਰਵਾਸੀ ਬਣ ਕੇ ਵਲਾਇਤ ਵੱਲ ਨੂੰ ਭੱਜਣ ਲੱਗ ਪਏ ਸਨ। 当時人々は故国を離れ移住者となって外国に逃げ始めていました. **4** 棄てる, 放棄する. ❐ਸਰਹੰਦ ਦਾ ਸੂਬਾ ਚਾਹੁੰਦਾ ਸੀ ਕਿ ਉਹ ਪੁੱਤਰ ਆਪਣਾ ਧਰਮ ਛੱਡ ਕੇ ਮੁਸਲਮਾਨ ਬਣ ਜਾਣ। サルハンド(スィルヒンド)の長官はその息子たちが自分の信仰を棄ててイスラーム教徒となるように望んでいました. **5** やめる, 諦める, 断念する. ❐ਅਮਰੀਕੀ ਰਾਸ਼ਟਰਪਤੀ ਜਾਰਜ਼ ਬੁਸ਼ ਨੇ ਬੀਫ਼ ਖਾਣਾ ਨਹੀਂ ਛੱਡਿਆ। アメリカ合衆国のブッシュ大統領は牛肉を食べることをやめませんでした. **6** 放す, 放免する, 解放する, 釈放する. ❐ਉਹਨੂੰ ਜ਼ਮਾਨਤ ਤੇ ਛੱਡ ਦਿੱਤਾ ਗਿਆ। あの人は保釈出所を許されました. ❐ਈਰਾਨ ਤੇ ਲੀਬੀਆ ਨੂੰ ਪਰਮਾਣੂ ਤਕਨਾਲੋਜੀ ਦੇ ਹਸਤਾਂਤਰਣ ਦੇ ਦੋਸ਼ਾਂ ਦੇ ਸਬੰਧ ਵਿੱਚ ਗਰਿਫ਼ਤਾਰ ਕੀਤੇ ਅੱਠ ਪਾਕਿਸਤਾਨੀ ਵਿਗਿਆਨੀਆਂ ਵਿੱਚੋਂ ਤਿੰਨ ਨੂੰ ਛੱਡ ਦਿੱਤਾ ਗਿਆ। イランとリビアに核技術を譲渡した罪で逮捕されていた8人のパキスタン人科学者のうち3人が釈放されました. **7** 辞める, 辞職する, 辞任する. **8** 許す, 赦す, 容赦する, 免除する. **9** 除く, 外す, 除外する. ❐ਈਰਾਨ ਨੇ ਕਿਹਾ ਹੈ ਕਿ ਉਹ ਇਸਰਾਈਲ ਨੂੰ ਛੱਡ ਕੇ ਵਿਸ਼ਵ ਭਰ ਦੇ ਸਾਰੇ ਦੇਸ਼ਾਂ ਤੋਂ ਮਦਦ ਲੈਣ ਲਈ ਤਿਆਰ ਹੈ। イランはイスラエルを除く世界中のすべての国々からの援助を受ける用意があると述べています. **10** 発砲する, 撃つ, 放つ, 発射する, 打ち上げる. **11** 爆発させる. **12**《動詞の語幹に続き「完了」「完遂」の意味を加える》…してしまう, …し終わる, …し放つ. ❐ਉਸ ਆਦਮੀ ਨੇ ਢੀਠਤਾ ਨਾਲ ਕਹਿ ਛੱਡਿਆ। あの男の人は厚かましく言い放ちました.

ਛਡਵਾਉਣਾ (छडवाउणा) /c^{h}aḍa̸wāuṇā チャドワーウナー/ ▸ਛਡਾਉਣਾ, ਛੁਡਵਾਉਣਾ, ਛੁਡਾਉਣਾ, ਛੁੜਾਉਣਾ [cf. ਛੱਡਣਾ] *vt.* **1** 解放させる, 解き放たせる, 救い出させる, 釈放してもらう, 自由にしてもらう. **2** 捨てさせる, 放棄させる. **3** やめさせる, 諦めさせる, 断念させる. **4** 引き離させる, 放させる, 外させる, 取り除かせる.

ਛਡਾਉਣਾ (छडाउणा) /c^{h}aḍāuṇā チャダーウナー/ ▸ਛਡਵਾਉਣਾ, ਛੁਡਵਾਉਣਾ, ਛੁਡਾਉਣਾ, ਛੁੜਾਉਣਾ *vt.* → ਛਡਵਾਉਣਾ

ਛਣਕ (छणक) /c^{h}aṇaka̸ チャナク/ ▸ਛਣਕਾਰ, ਛਣਛਣ *f.* → ਛਣਛਣ

ਛਣਕਣਾ (छणकणा) /c^{h}aṇa̸kaṇā チャンカナー/ *vi.* チリンチリンと鳴る.

ਛਣਕਾਉਣਾ (छणकाउणा) /c^{h}aṇa̸kāuṇā チャンカーウナー/ *vt.* チリンチリンと鳴らす.

ਛਣਕਾਰ (छणकार) /c^{h}aṇa̸kāra̸ チャンカール/ ▸ਛਣਕ, ਛਣਛਣ *f.* → ਛਣਛਣ

ਛਣਛਣ (छणछण) /c^{h}aṇa̸c^{h}aṇa̸ チャンチャン/ ▸ਛਣਕ, ਛਣਕਾਰ *f.*〖擬声語〗チリンチリン《金属・ガラスなどが鳴る音》.

ਛਣਨਾ (छणना) /c^{h}aṇa̸nā チャンナー/ [Skt. क्षणति] *vi.* **1** 篩にかけられる, 濾される, 濾過される. **2** 分けられる, より分けられる. **3** 搾られる. **4** 痩せ細る. **5** やつれ切る, 疲れ果てる.

ਛਣਵਾਉਣਾ (छणवाउणा) /c^{h}aṇa̸wāuṇā チャンワーウナー/ ▸ਛਣਾਉਣਾ [cf. ਛਣਨਾ] *vt.* **1** 篩にかけさせる, 濾させる, 濾過させる. **2** より分けさせる. **3** 搾らせる.

ਛਣਵਾਈ (छणवाई) /c^{h}aṇa̸wāī チャンワーイー/ ▸ਛਣਾਈ [cf. ਛਣਨਾ] *f.* **1** 濾すこと, 濾過. **2** 濾過する過程.

ਛਣਾਉਣਾ (छणाउणा) /c^{h}aṇāuṇā チャナーウナー/ ▸ਛਣਵਾਉਣਾ *vt.* → ਛਣਵਾਉਣਾ

ਛਣਾਈ (छणाई) /c^{h}aṇāī チャナーイー/ ▸ਛਣਵਾਈ *f.* → ਛਣਵਾਈ

ਛੰਤ (छंत) /c^{h}anta̸ チャント/ ▸ਛੰਦ *m.* → ਛੰਦ

ਛੱਤ (छत्त) /c^{h}atta̸ チャット/ [(Pkt. छत) Skt. छत्र] *f.* **1**〖建築〗屋根, 屋上. **2**〖建築〗天井. **3**〖建築〗(建物の)階, 層.

ਛੱਤ੍ਹੀਆਂ (छत्त्हीआँ) /c^{h}âttiā̃ チャッティーアーン/ ▸ਛੱਤ੍ਹੀਵਾਂ, ਛਤਰੀਆਂ, ਛੱਤੀਮਾਂ, ਛੱਤੀਵਾਂ *or.num. adj.* → ਛੱਤ੍ਹੀਵਾਂ

ਛੱਤ੍ਹੀਵਾਂ (छत्त्हीवाँ) /c^{h}âttīwā̃ チャッティーワーン/ ▸ਛੱਤ੍ਹੀਆਂ, ਛਤਰੀਆਂ, ਛੱਤੀਮਾਂ, ਛੱਤੀਵਾਂ [(Pkt. छत्तीसंती) Skt. षट्त्रिंशत् -ਵਾਂ] *or.num.* 36番目.
— *adj.* 36番目の.

ਛੱਤਣ (छत्तण) /c^{h}attaṇa̸ チャッタン/ *f.*〖建築〗窓, 入り口などの上の横木.

ਛੱਤਣਾ (छत्तणा) /c^{h}attaṇā チャッタナー/ [(Pkt. छत) Skt. छत्र] *vt.* **1** 屋根を付ける, 屋根を葺く. **2** 天井を付ける.

ਛਤਰ (छतर) /c^{h}atara̸ チャタル/ ▸ਛੱਤਰ, ਛਤ੍ਰ [Skt. छत्र] *m.* **1** (王や貴人の頭上にさしかける)天蓋. **2** 傘.

ਛੱਤਰ (छत्तर) /c^{h}attara̸ チャッタル/ ▸ਛਤਰ, ਛਤ੍ਰ *m.* → ਛਤਰ

ਛਤ੍ਰ (छत्र) /c^{h}atra̸ (c^{h}atara̸) チャトル (チャタル)/ ▸ਛਤਰ, ਛੱਤਰ *m.* → ਛਤਰ

ਛਤਰਧਾਰੀ (छतरधारी) /c^{h}atara̸tǎrī チャタルターリー/ [Skt. छत्र Skt.-धारिन्] *adj.* 天蓋を持った.
— *m.* **1** 王, 大王. (⇒ਰਾਜਾ) **2** 首長.

ਛਤਰਪਤੀ (छतरपती) /c^{h}atara̸patī チャタルパティー/ ▸ਛਤ੍ਰਪਤੀ [+ पति] *m.* **1** 王, 大王. (⇒ਰਾਜਾ) **2** 首長.

ਛਤ੍ਰਪਤੀ (छत्रपती) /c^{h}atra̸patī (c^{h}atara̸patī) チャトルパティー (チャタルパティー)/ ▸ਛਤਰਪਤੀ *m.* → ਛਤਰਪਤੀ

ਛੱਤਰਾ (छत्तरा) /cʰattarā チャッタラー/ [Skt. छत्रा] *m.* 〖動物〗雄ヒツジ, 雄羊, 牡羊.

ਛਤਰੀ (छतरी) /cʰatarī チャタリー/ [Skt. छत्र -ई] *f.* **1** 傘, こうもり傘, 雨傘. **2** 日傘. **3** パラシュート, 落下傘. **4** 丸屋根.

ਛੱਤਰੀ[1] (छत्तरी) /cʰattarī チャッタリー/ [Skt. छत्रा -ई] *m.* 〖動物〗雌ヒツジ, 雌羊, 牝羊.

ਛੱਤਰੀ[2] (छत्तरी) /cʰattarī チャッタリー/ ▸ਕਸ਼ੱਤਰੀ, ਖਤਰੀ, ਖੱਤਰੀ *m.* → ਖੱਤਰੀ

ਛੱਤਰੀ[3] (छत्तरी) /cʰattarī チャッタリー/ ▸ਛੱਤੀ [(Pot.)] *ca.num. adj.* → ਛੱਤੀ

ਛਤਰੀਆਂ (छतरीआँ) /cʰatarīā̃ チャタリーアーン/ ▸ਛੱਤ੍ਰੀਆਂ, ਛੱਤ੍ਰੀਵਾਂ, ਛੱਤੀਮਾਂ, ਛੱਤੀਵਾਂ [(Pot.)] *or.num. adj.* → ਛੱਤ੍ਰੀਵਾਂ

ਛਤਵਾਉਣਾ (छतवाउणा) /cʰatawāuṇā チャトワーウナー/ ▸ਛਤਾਉਣਾ [cf. ਛੱਤਣਾ] *vt.* 屋根を付けさせる, 屋根を付けてもらう, 屋根を葺かせる.

ਛਤਵਾਈ (छतवाई) /cʰatawāī チャトワーイー/ ▸ਛਤਾਈ [cf. ਛੱਤਣਾ] *f.* 屋根を付けること, 屋根葺き.

ਛੱਤਾ[1] (छत्ता) /cʰattā チャッター/ *m.* ミツバチの巣, ミツバチの巣箱.

ਛੱਤਾ[2] (छत्ता) /cʰattā チャッター/ [(Pkt. छत) Skt. छत्र] *m.* 覆いのある歩道, 屋根付きの街路, アーケード.

ਛਤਾਉਣਾ (छताउणा) /cʰatāuṇā チャターウナー/ ▸ਛਤਵਾਉਣਾ *vt.* → ਛਤਵਾਉਣਾ

ਛਤਾਈ (छताई) /cʰatāī チャターイー/ ▸ਛਤਵਾਈ *f.* → ਛਤਵਾਈ

ਛਤਾਲ੍ਹੀਆਂ (छताल्हीआँ) /cʰatâlīā̃ チャターリーアーン/ ▸ਛਤਾਲ੍ਹੀਵਾਂ, ਛਤਾਲੀਵਾਂ, ਛਿਆਲੀਵਾਂ *or.num. adj.* → ਛਤਾਲ੍ਹੀਵਾਂ

ਛਤਾਲ੍ਹੀਵਾਂ (छताल्हीवाँ) /cʰatâlīwā̃ チャターリーワーン/ ▸ਛਤਾਲ੍ਹੀਆਂ, ਛਤਾਲੀਵਾਂ, ਛਿਆਲੀਵਾਂ [(Pkt. छायालीसम्) Skt. षट्चत्वारिंशत् -वां] *or.num.* 46番目.
— *adj.* 46番目の.

ਛਤਾਲੀ (छताली) /cʰatālī チャターリー/ ▸ਛਿਆਲੀ, ਛਿਤਾਲੀ [(Pkt. छायालीसम्) Skt. षट्चत्वारिंशत्] *ca.num.* 46.
— *adj.* 46の.

ਛਤਾਲੀਵਾਂ (छतालीवाँ) /cʰatālīwā̃ チャターリーワーン/ ▸ਛਤਾਲ੍ਹੀਆਂ, ਛਤਾਲ੍ਹੀਵਾਂ, ਛਿਆਲੀਵਾਂ *or.num. adj.* → ਛਤਾਲ੍ਹੀਵਾਂ

ਛੱਤੀ (छत्ती) /cʰattī チャッティー/ ▸ਛੱਤਰੀ [(Pkt. छत्तीसंती) Skt. षट्त्रिंशत्] *ca.num.* 36.
— *adj.* 36の.

ਛਤੀਸਾ (छतीसा) /cʰatīsā チャティーサー/ *adj.* **1** 巧妙な, 抜け目のない, 狡猾な. **2** 人をだます, 欺瞞的な. **3** 性悪の, したたかな. **4** 不貞な, ふしだらな, 好色の.

ਛਤੀਸੀ (छतीसी) /cʰatīsī チャティースィー/ *f.* **1** 身持ちの悪い女. **2** 貞節を装っている悪女.

ਛੱਤੀਮਾਂ (छत्तीमाँ) /cʰattīmā̃ チャッティーマーン/ ▸ਛੱਤ੍ਰੀਆਂ, ਛੱਤ੍ਰੀਵਾਂ, ਛਤਰੀਆਂ, ਛੱਤੀਵਾਂ [(Mal.)] *or.num. adj.* → ਛੱਤ੍ਰੀਵਾਂ

ਛੱਤੀਵਾਂ (छत्तीवाँ) /cʰattīwā̃ チャッティーワーン/ ▸ਛੱਤ੍ਰੀਆਂ, ਛੱਤ੍ਰੀਵਾਂ, ਛਤਰੀਆਂ, ਛੱਤੀਮਾਂ *or.num. adj.* → ਛੱਤ੍ਰੀਵਾਂ

ਛੱਤੇ (छत्ते) /cʰatte チャッテー/ *m.* 断髪《複数形》.

ਛੰਦ (छंद) /cʰanda チャンド/ ▸ਛੰਤ [Skt. छन्दस्] *m.* **1** 〖文学〗韻律, 詩の韻律. **2** 韻文, 韻を踏んだ詩.

ਛੰਦਕਾਰ (छंदकार) /cʰandakāra チャンドカール/ [Skt.-कार] *m.* 〖文学〗詩作者, 詩人. (⇒ਕਵੀ, ਸ਼ਾਇਰ)

ਛੰਦਕਾਰੀ (छंदकारी) /cʰandakārī チャンドカーリー/ [Skt.-कारिता] *f.* 〖文学〗詩作芸術.

ਛੰਦਬੰਦ (छंदबंद) /cʰandabanda チャンドバンド/ ▸ਛੰਦਬੱਧ *adj.* → ਛੰਦਬੱਧ

ਛੰਦਬੱਧ (छंदबद्ध) /cʰandabâdda チャンドバッド/ ▸ਛੰਦਬੰਦ [Skt. छन्दस् + Skt. बद्ध] *adj.* 〖文学〗韻律による, 韻文の, 詩作された.

ਛੰਦਾਬੰਦੀ (छंदाबंदी) /cʰandābandī チャンダーバンディー/ [-ਈ] *f.* **1** 〖文学〗詩作. **2** 韻律を踏んだ詩.

ਛੰਦੀ (छंदी) /cʰandī チャンディー/ *adj.* だましの, 人を欺く, いんちきな. (⇒ਧੋਖੇਬਾਜ਼)

ਛੰਨ (छंन) /cʰanna チャンヌ/ [Skt. छन्न] *f.* **1** 〖建築〗藁葺き小屋. **2** 〖建築〗藁葺き屋根. (⇒ਛੱਪਰ)

ਛੰਨਾ (छंना) /cʰannā チャンナー/ *m.* 〖容器〗鉢, 大きな椀.

ਛਨਿੱਛਰ (छनिच्छर) /cʰaniccʰara チャニッチャル/ ▸ਸਨਿੱਚਰ, ਸਨੀਚਰ *m.* → ਸਨਿੱਚਰ

ਛਨਿੱਛਰਵਾਰ (छनिच्छरवार) /cʰaniccʰarawāra チャニッチャルワール/ ▸ਸਨਿੱਚਰਵਾਰ, ਸ਼ਨਿਚਰਵਾਰ *m.* → ਸਨਿੱਚਰਵਾਰ

ਛਪਈ (छपई) /cʰapaī チャパイー/ *f.* 〖文学〗六行詩.

ਛਪਕ (छपक) /cʰapaka チャパク/ ▸ਛਪਛਪ, ਛਪਾਕਾ *f.* → ਛਪਛਪ

ਛਪਕਲੀ (छपकली) /cʰapakalī チャプカリー/ ▸ਛਿਪਕਲੀ *f.* → ਛਿਪਕਲੀ

ਛਪਕਾ (छपका) /cʰapakā チャプカー/ *m.* 掛け金, 戸を閉める閂棒.

ਛਪਛਪ (छपछप) /cʰapacʰapa チャプチャプ/ ▸ਛਪਕ, ਛਪਾਕਾ *f.* 〖擬声語〗チャプチャプ《水が跳ねる音, 水しぶきの音, 水が岸に打ち寄せる音など》.

ਛਪੰਜਾ (छपंजा) /cʰapañjā チャパンジャー/ ▸ਛਵੰਜਾ, ਛਵਿੰਜਾ [Skt. षट् + Pers. *panjāh*] *ca.num.* 56.
— *adj.* 56の.

ਛਪੰਝਵਾਂ (छपंझवाँ) /cʰapâñjawā̃ チャパンジワーン/ [-ਵਾਂ] *or.num.* 56番目.
— *adj.* 56番目の.

ਛਪਣਾ[1] (छपणा) /cʰapaṇā チャプナー/ [cf. ਛਾਪਣਾ] *vi.* **1** 刷られる, 印刷される. **2** 印字される. **3** 出版される. **4** (色や模様などが)押される.

ਛਪਣਾ[2] (छपणा) /cʰapaṇā チャプナー/ ▸ਛਿਪਣਾ, ਛੁਪਣਾ *vi.* → ਛੁਪਣਾ

ਛੱਪਰ (छप्पर) /cʰappara チャッパル/ [(Pkt. छप्पर) Skt. छत्वर] *m.* **1** 〖建築〗藁葺き屋根. **2** 〖建築〗藁葺き小屋, 竹組みと草葺きで作られた小屋.

ਛੱਪਰੀ (छप्परी) /cʰapparī チャッパリー/ [-ਈ] *f.* **1** 〖建築〗小さな藁葺き屋根. **2** 〖建築〗小さな藁葺き小屋.

ਛਪਵਾਉਣਾ (छपवाउणा) /cʰapawāuṇā チャプワーウナー/ ▸ਛਪਾਉਣਾ [cf. ਛਾਪਣਾ] *vt.* **1** 刷らせる, 印刷させる, 印刷してもらう. **2** 印字させる. **3** 出版させる. **4** (色や模様などを)押してもらう.

ਛਪਵਾਈ (छपवाई) /cʰapawāī チャプワーイー/ ▸ਛਪਾਈ [cf. ਛਾਪਣਾ] *f.* **1** 印刷. **2** 印字. **3** 出版.

ਛਪੜ (छपड़) /cʰapaṛa チャパル/ ▸ਛੱਪੜ *m.* → ਛੱਪੜ

ਛੱਪੜ (छप्पड़) /cʰappaṛa チャッパル/ ▸ਛਪੜ *m.* **1** 雨水

の溜まる所, 水溜り. (⇒ਜੋਹੜ) **2**〖地理〗池, 溜池.

ਛੱਪੜੀ (छप्पड़ी) /c^{h}appaṛī チャッパリー/ *f.*〖地理〗小さな溜池.

ਛਪਾਉਣਾ (छपाउणा) /c^{h}apāuṇā チャパーウナー/ ▸ਛਪਵਾਉਣਾ *vt.* → ਛਪਵਾਉਣਾ

ਛਪਾਈ (छपाई) /c^{h}apāī チャパーイー/ ▸ਛਪਵਾਈ *f.* → ਛਪਵਾਈ

ਛਪਾਕਾ (छपाका) /c^{h}apākā チャパーカー/ ▸ਛਪਕ, ਛਪਛਪ *m.*〖擬声語〗→ ਛਪਛਪ

ਛਪਾਕੀ (छपाकी) /c^{h}apākī チャパーキー/ [Sind. *c^{h}āpāku*] *f.*〖医〗発疹. (⇒ਰਗਪਿੱਤੀ)

ਛਬ (छब) /c^{h}aba̸ チャブ/ [Skt. छवि] *f.* **1** 輝き, 栄光, 壮麗. (⇒ਚਮਕ, ਸੋਭਾ) **2** 美しさ, 優美さ. (⇒ਸੁਹੱਪਣ)

ਛੱਬ੍ਹੀਵਾਂ (छब्हीवाँ) /c^{h}âbbīwā̃ チャッビーワーン/ ▸ਛੱਬੀਵਾਂ *or.num. adj.* → ਛੱਬੀਵਾਂ

ਛੱਬਾ (छब्बा) /c^{h}abbā チャッバー/ [Skt. छवि] *m.*〖装〗飾り房.

ਛੱਬੀ (छब्बी) /c^{h}abbī チャッビー/ [Skt. षड्विंशति] *ca.num.* 26.

— *adj.* 26の.

ਛਬੀਲ (छबील) /c^{h}abīla̸ チャビール/ [Arab. *sabīl*] *f.* 無料の給水所.

ਛਬੀਲਾ (छबीला) /c^{h}abīlā チャビーラー/ [Skt. छवि] *adj.* **1** 壮麗な, みごとな. **2** 優美な, しとやかな. **3** 容姿の整った, 美しい. **4** お洒落な, 粋な.

ਛਬੀਲਾਪਣ (छबीलापण) /c^{h}abīlāpaṇa̸ チャビーラーパン/ [-ਪਣ] *m.* **1** 壮麗. **2** 優美さ, しとやかさ. **3** 容姿端麗, 美貌. **4** お洒落.

ਛੱਬੀਵਾਂ (छब्बीवाँ) /c^{h}abbīwā̃ チャッビーワーン/ ▸ਛੱਬ੍ਹੀਵਾਂ [Skt. षड्विंशति -वां] *or.num.* 26番目.

— *adj.* 26番目の.

ਛੰਭ (छंभ) /c^{h}âmba̸ チャンブ/ *m.*〖地理〗浅い湖.

ਛਮਕ (छमक) /c^{h}amaka̸ チャマク/ [Pers. *cābuk*] *f.* **1**〖植物〗細長い茎. **2**〖植物〗柔らかい小枝. **3** 棒. (⇒ਛਟੀ)

ਛਮਾਹੀ (छमाही) /c^{h}amāhī チャマーヒー/ ▸ਛਿਮਾਹੀ *f.* → ਛਿਮਾਹੀ

ਛੱਰਾ (छर्रा) /c^{h}arrā チャッラー/ [Pkt. छडा] *m.* **1** 小石. **2**〖武〗弾, 弾丸, 小弾丸, 散弾.

ਛਰਾਟਾ (छराटा) /c^{h}arāṭā チャラーター/ *m.*〖気象〗にわか雨.

ਛੱਰੇਦਾਰ (छर्रेदार) /c^{h}arredāra̸ チャッレーダール/ [Pkt. छडा Pers.-*dār*] *adj.* 弾丸の入った, 弾を込めた.

ਛਲ (छल) /c^{h}ala̸ チャル/ [Skt. छल] *m.* **1** だまし, 欺き, 詐欺, ごまかし, いんちき. (⇒ਧੋਖਾ) **2** 策略, 計略, 手管, 悪巧み. **3** 悪賢さ, 狡猾さ, ずるさ.

ਛੱਲ (छल्ल) /c^{h}alla̸ チャッル/ [Skt. उच्छलन] *f.* **1** 波, 大波. **2** うねり, 波動. **3** 溢れること, こぼれること. **4** 氾濫, 洪水. (⇒ਹੜ੍ਹ, ਕਾਂਗ) **5** 大雨, 豪雨. (⇒ਬਹੁਤੀ ਬਾਰਸ਼)

ਛਲਕ (छलक) /c^{h}alaka̸ チャラク/ [cf. ਛਲਕਣਾ] *f.* **1** 溢れること, こぼれること. **2** 水の跳ねる音, 波の音.

ਛਲਕਣਾ (छलकणा) /c^{h}ala̸kaṇā チャルカナー/ ▸ਛੁਲਕਣਾ [(Pkt. छलक्क) Skt. उच्छलन] *vi.* **1** 溢れる, 溢れ出る, こぼれる. **2** 水の跳ねる音がする, 波の音が聞こえる.

ਛਲਕਾਉਣਾ (छलकाउणा) /c^{h}ala̸kāuṇā チャルカーウナー/ ▸ਛੁਲਕਾਉਣਾ [cf. ਛਲਕਣਾ] *vt.* **1** 溢れさせる, 溢れ出させる, こぼす. **2** 水をはねかして音を出す, 波を立てる.

ਛਲਛਲਾਉਣਾ (छलछलाउणा) /c^{h}ala̸c^{h}alāuṇā チャルチャラーウナー/ *vi.* **1** 縁まで水がいっぱいになる. **2** 溢れ出る, こぼれる. **3** ひどく濡れる, ぐしょ濡れになる, ずぶ濡れになる.

ਛਲਣਾ (छलणा) /c^{h}ala̸ṇā チャルナー/ ▸ਛਲਨਾ *vt.* → ਛਲਨਾ

ਛਲਨਾ (छलना) /c^{h}ala̸nā チャルナー/ ▸ਛਲਣਾ [Skt. छलयति] *vt.* **1** だます, 欺く, ぺてんにかける. **2** ごまかす.

ਛਲਨੀ (छलनी) /c^{h}ala̸nī チャルニー/ [cf. ਛਾਣਨਾ] *f.*〖道具〗篩(ふるい), 濾し網. ❒ਛਲਨੀ ਹੋ ਜਾਣੀ 篩のように穴だらけになる, 傷だらけになる, 銃弾で体中を撃ち抜かれる. ❒ਛਲਨੀ ਕਰ ਦੇਣੀ 篩のように穴だらけにする, 傷だらけにする, 銃弾で体中を撃ち抜く.

ਛੱਲਾ (छल्ला) /c^{h}allā チャッラー/ [Skt. चक्कल] *m.* **1**〖装〗指輪. **2** 巻いたもの. **3** 環, 輪の形のもの, リング状のもの.

ਛਲਾਉਣਾ (छलाउणा) /c^{h}alāuṇā チャラーウナー/ [cf. ਛਲਨਾ] *vt.* だまさせる, 欺かせる.

ਛੱਲਾ-ਕੋਠੀ (छल्ला-कोठी) /c^{h}allā-koṭ^{h}ī チャッラー・コーティー/ [Skt. चक्र + Skt. कोष्ठ -ई] *f.* 売春宿, 遊郭, 廓.

ਛਲਾਂਗ (छलाँग) /c^{h}alā̃ga̸ チャラーング/ *f.* **1** 飛び跳ねること, 跳躍. **2** 飛躍, 躍進.

ਛੱਲੀ (छल्ली) /c^{h}allī チャッリー/ [(Pkt. छल्ली) Skt. छिल्ली] *f.* **1**〖植物〗トウモロコシの芯, トウモロコシの穂軸, トウモロコシの実. **2** 織り糸のかせ(一巻き), 糸巻き. **3**〖身体〗肥大した脾臓. **4**〖身体〗堅くなった筋肉.

ਛਲੀਆ (छलीआ) /c^{h}alīā チャリーアー/ [cf. ਛਲਨਾ] *adj.* 人をだます, 狡猾な, いんちきな.

ਛਲੇਡਾ (छलेडा) /c^{h}aleḍā チャレーダー/ *m.* お化け.

ਛੱਲੇਦਾਰ (छल्लेदार) /c^{h}alledāra̸ チャッレーダール/ [Skt. चक्कल Pers.-*dār*] *adj.* 環状の, 輪の形の, リング状の.

ਛਵ੍ਹੀ (छव्ही) /c^{h}âwī チャウィー/ [(Pkt. छेव) Skt. छेद] *f.* **1**〖道具〗斧(おの). **2**〖武〗長く広い刃と長い柄の戦闘用の斧. **3**〖機械〗飼料を切り刻む機械の刃.

ਛਵੰਜਾ (छवंजा) /c^{h}awañjā チャワンジャー/ ▸ਛਪੰਜਾ, ਛਵਿੰਜਾ [Skt. षट् + Pers. *panjāh*] *ca.num.* 56.

— *adj.* 56の.

ਛਵਾਉਣਾ (छवाउणा) /c^{h}awāuṇā チャワーウナー/ *vt.* 屋根を葺かせる.

ਛਵਿੰਜਾ (छविंजा) /c^{h}awiñjā チャウィンジャー/ ▸ਛਪੰਜਾ, ਛਵੰਜਾ *ca.num. adj.* → ਛਵੰਜਾ

ਛੜ[1] (छड़) /c^{h}aṛa̸ チャル/ [Skt. शर] *f.* **1** 棒. **2** 長釘. **3** 長い金属の棒.

ਛੜ[2] (छड़) /c^{h}aṛa̸ チャル/ *f.* 牛の蹴り.

ਛੜਨਾ (छड़ना) /c^{h}aṛanā チャルナー/ ▸ਛੱਟਣਾ *vt.* → ਛੱਟਣਾ

ਛੜੱਪਾ (छड़प्पा) /c^{h}aṛappā チャラッパー/ *m.* **1** 跳躍. **2** 両足でのジャンプ.

ਛੜਾ[1] (छड़ा) /c^{h}aṛā チャラー/ *adj.* **1** 単一の, 単独の. **2** 独身の, 未婚の.

— *m.* 独身の男子, 独り者.

ਛੜਾ[2] (छड़ा) /c^haṛā チャラー/ *m.* **1** 糸の一巻き. **2** 紐の一巻き.

ਛੜਾਈ (छड़ाई) /c^haṛāī チャラーイー/ [cf. ਛੱਟਣਾ] *f.* **1** 強く叩くこと. **2** (衣服を)叩いて洗うこと. **3** 籾殻を篩い分けること, 籾殻を吹き分けること. **4** 殻を取る作業, 脱穀.

ਛੜੀ (छड़ी) /c^haṛī チャリー/ *m.* 〖道具〗杖, ステッキ.

ਛਾਂ (छाँ) /c^hã チャーン/ ▸ਛਾਉ, ਛਾਉਂ [(Pkt. छाई) Skt. छाया] *f.* **1** 陰, 日陰, 木陰. (⇒ਪਰਛਾਵਾਂ) **2** 影. (⇒ਸਾਇਆ) **3** 〖比喩〗保護, 援助.

ਛਾਉਂ (छाउँ) /c^hāõ チャーオーン/ ▸ਛਾਂ, ਛਾਉ *f.* → ਛਾਂ

ਛਾਉ (छाउ) /c^hāo チャーオー/ ▸ਛਾਂ, ਛਾਉਂ *f.* → ਛਾਂ

ਛਾਉਣਾ[1] (छाउणा) /c^hāuṇā チャーウナー/ *vt.* 屋根を葺く.

ਛਾਉਣਾ[2] (छाउणा) /c^hāuṇā チャーウナー/ [Skt. छादयति] *vi.* 影が広がる, 暗くなる.

ਛਾਉਣੀ (छाउणी) /c^hāuṇī チャーウニー/ ▸ਛਾਵਨੀ, ਛੌਣੀ [(Pkt. छावणी) Skt. छादन] *f.* **1** 屋根葺き. **2** 宿営, 宿泊, 逗留. **3** 〖軍〗宿営地, 野営地, 駐留地, 駐屯地, 兵営.

ਛਾਉਲਾ (छाउला) /c^hāulā チャーウラー/ [cf. ਛਾਉਣਾ] *adj.* 日陰の, 影が広がった.

ਛਾਇਆ (छाइआ) /c^hāiā チャーイアー/ [Skt. छाया] *f.* **1** 陰, 物陰. (⇒ਛਾਂ, ਪਰਛਾਵਾਂ) **2** 影, 映像, 投影, 反映. **3** 影響. **4** 防御. (⇒ਰੱਖਿਆ) **5** 悪影響. **6** 恐れ. (⇒ਡਰ) **7** 霊. **8** 悪霊. **9** 幻想. **10** 想像の産物.

ਛਾਇਆ-ਰੂਪ (छाइआ-रूप) /c^hāiā-rūpa チャーイアー・ループ/ [+ Skt. रूप] *m.* 幻影.

ਛਾਇਆਵਾਦ (छाइआवाद) /c^hāiāwāda チャーイアーワード/ [Skt.-वाद] *m.* **1** 陰影主義. **2** 神秘主義.

ਛਾਇਆਵਾਦੀ (छाइआवादी) /c^hāiāwādī チャーイアーワーディー/ [Skt.-वादिन्] *adj.* **1** 陰影主義の. **2** 神秘主義の.
— *m.* **1** 陰影主義者. **2** 神秘主義者.

ਛਾਈਂ-ਮਾਈਂ (छाईं-माईं) /c^hāĩ-māĩ チャーイーン・マーイーン/ ▸ਛਾਈ ਮਾਈ *adj.* **1** 消えた, 消滅した. **2** 危なっかしい. **3** はかない.

ਛਾਈ-ਮਾਈ (छाई-माई) /c^hāī-māī チャーイー・マーイー/ ▸ਚਾਈਂ-ਮਾਈਂ *adj.* → ਚਾਈਂ-ਮਾਈਂ

ਛਾਹ (छाह) /c^hâ チャー/ [Skt. छच्छिका] *f.* 〖飲料〗脱脂乳. (⇒ਲੱਸੀ)

ਛਾਂਗ (छाँग) /c^hãga チャーング/ [Skt. छिन्न] *m.* 〖植物〗刈り込まれた枝.

ਛਾਂਗਣਾ (छाँगणा) /c^hãgaṇā チャーンガナー/ [Skt. छिन्न] *vt.* **1** 切る, 絶つ, 断ち切る. (⇒ਕੱਟਣਾ) **2** 剪定する, 刈り込む, 枝を切り落とす, 枝打ちをする. **3** 打つ. **4** 傷つける.

ਛਾਗਲ (छागल) /c^hāgala チャーガル/ [Skt. छागल] *f.* 〖容器〗水を運ぶ布袋.

ਛਾਂਗਲਾ (छाँगला) /c^hãgalā チャーングラー/ ▸ਛਾਂਗਾ *adj.* 六本指の.

ਛਾਂਗਾ (छाँगा) /c^hãgā チャーンガー/ ▸ਛਾਂਗਲਾ *m.* → ਛਾਂਗਲਾ

ਛਾਛ (छाछ) /c^hāc^ha チャーチ/ [Skt. छच्छिका] *f.* 〖食品〗攪拌棒または攪乳器でバターを採取した後の凝乳, バターミルク. (⇒ਕੱਸਾ, ਮੱਠਾ, ਲੱਸੀ)

ਛਾਜੀ (छाजी) /c^hājī チャージー/ [(Lah.) cf. ਛੱਜ] *m.* 籾殻を篩い分ける人, 籾殻を吹き分ける人, 穀物を選り分ける人.

ਛਾਂਟ (छाँट) /c^hãṭa チャーント/ ▸ਛਾਂਟੀ [Skt. छिन्न] *f.* **1** 選ぶこと, 選択. **2** 選び出すこと, 選別. **3** 分離, 分別. **4** 縮小. **5** 削減.

ਛਾਟ (छाट) /c^hāṭa チャート/ ▸ਛਾਂਟਾ [(Lah.)] *f.* **1** 〖道具〗鞭. (⇒ਹੰਟਰ, ਕੋੜਾ, ਚਾਬਕ) **2** 革紐. **3** 棒に革紐の付いたもの.

ਛਾਂਟਣਾ (छाँटणा) /c^hãṭaṇā チャーンタナー/ [Skt. छिन्न] *vt.* **1** 選ぶ, 選択する. (⇒ਚੁਣਨਾ) **2** 選別する, 選り分ける, 選び出す, 選りすぐる. **3** 剪定する, 切り取る, 切り離す, 切り抜く. **4** 不要部分を取り除いて簡潔にする, 推敲する. **5** 縮小する, 切り詰める.

ਛਾਂਟਾ (छाँटा) /c^hãṭā チャーンター/ ▸ਛਾਟ *m.* → ਛਾਟ

ਛਾਂਟੀ (छाँटी) /c^hãṭī チャーンティー/ ▸ਛਾਂਟ *f.* → ਛਾਂਟ

ਛਾਣ (छाण) /c^hāṇa チャーン/ [cf. ਛਾਣਨਾ] *m.* **1** 濾過した後の残りかす. **2** (麦など穀物の)ふすま, 糠.

ਛਾਣਨਾ (छाणना) /c^hāṇanā チャーンナー/ [Skt. क्षाणयति] *vt.* **1** 篩にかける, 濾す, 濾過する. **2** より分ける. **3** 搾る. **4** 調べ上げる, 残らず調べる. (⇒ਖੋਜ ਕਰਨਾ)

ਛਾਣਨੀ (छाणनी) /c^hāṇanī チャーンニー/ ▸ਛਾਨਣੀ [cf. ਛਾਣਨਾ] *f.* 〖道具〗網目の細かい小さな篩.

ਛਾਣ-ਬੀਣ (छाण-बीण) /c^hāṇa-bīṇa チャーン・ビーン/ [cf. ਛਾਣਨਾ] *f.* **1** 調べ, 調査, 捜査. **2** 綿密な調べ. **3** 分析. **4** 資格審査.

ਛਾਤਰ (छातर) /c^hātara チャータル/ ▸ਛਾਤ੍ਰ [Skt. छात्र] *m.* (男子)生徒, 学生.

ਛਾਤ੍ਰ (छात्र) /c^hātra (c^hātara) チャートル (チャータル)/ ▸ਛਾਤਰ *m.* → ਛਾਤਰ

ਛਾਤਰਾ (छातरा) /c^hātarā チャータラー/ ▸ਛਾਤ੍ਰਾ [Skt. छात्रा] *f.* 女子生徒, 女子学生.

ਛਾਤ੍ਰਾ (छात्रा) /c^hātrā (c^hātarā) チャートラー (チャータラー)/ ▸ਛਾਤਰਾ *f.* → ਛਾਤਰਾ

ਛਾਤਾ (छाता) /c^hātā チャーター/ [Skt. छत्र] *m.* **1** 傘, こうもり傘, 雨傘. **2** 日傘. **3** パラシュート, 落下傘. **4** 〖建築〗丸屋根.

ਛਾਤਾਧਾਰੀ (छाताधारी) /c^hātātǎrī チャーターターリー/ [Skt. छत्र + Skt. धारिन्] *m.* **1** 落下傘で降下する者. **2** 〖軍〗落下傘兵.

ਛਾਤੀ (छाती) /c^hātī チャーティー/ [Skt. छादिन्] *f.* **1** 〖身体〗胸, 胸部, 胸郭. (⇒ਸੀਨਾ) **2** 〖身体〗乳房. (⇒ਥਣ)

ਛਾਦਨ (छादन) /c^hādana チャーダン/ [Skt. छादन] *m.* **1** 覆うもの. **2** 衣類, 衣服. (⇒ਕੱਪੜੇ) **3** 〖衣服〗(女性の顔を覆う)ベール. (⇒ਪਰਦਾ)

ਛਾਂਦਾ (छाँदा) /c^hãdā チャーンダー/ [cf. ਛਾਂਟਣਾ] *m.* 割り当て, 分け前. (⇒ਹਿੱਸਾ, ਭਾਗ)

ਛਾਨ੍ਹਾ (छान्हा) /c^hânā チャーナー/ *adj.* 卑しい. (⇒ਕਮੀਨਾ)

ਛਾਨਣਾ (छानणा) /c^hānaṇā チャーナナー/ [cf. ਛਾਣਨਾ] *m.* 〖道具〗網目の粗い篩.

ਛਾਨਣੀ (छानणी) /c^hānaṇī チャーナニー/ ▸ਛਾਣਨੀ [cf.

ਛਾਣਨਾ] *f.* 〖道具〗網目の細かい小さな篩.

ਛਾਪ (छाप) /c^{h}āpa̸ チャープ/ ▸ਛਾਪਾ [cf. ਛਾਪਣਾ] *f.* **1** 印刷. **2** 印字. **3** 印, 刻印, (印やスタンプなどの)押印, 刻印. **4** (印刷の)刷り. **5** (色や模様などを)押して付けること, 捺染. **6** 印, マーク. **7** 商標, 銘柄. **8** 〖装〗指輪.

ਛਾਪਕ (छापक) /c^{h}āpaka̸ チャーパク/ [cf. ਛਾਪਣਾ] *m.* **1** 印刷する人, 印刷業者, 印刷工. **2** (色や模様などを)押して付ける人, 捺染職人, 捺染工.

ਛਾਪਣਾ (छापणा) /c^{h}āpaṇā チャーパナー/ [Skt. क्षिप्यते] *vt.* **1** 刷る, 印刷する. **2** 印字する. **3** 出版する, 刊行する. **4** (色や模様などを)押す, 印す.

ਛਾਪਾ[1] (छापा) /c^{h}āpā チャーパー/ ▸ਛਾਪ *m.* → ਛਾਪ

ਛਾਪਾ[2] (छापा) /c^{h}āpā チャーパー/ [cf. ਛੁਪਣਾ] *m.* 急襲, 奇襲.

ਛਾਪਾਖ਼ਾਨਾ (छापाख़ाना) /c^{h}āpāxānā チャーパーカーナー/ [cf. ਛਾਪਣਾ Pers.-*xāna*] *m.* 印刷所. (⇒ਮਤਬਾ)

ਛਾਪਾਮਾਰ (छापामार) /c^{h}āpāmāra̸ チャーパーマール/ *m.* **1** 急襲者. **2** ゲリラ兵.

ਛਾਬੜੀ (छाबड़ी) /c^{h}āba̸ṛī チャーブリー/ *f.* **1** 〖容器〗物売りの籠. **2** 〖容器〗小さな籠. (⇒ਪਛੋਟਾ)

ਛਾਬਾ (छाबा) /c^{h}ābā チャーバー/ [Skt. झाबु] *m.* **1** 〖道具〗天秤ばかりの皿. **2** 〖容器〗小さな籠. (⇒ਪਛੋਟਾ)

ਛਾਰ (छार) /c^{h}āra̸ チャール/ [(Pkt. छार) Skt. क्षार] *f.* 灰. (⇒ਸੁਆਹ)

ਛਾਲ (छाल) /c^{h}āla̸ チャール/ *f.* 飛び跳ねること, 跳躍. ❒ਛਾਲ ਮਾਰਨੀ 跳ぶ, 跳ねる, 跳躍する.

ਛਾਲਾ (छाला) /c^{h}ālā チャーラー/ *m.* 〖医〗皮膚の水ぶくれ, 水疱.

ਛਾਵਨੀ (छावनी) /c^{h}āwanī チャーワニー/ ▸ਛਾਉਣੀ, ਛੌਣੀ *f.* → ਛਾਉਣੀ

ਛਿ (छि) /c^{h}i チ/ [(Pkt. छः) Skt. षट्] *suff.* 「6」「六つの」を意味する接頭辞.

ਛਿਆਸੀ (छिआसी) /c^{h}iāsī チアースィー/ [(Pkt. छडसीईअँ) Skt. षडशीति] *ca.num.* 86.
— *adj.* 86の.

ਛਿਆਸੀਆਂ (छिआसीआँ) /c^{h}iāsīā̃ チアースィーアーン/ ▸ਛਿਆਸੀਵਾਂ *or.num. adj.* → ਛਿਆਸੀਵਾਂ

ਛਿਆਸੀਵਾਂ (छिआसीवाँ) /c^{h}iāsīwā̃ チアースィーワーン/ ▸ਛਿਆਸੀਆਂ [(Pkt. छडसीईअँ) Skt. षडशीति -वां] *or.num.* 86番目.
— *adj.* 86番目の.

ਛਿਆਹਠ (छिआहठ) /c^{h}iāṭ^{h}a̸ チアート/ ▸ਛੇਆਹਠ [(Pkt. छसठि) Skt. षट्षष्टि] *ca.num.* 66.
— *adj.* 66の.

ਛਿਆਹਠਵਾਂ (छिआहठवाँ) /c^{h}iāṭ^{h}a̸wā̃ チアートワーン/ [-वां] *or.num.* 66番目.
— *adj.* 66番目の.

ਛਿਆਨ੍ਹਵਾਂ (छिआन्हवाँ) /c^{h}iânа̸wā̃ チアーンワーン/ ▸ਛਿਆਨਵਾਂ [Skt. षण्णवति -वां] *or.num.* 96番目.
— *adj.* 96番目の.

ਛਿਆਨ੍ਹਵੇਂ (छिआन्हवें) /c^{h}iâna̸wẽ チアーンウェーン/ ▸ਛਿਆਨਵੇਂ, ਛੇਆਨਵੇਂ *ca.num. adj.* → ਛਿਆਨਵੇਂ

ਛਿਆਨਵਾਂ (छिआनवाँ) /c^{h}iāna̸wā̃ チアーンワーン/ ▸ਛਿਆਨ੍ਹਵਾਂ *or.num. adj.* → ਛਿਆਨ੍ਹਵਾਂ

ਛਿਆਨਵੇਂ (छिआनवें) /c^{h}iāna̸wẽ チアーンウェーン/ ▸ਛਿਆਨ੍ਹਵੇਂ, ਛੇਆਨਵੇਂ ([Skt. षण्णवति] *ca.num.* 96.
— *adj.* 96の.

ਛਿਆਲੀ (छिआली) /c^{h}iālī チアーリー/ ▸ਛਤਾਲੀ, ਛਿਤਾਲੀ [(Pkt. छायालीसम्) Skt. षट्चत्वारिंशत्] *ca.num.* 46.
— *adj.* 46の.

ਛਿਆਲੀਵਾਂ (छिआलीवाँ) /c^{h}iālīwā̃ チアーリーワーン/ ▸ਛਤਾਲ੍ਹੀਆਂ, ਛਤਾਲ੍ਹੀਵਾਂ, ਛਤਾਲੀਵਾਂ [-वां] *or.num.* 46番目.
— *adj.* 46番目の.

ਛਿਸਣਾ (छिसणा) /c^{h}isa̸ṇā チスナー/ *vi.* 使い減りで薄くなる.

ਛਿਹੱਤਰ (छिहत्तर) /c^{h}iăttara̸ チアッタル/ ▸ਛੇਹੱਤਰ [Skt. षट्सप्तति] *ca.num.* 76.
— *adj.* 76の.

ਛਿਹੱਤਰਵਾਂ (छिहत्तरवाँ) /c^{h}iăttara̸wā̃ チアッタルワーン/ [-वां] *or.num.* 76番目.
— *adj.* 76番目の.

ਛਿੱਕ (छिक्क) /c^{h}ikka̸ チック/ [Skt. छिक्का] *f.* 〖生理〗くしゃみ. (⇒ਨਿੱਛ)

ਛਿੱਕਣਾ (छिक्कणा) /c^{h}ikkaṇā チッカナー/ *vi.* 〖生理〗くしゃみをする.

ਛਿੱਕਾ (छिक्का) /c^{h}ikkā チッカー/ ▸ਛੀਕਾ [Skt. शिक्य] *m.* **1** 〖道具〗猫や鼠や蟻から守るために食べ物を吊り下げる網. **2** 〖競技・道具〗(テニスまたはバドミントンの)ラケット. **3** (家畜の鼻づらに掛ける)口輪.

ਛਿੱਕੂ (छिक्कू) /c^{h}ikkū チックー/ ▸ਛਕੂ [Skt. शिक्य] *m.* 〖容器〗葦や藁で作られた小さな籠. (⇒ਪਛੋਟਾ)

ਛਿਕੋਣ (छिकोण) /c^{h}ikoṇa̸ チコーン/ [Skt. षट्- Skt. कोण] *f.* 〖幾何〗六角形.

ਛਿਕੋਣਾ (छिकोणा) /c^{h}ikoṇā チコーナー/ ▸ਛਿਕੋਨਾ [Skt. षट्- Skt. कोण] *adj.* 六角形の.

ਛਿਕੋਨਾ (छिकोना) /c^{h}ikonā チコーナー/ ▸ਛਿਕੋਣਾ *adj.* → ਛਿਕੋਣਾ

ਛਿੰਗ (छिंग) /c^{h}iṅga̸ チング/ *f.* 〖道具〗爪楊枝.

ਛਿੱਗਾ (छिग्गा) /c^{h}iggā チッガー/ [Skt. षट्- गा] *adj.* 六本の歯の.

ਛਿਗੁਣਾ (छिगुणा) /c^{h}iguṇā チグナー/ ▸ਛੇ ਗੁਣਾ [Skt. षट्- Skt.-गुणन] *adj.* **1** 六倍の. **2** 六重の.

ਛਿੱਛੜਾ (छिच्छड़ा) /c^{h}icc^{h}a̸ṛā チッチャラー/ [(Pkt. छुच्छ) Skt. तुच्छ + ड़ा] *m.* **1** 血液やミルクの凝固した小片. **2** 肉の小片.

ਛਿੱਜਣਾ (छिज्जणा) /c^{h}ijjaṇā チッジャナー/ [(Pkt. छिज्जई) Skt. छिद्यते] *vi.* **1** (布が)かなり薄くなる. **2** 減る. **3** 擦り切れる.

ਛਿੰਝ (छिंझ) /c^{h}îñja̸ チンジ/ *f.* 〖競技〗レスリングの試合. (⇒ਕੁਸ਼ਤੀ)

ਛਿੱਟ (छिट्ट) /c^{h}iṭṭa̸ チット/ ▸ਛਿੱਟਾ [Pkt. छंट] *f.* **1** 水滴. **2** 水しぶき.

ਛਿਟਣਾ (छिटणा) /c^{h}iṭaṇā チタナー/ [Pkt. छंट] *vi.* 跳ね散る, ばちゃばちゃ跳ねる.

ਛਿਟੜ (छिटड़) /c^{h}iṭaṛa̸ チタル/ [+ ੜ] *adj.* 跳ね散る, ばちゃばちゃ跳ねる.

ਛਿੱਟਾ (छिट्टा) /c^{h}iṭṭā チッター/ ▸ਛਿੱਟ *m.* → ਛਿੱਟ

ਛਿਟਿਆਉਣਾ (छिटिआउणा) /cʰiṭiāuṇā チティアーウナー/ [cf. ਛਿਟਣਾ] *vt.* はね散らす.
ਛਿਟੀ (छिटी) /cʰiṭī チティー/ ▸ਛਟੀ *f.* → ਛਟੀ
ਛਿੱਡੀ (छिड्डी) /cʰiḍḍī チッディー/ *f.* 脱脂乳を濾した後の残余物. (⇒ਪੋਣ)
ਛਿਣ (छिण) /cʰiṇa チン/ ▸ਛਿਨ [(Pkt. छण) Skt. क्षण] *m.* 1 瞬間. 2 瞬時.
ਛਿਣਕਣਾ (छिणकणा) /cʰiṇakaṇā チンクナー/ [Pkt. छंट] *vt.* 1 撒く, 撒き散らす. 2 振りかける, 散布する. 3 散水する.
ਛਿਣਕਾ (छिणका) /cʰiṇakā チンカー/ ▸ਛਿਣਕਾਉ [cf. ਛਿਣਕਣਾ] *m.* 1 しぶき. 2 撒き散らすこと, 散布, 散水.
ਛਿਣਕਾਉ (छिणकाउ) /cʰiṇakāo チンカーオー/ ▸ਛਿਣਕਾ *m.* → ਛਿਣਕਾ
ਛਿਤ[1] (छित) /cʰita チト/ *f.* (皮膚に刺さった)棘.
ਛਿਤ[2] (छित) /cʰita チト/ [Skt. क्षिति] *f.* 土地, 大地. (⇒ਪਰਿਥਵੀ, ਧਰਤੀ)
ਛਿੱਤਰ (छित्तर) /cʰittara チッタル/ [Pkt. छित्तरण] *m.* 1 〖履物〗靴. 2 〖履物〗古靴. (⇒ਲਿੱਤਰ)
ਛਿਤਰਾੜ (छितराड़) /cʰitarāṛa チトラール/ ▸ਛਿਤਰੌੜ [(Pot.)] *f.* 靴で尻を叩くこと.
ਛਿਤਰੌੜ (छितरौड़) /cʰitarauṛa チトラォール/ ▸ਛਿਤਰਾੜ *f.* → ਛਿਤਰਾੜ
ਛਿਤਾਲੀ (छिताली) /cʰitālī チターリー/ ▸ਛਤਾਲੀ, ਛਿਆਲੀ *ca.num. adj.* → ਛਤਾਲੀ
ਛਿੱਥਾ (छित्था) /cʰittʰā チッター/ [Skt. क्षिप्त] *adj.* 1 苛々した. 2 腹を立てた, 怒っている. 3 気難しい. 4 不機嫌な. 5 恥じている. (⇒ਸ਼ਰਮਿੰਦਾ, ਲੱਜਿਤ)
ਛਿੱਦਣਾ (छिद्दणा) /cʰiddaṇā チッダナー/ [(Pkt. छिद्द) Skt. छिद्र] *vi.* 1 穴が開く, 突き抜ける, 貫通する. 2 擦り切れる. (⇒ਛਿੱਜਣਾ)
ਛਿਦਰ (छिदर) /cʰidara チダル/ ▸ਛਿਦ੍ਰ [(Pkt. छिद्द) Skt. छिद्र] *m.* 1 穴, 孔, 突き抜けた所. 2 隙間, 空間, 割れ目, 裂け目. 3 へこみ, 窪み. 4 欠点, 欠陥. 5 誤り, 間違い.
ਛਿਦ੍ਰ (छिद्र) /cʰidra (cʰidara) チドル (チダル)/ ▸ਛਿਦਰ *m.* → ਛਿਦਰ
ਛਿਦਰਾ (छिदरा) /cʰidarā チドラー/ ▸ਛਿੱਦਾ *adj.* → ਛਿੱਦਾ
ਛਿਦਵਾਉਣਾ (छिदवाउणा) /cʰidawāuṇā チドワーウナー/ ▸ਛਿਦਾਉਣਾ [cf. ਛਿੱਦਣਾ] *vt.* 穴を開けさせる, 突き通させる.
ਛਿਦਵਾਈ (छिदवाई) /cʰidawāī チドワーイー/ [cf. ਛਿੱਦਣਾ] *f.* 穴を開けること, 突き通すこと.
ਛਿੰਦਾ (छिंदा) /cʰindā チンダー/ *adj.* 1 いたずらな. 2 甘やかされた. 3 放埒な.
ਛਿੱਦਾ (छिद्दा) /cʰiddā チッダー/ ▸ਛਿਦਰਾ [cf. ਛਿੱਦਣਾ] *adj.* 穴の開いた.
ਛਿਦਾਉਣਾ (छिदाउणा) /cʰidāuṇā チダーウナー/ ▸ਛਿਦਵਾਉਣਾ *vt.* → ਛਿਦਵਾਉਣਾ
ਛਿਨ (छिन) /cʰina チン/ ▸ਛਿਣ *m.* → ਛਿਣ
ਛਿਨਾਲ (छिनाल) /cʰināla チナール/ [Pkt. छिण्णाल] *adj.* 1 不品行な, 浮気な, 多情な, 淫乱の. 2 不義の, 姦通を犯した, 不倫の.
— *f.* 1 不品行な女, 浮気女, 多情な女, 淫乱女. 2 娼婦, 売春婦.
ਛਿਪਕਲੀ (छिपकली) /cʰipakalī チプカリー/ ▸ਛਪਕਲੀ *f.* 1 〖動物〗ヤモリ, 守宮. 2 〖動物〗トカゲ, 蜥蜴.
ਛਿਪਣਾ (छिपणा) /cʰipaṇā チパナー/ ▸ਛਪਣਾ, ਛੁਪਣਾ [Skt. क्षपयति] *vi.* 1 隠れる. 2 (太陽や月が)沈む.
ਛਿਪਦਾ (छिपदा) /cʰipadā チプダー/ [cf. ਛਿਪਣਾ] *adj.* 1 太陽が沈む. 2 月が沈む.
— *m.* 1 太陽が沈む方角. 2 西.
ਛਿਪਾਉ (छिपाउ) /cʰipāo チパーオー/ ▸ਛਿਪਾਵ [cf. ਛਿਪਣਾ] *m.* 1 隠れること, 潜むこと, 潜伏. 2 隠すこと, 秘密にすること, 隠匿.
ਛਿਪਾਵ (छिपाव) /cʰipāwa チパーウ/ ▸ਛਿਪਾਉ *m.* → ਛਿਪਾਉ
ਛਿੰਭਣ (छिंभण) /cʰîmbaṇa チンバン/ *m.* 更紗模様.
ਛਿੰਭਣਾ (छिंभणा) /cʰîmbaṇā チンバナー/ *vt.* 染料で模様を付ける.
ਛਿਮਾਹਾ (छिमाहा) /cʰimâā | cʰimāhā チマーアー | チマーハー/ ▸ਛਿਮਾਹਿਆਂ, ਛਿਮਾਹਿਆ *adj.m.* → ਛਿਮਾਹਿਆਂ
ਛਿਮਾਹਿਆਂ (छिमाहिआँ) /cʰimâiā̃ チマーイアーン/ ▸ਛਿਮਾਹਾ, ਛਿਮਾਹਿਆ [Skt. षट्- Pers. *māh* + ਇਆਂ] *adj.* 1 六か月の, 半年の, 六か月ごとの, 半年ごとの, 年二回の, 半年ごとに行われる. 2 六か月後に予定された, 六か月後に起こる. 3 妊娠六か月で生まれた, 六か月後に生まれる.
— *m.* 妊娠六か月で生まれた男児, 六か月後に生まれる男児.
ਛਿਮਾਹਿਆ (छिमाहिआ) /cʰimâiā チマーイアー/ ▸ਛਿਮਾਹਾ, ਛਿਮਾਹਿਆਂ *adj.m.* → ਛਿਮਾਹਿਆਂ
ਛਿਮਾਹੀਂ (छिमाहीं) /cʰimâī̃ チマーイーン/ [Skt. षट्- Pers. *māh* + ਈਂ] *adj.* → ਛਿਮਾਹਿਆਂ の女性形.
— *f.* 妊娠六か月で生まれた女児, 六か月後に生まれる女児.
ਛਿਮਾਹੀ (छिमाही) /cʰimâī チマーイー/ ▸ਛਮਾਹੀ [-ਈ] *f.* 1 〖時間〗六か月, 半年. 2 (二学期制度の)半学年. 3 六か月ごとに支払われる給与・手当・助成金など. 4 半年後に行われる法事.
ਛਿੱਲ (छिल्ल) /cʰilla チッル/ [(Pkt. छल्ली) Skt. छल्लि] *f.* (果物の)皮, 樹皮, 殼. ❒ਛਿੱਲ ਲਾਹੁਣਾ 皮を剥く, 殼を取る, 激しく叩く.
ਛਿਲਕ (छिलक) /cʰilaka チラク/ ▸ਛਿੱਲ, ਛਿੱਲਕ, ਛਿਲਕਾ *m.* → ਛਿਲਕਾ
ਛਿੱਲਕ (छिल्लक) /cʰillaka チッラク/ ▸ਛਿੱਲ, ਛਿਲਕ, ਛਿਲਕਾ *m.* → ਛਿਲਕਾ
ਛਿਲਕਾ (छिलका) /cʰilakā チルカー/ ▸ਛਿੱਲ, ਛਿਲਕ, ਛਿੱਲਕ [Skt. छल्लि + ਕਾ] *m.* 1 (果物の)皮, 樹皮. 2 殼.
ਛਿੱਲਣਾ (छिल्लणा) /cʰillaṇā チッラナー/ [Skt. छल्लि] *vt.* 1 皮を剥く. 2 殼を取る.
ਛਿਲਤ (छिलत) /cʰilata チルト/ *f.* → ਛਿਲਤਰ
ਛਿਲਤਰ (छिलतर) /cʰilatara チルタル/ *f.* 1 (皮膚に刺さった)棘. 2 極小の細片, 極細の裂片.
ਛਿਲਵਾਉਣਾ (छिलवाउणा) /cʰilawāuṇā チルワーウナー/ ▸ਛਿਲਾਉਣਾ [Skt. छल्लि] *vt.* 1 皮を剥かせる. 2 殼を取らせる.

ਛਿਲਵਾਈ (छिलवाई) /cʰilawāī チルワーイー/ ▸ਛਿਲਾਈ [Skt. छल्लि] *f.* **1** 皮を剥くこと. **2** 殻を取ること.

ਛਿੱਲੜ (छिल्लड़) /cʰillaṛa チッラル/ [Skt. छल्लि + ड़] *m.f.* **1** (果物の)皮, 樹皮. **2** 殻.

ਛਿਲਾ (छिला) /cʰilā チラー/ ▸ਚਿਲਾ, ਚਿੱਲਾ [Pers. *cillā*] *m.* 〚時間〛 40日間.

ਛਿਲਾਉਣਾ (छिलाउणा) /cʰilāuṇā チラーウナー/ ▸ ਛਿਲਵਾਉਣਾ *vt.* → ਛਿਲਵਾਉਣਾ

ਛਿਲਾਈ (छिलाई) /cʰilāī チラーイー/ ▸ਛਿਲਵਾਈ *f.* → ਛਿਲਵਾਈ

ਛਿੜਕਣਾ (छिड़कणा) /cʰiṛakaṇā チルカナー/ ▸ ਛਿੜਕਾਉਣਾ [Pkt. छंट] *vt.* **1** 撒く, 撒き散らす. **2** 振りかける, 散布する. **3** 散水する.

ਛਿੜਕਵਾਉਣਾ (छिड़कवाउणा) /cʰiṛakawāuṇā チルカワーウナー/ [cf. ਛਿੜਕਣਾ] *vt.* **1** 撒かせる. **2** 振りかけさせる, 散布させる. **3** 散水させる.

ਛਿੜਕਵਾਈ (छिड़कवाई) /cʰiṛakawāī チルカワーイー/ [cf. ਛਿੜਕਣਾ] *f.* **1** 撒かせること. **2** 散布させること. **3** 散水させること.

ਛਿੜਕਾ (छिड़का) /cʰiṛakā チルカー/ ▸ਛਿੜਕਾਉ, ਛਿੜਕਾਅ [cf. ਛਿੜਕਣਾ] *m.* **1** しぶき. **2** 撒き散らすこと, 散布. **3** 散水.

ਛਿੜਕਾਉ (छिड़काउ) /cʰiṛakāo チルカーオー/ ▸ਛਿੜਕਾ, ਛਿੜਕਾਅ *m.* → ਛਿੜਕਾ

ਛਿੜਕਾਉਣਾ (छिड़काउणा) /cʰiṛakāuṇā チルカーウナー/ ▸ਛਿੜਕਣਾ *vt.* → ਛਿੜਕਣਾ

ਛਿੜਕਾਅ (छिड़काअ) /cʰiṛakāa チルカーア/ ▸ਛਿੜਕਾ, ਛਿੜਕਾਉ *m.* → ਛਿੜਕਾ

ਛਿੜਕਾਈ (छिड़काई) /cʰiṛakāī チルカーイー/ [cf. ਛਿੜਕਣਾ] *f.* **1** しぶき. **2** 撒き散らすこと, 散布. **3** 散水.

ਛਿੜਨਾ (छिड़ना) /cʰiṛanā チルナー/ [(Pkt. छेडइ) Skt. क्षिप्त] *vi.* **1** (話などが)始まる, 持ち上がる. **2** 起こる, 生じる, 発生する, 勃発する.

ਛਿੜਾਈ (छिड़ाई) /cʰiṛāī チラーイー/ *f.* 放牧.

ਛੀਂ (छीं) /cʰī̃ チーン/ [(Pkt. छः) Skt. षट् -ईं] *adv.* 6ルピーで.

ਛੀ[1] (छी) /cʰī チー/ ▸ਖਟ, ਛਟ, ਛੇ [(Pkt. छः) Skt. षट्] *ca.num.* 6, 六つ.
— *adj.* 六つの.

ਛੀ[2] (छी) /cʰī チー/ *int.* ちぇっ《嫌悪, 不快感, 軽蔑などを示す言葉》.

ਛੀ[3] (छी) /cʰī チー/ ▸ਛੀਹ *int.* → ਛੀਹ

ਛੀਏ (छीए) /cʰīe チーエー/ [(Pkt. छः) Skt. षट्] *adj.* 六つすべての.

ਛੀਹ (छीह) /cʰī̂ チー/ ▸ਛੀ *int.* **1** ちいっ《家畜に水を飲むよう仕向ける時に使う発声》. **2** ちいっ《洗濯屋が衣服を石や木の板に打ちつける時に作業のリズムを保つために使う発声》.

ਛੀਹੋ-ਛੀਹ (छीहो-छीह) /cʰī̂o-cʰī̂ チーオー・チー/ *int.* → ਛੀਹ の反復形.

ਛੀਹੋੜੰਬਾ (छीहोड़ंबा) /cʰī̂oṛambā チーオーランバー/ *m.* 収穫の終わりに慈善用に刈り残した穀物の一部.

ਛੀਕਾ[1] (छीका) /cʰīkā チーカー/ ▸ਛਿੱਕਾ *m.* → ਛਿੱਕਾ

ਛੀਕਾ[2] (छीका) /cʰīkā チーカー/ *ca.num.(m.)* 数字の6.

ਛੀ-ਛੀ (छी-छी) /cʰī-cʰī チー・チー/ *int.* ちぇっちぇっ《嫌悪・不快感・軽蔑などを示す言葉》.

ਛੀਂਟ (छींट) /cʰī̃ṭa チーント/ ▸ਛੀਟ *f.* → ਛੀਟ

ਛੀਟ (छीट) /cʰīṭa チート/ ▸ਛੀਂਟ *f.* 〚布地〛 更紗《色模様をプリントした綿布》.

ਛੀਟਕਾ (छीटका) /cʰīṭakā チートカー/ *adj.* **1** ほっそりした. **2** 細身の. **3** 痩せぎすだが筋骨たくましい. **4** 軽量の.

ਛੀਂਬਾ (छींबा) /cʰī̃bā チーンバー/ *m.* 染物師, (更紗などの)染付け職人.

ਛੀੜ (छीड़) /cʰīṛa チール/ *f.* 人がまばらなこと, 混んでいない状態. (⇔ਭੀੜ)

ਛੁਹ (छुह) /cʰô チョー/ ▸ਛੋਹ [cf. ਛੂਹਣਾ] *f.* **1** 触ること, 接触, 触れ合い. **2** 交際, 付き合い, 関わり合い.

ਛੁਹਣਾ (छुहणा) /cʰôṇā チョーナー/ ▸ਛੂਹਣਾ, ਛੋਹਣਾ *vt.* → ਛੂਹਣਾ

ਛੁਹਰ (छुहर) /cʰôra チョール/ ▸ਛੁਹਰਾ, ਛੋਹਰ, ਛੋਹਰਾ *m.* → ਛੋਹਰ

ਛੁਹਰਾ (छुहरा) /cʰôrā チョーラー/ ▸ਛੁਹਰ, ਛੋਹਰ, ਛੋਹਰਾ *m.* → ਛੋਹਰ

ਛੁਹਲਾ (छुहला) /cʰôlā チョーラー/ ▸ਸ਼ੋਹਲਾ, ਛੋਹਲਾ *m.adj.* → ਸ਼ੋਹਲਾ

ਛੁਹਾਉਣਾ (छुहाउणा) /cʰuǎuṇā チュアーウナー/ *vt.* **1** 触らせる. **2** 始めさせる.

ਛੁਹਾਈ (छुहाई) /cʰuǎī チュアーイー/ [cf. ਛੂਹਣਾ] *f.* **1** 触ること. **2** 〚遊戯〛 相手に触ろうと追いかけたり触られないように逃げたりする遊び, 鬼ごっこ. **3** 着手, 始めること, 開始.

ਛੁਹਾਰਾ (छुहारा) /cʰuhārā チュハーラー/ [Skt. शुष्क] *m.* 〚植物〛 ナツメヤシ(棗椰子)の実, ナツメヤシの実を固く乾したもの. (⇒ਖ਼ੁਰਮਾ)

ਛੁੰਗਣਾ (छुंगणा) /cʰuṅgaṇā チュンガナー/ ▸ਟੁੰਗਣਾ *vt.* たくし上げる.

ਛੁੱਟ (छुट्ट) /cʰuṭṭa チュット/ *postp.* **1** …を除いて. **2** …以外.

ਛੁਟਕਾਰਾ (छुटकारा) /cʰuṭakārā チュトカーラー/ [cf. ਛੁੱਟਣਾ] *m.* **1** 解放, 放免. (⇒ਮੁਕਤੀ, ਰਿਹਾਈ) ❒ਛੁਟਕਾਰਾ ਦੇਣਾ 放つ, 解放する. ❒ਛੁਟਕਾਰਾ ਪਾਉਣਾ, ਛੁਟਕਾਰਾ ਮਿਲਣਾ 放たれる, 解放される. **2** 自由. **3** 免除. **4** 救助, 救出.

ਛੁੱਟਣਾ (छुट्टणा) /cʰuṭṭaṇā チュッタナー/ [(Pkt. छुट्ट) Skt. क्षुत्यते] *vi.* **1** 放たれる, 解放される. **2** 自由になる. **3** 捨てられる. **4** 逃れる.

ਛੁੱਟਪਣ (छुट्टपण) /cʰuṭṭapaṇa チュットパン/ [(Pkt. छोट्ट) Skt. क्षुद्र -ਪਣ] *m.* **1** 小さいこと. **2** 取るに足らないこと. **3** 幼年時代. (⇒ਬਾਲਪਣ)

ਛੁੱਟੜ (छुट्टड़) /cʰuṭṭaṛa チュッタル/ *adj.* 捨てられた.
— *f.* 夫に捨てられた女性.

ਛੁਟਾਈ (छुटाई) /cʰuṭāī チュターイー/ ▸ਛੁਟਿਆਈ, ਛੋਟਾਈ *f.* → ਛੁਟਿਆਈ

ਛੁਟਿਆਉਣਾ (छुटिआउणा) /cʰuṭiāuṇā チュティアーウナー/ *vt.* 縮める.

ਛੁਟਿਆਈ (छुटिआई) /c^huṭiāī チュティアーイー/ ▸ਛੁਟਾਈ, ਛੋਟਾਈ [(Pkt. छोट्ट) Skt. क्षुद्र -ई] *f.* 1 小さいこと. 2 背が低いこと.

ਛੁੱਟੀ (छुट्टी) /c^huṭṭī チュッティー/ *f.* 1 休日. 2 休み, 休暇許可, 非番, 欠勤. ❐ਛੁੱਟੀ ਕਰ ਦੇਣੀ 休みにする. ❐ਬਿਮਾਰੀ ਦੀ ਛੁੱਟੀ 病休. ❐ਪਰਸੂਤ ਛੁੱਟੀ 産休. ❐ਬਿਨਾਂ ਆਗਿਆ ਛੁੱਟੀ 無断欠勤. 3 休暇, 余暇. 4 解雇. ❐ਛੁੱਟੀ ਕਰ ਦੇਣੀ 解雇する. 5 引退, 退職.

ਛੁਟੇਰਾ (छुटेरा) /c^huṭerā チュテーラー/ [(Pkt. छोट्ट) Skt. क्षुद्र -एरा] *adj.* 1 より小さい. 2 より背が低い. 3 より若い, 年下の. 4 より少ない.

ਛੁਡਵਾਉਣਾ (छुडवाउणा) /c^huḍḁwāuṇā チュドワーウナー/ ▸ਛਡਵਾਉਣਾ, ਛਡਾਉਣਾ, ਛੁਡਾਉਣਾ, ਛੁੜਾਉਣਾ *vt.* → ਛਡਵਾਉਣਾ

ਛੁਡਾਉਣਾ (छुडाउणा) /c^huḍāuṇā チュダーウナー/ ▸ਛਡਵਾਉਣਾ, ਛਡਾਉਣਾ, ਛੁਡਵਾਉਣਾ, ਛੁੜਾਉਣਾ *vt.* → ਛਡਵਾਉਣਾ

ਛੁਣਛੁਣਾ (छुणछुणा) /c^huṇḁc^huṇā チュンチュナー/ *m.* 〖玩具〗ガラガラ鳴る玩具.

ਛੁਪ-ਛੁਪ (छुप-छुप) /c^hupḁ-c^hupḁ チュプ・チュプ/ [cf. ਛੁਪਣਾ] *adv.* こっそりと, 密かに, 内緒で, 知られないように. (⇒ਚੋਰੀ ਚੋਰੀ)

ਛੁਪਣਾ (छुपणा) /c^hupaṇā チュパナー/ ▸ਛਪਣਾ, ਛਿਪਣਾ [Skt. क्षपयति] *vi.* 1 隠れる. (⇒ਲੁਕਣਾ, ਗੁਪਤ ਹੋਣਾ) ❐ਉਸ ਨੇ ਝੌਂਪੜੀ ਦੇ ਬਾਹਰ ਸ਼ੇਰ ਛੁਪਿਆ ਹੋਇਆ ਵੇਖਿਆ। 彼は小屋の外に虎が隠れているのを見ました. 2 (太陽や月が)沈む. ❐ਸ਼ਾਮ ਨੂੰ ਜਦੋਂ ਸੂਰਜ ਛੁਪ ਜਾਂਦਾ ਹੈ ਤੇ ਹਨੇਰਾ ਹੋਣ ਲਗਦਾ ਹੈ ਤਾਂ ਅਸਮਾਨ ਤੇ ਟਿਮਟਿਮ ਕਰਦੇ ਤਾਰੇ ਨਿਕਲਣੇ ਸ਼ੁਰੂ ਹੋ ਜਾਂਦੇ ਹਨ। 夕方太陽が沈んで暗くなり始めると空にはきらきら輝く星が現れ始めます.

ਛੁਪਾ (छुपा) /c^hupā チュパー/ ▸ਛੁਪਾਉ *m.* → ਛੁਪਾਉ

ਛੁਪਾਉ (छुपाउ) /c^hupāo チュパーオー/ ▸ਛੁਪਾ [cf. ਛੁਪਣਾ] *m.* 1 隠れ場所. 2 覆い, 遮へい物. 3 隠すこと, 覆い隠すこと, 秘密にすること. 4 隠れること, 潜むこと.

ਛੁਪਾਉਣਾ (छुपाउणा) /c^hupāuṇā チュパーウナー/ [cf. ਛੁਪਣਾ] *vt.* 1 隠す. 2 覆う. 3 見えなくする.

ਛੁਰਕਾ (छुरका) /c^hurḁkā チュルカー/ *m.* 〖医〗下痢.

ਛੁਰਾ (छुरा) /c^hurā チュラー/ [(Pkt. छुर) Skt. क्षुर] *m.* 〖武〗刀.

ਛੁਰੀ (छुरी) /c^hurī チュリー/ [(Pkt. छुरी) Skt. क्षुरी] *f.* 1 〖武〗小刀, 短剣. 2 〖道具〗ナイフ, 包丁, 食卓用ナイフ.

ਛੁਰੀ ਕਾਂਟਾ (छुरी काँटा) /c^hurī kā̃ṭā チュリー カーンター/ [Skt. क्षुरी + Skt. कण्टक] *m.* 〖食器〗ナイフとフォーク, 食卓用金物.

ਛੁਲਕਣਾ (छुलकणा) /c^hulḁkaṇā チュルカナー/ ▸ਛਲਕਣਾ *vi.* → ਛਲਕਣਾ

ਛੁਲਕਾਉਣਾ (छुलकाउणा) /c^hulḁkāuṇā チュルカーウナー/ ▸ਛਲਕਾਉਣਾ *vt.* → ਛਲਕਾਉਣਾ

ਛੁੜਕਣਾ (छुड़कणा) /c^huṛḁkaṇā チュルカナー/ *vi.* 1 滑る. 2 落ちる.

ਛੁੜਕਾਉਣਾ (छुड़काउणा) /c^huṛḁkāuṇā チュルカーウナー/ *vt.* 1 滑らせる. 2 落とす.

ਛੁੜਾਉਣਾ (छुड़ाउणा) /c^huṛāuṇā チュラーウナー/ ▸ਛਡਵਾਉਣਾ, ਛਡਾਉਣਾ, ਛੁਡਵਾਉਣਾ, ਛੁਡਾਉਣਾ *vt.* → ਛਡਵਾਉਣਾ

ਛੂਹਣਾ (छूहणा) /c^hū̃ṇā チューナー/ ▸ਛੁਹਣਾ, ਛੋਹਣਾ [Skt. छुपति] *vt.* 1 触る, 触れる, 接触する. (⇒ਸਪਰਸ਼ ਕਰਨਾ) ❐ਰੇਲਵੇ ਸਟੇਸ਼ਨ ਜਾਂ ਰੇਲ-ਗੱਡੀਆਂ ਦੇ ਅੰਦਰ ਕਿਸੇ ਵੀ ਅਣਪਛਾਤੀ ਚੀਜ਼ ਜਾਂ ਲਾਵਾਰਸ ਸਾਮਾਨ ਨੂੰ ਨਾ ਛੂਹੋ। 駅構内や列車内ではいかなる不審物にもまたいかなる持ち主の分からない手荷物にも触るべからず. 2 指で触る, いじる, 撫でる. 3 手を付ける, 手を出す, 関わる. 4 始める, 開始する. (⇒ਅਰੰਭਣਾ, ਸ਼ੁਰੂ ਕਰਨਾ)

ਛੂਛਾ (छूछा) /c^hūc^{h}ā チューチャー/ [(Pkt. छुच्छ) Skt. तुच्छ] *adj.* 1 空(から)の. (⇒ਖ਼ਾਲੀ) 2 虚(うつ)ろな. 3 空虚な. 3 僅かな, かすかな. (⇒ਹਲਕਾ)

ਛੂਛੀ (छूछी) /c^hūc^{h}ī チューチー/ *f.* 〖武〗前装銃〔銃口から弾を込める銃〕の銃口.

ਛੂਟ (छूट) /c^hūṭḁ チュート/ [Eng. *shoot*] *f.* 1 全力疾走. 2 とり急ぎやった仕事.

ਛੂਣ[1] (छूण) /c^hūṇḁ チューン/ *f.* 1 根, 根本, 基盤. (⇒ਜੜ੍ਹ) 2 跡, 足跡. (⇒ਖੋਜ) 3 大きな焼き物の蓋. (⇒ਚੱਪਣ)

ਛੂਣ[2] (छूण) /c^hūṇḁ チューン/ [Skt. अक्षौहिणी] *f.* 軍, 軍隊. (⇒ਫ਼ੌਜ, ਸੈਨਾ)

ਛੂਣ[3] (छूण) /c^hūṇḁ チューン/ [Skt. क्षीण] *f.* 不足, 欠乏. (⇒ਕਮੀ, ਘਾਟਾ)

ਛੂਣੀ (छूणी) /c^hūṇī チューニー/ *f.* 1 〖身体〗膝蓋骨《ひざのお皿》. 2 焼き物の容器の蓋. (⇒ਚੱਪਣੀ)

ਛੂਤ (छूत) /c^hūtḁ チュート/ [Skt. छुप्ति] *f.* 1 接触. (⇒ਸਪਰਸ਼) 2 感染. 3 伝染. ❐ਛੂਤ ਦਾ ਰੋਗ 伝染病. 4 汚染. 4 不可触性.

ਛੂਤਛਾਤ (छूतछात) /c^hūtḁc^hātḁ チュートチャート/ *f.* 1 不可触性. 2 〖社会〗不可触民に対する差別.

ਛੂ-ਮੰਤਰ (छू-मंतर) /c^hū-mantarḁ チュー・マンタル/ *m.* 手品師の呪文.

ਛੇ (छे) /c^he チェー/ ▸ਖਟ, ਛਟ, ਛੀ [(Pkt. छः) Skt. षट्] *ca.num.* 6, 六つ.
— *adj.* 六つの.

ਛੇਓ (छेओ) /c^heo チェーオー/ [+ ਓ] *adj.* 六つすべての.

ਛੇਆਹਠ (छेआहठ) /c^heāṭ^{h}ḁ チェーアート/ ▸ਛਿਆਹਠ *ca.num. adj.* → ਛਿਆਹਠ

ਛੇਆਨਵੇਂ (छेआनवें) /c^heānḁwẽ チェーアーンウェーン/ ▸ਛਿਆਨ੍ਵੇਂ, ਛਿਆਨਵੇਂ *ca.num. adj.* → ਛਿਆਨਵੇਂ

ਛੇਈ (छेई) /c^heī チェーイー/ [(Pkt. छः) Skt. षट् + ਈ] *adj.* 六つすべての.

ਛੇ-ਸਾਲਾ (छे-साला) /c^he-sālā チェー・サーラー/ [+ Pers. *sāla*] *adj.* 1 六年の, 六年を単位とする. 2 六年に一回の, 六年ごとの.

ਛੇਹੱਤਰ (छेहत्तर) /c^heăttarḁ チェーアッタル/ ▸ਛਿਹੱਤਰ *ca.num. adj.* → ਛਿਹੱਤਰ

ਛੇਕ (छेक) /c^hekḁ チェーク/ [(Pkt. छिद्द) Skt. छिद्र] *m.* 1 穴, 孔. 2 割れ目, 裂け目. (⇒ਝੀਤ)

ਛੇਕਣਾ (छेकणा) /c^hekaṇā チェーカナー/ [(Pkt. छिद्द) Skt. छिद्र] *vt.* 1 穴を開ける, 突き通す, 刺す, 穿つ. 2 追放する, のけ者にする. 3 破門する, 勘当する, 縁を切る. 4 排斥する, 拒否する. 5 無視する.

ਛੇਕਦਾਰ (छेकदार) /c^hekḁdārḁ チェークダール/ [Pers.-*dār*] *adj.* 1 穴の開いた. 2 穴の多い.

ਛੇਕਲ (छेकल) /c^hekalḁ チェーカル/ [+ ਲ] *adj.* 1 穴の

開いた. **2** 穴の多い.

ਛੇਕੜ (छेकड़) /cʰekaṛa̸ チェーカル/ *m.* **1** 終わり. **2** 最後. **3** 結末.

— *adv.* **1** 最後に. **2** ついに. **3** 結局.

ਛੇਕੜਲਾ (छेकड़ला) /cʰekaṛa̸lā チェーカルラー/ *adj.* **1** 最後の. **2** 終わりの.

ਛੇ-ਗੁਣਾ (छे-गुणा) /cʰe-guṇā チェー・グナー/ ▸ਛਿਗੁਣਾ [(Pkt. छः) Skt. षट् Skt.-गुणन] *adj.* **1** 六倍の. **2** 六重の. **3**〖音楽〗六拍子の.

ਛੇਜ (छेज) /cʰeja̸ チェージ/ ▸ਸੇਜ, ਸੇਜੜੀ, ਸੇਜਾ [(Pkt. सेज्जा) Skt. शय्या] *f.*〖家具〗寝台, ベッド.

ਛੇਤੀ (छेती) /cʰetī チェーティー/ ▸ਛਈ [Pers. *šatāb*] *adv.* **1** 急いで. (⇒ਜਲਦੀ) ❐ਤੂੰ ਇਹ ਕੰਮ ਛੇਤੀ ਕਰ ਦੇ। おまえはこの仕事を急いでやってくれ. ❐ਛੇਤੀ ਕਰਨਾ 急ぐ, 急いで行く, 急がせる, せかせる, 促進する. ❐ਜ਼ਰਾ ਛੇਤੀ ਕਰ ちょっと急げ. ❐ਛੇਤੀ ਕਰੋ, ਨਹੀਂ ਤਾਂ ਦੇਰ ਹੋਏਗੀ। 急ぎなさい, さもないと遅れますよ. **2** すぐに, 即座に, 即刻, 素早く, すかさず, 速く, 迅速に, さっと. (⇒ਝਟਪਟ) **3** 早く, 早期に, まもなく.

— *f.* 急ぐこと, 急ぎ, 緊急. ❐ਛੇਤੀ ਨਾਲ 急いで, すぐに, たちまち.

ਛੇਤੀ ਛੇਤੀ (छेती छेती) /cʰetī cʰetī チェーティー チェーティー/ *adv.* 急いで, すぐに, たちまち.

ਛੇਦ (छेद) /cʰeda̸ チェード/ [(Pkt. छिद्द) Skt. छिद्र] *m.* **1** 穴, 孔. **3** 割れ目, 裂け目.

ਛੇਦਕ (छेदक) /cʰedaka̸ チェーダク/ [+ ਕ] *adj.* **1** 穴を開ける, 突き通す, 貫通する. **3** 分割する, 分断する.

— *m.*〖道具〗穴を開ける道具, 錐(きり).

ਛੇਦਕ ਰੇਖਾ (छेदक रेखा) /cʰedaka̸ rekʰā チェーダク レーカー/ [+ Skt. रेखा] *f.*〖幾何〗割線, 正割, セカント. (⇒ਕਰਨ)

ਛੇਦਣਾ (छेदणा) /cʰedaṇā チェーダナー/ [(Pkt. छिद्द) Skt. छिद्र] *vt.* **1** 穴を開ける, 突き通す, 刺す, 穿つ. **2** 切り離す, そぎ取る.

ਛੇਂਬਾ (छेंबा) /cʰẽbā チェーンバー/ [(Pot.)] *m.* 更紗模様を付ける木型.

ਛੇਮਾਂ (छेमाँ) /cʰemā̃ チェーマーン/ ▸ਛੇਵਾਂ *or.num. adj.* → ਛੇਵਾਂ

ਛੇਵਾਂ (छेवाँ) /cʰewā̃ チェーワーン/ ▸ਛੇਮਾਂ [(Pkt. छः) Skt. षट् -वां] *or.num.* 6番目, 第六. (⇒ਛਟਮ)

— *adj.* 6番目の, 第六の. (⇒ਛਟਮ)

ਛੇੜ[1] (छेड़) /cʰeṛa̸ チェール/ *m.*〖動物〗牛の群れ. (⇒ਵੱਗ)

ਛੇੜ[2] (छेड़) /cʰeṛa̸ チェール/ [cf. ਛੇੜਨਾ] *f.* **1** 挑発. **2** からかい, 嫌がらせ. **3** 悩ますこと.

ਛੇੜ[3] (छेड़) /cʰeṛa̸ チェール/ *f.* **1** 新しい習慣, 流行. **2** 実行される先例. ❐ਛੇੜ ਪਾਉਣੀ 先例を行う. ❐ਛੇੜ ਪੈਣੀ 先例が行われる.

ਛੇੜਖਾਨੀ (छेड़खानी) /cʰeṛa̸kʰānī チェールカーニー/ *f.* **1** からかい, 嫌がらせ, 悪ふざけ, いじめ. **2** 女性に対する嫌がらせ, セクハラ.

ਛੇੜਛਾੜ (छेड़छाड़) /cʰeṛa̸cʰāṛa̸ チェールチャール/ *f.* → ਛੇੜਖਾਨੀ

ਛੇੜਨਾ (छेड़ना) /cʰeṛa̸nā チェールナー/ [Pkt. छेडइ Skt. क्षिप्त] *vt.* **1** 触る, (何が起こるか)触ってみる. **2** いじる, いじくる, いじくり回す. **3** ちょっかいを出す, 喧嘩をしかける. **4** からかう, 冷やかす. **5** しつこくかまう, いじめる. **6** 悩ます, 嫌がらせをする, 苛立たせる. **7**(感情などを)掻き立てる. **8**(話題を)持ち出す, (問題を)蒸し返す. **9**(議論・口論・闘争・戦争などを)始める, 起こす, 開始する, (演奏・歌唱を)始める. **10** 草を食べさせに(家畜を)連れて行く.

ਛੇੜੀ (छेड़ी) /cʰeṛī チェーリー/ *m.* 牛飼い.

ਛੇੜੂ (छेड़ू) /cʰeṛū チェールー/ *m.* 牛飼い.

ਛੈਣੀ (छैणी) /cʰaiṇī チャエーニー/ [cf. ਛੇਦਣਾ] *f.* **1**〖道具〗鑿(のみ), 鏨(たがね). **2**〖道具〗彫刻刀.

ਛੈਣੇ (छैणे) /cʰaiṇe チャエーネー/ *m.*〖楽器〗シンバル.

ਛੈਲ (छैल) /cʰaila̸ チャエール/ [(Pkt. छइल्ल) Skt. छवि] *adj.* **1** お洒落な. **2** 飾り立てた, 装飾された. (⇒ਸਜਿਆ ਹੋਇਆ) **3** 美しい, 綺麗な. (⇒ਸੋਹਣਾ, ਸੁੰਦਰ, ਖ਼ੂਬਸੂਰਤ)

— *m.* お洒落な男, 洒落男.

ਛੈਲ-ਛਬੀਲਾ (छैल-छबीला) /cʰaila̸-cʰabīlā チャエール・チャビーラー/ *adj.m.* → ਛੈਲ

ਛੋਈ (छोई) /cʰoī チョーイー/ [Pkt. छोइअ] *f.*〖植物〗乾いた葉.

ਛੋਹ (छोह) /cʰô チョー/ ▸ਛੁਹ [cf. ਛੂਹਣਾ] *f.* **1** 触ること, 接触, 触れ合い. **2** 交際, 付き合い, 関わり合い.

ਛੋਹਣਾ (छोहणा) /cʰôṇā チョーナー/ ▸ਛੁਹਣਾ, ਛੂਹਣਾ *vt.* → ਛੂਹਣਾ

ਛੋਹਰ (छोहर) /cʰôra̸ チョール/ ▸ਛੁਹਰ, ਛੁਹਰਾ, ਛੋਹਰਾ [(Pkt. छाव) Skt. शावक] *m.* **1** 男の子, 少年. (⇒ਮੁੰਡਾ, ਲੜਕਾ) **2**〖親族〗息子. (⇒ਪੁੱਤਰ)

ਛੋਹਰਾ (छोहरा) /cʰôrā チョーラー/ ▸ਛੁਹਰ, ਛੁਹਰਾ, ਛੋਹਰ *m.* → ਛੋਹਰ

ਛੋਹਰੀ (छोहरी) /cʰôrī チョーリー/ [(Pkt. छाव) Skt. शावक -ਈ] *f.* **1** 女の子, 少女. (⇒ਕੁੜੀ) **2**〖親族〗娘. (⇒ਧੀ)

ਛੋਹਲਾ (छोहला) /cʰôlā チョーラー/ ▸ਸੋਹਲਾ, ਛੁਹਲਾ *m.adj.* → ਸ਼ੋਹਲਾ

ਛੋਹਿਰ (छोहिर) /cʰôira̸ チョーイル/ *f.* 少女. (⇒ਕੁੜੀ)

ਛੋਕਰਾ (छोकरा) /cʰoka̸rā チョークラー/ [Pkt. छोयर] *m.* **1** 男の子, 少年. (⇒ਮੁੰਡਾ, ਲੜਕਾ) **2** 召使の男の子.

ਛੋਕਰੀ (छोकरी) /cʰoka̸rī チョークリー/ *f.* **1** 女の子, 少女. **2** 召使の女の子.

ਛੋਟ (छोट) /cʰoṭa̸ チョート/ *f.* 割引.

ਛੋਟਾ (छोटा) /cʰoṭā チョーター/ [(Pkt. छोट्ट) Skt. क्षुद्र] *adj.* **1** 小さい. **2** 年下の, 年少の. **3** 背が低い. **4** 社会的地位が低い.

ਛੋਟਾਈ (छोटाई) /cʰoṭāī チョーターイー/ ▸ਛੁਟਿਆਈ, ਛੁਟਾਈ [-ਈ] *f.* **1** 小さいこと. **2** 背が低いこと.

ਛੋਟਾਪਣ (छोटापण) /cʰoṭāpaṇa̸ チョーターパン/ [-ਪਣ] *m.* **1** 小さいこと. **2** 背が低いこと.

ਛੋਟੂ (छोटू) /cʰoṭū チョートゥー/ [(Pua.) -ਊ] *m.* 小さい子, 幼いもの, 坊や.

ਛੋਡਣਾ (छोडणा) /cʰoḍaṇā チョードナー/ ▸ਛੱਡਣਾ, ਛੋੜਨਾ *vt.* → ਛੱਡਣਾ

ਛੋਪਲੇ (छोपले) /cʰopa̸le チョープレー/ *adv.* **1** 静かに. **2** こっそりと. **3** 優しく. **4** 軽く.

ਛੋਰਛਿਨਾ (छोरछिना) /cʰora̸cʰinā チョールチナー/ *adj.*

心の卑しい.

ਛੋਲਦਾਰੀ (छोलदारी) /cʰolạdārī チョールダーリー/ ▸ ਛੌਲਦਾਰੀ *f.* → ਛੌਲਦਾਰੀ

ਛੋਲਾ (छोला) /cʰolā チョーラー/ [Pkt. छोल्ल] *m.* 〖植物〗チョーラー豆, チャナー豆, ヒヨコマメ(ひよこ豆・雛豆), ガルバンゾ《→ ਚਣਾ》.

ਛੋਲੀਆ (छोलीआ) /cʰolīā チョーリーアー/ ▸ਛੋਲੂਆ *m.* 〖植物〗ヒヨコマメ(ひよこ豆)の緑色の莢.

ਛੋਲੂਆ (छोलूआ) /cʰolūā チョールーアー/ ▸ਛੋਲੀਆ *m.* → ਛੋਲੀਆ

ਛੋੜਨਾ (छोड़ना) /cʰoṛạnā チョールナー/ ▸ਛੱਡਣਾ, ਛਡਣਾ *vt.* → ਛੱਡਣਾ

ਛੌਂਕਣਾ (छौंकणा) /cʰãũkaṇā チャォーンカナー/ ▸ਛਉਂਕਣਾ *vt.* **1** 香辛料で味を付ける, 調味する. **2** 香辛料で風味を付ける, 香り付けをする.

ਛੌਡਾ (छौडा) /cʰauḍā チャォーダー/ ▸ਛੌੜ *m.* 木っ端, 木材の裂片.

ਛੌਣੀ (छौणी) /cʰauṇī チャォーニー/ ▸ਛਾਉਣੀ, ਛਾਵਨੀ *f.* → ਛਾਉਣੀ

ਛੌਰ (छौर) /cʰaurạ チャォール/ ▸ਛੌਰਾ *m.* → ਛੌਰਾ

ਛੌਰਾ (छौरा) /cʰaurā チャォーラー/ ▸ਛੌਰ *m.* 〖植物〗収穫したヒエ(稗)・アワ(粟)・モロコシ(唐)類の茎を積み上げた山.

ਛੌਲਦਾਰੀ (छौलदारी) /cʰaulạdārī チャォールダーリー/ ▸ ਛੋਲਦਾਰੀ *f.* **1** 小さなテント. **2** 天幕. **3** テントで設営された展示館.

ਛੌੜ[1] (छौड़) /cʰauṛạ チャォール/ ▸ਛੌਡਾ *m.* 木っ端, 木材の裂片. ❐ਛੌੜ ਲਾਹੁਣੇ 木を割る.

ਛੌੜ[2] (छौड़) /cʰauṛạ チャォール/ *m.* **1** 〖魚〗鱗(うろこ), 鱗状の薄片. **2** 不透明なこと, くすみ. **3** 覆い, 蓋(ふた). **4** 薄皮, 薄幕.

ਜ ਜ਼

ਜ (ज) /jajjā ジャッジャー/ *m.* 〖文字〗グルムキー文字の字母表の13番目の文字《硬口蓋・破擦音の「ジャ」(前舌を上歯茎近くの硬口蓋に付け, 呼気を一瞬閉じその狭い隙間から擦って発音する有声・無気音)を表す》.

ਜ਼ (ज़) /jajje pairī̃ bindī | zazzā ジャッジェー パェーリーン ビンディー | ザッザー/ *m.* 〖文字〗グルムキー文字の字母表の13番目の文字 ਜ の下に点の付いた文字《有声・歯茎・摩擦音の「ザ」を表す》.

ਜਉ (जउ) /jau ジャウ/ *conj.* **1** もし…なら. **2** …かどうか.

ਜਉ ਜਉਂ (जउ जउँ) /jau jaũ ジャウ ジャウン/ *conj.* …の時はいつでも.

— *adv.* 時々.

ਜਉ ਲਉ (जउ लउ) /jau lau ジャウ ラウ/ *conj.* **1**…まで. **2**…の限り.

ਜਈ (जई) /jaī ジャイー/ ▸ਜਵੀ *f.* → ਜਵੀ

ਜ਼ਈਫ਼ (ज़ईफ़) /zaīfạ ザイーフ/ [Arab. *zaīf*] *adj.* **1** 老齢の, 年老いた. **2** 衰えた, 弱った. **3** もうろくした.

ਜ਼ਈਫ਼ੀ (ज़ईफ़ी) /zaīfī ザイーフィー/ [Pers. *zaīfī*] *m.* **1** 老齢, 老年. (⇒ਜਰਾ, ਬੁਢੇਪਾ) **2** 老衰. **3** もうろく.

ਜਸ (जस) /jasạ ジャス/ ▸ਜੱਸ, ਯਸ, ਯਸ਼ *m.* → ਜੱਸ

ਜੱਸ (जस्स) /jassạ ジャッス/ ▸ਜਸ, ਯਸ, ਯਸ਼ [(Pkt. जस) Skt. यश] *m.* **1** 名声, 名誉, 栄誉, 栄光. ❐ਜੱਸ ਖਟਣਾ 名声を得る. **2** 称賛, 賛辞. ❐ਜੱਸ ਕਰਨਾ 称賛する, 褒め称える. ❐ਜੱਸ ਗਾਉਣਾ 称賛の歌を歌う, 賛辞を呈する.

ਜਸਟਿਸ (जसटिस) /jasạṭisạ ジャスティス/ [Eng. *justice*] *m.* **1** 正義, 公正. **2** 〖法〗司法, 裁判, 裁き. **3** 〖法〗裁判官, 判事.

ਜਸਤ (जसत) /jasatạ ジャサト/ ▸ਜਸਤਾ, ਜਿਸਤ *f.* → ਜਿਸਤ

ਜਸਤਾ (जसता) /jasạtā ジャスター/ ▸ਜਸਤ, ਜਿਸਤ *m.* → ਜਿਸਤ

ਜਸ਼ਨ (जशन) /jaśanạ ジャシャン/ [Pers. *jaśn*] *m.* **1** 祭り. **2** 祭礼. **3** 祝祭, 祝い事. **4** お祭り騒ぎ. **5** 宴会, 招宴. **6** 饗宴, 祝宴.

ਜਸ਼ਨੀ (जशनी) /jaśạnī ジャシュニー/ *adj.* **1** 祭りの, 祝祭の. **2** 祝宴の, お祭り騒ぎの.

ਜਸਵੰਤ (जसवंत) /jasạwantạ ジャスワント/ [(Pkt. जसमंत) Skt. यशवत्] *adj.* **1** 著名な, 高名な, 有名な. **2** 評判の高い.

ਜਸਾਮਤ (जसामत) /jasāmatạ ジャサーマト/ [Arab. *jasāmat*] *f.* **1** 塊. **2** 大きな広がり. **3** 容積. **4** 体積. **5** 巨体. **6** 身体. (⇒ਬਦਨ, ਸਰੀਰ)

ਜਸੀਮ (जसीम) /jasīmạ ジャスィーム/ [Arab. *jasīm*] *adj.* **1** どっしりした. **2** かさばった. **3** 体積のある. **4** 容積の大きな. **5** 巨体の.

ਜਸੂਸ (जसूस) /jasūsạ ジャスース/ ▸ਜਾਸੂਸ [Arab. *jāsūs*] *m.* **1** スパイ, 密偵, 諜報員. (⇒ਸੂੰਹੀਆ) **2** 探偵.

ਜਸੂਸੀ (जसूसी) /jasūsī ジャスースィー/ ▸ਜਾਸੂਸੀ [Arab. *jāsūsī*] *adj.* **1** スパイの, 密偵の. **2** 偵察の, 探偵の.

— *f.* **1** スパイ活動, 諜報活動. **2** 探偵の仕事.

ਜਹੰਨਮ (जहंनम) /jahannamạ ジャハンナム/ [Arab. *jahannam*] *m.* 地獄. (⇒ਦੋਜ਼ਖ਼, ਨਰਕ)(↔ਜੰਨਤ, ਸੁਰਗ)

ਜਹੰਨਮੀ (जहंनमी) /jahannạmī ジャハンヌミー/ [Pers. *jahannamī*] *adj.* **1** 地獄の. (⇒ਦੋਜ਼ਖ਼ੀ, ਨਰਕੀ) **2** 地獄に堕ちた, 地獄に堕ちるべき.

ਜਹਾਜ਼ (जहाज़) /jăzạ ジャーズ/ [Arab. *jahāz*] *m.* 〖乗物〗船, 船舶, 艦船, 定期船, 飛行機. ❐ਜਹਾਜ਼ ਉੱਤੇ ਚੜ੍ਹਨਾ 船に乗る, 乗船する, 飛行機に搭乗する. ❐ਜਹਾਜ਼ ਚਲਾਉਣਾ 船を操縦する, 船の舵を取る, 飛行機を操縦する. ❐ਜਹਾਜ਼ ਦਾ ਸਫ਼ਰ 船旅, 航海, 飛行機旅行. ❐ਜਹਾਜ਼ ਦਾ ਹਾਦਸਾ 難破, 難船, 飛行機事故, 飛行機の墜落. ❐ਜਹਾਜ਼ ਦਾ ਕਾਰਖ਼ਾਨਾ 造船所.

ਜਹਾਜ਼ਰਾਨ (जहाज़रान) /jăzạrānạ ジャーズラーン/ [+ Pers. *rān*] *m.* **1** 船長. **2** 航海士. **3** 飛行士.

ਜਹਾਜ਼ਰਾਨੀ (जहाज़रानी) /jăzạrānī ジャーズラーニー/ [+ Pers. *rānī*] *f.* **1** 航海, 航行, 海運. **2** 航空.

ਜਹਾਜ਼ੀ (जहाज़ी) /jăzī ジャーズィー/ [Arab. *jahāzī*] *adj.* 船の, 船舶の, 飛行機の. ❐ਜਹਾਜ਼ੀ ਅਮਲਾ 船の乗組員, 飛行機の乗務員 ❐ਜਹਾਜ਼ੀ ਡਾਕਾ 海賊行為. ❐ਜਹਾਜ਼ੀ

ਡਾਕੂ 海賊. ❐ਜਹਾਜ਼ੀ ਬੇੜਾ 艦隊, 船団, 艦隊.
— *m.* **1** 船乗り. **2** 飛行士.

ਜਹਾਦ (जहाद) /jẵda | jahāda ジャード | ジャハード/ [Arab. *jihād*] *m.* **1** 〖イス〗イスラーム教徒の異教徒に対する戦い. **2** 聖戦.

ਜਹਾਂਦੀਦਾ (जहाँदीदा) /jẵdīdā ジャーンディーダー/ [Pers. *jahān* + Pers. *dīda*] *adj.* **1** 世界を見てきた. **2** 広く旅した.

ਜਹਾਨ (जहान) /jẵna ジャーン/ [Pers. *jahān*] *m.* **1** 万物, 森羅万象. **2** 世界. (⇒ਜਗਤ, ਜੱਗ) **3** 世の中, 世間. **4** 地球. **5** 宇宙. **6** 人類.

ਜਹਾਂਪਨਾਹ (जहाँपनाह) /jẵpanâ ジャーンパナー/ [+ Pers. *panāh*] *adj.* 世界を庇護する.
— *m.* **1** 世界の庇護者. **2** 国王陛下.

ਜਹਾਂਪਰਵਰ (जहाँपरवर) /jẵparawara ジャーンパルワル/ [Pers.-*parvardan*] *adj.* 世界を支える.
— *m.* **1** 世界を支える者. **2** 国王陛下.

ਜਹਾਲਤ (जहालत) /jălata ジャーラト/ [Pers. *jahālat*] *f.* **1** 無知, 蒙昧, 愚かさ. **2** 未開. **3** 後進性.

ਜ਼ਹਿਮਤ (ज़हिमत) /zaîmata ザェーマト/ [Pers. *zahmat*] *f.* **1** 苦難, 苦労, 面倒, 厄介. **2** 苦痛, 苦悩.

ਜ਼ਹਿਰ (ज़हिर) /zaîra ザェール/ [Pers. *zahr*] *m.* **1** 毒. ❐ਜ਼ਹਿਰ ਘੋਲਨਾ 毒を入れる, つらい思いをさせる, 憤激させる, 悪意を込める, 毒づく. ❐ਜ਼ਹਿਰ ਚੜ੍ਹਨਾ 毒が効いてくる, 毒が広がる. ❐ਜ਼ਹਿਰ ਦਾ ਅਸਰ 毒の効果. ❐ਜ਼ਹਿਰ ਦੇਣਾ 毒を入れる, 害する, だめにする. ❐ਜ਼ਹਿਰ ਮਾਰ 抗毒の, 病気予防の. ❐ਜ਼ਹਿਰ ਮਾਰ ਦਵਾਈ 抗毒素, 抗毒剤. **2** 毒液. **3** 毒素. **4** 病原体.

ਜ਼ਹਿਰਬਾਦ (ज़हिरबाद) /zaîrabāda ザェールバード/ [+ Pers. *bād*] *m.* **1** 毒気. **2**〖医〗腫れ物. **3**〖医〗一か所に集まって口のふさがった性質の悪いできもの.

ਜ਼ਹਿਰੀ (ज़हिरी) /zaîrī ザェーリー/ [Pers. *zahrī*] *adj.* 毒のある, 有毒な, 毒性の. (⇒ਵਿਸੂਲਾ)

ਜ਼ਹਿਰੀਲਾ (ज़हिरीला) /zaîrīlā ザェーリーラー/ [Pers. *zahr* -ਈਲਾ] *adj.* 毒のある, 有毒な, 毒性の. (⇒ਵਿਸੂਲਾ)

ਜ਼ਹਿਰੀਲਾਪਣ (ज़हिरीलापण) /zaîrīlāpaṇa ザェーリーラーパン/ [-ਪਣ] *m.* **1** 毒性. **2** 毒の影響.

ਜਹਿਵੰਤ (जहिवंत) /jaîwanta ジャェーワント/ [(Pot.)] *f.* **1** 苦労. **2** 苦悩.

ਜ਼ਹੀਨ (ज़हीन) /zahīna | zĭ̃na ザヒーン | ズィーン/ [Arab. *zahīn*] *adj.* **1** 頭のいい, 聡明な, 利口な. **2** 賢い, 知的な. **3** 明敏な, 頭脳明晰な.

ਜ਼ਹੂਰ (ज़हूर) /zahūra | zŭ̃ra ザフール | ズール/ [Arab. *zahūr*] *m.* **1** 現れること, 出現. **2** 光, 光明. (⇒ਪਰਕਾਸ਼) **3** 驚異, 奇跡. (⇒ਚਮਤਕਾਰ)

ਜਕ (जक) /jaka ジャク/ [(Pua.)] *f.* **1** ためらい, 躊躇. (⇒ਝਿਜਕ) **2** 用心.

ਜ਼ਕ (ज़क) /zaka ザク/ [Arab. *zak*] *f.* **1** 恥, 恥辱, 不名誉. (⇒ਹਾਰ) **2** 失望. **3** 幻滅. **4** 敗北, 負け. (⇒ਹਾਰ) **5** 失敗. **6** 損, 損害, 欠損. **7** 軽蔑, 侮辱.

ਜੰਕਸ਼ਨ (जंकशन) /jaṅkaśana ジャンクシャン/ [Eng. *junction*] *m.* **1** (鉄道の)連絡駅. **2** 乗換駅.

ਜਕਣਾ (जकणा) /jakaṇā ジャカナー/ ▸ਝਕਣਾ, ਝੱਕਣਾ, ਝਿਜਕਣਾ *vi.* → ਝਿਜਕਣਾ

ਜਕਰੂੜਨਾ (जकरूड़ना) /jakarūṛanā ジャクルールナー/ ▸ਜਕੜਨਾ, ਜਕੂੜਨਾ [(Pot.)] *vt.* → ਜਕੜਨਾ

ਜਕੜ (जकड़) /jakaṛa ジャカル/ *f.* **1** きつく縛ること, 緊縛. **2** 締めつけ.

ਜੱਕੜ (जक्कड़) /jakkaṛa ジャッカル/ ▸ਜੱਖੜ, ਯੱਕੜ [(Pua.)] *m.* → ਯੱਕੜ

ਜਕੜਨਾ (जकड़ना) /jakaṛanā ジャカルナー/ ▸ਜਕਰੂੜਨਾ, ਜਕੂੜਨਾ *vt.* **1** きつく縛る, 縛り上げる, 緊縛する. **2** 固く締める, 締めつける.

ਜਕੜਬੰਦ (जकड़बंद) /jakaṛabanda ジャカルバンド/ *adj.* **1** きつく縛られた. **2** 固く締められた.
— *m.* かせ, 枷, 鎖.

ਜਕੜਵਾਂ (जकड़वाँ) /jakaṛawā̃ ジャカルワーン/ *adj.* **1** きつく縛られた. **2** 固く締められた.

ਜਕੜਵਾਉਣਾ (जकड़वाउणा) /jakaṛawāuṇā ジャカルワーウナー/ ▸ਜਕੜਾਉਣਾ *vt.* **1** きつく縛らせる. **2** 固く締めさせる.

ਜਕੜਾਉਣਾ (जकड़ाउणा) /jakaṛāuṇā ジャクラーウナー/ ▸ਜਕੜਵਾਉਣਾ *vt.* → ਜਕੜਵਾਉਣਾ

ਜਕੜਿਆ (जकड़िआ) /jakaṛiā ジャクリアー/ ▸ਜਕੜੀ *vt.* 《 ਜਕੜਨਾ の完了分詞(男性単数形)》
— *adj.* **1** きつく縛られた. **2** 固く締められた.

ਜਕੜੀ (जकड़ी) /jakaṛī ジャクリー/ ▸ਜਕੜਿਆ *vt.* 《 ਜਕੜਨਾ の完了分詞(女性単数形)》
— *adj.* → ਜਕੜਿਆ

ਜ਼ਕਾਤ (ज़कात) /zakāta ザカート/ [Arab. *zakāt*] *f.* **1** 〖イス〗収入の14分の1を施す喜捨. **2** 施し物. **3** 慈善. **4** 税, 税金, 課税.

ਜਕਾਰਾ (जकारा) /jakārā ジャカーラー/ ▸ਜੈਕਾਰ, ਜੈਕਾਰਾ *m.* 〖口語〗→ ਜੈਕਾਰਾ

ਜਕੀ ਜ਼ਕੀਆ (जकी ज़कीआ) /jakī zakīā ジャキー ザキーアー/ *adj.* **1** 頑固な, 強情な. **2** 疑い深い.

ਜਕੂੜਨਾ (जकूड़ना) /jakūṛanā ジャクールナー/ ▸ਜਕਰੂੜਨਾ, ਜਕੜਨਾ [(Pot.)] *vt.* → ਜਕੜਨਾ

ਜੱਕੋ-ਤੱਕਾ (जक्को-तक्का) /jakko-takkā ジャッコー・タッカー/ *m.* **1** 躊躇. **2** 気乗りしないこと. **3** 迷い. **4** 引き延ばし. **5** 確信のないこと. **6** 優柔不断. **7** 両面感情.

ਜੱਖ (जक्ख) /jakkʰa ジャック/ ▸ਯਕਸ਼, ਯੱਖ *m.* → ਯੱਖ

ਜਖਣ (जखण) /jakʰaṇa ジャカン/ [Skt. जक्षण] *m.* 飲食.

ਜੱਖਣਾ (जक्खणा) /jakkʰaṇā ジャッカナー/ *f.* **1** 存在. **2** 本質.

ਜ਼ਖ਼ਮ (ज़ख़म) /zaxama ザカム/ [Pers. *zaxm*] *m.* **1** 傷, 怪我. ❐ਜ਼ਖ਼ਮ ਤੇ ਲੂਣ ਛਿੜਕਣਾ 傷の上に塩を撒き散らす, 傷を負わせた相手をさらに侮辱する, 踏んだりけったりの目に遭わす. ❐ਜ਼ਖ਼ਮ ਮਿਲਨਾ, ਜ਼ਖ਼ਮ ਮੌਲਣਾ 傷が治る, 治癒する. **2** 負傷.

ਜ਼ਖ਼ਮਾਨਾ (ज़ख़माना) /zaxamānā ザクマーナー/ *m.* 負傷手当.

ਜ਼ਖ਼ਮੀ (ज़ख़मी) /zaxamī ザクミー/ [Pers. *zaxmī*] *adj.* 負傷した, 怪我をした. ❐ਜ਼ਖ਼ਮੀ ਕਰਨਾ 傷つける, 怪我をさせる.

ਜੱਖੜ (जक्खड़) /jakkʰaṛa ジャッカル/ ▸ਜੱਕੜ, ਯੱਕੜ [(Jat.)] *m.* → ਯੱਕੜ

ਜ਼ਖ਼ੀਮ (ज़ख़ीम) /zaxīmā ザキーム/ [Arab. *zaxīm*] *adj.* 1 巨大な. 2 容積の大きな. 3 豊富な.

ਜ਼ਖ਼ੀਰਾ (ज़ख़ीरा) /zaxīrā ザキーラー/ [Pers. *zaxīra*] *m.* 1 貯蔵, 蓄積. 2 保管, 管理. 3 収集物. 4 宝物.

ਜੰਗ (जंग) /jaṅga ジャング/ [Pers. *jang*] *m.f.* 1 戦い, 戦(いくさ), 争い, 戦争, 戦闘, 闘争, 紛争. ❐ਜੰਗ ਦਾ ਕਾਰਨ 戦争の原因. ❐ਜੰਗ ਦਾ ਮੈਦਾਨ 戦場. 2 衝突, 交戦, 戦闘状態. 3 敵対, 対立, 反目. (⇒ਦੁਸ਼ਮਨੀ) 4 競争.

ਜ਼ੰਗ (ज़ंग) /zaṅga ザング/ [Pers. *zang*] *m.* 〖化学〗錆. ❐ਜ਼ੰਗ ਲੱਗਣਾ 錆びる, 酸化する.

ਜੱਗ[1] (जग्ग) /jagga ジャッグ/ ▸ਜਗਤ [Skt. जगत्] *m.* 1 万物, 森羅万象. 2 世界, 世の中, 世間. 3 地球. 4 宇宙. 5 人類. 6 範囲, 限定された社会.

ਜੱਗ[2] (जग्ग) /jagga ジャッグ/ ▸ਯੱਗ [Skt. यज्ञ] *m.* 1 〖儀礼〗ヤジュニャ(ヤギャ)《バラモン教の聖典ヴェーダの祭式. 祭火に供物を捧げ, 神々に犠牲を贈る儀礼を中心とした祭式》. 2 宗教上の犠牲, 供犠, 祭式, 祭祀. 3 慈善のため人々に食を施す行い. 4 御馳走, 饗宴.

ਜੱਗ[3] (जग्ग) /jagga ジャッグ/ [Eng. *jug*] *m.* 〖容器〗(取っ手の付いた広口の)水差し, ジョッキ.

ਜਗਹਾ (जगहा) /jâgā ジャガー/ ▸ਜਗ੍ਹਾ, ਜਗਾਹ, ਜਾਹਗ *f.* → ਜਗ੍ਹਾ

ਜਗ੍ਹਾ (जग्हा) /jâgā ジャガー/ ▸ਜਗਹਾ, ਜਗਾਹ, ਜਾਹਗ [Pers. *jāegāh*] *f.* 1 場所, 所. (⇒ਥਾਂ) 2 地点. 3 位置. 4 居場所, 席. 5 立場. 6 地位, 職.

ਜ਼ੰਗਣਾ (ज़ंगणा) /zaṅgaṇā ザンガナー/ [Pers. *zang*] *vi.* 錆びる, 錆びつく.

ਜਗਣਾ (जगणा) /jagaṇā ジャガナー/ [Skt. जाग्रति] *vi.* 1 (電灯・ランプなどの明かりが)点く. 2 (火が)点く, 燃える. 3 光る, 輝く. (⇒ਚਮਕਣਾ) 4 起きる, (眠りから)目覚める, 目を覚ます.

ਜਗਤ (जगत) /jagata ジャガト/ ▸ਜੱਗ [Skt. जगत्] *m.* 1 万物, 森羅万象. 2 世界, 世の中, 世間. 3 地球. 4 宇宙. 5 人類. 6 範囲, 限定された社会.

ਜਗਤ ਗੁਰੂ (जगत गुरू) /jagata gurū ジャガト グルー/ [+ Skt. गुरु] *m.* 1 万物の導師. 2 全世界から師と仰がれる人. 3 世界の指導者.

ਜਗਤ-ਪਰਸਿੱਧ (जगत-परसिद्ध) /jagata-parasîdda ジャガト・パルスィッド/ [+ Skt. प्रसिद्ध] *adj.* 1 世界的に有名な. 2 名声の高い.

ਜਗਤ-ਪਿਤਾ (जगत-पिता) /jagata-pitā ジャガト・ピター/ [+ Skt. पिता] *m.* 1 世界の父. 2 神.

ਜਗਤ-ਵਿਆਪੀ (जगत-विआपी) /jagata-viāpī ジャガト・ヴィアーピー/ [+ Skt. व्यापिन्] *adj.* 1 世界中に広がった, 世界的な. 2 広く行われている, 広く普及している. 3 遍在する.

ਜਗਦੀਸ਼ (जगदीश) /jagadīśa ジャグディーシュ/ [Skt. जगदीश] *m.* 1 世界の主. (⇒ਜਗਤ ਦਾ ਮਾਲਕ) 2 〖ヒ〗ジャガディーシャ《ヴィシュヌ神の異名の一つ》. (⇒ਵਿਸ਼ਨੂ) 3 最高神. (⇒ਪਰਮੇਸ਼ਰ)

ਜਗਦੀਸਰ (जगदीसर) /jagadīsara ジャグディーサル/ [Skt. जगत् + Skt. ईश्वर] *m.* 1 世界の主. (⇒ਜਗਤ ਦਾ ਮਾਲਕ) 2 万物の導師, 全世界から師と仰がれる者. (⇒ਜਗਤ ਗੁਰੂ) 3 造物主, 最高神. (⇒ਪਰਮੇਸ਼ਰ) 4 〖ヒ〗ジャガディーシャラ《ヴィシュヌ神の異名の一つ》. (⇒ਵਿਸ਼ਨੂ)

ਜਗਨਨਾਥ (जगननाथ) /jagananātʰa ジャガンナート/ [Skt. जगन्नाथ] *m.* 1 世界の主. 2 最高神. (⇒ਪਰਮੇਸ਼ਰ) 3 〖ヒ〗ジャガンナータ《ヴィシュヌ神の異名の一つ》. (⇒ਵਿਸ਼ਨੂ) 4 〖ヒ〗ジャガンナータ《オディシャ州のプリーの寺院に祀られている神格・神像. その寺院, 及びプリーの地域を指す名称としても用いられる》.

ਜੰਗਨਾਮਾ (जंगनामा) /jaṅganāmā ジャングナーマー/ [Pers. *jang* Pers.-*nāma*] *m.* 〖文学〗戦(いくさ)の記録を詠んだ叙事詩.

ਜੰਗਬੰਦੀ (जंगबंदी) /jaṅgabandī ジャングバンディー/ [Pers.-*bandī*] *f.* 1 交戦の停止, 停戦, 休戦. 2 停戦の合意, 停戦協定.

ਜੰਗਬਾਜ਼ (जंगबाज़) /jaṅgabāza ジャングバーズ/ [Pers.-*bāz*] *adj.* 1 戦争挑発的な, 主戦論者の. 2 戦闘的な, 好戦的な.

— *m.* 1 戦争挑発者, 主戦論者. 2 闘士, 好戦的な人.

ਜੰਗਮ (जंगम) /jaṅgama ジャンガム/ [Skt. जङ्गम] *m.* 1 生きているもの, 生きて動くもの. 2 遊行する者, 巡回説教者. 3 〖ヒ〗ジャンガム《苦行・瞑想を旨とするシヴァ派の行者, 及びその行者の一派の名称》.

ਜਗਮਗ (जगमग) /jagamaga ジャグマグ/ [cf. ਜਗਣਾ] *adj.* 1 輝いている. 2 光っている. 3 明るい.

ਜਗਮਗਾਉਣਾ (जगमगाउणा) /jagamagāuṇā ジャグマガーウナー/ [cf. ਜਗਣਾ] *vi.* 1 光る, 輝く. 2 映える.

ਜਗਮਗਾਹਟ (जगमगाहट) /jagamagâṭa ジャグマガート/ ▸ਜਗਮਗਾਟ [cf. ਜਗਣਾ] *f.* 1 光, 輝き, 光輝. 2 照り映えること.

ਜਗਮਗਾਟ (जगमगाट) /jagamagāṭa ジャグマガート/ ▸ਜਗਮਗਾਹਟ *f.* → ਜਗਮਗਾਹਟ

ਜੱਗਰ (जग्गर) /jaggara ジャッガル/ [Skt. वज्र] *adj.* 1 知恵遅れの. 2 間抜けな. 3 愚かな.

ਜਗਰਾਤਾ (जगराता) /jagarātā ジャグラーター/ *m.* 1 不眠. 2 夜通し眠らないこと, 徹夜.

ਜੰਗਲ (जंगल) /jaṅgala ジャンガル/ [Skt. जङ्गल] *m.* 1 〖地理〗森, 林, 森林, 密林, ジャングル, 茂み, 野原, 草原. ❐ਜੰਗਲ ਜਾਣਾ 用便のため野原や畑に行く, 排便に行く, 排便する. ❐ਜੰਗਲ ਪਾਣੀ 排便. 2 〖地理〗荒れ地, 荒野, 砂漠.

ਜੰਗਲਾ (जंगला) /jaṅgalā ジャンガラー/ *m.* 1 柵. 2 〖建築〗手摺り. 3 (窓や手摺りの)格子. 4 (窓や戸の)枠組み.

ਜੰਗਲੀ (जंगली) /jaṅgalī ジャングリー/ ▸ਜਾਂਗਲੀ [Skt. जङ्गल -ਈ] *adj.* 1 森の, 森林の, 野の. 2 野生の, 自然の, 自然のままの, 栽培されていない. 3 野蛮な, 未開の. 4 粗野な, 無作法な.

— *m.* 1 森に住む人. 2 原住民. 3 野蛮人.

ਜਗਾਉਣਾ (जगाउणा) /jagāuṇā ジャガーウナー/ [cf. ਜਾਗਣਾ] *vt.* 1 起こす, (眠りから)目覚めさせる, 覚ます. 2 覚醒させる, 注意を喚起する, 意識させる. 3 (電灯・ランプなどの明かりを)点ける.

ਜਗਾਹ (जगाह) /jagâ ジャガー/ ▸ਜਗਹਾ, ਜਗ੍ਹਾ, ਜਾਹਗ *f.*

→ ਜਗ੍ਹਾ

ਜਗਾਤ (जगात) /jagāta ジャガート/ [Arab. *zakāt*] *f.* **1** 税, 租税, 税金. **2** 関税. **3** 通行税. **4** 施し物.

ਜੰਗਾਰ (जंगार) /jaṅgāra ジャンガール/ ▸ਜੰਗਾਲ *m.* → ਜੰਗਾਲ

ਜੰਗਾਲ (जंगाल) /jaṅgāla ジャンガール/ ▸ਜੰਗਾਰ [Pers. *zangār*] *m.* **1**〖化学〗錆. (⇒ਜਰ) **2** 緑青.

ਜੰਗਾਲਣਾ (जंगालणा) /jaṅgālaṇā ジャンガーラナー/ [Pers. *zangār*] *vi.* 錆びる, 錆びつく.

ਜਗਿਆਸਾ (जगिआसा) /jagiāsā ジャギアーサー/ ▸ ਜਿਗਿਆਸਾ *f.* → ਜਿਗਿਆਸਾ

ਜਗਿਆਸੂ (जगिआसू) /jagiāsū ジャギアースー/ ▸ ਜਿਗਿਆਸੂ *adj.* → ਜਿਗਿਆਸੂ

ਜੰਗੀ (जंगी) /jaṅgī ジャンギー/ [Pers. *jangī*] *adj.* **1** 戦争の, 戦闘の, 戦争に関する. **2** 軍事の, 軍事上の. **3** 好戦的な, 挑戦的な.

ਜੰਗੀ ਸਾਜ਼ ਸਮਾਨ (जंगी साज़ समान) /jaṅgī sāza samāna ジャンギー サーズ サマーン/ [+ Pers. *sāz* + Pers. *sāmān*] *m.*〖軍〗軍需品.

ਜੰਗੀ ਸਾਧਨ (जंगी साधन) /jaṅgī sâdana ジャンギー サーダン/ [+ Skt. साधन] *m.*〖軍〗軍資金, 戦費.

ਜੰਗੀ ਚਾਲਾਂ (जंगी चालाँ) /jaṅgī cālā̃ ジャンギー チャーラーン/ [+ Skt. चलन] *f.*〖軍〗戦術, 戦略.

ਜੰਗੀ ਜਹਾਜ਼ (जंगी जहाज़) /jaṅgī jăza ジャンギー ジャーズ/ [+ Arab. *jahāz*] *m.* **1**〖軍〗軍艦. **2**〖軍〗軍用機.

ਜਗੀਰ (जगीर) /jagīra ジャギール/ ▸ਜਾਗੀਰ [Pers. *jā-gīr*] *f.* **1**〖歴史〗ジャーギール《インドに侵攻したムガル朝やその他のイスラーム系王朝で奉仕義務の代償として臣下に与えられた給与地・封土》. **2** 封土, 給与地, 恩賞地. **3** 所有地, 領地.

ਜਗੀਰਦਾਰ (जगीरदार) /jagīradāra ジャギールダール/ ▸ ਜਾਗੀਰਦਾਰ [Pers.*-dār*] *m.* **1**〖歴史〗ジャーギールダール《ジャーギールを与えられ, 所有する臣下の者》. **2** 封建領主.

ਜਗੀਰਦਾਰੀ (जगीरदारी) /jagīradārī ジャギールダーリー/ ▸ਜਾਗੀਰਦਾਰੀ [Pers.*-dārī*] *f.* **1**〖歴史〗ジャーギールダール制《奉仕義務の代償として支配者がジャーギールと呼ばれる給与地を臣下に与えて徴税・軍事などの権力を掌握する統治制度》. **2** 封建制度.

ਜੰਗੀ ਲਾਟ (जंगी लाट) /jaṅgī lāṭa ジャンギー ラート/ [Pers. *jangī* + Eng. *lord*] *m.*〖軍〗最高司令官.

ਜੰਘ (जंघ) /jâṅga ジャング/ ▸ਜੱਘ [Skt. जङ्घा] *f.* **1**〖身体〗脚. (⇒ਲੱਤ, ਟੰਗ) **2**〖身体〗腿.

ਜੱਘ (जग्घ) /jâgga ジャッグ/ ▸ਜੰਘ [(Pot.)] *f.* → ਜੰਘ

ਜੰਘੀ (जंघी) /jâṅgī ジャンギー/ *f.*〖道具〗鋤の柄.

ਜਚਣਾ (जचणा) /jacaṇā ジャチナー/ *vi.* 似合う, 調和する.

ਜਚਵਾਂ (जचवाँ) /jacawā̃ ジャチワーン/ *adj.* 似つかわしい.

ਜ਼ੱਚਾ (ज़च्चा) /zaccā ザッチャー/ [Pers. *zaca, zaja*] *f.* **1** 産婦, 出産した女性. **2** 出産後の日数をそれほど経ていない女性.

ਜ਼ੱਚਾਖ਼ਾਨਾ (ज़च्चाख़ाना) /zaccāxānā ザッチャーカーナー/ [Pers.*-xāna*] *m.* 産院, 産室.

ਜੰਜ (जंज) /jañja ジャンジ/ ▸ਜੰਞ, ਜੰਨ *f.* → ਜੰਞ

ਜੱਜ (जज्ज) /jajja ジャッジ/ [Eng. *judge*] *m.*〖法〗裁判官, 判事.

ਜਜ਼ਬ (जज़ब) /jazaba ジャザブ/ [Arab. *jazb*] *adj.* **1** 熱中した. **2** 夢中の. **3** 没頭した.

ਜਜ਼ਬਾ (जज़बा) /jazabā ジャズバー/ [Arab. *jazbā*] *m.* **1** 感情, 気持ち. **2** 情緒. **3** 情熱, 激情, 熱意. (⇒ਜੋਸ਼, ਸ਼ੌਕ) **4** 感傷. **5** 怒り, 憤怒. (⇒ਗੁੱਸਾ)

ਜਜ਼ਬਾਤ (जज़बात) /jazabāta ジャズバート/ [Arab. *jazbāt*, plural of Arab. *jazbā*] *m.* **1** 感情, 気持ち. **2** 情緒. **3** 情熱, 激情, 熱意. (⇒ਜੋਸ਼, ਸ਼ੌਕ) **4** 感傷.

ਜਜ਼ਬਾਤੀ (जज़बाती) /jazabātī ジャズバーティー/ [Arab. *jazbātī*] *adj.* **1** 感情的な, 感情の激しい. **2** 感傷的な. **3** 感じやすい.

ਜਜਮਾਨ (जजमान) /jajamāna ジャジマーン/ [(Pkt. जजमाण) Skt. यजमान] *m.* **1** 祭事や儀礼を行う施主, 布施を与える者, 喜捨をする人. **2** 冠婚葬祭などで用役を提供する職業の人に俸給を与える顧客.

ਜਜਮਾਨੀ (जजमानी) /jajamānī ジャジマーニー/ [-ਈ] *f.* **1** 布施や俸給を与える施主または顧客であること. **2** 施主または顧客によって与えられる布施や俸給. **3** 施主または顧客と用役を提供する職業の人との関係. **4** 施主または顧客に提供する用役・役務.

ਜੱਜਾ (जज्जा) /jajjā ジャッジャー/ *m.*〖文字〗ジャッジャー《硬口蓋・破擦音の「ジャ」(有声・無気音)を表す, グルムキー文字の字母表の13番目の文字 ਜ の名称》.

ਜੰਜਾਲ (जंजाल) /jañjāla ジャンジャール/ *m.* **1** 混乱, 紛糾. **2** 煩わしさ, 厄介なこと, 面倒, 困難. **3** 悩み事. **4** 人生の煩わしさ, 人生の重荷, しがらみ, 世俗の厄介事.

ਜੰਜਾਲੀ (जंजाली) /jañjālī ジャンジャーリー/ *adj.* **1** 面倒を起こす, 厄介な. **2** 面倒に陥った, 困っている.

ਜੱਜੀ (जज्जी) /jajjī ジャッジー/ [Eng. *judge* -ਈ] *f.*〖法〗裁判官の身分・職務, 裁判官職.

ਜਜ਼ੀਆ (जज़ीआ) /jazīā ジャズィーアー/ [Arab. *jizya*] *m.*〖経済・イス〗イスラーム王統治下で異教徒に課す税.

ਜੰਜੀਰ (जंजीर) /jañjīra ジャンジール/ ▸ਜ਼ੰਜੀਰ *f.* → ਜ਼ੰਜੀਰ

ਜ਼ੰਜੀਰ (ज़ंजीर) /zañjīra ザンジール/ ▸ਜੰਜੀਰ [Pers. *zanjīr*] *f.* **1** 鎖. **2** 足枷.

ਜਜ਼ੀਰਾ (जज़ीरा) /jazīrā ジャズィーラー/ [Pers. *jazīra*] *m.*〖地理〗島. (⇒ਟਾਪੂ, ਦੀਪ)

ਜ਼ੰਜੀਰੀ (ज़ंजीरी) /zañjīrī ザンジーリー/ [Pers. *zanjīrī*] *f.* 小さい鎖. (⇒ਸੰਗਲੀ)

ਜੰਜੂ (जंजू) /jañjū ジャンジュー/ ▸ਜੰਞੂ, ਜਨੇਊ *m.* → ਜੰਞੂ

ਜੱਜੇ ਪੈਰੀਂ ਬਿੰਦੀ (जज्जे पैरीं बिंदी) /jajje pairī̃ bindī ジャッジェー パェーリーン ビンディー/ *m.*〖文字〗ジャッジェー・パイリーン・ビンディー《「足に点の付いたジャッジャー」の意味. グルムキー文字の字母表の13番目の文字 ਜ の下に点の付いた文字 ਜ਼ の名称》.

ਜੰਞ (जंञ) /jaññā ジャンヌ/ ▸ਜੰਜ, ਜੰਨ [Skt. जन्य] *f.* **1**〖儀礼〗結婚式の花婿側の行列. **2** 婚礼参列者の集まり.

ਜੰਞੂ (जंञू) /jaññū ジャンヌー/ ▸ਜੰਜੂ, ਜਨੇਊ [(Pkt. जण्णोवईय) Skt. यज्ञोपवीत] *m.* 〖ヒ〗ヒンドゥー教徒が身につける聖紐.

ਜੱਟ (जट्ट) /jaṭṭa ジャット/ ▸ਜਾਟ *m.* 〖歴史〗ジャット(ジャート)《西暦1世紀以降定住したインド北西部の有力な農耕カースト》.

ਜਟਕਾ (जटका) /jaṭakā | jaṭakā ジャタカー | ジャトカー/ *adj.* **1** ジャット ਜੱਟ〔インド北西部の有力な農耕カースト〕の. **2** ジャットのような. **3** 素朴な. **4** 田舎の. **5** 粗野な.

ਜਟਕੀ (जटकी) /jaṭakī | jaṭakī ジャタキー | ジャトキー/ *f.* ジャタキー(ジャトキー)方言《西部パンジャーブの一方言. 名称は「ジャット ਜੱਟ の話す言葉」に由来する》.

ਜੰਟਰਮੈਨ (जंटरमैन) /janṭaramaina ジャンタルマェーン/ ▸ਜੰਟਲਮੈਨ, ਜੈਂਟਲਮੈਨ *m.adj.* → ਜੰਟਲਮੈਨ

ਜਟਲ (जटल) /jaṭala ジャタル/ *f.* おしゃべり.

ਜੰਟਲਮੈਨ (जंटलमैन) /janṭalamaina ジャンタルマェーン/ ▸ਜੰਟਰਮੈਨ, ਜੈਂਟਲਮੈਨ [Eng. *gentleman*] *m.* **1** 紳士, 身分のある男子, 出世した人. **2** しゃれ男, めかし屋.
— *adj.* お洒落な, めかした.

ਜੰਟਲਮੈਨੀ (जंटलमैनी) /janṭalamainī ジャンタルマェーニー/ [-ਈ] *f.* (男の服装などの)お洒落.

ਜਟਾਂ (जटाँ) /jaṭā̃ ジャターン/ ▸ਜਟਾ *f.* → ਜਟਾ

ਜਟਾ (जटा) /jaṭā ジャター/ ▸ਜਟਾਂ [Skt. जटा] *f.* 〖身体〗ふさふさした髪, 長くもつれた髪, 蓬髪.

ਜਟਿਲ (जटिल) /jaṭila ジャティル/ [Skt. जटिल] *adj.* **1** 複雑な, 錯綜している, 入り組んでいる. **2** もつれた. **3** 難しい, 困難な, 面倒な. **4** 紛糾した.

ਜਟਿਲਤਾ (जटिलता) /jaṭilatā ジャティルター/ [Skt.-ता] *f.* **1** 複雑, 錯綜. **2** もつれ. **3** 困難. **4** 紛糾.

ਜੱਟੀ (जट्टी) /jaṭṭī ジャッティー/ *f.* ジャット〔農耕カースト〕の女性.

ਜਟੇਟਾ (जटेटा) /jaṭeṭā ジャテーター/ *m.* ジャットの男の子.

ਜਟੇਟੀ (जटेटी) /jaṭeṭī ジャテーティー/ *f.* ジャットの女の子.

ਜਠੇਰਾ (जठेरा) /jaṭʰerā ジャテーラー/ ▸ਜੇਠ *m.* **1** 〖親族〗義兄. **2** 〖親族〗父方の祖先.

ਜੰਡ (जंड) /janḍa ジャンド/ *m.* 〖植物〗ジャンド樹《乾燥地域に生育するマメ科の常緑樹》.

ਜਡਣ (जडण) /jaḍaṇa ジャダン/ ▸ਜਡਨ, ਜਡਾਂ, ਜਦ, ਜਦੂੰ, ਜਦੋਂ [(Lah.)] *adv.(conj.)* → ਜਦੋਂ

ਜਡਨ (जडन) /jaḍana ジャダン/ ▸ਜਡਣ, ਜਡਾਂ, ਜਦ, ਜਦੂੰ, ਜਦੋਂ [(Lah.)] *adv.(conj.)* → ਜਦੋਂ

ਜਡਾਂ (जडाँ) /jaḍā̃ ジャダーン/ ▸ਜਡਣ, ਜਡਨ, ਜਦ, ਜਦੂੰ, ਜਦੋਂ [(Jat.)] *adv.(conj.)* → ਜਦੋਂ

ਜਣ[1] (जण) /jaṇa ジャン/ ▸ਜਨ *m.* → ਜਨ

ਜਣ[2] (जण) /jaṇa ジャン/ *m.* **1** 生まれた者. **2** 〖親族〗子供, 子孫.

ਜਣਦੇ (जणदे) /jaṇade ジャンデー/ ▸ਜਣਨੇ *m.* 〖親族〗両親《複数形》. (⇒ਮਾਪੇ)

ਜਣਨ (जणन) /jaṇana ジャナン/ [(Pkt. जणण) Skt. जनन] *m.* **1** 出生. ❐ਜਣਨ ਗਤੀ 出生率. **2** 出産, 分娩. **3** 生殖. ❐ਜਣਨ ਅੰਗ 生殖器. ❐ਜਣਨ ਅੰਗ ਰੋਗ ਵਿਗਿਆਨ 婦人科医学. **4** 繁殖.

ਜਣਨਾ (जणना) /jaṇanā ジャナナー/ [Skt. जनति] *vt.* **1** 生む, 産む. **2** 出産する, 分娩する. **3** 子孫を作る.

ਜਣਨੀ (जणनी) /jaṇanī ジャナニー/ [(Pkt. जणणी) Skt. जननी] *f.* 〖親族〗母.

ਜਣਨੇ (जणने) /jaṇane ジャンネー/ ▸ਜਣਦੇ [(Pot.)] *m.* → ਜਣਦੇ

ਜਣਾ (जणा) /jaṇā ジャナー/ [(Pkt. जण) Skt. जन] *m.* **1** 人, 個人. **2** 男の人. **3** 若者, 若い男. **4** 〖親族〗夫.

ਜਣਾ-ਕਣਾ (जणा-कणा) /jaṇā-kaṇā ジャナー・カナー/ ▸ਜਣਾ-ਖਣਾ *m.* → ਜਣਾ-ਖਣਾ

ਜਣਾ-ਖਣਾ (जणा-खणा) /jaṇā-kʰaṇā ジャナー・カナー/ ▸ਜਣਾ-ਕਣਾ *m.* **1** どの人でも. **2** 誰でも. **3** 誰も彼も, 猫も杓子も.

ਜਣੀ (जणी) /jaṇī ジャニー/ [(Pkt. जण) Skt. जन -ई] *f.* 女の人, 女性.

ਜਣੇਪਾ (जणेपा) /jaṇepā ジャネーパー/ *m.* 出産, 分娩. (⇒ਪਰਸੂਤ, ਵਿਅੰਮ)

ਜੰਤ (जंत) /janta ジャント/ ▸ਜੰਤੂ *m.* → ਜੰਤੂ

ਜਤ (जत) /jata ジャト/ [(Pkt. जत्त) Skt. यत्र] *m.* **1** 欲望の抑制. **2** 禁欲主義. **3** 独身.

ਜੱਤ[1] (जत्त) /jatta ジャット/ [Skt. जटा] *f.* **1** 皮膚に生えた長い毛. **2** 山羊や駱駝などの毛. **3** 羊毛. **4** 毛皮. **5** 〖衣服〗羊毛・むく毛・毛皮などの外套.

ਜੱਤ[2] (जत्त) /jatta ジャット/ [Sind. *jatu*] *m.* 駱駝の御者.

ਜਤਨ (जतन) /jatana ジャタン/ ▸ਯਤਨ [Skt. यत्न] *m.* **1** 努力, 尽力, 労苦. ❐ਜਤਨ ਕਰਨਾ 努力する, 努める. **2** 試み. ❐ਜਤਨ ਕਰਨਾ 試みる.

ਜਤਨਸ਼ੀਲ (जतनशील) /jatanaśīla ジャタンシール/ ▸ਯਤਨਸ਼ੀਲ [Skt.-शील] *adj.* **1** 努力している, 尽力している. **2** 試みている. **3** 仕事をしている. **4** 勤勉な, 努力家の.

ਜੰਤਰ (जंतर) /jantara ジャンタル/ ▸ਜੰਤ੍ਰ, ਯੰਤਰ [Skt. यन्त्र] *m.* **1** 道具. **2** 器具. **3** 装置, 仕掛け, からくり. **4** 機械. **5** 〖儀礼〗秘儀に用いる図表, 護符に用いられる図形. **6** 護符, まじない.

ਜੰਤ੍ਰ (जंत्र) /jantra (jantara) ジャントル (ジャンタル)/ ▸ਜੰਤਰ, ਯੰਤਰ *m.* → ਜੰਤਰ

ਜਤ੍ਰ ਤਤ੍ਰ (जत्र तत्र) /jatra tatra ジャトル タトル/ [Skt. यत्रतत्र] *adv.* **1** あちこち. **2** どこでも.

ਜੰਤਰ ਮੰਤਰ (जंतर मंतर) /jantara mantara ジャンタル マンタル/ [Skt. यन्त्र + Skt. मन्त्र] *m.* **1** 魔法の呪文. **2** 魔術. **3** 祈祷. **4** 天文台, 観測所.

ਜੰਤਰੀ (जंतरी) /jantarī ジャンタリー/ [Skt. यन्त्रिन्] *m.* **1** まじない師, 祈祷師. **2** 魔術師.
— *f.* **1** 〖暦〗インド伝統の暦, 民間暦, カレンダー. (⇒ਪੰਚਾਂਗ) **2** 〖道具〗金銀細工用の針金を作る道具.

ਜੰਤਰੀ ਮੰਤਰੀ (जंतरी मंतरी) /jantarī mantarī ジャンタリー マンタリー/ [+ Skt. मन्त्रिन्] *m.* **1** 手品師, 奇術師. **2** 魔術師, 魔法使い.

ਜੱਤਲ (जत्तल) /jattala ジャッタル/ *adj.* **1** 毛深い. **2** 毛むくじゃらの.

ਜਤਲਾਉਣਾ (जतलाउणा) /jata̸lāuṇā ジャトラーウナー/ ▸ਜਤਾਉਣਾ *vt.* → ਜਤਾਉਣਾ

ਜੰਤਾ (जंता) /jantā ジャンター/ ▸ਜਨਤਾ *m.* → ਜਨਤਾ

ਜਤਾਉਣਾ (जताउणा) /jatāuṇā ジャターウナー/ ▸ਜਤਲਾਉਣਾ [Skt. ज्ञप्त-, जानाति] *vt.* **1** 知らせる. **2** 気づかせる, 思い出させる. **3** 分からせる, 認識させる. **4** 表す, 示す, 表明する, 発表する, 公表する. **5** 感じさせる. **6** 忠告する, 諭す. **7** 警告する.

ਜਤੀ (जती) /jatī ジャティー/ [Skt. यति] *m.* 苦行者, 禁欲主義者. (⇒ਜੋਗੀ, ਸਾਧੂ)

ਜੰਤੂ (जंतू) /jantū ジャントゥー/ ▸ਜੰਤ [Skt. जन्तु] *m.* **1** 生き物, 生物. **2** 微小動物.

ਜਥਰ (जथर) /jatʰara̸ ジャタル/ [(Pua.)] *m.* 膨張, 伸張, 拡大. (⇒ਫੈਲਾਉ, ਪਸਾਰ)

— *adj.* 膨張力のある, 伸張性の.

ਜਥਾ[1] (जथा) /jatʰā ジャター/ [Skt. यथा] *adv.(prep.)* …のように, …に応じて, …に従って, …に基づいて. (⇒ਜਿਵੇਂ) ❐ਜਥਾ ਰਾਜਾ ਤਥਾ ਪਰਜਾ। 王に応じて民あり〔諺〕〈為政者の資質のレベルに人民も留まる〉.

ਜਥਾ[2] (जथा) /jatʰā ジャター/ ▸ਜੱਥਾ [(Pkt. जूत्थ) Skt. यूथ] *m.* **1** 団, 集団, 団体, 隊. **2** 組織. **3**〘軍〙軍団. **4**〘スィ〙ジャター（ジャッター）《キールタンを行う集団やカールサーへの入信式を執り行う会衆など, スィック教徒の組織集団の一般的な呼称》.

ਜੱਥਾ (जत्था) /jattʰā ジャッター/ ▸ਜਥਾ *m.* → ਜਥਾ[2]

ਜਥੇਦਾਰ (जथेदार) /jatʰedāra̸ ジャテーダール/ ▸ਜੱਥੇਦਾਰ [Skt. यूथ Pers.-*dār*] *m.* **1** 団長, 隊長. **2** 統率者, 指導者, 指揮者, 指揮官. **3**〘軍〙軍団の指令官. **4**〘スィ〙ジャター（ジャッター）の統率者, 中央グルドゥワーラー管理委員会 ਸ਼੍ਰੋਮਣੀ ਗੁਰਦੁਆਰਾ ਪ੍ਰਬੰਧਕ ਕਮੇਟੀ の役員.

ਜੱਥੇਦਾਰ (जत्थेदार) /jattʰedāra̸ ジャッテーダール/ ▸ਜਥੇਦਾਰ *m.* → ਜਥੇਦਾਰ

ਜਥੇਦਾਰਨੀ (जथेदारनी) /jatʰedāra̸nī ジャテーダールニー/ ▸ਜੱਥੇਦਾਰਨੀ [-ਨੀ] *f.* **1** 女性の団長・隊長. **2** 女性の統率者.

ਜੱਥੇਦਾਰਨੀ (जत्थेदारनी) /jattʰedāra̸nī ジャッテーダールニー/ ▸ਜਥੇਦਾਰਨੀ *f.* → ਜਥੇਦਾਰਨੀ

ਜਥੇਦਾਰੀ (जथेदारी) /jatʰedārī ジャテーダーリー/ ▸ਜੱਥੇਦਾਰੀ [Skt. यूथ Pers.-*dārī*] *f.* 団・隊の統率, 団長・統率者の地位.

ਜੱਥੇਦਾਰੀ (जत्थेदारी) /jattʰedārī ジャッテーダーリー/ ▸ਜਥੇਦਾਰੀ *f.* → ਜਥੇਦਾਰੀ

ਜਥੇਬੰਦ (जथेबंद) /jatʰebanda̸ ジャテーバンド/ ▸ਜਥੇਬੰਦਕ [Skt. यूथ Pers.-*band*] *adj.* **1** 集団の, 集団的, 集団になった. **2** 組織の, 組織された.

ਜਥੇਬੰਦਕ (जथेबंदक) /jatʰebandaka̸ ジャテーバンダク/ ▸ਜਥੇਬੰਦ *adj.* → ਜਥੇਬੰਦ

ਜਥੇਬੰਦੀ (जथेबंदी) /jatʰebandī ジャテーバンディー/ [Skt. यूथ Pers.-*bandī*] *f.* **1** 集合すること, 集団になること. **2** 団体, 組織, 機構. **3** 組合, 連合.

ਜ਼ੰਦ (ज़ंद) /zanda̸ ザンド/ [Pers. *zand*] *m.*〘ゾロ〙ゾロアスター教徒〔拝火教徒〕の聖典.

ਜਦ (जद) /jada̸ ジャド/ ▸ਜਡਣ, ਜਡਨ, ਜਡਾਂ, ਜਦੂੰ, ਜਦੋਂ *adv.(conj.)* → ਜਦੋਂ

ਜੱਦ (जद्द) /jadda̸ ジャッド/ [Arab. *jadd*] *f.* **1** 家系. (⇒ਘਰਾਣਾ) **2** 家族. **3** 氏族. (⇒ਕੁਲ)

ਜੰਦਕ (जंदक) /jandaka̸ ジャンダク/ ▸ਜਾਕਤ, ਜਾਤਕ [(Pot.)] *m.* → ਜਾਤਕ

ਜਦ ਕਦ (जद कद) /jada̸ kada̸ ジャド カド/ *conj.* …の時はいつでも.

— *adv.* **1** 時々. **2** 断続的に.

ਜੰਦਰਾ (जंदरा) /jandarā ジャンダラー/ ▸ਜੰਦ੍ਰਾ, ਜੰਦਾ, ਜਿੰਦਰਾ, ਜਿੰਦਾ [Skt. यन्त्र] *m.*〘道具〙錠, 錠前, 南京錠. (⇒ਤਾਲਾ) ❐ਜੰਦਰਾ ਮਾਰਨਾ 錠を掛ける.

ਜੰਦ੍ਰਾ (जंद्रा) /jandrā (jandarā) ジャンドラー（ジャンダラー）/ ▸ਜੰਦਰਾ, ਜੰਦਾ, ਜਿੰਦਰਾ, ਜਿੰਦਾ *m.* → ਜੰਦਰਾ

ਜੰਦਰੀ (जंदरी) /jandarī | janda̸rī ジャンダリー | ジャンドリー/ [-ਈ] *f.*〘道具〙小さな錠.

ਜੰਦਾ (जंदा) /jandā ジャンダー/ ▸ਜੰਦਰਾ, ਜੰਦ੍ਰਾ, ਜਿੰਦਰਾ, ਜਿੰਦਾ *m.* → ਜੰਦਰਾ

ਜੱਦੀ (जद्दी) /jaddī ジャッディー/ *adj.* **1** 先祖代々の. (⇒ਮੌਰੂਸ) **2** 先祖伝来の.

ਜਦੀਦ (जदीद) /jadīda̸ ジャディード/ [Arab. *jadīd*] *adj.* **1** 新しい. (⇒ਨਵਾਂ, ਤਾਜ਼ਾ) **2** 今の, 現在の, 現代の. (⇒ਵਰਤਮਾਨ ਸਮੇਂ ਦਾ) **3** 最近の, 近頃の.

ਜੱਦੀ ਵੈਰ (जद्दी वैर) /jaddī vaira̸ ジャッディー ヴァエール/ *m.* **1**（長期にわたる部族・家族間の）宿怨, 確執, 不和. **2**（二家族間の）根深い怨恨関係.

ਜਦੂੰ (जदूँ) /jadū̃ ジャドゥーン/ ▸ਜਡਣ, ਜਡਨ, ਜਡਾਂ, ਜਦ, ਜਦੋਂ *adv.(conj.)* → ਜਦੋਂ

ਜਦੋਂ (जदों) /jadõ ジャドーン/ ▸ਜਡਣ, ਜਡਨ, ਜਡਾਂ, ਜਦ, ਜਦੂੰ [Skt. यदा] *adv.(conj.)* **1**《「時」を表す関係副詞》…の時に. ❐ਜਦੋਂ ਤੁਸੀਂ ਆਓਗੇ, ਤਦੋਂ ਅਸੀਂ ਤੁਹਾਡੇ ਨਾਲ ਗੱਲ ਕਰ ਲਵਾਂਗੇ। あなたが来た時に, 私たちはあなたと話をしましょう. **2** …の場合に.

ਜੰਨ[1] (जंन) /janna̸ ジャンヌ/ ▸ਜੰਜ, ਜੰਞ *f.* → ਜੰਞ

ਜੰਨ[2] (जंन) /janna̸ ジャンヌ/ *m.* **1** 疑念. **2** 不信. **3** 妄想.

ਜਨ (जन) /jana̸ ジャン/ ▸ਜਣ [Skt. जन] *m.* **1** 人, 人間. **2** 個人. **3** 人々, 民衆. **4** 人民.

ਜ਼ਨ (ज़न) /zana̸ ザン/ [Pers. *zan*] *f.* **1** 女の人, 女性. **2**〘親族〙妻.

ਜਨਸਧਾਰਨ (जनसधारन) /jana̸sadǎrana̸ ジャンサダーラン/ [Skt. जन + Skt. साधारण] *m.* 一般大衆.

ਜਨਕ (जनक) /janaka̸ ジャナク/ [Skt. जनक] *suff.* 「…を引き起こす」「…を生じさせる」などの意味を表す接尾辞.

— *m.* **1** 創造者. **2**〘親族〙父, 祖先.

ਜਨਕਾ (जनका) /jana̸kā ジャンカー/ ▸ਜਨਖਾ, ਜ਼ਨਖਾ *adj.m.* → ਜ਼ਨਖਾ

ਜਨਖਾ (जनखा) /jana̸kʰā ジャンカー/ ▸ਜਨਕਾ, ਜ਼ਨਖਾ *adj.m.* → ਜ਼ਨਖਾ

ਜ਼ਨਖਾ (ज़नखा) /zana̸kʰā ザンカー/ ▸ਜਨਕਾ, ਜਨਖਾ [Pers. *zanka*] *adj.* **1** 女みたいな, めめしい, 男らしさのない. **2** 性的に不能の.

— *m.*〘罵言〙性的に不能の男, 去勢された男.

ਜੰਨਤ (जंनत) /jannata̸ ジャンナト/ [Arab. *jannat*] *m.* 天国, 天界, 極楽, 楽園. (⇒ਬਹਿਸ਼ਤ, ਸੁਰਗ)(⇔ਦੋਜ਼ਖ਼, ਜਹੰਨਮ, ਨਰਕ)

ਜਨਤਕ (जनतक) /janataka ジャンタク/ ▸ਜਨਤਿਕ [Skt. जनता + ਕ] *adj.* **1** 大衆の. **2** 民衆の.

ਜਨਤਵੀ (जनतवी) /janatawī ジャナトウィー/ *adj.* 動物に関する.

ਜਨਤਾ (जनता) /janatā ジャンター/ ▸ਜੰਤਾ [Skt. जनता] *f.* **1** 民衆, 大衆. **2** 人民, 国民. **3** 庶民, 一般市民. **4**〖政治〗無産階級.

ਜਨਤਿਕ (जनतिक) /janatika ジャンティク/ ▸ਜਨਤਕ *adj.* → ਜਨਤਕ

ਜਨਮ (जनम) /janama ジャナム/ ▸ਜਰਮ [Skt. जन्म] *m.* **1** 誕生. ❐ਜਨਮ ਹੋਣਾ 生まれる, 誕生する. ❐ਸ਼ੇਕਸਪੀਅਰ ਦਾ ਜਨਮ ਸੰਨ ੧੫੬੪ ਵਿੱਚ ਹੋਇਆ। シェークスピアは1564年に生まれました. ❐ਕੀ ਤੁਸੀਂ ਦੱਸੋਗੇ ਕਿ ਤੁਹਾਡਾ ਜਨਮ ਕਿੱਥੇ ਹੋਇਆ? あなたはどこで生まれたのか教えてくれますか. ❐ਜਨਮ ਦੇਣਾ 生む, 出産する. ❐ਤੀਹ ਸਾਲਾ ਮਹਿਲਾ ਨੇ ਅੱਜ ਸਵੇਰੇ ਨਰਸਿੰਗ ਹੋਮ ਵਿੱਚ ਪੰਜ ਬੱਚਿਆਂ ਨੂੰ ਜਨਮ ਦਿੱਤਾ। 三十歳の婦人が今朝産院で五つ子を出産しました. **2** 素性. **3** 起源. **4** 生涯.

ਜਨਮ ਉਤਸਵ (जनम उतसव) /janama utasava ジャナム ウトサヴ/ [+ Skt. उत्सव] *m.* **1** 誕生日のお祝い. **2** 生誕記念日. **3** 生誕祭.

ਜਨਮ ਅਸ਼ਟਮੀ (जनम अशटमी) /janama aśaṭamī ジャナム アシュタミー/ [+ Skt. अष्टमी] *f.*〖祭礼〗クリシュナの誕生日《バードーン月の黒半月の第8日》.

ਜਨਮ ਅਸਥਾਨ (जनम असथान) /janama asatʰāna ジャナム アスターン/ ▸ਜਨਮ ਸਥਾਨ [+ Skt. स्थान] *m.* **1** 生誕地, 出生地. **2** 生まれ故郷, 出身地.

ਜਨਮ ਅਧਿਕਾਰ (जनम अधिकार) /janama âdikāra ジャナム アディカール/ [+ Skt. अधिकार] *m.*〖社会〗生得権《生まれながらに持つ権利》.

ਜਨਮ ਸਥਾਨ (जनम सथान) /janama satʰāna ジャナム サターン/ ▸ਜਨਮ ਅਸਥਾਨ *m.* → ਜਨਮ ਅਸਥਾਨ

ਜਨਮ ਸਾਖੀ (जनम साखी) /janama sākʰī ジャナム サーキー/ [Skt. जन्म + Skt. साक्षिन्] *f.* **1** 誕生または生涯の証明. **2**〖文学〗聖人の生涯の物語, 聖者の伝記.

ਜਨਮ ਕੁੰਡਲੀ (जनम कुंडली) /janama kuṇḍalī ジャナム クンドリー/ [+ Skt. कुण्डली] *f.* **1**〖天文〗(占星用の)天宮図. **2** 星占いによる予言.

ਜਨਮ ਜਨਮਾਂਤਰ (जनम जनमाँतर) /janama janamā̃tara ジャナム ジャナマーンタル/ [+ Skt. जन्मांतर] *m.* (一つの魂が)何度も生まれ変わること, 転生.

ਜਨਮ ਜਾਤ (जनम जात) /janama jāta ジャナム ジャート/ [+ Skt. जाति] *adj.* **1** 生まれつきの, 生まれながらの. **2** 生来の. **3** 生得の, 生得的な. **4** 先天的な, 先天性の.

ਜਨਮਣਾ (जनमणा) /janamaṇā ジャナムナー/ [Skt. जन्म] *vi.* 生まれる, 産まれる, 誕生する.

ਜਨਮ ਤਾਰੀਖ਼ (जनम तारीख़) /janama tārīxa ジャナム ターリーク/ [Skt. जन्म + Arab. *tārīx*] *f.* 生年月日, 誕生日.

ਜਨਮ ਤਿਥੀ (जनम तिथी) /janama titʰī ジャナム ティティー/ [+ Skt. तिथि] *f.* 生年月日, 誕生日.

ਜਨਮ ਦਰ (जनम दर) /janama dara ジャナム ダル/ [+ Pers. *dar*] *m.f.* 出生率.

ਜਨਮ ਦਾਤਾ (जनम दाता) /janama dātā ジャナム ダーター/ [+ Skt. दाता] *m.* **1** 創造者. **2** 神. **3** 創設者. **4** 発明者, 生みの親. **5** 生産者, 製作者. **6** 創始者, 元祖. **7** 父親となったもの. **8**〖親族〗父, 父親.

ਜਨਮ ਦਾਤੀ (जनम दाती) /janama dātī ジャナム ダーティー/ [+ Skt. दात्री] *f.* **1** 生みの親. **2**〖親族〗母, 母親.

ਜਨਮ ਦਿਹਾੜਾ (जनम दिहाड़ा) /janama diă̄ṛā ジャナム ディアーラー/ *m.* 誕生日, 生誕記念日.

ਜਨਮ ਦਿਨ (जनम दिन) /janama dina ジャナム ディン/ [Skt. जन्म + Skt. दिन] *m.* 誕生日, 生誕記念日.

ਜਨਮ ਪੱਤਰੀ (जनम पत्तरी) /janama pattarī ジャナム パッタリー/ [Skt. जन्मपत्री] *f.* **1**〖天文〗(占星用の)天宮図, ホロスコープ, 運勢図. **2** 星占いによる予言.

ਜਨਮ ਭੂਮੀ (जनम भूमी) /janama pŭ̄mī ジャナム プーミー/ [Skt. जन्म + Skt. भूमि] *f.* **1** 生誕地, 出生地. **2** 生まれ故郷, 出身地. **3** 母国, 祖国.

ਜਨਮ ਮਰਨ (जनम मरन) /janama marana ジャナム マラン/ [+ Skt. मरण] *m.* **1** 誕生と死, 生死. **2** 霊魂の転生. **3** 輪廻.

ਜਨਮਾਉਣਾ (जनमाउणा) /janamāuṇā ジャンマーウナー/ [cf. ਜਨਮਣਾ] *vt.* 生む, 産む, 誕生させる.

ਜਨਰਲ (जनरल) /janarala ジャンラル/ ▸ਜਰਨੈਲ [Eng. *general*] *m.*〖軍〗将軍. (⇒ਸੇਨਾਪਤੀ)

ਜਨਵਰੀ (जनवरी) /janawarī ジャンワリー/ [Eng. *January*] *f.*〖暦〗1月.

ਜ਼ਨਾਹ (ज़नाह) /zanâ ザナー/ [Arab. *zinā*] *m.* **1** 姦通, 不義, 不倫, 情交, 私通. **2** 強姦, 婦女暴行.

ਜ਼ਨਾਹੀ (ज़नाही) /zanâī ザナーイー/ [-ਈ] *m.* 男の姦通者.

ਜਨਾਜ਼ਾ (जनाज़ा) /janāzā ジャナーザー/ [Pers. *jināza, janāza*] *m.* **1** 死体, 遺体, 屍衣に包まれた遺体. (⇒ਮੁਰਦਾ, ਲੋਥ) **2** 棺, 棺架. **3** 遺体を乗せて運ぶもの. **4** 葬列.

ਜ਼ਨਾਨੜਾ (ज़नानड़ा) /zanānaṛā ザナーンラー/ *adj.* 女性的な.

ਜ਼ਨਾਨਾ (ज़नाना) /zanānā ザナーナー/ [Pers. *zanāna*] *adj.* **1** 女性の, 女性のための, 女性用の. **2** 女性的な, 女性らしい, 女のような.

ਜ਼ਨਾਨੀ (ज़नानी) /zanānī ザナーニー/ [Pers. *zanānī*] *f.* **1** 女, 女性, 婦人. **2**〖親族〗妻.

ਜਨਾਬ (जनाब) /janāba ジャナーブ/ [Arab. *janāb*] *adj.* 尊敬すべき, 名誉ある.

— *m.* **1** 男性に対する敬称, …氏, …殿. **2** ਹਾਂ などの返答の後に加えて丁寧な表現を作る語.

ਜਨੂਨ (जनून) /janūna ジャヌーン/ [Arab. *junūn*] *m.* **1** 狂気, 狂乱. **2** 熱狂, 熱中. **3** 激情.

ਜਨੂਨੀ (जनूनी) /janūnī ジャヌーニー/ [-ਈ] *adj.* **1** 狂気の, 狂乱の. **2** 熱狂的な. **3** 激情的な.

ਜਨੂਬ (जनूब) /janūba ジャヌーブ/ [Arab. *janūb*] *m.* 南, 南方, 南部. (⇒ਦੱਖਣ)

ਜਨੂਬੀ (जनूबी) /janūbī ジャヌービー/ [Arab. *janūbī*] *adj.* 南の, 南方の, 南部の. (⇒ਦੱਖਣੀ)

ਜਨੇਊ (जनेऊ) /janeū ジャネーウー/ ▸ਜੰਞੂ, ਜੰਞੂ *m.* → ਜੰਞੂ

ਜਨੇਤ (जनेत) /janeta ジャネート/ [(Pkt. जन्नत्ता, जन्ना) Skt. जन्य + यात्रा] *f.* **1**〖儀礼〗結婚式の花婿側の行列. **2** 婚礼参列者の集まり.

ਜਨੌਰ (जनौर) /janaura ジャナォール/ ▸ਜਾਨਵਰ [Pers. *jānvar*] *m.* **1** 動物. **2** 獣.

ਜਪ (जप) /japa ジャプ/ ▸ਜਪੁ [Skt. जप] *m.* **1**(神の御名や祈祷の言葉を)くり返し唱えること, 念誦. **2**〖スィ〗スィック教徒が読誦・暗唱する祈りの讃歌.

ਜਪਜੀ (जपजी) /japajī ジャプジー/ ▸ਜਪੁਜੀ *m.* → ਜਪੁਜੀ

ਜਪਣਾ (जपणा) /japaṇā ジャパナー/ [Skt. जप्यति] *vt.* (神の御名や祈祷の言葉を)くり返し唱える, 念誦する. (⇒ਸਿਮਰਨਾ, ਰਟਣਾ) ❐ਰੱਬ ਦਾ ਨਾਂ ਜਪੋ। 神の御名をくり返し唱えなさい.

ਜਪਣੀ (जपणी) /japaṇī ジャパニー/ [cf. ਜਪਣਾ -ਈ] *f.* 数珠.

ਜਪਮਾਲ (जपमाल) /japamāla ジャプマール/ ▸ਜਪਮਾਲਾ *f.* → ਜਪਮਾਲਾ

ਜਪਮਾਲਾ (जपमाला) /japamālā ジャプマーラー/ ▸ਜਪਮਾਲ [Skt. जप + Skt. माला] *f.* 数珠.

ਜਪਮਾਲੀ (जपमाली) /japamālī ジャプマーリー/ [-ਈ] *f.*〖道具〗小さな数珠, 短数珠.

ਜੰਪਰ (जंपर) /jampara ジャンパル/ ▸ਜੈਂਪਰ [Eng. *jumper*] *m.* **1**〖衣服〗ジャンパー, ブルゾン, セーター. **2**〖衣服〗女性用のシャツの一種.

ਜਪਾਉਣਾ (जपाउणा) /japāuṇā ジャパーウナー/ [cf. ਜਪਣਾ] *vt.* (神の御名や祈祷の言葉を)くり返し唱えさせる, 念誦させる.

ਜਪਾਨ (जपान) /japāna ジャパーン/ ▸ਜਾਪਾਨ [Eng. *Japan*] *m.*〖国名〗日本.

ਜਪਾਨੀ (जपानी) /japānī ジャパーニー/ ▸ਜਾਪਾਨੀ [-ਈ] *adj.* **1** 日本の. **2** 日本人の. **3** 日本語の.

— *m.* 日本人.

— *f.* 日本語.

ਜਪੀ (जपी) /japī ジャピー/ [Skt. जप -ਈ] *m.* **1**(神の御名や祈祷の言葉を)くり返し唱える者, 念誦する者. **2** 礼拝者, 敬虔な信者. (⇒ਭਗਤ)

ਜਪੁ (जपु) /japa ジャプ/ ▸ਜਪ [Skt. जप] *m.* → ਜਪ

ਜਪੁਜੀ (जपुजी) /japujī ジャプジー/ ▸ਜਪਜੀ *m.*〖スィ〗ジャプジー《スィック教の聖典『グル・グラント・サーヒブ』の最初の部分を構成する瞑想的讃歌集. 開祖グル・ナーナク自身の作といわれている》.

ਜਫਰ (जफर) /japʰara ジャパル/ [Arab. *jafā*] *m.f.* **1** 苦難, 苦境, 困難. (⇒ਔਖ, ਤਕਲੀਫ਼, ਮੁਸੀਬਤ) **2** 災難, 災厄, 不幸, 悲哀. (⇒ਬਿਪਤਾ)

ਜ਼ਫ਼ਰ (ज़फ़र) /zafara ザファル/ [Arab. *zafar*] *f.* **1** 勝利. (⇒ਜੈ, ਜਿੱਤ, ਫ਼ਤਿਹ, ਵਿਜੈ) **2** 成功. (⇒ਸਫਲਤਾ, ਕਾਮਯਾਬੀ)

ਜਫ਼ਾ (जफ़ा) /jafā ジャファー/ [Arab. *jafā*] *f.* **1** 弾圧, 圧制. **2** 横暴, 暴虐. **3** 無法, 非道.

ਜੱਫਾ (जप्फा) /jappʰā ジャッパー/ *m.* 抱擁, 腕を相手の腰まで伸ばして抱き合い親愛の情を表現する動作. ❐ਜੱਫਾ ਪਾਉਣਾ, ਜੱਫਾ ਮਾਰਨਾ 抱く, 抱擁する, 腕を相手の腰まで伸ばして抱き合う.

ਜੱਫੀ (जप्फी) /jappʰī ジャッピー/ *f.* → ਜੱਫਾ の女性形. ❐ਜੱਫੀ ਪਾਉਣੀ, ਜੱਫੀ ਵਿੱਚ ਲੈਣਾ → ਜੱਫਾ ਪਾਉਣਾ

ਜੱਫੋ-ਜਫੀ (जप्फो-जफी) /jappʰo-japʰī ジャッポー・ジャピー/ *adj.* 組み合った, 取っ組み合った, 格闘している. ❐ਜੱਫੋ-ਜਫੀ ਹੋ ਪੈਣਾ 組み合う, 取っ組み合う, 格闘する.

ਜਬ੍ਹਾ[1] (जब्हा) /jâbā ジャバー/ ▸ਜਵ੍ਹਾ [Arab. *jabha*] *m.* **1** 畏怖, 畏敬, 威圧. (⇒ਰੋਹਬ) **2** 権威. **3** 威厳, 尊厳. **4** 荘厳さ. (⇒ਸ਼ਾਨ)

ਜਬ੍ਹਾ[2] (जब्हा) /jâbā ジャバー/ ▸ਜ਼ਬ੍ਹਾ *adj.* → ਜ਼ਬ੍ਹਾ

ਜ਼ਬ੍ਹਾ (ज़ब्हा) /zâbā ザバー/ ▸ਜਬ੍ਹਾ [Arab. *zabh*] *adj.* **1** 屠殺された. **2** 殺された. **3** イスラームの方法に従って屠殺された.

ਜਬ੍ਹੇਦਾਰ (जब्हेदार) /jâbedāra ジャベーダール/ [Arab. *jabha* Pers.-*dār*] *adj.* **1** 権威のある, 威厳のある. **2** 品位の高い.

— *m.* **1** 威厳のある人. **2** 品位の高い人.

ਜ਼ਬਤ (ज़बत) /zabata ザバト/ [Arab. *zabt*] *m.* **1** 規律, 秩序. **2** 抑制, 統制, 統御. **3** 没収, 押収, 差し押さえ. **4** 没収物, 押収物.

— *adj.* **1** 抑えられた, 抑制された, 統制された. **2** 没収された, 押収された.

ਜ਼ਬਤਵੀਂ (ज़बतवीं) /zabatawī̃ ザバトウィーン/ [+ ਵੀਂ] *adj.* 規律の.

ਜ਼ਬਤੀ (ज़बती) /zabatī ザバティー/ [Pers. *zabtī*] *f.* **1** 抑制, 統制. **2** 没収, 押収, 差し押さえ.

ਜਬਰ[1] (जबर) /jabara ジャバル/ [Arab. *jabr*] *m.* **1** 力. **2** 強制. **3** 圧制, 弾圧. **4** 暴力, 暴虐, 残虐. **5** 非道, 無法.

ਜਬਰ[2] (जबर) /jabara ジャバル/ ▸ਜੱਬਰ [Pers. *zabar*] *adj.* **1** 強い, 強力な, 力持ちの. **2** 頑丈な, 頑健な, がっしりした, 丈夫な. **3** 上の, 上部の. **4** 優れた, 偉大な.

ਜੱਬਰ (जब्बर) /jabbara ジャッバル/ ▸ਜਬਰ *adj.* → ਜਬਰ[2]

ਜਬਰਜੰਗ (जबरजंग) /jabarajanga ジャバルジャング/ [Pers. *zabarjang*] *adj.* **1** 強い, 強力な. **2** 強制的な.

ਜ਼ਬਰਦਸਤ (ज़बरदसत) /zabaradasata ザバルダスト/ [Pers. *zabardast*] *adj.* **1** 強い, 力強い. (⇒ਸ਼ਕਤੀਸ਼ਾਲੀ, ਜ਼ੋਰਾਵਰ) **2** 強制的な. **3** 暴力的な, 弾圧的な, 過酷な. (⇒ਕਰੜਾ) **4** 激しい, 猛烈な, 激烈な. ❐ਜ਼ਬਰਦਸਤ ਮੀਂਹ 豪雨. **5**〖口語〗すごい, やばい.

ਜ਼ਬਰਦਸਤੀ (ज़बरदसती) /zabaradasatī ザバルダスティー/ [Pers. *zabardastī*] *f.* **1** 圧迫, 弾圧. **2** 強制. **3** 暴力, 乱暴. **4** 激しさ, 猛烈さ, 激烈さ.

— *adv.* **1** 強引に. **2** 無理やり.

ਜਬਰਨ (जबरन) /jabarana ジャブラン/ [Arab. *jabran*] *adv.* **1** 強引に, 無理やり, 力ずくで. (⇒ਸ਼ਕਤੀ ਨਾਲ) **2** 不正に. **3** 不法に.

ਜਬਰੀ (जबरी) /jabarī ジャブリー/ [Arab. *jabrī*] *adj.* **1** 無理強いの. **2** 強制的な, 力ずくの.

— *adv.* **1** 強引に, 無理やり, 力ずくで. (⇒ਸ਼ਕਤੀ ਨਾਲ) **2** 不正に. **3** 不法に.

ਜਬਲ (जबल) /jabala ジャバル/ [Arab. *jabal*] *m.*〖地理〗山. (⇒ਪਰਬਤ)

ਜਬਾ (जबा) /jabā ジャバー/ ▸ਜ਼ਬਾਨ, ਜੁਬਾਨ [(Pua.)] *f.* → ਜ਼ਬਾਨ

ਜ਼ਬਾਨ (ज़बान) /zabāna ザバーン/ ▸ਜਬਾ, ਜ਼ੁਬਾਨ [Pers. *zabān*] *f.* **1**〘身体〙舌. ❐ਜ਼ਬਾਨ ਹਿਲਾਉਣੀ 話す, 舌を絶えず動かす, 強く弁護する. ❐ਜ਼ਬਾਨ ਚਲਾਉਣਾ たくさんしゃべる, 舌を絶えず動かす, むだ話にふける. **2** 言語. (⇒ਭਾਸ਼ਾ) **3** 言葉. **4** 約束. ❐ਜ਼ਬਾਨ ਕਰਨੀ, ਜ਼ਬਾਨ ਦੇਣੀ 約束する.

ਜ਼ਬਾਨੀ (ज़बानी) /zabānī ザバーニー/ [Pers. *zabānī*] *adj.* **1** 言葉の, 言語の. **2** 口頭の, 口で言った, 口を介しての, 口述の.
— *adv.* **1** 言葉で, 口頭で, 口述で. **2** 暗唱して, 空で.

ਜ਼ਬਾਨੀ ਕਲਾਮੀ (ज़बानी कलामी) /zabānī kalāmī ザバーニー カラーミー/ *adv.* **1** 行動を伴わず口先だけで. **2** 不誠実に. **3** 口述で.

ਜਬਾੜਾ (जबाड़ा) /jabāṛā ジャバーラー/ [Skt. जम्भ] *m.* **1**〘身体〙顎(あご), 下顎. (⇒ਠੋਡੀ) **2**〘身体〙顎の骨.

ਜੰਬੂ (जंबू) /jambū ジャンブー/ *m.*〘植物〙ムラサキフトモモ(紫蒲桃)《フトモモ科の高木》.

ਜੰਬੂਰ (जंबूर) /jambūra ジャンブール/ ▸ਜਮੂਰ [Pers. *zanbūr*] *m.*〘道具〙やっとこ, ニッパー.

ਜੰਬੂਰਚੀ (जंबूरची) /jambūracī ジャンブールチー/ [Turk. *zanbūrcī*] *m.*〘軍〙砲手.

ਜੰਬੂਰਾ (जंबूरा) /jambūrā ジャンブーラー/ *m.*〘武〙小型砲.

ਜੱਬੋਲੋਟਾ (जब्बोलोटा) /jabbolotā ジャッボーローター/ ▸ ਜਮਾਲਗੋਟਾ *m.* → ਜਮਾਲਗੋਟਾ

ਜਮ (जम) /jama ジャム/ ▸ਯਮ [(Pkt. जम) Skt. यम] *m.* **1**〘ヒ〙ヤマ, 閻魔(えんま), 死の神, 冥界の王. (⇒ਧਰਮਰਾਜ, ਮੌਤ ਦਾ ਦੇਵਤਾ) **2** 抑制法, 自制, 官能の抑制.

ਜਮ੍ਹਾਂ (जम्हाँ) /jâmā̃ ジャマーン/ [Pers. *jam`*] *f.* **1** 加算, 足し算. **2** 合計, 集計. **3** 累積, 蓄積. **4** 預金.
— *adj.* **1** 集まった, 集結した, 集合した. ❐ਜਮ੍ਹਾਂ ਹੋਣਾ 集まる, 集結する, 集合する. ❐ਜਮ੍ਹਾਂ ਕਰਨਾ 集める, 集結させる, 集合させる. ❐ਜਮ੍ਹਾਂ ਕਰਵਾਉਣਾ 集めさせる. **2** 累積された, 積み上げられた. ❐ਜਮ੍ਹਾਂ ਹੋਣਾ 積もる, 溜まる, 累積する. ❐ਜਮ੍ਹਾਂ ਕਰਨਾ 積み上げる, 溜める. **3** 蓄えられた, 貯金された. ❐ਜਮ੍ਹਾਂ ਹੋਣਾ 蓄えられる, 貯まる, 貯金される. ❐ਜਮ੍ਹਾਂ ਕਰਨਾ 蓄える, 貯める, 貯金する. ❐ਜਮ੍ਹਾਂ ਕਰਵਾਉਣਾ 預ける, 預金する. ❐ਅਸੀਂ ਡਾਕਖ਼ਾਨੇ ਵਿੱਚ ਆਪਣਾ ਰੁਪਇਆ ਜਮ੍ਹਾਂ ਕਰਵਾ ਸਕਦੇ ਹਾਂ। 私たちは郵便局に自分たちのお金を預けることができます.

ਜਮਘਟ (जमघट) /jamakăṭa ジャムカト/ ▸ਜਮਘਟਾ *m.* → ਜਮਘਟਾ

ਜਮਘਟਾ (जमघटा) /jamakăṭā ジャムカター/ ▸ਜਮਘਟ [Skt. यमना + Skt. घट्ट] *m.* 多くの人の集まり, 群衆.

ਜੰਮਣ (जंमण) /jammaṇa ジャンマン/ [cf. ਜੰਮਣਾ[1]] *m.* 誕生.

ਜੰਮਣਾ[1] (जंमणा) /jammaṇā ジャンマナー/ [(Pkt. जम्म) Skt. जन्म] *vi.* **1** 生まれる, 産まれる, 誕生する. **2** 芽生える.
— *vt.* 生む, 産む.

ਜੰਮਣਾ[2] (जंमणा) /jammaṇā ジャンマナー/ ▸ਜਮਣਾ *vi.* → ਜਮਣਾ

ਜਮਣਾ (जमणा) /jamaṇā ジャムナー/ ▸ਜੰਮਣਾ [Skt. यम्यते] *vi.* **1** 凍る, 凍結する. **2** 固まる, 堅くなる, こわばる. **3** 凝固する. **4** 集まる, 溜まる, 増える. **5** 動かなくなる.

ਜਮਦੂਤ (जमदूत) /jamadūta ジャムドゥート/ ▸ਯਮਦੂਤ [Skt. यमदूत] *m.* 閻魔の使者.

ਜਮਨਾ (जमना) /jamanā ジャムナー/ [(Pkt. जमुणा) Skt. यमुना] *f.*〘河川〙ジャムナー(ヤムナー)川《ヒマラヤ山脈から流れ下り, アラーハーバードでガンジス川に合流する》.

ਜਮਨਾਸਟਕ (जमनासटक) /jamanāsaṭaka ジャムナースタク/ ▸ਜਮਨਾਸਟਿਕ, ਜਿਮਨਾਸਟਕ, ਜਿਮਨਾਸਟਿਕ *f.* → ਜਮਨਾਸਟਿਕ

ਜਮਨਾਸਟਿਕ (जमनासटिक) /jamanāsaṭika ジャムナースティク/ ▸ਜਮਨਾਸਟਕ, ਜਿਮਨਾਸਟਕ, ਜਿਮਨਾਸਟਿਕ [Eng. *gymnastics*] *f.*〘競技〙体操, 体操競技.

ਜਮਨੇਜ਼ੀਅਮ (जमनेज़ीअम) /jamanezīama ジャムネーズィーアム/ [Eng. *gymnasium*] *m.* 体育館.

ਜਮਪਲ (जमपल) /jamapala ジャムパル/ *m.* **1** 土着の. **2** 生まれ育った. **3** 居住している.

ਜਮਪੁਰੀ (जमपुरी) /jamapurī ジャムプリー/ [Skt. यमपुरी] *f.* **1** 閻魔の町. (⇒ਯਮਰਾਜ ਦੀ ਨਗਰੀ) **2** 地獄. (⇒ਨਰਕ) **3** 冥府. **4** 地獄のような場所.

ਜਮਰਾਜ (जमराज) /jamarāja ジャムラージ/ ▸ਯਮਰਾਜ [Skt. यमराज] *m.* ヤマラージャ, 閻魔羅闍(えんまらじゃ), 閻魔大王, 死の神, 冥界の王. (⇒ਧਰਮਰਾਜ, ਮੌਤ ਦਾ ਦੇਵਤਾ)

ਜਮਲੋਕ (जमलोक) /jamaloka ジャムローク/ ▸ਯਮਲੋਕ [(Pkt. जम) Skt. यम + Skt. लोक] *m.* **1** ヤマ〔冥界の王〕の支配する世界, 閻魔(えんま)の世界. **2** 死後の世界, 冥界, 冥府, 冥土. **3** 地獄, 地獄のような場所. (⇒ਨਰਕ)

ਜਮਾਉ[1] (जमाउ) /jamāu | jamāo ジャマーウ | ジャマーオー/ [cf. ਜਮਣਾ] *m.* **1** 凝固. **2** 凍結.

ਜਮਾਉ[2] (जमाउ) /jamāu | jamāo ジャマーウ | ジャマーオー/ [cf. ਜੰਮਣਾ[1]] *m.* 子を産むこと, 出産.

ਜਮਾਉਣਾ[1] (जमाउणा) /jamāuṇā ジャマーウナー/ [cf. ਜਮਣਾ] *vt.* **1** 凍らせる. **2** 固める, 固まらせる. **3** 凝固させる.

ਜਮਾਉਣਾ[2] (जमाउणा) /jamāuṇā ジャマーウナー/ [cf. ਜੰਮਣਾ[1]] *vt.* **1** 子を産ませる, 出産させる, 出産を手伝う. (⇒ਸੁਆਉਣਾ) **2** (牛馬などの動物に)子を産ませる.

ਜਮਾਊ (जमाऊ) /jamāū ジャマーウー/ [cf. ਜਮਣਾ] *adj.* **1** 凝固性の. **2** 凍結性の.

ਜਮਾਇਣ (जमाइण) /jamāiṇa ジャマーイン/ *f.* **1** レネット《チーズを作る時に牛乳に加える》. **2** 凝固剤.

ਜਮਾਇਤ (जमाइत) /jamāita ジャマーイト/ ▸ਜਮਾਤ, ਜਮੈਤ *f.* → ਜਮਾਤ

ਜਮਾਤ (जमात) /jamāta ジャマート/ ▸ਜਮਾਇਤ, ਜਮੈਤ [Pers. *jamā`at*] *f.* **1** 授業, 学級, 組, クラス. ❐ਮੁੰਡੇ, ਕੁੜੀਆਂ ਜਮਾਤਾਂ ਦੇ ਕਮਰਿਆਂ ਵਿੱਚੋਂ ਬਾਹਰ ਆ ਗਏ। 男の子たち, 女の子たちが授業の部屋(＝教室)から外に出て来ました. **2** 学年. ❐ਦੀਪੀ ਪਹਿਲੀ ਜਮਾਤ ਵਿੱਚ ਪੜ੍ਹਦੀ ਹੈ। ディーピーは一学年で学んでいます. **3** 教室. **4** 階層, 階級. **5** 集まり, 集団, 団体. **6** 社会集団, 共同体.

ਜਮਾਤਣ (जमातण) /jamātaṇa ジャマータン/ [-ਣ] *f.* 女性の同級生, 女性のクラスメート.

ਜਮਾਤਬੰਦੀ (जमातबंदी) /jamātabandī ジャマートバンディー/ [Pers.-bandī] f. 分類.

ਜਮਾਤਰਾ (जमातरा) /jamātarā ジャマータラー/ ▶ਜਵਾਂਤਰਾ, ਜਵਾਤਰਾ, ਜਵਾਂਤੜਾ, ਜੁਮਾਤਰਾ [(Pot.)] m. → ਜਵਾਤਰਾ

ਜਮਾਤੀ (जमाती) /jamātī ジャマーティー/ [Pers. jamā`at -ਈ] m. 同級生, 級友, クラスメート. (⇒ਸਹਿਪਾਠੀ)

ਜਮਾਂਦਰੂ (जमाँदरू) /jamā̃darū ジャマーンドルー/ adj. 1 生まれつきの. 2 生来の.

ਜਮਾਦਾਰ (जमादार) /jamādāra ジャマーダール/ [Arab. jam Pers.-dār] m. 1 集団の統率者. 2〘軍〙軍の隊長, 小隊長, 分隊長, 少尉, (曹長・伍長などの)下士官. 3 警察などの職員, 巡査部長.

ਜ਼ਮਾਨਤ (ज़मानत) /zamānata ザマーナト/ [Pers. zamānat] f. 1 保証. 2 担保, 抵当. 3〘法〙保釈金, 保釈.

ਜ਼ਮਾਨਤੀ (ज़मानती) /zamānatī ザマーンティー/ ▶ਜ਼ਮਾਨਤੀਆ [Pers. zamānatī] m. 保証人, 身元引受人.

ਜ਼ਮਾਨਤੀਆ (ज़मानतीआ) /zamānatīā ザマーンティーアー/ ▶ਜ਼ਮਾਨਤੀ m. → ਜ਼ਮਾਨਤੀ

ਜ਼ਮਾਨਾ (ज़माना) /zamānā ザマーナー/ [Pers. zamāna] m. 1 時代, 期. 2 時, 時期, 期間, 頃. 3 世間, 世の中, 社会.

ਜ਼ਮਾਨੇਸਾਜ਼ (ज़मानेसाज़) /zamānesāza ザマーネーサーズ/ [Pers.-sāz] adj. 1 時代に適応する, 世間に順応する. 2 日和見の, 日和見主義の. 3 一時しのぎの. 4 世渡り上手な. 5 賢明な. 6 狡猾な.

ਜ਼ਮਾਨੇਸਾਜ਼ੀ (ज़मानेसाज़ी) /zamānesāzī ザマーネーサーズィー/ [Pers.-sāzī] f. 1 時代に適応すること, 世間に順応すること. 2 日和見主義. 3 一時しのぎ. 4 世渡り上手. 5 賢明. 6 狡猾.

ਜਮਾਬੰਦੀ (जमाबंदी) /jamābandī ジャマーバンディー/ [Pers. jam Pers.-bandī] f. 1 税収. 2 租税.

ਜਮਾਲ (जमाल) /jamāla ジャマール/ [Arab. jamāl] m. 1 優美. 2 光輝.

ਜਮਾਲਗੋਟਾ (जमालगोटा) /jamālagoṭā ジャマールゴーター/ ▶ਜੱਬੋਲੋਟਾ m. 1〘植物〙ハズ《トウダイグサ科の低木》. 2〘薬剤〙ハズの実《強力な下剤として用いられる》.

ਜਮੀਅਤ (जमीअत) /jamīata ジャミーアト/ [Pers. jamīyat] f. 1 組織された団体. 2 組織された集まり.

ਜ਼ਮੀਂਦਾਰ (ज़मींदार) /zamī̃dāra ザミーンダール/ ▶ਜ਼ਿਮੀਂਦਾਰ, ਜ਼ਿਮੀਂਦਾਰ m. → ਜ਼ਿਮੀਂਦਾਰ

ਜ਼ਮੀਨ (ज़मीन) /zamīna ザミーン/ ▶ਜ਼ਿਮੀਂ, ਜ਼ਿਮੀਂ, ਜ਼ਿਮੀ, ਜ਼ਿਮੀਨ, ਜ਼ੀਵੀਂ [Pers. zamīn] f. 1〘天文〙地球. 2 土地, 地所. 3 地面, 地表. 4 土, 土壌. 5 下地, 基底, 基礎, 基盤, 土台.

ਜ਼ਮੀਨਦੋਜ਼ (ज़मीनदोज़) /zamīnadoza ザミーンドーズ/ [+ Pers. doz] adj. 1 地下の, 地中の. 2 地に伏した, 地面に崩れ落ちた. 3 倒壊した, 壊滅した.

ਜ਼ਮੀਨੀ (ज़मीनी) /zamīnī ザミーニー/ [Pers. zamīnī] adj. 1 地球の, 大地の. 2 土地の.

ਜ਼ਮੀਮਾ (ज़मीमा) /zamīmā ザミーマー/ [Arab. zamīma] m. 1 付録. 2 追加.

ਜ਼ਮੀਰ (ज़मीर) /zamīra ザミール/ [Arab. zamīr] f. 1 心, 胸. (⇒ਦਿਲ) 2 魂, 精神. (⇒ਆਤਮਾ) 3 良心, 道義心, 倫理観.

ਜਮੀਲ (जमील) /jamīla ジャミール/ [Arab. jamīl] adj. 美しい, 綺麗な. (⇒ਸੋਹਣਾ)

ਜੰਮੂ (जंमू) /jammū ジャンムー/ m.〘地名〙ジャンムー《インド北部, ジャンムー・カシュミール州の冬の州都》.

ਜਮੂਰ (जमूर) /jamūra ジャムール/ ▶ਜੰਬੂਰ m. → ਜੰਬੂਰ

ਜਮੂਰਾ (जमूरा) /jamūrā ジャムーラー/ m. 手品師の助手を務める少年に対する愛称.

ਜਮੈਤ (जमैत) /jamaita ジャマェート/ ▶ਜਮਾਇਤ, ਜਮਾਤ [(Pua.)] f. → ਜਮਾਤ

ਜਯ (जय) /jaya ジャユ/ ▶ਜੈ [Skt. जय] f. 1 勝利. 2 歓呼.

— int. 万歳.

ਜਯੰਤੀ (जयंती) /jayantī ジャヤンティー/ [Skt. जयन्ती] f. 生誕記念日.

ਜਯੋਤਸ਼ (जयोतश) /jayotaśa ジャヨータシュ/ ▶ਜਜੋਤਸ਼, ਜੋਤਸ਼ m. → ਜੋਤਸ਼

ਜਜੋਤਸ਼ (ज्योतश) /jyotaśa (jayotaśa) ジョータシュ (ジャヨータシュ)/ ▶ਜਯੋਤਸ਼, ਜੋਤਸ਼ m. → ਜੋਤਸ਼

ਜਯੋਤੀ (जयोती) /jayotī ジャヨーティー/ ▶ਜਜੋਤੀ, ਜੋਤ, ਜੋਤੀ f. → ਜੋਤੀ

ਜਜੋਤੀ (ज्योती) /jyotī (jayotī) ジョーティー (ジャヨーティー)/ ▶ਜਯੋਤੀ, ਜੋਤ, ਜੋਤੀ f. → ਜੋਤੀ

ਜਰ[1] (जर) /jara ジャル/ m.〘化学〙錆. (⇒ਜੰਗਾਲ)

ਜਰ[2] (जर) /jara ジャル/ ▶ਜਰਾ m. → ਜਰਾ

ਜ਼ਰ (ज़र) /zara ザル/ [Pers. zar] m. 1〘金属〙金. 2〘金属〙銀. 3 金銭, お金. 4 富.

ਜਰਸੀ (जरसी) /jarasī ジャルスィー/ [Eng. jersey] f. 1〘布地〙ジャージー《伸縮性のある生地》. 2〘衣服〙トラックスーツ.

ਜਰਕ (जरक) /jaraka ジャルク/ f. 1〘擬声語〙ビリッ《物を引き裂く音》. 2 (布などの)裂け目. 3 ぐいという引き・押し・突き.

ਜ਼ਰਖ਼ੇਜ਼ (ज़रख़ेज़) /zaraxeza ザルケーズ/ [Pers. zar + Pers. xez] adj. 1 肥沃な. 2 生産的な, 生産力のある. (⇒ਉਪਜਾਊ)

ਜ਼ਰਖ਼ੇਜ਼ੀ (ज़रख़ेज़ी) /zaraxezī ザルケーズィー/ [+ Pers. xezī] f. 1 肥沃なこと. 2 生産力.

ਜਰਜਰਾ (जरजरा) /jarajarā ジャルジャラー/ [Skt. जर्जर] adj. 1 衰弱した. 2 老朽化した.

ਜ਼ਰਦ (ज़रद) /zarada ザルド/ [Pers. zard] adj. 黄色い.

ਜ਼ਰਦਸਤ (ज़रदसत) /zaradasata ザルダスト/ m.〘ゾロ〙ゾロアスター(ツァラトゥストラ)《古代ペルシア国教ゾロアスター教〔拝火教〕の開祖》. (⇒ਪਾਰਸੀਆਂ ਦੇ ਪੈਗ਼ੰਬਰ)

ਜ਼ਰਦਾ (ज़रदा) /zaradā ザルダー/ [Pers. zarda] m. 1 ザルダー《刻み煙草を香料で調味した芳香煙草. パーンに入れて用いる》. 2〘動物〙黄色い馬. 3〘料理〙黄飯《黄色の米飯料理》.

ਜ਼ਰਦਾਲੂ (ज़रदालू) /zaradālū ザルダールー/ [Pers. zardālū] m.〘植物〙アンズ(杏)《バラ科の落葉小高木》. (⇒ਖ਼ੁਰਮਾਨੀ)

ਜ਼ਰਦੀ (ज़रदी) /zaradī ザルディー/ [Pers. zardī] f. 1 黄色. 2 卵黄.

ਜਰਨਲ (जरनल) /jaranala ジャルナル/ [Eng. *journal*] *m.* **1**(日刊)新聞, (専門的な定期刊行)雑誌. **2**日記, 日誌.

ਜਰਨਲਿਸਟ (जरनलिसट) /jaranalisaṭa ジャルナリスト/ [Eng. *journalist*] *m.* **1**ジャーナリスト. **2**新聞記者, 雑誌記者. **3**報道関係者.

ਜਰਨਲਿਜ਼ਮ (जरनलिज़म) /jaranalizama ジャルナリズム/ [Eng. *journalism*] *m.* **1**ジャーナリズム. **2**新聞雑誌界. **3**報道関係.

ਜਰਨਾ (जरना) /jaranā ジャルナー/ *vt.* 耐える, 我慢する, 堪え忍ぶ.

ਜਰਨੈਲ (जरनैल) /jaranaila ジャルナェール/ ▸ਜਨਰਲ [Eng. *general*] *m.* 〖軍〗将軍. (⇒ਸੈਨਾਪਤੀ)

ਜ਼ਰਬ (ज़रब) /zaraba ザルブ/ [Arab. *zarb*] *f.* **1**傷. **2**打撲傷. **3**擦り傷.

ਜਰਮ[1] (जरम) /jarama ジャルム/ ▸ਜਿਰਮ [Eng. *germ*] *m.* 〖生物〗細菌, 微生物, バクテリア.

ਜਰਮ[2] (जरम) /jarama ジャルム/ ▸ਜਨਮ *m.* → ਜਨਮ

ਜਰਮਨ (जरमन) /jaramana ジャルマン/ [Eng. *German*] *adj.* **1**ドイツの. **2**ドイツ人の. **3**ドイツ語の.
— *m.* ドイツ人.
— *f.* ドイツ語.

ਜਰਮਨੀ (जरमनी) /jaramanī ジャルマニー/ [Eng. *Germany*] *m.* 〖国名〗ドイツ(連邦共和国).

ਜਰਵਾਣਾ (जरवाणा) /jarawāṇā ジャルワーナー/ ▸ਜਰਵਾਨਾ [Pers. *zor* + ਵਾਣਾ] *adj.* 力のある, 強力な, 強い. (⇒ਬਲਵਾਨ)
— *m.* **1**暴君, 圧制者. **2**侵略者.

ਜਰਵਾਨਾ (जरवाना) /jarawānā ジャルワーナー/ ▸ਜਰਵਾਣਾ *m.* → ਜਰਵਾਣਾ

ਜਰਾ (जरा) /jarā ジャラー/ ▸ਜਰ [Skt. जरा] *m.* **1**老年, 老齢, 高齢. (⇒ਬੁਢੇਪਾ, ਜ਼ਈਫ਼ੀ) **2**老い, 年老いること. **3**老衰, 老朽, 衰弱, 衰微.

ਜ਼ਰਾ (ज़रा) /zarā ザラー/ [Arab. *zarra*] *adv.* ちょっと, 少し. ❒ਜ਼ਰਾ ਉੱਠ ਕੇ ਵੇਖ। ちょっと起きて見なさい. ❒ਅਸੀਂ ਜ਼ਰਾ ਹੱਸ ਪਏ। 私たちは少し笑ってしまいました.

ਜ਼ੱਰਾ (ज़र्रा) /zarrā ザッラー/ [Arab. *zarra*] *m.* **1**小さな粒, 粒子, 微粒子. **2**原子.

ਜ਼ਰਾਇਤ (ज़राइत) /zarāita ザラーイト/ [Arab. *zarāat*] *f.* **1**農業. (⇒ਕਰਿਸ਼ੀ) **2**耕作. (⇒ਖੇਤੀ-ਬਾੜੀ) **3**栽培.

ਜ਼ਰਾਇਤੀ (ज़राइती) /zarāitī ザラーイティー/ [-ਈ] *adj.* 農業の.

ਜਰਾਇਮ (जराइम) /jarāima ジャラーイム/ [Arab. *jarā^him*] *m.* **1**罪, 犯罪. **2**過ち, 違反. **3**罪悪.

ਜੱਰਾਹ (जर्राह) /jarrâ ジャッラー/ [Arab. *jarrāh*] *m.* 外科医.

ਜੱਰਾਹੀ (जर्राही) /jarrâī ジャッラーイー/ [Pers. *jarrāhī*] *f.* 外科, 外科医術, 外科医学. (⇒ਸਰਜਰੀ)

ਜਰਾਂਦ[1] (जराँद) /jarā̃da ジャラーンド/ *f.* **1**忍耐. **2**我慢. **3**自制.

ਜਰਾਂਦ[2] (जराँद) /jarā̃da ジャラーンド/ ▸ਜੀਰਾਂਦ *f.* → ਜੀਰਾਂਦ

ਜ਼ੱਰਾਨਿਵਾਜ਼ (ज़र्रानिवाज़) /zarrāniwāza ザッラーニワーズ/ [Arab. *zarra* + Pers. *navāz*] *adj.* **1**情深い, 慈悲深い. **2**弱者や貧者を慈しむ.

ਜ਼ੱਰਾਨਿਵਾਜ਼ੀ (ज़र्रानिवाज़ी) /zarrāniwāzī ザッラーニワーズィー/ [+ Pers. *navāzī*] *f.* **1**情深さ, 慈悲深さ. **2**弱者や貧者への慈悲.

ਜਰਾਫ਼ (जराफ़) /jarāfa ジャラーフ/ [Eng. *giraffe*] *m.* 〖動物〗キリン, 麒麟.

ਜਰਾਬ (जराब) /jarāba ジャラーブ/ ▸ਜੁਰਾਬ [Turk. *corab*] *f.* 〖衣服〗靴下. (⇒ਮੌਜਾ)

ਜ਼ਰੀ (ज़री) /zarī ザリー/ [Pers. *zarī*] *f.* **1**金糸. **2**〖布地〗金糸で織った布, 錦.

ਜ਼ਰੀਆ (ज़रीआ) /zarīā ザリーアー/ [Arab. *zarī`a*] *m.* **1**媒介, 仲介, 媒体. (⇒ਮਾਧਿਅਮ) **2**手段, 方法. (⇒ਉਪਾ) **3**関係, 影響.

ਜ਼ਰੀਏ (ज़रीए) /zarīe ザリーエー/ [Arab. *zarī`a*] *postp.* (…の)手段で. ❒ਦੇ ਜ਼ਰੀਏ …の手段で, …を介して, …を通して, …によって.

ਜਰੀਬ (जरीब) /jarība ジャリーブ/ [Arab. *jarīb*] *f.* 〖道具〗土地測量用の鎖.

ਜਰੀਬਕਸ਼ (जरीबकश) /jarībakaśa ジャリーブカシュ/ [Arab. *jarīb* + Pers. *kaś*] *m.* ਜਰੀਬ を使って測量する人または役人, 農地を測量する人, 土地測量士. (⇒ਡਾਂਡੀ)

ਜ਼ਰੂਰ (ज़रूर) /zarūra ザルール/ [Arab. *zarūr*] *adv.* **1**必ず, 是非, きっと, 確かに, 間違いなく. ❒ਤੁਸੀਂ ਚਿੱਠੀ ਜ਼ਰੂਰ ਲਿਖਿਓ। あなたは手紙を必ず書いてください. ❒ਤੂੰ ਛੁੱਟੀਆਂ ਵਿੱਚ ਜ਼ਰੂਰ ਪਿੰਡ ਆਈਂ। おまえは休暇には必ず村に来てくれ. **2**もちろん, 当然.

ਜ਼ਰੂਰਤ (ज़रूरत) /zarūrata ザルーラト/ [Pers. *zarūrat*] *f.* **1**必要, 必要性. ❒ਜ਼ਰੂਰਤ ਪੈਣੀ 必要になる, 求められる, 要請される. ❒ਜੇਕਰ ਤੁਹਾਨੂੰ ਕਦੇ ਜ਼ਰੂਰਤ ਪਈ ਤਾਂ ਤੁਸੀਂ ਕਦੇ ਕਿਸੇ ਕੁੜੀ ਨੂੰ ਗੋਦ ਲੈਣਾ ਚਾਹੋਗੇ? もしあなたにとっていつか必要になったら, あなたはいつか誰か女の子を養女にしたいと思うでしょうか. **2** 要求, 請求, 要請, 需要. **3** 不足. **4** 重要性.

ਜ਼ਰੂਰਤਮੰਦ (ज़रूरतमंद) /zarūratamanda ザルーラトマンド/ [Pers.*-mand*] *adj.* **1**必要な, 欲しい. (⇒ਲੋੜਵੰਦ) **2**足りない, 不足している, 乏しい, 欠乏している. **3**生活の手段のない. (⇒ਬੇਰੁਜ਼ਗਾਰ) **4** 困窮している, 貧しい. (⇒ਗ਼ਰੀਬ)

ਜ਼ਰੂਰੀ (ज़रूरी) /zarūrī ザルーリー/ [Arab. *zarūrī*] *adj.* **1**必要な. ❒ਤੁਹਾਡਾ ਜਾਣਾ ਬਹੁਤ ਜ਼ਰੂਰੀ ਹੈ। あなたが行くことが是非必要です. ❒ਕੱਪੜੇ ਕੀਮਤੀ ਹੋਣੇ ਕੋਈ ਜ਼ਰੂਰੀ ਨਹੀਂ। 衣服が高価であることは全く必要ありません. **2** 不可欠な, なくてはならない. ❒ਮੁਕਾਬਲਾ ਜੀਵਨ ਦਾ ਜ਼ਰੂਰੀ ਅੰਗ ਬਣ ਗਿਆ ਹੈ। 競争は人生のなくてはならない要素になってしまっています. **3** 緊急の, 急を要する. **4** 重要な, 大切な.

ਜਲ (जल) /jala ジャル/ ▸ਜਲੂਆ [Skt. जल] *m.* 水. (⇒ਪਾਣੀ, ਉਦਕ)

ਜਲ-ਅੰਤਰੀ (जल-अंतरी) /jala-antarī ジャル・アントリー/ [+ Skt. अंतरीय] *adj.* 水中の, 海中の.

ਜਲ-ਅਪੋਹ (जल-अपोह) /jala-apô ジャル・アポー/ *adj.* 防水の, 水を通さない.

ਜਲ-ਸ਼ਕਤੀ (जल-शकती) /jala-śakatī ジャル・シャクティー

/ [Skt. जल + Skt. शक्ति] *f.* 〖軍〗海軍力.

ਜਲਸਾ (जलसा) /jalasā ジャルサー/ [Arab. *jalsa*] *m.* **1** 会, 集会, 会合. ❐ਇਹ ਸਾਰੇ ਲੋਕ ਇੱਥੇ ਇਕੱਠੇ ਹੋ ਕੇ ਜਲਸਾ ਕਰ ਰਹੇ ਸਨ। この人々は皆ここに集まって集会を行っていました. **2** 会議. (⇒ਸਭਾ) **3** 大会.

ਜਲ-ਸੈਨਾ (जल-सैना) /jala-sainā ジャル・サェーナー/ [Skt. जल + Skt. सेना] *f.* 〖軍〗海軍. (⇒ਨੌ-ਸੈਨਾ)

ਜਲ੍ਹਾ (जल्हा) /jâlā ジャラー/ ▶ਜਿੱਲ੍ਹਾ *adj.* のろまな.

ਜਲ੍ਹਿਆਂ ਵਾਲਾ ਬਾਗ਼ (जल्हिआँ वाला बाग़) /jâliā̃ wālā bāǧa ジャリアーン ワーラー バーグ/ *m.* 〖歴史〗ジャリアーンワーラー・バーグ(ジャリヤーンワーラー・バーグ)《いつの時代かにパンディト・ジャッラーという名の人物が作らせたアムリトサル市内の庭園. ジャッラーの名前からとってジャッリアーンワーラー・バーグ〔ジャッラーの庭園〕という名で呼ばれるようになった. 第一次大戦後には, 発令された治安維持法〔ローラット法〕への抗議の声に沸き立つ中, 集会を行う広場となっていた. 1919年4月13日, 2人の民族指導者の逮捕に抗議してここに集まった約2万人の非武装の市民の間に准将ダイヤーの率いる英国の軍隊が乗り込み, 無差別発砲により1500人以上の死傷者を出した. この事件後, ガーンディーの掲げる非暴力・不服従運動が, いっそう高まっていった》.

ਜੱਲ੍ਹੀ (जल्ल्ही) /jâllī ジャッリー/ ▶ਜੱਲੀ *f.* → ਜੱਲੀ

ਜਲਹੌੜਾ (जलहौड़ा) /jalahauṛā ジャルハォーラー/ *m.* 男の人魚.

ਜਲ-ਕਰ (जल-कर) /jala-kara ジャル・カル/ [Skt. जल + Skt. कर] *m.* 水道税.

ਜਲ-ਕੁੱਕੜ (जल-कुक्कड़) /jala-kukkaṛa ジャル・クッカル/ [+ Skt. कुक्कुट] *m.* 〖鳥〗水鳥.

ਜਲ-ਘੜੀ (जल-घड़ी) /jala-kǎṛī ジャル・カリー/ [+ Skt. घटी] *f.* 水時計.

ਜਲ-ਚਕਿਤਸਾ (जल-चकितसा) /jala-cakitasā ジャル・チャキトサー/ [+ Skt. चिकित्सा] *f.* 〖医〗水治療.

ਜਲਚਰ (जलचर) /jalacara ジャルチャル/ *m.* 水生動物.

ਜਲਚਰੀ (जलचरी) /jalacarī ジャルチャリー/ *f.* 魚.

ਜਲ-ਜੰਤ (जल-जंत) /jala-janta ジャル・ジャント/ ▶ਜਲ-ਜੰਤੂ *m.* → ਜਲ-ਜੰਤੂ

ਜਲ-ਜੰਤੂ (जल-जंतू) /jala-jantū ジャル・ジャントゥー/ ▶ਜਲ-ਜੰਤ [Skt. जलजन्तु] *m.* 水生動物.

ਜ਼ਲਜ਼ਲਾ (ज़लज़ला) /zalazalā ザルザラー/ [Arab. *zalzala*] *m.* 地震. (⇒ਭੁਚਾਲ)

ਜਲਜਾਤ (जलजात) /jalajāta ジャルジャート/ [Skt. जलजात] *adj.* **1** 川や海で生まれた. **2** 水の作用で生成する.

ਜਲ-ਜੀਵ (जल-जीव) /jala-jīva ジャル・ジーヴ/ [Skt. जल + Skt. जीव] *m.* 水生動物.

ਜਲਡਮਰੂਮਧ (जलडमरूमध) /jaladamarūmâda ジャルダムルーマド/ [+ Skt. डमरु + Skt. मध्य] *m.* 〖地理〗海峡.

ਜਲਣ (जलण) /jalaṇa ジャラン/ ▶ਜਲਨ *f.* → ਜਲਨ

ਜਲਣਸ਼ੀਲ (जलणशील) /jalaṇaśīla ジャランシール/ ▶ਜਲਨਸ਼ੀਲ *adj.* → ਜਲਨਸ਼ੀਲ

ਜਲਣਸ਼ੀਲਤਾ (जलणशीलता) /jalaṇaśīlatā ジャランシールター/ ▶ਜਲਨਸ਼ੀਲਤਾ *f.* → ਜਲਨਸ਼ੀਲਤਾ

ਜਲਣਾ (जलणा) /jalaṇā ジャラナー/ ▶ਜਲਨਾ *vi.* → ਜਲਨਾ

ਜਲਤਰੰਗ (जलतरंग) /jalataraṅga ジャルタラング/ [Skt. जलतरङ्ग] *f.* **1** 波. **2** さざ波. **3** 大波.

ਜਲਤੋਰੀ (जलतोरी) /jalatorī ジャルトーリー/ *f.* 〖俗語〗魚.

ਜਲ-ਥਲ (जल-थल) /jala-tʰala ジャル・タル/ [Skt. जल + Skt. स्थल] *m.* **1** 洪水. **2** 浸水.

ਜਲਦ (जलद) /jalada ジャルド/ [Arab. *jald*] *adv.* **1** 急いで. (⇒ਛੇਤੀ, ਫ਼ੌਰਨ) **2** 早急に. (⇒ਕਾਹਲੀ) **3** すぐに, 直ちに. (⇒ਫਟਾ-ਫਟ)

ਜਲਦਬਾਜ਼ (जलदबाज़) /jaladabāza ジャルドバーズ/ [Pers.-*bāz*] *adj.* **1** せっかちな. **2** 性急な. **3** きびきびした, 威勢のいい.

— *m.* **1** せっかちな人, あわて者. **2** 性急な性格の人. **3** きびきびした人, 威勢のいい人.

ਜਲਦਬਾਜ਼ੀ (जलदबाज़ी) /jaladabāzī ジャルドバーズィー/ [Pers.-*bāzī*] *f.* **1** せっかちなこと. **2** 性急な性格. **3** きびきびした様子, 威勢の良さ.

ਜਲਦਾਨੀ (जलदानी) /jaladānī ジャルダーニー/ [Skt. जल + Skt. दानिन्] *adj.* 水を与える, 給水する. (⇒ਜਲ ਦੇਣ ਵਾਲਾ)

ਜਲਦੀ (जलदी) /jaladī ジャルディー/ [Pers. *jaldī*] *f.* 急ぎ, 急ぐこと, 早急. (⇒ਫੁਰਤੀ, ਕਾਹਲ)

— *adv.* **1** 急いで, 早急に. (⇒ਛੇਤੀ, ਫ਼ੌਰਨ, ਕਾਹਲੀ) **2** 速く, 素早く, 迅速に, すぐに, さっと. (⇒ਝਟਪਟ) **3** 早く, 早期に.

ਜਲੰਧਰ (जलंधर) /jalândara ジャランダル/ ▶ਜਾਲੰਧਰ [Skt. जालंधर] *m.* 〖地名〗ジャランダル(ジャーランダル)《インドのパンジャーブ州中央部の商工業都市. ビアース川とサトルジ川の間に位置する. 玄奘が7世紀前半に訪れ, 『大唐西域記』に記した闍爛達羅国はこの地であると推定される》.

ਜਲਧਾਰਾ (जलधारा) /jalatǎrā ジャルターラー/ [Skt. जल + Skt. धारा] *f.* 水の流れ, 水流.

ਜਲਨ (जलन) /jalana ジャルン/ ▶ਜਲਣ [Skt. ज्वलन] *f.* **1** 燃えること, 焼けること, 燃焼. **2** 燃えるような感覚・痛み. **3** 妬み, 嫉妬, やきもち. (⇒ਈਰਖਾ, ਸਾੜਾ) **4** 〖医〗炎症, ただれ. (⇒ਸੋਜ਼ਸ਼)

ਜਲਨਸ਼ੀਲ (जलनशील) /jalanaśīla ジャルンシール/ ▶ਜਲਣਸ਼ੀਲ [Skt.-शील] *adj.* **1** 燃えやすい. **2** 可燃性の.

ਜਲਨਸ਼ੀਲਤਾ (जलनशीलता) /jalanaśīlatā ジャルンシールター/ ▶ਜਲਣਸ਼ੀਲਤਾ [Skt.-ता] *f.* **1** 燃えやすいこと. **2** 可燃性.

ਜਲਨਾ (जलना) /jalanā ジャルナー/ ▶ਜਲਣਾ [Skt. ज्वलति] *vi.* **1** 燃える, 焼ける, 燃焼する. (⇒ਸੜਨਾ) **2** 点火される, 火が点く. **3** 焦げる. **4** 燃え立つ, あおられる. **5** 火傷する. **6** 焼けて灰になる. **7** くすぶる. **8** 妬む, 嫉妬する, 苛立つ.

ਜਲ-ਪਰਵਾਹ (जल-परवाह) /jala-parawâ ジャル・パルワー/ [Skt. जल + Skt. प्रवाह] *m.* **1** 流水. **2** 水に流すこと. **3** 水の流れ.

ਜਲ-ਪਾਣੀ (जल-पाणी) /jala-pāṇī ジャル・パーニー/ [+ Skt. पानीय] *m.* **1** 軽い飲食物. **2** 軽食. (⇒ਨਾਸ਼ਤਾ)

ਜਲਪਾਨ (जलपान) /jalapāna ジャルパーン/ [+ Skt. पान] *m.* **1** 軽い飲食物. **2** 軽食. (⇒ਨਾਸ਼ਤਾ)

ਜਲਮ (जलम) /jalama ジャラム/ ▸ਜੋਕ *f.* → ਜੋਕ

ਜਲ-ਮਾਰਗ (जल-मारग) /jala-māraga ジャル・マーラグ/ [Skt. जल + Skt. मार्ग] *m.* **1** 水路, 航路. **2** 海路.

ਜਲਵਾ (जलवा) /jalawā ジャルワー/ [Arab. *jalva*] *m.* **1** 光, 輝き, 光彩. **2** 華美, 派手. **3** 目立って見えること.

ਜਲਵਾਉਣਾ (जलवाउणा) /jalawāuṇā ジャルワーウナー/ [cf. ਜਲਨਾ] *vt.* 燃やさせる, 燃やしてもらう, 焼かせる, 焼いてもらう. (⇒ਸੜਵਾਉਣਾ)

ਜਲ-ਵਾਯੂ (जल-वायू) /jala-wāyū ジャル・ワーユー/ [+ Skt. वायु] *m.* **1** 水と空気. **2** 気候, 気候風土. (⇒ਆਬੋ-ਹਵਾ, ਹਵਾ-ਪਾਣੀ, ਪੌਣ-ਪਾਣੀ)

ਜਲਾਉਣਾ (जलाउणा) /jalāuṇā ジャラーウナー/ [cf. ਜਲਨਾ] *vt.* **1** 燃やす, 焼く, 燃焼させる. (⇒ਸੜਾਉਣਾ) **2** 点火する, 火を点ける, 火を起こす. **3** 焦がす. **4** 燃え立たせる, あおる. **5** 火傷させる. **6** 焼いて灰にする. **7** くすぶらせる. **8** 嫉妬させる, 苛立たせる, 怒らせる.

ਜੱਲਾਦ (जल्लाद) /jallāda ジャッラード/ [Arab. *jallād*] *m.* **1** 死刑執行人. **2** 暗殺者. **3**〖比喩〗冷血残忍な人.

ਜਲਾਪਾ (जलापा) /jalāpā ジャラーパー/ *m.* **1** 燃えるような感覚・痛み. **2** 妬み, 嫉妬, やきもち. (⇒ਈਰਖਾ, ਸਾੜਾ) **3**〖医〗炎症, ただれ. (⇒ਸੋਜ਼ਸ਼)

ਜਲਾਲ (जलाल) /jalāla ジャラール/ [Arab. *jalāl*] *m.* **1** 輝き, 光輝. **2** 威光, 威厳. **3** 荘厳.

ਜ਼ਲਾਲਤ (ज़लालत) /zalālata ザラーラト/ [Pers. *zalālat*] *f.* **1** 不名誉, 不面目. **2** 恥, 屈辱.

ਜਲਾਵਤਨ (जलावतन) /jalāwatana ジャラーワタン/ [Arab. *jalā-vatan*] *adj.* **1** 故郷から追放された, 国外追放になった. **2** 亡命した.

— *m.* **1** 追放者. **2** 亡命者.

ਜਲਾਵਤਨੀ (जलावतनी) /jalāwatanī ジャラーワトニー/ [Arab. *jalā-vatanī*] *f.* **1** 故郷からの追放, 国外追放. **2** 亡命.

ਜੱਲੀ (जल्ली) /jallī ジャッリー/ ▸ਜੱਲ੍ਹੀ [Arab. *jalāl*] *f.* **1**〖舞踊・イス〗スーフィー聖者が瞑想状態で自然発生的に行う踊り. **2** 法悦の踊り, 忘我の舞. ❑ਜੱਲੀ ਪਾਉਣੀ 法悦の状態で踊る. **3** 有頂天の浮かれ騒ぎ, 大はしゃぎ. **4** 跳ね回る動き.

ਜਲੀਸ (जलीस) /jalīsa ジャリース/ [Skt. जलेश] *m.* **1** 水の主. (⇒ਜਲਾਂ ਦਾ ਸਵਾਮੀ) **2**〖地理〗大洋, 海. (⇒ਸਮੁੰਦਰ)

ਜਲੀ-ਕਟੀ (जली-कटी) /jalī-kaṭī ジャリー・カティー/ *f.* **1** 辛辣な意見・言葉, 嫌み. **2** 罵り, 悪態.

ਜ਼ਲੀਲ (ज़लील) /zalīla ザリール/ [Arab. *zalīl*] *adj.* **1** 卑しい, 落ちぶれた, 惨めな. **2** 侮辱された, 屈辱を与えられた, 恥をかいた, 面目を失った, 屈辱的な. (⇒ਬੇਇੱਜ਼ਤ) ❑ਜ਼ਲੀਲ ਕਰਨਾ 侮辱する, 屈辱を与える, 恥をかかせる, 面目を失わせる.

ਜਲੂਆ (जलूआ) /jalūā ジャルーアー/ ▸ਜਲ [(Pua.) Skt. जल] *m.* 水. (⇒ਪਾਣੀ)

ਜਲੂਸ (जलूस) /jalūsa ジャルース/ [Arab. *julūs*] *m.* **1** 行進. **2** 行列.

ਜਲੂਟੀ (जलूटी) /jalūṭī ジャルーティー/ [(Pot.)] *f.*〖身体〗櫛を入れないぼうぼうの髪.

ਜਲੂਣ (जलूण) /jalūṇa ジャルーン/ *f.* **1** 痒さ, 痒み, むず痒さ. (⇒ਖੁਜਲੀ, ਖੁਰਕ, ਝੋਰ) **2** くすぐり, くすぐったいこと.

ਜਲੇਪਾ (जलेपा) /jalepā ジャレーパー/ *m.* 嫉妬.

ਜਲੇਬ (जलेब) /jaleba ジャレーブ/ [Pers. *zalībiya*] *m.*〖食品〗大きなジャレービー.

ਜਲੇਬਾ (जलेबा) /jalebā ジャレーバー/ *m.*〖植物〗桑の実.

ਜਲੇਬੀ (जलेबी) /jalebī ジャレービー/ [Pers. *zalībiya*] *f.*〖食品〗ジャレービー《麦粉を練って発酵させて渦巻き状に揚げたものにシロップをからめた甘い菓子》.

ਜਲੇਬੀ ਜੂੜਾ (जलेबी जूड़ा) /jalebī jūṛā ジャレービー ジューラー/ *m.* **1** 幅広のデザインの女性の髪結い. **2** 渦巻き状の流行の髪型.

ਜਲੋਦਰ (जलोदर) /jalodara ジャローダル/ ▸ਜਲੋਧਰ [Skt. जलोदर] *m.*〖医〗水腫.

ਜਲੋਧਰ (जलोधर) /jalôdara ジャローダル/ ▸ਜਲੋਦਰ *m.* → ਜਲੋਦਰ

ਜਲੌ (जलौ) /jalau ジャラォー/ [Arab. *jalau*] *m.* **1** 輝き, 光輝. (⇒ਰੌਣਕ) **2** 華麗, 壮麗. (⇒ਸ਼ਾਨ)

ਜਵ੍ਹਾ (जव्हा) /jâwā ジャワー/ ▸ਜਬ੍ਹਾ *m.* → ਜਬ੍ਹਾ[1]

ਜਵਾਈ (जवाई) /jawāī ジャワーイー/ ▸ਜੁਆਈ [Skt. जामातृ] *m.*〖親族〗婿, 娘婿, 義理の息子《娘の夫》. (⇒ਦਾਮਾਦ)

ਜਵਾਂਸਾ (जवाँसा) /jawā̃sā ジャワーンサー/ ▸ਜਵਾਸਾ, ਜਵਾਂਹ *m.* → ਜਵਾਸਾ

ਜਵਾਸਾ (जवासा) /jawāsā ジャワーサー/ ▸ਜਵਾਂਸਾ, ਜਵਾਂਹ [(Pkt. जवास) Skt. यवास] *m.*〖植物〗ジャワーサー《棘のあるマメ科の低木》.

ਜਵਾਂਹ (जवाँह) /jawā̃ ジャワーン/ ▸ਜਵਾਂਸਾ, ਜਵਾਸਾ [(Pot.)] *m.* → ਜਵਾਸਾ

ਜਵਾਹਰ (जवाहर) /jawâra | jawāhara ジャワール | ジャワーハル/ ▸ਜੁਆਹਰ [Arab. *javāhir*] *m.* **1**〖鉱物〗宝石. (⇒ਰਤਨ) **2**〖装〗宝飾品.

ਜਵਾਹਰਾਤ (जवाहरात) /jawârāta ジャワーラート/ [Arab. *javāhirāt*] *m.*《複数》**1**〖鉱物〗宝石類. **2**〖装〗宝飾品類.

ਜਵਾਕ (जवाक) /jawāka ジャワーク/ ▸ਜੁਆਕ *m.* → ਜੁਆਕ

ਜਵਾਂਤਰਾ (जवाँतरा) /jawā̃tarā ジャワーンタラー/ ▸ਜਮਾਤਰਾ, ਜਵਾਤਰਾ, ਜਵਾਂਤੜਾ, ਜੁਮਾਤਰਾ *m.* → ਜਵਾਤਰਾ

ਜਵਾਤਰਾ (जवातरा) /jawātarā ジャワータラー/ ▸ਜਮਾਤਰਾ, ਜਵਾਂਤਰਾ, ਜਵਾਂਤੜਾ, ਜੁਮਾਤਰਾ [Skt. जामातृ] *m.*〖親族〗義理の息子《養子, 娘の婿》. (⇒ਧੀ ਦਾ ਪਤੀ)

ਜਵਾਂਤੜਾ (जवाँतड़ा) /jawā̃taṛā ジャワーンタラー/ ▸ਜਮਾਤਰਾ, ਜਵਾਂਤਰਾ, ਜਵਾਤਰਾ, ਜੁਮਾਤਰਾ *m.* → ਜਵਾਤਰਾ

ਜਵਾਨ (जवान) /jawāna ジャワーン/ ▸ਜੁਆਨ [Pers. *javān*] *adj.* **1** 若い, 若々しい. (⇒ਗੱਭਰੂ) **2** たくましい. (⇒ਮਜ਼ਬੂਤ)

— *m.* **1** 若者, 青年. **2**〖軍〗兵士. (⇒ਫ਼ੌਜੀ, ਸਿਪਾਹੀ)

ਜਵਾਨੀ (जवानी) /jawānī ジャワーニー/ ▸ਜੁਆਨੀ [Pers. *javānī*] *f.* **1** 若さ, 若気, 若々しさ. **2** 青春, 青年期.

ਜਵਾਬ (जवाब) /jawāba ジャワーブ/ ▸ਜੁਆਬ [Arab.

javāb] *m.* **1** 答え, 返答, 回答, 解答, 返事, 応答, 反応. (⇒ਉੱਤਰ)(⇔ਸਵਾਲ) ❐ਜਵਾਬ ਦੇਣਾ 答える, 返答する, 回答する, 解答する. **2** 反論, 反証, 反駁. **3** 拒否, 拒絶. **4** 否定的な答え. **5**〖法〗却下, 棄却.

ਜਵਾਬ-ਸਵਾਲ (जवाब-सवाल) /jawāba̸-sawāla̸ ジャワーブ・サワール/ [Arab. *javāb* + Arab. *suāl*] *m.* **1** 問答, 質疑応答, 会話. **2** 議論, 論議. **3** 論争, 口論. **4** 論証.

ਜਵਾਬ-ਦਾਹਵਾ (जवाब-दाहवा) /jawāba̸-dâwā ジャワーブ・ダーワー/ [+ Arab. *da`vā*] *m.* **1** 言い返し. **2**〖法〗告訴に対する申し開き, (被告の原告に対する)反訴.

ਜਵਾਬਦਾਰ (जवाबदार) /jawāba̸dāra̸ ジャワーブダール/ [Pers.-*dār*] *adj.* → ਜਵਾਬਦੇਹ

ਜਵਾਬਦਾਰੀ (जवाबदारी) /jawāba̸dārī ジャワーブダーリー/ [Pers.-*dārī*] *f.* → ਜਵਾਬਦੇਹੀ

ਜਵਾਬਦੇਹ (जवाबदेह) /jawāba̸dê ジャワーブデー/ [+ Pers. *deh*] *adj.* **1** 答えられる, 答えを出す. **2** 申し開きの義務がある. **3** 責任がある.

ਜਵਾਬਦੇਹੀ (जवाबदेही) /jawāba̸dĕī ジャワーブデーイー/ [+ Pers. *dehī*] *f.* **1** 答えられること, 答えをだすこと. **2** 申し開きの義務. **3** 責任.

ਜਵਾਬੀ (जवाबी) /jawābī ジャワービー/ [Arab. *javābī*] *adj.* **1** 返答の. **2**(はがきについて)往復の.

ਜਵਾਂਮਰਦ (जवाँमरद) /jawā̃mara̸da̸ ジャワーンマルド/ [Pers. *javān mard*] *adj.* **1** 男らしい. **2** 勇ましい, 勇敢な, 勇気のある. (⇒ਬਹਾਦਰ, ਵੀਰ) **3** たくましい. **4** 若々しい.

— *m.* **1** 男らしい人. **2** 勇敢な人. **3** たくましい男. **4** 若々しい男, 若者.

ਜਵਾਂਮਰਦੀ (जवाँमरदी) /jawā̃mara̸dī ジャワーンマルディー/ [Pers. *javān mardī*] *f.* **1** 男らしさ. **2** 勇ましさ, 勇敢さ, 勇気. (⇒ਬਹਾਦਰੀ) **3** たくましさ. **4** 若々しさ.

ਜਵਾਰ (जवार) /jawāra̸ ジャワール/ ▸ਜੁਆਰ [Pkt. जुआरि] *f.*〖植物〗ソルグム, モロコシ(唐), トウキビ(唐黍)《イネ科モロコシ属の雑穀の総称》.

ਜਵਾਰ-ਭਾਟਾ (जवार-भाटा) /jawāra̸-pā̆ṭā ジャワール・パーター/ [Skt. यवनाल + Skt. भ्रष्ट] *m.* **1** 潮, 潮の干満. **2** 津波.

ਜ਼ਵਾਲ (ज़वाल) /zawāla̸ ザワール/ [Arab. *zavāl*] *m.* **1** 衰退, 衰微. **2** 下落. **3** 崩壊.

ਜਵਾਲਾ (जवाला) /jawālā ジャワーラー/ ▸ਜੁਆਲਾ [Skt. ज्वाला] *f.* **1** 火, 炎, 火炎. (⇒ਅੱਗ, ਲਾਟ) **2** 熱, 熱気. **3** 光, 輝き. (⇒ਰੋਸ਼ਨੀ, ਚਮਕ) **4**〖比喩〗情熱, 激情, 熱意. (⇒ਜੋਸ਼, ਜਜ਼ਬਾ, ਸ਼ੌਕ)

ਜਵਾਲਾਮੁਖੀ (जवालामुखी) /jawālāmukʰī ジャワーラームキー/ ▸ਜੁਆਲਾਮੁਖੀ [Skt. ज्वालामुखी] *m.f.*〖地理〗火山.

ਜਵੀ (जवी) /jawī ジャウィー/ ▸ਜਈ [(Pkt. जव) Skt. यव -ਈ] *f.*〖植物〗オートムギ, カラスムギ.

ਜਵੈਣ (जवैण) /jawaiṇa̸ ジャワェーン/ ▸ਅਜਵਾਇਣ [Skt. यवानिका] *f.*〖植物〗タイム, タチジャコウソウ(立麝香草)《シソ科の草本. 葉を香辛料に用いる》.

ਜੜ (जड़) /jaṛa̸ ジャル/ ▸ਜੜ੍ਹ *f.* → ਜੜ੍ਹ

ਜੜ੍ਹ (जड़्ह) /jâṛa̸ ジャル/ ▸ਜੜ [(Pkt. जडा) Skt. जटा] *f.* **1**〖植物〗根, 根元, 付け根. (⇒ਮੂਲ) ❐ਰੁੱਖ ਦੀਆਂ ਜੜ੍ਹਾਂ ਵਿੱਚੋਂ ਅਵਾਜ਼ ਆਈ। 木の根の中から声が聞こえてきました. ❐ਜੜ੍ਹ ਉਖੜਨੀ 根こそぎにされる, 根絶される, 打倒される, 撲滅される. ❐ਜੜ੍ਹ ਪੁੱਟਣੀ, ਜੜ੍ਹ ਵੱਢਣੀ 根こそぎにする, 根絶する, 破壊する, 撲滅する, 絶滅させる. ❐ਜੜ੍ਹ ਲੱਗਣੀ 根づく, 植えられる, 定着する, 確立する. ❐ਜੜ੍ਹ ਲਾਉਣੀ 根づかせる, 定着させる, 確立させる. **2** 根底, 基, 基礎, 基盤. (⇒ਬੁਨਿਆਦ) **3** 根源. **4** 元, 原因. ❐ਥਾਂ ਥਾਂ ਦਾ ਸੰਭੋਗ ਏਡਜ਼ ਦੀ ਜੜ੍ਹ ਹੈ। あちらこちらでの性交はエイズの原因です.

ਜੜ੍ਹਾਂ (जड़्हाँ) /jâṛā̃ ジャラーン/ [+ ਆਂ] *f.*《 ਜੜ੍ਹ の複数形》ルーツ, 故郷, 心のふるさと, 心のよりどころ. ❐ਤੁਹਾਡੀਆਂ ਜੜ੍ਹਾਂ ਕਿੱਥੇ ਹਨ? あなたのルーツはどこですか.

ਜੜ੍ਹੋਂ (जड़्हों) /jâṛõ ジャローン/ [+ ਓਂ] *adv.*《 ਜੜ੍ਹ ਤੋਂ の融合形》 **1** 根本から. (⇒ਮੁੱਢੋਂ, ਮੂਲੋਂ) **2** 初めから, もともと, 元来. (⇒ਸ਼ੁਰੂ ਤੋਂ)

ਜੜਤ (जड़त) /jaṛata̸ ジャルト/ [cf. ਜੜਨਾ] *f.* 象眼細工.

ਜੜਤਕਾਰ (जड़तकार) /jaṛata̸kāra̸ ジャルトカール/ [cf. ਜੜਨਾ Skt.-कार] *m.* 象眼細工師.

ਜੜਤਾ (जड़ता) /jaṛa̸tā ジャルター/ [Skt. जडता] *f.* **1** 不活発な状態, 活気のないこと. (⇒ਨਿਰਜੀਵਤਾ) **2** 愚かさ, 愚かなこと. (⇒ਮੂਰਖਤਾ)

ਜੜਨਾ (जड़ना) /jaṛa̸nā ジャルナー/ [(Pkt. जडिअ) Skt. जडति] *vt.* **1** はめ込む. **2** 埋め込む. **3** 固定する. **4** 象眼する, 象眼細工を施す.

ਜੜਵਾਉਣਾ (जड़वाउणा) /jaṛa̸wāuṇā ジャルワーウナー/ ▸ਜੜਾਉਣਾ [cf. ਜੜਨਾ] *vt.* **1** はめ込ませる. **2** 象眼細工を施させる.

ਜੜਵਾਈ (जड़वाई) /jaṛa̸wāī ジャルワーイー/ [cf. ਜੜਨਾ] *f.* **1** 宝石はめ込み. **2** 象眼細工.

ਜੜਾਉਣਾ (जड़ाउणा) /jaṛāuṇā ジャラーウナー/ ▸ਜੜਵਾਉਣਾ *vt.* → ਜੜਵਾਉਣਾ

ਜੜਾਊ (जड़ाऊ) /jaṛāū ジャラーウー/ [cf. ਜੜਨਾ] *adj.* 宝石がはめ込まれた.

ਜੜੀ (जड़ी) /jaṛī ジャリー/ [(Pkt. जड) Skt. जट -ਈ] *f.*〖植物〗薬として用いられる根.

ਜੜੀਆ (जड़ीआ) /jaṛīā ジャリーアー/ [cf. ਜੜਨਾ] *m.* 象眼細工師.

ਜੜੀ ਬੂਟੀ (जड़ी बूटी) /jaṛī būṭī ジャリー ブーティー/ [Skt. जट -ਈ + Skt. विटप -ਈ] *f.*〖植物〗薬草, ハーブ.

ਜਾਂ[1] (जाँ) /jā̃ ジャーン/ ▸ਇਆ, ਯਾ [Pers. *yā*] *conj.* **1** または, あるいは, もしくは. **2** それとも. ❐ਮੋਰ ਸੋਹਣਾ ਹੁੰਦਾ ਹੈ ਜਾਂ ਮੋਰਨੀ? 雄孔雀が美しいですか, それとも雌孔雀ですか. **3**…か…かどちらか, …かまたは…か. ❐ਜਾਂ ਉਹ ਆਏਗਾ ਜਾਂ ਮੈਂ। 彼か私かどちらかが来ます. **4** すなわち, 言い換えれば, またの名は. ❐ਸੁਭਾਸ਼ ਚੰਦਰ ਬੋਸ ਜਾਂ ਨੇਤਾ ਜੀ スバーシュ・チャンドラ・ボースまたの名はネーター・ジー.

ਜਾਂ[2] (जाँ) /jā̃ ジャーン/ [Skt. यदि] *conj.* **1**…時. (⇒ਜਦ, ਜਦੋਂ, ਜਿਸ ਵੇਲੇ) **2** もし…なら. (⇒ਜੇ)

ਜਾ (जा) /jā ジャー/ ▸ਜਾਹ [Pers. *jā*] *f.* **1** 所, 場所. (⇒ਥਾਂ) **2** 住所. **3** 地位. (⇒ਮਰਤਬਾ)

ਜਾਇਆ[1] (जाइआ) /jāiā ジャーイアー/ [cf. ਜੰਮਣਾ[1]] *adj.* 生まれた.

— *m.* **1** 生まれたもの. **2**〖親族〗子供. **3**〖親族〗息子, 男の子. (⇒ਪੁੱਤਰ, ਬੇਟਾ)

ਜਾਇਆ[2] (जाइआ) /jāiā ジャーイアー/ [Skt. जाया] *f.* **1**〖親族〗妻. (⇒ਵਹੁਟੀ) **2** 既婚婦人.

ਜਾਇਆ[3] (जाइआ) /jāiā ジャーイアー/ [cf. ਜਾਣਾ] *vi.* **1** 動作の反復を表す述語を形成する ਜਾਣਾ の完了分詞の男性・単数形《後に続く ਕਰਨਾ と一緒に用いて, 動作の反復「よく(たびたび, 定期的に)…する」「…してばかりいる」を表す》. ❐ਜਾਇਆ ਕਰਨਾ よく(たびたび, 定期的に)行く, よく訪れる. ❐ਉਹ ਲੱਕੜਾਂ ਵੱਢਣ ਲਈ ਜੰਗਲ ਵਿੱਚ ਜਾਇਆ ਕਰਦਾ ਸੀ। 彼は木を伐りによく森に行ったものでした. ❐ਮਾਂ ਰੋਜ਼ ਰਾਤ ਨੂੰ ਥਿਏਟਰ ਜਾਇਆ ਕਰਦੀ ਸੀ। 母は毎夜映画館に行ったものでした. **2** 受動表現における主動詞 ਜਾਣਾ の完了分詞の男性・単数形《後に続く ਜਾਣਾ と一緒に用いて, 受動表現「行かれる」となる. この用法では, 主語の性・数に応じて ਜਾਇਆ(男性・単数), ਜਾਏ(男性・複数), ਜਾਈ(女性・単数), ਜਾਈਆਂ (女性・複数)と変化する》. ❐ਲੈ ਜਾਇਆ ਜਾਣਾ 連れて行かれる, 連れ去られる, 持って行かれる, 運び去られる. ❐ਦੋ ਹੋਰ ਮੈਂਬਰ ਬਾਹਰ ਲੈ ਜਾਏ ਗਏ। さらに二人のメンバーが外に連れて行かれました. ❐ਇੱਥੋਂ ਦੋ ਕੁਰਸੀਆਂ ਲੈ ਜਾਈਆਂ ਗਈਆਂ। ここから二つの椅子が持って行かれました. **3**《以上の用法以外では ਜਾਣਾ の完了分詞の男性・単数形は ਗਿਆ となる》.

ਜਾਇਆ[4] (जाइआ) /jāiā ジャーイアー/ ▶ਜ਼ਾਇਆ *adj.* → ਜ਼ਾਇਆ

ਜ਼ਾਇਆ (ज़ाइआ) /zāiā ザーイアー/ ▶ਜਾਇਆ [Arab. *zā^{h}`*] *adj.* **1** 無駄な, 無益な, 無駄に使われた. ❐ਜ਼ਾਇਆ ਹੋਣਾ, ਜ਼ਾਇਆ ਜਾਣਾ 無駄になる. ❐ਜ਼ਾਇਆ ਕਰਨਾ 無駄にする, 浪費する. **2** 失われた, 滅びた. ❐ਜ਼ਾਇਆ ਕਰਨਾ なくす, 滅ぼす, 消滅させる.

ਜ਼ਾਇਕਾ (ज़ाइका) /zāikā ザーイカー/ [Arab. *zā^{h}iqa*] *m.* 味, 風味, 味わい. (⇒ਸੁਆਦ)

ਜ਼ਾਇਕੇਦਾਰ (ज़ाइकेदार) /zāikedāra̯ ザーイケーダール/ [Pers.*-dār*] *adj.* 美味な, 美味しい, 旨い, 風味のある, 香ばしい. (⇒ਸੁਆਦੀ, ਮਜ਼ੇਦਾਰ)

ਜਾਇਜ਼ (जाइज़) /jāiza̯ ジャーイズ/ [Arab. *jā^{h}iz*] *adj.* **1** 合法的な. **2** 正当な, 正しい. **3** もっともな, 当然の, 当たり前の. **4** 適度な, ほどよい, 妥当な.

ਜਾਇਜ਼ਾ (जाइज़ा) /jāizā ジャーイザー/ [Arab. *jā^{h}iza*] *m.* **1** 調査. **2** 検査, 試験. **3** 評価, 査定. **4** 概算.

ਜਾਇਦਾਤ (जाइदात) /jāidāta̯ ジャーイダート/ ▶ਜਾਇਦਾਦ *f.* → ਜਾਇਦਾਦ

ਜਾਇਦਾਦ (जाइदाद) /jāidāda̯ ジャーイダード/ ▶ਜਾਇਦਾਤ [Pers. *jā^{h}edād*] *f.* **1** 財産, 資産. (⇒ਦੌਲਤ) **2** 富. (⇒ਧਨ) **3** 所有物. **4** 遺産, 相続財産. **5** 地所, 所有地, 不動産.

ਜਾਇਫਲ (जाइफल) /jāip^{h}ala̯ ジャーイパル/ ▶ਜੈਫਲ [Skt. जातिफलम्] *m.*〖植物〗ナツメグ, ニクズク(肉豆蔲)《ニクズク科の常緑高木》.

ਜਾਈ (जाई) /jāī ジャーイー/ *f.*〖親族〗娘. (⇒ਧੀ)

ਜਾਸਤੀ (जासती) /jāsatī ジャースティー/ ▶ਜ਼ਿਆਦਤੀ *f.* → ਜ਼ਿਆਦਤੀ

ਜਾਸੂਸ (जासूस) /jāsūsa̯ ジャースース/ ▶ਜਸੂਸ *m.* → ਜਸੂਸ

ਜਾਸੂਸੀ (जासूसी) /jāsūsī ジャースースィー/ ▶ਜਸੂਸੀ *adj.f.* → ਜਸੂਸੀ

ਜਾਹ (जाह) /jâ ジャー/ ▶ਜਾ *f.* → ਜਾ

ਜਾਹਗ (जाहग) /jâga̯ ジャーグ/ ▶ਜਗਹਾ, ਜਗ੍ਹਾ, ਜਗਾਹ [(Pot.)] *f.* → ਜਗ੍ਹਾ

ਜਾਹਦ (जाहद) /jâda̯ ジャード/ [Arab. *zāhid*] *adj.* **1** 禁欲する, 節制する. (⇒ਪਰਹੇਜ਼ਗਾਰ) **2** 敬虔な, 信心深い. **3** 神聖な.

— *m.* **1** 禁欲の実践. (⇒ਪਰਹੇਜ਼ਗਾਰੀ) **2** 信心, 神への信愛. (⇒ਭਗਤੀ) **3** 禁欲の実践者. **4** 敬虔な信者. (⇒ਭਗਤ)

ਜ਼ਾਹਫ਼ਰਾਨ (ज़ाहफ़रान) /zâfarāna̯ ザーファラーン/ [Arab. *za`farān*] *m.*〖植物〗サフラン《アヤメ科の多年草. 香料・染料として利用される》. (⇒ਕੇਸਰ)

ਜ਼ਾਹਫ਼ਰਾਨੀ (ज़ाहफ़रानी) /zâfarānī ザーファラーニー/ [Arab. *za`frānī*] *adj.* **1** サフランの, サフラン入りの. **2** サフラン色の, 濃いオレンジ色の, 黄色い. (⇒ਕੇਸਰੀ)

ਜ਼ਾਹਰ (ज़ाहर) /zâra̯ ザール/ ▶ਜ਼ਾਹਿਰ [Arab. *zāhir*] *adj.* **1** 表された, 表明された, 打ち明けられた, 表現された. **2** 目立つ, はっきり見える, 外面的な. **3** 明らかな, 明白な, 明確な, 明瞭な.

ਜਾਹਰਦਾਰੀ (जाहरदारी) /jâra̯dārī ジャールダーリー/ [Pers.*-dārī*] *f.* **1** 外見, 見せかけ, うわべ. (⇒ਦਿਖਾਵਾ, ਵਿਖਾਵਾ) **2** 形式張ること, 形式に過ぎない意味のない物事, 儀礼.

ਜ਼ਾਹਰਾ (ज़ाहरा) /zârā ザーラー/ [Arab. *zāhirān*] *adj.* **1** 表された, 表明された, 打ち明けられた, 表現された. **2** 目立つ, はっきり見える, 外面的な. **3** 明らかな, 明白な, 明確な, 明瞭な.

— *adv.* **1** 表面的に, 外見上, 見たところ. **2** 明らかに, 明確に, 明瞭に.

ਜ਼ਾਹਰੀ (ज़ाहरी) /zârī ザーリー/ [Pers. *zāhirī*] *adj.* **1** 表面の, 外面の, 外面的な. **2** 見かけの, 外見上の, うわべの.

ਜਾਹਲ (जाहल) /jâla̯ | jāhala̯ ジャール | ジャーハル/ [Arab. *jāhil*] *adj.* **1** 無学の, 無知の. (⇒ਅਨਪੜ੍ਹ) **2** 愚かな. **3** 粗野な, 野蛮な, 無作法な. **4** 育ちの悪い, 洗練されていない.

ਜਾਹਲੀ (जाहली) /jâlī ジャーリー/ [Arab. *jahl* -ਈ] *adj.* **1** 偽の, まがいの, 偽造の. (⇒ਨਕਲੀ, ਬਣਾਵਟੀ) **2** 見せかけの, うわべの.

ਜ਼ਾਹਿਰ (ज़ाहिर) /zâira̯ ザーイル/ ▶ਜ਼ਾਹਰ *adj.* → ਜ਼ਾਹਰ

ਜਾਹੋ-ਜਲਾਲ (जाहो-जलाल) /jāho-jalāla̯ ジャーホー・ジャラール/ *m.* **1** 輝き, 光輝. **2** 壮麗さ, 荘厳さ. **3** 威光.

ਜਾਕਟ (जाकट) /jākaṭa̯ ジャーカト/ [Eng. *jacket*] *f.*〖衣服〗ジャケット, 上着.

ਜਾਕਤ (जाकत) /jākata̯ ジャーカト/ ▶ਜੰਦਕ, ਜਾਤਕ [(Pot.)] *m.* → ਜਾਤਕ

ਜਾਗ[1] (जाग) /jāga̯ ジャーグ/ *m.* **1** 凝乳酵素. (⇒ਜਾਮਣ) **2** 凝固剤.

ਜਾਗ[2] (जाग) /jāga̯ ジャーグ/ ▶ਜਾਗਾ [cf. ਜਾਗਣਾ] *f.* **1** 目覚めている状態. **2** 不眠, 徹夜. (⇒ਜਗਰਾਤਾ) **3** 注意, 警戒.

ਜਾਗਣਾ (जागणा) /jāgaṇā ジャーガナー/ [Skt. जाग्रति] *vi.*

1 起きる, (眠りから) 目覚める, 目を覚ます. ❒ਜਾਗੋ! ਜਾਗੋ! ਹੋਇਆ ਸਵੇਰਾ। 起きろ. 起きろ. もう朝だ. ❒ਟੋਪੀਆਂ ਵਾਲਾ ਕੁਝ ਚਿਰ ਪਿੱਛੋਂ ਜਾਗ ਪਿਆ। 帽子屋はしばらくして目を覚ましました. **2** 覚醒する, 自覚する, 意識する. **3** 用心する, 警戒する.

ਜਾਗਦਾ (जागदा) /jāgadā ジャーグダー/ [cf. ਜਾਗਣਾ] *adj.* **1** 目覚めている. **2** 用心深い.

ਜਾਗਰਿਤ (जागरित) /jāgarita ジャーグリト/ [Skt. जाग्रत्] *adj.* **1** 目覚めている. **2** 自覚している. **3** 意識している.

ਜਾਗਰਿਤੀ (जागरिती) /jāgaritī ジャーグリティー/ [Skt. जाग्रत्] *f.* **1** 目覚めている状態. **2** 自覚. **3** 意識, 注意.

ਜਾਂਗਲੀ (जाँगली) /jā̃galī ジャーングリー/ ▸ਜੰਗਲੀ *adj.m.* → ਜੰਗਲੀ

ਜਾਗਾ (जागा) /jāgā ジャーガー/ ▸ਜਾਗ *m.* → ਜਾਗ²

ਜਾਗੀਰ (जागीर) /jāgīra ジャーギール/ ▸ਜਗੀਰ [Pers. *jā-gīr*] *f.* → ਜਗੀਰ

ਜਾਗੀਰਦਾਰ (जागीरदार) /jāgīradāra ジャーギールダール/ ▸ਜਗੀਰਦਾਰ *m.* → ਜਗੀਰਦਾਰ

ਜਾਗੀਰਦਾਰੀ (जागीरदारी) /jāgīradārī ジャーギールダーリー/ ▸ਜਗੀਰਦਾਰੀ *f.* → ਜਗੀਰਦਾਰੀ

ਜਾਗੋਮੀਚੀ (जागोमीची) /jāgomīcī ジャーゴーミーチー/ ▸ਜਾਗੋਮੀਟੀ *f.* → ਜਾਗੋਮੀਟੀ

ਜਾਗੋਮੀਟੀ (जागोमीटी) /jāgomīṭī ジャーゴーミーティー/ ▸ਜਾਗੋਮੀਚੀ *f.* **1** うとうとしている状態, うつらうつらしている状態. **2** 白日夢.

ਜਾਂਘੀਆ (जाँघीआ) /jā̃gīā ジャーンギーアー/ [Skt. जङ्घा] *m.* **1**〖衣服〗腿を覆う衣服, 下着, パンツ, ショーツ, ズロース. **2**〖衣服〗レスラー用のパンツ. **3** おむつ, おしめ.

ਜਾਂਚ (जाँच) /jā̃ca ジャーンチ/ ▸ਜਾਚ [Skt. याचन] *f.* **1** 検査, 点検, 確認. **2** 監査, 鑑定. **3** 調査, 調べること. **4** 試験. **5** 実際的能力. **6** 方法, 手法. (⇒ਢੰਗ, ਤਰੀਕਾ) **7** 見積もり. (⇒ਅੰਦਾਜ਼ਾ, ਅਟਕਲ) **8** 観察. **9** 査定.

ਜਾਚ (जाच) /jāca ジャーチ/ ▸ਜਾਂਚ *f.* → ਜਾਂਚ

ਜਾਚਕ (जाचक) /jācaka ジャーチャク/ ▸ਯਾਚਕ [Skt. याचक] *adj.* **1** 求める, 嘆願する, 請願する, 懇願する. **2** 物乞いする.

— *m.* **1** 嘆願者, 請願者, 懇願者. **2** 乞食, 物乞い. (⇒ਮੰਗਤਾ)

ਜਾਂਚਣਾ (जाँचणा) /jā̃caṇā ジャーンチナー/ ▸ਜਾਚਣਾ [Skt. याच्यते] *vt.* **1** 検査する. **2** 調べる, 調査する. **3** 試す, 試験する. **4** 査定する, 評価する, 判定する, 評定する. **5** 見積もる, 推量する, 推定する.

ਜਾਚਣਾ (जाचणा) /jācaṇā ジャーチナー/ ▸ਜਾਂਚਣਾ *vt.* → ਜਾਂਚਣਾ

ਜਾਚਨਾ (जाचना) /jācanā ジャーチナー/ ▸ਯਾਚਨਾ [Skt. याचना] *f.* 願い, 頼み事, 請願, 懇願, 懇請. (⇒ਬੇਨਤੀ)

ਜਾਚਵਾਂ (जाचवाँ) /jācawā̃ ジャーチワーン/ [cf. ਜਾਂਚਣਾ] *adj.* **1** 見積もられた, 推定の. **2** おおよその, 大体の.

ਜਾਚਿਕਾ (जाचिका) /jācikā ジャーチカー/ ▸ਯਾਚਿਕਾ [Skt. याचिका] *f.* **1** 嘆願, 請願, 懇願. **2**〖法〗嘆願書, 請願書, 訴状.

ਜਾਜਮ (जाजम) /jājama ジャージャム/ [Pers. *jājim*] *f.*〖布地〗床に敷く布.

ਜਾਜ਼ਿਬ (जाज़िब) /jāziba ジャーズィブ/ [Arab. *jāzib*] *adj.* **1** 引き寄せる, 引き付ける, 魅力的な. **2** 吸収力のある.

ਜਾਂਜੀ (जाँजी) /jā̃jī ジャーンジー/ ▸ਜਾਂਞੀ *m.* → ਜਾਂਞੀ

ਜਾਂਞੀ (जाँञी) /jā̃ñī ジャーンニー/ ▸ਜਾਂਜੀ *m.*〖儀礼〗結婚のパーティーの出席者.

ਜਾਟ (जाट) /jāṭa ジャート/ ▸ਜੱਟ *m.* → ਜੱਟ

ਜਾਣ (जाण) /jāṇa ジャーン/ ▸ਜਾਨ *f.* → ਜਾਨ

ਜਾਣਸਾਰ (जाणसार) /jāṇasāra ジャーンサール/ ▸ਜਾਣਹਾਰ, ਜਾਣਹਾਰਾ [(Pua.)] *adj.* → ਜਾਣਹਾਰ

ਜਾਣਹਾਰ (जाणहार) /jāṇahāra ジャーンハール/ ▸ਜਾਣਸਾਰ, ਜਾਣਹਾਰਾ [cf. ਜਾਣਾ -ਹਾਰ] *adj.* 移ろいやすい, はかない. (⇒ਨਾਸਵਾਨ)

ਜਾਣਹਾਰਾ (जाणहारा) /jāṇahārā ジャーンハーラー/ ▸ਜਾਣਸਾਰ, ਜਾਣਹਾਰ *adj.* → ਜਾਣਹਾਰ

ਜਾਣਕਾਰ (जाणकार) /jāṇakāra ジャーンカール/ [(Pkt. जाणा) Skt. ज्ञान Skt.-कार] *adj.* **1** 知っている. **2** 詳しい. **3** 経験がある.

ਜਾਣਕਾਰੀ (जाणकारी) /jāṇakārī ジャーンカーリー/ [Skt.-कारिता] *f.* **1** 知識. (⇒ਗਿਆਨ) **2** 情報. **3** 経験.

ਜਾਣਨਾ (जाणना) /jāṇanā ジャーンナー/ [Skt. जानाति] *vt.* **1** 知る, 知っている, 認識する. ❒ਜਾਣ ਬੁੱਝ ਕੇ 知っていて, わざと. ❒ਇਹ ਗੀਤ ਹਰ ਬੱਚਾ ਜਾਣਦਾ ਹੈ। この歌はどの子供も知っています. **2** 分かる, 理解する. **3** 気づく, 気づいている. **4** 思う, 考える.

ਜਾਣ-ਪਛਾਣ (जाण-पछाण) /jāṇa-pacʰāṇa ジャーン・パチャーン/ [Skt. ज्ञान + Skt. प्रत्यभिविज्ञान] *f.* **1** 面識, 顔見知り, 知り合い. **2** 交際, 近づき, 馴染み.

ਜਾਣਾ (जाणा) /jāṇā ジャーナー/ [Skt. याति] *vi.* **1** 行く, 通う. ❒ਅਸੀਂ ਸਕੂਲ ਜਾਂਦੀਆਂ ਹਾਂ। 私たちは学校に行きます. ❒ਸਵੇਰੇ ਸਕੂਲ ਜਾਣਾ ਏ। 朝 学校に行かなければなりません. **2** 去る, 立ち去る. ❒ਹਾਂਕਾਂਗ ਤੋਂ ਬ੍ਰਿਟਿਸ਼ ਸਰਕਾਰ ਦੇ ਜਾਣ ਨਾਲ ਕੋਈ ਅਸਰ ਹੋਇਆ? 香港から英国政府が去ったことで何か影響はありましたか. **3** (乗物が) 通る, 走る, 往来する. ❒ਚੌੜੀਆਂ ਗਲੀਆਂ ਵਿੱਚ ਮੋਟਰਾਂ ਜਾਂਦੀਆਂ ਹਨ। 広い路地には自動車が走っています. **4** 失われる, 消える. **5**《動詞の語幹に続き「完了」の意味を加える》…してしまう. ❒ਉਹ ਥਕ ਗਿਆ। 彼は疲れてしまいました. ❒ਮੈਂ ਭੁੱਲ ਗਿਆ ਸਾਂ। 私は忘れてしまっていました. **6**《未完了分詞に続き「継続」の意味を加える》…し続ける. ❒ਮੋਹਨ ਬਹੁਤ ਤੇਜ਼ ਨਠਦਾ ਜਾਂਦਾ ਹੈ। モーハンはとても速く走り続けています. **7**《完了分詞に続き「受動表現」を形成する》…される. ❒ਇੱਥੇ ਪੰਜਾਬੀ ਪੜ੍ਹਾਈ ਜਾਂਦੀ ਹੈ। ここではパンジャービー語が教えられています. ❒ਲੁਧਿਆਣੇ ਵਿੱਚ ਪੰਜਾਬੀ ਬੋਲੀ ਜਾਂਦੀ ਹੈ। ルディアーナーではパンジャービー語が話されています. ❒ਜਪਾਨ ਵਿੱਚ ਜਪਾਨੀ ਬੋਲੀ ਜਾਂਦੀ ਹੈ। 日本では日本語が話されています. ❒ਵਿਦੇਸ਼ਾਂ ਵਿੱਚ ਹਰ ਚੀਜ਼ ਖ਼ਰੀਦੀ ਜਾ ਸਕਦੀ ਹੈ। 外国ではあらゆる品物が購入できます. **8**《受動表現の否定文で「内的要因による不可能」を表す》どうしても…できない. ❒ਮੇਰੇ ਕੋਲੋਂ ਇਹ ਕੰਮ ਨਹੀਂ ਕੀਤਾ ਜਾਂਦਾ। 私にはこの仕事はどうしてもできません. ❒ਇਹ ਮੈਥੋਂ ਖਾਧਾ ਨਹੀਂ ਜਾਂਦਾ। これは私にはとても食べられません.

ਜਾਣੀ (जाणी) /jāṇī ジャーニー/ ▸ਜਾਣੀਦਾ, ਜਾਣੋ *conj.* **1** まるで…のように, あたかも…のように. (⇒ਮਾਨੋ) **2** すなわち. (⇒ਯਾਨੀ)

ਜਾਣੀਦਾ (जाणीदा) /jāṇīdā ジャーニーダー/ ▸ਜਾਣੀ, ਜਾਣੋ *conj.* → ਜਾਣੀ

ਜਾਣੂੰ (जाणूँ) /jāṇū̃ ジャーヌーン/ ▸ਜਾਣੂ *adj.m.* → ਜਾਣੂ

ਜਾਣੂ (जाणू) /jāṇū ジャーヌー/ ▸ਜਾਣੂੰ [cf. ਜਾਣਨਾ] *adj.* **1** 知っている, 情報を得ている, 分かっている, 知識のある. (⇒ਵਾਕਫ਼) **2** 知り合いの, 面識のある. (⇒ਵਾਕਫ਼) **3** 気づいている.

— *m.* 知人, 知り合い.

ਜਾਣੋ (जाणो) /jāṇo ジャーノー/ ▸ਜਾਣੀ, ਜਾਣੀਦਾ *conj.* → ਜਾਣੀ

ਜਾਤ (जात) /jāta ジャート/ ▸ਜਾਤੀ *f.* → ਜਾਤੀ

ਜ਼ਾਤ (ज़ात) /zāta ザート/ [Arab. *zāt*] *f.* **1** 実体, 本質, 本性. **2** 個体, 個人, 本人. **3** 種, 種類. **4** 血統, 家系. **5** カースト, 種姓. **6** 社会集団, 共同体. **7** 性.

ਜਾਤਕ (जातक) /jātaka ジャータク/ ▸ਜਾਕਤ, ਜੰਦਕ [Skt. जातक] *m.* **1** 子供, 幼児. (⇒ਬੱਚਾ, ਬਾਲ) **2** 男の子. (⇒ਮੁੰਡਾ) **3** 新生児, 嬰児, 赤ちゃん. **4**〖親族〗息子. (⇒ਪੁੱਤਰ, ਬੇਟਾ)

ਜਾਤਕੜੀ (जातकड़ी) /jātakaṛī ジャータクリー/ [-ੜੀ] *f.* 女の子, 女の幼児.

ਜਾਤਪਾਤ (जातपात) /jātapāta ジャートパート/ [Skt. जाति + Skt. पंक्ति] *f.*〖社会〗カースト制度, カーストによる身分差.

ਜਾਤਰਾ (जातरा) /jātarā ジャータラー/ ▸ਜਾਤ੍ਰਾ, ਯਾਤਰਾ *f.* → ਯਾਤਰਾ

ਜਾਤ੍ਰਾ (जात्रा) /jātrā (jātarā) ジャートラー (ジャータラー)/ ▸ਜਾਤਰਾ, ਯਾਤਰਾ *f.* → ਯਾਤਰਾ

ਜਾਤਰੀ (जातरी) /jātarī ジャータリー/ ▸ਜਾਤ੍ਰੀ, ਜਾਤਰੂ, ਯਾਤਰੀ, ਯਾਤਰੂ *m.* → ਯਾਤਰੀ

ਜਾਤ੍ਰੀ (जात्री) /jātrī (jātarī) ジャートリー (ジャータリー)/ ▸ਜਾਤਰੀ, ਜਾਤਰੂ, ਯਾਤਰੀ, ਯਾਤਰੂ *m.* → ਯਾਤਰੀ

ਜਾਤਰੂ (जातरू) /jātarū ジャートルー/ ▸ਜਾਤਰੀ, ਜਾਤ੍ਰੀ, ਯਾਤਰੀ, ਯਾਤਰੂ *m.* → ਯਾਤਰੀ

ਜਾਤੀ (जाती) /jātī ジャーティー/ ▸ਜਾਤ [Skt. जाति] *f.* **1** 生まれ, 出生, 出自. **2** カースト, 種姓. **3** 血統, 家系. **4** 種族, 人種. **5** 部族. **6** 民族. **7** 身分. **8** 氏族.

ਜ਼ਾਤੀ (ज़ाती) /zātī ザーティー/ [Arab. *zātī*] *adj.* **1** 本質的な, 固有の. **2** 生来の, 生まれつきの. **3** 個々の, 個人の, 私的な.

ਜ਼ਾਦਾ (ज़ादा) /zādā ザーダー/ [Pers. *zāda*] *suff.* 「…に生まれた」「…の息子の」「…の嫡子の」などの意味を表す形容詞 または「…の子」「…の息子」「…の嫡子」などの意味を表す男性名詞を形成する接尾辞.

ਜ਼ਾਦੀ (ज़ादी) /zādī ザーディー/ [Pers. *zādī*] *suff.* 「…に生まれた」「…の娘の」などの意味を表す形容詞, または「…の娘」などの意味を表す女性名詞を形成する接尾辞.

ਜਾਦੂ (जादू) /jādū ジャードゥー/ [Pers. *jādū*] *m.* **1** 魔法, 魔術. (⇒ਤਿਲਿੱਸਮ) **2** 曲芸, 離れ業. **3** 手品, 奇術.

ਜਾਦੂਗਰ (जादूगर) /jādūgara ジャードゥーガル/ [Pers.-*gar*] *m.* **1** 魔法使い. **2** 魔術師. **3** 曲芸師. **4** 手品師, 奇術師.

ਜਾਨ (जान) /jāna ジャーン/ ▸ਜਾਣ [Pers. *jān*] *f.* **1** 命, 生命. ❐ਜਾਨ ਦੇਣੀ 命を捧げる. ❐ਰੱਬ ਨੂੰ ਜਾਨ ਦੇਣੀ ਹੈ। 神様に命を捧げなければなりません. ❐ਜਾਨ ਨਿਕਲਣੀ 死ぬ. **2** 魂, 霊, 霊魂. **3** 心, 精神, 意識. ❐ਜਾਨ ਵਿੱਚ ਜਾਨ ਆਉਣੀ ほっとする. ❐ਗਰਮੀ ਨਾਲ ਝੁਲਸੇ ਹੋਏ ਲੋਕਾਂ ਦੀ ਜਾਨ ਵਿੱਚ ਜਾਨ ਆਈ। 暑さで干からびていた人々はほっとしました. **4** 生命力, 活力. **5** 本質, 真髄, 根本的要素. **6** 愛する対象となるもの, 愛しい人. **7**…さん, …ちゃん《年長者には敬意, 娘や息子などの年少者には愛情を込めて, 人に親しく呼びかける時に付ける言葉》.

ਜਾਨਸ਼ੀਨ (जानशीन) /jānaśīna ジャーナシーン/ [Pers. *jānśīn*] *m.* **1** 継承者. **2** 相続人.

ਜਾਨਸ਼ੀਨੀ (जानशीनी) /jānaśīnī ジャーナシーニー/ [Pers. *jānśīnī*] *f.* **1** 継承. **2** 相続. **3** 王位継承. **4** 戴冠.

ਜਾਨਦਾਰ (जानदार) /jānadāra ジャーンダール/ [Pers. *jān* Pers.-*dār*] *adj.* **1** 生きている. **2** 生命のある.

ਜਾਨਬਾਜ਼ (जानबाज़) /jānabāza ジャーンバーズ/ [Pers.-*bāz*] *adj.* **1** 命を懸けるような, 冒険的な. **2** 命知らずの, 勇敢な.

ਜਾਨਬਾਜ਼ੀ (जानबाज़ी) /jānabāzī ジャーンバーズィー/ [Pers.-*bāzī*] *f.* **1** 命を懸ける行い, 冒険. **2** 勇気, 勇敢さ.

ਜਾਨਲੇਵਾ (जानलेवा) /jānalewā ジャーンレーワー/ *adj.* **1** 命を奪う, 命取りの, 致命的な. (⇒ਮੁਹਲਕ) **2** 生命にかかわる.

ਜਾਨਵਰ (जानवर) /jānawara ジャーンワル/ ▸ਜਨੌਰ [Pers. *jānvar*] *m.* **1** 動物. **2** 獣.

ਜਾਨੀ (जानी) /jānī ジャーニー/ [Pers. *jānī*] *adj.* **1** 命の, 命に関わる. **2** 親愛なる. **3** 親しい, 親密な.

— *m.* **1** 親しい人. **2** 友, 親友.

ਜਾਪ (जाप) /jāpa ジャープ/ ▸ਜਪ [Skt. जाप] *m.* 神の御名をくり返し唱えること.

ਜਾਪਕ (जापक) /jāpaka ジャーパク/ [Skt. जापक] *m.* 神の御名をくり返し唱える人.

ਜਾਪਣਾ (जापणा) /jāpaṇā ジャーパナー/ [Skt. ज्ञाप्यते] *vi.* **1**…のように見える. ❐ਮਿੱਟੀ ਦੀਆਂ ਟੋਕਰੀਆਂ ਉਡਦੀਆਂ ਜਾਪਦੀਆਂ ਸਨ। 土を入れる籠は飛んでいるように見えました. **2**…のように思われる, …のように感じられる.

ਜਾਪਤਾ (जापता) /jāpatā ジャープター/ ▸ਜ਼ਾਬਤਾ [(Pua.)] *m.* → ਜ਼ਾਬਤਾ

ਜਾਪਾਨ (जापान) /jāpāna ジャーパーン/ ▸ਜਪਾਨ *m.* → ਜਪਾਨ

ਜਾਪਾਨੀ (जापानी) /jāpānī ジャーパーニー/ ▸ਜਪਾਨੀ *adj.m.f.* → ਜਪਾਨੀ

ਜਾਫ਼ਰੀ (जाफ़री) /jāfarī ジャーファリー/ [Pers. *ja`farī*] *f.* **1**(木・竹・鉄などで作られた)幕, 衝立. (⇒ਟੱਟੀ) **2** 格子, 組格子.

ਜ਼ਾਬਤਾ (ज़ाबता) /zābatā ザーブター/ ▸ਜਾਪਤਾ [Arab. *zābita*] *m.* **1** 規則, 規定. **2** 法, 法律, 法規. **3** 法典. **4** 掟, 慣習, しきたり.

ਜਾਬਰ (जाबर) /jābara ジャーバル/ [Arab. *jābir*] *adj.* **1** 圧制的な, 弾圧的な. **2** 暴君的な, 横暴な. **3** 暴虐な,

非道な.

ਜਾਭ (जाभ) /jâba ジャーブ/ [Skt. जम्भ] *f.* 〖身体〗顎(あご).

ਜਾਮ[1] (जाम) /jāma ジャーム/ [Pers. *jām*] *m.* **1**〖容器〗ゴブレット, カップ, コップ. **2**〖容器〗盃, 酒杯, ワイングラス.

ਜਾਮ[2] (जाम) /jāma ジャーム/ [Eng. *jam*] *m.* 渋滞, 雑踏, ぎっしり詰まって動けない状態.

— *adj.* **1** 動きのとれない, 行き詰った, 渋滞した. **2** 麻痺した.

ਜਾਮ[3] (जाम) /jāma ジャーム/ ▸ਜੈਮ *m.* → ਜੈਮ

ਜਾਮਣ (जामण) /jāmaṇa ジャーマン/ [cf. ਜਮਣਾ] *m.* 凝乳酵素. (⇒ਜਾਗ)

ਜਾਮਣੀ (जामणी) /jāmaṇī ジャームニー/ ▸ਜਾਮਨੀ *adj.* → ਜਾਮਨੀ

ਜਾਮਨ (जामन) /jāmana ジャーマン/ ▸ਜਾਮਨੂ *m.*〖植物〗ムラサキフトモモ(紫蒲桃), ジャーマン樹, その果実《フトモモ科の高木. セイヨウスモモの一種》.

— *adj.* ムラサキフトモモの果実の色の, 紫色の, 青黒い色の, スミレ色の.

ਜ਼ਾਮਨ (ज़ामन) /zāmana ザーマン/ [Arab. *zāmin*] *m.* 保証人, 身元引受人.

ਜਾਮਨੀ (जामनी) /jāmanī ジャームニー/ ▸ਜਾਮਣੀ *adj.* ムラサキフトモモの果実の色の, 紫色の, 青黒い色の, スミレ色の.

ਜ਼ਾਮਨੀ (ज़ामनी) /zāmanī ザームニー/ [Pers. *zāminī*] *f.* **1** 保証. **2**〖法〗保釈.

ਜਾਮਨੂ (जामनू) /jāmanū ジャームヌー/ ▸ਜਾਮਨ *m.adj.* → ਜਾਮਨ

ਜਾਮਾ[1] (जामा) /jāmā ジャーマー/ [Pers. *jāma*] *m.* 衣服, 衣類, 着物.

ਜਾਮਾ[2] (जामा) /jāmā ジャーマー/ [Pers. *jāmi`*] *adj.* **1** 集合的な, 集団の, 共有の. **2** 普遍的な, 万人の, 全世界の.

ਜਾਮਾ ਮਸਜਿਦ (जामा मसजिद) /jāmā masajida ジャーマー マスジド/ ▸ਜਾਮਾ ਮਸੀਤ [Pers. *jāmi`* + Arab. *masjid*] *f.*〖イス〗ジャーマー・マスジド《金曜日に集団礼拝の行われる大きなモスク》.

ਜਾਮਾ ਮਸੀਤ (जामा मसीत) /jāmā masīta ジャーマー マスィート/ ▸ਜਾਮਾ ਮਸਜਿਦ *f.* → ਜਾਮਾ ਮਸਜਿਦ

ਜ਼ਾਰ (ज़ार) /zāra ザール/ [Eng. *tsar, czar, tzar*] *m.*〖歴史〗ロシア皇帝の称号.

ਜਾਰਜਟ (जारजट) /jārajaṭa ジャールジャト/ [Eng. *georgette*] *m.*〖布地〗ジョーゼット《非常に薄く, 軽く, 緩やかに編まれたちりめんの織物. 婦人服などに用いる》.

ਜ਼ਾਰ ਜ਼ਾਰ (ज़ार ज़ार) /zāra zāra ザール ザール/ ▸ਜਾਰੋ ਜਾਰ [Pers. *zār zār*] *adv.* ひどく嘆き悲しんで. ❐ਜ਼ਾਰ ਜ਼ਾਰ ਰੋਣਾ おいおいと泣く, 号泣する.

ਜਾਰੀ (जारी) /jārī ジャーリー/ [Arab. *jārī*] *adj.* **1** 続いている, 継続している, 進行中の. ❐ਅਜੇ ਮਿਰਤਕ ਗਊਆਂ ਨੂੰ ਛੱਤ ਦੇ ਮਲਵੇ ਹੇਠੋਂ ਕੱਢਣ ਦਾ ਕੰਮ ਜਾਰੀ ਸੀ। 依然として牝牛の死体を屋根の残骸の下から引き出す作業が続いていました. ❐ਜਾਰੀ ਰਹਿਣਾ 続いたままでいる, 続く, 存続する, 連続する. ❐ਜਾਰੀ ਰੱਖਣਾ 続ける, 継続する, 持続する. **2** 実施中の, 機能している, 作用している. ❐ਜਾਰੀ ਕਰਨਾ 実施する. **3** 発せられた, 発行された, 発表された. ❐ਲੋੜੀਂਦੀਆਂ ਹਿਦਾਇਤਾਂ ਜਾਰੀ ਕਰ ਦਿੱਤੀਆਂ ਗਈਆਂ ਹਨ। 必要な指令は発せられています. **4** 現行の, 通用している, 流通している.

ਜਾਰੋ ਜਾਰ (जारो जार) /jāro jāra ジャーロー ジャール/ ▸ਜ਼ਾਰ ਜ਼ਾਰ *adv.* → ਜ਼ਾਰ ਜ਼ਾਰ

ਜਾਲ[1] (जाल) /jāla ジャール/ [Skt. जाल] *m.* **1** 網. **2**〖競技〗(テニスなどの)ネット. **3** 捜査網. **4** 罠.

ਜਾਲ[2] (जाल) /jāla ジャール/ [Arab. *ja`l*] *m.* 偽造, 捏造.

ਜਾਲ੍ਹਸਾਜ਼ (जाल्हसाज़) /jâlasāza ジャールサーズ/ [Pers.*-sāz*] *m.* **1** 偽造者. **2** 不正をする人. **3** 詐欺師.

ਜਾਲ੍ਹਸਾਜ਼ੀ (जाल्हसाज़ी) /jâlasāzī ジャールサーズィー/ [Pers.*-sāzī*] *f.* **1** 偽造. **2** 不正. **3** 詐欺.

ਜਾਲ੍ਹੀ (जाल्ही) /jâlī ジャーリー/ [Arab. *ja`lī*] *adj.* **1** 偽造された. **2** 偽の, 本物でない.

ਜਾਲਣਾ (जालणा) /jālaṇā ジャーラナー/ ▸ਜਾਲਨਾ *vt.* → ਜਾਲਨਾ

ਜਾਲੰਧਰ (जालंधर) /jālândara ジャーランダル/ ▸ਜਲੰਧਰ *m.* → ਜਲੰਧਰ

ਜਾਲਨਾ (जालना) /jālanā ジャールナー/ ▸ਜਾਲਣਾ [Skt. ज्वालयति] *vt.* **1** 燃やす, 焼く, 燃焼させる. (⇒ਸੜਾਉਣਾ) **2** 点火する, 火を点ける, 火を起こす. **3** 焦がす. **4** 燃え立たせる, あおる. **5** 火傷させる. **6** 焼いて灰にする. **7** くすぶらせる. **8** 嫉妬させる, 苛立たせる, 怒らせる.

ਜ਼ਾਲਮ (ज़ालम) /zālama ザーラム/ [Arab. *zālim*] *adj.* **1** 暴虐な, 専横な. **2** 冷酷な, 残酷な, 残忍な. **3** 無慈悲な. (⇒ਨਿਰਦਈ)

ਜ਼ਾਲਮਾਨਾ (ज़ालमाना) /zālamānā ザールマーナー/ [Arab. *zālimānā*] *adj.* **1** 横暴な, 専横な. **2** 残虐な, 冷酷な, 残忍な. **3** 無慈悲な. (⇒ਨਿਰਦਈ)

ਜਾਲਾ (जाला) /jālā ジャーラー/ [Skt. जाल] *m.* クモの巣.

ਜਾਲੀ (जाली) /jālī ジャーリー/ *f.* **1** 網細工. **2** 網織地.

ਜਾਲੀਦਾਰ (जालीदार) /jālīdāra ジャーリーダール/ *adj.* **1** 網細工の. **2** 網織地の.

ਜ਼ਾਵੀਆ (ज़ावीआ) /zāwīā ザーウィーアー/ [Arab. *zāviā*] *m.* 角度.

ਜਾੜ੍ਹ (जाड़्ह) /jâṛa ジャール/ *f.*〖身体〗臼歯.

ਜਾੜਾ (जाड़ा) /jāṛā ジャーラー/ [Skt. जाड्य] *m.* **1**〖暦〗冬, 寒季. **2** 寒さ, 寒冷, 寒気.

ਜਿ (जि) /ji ジ/ ▸ਜੁ *conj.* **1**《名詞節を作る》…ということ. (⇒ਕਿ) ❐ਤੂੰ ਕਿਹਾ ਸੀ ਜਿ ਪਰੀਖਿਆ ਅਗਲੇ ਮਹੀਨੇ ਹੋਏਗੀ। 試験が来月にあるとおまえは言った. **2**《従属節を導き出す》それは以下の通り. (⇒ਕਿ) **3** まさにその時. (⇒ਕਿ)

ਜਿਉਂ (जिउँ) /jiũ ジウン/ ▸ਜਿਓਂ *adv.* …ように.

ਜਿਉਣਾ (जिउणा) /jiuṇā ジウナー/ ▸ਜਿਊਂਣਾ, ਜਿਊਣਾ, ਜਿਓਣਾ, ਜੀਊਣਾ, ਜੀਣਾ *vi.* → ਜਿਊਂਣਾ

ਜਿਉਮੈਟਰੀ (जिउमैटरी) /jiumaiṭarī ジウマェートリー/ ▸ਜੁਮੈਟਰੀ *f.* → ਜਿਓਮੈਟਰੀ

ਜਿਊਂਣਾ (जिऊँणा) /jiũṇā ジウーンナー/ ▸ਜਿਉਣਾ, ਜਿਊਣਾ, ਜਿਓਣਾ, ਜੀਊਣਾ, ਜੀਣਾ [Skt. जीवति] *vi.* **1** 生きる. **2** 生き抜

く. **3** 生活する.

ਜਿਊਣਾ (**जिऊणा**) /jiūṇā ジウーナー/ ▸ਜਿਓਣਾ, ਜਿਊਂਣਾ, ਜਿਓਂਣਾ, ਜੀਊਣਾ, ਜੀਣਾ *vi.* → ਜਿਊਂਣਾ

ਜਿਊਂਦਾ (**जिऊँदा**) /jiū̃dā ジウーンダー/ [cf. ਜਿਊਂਣਾ] *adj.* **1** 生きている. **2** 生存している.

ਜਿਊਂਦਿਆਂ (**जिऊँदिआँ**) /jiū̃diā̃ ジウーンディアーン/ [cf. ਜਿਊਂਣਾ] *adv.* **1** 生きている間に. **2** 生存期間中に.

ਜਿਊਂਦੇ ਜੀ (**जिऊँदे जी**) /jiū̃de jī ジウーンデー ジー/ [cf. ਜਿਊਂਣਾ] *adv.* **1** 生きている間に. **2** 生存期間中に.

ਜਿਊਰਨਾ (**जिऊरना**) /jiūranā ジウールナー/ ▸ਜੀਊਰਨਾ, ਜੀਰਨਾ *vi.* **1** しみ出る. **2** しみ込む, 浸透する. **3** 浸る. **4** 漏れる. **5** 濾過される.

ਜਿਊਰੀ (**जिऊरी**) /jiūrī ジウーリー/ ▸ਜੂਰੀ [Eng. *jury*] *f.* 〖法〗陪審, 陪審員団.

ਜਿਊੜਾ (**जिऊड़ा**) /jiūṛā ジウーラー/ ▸ਜੀਊੜਾ, ਜੀਅਰਾ, ਜੀਅੜਾ, ਜੀੜਾ *m.* **1** 魂. **2** 心.

ਜਿਓਂ (**जिओं**) /jiõ ジオーン/ ▸ਜਿਉਂ *adv.* …のように.

ਜਿਓਣਾ (**जिओणा**) /jioṇā ジオーナー/ ▸ਜਿਉਣਾ, ਜਿਊਂਣਾ, ਜਿਊਣਾ, ਜੀਊਣਾ, ਜੀਣਾ *vi.* → ਜਿਊਂਣਾ

ਜਿਓਰ (**जिओर**) /jiora ジオール/ *f.* **1** 〖身体〗胎盤. **2** 〖身体〗胎児の皮膜.

ਜ਼ਿਆਦਤੀ (**ज़िआदती**) /ziādatī ズィアーダティー/ ▸ਜ਼ਾਸਤੀ [Pers. *ziyādatī*] *f.* **1** 多過ぎること, 過剰, 豊富. **2** 行き過ぎ, 度が過ぎること, 過度.

ਜ਼ਿਆਦਾ (**ज़िआदा**) /ziādā ズィアーダー/ [Arab. *zyāda*] *adj.* **1** 過剰の, 余分の, 過度の, 甚だしい. **2** より多い. **3** 豊富な, 随分な, かなりの, 相当な. **4** 多量の.
— *adv.* **1** 過剰に, 余分に, ひどく, 甚だしく. **2** より多く, さらに, もっと, ずっと, 一層. **3** 随分, かなり, 相当.

ਜ਼ਿਆਦਾ ਕਰ ਕੇ (**ज़िआदा कर के**) /ziādā kara ke ズィアーダー カル ケー/ [+ ਕਰ ਕੇ] *adv.* **1** たびたび, 何度も. **2** たいてい. **3** 多分. **4** 通常, ふつう, 一般的に. (⇒ਆਮ ਤੌਰ ਤੇ)

ਜ਼ਿਆਦਾਤਰ (**ज़िआदातर**) /ziādātara ズィアーダータル/ [+ Pers. *tar*] *adj.* **1** より多くの. **2** ほとんどの, 大方の, 大多数の, たいていの.
— *adv.* **1** ほとんど, 大半は, たいてい. **2** 通常, ふつう, 一般的に. (⇒ਆਮ ਤੌਰ ਤੇ)

ਜ਼ਿਆਨ (**ज़िआन**) /ziāna ズィアーン/ [Pers. *zyān*] *m.* 損失, 損害. (⇒ਨੁਕਸਾਨ)

ਜ਼ਿਆਫ਼ਤ (**ज़िआफ़त**) /ziāfata ズィアーファト/ [Pers. *ziyāfat*] *f.* **1** 饗宴, 宴会. **2** もてなし.

ਜ਼ਿਆਬਤੀਸ (**ज़िआबतीस**) /ziābatīsa ズィアーバティース/ ▸ਜ਼ਿਆਬੇਤੀਸ [Arab.] *f.* 〖医〗糖尿病.

ਜ਼ਿਆਬੇਤੀਸ (**ज़िआबेतीस**) /ziābetīsa ズィアーベーティース/ ▸ਜ਼ਿਆਬਤੀਸ *f.* → ਜ਼ਿਆਬਤੀਸ

ਜ਼ਿਆਰਤ (**ज़िआरत**) /ziārata ズィアーラト/ [Pers. *ziyārat*] *f.* **1** 〖イス〗霊廟を訪れること. **2** 巡礼.

ਜਿਸ (**जिस**) /jisa ジス/ [(Pkt. जस्स) Skt. यस्य, यत्] *pron.* 《関係代名詞 ਜੋ の単数・後置格または能格形》 ❒ਜਿਸ ਖੇਤ ਵਿੱਚ ਪਹਿਲਾਂ ਮੱਕੀ ਸੀ, ਉਸੇ ਵਿੱਚ ਅਸੀਂ ਕਣਕ ਬੀਜ ਰਹੇ ਹਾਂ। 以前トウモロコシがあった畑に, 私たちは小麦の種を蒔いています. ❒ਜਿਸ ਦਿਨ ਉਸ ਦਾ ਜਨਮ ਹੋਇਆ, ਉਸੇ ਦਿਨ ਉਸ ਦੇ ਚਾਚਾ ਜੇਲ੍ਹ ਵਿੱਚੋਂ ਰਿਹਾ ਹੋਕੇ ਘਰ ਆਏ ਸਨ। 彼が生まれた日に, 彼のおじさんは刑務所から釈放されて家に帰って来ました. ❒ਇਟਲੀ ਦੇ ਵੀਨਸ ਨਗਰ ਵਿੱਚ ਇੱਕ ਲੜਕਾ ਰਹਿੰਦਾ ਸੀ, ਜਿਸ ਦਾ ਨਾਂ ਮਾਰਕੋਪੋਲੋ ਸੀ। イタリアのヴェニス(ヴェネツィア)の町に, マルコポーロという名前の一人の少年が住んでいました. ❒ਜਿਸ ਨੇ ਲੀਚੀ ਖਾਧੀ ਹੈ, ਉਸ ਨੇ ਗਿਟਕ ਵੀ ਨਾਲ ਖਾ ਲਈ ਹੈ। ライチを食べた人は, 種も一緒に食べてしまっています. ❒ਇਹ ਉਹੋ ਕਾਜ਼ੀ ਪੀਰ ਮੁਹੰਮਦ ਸੀ, ਜਿਸ ਨੇ ਗੁਰੂ ਜੀ ਨੂੰ ਫ਼ਾਰਸੀ ਪੜ੍ਹਾਈ ਸੀ। この人は, グル・ジーにペルシア語を教えたムスリムの聖者でした. ❒ਜਿਸ ਕਿਸੇ ਨੂੰ …の人は誰も, …のものはどれも ❒ਜਿਸ ਕਿਸੇ ਨੂੰ ਆਖਿਆ, ਉਸ ਨੇ ਹੀ ਨਹੀਂ ਸੁਣਿਆ। 話した相手は, 誰一人として聞きませんでした.

ਜਿਸਤ (**जिसत**) /jisata ジスト/ ▸ਜਸਤ, ਜਸਤਾ [Skt. जसद] *f.* 〖金属〗亜鉛. (⇒ਜ਼ਿੰਕ)

ਜਿਸਤੀ (**जिसती**) /jisatī ジスティー/ [-ਈ] *adj.* 亜鉛の.

ਜਿਸਦਾ (**जिसदा**) /jisadā ジスダー/ ▸ਜਿਧਾ, ਜੀਹਦਾ [(Pkt. जस्स) Skt. यस्य, यत् + ਦਾ] *pron.* 《 ਜਿਸ ਦਾ の結合形. 関係代名詞 ਜੋ の属格形》

ਜਿਸਮ (**जिसम**) /jisama ジサム/ [Arab. *jism*] *m.* 体, 身体, 肉体. (⇒ਸਰੀਰ)

ਜਿਸਮਾਨੀ (**जिसमानी**) /jisamānī ジスマーニー/ [Arab. *jismānī*] *adj.* 体の, 身体の, 肉体の.

ਜਿਹਤ (**जिहत**) /jêta ジェート/ [Arab. *jahat*] *prep.* …のために, …の目的で. (⇒ਵਾਸਤੇ, ਲਈ)

ਜ਼ਿਹਨ (**ज़िहन**) /zêna ゼーン/ [Arab. *zehn*] *m.* **1** 知力, 機知, 才能. **2** 頭, 頭脳. **3** 精神. **4** 思考, 考慮. **5** 記憶, 記憶力. **6** 理解.

ਜਿਹਨਾਂ (**जिहनाँ**) /jênā̃ ジェーナーン/ ▸ਜਿਨਹਾਂ, ਜਿੰਨ੍ਹਾਂ, ਜਿਨ੍ਹਾਂ, ਜਿਨਾਂ, ਜੀਹਨਾਂ *pron.* → ਜਿਨ੍ਹਾਂ

ਜ਼ਿਹਨੀ (**ज़िहनी**) /zênī ゼーニー/ [Arab. *zehnī*] *adj.* **1** 心の, 精神の. **2** 思考の. **3** 知的な, 機知に富んだ.

ਜ਼ਿਹਨੀਅਤ (**ज़िहनीअत**) /zênīata ゼーニーアト/ [Pers.-*yat*] *f.* **1** 思い, 思考. **2** 考え, 考え方. **3** 気質, 気性. **4** 態度.

ਜਿਹਲਮ (**जिहलम**) /jêlama ジェーラム/ ▸ਜੇਹਲਮ *m.* **1** 〖河川〗ジェーラム川《パンジャーブ地方を流れる五河の一つ》. **2** 〖地名〗ジェーラム《パキスタンのパンジャーブ州の都市》.

ਜਿਹੜਾ (**जिहड़ा**) /jêṛā ジェーラー/ ▸ਜੇਹੜਾ *adj.* 《 ਕਿਹੜਾ に対応する関係形容詞》 ❒ਜਿਹੜਾ ਮੁੰਡਾ ਕੱਲ੍ਹ ਮਿਲਿਆ ਸੀ, ਉਹ ਮੇਰਾ ਜਮਾਤੀ ਸੀ। 昨日会った少年は, 私の同級生でした. ❒ਜਿਹੜੇ ਲੋਕ ਪੱਗ ਨਹੀਂ ਬੰਨ੍ਹਦੇ, ਉਹ ਸਿਰ ਤੇ ਰੁਮਾਲ ਬੰਨ੍ਹ ਲੈਂਦੇ ਹਨ। ターバンを巻いていない人たちは, 頭にハンカチを被って縛りつけます. ❒ਸਾਡੇ ਘਰ ਜਿਹੜੀ ਤਾਜ ਮਹੱਲ ਦੀ ਤਸਵੀਰ ਹੈ, ਉਹ ਤਾਜ ਮਹੱਲ ਆਗਰੇ ਵਿੱਚ ਹੈ। 私たちの家にその写真があるタージマハルは, アーグラーにあります.
— *pron.* 《 ਕਿਹੜਾ に対応する関係代名詞》 ❒ਜਿਹੜਾ ਬੋਲੇ, ਉਹੀਓ ਬੂਹਾ ਖੋਲ੍ਹੇ। 声を出す, その人がドアを開けるだろう.

ਜਿਹਾ (**जिहा**) /jīā | jihā ジアー | ジハー/ [(Apb. जइस) (Pkt. जइस्स) Skt. यादृश] *suff.* ਜਿਹਾ は, 先行する語と併せてさまざまな形容詞句や副詞句を作る. 語形変化は, 語幹の変わらない「アー」語尾の形容詞と同じ規則変化と, それとは少しだけ異なり, ਕਹਿਣਾ や ਰਹਿਣਾ の完了分詞の変化と同じ不規則変化のどちらも用いられる. 主格形

を示すと, 規則変化は, 男性・単数 ਜਿਹਾ , 男性・複数 ਜਿਹੇ , 女性・単数 ਜਿਹੀ , 女性・複数 ਜਿਹੀਆਂ . 不規則変化は, 男性・単数 ਜਿਹਾ , 男性・複数 ਜਹੇ , 女性・単数 ਜਹੀ , 女性・複数 ਜਹੀਆਂ . **1**《名詞や形容詞の後に付け, 全体として「類似」「比喩」「婉曲」などの意味を含む形容詞句を作る》…のような, …らしい, …と似ている, …と同様の, …と同じ, …っぽい, …じみた, …めいた, …もどきの, …げな. ❐ਬੁੱਢੇ ਕਿਸਾਨ ਨੇ ਆਪਣੀ ਕਮਜ਼ੋਰ ਜਿਹੀ ਅਵਾਜ਼ ਵਿੱਚ ਕਿਹਾ। 年老いた農夫はその弱々しげな声で言いました. **2**《名詞や形容詞の後に付け, 全体として「具体的な量を明示するのを避ける」意味を含む形容詞句・副詞句を作る》…ばかり(の), …くらい(の). ❐ਭੈਣ ਜੀ ਥੋੜ੍ਹਾ ਜਿਹਾ ਚੁੱਪ ਰਹੇ। お姉さんは少しばかり黙っていました. **3**《 ਤਿਹਾ とともに名詞や形容詞の前に付け, 対句を作る》…のような, …と同じく. (⇒ਜੈਸਾ) ❐ਜਿਹਾ ਪਿਓ ਤਿਹਾ ਪੁੱਤ। 父が父なら息子も息子〔諺〕〈蛙の子は蛙〉. ❐ਜਿਹਾ ਦੇਸ ਤਿਹਾ ਭੇਸ। 国の中ではその身なり〔諺〕〈郷に入っては郷に従え〉. **4**《例示した語の後に付く》例えば…のような. ❐ਦਿਵਾਲੀ, ਲੋਹੜੀ, ਹੋਲੀ ਅਤੇ ਈਦ ਜਿਹੇ ਕਈ ਤਿਉਹਾਰ ਸਾਰੇ ਦੇਸ ਵਿੱਚ ਮਨਾਏ ਜਾਂਦੇ ਹਨ। ディワーリー, ローリー, ホーリーそしてイードのようないくつもの祭りが国中で祝われています. **5**《 ਕਿਹਾ の変化形 ਕਿਹੋ の後に ਜਿਹਾ が続き ਕਿਹੋ ਜਿਹਾ の形で用い, 全体として「どのような」「どんな」「どのように」「どう」「いかが」などの意味を表す》. ❐ਤੁਹਾਡੀ ਨੂੰਹ ਕਿਹੋ ਜਿਹੀ ਹੈ? あなたの息子の妻はいかがですか. **6**《 ਇਹ の変化形 ਇਹੋ の後に ਜਿਹਾ が続き ਇਹੋ ਜਿਹਾ の形で用い, 全体として「このような」「こんな」「このように」「こう」などの意味を表す》. ❐ਇਹੋ ਜਿਹੀ ਮਿਸਾਲ ਭਾਰਤ ਦੇ ਇਤਿਹਾਸ ਵਿੱਚ ਹੋਰ ਕਿਤੇ ਵੀ ਨਹੀਂ ਮਿਲਦੀ। このような例はインドの歴史において他のどこにも見当たりません. **7**《 ਉਹ の変化形 ਉਹੋ の後に ਜਿਹਾ が続き ਉਹੋ ਜਿਹਾ の形で用い, 全体として「あのような」「そのような」「あんな」「そんな」「あのように」「そのように」などの意味を表す》. ❐ਉਹੋ ਜਿਹਾ ਦੁਖਾਂਤ ਕਦੇ ਨਹੀਂ ਸੀ ਦੇਖਿਆ। そのような悲しい結末を一度も見たことはありませんでした.

ਜਿਹੀ (जिही) /jīī | jihī ジイー | ジヒー/ *suff.* 《 ਜਿਹਾ の女性・単数形》 ❐ਜਿਹੀ ਤਿਹੀ ਕਰਨੀ 侮辱する, 罵る.

ਜਿਹੋ ਜਿਹਾ (जिहो जिहा) /jīo jīā | jiho jihā ジオー ジアー | ジホー ジハー/ *adj.* 《 ਕਿਹੋ ਜਿਹਾ に対応する関係形容詞. ਜਿਹਾ の語尾変化は, 接尾辞 ਜਿਹਾ の見出しの項に示してある》…のような, …と似ている. ❐ਪੰਜਾਬ ਦੀ ਰਾਜਨੀਤਕ ਅਵਸਥਾ ਲਗਭਗ ਇਹੋ ਜਿਹੀ ਸੀ, ਜਿਹੋ ਜਿਹੀ ਬਾਕੀ ਭਾਰਤ ਦੀ ਸੀ। パンジャーブの政治情勢は, インドの他の地方とほぼ似たようなものでした. ❐ਜਿਹੋ ਜਿਹਾ ਲੋਹਾ ਅਸੀਂ ਵਰਤਦੇ ਹਾਂ, ਉਹੋ ਜਿਹਾ ਖਾਣਾਂ ਵਿੱਚੋਂ ਨਹੀਂ ਨਿਕਲਦਾ। 私たちが使っているような鉄が, そのような形で鉱山から出てくるわけではありません.

— *adv.* 《 ਕਿਹੋ ਜਿਹਾ に対応する関係副詞》…のように, …の通りに. ❐ਜਿਹੋ ਜਿਹਾ ਉਸ ਨੇ ਆਖਿਆ ਸੀ, ਉਹੋ ਜਿਹਾ ਹੋ ਗਿਆ। 彼が言っていた通りになりました.

ਜ਼ਿੰਕ (ज़िंक) /ziṅka ズィンク/ [Eng. *zinc*] *m.* 〖金属〗亜鉛. (⇒ਜਿਸਤ)

ਜਿੱਕਣ (जिक्कण) /jikkaṇa ジッカン/ *adv.* 同様に.

ਜ਼ਿਕਰ (ज़िकर) /zikara ズィカル/ [Arab. *zikr*] *m.* **1** 述べること, 言及. **2** 話, 話題. **3** 叙述. **4** 暗唱.

ਜਿਕੁਰ (जिकुर) /jikura ジクル/ *adv.* 同様に.

ਜਿਗਰ (जिगर) /jigara ジガル/ [Pers. *jigar*] *m.* **1**〖身体〗肝臓. (⇒ਕਲੇਜਾ) **2** 心. (⇒ਦਿਲ) **3** 魂. (⇒ਜੀ, ਜਾਨ) **4** 勇気. (⇒ਦਲੇਰੀ, ਹਿੰਮਤ) **5** 恋人, 愛人, 最愛の人. (⇒ਮਸ਼ੂਕ)

ਜਿਗਰਾ (जिगरा) /jigarā ジグラー/ [Pers. *jigar*] *m.* **1** 勇気, 勇敢さ. (⇒ਹਿੰਮਤ) **2** 度胸, 大胆さ. (⇒ਹੌਸਲਾ) **3** 勇猛さ. (⇒ਦਲੇਰੀ) **4** 忍耐強さ.

ਜਿਗਰੀ (जिगरी) /jigarī ジグリー/ [Pers. *jigarī*] *adj.* **1** 肝臓の. **2** 心の通った, 親密な. **3** 親愛なる.

ਜਿਗਰੇ ਵਾਲਾ (जिगरे वाला) /jigare wālā ジグレー ワーラー/ [Pers. *jigar* -ਵਾਲਾ] *adj.* **1** 勇気のある, 勇敢な, 勇猛な. **2** 大胆な, 豪胆な. **3** 忍耐強い.

ਜਿਗਾ (जिगा) /jigā ジガー/ [Turk. *jiğ*] *f.* 〖装〗(王侯貴族の)羽毛飾り.

ਜਿਗਿਆਸਾ (जिगिआसा) /jigiāsā ジギアーサー/ ▸ਜਗਿਆਸਾ [Skt. जिज्ञासा] *f.* **1** 好奇心, 詮索心. **2** 探求心, 知識欲. **3** 探索. **4** 熱意.

ਜਿਗਿਆਸੂ (जिगिआसू) /jigiāsū ジギアースー/ ▸ਜਗਿਆਸੂ [Skt. जिज्ञासु] *adj.* **1** 好奇心旺盛な. **2** 探求心に満ちた, 知識欲に満ちた.

ਜਿੱਚ (जिच्च) /jicca ジッチ/ ▸ਜ਼ਿੱਚ [(Pkt. जिच्च) Skt. जिन] *adj.* **1** 困った. (⇒ਔਖ) **2** 悩んでいる. (⇒ਮਜਬੂਰ) **3** 苛々している.

ਜ਼ਿੱਚ (ज़िच्च) /zicca ズィッチ/ ▸ਜਿੱਚ *adj.* → ਜਿੱਚ

ਜਿਚਰ (जिचर) /jicara ジチャル/ [ਜਿ + Skt. चिर] *conj.* **1** …している間. **2**…している限り.

ਜਿੱਚੀ (जिच्ची) /jiccī ジッチー/ [(Pkt. जिच्च) Skt. जिन -ਈ] *f.* 困惑.

ਜਿੰਜਰ (जिंजर) /jiñjara ジンジャル/ [Eng. *ginger*] *f.* 〖植物〗ショウガ(生姜), ジンジャー. (⇒ਅਧਰਕ)

ਜਿਜੀ (जिजी) /jijī ジジー/ [(Jat.)] *m.* ネズミ, 鼠. (⇒ਚੂਹਾ)

ਜਿੱਜੀ (जिज्जी) /jijjī ジッジー/ *f.* 乾いた鼻汁.

ਜਿਠਾਣੀ (जिठाणी) /jiṭʰāṇī ジターニー/ ▸ਜਿਠਾਨੀ *f.* 〖親族〗夫の兄の妻.

ਜਿਠਾਨੀ (जिठानी) /jiṭʰānī ジターニー/ ▸ਜਿਠਾਣੀ *f.* → ਜਿਠਾਣੀ

ਜਿਠੇਰਾ (जिठेरा) /jiṭʰerā ジテーラー/ ▸ਜਠੇਰਾ *m.* **1**〖親族〗義兄. **2**〖親族〗父方の祖先.

ਜਿੱਡਾ (जिड्डा) /jiḍḍā ジッダー/ ▸ਜੇਡਾ *adj.* **1**…だけたくさんの. **2**…だけ大きな. **3**…だけ長い.

ਜਿੱਤ (जित्त) /jitta ジット/ ▸ਜੀਤ [cf. ਜਿੱਤਣਾ] *f.* **1** 勝利, 勝ち. ❐ਇਮਾਨਦਾਰੀ ਦੀ ਅੰਤ ਵਿੱਚ ਜਿੱਤ ਹੁੰਦੀ ਹੈ। 正直が結局勝利するものです. **2** 征服. **3** 成果を得ること, 成功.

ਜਿੱਤਣਾ (जित्तणा) /jittaṇā ジッタナー/ ▸ਜੀਤਣਾ [(Pkt. जित्त) Skt. जित] *vt.* **1** 勝つ, 勝利する, 勝ち取る, 獲得する, 手に入れる. (⇔ਹਾਰਨਾ) **2** 打ち負かす, 征服する, 克服する, 乗り越える.

— *vi.* **1** 勝つ, 勝利を収める. (⇔ਹਾਰਨਾ) **2** 成功する.

ਜਿਤਨਾ (जितना) /jitanā ジトナー/ ▸ਜਿੰਨਾ *adj.adv.* → ਜਿੰਨਾ

ਜਿਤਵਾਉਣਾ (जितवाउणा) /jitawāuṇā ジトワーウナー/ ▸

ਜਿਤਾਉਣਾ [cf. ਜਿੱਤਣਾ] *vt.* **1** 勝たせる, 勝ち取らせる. **2** 征服させる. **3** 成功させる.
ਜਿਤਾਉਣਾ (जिताउणा) /jitāuṇā ジターウナー/ ▸ਜਿਤਵਾਉਣਾ *vt.* → ਜਿਤਵਾਉਣਾ
ਜਿਤਾਊ (जिताऊ) /jitāū ジターウー/ [cf. ਜਿੱਤਣਾ] *adj.* 勝たせるような, 勝利に導く.
ਜਿੱਥੇ (जित्थे) /jittʰe ジッテー/ [(Pkt. जत्थ) Skt. यत्र] *adv.* 《「場所」を表わす関係副詞》…の場所で, …の所で, …の所に, (場所を表す名詞を修飾して)…する…, …である…. ❐ਜਿੱਥੇ ਅਸੀਂ ਰਹਿੰਦੇ ਹਾਂ, ਉੱਥੇ ਸਾਡਾ ਕੋਈ ਜਾਣਨ ਵਾਲਾ ਨਹੀਂ ਹੈ। 私たちが住んでいる所には, 私たちの知人は誰もいません. ❐ਉਹ ਸਟੇਸ਼ਨ ਆ ਗਿਆ, ਜਿੱਥੇ ਅਸੀਂ ਉਤਰਨਾ ਸੀ। 私たちが降りる駅に着きました. ❐ਜਿੱਥੇ ਕਿਤੇ …の所はどこでも, どこで…しても. ❐ਜਿੱਥੇ ਕਿਤੇ ਲਾਲਾ ਮਿਲ ਜਾਂਦਾ ਹੈ, ਤੈਨੂੰ ਪੁਛਦਾ ਹੈ। 坊やはどこで会っても, おまえに尋ねます.
ਜਿਥੋਂ (जिथों) /jitʰõ ジトーン/ ▸ਜਿੱਥੋਂ *adv.* → ਜਿੱਥੋਂ
ਜਿੱਥੋਂ (जित्थों) /jittʰõ ジットーン/ ▸ਜਿਥੋਂ *adv.* 《「場所」を表わす関係副詞. ਜਿੱਥੇ ਤੋਂ の融合形》…の場所から, …の所から. ❐ਜਿੱਥੋਂ ਤੀਕ …の範囲まで, …の限り
ਜਿੰਦ (जिंद) /jinda ジンド/ [Pers. *zinda*] *f.* **1** 命, 生命. (⇒ਜਾਨ, ਪਰਾਣ) **2** 魂. **3** 生活. (⇒ਜੀਵਨ) **4** 人生.
ਜ਼ਿਦ (ज़िद) /zida ズィド/ ▸ਜ਼ਿੱਦ [Arab. *zidd*] *f.* **1** 頑固, 意固地, 片意地. (⇒ਹਠ, ਜਿੱਡਾ) **2** 強情, 言い張ること.
ਜ਼ਿੱਦ (ज़िद्द) /zidda ズィッド/ ▸ਜ਼ਿਦ *f.* → ਜ਼ਿਦ
ਜ਼ਿੰਦਗੀ (ज़िंदगी) /zindagī ズィンダギー/ [Pers. *zindagī*] *f.* **1** 命, 生命. **2** 生活, 暮らし. **3** 人生. **4** 生涯, 一生. **5** 寿命. **6** 生きていること, 存命.
ਜਿੰਦਜਾਨ (जिंदजान) /jindajāna ジンドジャーン/ [Pers. *zinda* + Pers. *jān*] *f.* **1** とても愛しいもの, 最愛のもの. **2** 魂, 精魂. **3** 活力.
ਜਿੱਦਣ (जिद्दण) /jiddaṇa ジッダン/ *adv.* 《「日」を表わす関係副詞. ਜਿਸ ਦਿਨ の融合形》…の日に.
ਜ਼ਿਦਣਾ (ज़िदणा) /zidaṇā ズィダナー/ [Arab. *zidd*] *vi.* **1** 固執する, 意地を張る. **2** 張り合う, 対抗する, 競う, 競争する. **3** 言い張る, 論争する.
ਜਿੰਦਰਾ (जिंदरा) /jindarā ジンドラー/ ▸ਜੰਦਰਾ, ਜੰਦ੍ਰਾ, ਜੰਦਾ, ਜਿੰਦਾ [Skt. यन्त्र] *m.* → ਜੰਦਰਾ
ਜ਼ਿੱਦਲ (ज़िद्दल) /ziddala ズィッダル/ [Arab. *zidd*] *adj.* **1** 頑固な, 意地っ張りの. **2** 強情な.
ਜਿੰਦੜੀ (जिंदड़ी) /jindaṛī ジンダリー/ *f.* **1** 生命. **2** 魂.
ਜਿੰਦਾ (जिंदा) /jindā ジンダー/ ▸ਜੰਦਰਾ, ਜੰਦ੍ਰਾ, ਜੰਦਾ, ਜਿੰਦਰਾ *m.* → ਜੰਦਰਾ
ਜ਼ਿੰਦਾ (ज़िंदा) /zindā ズィンダー/ [Pers. *zinda*] *adj.* **1** 生きている. **2** 活動している, 活発な.
ਜਿੱਦਾਂ (जिद्दाँ) /jiddā̃ ジッダーン/ *adv.* 《関係副詞》…のように. (⇒ਜਿਵੇਂ)
ਜ਼ਿੰਦਾ ਦਿਲ (ज़िंदा दिल) /zindā dila ズィンダー ディル/ [Pers. *zinda* + Pers. *dil*] *adj.* **1** 元気な, 活発な. **2** 朗らかな, 陽気な.
ਜ਼ਿੰਦਾਬਾਦ (ज़िंदाबाद) /zindābāda ズィンダーバード/ [Pers.-*bād*] *int.* 永遠であれ, 万歳.
ਜ਼ਿੱਦੀ (ज़िद्दी) /ziddī ズィッディー/ [Pers. *ziddī*] *adj.* 頑固な, 意地っ張りの, 強情な. (⇒ਹਿੰਡੀ)
ਜਿੱਧਰ (जिद्धर) /jîddara ジッダル/ *adv.* 《「方向」を表わす関係副詞》…の方に, …の方向に. ❐ਕਿਰਪਾ ਕਰ ਕੇ ਮੇਰੇ ਪੈਰ ਉੱਧਰ ਕਰ ਦਿਓ, ਜਿੱਧਰ ਰੱਬ ਨਹੀਂ ਵੱਸਦਾ। どうか神が居ない方向に, 私の足を向けてください.
ਜਿੱਧਰ ਵੀ (जिद्धर वी) /jîddara wī ジッダル ウィー/ *adv.* 《「方向」を表わす関係副詞》どの…の方にでも.
ਜਿਧਰੋਂ (जिधरों) /jîdarõ ジドローン/ *adv.* 《「方向」を表わす関係副詞. ਜਿੱਧਰ ਤੋਂ の融合形》…の方から, …の方に. ❐ਜਿਧਰੋਂ ਤੁਸੀਂ ਆ ਰਹੇ ਹੋ, ਉੱਧਰ ਅਸੀਂ ਜਾ ਰਹੇ ਹਨ। あなたが来た方に, 私たちは行くところです.
ਜਿਧਰੋਂ ਵੀ (जिधरों वी) /jîdarõ wī ジドローン ウィー/ *adv.* 《「方向」を表わす関係副詞》どの…の方からでも, どの…の方にも.
ਜਿਧਾ (जिधा) /jîdā ジダー/ ▸ਜਿਸਦਾ, ਜੀਹਦਾ [(Pkt. जस्स) Skt. यस्य, थत् + धा] *adj.* 《関係代名詞 ਜੋ の属格形. ਜਿਸ ਦਾ の融合形》
ਜਿੰਨ (जिंन) /jinna ジンヌ/ [Arab. *jinn*] *m.* **1** 幽霊. **2** 亡霊. **3** 悪霊.
ਜਿਨਸ (जिनस) /jinasa ジンス/ [Arab. *jins*] *f.* **1** 種類, 品種. (⇒ਕਿਸਮ, ਪਰਕਾਰ) **2** 種族. **3** 分類. **4** 性. (⇒ਲਿੰਗ) **5** 穀物, 農産物. (⇒ਅਨਾਜ) **6** 品物, 物品, 商品, 物資. (⇒ਚੀਜ਼, ਮਾਲ)
ਜਿਨਸੀ (जिनसी) /jinasī ジンスィー/ [-ਈ] *adj.* **1** 〘生物〙遺伝子の. **2** 性に関する.
ਜਿੰਨ੍ਹਾਂ (जिन्हाँ) /jînnā̃ ジンナーン/ ▸ਜਿਹਨਾਂ, ਜਿਨ੍ਹਾਂ, ਜਿਨਹਾਂ, ਜਿਨਾਂ, ਜੀਹਨਾਂ *pron.* → ਜਿਨ੍ਹਾਂ
ਜਿਨਹਾਂ (जिनहाँ) /jînā̃ ジナーン/ ▸ਜਿਹਨਾਂ, ਜਿੰਨ੍ਹਾਂ, ਜਿਨ੍ਹਾਂ, ਜਿਨਾਂ, ਜੀਹਨਾਂ [(Mul.)] *pron.* → ਜਿਨ੍ਹਾਂ
ਜਿਨ੍ਹਾਂ (जिन्हाँ) /jînā̃ ジナーン/ ▸ਜਿਹਨਾਂ, ਜਿੰਨ੍ਹਾਂ, ਜਿਨਹਾਂ, ਜਿਨਾਂ, ਜੀਹਨਾਂ *pron.* 《関係代名詞 ਜੋ の複数・後置格または能格形》 ❐ਉਹ ਆਦਮੀ ਉਹਨਾਂ ਦੋ ਰੁੱਖਾਂ ਕੋਲ ਗਿਆ, ਜਿਨ੍ਹਾਂ ਨੇ ਉਸ ਨੂੰ ਦਸਤਾ ਦੇਣ ਤੋਂ ਨਾਂਹ ਕਰ ਦਿੱਤੀ ਸੀ। その男は, 自分に斧の柄にする木材を与えるのを拒否した二本の木の所に行きました.
ਜਿਨ੍ਹੀ (जिन्ही) /jînī ジニー/ ▸ਜਿਨੀ *pron.* 《関係代名詞 ਜੋ の複数・能格形 ਜਿਨ੍ਹਾਂ と後置詞 ਨੇ の融合形》
ਜਿਨ੍ਹੇ (जिन्हे) /jîne ジネー/ *pron.* 《関係代名詞 ਜੋ の単数・能格形 ਜਿਸ と後置詞 ਨੇ の融合形》
ਜਿਨਾਂ (जिनाँ) /jinā̃ ジナーン/ ▸ਜਿਹਨਾਂ, ਜਿੰਨ੍ਹਾਂ, ਜਿਨਹਾਂ, ਜਿਨ੍ਹਾਂ, ਜੀਹਨਾਂ *pron.* → ਜਿਨ੍ਹਾਂ
ਜਿੰਨਾ (जिंना) /jinnā ジンナー/ ▸ਜਿਤਨਾ [(Pkt. जित्तिअ) Skt. यावत्] *adj.* 《「程度」「量」を表わす関係形容詞》…くらいの, …ほどの, …分の, …だけの. ❐ਪਰ ਜਿੰਨਾ ਕੰਮ ਜਵਾਨੀ ਵੇਲੇ ਕਰਦਾ ਹੁੰਦਾ ਸਾਂ, ਓਨਾ ਹੁਣ ਨਹੀਂ ਹੁੰਦਾ। しかし若い頃していたほどの仕事が, 今はできません. ❐ਤੁਸੀਂ ਜਿੰਨਾ ਕੰਮ ਕਰੋਗੇ, ਓਨਾ ਕਮਾਓਗੇ। あなたは仕事をした分の収入を得るでしょう. ❐ਜਿੰਨਾ ਜ਼ੋਰ ਹੈ, ਓਨਾ ਲਾ ਲਓ। ありったけの力を出しなさい.
— *adv.* 《「程度」「量」を表わす関係副詞》…くらい, …ほど, …の分, …だけ.
ਜਿਨੀ (जिनी) /jinī ジニー/ ▸ਜਿਨ੍ਹੀ *pron.* → ਜਿਨ੍ਹੀ
ਜ਼ਿਬਹ (ज़िबह) /zîbā ズィバー/ ▸ਜ਼ਿਬ੍ਹਾ *m.* → ਜ਼ਿਬ੍ਹਾ
ਜ਼ਿਬਹਖ਼ਾਨਾ (ज़िबहख़ाना) /zîbāxānā ズィバーカーナー/ ▸ਜ਼ਿਬ੍ਹਾਖ਼ਾਨਾ *m.* → ਜ਼ਿਬ੍ਹਾਖ਼ਾਨਾ
ਜ਼ਿਬ੍ਹਾ (ज़िब्हा) /zîbā ズィバー/ ▸ਜ਼ਿਬਹ [Arab. *zabh*] *m.*

屠殺.

ਜ਼ਿਬ੍ਹਾਖ਼ਾਨਾ (ज़िब्हाख़ाना) /zîbāxānā ズィバーカーナー/ ▸ਜ਼ਿਬਹਖ਼ਾਨਾ [+ Pers. *xāna*] *m.* 屠殺場.

ਜਿਮਨਾਸਟਕ (जिमनासटक) /jimanāsaṭaka ジムナースタク/ ▸ਜਮਨਾਸਟਕ, ਜਮਨਾਸਟਿਕ, ਜਿਮਨਾਸਟਿਕ [Eng. *gymnastics*] *m.* 〖競技〗体操, 体操競技.

ਜਿਮਨਾਸਟਿਕ (जिमनासटिक) /jimanāsaṭika ジムナースティク/ ▸ਜਮਨਾਸਟਕ, ਜਮਨਾਸਟਿਕ, ਜਿਮਨਾਸਟਕ *m.* → ਜਿਮਨਾਸਟਕ

ਜ਼ਿਮਨੀ (ज़िमनी) /zimanī ズィムニー/ [Arab. *zimn* -ਈ] *f.* 犯罪情報.

ਜਿੰਮਾ (जिंमा) /jimmā ジンマー/ ▸ਜ਼ਿੰਮਾ, ਜ਼ਿੱਮਾ, ਜੁੰਮਾ, ਜ਼ੁੰਮਾ, ਜੁੱਮਾ *m.* → ਜ਼ਿੰਮਾ

ਜ਼ਿੰਮਾ (ज़िंमा) /zimmā ズィンマー/ ▸ਜਿੰਮਾ, ਜ਼ਿੱਮਾ, ਜੁੰਮਾ, ਜ਼ੁੰਮਾ, ਜੁੱਮਾ [Arab. *zimma*] *m.* **1** 責任. **2** 義務. **3** 信用.

ਜ਼ਿੱਮਾ (ज़िम्मा) /zimmā ズィンマー/ ▸ਜਿੰਮਾ, ਜ਼ਿੰਮਾ, ਜੁੰਮਾ, ਜ਼ੁੰਮਾ, ਜੁੱਮਾ *m.* → ਜ਼ਿੰਮਾ

ਜਿਮੀਂ (जिमीं) /jimī̃ ジミーン/ ▸ਜ਼ਮੀਨ, ਜ਼ਿਮੀਂ, ਜ਼ਿਮੀ, ਜਿਮੀਨ, ਜੀਵੀਂ *f.* → ਜ਼ਮੀਨ

ਜ਼ਿਮੀਂ (ज़िमीं) /zimī̃ ズィミーン/ ▸ਜ਼ਮੀਨ, ਜਿਮੀਂ, ਜ਼ਿਮੀ, ਜਿਮੀਨ, ਜੀਵੀਂ *f.* → ਜ਼ਮੀਨ

ਜ਼ਿਮੀ (ज़िमी) /zimī ズィミー/ ▸ਜ਼ਮੀਨ, ਜਿਮੀਂ, ਜ਼ਿਮੀਂ, ਜਿਮੀਨ, ਜੀਵੀਂ *f.* → ਜ਼ਮੀਨ

ਜਿਮੀਂਕੰਦ (जिमींकंद) /jimī̃kanda ジミーンカンド/ [Pers. *zamīnkand*] *f.* 〖植物〗ヤマノイモ, ヤマイモ(山芋)《ヤマノイモ科の根菜》.

ਜਿਮੀਂਦਾਰ (जिमींदार) /jimī̃dāra ジミーンダール/ ▸ਜ਼ਮੀਂਦਾਰ, ਜ਼ਿਮੀਂਦਾਰ *m.* → ਜ਼ਿਮੀਂਦਾਰ

ਜ਼ਿਮੀਂਦਾਰ (ज़िमींदार) /zimī̃dāra ズィミーンダール/ ▸ਜ਼ਮੀਂਦਾਰ, ਜਿਮੀਂਦਾਰ [Pers. *zamīn* Pers.-*dār*] *m.* **1** 地主. **2** 土地所有者. **3** 自営農民.

ਜ਼ਿਮੀਂਦਾਰਾ (ज़िमींदारा) /zimī̃dārā ズィミーンダーラー/ [Pers.-*dār*] *adj.* 農業の, 耕作の.

ਜ਼ਿਮੀਂਦਾਰੀ (ज़िमींदारी) /zimī̃dārī ズィミーンダーリー/ [Pers.-*dārī*] *f.* **1** 地主制度. **2** 地主の所有地.

ਜਿਮੀਨ (जिमीन) /jimīna ジミーン/ ▸ਜ਼ਮੀਨ, ਜਿਮੀਂ, ਜ਼ਿਮੀਂ, ਜ਼ਿਮੀ, ਜੀਵੀਂ *f.* → ਜ਼ਮੀਨ

ਜਿੰਮੇਦਾਰ (जिंमेदार) /jimmedāra ジンメーダール/ [Arab. *zimma* Pers.-*dār*] *adj.* **1** 責任のある, 責任を負う. **2** 責任感の強い, 信頼できる.

ਜ਼ਿੰਮੇਵਾਰ (ज़िंमेवार) /zimmewāra ズィンメーワール/ ▸ਜ਼ੁੰਮੇਵਾਰ *adj.* → ਜ਼ੁੰਮੇਵਾਰ

ਜ਼ਿੰਮੇਵਾਰੀ (ज़िंमेवारी) /zimmewārī ズィンメーワーリー/ ▸ਜ਼ੁੰਮੇਵਾਰੀ *f.* → ਜ਼ੁੰਮੇਵਾਰੀ

ਜਿਰ੍ਹਾ (जिर्हा) /jîrā ジラー/ ▸ਜਿਰਹ [Arab. *jirh*] *f.* **1** 詰問, 追及. **2** 尋問, 反対尋問. **3** 議論. **4** 異論.

ਜ਼ਿਰ੍ਹਾਬਕਤਰ (ज़िर्हाबकतर) /zîrābakatara ジラーバクタル/ [Pers. *zirah* + Pers. *baktar*] *m.* 〖武〗鎧, 鎖帷子.

ਜਿਰਗਾ (जिरगा) /jiragā ジルガー/ [Pers. *jargā*] *m.* **1** 集団, グループ, 群れ. **2** 〖政治〗長老会議, 部族議会. **3** ジルガ《パターン(パシュトゥーン)人の部族議会》.

ਜਿਰਮ (जिरम) /jirama ジルム/ ▸ਜਰਮ *m.* → ਜਰਮ[1]

ਜਿੱਲ੍ਹ (जिल्ह) /jîlla ジッル/ *f.* **1** 動きの鈍さ, 緩慢. **2** 怠惰. (⇒ਸੁਸਤੀ, ਢਿੱਲ)

ਜਿਲ੍ਹਣ (जिल्हण) /jîlaṇa ジラン/ *f.* 〖地理〗沼地, 沼沢地, 湿地.

ਜ਼ਿਲ੍ਹਾ (ज़िल्हा) /zîlā ズィラー/ ▸ਜ਼ਿਲਾ [Arab. *zila`*] *m.* (国の行政区分としての)地方, 地区, 県《州の次の区分としての行政上・徴税上の単位. 県に相当する》. (⇒ਡਿਸਟਰਿਕਟ)

ਜਿੱਲ੍ਹਾ (जिल्ल्हा) /jîllā ジッラー/ *adj.* **1** 動きの鈍い, 緩慢な. **2** 怠惰な, 不精な.

ਜਿਲਤ (जिलत) /jilata ジルト/ ▸ਜਿਲਦ *f.* → ਜਿਲਦ

ਜ਼ਿੱਲਤ (ज़िल्लत) /zillata ズィッラト/ [Arab. *zillat*] *f.* **1** 不名誉, 不面目. **2** 侮辱.

ਜਿਲਦ (जिलद) /jilada ジルド/ ▸ਜਿਲਤ [Arab. *jild*] *f.* **1** 〖身体〗皮膚. **2** 〖植物〗(木の)皮. **3** (本の)表紙. **4** (本の)一巻.

ਜਿਲਦਸਾਜ਼ (जिलदसाज़) /jiladasāza ジルドサーズ/ [Pers.-*sāz*] *m.* **1** 製本工, 製本屋. **2** 本の装丁者.

ਜਿਲਦਸਾਜ਼ੀ (जिलदसाज़ी) /jiladasāzī ジルドサーズィー/ [Pers.-*sāzī*] *f.* **1** 製本, 製本術. **2** 本の装丁.

ਜਿਲਬ (जिलब) /jilaba ジルブ/ *f.* **1** 粘着物質. **2** 腐植質. **3** 腐敗した沈殿物.

ਜ਼ਿਲਾ (ज़िला) /zilā ズィラー/ ▸ਜ਼ਿਲ੍ਹਾ *m.* → ਜ਼ਿਲ੍ਹਾ

ਜ਼ਿਲੇਦਾਰ (ज़िलेदार) /ziledāra ズィレーダール/ [Arab. *zila`* Pers.-*dār*] *m.* 県収税官吏, 小作人から地代を徴収する代理人, 差配.

ਜਿਵਾਉਣਾ[1] (जिवाउणा) /jiwāuṇā ジワーウナー/ ▸ਜਿਵਾਲਣਾ, ਜੁਆਉਣਾ [cf. ਜਿਉਣਾ] *vt.* **1** 生かす, 生命を与える. **2** 生き返らせる. **3** 生気を与える, 元気づける, 活気づける.

ਜਿਵਾਉਣਾ[2] (जिवाउणा) /jiwāuṇā ジワーウナー/ ▸ਜੀਮਾਉਣਾ *vt.* → ਜੀਮਾਉਣਾ

ਜਿਵਾਲਣਾ (जिवालणा) /jiwālaṇā ジワールナー/ ▸ਜਿਵਾਉਣਾ, ਜੁਆਉਣਾ *vt.* → ਜਿਵਾਉਣਾ[1]

ਜਿਵੇਂ (जिवें) /jiwẽ ジウェーン/ *adv.* 《 ਕਿਵੇਂ に対応する関係副詞. ਜਿਸ の短縮形の ਜਿ と ਇਵੇਂ の融合形》…のように. (⇒ਜਿੱਦਾਂ) ❒ਜਿਵੇਂ ਤੁਸੀਂ ਚੰਗਾ ਸਮਝਦੇ ਹੋ, ਤਿਵੇਂ ਕਰੋ। あなたが良いと思うようにしなさい.

ਜੀ[1] (जी) /jī ジー/ *suff.* **1** …さん, …氏, …殿, …様《名詞の後に付けて敬意を表わす言葉》. **2** 《返事の言葉の後に付けて, ਹਾਂ ਜੀ, ਆਹੋ ਜੀ「はい」, ਨਹੀਂ ਜੀ「いいえ」など肯定または否定の丁寧な返事を形成する》.

— *adv.* **1** 《2人称代名詞 ਤੁਸੀਂ に対応する命令形で, 敬意を込めた丁寧な呼びかけの表現にするため動詞の後に加える》. ❒ਸੁਣੋ ਜੀ। 聞いてください. ❒ਆਓ ਜੀ, ਅੱਗੇ ਆਓ। いらっしゃい, どうぞこちらへ. ❒ਤਸ਼ਰੀਫ਼ ਰੱਖੋ ਜੀ। どうぞお座りください. **2** 《挨拶などで, 敬意を込めた丁寧な表現にするために用いる》. ❒ਚੰਗਾ ਜੀ, ਫੇਰ ਮਿਲਾਂਗੇ। では, また会いましょう. ❒ਨਮਸਤੇ ਜੀ। こんにちは. ❒ਤੁਹਾਡਾ ਕੀ ਹਾਲ ਹੈ ਜੀ? ごきげんいかがですか.

— *int.* はい《 ਹਾਂ ਜੀ の ਹਾਂ が省略された丁寧な肯定の返事》.

ਜੀ[2] (जी) /jī ジー/ ▸ਜੀਅ *m.* → ਜੀਅ

ਜੀਉ (जीउ) /jīo | jīu ジーオー | ジーウ/ ▸ਜੀਵ *m.* → ਜੀਵ

ਜੀਉਣਾ (जीऊणा) /jīūṇā ジーウーナー/ ▸ਜਿਉਣਾ, ਜਿਊਂਣਾ,

ਜਿਊਣਾ, ਜਿਓਣਾ, ਜੀਣਾ *vi.* → ਜਿਊਂਣਾ
ਜੀਊਰਨਾ (जीऊरना) /jīūṛạnā ジーウールナー/ ▸ਜਿਊਰਨਾ, ਜੀਰਨਾ *vi.* → ਜਿਊਰਨਾ
ਜੀਊੜਾ (जीऊड़ा) /jīūṛā ジーウーラー/ ▸ਜਿਊੜਾ, ਜੀਅਰਾ, ਜੀਅੜਾ, ਜੀੜਾ *m.* → ਜਿਊੜਾ
ਜੀਅ (जीअ) /jīa ジーア/ ▸ਜੀ [(Pkt. जीअ) Skt. जीव] *m.* **1** 心. ❐ਜੀਅ ਕਰਨਾ 望む, 欲する, …したいと思う. ❐ ਮੇਰਾ ਕੁਲਫ਼ੀ ਖਾਣ ਨੂੰ ਜੀਅ ਕੀਤਾ। 私はアイスクリームを食べたいと思いました. **2** 魂. **3** 個人. **4** 意向. **5** 傾向. **6** 気分.
ਜੀਅਜੰਤ (जीअजंत) /jīajantạ ジーアジャント/ ▸ਜੀਆਜੰਤ, ਜੀਵਜੰਤੁ [Skt. जीव + Skt. जन्तु] *m.* **1** 生き物, 生物. **2** 家族の者たち.
ਜੀਅਰਾ (जीअरा) /jīarā ジーアラー/ ▸ਜਿਊੜਾ, ਜੀਊੜਾ, ਜੀਅੜਾ, ਜੀੜਾ *m.* → ਜਿਊੜਾ
ਜੀਅੜਾ (जीअड़ा) /jīaṛā ジーアラー/ ▸ਜਿਊੜਾ, ਜੀਊੜਾ, ਜੀਅਰਾ, ਜੀੜਾ *m.* → ਜਿਊੜਾ
ਜੀ ਆਇਆਂ ਨੂੰ (जी आइआँ नूँ) /jī āiā̃ nū̃ ジー アーイアーン ヌーン/ *int.* ようこそ, いらっしゃい《歓迎の言葉》.
— *m.* 歓迎, 歓待, 歓迎の挨拶, 歓迎の言葉. (⇒ਸੁਆਗਤ)
ਜੀਆਘਾਤ (जीआघात) /jīākằtạ ジーアーカート/ [(Pkt. जीअ) Skt. जीव + Skt. घात] *m.* 殺生, 殺害. (⇒ਜੀਵ-ਹੱਤਿਆ)
ਜੀਆਜੰਤ (जीआजंत) /jīājantạ ジーアージャント/ ▸ਜੀਅਜੰਤ, ਜੀਵਜੰਤੁ *m.* → ਜੀਅਜੰਤ
ਜੀ ਸਦਕੇ (जी सदके) /jī sadạke ジー サドケー/ *adv.* **1** 必ず, ぜひとも. **2** どういたしまして.
ਜੀ-ਹਜ਼ੂਰੀ (जी-हज़ूरी) /jī-hazūrī ジー・ハズーリー/ *f.* **1** 従属, 服従, 従順. **2** 愛想のよさ. **3** 何でもはいはいと聞くこと. **4** 追従. **5** おべっか, へつらい.
ਜੀ-ਹਜ਼ੂਰੀਆ (जी-हज़ूरीआ) /jī-hazūrīā ジー・ハズーリーアー/ *adj.* **1** 従順な, 忠実に従う, 追従する. **2** 愛想のよい. **3** 何でもはいはいと聞く. **4** おべっか使いの, へつらう.
— *m.* **1** 追従者. **2** 何でもはいはいと聞く人. **3** おべっか使い, へつらう人.
ਜੀਹਦਾ (जीहदा) /jı̂̄dā ジーダー/ ▸ਜਿਸਦਾ, ਜਿਧਾ [(Pkt. जस्स) Skt. यस्य, थत् + दा] *pron.* 《関係代名詞 ਜੋ の属格形. ਜਿਸ ਦਾ の融合形》
ਜੀਹਨਾਂ (जीहनाँ) /jı̂̄nā̃ ジーナーン/ ▸ਜਿਹਨਾਂ, ਜਿਨਹਾਂ, ਜਿੰਨ੍ਹਾਂ, ਜਿਨ੍ਹਾਂ, ਜਿਨਾਂ *pron.* → ਜਿਨ੍ਹਾਂ
ਜੀਜਾ (जीजा) /jījā ジージャー/ *m.* 〖親族〗義兄《姉の夫》.
ਜੀਣਾ (जीणा) /jīṇā ジーナー/ ▸ਜਿਉਣਾ, ਜਿਊਂਣਾ, ਜਿਊਣਾ, ਜਿਓਣਾ, ਜੀਊਣਾ *vi.* → ਜਿਊਂਣਾ
ਜੀਤ (जीत) /jītạ ジート/ ▸ਜਿੱਤ *f.* → ਜਿੱਤ
ਜੀਤਨਾ (जीतना) /jītạnā ジートナー/ ▸ਜਿੱਤਣਾ *vt.* → ਜਿੱਤਣਾ
ਜੀਨ[1] (जीन) /jīnạ ジーン/ [Eng. *jean*] *f.* 〖布地〗綾織綿布.
ਜੀਨ[2] (जीन) /jīnạ ジーン/ [Eng. *gene*] *f.* 〖生物〗遺伝子.
ਜ਼ੀਨ (ज़ीन) /zīnạ ズィーン/ [Pers. *zīn*] *f.* 〖道具〗鞍.
ਜੀਨਸ (जीनस) /jīnạsạ ジーンス/ [Eng. *jeans*] *f.* 〖衣服〗ジーンズ.
ਜ਼ੀਨਸਾਜ਼ (ज़ीनसाज़) /zīnạsāzạ ズィーンサーズ/ [Pers. *zīn* Pers.*-sāz*] *m.* 鞍作り職人, 馬具職人.
ਜ਼ੀਨਸਾਜ਼ੀ (ज़ीनसाज़ी) /zīnạsāzī ズィーンサーズィー/ [Pers.*-sāzī*] *f.* 鞍作り, 馬具製造.
ਜ਼ੀਨਾ (ज़ीना) /zīnā ズィーナー/ [Pers. *zīna*] *m.* **1** 梯子. (⇒ਪੌੜੀ) **2** 〖建築〗階段. (⇒ਸੀੜ੍ਹੀ)
ਜੀਪ (जीप) /jīpạ ジープ/ [Eng. *jeep*] *f.* 〖乗物〗ジープ, 四輪駆動の小型自動車.
ਜੀ ਪੀ ਓ (जी पी ओ) /jī pī o ジー ピー オー/ [Eng. *GPO (General Post Office)*] *m.* 中央郵便局.
ਜੀਭ (जीभ) /jı̂̄bạ ジーブ/ ▸ਜੀਭਾ [(Pkt. जिब्भा) Skt. जिह्वा] *f.* 〖身体〗舌.
ਜੀਭਾ (जीभा) /jı̂̄bā ジーバー/ ▸ਜੀਭ *f.* → ਜੀਭ
ਜੀਭੀ (जीभी) /jı̂̄bī ジービー/ *f.* **1** 〖楽器〗(管楽器やオルガンなどの)舌, リード. **2** ペン先. **3** 〖道具〗舌を掃除する道具.
ਜੀਮਣਾ (जीमणा) /jīmạṇā ジームナー/ [Skt. जिम्यति] *vt.* 食べる, 食う, 食事をする. (⇒ਖਾਣਾ, ਛਕਣਾ)
ਜੀਮਾਉਣਾ (जीमाउणा) /jīmāuṇā ジーマーウナー/ ▸ਜਿਵਾਉਣਾ [cf. ਜੀਮਣਾ] *vt.* 食べさせる, 食事をさせる. (⇒ਖੁਆਉਣਾ, ਭੋਜਨ ਕਰਾਉਣਾ)
ਜੀਰਣ (जीरण) /jīraṇạ ジーラン/ ▸ਜੀਰਨ *adj.* → ਜੀਰਨ
ਜੀਰਨ (जीरन) /jīranạ ジーラン/ ▸ਜੀਰਣ [(Pkt. जीरण) Skt. जीर्ण] *adj.* **1** 古びた. **2** 着古した. **3** 老朽化した. **4** ぼろぼろの. **5** 衰えた.
ਜੀਰਨਾ (जीरना) /jīrạnā ジールナー/ ▸ਜਿਊਰਨਾ, ਜੀਊਰਨਾ *vi.* → ਜਿਊਰਨਾ
ਜੀਰਾ (जीरा) /jīrā ジーラー/ ▸ਜ਼ੀਰਾ *m.* → ਜ਼ੀਰਾ
ਜ਼ੀਰਾ (ज़ीरा) /zīrā ズィーラー/ ▸ਜੀਰਾ [Pers. *zīra*] *m.* 〖植物〗クミン, クミンの種子(クミンシード)《セリ科の一年草. 種子は料理用の主要な香辛料. 胃薬などの薬用にもなる》. (⇒ਕਮੂਨ)
ਜੀਰਾਣ (जीराण) /jīrāṇạ ジーラーン/ [Guj. *jirvān*] *m.* 墓地, 墓所, 埋葬所. (⇒ਕਬਰਸਤਾਨ)
ਜੀਰਾਂਦ (जीराँद) /jīrā̃dạ ジーラーンド/ ▸ਜਰਾਂਦ *f.* **1** 生命. **2** 生命の維持. **3** 忍耐.
ਜੀਰੀ (जीरी) /jīrī ジーリー/ *f.* 〖植物〗稲, 籾米. (⇒ਝੋਨਾ, ਧਾਨ)
ਜ਼ੀਰੋ (ज़ीरो) /zīro ズィーロー/ [Eng. *zero*] *ca.num.(f.)* ゼロ, れい, 零, ゼロの記号, 0. (⇒ਸਿਫ਼ਰ, ਸੁੰਨ)
— *f.* 無, 実在しないこと, 架空の物.
ਜ਼ੀਲ (ज़ील) /zīlạ ズィール/ [Pers. *zer*] *f.* **1** 〖楽器〗高音階を奏でる楽器の弦. **2** 飼い馴らされた鷹・鳩の脚に付ける小さな鈴. **3** 金切り声, 甲高い声. (⇒ਚੀਕ) **4** 子供の声.
ਜੀਵ (जीव) /jīvạ ジーヴ/ ▸ਜੀਉ [Skt. जीव] *m.* **1** 生物. **2** 動物. **3** 命, 生命. ❐ਇਹ ਬੱਚਾ ਪਰਮਾਤਮਾ ਦਾ ਪੈਦਾ ਕੀਤਾ ਜੀਵ ਹੈ। この子供は神様が創られた命です. **4** 魂.
ਜੀਵ ਆਤਮਾ (जीव आतमा) /jīvạ ātạmā ジーヴ アートマー/ ▸ਜੀਵਾਤਮਾ [Skt. जीवात्मा] *f.* **1** 個人の魂. **2** 精神.
ਜੀਵ ਹੱਤਿਆ (जीव हत्तिआ) /jīvạ hattiā ジーヴ ハッティアー/ [Skt. जीव + Skt. हत्या] *f.* 殺生, 殺害. (⇒ਜੀਆਘਾਤ)

ਜੀਵਕਾ (जीवका) /jīva̸kā ジーヴカー/ [Skt. जीविका] *f.* **1** 生命の維持. **2** 生活, 暮らし. **3** 生計, 生計の手段, 生業. **4** 職業, 仕事.

ਜੀਵਜੰਤੁ (जीवजंतु) /jīva̸jantu ジーヴジャントゥ/ ▸ਜੀਅਜੰਤ, ਜੀਆਜੰਤ *m.* → ਜੀਅਜੰਤ

ਜੀਵਣ (जीवण) /jīwaṇa̸ ジーワン/ ▸ਜੀਵਨ *m.* → ਜੀਵਨ

ਜੀਵਨ (जीवन) /jīwana̸ ジーワン/ ▸ਜੀਵਣ [Skt. जीवन] *m.* **1** 生活, 生存, 生計. **2** 人生, 一生, 生涯, 寿命. **3** 命, 生命.

ਜੀਵਨ ਸ਼ਕਤੀ (जीवन शकती) /jīwana̸ śaka̸tī ジーワン シャクティー/ [+ Skt. शक्ति] *f.* 生命力, 生活力, 活力.

ਜੀਵਨ ਸੰਘਰਸ਼ (जीवन संघरश) /jīwana̸ saṅgăraśa̸ ジーワン サンガラシュ/ [+ Skt. संघर्ष] *m.* 人生の闘争.

ਜੀਵਨ ਸੱਤਾ (जीवन सत्ता) /jīwana̸ sattā ジーワン サッター/ [+ Skt. सत्ता] *f.* 生命力, 生活力, 活力.

ਜੀਵਨ ਸੰਬੰਧੀ (जीवन संबंधी) /jīwana̸ sambândī ジーワン サンバンディー/ [+ Skt. संबंधिन्] *adj.* **1** 人生についての. **2** 伝記の.

ਜੀਵਨ ਸ਼ਾਸਤਰ (जीवन शासतर) /jīwana̸ śāsa̸tara̸ ジーワン シャースタル/ [+ Skt. शास्त्र] *m.* **1** 自然史, 博物学. **2** 人生哲学.

ਜੀਵਨ ਸਾਥਣ (जीवन साथण) /jīwana̸ sātʰaṇa̸ ジーワン サータン/ [+ Skt. सार्थ -ਣ] *f.* **1** 人生の伴侶である女性. **2** 女性の配偶者, 妻.

ਜੀਵਨ ਸਾਥੀ (जीवन साथी) /jīwana̸ sātʰī ジーワン サーティー/ [+ Skt. सार्थिन्] *m.* **1** 人生の伴侶. **2** 男性の配偶者, 夫.

ਜੀਵਨਹਾਰ (जीवनहार) /jīwana̸hāra̸ ジーワンハール/ [-ਹਾਰ] *adj.* 生命のある, 生きている.

ਜੀਵਨ ਕਥਾ (जीवन कथा) /jīwana̸ katʰā ジーワン カター/ [+ Skt. कथा] *f.* **1** 人生の物語. **2** 伝記.

ਜੀਵਨ ਕਾਲ (जीवन काल) /jīwana̸ kāla̸ ジーワン カール/ [+ Skt. काल] *m.* **1** 生涯, 一生. **2** 寿命.

ਜੀਵਨ ਚਰਿੱਤਰ (जीवन चरित्तर) /jīwana̸ carittara̸ ジーワン チャリッタル/ [+ Skt. चरित्र] *m.* **1** 人生の行い. **2** 人生の描写. **3** 人生の物語. **4** 伝記.

ਜੀਵਨ ਜਾਚ (जीवन जाच) /jīwana̸ jāca̸ ジーワン ジャーチ/ [+ Skt. याचन] *f.* **1** 生活術. **2** 幸福な生き方.

ਜੀਵਨ ਜੋਤ (जीवन जोत) /jīwana̸ jota̸ ジーワン ジョート/ [+ Skt. ज्योति] *f.* **1** 生命の炎. **2** 魂. **3** 生命力, 活力.

ਜੀਵਨ ਢੰਗ (जीवन ढंग) /jīwana̸ ṭǎṅga̸ ジーワン タング/ *m.* 生活様式, ライフスタイル.

ਜੀਵਨ ਤੱਤ (जीवन तत्त) /jīwana̸ tatta̸ ジーワン タット/ [Skt. जीवन + Skt. तत्त्व] *m.* 人生の要素.

ਜੀਵਨ ਦਰਸ਼ਨ (जीवन दरशन) /jīwana̸ dara̸śana̸ ジーワン ダルシャン/ [+ Skt. दर्शन] *m.* 人生哲学, 人生観.

ਜੀਵਨ ਦਾਤਾ (जीवन दाता) /jīwana̸ dātā ジーワン ダーター/ [+ Skt. दाता] *adj.* 生命を与える.
— *m.* 生命を与える者, 造物主, 神.

ਜੀਵਨ ਪੱਧਰ (जीवन पद्धर) /jīwana̸ pâddara̸ ジーワン パッダル/ [+ Pkt. पध्दर] *f.* 〘経済〙生活水準.

ਜੀਵਨ ਪਰਯੰਤ (जीवन परयंत) /jīwana̸ para̸yanta̸ ジーワン パルヤント/ [+ Skt. पर्यन्त] *adj.* 人生の終わりまでの, 生涯の.
— *adv.* 人生の終わりまで, 生涯, 一生.

ਜੀਵਨ ਬਿਰਤਾਂਤ (जीवन बिरताँत) /jīwana̸ bira̸tā̃ta̸ ジーワン ビルターント/ [+ Skt. वृतान्त] *m.* (個人の)伝記.

ਜੀਵਨ ਬੀਮਾ (जीवन बीमा) /jīwana̸ bīmā ジーワン ビーマー/ [+ Pers. *bīma*] *m.* 〘経済〙生命保険.

ਜੀਵਨ ਭਰ (जीवन भर) /jīwana̸ pǎra̸ ジーワン パル/ [+ Skt. भर] *adj.* 人生の終わりまでの, 生涯の.
— *adv.* 人生の終わりまで, 生涯, 一生.

ਜੀਵਨ ਮਯਾਰ (जीवन मयार) /jīwana̸ mayāra̸ ジーワン マヤール/ ▸ਜੀਵਨ ਮਿਆਰ *m.* → ਜੀਵਨ ਮਿਆਰ

ਜੀਵਨ ਮਿਆਰ (जीवन मिआर) /jīwana̸ miāra̸ ジーワン ミアール/ ▸ਜੀਵਨ ਮਯਾਰ [Skt. जीवन + Arab. *miayār*] *m.* 〘経済〙生活水準.

ਜੀਵਨ ਮੁਕਤ (जीवन मुकत) /jīwana̸ mukata̸ ジーワン ムカト/ [+ Skt. मुक्त] *adj.* 人生の束縛を離れた, 現世から解放された.

ਜੀਵਨ ਰੇਖਾ (जीवन रेखा) /jīwana̸ rekʰā ジーワン レーカー/ [+ Skt. रेखा] *f.* 生命線, 命綱.

ਜੀਵਨੀ (जीवनी) /jīwanī ジーワニー/ [Skt. जीवन] *f.* **1** 伝記. **2** 一生記.

ਜੀਵ ਰਸਾਇਣ ਵਿੱਦਿਆ (जीव रसाइण विद्दिआ) /jīva̸ rasāiṇa̸ viddiā ジーヴ ラサーイン ヴィッディアー/ [Skt. जीव + Skt. रसायन + Skt. विद्या] *f.* 生化学.

ਜੀਵ ਵਿਗਿਆਨ (जीव विगिआन) /jīva̸ vigiāna̸ ジーヴ ヴィギアーン/ [Skt. जीव + Skt. विज्ञान] *m.* 生物学.

ਜੀਵ ਵਿਗਿਆਨੀ (जीव विगिआनी) /jīva̸ vigiānī ジーヴ ヴィギアーニー/ [Skt. विज्ञानिन्] *m.* 生物学者.

ਜੀਵਾ (जीवा) /jīwā ジーワー/ [Skt. जीवा] *f.* **1** 生計. (⇒ਗੁਜ਼ਾਰਾ) **2** 生命の維持. (⇒ਜੀਵਕਾ) **3** 弦.

ਜੀਵਾਣੂ (जीवाणू) /jīwāṇū ジーワーヌー/ [Skt. जीवाणु] *m.* **1** 〘生物〙細菌, 微生物. **2** 〘生物〙原形質. **3** 〘生物〙生殖細胞.

ਜੀਵਾਤਮਾ (जीवातमा) /jīvāta̸mā ジーヴァートマー/ ▸ਜੀਵ ਆਤਮਾ [Skt. जीवात्मा] *f.* **1** 個人の魂. **2** 精神.

ਜੀਵੀਂ (जीवीं) /jīwī̃ ジーウィーン/ ▸ਜ਼ਮੀਨ, ਜਿਮੀਂ, ਜ਼ਿਮੀਂ, ਜ਼ਿਮੀ, ਜਿਮੀਨ [(Pot.)] *f.* → ਜ਼ਮੀਨ

ਜੀੜਾ (जीड़ा) /jīṛā ジーラー/ ▸ਜਿਊੜਾ, ਜੀਊੜਾ, ਜੀਅਰਾ, ਜੀਅੜਾ [(Jat.)] *m.* → ਜਿਊੜਾ

ਜੁ (जु) /ju ジュ/ ▸ਜਿ *conj.* **1**《名詞節を作る》…ということ. (⇒ਕਿ) ❐ਉਹ ਦੱਸਦਾ ਸੀ ਜੁ ਕਿੱਥੇ ਚੋਰੀ ਹੋਈ। 彼はどこで盗みがあったのか言っていました.〔英語の場合と違って, パンジャービー語においては, 疑問詞を含む従属節も接続詞 ਜੁ を用いて始める〕 **2**《従属節を導き出す》それは以下の通り. (⇒ਕਿ) **3** まさにその時. (⇒ਕਿ)

ਜੁਆਉਣਾ[1] (जुआउणा) /juāuṇā ジュアーウナー/ [cf. ਜੋਣਾ] *vt.* 頸木(くびき)を掛けさせる, 頸木で繋がせる.

ਜੁਆਉਣਾ[2] (जुआउणा) /juāuṇā ジュアーウナー/ ▸ਜਿਵਾਉਣਾ, ਜਿਵਾਲਣਾ *vt.* → ਜਿਵਾਉਣਾ[1]

ਜੁਆਈ (जुआई) /juāī ジュアーイー/ ▸ਜਵਾਈ *m.* → ਜਵਾਈ

ਜੁਆਹਰ (जुआहर) /juâra̸ | juāhara̸ ジュアール | ジュアーハル/ ▸ਜਵਾਹਰ *m.* → ਜਵਾਹਰ

ਜੁਆਕ (जुआक) /juāka̸ ジュアーク/ ▸ਜਵਾਕ [Skt. जातक]

m. **1**〖親族〗子供. (⇒ਬਾਲਕ) **2** 男の子. (⇒ਮੁੰਡਾ, ਛੋਟਾ ਲੜਕਾ) **3** 子孫. **4** がき.

ਜੁਆਨ (जुआन) /juāna ジュアーン/ ▸ਜਵਾਨ *adj.m.* → ਜਵਾਨ

ਜੁਆਨੀ (जुआनी) /juānī ジュアーニー/ ▸ਜਵਾਨੀ *f.* → ਜਵਾਨੀ

ਜੁਆਬ (जुआब) /juāba ジュアーブ/ ▸ਜਵਾਬ *m.* → ਜਵਾਬ

ਜੁਆਰ (जुआर) /juāra ジュアール/ ▸ਜਵਾਰ *f.* → ਜਵਾਰ

ਜੁਆਰੀਆ (जुआरीआ) /juārīā ジュアーリーアー/ *m.* 賭博師, 博打打ち, ギャンブラー. (⇒ਜੂਏਬਾਜ਼)

ਜੁਆਲਾ (जुआला) /juālā ジュアーラー/ ▸ਜਵਾਲਾ *f.* → ਜਵਾਲਾ

ਜੁਆਲਾਮੁਖੀ (जुआलामुखी) /juālāmukʰī ジュアーラームキー/ ▸ਜਵਾਲਾਮੁਖੀ *m.f.* → ਜਵਾਲਾਮੁਖੀ

ਜੁਸਤਜੂ (जुसतजू) /jusatajū ジュストジュー/ [Pers. *justajū*] *f.* **1** 探索. (⇒ਤਲਾਸ਼) **2** 追跡. **3** 探査. (⇒ਖੋਜ) **4** 知ろうとする努力.

ਜੁੱਸਾ (जुस्सा) /jussā ジュッサー/ [Arab. *juśā*] *m.* **1** 身体. (⇒ਸਰੀਰ) **2** 身体構造. **3** 構造物. **4** 巨体.

ਜੁਸ਼ਾਂਦਾ (जुशाँदा) /juśā̃dā ジュシャーンダー/ ▸ਜੋਸ਼ਾਂਦਾ, ਦੁਸਾਂਦਾ, ਦੁਸ਼ਾਂਦਾ [Pers. *jośānda*] *m.* **1**〖薬剤〗せんじ薬. **2**〖薬剤〗咳・風邪に効くせんじ薬.

ਜੁਸ਼ੀਲਾ (जुशीला) /juśīlā ジュシーラー/ ▸ਜੋਸ਼ੀਲਾ *adj.* 熱狂的な.

ਜ਼ੁਹਦ (ज़ुहद) /zôda ゾード/ [Arab. *jahd*] *m.* **1** 禁欲. (⇒ਤਿਆਗ) **2** 努力, 労苦. (⇒ਕੋਸ਼ਿਸ਼, ਜਤਨ)

ਜ਼ੁਹਦੀ (ज़ुहदी) /zôdī ゾーディー/ ▸ਜ਼ੋਹਦੀ [-ਈ] *adj.* 禁欲的な.

ਜੁਕਾਮ (जुकाम) /jukāma ジュカーム/ ▸ਜ਼ੁਕਾਮ, ਜੁਖਾਮ *m.* → ਜ਼ੁਕਾਮ

ਜ਼ੁਕਾਮ (ज़ुकाम) /zukāma ズカーム/ ▸ਜੁਕਾਮ, ਜੁਖਾਮ [Arab. *zukām*] *m.* **1**〖医〗風邪. ❐ਜ਼ੁਕਾਮ ਹੋ ਜਾਣਾ 風邪をひく. ❐ਮੈਨੂੰ ਜ਼ੁਕਾਮ ਹੋ ਗਿਆ ਹੈ। 私は風邪をひいてしまっています. **2** 鼻汁. (⇒ਰੇਸ਼ਾ)

ਜੁਖਣਾ (जुखणा) /jukʰaṇā ジュクナー/ [cf. ਜੋਖਣਾ] *vi.* 量られる, 計られる, 計量される. (⇒ਤੁਲਣਾ)

ਜੁਖਵਾਉਣਾ (जुखवाउणा) /jukʰawāuṇā ジュクワーウナー/ ▸ਜੁਖਾਉਣਾ, ਜੁਖਾਣਾ [cf. ਜੋਖਣਾ] *vt.* (重さを)量らせる, 計量させる, 計量してもらう. (⇒ਤੁਲਵਾਉਣਾ)

ਜੁਖਵਾਈ (जुखवाई) /jukʰawāī ジュクワーイー/ ▸ਜੁਖਾਈ [cf. ਜੋਖਣਾ] *f.* **1** 計量. (⇒ਤੁਲਵਾਈ) **2** 量り賃, 計量代.

ਜੁਖਾਉਣਾ (जुखाउणा) /jukʰāuṇā ジュカーウナー/ ▸ਜੁਖਵਾਉਣਾ, ਜੁਖਾਣਾ *vt.* → ਜੁਖਵਾਉਣਾ

ਜੁਖਾਈ (जुखाई) /jukʰāī ジュカーイー/ ▸ਜੁਖਵਾਈ *f.* → ਜੁਖਵਾਈ

ਜੁਖਾਣਾ (जुखाणा) /jukʰāṇā ジュカーナー/ ▸ਜੁਖਵਾਉਣਾ, ਜੁਖਾਉਣਾ *vt.* → ਜੁਖਵਾਉਣਾ

ਜੁਖਾਮ (जुखाम) /jukʰāma ジュカーム/ ▸ਜੁਕਾਮ, ਜ਼ੁਕਾਮ *m.* → ਜ਼ੁਕਾਮ

ਜੁਗ (जुग) /juga ジュグ/ ▸ਯੁਗ, ਯੁੱਗ [(Pkt. जुग) Skt. युग] *m.* **1** 時代. **2** 時期, 期間. **3** 紀元, 世紀. **4** 宇宙の年紀.

ਜੁਗਣੀ (जुगणी) /jugaṇī ジュグニー/ ▸ਜੁਗਨੀ *f.* → ਜੁਗਨੀ

ਜੁਗਤ (जुगत) /jugata ジュグト/ ▸ਯੁਕਤ [Skt. युक्त] *adj.* **1** 結ばれた, 繋がれた, 結合した. (⇒ਜੁੜਿਆ ਹੋਇਆ) **2** 適当な, 適切な, ふさわしい. **3** 有効な. **4** 納得のいく.

— *f.* **1** 結合, 連結. **2** 方法, やり方, 方策, 手立て. (⇒ਤਰੀਕਾ) **3** 様式. **4** 技術. **5** 道具. **6** 装置, 仕組み.

ਜੁਗਤੀ (जुगती) /jugatī ジュグティー/ ▸ਯੁਕਤੀ [Skt. युक्ति] *f.* **1** 結合, 連結. **2** 方法, やり方, 方策, 手立て. (⇒ਤਰੀਕਾ) **3** 様式. **4** 技術, 巧みさ. **5** 道具. **6** 装置, 仕組み.

— *adj.* **1** 巧みな. (⇒ਚਾਤਰ) **2** 賢い. **3** 工夫に富んだ. **4** 抜け目のない.

ਜੁਗਤੀਆ (जुगतीआ) /jugatīā ジュグティーアー/ *adj.* 抜け目のない.

— *m.* 策士.

ਜੁਗਨੀ (जुगनी) /juganī ジュグニー/ ▸ਜੁਗਣੀ [Skt. जगनु -ਈ] *f.* **1**〖虫〗雌のホタル, 雌蛍. **2**〖音楽〗ジュグニー《パンジャーブ民謡の伝統的語り様式の一つ. 婚礼などの催事, ダルガー〔聖者廟〕でのメーラー〔市, 祭礼〕の際などに歌われる. ジュグニー〔雌蛍〕の目を通して人の世界を素直に鋭く観察した描写を持ち味とする. スーフィーの詩作の世界では, ジュグニーは「命の精」の象徴とされているが, 民謡に取り入れられても, 人と神の関係を想起させる語り様式の名称となっている. 民謡・歌謡の世界では, ジュグニーは, 訪れた各地の興味深い体験を歌詞に織り成す「若い娘」としても登場する》. **3**〖道具〗数珠. (⇒ਤਸਬੀ) **4**〖装〗首に装う宝石, ハート型の首飾り.

ਜੁਗਨੂੰ (जुगनूँ) /juganū̃ ジュグヌーン/ ▸ਜੁਗਨੂ [Skt. जगनु] *m.*〖虫〗ホタル, 蛍.

ਜੁਗਨੂ (जुगनू) /juganū ジュグヌー/ ▸ਜੁਗਨੂੰ *m.* → ਜੁਗਨੂੰ

ਜੁਗਰਾਫ਼ੀਆ (जुगराफ़ीआ) /jugarāfīā ジュグラーフィーアー/ [Pers. *jogrāfiyā*] *m.* 地理.

ਜੁਗਲ (जुगल) /jugala ジュガル/ ▸ਯੁਗਮ, ਯੁਗਲ [(Pkt. जुगल) Skt. युगल] *m.* **1** 対, 一対, ペア, カップル. **2** 双子, 双生児.

ਜੁਗਾਦਿ (जुगादि) /jugād ジュガード/ [Skt. युगादि] *adv.* この世の初めに.

ਜੁਗਾਲੀ (जुगाली) /jugālī ジュガーリー/ *f.* 反芻(はんすう).

ਜੁਗਿਆਣੀ (जुगिआणी) /jugiāṇī ジュギアーニー/ *f.*〖ヒ〗女性のヨーガ行者. (⇒ਜੋਗਣ)

ਜੁਜ਼ (जुज़) /juza ジュズ/ [Arab. *juz*] *m.* **1** 部分. (⇒ਅੰਸ਼, ਭਾਗ, ਹਿੱਸਾ) **2** 部品. **3** 断片. **4** 要素.

ਜੁਜ਼ਬੰਦੀ (जुज़बंदी) /juzabandī ジュズバンディー/ [Pers.*-bandī*] *f.* **1** 部品の継ぎ合わせ. **2** 縫い合わせ. **3** 綴じる作業. **4** 製本.

ਜੁਜ਼ਵੀ (जुज़वी) /juzawī ジュズウィー/ [+ ਵੀ] *adj.* **1** 部品の. **2** 部分的な. **3** 断片的な.

ਜੁੱਝ (जुज्झ) /jûjja ジュッジ/ [(Pkt. जुज्झ) Skt. युद्ध] *m.* 戦い, 争い, 戦争.

ਜੁੱਝਣਾ (जुज्झणा) /jûjaṇā ジュジャナー/ ▸ਜੂਝਣਾ *vt.* → ਜੂਝਣਾ

ਜੁਝਾਉਣਾ (जुझाउणा) /jujǎuṇā ジュジャーウナー/ [cf. ਜੂਝਣਾ] *vt.* 戦わせる, 争わせる.

ਜੁਝਾਊ (जुझाऊ) /jujăū ジュジャーウー/ [cf. ਜੂਝਣਾ] *adj.* 戦いの, 戦争に関する.

ਜੁਝਾਰ (जुझार) /jujăra̸ ジュジャール/ [cf. ਜੂਝਣਾ] *m.* **1** 戦士. **2** 勇士.

— *adj.* **1** 攻撃的な, 闘争的な. **2** 好戦的な. **3** 勇敢な, 恐れを見せない. **4** 英雄的な.

ਜੁੱਟ (जुट्ट) /juṭṭa̸ ジュット/ [cf. ਜੁੱਟਣਾ] *m.* **1** 一対, 一組. **2** 集団, 一団, 一群. **3** 仲間, 相棒. **4** 友, 友人.

— *adj.* **1** 頸木(くびき)に繋がれた. **2** 一緒に結ばれた.

ਜੁੱਟਣਾ (जुट्टणा) /juṭṭaṇā ジュッタナー/ [Skt. युज्यति] *vi.* **1** 結び付く. (⇒ਜੁੜਨਾ) **2** 精力的に取り組む. **3** 没頭する. (⇒ਰੁੱਝਣਾ) **4** 真面目に働く. **5** 組み合う, 取っ組み合う, 格闘する. (⇒ਜੱਫੋ-ਜਫੀ ਹੋ ਪੈਣਾ) **6** 取り掛かる, 始める, 着手する. (⇒ਸ਼ੁਰੂ ਕਰਨਾ)

ਜੁਟਾਉਣਾ (जुटाउणा) /juṭāuṇā ジュターウナー/ [cf. ਜੁੱਟਣਾ] *vt.* **1** 結び付かせる. **2** 精力的に取り組ませる. **3** 没頭させる. **4** 真面目に働かせる. **5** 取っ組み合わせる, 格闘させる. **6** 取り掛からせる, 始めさせる, 着手させる.

ਜੁੱਟੀ (जुट्टी) /juṭṭī ジュッティー/ *f.* 〖布地〗梳毛(そもう)機で整えられた綿.

ਜੁਠ (जुठ) /jutʰa̸ ジュト/ ▸ਜੂਠ [(Jat.)] *f.* → ਜੂਠ

ਜੁਠਾਉਣਾ (जुठाउणा) /juṭʰāuṇā ジュターウナー/ ▸ਜੁਠਾਣਾ, ਜੁਠਾਲਣਾ, ਜੁਠਿਆਣਾ *vt.* **1** 味わう. (⇒ਚੱਖਣਾ) **2** 口をつける, 唇で触れる. **3** 接吻する. **4** 汚す. **5** 味見して飲食物を汚す, 食べ残す.

ਜੁਠਾਣਾ (जुठाणा) /juṭʰāṇā ジュターナー/ ▸ਜੁਠਾਉਣਾ, ਜੁਠਾਲਣਾ, ਜੁਠਿਆਣਾ *vt.* → ਜੁਠਾਉਣਾ

ਜੁਠਾਲਣਾ (जुठालणा) /juṭʰāla̸ṇā ジュタールナー/ ▸ਜੁਠਾਉਣਾ, ਜੁਠਾਣਾ, ਜੁਠਿਆਣਾ *vt.* → ਜੁਠਾਉਣਾ

ਜੁਠਿਆਣਾ (जुठिआणा) /juṭʰiāṇā ジュティアーナー/ ▸ਜੁਠਾਉਣਾ, ਜੁਠਾਣਾ, ਜੁਠਾਲਣਾ [(Pot.)] *vt.* → ਜੁਠਾਉਣਾ

ਜੁੰਡਲੀ (जुंडली) /junḍa̸lī ジュンドリー/ ▸ਜੁੰਡੀ *f.* **1** 徒党. **2** 小集団. **3** 同輩集団. **4** もつれた髪の房.

ਜੁੰਡੀ (जुंडी) /junḍī ジュンディー/ ▸ਜੁੰਡਲੀ *f.* → ਜੁੰਡਲੀ

ਜੁਡੀਸ਼ਲ (जुडीशल) /juḍīśala̸ ジュディーシャル/ [Eng. *judicial*] *adj.* **1** 〖法〗裁判の. **2** 司法の.

ਜੁਤਣਾ (जुतणा) /juta̸ṇā ジュトナー/ [cf. ਜੋਤਣਾ] *vi.* **1** 頸木(くびき)を掛けられる. **2** 仕事を強いられる.

ਜੁੱਤਾ (जुत्ता) /juttā ジュッター/ ▸ਜੂਤ, ਜੂਤਾ [(Pkt. जुत्त) Skt. युक्त] *m.* 〖履物〗靴, 大きな靴, 長靴.

ਜੁਤਾਈ (जुताई) /jutāī ジュターイー/ *f.* 〖農業〗耕作.

ਜੁੱਤੀ (जुत्ती) /juttī ジュッティー/ ▸ਜੂਤੀ [(Pkt. जुत्त) Skt. युक्त -ਈ] *f.* 〖履物〗靴, 小さな靴, 女性用の靴.

ਜੁਦਾ (जुदा) /judā ジュダー/ [Pers. *judā*] *adj.* **1** 離れた. **2** 分かれた. **3** 異なる.

ਜੁਦਾਇਗੀ (जुदाइगी) /judāigī ジュダーイギー/ [Pers.-*gī*] *f.* **1** 別離, 離別. **2** 分離.

ਜੁਦਾਈ (जुदाई) /judāī ジュダーイー/ [Pers. *judāʰī*] *f.* **1** 別離, 離別. **2** 分離.

ਜੁਦਾ ਜੁਦਾ (जुदा जुदा) /judā judā ジュダー ジュダー/ [Pers. *judā* + Pers. *judā*] *adv.* 別々に. (⇒ਵੱਖ ਵੱਖ)

ਜੁੱਧ (जुद्ध) /jûdda̸ ジュッド/ ▸ਯੁੱਧ [(Pkt. जुद्ध) Skt. युद्ध] *m.* **1** 戦争. ❐ਜੁੱਧ ਦਾ ਐਲਾਨ 宣戦布告. **2** 戦い, 戦闘. ❐ਜੁੱਧ ਕਲਾ 戦術. ❐ਜੁੱਧ ਦਾ ਮਦਾਨ 戦場.

ਜੁਪਣਾ (जुपणा) /jupaṇā ジュパナー/ [cf. ਜੋਤਣਾ] *vi.* **1** 頸木(くびき)を掛けられる. **2** 進んで行う.

ਜੁਫ਼ਤ (जुफ़त) /jufata̸ ジュファト/ [Pers. *jufat*] *m.* 〖数学〗偶数の. (⇔ਟਾਂਕ)

— *m.* 〖数学〗偶数. (⇔ਟਾਂਕ)

ਜੁੰਬਸ਼ (जुंबश) /jumbaśa̸ ジュンバシュ/ ▸ਜੁੰਬਿਸ਼ [Pers. *jumbiś*] *f.* **1** 動き, 動作. (⇒ਗਤੀ, ਕਿਰਿਆ) **2** 運動. **3** 震え, 震動.

ਜੁਬਲੀ (जुबली) /juba̸lī ジュブリー/ ▸ਜੁਬਿਲੀ [Eng. *jubilee*] *f.* **1** 記念祭. **2** 〖キ〗聖年.

ਜੁਬਾਨ (जुबान) /jubāna̸ ジュバーン/ ▸ਜਬਾ, ਜ਼ਬਾਨ *f.* → ਜ਼ਬਾਨ

ਜੁੰਬਿਸ਼ (जुंबिश) /jumbiśa̸ ジュンビシュ/ ▸ਜੁੰਬਸ਼ *f.* → ਜੁੰਬਸ਼

ਜੁਬਿਲੀ (जुबिली) /jubilī ジュビリー/ ▸ਜੁਬਲੀ *f.* → ਜੁਬਲੀ

ਜੁੰਮਾ (जुंमा) /jummā ジュンマー/ ▸ਜਿੰਮਾ, ਜ਼ਿੰਮਾ, ਜ਼ਿੱਮਾ, ਜ਼ੁੰਮਾ, ਜ਼ੁੱਮਾ *m.* → ਜ਼ੁੰਮਾ

ਜ਼ੁੰਮਾ (ज़ुंमा) /zummā ズンマー/ ▸ਜਿੰਮਾ, ਜ਼ਿੰਮਾ, ਜ਼ਿੱਮਾ, ਜੁੰਮਾ, ਜ਼ੁੱਮਾ [Arab. *zimma*] *m.* **1** 責任. ❐ਆਪਣੇ ਜ਼ੁੰਮੇ ਲੈਣਾ 引き受ける. **2** 義務. **3** 信用.

ਜੁਮਾ (जुमा) /jumā ジュマー/ [Arab. *jum`a*] *m.* **1** 〖暦〗礼拝に集まる日. **2** 〖暦〗金曜日.

ਜੁੱਮਾ (जुम्मा) /jummā ジュンマー/ ▸ਜਿੰਮਾ, ਜ਼ਿੰਮਾ, ਜ਼ਿੱਮਾ, ਜੁੰਮਾ, ਜ਼ੁੰਮਾ *m.* → ਜ਼ੁੰਮਾ

ਜੁਮਾਤਰਾ (जुमातरा) /jumātarā ジュマータラー/ ▸ਜਮਾਤਰਾ, ਜਵਾਂਤਰਾ, ਜਵਾਤਰਾ, ਜਵਾਂਤੜਾ [(Pua.)] *m.* → ਜਵਾਤਰਾ

ਜੁਮਾਰਾਤ (जुमारात) /jumārāta̸ ジュマーラート/ ▸ਜੁਮੇਰਾਤ *f.* → ਜੁਮੇਰਾਤ

ਜੁਮੇਰਾਤ (जुमेरात) /jumerāta̸ ジュメーラート/ ▸ਜੁਮਾਰਾਤ [Arab. *jum`a* + Skt. रात्रि] *f.* **1** 〖暦〗金曜日の前夜. **2** 〖暦〗木曜日.

ਜ਼ੁੰਮੇਵਾਰ (ज़ुंमेवार) /zummewāra̸ ズンメーワール/ ▸ਜ਼ਿੰਮੇਵਾਰ [Arab. *zimma* Pers.-*vār*] *adj.* **1** 責任のある, 責任を負う. **2** 責任感の強い, 信頼できる.

ਜ਼ੁੰਮੇਵਾਰੀ (ज़ुंमेवारी) /zummewārī ズンメーワーリー/ ▸ਜ਼ਿੰਮੇਵਾਰੀ [Pers.-*vārī*] *f.* 責任, 責務.

ਜੁਮੈਟਰੀ (जुमैटरी) /jumaiṭarī ジュマェートリー/ ▸ਜਿਉਮੈਟਰੀ [Eng. *geometry*] *f.* 幾何, 幾何学. (⇒ਰੇਖਾ-ਗਣਿਤ)

ਜੁਰਅਤ (जुरअत) /jura̸ata̸ ジュルアト/ ▸ਜੁੱਰਤ [Arab. *jurʰat*] *f.* **1** 勇気, 勇敢さ. (⇒ਹਿੰਮਤ, ਦਲੇਰੀ) **2** 大胆さ, 大胆不敵. **3** 決意.

ਜੁੱਰਤ (जुर्रत) /jurrata̸ ジュッラト/ ▸ਜੁਰਅਤ *f.* → ਜੁਰਅਤ

ਜੁਰਮ (जुरम) /jura̸ma̸ ジュルム/ [Arab. *jurm*] *m.* **1** 罪, 犯罪. **2** 過ち, 違反. **3** 罪悪. **3** 問責, 罪状. ❐ਜੁਰਮ ਆਇਦ ਕਰਨਾ 起訴する, 告訴する. ❐ਜੁਰਮ ਕਰਨਾ 犯罪を犯す. ❐ਜੁਰਮ ਲਾਉਣਾ 告発する, 告訴する.

ਜੁਰਮਾਨਾ (जुरमाना) /jura̸mānā ジュルマーナー/ [Pers. *jurmāna*] *m.* 罰金. (⇒ਚੱਟੀ, ਡੰਨ)

ਜੁੱਰਾ (जुर्रा) /jurrā ジュッラー/ [Pers. *jurr*] *m.* 〖鳥〗雄タカ, 雄鷹.

ਜੁਰਾਬ (जुराब) /jurāba̸ ジュラーブ/ ▸ਜਰਾਬ [Turk. *corab*] *f.* 〖衣服〗靴下. (⇒ਮੌਜਾ)

ਜੁਲ (जुल) /julạ ジュル/ *m.* 詐欺.

ਜੁਲਕਣਾ (जुलकणा) /julakaṇā ジュルカナー/ *vi.* **1** 這う. **2** とてもゆっくり動く.

ਜੁਲਣਾ (जुलणा) /julaṇā ジュルナー/ [(Lah.) Sind. *julaṇu*] *vi.* **1** 行く. (⇒ਜਾਣਾ) **2** 歩く. (⇒ਤੁਰਨਾ)

ਜ਼ੁਲਫ਼ (ज़ुलफ़) /zulafạ ズルフ/ [Pers. *zulf*] *f.* **1**〖身体〗髪の房, 髪の束, 垂れ髪. **2**〖身体〗巻き毛.

ਜ਼ੁਲਮ (ज़ुलम) /zulamạ ズルム/ [Arab. *zulm*] *m.* **1** 暴虐, 残虐行為. **2** 非道, 非道な行為, ひどい仕打ち.

ਜ਼ੁਲਮੀ (ज़ुलमी) /zulamī ズルミー/ [Pers. *zulmī*] *adj.* **1** 暴虐な, 専横な. **2** 冷酷な, 残酷な, 残忍な. **3** 無慈悲な. **4** 激しい, 激烈な.

ਜੁੱਲੜ (जुल्लड़) /jullaṛạ ジュッラル/ ▸ਜੁੱਲਾ *m.* → ਜੁੱਲਾ

ਜੁੱਲਾ (जुल्ला) /jullā ジュッラー/ ▸ਜੁੱਲੜ *m.*〖寝具〗古いぼろの掛け布団.

ਜੁਲਾਈ (जुलाई) /julāī ジュラーイー/ [Eng. *July*] *m.f.*〖暦〗7月.

ਜੁਲਾਹਾ (जुलाहा) /julāhā | julâā ジュラーハー | ジュラーアー/ [Pers. *jūlāh*] *m.* **1**〖姓〗ジュラーハー《機織りを生業とするムスリムの種姓(の人)》, 機織り職人, 紡織工. **2**〖俗語〗臆病者.

ਜੁਲਾਹੀ (जुलाही) /julāhī | julâī ジュラーヒー | ジュラーイー/ [-ਈ] *f.*〖姓〗ジュラーヒー《ジュラーハー種姓の女性》, 機織り職人の妻, 紡織工の妻.

ਜੁਲਾਬ (जुलाब) /julābạ ジュラーブ/ [Arab. *julāb*] *m.*〖薬剤〗下剤, 緩下剤.

ਜੁਲਾਬੀ (जुलाबी) /julābī ジュラービー/ [-ਈ] *adj.* 便通を促進させる.

ਜੁੱਲੀ (जुल्ली) /jullī ジュッリー/ *f.*〖寝具〗古いぼろの小さな掛け布団.

ਜੁੜਤ (जुड़त) /juṛatạ ジュルト/ ▸ਜੁੜੱਤ [cf. ਜੁੜਨਾ] *f.* **1** 結合力. **2** 適合. **3** 結合性.

ਜੁੜਨਸੀਲੀ (जुड़नसीली) /juṛanasīlī ジュランスィーリー/ *adj.* 中毒性の.

ਜੁੜਨਾ (जुड़ना) /juṛanā ジュルナー/ [cf. ਜੋੜਨਾ] *vi.* **1** 結合する, 結ばれる, 結び付く, 繋がる. (⇒ਇਕੱਠਾ ਹੋਣਾ) **2** 接合する, 接着する. **3** 集まる, 集合する. **4** 統合される.

ਜੁੜਵਾਂ (जुड़वाँ) /juṛawā̃ ジュルワーン/ [cf. ਜੁੜਨਾ] *adj.* **1** 結合した, 結ばれた, 結び付いた, 繋がった. **2** 接合した, 接着した. **3** 隣接する. **4** 適合する. **5** 結び付きのある, 類似している. **6** 粘着性の.

ਜੁੜਵਾਉਣਾ (जुड़वाउणा) /juṛawāuṇā ジュラワーウナー/ ▸ਜੁੜਾਉਣਾ [cf. ਜੁੜਨਾ] *vt.* **1** 結合させる, 結ぶ, 結び付かせる, 繋ぐ. **2** 接合させる, 接着させる. **3** 固定させる. **4** 頸木(くびき)に繋ぐ.

ਜੁੜਵਾਈ (जुड़वाई) /juṛawāī ジュラワーイー/ ▸ਜੁੜਾਈ [cf. ਜੁੜਨਾ] *f.* **1** 結合させること, 結ぶこと. **2** 接合させること, 接着させること. . **3** 固定させること. **4** 頸木(くびき)に繋ぐこと.

ਜੁੜਾਉਣਾ (जुड़ाउणा) /juṛāuṇā ジュラーウナー/ ▸ਜੁੜਵਾਉਣਾ *vt.* → ਜੁੜਵਾਉਣਾ

ਜੁੜਾਈ (जुड़ाई) /juṛāī ジュラーイー/ ▸ਜੁੜਵਾਈ *f.* → ਜੁੜਵਾਈ

ਜੁੜੱਤ (जुड़ुत्त) /juṛuttạ ジュルット/ ▸ਜੁੜਤ *f.* → ਜੁੜਤ

ਜੂੰ (जूँ) /jū̃ ジューン/ [(Pkt. जूआ) Skt. यूका] *f.*〖虫〗シラミ. ❑ਕੰਨਾਂ ਤੇ ਜੂੰ ਨਾ ਸਰਕਣੀ 耳にシラミが這わない, 言っても聞こえない, 馬の耳に念仏. ❑ਮੈਂ ਕਈ ਵਾਰ ਉਸ ਨੂੰ ਪਤੰਗ ਉਡਾਉਣੋਂ ਰੋਕਿਆ ਹੈ ਪਰ ਉਸ ਦੇ ਕੰਨਾਂ ਤੇ ਜੂੰ ਨਹੀਂ ਸਰਕਦੀ। 私は何度もあの人に凧を揚げるのをやめるように言ってますが馬の耳に念仏です. ❑ਮਰੀ ਜੂੰ ਨਾ ਦੇਣਾ 死んだシラミを与えない, ひどくけちになる.

ਜੂਆ[1] (जूआ) /jūā ジューアー/ ▸ਜੂਲਾ *m.* → ਜੂਲਾ

ਜੂਆ[2] (जूआ) /jūā ジューアー/ [(Pkt. जूअ) Skt. द्यूतम] *m.* **1** 賭博, 賭け事, 博打, ギャンブル. (⇒ਜੂਏਬਾਜ਼ੀ) **2** 賭け, 冒険.

ਜੂਆਖ਼ਾਨਾ (जूआख़ाना) /jūāxānā ジューアーカーナー/ [+ Pers. *xāna*] *m.* **1** 賭博場, 博打場. **2** 賭事師の巣窟.

ਜੂਏਬਾਜ਼ (जूएबाज़) /jūebāzạ ジューエーバーズ/ [Pers.-*bāz*] *m.* 賭博師, 博打打ち, ギャンブラー. (⇒ਜੁਆਰੀਆ)

ਜੂਏਬਾਜ਼ੀ (जूएबाज़ी) /jūebāzī ジューエーバーズィー/ [Pers.-*bāzī*] *f.* **1** 賭博行為, 賭け事, 博打. **2** 賭博にふけること.

ਜੂਸ (जूस) /jūsạ ジュース/ [Eng. *juice*] *m.*〖飲料〗ジュース.

ਜੂਹ (जूह) /jû ジュー/ *f.* 家の周りの空き地.

ਜੂਹੀ (जूही) /jūhī | jûī ジューヒー | ジューイー/ [(Pkt. जूही) Skt. यूथी] *f.* **1**〖植物〗ユーティカ(由提迦), 学名ヤスミヌム・アウリクラトゥム (Jasminum auriculatum)《ジャスミンの一種. モクセイ科の低木》. **2** 線香花火.

ਜੂਝ (जूझ) /jûjạ ジュージ/ [(Pkt. जुज्झ) Skt. युद्ध] *m.* **1** 戦争. (⇒ਜੰਗ) **2** 戦闘, 戦い. (⇒ਲੜਾਈ)

ਜੂਝਣਾ (जूझणा) /jûjaṇā ジュージャナー/ ▸ਜੁੱਝਣਾ [Skt. युध्यते] *vi.* **1** 戦う, 争う, 戦争を行う. **2** 戦死する. **3** 命を捧げる.

ਜੂਠ (जूठ) /jūṭʰạ ジュート/ ▸ਜੂਠ [(Pkt. जुट्ठ) Skt. जुष्ट] *f.* **1** 汚物. **2** 汚染. **3** 生ごみ. **4** 食べ残し. **5**〖俗語〗卑しい奴, 屑野郎.

ਜੂਠਾ (जूठा) /jūṭʰā ジューター/ [(Pkt. जुट्ठ) Skt. जुष्ट] *adj.* **1** 食べ残しの. **2** 汚染された.

ਜੂਡੋ (जूडो) /jūḍo ジュードー/ [Eng. *judo* bf. Jap.] *m.*〖競技〗柔道.

ਜੂਤ (जूत) /jūtạ ジュート/ ▸ਜੁੱਤਾ, ਜੂਤਾ *m.* → ਜੁੱਤਾ

ਜੂਤਾ (जूता) /jūtā ジューター/ ▸ਜੁੱਤਾ, ਜੂਤ *m.* → ਜੁੱਤਾ

ਜੂਤੀ (जूती) /jūtī ジューティー/ ▸ਜੁੱਤੀ *f.* → ਜੁੱਤੀ

ਜੂਨ (जून) /jūnạ ジューン/ [Eng. *June*] *m.*〖暦〗6月.

ਜੂਨੀ (जूनी) /jūnī ジューニー/ ▸ਜੋਨੀ [(Pkt. जोणि) Skt. योनि] *f.* **1** 生まれ, 生まれ変わること. **2** 生命, 人生. **3** 生き物の分類.

ਜੂਨੀਅਰ (जूनीअर) /jūnīarạ ジューニーアル/ [Eng. *junior*] *adj.* **1** 年少の. **2** 年下の.

ਜੂਰੀ (जूरी) /jūrī ジューリー/ ▸ਜਿਊਰੀ *f.* → ਜਿਊਰੀ

ਜੂਲਾ (जूला) /jūlā ジューラー/ ▸ਜੂਆ [(Skt. जुग) Skt. युग] *m.* **1** 頸木(くびき). **2** 強いられた義務.

ਜੂੜ (जूड़) /jūṛạ ジュール/ [cf. ਜੂੜਨਾ] *m.* **1** きつい束縛. **2** 輪縄. **3** 手枷. **4** 足枷. **5** 結び目.

ਜੂੜਨਾ (जूड़ना) /jūṛanā ジュールナー/ [Skt. जुडति] *vt.* **1**

きつく縛る. **2** 輪縄で捕える. **3** 締める. **4** 手枷をはめる. **5** 足枷をはめる. **6** 束縛する.

ਜੁੜਾ (जूड़ा) /jūṛā ジューラー/ [Skt. जूट] *m.* 〖身体〗編んだ頭髪, 巻き髪.

ਜੁੜੀ (जूड़ी) /jūṛī ジューリー/ [Skt. जूट] *f.* **1** 〖身体〗小さな編んだ頭髪. **2** 〖身体〗編んだ顎鬚(あごひげ). **3** 〖植物〗麻の繊維の束.

ਜੇ (जे) /je ジェー/ [(Pkt. जदि) Skt. यदि] *conj.* もし, 仮に. (⇒ਅਗਰ) ❒ਜੇ ਤੁਸੀਂ ਲੇਟਣਾ ਚਾਹੁੰਦੇ ਹੋ, ਤਾਂ ਲੇਟ ਸਕਦੇ ਹੋ। もしあなたが横になりたいなら, 横になってもいいですよ. ❒ਜੇ ਬੱਸ ਨਾ ਮਿਲੇ, ਤਾਂ ਮੈਂ ਟੈਕਸੀ ਤੇ ਚਲਾ ਜਾਵਾਂ? もしバスがなければ, 私はタクシーで行きましょうか. ❒ਜੇ ਉਹ ਡਰਦਾ, ਤਾਂ ਫਲ ਨਾ ਖਾਂਦਾ। もし彼が恐れたなら, 果物を食べなかったでしょうに. ❒ਜੇ ਮੈਨੂੰ ਬੁਖ਼ਾਰ ਨਾ ਹੁੰਦਾ, ਤਾਂ ਮੈਂ ਵੀ ਸ਼ਾਮਲ ਹੁੰਦਾ। もし熱がなかったら, 私も参加したでしょうに. ❒ਜੇ ਅਖ਼ਬਾਰ ਪੜ੍ਹਨਾ ਹੈ, ਤਾਂ ਲੈ ਲਓ। 新聞を読むのなら, 持って行きなさい.

ਜੇਹਲਮ (जेहलम) /jêlama ジェーラム/ ▸ਜਿਹਲਮ *m.* → ਜਿਹਲਮ

ਜੇਹੜਾ (जेहड़ा) /jêṛā ジェーラー/ ▸ਜਿਹੜਾ *adj.pron.* → ਜਿਹੜਾ

ਜੇਕਰ (जेकर) /jekara ジェーカル/ [(Pkt. जदि) Skt. यदि + कर] *conj.* もし, 仮に. (⇒ਅਗਰ) ❒ਜੇਕਰ ਮੈਂ ਪਹਿਲੇ ਦਰਜੇ ਤੇ ਰਿਹਾ, ਤਾਂ ਮੇਰੇ ਪਿਤਾ ਜੀ ਮੈਨੂੰ ਘੜੀ ਇਨਾਮ ਦੇਣਗੇ। もし一位になったら, お父さんは私にご褒美として時計をくれるでしょう. ❒ਜੇਕਰ ਮੈਨੂੰ ਇਹ ਸਮਾਚਾਰ ਮਿਲ ਜਾਂਦਾ, ਤਾਂ ਮੈਂ ਤੁਹਾਡੇ ਕੋਲ ਨਾ ਆਉਂਦਾ। もしこの知らせを受け取っていたら, 私はあなたのところに来なかったのに. ❒ਜੇਕਰ ਪਤਾ ਹੁੰਦਾ, ਤਾਂ ਮੈਂ ਇਸ ਨੂੰ ਉਸ ਵੇਲੇ ਕਦੀ ਵੀ ਨਾ ਬਖ਼ਸ਼ਦੀ। もし知っていたら, 私はこの人をその時決して赦さなかったのに.

ਜੇਠ (जेठ) /jeṭʰa ジェート/ [Skt. ज्येष्ठ] *m.* **1** 〖暦〗ジェート(ジュイェーシュタ)月《インド暦3月・西洋暦5〜6月》. **2** 〖親族〗義兄《夫の兄》.

ਜੇਠਾ (जेठा) /jeṭʰā ジェーター/ [Skt. ज्येष्ठ] *adj.* **1** 年長の. **2** 長子の.

— *m.* **1** 〖親族〗長男. **2** 先祖, 祖先.

ਜੇਠਾਣੀ (जेठाणी) /jeṭʰāṇī ジェーターニー/ [-ਣੀ] *f.* 〖親族〗義姉《夫の兄の妻》.

ਜੇਡਾ (जेडा) /jeḍā ジェーダー/ ▸ਜਿੱਡਾ *adj.* **1**…だけたくさんの. **2**…だけ大きな. **3**…だけ長い.

ਜੇਤਾ (जेता) /jetā ジェーター/ ▸ਜਿਤਨਾ, ਜਿੰਨਾ [(Pkt. जित्तिअ) Skt. यावत्] *adj.* **1**…ほどの. **2**…ぐらいの.

— *adv.* **1**…ほど…の. **2**…ぐらい…の.

ਜੇਤੂ (जेतू) /jetū ジェートゥー/ [(Pot.) Skt. विजेता] *adj.* 勝利を得た.

— *m.* **1** 勝者, 勝利者. **2** 優勝者.

ਜੇਬ (जेब) /jeba ジェーブ/ [(Arab. *jaib*) Pers. *jeb*] *f.* ポケット. ❒ਤੁਹਾਡੀ ਜੇਬ ਵਿੱਚ ਕੀ ਹੈ? あなたのポケットの中には何がありますか.

ਜ਼ੇਬਰਾ (ज़ेबरा) /zebarā ゼーブラー/ ▸ਜ਼ੈਬਰਾ *m.* → ਜ਼ੈਬਰਾ

ਜੇਰ (जेर) /jera ジェール/ ▸ਜਿਓਰ [Skt. जरायु] *f.* 〖身体〗胎盤.

ਜ਼ੇਰ (ज़ेर) /zera ゼール/ [Pers. *zer*] *adj.* **1** 劣った. **2** 従属した. **3** 敗北した. **4** 征服された.

— *adv.* 下に.

ਜੇਰਜ (जेरज) /jeraja ジェーラジ/ *adj.* 〖生物〗胎生の.

— *m.* 〖生物〗胎生動物.

ਜੇਰਜਤਾ (जेरजता) /jerajatā ジェーラジター/ *f.* 〖生物〗胎生.

ਜੇਰਾ (जेरा) /jerā ジェーラー/ [(Pkt. जीअ) Skt. जीव] *m.* **1** 生命. **2** 魂, 心. (⇒ਦਿਲ) **3** 勇気. (⇒ਹਿੰਮਤ) **4** 大胆さ. (⇒ਹੌਂਸਲਾ) **5** 勇猛さ. (⇒ਦਲੇਰੀ)

ਜੇਲ (जेल) /jela ジェール/ ▸ਜੇਲ੍ਹ *f.* → ਜੇਲ੍ਹ

ਜੇਲ੍ਹ (जेल्ह) /jêla ジェール/ ▸ਜੇਲ [Eng. *jail*] *f.* 刑務所, 拘置所, 獄舎, 監獄, 牢獄. ❒ਉਸ ਦੇ ਚਾਚਾ ਜੀ ਨੂੰ ਜੇਲ੍ਹਾਂ ਵਿੱਚ ਬੰਦ ਰਹਿਣਾ ਪਿਆ ਸੀ। あの人の叔父は刑務所に閉じ込められていなければなりませんでした.

ਜੇਲ੍ਹਰ (जेल्हर) /jêlara ジェーラル/ ▸ਜੇਲਰ [Eng. *jailor*] *m.* (刑務所の)看守. (⇒ਵਾਰਡਰ)

ਜੇਲਰ (जेलर) /jelara ジェーラル/ ▸ਜੇਲ੍ਹਰ *m.* → ਜੇਲ੍ਹਰ

ਜੇਵਰ (जेवर) /jewara ジェーワル/ ▸ਜ਼ੇਵਰ *m.* → ਜ਼ੇਵਰ

ਜ਼ੇਵਰ (ज़ेवर) /zewara ゼーワル/ ▸ਜੇਵਰ [Pers. *zevar*] *m.* **1** 〖装〗装身具, アクセサリー, 装飾品. **2** 〖装〗宝飾品, 宝石.

ਜੈ (जै) /jai ジャェー/ ▸ਜਯ [Skt. जय] *f.* **1** 勝利. **2** 歓呼.

— *int.* 万歳.

ਜੈਸਾ (जैसा) /jaisā ジャェーサー/ [(Pkt. जइस) Skt. यादश] *adj.* …のような. ❒ਜੈਸੇ ਨੂੰ ਤੈਸਾ しっぺ返し, 目には目を.

— *adv.* …のような…, …のように.

ਜੈਕ (जैक) /jaika ジャェーク/ [Eng. *jack*] *m.* **1** 男. **2** 〖電気〗(プラグの)差し込み. **3** 〖機械〗ねじジャッキ. **4** 〖遊戯〗トランプのジャック.

ਜੈਕਾਰ (जैकार) /jaikāra ジャェーカール/ ▸ਜਕਾਰਾ, ਜੈਕਾਰਾ *f.* → ਜੈਕਾਰਾ

ਜੈਕਾਰਾ (जैकारा) /jaikārā ジャェーカーラー/ ▸ਜਕਾਰਾ, ਜੈਕਾਰ [Skt. जयकार] *m.* **1** 勝利の歓呼, 万歳を唱えること. (⇒ਜਿੱਤ ਦਾ ਨਾਹਰਾ) **2** 宗教上のスローガンの大唱和. **3** 慶賀・祝福の言葉. **4** 盛大な拍手, 拍手喝采. **5** 大歓声.

ਜੈਜ਼ (जैज़) /jaiza ジャェーズ/ [Eng. *jazz*] *m.* 〖音楽〗ジャズ.

ਜੈਜਾਵੰਤੀ (जैजावंती) /jaijāwantī ジャェージャーワンティー/ *f.* 〖音楽〗ジャイジャーワンティー《朝に歌われる韻律の名称》.

ਜੈ ਜੈਕਾਰ (जै जैकार) /jai jaikāra ジャェー ジャェーカール/ [Skt. जय-जयकार] *f.* **1** 勝利の歓呼, 万歳を唱えること, 勝関. (⇒ਜਿੱਤ ਦਾ ਨਾਹਰਾ) **2** 盛大な拍手, 拍手喝采.

ਜੈੱਟ (जैट्ट) /jaiṭṭa ジャェーット/ [Eng. *jet*] *m.* **1**(液体・ガス・蒸気などの)噴出. **2** 〖乗物〗ジェット機.

ਜੈਂਟਲਮੈਨ (जैंटलमैन) /jãĩṭalamaina ジャェーンタルマェーン/ ▸ਜੰਟਰਮੈਨ, ਜੰਟਲਮੈਨ [Eng. *gentleman*] *m.* **1** 紳士, 身分のある男子, 出世した人. **2** 洒落男, めかし屋.

— *adj.* お洒落な, めかした.

ਜੈਨ (जैन) /jaina ジャェーン/ [Skt. जैन] *m.* **1** 〖ジャ〗ジャイナ教. **2** 〖ジャ〗ジャイナ教徒.

— *adj.* 〖ジャ〗ジャイナ教の, ジャイナ教徒の.

ਜੈੱਨਰੇਟਰ (जैन्नरेटर) /jainnareṭara̲ ジャエーンナレータル/ [Eng. *generator*] *m.* 発電機.

ਜੈਨੀ (जैनी) /jainī ジャエーニー/ [Skt. जैन -ई] *adj.* 〖ジャ〗ジャイナ教の, ジャイナ教徒の.
— *m.* 〖ジャ〗ジャイナ教徒.

ਜੈਂਪਰ (जैंपर) /jāĩpara̲ ジャエーンパル/ ▶ਜੰਪਰ *m.* → ਜੰਪਰ

ਜੈਪੁਰ (जैपुर) /jaipura̲ ジャエープル/ [Skt. जय Skt.-पुर] *m.* 〖地名〗ジャイプル《ラージャスターン州の州都》.

ਜੈਫਲ (जैफल) /jaipʰala̲ ジャエーパル/ ▶ਜਾਇਫਲ *m.* → ਜਾਇਫਲ

ਜ਼ੈਬਰਾ (ज़ैबरा) /zaiba̲rā ザエーブラー/ ▶ਜ਼ੇਬਰਾ [Eng. *zebra*] *m.* 〖動物〗シマウマ, 縞馬.

ਜੈਮ (जैम) /jaima̲ ジャエーム/ ▶ਜਾਮ [Eng. *jam*] *m.* 〖食品〗ジャム, 保存加工した果物. (⇒ਮੁਰੱਬਾ)

ਜੈਮਾਲ (जैमाल) /jaimāla̲ ジャエーマール/ ▶ਜੈਮਾਲਾ *f.* → ਜੈਮਾਲਾ

ਜੈਮਾਲਾ (जैमाला) /jaimālā ジャエーマーラー/ ▶ਜੈਮਾਲ [Skt. जय-माल] *f.* **1** 勝利の花輪. **2**〖儀礼〗婚礼の時に花嫁・花婿が相手の首に掛ける花輪.

ਜ਼ੈਲ (ज़ैल) /zaila̲ ザエール/ [Arab. *zail*] *f.* **1** 下の部分, 下部, 下の方. **2** 後に続くもの, 次のこと. **3** 着物の端, 縁, 裾. (⇒ਪੱਲਾ) **4** 村落行政単位《 ਜ਼ਿਲ੍ਹਾ の下位区分. いくつかの村の集まり》.

ਜ਼ੈਲਦਾਰ (ज़ैलदार) /zaila̲dāra̲ ザエールダール/ [Pers.-*dār*] *m.* 村落行政単位の管理者.

ਜ਼ੈਲਦਾਰੀ (ज़ैलदारी) /zaila̲dārī ザエールダーリー/ [Pers.-*dārī*] *f.* 村落行政単位の管理機構, その管理者の地位.

ਜੈਲੀ (जैली) /jailī ジャエーリー/ [Eng. *jelly*] *f.* 〖食品〗ゼリー.

ਜੋ (जो) /jo ジョー/ [Skt. यः] *pron.* **1**《関係代名詞の主格》…であるところの人[人々]. ❐ਉਸ ਦੀ ਵੱਡੀ ਭੈਣ ਜੋ ਉਸ ਹੀ ਸਕੂਲ ਵਿੱਚ ਚੌਥੀ ਜਮਾਤ ਵਿੱਚ ਪੜ੍ਹਦੀ ਸੀ, ਬੋਲੀ। 同じ学校の四学年で学んでいた彼女の姉が, 話しました. **2**《関係代名詞の主格》…であるところのもの, …であるところのこと. ❐ਜੋ ਮੈਂ ਕਹਿੰਦਾ ਹਾਂ, ਉਹ ਸੱਚੀ ਗੱਲ ਹੈ। 私が言うことは, 本当のことです. ❐ਕੋਲਾ ਤੇ ਲੋਹਾ ਦੋ ਅਜਿਹੀਆਂ ਚੀਜ਼ਾਂ ਹਨ, ਜੋ ਸਾਡੇ ਬੜੇ ਕੰਮ ਆਉਂਦੀਆਂ ਹਨ। 石炭と鉄は, 私たちにとってとても役に立つ二つのものです. ❐ਜੋ ਮਨ ਵਿੱਚ ਆਏ, ਉਹੀਓ ਕਰ ਲਓ। 心に浮かぶこと, まさにそれをしなさい. ❐ਇਹ ਕਹਾਣੀ ਮੇਰੇ ਇੱਕ ਪਿਆਰੇ ਦੋਸਤ ਦੇ ਘਰ ਦੀ ਹੈ, ਜੋ ਜ਼ਿਆਦਾ ਪੁਰਾਣੀ ਨਹੀਂ। この話は私のある親しい友人の家の話で, それほど昔の話ではありません. ❐ਜੋ ਕੁਝ …は何でも, …はすべて. ❐ਜੋ ਕੁਝ ਹੋਇਆ, ਚੰਗਾ ਹੋਇਆ। 結果は, すべてうまく行きました. ❐ਜੋ ਹੋ ਗਿਆ, ਸੋ ਹੋ ਗਿਆ। 済んだことは, 済んだことです.

ਜੋਸ਼ (जोश) /jośa̲ ジョーシュ/ [Pers. *joś*] *m.* **1** 沸騰. ❐ਜੋਸ਼ ਆਉਣਾ 沸騰する, 煮える. **2** 熱, 熱気. ❐ਜੋਸ਼ ਠੰਡਾ ਹੋਣਾ 熱が冷める, 静まる, 緩む. ❐ਜੋਸ਼ ਠੰਡਾ ਕਰਨਾ 熱を冷ます, 静める, 緩める. **3** 情熱, 熱意, 熱情, 熱烈, 熱狂, 興奮. ❐ਜੋਸ਼ ਦਿਵਾਉਣਾ 駆り立てる, 興奮させる. ❐ਜੋਸ਼ ਨਾਲ 熱心に, 熱烈に. ❐ਜੋਸ਼ ਭਰਿਆ 熱意に満ちた, 熱烈な, 興奮した.

ਜੋਸ਼ਾਂਦਾ (जोशाँदा) /jośā̃dā ジョーシャーンダー/ ▶ਜੁਸ਼ਾਂਦਾ, ਦੁਸਾਂਦਾ, ਦੁਸ਼ਾਂਦਾ [Pers. *jośānda*] *m.* **1**〖薬剤〗せんじ薬. **2**〖薬剤〗咳・風邪に効くせんじ薬.

ਜੋਹਣਾ (जोहणा) /jôṇā ジョーナー/ [(Pkt. जोअइ) Skt. द्योतते] *vt.* **1** 見る, 見つめる. (⇒ਤੱਕਣਾ) **2** 待つ, 待ち受ける. (⇒ਉਡੀਕਣਾ) **3** 探し求める, 見つける. (⇒ਖੋਜਣਾ) **4** 確かめる. **5** 試す.

ਜੋਹਦੀ (जोहदी) /jôdī ジョーディー/ ▶ਜ਼ੁਹਦੀ [(Pot.)] *adj.* → ਜ਼ੁਹਦੀ

ਜੋਹਫ਼ (जोहफ़) /jôfa̲ ジョーフ/ *m.* **1** 弱める要素, 弱める原因. **2** 弱さ. **3** 損害. **4** 被害.

ਜੋਹੜ (जोहड़) /jôṛa̲ ジョール/ *m.* **1** 雨水の溜まる所, 水溜り. (⇒ਛੱਪੜ) **2**〖地理〗池, 溜池.

ਜੋਕ (जोक) /joka̲ ジョーク/ ▶ਜਲਮ [Skt. जलौका, जलूका] *f.* **1**〖動物〗ヒル, 蛭. **2**〖俗語〗自分の利益のために他人にくっついて離れない人, 寄生虫, 居候.

ਜੋਕਰ (जोकर) /jokara̲ ジョーカル/ [Eng. *joker*] *m.* **1** 道化役者. **2** おどけ者. **3**〖遊戯〗(トランプの)ジョーカー.

ਜੋਖ (जोख) /jokʰa̲ ジョーク/ [cf. ਜੋਖਣਾ] *m.* **1** 計量. (⇒ਤੁਲਵਾਈ) **2** 査定, 評価. **3** 重さ, 重量, 目方. (⇒ਵਜ਼ਨ)

ਜੋਖਣਾ (जोखणा) /jokʰaṇā ジョーカナー/ [Skt. योक्षति] *vt.* **1**(重さを)量る, 計る, 計量する. (⇒ਵਜ਼ਨ ਕਰਨਾ, ਤੋਲਣਾ) **2** 検査する, 査定する, 評価する. (⇒ਜਾਂਚਣਾ) **3** 比較考量する, 思慮を巡らす.

ਜੋਖਮ (जोखम) /jokʰama̲ ジョーカム/ ▶ਜੋਖੋਂ [Skt. योगक्षेम] *m.* **1** 危険, 危険性, 危機, 恐れ. (⇒ਖ਼ਤਰਾ) **2** 恐れ, 恐怖. (⇒ਡਰ, ਭੈ) **3** 冒険, 企て. **4** 損害, 損失. **5** 障害. **6** 危難, 苦難. (⇒ਮੁਸ਼ੀਬਤ)

ਜੋਖੋਂ (जोखों) /jokʰõ ジョーコーン/ ▶ਜੋਖਮ *m.f.* → ਜੋਖਮ

ਜੋਗ[1] (जोग) /joga̲ ジョーグ/ ▶ਯੋਗ [Skt. योग] *m.* **1** 結合, 連結, 組み合わせ. (⇒ਜੋੜ) **2**〖数学〗合計, 加算. (⇒ਜੋੜ) **3** 関係, 関連, 関わり. **4**〖ヒ〗ヨーガ, ヨガ, 瑜伽.

ਜੋਗ[2] (जोग) /joga̲ ジョーグ/ ▶ਯੋਗ [Skt. योग्य] *postp.* **1** …できる, …する能力のある, …可能な. (⇒ਲਾਇਕ) **2** …に適した, …にふさわしい, …に適合している, …に向いている. **3** …すべき, …するに値する.
— *adj.* **1** 能力のある, 有能な. **2** 優れた, 立派な.
— *suff.* 「…できる」「…に適した」「…するに値する」などの意味の形容詞を形成する接尾辞. (⇒ਲਾਇਕ)

ਜੋਗ[3] (जोग) /joga̲ ジョーグ/ *f.* **1**〖動物〗二頭の牡牛. **2** 二頭の牛などを繋ぐ頸木(くびき).

ਜੋਗਣ (जोगण) /jogaṇa̲ ジョーガン/ [Skt. योग -ਣ] *f.* **1**〖ヒ〗女性のヨーガ行者. **2**〖ヒ〗ヨーガ行者の妻.

ਜੋਗਣੀ (जोगणी) /jogaṇī ジョーグニー/ ▶ਯੋਗਣੀ [Skt. योगिनी] *f.* **1**〖ヒ〗女性のヨーガ行者. **2**〖ヒ〗シヴァ神またはドゥルガー神の女性信者.

ਜੋਗਾ (जोगा) /jogā ジョーガー/ [Skt. योग्य] *adj.* **1** 適した, ふさわしい, 向いている. (⇒ਲਾਇਕ) **2** 有能な, 能力のある.

ਜੋਗਿਕ (जोगिक) /jogika̲ ジョーギク/ *m.* 合成物.

ਜੋਗੀ (जोगी) /jogī ジョーギー/ ▶ਯੋਗੀ [Skt. योगिन्] *m.* 〖ヒ〗ヨーガ行者.

ਜੋਗੀਆ (जोगीआ) /jogīā ジョーギーアー/ *adj.* 黄土色の.

ਜੋਟਾ (जोटा) /joṭā ジョーター/ [Skt. योटक] *m.* **1** 一対, 二つ一組, 二人一組. **2** 仲間の一組.

ਜੋਟੀ (जोटी) /joṭī ジョーティー/ [-ਈ] *m.* **1** 友情. **2** 仲間意識. **3** 団体.

ਜੋਟੀਦਾਰ (जोटीदार) /joṭīdārạ ジョーティーダール/ [Pers.-*dār*] *m.* **1** 友, 友人. **2** 仲間. **3** 同志. **4** 連れ合い.

ਜੋਣਾ (जोणा) /joṇā ジョーナー/ ▸ਜੋਤਣਾ *vt.* → ਜੋਤਣਾ

ਜੋਤ[1] (जोत) /jotạ ジョート/ [cf. ਜੋਤਣਾ] *f.* **1**〖農業〗耕すこと, 耕作. (⇒ਵਾਹੀ) **2** 耕地.

ਜੋਤ[2] (जोत) /jotạ ジョート/ ▸ਜੋਤਰ *f.* → ਜੋਤਰ

ਜੋਤ[3] (जोत) /jotạ ジョート/ ▸ਜਯੋਤੀ, ਜਜੋਤੀ, ਜੋਤੀ [Skt. ज्योति] *f.* **1** 光, 輝き, 光明. (⇒ਪਰਕਾਸ਼, ਚਮਕ) **2** 炎. **3** 閃き. **4**〖比喩〗魂.

ਜੋਤਸ਼ (जोतश) /jotaśạ ジョータシュ/ ▸ਜਯੋਤਸ਼, ਜਜੋਤਸ਼ [Skt. ज्योतिष] *m.* **1** 天文学. **2** 占星学, 占星術, 星占い. (⇒ਨਜੂਮ)

ਜੋਤਸ਼ੀ (जोतशी) /jotaśī ジョータシー/ [Skt. ज्योतिषिन्] *m.* **1** 天文学者. **2** 占星学者, 占星術師, 占い師.

ਜੋਤਣਾ (जोतणा) /jotaṇā ジョータナー/ ▸ਜੋਣਾ [Skt. योक्त्रयति] *vt.* **1**〖農業〗(犂で畑を)耕す, 鋤く, 耕作する. (⇒ਵਾਹੁਣਾ) **2** 頸木(くびき)を掛ける, 頸木で繋ぐ. **3** (牛馬などを使役のために車や機械に)繋ぐ.

ਜੋਤਨਾਂ (जोतनाँ) /jotanā̃ ジョータナーン/ ▸ਜੋਤਨਾ *f.* → ਜੋਤਨਾ

ਜੋਤਨਾ (जोतना) /jotanā ジョータナー/ ▸ਜੋਤਨਾਂ [Skt. ज्योत्स्ना] *m.* **1** 月の光, 月光. **2** 光, 輝き, 光明. **3** 視力.

ਜੋਤਰ (जोतर) /jotarạ ジョータル/ ▸ਜੋਤ [(Pkt. जोत) Skt. योत्र] *m.* **1** 牛馬の引き綱. **2** 車と牛馬を繋ぐ革紐.

ਜੋਤਰਾ (जोतरा) /jotarā ジョータラー/ ▸ਜੋਤ੍ਰਾ, ਜੋਤਾ [Skt. योक्त्रम्] *m.*〖道具〗牡牛の首と車を結び付ける紐.

ਜੋਤ੍ਰਾ (जोत्रा) /jotrā (jotarā) ジョートラー (ジョータラー)/ ▸ਜੋਤਰਾ, ਜੋਤਾ *m.* → ਜੋਤਰਾ

ਜੋਤਾ (जोता) /jotā ジョーター/ ▸ਜੋਤਰਾ, ਜੋਤ੍ਰਾ *m.* → ਜੋਤਰਾ

ਜੋਤੀ (जोती) /jotī ジョーティー/ ▸ਜਯੋਤੀ, ਜਜੋਤੀ, ਜੋਤ [Skt. ज्योति] *f.* **1** 光, 輝き, 光明. (⇒ਪਰਕਾਸ਼, ਚਮਕ) **2** 炎. **3** 閃き. **4**〖比喩〗魂. ❐ਜੋਤੀ ਜੋਤ ਸਮਾਉਣਾ (聖人が)亡くなる, 他界する《「個人の魂が永遠の魂と一緒になる」の意味から》.

ਜੋਧ (जोध) /jôdạ ジョード/ ▸ਜੋਧਾ, ਯੋਧਾ *m.* → ਜੋਧਾ

ਜੋਧਾ (जोधा) /jôdā ジョーダー/ ▸ਜੋਧ, ਯੋਧਾ [Skt. योद्धा] *m.* **1** 戦士. **2**〖軍〗兵士. **3** 騎士. **4** 英雄.

ਜ਼ੋਨ (ज़ोन) /zonạ ゾーン/ [Eng. *zone*] *m.* 地帯.

ਜੋਨੀ (जोनी) /jonī ジョーニー/ ▸ਜੂਨੀ *f.* → ਜੂਨੀ

ਜੋਬਨ (जोबन) /jobanạ ジョーバン/ ▸ਯੌਵਨ [(Pkt. जोब्बण) Skt. यौवन] *m.* **1** 青春, 青春期, 青年期. (⇒ਜਵਾਨੀ) **2** 若さ, 若い力.

ਜੋਬਨਵੰਤ (जोबनवंत) /jobanawantạ ジョーバンワント/ [Skt.-वंत] *adj.* **1** 若さのある, 若々しい. **2** 麗しい. **3** 美しい.

ਜ਼ੋਰ (ज़ोर) /zorạ ゾール/ [Pers. *zor*] *m.* **1** 力, 強さ. (⇒ਸੱਤਾ, ਸ਼ਕਤੀ) ❐ਜ਼ੋਰ ਅਜ਼ਮਾਉਣਾ 力を試す. **2** 激しさ, 猛威. **3** 強調. ❐ਜ਼ੋਰ ਦੇਣਾ 強調する.

ਜ਼ੋਰਦਾਰ (ज़ोरदार) /zorạdārạ ゾールダール/ [Pers. *zor* Pers.-*dār*] *adj.* **1** 力を持った, 力のある. **2** 強い, 強力な, 強大な. **3** 激しい, 猛烈な.

ਜ਼ੋਰਦਾਰ ਤਕਰੀਰ (ज़ोरदार तकरीर) /zorạdārạ takạrīrạ ゾールダール タクリール/ [+ Arab. *taqrīr*] *f.* **1** 熱弁, 激しい演説. **2** 大言壮語, 誇張した演説.

ਜ਼ੋਰਾਜਬਰੀ (ज़ोराजबरी) /zorājabạrī ゾーラージャブリー/ *adv.* 力づくで, 無理やり, 強引に.

ਜ਼ੋਰਾ ਜ਼ੋਰੀ (ज़ोरा ज़ोरी) /zorā zorī ゾーラー ゾーリー/ ▸ਜ਼ੋਰੋ ਜ਼ੋਰੀ *adv.* 力づくで, 無理やり, 強引に.

ਜ਼ੋਰਾਵਰ (ज़ोरावर) /zorāwarạ ゾーラーワル/ [Pers. *zorāvar*] *adj.* **1** 力強い, 強力な. **2** 強大な. **3** 激しい, 猛烈な.

ਜ਼ੋਰਾਵਰੀ (ज़ोरावरी) /zorāwarī ゾーラーワリー/ [Pers. *zorāvarī*] *f.* **1** 力強いこと, 強力なこと. **2** 激しさ, 猛烈さ. **3** 強制. **4** 脅し, 脅迫.

ਜ਼ੋਰੀਂ (ज़ोरीं) /zorī̃ ゾーリーン/ ▸ਜ਼ੋਰੀ [Pers. *zor* + ईं] *adv.* 力づくで, 無理やり, 強引に, 弾圧的に.

ਜ਼ੋਰੀ (ज़ोरी) /zorī ゾーリー/ ▸ਜ਼ੋਰੀਂ *adv.* → ਜ਼ੋਰੀਂ

ਜੋਰੂ (जोरू) /jorū ジョールー/ [(Pkt. जोई) Skt. योजिता, योजक] *f.*〖親族〗妻, 伴侶. (⇒ਵਹੁਟੀ)

ਜ਼ੋਰੋ ਜ਼ੋਰੀ (ज़ोरो ज़ोरी) /zoro zorī ゾーロー ゾーリー/ ▸ਜ਼ੋਰਾ ਜ਼ੋਰੀ *adv.* → ਜ਼ੋਰਾ ਜ਼ੋਰੀ

ਜੋਲਣਾ (जोलणा) /jolạṇā ジョールナー/ [(Pot.) cf. ਜੁਲਣਾ] *vt.* **1** 歩かせる, 行かせる. (⇒ਤੋਰਨਾ) **2** 別れさせる. **3** 見送る. **4** 派遣する.

ਜੋਵਣਾ (जोवणा) /jowaṇā ジョーワナー/ *vt.* **1** 見る, 見つめる. (⇒ਦੇਖਣਾ, ਤੱਕਣਾ) **2** 結ぶ, 結び付ける.

ਜੋੜ (जोड़) /joṛạ ジョール/ [cf. ਜੋੜਨਾ] *m.* **1** 結合, 連結, 一体化. (⇒ਮੇਲ) **2** 接合, 接続. **3** 繋ぎ目, 継ぎ目. (⇒ਗੰਢ) **4**〖身体〗節, 関節. **5** 匹敵. **6** 対等. (⇒ਬਰਾਬਰੀ) **7**〖言〗つづり方, 正書法. (⇒ਸ਼ਬਦ-ਜੋੜ) **8** 総計, 合計, 集計. (⇒ਮੀਜ਼ਾਨ) **9**〖数学〗加算.

ਜੋੜਦਾਰ (जोड़दार) /joṛạdārạ ジョールダール/ [Pers.-*dār*] *adj.* **1** 結び目のある. **2** 一片でない. **3** 縫い目のある.

ਜੋੜਨਾ (जोड़ना) /joṛạnā ジョールナー/ [Skt. योटयति] *vt.* **1** 結ぶ, 結び付ける, 結合させる, 連結する, 統合する. **2** 繋ぐ, 繋ぎ合わせる, 継ぎ合わせる, 接合する, 接続する. **3** 合わせる. (⇒ਮਿਲਾਉਣਾ) ❐ਹੱਥ ਜੋੜਨਾ 手を合わせる, 合掌する **4** 集める. (⇒ਇਕੱਠਾ ਕਰਨਾ, ਜਮ੍ਹਾ ਕਰਨਾ) **5** 積み上げる. **6** 加える, 加算する, 合計する.

ਜੋੜਵਾਂ (जोड़वाँ) /joṛạwā̃ ジョールワーン/ [cf. ਜੋੜਨਾ] *adj.* **1** 結び付いた, 結合した, 連結した. **2** 継ぎ合わされた, 接合した. **3** 隣接する. **4** 適合する. **5** 類似している. **6** 粘着性の.

ਜੋੜਾ (जोड़ा) /joṛā ジョーラー/ [cf. ਜੋੜਨਾ] *m.* **1** 一対, 二つ一組, 二人一組. **2** 一足の靴. **3** 一揃いの衣服.

ਜੋੜੀ (जोड़ी) /joṛī ジョーリー/ [cf. ਜੋੜਨਾ] *f.* **1** 一対, 二つ一組, 二人一組. **2** 好一対. **3** 似合いの男女. **4** 二頭の牡牛. **5** 一組の車輪. **6**〖楽器〗一組の太鼓. (⇒ਤਬਲਾ)

ਜੋੜੂ[1] (जोड़ू) /joṛū ジョールー/ [cf. ਜੋੜਨਾ] *adj.* **1** 結ばれた, 結合している. **2** 繋がった, 接合している.

ਜੋੜੂ[2] (जोड़ू) /joṛū ジョールー/ *m.* **1** 貯蔵者. **2** けちん坊.

ਜੌਂ (जौं) /jāũ ジャオーン/ [Pers. *jau*] *m.* 〖植物〗オオムギ(大麦)《イネ科の一年草》.

ਜੌਹਰ[1] (जौहर) /jaûra ジャオール/ [Arab. *jauhar*] *m.* **1** 宝石, 宝玉. (⇒ਰਤਨ) **2** 本質, 精髄, 真価, 本領. **3** 特質, 特性. **4** 優秀さ. **5** 熟達. **6** 利点. **7** 才能.

ਜੌਹਰ[2] (जौहर) /jaûra ジャオール/ [Skt. जीव-हर] *m.* **1** 焼身自殺に用いる薪. **2** 火に身を投じて死ぬこと, 焚死. **3**〖社会・歴史〗婦女焚死《城とともに焚死するラージプートの習慣. 落城必死と見た時, 城内の婦女子が火中に身を投じる集団自決》.

ਜੌਹਰੀ (जौहरी) /jaûrī ジャオーリー/ [Arab. *jauharī*] *m.* **1** 宝石商. **2** 宝石鑑定人. **3** 鑑定家, 目利き.

ਜ਼ੌਕ (ज़ौक) /zauka ザォーク/ [Arab. *zauq*] *m.* **1** 喜び, 楽しみ. **2** 好み. **3** 嗜好. **4** 興味. **5** 趣味.

ਜ਼ੌਕੀ (ज़ौकी) /zaukī ザォーキー/ *adv.* **1** 楽しく. **2** 暢気に.

ਜੌਂ ਦੀ ਸ਼ਰਾਬ (जौं दी शराब) /jāũ dī śarāba ジャオーン ディー シャラーブ/ *f.*〖飲料〗ビール. (⇒ਬੀਅਰ)

ਜੌਂਧਰ (जौंधर) /jāûdara ジャオーンダル/ *m.*〖植物〗オートムギ. (⇒ਜਵੀ)

ਜੌਂ ਭਰ (जौं भर) /jāũ pāra ジャオーン パル/ *adj.* ごく少量の, ほんの僅かの.

ਜੌਲੀਆ (जौलीआ) /jaulīā ジャオーリーアー/ *adj.* 愚かな, 馬鹿な, 間抜けな.

— *m.* 愚か者, 馬鹿, 間抜け.

ਜੌਲੇ (जौले) /jaule ジャオーレー/ [(Pot.)] *f.*〖料理〗手作りの小さなセーウィーン《小麦粉でそうめんのように細い棒状に作るインド風マカロニ》.

ਜੌੜਾ (जौड़ा) /jauṛā ジャオーラー/ *adj.* 双子の.

— *m.* 双子の一人.

ਜੌੜੇ (जौड़े) /jauṛe ジャオーレー/ *m.* 双子《複数形》.

ਝ

ਝ (झ) /cǎjjā チャッジャー/ *m.*〖文字〗グルムキー文字の字母表の14番目の文字《高声調(高降りアクセント)または低声調(低昇りアクセント)を伴う, 硬口蓋・破擦音の「チャ」(無声・無気音)または「ジャ」(有声・無気音)を表す》.

ਝਉਣਾ (झउणा) /cǎuṇā チャウナー/ ▸ਝੌਣਾ, ਝੋਣਾ *vi.* → ਝੌਣਾ

ਝਈ (झई) /cǎī チャイー/ ▸ਝਹੀ *f.* **1** 突然の激しい攻撃. ❑ਝਈ ਲੈ ਕੇ ਪੈਣਾ 突然激しく攻撃する. ❑ਝਈਆਂ ਲੈਣਾ 脅す, 歯をむき出して唸る. ❑ਝਈਆਂ ਲੈ ਲੈ ਪੈਣਾ 繰り返し激しく攻撃する. **2** 怒って歯を食いしばること. ❑ਝਈਆਂ ਲੈਣਾ 歯を食いしばる. **3** 身をかがめる姿勢. ❑ਝਈਆਂ ਲੈਣਾ 身をかがめる.

ਝਸ (झस) /cǎsa チャス/ *m.* **1** 癖. **2** 中毒.

ਝੱਸਣਾ (झस्सणा) /cǎssaṇā チャッサナー/ *vt.* **1** こする. **2** 揉む. **3** オイル・マッサージをする.

ਝਸਵਾਉਣਾ (झसवाउणा) /casawǎuṇā チャスワーウナー/ ▸ਝਸਾਉਣਾ *vt.* **1** こすらせる. **2** 揉ませる.

ਝਸਾਉਣਾ (झसाउणा) /casǎuṇā チャサーウナー/ ▸ਝਸਵਾਉਣਾ *vt.* → ਝਸਵਾਉਣਾ

ਝਸਾਈ (झसाई) /casǎī チャサーイー/ *f.* **1** こすること. **2** 揉むこと. **3** マッサージ.

ਝਹੀ (झही) /cǎī | cǎhī チャイー | チャヒー/ ▸ਝਈ *f.* → ਝਈ

ਝਕ (झक) /cǎka チャク/ ▸ਝੱਕ, ਝਿੱਜੀ, ਝਿਜਕ [Skt. चक] *f.* **1** ためらい, 躊躇, 遠慮. (⇒ਸੰਕੋਚ) **2** 用心. **3** 恐れ. (⇒ਡਰ) **4** 恥じらい. (⇒ਸ਼ਰਮ)

ਝੱਕ (झक्क) /cǎkka チャック/ ▸ਝਕ, ਝਿੱਜੀ, ਝਿਜਕ *f.* → ਝਕ

ਝਕਣਾ (झकणा) /cǎkaṇā チャカナー/ ▸ਜਕਣਾ, ਝੱਕਣਾ, ਝਿਜਕਣਾ *vi.* → ਝਿਜਕਣਾ

ਝੱਕਣਾ (झक्कणा) /cǎkkaṇā チャッカナー/ ▸ਜਕਣਾ, ਝਕਣਾ, ਝਿਜਕਣਾ *vi.* → ਝਿਜਕਣਾ

ਝਕਦਾ (झकदा) /cǎkadā チャクダー/ *adj.* 遠慮がちな.

ਝਕਦੇ-ਝਕਦੇ (झकदे-झकदे) /cǎkade-cǎkade チャクデー・チャクデー/ *adv.* **1** 遠慮がちに. **2** ためらいがちに. **3** しぶしぶ.

ਝਕਰਾ (झकरा) /cǎkarā チャクラー/ ▸ਝੱਕਰਾ *m.* → ਝੱਕਰਾ

ਝੱਕਰਾ (झक्करा) /cǎkkarā チャッカラー/ ▸ਝਕਰਾ *m.*〖容器〗広口の焼き物.

ਝਕਾਉਣਾ (झकाउणा) /cakǎuṇā チャカーウナー/ *vt.* **1** じらして苦しめる. **2** いじめる. **3** さっとかわす.

ਝਕਾਨੀ (झकानी) /cakǎnī チャカーニー/ *f.* **1** 身をかわすこと. **2** ごまかし. **3** 見せかけ.

ਝੱਕੀ (झक्की) /cǎkkī チャッキー/ *adj.* **1** ためらいがちの. **2** 遠慮がちの. **3** 恥ずかしがり屋の. **4** しぶしぶながらの.

ਝਕੋਲਣਾ (झकोलणा) /cakǒlaṇā チャコールナー/ *vt.* **1** 振る. **2** 揺らす.

ਝਖ (झख) /cǎkʰa チャク/ ▸ਝੱਖ *f.* → ਝੱਖ

ਝੱਖ (झक्ख) /cǎkkʰa チャック/ ▸ਝਖ [Pkt. झंख] *f.* **1** 無駄話, (くだらない)おしゃべり. **2** はったり, まゆつばの話. **3** 卑しい行い.

ਝੱਖਣਾ (झक्खणा) /cǎkkʰaṇā チャッカナー/ *vi.* **1** わめく, たわごとを言う. **2** さまよう, うろつく. (⇒ਭਟਕਣਾ)

ਝੱਖਮਾਰ (झक्खमार) /cǎkkʰamāra チャックマール/ *adj.* **1** こうるさい. **2** 取るに足らない. **3** 卑しい. **4** 下劣な.

ਝੱਖੜ (झक्खड़) /cǎkkʰaṛa チャッカル/ *m.* **1**〖気象〗嵐, 暴風雨. **2**〖気象〗砂嵐.

ਝੱਗ (झग्ग) /cǎgga チャッグ/ [Skt. कारुज] *f.* **1** 泡, 泡立ち. **2** あぶく. **3** 灰汁(あく).

ਝਗੜਨਾ (झगड़ना) /cǎgaṛanā チャガルナー/ [Pkt. झगड] *vi.* **1** 喧嘩する. **2** 争う, 闘う. **3** 言い争う, 口論する, 論争する. **4** 競う, 競争する.

ਝਗੜਾ (झगड़ा) /cǎgaṛā チャガラー/ ▸ਝੇੜਾ [cf. ਝਗੜਨਾ] *m.* **1** 喧嘩, 仲たがい. **2** 争い, 揉め事. **3** 言い争い, 口論, 論争. **4** 競争. **5** 紛争.

ਝਗੜਾਲੂ (झगड़ालू) /cagaṛǎlū チャグラールー/ [-ਲੂ] *adj.*

1 喧嘩腰の, 攻撃的な. **2** 喧嘩好きの, 好戦的な. **3** 議論好きな, 論争好きの.

ਝੱਗਾ (झग्गा) /căggā チャッガー/ [Turk. *cuğā*] *m.* **1**〖衣服〗(赤ん坊や幼児に着せる)緩く仕立てた衣服. **2**〖衣服〗シャツ. (⇒ਕੁੜਤਾ, ਕਮੀਜ਼)

ਝੰਗੀ (झंगी) /căṅgī チャンギー/ *f.* **1**〖地理〗雑木林. **2**〖地理〗小さな森. **3** 茂み.

ਝੱਗੀ (झग्गी) /căggī チャッギー/ *f.* **1**〖衣服〗半袖のシャツ. **2**〖衣服〗ブラウス.

ਝੰਜਟ (झंजट) /cănjaṭa チャンジャト/ ▸ਝੰਝਟ [Pkt. झंज] *m.* **1** 煩わしさ, 煩雑さ. **2** 面倒, 厄介, 手間のかかること. **3** 困ったこと. **4** 問題.

ਝੱਜਰ (झज्जर) /căjjara チャッジャル/ ▸ਝਾਰੀ [Skt. झर्जर] *f.*〖容器〗首の長い焼き物の水差し.

ਝੰਜੋੜਨਾ (झंजोड़ना) /cañjŏṛanā チャンジョールナー/ *vt.* **1** 振り回す, 激しく振る, 激しく揺り動かす. **2** ひったくる.

ਝੰਜੋੜਾ (झंजोड़ा) /cañjŏṛā チャンジョーラー/ *m.* **1** 振り回すこと. **2** ひったくること.

ਝੰਝਟ (झंझट) /cănjaṭa チャンジャト/ ▸ਝੰਜਟ *m.* → ਝੰਜਟ

ਝੱਝਾ[1] (झज्झा) /căjjā チャッジャー/ *m.*〖文字〗チャッジャー《高声調(高降りアクセント)または低声調(低昇りアクセント)を伴う, 硬口蓋・破擦音の「チャ」(無声・無気音)または「ジャ」(有声・無気音)を表す, グルムキー文字の字母表の14番目の文字 ਝ の名称》.

ਝੱਝਾ[2] (झज्झा) /căjjā チャッジャー/ *m.*〖動物〗額に白い毛の斑点のある家畜.

ਝੱਟ (झट्ट) /căṭṭa チャット/ [(Pkt. झडि) Skt. झटिति] *m.* 瞬間, 瞬時, 一瞬, ほんの僅かの時間.
— *adv.* すぐに, 即刻, 即座に, たちまち, 素早く. ❐ ਉਹ ਪਾਣੀ ਵਿੱਚੋਂ ਝੱਟ ਬਾਹਰ ਨਿਕਲ ਆਇਆ। 彼は水の中からすぐに外に出てきました.

ਝਟਕਈ (झटकई) /caṭakăī チャトカイー/ *m.* **1** 一刀のもとに屠殺する人. **2** 屠殺業者. **3** 肉屋.

ਝਟਕਣਾ (झटकणा) /căṭakaṇā チャタクナー/ *vt.* **1** 強く振る, 急に激しく振る, ぐいと押す, 激しく動かす. **2** 引ったくる, 強奪する. **3** 衝撃を与える. **4** 一刀のもとに屠殺する.

ਝਟਕਾ (झटका) /căṭakā チャトカー/ *m.* **1** 強振, ぐいという押し. **2** 引ったくること, 強奪. **3** 衝撃, ショック. **4** 一刀のもとに屠殺すること.

ਝਟਕਾਉਣਾ (झटकाउणा) /caṭakăuṇā チャトカーウナー/ *vt.* **1** 強く振る, ぐいと押す, 激しく動かす. **2** 引ったくる, 強奪する. **3** 衝撃を与える. **4** 一刀のもとに首を斬って屠殺する.

ਝੱਟਣਾ (झट्टणा) /căṭṭaṇā チャッタナー/ *vt.* **1** 投げる. **2** 撒く. **3** 浴びせる. **4** 手で水を撒く.

ਝਟਪਟ (झटपट) /căṭapaṭa チャトパト/ ▸ਚਟਪਟ, ਚੱਟਪੱਟ, ਝਟਾਪਟ *adv.* たちまち, 即座に, 即刻, すぐに, 素早く, すかさず. (⇒ਤੁਰੰਤ, ਫਟਾ-ਫਟ)

ਝਟਾਪਟ (झटापट) /căṭāpaṭa チャターパト/ ▸ਚਟਪਟ, ਚੱਟਪੱਟ, ਝਟਪਟ *adv.* → ਝਟਪਟ

ਝੰਡ (झंड) /căṇḍa チャンド/ *f.*〖身体〗生後初めて生える柔らかい頭髪.

ਝੰਡਕ (झंडक) /căṇḍaka チャンダク/ *adj.* 髪が乱れた.

ਝੰਡਾ (झंडा) /căṇḍā チャンダー/ [(Pkt. झय) Skt. ध्वजा] *m.* **1** 旗. **2** 旗じるし. **3** ペナント.

ਝੰਡੀ (झंडी) /căṇḍī チャンディー/ [-ਈ] *f.* 小旗.

ਝਣਕਾਰ (झणकार) /căṇakāra チャンカール/ ▸ਝੁਣਕਾਰ *f.* **1** 金属の触れ合う音. **2** チリンと鳴る音. **3** 震え声.

ਝਨਾਂ (झनाँ) /canā̃ チャナーン/ ▸ਚਨਾਬ, ਚੇਨਾਬ, ਝਨਾ, ਝਨਾਂਅ *m.*〖河川〗チャナーブ川《パンジャーブ地方を流れる五河の一つ》.

ਝਨਾ (झना) /canā̃ チャナー/ ▸ਚਨਾਬ, ਚੇਨਾਬ, ਝਨਾਂ, ਝਨਾਂਅ *m.* → ਝਨਾਂ

ਝਨਾਂਅ (झनाँअ) /canā̃a チャナーンア/ ▸ਚਨਾਬ, ਚੇਨਾਬ, ਝਨਾਂ, ਝਨਾ *m.* → ਝਨਾਂ

ਝਪਕਣਾ (झपकणा) /căpakaṇā チャパクナー/ [Skt. झम्प] *vi.* **1** まばたく, まばたきする. **2** うたた寝する, 居眠りをする.

ਝਪਕਾ (झपका) /căpakā チャプカー/ ▸ਝਪਕੀ [Skt. झम्प] *m.* **1** まばたき. **2** まどろみ, うたた寝, 居眠り.

ਝਪਕੀ (झपकी) /căpakī チャプキー/ ▸ਝਪਕਾ *f.* → ਝਪਕਾ

ਝਪਟ (झपट) /căpaṭa チャパト/ ▸ਝਪਟਾ, ਝਪੱਟਾ [Skt. झम्प] *f.* **1** 襲撃, 襲いかかること. **2** 急襲.

ਝਪਟਣਾ (झपटणा) /căpaṭaṇā チャパトナー/ [Skt. झम्प] *vt.* **1** 襲いかかる, 急襲する. **2** 飛びかかる, 飛びつく. **3** 突き進む, 突進する.

ਝਪਟਾ (झपटा) /căpaṭā チャパター/ ▸ਝਪਟ, ਝਪੱਟਾ *m.* → ਝਪਟ

ਝਪੱਟਾ (झपट्टा) /căpaṭṭā チャパッター/ ▸ਝਪਟ, ਝਪਟਾ *m.* → ਝਪਟ

ਝਪੀੜ (झपीड़) /capĭṛa チャピール/ *f.* **1** 押さえつけること, 圧迫, 圧搾. (⇒ਦੱਬ) **2** ふさぐこと, 閉塞. **3** 筋肉の収斂.

ਝਪੀੜਨਾ (झपीड़ना) /capĭṛanā チャピールナー/ *vt.* **1** 押さえつける, 圧迫する, 圧搾する. **2** ふさぐ, 閉じ込める. (⇒ਭਚੀੜਨਾ) **3** 収斂する.

ਝਪੀੜਵਾਂ (झपीड़वाँ) /capĭṛawā̃ チャピールワーン/ *adj.* **1** 圧迫する, 圧搾する, 圧縮性の. **2** 閉じ込めるような, 閉塞性の.

ਝੰਬ (झंब) /cămba チャンブ/ *f.* **1** 綿を棒で叩いて整えること. **2**〖気象〗叩きつける雨.

ਝੱਬ (झब्ब) /căbba チャッブ/ *adv.* **1** 素早く. **2** すぐに. **3** 直ちに.

ਝੰਬਣਾ (झंबणा) /cămbaṇā チャンバナー/ ▸ਝੰਮਣਾ [Skt. झम्प] *vt.* **1** 塵を払う. (⇒ਝਾੜਨਾ) **2** 清掃する, きれいにする. (⇒ਸਾਫ਼ ਕਰਨਾ) **3** 叩く. (⇒ਕੁੱਟਣਾ) **4** 綿を棒で叩いて整える.

ਝਬਦੇ (झबदे) /căbade チャブデー/ *adv.* **1** 速やかに. **2** 素早く. **3** すぐに. **4** 直ちに.

ਝੰਬੇਲਾ (झंबेला) /cambēlā チャンベーラー/ ▸ਝਮੇਲਾ *m.* → ਝਮੇਲਾ

ਝਮਕ (झमक) /cămaka チャマク/ [Skt. झम्प] *f.* **1** 瞬き. **2** きらめき, 輝き.

ਝਮਕਣਾ (झमकणा) /cămakaṇā チャマクナー/ [Skt. झम्प] *vi.* **1** まばたく, まばたきする. **2** 瞬く, ちらちらする, きらめく, きらきら光る, 輝く.

ਝਮਕਾ (झमका) /cămakā チャムカー/ [Skt. झम्प] *m.* **1** ま

ばたき, まばたきすること. **2** 瞬き, きらめき. **3** まどろみ, うたた寝, 居眠り.

ਝਮਕਾਉਣਾ (झमकाउणा) /camakǎuṇā チャムカーウナー/ [cf. ਝਮਕਣਾ] *vt.* (目を)まばたかせる, パチクリさせる, 閉じたり開けたりする.

ਝਮਝਮ (झमझम) /cǎmacǎma チャムチャム/ *adj.* **1** 輝く, 輝いている. **2** きらきら光る, ちらちら光る. **3** きらめく. **4** 閃く.

ਝੰਮਣਾ (झंमणा) /cǎmmaṇā チャンマナー/ ▶ਝੰਬਣਾ *vt.* → ਝੰਬਣਾ

ਝਮਣਾ (झमणा) /cǎmaṇā チャムナー/ *vi.* **1** 萎れる, しぼむ. (⇒ਕੁਮਲਾਉਣਾ, ਮੁਰਝਾਉਣਾ) **2** 曲げられる.

ਝੰਮਣੀ (झंमणी) /cǎmmaṇī チャンマニー/ *f.* 〘道具〙綿を整えるための曲がった棒.

ਝਮਾਕਾ (झमाका) /camǎkā チャマーカー/ *m.* **1** 一瞥. **2** 視線. **3** まばたき.

ਝਮੇਲਾ (झमेला) /camělā チャメーラー/ ▶ਝੰਬੇਲਾ *m.* **1** 面倒, 厄介. **2** 煩わしさ, 手間のかかること. **3** 混乱, ごたごた, いざこざ. **4** 騒ぎ, 騒動.

ਝਰਨਾ[1] (झरना) /cǎranā チャルナー/ [(Pkt. झरइ) Skt. झरति] *vi.* **1** 落ちる. **2** 流れる, 流れ落ちる. **3** 通り過ぎる. **4** 滴る. **5** 漏れる.

ਝਰਨਾ[2] (झरना) /cǎranā チャルナー/ *m.* **1** 〘道具〙篩. **2** 〘地理〙滝.

ਝਰਨਾਹਟ (झरनाहट) /cǎranâṭa チャルナート/ ▶ਝਰਨਾਟ [cf. ਝਰਨਾ] *f.* **1** 震え. **2** 身震い.

ਝਰਨਾਟ (झरनाट) /cǎranāṭa チャルナート/ ▶ਝਰਨਾਹਟ *f.* → ਝਰਨਾਹਟ

ਝਰਨੀ (झरनी) /cǎranī チャルニー/ *f.* 〘道具〙小さな篩.

ਝਰੀ (झरी) /cǎrī チャリー/ [Skt. क्षर] *f.* **1** 細長い穴. **2** 細長い切れ目.

ਝਰੀਂਟ (झरींट) /carĩṭa チャリーント/ ▶ਝਰੀਟ *f.* → ਝਰੀਟ

ਝਰੀਟ (झरीट) /carĩṭa チャリート/ ▶ਝਰੀਂਟ *f.* **1** 引っ掻き傷. **2** 打撲傷. **3** 擦り傷.

ਝਰੀਟਣਾ (झरीटणा) /carĩṭaṇā チャリータナー/ *vt.* **1** 引っ掻く. **2** 傷つける. **3** 殴り書きする.

ਝਰੋਕਾ (झरोका) /carǒkā チャローカー/ ▶ਝਰੋਖਾ *m.* → ਝਰੋਖਾ

ਝਰੋਖਾ (झरोखा) /carǒkʰā チャローカー/ ▶ਝਰੋਕਾ *m.* **1** 覗き穴. **2** 格子窓. **3** 開き窓.

ਝੱਲ[1] (झल्ल) /cǎlla チャッル/ [Skt. ज्वल] *m.* **1** 狂気, 精神異常. (⇒ਪਾਗਲਪਣ) **2** 熱狂. **3** 奇行. **4** 気まぐれ.

ਝੱਲ[2] (झल्ल) /cǎlla チャッル/ [Skt. झट] *f.* **1** 深い森, 密林. (⇒ਸੰਘਣਾ ਜੰਗਲ) **2** 深い葦原. **3** 生い茂った藪.

ਝੱਲ[3] (झल्ल) /cǎlla チャッル/ [cf. ਝੱਲਣਾ[2]] *f.* **1** うちわの微風. **2** 手動の天井扇の微風.

ਝਲਕ (झलक) /cǎlaka チャラク/ ▶ਝਲਕਾਰ, ਝਲਕਾਰਾ, ਝਲਕੀ [Skt. झल्लिका] *f.* **1** ちらりと見えること, 垣間見えること, 一瞥, 片鱗. **2** 視界, 視線. **3** 光, 輝き. **4** ひらめき, 瞬き. **5** 反射, 反映. **6** ほのめかし, 暗示. **7** 予兆, 前兆. **8** かすかな光, 微光.

ਝਲਕਣਾ (झलकणा) /cǎlakaṇā チャラクナー/ [cf. ਝਲਕ] *vi.* **1** きらめく, ぴかぴか光る, 輝く. **2** 閃く, 瞬く. **3** 映る, 反射する, 反映する. **4** ちらりと見える, 窺われる.

ਝਲਕਾਉਣਾ (झलकाउणा) /calakǎuṇā チャルカーウナー/ [cf. ਝਲਕਣਾ] *vt.* **1** きらめかせる, 光らせる, 輝かせる. **2** ひらめかせる, 瞬かせる. **3** 映す, 反射させる, 反映させる. **4** ちらりと見せる, ほのめかす, 暗示する.

ਝਲਕਾਰ (झलकार) /calakǎra チャルカール/ ▶ਝਲਕ, ਝਲਕਾਰਾ, ਝਲਕੀ *f.* → ਝਲਕ

ਝਲਕਾਰਾ (झलकारा) /calakǎrā チャルカーラー/ ▶ਝਲਕ, ਝਲਕਾਰ, ਝਲਕੀ *m.* → ਝਲਕ

ਝਲਕੀ (झलकी) /cǎlakī チャルキー/ ▶ਝਲਕ, ਝਲਕਾਰ, ਝਲਕਾਰਾ *f.* → ਝਲਕ

ਝੱਲਣਾ[1] (झल्लणा) /cǎllaṇā チャッラナー/ [Skt. झेलति] *vt.* **1** 耐える, 忍ぶ, 耐え忍ぶ, 我慢する. (⇒ਸਹਾਰਨਾ, ਸਹਿਣਾ) **2** 苦しむ. **3** 被る, 遭う. **4** 経験する, 体験する.

ਝੱਲਣਾ[2] (झल्लणा) /cǎllaṇā チャッラナー/ [Skt. हलति] *vt.* **1** 振る, 揺らす. (⇒ਹਿਲਾਉਣਾ) **2** 扇ぐ. (⇒ਹਵਾ ਕਰਨਾ) ❐ ਗਰਮੀਆਂ ਵਿੱਚ ਪੱਖੇ ਝੱਲਦੇ ਹਾਂ। 暑い季節はうちわを扇ぎます. **3** 微風を送る.

ਝਲਵਾਉਣਾ (झलवाउणा) /calawǎuṇā チャルワーウナー/ ▶ਝਲਾਉਣਾ [cf. ਝੱਲਣਾ[2]] *vt.* **1** 振らせる, 揺らさせる, 揺らしてもらう. **2** 扇がせる, 扇いでもらう.

ਝੱਲਾ (झल्ला) /cǎllā チャッラー/ [Skt. ज्वल] *adj.* **1** 狂気の, 精神異常の. (⇒ਪਾਗਲ) **2** 熱狂している.

ਝਲਾਉਣਾ[1] (झलाउणा) /calǎuṇā チャラーウナー/ [cf. ਝੱਲਣਾ[1]] *vt.* 耐えさせる, 我慢させる.

ਝਲਾਉਣਾ[2] (झलाउणा) /calǎuṇā チャラーウナー/ ▶ਝਲਵਾਉਣਾ *vt.* → ਝਲਵਾਉਣਾ

ਝਲਾਈ (झलाई) /calǎī チャラーイー/ [cf. ਝੱਲਣਾ[2]] *f.* **1** 扇ぐこと. **2** 微風を送ること.

ਝਲਾਂਗ (झलाँग) /calǎ̃ga チャラーング/ [Skt. झला + Skt. अग्र] *f.* **1** 朝. **2** 早朝.

ਝਲਾਂਗੇ (झलाँगे) /calǎ̃ge チャラーンゲー/ [+ ਏ] *adj.* **1** 朝に. **2** 早朝に.

ਝਲਾਨੀ (झलानी) /calǎnī チャラーニー/ *f.* **1** 〘建築〙台所として使われる低い屋根の土製の小屋.

ਝਲਾਰ (झलार) /calǎra チャラール/ [Skt. ताल] *f.* 〘地理〙滝.

ਝੜ (झड़) /cǎṛa チャル/ [(Pkt. झड़ी) Skt. क्षर] *m.* **1** 雲の陰. **2** 〘気象〙曇天.

ਝੜਨਾ (झड़ना) /cǎṛanā チャルナー/ [(Pkt. झडइ) Skt. झटति] *vi.* **1** 落ちる, 落下する, 下落する. **2** 払い落とされる. **3**(落ち葉・熟れた果実・頭髪などが)落ちる. **4** (作物が)実る.

ਝੜਪ (झड़प) /cǎṛapa チャラプ/ ▶ਝੜਫ *f.* **1** 喧嘩, 仲たがい. **2** 争い. **3** 言い争い, 口論. **4** 衝突.

ਝੜਪਣਾ (झड़पणा) /cǎṛapaṇā チャラプナー/ ▶ਝੜਫਣਾ *vi.* **1** 喧嘩する. **2** 争う. **3** ぶつかる, 衝突する.

ਝੜਫ (झड़फ) /cǎṛapʰa チャラプ/ ▶ਝੜਪ *f.* → ਝੜਪ

ਝੜਫਣਾ (झड़फणा) /cǎṛapʰaṇā チャラプナー/ ▶ਝੜਪਣਾ *vi.* → ਝੜਪਣਾ

ਝੜਵਾਉਣਾ (झड़वाउणा) /caṛawǎuṇā チャルワーウナー/ ▶ਝੜਾਉਣਾ [cf. ਝੜਨਾ] *vt.* **1** 払い落とさせる, はたかせる, 払いのけさせる. **2** 塵を払わせる, 掃かせる, 掃除させる. **3** 揺すって落とさせる, 枝を揺すって(果実を)落とさせる.

ਝੜਵਾਈ (**झड़वाई**) /caṛawāī チャルワーイー/ ▶ਝੜਾਈ [cf. ਝੜਨਾ] *f.* **1** 塵を払うこと, 掃くこと, 掃除すること, その労賃. **2** 払い落とすこと, 揺すって落とすこと, その労賃.

ਝੜਾਉਣਾ (**झड़ाउणा**) /caṛǎuṇā チャラーウナー/ ▶ਝੜਵਾਉਣਾ *vt.* → ਝੜਵਾਉਣਾ

ਝੜਾਈ (**झड़ाई**) /caṛǎī チャラーイー/ ▶ਝੜਵਾਈ *f.* → ਝੜਵਾਈ

ਝੜੀ (**झड़ी**) /cǎṛī チャリー/ [Pkt. झड़ी] *f.* **1** 〖気象〗降り続く雨. **2** 〖気象〗長雨.

ਝਾ (**झा**) /cǎ チャー/ *int.* わっ, うわっ《そっと近づいて驚かせる時の言葉》.

ਝਾਉਲਾ (**झाउला**) /cǎulā チャーウラー/ ▶ਝੌਲਾ [Skt. झम्प] *m.* **1** 霞んで見えること. **2** ぼんやりした様子, 不明瞭なこと. **3** 曖昧な認識.

ਝਾਊ (**झाऊ**) /cǎū チャーウー/ [Skt. झावुक] *m.* 〖植物〗タマリスク, ギョリュウ(御柳)《ギョリュウ科の落葉小高木. 高さ数メートルになる庭園樹. 小さな針状の葉をぎっしり着けた細い枝が下垂し, 株全体覆うようになった姿が美しい. 淡紅色の小さな花が総状に咲き, 株全体を覆う》. (⇒ਪਿਲਛੀ)

ਝਾਈ (**झाई**) /cǎī チャーイー/ *f.* **1** 〖親族〗母. (⇒ਮਾਤਾ) **2** お母さん. (⇒ਮਾਂ)

ਝਾਂਸਣਾ (**झाँसणा**) /cǎ̃saṇā チャーンスナー/ [cf. ਝਾਂਸਾ] *vt.* **1** だます, ごまかす. **2** 欺く.

ਝਾਂਸਾ (**झाँसा**) /cǎ̃sā チャーンサー/ ▶ਝਾਸਾ [(Pkt. अज्झास) Skt. अध्यास] *m.* **1** だまし, 詐欺. **2** ぺてん, いかさま.

ਝਾਸਾ (**झासा**) /cǎsā チャーサー/ ▶ਝਾਂਸਾ *m.* → ਝਾਂਸਾ

ਝਾਂਸੂ (**झाँसू**) /cǎ̃sū チャーンスー/ [Skt. अध्यास -ਊ] *m.* 詐欺師, ぺてん師.

ਝਾਂਸੇਬਾਜ਼ (**झाँसेबाज़**) /cǎ̃sebāzạ チャーンセーバーズ/ [Pers.-*bāz*] *adj.* 詐欺の, いかさまの.

ਝਾਂਸੇਬਾਜ਼ੀ (**झाँसेबाज़ी**) /cǎ̃sebāzī チャーンセーバーズィー/ [Pers.-*bāzī*] *f.* だまし, 詐欺.

ਝਾਹਾ (**झाहा**) /cǎā | cǎhā チャーアー | チャーハー/ *m.* 〖動物〗ハリネズミ, 針鼠《側面と背全体にトゲのある哺乳動物》. (⇒ਕੰਡੇਰਨਾ)

ਝਾਕ (**झाक**) /cǎkạ チャーク/ [cf. ਝਾਕਣਾ] *f.* **1** 覗き. **2** 期待. (⇒ਆਸ)

ਝਾਕਣਾ (**झाकणा**) /cǎkaṇā チャーカナー/ [(Pkt. अज्झक्ख) Skt. अध्यक्ष] *vt.* **1** 覗く. **2** 見つめる.

ਝਾਕਾ[1] (**झाका**) /cǎkā チャーカー/ [cf. ਝਾਕਣਾ] *m.* **1** 一瞥. **2** 視界.

ਝਾਕਾ[2] (**झाका**) /cǎkā チャーカー/ *m.* **1** ためらい, 躊躇. **2** 恥じらい. **3** 用心.

ਝਾਂਕੀ (**झाँकी**) /cǎ̃kī チャーンキー/ ▶ਝਾਕੀ *f.* → ਝਾਕੀ

ਝਾਕੀ (**झाकी**) /cǎkī チャーキー/ ▶ਝਾਂਕੀ [cf. ਝਾਕਣਾ] *f.* **1** 場面, 光景, 風景, 眺め. (⇒ਨਜ਼ਾਰਾ) **2** 視線, 眼差し. **3** 一瞥. **4** 覗き見.

ਝਾਗਣਾ (**झागणा**) /cǎgaṇā チャーガナー/ *vt.* **1** 耐える, 我慢する, こらえる. (⇒ਸਹਾਰਨਾ) **2** 耐え忍ぶ, 耐え抜く, 持ちこたえる. **3**(試練を)経験する.

ਝਾਂਜਰ (**झाँजर**) /cǎ̃jarạ チャーンジャル/ *f.* 〖装〗足首飾り.

ਝਾਂਜਾ (**झाँजा**) /cǎ̃jā チャーンジャー/ ▶ਝਾਂਬਾ [Skt. झञ्झा] *m.* **1** 〖気象〗嵐. **2** 突風. **3** 大雷雨.

ਝਾਟਲਾ (**झाटला**) /cǎṭalā チャータラー/ *adj.* 茂った, 群生した.

ਝਾਟਾ (**झाटा**) /cǎṭā チャーター/ [Skt. जटा] *m.* **1** 〖身体〗髪, 頭髪. (⇒ਸਿਰ ਦੇ ਵਾਲ) **2** 〖身体〗乱れた髪, もつれた髪. (⇒ਉਲਝੇ ਹੋਏ ਵਾਲ)

ਝਾਤ (**झात**) /cǎtạ チャート/ ▶ਝਾਤੀ *f.* **1** 見ること. **2** 覗き.

ਝਾਤੀ (**झाती**) /cǎtī チャーティー/ ▶ਝਾਤ *f.* → ਝਾਤ

ਝਾਂਫਾ (**झाँफा**) /cǎ̃pʰā チャーンパー/ ▶ਝਾਫਾ *m.* 〖植物〗棘のある木の枝.

ਝਾਫਾ (**झाफा**) /cǎpʰā チャーパー/ ▶ਝਾਂਫਾ *m.* → ਝਾਂਫਾ

ਝਾਂਬੜ (**झाँबड़**) /cǎ̃baṛạ チャーンバル/ *m.* 〖植物〗乾燥した細い枝, 棘のある木の枝.

ਝਾਂਬਾ (**झाँबा**) /cǎ̃bā チャーンバー/ ▶ਝਾਂਜਾ *m.* → ਝਾਂਜਾ

ਝਾਬਾ (**झाबा**) /cǎbā チャーバー/ *m.* 〖容器〗油を入れる皮袋.

ਝਾਮਾਂ (**झामाँ**) /cǎmā̃ チャーマーン/ ▶ਝਾਮਾ, ਝਾਵਾਂ *m.* → ਝਾਵਾਂ

ਝਾਮਾ (**झामा**) /cǎmā チャーマー/ ▶ਝਾਮਾਂ, ਝਾਵਾਂ *m.* → ਝਾਵਾਂ

ਝਾਰੀ (**झारी**) /cǎrī チャーリー/ ▶ਝੱਜਰ [Skt. झर्जर] *f.* 〖容器〗首の長い焼き物の水差し.

ਝਾਲ[1] (**झाल**) /cǎlạ チャール/ [Skt. ज्वाल] *f.* 〖化学〗金めっき.

ਝਾਲ[2] (**झाल**) /cǎlạ チャール/ [Skt. झालरी] *f.* **1** 〖地理〗滝. (⇒ਝਲਾਰ) **2** 運河の人工の滝. **3** 堰.

ਝਾਲ[3] (**झाल**) /cǎlạ チャール/ ▶ਝੱਲ *f.* **1** 労苦. **2** 忍耐. **3** 重荷. **4** 義務.

ਝਾਲਣਾ (**झालणा**) /cǎlaṇā チャールナー/ *vt.* はんだ付けする.

ਝਾਲਰ (**झालर**) /cǎlarạ チャーラル/ [Skt. झल्लरी] *f.* **1** 縁. **2** 縁飾り. **3** 房飾り. **4** 花綱飾り.

ਝਾਵਾਂ (**झावाँ**) /cǎwā̃ チャーワーン/ ▶ਝਾਮਾਂ, ਝਾਮਾ [Skt. झामक] *m.* **1** 〖鉱物〗軽石. **2** 〖俗語〗愚か者.

ਝਾੜ[1] (**झाड़**) /cǎṛạ チャール/ [Skt. झाट] *m.* **1** 〖植物〗灌木, 低木. **2** 〖植物〗藪. **3** 〖植物〗棘のある低木, 茨. (⇒ਕੰਡੇਦਾਰ ਬੂਟਾ) **4** 花火の一種. **5** 蝋燭の束, シャンデリア.

ਝਾੜ[2] (**झाड़**) /cǎṛạ チャール/ [cf. ਝਾੜਨਾ] *m.* **1** 塵を払うこと, はたくこと. **2** 掃くこと, 清掃. **3** 清め, 浄化. **4** 〖儀礼〗悪魔祓い, 厄払い. **5** 叱ること, 叱責の言葉. (⇒ਡਾਟ)

ਝਾੜ ਚੂਹਾ (**झाड़ चूहा**) /cǎṛạ cûā | cǎṛạ cūhā チャール チューアー | チャール チューハー/ *m.* 〖動物〗ハリネズミ, 針鼠. (⇒ਕੰਡੇਰਨਾ)

ਝਾੜਨ (**झाड़न**) /cǎṛanạ チャーラン/ *m.* 雑巾.

ਝਾੜਨਾ (**झाड़ना**) /cǎṛanā チャールナー/ [Skt. झाटयति] *vt.* **1** 塵を払う, はたく, 払い落とす, 払いのける, 掃く. **2** きれいにする, 掃除する, 清掃する. ❐ਆਪਣੀਆਂ ਕਿਤਾਬਾਂ ਨੂੰ ਸਦਾ ਝਾੜ ਕੇ ਰੱਖੋ। 自分の本をいつもきれいにしておきなさい.

ਝਾੜਾ (**झाड़ा**) /cǎṛā チャーラー/ [cf. ਝਾੜਨਾ] *m.* **1** 〖儀

礼〗悪魔祓い, 厄払い. **2** 便所, 簡易公衆トイレ. (⇒ ਪਖਾਨਾ, ਟੱਟੀ) **3**〖生理〗排泄.

ਝਾੜੀ (झाड़ी) /cǎṛī チャーリー/ [Skt. झाट -ई] *f.* **1**〖植物〗灌木, 低木. **2**〖植物〗藪, 茨. ❐ਗੁਰੂ ਜੀ ਝਾੜੀਆਂ ਵਿੱਚੋਂ ਕਿਸੇ ਬੱਚੇ ਦੇ ਰੋਣ ਦੀ ਅਵਾਜ਼ ਸੁਣੀ। グル・ジーは藪の中から聞こえてくる子供の泣き声を聞きました.

ਝਾੜੂ (झाड़ू) /cǎṛū チャールー/ [cf. ਝਾੜਨਾ] *m.*〖道具〗箒. (⇒ਬਹੁਕਰ)

ਝਿਊਰ (झिऊर) /ciǔrạ チウール/ ▸ਝੀਊਰ, ਝੀਵਰ [Skt. धीवर] *m.* **1** 水運び人. **2** 皿洗いの人. **3** 漁師, 漁夫. (⇒ਮਾਛੀ) **4** 駕籠かき.

ਝਿੱਸੀ (झिस्सी) /cǐssī チッスィー/ ▸ਝਕ, ਝੱਕ, ਝਿਜਕ *f.* → ਝਿਜਕ

ਝਿਕ (झिक) /cǐkạ チク/ ▸ਝਿੱਕ *m.* **1** 低いこと, 低さ. **2** 低俗, 下品.
— *adv.* 下に.

ਝਿੱਕ (झिक्क) /cǐkạ チク/ ▸ਝਿਕ *m.adv.* → ਝਿਕ

ਝਿਕ ਝਿਕ (झिक झिक) /cǐkạ cǐkạ チク チク/ *f.* 無意味なうんざりする話・行為.

ਝਿਕਲਾ (झिकला) /cǐkạlā チクラー/ *adj.* **1** より低い, 下の. **2** 低俗な, 下品な.

ਝਿੱਕਾ (झिक्का) /cǐkkā チッカー/ *adj.* より低い, 下の.

ਝਿਜਕ (झिजक) /cǐjakạ チジャク/ ▸ਝਕ, ਝੱਕ, ਝਿੱਸੀ [Skt. चक] *f.* **1** ためらい, 躊躇, 遠慮. (⇒ਸੰਕੋਚ) **2** 用心, 警戒. **3** 恐れ. (⇒ਡਰ) **4** 恥じらい. (⇒ਸ਼ਰਮ)

ਝਿਜਕਣਾ (झिजकणा) /cǐjakạṇā チジャクナー/ ▸ਜਕਣਾ, ਝਕਣਾ, ਝੱਕਣਾ [Skt. चक] *vi.* **1** ためらう, 躊躇する, 気後れする. **2** 用心する, 警戒する. **3** 恥じらう.

ਝਿਮ ਝਿਮ (झिम झिम) /cǐmạ cǐmạ チム チム/ *adv.* (雨が)しとしとと, 静かに.

ਝਿੰਮਣੀ (झिंमणी) /cǐmmaṇī チンマニー/ *f.*〖身体〗睫毛(まつげ).

ਝਿਰਝਿਰਾ (झिरझिरा) /cǐracǐrā チルチラー/ [Skt. जर्जर] *adj.* **1**(布が)とても薄い. **2** 擦り切れた. **3** 薄くて透き通った.

ਝਿਰੀ (झिरी) /cǐrī チリー/ [Skt. क्षर्] *f.* 細長い溝.

ਝਿਲਮਿਲ (झिलमिल) /cǐlạmilạ チルミル/ [Skt. ज्वल] *f.* **1** 光のちらつき, きらめき. (⇒ਚਮਕ) **2** 輝き. (⇒ਲਿਸ਼ਕ)

ਝਿਲਮਿਲਾਉਣਾ (झिलमिलाउणा) /cǐlạmilāuṇā チルミラーウナー/ [Skt. ज्वल] *vi.* **1** ちらちら光る, きらめく. **2** 輝く.

ਝਿਲਮਿਲੀ (झिलमिली) /cǐlạmilī チルミリー/ *f.* 板簾(いたすだれ).

ਝਿੱਲੀ (झिल्ली) /cǐllī チッリー/ [Skt. झिल्ली] *f.* 薄い皮膜.

ਝਿੜਕ (झिड़क) /cǐṛakạ チラク/ ▸ਝਿੜਕੀ [cf. ਝਿੜਕਣਾ] *f.* **1** 叱責. **2** 非難.

ਝਿੜਕਣਾ (झिड़कणा) /cǐṛakạṇā チラクナー/ [(Pkt. झडइ) Skt. झटति] *vt.* **1** 叱る. ❐ਕਿੰਨਾ ਝਿੜਕੋ, ਕੁੱਤਾ ਆਪਣੇ ਮਾਲਕ ਦਾ ਘਰ ਨਹੀਂ ਛੱਡਦਾ। いくら叱っても, 犬は自分の飼い主の家を離れません. **2** 非難する.

ਝਿੜਕੀ (झिड़की) /cǐṛakī チルキー/ ▸ਝਿੜਕ *f.* → ਝਿੜਕ

ਝਿੜੀ (झिड़ी) /cǐṛī チリー/ [Skt. झाट] *f.*〖地理〗小さな森.

ਝੀਊਰ (झीउर) /cǐurạ チーウル/ ▸ਝਿਊਰ, ਝੀਵਰ *m.* → ਝਿਊਰ

ਝੀਖਣਾ (झीखणा) /cǐkʰaṇā チーカナー/ *vi.* 悲しむ, 嘆く.

ਝੀਂਗਰ (झींगर) /cǐ̃garạ チーンガル/ [(Pkt. झिंगि) Skt. झिल्लिको] *m.*〖虫〗コオロギ, 蟋蟀.

ਝੀਂਗਾ (झींगा) /cǐ̃gā チーンガー/ [Skt. चिगट] *m.*〖魚〗エビ, 海老.

ਝੀਣਾ (झीणा) /cǐṇā チーナー/ [Skt. क्षीण] *adj.* 弱い, 弱々しい. (⇒ਕਮਜ਼ੋਰ)

ਝੀਤ (झीत) /cǐtạ チート/ [(Pkt. छित्ति) Skt. छिद्र] *f.* 割れ目, 裂け目. (⇒ਛੇਕ)

ਝੀਤੂ (झीतू) /cǐtū チートゥー/ *m.* 盗み見.

ਝੀਲ (झील) /cǐlạ チール/ [Pkt. झिल्ली, झिल्लइ] *f.* **1**〖地理〗湖. **2**〖地理〗潟.

ਝੀਵਰ (झीवर) /cǐwarạ チーワル/ ▸ਝਿਊਰ, ਝੀਊਰ *m.* → ਝਿਊਰ

ਝੁਆਉਣਾ[1] (झुआउणा) /cuǎuṇā チュアーウナー/ *vt.* **1** 回させる. **2**(碾き臼を)動かさせる, 挽いて粉にさせる.

ਝੁਆਉਣਾ[2] (झुआउणा) /cuǎuṇā チュアーウナー/ *vi.* **1** 寛ぐ, のんびりする. **2**(仕事の途中で)休む, 休憩する.

ਝੁਆਈ (झुआई) /cuǎī チュアーイー/ ▸ਚੁਹਾਈ, ਚੁਥਾਈ, ਚੌਥਾਈ [(Pkt. चौथा) Skt. चतुर्थ] *adj.* 4分の1の.
— *f.* 4分の1, 四半分, 4分の1の部分.

ਝੁਕਣਾ (झुकणा) /cǔkaṇā チュカナー/ [Skt. झुक्कति] *vi.* **1** 傾く, 傾斜する. **2** かがむ, 身をかがめる. **3** うつむく. **4**(腰が)曲がる, 前にかがむ, ひざまづく. **5**(頭が)下がる, うなだれる, お辞儀する. **6** 服従する, 屈服する.

ਝੁਕਵਾਂ (झुकवाँ) /cǔkạwā̃ チュクワーン/ [cf. ਝੁਕਣਾ] *adj.* **1** 身をかがめた. **2** お辞儀をした.

ਝੁਕਾ (झुका) /cukǎ チュカー/ ▸ਝੁਕਾਉ [cf. ਝੁਕਣਾ] *m.* **1** 身をかがめること. **2** お辞儀.

ਝੁਕਾਉ (झुकाउ) /cukǎo チュカーオー/ ▸ਝੁਕਾ *m.* → ਝੁਕਾ

ਝੁਕਾਉਣਾ (झुकाउणा) /cukǎuṇā チュカーウナー/ [cf. ਝੁਕਣਾ] *vt.* **1** 傾ける, 傾斜させる. **2**(頭を)垂れる, 下げる, (目を)伏せる. **3**(腰を)曲がる, かがめる, 前にかがめる, ひざまづかせる. **4** お辞儀をさせる. **5** 服従させる, 屈服させる.

ਝੁੱਗਾ (झुग्गा) /cǔggā チュッガー/ *m.* **1**〖建築〗家. **2**〖建築〗住宅. **3** 家族. **4** 家系.

ਝੁੱਗੀ (झुग्गी) /cǔggī チュッギー/ *f.*〖建築〗小屋, 掘っ建て小屋. (⇒ਕੁੱਲੀ)

ਝੁੰਜਲਾਉਣਾ (झुंजलाउणा) /cuñjạlǎuṇā チュンジラーウナー/ [Pkt. झुणि] *vi.* 苛立つ, 苛々する, 不機嫌になる.

ਝੁੰਜਲਾਹਟ (झुंजलाहट) /cuñjạlǎṭạ チュンジラート/ [cf. ਝੁੰਜਲਾਉਣਾ] *f.* 苛立ち, 苛々, 不機嫌.

ਝੁੱਟ (झुट्ट) /cǔṭṭạ チュット/ [(Pkt. झडि) Skt. झटिति] *m.* 素早い動作.

ਝੁੱਟੀ (झुट्टी) /cǔṭṭī チュッティー/ [Skt. झटिति] *f.* **1** 続けて集中的に行う動き. **2** 一続きの素早い動き. **3** 素早く奪い取ること.

ਝੁਠਲਾਉਣਾ (झुठलाउणा) /cuṭʰalǎuṇā チュトラーウナー/ ▸ਝੁਠਾਉਣਾ, ਝੁਠਿਆਉਣਾ *vt.* → ਝੁਠਿਆਉਣਾ

ਝੁਠਾਉਣਾ (झुठाउणा) /cuṭʰǎuṇā チュターウナー/ ▸

ਝੁਠਲਾਉਣਾ, ਝੁਠਿਆਉਣਾ *vt.* → ਝੁਠਿਆਉਣਾ

ਝੁਠਿਆਉਣਾ (झुठिआउणा) /cuṭʰiǎuṇā チュティアーウナー/ ▸ਝੁਠਲਾਉਣਾ, ਝੁਠਾਉਣਾ [(Pkt. झुट्ठ) Skt. झुष्ट] *vt.* **1** 偽る, 嘘をつく, 曲げて伝える. **2** 矛盾したことを言う. **3** 反証する, 論破する.

ਝੁਠਿਆਰ (झुठिआर) /cǔṭʰiārạ チュティアール/ [cf. ਝੁਠਿਆਉਣਾ] *m.* 嘘つき.

ਝੁੰਡ (झुंड) /cǔṇḍạ チュンド/ [(Pkt. जूट) Skt. यूथ] *m.* **1**（鳥や動物の）集まり, 群れ. **2** 人の集まり, 群衆, 人だかり. (⇒ਭੀੜ) **3** 密林. (⇒ਸੰਘਣਾ ਜੰਗਲ)

ਝੁੰਡੀ (झुंडी) /cǔṇḍī チュンディー/ [-ਈ] *f.* 〖植物〗木の小さな芽の群れ.

ਝੁੱਡੂ (झुड्डू) /cǔḍḍū チュッドゥー/ *adj.* 愚かな, 間抜けな.
— *m.* **1** 愚か者, 間抜け. **2**〖俗語〗妻の尻に敷かれている亭主. **3**〖俗語〗妻を寝取られた男.

ਝੁਣਕਾਰ (झुणकार) /cǔṇạkārạ チュンカール/ ▸ਝਣਕਾਰ *f.* → ਝਣਕਾਰ

ਝੁਣਝੁਣੀ (झुणझुणी) /cǔṇạcǔṇī チュンチュニー/ ▸ਝੁਨਝੁਨੀ *f.* **1** 震え. **2** 身震い.

ਝੁਨਝੁਨੀ (झुनझुनी) /cǔnạcǔnī チュンチュニー/ ▸ਝੁਣਝੁਣੀ *f.* → ਝੁਣਝੁਣੀ

ਝੁੰਬ (झुंब) /cǔmbạ チュンブ/ ▸ਝੁੰਮ [Pkt. झम्प] *m.* **1** 包むもの, 覆うもの, カバー. **2** 粗布や毛布で間に合わせに作った頭や肩の覆い. **3** 頭や顔に巻きつける布や毛布.

ਝੁੰਮ (झुंम) /cǔmmạ チュンム/ ▸ਝੁੰਬ [(Pot.)] *m.* → ਝੁੰਬ

ਝੁਮਕਾ (झुमका) /cǔmạkā チュムカー/ ▸ਝੂਮਰ [cf. ਝੁਮਣਾ] *m.* 〖装〗耳飾りのペンダント.

ਝੁੰਮਣਾ (झुंमणा) /cǔmmaṇā チュンマナー/ ▸ਝੂਮਣਾ *vi.* → ਝੂਮਣਾ

ਝੁੰਮਰ (झुंमर) /cǔmmarạ チュンマル/ ▸ਭੁੰਮਰ *f.* → ਭੁੰਮਰ

ਝੁਰਨਾ (झुरना) /cǔrạnā チュルナー/ ▸ਝੂਰਨਾ [Skt. झुरति] *vi.* **1** 悲しむ, 嘆き悲しむ. **2** 悔やむ.

ਝੁਰਮਟ (झुरमट) /cǔrạmaṭạ チュルマト/ [Skt. झुंट] *m.* **1** 群衆. (⇒ਭੀੜ) **2** 烏合の衆. **3** 群れ. **4** 群生. **5**〖植物〗灌木群.

ਝੁਰੜਨਾ (झुरड़ना) /cǔraṛạnā チュラルナー/ *vi.* **1** しぼむ. **2** 皺が寄る.

ਝੁਰੜੀ (झुरड़ी) /cǔraṛī チュラリー/ *f.* 皺.

ਝੁਰੇਮਾਂ (झुरेमाँ) /curěmā̃ チュレーマーン/ ▸ਝੁਰੇਵਾਂ, ਝੁਰੇਵਾ *m.* → ਝੁਰੇਵਾਂ

ਝੁਰੇਵਾਂ (झुरेवाँ) /curěwā̃ チュレーワーン/ ▸ਝੁਰੇਮਾਂ, ਝੁਰੇਵਾ *m.* **1** 悲しみ, 嘆き. **2** 失望, 落胆.

ਝੁਰੇਵਾ (झुरेवा) /curěwā チュレーワー/ ▸ਝੁਰੇਮਾਂ, ਝੁਰੇਵਾਂ *m.* → ਝੁਰੇਵਾਂ

ਝੁੱਲ (झुल्ल) /cǔllạ チュッル/ [Arab. *jull*] *m.* **1**〖衣服〗（象・馬・牡牛などの）家畜の背を覆う布, 家畜の背に着せる盛装. **2**〖寝具〗毛布.

ਝੁਲਸਣਾ (झुलसणा) /cǔlasạṇā チュラスナー/ [Skt. ज्वल] *vi.* **1** 焼ける, 燃える. **2** 焦げる. **3** 火傷する. **4** 干からびる.
— *vt.* **1** 焼く, 燃やす. **2** 焦がす. **3** 火傷させる. **4** 干からびさせる.

ਝੁਲਸਵਾਉਣਾ (झुलसवाउणा) /culasạwǎuṇā チュラスワーウナー/ ▸ਝੁਲਸਾਉਣਾ [cf. ਝੁਲਸਣਾ] *vt.* **1** 焼かせる, 焼いてもらう, 燃やしてもらう. (⇒ਜਲਵਾਉਣਾ) **2** 焦がしてもらう.

ਝੁਲਸਾਉਣਾ (झुलसाउणा) /culasǎuṇā チュルサーウナー/ ▸ਝੁਲਸਵਾਉਣਾ *vt.* → ਝੁਲਸਵਾਉਣਾ

ਝੁਲਕਾ (झुलका) /cǔlạkā チュルカー/ *m.* 一度にくべられる燃料.

ਝੁਲਣਾ (झुलणा) /cǔlạṇā チュルナー/ ▸ਝੁੱਲਣਾ *vi.* → ਝੁੱਲਣਾ

ਝੁੱਲਣਾ (झुल्लणा) /cǔllaṇā チュッラナー/ ▸ਝੁਲਣਾ [(Pkt. झुल्लइ) Skt. झुल्यति] *vi.* **1** 揺れる, 揺れ動く. **2**（旗などが）翻る, 風になびく, 風に舞う, そよぐ. **3**（嵐が）吹く, 吹き荒れる. **4** 怒る, 激怒する. (⇒ਗੁੱਸਾ ਚੜ੍ਹਨਾ)

ਝੁਲਾਉਣਾ (झुलाउणा) /culǎuṇā チュラーウナー/ [cf. ਝੁੱਲਣਾ] *vt.* **1** 揺らす, 揺り動かす. **2**（旗などを）広げる, 翻す, 風になびかせる.

ਝੂੰਹ (झूँह) /cũ̌ チューン/ *f.* 〖身体〗陰毛.

ਝੂੰਗਾ[1] (झूँगा) /cũ̌gā チューンガー/ *m.* おまけ.

ਝੂੰਗਾ[2] (झूँगा) /cũ̌gā チューンガー/ *adj.* （牡牛の）角が前方下向きの.

ਝੂਟਣਾ (झूटणा) /cũ̌ṭaṇā チュータナー/ *vi.* **1** 揺れる, 揺れ動く. (⇒ਹਿੱਲਣਾ) **2** ぶら下がる. **3** ぶらんこに乗る. **4**（振り子のように）揺れ動く.

ਝੂਟਾ (झूटा) /cũ̌ṭā チューター/ *m.* **1**〖遊具〗ぶらんこ. (⇒ਪੀਂਘ) **2** ぶらんこに乗ること. **3** ぶら下がること. **4** ゆれる動作. **5** 身震い. **6**〖比喩〗陶酔. (⇒ਰਸ, ਅਨੰਦ)

ਝੂਠ (झूठ) /cũ̌ṭʰạ チュート/ [(Pkt. झुट्ठ) Skt. झुष्ट] *m.* **1** 嘘. ❐ਝੂਠ ਬੋਲਣਾ, ਝੂਠ ਮਾਰਨਾ 嘘をつく. ❐ਦੇਖ ਬਾਬਾ, ਮੈਂ ਝੂਠ ਨਹੀਂ ਬੋਲਦਾ। ほらおじいちゃん, 僕は嘘をつかないよ. **2** 偽り. **3** 偽造, 捏造.

ਝੂਠ-ਸੱਚ (झूठ-सच्च) /cũ̌ṭʰạ-saccạ チュート・サッチ/ [Skt. झुष्ट + Skt. सत्य] *m.* **1** 嘘と真実. **2** 誤り伝えること, ゆがめた説明. **3** 偽造, 捏造.

ਝੂਠ ਮੂਠ (झूठ मूठ) /cũ̌ṭʰạ mūṭʰạ チュート ムート/ *adv.* **1** 嘘をついて, 偽って. **2** 根拠もなく. **3** だまして, ごまかして. **4** 不真面目に. **5** 冗談に, ふざけて, からかって.
— *m.* **1** 嘘. **2** 偽り, 虚偽, 見せかけ.

ਝੂਠਾ (झूठा) /cũ̌ṭʰā チューター/ [(Pkt. झुट्ठ) Skt. झुष्ट] *adj.* **1** 嘘の. **2** 偽りの. **3** 偽の, まがいものの, いんちきの. **4** 不正直な.
— *m.* 嘘つき.

ਝੂਣਨਾ (झूणना) /cũ̌ṇanā チューナナー/ *vt.* **1** 揺らす, 揺り動かす. (⇒ਝੁਲਾਉਣਾ) **2** 揺らす, ぐいと動かす, がたがたと動かす. (⇒ਹਲੂਣਨਾ)

ਝੂਣਾ (झूणा) /cũ̌ṇā チューナー/ *m.* 強く揺らすこと.

ਝੂਮਣਾ (झूमणा) /cũ̌maṇā チューマナー/ ▸ਝੁੰਮਣਾ [Skt. क्षुम्भति] *vi.* **1** 揺れる,（悦び・陶酔・眠りなどで）頭を前後に振る. ❐ਝੂਮ ਉਠਣਾ 酔い痴れる, 恍惚感に浸る, 法悦の境地に至る. ❐ਜਿਨ੍ਹਾਂ ਜਰਮਨ ਲੋਕਾਂ ਨੇ ਭੰਗੜੇ ਦੇ ਝਲਕਾਰੇ ਵੇਖੇ ਹਨ, ਉਹ ਝੂਮ ਉਠੇ। バングラー〔収穫を祝うパンジャーブの民俗舞踊〕の輝きを目の当たりにしたドイツの人たちは, 酔い痴れました. **2** ゆらゆらする. **3** 波立つ. **4** ひらひらする.

ਝੂਮਰ (झूमर) /cũ̌marạ チューマル/ ▸ਝੁਮਕਾ *m.* → ਝੁਮਕਾ

ਝੂਰਨਾ (झूरना) /cǔranā チュールナー/ ▸ਝੁਰਨਾ *vi.* → ਝੁਰਨਾ

ਝੂਲਣਾ (झूलणा) /cǔlaṇā チューラナー/ [(Pkt. झुल्लइ) Skt. झुल्यति] *vi.* **1** 揺れる, 揺れ動く. (⇒ਹਿੱਲਣਾ) **2** ぶら下がる. **3** ぶらんこに乗る. **4** (振り子のように)揺れ動く.
— *m.* **1**〖寝具〗上から吊るされた揺れる寝台, 揺り籠, ハンモック. (⇒ਪੀਂਘਾ, ਪੰਘੂੜਾ, ਪਾਲਨਾ) **2**〖遊具〗ぶらんこ.

ਝੂਲਾ (झूला) /cǔlā チューラー/ [cf. ਝੂਲਣਾ] *m.* **1**〖遊具〗ぶらんこ. (⇒ਪੀਂਘ) **2**〖寝具〗上から吊るされた揺れる寝台, 揺り籠, ハンモック. (⇒ਪੀਂਘਾ, ਪੰਘੂੜਾ, ਪਾਲਨਾ) **3**〖遊具〗回転木馬.

ਝੇਡ (झेड) /cěḍa チェード/ *f.* **1** 冗談. **2** からかい. **3** あざけり.

ਝੇਪ (झेप) /cěpa チェープ/ *f.* **1** 恥じらい. (⇒ਸ਼ਰਮ) **2** 赤面. **3** 当惑.

ਝੇਪਣਾ (झेपणा) /cěpaṇā チェーパナー/ *vi.* **1** 恥じる, 恥じらう. (⇒ਸ਼ਰਮਾਉਣਾ) **2** おじける, ひるむ. **3** 恐れ入る.

ਝੇੜਾ (झेड़ा) /cěṛā チェーラー/ ▸ਝਗੜਾ *m.* → ਝਗੜਾ

ਝੋਕ[1] (झोक) /cǒka チョーク/ *f.*〖生理〗眠気.

ਝੋਕ[2] (झोक) /cǒka チョーク/ *f.* **1** 小村. **2** 小集落.

ਝੋਕਣਾ (झोकणा) /cǒkaṇā チョーカナー/ [Skt. झुङ्क्ति] *vt.* **1** (火に)くべる, (燃料を)加える, 投げ込む. **2** (人を危険な状況に)引きずり込む.

ਝੋਕਾ (झोका) /cǒkā チョーカー/ ▸ਝੌਂਕਾ [cf. ਝੋਕਣਾ] *m.* **1**〖気象〗一陣の風, 突風. **2** ひと吹き. **3** 火夫. **4** 機関助手.

ਝੋਟਾ (झोटा) /cǒṭā チョーター/ [Pkt. झोट्टी] *m.*〖動物〗若い牡水牛.
— *adj.* **1** たくましい. **2** がっしりした. **3** 頑健な.

ਝੋਟੀ (झोटी) /cǒṭī チョーティー/ [Pkt. झोट्टी] *f.*〖動物〗若い牝水牛.

ਝੋਣਾ (झोणा) /cǒṇā チョーナー/ *vt.* **1** 動かす. (⇒ਚਲਾਉਣਾ) **2** 回す, 回転させる. (⇒ਫੇਰਨਾ) **3** (碾き臼を)動かす, 挽いて粉にする. **4** 始める, 開始する. (⇒ਅਰੰਭਣਾ)

ਝੋਨਾ (झोना) /cǒnā チョーナー/ *m.*〖植物〗稲, 籾米. (⇒ਜੀਰੀ, ਧਾਨ)

ਝੋਰਾ (झोरा) /cǒrā チョーラー/ [cf. ਝੁਰਨਾ] *m.* **1** 悲しみ, 嘆き. (⇒ਗ਼ਮ) **2** 憂い. (⇒ਚਿੰਤਾ) **3** 失望, 落胆, 気落ち. (⇒ਨਿਰਾਸ਼ਾ)

ਝੋਲ (झोल) /cǒla チョール/ [cf. ਝੂਲਣਾ] *f.* **1** 緩み, 弛み. (⇒ਢਿੱਲ) **2** ゆったりしていること, だぶだぶな様子.

ਝੋਲਾ[1] (झोला) /cǒlā チョーラー/ *m.*〖医〗中風, 麻痺, 運動失調症.

ਝੋਲਾ[2] (झोला) /cǒlā チョーラー/ [(Pkt. झोलिया) Skt. झौलिक] *m.* **1** 袋, 布袋, 鞄. (⇒ਥੈਲਾ, ਬੈਗ) **2** 肩掛け袋, 肩掛け鞄, ショルダーバッグ. **3** 買い物袋, 手提げ袋.

ਝੋਲੀ (झोली) /cǒlī チョーリー/ [-ਈ] *f.* **1**〖身体〗膝の部分. **2** 小さな袋, 小さな布袋, 小さな鞄. **3** 物乞いの袋. **4** 衣服のひだ. **5** 施しをもらうために広げる衣や頭巾の一部分.

ਝੌਂਕਾ (झौंका) /cãǔkā チャォーンカー/ ▸ਝੋਕਾ *m.* → ਝੋਕਾ

ਝੌਂਣਾ (झौंणा) /cãǔṇā チャォーンナー/ ▸ਝਉਣਾ, ਝੌਣਾ *vi.* → ਝੌਣਾ

ਝੌਣਾ (झौणा) /caǔṇā チャォーナー/ ▸ਝਉਣਾ, ਝੌਂਣਾ [Skt. जूर्यति] *vi.* **1** 痩せる, 痩せ細る. **2** しぼむ, 萎れる, 枯れる. **3** 弱る, 弱まる, 衰える. **4** 薄れる, 褪せる. **5** 減る, 減少する, 低下する, 小さくなる.

ਝੌਂਪੜਾ (झौंपड़ा) /cãǔparā チャォーンパラー/ ▸ਝੌਂਪੜੀ *m.* → ਝੌਂਪੜੀ

ਝੌਂਪੜੀ (झौंपड़ी) /cãǔparī チャォーンパリー/ ▸ਝੌਂਪੜਾ [Pkt. झुंपड़ा] *f.*〖建築〗小屋, あばら屋, 掘っ建て小屋.

ਝੌਰ (झौर) /caǔra チャォール/ *f.*〖生理〗痒さ, 痒み. (⇒ਖੁਜਲੀ, ਖੁਰਕ, ਜਲੂਣ) ❒ਝੌਰ ਲਾਹੁਣੀ 打つ, 打ちのめす, 罰する.

ਝੌਲਾ (झौला) /caǔlā チャォーラー/ ▸ਝਾਉਲਾ *m.* → ਝਾਉਲਾ

ਝੌੜ (झौड़) /caǔṛa チャォール/ *m.* 口論.

ਞ

ਞ (ञ) /ñaññā ナンナー/ *m.*〖文字〗グルムキー文字の字母表の15番目の文字《硬口蓋・破擦音の「ナ」(ਚ ਛ ਜ ਝ の前に表れる鼻子音)を表す. 硬口蓋音であることを示すために「ニャ」とするカナ表記もある》.

ਞੰਞਾ (ञंञा) /ñaññā ナンナー/ ▸ਞਞਾ *m.*〖文字〗ナンナー(ニャンニャー)《硬口蓋・破擦音の「ナ」(ਚ ਛ ਜ ਝ の前に表れる鼻子音)を表す, グルムキー文字の字母表の15番目の文字 ਞ の名称》.

ਞਞਾ (ञञा) /ñañā ナナー/ ▸ਞੰਞਾ *m.* → ਞੰਞਾ

ਟ

ਟ (ट) /ṭaĩkā タェーンカー/ *m.*〖文字〗グルムキー文字の字母表の16番目の文字《反り舌・閉鎖音の「タ」(舌先を上に反らし, 先端を歯茎に近い硬口蓋に付けて, 呼気を一瞬閉じ破裂させて発音する無声・無気音)を表す》.

ਟੱਸ (टस्स) /ṭassa タッス/ *f.* **1** 魅力. **2** 魅力的な外観. **3** 魅力的な装い・身なり.

ਟਸਰ (टसर) /ṭasara タサル/ [Pkt. टसर] *m.*〖布地〗タサル《目の粗い絹布の一種》.

ਟੱਸਰੀ (टस्सरी) /ṭassarī タッスリー/ [-ਈ] *adj.*〖布地〗タサルでできた, タサル製の.

ਟਸੂਏ (टसूए) /ṭasūe タスーエー/ ▸ਟਸੂਵੇ *m.* 涙. (⇒ਹੰਝੂ)

ਟਸੂਵੇ (टसूवे) /ṭasūwe タスーウェー/ ▸ਟਸੂਏ *m.* → ਟਸੂਏ

ਟਹਿਕ (टहिक) /ṭaîka タェーク/ *f.* **1** 開花. **2** 喜び.

ਟਹਿਕਣਾ (टहिकणा) /ṭaîkaṇā タェーカナー/ *vi.* **1** 咲く, 開花する. **2** 喜ぶ, 嬉しく思う.

ਟਹਿਣਾ (टहिणा) /ṭaîṇā タェーナー/ ▸ਟਾਹਣ, ਟਾਹਣਾ, ਟਾਨ੍ਹ *m.* → ਟਾਹਣ

ਟਹਿਣੀ (टहिणी) /ṭaîṇī タェーニー/ ▸ਟਾਹਣੀ, ਟਾਨ੍ਹੀ *f.* →

ਟਾਹਣੀ

ਟਹਿਲ (टहिल) /ṭaîla タエール/ [cf. ਟਹਿਲਣਾ] *f.* **1** 世話, 面倒を見ること. (⇒ਸੇਵਾ) **2** 付き添い. **3** 給仕.

ਟਹਿਲਣ (टहिलण) /ṭaîlaṇa タエーラン/ [-ਣ] *f.* 女性の召使, 侍女. (⇒ਦਾਸੀ)

ਟਹਿਲਣਾ (टहिलणा) /ṭaîlaṇā タエーラナー/ [Skt. त्सरति] *vi.* **1** ゆっくり歩く. **2** ぶらつく, ぶらぶら歩く, 散歩する. **3** 歩き回る, 散策する.

ਟਹਿਲਾਉਣਾ (टहिलाउणा) /ṭaîlāuṇā タエーラーウナー/ [cf. ਟਹਿਲਣਾ] *vt.* **1** ゆっくり歩かせる. **2** ぶらつかせる, ぶらぶら歩かせる. **3** 歩き回らせる, 散策させる.

ਟਹਿਲੀਆ (टहिलीआ) /ṭaîlīā タエーリーアー/ ▸ਟਹਿਲੂਆ, ਟੈਲੂਆ [-ਈਆ] *m.* **1** 召使. **2** 付添人. **3** 接客係. **4** 給仕. **5** 従僕. **6**(ホテルの)ボーイ.

ਟਹਿਲੂਆ (टहिलूआ) /ṭaîlūā タエールーアー/ ▸ਟਹਿਲੀਆ, ਟੈਲੂਆ *m.* → ਟਹਿਲੀਆ

ਟਕ[1] (टक) /ṭaka タク/ [cf. ਤੱਕਣਾ] *f.* 見つめること, じっと見ること, 凝視, 注視.

ਟਕ[2] (टक) /ṭaka タク/ [cf. ਟੇਕਣਾ] *f.* 習慣, 癖. (⇒ਆਦਤ, ਸੁਭਾਉ, ਬਾਣ)

ਟੱਕ (टक्क) /ṭakka タック/ [cf. ਕੱਟਣਾ] *m.* 《 ਕੱਟ の音位転換》 **1** 切れ目, 長い切れ口. **2** 刻み目, 目印. **3** 〖医〗猛烈な暑さによって起こる家畜の病気.

ਟਕਸਾਲ (टकसाल) /ṭakasāla タクサール/ [Skt. टङ्कशाला] *f.* **1** 〖経済〗造幣局, 造幣所. **2** 本物, 正真正銘の物. **3** 〖スィ〗標準的な規範に準拠したスィック教学機関, 学派.

ਟਕਸਾਲਣਾ (टकसालणा) /ṭakasālaṇā タクサーラナー/ [Skt. टङ्कशाला] *vt.* **1** 標準化する. **2** 基準に合わせる.

ਟਕਸਾਲੀ (टकसाली) /ṭakasālī タクサーリー/ [-ਈ] *adj.* **1** 造幣局の, 造幣局で鋳造された. **2** 標準の, 標準化された, 基準に合った, 正式の, 格調正しい. ❒ਟਕਸਾਲੀ ਪੰਜਾਬੀ 標準パンジャービー語. **3** 本物の, 正真正銘の. **4** 信用できる, 信頼できる.

ਟਕਸਾਲੀਆ (टकसालीआ) /ṭakasālīā タクサーリーアー/ [-ਈਆ] *m.* 造幣局の役人.

ਟਕਟਕ (टकटक) /ṭakaṭaka タクタク/ *f.* **1** 〖擬声語〗サクサク, ザクザク《物を切る時の規則的な音》. **2** 〖擬声語〗カチカチ《時計などが出す規則的な音》. **3** 〖擬声語〗トントン《規則的に叩く音》.

ਟੰਕਣ (टंकण) /ṭaṅkaṇa タンカン/ [Skt. टङ्कण] *m.* **1** 〖化学〗硼砂(ほうしゃ). (⇒ਸੁਹਾਗਾ) **2** 〖貨幣〗貨幣鋳造.

ਟੰਕਣਾ (टंकणा) /ṭaṅkaṇā タンカナー/ [Skt. टङ्कण] *vt.* 〖貨幣〗(硬貨を)鋳造する.

ਟੱਕਣਾ (टक्कणा) /ṭakkaṇā タッカナー/ [cf. ਕੱਟਣਾ] *vt.* 《 ਕੱਟਣਾ の音位転換》 **1** 切れ目を付ける. **2** 刻み目を付ける. **3** トントン叩く.

ਟੱਕਦਾਰ (टक्कदार) /ṭakkadāra タックダール/ [Pers.-*dār*] *adj.* **1** 切れ目のついた, 刻み目のついた. **2** 窪みのある.

ਟੱਕਰ (टक्कर) /ṭakkara タッカル/ ▸ਟਕਰਾਉ [Pkt. टक्कर] *f.* **1** ぶつかること, 衝突, 激突. ❒ਟੱਕਰ ਖਾਣੀ ぶつかる, 衝突する. ❒ਟੱਕਰ ਮਾਰਨੀ 突き当たる, 衝突する. ❒ਟੱਕਰਾਂ ਮਾਰਨੀਆਂ 無駄な努力をする. ❒ਬਾਬਾ ਜੀ ਤੁਸੀਂ ਐਵੇਂ ਕਿਉਂ ਟੱਕਰਾਂ ਮਾਰਦੇ ਹੋ? おじいさん, あなたはそんなふうになぜ無駄な努力をしているのですか. **2** 闘争, 競争, 戦い. **3** 対面. **4** 対抗. ❒ਟੱਕਰ ਲੈਣੀ 対抗する, 立ち向かう, 挑戦する. **5** 匹敵, 拮抗.

ਟੱਕਰਨਾ (टक्करना) /ṭakkaranā タッカルナー/ [Pkt. टक्कर] *vi.* **1** ぶつかる, 衝突する. **2** 取り組む, 格闘する. **3** 出会う, 出くわす, 遭遇する. **4** 対面する. **5** 立ち向かう, 対抗する.

ਟਕਰਾ (टकरा) /ṭakarā タクラー/ ▸ਟਕਰਾਉ [cf. ਟੱਕਰਨਾ] *m.* **1** 出会い, 遭遇. **2** 対面. **3** 対抗. **4** 匹敵, 拮抗.

ਟਕਰਾਉ (टकराउ) /ṭakarāo タクラーオー/ ▸ਟਕਰਾ *m.* → ਟਕਰਾ

ਟਕਰਾਉਣਾ (टकराउणा) /ṭakarāuṇā タクラーウナー/ [cf. ਟੱਕਰਨਾ] *vi.* **1** ぶつかる, 衝突する, 当たる, かち合う, ぶち当たる, 激突する. **2** 喧嘩する, 突っかかる.
— *vt.* **1** ぶつける, 衝突させる, 当てる, ぶち当てる, 激突させる. **2** 会わせる, 引き合わせる.

ਟਕਵਾਉਣਾ (टकवाउणा) /ṭakawāuṇā タクワーウナー/ ▸ਟਕਾਉਣਾ [cf. ਕੱਟਣਾ] *vt.* 《 ਕਟਵਾਉਣਾ の音位転換》 **1** 切れ目を付けさせる. **2** 刻み目を付けさせる. **3** 窪みを付けさせる.

ਟਕਵਾਈ (टकवाई) /ṭakawāī タクワーイー/ ▸ਟਕਾਈ [cf. ਕੱਟਣਾ] *f.* 切れ目や刻み目を付けさせること, その労賃.

ਟੰਕਾ (टंका) /ṭaṅkā タンカー/ *m.* → ਟਾਂਕਾ

ਟਕਾ (टका) /ṭakā タカー/ [Skt. टंक] *m.* **1** 〖貨幣〗半アンナ〔2パイサ〕銅貨《19世紀に発行されたもの》. **2** 〖貨幣〗古い銀貨. **3** 金, お金, 現金, 銭. (⇒ਰੁਪਇਆ, ਪੈਸਾ)

ਟੰਕਾਉਣਾ (टंकाउणा) /ṭaṅkāuṇā タンカーウナー/ [cf. ਟਾਂਕਣਾ] *vt.* **1** 縫わせる. **2** 結合させる. **3** 接合させる, はんだ付けさせる, 溶接させる.

ਟਕਾਉਣਾ (टकाउणा) /ṭakāuṇā タカーウナー/ ▸ਟਕਵਾਉਣਾ *vt.* → ਟਕਵਾਉਣਾ

ਟਕਾਈ (टकाई) /ṭakāī タカーイー/ ▸ਟਕਵਾਈ *f.* → ਟਕਵਾਈ

ਟੰਕਾਰ (टंकार) /ṭaṅkāra タンカール/ ▸ਟੁਣਕ, ਟੁਣਕਾ, ਟੁਣਕਾਰ, ਟੁਣਟੁਣ *f.* → ਟੁਣਟੁਣ

ਟੰਕੀ (टंकी) /ṭaṅkī タンキー/ ▸ਟਾਂਚੀ, ਟੈਂਕੀ, ਟੈਂਚੀ *f.* → ਟੈਂਕੀ

ਟਕੂਆ (टकूआ) /ṭakūā タクーアー/ *m.* **1** 〖道具〗小さな斧. **2** 〖武〗戦闘用の斧.

ਟਕੋਰ (टकोर) /ṭakora タコール/ [Skt. टंकार] *f.* **1** 温湿布. **2** 傷ついた体表面を温めること.

ਟਕੋਰਨਾ (टकोरना) /ṭakoranā タコールナー/ ▸ਠਕੋਰਨਾ, ਠੋਰਨਾ *vt.* → ਠਕੋਰਨਾ

ਟਕੋਰਵਾਂ (टकोरवाँ) /ṭakorawā̃ タコールワーン/ *adj.* **1** 皮肉な. **2** あざけるような.

ਟਕੋਰਾ (टकोरा) /ṭakorā タコーラー/ *m.* 軽い押し.

ਟੰਗ (टंग) /ṭaṅga タング/ [Skt. टङ्ग] *f.* 〖身体〗脚. ❒ਟੰਗ ਅੜਾਉਣੀ 妨害する, 干渉する. ❒ਟੰਗ ਹੇਠੋਂ ਕੱਢਣਾ 打ち負かす, 恥をかかせる. ❒ਟੰਗਾਂ ਪਸਾਰ ਕੇ ਸੌਣਾ 脚を広げて眠る, 安心してぐっすり眠る.

ਟੰਗਣਾ (टंगणा) /ṭaṅgaṇā タンガナー/ [Skt. टङ्ग] *vt.* **1** 吊す. **2** 吊り下げる, ぶら下げる. **3** まくり上げる.
— *m.* **1** 吊り下げておく装置. **2** 衣紋掛け, ハンガー.

(⇒ਹੈਂਗਰ)
ਟੰਗਣੀ (टंगणी) /ṭaṅgaṇī タンガニー/ [-ਈ] *f.* 物干し竿.
ਟਟਹਿਣਾ (टटहिणा) /ṭaṭaîṇā タタェーナー/ *m.* 〚虫〛ツチボタル. (⇒ਟਿੰਡਾਣਾ)
ਟਟਪੂੰਜੀਆ (टटपूँजीआ) /ṭaṭapū̃jīā タトプーンジーアー/ *m.* 資産や収入の少ない人.
ਟਟਵਾਣੀ (टटवाणी) /ṭaṭawāṇī タトワーニー/ *f.* 〚動物〛雌の小馬. (⇒ਟੱਟੂ ਦੀ ਮਦੀਨ)
ਟੰਟਾ (टंटा) /ṭanṭā タンター/ *m.* **1** 喧嘩, 揉め事. (⇒ਝਗੜਾ) **2** いたずら. **3** きつい仕事. **4** 嫌な仕事.
ਟੱਟਾ[1] (टट्टा) /ṭaṭṭā タッター/ *m.* **1** 〚身体〛陰嚢. (⇒ਪਤਾਲੂ, ਫ਼ੋਤਾ) **2** 〚身体〛睾丸.
ਟੱਟਾ[2] (टट्टा) /ṭaṭṭā タッター/ *m.* 〚文字〛タッター《反り舌・閉鎖音の「タ」(無声・無気音)を表す, グルムキー文字の字母表の16番目の文字 ਟ の名称の一つ. 標準的な名称は「タェーンカー」ਟੈਂਕਾ》.
ਟੱਟੀ (टट्टी) /ṭaṭṭī タッティー/ [Pkt. टट्टइआ] *f.* **1** (葦や竹の皮で編まれた)幕, 衝立, 柵. (⇒ਜਾਫ਼ਰੀ) **2** 便所, 簡易公衆トイレ. **3** 糞便, 大便. (⇒ਮਲ, ਵਿਸ਼ਟਾ) ❒ਟੱਟੀ ਆਉਣੀ 便意をもよおす. ❒ਟੱਟੀ ਕਰਨੀ, ਟੱਟੀ ਫਿਰਨਾ 大便をする.
ਟਟੀਹਰੀ (टटीहरी) /ṭaṭîrī タティーリー/ [Skt. टिट्टिभ, टिट्टिभी] *f.* **1** 〚鳥〛チドリ, 千鳥. **2** 〚鳥〛タゲリ, 田鳧. **3** 〚鳥〛イソシギ, 磯鴫.
ਟੱਟੂ (टट्टू) /ṭaṭṭū タットゥー/ *m.* **1** 〚動物〛ポニー, 小馬. (⇒ਛੋਟਾ ਘੋੜਾ) **2** 〚動物〛おいぼれ馬.
ਟਟੂਆ (टटूआ) /ṭaṭūā タトゥーアー/ *m.* 〚動物〛ポニー, 小馬. (⇒ਛੋਟਾ ਘੋੜਾ)
ਟਟੋਲਣਾ (टटोलणा) /ṭaṭolaṇā タトールナー/ *vt.* **1** 触る, 指で触る, 手で触れて感じる. **2** 手探りする.
ਟੱਡਣਾ (टड्डणा) /ṭaḍḍaṇā タッダナー/ *vt.* **1** 開く(ひらく). **2** 広げる.
ਟੰਡਲ (टंडल) /ṭanḍala タンダル/ *m.* **1** 〚植物〛茎. **2** 葉柄.
ਟਣਕ (टणक) /ṭaṇaka タナク/ ▸ਟਣਕਾਰ, ਟਣਟਣ, ਟਨਟਨ *f.* 〚擬声語〛→ ਟਣਟਣ
ਟਣਕਣਾ (टणकणा) /ṭaṇakaṇā タンカナー/ *vi.* カンカン, リンリン, チリンチリンなどと鳴る.
ਟਣਕਾਉਣਾ (टणकाउणा) /ṭaṇakāuṇā タンカーウナー/ *vt.* カンカン, リンリン, チリンチリンなどと鳴らす.
ਟਣਕਾਰ (टणकार) /ṭaṇakāra タンカール/ ▸ਟਣਕ, ਟਣਟਣ, ਟਨਟਨ *f.* → ਟਣਟਣ
ਟਣਟਣ (टणटण) /ṭaṇaṭaṇa タンタン/ ▸ਟਣਕ, ਟਣਕਾਰ, ਟਨਟਨ *f.* 〚擬声語〛カンカン, リンリン, チリンチリン《鐘やベルが鳴る音》.
ਟਨ (टन) /ṭana タン/ [Eng. *ton*] *m.* 〚重量〛トン《重量単位》.
ਟਨਟਨ (टनटन) /ṭanaṭana タンタン/ ▸ਟਣਕ, ਟਣਕਾਰ, ਟਣਟਣ *f.* → ਟਣਟਣ
ਟਨਲ (टनल) /ṭanala タナル/ [Eng. *tunnel*] *f.* トンネル.
ਟੱਪ (टप्प) /ṭappa タップ/ ▸ਟੱਬ *m.* → ਟੱਬ
ਟਪਕਣਾ (टपकणा) /ṭapakaṇā タパクナー/ *vi.* **1** 滴り落ちる, 一滴一滴落ちる. **2** ぽたぽた垂れる.
ਟਪਕਾ (टपका) /ṭapakā タプカー/ ▸ਟੇਪਾ *m.* 滴, 水滴. (⇒ਕਤਰਾ, ਬੂੰਦ, ਚੋਆ)
ਟਪਕਾਉਣਾ (टपकाउणा) /ṭapakāuṇā タプカーウナー/ *vt.* **1** 滴り落とす, 一滴一滴落とす. **2** ぽたぽた垂らす.
ਟੱਪਣਾ (टप्पणा) /ṭappaṇā タッパナー/ ▸ਤਰੱਪਣਾ, ਤ੍ਰੱਪਣਾ [Skt. तर्पति] *vi.* **1** 跳ぶ, 跳ねる. **2** 跳び越える. ❒ਦਰਿੜ੍ਹ ਇਰਾਦੇ ਵਾਲਾ ਆਦਮੀ ਨਿਰਾਸਤਾ ਦੀ ਖਾਈ ਨੂੰ ਟੱਪ ਜਾਂਦਾ ਹੈ। 固い意志を持った人は失望の溝を跳び越えます. **3** 跳ね回る.
ਟੱਪਰੀ (टप्परी) /ṭapparī タッパリー/ *f.* **1** 藁葺き小屋. **2** 遊牧民や放浪者の粗末な住居.
ਟਪੱਲ (टपल्ल) /ṭapalla タパッル/ ▸ਟਰਪੱਲ [(Pua.)] *f.* **1** 噂話. (⇒ਗੱਪ) **2** 嘘, 虚言. (⇒ਝੂਠ) **3** 作り話. **4** 誇張された話.
ਟਪਲਾ (टपला) /ṭapalā タプラー/ *m.* 誤解.
ਟਪਵਾਉਣਾ (टपवाउणा) /ṭapawāuṇā タプワーウナー/ ▸ਟਪਾਉਣਾ [cf. ਟੱਪਣਾ] *vt.* **1** 跳ばせる, 跳ねさせる. **2** 跳び越えさせる. **3** 跳ね回らせる.
ਟੱਪਾ (टप्पा) /ṭappā タッパー/ [cf. ਟੱਪਣਾ] *m.* **1** 跳ね返り, 跳んだ距離. **2** 〚文学〛詩歌の一行, パンジャービー民謡の形式の一つ.
ਟਪਾਉਣਾ (टपाउणा) /ṭapāuṇā タパーウナー/ ▸ਟਪਵਾਉਣਾ *vt.* → ਟਪਵਾਉਣਾ
ਟਪਾਰ (टपार) /ṭapāra タパール/ *f.* **1** 噂話, 雑談. (⇒ਗੱਪ) **2** 嘘, 虚言. (⇒ਝੂਠ) **3** 作り話. **4** はったり, 虚仮威し. **5** 邪悪な視線.
ਟਪੂਸੀ (टपूसी) /ṭapūsī タプースィー/ ▸ਟਪੋਸੀ *f.* **1** 軽い跳躍. **2** 座った位置での跳躍. **3** 跳ね回り.
ਟਪੋਸੀ (टपोसी) /ṭaposī タポースィー/ ▸ਟਪੂਸੀ *f.* → ਟਪੂਸੀ
ਟੱਬ (टब्ब) /ṭabba タッブ/ ▸ਟੱਪ [Eng. *tub*] *m.* **1** 〚容器〛桶, たらい. **2** 浴槽.
ਟੱਬਰ (टब्बर) /ṭabbara タッバル/ *m.* **1** 家族. (⇒ਕੁਟੰਬ, ਪਰਿਵਾਰ) **2** 家庭. **3** 〚俗語〛妻.
ਟਬਰੀ (टबरी) /ṭabarī タブリー/ ▸ਟੱਬਰੀ, ਟਾਬਰੀ *f.* → ਟੱਬਰੀ
ਟੱਬਰੀ (टब्बरी) /ṭabbarī タッバリー/ ▸ਟਬਰੀ, ਟਾਬਰੀ *f.* 小家族.
ਟੰਬਾ (टंबा) /ṭambā タンバー/ [Sind. *ṭanbʰo*] *m.* **1** 重い棒. **2** 削られていない棍棒.
ਟਮਕ (टमक) /ṭamaka タマク/ *m.* 〚楽器〛太鼓, ケトルドラム.
ਟਮਕਾਉਣਾ (टमकाउणा) /ṭamakāuṇā タムカーウナー/ *vi.* **1** 瞬く, 柔らかく光る. **2** まばたく, まばたきする. — *vt.* (小さなランプに)ほのかに火を灯す.
ਟੰਮਕੀ (टंमकी) /ṭammakī タンマキー/ ▸ਟਮਕੀ, ਟੱਮਕੀ *f.* → ਟਮਕੀ
ਟਮਕੀ (टमकी) /ṭamakī タムキー/ ▸ਟੰਮਕੀ, ਟੱਮਕੀ *f.* **1** 〚楽器〛小さな太鼓, 小さなケトルドラム. **2** 銅鑼, ゴング.
ਟੱਮਕੀ (टम्मकी) /ṭammakī タンマキー/ ▸ਟੰਮਕੀ, ਟਮਕੀ *f.* → ਟਮਕੀ
ਟਮਕੀਰੀ (टमकीरी) /ṭamakīrī タムキーリー/ *f.* 〚楽器〛タンバリン.
ਟਮਟਮ (टमटम) /ṭamaṭama タムタム/ [Eng. *tandem*] *f.* 〚乗物〛タムタム馬車《縦に繋いだ二頭以上の馬に引

かせた馬車》.

ਟਮਟਮਾਉਣਾ (टमटमाउणा) /ṭamaṭamāuṇā タムタマーウナー/ *vi.* ぴかぴか光る, きらめく.

ਟਮਟਰ (टमटर) /ṭamaṭara タムタル/ ▸ਟਮਾਟਰ *m.* → ਟਮਾਟਰ

ਟੰਮਣਾ (टंमणा) /ṭammaṇā タンマナー/ [(Pot.)] *m.* 〖建築〗屋根裏部屋, 屋上に作られた小さな部屋.

ਟਮਾਟਰ (टमाटर) /ṭamāṭara タマータル/ ▸ਟਮਟਰ [Eng. *tomato*] *m.* 〖植物〗トマト《ナス科の野菜》.

ਟਰ (टर) /ṭara タル/ ▸ਟੱਰ *f.* **1** 自慢, 威張った口をきくこと. ❒ਟਰ ਮਾਰਨੀ 自慢する, 威張って話す. **2** 馬鹿げた話. (⇒ਬਕਵਾਸ) ❒ਟਰ ਮਾਰਨੀ 馬鹿げた話をする, 大ぼらを吹く.

ਟੱਰ (टर्र) /ṭarra タッル/ ▸ਟਰ *f.* → ਟਰ

ਟਰਸਟ (टरसट) /ṭarasaṭa タラスト/ ▸ਟ੍ਰਸਟ [Eng. *trust*] *m.* **1** 信用, 信託, 委託, 保管. **2** 信託機関, 保管委員会.

ਟ੍ਰਸਟ (ट्रसट) /ṭrasaṭa (ṭarasaṭa) トラスト (タラスト)/ ▸ਟਰਸਟ *m.* → ਟਰਸਟ

ਟਰਸਟੀ (टरसटी) /ṭarasaṭī タラスティー/ ▸ਟ੍ਰਸਟੀ [Eng. *trustee*] *m.* **1** 委託人, 管財人. **2** 理事, 評議員.

ਟ੍ਰਸਟੀ (ट्रसटी) /ṭrasaṭī (ṭarasaṭī) トラスティー (タラスティー)/ ▸ਟਰਸਟੀ *m.* → ਟਰਸਟੀ

ਟਰੰਕ (टरंक) /ṭaraṅka タランク/ ▸ਟ੍ਰੰਕ [Eng. *trunk*] *m.* トランク, 箱形の鞄, ブリキ製の衣装箱.

ਟ੍ਰੰਕ (ट्रंक) /ṭraṅka (ṭaraṅka) トランク (タランク)/ ▸ਟਰੰਕ *m.* → ਟਰੰਕ

ਟਰੱਕ (टरक्क) /ṭarakka タラック/ ▸ਟ੍ਰੱਕ [Eng. *truck*] *m.* 〖乗物〗トラック, 貨物自動車.

ਟ੍ਰੱਕ (ट्रक्क) /ṭrakka (ṭarakka) トラック (タラック)/ ▸ਟਰੱਕ *m.* → ਟਰੱਕ

ਟਰਕਣਾ (टरकणा) /ṭarakaṇā タルクナー/ *vi.* **1** 静かに立ち去る, そっと姿を消す. **2** こそこそ逃げる, ずらかる. **3** 抜け出す.

ਟਰਕਾਉਣਾ (टरकाउणा) /ṭarakāuṇā タルカーウナー/ ▸ਟਰਖਾਉਣਾ *vt.* **1** 避ける, 回避する, 逃れる. **2** はぐらかす. **3** 引き延ばす. **4** 理由をつけてさぼる, 仮病を使う.

ਟਰਕੀ[1] (टरकी) /ṭarakī タルキー/ ▸ਤੁਰਕੀ [Eng. *Turkey*] *m.* 〖国名〗トルコ(共和国).

ਟਰਕੀ[2] (टरकी) /ṭarakī タルキー/ [Eng. *turkey*] *m.* 〖鳥〗七面鳥.

ਟਰਖਾਉਣਾ (टरखाउणा) /ṭarakʰāuṇā タルカーウナー/ ▸ਟਰਕਾਉਣਾ [(Pua.)] *vt.* → ਟਰਕਾਉਣਾ

ਟਰਟਰ (टरटर) /ṭaraṭara タルタル/ *f.* **1** 〖擬声語〗ケロケロ《蛙が鳴く声》. **2** 〖擬声語〗ペチャクチャ《しゃべる声》. **3** おしゃべり, 無駄話. (⇒ਬਕਵਾਸ)

ਟਰਟਰਾਉਣਾ (टरटराउणा) /ṭaraṭarāuṇā タルタラーウナー/ *vi.* **1** (蛙が)ケロケロと鳴く. **2** ペチャクチャしゃべる.

ਟਰਪੱਲ (टरपल्ल) /ṭarapalla タルパッル/ ▸ਟਪੱਲ [(Pot.)] *f.* → ਟਪੱਲ

ਟਰਮ (टरम) /ṭarama タルム/ [Eng. *term*] *f.* **1** 期間, 期限, 学期. **2** 用語.

ਟਰੜਾ (टरड़ा) /ṭararā タルラー/ [(Lah.)] *adj.* **1** 雑種の. (⇒ਦੋਗਲਾ) **2** 低級な, 卑しい, 下品な. (⇒ਘਟੀਆ)

ਟਰਾਂਸਪੋਰਟ (टराँसपोरट) /ṭarā̃saporaṭa タラーンスポールト/ [Eng. *transport*] *f.* **1** 輸送. **2** 交通.

ਟਰਾਂਸਮੀਟਰ (टराँसमीटर) /ṭarā̃samīṭara タラーンスミータル/ [Eng. *transmitter*] *m.* **1** 〖機械〗送信機. **2** 電送者.

ਟਰਾਂਸਲੇਸ਼ਨ (टराँसलेशन) /ṭarā̃saleśana タラーンスレーシャン/ [Eng. *translation*] *m.* 翻訳.

ਟਰਾਂਜਿਸਟਰ (टराँजिसटर) /ṭarā̃jisaṭara タラーンジスタル/ [Eng. *transistor*] *m.* **1** トランジスター. **2** 〖機械〗トランジスターラジオ.

ਟਰਾਮ (टराम) /ṭarāma タラーム/ ▸ਟਰੇਮ, ਟ੍ਰੇਮ, ਟਰੈਮ, ਟ੍ਰੈਮ [Eng. *tram*] *f.* 〖乗物〗路面電車.

ਟਰਾਲੀ (टराली) /ṭarālī タラーリー/ [Eng. *trolley*] *f.* **1** 〖乗物〗路面電車. **2** 〖乗物〗トロリーバス.

ਟਰਿਬੂਨਲ (टरिबूनल) /ṭaribūnala タリブーナル/ ▸ਟ੍ਰਿਬੂਨਲ [Eng. *tribunal*] *f.* 〖法〗裁判所, 法廷.

ਟ੍ਰਿਬੂਨਲ (ट्रिबूनल) /ṭribūnala (ṭaribūnala) トリブーナル (タリブーナル)/ ▸ਟਰਿਬੂਨਲ *f.* → ਟਰਿਬੂਨਲ

ਟਰੇ (टरे) /ṭare タレー/ ▸ਟ੍ਰੇ [Eng. *tray*] *f.* **1** 盆, トレー. **2** 浅皿.

ਟ੍ਰੇ (ट्रे) /ṭre (ṭare) トレー (タレー)/ ▸ਟਰੇ *f.* → ਟਰੇ

ਟਰੇਂਡ (टरेंड) /ṭarẽḍa タレーンド/ [Eng. *trained*] *adj.* 訓練された, 養成された.

ਟਰੇਡ (टरेड) /ṭareḍa タレード/ ▸ਟ੍ਰੇਡ [Eng. *trade*] *f.* **1** 商売, 商い. **2** 貿易, 通商.

ਟ੍ਰੇਡ (ट्रेड) /ṭreḍa (ṭareḍa) トレード (タレード)/ ▸ਟਰੇਡ *f.* → ਟਰੇਡ

ਟਰੇਨ (टरेन) /ṭarena タレーン/ ▸ਟ੍ਰੇਨ [Eng. *train*] *f.* 〖乗物〗列車.

ਟ੍ਰੇਨ (ट्रेन) /ṭrena (ṭarena) トレーン (タレーン)/ ▸ਟਰੇਨ *f.* → ਟਰੇਨ

ਟਰੇਨਿੰਗ (टरेनिंग) /ṭareniṅga タレーニング/ ▸ਟ੍ਰੇਨਿੰਗ [Eng. *training*] *f.* **1** 訓練, 養成. **2** 練習, 鍛錬.

ਟ੍ਰੇਨਿੰਗ (ट्रेनिंग) /ṭreniṅga (ṭareniṅga) トレーニング (タレーニング)/ ▸ਟਰੇਨਿੰਗ *f.* → ਟਰੇਨਿੰਗ

ਟਰੇਮ (टरेम) /ṭarema タレーム/ ▸ਟਰਾਮ, ਟ੍ਰੇਮ, ਟਰੈਮ, ਟ੍ਰੈਮ *f.* → ਟਰਾਮ

ਟ੍ਰੇਮ (ट्रेम) /ṭrema (ṭarema) トレーム (タレーム)/ ▸ਟਰਾਮ, ਟਰੇਮ, ਟਰੈਮ, ਟ੍ਰੈਮ *f.* → ਟਰਾਮ

ਟਰੇਲਰ (टरेलर) /ṭarelara タレーラル/ [Eng. *trailer*] *m.* 〖乗物〗トレーラー.

ਟਰੈਕਟ (टरैकट) /ṭaraikaṭa タラェーカト/ ▸ਟ੍ਰੈਕਟ [Eng. *tract*] *m.* 小冊子.

ਟ੍ਰੈਕਟ (ट्रैकट) /ṭraikaṭa (ṭaraikaṭa) トラェーカト (タラェーカト)/ ▸ਟਰੈਕਟ *m.* → ਟਰੈਕਟ

ਟਰੈਕਟਰ (टरैकटर) /ṭaraikaṭara タラェークタル/ ▸ਟ੍ਰੈਕਟਰ [Eng. *tractor*] *m.* **1** 〖乗物〗トラクター. **2** 〖乗物〗牽引車.

ਟ੍ਰੈਕਟਰ (ट्रैकटर) /ṭraikaṭara (ṭaraikaṭara) トラェークタル (タラェークタル)/ ▸ਟਰੈਕਟਰ *m.* → ਟਰੈਕਟਰ

ਟ੍ਰੈਜਡੀ (ट्रैजडी) /ṭraijaḍī (ṭaraijaḍī) トラェージディー (タラェージディー)/ ▸ਟ੍ਰੈਜਿਡੀ, ਤਰਾਸਦੀ, ਤ੍ਰਾਸਦੀ [Eng. *tragedy*] *f.* 悲劇, 惨事. (⇒ਦੁਖਾਂਤ)

ਟ੍ਰੈਜਿਡੀ (ट्रैजिडी) /ṭraijiḍī (ṭaraijiḍī) トラェージディー (タラェージディー)/ ▸ਟ੍ਰੈਜਡੀ, ਤਰਾਸਦੀ, ਤ੍ਰਾਸਦੀ *f.* → ਟ੍ਰੈਜਡੀ

ਟਰੈਫ਼ਿਕ (टरैफ़िक) /ṭaraifika タラェーフィク/ ▸ਟ੍ਰੈਫ਼ਿਕ [Eng. *traffic*] *m.f.* 交通, 往来. (⇒ਆਵਾਜਾਈ)

ਟ੍ਰੈਫ਼ਿਕ (ट्रैफ़िक) /ṭraifika (ṭaraifika) トラェーフィク (タラェーフィク)/ ▸ਟਰੈਫ਼ਿਕ *m.f.* → ਟਰੈਫ਼ਿਕ

ਟਰੈਮ (टरैम) /ṭaraima タラェーム/ ▸ਟਰਾਮ, ਟਰੇਮ, ਟ੍ਰੇਮ, ਟ੍ਰੈਮ *f.* → ਟਰਾਮ

ਟ੍ਰੈਮ (ट्रैम) /ṭraima (ṭaraima) トラェーム (タラェーム)/ ▸ਟਰਾਮ, ਟਰੇਮ, ਟ੍ਰੇਮ, ਟਰੈਮ *f.* → ਟਰਾਮ

ਟ੍ਰੈਵਲਿੰਗ ਲਾਇਬ੍ਰੇਰੀ (ट्रैवलिंग लाइब्रेरी) /ṭraivaliṅga lāibrerī (ṭaraivaliṅga lāibarerī) トラェーヴィリング ラーイブレーリー (タラェーヴィリング ラーイバレーリー)/ [Eng. *travelling library*] *f.* 巡回図書館, 移動図書館.

ਟੱਲ (टल्ल) /ṭalla タッル/ *m.* 大きな鐘.

ਟਲਨਹਾਰ (टलनहार) /ṭalanahāra タランハール/ [cf. ਟਲਨਾ -ਹਾਰ] *adj.* **1** 遠ざかる, 離れて行く. **2** 避けられる, 回避可能な.

ਟਲਨਾ (टलना) /ṭalanā タルナー/ [Skt. टलति] *vi.* **1** 遠ざかる, 立ち去る. **2** 避けられる, 回避される. **3** こそこそ逃げる, 引き下がる, 退く. **4** 慎む, 控える, 自制する. **5** 延期される, 延びる, 遅れる.

ਟੱਲਾ[1] (टल्ला) /ṭallā タッラー/ ▸ਟੂੱਲ, ਟੱਲਾ *m.* → ਟੂੱਲ[1]

ਟੱਲਾ[2] (टल्ला) /ṭallā タッラー/ *m.* **1** 〖布地〗布切れ, 継ぎ切れ. (⇒ਟਾਕੀ) **2** 衣服, 衣料品. (⇒ਕੱਪੜਾ)

ਟੱਲੀ[1] (टल्ली) /ṭallī タッリー/ *f.* **1** 小さな鐘, ベル, 鈴. (⇒ਘੰਟੀ) ❐ਟੱਲੀ ਵਜਾਉਣੀ 鐘を鳴らす. **2** 授業の時限.

ਟੱਲੀ[2] (टल्ली) /ṭallī タッリー/ *m.* 〖布地〗布切れ, 継ぎ切れ. (⇒ਟਾਕੀ)

ਟਵਰਗ (टवरग) /ṭawaraga タワルグ/ *m.* 〖文字・音〗反り舌音の夕段《グルムキー字母表の反り舌・閉鎖音の子音グループ》.

ਟਵਿੱਲ (टविल्ल) /ṭawilla タウィッル/ [Eng. *twill*] *f.* 〖布地〗綾織物.

ਟਵੀਡ (टवीड) /ṭawīḍa タウィード/ [Eng. *tweed*] *m.* 〖布地〗ツイード《数色の糸で織った目の粗い羊毛生地の一種》.

ਟਾਊਟ (टाऊट) /ṭāūṭa ターウート/ [Eng. *tout*] *m.* **1** (ホテルの)客引き. **2** (競馬の)予想屋.

ਟਾਊਨ (टाऊन) /ṭāūna ターウーン/ [Eng. *town*] *m.* **1** 町. **2** 街.

ਟਾਇਰ (टाइर) /ṭāira ターイル/ ▸ਟੈਰ [Eng. *tyre, tire*] *m.* タイヤ.

ਟਾਇਲਟ (टाइलट) /ṭāilaṭa ターイラト/ ▸ਟੁਆਇਲੇਟ [Eng. *toilet*] *m.f.* **1** トイレ, トイレット, 便所, お手洗い, 化粧室. **2** 化粧, 身づくろい.

ਟਾਈ (टाई) /ṭāī ターイー/ [Eng. *tie*] *f.* **1** 〖衣服〗ネクタイ. **2** 〖競技〗同点, 引き分け, タイ記録.

ਟਾਈਟਲ (टाईटल) /ṭāīṭala ターイータル/ [Eng. *title*] *m.* **1** 書名, 表題, 題名. **2** 称号, 肩書き. **3** 選手権.

ਟਾਈਪ (टाईप) /ṭāīpa ターイープ/ [Eng. *type*] *m.f.* **1** タイプ, タイプの仕事, 印書. **2** 型, 型式, 様式. **3** 活字, 字体, 活版.

ਟਾਈਪਿਸਟ (टाईपिसट) /ṭāīpisaṭa ターイーピスト/ [Eng. *typist*] *m.* タイピスト.

ਟਾਈਫ਼ਾਈਡ (टाईफ़ाईड) /ṭāīfāīḍa ターイーファーイード/ [Eng. *typhoid*] *m.* 〖医〗腸チフス.

ਟਾਈਮ (टाईम) /ṭāīma ターイーム/ ▸ਟੈਮ [Eng. *time*] *m.* **1** 時, 時間. **2** 時刻.

ਟਾਈਮ ਕੀਪਰ (टाईम कीपर) /ṭāīma kīpara ターイーム キーパル/ [Eng. *timekeeper*] *m.* **1** (作業などの)時間記録係. **2** 〖競技〗(競技などの)時間記録係, 計時係, 計時員.

ਟਾਈਮ ਟੇਬਲ (टाईम टेबल) /ṭāīma ṭebala ターイーム テーバル/ [Eng. *timetable*] *m.* **1** 時刻表. (⇒ਸਮਾਂ ਸਾਰਨੀ) **2** 時間割. **3** 予定表.

ਟਾਈਮਪੀਸ (टाईमपीस) /ṭāīmapīsa ターイームピース/ [Eng. *timepiece*] *m.* 時計, 置時計.

ਟਾਈਲ (टाईल) /ṭāīla ターイール/ [Eng. *tile*] *f.* タイル.

ਟਾਸ (टास) /ṭāsa タース/ [Eng. *toss*] *m.* **1** 投げ上げること. **2** 〖競技〗(球技での)トス.

ਟਾਹਣ (टाहण) /ṭâṇa ターン/ ▸ਟਹਿਣਾ, ਟਾਹਣਾ, ਟਾਨ੍ਹ [Skt. तनुः] *m.* 〖植物〗木の大枝.

ਟਾਹਣਾ (टाहणा) /ṭâṇā ターナー/ ▸ਟਹਿਣਾ, ਟਾਹਣ, ਟਾਨ੍ਹ *m.* → ਟਾਹਣ

ਟਾਹਣੀ (टाहणी) /ṭâṇī ターニー/ ▸ਟਹਿਣੀ, ਟਾਨ੍ਹੀ [Skt. तनुः -ਈ] *f.* 〖植物〗木の小枝.

ਟਾਹਰ (टाहर) /ṭâra タール/ ▸ਟਾਰ੍ਹ *f.* **1** 呼びかけ, 呼び声. (⇒ਪੁਕਾਰ) **2** 叫び, 叫び声.

ਟਾਹਲੀ (टाहली) /ṭâlī ターリー/ *f.* 〖植物〗シタン(紫檀).

ਟਾਂਕ (टाँक) /ṭā̃ka ターンク/ [Arab. *tāq*] *adj.* 〖数学〗奇数の. (⇒ਬਿਖਮ)(⇔ਜੁਫ਼ਤ)

— *m.* 〖数学〗奇数. (⇔ਜੁਫ਼ਤ)

ਟਾਂਕਣਾ (टाँकणा) /ṭā̃kaṇā ターンカナー/ [Skt. टङ्कति] *vt.* **1** 縫う, 縫い付ける, 縫い合わせる. **2** 留める, 付ける. **3** はんだ付けする. **4** 溶接する.

ਟਾਕਰਾ (टाकरा) /ṭākarā タークラー/ *m.* **1** 遭遇, 出会い. ❐ਟਾਕਰਾ ਹੋਣਾ 遭遇する, 偶然出会う, ふと出くわす. **2** 比較. ❐ਟਾਕਰਾ ਕਰਨਾ 比較する. **3** 対照, 照合. ❐ਟਾਕਰਾ ਕਰਨਾ 対照する, 照合する. **4** 競争, 対戦, 取り組み, 試合, 闘争, 闘い. ❐ਟਾਕਰਾ ਕਰਨਾ 競う, 競争する, 対戦する, 取り組む, 戦う. **5** 抵抗, 反抗, 反対, 対立. ❐ਟਾਕਰਾ ਕਰਨਾ 抵抗する, 反抗する, 逆らう, 反対する.

ਟਾਕਰੀ (टाकरी) /ṭākarī ターカリー/ *m.* 〖文字〗ターカリー(タークリー)文字《パンジャーブの北部のヒマラヤ山麓部で, 西部パハーリー諸方言〔パンジャービー語のドーグリー方言〕の表記に用いられてきた文字》.

ਟਾਂਕਾ (टाँका) /ṭā̃kā ターンカー/ ▸ਟੰਕਾ [cf. ਟਾਂਕਣਾ] *m.* **1** 留め釘, 留め針, 待ち針. **2** 縫い目, 針目, 縫い合わせ, 縫合. **3** はんだ, はんだ付け, 接合. **4** 溶接.

ਟਾਕੀ[1] (टाकी) /ṭākī ターキー/ *f.* 〖布地〗布切れ, 継ぎ切れ. (⇒ਟੱਲੀ)

ਟਾਕੀ[2] (टाकी) /ṭākī ターキー/ [Eng. *talkie*] *f.* トーキー, 発声映画.

ਟਾਂਗਾ (टाँगा) /ṭā̃gā ターンガー/ ▸ਤਾਂਗਾ [cf. ਟੰਗਣਾ] *m.* 〖乗物〗ターンガー《腰掛席のある一頭引き二輪馬車》.

ਟਾਂਗੂ (टाँगू) /ṭā̃gū ターングー/ *f.* 木の上の見張り所. (⇒

ਮਚਾਣ)

ਟਾਂਚੀ (टाँची) /ṭā̃cī ターンチー/ ▸ਟੰਕੀ, ਟੈਂਕੀ, ਟੈਂਚੀ *f.* → ਟੈਂਕੀ

ਟਾਂਟ (टाँट) /ṭā̃ṭa ターント/ *f.* **1**〖身体〗頭頂部, 頭蓋. (⇒ਕਪਾਲ) **2** 坊主頭.

ਟਾਟ (टाट) /ṭāṭa タート/ [Skt. तंतु] *f.* **1**〖布地〗麻布. **2** 麻袋.

ਟਾਟਰੀ (टाटरी) /ṭāṭarī タートリー/ [Eng. *tartar*] *f.*〖化学〗酒石酸塩, クエン酸塩.

ਟਾਂ ਟਾਂ (टाँ टाँ) /ṭā̃ ṭā̃ ターン ターン/ *f.* **1**〖擬声語〗ペチャクチャ《しゃべる声》. (⇒ਟਰਟਰ) **2** 無駄話, 無駄口, くだらないおしゃべり. (⇒ਬਕਬਕ) **3** やかましい声, 騒音.

ਟਾਂਡ (टाँड) /ṭā̃ḍa ターンド/ *f.* **1** 棚. **2** 台, 畑などの見張り台. (⇒ਮਚਾਣ)

ਟਾਂਡਾ (टाँडा) /ṭā̃ḍā ターンダー/ *m.*〖植物〗トウモロコシ(玉蜀黍)・アワ(粟)・サトウキビ(砂糖黍)などの茎.

ਟਾਂਡੀ (टाँडी) /ṭā̃ḍī ターンディー/ *f.*〖植物・飼料〗飼料用のトウモロコシ(玉蜀黍).

ਟਾਨਸਲ (टानसल) /ṭānasala ターンサル/ [Eng. *tonsil*] *m.* **1**〖身体〗扁桃腺. **2**〖医〗扁桃腺炎.

ਟਾਨ੍ਹ (टान्ह) /ṭâna ターン/ ▸ਟਹਿਣਾ, ਟਾਹਣ, ਟਾਹਣਾ *m.* → ਟਾਹਣ

ਟਾਨ੍ਹੀ (टान्ही) /ṭâṇī ターニー/ ▸ਟਹਿਣੀ, ਟਾਹਣੀ *f.* → ਟਾਹਣੀ

ਟਾਪ[1] (टाप) /ṭāpa タープ/ [Skt. स्थापन] *f.* **1** 馬や驢馬などの蹄の音. **2** 馬の足並み. **3** 蹄.

ਟਾਪ[2] (टाप) /ṭāpa タープ/ *f.*〖料理〗焼き過ぎて硬くなったローティー〔無発酵平焼きパン〕.

ਟਾਪ[3] (टाप) /ṭāpa タープ/ [Eng. *top*] *m.* トップ, 頂点, 頂上, 最高点. (⇒ਚੋਟੀ, ਸਿਖਰ)

— *adj.* トップの, 最高の, 一番上の, 首位の.

ਟਾਪਸ (टापस) /ṭāpasa ターパス/ *m.* **1**〖装〗耳飾り. **2**〖装〗耳に付ける装飾品.

ਟਾਪ ਸੀਕਰੇਟ (टाप सीकरेट) /ṭāpa sīkareṭa タープ スィークレート/ [Eng. *top secret*] *adj.* 極秘の, マル秘の.

ਟਾਪਬੂਟ (टापबूट) /ṭāpabūṭa タープブート/ [Eng. *topboot*] *m.*〖履物〗乗馬靴.

ਟਾਪਾ[1] (टापा) /ṭāpā ターパー/ [Skt. स्थापन] *m.* **1**〖容器〗桶. **2**〖容器〗大きな籠.

ਟਾਪਾ[2] (टापा) /ṭāpā ターパー/ *m.*〖乗物〗牡牛の引く車.

ਟਾਪੂ (टापू) /ṭāpū タープー/ *m.* **1**〖地理〗島. (⇒ਜਜ਼ੀਰਾ, ਦੀਪ) **2**〖地理〗(川の)浅瀬, 州, 砂州.

ਟਾਪੂਨੁਮਾ (टापूनुमा) /ṭāpūnumā タープーヌマー/ *m.*〖地理〗半島. (⇒ਪ੍ਰਾਇਦੀਪ)

ਟਾਫ਼ਟਾ (टाफ़टा) /ṭāfaṭā ターフター/ [Eng. *taffeta*] *m.*〖布地〗タフタ, 琥珀織り《光沢のある絹の織物の一種》.

ਟਾਫ਼ੀ (टाफ़ी) /ṭāfī ターフィー/ [Eng. *toffee*] *f.*〖食品〗タフィー, 甘いキャンディ, 飴, キャラメル.

ਟਾਬਰੀ (टाबरी) /ṭābarī ターブリー/ ▸ਟਬਰੀ, ਟੱਬਰੀ *f.* → ਟੱਬਰੀ

ਟਾਰ੍ਹ (टार्ह) /ṭâra タール/ ▸ਟਾਹਰ *f.* → ਟਾਹਰ

ਟਾਰਚ (टारच) /ṭāraca タールチ/ [Eng. *torch*] *f.* 懐中電灯.

ਟਾਲ[1] (टाल) /ṭāla タール/ [Skt. अट्टाल] *f.* **1** 堆積. **2** 積み重ね. **3** 薪・石炭の集積.

ਟਾਲ[2] (टाल) /ṭāla タール/ [Eng. *toll*] *m.* 通行料金.

ਟਾਲਣਾ (टालना) /ṭālaṇā タールナー/ [Skt. टालयति] *vt.* **1** 遠ざける, 立ち去らせる. **2** 避ける, 回避する. **3** そらす, はぐらかす, あしらう, 適当に扱う. **4** 退ける, 断る, 拒む. **5** 延期する, 先に延ばす, 遅らせる.

ਟਾਲ-ਮਟੋਲ (टाल-मटोल) /ṭāla-maṭola タール・マトール/ *f.* **1** 引き延ばすこと, ぐずぐずすること. **2** 言い逃れ, 言い訳.

ਟਾਲਵਾਂ (टालवाँ) /ṭālawā̃ タールワーン/ [cf. ਟਾਲਣਾ] *adj.* **1** 先延ばしするつもりの. **2** 回避的な.

ਟਾਲਾ (टाला) /ṭālā ターラー/ [cf. ਟਾਲਣਾ] *m.* **1** 遅延, 延期, 先延ばし. **2** 回避, 逃避. **3** はぐらかすこと. **4** 言い逃れ, 言い訳.

ਟਾਵਾਂ (टावाँ) /ṭāwā̃ ターワーン/ *adj.* **1** 稀な, 稀少な. **2** 珍しい, 変な.

ਟਾਵਾਂ ਟੱਲਾ (टावाँ टल्ला) /ṭāwā̃ ṭallā ターワーン タッラー/ ▸ਟਾਵਾਂ ਟਾਵਾਂ *adj.* **1** 分散した, 散らばった. **2** まばらな, 散在する, 点在する. **3** ほとんどない. **4** 稀な, 稀少な. **5** 珍しい, 変な.

— *adv.* まばらに, ちらほらと, 散在して.

ਟਾਵਾਂ ਟਾਵਾਂ (टावाँ टावाँ) /ṭāwā̃ ṭāwā̃ ターワーン ターワーン/ ▸ਟਾਵਾਂ ਟੱਲਾ *adj.adv.* → ਟਾਵਾਂ ਟੱਲਾ

ਟਿਊਸ਼ਨ (टिऊशन) /ṭiūśana ティウーシャン/ [Eng. *tuition*] *f.* **1** 授業. **2** 個人教授. **3** 授業料.

ਟਿਊਬ (टिऊब) /ṭiūba ティウーブ/ [Eng. *tube*] *f.* **1** 管. **2** 筒. **3**(歯磨き・絵の具の)チューブ. **4**(自転車のタイヤの)チューブ.

ਟਿਸ਼ੂ ਪੇਪਰ (टिशू पेपर) /ṭiśū pepara ティシュー ペーパル/ [Eng. *tissue paper*] *m.* ティッシュペーパー.

ਟਿਕ[1] (टिक) /ṭika ティク/ ▸ਟੇਕ *f.* → ਟੇਕ

ਟਿਕ[2] (टिक) /ṭika ティク/ [Eng. *tick*] *f.* **1** 点検・照合済みの印. **2**〖擬声語〗チク, カチ《時計などの音》.

ਟਿਕਟ (टिकट) /ṭikaṭa ティカト/ [Eng. *ticket*] *f.* **1** 切符, 乗車券. **2** 券, 入場券, チケット. **3** 切手. **4** 印紙. **5** 収入印紙.

ਟਿਕ ਟਿਕ (टिक टिक) /ṭika ṭika ティク ティク/ [Eng. *tick*] *f.*〖擬声語〗チクタク, カチカチ《時計などが出す規則的な音》.

ਟਿਕ ਟਿਕਾ (टिक टिका) /ṭika ṭikā ティク ティカー/ ▸ਟਿਕ ਟਿਕਾਉ [cf. ਟਿਕਣਾ] *m.* **1** 沈静. **2** 静寂, 静穏. **3** 平和, 平穏. **4** 正常な安定した状態.

ਟਿਕ ਟਿਕਾਉ (टिक टिकाऊ) /ṭika ṭikāū ティク ティカーウー/ ▸ਟਿਕ ਟਿਕਾ *m.* → ਟਿਕ ਟਿਕਾ

ਟਿਕ ਟਿਕੀ (टिक टिकी) /ṭika ṭikī ティク ティキー/ ▸ਟਿਕਟਿੱਕੀ *f.* **1** 凝視. **2** じっと見詰めること.

ਟਿਕਟਿੱਕੀ (टिकटिक्की) /ṭikaṭikkī ティクティッキー/ ▸ਟਿਕ ਟਿਕੀ *f.* → ਟਿਕ ਟਿਕੀ

ਟਿਕਣਾ (टिकणा) /ṭikaṇā ティカナー/ [Skt. टीकते] *vi.* **1** 寄りかかる, もたれる. **2** 安定する, 落ち着く. **3** 泊まる, 宿泊する, 滞在する. **4** 休む. **5** 留まる. **6** あり続ける, 持続する, 長持ちする.

ਟਿੱਕਣਾ (टिक्कणा) /ṭikkaṇā ティッカナー/ [(Pkt. टिक्क) Skt. तिलक] *vt.* **1** 婚約式を行う. **2** 指名する, 任命する. (⇒ਨਾਮਜ਼ਦ ਕਰਨਾ)

ਟਿਕਵਾਂ (टिकवाँ) /ṭikawā̃ ティクワーン/ [cf. ਟਿਕਣਾ] *adj.* **1** 安定した, しっかりした. **2** 着実な, 落ち着いた. **3** 休止した. **4** 変わらない, 不変の. **5** 順調な.

ਟਿਕਾ (टिका) /ṭikā ティカー/ ▸ਟਿਕਾਉ, ਟਿਕਾਅ [cf. ਟਿਕਣਾ] *adj.* 安定した, 動かない, 静止した.
— *m.* **1** 休息, 平穏, 平静, 平和. **2** 滞在, 逗留, 宿泊. **3** 住まい, 住居, 宿. **4** 安定, 落ち着き, 着実. **5** 満足, 喜び.

ਟਿੱਕਾ (टिक्का) /ṭikkā ティッカー/ [(Pkt. टिक्क) Skt. तिलक] *m.* **1** 白檀や紫檀の粉・サフラン・朱などで付けた額の印. **2**〖装〗女性が額に付ける装身具の一つ. **3**〖儀礼〗婚約成立に関する儀式の一つ《花嫁側の人が花婿の額に印を付け, 贈り物をする》. **4** 婚約成立に関する儀式で花嫁側から花婿側に贈られた菓子・財物など. **5**〖親族〗王族や貴族の嫡男.

ਟਿਕਾਉ (टिकाउ) /ṭikāo ティカーオー/ ▸ਟਿਕਾ, ਟਿਕਾਅ *adj.m.* → ਟਿਕਾ

ਟਿਕਾਉਣਾ (टिकाउणा) /ṭikāuṇā ティカーウナー/ ▸ਟਿਕਾਣਾ [Skt. टीकयति] *vt.* **1** 安定した状態になるように置く, 据える, 寄りかからせる. ❐ਸੁਰਿੰਦਰ ਕੌਰ ਨੇ ਮੇਰੇ ਨਾਂਹ–ਨਾਂਹ ਕਰਨ ਦੇ ਬਾਵਜੂਦ ਵੀਹ ਡਾਲਰ ਦਾ ਨੋਟ ਮੇਰੇ ਹੱਥ ਉੱਤੇ ਟਿਕਾ ਦਿੱਤਾ। スリンダル・コウルは私が強く断ったにもかかわらず20ドル紙幣を私の手に置きました. ❐ਤਹਿਖ਼ਾਨਾ ਦੀ ਇੱਕ ਕੰਧ ਦੇ ਨਾਲ ਰਫ਼ਲਾਂ ਟਿਕਾਈਆਂ ਹੋਈਆਂ ਸਨ। 地下室の壁の一つには何丁かのライフル銃が据えられていました. **2** 適切な位置に置く, 適切な地位・立場などに就かせる, 配置する, 駐在させる, 駐留させる. ❐ਰੰਮੀ ਸਕੂਲੋਂ ਆਉਂਦਿਆਂ ਹੀ ਬਸਤੇ ਨੂੰ ਆਪਣੀ ਥਾਂ ਟਿਕਾ ਦਿੰਦੀ ਹੈ। ランミーは学校から帰るとすぐ鞄を自分の場所に置きます. **3** 泊める, 家に入れる, 滞在させる. **4** 安定させる, 落ち着かせる, 鎮める. **5** 安置する, 大切に納める. **6** 叩く, 打ち延ばす. **7** 説得する, 同意させる.

ਟਿਕਾਊ (टिकाऊ) /ṭikāū ティカーウー/ [cf. ਟਿਕਾਉਣਾ] *adj.* **1** 安定した, 落ち着いた, 一定不変の. **2** 永続的な. **3** 確かな, 信頼できる.

ਟਿਕਾਅ (टिकाअ) /ṭikāa ティカーア/ ▸ਟਿਕਾ, ਟਿਕਾਉ *adj.m.* → ਟਿਕਾ

ਟਿਕਾਣਾ[1] (टिकाणा) /ṭikāṇā ティカーナー/ ▸ਠਿਕਾਣਾ [cf. ਟਿਕਣਾ -ਆਣਾ] *m.* **1** 所, 場所. (⇒ਥਾਂ) **2** 休息所, 避難所. (⇒ਠਾਹਰ) **3** 住まい, 住居, 家. (⇒ਘਰ) **4** 寄る辺, 行き先, 目的地, 目標. **5** 限界, 限度. (⇒ਹੱਦ, ਸੀਮਾ)

ਟਿਕਾਣਾ[2] (टिकाणा) /ṭikāṇā ティカーナー/ ▸ਟਿਕਾਉਣਾ *vt.* → ਟਿਕਾਉਣਾ

ਟਿੱਕੀ (टिक्की) /ṭikkī ティッキー/ *f.* **1** 平らな円形のもの. **2**〖料理〗小さな平たい円形のローティー〔無発酵平焼きパン〕. **3**〖料理〗平たい円形の塊に焼かれたハッシュポテト. **4** (太陽や月などの)円形の表面. **5** (石鹸などの)一つの塊. **6**〖薬剤〗(丸くて平たい形の)錠剤.

ਟਿਕੋਜ਼ੀ (टिकोज़ी) /ṭikozī ティコーズィー/ [Eng. *tea-cozy*] *f.* ポットカバー《お茶が冷めないように, ティーポットに被せる保温カバー》.

ਟਿੰਗਰੀ (टिंगरी) /ṭiṅgarī ティンガリー/ [(Mul.)] *f.*〖植物〗枝. (⇒ਸ਼ਾਖ਼)

ਟਿੱਚ[1] (टिच्च) /ṭicca ティッチ/ *f.*〖擬声語〗チッ, チェッ《舌を鳴らす音, 舌打ち音》.

ਟਿੱਚ[2] (टिच्च) /ṭicca ティッチ/ ▸ਤੁੱਛ [Skt. तुच्छ] *adj.* **1** 卑しい, 劣った, 卑小な. (⇒ਹੀਣ, ਘਟੀਆ) **2** 取るに足らない, つまらない, 些細な. (⇒ਮਾਮੂਲੀ) **3** 浅はかな, 浅薄な. **4** 空っぽの, 中身のない, 空虚な, はかない. (⇒ਖ਼ਾਲੀ)
— *f.* **1** 些細な事, つまらない物, くだらない事. **2** 少量, 僅かの金.

ਟਿਚਕਰ (टिचकर) /ṭicakara ティチカル/ ▸ਟਿਚਕਾਰੀ, ਟਿੱਚਰ, ਡਿਚਕਰ *f.* **1**〖擬声語〗チッ, チェッ《舌を鳴らす音, 舌打ち音》. ❐ਟਿਚਕਾਰ ਮਾਰਨੀ 舌を鳴らす, 舌打ち音を発する. **2** ひやかし, あざけり, 愚弄. **3** 冗談. **4** 皮肉.

ਟਿਚਕਾਰਨਾ (टिचकारना) /ṭicakāranā ティチカールナー/ *vi.* 舌を鳴らす, 舌打ち音を発する.
— *vt.* (家畜を)舌打ち音を続けて発して追う.

ਟਿਚਕਾਰੀ (टिचकारी) /ṭicakārī ティチカーリー/ ▸ਟਿਚਕਰ, ਟਿੱਚਰ, ਡਿਚਕਰ *f.* → ਟਿਚਕਰ

ਟਿਚਨ (टिचन) /ṭicana ティチャン/ [Eng. *attention*] *adj.* **1** 絶好の. **2** 万全の. **3** 準備のできた. **4** こぎれいな, こざっぱりした.

ਟਿੱਚਰ (टिच्चर) /ṭiccara ティッチャル/ ▸ਟਿਚਕਰ, ਟਿਚਕਾਰੀ, ਡਿਚਕਰ *f.* → ਟਿਚਕਰ

ਟਿਟਿਆਉਣਾ (टिटिआउणा) /ṭiṭiāuṇā ティティアーウナー/ *vi.* 金切り声を上げる.

ਟਿੰਡ (टिंड) /ṭiṇḍa ティンド/ *f.* **1**〖容器〗汲み上げ式の井戸で使われる焼き物または金属製の瓶. **2**〖身体〗頭頂部, 頭蓋. (⇒ਕਪਾਲ) **3** 坊主頭.

ਟਿੱਡਾ (टिड्डा) /ṭiḍḍā ティッダー/ [Skt. त्रि + Skt. क्ष + Skt. क] *m.* **1** すべての足に三つの節のあるもの. **2**〖虫〗バッタ, イナゴ, キリギリス. (⇒ਮਕੜਾ)

ਟਿੰਡਾਣਾ (टिंडाणा) /ṭiṇḍāṇā ティンダーナー/ ▸ਟਿਡਾਣਾ [(Mul.)] *m.*〖虫〗ツチボタル. (⇒ਟਟਹਿਣਾ)

ਟਿਡਾਣਾ (टिडाणा) /ṭiḍāṇā ティダーナー/ ▸ਟਿੰਡਾਣਾ [(Mul.)] *m.* → ਟਿੰਡਾਣਾ

ਟਿੰਡਾਣੀ (टिंडाणी) /ṭiṇḍāṇī ティンダーニー/ *f.*〖虫〗野菜に付く虫.

ਟਿੱਡੀ (टिड्डी) /ṭiḍḍī ティッディー/ [Skt. टिट्टिभ] *f.*〖虫〗イナゴ.

ਟਿਪ (टिप) /ṭipa ティプ/ ▸ਟਿੱਪ *f.* → ਟਿੱਪ

ਟਿੱਪ (टिप्प) /ṭippa ティップ/ ▸ਟਿਪ [Eng. *tip*] *f.* チップ, 心付け.

ਟਿਪਸ (टिपस) /ṭipasa ティパス/ *f.* 用意, 手はず.

ਟਿੱਪਣ (टिप्पण) /ṭippaṇa ティッパン/ ▸ਟਿੱਪਣੀ *m.* → ਟਿੱਪਣੀ

ਟਿੱਪਣਾ (टिप्पणा) /ṭippaṇā ティッパナー/ [Skt. टेपयति] *vt.* **1** 注釈する, 注解を加える. **2** 意見を述べる, 批評する.

ਟਿੱਪਣੀ (टिप्पणी) /ṭippaṇī ティッパニー/ ▸ਟਿੱਪਣ [Skt. टिप्पणी] *f.* **1** 注釈, 注解. **2** 意見, 所見, 寸評.

ਟਿੱਪੀ (टिप्पी) /ṭippī ティッピー/ [Skt. टिप्पणी] *f.*〖文字〗ティッピー《グルムキー文字の鼻音化記号 ੰ の名称. 小さな円の下の部分が開いた形で, 鼻母音または各種の鼻子音を表す》.

ਟਿਫ਼ਨ (टिफ़न) /ṭifana ティファン/ [Eng. *tiffin*] *m.* 昼食, 昼飯.

ਟਿਫ਼ਨ ਕੈਰੀਅਰ (टिफ़न कैरीअर) /ṭifana kairīara ティファン カェーリーアル/ [Eng. *tiffin carrier*] *m.* 〖容器〗インド式弁当箱《二段から三段の重ね式で, 素材はステンレスのものが主流である》.

ਟਿੱਬਾ (टिब्बा) /ṭibbā ティッバー/ *m.* **1** 〖地理〗丘. **2** 〖地理〗砂丘, 砂の山.

ਟਿੱਬੀ (टिब्बी) /ṭibbī ティッビー/ *f.* 〖地理〗小さな砂丘.

ਟਿਭਣਾ (टिभणा) /ṭîbaṇā ティバナー/ *vi.* **1** こそこそ逃げる, そっと立ち去る. **2** 抜け出す. **3** 引き払う. **4** 逃れる.

ਟਿਮ੍ਹਕਣਾ (टिम्हकणा) /ṭîmakaṇā ティマクナー/ *m.* **1** 点. **2** 斑点, まだら, ぶち. **3** 光, 微光, かすかな光.
— *vi.* **1** ちらちら光る, かすかに光る. **2** 瞬く, きらめく, ぴかぴか光る.

ਟਿਮਟਿਮ (टिमटिम) /ṭimaṭima ティムティム/ *f.* **1** 瞬き, きらめき, 輝き. **2** 揺らめき. **3** 明滅. **4** かすかな輝き. **5** ちらちらする光. **6** 微光.

ਟਿਮਟਿਮਾਉਣਾ (टिमटिमाउणा) /ṭimaṭimāuṇā ティムティマーウナー/ *vi.* **1** ちらちら光る. **2** 瞬く, ぴかぴか光る, きらきら輝く, きらめく. **3** 揺らめく.

ਟਿਮਟਿਮਾਹਟ (टिमटिमाहट) /ṭimaṭimâṭa ティムティマート/ *f.* **1** 瞬き. **2** 揺らめき. **3** 明滅. **4** かすかな輝き. **5** ちらちらする光. **6** 微光.

ਟਿੰਮਾ (टिंमा) /ṭimmā ティンマー/ [(Pot.)] *adj.* 丈の低い. (⇒ਠਿੰਗਣਾ)

ਟਿਰਿਯਾ (टिरिया) /ṭiriyā ティリヤー/ ▸ਤਰਿਤੀਆ, ਤ੍ਰਿਤੀਆ [(Pot.) Skt. तृतीय] *or.num.(m.)* 3番目, 第三.
— *adj.* 3番目の, 第三の.

ਟਿਲ (टिल) /ṭila ティル/ ▸ਟਿੱਲ *m.* → ਟਿੱਲ[1]

ਟਿੱਲ[1] (टिल्ल) /ṭilla ティッル/ ▸ਟਿਲ *m.* 力, 強さ. (⇒ਜ਼ੋਰ)

ਟਿੱਲ[2] (टिल्ल) /ṭilla ティッル/ *m.* **1** 大きな鐘. **2** 大声を出す男.

ਟਿੱਲਾ (टिल्ला) /ṭillā ティッラー/ [Arab. *tall*] *m.* **1** 〖地理〗小山. **2** 〖地理〗低い丘. **3** 〖地理〗丘の頂き.

ਟੀ (टी) /ṭī ティー/ [Eng. *tea*] *f.* 〖植物・飲料〗茶, 紅茶. (⇒ਚਾਹ)

ਟੀਸ (टीस) /ṭīsa ティース/ ▸ਚੀਸ *f.* **1** ずきんずきんとする痛み. **2** 激痛.

ਟੀਸੀ (टीसी) /ṭīsī ティースィー/ *f.* **1** 頂上. **2** 上部. **3** 絶頂. **4** 最高地点. **5** 最高潮.

ਟੀਕਾ[1] (टीका) /ṭīkā ティーカー/ [Skt. टीका] *m.* **1** 注釈, 注解, 評釈. **2** 解釈, 解説.

ਟੀਕਾ[2] (टीका) /ṭīkā ティーカー/ [Pkt. टिक्क] *m.* 〖医〗注射, 予防接種, ワクチン注射.

ਟੀਕਾਕਾਰ (टीकाकार) /ṭīkākāra ティーカーカール/ [Skt. टीका Skt.-कार] *m.* **1** 注釈者, 注解者, 評釈者. **2** 解釈者, 解説者.

ਟੀਚਰ (टीचर) /ṭīcara ティーチャル/ [Eng. *teacher*] *m.* 教師, 教員.

ਟੀਚਾ (टीचा) /ṭīcā ティーチャー/ *m.* **1** 目標. ❐ਟੀਚਾ ਪੂਰਾ ਕਰਨਾ 目標を達成する. **2** 的, 標的. **3** 目的, 意図. **4** 終点, 到達点.

ਟੀਟਣਾ (टीटणा) /ṭīṭaṇā ティータナー/ *m.* 馬や驢馬の蹴り. ❐ਟੀਟਣਾ ਮਾਰਨਾ (馬や驢馬が)後ろ足で蹴る

ਟੀ-ਟੀ (टी-टी) /ṭī-ṭī ティー・ティー/ [Eng. *TTE. (Travelling Ticket Examiner)*] *m.* 検札車掌, 鉄道の車内検札係.

ਟੀਂਡਾ[1] (टींडा) /ṭī̃ḍā ティーンダー/ [Skt. टिण्डिश] *m.* 〖植物〗ティーンダー《カボチャ・トウナス類の野菜の一種》.

ਟੀਂਡਾ[2] (टींडा) /ṭī̃ḍā ティーンダー/ *m.* **1** 〖植物〗丸い莢. **2** 〖植物〗綿の木の果実.

ਟੀਨ (टीन) /ṭīna ティーン/ [Eng. *tin*] *m.* **1** 〖金属〗ブリキ. **2** 〖容器〗缶.

ਟੀਪ (टीप) /ṭīpa ティープ/ *f.* 〖建築〗セメントと砂による煉瓦の継ぎ合わせ.

ਟੀ ਬੀ (टी बी) /ṭī bī ティー ビー/ [Eng. *tuberculosis, T.B.*] *m.* 〖医〗結核, 肺結核. (⇒ਖਈ, ਤਪਦਿੱਕ)

ਟੀਮ (टीम) /ṭīma ティーム/ [Eng. *team*] *f.* **1** 組, 班, 隊, 団, 団体. **2** (競技などの)チーム. (⇒ਖਿਡਾਰੀ-ਦਲ)

ਟੀਰ (टीर) /ṭīra ティール/ [Skt. तिरस] *m.* 〖医〗斜視, 藪睨み. (⇒ਬਰੜ, ਭੈਂਗ)

ਟੀਰਾ (टीरा) /ṭīrā ティーラー/ [Skt. तिरस] *adj.* 斜視の, 藪睨みの. (⇒ਬਰੜਾ, ਭੈਂਗਾ)

ਟੀਵੀ (टीवी) /ṭīvī ティーヴィー/ ▸ਟੀ ਵੀ *m.* → ਟੀ ਵੀ

ਟੀ ਵੀ (टी वी) /ṭī vī ティー ヴィー/ ▸ਟੀਵੀ [Eng. *TV*] *m.* **1** テレビ. **2** 〖機械〗テレビ受像機.

ਟੁਆਇਲਟ (टुआइलट) /ṭuāilaṭa トゥアーイラト/ ▸ਟਾਇਲਟ *m.f.* → ਟਾਇਲਟ

ਟੁੱਕ[1] (टुक्क) /ṭukka トゥック/ [cf. ਟੁੱਕਣਾ] *m.* **1** かけら, 断片, 小片. **2** 〖料理〗ローティー〔無発酵平焼きパン〕のちぎれたかけら. **3** (虫食いによる衣服の)切れ目.

ਟੁੱਕ[2] (टुक्क) /ṭukka トゥック/ [Skt. स्तोक] *adj.* 些細な, 僅かな, 少しの.

ਟੁੱਕਣਾ (टुक्कणा) /ṭukkaṇā トゥッカナー/ [cf. ਕੱਟਣਾ] *vt.* **1** 切る, 切り刻む. **2** 噛む. **3** (虫が)食う. **4** がりがりかじる.

ਟੁੱਕਰ (टुक्कर) /ṭukkara トゥッカル/ [cf. ਟੁੱਕਣਾ] *m.* 〖料理〗トゥッカル《北インドで主食とされる無発酵平焼きパン》. (⇒ਰੋਟੀ)

ਟੁਕਵਾਉਣਾ (टुकवाउणा) /ṭukawāuṇā トゥクワーウナー/ ▸ਟੁਕਾਉਣਾ [cf. ਟੁੱਕਣਾ] *vt.* **1** 切らせる, 切り刻ませる. **2** 噛ませる. **3** (虫に)食わせる. **4** がりがりかじらせる.

ਟੁੱਕੜਬੋਚ (टुक्कड़बोच) /ṭukkaṛaboca トゥッカルボーチ/ *adj.* **1** 欲張りな. **2** 取り巻きの. **3** 寄生する.
— *m.* **1** 欲張り. **2** 取り巻き. **3** 寄生する人.

ਟੁਕੜਾ (टुकड़ा) /ṭukaṛā トゥクラー/ [cf. ਟੁੱਕਣਾ] *m.* **1** 一個, 一片, 一枚. **2** 部分, 断片. **3** 破片, かけら.

ਟੁਕੜੀ (टुकड़ी) /ṭukaṛī トゥクリー/ [cf. ਟੁੱਕਣਾ] *f.* 小片.

ਟੁਕਾਉਣਾ (टुकाउणा) /ṭukāuṇā トゥカーウナー/ ▸ਟੁਕਵਾਉਣਾ *vt.* → ਟੁਕਵਾਉਣਾ

ਟੁੰਗ (टुंग) /ṭuṅga トゥング/ *m.* しっかりした土台.

ਟੁੰਗਣਾ (टुंगणा) /ṭuṅgaṇā トゥンガナー/ *vt.* たくし上げる, まくり上げる.

ਟੁੰਗਵਾਉਣਾ (टुंगवाउणा) /ṭuṅgawāuṇā トゥングワーウナー/ ▸ਟੁੰਗਾਉਣਾ *vt.* たくし上げさせる, まくり上げさせる.

ਟੁੰਗਾਉਣਾ (टुंगाउणा) /ṭuṅgāuṇā トゥンガーウナー/ ▸ ਟੁੰਗਵਾਉਣਾ vt. → ਟੁੰਗਵਾਉਣਾ

ਟੁੱਟਣਹਾਰ (टुट्टणहार) /ṭuṭṭaṇahāra トゥッタンハール/ [cf. ਟੁੱਟਣਾ -ਹਾਰ] adj. 1 壊れやすい, 割れやすい. 2 もろい.

ਟੁੱਟਣਾ (टुट्टणा) /ṭuṭṭaṇā トゥッタナー/ [Skt. त्रुट्यति] vi. 1 壊れる, 破局を迎える, 折れる, 挫折する. ❐ਪਰੇਮ ਵਿਆਹ ਕਿਉਂ ਟੁੱਟਦੇ ਹਨ? 恋愛結婚はなぜ破局を迎えるのですか. 2 割れる. ❐ਇਹ ਗਲਾਸ ਕੱਚ ਦੇ ਹਨ। ਟੁੱਟ ਜਾਣਗੇ। これらのコップはガラス製です. 割れてしまうでしょう. 3 破れる. 4 離れる, 別れる.

ਟੁੱਟਵਾਂ (टुट्टवाँ) /ṭuṭṭawā̃ トゥットワーン/ [cf. ਟੁੱਟਣਾ] adj. 部分に分かれた, 部分的な. (⇒ਵੰਨਵਾਂ)

ਟੁੱਟਾ (टुट्टा) /ṭuṭṭā トゥッター/ [cf. ਟੁੱਟਣਾ] adj. 1 壊れた. 2 割れた. 3 破れた.

ਟੁੰਡ (टुंड) /ṭunḍa トゥンド/ [Skt. टुंड] m. 1〘植物〙木の切り株. 2〘植物〙切られた木の枝.

ਟੁੰਡਾ (टुंडा) /ṭunḍā トゥンダー/ [Skt. टुंड] adj. 1 枝を切られた, 刈り込まれた. 2 腕のない.

ਟੁਣਕ (टुणक) /ṭuṇaka トゥナク/ ▸ਟੰਕਾਰ, ਟੁਣਕਾ, ਟੁਣਕਾਰ, ਟੁਣਟੁਣ f. → ਟੁਣਟੁਣ

ਟੁਣਕਣਾ (टुणकणा) /ṭuṇakaṇā トゥナクナー/ vi. 1 (弦などが)ブーンと鳴る. 2 チリンと鳴る.

ਟੁਣਕਾ (टुणका) /ṭuṇakā トゥンカー/ ▸ਟੰਕਾਰ, ਟੁਣਕ, ਟੁਣਕਾਰ, ਟੁਣਟੁਣ m. → ਟੁਣਟੁਣ

ਟੁਣਕਾਉਣਾ (टुणकाउणा) /ṭuṇakāuṇā トゥンカーウナー/ ▸ ਟੁਣਕਾਰਨਾ vt. 1 (弦などを)掻き鳴らす, ブーンと鳴らす. 2 チリンと鳴らす.

ਟੁਣਕਾਰ (टुणकार) /ṭuṇakāra トゥンカール/ ▸ਟੰਕਾਰ, ਟੁਣਕ, ਟੁਣਕਾ, ਟੁਣਟੁਣ f. → ਟੁਣਟੁਣ

ਟੁਣਕਾਰਨਾ (टुणकारना) /ṭuṇakāranā トゥンカールナー/ ▸ ਟੁਣਕਾਉਣਾ vt. → ਟੁਣਕਾਉਣਾ

ਟੁਣਟੁਣ (टुणटुण) /ṭuṇaṭuṇa トゥントゥン/ ▸ਟੰਕਾਰ, ਟੁਣਕ, ਟੁਣਕਾ, ਟੁਣਕਾਰ f.〘擬声語〙ブーン, チリン《弦などを弾く音, 金属の鳴る音など》.

ਟੁਣਟੁਣਾਉਣਾ (टुणटुणाउणा) /ṭuṇaṭuṇāuṇā トゥントゥナーウナー/ vt. (楽器を)静かに奏でる.

ਟੁੰਬਣਾ (टुंबणा) /ṭumbaṇā トゥンバナー/ vt. 1 つつく. 2 駆り立てる. 3 興奮させる. 4 刺激する, 奮い立たせる.

ਟੁੱਬਣਾ (टुब्बणा) /ṭubbaṇā トゥッバナー/ vt. (井戸を)掘る, 掘り下げる.

ਟੁੱਭੀ (टुभ्भी) /ṭûbbī トゥッビー/ [cf. ਡੁੱਬਣਾ] f. 潜水. (⇒ਚੁੱਭੀ) ❐ਟੁੱਭੀ ਮਾਰਨੀ 潜水する, 水に潜る.

ਟੁਰਨਾ (टुरना) /ṭuranā トゥルナー/ ▸ਤੁਰਨਾ vi. → ਤੁਰਨਾ

ਟੁਰਾਉਣਾ (टुराउणा) /ṭurāuṇā トゥラーウナー/ ▸ਤੁਰਾਉਣਾ vt. → ਤੁਰਾਉਣਾ

ਟੁੱਲ[1] (टुल्ल) /ṭulla トゥッル/ ▸ਟੱਲਾ, ਟੁੱਲਾ [Skt. टलन] m. 1 (棒などで球を)打つこと, 打撃. 2 蹴り. 3 突拍子もない推測. 4 まぐれ当たり.

ਟੁੱਲ[2] (टुल्ल) /ṭulla トゥッル/ ▸ਟੂਲ f. → ਟੂਲ[2]

ਟੁੱਲਾ (टुल्ला) /ṭullā トゥッラー/ ▸ਟੁੱਲ, ਟੱਲਾ m. → ਟੁੱਲ[1]

ਟੂਕ (टूक) /ṭūka トゥーク/ f. 1 引用. 2 抜粋. 3 抜き書き.

ਟੂੰ ਟਾਂ (टूँ टाँ) /ṭū̃ ṭā̃ トゥーン ターン/ ▸ਟੂੰ ਟੂੰ f.〘擬声語〙ポロンポローン, ジャジャーン《試しに出してみる出まかせの楽器の音》.

ਟੂਟੀ (टूटी) /ṭūṭī トゥーティー/ f. 1 栓. 2 蛇口. 3 止めコック.

ਟੂੰ ਟੂੰ (टूँ टूँ) /ṭū̃ ṭū̃ トゥーン トゥーン/ ▸ਟੂੰ ਟਾਂ f. → ਟੂੰ ਟਾਂ

ਟੂਣਾ (टूणा) /ṭūṇā トゥーナー/ [Skt. तंत्र] m. 1 まじない. 2 祈祷, 魔除け. 3 呪文. 4 魔法.

ਟੂਣੇਹਾਰ (टूणेहार) /ṭūṇehāra トゥーネーハール/ [-ਹਾਰ] m. 1 まじない師. 2 祈祷師.

ਟੂਥ-ਪੇਸਟ (टूथ-पेसट) /ṭūtʰa-pesaṭa トゥート・ペースト/ [Eng. *toothpaste*] m. 練り歯磨き.

ਟੂਥ-ਬੁਰਸ਼ (टूथ-बुरश) /ṭūtʰa-buraśa トゥート・ブルシュ/ [Eng. *toothbrush*] m.〘道具〙歯ブラシ. (⇒ਦੰਦ-ਬੁਰਸ਼)

ਟੂੰਬ (टूँब) /ṭū̃ba トゥーンブ/ ▸ਟੂਮ f. 1〘装〙装飾品, 宝飾品, 小さな装身具. 2 綺麗な女性, 美人, 美女. (⇒ਸੁੰਦਰ ਇਸਤਰੀ)

ਟੂਮ (टूम) /ṭūma トゥーム/ ▸ਟੂੰਬ f. → ਟੂੰਬ

ਟੂਰ (टूर) /ṭūra トゥール/ [Eng. *tour*] m. 旅行, 周遊, 見物.

ਟੂਰਨਾਮੈਂਟ (टूरनामैंट) /ṭūranāmãĩṭa トゥールナーマェーント/ [Eng. *tournament*] m. 1 トーナメント. 2 勝ち抜き戦.

ਟੂਲ[1] (टूल) /ṭūla トゥール/ [Eng. *tool*] m. 1 道具. 2 道具箱.

ਟੂਲ[2] (टूल) /ṭūla トゥール/ ▸ਟੁੱਲ [Eng. *twill*] f.〘布地〙綾織り, 綾織物.

ਟੂਲ[3] (टूल) /ṭūla トゥール/ [Eng. *stool*] f. 1 腰掛け. 2 スツール.

ਟੂੜਾ (टूड़ा) /ṭūṛā トゥーラー/ [(Pot.)] m.〘料理〙一枚のローティー〔無発酵平焼きパン〕《「一個」「一片」「一枚」などを意味する ਟੁਕੜਾ の訛った語》.

ਟੇਸੂ (टेसू) /ṭesū テースー/ ▸ਕੇਸੂ [Skt. किंशुक] m.〘植物〙ハナモツヤクノキ(花没薬樹)《マメ科の落葉高木》, ハナモツヤクノキの花《濃いオレンジ色の派手な花》. (⇒ਢੱਕ, ਪਲਾਹ)

ਟੇਕ (टेक) /ṭeka テーク/ ▸ਟਿਕ [cf. ਟੇਕਣਾ] f. 1 寄りかかること. 2 支えること, 支え. 3 支柱. 4〘音楽〙同じ曲節の繰り返し, リフレーン.

ਟੇਕਣਾ (टेकणा) /ṭekaṇā テーカナー/ [cf. ਟਿਕਾਉਣਾ] vt. 1 寄りかからせる, もたれさせる, 立てかける. 2 支える, 安定させる. 3 置く, 付ける.

ਟੇਕਰੀ (टेकरी) /ṭekarī テークリー/ f.〘地理〙小さい丘, 小山.

ਟੇਂਗਰਾ (टेंगरा) /ṭẽgarā テーングラー/ m. 私生児.

ਟੇਢ (टेढ) /ṭêḍa テード/ m. 1 屈曲. 2 傾斜.

ਟੇਢਾ (टेढा) /ṭêḍā テーダー/ adj. 1 曲がった, 屈曲した. 2 斜めの, 傾斜した.

ਟੇਢਾਪਣ (टेढापण) /ṭêḍāpaṇa テーダーパン/ m. 1 屈曲. 2 傾斜.

ਟੇਪ (टेप) /ṭepa テープ/ [Eng. *tape*] m. テープ.

ਟੇਪਾ (टेपा) /ṭepā テーパー/ ▸ਟਪਕਾ m. → ਟਪਕਾ

ਟੇਬਲ (टेबल) /ṭebala テーバル/ [Eng. *table*] m.f. テーブル.

ਟੇਮਣਾ (टेमणा) /ṭemaṇā テームナー/ vt. 湿らす.

ਟੇਰ (टेर) /ṭera テール/ [Skt. त्वरते] f. 1 呼びかけ, 呼び

声. (⇒ਪੁਕਾਰ) **2** 叫び, 叫び声. **3**〖音楽〗長く伸ばす高音程.

ਟੇਰਨਾ (टेरना) /ṭeranā テールナー/ [Skt. ताडयति] *vt.* **1** 大声で呼ぶ, 叫ぶ. **2** 長く伸ばす.

ਟੇਲ (टेल) /ṭela テール/ [Eng. *tail*] *f.*〖身体〗尾.

ਟੇਲਰ (टेलर) /ṭelara テーラル/ [Eng. *tailor*] *m.* 仕立て屋. (⇒ਦਰਜ਼ੀ)

ਟੇਵ (टेव) /ṭewa テーウ/ *f.* 癖, 習癖, 習慣. (⇒ਆਦਤ)

ਟੇਵਾ (टेवा) /ṭewā テーワー/ [Skt. टिप्पण] *m.* **1**〖天文〗星座表, 運勢図. **2** 予測, 推測.

ਟੈਂ (टैं) /ṭãĩ タエーン/ *f.* **1** 傲慢. **2** 自尊心. **3** 虚栄心.

ਟੈਸਟ (टैसट) /ṭaisaṭa タエースト/ [Eng. *test*] *m.* **1** 試験, テスト, 検査, 試し, 実験. **2** 試すもの, 試練.

ਟੈਂਕ (टैंक) /ṭãĩka タエーンク/ [Eng. *tank*] *m.* **1**〖容器〗(水・油・ガスなどを蓄える)タンク. **2**〖地理〗貯水池. (⇒ਹੌਜ਼) **3**〖乗物・武〗戦車, タンク.

ਟੈਕਸ (टैकस) /ṭaikasa タエークス/ [Eng. *tax*] *m.* 税, 税金. (⇒ਕਰ, ਜਗਾਤ, ਮਸੂਲ)

ਟੈਕਸਟ ਬੁੱਕ (टैकसट बुक्क) /ṭaikasaṭa bukka タエーカストブック/ [Eng. *text-book*] *f.* 教科書.

ਟੈਕਸੀ (टैकसी) /ṭaikasī タエークスィー/ [Eng. *taxi*] *f.*〖乗物〗タクシー.

ਟੈਕਨਿਸ਼ਨ (टैकनिशन) /ṭaikaniśana タエークニシャン/ [Eng. *technician*] *m.* 専門家, 技術者.

ਟੈਕਨੀਕ (टैकनीक) /ṭaikanīka タエークニーク/ [Eng. *technique*] *m.f.* 技術, 技巧, 技法, テクニック.

ਟੈਕਨੀਕਲ (टैकनीकल) /ṭaikanīkala タエークニーカル/ [Eng. *technical*] *adj.* **1** 技術の, 技術的な, 専門的な. (⇒ਤਕਨੀਕੀ)

ਟੈਂਕਰ (टैंकर) /ṭãĩkara タエーンカル/ [Eng. *tanker*] *m.* **1**〖乗物〗タンカー, 油槽船. **2**〖乗物〗給油飛行機. **3**〖乗物〗タンク車, タンクローリー.

ਟੈਂਕਾ (टैंका) /ṭãĩkā タエーンカー/ *m.*〖文字〗タエーンカー《反り舌・閉鎖音の「タ」(無声・無気音)を表す, グルムキー文字の字母表の16番目の文字 ਟ の名称》.

ਟੈਂਕੀ (टैंकी) /ṭãĩkī タエーンキー/ ▸ਟੰਕੀ, ਟਾਂਚੀ, ਟੈਂਚੀ [Eng. *tank* -ਈ] *f.*〖容器〗(水や燃料を蓄える)タンク, 水槽, 油槽.

ਟੈਗ (टैग) /ṭaiga タエーグ/ [Eng. *tag*] *m.* 下げ札, 荷札.

ਟੈਂਚੀ (टैंची) /ṭãĩcī タエーンチー/ ▸ਟੰਕੀ, ਟਾਂਚੀ, ਟੈਂਕੀ *f.* → ਟੈਂਕੀ

ਟੈਂਚੀਕੇਸ (टैंचीकेस) /ṭãĩcīkesa タエーンチーケース/ [Eng. *attache-case*] *m.* **1** 書類用の小型鞄. **2** アタッシュケース.

ਟੈਂਟ (टैंट) /ṭãĩṭa タエーント/ [Eng. *tent*] *m.* **1** テント. **2** 天幕.

ਟੈਟਨਸ (टैटनस) /ṭaiṭanasa タエートナス/ [Eng. *tetanus*] *m.*〖医〗破傷風.

ਟੈਂਡਰ (टैंडर) /ṭãĩḍara タエーンダル/ [Eng. *tender*] *m.* **1** 申し出, 申し込み, 提出, 正式の提供. **2** 請負見積書, 入札. **3** 番人, 世話人, 看護人.

ਟੈਨਸ (टैनस) /ṭainasa タエーナス/ ▸ਟੈਨਿਸ *f.* → ਟੈਨਿਸ

ਟੈਨਿਸ (टैनिस) /ṭainisa タエーニス/ ▸ਟੈਨਸ [Eng. *tennis*] *f.*〖競技〗テニス.

ਟੈਂਪਰ (टैंपर) /ṭãĩpara タエーンパル/ [Eng. *temper*] *m.* 機嫌, 気分, 気性.

ਟੈਂਪਰੰਸ (टैंपरंस) /ṭãĩparansa タエーンプランス/ [Eng. *temperance*] *f.* 度を過ごさないこと, 節制, 自制.

ਟੈਂਪਰੇਚਰ (टैंपरेचर) /ṭãĩparecara タエーンパレーチャル/ [Eng. *temperature*] *m.* 温度. (⇒ਤਾਪਮਾਨ)

ਟੈਂਪਰੇਰੀ (टैंपरेरी) /ṭãĩparerī タエーンパレーリー/ [Eng. *temporary*] *adj.* 臨時の, 一時的な.

ਟੈਂਪੂ (टैंपू) /ṭãĩpū タエーンプー/ ▸ਟੈਂਪੋ [Ger. *Tempo Draied*] *m.* **1**〖乗物〗三輪または四輪の小型自動車. **2**〖乗物〗三輪乗合タクシー, 乗合三輪オート.

ਟੈਂਪੋ (टैंपो) /ṭãĩpo タエーンポー/ ▸ਟੈਂਪੂ *m.* → ਟੈਂਪੂ

ਟੈਮ (टैम) /ṭaima タエーム/ ▸ਟਾਈਮ *m.* → ਟਾਈਮ

ਟੈਰ (टैर) /ṭaira タエール/ ▸ਟਾਇਰ *m.* → ਟਾਇਰ

ਟੈਰਾਲੀਨ (टैरालीन) /ṭairālīna タエーラーリーン/ [Eng. *Terylene*] *f.*〖化学〗テリレン《ポリエステル系合成繊維の商標名》.

ਟੈਲੀਸਕੋਪ (टैलीसकोप) /ṭailīsakopa タエーリーサコープ/ [Eng. *telescope*] *f.*〖道具〗望遠鏡. (⇒ਦੂਰਬੀਨ)

ਟੈਲੀਗ੍ਰਾਫ਼ (टैलीग्राफ़) /ṭailīgrāfa タエーリーグラーフ/ [Eng. *telegraph*] *m.* 電信, 電報.

ਟੈਲੀਗਰਾਮ (टैलीगराम) /ṭailīgarāma タエーリーガラーム/ [Eng. *telegram*] *m.f.* 電報.

ਟੈਲੀਪ੍ਰਿੰਟਰ (टैलीप्रिंटर) /ṭailīprinṭara タエーリープリンタル/ [Eng. *teleprinter*] *m.*〖機械〗テレプリンター, テレタイプ, 電信印刷機.

ਟੈਲੀਫ਼ੂਨ (टैलीफ़ून) /ṭailīfūna タエーリーフーン/ ▸ਟੈਲੀਫ਼ੋਨ *m.* → ਟੈਲੀਫ਼ੋਨ

ਟੈਲੀਫ਼ੋਨ (टैलीफ़ोन) /ṭailīfona タエーリーフォーン/ ▸ਟੈਲੀਫ਼ੂਨ [Eng. *telephone*] *m.* 電話.

ਟੈਲੀਵਿਜ਼ਨ (टैलीविज़न) /ṭailīvizana タエーリーヴィザン/ ▸ਟੈਲੀਵਿਯਨ, ਟੈਲੀਵੀਜ਼ਨ *m.* → ਟੈਲੀਵੀਜ਼ਨ

ਟੈਲੀਵਿਯਨ (टैलीवियन) /ṭailīviyana タエーリーヴィヤン/ ▸ਟੈਲੀਵਿਜ਼ਨ, ਟੈਲੀਵੀਜ਼ਨ *m.* → ਟੈਲੀਵੀਜ਼ਨ

ਟੈਲੀਵੀਜ਼ਨ (टैलीवीज़न) /ṭailīvīzana タエーリーヴィーザン/ ▸ਟੈਲੀਵਿਜ਼ਨ, ਟੈਲੀਵਿਯਨ [Eng. *television*] *m.* **1** テレビ. ❐ ਤੁਸੀਂ ਆਪਣੇ ਘਰਾਂ ਵਿੱਚ ਟੈਲੀਵੀਜ਼ਨ ਰੋਜ਼ ਵੇਖਦੇ ਹੋਵੋਗੇ। あなたたちは自分の家でテレビを毎日見ているでしょう. **2**〖機械〗テレビ受像機.

ਟੈਲੂਆ (टैलूआ) /ṭailūā タエールーアー/ ▸ਟਹਿਲੀਆ, ਟਹਿਲੂਆ [(Pua.)] *m.* → ਟਹਿਲੀਆ

ਟੈਲੇਕਸ (टैलेकस) /ṭailekasa タエーレーカス/ [Eng. *telex*] *m.* テレックス.

ਟੋ (टो) /ṭo トー/ [Eng. *toe*] *m.f.* **1**〖身体〗足の指. **2**〖身体〗爪先.

ਟੋਆ (टोआ) /ṭoā トーアー/ ▸ਟੋਹਣਾ *m.* **1** 穴, 窪み. ❐ ਟੋਆ ਕੱਢਣਾ, ਟੋਆ ਪੁੱਟਣਾ 穴を掘る. **2**〖身体〗えくぼ.

ਟੋਸਟ (टोसट) /ṭosaṭa トースト/ [Eng. *toast*] *m.*〖料理〗トースト.

ਟੋਸਟਰ (टोसटर) /ṭosaṭara トースタル/ [Eng. *toaster*] *m.*〖器具〗トースター.

ਟੋਹ (टोह) /ṭô トー/ *f.* **1** 手探り, 手で探ること, 手で触ること. **2** 調査. **3** 精査. **4** 情報.

ਟੋਹਣਾ[1] (टोहणा) /ṭôṇā トーナー/ *vt.* **1** 手で探る, 手探りする. **2** 探る, 捜す, 調べる. **3** 触る, 手で触る.

ਟੋਹਣਾ[2] (टोहणा) /ṭôṇā トーナー/ ▸ਟੋਆ [(Pua.)] *m.* → ਟੋਆ

ਟੋਹਣੀ (टोहणी) /ṭôṇī トーニー/ *f.* 〖道具〗探り杖.

ਟੋਕ[1] (टोक) /ṭoka トーク/ [Skt. स्तोक] *f.* **1** 相手の言葉を遮ること, 口を挿むこと, 口出し. **2** 妨害. **3** 批判. **4** あら探し. **5** 難癖.

ਟੋਕ[2] (टोक) /ṭoka トーク/ *f.* **1** 茎を切った小片. **2** 虫に食われた布の穴.

ਟੋਕਣਾ (टोकणा) /ṭokaṇā トーカナー/ [Skt. स्तोक] *vt.* **1** 相手の言葉を遮る, 口を挿む. **2** 妨げる, 妨害する. **3** あら探しをする, 批判する. **4** 叱る, たしなめる.

ਟੋਕਨ (टोकन) /ṭokana トーカン/ [Eng. *token*] *m.* **1** 印, 証拠, 特徴. **2** 記念品, 形見.

ਟੋਕਰਾ (टोकरा) /ṭokarā トークラー/ *m.* 〖容器〗枝編み細工の籠, 竹・籐・蔓などで編んだ広口の籠.

ਟੋਕਰੀ (टोकरी) /ṭokarī トークリー/ *f.* 〖容器〗籠, 小さな籠, 手提げ籠, バスケット.

ਟੋਕਵਾਂ (टोकवाँ) /ṭokawā̃ トークワーン/ [cf. ਟੋਕਣਾ] *adj.* **1** あら探しの. **2** 難癖の. **3** 風刺の. **4** 皮肉の.

ਟੋਕਾ (टोका) /ṭokā トーカー/ *m.* 〖機械〗飼料切断機.

ਟੋਕਿਓ (टोकिओ) /ṭokio トーキオー/ ▸ਟੋਕੀਓ *m.* → ਟੋਕੀਓ

ਟੋਕੀਓ (टोकीओ) /ṭokīo トーキーオー/ ▸ਟੋਕਿਓ [Eng. *Tokyo* bf. Jap.] *m.* 〖地名〗東京《日本の首都》.

ਟੋਟ (टोट) /ṭoṭa トート/ ▸ਤੋਟ [(Pkt. तुट्ट) Skt. त्रुट] *f.* **1** 欠損, 損失. (⇒ਕਸਰ, ਨੁਕਸਾਨ) **2** 不足, 欠乏. (⇒ਘਾਟਾ, ਊਣ) **3** 〖医〗麻薬やアルコールの中毒による衰弱・後遺症.

ਟੋਟਕਾ (टोटका) /ṭoṭakā トートカー/ *m.* **1** 名文句. **2** 金言.

ਟੋਟਣ (टोटण) /ṭoṭaṇa トータン/ *m.f.* **1** 〖身体〗坊主頭. **2** 禿げ頭. **3** 頭の皮, 毛の付いた頭皮.

ਟੋਟਲ (टोटल) /ṭoṭala トータル/ [Eng. *total*] *m.* 合計, 総計.

ਟੋਟਾ (टोटा) /ṭoṭā トーター/ ▸ਤੋਟਾ, ਤੋੜਾ [(Pkt. तुट्ट) Skt. त्रुट] *m.* **1** 断片, かけら, 一部分. (⇒ਟੁਕੜਾ) **2** 切れ端, 半端なもの, 破片. **3** 欠損, 損失. (⇒ਕਸਰ, ਨੁਕਸਾਨ) **4** 不足, 欠乏. (⇒ਘਾਟਾ, ਊਣ)

ਟੋਡਾ (टोडा) /ṭoḍā トーダー/ *m.* 〖動物〗一歳か二歳の駱駝.

ਟੋਡੀ[1] (टोडी) /ṭoḍī トーディー/ ▸ਟੋੜੀ *f.* → ਟੋੜੀ

ਟੋਡੀ[2] (टोडी) /ṭoḍī トーディー/ [Eng. *toady*] *adj.* 媚びへつらう, おべっか使いの. (⇒ਖ਼ੁਸ਼ਾਮਦੀ)

ਟੋਪ (टोप) /ṭopa トープ/ [(Pkt. टोपिआ) Skt. स्तूप] *m.* **1** 〖衣服〗帽子. **2** 兜, ヘルメット.

ਟੋਪਾ (टोपा) /ṭopā トーパー/ [(Pkt. टोपिआ) Skt. स्तूप] *m.* 〖衣服〗大きな帽子, 両耳または顔の両脇全体を覆う帽子.

ਟੋਪੀ (टोपी) /ṭopī トーピー/ [-ਈ] *f.* **1** 〖衣服〗帽子. **2** 蓋(ふた). **3** 雷管, 起爆装置.

ਟੋਂਬੂ (टोंबू) /ṭõbū トーンブー/ [Eng. *stamp*] *m.* **1** 押印された文書. **2** 為替. **3** 小切手.

ਟੋਭਾ (टोभा) /ṭôbā トーバー/ *m.* **1** 〖地理〗池. **2** 潜る人, 潜水夫. **3** 井戸を掘り下げる人. **4** ペンをインク壺に浸すこと.

ਟੋਭੀ (टोभी) /ṭôbī トービー/ [(Pot.)] *f.* 〖容器〗鉢.

ਟੋਰ (टोर) /ṭora トール/ ▸ਤੋਰ *f.* → ਤੋਰ

ਟੋਰਨਾ (टोरना) /ṭoranā トールナー/ ▸ਤੋਰਨਾ *vt.* → ਤੋਰਨਾ

ਟੋਲ (टोल) /ṭola トール/ *f.* **1** 調査. **2** 探索.

ਟੋਲਣਾ (टोलणा) /ṭolaṇā トールナー/ ▸ਟੋਲਨਾ *vt.* → ਟੋਲਨਾ

ਟੋਲਨਾ (टोलना) /ṭolanā トールナー/ ▸ਟੋਲਣਾ *vt.* **1** 探す, 捜す, 探索する, 捜索する. (⇒ਭਾਲਨਾ) **2** 見つける.

ਟੋਲਾ (टोला) /ṭolā トーラー/ [Skt. प्रतोली] *m.* **1** 集まり, 集団. (⇒ਸਮੂਹ) **2** 団体. (⇒ਜਥਾ) **3** 群衆. (⇒ਭੀੜ)

ਟੋਲੀ (टोली) /ṭolī トーリー/ [Skt. प्रतोली] *f.* **1** 集団, 仲間, グループ. **2** 団体. **3** 隊, チーム. **4** 〖軍〗部隊, 分隊, 班.

ਟੋੜੀ (टोड़ी) /ṭoṛī トーリー/ ▸ਟੋਡੀ [Skt. त्रोटको] *f.* 〖音楽〗朝に歌われる音楽の旋律の一つ.

ਟੌਪਸ (टौपस) /ṭaupasa タォーパス/ [Eng. *tops*] *m.* 〖装〗耳飾り.

ਟੌਰ (टौर) /ṭaura タォール/ *m.* **1** 房. **2** 尻尾の先の房毛.

ਟੌਰ੍ਹ (टौर्ह) /ṭaûra タォール/ *f.* **1** 華麗, 端麗. **2** 優美. **3** お洒落.

ਟੌਰ੍ਹਾ (टौर्हा) /ṭaûrā タォーラー/ *m.* **1** 〖装〗ターバンや帽子の羽飾り. (⇒ਕਲਗੀ) **2** 〖衣服〗上に立てたり横に垂らしたターバンの端. (⇒ਸ਼ਮਲਾ)

ਟੌਰ੍ਹੀ (टौर्ही) /ṭaûrī タォーリー/ *adj.* お洒落な.
— *m.* 洒落男, 気取り屋.

ਠ

ਠ (ठ) /ṭʰaṭṭʰā タッター/ *m.* 〖文字〗グルムキー文字の字母表の17番目の文字《反り舌・閉鎖音の「タ」(舌先を上に反らし, 先端を歯茎に近い硬口蓋に付けて, 呼気を一瞬閉じ破裂させて発音する無声・有気音)を表す》.

ਠਹਾਕਾ (ठहाका) /ṭʰăkā | ṭʰahākā ターカー | タハーカー/ *m.* **1** 高笑い. **2** 大爆笑. **3** どっと笑うこと. **4** 衝撃.

ਠਹਿਕਣਾ (ठहिकणा) /ṭʰaîkaṇā タェークナー/ *vi.* **1** つまずく. **2** ぶつかる. **3** 衝突する.

ਠਹਿਰ ਕੇ (ठहिर के) /ṭʰaîra ke タェール ケー/ [cf. ਠਹਿਰਨਾ] *adv.* **1** 間をおいて, 後で. **2** しばらくして.

ਠਹਿਰ ਠਹਿਰ ਕੇ (ठहिर ठहिर के) /ṭʰaîra ṭʰaîra ke タェール タェール ケー/ [cf. ਠਹਿਰਨਾ] *adv.* **1** 途切れ途切れに, 断続的に. **2** 時折, 散発的に.

ਠਹਿਰਨਾ (ठहिरना) /ṭʰaîranā タェールナー/ [Skt. तिष्ठति] *vi.* **1** 止まる, 休止する. **2** 留まる, 待つ, 待機する. ❐ਥੋੜ੍ਹਾ ਚਿਰ ਉੱਥੇ ਹੀ ਠਹਿਰ ਜਾਣਾ। ちょっとそこに留まりなさい. **3** 滞在する, 泊まる, 宿泊する, 宿営する. ❐ਉਹ ਰਾਤ ਨੂੰ ਫ਼ਰਸਟ ਕਲਾਸ ਵੇਟਿੰਗ ਰੂਮ ਵਿੱਚ ਠਹਿਰਿਆ। 彼は夜一等の待合室に泊まりました. **4** 長引く, 手間取る. **5** 持ちこたえる, 耐える. **6** 落ち着く, 安定する. **7** 確認される, 確

定する. **8**(家畜が)子を宿す, 妊娠する.

ਠਹਿਰਾਉ (ठहिराउ) /ṭʰaîrāo タェーラーオー/ [cf. ਠਹਿਰਨਾ] *m.* **1** 停止. **2** 休止. **3** 途中休憩. **4** 中止. **5** 句切り, 句読法. **6** 落ち着くこと. **7** 沈静.

ਠਹਿਰਾਉਣਾ (ठहिराउणा) /ṭʰaîrāuṇā タェーラーウナー/ [cf. ਠਹਿਰਨਾ] *vt.* **1** 止める, 停止させる, 休止させる. **2** 留める, 留まらせる, 待たせる. **3** 泊める, 滞在させる. **4** 据える, 固定する, 構える. **5** 確認する, 確定する, 結論づける. **6** 決める, 取り決める, 設定する. **7**(責任などを)負わせる, 被せる, (罪を)着せる.

ਠਹੋਲਾ (ठहोला) /ṭʰaŏlā | ṭʰaholā タオーラー | タホーラー/ *m.* 指でコツコツ叩くこと.

ਠਕ ਠਕ (ठक ठक) /ṭʰaka ṭʰaka タク タク/ *f.* **1**〖擬声語〗トントン, コンコン《ドアをノックする音》. **2** ノック. **3** 軽く打つ音. **4** 木材を叩く音.

ਠਕਠਕਾਉਣਾ (ठकठकाउणा) /ṭʰakaṭʰakāuṇā タクタカーウナー/ *vt.* **1** トントンとかコンコンと叩く音を出す. **2** ノックする. **3** 軽く打つ.

ਠਕਰਾਈ (ठकराई) /ṭʰakarāī タクラーイー/ ▸ਠਕੁਰਾਈ *f.* **1** 高位. **2** 威厳. **3** 尊大さ. **4** 崇高さ.

ਠੱਕਾ (ठक्का) /ṭʰakkā タッカー/ *m.* **1**〖気象〗寒風. **2** すき間風.

ਠਕੁਰਾਈ (ठकुराई) /ṭʰakurāī タクラーイー/ ▸ਠਕਰਾਈ *f.* → ਠਕਰਾਈ

ਠਕੋਰਨਾ (ठकोरना) /ṭʰakoranā タコールナー/ ▸ਟਕੋਰਨਾ, ਠੋਰਨਾ *vt.* **1** 軽く打つ, そっと叩く. **2** そっと鎚で叩く. **3** 指でコツコツ叩く.

ਠਗ (ठग) /ṭʰaga タグ/ ▸ਠੱਗ *m.* → ਠੱਗ

ਠੱਗ (ठग्ग) /ṭʰagga タッグ/ ▸ਠਗ [cf. ਠੱਗਣਾ] *m.* **1** 詐欺師, ぺてん師. **2** 暴漢, ならず者. **3** 強盗.

ਠਗਣਾ (ठगणा) /ṭʰagaṇā タグナー/ ▸ਠੱਗਣਾ *vt.* → ਠੱਗਣਾ

ਠੱਗਣਾ (ठग्गणा) /ṭʰaggaṇā タッガナー/ ▸ਠਗਣਾ [Skt. स्थगति] *vt.* **1** だます, 欺く. **2** だましとる. **3** ぼる, ふんだくる.

ਠੱਗਬਾਜ਼ੀ (ठग्गबाज़ी) /ṭʰaggabāzī タッグバーズィー/ [Pers.-*bāzī*] *f.* **1** 詐欺, ぺてん. **2** インチキ.

ਠਗਾਉਣਾ (ठगाउणा) /ṭʰagāuṇā タガーウナー/ [cf. ਠੱਗਣਾ] *vt.* **1** だまさせる, 欺かせる, 詐欺をさせる. **2** だましとらせる. **3** ぼらせる, ふんだくらせる.

— *vi.* **1** だまされる, 欺かれる, 詐欺にあう. **2** だましとられる. **3** ぼられる, ふんだくられる.

ਠਗਾਈ (ठगाई) /ṭʰagāī タガーイー/ ▸ਠਗੀ, ਠੱਗੀ *f.* → ਠੱਗੀ

ਠਗੀ (ठगी) /ṭʰagī タギー/ ▸ਠਗਾਈ, ਠੱਗੀ *f.* → ਠੱਗੀ

ਠੱਗੀ (ठग्गी) /ṭʰaggī タッギー/ ▸ਠਗਾਈ, ਠਗੀ [cf. ਠੱਗਣਾ] *f.* **1** 詐欺, ぺてん. **2** インチキ.

ਠੰਗੂਰਨਾ (ठंगूरना) /ṭʰaṅgūranā タングールナー/ *vt.* **1** 指で叩く. **2** 指でノックする.

ਠੰਗੂਰਾ (ठंगूरा) /ṭʰaṅgūrā タングーラー/ *m.* **1** 指で叩くこと. ❐ਠੰਗੂਰਾ ਮਾਰਨਾ 指で叩く. **2** 指でノックすること. ❐ਠੰਗੂਰਾ ਮਾਰਨਾ 指でノックする.

ਠੱਟਾ (ठट्टा) /ṭʰaṭṭā タッター/ *m.* **1** 小村. **2** 小集落.

ਠੱਟੀ (ठट्टी) /ṭʰaṭṭī タッティー/ ▸ਠੱਠੀ *f.* **1** 下層民の居住地区. **2** 村の貧困者居住地区. **3** スラム街.

ਠੱਠ (ठट्ठ) /ṭʰaṭṭʰa タット/ *m.* **1** 集まり, 集合, 群れ, 群集. **2** 群衆, 人だかり. **3** 雑踏. **4** 壮観. **5** 歓呼.

ਠਠਣਾ (ठठणा) /ṭʰaṭʰaṇā タトナー/ *vi.* **1** 留まる. **2** 定まる, 固定される. **3** 飾られる.

ਠਠੰਬਰਨਾ (ठठंबरना) /ṭʰaṭʰambaranā タタンバルナー/ *vi.* **1** 震える. **2** 恐怖で身震いする. **3** ひるむ, たじろぐ.

ਠੱਠਾ[1] (ठट्ठा) /ṭʰaṭṭʰā タッター/ *m.*〖文字〗タッター《反り舌・閉鎖音の「タ」(無声・有気音)を表す, グルムキー文字の字母表の17番目の文字 ਠ の名称》.

ਠੱਠਾ[2] (ठट्ठा) /ṭʰaṭṭʰā タッター/ [Skt. अट्टहास] *m.* **1** 冗談, からかい. **2** 洒落, ユーモア. **3** 笑い, 冷やかし, あざけり. (⇒ਹਾਸੀ)

ਠਠਿਆਰ (ठठिआर) /ṭʰaṭʰiāra タティアール/ ▸ਠਠੇਰਾ [Pkt. ठट्ठार] *m.* **1** 真鍮細工師. **2** 銅細工師.

ਠਠਿਆਰਨ (ठठिआरन) /ṭʰaṭʰiārana タティアーラン/ [-ਨ] *f.* **1** 真鍮細工師の妻. **2** 銅細工師の妻.

ਠੱਠੀ (ठट्ठी) /ṭʰaṭṭʰī タッティー/ ▸ਠੱਟੀ *f.* → ਠੱਟੀ

ਠੱਠੇਬਾਜ਼ (ठट्ठेबाज़) /ṭʰaṭṭʰebāza タッテーバーズ/ [Skt. अट्टहास Pers.-*bāz*] *adj.* 冗談好きな, からかう, おどけ者の.

— *m.* **1** おどけ者. **2** 道化師.

ਠੱਠੇਬਾਜ਼ੀ (ठट्ठेबाज़ी) /ṭʰaṭṭʰebāzī タッテーバーズィー/ [Pers.-*bāzī*] *f.* **1** 冗談, おどけ, からかい. **2** 道化.

ਠਠੇਰਾ (ठठेरा) /ṭʰaṭʰerā タテーラー/ ▸ਠਠਿਆਰ *m.* → ਠਠਿਆਰ

ਠਠੋਲੀ (ठठोली) /ṭʰaṭʰolī タトーリー/ *f.* ひょうきん, おどけること, ふざけ.

ਠਠੋਲੀਆ (ठठोलीआ) /ṭʰaṭʰolīā タトーリーアー/ *m.* ひょうきん者, おどけ者.

ਠੰਡ (ठंड) /ṭʰaṇḍa タンド/ ▸ਠੰਢ, ਠੰਢਕ *f.* → ਠੰਢ

ਠੰਡਾ (ठंडा) /ṭʰaṇḍā タンダー/ ▸ਠੰਢਾ *adj.* → ਠੰਢਾ

ਠੱਡਾ (ठड्डा) /ṭʰaḍḍā タッダー/ *m.* 境界の柱.

ਠੰਢ (ठंढ) /ṭʰâṇḍa タンド/ ▸ਠੰਡ, ਠੰਢਕ *f.* **1** 寒さ. (⇒ਸਰਦੀ) ❐ਅੱਜ ਬਹੁਤ ਠੰਢ ਹੈ। 今日はとても寒いです. **2** 冷え, 冷たさ. **3**〖医〗寒け, 風邪. ❐ਠੰਢ ਲੱਗਣੀ 寒気を感じる. ❐ਠੰਢ ਲੱਗ ਜਾਣੀ 風邪をひく. **4** 涼しさ.

ਠੰਢਕ (ठंढक) /ṭʰâṇḍaka タンダク/ ▸ਠੰਡ, ਠੰਢ *f.* → ਠੰਢ

ਠੰਢਾ (ठंढा) /ṭʰâṇḍā タンダー/ ▸ਠੰਡਾ *adj.* **1** 寒い. (⇒ਸਰਦ) **2** 涼しい. ❐ਰੁੱਖ ਦੀ ਛਾਂ ਠੰਢੀ ਸੀ। 木陰は涼しかった. **3** 冷たい, 冷えた, 冷めた.

ਠੰਢਿਆਉਣਾ (ठंढिआउणा) /ṭʰaṇḍiăuṇā タンディアーウナー/ *vt.* 冷やす, 冷たくする.

ਠੰਢਿਆਈ (ठंढिआई) /ṭʰaṇḍiăī タンディアーイー/ *f.*〖飲料〗冷たい清涼飲料.

ਠਣਕ (ठणक) /ṭʰaṇaka タナク/ ▸ਠਣਕਾ, ਠਣਕਾਰ, ਠਣਠਣ *f.* → ਠਣਠਣ

ਠਣਕਣਾ (ठणकणा) /ṭʰaṇakaṇā タンカナー/ *vi.* (金属・鈴・硬貨などが)カンカン, チリンチリン, チャリンチャリンなどと鳴る.

ਠਣਕਾ (ठणका) /ṭʰaṇakā タンカー/ ▸ਠਣਕ, ਠਣਕਾਰ, ਠਣਠਣ *m.* → ਠਣਠਣ

ਠਣਕਾਰ (ठणकार) /ṭʰaṇakāra タンカール/ ▸ਠਣਕ, ਠਣਕਾ, ਠਣਠਣ *f.* → ਠਣਠਣ

ਠਣਠਣ (ठणठण) /ṭʰaṇaṭʰaṇa タンタン/ ▸ਠਣਕ, ਠਣਕਾ, ਠਣਕਾਰ *f.* 〖擬声語〗カンカン, チリンチリン, チャリンチャリン《金属, 鈴, 硬貨などが鳴る音》.

ਠਣਨਾ (ठणना) /ṭʰaṇanā タンナー/ [cf. ਠਾਣਨਾ] *vi.* **1** 心が決まる, 意志が定まる. **2** やる気になる, 乗り気になる.

ਠਪ ਠਪ (ठप ठप) /ṭʰapa ṭʰapa タプ タプ/ *f.* 〖擬声語〗ドシドシ, ドンドン《強く踏む足音, 足を踏み鳴らす音など》.

ਠੱਪਣਾ (ठप्पणा) /ṭʰappaṇā タッパナー/ [Skt. स्थापन] *vt.* **1** 止める, 停める, 停止させる. **2** 終わりにする, 終結させる. **3**(本などを)閉じる. **4** 折る, 畳む. **5** 軽く叩く. **6** 引き締める, 固く締める. **7** 押しつける. **8** はんこを押す, 押印する. **9** 焼き付ける, 印字する, 印刷する. **10** 浮き彫りにする, 浮き彫りを施す.

ਠਪਵਾਉਣਾ (ठपवाउणा) /ṭʰapawāuṇā タプワーウナー/ ▸ਠਪਾਉਣਾ [cf. ਠੱਪਣਾ] *vt.* **1** 押印させる, 印字させる. **2** 浮き彫りにさせる, 浮き彫りを施させる. **3** 閉じさせる. **4** 折らせる, 畳ませる. **5** 押させる, 押しつけるさせる.

ਠਪਵਾਈ (ठपवाई) /ṭʰapawāī タプワーイー/ ▸ਠਪਾਈ [cf. ਠੱਪਣਾ] *f.* **1** 押印させること. **2** 浮き彫りを施させること.

ਠੱਪਾ (ठप्पा) /ṭʰappā タッパー/ [cf. ਠੱਪਣਾ] *m.* **1** 印, はんこ, 印判. **2** 押印, 刻印. **3**(文字や模様などの)浮き彫り.

ਠਪਾਉਣਾ (ठपाउणा) /ṭʰapāuṇā タパーウナー/ ▸ਠਪਵਾਉਣਾ *vt.* → ਠਪਵਾਉਣਾ

ਠਪਾਈ (ठपाई) /ṭʰapāī タパーイー/ ▸ਠਪਵਾਈ *f.* → ਠਪਵਾਈ

ਠਰ (ठर) /ṭʰara タル/ [Skt. स्तब्ध] *m.* **1** 冷たさ. **2** 寒さ. **3** 冷気.

ਠਰ੍ਹਾ (ठर्हा) /ṭʰârā タラー/ ▸ਠੱਰਾ *m.* **1**〖飲料〗ਮਹੂਆ〔イリッペの花〕を発酵させて造った酒. **2**〖飲料〗密造された国産の安酒.

ਠਰਕ (ठरक) /ṭʰaraka タルク/ *m.* **1** 習慣, 習癖, 癖. **2** 中毒, 耽溺. **3** 弱み. **4** 熱狂. **5** 覗き趣味.

ਠਰਕੀ (ठरकी) /ṭʰarakī タルキー/ *m.* **1** 中毒者, 耽溺者. **2** 覗き屋, 変態性欲者.

ਠਰਨਾ (ठरना) /ṭʰaranā タルナー/ [cf. ਠਰ] *vi.* **1** 冷える, 冷たくなる, 凍える. (⇒ਠੰਢਾ ਹੋਣਾ) **2** 寒くなる.

ਠਰੰਮ੍ਹਾ (ठरम्हा) /ṭʰarâmmā タランマー/ *m.* **1** 忍耐, 我慢. **2** 沈着, 落ち着き. ❐ਦੂਜਿਆਂ ਕੋਲੋਂ ਅੱਗੇ ਲੰਘਣ ਦੀ ਕਾਹਲ ਨਾ ਕਰੋ ਸਗੋਂ ਠਰੰਮ੍ਹੇ ਨਾਲ ਤੁਰਦੇ ਜਾਓ। 他の人を追い越すような急ぐことはしないで落ち着いて歩いて行きなさい. **3** 着実. **4** 節制.

ਠੱਰਾ (ठर्रा) /ṭʰarrā タッラー/ ▸ਠਰ੍ਹਾ *m.* → ਠਰ੍ਹਾ

ਠੱਲ੍ਹ (ठल्ह) /ṭʰâlla タッル/ [cf. ਠਹਿਰਨਾ] *f.* **1** 停止, 停留. **2** 停滞. **3** 抑制, 制御. **4** 禁止.

ਠੱਲ੍ਹਣਾ (ठल्हणा) /ṭʰâllaṇā タッラナー/ [cf. ਠਹਿਰਨਾ] *vt.* **1** 止める, 停める, 停止させる. **2** 抑える, 抑制する, 制御する. **3** 禁止する. **4** 控える, 自制する. **5** 減らす.

ਠਾਹ (ठाह) /ṭʰâ ター/ *f.* 〖擬声語〗バーン《発砲・破裂・爆発などの音》.

ਠਾਹਰ (ठाहर) /ṭʰâra タール/ ▸ਠਾਰ੍ਹ *f.* **1** 休息所. **2** 避難所. **3** 宿泊所.

ਠਾਕਣਾ (ठाकणा) /ṭʰākaṇā ターカナー/ *vt.* **1** 禁止する. **2** 妨げる. **3** 却下する.

ਠਾਕਰ (ठाकर) /ṭʰākara ターカル/ ▸ਠਾਕੁਰ [(Pkt. ठाकुर) Skt. ठक्कुर] *m.* **1** 神. **2** 神像. **3** 首長. **4** 武士階級の称号. **5**〖姓〗ベンガル地方のブラーフマン(バラモン)の称号.

ਠਾਕਰਦਵਾਰਾ (ठाकरदवारा) /ṭʰākaradawārā ターカルダワーラー/ ▸ਠਾਕਰਦੁਆਰਾ [+ Skt. द्वार] *m.* 〖ヒ〗ヒンドゥー教の寺院.

ਠਾਕਰਦੁਆਰਾ (ठाकरदुआरा) /ṭʰākaraduārā ターカルドゥアーラー/ ▸ਠਾਕਰਦਵਾਰਾ *m.* → ਠਾਕਰਦਵਾਰਾ

ਠਾਕੁਰ (ठाकुर) /ṭʰākura タークル/ ▸ਠਾਕਰ *m.* → ਠਾਕਰ

ਠਾਟ (ठाट) /ṭʰāṭa タート/ *m.* **1**〖音楽〗音楽の創作. **2** 音色の調律.

ਠਾਠ[1] (ठाठ) /ṭʰāṭʰa タート/ [Skt. स्थातृ] *m.* **1** 華麗. **2** 壮麗. (⇒ਸ਼ਾਨ) **3** 輝き. **4** 壮大. **5** 豪奢.

ਠਾਠ[2] (ठाठ) /ṭʰāṭʰa タート/ *f.* 波《通例, 複数形にして用いられる》. (⇒ਲਹਿਰ)

ਠਾਠਾਂ (ठाठाँ) /ṭʰāṭʰā̃ ターターン/ *f.* 波《複数形》.

ਠਾਠਾ (ठाठा) /ṭʰāṭʰā ターター/ ▸ਢਾਠਾ *m.* 〖衣服〗ターター《ひげ覆い. ひげを整えるために顎から頭にかけて結ばれた細長い布》.

ਠਾਠੀ (ठाठी) /ṭʰāṭʰī ターティー/ ▸ਢਾਠੀ *f.* 〖衣服〗小型のターター.

ਠਾਣਨਾ (ठाणना) /ṭʰāṇanā ターンナー/ [Skt. अनुष्ठान] *vt.* **1** 決める, 決心する, 決意する. **2** 断固として意図する.

ਠਾਣਾ (ठाणा) /ṭʰāṇā ターナー/ ▸ਥਾਣਾ, ਥਾਨਾ [(Pkt. थाण) Skt. स्थान] *m.* **1** 警察署. (⇒ਵੱਡੀ ਚੌਕੀ) **2** 巡査駐在所.

ਠਾਣੇਦਾਰ (ठाणेदार) /ṭʰāṇedāra ターネーダール/ ▸ਥਾਣੇਦਾਰ [Pers.-*dār*] *m.* **1** 巡査. **2** 巡査駐在所長. **3** 警察署長.

ਠਾਣੇਦਾਰਨੀ (ठाणेदारनी) /ṭʰāṇedāranī ターネーダールニー/ ▸ਥਾਣੇਦਾਰਨੀ [-ਨੀ] *f.* **1** 巡査の妻. **2** 巡査駐在所長の妻. **3** 警察署長の妻.

ਠਾਣੇਦਾਰੀ (ठाणेदारी) /ṭʰāṇedārī ターネーダーリー/ ▸ਥਾਣੇਦਾਰੀ [Skt. स्थान Pers.-*dārī*] *f.* **1** 巡査の職・仕事. **2** 巡査駐在所長の職・仕事. **3** 警察署長の職・仕事.

ਠਾਰ (ठार) /ṭʰāra タール/ [Skt. स्तब्ध] *m.f.* **1** 冷気, 寒気, 極寒, 厳寒. **2** 冷たさ. **3** 冷やすこと, 冷却.

ਠਾਰ੍ਹ (ठार्ह) /ṭʰâra タール/ ▸ਠਾਹਰ *f.* → ਠਾਹਰ

ਠਾਰ੍ਹਵਾਂ (ठार्हवाँ) /ṭʰârawā̃ タールワーン/ ▸ਠਾਰਵਾਂ *adj.* → ਠਾਰਵਾਂ

ਠਾਰਨਾ (ठारना) /ṭʰāranā タールナー/ [cf. ਠਾਰ] *vt.* **1** 冷やす, 冷ます. **2** 凍らせる, 冷凍する, 冷却する.

ਠਾਰਵਾਂ (ठारवाँ) /ṭʰārawā̃ タールワーン/ ▸ਠਾਰ੍ਹਵਾਂ [cf. ਠਾਰ] *adj.* **1** 冷やしている. **2** 冷えた, 冷たい.

ਠਿੱਸ (ठिस्स) /ṭʰissa ティッス/ ▸ਠੁੱਸ *f.* → ਠੁੱਸ

ਠਿੱਸਮਿੱਸੀ (ठिस्समिस्सी) /ṭʰissamissī ティッサミッスィー/ *adj.* 陳腐な.

ਠਿਸਲਣਾ (ठिसलणा) /ṭʰisalaṇā ティサルナー/ *vi.* 滑る.

ਠਿੱਸਾ (ठिस्सा) /ṭʰissā ティッサー/ *m.* 〖植物〗タチジャコウソウ《シソ科の草本. 葉を香辛料にする》.

ਠਿਕਵਾਉਣਾ (ठिकवाउणा) /ṭʰikawāuṇā ティクワーウナー/

▸ਠਿਕਾਉਣਾ, ਠਿਕਾਣਾ *vt.* （布の）模様付けをさせる，（布に）模様を付けてもらう．

ਠਿਕਾਉਣਾ (ठिकाउणा) /ṭʰikāuṇā ティカーウナー/ ▸ਠਿਕਵਾਉਣਾ, ਠਿਕਾਣਾ *vt.* → ਠਿਕਵਾਉਣਾ

ਠਿਕਾਣਾ[1] (ठिकाणा) /ṭʰikāṇā ティカーナー/ ▸ਟਿਕਾਣਾ *m.* → ਟਿਕਾਣਾ[1]

ਠਿਕਾਣਾ[2] (ठिकाणा) /ṭʰikāṇā ティカーナー/ ▸ਠਿਕਵਾਉਣਾ, ਠਿਕਾਉਣਾ *vt.* → ਠਿਕਵਾਉਣਾ

ਠਿੰਗਣਾ (ठिंगणा) /ṭʰiṅgaṇā ティンガナー/ ▸ਠਿਗਣਾ *adj.* 丈の低い，ちびの．

ਠਿਗਣਾ (ठिगणा) /ṭʰigaṇā ティガナー/ ▸ਠਿੰਗਣਾ [(Pua.)] *adj.* → ਠਿੰਗਣਾ

ਠਿੱਠ (ठिट्ठ) /ṭʰiṭṭʰa ティット/ [(Pkt. थिट्ठ) Skt. धृष्ट] *adj.* **1** 恥じ入った．(⇒ਸ਼ਰਮਿੰਦਾ, ਲੱਜਿਤ) **2** 面目を失った．(⇒ਬਦਨਾਮ)

ਠਿਠਰਨਾ (ठिठरना) /ṭʰiṭʰaranā ティタルナー/ *vi.* **1** 寒さで震える． **2** 凍える．

ਠਿਣਕਣਾ (ठिणकणा) /ṭʰiṇakaṇā ティンクナー/ ▸ਠੁਣਕਣਾ *vi.* → ਠੁਣਕਣਾ

ਠਿੱਪਰ (ठिप्पर) /ṭʰippara ティッパル/ *m.* 〖植物〗カブ（蕪）．

ਠਿੱਬਾ (ठिब्बा) /ṭʰibbā ティッバー/ [Pkt. ठिब्ब] *adj.* 〖身体〗内反足の．

ਠਿੱਲ੍ਹਣਾ (ठिल्हणा) /ṭʰîllaṇā ティッラナー/ [cf. ਠੇਲ੍ਹਣਾ] *vi.* **1** 押される，突かれる． **2** 水に入る． **3** 泳ぐ． **4** 浅瀬を渡る．

ਠੀਹਾ (ठीहा) /ṭʰīā ティーアー/ *m.* **1** 座る場所．(⇒ਬੈਠਣ ਦੀ ਥਾਂ) **2** 大工や鍛冶屋の仕事場．

ਠੀਕ (ठीक) /ṭʰīka ティーク/ [Skt. टीक्] *adj.* **1** 正しい，正常な，問題のない，OKの． ❒ਠੀਕ ਕਰਨਾ 正す，直す，修理する． **2** 整った，きちんとした，ちゃんとしている，まともな． ❒ਠੀਕ ਕਰਨਾ 整える，きちんとする． **3** 普通の，通常の． **4** 調子が良い，好調な，順調な． **5** 元気な，達者な，健康な． ❒ਠੀਕ ਹੋਣਾ 元気になる，治る． **6** 正確な，ちょうどの，ぴったりの． ❒ਠੀਕ ਆਉਣਾ ぴったり合う． **7** 適切な，適当な，ふさわしい，妥当な．

ਠੀਕ ਤਰ੍ਹਾਂ (ठीक तहाँ) /ṭʰīka târā̃ ティーク タラーン/ *adv.* **1** 正しいやり方で，正しく． **2** きちんと，ちゃんと．

ਠੀਕ ਤੌਰ ਤੇ (ठीक तौर ते) /ṭʰīka taura te ティーク タオール テー/ *adv.* **1** 正しいやり方で，正しく． **2** きちんと，ちゃんと．

ਠੀਕ ਠਾਕ (ठीक ठाक) /ṭʰīka ṭʰāka ティーク ターク/ *adj.* **1** 調子が良い，好調な，順調な． **2** 元気な，達者な，健康な．

ਠੀਕਰ (ठीकर) /ṭʰīkara ティーカル/ ▸ਠੀਕਰਾ *m.* 土器の破片．

ਠੀਕਰਾ (ठीकरा) /ṭʰīkarā ティークラー/ ▸ਠੀਕਰ *m.* → ਠੀਕਰ

ਠੀਕਰੀ (ठीकरी) /ṭʰīkarī ティークリー/ *f.* 土器の小さな破片．

ਠੀਂਗਾ (ठींगा) /ṭʰī̃gā ティーンガー/ ▸ਠੂੰਗਾ *m.* **1** つつくこと． **2** 指で叩くこと．

ਠੀਪਾ (ठीपा) /ṭʰīpā ティーパー/ *m.* **1** 〖玩具〗子供が遊ぶ円形の焼き物のかけら． **2** 円盤． **3** 円盤状のもの．

ਠੁੱਸ (ठुस्स) /ṭʰussa トゥッス/ ▸ਠੌਂਸ *f.* **1** 〖擬声語〗プスッ《不発に終わった銃や爆竹の音》． **2** 〖擬声語〗バーン《火皿の中で発火する火打ち石銃の音》．

ਠੁਸਣਾ (ठुसणा) /ṭʰusaṇā トゥサナー/ *vt.* 詰め込む，押し込む．

ਠੁਸਾਉਣਾ (ठुसाउणा) /ṭʰusāuṇā トゥサーウナー/ *vt.* **1** 詰め込ませる，押し込ませる． **2** 腹いっぱい食べさせる．

ਠੁਕ (ठुक) /ṭʰuka トゥク/ ▸ਠੁੱਕ *m.f.* **1** 適正，適切さ． ❒ਠੁਕ ਸਿਰ, ਠੁਕ ਨਾਲ 適正に，適切に． **2** 組織，体系． ❒ਠੁਕ ਸਿਰ, ਠੁਕ ਨਾਲ 組織的に，体系的に，整然と． **3** 尊敬，敬意． **4** 名誉，名声，威信．

ਠੁੱਕ (ठुक्क) /ṭʰuka トゥク/ ▸ਠੁਕ *m.f.* → ਠੁਕ

ਠੁਕ ਠੁਕ (ठुक ठुक) /ṭʰuka ṭʰuka トゥク トゥク/ *f.* 〖擬声語〗コツコツ，ゴツンゴツン《鈍く響く音》．

ਠੁਕਣਾ (ठुकणा) /ṭʰukaṇā トゥカナー/ *vi.* **1** 打たれる，打ち込まれる． **2** はめ込まれる，めりこむ． **3** くじかれる． **4** 押し潰される．

ਠੁਕਰਾਉਣਾ (ठुकराउणा) /ṭʰukarāuṇā トゥクラーウナー/ *vt.* **1** 爪先で打つ，蹴る，蹴飛ばす． **2** はねつける，拒絶する，退ける． **3** 軽んずる．

ਠੁਕਵਾਉਣਾ (ठुकवाउणा) /ṭʰukawāuṇā トゥクワーウナー/ ▸ਠੁਕਾਉਣਾ *vt.* **1** 打たせる，打ち込ませる． **2** はめ込ませる．

ਠੁਕਵਾਈ (ठुकवाई) /ṭʰukawāī トゥクワーイー/ ▸ਠੁਕਾਈ *f.* **1** 打たせること，打ち込ませること． **2** はめ込ませること．

ਠੁਕਾਉਣਾ (ठुकाउणा) /ṭʰukāuṇā トゥカーウナー/ ▸ਠੁਕਵਾਉਣਾ *vt.* → ਠੁਕਵਾਉਣਾ

ਠੁਕਾਈ (ठुकाई) /ṭʰukāī トゥカーイー/ ▸ਠੁਕਵਾਈ *f.* → ਠੁਕਵਾਈ

ਠੁੰਗਣਾ (ठुंगणा) /ṭʰuṅgaṇā トゥンガナー/ ▸ਠੂੰਗਣਾ *vt.* → ਠੂੰਗਣਾ

ਠੁੱਠ (ठुट्ठ) /ṭʰuṭṭʰa トゥット/ *m.* **1** 〖身体〗親指． **2** 〖俗語〗拒絶．(⇒ਇਨਕਾਰ) ❒ਠੁੱਠ ਵਿਖਾਉਣਾ 拒絶する．

ਠੁੱਡ (ठुड्ड) /ṭʰuḍḍa トゥッド/ ▸ਠੁੱਡਾ *m.* **1** 〖身体〗爪先． **2** 足蹴り． ❒ਠੁੱਡ ਮਾਰਨਾ 蹴る．

ਠੁੱਡਾ (ठुड्डा) /ṭʰuḍḍā トゥッダー/ ▸ਠੁੱਡ *m.* → ਠੁੱਡ

ਠੁਣਕ (ठुणक) /ṭʰuṇaka トゥナク/ ▸ਠੁਣਠੁਣ *f.* → ਠੁਣਠੁਣ

ਠੁਣਕਣਾ (ठुणकणा) /ṭʰuṇakaṇā トゥンクナー/ ▸ਠਿਣਕਣਾ *vi.* **1** 啜り泣く，しくしく泣く，むせび泣く．(⇒ਡੁਸਕਣਾ, ਬੁਸਕਣਾ) **2** しゃくり上げて泣く． **3** めそめそ泣く．

ਠੁਣਠੁਣ (ठुणठुण) /ṭʰuṇaṭʰuṇa トゥントゥン/ ▸ਠੁਣਕ *f.* 〖擬声語〗グスングスン《啜り泣く声》．

ਠੁਮਕ ਠੁਮਕ (ठुमक ठुमक) /ṭʰumaka ṭʰumaka トゥマク トゥマク/ *adv.* **1** 気取って． **2** しとやかに，優雅に． **3** 媚を売って，色っぽく，なまめかしく．

ਠੁੰਮਕਣਾ (ठुंमकणा) /ṭʰummakaṇā トゥンマクナー/ ▸ਠੁਮਕਣਾ *vi.* → ਠੁਮਕਣਾ

ਠੁਮਕਣਾ (ठुमकणा) /ṭʰumakaṇā トゥマクナー/ ▸ਠੁੰਮਕਣਾ *vi.* **1** 気取って歩く． **2** 小躍りする． **3** よちよち歩く．

ਠੁੰਮਣਾ (ठुंमणा) /ṭʰummaṇā トゥンマナー/ *m.* **1** 支え． **2** 容器の下に置く木や石．

ਠੁਮਰੀ (ठुमरी) /ṭʰumarī トゥマリー/ *f.* 〖音楽〗短い歌の一種，叙情歌曲の一つ．

ਠੁੱਲ੍ਹ (ठुल्ह) /ṭʰûlla トゥッル/ [(Skt. थुल्ल) Skt. स्थूल] *m.*

太っていること, 肥満. (⇒ਮੁਟਾਪਾ)
ਠੁੱਲ੍ਹਾ (ठुल्हा) /ṭʰûllā トゥッラー/ [(Skt. थूल्ल) Skt. स्थूल] *adj.* **1** 太った. (⇒ਮੋਟਾ) **2** 容積の大きい.
ਠੂਹਾਂ (ठूहाँ) /ṭʰûā̃ トゥーアーン/ ▸ਅਠੂਆਂ, ਅਠੂਹਾਂ *m.* 〖動物〗 サソリ, 蠍. (⇒ਬਿੱਛੂ)
ਠੂੰਗਣਾ (ठूँगणा) /ṭʰū̃gaṇā トゥーンガナー/ ▸ਠੁੰਗਣਾ *vt.* **1** つつく. **2**(穀粒などを)啄む. **3** 指で叩く.
ਠੂੰਗਾ (ठूँगा) /ṭʰū̃gā トゥーンガー/ ▸ਠੋਂਗਾ *m.* **1** つつくこと. **2** 指で叩くこと.
ਠੂਠਾ[1] (ठूठा) /ṭʰūṭʰā トゥーター/ *m.* 〖容器〗 托鉢用の鉢.
ਠੂਠਾ[2] (ठूठा) /ṭʰūṭʰā トゥーター/ ▸ਠੋਸਾ [(Pua.)] *m.* → ਠੋਸਾ
ਠੂਠੀ (ठूठी) /ṭʰūṭʰī トゥーティー/ *f.* 〖容器〗 托鉢用の小さな鉢.
ਠੇਸ (ठेस) /ṭʰesa̤ テース/ *f.* **1** 打撃, 殴打. **2** 軽打, 軽い衝撃. **3** 衝突. **4** 衝撃, 精神的な打撃, ショック. **5** 傷, 傷害. **6** 損害, 痛手.
ਠੇਕਣਾ (ठेकणा) /ṭʰekaṇā テーカナー/ *vt.* (布の)模様付けをする, (布に)模様を付ける.
ਠੇਕਾ (ठेका) /ṭʰekā テーカー/ [cf. ਟਿੱਕਣਾ] *m.* **1** 請負, 契約. (⇒ਅਹਿਦ, ਇਕਰਾਰ, ਸੰਵਿਦਾ, ਕੰਟ੍ਰੈਕਟ) **2** 賃貸契約, 賃借権. **3** 専売品の販売取り扱い許可, ライセンス. **4** 専売品の販売取り扱い許可を得た店. **5** 〖俗語〗 酒屋.
ਠੇਕੇਦਾਰ (ठेकेदार) /ṭʰekedāra̤ テーケーダール/ [Pers.-*dār*] *m.* 請負師, 請負業者, 仲介業者. (⇒ਕੰਟ੍ਰੈਕਟਰ)
ਠੇਕੇਦਾਰੀ (ठेकेदारी) /ṭʰekedārī テーケーダーリー/ [Pers.-*dārī*] *f.* 請負師・請負業者・仲介業者などの仕事・職業.
ਠੇਠ (ठेठ) /ṭʰeṭʰa̤ テート/ [Skt. स्थेष्ठ] *adj.* **1** 純粋の, 純正の, 混じりけのない. **2** 何も加えていない, 全くの. **3** 正真正銘の, 本物の. **4** 標準の, いかにもその言語らしい.
ਠੇਠਤਾ (ठेठता) /ṭʰeṭʰa̤tā テートター/ [Skt.-ता] *f.* **1** 純粋性, 純正. **2**(言語などの)純正, いかにもその言語らしいこと, 借用語のないこと.
ਠੇਡਾ (ठेडा) /ṭʰeḍā テーダー/ *m.* **1** つまずき. **2** よろめき. **3** うっかりミス. **4** 誤り. **5** 不注意な失敗. **6** 不運.
ਠੇਹ੍ਰੀ (ठेह्री) /ṭʰêrī テーリー/ *f.* 小村, 小集落.
ਠੇਰੀ (ठेरी) /ṭʰerī テーリー/ *f.* 〖地理〗 台地.
ਠੇਲ੍ਹਣਾ (ठेल्हणा) /ṭʰêlaṇā テーラナー/ [Skt. त्वरयति] *vt.* **1** 突き飛ばす. **2** 押す. **3** 投げる. **4** 浮かべる, 浮かばせる. ❒ਲੱਗਦਾ ਸੀ ਕਿ ਅਸੀਂ ਤੂਫ਼ਾਨ ਵਿੱਚ ਬੇੜੀ ਠੇਲ੍ਹ ਲਈ ਹੈ। 私たちは嵐の中に小舟を浮かべてしまっているように感じていました. **5** 動かす.
ਠੇਲ੍ਹਾ (ठेल्हा) /ṭʰêlā テーラー/ *m.* 〖乗物〗 荷車.
ਠੋਸ (ठोस) /ṭʰosa̤ トース/ *adj.* **1** 固体の, 固形の. **2** 堅固な, 堅実な, 堅く締まった, しっかりした. **3** 硬い. **4** 実のある, 実質的な, 中身のある. **5** 確かな, 確実な, 確固たる. **6** 説得力のある.
ਠੋਸਣਾ (ठोसणा) /ṭʰosaṇā トーサナー/ *vt.* **1** 押し込む. **2** 押しつける. **3** 詰め込む. (⇒ਤੂਸਣਾ)
ਠੋਸਾ (ठोसा) /ṭʰosā トーサー/ ▸ਠੂਠਾ *m.* **1** 〖身体〗 親指. **2** 親指を立てて見せるしぐさ. **3** からかったり挑発したりすること.
ਠੋਕਣਾ (ठोकणा) /ṭʰokaṇā トーカナー/ *vt.* **1** 打つ, 打ち込む. **2** 叩く, 叩いて入れる. **3**(激しくぶつけて)はめ込む, めりこませる.
ਠੋਕਰ (ठोकर) /ṭʰokara̤ トーカル/ *f.* **1** 障害物, 通行の邪魔になる物, 歩行者がつまずく物. **2** つまずき, よろめき. **3** もがき, まごつき. **4** 打撃, ごつんと打つこと. **5** 足蹴り. **6** 防波堤. **7** 水路に作られた人工の滝.
ਠੋਕਾ (ठोका) /ṭʰokā トーカー/ *m.* **1** 大工. **2** 指し物師.
ਠੋਡੀ (ठोडी) /ṭʰoḍī トーディー/ *f.* 〖身体〗 顎(あご), 下顎. (⇒ਜਬਾੜਾ)
ਠੋਰਨਾ (ठोरना) /ṭʰora̤nā トールナー/ ▸ਟਕੋਰਨਾ, ਠਕੋਰਨਾ *vt.* → ਠਕੋਰਨਾ
ਠੌਂਕਾ (ठौंका) /ṭʰāũkā タォーンカー/ *m.* **1** 居眠り. ❒ਠੌਂਕਾ ਲਾਉਣਾ 居眠りする. **2** うたた寝. ❒ਠੌਂਕਾ ਲਾਉਣਾ うたた寝する.
ਠੌਰ (ठौर) /ṭʰaura̤ タォール/ [Skt. स्थावर] *f.* **1** 決まった場所, 特定の場所. **2** 場所, 所. **3** 部屋. **4** 住居. **5** 避難所. **6** 収容所.

ਡ

ਡ (ड) /ḍaḍḍā ダッダー/ *m.* 〖文字〗 グルムキー文字の字母表の18番目の文字《反り舌・閉鎖音の「ダ」(舌先を上に反らし, 先端を歯茎に近い硬口蓋に付けて, 呼気を一瞬閉じ破裂させて発音する有声・無気音)を表す》.
ਡਉਂ (डउँ) /ḍaũ ダウン/ ▸ਡਉ [Skt. दब, दाब] *m.* **1** 火, 火事, 火災. **2** 森の火事. **3** 怒り.
ਡਉ (डउ) /ḍau ダウ/ ▸ਡਉਂ *m.* → ਡਉਂ
ਡਉਰੂ (डउरू) /ḍaurū ダウルー/ *m.* 〖楽器〗 小太鼓.
ਡਊ (डऊ) /ḍaū ダウー/ *adj.* **1** 愚かな. **2** 馬鹿な.
ਡਸ (डस) /ḍasa̤ ダス/ *m.* **1**(蛇の)ひと噛み, 噛み傷. **2**(蛇の)毒牙.
ਡਸਟਰ (डसटर) /ḍasa̤ṭara̤ ダスタル/ [Eng. *duster*] *m.* **1** 〖道具〗 はたき. **2** 雑巾.
ਡੱਸਣਾ (डस्सणा) /ḍassaṇā ダッサナー/ ▸ਡਸਨਾ (Pkt. डंसइ) Skt. दंशति] *vt.* **1**(蛇や虫が)噛む. **2**(虫などが針で)刺す.
ਡਸਨਾ (डसना) /ḍasa̤nā ダスナー/ ▸ਡੱਸਣਾ *vt.* → ਡੱਸਣਾ
ਡਸਵਾਉਣਾ (डसवाउणा) /ḍasa̤wāuṇā ダスワーウナー/ ▸ ਡਸਾਉਣਾ [cf. ਡੱਸਣਾ] *vt.* **1**(蛇や虫に)噛ませる. **2**(虫などに針で)刺させる.
ਡਸਾਉਣਾ (डसाउणा) /ḍasāuṇā ダサーウナー/ ▸ਡਸਵਾਉਣਾ *vt.* → ਡਸਵਾਉਣਾ
ਡਸਿਪਲਨ (डसिपलन) /ḍasipa̤lana̤ ダスィプラン/ ▸ ਡਿਸਿਪਲਨ *m.* → ਡਿਸਿਪਲਨ
ਡਹਾ (डहा) /ḍǎ | ḍahā ダー | ダハー/ ▸ਡਹਿਆ *m.* → ਡਹਿਆ
ਡਹਾਉਣਾ (डहाउणा) /ḍǎuṇā | ḍahāuṇā ダーウナー | ダハーウナー/ *vt.* **1** 置く, 据える, 設置する. **2**(座るために

椅子や寝台などを）置く． **3** 広げる，敷く． **4**（動物に水を）やる，飲ませる．

ਡਹਿਆ (डहिआ) /ḍaîā ダェーアー/ ▸ਡਹਾ *m.* 家畜が逃げないように家畜の首から提げ前足の間に垂らした棒．

ਡਹਿਕ[1] (डहिक) /ḍaîkạ ダェーク/ *f.* 眼の痛み．

ਡਹਿਕ[2] (डहिक) /ḍaîkạ ダェーク/ *f.* **1** 誘い，誘惑． **2**（おびき寄せる）餌． **3** 罠． **4** 貪欲．

ਡਹਿਕਣਾ (डहिकणा) /ḍaîkạṇā ダェークナー/ *vi.* **1** 誘われる，誘惑される． **2** そそのかされる．

ਡਹਿਣਾ (डहिणा) /ḍaîṇā ダェーナー/ *vi.* **1** 仕事を始める． **2** 従事する． **3**（何かをすることに）専念する． **4**（寝台や椅子などが）置かれる．

ਡਹੀ (डही) /ḍâī ダイー/ *f.* 家畜が逃げないように家畜の首から提げ前足の間に垂らした小さな棒．

ਡਹੀਆਂ (डहीआँ) /ḍâīā̃ ダイーアーン/ *f.* 《 ਡਹੀ の複数形》牛車の前に取り付けられた一組の棒．

ਡੰਕ (डंक) /ḍaṅkạ ダンク/ ▸ਡੰਗ *m.* → ਡੰਗ[1]

ਡੱਕ (डक्क) /ḍakkạ ダック/ *m.* **1** 木の塊． **2** 邪魔物． **3** 妨害． **4** 障害． **4** 停止装置． **5**（樽などの）栓．

ਡੱਕਣਾ (डक्कणा) /ḍakkaṇā ダッカナー/ *vt.* **1** 止める． **2** 妨げる，阻止する． **3** 道をふさぐ． **4** 禁止する． **5** 閉じ込める． **6** 拘置する，投獄する．

ਡੱਕਰਾ (डक्करा) /ḍakkarā ダッカラー/ *m.* 片．

ਡੰਕਾ (डंका) /ḍaṅkā ダンカー/ [(Pkt. डक्क) Skt. ढक्का] *m.* 〖楽器〗大太鼓．

ਡੱਕਾ (डक्का) /ḍakkā ダッカー/ *m.* **1** 邪魔物． **2** 妨害． **3** 停止． **4** 防護． **5** 覆い．

ਡਕਾਇਤ (डकाइत) /ḍakāitạ ダカーイト/ ▸ਡਕੈਤ *m.* → ਡਕੈਤ

ਡਕਾਇਤੀ (डकाइती) /ḍakāitī ダカーイティー/ ▸ਡਕੈਤੀ *f.* → ਡਕੈਤੀ

ਡਕਾ ਡਕ (डका डक) /ḍakā ḍakạ ダカー ダク/ ▸ਡੱਕੋ ਡੱਕ *adv.* **1** なみなみと，溢れるほど． **2** ゴクンと一口で．

ਡਕਾਰ (डकार) /ḍakārạ ダカール/ *m.* 〖生理〗げっぷ，おくび．

ਡਕਾਰਨਾ (डकारना) /ḍakārạnā ダカールナー/ *vi.* 〖生理〗げっぷをする，おくびをする．

ਡੰਕੀ (डंकी) /ḍaṅkī ダンキー/ [Eng. *donkey*] *f.* 〖動物〗ロバ，驢馬．(⇒ਖ਼ਰ)

ਡਕੈਤ (डकैत) /ḍakaitạ ダカェート/ ▸ਡਕਾਇਤ *m.* **1** 強盗，盗賊，野盗，山賊．(⇒ਡਾਕੂ) **2** ならず者，悪党．

ਡਕੈਤੀ (डकैती) /ḍakaitī ダカェーティー/ ▸ਡਕਾਇਤੀ *f.* 強盗行為，強奪，略奪，山賊行為．

ਡਕੋਟਾ (डकोटा) /ḍakoṭā ダコーター/ [Eng. *dakota*] *m.* 〖乗物・軍〗ダコタ《ダグラス社製の軍用輸送機C-47．英国空軍に供与された機体に付けられた名称》．

ਡੱਕੋ ਡੱਕ (डक्को डक्क) /ḍakko ḍakkạ ダッコー ダック/ ▸ਡਕਾ ਡਕ *adv.* → ਡਕਾ ਡਕ

ਡਖੂਤਰਾ (डखूतरा) /ḍakʰūtarā ダクータラー/ ▸ਡਖੂਤ੍ਰਾ, ਡਖੂਤਾ *m.* 〖医〗しぶり《尿道障害》．

ਡਖੂਤ੍ਰਾ (डखूत्रा) /ḍakʰūtrā (ḍakʰūtarā) ダクートラー (ダクータラー)/ ▸ਡਖੂਤਰਾ, ਡਖੂਤਾ *m.* → ਡਖੂਤਰਾ

ਡਖੂਤਾ (डखूता) /ḍakʰūtā ダクーター/ ▸ਡਖੂਤਰਾ, ਡਖੂਤ੍ਰਾ *m.* → ਡਖੂਤਰਾ

ਡੰਗ[1] (डंग) /ḍaṅgạ ダング/ ▸ਡੰਕ [(Pkt. डंक) Skt. दंश] *m.* **1**（蜂などの）針，（蛇などの）毒牙，（植物の）棘． **2**（釣り針・矢じりなどの）あご，かえり． **3** 投げ矢． **4** 尖った先端のあるペン，ペンの軸． **5** 噛むこと． **6** 刺すこと．

ਡੰਗ[2] (डंग) /ḍaṅgạ ダング/ *m.* **1** 時，時間，日，一日．(⇒ਵਕਤ, ਸਮਾਂ) ❐ਡੰਗ ਮਾਰਨਾ, ਡੰਗ ਟਪਾਉਣਾ どうにか生活していく，露命を繋ぐ，我慢強く待つ． ❐ਡੰਗ ਟਪਾਊ どうにか生活していけるだけの． ❐ਡੰਗ ਟਪਾਈ どうにか生活している状態，その日暮らし． ❐ਡੰਗ ਦਾ 一食食べられるだけの，一日生活していけるだけの． ❐ਡੰਗ ਦਾ ਡੰਗ その日その日で，その日暮らしで． **2** 朝夕． **3** 食事時間．

ਡੱਗ[1] (डग्ग) /ḍaggạ ダッグ/ [Skt. दघ्न] *m.* 大股の一歩，ひとまたぎ，闊歩． ❐ਡੱਗ ਭਰਨਾ, ਡੱਗ ਮਾਰਨਾ 大股で歩く，闊歩する．

ਡੱਗ[2] (डग्ग) /ḍaggạ ダッグ/ *adj.* **1** 粗末な． **2** 粗野な，下品な，卑しい． **3** 見苦しい，ぶざまな，ぎこちない．

ਡੱਗ ਕੁੱਤਾ (डग्ग कुत्ता) /ḍaggạ kuttā ダッグ クッター/ *m.* 〖動物〗卑しい犬，野良犬，雑種の犬．

ਡੰਗਣਾ (डंगणा) /ḍaṅgạṇā ダングナー/ [cf. ਡੰਗ[1]] *vt.* **1** 刺す． **2** 噛む． **3** 赤く熱したうちに鉄槌で叩いて（鋤の刃などを）鋭くする．

ਡਗਮਗ (डगमग) /ḍagạmagạ ダグマグ/ [cf. ਡੱਗ[1]] *adj.* **1** 不安定な． **2** ぐらついている，ふらふらしている． **3** よろめく，よろよろしている． **4** 揺れている．

ਡਗਮਗਾਉਣਾ (डगमगाउणा) /ḍagạmagāuṇā ダグマガーウナー/ [cf. ਡੱਗ[1]] *vi.* **1** 揺らぐ． **2** ぐらつく，ふらふらする． **3** よろめく，よろける． **4** 不安定に動く．

ਡਗਮਗਾਹਟ (डगमगाहट) /ḍagạmagâṭạ ダグマガート/ [cf. ਡੱਗ[1]] *f.* **1** ぐらつき，ふらつき． **2** よろめき，よろけ． **3** 不安定． **4** 動揺． **5** 揺れ，ゆらめき．

ਡੰਗਰ (डंगर) /ḍaṅgarạ ダンガル/ [Skt. डङ्गर] *m.* **1** 〖動物〗家畜． ❐ਡੰਗਰ ਚਾਰਨ ਵਾਲਾ 家畜に餌を与える者，牛飼い． ❐ਡੰਗਰ ਚਾਰਨਾ 家畜に餌を与える，家畜の世話をする． ❐ਡੰਗਰਾਂ ਦਾ ਢਾਂਚਾ 家畜小屋． **2** 〖動物〗動物，四つ足の動物，獣．(⇒ਪਸ਼ੂ) **3** 〖俗語〗愚か者，間抜け．

ਡਗਰ (डगर) /ḍagarạ ダガル/ ▸ਡਗਰਾ [Skt. दघ्न] *f.* **1** 道． **2** 小道．

ਡੰਗਰ ਡਾਕਟਰ (डंगर डाकटर) /ḍaṅgarạ ḍākạṭarạ ダンガル ダークタル/ [Skt. डङ्गर + Eng. *doctor*] *m.* 獣医．

ਡੰਗਰਪੁਣਾ (डंगरपुणा) /ḍaṅgarạpuṇā ダンガルプナー/ [-ਪੁਣਾ] *m.* **1** 獣性，獣のような性質・行動． **2** 愚かさ，間抜けさ．

ਡੰਗਰ ਵੱਛਾ (डंगर वच्छा) /ḍaṅgarạ waccʰā ダンガル ワッチャー/ [+ Skt. वत्सरूप] *m.* 〖動物〗家畜類．

ਡਗਰਾ (डगरा) /ḍagarā ダグラー/ ▸ਡਗਰ *m.* → ਡਗਰ

ਡੰਗਾ[1] (डंगा) /ḍaṅgā ダンガー/ *m.* 仮縫い． ❐ਡੰਗੇ ਮਾਰਨੇ, ਡੰਗੇ ਲਾਉਣੇ 仮縫いする．

ਡੰਗਾ[2] (डंगा) /ḍaṅgā ダンガー/ *m.* 〖道具〗鉄槌の先の細い方の端．

ਡੱਗਾ (डग्गा) /ḍaggā ダッガー/ [(Pkt. डंगा) Skt. दण्डक] *m.* 〖楽器〗太鼓を叩くばち．

ਡੰਗਾਉਣਾ (डंगाउणा) /ḍaṅgāuṇā ダンガーウナー/ [cf. ਡੰਗ[1]] *vt.* **1** 刺させる． **2** 噛ませる． **3** 鉄槌で叩いて刃

を鋭くしてもらう.
ਡੱਗੀ (डग्गी) /ḍaggī ダッギー/ *f.* 肩に負って運ぶ商品の梱(こり).
ਡੰਗੋ ਡੰਗ (डंगो डंग) /ḍaṅgo ḍaṅga ダンゴー ダング/ *adv.* その日その日で, その日暮らしで.
ਡੰਗੋਰੀ (डंगोरी) /ḍaṅgorī ダンゴーリー/ *f.* 〖道具〗杖.
ਡਚ[1] (डच) /ḍaca ダチ/ [Eng. *Dutch*] *adj.* オランダの.
— *m.* オランダ人.
— *f.* オランダ語.
ਡਚ[2] (डच) /ḍaca ダチ/ [(Pua.)] *m.* 怒り, 憤怒, 憤慨. (⇒ਗੁੱਸਾ)
ਡੰਝ (डंझ) /ḍâñja ダンジ/ [(Lah.) (Pkt. डन्झ) Skt. दह] *f.* 〖生理〗喉の渇き. (⇒ਪਿਆਸ)
ਡੱਟ (डट्ट) /ḍaṭṭa ダット/ ▸ਡੱਟਾ, ਡਾਟ [Skt. दान्ति] *m.* **1** 栓. **2** コルク栓. **3** かなめ石, くさび石.
ਡਟਣਾ (डटणा) /ḍaṭaṇā ダトナー/ *vi.* **1** しっかり立つ, 踏ん張る, 踏み留まる. **2** 動かず居座る, 腰を据える. **3** 立ちはだかる, 立ち向かう, 抵抗する.
ਡੱਟਾ (डट्टा) /ḍaṭṭā ダッター/ ▸ਡੱਟ, ਡਾਟ *m.* → ਡੱਟ
ਡੰਠਲ (डंठल) /ḍanṭʰala ダンタル/ ▸ਡੰਡਲ *m.* → ਡੰਡਲ
ਡੰਡ[1] (डंड) /ḍanḍa ダンド/ [(Pkt. डण्ड) Skt. दण्ड] *m.* **1** 罰, 処罰. (⇒ਸਜ਼ਾ) ❒ਡੰਡ ਦੇਣਾ 罰する, 処罰する. **2** 〖法〗刑, 刑罰. **3** 罰金.
ਡੰਡ[2] (डंड) /ḍanḍa ダンド/ *f.* **1** 騒音, 雑音. (⇒ਸ਼ੋਰ) **2** 喧騒, 大騒ぎ. (⇒ਰੌਲਾ) **3** ガヤガヤとやかましい音. (⇒ਰਵਾਣੀ)
ਡੰਡ[3] (डंड) /ḍanḍa ダンド/ [Skt. दण्ड] *m.* 屈伸運動.
ਡੱਡ (डड्ड) /ḍaḍḍa ダッド/ [cf. ਡੱਡੂ] *f.* **1** 〖動物〗雌のカエル, 雌蛙. (⇒ਮੇਂਡਕੀ) **2** 〖動物〗小さなカエル.
ਡੰਡਉਤ (डंडउत) /ḍanḍauta ダンダウト/ ▸ਡੰਡੌਤ *f.* → ਡੰਡੌਤ
ਡੰਡਕੜਾ (डंडकड़ा) /ḍanḍakaṛā ダンダクラー/ ▸ਡੰਡਕਣਾ *m.* 棒.
ਡੱਡਰਾ (डड्डरा) /ḍaḍḍarā ダッダラー/ *adj.* **1** 完熟していない. **2** 半焼きの.
ਡੰਡਲ (डंडल) /ḍanḍala ダンダル/ ▸ਡੰਠਲ [Skt. दण्ड] *m.* 〖植物〗茎.
ਡੰਡਾ (डंडा) /ḍanḍā ダンダー/ [(Pkt. डण्ड) Skt. दण्ड] *m.* **1** 棒, 棍棒. (⇒ਸੋਟਾ) **2** 〖道具〗杖.
ਡੱਡਾ[1] (डड्डा) /ḍaḍḍā ダッダー/ *m.* 〖植物〗ヒヨコマメ(ひよこ豆)の莢.
ਡੱਡਾ[2] (डड्डा) /ḍaḍḍā ダッダー/ *m.* 〖文字〗ダッダー《反り舌・閉鎖音の「ダ」(有声・無気音)を表す, グルムキー文字の字母表の18番目の文字 ਡ の名称》.
ਡੰਡਾਬੇੜੀ (डंडाबेड़ी) /ḍanḍāberī ダンダーベーリー/ *f.* 鉄の棒を用いた特製の足枷.
ਡਡਾਰ (डडार) /ḍaḍāra ダダール/ *f.* 〖虫〗スズメバチ, 雀蜂.
ਡਡਿਆਉਣਾ (डडिआउणा) /ḍaḍiāuṇā ダディアーウナー/ *vi.* **1** 悲鳴を上げる. **2** 恐れて叫ぶ.
ਡੰਡੀ[1] (डंडी) /ḍanḍī ダンディー/ [(Pkt. डण्ड) Skt. दण्ड + ਈ] *f.* **1** 細い棒, 棒切れ. (⇒ਸੋਟੀ, ਪਤਲੀ ਲਾਠੀ) **2** 〖道具〗天秤棒. **3** 〖植物〗茎, 花梗, 葉柄. **4** 〖符号〗終止符としての縦の棒線《グルムキー文字によるパンジャービー語・デーヴァナーガリー文字によるヒンディー語などの表記で用いられる》. (⇒ਪੂਰਨ ਵਿਰਾਮ)
ਡੰਡੀ[2] (डंडी) /ḍanḍī ダンディー/ *f.* 〖装〗耳飾り, イヤリング.
ਡੰਡੀ[3] (डंडी) /ḍanḍī ダンディー/ ▸ਪਗਡੰਡੀ *f.* → ਪਗਡੰਡੀ
ਡੱਡੀ (डड्डी) /ḍaḍḍī ダッディー/ [cf. ਡੱਡੂ] *f.* 〖動物〗ヒキガエル, 蟇蛙.
ਡੱਡੂ (डड्डू) /ḍaḍḍū ダッドゥー/ [(Pkt. ਡੇਡੁਰ) Skt. दर्दुर] *m.* 〖動物〗雄のカエル, 蛙. (⇒ਮੇਂਡਕ)
ਡੱਡੂਆ (डड्डूआ) /ḍaḍḍūā ダッドゥーアー/ [(Pkt. ਡੇਡੁਰ) Skt. दर्दुर] *m.* 〖動物〗ヒキガエル, 蟇蛙.
ਡੰਡੋਰਕਾ (डंडोरका) /ḍanḍorakā ダンドールカー/ *m.* 小さな棒. (⇒ਛੋਟਾ ਡੰਡਾ)
ਡੱਡੋਲਿਕਾ (डड्डोलिका) /ḍaḍḍolikā ダッドーリカー/ *adj.* **1** 涙ぐんだ. **2** 堪えている.
ਡੰਡੌਤ (डंडौत) /ḍanḍauta ダンダォート/ ▸ਡੰਡਉਤ [Skt. दण्डवत्] *f.* **1** 平伏. **2** 〖儀礼〗五体投地.
ਡੰਨ (डंन) /ḍanna ダンヌ/ [Skt. दण्ड] *m.* **1** 罰, 処罰. (⇒ਸਜ਼ਾ) **2** 〖法〗刑, 刑罰. **3** 罰金. (⇒ਜੁਰਮਾਨਾ)
ਡੰਨਣਾ (डंनणा) /ḍannaṇā ダンナナー/ [Skt. दण्डयति] *vt.* **1** 罰する. **2** 罰金を科す.
ਡੰਨੀ (डंनी) /ḍannī ダンニー/ *f.* 柄.
ਡਪਟ[1] (डपट) /ḍapaṭa ダパト/ [Skt. दर्प] *f.* **1** 叱責. **2** 威嚇.
ਡਪਟ[2] (डपट) /ḍapaṭa ダパト/ [(Pkt. दवड) Skt. धवते] *f.* 馬の駆け足.
ਡਪਟਣਾ[1] (डपटणा) /ḍapaṭaṇā ダパトナー/ [Skt. दर्प] *vt.* **1** 叱る, 叱責する. **2** どなりつける, 威嚇する.
ਡਪਟਣਾ[2] (डपटणा) /ḍapaṭaṇā ダパトナー/ [(Pkt. दवड) Skt. धवते] *vi.* (馬が)駆ける.
ਡੱਪਟਾ (डप्पटा) /ḍappaṭā ダッパター/ ▸ਦੁਪੱਟਾ [(Pua.)] *m.* → ਦੁਪੱਟਾ
ਡੱਫ (डप्फ) /ḍappʰa ダップ/ [Arab. *daff*] *f.* 〖楽器〗タンバリン. ❒ਡੱਫ ਫੇਰਨੀ 触れ回る.
ਡੱਫਣਾ (डप्फणा) /ḍappʰaṇā ダッパナー/ [(Maj.)] *vt.* **1** がつがつ食べる. **2** 食べ過ぎる, 過食する.
ਡਫ਼ਰ (डफ़र) /ḍafara ダファル/ [Eng. *duffer*] *adj.* **1** 馬鹿な, 鈍い, のろまな. (⇒ਬੁੱਧੂ) **2** 愚かな. (⇒ਮੂਰਖ)
ਡਫਲਾ (डफला) /ḍapʰalā ダプラー/ [Arab. *daff* + ਲਾ] *m.* 〖楽器〗タンバリン.
ਡਫਲੀ (डफली) /ḍapʰalī ダプリー/ [+ ਲ -ਈ] *f.* 〖楽器〗小型のタンバリン. (⇒ਖ਼ੰਜਰੀ)
ਡਫਾਲੀ (डफाली) /ḍapʰālī ダパーリー/ [+ ਆਲੀ] *m.* タンバリン奏者.
ਡੱਬ[1] (डब्ब) /ḍabba ダッブ/ *m.* **1** 色や濃淡のむら. **2** 斑点, ぶち, まだら. (⇒ਧੱਬਾ)
ਡੱਬ[2] (डब्ब) /ḍabba ダッブ/ *m.f.* **1** ドーティーやルンギーなど下半身にまとう布の上端《たくし込んでポケットとして用いられる》. **2** ポケット. **3** 小袋.
ਡੱਬਖੜੱਬਾ (डब्बखड़ब्बा) /ḍabbakʰaṛabbā ダッブカラッバー/ *adj.* **1** 斑点のある, ぶちの, まだら模様の. (⇒ਕਰਬੜ) **2** 多色の, 色とりどりの, 色の混ざった, 雑色の.
ਡੰਬਲ (डंबल) /ḍambala ダンバル/ [Eng. *dumbell*] *m.* 〖道具〗亜鈴.

ਡਬਲ (डबल) /ḍabalạ ダバル/ [Eng. *double*] *adj.* **1** 二倍の, 倍の. **2** 二重の, ダブルの. **3** 二人用の, 二つの物のための.

ਡਬਲ ਰੂਮ (डबल रूम) /ḍabalạ rūmạ ダバル ルーム/ [Eng. *double room*] *m.* (ホテルの)二人部屋, ダブルルーム.

ਡਬਲ ਰੋਟੀ (डबल रोटी) /ḍabalạ roṭī ダバル ローティー/ [Eng. *double* + ਰੋਟੀ] *f.* 〖食品〗食パン.

ਡੱਬਾ (डब्बा) /ḍabbā ダッバー/ ▸ਡਿੱਬਾ *m.* **1** 箱, 小箱, 容器. ❐ਰੋਟੀ ਵਾਲਾ ਡੱਬਾ ਮੇਰੇ ਥੈਲੇ ਵਿੱਚ ਰੱਖ ਦੇ। ローティーの入った弁当箱を私のバッグに入れてくれ. **2** 缶, 缶詰. **3** 車両. **4**(列車の仕切り)車室, 客室. ❐ਰਾਣੀ ਡੱਬੇ ਵਿੱਚੋਂ ਬਾਹਰ ਵੇਖਣ ਲੱਗੀ। ラーニーは車室から外を見始めました.

ਡਬਿੰਗ (डबिंग) /ḍabiṅgạ ダビング/ [Eng. *dubbing*] *f.* **1** 吹き替え. **2** 再録音, 追加録音. **3** 録音したものの再録音・複製, ダビング.

ਡੱਬੀ (डब्बी) /ḍabbī ダッビー/ *f.* **1** 〖容器〗小さな箱. **2** 〖容器〗(宝石などを入れる)手箱, 小箱. **3** 刺繍・織物・編物に用いる幾何学模様. **4** 〖容器〗マッチ箱. **5** 機械の中の箱型の部品.

ਡੱਬੂ (डब्बू) /ḍabbū ダッブー/ *adj.* **1** まだらの. **2** ぶちの. **3** 斑点のある.

ਡਬੋਣਾ (डबोणा) /ḍaboṇā ダボーナー/ ▸ਡੁਬਕੋਣਾ, ਡੁਬਾਉਣਾ, ਡੁਬੋਣਾ, ਡੋਬਣਾ *vt.* → ਡੁਬੋਣਾ

ਡੰਭ (डंभ) /ḍâmbạ ダンブ/ ▸ਡਿੰਭ, ਦੰਭ *m.* → ਦੰਭ

ਡਭਕਾ (डभका) /ḍâbakā ダブカー/ *m.* **1** 突然涙が溢れること. **2** 涙に潤んだ目.

ਡੰਮ੍ਹ (डंम्ह) /ḍâmmạ ダンム/ [Pkt. डंभण] *m.* **1** 焼き印. **2** 焼灼の痕. **3** 焼け焦げの跡.

ਡੰਮ੍ਹਣਾ (डंम्हणा) /ḍâmmaṇā ダンマナー/ [Pkt. डंभण] *vt.* **1** 焼き印を押す. **2** 焼灼する. **3** 焼け焦がす.

ਡੰਮ੍ਹਣੀ (डंम्हणी) /ḍâmmaṇī ダンマニー/ [(Pot.) cf. ਡੰਮ੍ਹਣਾ] *f.* 〖道具〗焼き印用のこて.

ਡਮਰੂ (डमरू) /ḍamạrū ダムルー/ ▸ਡੌਰੂ [Skt. डमरु] *m.* 〖楽器〗ダムルー《胴のくびれた小型の両面太鼓. 両面の皮は締紐によって双方に結び付けられている》.

ਡਮਾਕ (डमाक) /ḍamākạ ダマーク/ ▸ਡਮਾਗ, ਦਮਾਗ਼, ਦਿਮਾਗ਼ *m.* → ਦਿਮਾਗ਼

ਡਮਾਗ (डमाग) /ḍamāgạ ダマーグ/ ▸ਡਮਾਕ, ਦਮਾਗ਼, ਦਿਮਾਗ਼ *m.* → ਦਿਮਾਗ਼

ਡਮਾਰਚਾ (डमारचा) /ḍamārạcā ダマールチャー/ ▸ ਡਿਮਾਰਚ, ਡਿਮਾਰਚਾ [Eng. *demurrage*] *m.* 遅滞超過割増金.

ਡਰ (डर) /ḍarạ ダル/ [(Pkt. डर) Skt. दर] *m.* **1** 恐れ, 恐怖. (⇒ਖ਼ੌਫ਼, ਭੌ) ❐ਡਰ ਲੱਗਣਾ 恐がる, 恐れる. ❐ਪਰ ਮੈਨੂੰ ਤਾਂ ਡਰ ਨਹੀਂ ਲੱਗਦਾ। けれど僕は恐がらないよ. **2** 危惧, 懸念.

ਡਰੱਗਜ਼ (डरग्गज़) /ḍaraggazạ ダラッガズ/ [Eng. *drugs*] *m.* 〖麻薬〗麻薬, ドラッグ.

ਡਰਨਾ (डरना) /ḍarạnā ダルナー/ [Skt. दरति] *vi.* **1** 怖がる, 恐れる. **2** おびえる, ひるむ. **3** 心配する, 不安を抱く, 危ぶむ, 危惧する.

ਡਰਪੋਕ (डरपोक) /ḍarạpokạ ダルポーク/ [Pkt. डर + Pkt. पमुक्क] *adj.* 臆病な, 気が小さい, 気の弱い, 意気地なしの. (⇒ਗੀਦੀ, ਬੁਜ਼ਦਿਲ)

ਡਰੱਮ (डरम्म) /ḍarammạ ダランム/ ▸ਡ੍ਰਮ [Eng. *drum*] *m.* **1** 〖楽器〗太鼓, ドラム. **2** 〖容器〗ドラム缶.

ਡ੍ਰਮ (ड्रम) /dramạ (ḍaramạ) ドラム (ダラム)/ ▸ਡਰੱਮ *m.* → ਡਰੱਮ

ਡਰਾਉਣਾ[1] (डराउणा) /ḍarāuṇā ダラーウナー/ [cf. ਡਰਨਾ] *vt.* **1** 怖がらせる, 脅かす, 脅迫する, 威嚇する. **2** おびえさせる, ひるませる, ぞっとさせる.

ਡਰਾਉਣਾ[2] (डराउणा) /ḍarāuṇā ダラーウナー/ ▸ਡਰੌਣਾ [cf. ਡਰਨਾ] *adj.* 恐ろしい, ぞっとするような, 怖い. (⇒ਖ਼ੌਫ਼ਨਾਕ, ਭਿਅੰਕਰ, ਭਿਆਨਕ)

— *m.* かかし.

ਡਰਾਊ (डराऊ) /ḍarāū ダラーウー/ [cf. ਡਰਨਾ] *adj.* 恐ろしい, ぞっとするような, 怖い. (⇒ਖ਼ੌਫ਼ਨਾਕ, ਭਿਅੰਕਰ, ਭਿਆਨਕ)

ਡਰਾਇੰਗ (डराइंग) /ḍarāiṅgạ ダラーイング/ [Eng. *drawing*] *f.* **1** 素描. **2** 製図.

ਡਰਾਇੰਗ ਬੋਰਡ (डराइंग बोरड) /ḍarāiṅgạ borạḍạ ダラーイング ボールド/ [Eng. *drawing board*] *m.* **1** 画板. **2** 製図版.

ਡਰਾਇੰਗ ਰੂਮ (डराइंग रूम) /ḍarāiṅgạ rūmạ ダラーイング ルーム/ [Eng. *drawing room*] *m.* 応接室, 応接間, 客間.

ਡਰਾਈ ਸੈਲ (डराई सैल) /ḍarāī sailạ ダラーイー サェール/ [Eng. *drycell*] *m.* 乾電池.

ਡਰਾਈ ਕਲੀਨਿੰਗ (डराई कलीनिंग) /ḍarāī kalīniṅgạ ダラーイー カリーニング/ [Eng. *dry cleaning*] *f.* ドライクリーニング, 乾式洗濯.

ਡਰਾਈਵਰ (डराईवर) /ḍarāīvarạ ダラーイーヴァル/ ▸ ਡ੍ਰਾਈਵਰ, ਡਰੈਵਰ [Eng. *driver*] *m.* 運転手.

ਡ੍ਰਾਈਵਰ (ड्राईवर) /drāīvarạ (ḍarāīvarạ) ドラーイーヴァル (ダラーイーヴァル)/ ▸ਡਰਾਈਵਰ, ਡਰੈਵਰ *m.* → ਡਰਾਈਵਰ

ਡਰਾਕਲ (डराकल) /ḍarākalạ ダラーカル/ [Pkt. डर + कल] *adj.* **1** 臆病な. (⇒ਡਰਪੋਕ, ਗੀਦੀ) **2** 意気地なしの.

ਡਰਾਪਸੀਨ (डरापसीन) /ḍarāpạsīnạ ダラープスィーン/ [Eng. *drop scene*] *m.* **1** 垂れ幕. **2** 大詰めの場面.

ਡਰਾਪਰ (डरापर) /ḍarāparạ ダラーパル/ [Eng. *dropper*] *m.* **1** 〖道具〗スポイト. **2** 〖器具〗点眼器.

ਡਰਾਫ਼ਟ (डराफ़्ट) /ḍarāfaṭạ ダラーフト/ [Eng. *draft*] *m.* **1** 小切手. **2** 設計図. **3** 草案.

ਡਰਾਫ਼ਟਮੈਨ (डराफ़्टमैन) /ḍarāfaṭamainạ ダラーフトマェーン/ [Eng. *draftsman*] *m.* **1** 製図者. **2** 起草者.

ਡਰਾਮ (डराम) /ḍarāmạ ダラーム/ [Eng. *dram*] *m.* 〖重量〗 1ドラム《常衡では16分の1オンス(1．772グラム)；薬局衡では8分の1オンス(約3．888グラム)》.

ਡਰਾਮਾ (डरामा) /ḍarāmā ダラーマー/ ▸ਡ੍ਰਾਮਾ [Eng. *drama*] *m.* **1** 劇, 演劇, 舞台芸術. **2** 〖文学〗戯曲, 脚本, ドラマ, 劇文学.

ਡ੍ਰਾਮਾ (ड्रामा) /drāmā (ḍarāmā) ドラーマー (ダラーマー)/ ▸ਡਰਾਮਾ *m.* → ਡਰਾਮਾ

ਡਰਾਵਾ (डरावा) /ḍarāwā ダラーワー/ [Pkt. डर + ਵਾ] *m.* **1** 脅し, 脅迫, 威嚇. ❐ਡਰਾਵਾ ਦੇਣਾ 脅す, 脅かす, 脅迫する. **2** 恐怖.

ਡਰਿਲ (डरिल) /ḍarilạ ダリル/ ▸ਡ੍ਰਿਲ [Eng. *drill*] *f.* **1**

〘道具〙錐, 穿孔機, ドリル.　**2** 反復練習, 訓練, 教練.

ਡ੍ਰਿਲ (ड्रिल) /ḍrila (ḍarila) ドリル (ダリル)/ ▶ਡਰਿਲ *f.* → ਡਰਿਲ

ਡਰੂ (डरू) /ḍarū ダルー/ [(Pkt. डर) Skt. दर -ਊ] *adj.* **1** 臆病な. (⇒ਡਰਪੋਕ, ਗੀਦੀ) **2** 意気地なしの.

— *m.* 臆病者, 弱虫.

ਡਰੂਪੁਣਾ (डरूपुणा) /ḍarūpuṇā ダループナー/ [-ਪੁਣਾ] *m.* **1** 臆病.　**2** 意気地なし.

ਡਰੈਸ (डरैस) /ḍaraisa ダラェース/ ▶ਡ੍ਰੈਸ, ਡਰੈੱਸ [Eng. *dress*] *f.* **1** 衣服, 衣装, 服装.　**2**〘衣服〙ドレス, 婦人服.

ਡ੍ਰੈਸ (ड्रैस) /ḍraisa (ḍaraisa) ドラェース (ダラェース)/ ▶ਡਰੈਸ, ਡਰੈੱਸ *f.* → ਡਰੈਸ

ਡਰੈੱਸ (डरैस्स) /ḍaraissa ダラェーッス/ ▶ਡਰੈਸ, ਡ੍ਰੈਸ *f.* → ਡਰੈਸ

ਡਰੈਵਰ (डरैवर) /ḍaraivara ダラェーヴァル/ ▶ਡਰਾਈਵਰ, ਡ੍ਰਾਈਵਰ *m.* → ਡਰਾਈਵਰ

ਡਰੌਣਾ (डरौणा) /ḍarauṇā ダラォーナー/ ▶ਡਰਾਉਣਾ *adj.m.* → ਡਰਾਉਣਾ[2]

ਡਲ (डल) /ḍala ダル/ *m.* **1** 塊.　**2** 大きな片.　**3** 厚い層.

ਡਲ੍ਹਕ (डल्हक) /ḍâlaka ダルク/ ▶ਡਲਕ *f.* **1** 輝き. (⇒ਚਮਕ) **2** きらめき. (⇒ਲਿਸ਼ਕ) **3** 反射.　**4** つや.　**5** 光輝.　**6** 目の痛み.

ਡਲ੍ਹਕਣਾ (डल्हकणा) /ḍâlakaṇā ダラクナー/ *vi.* **1** 光る, 輝く. (⇒ਚਮਕਣਾ) **2** きらめく. (⇒ਲਿਸ਼ਕਣਾ) **3** 閃く.　**4** 目が痛む.

ਡਲਕ (डलक) /ḍalaka ダルク/ ▶ਡਲ੍ਹਕ *f.* → ਡਲ੍ਹਕ

ਡਲਾ (डला) /ḍalā ダラー/ [(Pkt. डल) Skt. दल] *m.* **1** 塊.　**2** 大きなかけら.

ਡਲੀ (डली) /ḍalī ダリー/ *f.* **1** 小さなかけら.　**2** 小さな塊.　**3** 断片.

ਡਵੀਜ਼ਨ (डवीज़न) /ḍavīzana ダヴィーザン/ ▶ਡਿਵੀਜ਼ਨ [Eng. *division*] *m.* 管区, 行政区.

— *f.* **1** 分割, 区分.　**2**〘数学〙割り算, 除法.　**3** 等級.　**4** (能力別に分けられた)クラス.

ਡਵੀਜ਼ਨ ਬੈਂਚ (डवीज़न बैंच) /ḍavīzana bãica ダヴィーザン バェーンチ/ [Eng. *division bench*] *m.*〘法〙地区法廷, 小法廷, 裁判所支部.

ਡਾ (डा) /ḍā ダー/ ▶ਡਾਉ, ਦਾ, ਦਾਉ, ਦਾਅ [(Jat.)] *m.* → ਦਾਉ

ਡਾਉ (डाउ) /ḍāo ダーオー/ ▶ਡਾ, ਦਾ, ਦਾਉ, ਦਾਅ [(Lah.)] *m.* → ਦਾਉ

ਡਾਇਸ (डाइस) /ḍāisa ダーイス/ [Eng. *dais*] *m.* 壇, 講壇, 演壇.

ਡਾਇਣ (डाइण) /ḍāiṇa ダーイン/ ▶ਡੈਣ *f.* → ਡੈਣ

ਡਾਇਰ (डाइर) /ḍāira ダーイル/ [Eng. *dyer*] *m.* **1** 染め物屋.　**2** 染め物師.

ਡਾਇਰੀ (डाइरी) /ḍāirī ダーイリー/ [Eng. *diary*] *f.* **1** 日記.　**2** 機密報告書.

ਡਾਇਰੈਕਟਰ (डाइरैकटर) /ḍāiraikaṭara ダーイラェークタル/ [Eng. *director*] *m.* **1** 理事.　**2** 重役, 取締役.　**3** 所長, 局長, 長官.　**4** 監督, 演出家, 指揮者.

ਡਾਇਰੈਕਟਰੀ[1] (डाइरैकटरी) /ḍāiraikaṭarī ダーイラェークタリー/ [-ਈ] *f.* 理事・重役などの地位・役職.

ਡਾਇਰੈਕਟਰੀ[2] (डाइरैकटरी) /ḍāiraikaṭarī ダーイラェークタリー/ [Eng. *directory*] *f.* **1** 住所氏名録, 人名録.　**2** 電話帳.

ਡਾਇਰੈਕਟਰੇਟ (डाइरैकटरेट) /ḍāiraikaṭareṭa ダーイラェークタレート/ ▶ਡਾਇਰੈਕਟੋਰੇਟ [Eng. *directorate*] *m.* **1** 理事・重役などの地位・役職.　**2** 理事会・役員会, そのオフィス.　**3** 理事・重役などの執務所・オフィス.

ਡਾਇਰੈਕਟੋਰੇਟ (डाइरैकटोरेट) /ḍāiraikaṭoreṭa ダーイラェークトーレート/ ▶ਡਾਇਰੈਕਟਰੇਟ *m.* → ਡਾਇਰੈਕਟਰੇਟ

ਡਾਇਲ (डाइल) /ḍāila ダーイル/ [Eng. *dial*] *m.* ダイアル.

ਡਾਈਟ (डाईट) /ḍāīṭa ダーイート/ [Eng. *diet*] *f.* **1** 常食, 食餌, 規定食.　**2** 食餌療法.

ਡਾਈਨਿੰਗ-ਕਾਰ (डाईनिंग-कार) /ḍāīniṅga-kāra ダーイーニング・カール/ [Eng. *dining car*] *f.* (列車の)食堂車.

ਡਾਈਨਿੰਗ-ਟੇਬਲ (डाईनिंग-टेबल) /ḍāīniṅga-ṭebala ダーイーニング・テーバル/ [Eng. *dining table*] *m.* 食卓.

ਡਾਈਨਿੰਗ-ਰੂਮ (डाईनिंग-रूम) /ḍāīniṅga-rūma ダーイーニング・ルーム/ [Eng. *dining room*] *m.* 食事をする部屋, 食堂.

ਡਾਂਸ (डाँस) /ḍā̃sa ダーンス/ ▶ਡਾਨਸ [Eng. *dance*] *m.* ダンス, 踊り, 舞踊, 舞踏.

ਡਾਹ[1] (डाह) /ḍâ ダー/ ▶ਡਾਹੀ *f.* **1** 捕獲.　**2** 捕まえること.　**3** 触れること.　**4** (競争で)追いつかれること.　**5** (ゲームで)捕まること.

ਡਾਹ[2] (डाह) /ḍâ ダー/ *f.* **1** 支え.　**2** 支柱.　**3** 迫台.　**4** てこ.

ਡਾਹਣਾ[1] (डाहणा) /ḍâṇā ダーナー/ ▶ਡਾਹੁਣਾ *vt.* → ਡਾਹੁਣਾ

ਡਾਹਣਾ[2] (डाहणा) /ḍâṇā ダーナー/ [(Mul.)] *f.* **1** ニュース, 知らせ. (⇒ਖ਼ਬਰ) **2** 通知. (⇒ਸੂਚਨਾ) **3** 情報. (⇒ਇਤਲਾਹ)

ਡਾਹੀ (डाही) /ḍâī ダーイー/ ▶ਡਾਹ *f.* → ਡਾਹ[1]

ਡਾਹੁਣਾ (डाहुणा) /ḍâuṇā ダーウナー/ ▶ਡਾਹਣਾ *vt.* **1** 置く, 据える, 設置する.　**2** 広げる, 敷く. (⇒ਵਿਛਾਉਣਾ) **3** (火に)くべる, (薪や石炭などの燃料を炉床に)くべる. (⇒ਝੋਕਣਾ) **4** 取っ組み合わせる, 格闘させる, 強引にやらせる, 没頭させる. (⇒ਜੁਟਾਉਣਾ) **5** (紡ぎ車を)操作する.　**6** (動物に水を)やる, 飲ませる.　❒ਘੋੜੇ ਨੂੰ ਪਾਣੀ ਡਾਹ ਦੇ। 馬に水をやりなさい.

ਡਾਕ[1] (डाक) /ḍāka ダーク/ *f.* 郵便.　❒ਡਾਕ ਦੀ ਮੋਹਰ (郵便物の)消印.　❒ਡਾਕ ਵਿੱਚ ਪਾਉਣਾ 郵送する, (郵便物を)投函する, ポストに入れる.　❒ਡਾਕ ਰਾਹੀਂ 郵便で.

ਡਾਕ[2] (डाक) /ḍāka ダーク/ [Eng. *dock*] *m.* **1** 波止場.　**2** 埠頭.

ਡਾਕਖ਼ਾਨਾ (डाकख़ाना) /ḍākaxānā ダークカーナー/ *m.* 郵便局. (⇒ਡਾਕਘਰ)

ਡਾਕਖ਼ਰਚ (डाकख़रच) /ḍākaxaraca ダークカルチ/ *m.* 郵便料金.

ਡਾਕ ਗੱਡੀ (डाक गड्डी) /ḍāka gaḍḍī ダーク ガッディー/ *f.*〘乗物〙郵便列車.

ਡਾਕਘਰ (डाकघर) /ḍākakăra ダークカル/ *m.* 郵便局.

(⇒ਡਾਕਖ਼ਾਨਾ)

ਡਾਕਟਰ (डाकटर) /ḍākaṭara ダークタル/ [Eng. *doctor*] *m.* **1** 医者, 医師. (⇒ਚਿਕਿਤਸਕ) **2** 博士, ドクター.

ਡਾਕਟਰਨੀ (डाकटरनी) /ḍākaṭaranī ダークタルニー/ [-ਨੀ] *f.* 女医.

ਡਾਕਟਰਾਣੀ (डाकटराणी) /ḍākaṭarāṇī ダークタラーニー/ [-ਣੀ] *f.* 医者の妻.

ਡਾਕਟਰੀ (डाकटरी) /ḍākaṭarī ダークタリー/ [-ਈ] *adj.* **1** 医療の. **2** 対症療法の.
— *f.* **1** 医療. **2** 医学. **3** 治療学. **4** 博士号. **5** 検診.

ਡਾਕਟਰੀ ਥਰਮਾਮੀਟਰ (डाकटरी थरमामीटर) /ḍākaṭarī tʰaramāmīṭara ダークタリー タルマーミータル/ [+ Eng. *thermometer*] *m.* 〖器具〗体温計.

ਡਾਕ ਟਿਕਟ (डाक टिकट) /ḍāka ṭikaṭa ダーク ティカト/ *m.f.* 郵便切手.

ਡਾਕਣਾ (डाकणा) /ḍākaṇā ダークナー/ *vt.* 吐く, 嘔吐する.

ਡਾਕ ਬੰਗਲਾ (डाक बंगला) /ḍāka baṅgalā ダーク バングラー/ *m.* 公営の宿泊施設, 国民宿舎.

ਡਾਕਰ (डाकर) /ḍākara ダーカル/ *adj.* **1** 硬い. **2** 粘土質の.

ਡਾਕਵਾਂ (डाकवाँ) /ḍākawā̃ ダークワーン/ *adj.* ミルクの出なくなった.

ਡਾਕਾ (डाका) /ḍākā ダーカー/ [Skt. दस्यु] *m.* **1** 強奪, 強盗. **2** 略奪. **3** 山賊行為.

ਡਾਕੀ (डाकी) /ḍākī ダーキー/ *m.* 〖医〗家畜のコレラ.

ਡਾਕੀਆ (डाकीआ) /ḍākīā ダーキーアー/ *m.* 郵便配達夫, 郵便集配人.

ਡਾਕੂ (डाकू) /ḍākū ダークー/ [Skt. दस्यु] *m.* **1** 盗賊, 強盗, 野盗. (⇒ਡਕੈਤ) **2** 山賊. **3** ならず者, 悪党.

ਡਾਖੜਾ (डाखड़ा) /ḍākʰaṛā ダークラー/ [(Lah.)] *adj.* **1** 苦痛を与える. (⇒ਦੁਖਦਾਇਕ) **2** 悲しい, 悲惨な.

ਡਾਂਗ (डाँग) /ḍā̃ga ダーング/ *f.* **1** 棒. **2** 太い棒, 棍棒. **3** 竹の棒. **4** 警棒.

ਡਾਗ (डाग) /ḍāga ダーグ/ [(Lah.)] *f.* 〖動物〗雌スイギュウ, 牝水牛.

ਡਾਂਗਰੀ[1] (डाँगरी) /ḍā̃garī ダーングリー/ [Eng. *dungaree*] *f.* 〖布地〗ダーングリー(ダンガリー)《太織り木綿の一種》.

ਡਾਂਗਰੀ[2] (डाँगरी) /ḍā̃garī ダーングリー/ [Skt. डङ्गर -ਈ] *m.* **1** 家畜を飼う者. **2** 牛飼い.

ਡਾਚੀ (डाची) /ḍācī ダーチー/ *f.* 〖動物〗雌のラクダ, 牝駱駝.

ਡਾਂਟ (डाँट) /ḍā̃ṭa ダーント/ ▸ਡਾਟ *f.* → ਡਾਟ[1]

ਡਾਟ[1] (डाट) /ḍāṭa ダート/ ▸ਡਾਂਟ [Skt. दान्ति] *f.* **1** 叱ること, 叱責, 非難. (⇒ਝਿੜਕ) **2** 脅し, 威嚇. (⇒ਧਮਕੀ)

ਡਾਟ[2] (डाट) /ḍāṭa ダート/ ▸ਡੱਟ, ਡੱਟਾ *m.* → ਡੱਟ

ਡਾਟ[3] (डाट) /ḍāṭa ダート/ [Skt. दान्ति] *f.* **1** 重さに耐えるもの, 支え. (⇒ਟੇਕ) **2** 〖建築〗上部の荷重を支える弓形構造, アーチ. (⇒ਮਹਿਰਾਬ)

ਡਾਂਟਣਾ (डाँटणा) /ḍā̃ṭaṇā ダーントナー/ ▸ਡਾਟਣਾ *vt.* → ਡਾਟਣਾ

ਡਾਟਣਾ (डाटणा) /ḍāṭaṇā ダートナー/ ▸ਡਾਂਟਣਾ [Skt. दान्ति] *vt.* **1** 叱る, 叱りつける, 叱責する. **2** 咎める, 非難する.

ਡਾਟਦਾਰ (डाटदार) /ḍāṭadāra ダートダール/ [Skt. दान्ति Pers.-*dār*] *adj.* **1** アーチ状の. **2** 〖建築〗弓形構造の, 屋根が弓形の.

ਡਾਟਾ (डाटा) /ḍāṭā ダーター/ [Eng. *data*] *m.* データ, 資料, 与件.

ਡਾਟਾਬੇਸ (डाटाबेस) /ḍāṭābesa ダーターベース/ [Eng. *database*] *m.* 〖電算〗データベース.

ਡਾਡ[1] (डाड) /ḍāḍa ダード/ *f.* **1** 叫び声, 金切り声. (⇒ਚੀਕ) **2** 泣きわめく叫び. **3** 野獣が吼える声, 咆哮. (⇒ਚੰਘਾੜ)

ਡਾਡ[2] (डाड) /ḍāḍa ダード/ *f.* 悪臭, 臭気. (⇒ਬਦਬੂ, ਸੜ੍ਹਾਂਦ)

ਡਾਂਡਾ-ਮੀਂਡਾ (डाँडा-मींडा) /ḍā̃ḍā-mī̃ḍā ダーンダー・ミーンダー/ *m.* **1** 舗装されていない田舎道. **2** 道路のない土地. **3** 舗装されていない歩道. **4** 近道.

ਡਾਂਡੀ (डाँडी) /ḍā̃ḍī ダーンディー/ *m.* 測量する人または役人, 農地を測量する人, 土地測量士. (⇒ਜਰੀਬਕਸ਼)

ਡਾਢ (डाढ) /ḍâḍa ダード/ [(Pkt. दढ) Skt. दृढ] *f.* **1** 固いこと, 堅固. **2** 固定. **3** 硬直, 厳格さ.

ਡਾਢਾ (डाढा) /ḍâḍā ダーダー/ [(Pkt. दढ) Skt. दृढ] *adj.* **1** 固い, 堅固な. **2** 固定した, 確固とした. **3** 固く引き締まった. **4** 厳しい, 厳格な. ❒ਤੁਹਾਨੂੰ ਡਾਢੀ ਸਜ਼ਾ ਦਿੱਤੀ ਜਾਏਗੀ। あなたは厳罰に処せられるでしょう. **5** 強い, 強力な, 強硬な.

ਡਾਨਸ (डानस) /ḍānasa ダーンス/ ▸ਡਾਂਸ *m.* → ਡਾਂਸ

ਡਾਫ਼ੀ (डाफ़ी) /ḍāfī ダーフィー/ [(Pot.) Arab. *daff* -ਈ] *m.* タンバリン奏者.

ਡਾਬੂ (डाबू) /ḍābū ダーブー/ ▸ਡੋਬ, ਡੋਬਾ, ਡੋਬੂ *m.* → ਡੋਬੂ

ਡਾਰ (डार) /ḍāra ダール/ *f.* **1** 線, 列, 一連のもの. **2** (鳥や動物の)群れ.

ਡਾਰਕ-ਰੂਮ (डारक-रूम) /ḍāraka-rūma ダールク・ルーム/ [Eng. *dark-room*] *m.* 暗室.

ਡਾਰਲਿੰਗ (डारलिंग) /ḍāraliṅga ダールリング/ [Eng. *darling*] *adj.* 愛しい, 最愛の.

ਡਾਰਵਿਨ (डारविन) /ḍārawina ダールウィン/ [Eng. *Darwin*] *m.* **1** 〖人名〗ダーウィン《英国の博物学者で進化論の提唱者》. **2** 〖地名〗ダーウィン《オーストラリア北岸の中央部にある港市》.

ਡਾਰਵਿਨੀ (डारविनी) /ḍārawinī ダールウィニー/ [-ਈ] *adj.* ダーウィンの, ダーウィン説の.

ਡਾਲ (डाल) /ḍāla ダール/ [Skt. दारु] *f.* **1** 〖植物〗枝, 大枝. **2** 〖地理〗支流.

ਡਾਲਰ (डालर) /ḍālara ダーラル/ ▸ਡਾਲਾ [Eng. *dollar*] *m.* 〖貨単〗ドル《米国, カナダ, オーストラリアなどの貨幣単位》.

ਡਾਲਾ[1] (डाला) /ḍālā ダーラー/ *m.* **1** 〖容器〗枝編み細工の籠. **2** 〖容器〗飲み物の瓶詰めを運ぶ枠組みケース.

ਡਾਲਾ[2] (डाला) /ḍālā ダーラー/ ▸ਡਾਲਰ *m.* → ਡਾਲਰ

ਡਾਲੀ (डाली) /ḍālī ダーリー/ [Skt. दारु -ਈ] *f.* **1** 〖植物〗小枝. **2** 〖容器〗小さな枝編み細工の籠.

ਡਾਂਵਾਂਡੋਲ (डाँवाँडोल) /ḍā̃wā̃ḍola ダーンワーンドール/ ▸

ਡਾਵਾਂਡੋਲ *adj.m.* → ਡਾਵਾਂਡੋਲ
ਡਾਵਾਂਡੋਲ (डावाँडोल) /ḍāwā̃ḍola ダーワーンドール/ ▸ਡਾਂਵਾਂਡੋਲ [cf. ਡੋਲਣਾ] *adj.* **1** 揺れている, 動揺している. **2** 不安定な, 安定していない. **3** 落ち着かない, 心が落ち着きを失った, 決心がつかないでいる, 優柔不断な. **4** 不確実な, 変わりやすい.
— *m.* (地震などの)振動.
ਡਿਉੜ੍ਹ (डिउड़्ह) /ḍiôṛa ディオール/ ▸ਡਿਓਢ *f.* → ਡਿਓਢ
ਡਿਊਟੀ (डिऊटी) /ḍiūṭī ディウーティー/ [Eng. *duty*] *f.* **1** 義務. **2** 任務, 務め. **3** 職務, 仕事.
ਡਿਓਢ (डिओढ) /ḍiôḍa ディオード/ ▸ਡਿਉੜ੍ਹ [Skt. द्वैयदर्ध] *f.* **1** 1. 5倍, 1と2分の1. **2** 1. 5倍の量.
ਡਿਓਢਾ (डिओढा) /ḍiôḍā ディオーダー/ ▸ਡਿਓੜ੍ਹਾ, ਡੇਉਢਾ [Skt. द्वैयदर्ध] *adj.* 1. 5倍の, 1と2分の1の.
ਡਿਓੜ੍ਹਾ (डिओड़्हा) /ḍiôṛā ディオーラー/ ▸ਡਿਓਢਾ, ਡੇਉਢਾ *adj.* → ਡਿਓਢਾ
ਡਿਓੜ੍ਹੀ (डिओड़्ही) /ḍiôṛī ディオーリー/ ▸ਡੇਉਢੀ [Skt. देहली] *f.* **1**〖建築〗玄関. **2**〖建築〗出入り口.
ਡਿਸ਼ (डिश) /ḍiśa ディシュ/ [Eng. *dish*] *f.*〖食器〗皿.
ਡਿਸਕ (डिसक) /ḍisaka ディスク/ [Eng. *disk*] *m.f.* **1** 円盤. **2** レコード盤. **3**〖電算〗ディスク《磁気記憶装置》.
ਡਿਸਕਸ (डिसकस) /ḍisakasa ディスカス/ [Eng. *discus*] *m.*〖競技〗(競技用)円盤.
ਡਿਸਕਾਊਂਟ (डिसकाऊँट) /ḍisakāū̃ṭa ディスカーウーント/ *m.* 割引, 値引き.
ਡਿਸਚਾਰਜ (डिसचारज) /ḍisacāraja ディスチャールジ/ [Eng. *discharge*] *m.* **1** 解雇. **2** 退院.
ਡਿਸਟਰਿਕਟ (डिसटरिकट) /ḍisaṭarikaṭa ディスタリクト/ ▸ਡਿਸਟ੍ਰਿਕਟ [Eng. *district*] *m.* **1** 地方, 地域, 地区. **2**(行政上, 州の次区分としての)県. (⇒ਜ਼ਿਲ੍ਹਾ)
ਡਿਸਟ੍ਰਿਕਟ (डिसट्रिकट) /ḍisaṭrikaṭa (ḍisaṭarikaṭa) ディストリクト (ディスタリクト)/ ▸ਡਿਸਟਰਿਕਟ [Eng. *district*] *m.* → ਡਿਸਟਰਿਕਟ
ਡਿਸਟ੍ਰੀਬੀਊਟਰ (डिसट्रीबीऊटर) /ḍisaṭrībīūṭara ディストリービーウータル/ [Eng. *distributor*] *m.* **1** 配付者, 配送業者. **2** 卸し売り業者.
ਡਿਸਟ੍ਰੀਬੀਊਟਰੀ (डिसट्रीबीऊटरी) /ḍisaṭrībīūṭarī ディストリービーウータリー/ [Eng. *distributary*] *f.*〖地理〗支流.
ਡਿਸਟਿੱਲਰੀ (डिसटिल्लरी) /ḍisaṭillarī ディスティッラリー/ [Eng. *distillery*] *f.* 蒸留酒製造場.
ਡਿਸਟੈਂਪਰ (डिसटैंपर) /ḍisaṭāĩpara ディスタェーンパル/ [Eng. *distemper*] *m.* **1** 泥絵の具. **2** 水性塗料.
ਡਿਸਪੈਨਸਰ (डिसपैनसर) /ḍisapainasara ディスパェーンサル/ [Eng. *dispenser*] *m.* **1** 薬剤師. **2** ディスペンサー《紙タオル, 紙コップ, 石けん液などを必要量だけ取り出せる容器》. **3**〖機械〗(コーヒーなどの)自動販売機.
ਡਿਸਪੈਂਸਰੀ (डिसपैंसरी) /ḍisapāĩsarī ディスパェーンサリー/ ▸ਡਿਸਪੈਨਸਰੀ [Eng. *dispensary*] *f.* 薬局.
ਡਿਸਪੈਨਸਰੀ (डिसपैनसरी) /ḍisapainasarī ディスパェーンサリー/ ▸ਡਿਸਪੈਂਸਰੀ *f.* → ਡਿਸਪੈਂਸਰੀ
ਡਿਸਮਿਸ (डिसमिस) /ḍisamisa ディスミス/ [Eng. *dismiss*] *adj.* 解雇された.
ਡਿਸਿਪਲਨ (डिसिपलन) /ḍisipalana ディスィプラン/ ▸ਡਸਿਪਲਨ [Eng. *discipline*] *m.* **1** 規律. **2** 訓練.
ਡਿਹੁੰ (डिहुँ) /ḍîũ | ḍihũ ディウン | ディフン/ ▸ਦਿਨ, ਦਿਨ [(Mul.)] *m.* → ਦਿਨ
ਡਿੱਕ (डिक्क) /ḍikka ディック/ *adj.* **1** 消化の悪い. **2** 胃の調子の悪い.
ਡਿਕਸ਼ਨਰੀ (डिकशनरी) /ḍikaśanarī ディカシュナリー/ [Eng. *dictionary*] *m.* 辞典, 辞書. (⇒ਸ਼ਬਦਕੋਸ਼, ਲੁਗ਼ਤ)
ਡਿਕਟੇਟਰ (डिकटेटर) /ḍikaṭeṭara ディクテータル/ [Eng. *dictator*] *m.* **1** 独裁者. **2** 口述者.
ਡਿਕਟੇਟਰਾਨਾ (डिकटेटराना) /ḍikaṭeṭarānā ディクテートラーナー/ [Pers.-*āna*] *adj.* 独裁の, 独裁的な.
ਡਿਕਟੇਟਰੀ (डिकटेटरी) /ḍikaṭeṭarī ディクテートリー/ [-ਈ] *f.* **1**〖政治〗独裁, 独裁政治. **2**〖政治〗専制政府.
ਡਿੱਕਤ (डिक्कत) /ḍikkata ディッカト/ ▸ਦਿੱਕਤ [(Pua.)] *f.* → ਦਿੱਕਤ
ਡਿੰਗ (डिंग) /ḍiṅga ディング/ ▸ਬਿੰਗ, ਵਿੰਗ, ਵਿੰਙ *m.* → ਵਿੰਗ[1]
ਡਿਗਣਾ (डिगणा) /ḍigaṇā ディグナー/ ▸ਡਿੱਗਣਾ [Skt. दध्यति] *vi.* **1** 落ちる, 落下する, 転落する, 墜落する, 下落する. (⇒ਗਿਰਨਾ) ❐ਉਸ ਦੇ ਹੱਥੋਂ ਕੁਹਾੜਾ ਛੁੱਟ ਗਿਆ ਤੇ ਨਦੀ ਵਿੱਚ ਡਿਗ ਪਿਆ। 彼の手から斧が離れて川に落ちてしまいました. **2** 倒れる, 転ぶ, 転倒する. ❐ਕੁੜੀ ਦਾ ਭਰਾ ਬੇਹੋਸ਼ ਹੋ ਕੇ ਡਿਗ ਪਿਆ। 娘の弟は気を失って倒れてしまいました. **3** 倒壊する, 崩れ落ちる, 崩壊する. **4** ぐらつく, よろける. **5** 傾く, 沈む, 衰える.
ਡਿੱਗਣਾ (डिग्गणा) /ḍiggaṇā ディッガナー/ ▸ਡਿਗਣਾ *vi.* → ਡਿਗਣਾ
ਡਿਗਰੀ[1] (डिगरी) /ḍigarī ディグリー/ [Eng. *decree*] *f.*〖法〗(裁判所の)命令.
ਡਿਗਰੀ[2] (डिगरी) /ḍigarī ディグリー/ [Eng. *degree*] *f.* **1** 程度, 度合. **2** 学位. **3** 温度.
ਡਿਗਰੀਦਾਰ (डिगरीदार) /ḍigarīdāra ディグリーダール/ [Eng. *degree* Pers.-*dār*] *m.* 学位保持者.
ਡਿਗਵਾਉਣਾ (डिगवाउणा) /ḍigawāuṇā ディグワーウナー/ [cf. ਡਿਗਣਾ] *vt.* **1** 落とさせる, 投下させる, 落としてもらう. (⇒ਗਿਰਵਾਉਣਾ) **2** 倒させる, 倒してもらう.
ਡਿੰਗਾ (डिंगा) /ḍiṅgā ディンガー/ ▸ਵਿੰਗਾ *adj.* **1** 曲がった. **2** 歪んだ. **3** まっすぐでない. **4** 屈曲した.
ਡਿਗਾ (डिगा) /ḍigā ディガー/ ▸ਡਿਗਾਉ [cf. ਡਿਗਣਾ] *m.* **1** 落下, 下落. **2** 下降. **3** 急落.
ਡਿਗਾਉ (डिगाउ) /ḍigāo ディガーオー/ ▸ਡਿਗਾ *m.* → ਡਿਗਾ
ਡਿਗਾਉਣਾ (डिगाउणा) /ḍigāuṇā ディガーウナー/ [cf. ਡਿਗਣਾ] *vt.* **1** 落とす, 落下させる, 投下する. (⇒ਗਿਰਾਉਣਾ) **2** 倒す, 転倒させる. **3** 倒壊させる, 崩壊させる.
ਡਿੰਘ (डिंघ) /ḍîṅga ディング/ [Skt. दघ्न] *f.* **1** 大股の歩調. **2** 大股の足取り.
ਡਿਚਕਰ (डिचकर) /ḍicakara ディチカル/ ▸ਟਿਚਕਰ, ਟਿਚਕਾਰੀ, ਟਿੱਚਰ *f.* → ਟਿਚਕਰ
ਡਿਜ਼ਾਈਨ (डिज़ाईन) /ḍizāīna ディザーイーン/ ▸ਡਿਜੈਨ, ਡੀਜ਼ਾਈਨ [Eng. *design*] *m.* **1** デザイン, 意匠, 設計. **2** 図案, 下絵, 模様.
ਡਿਜੈਨ (डिजैन) /ḍijaina ディジャェーン/ ▸ਡਿਜ਼ਾਈਨ, ਡੀਜ਼ਾਈਨ *m.* → ਡਿਜ਼ਾਈਨ

ਡਿਜੈਨਦਾਰ (डिजैनदार) /ḍijainḁdārḁ ディジャェーンダール/ [Eng. *design* Pers.-*dār*] *adj.* **1** 良いデザインの, 良く設計された. **2** 見事なデザインの.

ਡਿੱਠ (डिट्ठ) /ḍiṭṭʰḁ ディット/ [Skt. दृष्टि] *f.* **1** 見ること, 見えること. (⇒ਦਰਿਸ਼ਟੀ) **2** 視線, 眼差し. (⇒ਨਜ਼ਰ)
— *adj.* 見た, 見てしまっている. (⇒ਦੇਖਿਆ ਹੋਇਆ)

ਡਿੱਠਾ (डिट्ठा) /ḍiṭṭʰā ディッター/ [+ ਆ] *vt.* 見た《「見る」の完了分詞(男性・単数形)》. (⇒ਦੇਖਿਆ, ਵੇਖਿਆ)

ਡਿਨਰ (डिनर) /ḍinarḁ ディナル/ [Eng. *dinner*] *m.* 正餐, ディナー.

ਡਿਪਟੀ (डिपटी) /ḍipḁṭī ディプティー/ [Eng. *deputy*] *adj.* 代理の, 副の, 補佐役の.
— *m.* 代理人, 代理役, 代理官.

ਡਿਪਲੋਮਾ (डिपलोमा) /ḍipḁlomā ディプローマー/ [Eng. *diploma*] *m.* **1** 卒業証書, 修了証, 試験合格証. **2** 免状, 免許状, 資格免状. (⇒ਸਨਦ)

ਡਿਪਲੋਮੇਸੀ (डिपलोमेसी) /ḍipḁlomesī ディプローメースィー/ [Eng. *deplomacy*] *f.* 外交.

ਡਿਪਲੋਮੈਟ (डिपलोमैट) /ḍipḁlomaiṭḁ ディプローマェート/ [Eng. *deplomat*] *m.* 外交官.

ਡਿਪਾਰਟਮੈਂਟ (डिपारटमैंट) /ḍipārḁṭḁmāĩṭḁ ディパールトマェーント/ [Eng. *department*] *m.* **1**(会社などの)部門, 課. **2**(官庁の)局. **3**(大学の)学部・学科.

ਡਿਪੋ (डिपो) /ḍipo ディポー/ ▶ਡੀਪੂ *m.* → ਡੀਪੂ

ਡਿੱਬਾ (डिब्बा) /ḍibbā ディッバー/ ▶ਡੱਬਾ *m.* → ਡੱਬਾ

ਡਿਬੇਟ (डिबेट) /ḍibeṭḁ ディベート/ [Eng. *debate*] *f.* **1** 論争, 討議. **2** 討論会.

ਡਿੰਭ (डिंभ) /ḍîmbḁ ディンブ/ ▶ਡੰਭ, ਦੰਭ *m.* → ਦੰਭ

ਡਿਮਾਂਡ (डिमाँड) /ḍimā̃ḍḁ ディマーンド/ ▶ਡੀਮਾਂਡ [Eng. *demand*] *f.* **1** 要求. **2**〖経済〗需要.

ਡਿਮਾਰਚ (डिमारच) /ḍimārḁcḁ ディマーラチ/ ▶ਡਮਾਰਚਾ, ਡਿਮਾਰਚਾ *m.* → ਡਿਮਾਰਚਾ

ਡਿਮਾਰਚਾ (डिमारचा) /ḍimārḁcā ディマールチャー/ ▶ਡਮਾਰਚਾ, ਡਿਮਾਰਚ [Eng. *demurrage*] *m.* 遅滞超過割増金.

ਡਿਵੀਜ਼ਨ (डिवीज़न) /ḍivīzanḁ ディヴィーザン/ ▶ਡਵੀਜ਼ਨ *m.f.* → ਡਵੀਜ਼ਨ

ਡੀ (डी) /ḍī ディー/ [Eng. *D*] *f.* **1** アルファベットのD. **2**〖器具〗Dの形をした分度器. **3**〖競技〗(ホッケー競技場の)Dの形をしたゴール前の区域.

ਡੀਕ (डीक) /ḍīkḁ ディーク/ *f.* **1** 一飲み. **2** 一気に飲むこと.

ਡੀਂਗ (डींग) /ḍī̃gḁ ディーング/ *f.* **1** 自慢, 自慢話, 大言壮語, 大ぼら, 大ぶろしき. (⇒ਸ਼ੇਖ਼ੀ, ਫੜ੍ਹ) **2** 虚栄心.

ਡੀਜ਼ਲ (डीज़ल) /ḍīzalḁ ディーザル/ [Eng. *diesel*] *m.* ディーゼル機関.

ਡੀਜ਼ਾਈਨ (डीज़ाईन) /ḍīzāīnḁ ディーザーイーン/ ▶ਡਿਜ਼ਾਈਨ, ਡਿਜੈਨ *m.* → ਡਿਜ਼ਾਈਨ

ਡੀਨ (डीन) /ḍīnḁ ディーン/ [Eng. *dean*] *m.* 学部長.

ਡੀਪੂ (डीपू) /ḍīpū ディープー/ ▶ਡਿਪੋ [Eng. *depot*] *m.* **1** 倉庫, 貯蔵所. **2**(バスの)車庫, 修理所. **3**〖軍〗兵站部, 兵員補充部.

ਡੀਫ਼ੈਂਸ (डीफ़ैंस) /ḍīfāĩsḁ ディーファェーンス/ [Eng. *defence*] *m.f.* **1** 防御. **2** 防衛.

ਡੀਮਾਂਡ (डीमाँड) /ḍīmā̃ḍḁ ディーマーンド/ ▶ਡਿਮਾਂਡ *f.* → ਡਿਮਾਂਡ

ਡੀਮਾਨਸਟਰੇਸ਼ਨ (डीमानसटरेशन) /ḍīmānḁsaṭḁreśanḁ ディーマーンサトレーシャン/ [Eng. *demonstration*] *f.* **1** 論証, 実演. **2** デモ, 示威運動, デモ行進. (⇒ਮੁਜ਼ਾਹਰਾ)

ਡੀਮਾਨਸਟਰੇਟਰ (डीमानसटरेटर) /ḍīmānḁsaṭḁreṭarḁ ディーマーンサトレータル/ [Eng. *demonstrator*] *m.* **1** 論証者, 実演者. **2** デモ参加者.

ਡੀਲ (डील) /ḍīlḁ ディール/ [Hin. डील] *m.* **1** 身長. **2** 体格, 体, 身体. **3** 大きさ.

ਡੀਲਰ (डीलर) /ḍīlarḁ ディーラル/ [Eng. *dealer*] *m.* 販売人, 販売業者, 取引業者, 取引先, ディーラー.

ਡੀਲਾ (डीला) /ḍīlā ディーラー/ *m.*〖植物〗ハマスゲ《カヤツリグサ科の多年生雑草》.

ਡੀ ਲਿਟ (डी लिट) /ḍī liṭḁ ディー リト/ [Eng. *D. Lit.*] *m.* 文学博士.

ਡੁੱਸ (डुस्स) /ḍussḁ ドゥッス/ *f.*〖植物〗新芽.

ਡੁਸਕਣਾ (डुसकणा) /ḍusakḁṇā ドゥサクナー/ *vi.* **1** 啜り泣く, しくしく泣く, 声を忍ばせて静かに泣く. (⇒ਠੁਣਕਣਾ, ਫੁਸਕਣਾ, ਬੁਸਕਣਾ) **2** むせび泣く, 泣きじゃくる.

ਡੁਸਕਾ (डुसका) /ḍusḁkā ドゥスカー/ ▶ਡੁਸਕਾਰਾ, ਡੁਸਕੀ, ਡੁਸਕੋਰਾ *m.* **1** 啜り泣き, しくしく泣くこと. **2** むせび泣き, 嗚咽.

ਡੁਸਕਾਰਾ (डुसकारा) /ḍusḁkārā ドゥスカーラー/ ▶ਡੁਸਕਾ, ਡੁਸਕੀ, ਡੁਸਕੋਰਾ *m.* → ਡੁਸਕਾ

ਡੁਸਕੀ (डुसकी) /ḍusḁkī ドゥスキー/ ▶ਡੁਸਕਾ, ਡੁਸਕਾਰਾ, ਡੁਸਕੋਰਾ *f.* → ਡੁਸਕਾ

ਡੁਸਕੇਵਾਂ (डुसकेवाँ) /ḍusḁkewā̃ ドゥスケーワーン/ *m.* **1** 啜り泣き, しくしく泣くこと. **2** むせび泣き, 嗚咽.

ਡੁਸਕੋਰਾ (डुसकोरा) /ḍusḁkorā ドゥスコーラー/ ▶ਡੁਸਕਾ, ਡੁਸਕਾਰਾ, ਡੁਸਕੀ *f.* → ਡੁਸਕਾ

ਡੁਕ (डुक) /ḍukḁ ドゥク/ *m.* 拳骨で殴ること.

ਡੁਗਡੁਗੀ (डुगडुगी) /ḍugaḍugī ドゥグドゥギー/ *f.*〖楽器〗小さな両面太鼓.

ਡੁੰਗਣ-ਤੀਲੀ (डुंगण-तीली) /ḍuṅgaṇḁ-tīlī ドゥンガン・ティーリー/ *f.* **1**〖道具〗つまみ棒. **2**〖道具〗箸.

ਡੁੰਗਣਾ (डुंगणा) /ḍuṅgaṇā ドゥンガナー/ *vt.* **1** 摘み取る. **2** 啄む, つまむ.

ਡੁੰਗਰ (डुंगर) /ḍuṅgarḁ ドゥンガル/ ▶ਡੁੱਗਰ, ਡੋਗਰ *m.* → ਡੋਗਰ

ਡੁੱਗਰ (डुग्गर) /ḍuggarḁ ドゥッガル/ ▶ਡੁੰਗਰ, ਡੋਗਰ *m.* → ਡੋਗਰ

ਡੁਗਰੀਲਾ (डुगरीला) /ḍugḁrīlā ドゥグリーラー/ *adj.*〖地理〗丘の多い, 丘陵地帯の.

ਡੁੰਗਵਾਉਣਾ (डुंगवाउणा) /ḍuṅgḁwāuṇā ドゥングワーウナー/ ▶ਡੁੰਗਾਉਣਾ *vt.* **1** 摘み取らせる. **2** 啄ませる.

ਡੁੰਗਵਾਈ (डुंगवाई) /ḍuṅgḁwāī ドゥングワーイー/ ▶ਡੁੰਗਾਈ *f.* 摘み取らせること, その労賃.

ਡੁੰਗਾਉਣਾ (डुंगाउणा) /ḍuṅgāuṇā ドゥンガーウナー/ ▶ਡੁੰਗਵਾਉਣਾ *vt.* → ਡੁੰਗਵਾਉਣਾ

ਡੁੰਗਾਈ (डुंगाई) /ḍuṅgāī ドゥンガーイー/ ▶ਡੁੰਗਵਾਈ *f.* → ਡੁੰਗਵਾਈ

ਡੁੱਘ (डुग्घ) /ḍûggḁ ドゥッグ/ *m.* 杖の握り.

ਡੂੰਘਾਈ (डुंघाई) /ḍuṅgǎī ドゥンガーイー/ ▶ਡੂੰਘਾਈ *f.* →

ਡੂੰਘਾਈ
ਡੂੰਘੇਰਾ (डुंघेरा) /ḍuṅgĕrā ドゥンゲーラー/ adj. より深い.
ਡੁੱਚ (डुच्च) /ḍucca ドゥッチ/ m. 切り株.
ਡੁੰਡ (डुंड) /ḍunḍa ドゥンド/ m. 1〖身体〗頭のない身体. 2〖植物〗枝のない木の幹.
ਡੁੱਡ (डुड्ड) /ḍuḍḍa ドゥッド/ m. 1〖身体〗一部切断された脚, 障害のある脚. . 2 脚の不自由なこと. 3 内反足. 4〖道具〗義足.
ਡੁੱਡਾ (डुड्डा) /ḍuḍḍā ドゥッダー/ adj. 1 脚を一部切断された. 2 脚の不自由な. 3 内反足の.
ਡੁੰਨ (डुंन) /ḍunna ドゥンヌ/ [(Lah.)] adj. 1 愚かな, 馬鹿な. 2 間抜けな.
ਡੁਬਕਣੀ (डुबकणी) /ḍubakaṇī ドゥバクニー/ ▸ਡੁਬਕੀ f. → ਡੁਬਕੀ
ਡੁਬਕੀ (डुबकी) /ḍubakī ドゥブキー/ ▸ਡੁਬਕਣੀ [cf. ਡੁੱਬਣਾ] f. 1 沈むこと, 浸ること. 2 潜ること, 潜水. (⇒ਚੁੱਭੀ)
ਡੁਬਕੋਣਾ (डुबकोणा) /ḍubakoṇā ドゥブコーナー/ ▸ਡਬੋਣਾ, ਡੁਬਾਉਣਾ, ਡੁਬੋਣਾ, ਡੋਬਣਾ vt. → ਡੁਬੋਣਾ
ਡੁਬਡੁਬਾਉਣਾ (डुबडुबाउणा) /ḍubaḍubāuṇā ドゥブドゥバーウナー/ vi. 涙ぐむ, 目が潤む.
ਡੁਬਡੁਬਾਂਦੀ (डुबडुबाँदी) /ḍubaḍubā̃dī ドゥブドゥバーンディー/ adj. 涙ぐんだ, 目が潤んだ.
ਡੁੱਬਣਾ (डुब्बणा) /ḍubbaṇā ドゥッバナー/ [Skt. बुड्यति] vi. 1 沈む. ❐ਹਾਥੀ ਦੇ ਭਾਰ ਨਾਲ ਬੇੜੀ ਦਾ ਕੁਝ ਹਿੱਸਾ ਪਾਣੀ ਵਿੱਚ ਡੁੱਬ ਗਿਆ। 象の重みでボートの一部は水に沈んでしまいました. ❐ਸੂਰਜ ਡੁੱਬਣ ਵਾਲਾ ਸੀ। 太陽は沈もうとしていました. 2 潜る. 3 溺れる. ❐ਡੁੱਬਦੇ ਨੂੰ ਤੀਲੇ ਦਾ ਸਹਾਰਾ। 溺れる者に藁の助け〔諺〕. 4 浸る. 5 没入する, 没頭する, 耽る. (⇒ਲੀਨ ਹੋਣਾ) 6 (使い果たして) なくなる.
ਡੁਬਾਉਣਾ (डुबाउणा) /ḍubāuṇā ドゥバーウナー/ ▸ਡਬੋਣਾ, ਡੁਬਕੋਣਾ, ਡੁਬੋਣਾ, ਡੋਬਣਾ vt. → ਡੁਬੋਣਾ
ਡੁਬੋਣਾ (डुबोणा) /ḍuboṇā ドゥボーナー/ ▸ਡਬੋਣਾ, ਡੁਬਕੋਣਾ, ਡੁਬਾਉਣਾ, ਡੋਬਣਾ [cf. ਡੁੱਬਣਾ] vt. 1 沈める. 2 浸す. 3 漬ける. 4 溺れさせる, 溺死させる. 5 水没させる. 6〖比喩〗台無しにする, 破滅させる, 失う. 7〖比喩〗浪費する, 使い果たす, 破産させる.
ਡੁੰਮ੍ਹ (डुंम्ह) /ḍûmma ドゥンム/ ▸ਢੰਡ [(Pua.)] m. (川や池などの) 深み.
ਡੁਰਲੀਜਥਾ (डुरलीजथा) /ḍuralījatʰā ドゥルリージャター/ m. 1 ゲリラ集団. 2 奇襲部隊.
ਡੁੱਲ੍ਹਣਾ (डुल्ल्हणा) /ḍûllaṇā ドゥッラナー/ vi. 1 こぼれる. 2 溢れる, 溢れ出る.
— vt. 1 …に夢中になる. 2 …に惚れ込む.
ਡੁਲ੍ਹਾਉਣਾ (डुल्हाउणा) /ḍulăuṇā ドゥラーウナー/ vt. 1 こぼす. 2 溢れさせる, 溢れ出させる.
ਡੁਲਾਉਣਾ (डुलाउणा) /ḍulāuṇā ドゥラーウナー/ vt. 揺らす, 揺り動かす.
ਡੂਸ਼ (डूश) /ḍūśa ドゥーシュ/ [Fre. douche] m. 1 灌水シャワー, 注水. 2〖道具〗灌水器, 注水器.
ਡੂੰਗਰ (डूँगर) /ḍū̃gara ドゥーンガル/ ▸ਡੂਗਰ [(Pkt. डुंगर) Skt. तुंगगिरि] m. 1〖地理〗小さな山, 低い山, 小山, 丘. 2〖地理〗山, 山地, 山岳地帯. (⇒ਪਹਾੜ)
ਡੂਗਰ (डूगर) /ḍūgara ドゥーガル/ ▸ਡੂੰਗਰ m. → ਡੂੰਗਰ
ਡੂੰਗਾ (डूंगा) /ḍū̃gā ドゥーンガー/ ▸ਡੌਂਗਾ m. → ਡੌਂਗਾ
ਡੂੰਗੀ (डूँगी) /ḍū̃gī ドゥーンギー/ ▸ਡੌਂਗੀ f. → ਡੌਂਗੀ
ਡੂੰਘ (डूँघ) /ḍū̃ga ドゥーング/ m. 1 深さ. 2 深み. 3 窪み. 4〖身体〗えくぼ.
ਡੂੰਘਾ (डूँघा) /ḍū̃gā ドゥーンガー/ adj. 1 深い. (⇒ਗਹਿਰਾ) ❐ਬਹੁਤ ਡੂੰਘੀ ਨਦੀ ਸੀ। とても深い川でした. 2 深遠な, 意味深長な. 3 強烈な.
ਡੂੰਘਾਈ (डूँघाई) /ḍū̃găī ドゥーンガーイー/ ▸ਡੂੰਘਾਈ f. 1 深さ. (⇒ਗਹਿਰਾਈ) 2 深いこと. 3 深遠さ. 4 強烈さ.
ਡੂਡਣ (डूडण) /ḍūḍaṇa ドゥーダン/ ▸ਡੂਡਣਾ m. 1 柄. 2 柄頭. 3 突起物.
ਡੂਡਣਾ (डूडणा) /ḍūḍaṇā ドゥードナー/ ▸ਡੂਡਣ m. → ਡੂਡਣ
ਡੂੰਡੀ (डूँडी) /ḍū̃ḍī ドゥーンディー/ f. 1〖植物〗果実に接する果柄の端の部分. 2〖植物〗花に接する花梗の端の部分. 3〖植物〗花柄. 4〖植物〗花梗.
ਡੂਨਾ (डूना) /ḍūnā ドゥーナー/ ▸ਡੋਨਾ [Skt. दोण] m. 1〖容器〗木の葉で作られた茶碗. 2〖容器〗木の葉で作られた籠.
ਡੂਮ (डूम) /ḍūma ドゥーム/ [(Pkt. डुंब) Skt. डोम] m. 1 楽人. (⇒ਮਰਾਸੀ) 2 イスラーム教徒の吟遊楽師. 3 パンジャーブの流浪部族.
ਡੂਮਣਾ (डूमणा) /ḍūmaṇā ドゥームナー/ m. 1〖虫〗ミツバチ, 蜜蜂. 2〖虫〗(ミツバチの) 雄バチ.
ਡੇਉਢਾ (डेउढा) /ḍeûḍā デーウダー/ ▸ਡਿਓਢਾ, ਡਿਓੜ੍ਹਾ [Skt. द्वैयदर्ध] adj. 1. 5倍の, 1と2分の1の.
ਡੇਉਢੀ (डेउढी) /ḍeûḍī デーウディー/ ▸ਡਿਓੜ੍ਹੀ f. → ਡਿਓੜ੍ਹੀ
ਡੇਅਰੀ (डेअरी) /ḍearī デーアリー/ ▸ਡੇਹਰੀ [Eng. dairy] f. 1 酪農場, 搾乳場. 2 酪農.
ਡੇਹਨੂੰ (डेहनूँ) /ḍênū̃ デーヌーン/ [(Pot.)] m.〖植物〗丸い莢.
ਡੇਹਮੂ (डेहमू) /ḍêmū デームー/ ▸ਡੇਮੂ m.〖虫〗スズメバチ, 雀蜂.
ਡੇਹਰਾ (डेहरा) /ḍêrā デーラー/ ▸ਦੇਹਰਾ, ਦੇਹੁਰਾ [Skt. देवगृह] m. 1 寺, 寺院, 神殿. (⇒ਮੰਦਰ) 2 霊廟.
ਡੇਹਰੀ[1] (डेहरी) /ḍêrī デーリー/ f. 装飾された墓.
ਡੇਹਰੀ[2] (डेहरी) /ḍêrī デーリー/ ▸ਡੇਅਰੀ f. → ਡੇਅਰੀ
ਡੇਕ (डेक) /ḍeka デーク/ ▸ਧਰੇਕ, ਧ੍ਰੇਕ f.〖植物〗タイワンセンダン《センダン科の高木》.
ਡੇਗਣਾ (डेगणा) /ḍegaṇā デーグナー/ [cf. ਡਿਗਣਾ] vt. 1 落とす, 落下させる, 投下する. (⇒ਗਿਰਾਉਣਾ) 2 倒す, 転倒させる, 打ち倒す. 3 転覆させる, 倒壊させる, 崩壊させる. 4 圧倒する. 5 打ち負かす.
ਡੇਂਗੂ (डेंगू) /ḍẽgū デーングー/ [Eng. Dengue fever] m.〖医〗デング熱.
ਡੇਢ (डेढ) /ḍêḍa デード/ ▸ਡੇੜ੍ਹ [Skt. द्वैयदर्ध] adj. 1と2分の1の, 1. 5倍の.
ਡੇਮੂ (डेमू) /ḍemū デームー/ ▸ਡੇਹਮੂ m.〖虫〗スズメバチ, 雀蜂.
ਡੇਰਾ (डेरा) /ḍerā デーラー/ m. 1 野営, 野営地, 宿営, 仮の宿. 2 宿, 宿泊所. 3 住まい, 住居.
ਡੇਲ੍ਹੀਆ (डेल्हीआ) /ḍêlīā デーリーアー/ [Eng. dahlia] m.〖植物〗ダリア《キク科ダリア属の植物》.
ਡੇਲੜ (डेलड़) /ḍelaṛa デーラル/ adj. 異常に大きな突き

出た目の．

ਡੇਲਾ[1] (डेला) /ḍelā デーラー/ m. 1〖身体〗眼球． 2〖身体〗白眼, 白目．

ਡੇਲਾ[2] (डेला) /ḍelā デーラー/ m.〖植物・食品〗セイヨウフウチョウボク(西洋風蝶木)の果実《ピクルスにして薬味や付け合わせに用いられる》．(⇒ਪੇਂਝੂ)

ਡੇੜ੍ਹ (डेढ़) /ḍêṛa デール/ ▸ਡੇਢ [Skt. द्वैयर्ध] adj. 1と2分の1の, 1．5倍の．

ਡੈਸ (डैस) /ḍaisa ダェース/ [Eng. dice] m. さいころ．

ਡੈਸ਼ (डैश) /ḍaiśa ダェーシュ/ [Eng. dash] m.〖符号〗長い横棒, ダッシュ．

ਡੈਸਕ (डैसक) /ḍaisaka ダェースク/ [Eng. desk] m.f.〖家具〗デスク, 机．

ਡੈਸੀ-ਗਰਾਮ (डैसी-गराम) /ḍaisīgarāma ダェースィーガラーム/ [Eng. decigram] m.〖重量〗 10分の1グラム．

ਡੈਸੀਮਲ (डैसीमल) /ḍaisīmala ダェースィーマル/ [Eng. decimal] m.〖数学〗小数．

ਡੈਸੀ-ਮੀਟਰ (डैसी-मीटर) /ḍaisīmīṭara ダェースィーミータル/ [Eng. decimetre] m.〖長さ〗 10分の1メートル．

ਡੈਕ (डैक) /ḍaika ダェーク/ [Eng. deck] m. 1 デッキ． 2 甲板． 3(バスの)床．

ਡੈਕਾ-ਗਰਾਮ (डैका-गराम) /ḍaikāgarāma ダェーカーガラーム/ [Eng. decagram] m.〖重量〗 10グラム．

ਡੈਕਾ-ਮੀਟਰ (डैका-मीटर) /ḍaikāmīṭara ダェーカーミータル/ [Eng. decameter] m.〖長さ〗 10メートル．

ਡੈਕਾ-ਲਿਟਰ (डैका-लिटर) /ḍaikāliṭara ダェーカーリタル/ [Eng. decalitre] m.〖容量〗 10リットル．

ਡੈੱਡ ਰੂਮ (डैड्ड रूम) /ḍaiḍḍa rūma ダェーッド ルーム/ [Eng. dead room] m. 遺体安置室．

ਡੈੱਡ ਲਾਈਨ (डैड्ड लाईन) /ḍaiḍḍa lāīna ダェーッド ラーイーン/ [Eng. deadline] f. 最終期限, 締切．

ਡੈਡੀ (डैडी) /ḍaiḍī ダェーディー/ [Eng. daddy] m.〖親族〗お父さん, お父ちゃん．(⇔ਮੰਮੀ)

ਡੈਣ (डैण) /ḍaiṇa ダェーン/ ▸ਡਾਇਣ [(Pkt. डाइणी) Skt. डाकिनी] f. 1 女の呪術使い, 鬼女, 魔女． 2 悪女, 性悪女．

ਡੈਨਮਾਰਕ (डैनमारक) /ḍainamāraka ダェーンマールク/ [Eng. Denmark] m.〖国名〗デンマーク(王国)．

ਡੈਨਮੋ (डैनमो) /ḍainamo ダェーンモー/ [Eng. dynamo] f.〖機械〗発電機．

ਡੈਂਪ-ਪ੍ਰੂਫ਼ (डैंप-प्रूफ़) /ḍãīpa-prūfa (ḍãīpa-parūfa) ダェーンプ・プルーフ (ダェーンプ・パルーフ)/ [Eng. damp-proof] adj. 防湿性の．

ਡੈਪੂਟੇਸ਼ਨ (डैपूटेशन) /ḍaipūṭeśana ダェープーテーシャン/ [Eng. deputation] m. 1 代理任命． 2 代表派遣団．

ਡੈਮ (डैम) /ḍaima ダェーム/ [Eng. dam] f. 1〖地理〗ダム, 堰． 2〖地理〗ダム湖, 人造湖, 貯水池．

ਡੈਮੋਕਰੇਸੀ (डैमोकरेसी) /ḍaimokaresī ダェーモークレースィー/ [Eng. democracy] f.〖政治〗民主主義．

ਡੈਲਟਾ (डैलटा) /ḍailaṭā ダェールター/ [Eng. delta] m. 1〖文字〗デルタ《ギリシア語アルファベットの第4字△》． 2 三角形のもの． 3〖地理〗三角州．

ਡੈਲੀਗੇਸ਼ਨ (डैलीगेशन) /ḍailīgeśana ダェーリーゲーシャン/ [Eng. delegation] m. 代表団, 代表使節団．

ਡੋਈ (डोई) /ḍoī ドーイー/ f.〖道具〗木の柄杓(ひしゃく), 杓子．

ਡੋਸਾ (डोसा) /ḍosā ドーサー/ m.〖料理〗ドーサー《米とケツルアズキなどの豆を吸水させてからペースト状にすり潰し発酵させた生地を, 熱した鉄板の上でクレープのように薄く大きく延ばして焼いた南インド起源の軽食》．

ਡੋਹਰਾ (डोहरा) /ḍôrā ドーラー/ m.〖道具〗長い木の柄のついた大きな柄杓(ひしゃく)．

ਡੋਹਰੀ (डोहरी) /ḍôrī ドーリー/ f.〖道具〗木の柄のついた小さな柄杓．

ਡੋਹਾ (डोहा) /ḍôā | ḍohā ドーアー｜ドーハー/ m. 風刺, 皮肉．

ਡੋਕਲ (डोकल) /ḍokala ドーカル/ adj. 1 断続的な． 2 断続的に乳を出す．

ਡੋਕਾ (डोका) /ḍokā ドーカー/ m.〖飲料〗家畜の乳を搾った後に乳房に残った少量の乳．(⇒ਲਿਸ)

ਡੋਗਰ (डोगर) /ḍogara ドーガル/ ▸ਡੂੰਗਰ, ਡੁੱਗਰ [(Pkt. डुंगर) Skt. तुंगगिरि] m.〖地名〗ドーガル地方《現在のインドのパンジャーブ州と境界を接し, ジャンムーとヒマーチャル・プラデーシュ州の一部を含む山岳丘陵地域》．

ਡੋਗਰਾ (डोगरा) /ḍogarā ドーグラー/ [(Pkt. डुंगर) Skt. तुंगगिरि] adj. ドーガル地方の．

— m. ドーガル地方の住民．

ਡੋਗਰੀ (डोगरी) /ḍogarī ドーグリー/ [-ਈ] adj. ドーガル地方の．

— f. 1 ドーガル地方の女性の住民． 2 ドーグリー語・方言, 高地パンジャービー語方言群《ドーガル地方の住民の話すパンジャービー語の方言》．(⇒ਪਹਾੜੀ ਪੰਜਾਬੀ)

ਡੋਂਗਾ (डोंगा) /ḍõgā ドーンガー/ ▸ਡੂੰਗਾ [Skt. द्रोण] m. 1〖乗物〗帆のない大きな舟． 2〖乗物〗丸木舟． 3〖乗物〗小舟．(⇒ਕਿਸ਼ਤੀ)

ਡੋਂਗੀ (डोंगी) /ḍõgī ドーンギー/ ▸ਡੂੰਗੀ [Skt. द्रोणी] f. 1〖乗物〗帆のない小舟． 2〖乗物〗一人で漕ぐ小舟．

ਡੋਜਕ (डोजक) /ḍojaka ドージャク/ ▸ਦੋਜ਼ਖ਼ [(Mul.)] m. → ਦੋਜ਼ਖ਼

ਡੋਂਡਰੂ[1] (डोंडरू) /ḍõḍarū ドーンドルー/ m. 球状の莢．

ਡੋਂਡਰੂ[2] (डोंडरू) /ḍõḍarū ドーンドルー/ adj. 葉のない, 枝に葉のついていない．

ਡੋਡਾ (डोडा) /ḍoḍā ドーダー/ [Skt. तुंड] m. 1〖植物〗蒴(さく), 蒴果, ケシの種子の蒴, けしぼうず． 2〖身体〗ペニスの亀頭．

ਡੋਡੀ (डोडी) /ḍoḍī ドーディー/ [-ਈ] f. 1〖植物〗花の蕾． 2〖植物〗小さな莢． 3〖植物〗花の萼．

ਡੋਨਾ (डोना) /ḍonā ドーナー/ ▸ਡੂਨਾ m. → ਡੂਨਾ

ਡੋਬ (डोब) /ḍoba ドーブ/ ▸ਡਾਬੂ, ਡੋਬਾ, ਡੋਬੂ adj.m. → ਡੋਬੂ

ਡੋਬਣਾ (डोबणा) /ḍobaṇā ドーブナー/ ▸ਡਬੋਣਾ, ਡੁਬਕੋਣਾ, ਡੁਬਾਉਣਾ, ਡੁਬੋਣਾ vt. → ਡੁਬੋਣਾ

ਡੋਬਾ (डोबा) /ḍobā ドーバー/ ▸ਡਾਬੂ, ਡੋਬ, ਡੋਬੂ adj.m. → ਡੋਬੂ

ਡੋਬੂ (डोबू) /ḍobū ドーブー/ ▸ਡਾਬੂ, ਡੋਬ, ਡੋਬਾ [cf. ਡੁੱਬਣਾ] adj. (川や池などの水深が)人の背丈より深い, 溺れるほど深い．

— m. 1 沈むこと． 2 潜水． 3 打ち沈んだ心, 悲しみ． 4 気絶する感覚． 5 ペンをインク壺の中に浸すこと, 浸液.

ਡੋਰ (डोर) /ḍorạ ドール/ [Skt. डोर] *f.* **1** 紐, 太い糸. **2** 綱. **3** 凧糸. **4** 革紐. **5** 絆, 関係. **6** 信用, 信頼. **7**(神仏や神の摂理への)帰依, 信仰.

ਡੋਰਾ[1] (डोरा) /ḍorā ドーラー/ [Skt. डोर] *m.* **1** 紐. **2**(シーツや毛布などの)縁. **3** 眠たい眼の赤み. **4** 液体の表面の泡の連なり.

ਡੋਰਾ[2] (डोरा) /ḍorā ドーラー/ *adj.* **1** 耳の不自由な. **2** 難聴の.

ਡੋਰੀ (डोरी) /ḍorī ドーリー/ [Skt. डोर -ਈ] *f.* **1** 紐. **2** 細綱, ロープ. (⇒ਰੱਸੀ)

ਡੋਰੀਆ (डोरीआ) /ḍorīā ドーリーアー/ *m.* 〖布地〗 薄くて透き通った布.

ਡੋਲ[1] (डोल) /ḍolạ ドール/ *f.* **1** 傷の痛み. **2** ずきんずきんという痛み. **3** 腫れ物.

ਡੋਲ[2] (डोल) /ḍolạ ドール/ [Skt. डोल] *m.* **1** 〖容器〗 バケツ. **2** 〖容器〗 円い鉄鋺. **3** 〖容器〗 手桶. **4** 〖容器〗 井戸から水を汲むための容器.

ਡੋਲ੍ਹਣਾ (डोल्हणा) /ḍôlaṇā ドーラナー/ *vt.* こぼす, 流す, 流出させる. (⇒ਵੀਟਣਾ)

ਡੋਲਚੀ (डोलची) /ḍolạcī ドールチー/ [Skt. डोल + ਚੀ] *f.* **1** 〖容器〗 小さなバケツ. **2** 〖容器〗 小さな円い鉄鋺. **3** 〖容器〗 小さな手桶. **4** 〖容器〗 井戸から水を汲むための小さな容器.

ਡੋਲਣਹਾਰ (डोलणहार) /ḍolaṇahārạ ドーランハール/ [cf. ਡੋਲਣਾ -ਹਾਰ] *adj.* **1** 揺れ動く, ぐらついている, 不安定な. **2** 変わりやすい.

ਡੋਲਣਾ (डोलणा) /ḍolạṇā ドールナー/ [(Pkt. डोलाअंत) Skt. दोलायते] *vi.* **1** 揺れる, 揺れ動く. **2** ぐらつく. **3** 動揺する. **4** 安定を失う. **5** 信頼を失う.

ਡੋਲਨਾ (डोलना) /ḍolạnā ドールナー/ *m.* **1** 〖容器〗 搾乳に用いられる桶. **2** 〖容器〗 搾乳に用いられる壺.

ਡੋਲਵਾਂ (डोलवाँ) /ḍolạwā̃ ドールワーン/ [cf. ਡੋਲਣਾ] *adj.* **1** 揺れる. **2** 不安定な. **3** ぐらついている.

ਡੋਲਾ (डोला) /ḍolā ドーラー/ [(Pkt. डोला) Skt. दोला] *m.* **1** 〖乗物〗 駕籠《女性用で, 覆いの掛けられたもの. 花嫁を嫁ぎ先に届けるために用いられる》. **2** 駕籠に乗せられた花嫁. ❐ਡੋਲਾ ਤੋਰਨਾ (婚礼で)花嫁を見送る. ❐ ਡੋਲਾ ਦੇਣਾ 娘を嫁がせる, 経済的に力のない親が有力者に貢ぎ物として娘を嫁がせる. **3** 〖儀礼〗 実家から嫁ぎ先に向かう花嫁を見送る儀礼.

ਡੋਲੀ (डोली) /ḍolī ドーリー/ *f.* → ਡੋਲਾ

ਡੌਂਡੀ (डौंडी) /ḍãũḍī ダォーンディー/ *f.* **1** 太鼓を叩いて告げること, 触れ太鼓による布告. **2** 布告. (⇒ਮੁਨਾਦੀ)

ਡੌਰੂ (डौरू) /ḍaurū ダォールー/ ▸ਡਮਰੂ *m.* → ਡਮਰੂ

ਡੌਲ (डौल) /ḍaulạ ダォール/ *f.* **1** 形, 外形, 姿, 恰好. **2** 方法, 手段. **3** 様式, 形式. **4** 状態, 様子.

ਡੌਲਣਾ (डौलणा) /ḍaulạṇā ダォールナー/ ▸ਡੌਲਨਾ *vt.* → ਡੌਲਨਾ

ਡੌਲਨਾ (डौलना) /ḍaulạnā ダォールナー/ ▸ਡੌਲਣਾ *vt.* **1** 削る, 彫る, 形を彫る, 彫って作る. **2** 形作る. **3** デザインする.

ਡੌਲਾ (डौला) /ḍaulā ダォーラー/ *m.* **1** 〖身体〗 上膊, 二の腕《肩から肘まで》. **2** 〖身体〗 上腕二頭筋.

ਡੌਲੀ (डौली) /ḍaulī ダォーリー/ *f.* 〖身体〗 家畜の前脚の膝から肩の部分.

ਢ

ਢ (ढ) /ṭǎḍḍā タッダー/ *m.* 〖文字〗 グルムキー文字の字母表の19番目の文字《高声調(高降りアクセント)または低声調(低昇りアクセント)を伴う, 反り舌・閉鎖音の「タ」(無声・無気音)または「ダ」(有声・無気音)を表す》.

ਢਉਂ (ढउँ) /ṭǎũ タウン/ *m.* **1** 方法, 手段, やり方. (⇒ਤਰੀਕਾ) **2** 手法, 技術. **3** 手順, 過程. **5** 様式, 方式, 流儀.

ਢਊਆ (ढऊआ) /ṭǎūā タウーアー/ [(Pkt. अडिढज्ज) Skt. अर्धतृतीय] *m.* 〖貨幣〗 旧2.5パイサー銅貨.

ਢਹਾਉਣਾ (ढहाउणा) /ṭahǎuṇā タハーウナー/ [cf. ਢਾਹੁਣਾ] *vt.* **1** 倒す, 倒壊させる. **2** 崩壊させる, 破壊する, 取り壊す, 潰す. **3** 崩す, 砕く, 粉々にする. **4** 打ち負かす, 打倒する. **5** 消し取る, 拭い去る.

ਢਹਾਈ (ढहाई) /ṭahǎī タハーイー/ [cf. ਢਾਹੁਣਾ] *f.* **1** 倒すこと, 取り壊すこと. **2** 取り壊す作業の労賃.

ਢਹਿਢੇਰੀ (ढहिढेरी) /ṭaiṭěrī タエーテーリー/ [cf. ਢਾਹੁਣਾ] *m.* 崩壊, 倒壊, 崩れること.

ਢਹਿਣਾ (ढहिणा) /ṭaǐṇā タエーナー/ [cf. ਢਾਹੁਣਾ] *vi.* **1** 倒れる, 倒壊する. **2** 崩壊する, 破壊される, 取り壊される, 潰れる. **3** 崩れる, 砕ける, 粉々になる. **4** 打ち負かされる, 打倒される. **5** 消し取られる, 拭い去られる.

ਢਹਿੰਦਾ (ढहिंदा) /ṭaǐdā タエーンダー/ [cf. ਢਾਹੁਣਾ] *adj.* **1** 崩れている. **2** 退廃的な.

ਢੱਕ (ढक्क) /ṭǎkkạ タック/ ▸ਢਾਕ *m.* 〖植物〗 ハナモツヤクノキ(花没薬樹)《マメ科の落葉高木》. (⇒ਟੇਸੂ, ਪਲਾਹ)

ਢੱਕਣ (ढक्कण) /ṭǎkkaṇạ タッカン/ [(Pkt. ढक्किणि) Skt. ढक्कन] *m.* 蓋(ふた), 覆い.

ਢਕਣਾ (ढकणा) /ṭǎkaṇā タカナー/ [Skt. ढक्क] *vt.* **1** 覆う, 覆い被せる. **2** 隠す, 覆い隠す. **3** 〖比喩〗 揉み消す.

— *m.* 蓋(ふた), 覆い.

ਢਕਵੰਜ (ढकवंज) /ṭǎkạwañjạ タクワンジ/ *m.* **1** 工夫. **2** 計略, 策略. **3** まやかし. **4** 奸策. **5** 見せかけ, 見せびらかし.

ਢੱਕਾ (ढक्का) /ṭǎkkā タッカー/ [Skt. ढक्क] *m.* 〖楽器〗 大きな太鼓. (⇒ਨਗਾਰਾ)

ਢਕਿਆ (ढकिआ) /ṭǎkiā タキアー/ [cf. ਢਕਣਾ] *adj.* **1** 覆われた, 覆い被された. **2** 隠された, 覆い隠された.

ਢੱਕੀ (ढक्की) /ṭǎkkī タッキー/ *f.* **1** 〖地理〗 小さな森. **2** 〖地理〗 木の茂った峡谷. **3** 〖地理〗 谷川に沿った斜面.

ਢਕੂੰਜ (ढकूँज) /ṭakǚjạ タクーンジ/ *m.* **1** 屈曲. **2** 湾曲. **3** 曲がったもの. **4** 鉤(かぎ).

ਢਕੌਂਸਲਾ (ढकौंसला) /ṭakãũsạlā タカォーンスラー/ [Skt. दिग् + Skt. कौशल] *m.* **1** 見せかけ, うわべ. (⇒ਦਿਖਾਵਾ) **2** 偽善, 偽り, 虚偽. (⇒ਪਖੰਡ) **3** ごまかし, 欺き, ぺてん, ま

やかし. 4 ことさらに人目を意識した行為, 派手な活動. (⇒ਸਟੰਟ) 5 作り話, 荒唐無稽な話. 6 迷信. 7 妄想, 思い違い.

ਢੰਗ (ढंग) /ṭăṅgạ タング/ m. 1 方法, やり方, 手段. (⇒ਤਰੀਕਾ) 2 手法, 技術. 3 手順, 過程. 4 様式, 方式, 流儀.

ਢੰਗਣਾ (ढंगणा) /ṭăṅgaṇā タンガナー/ vt. 1 縛る. 2 束縛する. 3 拘束する.

ਢੰਗਵਾਉਣਾ (ढंगवाउणा) /ṭăṅgạwāuṇā タングワーウナー/ ▶ਢੰਗਾਉਣਾ vt. 1 縛らせる. 2 束縛させる. 3 拘束させる.

ਢੰਗਾ (ढंगा) /ṭăṅgā タンガー/ m. 1〖道具〗足枷, 枷. 2〖道具〗足鎖. 3 束縛. 4 拘束.

ਢੱਗਾ (ढग्गा) /ṭăggā タッガー/ m.〖動物〗雄ウシ, 雄牛, 牡牛.

ਢੰਗਾਉਣਾ (ढंगाउणा) /ṭăṅgāuṇā タンガーウナー/ ▶ਢੰਗਵਾਉਣਾ vt. → ਢੰਗਵਾਉਣਾ

ਢੰਗੀ (ढंगी) /ṭăṅgī タンギー/ adj. 1 賢い. 2 巧みな, 器用な. 3 ずる賢い, 狡猾な. (⇒ਚਾਲਬਾਜ਼) 4 如才のない.

ਢੱਗੀ (ढग्गी) /ṭăggī タッギー/ f.〖動物〗雌ウシ, 雌牛, 牝牛.

ਢੱਟਾ (ढट्टा) /ṭăṭṭā タッター/ m. 1〖動物〗雄ウシ, 雄牛, 牡牛. 2〖比喩〗牡牛のように頑健な男.

ਢਠਵਾਣ (ढठवाण) /ṭăṭʰạwāṇạ タトワーン/ ▶ਢਠਵਾੜ f. 1 壊れた建物, 廃屋. (⇒ਖੋਲਾ) 2 廃墟, 遺跡. (⇒ਖੰਡਰ)

ਢਠਵਾੜ (ढठवाड़) /ṭăṭʰạwāṛạ タトワール/ ▶ਢਠਵਾਣ f. → ਢਠਵਾਣ

ਢੱਠਾ (ढट्ठा) /ṭăṭṭʰā タッター/ adj. 1 倒れた. 2 取り壊された. 3 消された.

ਢੰਡ (ढंड) /ṭăṇḍạ タンド/ ▶ਡੂੰਮ੍ਹ m. (川や池などの)深み.

ਢੱਡ (ढड्ड) /ṭăḍḍạ タッド/ [Pkt. ढड्ढ] f. 1〖楽器〗小さな両面太鼓. 2〖楽器〗小さな両面のタンバリン.

ਢੰਡੋਰਚੀ (ढंडोरची) /ṭaṇḍŏracī タンドールチー/ m. 1 太鼓を叩いて触れ歩く人. 2 世間に告げる人. 3 呼び売り商人.

ਢੰਡੋਰਾ (ढंडोरा) /ṭaṇḍŏrā タンドーラー/ m. 1 布告のために叩かれる太鼓, 触れ太鼓. 2 太鼓を叩いて行われる布告, 触れ太鼓による布告.

ਢੰਡੋਲਣਾ (ढंडोलणा) /ṭaṇḍŏlạṇā タンドールナー/ ▶ਢੂੰਢਣਾ, ਢੂੰਡਣਾ vt. → ਢੂੰਡਣਾ

ਢੱਢਾ (ढड्ढा) /ṭăḍḍā タッダー/ m.〖文字〗タッダー《高声調(高降りアクセント)または低声調(低昇りアクセント)を伴う, 反り舌・閉鎖音の「タ」(無声・無気音)または「ダ」(有声・無気音)を表す, グルムキー文字の字母表の19番目の文字 ਢ の名称》.

ਢੱਬ (ढब्ब) /ṭăbbạ タッブ/ [Skt. धव] m. 1 方法, 手段, やり方. (⇒ਤਰੀਕਾ) 2 手法, 技術. 3 手順, 過程. 4 様式, 方式, 流儀.

ਢੱਬੀ (ढब्बी) /ṭăbbī タッビー/ adj. 器用な.

ਢਮਕ (ढमक) /ṭămakạ タマク/ ▶ਢਮੱਕਾ, ਢਮਢਮ f. → ਢਮਢਮ

ਢਮੱਕਾ (ढमक्का) /ṭamăkkā タマッカー/ ▶ਢਮਕ, ਢਮਢਮ m. → ਢਮਢਮ

ਢਮਕਾਉਣਾ (ढमकाउणा) /ṭamạkăuṇā タムカーウナー/ vt. (太鼓などを)叩く, 打ち鳴らす.

ਢਮਕੀਰੀ (ढमकीरी) /ṭamạkĭrī タムキーリー/ f.〖玩具〗玩具の太鼓.

ਢਮਢਮ (ढमढम) /ṭămạṭămạ タムタム/ ▶ਢਮਕ, ਢਮੱਕਾ f. 1〖擬声語〗ドンドン《太鼓などを打ち鳴らす音・轟き》. 2 騒音.

ਢਲਕ (ढलक) /ṭălakạ タラク/ f. 瞬き, きらめき.

ਢਲਕਣਾ (ढलकणा) /ṭălakạṇā タラクナー/ ▶ਢਿਲਕਣਾ vi. → ਢਿਲਕਣਾ

ਢਲਣਾ (ढलणा) /ṭălạṇā タルナー/ ▶ਢਲਨਾ [(Pot.)] vi. → ਢਲਨਾ

ਢਲਨਾ (ढलना) /ṭălạnā タルナー/ ▶ਢਲਣਾ [(Pkt. ढलइ) Skt. ढलति] vi. 1 注がれる, 流れる, 注入される. 2 溶ける. 3 鋳造される. 4(氷や雪が)解ける. 5 液化する. 6 傾く, (日や月が)沈む. 7 下降線をたどる, 盛りを過ぎる. 8 下に行く, 下に来る, (高い所から)下りる, 降りる, 下る, 下降する. (⇒ਉੱਤਰਨਾ) 9(馬・自転車・その他の乗物から)降りる, 下車する, 下船する. (⇒ਉੱਤਰਨਾ)

ਢਲਵਾਂ (ढलवाँ) /ṭălạwā̃ タルワーン/ [cf. ਢਲਨਾ] adj. 1 傾いている, 斜めの. 2 傾斜のついている, 坂になっている. 3 険しい.

ਢਲਵਾਉਣਾ (ढलवाउणा) /ṭalạwăuṇā タルワーウナー/ ▶ਢਲਾਉਣਾ [cf. ਢਲਨਾ] vt. 1(液体を)注がせる, 注入させる. 2 溶かさせる, 溶かしてもらう. 3 型に鋳込ませる, 鋳造させる.

ਢਲਵਾਈ (ढलवाई) /ṭalạwăī タルワーイー/ ▶ਢਲਾਈ [cf. ਢਲਨਾ] f. 1 溶かしてもらうこと. 2 鋳造, 鋳造の労賃.

ਢਲਵਾਨ (ढलवान) /ṭalạwănạ タルワーン/ ▶ਢਲਾਨ [cf. ਢਲਨਾ] m. 1 傾き, 傾斜. 2 斜面. 3 坂. 4 下り勾配, 下り坂. 5 下降. 6 減少, 衰退.

ਢਲਾਉਣਾ (ढलाउणा) /ṭalăuṇā タラーウナー/ ▶ਢਲਵਾਉਣਾ vt. → ਢਲਵਾਉਣਾ

ਢਲਾਈ (ढलाई) /ṭalăī タラーイー/ ▶ਢਲਵਾਈ f. → ਢਲਵਾਈ

ਢਲਾਨ (ढलान) /ṭalănạ タラーン/ ▶ਢਲਵਾਨ m. → ਢਲਵਾਨ

ਢਾਉਣਾ (ढाउणा) /ṭăuṇā ターウナー/ ▶ਢਾਹੁਣਾ, ਢਾਹੁਣਾ vt. → ਢਾਹੁਣਾ

ਢਾਇਆ (ढाइआ) /ṭăiā ターイアー/ [(Pkt. अड्ढिज्ज) Skt. अर्धतृतीय] adj. 2と2分の1の, 2. 5倍の.

ਢਾਈ (ढाई) /ṭăī ターイー/ [(Pkt. अड्ढिज्ज) Skt. अर्धतृतीय] adj. 2と2分の1の, 2. 5倍の.

ਢਾਸਣਾ (ढासणा) /ṭăsạṇā タースナー/ [Skt. धारण + Skt. आसन] m. 1 背もたれ, もたれかかるもの, 肘掛け. 2 寄りかかった姿勢, 座って寄りかかった姿勢, 立って寄りかかった姿勢. □ਢਾਸਣਾ ਲਾਉਣਾ 寄りかかる. 3 支えるもの.

ਢਾਹ[1] (ढाह) /ṭă ター/ [cf. ਢਾਹੁਣਾ] f. 1 浸食. 2 落下, 下落, 崩落. 3 敗北. 4 破壊, 崩壊, 壊滅. 5 転覆.

ਢਾਹ[2] (ढाह) /ṭă ター/ ▶ਧਾਹ f. 1 泣きわめく大声. 2 悲嘆の声.

ਢਾਹਣਾ (ढाहणा) /ṭăṇā ターナー/ ▶ਢਾਉਣਾ, ਢਾਹੁਣਾ vt. →

ਢਾਹੁਣਾ

ਢਾਹਾ (ढाहा) /ṭǎhā ターハー/ [cf. ਢਾਹੁਣਾ] *m.* 1 浸食された土地. 2〖地理〗川沿いの起伏のある土地, 急勾配の川堤. 3〖地理〗峡谷.

ਢਾਹੁਣਾ (ढाहुणा) /ṭǎuṇā ターウナー/ ▸ਢਾਉਣਾ, ਢਾਹਣਾ [Skt. ध्वासयति] *vt.* 1 倒す, 倒壊させる, 崩壊させる, 崩す, 潰す. 2 破壊する, 粉砕する, 壊滅させる, 全滅させる. ❐ਸੰਨ ੧੭੬੧ ਵਿੱਚ ਇਸ ਸ਼ਹਿਰ (ਅੰਮ੍ਰਿਤਸਰ) ਨੂੰ ਅਹਿਮਦ ਸ਼ਾਹ ਅਬਦਾਲੀ ਨੇ ਢਾਹ ਦਿੱਤਾ। 1761年にこの町(アムリトサル)をアフマド・シャー・アブダーリーが破壊しました. 3 打ち負かす, 打倒する. 4 消し取る, 拭い去る, 抹殺する. 5 犯す, しでかす.

ਢਾਹੂ (ढाहू) /ṭǎhū ターフー/ [cf. ਢਾਹੁਣਾ] *adj.* 1 破壊的な, 壊滅的な, 粉砕する, 破滅させる. 2 倒す, 倒壊させる. 3 損害を与える.

ਢਾਕ[1] (ढाक) /ṭākạ ターク/ *f.* 1〖身体〗尻. 2〖身体〗人体の側面.

ਢਾਕ[2] (ढाक) /ṭākạ ターク/ ▸ਢੱਕ *m.* → ਢੱਕ

ਢਾਂਗਾ (ढाँगा) /ṭā̌gā ターンガー/ *m.* 1 長い棒. 2 (枝や果実を引き降ろすために用いる)端が鉤状になった長い棒.

ਢਾਂਗੂਆਂ (ढाँगूआँ) /ṭā̌gūā̃ ターングーアーン/ *adj.* 曲がった.

ਢਾਂਚਾ (ढाँचा) /ṭā̌cā ターンチャー/ [Skt. स्थाता] *m.* 1〖身体〗骨格. (⇒ਕਾਲਬ) 2 骨組み. 3 概要. 4〖建築〗建物, 家, 小屋. (⇒ਖ਼ਾਨਾ)

ਢਾਠ (ढाठ) /ṭāṭʰạ タート/ *f.* 1 破壊された跡, 廃墟. 2 建物の残骸, 廃屋.

ਢਾਠਾ (ढाठा) /ṭāṭʰā ターター/ ▸ਠਾਠਾ *m.* → ਠਾਠਾ

ਢਾਠੀ (ढाठी) /ṭāṭʰī ターティー/ ▸ਠਾਠੀ *f.* → ਠਾਠੀ

ਢਾਂਡਾ (ढाँडा) /ṭā̌ḍā ターンダー/ *m.*〖動物〗雄ウシ, 雄牛, 牡牛.

ਢਾਡੀ (ढाडी) /ṭǎḍī ターディー/ [Pkt. ढड्ढ -ਈ] *m.* 1 小さな両面太鼓を伴奏にして歌う民謡歌手. 2〖姓〗ターディー《祝い事の際に楽器演奏を生業とする一種姓(の人)》. 3 吟遊詩人, 放浪詩人.

ਢਾਡੂ (ढाडू) /ṭǎḍū タードゥー/ [(Lah.)] *m.*〖気象〗南西風.

ਢਾਣਸ (ढाणस) /ṭǎṇasạ ターナス/ [(Mal.)] *m.* 1 努力. 2 誇示. 3 派手な騒ぎ.

ਢਾਣੀ (ढाणी) /ṭǎṇī ターニー/ *f.* 1 集まり, 集団, 隊. (⇒ਜਮਾਤ, ਟੋਲੀ) 2 群れ. (⇒ਮੰਡਲੀ) 3 幹部会. 4 徒党. 5 小村, 小集落. 6 居住.

ਢਾਬ (ढाब) /ṭābạ ターブ/ [Skt. दभ्र] *f.* 1 深い水溜り. 2〖地理〗低湿地. 3〖地理〗小さな湖, 大きな池.

ਢਾਬਾ (ढाबा) /ṭǎbā ターバー/ *m.* 1〖建築〗(多くの人がその下に座れる)広い軒. 2 軽食や食事が売られる場所, 大衆食堂, 簡易食堂.

ਢਾਰਸ (ढारस) /ṭǎrasạ ターラス/ [Skt. दार्ढ्य] *f.* 1 慰め, 慰安. 2 安堵. 3 励まし, 激励.

ਢਾਰਾ (ढारा) /ṭǎrā ターラー/ *m.*〖建築〗小屋.

ਢਾਲ[1] (ढाल) /ṭǎlạ タール/ [Skt. ढाल] *f.*〖武〗盾.

ਢਾਲ[2] (ढाल) /ṭǎlạ タール/ *f.* 1 坂, 坂道, 傾斜地. 2 傾き. 3 斜面. 4 下降. 5 下り勾配. 6 衰退.

ਢਾਲਣਾ (ढालणा) /ṭǎlạṇā タールナー/ ▸ਢਾਲਨਾ *vt.* → ਢਾਲਨਾ

ਢਾਲਨਾ (ढालना) /ṭǎlạnā タールナー/ ▸ਢਾਲਣਾ [(Pkt. ढालइ) Skt. ढालयति] *vt.* 1 (液体を)注ぐ, 入れる, 注入する, かける. 2 溶かす. 3 型に鋳込む, 鋳造する. 4 塑像する. 5 形作る. 6 説得する. 7 なだめる. 8 静める.

ਢਾਲਵਾਂ (ढालवाँ) /ṭǎlạwā̃ タールワーン/ [cf. ਢਾਲਨਾ] *adj.* 1 鋳造された. 2 溶かして作られた.

ਢਾਲੂ (ढालू) /ṭǎlū タールー/ [cf. ਢਾਲਨਾ] *adj.* 1 溶けやすい. 2 自由な形に作られる. 3 可塑性の.

ਢਾਵਾਂ (ढावाँ) /ṭǎwā̃ ターワーン/ *m.*〖生物〗貝の一種.

ਢਿੱਗ (ढिग्ग) /ṭǐggạ ティッグ/ *f.* 1 地滑り. 2 絶壁.

ਢਿੰਗਰ (ढिंगर) /ṭǐṅgarạ ティンガル/ ▸ਢੀਂਗਰ *m.* → ਢੀਂਗਰ

ਢਿੰਗਰੀ (ढिंगरी) /ṭǐṅgarī ティングリー/ ▸ਢੀਂਗਰੀ *f.* → ਢੀਂਗਰੀ

ਢਿਗਾਰਾ (ढिगारा) /ṭigǎrā ティガーラー/ *adj* 険しい.

ਢਿਠਾਈ (ढिठाई) /ṭiṭʰǎī ティターイー/ *f.* 1 横柄さ, 傲慢無礼な振る舞い. 2 生意気.

ਢਿੱਡ (ढिड्ड) /ṭǐḍḍạ ティッド/ [Skt. ढुंढि] *m.* 1〖身体〗胃, 腹, お腹(おなか). (⇒ਪੇਟ) ❐ਢਿੱਡ ਪੀੜ 胃痛, 腹痛. ❐ਢਿੱਡ ਭਰਨਾ 腹を満たす, お腹いっぱい食べる. ❐ਅਸਾਂ ਢਿੱਡ ਭਰ ਕੇ ਰੋਟੀ ਖਾਧੀ। 私たちはお腹いっぱいローティー〔無発酵平焼きパン〕を食べました. ❐ਢਿੱਡ ਵਿੱਚ ਚੂਹੇ ਨੱਚਣੇ 腹の中で鼠が踊る, ひどく空腹を感じる, とてもお腹がすく. 2〖身体〗腹部, 胴. (⇒ਪੇਟ) ❐ਢਿੱਡ ਸੰਬੰਧੀ 腹部の. ❐ਢਿੱਡ ਪਰਨੇ 腹ばいになって, うつ伏せになって. 3〖身体〗子宮, 胎. (⇒ਗਰਭ) 4〖俗語〗妊娠. ❐ਢਿੱਡ ਹੋ ਜਾਣਾ 妊娠する. ❐ਢਿੱਡ ਕਰਨਾ 妊娠させる. 5〖比喩〗心. ❐ਢਿੱਡ ਵਿੱਚ ਰੱਖਣਾ 心に秘めておく.

ਢਿੱਡਲ (ढिड्डल) /ṭǐḍḍalạ ティッダル/ [+ ਲ] *adj.* 1 太鼓腹の. 2 太った, 肥満体の.

ਢਿੱਡੀ (ढिड्डी) /ṭǐḍḍī ティッディー/ [-ਈ] *f.*〖身体〗小さな盛り上がった腹.

ਢਿੱਡੋਂ (ढिड्डों) /ṭǐḍḍō ティッドーン/ [+ ਓਂ] *adv.*《ਢਿੱਡ ਤੋਂ の融合形》1 腹から. 2 内側から. 3 内面的に. 4 喜んで. 5 心から.

ਢਿਬਰੀ (ढिबरी) /ṭǐbarī ティバリー/ *f.* ナット, 留めねじ.

ਢਿਮਕਾ (ढिमका) /ṭǐmakā ティムカー/ *pron.* 某(それがし), 何某(なにがし), ある者.

ਢਿੱਲ (ढिल्ल) /ṭǐllạ ティッル/ [(Pkt. सिढिल) Skt. शिथिल] *f.* 1 緩み, 弛み, 締りのなさ. 2 のろいこと, 緩慢. 3 だらしなさ, 怠けること, 怠慢. 4 遅れること, ぐずぐずすること.

ਢਿਲਕ (ढिलक) /ṭǐlakạ ティラク/ [cf. ਢਿੱਲ] *adj.* 1 緩い, 弛んだ, 締まりのない. 2 垂れ下がった. 3 滑り落ちた, ずり落ちた.

— *m.* 1 緩み, 弛み, 締りのなさ. 2 垂れ下がり. 2 滑り落ちること, ずり落ちること.

ਢਿਲਕਣਾ (ढिलकणा) /ṭǐlakạṇā ティラクナー/ ▸ਢਲਕਣਾ [cf. ਢਿੱਲ] *vi.* 1 緩む, 弛む. 2 ほどける. 3 垂れる, 垂れ落ちる, 垂れ下がる. 4 流れ落ちる. 5 滑り落ちる.

ਢਿਲਕਵਾਂ (ढिलकवाँ) /ṭǐlakạwā̃ ティラクワーン/ [cf. ਢਿੱਲ]

adj. **1** 緩い, 弛んだ. **2** 気分がすぐれない. **3** 滑り落ちやすい.

ਢਿਲਕਵਾਉਣਾ (ढिलकवाउणा) /ṭilakawāuṇā ティルクワーウナー/ [cf. ਢਿੱਲ] *vt.* **1** 緩めさせる, 垂れ下げさせる. **2** 流させる, 流し落とさせる. **3** 滑らさせる, 滑り落とさせる.

ਢਿਲਕਾਉਣਾ (ढिलकाउणा) /ṭilakǎuṇā ティラカーウナー/ [cf. ਢਿੱਲ] *vt.* **1** 緩める, 弛ませる, 垂れ下げる, 垂らす. **2** 流す, 流し落とす. **3** 滑らす, 滑り落とす.

ਢਿੱਲਮ-ਢਿੱਲਾ (ढिल्लम-ढिल्ला) /ṭillama-ṭillā ティッラム・ティッラー/ [cf. ਢਿੱਲ] *adj.* **1** 気力のない, 無気力な, 弛んだ. **2** だらしない, ふやけた, いい加減な. **3** だぶだぶの.

ਢਿੱਲੜ (ढिल्लड़) /ṭillaṛa ティッラル/ [cf. ਢਿੱਲ] *adj.* **1** 緩い, 弛んだ. **2** のろい, 緩慢な. **3** 怠慢な.

ਢਿੱਲਾ (ढिल्ला) /ṭillā ティッラー/ [cf. ਢਿੱਲ] *adj.* **1** 緩い, 弛んだ. **2** 締まりのない, だぶだぶの. **3** のろい, 緩慢な. **4** 怠慢な, だらしない. **5** 気分がすぐれない.

ਢੀਂਗਰ (ढींगर) /ṭī̃gara ティーンガル/ ▸ਢਿੰਗਰ [Pkt. ढंखर] *m.* 〖植物〗切られた枝.

ਢੀਂਗਰੀ (ढींगरी) /ṭī̃garī ティーングリー/ ▸ਢਿੰਗਰੀ [-ਈ] *f.* 〖植物〗切られた小枝.

ਢੀਂਗਲੀ (ढींगली) /ṭī̃galī ティーングリー/ *f.* 穴から水を汲み上げる仕掛け.

ਢੀਠ (ढीठ) /ṭĭṭʰa ティート/ [Skt. धृष्ट] *adj.* **1** 忠告や指示に動じない. **2** 厚顔無恥の, 厚かましい, 図々しい. **3** 無神経な, 無礼な, 横柄な. **4** 愚鈍な. **5** 強情な, 意固地な, しつこい.

ਢੀਠਤਾ (ढीठता) /ṭĭṭʰatā ティートター/ [Skt.-ता] *f.* **1** 厚顔無恥, 厚かましさ, 図々しさ. **2** 無神経, 横柄さ. **3** 愚鈍.

ਢੀਠਤਾਈ (ढीठताई) /ṭĭṭʰatāī ティートターイー/ [-ਤਾਈ] *f.* → ਢੀਠਤਾ

ਢੀਮ (ढीम) /ṭĭma ティーム/ ▸ਢੇਮ *f.* → ਢੇਮ

ਢੁਆਉਣਾ (ढुआउणा) /ṭuǎuṇā トゥアーウナー/ [cf. ਢੋਣਾ] *vt.* **1** 運ばせる. **2** 運搬させる, 輸送させる.

ਢੁਆਈ (ढुआई) /ṭuǎī トゥアーイー/ ▸ਢੁਲਾਈ, ਢੋ-ਢੁਆਈ [cf. ਢੋਣਾ] *f.* **1** 持ち運び. **2** 運搬, 運送, 運輸, 輸送. **3** 運賃.

ਢੁਕਣਾ (ढुकणा) /ṭŭkaṇā トゥクナー/ *vi.* (ドアなどが)閉まる, 閉じられる.

ਢੁੱਕਣਾ (ढुक्कणा) /ṭŭkkaṇā トゥッカナー/ [(Pkt. ढुक्कइ) Skt. ढुक्यति] *vi.* **1** 近づく, 接近する. (⇒ਨੇੜੇ ਆਉਣਾ) **2** 似合う, 調和する. (⇒ਫਬਣਾ) **3** 〖儀礼〗結婚式の花婿側の行列が花嫁の家に着く.

ਢੁਕਦਾ (ढुकदा) /ṭŭkadā トゥクダー/ [cf. ਢੁੱਕਣਾ] *adj.* **1** 適切な, 適当な, ふさわしい. (⇒ਉਚਿਤ) **2** 似合っている. **3** 調和している.

ਢੁਕਮਾਂ (ढुकमाँ) /ṭŭkamā̃ トゥクマーン/ [(Pua.)] *adj.* → ਢੁਕਦਾ

ਢੁਕਵਾਂ (ढुकवाँ) /ṭŭkawā̃ トゥクワーン/ *adj.* → ਢੁਕਦਾ

ਢੁਕਾਉ (ढुकाउ) /ṭukǎo トゥカーオー/ ▸ਢੁਕਾਅ *m.* → ਢੁਕਾਅ

ਢੁਕਾਉਣਾ (ढुकाउणा) /ṭukǎuṇā トゥカーウナー/ *vt.* (ドアなどを)閉める, 閉じる.

ਢੁਕਾਅ (ढुकाअ) /ṭukǎa トゥカーア/ ▸ਢੁਕਾਉ [cf. ਢੁੱਕਣਾ] *m.* **1** 近づくこと, 接近. **2** 似合っていること, 調和していること. **3** 〖儀礼〗結婚式の花婿側の行列が花嫁の家に着くこと.

ਢੁੱਚਰ (ढुच्चर) /ṭuccara トゥッチャル/ *f.* **1** 口実, 言い訳. **2** 見え透いた弁解, 逃げ口上. **3** 妨害, 障害, 邪魔.

ਢੁੱਚਰਬਾਜ਼ (ढुच्चरबाज़) /ṭŭccarabāza トゥッチャルバーズ/ *adj.* **1** 言い訳をする. **2** 見え透いた弁解をする. **3** 責任回避の. **4** あら探しをする.

ਢੁੱਚਰਬਾਜ਼ੀ (ढुच्चरबाज़ी) /ṭŭccarabāzī トゥッチャルバーズィー/ *f.* **1** 言い訳をすること. **2** 見え透いた弁解. **3** あら探し.

ਢੁੱਚਰੀ (ढुच्चरी) /ṭŭccarī トゥッチャリー/ *adj.* → ਢੁੱਚਰਬਾਜ਼

ਢੁੱਡ (ढुड्ड) /ṭudḍa トゥッド/ [(Mal.)] *f.* 頭で叩くこと, 頭で打つこと, 頭突き. ❑ਢੁੱਡ ਮਾਰਨਾ 頭で叩く, 頭で打つ, 頭で突く, 頭突きを食わせる.

ਢੁੰਡਰੀ (ढुंडरी) /ṭŭndarī トゥンダリー/ *f.* 〖身体〗尾骨, 尾てい骨.

ਢੁੰਡਵਾਉਣਾ (ढुंडवाउणा) /ṭundawǎuṇā トゥンドワーウナー/ ▸ਢੁੰਡਾਉਣਾ [cf. ਢੂੰਡਣਾ] *vt.* **1** 探させる, 捜させる. **2** 見つけさせる, 発見させる.

ਢੁੰਡਾਉਣਾ (ढुंडाउणा) /ṭundǎuṇā トゥンダーウナー/ ▸ਢੁੰਡਵਾਉਣਾ *vt.* → ਢੁੰਡਵਾਉਣਾ

ਢੁੰਡਾਊ (ढुंडाऊ) /ṭundāū トゥンダーウー/ ▸ਢੂੰਡਾਊ *m.* → ਢੂੰਡਾਊ

ਢੁਲਾਈ (ढुलाई) /tulǎī トゥラーイー/ ▸ਢੁਆਈ, ਢੋ-ਢੁਆਈ *f.* → ਢੁਆਈ

ਢੂੰਗਾ (ढूँगा) /ṭū̃gā トゥーンガー/ *m.* **1** 〖身体〗尻. **2** 〖身体〗肛門.

ਢੂੰਡ (ढूँड) /ṭū̃ḍa トゥーンド/ [Skt. ढुण्ढन] *f.* **1** 探索, 捜索. (⇒ਤਲਾਸ਼) **2** 探検.

ਢੂੰਡਣਾ (ढूँडणा) /ṭū̃ḍaṇā トゥーンドナー/ ▸ਢੰਡੋਲਣਾ, ਢੂੰਢਣਾ [Skt. ढुण्ढ] *vt.* **1** 探す, 捜す. **2** 探し求める, 捜し求める. **3** 探索する, 捜索する, 調査する. **4** 見つける, 見つけ出す, 探り出す. **5** 探検する.

ਢੂੰਡਵਾਨ (ढूँडवान) /ṭū̃ḍawāna トゥーンドワーン/ [cf. ਢੂੰਡਣਾ] *adj.* 探している, 見つけようとしている.
— *m.* 探す人, 探索者, 捜索者.

ਢੂੰਡਾਊ (ढूँडाऊ) /ṭū̃ḍāū トゥーンダーウー/ ▸ਢੁੰਡਾਊ [cf. ਢੂੰਡਣਾ] *m.* **1** 発見者. **2** 探す人, 探索者, 捜索者. **3** 探検者.

ਢੂੰਢਣਾ (ढूँढणा) /ṭū̃ḍaṇā トゥーンドナー/ ▸ਢੰਡੋਲਣਾ, ਢੂੰਡਣਾ *vt.* → ਢੂੰਡਣਾ

ਢੂਲਾ (ढूला) /ṭūlā トゥーラー/ *m.* **1** 〖建築〗窓枠などの仮の骨組み. (⇒ਕਾਲਬ) **2** 鎧戸.

ਢੇਕਚਾਲ (ढेकचाल) /ṭěkacāla テークチャール/ *f.* **1** 不品行, 悪辣な態度. **2** 淫らな行為. **3** ずる賢さ, 狡猾さ.

ਢੇਕਪੁਣਾ (ढेकपुणा) /ṭěkapuṇā テークプナー/ *m.* **1** 悪行, 邪悪, 悪辣. (⇒ਲੁੱਚਪੁਣਾ) **2** 放蕩.

ਢੇਕਾ (ढेका) /ṭěkā テーカー/ *adj.* 不義密通で生まれた.
— *m.* **1** 性行為における腰使い. **2** 私生児.

ਢੇਡ (ढेड) /ṭěḍa テード/ *m.* **1** 〖姓〗皮を扱う仕事を生業とする種姓(の人). **2** 皮剥ぎ職人.

ਢੇਡੀ (ढेडी) /ṭĕḍī テーディー/ *f.* 〘装〙耳飾り.
ਢੇਡੂ (ढेडू) /ṭĕḍū テードゥー/ *m.* 〘装〙耳飾り.
ਢੇਮ (ढेम) /ṭĕma テーム/ ▶ਢੀਮ *f.* **1** 土の塊, 土くれ. **2** 小さな石, 小石. **3** 煉瓦のかけら.
ਢੇਰ (ढेर) /ṭĕra テール/ *m.* **1** 堆積, 積み重ね. ❐ਢੇਰ ਲਾਉਣਾ 積む, 積み重ねる, 盛る. **2** 塊. **3** 大量.
ਢੇਰਨਾ (ढेरना) /ṭĕranā テールナー/ *m.* 糸巻き.
ਢੇਰਨੀ (ढेरनी) /ṭĕranī テールニー/ *f.* 糸巻き.
ਢੇਰੀ (ढेरी) /ṭĕrī テーリー/ *f.* **1** 小さな堆積, 小さな塊, 小さなごみの山. ❐ਢੇਰੀ ਹੋ ਜਾਣਾ 崩壊する, 潰れる, 殺される, 死ぬ. ❐ਢੇਰੀ ਕਰਨਾ 取り壊す, 破壊する, 粉砕する, 殺す. ❐ਢੇਰੀ ਢਾਹ ਬਹਿਣਾ 失望する, 落胆する, 絶望する. **2** 部分, 分け前, 割り当て.
ਢੇਲਾ (ढेला) /ṭĕlā テーラー/ [Skt. दल] *m.* **1** 塊, 大きなかけら. **2** 土の塊.
ਢੈਲਾ (ढैला) /ṭaĭlā タェーラー/ *adj.* **1** しなやかな, 可塑性の. **2** 柔らかい. **3** 角(つの)の垂れ下がった.
— *m.* 〘動物〙角の垂れ下がった動物.
ਢੋ (ढो) /ṭŏ トー/ ▶ਢੋਅ *m.* → ਢੋਅ[1]
ਢੋਅ[1] (ढोअ) /ṭŏ トー/ ▶ਢੋ *m.* **1** 機会. **2** 同時発生.
ਢੋਅ[2] (ढोअ) /ṭŏ トー/ ▶ਢੋਹ *f.* → ਢੋਹ
ਢੋਆ (ढोआ) /ṭŏā トーアー/ *m.* **1** 贈り物. **2** 供え物, 捧げ物.
ਢੋਈ (ढोई) /ṭŏī トーイー/ *f.* **1** 避難, 庇護. **2** 避難所.
ਢੋਹ (ढोह) /ṭŏ トー/ ▶ਢੋਅ *f.* 背もたれ.
ਢੋਕ (ढोक) /ṭŏka トーク/ *f.* 小集落.
ਢੋਂਗ (ढोंग) /ṭŏ̃ga トーング/ *m.* 詐欺, ごまかし, いんちき. (⇒ਉਸ਼ਟੰਡ)
ਢੋਂਗੀ (ढोंगी) /ṭŏ̃gī トーンギー/ *m.* 詐欺師, ぺてん師. (⇒ਉਸ਼ਟੰਡੀ)
ਢੋਡਾ (ढोडा) /ṭŏḍā トーダー/ [(Jat.)] *m.* 〘料理〙雑穀を材料とした厚焼きの無発酵パン.
ਢੋਡੀ (ढोडी) /ṭŏḍī トーディー/ [(Pot.)] *f.* → ਢੋਡਾ の女性形.
ਢੋ-ਢੁਆਈ (ढो-ढुआई) /ṭŏ-ṭuāī トー・トゥアーイー/ ▶ਢੁਆਈ, ਢੁਲਾਈ *f.* → ਢੁਆਈ
ਢੋਣ (ढोण) /ṭŏṇa トーン/ [cf. ਢੋਣਾ] *m.* **1** 持ち運び. **2** 運搬, 運送, 運輸, 輸送.
ਢੋਣਾ (ढोणा) /ṭŏṇā トーナー/ [Skt. ढौकयति] *vt.* **1** (体にのせて)運ぶ, (担いで)運ぶ, 持ち運ぶ, (車などに載せて)運ぶ. ❐ਖੱਚਰਾਂ ਪਹਾੜਾਂ ਵਿੱਚ ਭਾਰ ਢੋਂਦੀਆਂ ਹਨ। 騾馬は山岳地帯で重荷を運びます. **2** 運搬する, 輸送する.
ਢੋਰ (ढोर) /ṭŏra トール/ [Hin. ढोर] *m.* **1** 〘動物〙動物. **2** 〘動物〙牛や水牛などの家畜. (⇒ਡੰਗਰ) **3** 〘動物〙獣. (⇒ਪਸ਼ੂ)
ਢੋਰਾ (ढोरा) /ṭŏrā トーラー/ *m.* **1** 〘虫〙虫. **2** 〘虫〙昆虫.
ਢੋਲ (ढोल) /ṭŏla トール/ [Skt. ढोल] *m.* 〘楽器〙ドール《くり抜いた木に皮を張った両面大太鼓》.
ਢੋਲਕ (ढोलक) /ṭŏlaka トーラク/ ▶ਢੋਲਕੀ [+ ਕ] *m.* 〘楽器〙ドーラク《小型の両面太鼓》.
ਢੋਲਕੀ (ढोलकी) /ṭŏlakī トールキー/ ▶ਢੋਲਕ [-ਈ] *f.* 〘楽器〙ドールキー《小型の両面太鼓》.
ਢੋਲਚੀ (ढोलची) /ṭŏlacī トールチー/ [Skt. ढोल Pers.-*cī*] *m.* ドールを叩く人, 鼓手, 太鼓打ち.
ਢੋਲ-ਢਮੱਕਾ (ढोल-ढमक्का) /ṭŏla-ṭamăkkā トール・タマッカー/ *m.* 太鼓の鳴る音, 太鼓の轟き.
ਢੋਲਣ (ढोलण) /ṭŏlaṇa トーラン/ *m.* **1** 最愛の人, 恋人. **2** 夫, 情夫.
ਢੋਲਾ (ढोला) /ṭŏlā トーラー/ [Pkt. ढोल्लओ] *m.* **1** 最愛の人, 恋人. (⇒ਪਰੀਤਮ) **2** 〘親族〙夫. (⇒ਖ਼ਸਮ, ਪਤੀ) **3** 〘親族〙花婿. (⇒ਦੂਲ੍ਹਾ, ਲਾੜਾ)
ਢੌਂਕਾ (ढौंका) /ṭaŭ̃kā タォーンカー/ ▶ਠੌਂਕਾ *m.* 〘生理〙居眠り.
ਢੌਂਗ (ढौंग) /ṭaŭ̃ga タォーング/ *m.* **1** ごまかし. **2** 詐欺.
ਢੌਂਚਾ (ढौंचा) /ṭaŭ̃cā タォーンチャー/ *adj.* 4と2分の1の.

ਣ

ਣ[1] (ण) /ṇāṇā ナーナー/ *m.* 〘文字〙グルムキー文字の字母表の20番目の文字《反り舌・閉鎖音の「ナ」(舌先を上に反らし, 先端を歯茎に近い硬口蓋に付けて, 呼気を一瞬閉じ破裂させ鼻に抜いて発音する鼻子音)を表す》.
ਣ[2] (ण) /ṇa ン/ ▶ਨ *suff.* **1** 名詞に付いて「…の女性」「…に関わる女性」「…する女性」「…を扱う女性」などを意味する名詞を形成する接尾辞. **2** 男性名詞から女性名詞を形成する接尾辞.
ਣ[3] (ण) /ṇa ン/ *suff.* 接尾辞 ਣਾ の母音が消失し子音の発音で終わった形. 不定詞の後置格形の語尾となる.
ਣਾ (णा) /ṇā ナー/ *suff.* ਣ, ਰ, ੜ の文字が表す子音以外の音で終わる動詞の語幹に付いて不定詞(主格・男性・単数形)を形成する接尾辞. 母音 ā で終わる動詞の語幹には, 直前に ਉ を挿入した ਉਣਾ が付く. ただし母音 ā で終わる動詞の語幹でも ਜਾ, ਖਾ などには, ਉ を挿入しない, この ਣਾ が付く. 不定詞の主格形は, 主語または後置詞を伴わない目的語〔主格〕の性・数に応じて, 男性・単数 ਣਾ , 男性・複数 ਣੇ , 女性・単数 ਣੀ , 女性・複数 ਣੀਆਂ と語尾変化する. 不定詞の後置格形は, 母音が消失し子音の発音で終わる ਣ 語尾となり, 変化しない.
ਣਾਣਾ (णाणा) /ṇāṇā ナーナー/ *m.* 〘文字〙ナーナー《反り舌・閉鎖音の「ナ」を表す, グルムキー文字の字母表の20番目の文字 ਣ の名称》.
ਣੀ (णी) /ṇī ニー/ ▶ਨੀ *suff.* **1** 男性名詞から女性名詞を形成する接尾辞. **2** 動詞の語幹に付いて女性名詞を形成する接尾辞.

ਤ

ਤ (त) /tattā タッター/ *m.* 〘文字〙グルムキー文字の字母表の21番目の文字《歯・閉鎖音の「タ」(舌先を上の歯

茎の裏に付け, 呼気を一瞬閉じ破裂させて発音する無声・無気音)を表す》.

ਤਅੱਸਬ (तअस्सब) /taassaba タアッサブ/ [Arab. *ta`assub*] *m.* **1** 頑固, 一徹. **2** 偏見, 偏向, 宗教上の偏見. **3** 狂信.

ਤਅੱਸਬੀ (तअस्सबी) /taassabī タアッサビー/ [-ई] *adj.* **1** 偏見のある, 偏向した. **2** 宗教上の偏見を持っている, 宗教に凝り固まった. **3** 頑固な, 一徹な. **4** 狂信的な.

ਤਅੱਜਬ (तअज्जब) /taajjaba タアッジャブ/ [Arab. *ta`ajjub*] *m.* **1** 驚き, 驚嘆, 感嘆. (⇒ਹੈਰਾਨੀ) **2** 当惑, 困惑, 混乱.

ਤਅੱਦੀ (तअद्दी) /taaddī タアッディー/ ▸ਤੱਦੀ *f.* → ਤੱਦੀ

ਤਅੱਲਕ (तअल्लक) /taallaka タアッラク/ ▸ਤਅੱਲੁਕ, ਤੱਲਕ [Arab. *ta`alluq*] *m.* **1** 関係, 関わり, 関連. (⇒ਸੰਬੰਧ) **2** 連結, 繋がり, 縁.

ਤਅੱਲੁਕ (तअल्लुक) /taalluka タアッルク/ ▸ਤਅੱਲਕ, ਤੱਲਕ *m.* → ਤਅੱਲਕ

ਤਆਰਫ਼ (तआरफ़) /taārafa タアーラフ/ [Arab. *ta`āruf*] *m.* **1** 知り合うこと, 面識, 紹介. ❐ਤਆਰਫ਼ ਕਰਾਉਣਾ 紹介する **2** 発表.

ਤਆਵਨ (तआवन) /taāwana タアーワン/ [Arab. *ta`āvun*] *m.* **1** 協力, 援助. (⇒ਸਹਿਯੋਗ, ਮਿਲਵਰਤਨ) **2** 助け合い, 相互扶助.

ਤਈਕਾਤ (तईकात) /taīkāta タイーカート/ ▸ਤਹਿਕੀਕਾਤ [(Pua.)] *f.* → ਤਹਿਕੀਕਾਤ

ਤਸਕਰ (तसकर) /tasakara タスカル/ [Skt. तस्कर] *m.* **1** 密輸業者, 密売買者. **2** 盗賊, 泥棒, 盗人, こそ泥. (⇒ਚੋਰ)

ਤਸਕਰੀ (तसकरी) /tasakarī タスカリー/ [Skt. तस्करी] *f.* **1** 密輸, 密売買, 密貿易. **1** 盗み, 窃盗, 窃取.

ਤਸਕੀਨ (तसकीन) /tasakīna タスキーン/ [Arab. *taskīn*] *f.* **1** 慰め, 元気付づけ. **2** 慰安. **3** 満足. **4** 心の平安.

ਤਸ਼ਖ਼ੀਸ਼ (तशख़ीश) /taśaxīśa タシュキーシュ/ [Arab. *taśxīṣ*] *f.* **1** 評価, 査定. **2** 決定. **3** 科学的調査, 科学的検査. **4** 医師の診断.

ਤਸ਼ਖ਼ੀਰ (तशख़ीर) /taśaxīra タシュキール/ *f.* 征服.

ਤਸ਼ਤਰੀ (तशतरी) /taśatarī タシュタリー/ [Pers. *taśt*] *f.* 〖食器〗金属の皿, プレート, 小皿, 受け皿, 盆. (⇒ਪਲੇਟ)

ਤਸੱਦਕ (तसद्दक) /tasaddaka タサッダク/ [Arab. *taṣadduq*] *m.* **1** 身を捧げる気持ち, 献身. **2** 施す行為, 慈善, 喜捨.

ਤਸ਼ੱਦਦ (तशद्दद) /taśaddada タシャッダド/ [Arab. *taśaddud*] *m.* **1** 攻撃, 襲撃. **2** 暴力. **3** 暴虐, 残虐行為, 圧政, 無法. (⇒ਜ਼ੁਲਮ)

ਤਸਦੀਆ (तसदीआ) /tasadīā タスディーアー/ ▸ਤਸਦੀਹਾ, ਤਸੀਹਾ *m.* → ਤਸੀਹਾ

ਤਸਦੀਹਾ (तसदीहा) /tasadîā タスディーアー/ ▸ਤਸਦੀਆ, ਤਸੀਹਾ *m.* → ਤਸੀਹਾ

ਤਸਦੀਕ (तसदीक) /tasadīka タスディーク/ [Arab. *taṣdīq*] *f.* **1** 確認, 確証. **2** 証明.

ਤਸਦੀਕੀ (तसदीकी) /tasadīkī タスディーキー/ [-ई] *adj.* 確証する, 確証的な, 確認する.

ਤਸ਼ਦੀਦ (तशदीद) /taśadīda タシュディード/ [Arab. *taśdīd*] *f.* **1** 強めること, 強調, 確認. **2**〖文字〗タシュディード《ペルシア語・ウルドゥー語における重子音化記号. 子音字の上部に小さく記され, その子音を重子音として発音することを示す》. (⇒ਅਧਕ)

ਤਸਨੀਫ਼ (तसनीफ़) /tasanīfa タスニーフ/ [Arab. *tasnīf*] *f.* **1** 著述, 著作. **2** 文学作品.

ਤਸਬੀ (तसबी) /tasabī タスビー/ [Arab. *tasbīh*] *f.* 〖道具〗数珠.

ਤਸ਼ਬੀਹ (तशबीह) /taśabî タシュビー/ [Arab. *taśbīh*] *f.* **1**〖文学〗直喩. **2**〖文学〗暗喩. **3** 比較. ❐ਤਸ਼ਬੀਹ ਦੇਣੀ 比較する.

ਤਸਮਈ (तसमई) /tasamaī タスマイー/ *f.* 〖料理〗タスマイー《ミルクまたはサトウキビ汁で米を煮た粥》. (⇒ਖੀਰ)

ਤਸਮਾ (तसमा) /tasamā タスマー/ [Pers. *tasma*] *m.* **1** 紐. **2** 革紐. **3** 靴紐.

ਤਸ਼ਰੀਹ (तशरीह) /taśarî タシュリー/ [Arab. *taśrīh*] *f.* **1** 記述, 詳述. **2** 推敲. **3** 説明, 解説. **4** 解明. **5** 例証. **6** 明らかにすること.

ਤਸ਼ਰੀਫ਼ (तशरीफ़) /taśarīfa タシュリーフ/ [Arab. *taśrīf*] *f.* **1** 御出席, 臨席, 御来臨, 御来訪. ❐ਤਸ਼ਰੀਫ਼ ਰੱਖਣਾ お座りになる. ❐ਤਸ਼ਰੀਫ਼ ਲਿਆਉਣਾ お出でになる, いらっしゃる. ❐ਤਸ਼ਰੀਫ਼ ਲੈ ਜਾਣਾ お出かけになる, 訪れられる, 立ち去られる, 別れる. **2** 尊敬, 礼遇, 敬うこと.

ਤਸੱਲਤ (तसल्लत) /tasallata タサッラト/ [Arab. *tasallut*] *m.* **1** 掌握. **2** 征服, 占領. ❐ਤਸੱਲਤ ਜਮਾਉਣਾ 征服する, 占領する. **3** 支配, 統治, 統制. **4** 覇権.

ਤਸਲਾ (तसला) /tasalā タスラー/ *m.* **1**〖調〗鉄や真鍮製の鍋. **2**〖容器〗浅い鉢.

ਤਸੱਲੀ (तसल्ली) /tasallī タサッリー/ [Arab. *tasallī*] *f.* **1** 満足, 得心. ❐ਤਸੱਲੀ ਕਰਨੀ 満足させる. **2** 慰め, 安心, 心の安らぎ, 慰安, 気休め. ❐ਤਸੱਲੀ ਦੇਣੀ 慰める.

ਤਸੱਲੀਬਖ਼ਸ਼ (तसल्लीबख़्श) /tasallībaxaśa タサッリーバクシュ/ [Pers.*-baxś*] *adj.* 慰めを与える, 満足を与える, 満足な.

ਤਸਲੀਮ (तसलीम) /tasalīma タスリーム/ [Arab. *taslīm*] *f.* **1** 挨拶. ❐ਤਸਲੀਮ ਅਰਜ਼ ਕਰਨਾ ご挨拶をする. **2** 敬意, 敬礼. ❐ਤਸਲੀਮ ਅਰਜ਼ ਕਰਨਾ 敬意を表する. **3** 受容, 受け入れること. **4** 承認, 認めること. **5** 告白.

ਤਸੱਵਫ਼ (तसव्वफ़) /tasawwafa タサッワフ/ [Arab. *taṣavvuf*] *m.* **1** 神聖. **2** 敬虔. **3** 行為の純粋性. **4**〖イス〗スーフィー思想《イスラーム神秘主義》.

ਤਸੱਵਰ (तसव्वर) /tasawwara タサッワル/ [Arab. *taṣavvur*] *m.* **1** 想像, 想定. **2** 心象. **3** 空想. **4** 瞑想, 黙想.

ਤਸ਼ਵੀਸ਼ (तशवीश) /taśawīśa タシュウィーシュ/ [Arab. *taśvīś*] *f.* **1** 心配, 気がかり, 懸念, 不安. **2** 混乱.

ਤਸ਼ਵੀਸ਼ਨਾਕ (तशवीशनाक) /taśawīśanāka タシュウィーシャナーク/ [Pers.*-nāk*] *adj.* **1** 不安に満ちた. **2** 心配な, 気がかりな.

ਤਸਵੀਰ (तसवीर) /tasavīra タスヴィール/ [Arab. *taṣvīr*] *f.* **1** 絵, 絵画. (⇒ਚਿੱਤਰ) ❐ਤਸਵੀਰ ਖਿੱਚਣੀ, ਤਸਵੀਰ ਬਣਾਉਣੀ 絵を描く, 描写する. **2** 肖像画, 描写, 画像. **3** 写真.

(⇒ਫ਼ੋਟੋ) ❐ਤਸਵੀਰ ਖਿੱਚਣੀ, ਤਸਵੀਰ ਲਾਹੁਣੀ 写真を撮る, 撮影する.

ਤਸਵੀਰੀ (तसवीरी) /tasavīrī タスヴィーリー/ [-ਈ] *adj.* **1** 絵画の. **2** 写真の.

ਤਸੀਹਾ (तसीहा) /tasîā タスィーアー/ ▸ਤਸਦੀਆ, ਤਸਦੀਹਾ [Arab. *tasdīa*] *m.* **1** 困難, 苦難, 苦労, 面倒, 苦境. (⇒ਤਕਲੀਫ਼, ਕਸ਼ਟ, ਮੁਸੀਬਤ) **2** 苦悩, 苦悶, 苦痛. (⇒ਸੰਤਾਪ) **3** 虐待, 迫害, 残虐行為, 拷問.

ਤਸੀਰ (तसीर) /tasīra タスィール/ ▸ਤਾਸੀਰ *f.* 〖口語〗→ ਤਾਸੀਰ

ਤਸੀਲ (तसील) /tasīla タスィール/ ▸ਤਹਿਸੀਲ [(Pot.)] *f.* → ਤਹਿਸੀਲ

ਤਸੀਲਦਾਰ (तसीलदार) /tasīladāra タスィールダール/ ▸ਤਹਿਸੀਲਦਾਰ [(Pot.)] *m.* → ਤਹਿਸੀਲਦਾਰ

ਤਸੀਲਦਾਰੀ (तसीलदारी) /tasīladārī タスィールダーリー/ ▸ਤਹਿਸੀਲਦਾਰੀ [(Pot.)] *f.* → ਤਹਿਸੀਲਦਾਰੀ

ਤਹਈਆ (तहईआ) /tahaīā タハイーアー/ [Arab. *tahayya*] *m.* **1** 決定. **2** 決意.

ਤਹਮਤ (तहमत) /tâmata | tahamata ターマト | タフマト/ ▸ਤਹਿਮਤ *m.* → ਤਹਿਮਤ

ਤਹਿ (तहि) /taî タエー/ [Pers. *tah*] *f.* **1** 折り重ね. ❐ਤਹਿ ਕਰਨਾ 折り畳む. **2** 層. **3** 基底, 底部, 根底, 基礎. **4** 隠れた意味, なぞめいていること.

ਤਹਿਸੀਲ (तहिसील) /taîsīla タエースィール/ ▸ਤਸੀਲ [Arab. *tahṣīl*] *f.* **1** 徴税, 収税. **2** 収税区, 郡《 ਜ਼ਿਲ੍ਹਾ の次の区分. ਜ਼ਿਲ੍ਹਾ を県とすれば郡に相当する》. **3** 収税区の役所, 郡役所.

ਤਹਿਸੀਲਦਾਰ (तहिसीलदार) /taîsīladāra タエースィールダール/ ▸ਤਸੀਲਦਾਰ [Pers.-*dār*] *m.* **1** 徴税官, 収税吏. **2** 郡収税吏.

ਤਹਿਸੀਲਦਾਰੀ (तहिसीलदारी) /taîsīladārī タエースィールダーリー/ ▸ਤਸੀਲਦਾਰੀ [Pers.-*dārī*] *f.* 郡収税吏の地位・身分・職務.

ਤਹਿਕੀਕ (तहिकीक) /taîkīka タエーキーク/ [Arab. *tahqīq*] *f.* **1** 探究, 追究. **2** 調査, 研究.

ਤਹਿਕੀਕਾਤ (तहिकीकात) /taîkīkāta タエーキーカート/ ▸ਤਈਕਾਤ [Arab. *tahqīqāt*, plural of Arab. *tahqīq*] *f.* **1** 探究, 追究. **2** 調査, 研究. **3** 尋ねること, 尋問, 取り調べ.

ਤਹਿਖ਼ਾਨਾ (तहिख़ाना) /taîxānā タエーカーナー/ [Pers. *tah* + Pers. *xāna*] *m.* **1** 地下室. **2** 掩蔽壕(えんぺいごう). **3** 地下貯蔵室.

ਤਹਿਜ਼ੀਬ (तहिज़ीब) /taîzība タエーズィーブ/ [Arab. *tahzīb*] *f.* **1** 文化. (⇒ਸੰਸਕਰਿਤੀ) **2** 文明. **3** 礼儀正しさ. **4** 上品な振る舞い. **5** 洗練, 教養.

ਤਹਿਜ਼ੀਬਯਾਫ਼ਤਾ (तहिज़ीबयाफ़ता) /taîzībayāfatā タエーズィーブヤーフター/ [Arab. *tahzīb* Pers.-*yāftā*] *adj.* **1** 教養を身につけた, 教養のある, 洗練された. **2** 文明化された. **3** 上品な.

ਤਹਿਤ (तहित) /taîta タエート/ [Arab. *taht*] *m.* **1** 下位, 下部, 従属. **2** 統治, 支配. **3** 優越. **4** 統制.
— *adj.* **1** 支配されている. **2** 率いられた.
— *postp.* **1**…の下で, …のもとに. **2**…により, …に基づいて.

ਤਹਿਦਾਦ (तहिदाद) /taîdāda タエーダード/ ▸ਤਦਾਦ, ਤਾਦਾਦ *f.* → ਤਾਦਾਦ

ਤਹਿਮਤ (तहिमत) /taîmata タエーマト/ ▸ਤਹਮਤ [Pers. *tah band*] *m.* 〖衣服〗下半身を覆う布, 腰布. (⇒ਲੁੰਗੀ, ਮੰਝ)

ਤਹਿਰੀਕ (तहिरीक) /taîrīka タエーリーク/ [Arab. *tahrīk*] *f.* **1** 運動, 政治運動. **2** 闘争, 政治闘争. **3** 扇動.

ਤਹਿਰੀਰ (तहिरीर) /taîrīra タエーリール/ [Arab. *tahrīr*] *f.* **1** 書字. **2** 書かれたもの, 筆記, 筆跡. **3** 書かれた作品. **4** 記述, 記録. **5** 書類.

ਤਹਿਰੀਰੀ (तहिरीरी) /taîrīrī タエーリーリー/ [Arab. *tahrīrī*] *adj.* **1** 書かれた, 書面の. **2** 記録された. **3** 書類の.

ਤਹਿਲਕਾ (तहिलका) /taîlakā タエールカー/ [Arab. *tahulkā*] *m.* **1** 大騒ぎ, 騒動, 騒乱, 大混乱. **2** 扇動. **3** 破滅, 滅亡.

ਤਹਿਵਾਰ (तहिवार) /taîwāra タエーワール/ ▸ਤਿਉਹਾਰ, ਤਿਓਹਾਰ *m.* → ਤਿਓਹਾਰ

ਤਹਿਵੀਲ (तहिवील) /taîwīla タエーウィール/ [Arab. *tahvīl*] *f.* **1** 委託, 預託. **2** 預金, 積立金, 資金. **3** 財宝. (⇒ਖ਼ਜ਼ਾਨਾ) **4** 保管, 管理.

ਤਹਿਵੀਲਦਾਰ (तहिवीलदार) /taîwīladāra タエーウィールダール/ [Pers.-*dār*] *m.* **1** 出納係, 金庫番. **2** 保管所, 貯蔵所, 宝庫. **3** 保管者, 管理者.

ਤਕ (तक) /taka タク/ ▸ਤੱਕ, ਤੀਕ, ਤੀਕਰ *postp.* **1**《時間の幅の区切りや限度を表す》…まで. ❐ਓਦੋਂ ਤੋਂ ਹੁਣ ਤਕ その時から今まで. ❐੧੪੬੯ ਤੋਂ ਲੈਕੇ ੧੬੦੪ ਈਸਵੀ ਤਕ ਗੁਰਬਾਣੀ ਯੁੱਗ ਆਖਿਆ ਗਿਆ ਹੈ। 西暦1469年から1604年まではグルバーニー時代と言われています. ❐ਤੁਸੀਂ ਕਦੋਂ ਤਕ ਠਹਿਰੋਗੇ? あなたはいつまで(=どのくらい)滞在しますか. ❐ਦੇਰ ਤਕ ਕੰਮ ਕਰਨਾ ਹੈ। 遅くまで働かなくてはなりません. ❐ਉਹ ਬਹੁਤ ਦੇਰ ਤਕ ਉਡੀਕਦੀ ਰਹੀ। 彼女はとても遅くまで待ち続けていました. ❐ਅਜੇ ਤਕ ··· ਨਹੀਂ まだ…ない. ❐ਮੈਂ ਲਿਖਿਆ ਹੈ ਕਿ ਅਜੇ ਤਕ ਰੁਪਏ ਨਹੀਂ ਮਿਲੇ। まだお金が届いていないと私は書いたのです. ❐ਉਹ ਸ਼ਾਮ ਤਕ ਰੋਂਦੀ ਰਹੀ। 彼女は夕方まで泣き続けていました. **2**《場所や程度の到達点を表す》…まで. ❐ਉਹਨਾਂ ਅਸਾਮ ਤੋਂ ਲੈਕੇ ਮੱਕੇ ਤਕ ਪੈਦਲ ਸਫ਼ਰ ਕੀਤਾ। あの方はアッサムからメッカまで歩いて旅をしました. ❐ਅਸੀਂ ਆਪਣੀ ਮੌਤ ਤਕ ਭੁੱਖ-ਹੜਤਾਲ ਜਾਰੀ ਰੱਖਾਂਗੇ। 私たちは死ぬまでハンガー・ストライキを続けます.

ਤੱਕ[1] (तक्क) /takka タック/ ▸ਤਕ, ਤੀਕ, ਤੀਕਰ *postp.* → ਤਕ

ਤੱਕ[2] (तक्क) /takka タック/ [cf. ਤੱਕਣਾ] *f.* 期待, 希望. ❐ਤੱਕ ਰੱਖਣੀ 期待する, 希望する.

ਤੱਕ[3] (तक्क) /takka タック/ *f.* **1** 勇気. ❐ਤੱਕ ਪੈਣੀ 勇気を持つ. **2** 大胆さ.

ਤਕਸੀਮ (तकसीम) /takasīma タクスィーム/ [Arab. *taqsīm*] *f.* **1** 分割, 分けること. **2** 分配.

ਤਕਸੀਰ (तकसीर) /takasīra タクスィール/ [Arab. *taqṣīr*] *f.* **1** 欠点, 欠陥, 落ち度. (⇒ਦੋਸ਼, ਕਸੂਰ) **2** 誤り, 失敗, 失策, しくじり. (⇒ਉਕਾਈ, ਚੁੱਕ) **3** 罪, 罪科. (⇒ਅਪਰਾਧ)

ਤੱਕਣਾ (तक्कणा) /takkaṇā タッカナー/ [(Pkt. तक्कई) Skt. तर्कयति] *vt.* **1** 見る. (⇒ਵੇਖਣਾ) ❐ਇਹ ਖ਼ੂਨੀ ਸਾਕਾ ਤੱਕ ਕੇ ਉਸ ਨੇ

ਸਹੁੰ ਖਾ ਲਈ। この虐殺事件を見て彼は誓いました. **2** 見つめる, じっと見る, じっと窺う, 凝視する. **3** 眺める. **4** 期待する, 希望する. **5** 狙う, 狙いをつける, 目をつける.

ਤੱਕਣੀ (तक्कणी) /takkaṇī タッカニー/ [-ਈ] *f.* **1** 見ること. **2** 凝視, 注視. **3** 一瞥.

ਤਕਦੀਰ (तकदीर) /takạdīrạ タクディール/ [Arab. *taqdīr*] *f.* **1** 運命. (⇒ਭਾਗ, ਕਿਸਮਤ, ਨਸੀਬ) **2** 運勢.

ਤਕਦੀਰੀਂ (तकदीरीं) /takạdīrī̃ タクディーリーン/ [-ਈਂ] *adv.* 運命のままに, 運勢に従って.

ਤਕਦੀਰੀ (तकदीरी) /takạdīrī タクディーリー/ [-ਈ] *adj.* **1** 運命づけられた. **2** 運勢に従った.

ਤਕਨਾਲੋਜੀ (तकनालोजी) /takạnālojī タクナーロージー/ [Eng. *technology*] *f.* **1** 科学技術, テクノロジー. **2** 工学, 応用科学.

ਤਕਨੀਕ (तकनीक) /takạnīkạ タクニーク/ [Eng. *technique*] *f.* **1** 専門技術. **2** 技巧, 技術, テクニック.

ਤਕਨੀਕੀ (तकनीकी) /takạnīkī タクニーキー/ [-ਈ] *adj.* **1** 技術上の, 専門的な. (⇒ਟੈਕਨੀਕਲ) **2** 技巧的な.

ਤਕੱਬਰ (तकब्बर) /takabbarạ タカッバル/ [Arab. *takabbur*] *m.* **1** 自尊心, うぬぼれ. **2** 虚栄心. **3** 傲慢, 高慢, 慢心. **4** わがまま.

ਤਕਮਾ (तकमा) /takạmā タクマー/ ▸ਤਗਮਾ, ਤਮਗ਼ਾ *m.* → ਤਮਗ਼ਾ

ਤਕਮੀਲ (तकमील) /takạmīlạ タクミール/ [Arab. *takmīl*] *f.* **1** 完成, 完了, 終結. **2** 竣工, 落成.

ਤਕੱਰਰ (तकर्रर) /takarrarạ タカッラル/ [Arab. *taqarrur*] *m.* **1** 任命, 地位. (⇒ਨਿਯੁਕਤੀ) **2** 指名. (⇒ਨਾਮਜ਼ਦਗੀ)

ਤਕੱਰਰੀ (तकर्ररी) /takarrarī タカッラリー/ [-ਈ] *f.* **1** 任命, 地位. (⇒ਨਿਯੁਕਤੀ) **2** 指名. (⇒ਨਾਮਜ਼ਦਗੀ)

ਤਕਰਾਰ (तकरार) /takạrārạ タクラール/ [Arab. *takrār*] *m.f.* **1** 口論, 言い争い. **2** 喧嘩, 不和, 揉め事.

ਤਕਰੀਬ (तकरीब) /takạrībạ タクリーブ/ [Arab. *taqrīb*] *f.* **1** 接近, 近接, 近づくこと. **2** 機会, 好機. **3** 儀式, 儀礼. **4** 祝典, 祝賀行事, 祝い.

ਤਕਰੀਬਨ (तकरीबन) /takạrībanạ タクリーバン/ [Arab. *taqrīban*] *adv.* おおよそ, およそ, ほぼ, ほとんど, 大体, 約, …近く, …ばかり. (⇒ਲਗਭਗ)

ਤਕਰੀਰ (तकरीर) /takạrīrạ タクリール/ [Arab. *taqrīr*] *f.* **1** スピーチ, 演説, 講演, 講義, 熱弁. (⇒ਭਾਸ਼ਣ, ਲੈਕਚਰ) **2** 話, 談話, 会話.

ਤਕਰੀਰਬਾਜ਼ (तकरीरबाज़) /takạrīrạbāzạ タクリールバーズ/ [Pers.-*bāz*] *adj.* **1** 演説好きの. **2** 長々と演説をぶつ.

ਤਕੱਲਫ਼ (तकल्लफ़) /takallafạ タカッラフ/ [Arab. *takalluf*] *m.* **1** 堅苦しさ, よそよそしさ. **2** 形式的儀礼. **3** 遠慮, ためらい. ❐ਸੰਕੋਚ **4** 苦労すること.

ਤੱਕਲਾ (तक्कला) /takkalā タッカラー/ ▸ਤ੍ਰੂਕਲਾ *m.* **1** 心棒, 軸. **2** 紡錘. **3** ヤマアラシの針.

ਤੱਕਲੀ (तक्कली) /takkalī タッカリー/ *f.* 糸巻き.

ਤਕਲੀਫ਼ (तकलीफ़) /takạlīfạ タクリーフ/ [Arab. *taklīf*] *f.* **1** 痛み, 苦しみ, 苦痛. **2** 病気, 症状, 病状. **3** 困難, 苦労, 骨折り, 辛いこと. **4** 面倒, 手数.

ਤਕਵਾ (तकवा) /takạwā タクワー/ [Arab. *takvā*] *m.* **1** 神への信仰. **2** 宗教上の信念.

ਤਕੜਾ (तकड़ा) /takạṛā タクラー/ ▸ਤਗੜਾ *adj.* **1** 強い, 強力な, 強靭な. **2** 頑丈な, 頑強な, 屈強な. ❐ਘੋੜੇ ਦੀਆਂ ਲੱਤਾਂ ਪਤਲੀਆਂ ਪਰ ਤਕੜੀਆਂ ਹੁੰਦੀਆਂ ਹਨ। 馬の脚は細いけれど頑丈なのです. **3** 健康な, 達者な, 丈夫な. **4** 激しい, 猛烈な.

ਤਕੜਾਈ (तकड़ाई) /takạṛāī タクラーイー/ ▸ਤਗੜਾਈ *f.* **1** 強さ, 強力さ, 強靭さ. **2** 頑丈さ, 頑強さ, 屈強さ. **3** 激しさ, 猛烈さ.

ਤੱਕੜੀ (तक्कड़ी) /takkaṛī タッカリー/ *f.* 〖道具〗天秤, 竿秤.

ਤਕਾਉਣਾ (तकाउणा) /takāuṇā タカーウナー/ [cf. ਤੱਕਣਾ] *vt.* **1** 見させる, 見せる. **2** 見つめさせる. **3** 指し示す, 指摘する. **4** 査定する, 評価する.

ਤਕਾਜ਼ਾ (तकाज़ा) /takāzā タカーザー/ ▸ਤਗਾਦਾ [Arab. *taqāzā*] *m.* **1** 求め, 要求, 要請. **2** 強要. **3** しつこさ, しつこく悩ませること. **4** 論争, 口論, 言い争い.

ਤਕਾਲਾਂ (तकालाँ) /takālā̃ タカーラーン/ ▸ਤਲਕਾਲਾਂ, ਤਿਰਕਾਲਾ [Skt. त्रिकाल] *f.* **1** 夕方, 夕べ. **2** 夕闇, 夕暮れ, たそがれ. **3** 晩. **4** 午後.

ਤਕਾਵੀ (तकावी) /takāwī タカーウィー/ [Arab. *taqāvī*] *f.* **1** 農業従事者への貸し付け. **2** 農業ローン.

ਤਕੀਆ (तकीआ) /takīā タキーアー/ [Pers. *takya*] *m.* **1** 〖寝具〗枕. (⇒ਸਿਰਹਾਣਾ) **2** クッション, 座布団. **3** 支え. **4** 支持. **5** 庇護. **6** 避難所.

ਤਕੀਦ (तकीद) /takīdạ タキード/ ▸ਤਾਕੀਦ *f.* → ਤਾਕੀਦ

ਤਕੀਦੀ (तकीदी) /takīdī タキーディー/ ▸ਤਾਕੀਦੀ *adj.* → ਤਾਕੀਦੀ

ਤਖ਼ਤ (तख़्त) /taxatạ タカト/ [Pers. *taxt*] *m.* **1** 王座, 玉座. **2** 〖スィ〗スィック教の精神的権威を持つ御座.

ਤਖ਼ਤਾ (तख़्ता) /taxatā タクター/ [Pers. *taxta*] *m.* 板, 大きな四角の板, 厚板.

ਤਖ਼ਤੀ (तख़्ती) /taxatī タクティー/ [Pers. *taxtī*] *f.* 小さな板.

ਤਖ਼ਮੀਨਾ (तख़मीना) /taxạmīnā タクミーナー/ [Arab. *taxmīn*] *m.* **1** 見積もり, 概算, 推量, 推察. **2** 査定.

ਤਖ਼ਈਅਲ (तख़ईअल) /taxạīalạ タクイーアル/ ▸ਤਖ਼ੱਯਲ [Arab. *taxaiyul*] *m.* **1** 考え, 思考. **2** 熟考, 沈思, 熟慮. **3** 空想, 想像, 思いつき.

ਤਖ਼ੱਯਲ (तख़य्यल) /taxayyalạ タカッヤル/ ▸ਤਖ਼ਈਅਲ *m.* → ਤਖ਼ਈਅਲ

ਤੱਖਰ (तक्खर) /takkʰarạ タッカル/ *m.* 〖動物〗雄ブタ, 豚.

ਤਖ਼ੱਲਸ (तख़ल्लस) /taxallasạ タカッラス/ [Arab. *taxalluṣ*] *m.* 筆名, ペンネーム.

ਤਖਾਣ (तखाण) /takʰāṇạ タカーン/ ▸ਤਰਖਾਣ *m.* → ਤਰਖਾਣ

ਤੰਗ (तंग) /taṅgạ タング/ [Pers. *tang*] *adj.* **1** 狭い. **2** きつい, 窮屈な. **3** 困った. ❐ਤੰਗ ਕਰਨਾ 困らせる, いじめる, 悩ます. **4** 困窮した, 苦しんでいる. **5** 不足している, 足りない. **6** 苛々した.

ਤੱਗ (तग्ग) /taggạ タッグ/ *m.* 地層.

ਤਗ਼ਾਈਅਰ (तग़ईअर) /tağaīarạ タガイーアル/ ▸ਤਗ਼ਈਰ [Arab. *tağaiyur*] *m.* **1** 変化, 変遷, 流転, 移り変わり, 有

為転変. **2** 変革, 革命. **3** 悪化, 低下.

ਤਗ਼ਈਰ (तग़ईर) /tağaīra タガイール/ ▸ਤਗ਼ਈਅਰ *m.* → ਤਗ਼ਈਅਰ

ਤੰਗਸ਼ੀ (तंगशी) /taṅgaśī タンガシー/ *f.* 不足.

ਤੰਗ-ਹਾਲ (तंग-हाल) /taṅga-hāla タング・ハール/ [Pers. *tang* + Arab. *hāl*] *adj.* 困窮している, 貧しい, 極貧の.

ਤੰਗ-ਹਾਲੀ (तंग-हाली) /taṅga-hālī タング・ハーリー/ [+ Arab. *hālī*] *f.* 困窮, 窮乏, 貧乏, 極貧.

ਤੱਗਣਾ (तग्गणा) /taggaṇā タッガナー/ *vi.* **1** 持ちこたえる, 耐える. **2** 続く. **3** 頑張る.

ਤੰਗ-ਦਸਤ (तंग-दसत) /taṅga-dasata タング・ダスト/ [Pers. *tang dast*] *adj.* **1** 困窮している, 貧しい, 極貧の. **2** なけなしの, 僅かな.

ਤੰਗ-ਦਸਤੀ (तंग-दसती) /taṅga-dasatī タング・ダスティー/ [Pers. *tang dastī*] *f.* **1** 困窮, 窮乏, 貧乏, 極貧. **2** 極端な倹約, けち.

ਤੰਗਦਿਲ (तंगदिल) /taṅgadila タングディル/ [Pers. *tang* + Pers. *dil*] *adj.* 心の狭い, 狭量な, 偏見を持った, 偏狭な, 偏屈な.

ਤੰਗਦਿਲੀ (तंगदिली) /taṅgadilī タングディリー/ [+ Pers. *dilī*] *f.* 心の狭いこと, 狭量, 偏狭, 偏屈.

ਤੰਗ-ਨਜ਼ਰ (तंग-नज़र) /taṅga-nazara タング・ナザル/ [+ Arab. *nazar*] *adj.* **1** 視野の狭い, 近視眼的な. **2** 狭量な, 偏狭な.

ਤੰਗ-ਨਜ਼ਰੀ (तंग-नज़री) /taṅga-nazarī タング・ナズリー/ [+ Arab. *nazarī*] *f.* **1** 視野が狭いこと, 近視眼的なこと. **2** 狭量, 偏狭.

ਤਗਮਾ (तगमा) /tagamā タグマー/ ▸ਤਕਮਾ, ਤਮਗ਼ਾ *m.* → ਤਮਗ਼ਾ

ਤੰਗਲੀ (तंगली) /taṅgalī タンガリー/ ▸ਤਰੰਗਲੀ *f.* 〖道具〗先が枝状に分かれた熊手.

ਤੰਗੜ (तंगड़) /taṅgaṛa タンガル/ ▸ਤਰੰਗੜ *m.* 草や藁を運ぶための網.

ਤਗੜਾ (तगड़ा) /tagaṛā タグラー/ ▸ਤਕੜਾ *adj.* → ਤਕੜਾ

ਤਗੜਾਈ (तगड़ाई) /tagaṛāī タグラーイー/ ▸ਤਕੜਾਈ *f.* → ਤਕੜਾਈ

ਤੰਗੜੀ (तंगड़ी) /taṅgaṛī タンガリー/ *f.* 草や藁を運ぶための小さな網.

ਤੱਗਾ (तग्गा) /taggā タッガー/ *m.* 首の周りにつける護符.

ਤਗਾਦਾ (तगादा) /tagādā タガーダー/ ▸ਤਕਾਜ਼ਾ *m.* → ਤਕਾਜ਼ਾ

ਤਗਾਰ (तगार) /tagāra タガール/ [Turk. *tağār*] *m.* **1** 〖容器〗大きな浅い桶, こね鉢. **2** 〖容器〗漆喰をこねたり運んだりする金属製の容器. **3** 建築材の石灰や漆喰をこねる場所.

ਤਗਾਰੀ (तगारी) /tagārī タガーリー/ [-ਈ] *f.* 〖容器〗小さな桶, 手桶, 小さなバケツ, 鉢.

ਤੰਗੀ (तंगी) /taṅgī タンギー/ [Pers. *tangī*] *f.* **1** 狭小. **2** 窮屈. **3** 不足, 欠乏, 窮乏, 貧乏. **4** けち. **5** 困窮, 苦難, 困難.

ਤੱਗੀ (तग्गी) /taggī タッギー/ *f.* **1** 層. **2** 地層.

ਤੱਛ (तच्छ) /tacchạ タッチ/ *m.* 切り傷.

ਤੱਛਣਾ (तच्छणा) /tacchaṇā タッチャナー/ [Skt. तक्षति] *vt.* **1** 切る, 切りつける. (⇒ਕੱਟਣਾ) **2** 削る. (⇒ਘੜਨਾ) **3** 形づくる. **4** まっすぐにする. **5** 滑らかにする.

ਤੱਛਿਆ (तच्छिआ) /tacchiā タッチアー/ [cf. ਤੱਛਣਾ] *adj.* 切られた, 切りつけられた.

ਤਜ਼ਕਰਾ (तज़करा) /tazakarā タズカラー/ [Arab. *tazkira*] *m.* **1** 言及. **2** 祈りと瞑想.

ਤਜਣਾ (तजणा) /tajaṇā タジャナー/ [Skt. त्यजति] *vt.* 棄てる, 放棄する.

ਤਜਰਬਾ (तजरबा) /tajarabā タジャルバー/ [Arab. *tajriba*] *m.* **1** 経験, 体験. **2** 実験, 試し, 試行, 検査. ❐ਤਜਰਬਾ ਕਰਨਾ 実験する. ❐ਤਜਰਬੇ ਦੇ ਤੌਰ ਤੇ 実験として, 試しに.

ਤਜਰਬਾਕਾਰ (तजरबाकार) /tajarabākāra タジャルバーカール/ ▸ਤਜਰਬੇਕਾਰ *adj.* → ਤਜਰਬੇਕਾਰ

ਤਜਰਬਾਕਾਰੀ (तजरबाकारी) /tajarabākārī タジャルバーカーリー/ ▸ਤਜਰਬੇਕਾਰੀ *f.* → ਤਜਰਬੇਕਾਰੀ

ਤਜਰਬਾਗਾਹ (तजरबागाह) /tajarabāgâ タジャルバーガー/ [Arab. *tajriba* Pers.-*gāh*] *f.* 実験所, 実験室. (⇒ਪਰਯੋਗਸ਼ਾਲਾ, ਲਬਾਟਰੀ)

ਤਜਰਬੇਕਾਰ (तजरबेकार) /tajarabekāra タジャルベーカール/ ▸ਤਜਰਬਾਕਾਰ [Pers.-*kār*] *adj.* **1** 経験している, 経験のある, 経験豊かな. **2** 熟練の, 熟達した. **3** 老練な.

ਤਜਰਬੇਕਾਰੀ (तजरबेकारी) /tajarabekārī タジャルベーカーリー/ ▸ਤਜਰਬਾਕਾਰੀ [Pers.-*kārī*] *f.* **1** 経験豊かなこと. **2** 熟練, 熟達. **3** 実験作業.

ਤਜੱਲੀ (तजल्ली) /tajallī タジャッリー/ [Arab. *tajallī*] *f.* **1** 光, 輝き, 光輝. **2** 威光. **3** 魂, 精神. **4** 光彩. **5** まばゆさ.

ਤਜਵੀਜ਼ (तजवीज़) /tajawīza タジウィーズ/ [Arab. *tajvīz*] *f.* **1** 申し出, 申し入れ. **2** 提案, 提議. **3** 意見. **4** 考え, 考察, 思考, 思案. **5** 計画, 案.

ਤਜਵੀਜ਼ਸ਼ੁਦਾ (तजवीज़शुदा) /tajawīzaśudā タジウィーズシュダー/ [Pers.-*śuda*] *adj.* **1** 申し入れされた. **2** 提案された, 提議された. **3** 計画された, 立案された.

ਤਜਾਰਤ (तजारत) /tajārata タジャーラト/ *f.* → ਤਿਜਾਰਤ

ਤਜਾਰਤੀ (तजारती) /tajāratī タジャールティー/ ▸ਤਿਜਾਰਤੀ *adj.* → ਤਿਜਾਰਤੀ

ਤਜੌਰੀ (तजौरी) /tajaurī タジャオーリー/ ▸ਤਿਜੌਰੀ *f.* → ਤਿਜੌਰੀ

ਤਟ (तट) /taṭa タト/ [Skt. तट] *m.* **1** 〖地理〗(海・川・湖・池などの)岸, 岸辺, 沿岸, 水辺, ほとり, 川辺, 川岸, 土手, 堤, 海岸, 海辺. (⇒ਕੰਢਾ) **2** 地域, 周辺. (⇒ਖੇਤਰ)

ਤਟ ਕਰ (तट कर) /taṭa kara タト カル/ [+ Skt. कर] *m.* 輸入税.

ਤਟ ਰੇਖਾ (तट रेखा) /taṭa rekhā タト レーカー/ [+ Skt. रेखा] *f.* 海岸線.

ਤਟਵਰਤੀ (तटवरती) /taṭawaratī タトワルティー/ [Skt.-वर्तिन्] *adj.* **1** 岸の, 岸辺の. **2** 海岸の, 海辺の. **3** 沿海の.

ਤਟਵਰਤੀ ਇਲਾਕਾ (तटवरती इलाका) /taṭawaratī ilākā タトワルティー イラーカー/ [+ Arab. \`alāqa] *m.* 沿海地帯.

ਤਣ (तण) /taṇa タン/ ▸ਤਨ *m.* → ਤਨ

ਤਣਨਾ (तणना) /taṇanā タンナー/ [Skt. तानयति, तान्यते] *vt.* **1** 張る, 引っ張る, ぴんと張る. **2** 伸ばす, 引き伸ばす. **3** 締める. **4** 固くする. **5** 引く. **6** 広げる. **7** (クモが巣を)張る.
— *vi.* **1** 張られる, 引っ張られる, ぴんと張られる. **2** 伸ばされる, 引き伸ばされる, 伸びる. **3** 締まる. **4** 固くなる.

ਤਣਵਾਉਣਾ (तणवाउणा) /taṇawāuṇā タンワーウナー/ ▸ਤਣਾਉਣਾ [cf. ਤਣਨਾ] *vt.* **2** 張らせる, 引っ張らせる, ぴんと張らせる. **2** 伸ばさせる, 引き伸ばさせる. **3** 締めさせる. **4** 固くさせる. **5** 広げさせる.

ਤਣਵਾਈ (तणवाई) /taṇawāī タンワーイー/ ▸ਤਣਾਈ [cf. ਤਣਨਾ] *f.* **1** ぴんと張ること. **2** 引き伸ばすこと. **3** 締めること. **4** 固くすること. **5** 広げること.

ਤਣਾ[1] (तणा) /taṇā タナー/ *m.* **1**〖植物〗幹. **2**〖植物〗主要な茎.

ਤਣਾ[2] (तणा) /taṇā タナー/ ▸ਤਣਾਉ, ਤਨਾਉ *m.* → ਤਣਾਉ

ਤਣਾਉ (तणाउ) /taṇāo タナーオー/ ▸ਤਣਾ, ਤਨਾਉ [cf. ਤਣਨਾ] *m.* **1** 引っ張り合い, 張り, 緊張, 緊縛. **2** 精神や感情の緊張, ストレス. **3** 緊迫した関係.

ਤਣਾਉਣਾ (तणाउणा) /taṇāuṇā タナーウナー/ ▸ਤਣਵਾਉਣਾ *vt.* → ਤਣਵਾਉਣਾ

ਤਣਾਈ (तणाई) /taṇāī タナーイー/ ▸ਤਣਵਾਈ *f.* → ਤਣਵਾਈ

ਤਣਾਵਾਂ (तणावाँ) /taṇāwā̃ タナーワーン/ *f.* **1** 紐. **2** (テントなどの)張り綱.

ਤਣੀ (तणी) /taṇī タニー/ *f.* **1** 紐. **2** 衣服の紐.

ਤਤ (तत) /tata タト/ [Skt. तत्] *pref.* 「敏速な」「直接の」「元の」などを意味する接頭辞.

ਤੱਤ[1] (तत्त) /tatta タット/ ▸ਤੱਥ [Skt. तत्त्व] *m.* **1** 本質, 実在. **2** 元素, 要素, 精髄, 要点. **3** 成分, 構成部分. **4** 真実, 事実. **5** 結果, 結末.

ਤੱਤ[2] (तत्त) /tatta タット/ [Skt. तत्] *adv.* 即刻, 即座に, 直ちに, すぐさま. (⇒ਤਤਕਾਲ, ਫਟਾ-ਫਟ)

ਤਤਸਮ (ततसम) /tatasama タトサム/ [Skt. तत्सम] *adj.* 〖言〗(借用語の中で)元のままの形で用いられている.
— *m.*〖言〗元のままの形で用いられている借用語, タトサム(タトサマ)《サンスクリット語の本来の語形のままで用いられている語彙》.

ਤਤਕਰਾ (ततकरा) /tatakarā タトカラー/ [Arab. *tazkira*] *m.* **1** 目次. (⇒ਵਿਸ਼ੇ ਸੂਚੀ) **2** 索引.

ਤਤਕਾਲ (ततकाल) /tatakāla タトカール/ [Skt. तत्काल] *adv.* 即刻, 即座に, 直ちに, すぐさま. (⇒ਫਟਾ-ਫਟ)

ਤਤਕਾਲਿਕ (ततकालिक) /tatakālika タトカーリク/ *adj.* → ਤਤਕਾਲੀਨ

ਤਤਕਾਲੀ (ततकाली) /tatakālī タトカーリー/ ▸ਤਤਕਾਲੀਨ *adj.* → ਤਤਕਾਲੀਨ

ਤਤਕਾਲੀਨ (ततकालीन) /tatakālīna タトカーリーン/ ▸ਤਤਕਾਲੀ *adj.* **1** 即刻の, 即座の, すぐさまの. **2** 同時代の, その時代の, 当時の.

ਤਤਗਿਆਨ (ततगिआन) /tatagiāna タトギアーン/ [Skt. तत्त्व + Skt. ज्ञान] *m.* **1** 本質・実在を知ること. **2** 形而上学的真実, 形而上学, 純正哲学. **3** 哲学.

ਤਤਗਿਆਨੀ (ततगिआनी) /tatagiānī タトギアーニー/ [+ Skt. ज्ञानिन्] *adj.* **1** 本質・実在を知っている. **2** 形而上学的真実を知っている. **3** 哲学の.
— *m.* **1** 本質・実在を知っている者. **2** 形而上学的真実を知っている者, 形而上学者. **3** 哲学者.

ਤਤਪਰ (ततपर) /tatapara タトパル/ [Skt. तत्पर] *adj.* **1** 準備のできた, 用意された. (⇒ਤਿਆਰ) **2** 専念している, 集中している, 本気の, 熱中している, 熱心な. **3** 油断のない, 抜け目のない, 巧みな.

ਤਤਪਰਤਾ (ततपरता) /tataparatā タトパルター/ [Skt.-ता] *f.* **1** 準備のできていること, 用意されていること. **2** 集中, 熱中, 専心. **3** 油断のないこと, 抜け目なさ, 巧みさ.

ਤਤਫਟ (ततफट) /tatapʰaṭa タトパト/ *adv.* すぐに.

ਤੱਤ ਭੜੱਥੀ (तत्त भड़त्थी) /tatta paṛattʰī タット パラッティー/ *adj.* **1** 意地の悪い, 気難しい. **2** 不吉な, 不運な.
— *f.* **1** 意地の悪い女, 気難しい女. **2** 不吉な女, 不運な女.

ਤੰਤਰ (तंतर) /tantara タンタル/ ▸ਤੰਤ੍ਰ [Skt. तंत्र] *m.* **1** 紐, 糸, 織物の縦糸. **2** 組織, 制度. **3** 秩序, 規則. **4** 機関, 機構, 体制, 政体, 政治. **5** 呪文, まじない, 呪法, 呪術. **6**〖ヒ〗タントラ教, タントリズム.
— *suff.* 「制」「制度」「体制」「政治」「機関」などを意味する接尾辞.

ਤੰਤ੍ਰ (तंत्र) /tantra (tantara) タントル (タンタル)/ ▸ਤੰਤਰ *m.suff.* → ਤੰਤਰ

ਤੰਤਰੀ (तंतरी) /tantarī タントリー/ [Skt. तंत्रिन्] *m.* **1** 呪文を唱える人, 呪術を行う者. **2**〖ヒ〗タントラを行う者, タントラ行者.

ਤੱਤਾ[1] (तत्ता) /tattā タッター/ *m.*〖文字〗タッター《歯・閉鎖音の「タ」(無声・無気音)を表す, グルムキー文字の字母表の21番目の文字 ਤ の名称》.

ਤੱਤਾ[2] (तत्ता) /tattā タッター/ [(Pkt. तत्त) Skt. तप्त] *adj.* **1** 熱い, 暖かい. (⇒ਗਰਮ) **2** 短気な, 怒りっぽい. (⇒ਤੇਜ਼ ਮਿਜ਼ਾਜ) **3** 不吉な, 不運な.

ਤੱਤਾ[3] (तत्ता) /tattā タッター/ *int.* 犂を使って耕す農夫が牛を右に進ませるための掛け声.

ਤੱਤੀ ਵਾ (तत्ती वा) /tattī wā タッティー ワー/ *f.* 困難, 苦難, 苦悩. (⇒ਮੁਸੀਬਤ, ਕਸ਼ਟ) ❒ਤੱਤੀ ਵਾ ਲੱਗਣੀ 苦しむ, 苦悩する. ❒ਤੱਤੀ ਵਾ ਨਾ ਲੱਗਣੀ 痛くもかゆくもない, かすり傷一つ負わない, 幸運にも助かる.

ਤੱਤੇ ਘਾ (तत्ते घा) /tatte kǎ タッテー カー/ ▸ਤੱਤੇ ਘਾਅ [Skt. तप्त + Skt. घात] *adv.* **1** 傷を負って間もないうちに. **2** 直ちに, すぐに.

ਤੱਤੇ ਘਾਅ (तत्ते घाअ) /tatte kǎa タッテー カーア/ ▸ਤੱਤੇ ਘਾ *adv.* → ਤੱਤੇ ਘਾ

ਤੰਤੂ (तंतू) /tantū タントゥー/ [Skt. तंतु] *m.* **1** 糸, 紐, 線. **2** 神経. **3** 繊維, 筋. **4**〖生物〗(細胞から成る)組織. **5**〖植物〗巻きひげ, 蔓.

ਤਤੋਲਾ (ततोला) /tatolā タトーラー/ *m.* **1** あざ. **2** 母斑, 生まれつきのあざ. **3** 皮膚に入れ墨した斑点.

ਤੱਥ (तत्थ) /tattʰa タット/ ▸ਤੱਤ *m.* → ਤੱਤ[1]

ਤਥਾ (तथा) /tatʰā タター/ [Skt. तथा] *conj.* **1** そして. **2** …と….
— *adv.* そのように, そんなふうに. (⇒ਤਿਵੇਂ)

ਤੱਥਾ (तत्था) /tattʰā タッター/ *m.* **1** 粉々の状態. **2** 粉,

粉末. (⇒ਚੂਰਾ)
ਤੰਦ (तंद) /tanda タンド/ [Skt. तन्तु] m. 1 糸, 紐. 2 撚り糸. 3 繊維. 4〖植物〗巻きひげ, 蔓. 5〖楽器〗(弦楽器の)弦.
ਤਦ (तद) /tada タド/ ▸ਤਦੋਂ adv.(conj.) → ਤਦੋਂ
ਤਦ-ਅਨੁਭੂਤੀ (तद-अनुभूती) /tada-anupŭtī タド・アヌプーティー/ [Skt. तद् + Skt. अनुभूति] f. 共感, 感情移入.
ਤਦ ਅਰਥ (तद अरथ) /tada aratʰa タド アルト/ [Skt. तदर्थ] adj. 1 この目的だけのための. 2 その場限りの.
— adv. 1 この目的だけのために. 2 その場限りで.
ਤਦਬੀਰ (तदबीर) /tadabīra タドビール/ [Arab. tadbīr] f. 1 計画, 案. (⇒ਸਕੀਮ, ਵਿਓਂਤ) 2 意図. 3 方法, 方策. (⇒ਉਪਾ) 4 解決法. 5 手順.
ਤਦਭਵ (तदभव) /tadapăva タドパヴ/ [Skt. तद्भव] adj.〖言〗(借用語の中で)元の形から変化した, 転訛した.
— m.〖言〗転訛語, タドパヴ(タドバヴ, タドバヴァ)《サンスクリット語に由来するが, プラークリット語, アパブランシャ語などを経て変化した語形で現代語に用いられている語彙》.
ਤਦਯਪ (तदयप) /tadayapa タドヤプ/ [Skt. तद्यपि] conj. それにもかかわらず, それでも, しかるに.
ਤੰਦਰੁਸਤ (तंदरुसत) /tandarusata タンドルスト/ [Pers. tandurust] adj. 1 健康な, 元気な, 達者な. (⇒ਸਿਹਤਮੰਦ) 2 壮健な. (⇒ਸਵਸਥ) 3 病気でない, 無病の.
ਤੰਦਰੁਸਤੀ (तंदरुसती) /tandarusatī タンドルスティー/ [Pers. tandurustī] f. 1 健康, 健康状態. (⇒ਸਿਹਤ) 2 健康なこと, 壮健. (⇒ਸਵਸਥਤਾ)
ਤੰਦੜੀ (तंदड़ी) /tandaṛī タンダリー/ f.〖植物〗巻きひげ, 蔓.
ਤਦਾਦ (तदाद) /tadāda タダード/ ▸ਤਹਿਦਾਦ, ਤਾਦਾਦ f. → ਤਾਦਾਦ
ਤੰਦੀ (तंदी) /tandī タンディー/ f. 1 丈夫な糸. 2 腸線. 3〖楽器〗弦.
ਤੱਦੀ (तद्दी) /taddī タッディー/ ▸ਤਅੱਦੀ [Arab. ta`addī] f. 1 圧迫, 圧力. 2 暴虐, 暴政, 圧制. (⇒ਜ਼ੁਲਮ) 3 虐待. 4 暴力.
ਤੰਦੀਰਾ (तंदीरा) /tandīrā タンディーラー/ m.〖装〗女性が首の周りにつける飾り.
ਤੰਦੀਰੀ (तंदीरी) /tandīrī タンディーリー/ f.〖装〗女性が首の周りにつける小さな飾り.
ਤੰਦੂਆ (तंदूआ) /tandūā タンドゥーアー/ ▸ਤੇਂਦੂਆ, ਤੈਂਦੂਆ [Skt. तन्तु] m. 1〖魚〗タコ, 蛸. 2〖身体〗(発話に支障を及ぼす)舌の下にできる軟骨. 3〖動物〗ヒョウ, 豹, 体の小さい豹の一種.
ਤੰਦੂਰ (तंदूर) /tandūra タンドゥール/ ▸ਤਨੂਰ [Pers. tannūr] m.〖調〗タンドゥール《ローティー, ナーン, カバーブなどを焼く円筒形の粘土製の壺窯型オーブン》.
ਤੰਦੂਰੀ (तंदूरी) /tandūrī タンドゥーリー/ [-ਈ] f.〖調〗小さなタンドゥール.
— adj.〖料理〗タンドゥールで焼かれた.
ਤਦੋਂ (तदों) /tadõ タドーン/ ▸ਤਦ adv.(conj.) 1《関係詞 ਜਦੋਂ と相関的に用いて》…の時に. 2 その時. 3 それから, そして.
ਤਦੋਕਣਾ (तदोकणा) /tadokaṇā タドーカナー/ ▸ਤਦੋਕਾ adv. その時以来.
ਤਦੋਕਾ (तदोका) /tadokā タドーカー/ ▸ਤਦੋਕਣਾ adv. → ਤਦੋਕਣਾ
ਤਨ (तन) /tana タン/ ▸ਤਣ [Pers. tan] m. 1 身体. ❐ਤਨ ਮਨ 心身, 精魂, 全身全霊. ❐ਤਨ ਮਨ ਲਾਉਣਾ 全身全霊を捧げる. ❐ਸ਼ਬਰੰਗ ਨੇ ਦਿਨ-ਰਾਤ ਬਾਦਸ਼ਾਹ ਦੀ ਤਨ ਮਨ ਨਾਲ ਸੇਵਾ ਕੀਤੀ। シャブラングは昼夜精魂込めて王の世話をしました. 2 肉体.
ਤਨਹਾ (तनहा) /tanahā タンハー/ [Pers. tanhā] adj. 1 単独の, 一人の. 2 独りぼっちの, 孤独の, 孤立した. 3 寂しい, 淋しい. 4 孤立無援の, 仲間のいない.
ਤਨਹਾਈ (तनहाई) /tanahāī タンハーイー/ [Pers. tanhāī] f. 1 独りぼっち, 一人だけの状態. 2 孤独, 孤立. 3 寂しさ, 淋しさ. 4 淋しい場所, 人気のない所.
ਤਨਕੀਦ (तनकीद) /tanakīda タンキード/ [Arab. tankīd] f. 批判, 批評. (⇒ਆਲੋਚਨਾ)
ਤਨਕੀਦੀ (तनकीदी) /tanakīdī タンキーディー/ [-ਈ] adj. 1 批判的な. 2 批評に関する.
ਤਨਖ਼ਾਹ (तनख़ाह) /tanaxâ タンカー/ [Pers. tanxvāh] f. 1 労賃, 賃金, 給料, 手当. (⇒ਮਿਹਨਤਾਨਾ, ਵੇਤਨ) 2 報酬. 3〖スィ〗宗教上の罰.
ਤਨਖ਼ਾਹਦਾਰ (तनख़ाहदार) /tanaxâdāra タンカーダール/ [Pers.-dār] adj. 1 給料をもらっている. 2 報酬で雇われた.
ਤਨਖ਼ਾਹੀਆ (तनख़ाहीआ) /tanaxâīā タンカーイーアー/ [-ਈਆ] adj. 1 告発された. 2 罰金を科せられた. 3〖スィ〗(スィック教の会衆の裁きで)罰せられた.
ਤਨਜ਼ (तनज़) /tanaza タンズ/ [Arab. tanz] m.f. 1 皮肉. 2 あざけり. 3 からかい.
ਤਨੱਜ਼ਲ (तनज़्ज़ल) /tanazzala タナッザル/ [Arab. tanazzul] m. 1 没落. 2 衰退.
ਤਨਜ਼ੀਮ (तनज़ीम) /tanazīma タンズィーム/ [Arab. tanzīm] f. 1 組織, 連盟. (⇒ਸੰਸਥਾ, ਸੰਗਠਨ) 2 組織化, 結成, 結団.
ਤਨਾਉ (तनाउ) /tanāo タナーオー/ ▸ਤਣਾ, ਤਣਾਉ m. → ਤਣਾਉ
ਤਨਾਸਬ (तनासब) /tanāsaba タナーサブ/ [Arab. tanāsub] m. 1 均衡, 均整. 2 割合, 比率.
ਤਨਾਜ਼ਾ (तनाज़ा) /tanāzā タナーザー/ [Arab. tanāza`a] m. 1 対立, 争い. 2 言い争い, 口論, 論争. 3 憎しみ, 憎悪.
ਤਨੂਰ (तनूर) /tanūra タヌール/ ▸ਤੰਦੂਰ m. → ਤੰਦੂਰ
ਤਨੋ-ਮਨੋ (तनो-मनो) /tano-mano タノー・マノー/ adv. 1 精魂込めて, 全身全霊で, 一生懸命, 懸命に. 2 心から, 心を込めて, 衷心より.
ਤਪ[1] (तप) /tapa タプ/ [Skt. तप] m. 1〖気象〗暑さ, 炎熱. (⇒ਗਰਮੀ) 2 熱さ, 熱.
ਤਪ[2] (तप) /tapa タプ/ ▸ਤਪਸ m. → ਤਪਸ
ਤਪਸ (तपस) /tapasa タパス/ ▸ਤਪ [Skt. तपस्] m. 1 苦行. 2 瞑想.
ਤਪਸ਼ (तपश) /tapaśa タパシュ/ [Pers. tapiś] f. 1 熱. 2〖気象〗温暖, 暑さ. 3 熱の放射. 4 発熱.
ਤਪੱਸਵੀ (तपस्सवी) /tapassawī タパッサウィー/ [Skt. तपस्विन्] m. 行者, 苦行者, 修行者.

ਤਪੱਸਿਆ (तपस्सिआ) /tapassiā タパッスィアー/ [Skt. तपस्या] *f.* 苦行, 厳しい修行, 禁欲の行.

ਤਪਣਾ (तपणा) /tapaṇā タパナー/ [cf. ਤਾਪਣਾ] *vi.* **1** 熱くなる, 暖まる. **2** 燃える. **3** 怒る, 苛立つ.

ਤਪਤ (तपत) /tapata タパト/ [Skt. तप्त] *adj.* **1** 熱せられた. **2** 熱い.

ਤਪਦਿਕ (तपदिक) /tapadika タプディク/ ▸ਤਪਦਿੱਕ *m.* → ਤਪਦਿੱਕ

ਤਪਦਿੱਕ (तपदिक्क) /tapadikka タプディック/ ▸ਤਪਦਿਕ [Pers. *tap-e-diq*] *m.* **1**〖医〗結核, 肺結核. (⇒ਖਈ, ਟੀਬੀ) **2** 消耗性の病気.

ਤੱਪੜ[1] (तप्पड़) /tappaṛa タッパル/ [(Lah.)] *m.* **1** 筵(むしろ). **2**〖布地〗目の粗い麻布.

ਤੱਪੜ[2] (तप्पड़) /tappaṛa タッパル/ *adj.* 耕作されていない, 未耕作の.

— *f.* 未耕作地, 荒地.

ਤਪਾ (तपा) /tapā タパー/ [Skt. तपस्] *m.* 行者, 苦行者, 修行者.

ਤਪਾਉਣਾ (तपाउणा) /tapāuṇā タパーウナー/ [cf. ਤਾਪਣਾ] *vt.* **1** 熱する, 熱くする, 熱を加える. **2** 暖める, 温める. **3** 怒らせる, 苛立たせる, 悩ます, 苦しめる. **4** からかう. **5**(苦行で身体に)苦痛を与える.

ਤਪਾਅ (तपाअ) /tapāa タパーア/ ▸ਤਪਾਈ [Skt. तप्] *m.* **1** 熱. **2** 熱すること. **3** 苛立たせること. **4** 腹立たしさ. **5** 苦労の種.

ਤਪਾਈ (तपाई) /tapāī タパーイー/ ▸ਤਪਾਅ *f.* → ਤਪਾਅ

ਤਪਾਕ (तपाक) /tapāka タパーク/ [Pers. *tapāk*] *m.* **1** 心の暖かさ, 誠意. **2** 愛情. **3** 熱意, 意気込み. **4** 人と会う楽しみ.

ਤਪਾਲੀ (तपाली) /tapālī タパーリー/ *f.*〖医〗発熱性の風土病, 熱病.

ਤਪੀ (तपी) /tapī タピー/ [Skt. तपस् -ई] *m.* 行者, 苦行者, 修行者.

ਤਪੋਬਨ (तपोबन) /tapobana タポーバン/ ▸ਤਪੋਵਨ [Skt. तपोवन] *m.* 行者の住む森, 苦行に適した場所.

ਤਪੋਵਨ (तपोवन) /tapowana タポーワン/ ▸ਤਪੋਬਨ *m.* → ਤਪੋਬਨ

ਤਫ਼ਸੀਰ (तफ़सीर) /tafasīra タフスィール/ [Arab. *tafsīr*] *f.* **1** 評釈. **2** 解釈.

ਤਫ਼ਸੀਲ (तफ़सील) /tafasīla タフスィール/ [Arab. *tafṣīl*] *f.* **1** 詳細. (⇒ਵੇਰਵਾ) **2** 敷衍された部分. **3** 詳細な記述.

ਤਫ਼ੰਗ (तफ़ंग) /tafaṅga タファング/ ▸ਤੁਫ਼ੰਗ *f.* → ਤੁਫ਼ੰਗ

ਤਫ਼ਤੀਸ਼ (तफ़तीश) /tafatīśa タフティーシュ/ [Arab. *taftīś*] *f.* **1** 調査, 探査. **2** 取り調べ, 捜査. **3** 尋問. **4** 診断.

ਤਫ਼ਤੀਸ਼ੀ (तफ़तीशी) /tafatīśī タフティーシー/ [-ਈ] *adj.* **1** 調査の, 探査の. **2** 取り調べの, 捜査の. **3** 尋問の.

ਤਫ਼ਰਕਾ (तफ़रका) /tafarakā タファルカー/ [Arab. *tafriqa*] *m.* **1** 差異, 相違. **2** 意見の不一致. **3** 仲たがい, 不和, 対立. **4** 疎遠. **5** 差別.

ਤਫ਼ਰੀਹ (तफ़रीह) /tafarî タフリー/ [Arab. *tafrīh*] *f.* **1** 気晴らし, 気分転換. **2** 楽しみ, 娯楽, 愉快なこと. **3** 癒し. **4** 息抜き, 暫しの寛ぎ.

ਤਫ਼ਰੀਕ (तफ़रीक) /tafarīka タフリーク/ [Arab. *tafrīq*] *f.* **1** 差異, 相違. **2** 分離, 分割, 分裂. **3** 差し引くこと. **4**〖数学〗引き算, 減法.

ਤਬੱਸਮ (तबस्सम) /tabassama タバッサム/ [Arab. *tabassum*] *m.* ほほえみ, 微笑. (⇒ਮੁਸਕਰਾਹਟ, ਮੁਸਕੜੀ)

ਤਬਸਰਾ (तबसरा) /tabasarā タブサラー/ [Arab. *tabsira*] *m.* **1** 論評. **2** 議論. **3** 批評.

ਤਬ੍ਹਾ (तब्हा) /tâbā タバー/ [Arab. *taba`a*] *f.* **1** 気分, 健康状態, 体の具合, 体調. (⇒ਤਬੀਅਤ) **2** 気質, 気性, 性格, 性質, 性向. (⇒ਮਿਜ਼ਾਜ)

ਤਬਕ (तबक) /tabaka タバク/ [Arab. *tabq*] *m.* **1** 面, 層, 基底. **2** 大皿, 盆. **3** 空, 天, 天空.

ਤਬਕਾ (तबका) /tabakā タブカー/ [Arab. *tabqa*] *m.* **1** 階. **2** 階層, 階級, 等級. **3** 集団.

ਤਬਖ਼ੀਰ (तबख़ीर) /tabaxīra タブキール/ [Arab. *tabxīr*] *f.* 蒸発, 気化.

ਤਬੱਦਲ (तबद्दल) /tabaddala タバッダル/ ▸ਤਬੱਦੁਲ [Arab. *tabādul*] *m.* **1** 変化. **2** 変換, 変形. **3** 変遷. **4** 転勤, 転任, 異動.

ਤਬਦੀਲ (तबदील) /tabadīla タブディール/ [Arab. *tabdīl*] *adj.* **1** 変化した. ❒ਤਬਦੀਲ ਕਰਨਾ 変える. ❒ ਇੱਥੇ ਦੀਆਂ ਜੇਲ੍ਹਾਂ ਸਹੀ ਅਰਥਾਂ ਵਿੱਚ ਕੈਦੀ ਦੀ ਜ਼ਿੰਦਗੀ ਨੂੰ ਆਮ ਇਨਸਾਨ ਦੀ ਜ਼ਿੰਦਗੀ ਵਿੱਚ ਤਬਦੀਲ ਕਰ ਦੇਣ ਵਾਲੀਆਂ ਜੇਲ੍ਹਾਂ ਹੁੰਦੀਆਂ ਹਨ। ここの刑務所は本当の意味で受刑者たちの生活を普通の人間の生活に変える刑務所なのです. **2** 変形した, 変質した, 変容した. **3** 移された, 移転した, 転任した.

ਤਬਦੀਲੀ (तबदीली) /tabadīlī タブディーリー/ [Pers. *tabdīlī*] *f.* **1** 変化, 変わること. ❒ਤਬਦੀਲੀ ਆਉਣੀ 変化が起きる. ❒ਭਾਰਤ ਵਿੱਚ ਅਜ਼ਾਦ ਹੋਣ ਮਗਰੋਂ ਬਹੁਤ ਤਬਦੀਲੀ ਆਈ ਹੈ ਅਤੇ ਹੋਰ ਵੀ ਤਬਦੀਲੀ ਆ ਰਹੀ ਹੈ। インドでは独立後大きな変化が起きてさらに変化が起きつつあります. ❒ਸੁਖ ਉਸ ਅਵਸਥਾ ਦਾ ਨਾਮ ਹੈ, ਜਿਸ ਵਿੱਚ ਅਸੀਂ ਕੋਈ ਤਬਦੀਲੀ ਨਹੀਂ ਚਾਹੁੰਦੇ। 幸福とは私たちが何も変化を望まない状態の名称である. **2** 変形, 変質, 変容. **3** 移行, 移動, 配転, 転任.

ਤਬੱਦੁਲ (तबद्दुल) /tabaddula タバッドゥル/ ▸ਤਬੱਦਲ *m.* → ਤਬੱਦਲ

ਤਬਰ (तबर) /tabara タバル/ [Pers. *tabar*] *m.* **1**〖道具〗斧, まさかり. **2**〖武〗戦闘用の斧.

ਤਬਲ (तबल) /tabala タバル/ [Arab. *tabla*] *m.* **1**〖楽器〗太鼓, 大太鼓. **2**〖楽器〗大きな一面太鼓. (⇒ਨਗਾਰਾ) **3**〖楽器〗戦の太鼓.

ਤਬਲਚੀ (तबलची) /tabalacī タバルチー/ [Pers.-*cī*] *m.* タブラー奏者, 小太鼓奏者, 鼓手.

ਤਬਲਬਾਜ਼ (तबलबाज़) /tabalabāza タバルバーズ/ [Pers.-*bāz*] *m.* 大太鼓奏者.

ਤਬਲਾ (तबला) /tabalā タブラー/ [Arab. *tabla*] *m.*〖楽器〗タブラー《北インド音楽で用いる一面太鼓. 二つ一組のうち, 奏者が右前に置き右手で打つ太鼓の名称であるが, 左前に置き左手で打つバーヤーンと呼ばれる太鼓と併せてダブラーと呼ぶこともある》.

ਤਬਲੀਗ (तबलीग) /tabalīğa タブリーグ/ [Arab. *tablīğ*] *f.* **1** 宣伝, 普及活動. **2** 布教, 伝道. **3**(人を自分の宗教に)改宗させること.

ਤੰਬਾ (तंबा) /tambā タンバー/ [Pers. *tambān*] *m.*〖衣服〗タンバー《ゆったりしたパジャーマー ਪਜਾਮਾ》.

ਤਬਾਸ਼ੀਰ (तबाशीर) /tabāśīra タバーシール/ [Pers. *tabāśīr*] *f.* 〖薬剤〗タバーシール, バンブーマンナ《竹筒の内部の粘性物質液の凝結物. 薬剤として用いる》.

ਤਬਾਹ (तबाह) /tabâ タバー/ [Pers. *tabāh*] *adj.* **1** 破壊された, 砕かれた, 潰された. **2** 破滅した, 全滅した.

ਤਬਾਹਕੁਨ (तबाहकुन) /tabâkuna タバークン/ [+ ਕੁਨ] *adj.* **1** 破壊的な. **2** 破滅的な. **3** 有害な.

ਤਬਾਹੀ (तबाही) /tabâī タバーイー/ [Pers. *tabāhī*] *f.* **1** 破壊. (⇒ਨਾਸ਼, ਵਿਨਾਸ਼) **2** 破滅. **3** 荒廃, 惨害.

ਤੰਬਾਕੂ (तंबाकू) /tambākū タンバークー/ ▸ਤਮਾਕੂ *m.* → ਤਮਾਕੂ

ਤਬਾਦਲਾ (तबादला) /tabādalā タバーダラー/ [Arab. *tabādul*] *m.* **1** 交換. **2** 物々交換. **3** 転勤, 転任, 異動.

ਤੰਬੀ (तंबी) /tambī タンビー/ *f.* 〖衣服〗タンビー《ゆったりとしたズボンの一種》. (⇒ਸਲਵਾਰ)

ਤਬੀਅਤ (तबीअत) /tabīata タビーアト/ [Pers. *tabī`at*] *f.* **1** 気分, 体調, 体の具合, 健康状態. (⇒ਤਬ੍ਹਾ) ❐ਉਹ ਉੱਪਰ ਕਮਰੇ ਵਿੱਚ ਹੈ। ਸ਼ਾਇਦ ਉਸ ਦੀ ਤਬੀਅਤ ਖ਼ਰਾਬ ਹੈ। あの人は上の部屋にいます. 多分具合が悪いのです. **2** 気質, 気性, 性格, 性質, 性向. (⇒ਮਿਜ਼ਾਜ)

ਤੰਬੀਹ (तंबीह) /tambî タンビー/ [Arab. *tanbīh*] *f.* **1** 咎め叱ること, 譴責. **2** 戒告, 訓戒, 警告. **3** 叱責, 小言. **4** 非難, 酷評.

ਤਬੀਬ (तबीब) /tabība タビーブ/ [Arab. *tabīb*] *m.* **1** ユーナーニー〔ギリシア・イスラーム医学, アラビア医学〕の医者. (⇒ਹਕੀਮ) **2** 医者, 医師. (⇒ਚਕਿਤਸਕ, ਡਾਕਟਰ)

ਤੰਬੂ (तंबू) /tambū タンブー/ [Pers. *tambū*] *m.* **1** テント, 天幕. **2** 大天幕. **3** 天蓋.

ਤੰਬੂਰ (तंबूर) /tambūra タンブール/ [Pers. *tambūr*] *m.* 〖楽器〗タンバリン.

ਤੰਬੂਰਚੀ[1] (तंबूरची) /tambūracī タンブールチー/ [Pers. *tambūr* Pers.*-cī*] *m.* 〖楽器〗タンバリン奏者.

ਤੰਬੂਰਚੀ[2] (तंबूरची) /tambūracī タンブールチー/ [Pers. *tambūra* Pers.*-cī*] *m.* タンブーラー奏者.

ਤੰਬੂਰਾ (तंबूरा) /tambūrā タンブーラー/ [Pers. *tambūra*] *m.* 〖楽器〗タンブーラー《古典音楽の伴奏に用いられる弦楽器. 持続音を鳴らし続け, 主奏者に正しい音程を与えることを任務とする》. (⇒ਤਾਨਪੁਰਾ)

ਤਬੇਲਾ (तबेला) /tabelā タベーラー/ [Pers. *tavel*] *m.* 〖建築〗馬小屋, 厩舎.

ਤੰਬੋਟੀ (तंबोटी) /tamboṭī タンボーティー/ *f.* 小さなテント, 小さな天幕.

ਤੰਬੋਲ (तंबोल) /tambola タンボール/ [Skt. ताम्बूल] *m.* 結婚祝い金.

ਤਭਕਣਾ (तभकणा) /tâbakaṇā タバカナー/ *vi.* **1** ぎょっとする, 驚く. (⇒ਤਰਹਿਣਾ) **2** ぞっとする.

ਤਮ[1] (तम) /tama タム/ [Skt. तमस्] *m.* **1** 闇, 暗闇, 暗黒. (⇒ਹਨੇਰਾ) **2** 無知, 蒙昧, 迷妄. **3** 怒り, 恥辱.

ਤਮ[2] (तम) /tama タム/ [Skt. तम] *suff.* 最上級の形容詞を形成する接尾辞. 例えば ਅਲਪਤਮ, ਲਘੁੱਤਮ は「最小の」, ਅਧਿਕਤਮ は「最多の」.

ਤਮੱਸਕ (तमस्सक) /tamassaka タマッサク/ [Arab. *tamassuk*] *m.* **1** 証文. **2** 借用書. **3** 約束手形. **4** 書類.

ਤਮ੍ਹਾ (तम्हा) /tâmā タマー/ [Arab. *tam`*] *m.* **1** 貪欲, 強欲. **2** 願い, 願望. **3** 誘惑.

ਤਮ੍ਹਾਖੋਰ (तम्हाखोर) /tâmākʰora タマーコール/ [Pers.*-xor*] *adj.* **1** 貪欲な, 強欲な. **2** むやみに欲しがる.

ਤਮ੍ਹਾਤੜ (तम्हातड़) /tamătaṛa タマータル/ *pron.* **1** あなたのような人. **2** あんた. **3** 君.

ਤਮਹੀਦ (तमहीद) /tamahīda タムヒード/ [Arab. *tamhīd*] *f.* **1** 準備, 用意. **2** 導入, 前置き, 前提. **3** 前書き, 序文, 序章.

ਤਮਕ (तमक) /tamaka タマク/ *f.* **1** 怒り. **2** 立腹. **3** 激怒, 激昂, かっとなること. **4** 興奮.

ਤਮਕਣਾ (तमकणा) /tamakaṇā タムカナー/ *vi.* **1** 怒る, かっとなる, 激昂する. **2** 興奮する.

ਤਮਗ਼ਾ (तमग़ा) /tamağā タムガー/ ▸ਤਕਮਾ, ਤਗਮਾ [Turk. *damga*] *m.* **1** メダル, 記章. (⇒ਪਦਕ, ਮੈਡਲ) **2** 円形模様, 円形浮彫. **3**(家畜などの持ち主を示す)焼き印, 烙印.

ਤਮਤਮਾਉਣਾ (तमतमाउणा) /tamatamāuṇā タムタマーウナー/ *vi.* **1** 熱くなる, 熱を持つ, 白熱する, (高熱で)赤くなる. **2**(顔が怒りで)真っ赤になる, 怒る.

ਤਮੰਨਾ (तमंना) /tamannā タマンナー/ ▸ਤਮੱਨਾ [Arab. *tamannā*] *f.* **1** 願い, 願望, 念願, 希望. **2** 切望, 渇望. **3** 野望. **4** 夢. **5** 祈り, 祈願.

ਤਮੱਨਾ (तमन्ना) /tamannā タマンナー/ ▸ਤਮੰਨਾ *f.* → ਤਮੰਨਾ

ਤਮਾਸ਼ਬੀਨ (तमाशबीन) /tamāśabīna タマーシュビーン/ [Pers. *tamāśā* Pers.*-bīn*] *adj.* **1** 興味をそそる光景や様子を見ている. **2** 興味本意の. **3** 野次馬の.
— *m.* **1** 見物人, 野次馬. **2** 娼婦の所に通う男, 女遊びをする男. (⇒ਰੰਡੀਬਾਜ਼)

ਤਮਾਸ਼ਾ (तमाशा) /tamāśā タマーシャー/ [Pers. *tamāśā*] *m.* **1** 異様な光景・様子, 興味をそそるもの, 興味本意で見るもの. **2** 見せ物, ショー, 芝居, 演劇. **3** 芸能, 興行, 娯楽, 余興. **4** 戯れ, 遊び事. **5** 冗談, 笑い話.

ਤਮਾਕੂ (तमाकू) /tamākū タマークー/ ▸ਤੰਬਾਕੂ [Pers. *tambākū*] *m.* **1** 〖植物〗タバコ《ナス科の多年草》. **2** 煙草(たばこ). (⇒ਸਿਗਰਟ) ❐ਤਮਾਕੂ ਪੀਣਾ 煙草を吸う. ❐ਤਮਾਕੂ ਪੀਣ ਵਾਲਾ 喫煙者.

ਤਮਾਚਾ (तमाचा) /tamācā タマーチャー/ [Pers. *tamāca*] *m.* 平手打ち, びんた.

ਤਮਾਮ (तमाम) /tamāma タマーム/ [Arab. *tamām*] *adj.* **1** すべての, あらゆる, 全部の. (⇒ਸਾਰਾ, ਕੁੱਲ) **2** 完全な, 完了した, 終了した. (⇒ਸੰਪੂਰਣ) **3** 多くの, 多数の.

ਤਮੀਜ਼ (तमीज़) /tamīza タミーズ/ [Arab. *tamyīz*] *f.* **1** 分別, 識別, 判別. ❐ਤਮੀਜ਼ ਕਰਨੀ 識別する, 判別する. **2** 認識. **3** 礼儀正しさ, 正しい作法. ❐ਤਮੀਜ਼ ਕਰਨੀ 礼儀正しく振る舞う. **4** 行儀の良さ. **5** 敬意.

ਤਮੀਜ਼ਦਾਰ (तमीज़दार) /tamīzadāra タミーズダール/ [Pers.*-dār*] *adj.* **1** 分別のある, 思慮深い. (⇒ਸਿਆਣਾ) **2** 慎み深い, 慎重な. **3** 礼儀正しい.

ਤਮੋਗੁਣ (तमोगुण) /tamoguṇa タモーグン/ [Skt. तमोगुण] *m.* **1** 〖ヒ〗翳質《根本原質の三つの構成要素の一つ》.

2 邪悪で好ましくない特質. 3 暗い面.

ਤਮੋਗੁਣੀ (तमोगुणी) /tamoguṇī タモーグニー/ [-ਈ] *adj.* 1 邪悪な. 2 好ましくない. 3 暗い.

ਤਯਾਗ (तयाग) /tayāga タヤーグ/ ▸ਤ੍ਯਾਗ, ਤਿਆਗ *m.* → ਤਿਆਗ

ਤ੍ਯਾਗ (त्याग) /tyāga (tayāga) ティヤーグ (タヤーグ)/ ▸ ਤਯਾਗ, ਤਿਆਗ *m.* → ਤਿਆਗ

ਤਯਾਗੀ (तयागी) /tayāgī タヤーギー/ ▸ਤ੍ਯਾਗੀ, ਤਿਆਗੀ *adj.m.* → ਤਿਆਗੀ

ਤ੍ਯਾਗੀ (त्यागी) /tyāgī (tayāgī) ティヤーギー (タヤーギー)/ ▸ਤਯਾਗੀ, ਤਿਆਗੀ *adj.m.* → ਤਿਆਗੀ

ਤਰ[1] (तर) /tara タル/ [Skt. तर] *suff.* 形容詞の比較級を形成する接尾辞. 例えば ਅਧਿਕਤਰ は「より多い」.

ਤਰ[2] (तर) /tara タル/ [Pers. *tar*] *suff.* 形容詞の比較級を形成する接尾辞. 例えば ਕਮਤਰ は「より少ない」.

ਤਰ[3] (तर) /tara タル/ [Pers. *tar*] *adj.* 1 濡れた, びしょびしょの. 2 湿った, 湿り気のある. 3 みずみずしい, 新鮮な. 4 潤った, 潤いのある.

ਤਰ[4] (तर) /tara タル/ *f.* 〖植物〗ヘビキュウリ, ヘビメロン《ウリ科の蔓草》. (⇒ਕੱਕੜੀ)

ਤਰਸ (तरस) /tarasa タラス/ [Skt. त्रास] *m.* 1 恐れ, 恐怖. (⇒ਡਰ, ਭੈ) 2 同情, 情け, 哀れみ, 思いやり, 慈悲, 優しさ. (⇒ਰਹਿਮ, ਦਇਆ) ❐ਤਰਸ ਕਰਨਾ, ਤਰਸ ਖਾਣਾ 同情する, 哀れむ, 思いやる. ❐ਤਰਸ ਮਾਰ 安楽死.

ਤਰਸਹੀਣ (तरसहीण) /tarasahīṇa タラスヒーン/ [Skt.-हीन] *adj.* 無慈悲な, 非情な.

ਤਰਸਣਾ (तरसणा) /tarasaṇā タルサナー/ [Skt. तृष्यति] *vi.* 1 熱望する, 切望する, 渇望する. 2 憧れる. 3 願う. 4 強く欲する.

ਤਰਸਯੋਗ (तरसयोग) /tarasayoga タラスヨーグ/ [Skt. त्रस Skt.-योग्य] *adj.* 1 哀れむべき, 可哀相な. 2 哀れを誘う, 哀れな. 3 悲しい, 痛ましい.

ਤਰਸਵਾਨ (तरसवान) /tarasawāna タラスワーン/ [Skt.-वान्] *adj.* 1 慈悲深い. 2 思いやりのある. 3 親切な.

ਤਰਸਾਉਣਾ (तरसाउणा) /tarasāuṇā タルサーウナー/ [cf. ਤਰਸਣਾ] *vt.* 1 熱望させる, 切望させる, 渇望させる. 2 憧れさせる. 3 じらす. 4 (望みが叶うと見せかけて)じらして苦しめる.

ਤਰਸੂਲ (तरसूल) /tarasūla タルスール/ ▸ਤਰਿਸੂਲ, ਤ੍ਰਿਸੂਲ [Skt. त्रि- Skt. शूल] *m.* 1 〖武〗三叉槍. 2 〖武〗三叉の矛.

ਤਰਸੇਵਾਂ (तरसेवाँ) /tarasewā̃ タルセーワーン/ [cf. ਤਰਸਣਾ] *m.* 1 熱望, 切望, 渇望. 2 憧れ. 3 欲望.

ਤਰ੍ਹਾਂ (तर्हाँ) /târā̃ タラーン/ ▸ਤਰ੍ਹਾ, ਤਰਾਂ, ਤਰਾ [Arab. *tarh*] *f.* 1 種類. (⇒ਕਿਸਮ, ਪਰਕਾਰ) ❐ਤਰ੍ਹਾਂ ਤਰ੍ਹਾਂ ਦਾ 多種多様な, いろいろな. 2 タイプ. (⇒ਜ਼ਾਤ) 3 たぐい. 4 様式. 5 方法, やり方. 6 方式.

— *postp.* …のように, …みたいに, …のふうに. ❐ਇਸ ਤਰ੍ਹਾਂ, ਏਸ ਤਰ੍ਹਾਂ, ਇਸੇ ਤਰ੍ਹਾਂ このように, こんなふうに. ❐ਇਸ ਤਰ੍ਹਾਂ ਗਾਉਂਦਿਆਂ ਬੱਚੇ ਇਕੱਲੀ ਇਕੱਲੀ ਮੁੱਠੀ ਚੁੱਕਦੇ ਗਏ। こんなふうに歌いながら子供たちは一人一人握りこぶしを振り上げ続けていきました. ❐ਉਸ ਤਰ੍ਹਾਂ, ਓਸ ਤਰ੍ਹਾਂ, ਉਸੇ ਤਰ੍ਹਾਂ あのように, あんなふうに.

ਤਰ੍ਹਾ (तर्हा) /târā タラー/ ▸ਤਰ੍ਹਾਂ, ਤਰਾਂ, ਤਰਾ *f.postp.* → ਤਰ੍ਹਾਂ

ਤਰਹਿਕਣਾ (तरहिकणा) /taraîkaṇā タラエーカナー/ ▸ ਤਰਹਿਣਾ *vi.* → ਤਰਹਿਣਾ

ਤਰਹਿਣਾ (तरहिणा) /taraîṇā タラエーナー/ ▸ਤਰੈਹਿਕਣਾ [Skt. त्रसति] *vi.* 1 ぎょっとする, 驚く. (⇒ਤ੍ਰਭਕਣਾ) 2 ぞっとする.

ਤਰਹਿੰਦੜ (तरहिंदड़) /taraîdaṛa タラエーンダル/ [cf. ਤਰਹਿਣਾ] *adj.* 1 物に驚きやすい. 2 物おじする.

ਤਰਕ (तरक) /taraka タルク/ [Skt. तर्क] *m.* 1 議論, 論議. 2 論証, 道理, 理屈. 3 論理, 論法. 4 論拠, 根拠. 5 論点.

ਤਰੱਕ (तरक्क) /tarakka タラック/ ▸ਤ੍ਰੱਕ [(Pot.)] *m.* 1 腐敗, 悪臭. (⇒ਸੜ੍ਹਾਂਦ) 2 不潔. (⇒ਗੰਦ)

ਤ੍ਰਕ (त्रक) /traka (taraka) トラク (タラク)/ ▸ਤਰੱਕ [(Pot.)] *m.* → ਤਰੱਕ

ਤਰਕਸ਼ (तरकश) /tarakaśa タルカシュ/ [Pers. *tarkaś*] *m.* 〖武〗矢筒.

ਤਰਕ ਸੰਗਤ (तरक संगत) /taraka saṅgata タルク サンガト/ [Skt. तर्क + Skt. संगत] *adj.* 1 論理的な. 2 道理に合った, 納得できる. 3 合理的な. 4 適切な.

ਤਰਕ ਸ਼ਾਸਤਰ (तरक शासतर) /taraka śāsatara タルク シャースタル/ [+ Skt. शास्त्र] *m.* 論理学.

ਤਰਕ ਸ਼ਾਸਤਰੀ (तरक शासतरी) /taraka śāsatarī タルク シャースタリー/ [+ Skt. शास्त्रिन्] *m.* 論理学者.

ਤਰਕਸ਼ੀਲ (तरकशील) /tarakaśīla タルクシール/ [Skt.-शील] *adj.* 1 論理的な. 2 道理に合った. 3 合理的な.

ਤਰਕਸ਼ੀਲਤਾ (तरकशीलता) /tarakaśīlatā タルクシールター/ [Skt.-ता] *f.* 1 道理に合ってること. 2 合理性.

ਤਰਕਹੀਣ (तरकहीण) /tarakahīṇa タルクヒーン/ [Skt. तर्क Skt.-हीन] *adj.* 1 非論理的な. 2 道理に合わない, 無理な. 3 不合理な, 合理的でない.

ਤਰਕ ਗਿਆਨ (तरक गिआन) /taraka giāna タルク ギアーン/ [+ Skt. ज्ञान] *m.* 論理学.

ਤਰਕਣਾ (तरकणा) /tarakaṇā タルカナー/ ▸ਤਰੱਕਣਾ *vi.* → ਤਰੱਕਣਾ

ਤਰੱਕਣਾ (तरक्कणा) /tarakkaṇā タラッカナー/ ▸ਤਰਕਣਾ *vi.* 腐る, 腐敗する, 腐乱する.

ਤ੍ਰਕਲਾ (त्रकला) /trakalā (tarakalā) トラクラー (タラクラー)/ ▸ਤੱਕਲਾ *m.* → ਤੱਕਲਾ

ਤਰਕਵਾਦ (तरकवाद) /tarakawāda タルクワード/ [Skt. तर्क Skt.-वाद] *m.* 1 合理主義. 2 詭弁.

ਤਰਕਵਾਦੀ (तरकवादी) /tarakawādī タルクワーディー/ [Skt.-वादिन्] *m.* 1 合理主義者. 2 詭弁家.

ਤਰਕ-ਵਿਤਰਕ (तरक-वितरक) /taraka-vitaraka タルク・ヴィタルク/ [+ Skt. वितर्क] *m.* 議論, 論議, 論争.

ਤਰਕਾ (तरका) /tarakā タルカー/ [Arab. *tarak*] *m.* 1 富. 2 財産. 3 遺産.

ਤਰਕਾਉਣਾ[1] (तरकाउणा) /tarakāuṇā タルカーウナー/ ▸ ਤਰਕਾਣਾ *vt.* 腐らせる, 腐敗させる, 腐乱させる, 変質させる.

ਤਰਕਾਉਣਾ[2] (तरकाउणा) /tarakāuṇā タルカーウナー/ ▸ ਤਰੌਂਕਣਾ, ਤ੍ਰੌਂਕਣਾ, ਤੌਂਕਣਾ *vt.* → ਤਰੌਂਕਣਾ

ਤਰਕਾਣਾ (तरकाणा) /tarakāṇā タルカーナー/ ▸ਤਰਕਾਉਣਾ vt. → ਤਰਕਾਉਣਾ[1]

ਤਰਕਾਰੀ (तरकारी) /tarakārī タルカーリー/ [Skt. तर्कारि] f. 1『植物』野菜. 2『料理』野菜料理.

ਤਰਕਾਲਾਂ (तरकालाँ) /tarakālā̃ タルカーラーン/ ▸ਤਕਾਲਾਂ, ਤਿਰਕਾਲਾ f. → ਤਕਾਲਾਂ

ਤਰੱਕੀ (तरक्की) /tarakkī タラッキー/ [Arab. taraqqī] f. 1 進歩, 前進. 2 発展, 発達. 3 成長, 成育, 発育. 4 昇格, 昇進. 5 促進, 増進.

ਤਰੱਕੀਪਸੰਦ (तरक्कीपसंद) /tarakkīpasanda タラッキーパサンド/ [+ Pers. pasand] adj. 1 進歩好きな, 進歩を好む. 2 進歩的な, 発展的な.

ਤਰਕੀਬ (तरकीब) /tarakība タルキーブ/ [Arab. tarkīb] f. 1 方策, 方法, 仕方, やり方, 手段. 2 手だて. 3 過程, 手順. 4 計画, 案, 企て. 5 解決法.

ਤਰੱਕੀਯਾਫ਼ਤਾ (तरक्कीयाफ़ता) /tarakkīyāfatā タラッキーヤーフター/ [Arab. taraqqī Pers.-yāftā] adj. 1 進歩した, 発展した. 2 促進した, 増進した, 昇進した.

ਤਰਖਾਣ (तरखाण) /tarakʰāṇa タルカーン/ ▸ਤਖਾਣ [(Pkt. तक्खाण) Skt. तक्षन्] m.『姓』タルカーン《建築・木工に携わる仕事を生業とする種姓(の人)》, 大工, 建具職人, 指物師.

ਤਰਖਾਣੀ (तरखाणी) /tarakʰāṇī タルカーニー/ [ਈ] adj. タルカーン種姓の, 大工の, 大工に関する.

— f. 1 大工の仕事. 2『姓』タルカーニー《タルカーン種姓の女性》, 女の大工, 大工の妻.

ਤਰੰਗ (तरंग) /taraṅga タラング/ [Skt. तरंग] f. 1 波, うねり, 起伏. 2 さざ波. 3 磯波. 4 大波. 5 感情の起伏, 気まぐれ. 6 衝動, 心のはずみ, 興奮, 情熱. 7 律動, リズム.

ਤਰੰਗਲੀ (तरंगली) /taraṅgalī タラングリー/ ▸ਤੰਗਲੀ f.『道具』先が枝状に分かれた熊手.

ਤਰੰਗੜ (तरंगड़) /taraṅgaṛa タランガル/ ▸ਤੰਗੜ m. 草や藁を運ぶための網.

ਤਰੰਗੀ (तरंगी) /taraṅgī タランギー/ [Skt. तरंगिन्] adj. 1 波のある, 波の立つ, 波打っている. 2 感情の起伏の激しい. 3 衝動的な, 直情的な. 4 気まぐれな.

ਤਰਜ਼ (तरज़) /taraza タルズ/ [Arab. tarz] f. 1 様式, 型, 形式. 2 流儀. 3 方法, 仕方, 方式. 4『音楽』曲, 旋律.

ਤਰਜਨੀ (तरजनी) /tarajanī タルジャニー/ [Skt. तर्जनी] f.『身体』人差し指.

ਤਰਜਮਾ (तरजमा) /tarajamā タルジャマー/ [Arab. tarjumā] m. 1 翻訳. (⇒ਅਨੁਵਾਦ) 2 通訳. (⇒ਅਨੁਵਾਦ)

ਤਰਜਮਾਨ (तरजमान) /tarajamāna タルジマーン/ [Arab. tarjumān] m. 1 通訳者, 翻訳者, 翻訳家. (⇒ਅਨੁਵਾਦਕ) 2 代弁者. 3 代表者.

ਤਰਜਮਾਨੀ (तरजमानी) /tarajamānī タルジマーニー/ [-ਈ] f. 1 通訳, 翻訳. 2 代弁. 3 表現.

ਤਰਜੀਹ (तरजीह) /tarajîh タルジー/ [Arab. tarjīh] f. 1 優越. 2 好み.

ਤਰੱਟੀ (तरट्टी) /taraṭṭī タラッティー/ ▸ਤ੍ਰੱਟੀ f. 1 カーテン. (⇒ਪਰਦਾ) 2 簾(すだれ), 葦簀(よしず)《割れた竹の棒や葦を紐で繋いで作ったカーテンまたはブラインド》. (⇒ਚਿਕ) 3 損失, 破壊.

ਤ੍ਰੱਟੀ (त्रट्टी) /traṭṭī (taraṭṭī) トラッティー (タラッティー)/ ▸ਤਰੱਟੀ f. → ਤਰੱਟੀ

ਤਰੱਟੀ ਚੌੜ (तरट्टी चौड़) /taraṭṭī cauṛa タラッティー チャォール/ adj. 全くだめになった, すべて破壊された.

ਤਰੱਡਾ (तरड्डा) /taraḍḍā タラッダー/ ▸ਤ੍ਰੱਡਾ m. シュロの葉で作った茣蓙(ござ).

ਤ੍ਰੱਡਾ (त्रड्डा) /traḍḍā (taraḍḍā) トラッダー (タラッダー)/ ▸ਤਰੱਡਾ m. → ਤਰੱਡਾ

ਤਰੰਢਾ (तरंढा) /tarâṇḍā タランダー/ m.『植物』切り株, 刈り株.

ਤਰਤਾਲ੍ਹੀਆਂ (तरताल्हीआँ) /taratâlīā̃ タルターリーアーン/ ▸ਤਰਤਾਲ੍ਹੀਵਾਂ, ਤਰਤਾਲੀਆਂ, ਤਰਤਾਲੀਵਾਂ or.num. adj. → ਤਰਤਾਲ੍ਹੀਵਾਂ

ਤਰਤਾਲ੍ਹੀਵਾਂ (तरताल्हीवाँ) /taratâlīwā̃ タルターリーワーン/ ▸ਤਰਤਾਲ੍ਹੀਆਂ, ਤਰਤਾਲੀਆਂ, ਤਰਤਾਲੀਵਾਂ [(Pkt. तिचत्तालीसा) Skt. त्रिचत्वारिंशत् -ਵਾਂ] or.num. 43番目.

— adj. 43番目の.

ਤਰਤਾਲੀ (तरताली) /taratālī タルターリー/ ▸ਤਿਤਾਲੀ, ਤਿਰਤਾਲੀ [(Pkt. तिचत्तालीसा) Skt. त्रिचत्वारिंशत्] ca.num. 43.

— adj. 43の.

ਤਰਤਾਲੀਆਂ (तरतालीआँ) /taratālīā̃ タルターリーアーン/ ▸ਤਰਤਾਲ੍ਹੀਆਂ, ਤਰਤਾਲ੍ਹੀਵਾਂ, ਤਰਤਾਲੀਵਾਂ or.num. adj. → ਤਰਤਾਲ੍ਹੀਵਾਂ

ਤਰਤਾਲੀਵਾਂ (तरतालीवाँ) /taratālīwā̃ タルターリーワーン/ ▸ਤਰਤਾਲ੍ਹੀਆਂ, ਤਰਤਾਲ੍ਹੀਵਾਂ, ਤਰਤਾਲੀਆਂ or.num. adj. → ਤਰਤਾਲ੍ਹੀਵਾਂ

ਤਰਤੀਬ (तरतीब) /taratība タルティーブ/ [Arab. tartīb] f. 1 整理. ❐ਤਰਤੀਬ ਦੇਣੀ 整える, 整理する. 2 序列, 配列. ❐ਤਰਤੀਬ ਦੇਣੀ 整序する, 配列する, 並べる. 3 順序, 順番. 4 順列. 5 連結.

ਤਰਤੀਬਵਾਰ (तरतीबवार) /taratībawāra タルティーブワール/ [Arab. tartīb Pers.-vār] adv. 1 連続して. 2 一定の順序で. 3 一定の配列で.

ਤਰਥੱਲੀ (तरथल्ली) /taratʰallī タルタッリー/ ▸ਤੜਥੱਲ, ਤੜਥੱਲੀ f. 1 乱れ, 乱雑. 2 騒ぎ, 騒動, 騒乱. ❐ਤਰਥੱਲੀ ਮਚਾਉਣੀ 騒動を起こす. 3 無秩序, 混乱. 4 激変.

ਤਰੱਦਦ (तरद्दद) /taraddada タラッダド/ [Arab. taraddud] m. 1 心配, 不安, 気がかり, 懸念. 2 厄介. 3 苦労, 骨折り. 4 努力.

ਤਰਦਾ (तरदा) /taradā タルダー/ [cf. ਤਰਨਾ] adj. 1 浮かんだ. 2 漂っている.

ਤਰਦੀਦ (तरदीद) /taradīda タルディード/ [Arab. tardīd] f. 1 拒絶, 拒否. 2 否定, 否認. 3 取り消し. 4 反駁, 矛盾.

ਤਰਨ ਸ਼ਕਤੀ (तरन शकती) /tarana śakatī タルン シャクティー/ [cf. ਤਰਨਾ + Skt. शक्ति] f. 浮き上がる力, 浮力.

ਤਰਨ ਤਾਰਨ (तरन तारन) /tarana tārana タルン ターラン/ [cf. ਤਰਨਾ + cf. ਤਾਰਨਾ] adj. 1 溺れる者を救う, 漂う者を岸まで運ぶ. 2 苦しみの海から救済する.

— m. 1 溺れる者を救うこと, 溺れる者を救う者. 2 救い, 救済. 3 救い主, 救いの神. 4『スィ』タルン・ターラン《アムリトサル市から約25km南に位置する，スィック教の第5代教主グルー・アルジャンゆかりの聖地の一つ．町が開かれグルドゥワーラーが建立される以前は，この地域は全くの密林地帯であったと言われる．アルジャンが第4代教主グルー・ラームダースの末子であったため，教主の地位を継げなかった長兄のプリティー・チャンドは分派行動を起こし，総本山ダルバール・サーヒブを占拠してしまった．事を荒立てないようにと，アルジャンはアムリトサルを離れタルン・ターランの村に落ち着いたが，ダルバール・サーヒブに対抗して1590年この村に大きなグルドゥワーラーを造った．実際，沐浴池はダルバール・サーヒブをはるかに凌ぐ300㎡もの広さである》．

ਤਰੰਨਮ (तरंनम) /tarannama̯ タランナム/ [Arab. *tarannum*] *m.* **1** 震え声，さえずり． **2** 音調の変化，抑揚． **3** 歌声． **4** リズム，律動． **5** メロディー，旋律．

ਤਰਨਾ (तरना) /taranā タルナー/ ▸ਤੈਰਨਾ [Skt. तरति] *vi.* **1** 泳ぐ． **2** 浮く，浮かぶ． **3** 漂う，漂流する． **4** 泳いで渡る． **5** 救いを得る，解脱する．

ਤਰਪਣ (तरपण) /tara̯paṇa̯ タルパン/ ▸ਤਰਪਨ *m.* → ਤਰਪਨ

ਤਰੱਪਣਾ (तरप्पणा) /tarappaṇā タラッパナー/ ▸ਟੱਪਣਾ, ਤ੍ਰੱਪਣਾ *vi.* → ਟੱਪਣਾ

ਤ੍ਰੱਪਣਾ (त्रप्पणा) /trappaṇā (tarappaṇā) トラッパナー (タラッパナー)/ ▸ਟੱਪਣਾ, ਤਰੱਪਣਾ *vi.* → ਟੱਪਣਾ

ਤਰਪਨ (तरपन) /tara̯pana̯ タルパン/ ▸ਤਰਪਣ [Skt. तर्पण] *m.* **1** 満足，満足させること． **2**〖儀礼〗神や祖霊に水を供える儀式，水の献供．

ਤਰੱਪਾ (तरप्पा) /tarappā タラッパー/ *m.* 跳躍．

ਤਰਪਾਈ[1] (तरपाई) /tara̯pāī タルパーイー/ ▸ਤੁਰਪਾਈ *f.* 縁縫い，縁かがり．(⇒ਉਲੇੜ੍ਹੀ)

ਤਰਪਾਈ[2] (तरपाई) /tara̯pāī タルパーイー/ ▸ਤਿਪਾਈ [Skt. त्रिपाद] *f.* **1**〖家具〗三脚の腰掛け，三脚のテーブル． **2** 三脚台．

ਤਰਪਾਲ (तरपाल) /tara̯pāla̯ タルパール/ [Eng. *tarpaulin*] *m.f.* **1** 防水布． **2** 防水帽．

ਤਰਫ਼ (तरफ़) /tarafa̯ タラフ/ [Arab. *taraf*] *f.* **1** 側，側面． **2** 方角，方向，向き． **3** 所，場所． **4** 団体． **5** 陣営．

ਤਰਫ਼ਦਾਰ (तरफ़दार) /tarafa̯dāra̯ タラフダール/ [Pers.*-dār*] *adj.* **1** 支持する，味方する． **2** 一方の側につく，肩を持つ，ひいきする．

— *m.* **1** 支持者，味方． **2** ひいきする人．

ਤਰਫ਼ਦਾਰੀ (तरफ़दारी) /tarafa̯dārī タラフダーリー/ [Pers.*-dārī*] *f* **1** 支持，味方すること． **2** 一方の側につくこと，肩を持つこと，ひいき．

ਤਰਫ਼ੈਨ (तरफ़ैन) /tara̯faina̯ タルファェーン/ [Arab. *tarafain*] *m.* **1** 両側． **2** 両陣営．

ਤਰਬ (तरब) /taraba̯ タラブ/ *f.* **1**〖楽器〗楽器の弦． **2** 弦のビーンと鳴る音，弦楽器の奏でる音．

ਤਰਬੀਅਤ (तरबीअत) /tara̯bīata̯ タルビーアト/ [Arab. *tarbīt*] *f.* **1** 育てること，養育，育成．(⇒ਪਾਲਣ ਪੋਸ਼ਣ) **2** 訓育，訓練，躾，教育，研修．(⇒ਸਿੱਖਿਆ)

ਤਰਬੂਜ਼ (तरबूज़) /tara̯būza̯ タルブーズ/ [Pers. *tarbūz*] *m.*〖植物〗スイカ（西瓜）．(⇒ਹਦਵਾਣਾ, ਮਤੀਰਾ)

ਤਰਬੂਜ਼ੀ (तरबूज़ी) /tara̯būzī タルブーズィー/ [-ई] *adj.* **1** スイカの果肉の色の． **2** 桃色に近い赤の．

ਤਰਮੀਮ (तरमीम) /tara̯mīma̯ タルミーム/ [Arab. *tarmīm*] *f.* **1** まっすぐなこと，直線．(⇒ਸੇਧ) **2** 修正，訂正，改訂，改良，改善．(⇒ਸੰਸ਼ੋਧਨ) **3** 修理，修繕，繕い．(⇒ਮੁਰੰਮਤ)

ਤਰਮੀਮਸ਼ੁਦਾ (तरमीमशुदा) /tara̯mīma̯śudā タルミームシュダー/ [Pers.*-śuda*] *adj.* **1** 修正済みの，訂正された．(⇒ਸੰਸ਼ੋਧਿਤ) **2** 改良された，改善された． **3** 修理された，修繕された．

ਤਰਮੀਮੀ (तरमीमी) /tara̯mīmī タルミーミー/ [-ई] *adj.* **1** 修正を行う，訂正すべき． **2** 改良すべき． **3** 修繕すべき．

ਤਰਲ (तरल) /tarala̯ タラル/ [Skt. तरल] *adj.* **1** 液体の． **2** 液状の，流れる，流動性の，流動的な． **3** 動く，移動する． **4** 不安定な．

ਤਰਲਤਾ (तरलता) /tarala̯tā タラルター/ [Skt.-ता] *f.* **1** 流動性． **2**〖比喩〗不安定さ．

ਤਰਲਾ (तरला) /tara̯lā タルラー/ *m.* **1** 必死の努力，無駄な努力． **2** 懇願，哀願，嘆願．

ਤਰਲਾਉਣਾ (तरलाउणा) /tara̯lāuṇā タルラーウナー/ [Skt. तरल] *vt.* **1** 液化させる． **2** 溶かす．

ਤਰਵੰਜਵਾਂ (तरवंजवाँ) /tara̯wañjawā̃ タルワンジワーン/ ▸ਤਰਵੰਞਵਾਂ *ca.num. adj.* → ਤਰਵੰਞਵਾਂ

ਤਰਵੰਜਾ (तरवंजा) /tara̯wañjā タルワンジャー/ ▸ਤਿਰਵੰਜਾ [Skt. त्रि + Pers. *panjāh*] *ca.num.* 53.

— *adj.* 53の．

ਤਰਵੰਞਵਾਂ (तरवंझवाँ) /tara̯wâñja̯wā̃ タルワンジワーン/ ▸ਤਰਵੰਜਵਾਂ [-वां] *ca.num.* 53番目．

— *adj.* 53番目の．

ਤਰਾਂ (तराँ) /tarā̃ タラーン/ ▸ਤਰ੍ਹਾਂ, ਤਰ੍ਹਾ, ਤਰਾ *f.postp.* → ਤਰ੍ਹਾਂ

ਤਰਾ (तरा) /tarā タラー/ ▸ਤਰ੍ਹਾਂ, ਤਰ੍ਹਾ, ਤਰਾਂ *f.postp.* → ਤਰ੍ਹਾਂ

ਤਰਾਉਤ (तराउत) /tarāuta̯ タラーウト/ ▸ਤਰਾਵਤ [Pers. *tarāvat*] *f.* **1** 新鮮さ，みずみずしさ．(⇒ਤਾਜ਼ਗੀ) **2** 緑，緑色．(⇒ਹਰਿਆਉਲ) **3** 涼しさ，冷たさ．(⇒ਠੰਢ) **4** 湿り気，湿気．(⇒ਤਰੀ)

ਤਰਾਈ (तराई) /tarāī タラーイー/ [Skt. तल] *f.* **1**〖地理〗麓，山麓，裾野，山麓沿いの低地，小丘の麓の平地． **2**〖地名〗タラーイー《ヒマラヤ山麓沿いに広がるガンガー〔ガンジス川〕上流の平地帯》．

ਤਰਾਸ (तरास) /tarāsa̯ タラース/ ▸ਤ੍ਰਾਸ, ਤਰਾਹ, ਤ੍ਰਾਹ [Skt. त्रास] *m.* **1** 不安，恐怖，戦慄． **2** 苦しみ，苦痛，苦悩． **3** 驚愕，狼狽． **4** 困難． **5** 悲しみ．

ਤ੍ਰਾਸ (त्रास) /trāsa̯ (tarāsa̯) トラース (タラース)/ ▸ਤਰਾਸ, ਤਰਾਹ, ਤ੍ਰਾਹ *m.* → ਤਰਾਸ

ਤਰਾਸ਼ (तराश) /tarāśa̯ タラーシュ/ [Pers. *tarāś*] *f.* **1** 削ること，削ぎ取ること． **2** 彫ること，彫刻． **3** 刈り込み． **4** 切断，裁断．

ਤਰਾਸ਼ਣਾ (तराशणा) /tarāśaṇā タラーシャナー/ [Pers. *tarāś*] *vt.* **1** 削る，削ぎ取る． **2** 彫る，彫刻する． **3** 引っ掻く，こすり落とす，剥がす． **4** 刈り込む． **5** 切る． **6** 尖らせる．

ਤਰਾਸਦੀ (तरासदी) /tarāsa̯dī タラースディー/ ▸ਤ੍ਰਾਸਦੀ,

ਟ੍ਰੈਜਡੀ, ਟ੍ਰੈਜਿਡੀ [Eng. *tragedy*] *f.* 悲劇.

ਤ੍ਰਾਸਦੀ (त्रासदी) /trāsadī (tarāsadī) トラースディー (タラースディー)/ ▶ਤਰਾਸਦੀ, ਟ੍ਰੈਜਡੀ, ਟ੍ਰੈਜਿਡੀ *f.* → ਤਰਾਸਦੀ

ਤਰਾਸੀ (तरासी) /tarāsī タラースィー/ ▶ਤਰਿਆਸੀ, ਤਿਰਾਸੀ, ਤਿਰਿਆਸੀ [(Pkt. तियासिर्स) Skt. त्र्यशीति] *ca.num.* 83.
— *adj.* 83の.

ਤਰਾਸੀਵਾਂ (तरासीवाँ) /tarāsīwā̃ タラースィーワーン/ ▶ ਤਿਰਾਸੀਆਂ, ਤਿਰਾਸੀਵਾਂ [-ਵਾਂ] *or.num.* 83番目.
— *adj.* 83番目の.

ਤਰਾਹ (तराह) /tarâ タラー/ ▶ਤਰਾਸ, ਤ੍ਰਾਸ, ਤ੍ਰਾਹ *m.* → ਤਰਾਸ

ਤ੍ਰਾਹ (त्राह) /trâ (tarâ) トラー (タラー)/ ▶ਤਰਾਸ, ਤ੍ਰਾਸ, ਤਰਾਹ *m.* → ਤਰਾਸ

ਤਰਾਹੁਣਾ (तराहुणा) /taraûṇā タラオーナー/ [cf. ਤਰਾਸ] *vt.* **1** 怖がらせる, おびえさせる. **2** 驚かせる, びっくりさせる. **3** 衝撃を与える.

ਤਰਾਕ (तराक) /tarāka タラーク/ ▶ਤੈਰਾਕ [cf. ਤਰਨਾ] *adj.* 泳ぎの上手な.
— *m.* **1** 泳ぎ手. **2** 上手な泳ぎ手.

ਤਰਾਕੀ (तराकी) /tarākī タラーキー/ [cf. ਤਰਨਾ] *f.* **1** 泳ぎ, 水泳, 遊泳. **2**〖競技〗水上競技.

ਤਰਾਂਗਲ (तराँगल) /tarā̃gala タラーンガル/ ▶ਤ੍ਰੇਂਗਲ *m.* 〖道具〗農業用のまた鍬(ぐわ).

ਤਰਾਜ਼ੂ (तराज़ू) /tarāzū タラーズー/ [Pers. *tarāzū*] *m.* 〖道具〗秤, 天秤.

ਤਰਾਟ (तराट) /tarāṭa タラート/ ▶ਤ੍ਰਾਟ, ਤਰਾਂਡ *f.*〖医〗ずきずきする痛み.

ਤ੍ਰਾਟ (त्राट) /trāṭa (tarāṭa) トラート (タラート)/ ▶ਤਰਾਟ, ਤਰਾਂਡ *f.* → ਤਰਾਟ

ਤਰਾਂਡ (तराँड) /tarā̃ḍa タラーンド/ ▶ਤਰਾਟ, ਤ੍ਰਾਟ [(Mul.)] *f.* → ਤਰਾਟ

ਤਰਾਣ (तराण) /tarāṇa タラーン/ ▶ਤ੍ਰਾਣ *m.* **1** 力. **2** 強さ.

ਤ੍ਰਾਣ (त्राण) /trāṇa (tarāṇa) トラーン (タラーン)/ ▶ਤਰਾਣ *m.* → ਤਰਾਣ

ਤਰਾਨਵਾਂ (तरानवाँ) /tarānawā̃ タラーナワーン/ [Skt. त्रयोनवति -ਵਾਂ] *or.num.* 93番目.
— *adj.* 93番目の.

ਤਰਾਨਵੇਂ (तरानवें) /tarānawẽ タラーナウェーン/ ▶ ਤਰਿਆਨਵੇਂ, ਤਿਰਾਨਵੇਂ, ਤਿਰਿਆਨਵੇਂ, ਤੇਰਾਨਵੇਂ [Skt. त्रयोनवति] *ca.num.* 93.
— *adj.* 93の.

ਤਰਾਨਾ (तराना) /tarānā タラーナー/ [Pers. *tarāna*] *m.* **1**〖音楽〗歌. (⇒ਗੀਤ) **2**〖音楽〗旋律. (⇒ਧੁਨ) **3**〖音楽〗小歌曲. (⇒ਛੋਟਾ ਗੀਤ) **4** 和声.

ਤਰਾਪ (तराप) /tarāpa タラープ/ [(Mul.) Pers. *tar*] *m.* 〖地理〗湿地.

ਤਰਾਂਬਾ (तराँबा) /tarā̃bā タラーンバー/ ▶ਤਰਾਮਾ, ਤਾਂਬਾ *m.* → ਤਾਂਬਾ

ਤਰਾਮਾ (तरामा) /tarāmā タラーマー/ ▶ਤਰਾਂਬਾ, ਤਾਂਬਾ *m.* → ਤਾਂਬਾ

ਤਰਾਮੀ (तरामी) /tarāmī タラーミー/ *f.* 大きな銅製のこね皿.

ਤੱਰਾਰ (तर्रार) /tarrāra タッラール/ [Pers. *tarrār*] *adj.* **1** 活発な. **2** 敏速な, 俊敏な, 機敏な.

ਤੱਰਾਰਾ (तर्रारा) /tarrārā タッラーラー/ [Pers. *tarrār*] *m.* **1** 活発なこと. **2** 敏速, 俊敏, 機敏.

ਤਰਾਵਤ (तरावत) /tarāwata タラーワト/ ▶ਤਰਾਉਤ *f.* → ਤਰਾਉਤ

ਤਰਿ (तरि) /tari タリ/ ▶ਤ੍ਰਿ, ਤਿ [Skt. त्रि] *pref.* 3の意味を含む語を形成する接頭辞.

ਤ੍ਰਿ (त्रि) /tri (tari) トリ (タリ)/ ▶ਤਰਿ, ਤਿ *pref.* → ਤਰਿ

ਤਰਿਆ (तरिआ) /tariā タリアー/ ▶ਤ੍ਰਿਆ, ਤ੍ਰੀਆ, ਤਰੀਯਾ, ਤਿਰਿਆ, ਤੀਆ [(Pkt. तिरिया) Skt. स्त्री] *f.* **1** 女, 女性. (⇒ਔਰਤ) **2** 婦人.

ਤ੍ਰਿਆ (त्रिआ) /triā (tariā) トリアー (タリアー)/ ▶ਤਰਿਆ, ਤ੍ਰੀਆ, ਤਰੀਯਾ, ਤਿਰਿਆ, ਤੀਆ *f.* → ਤਰਿਆ

ਤਰਿਆਸੀ (तरिआसी) /tariāsī タリアースィー/ ▶ਤਰਾਸੀ, ਤਿਰਾਸੀ, ਤਿਰਿਆਸੀ [(Pkt. तियासिर्स) Skt. त्र्यशीति] *ca.num.* 83.
— *adj.* 83の.

ਤਰਿਆਹਾ (तरिआहा) /tariāhā タリアーハー/ *adj.* 喉の渇いた, 渇望した.

ਤਰਿਆਕਲ (तरिआकल) /tariākala タリアーカル/ ▶ ਤ੍ਰਿਆਕਲ, ਤਿਰਿਆਕਲ [Skt. त्रि- ਆਕਲ] *adj.* 第三者の, 中立の.
— *m.* **1** 第三者, 中立な立場の人. **2** 部外者, 門外漢. **4** 決定者, 裁決者. **5** 調停者. **6** 審判員.

ਤ੍ਰਿਆਕਲ (त्रिआकल) /triākala (tariākala) トリアーカル (タリアーカル)/ ▶ਤਰਿਆਕਲ, ਤਿਰਿਆਕਲ *adj.m.* → ਤਰਿਆਕਲ

ਤਰਿਆਨਵੇਂ (तरिआनवें) /tariānawẽ タリアーナウェーン/ ▶ ਤਰਾਨਵੇਂ, ਤਿਰਾਨਵੇਂ, ਤਿਰਿਆਨਵੇਂ, ਤੇਰਾਨਵੇਂ [Skt. त्रयोनवति] *ca.num.* 93.
— *adj.* 93の.

ਤਰਿਸਕਾਰ (तरिसकार) /tarisakāra タリスカール/ ▶ ਤ੍ਰਿਸਕਾਰ [Skt. तिरस्कार] *m.* **1** 叱責. **2** 侮辱.

ਤ੍ਰਿਸਕਾਰ (त्रिसकार) /trisakāra (tarisakāra) トリスカール (タリスカール)/ ▶ਤਰਿਸਕਾਰ *m.* → ਤਰਿਸਕਾਰ

ਤਰਿਸ਼ਣਾ (तरिशणा) /tariśaṇā タリシャナー/ ▶ਤ੍ਰਿਸ਼ਣਾ, ਤਰਿਸ਼ਨਾ, ਤ੍ਰਿਸ਼ਨਾ, ਤਿਸਨਾ, ਤਿਸ਼ਨਾ [Skt. तृष्णा] *f.* **1** 渇き, 渇望, 渇愛. **2** 願望, 切望, 熱望. **3** 空腹, 飢え, 食欲. **4** 貪欲, 強欲, 煩悩. (⇒ਹਿਰਸ) **5** 野望, 野心.

ਤ੍ਰਿਸ਼ਣਾ (त्रिशणा) /triśaṇā (tariśaṇā) トリシャナー (タリシャナー)/ ▶ਤਰਿਸ਼ਣਾ, ਤਰਿਸ਼ਨਾ, ਤ੍ਰਿਸ਼ਨਾ, ਤਿਸਨਾ, ਤਿਸ਼ਨਾ *f.* → ਤਰਿਸ਼ਣਾ

ਤਰਿਸ਼ਨਾ (तरिशना) /tariśanā タリシャナー/ ▶ਤਰਿਸ਼ਣਾ, ਤ੍ਰਿਸ਼ਣਾ, ਤ੍ਰਿਸ਼ਨਾ, ਤਿਸਨਾ, ਤਿਸ਼ਨਾ *f.* → ਤਰਿਸ਼ਣਾ

ਤ੍ਰਿਸ਼ਨਾ (त्रिशना) /triśanā (tariśanā) トリシャナー (タリシャナー)/ ▶ਤਰਿਸ਼ਣਾ, ਤ੍ਰਿਸ਼ਣਾ, ਤਰਿਸ਼ਨਾ, ਤਿਸਨਾ, ਤਿਸ਼ਨਾ *f.* → ਤਰਿਸ਼ਣਾ

ਤ੍ਰਿਸ਼ਨਾਲੂ (त्रिशनालू) /triśanālū (tariśanālū) トリシャナールー (タリシャナールー)/ [Skt. तृष्णा -ਲੂ] *adj.* **1** 渇いた, 渇望している, 熱望している. **2** 貪欲な, 強欲な. **3** 野心のある.

ਤ੍ਰਿਸ਼ਨਾਵਾਨ (त्रिशनावान) /triśanāwāna (tariśanāwāna) トリシャナーワーン (タリシャナーワーン)/ [Skt.-वान्] *adj.* **1** 渇いた, 渇望している, 熱望している. **2** 貪欲な, 強欲

な. **3** 野心のある.

ਤਰਿਸੂਲ (तरिसूल) /tarisūla タリスール/ ▶ਤਰਸੂਲ, ਤ੍ਰਿਸੂਲ [Skt. त्रि- Skt. शूल] *m.* **1**〖武〗三叉槍. **2**〖武〗三叉の矛.

ਤ੍ਰਿਸੂਲ (त्रिसूल) /trisūla (tarisūla) トリスール (タリスール)/ ▶ਤਰਸੂਲ, ਤਰਿਸੂਲ *m.* → ਤਰਿਸੂਲ

ਤਰਿਹਾਇਆ (तरिहाइआ) /tarihāiā タリハーイアー/ ▶ਤ੍ਰਿਹਾਇਆ, ਤਿਹਾਇਆ *adj.* 喉が渇いている.

ਤ੍ਰਿਹਾਇਆ (त्रिहाइआ) /trihāiā (tarihāiā) トリハーイアー (タリハーイアー)/ ▶ਤਰਿਹਾਇਆ, ਤਿਹਾਇਆ *adj.* → ਤਰਿਹਾਇਆ

ਤ੍ਰਿਕਾਲ (त्रिकाल) /trikāla (tarikāla) トリカール (タリカール)/ [Skt. त्रि- Skt. काल] *m.* 三時制, 過去・現在・未来.

ਤ੍ਰਿਕਾਲਦਰਸ਼ੀ (त्रिकालदरशी) /trikāladaraśī トリカールダルシー/ [Skt.-दरशिन्] *adj.* **1** 過去・現在・未来を見通す. **2** 全知の.

— *m.* **1** 過去・現在・未来を見通す者. **2** 全知なる神.

ਤ੍ਰਿਕੁਟੀ (त्रिकुटी) /trikuṭī (tarikuṭī) トリクティー (タリクティー)/ [Skt. त्रिकूट -ई] *f.* 三つ組, 三位一体.

— *adj.* 三つ組の, 三位一体の.

ਤ੍ਰਿਕੋਣ (त्रिकोण) /trikoṇa (tarikoṇa) トリコーン (タリコーン)/ ▶ਤਿਕੋਣ [Skt. त्रि- Skt. कोण] *f.*〖幾何〗三角形.

ਤ੍ਰਿਕੋਣ ਮਿਤੀ (त्रिकोण मिती) /trikoṇa mitī トリコーン ミティー/ [+ Skt. मिति] *f.*〖幾何〗三角法, 三角術.

ਤਰਿਖਾ (तरिखा) /tarikʰā タリカー/ ▶ਤ੍ਰਿਖਾ [Skt. तृषा] *f.* **1** のどの渇き, 渇望. (⇒ਪਿਆਸ) **2** 熱望, 願望, 欲望, 欲求. **3** 空腹, 食欲. **4** 野望, 野心. **5** 貪欲, 強欲.

ਤ੍ਰਿਖਾ (त्रिखा) /trikʰā (tarikʰā) トリカー (タリカー)/ ▶ਤਰਿਖਾ *f.* → ਤਰਿਖਾ

ਤਰਿੱਖਾ (तरिक्खा) /tarikkʰā タリッカー/ ▶ਤ੍ਰਿੱਖਾ [(Pot.)] *adj.* **1** 機敏な. **2** 鋭い.

ਤ੍ਰਿੱਖਾ (त्रिक्खा) /trikkʰā (tarikkʰā) トリッカー (タリッカー)/ ▶ਤਰਿੱਖਾ [(Pot.)] *adj.* → ਤਰਿੱਖਾ

ਤਰਿਣ (तरिण) /tariṇa タリン/ ▶ਤ੍ਰਿਣ [Skt. तृण] *m.* **1** 緑の草, 草の茂み. **2** 細長い草の葉, 藁.

ਤ੍ਰਿਣ (त्रिण) /triṇa (tariṇa) トリン (タリン)/ ▶ਤਰਿਣ *m.* → ਤਰਿਣ

ਤਰਿਤੀਆ (तरितीआ) /taritīā タリティーアー/ ▶ਟਿਰਿਯਾ, ਤ੍ਰਿਤੀਆ [Skt. तृतीय] *or.num.(f.)* 3番目, 第三.

— *adj.* 3番目の, 第三の.

ਤ੍ਰਿਤੀਆ (त्रितीआ) /tritīā (taritīā) トリティーアー (タリティーアー)/ ▶ਟਿਰਿਯਾ, ਤਰਿਤੀਆ *or.num.(f.) adj.* → ਤਰਿਤੀਆ

ਤਰਿਪ ਤਰਿਪ (तरिप तरिप) /taripa taripa タリプ タリプ/ ▶ਤ੍ਰਿਪ ਤ੍ਰਿਪ *f.*〖擬声語〗ポタポタ《滴る音》.

— *adv.* ポタポタと, 滴になって.

ਤ੍ਰਿਪ ਤ੍ਰਿਪ (त्रिप त्रिप) /tripa tripa (taripa taripa) トリプ トリプ (タリプ タリプ)/ ▶ਤਰਿਪ ਤਰਿਪ *f.adv.* → ਤਰਿਪ ਤਰਿਪ

ਤਰਿਪਤ (तरिपत) /taripata タリパト/ ▶ਤ੍ਰਿਪਤ [Skt. तृप्त] *adj.* **1** 満足した, 満ち足りた. **2** お腹いっぱい食べた, 満腹になった. **3** 渇きのいやされた.

ਤ੍ਰਿਪਤ (त्रिपत) /tripata (taripata) トリパト (タリパト)/ ▶ਤਰਿਪਤ *adj.* → ਤਰਿਪਤ

ਤਰਿਪਤੀ (तरिपती) /taripatī タリパティー/ ▶ਤ੍ਰਿਪਤੀ [Skt. तृप्ति] *f.* **1** 満足. **2** 満足感, 充足感.

ਤ੍ਰਿਪਤੀ (त्रिपती) /tripatī (taripatī) トリパティー (タリパティー)/ ▶ਤਰਿਪਤੀ *f.* → ਤਰਿਪਤੀ

ਤਰਿਪਿਟਕ (तरिपिटक) /taripiṭaka タリピタク/ ▶ਤ੍ਰਿਪਿਟਕ [Skt. त्रि- Skt. पिटक] *m.* **1**〖容器〗三つの籠. **2**〖仏〗トリピタカ, 三蔵《仏典を経蔵・律蔵・論蔵の三種類 に分類し, それらをまとめた呼称》.

ਤ੍ਰਿਪਿਟਕ (त्रिपिटक) /tripiṭaka (taripiṭaka) トリピタク (タリピタク)/ ▶ਤਰਿਪਿਟਕ *m.* → ਤਰਿਪਿਟਕ

ਤਰਿਫਲਾ (तरिफला) /taripʰalā タリパラー/ ▶ਤ੍ਰਿਫਲਾ [Skt. त्रि- Skt. फला] *m.*〖薬剤〗三果混合薬《 ਹਰੜ, ਬਹੇੜਾ, ਔਲਾ 三種の果実を薬用に混ぜたもの》.

ਤ੍ਰਿਫਲਾ (त्रिफला) /tripʰalā (taripʰalā) トリパラー (タリパラー)/ ▶ਤਰਿਫਲਾ *m.* → ਤਰਿਫਲਾ

ਤਰਿਭਵਨ (तरिभवन) /taripǎwana タリパワン/ ▶ਤ੍ਰਿਭਵਨ [Skt. त्रि- Skt. भुवन] *m.* 三界《下界と地上と天界》, 全宇宙. (⇒ਤਰਿਲੋਕ)

ਤ੍ਰਿਭਵਨ (त्रिभवन) /tripǎwana (taripǎwana) トリパワン (タリパワン)/ ▶ਤਰਿਭਵਨ *m.* → ਤਰਿਭਵਨ

ਤਰਿਭਾਸ਼ੀ (तरिभाशी) /taripǎśī タリパーシー/ ▶ਤ੍ਰਿਭਾਸ਼ੀ [Skt. त्रि- Skt. भाषिन्] *adj.* 三言語の, 三か国語を話す.

ਤ੍ਰਿਭਾਸ਼ੀ (त्रिभाशी) /tripǎśī (taripǎśī) トリパーシー (タリパーシー)/ ▶ਤਰਿਭਾਸ਼ੀ *adj.* → ਤਰਿਭਾਸ਼ੀ

ਤਰਿਭੌਤ (तरिभौत) /taripaǔta タリパォート/ ▶ਤ੍ਰਿਭੌਤ [Skt. त्रि- Skt. भौतिक] *adj.* 三種の材料で作られた. (⇒ਤਿਹਾਉਲਾ)

— *m.*〖食品〗小麦粉・砂糖・バター油の三種の材料を均等に用いて作った食べ物. (⇒ਤਿਹਾਉਲਾ)

ਤ੍ਰਿਭੌਤ (त्रिभौत) /tripaǔta (taripaǔta) トリパォート (タリパォート)/ ▶ਤਰਿਭੌਤ *adj.m.* → ਤਰਿਭੌਤ

ਤਰਿਮਾਸਿਕ (तरिमासिक) /tarimāsika タリマースィク/ ▶ਤ੍ਰਿਮਾਸਿਕ, ਤਿਮਾਸਕਾ [Skt. त्रि- Skt. मासिक] *adj.* 三か月おきの, 年四回の, 四半期ごとの.

ਤ੍ਰਿਮਾਸਿਕ (त्रिमासिक) /trimāsika (tarimāsika) トリマースィク (タリマースィク)/ ▶ਤਰਿਮਾਸਿਕ, ਤਿਮਾਸਕਾ *adj.* → ਤਰਿਮਾਸਿਕ

ਤਰਿਮਾਤਰਿਕ (तरिमातरिक) /tarimātarika タリマータリク/ ▶ਤ੍ਰਿਮਾਤ੍ਰਿਕ [Skt. त्रि- Skt. मात्रिक] *adj.*〖音〗三音節の.

ਤ੍ਰਿਮਾਤ੍ਰਿਕ (त्रिमात्रिक) /trimātrika (tarimātarika) トリマートリク (タリマータリク)/ ▶ਤਰਿਮਾਤਰਿਕ *adj.* → ਤਰਿਮਾਤਰਿਕ

ਤਰਿਮੂਰਤੀ (तरिमूरती) /tarimūratī タリムールティー/ ▶ਤ੍ਰਿਮੂਰਤੀ [Skt. त्रि- Skt. मूर्ति] *m.*〖ヒ〗ヒンドゥー教の三神《ブラフマー, ヴィシュヌ, シヴァ》.

ਤ੍ਰਿਮੂਰਤੀ (त्रिमूरती) /trimūratī (tarimūratī) トリムールティー (タリムールティー)/ ▶ਤਰਿਮੂਰਤੀ *m.* → ਤਰਿਮੂਰਤੀ

ਤਰਿਲੋਕ (तरिलोक) /tariloka タリローク/ ▶ਤ੍ਰਿਲੋਕ, ਤਰਿਲੋਕੀ, ਤ੍ਰਿਲੋਕੀ [Skt. त्रि- Skt. लोक] *m.* 三界《下界と地上と天界》, 全宇宙. (⇒ਤਰਿਭਵਨ)

ਤ੍ਰਿਲੋਕ (त्रिलोक) /triloka (tariloka) トリローク (タリローク)/ ▶ਤਰਿਲੋਕ, ਤਰਿਲੋਕੀ, ਤ੍ਰਿਲੋਕੀ *m.* → ਤਰਿਲੋਕ

ਤਰਿਲੋਕੀ (तरिलोकी) /tarilokī タリローキー/ ▶ਤਰਿਲੋਕ, ਤ੍ਰਿਲੋਕ, ਤ੍ਰਿਲੋਕੀ *f.* → ਤਰਿਲੋਕ

ਤ੍ਰਿਲੋਕੀ (त्रिलोकी) /trilokī (tarilokī) トリローキー (タリローキー)/ ▶ਤਰਿਲੋਕ, ਤ੍ਰਿਲੋਕ, ਤਰਿਲੋਕੀ *f.* → ਤਰਿਲੋਕ

ਤ੍ਰਿਲੋਚਨ (त्रिलोचन) /trilocana (tarilocana) トリローチャン (タリローチャン)/ [Skt. त्रि- Skt. लोचन] *adj.* 三つの目を持つ, 三つ目の.
— *m.* **1** 三つの目を持つ者, 三眼を持つ者. **2**〘ヒ〙トリローチャナ《シヴァ神の異名の一つ》. (⇒ਸ਼ਿਵ)

ਤਰਿਵੇਣੀ (तरिवेणी) /tariveṇī タリヴェーニー/ ▸ਤ੍ਰਿਵੇਣੀ [Skt. त्रि- Skt. वेणी] *f.* **1**〘地理〙三河川の合流点. **2** ウッタル・プラデーシュ州の都市アラーハーバードの三河川の合流点.

ਤ੍ਰਿਵੇਣੀ (त्रिवेणी) /triveṇī (tariveṇī) トリヴェーニー (タリヴェーニー)/ ▸ਤਰਿਵੇਣੀ *f.* → ਤਰਿਵੇਣੀ

ਤਰੀ (तरी) /tarī タリー/ [Pers. *tarī*] *f.* **1** 湿気, 水分. **2**〘地理〙湿地, 沼地. **3**〘地理〙海, 海域.

ਤ੍ਰੀਆ (त्रीआ) /trīā (tarīā) トリーアー (タリーアー)/ ▸ਤਰਿਆ, ਤ੍ਰਿਆ, ਤਰੀਯਾ, ਤਿਰਿਆ, ਤੀਆ *f.* → ਤਰਿਆ

ਤਰੀਕ (तरीक) /tarīka タリーク/ ▸ਤ੍ਰੀਕ [Arab. *tārīx*] *f.* **1** 日付. (⇒ਮਿਤੀ) **2** 日. **3** 所定の日.

ਤ੍ਰੀਕ (त्रीक) /trīka (tarīka) トリーク (タリーク)/ ▸ਤਰੀਕ, ਤਾਰੀਖ਼ *f.* → ਤਰੀਕ

ਤਰੀਕਤ (तरीकत) /tarīkata タリーカト/ [Arab. *tarīqat*] *f.* **1** 精神浄化法. **2**〘イス〙スーフィズムにおける修養階梯の一つ.

ਤਰੀਕਾ (तरीका) /tarīkā タリーカー/ [Arab. *tarīqa*] *m.* **1** 方法, やり方, 手法, 手段. (⇒ਢੰਗ) **2** 様式, 方式, 流儀.

ਤਰੀਫ਼ (तरीफ़) /tarīfa タリーフ/ ▸ਤਾਰੀਫ਼ *f.* → ਤਾਰੀਫ਼

ਤਰੀਮਤ (तरीमत) /tarīmata タリーマト/ ▸ਤ੍ਰੀਮਤ, ਤੀਮਤ *f.* **1** 女, 女性, 婦人. (⇒ਤੀਵੀਂ, ਔਰਤ) **2**〘親族〙妻. (⇒ਵਹੁਟੀ)

ਤ੍ਰੀਮਤ (त्रीमत) /trīmata (tarīmata) トリーマト (タリーマト)/ ▸ਤਰੀਮਤ, ਤੀਮਤ *f.* → ਤਰੀਮਤ

ਤਰੀਯਾ (तरीया) /tarīyā タリーヤー/ ▸ਤਰਿਆ, ਤ੍ਰਿਆ, ਤ੍ਰੀਆ, ਤਿਰਿਆ, ਤੀਆ *f.* → ਤਰਿਆ

ਤਰੁਟੀ (तरुटी) /taruṭī タルティー/ ▸ਤਰੁੱਟੀ, ਤ੍ਰੁੱਟੀ [Skt. त्रुटि] *f.* 不足, 欠乏. (⇒ਘਾਟ, ਊਣ)

ਤਰੁੱਟੀ (तरुट्टी) /taruṭṭī タルッティー/ ▸ਤਰੁਟੀ, ਤ੍ਰੁੱਟੀ *f.* → ਤਰੁਟੀ

ਤ੍ਰੁੱਟੀ (त्रुट्टी) /truṭṭī (taruṭṭī) トルッティー (タルッティー)/ ▸ਤਰੁਟੀ, ਤਰੁੱਟੀ *f.* → ਤਰੁਟੀ

ਤਰੁੱਠਣਾ (तरुट्ठणा) /taruṭṭʰaṇā タルッタナー/ ▸ਤ੍ਰੁੱਠਣਾ *vi.* → ਤ੍ਰੁੱਠਣਾ

ਤਰੁਠਵਾਂ (तरुठवाँ) /taruṭʰawā̃ タルトワーン/ [Skt. तुष्ट Skt.-वान्] *adj.* **1** 喜んでいる, 嬉しく思っている. (⇒ਖ਼ੁਸ਼) **2** 愛想のよい. **3** 優しい気持ちの. (⇒ਮਿਹਰਬਾਨ) **4** 威張らない.

ਤਰੁਠਾ (तरुठा) /taruṭʰā タルター/ *adj.* 親切な.

ਤਰੁੰਡਣਾ (तरुंडणा) /taruṇḍaṇā タルンダナー/ ▸ਤ੍ਰੁੰਡਣਾ *vt.* むしり取る.

ਤ੍ਰੁੰਡਣਾ (त्रुंडणा) /truṇḍaṇā (taruṇḍaṇā) トルンダナー (タルンダナー)/ ▸ਤਰੁੰਡਣਾ *vt.* → ਤਰੁੰਡਣਾ

ਤਰੁੱਪਣਾ (तरुप्पणा) /taruppaṇā タルッパナー/ ▸ਤ੍ਰੁੱਪਣਾ *vt.* 縫う. (⇒ਸਿਊਣਾ)

ਤ੍ਰੁੱਪਣਾ (त्रुप्पणा) /truppaṇā (taruppaṇā) トルッパナー (タルッパナー)/ ▸ਤਰੁੱਪਣਾ *vt.* → ਤਰੁੱਪਣਾ

ਤਰੂਣਾ (तरूणा) /tarūṇā タルーナー/ ▸ਤ੍ਰੂਣਾ *vi.* 流産する, 中絶する, 早産する.

ਤ੍ਰੇਈ (त्रेई) /treī (tareī) トレーイー (タレーイー)/ ▸ਤੇਈ [(Pkt. तेवीस) Skt. त्रिविंशति, त्रयोविंशति] *ca.num.* 23.
— *adj.* 23の.

ਤਰੇਹ (तरेह) /tarê タレー/ ▸ਤ੍ਰੇਹ, ਤਿਖ, ਤਿਖਾ, ਤੇਹ [Skt. तृषा] *f.* **1** 渇き, 渇望. (⇒ਪਿਆਸ, ਤਰਿਸ਼ਣਾ) **2** 願望. (⇒ਇੱਛਾ)

ਤ੍ਰੇਹ (त्रेह) /trê (tarê) トレー (タレー)/ ▸ਤਰੇਹ, ਤਿਖ, ਤਿਖਾ, ਤੇਹ *f.* → ਤਰੇਹ

ਤਰੇਹਠ (तरेहठ) /tarêṭʰa タレート/ ▸ਤ੍ਰੇਹਠ [(Pkt. तिसट्ठि) Skt. त्रिषष्टि] *ca.num.* 63.
— *adj.* 63の.

ਤ੍ਰੇਹਠ (त्रेहठ) /trêṭʰa (tarêṭʰa) トレート (タレート)/ ▸ਤਰੇਹਠ *ca.num. adj.* → ਤਰੇਹਠ

ਤਰੇਹਠਵਾਂ (तरेहठवाँ) /tarêṭʰawā̃ タレートワーン/ ▸ਤ੍ਰੇਹਠਵਾਂ [(Pkt. तिसट्ठि) Skt. त्रिषष्टि-वाँ] *or.num.* 63番目.
— *adj.* 63番目の.

ਤ੍ਰੇਹਠਵਾਂ (त्रेहठवाँ) /trêṭʰawā̃ (tarêṭʰawā̃) トレートワーン (タレートワーン)/ ▸ਤਰੇਹਠਵਾਂ *or.num. adj.* → ਤਰੇਹਠਵਾਂ

ਤ੍ਰੇਂਗਲ (त्रेंगल) /trẽgala (tarẽgala) トレーンガル (タレーンガル)/ ▸ਤਰਾਂਗਲ *m.* → ਤਰਾਂਗਲ

ਤਰੇਤਾ (तरेता) /taretā タレーター/ ▸ਤ੍ਰੇਤਾ [Skt. त्रेता] *m.*〘ヒ〙ヒンドゥー神話における第二期.

ਤ੍ਰੇਤਾ (त्रेता) /tretā (taretā) トレーター (タレーター)/ ▸ਤਰੇਤਾ *m.* → ਤਰੇਤਾ

ਤਰੇਲ (तरेल) /tarela タレール/ ▸ਤ੍ਰੇਲ *f.* 露(つゆ), 夜露, 朝露. (⇒ਸ਼ਬਨਮ)

ਤ੍ਰੇਲ (त्रेल) /trela (tarela) トレール (タレール)/ ▸ਤਰੇਲ *f.* → ਤਰੇਲ

ਤਰੇਲੀ (तरेली) /tarelī タレーリー/ ▸ਤ੍ਰੇਲੀ *f.*〘生理〙軽い発汗.

ਤ੍ਰੇਲੀ (त्रेली) /trelī (tarelī) トレーリー (タレーリー)/ ▸ਤਰੇਲੀ *f.* → ਤਰੇਲੀ

ਤ੍ਰੇਵਰ (त्रेवर) /trewara (tarewara) トレーワル (タレーワル)/ ▸ਤਿਓਰ, ਤਿਉਰ *m.* → ਤਿਓਰ

ਤਰੇੜ (तरेड़) /tareṛa タレール/ ▸ਤ੍ਰੇੜ *f.* **1** 割れ目, ひび. **2** 裂け目, 亀裂.

ਤ੍ਰੇੜ (त्रेड़) /treṛa (tareṛa) トレール (タレール)/ ▸ਤਰੇੜ *f.* → ਤਰੇੜ

ਤਰੇੜਨਾ (तरेड़ना) /tareṛanā タレールナー/ ▸ਤ੍ਰੇੜਨਾ *vi.* **1** 割れ目ができる, ひびが割れる. **2** 裂け目ができる, 裂ける.

ਤ੍ਰੇੜਨਾ (त्रेड़ना) /treṛanā (tareṛanā) トレールナー (タレールナー)/ ▸ਤਰੇੜਨਾ *vi.* → ਤਰੇੜਨਾ

ਤਰੇੜਾ (तरेड़ा) /tareṛā タレーラー/ *m.* 注ぐこと.

ਤ੍ਰੈ (त्रै) /trai (tarai) トラェー (タラェー)/ [Skt. त्रै, त्रय] *adj.* 三つの. (⇒ਤਿੰਨ)
— *pref.* 3の意味を含む語を形成する接頭辞.

ਤ੍ਰੈਕਾਲ (त्रैकाल) /traikāla (taraikāla) トラェーカール (タラェーカール)/ [Skt. त्रै- Skt. काल] *m.* 三時制, 過去・現在・未来.

ਤ੍ਰੈ-ਕੋਣ (त्रै-कोण) /trai-koṇa (tarai-koṇa) トラェー・コーン (タラェー・コーン)/ [Skt. त्रै- Skt. कोण] *m.*〘幾何〙三角形.

ਤ੍ਰੈਦਸੀ (त्रैदसी) /traidasī (taraidasī) トラェーダスィー (タラェーダスィー)/ [Skt. त्रै- Skt. दश -ई] f. 〖暦〗太陰暦各半月の13日.

ਤ੍ਰੈ-ਬਰਸੀ (त्रै-बरसी) /trai-barasī (tarai-barasī) トラェー・バルスィー (タラェー・バルスィー)/ [Skt. त्रै- Skt. वर्षिन्] adj. 三年ごとの, 三年目の.

ਤ੍ਰੈ-ਮਾਸਕ (त्रै-मासक) /trai-māsaka (tarai-māsaka) トラェー・マーサク (タラェー・マーサク)/ [Skt. त्रै- Skt. मासिक] adj. 三か月ごとの, 年四回の, 四半期ごとの.

ਤ੍ਰੈ-ਮੂਰਤੀ (त्रै-मूरती) /trai-mūratī (tarai-mūratī) トラェー・ムールティー (タラェー・ムールティー)/ [Skt. त्रै- Skt. मूर्ति] adj. 三つの形の, 三つの像の.

ਤ੍ਰੈਲੋਕ (त्रैलोक) /trailoka (tarailoka) トラェーローク (タラェーローク)/ ▸ਤ੍ਰੈਲੋਕੀ [Skt. त्रै- Skt. लोक] m. 三界《下界と地上と天界》, 全宇宙. (⇒ਤਰਿਭਵਨ)

ਤ੍ਰੈਲੋਕੀ (त्रैलोकी) /trailokī (taraiokī) トラェーローキー (タラェーローキー)/ ▸ਤ੍ਰੈਲੋਕ f. → ਤ੍ਰੈਲੋਕ

ਤ੍ਰੈਲੋਚਨ (त्रैलोचन) /trailocana (tarailocana) トラェーローチャン (タラェーローチャン)/ [Skt. त्रै- Skt. लोचन] adj.m. → ਤ੍ਰਿਲੋਚਨ

ਤਰੋਤਾਜ਼ਾ (तरोताज़ा) /tarotāzā タローターザー/ [Pers. tarotāza] adj. 1 新鮮な, みずみずしい. 2 はつらつとした.

ਤਰੋੜਨਾ (तरोड़ना) /taroṛanā タロールナー/ ▸ਤੋੜਨਾ [(Pot.)] vt. → ਤੋੜਨਾ

ਤਰੌਂਕਣਾ (तरौंकणा) /tarāũkaṇā タラォーンカナー/ ▸ਤਰਕਾਉਣਾ, ਤ੍ਰੌਂਕਣਾ, ਤੌਂਕਣਾ vt. 振り撒く, 散布する, 吹きかける, 噴霧をかける.

ਤ੍ਰੌਂਕਣਾ (त्रौंकणा) /trāũkaṇā (tarāũkaṇā) トラォーンカナー (タラォーンカナー)/ ▸ਤਰਕਾਉਣਾ, ਤਰੌਂਕਣਾ, ਤੌਂਕਣਾ vt. → ਤਰੌਂਕਣਾ

ਤਲ (तल) /tala タル/ [Skt. तल] m. 1 底, 基底, 底辺. (⇒ਥਾਹ) 2 表面. (⇒ਸਤ੍ਹਾ) 3 水平面, 平面. (⇒ਪੱਧਰ)

ਤੱਲਕ (तल्लक) /tallaka タッラク/ ▸ਤਅੱਲਕ, ਤਅੱਲੁਕ m. → ਤਅੱਲਕ

ਤਲਕਾ (तलका) /talakā タルカー/ ▸ਤੱਲਕਾ m. → ਤੱਲਕਾ

ਤੱਲਕਾ (तल्लका) /tallakā タッラカー/ ▸ਤਲਕਾ [Arab. ta`alluqa] m. 1 所有地, 不動産. 2 村落の集まり. 3 行政区.

ਤਲਖ਼ (तलख़) /talaxa タラク/ [Pers. talx] adj. 1 苦い, まずい. 2 辛い, つんとくる, 刺激性の. 3 不機嫌な, 怒りっぽい. 4 嫌な, 不愉快な. 5 辛辣な, 嫌みな.

ਤਲਖ਼ੀ (तलख़ी) /talaxī タルキー/ [Pers. talxī] f. 1 苦さ, 苦味. 2 辛さ. 3 不機嫌, 怒り. 4 辛辣さ, 嫌み. 5 緊張関係.

ਤਲੰਗਾ (तलंगा) /talaṅgā タランガー/ m. 〖俗語〗兵士.

ਤਲਛਟ (तलछट) /talacʰaṭa タルチャト/ ▸ਤਲਛਤ f. 沈澱物, 滓(おり).

ਤਲਛਟੀ (तलछटी) /talacʰaṭī タルチャティー/ adj. 沈殿した, 沈澱物の.

ਤਲਛਤ (तलछत) /talacʰata タルチャト/ ▸ਤਲਛਟ f. → ਤਲਛਟ

ਤਲਣਾ (तलणा) /talaṇā タルナー/ ▸ਤਲਨਾ [(Pkt. तलई) Skt. तलति] vt. 〖料理〗油で揚げる.

ਤਲਨਾ (तलना) /talanā タルナー/ ▸ਤਲਣਾ vt. → ਤਲਣਾ

ਤਲੱਫ਼ਜ਼ (तलफ़्फ़ज़) /talaffaza タラッファズ/ [Arab. talaffuz] m. 発音. (⇒ਉਚਾਰਨ)

ਤਲਬ (तलब) /talaba タラブ/ [Arab. talab] f. 1 望み, 願望. 2 要求, 要請. 3 召喚, 呼び出し. 4 給料, 俸給, 給与.

ਤਲਬਾਨਾ (तलबाना) /talabānā タルバーナー/ [Pers. talabāna] m. 〖法〗証人召喚費用, 召喚料.

ਤਲਬੀ (तलबी) /talabī タルビー/ [Pers. talabī] f. 召喚, 呼び出し.

ਤਲਮਲਾਉਣਾ (तलमलाउणा) /talamalāuṇā タルマラーウナー/ vi. 1 のたうつ, のたうち回る, 身もだえする, あがき苦しむ. 2 落ち着きなく体を動かす, そわそわする. 3 怒る.

ਤਲਮਲਾਹਟ (तलमलाहट) /talamalâṭa タルマラート/ f. 1 のたくり, うごめき. 2 落ち着きなく動くこと, 落ち着かない気持ち. 3 怒り.

ਤਲਵਹੀਆ (तलवहीआ) /talawahīā | talawaĭā タルワヒーアー | タルワイーアー/ [Skt. तलवारि] m. 剣士.

ਤਲਵਾਂ[1] (तलवाँ) /talawā̃ タルワーン/ [Skt. तल Skt.-वान्] adj. 1 底の, 基底の. 2 下方の, 低い.
— m. 底, 基底, 下部.

ਤਲਵਾਂ[2] (तलवाँ) /talawā̃ タルワーン/ [cf. ਤਲਣਾ] adj. 油で揚げた. (⇒ਤਲਿਆ ਹੋਇਆ)

ਤਲਵਾ (तलवा) /talawā タルワー/ ▸ਤਲਾ [Skt. तल + ਵਾ] m. 1 底. 2 靴の底. 3 〖身体〗足の裏.

ਤਲਵਾਰ (तलवार) /talawāra タルワール/ [Skt. तलवारि] f. 〖武〗剣, 刀, 太刀.

ਤਲਾ[1] (तला) /talā タラー/ ▸ਤਲਵਾ m. → ਤਲਵਾ

ਤਲਾ[2] (तला) /talā タラー/ ▸ਤਲਾਉ, ਤਲਾਅ m. → ਤਲਾਅ

ਤਲਾਉ (तलाउ) /talāu | talāo タラーウ | タラーオー/ ▸ਤਲਾ, ਤਲਾਅ m. → ਤਲਾਅ

ਤਲਾਅ (तलाअ) /talāa タラーア/ ▸ਤਲਾ, ਤਲਾਉ [Skt. तल्ल] m. 〖地理〗池, 溜池, 貯水池. (⇒ਸਰੋਵਰ, ਕੁੰਡ) ❐ਬੂੰਦ ਬੂੰਦ ਨਾਲ ਤਲਾਅ ਭਰਦਾ ਹੈ। 一滴一滴が集まれば池も満たされる〔諺〕〈塵も積もれば山となる〉.

ਤਲਾਈ (तलाई) /talāī タラーイー/ ▸ਤੁਲਾਈ f. 〖寝具〗綿などを詰めた敷き布団.

ਤਲਾਸ਼ (तलाश) /talāśa タラーシュ/ [Pers. talāś] f. 1 探すこと, 探求, 追求. 2 探索, 捜索. 3 捜査. 4 探検.

ਤਲਾਸ਼ੀ (तलाशी) /talāśī タラーシー/ [Pers. talāśī f. 1 探索, 捜索. 2 身体検査, 所持品検査. 3 〖法〗家宅捜索.

ਤਲਾਕ (तलाक) /talāka タラーク/ [Arab. talāq] m. 離婚.

ਤਲਾਕਸ਼ੁਦਾ (तलाकशुदा) /talākaśudā タラークシュダー/ [-śuda] adj. 離婚した, 離婚している.

ਤਲਾਂਜਲੀ (तलाँजली) /talā̃jalī タラーンジャリー/ ▸ਤਿਲਾਂਜਲੀ f. → ਤਿਲਾਂਜਲੀ

ਤਲਾਫ਼ੀ (तलाफ़ी) /talāfī タラーフィー/ [Arab. talāfī] f. 償い, 弁償, 賠償, 補償.

ਤਲਾਬ (तलाब) /talāba タラーブ/ ▸ਤਾਲਾਬ [Skt. तल्ल] m. 〖地理〗池, 貯水池, 溜池. (⇒ਸਰੋਵਰ, ਕੁੰਡ)

ਤਲਿੱਸਮ (तलिस्सम) /talissama タリッサム/ ▶ਤਿਲਿੱਸਮ m. → ਤਿਲਿੱਸਮ
ਤਲਿਹਾਰਾ (तलिहारा) /taliā̆lā タリアーラー/ m. 端綱, 面繋(おもがい).
ਤਲੀ[1] (तली) /talī タリー/ f. 1 〘身体〙手のひら. (⇒ਹਥੇਲੀ) 2 〘身体〙足の裏. (⇒ਤਲਵਾ)
ਤਲੀ[2] (तली) /talī タリー/ [Skt. तल -ਈ] adj. 表面の.
ਤਲੂਣੀ (तलूणी) /talūṇī タルーニー/ f. 油差し.
ਤਲੇ (तले) /tale タレー/ ▶ਥੱਲੇ [Skt. तल] adv. 下に. — postp. …の下に.
ਤਵ (तव) /tava タヴ/ [Skt. त्व] suff. 名詞・形容詞に付いて抽象名詞(男性名詞)を形成する接尾辞.
ਤਵੱਕਲ (तवक्कल) /tawakkala タワッカル/ [Arab. tavaqqu`] m. 信頼, 信用.
ਤਵੱਕਲੀ (तवक्कली) /tawakkalī タワッカリー/ [Arab. tavaqqu`] adv. 信頼して, 信用して.
ਤਵੱਕੋ (तवक्को) /tawakko タワッコー/ [Arab. tavaqqo f. 1 希望, 期待. 2 予想, 見込み.
ਤਵੱਜੋ (तवज्जो) /tawajjo タワッジョー/ [Arab. tavajjuh] f. 1 注意. 2 注意深いこと. 3 気配り, 配慮. 4 親切, 好意.
ਤਵਰਗ (तवरग) /tawaraga タワルグ/ [ਤ + Skt. वर्ग] m. 〘文字・音〙歯音のタ段《グルムキー字母表の歯・閉鎖音の子音グループ》.
ਤਵਾ (तवा) /tawā タワー/ [(Pkt. तवय) Skt. तापक] m. 〘調〙タワー《ローティー〔無発酵平焼きパン〕などを焼く, 料理用の丸い鉄板》.
ਤਵਾਜ਼ਨ (तवाज़न) /tawāzana タワーザン/ [Arab. tavāzun] m. 1 釣合い, 均衡, 平衡. (⇒ਸੰਤੁਲਨ) 2 平衡状態, 安定.
ਤਵਾਜ਼ਾ (तवाज़ा) /tawāzā タワーザー/ ▶ਤਵਾਜ਼ੋ [Arab. tavāzu] f. 1 歓待. 2 もてなし.
ਤਵਾਜ਼ੋ (तवाज़ो) /tawāzo タワーゾー/ ▶ਤਵਾਜ਼ਾ f. → ਤਵਾਜ਼ਾ
ਤਵਾਨ (तवान) /tawāna タワーン/ ▶ਤਾਵਾਨ [Pers. tāvān] m. 1 補償, 賠償. 2 補償金, 賠償金. 3 罰金, 科料. 4 保釈金.
ਤਵਾਰੀਖ਼ (तवारीख़) /tawārīxa タワーリーク/ ▶ਤ੍ਵਾਰੀਖ਼ [Arab. tavārīx] f. 歴史. (⇒ਇਤਿਹਾਸ)
ਤ੍ਵਾਰੀਖ਼ (त्वारीख़) /twārīxa (tawārīxa) トワーリーク (タワーリーク)/ ▶ਤਵਾਰੀਖ਼ f. → ਤਵਾਰੀਖ਼
ਤਵਾਰੀਖ਼ੀ (तवारीख़ी) /tawārīxī タワーリーキー/ [Arab. tavārīxī] adj. 1 歴史の, 歴史上の, 歴史に関する. (⇒ਇਤਿਹਾਸਿਕ, ਇਤਿਹਾਸੀ) 2 歴史的な, 歴史に残る, 歴史上有名な. (⇒ਇਤਿਹਾਸਿਕ, ਇਤਿਹਾਸੀ)
ਤਵੀ (तवी) /tawī タウィー/ [(Pkt. तवय) Skt. तापक -ਈ] f. 〘調〙タウィー《ローティー〔無発酵平焼きパン〕などを焼く, 大きな楕円形の料理用の鉄板》.
ਤਵੀਤ (तवीत) /tawīta タウィート/ ▶ਤਾਵੀਜ਼ [Arab. taviz] m. 護符, 魔よけの札, お守り.
ਤੜਕਣਾ (तड़कणा) /taṛakaṇā タルカナー/ vt. 〘料理〙炒める, 香辛料を加えて炒める, 熱した油やバターに玉葱や種々の香辛料などを加えて用意したものを料理にかけて味付けする.

ਤੜਕਾ[1] (तड़का) /taṛakā タルカー/ m. 1 夜明け, 未明. 2 早朝, 早暁.
ਤੜਕਾ[2] (तड़का) /taṛakā タルカー/ m. 1 〘料理〙熱した油やバターに玉葱や種々の香辛料などを加えて用意したものを料理にかけて味付けすること. 2 〘料理〙料理にかけて味付けするために玉葱や種々の香辛料などを熱した油やバターに加えて用意したもの.
ਤੜਕੇ (तड़के) /taṛake タルケー/ adv. 1 夜明けに, 未明に. 2 早朝に.
ਤੜਤੜ (तड़तड़) /taṛataṛa タルタル/ ▶ਤੜਾਕ, ਤੜਾਕਾ f. 〘擬声語〙パチパチ, パチン, ピシッ《はじける音・破裂する音, 割れる音・当たる音, 鞭などで打つ音など》.
ਤੜਤੜਾਉਣਾ (तड़तड़ाउणा) /taṛataṛāuṇā タルタラーウナー/ vi. パチパチと音を立ててはじける, 破裂する.
ਤੜਤੜਾਹਟ (तड़तड़ाहट) /taṛataṛâṭa タルタラート/ ▶ਤੜਤੜਾਟ f. パチパチとはじける音・破裂する音.
ਤੜਤੜਾਟ (तड़तड़ाट) /taṛataṛāṭa タルタラート/ ▶ਤੜਤੜਾਹਟ f. → ਤੜਤੜਾਹਟ
ਤੜਥੱਲ (तड़थल्ल) /taṛatʰalla タルタッル/ ▶ਤਰਥੱਲੀ, ਤੜਥੱਲੀ m.f. → ਤਰਥੱਲੀ
ਤੜਥੱਲੀ (तड़थल्ली) /taṛatʰallī タルタッリー/ ▶ਤਰਥੱਲੀ, ਤੜਥੱਲ f. → ਤਰਥੱਲੀ
ਤੜਪ (तड़प) /taṛapa タルプ/ ▶ਤੜਫ, ਤੜਫਣੀ f. → ਤੜਫ
ਤੜਫ (तड़फ) /taṛapʰa タルプ/ ▶ਤੜਪ, ਤੜਫਣੀ [Pkt. तड़फत] f. 1 のたうち回ること, もがき苦しむこと. 2 苦悶. 3 猛烈な欲求, 切望.
ਤੜਫਣਾ (तड़फणा) /taṛapʰaṇā タルパナー/ ▶ਤੜਫੜਾਉਣਾ [Pkt. तड़फत] vi. 1 のたうつ, のたうち回る. 2 もがく, もがき苦しむ. 3 悶える. 4 焦がれる, 切望する.
ਤੜਫਣੀ (तड़फणी) /taṛapʰaṇī タルパニー/ ▶ਤੜਪ, ਤੜਫ f. → ਤੜਫ
ਤੜਫੜਾਉਣਾ (तड़फड़ाउणा) /taṛapʰaṛāuṇā タルパラーウナー/ ▶ਤੜਫਣਾ vi. → ਤੜਫਣਾ
ਤੜਫੜਾਹਟ (तड़फड़ाहट) /taṛapʰaṛâṭa タルパラート/ [cf. ਤੜਫਣਾ] f. 1 のたうち回ること, もがき苦しむこと. 2 苦悶. 3 猛烈な欲求, 切望.
ਤੜਫਾਉਣਾ (तड़फाउणा) /taṛapʰāuṇā タルパーウナー/ [cf. ਤੜਫਣਾ] vt. 1 のたうち回らせる, もがき苦しませる. 2 ひどい苦痛を与える, 激痛を感じさせる.
ਤੜਫਾਊ (तड़फाऊ) /taṛapʰāū タルパーウー/ [cf. ਤੜਫਣਾ] adj. 1 のたうち回らせるような, もがき苦しませるような. 2 ひどい苦痛を与えている, 激痛のある.
ਤੜਫਾਟ (तड़फाट) /taṛapʰāṭa タルパート/ [cf. ਤੜਫਣਾ] m. 1 広がった痛み. 2 苦痛, 苦悩, 苦悶. 3 苦しげに叫ぶこと.
ਤੜਫੀਲਾ (तड़फीला) /taṛapʰīlā タルピーラー/ m. 扇動される人.
ਤੜਾਕ (तड़ाक) /taṛāka タラーク/ ▶ਤੜਤੜ, ਤੜਾਕਾ f. → ਤੜਤੜ
ਤੜਾਕਾ (तड़ाका) /taṛākā タラーカー/ ▶ਤੜਤੜ, ਤੜਾਕ m. → ਤੜਤੜ
ਤੜਾਗੀ (तड़ागी) /taṛāgī タラーギー/ [Pkt. ताग] f. 子供の腰の周りにつける紐.
ਤੜਿੱਕਣਾ (तड़िक्कणा) /taṛikkaṇā タリッカナー/ ▶ਤਿੜਕਣਾ

vi. ぱちんと割れる.

ਤੜਿੰਗ (तड़िंग) /taṛiṅga タリング/ *adj.* **1** 怒っている. **2** 不愉快な. **3** 不機嫌な. **4** すねた.

ਤਾਂ (ताँ) /tā̃ ターン/ *conj.* **1**…ならば, それなら. ❐ਜੇ ਰੋਟੀ ਨਹੀਂ ਖਾਣੀ ਸੀ ਤਾਂ ਮੰਗਵਾਈ ਕਿਉਂ? もしローティーを食べなくてもよかったのならなぜ注文したのですか. ❐ਜੇ ਦਾਤਣ ਜਾਂ ਬੁਰਸ਼ ਰੋਜ਼ ਨਾ ਕਰੀਏ ਤਾਂ ਮੂੰਹ ਵਿੱਚੋਂ ਬਦਬੂ ਆਉਣ ਲੱਗ ਜਾਂਦੀ ਹੈ। もし歯磨きを毎日しないなら口内から悪臭が出始めます. **2**《否定辞 ਨਹੀਂ とともに用いた場合》さもないと, そうしないと. ❐ਇੱਧਰ ਆ ਕੇ ਬੈਠ ਜਾ, ਨਹੀਂ ਤਾਂ ਮਾਰਾਂਗਾ। こちらへ来て座れ, さもないと殴るぞ. **3**…すると, そうすると, その時. ❐ਜਦੋਂ ਮੀਂਹ ਹਟਿਆ ਤਾਂ ਚਿੜੀ ਬਾਹਰ ਆ ਗਈ। 雨が止むと雀は外に出てきました. **4** だから, それで, それゆえ.

— *adv.* **1**《他との比較の結果, 他を保留しつつ直前の語を強調する意味》(他は別として)…は, …なら, …に関しては. ❐ਉਹ ਟਮਾਟਰ ਤਾਂ ਖਾਂਦਾ ਹੈ, ਪਰ ਗਾਜਰ ਨਹੀਂ। 彼はトマトなら食べますが, ニンジンは食べません. ❐ਮੈਂ ਕੋਸ਼ਿਸ਼ ਤਾਂ ਕੀਤੀ ਸੀ। 私は努力はしました. ❐ਬਾਹਰ ਵਿਹੜੇ ਵਿੱਚ ਤਾਂ ਕੋਈ ਵੀ ਨਹੀਂ ਸੀ। 戸外の中庭には誰もいませんでした. ❐ਹੁਣ ਤਾਂ ਮੈਂ ਵਾਰ ਵਾਰ ਭਾਰਤ ਆਉਣਾ ਚਾਹੁੰਦੀ ਹਾਂ। 今では私は何度もインドに来たいと思っています. ❐ਉਹ ਆ ਤਾਂ ਗਿਆ ਸੀ। 彼はもちろん来ましたよ. ❐ਤੁਸੀਂ ਬੀਮਾਰ ਤਾਂ ਨਹੀਂ? あなたは病気なのではないですか.

ਤਾ (ता) /tā ター/ [Skt. ता , feminine form of Skt. तल्] *suff.* 形容詞や名詞などに付いて, 抽象名詞(女性名詞)を形成する接尾辞.

ਤਾਉ (ताउ) /tāu | tāo ターウ | ターオー/ ▸ਤਾਅ, ਤਾਓ [(Pkt. ताअ) Skt. ताप] *m.* **1** 熱. **2** 炎. **3** 放射, 放射熱. **4** 熱の強度.

ਤਾਉਣ (ताउण) /tāuṇa ターウン/ ▸ਤਾਊਨ *m.* → ਤਾਊਨ

ਤਾਉਣਾ (ताउणा) /tāuṇā ターウナー/ *vt.* **1** 熱する, 熱くする. **2** 挑発する. **3** 怒らせる. **4** 苛々させる. **5** 苦しめる.

ਤਾਉਣੀ (ताउणी) /tāuṇī ターウニー/ *f.* **1** 殴打. **2** 強打.

ਤਾਉਲ (ताउल) /tāula ターウル/ *f.* **1** 性急. **2** 急ぎ.

ਤਾਉਲਾ (ताउला) /tāulā ターウラー/ ▸ਉਤਾਉਲਾ, ਉਤਾਵਲਾ, ਤਾਵਲਾ, ਤੌਲਾ *adj.* → ਉਤਾਉਲਾ

ਤਾਉੜਾ (ताउड़ा) /tāuṛā ターウラー/ *m.* **1**〖調〗煮沸器具. **2**〖調〗大きな焼き物の鍋.

ਤਾਊਸ (ताऊस) /tāūsa ターウース/ [Arab. *tāʰūs*] *m.* **1**〖鳥〗クジャク, 孔雀. (⇒ਮੋਰ) **2**〖楽器〗胴が孔雀に似た形の弦楽器.

ਤਾਊਨ (ताऊन) /tāūna ターウーン/ ▸ਤਾਉਣ [Arab. *tā`ūn*] *m.* **1**〖医〗疫病, 伝染病. **2**〖医〗ペスト, 腺ペスト.

ਤਾਓ (ताओ) /tāo ターオー/ ▸ਤਾਉ, ਤਾਅ *m.* → ਤਾਉ

ਤਾਅ (ताअ) /tāa ターア/ ▸ਤਾਉ, ਤਾਓ *m.* → ਤਾਉ

ਤਾਇਆ (ताइआ) /tāiā ターイアー/ [Skt. तात] *m.*〖親族〗父方の伯父(おじ)《父の兄》.

ਤਾਈਂ (ताईं) /tāī̃ ターイーン/ *postp.* …まで. (⇒ਤਕ, ਤੋੜੀ)

ਤਾਈ[1] (ताई) /tāī ターイー/ [Skt. तात] *f.*〖親族〗伯母(おば)《父方の伯父(おじ)の妻, 父の兄の妻》.

ਤਾਈ[2] (ताई) /tāī ターイー/ *suff.* 接尾辞 ਤਾ と同じく, 形容詞または名詞に付いて, 抽象名詞(女性名詞)を形成する接尾辞.「…であること」「…の状態」「…の観念」「…の感情」などの意味を表す.

ਤਾਈਦ (ताईद) /tāīda ターイード/ [Arab. *tāʰīd*] *f.* **1** 支持, 支援, 補佐, 元気づけ. **2** 賛同, 同意. **3** 裏づけ, 確認, 確証. (⇒ਮੰਡਣ)

ਤਾਈਵਾਨ (ताईवान) /tāīwāna ターイーワーン/ [Eng. *Taiwan*] *m.*〖国名〗台湾, 中華民国.

ਤਾਸ਼ (ताश) /tāsa ターシュ/ [Pers. *tās*] *f.* **1**〖遊戯〗トランプ, トランプなどのカード. ❐ਤਾਸ਼ ਖੇਡਣੀ トランプをする. ❐ਤਾਸ਼ ਫੈਂਟਣੀ トランプを切る. ❐ਤਾਸ਼ ਵੰਡਣੀ トランプを配る. **2**〖遊戯〗トランプ遊び.

ਤਾਸੀ (तासी) /tāsī タースィー/ *f.* **1**〖食器〗皿, 金属製の皿, 盆, 受け皿. **2**〖食器〗小さな鉢.

ਤਾਸੀਰ (तासीर) /tāsīra タースィール/ ▸ਤਸੀਰ [Arab. *tāsīr*] *f.* **1** 印象. **2** 感動. **3** 効果, 効き目. **4** 影響. **5** 性質.

ਤਾਹਨਾ (ताहना) /tânā ターナー/ ▸ਤਾਨ੍ਹਾ, ਤਾਨਾ [Arab. *ta`na*] *m.* **1** あざけり, 愚弄. **2** 嘲笑, 嘲笑的な非難. **3** ひやかし, からかい. **4** 嫌み, 皮肉, 当てこすり. **5** 冷遇.

ਤਾਹਰੂ (ताहरू) /târū タールー/ *m.* **1** 鞍下《鞍の下に敷く厚布》. **2** 鞍敷き.

ਤਾਹੀਂ (ताहीं) /tâī̃ | tāhī̃ ターイーン | ターヒーン/ ▸ਤਾਹੀਏਂ *adv.* そういうわけで.

ਤਾਹੀਏਂ (ताहीएँ) /tâīẽ ターイーエーン/ ▸ਤਾਹੀਂ *adv.* → ਤਾਹੀਂ

ਤਾਹੀਂ ਤਾਂ (ताहीं ताँ) /tâī̃ tā̃ ターイーン ターン/ *adv.* そういうわけで.

ਤਾਕ[1] (ताक) /tāka ターク/ [Arab. *tāq*] *m.* **1** 扉, ドア. (⇒ਬੂਹਾ, ਦਰਵਾਜ਼ਾ) **2** 壁龕(へきがん)《壁の一部をへこませた所》. **3** 棚. **4** 窓. (⇒ਖਿੜਕੀ) **5** アーチ, 円天井.

ਤਾਕ[2] (ताक) /tāka ターク/ [Arab. *tāq*] *adj.* **1**〖数学〗奇数の. (⇒ਬਿਖਮ)(⇔ਜੁਫ਼ਤ) **2** 並ぶもののない, 比類のない, 無比の. **3** 熟達した, 堪能な, 上手な.

— *m.*〖数学〗奇数. (⇔ਜੁਫ਼ਤ)

ਤਾਕ[3] (ताक) /tāka ターク/ [cf. ਤੱਕਣਾ] *f.* **1** 凝視, 注視. ❐ਤਾਕ ਲਾਉਣੀ 見つめる, 凝視する. **2** 待機. (⇒ਉਡੀਕ) **3** 待ち伏せ. **4** 待望. (⇒ਆਸ) ❐ਤਾਕ ਰੱਖਣੀ 熱心に待ち望む.

ਤਾਕਚਾ (ताकचा) /tākacā タークチャー/ [Arab. *tāq* + ਚਾ] *m.* 小窓.

ਤਾਕਤ (ताकत) /tākata ターカト/ [Pers. *tāqat*] *f.* **1** 力. (⇒ਸ਼ਕਤੀ) ❐ਆਸਟਰੀਆ ਵਿੱਚ ਸਿਰਫ਼ ਚਾਰ ਰਾਜਨੀਤਿਕ ਪਾਰਟੀਆਂ ਤਾਕਤ ਵਿੱਚ ਹਨ। オーストリアでは四つの政党だけが有力です. **2** 強さ. **3** 気力. **4** 能力. **5** 勢力, 権力.

ਤਾਕਤਵਰ (ताकतवर) /tākatawara ターカトワル/ [Pers.-*var*] *adj.* **1** 強い. **2** 力強い, 強力な. **3** 強大な. **4** 勢力がある.

ਤਾਂ ਕਰਕੇ (ताँ करके) /tā̃ karake ターン カルケー/ *conj.* **1** それゆえに, 従って. **2** だから.

ਤਾਂਕਿ (ताँकि) /tā̃ki | tā̃ke ターンキ | ターンケー/ [Pers. *tāki*] *conj.* …するために, …するように. ❐ਪਾਇਲਟ

ਅਜਿਹਾ ਇਸ ਲਈ ਕੀਤਾ ਤਾਂਕਿ ਜਹਾਜ਼ ਵਿੱਚ ਭਰਿਆ ਪੈਟਰੋਲ ਬਿਲਕੁਲ ਖ਼ਤਮ ਹੋ ਸਕੇ। 飛行機に満載された燃料を完全に使い尽くすために操縦士はこのようにしたのです.

ਤਾਕੀ (ताकी) /tākī ターキー/ *f.* **1** 窓. **2** 窓枠.

ਤਾਕੀਦ (ताकीद) /tākīda ターキード/ ▶ਤਕੀਦ [Arab. *tākīd*] *f.* **1** 強調, 力説, 重視. (⇒ਪੱਕੀ) **2** 厳しい指導, 指示. **3** 要求, 催促. **4** 要求や催促を繰り返して強調すること. **5** しつこくすること. **6** 命令.

ਤਾਕੀਦਨ (ताकीदन) /tākīdana ターキーダン/ [+ ਨ] *adv.* **1** 強調して, 力説して. **2** 厳しく, 断固として. **3** 繰り返し. **4** しつこく.

ਤਾਕੀਦੀ (ताकीदी) /tākīdī ターキーディー/ ▶ਤਕੀਦੀ [-ਈ] *adj.* **1** 強調された, 力説された, 重視された. **2** 命令された, 指示された. **3** 確固たる. **4** 義務的な. **5** 非常に重要な.

ਤਾਖ਼ੀਰ (ताख़ीर) /tāxīra ターキール/ [Arab. *tāxīr*] *f.* **1** 遅れ, 遅滞. **2** 遅刻. **3** 引き延ばし, 遅延. **4** 手間どること.

ਤਾਖੂੰ (ताखूँ) /tākʰũ タークーン/ [(Mul.)] *m.* 食いしん坊, がつがつ食う人, 大食家, 大食漢. (⇒ਪੇਟੂ)

ਤਾਂਗਾ (ताँगा) /tãgā ターンガー/ ▶ਟਾਂਗਾ *m.* → ਟਾਂਗਾ

ਤਾਗਾ (तागा) /tāgā ターガー/ ▶ਧਾਗਾ *m.* → ਧਾਗਾ

ਤਾਂਘ (ताँघ) /tẫga ターング/ [(Pkt. तण्हा) Skt. तृष्णा] *f.* **1** 願望. **2** 切望, 熱望. **3** 憧れ. **4** 希望, 期待, 待望.

ਤਾਂਘਣਾ (ताँघणा) /tẫgaṇā ターンガナー/ [(Pkt. तण्हा) Skt. तृष्णा] *vi.* **1** 願う. **2** 望む, 待望する. **3** 切望する, 渇望する, 熱望する. **4** 憧れる.

ਤਾਂਘਵਾਨ (ताँघवान) /tẫgawāna ターングワーン/ [cf. ਤਾਂਘਣਾ] *adj.* **1** 切望している, 熱望している. **2** 熱意のある.

ਤਾਂਘੜਨਾ (ताँघड़ना) /tẫgaṛanā ターンガルナー/ *vi.* **1** 無礼に振る舞う. **2** 横柄に振る舞う.

ਤਾਂਘੀ (ताँघी) /tẫgī ターンギー/ [cf. ਤਾਂਘਣਾ] *adj.* **1** 切望している, 熱望している. **2** 熱意のある.

ਤਾਜ (ताज) /tāja タージ/ [Pers. *tāj*] *m.* **1**〖装〗王冠, 小冠, 宝冠. ❐ਤਾਜ ਸੰਬੰਧੀ 王冠の, 宝冠の. ❐ਤਾਜ ਪਹਿਨਾਉਣਾ 王冠を頂かせる, 戴冠させる. **2**〖鳥〗冠毛, 鶏冠(とさか). **3** 頂き, 頂点, 最高のもの.

ਤਾਜ਼ਗੀ (ताज़गी) /tāzagī ターズギー/ [Pers. *tāzagī*] *f.* **1** 新鮮さ, みずみずしさ. **2** 元気をださせるもの, はつらつとした感じ. **3** 爽快さ, さっぱりした感じ.

ਤਾਜਦਾਰ (ताजदार) /tājadāra タージダール/ [Pers. *tāj* Pers.*-dār*] *adj.* **1** 王冠を戴いた, 戴冠した. **2** 王冠の形をした.

— *m.* 王冠を戴いた者, 王.

ਤਾਜਪੋਸ਼ੀ (ताजपोशी) /tājapośī タージポーシー/ [+ Pers. *pośīdan*] *f.* 戴冠式.

ਤਾਜਰ (ताजर) /tājara タージャル/ [Arab. *tājir*] *m.* **1** 商人. **2** 貿易業者. **3** 取り扱い業者. **4** 実業家.

ਤਾਜ਼ਾ (ताज़ा) /tāzā ターザー/ [Pers. *tāza*] *adj.* **1** 新しい, 新しく得られた. **2** 新鮮な, みずみずしい, 爽やかな. **3** 最近の.

ਤਾਜ਼ੀ (ताज़ी) /tāzī ターズィー/ *m.* **1**〖動物〗アラブ馬. **2**〖動物〗猟犬.

ਤਾਜ਼ੀਆ (ताज़ीआ) /tāzīā ターズィーアー/ [Arab. *ta`ziya*] *m.*〖イス〗タアズィーヤ《イマーム・フセインの殉教記念祭. または, この祭礼のために作られるフセインの棺や廟の模型》.

ਤਾਜ਼ੀਮ (ताज़ीम) /tāzīma ターズィーム/ [Arab. *ta`zīm*] *f.* **1** 尊敬, 敬意. **2** お辞儀, 敬礼.

ਤਾਂਡਵ (ताँडव) /tā̃ḍava ターンダヴ/ [Skt. तांडव] *m.* **1**〖舞踊〗シヴァ神の踊り. **2**〖舞踊〗大自然の怒りを象徴する踊り.

ਤਾਣ (ताण) /tāṇa ターン/ [Skt. तान] *m.* **1** 力. **2** 強さ.

ਤਾਣਨਾ (ताणना) /tāṇanā ターンナー/ [Skt. तानयति] *vt.* **1** 引く, 引っ張る. **2** 伸ばす, 引き伸ばす. **3** 広げる. **4**(テントなどを)張る.

ਤਾਣਾ (ताणा) /tāṇā ターナー/ *m.* **1** 縦糸. **2** 蜘蛛の巣.

ਤਾਣੀ (ताणी) /tāṇī ターニー/ *f.* **1** 縦糸. **2** 巻いた縦糸.

ਤਾਤਪਰਜ (तातपरज) /tātaparaja タートパルジ/ ▶ਤਾਤਪਰਯ [Skt. तात्पर्य] *m.* **1** 本義, 原義. **2** 意図, 意味, 本意. **3** 要旨. **4** 趣意, 趣旨.

ਤਾਤਪਰਯ (तातपरय) /tātaparaya タートパルユ/ ▶ਤਾਤਪਰਜ *m.* → ਤਾਤਪਰਜ

ਤਾਂਤਰਿਕ (ताँतरिक) /tā̃tarika ターントリク/ [Skt. तांत्रिक] *adj.* **1** 呪文に関する, 呪術に関する. **2** 呪文を唱える, 呪術を行う. **3**〖ヒ〗タントラの, タントラ教の.

— *m.* **1** 呪文を唱える人, 呪術を行う者. **2**〖ヒ〗タントラを行う者, タントラ行者.

ਤਾਂਤਾ (ताँता) /tā̃tā ターンター/ [Skt. तति] *m.* **1** 列, 行列. **2** 線. (⇒ਕਤਾਰ) **3** 続くこと, 連続, 一連.

ਤਾਂ ਤੇ (ताँ ते) /tā̃ te ターン テー/ *conj.* **1** 従って. **2** それゆえに.

ਤਾਂਦਲਾ (ताँदला) /tā̃dalā ターンドラー/ [Skt. तण्डुल] *m.*〖植物・飼料〗カンジェロ《野草の一種. 葉は野菜料理の食材となる. 飼料として家畜にも供される》.

ਤਾਦਾਦ (तादाद) /tādāda タールダード/ ▶ਤਦਾਦ [Arab. *ta`dād*] *f.* **1** 数. **2** 額. **3** 量. **4** 計算. **5** 合計, 総計. **6** 集積.

ਤਾਧਾ (ताधा) /tâdā ターダー/ *m.* 勇気.

ਤਾਨ (तान) /tāna ターン/ [Skt. तान] *f.* **1**〖音楽〗音程. (⇒ਸੁਰ) **2**〖音楽〗主調音.

ਤਾਨ੍ਹਾ (तान्हा) /tânā ターナー/ ▶ਤਾਹਨਾ, ਤਾਨਾ *m.* → ਤਾਹਨਾ

ਤਾਨਪੁਰਾ (तानपुरा) /tānapurā ターンプラー/ ▶ਤਾਨ ਪੂਰਾ [Skt. तान + ਪੁਰਾ] *m.*〖楽器〗ターンプーラー《古典音楽の伴奏に用いられる弦楽器. 持続音を鳴らし続け, 主奏者に正しい音程を与えることを任務とする》. (⇒ਤੰਬੂਰਾ)

ਤਾਨ ਪੂਰਾ (तान पूरा) /tāna pūrā ターン プーラー/ ▶ਤਾਨਪੁਰਾ *m.* → ਤਾਨਪੁਰਾ

ਤਾਨਾ (ताना) /tānā ターナー/ ▶ਤਾਹਨਾ, ਤਾਨ੍ਹਾ *m.* → ਤਾਹਨਾ

ਤਾਨਾਸ਼ਾਹ (तानाशाह) /tānāśâ ターナーシャー/ [Arab. *ta`na* + Pers. *śāh*] *m.* **1**〖人名・歴史〗ターナーシャー《ゴールコンダ王国の最後の王の別名》. **2**〖政治〗独裁者, 専制君主, 暴君.

ਤਾਨਾਸ਼ਾਹੀ (तानाशाही) /tānāśâī ターナーシャーイー/ [+ Pers. *śāhī*] *f.* 〘政治〙独裁政治, 専制政治, 暴政.

ਤਾਪ (ताप) /tāpa̸ ターブ/ [Skt. ताप] *m.* **1** 熱. **2** 発熱, 病気による発熱. **3** 恐れ, 恐怖.

ਤਾਪ ਚੂਸੀ (ताप चूसी) /tāpa̸ cūsī ターブ チュースィー/ [+ cf. ਚੂਸਣਾ] *adj.* 〘化学〙吸熱の, 吸熱を伴う.

ਤਾਪਣਾ (तापणा) /tāpaṇā ターパナー/ [Skt. तप्यति] *vt.* **1** 熱する, 熱くする. **2** 暖める, 温める.

ਤਾਪ-ਤਿਲੀ (ताप-तिली) /tāpa̸-tilī ターブ・ティリー/ ▸ਤਾਪ-ਤਿੱਲੀ *f.* **1** 〘医〙肥大した脾臓, 脾臓の炎症. **2** 〘身体〙脾臓.

ਤਾਪ-ਤਿੱਲੀ (ताप-तिल्ली) /tāpa̸-tillī ターブ・ティッリー/ ▸ਤਾਪ-ਤਿਲੀ *f.* → ਤਾਪ-ਤਿਲੀ

ਤਾਪ ਨਿਕਾਸੀ (ताप निकासी) /tāpa̸ nikāsī ターブ ニカースィー/ [Skt. ताप + Skt. निष्कास -ਈ] *adj.* 〘化学〙熱を放出する, 発熱を伴う.

ਤਾਪ ਬਿਜਲੀ ਘਰ (ताप बिजली घर) /tāpa̸ bija̸lī kăra̸ ターブ ビジリー カル/ [+ Skt. विद्युत Skt.-गृह] *m.* 火力発電所.

ਤਾਪਮਾਨ (तापमान) /tāpa̸māna̸ タープマーン/ [Skt. तापमान] *m.* **1** 温度. (⇒ਟੈਂਪਰੇਚਰ) **2** 気温.

ਤਾਬ (ताब) /tāba̸ ターブ/ [Pers. *tāb*] *f.* **1** 光, 輝き. (⇒ਚਮਕ) **2** 壮麗. **3** 荘厳な力.

ਤਾਬੜ-ਤੋੜ (ताबड़-तोड़) /tābaṛa̸-toṛa̸ ターバル・トール/ *adv.* **1** 直ちに, すぐさま, 即刻. **2** 無謀なスピードで. **3** 力いっぱい. **4** 休みなく, 続けざまに, 絶え間なく. **5** 闇雲に.

ਤਾਂਬਾ (ताँबा) /tā̃bā ターンバー/ ▸ਤਰਾਂਬਾ, ਤਰਾਮਾ [(Pkt. तम्ब) Skt. ताम्र] *m.* 〘金属〙銅.

ਤਾਬਿਆ (ताबिआ) /tābiā タービアー/ [Arab. *tābe`*] *adj.* **1** 従属している, 命令に従う. **2** 支配下にある.

ਤਾਬਿਆਦਾਰ (ताबिआदार) /tābiādāra̸ タービアーダール/ ▸ਤਾਬੇਦਾਰ *adj.m.* → ਤਾਬੇਦਾਰ

ਤਾਬਿਆਦਾਰੀ (ताबिआदारी) /tābiādārī タービアーダーリー/ ▸ਤਾਬੇਦਾਰੀ *f.* → ਤਾਬੇਦਾਰੀ

ਤਾਂਬੀਆ (ताँबीआ) /tā̃bīā ターンビーアー/ *m.* 〘調〙金属製のやかん.

ਤਾਬੀਰ (ताबीर) /tābīra̸ タービール/ [Arab. *ta`bīr*] *f.* **1** 解釈, 判断. **2** 夢の解釈, 夢判断.

ਤਾਬੂਤ (ताबूत) /tābūta̸ タブート/ [Arab. *tābūt*] *m.* 棺, 棺桶.

ਤਾਬੇਦਾਰ (ताबेदार) /tābedāra̸ ターベーダール/ ▸ਤਾਬਿਆਦਾਰ [Arab. *tābe`* Pers.*-dār*] *adj.* **1** 従属している, 追随する. **2** 忠義な, 忠実な. **3** 従順な.

— *m.* 下僕, 家来, 従者.

ਤਾਬੇਦਾਰੀ (ताबेदारी) /tābedārī ターベーダーリー/ ▸ਤਾਬਿਆਦਾਰੀ [Pers.*-dārī*] *f.* **1** 従属, 服従, 追従, 追随. **2** 忠義, 忠誠. **3** 従順.

ਤਾਮਰ (तामर) /tāmara̸ ターマル/ ▸ਤਾਮ੍ਰ [Skt. ताम्र] *m.* 〘金属〙銅.

ਤਾਮ੍ਰ (ताम्र) /tāmra̸ (tāmara̸) タームル (ターマル)/ ▸ਤਾਮਰ *m.* → ਤਾਮਰ

ਤਾਮਰ-ਪੱਤਰ (तामर-पत्तर) /tāmara̸-pattara̸ ターマル・パッタル/ [Skt. ताम्र + Skt. पत्र] *m.* 銘刻した銅板.

ਤਾਮਲਨਾਦ (तामलनाद) /tāmala̸nāda̸ ターマルナード/ ▸ਤਾਮਿਲਨਾਡੂ, ਤਾਮਿਲਨਾਦ *m.* → ਤਾਮਿਲਨਾਡੂ

ਤਾਮਿਲ (तामिल) /tāmila̸ ターミル/ *f.* タミル語.

— *m.* タミル人, タミル民族.

— *adj.* **1** タミルの. **2** タミルナードゥ州の. **3** タミル人の, タミル民族の. **4** タミル語の.

ਤਾਮਿਲਨਾਡੂ (तामिलनाडू) /tāmila̸nāḍū ターミルナードゥー/ ▸ਤਾਮਲਨਾਦ, ਤਾਮਿਲਨਾਦ *m.* 〘地名〙タミルナードゥ州《ベンガル湾に面するインド南部の州. 州都はチェンナイ(旧名マドラス)》.

ਤਾਮਿਲਨਾਦ (तामिलनाद) /tāmila̸nāda̸ ターミルナード/ ▸ਤਾਮਲਨਾਦ, ਤਾਮਿਲਨਾਡੂ *m.* → ਤਾਮਿਲਨਾਡੂ

ਤਾਮੀਰ (तामीर) /tāmīra̸ ターミール/ [Arab. *ta`mīr*] *f.* **1** 建造, 建設, 建築. **2** 石工の仕事.

ਤਾਮੀਲ (तामील) /tāmīla̸ ターミール/ [Arab. *ta`mīl*] *f.* **1** (命令の)遂行, 履行. **2** 実施, 実行.

ਤਾਮੇਸਰ (तामेसर) /tāmesara̸ ターメーサル/ [Skt. ताम्रेश्वर] *m.* **1** 〘金属〙胴の溶滓(ようし). **2** 〘薬剤〙薬として使用される酸化銅.

ਤਾਰ (तार) /tāra̸ タール/ [Pers. *tār*] *f.* **1** 針金. **2** 線, 電線, (電気の)コード. **3** 弦. **4** 糸, 紐. **5** 電信. **6** 電報. ❐ਤਾਰ ਭੇਜਣੀ 電報を打つ.

ਤਾਰਕ (तारक) /tāraka̸ ターラク/ [Skt. तारक] *adj.* **1** 救う, 救済する. **2** 解放する.

— *m.* **1** 救い主, 救済者. **2** 解放者.

ਤਾਰਕਸ਼ੀ (तारकशी) /tāra̸kaśī タールカシー/ [Pers. *tār* + Pers. *kaśī*] *f.* **1** 線細工. **2** 針金作り. **3** 刺繍細工.

ਤਾਰਕਾ (तारका) /tāra̸kā タールカー/ [Skt. तारका] *f.* **1** 〘天文〙星. **2** 女性の映画スター, 人気女優.

ਤਾਰਕਾ-ਮੰਡਲ (तारका-मंडल) /tāra̸kā-maṇḍala̸ タールカー・マンダル/ [+ Skt. मण्डल] *m.* **1** 〘天文〙星をちりばめた天球, 星の世界. **2** 蒼穹, 大空. **3** 空, 天空.

ਤਾਰਕੋਲ (तारकोल) /tāra̸kola̸ タールコール/ ▸ਕੋਲਟਾਰ *m.* → ਕੋਲਟਾਰ

ਤਾਰ ਘਰ (तार घर) /tāra̸ kăra̸ タール カル/ [Pers. *tār* Skt.-गृह] *m.* 電報局.

ਤਾਰਨ (तारन) /tārana̸ ターラン/ [cf. ਤਾਰਨਾ] *adj.* **1** (川などを)渡らせる, 渡る助けをする. **2** 救いの, 救う, 救済する. **3** 解放する.

ਤਾਰਨਹਾਰ (तारनहार) /tārana̸hāra̸ ターランハール/ [cf. ਤਾਰਨਾ -ਹਾਰ] *adj.* **1** 救いの, 救済する. **2** 解放する.

— *m.* **1** 救い主. **2** 救済者. **3** 解放者.

ਤਾਰਨਾ[1] (तारना) /tāra̸nā タールナー/ [Skt. तारयति] *vt.* **1** 浮かべる. **2** 泳がせる, 泳ぐのを助ける. **3** (川などを)渡らせる, 渡る助けをする. **4** (溺れる者を)救って岸まで運ぶ. **5** 輪廻の苦しみから救い出す, 解脱させる. **6** 罪から解き放つ, (困っている者を)救う.

ਤਾਰਨਾ[2] (तारना) /tāra̸nā タールナー/ [Skt. अवतरति] *vt.* **1** 支払う. **2** 返済する. **3** 納金する, (税金を)納める.

ਤਾਰਪੀਡੋ (तारपीडो) /tāra̸pīḍo タールピードー/ ▸ਤਾਰਪੇਡੂ [Eng. *torpedo*] *m.* **1** 〘武〙魚雷, 水雷. **2** 〘魚〙シビレエイ.

ਤਾਰਪੀਨ (तारपीन) /tāra̸pīna̸ タールピーン/ [Eng. *turpentine*] *f.* テレビン油.

ਤਾਰਪੇਡੂ (तारपेडू) /tārapeḍū タールペードゥー/ ▸ਤਾਰਪੀਡੋ *m.* → ਤਾਰਪੀਡੋ

ਤਾਰਾ (तारा) /tārā ターラー/ [Skt. तारा] *m.* 1〖天文〗星. (⇒ਸਤਾਰਾ) ❐ਤਾਰਿਆਂ ਦੀ ਛਾਵੇਂ とても朝早く, 夜明け前に, 夜の間に. ❐ਤਾਰਿਆਂ ਭਰੀ ਰਾਤ 満天の星の夜. ❐ਤਾਰੇ ਗਿਣਨਾ 星を数える, 眠れぬ夜を過ごす. ❐ਤਾਰੇ ਤੋੜਨਾ 星を壊す, 自慢する. ❐ਤਾਰੇ ਵਿਖਾਉਣਾ 星を見せる, 打ち負かす. 2〖天文〗惑星. 3〖身体〗瞳. 4 運勢, 運命. 5 映画スター, 人気俳優.

ਤਾਰਾ ਸਮੂਹ (तारा समूह) /tārā samû ターラー サムー/ [+ Skt. समूह] *m.* 1 星の集まり, 星の群れ. 2〖天文〗星座. 3〖天文〗星雲.

ਤਾਰਾ ਕਿਰਨਾਂ (तारा किरनाँ) /tārā kiranā̃ ターラー キルナーン/ [+ Skt. किरण] *m.* 1 星の光. 2 星の輝き.

ਤਾਰਾ ਗਣ (तारा गण) /tārā gaṇa ターラー ガン/ [+ Skt. गण] *m.* 1 星の集まり. 2〖天文〗星座.

ਤਾਰਾ-ਚਿੱਤਰੀ (तारा-चित्तरी) /tārā-cittarī ターラー・チッタリー/ [+ Skt. चित्र -ਈ] *adj.*〖天文〗星座表の.

ਤਾਰਾ ਚਿੰਨ੍ਹ (तारा चिंन्ह) /tārā cînna ターラー チンヌ/ [+ Skt. चिह्न] *m.* 星印.

ਤਾਰਾ ਮੰਡਲ (तारा मंडल) /tārā maṇḍala ターラー マンダル/ [+ मण्डल] *m.* 1 星をちりばめた天球, 星の世界. 2〖天文〗星座. 3 蒼穹, 大空. 4 空, 天空.

ਤਾਰਾਮੀਰਾ (तारामीरा) /tārāmīrā ターラーミーラー/ *m.*〖植物〗キバナスズシロ(黄花蘿蔔)《アブラナ科の一年草》. (⇒ਸੂੰਹ)

ਤਾਰਾ ਵਿਗਿਆਨ (तारा विगिआन) /tārā vigiāna ターラー ヴィギアーン/ [Skt. तारा + Skt. विज्ञान] *m.* 天文学.

ਤਾਰਾ ਵਿਗਿਆਨੀ (तारा विगिआनी) /tārā vigiānī ターラー ヴィギアーニー/ [+ Skt. विज्ञानिन्] *m.* 天文学者.

ਤਾਰੀ (तारी) /tārī ターリー/ [cf. ਤਰਨਾ] *f.* 1 泳ぎ, 水泳. 2 水に浸ること.

ਤਾਰੀਕ (तारीक) /tārīka ターリーク/ [Pers. *tārīk*] *adj.* 1 暗い, 薄暗い. (⇒ਹਨੇਰਾ) 2 闇の, 暗闇の. 3 黒い, 暗黒の. (⇒ਕਾਲਾ, ਸਿਆਹ)

ਤਾਰੀਕੀ (तारीकी) /tārīkī ターリーキー/ [Pers. *tārīkī*] *f.* 1 闇, 暗闇. (⇒ਹਨੇਰਾ) 2 黒, 黒色. (⇒ਸਿਆਹੀ)

ਤਾਰੀਖ਼ (तारीख़) /tārīxa ターリーク/ [Arab. *tārīx*] *f.* 1 日付. (⇒ਮਿਤੀ) 2 日. 3 所定の日. 4 歴史. (⇒ਇਤਿਹਾਸ)

ਤਾਰੀਖ਼ਦਾਨ (तारीख़दान) /tārīxadāna ターリークダーン/ [Pers.-*dān*] *m.* 歴史家, 歴史学者. (⇒ਇਤਿਹਾਸਕਾਰ)

ਤਾਰੀਖ਼ੀ (तारीख़ी) /tārīxī ターリーキー/ [Arab. *tārīxī*] *adj.* 1 歴史の, 歴史上の, 歴史に関する. (⇒ਇਤਿਹਾਸਿਕ, ਇਤਿਹਾਸੀ) 2 歴史的な, 歴史に残る, 歴史上有名な. (⇒ਇਤਿਹਾਸਿਕ, ਇਤਿਹਾਸੀ)

ਤਾਰੀਫ਼ (तारीफ़) /tārīfa ターリーフ/ ▸ਤਰੀਫ਼ [Arab. *ta`rīf*] *f.* 1 称賛, 賛辞. 2 定義. 3 説明, 詳細. 4 人物の紹介, 相手についての情報.

ਤਾਰੂ (तारू) /tārū タールー/ [cf. ਤਰਨਾ] *adj.* 1 泳げる. 2 泳げるほど深い.
— *m.* 上手な泳ぎ手.

ਤਾਲ[1] (ताल) /tāla タール/ [Skt. तल्ल] *m.*〖地理〗池, 沼, 貯水池. (⇒ਸਰ, ਸਰੋਵਰ)

ਤਾਲ[2] (ताल) /tāla タール/ [Skt. ताल] *m.f.* 1 拍手, 手を叩く音. 2〖音楽〗ターラ《インド音楽における拍子的枠組み》, リズム, 拍子, 拍節.

ਤਾਲਬ (तालब) /tālaba ターラブ/ ▸ਤਾਲਿਬ [Arab. *tālib*] *adj.* 1 望んでいる, 欲しがっている. 2 求めている.
— *m.* 1 望んでいる者, 欲しがっている者. 2 求めている者, 要求者.

ਤਾਲਬ ਇਲਮ (तालब इलम) /tālaba ilama ターラブ イルム/ ▸ਤਾਲਿਬੇ ਇਲਮ [Arab. *tālib* + Arab. *`ilm*] *m.* 1 知識を求める者. 2 学生. (⇒ਵਿਦਿਆਰਥੀ)

ਤਾਲਬਾ (तालबा) /tālabā タールバー/ ▸ਤਾਲਿਬਾ [Arab. *tāliba*] *f.* 女子学生.

ਤਾਲ-ਭੰਗ (ताल-भंग) /tāla-pàṅga タール・パング/ *m.* 割れ目.

ਤਾਲਮੇਲ (तालमेल) /tālamela タールメール/ [Skt. ताल + Skt. मेल] *m.* 1 関係, 関わり, 関連. (⇒ਸੰਬੰਧ, ਤਅੱਲਕ) 2 同調, 合致, ハーモニー. 3 調和した関係, 協調, 協同. 4 連絡, 渉外.

ਤਾਲਵੀ (तालवी) /tālawī タールウィー/ [Skt. तालव्य] *adj.*〖身体〗口蓋の.

ਤਾਲਾ (ताला) /tālā ターラー/ [Skt. तलक] *m.* 1 錠, 錠前. ❐ਤਾਲਾ ਮਾਰਨਾ, ਤਾਲਾ ਲਾਉਣਾ 錠を掛ける. 2 閉ざすもの, 閉じ込めるもの.

ਤਾਲਾਬ (तालाब) /tālāba ターラーブ/ ▸ਤਲਾਬ *m.* → ਤਲਾਬ

ਤਾਲਾਬੰਦੀ (तालाबंदी) /tālābandī ターラーバンディー/ [Skt. तलक + Pers. *bandī*] *f.* 閉鎖, ロックアウト, 締め出し.

ਤਾਲਿਆਵੰਦ (तालिआवंद) /tāliāwanda ターリアーワンド/ *m.* 1 表. 2 予定, 計画.

ਤਾਲਿਬ (तालिब) /tāliba ターリブ/ ▸ਤਾਲਬ *adj.m.* → ਤਾਲਬ

ਤਾਲਿਬਾ (तालिबा) /tālibā ターリバー/ ▸ਤਾਲਬਾ *f.* → ਤਾਲਬਾ

ਤਾਲਿਬੇ ਇਲਮ (तालिबे इलम) /tālibe ilama ターリベー イルム/ ▸ਤਾਲਬ ਇਲਮ *m.* → ਤਾਲਬ ਇਲਮ

ਤਾਲੀ[1] (ताली) /tālī ターリー/ [Skt. तलक -ਈ] *f.* 1 小さな錠. 2 鍵, キー. (⇒ਚਾਬੀ, ਕੁੰਜੀ)

ਤਾਲੀ[2] (ताली) /tālī ターリー/ ▸ਤਾੜੀ, ਤੌੜੀ *f.* → ਤਾੜੀ[3]

ਤਾਲੀਮ (तालीम) /tālīma ターリーム/ [Arab. *ta`līm*] *f.* 1 教育. (⇒ਸਿੱਖਿਆ) 2 教え, 教訓. (⇒ਸਬਕ) 3 学問, 学識. 4 授業, 教授. (⇒ਕਲਾਸ)

ਤਾਲੀਮ ਯਾਫ਼ਤਾ (तालीम याफ़ता) /tālīma yāfatā ターリーム ヤーフター/ [Pers.-*yāfta*] *adj.* 教育を受けた, 学識のある.

ਤਾਲੀਮੀ (तालीमी) /tālīmī ターリーミー/ [Arab. *ta`līmī*] *adj.* 教育の, 教育に関する.

ਤਾਲੂ (तालू) /tālū タールー/ [Skt. तालु] *m.*〖身体〗口蓋.

ਤਾਵਲਾ (तावला) /tāwalā ターワラー/ ▸ਉਤਾਉਲਾ, ਉਤਾਵਲਾ, ਤਾਉਲਾ, ਤੌਲਾ [(Pua.)] *adj.* → ਉਤਾਉਲਾ

ਤਾਵਾਨ (तावान) /tāwāna ターワーン/ ▸ਤਵਾਨ [Pers. *tāvān*] *m.* 1 補償, 賠償. 2 補償金, 賠償金. 3 罰金, 科料. 4 保釈金.

ਤਾਵੀਜ਼ (तावीज़) /tāwīza ターウィーズ/ ▸ਤਵੀਤ [Arab.

ta`vīz] *m.* 護符, 魔よけの札, お守り.

ਤਾੜ[1] (ताड़) /tāṛa̯ ターール/ [(Pkt. ताड) Skt. ताल] *m.* **1** 〖植物〗ウチワヤシ(団扇椰子), オウギヤシ(扇椰子), パルミラヤシ《ヤシ科の高木. インドでは古くから経文をこの葉に鉄筆で書いて保存していた》. ❐ਭਗਤ ਰਵਿਦਾਸ ਜੀ ਅਨੁਸਾਰ ਲੋਕ ਤਾੜ ਦੇ ਦਰਖ਼ਤ ਨੂੰ ਅਪਵਿੱਤਰ ਸਮਝਦੇ ਹਨ, ਪਰ ਉਸਦੇ ਪੱਤੇ ਤਾਂ ਪਰਭੂ ਗੀਤ ਲਿਖਣ ਦੇ ਕੰਮ ਆਉਂਦੇ ਹਨ, ਇਸ ਕਰਕੇ ਤਾੜ ਅਪਵਿੱਤਰ ਨਹੀਂ ਹੋ ਸਕਦਾ। 聖者ラヴィダース様によると, 人々はウチワヤシの木を神聖でないと思っているが, ウチワヤシの葉は神の讃歌を書くのに使われるので, ウチワヤシが神聖でないはずはないということです. **2**〖植物〗クジャクヤシ(孔雀椰子)《ヤシ科の高木》. **3**〖植物〗シュロ(棕櫚)《ヤシ科の高木》.

ਤਾੜ[2] (ताड़) /tāṛa̯ ターール/ [cf. ਤਾੜਨਾ[1]] *f.* **1** 注視, 凝視. **2** 見張り, 監視. **3** 観察.

ਤਾੜ ਤਾੜ (ताड़ ताड़) /tāṛa̯ tāṛa̯ ターール ターール/ *f.* 〖擬声語〗ターン ダーン《繰り返し打撃する音, 続けざまの銃声など》.

— *adv.* **1** 繰り返し響き渡る音を立てて. **2** 素早く続けざまに. **3** すらすらと, 流暢に, ぺらぺらと.

ਤਾੜਨਾ[1] (ताड़ना) /tāṛanā ターールナー/ [Skt. तर्कण] *vt.* **1** 見つめる, 凝視する, 注視する. **2** 観察する, 様子を窺う. **3** 察する, 察知する, 気づく. **4** 見当をつける, 想像する, 推察する. **5**(意味を)つかむ, 理解する.

ਤਾੜਨਾ[2] (ताड़ना) /tāṛanā ターールナー/ [(Pkt. ताड़ण) Skt. ताडन] *vt.* **1** 叱る, 叱責する, たしなめる. **2** 戒告する, 警告する. **3** 咎める, 非難する. **4** 閉じ込める, 監禁する. **5** 籠や檻に入れる, 投獄する.

— *f.* **1** 叱責, たしなめ. **2** 戒告, 警告. **3** 非難, 小言.

ਤਾੜੀ[1] (ताड़ी) /tāṛī ターリー/ [(Pkt. ताड) Skt. ताल -ਈ] *f.* **1**〖飲料〗ヤシ(椰子)酒《ウチワヤシの樹液を発酵させて作った酒》. **2**〖飲料〗シュロ(棕櫚)汁, シュロの樹液.

ਤਾੜੀ[2] (ताड़ी) /tāṛī ターリー/ [cf. ਤਾੜਨਾ[1]] *f.* **1** 注視, 凝視. **2** まばたきせずに見ること. **3** 深い瞑想. (⇒ਸਮਾਧੀ)

ਤਾੜੀ[3] (ताड़ी) /tāṛī ターリー/ ▸ਤਾਲੀ, ਤੌੜੀ [Skt. ताल -ਈ] *f.* 手を叩くこと, 拍手. ❐ਤਾੜੀ ਮਾਰਨੀ, ਤਾੜੀ ਵਜਾਉਣੀ 手を叩く, 拍手する.

ਤਿ (ति) /ti ティ/ ▸ਤਰਿ, ਤ੍ਰਿ [Skt. त्रि] *pref.* 3の意味を含む語を形成する接頭辞.

ਤਿਉਂ (तिउँ) /tiũ ティウン/ *adv.* **1** そのように. **2** 同様に.

ਤਿਉਹਾਰ (तिउहार) /tiuhāra̯ ティウハール/ ▸ਤਹਿਵਾਰ, ਤਿਓਹਾਰ *m.* → ਤਿਓਹਾਰ

ਤਿਊੜੀ (तिऊड़ी) /tiūṛī ティウーリー/ ▸ਤੀਊੜੀ *f.* **1** しかめ面. **2** 渋い顔. **3** 険しい表情. **4** 眉間の皺.

ਤਿਓਹਾਰ (तिओहार) /tiohāra̯ ティオーハール/ ▸ਤਹਿਵਾਰ, ਤਿਉਹਾਰ [Skt. तिथि + Skt. वार] *m.* **1** 祭り, 祭事, 祝祭. **2** 祭日, 祝日.

ਤਿਓਰ (तिओर) /tiora̯ ティオール/ ▸ਤ੍ਰੇਵਰ, ਤੇਉਰ [Skt. त्रि- ਓਰ] *m.* 〖衣服〗三種類の衣服, 女性用の衣服の三点セット.

ਤਿਓੜ (तिओड़) /tioṛa̯ ティオール/ ▸ਤਿਰਓੜ, ਤੇਉੜ *m.* 〖飲料〗精製バターを加えたミルク.

ਤਿਆਗ (तिआग) /tiāga̯ ティアーグ/ ▸ਤਯਾਗ, ਤਜਾਗ [Skt. त्याग] *m.* **1** 放棄, 断念. **2** 誓ってやめること. **3** 禁欲. **4** 犠牲. **5** 辞職, 辞任. **6** 離別.

ਤਿਆਗਣਾ (तिआगणा) /tiāgaṇā ティアーガナー/ [Skt. त्याग] *vt.* **1** 棄てる, 放棄する, 諦める, 断念する. **2** 犠牲にする. **3** 辞職する, 辞任する.

ਤਿਆਗ-ਪੱਤਰ (तिआग-पत्तर) /tiāga̯-pattara̯ ティアーグ・パッタル/ [+ Skt. पत्र] *m.* 辞表, 辞職願. (⇒ਅਸਤੀਫ਼ਾ)

ਤਿਆਗੀ (तिआगी) /tiāgī ティアーギー/ ▸ਤਯਾਗੀ, ਤਜਾਗੀ [Skt. त्यागिन्] *adj.* **1** 放棄した. **2** 世俗の生活を捨てた.

— *m.* **1** 隠者. **2** 苦行者. **3** 世捨て人.

ਤਿਆਰ (तिआर) /tiāra̯ ティアール/ [Pers. *taiyār*] *adj.* **1** 用意のできた, 準備ができている. ❐ਤਿਆਰ ਹੋਣਾ 用意ができる, 準備が整う. ❐ਪਰਧਾਨ ਮੰਤਰੀ ਵਾਜਪਾਈ ਨੇ ਆਖਿਆ ਹੈ ਕਿ ਆਉਂਦੀਆਂ ਚੋਣਾਂ ਲਈ ਬਿਲਕੁਲ ਤਿਆਰ ਹਾਂ। ヴァージパーイー首相は来たるべき選挙に向けて準備は万全であると語っています. ❐ਤਿਆਰ ਕਰਨਾ 用意する, 準備を整える. **2** 用意がある, 覚悟ができている, 覚悟している, 喜んで行う, 進んで行う. ❐ਵਿਦੇਸ਼ ਜਾਣ ਲਈ ਪੰਜਾਬੀ ਨੌਜਵਾਨ ਕੁਝ ਵੀ ਕਰਨ ਨੂੰ ਤਿਆਰ ਹੈ। 外国に行くためにパンジャーブの若者は何でもする用意があります. **3** 完成している.

ਤਿਆਰੀ (तिआरी) /tiārī ティアーリー/ [Pers. *taiyārī*] *f.* **1** 用意, 準備. **2** 覚悟. **3** 喜んで行うこと, 進んで行うこと. **4** 完成.

ਤਿਸ[1] (तिस) /tisa̯ ティス/ [Skt. तस्य] *pron.* 《 ਉਹ の後置格または能格・単数形. 3人称能格には ਨੇ を伴うが, ਆਪ「この方」以外については, 3人称能格の ਨੇ を省略することができる》あれ, あの, それ, その, あの人, その人, 彼, 彼女.

ਤਿਸ[2] (तिस) /tisa̯ ティス/ [(Pkt. तिसा) Skt. तृषा] *f.* 渇き, 渇望. (⇒ਪਿਆਸ, ਤਰਿਸ਼ਣਾ)

ਤਿਸਨਾ (तिसना) /tisanā ティスナー/ ▸ਤਰਿਸ਼ਣਾ, ਤ੍ਰਿਸ਼ਣਾ, ਤਰਿਸ਼ਨਾ, ਤ੍ਰਿਸ਼ਨਾ, ਤਿਸ਼ਨਾ *f.* → ਤਰਿਸ਼ਣਾ

ਤਿਸ਼ਨਾ (तिशना) /tiśanā ティシュナー/ ▸ਤਰਿਸ਼ਣਾ, ਤ੍ਰਿਸ਼ਣਾ, ਤਰਿਸ਼ਨਾ, ਤ੍ਰਿਸ਼ਨਾ, ਤਿਸਨਾ *f.* → ਤਰਿਸ਼ਣਾ

ਤਿਹੱਤਰ (तिहत्तर) /tihattara̯ | tiăttara̯ ティハッタル | ティアッタル/ [(Pkt. तिहत्तर) Skt. त्रिसप्तति] *ca.num.* 73.

— *adj.* 73の.

ਤਿਹੱਤਰਵਾਂ (तिहत्तरवाँ) /tihattarawā̃ | tiăttarawā̃ ティハッタルワーン | ティアッタルワーン/ [-ਵਾਂ] *or.num.* 73番目.

— *adj.* 73番目の.

ਤਿਹਰ (तिहर) /tihara̯ | têra̯ ティハル | テール/ ▸ਤੇਹਰ [Skt. त्रि- ਹਰ] *f.* **1** 三倍. **2** 三重.

ਤਿਹਰਾ (तिहरा) /têrā テーラー/ ▸ਤੇਹਰਾ [Skt. त्रि- ਹਰਾ] *adj.* **1** 三倍の. **2** 三重の. **3** 三つの部分から成る.

ਤਿਹਾ (तिहा) /tihā | tīā ティハー | ティアー/ ▸ਤੇਹਾ *adj.* **1** そのような. **2**《 ਜਿਹਾ とともに名詞や形容詞の前に付け, 対句を作る》…と似ている, …も同じ. **3** 似ている, 類似の.

ਤਿਹਾਉਲਾ (तिहाउला) /tiăulā | tihāulā ティアーウラー | ティハーウラー/ [Skt. त्रि- ਆਉਲਾ] *adj.* 三種の材料で作られた. (⇒ਤਰਿਭੌਤ)

— *m.* 〖食品〗小麦粉・砂糖・バター油の三種の材料を均等に用いて作った食べ物. (⇒ਤਰਿਭੇਤ)

ਤਿਹਾਇਆ (तिहाइआ) /tiăiā | tihāiā ティアーイアー | ティハーイアー/ ▸ਤਰਿਹਾਇਆ, ਤ੍ਰਿਹਾਇਆ *adj.* 喉が渇いている.

ਤਿਹਾਈ (तिहाई) /tiăī | tihāī ティアーイー | ティハーイー/ [Skt. त्रि- -ਆਈ] *f.* **1** 3分の1, 三等分した物の一つ. **2** 〖農業〗収穫物の3分の1《一時期における, 借地農である小作人の取り分》. **3** 収穫.

ਤਿਕੜੀ (तिकड़ी) /tikaṛī ティカリー/ [Skt. त्रि- Skt. कटक] *f.* **1** 三つの連なり. **2** 三つ一組.

ਤਿੱਕਾ (तिक्का) /tikkā ティッカー/ [Pkt. तिक्क] *m.* **1** かけら, 一片. **2** 切身, 薄切れ, 細切れ. **3** 小さな肉片, 肉の小さな切身.

ਤਿਕਾਲ (तिकाल) /tikāl̥a ティカール/ [Skt. त्रि- Skt. काल] *f.* **1** 夕方, 夕刻, 夕べ. **2** 晩.

ਤਿੱਕੀ (तिक्की) /tikkī ティッキー/ [Pkt. त्रि- की] *f.* **1** 〖遊戯〗トランプの3の札. **2** 〖遊戯〗さいころの3の目.

ਤਿਕੋਣ (तिकोण) /tikoṇ̥a ティコーン/ ▸ਤ੍ਰਿਕੋਣ [Skt. त्रि- Skt. कोण] *f.* 〖幾何〗三角形.

ਤਿਕੋਣਾ (तिकोणा) /tikoṇā ティコーナー/ [Skt. त्रि- Skt. कोण] *adj.* 三角形の.

ਤਿਖ (तिख) /tikʰ̥a ティク/ ▸ਤਰੇਹ, ਤ੍ਰੇਹ, ਤਿਖਾ, ਤੇਹ *f.* → ਤੇਹ

ਤਿੱਖਲ (तिक्खल) /tikkʰal̥a ティッカル/ [Skt. त्रिक + ਲ] *adj.(m.)(f.)* **1** 〖親族〗三人の娘の後に生まれた(息子). **2** 〖親族〗三人の息子の後に生まれた(娘).

ਤਿਖਾ (तिखा) /tikʰā ティカー/ ▸ਤਰੇਹ, ਤ੍ਰੇਹ, ਤਿਖ, ਤੇਹ *f.* → ਤੇਹ

ਤਿੱਖਾ (तिक्खा) /tikkʰā ティッカー/ ▸ਤੀਖਣ [(Pkt. तिक्ख) Skt. तीक्ष्] *adj.* **1** 鋭い, 鋭利な. **2** 速い. **3** 尖った. **4** 活発な. **5** 痛烈な, 辛辣な. **6** 激しい. **7** 刺激性の, つんとくる, ぴりっとした, 辛い. (⇒ਮਸਾਲੇਦਾਰ, ਕਰਾਰਾ) **8** (酩酊させる度合いの)強い.

ਤਿੱਖਾਪਣ (तिक्खापण) /tikkʰāpaṇ̥a ティッカーパン/ [-ਪਣ] *m.* **1** 鋭さ. **2** 痛烈さ. **3** 激しさ. **4** (味や匂いなどの)刺激性, 辛さ. **5** 辛辣さ.

ਤਿਖੇਰਾ (तिखेरा) /tikʰerā ティケーラー/ [-ਏਰਾ] *adj.* **1** さらに鋭い. **2** さらに速い. **3** さらに辛い.

ਤਿੰਗੜ (तिंगड़) /tiṅgaṛ̥a ティンガル/ [Skt. त्रिक + ੜ] *m.* 〖天文〗オリオン座の三つの明るい星.

ਤਿਗੁਣਾ¹ (तिगुणा) /tiguṇā ティグナー/ ▸ਤਿੱਗੁਣਾ [Skt. त्रि- Skt. गुण] *adj.* 三つの性質〔ਸਤਿ「純質」, ਰਜ「激質」, ਤਮ「暗質」〕を備えた.

ਤਿਗੁਣਾ² (तिगुणा) /tiguṇā ティグナー/ ▸ਤਿੱਗੁਣਾ [Skt. त्रि- Skt.-गुणन] *adj.* **1** 三倍の. **2** 三重の.

ਤਿੱਗੁਣਾ¹ (तिग्गुणा) /tigguṇā ティッグナー/ ▸ਤਿਗੁਣਾ *adj.* → ਤਿਗੁਣਾ¹

ਤਿੱਗੁਣਾ² (तिग्गुणा) /tigguṇā ティッグナー/ ▸ਤਿਗੁਣਾ *adj.* → ਤਿਗੁਣਾ²

ਤਿਗੁਣਾਤੀਤ (तिगुणातीत) /tiguṇātīt̥a ティグナーティート/ [Skt. त्रि- Skt. गुण Skt.-अतीत] *adj.* **1** 三つの性質〔ਸਤਿ「純質」, ਰਜ「激質」, ਤਮ「暗質」〕を超えた. **2** 卓越した, 超絶の.

ਤਿਗੁਣਾਤੀਤਵਾਦ (तिगुणातीतवाद) /tiguṇātīt̥awāḍ̥a ティグナーティートワード/ [Skt.-वाद] *m.* **1** 先験論. **2** 超絶主義.

ਤਿਚਰ (तिचर) /ticar̥a ティチャル/ [Pkt. तित्तअ + Skt. चिर] *adv.* **1** それまで. **2** その間に.

ਤਿਛੱਤਾ (तिछत्ता) /ticʰattā ティチャッター/ [Skt. त्रि- Skt. छत्र] *adj.* 〖建築〗三階の, 三階建ての. (⇒ਤਿਮੰਜ਼ਲਾ)

ਤਿਜ਼ਾਬ (तिज़ाब) /tizāb̥a ティザーブ/ ▸ਤੇਜ਼ਾਬ *m.* → ਤੇਜ਼ਾਬ

ਤਿਜਾਰਤ (तिजारत) /tijārat̥a ティジャーラト/ ▸ਤਜਾਰਤ [Pers. *tijārat*] *f.* **1** 取引. **2** 売買. **3** 商売, 商業, 交易.

ਤਿਜਾਰਤੀ (तिजारती) /tijār̥atī ティジャールティー/ ▸ਤਜਾਰਤੀ [Arab. *tijāratī*] *adj.* **1** 取引の. **2** 商業の, 交易の.

ਤਿਜੌਰੀ (तिजौरी) /tijaurī ティジャオーリー/ ▸ਤਜੌਰੀ [Eng. *treasury*] *f.* **1** 現金を入れる箱, 金庫, 小型金庫, 鉄製金庫. (⇒ਸੇਫ਼) **2** 貴重品箱.

ਤਿਟੰਗਾ (तिटंगा) /tiṭaṅgā ティタンガー/ [Skt. त्रि- Skt. टङ्ग] *adj.* 脚が三つある, 三脚の.

— *m.* 脚が三つあるもの, 三脚.

ਤਿਣ¹ (तिण) /tiṇ̥a ティン/ *m.* **1** 斑点, 痣. **2** ほくろ. (⇒ਤਿਲ)

ਤਿਣ² (तिण) /tiṇ̥a ティン/ [(Pkt. तिण) Skt. तृण] *m.* 藁. (⇒ਕੱਖ)

ਤਿਣਕਾ (तिणका) /tiṇ̥akā ティンカー/ ▸ਤਿਨਕਾ [+ ਕਾ] *m.* 藁. (⇒ਕੱਖ)

ਤਿਤ¹ (तित) /tit̥a ティト/ *pron.* あれ.

ਤਿਤ² (तित) /tit̥a ティト/ [Skt. तत्र] *adv.* **1** あそこに, あそこで. **2** あちらに.

ਤਿਤਨਾ (तितना) /tit̥anā ティトナー/ ▸ਤਿੰਨਾ *adj.* それくらいの, それほどの, あれほどの. (⇒ਓਨਾ)

ਤਿੱਤਰ (तित्तर) /tittar̥a ティッタル/ [(Pkt. तित्तिर) Skt. तित्तिर] *m.* 〖鳥〗雄のヤマウズラ, 山鶉.

ਤਿੱਤਰੀ (तित्तरी) /tittarī ティッタリー/ [-ਈ] *f.* 〖鳥〗雌のヤマウズラ, 雌山鶉.

ਤਿਤਲੀ (तितली) /tit̥alī ティトリー/ ▸ਤਿੱਤਲੀ [Skt. तित्तरीक] *f.* **1** 〖虫〗チョウ, 蝶. **2** 〖俗語〗浮気者, 浮気女.

ਤਿੱਤਲੀ (तित्तली) /tittalī ティッタリー/ ▸ਤਿਤਲੀ *f.* → ਤਿਤਲੀ

ਤਿਤਾਲੀ (तिताली) /titālī ティターリー/ ▸ਤਰਤਾਲੀ, ਤਿਰਤਾਲੀ [(Pkt. तिचत्तालीसा) Skt. त्रिचत्वारिंशत्] *ca.num.* 43.

— *adj.* 43の.

ਤਿਥ (तिथ) /titʰ̥a ティト/ ▸ਤਿੱਥ, ਥਿਤ, ਥਿੱਤ [Skt. तिथि] *f.* **1** 〖暦〗太陰日, 太陰暦の日付. **2** 日付, 年月日.

ਤਿੱਥ (तित्थ) /tittʰ̥a ティット/ ▸ਤਿਥ, ਥਿਤ, ਥਿੱਤ *f.* → ਤਿਥ

ਤਿਥੀ (तिथी) /titʰī ティティー/ [Skt. तिथि] *f.* **1** 〖暦〗太陽日, 太陽暦の日付. **2** 日付, 年月日.

ਤਿੰਨ (तिंन) /tinn̥a ティンヌ/ [Skt. त्रीणि] *ca.num.* 3, 三つ.

— *adj.* 三つの.

— *pref.* 「三つの…」「三方の…」など, 3の意味を含む語を形成する接頭辞.

ਤਿੰਨ-ਸਾਂਗੀ (तिंन-साँगी) /tinna̸-sā̃gī ティンヌ・サーンギー/ [Skt. त्रीणि- Skt. सङ्ग -ई] *adj.* **1** 三裂の. **2**〖植物〗三つの葉に分けられる.

ਤਿੰਨ-ਸਾਲਾ (तिंन-साला) /tinna̸-sālā ティンヌ・サーラー/ [Skt. त्रीणि- Pers. *sāl*] *adj.* 三年ごとの.

ਤਿਨਕਾ (तिनका) /tina̸kā ティンカー/ ▸ਤਿਣਕਾ *m.* → ਤਿਣਕਾ

ਤਿੰਨ-ਖੰਡੀ (तिंन-खंडी) /tinna̸-kʰaṇḍī ティンヌ・カンディー/ [Skt. त्रीणि- Skt. खण्ड -ई] *adj.* 三部分から成る.

ਤਿੰਨ-ਪੱਤੀ (तिंन-पत्ती) /tinna̸-pattī ティンヌ・パッティー/ [Skt. त्रीणि- Skt. पत्र -ई] *adj.* 三つ葉の.

ਤਿੰਨਾਂ (तिंनाँ) /tinnā̃ ティンナーン/ [Skt. त्रीणि + ਆਂ] *adj.* 三つすべての.

ਤਿੰਨਾ (तिंना) /tinnā ティンナー/ ▸ਤਿਤਨਾ *adj.* → ਤਿਤਨਾ

ਤਿਨੁਕਰਾ (तिनुकरा) /tinuka̸rā ティヌクラー/ [Skt. त्रि- Pers. *nūk*] *adj.* 三角の.

ਤਿੰਨੇਂ (तिंनें) /tinnẽ ティンネーン/ [Skt. त्रीणि + ਏਂ] *adj.* 三つすべての.

ਤਿਪਕਾ (तिपका) /tipa̸kā ティプカー/ ▸ਤਿਬਕਾ, ਤੁਪਕਾ, ਤੁਬਕਾ *m.* → ਤੁਪਕਾ

ਤਿਪੱਖਾ (तिपक्खा) /tipakkʰā ティパッカー/ [Skt. त्रि + पक्ष] *adj.* 三部に分かれた.

ਤਿਪਤੀ (तिपती) /tipatī ティパティー/ [Skt. त्रि- Skt. पत्र -ई] *adj.* 三つ葉の.

ਤਿਪਦਾ (तिपदा) /tipadā ティパダー/ [Skt. त्रि- Skt. पद्य] *m.*〖文学〗三行詩.

ਤਿਪਾਈ (तिपाई) /tipāī ティパーイー/ ▸ਤਰਪਾਈ [Skt. त्रिपाद] *f.* **1**〖家具〗三脚の腰掛け, 三脚のテーブル. **2** 三脚台.

ਤਿਪਾਸੜ (तिपासड़) /tipāsaṛa̸ ティパーサル/ *adj.* 三辺を持つ.

ਤਿੱਬ (तिब्ब) /tibba̸ ティッブ/ [Arab. *tib*] *f.* (ユーナーニーの)医学, 医術(⇒ਹਿਕਮਤ, ਹਕੀਮੀ)

ਤਿਬਕਾ (तिबका) /tiba̸kā ティブカー/ ▸ਤਿਪਕਾ, ਤੁਪਕਾ, ਤੁਬਕਾ *m.* → ਤੁਪਕਾ

ਤਿੱਬਤ (तिब्बत) /tibbata̸ ティッバト/ [Skt. त्रिविष्टप] *m.* チベット.

ਤਿੱਬਤੀ (तिब्बती) /tibbatī ティッバティー/ [-ਈ] *adj.* チベットの.

— *m.* チベット人.

— *f.* チベット語.

ਤਿਬਰਗਾ (तिबरगा) /tibara̸gā ティバルガー/ [Skt. त्रि- Pers. *barg*] *adj.* 三つ葉の.

ਤਿਬੜੀ (तिबड़ी) /tibaṛī ティバリー/ *f.* 三角状のもの.

ਤਿਭਾਸ਼ੀ (तिभाशी) /tipə̌śī ティパーシー/ [Skt. त्रि- Skt. भाषा -ई] *adj.* 三言語の, 三言語を話す.

ਤਿਮੰਜ਼ਲਾ (तिमंज़ला) /timañzalā ティマンザラー/ [Skt. त्रि- Pers. *manzil*] *adj.*〖建築〗三階の, 三階建ての. (⇒ਤਿਛੱਤਾ)

— *m.*〖建築〗三階建て, 三階建ての家, 三階建ての建物.

ਤਿਮਾਸਕਾ (तिमासका) /timāsa̸kā ティマースカー/ ▸ਤਰਿਮਾਸਿਕ, ਤ੍ਰਿਮਾਸਿਕ *adj.* → ਤਰਿਮਾਸਿਕ

ਤਿਮਾਹਾ (तिमाहा) /timāhā ティマーハー/ [Skt. त्रि + Pers. *māh*] *adj.* 三か月おきの, 年四回の, 四半期ごとの.

ਤਿਮਾਹੀ (तिमाही) /timâī | timāhī ティマーイー | ティマーヒー/ [Skt. त्रि + Pers. *māh* -ई] *adj.* 三か月おきの.

— *f.*〖時間〗三か月, 四半期.

ਤਿਮਾਤਰਿਕ (तिमातरिक) /timātarika̸ ティマータリク/ ▸ਤਿਮਾਤ੍ਰਿਕ [Skt. त्रि- Skt. मात्रिक] *adj.*〖音〗三音節の.

ਤਿਮਾਤ੍ਰਿਕ (तिमात्रिक) /timātrika̸ (timātarika̸) ティマートリク (ティマータリク)/ ▸ਤਿਮਾਤਰਿਕ *adj.* → ਤਿਮਾਤਰਿਕ

ਤਿਰਸਕਾਰ (तिरसकार) /tira̸sa̸kāra̸ ティルスカール/ [Skt. तिरस्कार] *m.* **1** 軽蔑, 侮蔑, 侮辱. ❐ਤਿਰਸਕਾਰ ਕਰਨਾ 軽蔑する, 侮辱する. **2** 叱責, 非難.

ਤਿਰਕਾਲਾ (तिरकाला) /tira̸kālā ティルカーラー/ ▸ਤਕਾਲਾਂ, ਤਰਕਾਲਾਂ *m.* → ਤਕਾਲਾਂ

ਤਿਰੰਗਾ (तिरंगा) /tiraṅgā ティランガー/ [Skt. त्रि- Skt. रंग] *adj.* 三色の.

ਤਿਰਛਾ (तिरछा) /tira̸cʰā ティルチャー/ [(Pkt. तिरच्छ) Skt. तिरश्च] *adj.* 斜めの, 傾いた. (⇒ਝੁਕਿਆ ਹੋਇਆ)

ਤਿਰਛਾਪਣ (तिरछापण) /tira̸cʰāpaṇa̸ ティルチャーパン/ [-ਪਣ] *m.* 傾き, 傾斜.

ਤਿਰਤਾਲੀ (तिरताली) /tira̸tālī ティルターリー/ ▸ਤਰਤਾਲੀ, ਤਿਤਾਲੀ [(Pkt. तिचत्तालीसा) Skt. त्रिचत्वारिंशत्] *ca.num.* 43.

— *adj.* 43の.

ਤਿਰਵੰਜਾ (तिरवंजा) /tira̸wañjā ティルワンジャー/ ▸ਤਰਵੰਜਾ [Skt. त्रि + Pers. *panjāh*] *ca.num.* 53.

— *adj.* 53の.

ਤਿਰਵਰਾ (तिरवरा) /tira̸warā ティルワラー/ *m.* 水や牛乳の表面に浮いた油.

ਤਿਰਾਸੀ (तिरासी) /tirāsī ティラースィー/ ▸ਤਰਾਸੀ, ਤਰਿਆਸੀ, ਤਿਰਿਆਸੀ [(Pkt. तियासिर्स, तिआसी) Skt. त्र्यशीति] *ca.num.* 83.

— *adj.* 83の.

ਤਿਰਾਸੀਆਂ (तिरासीआँ) /tirāsīā̃ ティラースィーアーン/ ▸ਤਰਾਸੀਵਾਂ, ਤਿਰਾਸੀਵਾਂ [+ ਆਂ] *or.num.* 83番目.

— *adj.* 83番目の.

ਤਿਰਾਸੀਵਾਂ (तिरासीवाँ) /tirāsīwā̃ ティラースィーワーン/ ▸ਤਰਾਸੀਵਾਂ, ਤਿਰਾਸੀਆਂ *or.num. adj.* → ਤਿਰਾਸੀਆਂ

ਤਿਰਾਹਾ (तिराहा) /tirāhā ティラーハー/ [Skt. त्रि- Pers. *rāh*] *m.* 三叉路.

ਤਿਰਾਨਵਾਂ (तिरानवाँ) /tirāna̸wā̃ ティラーンワーン/ [Skt. त्रयोनवति -वाँ] *or.num.* 93番目.

— *adj.* 93番目の.

ਤਿਰਾਨਵੇਂ (तिरानवें) /tirānawẽ ティラーナウェーン/ ▸ਤਰਾਨਵੇਂ, ਤਰਿਆਨਵੇਂ, ਤਿਰਿਆਨਵੇਂ, ਤੇਰਾਨਵੇਂ [Skt. त्रयोनवति] *ca.num.* 93.

— *adj.* 93の.

ਤਿਰਿਓੜ (तिरिओड़) /tiriọṛa̸ ティリオール/ ▸ਤਿਓੜ, ਤੇਉੜ *m.* → ਤਿਓੜ

ਤਿਰਿਆ (तिरिआ) /tiriā ティリアー/ ▸ਤਰਿਆ, ਤ੍ਰਿਆ, ਤ੍ਰੀਆ, ਤਰੀਯਾ, ਤੀਆ [(Pkt. तिरिया) Skt. स्त्री] *f.* **1** 女, 女性. (⇒ਔਰਤ) **2** 婦人.

ਤਿਰਿਆਸੀ (तिरिआसी) /tiriāsī ティリアースィー/ ▸ਤਰਾਸੀ, ਤਰਿਆਸੀ, ਤਿਰਾਸੀ [(Pkt. तियासिर्स, तिआसी) Skt. त्र्यशीति] *ca.num.* 83.

— *adj.* 83の.

ਤਿਰਿਆਕਲ (तिरिआकल) /tiriākala ティリアーカル/ ▸ ਤਰਿਆਕਲ, ਤ੍ਰਿਆਕਲ *adj.m.* → ਤਰਿਆਕਲ

ਤਿਰਿਆ ਚਰਿੱਤਰ (तिरिआ चरित्तर) /tiriā carittara ティリアー チャリッタル/ [Skt. स्त्री + Skt. चरित्र] *m.* **1** 女性の行為. **2** 女性の企み, 女性の手管.

ਤਿਰਿਆਨਵੇਂ (तिरिआनवें) /tiriānawẽ ティリアーナウェーン/ ▸ਤਰਾਨਵੇਂ, ਤਰਿਆਨਵੇਂ, ਤਿਰਾਨਵੇਂ, ਤੇਰਾਨਵੇਂ [Skt. त्रयोनवति] *ca.num.* 93.

— *adj.* 93の.

ਤਿਲ (तिल) /tila ティル/ [Skt. तिल] *m.* **1**〖植物〗ゴマ(胡麻)《ゴマ科の一年草》. **2**〖植物〗胡麻の実, 胡麻粒. ❐ਤਿਲ ਧਰਨ ਨੂੰ ਥਾਂ ਨਾ ਹੋਣੀ 胡麻粒を置く場所もない, 全く空きがない, 過密である. **3** ほくろ.

ਤਿਲ੍ਹਕਣ (तिल्हकण) /tîlakaṇa ティルカン/ ▸ਤਿਲਕਣ *f.* → ਤਿਲਕਣ

ਤਿਲ੍ਹਕਣਬਾਜ਼ੀ (तिल्हकणबाज़ी) /tîlakaṇabāzī ティルカンバーズィー/ ▸ਤਿਲਕਣਬਾਜ਼ੀ *f.* → ਤਿਲਕਣਬਾਜ਼ੀ

ਤਿਲ੍ਹਕਣਾ (तिल्हकणा) /tîlakaṇā ティルカナー/ ▸ਤਿਲਕਣਾ *vi.* → ਤਿਲਕਣਾ

ਤਿਲ੍ਹਕਵਾਂ (तिल्हकवाँ) /tîlakawā̃ ティルクワーン/ ▸ਤਿਲਕਵਾਂ *adj.* → ਤਿਲਕਵਾਂ

ਤਿਲਕ (तिलक) /tilaka ティラク/ [Skt. तिलक] *m.* **1** 装飾として額に付ける色の印. **2** 宗派を示す標章としてサフランまたはビャクダン(白檀)の粉で付ける印. **3**〖儀礼〗婚約した花婿の額に付ける印, 婚約式で花嫁側から贈られる金品. **4**〖装〗額に付ける装身具の一種. **5** 傑出した人, 比類なき人物. **6**(本の)注釈.

ਤਿਲਕਣ (तिलकण) /tilakaṇa ティルカン/ ▸ਤਿਲ੍ਹਕਣ *f.* **1** 滑りやすいこと, つるつる滑ること. (⇒ਫਿਸਲਣ) **2** 滑りやすい場所. **3** 滑りやすい地面. **4** 滑りやすい表面. **5** 滑らかな部分, つるつるの表面. **6** 結果の疑わしい行為, 当てにならないこと.

ਤਿਲਕਣਬਾਜ਼ੀ (तिलकणबाज़ी) /tilakaṇabāzī ティルカンバーズィー/ ▸ਤਿਲ੍ਹਕਣਬਾਜ਼ੀ *f.* **1** つかみどころのない状況, 不安定な状況. **2** 当てにならない状況. **3** 偶然の要素が優勢であること. **4** 危険性の高い状態, 一か八かの状態.

ਤਿਲਕਣਾ (तिलकणा) /tilakaṇā ティルカナー/ ▸ਤਿਲ੍ਹਕਣਾ *vi.* **1** 滑る. (⇒ਫਿਸਲਣਾ) ❐ਪੈਰ ਤਿਲਕਣਾ 足が滑る. **2** 横滑りする. **3** 放たれる, 抜ける.

ਤਿਲਕਧਾਰੀ (तिलकधारी) /tilakatǎrī ティラクターリー/ [Skt. तिलक Skt.-धारिन्] *adj* ਤਿਲਕ を付けた.

— *m.* ਤਿਲਕ を付けた人.

ਤਿਲਕਵਾਂ (तिलकवाँ) /tilakawā̃ ティルクワーン/ ▸ਤਿਲ੍ਹਕਵਾਂ *adj.* **1** 滑りやすい, つるつる滑る. **2** ぬるぬるした.

ਤਿਲਕਾਉਣਾ (तिलकाउणा) /tilakāuṇā ティルカーウナー/ *vt.* 滑らせる.

ਤਿਲ ਕੁੱਟ (तिल कुट्ट) /tila kuṭṭa ティル クット/ *m.*〖食品〗潰した胡麻に赤砂糖のペーストを混ぜたもの.

ਤਿਲਚਟਾ (तिलचटा) /tilacaṭā ティルチャター/ *m.*〖虫〗ゴキブリ. (⇒ਕੌਕਰੋਚ)

ਤਿਲ ਚੌਲੀ (तिल चौली) /tila caulī ティル チャオーリー/ [Skt. तिल + Skt. तण्डुल] *f.*〖料理〗胡麻と米を混ぜた炒め物.

ਤਿਲ-ਤਿਲ (तिल-तिल) /tila-tila ティル・ティル/ *adj.* 少量の.

— *adv.* 少しずつ.

ਤਿਲਾ (तिला) /tilā ティラー/ [Arab. *tilā*] *m.*〖薬剤〗膏薬.

ਤਿੱਲਾ (तिल्ला) /tillā ティッラー/ [Arab. *tilā*] *m.* 金糸銀糸の縁どり.

ਤਿਲਾਂਜਲੀ (तिलाँजली) /tilā̃jalī ティラーンジャリー/ ▸ਤਲਾਂਜਲੀ [Skt. तिल + Skt. अंजलि] *f.* **1** 死者の霊に捧げるための胡麻の実を混ぜた水. **2**〖儀礼〗葬儀で行われる供養法の一つ《手のひらで作った窪みに胡麻の実を混ぜた水を入れて死者の霊に捧げる》. **3** 放棄, 断念, 諦め. ❐ਤਿਲਾਂਜਲੀ ਦੇਣੀ 棄て去る, 放棄する, 諦める, 断念する. **4** 禁欲, 克己. **5** 無関係になること, 縁を切ること. ❐ਤਿਲਾਂਜਲੀ ਦੇਣੀ 全く無関係になる, 縁を切る, 別れを告げる.

ਤਿਲਿੱਸਮ (तिलिस्सम) /tilissama ティリッサム/ ▸ਤਲਿੱਸਮ [Arab. *tilism*] *m.* **1** 魔法, 魔術. (⇒ਜਾਦੂ) **2** まじない, 呪術. **3** 魅了, 恍惚状態.

ਤਿਲੀ (तिली) /tilī ティリー/ ▸ਤਿੱਲੀ [Skt. तिलक] *f.*〖身体〗脾臓.

ਤਿੱਲੀ (तिल्ली) /tillī ティッリー/ ▸ਤਿਲੀ *f.* → ਤਿਲੀ

ਤਿਲੀਅਰ (तिलीअर) /tilīara ティリーアル/ *m.*〖鳥〗バライロムクドリ, 薔薇色椋鳥《ムクドリ科. ウズラに似た食虫類の鳥》, サケイ, ムクドリ.

ਤਿਵੇਂ (तिवें) /tiwẽ ティウェーン/ *adv.* **1**《関係詞 ਜਿਵੇਂ と相関的に用いて》…のように. **2** 同様に, 同じように. **3** そのように, そんなふうに.

ਤਿੜ (तिड़) /tiṛa ティル/ *f.* **1** 自尊心, 慢心. **2** 傲慢さ, 傲り. **3** うぬぼれ. **4** 気取り.

ਤਿੜ੍ਹ (तिड़्ह) /tîṛa ティル/ *f.*〖植物〗茎, 蔓草の茎.

ਤਿੜਕਣਾ (तिड़कणा) /tiṛakaṇā ティルカナー/ *vi.* **1** ぱちんと割れる. **2** ひび割れる.

ਤਿੜਕਾਉਣਾ (तिड़काउणा) /tiṛakāuṇā ティルカーウナー/ *vt.* **1** ぱちんと割る. **2** ひび割らせる.

ਤਿੜਤਿੜਾਹਟ (तिड़तिड़ाहट) /tiṛatiṛâṭa ティルティラート/ *f.* ぱちんと割れること.

ਤਿੜਨਾ (तिड़ना) /tiṛanā ティルナー/ *vi.* **1** 自慢する, 偉ぶる, うぬぼれる. **2** 鼻にかける. **3** ひけらかす.

ਤਿੜ-ਫਿੜ (तिड़-फिड़) /tiṛa-pʰiṛa ティル・ピル/ *f.* **1** 自尊心, 慢心. **2** 傲慢さ, 傲り高ぶること. **3** うぬぼれ. **4** 気取り.

ਤਿੜਾਉਣਾ (तिड़ाउणा) /tiṛāuṇā ティラーウナー/ *vt.* **1** おだてる, もちあげる, 得意がらせる. **2** 虚栄心をくすぐる.

ਤੀਊੜੀ (तीऊड़ी) /tīūṛī ティーウーリー/ ▸ਤਿਊੜੀ *f.* **1** しかめ面. **2** 渋い顔. **3** 険しい表情. **4** 眉間の皺.

ਤੀਆਂ (तीआँ) /tīā̃ ティーアーン/ [Skt. तृतीया] *f.*〖祭礼〗ティーアーン《サーワン月に行われるパンジャーブ地方の女性の祭り》.

ਤੀਆ[1] (तीआ) /tīā ティーアー/ [(Pkt. तीअ) Skt. तृतीय] *ca.num.(m.)* 数字の3.

— *or.num.* 3番目, 第三.

— *adj.* 3番目の, 第三の.
ਤੀਆ² (तीआ) /tiā ティーアー/ ▸ਤਰਿਆ, ਤ੍ਰਿਆ, ਤ੍ਰੀਆ, ਤਰੀਯਾ, ਤਿਰਿਆ *f.* → ਤਿਰਿਆ
ਤੀਸਰਾ (तीसरा) /tīsarā ティースラー/ [Skt. तिस्त्र, त्रि:सर] *or.num.(m.)* 3番目, 第三.
— *adj.* 3番目の, 第三の.
ਤੀਹ (तीह) /tī̂ ティー/ [(Pkt. तीसा) Skt. त्रिंशत्] *ca.num.* 30.
— *adj.* 30の.
ਤੀਹਵਾਂ (तीहवाँ) /tī̂wā̃ ティーワーン/ [-ਵਾਂ] *or.num.* 30番目.
— *adj.* 30番目の.
ਤੀਹੋਕਾਲ (तीहोकाल) /tîokāla ティオーカール/ *m.* **1** 三時制. **2** 過去・現在・未来.
ਤੀਕ (तीक) /tīka ティーク/ ▸ਤਕ, ਤੱਕ, ਤੀਕਰ *postp.* → ਤਕ
ਤੀਕਰ (तीकर) /tīkara ティーカル/ ▸ਤਕ, ਤੱਕ, ਤੀਕ *postp.* → ਤਕ
ਤੀਖਣ (तीखण) /tīkʰaṇa ティーカン/ ▸ਤਿੱਖਾ *adj.* → ਤਿੱਖਾ
ਤੀਖਣਤਾ (तीखणता) /tīkʰaṇatā ティーカンター/ [Skt.-ता] *f.* **1** 鋭さ. **2** 痛烈さ. **3** 激しさ. **4**(味や匂いなどの)刺激性, 辛さ. **5** 辛辣さ.
ਤੀਜ (तीज) /tīja ティージ/ [(Pkt. तिज्जा) Skt. तृतीया] *f.* 〖暦〗太陰暦各半月の第三日.
ਤੀਜਾ (तीजा) /tījā ティージャー/ [(Pkt. तिज्जा) Skt. तृतीया] *or.num.(m.)* 3番目, 第三.
— *adj.* 3番目の, 第三の.
ਤੀਬਰ (तीबर) /tībara ティーバル/ ▸ਤੀਬ੍ਰ [Skt. तीव्र] *adj.* **1** 激しい, 強い. **2** 鋭い, 強烈な. **3** 切望している. **4** 熱心な, 熱烈な. **5** 厳しい, きつい. **6** 過度の, 極端な.
ਤੀਬ੍ਰ (तीब्र) /tībra (tībara) ティーブル (ティーバル)/ ▸ਤੀਬਰ *adj.* → ਤੀਬਰ
ਤੀਬਰਤਾ (तीबरता) /tībaratā ティーバルター/ ▸ਤੀਬ੍ਰਤਾ [Skt. तीव्र Skt.-ता] *f.* **1** 激しさ. **2** 鋭さ. **3** 切望. **4** 熱心.
ਤੀਬ੍ਰਤਾ (तीब्रता) /tībratā (tībaratā) ティーブルター (ティーバルター)/ ▸ਤੀਬਰਤਾ *f.* → ਤੀਬਰਤਾ
ਤੀਮਤ (तीमत) /tīmata ティーマト/ ▸ਤਰੀਮਤ, ਤ੍ਰੀਮਤ *f.* → ਤਰੀਮਤ
ਤੀਮੀਂ (तीमीं) /tīmī̃ ティーミーン/ ▸ਤੀਵੀਂ *f.* → ਤੀਵੀਂ
ਤੀਰ¹ (तीर) /tīra ティール/ [Skt. तीर] *m.* **1** 岸, 川岸, 海岸. (⇒ਕੰਢਾ, ਕਿਨਾਰਾ) **2** 土手. **3** 水辺.
ਤੀਰ² (तीर) /tīra ティール/ [Pers. *tīr*] *m.* 〖武〗矢. (⇒ਕੈਬਰ) ❐ਇੱਕ ਤੀਰ ਤੇ ਦੋ ਨਿਸ਼ਾਨੇ। 一本の矢で二つの的を射る〔諺〕〈一石二鳥〉. ❐ਤੀਰ ਹੋ ਜਾਣਾ 逃げる, おびえる, ぎょっとする. ❐ਤੀਰ ਚਲਾਉਣਾ, ਤੀਰ ਮਾਰਨਾ 矢を射る. 矢を放つ. ❐ਤੀਰ ਤੁੱਕਾ 的外れな推論, でたらめな推測. ❐ਤੀਰ ਦਾ ਨਿਸ਼ਾਨ 矢印. ❐ਤੀਰ ਦੀ ਅਣੀ, ਤੀਰ ਦੀ ਨੋਕ 矢の先端.
ਤੀਰ-ਅੰਦਾਜ਼ (तीर-अंदाज़) /tīra-andāza ティール・アンダーズ/ [+ Pers. *andāz*] *m.* 弓の射手, 弓術家.
ਤੀਰ-ਅੰਦਾਜ਼ੀ (तीर-अंदाज़ी) /tīra-andāzī ティール・アンダーズィー/ [-ਈ] *f.* 〖競技〗弓術, アーチェリー.
ਤੀਰਥ (तीरथ) /tīratʰa ティーラト/ [Skt. तीर्थ] *m.* **1** 渡し場, 船着き場. **2** 水辺の沐浴場. **3** 聖地, 巡礼地.
ਤੀਰਥ ਅਸਥਾਨ (तीरथ असथान) /tīratʰa asatʰāna ティーラト アスターン/ ▸ਤੀਰਥ ਸਥਾਨ [+ Skt. स्थान] *m.* 聖地, 巡礼地.
ਤੀਰਥ ਸਥਾਨ (तीरथ सथान) /tīratʰa satʰāna ティーラト サターン/ ▸ਤੀਰਥ ਅਸਥਾਨ *m.* → ਤੀਰਥ ਅਸਥਾਨ
ਤੀਰਥੰਕਰ (तीरथंकर) /tīratʰaṅkara ティールタンカル/ [Skt. तीर्थंकर] *m.* 〖ジャ〗ティールタンカラ《マハーヴィーラ以前の23人のジャイナ教の祖師》.
ਤੀਰਥ ਯਾਤਰਾ (तीरथ यातरा) /tīratʰa yātarā ティーラト ヤートラー/ [Skt. तीर्थ + Skt. यात्रा] *f.* 聖地巡礼.
ਤੀਰਾ (तीरा) /tīrā ティーラー/ *m.* 〖衣服〗シャツの肩の部分.
ਤੀਲ (तील) /tīla ティール/ ▸ਤੀਲ੍ਹ *f.* マッチ棒. ❐ਤੀਲਾਂ ਵਾਲੀ ਡੱਬੀ マッチ箱.
ਤੀਲ੍ਹ (तील्ह) /tîla ティール/ ▸ਤੀਲ *f.* → ਤੀਲ
ਤੀਲ੍ਹਾ (तील्हा) /tîlā ティーラー/ ▸ਤੀਲਾ *m.* → ਤੀਲਾ
ਤੀਲਾ (तीला) /tīlā ティーラー/ ▸ਤੀਲ੍ਹਾ *m.* **1** 藁. (⇒ਕੱਖ, ਤਿਣਕਾ) **2** 棒, 串. (⇒ਸੀਖ)
ਤੀਲੀ (तीली) /tīlī ティーリー/ *f.* **1** 棒, 棒状の物. **2** マッチ棒. ❐ਤੀਲੀਆਂ ਦੀ ਡੱਬੀ マッチ箱.
ਤੀਵੀਂ (तीवीं) /tīwī̃ ティーウィーン/ ▸ਤੀਮੀਂ *f.* **1** 女, 女性. (⇒ਔਰਤ) **2** 婦人.
ਤੀਵੀਂਪੁਣਾ (तीवींपुणा) /tīwī̃puṇā ティーウィーンプナー/ *m.* 女性であること, 女らしさ, 女っぽさ, 女性的特徴. (⇒ਇਸਤਰੀਤਵ)
ਤੁਸ਼ਟ (तुशट) /tuśaṭa トゥシュト/ ▸ਸੰਤੁਸ਼ਟ *adj.* → ਸੰਤੁਸ਼ਟ
ਤੁਸ਼ਟੀ (तुशटी) /tuśaṭī トゥシュティー/ ▸ਸੰਤੁਸ਼ਟੀ *f.* → ਸੰਤੁਸ਼ਟੀ
ਤੁਸਾਂ (तुसाँ) /tusā̃ トゥサーン/ ▸ਤੁਸਾ *pron.* 《2人称・能格または後置格・複数形(2人称・複数 ਤੁਸੀਂ の能格または後置格). 1人称・2人称では, ਆਪ「あなた」以外については, 能格の場合も ਨੇ を伴わない》(文法上は複数形だが1人の相手にも敬愛を込めて用いる)あなた, 君, (複数の相手に向けての)あなたたち, 君たち.
ਤੁਸਾ (तुसा) /tusā トゥサー/ ▸ਤੁਸਾਂ *pron.* → ਤੁਸਾਂ
ਤੁਸੀਂ (तुसीं) /tusī̃ トゥスィーン/ ▸ਤੁਸੀ *pron.* 《2人称・主格・複数形》(文法上は複数形だが1人の相手にも敬愛を込めて用いる)あなた, 君, (複数の相手に向けての)あなたたち, 君たち.
ਤੁਸੀ (तुसी) /tusī トゥスィー/ ▸ਤੁਸੀਂ *pron.* → ਤੁਸੀਂ
ਤੁਹ (तुह) /tô トー/ [(Pkt. तुस) Skt. तुष] *m.* (穀物・果物の)外皮, 殻. (⇒ਛਿਲਕਾ)
ਤੁਹਫ਼ਾ (तुहफ़ा) /tôfā トーファー/ ▸ਤੋਹਫ਼ਾ [Arab. *tohfa*] *m.* 贈り物, 進物, プレゼント. (⇒ਉਪਹਾਰ, ਨਜ਼ਰਾਨਾ)
ਤੁਹਮਤ (तुहमत) /tômata トーマト/ ▸ਤੋਹਮਤ [Pers. *tohmat*] *f.* **1** 中傷, 誹謗. (⇒ਅਪਵਾਦ, ਕੁਵਾਕ) **2** 名誉毀損, 濡れ衣.
ਤੁਹਮਤਬਾਜ਼ (तुहमतबाज़) /tômatabāza トーマトバーズ/ [Pers.-*bāz*] *adj.* 中傷する, 誹謗する, 口の悪い.
ਤੁਹਮਤਬਾਜ਼ੀ (तुहमतबाज़ी) /tômatabāzī トーマトバーズィー/ [Pers.-*bāzī*] *f.* 中傷すること, 誹謗すること, 悪口.

ਤੁਹਮਤੀ (तुहमती) /tômatī トーマティー/ [Pers. *tohmatī*] *adj.* 中傷する, 誹謗する, 口の悪い.

ਤੁਹਾਂ (तुहाँ) /tuā̃ トゥアーン/ ▸ਤੁਹਾ *pron.* → ਤੁਹਾ

ਤੁਹਾ (तुहा) /tuā トゥアー/ ▸ਤੁਹਾਂ *pron.* 《2人称・複数形 ਤੁਸੀਂ の後置格. 結合形・融合形の一部となり, 単独では用いられない》(文法上は複数形だが1人の相手にも敬愛を込めて用いる)あなた, 君, (複数の相手に向けての)あなたたち, 君たち.

ਤੁਹਾਡਾ (तुहाडा) /tuăḍā トゥアーダー/ *pron.* 《ਤੁਹਾ ਡਾ の結合形で, ਤੁਸੀਂ の属格(2人称・複数・属格)》(文法上は複数形だが1人の相手にも敬愛を込めて用いる)あなたの, 君の, (複数の相手に向けての)あなたたちの, 君たちの.

ਤੁਹਾਥੋਂ (तुहाथों) /tuătʰõ トゥアートーン/ *pron.* 《ਤੁਹਾ ਥੋਂ の結合形》(文法上は複数形だが1人の相手にも敬愛を込めて用いる)あなたから, あなたより, あなたには, 君から, 君より, 君には, (複数の相手に向けての)あなたたちから, あなたたちより, あなたたちには, 君たちから, 君たちより, 君たちには.

ਤੁਹਾਨੂੰ (तुहानूँ) /tuănū̃ トゥアーヌーン/ *pron.* 《ਤੁਹਾ ਨੂੰ の結合形》(文法上は複数形だが1人の相手にも敬愛を込めて用いる)あなたに, あなたを, あなたにとって, 君に, 君を, 君にとって, (複数の相手に向けての)あなたたちに, あなたたちを, あなたたちにとって, 君たちに, 君たちを, 君たちにとって.

ਤੁਕ (तुक) /tuka トゥク/ *f.* **1** 〘文学〙韻, 押韻, 韻を踏むこと, 韻を踏んだ語, 脚韻. **2** 〘文学〙詩文の一行, 脚韻を含む詩行, 詩や歌の小節. **3** 意味, 意義. **4** 論理, 理屈, 根拠, 正当性, 妥当性.

ਤੁੱਕਾ[1] (तुक्का) /tukkā トゥッカー/ *m.* **1** 〘植物〙トウモロコシの穂軸, トウモロコシの芯. **2** 栓. **3** 停止装置, ブレーキ. (⇒ਕੁੱਤਾ)

ਤੁੱਕਾ[2] (तुक्का) /tukkā トゥッカー/ [Pers. *tukka*] *m.* **1** 〘武〙鏃(やじり)のない矢. **2** 的外れな推論, でたらめな推測. ❒ਤੁੱਕਾ ਲਾਉਣਾ, ਤੁੱਕਾ ਮਾਰਨਾ でたらめな推測をする, 当てずっぽうを言う, 賭ける. **3** まぐれ当たり, フロック. ❒ਤੁੱਕਾ ਲੱਗ ਜਾਣਾ でたらめな推測が本当になる, まぐれ当たりする, 偶然成功する.

ਤੁਕਾਂਤ (तुकाँत) /tukā̃ta トゥカーント/ *m.* 〘文学〙脚韻.

ਤੁਖ਼ਮ (तुख़म) /tuxama トゥカム/ [Pers. *tuxam*] *m.* **1** 〘植物〙種子. **2** 〘植物〙胚珠.

ਤੁਖਾਰ (तुखार) /tukʰāra トゥカール/ *m.* **1** 〘国名〙トゥカーラ(トカラ)《ヒンドゥークシュ山脈北方に位置した古代インドの国》. **2** トゥカーラの住民. **3** 〘動物〙トゥカーラ産の馬. **4** 〘気象〙寒気, 寒さ. (⇒ਸਰਦੀ) **5** 〘気象〙雪, 降雪. (⇒ਹਿਮ, ਬਰਫ਼)

ਤੁਖਾਰੀ (तुखारी) /tukʰārī トゥカーリー/ *m.* **1** 〘音楽〙トゥカーリー《古代インドのトゥカーラ国で発達したとされる旋律ラーガの一種》. **2** トゥカーラの住民.

— *f.* 〘動物〙トゥカーラ産の牝馬.

ਤੁੱਛ (तुच्छ) /tuccʰa トゥッチ/ ▸ਟੁੱਚ [Skt. तुच्छ] *adj.* **1** 卑しい, 劣った, 卑小な. (⇒ਹੀਣ, ਘਟੀਆ) **2** 取るに足らない, つまらない. (⇒ਮਾਮੂਲੀ) **3** 浅はかな, 浅薄な. **4** 空っぽの, 中身のない, 空虚な, はかない. (⇒ਖ਼ਾਲੀ)

ਤੁੱਛਤਾ (तुच्छता) /tuccʰatā トゥッチター/ [Skt.-ता] *f.* **1** 卑しさ, 劣っていること, 卑小さ. **2** 取るに足らない物事, つまらなさ. **3** 浅はかさ, 浅薄さ. **4** 空っぽ, 空虚さ, はかなさ.

ਤੁੱਠਣਾ (तुट्ठणा) /tuṭṭʰaṇā トゥッタナー/ ▸ਤਰੁੱਠਣਾ [Skt. तुष्ट] *vi.* **1** 喜ぶ, 嬉しく思う. (⇒ਖ਼ੁਸ਼ ਹੋਣਾ) **2** 愛想がよくなる, 優しい気持ちになる. (⇒ਮਿਹਰਬਾਨ ਹੋਣਾ)

ਤੁਣਕਾ (तुणका) /tuṇakā トゥンカー/ *m.* 急に引くこと.

ਤੁੰਦ (तुंद) /tunda トゥンド/ [Pers. *tund*] *adj.* **1** 激しい, 荒々しい. **2** きつい, 厳しい. **3** 強い.

ਤੁੰਦੀ (तुंदी) /tundī トゥンディー/ [Pers. *tundī*] *f.* **1** 激しさ, 荒々しさ. **2** きつさ, 厳しさ. **3** 強さ.

ਤੁੰਨਣਾ (तुंनणा) /tunnaṇā トゥンナナー/ *vt.* **1** ぎっしり詰め込む. **2** 押し込む.

ਤੁਪਕਾ (तुपका) /tupakā トゥプカー/ ▸ਤਿਪਕਾ, ਤਿਬਕਾ, ਤੁਬਕਾ [(Pkt. तिप्प) Skt. तिप् + का] *m.* 滴, 水滴, 一滴. (⇒ਕਤਰਾ, ਚੋਆ, ਬੂੰਦ) ❒ਤੁਪਕਾ ਪੈਣਾ 滴を垂らす, ぽたぽた落ちる, 滴る.

ਤੁਫ਼ੰਗ (तुफ़ंग) /tufaṅga トゥファング/ ▸ਤਫ਼ੰਗ [Pers. *tufang*] *f.* **1** 物を吹き飛ばす筒, 紙鉄砲. **2** 〘武〙銃, 小銃, ピストル, ライフル銃.

ਤੁਫ਼ਾਨ (तुफ़ान) /tufāna トゥファーン/ ▸ਤੂਫ਼ਾਨ [Arab. *tūfān*] *m.* **1** 〘気象〙嵐, 台風, 暴風雨. **2** 騒ぎ, 騒動, 混乱. ❒ਤੁਫ਼ਾਨ ਮਚਾਉਣਾ 騒ぎを起こす, 混乱させる, 荒れ狂う.

ਤੁਬਕਾ (तुबका) /tubakā トゥブカー/ ▸ਤਿਪਕਾ, ਤਿਬਕਾ, ਤੁਪਕਾ *m.* → ਤੁਪਕਾ

ਤੁੰਬਣਾ (तुंबणा) /tumbaṇā トゥンバナー/ ▸ਤੁੰਮਣਾ [Skt. तुम्बति] *vt.* 梳く, 梳かす, もつれを整える.

ਤੁਮ੍ਹਾਤੜ (तुम्हातड़) /tumătaṛa トゥマータル/ [(Pkt. तुम्हारिस) Skt. त्वादश] *adj.* あなたのような. (⇒ਤੁਹਾਡੇ ਜਿਹਾ, ਤੇਰੇ ਵਰਗਾ)

ਤੁੰਮਣਾ (तुंमणा) /tummaṇā トゥンマナー/ ▸ਤੁੰਬਣਾ *vt.* → ਤੁੰਬਣਾ

ਤੁਮਰਾ (तुमरा) /tumarā トゥムラー/ *pron.* 《2人称・複数・属格》(文法上は複数形だが1人の相手にも敬愛を込めて用いる)あなたの, 君の(複数の相手に向けての)あなたたちの, 君たちの.

ਤੁੰਮਾ (तुंमा) /tummā トゥンマー/ ▸ਤੁੰਮਾਂ, ਤੁੱਮਾ *m.* 〘植物〙コロシントウリ《アフリカ原産のウリ科植物》.

ਤੁੰਮਾਂ (तुम्माँ) /tummā̃ トゥンマーン/ ▸ਤੁੰਮਾ, ਤੁੱਮਾ *m.* → ਤੁੰਮਾ

ਤੁੱਮਾ (तुम्मा) /tummā トゥンマー/ ▸ਤੁੰਮਾ, ਤੁੰਮਾਂ *m.* → ਤੁੰਮਾ

ਤੁਰਸ਼ (तुरश) /turaśa トゥルシュ/ [Pers. *turś*] *adj.* **1** 苦い. **2** 酸っぱい, 酸味のある. (⇒ਖੱਟਾ) **3** 辛い. **4** つんとくる.

ਤੁਰਸ਼ੀ (तुरशी) /turaśī トゥルシー/ [Pers. *turśī*] *f.* **1** 苦い味. **2** 酸味.

ਤੁਰ੍ਹਲਾ (तुर्हला) /tûralā トゥルラー/ ▸ਤੁਰ੍ਹਾ *m.* **1** 〘装〙ターバンや帽子の羽飾り. (⇒ਕਲਗੀ) **2** 〘衣服〙上に立てたり横に垂らしたターバンの端. (⇒ਸ਼ਮਲਾ)

ਤੁਰ੍ਹਾ (तुर्हा) /tûrā トゥラー/ ▸ਤੁਰ੍ਹਲਾ *m.* → ਤੁਰ੍ਹਲਾ

ਤੁਰ੍ਹੀ (तुर्ही) /tûrī トゥリー/ *f.* 〘楽器〙小さなラッパ.

ਤੁਰਕ (तुरक) /turaka トゥルク/ [Pers. *turk*] *m.* トルコ人,

中央アジア西部の人.

ਤੁਰਕੀ (तुरकी) /turakī トゥルキー/ [Pers. *turkī*] *m.* 〖国名〗トルコ(共和国).

— *adj.* **1** トルコの. **2** トルコ語の.

— *f.* トルコ語.

ਤੁਰੰਗ (तुरंग) /turaṅga トゥラング/ [Skt. तुरंग] *m.* **1** 速く走ること, 速足. **2** 〖動物〗馬. (⇒ਘੋੜਾ)

ਤੁਰੰਜ (तुरंज) /turañja トゥランジ/ [Pers. *turanj*] *m.* **1** 〖植物〗ザボン(朱欒), ブンタン(文旦), その果実《ミカン科の小木. 大形の果実の柑橘類の一種》. (⇒ਚਕੋਤਰਾ) **2** 〖植物〗ライム, レモン, それらの果実《柑橘類のうちライム, レモンなどの総称》. (⇒ਨਿੰਬੂ)

ਤੁਰੰਤ (तुरंत) /turanta トゥラント/ ▸ਤੁਰਤ [Skt. त्वरित] *adv.* **1** 直ちに, 即座に, 即刻, すぐに, 素早く, すかさず. (⇒ਫੱਟ, ਫਟਾ-ਫਟ, ਝਟਪਟ) **2** 急いで. (⇒ਛੇਤੀ)

ਤੁਰਤ (तुरत) /turata トゥラト/ ▸ਤੁਰੰਤ *adv.* → ਤੁਰੰਤ

ਤੁਰਨਾ (तुरना) /turanā トゥルナー/ ▸ਟੁਰਨਾ [Skt. त्वरते] *vi.* **1** 歩く. ❐ਉਹਨਾਂ ਨੂੰ ਤੁਰਦਿਆਂ ਕਰੀਬ ਤਿੰਨ ਘੰਟੇ ਹੋ ਗਏ ਸਨ। 彼らが歩いているうちに約3時間経っていました. **2** 行く, 進む. **3** 出発する. **4** 始まる.

ਤੁਰਪ[1] (तुरप) /turapa トゥルプ/ [Eng. *troop*] *m.* **1** 集団. **2** 〖軍〗部隊, 分隊.

ਤੁਰਪ[2] (तुरप) /turapa トゥルプ/ [Eng. *trump*] *m.* 〖遊戯〗(トランプの)切り札.

ਤੁਰਪਣਾ (तुरपणा) /turapaṇā トゥルパナー/ *vt.* 縁縫いをする, 縁かがりをする. (⇒ਉਲੇੜ੍ਹਨਾ)

ਤੁਰਪਾਈ (तुरपाई) /turapāī トゥルパーイー/ ▸ਤਰਪਾਈ *f.* 縁縫い, 縁かがり. (⇒ਉਲੇੜ੍ਹੀ)

ਤੁਰਬਤ (तुरबत) /turabata トゥルバト/ [Pers. *turbat*] *f.* 墓, 墓標, 霊廟. (⇒ਕਬਰ, ਮਜ਼ਾਰ)

ਤੁਰਮ (तुरम) /turama トゥルム/ *m.* 〖楽器〗らっぱ, トランペット.

ਤੁਰਾ (तुरा) /turā トゥラー/ [Skt. तुरंग] *m.* 〖動物〗ウマ, 牡馬. (⇒ਘੋੜਾ)

ਤੁਰਾਉਣਾ (तुराउणा) /turāuṇā トゥラーウナー/ ▸ਟੁਰਾਉਣਾ [cf. ਤੁਰਨਾ] *vt.* **1** 歩かせる. **2** 行かせる. **3** 出発させる.

ਤੁਰੀ (तुरी) /turī トゥリー/ [Skt. तुरंग -ਈ] *f.* 〖動物〗牝馬. (⇒ਘੋੜੀ)

ਤੁੱਲ (तुल्ल) /tulla トゥッル/ [Skt. तुल्य] *adj.* **1** 等しい, 同等の. (⇒ਸਮਾਨ) **2** 適合している, 調和している. **3** 似ている, 類似の. **4** 相当する. **5** 匹敵する.

ਤੁਲਸੀ (तुलसी) /tulasī トゥルスィー/ [Skt. तुलसी] *f.* 〖植物〗トゥルスィーの木, カミメボウキ(神目箒), ホーリーバジル《シソ科の多年生草本》, カミメボウキの葉・実.

ਤੁਲ੍ਹੜਾ (तुल्हड़ा) /tûlaṛā トゥルラー/ ▸ਤੁਲਹਾ, ਤੁਲ੍ਹਾ *m.* → ਤੁਲ੍ਹਾ

ਤੁਲਹਾ (तुलहा) /tûlā トゥラー/ ▸ਤੁਲ੍ਹੜਾ, ਤੁਲ੍ਹਾ *m.* → ਤੁਲ੍ਹਾ

ਤੁਲ੍ਹਾ (तुल्हा) /tûlā トゥラー/ ▸ਤੁਲ੍ਹੜਾ, ਤੁਲਹਾ *m.* 〖乗物〗筏(いかだ).

ਤੁਲਕੋਣੀ (तुलकोणी) /tulakoṇī トゥルコーニー/ [Skt. तुल्य + Skt. कोण -ਈ] *adj.* 〖幾何〗等角の.

ਤੁਲਣਾ (तुलणा) /tulaṇā トゥルナー/ [Skt. तुलयति] *vi.* **1** 量られる, 計られる, 計量される. (⇒ਜੁਖਣਾ) **2** 釣り合う, 均衡がとれる. **3** 並べられる.

ਤੁੱਲਤਾ (तुल्लता) /tullatā トゥッラター/ [Skt. तुल्य Skt.-ता] *f.* 等しいこと, 同等. (⇒ਸਮਾਨਤਾ)

ਤੁਲਨਾ (तुलना) /tulanā トゥルナー/ [Skt. तुलना] *f.* **1** 比較. ❐ਤੁਲਨਾ ਕਰਨੀ 比較する, 比べる. **2** 類似. **3** たとえ, 比喩.

ਤੁਲਨਾਤਮਕ (तुलनातमक) /tulanātamaka トゥルナートマク/ [Skt.-आत्मक] *adj.* **1** 比較の, 比較した. **2** 比べられた, 比較された.

ਤੁਲਵਾਉਣਾ (तुलवाउणा) /tulawāuṇā トゥルワーウナー/ ▸ਤੁਲਾਉਣਾ [cf. ਤੁਲਣਾ] *vt.* **1** 量らせる, 計量させる, 計量してもらう. (⇒ਜੁਖਵਾਉਣਾ) **2** 見積もらせる, 査定してもらう, 評価してもらう.

ਤੁਲਵਾਈ (तुलवाई) /tulawāī トゥルワーイー/ ▸ਤੁਲਾਈ [cf. ਤੁਲਣਾ] *f.* **1** 計量. (⇒ਜੁਖਵਾਈ) **2** 計り賃, 計量代.

ਤੁਲਾ (तुला) /tulā トゥラー/ [Skt. तुला] *f.* 〖道具〗秤.

ਤੁਲਾਉਣਾ (तुलाउणा) /tulāuṇā トゥラーウナー/ ▸ਤੁਲਵਾਉਣਾ *vt.* → ਤੁਲਵਾਉਣਾ

ਤੁਲਾਈ[1] (तुलाई) /tulāī トゥラーイー/ ▸ਤੁਲਵਾਈ *f.* → ਤੁਲਵਾਈ

ਤੁਲਾਈ[2] (तुलाई) /tulāī トゥラーイー/ ▸ਤਲਾਈ *f.* → ਤਲਾਈ

ਤੁੜਾਉਣਾ (तुड़ाउणा) /tuṛāuṇā トゥラーウナー/ [cf. ਤੋੜਨਾ] *vt.* **1** 壊す, 破壊する. **2** (綱や鎖を)外す. **3** 細かく砕く. **4** (お金を)崩す. **5** 摘む, 摘み取る.

ਤੁੜਾਈ (तुड़ाई) /tuṛāī トゥラーイー/ [cf. ਤੋੜਨਾ] *f.* **1** 壊すこと, 破壊. **2** (綱や鎖を)外すこと. **3** 細かく砕くこと. **4** (お金を)崩すこと. **5** 摘むこと, 摘み取り.

ਤੂੰ (तूँ) /tũ トゥーン/ ▸ਤੈਂ [(Pkt. तुमं) Skt. त्वम्] *pron.* 《2人称・主格または能格・単数形. 1人称・2人称では, ਆਪ「あなた」以外については, 能格の場合も ਨੇ を伴わない》おまえ.

ਤੂ (तू) /tū トゥー/ *suff.* 動詞の語幹に付いて形容詞を形成する接尾辞.

ਤੂਈ (तूई) /tūī トゥーイー/ *f.* 〖身体〗爪の先.

ਤੂਸਣਾ (तूसणा) /tūsaṇā トゥーサナー/ [Skt. तोष] *vi.* **1** 満ちる, いっぱいになる. (⇒ਭਰਨਾ) **2** 満腹になる.

— *vt.* **1** 詰め込む. **2** がつがつ食べる.

ਤੂਣਾ (तूणा) /tūṇā トゥーナー/ *vi.* (家畜が)流産する, 早産する.

ਤੂਤ (तूत) /tūta トゥート/ ▸ਸ਼ਹਤੂਤ, ਸ਼ਹਿਤੂਤ, ਸ਼ਤੂਤ *m.* → ਸ਼ਤੂਤ

ਤੂਤਰੀ (तूतरी) /tūtarī トゥータリー/ *f.* 〖調〗やかんの口.

ਤੂਤਰੂ (तूतरू) /tūtarū トゥートルー/ ▸ਤੂਤੜੀ, ਤੂਤੀ *m.* → ਤੂਤੀ

ਤੂਤੜੀ (तूतड़ी) /tūtaṛī トゥータリー/ ▸ਤੂਤਰੂ, ਤੂਤੀ *f.* → ਤੂਤੀ

ਤੂਤੀ (तूती) /tūtī トゥーティー/ ▸ਤੂਤਰੂ, ਤੂਤੜੀ [Pers. *tūtī*] *f.* **1** 〖楽器〗角笛, らっぱ, トランペット. (⇒ਤੁਰਮ) **2** 〖玩具〗玩具のらっぱ.

ਤੂੰ ਤੂੰ ਮੈਂ ਮੈਂ (तूँ तूँ मैं मैं) /tũ tũ mãī mãī トゥーン トゥーン マェーン マェーン/ *f.* **1** 口論, 激論. (⇒ਲੜਾਈ, ਝਗੜਾ) **2** 口汚い言葉の応酬, 罵りあい.

ਤੂਫ਼ਾਨ (तूफ़ान) /tūfāna トゥーファーン/ ▸ਤੁਫ਼ਾਨ *m.* →

ਤੁਫ਼ਾਨ

ਤੂੰਬੜੀ (तूँबड़ी) /tũbaṛī トゥーンバリー/ [(Pkt. तुम्ब) Skt. तुम्बक -ੜੀ] *f.* **1**〖植物〗ヒョウタン(瓢箪), ユウガオ(夕顔)《ウリ科の蔓草》. **2**〖容器〗中空の瓢箪, 瓢箪製の容器.

ਤੂੰਬਾ (तूँबा) /tũbā トゥーンバー/ [(Pkt. तुम्ब) Skt. तुम्बक] *m.* **1**〖植物〗ヒョウタン(瓢箪), ユウガオ(夕顔)《ウリ科の蔓草》. **2**〖容器〗瓢箪の殻の水入れ, 瓢箪製の容器. **3**〖楽器〗トゥーンバー《中空の瓢箪で作られた楽器》.

ਤੂੰਬੀ (तूँबी) /tũbī トゥーンビー/ [-ਈ] *f.* **1**〖容器〗ヒョウタン(瓢箪)の殻の水入れ. **2**〖楽器〗トゥーンビー《中空のヒョウタン(瓢箪)で作られた一弦楽器》.

ਤੂਰ (तूर) /tūra トゥール/ *m.* シナイ山, モーセ山.

ਤੂਲ[1] (तूल) /tūla トゥール/ [Arab. *tūl*] *m.* **1** 長さ, 広さ, 範囲. **2** 冗長さ, 散漫さ. **3** 遅れ, 遅滞.

ਤੂਲ[2] (तूल) /tūla トゥール/ *m.*〖道具〗絵筆, 画筆.

ਤੂਲੀ (तूली) /tūlī トゥーリー/ [(Pkt. तूलिआ) Skt. तूलिका] *f.*〖道具〗素描ペン, 絵を描くペン.

ਤੂੜੀ (तूड़ी) /tūṛī トゥーリー/ [cf. ਤੋੜਨਾ] *f.* 籾殻.

ਤੇ[1] (ते) /te テー/ ▸ਅਤੇ *conj.* 《 ਅਤੇ の短縮形. 短縮形であることを示すため, つづりの初めにアポストロフィ ' を伴う表記の 'ਤੇ も用いられる》 **1**…と…, …及び…. ❑ਪਿਆਜ਼ ਤੇ ਟਮਾਟਰ ਵੀ ਖਾ ਲੈਂਦਾ ਹਾਂ। 玉葱とトマトもちゃんと食べるよ. **2** そして, …して, また. ❑ਰੋਜ਼ ਨਹਾਇਆ ਕਰਾਂਗਾ ਤੇ ਕੱਪੜੇ ਸਾਫ਼ ਰੱਖਿਆ ਕਰਾਂਗਾ। 毎日水浴びをしそして衣服を清潔にしておきます. ❑ਇੱਕ ਚੂਹਾ ਆਇਆ ਤੇ ਮੇਰੇ ਮੂੰਹ ਵਿੱਚ ਵੜ ਗਿਆ। 一匹の鼠が来て私の口の中に入りました. ❑ਕਈ ਕੁੱਤੇ ਸਿਰਫ਼ ਘਰ ਦੀ ਰਾਖੀ ਵਾਸਤੇ ਹੁੰਦੇ ਹਨ ਤੇ ਕਈ ਸ਼ਿਕਾਰ ਲਈ। 家の番をするためだけの犬もいますしまた狩猟のための犬もいます.

ਤੇ[2] (ते) /te テー/ ▸ਉਤੇ, ਉੱਤੇ *postp.* 《 ਉੱਤੇ の短縮形. 短縮形であることを示すため, つづりの初めにアポストロフィ ' を伴う表記の 'ਤੇ も用いられる》 **1**《位置・場所》…の上に, …に, …(の上)を. ❑ਉਸ ਮੇਜ਼ ਤੇ ਕੀ ਹੈ? あのテーブルの上には何がありますか. ❑ਕੁਰਸੀ ਤੇ ਨਾ ਬੈਠ। 椅子に座るな. ❑ਉਹ ਜ਼ਿਮੀਂ ਤੇ ਬੈਠਾ ਸੀ। 彼は地面に座っていました. ❑ਤੂੰ ਸੜਕ ਤੇ ਕਿਉਂ ਲੱਭ ਰਿਹਾ ਹੈਂ? おまえは道路上をなぜさがしているんだ. ❑ਬਾਂਦਰ ਨੇ ਟੋਪੀਆਂ ਸਿਰਾਂ ਤੇ ਰੱਖ ਲਈਆਂ। 猿たちは帽子を頭に載せました. ❑ਉਸ ਨੇ ਰੁੱਖ ਤੇ ਦੇਖਿਆ। 彼は木の上を見ました. ❑ਟੋਪੀਆਂ ਵਾਲਾ ਮੱਥੇ ਤੇ ਹੱਥ ਧਰ ਕੇ ਬੈਠ ਗਿਆ। 帽子屋は額に手を当てて座り込みました. **2**《分を伴う時刻「…時…分」に付ける》…に. ❑ਗੱਡੀ ਦਸ ਵੱਜ ਕੇ ਪੰਜ ਮਿੰਟ ਤੇ ਆਉਂਦੀ ਹੈ। 列車は10時5分に来ます. **3**《情報源》…では, …によると. (⇒ਅਨੁਸਾਰ) ❑ਤੁਹਾਡੀ ਘੜੀ ਤੇ ਕੀ ਵਕਤ ਹੈ? あなたの時計では何時ですか. **4**《時・機会》…の時に, …に際して. ❑ਦਿਵਾਲੀ ਤੇ ਸਾਰੀ ਜਮਾਤ ਨੂੰ ਲੈ ਕੇ ਦਰਸ਼ਨਾਂ ਨੂੰ ਚੱਲਾਂਗੇ। ディワーリーの時にはクラス全員でお参りに行きましょう. **5**《感情の対象》…に, …を, …に対して. ❑ਸਾਡੇ ਤੇ ਕਿਰਪਾ ਕਰਨੀ ਜੀ। 私たちにご厚情をお寄せください. ❑ਤੇਰੇ ਤੇ ਕੋਈ ਇਤਬਾਰ ਨਹੀਂ ਰਿਹਾ। おまえは全く信用できなかった. ❑ਤੇਰਾ ਕਿਸ ਤੇ ਸ਼ੱਕ ਹੈ? おまえは誰を疑っているのだ. ❑ਗ਼ਰੀਬਾਂ ਤੇ ਤਰਸ ਖਾਓ। 貧しい人たちに同情しなさい. **6**《不定詞の後置格形に続き「差し迫っている動作・状態」を表す》(今にも)…しようとして, …するところで. ❑ਦਿਵਾਰ ਢਹਿਣ ਤੇ ਹੈ। 壁は今にも崩れようとしています. **7**《不定詞の後置格形に続き「動作の連続」を表す》…すると, …したら. ❑ਮੇਰੇ ਜਾਣ ਤੇ ਉਹ ਜਾਗ ਪਿਆ। 私がそこに着くと彼は目を覚ましました. ❑ਪੀਲੀ ਬੱਤੀ ਹੋਣ ਤੇ ਇਹ ਚੱਲਣ ਲਈ ਤਿਆਰ ਹੋਣਗੇ। 黄色の信号になるとこの人たちは進む準備ができるでしょう. ❑ਉਸ ਦੇ ਪੁੱਛਣ ਤੇ ਭਰਾਵਾਂ ਨੇ ਉਸ ਨੂੰ ਖੇਤ ਵਿੱਚ ਦੱਬੇ ਪੈਸਿਆਂ ਦੀ ਗੱਲ ਦੱਸੀ। 彼が尋ねると兄弟たちは彼に畑に埋めたお金のことを話しました. **8** 名詞とともに副詞句を構成する. (⇒ਸਿਰ) ❑ਵਕਤ ਤੇ ちょうどよい時に, 間に合って, 定刻に.

ਤੇ[3] (ते) /te テー/ ▸ਤੈ *pron.* 《2人称・単数 ਤੂੰ の後置格. 結合形の一部となり, 単独では用いられない》おまえ.

ਤੇਉਰ (तेउर) /teura テーウル/ ▸ਤ੍ਰੇਵਰ, ਤਿਓਰ *m.* → ਤਿਓਰ

ਤੇਉੜ (तेउड़) /teuṛa テーウル/ ▸ਤਿਓੜ, ਤਿਰਿਓੜ *m.* → ਤਿਓੜ

ਤੇਊ (तेऊ) /teū テーウー/ *adj.* まさに同じ.

ਤੇਈ (तेई) /teī テーイー/ ▸ਤ੍ਰੇਈ [(Pkt. तेवीस) Skt. त्रयोविंशति] *ca.num.* 23.

— *adj.* 23の.

ਤੇਈਆਂ (तेईआँ) /teīã テーイーアーン/ ▸ਤੇਈਵਾਂ *or.num. adj.* → ਤੇਈਵਾਂ

ਤੇਈਆ (तेईआ) /teīā テーイーアー/ [Skt. तृतीय] *m.*〖医〗マラリア. (⇒ਮਲੇਰੀਆ)

ਤੇਈਆ ਤਾਪ (तेईआ ताप) /teīā tāpa テーイーアー ターブ/ [+ Skt. ताप] *m.*〖医〗マラリア熱. (⇒ਵਾਰੀ ਦਾ ਬੁਖ਼ਾਰ)

ਤੇਈਵਾਂ (तेईवाँ) /teīwã テーイーワーン/ ▸ਤੇਈਆਂ [(Pkt. तेवीस) Skt. त्रयोविंशति -ਵਾਂ] *or.num.* 23番目.

— *adj.* 23番目の.

ਤੇਸਾ (तेसा) /tesā テーサー/ ▸ਤੇਸ਼ਾ [Pers. *teś*] *m.*〖道具〗手斧(ちょうな)《木材を削る大工道具》.

ਤੇਸ਼ਾ (तेशा) /teśā テーシャー/ ▸ਤੇਸਾ *m.* → ਤੇਸਾ

ਤੇਸੀ (तेसी) /tesī テースィー/ *f.* **1**〖道具〗石切り鑿(いしきりのみ)《石材を削る石工道具》. **2**〖道具〗小さな斧.

ਤੇਹ (तेह) /tê テー/ ▸ਤਰੇਹ, ਤ੍ਰੇਹ, ਤਿਖ, ਤਿਖਾ [Skt. तृषा] *f.* **1** 渇き, 渇望. (⇒ਪਿਆਸ, ਤਰਿਸ਼ਣਾ) **2** 願望. (⇒ਇੱਛਾ)

ਤੇਹਰ (तेहर) /têra テール/ ▸ਤਿਹਰ [(Pot.)] *f.* → ਤਿਹਰ

ਤੇਹਰਾ (तेहरा) /têrā テーラー/ ▸ਤਿਹਰਾ *adj.* → ਤਿਹਰਾ

ਤੇਹਾਂ (तेहाँ) /tehã テーハーン/ *adj.* 三つすべての.

ਤੇਹਾ (तेहा) /tehā | têā テーハー | テーアー/ ▸ਤਿਹਾ *adj.* → ਤਿਹਾ

ਤੇਗ਼ (तेग़) /teǧa テーグ/ ▸ਤੇਗ [Pers. *teǧ*] *f.*〖武〗剣. (⇒ਤਲਵਾਰ)

ਤੇਗ਼ ਬਹਾਦਰ (तेग़ बहादर) /teǧa bădara | teǧa bahādara テーグ バーダル | テーグ バハーダル/ [Pers. *teǧ* + Pers. *bahādur*] *m.*〖人名・スィ〗グル・テーグ・バハーダル(バハードゥル)《スィック教の第9代教主》.

ਤੇਗ਼ਾ (तेग़ा) /teǧā テーガー/ [Pers. *teǧ*] *m.*〖武〗幅の広い剣.

ਤੇਜ[1] (तेज) /teja テージ/ [Skt. तेजस्] *m.* **1** 光, 輝き. (⇒ਨੂਰ, ਚਮਕ) **2** 栄光. (⇒ਪਰਤਾਪ, ਸ਼ਾਨ) **3** 名声. **4** 力, 強さ.

(⇒ਬਲ, ਸ਼ਕਤੀ)

ਤੇਜ[2] (तेज) /teja テージ/ ▸ਤੇਜ਼ *adj.adv.* → ਤੇਜ਼

ਤੇਜ਼ (तेज़) /teza テーズ/ ▸ਤੇਜ [Pers. *tez*] *adj.* **1** 速い, 迅速な, 敏速な. **2**(感覚などが)鋭い, 鋭敏な. ❐ਬਿੱਲੀ ਦੀਆਂ ਅੱਖਾਂ ਤੇ ਕੰਨ ਬੜੇ ਤੇਜ਼ ਹੁੰਦੇ ਹਨ। 猫の目と耳はとても鋭敏です. **3** 賢い, 機敏な, 明晰な, 頭の回転が速い. ❐ਉਹ ਬੜੀ ਤੇਜ਼ ਬੁੱਧੀ ਵਾਲਾ ਆਦਮੀ ਸੀ। 彼はとても頭脳明晰な男でした. **4** ぴりっと辛い. **5** きつい, 鋭い. **6** 激しい. ❐ਤੇਜ਼ ਮਿਜ਼ਾਜ 気性の激しい, 短気な, 怒りっぽい. **7** 強い, 強烈な. ❐ਧੁੱਪ ਬੜੀ ਤੇਜ਼ ਸੀ। 日差しがとても強烈でした.

— *adv.* **1** 速く. ❐ਰੇਲ-ਗੱਡੀ ਬਹੁਤ ਤੇਜ਼ ਦੌੜਦੀ ਆਈ। 列車はとても速く走って来ました. **2** 速やかに, 敏速に, 素早く.

ਤੇਜੱਸਵੀ (तेजस्सवी) /tejassawī テージャッサウィー/ [Skt. तेजस् + वी] *adj.* **1** 光り輝く. **2** 高名な. **3** 優れた.

ਤੇਜਹੀਣ (तेजहीण) /tejahīṇa テージヒーン/ [Skt.-हीन] *adj.* **1** 光り輝かない. **2** 鈍い.

ਤੇਜ ਪੱਤਰ (तेज पत्तर) /teja pattara テージ パッタル/ ▸ਤੇਜ ਪੱਤਾ [Skt. तेज पत्र] *m.* 〖植物〗クスノキ科の常緑樹タマラニッケイの葉《インド料理の香辛料》.

ਤੇਜ ਪੱਤਾ (तेज पत्ता) /teja pattā テージ パッター/ ▸ਤੇਜ ਪੱਤਰ *m.* → ਤੇਜ ਪੱਤਰ

ਤੇਜ਼ਾਬ (तेज़ाब) /tezāba テーザーブ/ ▸ਤਿਜ਼ਾਬ [Pers. *tezāb*] *m.* 〖化学〗酸.

ਤੇਜ਼ਾਬੀ (तेज़ाबी) /tezābī テーザービー/ [Pers. *tezābī*] *adj.* 〖化学〗酸の, 酸性の, 酸の混じった.

ਤੇਜ਼ਾਬੀਅਤ (तेज़ाबीअत) /tezābīata テーザービーアト/ [Pers.-*yat*] *f.* **1** 〖化学〗酸性. **2** 酸味.

ਤੇਜੀ (तेजी) /tejī テージー/ ▸ਤੇਜ਼ੀ *f.* → ਤੇਜ਼ੀ

ਤੇਜ਼ੀ (तेज़ी) /tezī テーズィー/ ▸ਤੇਜੀ [Pers. *tezī*] *f.* **1** 速さ, 迅速, 勢い. **2** 鋭さ, 鋭敏. **3** 激しさ, 厳しさ.

ਤੇਤ੍ਹੀਵਾਂ (तेत्हीवाँ) /têtīwā̃ テーティーワーン/ ▸ਤੇਤੀਵਾਂ [(Pkt. तेतीसा) Skt. त्रयस्त्रिंशत् -वाँ] *or.num.* 33番目.

— *adj.* 33番目の.

ਤੇਤੀ (तेती) /tetī テーティー/ [(Pkt. तेतीसा) Skt. त्रयस्त्रिंशत्] *ca.num.* 33.

— *adj.* 33の.

ਤੇਤੀਵਾਂ (तेतीवाँ) /tetīwā̃ テーティーワーン/ ▸ਤੇਤ੍ਹੀਵਾਂ *or.num. adj.* → ਤੇਤ੍ਹੀਵਾਂ

ਤੇਤੋ (तेतो) /teto テートー/ ▸ਤੇਥੋਂ, ਤੈਤੋਂ, ਤੈਥੋਂ [(Pua.)] *pron.* → ਤੈਥੋਂ

ਤੇਥੋਂ (तेथों) /tetʰõ テートーン/ ▸ਤੇਤੋ, ਤੈਤੋਂ, ਤੈਥੋਂ *pron.* → ਤੈਥੋਂ

ਤੇਂਦੂਆ (तेंदूआ) /tẽdūā テーンドゥーアー/ ▸ਤੰਦੂਆ, ਤੈਂਦੂਆ *m.* → ਤੰਦੂਆ

ਤੇਰ੍ਹਵਾਂ (तेर्हवाँ) /têrawā̃ テールワーン/ [(Pkt. तेद्दह, तेरह) Skt. त्रयोदश -वाँ] *or.num.* 13番目.

— *adj.* 13番目の.

ਤੇਰ੍ਹਾਂ (तेर्हाँ) /têrā̃ テーラーン/ ▸ਤੇਰਾਂ *ca.num. adj.* → ਤੇਰਾਂ

ਤੇਰਾਂ (तेराँ) /terā̃ テーラーン/ ▸ਤੇਰ੍ਹਾਂ [(Pkt. तेद्दह, तेरह) Skt. त्रयोदश] *ca.num.* 13.

— *adj.* 13の.

ਤੇਰਾ (तेरा) /terā テーラー/ *pron.* 《2人称・単数 ਤੂੰ の属格》おまえの.

ਤੇਰਾਨਵੇਂ (तेरानवें) /terānawẽ テーラーナウェーン/ ▸ਤਰਾਨਵੇਂ, ਤਰਿਆਨਵੇਂ, ਤਿਰਾਨਵੇਂ, ਤਿਰਿਆਨਵੇਂ *ca.num. adj.* → ਤਿਰਾਨਵੇਂ

ਤੇਲ (तेल) /tela テール/ [Skt. तैल] *m.* **1** 油, オイル, 植物油. (⇒ਆਇਲ) ❐ਤੇਲ ਕੱਢਣਾ 油を搾り出す, へとへとに疲れさせる. ❐ਤੇਲ ਜਿਹਾ 油の, 油質の, 脂性の, 油っぽい, 油気のある. ❐ਤੇਲ ਦੀ ਤਿਲਕਣ 油膜. ❐ਤੇਲ ਮਲਨਾ 油をこすりつける, オイルを塗ってマッサージする. ❐ਤੇਲ ਦੇਣਾ 潤滑油を差す. ❐ਤੇਲ ਵਰਗਾ 油の, 油質の, 脂性の, 油っぽい, 油気のある. ❐ਤੇਲ ਵਾਲਾ 油の, 油質の, 脂性の, 油っぽい, 油気のある. **2** 石油, 鉱物油. (⇒ਆਇਲ) ❐ਤੇਲ ਸੋਧਕ ਕਾਰਖ਼ਾਨਾ 石油精製所. ❐ਤੇਲ ਢੋਣ ਵਾਲਾ ਜਹਾਜ਼ タンカー, 油槽船. ❐ਤੇਲ ਢੋਣ ਵਾਲੀ ਗੱਡੀ タンク車, 石油運搬車.

ਤੇਲਗੂ (तेलगू) /telagū テールグー/ *f.* テルグ語《アーンドラ・プラデーシュ州の公用語》.

ਤੇਲਣ (तेलण) /telaṇa テーラン/ [Skt. तैल -ਣ] *f.* 〖姓〗テーラン《テーリー種姓の女性》, 製油業者の妻, 油屋の妻.

ਤੇਲਾ (तेला) /telā テーラー/ *m.* 〖虫〗作物に害を与える微小な虫.

ਤੇਲੀ (तेली) /telī テーリー/ [Skt. तैल -ई] *m.* 〖姓〗テーリー《植物から油を搾る製油業を生業とする種姓(の人)》, 製油業者, 油屋.

ਤੇਲੀਆ (तेलीआ) /telīā テーリーアー/ *adj.* 赤茶色の.

— *m.* 赤茶色.

ਤੇੜ (तेड़) /teṛa テール/ *f.* 〖身体〗腰.

ਤੈਂ (तैं) /tãĩ タエーン/ ▸ਤੂੰ *pron.* → ਤੂੰ

ਤੈ[1] (तै) /tai タエー/ ▸ਤੇ *pron.* 《2人称・単数 ਤੂੰ の後置格. 結合形の一部となり, 単独では用いられない》おまえ.

ਤੈ[2] (तै) /tai タエー/ ▸ਤੈਅ [Arab. *tai*] *adj.* **1** 決められた, 決定済みの. **2** 落着した, 決着のついた. **3** 設定された, 落ち着いた. **4** 完了した. **5** 踏破された.

ਤੈਅ (तैअ) /taia タエーア/ ▸ਤੈ *adj.* → ਤੈ[2]

ਤੈਸ਼ (तैश) /taiśa タエーシュ/ *m.* **1** 怒り, 立腹. **2** 激怒, 憤激.

ਤੈਸਾ (तैसा) /taisā タエーサー/ [(Pkt. तइस्स) Skt. तादृश] *adj.* そのような, 同様の. (⇒ਉਸ ਤਰ੍ਹਾਂ ਦਾ, ਉਹੋ ਜਿਹਾ)

ਤੈਸੇ (तैसे) /taise タエーセー/ *adv.* そのように, 同様に.

ਤੈਂਡਰਾ (तैंडरा) /tãĩḍarā タエーンダラー/ ▸ਤੈਂਡੜਾ *pron.* 《2人称・単数 ਤੂੰ の属格》おまえの.

ਤੈਂਡੜਾ (तैंडड़ा) /tãĩḍaṛā タエーンダラー/ ▸ਤੈਂਡਰਾ [(Pot.)] *pron.* → ਤੈਂਡਰਾ

ਤੈਤੋਂ (तैतों) /taitõ タエートーン/ ▸ਤੇਤੋ, ਤੇਥੋਂ, ਤੈਥੋਂ *pron.* → ਤੈਥੋਂ

ਤੈਥੋਂ (तैथों) /taitʰõ タエートーン/ ▸ਤੇਤੋ, ਤੇਥੋਂ, ਤੈਤੋਂ *pron.* 《ਤੈ ਥੋਂ の結合形》おまえから, おまえより, おまえには.

ਤੈਂਦੂਆ (तैंदूआ) /tãĩdūā タエーンドゥーアー/ ▸ਤੰਦੂਆ, ਤੇਂਦੂਆ *m.* → ਤੰਦੂਆ

ਤੈਨੂੰ (तैनूँ) /tainū̃ タエーヌーン/ *pron.* 《ਤੈ ਨੂੰ の結合形》おまえに, おまえを, おまえにとって.

ਤੈਰਨਾ (तैरना) /tairanā タェールナー/ ▸ਤਰਨਾ *vi.* → ਤਰਨਾ

ਤੈਰਾਕ (तैराक) /tairāka タェーラーク/ ▸ਤਰਾਕ [cf. ਤੈਰਨਾ] *adj.* 泳ぎの上手な. ❒ਹਾਥੀ ਬੜਾ ਤੈਰਾਕ ਜਾਨਵਰ ਹੈ। 象はとても泳ぎの上手な動物です.
— *m.* **1** 泳ぎ手. **2** 上手な泳ぎ手.

ਤੋਂ (तों) /tõ トーン/ ▸ਥੋਂ *postp.* 《先行する語に含まれて一語で表される形になることもある. 名詞・副詞・後置詞に含まれる場合は, 母音の ੳ のみが語尾に加わった融合形となる. 例えば ਘਰ ਤੋਂ の融合形は ਘਰੋਂ となる. 代名詞のうち1人称・2人称については, ਮੈਥੋਂ, ਸਾਥੋਂ, ਤੈਥੋਂ, ਤੁਹਾਥੋਂ のように, 有気音化した ਥੋਂ の語形が加わった形になる》. **1**《「空間・場所・相手」などの起点》…から. ❒ਹਸਪਤਾਲ ਠਾਣੇ ਤੋਂ ਕੋਈ ਬਹੁਤਾ ਦੂਰ ਨਹੀਂ ਸੀ। 病院は警察署からそれほど遠くありませんでした. ❒ਦਿੱਲੀ ਤੋਂ ਕੁਝ ਪਰਾਹੁਣੇ ਆਉਣ ਵਾਲੇ ਹਨ। デリーから何人かの客がやって来る予定です. **2**《「時間」の起点》…から, …以来. ❒ਮੈਂ ਕੱਲ੍ਹ ਤੋਂ ਕੰਮ ਸ਼ੁਰੂ ਕਰ ਦਿਆਂਗਾ। 私は明日から仕事を始めます. ❒ਉਹ ਪਿਛਲੇ ਮਹੀਨੇ ਤੋਂ ਕੰਮ ਕਰਦਾ ਰਿਹਾ ਹੈ। 彼は先月から仕事をし続けています. **3**《継続する「時間・期間」の長さ》…間, …の間ずっと. ❒ਅਸੀਂ ਇੱਥੇ ਕਈ ਸਾਲਾਂ ਤੋਂ ਰਹਿੰਦੇ ਆਏ ਹਾਂ। 私たちはここに何年もの間住み続けてきています. ❒ਮੈਂ ਤੁਹਾਡੇ ਭਰਾ ਨੂੰ ਕਾਫ਼ੀ ਦਿਨਾਂ ਤੋਂ ਜਾਣਦਾ ਹਾਂ। 私はあなたのお兄さんを随分長い間知っています. **4**《比較》…より, …以上. ❒ਇਹ ਰੇਡੀਓ ਉਸ ਰੇਡੀਓ ਤੋਂ ਮਹਿੰਗਾ ਹੈ। このラジオはあのラジオより高価です. ❒ਮਾਫ਼ ਕਰਨਾ ਚੰਗਾ ਹੈ, ਤੇ ਭੁੱਲ ਜਾਣਾ ਉਸ ਤੋਂ ਚੰਗਾ ਹੈ। 赦すことは良く, そして忘れることはそれ以上に良いのです. ❒ਮੈਂ ਹਰ ਰੋਜ਼ ਅੱਠ ਘੰਟੇ ਤੋਂ ਜ਼ਿਆਦਾ ਸੌਂਦਾ ਹਾਂ। 私は毎日8時間以上眠ります. ❒ਦੀਪੀ ਦੇ ਮਾਤਾ ਜੀ ਸੂਰਜ ਨਿਕਲਣ ਤੋਂ ਪਹਿਲਾਂ ਜਾਗ ਪੈਂਦੇ ਹਨ। ディーピーのお母さんは日の出より前に目を覚まします. **5**《「すべて」を意味する ਸਭ に続く場合》最も…, 一番…. ❒ਇਸ ਵੇਲੇ ਮੈਂ ਦੁਨੀਆ ਦਾ ਸਭ ਤੋਂ ਸੁਖੀ ਆਦਮੀ ਹਾਂ। 今私は世界で一番幸せな男です. ❒ਅੰਮ੍ਰਿਤਸਰ ਪੂਰਬੀ ਪੰਜਾਬ ਦਾ ਸਭ ਤੋਂ ਵੱਡਾ ਤੇ ਪਰਸਿੱਧ ਸ਼ਹਿਰ ਹੈ। アムリトサルは東部パンジャーブの最も大きくて有名な都市です. **6**《「すべて(の)」を意味する ਸਾਰਿਆਂ (男性形)または ਸਾਰੀਆਂ (女性形)に続く場合》最も…, 一番…. ❒ਨੱਥਾ ਸਾਰਿਆਂ ਤੋਂ ਭੈੜਾ ਹੈ। ナッターは一番悪いです. **7**《反復する形容詞・副詞の間に挟んだ場合》最も…, 一番…. ❒ਗਰੀਬ ਤੋਂ ਗਰੀਬ 最も貧しい. ❒ਅਮੀਰ ਤੋਂ ਅਮੀਰ 最も裕福な. **8**《受動表現における動作主の後に置き》…によって, …には〈 ਤੋਂ を用いて否定文となった場合の受動態は, 動作主自身の内的要因による不可能「どうしても～できない」「とても～できない」を表す〉. ❒ਉਸ ਮੁੰਡੇ ਤੋਂ ਇਹ ਕੰਮ ਨਹੀਂ ਕੀਤਾ ਜਾਂਦਾ। あの少年にはとてもこの仕事はできません. ❒ਇਹ ਮੈਥੋਂ ਖਾਧਾ ਨਹੀਂ ਜਾਂਦਾ। これは 私にはとても食べられません. **9**《 ਪੁੱਛਣਾ, ਡਰਨਾ, ਮੰਗਣਾ, ਬਚਣਾ など特定の動詞については, その「対象」「相手」に付ける》…に, …を. . ❒ਮੈਂ ਉਸ ਤੋਂ ਪੁੱਛਿਆ। 私はあの人に尋ねました. ❒ਉਹ ਕਿਸੇ ਤੋਂ ਨਹੀਂ ਡਰਦਾ। 彼は何をも恐れません. ❒ਇਨਸਾਨਾਂ ਤੋਂ ਡਰੇ ਜੰਗਲੀ ਜਾਨਵਰ ਕਿੱਥੇ ਜਾਣ? 人間を恐れた野生動物はどこへ行ったらいいのでしょうか. ❒ਸਭ ਤੋਂ ਵਧ ਕਿਸ ਗੱਲ ਤੋਂ ਡਰਦੇ ਹੋ? 一番ひどくどんなことを恐れていますか. ❒ਅਸੀਂ ਉਸ ਤੋਂ ਮਾਫ਼ੀ ਮੰਗਦੇ ਹਾਂ। 私たちはあの人に許しを請います. ❒ਧੁੱਪ ਤੋਂ ਬਚਣਾ ਚਾਹੀਦਾ ਹੈ। 日差しを避けるべきです. **10**《「差異」「隔たり」などを表す》…とは. ❒ਪਰ ਉਹ ਪਹਿਲੀਆਂ ਕਲਪਨਾਵਾਂ ਤੋਂ ਬਿਲਕੁਲ ਭਿੰਨ ਹੈ। しかしそれは初めの想像とは全く違っています. ❒ਹੁਣ ਉਹ ਪੁਰਾਣੀਆਂ ਸੋਚਾਂ ਤੋਂ ਮੁਕਤ ਹੈ। 今あの人は古い考えから解き放たれています.

ਤੋਈ (तोई) /toī トーイー/ [(Mal.) Skt. तोय] *f.* 壁の表面に色を塗る水性塗料.

ਤੋਸਾ (तोसा) /tosā トーサー/ ▸ਤੋਸ਼ਾ [Pers. *tośa*] *m.* **1** 料理, 調理された食べ物. **2** 旅行中の食糧. **3** 簡素な食べ物.

ਤੋਸ਼ਾ (तोशा) /tośā トーシャー/ ▸ਤੋਸਾ *m.* → ਤੋਸਾ

ਤੋਹ (तोह) /tô トー/ *f.* 籾殻.

ਤੋਹਫ਼ਾ (तोहफ़ा) /tôfā トーファー/ ▸ਤੁਹਫ਼ਾ *m.* → ਤੁਹਫ਼ਾ

ਤੋਹਮਤ (तोहमत) /tômata トーマト/ ▸ਤੁਹਮਤ *f.* → ਤੁਹਮਤ

ਤੋਹੇ-ਤੋਹੇ (तोहे-तोहे) /tôe-tôe トーエー・トーエー/ *int.* 犬に対する呼びかけの言葉. ❒ਤੋਹੇ-ਤੋਹੇ ਕਰਨਾ トーエー・トーエーと言って犬を呼ぶ.
— *f.* **1** 軽蔑の言葉. ❒ਤੋਹੇ-ਤੋਹੇ ਹੋਣੀ 世間から軽蔑される. ❒ਤੋਹੇ-ਤੋਹੇ ਕਰਨਾ 軽蔑する, さげすむ. **2** 悪評.

ਤੋਟ (तोट) /toṭa トート/ ▸ਟੋਟ *f.* → ਟੋਟ

ਤੋਟਾ (तोटा) /ṭoṭā トーター/ ▸ਟੋਟਾ, ਤੋੜਾ *m.* → ਟੋਟਾ

ਤੋਤਲਾ (तोतला) /totalā トータラー/ *adj.* **1** 舌足らずの. **2** どもりの.
— *m.* **1** 舌足らず. **2** どもり.

ਤੋਤਾ (तोता) /totā トーター/ [Pers. *tūtī*] *m.* 〖鳥〗雄のオウム, 鸚鵡.

ਤੋਤਾ ਚਸ਼ਮ (तोता चशम) /totā caśama トーター チャシャム/ [+ Pers. *caśm*] *adj.* **1** 鸚鵡の目のような. **2** 不誠実な, 不実な, 人を迷わす. (⇒ਬੇਵਫ਼ਾ) **3** 気まぐれな, 移り気な.

ਤੋਤਾ ਚਸ਼ਮੀ (तोता चशमी) /totā caśamī トーター チャシュミー/ [+ Pers. *caśmī*] *f.* **1** 不誠実, 不実. (⇒ਬੇਵਫ਼ਾਈ) **2** 気まぐれ, 移り気.

ਤੋਤੀ (तोती) /totī トーティー/ [Pers. *tūtī*] *f.* 〖鳥〗雌のオウム, 雌鸚鵡.

ਤੋਂਦ (तोंद) /tõda トーンド/ *f.* 〖身体〗太鼓腹.

ਤੋਦਾ (तोदा) /todā トーダー/ [Pers. *todā*] *m.* **1** 堆積. **2** 積み上げられた大きな塊. ❒ਬਰਫ਼ ਦਾ ਤੋਦਾ 氷山.

ਤੋਪ (तोप) /topa トープ/ [Turk. *top*] *f.* **1**〖武〗銃, 鉄砲, 野砲. **2**〖武〗大砲, 榴弾砲, 大砲類.

ਤੋਪਖ਼ਾਨਾ (तोपख़ाना) /topaxānā トープカーナー/ [Turk. *top* Pers.*-xāna*] *m.* **1**〖武〗大砲. **2**〖軍〗砲兵隊.

ਤੋਪਚੀ (तोपची) /topacī トープチー/ [Turk.] *m.* **1**〖軍〗砲手. **2**〖軍〗砲兵.

ਤੋਪਾ (तोपा) /topā トーパー/ *m.* 裁縫.

ਤੋਬਰਾ (तोबरा) /tobarā トーバラー/ ▸ਤੋਬੜਾ [Pers. *tobra*] *m.* 飼葉袋.

ਤੋਂਬਾ (तोंबा) /tõbā トーンバー/ [Skt. तुम्ब] *m.* 〖道具〗繊維を梳く道具.

ਤੋਬਾ (तोबा) /tobā トーバー/ ▸ਤੌਬਾ [Arab. *tauba*] *f.* **1** 将来二度と悪事や好ましくないことなどを行わない誓い, もうこりごりと思う気持ち. **2** 後悔, 懺悔, 自責の念.

ਤੋਬਾ ਤੋਬਾ (तोबा तोबा) /tobā tobā トーバー トーバー/ [+ Arab. *tauba*] *int.* もうこりごり, くわばらくわばら.

ਤੋਰ (तोर) /tora トール/ ▸ਟੋਰ [cf. ਤੋਰਨਾ] *f.* 足取り, 足並み.

ਤੋਰਕੀ (तोरकी) /torakī トールキー/ *f.* 〖医〗発疹.

ਤੋਰਨਾ (तोरना) /toranā トールナー/ ▸ਟੋਰਨਾ [Skt. त्वरयति] *vt.* **1** 歩かせる. **2** 行かせる, 進める. **3** 別れさせる. **4** 見送る. **5** 派遣する.

ਤੋਰਾ (तोरा) /torā トーラー/ *m.* **1** 維持, 存続. **2** 制御, 統御, 管理. **3** 使用. **4** 慣用.

ਤੋਰੀ (तोरी) /torī トーリー/ *f.* 〖植物〗トカドヘチマ(十角糸瓜)《野菜として栽培されるウリ科の植物. 実の表面に十本の稜が縦に走っている》.

ਤੋਰੀਆ (तोरीआ) /toriā トーリーアー/ *m.* 〖植物〗ナタネ(菜種), アブラナ(油菜)《アブラナ科アブラナ属の油料系植物》.

ਤੋਲ (तोल) /tola トール/ [cf. ਤੋਲਣਾ] *m.* **1** 計量. **2** 重量.

ਤੋਲਣਾ (तोलणा) /tolaṇā トーラナー/ [Skt. तोलयति] *vt.* **1** (重さを)量る, 計る, 測る, 計量する. (⇒ਜੋਖਣਾ) **2** 重さを比べる. **3** 比較考量する, 査定する, 評価する, 判定する, 評定する. **4** 見積もる, 推量する. **5** (言葉を)慎重に選ぶ, 吟味する.

ਤੋਲਵਾਂ (तोलवाँ) /tolawā̃ トールワーン/ [cf. ਤੋਲਣਾ] *adj.* **1** 量られた, 計量された. **2** 重量に応じた.

ਤੋਲਾ (तोला) /tolā トーラー/ [(Pkt. तोल) Skt. तोलक] *m.* 〖重量〗 11.664グラム相当の重量単位.

ਤੋੜ (तोड़) /toṛa トール/ [(Pkt. तोड) Skt. त्रोट] *m.* **1** 割れ目, 裂け目. **2** 破壊力. **3** 対抗策, 対処法. **4** 終わり, 終末.

ਤੋੜਨਾ (तोड़ना) /toṛanā トールナー/ ▸ਤਰੋੜਨਾ [Skt. त्रोटयति] *vt.* **1** 壊す, 破壊する. **2** 割る. **3** 折る. **4** 摘む, 摘み取る. **5** (法律や協定などを)破る, 破棄する.

ਤੋੜਾ[1] (तोड़ा) /toṛā トーラー/ *m.* **1** 〖建築〗はり, 梁, 垂木. **2** 〖武〗旧式銃の火縄, 銃砲の信管. ❐ਤੋੜਾ ਦਾਗਣਾ 火縄銃を撃つ, 銃を撃つ, 発砲する. **3** 〖音楽〗リズムの転換・終了を示すため太鼓を強く叩く奏法. ❐ਤੋੜਾ ਝਾੜਨਾ, ਤੋੜਾ ਦੇਣਾ 太鼓を強く叩く.

ਤੋੜਾ[2] (तोड़ा) /toṛā トーラー/ *m.* **1** (セメントや化学肥料などを詰める)中程度の大きさの袋. **2** 財布.

ਤੋੜਾ[3] (तोड़ा) /toṛā トーラー/ ▸ਟੋਟਾ, ਤੋਟਾ *m.* → ਤੋਟਾ

ਤੋੜੀ (तोड़ी) /toṛī トーリー/ *postp.* …まで. (⇒ਤਕ, ਤਾਈਂ)

ਤੋੜੇ (तोड़े) /toṛe トーレー/ *postp.* …の限り.

ਤੌਂਸਣਾ (तौंसणा) /tāũsaṇā タォーンサナー/ *vi.* **1** 頻繁に喉が渇く. **2** 暑さと渇きでぐったりする.

ਤੌਸਣਾ (तौसणा) /tausaṇā タォーサナー/ [(Pua.)] *vi.* 喘ぐ, 息を切らす. (⇒ਘਰਕਣਾ)

ਤੌਹੀਦ (तौहीद) /tauhīda タォーヒード/ [Arab. *tauhīd*] *f.* **1** 〖イス〗神の唯一性. **2** 神の唯一性を信じること, 一神論.

ਤੌਹੀਨ (तौहीन) /tauhīna タォーヒーン/ [Arab. *tauhīn*] *f.* **1** 恥辱. **2** 侮蔑, 軽蔑. **3** 無礼.

ਤੌਕ (तौक) /tauka タォーク/ [Arab. *tauq*] *m.* **1** 罪人や奴隷に付ける首輪. **2** 金属製の首輪, 鉄製の首輪. **3** 頸木(くびき).

ਤੌਂਕਣਾ (तौंकणा) /tāũkaṇā タォーンカナー/ ▸ਤਰਕਾਉਣਾ, ਤਰੌਂਕਣਾ, ਤ੍ਰੌਂਕਣਾ *vt.* → ਤਰੌਂਕਣਾ

ਤੌਖਲਾ (तौखला) /taukʰalā タォーカラー/ *m.* **1** 懸念, 不安. **2** 恐れ, おののき. **3** 疑念. **4** 誤解.

ਤੌਣ (तौण) /tauṇa タォーン/ [Skt. तवन] *f.* 〖料理〗練った小麦粉の塊.

ਤੌਣੀ (तौणी) /tauṇī タォーニー/ *f.* **1** 打つこと. **2** 打ちのめすこと.

ਤੌਬਾ (तौबा) /taubā タォーバー/ ▸ਤੋਬਾ *f.* → ਤੋਬਾ

ਤੌਰ[1] (तौर) /taura タォール/ [Arab. *taur*] *m.* **1** 様式, 状態. ❐ਆਮ ਤੌਰ ਤੇ 普通, 普段は, 一般に. **2** 方法, やり方.

ਤੌਰ[2] (तौर) /taura タォール/ ▸ਬਤੌਰ *prep.* → ਬਤੌਰ

ਤੌਲਾ[1] (तौला) /taulā タォーラー/ *m.* 〖容器〗広口の焼き物の容器.

ਤੌਲਾ[2] (तौला) /taulā タォーラー/ ▸ਉਤਾਉਲਾ, ਉਤਾਵਲਾ, ਤਾਉਲਾ, ਤਾਵਲਾ *adj.* → ਉਤਾਉਲਾ

ਤੌਲੀਆ (तौलीआ) /tauliā タォーリーアー/ [Eng. *towel*] *m.* タオル, 手拭い.

ਤੌੜ (तौड़) /tauṛa タォール/ *adj.* **1** 耕されていない, 未耕作の. **2** 休閑中の.

— *m.* **1** 休閑中の広い土地. **2** 開発されていない広い土地.

ਤੌੜਾ (तौड़ा) /tauṛā タォーラー/ *m.* **1** 〖容器〗大きな焼き物の水差し. **2** 〖調〗大きな焼き物の鍋.

ਤੌੜੀ[1] (तौड़ी) /tauṛī タォーリー/ *f.* 〖調〗焼き物の鍋.

ਤੌੜੀ[2] (तौड़ी) /tauṛī タォーリー/ ▸ਤਾਲੀ, ਤਾੜੀ *f.* → ਤਾੜੀ[3]

ਥ

ਥ (थ) /tʰattʰā タッター/ *m.* 〖文字〗グルムキー文字の字母表の22番目の文字《歯・閉鎖音の「タ」(舌先を上の歯茎の裏に付け, 呼気を一瞬閉じ破裂させて発音する無声・有気音)を表す》.

ਥਈਆ (थईआ) /tʰaiā タイーアー/ *m.* **1** 〖音楽〗太鼓を打つ音. **2** 〖音楽〗リズム.

ਥਹਿੰ (थहिं) /tʰaî タェーン/ ▸ਥਾਂ, ਥਾਉਂ *f.adv.postp.* → ਥਾਂ

ਥਹੀ (थही) /tʰaī タイー/ *f.* **1** 堆積. **2** 小さい塊.

ਥਹੁ (थहु) /tʰaû タォー/ *m.* **1** 記憶, 追憶. **2** 知識. **3** 情報. **4** 方法, 手段. **5** 解決.

ਥਕਣਾ (थकणा) /tʰakaṇā タカナー/ ▸ਥੱਕਣਾ [(Pkt. थक्कइ) Skt. स्थगति] *vi.* **1** 疲れる, くたびれる. **2** くたくたになる, 疲弊する. **3** 飽きる, うんざりする.

ਥੱਕਣਾ (थक्कणा) /tʰakkaṇā タッカナー/ ▸ਥਕਣਾ *vi.* → ਥਕਣਾ

ਥਕਾਉਣਾ (थकाउणा) /tʰakāuṇā タカーウナー/ [cf. ਥਕਣਾ] *vt.* **1** 疲れさせる, くたびれさせる. **2** くたくたにさせる, 疲弊させる. **3** 消耗させる.

ਥਕਾਊ (थकाऊ) /tʰakāū タカーウー/ [cf. ਥਕਣਾ] *adj.* **1**

疲れさせる, くたびれさせる, きつい, 難儀な. **2** くたくたにさせる, 疲弊させる. **3** 消耗させる.

ਥੱਕਾ-ਟੁੱਟਾ (थक्का-टुट्टा) /tʰakkā-ṭuṭṭā タッカー・トゥッター/ [+ cf. ਟੁੱਟਣਾ] *adj.* **1** 疲れた, くたびれた. **2** くたくたの, 疲れ果てた, 疲労困憊の, 疲弊した. **3** 消耗した. **4** けだるい.

ਥਕਾਵਟ (थकावट) /tʰakāwaṭa タカーワト/ [cf. ਥਕਣਾ] *f.* **1** 疲れ, 疲労. **2** 消耗, くたくたになること, 疲労困憊.

ਥਕੇਮਾਂ (थकेमाँ) /tʰakemā̃ タケーマーン/ [(Mul.)] *m.* → ਥਕੇਵਾਂ

ਥਕੇਵਾਂ (थकेवाँ) /tʰakewā̃ タケーワーン/ ▸ਥਕੇਮਾਂ [cf. ਥਕਣਾ] *m.* **1** 疲れ, 疲労. **2** 消耗, くたくたになること, 疲労困憊.

ਥਕੇੜ (थकेड़) /tʰakeṛa タケール/ [(Lah.) cf. ਥਕਣਾ] *m.* **1** 疲れ, 疲労. **2** 消耗, くたくたになること, 疲労困憊.

ਥੰਜ (थंज) /tʰañja タンジ/ [(Mul.) Skt. स्तन्य] *f.* 母乳. (⇒ਮਾਂ ਦਾ ਦੁੱਧ)

ਥਡਾ (थडा) /tʰaḍā タダー/ ▸ਥੱਡਾ *m.* 〖植物〗同じ親株から生えた草木・樹木の群生.

ਥੱਡਾ[1] (थड्डा) /tʰaḍḍā タッダー/ ▸ਥਡਾ *m.* → ਥਡਾ

ਥੱਡਾ[2] (थड्डा) /tʰaḍḍā タッダー/ *m.* **1**〖道具〗大きな木製のすり鉢《アカシアの樹皮をすり潰し, なめし皮に使う染料を抽出するのに用いる》. **2** 村境にある石塚.

ਥਣ (थण) /tʰaṇa タン/ [(Pkt. थण) Skt. स्तन] *m.* **1**〖身体〗乳首. (⇒ਚੂਚੀ) **2**〖身体〗乳房. (⇒ਮੰਮਾ)

ਥਣ-ਟੁੱਟ (थण-टुट्ट) /tʰaṇa-ṭuṭṭa タン・トゥット/ [+ cf. ਟੁੱਟਣਾ] *adj.* 乳離れしたばかりの.

ਥਣ-ਧਾਰੀ (थण-धारी) /tʰaṇa-tǎrī タン・ターリー/ [Skt.-धारिन्] *f.*〖生物〗哺乳類, 哺乳動物. (⇒ਲਵੇਰਾ)

ਥੱਥ (थत्थ) /tʰattʰa タット/ *m.* どもること, 吃音, どもり.

ਥਥਲਾ (थथला) /tʰatʰalā タトラー/ *m.* どもる人, どもり. (⇒ਹਕਲਾ)

ਥਥਲਾਉਣਾ (थथलाउणा) /tʰatʰalāuṇā タトラーウナー/ *vi.* どもる. (⇒ਹਕਲਾਉਣਾ)

ਥੱਥਾ[1] (थत्था) /tʰattʰā タッター/ *m.* どもる人, どもり.

ਥੱਥਾ[2] (थत्था) /tʰattʰā タッター/ *m.*〖文字〗タッター《歯・閉鎖音の「タ」(無声・有気音)を表す, グルムキー文字の字母表の22番目の文字 ਥ の名称》.

ਥੰਧਿਆਈ (थंधिआई) /tʰandiǎī タンディアーイー/ ▸ ਥਿੰਧਿਆਈ *f.* → ਥਿੰਧਿਆਈ

ਥਪਕਣ (थपकण) /tʰapakaṇa タプカン/ *f.* 牛糞の塊を乾燥させるために置く場所.

ਥਪਕਣਾ (थपकणा) /tʰapakaṇā タプカナー/ *vt.* **1** 軽く叩く. (⇒ਥਾਪੜਨਾ) **2**(寝つかせたり, 優しく励ますために)手の指や手のひらで軽く叩く.

ਥਪਕੀ (थपकी) /tʰapakī タプキー/ *f.* **1** 軽く叩くこと, 軽打. **2** 手の指や手のひらで軽く叩くこと.

ਥੱਪਣਾ (थप्पणा) /tʰappaṇā タッパナー/ *vt.* **1** 塗り付ける. **2**(乾燥させて燃料にする牛糞などを)手でこねて小さな塊にする.

ਥੱਪੜ (थप्पड़) /tʰappaṛa タッパル/ *m.* 平手打ち, びんた. (⇒ਧੱਪਾ, ਰਖੜਾ) ❒ਥੱਪੜ ਮਾਰਨਾ 平手打ちを食わせる.

ਥਪਾਈ (थपाई) /tʰapāī タパーイー/ *f.* **1** 塗り付けること. **2**(乾燥させて燃料にする牛糞などを)手でこねて小さな塊にすること, その労賃.

ਥਪੇੜ (थपेड़) /tʰapeṛa タペール/ ▸ਥਪੇੜਾ *m.* → ਥਪੇੜਾ

ਥਪੇੜਾ (थपेड़ा) /tʰapeṛā タペーラー/ ▸ਥਪੇੜ *m.* **1** 打ちつけること, 打撃, 一撃, ひと突き. **2**〖気象〗風の一撃, 風の激しい吹きつけ, 突風. **3** 波の一撃, 波が打ちつけること, 荒波. **4** 運命の一撃, 不意の出来事, 不幸, 災厄, 厄介なこと. **5** 平手打ち. (⇒ਥੱਪੜ)

ਥਪੋਕੜੀ (थपोकड़ी) /tʰapokaṛī タポーカリー/ ▸ਥਪੋਕੀ *f.* **1**(洗濯などで)手で軽く打ちつけること. **2** 軽い平手打ち.

ਥਪੋਕੀ (थपोकी) /tʰapokī タポーキー/ ▸ਥਪੋਕੜੀ *f.* → ਥਪੋਕੜੀ

ਥੱਬਾ (थब्बा) /tʰabbā タッバー/ [Skt. स्तबक] *m.* (草・木の葉・紙などの)堆積, 山積み. (⇒ਢੇਰ)

ਥੱਬੀ (थब्बी) /tʰabbī タッビー/ *f.* (草・木の葉・紙などの)小さな堆積, 小さな山積み.

ਥੰਮ੍ਹ (थंम्ह) /tʰâmma タンム/ [(Pkt. थंभ) Skt. स्तम्भ] *m.* **1** 柱, 支柱. (⇒ਖੰਭਾ) **2** 円柱. **3** 塔門. **4** 支え, 支えとなるもの, 支持. (⇒ਸਹਾਰਾ) **5** 停止, 停滞, 休止, 妨害. (⇒ਰੋਕ, ਅਟਕਾ, ਰੁਕਾਵਟ)

ਥੰਮ੍ਹਣਾ (थंम्हणा) /tʰâmmaṇā タンマナー/ ▸ਥਾਮਣਾ [Skt. स्तम्भते] *vi.* **1** 止まる, 停止する, 休止する, 滞る, 留まる. (⇒ਰੁਕਣਾ, ਅਟਕਣਾ, ਠਹਿਰਨਾ) **2** 和らぐ, 弱まる, 緩む, 静まる, 収まる, 落ち着く.

— *vt.* **1** 止める, 停止させる, 留まらせる. (⇒ਰੋਕਣਾ, ਅਟਕਾਉਣਾ, ਠਹਿਰਾਉਣਾ) **2** 支える, 支持する, 保持する. (⇒ਸਹਾਰਾ ਦੇਣਾ) **3** 手に持つ, 握る, つかむ. (⇒ਫੜਨਾ)

ਥੰਮ੍ਹਲਾ (थंम्हला) /tʰâmmalā タンマラー/ [Skt. स्तम्भ + ਲਾ] *m.* **1** 柱, 支柱, 石柱. **2** 円柱.

ਥਮ੍ਹਾਉਣਾ (थम्हाउणा) /tʰamǎuṇā タマーウナー/ [cf. ਥੰਮ੍ਹਣਾ] *vt.* **1** 止める, 停止させる, 留まらせる. (⇒ਰੋਕਣਾ, ਅਟਕਾਉਣਾ, ਠਹਿਰਾਉਣਾ) **2** 支える, 保持する. (⇒ਸਹਾਰਾ ਦੇਣਾ) **3** 手に持たせる, 握らせる, 手渡す, 引き渡す. (⇒ਫੜਾਉਣਾ) **4** 与える, あげる. (⇒ਦੇਣਾ) **5** 届ける, 配達する. (⇒ਪਹੁੰਚਾਉਣਾ) **6** 託す, 委ねる. (⇒ਸੌਂਪਣਾ)

ਥੰਮ੍ਹੀ (थंम्ही) /tʰâmmī タンミー/ [Skt. स्तम्भ -ई] *f.* 支柱, 垂直の支柱, 窓などの縦の支柱, つっかい棒, 仕切り棒. ❒ਥੰਮੀ ਦੇਣੀ 支柱で支える, つっかい棒をする.

ਥਰ (थर) /tʰara タル/ ▸ਥਲ [Skt. स्तर] *m.* **1** 層, 階層, ひと重ね, 段. **2** 堅い皮, 殻, 地殻.

ਥਰਕਣਾ (थरकणा) /tʰarakaṇā タルカナー/ *vi.* **1** 震える, 震動する. **2** 揺れる, 振動する. (⇒ਹਿੱਲਣਾ)

ਥਰਕਵੀਂ (थरकवीं) /tʰarakawī̃ タルカウィーン/ *adj.* **1** 震えている, 震動している. **2** 揺れている, 振動している.

ਥਰਕਾਉਣਾ (थरकाउणा) /tʰarakāuṇā タルカーウナー/ *vt.* **1** 震わせる, 震動させる. **2** 揺らす, 振動させる. (⇒ਹਿਲਾਉਣਾ)

ਥਰਡ (थरड) /tʰaraḍa タルド/ [Eng. *third*] *or.num.(m.)* 3番目, 第三. (⇒ਤੀਜਾ)

— *adj.* 3番目の, 第三の. (⇒ਤੀਜਾ)

ਥਰ ਥਰ (थर थर) /tʰara tʰara タル タル/ [Pkt. थरथर] *f.* 震え, おののき, (恐怖や寒さなどのために)震えること.

— *adv.* **1** 震えて, おののいて. **2** がたがた, ぶるぶる《震える様子を表す擬態語》.

ਥਰਥਰਾਉਣਾ (थरथराउणा) /tʰarạtʰarāuṇā タルタラーウナー/ [Pkt. थरथर] *vi.* (恐怖や寒さなどのために)震える, ぶるぶる震える.

ਥਰਥਰਾਹਟ (थरथराहट) /tʰarạtʰarâṭạ タルタラート/ ▸ਥਰਥਰਾਟ, ਥਰਾਹਟ [cf. ਥਰਥਰਾਉਣਾ] *f.* **1** 震え, 震動. (⇒ਕੰਪ, ਕੰਬਣੀ) **2** 恐れて震えること, おののき.

ਥਰਥਰਾਟ (थरथराट) /tʰarạtʰarāṭạ タルタラート/ ▸ਥਰਥਰਾਹਟ, ਥਰਾਹਟ *f.* → ਥਰਥਰਾਹਟ

ਥਰਥਰੀ (थरथरी) /tʰarạtʰarī タルタリー/ [Pkt. थरथर -ਈ] *f.* → ਥਰਥਰਾਹਟ

ਥਰਮਸ (थरमस) /tʰarạmasạ タルマス/ ▸ਥਰਮੋਸ [Eng. *thermos*] *f.* 〖容器〗魔法瓶, サーモス.

ਥਰਮਾਮੀਟਰ (थरमामीटर) /tʰarạmāmīṭarạ タルマーミータル/ [Eng. *thermometer*] *m.* 〖器具〗温度計.

ਥਰਮੋਸ (थरमोस) /tʰarạmosạ タルモース/ ▸ਥਰਮਸ *f.* → ਥਰਮਸ

ਥਰਰਾਉਣਾ (थरराउणा) /tʰararạrāuṇā タルラーウナー/ ▸ਥੱਰਾਉਣਾ *vi.* → ਥੱਰਾਉਣਾ

ਥੱਰਾਉਣਾ (थर्राउणा) /tʰarrāuṇā タッラーウナー/ ▸ਥਰਰਾਉਣਾ [Pkt. थरथर] *vi.* **1** 震える. **2** 揺れ動く.

ਥਰਾਹਟ (थराहट) /tʰarâṭạ タラート/ ▸ਥਰਥਰਾਹਟ, ਥਰਥਰਾਟ *f.* → ਥਰਥਰਾਹਟ

ਥਲ[1] (थल) /tʰalạ タル/ [(Pkt. थल) Skt. स्थल] *m.* **1** 陸, 陸地. **2** 所, 場所. (⇒ਅਸਥਾਨ, ਜਗ੍ਹਾ, ਥਾਂ) **3** 地域. **4** 乾燥地, 乾燥地帯. **5** 砂地, 砂漠. (⇒ਰੇਤਲਾ ਮਦਾਨ, ਰੇਤਲੀ ਧਰਤੀ, ਰੇਗਿਸਤਾਨ)

ਥਲ[2] (थल) /tʰalạ タル/ ▸ਥਰ *m.* → ਥਰ

ਥਲ-ਸੈਨਾ (थल-सैना) /tʰalạ-sainā タル・サェーナー/ [Skt. स्थल + Skt. सेना] *f.* 〖軍〗陸軍.

ਥਲ-ਜੋੜ[1] (थल-जोड़) /tʰalạ-joṛạ タル・ジョール/ [+ cf. ਜੋੜਨਾ] *m.* 〖地理〗地峡《二つの陸塊を繋ぎ, 水域に挟まれて細長い形状をした陸地》.

ਥਲ-ਮਾਰਗ (थल-मारग) /tʰalạ-māragạ タル・マーラグ/ [+ Skt. मार्ग] *m.* 陸路.

ਥਲਵਾਂ (थलवाँ) /tʰalạwā̃ タルワーン/ [Skt. तल Skt.-वान्] *adj.* **1** より低い. **2** どん底の.

— *m.* 底.

ਥੱਲਾ (थल्ला) /tʰallā タッラー/ [Skt. तल] *m.* **1** 基盤. **2** 底, 基底部. **3** 床. **4** 〖建築〗柱の台座, 柱礎, 像の土台. **5** 〖天文〗天底《天体観測者の真下に伸ばした直線が天球と交わる点》.

ਥੱਲੇ (थल्ले) /tʰalle タッレー/ [Skt. तल] *adv.* 下に. ❐ਥੱਲੇ ਪੈਣਾ 降伏する, 敗北を認める. ❐ਥੱਲੇ ਲਹਿਣਾ 没落する, 衰退する. ❐ਥੱਲੇ ਲਾਹੁਣਾ (安らかな死を迎えさせるため, 臨終の人を)床や地面に横たえる.

— *postp.* (…の)下に. ❐ਕੁਰਸੀ ਦੇ ਥੱਲੇ ਰੱਖੋ। 椅子の下に置きなさい. ❐ਉਹ ਰੁੱਖ ਥੱਲੇ ਬੈਠੇ ਰਹੇ। 彼らは木の下に座り続けていました.

ਥੱਲੇ-ਉੱਪਰ (थल्ले-उप्पर) /tʰalle-upparạ タッレー・ウッパル/ *adv.* 上下に重ねて, 積み重ねて.

— *adj.* **1** ひっくり返った. **2** 置き違えた.

ਥੜ੍ਹਾ (थड़्हा) /tʰâṛā タラー/ ▸ਥੜਾ [Skt. स्थल] *m.* **1** 壇. **2** 〖建築〗テラス. **3** 基盤. **4** 待ち伏せ. ❐ਥੜ੍ਹਾ ਬੰਨ੍ਹਣਾ 待ち伏せする.

ਥੜ੍ਹੀ (थड़्ही) /tʰâṛī タリー/ [-ਈ] *f.* 〖建築〗小さなテラス.

ਥੜਾ (थड़ा) /tʰaṛā タラー/ ▸ਥੜ੍ਹਾ *m.* → ਥੜ੍ਹਾ

ਥਾਂ (थाँ) /tʰā̃ ターン/ ▸ਥਹਿੰ, ਥਾਉਂ [(Pkt. थाण) Skt. स्थान] *f.* **1** 所, 場所. (⇒ਜਗ੍ਹਾ) **2** 地点. **3** 位置, 立場. **4** 地位. **5** 家, 住居. **6** 余地, 空間.

— *adv.* 代わりに, 代わって, そうではなく, そうはしないで.

— *postp.* (…の)代わりに, (…に)代わって. ❐ਦੀ ਥਾਂ …の代わりに, …に代わって, …ではなく. ❐ਉਹ ਅਪਣੇ ਨਾਲ ਬਾਜ਼ ਦੀ ਥਾਂ ਹੰਸ ਲੈ ਗਿਆ। 彼は鷹の代わりに白鳥を一緒に連れて行きました. ❐ਪੰਜਾਬ ਸਰਕਾਰ ਵਿਆਹਾਂ ਵਿੱਚ ਸ਼ਗਨ ਦੇਣ ਦੀ ਥਾਂ ਸ਼ਗਨ ਲੈਣ ਲਗੀ। パンジャーブ政府は婚礼で祝い金を出すのではなく祝い金を取り始めました.

ਥਾਉਂ (थाउँ) /tʰāõ ターオーン/ ▸ਥਹਿੰ, ਥਾਂ *f.adv.postp.* → ਥਾਂ

ਥਾਈਲੈਂਡ (थाईलैंड) /tʰāīlāĩḍạ ターイーラェーンド/ [Eng. *Thailand*] *m.* 〖国名〗タイ(王国).

ਥਾਏਂ (थाएँ) /tʰāẽ ターエーン/ *adv.* 代わりに.

ਥਾਂ ਸਿਰ (थाँ सिर) /tʰā̃ sirạ ターン スィル/ *adv.* 適切な場所で, 適所に, ふさわしく.

ਥਾਹ (थाह) /tʰâ ター/ [(Pkt. थाघ) Skt. स्ताघ] *f.* **1** 底, 基底. (⇒ਹੇਠਲੀ ਤਹਿ, ਤਲ) **2** 深さ. (⇒ਡੂੰਘਾਈ) **3** 範囲, 程度. (⇒ਹੱਦ)

ਥਾਣਾ (थाणा) /tʰāṇā ターナー/ ▸ਠਾਣਾ, ਥਾਨਾ [(Pkt. थाण) Skt. स्थान] *m.* **1** 警察署. (⇒ਵੱਡੀ ਚੌਕੀ) **2** 巡査駐在所.

ਥਾਣੇਦਾਰ (थाणेदार) /tʰāṇedārạ ターネーダール/ ▸ਠਾਣੇਦਾਰ [Pers.-*dār*] *m.* **1** 巡査. **2** 巡査駐在所長. **3** 警察署長.

ਥਾਣੇਦਾਰਨੀ (थाणेदारनी) /tʰāṇedārạnī ターネーダールニー/ ▸ਠਾਣੇਦਾਰਨੀ [-ਨੀ] *f.* **1** 巡査の妻. **2** 巡査駐在所長の妻. **3** 警察署長の妻.

ਥਾਣੇਦਾਰੀ (थाणेदारी) /tʰāṇedārī ターネーダーリー/ ▸ਠਾਣੇਦਾਰੀ [Skt. स्थान Pers.-*dārī*] *f.* **1** 巡査の職・仕事. **2** 巡査駐在所長の職・仕事. **3** 警察署長の職・仕事.

ਥਾਂ ਥਾਂ (थाँ थाँ) /tʰā̃ tʰā̃ ターン ターン/ *f.* 所々, 色々な場所, あちらこちら, 至る所.

— *adv.* 所々で, 色々な場所で, あちらこちらで, 至る所に, どこでも.

ਥਾਨ[1] (थान) /tʰānạ ターン/ ▸ਅਸਥਾਨ, ਸਥਾਨ *m.* → ਅਸਥਾਨ

ਥਾਨ[2] (थान) /tʰānạ ターン/ *m.* 〖布地〗巻いた布地, 反物.

ਥਾਨਾ (थाना) /tʰānā ターナー/ ▸ਠਾਣਾ, ਥਾਣਾ *m.* → ਥਾਣਾ

ਥਾਪ (थाप) /tʰāpạ タープ/ *f.* **1** 軽く叩くこと, 軽打, 軽く叩く音. **2** 平手で打つこと, 手を打ち鳴らすこと. **3** 手で太鼓を叩くこと, 手で叩いた太鼓の音.

ਥਾਪਣਾ[1] (थापणा) /tʰāpạṇā ターパナー/ *vt.* **1** 軽く叩く. **2** 平手で打つ, 手を打ち鳴らす. **3** (漆喰や泥を)塗り付ける, (牛糞を壁に)貼り付ける. (⇒ਲਿੱਪਣਾ, ਲੇਪਣਾ)

— *f.* **1** 軽く叩くこと, 軽打. **2** 祝福や激励のため背中を軽く叩くこと. **3** 激励, 鼓舞, 応援. (⇒ਹੱਲਾਸ਼ੇਰੀ)

ਥਾਪਣਾ[2] (थापणा) /tʰāpạṇā ターパナー/ [Skt. स्थाप्यते] *vt.* **1** 取り付ける, 設置する, 固定する, 位置を定める. (⇒

ਕਾਇਮ ਕਰਨਾ) **2** 設立する, 開設する. **3** 指定する, 指名する, 任命する.

ਥਾਪਣਾ[3] (थापणा) /tʰāpaṇā ターパナー/ [Skt. स्थापना] *f.* **1** 取り付け, 設置, 固定, 位置を定めること. (⇒ਕਾਇਮੀ) **2** 設置, 開設. **3** 指定, 指名, 任命.

ਥਾਪੜਨਾ (थापड़ना) /tʰāpaṛanā ターパルナー/ *vt.* **1** 軽く叩く. (⇒ਥਪਕਣਾ) **2** 平たい道具で打つ.

ਥਾਪਾ (थापा) /tʰāpā ターパー/ *m.* 〘道具〙漆喰や泥を叩いて固める道具.

ਥਾਪੀ[1] (थापी) /tʰāpī ターピー/ *f.* **1** 〘競技〙レスリングで相手を威嚇するため上腕部を叩くこと. **2** 〘道具〙漆喰や泥を叩いて固める小さな道具. **3** 〘道具〙槌, 打球槌.

ਥਾਪੀ[2] (थापी) /tʰāpī ターピー/ *f.* 牛糞の塊, 壁に貼り付けて乾燥させた燃料用牛糞.

ਥਾਮਣਾ (थामणा) /tʰāmaṇā ターマナー/ ▸ਥੰਮ੍ਹਣਾ *vi.* → ਥੰਮ੍ਹਣਾ

ਥਾਲ (थाल) /tʰālạ タール/ [(Pkt. थाल) Skt. स्थाल] *m.* **1** 〘食器〙大きな金属製の平皿. **2** 〘食器〙大皿. **3** 盆.

ਥਾਲੀ (थाली) /tʰālī ターリー/ [-ਈ] *f.* **1** 〘食器〙金属製の平皿, 大皿, 盆. **2** 〘料理〙ターリー《金属製の平皿に盛り付けた定食》.

ਥਿਊਰੀ (थिऊरी) /tʰiūrī ティウーリー/ [Eng. *theory*] *f.* 学説, 理論.

ਥਿਏਟਰ (थिएटर) /tʰieṭarạ ティエータル/ ▸ਥੇਟਰ [Eng. *theatre*] *m.* **1** 劇場. **2** 映画館.

ਥਿਗੜਾ (थिगड़ा) /tʰigaṛā ティグラー/ *m.* 衣類, 衣服.

ਥਿਗੜੀ (थिगड़ी) /tʰigaṛī ティグリー/ [(Pot.)] *f.* 衣類, 衣服.

ਥਿਤ (थित) /tʰitạ ティト/ ▸ਤਿਥ, ਤਿੱਥ, ਥਿੱਤ [Skt. तिथि] *f.* **1** 〘暦〙太陰日, 太陰暦の日付. **2** 日付, 年月日.

ਥਿੱਤ (थित्त) /tʰittạ ティット/ ▸ਤਿਥ, ਤਿੱਥ, ਥਿਤ *f.* → ਤਿਥ

ਥਿੰਦਾ (थिंदा) /tʰindā ティンダー/ ▸ਥਿੰਧਾ *m.adj.* → ਥਿੰਧਾ

ਥਿੰਧਾ (थिंधा) /tʰîndā ティンダー/ ▸ਥਿੰਦਾ [(Pkt. णिद्ध) Skt. स्निग्ध] *m.* **1** 〘食品〙バター, 精製バター. **2** 油, 食用油. **3** 油性の物質.

— *adj.* **1** 油の, 油性の, 油っこい. **2** 油でぬるぬるした, 脂ぎった. **3** 油性の物質で汚れた.

ਥਿੰਧਿਆਈ (थिंधिआई) /tʰindiǎī ティンディアーイー/ ▸ਥੰਧਿਆਈ [-ਆਈ] *f.* 油っこさ, 油がついた状態, 油でぬるぬるした状態.

ਥਿੰਮ (थिंम) /tʰimmạ ティンム/ ▸ਥਿੰਮ੍ਹ *m.* → ਥਿੰਮ੍ਹ

ਥਿੰਮ੍ਹ (थिम्ह) /tʰîmmạ ティンム/ ▸ਥਿੰਮ *m.* 斑点, 小さな点, 染み, ぶち, 斑紋.

ਥਿਰ (थिर) /tʰirạ ティル/ ▸ਸਥਿਰ *adj.* → ਸਥਿਰ

ਥਿਰਕਣਾ (थिरकणा) /tʰirakaṇā ティルカナー/ ▸ਥਿੜ੍ਹਕਣਾ, ਥਿੜਕਣਾ *vi.* → ਥਿੜਕਣਾ

ਥਿੜ੍ਹਕਣਾ (थिड़्हकणा) /tʰîṛakaṇā ティルカナー/ ▸ਥਿਰਕਣਾ, ਥਿੜਕਣਾ *vi.* → ਥਿੜਕਣਾ

ਥਿੜਕਣਾ (थिड़कणा) /tʰiṛakaṇā ティルカナー/ ▸ਥਿਰਕਣਾ, ਥਿੜ੍ਹਕਣਾ [Skt. अस्थिर Skt.-करण] *vi.* **1** 不安定な状態になる, バランスを失う, ぐらつく. **2** つまずく, よろける. **3** 誤る, 失敗する. **4** 心が乱れる, 信念が揺らぐ.

ਥਿੜਕਾਉਣਾ (थिड़काउणा) /tʰiṛakāuṇā ティルカーウナー/ [cf. ਥਿੜਕਣਾ] *vt.* **1** 不安定な状態にさせる, バランスを失わせる, ぐらつかせる. **2** つまずかせる, よろけさせる. **3** 誤らせる, 失敗させる. **4** 心を乱させる, 信念を揺らがせる.

ਥੀਸਸ (थीसस) /tʰīsasạ ティーサス/ ▸ਥੀਸਿਸ *m.* → ਥੀਸਿਸ

ਥੀਸਿਸ (थीसिस) /tʰīsisạ ティースィス/ ▸ਥੀਸਸ [Eng. *thesis*] *m.* 論文, 学術論文, 学位論文.

ਥੀਣਾ (थीणा) /tʰīṇā ティーナー/ [(Pkt. अत्थि) Skt. अस्ति] *vi.* 存在する, ある, いる. (⇒ਹੋਣਾ)

ਥੁੱਕ (थुक्क) /tʰukkạ トゥック/ [(Pkt. थुक्क) Skt. थूत्कृत] *m.* 〘生理〙唾液, つば.

ਥੁੱਕਣਾ (थुक्कणा) /tʰukkaṇā トゥッカナー/ [(Pkt. थुक्क) Skt. थूत्कृत] *vi.* つばを吐く.

ਥੁਥਨੀ (थुथनी) /tʰutʰanī トゥトニー/ ▸ਥੂਥਣੀ *f.* **1** 〘動物〙動物の口, 獣の突き出た口. **2** 〘動物〙(犬や馬などの)突き出た鼻づら. **3** 〘身体〙突き出た鼻.

ਥੁੰਨਾ (थुंना) /tʰunnā トゥンナー/ *m.* 木の柱.

ਥੁੰਨੀ (थुंनी) /tʰunnī トゥンニー/ *f.* **1** 小さな木の柱. **2** 〘身体〙突き出た鼻.

ਥੁੜ (थुड़) /tʰuṛạ トゥル/ [(Pkt. थोअ) Skt. स्तोकु] *f.* **1** 少ないこと, 少量. **2** 不足. **3** 欠乏.

— *adj.* **1** 少ない, 少量の. **2** 不足している. **3** 欠乏している.

ਥੁੜ-ਜੀਵੀ (थुड़-जीवी) /tʰuṛạ-jīvī トゥル・ジーヴィー/ [+ Skt. जीव] *adj.* 短命な.

ਥੁੜਨਾ (थुड़ना) /tʰuṛanā トゥルナー/ [(Pkt. थोअ) Skt. स्तोकु] *vi.* **1** 少なくなる, 減る. **2** 足りなくなる, 不足する, 欠乏する.

ਥੁੜੇਰਾ (थुड़ेरा) /tʰuṛerā トゥレーラー/ [-ਏਰਾ] *adj.* より少ない.

ਥੂਹ (थूह) /tʰû トゥー/ *int.* ちぇっ, くそっ《恨みや侮蔑を表すための吐き捨てる発声》.

ਥੂਥਣੀ (थूथणी) /tʰūtʰaṇī トゥートニー/ ▸ਥੁਥਨੀ *f.* → ਥੁਥਨੀ

ਥੇਈ (थेई) /tʰeī テーイー/ [Skt. स्थिति] *f.* **1** 〘儀礼〙凝乳や乳を米とともに神様や聖者に捧げる儀式. **2** 〘食品〙神様や聖者に捧げる乳粥. (⇒ਖੀਰ)

ਥੇਹ (थेह) /tʰê テー/ *m.* 残骸の山.

ਥੇਟਰ (थेटर) /tʰeṭarạ テータル/ ▸ਥਿਏਟਰ *m.* 〘口語〙→ ਥਿਏਟਰ

ਥੇਵਾ (थेवा) /tʰewā テーワー/ *m.* 〘装〙指輪にはめ込まれた宝石.

ਥੈਲਾ (थैला) /tʰailā タェーラー/ [Skt. स्थल] *m.* **1** 袋, 袋状のもの. **2** 大きな袋. **3** 鞄, バッグ.

ਥੈਲੀ (थैली) /tʰailī タェーリー/ [-ਈ] *f.* **1** 小さな袋, 小袋. **2** 小さな鞄, 小さなバッグ. **3** 小物入れ. **4** 財布.

ਥੋਂ (थों) /tʰõ トーン/ ▸ਤੋਂ *postp.* → ਤੋਂ

ਥੋਹਰ (थोहर) /tʰôrạ トール/ [Pkt. थोहर] *f.* 〘植物〙サボテン《サボテン科またはトウダイグサ科の植物の総称》.

ਥੋਹਰੀ (थोहरी) /tʰôrī トーリー/ [-ਈ] *adj.* 〘植物〙サボテンの.

ਥੋਕ (थोक) /tʰokạ トーク/ [Skt. स्तोमक] *m.* **1** 集まり, 集

積, 堆積, 山, 塊. (⇒ਰਾਸ਼ੀ) 2 〖経済〗 卸売り, 卸売りの商品.

ਥੋਥਾ (थोथा) /tʰotʰā トーター/ *adj.* 1 空(から)の, 空っぽの, 中空の, うつろな. (⇒ਪੋਲਾ) 2 中身のない, 空虚な.

ਥੋਥਾਪਣ (थोथापण) /tʰotʰāpaṇa トーターパン/ *m.* 1 空(から), 空っぽ, うつろ. 2 中身のないこと, 空虚.

ਥੋਪਣਾ (थोपणा) /tʰopaṇā トーパナー/ [Skt. स्तोप्यते] *vt.* 1 塗り付ける. 2 なすり付ける, 他人に負わせる. 3 押しつける, 強要する.

ਥੋਬੜਾ (थोबड़ा) /tʰobaṛā トーブラー/ *m.* 1 〖動物〗 (犬や馬などの)突き出た鼻面, 獣の突き出た口. 2 不機嫌な顔, 不平面.

ਥੋਬਾ (थोबा) /tʰobā トーバー/ [(Pkt. थूम) Skt. स्तूप] *m.* 1 泥の塊. 2 糞の集積.

ਥੋਮ (थोम) /tʰoma トーム/ [Pers. *tomā*] *m.* 〖植物〗 ニンニク(大蒜・葫). (⇒ਲਸਣ)

ਥੋਰੀ (थोरी) /tʰorī トーリー/ *f.* 運搬人.

ਥੋੜ੍ਹ (थोड़्ह) /tʰôṛa トール/ [(Pkt. थोअ) Skt. स्तोकु] *pref.* 「少ない」「少しの」「少量の」などを意味する接頭辞.

ਥੋੜ੍ਹ-ਚਿਰਾ (थोड़्ह-चिरा) /tʰôṛa-cirā トール・チラー/ [+ Skt. चिर] *adj.* 1 短時間の. 2 一時的な. 3 短命な.

ਥੋੜ੍ਹ-ਦਿਲਾ (थोड़्ह-दिला) /tʰôṛa-dilā トール・ディラー/ [+ Pers. *dil*] *adj.* 1 気が小さい, 小心な, 臆病な. 2 度量の小さい, 狭量な.

ਥੋੜ੍ਹਾ (थोड़्हा) /tʰôṛā トーラー/ ▸ਥੋੜਾ [(Pkt. थोअ) Skt. स्तोकु] *adj.* 1 少ない, 少しの, 少量の. ❐ਥੋੜ੍ਹਾ ਕਰਨਾ 少なくする, 減らす. 2 僅かな.

— *adv.* 1 いくらか, いささか. ❐ਥੋੜ੍ਹਾ ਬਹੁਤ いくらかは, 僅かに. 2 少し, 少しは.

ਥੋੜਾ (थोड़ा) /tʰoṛā トーラー/ ▸ਥੋੜ੍ਹਾ *adj.adv.* → ਥੋੜ੍ਹਾ

ਥੌਹ (थौह) /tʰaû タオー/ ▸ਥੌਹੁ *m.* 1 記憶. (⇒ਯਾਦ) ❐ਥੌਹ ਨਾ ਰਹਿਣਾ 記憶がなくなる, 忘れる. 2 想起, 回想. (⇒ਚੇਤਾ) 3 見積もり, 概算. (⇒ਅੰਦਾਜ਼ਾ) ❐ਥੌਹ ਲਾਉਣਾ 見積もる.

ਥੌਹੁ (थौहु) /tʰaûu タオーウ/ ▸ਥੌਹ *m.* → ਥੌਹ

ਦ

ਦ (द) /daddā ダッダー/ *m.* 〖文字〗 グルムキー文字の字母表の23番目の文字《歯・閉鎖音の「ダ」(舌先を上の歯茎の裏に付け, 呼気を一瞬閉じ破裂させて発音する有声・無気音)を表す》.

ਦਇਆ (दइआ) /daiā ダイアー/ ▸ਦਯਾ [Skt. दया] *f.* 1 慈悲, 情け深さ. 2 同情, 哀れみ, 思いやり. 3 親切, 優しさ.

ਦਇਆ-ਦ੍ਰਿਸ਼ਟੀ (दइआ-द्रिशटी) /daiā-driśaṭī ダイアー・ドリシュティー/ [+ Skt. दृष्टि] *f.* 1 好意, 親切. 2 情深さ, 慈悲心. 3 助けになること.

ਦਇਆਪੂਰਨ (दइआपूरन) /daiāpūrana ダイアープールン/ [Skt.-पूर्ण] *adj.* 1 慈悲深い. 2 親切な, 優しい. 3 思いやりのある, 同情的な.

ਦਇਆਲ (दइआल) /daiāla ダイアール/ ▸ਦਇਆਲੂ, ਦਿਆਲ, ਦਿਆਲੂ [Skt. दयालु] *adj.* 1 慈悲深い, 情け深い. (⇒ਮਿਹਰਬਾਨ) 2 親切な, 優しい.

ਦਇਆਲਤਾ (दइआलता) /daiālatā ダイアールター/ ▸ਦਿਆਲਤਾ [Skt.-ता] *f.* 1 慈悲, 思いやり, 情け. 2 親切, 優しさ.

ਦਇਆਲੂ (दइआलू) /daiālū ダイアールー/ ▸ਦਇਆਲ, ਦਿਆਲ, ਦਿਆਲੂ *adj.* → ਦਇਆਲ

ਦਇਆਵਾਨ (दइआवान) /daiāwāna ダイアーワーン/ [Skt. दया Skt.-वान्] *adj.* 1 慈悲深い, 情け深い. 2 親切な, 優しい.

ਦਸ (दस) /dasa ダス/ [(Pkt. दस) Skt. दश] *ca.num.* 10, 十.

— *adj.* 10の, 十の.

ਦੱਸ (दस्स) /dassa ダッス/ *f.* 1 情報. (⇒ਖ਼ਬਰ, ਸਮਾਚਾਰ) 2 示唆. 3 居所についての知らせ.

ਦਸਹਰਾ (दसहरा) /dasârā ダサーラー/ ▸ਦਸਹਿਰਾ, ਦੁਸਹਿਰਾ *m.* → ਦਸਹਿਰਾ

ਦਸਹਿਰਾ (दसहिरा) /dasaîrā ダサェーラー/ ▸ਦਸਹਰਾ, ਦੁਸਹਿਰਾ [Skt. दशहरा] *m.* 〖祭礼・ヒ〗 ダシャハラー《秋の始まりを祝うヒンドゥー教の祭り. ラーマ王子が鬼神ラーヴァナを倒した時といわれ, ヴィジャヤーダシャミーとも呼ばれる》.

ਦਸਹਿਰੀ (दसहिरी) /dasaîrī ダサェーリー/ *f.* 〖植物〗 ダシャヘリー(ダサェリー)《北インドで広く栽培される代表的なマンゴーの品種》.

ਦਸਖ਼ਤ (दसख़त) /dasaxata ダスカト/ ▸ਦਸਤਖ਼ਤ [Pers. *dast* + Arab. *xatt*] *m.* 1 署名, 自署, サイン. (⇒ਹਸਤਾਖਰ) 2 筆跡. 3 自筆.

ਦਸਖ਼ਤੀ (दसख़ती) /dasaxatī ダスカティー/ ▸ਦਸਤਖ਼ਤੀ [+ Arab. *xattī*] *adj.* 署名された, 署名のある, 署名入りの.

ਦਸ-ਗੁਣਾ (दस-गुणा) /dasa-guṇā ダス・グナー/ [(Pkt. दस) Skt. दश Skt.-गुणन] *adj.* 1 十倍の. 2 十重の.

ਦਸਣਯੋਗ (दसणयोग) /dasaṇayoga ダサンヨーグ/ [cf. ਦੱਸਣਾ Skt.-योग्य] *adj.* 1 説明できる. 2 言う価値のある.

ਦੱਸਣਾ (दस्सणा) /dassaṇā ダッサナー/ [Skt. दिशति] *vt.* 1 言う, 述べる. (⇒ਕਹਿਣਾ, ਆਖਣਾ) ❐ਮੈਂ ਡਾਕਟਰ ਨੂੰ ਦੱਸਿਆ। 私は医者に言いました. 2 告げる, 知らせる, 伝える, 教える. (⇒ਸਮਝਾਉਣਾ) ❐ਵੇ ਵੀਰੋ! ਮੈਨੂੰ ਸ਼ਹਿਰ ਦਾ ਰਾਹ ਦੱਸ ਦਿਓ। ねえ兄さんたち. 私に町へ行く道を教えてください. 3 見せる, 現す. (⇒ਵਿਖਾਉਣਾ)

ਦਸਤ (दसत) /dasata ダスト/ [Pers. *dast*] *m.* 1 〖身体〗 手. 2 〖医〗 下痢. ❐ਦਸਤ ਆਉਣਾ 下痢をする. ❐ਦਸਤ ਲੱਗਣੇ 下痢に苦しむ.

ਦਸ਼ਤ (दशत) /daśata ダシュト/ [Pers. *daśt*] *m.* 荒れ地, 荒れ果てた森. (⇒ਬੀਆਬਾਨ)

ਦਸਤਕ (दसतक) /dasataka ダスタク/ [Pers. *dastak*] *f.* 1 手で軽く叩くこと. 2 (ドアの)ノック. ❐ਦਸਤਕ ਦੇਣਾ (ドアを)ノックする.

ਦਸਤਕਾਰ (दसतकार) /dasatakāra ダストカール/ [Pers. *dast* Pers.-*kār*] *m.* 1 手細工職人, 手細工業者, 手工芸職人. 2 職人, 職工. (⇒ਕਾਰੀਗਰ)

ਦਸਤਕਾਰੀ (दसतकारी) /dasatakārī ダストカーリー/

[Pers.-*kārī*] *f.* **1** 手細工, 手仕事, 手工芸. **2** 手工業. **3** 細工品, 手工芸品, 丹念に手作りされた製品.

ਦਸਤਖ਼ਤ (दसतख़त) /dasataxata ダストカト/ ▸ਦਸਖ਼ਤ *m.* → ਦਸਖ਼ਤ

ਦਸਤਖ਼ਤੀ (दसतख़ती) /dasataxatī ダストカティー/ ▸ ਦਸਖ਼ਤੀ *adj.* → ਦਸਖ਼ਤੀ

ਦਸਤਗੀਰ (दसतगीर) /dasatagīra ダストギール/ [Pers. *dast* Pers.-*gīr*] *m.* **1** 手助けする人. **2** 援助者, 救援者. **3** 支援者, 支持者.

ਦਸਤਗੀਰੀ (दसतगीरी) /dasatagīrī ダストギーリー/ [Pers.-*gīrī*] *f.* **1** 手助け. **2** 援助, 救援. **3** 支援, 支持.

ਦਸਤ-ਬਸਤਾ (दसत-बसता) /dasata-basatā ダスト・バスター/ *adv.* 手を合わせて. (⇒ਹੱਥ ਜੋੜ ਕੇ)

ਦਸਤ-ਬਦਸਤ (दसत-बदसत) /dasata-badasata ダスト・バダスト/ [Pers. *dast-ba-dast*] *adj.* **1** 手に手を取った, 相携えた, 親しく接している. **2** 手の速い, 素早い, 機敏な. **3** 器用な.
— *adv.* **1** 手に手を取って, 相携えて, 親しく接して. **2** 手から手へ, 次から次へ, 素早く, 機敏に. **3** 器用に.

ਦਸਤ-ਬਰਦਾਰ (दसत-बरदार) /dasata-baradāra ダスト・バルダール/ [Pers. *dast* Pers.-*bardār*] *adj.* 手を引いた, 放棄した, 諦めた, 断念した.
— *m.* 手を引いた者, 放棄者, 断念した者.

ਦਸਤ-ਬਰਦਾਰੀ (दसत-बरदारी) /dasata-baradārī ダスト・バルダーリー/ [Pers.-*bardārī*] *f.* 手を引くこと, 放棄, 断念.

ਦਸਤਰਖ਼ਾਨ (दसतरख़ान) /dasataraxāna ダスタルカーン/ [Pers. *dastārxvān*] *m.* **1**〖家具〗食卓. **2** テーブルクロス. **3** 食卓の上に置かれた食事.

ਦਸਤਾ (दसता) /dasatā ダスター/ [Pers. *dasta*] *m.* **1**(斧や鎚などの)柄. **2** 取っ手, つまみ. **3** 一つかみ, 一握り, 一塊, 包み, 束. **4**(紙など薄いものの)一帖. **5** 小さな花壇. **6**〖軍〗軍団, 軍隊, 小隊, 分遣隊.

ਦਸਤਾਨਾ (दसताना) /dasatānā ダスターナー/ [Pers. *dastāna*] *m.*〖衣服〗手袋.

ਦਸਤਾਰ (दसतार) /dasatāra ダスタール/ ▸ਦਸਤਾਰਾ [Pers. *dastār*] *f.*〖衣服〗ターバン.

ਦਸਤਾਰਬੰਦੀ (दसतारबंदी) /dasatārabandī ダスタールバンディー/ [+ Pers. *bandī*] *f.*〖儀礼・スィ〗ダスタールバンディー《子供がターバンを初めて巻く儀式》.

ਦਸਤਾਰਾ (दसतारा) /dasatārā ダスターラー/ ▸ਦਸਤਾਰ *m.* → ਦਸਤਾਰ

ਦਸਤਾਵੇਜ਼ (दसतावेज़) /dasatāweza ダスターウェーズ/ [Pers. *dast* + Pers. *āvez*] *f.* **1** 文書, 書類, 正式書類. **2** 証書, 証文. **3** 契約書.

ਦਸਤਾਵੇਜ਼ੀ (दसतावेज़ी) /dasatāwezī ダスターウェーズィー/ [+ Pers. *āvezī*] *adj.* 文書の, 書類の.

ਦਸਤੀ (दसती) /dasatī ダスティー/ [Pers. *dastī*] *adj.* 手の, 手による, 手で扱う.
— *f.* 小さな数珠.

ਦਸਤੂਰ (दसतूर) /dasatūra ダストゥール/ [Pers. *dastūr*] *m.* **1** 慣習, 慣行, 習わし. **2** 慣例. **3** 規則, きまり. **4** 法律. **5** 作法, 様式.

ਦਸਤੂਰੀ (दसतूरी) /dasatūrī ダストゥーリー/ [Pers. *dastūrī*] *adj.* **1** 慣習的な. **2** 法的な, 法律上の. **3** 厳格な. **4** 作法に厳しい.
— *f.* **1** 慣習的な手数料. **2** 慣習的な払い戻し.

ਦਸੰਬਰ (दसंबर) /dasambara ダサンバル/ ▸ਦਿਸੰਬਰ [Eng. *December*] *m.*〖暦〗12月.

ਦਸਮ (दसम) /dasama ダサム/ [Skt. दशम] *or.num.* 10番目, 第十. (⇒ਦਸਵਾਂ)
— *adj.* **1** 10番目の, 第十の. (⇒ਦਸਵਾਂ) **2** 10代目の.

ਦਸ਼ਮਲਵ (दशमलव) /daśamalava ダシャムラヴ/ [Skt. दशमलव] *m.* **1**〖数学〗小数. **2**〖数学〗小数点.

ਦਸ਼ਮਲਵ ਭਿੰਨ (दशमलव भिंन) /daśamalava pĭnna ダシャムラヴ ピンヌ/ *f.*〖数学〗小数.

ਦਸ਼ਮਾਂਸ਼ (दशमाँश) /daśamā̃śa ダシュマーンシュ/ [Skt. दशम + Skt. अंश] *adj.* 10分の1の.
— *m.* 10分の1.

ਦਸਮੀ (दसमी) /dasamī ダスミー/ [Skt. दशमी] *f.*〖暦〗太陰暦各半月の十日.

ਦਸਮੇਸ਼ (दसमेश) /dasameśa ダスメーシュ/ ▸ਦਸ਼ਮੇਸ਼ *m.* → ਦਸ਼ਮੇਸ਼

ਦਸ਼ਮੇਸ਼ (दशमेश) /daśameśa ダシュメーシュ/ ▸ਦਸਮੇਸ਼ [Skt. दशम + Skt. ईश] *m.* **1** 第10代教主. **2**〖スィ〗スィック教第10代教主グル・ゴービンド・スィングの呼称.

ਦਸਵੰਧ (दसवंध) /dasawânda ダスワンド/ ▸ਦਸੌਂਧ *m.*〖経済〗十分の一税, 収入の10分の1を税として収める慣習・制度.

ਦਸਵਾਂ (दसवाँ) /dasawā̃ ダスワーン/ [(Pkt. दस) Skt. दश -वां] *or.num.* 10番目, 第十. (⇒ਦਸਮ)
— *adj.* 10番目の, 第十の. (⇒ਦਸਮ)

ਦਸਾ (दसा) /dasā ダサー/ ▸ਦਸ਼ਾ *m.* → ਦਸ਼ਾ

ਦਸ਼ਾ (दशा) /daśā ダシャー/ ▸ਦਸਾ [Skt. दशा] *m.* **1** 状態, 状況, 様子. **2** 期間, 時期. **3** 段階.

ਦਸਾਵਰ (दसावर) /dasāwara ダサーワル/ ▸ਦਸੌਰ, ਦਿਸਾਵਰ, ਦੇਸਾਵਰ *m.* → ਦਸੌਰ

ਦਸੋਤਰਾ (दसोतरा) /dasotarā ダソータラー/ *m.* **1** 10パーセント, 10%, 10分の1. **2**〖経済〗村の首長に納める十分の一税.

ਦਸੌਂਧ (दसौंध) /dasaûda ダサォーンド/ ▸ਦਸਵੰਧ *m.* → ਦਸਵੰਧ

ਦਸੌਰ (दसौर) /dasaura ダサォール/ ▸ਦਸਾਵਰ, ਦਿਸਾਵਰ, ਦੇਸਾਵਰ [Skt. देशांतर] *m.* **1** 外国, 他国, 異国. ❒ਦਸੌਰ ਘੱਲਣਾ 輸出する. **2**〖経済〗外国市場.

ਦਸੌਰੀ (दसौरी) /dasaurī ダサォーリー/ ▸ਦਿਸਾਵਰੀ [-ਈ] *adj.* **1** 外国の. **2**〖経済〗外国市場の.

ਦਹਾਈ (दहाई) /dǎī | dahāī ダーイー | ダハーイー/ *f.*〖数量〗十の位.

ਦਹਾਕਾ (दहाका) /dǎkā | dahākā ダーカー | ダハーカー/ *m.* **1** 10の集まり, 10の単位. **2**〖時間〗十年.

ਦਹਾਨਾ (दहाना) /dǎnā | dahānā ダーナー | ダハーナー/ [Pers. *dahāna*] *m.* **1**〖身体〗口. (⇒ਮੂੰਹ) **2**〖地理〗河口.

ਦਹਾੜ (दहाड़) /dǎṛa | dahāṛa ダール | ダハール/ *f.* **1** 野獣が吼えること, 咆哮. **2** 野獣が吼える声. (⇒ਚੰਘਾੜ)

ਦਹਾੜਨਾ (दहाड़ना) /dăṛanā| dahāṛanā ダールナー| ダハールナー/ *vi.* (野獣が)吼える, 咆哮する. (⇒ਚੰਘਾੜਨਾ)

ਦਹਿਸ਼ਤ (दहिशत) /daîśata ダェーシャト/ [Pers. *dahśat*] *f.* 恐れ, 恐怖, 恐怖心, おびえ, 戦慄. (⇒ਆਤੰਕ)

ਦਹਿਸ਼ਤਗਰਦ (दहिशतगरद) /daîśatagarada ダェーシャトガルド/ [Pers. *dahśat* + Pers. *gard*] *adj.*〖政治〗暴力主義の, テロリズムの. (⇒ਆਤੰਕਵਾਦੀ)

ਦਹਿਸ਼ਤਗਰਦੀ (दहिशतगरदी) /daîśatagaradī ダェーシャトガルディー/ [+ Pers. *gardī*] *f.*〖政治〗暴力主義, テロリズム, 政治的手段としての暴力行為. (⇒ਆਤੰਕਵਾਦ)

ਦਹਿਸ਼ਤਜ਼ਦਾ (दहिशतज़दा) /daîśatazadā ダェーシャトザダー/ [+ Pers. *zada*] *adj.* 恐れている, おびえた, 恐怖に陥った. (⇒ਆਤੰਕਿਤ)

ਦਹਿਸ਼ਤਨਾਕ (दहिशतनाक) /daîśatanāka ダェーシャトナーク/ [Pers.-*nāk*] *adj.* **1** 恐怖に満ちた, 怖くてたまらない. **2** 恐ろしい, ぞっとする.

ਦਹਿਸ਼ਤਪਸੰਦ (दहिशतपसंद) /daîśatapasanda ダェーシャトパサンド/ [+ Pers. *pasand*] *adj.*〖政治〗暴力主義の, テロリズムの. (⇒ਆਤੰਕਵਾਦੀ)

ਦਹਿਸ਼ਤਵਾਦ (दहिशतवाद) /daîśatawāda ダェーシャトワード/ [Skt.-वाद] *m.*〖政治〗暴力主義, テロリズム, 政治的手段としての暴力行為. (⇒ਆਤੰਕਵਾਦ)

ਦਹਿਸ਼ਤਵਾਦੀ (दहिशतवादी) /daîśatawādī ダェーシャトワーディー/ [Skt.-वादिन्] *adj.*〖政治〗暴力主義の, テロリズムの. (⇒ਆਤੰਕਵਾਦੀ)

— *m.*〖政治〗暴力主義者, テロリスト. (⇒ਆਤੰਕਵਾਦੀ)

ਦਹਿਸਿਰ (दहिसिर) /daîsira ダェースィル/ [(Pkt. दस) Skt. दश + Skt. शिरस्] *m.*〖文学・ヒ〗十個の頭を持つ魔王, ラーヴァナの異名. (⇒ਰਾਵਣ)

ਦਹਿਣਾ (दहिणा) /daîṇā ダェーナー/ [(Pkt. दाहिण) Skt. दक्षिण] *adj.* 右の. (⇒ਸੱਜਾ)

ਦਹਿਲ (दहिल) /daîla ダェール/ *m.* **1** 震え上がること, 震撼, おののき, 戦慄. **2** 恐ろしさ, 恐怖. **3** 強烈な恐怖感. **4** 驚愕.

ਦਹਿਲਣਾ (दहिलणा) /daîlaṇā ダェーラナー/ *vi.* **1** 恐れおののく, 震え上がる, 震撼する. **2** 身がすくむ, 腰を抜かす.

ਦਹਿਲਾ (दहिला) /daîlā ダェーラー/ *m.*〖遊戯〗10の目のあるトランプ.

ਦਹਿਲਾਉਣਾ (दहिलाउणा) /daîlāuṇā ダェーラーウナー/ *vt.* **1** 恐れおののかせる, 震え上がらせる, 震撼させる. **2** 怖がらせる.

ਦਹਿਲੀਜ਼ (दहिलीज़) /daîlīza ダェーリーズ/ *f.*〖建築〗ドアの敷居.

ਦਹੀਂ (दहीं) /dâĩ ダイーン/ ▶ਦਹੀ [Skt. दधि] *m.*〖食品〗ダヒー, 凝乳, ヨーグルト《生乳を加熱して乳酸菌で静置発酵させたインド風ヨーグルト》. ❐ਦਹੀਂ ਦਾ ਪਾਣੀ 乳漿《チーズの製造過程で牛乳から凝乳を除いた水っぽい液》.

ਦਹੀ (दही) /dâī ダイー/ ▶ਦਹੀਂ *m.* → ਦਹੀਂ

ਦਹੂਸ਼ (दहूश) /dŭśa | dahūśa ドゥーシュ | ダフーシュ/ ▶ਧੂਸ਼ *adj.* 田舎くさい, 野暮な.

— *m.* 田舎者.

ਦਹੇਜ (दहेज) /děja | daheja デージ | ダヘージ/ ▶ਦਹੇਜ਼, ਦਾਜ, ਦਾਜ਼ *m.* → ਦਹੇਜ਼

ਦਹੇਜ਼ (दहेज़) /děza | daheza デーズ | ダヘーズ/ ▶ਦਹੇਜ, ਦਾਜ, ਦਾਜ਼ [Pers. *jahez* Arab. *jihāz*] *m.* **1**〖社会〗持参金. **2** 嫁入り道具.

ਦਕਿਆਨੂਸ (दकिआनूस) /dakiānūsa ダキアーヌース/ *m.* **1**〖人名・歴史〗ダキアヌス(ダキヤーヌース, デキウス)《キリスト教徒を迫害したとされる古代ローマ帝国の皇帝》. **2** 考え方の古い人, 保守的な考えの人.

ਦਕਿਆਨੂਸੀ (दकिआनूसी) /dakiānūsī ダキアーヌースィー/ *adj.* **1** ダキアヌスの. **2** とても古い, 大昔の, 古めかしい, 時代遅れの. **3** 古い考えの, 考え方の古い.

— *f.* **1** 無知. (⇒ਅਗਿਆਨਤਾ) **2** 未開, 後進性. (⇒ਜਹਾਲਤ)

ਦੱਖ (दक्ख) /dakkʰa ダック/ [(Pkt. दक्ख) Skt. दृश] *f.* **1** 外見. **2** 見た目の良さ. **3** 見せかけ. **4** 輝き. **5** 器量の良さ.

ਦਖਸ਼ਣਾ (दखशणा) /dakʰaśaṇā ダクシャナー/ ▶ਦੱਖਣਾ, ਦੱਛਣਾ *f.* → ਦੱਛਣਾ

ਦੱਖਣ (दक्खण) /dakkʰaṇa ダッカン/ [(Pkt. दक्खिण) Skt. दक्षिण] *m.* **1** 南, 南方, 南部. (⇒ਜਨੂਬ)(⇔ਉੱਤਰ) **2**〖地理〗南インド, デカン.

— *f.*〖気象〗南風.

ਦੱਖਣਾ (दक्खणा) /dakkʰaṇā ダッカナー/ ▶ਦਖਸ਼ਣਾ, ਦੱਛਣਾ *f.* → ਦੱਛਣਾ

ਦੱਖਣੀ (दक्खणी) /dakkʰaṇī ダッカニー/ [Skt. दक्षिणीय] *adj.* **1** 南の, 南方の, 南部の. (⇒ਜਨੂਬੀ)(⇔ਉੱਤਰੀ) **2**〖地理〗南インドの, デカンの.

ਦੱਖਣੀ ਅਫ਼ਰੀਕਾ (दक्खणी अफ़रीका) /dakkʰaṇī afarīkā ダッカニー アフリーカー/ [+ Eng. *Africa*] *m.*〖国名〗南アフリカ(共和国).

ਦੱਖਣੀ ਕੋਰੀਆ (दक्खणी कोरीआ) /dakkʰaṇī koriā ダッカニー コーリーアー/ [+ Eng. *Korea*] *m.*〖国名〗大韓民国, 韓国, 南朝鮮.

ਦਖਣੂਤਰਾ (दखणूतरा) /dakʰaṇūtarā ダクヌートラー/ ▶ਦਖਣੂਤਾ, ਦਖੂਤਰਾ *m.*〖医〗排尿時に障害・痛みなど起こす泌尿器疾患.

ਦਖਣੂਤਾ (दखणूता) /dakʰaṇūtā ダクヌーター/ ▶ਦਖਣੂਤਰਾ, ਦਖੂਤਰਾ *m.* → ਦਖਣੂਤਰਾ

ਦਖ਼ਲ (दख़ल) /daxala ダカル/ [Arab. *daxl*] *m.* **1** 立ち入り, 進入, 到達. **2** 占拠, 占領, 占有, 領有. **3** 介入, 口出し, 妨害, 干渉. (⇒ਮਦਾਖ਼ਲਤ)

ਦਖ਼ਲ-ਅੰਦਾਜ਼ (दख़ल-अंदाज़) /daxala-andāza ダカル・アンダーズ/ [+ Pers. *andāz*] *adj.* **1** 妨害する, 邪魔をする. **2** 干渉する, 介入する, お節介な.

ਦਖ਼ਲ-ਅੰਦਾਜ਼ੀ (दख़ल-अंदाज़ी) /daxala-andāzī ダカル・アンダーズィー/ [+ Pers. *andāzī*] *f.* **1** 妨害, 邪魔. **2** 干渉, 介入, お節介.

ਦਖ਼ਲਕਾਰ (दख़लकार) /daxalakāra ダカルカール/ [Pers.-*kār*] *m.* **1** 占拠者, 占有者. **2** 干渉者, 介入者.

ਦਖ਼ਲਕਾਰੀ (दख़लकारी) /daxalakārī ダカルカーリー/ [Pers.-*kārī*] *f.* **1** 占拠, 占有. **2** 干渉, 介入.

ਦਖ਼ਲ-ਜੋਤ (दख़ल-जोत) /daxala-jota ダカル・ジョート/ *f.* 占拠, 占有, 所有財産.

ਦਖ਼ਲਦਾਰ (दख़लदार) /daxaladāra ダカルダール/ [Arab.

daxl Pers.-*dār*] *m.* 所有権を有する者, (土地や家屋などの)占有者. (⇒ਕਬਜ਼ਾਦਾਰ)

ਦਖ਼ਲਨਾਮਾ (दख़लनामा) /daxalanāmā ダカルナーマー/ [Pers.-*nāma*] *m.* 所有権証書, 権利書.

ਦਖਾਬਾ (दखाबा) /dakʰābā ダカーバー/ ▸ਦਖਾਮਾ, ਦਖਾਲਾ, ਦਖਾਵਾ, ਦਿਖਾਵਾ *m.* → ਦਿਖਾਵਾ

ਦਖਾਮਾ (दखामा) /dakʰāmā ダカーマー/ ▸ਦਖਾਬਾ, ਦਖਾਲਾ, ਦਖਾਵਾ, ਦਿਖਾਵਾ *m.* → ਦਿਖਾਵਾ

ਦਖਾਲਾ (दखाला) /dakʰālā ダカーラー/ ▸ਦਖਾਬਾ, ਦਖਾਮਾ, ਦਖਾਵਾ, ਦਿਖਾਵਾ *m.* → ਦਿਖਾਵਾ

ਦਖਾਵਾ (दखावा) /dakʰāwā ダカーワー/ ▸ਦਖਾਬਾ, ਦਖਾਮਾ, ਦਖਾਲਾ, ਦਿਖਾਵਾ *m.* → ਦਿਖਾਵਾ

ਦਖ਼ੀਲ (दख़ील) /daxīla ダキール/ [Arab. *daxīl*] *adj.* **1** 入ることを許可された. **2** 占拠している, 占領している, 占有している. **3** 介入している, 妨害している.

ਦਖ਼ੀਲਕਾਰ (दख़ीलकार) /daxīlakāra ダキールカール/ [Pers.-*kār*] *m.* **1** 所有権を有する者. **2** 十二年続けて在住したことで生じた所有権を有する者.

ਦਖ਼ੀਲਕਾਰੀ (दख़ीलकारी) /daxīrakārī ダキールカーリー/ [Pers.-*kārī*] *f.* **1** 所有, 占有. **2** 所有権. **3** 長年続けて在住したことで生じた所有権.

ਦਖੂਤਰਾ (दखूतरा) /dakʰūtarā ダクートラー/ ▸ਦਖਣੂਤਰਾ, ਦਖਣੂਤਾ *m.* → ਦਖਣੂਤਰਾ

ਦੰਗ (दंग) /daṅga ダング/ [Pers. *dang*] *adj.* **1** 唖然とした, 面食らった. ❐ਦੰਗ ਰਹਿ ਜਾਣਾ 唖然とする, 面食らう. **2** 驚いた, びっくりした. **3** 突然の, 不意の, 意外な.

ਦੰਗਈ (दंगई) /daṅgaī ダンガイー/ *adj.* **1** 騒動を起こすような, 喧嘩好きな, 好戦的な. **2** 気性の激しい, 乱暴な. **3** 反抗的な.

— *m.* **1** 騒動を起こす人, 喧嘩好きな人, 好戦的な人. **2** 気性の激しい人, 乱暴者. **3** 反抗的な人.

ਦਗਣਾ (दगणा) /dagaṇā ダグナー/ [Skt. दग्ध] *vi.* **1** 燃える, 燃焼する. (⇒ਭਖਣਾ) **2** (銃・火器が)発砲される, 撃たれる. **3** 焼き印を押される, 烙印を押される.

ਦਗ ਦਗ (दग दग) /daga daga ダグ ダグ/ *f.* **1** 光, 輝き, 光彩. **2** 光沢, きらめき.

ਦਗਦਗਾਉਣਾ (दगदगाउणा) /dagadagāuṇā ダグダガーウナー/ *vi.* 光る, 輝く, きらめく.

ਦਗਦਾ (दगदा) /dagadā ダグダー/ *adj.* **1** 光っている, 輝いている. **2** 光沢のある, きらめいている. **3** 燃えている, 燃焼している. **4** 白熱した.

ਦਗਧ (दगध) /dagâda ダガド/ [Skt. दग्ध] *adj.* 焼けた, 燃えた. (⇒ਸੜਿਆ ਹੋਇਆ)

ਦੰਗ-ਮਾਤ (दंग-मात) /daṅga-māta ダング・マート/ [Pers. *dang* + Pers. *māt*] *f.* 不意の敗北, 意外な敗北.

ਦੰਗਲ (दंगल) /daṅgala ダンガル/ [Pers. *dangal*] *m.* **1** 興奮した群衆. **2**〖競技〗レスリング, インド相撲, その競技会・大会. **3** レスリング競技場, インド相撲の土俵.

ਦੰਗਲੀ (दंगली) /daṅgalī ダンガリー/ [-ਈ] *adj.* **1**〖競技〗レスリング競技の, インド相撲の. **2** 喧嘩好きの, 好戦的な.

ਦਗੜ ਦਗੜ (दगड़ दगड़) /dagaṛa dagaṛa ダガル ダガル/ ▸ਦਬੜ ਦਬੜ *f.* **1**〖擬声語〗ダカダカ, ドタドタ《複数の人や馬が勢いよく歩いたり走ったりする音》. **2** うるさい音をたてて歩いたり走ったりすること.

ਦੰਗਾ (दंगा) /daṅgā ダンガー/ [Pers. *dangal*] *m.* **1** 暴動, 騒動, 騒乱, 社会秩序を乱す争い. (⇒ਸ਼ੋਰਸ਼, ਬਲਵਾ) **2** 騒音, 喧騒, 騒ぎ. (⇒ਸ਼ੋਰ)

ਦਗ਼ਾ (दग़ा) /dağā ダガー/ [Pers. *dağā*] *m.* **1** 欺き, 詐欺, ごまかし. **2** 裏切り, 背信.

ਦਗ਼ਾਬਾਜ਼ (दग़ाबाज़) /dağābāza ダガーバーズ/ ▸ਦਗ਼ੇਬਾਜ਼ [Pers.-*bāz*] *adj.* **1** 偽る, だます, 嘘つきの. **2** 裏切る, 背信の. **3** 不誠実な, 不真面目な.

— *m.* **1** だます人, 詐欺師, 嘘つき. **2** 裏切り者. **3** 偽善者.

ਦਗ਼ਾਬਾਜ਼ੀ (दग़ाबाज़ी) /dağābāzī ダガーバーズィー/ ▸ਦਗ਼ੇਬਾਜ਼ੀ [Pers.-*bāzī*] *f.* **1** 偽り, ごまかし, 欺き, 詐欺. **2** 裏切り行為, 背信. **3** 不誠実, 不真面目.

ਦੰਗੇਬਾਜ਼ (दंगेबाज़) /daṅgebāza ダンゲーバーズ/ [Pers. *dangal* Pers.-*bāz*] *adj.* **1** 騒動を起こすような, 喧嘩好きな, 好戦的な. **2** 暴動の, 騒乱の.

— *m.* **1** 騒動を起こす人, 喧嘩好きな人, 好戦的な人. **2** 気性の激しい人, 乱暴者. **3** 反抗的な人.

ਦਗ਼ੇਬਾਜ਼ (दग़ेबाज़) /dağebāza ダゲーバーズ/ ▸ਦਗ਼ਾਬਾਜ਼ *adj.m.* → ਦਗ਼ਾਬਾਜ਼

ਦੰਗੇਬਾਜ਼ੀ (दंगेबाज़ी) /daṅgebāzī ダンゲーバーズィー/ [Pers. *dangal* Pers.-*bāzī*] *f.* **1** 暴動を誘発・助長すること. **2** よた者の行状.

ਦਗ਼ੇਬਾਜ਼ੀ (दग़ेबाज़ी) /dağebāzī ダゲーバーズィー/ ▸ਦਗ਼ਾਬਾਜ਼ੀ *f.* → ਦਗ਼ਾਬਾਜ਼ੀ

ਦਘ ਦਘ (दघ दघ) /dâg dâg ダグ ダグ/ [Skt. दग्ध] *adj.* 輝いている, きらめいている. (⇒ਚਮਕੀਲਾ, ਚਮਕਦਾਰ)

ਦੱਛਣਾ (दच्छणा) /daccʰaṇā ダッチャナー/ ▸ਦਖਸ਼ਣਾ, ਦੱਖਣਾ [(Pkt. दक्खिणा) Skt. दक्षिणा] *f.* **1** 報酬. **2**〖ヒ〗ヒンドゥー僧へのお布施.

ਦੱਝਣਾ (दज्झणा) /dâjjaṇā ダッジャナー/ *vi.* 燃える, 焼ける.

ਦੰਡ (दंड) /daṇḍa ダンド/ [Skt. दण्ड] *m.* **1** 棒, 杖, 竿. **2**〖武〗鎚矛(つちほこ)《殴打用の棍棒の一種》. **3** 罰, 懲罰, 懲らしめ. (⇒ਸਜ਼ਾ) **4**〖法〗刑, 刑罰.

ਦੰਡੀ (दंडी) /daṇḍī ダンディー/ [Skt. दण्डिन्] *m.* **1** 棒を持つもの. **2** 鎚矛を持つもの.

— *adj.* **1** 罰の, 懲罰の, 懲らしめの. **2**〖法〗刑罰の.

ਦੰਤੀ[1] (दंती) /dantī ダンティー/ [Skt. दन्त -ਈ] *adj.* **1** 歯の. **2**〖音〗歯音の.

ਦੰਤੀ[2] (दंती) /dantī ダンティー/ [Skt. दन्त -ङीष्] *f.* ハズ(巴豆)《トウダイグサ科の低木. 薬用植物の一種. 大腸に対して強い「下す」働きがあり, 下剤として用いられる》.

ਦੱਥਾ (दत्था) /dattʰā ダッター/ [Pers. *dasta*] *m.* **1** (草やサトウキビなどの)束. **2** (紙の)束.

ਦੰਦ (दंद) /danda ダンド/ [Skt. दन्त] *m.*〖身体〗歯. ❐ਦੰਦ ਸੰਬੰਧੀ 歯の, 歯に関する. ❐ਦੰਦ ਕਰੀਚਣਾ 歯ぎしりする, がりがりと噛む. ❐ਦੰਦ ਖੱਟੇ ਕਰਨਾ 打ち負かす, 完敗させる, 撃滅する, 挫折させる. ❐ਦੰਦ ਦਾ ਕੀੜਾ 虫歯. ❐ਦੰਦ ਪੀਹਣਾ 歯ぎしりする, (怒りや悔しさで)歯を噛みしめる.

ਦੰਦਸਾਜ਼ (दंदसाज़) /dandasāza ダンドサーズ/ [Pers.-sāz] *m.* 歯医者, 歯科医.

ਦੰਦਸਾਜ਼ੀ (दंदसाज़ी) /dandasāzī ダンドサーズィー/ [Pers.-sāzī] *f.* 歯科医術, 歯科医業.

ਦਦ੍ਹੇਸ (ददहेस) /dadêsa ダデース/ ▶ਦਦੇਹਸ *f.* → ਦਦੇਹਸ

ਦੰਦ-ਹੋਠੀ (दंद-होठी) /danda-hotʰī ダンド・ホーティー/ [Skt. दन्त + Skt. ओष्ठ -ਈ] *adj.* 〖音〗唇歯音の.

ਦੰਦ-ਕਥਾ (दंद-कथा) /danda-katʰā ダンド・カター/ [Skt. दन्द-कथा] *f.* **1** また聞き, 伝聞, 噂, 風聞. **2** 伝説. **3** 神話. **4** 民話, 昔話.

ਦੰਦ ਖੰਡ (दंद खंड) /danda kʰaṇḍa ダンド カンド/ *m.* 象牙.

ਦੰਦਣ (दंदण) /dandaṇa ダンダン/ *f.* 〖医〗破傷風.

ਦੰਦ ਪੀੜ (दंद पीड़) /danda pīṛa ダンド ピール/ ▶ਦੰਦੜ, ਦੰਦੀੜ [Skt. दन्त + Skt. पीडा] *f.* **1** 〖医〗歯痛. **2** 歯ぎしり.

ਦੰਦ-ਬੁਰਸ਼ (दंद-बुरश) /danda-buraśa ダンド・ブルシュ/ [+ Eng. *brush*] *m.* 〖道具〗歯ブラシ. (⇒ਟੂਥ-ਬੁਰਸ਼)

ਦੰਦਰਾਲ (दंदराल) /dandarāla ダンドラール/ *f.* **1** 器具・道具・機械などの歯. **2** 〖農業〗畑の境界を画するために地表をかきならした細長い部分.

ਦੰਦਰੀ (दंदरी) /dandarī ダンドリー/ *f.* **1** ひだの付いた縁飾り. **2** 〖寝具〗ベッドのシーツの縁飾り.

ਦੰਦਲ (दंदल) /dandala ダンダル/ *adj.* 出っ歯の.

ਦੰਦ ਵਰਗਾ (दंद वरगा) /danda waragā ダンド ワルガー/ [Skt. दन्त + Skt. वर्ग + ਆ] *adj.* **1** 歯のような. **2** 歯状の, 歯状突起の.

ਦੰਦ ਵਿਗਿਆਨ (दंद विगिआन) /danda vigiāna ダンド ヴィギアーン/ [+ Skt. विज्ञान] *m.* 歯科学.

ਦੰਦੜ (दंदड़) /dandaṛa ダンダル/ ▶ਦੰਦ ਪੀੜ, ਦੰਦੀੜ [(Mal.)] *f.* → ਦੰਦ ਪੀੜ

ਦੰਦਾ (दंदा) /dandā ダンダー/ [Skt. दन्त] *m.* 〖道具〗鋸や櫛の歯.

ਦੱਦਾ (दद्दा) /daddā ダッダー/ *m.* 〖文字〗ダッダー《歯・閉鎖音の「ダ」(有声・無気音)を表す, グルムキー文字の字母表の23番目の文字 ਦ の名称》.

ਦੰਦਾਸਾ (दंदासा) /dandāsā ダンダーサー/ *m.* 〖植物・道具〗歯磨き用のクルミの樹皮.

ਦੰਦਾਲਾ (दंदाला) /dandālā ダンダーラー/ *m.* 〖道具〗くま手.

ਦੰਦਾਲੀ (दंदाली) /dandālī ダンダーリー/ *f.* 〖道具〗くま手.

ਦਦਿਅਹੁਰਾ (ददिअहुरा) /dadiaûrā ダディアォーラー/ ▶ਦਦਿਔਹਰਾ *m.* 〖親族〗義理の祖父, 義父の父.

ਦਦਿਔਹਰਾ (ददिऔहरा) /dadiaûrā ダディアォーラー/ ▶ਦਦਿਅਹੁਰਾ *m.* → ਦਦਿਅਹੁਰਾ

ਦੰਦੀ (दंदी) /dandī ダンディー/ [Skt. दन्त -ਈ] *f.* **1** 〖身体〗小さな歯. **2** 〖身体〗乳歯. **3** 歯で噛むこと. **4** 歯で噛み切ること. **5** 鋸や櫛などの歯. **6** 崖の縁. **7** 断崖, 絶壁.

ਦੰਦੀੜ (दंदीड़) /dandīṛa ダンディール/ ▶ਦੰਦ ਪੀੜ, ਦੰਦੜ *f.* → ਦੰਦ ਪੀੜ

ਦਦੇਹਸ (ददेहस) /dadêsa ダデース/ ▶ਦਦ੍ਹੇਸ *f.* 〖親族〗義理の祖母, 義父の母.

ਦੰਦੇਦਾਰ (दंदेदार) /dandedāra ダンデーダール/ [Skt. दन्त Pers.-dār] *adj.* 歯のある, ぎざぎざの.

ਦੰਦੋੜਿੱਕਾ (दंदोड़िक्का) /dandoṛikkā ダンドーリッカー/ *m.* 歯をがたがた震わせること.

ਦੱਧ (दद्ध) /dâdda ダッド/ *m.* 〖医〗ほう疹.

ਦਨਾ (दना) /danā ダナー/ *adj.* **1** 賢い. **2** 知的な. **3** よく知っている.

ਦਨਾਈ (दनाई) /danāī ダナーイー/ ▶ਦਾਨਾਈ [Pers. *dānāī*] *f.* **1** 知恵, 賢さ, 賢明さ. **2** 知識, 学識.

ਦਪ (दप) /dapa ダプ/ ▶ਦਿਪ [(Kang.)] *m.* 〖道具〗魚を獲るために用いる竹製の籠.

ਦੰਪਤੀ (दंपती) /dampatī ダンパティー/ *f.* 〖親族〗夫婦, 夫妻.

ਦਫ਼ਤਰ (दफ़तर) /dafatara ダフタル/ [Arab. *daftar*] *m.* **1** 事務所, オフィス, 職場. (⇒ਆਫ਼ਿਸ) **2** 局, 官庁, 役所, 役場, 登録所.

ਦਫ਼ਤਰੀ (दफ़तरी) /dafatarī ダフタリー/ [Pers. *daftarī*] *adj.* **1** 事務所の, オフィスの, 職場の. **2** 役所の, 公的な, 公式の. (⇒ਸਰਕਾਰੀ)

ਦਫ਼ਨ (दफ़न) /dafana ダファン/ [Arab. *dafn*] *adj.* **1** 埋められた. **2** 埋葬された.

— *m.* 埋葬.

ਦਫ਼ਨਾਉਣਾ (दफ़नाउणा) /dafanāuṇā ダフナーウナー/ [Arab. *dafn*] *vt.* **1** 埋める. **2** 埋葬する.

ਦਫ਼ਨੀਣ (दफ़नीण) /dafanīṇa ダフニーン/ [Arab. *dafn*] *m.* 埋葬.

ਦਫ਼ਾ[1] (दफ़ा) /dafā ダファー/ [Arab. *daf'ā*] *f.* **1** 回, 度, 回数, 度数. (⇒ਵਾਰੀ) **2** 〖法〗(法文・法令の)条項, 条文. (⇒ਧਾਰਾ) **3** 級, 等級.

ਦਫ਼ਾ[2] (दफ़ा) /dafā ダファー/ [Arab. *daf'*] *m.* **1** 押しやること, 突き放すこと. **2** 排除すること, 除去.

— *adv.* **1** 押しやられて, 突き放されて. **2** 引き下がって, 離れて, 遠くに.

ਦਫ਼ਾਹ (दफ़ाह) /dafâ ダファー/ [Arab. *daf'*] *f.* **1** 防衛, 防御. **2** 警備, 保安, 安全保障, 治安維持.

ਦਫ਼ਾਹੀ (दफ़ाही) /dafâī ダファーイー/ [-ਈ] *adj.* **1** 防衛の, 防御の. **2** 警備の, 治安維持の.

ਦਫ਼ਾਦਾਰ (दफ़ादार) /dafādāra ダファーダール/ ▶ਦਫ਼ੇਦਾਰ *m.* → ਦਫ਼ੇਦਾਰ

ਦਫ਼ੀਨਾ (दफ़ीना) /dafīnā ダフィーナー/ [Arab. *dafīna*] *m.* 埋蔵された財宝.

ਦਫ਼ੇਦਾਰ (दफ़ेदार) /dafedāra ダフェーダール/ ▶ਦਫ਼ਾਦਾਰ [Arab. *daf'* Pers.-dār] *m.* **1** 〖軍〗(曹長や伍長などの)下士官. (⇒ਜਮਾਦਾਰ) **2** 巡査部長.

ਦਫ਼ੇਦਾਰਨੀ (दफ़ेदारनी) /dafedāranī ダフェーダールニー/ [-ਨੀ] *f.* **1** 〖軍〗下士官の妻. **2** 巡査部長の妻.

ਦਫ਼ੇਦਾਰੀ (दफ़ेदारी) /dafedārī ダフェーダーリー/ [Arab. *daf'* Pers.-dārī] *f.* **1** 〖軍〗下士官の地位・職務. **2** 巡査部長の地位・職務.

ਦੱਬ (दब्ब) /dabba ダップ/ [Skt. दमन] *f.* **1** 圧力. **2** 圧迫.

ਦਬਕਣਾ (दबकणा) /dabakaṇā ダバクナー/ *vi.* **1** 畏縮する, 尻込みする. **2** 隠れる, 潜む.

ਦਬਕਾ[1] (दबका) /dabakā ダブカー/ *m.* 脅迫, 脅しの言

葉. ❐ਦਬਕਾ ਮਾਰਨਾ 脅す, 脅かす, 脅迫する.
ਦਬਕਾ² (दबका) /dabakā ダブカー/ m. 〖家具〗天井のすぐ下の棚.
ਦਬਕਾਉਣਾ (दबकाउणा) /dabakāuṇā ダブカーウナー/ vt. 1 脅す, 脅かす, 脅迫する. 2 警告する. 3 威嚇的に話す.
ਦਬਕੀ (दबकी) /dabakī ダブキー/ f. 待ち伏せ.
ਦਬਣਾ (दबणा) /dabaṇā ダブナー/ [Skt. दाम्यति] vi. 1 押される, 押さえつけられる, 圧迫される, (物の)下敷きになる. 2 屈する.
ਦੱਬਣਾ (दब्बणा) /dabbaṇā ダッブナー/ [Skt. दमयति] vt. 1 押しつける, 押さえつける. 2 圧迫する, 弾圧する. 3 強いる, 強制する. 4 埋める. 5 埋葬する.
ਦਬਦਬਾ (दबदबा) /dabadabā ダブダバー/ [Arab. dabdaba] m. 1 勢力, 影響力. 2 権威, 威力. 3 脅威, 畏怖, 恐怖.
ਦੱਬ-ਦਬਾ (दब्ब-दबा) /dabba-dabā ダッブ・ダバー/ [cf. ਦੱਬਣਾ] m. 1 圧力, 強制, 強迫. 2 無理強い. 3 強制力.
ਦਬੱਲ (दबल्ल) /daballa ダバッル/ [cf. ਦੱਬਣਾ] f. 圧力が続けて加わること.
ਦਬੱਲਣਾ (दबल्लणा) /daballaṇā ダバッラナー/ [cf. ਦੱਬਣਾ] vt. 1 圧する, 圧迫する, 強要する. 2 苦しめる, 困らせる. 3 容赦なく追いかける.
ਦਬਵਾਂ (दबवाँ) /dabawā̃ ダブワーン/ [cf. ਦਬਣਾ] adj. 1 押しつけられた, 抑えられた, 抑制された, 抑圧された. 2 和らげられた, 控え目な, 落ち着いた.
ਦਬਵਾਉਣਾ (दबवाउणा) /dabawāuṇā ダブワーウナー/ [cf. ਦੱਬਣਾ] vt. 1 押しつけさせる, 押さえつけさせる, 圧迫させる. 2 埋めさせる, 埋葬させる. 3(手足を)揉んでもらう.
ਦਬਵੇਂ ਪੈਰੀਂ (दबवें पैरीं) /dabawẽ pairī̃ ダブウェーン パェーリーン/ adv. 1 足音を抑えて, 忍び足で. 2 静かに, こっそりと.
ਦਬੜ ਦਬੜ (दबड़ दबड़) /dabaṛa dabaṛa ダバル ダバル/ ▸ਦਗੜ ਦਗੜ f. → ਦਗੜ ਦਗੜ
ਦਬੜੂ-ਘੁਸੜੂ (दबड़ू-घुसड़ू) /dabaṛū-kŭsaṛū ダブルー・クスルー/ adj. 1 臆病な, 気の弱い. 2 卑屈な, 人の言いなりになる. 3 こそこそ逃げる, さぼる, ずるける.
— m. 1 誰も彼も, 猫も杓子も. 2 評判の悪い連中. 3 食わせもの, 偽物.
ਦਬਾ (दबा) /dabā ダバー/ ▸ਦਬਾਉ, ਦਬਾਅ [Skt. दमन] m. 1 圧力, 重圧, 圧迫, 強制. 2 威圧, 弾圧. 3 緊急, 切迫, 緊迫. 4 影響, 感化. 5 強要, 無理強い.
ਦੱਬਾ (दब्बा) /dabbā ダッバー/ [(Mul.)] m. 1 激しさ. 2 苦しみ.
ਦਬਾਉ (दबाउ) /dabāo ダバーオー/ ▸ਦਬਾ, ਦਬਾਅ m. → ਦਬਾ
ਦਬਾਉਣਾ (दबाउणा) /dabāuṇā ダバーウナー/ ▸ਦਬਾਣਾ [Skt. दमयति] vt. 1 押す. 2 押さえる, 圧する, 押しつける, 押さえつける. 3 圧迫する, 抑圧する, 弾圧する. 4 強いる, 強制する. 5 埋める, 埋葬する. 6 怖がらせる, 脅す, 脅かす. 7 支配する, 牛耳る. 8 制御する.
ਦਬਾਊ (दबाऊ) /dabāū ダバーウー/ [cf. ਦਬਣਾ] adj. 1 重荷に押し潰されそうな. 2 たくさんの荷を負った, 荷を載せ過ぎた.
ਦਬਾਅ (दबाअ) /dabāa ダバーア/ ▸ਦਬਾ, ਦਬਾਉ m. → ਦਬਾ
ਦਬਾ-ਸੱਟ (दबा-सट्ट) /dabā-saṭṭa ダバー・サット/ adv. 素早く, 急いで, きびきびと, すぐに, 即座に, 迅速に. (⇒ਦਬਾ-ਦਬ)
ਦਬਾਣਾ (दबाणा) /dabāṇā ダバーナー/ ▸ਦਬਾਉਣਾ vt. → ਦਬਾਉਣਾ
ਦਬਾ-ਦਬ (दबा-दब) /dabā-daba ダバー・ダブ/ adv. 素早く, 急いで, きびきびと, すぐに, 即座に, 迅速に. (⇒ਦਬਾ-ਸੱਟ)
ਦਬੀਰ (दबीर) /dabīra ダビール/ [Pers. dabīr] m. 筆記者, 書記, 事務員.
ਦਬੈਲ (दबैल) /dabaila ダバェール/ [cf. ਦਬਣਾ] adj. 1 圧力を受けた, 圧迫された. 2 服従を強いられた, 他人の意志に服従した.
ਦਬੋਚਣਾ (दबोचणा) /dabocaṇā ダボーチャナー/ vt. 1 押さえつける, 押さえ込む, 取り押さえる, 制圧する. (⇒ਕਾਬੂ ਕਰਨਾ) 2 突然捕える. (⇒ਝਪਟ ਕੇ ਫੜਨਾ) 3 捕まえる, 捕える, 逮捕する. (⇒ਫੜਨਾ) 4 つかむ. 5 襲いかかる.
ਦੰਭ (दंभ) /dâmba ダンブ/ ▸ਡਿੰਭ, ਡਿੰਭ [Skt. दम्भ] m. 1 偽善. 2 欺瞞, ごまかし, 詐欺. 3 慢心, 傲慢.
ਦੱਭ (दब्भ) /dâbba ダッブ/ f. 〖植物〗長い槍形の葉のある草の一種.
ਦੰਭੀ (दंभी) /dâmbī ダンビー/ [Skt. दम्भिन्] adj. 1 偽善の, 偽善的な. 2 欺瞞の.
ਦੰਮ (दंम) /damma ダンム/ m. 1 〖貨幣〗硬貨. 2 現金.
ਦਮ (दम) /dama ダム/ [Pers. dam] m. 1 息, 呼吸. ❐ਦਮ ਘੁਟਣਾ 息がつまる, 窒息する. ❐ਦਮ ਚੜ੍ਹਨਾ 息を切らす, 喘ぐ. ❐ਦਮ ਚੜ੍ਹਾਉਣਾ 息切れさせる, 喘がせる. ❐ਦਮ ਤੋੜਨਾ 息を引きとる, 死ぬ. ❐ਗੱਲ ਅਜੇ ਬੁੱਢੇ ਦੇ ਮੂੰਹ ਵਿੱਚ ਹੀ ਸੀ ਕਿ ਉਹ ਦਮ ਤੋੜ ਗਿਆ। 老人は話をまだ言い残して息を引きとりました. ❐ਦਮ ਰੋਕਣਾ 息を殺す. 2 生気, 生命. 3 生命力, 精力, 生気, 持久力, 忍耐. ❐ਦਮ ਰੱਖਣਾ 精力を保つ, 我慢強くやり通す, 屈せず頑張る. 4 強さ. 5 一息, 中休み, 一時的な安堵, 一安心. ❐ਦਮ ਮਾਰਨਾ 一息つく, 少しの間くつろぐ.
ਦਮਕ (दमक) /damaka ダマク/ f. 1 輝き, 光輝. 2 つや, 光沢.
ਦਮਕਸ਼ (दमकश) /damakaśa ダムカシュ/ m. 1 〖道具〗火吹き管. 2 〖道具〗ふいご.
ਦਮਕਣਾ (दमकणा) /damakaṇā ダマクナー/ vi. 1 輝く. (⇒ਚਮਕਣਾ, ਲਿਸ਼ਕਣਾ) 2 光る. 3 きらきら光る, きらめく.
ਦਮਕੜਾ (दमकड़ा) /damakaṛā ダムカラー/ m. 〖道具〗紡ぎ車の錘に固定された丸い塊状の部品.
ਦਮਗਜਾ (दमगजा) /damagajā ダムガジャー/ m. 1 自慢. 2 はったり.
ਦਮਦਮਾ (दमदमा) /damadamā ダムダマー/ [Pers. damdama] m. 1 盛り土, 土塁. 2 城壁, 塁壁. 3 〖軍〗塹壕. 4 一時的に逗留し休息する場所. 5 〖スィ〗ダムダマー・サーヒブ《グル〔教主〕の逗留した場所に建立されたグルドゥワーラーの総称》. 6 〖スィ〗ダムダマー・サーヒブ《インドのパンジャーブ州バティンダー県タルワンディー・サーボーにあるスィック教の五大聖地の一つ．第10代教主グル・ゴービンド・スィングが1705年から1706年にかけて逗留し，聖典『グル・グラント・サーヒブ』の定本を編纂した場所に建立されたグルドゥワーラー》．

ਦਮਦਮੀ ਟਕਸਾਲ (दमदमी टकसाल) /damadamī ṭakasāla ダムダミー タクサール/ [-ਈ + Skt. टङ्कशाला] *f.* 〖スィ〗ダムダミー学派（ダムダマー・サーヒブを拠点として興隆した学派）《スィック教の五大聖地の一つであるタルワンディー・サーボーのダムダマー・サーヒブにおいて，第10代グル・ゴービンド・スィングの直弟子のバーイー・マニー・スィングとバーバー・ディープ・スィングが興したスィック教学機関・学派》．

ਦਮਨ (दमन) /damana ダマン/ [Skt. दमन] *m.* **1** 抑圧，制圧． **2** 抑制，制御． **3** 鎮圧． **4** 圧倒． **5** 迫害． **6** 罰，懲罰．(⇒ਸਜ਼ਾ)

ਦਮਨਕਾਰੀ (दमनकारी) /damanakārī ダマンカーリー/ [Skt.-कारिन्] *adj.* **1** 抑圧する，抑圧的な． **2** 抑制する，圧制的な． **3** 鎮圧する． **4** 圧倒する． **5** 迫害する．

ਦਮ ਬਦਮ (दम बदम) /dama badama ダム バダム/ [Pers. *dam* + Pers. *ba* + Pers. *dam*] *adv.* 一息ごとに，絶え間なく，常に．

ਦਮ ਭਰ (दम भर) /dama pǎra ダム パル/ [Pers. *dam* Skt.-भर] *m.* ほんの一息，一息する時間，僅かの間，一瞬．

— *adv.* ほんの一息だけで，一瞬のうちに，即刻．

ਦਮੜਾ (दमड़ा) /damaṛā ダムラー/ [(Pkt. दम्म) Skt. द्रम्म -ੜਾ] *m.* **1** お金．(⇒ਰੁਪਿਆ) **2** 富，財産．(⇒ਦੌਲਤ) **3** 〖金属〗金．(⇒ਸੋਨਾ) **4** 〖金属〗銀．(⇒ਚਾਂਦੀ)

ਦਮੜੀ (दमड़ी) /damaṛī ダムリー/ [-ੜੀ] *f.* 〖貨幣〗 4分の1パイサーの旧貨幣．

ਦਮਾ (दमा) /damā ダマー/ [Pers. *dama*] *m.* 〖医〗喘息（ぜんそく）．

ਦਮਾਗ਼ (दमाग़) /damāğa ダマーグ/ ▶ਡਮਾਕ, ਡਮਾਗ, ਦਿਮਾਗ਼ *m.* → ਦਿਮਾਗ਼

ਦਮਾਗ਼ੀ (दमाग़ी) /damāğī ダマーギー/ ▶ਦਿਮਾਗ਼ੀ *adj.* → ਦਿਮਾਗ਼ੀ

ਦਮਾਮਾ (दमामा) /damāmā ダマーマー/ [Pers. *damāma*] *m.* **1** 〖楽器〗大きなケトルドラム． **2** 〖比喩〗騒音． **3** 〖比喩〗虚栄．

ਦਮਾਲਾ (दमाला) /damālā ダマーラー/ *m.* 〖衣服〗大きなターバン

ਦਮੂਕ (दमूक) /damūka ダムーク/ ▶ਦਮੂਖ, ਬੰਦੂਕ [(Pua.)] *f.* → ਬੰਦੂਕ

ਦਮੂਖ (दमूख) /damūkʰa ダムーク/ ▶ਦਮੂਕ, ਬੰਦੂਕ *f.* → ਬੰਦੂਕ

ਦਮੋਦਰ (दमोदर) /damodara ダモーダル/ *m.* 〖人名・文学〗ダモーダル《ヒールとラーンジャーの悲恋伝説を初めて詩に詠んだとされるパンジャービー語の詩人》．

ਦਯਾ (दया) /dayā ダヤー/ ▶ਦਇਆ *f.* → ਦਇਆ

ਦਰ[1] (दर) /dara ダル/ *m.f.* **1** 率，割合，歩合，レート．(⇒ਰੇਟ) **2** 利率． **3** 相場． **4** 価格，値段．(⇒ਭਾ)

ਦਰ[2] (दर) /dara ダル/ [Pers. *dar*] *m.* **1** 〖建築〗ドア，戸，入り口．(⇒ਬੂਹਾ) **2** 〖建築〗門． **3** 〖建築〗敷居，玄関口．

ਦਰ[3] (दर) /dara ダル/ [Pers. *dar*] *pref.* **1**「…に」「…の中に」「…の上に」「…に対して」「…について」などの意味を表す接頭辞． **2** 名詞や形容詞などに付いて「…は」「…のところ」などの意味を表す副詞を形成する接頭辞．

ਦਰਅਸਲ (दरअसल) /daraasala ダラアサル/ [Pers. *dar*- Arab. *aṣl*] *adv.* 実際は，実のところ，実は，本当は，本当に，まことに．(⇒ਦਰਹਕੀਕਤ, ਹਕੀਕਤਨ, ਵਾਕਈ)

ਦਰਸ[1] (दरस) /darasa ダルス/ [Skt. दर्श] *m.* **1** 見ること． **2** 見えること，光景． **3** 会うこと，面会． **4** 目上の人や尊敬する人物に会うこと，お目にかかること，拝謁，拝顔． **5** 尊いものを見て拝むこと，拝観，参拝．

ਦਰਸ[2] (दरस) /darasa ダルス/ [Arab. *dars*] *m.* **1** 読むこと，学習，学課．(⇒ਸਬਕ) **2** 練習，練習問題，課題．(⇒ਅਭਿਆਸ) **3** 教訓．(⇒ਸਬਕ, ਸਿੱਖਿਆ)

ਦਰਸ਼ਕ (दरशक) /daraśaka ダルシャク/ [Skt. दर्शक] *m.* **1** 観客，観衆，見物人，傍観者． **2** 観察者． **3** 見せる人，指示する人．

ਦਰਸਗਾਹ (दरसगाह) /darasagâ ダルスガー/ [Arab. *dars* Pers.-*gāh*] *f.* **1** 学習する場所，学び舎． **2** 学校． **3** 〖イス〗神学校．

ਦਰਸ਼ਨ (दरशन) /daraśana ダルシャン/ [Skt. दर्शन] *m.* **1** 見ること，見物． **2** 見えること，光景． **3** 会うこと，面会，会見． **4** 観察，熟視． **5** 目上の人や尊敬する人物に会うこと，お目にかかること，拝謁，拝顔． ❑ਭਾਈ ਲਾਲੋ ਗੁਰੂ ਜੀ ਦੇ ਦਰਸ਼ਨ ਕਰ ਕੇ ਬਹੁਤ ਖ਼ੁਸ਼ ਹੋਇਆ। バーイー・ラーローはグル・ジーにお目にかかってとても喜びました． **6** 尊いものを見て拝むこと，拝観，参拝． ❑ਸਾਹਮਣੇ ਸ੍ਰੀ ਅਕਾਲ ਤਖ਼ਤ ਸਾਹਿਬ ਦੇ ਦਰਸ਼ਨ ਹੋਏ। 正面ではスリー・アカール・タカト・サーヒブの参拝が行われました． **7** 神聖な姿を現すこと，お出ましになること． **8** 熟考，沈思，思索． **9** 思想，哲学．

ਦਰਸ਼ਨੀ (दरशनी) /daraśanī ダルシャニー/ [Skt. दर्शनीय] *adj.* **1** 見る価値のある． **2** 美しい，見目麗しい．

ਦਰਸਾਉਣਾ (दरसाउणा) /darasāuṇā ダルサーウナー/ [Skt. दर्शयति] *vt.* 見せる，示す，披露する．(⇒ਵਿਖਾਉਣਾ)

ਦਰਸੀ[1] (दरसी) /darasī ダルスィー/ ▶ਦਰਸ਼ੀ [Skt. दर्शिन्] *adj.* **1** 見ている，観察している，熟視している． **2** じっくり考えている，熟考している．

— *suff.* 「…を見ている(者)」「…を熟視している(者)」「…を熟考している(者)」「…を経験している(者)」などを意味する形容詞または男性名詞を形成する接尾辞．

ਦਰਸੀ[2] (दरसी) /darasī ダルスィー/ [Pers. *darsī*] *adj.* **1** 読むことに関する，読書用の． **2** 学習の，学習上の，学課の． **3** 教育上の，教育課程の，教科教育用の．

ਦਰਸ਼ੀ (दरशी) /daraśī ダルシー/ ▶ਦਰਸੀ *adj.suff.* → ਦਰਸੀ[1]

ਦਰਹਕੀਕਤ (दरहकीकत) /darahakīkata ダルハキーカト/ [Pers. *dar*- Pers. *haqīqat*] *adv.* 実際は，実のところ，実は，本当は，本当に，まことに．(⇒ਦਰਅਸਲ, ਹਕੀਕਤਨ, ਵਾਕਈ)

ਦਰਹਾਲ (दरहाल) /darahāla ダルハール/ [Pers. *dar*- Arab. *hāl*] *adv.* こういう事情では，当面．

ਦਰਕ (दरक) /daraka ダラク/ [cf. ਦਰਕਣਾ] *m.* **1** 割れ目, 裂け目, 亀裂. **2** 恐れ, 恐怖. (⇒ਡਰ) **3** 恐る恐る動くこと, 恐怖による緩慢な動き.

ਦਰਕਣਾ (दरकणा) /darakaṇā ダルカナー/ [Skt. दरयति] *vi.* **1** 割れる, 裂ける. (⇒ਪਾਟਣਾ) **2** 恐れる, 怖がる. (⇒ਡਰਨਾ) **3** 恐る恐る動く, びくびくする.

ਦਰਕਾਰ (दरकार) /darakāra ダルカール/ [Pers. *darkār*] *adj.* **1** 必要な. **2** 欲しい. **3** 求められる.

ਦਰਖ਼ਤ (दरख़त) /daraxata ダラクト/ [Pers. *daraxt*] *m.* 〘植物〙木, 樹, 樹木. (⇒ਬਿਰਖ, ਰੁੱਖ) ❐ਹਰ ਦਰਖ਼ਤ ਆਪਣੇ ਫਲੋਂ ਪਛਾਣਿਆ ਜਾਂਦਾ ਹੈ। どの樹木もその果実で良し悪しが分かる〔諺〕.

ਦਰਖ਼ਾਸਤ (दरख़ासत) /daraxāsata ダルカースト/ [Pers. *darxvāst*] *f.* **1** 願い, 頼み, 依頼, 懇請, 求め, 要求. **2** 請願, 請求, 要請, 申請, 申し込み. **3** 願書, 申請書, 申し込み書. (⇒ਬਿਨੈ-ਪੱਤਰ)

ਦਰਖ਼ਾਸਤੀ (दरख़ासती) /daraxāsatī ダルカースティー/ [Pers. *darxvāstī*] *m.* 請願者, 請求者, 申請者.

ਦਰਗਾਹ (दरगाह) /daragâ ダルガー/ [Pers. *dargāh*] *f.* **1** 宮殿, 宮廷, 王宮, 御殿. (⇒ਦਰਬਾਰ) **2** 神の宮廷. **3** 〘イス〙霊廟, 聖者廟, スーフィーの聖者廟. (⇒ਫ਼ਕੀਰ ਦਾ ਮਜ਼ਾਰ) **4** 〘イス〙モスク. (⇒ਮਸੀਤ) **5** 〘法〙法廷. (⇒ਅਦਾਲਤ) **6** 〘建築〙敷居. (⇒ਚੌਖਟ)

ਦਰਗੁਜ਼ਰ (दरगुज़र) /daraguzara ダルグザル/ [Pers. *dar*- Pers. *guzar*] *ajj.* **1** 過ぎ去った, 過去の. **2** 見逃された. **3** 赦された.

— *m.* **1** 見逃すこと, 不問. **2** 赦免.

ਦਰਜ (दरज) /daraja ダルジ/ [Arab. *darj*] *adj.* **1** 記入された, 記載された. (⇒ਲਿਖਿਆ ਹੋਇਆ) **2** 掲載された. **3** 登録された. **4** 記録された.

ਦਰਜ਼ (दरज़) /daraza ダルズ/ [Pers. *darz*] *f.* 割れ目, 裂け目.

ਦਰਜ਼ਣ (दरज़ण) /darazaṇa ダルザン/ [Pers. *darzī* -ਣ] *f.* **1** 女性の仕立て屋. **2** 仕立て屋の妻.

ਦਰਜਨ (दरजन) /darajana ダルジャン/ [Eng. *dozen*] *f.* 〘数量〙ダース《12個》.

ਦਰਜਾ (दरजा) /darajā ダルジャー/ [Arab. *daraja*] *m.* **1** 級. **2** 階級, 等級, ランク. (⇒ਪਦਵੀ) **3** 地位, 位階. **4** 学年. **5** 度, 度合い, 度数.

ਦਰਜਾਬੰਦੀ (दरजाबंदी) /darajābandī ダルジャーバンディー/ ▸ਦਰਜੇਬੰਦੀ [Pers.*-bandī*] *f.* **1** 分類. **2** 段階的変化.

ਦਰਜ਼ੀ (दरज़ी) /darazī ダルズィー/ [Pers. *darzī*] *m.* 仕立て屋, 裁縫師. (⇒ਟੇਲਰ)

ਦਰਜੇਦਾਰ (दरजेदार) /darajedāra ダルジェーダール/ [Arab. *daraja* Pers.*-dār*] *adj.* **1** 学位を取得した. **2** 卒業した.

ਦਰਜੇਬੰਦੀ (दरजेबंदी) /darajebandī ダルジェーバンディー/ ▸ਦਰਜਾਬੰਦੀ *f.* → ਦਰਜਾਬੰਦੀ

ਦਰਦ (दरद) /darada ダルド/ [Pers. *dard*] *m.* **1** (身体に感じる)痛み. ❐ਦਰਦ ਹੋਣਾ 痛む, 痛みを感じる. ❐ਮੇਰੇ ਸਿਰ ਵਿੱਚ ਸਖ਼ਤ ਦਰਦ ਹੈ। 私の頭にはひどい痛みがあります〈私はひどく頭が痛いです〉. **2** 苦痛, 苦しみ. **3** 同情, 憐憫. **4** 哀れみ, 悲しみ, 悲哀.

ਦਰਦਣ (दरदण) /daradaṇa ダルダン/ [+ ਣ] *adj.* 哀れみ深い.

ਦਰਦਨਾਕ (दरदनाक) /daradanāka ダルドナーク/ [Pers.*-nāk*] *adj.* **1** 痛みに満ちた, 痛い. **2** 悲痛な, 哀れな.

ਦਰਦਮੰਦ (दरदमंद) /daradamanda ダルドマンド/ [Pers.*-mand*] *adj.* **1** 慈悲深い, 哀れみ深い. **2** 同情心のある, 同情的な.

ਦਰਦਮੰਦੀ (दरदमंदी) /daradamandī ダルドマンディー/ [Pers.*-mandī*] *f.* **1** 同情, 同情心, 思いやり. **2** 哀れみ, 悲しみ.

ਦਰਦਾਨਾ (दरदाना) /daradānā ダルダーナー/ [Pers.*-āna*] *adj.* 同情心のある, 同情的な.

ਦਰਦੀ (दरदी) /daradī ダルディー/ [Pers. *dardī*] *adj.* **1** 慈悲深い, 哀れみ深い. **2** 同情心のある, 同情的な.

ਦਰਪਣ (दरपण) /darapaṇa ダルパン/ [Skt. दर्पण] *m.* 〘道具〙鏡, 姿見.

ਦਰਬ (दरब) /daraba ダルブ/ [Skt. द्रव्य] *m.* **1** 物質, 材料. **2** 富, 財産, 財貨. (⇒ਧਨ, ਦੌਲਤ)

ਦਰ-ਬਦਰ (दर-बदर) /dara-badara ダル・バダル/ [Pers. *dar* + Pers. *ba* + Pers. *dar*] *adv.* 玄関から玄関へ, 一戸一戸, 一軒一軒.

ਦਰਬਾਨ (दरबान) /darabāna ダルバーン/ ▸ਦਰਵਾਨ [Pers.*-bān*] *m.* 門番, 門衛, 守衛.

ਦਰਬਾਨੀ (दरबानी) /darabānī ダルバーニー/ [Pers.*-bānī*] *f.* 門番の仕事.

ਦਰਬਾਰ (दरबार) /darabāra ダルバール/ [Pers. *darbār*] *m.* **1** 王宮, 宮殿, 宮廷. **2** 接見の間. **3** 接見式. **4** 御前会議. **5** 〘イス・スィ〙スーフィー聖者の庵や主要なグルドゥワーラーに対して用いる敬称.

ਦਰਬਾਰ ਸਾਹਿਬ (दरबार साहिब) /darabāra sâba ダルバール サーブ/ [+ Arab. *ṣāhib*] *m.* 〘スィ〙ダルバール・サーヒブ《第5代グル・アルジャンがアムリトサルに建設したスィック教総本山の敬称》. (⇒ਹਰਿਮੰਦਰ ਸਾਹਿਬ)

ਦਰਬਾਰੀ (दरबारी) /darabārī ダルバーリー/ [Pers. *darbārī*] *m.* 廷臣.

— *adj.* 宮廷の.

ਦਰਬੀ (दरबी) /darabī ダルビー/ [Skt. द्रव्य -ਈ] *adj.* 富んだ, 裕福な.

ਦਰਮਾਨ (दरमान) /daramāna ダルマーン/ [Pers. *darmān*] *m.* **1** 薬. **2** 医療.

ਦਰਮਿਆਨ (दरमिआन) /daramiāna ダルミアーン/ [Pers. *darmiyān*] *m.* 間, 中間, 真ん中, 中央.

— *adv.* 間に, 中間に, 真ん中に, 中央に. (⇒ਵਿਚਕਾਰ)

ਦਰਮਿਆਨਾ (दरमिआना) /daramiānā ダルミアーナー/ [Pers. *darmiyān*] *adj.* **1** 間の, 中間の. **2** 真ん中の, 中央の. **3** 平均的な, 中程度の.

ਦਰਯਾ (दरया) /darayā ダルヤー/ ▸ਦਰਿਆ *m.* → ਦਰਿਆ

ਦਰਵ (दरव) /darava ダラヴ/ ▸ਦ੍ਰਵ [Skt. द्रव] *m.* 液, 液体.

— *adj.* 液体の, 液状の, 融解した, 溶解した.

ਦ੍ਰਵ (द्रव) /drava (darava) ドラヴ (ダラヴ)/ ▸ਦਰਵ *m.adj.* → ਦਰਵ

ਦਰਵਣ (दरवण) /daravaṇa ダラヴァン/ ▶ਦ੍ਰਵਣ [Skt. द्रवण] *m.* **1** 流れ, 流出. **2** 漏れ, 漏出. **3**〖化学〗液化, 溶解, 融解.

ਦ੍ਰਵਣ (द्रवण) /dravaṇa (daravaṇa) ドラヴァン (ダラヴァン)/ ▶ਦਰਵਣ *m.* → ਦਰਵਣ

ਦਰਵਾਜ਼ਾ (दरवाज़ा) /darawāzā ダルワーザー/ [Pers. *darvāza*] *m.* **1**〖建築〗門, ゲート. (⇒ਦੁਆਰ) **2**〖建築〗戸, 扉, ドア. (⇒ਬੂਹਾ) **3** 入り口. **4** 戸口, 門口. **5** 出入り口, 通路.

ਦਰਵਾਨ (दरवान) /darawāna ダルワーン/ ▶ਦਰਬਾਨ *m.* → ਦਰਬਾਨ

ਦਰਵੇਸ (दरवेस) /darawesa ダルウェース/ ▶ਦਰਵੇਸ਼ *m.* → ਦਰਵੇਸ਼

ਦਰਵੇਸ਼ (दरवेश) /darawesa ダルウェーシュ/ ▶ਦਰਵੇਸ [Pers. *darveś*] *m.* **1**〖イス〗(イスラーム神秘主義の)行者, 修道者, 聖者, 托鉢僧. (⇒ਕਲੰਦਰ, ਫ਼ਕੀਰ) **2** 乞食, 物乞い.

ਦਰਵੇਸ਼ੀ (दरवेशी) /daraweśī ダルウェーシー/ [Pers. *darveśī*] *f.*〖イス〗(イスラーム神秘主義の)行者の生活, 聖行, 行乞, 托鉢. (⇒ਫ਼ਕੀਰੀ)

ਦਰੜ (दरड़) /darara ダラル/ [Skt. दरण] *adj.* 粗挽きの.
— *m.*〖食品〗粗挽きの穀物.

ਦਰੜਨਾ (दरड़ना) /dararanā ダルナー/ [Skt. दरण] *vt.* **1** 粗く挽く. (⇒ਮੋਟਾ ਮੋਟਾ ਪੀਹਣਾ) **2** 潰す, 押し潰す, 粉々にする, 砕く. (⇒ਕੁਚਲਨਾ)

ਦਰਾ (दरा) /darā ダラー/ ▶ਦੱਰਾ *m.* → ਦੱਰਾ

ਦੱਰਾ (दर्रा) /darrā ダッラー/ ▶ਦਰਾ [Pers. *darra*] *m.* **1**〖地理〗峠, 山道. ❑ਦੱਰਾ ਖ਼ੈਬਰ カイバル峠. **2**〖地理〗谷, 谷間. (⇒ਘਾਟੀ)

ਦਰਾਜ (दराज) /darāja ダラージ/ ▶ਦਰਾੜ *m.* → ਦਰਾੜ

ਦਰਾਜ਼[1] (दराज़) /darāza ダラーズ/ [Pers. *darāz*] *adj.* **1** 長い. **2** 伸びている.

ਦਰਾਜ਼[2] (दराज़) /darāza ダラーズ/ [Eng. *drawers*] *m.*〖家具〗(箪笥や机などの)引き出し.

ਦਰਾਣੀ (दराणी) /darāṇī ダラーニー/ *f.*〖親族〗義妹《夫の弟の妻》.

ਦਰਾਤੀ (दराती) /darātī ダラーティー/ ▶ਦਾਤਰੀ, ਦਾਤ੍ਰੀ, ਦਾਤੀ *f.* → ਦਾਤਰੀ

ਦਰਾਮਦ (दरामद) /darāmada ダラーマド/ [Pers. *dar* + Pers. *āmad*] *adj.* 輸入された.
— *f.*〖経済〗輸入. (⇒ਆਯਾਤ)(⇔ਬਰਾਮਦ)

ਦਰਾਮਦ ਬਰਾਮਦ (दरामद बरामद) /darāmada barāmada ダラーマド バラーマド/ [+ Pers. *bar* + Pers. *āmad*] *f.* **1**〖経済〗輸入と輸出. **2**〖経済〗貿易.

ਦਰਾਵੜ (दरावड़) /darāvara ダラーヴァル/ ▶ਦ੍ਰਾਵੜ [Skt. द्राविड, द्रविड] *adj.* ドラヴィダの, ドラヴィダ地方の, ドラヴィダ語族の.
— *m.* **1**〖地名〗ドラヴィダ地方. **2** ドラヴィダ人.

ਦ੍ਰਾਵੜ (द्रावड़) /drāvara (darāvara) ドラーヴァル (ダラーヴァル)/ ▶ਦਰਾਵੜ *adj.m.* → ਦਰਾਵੜ

ਦਰਾਵੜੀ (दरावड़ी) /darāvarī ダラーヴリー/ [Skt. द्राविड़ी] *adj.* ドラヴィダの, ドラヴィダ地方の, ドラヴィダ語族の.
— *f.* ドラヴィダの言語, ドラヴィダ諸語.

ਦਰਾੜ (दराड़) /darāra ダラール/ ▶ਦਰਾਜ [Skt. दर] *f.* **1** 割れ目. **2** 裂け目.

ਦਰਿਆ (दरिआ) /dariā ダリアー/ ▶ਦਰਯਾ [Pers. *daryā*] *m.* **1**〖地理〗川, 河, 河川. (⇒ਨਦੀ) ❑ਇੱਥੇ ਪੰਜਾਬ ਵਿੱਚ ਪੰਜ ਦਰਿਆ ਵਗਦੇ ਹਨ। ここパンジャーブには五つの川が流れています. **2**〖地理〗海. (⇒ਸਮੁੰਦਰ)

ਦਰਿਆਈ (दरिआई) /dariāī ダリアーイー/ [Pers. *daryāī*] *adj.* **1** 川の, 河川の. **2** 川に住む. **3** 川岸の.

ਦਰਿਆਫ਼ਤ (दरिआफ़त) /dariāfata ダリアーファト/ [Pers. *daryāft*] *f.* **1** 調査, 研究. **2** 問い合わせ, 確認. **3** 発見.

ਦਰਿਸ਼ (दरिश) /dariśa ダリシュ/ ▶ਦ੍ਰਿਸ਼ [Skt. दृश्य] *m.* **1** 見えるもの. **2** 光景, 情景. **3** 景色, 風景, 眺め. **4** 場面.

ਦ੍ਰਿਸ਼ (द्रिश) /driśa (dariśa) ドリシュ (ダリシュ)/ ▶ਦਰਿਸ਼ *m.* → ਦਰਿਸ਼

ਦਰਿਸ਼ਟਾਂਤ (दरिशटाँत) /dariśaṭā̃ta ダリシュターント/ ▶ਦ੍ਰਿਸ਼ਟਾਂਤ [Skt. दृष्टान्त] *m.* **1** 例, 実例, 見本, 手本. (⇒ਉਦਾਹਰਣ, ਮਿਸਾਲ) **2** 前例, 先例.

ਦ੍ਰਿਸ਼ਟਾਂਤ (द्रिशटाँत) /driśaṭā̃ta (dariśaṭā̃ta) ドリシュターント (ダリシュターント)/ ▶ਦਰਿਸ਼ਟਾਂਤ *m.* → ਦਰਿਸ਼ਟਾਂਤ

ਦਰਿਸ਼ਟੀ (दरिशटी) /dariśaṭī ダリシュティー/ ▶ਦ੍ਰਿਸ਼ਟੀ [Skt. दृष्टि] *f.* **1** 見ること, 見えること. **2** 視覚, 視力. **3** 視界, 視野. **4** 視線, 眼差し, 目付き. **5** 見方, 見解, 眼識.

ਦ੍ਰਿਸ਼ਟੀ (द्रिशटी) /driśaṭī (dariśaṭī) ドリシュティー (ダリシュティー)/ ▶ਦਰਿਸ਼ਟੀ *f.* → ਦਰਿਸ਼ਟੀ

ਦਰਿਸ਼ਟੀਕੋਣ (दरिशटीकोण) /dariśaṭīkoṇa ダリシュティーコーン/ [Skt. दृष्टिकोण] *m.* **1** 視点, 観点, 見方. **2** 見解.

ਦਰਿਸ਼ਟੀਗੋਚਰ (दरिशटीगोचर) /dariśaṭīgocara ダリシュティーゴーチャル/ [Skt. दृष्टिगोचर] *adj.* **1** 目に見える. **2** 明らかな.

ਦਰਿੰਦਗੀ (दरिंदगी) /darindagī ダリンダギー/ [Pers. *daranda* Pers.-*gī*] *f.* 獣性, 獰猛さ, 野蛮な振る舞い.

ਦਰਿੱਦਰ (दरिद्दर) /dariddara ダリッダル/ [Skt. दरिद्र] *m.* **1** 貧しさ, 貧乏, 貧困. (⇒ਗ਼ਰੀਬੀ, ਨਿਰਧਨਤਾ) **2** 困窮. **3** 怠惰, 不精. (⇒ਆਲਸ, ਸੁਸਤੀ)

ਦਰਿੱਦਰਤਾ (दरिद्दरता) /dariddaratā ダリッダルター/ [Skt.-ता] *f.* → ਦਰਿੱਦਰ

ਦਰਿੰਦਾ (दरिंदा) /darindā ダリンダー/ [Pers. *daranda*] *m.*〖動物〗猛獣, 野獣, けだもの. (⇒ਹਿੰਸਕ ਜਾਨਵਰ)

ਦਰਿੜ੍ਹ (दरिड़्ह) /darîra ダリル/ ▶ਦ੍ਰਿੜ੍ਹ [Skt. दृढ़] *adj.* **1** 固い, 強固な, 堅固な. **2** 断固とした, 決然とした. **3** 厳正な.

ਦ੍ਰਿੜ੍ਹ (द्रिड़्ह) /drîra (darîra) ドリル (ダリル)/ ▶ਦਰਿੜ੍ਹ *adj.* → ਦਰਿੜ੍ਹ

ਦਰਿੜ੍ਹਤਾ (दरिड़्हता) /darîratā ダリルター/ ▶ਦ੍ਰਿੜ੍ਹਤਾ [Skt. दृढ़ Skt.-ता] *f.* **1** 固さ, 強固さ, 堅固さ. **2** 意志強固. **3** 厳正.

ਦ੍ਰਿੜ੍ਹਤਾ (द्रिड़्हता) /drîratā (darîratā) ドリルター (ダリルター)/ ▶ਦਰਿੜ੍ਹਤਾ *f.* → ਦਰਿੜ੍ਹਤਾ

ਦਰੀ (दरी) /darī ダリー/ *f.* **1**〖布地〗ダリー《敷物に用いる粗織の綿織物》. **2**〖家具〗綿製の絨毯, 敷物.

ਦਰੀਚਾ (दरीचा) /darīcā ダリーチャー/ [Pers. *darīca*] *m.*〖建築〗窓. (⇒ਖਿੜਕੀ, ਬਾਰੀ)

ਦਰੀਚੀ (दरीची) /darīcī ダリーチー/ [-ਈ] *f.* 〖建築〗小窓, 天窓.

ਦਰੁਸਤ (दरुसत) /darusata ダルスト/ [Pers. *darust*] *adj.* **1** 正しい, 正確な. (⇒ਠੀਕ, ਸਹੀ) **2** 適正な, 適当な, 適切な, ふさわしい. (⇒ਮੁਨਾਸਬ)

ਦਰੁਸਤੀ (दरुसती) /darusatī ダルスティー/ [Pers. *darustī*] *f.* **1** 正確さ. **2** 修正, 訂正, 改善.

ਦਰੇਸ[1] (दरेस) /daresa ダレース/ [Eng. *dressed*] *adj.* **1** 整った. **2** まっすぐな. (⇒ਸਿੱਧਾ) **3** 正しい. (⇒ਠੀਕ)

ਦਰੇਸ[2] (दरेस) /daresa ダレース/ ▸ਦਰੇਸ਼ *f.* → ਦਰੇਸ਼

ਦਰੇਸ਼ (दरेश) /dareśa ダレーシュ/ ▸ਦਰੇਸ [Eng. *dress*] *f.* 〖布地〗模様のついた木綿生地, インド更紗.

ਦਰੇਸ਼ੀ (दरेशी) /dareśī ダレーシー/ [Eng. *dressing* -ਈ] *f.* **1** 適切な調整, 調整, 修正, 修理. (⇒ਸਿਧਾਈ) **2** 良い状態. **3** 準備, 用意, 支度.

ਦਰੇਗ਼ (दरेग़) /dareğa ダレーグ/ [Pers. *dareğ*] *m.* **1** 抑制, 節制, 自制, 遠慮, 気兼ね. (⇒ਸੰਕੋਚ) **2** 哀れみ, 同情, 慈悲, 思いやり. (⇒ਰਹਿਮ) **3** 後悔, 残念さ, 無念さ, 悲しみ. (⇒ਅਫ਼ਸੋਸ, ਸ਼ੋਕ)

ਦਰੋ (दरो) /daro ダロー/ ▸ਦੇ [(Kang.)] *m.* 〖植物〗コムギ(小麦). (⇒ਕਣਕ)

ਦਰੋਹ (दरोह) /darô ダロー/ ▸ਧਰੋਹ, ਧ੍ਰੋਹ *m.* → ਧਰੋਹ

ਦਰੋਹੀ (दरोही) /darôī ダローイー/ ▸ਧਰੋਹੀ, ਧ੍ਰੋਹੀ *adj.m.* → ਧਰੋਹੀ

ਦਰੋਗ਼ (दरोग़) /daroğa ダローグ/ [Pers. *duroğ*] *m.* 嘘, 偽り, 虚偽. (⇒ਝੂਠ)

ਦਰੋਗ਼ਗੋ (दरोग़गो) /daroğago ダローグゴー/ [Pers. *duroğgo*] *adj.* 嘘つきの.

— *m.* 嘘つき.

ਦਰੋਗ਼ਾ (दरोग़ा) /darogā ダローガー/ [Turk. *dāroğā*] *adj.* 仕事の監督をする.

— *m.* **1** 警視, 警部. **2** 看守, 刑務官. **3** 監督者, 管理者, 管理職の役人.

ਦਲ (दल) /dala ダル/ [Skt. दल] *m.* **1** 集まり, 集団, 団体, 群れ. (⇒ਸਮੂਹ) **2** グループ, 組, 隊. **3** 〖軍〗軍隊, 軍団. (⇒ਫ਼ੌਜ, ਸੈਨਾ) **4** 〖政治〗党, 政党.

ਦਲ੍ਹੀਜ਼ (दल्हीज़) /dâlīza ダリーズ/ ▸ਦਲੀਜ਼ [Pers. *dahlīz*] *f.* **1** 〖建築〗敷居, 戸口の枠の下の木の部分. **2** 〖建築〗玄関, 玄関ホール.

ਦਲਣਾ (दलणा) /dalaṇā ダルナー/ ▸ਦਲਨਾ *vt.* → ਦਲਨਾ

ਦਲਦਲ (दलदल) /daladala ダルダル/ [Skt. दलाढ्य] *f.* 〖地理〗沼地, 沼沢地, 湿地, 湿原.

ਦਲਦਲੀ (दलदली) /daladalī ダルダリー/ [-ਈ] *adj.* 〖地理〗沼地の, 湿地の.

ਦਲਨਾ (दलना) /dalanā ダルナー/ ▸ਦਲਣਾ [Skt. दलति] *vt.* **1** 粗く挽く, 挽き割りにする. (⇒ਮੋਟਾ ਮੋਟਾ ਪੀਹਣਾ) **2** 潰す, 押し潰す, 粉々にする, 砕く. (⇒ਕੁਚਲਨਾ)

ਦੱਲਾ (दल्ला) /dallā ダッラー/ ▸ਦਲਾਲ *m.* → ਦਲਾਲ

ਦਲਾਈ (दलाई) /dalāī ダラーイー/ [cf. ਦਲਨਾ] *f.* 穀物を粗く挽くこと.

ਦਲਾਸਾ (दलासा) /dalāsā ダラーサー/ ▸ਦਿਲਾਸਾ *m.* → ਦਿਲਾਸਾ

ਦਲਾਨ (दलान) /dalāna ダラーン/ ▸ਦਾਲਾਨ [Pers. *dālān*] *m.* **1** 〖建築〗玄関先, ロビー. **2** 〖建築〗大きな部屋, 広間. (⇒ਵੱਡਾ ਕਮਰਾ) **3** 〖建築〗廊下, 回廊, ベランダ. (⇒ਬਰਾਂਡਾ) **4** 〖建築〗中庭.

ਦਲਾਲ (दलाल) /dalāla ダラール/ ▸ਦੱਲਾ [Arab. *dallāl*] *m.* **1** 仲介業者, 仲介人, 仲買人, 周旋屋, ブローカー. **2** 売春婦斡旋屋, ぽん引き. (⇒ਭੜੂਆ)

ਦਲਾਲੀ (दलाली) /dalālī ダラーリー/ [Pers. *dallālī*] *f.* **1** 仲介業, 仲買業. **2** 手数料.

ਦਲਿਆ (दलिआ) /daliā ダリアー/ ▸ਦਲੀਆ [cf. ਦਲਨਾ] *adj.* 粗く挽かれた, 挽き割りにした.

— *m.* **1** 〖食品〗粗く挽かれた穀物, 挽き割りにした穀類. **2** 〖食品〗挽き割り小麦. **3** 〖料理〗挽き割りにした穀類を牛乳で煮た料理.

ਦੱਲਿਆ (दल्लिआ) /dalliā ダッリアー/ *m.* 身持ちの悪い男.

ਦਲਿਤ (दलित) /dalita ダリト/ [Skt. दलित] *adj.* **1** 細かく砕かれた, 粉々に潰された. **2** 踏まれた, 踏みつけられた. **3** 圧迫された, 抑圧された, 虐げられた.

— *m.* **1** 抑圧された人, 被抑圧者. **2** 〖社会〗カースト制度による被差別民.

ਦਲਿੱਦਰ (दलिद्दर) /daliddara ダリッダル/ [Skt. दारिद्र्य] *m.* **1** 怠惰, 不精. (⇒ਆਲਸ, ਸੁਸਤੀ) **2** 汚れ. (⇒ਗੰਦਗੀ) **3** ごみ. (⇒ਕੂੜਾ) **4** 貧しさ, 貧困. (⇒ਗ਼ਰੀਬੀ)

ਦਲਿੱਦਰੀ (दलिद्दरी) /daliddarī ダリッダリー/ [-ਈ] *adj.* **1** 怠惰な, 怠けている. **2** 不精な, のろい.

ਦਲੀਆ (दलीआ) /dalīā ダリーアー/ ▸ਦਲਿਆ *adj.m.* → ਦਲਿਆ

ਦਲੀਜ਼ (दलीज़) /dalīza ダリーズ/ ▸ਦਲ੍ਹੀਜ਼ *f.* → ਦਲ੍ਹੀਜ਼

ਦਲੀਲ (दलील) /dalīla ダリール/ [Arab. *dalīl*] *f.* **1** 論理, 理屈. (⇒ਤਰਕ) **2** 論拠, 証拠. (⇒ਸਬੂਤ) **3** 議論. (⇒ਬਹਿਸ) **4** 推論. **5** 弁解. **6** 思考, 意見. (⇒ਸੋਚ, ਵਿਚਾਰ, ਖ਼ਿਆਲ) **7** 意図. (⇒ਇਰਾਦਾ)

ਦਲੀਲੀ (दलीली) /dalīlī ダリーリー/ [Pers. *dalīlī*] *adj.* **1** 論争的な. **2** 議論好きな.

ਦਲੇਰ (दलेर) /dalera ダレール/ [Pers. *diler*] *adj.* **1** 勇敢な, 勇気のある. (⇒ਬਹਾਦਰ) **2** 大胆な. **3** 恐れを知らぬ. (⇒ਨਿਡਰ)

ਦਲੇਰਾਨਾ (दलेराना) /dalerānā ダレーラーナー/ [Pers. *dilerāna*] *adj.* → ਦਲੇਰ

ਦਲੇਰੀ (दलेरी) /dalerī ダレーリー/ [Pers. *dilerī*] *f.* **1** 勇気, 勇敢さ. (⇒ਬਹਾਦਰੀ, ਹਿੰਮਤ) ❑ਉਸ ਵਿੱਚ ਸੱਚ ਆਖਣ ਦੀ ਦਲੇਰੀ ਸੀ। 彼には真実を言う勇気がありました. **2** 大胆さ.

ਦਵਈਆ (दवईआ) /dawaīā ダワイーアー/ ▸ਦਵੱਯਾ [Skt. द्वय] *m.* 〖文学〗二行詩《詩の韻律, 作詩法の一つ》.

ਦਵੰਦ (दवंद) /dawanda ダワンド/ ▸ਦ੍ਵੰਦ [Skt. द्वंद्व] *m.* **1** 一対, 一組, 組討ち, 一騎打ち. **2** 対抗, 対立, 争い, 決闘. **3** 衝突, 騒乱. **4** 板挟み, ジレンマ. **5** 矛盾.

ਦ੍ਵੰਦ (द्वंद) /dwanda (dawanda) ドワンド (ダワンド)/ ▸ਦਵੰਦ *m.* → ਦਵੰਦ

ਦਵੰਦਵਾਦ (दवंदवाद) /dawandawāda ダワンドワード/ [Skt. द्वंद्व Skt.-वाद] *m.* 弁証法.

ਦਵੰਦਵਾਦੀ (दवंदवादी) /dawandawādī ダワンドワーディー/ [Skt.-वादिन्] *m.* 弁証家.

ਦਵੰਦਾਤਮਕ (दवंदातमक) /dawandātamaka ダワンダート

マク/ ▶ਦਵੰਦਾਤਮਿਕ *adj.* → ਦਵੰਦਾਤਮਿਕ

ਦਵੰਦਾਤਮਿਕ (दवंदातमिक) /dawandātamika ダワンダートミク/ ▶ਦਵੰਦਾਤਮਕ [Skt. द्वंद्व Skt.-आत्मक] *adj.* 弁証法的な.

ਦਵੱਯਾ (दवय्या) /dawayyā ダワッヤー/ ▶ਦਵਈਆ *m.* → ਦਵਈਆ

ਦਵਾ (दवा) /dawā ダワー/ [Arab. *davā*] *f.* **1**〖薬剤〗薬, 医薬品, 内服薬, 良薬. ❐ਦਵਾ ਫ਼ਰੋਸ਼ 薬屋. ❐ਦਵਾ ਫ਼ਰੋਸ਼ੀ 薬屋の仕事, 薬品販売業. **2** 施薬, 治療, 医療. **3** 救済法, 手立て, 対策.

ਦਵਾਈ (दवाई) /dawāī ダワーイー/ ▶ਦੁਆਈ [-ਈ] *f.* → ਦਵਾ

ਦਵਾਖ਼ਾਨਾ (दवाख़ाना) /dawāxānā ダワーカーナー/ [Pers.-*xāna*] *m.* **1** 薬局, 調剤所, 薬屋. (⇒ਔਸ਼ਧਾਲਾ) **2** 診療所, 病院. (⇒ਹਸਪਤਾਲ)

ਦਵਾਘਰ (दवाघर) /dawākăra ダワーカル/ [Skt.-गृह] *m.* → ਦਵਾਖ਼ਾਨਾ

ਦਵਾਤ (दवात) /dawāta ダワート/ ▶ਦਵੈਤ, ਦੁਆਤ [Pers. *davāt*] *f.*〖容器〗インク壺.

ਦਵਾਦਸ਼ੀ (दवादशी) /dawādaśī ダワードシー/ ▶ਦ੍ਵਾਦਸ਼ੀ, ਦੁਆਦਸ਼ੀ [Skt. द्वादशी] *f.*〖暦〗太陰暦各半月の12日.

ਦ੍ਵਾਦਸ਼ੀ (द्वादशी) /dwādaśī (dawādaśī) ドワードシー (ダワードシー)/ ▶ਦਵਾਦਸ਼ੀ, ਦੁਆਦਸ਼ੀ *f.* → ਦਵਾਦਸ਼ੀ

ਦਵਾ-ਦਾਰੂ (दवा-दारू) /dawā-dārū ダワー・ダールー/ [Arab. *davā* + Pers. *dārū*] *m.* **1** 調剤, 施薬. **2** 治療.

ਦਵਾਰ (दवार) /dawāra ダワール/ ▶ਦੁਆਰ *m.* → ਦੁਆਰ

ਦਵਾਰਾ (दवारा) /dawārā ダワーラー/ ▶ਦੁਆਰਾ *postp.* → ਦੁਆਰਾ

ਦਵਾਲਾ[1] (दवाला) /dawālā ダワーラー/ ▶ਦਿਵਾਲਾ *m.* → ਦਿਵਾਲਾ

ਦਵਾਲਾ[2] (दवाला) /dawālā ダワーラー/ *m.* 境界線.

ਦਵਾਲਾ[3] (दवाला) /dawālā ダワーラー/ ▶ਦੁਆਲਾ *m.* → ਦੁਆਲਾ

ਦ੍ਵੇਸ਼ (द्वेश) /dweśa (daweśa) ドウェーシュ (ダウェーシュ)/ ▶ਦਵੈਸ਼, ਦ੍ਵੈਸ਼, ਦ੍ਵੈਖ *m.* → ਦਵੈਸ਼

ਦਵੈਸ਼ (दवैश) /dawaiśa ダワェーシュ/ ▶ਦ੍ਵੇਸ਼, ਦ੍ਵੈਸ਼, ਦ੍ਵੈਖ [Skt. द्वेष] *m.* **1** 憎しみ, 憎悪, 嫌悪. **2** 悪意, 悪気. **3** 敵意.

ਦ੍ਵੈਸ਼ (द्वैश) /dwaiśa (dawaiśa) ドワェーシュ (ダワェーシュ)/ ▶ਦ੍ਵੇਸ਼, ਦਵੈਸ਼, ਦ੍ਵੈਖ *f.* → ਦਵੈਸ਼

ਦ੍ਵੈਖ (द्वैख) /dwaikʰa (dawaikʰa) ドワェーク (ダワェーク)/ ▶ਦ੍ਵੇਸ਼, ਦਵੈਸ਼, ਦ੍ਵੈਸ਼ *f.* → ਦਵੈਸ਼

ਦਵੈਤ[1] (दवैत) /dawaita ダワェート/ ▶ਦਵਾਤ, ਦੁਆਤ *f.* → ਦਵਾਤ

ਦਵੈਤ[2] (दवैत) /dawaita ダワェート/ ▶ਦ੍ਵੈਤ [Skt. द्वैत] *f.* **1** 二元性, 曖昧さ. **2** 二元論.

ਦ੍ਵੈਤ (द्वैत) /dwaita (dawaita) ドワェート (ダワェート)/ ▶ਦਵੈਤ *f.* → ਦਵੈਤ[2]

ਦੜ (दड़) /daṛa ダル/ *f.* **1** 沈黙. (⇒ਖ਼ਮੋਸ਼ੀ) **2** 静けさ, 静寂. (⇒ਸੰਨਾਟਾ)

ਦੜਕਾਉਣਾ (दड़काउणा) /daṛakāuṇā ダルカーウナー/ *vt.* 畏敬させる, 威圧する.

ਦੜਨਾ (दड़ना) /daṛanā ダルナー/ *vi.* **1** 黙っている, しゃべらないでいる. **2** 静かにしている. **3** 動かないでいる, じっとしている.

ਦੜਬਾ (दड़बा) /daṛabā ダルバー/ ▶ਦੜਬਾ *m.* **1** 鶏小屋. **2** 鳩小屋.

ਦੜਭਾ (दड़भा) /daṛapă ダルパー/ ▶ਦੜਬਾ *m.* → ਦੜਬਾ

ਦੜਾ (दड़ा) /daṛā ダラー/ *m.*〖食品〗混合した穀物や果物.

ਦਾ[1] (दा) /dā ダー/ [Skt. तस्य] *postp.*《直前の名詞・代名詞と合わせて修飾語句を形成する. その際, 被修飾語の性・格・数に応じて,「アー」語尾の形容詞と同じ変化をする. 男性・主格・単数 ਦਾ , 男性・主格・複数 ਦੇ , 男性・後置格・単数 ਦੇ , 男性・後置格・複数 ਦਿਆਂ または ਦੇ , 女性・主格・単数 ਦੀ , 女性・主格・複数 ਦੀਆਂ , 女性・後置格・単数 ਦੀ , 女性・後置格・複数 ਦੀਆਂ 》 **1** …の. ❐ਹੋਲੀ ਦਾ ਦਿਨ ਸੀ। ホーリー祭の日でした《男性・主格・単数》. ❐ਇਹ ਕਿਸ ਦਾ ਘਰ ਹੈ? これは誰の家ですか《男性・主格・単数》. ❐ਇਹ ਮੇਰੇ ਮਕਾਨ ਦੇ ਦਰਵਾਜ਼ੇ ਹਨ। これらは私の家のドアです《男性・主格・複数》. ❐ਪੰਦਰਾਂ ਅਗਸਤ ਅਤੇ ਛੱਬੀ ਜਨਵਰੀ ਸਾਡੇ ਦੇਸ ਦੇ ਕੌਮੀ ਤਿਓਹਾਰ ਹਨ। 8月15日と1月26日は私たちの国の国民の祝日です《男性・主格・複数》. ❐ਇੱਕ ਆਦਮੀ ਸੜਕ ਉੱਤੇ ਖੰਭੇ ਦੇ ਚਾਨਣ ਵਿੱਚ ਕੁਝ ਲੱਭ ਰਿਹਾ ਸੀ। 一人の男が路上で街灯の光の中で何かを探していました《男性・後置格・単数》. ❐ਲੋਕਾਂ ਦਿਆਂ ਦਿਲਾਂ ਵਿੱਚੋਂ ਇੱਕ ਦੂਸਰੇ ਪ੍ਰਤੀ ਨਫ਼ਰਤ ਕਿਸ ਤਰ੍ਹਾਂ ਖ਼ਤਮ ਕੀਤੀ ਜਾਏ? 人々の心の中から相互の憎しみをどのように終わらせたらいいのでしょうか《男性・後置格・複数》. ❐ਟੋਪੀਆਂ ਬਾਂਦਰਾਂ ਦੇ ਸਿਰਾਂ ਤੇ ਸਨ। 帽子は猿たちの頭の上にありました《男性・後置格・複数》. ❐ਦਾਦੀ ਅੰਮਾਂ, ਏਨੀ ਛੋਟੀ ਉਮਰ ਦੇ ਬੱਚਿਆਂ ਨੂੰ ਤੁਸੀਂ ਬਾਬਾ ਕਿਉਂ ਕਹਿੰਦੇ ਹੋ? おばあちゃん, こんな幼い歳の子どもたちを, あなたはなぜバーバー〔お年寄りの男性への敬称〕と言うの《男性・後置格・複数》. ❐ਦਾਦੀ ਜੀ ਬਿੱਲੀ ਦੇ ਵਾਲਾਂ ਤੇ ਹੱਥ ਫੇਰਨ ਲੱਗ ਪਏ। おじいちゃんは猫の毛を手で撫で回し始めました《男性・後置格・複数》. ❐ਇਹ ਮਾਸਟਰ ਜੀ ਦੀ ਕੁਰਸੀ ਹੈ। これは先生の椅子です《女性・主格・単数》. ❐ਬਿੱਲੀ ਦੀਆਂ ਨਹੁੰਦਰਾਂ ਬੜੀਆਂ ਤਿੱਖੀਆਂ ਹੁੰਦੀਆਂ ਹਨ। 猫のかぎ爪はとても鋭いのです《女性・主格・複数》. ❐ਘੁੱਗੀ ਦੀਆਂ ਅੱਖਾਂ ਨਿੱਕੀਆਂ-ਨਿੱਕੀਆਂ ਤੇ ਗੋਲ-ਗੋਲ ਹੁੰਦੀਆਂ ਹਨ। 鳩の目はとても小さくて真ん丸なのです《女性・主格・複数》. ❐ਉਸ ਦੀ ਬਗ਼ੀਚੀ ਵਿੱਚ ਬੜੇ ਸੋਹਣੇ ਫੁੱਲ ਹਨ। 彼女の小さな庭にはとても綺麗な花があります《女性・後置格・単数》. ❐ਇੱਕ ਰੁੱਖ ਦੀ ਟਾਹਣੀ ਉੱਤੇ ਬੁਲਬੁਲ ਬੈਠੀ ਹੋਈ। 一本の木の小枝にブルブル鳥がとまっていました《女性・後置格・単数》. ❐ਇਹਨਾਂ ਰੁੱਖਾਂ ਦੀਆਂ ਟਾਹਣੀਆਂ ਨਾਲ ਅਸੀਂ ਆਪਣੀਆਂ ਕੁੱਲੀਆਂ ਬਣਾਉਂਦੇ ਹਾਂ। これらの木の小枝で私たちは自分たちの掘っ建て小屋を作ります《女性・後置格・複数》. ❐ਦਾਦੀ ਅੰਮਾਂ ਦੀਆਂ ਅੱਖਾਂ ਵਿੱਚ ਹੰਝੂ ਆ ਗਏ। おばあちゃんの目に涙が出てきました《女性・後置格・複数》. **2** …で作られた, …製の. ❐ਇਹ ਲੱਕੜੀ ਦੀ ਕੁਰਸੀ ਹੈ। これは木製の椅子です. **3** …へ通じる, …へ行く. ❐ਮੈਨੂੰ ਸ਼ਹਿਰ ਦਾ ਰਾਹ ਦੱਸ ਦਿਓ। 私に町へ行く道を教えてください. **4** …するための, …用の. ❐ਕੀ ਇਹ ਪੀਣ ਦਾ ਪਾਣੀ ਹੈ? これは飲料水ですか.

ਦਾ[2] (दा) /dā ダー/ *suff.* 動詞の語幹に付き, 未完了分詞の男性・単数形を形成する接尾辞. 男性・単数 ਦਾ , 男性・複数 ਦੇ , 女性・単数 ਦੀ , 女性・複数 ਦੀਆਂ , 主格主語のない副詞的用法 ਦਿਆਂ と変化する. 未完了分詞の中には, 形容詞に転化し, 辞書に形容詞として登録されているものもある.

ਦਾ[3] (दा) /dā ダー/ ▸ਡਾ, ਡਾਉ, ਦਾਉ, ਦਾਅ *m.* → ਦਾਉ

ਦਾਉ (दाउ) /dāo ダーオー/ ▸ਡਾ, ਡਾਉ, ਦਾ, ਦਾਅ *m.* **1** ごまかし. **2** 詐欺, ぺてん. **3** 策略. **4** 手練.

ਦਾਉਣੀ (दाउणी) /dāuṇī ダーウニー/ [Skt. दामिनी] *f.* **1**〖装〗女性の額に付ける飾り. **2**〖衣服〗女性用のベール, マント.

ਦਾਉ-ਪੇਚ (दाउ-पेच) /dāo-peca ダーオー・ペーチ/ *m.* **1** 策略, 駆け引き. **2** 商売上の駆け引き.

ਦਾਅ[1] (दाअ) /dāa ダーア/ ▸ਡਾ, ਡਾਉ, ਦਾ, ਦਾਉ *m.* → ਦਾਉ

ਦਾਅ[2] (दाअ) /dāa ダーア/ *m.* **1** 側. **2** 方向.

ਦਾਅ[3] (दाअ) /dāa ダーア/ *m.* **1** 賭け, 博打. **2** 賭け金, 賭けた物.

ਦਾਅਵਾ (दाअवा) /dāawā ダーアワー/ ▸ਦਾਹਵਾ, ਦਾਵਾ, ਦਾਵਹ *m.* → ਦਾਹਵਾ

ਦਾਇਆ (दाइआ) /dāiā ダーイアー/ [Pers. *dāī*] *m.* 花嫁の介添え人.

ਦਾਇਕ (दाइक) /dāika ダーイク/ [Skt. दायक] *m.* **1** 与えるもの. **2** 贈与者.

— *suff.* 「…を与える」を意味する形容詞, または「…を与えるもの」を意味する名詞を形成する接尾辞. (⇒ਦਾਈ)

ਦਾਇਮ (दाइम) /dāima ダーイム/ [Arab. *dāʰim*] *adj.* **1** 永続する, 永続的な. **2** 永遠の.

— *adv.* 永遠に.

ਦਾਇਮੀ (दाइमी) /dāimī ダーイミー/ [Arab. *dāʰimī*] *adj.* **1** 永久の. **2** 永続する, 永続的な. **3** 絶えない. **4** 長持ちする. **5** 長引く, 慢性の.

ਦਾਇਰ (दाइर) /dāira ダーイル/ [Arab. *dāʰir*] *adj.* **1** 回っている. **2** 進行中の. **3** 設立された.

ਦਾਇਰਾ (दाइरा) /dāirā ダーイラー/ [Arab. *dāʰira*] *m.* **1** 円, 丸 **2** 輪, 環. **3** 球, 天体. **4** 範囲. **5** 周囲. **6** 球体. **7** 群れ, 仲間.

ਦਾਈ[1] (दाई) /dāī ダーイー/ [Skt. धात्री] *f.* **1** 乳母. **2** 子守女. **3** 助産婦, 産婆. **4** お手伝い.

ਦਾਈ[2] (दाई) /dāī ダーイー/ *f.* **1**(敵・味方の)側, 組. **2** 接近, 扱い方. **3** 目標, 目的.

ਦਾਈ[3] (दाई) /dāī ダーイー/ [Skt. दायिन्] *suff.* 「…を与える」を意味する形容詞, または「…を与えるもの」を意味する名詞を形成する接尾辞. (⇒ਦਾਇਕ)

ਦਾਈ[4] (दाई) /dāī ダーイー/ *adj.* **1** いたずら好きな. **2** ずる賢い, 狡猾な.

— *m.* 詐欺師, ぺてん師.

ਦਾਈਆ (दाईआ) /dāīā ダーイーアー/ ▸ਦਾਯਾ [Arab. *dāīā*] *m.* **1** 目標, 目的, 意図. (⇒ਮਕਸਦ) **2** 決意. **3** 願い, 願望. **4** 野望.

ਦਾਈਂ-ਦਾਈਂ (दाईं-दाईं) /dāī̃-dāī̃ ダーイーン・ダーイーン/ *adv.* **1** ずる賢く, 狡猾に. **2** だまして, 惑わして. **3** 策を用いて. **4** こっそりと, 内密に.

ਦਾਈ-ਦੁਕੜ (दाई-दुकड़) /dāī-dukaṛa ダーイー・ドゥカル/ *f.*〖遊戯〗かくれんぼ.

ਦਾਸ (दास) /dāsa ダース/ [Skt. दास] *m.* **1** 奴隷. (⇒ਗ਼ੁਲਾਮ) **2** 下僕, 従者, 召使. (⇒ਸੇਵਕ, ਨੌਕਰ) **3** 神のしもべ, 神の熱愛者. (⇒ਭਗਤ) **4** 弟子. (⇒ਸ਼ਿਸ਼, ਚੇਲਾ) **5**「謙遜」「卑下」「服従」などを表すため, 自分を指す呼称として用いる言葉.

ਦਾਸਤਾ (दासता) /dāsatā ダースター/ [Skt.-ता] *f.* **1** 奴隷の状態, 奴隷の身分. **2** 隷属.

ਦਾਸਤਾਨ (दासतान) /dāsatāna ダースターン/ [Pers. *dāstān*] *f.* **1** お話, 物語. **2** 長い叙述, 歴史. **3** 名声, 評判.

ਦਾਸਪੁਣਾ (दासपुणा) /dāsapuṇā ダースプナー/ [Skt. दास -ਪੁਣਾ] *m.* 奴隷であること, 奴隷の状態, 奴隷の身分.

ਦਾਸੀ (दासी) /dāsī ダースィー/ [Skt. दासी] *f.* **1** 女性の奴隷. **2** 女性の従者・召使. (⇒ਟਹਿਲਣ)

ਦਾਹ[1] (दाह) /dâ ダー/ [Skt. दाह] *m.* **1** 燃焼. **2** 炎症. **3** 火, 火事. **4** 大火. **5** 火葬. ❐ਦਾਹ ਸੰਸਕਾਰ 火葬, 葬式, 葬儀. ❐ਦਾਹ ਸੰਸਕਾਰ ਕਰਨਾ 火葬する, 葬儀を行う.

ਦਾਹ[2] (दाह) /dâ ダー/ [Pers. *daha*] *ca.num.* 10, 十.

— *adj.* 10の, 十の.

ਦਾਹ[3] (दाह) /dâ ダー/ *m.*〖道具〗(幅広で重い刃の)なた.

ਦਾਹਦੜ (दाहदड़) /dâdaṛa ダーダル/ *adj.* **1** 半分潰れた. **2** 生焼けの. **3** 炒りかけの. **4** 半熟の. **5** 未熟な.

ਦਾਹਵਤ (दाहवत) /dâwata ダーワト/ ▸ਦਾਵਤ [Pers. *da`vat*] *f.* **1** 招待. (⇒ਸੱਦਾ, ਬੁਲਾਵਾ) **2** 饗応, 御馳走. (⇒ਪਰੀਤੀਭੋਜਨ)

ਦਾਹਵਾ (दाहवा) /dâwā ダーワー/ ▸ਦਾਅਵਾ, ਦਾਵਾ, ਦਾਵਹ [Arab. *da`vā*] *m.* **1** 権利請求, 権利の主張. **2** 権利. **3**〖法〗告訴, 訴訟. **4** 主張, 説, 断言, 確固たる態度.

ਦਾਹਵੇਦਾਰ (दाहवेदार) /dâwedāra ダーウェーダール/ ▸ਦਾਵੇਦਾਰ [Pers.-*dār*] *adj.* **1** 主張を持った, 主張している, 請求している. **2**〖法〗告訴している.

— *m.* **1** 主張する人, 称する人. **2**(権利・資格の)主張者, 請求者. **3**〖法〗原告. **4** 相続人, 後継者. **5** 資格者, 適格者.

ਦਾਹੜ (दाहड़) /dâṛa ダール/ ▸ਦਾੜ੍ਹ *f.* → ਦਾੜ੍ਹ

ਦਾਹੜਨਾ (दाहड़ना) /dâṛanā ダールナー/ ▸ਦਾੜ੍ਹਨਾ *vt.* → ਦਾੜ੍ਹਨਾ

ਦਾਹੜਾ (दाहड़ा) /dâṛā ダーラー/ ▸ਦਾੜ੍ਹਾ *m.* → ਦਾੜ੍ਹਾ

ਦਾਹੜੀ (दाहड़ी) /dâṛī ダーリー/ ▸ਦਾੜ੍ਹੀ *f.* → ਦਾੜ੍ਹੀ

ਦਾਹਿਆ (दाहिआ) /dâiā ダーイアー/ *adj.* 十倍の, 10を掛けた.

ਦਾਖ (दाख) /dākʰa ダーク/ [(Pkt. दाखा) Skt. द्राक्षा] *f.* **1**〖植物〗ブドウ(葡萄). (⇒ਅੰਗੂਰ) **2**〖食品〗干しブドウ. (⇒ਕਿਸ਼ਮਿਸ਼)

ਦਾਖ਼ਲ (दाख़ल) /dāxala ダーカル/ [Arab. *dāxil*] *adj.* **1** 入った, 内部に入った, 加入した. **2** 侵入した, 押し入った. **3** 挿入された. **4** 許可された. **5** 登録された.

ਦਾਖ਼ਲਾ (दाख़ला) /dāxalā ダークラー/ [Arab. *dāxila*] *m.* **1** 入ること, 入場すること, 立ち入ること, 加入すること. **2** 許可.

ਦਾਗ (दाग) /dāga ダーグ/ [Skt. दाह] *m.* **1** 燃やすこと, 燃焼, 焼却. (⇒ਦਾਹ) **2**〖儀礼〗火葬, 荼毘. ❐ਦਾਗ

ਦੇਣਾ 火葬用の薪に火をつける, 火葬する, 荼毘に付す.

ਦਾਗ਼ (दाग़) /dāğa ダーグ/ [Pers. *dāğ*] *m.* **1** 汚点, 斑点. **2** 染み, 汚れ. **3** 傷, 傷跡, 痕跡. **4** 欠陥.

ਦਾਗਣਾ (दागणा) /dāgaṇā ダーガナー/ [Pers. *dāğ*] *vt.* **1** 焼き印を押す, 印を付ける. **2** 汚す. **3** 染みを付ける. **4** (銃・火器を)発砲する, 撃つ.

ਦਾਗ਼ੀ (दाग़ी) /dāğī ダーギー/ [Pers. *dāğī*] *adj.* **1** 汚点のある. **2** 染みの付いた. **3** 汚れた.

ਦਾਜ (दाज) /dāja ダージ/ ▸ਦਹੇਜ, ਦਹੇਜ਼, ਦਾਜ਼ *m.* → ਦਾਜ਼

ਦਾਜ਼ (दाज़) /dāza ダーズ/ ▸ਦਹੇਜ, ਦਹੇਜ਼, ਦਾਜ [Pers. *jahez*] *m.* **1** 〖社会〗持参金. **2** 嫁入り道具.

ਦਾਣਾ (दाणा) /dāṇā ダーナー/ [Pers. *dāna*] *m.* **1** 穀粒, 穀物. ❐ਦਾਣਾ ਪਾਣੀ 飲食物, 生計, 生業, 運命. ❐ਦਾਣਾ ਪੈਣਾ (果物やトウモロコシの)粒ができる. ❐ਦਾਣਾ ਫੱਕਾ 収穫. ❐ਦਾਣਾ ਮੰਡੀ 穀物市場. **2** 粒, 粒子. **3** 種, 種子. **4** 玉, 小球. **5** 〖武〗小弾丸, 散弾. **6** 小球. **7** 鳥の餌. **8** 家畜の餌. **9** 吹き出物, にきび. **10** ただれ, 腫れ物. **11** 〖医〗(水疱などの)発疹.

ਦਾਣੇਦਾਰ (दाणेदार) /dāṇedāra ダーネーダール/ [Pers.-*dār*] *adj.* **1** 穀粒を持った, 粒のある. **2** 粒状の.

ਦਾਤ (दात) /dāta ダート/ [Skt. दत्त] *f.* **1** 施し物. **2** 贈り物. **3** 御祝儀.

ਦਾਤਣ (दातण) /dātaṇa ダータン/ [Skt. दन्त धावण] *f.* **1** 〖植物・道具〗歯磨き用の小枝またはクルミの樹皮. **2** 歯磨き. (⇒ਬੁਰਸ਼) ❐ਦਾਤਣ ਕਰਨੀ 歯磨きをする.

ਦਾਤਰ (दातर) /dātara ダータル/ [Skt. दात्र] *m.* 〖調〗鎌の形をした野菜を切る器具.

ਦਾਤਰੀ (दातरी) /dātarī ダータリー/ ▸ਦਰਾਤੀ, ਦਾਤ੍ਰੀ, ਦਾਤੀ *f.* **1** 〖道具〗鎌. ❐ਦਾਤਰੀ ਪਾਉਣੀ, ਦਾਤਰੀ ਲਾਉਣੀ 刈り入れを始める, 収穫を行う. **2** 〖道具〗大鎌.

ਦਾਤ੍ਰੀ (दात्री) /dātrī (dātarī) ダートリー (ダータリー)/ ▸ਦਰਾਤੀ, ਦਾਤਰੀ, ਦਾਤੀ *f.* → ਦਾਤਰੀ

ਦਾਤਾ (दाता) /dātā ダーター/ ▸ਦਾਤਾਰ [Skt. दाता] *m.* **1** 与える者, 授与者, 贈与者. **2** 施主. **3** 気前のいい人. **4** 神を形容することば, 至高の存在, 神.

ਦਾਤਾਰ (दातार) /dātāra ダータール/ ▸ਦਾਤਾ *m.* → ਦਾਤਾ

ਦਾਤੀ (दाती) /dātī ダーティー/ ▸ਦਰਾਤੀ, ਦਾਤਰੀ, ਦਾਤ੍ਰੀ *f.* → ਦਾਤਰੀ

ਦਾਂਦ (दाँद) /dā̃da ダーンド/ *m.* 〖動物〗雄ウシ, 雄牛, 牡牛. (⇒ਬੈਲ, ਬਲਦ)

ਦਾਦ[1] (दाद) /dāda ダード/ [Pers. *dād*] *f.* **1** 正義, 公正. **2** 賛美, 称賛. ❐ਦਾਦ ਦੇਣੀ 褒める, 称賛する. **3** 歓呼, 喝采. ❐ਦਾਦ ਦੇਣੀ 喝采する. **4** 鑑賞, 評価. ❐ਦਾਦ ਦੇਣੀ 鑑賞する, 高く評価する.

ਦਾਦ[2] (दाद) /dāda ダード/ *f.* **1** 〖医〗タムシ, 田虫, 白癬. **2** 〖医〗帯状疱疹.

ਦਾਦਕਾ (दादका) /dādakā ダードカー/ *adj.* 〖親族〗父方の.

— *m.* 〖親族〗父方の祖先.

ਦਾਦਕੇ (दादके) /dādake ダードケー/ *m.* **1** 〖親族〗父方の祖先たち. **2** 〖親族〗父方の家, 家族. **3** 父方の村.

ਦਾਦਰ (दादर) /dādara ダーダル/ [(Pkt. दद्दुर) Skt. दर्दुर] *m.* 〖動物〗カエル, 蛙. (⇒ਡੱਡੂ, ਮੇਂਡਕ)

ਦਾਦਾ (दादा) /dādā ダーダー/ [Skt. तात] *m.* 〖親族〗父方の祖父《父の父》. ❐ਦਾਦਾ ਪੜਦਾਦਾ 父祖, 祖先.

ਦਾਦੀ (दादी) /dādī ダーディー/ [-ਈ] *f.* 〖親族〗父方の祖母《父の母》.

ਦਾਨ[1] (दान) /dāna ダーン/ [Skt. दान] *m.* **1** 与えること, 贈与. **2** 寄付, 喜捨, 布施, 施与. **3** 贈り物, 施し物. **4** 心付け, 御祝儀.

ਦਾਨ[2] (दान) /dāna ダーン/ [Pers. *dān*] *suff.* 「…を含む」「…を入れる」「…のための」「…を行う」「…に関わりのある」などを意味する形容詞, または「…を含むもの」「…を入れるもの」「…のためのもの」「…を行うもの」「…に関わりのあるもの」などを意味する男性名詞を形成する接尾辞.

ਦਾਨਸ਼ (दानश) /dānaśa ダーナシュ/ ▸ਦਾਨਿਸ਼ [Pers. *dāniś*] *f.* **1** 知識, 学識, 学問, 知能. (⇒ਵਿਗਿਆਨ) **2** 賢さ, 聡明さ, 賢明さ. (⇒ਸਿਆਣਪ)

ਦਾਨਸ਼ਮੰਦ (दानशमंद) /dānaśamanda ダーナシュマンド/ [Pers.-*mand*] *adj.* **1** 知的な, 知識のある, 学問のある. **2** 賢い, 賢明な, 聡明な.

— *m.* **1** 知恵者, 知識のある者, 学問のある者. **2** 賢い人, 賢明な人, 賢者, 聡明な人.

ਦਾਨਸ਼ਮੰਦਾਨਾ (दानशमंदाना) /dānaśamandānā ダーナシュマンダーナー/ [Pers.-*āna*] *adj.* **1** 知的な, 知識のある, 学問のある. **2** 賢い, 賢明な, 聡明な.

ਦਾਨਸ਼ਮੰਦੀ (दानशमंदी) /dānaśamandī ダーナシュマンディー/ [Pers. *dāniś* Pers.-*mandī*] *f.* **1** 知識の豊かなこと, 学問のあること. **2** 知恵のあること, 賢さ, 賢明さ, 聡明さ.

ਦਾਨਸ਼ੀਲ (दानशील) /dānaśīla ダーンシール/ [Skt. दान Skt.-शील] *adj.* **1** 慈悲深い, 慈善的な. **2** 寛大な. **3** 気前のよい, 気前よく施与を行う.

ਦਾਨਸ਼ੀਲਤਾ (दानशीलता) /dānaśīlatā ダーンシールター/ [Skt.-ता] *f.* **1** 慈悲深さ. **2** 寛大さ. **3** 気前のよさ.

ਦਾਨ ਘਰ (दान घर) /dāna kăra ダーン カル/ [Skt. दान Skt.-गृह] *m.* 救貧院.

ਦਾਨਵ (दानव) /dānava ダーナヴ/ [Skt. दानव] *m.* **1** 〖ヒ〗ダーナヴァ《神々の敵対者とされる巨人》. **2** 鬼, 悪魔.

ਦਾਨਾ (दाना) /dānā ダーナー/ [Pers. *dānā*] *adj.* **1** 知恵のある, 賢い, 賢明な, 利口な. **2** 学識のある, 知識の豊かな. **3** 知的な.

— *m.* **1** 賢い人, 賢者. **2** 学識のある人, 知識の豊かな人.

ਦਾਨਾਈ (दानाई) /dānāī ダーナーイー/ ▸ਦਨਾਈ *f.* → ਦਨਾਈ

ਦਾਨਿਸ਼ (दानिश) /dāniśa ダーニシュ/ ▸ਦਾਨਸ਼ *f.* → ਦਾਨਸ਼

ਦਾਨੀ[1] (दानी) /dānī ダーニー/ [Skt. दानिन्] *adj.* **1** 人に与える, 施与する. **2** 慈悲深い, 慈善的な. **3** 寛大な. **4** 気前のよい.

ਦਾਨੀ[2] (दानी) /dānī ダーニー/ [Pers. *dānī*] *suff.* 「…を含むもの」「…を入れるもの」「…のためのもの」「…を行う

もの」「…に関わりのあるもの」などを意味する女性名詞を形成する接尾辞.

ਦਾਬ (दाब) /dāba ダーブ/ [Skt. दमन] *f.* 1 圧迫, 圧制. 2 圧力, 圧縮.

ਦਾਬੜਾ (दाबड़ा) /dābaṛā ダーバラー/ *m.* 1〖容器〗金属製の鉢. 2〖容器〗小さな桶.

ਦਾਬਾ (दाबा) /dābā ダーバー/ [cf. ਦਬਣਾ] *m.* 1 圧迫, 威圧, 脅迫. 2 恐れ, 畏怖, 恐怖. 3 横暴. 4 警告.

ਦਾਮ[1] (दाम) /dāma ダーム/ [Skt. द्रम्म] *m.* 1 値段, 価格, 代価, 代金. (⇒ਕੀਮਤ, ਮੁੱਲ) 2 価値, 値打ち, 重要性. 3 出費, 代償. 4 現金.

ਦਾਮ[2] (दाम) /dāma ダーム/ [Pers. *dām*] *m.* 1 網. (⇒ਜਾਲ) 2 罠. (⇒ਫੰਧਾ) 3 鳥を捕る網.

ਦਾਮ[3] (दाम) /dāma ダーム/ [Skt. दामन्] *m.* 1 綱, 縄, 紐. 2〖装〗花輪, 首飾り.

ਦਾਮਨ (दामन) /dāmana ダーマン/ [Pers. *dāman*] *m.* 1〖衣服〗衣服の裾. 2〖地理〗丘や山の麓, 山麓, 裾野. 3 外辺, 縁. 4 保護, 庇護.

ਦਾਮਾਦ (दामाद) /dāmāda ダーマード/ [Pers. *dāmād*] *m.*〖親族〗婿, 娘婿, 義理の息子《娘の夫》. (⇒ਜਵਾਈ)

ਦਾਮੋਦਰ (दामोदर) /dāmodara ダーモーダル/ [Skt. दामन् + Skt. उदर] *m.* 1 腹または腰に付けられた紐・縄. 2〖ヒ〗ダーモーダラ《腹に紐を付けた者. クリシュナ神の異名の一つ. いたずらをするクリシュナの腰に養母ヤショーダーが紐を付けて繋いだことに由来する》. 3〖河川〗ダーモーダル川《チョーターナーグプル高原に発し, コルカタの南方でフーグリ川に合流する》.

ਦਾਯਾ (दाया) /dāyā ダーヤー/ ▸ਦਾਈਆ *m.* → ਦਾਈਆ

ਦਾਰ (दार) /dāra ダール/ [Pers. *dār*] *suff.* 「…のある(もの)」「…を持っている(もの)」「…を保持している(もの)」「…を所有している(もの)」「…を守っている(もの)」「…を備えている(もの)」「…の形をした(もの)」「…に関わる(もの)」「…を管理している(もの)」「…を経営している(もの)」などを意味する接尾辞. 先行する語と合わせて, 形容詞または男性名詞を形成する.

ਦਾਰਸ਼ਨਿਕ (दारशनिक) /dāraśanika ダルシュニク/ [Skt. दार्शनिक] *adj.* 哲学の.
— *m.* 哲学者.

ਦਾਰ-ਹਲਦ (दार-हलद) /dāra-halada ダール・ハルド/ *m.*〖植物〗ヘビノボラズ(蛇上らず)《メギ科の落葉小低木》, ヘビノボラズの実.

ਦਾਰਾ ਸ਼ਿਕੋਹ (दारा शिकोह) /dārā śikô ダーラー シコー/ *m.*〖人名・歴史〗ダーラー・シコー《ムガル帝国第5代皇帝シャー・ジャハーンの長男》.

ਦਾਰੀ[1] (दारी) /dārī ダーリー/ [Skt. दारिका] *f.* 1 戦争のため奴隷とされ連れて来られた女. 2〖親族〗妻. (⇒ਵਹੁਟੀ)

ਦਾਰੀ[2] (दारी) /dārī ダーリー/ [Pers. *dārī*] *suff.* 1「…を持っていること」「…であること」「…に関わっていること」「…を管理する仕事」「…を行う職・地位」などを意味する抽象名詞(女性名詞)を形成する接尾辞. 2 形容詞を形成する接尾辞. 語全体として,「 ਦਾਰ で終わる名詞が表す人やものに関する」という意味の形容詞となる.

ਦਾਰੁਣ (दारुण) /dāruṇa ダールン/ ▸ਦਾਰੁਨ [Skt. दारुण] *adj.* 1 恐ろしい, 怖い. (⇒ਭਿਆਨਕ) 2 惨い, 痛ましい.

ਦਾਰੁਨ (दारुन) /dāruna ダールン/ ▸ਦਾਰੁਣ *adj.* → ਦਾਰੁਣ

ਦਾਰੁਲਖ਼ਿਲਾਫ਼ਾ (दारुलख़िलाफ़ा) /dārulaxilāfā ダールルキラーファー/ [Arab. *dārulxilāfa*] *m.* 首都. (⇒ਰਾਜਧਾਨੀ)

ਦਾਰੂ (दारू) /dārū ダールー/ [Pers. *dārū*] *m.* 1 薬, 内服薬. (⇒ਦਵਾਈ) 2 治療, 医療. 3〖武〗弾薬. 4〖俗語〗酒. (⇒ਸ਼ਰਾਬ)

ਦਾਰੂਸਿੱਕਾ (दारूसिक्का) /dārūsikkā ダールースィッカー/ *m.* 1〖武〗弾薬. 2〖武〗武器.

ਦਾਰੋਮਦਾਰ (दारोमदार) /dāromadāra ダーローマダール/ [Pers. *dār-ma-dār*] *m.* 1(紛争の)調停, 解決, 和解. 2 依存. 3 支援, 保護.

ਦਾਲ (दाल) /dāla ダール/ [Skt. दाल] *f.* 1〖植物・食品〗豆, 豆類の総称. 2〖料理〗ダール《挽き割りにした豆に香辛料を加えて煮込んだスープ状の料理》.

ਦਾਲਚੀਨੀ (दालचीनी) /dālacīnī ダルチーニー/ ▸ਦਾਰਚੀਨੀ [Pers. *dārcīnī*] *f.* 1〖植物〗セイロンニッケイ(錫蘭肉桂)《クスノキ科の常緑高木》. 2〖食品・薬剤〗シナモン, セイロンケイヒ(錫蘭桂皮)《セイロンニッケイの樹皮を乾燥し粉末にした香辛料. 健胃・発汗などの薬用としても使う》.

ਦਾਲ ਰੋਟੀ (दाल रोटी) /dāla roṭī ダール ローティー/ ▸ਰੋਟੀ ਦਾਲ *f.* 1〖料理〗ダール〔豆の料理〕とローティー〔無発酵平焼きパン〕. 2 ごく日常の食事, 普段の食事, まずまずの食事. 3 生命を維持するに足る食事. 4〖比喩〗生活の糧, 暮らし, 生計.

ਦਾਲਾਨ (दालान) /dālāna ダーラーン/ ▸ਦਲਾਨ *m.* → ਦਲਾਨ

ਦਾਵਹ (दावह) /dāwâ ダーワー/ ▸ਦਾਅਵਾ, ਦਾਹਵਾ, ਦਾਵਾ *m.* → ਦਾਹਵਾ

ਦਾਵਤ (दावत) /dāwata ダーワト/ ▸ਦਾਹਵਤ *f.* → ਦਾਹਵਤ

ਦਾਵਾ (दावा) /dāwā ダーワー/ ▸ਦਾਅਵਾ, ਦਾਹਵਾ, ਦਾਵਹ *m.* → ਦਾਹਵਾ

ਦਾਵੇਦਾਰ (दावेदार) /dāwedāra ダーウェーダール/ ▸ਦਾਹਵੇਦਾਰ *adj.m.* → ਦਾਹਵੇਦਾਰ

ਦਾੜ੍ਹ (दाड़्ह) /dâṛa ダール/ ▸ਦਾਹੜ [(Pkt. डड्ढा) Skt. दंष्ट्रा] *f.*〖身体〗臼歯.

ਦਾੜ੍ਹਨਾ (दाड़्हना) /dâṛanā ダールナー/ ▸ਦਾਹੜਨਾ [(Pkt. डड्ढा) Skt. दंष्ट्रा] *vt.* 1 むさぼり食う, がつがつ食う. 2 噛む.

ਦਾੜ੍ਹਾ (दाड़्हा) /dâṛā ダーラー/ ▸ਦਾਹੜਾ [Skt. दाढिका] *m.*〖身体〗長く伸ばした顎鬚(あごひげ).

ਦਾੜ੍ਹੀ (दाड़्ही) /dâṛī ダーリー/ ▸ਦਾਹੜੀ [Skt. दाढिका] *f.*〖身体〗顎鬚(あごひげ). (⇒ਰੀਸ਼)

ਦਿਉਦਾਰ (दिउदार) /diudāra ディウダール/ ▸ਦਿਓਦਾਰ, ਦਿਆਰ, ਦੇਵਦਾਰ *m.* → ਦਿਓਦਾਰ

ਦਿਉਰ (दिउर) /diora ディオール/ ▸ਦਿਓਰ, ਦੇਉਰ, ਦੇਵਰ *m.* → ਦਿਓਰ

ਦਿਓਦਾਰ (दिओदार) /diodāra ディオーダール/ ▸ਦਿਉਦਾਰ, ਦਿਆਰ, ਦੇਵਦਾਰ [Skt. देवदारु] *m.*〖植物〗ヒマラヤスギ《マツ科の常緑高木》. (⇒ਬਿਆਰ)

ਦਿਓਰ (दिओर) /diora ディオール/ ▸ਦਿਉਰ, ਦੇਉਰ, ਦੇਵਰ [Skt. देवर] *m.*〖親族〗義弟《夫の弟》.

ਦਿਆਨਤ (दिआनत) /diānata ディアーナト/ [Arab.

diyānat] *f.* **1** 誠意, 誠実さ, 正直さ. **2** 敬虔さ, 信心深さ.

ਦਿਆਨਤਦਾਰ (दिआनतदार) /diānatadāra ディアーナトダール/ [Pers.-*dār*] *adj.* **1** 誠意のある, 誠実な, 正直な. **2** 敬虔な, 信心深い.

ਦਿਆਨਤਦਾਰੀ (दिआनतदारी) /diānatadārī ディアーナトダーリー/ [Pers.-*dārī*] *f.* **1** 誠意, 誠実さ, 正直さ. **2** 敬虔さ, 信心深さ.

ਦਿਆਰ (दिआर) /diāra ディアール/ ▸ਦਿਉਦਾਰ, ਦਿਓਦਾਰ, ਦੇਵਦਾਰ *m.* → ਦਿਓਦਾਰ

ਦਿਆਲ (दिआल) /diāla ディアール/ ▸ਦਇਆਲ, ਦਇਆਲੂ, ਦਿਆਲੂ [Skt. दयालु] *adj.* **1** 慈悲深い, 情け深い. (⇒ ਮਿਹਰਬਾਨ) **2** 親切な, 優しい.

ਦਿਆਲਤਾ (दिआलता) /diālatā ディアールター/ ▸ਦਇਆਲਤਾ [Skt.-ता] *f.* **1** 慈悲, 思いやり, 情け. **2** 親切, 優しさ.

ਦਿਆਲੂ (दिआलू) /diālū ディアールー/ ▸ਦਇਆਲ, ਦਇਆਲੂ, ਦਿਆਲ *adj.* → ਦਿਆਲ

ਦਿੱਸ (दिस्स) /dissa ディッス/ [(Pkt. दिस्स) Skt. दृश] *f.* **1** 外観, 外見. **2** 様相. **3** 見た印象.

ਦਿਸਹੱਦਾ (दिसहद्दा) /dishaddā ディスハッダー/ [+ Arab. *hadd*] *m.* **1** 空と陸との見える境目. **2** 地平, 地平線. (⇒ਉਫ਼ਕ, ਖਿਤਿਜ, ਦੁਮੇਲ) **3** 見渡す限り続く野原.

ਦਿਸਣਾ (दिसणा) /disaṇā ディサナー/ ▸ਦਿੱਸਣਾ [Skt. दृश्यते] *vi.* **1** 見える. ❒ਦੂਰੋਂ ਆਉਂਦੇ ਆਦਮੀ ਦਿਸ ਪੈਂਦੇ ਹਨ। 遠くからやって来る男の人たちが見えて来ます. ❒ਚੂਹੇ ਨੂੰ ਇੱਕ ਵੱਡਾ ਬੂਟ ਦਿਸਿਆ। 鼠には一つの大きな長靴が見えました. ❒ਟੋਪੀਆਂ ਕਿਤੇ ਨਾ ਦਿਸੀਆਂ। 帽子はどこにも見えませんでした. **2** 視界に入る. **3** 現れる.

ਦਿੱਸਣਾ (दिस्सणा) /dissaṇā ディッサナー/ ▸ਦਿਸਣਾ *vi.* → ਦਿਸਣਾ

ਦਿਸੰਬਰ (दिसंबर) /disambara ディサンバル/ ▸ਦਸੰਬਰ [Eng. *December*] *m.* 〖暦〗 12月.

ਦਿਸਾ (दिसा) /disā ディサー/ ▸ਦਿਸ਼ਾ *f.* → ਦਿਸ਼ਾ

ਦਿਸ਼ਾ (दिशा) /diśā ディシャー/ ▸ਦਿਸਾ [(Pkt. दिसा) Skt. दिशा] *f.* **1** 方角, 方位. **2** 方向, 向き. **3** 側. **4** 行方.

ਦਿਸ਼ਾ ਸੂਚਕ (दिशा सूचक) /diśā sūcaka ディシャー スーチャク/ [+ Skt. सूचक] *m.* **1** 〖器具〗 羅針盤, コンパス. **2** 風見鶏, 風向計.

ਦਿਸਾਵਰ (दिसावर) /disāwara ディサーワル/ ▸ਦਸਾਵਰ, ਦਸੌਰ, ਦੇਸਾਵਰ *m.* → ਦਸੌਰ

ਦਿਸਾਵਰੀ (दिसावरी) /disāwarī ディサーウリー/ ▸ਦਸੌਰੀ *adj.* → ਦਸੌਰੀ

ਦਿਹ[1] (दिह) /dê デー/ ▸ਦੇਹ [Pers. *deh*] *m.* **1** 村, 村落. **2** 田舎.

ਦਿਹ[2] (दिह) /dê デー/ ▸ਦੇਹ [cf. ਦੇਣਾ] *suff.* 「…を与える」「…を及ぼす」などを意味する形容詞を形成する接尾辞.

ਦਿਹਕਾਨ (दिहकान) /dêkāna デーカーン/ [Pers. *dehqān*] *m.* **1** 村人. **2** 田舎者, 地方の人. **3** 農夫, 農業労働者. **4** 小百姓. **5** 耕作者.

ਦਿਹਾਂਤ (दिहाँत) /diā̆ta ディアーント/ ▸ਦੇਹਾਂਤ [Skt. देहांत] *m.* **1** 死, 死亡. (⇒ਮਿਰਤੂ, ਮੌਤ) **2** 死去, 逝去.

ਦਿਹਾਤ (दिहात) /diā̆ta ディアート/ ▸ਦੇਹਾਤ [Pers. *dehāt*] *m.* **1** 村落, 田園. **2** 田舎, 地方.

ਦਿਹਾਤੀ (दिहाती) /diā̆tī ディアーティー/ ▸ਦੇਹਾਤੀ [Pers. *dehātī*] *adj.* **1** 村の, 田園の. **2** 田舎の, 田舎風の, 田舎臭い.

— *m.* **1** 村人. **2** 田舎者.

ਦਿਹਾਰ (दिहार) /diā̆ra ディアール/ *m.* 〖暦〗 祭日.

ਦਿਹਾੜਾ (दिहाड़ा) /diā̆ṛā ディアーラー/ *m.* **1** 日. **2** 〖暦〗 祭日. **3** 〖暦〗 祭りや記念日などの重要な日. ❒ਅਜ਼ਾਦੀ ਦਾ ਦਿਹਾੜਾ 独立記念日.

ਦਿਹਾੜੀ (दिहाड़ी) /diā̆ṛī ディアーリー/ *f.* **1** 日. **2** 日当, 日給. (⇒ਰੁਜ਼ੀਨਾ)

ਦਿਹਾੜੀਆ (दिहाड़ीआ) /diā̆ṛīā ディアーリーアー/ *m.* **1** 日給で働く人. **2** 日雇い労働者.

ਦਿਹਾੜੀਦਾਰ (दिहाड़ीदार) /diā̆ṛīdāra ディアーリーダール/ *m.* **1** 日給で働く人. **2** 日雇い労働者.

ਦਿੱਕ[1] (दिक्क) /dikka ディック/ [Pers. *diq*] *m.* **1** 〖医〗 結核, 肺結核. (⇒ਖਈ, ਟੀ ਬੀ) **2** 消耗性の病気.

ਦਿੱਕ[2] (दिक्क) /dikka ディック/ [Arab. *diqq*] *adj.* **1** 苦しんでいる, 困っている. **2** 悩まされている. **3** からかわれている, いじめられている. **4** 衰弱している, 病気の.

ਦਿੱਕਤ (दिक्कत) /dikkata ディッカト/ ▸ਡਿੱਕਤ [Pers. *diqqat*] *f.* **1** 困難, 難儀. **2** 苦しみ, 苦難, 悩み. **3** めんどう, 面倒. **4** 障害, 支障, 妨げ.

ਦਿੱਖ (दिक्ख) /dikkʰa ディック/ [(Pkt. दिक्ख) Skt. दृश] *f.* **1** 外観, 外見. **2** 様相. **3** 見た印象.

ਦਿਖਣਾ (दिखणा) /dikʰaṇā ディクナー/ ▸ਦਿੱਖਣਾ [cf. ਦੇਖਣਾ] *vi.* **1** 見える. **2** 視界に入る. **3** 現れる.

ਦਿੱਖਣਾ (दिक्खणा) /dikkʰaṇā ディッカナー/ ▸ਦਿਖਣਾ *vi.* → ਦਿਖਣਾ

ਦਿਖਾਉਟੀ (दिखाउटी) /dikʰāuṭī ディカーウティー/ [cf. ਦਿਖਾਉਣਾ] *adj.* **1** 目立つ, 派手な. **2** うわべだけの, 外見だけ美しく飾りたてた, 実のない.

ਦਿਖਾਉਣਾ (दिखाउणा) /dikʰāuṇā ディカーウナー/ ▸ਦਿਖਾਣਾ [cf. ਦੇਖਣਾ] *vt.* **1** 見せる. **2** 披露する. **3** 陳列する, 展示する. **4** 表す, 表現する, 表明する. **5** 示す, 指し示す, 提示する.

ਦਿਖਾਈ (दिखाई) /dikʰāī ディカーイー/ [cf. ਦਿਖਣਾ] *f.* **1** 見えること《次の成句で用いる.「〜に」「〜には」は ਨੂੰ を用いる》. ❒ਦਿਖਾਈ ਦੇਣਾ (〜に)…が見える. ❒ਸੂਰਜ ਦੀ ਰੋਸ਼ਨੀ ਨਾਲ ਸਾਨੂੰ ਚੰਦਰਮਾ ਚਮਕਦਾ ਦਿਖਾਈ ਦਿੰਦਾ ਹੈ। 太陽の光で私たちには月が輝いて見えるのです. **2** 見せること. **3** 展示. **4** 見せることへの報酬・賃金.

ਦਿਖਾਣਾ (दिखाणा) /dikʰāṇā ディカーナー/ ▸ਦਿਖਾਉਣਾ *vt.* → ਦਿਖਾਉਣਾ

ਦਿਖਾਵਾ (दिखावा) /dikʰāwā ディカーワー/ ▸ਦਖਾਬਾ, ਦਖਾਮਾ, ਦਖਾਲਾ, ਦਖਾਵਾ [cf. ਦਿਖਾਉਣਾ] *m.* **1** 見せかけ. **2** 見せびらかし, 誇示. **3** 見栄. **4** 虚飾. **5** 偽善, 猫被り. **6** 形式ばっていること, 仰々しさ.

ਦਿਗੰਬਰ (दिगंबर) /digambara ディガンバル/ *adj.* 裸の.

ਦਿਣ (दिण) /diṇa ディン/ ▸ਡਿਹੁੰ, ਦਿਨ *m.* → ਦਿਨ

ਦਿਦਾਰ (दिदार) /didāra ディダール/ ▸ਦੀਦਾਰ [Pers. *dīdār*] *m.* **1** 視線, 眼差し. **2** 眺め, 概観. **3** ちらっと見えること. **4** 面会, お目にかかること, 拝謁. **5** 外観,

外見, 容貌. **6** 美しさ, 麗しさ, 魅力.

ਦਿਦਾਰਬਾਜ਼ੀ (दिदारबाज़ी) /didārabāzī ディダールバーズィー/ [Pers.-*bāzī*] *f.* **1** 目と目を合わせること, 見つめ合うこと. **2** 色目を使うこと.

ਦਿਦਾਰੀ (दिदारी) /didārī ディダーリー/ [-ਈ] *adj.* **1** 美しい, 麗しい, 器量の良い. **2** 見る価値のある.

ਦਿਨ (दिन) /dina ディン/ ▸ਡਿਹੁੰ, ਦਿਣ [Skt. दिन] *m.* **1** 日, 一日. **2** 日中, 昼, 昼間. **3** 〖比喩〗運, 運勢.

ਦਿਨ ਕਟੀ (दिन कटी) /dina kaṭī ディン カティー/ [+ cf. ਕੱਟਣਾ] *f.* **1** ただ時を過ごすこと, ただ生きていること. **2** みじめな生活, 苦境, 窮乏.

ਦਿਨਕਰ (दिनकर) /dinakara ディンカル/ [Skt. दिनकर] *m.* 〖天体〗太陽, 日, 日輪. (⇒ਸੂਰਜ)

ਦਿਨ ਚੜ੍ਹੇ (दिन चड़्हे) /dina caṛě ディン チャレー/ [Skt. दिन + cf. ਚੜ੍ਹਨਾ] *adv.* **1** 日が昇る時に. **2** 夜明けに.

ਦਿਨ ਛਿਪੇ (दिन छिपे) /dina cʰipe ディン チペー/ [+ cf. ਛਿਪਣਾ] *adv.* **1** 日が隠れる時に. **2** 日没に, 夕暮れに.

ਦਿਨ ਡੁੱਬੇ (दिन डुब्बे) /dina ḍubbe ディン ドゥッベー/ [+ cf. ਡੁੱਬਣਾ] *adv.* **1** 日が沈む時に. **2** 日没に, 夕暮れに.

ਦਿਨ ਦਿਹਾਰ (दिन दिहार) /dina diǎra ディン ディアール/ *m.* **1** 祭日. **2** 祝祭日.

ਦਿਨ ਦਿਹਾੜੇ (दिन दिहाड़े) /dina diǎṛe ディン ディアーレー/ *adv.* 真っ昼間に, 白昼.

ਦਿਨ ਦੀਵੀਂ (दिन दीवीं) /dina dīwī̃ ディン ディーウィーン/ *adv.* 真っ昼間に, 白昼.

ਦਿਨ ਬਦਿਨ (दिन बदिन) /dina badina ディン バディン/ [Skt. दिन + Pers. *ba* + Skt. दिन] *adv.* 日ごとに, 日に日に, 日増しに.

ਦਿਨ ਭਰ (दिन भर) /dina pǎra ディン パル/ [Skt.-भर] *adv.* 一日中, 終日.

ਦਿਨ ਰਾਤ (दिन रात) /dina rāta ディン ラート/ [+ Skt. रात्रि] *adv.* 昼夜, 四六時中.

ਦਿਨੋਂ ਦਿਨ (दिनों दिन) /dinõ dina ディノーン ディン/ [+ ਓਂ + Skt. दिन] *adv.* 日ごとに, 日に日に, 日増しに.

ਦਿਪ (दिप) /dipa ディプ/ ▸ਦਪ [(Kang.)] *m.* → ਦਪ

ਦਿੱਬ (दिब्ब) /dibba ディッブ/ *adj.* **1** 天界の. **2** 神の.

ਦਿਮਾਗ਼ (दिमाग़) /dimāǧa ディマーグ/ ▸ਡਮਾਕ, ਡਮਾਗ, ਦਮਾਗ [Arab. *dimāǧ*] *m.* **1** 〖身体〗頭脳, 頭, 脳. ❐ਦਿਮਾਗ਼ ਲੜਾਉਣਾ 頭をひねる, 一生懸命考える. ❐ਦਿਮਾਗ਼ ਦੀ ਸੋਜ 髄膜炎. **2** 心, 精神. **3** 知恵. **4** 〖俗語〗自負心, 傲慢さ, 横柄さ. ❐ਦਿਮਾਗ ਕਰਨਾ 得意になる, うぬぼれる, 傲慢になる.

ਦਿਮਾਗ਼ੀ (दिमाग़ी) /dimāǧī ディマーギー/ ▸ਦਮਾਗ਼ੀ [Pers. *dimāǧī*] *adj.* **1** 〖身体〗脳の, 頭脳の, 頭の. **2** 心の, 精神の. **3** 知的な. **4** 理論的な. **5** 頭脳明敏な.

ਦਿਮਾਗ਼ੀ ਕਮਜ਼ੋਰੀ (दिमाग़ी कमज़ोरी) /dimāǧī kamazorī ディマーギー カムゾーリー/ [+ Pers. *kamzorī*] *f.* 〖医〗知恵遅れ, 精神薄弱.

ਦਿਮਾਗ਼ੀ ਬਿਮਾਰੀ (दिमाग़ी बिमारी) /dimāǧī bimārī ディマーギー ビマーリー/ [+ Pers. *bīmārī*] *f.* 〖医〗精神病, 精神疾患.

ਦਿਮਾਗ਼ੀ ਬੁਖ਼ਾਰ (दिमाग़ी बुख़ार) /dimāǧī buxāra ディマーギー ブカール/ [+ Arab. *buxār*] *m.* 〖医〗脳脊髄を冒す熱, 脳脊髄膜炎.

ਦਿਲ (दिल) /dila ディル/ [Pers. *dil*] *m.* **1** 〖身体〗心臓, 胸. **2** 心, 心情, 気持ち. ❐ਦਿਲ ਕੱਚਾ ਹੋਣਾ 吐き気を催す, むかつく. ❐ਦਿਲ ਕੱਚਾ ਕਰਨਾ 吐き気を催させる, むかつかせる. ❐ਦਿਲ ਕਰਨਾ 気が向く, 欲する. ❐ਦਿਲ ਖੱਟਾ ਹੋਣਾ いらだつ, 憤激する, 不快に思う, 感情を害する, しゃくにさわる, がっかりする. ❐ਦਿਲ ਖੱਟਾ ਕਰਨਾ いらだたせる, 憤激させる, 不快にさせる, 腹を立てさせる, がっかりさせる. ❐ਦਿਲ ਤੋਂ ਦੂਰ ਹੋਣਾ 忘れる. ❐ਦਿਲ ਦੇਣਾ 恋に落ちる. ❐ਦਿਲ ਪਰਚਾਉਣਾ 楽しませる, 気を晴らす. ❐ਦਿਲ ਲੱਗਣਾ 寛ぐ, 愛着を持つようになる. **3** 勇気, 士気. ❐ਦਿਲ ਛੱਡਣਾ 落胆する, 挫ける. ❐ਦਿਲ ਢਾਹੁਣਾ, ਦਿਲ ਤੋੜਨਾ 落胆させる, 挫く.

ਦਿਲ-ਆਕਾਰ (दिल-आकार) /dila-ākāra ディル・アーカール/ [+ Skt. आकार] *adj.* ハート型の.

ਦਿਲਸ਼ਾਦ (दिलशाद) /dilaśāda ディルシャード/ [+ Pers. *śād*] *adj.* **1** 気持ちのいい, 愉快な. **2** 喜ばしい, 嬉しい. **3** 楽しい.

ਦਿਲ ਸ਼ਿੱਕਨ (दिल शिक्कन) /dila śikkana ディル シッカン/ [+ Pers. *śikan*] *adj.* **1** 胸の張り裂けるような. **2** 悲しい. **3** 痛ましい.

ਦਿਲ ਸ਼ਿਕਨੀ (दिल शिकनी) /dila śikanī ディル シクニー/ [-ਈ] *f.* **1** 胸の張り裂けるような思い. **2** 大きな悲しみ. **3** 悲痛.

ਦਿਲਸੋਜ਼ (दिलसोज़) /dilasoza ディルソーズ/ Pers. *dil* + Pers. *soz* *adj.* **1** 悲しい, 辛い. **2** 痛ましい. **3** 哀切な.

ਦਿਲ ਹਿਲਾਊ (दिल हिलाऊ) /dila hilāū ディル ヒラーウー/ [+ cf. ਹਿਲਾਉਣਾ] *adj.* **1** 涙を誘う, 哀れを誘う, 哀切な. **2** 痛ましい, 悲劇的な. **3** 怖がらせる, 恐ろしい, ぞっとさせる.

ਦਿਲਕਸ਼ (दिलकश) /dilakaśa ディルカシュ/ [+ Pers. *kaś*] *adj.* **1** 心を引き付ける. **2** 魅力的な. **3** 美しい.

ਦਿਲਗੀਰ (दिलगीर) /dilagīra ディルギール/ [+ Pers. *gīr*] *adj.* **1** ふさぎ込んだ. **2** 意気消沈した. **3** 憂鬱な. **4** 悲しみに沈んだ. **5** くじかれた.

ਦਿਲਗੀਰੀ (दिलगीरी) /dilagīrī ディルギーリー/ [+ Pers. *gīrī*] *f.* **1** ふさぎ込んだ状態. **2** 意気消沈. **3** 憂鬱. **4** 悲しみ. **5** 元気のないこと.

ਦਿਲਚਸਪ (दिलचसप) /dilacasapa ディルチャスプ/ [+ Pers. *casp*] *adj.* **1** 興味深い, 関心をひく. **2** 面白い. **3** 楽しい. **4** わくわくする.

ਦਿਲਚਸਪੀ (दिलचसपी) /dilacasapī ディルチャスピー/ [+ Pers. *caspī*] *f.* **1** 興味, 関心, 感興, 好み, 趣味. ❐ਉਸਨੂੰ ਸੰਗੀਤ ਵਿੱਚ ਦਿਲਚਸਪੀ ਹੈ। あの人は音楽に興味があります. **2** 面白いこと. **3** 楽しみ. **4** 好奇心. **5** 魅力.

ਦਿਲ-ਜਾਨੀ (दिल-जानी) /dila-jānī ディル・ジャーニー/ [+ Pers. *jānī*] *m.* 心の友.

ਦਿਲਜੋਈ (दिलजोई) /dilajoī ディルジョーイー/ [+ Pers. *joī*] *f.* **1** 慰め, 慰安. **2**(人への)気遣い, 同情.

ਦਿਲ ਢਾਹੂ (दिल ढाहू) /dila ṭǎhū ディル ターフー/ [+ cf. ਢਾਹੁਣਾ] *adj.* **1** 胸の張り裂けるような. **2** 落胆させるような.

ਦਿਲਦਾਰ (दिलदार) /diladāra ディルダール/ [Pers.-*dār*]

adj. **1** 愛しい, 愛らしい. (⇒ਪਿਆਰਾ) **2** 最愛の, 大好きな.
— *m.* **1** 愛する人, 愛しい人. **2** 最愛の人. **3** 恋人.

ਦਿਲਪਸੰਦ (दिलपसंद) /dilapasanda ディルパサンド/ [+ Pers. *pasand*] *adj.* **1** 心を楽しませる, 楽しい, 心地よい. **2** 好きな, 好ましい, 望ましい. **3** 興味深い, 面白い.

ਦਿਲ ਬਹਿਲਾਵਾ (दिल बहिलावा) /dila baîlāwā ディル バェーラーワー/ [+ cf. ਬਹਿਲਾਉਣਾ] *m.* **1** 心を癒すもの, 気晴らし. **2** 楽しみ, 娯楽. (⇒ਮਨੋਰੰਜਨ)

ਦਿਲਬਰ (दिलबर) /dilabara ディルバル/ [+ Pers. *bar*] *adj.* **1** 愛しい. **2** 魅力的な, 魅惑的な.
— *m.* **1** 愛する人, 愛しい人. **2** 最愛の人. **3** 恋人.

ਦਿਲਰੁਬਾ (दिलरुबा) /dilarubā ディルルバー/ [+ Pers. *rubā*] *adj.* 人の心を奪うような, 魅惑的な.
— *m.f.* **1** 愛する人, 愛しい人. **2** 最愛の人. **3** 恋人.

ਦਿਲਾਸਾ (दिलासा) /dilāsā ディラーサー/ ▶ਦਲਾਸਾ [+ Pers. *āsā*] *m.* **1** 慰め, 慰安. ❐ਦਿਲਾਸਾ ਦੇਣਾ 慰める. **2** 元気づけ, 励まし, 激励. ❐ਦਿਲਾਸਾ ਦੇਣਾ 元気づける, 励ます.

ਦਿਲਾਵਰ (दिलावर) /dilāwara ディラーワル/ [+ Pers. *āvar*] *adj.* **1** 勇敢な, 勇気のある. (⇒ਬਹਾਦਰ) **2** 大胆な. **3** 恐れを知らぬ. (⇒ਨਿਡਰ)

ਦਿਲਾਵਰੀ (दिलावरी) /dilāwarī ディラーウリー/ [+ Pers. *āvarī*] *f.* **1** 勇敢さ, 勇気. **2** 大胆さ.

ਦਿਲੀ (दिली) /dilī ディリー/ [Pers. *dilī*] *adj.* **1** 心からの, 本心からの. (⇒ਹਾਰਦਿਕ) **2** 誠実な, 真心のこもった. **3** 心の暖かい.

ਦਿੱਲੀ (दिल्ली) /dillī ディッリー/ ▶ਦੇਹਲੀ *f.* 〖地名〗デリー《インド共和国の首都》.

ਦਿਵਸ (दिवस) /diwasa ディワス/ [Skt. दिवस] *m.* **1** 日. **2** 〖暦〗記念日.

ਦਿਵਾਉਣਾ (दिवाउणा) /diwāuṇā ディワーウナー/ [cf. ਦੇਣਾ] *vt.* **1** 与えさせる. **2**(人を介して)得させる, 持たせる, 獲得させる. **3** 斡旋する.

ਦਿਵਾਨ (दिवान) /diwāna ディワーン/ ▶ਦੀਵਾਨ [Pers. *dīvān*] *m.* **1** 宮廷, 宮殿, 王宮. **2** 大臣, 財務大臣. **3** 宰相, 首相. (⇒ਵਜ਼ੀਰ) **4** 役人, 高官. **5** 会衆, 信徒の集まり. **6** 〖文学〗一詩人のガザルを集めた詩集. **7** 〖家具〗背もたれのないソファー, 寝椅子.

ਦਿਵਾਨਗੀ (दिवानगी) /diwānagī ディワーンギー/ ▶ਦੀਵਾਨਗੀ [Pers. *dīvāna* Pers.-*gī*] *f.* **1** 狂気. **2** 狂気の沙汰.

ਦਿਵਾਨਾ (दिवाना) /diwānā ディワーナー/ ▶ਦੀਵਾਨਾ [Pers. *dīvāna*] *adj.* **1** 狂気の, 気の狂った, 頭がおかしい. **2** 正気を失った, 取り乱した. **3** 熱狂した, 熱中した, 我を忘れた, 分別をなくした.
— *m.* **1** 狂人. **2** 正気を失った人, 取り乱した人. **3** 熱狂した人, 熱中している人, 我を忘れた人, 分別をなくした人.

ਦਿਵਾਨਾਪਣ (दिवानापण) /diwānāpaṇa ディワーナーパン/ ▶ਦੀਵਾਨਾਪਣ [-ਪਣ] *m.* **1** 狂気. **2** 熱狂, 熱中.

ਦਿਵਾਨੀ (दिवानी) /diwānī ディワーニー/ ▶ਦੀਵਾਨੀ [Pers. *dīvānī*] *adj.* **1** 〖法〗法廷の, 裁判所の, 裁判の, 司法の. **2** 〖法〗民事上の, 民事に関する. **3** 財務の.

ਦਿਵਾਰ (दिवार) /diwāra ディワール/ ▶ਦੀਵਾਰ [Pers. *dīvār*] *f.* **1** 壁, 側壁, 壁面. (⇒ਕੰਧ) **2** 塀, 囲い.

ਦਿਵਾਲ (दिवाल) /diwāla ディワール/ *adj.* 喜んで与える.

ਦਿਵਾਲ-ਖ਼ਰ (दिवाल-ख़र) /diwāla-xara ディワール・カル/ *adj.* 役立たずの.

ਦਿਵਾਲਾ (दिवाला) /diwālā ディワーラー/ ▶ਦਵਾਲਾ *m.* 〖経済〗破産, 倒産, (負債の)返済不能, 支払い不能. ❐ਦਿਵਾਲਾ ਨਿਕਲਣਾ 破産する, 倒産する. ❐ਇਸ ਬੈਂਕ ਦਾ ਦਿਵਾਲਾ ਨਿਕਲ ਗਿਆ ਹੈ। この銀行は破産してしまっています.

ਦਿਵਾਲੀ (दिवाली) /diwālī ディワーリー/ ▶ਦੀਵਾਲੀ [(Pkt. दीवाली) Skt. दीपावलि] *f.* **1** 光の列. **2** 〖祭礼・ヒ〗ディワーリー(ディーワーリー)祭《カッタク(カールティカ)月の新月の日に行われるヒンドゥー教の灯火の祭り》.

ਦਿਵਾਲੀਆ (दिवालीआ) /diwālīā ディワーリーアー/ *adj.* **1** 〖経済〗破産した. **2** 返済不能の.

ਦੀਉਟ (दीउट) /dīuṭa ディーウト/ ▶ਦੀਵਟ *f.* → ਦੀਵਟ

ਦੀਆ (दीआ) /dīā ディーアー/ ▶ਦੀਵਾ *m.* → ਦੀਵਾ

ਦੀਆਸਲਾਈ (दीआसलाई) /dīāsalāī ディーアーサラーイー/ ▶ਦੀਵਾਸਲਾਈ *f.* → ਦੀਵਾਸਲਾਈ

ਦੀਖਿਆ (दीखिआ) /dīkʰiā ディーキアー/ [Skt. दीक्षा] *f.* **1** 〖ヒ〗伝授, 洗礼, 入信儀式. **2** 神への奉納.

ਦੀਗਰ (दीगर) /dīgara ディーガル/ [Pers. *dīgar*] *adj.* **1** 他の. **2** 異なる. **3** 次の, 後に続く.

ਦੀਦ (दीद) /dīda ディード/ [Pers. *dīd*] *f.* **1** 見ること, 視線, 眼差し, 注視. (⇒ਤੱਕਣੀ) **2** 眺め, 概観, 一瞥, ちらっと見えること. **3** 配慮, 心遣い, 気配り. (⇒ਲਿਹਾਜ਼) **4** 敬意, 尊敬. (⇒ਅਦਬ, ਆਣ, ਆਦਰ) **5** 謙虚, 慎み. **6** 恥じらい, はにかみ.

ਦੀਦਾ (दीदा) /dīdā ディーダー/ [Pers. *dīda*] *m.* **1** 〖身体〗目, 眼, まなこ, 眼球. **2** 視線, 眼差し.

ਦੀਦਾ ਦਾਨਿਸਤਾ (दीदा दानिसता) /dīdā dānisatā ディーダー ダーニスター/ *adv.* **1** 目を見開いて. **2** わざと, 故意に.

ਦੀਦਾਰ (दीदार) /dīdāra ディーダール/ ▶ਦਿਦਾਰ *m.* → ਦਿਦਾਰ

ਦੀਦੀ (दीदी) /dīdī ディーディー/ *f.* **1** 〖親族〗姉. **2** お姉さん《呼びかけ》.

ਦੀਨ[1] (दीन) /dīna ディーン/ [Skt. दीन] *adj.* **1** 貧しい, 乏しい, 困窮した. (⇒ਗ਼ਰੀਬ) **2** 哀れな, みじめな, 可哀相な, 悲惨な. **3** 元気のない, 憂鬱な. **4** 謙虚な, 慎ましい. **5** 慈悲深い. **6** おとなしい, 柔和な.

ਦੀਨ[2] (दीन) /dīna ディーン/ [Arab. *dīn*] *m.* **1** 信仰, 信心, 信教. **2** 宗教.

ਦੀਨਤਾ (दीनता) /dīnatā ディーンター/ [Skt. दीन Skt.-ता] *f.* 謙虚さ, 慎ましさ.

ਦੀਨਦਾਰ (दीनदार) /dīnadāra ディーンダール/ [Arab. *dīn* Pers.-*dār*] *adj.* **1** 信仰心の篤い, 篤信な, 信心深い, 敬虔な. **2** 高潔な. **3** 誠実な.

ਦੀਨ-ਦਿਆਲ (दीन-दिआल) /dīna-diāla ディーン・ディアール/ [Skt. दीन + Skt. दयालु] *adj.* 情け深い, 哀れみ深い, 貧しき者に慈悲深い.

ਦੀਨਾਨਾਥ (दीनानाथ) /dīnānātʰa ディーナーナート/ [Skt.

दीन + Skt. नाथ] *m.* **1** 貧しき者の庇護者, 苦しむ弱者を助ける人. **2**〘ヒ〙ディーナーナータ《最高神の異名の一つ》.

ਦੀਨੀ (दीनी) /dīnī ディーニー/ [Arab. *dīn* -ਈ] *adj.* **1** 宗教の, 宗教に関する, 信仰の. **2** 信心深い. **3** 精神的な.

ਦੀਪ[1] (दीप) /dīpa ディープ/ [Skt. दीप] *m.*〘器具〙ランプ.

ਦੀਪ[2] (दीप) /dīpa ディープ/ [Skt. द्वीप] *m.*〘地理〙島. (⇒ਜਜ਼ੀਰਾ, ਟਾਪੂ)

ਦੀਪਕ (दीपक) /dīpaka ディーパク/ [Skt. दीपक] *m.* **1**〘器具〙ランプ. **2** 光, 灯り, 照明.

ਦੀਪਤੀ (दीपती) /dīpatī ディープティー/ [Skt. दीप्ति] *f.* **1** 光. **2** 輝き, 光輝, 光沢. **3** 麗しさ, 華麗.

ਦੀਪਮਾਲਾ (दीपमाला) /dīpamālā ディープマーラー/ [Skt. दीपमाला] *f.* **1** 灯火の連なり, 光の列. **2**〘祭礼・ヒ〙ディワーリー(ディーワーリー). (⇒ਦਿਵਾਲੀ)

ਦੀਮਕ (दीमक) /dīmaka ディーマク/ [Pers. *dīvak*] *f.*〘虫〙シロアリ, 白蟻.

ਦੀਰਘ (दीरघ) /dîraga ディールグ/ [Skt. दीर्घ] *adj.* **1** 長い, 長期の. **2** 大きな. **3** 重大な, 重い, 深刻な. ❐ ਦੀਰਘ ਰੋਗ 重病.

ਦੀਵਟ (दीवट) /dīwaṭa ディーワト/ ▸ਦੀਉਟ [Skt. दीपवर्ति] *f.* **1**〘器具〙ランプ台, 燭台. **2** ランプの芯.

ਦੀਵਟਾ (दीवटा) /dīwaṭā ディーワター/ [Skt. दीपवर्ति] *m.*〘器具〙ランプ.

ਦੀਵਾ (दीवा) /dīwā ディーワー/ ▸ਦੀਆ [(Pkt. दीव) Skt. दीप] *m.* **1**〘器具〙ランプ. **2** 光, 灯り, 灯火, 照明. **3**〘俗語〙のろま, 間抜け, 馬鹿.

ਦੀਵਾਸਲਾਈ (दीवासलाई) /dīwāsalāī ディーワーサラーイー/ ▸ਦੀਆਸਲਾਈ [+ Skt. शलाका] *f.* マッチ棒, マッチの軸(⇒ਮਾਚਸ)

ਦੀਵਾਨ (दीवान) /dīwāna ディーワーン/ ▸ਦਿਵਾਨ *m.* → ਦਿਵਾਨ

ਦੀਵਾਨਗੀ (दीवानगी) /dīwānagī ディーワーンギー/ ▸ਦਿਵਾਨਗੀ *f.* → ਦਿਵਾਨਗੀ

ਦੀਵਾਨਾ (दीवाना) /dīwānā ディーワーナー/ ▸ਦਿਵਾਨਾ *adj.m.* → ਦਿਵਾਨਾ

ਦੀਵਾਨਾਪਣ (दीवानापण) /dīwānāpaṇa ディーワーナーパン/ ▸ਦਿਵਾਨਾਪਣ *m.* → ਦਿਵਾਨਾਪਣ

ਦੀਵਾਨੀ (दीवानी) /dīwānī ディーワーニー/ ▸ਦਿਵਾਨੀ *adj.* → ਦਿਵਾਨੀ

ਦੀਵਾਰ (दीवार) /dīwāra ディーワール/ ▸ਦਿਵਾਰ *f.* → ਦਿਵਾਰ

ਦੀਵਾਲੀ (दीवाली) /dīwālī ディーワーリー/ ▸ਦਿਵਾਲੀ *f.* → ਦਿਵਾਲੀ

ਦੁ (दु) /du ドゥ/ [Skt. द्वि ; Pers. *do*] *pref.* 「二つの…」「両方の…」など, 2の意味を含む語を形成する接頭辞.

ਦੁਅੱਕ (दुअक्क) /duakka ドゥアック/ ▸ਦੋਅੱਕ [Skt. द्वि- ਅੱਕ] *m.*〘動物〙二本の歯の馬または駱駝.

ਦੁਆ (दुआ) /duā ドゥアー/ [Arab. *du`ā*] *f.* **1** 祈り, 祈願, 祈念, 神に懇願すること. ❐ਦੁਆ ਸਲਾਮ 挨拶. ❐ਦੁਆ ਕਰਨਾ 祈る, 祈願する. **2** 祝福, 祝福の言葉. ❐ਦੁਆ ਦੇਣਾ 祝福する. ❐ਦੁਆ ਮੰਗਣਾ 祝福を求める.

ਦੁਆਈ (दुआई) /duāī ドゥアーイー/ ▸ਦਵਾਈ *f.* → ਦਵਾ

ਦੁਆਤ (दुआत) /duāta ドゥアート/ ▸ਦਵਾਤ, ਦਵੈਤ *f.* → ਦਵਾਤ

ਦੁਆਦਸ਼ੀ (दुआदशी) /duādaśī ドゥアードシー/ ▸ਦਵਾਦਸ਼ੀ, ਦ੍ਵਾਦਸ਼ੀ [Skt. द्वादशी] *f.*〘暦〙太陰暦各半月の12日.

ਦੁਆਨੀ (दुआनी) /duānī ドゥアーニー/ [Skt. द्वि- Skt. आणक] *f.*〘貨幣〙 2アンナの硬貨《8分の1ルピー硬貨》.

ਦੁਆਬਾ (दुआबा) /duābā ドゥアーバー/ ▸ਦੋਆਬ, ਦੋਆਬਾ [Pers. *do*- Pers. *āb*] *m.* **1** 二つの川. **2**〘地理〙二つの川に挟まれた地方. **3**〘地名〙ドゥアーバー(ドーアーブ, ドーアーバー)地方《パンジャーブを流れるサトルジ川とビアース川に挟まれた地方》.

ਦੁਆਬੀ (दुआबी) /duābī ドゥアービー/ ▸ਦੋਆਬੀ [-ਈ] *f.* ドゥアービー(ドーアービー)方言《ドーアーブ(ドーアーバー, ドゥアーバー)地方で話されているパンジャービー語の方言》.

ਦੁਆਬੀਆ (दुआबीआ) /duābīā ドゥアービーアー/ ▸ਦੋਆਬੀਆ [-ਈਆ] *m.* ドーアーブ(ドーアーバー, ドゥアーバー)地方の住人.

ਦੁਆਰ (दुआर) /duāra ドゥアール/ ▸ਦਵਾਰ [Skt. द्वार] *m.* **1**〘建築〙門, ゲート. (⇒ਦਰਵਾਜ਼ਾ) **2**〘建築〙戸, 扉, ドア. (⇒ਬੂਹਾ) **3** 入り口. **4** 戸口, 門口. **5** 出入り口, 通路.

ਦੁਆਰਾ[1] (दुआरा) /duārā ドゥアーラー/ ▸ਦਵਾਰਾ [Skt. द्वारात्] *postp.* **1**…を通って. (⇒ਰਾਹੀਂ, ਮਾਰਫ਼ਤ) **2**…で, …によって, …の手段で, …を使って, …を通じて, …に乗って. (⇒ਰੈਲ) ❐ਮੈਂ ਕਸ਼ਮੀਰ ਮੇਲ ਦੁਆਰਾ ਯਾਤਰਾ ਕਰਾਂਗਾ। 私はカシュミール急行で旅行します. ❐ਮੈਨੂੰ ਯਾਦ ਹੈ ਕਿ ਉਸ ਨੇ ੧੯੭੯ ਦੀਆਂ ਚੋਣਾਂ ਵਿੱਚ ਪਰਚਾਰ ਲਈ ਕਿਵੇਂ ਹਵਾਈ ਜਹਾਜ਼ ਦੁਆਰਾ, ਜੀਪ ਦੁਆਰਾ, ਬੈਲਗੱਡੀ ਦੁਆਰਾ ਅਤੇ ਪੈਦਲ ਚੱਲ ਕੇ ਸਾਰੇ ਦੇਸ਼ ਦਾ ਦੌਰਾ ਕੀਤਾ। 彼女が1979年の選挙の時, 飛行機で, ジープで, 牛車で, そして徒歩で, どのように全国を遊説したか, 私は憶えています. **3**《受動態の文における動作主の後に置いて》…によって, …で, …を通じて, …には. ❐ਇੱਕ ਪਰਵਾਸੀ ਦੁਆਰਾ ਦਾਨ ਦਿੱਤਾ ਗਿਆ। ある国外移住者によって寄付が行われました. ❐ਪਾਕਿਸਤਾਨ ਅਤੇ ਹਿੰਦੁਸਤਾਨ ਨੂੰ ਜੋੜਨ ਵਾਲੀ ਸਮਝੌਤਾ ਐਕਸਪ੍ਰੈੱਸ ਨੂੰ ਹਰਿਆਣੇ ਦੇ ਸ਼ਹਿਰ ਪਾਣੀਪੱਤ ਦੇ ਨੇੜੇ ਪਿੰਡ ਦੀਵਾਨਾ ਦੇ ਕੋਲ ਆਤੰਕਵਾਦੀਆਂ ਦੁਆਰਾ ਆਪਣੀ ਨਫ਼ਰਤ ਦਾ ਸ਼ਿਕਾਰ ਬਣਾਇਆ ਗਿਆ ਹੈ। パキスタンとインドを結ぶサムジャウォーター〔和解〕急行はハリヤーナー州のパーニーパット市に近いディーワーナー村付近でテロリストたちによってその憎しみの餌食とされたのです. ❐ਮੇਰੇ ਦੁਆਰਾ ਦਿੱਤੇ ਗਏ ਭਾਸ਼ਣ ਦਾ ਕੋਈ ਵੀ ਹਿੱਸਾ ਦੂਰਦਰਸ਼ਨ ਦੁਆਰਾ ਪਰਸਾਰਿਤ ਨਹੀਂ ਕੀਤਾ ਗਿਆ। 私によって行われた〔私がした〕演説の一部たりともテレビで放送されることはありませんでした.

ਦੁਆਰਾ[2] (दुआरा) /duārā ドゥアーラー/ [Skt. द्वार] *suff.* 「礼拝所」「寺院」などの意味を含む名詞を形成する接尾辞.

ਦੁਆਲਾ (दुआला) /duālā ドゥアーラー/ ▸ਦਵਾਲਾ *m.* **1** 周り, 周囲. **2** 付近.

ਦੁਆਲੇ (दुआले) /duāle ドゥアーレー/ *adv.* **1** 周りに, 周囲に. **2** 付近に.

— *postp.* **1**…の周りに[を]. ❐ਖਾਣਾ ਖਾਣ ਲਈ ਬੱਚੇ ਮੇਜ਼

ਦੁਆਲੇ ਬੈਠ ਗਏ। 食事をするために子供たちは食卓の周りに座りました. ❐ਧਰਤੀ ਸੂਰਜ ਦੁਆਲੇ ਘੁੰਮਦੀ ਰਹਿੰਦੀ ਹੈ। 地球は太陽の周りを回り続けています. **2**…の付近に[を].

ਦੁਸਹਿਰਾ (दुसहिरा) /dusaîrā ドゥサェーラー/ ▸ਦਸਹਰਾ, ਦਸਹਿਰਾ *m.* → ਦਸਹਿਰਾ

ਦੁਸਟ (दुसट) /dusaṭa ドゥスト/ ▸ਦੁਸ਼ਟ *adj.m.* → ਦੁਸ਼ਟ

ਦੁਸ਼ਟ (दुशट) /duśaṭa ドゥシュト/ ▸ਦੁਸਟ [Skt. दुष्ट] *adj.* **1** 邪な, 邪悪な, 不正な. **2** 悪意のある, 性悪な, 意地悪な. **3** 卑しい. **4** 役立たずの, 駄目な.
— *m.* **1** 悪党, 悪者, 悪漢. **2** ごろつき, ならず者.

ਦੁਸ਼ਟ-ਆਤਮਾ (दुशट-आतमा) /duśaṭa-ātamā ドゥシュト・アートマー/ [Skt. दुष्टात्मा] *adj.* 心根の悪い, 心の良くない, 悪意を持つ.

ਦੁਸ਼ਟਤਾ (दुशटता) /duśaṭatā ドゥシュトター/ [Skt. दुष्ट Skt.-ता] *f.* **1** 邪悪さ, 不正. **2** 悪意, 悪意のあること, 意地悪. **3** 卑しさ.

ਦੁਸ਼ਮਣ (दुशमण) /duśamaṇa ドゥシュマン/ ▸ਦੁਸ਼ਮਨ *m.* → ਦੁਸ਼ਮਨ

ਦੁਸ਼ਮਣੀ (दुशमणी) /duśamaṇī ドゥシュマニー/ ▸ਦੁਸ਼ਮਨੀ *f.* → ਦੁਸ਼ਮਨੀ

ਦੁਸ਼ਮਨ (दुशमन) /duśamana ドゥシュマン/ ▸ਦੁਸ਼ਮਣ [Pers. *duśman*] *m.* **1** 敵, 仇. (⇒ਵੈਰੀ) **2** 害を及ぼすもの. **3** 好敵手, 対抗者. **4**(競技などの)相手. **5** 反対者.

ਦੁਸ਼ਮਨੀ (दुशमनी) /duśamanī ドゥシュマニー/ ▸ਦੁਸ਼ਮਣੀ [Pers. *duśmanī*] *f.* **1** 敵意, 悪意, 不和. **2** 憎しみ, 憎悪. **3** 反目.

ਦੁੱਸਰ (दुस्सर) /dussara ドゥッサル/ ▸ਦੁਸਾਰ *m.* **1** 一方から他方へ突き抜けた穴. **2** 一方の端, 他の側. **3**〖幾何〗対角線, 斜線.
— *adv.* **1** 突き抜けて, 貫通して. **2** 端から端まで. **3** 徹頭徹尾.

ਦੁਸ਼ਵਾਰ (दुशवार) /duśawāra ドゥシュワール/ [Pers. *duśvār*] *adj.* **1** 難しい, 困難な. **2** 扱いにくい, 厄介な, 面倒な.

ਦੁਸ਼ਵਾਰੀ (दुशवारी) /duśawārī ドゥシュワーリー/ [Pers. *duśvārī*] *f.* **1** 難しいこと, 困難. **2** 扱いにくいこと, 厄介なこと, 面倒なこと.

ਦੁਸਾਂਗ (दुसाँग) /dusā̃ga ドゥサーング/ ▸ਦੁਸਾਂਘ, ਦੁਸਾਂਘਾ *m.* → ਦੁਸਾਂਘ

ਦੁਸਾਂਘ (दुसाँघ) /dusā̃̀ga ドゥサーング/ ▸ਦੁਸਾਂਗ, ਦੁਸਾਂਘਾ [Skt. द्वि- Skt. शक्ति] *m.* **1** 二またに分かれたもの, 分岐したもの. **2** 尖った先が二つあるもの. **3**〖植物〗二またに分かれた枝や木の枝や幹. **4** 二またに分かれた棒. **5**〖道具〗熊手. **6** 分岐.

ਦੁਸਾਂਘੜ (दुसाँघड़) /dusā̃̀gaṛa ドゥサーンガル/ ▸ਦੋ-ਸਾਂਗਾ [+ ੜ] *adj.* **1** 二またに分かれた. **2** 尖った先が二つある. **3** 分岐した.

ਦੁਸਾਂਘਾ (दुसाँघा) /dusā̃̀gā ドゥサーンガー/ ▸ਦੁਸਾਂਗ, ਦੁਸਾਂਘ *m.* → ਦੁਸਾਂਘ

ਦੁਸਾਂਦਾ (दुसाँदा) /dusā̃dā ドゥサーンダー/ ▸ਜੋਸ਼ਾਂਦਾ, ਦੁਸ਼ਾਂਦਾ *m.* → ਦੁਸ਼ਾਂਦਾ

ਦੁਸ਼ਾਂਦਾ (दुशाँदा) /duśā̃dā ドゥシャーンダー/ ▸ਜੋਸ਼ਾਂਦਾ, ਦੁਸਾਂਦਾ [Pers. *jośānda*] *m.* **1**〖薬剤〗せんじ薬, その成分・材料. **2**〖薬剤〗咳・風邪に効くせんじ薬.

ਦੁਸਾਰ (दुसार) /dusāra ドゥサール/ ▸ਦੁੱਸਰ *m.adv.* → ਦੁੱਸਰ

ਦੁਸਾਲਾ (दुसाला) /dusālā ドゥサーラー/ ▸ਦੁੱਸਾਲਾ, ਦੋਸਾਲਾ [Pers. *do-* Pers. *sāla*] *adj.* **1** 二年に一度の. **2** 二年の, 二年経った, 二歳の, 二年がかりの. **3** 再履修の.
— *m.* 再履修学生.

ਦੁੱਸਾਲਾ (दुस्साला) /dussālā ドゥッサーラー/ ▸ਦੁਸਾਲਾ, ਦੋਸਾਲਾ *adj.m.* → ਦੁਸਾਲਾ

ਦੁਸ਼ਾਲਾ (दुशाला) /duśālā ドゥシャーラー/ ▸ਦੁੱਸ਼ਾਲਾ *m.* **1**〖衣服〗ショール, 肩掛け. (⇒ਸ਼ਾਲ) **2**〖衣服〗被布, 女性が羽織る薄地の布. (⇒ਚਾਦਰ)

ਦੁੱਸ਼ਾਲਾ (दुश्शाला) /duśśālā ドゥッシャーラー/ ▸ਦੁਸ਼ਾਲਾ *m.* → ਦੁਸ਼ਾਲਾ

ਦੁਸੇਰਾ (दुसेरा) /duserā ドゥセーラー/ [Skt. द्वि- Skt. सेठ] *m.*〖重量〗2セールの重量《約2キログラム》.

ਦੁਸੇਰੀ (दुसेरी) /duserī ドゥセーリー/ [-ਈ] *f.*〖重量〗2セールの重量《約2キログラム》.

ਦੁਹ (दुह) /dô ドー/ [Skt. दुः] *pref.* 「悪」「誤り」などの意味を表す接頭辞.

ਦੁਹਕਰਮ (दुहकरम) /dôkarama | dôkarama ドーカルム | ドーカラム/ [Skt. दुः- Skt. कर्म] *m.* 悪行, 不道徳な行い.

ਦੁਹਚਾਰੀ (दुहचारी) /dôcārī ドーチャーリー/ [Skt. दुः- आचारिन्] *adj.* 不道徳な, 不品行な.

ਦੁਹਣਾ (दुहणा) /dôṇā ドーナー/ ▸ਦੋਹਣਾ *vt.m.* → ਦੋਹਣਾ

ਦੁਹਣੀ (दुहणी) /dôṇī ドーニー/ ▸ਦੋਹਣੀ *f.* → ਦੋਹਣੀ

ਦੁਹੱਥੜ (दुहत्थड़) /duhattʰaṛa ドゥハッタル/ [Skt. द्वि- Skt. हस्त + ੜ] *m.* 両手での殴打. ❐ਦੁਹੱਥੜ ਮਾਰਨਾ 両手で殴る.

ਦੁਹੱਥਾ (दुहत्था) /duhattʰā ドゥハッター/ [Skt. द्वि- Skt. हस्त] *adj.* 両手利きの.
— *m.* 両手利きの人.

ਦੁਹੱਥਾਪਨ (दुहत्थापन) /duhattʰāpana ドゥハッターパン/ [-ਪਨ] *m.* 両手利き.

ਦੁਹਰ (दुहर) /dôra ドール/ [(Pkt. दोहा) Skt. द्विधा] *f.* 複製, 複写.

ਦੁਹਰਫ਼ੀ (दुहरफ़ी) /duharafī ドゥハルフィー/ [Pers. *do-* Arab. *harf* -ਈ] *adj.* **1** 二文字の. **2** 簡略な, 簡潔な.

ਦੁਹਰਾ (दुहरा) /dôrā ドーラー/ ▸ਦੂਹਰਾ, ਦੋਹਰਾ *adj.m.* → ਦੋਹਰਾ

ਦੁਹਰਾਉ (दुहराउ) /dôrāo ドーラーオー/ [cf. ਦੁਹਰਾਉਣਾ] *m.* 繰り返し, 反復.

ਦੁਹਰਾਉਣਾ (दुहराउणा) /dôrāuṇā ドーラーウナー/ ▸ਦੋਹਰਾਉਣਾ [(Pkt. दोहा) Skt. द्विधा] *vt.* **1** 繰り返す, 反復する. ❐ਕੀ ਦੇਸ਼ ਦਾ ਇਤਿਹਾਸ ਮੁੜ ਦੁਹਰਾਇਆ ਜਾਏਗਾ? 国の歴史は再び繰り返されるのでしょうか. **2** 復唱する. **3** 改訂する.

ਦੁਹਰਾਈ (दुहराई) /dôrāī ドーラーイー/ [cf. ਦੁਹਰਾਉਣਾ] *f.* **1** 繰り返し, 反復. **2** 復唱.

ਦੁਹਾਈ (दुहाई) /duhāī | duǎī ドゥハーイー | ドゥアーイー/ *f.* **1** 助け・救い・正義・慈悲などを求める叫び. (⇒ਬਾਹੁੜੀ) **2** 神の加護などを祈ること, 祈願. **3** 請願, 訴え. **4** 不平・抗議などの叫び. **5** 非難の叫び.

ਦੁਹਾਗ (दुहाग) /duhāga | duǎga ドゥハーグ | ドゥアーグ/ [Skt. दुर्भाग्य] *m.* **1** 不運, 悲運, 不幸. **2** 夫と死別するこ

と, 未亡人であること.

ਦੁਹਾਗਣ (दुहागण) /duhāgaṇa̯ | duăgaṇa̯ ドゥハーガン | ドゥアーガン/ [-ਣ] *f.* **1** 夫と死別した女性, 未亡人. **2** 離婚した女性.

ਦੁਹਾਜੂ (दुहाजू) /duhājū | duăjū ドゥハージュー | ドゥアージュー/ [Skt. द्विभार्य] *m.* 配偶者に死なれて再婚した人, 再婚者.

ਦੁਹੇਰਾ (दुहेरा) /duherā | duĕrā ドゥヘーラー | ドゥエーラー/ ▸ਦੁਹੇਲਾ *adj.* → ਦੁਹੇਲਾ

ਦੁਹੇਲਾ (दुहेला) /duhelā | duĕrā ドゥヘーラー | ドゥエーラー/ ▸ਦੁਹੇਰਾ *adj.* **1** 難しい, 困難な. (⇒ਔਖਾ, ਮੁਸ਼ਕਿਲ)(↔ਸੁਹੇਲਾ) **2** 骨の折れる, 努力を要する. **3** 危険の多い. **4** 辛い, 苦しい, 悲しんでいる, 苦悩している. (⇒ਦੁਖੀ)

ਦੁਕੱਲਾ (दुकल्ला) /dukallā ドゥカッラー/ [Skt. द्विक + ਲਾ] *adv.* **1** 二人だけで. **2** 誰か一人を伴って.

ਦੁੱਕੜ (दुक्कड़) /dukkaṛa̯ ドゥッカル/ [Skt. द्विक + ੜ] *m.* **1** 二つのまとまり. **2**〖楽器〗小太鼓.

ਦੁਕਾਨ (दुकान) /dukāna̯ ドゥカーン/ [Pers. *dūkān*] *f.* **1** 店, 店舗, 商店, 販売所. ❐ਦੁਕਾਨ ਕਰਨੀ, ਦੁਕਾਨ ਚਲਾਉਣੀ 店を経営する. **2** 仕事場, 作業所.

ਦੁਕਾਨਦਾਰ (दुकानदार) /dukāna̯dāra̯ ドゥカーンダール/ [Pers.-*dār*] *m.* **1** 店主, 商店主, 店の主人, 店の経営者. (⇒ਸ਼ਾਪਕੀਪਰ, ਹਟਵਾਣੀਆਂ) **2** 実業家, 商人.

ਦੁਕਾਨਦਾਰੀ (दुकानदारी) /dukāna̯dārī ドゥカーンダーリー/ [Pers.-*dārī*] *f.* 店主の仕事, 商店経営.

ਦੁਕਾਲਕ (दुकालक) /dukālaka̯ ドゥカーラク/ ▸ਦੁਕਾਲਿਕ *adj.* → ਦੁਕਾਲਿਕ

ਦੁਕਾਲਿਕ (दुकालिक) /dukālika̯ ドゥカーリク/ ▸ਦੁਕਾਲਕ *adj.* 通時的な.

ਦੁੱਕੀ (दुक्की) /dukkī ドゥッキー/ [Skt. द्विक -ਈ] *f.*〖遊戯〗トランプの2の札.

ਦੁਖ (दुख) /duk^{h}a̯ ドゥク/ ▸ਦੁੱਖ [Skt. दुःख] *m.* **1** 苦痛, 苦しみ. ❐ਦੁਖ ਉਠਾਉਣਾ 苦しむ. ❐ਦੁਖ ਦੇਣਾ 苦しめる, 悩ます. **2** 悲しみ, 悲哀, 悲嘆. **3** 不幸, 災い, 災難, 苦難. **4** 苦悩, 悩み.

ਦੁੱਖ[1] (दुक्ख) /dukk^{h}a̯ ドゥック/ ▸ਦੁਖ *m.* → ਦੁਖ

ਦੁੱਖ[2] (दुक्ख) /dukk^{h}a̯ ドゥック/ *m.* **1** 敵意. **2** 反目.

ਦੁਖਣਾ (दुखणा) /duk^{h}aṇā ドゥカナー/ ▸ਦੁੱਖਣਾ [Skt. दुःखति] *vi.* **1** 苦痛を感じる, 痛む. **2** 傷つく. **3** 悲しむ, 悔やむ.

ਦੁੱਖਣਾ (दुक्खणा) /dukk^{h}aṇā ドゥッカナー/ ▸ਦੁਖਣਾ *vi.* → ਦੁਖਣਾ

ਦੁਖਦਾਇਕ (दुखदाइक) /duk^{h}a̯dāika̯ ドゥクダーイク/ [Skt. दुःख Skt.-दायक] *adj.* **1** 苦痛を与える, 苦しめる. **2** 悲しい, 悲惨な.

ਦੁਖਦਾਈ (दुखदाई) /duk^{h}a̯dāī ドゥクダーイー/ [Skt.-दायिन्] *adj.* **1** 苦痛を与える, 苦しめる. **2** 悲しい, 悲惨な.

ਦੁਖੜਾ (दुखड़ा) /duk^{h}aṛā ドゥカラー/ [-ੜਾ] *m.* **1** 苦痛. **2** 不幸な話.

ਦੁਖਾਉਣਾ (दुखाउणा) /duk^{h}āuṇā ドゥカーウナー/ [cf. ਦੁਖਣਾ] *vt.* **1** 痛める, 痛みを起こさせる, 痛めつける, 苦痛を与える, 苦しめる. **2** 傷つける. ❐ਕਿਤੇ ਅਣਜਾਣੇ ਵਿੱਚ ਕਿਸੇ ਦਾ ਦਿਲ ਦੁਖਾ ਦਿਆਂ। どこかで知らないうちに誰かの心を傷つけるかもしれません. **3** 悲しませる.

ਦੁਖਾਂਤ (दुखाँत) /duk^{h}ā̃ta̯ ドゥカーント/ [Skt. दुःखांत] *m.* **1** 悲しい終わり, 悲劇的結末. **2** 悲劇.
— *adj.* **1** 悲しい終わりの, 悲劇的結末の. **2** 悲しみをもたらす, 悲劇的な.

ਦੁਖਾਂਤਕ (दुखाँतक) /duk^{h}ā̃taka̯ ドゥカーンタク/ [+ ਕ] *adj.* **1** 悲しい結末の. **2** 悲劇的な.

ਦੁਖਾਂਤਕਾਰ (दुखाँतकार) /duk^{h}ā̃ta̯kāra̯ ドゥカーントカール/ [Skt.-कार] *m.* 悲劇作家.

ਦੁਖਿਆਰਾ (दुखिआरा) /duk^{h}iārā ドゥキアーラー/ [Skt. दुःख + ਇਆਰਾ] *adj.* **1** 悩んでいる, 苦悩している. **2** 悲しい. **3** 不幸な.
— *m.* 苦悩している男性.

ਦੁਖਿਆਰੀ (दुखिआरी) /duk^{h}iārī ドゥキアーリー/ [+ ਇਆਰੀ] *f.* 苦悩している女性.

ਦੁਖਿਤ (दुखित) /duk^{h}ita̯ ドゥキト/ [Skt. दुःखित] *adj.* **1** 悩んでいる, 苦悩している. **2** 悲しい. **3** 不幸な.

ਦੁਖੀ (दुखी) /duk^{h}ī ドゥキー/ ▸ਦੁਖੀਆ [Skt. दुःखिन्] *adj.* **1** 悩んでいる, 苦悩している. **2** 辛い, 苦しんでいる. **3** 痛ましい. **4** 悲しい, 悲しんでいる, 悲嘆にくれた. **5** 不幸な. **6** 哀れな, 可哀相な.

ਦੁਖੀਆ (दुखीआ) /duk^{h}īā ドゥキーアー/ ▸ਦੁਖੀ *adj.* → ਦੁਖੀ

ਦੁਗਣ (दुगण) /dugaṇa̯ ドゥガン/ [(Pkt. दुगुण) Skt. द्विगुण] *adj.* 二倍の.
— *m.* 倍加.

ਦੁਗਣਾ (दुगणा) /dugaṇā ドゥガナー/ [(Pkt. दुगुण) Skt. द्विगुण] *adj.* 二倍の. ❐ਉਹ ਤਾਂ ਮੇਰੇ ਨਾਲੋਂ ਦੁਗਣੀ ਉਮਰ ਦਾ ਹੈ। 彼は私の二倍の年齢の人です.
— *m.* 倍加.

ਦੁਗਾਣਾ (दुगाणा) /dugāṇā ドゥガーナー/ [Skt. द्वि- Skt. गान] *m.*〖音楽〗重唱.

ਦੁਗਾੜਾ (दुगाड़ा) /dugāṛā ドゥガーラー/ [Skt. द्वि- Pkt. गड्ड] *m.*〖武〗二連銃《銃身の二本ある銃》.

ਦੁਚਲ (दुचल) /ducala̯ ドゥチャル/ ▸ਦੋਚਲ [Skt. द्वि- Skt. चलन] *adj.*〖数学〗二変量の, 二つの変数を持つ.

ਦੁਚਿੱਤਾ (दुचित्ता) /ducittā ドゥチッター/ ▸ਦੋਚਿੱਤਾ [Skt. द्वि- Skt. चित्] *adj.* **1** 二つのものに心が向いている, ジレンマに陥っている, 板挟みの. **2** 迷っている, 決めかねている, 混乱している. **3** 決心のつかない, 優柔不断の, 煮え切らない. **4** 自信のない. **5** ためらっている, 遠慮がちの. **6** 疑っている.

ਦੁਚਿੱਤੀ (दुचित्ती) /ducittī ドゥチッティー/ ▸ਦੋਚਿੱਤੀ [-ਈ] *f.* **1** 板挟み, ジレンマ. **2** 迷い, 決めかねること. **3** 不確定, 不安定. **4** 動揺, 混乱. **5** 疑念, 疑惑. **6** 自信のなさ. **7** ためらい, 遠慮.

ਦੁਛੱਤਾ (दुछत्ता) /duc^{h}attā ドゥチャッター/ [Skt. द्वि- Skt. छत्र] *adj.* **1**〖建築〗二階建ての.
— *m.*〖建築〗二階建て, 二階建ての建物.

ਦੁੱਜਣ (दुज्जण) /dujjaṇa̯ ドゥッジャン/ [Skt. द्वि- Skt. जन्म] *adj.* 二番目の子を産んだ.
— *f.*〖動物〗二番目の子を産んだ家畜.

ਦੁਜਨ (दुजन) /dujana̯ ドゥジャン/ ▸ਦੁਰਜਨ *m.* → ਦੁਰਜਨ

ਦੁਜਾਇਗੀ (दुजाइगी) /dujāigī ドゥジャーイギー/ ▸ਦੁਜੈਗੀ [(Pua.)] *f.* 二重性, 二元性.

ਦੁਜਿਨਸਾ (दुजिनसा) /dujinasā ドゥジンサー/ [Pers. *do*- Arab. *jins*] *adj.* **1**〖生物〗両性生殖の, 両性混合の. **2**〖生物〗雌雄両性の, 両性器官を備えた. **3** 両性愛の. **4**〖植物〗雌雄同花の, 雌雄同株の.

ਦੁਜੈਗੀ (दुजैगी) /dujaigī ドゥジャェーギー/ ▸ਦੁਜਾਇਗੀ [(Pua.)] *f.* → ਦੁਜਾਇਗੀ

ਦੁਜੈਲੀ (दुजैली) /dujailī ドゥジャェーリー/ *adj.* 二次的な, 補助的な.

ਦੁੱਤ[1] (दुत्त) /dutta ドゥット/ *int.* **1** しいっ, しー, あっちへ行け《犬・猫や人などを追う払う声》. **2** 馬鹿たれ, 黙れ《叱責する声》.

ਦੁੱਤ[2] (दुत्त) /dutta ドゥット/ [Skt. द्वित्व] *adj.* **1** 二重の. **2** 合成の, 複合の. **3** 結合した.

ਦੁੱਤ ਅੱਖਰ (दुत्त अक्खर) /dutta akkʰara ドゥット アッカル/ [+ Skt. अक्षर] *m.* **1**〖言〗結合文字. **2**〖音〗二重子音, 結合子音.

ਦੁੱਤ ਸਵਰ (दुत्त सवर) /dutta sawara ドゥット サワル/ [+ Skt. स्वर] *m.*〖音〗二重母音.

ਦੁਤਹੀ (दुतही) /dutâī ドゥタイー/ [Pers. *do*- Pers. *tah*] *f.*〖衣服〗折り重ねた綿のショール.

ਦੁਤਕਾਰਨਾ (दुतकारना) /dutakāranā ドゥトカールナー/ *vt.* **1** 憎しみを持って人を押す, ど突く. **2**(犬などを)追い払う.

ਦੁੱਤ-ਗਮਤਾ (दुत्त-गमता) /dutta-gamatā ドゥット・ガムター/ [Skt. द्वित्व + Skt. गम्यता] *f.*〖生物〗両性生殖, 両性混合.

ਦੁਤਰਫ਼ਾ (दुतरफ़ा) /dutarafā ドゥタルファー/ [Pers. *do*- Arab. *taraf*] *adj.* **1** 両面のある. **2** 相互の.

ਦੁਤਾਰਾ (दुतारा) /dutārā ドゥターラー/ [Pers. *do*- Pers. *tār*] *m.*〖楽器〗二弦楽器.

ਦੁਤੀਆ (दुतीआ) /dutīā ドゥティーアー/ [Skt. द्वितीय] *adj.* **1** 二番目の, 第二の. **2** 二次的な.
— *adv.* 二番目に, 二次的に.

ਦੁਤੀਆ ਭਾਵ (दुतीआ भाव) /dutīā pǎva ドゥティーアー パーヴ/ [+ Skt. भाव] *m.* **1** 敵意, 憎しみ. **2** 疎外感.

ਦੁਤੁਕਾ (दुतुका) /dutukā ドゥトゥカー/ *m.*〖文学〗二行連句.

ਦੁਤੁਕੀਆ (दुतुकीआ) /dutukīā ドゥトゥキーアー/ *m.*〖文学〗二行連句.

ਦੁਤੇੜ (दुतेड़) /duteṛa ドゥテール/ *f.* 敵意. (⇒ਦੁਸ਼ਮਨੀ)

ਦੁਤੇੜਾ (दुतेड़ा) /duteṛā ドゥテーラー/ *m.* **1** 敵意. (⇒ਦੁਸ਼ਮਨੀ) **2** 二つにならないこと. **3** 二人の友人の離別, 二人の兄弟の離別.

ਦੁੰਦ (दुंद) /dunda ドゥンド/ [Skt. द्वंद्व] *m.* **1** 喧嘩. (⇒ਝਗੜਾ) **2** 争い, 戦い. (⇒ਲੜਾਈ) **3** 決闘, 果たし合い. **4** 騒音, 大騒ぎ, 大騒動.

ਦੁੰਦਜੁੱਧ (दुंदजुद्ध) /dundajûdda ドゥンドジュッド/ [+ Skt. युद्ध] *m.* 決闘, 果たし合い.

ਦੁੰਦਰ (दुंदर) /dundara ドゥンダル/ *adj.* 喧嘩好きな.

ਦੁੰਦਾ (दुंदा) /dundā ドゥンダー/ ▸ਦੁੱਦਾ, ਦੰਦਾ [(Jat.)] *adj.* → ਦੰਦਾ

ਦੁੱਦਾ (दुद्दा) /duddā ドゥッダー/ ▸ਦੁੰਦਾ, ਦੰਦਾ *adj.* → ਦੰਦਾ

ਦੁਧ (दुध) /dûda ドゥド/ ▸ਦੁੱਧ *m.* → ਦੁੱਧ

ਦੁੱਧ (दुद्ध) /dûdda ドゥッド/ ▸ਦੁਧ [Skt. दुग्ध] *m.*〖飲料〗乳, ミルク, おっぱい, 母乳, 動物の乳, 牛乳, 水牛の乳. ❐ਦੁੱਧ ਦੇ ਦੰਦ 乳歯. ❐ਦੁੱਧ ਚੁੰਘਣਾ 乳房から乳を吸う, おっぱいを飲む. ❐ਦੁੱਧ ਚੁੰਘਾਉਣਾ 乳房から乳を吸わせる, おっぱいを飲ませる. ❐ਦੁੱਧ ਚੁੰਘਦਾ 乳房から乳を吸っている, おっぱいを飲んでいる, 乳離れしていない. ❐ਦੁੱਧ ਛੁਡਾਉਣਾ 乳離れさせる. ❐ਦੁੱਧ ਦਾ ਦੁੱਧ ਪਾਣੀ ਦਾ ਪਾਣੀ ਕਰਨਾ 水とミルクを分ける, 真実にたどり着く, 公正な裁判を行う. ❐ਮਾਂ ਬੱਚੇ ਨੂੰ ਦੁੱਧ ਪਿਲਾਂਦੀ ਹੈ। 母親は子供に乳を飲ませます. ❐ਮੱਝ ਸਾਨੂੰ ਦੁੱਧ ਦਿੰਦੀ ਹੈ। 牝の水牛は私たちにミルクを供給してくれます.

ਦੁੱਧ-ਚਿੱਟਾ (दुद्ध-चिट्टा) /dûdda-ciṭṭā ドゥッド・チッター/ [+ Skt. चित्र] *adj.* **1** 乳白色の. **2** 容姿の美しい.

ਦੁੱਧ-ਦੰਦ (दुद्ध-दंद) /dûdda-danda ドゥッド・ダンド/ [+ Skt. दंत] *m.*〖身体〗乳歯.

ਦੁੱਧ-ਪੱਥਰ (दुद्ध-पत्थर) /dûdda-pattʰara ドゥッド・パッタル/ [+ Skt. प्रस्तर] *m.*〖鉱物〗オパール, 蛋白石.

ਦੁੱਧ-ਪੱਥਰੀ (दुद्ध-पत्थरी) /dûdda-pattʰarī ドゥッド・パッタリー/ [-ਈ] *f.* **1**〖鉱物〗白亜. **2**〖鉱物〗大理石.

ਦੁੱਧ-ਪਿਲਾਵੀ (दुद्ध-पिलावी) /dûdda-pilāwī ドゥッド・ピラーウィー/ [Skt. दुग्ध + cf. ਪੀਣਾ] *f.* 育ての母, 養母. (⇒ਦੁੱਧ-ਮਾਂ)

ਦੁੱਧ-ਭਾਈ (दुद्ध-भाई) /dûdda-pǎī ドゥッド・パーイー/ [+ Skt. भ्रातृ] *m.* 乳兄弟.

ਦੁੱਧ-ਭੈਣ (दुद्ध-भैण) /dûdda-paǐṇa ドゥッド・パェーン/ [+ Skt. भगिनी] *f.* 乳姉妹.

ਦੁੱਧ-ਮਾਂ (दुद्ध-माँ) /dûdda-mā̃ ドゥッド・マーン/ [+ Skt. माता] *f.* 育ての母, 養母. (⇒ਪਿਲਾਵੀ)

ਦੁੱਧਲ (दुद्धल) /dûddala ドゥッダル/ [+ ਲ] *adj.* 乳を出す.

ਦੁਧਾਤਵੀ (दुधातवी) /dutǎtawī ドゥタートウィー/ [Skt. द्वि- Skt. धातु + ਵੀ] *adj.*〖金属〗二種の金属を使った.

ਦੁਧਾਰਾ (दुधारा) /dutǎrā ドゥターラー/ ▸ਦੋ-ਧਾਰਾ [Skt. द्वि- Skt. धारा] *adj.* 両刃の.
— *m.*〖武〗両刃の武器.

ਦੁਧੀਆ (दुधीआ) /dudǐa ドゥディーアー/ ▸ਦੂਧੀਆ *adj.* → ਦੂਧੀਆ

ਦੁਨਾਲੀ (दुनाली) /dunālī ドゥナーリー/ ▸ਦੋ-ਨਾਲੀ [Skt. द्वि- Skt. नाल -ਈ] *adj.* **1** 二本の筒の. **2** 二つの穴のある.
— *f.*〖武〗二連銃《銃身の二本ある銃》.

ਦੁਨਿਆਵੀ (दुनिआवी) /duniāwī ドゥニアーウィー/ ▸ਦੁਨੀਆਈ *adj.* → ਦੁਨੀਆਈ

ਦੁਨੀਆਂ (दुनीआँ) /dunīā̃ ドゥニーアーン/ ▸ਦੁਨੀਆ *f.* → ਦੁਨੀਆ

ਦੁਨੀਆ (दुनीआ) /dunīā ドゥニーアー/ ▸ਦੁਨੀਆਂ [Arab. *duniyā*] *f.* **1** 世界, 世の中, 世間. **2** この世, 現世, 俗世. **3** 特定の世界, 分野, 領域, …界, …社会. **4** 地球. **5** 宇宙. **6** 世事, 俗事. **7** 世間の人々, 一般大衆. **8** 人類.

ਦੁਨੀਆਈ (दुनीआई) /dunīāī ドゥニーアーイー/ ▸ਦੁਨਿਆਵੀ [-ਈ] *adj.* この世の, 現世の, 世俗的な. (⇒ਸੰਸਾਰੀ)

ਦੁਨੀਆਦਾਰ (दुनीआदार) /dunīādāra ドゥニーアーダール/ [Pers.-*dār*] *adj.* **1** 俗世間の, 俗世の, 世俗の. **2** 世事にたけた, 世渡り上手な. **3** 賢い, 賢明な.

— *m.* 1 世俗の者, 俗人. 2 家住者. 3 世事にたけた人, 世渡り上手な人.

ਦੁਨੀਆਦਾਰੀ (दुनीआदारी) /duniādārī ドゥニーアーダーリー/ [Pers.-*dārī*] *f.* 1 世事. 2 俗事の知恵.

ਦੁਪਹਿਰ (दुपहिर) /dupaîra ドゥパェール/ ▸ਦੁਪਹਿਰਾ, ਦੁਪੈਹਰ [Skt. द्वि- Skt. प्रहर] *f.* 1 正午. 2 昼, 昼間.

ਦੁਪਹਿਰਾ (दुपहिरा) /dupaîrā ドゥパェーラー/ ▸ਦੁਪਹਿਰ, ਦੁਪੈਹਰ *m.* → ਦੁਪਹਿਰ

ਦੁਪਹਿਰੇ (दुपहिरे) /dupaîre ドゥパェーレー/ [Skt. द्वि- Skt. प्रहर] *adv.* 1 正午に. 2 昼に.

ਦੁਪੱਟਾ (दुपट्टा) /dupaṭṭā ドゥパッター/ ▸ਡੱਪਟਾ [Skt. द्वि- Skt. पट] *m.* 1〘衣服〙ドゥパッター《女性が肩に掛けるショール. ロングスカーフ風のストール(肩掛け)の一種. 胸のふくらみを隠す用途で使用されるのが一般的だが, 頭を覆って髪の毛を隠すためにも使用される》. 2〘衣服〙ドゥパッター《女性が頭から背中にかけてまとう布》.

ਦੁਪਦਾ (दुपदा) /dupadā ドゥパダー/ [Skt. द्वि- Skt. पद्य] *m.*〘文学〙二連詩, 二連から成る詩歌・歌詞.

ਦੁਪਰਨਾਉਣ (दुपरनाउण) /duparanāuṇa ドゥパルナーウン/ [Skt. द्वि- cf. ਪਰਨਾਉਣਾ] *m.* 重婚.

ਦੁਪਰਨਾਉਣਾ (दुपरनाउणा) /duparanāuṇā ドゥパルナーウナー/ [Skt. द्वि- Skt. परिणापयति] *vt.* 重婚する, 同時に二人の配偶者を持つ.

ਦੁਪਰਨਾਇਆ (दुपरनाइआ) /duparanāiā ドゥパルナーイアー/ [Skt. द्वि- cf. ਪਰਨਾਉਣਾ] *adj.* 重婚の, 重婚している, 同時に二人の妻を持っている.

— *m.* 同時に二人の妻を持った男.

ਦੁਪਰਨਾਈ (दुपरनाई) /duparanāī ドゥパルナーイー/ [Skt. द्वि- cf. ਪਰਨਾਉਣਾ] *adj.* 重婚の, 重婚している, 同時に二人の夫を持っている.

— *f.* 同時に二人の夫を持った妻.

ਦੁੱਪਰਿਆਰਾ (दुप्परिआरा) /duppariārā ドゥッパリアーラー/ *adj.* 愛されていない.

ਦੁੱਪੜ (दुप्पड़) /duppaṛa ドゥッパル/ [Skt. द्वि- ਪੜ] *adj.* 1 二層の, 二層に重ねた.

— *f.* 1〘料理〙二層に重ねたローティー〔無発酵平焼きパン〕. (⇒ਪਰੌਂਠਾ) 2〘料理〙サンドウィッチ.

ਦੁਪਾਇਆ (दुपाइआ) /dupāiā ドゥパーイアー/ [Pers. *do*- Pers. *pāya*] *adj.* 二足の, 二足歩行の.

— *m.*〘動物〙二足動物.

ਦੁਪਾਸੜ (दुपासड़) /dupāsaṛa ドゥパーサル/ ▸ਦੁਪਾਸਾ, ਦੋਪਾਸੜ [Skt. द्वि- Skt. पार्श्व] *adj.* 1 両面の, 双方の, 二者間の, 二国間の, 双務的な. 2 相互の, お互いの.

— *adv.* 1 両面に, 双方に, 二者間で, 二国間で, 双務的に. 2 相互に, 互いに.

ਦੁਪਾਸਾ (दुपासा) /dupāsā ドゥパーサー/ ▸ਦੁਪਾਸੜ, ਦੋਪਾਸੜ *adj.* → ਦੁਪਾਸੜ

ਦੁਪਿਆਰਾ (दुपिआरा) /dupiārā ドゥピアーラー/ *adj.* 愛されていない.

ਦੁਪੁੜਾ (दुपुड़ा) /dupuṛā ドゥプラー/ [Skt. द्वि- ਪੁੜਾ] *adj.* 二層の, 二層に重ねた.

ਦੁਪੈਹਰ (दुपैहर) /dupaîra ドゥパェール/ ▸ਦੁਪਹਿਰ, ਦੁਪਹਿਰਾ *f.* → ਦੁਪਹਿਰ

ਦੁਪੈਰਵਾਂ (दुपैरवाँ) /dupairawā̃ ドゥパェールワーン/ ▸ਦੁਪੈਰਾ [Skt. द्वि- Skt. पद Skt.-वान्] *adj.* 二足の, 二足歩行の.

— *m.*〘動物〙二足動物.

ਦੁਪੈਰਾ (दुपैरा) /dupairā ドゥパェーラー/ ▸ਦੁਪੈਰਵਾਂ *adj.m.* → ਦੁਪੈਰਵਾਂ

ਦੁਫ਼ਸਲਾ (दुफ़सला) /dufasalā ドゥファスラー/ [Pers. *do*- Arab. *faṣl*] *adj.*〘農業〙一年に二回収穫のある.

ਦੁਫ਼ਾਟਣ (दुफ़ाटण) /dufāṭaṇa ドゥファータン/ *m.* 分岐.

ਦੁਫਾੜ (दुफाड़) /dupʰāṛa ドゥパール/ [Skt. द्वि- Skt. स्फाटन] *adj.* 1 二つの切片になった, 二つに割れた. 2 二分された. 3 分岐した.

ਦੁਫੇੜ (दुफेड़) /dupʰeṛa ドゥペール/ *m.* 1 分割. 2 敵対.

ਦੁੰਬ[1] (दुंब) /dumba ドゥンブ/ [Pers. *dumb*] *m.*〘植物〙雑穀の穂, モロコシの実.

ਦੁੰਬ[2] (दुंब) /dumba ドゥンブ/ ▸ਦੁੰਮ, ਦੁਮ [Pers. *dum*] *f.*〘身体〙尾, 尻尾. (⇒ਪੂਛ)

ਦੁਬਧਾ (दुबधा) /dûbadā ドゥブダー/ ▸ਦੁਬਿਧਾ *f.* → ਦੁਬਿਧਾ

ਦੁਬਲਾ (दुबला) /dubalā ドゥブラー/ [(Pkt. दुब्बल) Skt. दुर्बल] *adj.* 1 痩せた. 2 細い. 3 弱い, 弱々しい. 4 衰弱した, 虚弱な.

ਦੁੰਬਾ (दुंबा) /dumbā ドゥンバー/ [Pers. *dumba*] *m.*〘動物〙尾が丸く柔らかい深い毛に覆われた羊.

ਦੁਬਾਰਾ (दुबारा) /dubārā ドゥバーラー/ ▸ਦੋਬਾਰਾ [Skt. द्वि- Skt. वार] *adv.* 1 再び. 2 もう一度, 再度.

ਦੁਬਿੰਦੀ (दुबिंदी) /dubindī ドゥビンディー/ [Skt. द्वि- Skt. बिन्दु] *f.*〘符号〙コロン(:).

ਦੁਬਿੰਦੀ ਡੈਸ਼ (दुबिंदी डैश) /dubindī ḍaiśa ドゥビンディー ダェーシュ/ [+ Eng. *dash*] *m.*〘符号〙コロン(:)とハイフン(−).

ਦੁਬਿਧਾ (दुबिधा) /dûbidā ドゥビダー/ ▸ਦੁਬਧਾ [Skt. द्विविधा] *f.* 板挟み, ジレンマ, 戸惑い, 迷い, 困惑, 窮地.

ਦੁਬਿਧਾਜਨਕ (दुबिधाजनक) /dûbidājanaka ドゥビダージャナク/ [Skt.-जनक] *adj.* 板挟みを引き起こす, ジレンマに陥らせる, 戸惑わせる.

ਦੁੰਬੀ (दुंबी) /dumbī ドゥンビー/ [Pers. *dumb*] *f.*〘植物〙雑穀の穂, モロコシの実.

ਦੁਬੇਲਾ (दुबेला) /dubelā ドゥベーラー/ [Pers. *dumbālā*] *m.* (馬や二輪車の)二人乗り.

ਦੁਭਾਸ਼ੀ (दुभाशी) /dupăśī ドゥパーシー/ [Skt. द्विभाषिन्] *adj.* 二つの言語を話す.

ਦੁਭਾਸ਼ੀਆ (दुभाशीआ) /dupăśīā ドゥパーシーアー/ [Skt. द्विभाषिन्] *m.* 1 通訳. 2 翻訳家.

ਦੁਭਾਸ਼ਣੀ (दुभाशणी) /dupăśaṇī ドゥパーシュニー/ [-ਣੀ] *f.* 1 女性の通訳. 2 女性の翻訳家.

ਦੁਭਾਜਕ (दुभाजक) /dupăjaka ドゥパージャク/ [Skt. द्वि- Skt. भाजक] *m.*〘幾何〙二等分線.

ਦੁਭਾਜਨ (दुभाजन) /dupăjana ドゥパージャン/ ▸ਦੋ–ਭਾਜਨ [Skt. द्वि- Skt. भाजन] *m.* 二等分.

ਦੁੰਮ (दुंम) /dumma ドゥンム/ ▸ਦੁੰਬ, ਦੁਮ [Pers. *dum*] *f.*〘身体〙尾, 尻尾. (⇒ਪੂਛ)

ਦੁਮ (दुम) /duma ドゥム/ ▸ਦੁੰਬ, ਦੁੰਮ *f.* → ਦੁੰਮ

ਦੁਮਚੀ (दुमची) /dumacī ドゥムチー/ *f.* 尻繋(しりがい)

《鞍の後ろに結ぶ革紐》.

ਦੁਮੰਜ਼ਲਾ (दुमंज़ला) /dumañzalā ドゥマンズラー/ ▶ ਦੋ-ਮੰਜ਼ਲਾ [Pers. *do-* Pers. *manzila*] *adj.* 〖建築〗二階建ての.
— *m.* 〖建築〗二階建て, 二階建ての家, 二階建ての建物.

ਦੁੰਮਦਾਰ (दुंमदार) /dummadāra ドゥンムダール/ [Pers. *dum* Pers.*-dār*] *adj.* 尾のある, 尻尾のある.

ਦੁਮਾਤਰਿਕ (दुमातरिक) /dumātarika ドゥマータリク/ ▶ ਦੁਮਾਤ੍ਰਿਕ [Skt. द्वि- Skt. मात्रिक] *adj.* **1** 〖音〗二重母音の. **2** 〖音〗二音節の.

ਦੁਮਾਤ੍ਰਿਕ (दुमात्रिक) /dumātrika (dumātarika) ドゥマートリク (ドゥマータリク)/ ▶ਦੁਮਾਤਰਿਕ *adj.* → ਦੁਮਾਤਰਿਕ

ਦੁਮੂੰਹਾਂ (दुमूँहाँ) /dumū̃ā̃ ドゥムーンアーン/ [Skt. द्वि- Skt. मुख] *adj.* 〖身体〗顔の二つある, 頭の二つある.

ਦੁਮੂੰਹੀ (दुमूँही) /dumū̃ī ドゥムーンイー/ [-ਈ] *adj.* 両端に顔のある, 両端に頭のある.
— *f.* 〖動物〗神話や伝説に登場する両端に頭のある蛇.

ਦੁਮੇਲ (दुमेल) /dumela ドゥメール/ [Skt. द्वि- Skt. मेल] *m.* **1** 空と陸の二つが合う境目. **2** 地平線. (⇒ਉਫ਼ਕ, ਖਿਤਿਜ, ਦਿਸਹੱਦਾ)

ਦੁਰ (दुर) /dura ドゥル/ [Skt. दुर्] *pref.* 「悪」「誤り」などの意味を表す接頭辞.

ਦੁਰਉਪਯੋਗ (दुरउपयोग) /duraupayoga ドゥルウプヨーグ/ [Skt. दुर्- Skt. उपयोग] *m.* **1** 悪用, 乱用. **2** 誤用, 間違った使用.

ਦੁਰਕਾਰ (दुरकार) /durakāra ドゥルカール/ [Skt. दुर्- Skt. कार] *f.* **1** 犬を追い払う言葉. **2** あざけり・軽蔑・侮蔑の言葉.

ਦੁਰਕਾਰਨਾ (दुरकारना) /durakāranā ドゥルカールナー/ [Skt. दुर्- Skt. कार] *vt.* **1** 追い払う. **2** あざけり・軽蔑・侮蔑の言葉を浴びせる. **3** 侮蔑する, 軽蔑した扱いをする.

ਦੁਰਗਤ (दुरगत) /duragata ドゥルガト/ [Skt. दुर्- Skt. गति] *f.* **1** 悪い状態, 哀れな状態, みじめな境遇, 不幸. (⇒ਭੈੜੀ ਹਾਲਤ, ਦੁਰਦਸ਼ਾ) **2** 困窮, 窮地, 窮状.

ਦੁਰਗੰਧ (दुरगंध) /duragânda ドゥルガンド/ [Skt. दुर्- Skt. गंध] *f.* **1** 悪臭, 異臭, 嫌な臭い. **2** 臭気.

ਦੁਰਗਮ (दुरगम) /duragama ドゥルガム/ [Skt. दुर्गम] *adj.* **1** 通行できない. **2** 不通の.

ਦੁਰਗਮਤਾ (दुरगमता) /duragamatā ドゥルガムター/ [Skt.-ता] *f.* **1** 通行できないこと. **2** 不通.

ਦੁਰੰਗਾ (दुरंगा) /duraṅgā ドゥランガー/ ▶ਦੋ-ਰੰਗਾ *adj.* → ਦੋ-ਰੰਗਾ

ਦੁਰਗਾ (दुरगा) /duragā ドゥルガー/ [Skt. दुर्गा] *f.* 〖ヒ〗ドゥルガー女神《シヴァ神の妃. シヴァ神の暗黒面に対応する血と破壊・死を司り, 魔神と戦う》.

ਦੁਰਘਟਨਾ (दुरघटना) /durakăṭanā ドゥルカトナー/ [Skt. दुर्- Skt. घटना] *f.* **1** 不幸な出来事, 災難, 災害. (⇒ਬਿਪਤਾ) **2** 事故. (⇒ਹਾਦਸਾ) **3** 悲劇, 惨事. (⇒ਹਾਦਸਾ) **4** 不運.

ਦੁਰਜਨ (दुरजन) /durajana ドゥルジャン/ ▶ਦੁਜਨ [Skt. दुर्- Skt. जन] *m.* **1** 悪者, 悪漢. **2** ならず者, ごろつき. **3** 悪い仲間, 悪友.

ਦੁਰਦਸਾ (दुरदसा) /duradasā ドゥルダサー/ ▶ਦੁਰਦਸ਼ਾ *f.* → ਦੁਰਦਸ਼ਾ

ਦੁਰਦਸ਼ਾ (दुरदशा) /duradaśā ドゥルダシャー/ ▶ਦੁਰਦਸਾ [Skt. दुर्- Skt. दशा] *f.* **1** 窮状, 窮境, 窮地, 苦境, 惨状, 困窮. **2** 不幸, みじめな境遇, 哀れな状態. (⇒ਭੈੜੀ ਹਾਲਤ)

ਦੁਰਬਚਨ (दुरबचन) /durabacana ドゥルバチャン/ ▶ ਦੁਰਵਚਨ [Skt. दुर्- Skt. वचन] *m.* 口汚い言葉, 悪口, 悪態, 罵詈雑言. (⇒ਕੁਬੋਲ)

ਦੁਰਬਲ (दुरबल) /durabala ドゥルバル/ [Skt. दुर्- Skt. बल] *adj.* **1** 力のない, 無力な, 体力のない. **2** 弱い, 虚弱な. (⇒ਕਮਜ਼ੋਰ) **3** 弱められた, 衰弱した, 衰えた. **4** もろい. **5** 貧しい. (⇒ਗ਼ਰੀਬ, ਨਿਰਧਨ)

ਦੁਰਬਲਤਾ (दुरबलता) /durabalatā ドゥルバルター/ [Skt.-ता] *f.* **1** 力のないこと, 無力. **2** 弱さ, 虚弱. (⇒ਕਮਜ਼ੋਰੀ) **3** 衰弱した, 衰え. **4** もろさ. **5** 貧しさ. (⇒ਗ਼ਰੀਬੀ)

ਦੁਰਬੁੱਧੀ (दुरबुद्धी) /durabûddī ドゥルブッディー/ [Skt. दुर्- Skt. बुद्धि] *adj.* **1** 頭の悪い, 知能の低い, 愚かな.
— *m.* 頭の悪い人, 知能の低い者, 愚か者.
— *f.* 頭の悪さ, 愚かさ.

ਦੁਰਬੋਧ (दुरबोध) /durabôda ドゥルボード/ [Skt. दुर्- Skt. बोध] *adj.* 理解するのが難しい, 分かりにくい.

ਦੁਰਭਾਗ (दुरभाग) /durapăga ドゥルパーグ/ [Skt. दुर्- Skt. भाग्य] *m.* 運の悪いこと, 不運.

ਦੁਰਭਾਵਨਾ (दुरभावना) /durapăvanā ドゥルパーヴナー/ [Skt. दुर्- Skt. भावना] *f.* **1** 悪意. **2** 反感.

ਦੁਰਮਟ (दुरमट) /duramaṭa ドゥルマト/ *m.* **1** 〖道具〗突き固める道具. **2** 〖道具〗石を叩く道具.

ਦੁਰਮਤ (दुरमत) /duramata ドゥルマト/ [Skt. दुर्- Skt. मति] *f.* **1** 悪意, 意地悪. **2** 腹黒さ.

ਦੁਰਲਭ (दुरलभ) /duralâba ドゥルラブ/ [Skt. दुर्- cf. ਲੱਭਣਾ] *adj.* **1** 見つけるのが難しい, 得がたい. (⇒ਅਲਭ) **2** 稀な, 稀少の. (⇒ਨਾਦਰ) **3** 貴重な. (⇒ਅਮੋਲ)

ਦੁਰਵਚਨ (दुरवचन) /durawacana ドゥルワチャン/ ▶ ਦੁਰਬਚਨ *m.* → ਦੁਰਬਚਨ

ਦੁਰਵਰਤੋਂ (दुरवरतों) /durawaratõ ドゥルワルトーン/ [Skt. दुर्- वर्तन] *f.* **1** 間違った使用, 誤用. **2** 悪用.

ਦੁਰਾਹਾ (दुराहा) /durāhā ドゥラーハー/ [Pers. *do-* Pers. *rāh*] *m.* 二差路.

ਦੁਰਾਚਾਰ (दुराचार) /durācāra ドゥラーチャール/ [Skt. दुर्- Skt. आचार] *m.* **1** 不品行, 邪悪な行い, 悪行. **2** 悪癖. **3** 不道徳.

ਦੁਰਾਚਾਰੀ (दुराचारी) /durācārī ドゥラーチャーリー/ [Skt. दुर्- Skt. आचारिन्] *adj.* **1** 行いの悪い, 不品行な, 邪悪な. **2** 癖の悪い. **3** 不道徳な, 堕落した. **4** 罪深い.

ਦੁਰਾਡਾ (दुराडा) /durāḍā ドゥラーダー/ *adj.* **1** 遠い, 遠方の. **2** 末端の.

ਦੁਰੁਖਾ (दुरुखा) /duruxā ドゥルカー/ [Pers. *do-* Pers. *rux*] *adj.* **1** 両面の. **2** 二面性を持つ. **3** 信用できない.

ਦੁਰੇ (दुरे) /dure ドゥレー/ *int.* しいっ, しー《犬を追い払う言葉》.

ਦੁਲਹਨ (दुलहन) /dulahana ドゥルハン/ [Skt. दुर्लभ] *f.* **1**

〖親族〗花嫁, 新婦, 嫁. (⇒ਲਾੜੀ) **2**〖親族〗新妻, 妻.

ਦੁਲਹਾ (दुलहा) /dulahā ドゥルハー/ ▸ਦੂਲ੍ਹਾ *m.* → ਦੂਲ੍ਹਾ

ਦੁਲੰਕੜੇ (दुलंकड़े) /dulaṅkaṛe ドゥランカレー/ ▸ਦੁਲੈਂਕੜੇ *m.* → ਦੁਲੈਂਕੜੇ

ਦੁਲੱਤਾ (दुलत्ता) /dulattā ドゥラッター/ ▸ਦੁਲੱਤੀ [Skt. द्वि- Pkt. लत्ता] *m.* 後足二本で蹴ること.

ਦੁਲੱਤੀ (दुलत्ती) /dulattī ドゥラッティー/ ▸ਦੁਲੱਤਾ *f.* → ਦੁਲੱਤਾ

ਦੁਲਾਂਘ (दुलाँघ) /dulā̃ga ドゥラーング/ *f.* 長い歩幅.

ਦੁਲਾਰ (दुलार) /dulāra ドゥラール/ [Skt. दुर्लल] *m.* **1** 愛, 愛情, 溺愛. (⇒ਪਿਆਰ) **2** 可愛がること. (⇒ਲਾਡ) **3** 愛撫, 撫でること. **4** 気まぐれ.

ਦੁਲਾਰਨਾ (दुलारना) /dulāranā ドゥラールナー/ [Skt. दुर्लल] *vt.* **1** 可愛がる, 溺愛する. **2** 撫でる, 愛撫する.

ਦੁਲਾਰਾ (दुलारा) /dulārā ドゥラーラー/ [Skt. दुर्लल] *adj.* 愛しい, お気に入りの.

— *m.* **1** 愛しい者, お気に入り. **2**〖親族〗愛しい子供, 愛しい息子, 愛息子. **3** 愛撫の対象, ペット.

ਦੁਲਾਰੀ (दुलारी) /dulārī ドゥラーリー/ [-ਈ] *f.*〖親族〗愛しい娘, 愛娘.

ਦੁਲਾਂਵਾਂ (दुलाँवाँ) /dulā̃wā̃ ドゥラーンワーン/ ▸ਦੁਲਾਵਾਂ *f.* → ਦੁਲਾਵਾਂ

ਦੁਲਾਵਾਂ (दुलावाँ) /dulāwā̃ ドゥラーワーン/ ▸ਦੁਲਾਂਵਾਂ [Skt. द्वि- Skt. रश्मि] *f.*〖文字〗ドゥラーワーン(ドゥラーンワーン)《長母音「アェー」を表す, グルムキー文字の母音記号 ੈ の名称. ਦੁਲਾਵਾਂ ドゥラーワーンは, ਦੋ ਲਾਵਾਂ ドー・ラーワーン「二本の綱」の結合変化形. 子音字の上に付いている母音記号 ੈ を, 上に掛けられた二本の綱に見立てたところから生まれた名称》.

ਦੁਲੈਂਕੜੇ (दुलैंकड़े) /dulā̃ikaṛe ドゥラェーンカレー/ ▸ਦੁਲੰਕੜੇ [Skt. द्वि- Skt. अंकुश] *m.*〖文字〗ドゥラェーンカレー(ドゥランカレー)《長母音「ウー」を表す, グルムキー文字の母音記号 ੂ の名称. ਦੁਲੈਂਕੜੇ ドゥラェーンカレーは, ਦੋ ਔਂਕੜ ドー・アォーンカル「二本の突き棒」の結合変化形. ੂ の形を二本の湾曲した突き棒に見立てたところから生まれた名称》.

ਦੁੜਾਉਣਾ (दुड़ाउणा) /duṛāuṇā ドゥラーウナー/ ▸ਦੌੜਾਉਣਾ [cf. ਦੌੜਨਾ] *vt.* **1** 走らせる, 駆る. **2** 競走させる. **3** 逃走させる, 逃げ回らせる.

ਦੂਈ (दूई) /dūī ドゥーイー/ [Skt. द्वि -ਈ] *adj.* 二重の, 二重性の.

— *f.* 二重性.

ਦੂਸ਼ਣ (दूशण) /dūśaṇa ドゥーシャン/ ▸ਦੂਸ਼ਨ, ਦੂਖਨ [Skt. दूषण] *m.* **1** 傷つけること, 傷害. **2** 欠陥, 欠点. (⇒ਦੋਸ਼, ਅਵਗੁਣ) **3** 罪. **4** 汚染.

ਦੂਸ਼ਨ (दूशन) /dūśana ドゥーシャン/ ▸ਦੂਸ਼ਣ, ਦੂਖਨ *m.* → ਦੂਸ਼ਣ

ਦੂਸਰਾ (दूसरा) /dūsarā ドゥースラー/ [Skt. द्वि:सर] *or.num.(m.)* 2番目, 第二.

— *adj.* **1** 2番目の, 第二の. **2** 他の, 別の. **3** 次の.

ਦੂਸ਼ਿਤ (दूशित) /dūśita ドゥーシト/ [Skt. दूषित] *adj.* **1** 欠点のある. **2** 汚染された.

ਦੂਹਰਾ (दूहरा) /dûrā ドゥーラー/ ▸ਦੂਹਰਾ, ਦੋਹਰਾ *adj.m.* → ਦੋਹਰਾ

ਦੂਖਨ (दूखन) /dūkʰana ドゥーカン/ ▸ਦੂਸ਼ਣ, ਦੂਸ਼ਨ *m.* → ਦੂਸ਼ਣ

ਦੂਜ (दूज) /dūja ドゥージ/ [(Pkt. दूइज) Skt. द्वितीया] *f.*〖暦〗太陰暦各半月の第二日.

ਦੂਜਾ (दूजा) /dūjā ドゥージャー/ [(Pkt. दूइज) Skt. द्वितीय] *or.num.(m.)* 2番目, 第二.

— *adj.* **1** 2番目の, 第二の. **2** 他の, 別の. **3** 次の.

ਦੂਣ[1] (दूण) /dūṇa ドゥーン/ ▸ਦੂਨ *m.* **1**〖地理〗谷, 谷間, 渓谷. (⇒ਘਾਟੀ) **2**〖地理〗ふもと, 山麓, 裾野, 山麓沿いの低地, 盆地. (⇒ਤਰਾਈ)

ਦੂਣ[2] (दूण) /dūṇa ドゥーン/ [(Kang.)] *f.*〖植物〗クルミ(胡桃)の木. (⇒ਅਖਰੋਟ)

ਦੂਣਾ (दूणा) /dūṇā ドゥーナー/ [(Pkt. दुउण) Skt. द्विगुण] *adj.* **1** 二倍の. **2** 二重の. (⇒ਦੋਹਰਾ) **3** 二倍の大きさの. **4** 二倍の量の.

ਦੂਤ (दूत) /dūta ドゥート/ [Skt. दूत] *m.* **1** 使者, 遣い, 派遣された人. **2**〖政治〗大使. (⇒ਏਲਚੀ, ਰਾਜਦੂਤ) **3**〖政治〗公使. **4** 仲介者, 調停者. (⇒ਵਿਚੋਲਾ)

ਦੂਤਘਰ (दूतघर) /dūtakăra ドゥートカル/ [Skt.-गृह] *m.*〖政治〗大使館. (⇒ਸਫ਼ਾਰਤਖ਼ਾਨਾ)

ਦੂਤਾਵਾਸ (दूतावास) /dūtāwāsa ドゥーターワース/ [+ Skt. आवास] *m.*〖政治〗大使館. (⇒ਸਫ਼ਾਰਤਖ਼ਾਨਾ)

ਦੂਤੀ (दूती) /dūtī ドゥーティー/ [-ਈ] *m.* 陰口を言う人. (⇒ਚੁਗ਼ਲਖ਼ੋਰ)

— *f.* **1** 女性の使者, 女性の遣い. **2** 女性の仲介者, 仲を取り持つ女. (⇒ਵਿਚੋਲਣ)

ਦੂਧਾਧਾਰੀ (दूधाधारी) /dûdātărī ドゥーダーターリー/ [Skt. दुग्धाहारिन्] *adj.* 乳だけで生きている.

— *m.* 乳飲み子.

ਦੂਧੀਆ (दूधीआ) /dûdīā ドゥーディーアー/ ▸ਦੁਧੀਆ [Skt. दुग्ध -ਈਆ] *adj.* **1** ミルクを含んだ, 牛乳の入った, 乳製品の. **2** 乳白色の, 純白の.

ਦੂਨ (दून) /dūna ドゥーン/ ▸ਦੂਣ *m.* → ਦੂਣ[1]

ਦੂ-ਬ-ਦੂ (दू-ब-दू) /dū-ba-dū ドゥー・バ・ドゥー/ [Pers. *dū badū*] *adv.* **1** 向かい合って, 対面して. (⇒ਆਹਮਣੇ-ਸਾਹਮਣੇ) **2** 対抗して. **3** 公然と.

ਦੂਰ (दूर) /dūra ドゥール/ [Skt. दूर ; Pers. *dūr*] *adj.* **1** 遠い. **2** 離れた. **3** 疎遠になった.

— *adv.* **1** 遠くに, 遠方に. ❒ਅਸਾਂ ਦੂਰ ਜਾਣਾ ਹੈ। 私たちは遠くに行かなければせん. ❒ਗੱਡੀ ਥੋੜ੍ਹੀ ਦੂਰ ਜਾ ਕੇ ਰੁਕ ਗਈ। 列車は少し遠くまで進んで停まりました. **2** 離れて.

— *f.* **1** 遠さ, 遠いこと, 距離. ❒ਸਟੇਸ਼ਨ ਘਰ ਤੋਂ ਕਿੰਨੀ ਦੂਰ ਹੈ? 駅は家からどのくらいの距離ですか. **2** 隔たり, 間隔.

ਦੂਰ-ਅੰਦੇਸ਼ (दूर-अंदेश) /dūra-andeśa ドゥール・アンデーシュ/ [Pers. *dūr* + Pers. *andeś*] *adj.* **1** 遠目の利く, 先見の明のある, 洞察力のある. **2** 深慮遠謀の, 思慮分別のある, 賢明な.

ਦੂਰ-ਅੰਦੇਸ਼ੀ (दूर-अंदेशी) /dūra-andeśī ドゥール・アンデーシー/ [+ Pers. *andeśī*] *f.* **1** 遠目の利くこと, 先見の明.

2 思慮深さ, 深慮遠謀.

ਦੂਰ ਸੰਚਾਰ (दूर संचार) /dūra sañcāra ドゥール サンチャール/ [Skt. दूर + Skt. संचार] *m.* 遠距離通信.

ਦੂਰ-ਸਥਿਤ (दूर-सथित) /dūra-satʰita ドゥール・サティト/ [+ Skt. स्थित] *adj.* **1** 遠くに位置する, 遠距離の, 遠隔の. **2** 末梢の.

ਦੂਰ-ਦਰਸ਼ਕ (दूर-दरशक) /dūra-daraśaka ドゥール・ダルシャク/ [+ Skt. दर्शक] *adj.* **1** 遠目の利く, 先のことを考える. **2** 深慮遠謀の, 思慮分別のある.

ਦੂਰਦਰਸ਼ਨ (दूरदरशन) /dūradaraśana ドゥールダルシャン/ [+ Skt. दर्शन] *m.* テレビ, テレビジョン.

ਦੂਰ-ਦਰਸ਼ੀ (दूर-दरशी) /dūra-daraśī ドゥール・ダルシー/ [Skt.-दर्शिन्] *adj.* **1** 遠目の利く, 先のことを考える. **2** 思慮深い, 深慮遠謀の, 思慮分別のある.

ਦੂਰ ਦਰਾਜ਼ (दूर दराज़) /dūra darāza ドゥール ダラーズ/ [Pers. *dūr* + Pers. *darāz*] *adj.* **1** 遠くの, 遠方の, はるか彼方の. **2** はるか昔の, 大昔の.

ਦੂਰਬੀਨ (दूरबीन) /dūrabīna ドゥールビーン/ [Pers.-*bīn*] *f.* **1** 遠方を見る物. **2** 〖道具〗望遠鏡. (⇒ਟੈਲੀਸਕੋਪ)

ਦੂਰਬੀਨੀ (दूरबीनी) /dūrabīnī ドゥールビーニー/ [Pers.-*bīnī*] *f.* **1** 遠目, 遠方を見ること. **2** 遠目の利くこと, 先見の明, 深慮遠謀.

ਦੂਰ-ਵਰਤੀ (दूर-वरती) /dūra-waratī ドゥール・ワルティー/ [Skt. दूर Skt.-वर्तिन्] *adj.* **1** 遠くにある, 遠方に位置する, 遠方に住む. **2** 遠く離れた, 遠隔の, 遠隔地の.

ਦੂਰ-ਵਾਸੀ (दूर-वासी) /dūra-wāsī ドゥール・ワースィー/ [+ Skt. वासिन्] *m.* 遠方に住む人, 遠く離れた人.

ਦੂਰੀ (दूरी) /dūrī ドゥーリー/ [Pers. *dūrī*] *f.* **1** 距離, 隔たり, 間隔. (⇒ਫ਼ਾਸਲਾ, ਵਿੱਥ) **2** 遠隔.

ਦੂਰੋਂ (दूरों) /dūrõ ドゥーローン/ [Skt. दूर ; Pers. *dūr* + ਓਂ] *adv.* 《 ਦੂਰ ਤੋਂ の融合形》遠くから, 遠方から. ❐ਦੂਰੋਂ ਆਉਂਦੇ ਆਦਮੀ ਦਿੱਸ ਪੈਂਦੇ ਹਨ। 遠くからやって来る男の人たちが見えて来ます. ❐ਦੂਰੋਂ ਦੂਰੋਂ ਲੋਕ ਜੱਗ ਖਾਣ ਆਏ। はるか遠くから人々が御馳走を食べにやって来ました.

ਦੂਲ੍ਹਾ (दूल्हा) /dûlā ドゥーラー/ ▸ਦੁਲਹਾ [Skt. दुर्लभ] *m.* **1** 〖親族〗花婿, 新郎. (⇒ਲਾੜਾ) **2** 〖親族〗夫. (⇒ਪਤੀ)

ਦੂਲਾ (दूला) /dūlā ドゥーラー/ [Skt. दुर्लभ] *adj.* 勇敢な, 勇壮な.

— *m.* 勇者.

ਦੇ (दे) /de デー/ ▸ਦੈਂਤ [Skt. दैत्य] *m.* **1** 鬼, 鬼神. **2** 悪魔. **3** 巨人. **4** 大柄で醜い人.

ਦੇਉ (देउ) /deu | deo デーウ | デーオー/ ▸ਦੇਵ *m.* → ਦੇਵ

ਦੇਉਤਾ (देउता) /deutā デーウター/ ▸ਦੇਵਤਾ *m.* → ਦੇਵਤਾ

ਦੇਉਰ (देउर) /deura デーウル/ ▸ਦਿਉਰ, ਦਿਓਰ, ਦੇਵਰ *m.* → ਦੇਵਰ

ਦੇਸ (देस) /desa デース/ ▸ਦੇਸ਼ [Skt. देश] *m.* **1** 国, 国家. ❐ਸਾਡੇ ਦੇਸ ਦਾ ਕੌਮੀ ਝੰਡਾ ਤਿਰੰਗਾ ਹੈ। 私たちの国の国旗は三色旗です. **2** 地域. **3** 場所. **4** 故国, 故郷, 出身地. **5** 母国, 祖国.

ਦੇਸ਼ (देश) /deśa デーシュ/ ▸ਦੇਸ *m.* → ਦੇਸ

ਦੇਸ-ਚਾਲ (देस-चाल) /desa-cāla デース・チャール/ [Skt. देश + Skt. चलन] *f.* **1** 国の動き, 国の動向. **2** 国の情勢, 国情, 国の状況. **3** 慣習, しきたり. **4** 流行, はやり.

ਦੇਸਣ (देसण) /desaṇa デーサン/ [-ਣ] *f.* 同郷の女性.

ਦੇਸ-ਦਸੰਤਰ (देस-दसंतर) /desa-dasantara デース・ダサンタル/ ▸ਦੇਸ-ਦਿਸਾਂਤਰ, ਦੇਸ਼-ਦੇਸ਼ਾਂਤਰ *m.* → ਦੇਸ-ਦਿਸਾਂਤਰ

ਦੇਸ-ਦਿਸਾਂਤਰ (देस-दिसाँतर) /desa-disãtara デース・ディサーンタル/ ▸ਦੇਸ-ਦਸੰਤਰ, ਦੇਸ਼-ਦੇਸ਼ਾਂਤਰ [Skt. देश देशांतर] *m.* **1** (自分の住む国または地域の)内外. **2** 近隣及び遠方諸国. **3** 諸外国. (⇒ਦੂਜੇ ਮੁਲਕ)

ਦੇਸ਼-ਦੇਸ਼ਾਂਤਰ (देश-देशाँतर) /deśa-deśãtara デーシュ・デーシャーンタル/ ▸ਦੇਸ-ਦਸੰਤਰ, ਦੇਸ-ਦਿਸਾਂਤਰ *m.* → ਦੇਸ-ਦਿਸਾਂਤਰ

ਦੇਸ਼-ਧਰੋਹ (देश-धरोह) /deśatarŏ デーシュタロー/ ▸ਦੇਸ਼-ਧ੍ਰੋਹ [Skt. देश + Skt. द्रोह] *m.* **1** 国家への反逆, 謀反. **2** 売国行為.

ਦੇਸ਼-ਧ੍ਰੋਹ (देश-ध्रोह) /deśatrŏ (deśatarŏ) デーシュトロー (デーシュタロー)/ ▸ਦੇਸ਼-ਧਰੋਹ *m.* → ਦੇਸ਼-ਧਰੋਹ

ਦੇਸ਼-ਧਰੋਹੀ (देश-धरोही) /deśatarŏī デーシュタローイー/ ▸ਦੇਸ਼-ਧ੍ਰੋਹੀ [Skt. देश + Skt. द्रोहिन्] *adj.* 国家に反逆する, 謀反を起こす, 反逆罪の, 亡国の.

— *m.* 売国奴, 謀反人.

ਦੇਸ਼-ਧ੍ਰੋਹੀ (देश-ध्रोही) /deśatrŏī (deśatarŏī) デーシュトローイー (デーシュタローイー)/ ▸ਦੇਸ਼-ਧਰੋਹੀ *adj.m.* → ਦੇਸ਼-ਧਰੋਹੀ

ਦੇਸ਼-ਨਿਕਾਲਾ (देश-निकाला) /deśa-nikālā デーシュ・ニカーラー/ [Skt. देश + Skt. निष्काल] *m.* **1** 国外退去, 国外追放. **2** 自国・故郷からの追放.

ਦੇਸ ਪਰਦੇਸ (देस परदेस) /desa paradesa デース パルデース/ [+ Skt. पर- Skt. देश] *m.* 自国と外国. (⇒ਵਤਨ ਬੇ-ਵਤਨ)

ਦੇਸ਼-ਪਰੇਮ (देश-परेम) /deśa-parema デーシュ・パレーム/ [+ Skt. प्रेम] *m.* **1** 愛国心. **2** 愛国主義.

ਦੇਸ਼-ਪਿਆਰ (देश-पिआर) /deśa-piāra デーシュ・ピアール/ [+ Skt. प्रिय] *m.* **1** 愛国心. **2** 愛国主義.

ਦੇਸ਼-ਬਦਲੀ (देश-बदली) /deśa-badalī デーシュ・バダリー/ [+ Arab. *badal*] *f.* 外国への移住, 国外移住.

ਦੇਸ-ਬਿਦੇਸ (देस-बिदेस) /desa-bidesa デース・ビデース/ [+ Skt. विदेश] *m.* 自国と外国. (⇒ਵਤਨ ਬੇ-ਵਤਨ)

ਦੇਸ-ਭਗਤ (देस-भगत) /desa-păgata デース・パガト/ [+ Skt. भक्त] *m.* 愛国者.

ਦੇਸ-ਭਗਤੀ (देस-भगती) /desa-păgatī デース・パガティー/ [+ Skt. भक्ति] *f.* 愛国心.

ਦੇਸ-ਵਾਸੀ (देस-वासी) /desa-wāsī デース・ワースィー/ [+ Skt. वासिन्] *adj.* **1** 国に住む. **2** 同郷の, 同じ国に住む.

— *m.* **1** 国民, 市民. **2** 同郷人, 同国人.

ਦੇਸਾਵਰ (देसावर) /desāwara デーサーワル/ ▸ਦਸਾਵਰ, ਦਸੌਰ, ਦਿਸਾਵਰ *m.* → ਦਸੌਰ

ਦੇਸੀ (देसी) /desī デースィー/ ▸ਦੇਸ਼ੀ [Skt. देशीय] *adj.* **1** 国の, 国内の. **2** 自国の, 国産の.

ਦੇਸ਼ੀ (देशी) /deśī デーシー/ ▸ਦੇਸੀ *adj.* → ਦੇਸੀ

ਦੇਸੀਸ਼ਰਾਬ (देसीशराब) /sesīśarāba セースィーシャラーブ/ [Skt. देशीय + Pers. *śarāb*] *f.* **1** 〖飲料〗自国の酒. **2** 〖飲料〗地酒.

ਦੇਹ[1] (देह) /dê デー/ [Skt. देह] *f.* 体, 身, 身体, 肉体. (⇒ਸਰੀਰ, ਪਿੰਡਾ)

ਦੇਹ² (देह) /dê デー/ ▸ਦਿਹ [Pers. *deh*] *m.* **1** 村, 村落. **2** 田舎.

ਦੇਹ³ (देह) /dê デー/ ▸ਦਿਹ *suff.* 「…を与える」「…を及ぼす」などを意味する形容詞を形成する接尾辞.

ਦੇਹਰਾ (देहरा) /dêrā デーラー/ ▸ਡੇਹਰਾ, ਦੇਹੁਰਾ [Skt. देवगृह] *m.* **1** 寺, 寺院, 神社. (⇒ਮੰਦਰ) **2** 霊廟.

ਦੇਹਲੀ (देहली) /dêlī デーリー/ ▸ਦਿੱਲੀ *f.* → ਦਿੱਲੀ

ਦੇਹਾਂਤ (देहाँत) /deā̃tạ | dehā̃tạ デーアーント｜デーハーント/ ▸ਦਿਹਾਂਤ [Skt. देहांत] *m.* **1** 死, 死亡. (⇒ਮਿਰਤੂ, ਮੌਤ) **2** 死去, 逝去.

ਦੇਹਾਤ (देहात) /deātạ | dehātạ デーアート｜デーハート/ ▸ਦਿਹਾਤ *m.* → ਦਿਹਾਤ

ਦੇਹਾਤੀ (देहाती) /deātī | dehātī デーアーティー｜デーハーティー/ ▸ਦਿਹਾਤੀ *adj.m.* → ਦਿਹਾਤੀ

ਦੇਹੁਰਾ (देहुरा) /dêurā デーウラー/ ▸ਡੇਹਰਾ, ਦੇਹਰਾ *m.* → ਦੇਹਰਾ

ਦੇਖ (देख) /dekʰạ デーク/ [cf. ਦੇਖਣਾ] *int.* ほら, そら《注意を促す言葉》.

ਦੇਖਣਹਾਰ (देखणहार) /dekʰaṇahārạ デーカンハール/ [cf. ਦੇਖਣਾ -ਹਾਰ] *adj.* **1** 見る, 見物する, 見物の. **2** 眺める.
— *m.* 見る人, 見物人.

ਦੇਖਣਾ (देखणा) /dekʰaṇā デーカナー/ [Skt. दृक्षति] *vt.* **1** 見る, 目にする, 目撃する, 観察する, 見物する. ❐ ਬੱਦਲ ਦੇਖ ਕੇ ਪਿੰਡ ਦੇ ਮੁੰਡੇ ਘਰਾਂ ਵਿੱਚੋਂ ਬਾਹਰ ਨਿਕਲ ਆਏ। 雲を見て村の男の子たちが家々から外に出て来ました. ❐ ਉੱਥੇ ਉਸ ਨੇ ਕਈ ਕੀਮਤੀ ਚੀਜ਼ਾਂ ਦੇਖੀਆਂ। そこであの人はいくつもの高価な品物を見ました. ❐ ਮੈਂ ਹਿਰਨਾਂ ਨੂੰ ਏਨੇ ਨੇੜੇ ਤੋਂ ਕਦੀ ਨਹੀਂ ਸੀ ਦੇਖਿਆ। 私は鹿をこんなに近くで見たことは今まで一度もありませんでした. **2** 眺める. **3** 見つめる, 注視する. **4** 監視する, 見張る. **5** 世話をする, 面倒を見る. **6** 捜す, 見つける. **7** 調べる, 調査する, 検査する. **8** 考える, 検討する. **9** 気づく. **10** 知覚する. **11** 経験する.

ਦੇਖਭਾਲ (देखभाल) /dekʰapālạ デークパール/ [cf. ਦੇਖਣਾ + cf. ਭਾਲਣਾ] *f.* **1** 見守り, 監視, 監督. **2** 世話, 保護, 面倒を見ること. **3** 手入れ, 点検, 保守管理. **4** 看護.

ਦੇਖ ਰੇਖ (देख रेख) /dekʰạ rekʰạ デーク レーク/ *f.* **1** 監督, 管理, 取り締まり. **2** 看護, 世話.

ਦੇਗ (देग) /degạ デーグ/ ▸ਦੇਗਾ [Pers. *deg*] *f.* 〖調〗金属製の大鍋.

ਦੇਗਚਾ (देगचा) /degạcā デーグチャー/ [Pers. *degca*] *m.* 〖調〗金属製の鍋. (⇒ਪਤੀਲਾ)

ਦੇਗਚੀ (देगची) /degạcī デーグチー/ [Pers. *degcī*] *f.* 〖調〗金属製の小鍋. (⇒ਪਤੀਲੀ)

ਦੇਗਾ (देगा) /degā デーガー/ ▸ਦੇਗ *m.* → ਦੇਗ

ਦੇਣ (देण) /deṇạ デーン/ [cf. ਦੇਣਾ] *m.* **1** 与えること, 贈与. **2** 贈り物. **3** 貢ぎ物. **4** 寄与, 貢献, 功績. (⇒ਯੋਗਦਾਨ) **5** 負債, 借金.

ਦੇਣਹਾਰ (देणहार) /deṇahārạ デーンハール/ ▸ਦੇਣਹਾਰਾ [-ਹਾਰ] *adj.* **1** 贈与する. **2** 授与する.
— *m.* **1** 贈与者. **2** 授与者.

ਦੇਣਹਾਰਾ (देणहारा) /deṇahārā デーンハーラー/ ▸ਦੇਣਹਾਰ *adj.m.* → ਦੇਣਹਾਰ

ਦੇਣਦਾਰ (देणदार) /deṇạdārạ デーンダール/ [cf. ਦੇਣਾ Pers.-*dār*] *adj.* **1** 負債がある. **2** 借金がある.
— *m.* 借り主, 債務者.

ਦੇਣਦਾਰੀ (देणदारी) /deṇạdārī デーンダーリー/ [Pers.-*dārī*] *f.* **1** 負債. **2** 借金. **3** 債務.

ਦੇਣਯੋਗ (देणयोग) /deṇạyoga デーンヨーグ/ [Skt.-योग्य] *adj.* **1** 与えるべき, 贈るべき. **2** 与えられるべき, 贈られるべき. **3** 支払うべき, 支払いうる. **4** 支払われるべき.

ਦੇਣਾ (देणा) /deṇā デーナー/ [(Pal. देति) Skt. ददाति] *vt.* **1** 与える, あげる, やる, 授ける, 授与する. **2** 生む, 産する, 生産する. **3** 出す, 差し出す, 供給する, 支給する, 提供する. **4** 寄付する, 贈る, 贈与する, 寄贈する. **5** 寄与する, 貢献する. **6** 渡す, 手渡す. **7** 託す, 委託する. **8**《他動詞の語幹に続き「動作や変化の結果や影響を相手に与える」という意味を加える》(他者に影響を与える行為として)…する, …してあげる, …してくれる. ❐ ਮੈਂ ਸਭ ਠੀਕ ਕਰ ਦਿਆਂਗਾ। 私がすべて直してあげましょう. ❐ ਮੈਂ ਉਸ ਨੂੰ ਮਾਫ਼ ਕਰ ਦਿੱਤਾ। 私はあの人を許してあげました. ❐ ਬਾਪੂ ਜੀ ਨੇ ਮੈਨੂੰ ਕੁਲਫ਼ੀ ਲੈ ਦਿੱਤੀ। お父さんは私にアイスクリームを買ってくれました. **9**《不定詞の後置格形に続き「許容」「許諾」の意味を加える》…させる, …させてやる, …することを許す. ❐ ਮੈਨੂੰ ਵੀ ਕੁਝ ਕਹਿਣ ਦਿਓ। 私にも少し言わせてください. ❐ ਮੈਂ ਉਸ ਨੂੰ ਸ਼ਰਾਬ ਨਹੀਂ ਪੀਣ ਦਿਆਂਗਾ। 私はあの人が酒を飲むのを許しません.

ਦੇਰ (देर) /derạ デール/ [Pers. *der*] *f.* **1** 遅れ, 遅延, 遅刻. ❐ ਦੇਰ ਹੋਣੀ 遅くなる, 遅い時間になる, 夜が更ける. ❐ ਦੇਰ ਹੋ ਜਾਣੀ 遅れる, 遅刻する. ❐ ਦੇਰ ਕਰਨੀ 遅れる, ぐずぐずする, 手間取る. ❐ ਦੇਰ ਨਾਲ 遅れて. ❐ ਅੱਜ ਦੇਰ ਹੋ ਗਈ ਹੈ। 今日は遅くなっています. ❐ ਓਹੋ, ਬੜੀ ਦੇਰ ਹੋ ਗਈ। ਪੌਣੇ ਨੌਂ ਵੱਜਣ ਵਾਲੇ ਹਨ। おや, 随分遅くなってしまいました. 9時15分前になるところです. ❐ ਵਿੱਦਿਆਸਾਗਰ ਜੀ ਨੇ ਬਿਨਾਂ ਹੋਰ ਦੇਰ ਕੀਤਿਆਂ ਆਖਿਆ। ヴィッディアーサーガル氏は間髪を入れず言いました. ❐ ਉਹ ਦੇਰ ਨਾਲ ਆਇਆ ਸੀ। 彼は遅れて来ました. ❐ ਬਿੱਲੀ ਬਹੁਤ ਦੇਰ ਤੱਕ ਉਡੀਕਦੀ ਰਹੀ। 猫はとても遅くまで待ち続けていました. **2** のろいこと. **3** 時, 時間. ❐ ਥੋੜ੍ਹੀ ਦੇਰ しばらく. ❐ ਥੋੜ੍ਹੀ ਦੇਰ ਪਿੱਛੋਂ しばらくして. ❐ ਥੋੜ੍ਹੀ ਦੇਰ ਪਿੱਛੋਂ ਗੱਡੀ ਚੱਲ ਪਈ। しばらくして列車は動き始めました. ❐ ਬੱਚੇ ਕਾਫ਼ੀ ਦੇਰ ਨੱਸਦੇ ਰਹੇ। 子供たちはかなり長い間逃げ続けていました.

ਦੇਰੀ (देरी) /derī デーリー/ [Pers. *derī*] *f.* **1** 遅れ, 遅延, 遅滞, 延滞. **2** 遅刻. **3** のろいこと.

ਦੇਰੀਨਾ (देरीना) /derīnā デーリーナー/ [Pers. *derīnā*] *f.* **1** 古い. (⇒ਪੁਰਾਣਾ) **2** 古代の, 昔の.

ਦੇਵ (देव) /devạ デーヴ/ ▸ਦੇਉ [Skt. देव] *m.* **1** 神, 神様. **2** 神格. **3** 聖なる魂.

ਦੇਵਸਥਾਨ (देवसथान) /devạsatʰāṇạ デーヴサターン/ [+ Skt. स्थान] *m.* **1** 神々の住まい, 神々のまします所. **2** 神殿, 寺院. (⇒ਮੰਦਰ)

ਦੇਵਸਮਾਜ (देवसमाज) /devạsamājạ デーヴサマージ/ [+ Skt. समाज] *m.* 〖歴史〗デーヴサマージ《1887年ラホールに創設された教団》.

ਦੇਵ-ਸਮਾਨ (देव-समान) /devạ-samānạ デーヴ・サマーン/ [+ Skt. समान] *adj.* **1** 神に等しい, 神のような. **2** 神聖な.

ਦੇਵਕੀ (देवकी) /devakī デーヴァキー/ [Skt. देवकी] *f.* 〖ヒ〗デーヴァキー《クリシュナの母でヴァスデーヴァ王の妻》.

ਦੇਵਗਣ (देवगण) /devagaṇa デーヴガン/ [Skt. देव + Skt. गण] *m.* 神々の集まり, すべての神.

ਦੇਵਤਵ (देवतव) /devatava デーヴァタヴ/ [Skt.-त्व] *m.* **1** 神であること. **2** 神性, 神格. **3** 信心深いこと.

ਦੇਵਤਾ (देवता) /devatā デーヴァター/ ▸ਦੇਉਤਾ [Skt. देवता] *m.* **1** 神, 神様. **2** 神格. **3** 守り神.

ਦੇਵਦਾਸੀ (देवदासी) /devadāsī デーヴダースィー/ [Skt. देवदासी] *f.* 〖ヒ〗神に仕える処女, 寺院に属し歌や踊りを捧げる女性.

ਦੇਵ-ਦਾਨਵ (देव-दानव) /deva-dānava デーヴ・ダーナヴ/ [Skt. देव + Skt. दानव] *m.* **1** 神と悪魔. **2** 超自然的存在.

ਦੇਵਦਾਰ (देवदार) /devadāra デーヴダール/ ▸ਦਿਉਦਾਰ, ਦਿਓਦਾਰ, ਦਿਆਰ *m.* → ਦਿਓਦਾਰ

ਦੇਵਨਾਗਰੀ (देवनागरी) /devanāgarī デーヴナーグリー/ [Skt. देवनागरी] *f.* 〖文字〗デーヴァナーガリー文字《サンスクリット語, ヒンディー語, マラーティー語, ネパール語などの表記文字の名称》.

ਦੇਵਨੇਤ (देवनेत) /devaneta デーヴネート/ [Skt. देव + Skt. नियति] *f.* **1** 神の意志, 神意, 神慮. ❐ਦੇਵਨੇਤ ਨਾਲ 神の意志で, 神慮によって, 神の摂理で. **2** 神慮による偶然の一致. ❐ਦੇਵਨੇਤ ਨਾਲ 偶然に, 思いがけなく.

ਦੇਵ-ਭਾਸ਼ਾ (देव-भाशा) /deva-pāš̌ā デーヴ・パーシャー/ [+ Skt. भाषा] *f.* **1** 神々の言語. **2** サンスクリット語〔梵語〕を指す敬称. (⇒ਸੰਸਕਰਿਤ)

ਦੇਵਰ (देवर) /dewara デーワル/ ▸ਦਿਉਰ, ਦਿਓਰ, ਦੇਉਰ [Skt. देवर] *m.* 〖親族〗義弟《夫の弟》.

ਦੇਵਲੋਕ (देवलोक) /devaloka デーヴローク/ [Skt. देव + Skt. लोक] *m.* **1** 神々の住む世界, 神々の領域. **2** 天国, 楽園. (⇒ਸੁਰਗ)

ਦੇਵੀ (देवी) /devī デーヴィー/ [Skt. देवी] *f.* **1** 女神. **2** 淑女. **3** 貴婦人.

ਦੈਂਤ (दैंत) /dāĩta ダェーント/ ▸ਦੇ [Skt. दैत्य] *m.* **1** 鬼, 鬼神. **2** 悪魔. **3** 巨人. **4** 大柄で醜い人.

ਦੈਨਿਕ (दैनिक) /dainika ダェーニク/ [Skt. दैनिक] *adj.* 毎日の.

— *m.* 日刊紙.

ਦੈਵੀ (दैवी) /daivī ダェーヴィー/ [Skt. दैवी] *adj.* **1** 神の. **2** 天の, 天国の. **3** 神聖な. **4** 超自然の.

ਦੋ[1] (दो) /do ドー/ [(Pkt. दो) Skt. द्वि ; Pers. *do*] *ca.num.* 2, 二つ.

— *adj.* 二つの.

— *pref.* 「二つの…」「両方の…」など, 2の意味を含む語を形成する接頭辞.

ਦੋ[2] (दो) /do ドー/ ▸ਦਰੋ [(Kang.)] *f.* 〖植物〗コムギ(小麦). (⇒ਕਣਕ)

ਦੋਅੱਕ (दोअक्क) /doakka ドーアック/ ▸ਦੁਅੱਕ *m.* → ਦੁਅੱਕ

ਦੋ-ਅੰਗੀ (दो-अंगी) /do-aṅgī ドー・アンギー/ [Skt. द्वि- Skt. अंगिन्] *adj.* 二つの部分から成る.

ਦੋ-ਆਧਾਰੀ (दो-आधारी) /do-ādărī ドー・アーダーリー/ [Skt. द्वि- Skt. आधारिन्] *adj.* 二つの拠り所から成る, 二つのものに基づく.

ਦੋਆਬ (दोआब) /doāba ドーアーブ/ ▸ਦੁਆਬਾ, ਦੋਆਬਾ *m.* → ਦੁਆਬਾ

ਦੋਆਬਾ (दोआबा) /doābā ドーアーバー/ ▸ਦੁਆਬਾ, ਦੋਆਬ *m.* → ਦੁਆਬਾ

ਦੋਆਬੀ (दोआबी) /doābī ドーアービー/ ▸ਦੁਆਬੀ *f.* → ਦੁਆਬੀ

ਦੋਆਬੀਆ (दोआबीआ) /doābīā ドーアービーアー/ ▸ਦੁਆਬੀਆ *m.* → ਦੁਆਬੀਆ

ਦੋਇਮ (दोइम) /doima ドーイム/ ▸ਦੋਮ *adj.* → ਦੋਮ

ਦੋਸ (दोस) /dosa ドース/ ▸ਦੋਸ਼, ਦੋਖ *m.* → ਦੋਸ਼

ਦੋਸ਼ (दोश) /dośa ドーシュ/ ▸ਦੋਸ, ਦੋਖ [Skt. दोष] *m.* **1** 欠点, 短所, 欠陥, 汚点. ❐ਦੂਜਿਆਂ ਦੇ ਹੀ ਨਹੀਂ ਆਪਣੇ ਦੋਸ਼ ਵੀ ਵੇਖੋ। 他人のだけでなく自分の欠点も見なさい. ❐ਦੋਸ਼ ਕੱਢਣਾ 欠点を指摘する, あら探しをする, 批判する. **2** 弱点. **3** 罪, 罪悪, 過失. ❐ਉਸ ਆਦਮੀ ਨੇ ਆਪਣਾ ਦੋਸ਼ ਮੰਨ ਲਿਆ ਹੈ। あの男の人は自分の罪を認めています. **4** 誤り, 間違い. **5** 失敗, しくじり. **6** 非難, 告発, 告訴. ❐ਦੋਸ਼ ਦੇਣਾ 非難する, 咎める. ❐ਦੋਸ਼ ਲਾਉਣਾ 非難する, 告発する, 攻撃する. **7** 害するもの, 弊害, 悪弊.

ਦੋਸਤ (दोसत) /dosata ドースト/ [Pers. *dost*] *m.* **1** 友, 友人, 友達. **2** 相棒, 仲間. **3** 仲良し.

ਦੋਸਤਾਨਾ (दोसताना) /dosatānā ドースターナー/ [Pers. *dostāna*] *adj.* 親しい, 親密な, 友好的な.

— *m.* 親しさ, 友情, 友好, 親愛の情.

ਦੋਸਤੀ (दोसती) /dosatī ドースティー/ [Pers. *dostī*] *f.* **1** 友好, 友情, 友好関係, 親しさ. **2** 交友関係.

ਦੋਸ਼ਪੂਰਨ (दोशपूरन) /dośapūrana ドーシュプールン/ [Skt. दोष Skt.-पूर्ण] *adj.* **1** 欠点に満ちた. **2** 非難すべき.

ਦੋਸ਼ ਮੁਕਤ (दोश मुकत) /dośa mukata ドーシュ ムカト/ [+ Skt. मुक्त] *adj.* 罪のない, 無罪の.

ਦੋਸ਼ ਰਹਿਤ (दोश रहित) /dośa raîta ドーシュ ラェート/ [Skt.-रहित] *adj.* **1** 欠点のない. **2** 非難すべき点がない, 潔白な. **3** 完全な, 完全無欠の.

ਦੋ-ਸ਼ਾਖਾ (दो-शाखा) /do-śākʰā ドー・シャーカー/ [Skt. द्वि- Skt. शाखा] *adj.* 二本の枝のある.

ਦੋ-ਸਾਂਗਾ (दो-साँगा) /do-sãgā ドー・サーンガー/ ▸ਦੁਸਾਂਘੜ [Skt. द्वि- Skt. शक्ति + ਆ] *adj.* **1** 二またに分かれた. **2** 尖った先が二つある. **3** 分岐した.

ਦੋਸਾਲਾ (दोसाला) /dosālā ドーサーラー/ ▸ਦੁਸਾਲਾ, ਦੁੱਸਾਲਾ *adj.m.* → ਦੁਸਾਲਾ

ਦੋਸ਼ੀ (दोशी) /dośī ドーシー/ ▸ਦੋਖੀ [Skt. दोषिन्] *adj.* **1** 罪のある, 有罪の, 犯罪を犯した. (⇒ਅਪਰਾਧੀ) **2** 告発された. **3** 欠陥のある, 欠けている.

— *m.* **1** 罪人. (⇒ਅਪਰਾਧੀ) **2** 被告人.

ਦੋਹਣਾ (दोहणा) /dôṇā ドーナー/ ▸ਦੁਹਣਾ [Skt. दुहति] *vt.* 乳を搾る, ミルクを搾る, 搾乳する. (⇒ਚੋਣਾ)

— *m.* 〖容器〗乳搾りの容器, 搾乳用の器.

ਦੋਹਣੀ (दोहणी) /dôṇī ドーニー/ ▸ਦੁਹਣੀ [cf. ਦੋਹਣਾ] *f.* **1** 〖容器〗搾乳用の手桶. **2** 〖容器〗小型の乳搾りの容器, 搾乳瓶.

ਦੋਹਤਰਵਾਨ (दोहतरवान) /dôtarawāna ドータルワーン/ [Skt. दौहित्र Skt.-वान्] *m.* 〖親族〗娘の子孫.

ਦੋਹਤਰਾ (दोहतरा) /dôtarā ドートラー/ ▸ਦੋਹਤਾ [Skt. दौहित्र] m.〖親族〗孫《娘の息子》.

ਦੋਹਤਰੀ (दोहतरी) /dôtarī ドートリー/ ▸ਦੋਹਤੀ [Skt. दौहित्री] f.〖親族〗孫娘《娘の娘》.

ਦੋਹਤਾ (दोहता) /dôtā ドーター/ ▸ਦੋਹਤਰਾ m. → ਦੋਹਤਰਾ

ਦੋਹਤੀ (दोहती) /dôtī ドーティー/ ▸ਦੋਹਤਰੀ f. → ਦੋਹਤਰੀ

ਦੋਹਰ (दोहर) /dôra ドール/ [(Pkt. दोहा) Skt. द्विधा] f. 1 反復, 繰り返し. 2 複製. 3 二重, 二枚重ね.

ਦੋਹਰਾ[1] (दोहरा) /dôrā ドーラー/ ▸ਦੁਹਰਾ, ਦੂਹਰਾ [(Pkt. दोहा) Skt. द्विधा] adj. 1 二重の, 裏表のある. 2 二倍の, 倍の. 3 複製の, 複写の.

— m. 二重, 二枚重ね.

ਦੋਹਰਾ[2] (दोहरा) /dôrā ドーラー/ ▸ਦੋਹੜਾ, ਦੋਹਾ m. → ਦੋਹਾ

ਦੋਹਰਾਉਣਾ (दोहराउणा) /dôrāuṇā ドーラーウナー/ ▸ ਦੁਹਰਾਉਣਾ vt. → ਦੁਹਰਾਉਣਾ

ਦੋਹੜਾ (दोहड़ा) /dôṛā ドーラー/ ▸ਦੋਹਰਾ, ਦੋਹਾ m. → ਦੋਹਾ

ਦੋਹਾਂ (दोहाँ) /dohā̃ | dôā̃ ドーハーン | ドーアーン/ [Skt. द्वि ; Pers. do + ਹਾਂ] adj. 両方の, 両者の.

— pron. 両方, 両者, 二人. ❒ਇਹਨਾਂ ਦੋਹਾਂ ਦੀ ਲੋੜ ਵਧ ਗਈ ਹੈ। これら両者の需要が増えています.

ਦੋਹਾ (दोहा) /dôā | dohā ドーアー | ドーハー/ ▸ਦੋਹਰਾ, ਦੋਹੜਾ [Apb. दुवहा] m.〖文学〗ドーハー, 二行詩《各行が13＋11マートラーから成る, 中世ヒンディー文学における代表的な韻律・詩形》.

ਦੋਹੋਠੀ (दोहोठी) /dohoṭʰī ドーホーティー/ [Skt. द्वि- Skt. ओष्ठ -ई] adj.〖音〗両唇の.

— f.〖音〗両唇音.

ਦੋ-ਕਤਾਰੀ (दो-कतारी) /do-katārī ドー・カターリー/ [Pers. do- Arab. qitār -ਈ] adj. 二本の線になっている, 二列性の.

ਦੋਖ (दोख) /dokʰa ドーク/ ▸ਦੋਸ, ਦੋਸ਼ m. → ਦੋਸ਼

ਦੋ-ਖੰਡਨ (दो-खंडन) /do-kʰaṇḍana ドー・カンダン/ [Skt. द्वि- Skt. खंडन] m. 二つの部分に分かれること, 二分裂.

ਦੋਖੀ (दोखी) /dokʰī ドーキー/ ▸ਦੋਸ਼ੀ adj.m. → ਦੋਸ਼ੀ

ਦੋਗਲਾ (दोगला) /dogalā ドーガラー/ [Pers. doğala] adj. 1 雑種の. 2 混血の. 3 嫡出でない, 私生児の. 4 二枚舌の. 5 正反対の感情を同時に持つ. 6 信用できない. 7 不条理な.

— m. 1 雑種. 2 混血児, あいのこ. 3 私生児, 嫡出でない子, 不義の子. 4 二枚舌を使う人, 裏表のある人. 5 不誠実な人, 信用できない人.

ਦੋਗਲਾਪਣ (दोगलापण) /dogalāpaṇa ドーガラーパン/ [-ਪਣ] m. 1 雑種. 2 嫡出でないこと, 私生児であること. 3 両面感情, 裏表のあること. 4 二枚舌を使うこと, 不誠実なこと. 5 不条理.

ਦੋਗਲੀ ਭਾਸ਼ਾ (दोगली भाशा) /dogalī pǎśā ドーグリー パーシャー/ [+ Skt. भाषा] f. 1 方言, 田舎言葉. 2 混合語.

ਦੋਗੀ (दोगी) /dogī ドーギー/ [Skt. द्वि ; Pers. do + ਗੀ] or.num.(m.)〖口語〗 2番目, 第二. (⇒ਦੂਜਾ)

— adj. 1〖口語〗 2番目の, 第二の. (⇒ਦੂਜਾ) 2 他の. 3 別の. 4 次の.

ਦੋਘਾਤੀ (दोघाती) /dokǎtī ドーカーティー/ [Skt. द्वि- Skt. घातिन्] adj. 1〖数学〗平方の, 二乗の. 2〖数学〗二次の.

ਦੋਚਲ (दोचल) /docala ドーチャル/ ▸ਦੁਚਲ [Skt. द्वि- Skt. चलन] adj.〖数学〗二変量の, 二つの変数を持つ.

ਦੋਚਿੱਤਾ (दोचित्ता) /docittā ドーチッター/ ▸ਦੁਚਿੱਤਾ adj. → ਦੁਚਿੱਤਾ

ਦੋਚਿੱਤੀ (दोचित्ती) /docittī ドーチッティー/ ▸ਦੁਚਿੱਤੀ f. → ਦੁਚਿੱਤੀ

ਦੋਜ਼ਖ਼ (दोज़ख़) /dozaxa ドーザク/ ▸ਡੋਜਕ [Pers. dozax] m. 地獄. (⇒ਜਹੰਨਮ, ਨਰਕ)(⇔ਜੰਨਤ, ਸੁਰਗ)

ਦੋਜ਼ਖ਼ੀ (दोज़ख़ी) /dozaxī ドーザキー/ [Pers. dozaxī] adj. 1 地獄の. (⇒ਨਰਕੀ)(⇔ਅਰਸ਼ੀ, ਸਵਰਗੀ) 2 地獄に落ちるような. 3 罪深い. 4 極悪の.

ਦੋ-ਜੀਭਾ (दो-जीभा) /do-jîbā ドー・ジーバー/ [Skt. द्वि- Skt. जिह्वा] adj. 1 二枚舌の. 2 人をだます, 嘘つきの. (⇒ਫ਼ਰੇਬੀ)

ਦੋਂਦਾ (दोंदा) /dõdā ドーンダー/ ▸ਦੁੰਦਾ, ਦੁੱਦਾ adj. 二本歯の.

ਦੋ-ਦਿਲਾ (दो-दिला) /do-dilā ドー・ディラー/ [Pers. do- Pers. dil] adj. 1 二心のある. 2 どちらにも決まらない, 決断できない.

ਦੋਧਕ (दोधक) /dôdaka ドーダク/ f.〖植物〗オニノゲシ(鬼野芥子)《キク科の維管束植物》.

ਦੋ-ਧਾਰਾ (दो-धारा) /do-tǎrā ドー・ターラー/ ▸ਦੁਧਾਰਾ [Skt. द्वि- Skt. धारा] adj. 両刃の.

— m.〖武〗両刃の武器.

ਦੋਧੀ (दोधी) /dôdī ドーディー/ [Skt. दुग्ध -ई] m. 1 乳売り, 牛乳屋. 2 牛乳配達人.

ਦੋ-ਨਾਲੀ (दो-नाली) /do-nālī ドー・ナーリー/ ▸ਦੁਨਾਲੀ adj.f. → ਦੁਨਾਲੀ

ਦੋ-ਨਾਵੀਂ (दो-नावीं) /do-nāwī̃ ドー・ナーウィーン/ [Skt. द्वि- Skt. नामन् -ईं] adj.〖生物〗二名法の《属名と種名から成る》.

ਦੋਨੋਂ (दोनों) /donõ ドーノーン/ [Skt. द्वि ; Pers. do + ਨੋਂ] adj. 両方の, 両者の.

— m.f. 両方, 両者, 二人, 二つとも, 二人とも.

ਦੋ-ਪਤੀਆ (दो-पतीआ) /do-patīā ドー・パティーアー/ [Skt. द्वि- Skt. पत्र -ਈਆ] adj. 二枚葉の, 双葉の.

ਦੋ-ਪਦੀ (दो-पदी) /do-padī ドー・パディー/ [Skt. द्वि- Skt. पद -ई] adj. 1 二項の. 2〖数学〗二項式の.

ਦੋਪਾਸੜ (दोपासड़) /dopāsaṛa ドーパーサル/ ▸ਦੁਪਾਸੜ, ਦੁਪਾਸਾ adj.adv. → ਦੁਪਾਸੜ

ਦੋਬਾਰਾ (दोबारा) /dobārā ドーバーラー/ ▸ਦੁਬਾਰਾ [Skt. द्वि- Skt. वार] adv. 1 再び. 2 もう一度, 再度.

ਦੋ-ਭਾਜਨ (दो-भाजन) /do-pǎjana ドー・パージャン/ ▸ ਦੁਭਾਜਨ [Skt. द्वि- Skt. भाजन] m. 二等分.

ਦੋਮ (दोम) /doma ドーム/ ▸ਦੋਇਮ [Pers. doim] adj. 1 二番目の. (⇒ਦੂਜਾ) 2 二等級の, 二級品の. (⇒ਦੂਜੇ ਦਰਜੇ ਦਾ)

ਦੋ-ਮੰਜ਼ਲਾ (दो-मंज़ला) /do-mañzalā ドー・マンズラー/ ▸ ਦੁਮੰਜ਼ਲਾ adj.m. → ਦੁਮੰਜ਼ਲਾ

ਦੋ-ਰੰਗਾ (दो-रंगा) /do-raṅgā ドー・ランガー/ ▸ਦੁਰੰਗਾ [Skt. द्वि- Skt. रंग ; Pers. do- Pers. rang] adj. 1 二色の, 二種の. 2 二つ血統の, 混血の. . 3 二股をかけた.

ਦੋਲੜਾ (दोलड़ा) /dolaṛā ドーララー/ ▸ਦੋੜਾ *m.* → ਦੋੜਾ

ਦੋ-ਲਿੰਗ (दो-लिंग) /do-liṅga ドー・リング/ [Skt. द्वि- Skt. लिंग] *adj.* 〖生物〗両性具有の.

ਦੋ-ਲਿੰਗਤਾ (दो-लिंगता) /do-liṅgatā ドー・リングター/ [Skt.-ता] *f.* 〖生物〗両性具有.

ਦੋਵੇਂ (दोवें) /dowẽ ドーウェーン/ [Skt. द्वि ; Pers. *do* + ਵੇਂ] *adj.* 両方の, 両者の. ❐ਆਪਣੇ ਸਿਰ ਤੇ ਦੋਵੇਂ ਹੱਥ ਰੱਖਦੀ ਹੋਈ ਬੋਲੀ। 自分の頭の上に両手を置いて話しました.

— *m.f.* 両方, 両者, 二人, 二つとも, 二人とも. ❐ਦੋਵੇਂ ਇਕੱਠੇ ਰਹਿੰਦੇ ਸਨ। 二人は一緒に住んでいました.

ਦੋੜ੍ਹ (दोड़्ह) /dôṛa ドール/ [Skt. द्वि ; Pers. *do* + ੜ੍ਹ] *f.* 〖料理〗二層に重ねて揚げたローティー〔無発酵平焼きパン〕. (⇒ਪਰੌਂਠਾ)

ਦੋੜਾ (दोड़ा) /doṛā ドーラー/ ▸ਦੋਲੜਾ *m.* 〖布地〗飼葉・干草・籾殻などを運ぶのに使われる目の粗い厚手の綿布.

ਦੌਣ (दौण) /dauṇa ダォーン/ [Skt. दामन] *f.* 寝台に張った紐.

ਦੌਰ (दौर) /daura ダォール/ [Arab. *daur*] *m.* **1** 回転, 旋回, 周転. **2** 循環. **3** 円, 軌道. **4** 時, 時期, 時代. **5** 巡回, 巡行, 巡視. **6** 回, 度. **7** 規則.

ਦੌਰਾ (दौरा) /daurā ダォーラー/ [Arab. *daura*] *m.* **1** 回転, 旋回, 周転. **2** 周遊, 巡行, 巡回, 巡視. **3** 循環. **4** 〖医〗発作, 痙攣, ひきつけ, 痙攣性の病気の周期的な発作. **5** 〖調〗大きな石臼.

ਦੌਰਾਨ (दौरान) /daurāna ダォーラーン/ [Arab. *davarān*] *m.* **1** 回転, 旋回. **2** 期間, 時期, 間.

— *adv.* **1** 期間中に. **2** その間に.

— *postp.* …の期間に, …中に, …の間に, …の最中に, …の際に.

ਦੌਰੀ (दौरी) /daurī ダォーリー/ [Arab. *daur* -ਈ] *f.* 〖調〗調味料をすり潰すための小さな石臼.

ਦੌਲਤ (दौलत) /daulata ダォーラト/ [Pers. *daulat*] *f.* **1** 繁栄, (金銭的な)成功. **2** 富. (⇒ਧਨ) **3** 財産, 資産. (⇒ਜਾਇਦਾਦ) **4** お金, 金銭. (⇒ਰੁਪਇਆ)

ਦੌਲਤਮੰਦ (दौलतमंद) /daulatamanda ダォーラトマンド/ [Pers.-*mand*] *adj.* **1** 繁栄している. **2** 富裕な, 裕福な. **3** 資産家の, 金持ちの.

ਦੌਲਤਮੰਦੀ (दौलतमंदी) /daulatamandī ダォーラトマンディー/ [Pers.-*mandī*] *f.* **1** 繁栄. **2** 富裕, 裕福. **3** 資産.

ਦੌੜ (दौड़) /dauṛa ダォール/ [cf. ਦੌੜਨਾ] *f.* **1** 〖競技〗競走. ❐ਦੌੜ-ਮਾਰਗ 競走路, トラック. **2** 疾走. **3** 走ること. **4** 逃走, 逃げ回ること. **5** 闘争.

ਦੌੜਨਾ (दौड़ना) /dauṛanā ダォールナー/ [Skt. द्रवति] *vi.* **1** 走る, 駆ける. (⇒ਭੱਜਣਾ) ❐ਉਹ ਦੌੜ ਕੇ ਆਇਆ। 彼は走って来ました. ❐ਸ਼ਿਕਾਰੀ ਕੁੱਤੇ ਬੜੇ ਤੇਜ਼ ਦੌੜਦੇ ਹਨ। 猟犬たちはとても速く走ります. **2** 競走する. **3** 逃げる, 逃走する, 逃げ回る. (⇒ਨੱਸਣਾ) ❐ਪੁਲੀਸ ਨੂੰ ਵੇਖਦਿਆਂ ਹੀ ਚੋਰ ਦੌੜ ਗਿਆ। 警官を見るやいなや泥棒は逃走しました. ❐ਲੋਕ ਚੀਕਾਂ ਮਾਰਦੇ ਇੱਧਰ ਉੱਧਰ ਦੌੜੇ। 人々は悲鳴を上げてあちこち逃げ回りました.

ਦੌੜਾਉਣਾ (दौड़ाउणा) /dauṛāuṇā ダォーラーウナー/ ▸ਦੁੜਾਉਣਾ *vt.* → ਦੁੜਾਉਣਾ

ਦੌੜਾ-ਦੌੜੀ (दौड़ा-दौड़ी) /dauṛā-dauṛī ダォーラー・ダォーリー/ [cf. ਦੌੜਨਾ] *f.* **1** 走り回ること. **2** 速く走ること, 疾走. **3** 競走. **4** 奮闘, 奮戦.

ਦੌੜੀਆ (दौड़ीआ) /dauṛīā ダォーリーアー/ [-ਈਆ] *m.* **1** 走る人, 走者. **2** 競走者. **3** 疾走者.

ਧ

ਧ (ध) /tǎddā タッダー/ *m.* 〖文字〗グルムキー文字の字母表の24番目の文字《高声調(高降りアクセント)または低声調(低昇りアクセント)を伴う, 歯・閉鎖音の「タ」(無声・無気音)または「ダ」(有声・無気音)を表す》.

ਧਸਣਾ (धसणा) /tǎsaṇā タサナー/ [Skt. ध्वसति] *vi.* **1** 沈む, 潜る, 潜水する, (水に)突っ込む. **2** 落ち込む, 陥没する, めりこむ, もぐりこむ. **3** 突き刺さる, 突き通される. **4** 侵入する, 浸透する.

— *vt.* **1** 押す. **2** 強いる, 駆り立てる. **3** 無我夢中で働かせる.

ਧਸਾਉਣਾ (धसाउणा) /tasǎuṇā タサーウナー/ [cf. ਧਸਣਾ] *vt.* **1** 沈ませる, 潜らせる. **2** 落ち込ませる, 陥没させる, めりこませる, もぐりこませる. **3** 侵入させる, 浸透させる.

ਧਸੋੜਨਾ (धसोड़ना) /tasǒṛanā タソールナー/ *vt.* **1** 突き通す, 貫く. (⇒ਖੋਭਣਾ) **2** 押し込む, 突っ込む, 詰め込む. (⇒ਤੁੰਨਣਾ)

ਧੱਕ (धक्क) /tǎkka タック/ [cf. ਧੱਕਣਾ] *f.* **1** 押すこと. **2** 衝突.

ਧਕਣਾ (धकणा) /tǎkaṇā タカナー/ ▸ਧੱਕਣਾ *vt.* → ਧੱਕਣਾ

ਧੱਕਣਾ (धक्कणा) /tǎkkaṇā タッカナー/ ▸ਧਕਣਾ [Skt. धक्कयति] *vt.* **1** 押す. **2** 突く. **3** 突っ込む.

ਧਕ ਧਕ (धक धक) /tǎka tǎka タク タク/ *f.* **1** 〖擬声語〗ドキドキ《心臓の音》. ❐ਧਕ ਧਕ ਕਰਨਾ (不安や恐怖で)心臓がドキドキする. **2** 鼓動. **3** 脈拍. **4** 不安. **5** 恐れ.

ਧੱਕਮ ਧੱਕਾ (धक्कम धक्का) /tǎkkama tǎkkā タッカム タッカー/ [cf. ਧੱਕਣਾ] *m.* **1** 押し合い圧し合い. **2** 大混雑. **3** 乱闘, 飛び入り自由の格闘.

ਧਕਵਾਉਣਾ (धकवाउणा) /takawǎuṇā タクワーウナー/ ▸ਧਕਾਉਣਾ [cf. ਧੱਕਣਾ] *vt.* **1** 押させる. **2** 突かせる. **3** 突っ込ませる.

ਧੱਕੜ (धक्कड़) /tǎkkaṛa タッカル/ [cf. ਧੱਕਣਾ + ੜ] *adj.* **1** 乱暴な. **2** 攻撃的な, 侵略的な.

— *m.* 乱暴者.

ਧੱਕੜਸ਼ਾਹੀ (धक्कड़शाही) /tǎkkaṛaśâī タッカルシャーイー/ ▸ਧੱਕੇਸ਼ਾਹੀ [+ Pers. *śāhī*] *f.* **1** 攻撃的態度. **2** 力の行使. **3** 強制, 威圧.

ਧੱਕਾ (धक्का) /tǎkkā タッカー/ [cf. ਧੱਕਣਾ] *m.* **1** 勢いよく押すこと, 勢いよく突くこと, 突き飛ばすこと. ❐ਧੱਕਾ ਦੇਣਾ, ਧੱਕਾ ਮਾਰਨਾ 勢いよく押す, 勢いよく突く. **2** 打撃, 衝撃, ショック. **3** 損害, 損失, 痛手. **4** 衝突. **5** 突っ込むこと.

ਧਕਾਉਣਾ (धकाउणा) /takǎuṇā タカーウナー/ ▸ਧਕਵਾਉਣਾ

vt. → ਧਕਵਾਉਣਾ

ਧੱਕੇਸ਼ਾਹੀ (धक्केशाही) /tăkkeśâī タッケーシャーイー/ ▸ ਧੱਕੜਸ਼ਾਹੀ *f.* → ਧੱਕੜਸ਼ਾਹੀ

ਧੱਕੇਬਾਜ਼ (धक्केबाज़) /tăkkebāza タッケーバーズ/ [cf. ਧੱਕਣਾ Pers.-*bāz*] *m.* **1** 圧制者, 制圧者. **2** 攻撃者, 侵略者. **3** 乱暴者.

ਧੱਕੇਬਾਜ਼ੀ (धक्केबाज़ी) /tăkkebāzī タッケーバーズィー/ [Pers.-*bāzī*] *f.* **1** 圧制, 制圧. **2** 攻撃, 侵略. **3** 乱暴, 暴力.

ਧਕੇਲਣਾ (धकेलणा) /takĕlaṇā タケールナー/ [Skt. धक्कयति] *vt.* **1** 押す, 押しやる, 押しのける. **2** 突く, 突き倒す, 突き落とす.

ਧੱਖ (धक्ख) /tăkkʰa タック/ *f.* 〖虫〗シラミの幼虫.

ਧਗੜ (धगड़) /tăgaṛa タガル/ ▸ਧਗੜਾ [Skt. धव] *m.* **1** 情夫, 姦夫. **2** 乱暴者, ならず者. **3** 主人, 上役, 先輩.

ਧਗੜਾ (धगड़ा) /tăgaṛā タグラー/ ▸ਧਗੜ *m.* → ਧਗੜ

ਧਗੜੀ (धगड़ी) /tăgaṛī タグリー/ [Skt. धव -ई] *f.* **1** 情婦, 妾. **2** 不貞な女性.

ਧਗਾਣਾ (धगाणा) /tagăṇā タガーナー/ *m.* **1** 力ずく, 強制, 無理強い. **2** 不正.

ਧਗਾਣੇ (धगाणे) /tagăṇe タガーネー/ *adv.* **1** 無理やり, 強引に. **2** 不正に.

ਧਙਾਣਾ (धङाणा) /taṅăṇā タナーナー/ ▸ਧਿੰਗਾਣਾ *m.* → ਧਿੰਗਾਣਾ

ਧਜ (धज) /tăja タジ/ [Skt. ध्वज] *f.* **1** 豪華な様子, 壮観. **2** 堂々たるしぐさ, 威圧するようなやり方. **3** 姿勢, 態度. **4** 形. (⇒ਸ਼ਕਲ)

ਧੱਜੀ (धज्जी) /tăjjī タッジー/ [Skt. धटी] *f.* **1** 切片. ❐ ਧੱਜੀਆਂ ਉਡਾਉਣਾ ずたずたに引き裂く, 相手を論破する, 恥辱を与える. **2** 切れ端. **3** 細長い一片. **4** ぼろ布.

ਧਣਖ (धणख) /tăṇakʰa タナク/ ▸ਧਨਖ, ਧਨੁਸ਼, ਧਨੁਖ [Skt. धनुष] *m.* 〖武〗弓. (⇒ਕਮਾਨ)

ਧਣਖਧਾਰੀ (धणखधारी) /tăṇakʰatărī タナクターリー/ ▸ ਧਨੁਸ਼ਧਾਰੀ [+ Skt. धारिन्] *adj.* 弓を持った, 弓を携えた.

— *m.* 弓の射手, 弓術家.

ਧਣਖਬਾਣ (धणखबाण) /tăṇakʰabāṇa タナクバーン/ [+ Skt. वाण] *m.* 〖武〗弓矢.

ਧਣਨਾ (धणना) /tăṇanā タンナー/ *vt.* **1** つがわせる. **2** 交配させる. **3** 妊娠させる.

ਧਤੂਰਾ (धतूरा) /tatŭrā タトゥーラー/ [Skt. धुस्तूर] *m.* 〖植物〗チョウセンアサガオ(朝鮮朝顔), マンダラゲ(曼陀羅華)《ナス科の一年草》.

ਧੱਦਰ (धद्दर) /tăddara タッダル/ [Skt. दद्रु] *f.* **1** 〖医〗疱疹, 帯状疱疹. **2** 〖医〗白癬《田虫, 水虫, しらくも》.

ਧੰਦਾ (धंदा) /tăndā タンダー/ ▸ਧੰਧਾ [Skt. धन-धान्य] *m.* **1** 生業, 職業, 職, 仕事. **2** 商い, 商売, 取引, 売買.

ਧੰਧਾ (धंधा) /tăndā タンダー/ ▸ਧੰਦਾ *m.* → ਧੰਦਾ

ਧੱਧਾ (धद्धा) /tăddā タッダー/ *m.* 〖文字〗タッダー《高声調(高降りアクセント)または低声調(低昇りアクセント)を伴う, 歯・閉鎖音の「タ」(無声・無気音)または「ダ」(有声・無気音)を表す, グルムキー文字の字母表の24番目の文字 ਧ の名称》.

ਧੰਨ (धंन) /tănna タンヌ/ [(Pkt. धण्ण) Skt. धन्य] *adj.* **1** 祝福された, 恵まれた. **2** めでたい, 縁起の良い, 吉祥の. **3** 幸運な, 幸福な, 幸せな.

— *int.* **1** ありがたい, なんと幸せな. **2** でかした, いいぞ, すごい, 御立派.

ਧਨ[1] (धन) /tăna タン/ [Skt. धन] *m.* **1** 富. (⇒ਅਮੀਰੀ) **2** 財産, 財貨. (⇒ਜਾਇਦਾਦ) **3** 所有物. **4** お金, 現金, 資金, 費用. (⇒ਨਕਦ) **5** 資産, 資本. (⇒ਪੂੰਜੀ) **6** 〖数学〗プラス, 正の数. **7** 陽性.

— *adj.* **1** 〖数学〗プラスの, 正の. **2** 陽の, 陽性の.

— *postp.* 〖数学〗…を加算して, …を足して.

ਧਨ[2] (धन) /tăna タン/ [Pkt. धणिआ] *f.* **1** 〖親族〗嫁, 妻. (⇒ਪਤਨੀ, ਵਹੁਟੀ, ਘਰਵਾਲੀ) **2** 乙女, 女性. (⇒ਤੀਵੀਂ, ਔਰਤ)

ਧਨਖ (धनख) /tănakʰa タナク/ ▸ਧਣਖ, ਧਨੁਸ਼, ਧਨੁਖ *m.* → ਧਣਖ

ਧੰਨਜਵਾਦ (धंन्यवाद) /tănnyawāda タンニャワード/ ▸ ਧੰਨਵਾਦ *m.int.* → ਧੰਨਵਾਦ

ਧਨਵੰਤ (धनवंत) /tănawanta タンワント/ [Skt. धन Skt.-वंत] *adj.* **1** 金持ちの, 富裕な, 裕福な. **2** 資産家の.

ਧੰਨਵਾਦ (धंनवाद) /tănnawāda タンヌワード/ ▸ਧੰਨਜਵਾਦ [Skt. धन्यवाद] *m.* **1** 感謝, 謝意. (⇒ਸ਼ੁਕਰ) **2** 謝辞.

— *int.* **1** ありがとう, ありがとうございます. (⇒ਸ਼ੁਕਰੀਆ) **2** ありがたい, よかった.

ਧੰਨਵਾਦੀ (धंनवादी) /tănnawādī タンヌワーディー/ [-ई] *adj.* **1** 感謝している, ありがたく思っている. (⇒ਸ਼ੁਕਰਗੁਜ਼ਾਰ) **2** 恩を感じている, 恩を受けている.

ਧਨਵਾਨ (धनवान) /tănawāna タンワーン/ [Skt. धन Skt.-वान्] *adj.* **1** 金持ちの, 富裕な, 裕福な. **2** 資産家の.

ਧਨਾਸਰੀ (धनासरी) /tanăsarī タナースリー/ [Skt. धनाश्री] *f.* 〖音楽〗ダナースリー《インド音楽の旋律の名称. 午後に奏される楽曲の一つ》.

ਧਨਾਢ (धनाढ) /tanăḍa タナード/ [Skt. धनाढ्य] *adj.* 富んだ, 豊かな, 富裕な, 裕福な, 金持ちの. (⇒ਅਮੀਰ)

ਧਨੀ (धनी) /tănī タニー/ [Skt. धनिन्] *adj.* 富んだ, 豊かな, 富裕な, 裕福な, 金持ちの. (⇒ਅਮੀਰ)

— *m.* 裕福な人, 金持ち, 資産家.

ਧਨੀਆ (धनीआ) /tănīā タニーアー/ [Skt. धन्या] *m.* 〖植物〗コリアンダー, コエンドロ, カメムシソウ(亀虫草)《セリ科の草本. さっぱりとした刺激性の芳香を持ち, 防臭・消化作用があり, カレー粉の主成分をなす》, その葉または種子. (⇒ਕਸ਼ਨੀਜ਼)

ਧਨੁਸ਼ (धनुश) /tănuśa タヌシュ/ ▸ਧਣਖ, ਧਨਖ, ਧਨੁਖ *m.* → ਧਣਖ

ਧਨੁਸ਼ਧਾਰੀ (धनुशधारी) /tănuśatărī タヌシュターリー/ ▸ ਧਣਖਧਾਰੀ *adj.m.* → ਧਣਖਧਾਰੀ

ਧਨੁਸ਼-ਵਿਦਿਆ (धनुश-विदिआ) /tănuśa-vidiā タヌシュ・ヴィディアー/ [Skt. धनुष + Skt. विद्या] *f.* 弓術.

ਧਨੁਖ (धनुख) /tănukʰa タヌク/ ▸ਧਣਖ, ਧਨੁਸ਼, ਧਨਖ *m.* → ਧਣਖ

ਧਨੇਸਰੀ (धनेसरी) /tanĕsarī タネースリー/ *f.* **1** 侮辱, 侮蔑, 軽蔑. (⇒ਬੇਇੱਜ਼ਤੀ) **2** 冷遇.

ਧਨੇਸੜੀ (धनेसड़ी) /tanĕsaṛī タネーサリー/ *f.* **1** 籾殻を叩

いて取り除くこと. **2** どんどん叩くこと. **3** 激しく打つこと. **4** 脱穀.

ਧੱਪਾ (धप्पा) /tăppā タッパー/ ▸ਧੱਫਾ *m.* 手で叩くこと, 平手打ち. (⇒ਥੱਪੜ)

ਧੱਫੜ (धप्फड़) /tăppʰaṛa̜ タッパル/ *m.* 〖医〗 発疹.

ਧੱਫਾ (धप्फा) /tăppʰā タッパー/ ▸ਧੱਪਾ *m.* → ਧੱਪਾ

ਧੱਬਾ (धब्बा) /tăbbā タッバー/ *m.* **1** 染み, 汚れ, 跡, 痕跡. **2** 斑点, ぶち, まだら.

ਧੰਮ (धंम) /tămma̜ タンム/ ▸ਧੜੰਮ *f.* → ਧੜੰਮ

ਧਮ੍ਹਾਣ (धम्हाण) /tamăṇa̜ タマーン/ ▸ਧਮਾਣ *m.* → ਧਮਾਣ

ਧਮਕ (धमक) /tămaka̜ タマク/ ▸ਧਮੱਕਾ, ਧਮਧਮ *f.* → ਧਮਧਮ

ਧਮਕਣਾ (धमकणा) /tămakaṇā タマカナー/ *vi.* **1**(重い物が落ちたり倒れたりして)ドサッとかドシンなどと音をたてる. **2**(物が落ちて)振動する, 響く.

ਧਮੱਕੜ (धमक्कड़) /tamăkkaṛa̜ タマッカル/ *m.* **1** ドサッとかドシンなどと音をたてること. **2** 物が落ちたり倒れたりして起こる震動・響き. **3**〖舞踊〗激しい動きの女性の踊り. **4** うるさい音, 騒音. **5** 大騒ぎ, 浮かれ騒ぎ. **6**〖虫〗蛾. (⇒ਭੰਬਟ, ਭਮੱਕੜ)

ਧਮੱਕਾ (धमक्का) /tamăkkā タマッカー/ ▸ਧਮਕ, ਧਮਧਮ *m.* → ਧਮਧਮ

ਧਮਕਾਉਣਾ (धमकाउणा) /tamakăuṇā タムカーウナー/ *vt.* **1** 恐れさせる, 怖がらせる. (⇒ਡਰਾਉਣਾ, ਉਘਟਣਾ) **2** 脅す, 威嚇する, 脅迫する. (⇒ਉਘਟਣਾ) **3** ひるませる.

ਧਮਕੀ (धमकी) /tămakī タムキー/ *f.* **1** 脅し, 威嚇. **2** 脅迫.

ਧਮੱਚੜ (धमच्चड़) /tamăccaṛa̜ タマッチャル/ *m.* 浮かれ騒ぎ.

ਧਮਣੀ (धमणी) /tămaṇī タマニー/ [Skt. धमनी] *f.* 〖身体〗動脈.

ਧਮਧਮ (धमधम) /tămatăma̜ タムタム/ ▸ਧਮਕ, ਧਮੱਕਾ *m.* **1**〖擬声語〗ドサッ, ドシン, ズシン《重い物が落ちたり倒れたりする音》. **2**〖擬声語〗ドタドタ《うるさい足音》. **3** 重い物が落ちたり倒れたりして起こる震動・響き.

ਧਮਾਕਾ (धमाका) /tamăkā タマーカー/ *m.* **1** 激しい音, 大きく響く音. **2** 打撃, 強打. **3** 爆発, 破裂. **4** 爆発音. **5** 突然の予期せぬ出来事. **6** 衝撃的な事件.

ਧਮਾਣ (धमाण) /tamăṇa̜ タマーン/ ▸ਧਮ੍ਹਾਣ *m.* 〖儀礼・ヒ〗ダマーン《子供の誕生13日後に行われるお祝いの儀式》.

ਧਯਾਉਣਾ (धयाउणा) /tayăuṇā タヤーウナー/ ▸ਧਯਾਉਣਾ, ਧਿਆਉਣਾ *vi.vt.* → ਧਿਆਉਣਾ

ਧਯਾਉਣਾ (ध्याउणा) /tyăuṇā (tayăuṇā) ティヤーウナー (タヤーウナー)/ ▸ਧਯਾਉਣਾ, ਧਿਆਉਣਾ *vi.vt.* → ਧਿਆਉਣਾ

ਧਯਾਨ (धयान) /tayăna̜ タヤーン/ ▸ਧਯਾਨ, ਧਿਆਨ *m.* → ਧਿਆਨ

ਧਯਾਨ (ध्यान) /tyăna̜ (tayăna̜) ティヤーン (タヤーン)/ ▸ਧਯਾਨ, ਧਿਆਨ *m.* → ਧਿਆਨ

ਧਰ (धर) /tăra̜ タル/ [Skt. धर] *suff.* 「…のある(もの)」「…を持っている(もの)」「…を保持している(もの)」「…を所有している(もの)」「…を守っている(もの)」「…を備えている(もの)」などを意味する接尾辞. 先行する語と合わせて, 形容詞または名詞を形成する.

ਧਰਤ (धरत) /tăraṭa̜ タルト/ ▸ਧਰਤੀ *f.* → ਧਰਤੀ

ਧਰਤ-ਗੋਲਾ (धरत-गोला) /tăraṭa̜-golā タルト・ゴーラー/ [Skt. धरित्री + Skt. गोल] *m.* 地球儀.

ਧਰਤੀ (धरती) /tăraṭī タルティー/ ▸ਧਰਤ [Skt. धरित्री] *f.* **1** 土地, 大地, 土壌. ❒ਸਾਡੇ ਦੇਸ ਦੀ ਧਰਤੀ ਬੜੀ ਅਮੀਰ ਹੈ। 私たちの国の土地はとても豊かです. **2**〖天文〗地球.

ਧਰਨ (धरन) /tărana̜ タラン/ [Skt. धरणि] *f.* **1** 臍の緒. **2**〖身体〗臍. **3**〖身体〗子宮. (⇒ਗਰਭਾਸ, ਬੱਚੇਦਾਨੀ)

ਧਰਨਾ (धरना) /tăranā タルナー/ [Skt. धरति] *vt.* **1** 置く. **2** 据える, 当てる. **3** 据え付ける.

ਧਰਮ (धरम) /tărama̜ タラム/ [Skt. धर्म] *m.* **1** 宗教, 教説. **2** 信仰, 信教. **3** 理論体系. **4** 信念, 信条. **5** 務め, 義務, 本務, 本分. **6** 信愛, 敬虔. **7** 正義, 法, 道義, 正しい生き方, 良心. **8** 徳, 道徳, 徳行, 善行. **9** 倫理, 規範, 規定. **10** 精神, 精神性.

ਧਰਮ ਉਪਦੇਸ਼ (धरम उपदेश) /tărama̜ upadeśa̜ タラム ウプデーシュ/ [+ Skt. उपदेश] *m.* **1** 宗教上の教え. **2** 説教.

ਧਰਮ ਅਸਥਾਨ (धरम असथान) /tărama̜ asatʰāna̜ タラム アスターン/ ▸ਧਰਮ-ਸਥਾਨ [+ Skt. स्थान] *m.* **1** 宗教の拠点, 信仰の中心地. **2** 聖なる場所. **3** 寺院, 礼拝所.

ਧਰਮ ਸਥਾਨ (धरम सथान) /tărama̜ satʰāna̜ タラム サターン/ ▸ਧਰਮ-ਅਸਥਾਨ *m.* → ਧਰਮ-ਅਸਥਾਨ

ਧਰਮ ਸ਼ਾਸਤਰ (धरम शासतर) /tărama̜ śāsatara̜ タラム シャースタル/ [Skt. धर्म + Skt. शास्त्र] *m.* **1** 宗教規範書, 聖典, 経典, 法典. **2**〖ヒ〗ダルマ・シャーストラ《古代インドの法典》.

ਧਰਮਸਾਲਾ (धरमसाला) /tăramasālā タラムサーラー/ [Skt. धर्म Skt.-शाला] *f.* **1** 神の家. **2** 礼拝所. **3** 救貧院. **4** 巡礼宿泊所, 宿坊. **5** 旅行者の宿.

ਧਰਮਹੀਣ (धरमहीण) /tăramhīṇa̜ タラムヒーン/ [Skt.-हीन] *adj.* **1** 非宗教的な. **2** 世俗の.

ਧਰਮ ਗ੍ਰੰਥ (धरम ग्रंथ) /tărama̜ grantʰa̜ タラム グラント/ [+ Skt. ग्रंथ] *m.* 聖典, 経典, 宗教規範書.

ਧਰਮ ਤੰਤਰ (धरम तंतर) /tărama̜ tantara̜ タラム タンタル/ [Skt.-तंत्र] *m.* 〖政治〗神権政治.

ਧਰਮ ਪਤਨੀ (धरम पतनी) /tărama̜ patanī タラム パトニー/ [+ Skt. पत्नी] *f.* 〖親族〗妻, 伴侶, 正妻, 婦人, 奥さん, 奥方.

ਧਰਮ ਪਰਚਾਰ (धरम परचार) /tărama̜ paracāra̜ タラム パルチャール/ [+ Skt. प्रचार] *m.* 布教, 宣教, 伝道.

ਧਰਮ ਪਰਿਵਰਤਨ (धरम परिवरतन) /tărama̜ pariwaratana̜ タラム パリワルタン/ [+ Skt. परिवर्तन] *m.* 改宗.

ਧਰਮ ਯੁੱਧ (धरम युद्ध) /tărama̜ yûdda̜ タラム ユッド/ [+ Skt. युद्ध] *m.* 宗教戦争, 聖戦.

ਧਰਮਰਾਜ (धरमराज) /tăramarāja̜ タラムラージ/ [+ Skt. राजन्] *m.* **1** 正義を行う王. **2** ヤマ, 閻魔(えんま), 冥界の王. (⇒ਜਮ)

ਧਰਮਾਤਮਾ (धरमातमा) /taramăṭamā タルマートマー/ [Skt. धर्मात्मा] *adj.* **1** 信心深い. **2** 神聖な. **3** 聖人の. **4** 徳のある.

ਧਰਮਾਰਥ (धरमारथ) /tarạmăratʰạ タルマーラト/ [Skt. धर्मार्थ] *adj.* **1** 慈善の. **2** 慈悲深い.

ਧਰਮੀ (धरमी) /tărạmī タルミー/ [Skt. धर्मिन्] *adj.* 信心深い, 敬虔な.
— *m.* **1** 信心深い人. **2** 信者, 信徒, 信奉者. (⇒ਅਨੁਯਾਈ)

ਧਰਮੋ-ਧਰਮੀ (धरमो-धरमी) /tărạmo-tărạmī タルモー・タルミー/ *adv.* **1** 真摯に. **2** 誓って. **3** 神に誓って.

ਧਰਵਾਉਣਾ (धरवाउणा) /tărạwāuṇā タルワーウナー/ ▸ਧਰਾਉਣਾ [cf. ਧਰਨਾ] *vt.* **1** 置かせる. **2** 据えさせる. **3** 据え付けさせる.

ਧਰਵਾਸ (धरवास) /tărạwāsạ タルワース/ ▸ਧ੍ਰਵਾਸ [Skt. धैर्य + Skt. वास] *m.* **1** 慰め, 慰安. **2** 充足, 満足. **3** 保証, 確信. **4** 信頼, 信用.

ਧ੍ਰਵਾਸ (ध्रवास) /trăwāsạ (tărạwāsạ) トラワース (タルワース)/ ▸ਧਰਵਾਸ *m.* → ਧਰਵਾਸ

ਧਰਾ (धरा) /tărā タラー/ [Skt. धरा] *m.* **1** 大地, 土地, 地面. (⇒ਪਰਿਥਵੀ, ਜ਼ਮੀਨ) **2** 基盤, 土台, 支え. (⇒ਅਧਾਰ, ਆਸਰਾ) **3** 表面. **4** 基準.

ਧਰਾਉਣਾ (धराउणा) /tarăuṇā タラーウナー/ ▸ਧਰਵਾਉਣਾ *vt.* → ਧਰਵਾਉਣਾ

ਧਰਾਤਲ (धरातल) /tarătalạ タラータル/ [Skt. धरातल] *m.* **1** 地表, 地面. **2** 面, 表面. **3** 地域. **4** 地勢, 地形. **5** 起伏. **6** 地盤, 基盤.

ਧਰਾਤਲੀ (धरातली) /tarătalī タラータリー/ [-ਈ] *m.* 地勢の, 地形の.

ਧਰਿਗ (धरिग) /tarĭgạ タリグ/ ▸ਧ੍ਰਿਗ [Skt. धिक] *adj.* **1** 呪われた. **2** 恥ずべき. **3** 嫌でたまらない.
— *int.* **1** 恥を知れ. **2** みっともないぞ.

ਧ੍ਰਿਗ (ध्रिग) /trĭgạ (tarĭgạ) トリグ (タリグ)/ ▸ਧਰਿਗ *adj.int.* → ਧਰਿਗ

ਧ੍ਰੁਵ (ध्रुव) /trŭvạ (tarŭvạ) トルヴ (タルヴ)/ [Skt. ध्रुव] *adj.* **1** 動かない, 不動の, 安定した, 確固とした. (⇒ਸਥਿਰ, ਅਚਲ) **2** 不変の, 永続的な, 永遠の.
— *m.* 〖天文〗北極星. (⇒ਧਰੂ ਤਾਰਾ)

ਧਰੂ (धरू) /tarŭ タルー/ [Skt. ध्रुव] *m.* **1** 〖地理〗地軸の端, 極. ❐ਉੱਤਰੀ ਧਰੂ 北極. ❐ਦੱਖਣੀ ਧਰੂ 南極. **2** 〖天文〗北極星.

ਧਰੇਕ (धरेक) /tarĕkạ タレーク/ ▸ਡੇਕ, ਧ੍ਰੇਕ [Skt. द्रेक] *f.* 〖植物〗タイワンセンダン(台湾楝檀)《センダン科の高木》.

ਧ੍ਰੇਕ (ध्रेक) /trĕkạ (tarĕkạ) トレーク (タレーク)/ ▸ਡੇਕ, ਧਰੇਕ *f.* → ਧਰੇਕ

ਧਰੋਹ (धरोह) /tarô タロー/ ▸ਦਰੋਹ, ਧ੍ਰੋਹ [Skt. द्रोह] *m.* **1** 裏切り, 変節, 不忠実, 不忠, 背信, 背信行為. **2** 欺き. **3** 謀反, 反逆, 反乱. (⇒ਵਿਪਲਵ) **4** 悪意, 恨み, 敵意.

ਧ੍ਰੋਹ (ध्रोह) /trô (tarô) トロー (タロー)/ ▸ਦਰੋਹ, ਧਰੋਹ *m.* → ਧਰੋਹ

ਧਰੋਹਰ (धरोहर) /tarŏharạ タローハル/ *f.* **1** 委託物, 預け物. **2** 〖経済〗抵当, 質草. **3** 遺産.

ਧਰੋਹੀ (धरोही) /tarôī | tarŏhī タローイー | タローヒー/ ▸ਦਰੋਹੀ, ਧ੍ਰੋਹੀ [Skt. द्रोहिन्] *adj.* **1** 裏切りの, 背信の, 不忠の. **2** 謀反を起こす, 謀反人の, 反乱を起こす, 反乱罪を犯した. **3** 悪意のある, 敵意のある, 恨んでいる.
— *m.* **1** 裏切り者, 背信者, 不忠者. **2** 謀反人, 反逆者.

ਧ੍ਰੋਹੀ (ध्रोही) /trôī (tarôī) トローイー (タローイー)/ ▸ਦਰੋਹੀ, ਧਰੋਹੀ *adj.m.* → ਧਰੋਹੀ

ਧੜ (धड़) /tărạ タル/ [Pkt. धड] *m.* **1** 〖身体〗胴, 胴体. **2** 〖植物〗幹.

ਧੜਕ (धड़क) /tăṛakạ タラク/ *f.* **1** 鼓動, 動悸. **2** 恐れ.

ਧੜਕਣ (धड़कण) /tăṛakaṇạ タルカン/ *f.* **1** 動悸, 鼓動. **2** 脈拍.

ਧੜਕਣਾ (धड़कणा) /tăṛakaṇā タルカナー/ *vi.* **1** 動悸を打つ, 鼓動する. **2** 脈拍を打つ.

ਧੜਕਾ (धड़का) /tăṛakā タルカー/ *m.* **1** 恐れ, 恐怖. **2** おののき, 戦慄. **3** びくびくすること. **4** 懸念, 不安.

ਧੜਕਾਉਣਾ (धड़काउणा) /taṛakăuṇā タルカーウナー/ *vt.* **1** 動悸を打たせる, 鼓動させる. **2** 脈拍を打たせる.

ਧੜੰਗ (धड़ंग) /taṛăṅgạ タラング/ *adj.* 裸の.

ਧੜੰਮ (धड़ंम) /taṛămmạ タランム/ ▸ਧੰਮ *f.* 〖擬声語〗ドサッ, ドシン, ズシン《重い物が落ちる音》.

ਧੜੱਲਾ (धड़ल्ला) /taṛăllā タラッラー/ *m.* **1** 強い印象を与えること. **2** 強い一打. **3** 騒音. **4** 威圧するような様子. **5** 荘厳.

ਧੜੱਲੇਦਾਰ (धड़ल्लेदार) /taṛălledārạ タラッレーダール/ *adj.* **1** 強い印象を与える. **2** 大げさな. **3** 威圧するような. **4** 荘厳な.

ਧੜਵਾਈ (धड़वाई) /taṛạwăī タルワーイー/ *m.* **1** 計量する人. **2** 計量すること.

ਧੜਵੈਲ (धड़वैल) /taṛạwaĭlạ タルワェール/ *adj.* **1** 巨大な. **2** 馬鹿でかい. **3** 途方もない.

ਧੜਾ (धड़ा) /tăṛā タラー/ [Skt. धट] *m.* **1** 秤の重り. **2** 団体, 集団. (⇒ਪਾਰਟੀ) **3** 分派, 派閥. **4** 味方.

ਧੜਾਕਾ (धड़ाका) /taṛăkā タラーカー/ *m.* **1** 爆発. **2** 強い一打. **3** 衝突.

ਧੜਾਧੜ (धड़ाधड़) /tăṛātăṛạ タラータル/ *adv.* **1** 絶え間なく. **2** 続けざまに. **3** 敏速に. **4** 迅速に.

ਧੜੀ (धड़ी) /tăṛī タリー/ *f.* 〖重量〗 5セールの重量《約4. 46キログラム》.

ਧੜੇਬਾਜ਼ (धड़ेबाज़) /tăṛebāzạ タレーバーズ/ [Skt. धट Pers.-*bāz*] *adj.* **1** 党派的な, 党派心の強い. **2** 分派の. **3** 派閥の, 派閥主義の.

ਧੜੇਬਾਜ਼ੀ (धड़ेबाज़ी) /tăṛebāzī タレーバーズィー/ [Pers.-*bāzī*] *f.* **1** 党派主義. **2** 分派主義. **3** 派閥主義, 派閥的な行動.

ਧਾਈਂ (धाईं) /tā̃ī ターイーン/ *f.* 〖植物〗コメ(米), 籾, 籾米.

ਧਾਈ (धाई) /tăī ターイー/ *f.* **1** 攻撃. **2** 強襲. **3** 進撃.

ਧਾਹ (धाह) /tă ター/ ▸ਢਾਹ *f.* → ਢਾਹ[2]

ਧਾਕ (धाक) /tăkạ ターク/ *f.* **1** 畏怖, 畏敬, 威圧. (⇒ਰੋਹਬ) **2** 威信, 信望, 卓越. **3** 名声, 高名, 評判.

ਧਾਗਾ (धागा) /tăgā ターガー/ ▸ਤਾਗਾ [(Pkt. तग्गो) Skt. तार्कव] *m.* **1** 糸, より糸, 毛糸. **2** 紐. **3** お守り, 護符.

ਧਾਣਾਂ (धाणाँ) /tăṇā̃ ターナーン/ *f.* 〖料理〗炒った緑豆.

ਧਾਂਤ (धाँत) /tā̃tạ ターント/ ▸ਧਾਤ *f.* **1** 精液. (⇒ਵੀਰਜ) **2** 〖医〗遺精.

ਧਾਤ[1] (धात) /tǎtạ タート/ ▸ਧਾਂਤ *f.* → ਧਾਂਤ

ਧਾਤ[2] (धात) /tǎtạ タート/ [Skt. धातु] *f.* **1** 金属. **2** 鉱物. **3** 元素. **4**〘口語〙アルミニウム. **5**〘口語〙合金.

ਧਾਤੀ (धाती) /tǎtī ターティー/ [-ਈ] *adj.* 金属の.

ਧਾਤੂ (धातू) /tǎtū タートゥー/ [Skt. धातु] *m.* **1** 根本物質. **2** 要素, 成分. **3**〘化学〙元素, 金属元素. **4** 金属. **5**〘言〙語根.

ਧਾਂਦਲੀ (धाँदली) /tǎ̃dạlī ターンドリー/ *f.* **1** 混乱, 混沌, 乱雑. **2** 騒ぎ, 騒動, 騒乱. **3** ごまかし, 詐欺, 不正行為.

ਧਾਨ (धान) /tǎnạ ターン/ [Skt. धान्य] *m.* **1**〘植物〙稲. **2** コメ(米), 籾, 籾米.

ਧਾਨੀ (धानी) /tǎnī ターニー/ [-ਈ] *adj.* **1** 籾米色の. **2** 薄い緑色の.

ਧਾਮ (धाम) /tǎmạ ターム/ [Skt. धामन्] *m.* **1** 住まい, 住居, 住み家, 家, 宿る場所. **2** 場所. **3** 聖地, 巡礼地. **4**〘比喩〙身体.

ਧਾਮਾ (धामा) /tǎmā ターマー/ *m.*〘楽器〙ダーマー《片面が木で片面が皮の太鼓》.

ਧਾਰ (धार) /tǎrạ タール/ [Skt. धारा] *f.* **1** 筋状のもの, 連なり, 線. (⇒ਲੀਕ, ਲਕੀਰ) **2** 流れ, 水流, 奔流, 潮流. ❐ਧਾਰ ਮਾਰਨੀ 水流を放出する, 小便をする. **3**(搾った乳など)筋状に流れ落ちるもの. ❐ਧਾਰ ਕੱਢਣੀ 乳を搾る. **4**〘地理〙山の連なり, 山脈. **5** 端, 先端. **6** 鋭利な先端, (刃物の)刃. ❐ਧਾਰ ਕੱਢਣੀ, ਧਾਰ ਤਿੱਖੀ ਕਰਨੀ, ਧਾਰ ਬਣਾਉਣੀ 研ぐ, 研磨する, 刃を鋭くする. **7** 刃の鋭利さ.

ਧਾਰਕ (धारक) /tǎrakạ ターラク/ [Skt. धारक] *adj.* **1** 保持している. **2** 含んでいる. **3** 引き止めている, 拘留している.

ਧਾਰਨ (धारन) /tǎranạ ターラン/ [(Pkt. धारण) Skt. धारणम्] *f.* 一度に量られる量.

ਧਾਰਨ ਕਰਨਾ (धारन करना) /tǎranạ karạnā ターラン カルナー/ *vt.* → ਧਾਰਨਾ[1]

ਧਾਰਨਾ[1] (धारना) /tǎrạnā タールナー/ [Skt. धारयति] *vt.* **1** 持つ, 持ち運ぶ, 携える. **2** 身につける, 着る, 帯びる. **3** 引き受ける, 採用する.

ਧਾਰਨਾ[2] (धारना) /tǎrạnā タールナー/ [Skt. धारणा] *f.* **1** 概念, 観念, 心像. **2** 意見, 考え.

ਧਾਰਮਕ (धारमक) /tǎrạmakạ タールマク/ ▸ਧਾਰਮਿਕ *adj.* → ਧਾਰਮਿਕ

ਧਾਰਮਕਤਾ (धारमकता) /tǎrạmakạtā タールマクター/ ▸ਧਾਰਮਿਕਤਾ *f.* → ਧਾਰਮਿਕਤਾ

ਧਾਰਮਿਕ (धारमिक) /tǎrạmikạ タールミク/ ▸ਧਾਰਮਕ [Skt. धार्मिक] *adj.* **1** 宗教の, 宗教的な, 宗教に関する, 信教の. **2** 敬虔な. **3** 神聖な.

ਧਾਰਮਿਕਤਾ (धारमिकता) /tǎrạmikạtā タールミクター/ ▸ਧਾਰਮਕਤਾ [Skt.-ता] *f.* **1** 信仰心. **2** 敬虔さ.

ਧਾਰਾ (धारा) /tǎrā ターラー/ [Skt. धारा] *f.* **1** 流れ, 水流. **2** 潮流. **3** 奔流. **4**〘法〙(法文の)条, 箇条, 条項, 条文.

ਧਾਰਾਵਾਹਿਕ (धारावाहिक) /tǎrāwāhikạ ターラーワーヒク/ [+ cf. ਵਹਿਣਾ] *adj.* **1** 絶え間なく流れる. **2** 続いている.

ਧਾਰੀ[1] (धारी) /tǎrī ターリー/ [Skt. धारिन्] *suff.* 「…を身につけた(人)」「…を携えた(人)」「…を持った(人)」「…を所有する(人)」などの意味を表す形容詞または男性名詞を形成する接尾辞.

ਧਾਰੀ[2] (धारी) /tǎrī ターリー/ [Skt. धारा -ਈ] *f.* **1** 線. **2** 線条, 縞. **3** 筋.

ਧਾਰੀਦਾਰ (धारीदार) /tǎrīdārạ ターリーダール/ [Pers.-*dār*] *adj.* **1** 縞の, 縞模様の. **2** 筋の, 筋線のある.

ਧਾਵਾ (धावा) /tǎwā ターワー/ [Skt. धावन] *m.* **1** 攻撃, 襲撃. **2** 強襲, 急襲. **3** 侵略.

ਧਾੜ (धाड़) /tǎṛạ タール/ [Pkt. धाडि] *f.* **1** 集団, 群衆. (⇒ਇਕੱਠ, ਭੀੜ) **2** 集合. **3** 窃盗団, 強盗団. (⇒ਲੁਟੇਰਿਆਂ ਦਾ ਗਰੋਹ) **4** 襲撃, 強襲.

ਧਾੜਵੀ (धाड़वी) /tǎṛạwī タールウィー/ [+ ਵੀ] *m.* **1** 強盗. **2** 盗賊, 群盗. **3** 略奪者, 収奪者. **4** 追い剥ぎ.

ਧਾੜਾ (धाड़ा) /tǎṛā ターラー/ [Pkt. धाडि] *m.* **1** 襲撃, 強襲. **2** 略奪. **3** 強盗, 強奪. **4** 収奪, 搾取.

ਧਿਆਉਣਾ (धिआउणा) /tiǎuṇā ティアーウナー/ ▸ਧਯਾਉਣਾ, ਧਜਾਉਣਾ [Skt. ध्यान] *vi.* **1** 瞑想する. **2** 沈思黙考する, 思念する. **3** 精神を集中する, 専心する. **4** 熟考する.
— *vt.* **1** 暗唱する. **2**(神の御名を)唱える, 念誦する.

ਧਿਆਣ (धिआण) /tiǎṇạ ティアーン/ ▸ਧਿਆਣੀ *f.*〘親族〙娘. (⇒ਧੀ)

ਧਿਆਣੀ (धिआणी) /tiǎṇī ティアーニー/ ▸ਧਿਆਣ *f.* → ਧਿਆਣ

ਧਿਆਨ (धिआन) /tiǎnạ ティアーン/ ▸ਧਯਾਨ, ਧਜਾਨ [Skt. ध्यान] *m.* **1** 注意, 留意, 用心. ❐ਧਿਆਨ ਨਾਲ 注意して, 注意深く. ❐ਬੇਟਾ, ਧਿਆਨ ਨਾਲ ਸੜਕ ਪਾਰ ਕਰਨਾ। 息子よ, 注意して道を渡りなさい. ❐ਮਾਂ ਨੇ ਰੰਮੀ ਦੀ ਗੱਲ ਨੂੰ ਬੜੇ ਧਿਆਨ ਨਾਲ ਸੁਣਿਆ। 母さんはランミーの話をとても注意深く聞きました. ❐ਧਿਆਨ ਰੱਖਣਾ 注意する, 用心する, 気をつける. ❐ਧਿਆਨ ਦੇਣਾ 注意を払う, 気をつける, 耳を貸す. **2** 思念, 思慮, 配慮, 考慮. ❐ਧਿਆਨ ਦੇਣਾ 思いやる, いたわる, 配慮する, 考慮する. ❐ਧਿਆਨ ਵਿੱਚ ਰੱਖਣਾ 気にかける. **3** 警戒, 見張り. ❐ਧਿਆਨ ਰੱਖਣਾ 警戒する, 見張る. **4** 熟考, 沈思黙考, 精神集中, 専心, 瞑想. ❐ਧਿਆਨ ਲਾਉਣਾ 熟考する, 精神を集中する, 瞑想する. **5** 暗唱.

ਧਿਆਨਸ਼ੀਲ (धिआनशील) /tiǎnạśīlạ ティアーンシール/ [Skt.-शील] *adj.* **1** 熟慮する性質の, 瞑想にふける. **2** 思慮深い, 熟考する. **3** 注意深い, よく気がつく.

ਧਿਆਨਯੋਗ (धिआनयोग) /tiǎnạyogạ ティアーンヨーグ/ [Skt.-योग्य] *adj.* **1** すぐ気がつく, 目立つ. **2** 注目すべき.

ਧਿਆਨੀ (धिआनी) /tiǎnī ティアーニー/ [Skt. ध्यानिन्] *adj.* 瞑想にふける.
— *m.* 瞑想にふける人, 瞑想者.

ਧਿੱਕਾਰ (धिक्कार) /tǐkkārạ ティッカール/ ▸ਧਿਰਕਾਰ *f.* → ਧਿਰਕਾਰ

ਧਿੰਗਾਣਾ (धिंगाणा) /tiṅgǎṇā ティンガーナー/ ▸ਧਙਾਣਾ *m.* **1** 力ずく, 強制, 無理強い. **2** 不正. **3** 圧政.

ਧਿੰਗਾਣੇ (धिंगाणे) /tiṅgǎṇe ティンガーネー/ *adv.* **1** 無理やり, 強引に. **2** 不正に.

ਧਿੱਜਣਾ (धिज्जणा) /tǐjjaṇā ティッジャナー/ [Skt. धरति] *vt.* 信じる, 信用する, 信頼する.

ਧਿਜਾਉਣਾ (धिजाउणा) /tijǎuṇā ティジャーウナー/ [cf. ਧਿੱਜਣਾ] *vt.* **1** 信じさせる, 信用させる, 信頼を得る. **2** 元気づける, 慰める. **3** 安心させる.

ਧਿਰ (धिर) /tǐrạ ティル/ [Skt. धट] *f.* **1**(敵・味方の)側. **2** 支持者. **3** 団体, 集団, グループ.

ਧਿਰਕਾਰ (धिरकार) /tǐrạkārạ ティルカール/ ▸ਧਿੱਕਾਰ [Skt. धिक] *f.* **1** 呪い. **2** 叱責, 咎め, たしなめること. **3** 非難. **4** 侮蔑.

ਧਿਰਕਾਰਨਾ (धिरकारना) /tǐrạkārạnā ティルカールナー/ [Skt. धिक] *vt.* **1** 呪う. **2** 叱る, 叱責する, 咎める, たしなめる. **3** 非難する.

ਧੀ (धी) /tǐ ティー/ [(Pkt. धीआ) Skt. दुहितृ] *f.* 〖親族〗娘. (⇒ਬੇਟੀ, ਪੁਤਰੀ)

ਧੀਮਾ (धीमा) /tǐmā ティーマー/ [Skt. मध्यम] *adj.* **1** 緩やかな, のろい. **2** かすかな, 弱い, 褪せた. **3** 低い声の. **4** 静かな声の. **5** 穏やかな.

ਧੀਮਾਪਣ (धीमापण) /tǐmāpaṇạ ティーマーパン/ [-ਪਣ] *m.* **1** 緩やかなこと. **2** 低い声. **3** 静かな声. **4** 穏やかなこと.

ਧੀਰ (धीर) /tǐrạ ティール/ [Skt. धीर] *m.* **1** 忍耐, 我慢. **2** 冷静, 沈着, 落ち着き.

ਧੀਰਜ (धीरज) /tǐrajạ ティーラジ/ [Skt. धैर्य] *m.* **1** 忍耐, 我慢, 根気. **2** 冷静, 沈着, 落ち着き.

ਧੀਰਜਵਾਨ (धीरजवान) /tǐrajạwānạ ティーラジワーン/ [Skt.-वान्] *adj.* **1** 忍耐強い, 我慢強い. **2** 落ち着いた, 冷静な, 沈着な.

ਧੀਰਾ (धीरा) /tǐrā ティーラー/ [Skt. धीर] *adj.* **1** 忍耐強い, 我慢強い. **2** 落ち着いた, 冷静な, 沈着な.

ਧੀਰੀ (धीरी) /tǐrī ティーリー/ [Skt. दृष्टि] *f.* **1**〖身体〗瞳. (⇒ਪੁਤਲੀ) **2**〖身体〗眼球. (⇒ਡੇਲਾ)

ਧੀਰੇ (धीरे) /tǐre ティーレー/ [Skt. धीर] *adv.* **1** ゆっくり, 徐々に. **2** そっと, 静かに. **3** 優しく. **4** 注意深く.

ਧੀਰੇ-ਧੀਰੇ (धीरे-धीरे) /tǐre-tǐre ティーレー・ティーレー/ [+ Skt. धीर] *adv.* **1** 少しずつ, ゆっくり. (⇒ਹੌਲੀ ਹੌਲੀ) **2** だんだん, 次第に.

ਧੁਆਉਣਾ (धुआउणा) /tuǎuṇā トゥアーウナー/ ▸ਧੁਆਣਾ, ਧੁਵਾਉਣਾ [cf. ਧੋਣਾ] *vt.* **1** 洗わせる, 洗ってもらう. **2** 洗濯させる, 洗濯してもらう. **3**(フィルムを)現像してもらう.

ਧੁਆਈ (धुआई) /tuǎī トゥアーイー/ [(Pua.) cf. ਧੋਣਾ] *f.* 洗濯, 洗濯代.

ਧੁਆਂਖ (धुआँख) /tuǎ̃kʰạ トゥアーンク/ [Skt. धूम] *f.* 煤煙, 煤(すす).

ਧੁਆਂਖਣਾ (धुआँखणा) /tuǎ̃kʰaṇā トゥアーンカナー/ [Skt. धूम] *vt.* **1** 煤煙を出す, 煤を出す, 煙を出す. **2** 煤煙で汚す, 煤煙で覆う.

ਧੁਆਣਾ (धुआणा) /tuǎṇā トゥアーナー/ ▸ਧੁਆਉਣਾ, ਧੁਵਾਉਣਾ *vt.* → ਧੁਆਉਣਾ

ਧੁਈਣਾ (धुईणा) /tuǐṇā トゥイーナー/ [cf. ਧੋਣਾ] *vi.* 洗われる, 洗浄される, 洗濯される.

ਧੁੱਸ (धुस्स) /tǔssạ トゥッス/ *f.* **1** 頭で押すこと. **2** 無理に押すこと.

ਧੁੱਸਾ (धुस्सा) /tǔssā トゥッサー/ [(Pkt. दुस्सम) Skt. दुष्यम] *m.* 〖寝具〗目の粗い厚手の毛布, ざらざらした毛布.

ਧੁਖਣਾ (धुखणा) /tǔkʰaṇā トゥカナー/ [Skt. धुक्षते] *vi.* **1** くすぶる, 火が燃え上がらずに煙だけ出る. **2** 苛立つ. **3** じれる.

ਧੁਖਣੀ (धुखणी) /tǔkʰaṇī トゥカニー/ [cf. ਧੁਖਣਾ] *f.* **1** 苛立ち. **2** じれったさ. **3** 心配, 不安.

ਧੁਖਧੁਖੀ (धुखधुखी) /tǔkʰatǔkʰī トゥクトゥキー/ [cf. ਧੁਖਣਾ] *f.* **1** 苛立ち. **2** じれったさ. **3** 心配, 不安. (⇒ਫ਼ਿਕਰ, ਚਿੰਤਾ)

ਧੁਖਾਉਣਾ (धुखाउणा) /tukʰǎuṇā トゥカーウナー/ [cf. ਧੁਖਣਾ] *vt.* くすぶらせる, 火を燃え上がらせずに煙だけ出す.

ਧੁਣਨਾ (धुणना) /tǔṇanā トゥンナー/ [Skt. धूनोति] *vt.* (綿のもつれなどを)梳き櫛で整える. (⇒ਪਿੰਜਣਾ)

ਧੁੰਦ (धुंद) /tǔndạ トゥンド/ ▸ਧੁੰਧ *f.* → ਧੁੰਧ

ਧੁੰਧ (धुंध) /tǔndạ トゥンド/ ▸ਧੁੰਦ [(Pkt. धूमांधो) Skt. धूम अन्ध] *f.* **1**〖気象〗霧, 靄, 霞. **2** ぼんやりした状態. **3** 霞んでいること. **4** 薄暗い状態.

ਧੁੱਧਲ (धुद्धल) /tǔddalạ トゥッダル/ *f.* 細かい埃.

ਧੁੰਧਲਕਾ (धुंधलका) /tǔndalạkā トゥンダルカー/ [(Pkt. धूमांधो) Skt. धूम अन्ध] *m.* **1** 薄暗がり. **2**〖気象〗霧のかかった状態, 靄のかかった状態.

ਧੁੰਧਲਾ (धुंधला) /tǔndalā トゥンダラー/ [Skt. धूम अन्ध] *adj.* **1**〖気象〗霧のかかった, 靄のかかった. **2**〖気象〗曇った. **3** 霞んでいる. **4** 薄暗い, くすんだ. **5** ぼんやりした, ぼやけた, 曖昧な, おぼろげな. **6** 淡い, かすかな.

ਧੁੰਧਲਾਉਣਾ (धुंधलाउणा) /tundalǎuṇā トゥンダラーウナー/ [Skt. धूम अन्ध] *vt.* **1** 霧で包む, 靄で包む. **2** 曇らせる, 霞ませる. **3** ぼんやりさせる, 見えにくくする. **4** 薄暗くする.
— *vi.* **1** 霞む, ぼんやりする. **2** 視力が弱まる, 見えにくくなる.

ਧੁੰਧਲਾਪਣ (धुंधलापण) /tǔndalāpaṇạ トゥンダラーパン/ [-ਪਣ] *m.* **1**〖気象〗霧のかかった状態, 靄のかかった状態. **2** 霞んでいる状態. **3** 薄暗い様子. **4** ぼんやりした状態, 見えにくい状態. **5** 曖昧さ.

ਧੁੰਧੂਕਾਰ (धुंधूकार) /tundǔkārạ トゥンドゥーカール/ [Skt.-कार] *m.* 暗闇, 暗黒.

ਧੁੰਨ[1] (धुंन) /tǔnnạ トゥンヌ/ *m.* 〖身体〗大きな臍, 突き出た臍, 出臍.

ਧੁੰਨ[2] (धुंन) /tǔnnạ トゥンヌ/ *m.* **1**〖音楽〗歌唱法. **2**〖音楽〗交響曲.

ਧੁਨ (धुन) /tǔnạ トゥン/ *f.* **1** 熱情, 熱狂, 激情. **2** 没頭, 熱中, 精励.

ਧੁਨਿਤ (धुनित) /tǔnitạ トゥニト/ [Skt. ध्वनित] *adj.* **1** 発声された. **2** 鳴らされた, (太鼓などの音が)響いている.

ਧੁੰਨੀ (धुंनी) /tǔnnī トゥンニー/ *f.* **1**〖身体〗臍. **2** 中央部, 中心部, 中心地. ❐ਮਾਝੇ ਦੀ ਧੁੰਨੀ マージャー地方の中心地《アムリトサル, ラホールを中心としたパンジャーブの中央地域の中心地. アムリトサル県のパッティーとラホール県のカスールの間の地域を指す》. **3** 中心点, 中枢.

ਧੁਨੀ (धुनी) /tǔnī トゥニー/ [Skt. ध्वनि] *f.* **1** 音声, 音調.

2 声, 発声.　**3**〖音楽〗音程, 旋律, 音階.

ਧੁਨੀ-ਅਨੁਕਰਨ (धुनी-अनुकरन) /tŭnī-anukaraṇạ トゥニー・アヌカルン/ [+ Skt. अनुकरण] *m.*〖言〗擬声, 擬声語, オノマトペ.

ਧੁਨੀ-ਇਕਾਈ (धुनी-इकाई) /tŭnī-ikāī トゥニー・イカーイー/ [+ Skt. एक -ਆਈ] *f.*〖音〗音素, フォニーム, 音韻.

ਧੁਨੀ-ਯੰਤਰ (धुनी-यंतर) /tŭnī-yantarạ トゥニー・ヤンタル/ [+ Skt. यन्त्र] *m.*〖音楽〗楽器.

ਧੁਨੀ ਵਿਗਿਆਨ (धुनी विगिआन) /tŭnī vigiānạ トゥニー ヴィギアーン/ [+ Skt. विज्ञान] *m.* **1** 音声学, 音韻論.　**2** 音楽学, 音楽理論. (⇒ਨਾਦ ਵਿੱਦਿਆ)

ਧੁਨੀ-ਵਿਗਿਆਨੀ (धुनी-विगिआनी) /tŭnī-vigiānī トゥニー・ヴィギアーニー/ [+ Skt. विज्ञानिन्] *m.* **1** 音楽学者, 音楽理論家.　**2** 音声学者, 音韻学者.

ਧੁੱਪ (धुप्प) /tŭppạ トゥップ/ [Skt. धूप] *f.* **1** 日光, 日差し, 日向.　❏ਤੇਜ਼ ਧੁੱਪ ਵਿੱਚ ਉਹ ਮੁੜ੍ਹਕੋ ਮੁੜ੍ਹਕੀ ਹੋਇਆ ਪਿਆ ਸੀ। 強い日差しの中で彼は汗まみれになっていました.　**2** 太陽の熱.　**3** 太陽の放射.

ਧੁਪਣਾ (धुपणा) /tŭpaṇā トゥパナー/ ▸ਧੋਪਣਾ [cf. ਧੋਣਾ] *vi.* 洗われる, 洗浄される, 洗濯される.

ਧੁੰਮ (धुंम) /tŭmmạ トゥンム/ ▸ਧੂਮ [Skt. धूम] *f.* **1** 騒ぎ, 騒動, 喧騒, 賑わい. (⇒ਰੌਲਾ) **2** 名声, 評判, 話題になること, 広く知られている評判. (⇒ਮਸ਼ਹੂਰੀ)　❏ਧੁੰਮ ਪਾਉਣੀ, ਧੁੰਮ ਮਚਾਉਣੀ 評判を立てる, 名を高める.　❏ਧੁੰਮ ਪੈਣੀ, ਧੁੰਮ ਮੱਚਣੀ 評判が立つ, 有名になる.

ਧੁੰਮਣਾ (धुंमणा) /tŭmmaṇā トゥンマナー/ [Skt. धूम] *vi.* **1** 広く知られる, 評判になる.　**2** 埃や煙として空中に舞い上がる.

ਧੁਮਾਉਣਾ (धुमाउणा) /tumăuṇā トゥマーウナー/ [cf. ਧੁੰਮਣਾ] *vt.* **1**(ニュースや噂を)広める, 広く知らせる.　**2**(煙や埃を)舞い上げる.

ਧੁਰ[1] (धुर) /tŭrạ トゥル/ [Skt. धुर] *f.* **1** 軸, 車軸, 回転軸.　**2** 心棒.

ਧੁਰ[2] (धुर) /tŭrạ トゥル/ [Skt. ध्रुव] *m.f.* **1** 端, 境界, 限界. (⇒ਸਿਰਾ, ਹੱਦ) **2** 始まり, 起源, 基本. (⇒ਅਰੰਭ, ਮੁੱਢ) **3** 予定されていた運命.

— *adj.* **1** 完全な, 全くの.　**2** ぴったりの, ちょうどよい.

— *adv.* **1** 完全に, 全く.　**2** ぴったり, ちょうど.

ਧੁਰਈ (धुरई) /tŭraī | turăī トゥライー | トゥライー/ [Skt. धुर -ਈ] *adj.* **1** 軸の, 車軸の, 回転軸の.　**2** 心棒の.

ਧੁਰਾ (धुरा) /tŭrā トゥラー/ [Skt. धुर] *m.* **1** 車軸, 回転軸.　**2** 枢軸, 中枢.　**3** 中心人物.

ਧੁਰੋਂ (धुरों) /tŭrõ トゥローン/ [Skt. ध्रुव + ਓਂ] *adv.* 《 ਧੁਰ ਤੋਂ の融合形 》初めから, もともと, 基本から, 根本から. (⇒ਮੁੱਢੋਂ)

ਧੁਲਣਾ (धुलणा) /tŭlaṇā トゥルナー/ ▸ਧੁਲਨਾ *vi.* → ਧੁਲਨਾ

ਧੁਲਨਾ (धुलना) /tŭlạnā トゥルナー/ ▸ਧੁਲਣਾ [cf. ਧੋਣਾ] *vi.* 洗われる, 洗浄される, 洗濯される.

ਧੁਲਾਉਣਾ (धुलाउणा) /tulăuṇā トゥラーウナー/ [cf. ਧੋਣਾ] *vt.* **1** 洗わせる, 洗ってもらう.　**2** 洗濯させる, 洗濯してもらう.　**3**(フィルムを)現像してもらう.

ਧੁਲਾਈ (धुलाई) /tulăī トゥラーイー/ [cf. ਧੋਣਾ] *f.* 洗濯, 洗濯代.

ਧੁਵਾਉਣਾ (धुवाउणा) /tuwăuṇā トゥワーウナー/ ▸ਧੁਆਉਣਾ, ਧੁਆਣਾ *vt.* → ਧੁਆਉਣਾ

ਧੁੜਕੂ (धुड़कू) /tŭṛakū トゥルクー/ *m.* **1** 心配, 不安, 懸念, 気がかり.　**2** 恐れ.　**3** 疑念.

ਧੂੰ (धूँ) /tŭ̃ トゥーン/ [Skt. धूम] *m.* 煙.

ਧੂੰਆਂ (धूँआँ) /tŭ̃ā̃ トゥーンアーン/ ▸ਧੂਆਂ [Skt. धूम] *m.* **1** 煙.　**2** ガス.　**3** 焚き火.

ਧੂਆਂ (धूआँ) /tŭā̃ トゥーアーン/ ▸ਧੂੰਆਂ *m.* → ਧੂੰਆਂ

ਧੂਸ਼ (धूश) /tŭśạ トゥーシュ/ ▸ਦਹੂਸ਼ *adj.m.* → ਦਹੂਸ਼

ਧੂਹ (धूह) /tŭ トゥー/ *f.* **1** 引くこと, 引き付けること, 牽引. (⇒ਖਿੱਚ) **2** 激痛, さしこみ.

ਧੂਹ-ਘਸੀਟ (धूह-घसीट) /tŭ-kasĭṭạ トゥー・カスィート/ *f.* **1** いやがらせ.　**2** 虐待, 迫害.

ਧੂਹਣਾ (धूहणा) /tŭṇā トゥーナー/ *vt.* **1** 引く.　**2** 引っ張る.　**3** 引っ張り出す.　**4** たしなめる.　**5** 咎める.

ਧੂਣੀ (धूणी) /tŭṇī トゥーニー/ *m.* 焚き火.

ਧੂਤਾ (धूता) /tŭtā トゥーター/ ▸ਧੂਤੂ *m.* **1**〖楽器〗管楽器, らっぱ. (⇒ਤੁਰਮ) **2**〖俗語〗愚か者, 間抜けな人. (⇒ਮੂਰਖ ਆਦਮੀ)

— *adj.*〖俗語〗愚かな, 間抜けな. (⇒ਮੂਰਖ)

ਧੂਤੂ (धूतू) /tŭtū トゥートゥー/ ▸ਧੂਤਾ *m.adj.* → ਧੂਤਾ

ਧੂਪ[1] (धूप) /tŭpạ トゥープ/ ▸ਧੂਫ [Skt. धूप] *f.* **1** 香煙, 薫香の燻煙.　**2** 薫香, 線香.

ਧੂਪ[2] (धूप) /tŭpạ トゥープ/ ▸ਧੁੱਪ *f.* → ਧੁੱਪ

ਧੂਪਦਾਨ (धूपदान) /tŭpạdānạ トゥープダーン/ [Skt. धूप + Skt. आधान] *m.* **1** 香炉, 香を焚く入れ物.　**2**〖容器〗薫香を入れておく容器.

ਧੂਪਦਾਨੀ (धूपदानी) /tŭpạdānī トゥープダーニー/ [-ਈ] *f.* 小型の香炉.

ਧੂਪ ਬੱਤੀ (धूप बत्ती) /tŭpạ battī トゥープ バッティー/ [Skt. धूप + Skt. वर्ति] *f.* **1** 薫香, 線香.　**2** 香を焚くこと, 薫香を供えること.　❏ਧੂਪ ਬੱਤੀ ਕਰਨੀ 香を焚く, 薫香を供える.

ਧੂਪੀਆ (धूपीआ) /tŭpīā トゥーピーアー/ [-ਈਆ] *m.* トゥーピーアー(ドゥーピーアー)《寺院で香を焚く務めを任された人》.

ਧੂਫ[1] (धूफ) /tŭpʰạ トゥープ/ *f.* 休息, 休養, 一休み, 一息.　❏ਧੂਫ ਕੱਢਣੀ 一休みする, 一息いれる.　❏ਧੂਫ ਕਢਾਉਣੀ 一休みさせる, 一息いれさせる.

ਧੂਫ[2] (धूफ) /tŭpʰạ トゥープ/ ▸ਧੂਪ *f.* → ਧੂਪ[1]

ਧੂਮ (धूम) /tŭmạ トゥーム/ ▸ਧੁੰਮ *f.* → ਧੁੰਮ

ਧੂਮਕੇਤੂ (धूमकेतू) /tŭmạketū トゥームケートゥー/ [Skt. धूम-केतु] *m.* **1**〖天文〗彗星, 箒星. (⇒ਪੂਛਲ ਤਾਰਾ) **2**〖天文〗流星, 流れ星.

ਧੂਮ ਧੜੱਕਾ (धूम धड़क्का) /tŭmạ taṛăkkā トゥーム タラッカー/ *m.* → ਧੂਮ ਧਾਮ

ਧੂਮ ਧਾਮ (धूम धाम) /tŭmạ tămạ トゥーム ターム/ *f.* **1**(式典などの)壮観, 壮麗, 華麗. (⇒ਸ਼ਾਨ ਸ਼ੌਕਤ)　❏ਧੂਮ ਧਾਮ ਨਾਲ (式典や祭りなどが)壮麗に, 盛大に, 華々しく, にぎやかに.　❏ਧੂਮ ਧਾਮ ਨਾਲ ਮਨਾਉਣਾ 盛大に祝う.　**2** 華々しい成功, 大喝采.　**3** にぎわい.　**4** 派手な騒ぎ.　**5** 手の込んだ展示.　**6** 盛大な見せ物.

ਧੂਰਤ (धूरत) /tŭratạ トゥーラト/ [Skt. धूर्त] *adj.* **1** ずるい, 邪な, 陰険な. (⇒ਕਪਟੀ) **2** 人をだます, 欺瞞的な. (⇒

ਛਰੇਬੀ)

ਧੂੜ (धूड़) /tǔṛa̦ トゥール/ *f.* **1** 埃. **2** 砂埃, 土埃. **3** 粉塵.

ਧੂੜਨਾ (धूड़ना) /tǔṛa̦ṇā トゥールナー/ *vt.* **1**(粉を)振り撒く. (⇒ਬਰੂਰਨਾ) **2**(粉塵を)舞い上げる. (⇒ਬਰੂਰਨਾ)

ਧੂੜਾ (धूड़ा) /tǔṛā トゥーラー/ *m.* **1** 粉, 粉末. (⇒ਪਾਊਡਰ) **2**〖食品〗ルー《スープやカレーにとろみをつけるもの》.

ਧੇਤਾ (धेता) /tĕtā テーター/ *adj.* 娘のいる.

— *m.*〖親族〗嫁の家族の人.

ਧੇਤੇ (धेते) /tĕte テーテー/ *m.*〖親族〗嫁の家族の人たち《複数形》.

ਧੇਲਾ (धेला) /tĕlā テーラー/ [Skt. अर्ध + ला] *m.* **1**〖貨単〗半パイサー, 2分の1パイサー. **2**〖貨幣〗半パイサーの旧硬貨.

ਧੇਲੀ (धेली) /tĕlī テーリー/ [Skt. अर्ध + ली] *f.* **1**〖貨単〗半ルピー, 2分の1ルピー, 50パイサー. **2**〖貨幣〗半ルピーの旧硬貨.

ਧੈਂ ਕੇ (धैं के) /tãĩ ke タェーン ケー/ [(Pot.)] *adv.* 満足して, 思い通りに. (⇒ਰੱਜ ਕੇ)

ਧੋਖਾ (धोखा) /tŏkʰā トーカー/ [Skt. धूकता] *m.* **1** だまし, 欺き, 欺瞞, 詐欺. (⇒ਛਲ) ❒ਧੋਖਾ ਖਾਣਾ だまされる. ❒ਧੋਖਾ ਦੇਣਾ だます. **2** ごまかし, 詭弁, 策略, 幻覚. **3** 間違い, 誤解, 錯覚.

ਧੋਖੇਬਾਜ਼ (धोखेबाज़) /tŏkʰebāza̦ トーケーバーズ/ [Pers.-*bāz*] *adj.* **1** だましの, 人を欺く, 詐欺の, 嘘つきの, いんちきな. **2** ずるい, 狡猾な, 油断のならない.

ਧੋਖੇਬਾਜ਼ੀ (धोखेबाज़ी) /tŏkʰebāzī トーケーバーズィー/ [Pers.-*bāzī*] *f.* **1** だまし, 欺き, 詐欺, いんちき, ぺてん, いかさま. **2** ごまかし, 策略.

ਧੋਣ (धोण) /tŏṇa̦ トーン/ [cf. ਧੋਣਾ] *m.* 洗濯水.

ਧੋਣਾ (धोणा) /tŏṇā トーナー/ [Skt. धावति] *vt.* **1** 洗う, 洗浄する. ❒ਕੰਮ ਤੋਂ ਪਿਛੋਂ ਸਾਬਣ ਨਾਲ ਹੱਥ ਧੋਣੇ ਚਾਹੀਦੇ ਹਨ। 仕事の後には石鹸で両手を洗うべきです. **2** 洗濯する. ❒ਲੋੜ ਕੱਪੜਿਆਂ ਨੂੰ ਧੋ ਕੇ ਰੱਖਣ ਦੀ ਹੈ। 必要なのは衣服を洗濯しておくことです. **3** 洗い流す. ❒ਪਸੀਨਾ ਧੋਤਾ ਜਾਂਦਾ ਹੈ। 汗が洗い流されます. **4**(フィルムを)現像する.

ਧੋਤਵਾਂ (धोतवाँ) /tŏta̦wā̃ トートワーン/ [cf. ਧੋਣਾ] *adj.* **1** 洗われた. **2** 洗浄された. **3** 漂白された.

ਧੋਤੀ (धोती) /tŏtī トーティー/ [Skt. धटी] *f.*〖衣服〗ドーティー《腰にまとう布》.

ਧੋਂਦ (धोंद) /tŏ̃da̦ トーンド/ [(Kang.)] *m.*〖鳥〗野生の鳩, 野鳩. (⇒ਜੰਗਲੀ ਕਬੂਤਰ)

ਧੋਪਣਾ (धोपणा) /tŏpaṇā トーパナー/ ▶ਧੁਪਣਾ *vi.* → ਧੁਪਣਾ

ਧੋਬਣ (धोबण) /tŏbaṇa̦ トーバン/ [cf. ਧੋਣਾ] *f.*〖姓〗ドーバン《ドービー種姓の女性》, 女の洗濯屋, 洗濯屋の妻. (⇒ਬਰੇਠਣ, ਰਜਕੀ)

ਧੋਬੀ (धोबी) /tŏbī トービー/ [cf. ਧੋਣਾ] *m.*〖姓〗ドービー《洗濯を生業とする種姓(の人・男性)》, 洗濯屋. (⇒ਬਰੇਠਾ, ਰਜਕ)

ਧੌਂਸ (धौंस) /tãŭ̃sa̦ タォーンス/ *f.* **1** 威嚇, 威圧, 脅し, 脅迫. (⇒ਧਮਕੀ, ਡਰਾਵਾ) **2** 威張り散らすこと. **3** 横暴な態度.

ਧੌਂਸਾ (धौंसा) /tãŭ̃sā タォーンサー/ *m.* **1**〖楽器〗大太鼓. **2**〖軍〗陣太鼓.

— *adj.*〖楽器〗頑丈な, 頑強な, 力強い. (⇒ਤਕੜਾ, ਤਾਕਤਵਰ)

ਧੌਂਸੀਆ (धौंसीआ) /tãŭ̃sīā タォーンスィーアー/ *m.* 大太鼓を叩く人.

ਧੌਂਕਣਾ (धौंकणा) /tãŭ̃kaṇā タォーンカナー/ [Skt. धमति] *vt.* **1**(ふいごや団扇で)風を送る, 火を燃え上がらせる. **2** 吹く, (煙草を)ふかす, 息を吹きかける. **3**(罰金や重荷などを人に)科す, 負わせる.

ਧੌਂਕਣੀ (धौंकणी) /tãŭ̃kaṇī タォーンカニー/ ▶ਧੌਂਕਣੀ [cf. ਧੌਂਕਣਾ] *f.* **1** 速い呼吸. **2**〖道具〗ふいご.

ਧੌਕਣੀ (धौकणी) /taŭkaṇī タォーカニー/ ▶ਧੌਂਕਣੀ *f.* → ਧੌਂਕਣੀ

ਧੌਣ (धौण) /taŭṇa̦ タォーン/ *f.* **1**〖身体〗首, 首筋. (⇒ਗਰਦਨ, ਗਿੱਚੀ) **2**〖身体〗頸部.

ਧੌਲ[1] (धौल) /taŭla̦ タォール/ [Skt. धवल] *adj.* **1** 白い. (⇒ਚਿੱਟਾ) **2** 実にひどい, 途方もない, 全くの.

ਧੌਲ[2] (धौल) /taŭla̦ タォール/ *f.* **1** 殴打, 握りこぶしで殴ること. **2** 平手打ち.

ਧੌਲਰ (धौलर) /taŭlara̦ タォーラル/ [(Pkt. धवलहर) Skt. धवलगृह] *m.* **1**〖建築〗宮殿. (⇒ਮਹੱਲ, ਮਹਿਲ) **2**〖建築〗大邸宅, 屋敷, 館, 豪邸. (⇒ਹਵੇਲੀ)

ਧੌਲਾ (धौला) /taŭlā タォーラー/ [Skt. धवल] *adj.* **1** 白い. **2** 白髪の.

— *m.* 白髪の毛一本.

ਧੌਲੇ (धौले) /taŭle タォーレー/ [Skt. धवल] *m.*〖身体〗白髪《複数形》.

ਧੌੜੀ (धौड़ी) /taŭṛī タォーリー/ [Skt. धेनु -ड़ी] *f.* なめし革.

ਨ

ਨ[1] (न) /nannā ナンナー/ *m.*〖文字〗グルムキー文字の字母表の25番目の文字《歯・閉鎖音の「ナ」(舌先を上の歯茎の裏に付け, 呼気を一瞬閉じ破裂させ鼻に抜いて発音する鼻子音)を表す》.

ਨ[2] (न) /na ナ/ [Skt. न] *int.* 《否定の返事》いいえ, いや, だめ, いけない. (⇒ਨਾਂਹ)

— *pref.* 《否定・反対などの意味の語を形成する接頭辞》「…でない」「…のない」「…を持っていない」「無…」「非…」「不…」.

ਨ[3] (न) /na ナ/ ▶ਨਾ [Pers. *nā*] *pref.* 《否定・反対の意味の語を形成する接頭辞》「…でない」「…のない」「…を持っていない」「無…」「非…」「不…」.

ਨ[4] (न) /na̦ ン/ ▶ਣ *suff.* **1** 名詞に付いて「…の女性」「…に関わる女性」「…する女性」「…を扱う女性」などを意味する名詞を形成する接尾辞. **2** 男性名詞から女性名詞を形成する接尾辞.

ਨ[5] (न) /na̦ ン/ *suff.* 接尾辞 ਨਾ の母音が消失し子音の発音で終わった形. 不定詞の後置格形の語尾となる.

ਨਉ[1] (नउ) /nau ナウ/ ▸ਨਵ *pref.* → ਨਵ

ਨਉ[2] (नउ) /nau ナウ/ ▸ਨਵ, ਨੌਂ [Skt. नव] *ca.num.* 9, 九つ.

— *adj.* 九つの.

— *pref.* 「9」「九つの」を意味する接頭辞.

ਨਉਕਾ (नउका) /naukā ナウカー/ ▸ਨੌਕਾ *f.* → ਨੌਕਾ

ਨਉਬਤ (नउबत) /naubata ナウバト/ ▸ਨੌਬਤ *f.* → ਨੌਬਤ

ਨਉਮੀ (नउमी) /naumī ナウミー/ [Skt. नवमी] *f.* 〖暦〗太陰暦の各半月の九日.

ਨਈਆ (नईआ) /naīā ナイーアー/ [cf. Hin. नैया] *f.* 〖乗物〗小舟, ボート. (⇒ਕਿਸ਼ਤੀ, ਬੇੜੀ)

ਨਸ (नस) /nasa ナス/ [Pkt. णसा] *f.* **1** 〖身体〗血管. (⇒ਨਾੜੀ) **2** 〖身体〗筋肉.

ਨਸ਼ਈ (नशई) /naśaī ナシャイー/ *adj.* **1** 酔っ払った. **2** 酩酊した. **3** 麻薬中毒の.

— *m.* **1** 酔っ払い. **2** 麻薬中毒者.

ਨਸ਼ਟ (नशट) /naśaṭa ナシュト/ [Skt. नष्ट] *adj.* **1** 滅びた. **2** 破壊された. **3** 荒れた, 荒廃した. **4** 卑しい, ふしだらな. **5** 消えた, 消失した, 見えない. **6** 無駄な.

ਨਸ਼ਟਤਾ (नशटता) /naśaṭatā ナシュトター/ [Skt.-ता] *f.* **1** 滅亡, 破滅. **2** 破壊, 崩壊. **3** 荒廃. **4** 浪費.

ਨੱਸਣਾ (नस्सणा) /nassaṇā ナッサナー/ [Skt. नश्यति] *vi.* **1** 逃げる, 逃れ去る. ❐ਚਾਲੀ ਫ਼ੀਸਦੀ ਲੋਕਾਂ ਨੂੰ ਘਰਬਾਰ ਛੱਡ ਕੇ ਨੱਸਣਾ ਪਿਆ। 40%の人々が家を捨てて逃げなければなりませんでした. **2** 逃亡する. **3** 駆け落ちする.

ਨਸ਼ਤਰ (नशतर) /naśatara ナシュタル/ [Pers. niśtar] *m.* **1** 〖道具〗外科用のメス. **2** 〖道具〗ナイフ.

ਨਸੱਤਾ (नसत्ता) /nasattā ナサッター/ [Skt. न- Skt. सत्ता] *adj.* **1** 力のない, 弱い. **2** 弱った, 疲れた.

ਨਸਬ (नसब) /nasaba ナサブ/ [Arab. nasb] *m.* **1** 根元, 起源. **2** 血統. **3** 家系, 家柄, 系図. **4** 祖先. **5** 血族, 家族.

ਨਸਬੰਦੀ (नसबंदी) /nasabandī ナスバンディー/ [Pkt. णसा Pers.-bandī] *f.* 〖医〗精管切除, 男性不妊手術, パイプカット.

ਨਸਰ (नसर) /nasara ナサル/ [Arab. nasr] *f.* 〖文学〗散文. (⇒ਗੱਦ, ਵਾਰਤਕ)

ਨਸ਼ਰ (नशर) /naśara ナシャル/ [Arab. naśr] *adj.* **1** 公表された. **2** 暴露された.

ਨਸਲ (नसल) /nasala ナサル/ [Arab. nasl] *f.* **1** 人種, 種族, 品種. **2** 血統, 家系, 子孫. **3** 民族集団.

ਨਸਲ ਅਛੂਤਵਾਦ (नसल अछूतवाद) /nasala acʰūtawāda ナサル アチュートワード/ [+ Skt. अ- cf. ਛੂਹਣਾ Skt.-वाद] *m.* 〖社会〗特定の人種を不可触であるとし差別の対象とする考え方, 人種差別.

ਨਸਲਕੁਸ਼ੀ (नसलकुशी) /nasalakuśī ナサルクシー/ [+ Pers. kuśī] *f.* 民族集団大虐殺.

ਨਸਲਵਾਦ (नसलवाद) /nasalawāda ナサルワード/ [Skt.-वाद] *m.* 〖社会・政治〗人種主義, 人種差別, 民族至上主義.

ਨਸਲਵਾਦੀ (नसलवादी) /nasalawādī ナサルワーディー/ [Skt.-वादिन्] *adj.* 人種主義の, 民族至上主義の.

— *m.* 人種主義者, 民族至上主義者.

ਨਸਲ ਵਿਗਿਆਨ (नसल विगिआन) /nasala vigiāna ナサル ヴィギアーン/ [+ Skt. विज्ञान] *m.* 民族学.

ਨਸਲੀ (नसली) /nasalī ナサリー/ [-ਈ] *adj.* **1** 人種の, 種族の, 民族の, 品種の. **2** 血統の, 家系の, 子孫の.

ਨਸਲੀ ਸਮੂਹ (नसली समूह) /nasalī samûha ナサリー サムー/ [+ Skt. समूह] *m.* 種族, 民族集団.

ਨਸਲੀ ਵੱਖਵਾਦ (नसली वक्खवाद) /nasalī wakkʰawāda ナサリー ワックワード/ [+ ਵੱਖ Skt.-वाद] *m.* **1** 人種隔離. **2** 〖政治〗人種差別政策.

ਨਸਲੀ ਵਿਤਕਰਾ (नसली वितकरा) /nasalī vitakarā ナサリー ヴィトカラー/ [+ Skt. व्यतिरेक] *m.* 〖社会〗人種差別.

ਨਸਵਾਰ (नसवार) /nasawāra ナスワール/ *f.* 嗅ぎ煙草.

ਨਸਵਾਰੀ (नसवारी) /nasawārī ナスワーリー/ *adj.* **1** 嗅ぎ煙草色の. **2** 濃い茶色の.

ਨਸ਼ਾ (नशा) /naśā ナシャー/ [Pers. naśa] *m.* **1** 酔い, 陶酔, 酩酊, 興奮, 幻覚. ❐ਨਸ਼ਾ ਆਉਣਾ, ਨਸ਼ਾ ਹੋਣਾ, ਨਸ਼ਾ ਚੜ੍ਹਨਾ 酔う, 陶酔する. **2** 中毒, 耽溺. **3** 〖飲料〗酒, アルコール. ❐ਨਸ਼ਾ ਕਰਨਾ 酒を飲む. **4** 〖麻薬〗(大麻や阿片などの)麻薬, 幻覚剤, 覚醒剤, ドラッグ. ❐ਨਸ਼ਾ ਕਰਨਾ 麻薬を使用する. **5** 〖比喩〗誇り, 自慢, 慢心, うぬぼれ. ❐ਨਸ਼ਾ ਆਉਣਾ, ਨਸ਼ਾ ਹੋਣਾ, ਨਸ਼ਾ ਚੜ੍ਹਨਾ 自慢する, 慢心する. **6** 〖比喩〗虚栄, 虚飾.

ਨਸਾਉਣਾ (नसाउणा) /nasāuṇā ナサーウナー/ ▸ਨਸਾਲਣਾ [cf. ਨੱਸਣਾ] *vt.* **1** 逃がす. **2** 逃亡させる.

ਨਸ਼ਾਸਤਾ (नशासता) /naśāsatā ナシャースター/ ▸ਨਿਸ਼ਾਸਤਾ *m.* → ਨਿਸ਼ਾਸਤਾ

ਨਸਾਕੜ (नसाकड़) /nasākaṛa ナサーカル/ [cf. ਨੱਸਣਾ] *adj.* 逃亡した, 脱走した.

ਨਸ਼ਾਦਰ (नशादर) /naśādara ナシャーダル/ ▸ਨੁਸ਼ਾਦਰ [Pers. nośādar] *m.* 〖化学〗塩化アンモニウム.

ਨਸ਼ਾ-ਪਾਣੀ (नशा-पाणी) /naśā-pāṇī ナシャー・パーニー/ [Pers. naśa + Skt. पानीय] *m.* **1** 〖飲料〗酒類. **2** 飲酒.

ਨਸ਼ਾਬੰਦੀ (नशाबंदी) /naśābandī ナシャーバンディー/ [Pers.-bandī] *f.* 禁酒, 酒類の醸造・販売禁止.

ਨਸਾਲਣਾ[1] (नसालणा) /nasālaṇā ナサールナー/ ▸ਨਸਾਉਣਾ [(Pot.)] *vt.* → ਨਸਾਉਣਾ

ਨਸਾਲਣਾ[2] (नसालणा) /nasālaṇā ナサールナー/ ▸ਨਿਸਾਲਣਾ, ਨਿਸਾਲਨਾ [(Mal.)] *vt.* → ਨਿਸਾਲਨਾ

ਨਸੀਹਤ (नसीहत) /nasīata ナスィーアト/ [Pers. naṣīhat] *f.* **1** 忠告, 戒め. (⇒ਉਪਦੇਸ਼) **2** 助言. **3** 教訓. (⇒ਸਿੱਖਿਆ) **4** 案内, 指導. **5** 警告, 説諭, 説教.

ਨਸੀਬ (नसीब) /nasība ナスィーブ/ ▸ਨਸੀਬਾ [Arab. naṣīb] *m.* **1** 部分, 分け前, 割り当て. (⇒ਹਿੱਸਾ, ਭਾਗ) **2** 運命, 宿命, 定め, 運勢. (⇒ਕਿਸਮਤ)

ਨਸੀਬਾ (नसीबा) /nasībā ナスィーバー/ ▸ਨਸੀਬ *m.* → ਨਸੀਬ

ਨਸੀਬੇ ਵਾਲਾ (नसीबे वाला) /nasībe wālā ナスィーベー ワーラー/ [Arab. naṣīb -ਵਾਲਾ] *adj.* **1** 運を持っている, 運のいい, ついている. **2** 強運な, 幸運な.

ਨਸੀਮ (नसीम) /nasīma ナスィーム/ [Arab. nasīm] *f.* 〖気象〗そよ風.

ਨਸ਼ੀਲਾ (नशीला) /naśīlā ナシーラー/ [Pers. naśa -ਈਲਾ] *adj.* **1** 酔わせる. **2** 酩酊させる. **3** 麻薬の, 薬物の, 麻酔性の. **4** 興奮させる.

ਨਸ਼ੁਕਰਾ (नशुकरा) /naśukarā ナシュクラー/ ▸ਨਾਸ਼ੁਕਰਾ *adj.* → ਨਾਸ਼ੁਕਰਾ

ਨਸ਼ੁਕਰੀ (नशुकरी) /naśukarī ナシュクリー/ ▸ਨਾਸ਼ੁਕਰੀ *f.* → ਨਾਸ਼ੁਕਰੀ

ਨਸ਼ੇਖ਼ੋਰੀ (नशेख़ोरी) /naśexorī ナシェーコーリー/ [Pers. *naśa* Pers.-*xorī*] *f.* **1** 飲酒, アルコール中毒. (⇒ਸ਼ਰਾਬਨੋਸ਼ੀ) **2** 麻薬中毒.

ਨਸ਼ੇਬੰਦੀ (नशेबंदी) /naśebandī ナシェーバンディー/ [Pers.-*bandī*] *f.* **1** 禁酒. **2** 麻薬の使用禁止.

ਨਸ਼ੇਬਾਜ਼ (नशेबाज़) /naśebāza ナシェーバーズ/ [Pers.-*bāz*] *adj.* **1** アルコール中毒の. **2** 麻薬中毒の.

ਨਸ਼ੇਬਾਜ਼ੀ (नशेबाज़ी) /naśebāzī ナシェーバーズィー/ [Pers.-*bāzī*] *f.* **1** アルコール中毒. (⇒ਸ਼ਰਾਬਨੋਸ਼ੀ) **2** 麻薬中毒.

ਨਹੱਕ (नहक्क) /nahakka ナハック/ *adv.* **1** 不正に. **2** 不公平に. **3** 不当に. **4** 誤って.

ਨਹੱਕਾ (नहक्का) /nahakkā ナハッカー/ *adj.* **1** 無実の. **2** 冤罪を着せられた, 濡れ衣を着せられた. **3** 不当に罰せられた.

ਨਹਾਉਣ (नहाउण) /nǎuṇa | nahāuṇa ナーウン | ナハーウン/ ▸ਨ੍ਹਾਉਣ [cf. ਨਹਾਉਣਾ] *m.* **1** 水浴び, 入浴, 体を洗うこと. (⇒ਇਸ਼ਨਾਨ) **2** 水で体を清めること, 洗い清め, 沐浴.

ਨ੍ਹਾਉਣ (न्हाउण) /nǎuṇa ナーウン/ ▸ਨਹਾਉਣ *m.* → ਨਹਾਉਣ

ਨਹਾਉਣਾ (नहाउणा) /nǎuṇā | nahāuṇā ナーウナー | ナハーウナー/ ▸ਨ੍ਹਾਉਣਾ [Skt. स्नाति] *vi.* **1** 水浴びをする, 入浴する, 体を洗う. ❑ਹਰ ਰੋਜ਼ ਨਹਾਉਣਾ ਚਾਹੀਦਾ ਹੈ। 毎日水浴びをすべきです. ❑ਉਹ ਆਪਣੇ ਦੰਦ ਸਾਫ਼ ਕਰਦੀ ਹੈ। ਫਿਰ ਉਹ ਨਹਾਉਂਦੀ ਹੈ। 彼女は自分の歯をきれいにします. それから彼女は水浴びをします. **2**(宗教的な意味を込めて)洗い清める, 沐浴する.

ਨ੍ਹਾਉਣਾ (न्हाउणा) /nǎuṇā ナーウナー/ ▸ਨਹਾਉਣਾ *vi.* → ਨਹਾਉਣਾ

ਨਹਾਰ (नहार) /nǎra | nahāra ナール | ナハール/ *adj.* 朝から何も食べていない.

ਨਹਾਰੀ (नहारी) /nǎrī | nahārī ナーリー | ナハーリー/ ▸ਨਿਹਾਰੀ *f.* → ਨਿਹਾਰੀ

ਨਹਿਸ਼ (नहिश) /naîśa ナエーシュ/ [Arab. *nahs*] *adj.* **1** 不運な. (⇒ਬਦਨਸੀਬ) **2** 不吉な.

ਨਹਿਣ (नहिण) /naîṇa ナエーン/ ▸ਨੇਹਣ *m.* **1** 紐, 綱, 引き綱. **2** 犂や地ならし機を頸木(くびき)に縛り付けるための太綱.

ਨਹਿਣਨਾ (नहिणना) /naîṇanā ナエーンナー/ *vt.* **1** 太綱で結び付ける. **2** きつく縛る.

ਨਹਿਰ (नहिर) /naîra ナエール/ [Arab. *nahr*] *f.* **1** 流れ, 水流. **2**〖地理〗運河. **3**〖地理〗灌漑用水路.

ਨਹਿਰੀ (नहिरी) /naîrī ナエーリー/ [Arab. *nahrī*] *adj.* 運河の.

ਨਹਿਰੀ ਪਾਣੀ (नहिरी पाणी) /naîrī pāṇī ナエーリー パーニー/ [+ Skt. पानीय] *m.* 運河の水.

ਨਹਿਰੂ (नहिरू) /naîrū ナエールー/ [Arab. *nahr* + ਊ] *m.*〖姓〗ネルー(ネール)《カシュミールのブラーフマン(バラモン)の種姓の一つ》.

ਨਹਿਲਾ (नहिला) /naîlā ナエーラー/ *m.*〖遊戯〗トランプの9の札.

ਨਹੀਂ (नहीं) /nâĩ ナイーン/ [Skt. नहि] *adv.* **1** …しない, …でない《動詞の直前に置いて否定する. ただし倒置構文などでは動詞の後に置かれることもある》. ❑ਉਹ ਇੱਥੇ ਨਹੀਂ ਆਏਗੀ। 彼女はここに来ないでしょう. ❑ਅਸੀਂ ਇੰਨਾ ਔਖਾ ਕੰਮ ਨਹੀਂ ਕਰ ਸਕਦੇ। 私たちはこんな難しい仕事はできません.

— *int.* いや, だめ, いけない《否定の返事》. ❑ਨਹੀਂ ਜੀ いいえ. ❑ਨਹੀਂ ਜੀ, ਉਹ ਹਸਪਤਾਲ ਨਹੀਂ ਹੈ। いいえ, あれは病院ではありません.

— *f.* **1** 否定. **2** 拒否, 拒絶.

ਨਹੀਂ ਤਾਂ (नहीं ताँ) /nâĩ tã̄ ナイーン ターン/ *conj.* **1** さもないと, さもなければ. **2** そうしないと, そうでなければ.

ਨਹੀਂ ਤੇ (नहीं ते) /nâĩ te ナイーン テー/ *conj.* **1** さもないと, さもなければ. **2** そうしないと, そうでなければ.

ਨਹੁੰ (नहुँ) /nâũ | nâũ ナォーン | ナウン/ ▸ਨਖ, ਨੌਂਹ [(Pkt. णह) Skt. नख] *m.*〖身体〗爪. (⇒ਨਾਖੁਨ) ❑ ਨਹੁੰ ਸਦਾ ਕੱਟ ਕੇ ਰੱਖਣੇ ਚਾਹੀਦੇ ਹਨ। 爪はいつも切っておくべきです.

ਨਹੁੰਦਰ (नहुँदर) /nâũdara ナォーンダル/ ▸ਨੂੰਦਰ [+ ਦਰ] *f.* **1** 爪で引っ掻いた傷. **2** 鉤爪.

ਨਹੁੰਦਰਨਾ (नहुँदरना) /nâũdaranā ナォーンダルナー/ [cf. ਨਹੁੰਦਰ] *vt.* **1** 爪で引っ掻く. (⇒ਖਰੂੰਡਣਾ) **2** 鉤爪で引っ掻く.

ਨਹੂਸਤ (नहूसत) /nahūsata | naŭsata ナフーサト | ナウーサト/ [Pers. *nuhūsat*] *f.* **1** 縁起の悪いこと, 不吉. (⇒ਮਨਹੂਸੀਅਤ) **2** 不運, 不幸.

ਨਹੂਸਤੀ (नहूसती) /nahūsatī | naŭsatī ナフースティー | ナウースティー/ [-ਈ] *adj.* **1** 縁起の悪い, 不吉な. (⇒ਮਨਹੂਸ) **2** 不運な, 不幸な.

ਨਹੇਰਨਾ (नहेरना) /naheranā | naěranā ナヘールナー | ナエールナー/ [(Pkt. णह) Skt. नख] *m.*〖道具〗爪切り.

ਨ੍ਹੇਰਾ (न्हेरा) /něrā ネーラー/ ▸ਹਨੇਰਾ *m.adj.* → ਹਨੇਰਾ

ਨਹੇੜਾ (नहेड़ा) /naheṛā | naěṛā ナヘーラー | ナエーラー/ *m.* **1** 破滅. **2** 滅亡.

ਨਹੋਰਾ (नहोरा) /nahorā | naŏrā ナホーラー | ナオーラー/ ▸ਹਨੋਰਾ, ਨਿਹੋਰਾ [Skt. मनोहार] *m.* **1** 恩恵, 親切. (⇒ਉਪਕਾਰ, ਕਿਰਪਾ) **2** 懇願, 嘆願. (⇒ਬੇਨਤੀ, ਪਰਾਰਥਨਾ) **3** 小言, 不平, 愚痴. (⇒ਗਿਲਾ) **4** 叱責, 非難, 中傷. (⇒ਮਿਹਣਾ)

ਨੱਕ (नक्क) /nakka ナック/ [(Pkt. णक्क) Skt. नासिका] *m.* **1**〖身体〗鼻. ❑ਨੱਕ ਸੁਣਕਣਾ 鼻をかむ. ❑ਨੱਕ ਚੜ੍ਹਾਉਣਾ 鼻を上に向ける, 顔をしかめる, 嫌悪する, 軽蔑する, あざ笑う. ❑ਨੱਕ ਦੀ ਸੇਧ 真正面の方向に, まっすぐ前方に. **2**〖生理〗鼻水, 鼻汁. ❑ਨੱਕ ਆਉਣਾ 鼻水を垂らす, 鼻汁を流す. **3**〖比喩〗威信, 威光, 面目, 尊厳, 名誉, 名声. ❑ਨੱਕ ਵੱਢਣਾ (字義の「鼻を切り取る」が転じて)面目を失墜させる, 侮辱する.

ਨਕਸ਼ (नकश) /nakaśa ナクシュ/ [Arab. *naqś*] *m.* **1** 絵, 素描. (⇒ਚਿੱਤਰ, ਤਸਵੀਰ) **2** 印. (⇒ਚਿੰਨ੍ਹ) **3** 跡, 痕跡, 形跡. (⇒ਨਿਸ਼ਾਨ) **4** 印象. **5** 特徴. **6** 顔立ち, 容貌. (⇒ਸੂਰਤ, ਸ਼ਕਲ) **7** 外観.

ਨਕਸ਼ਗਰ (नकशगर) /nakaśagara ナクシュガル/ [Pers.-*gar*] *m.* **1** 画家, 絵描き. **2** 図案家.

ਨਕਸ਼ਾ (नकशा) /nakaśā ナクシャー/ [Arab. *naqśa*] *m.* **1** 地図. **2** 絵, 素描, デッサン. **3** 図案, 図柄. **4** 輪

郭. **5** スケッチ. **6** 計画, 企画.

ਨਕਸ਼ਾ-ਕਸ਼ (नकशा-कश) /nakaśā-kaśa ナクシャー・カシュ/ [+ Pers. *kaś*] *m.* **1** 地図製作者, 製図者. **2** 図案製作者, 図案家.

ਨਕਸ਼ਾ-ਕਸ਼ੀ (नकशा-कशी) /nakaśā-kaśī ナクシャー・カシー/ [+ Pers. *kaśī*] *f.* **1** 地図の作成, 地図製作, 製図, 作図法. **2** 図案製作.

ਨਕਸ਼ਾ ਨਵੀਸ (नकशा नवीस) /nakaśā nawīsa ナクシャー ナウィース/ [Pers.-*navīs*] *m.* **1** 地図製作者. **2** 製図者, 作図者. **3** 図案製作者, 図案家. **4** 模写する人.

ਨਕਸ਼ਾ ਨਵੀਸੀ (नकशा नवीसी) /nakaśā nawīsī ナクシャー ナウィースィー/ [Pers.-*navīsī*] *f.* **1** 地図の作成, 地図製作, 地図の作図法. **2** 図案製作. **3** 製図者の技能.

ਨਕਸ਼ਾ-ਪੁਸਤਕ (नकशा-पुसतक) /nakaśā-pusataka ナクシャー・プスタク/ [+ Skt. पुस्तक] *f.* 〖地理〗地図帳.

ਨਕਸੀਰ (नकसीर) /nakasīra ナクスィール/ ▶ਨਕੀਰ [Pkt. णक्कसिरा] *f.* **1** 鼻血. ❐ਨਕਸੀਰ ਫੁੱਟਣੀ, ਨਕਸੀਰ ਵਗਣੀ 鼻血が出る. **2** 〖医〗鼻出血.

ਨਕਸ਼ੇ ਕਦਮ (नकशे कदम) /nakaśe kadama ナクシェー カダム/ [Arab. *naqśe qadam*] *m.* 足跡. ❐ਨਕਸ਼ੇ ਕਦਮ ਤੇ ਚਲਣਾ 足跡の上を進む, 追跡する.

ਨਕਟਾ (नकटा) /nakaṭā ナクター/ [Skt. नासिका + cf. ਕੱਟਣਾ] *m.* **1** 鼻を切り取られた人. **2** 〖比喩〗面目を失った人. **3** 〖比喩〗評判の悪い人. **4** 〖比喩〗悪者.

ਨਕਟਾਈ (नकटाई) /nakaṭāī ナクターイー/ [Eng. *necktie*] *f.* 〖衣服〗ネクタイ.

ਨਕੰਦ (नकंद) /nakanda ナカンド/ [Pers. *nākand*] *m.* **1** 〖動物〗子馬. **2** 〖動物〗乳歯の抜けていない若馬.

ਨਕਦ (नकद) /nakada ナカド/ ▶ਨਗਦ [Arab. *naqd*] *m.* **1** 現金, キャッシュ. (⇒ਰੋਕੜ) **2** 即金.

— *adj.* 現金の. (⇒ਰੋਕੜੀ)

— *adv.* 現金で.

ਨਕਦ ਨਰੈਣ (नकद नरैण) /nakada naraiṇa ナカド ナラェーン/ [+ Skt. नारायण] *m.* **1** 現金の神, 富と物欲の神. **2** 硬貨, 現金, 現なま《小切手に対して》. **3** (貪欲の対象としての)富.

ਨਕਦ ਮਾਲ (नकद माल) /nakada māla ナカド マール/ [+ Arab. *māl*] *m.* **1** 現金で取引される商品. **2** 〖経済〗流動資産.

ਨਕਦਰਾ (नकदरा) /nakadarā ナカダラー/ [Pers. *nā*- Arab. *qadr*] *adj.* **1** 尊敬されていない. **2** 無視されている. **3** 評価されていない, 値打ちを知らない. **4** 感謝されない. **5** 関心を持たれない, 劣った, 下手な. **6** 需要のない. **7** 安っぽい.

ਨਕਦਰੀ (नकदरी) /nakadarī ナカダリー/ [-ਈ] *f.* **1** 尊敬されていないこと. **2** 評価されていないこと, 値打ちを知らないこと. **3** 無視されていること. **4** 関心を持たれないこと. **5** 需要のないこと. **6** 安っぽいこと.

ਨਕਦੀ (नकदी) /nakadī ナクディー/ ▶ਨਗਦੀ [Arab. *naqdī*] *f.* 現金, キャッシュ.

ਨਕਦੋ ਨਕਦ (नकदो नकद) /nakado nakada ナクドー ナカド/ ▶ਨਕਦੋ-ਨਕਦੀ *adv.* → ਨਕਦੋ-ਨਕਦੀ

ਨਕਦੋ-ਨਕਦੀ (नकदो-नकदी) /nakado-nakadī ナクドー・ナクディー/ ▶ਨਕਦੋ ਨਕਦ *adv.* **1** 現金で. **2** 即金で.

ਨੱਕ ਨਮੂਜ (नक्क नमूज) /nakka namūja ナック ナムージ/ [Skt. नासिका + Pers. *nāmūs*] *m.* **1** 名誉, 名声. **2** 自尊心. **3** 威厳, 尊厳.

ਨਕਬ (नकब) /nakaba ナカブ/ [Arab. *naqb*] *f.* **1** 裂け目, 破れ目, 割れ目. (⇒ਪਾੜ) **2** 穴. **3** 壁をくり抜いた穴. (⇒ਸੰਨ੍ਹ) **4** 泥棒によってあけられた壁の穴. **5** 二つの物体の間の空間, 隙間.

ਨਕਬ ਜ਼ਨੀ (नकब ज़नी) /nakaba zanī ナカブ ザニー/ [+ Pers. *zanī*] *f.* **1** 壁に穴をあけて行われる窃盗. **2** 家宅侵入, 忍び込み. **3** 押し込み.

ਨਕਲ (नकल) /nakala ナカル/ [Arab. *naql*] *f.* **1** 真似, 模倣, 模造, 物真似. (⇔ਅਸਲ) **2** 複写, 写し, コピー.

ਨੱਕਲ (नक्कल) /nakkala ナッカル/ [Skt. नासिका + ਲ] *adj.* **1** 〖身体〗長い鼻の. **2** 〖身体〗突き出た鼻の.

— *m.* **1** 鼻の長い人. **2** 鼻の突き出た人.

ਨਕਲਚੀ (नकलची) /nakalacī ナカルチー/ [Arab. *naql* Pers.-*cī*] *m.* **1** 真似をする人. **2** 模倣者. **3** 物真似師. **4** 道化師.

ਨਕਲ ਨਵੀਸ (नकल नवीस) /nakala nawīsa ナカル ナウィース/ [Pers.-*navīs*] *m.* **1** 真似をして書く人, 書き写す人, 筆写係. **2** 広告文案家.

ਨਕਲ ਨਵੀਸੀ (नकल नवीसी) /nakala nawīsī ナカル ナウィースィー/ [Pers.-*navīsī*] *f.* **1** 真似をして書くこと, 書き写すこと, 筆写, 広告文案作成. **2** 筆写業, 広告文案作成業.

ਨਕਲੀ (नकली) /nakalī ナクリー/ [Arab. *naqlī*] *adj.* **1** 偽の, 偽物の, 真似の. (⇔ਅਸਲੀ) **2** 模造の, 複製の, 人造の.

ਨਕਲੀਆ (नकलीआ) /nakalīā ナクリーアー/ [Arab. *naql* -ਈਆ] *m.* **1** 物真似師. **2** 役者. **3** 舞台俳優.

ਨੱਕ ਵੱਢਾ (नक्क वड्डा) /nakka wâḍḍā ナック ワッダー/ [Skt. नासिका + cf. ਵੱਢਣਾ] *adj.* **1** 恥知らずの. **2** 図々しい, 厚かましい.

— *m.* **1** 恥知らずの男. **2** 図々しい男, 厚かましい男.

ਨੱਕਾ[1] (नक्का) /nakkā ナッカー/ *m.* **1** 針の穴, めど. (⇒ਸੂਈ ਦਾ ਛੇਕ) **2** 城門, (城塞都市などの)街の入り口. **3** 通路, 小路, 路地. (⇒ਗਲੀ) **4** 小さな仮の堰. **5** 水路, 水路の切れ目. **6** 川の高い堤, 土手. **7** 通行料徴収所, 税関.

ਨੱਕਾ[2] (नक्का) /nakkā ナッカー/ *m.* 〖地名〗ナッカー《ラーヴィー川とサトルジュ川の間のラホールの南西の地域》.

ਨਕਾਸ਼ (नकाश) /nakāśa ナカーシュ/ ▶ਨੱਕਾਸ਼ [Pers. *naqqāś*] *m.* **1** 画家, 絵師, 意匠家. **2** 彫刻師, 彫刻家.

ਨੱਕਾਸ਼ (नक्काश) /nakkāśa ナッカーシュ/ ▶ਨਕਾਸ਼ *m.* → ਨਕਾਸ਼

ਨਕਾਸ਼ੀ (नकाशी) /nakāśī ナカーシー/ ▶ਨੱਕਾਸ਼ੀ [Pers. *naqqāśī*] *f.* **1** 画業. **2** 絵画. **3** 彫刻.

ਨੱਕਾਸ਼ੀ (नक्काशी) /nakkāśī ナッカーシー/ ▶ਨਕਾਸ਼ੀ *f.* → ਨਕਾਸ਼ੀ

ਨਕਾਹ (नकाह) /nakâ ナカー/ ▶ਨਿਕਾਹ *m.* → ਨਿਕਾਹ

ਨਕਾਬ (नकाब) /nakāba ナカーブ/ ▶ਨਿਕਾਬ [Arab. *niqāb*] *m.* **1** 仮面, 覆面, マスク. **2** 〖衣服〗顔を覆い

隠す布, ベール.

ਨਕਾਬਪੋਸ਼ (नकाबपोश) /nakābaposa ナカーブポーシュ/ ▸ਨਿਕਾਬਪੋਸ਼ [Pers.-*poś*] *adj.* **1** 仮面をつけた, 覆面の. **2** ベールで顔を覆い隠した.

— *m.* 仮面をつけた人, 覆面の男.

ਨਕਾਰ (नकार) /nakāra ナカール/ [Skt. नकार] *m.* **1** 否定, 否認. (⇒ਨਾਂਹ) **2** 拒否, 拒絶. (⇒ਇਨਕਾਰ) **3** 反駁.

ਨਕਾਰਤਾ (नकारता) /nakāratā ナカールター/ [Skt.-ता] *f.* **1** 否定, 否認. (⇒ਨਾਂਹ) **2** 否定主義, 消極論. **3** 否定的な態度, 消極性.

ਨਕਾਰਨਾ (नकारना) /nakāranā ナカールナー/ [Skt. नकार] *vt.* **1** 否定する, 否認する. ❐ਮਾਈਕਲ ਜੈਕਸਨ ਨੇ ਬੱਚਿਆਂ ਨਾਲ ਬਦਫ਼ੈਲ੍ਹੀ ਕਰਨ ਦੇ ਦੋਸ਼ ਨੂੰ ਨਕਾਰਿਆ। マイケル・ジャクソンは幼児たちに対する猥褻行為の罪を否定しました. **2** 拒む, 拒否する, 断る.

ਨਕਾਰਾ (नकारा) /nakārā ナカーラー/ ▸ਨਿਕਾਰਾ [Pers. *nakāra*] *adj.* **1** 無能な, 能力のない. **2** 仕事に適さない, 仕事のできない. **3** 身体に障害のある, 不具の. **4** 役に立たない, 無用な. **5** 価値のない.

ਨਕਾਰਾਤਮਕ (नकारातमक) /nakārātamaka ナカーラートマク/ ▸ਨਕਾਰਾਤਮਿਕ *adj.* → ਨਕਾਰਾਤਮਿਕ

ਨਕਾਰਾਤਮਿਕ (नकारातमिक) /nakārātamika ナカーラートミク/ ▸ਨਕਾਰਾਤਮਕ [Skt. नकार Skt.-आत्मक] *adj.* **1** 否定の, 否定的な. **2** 消極的な, 控え目の.

ਨਕਾਰਾਪਣ (नकारापण) /nakārāpana ナカーラーパン/ [Pers. *nakāra* -ਪਣ] *m.* **1** 不具. **2** 身体障害.

ਨਕਾਲ (नकाल) /nakāla ナカール/ [Arab. *nakkāl*] *m.* 灌漑用水路の流れ.

ਨਕੀਬ (नकीब) /nakība ナキーブ/ [Arab. *naqīb*] *m.* **1** 王や貴人の栄誉を称える歌を歌う者, 宮廷役人. **2** 伝令者, 使者. (⇒ਹਰਕਾਰਾ)

ਨਕੀਰ (नकीर) /nakīra ナキール/ ▸ਨਕਸੀਰ *f.* → ਨਕਸੀਰ

ਨਕੇਲ (नकेल) /nakela ナケール/ *f.* **1** 鼻輪. **2** 駱駝の鼻に付ける棒. **3** 馬銜(はみ)の一種. **4** 制御. **5** 拘束, 束縛. **6** 抑制, 阻止.

ਨੱਕੋ-ਨੱਕ (नक्को-नक्क) /nakko-nakka ナッコー・ナック/ *adj.* 溢れそうな.

— *adv.* 溢れるほど.

ਨਕੌੜਾ (नकौड़ा) /nakauṛā ナカォーラー/ [Skt. नासिका + ਔੜਾ] *m.* **1**〖身体〗大きな鼻. **2**(馬具の)鼻革.

ਨਕੌੜੂ (नकौड़ू) /nakauṛū ナカォールー/ [(Mul.) Skt. नासिका + ਔੜੂ] *adj.* **1**〖身体〗長い鼻の. **2**〖身体〗突き出た鼻の.

— *m.* **1** 鼻の長い人. **2** 鼻の突き出た人.

ਨਖ (नख) /nak^ha ナク/ ▸ਨਹੁੰ, ਨੌਂਹ *m.* → ਨਹੁੰ

ਨਖ਼ਸਮਾ (नख़समा) /naxasamā ナカスマー/ [Pers. *nā*- Arab. *xaṣm*] *adj.* **1** 主人のいない. **2** 所有者のいない.

ਨਖੱਟੂ (नखट्टू) /nak^haṭṭū ナカットゥー/ ▸ਨਿਖੱਟੂ, ਮਖੱਟੂ, ਮਣਖੱਟੂ [Pers. *nā*- Sind. *k^haṭaṇu* -ਊ] *adj.* **1** 稼ぎのない, 失業した. **2** 無用の, 役立たずの. **3** 怠惰な. **4** 価値のない.

— *m.* **1** 稼ぎのない者. **2** 他人の働きに頼る怠け者, ろくでなし.

ਨਖੱਤਰਾ (नखत्तरा) /nak^hattarā ナカッタラー/ ▸ਨਖੱਤਾ, ਨਿਖੱਤਾ *adj.* **1** 貧しい, 哀れな, みじめな, 不幸な, 不運な. (⇒ਗ਼ਰੀਬ, ਬਦਨਸੀਬ) **2** 子供のない. **3** 愚かな. (⇒ਬੇਵਕੂਫ਼) **4** 価値のない, 役立たずの. (⇒ਨਿਕੰਮਾ)

ਨਖੱਤਾ (नखत्ता) /nak^hattā ナカッター/ ▸ਨਖੱਤਰਾ, ਨਿਖੱਤਾ *adj.* → ਨਖੱਤਰਾ

ਨਖ਼ਰਾ (नख़रा) /naxarā ナクラー/ [Pers. *naxrā*] *m.* **1** 気取り, 気取った振る舞い, 取り澄ますこと, 上品ぶること, 科を作ること. **2** 媚, へつらい. **3** めかした様子, なまめかしさ.

ਨਖ਼ਰੀਲਾ (नख़रीला) /naxarīlā ナクリーラー/ ▸ਨਖ਼ਰੇਲਾ *adj.m.* → ਨਖ਼ਰੇਲਾ

ਨਖ਼ਰੇਬਾਜ਼ (नख़रेबाज़) /naxarebāza ナクレーバーズ/ [Pers. *naxrā* Pers.-*bāz*] *adj.* **1** 気取った, 取り澄ました, 上品ぶった, 科を作る. **2** 媚を売る, へつらい. **3** めかし込んだ, なまめかしい.

ਨਖ਼ਰੇਬਾਜ਼ੀ (नख़रेबाज़ी) /naxarebāzī ナクレーバーズィー/ [Pers.-*bāzī*] *f.* **1** 気取り, 気取った振る舞い, 取り澄ますこと, 上品ぶること, 科を作ること. **2** 媚, へつらい. **3** めかした様子, なまめかしさ.

ਨਖ਼ਰੇਲਾ (नख़रेला) /naxarelā ナクレーラー/ ▸ਨਖ਼ਰੀਲਾ [+ ਲਾ] *adj.* **1** 気取った, 取り澄ました, 上品ぶった, 科を作る. **2** 媚を売る, へつらう. **3** めかし込んだ, なまめかしい.

— *m.* **1** 気取った男, 上品ぶった男. **2** 媚を売る男, へつらう男. **3** お洒落な男, いやにめかした男.

ਨਖ਼ਰੇਲੀ (नख़रेली) /naxarelī ナクレーリー/ ▸ਨਖ਼ਰੇਲੋ [+ ਲੀ] *adj.* **1** 気取った, 取り澄ました, 上品ぶった, 科を作る. **2** 媚を売る, へつらう. **3** めかし込んだ, なまめかしい.

— *f.* **1** 気取った女, 取り澄ました女, 上品ぶった女, 科を作る女. **2** 媚を売る女, へつらう女. **3** めかし込んだ女, なまめかしい女.

ਨਖ਼ਰੇਲੋ (नख़रेलो) /naxarelo ナクレーロー/ ▸ਨਖ਼ਰੇਲੀ *adj.f.* → ਨਖ਼ਰੇਲੀ

ਨਖ਼ਲ (नख़ल) /naxala ナクル/ [Arab. *naxl*] *m.*〖植物〗ナツメヤシ(棗椰子)《ヤシ科の常緑高木. 果実のデーツは食用とされる》. (⇒ਖਜੂਰ)

ਨਖ਼ਲਸਤਾਨ (नख़लसतान) /naxalasatāna ナクラスターン/ [+ Pers. *stān*] *m.* **1**〖植物〗ナツメヤシ(棗椰子)の林. **2**〖地理〗オアシス《砂漠の中の緑地》.

ਨਖ਼ਾਸ (नख़ास) /naxāsa ナカース/ [Arab. *naxxās*] *m.* **1** 奴隷や牛馬を売買する市場. **2** 家畜の市.

ਨਖਿੱਧ (नखिद्ध) /nak^hîdda ナキッド/ ▸ਨਿਖਿੱਦ, ਨਿਖਿੱਧ [Skt. निषिद्ध] *adj.* **1** 悪い. **2** 劣った, 低級な. (⇒ਘਟੀਆ) **3** 役に立たない. **4** 価値のない. **5** 不浄な. (⇒ਅਪਵਿੱਤਰ)

ਨੰਗ[1] (नंग) /naṅga ナング/ [Skt. नग्न] *m.* **1** 裸, 裸身. **2** むき出し. **3**〖比喩〗貧窮, 貧乏, 窮乏, 極貧.

— *adj.*〖比喩〗貧しい, 困窮している, 極貧の.

ਨੰਗ[2] (नंग) /naṅga ナング/ [Pers. *nang*] *m.* **1** 恥, 恥じらい. (⇒ਸ਼ਰਮ, ਲੱਜਿਆ) **2** 不名誉, 不面目.

ਨਗ[1] (नग) /naga ナグ/ ▸ਨਗੀਨਾ [Pers. nagiina] *m.* **1**〖装〗宝石, 宝石入りの装身具. **2**〖装〗珠玉. **3**〖装〗衣装に付ける宝石.

ਨਗ² (नग) /naga ナグ/ m. 1（品物・荷物の）1個. 2 包み. 3 商品の1単位.

ਨਗ³ (नग) /naga ナグ/ [Skt. नग] m. 1 動かないこと, 動かざるもの. 2〖地理〗山. (⇒ਪਰਬਤ)

ਨਗਦ (नगद) /nagada ナガド/ ▸ਨਕਦ m.adj.adv. → ਨਕਦ

ਨਗੰਦਣਾ (नगंदणा) /nagandaṇā ナガンダナー/ ▸ਨਿਗੰਦਣਾ vt. 1 仮縫いする, 仕付けをかける. 2 刺し子に縫う.

ਨਗੰਦਾਈ (नगंदाई) /nagandāī ナガンダーイー/ f. 1 仮縫い, 刺し子縫い 2 その報酬・賃金.

ਨਗਦੀ (नगदी) /nagadī ナグディー/ ▸ਨਕਦੀ f. → ਨਕਦੀ

ਨੰਗ ਧੜੰਗ (नंग धड़ंग) /naṅga tăṛaṅga ナング タラング/ ▸ਨੰਗ ਧੜੰਗਾ adj. 素っ裸の, 真っ裸の.

ਨੰਗ ਧੜੰਗਾ (नंग धड़ंगा) /naṅga tăṛaṅgā ナング タランガー/ ▸ਨੰਗ ਧੜੰਗ adj. → ਨੰਗ ਧੜੰਗ

ਨਗਨ (नगन) /nagana ナガン/ [Skt. नग्न] adj. 1 裸の.

ਨਗਨਤਾ (नगनता) /naganatā ナガンター/ [Skt.-ता] f. 1 裸, 裸であること. 2 裸体. 3 むき出し.

ਨਗਨਵਾਦ (नगनवाद) /naganawāda ナガンワード/ [Skt.-वाद] m. 裸体主義.

ਨਗਨਵਾਦੀ (नगनवादी) /naganawādī ナガンワーディー/ [Skt.-वादिन्] adj. 裸体主義の.
— m. 裸体主義者.

ਨਗ਼ਮਾ (नग़मा) /nağamā ナグマー/ [Pers. nağma] m. 1〖音楽〗歌, 歌曲. 2 快い調べ, 美しい旋律. 3〖文学〗叙情詩.

ਨਗ਼ਮਾਸਰਾ (नग़मासरा) /nağamāsarā ナグマーサラー/ m. 1 歌曲の歌い手. 2 歌手.

ਨਗ਼ਮਾਸਾਜ਼ (नग़मासाज़) /nağamāsāza ナグマーサーズ/ [Pers. nağma + Pers. sāz] m. 1 歌曲の作り手. 2 叙情詩人.

ਨਗਰ (नगर) /nagara ナガル/ [Skt. नगर] m. 1 町, 街. 2 都市, 都会. 3 居住地. 4 定住地.
— suff. 町の名称を形成する接尾辞.

ਨੱਗਰ (नग्गर) /naggara ナッガル/ [Skt. नगर] m. 1 村. 2 町. 3 集落.

ਨਗਰ-ਸਭਾ (नगर-सभा) /nagara-sâbā ナガル・サバー/ [+ Skt. सभा] f.〖政治〗町議会.

ਨਗਰ ਕੀਰਤਨ (नगर कीरतन) /nagara kīratana ナガル キールタン/ [+ Skt. कीर्तन] m. 1〖音楽〗街々を巡って歌う神の讃歌. 2〖祭礼〗讃歌を歌いながら町を練り歩く行事.

ਨੱਗਰ-ਖੇੜਾ (नग्गर-खेड़ा) /naggara-kʰeṛā ナッガル・ケーラー/ [+ Skt. खेट] m. 1 村, 集落. 2 村の世帯.

ਨਗਰ-ਨਿਗਮ (नगर-निगम) /nagara-nigama ナガル・ニガム/ [+ Skt. निगम] m.〖政治〗都市自治体, 市議会.

ਨਗਰ-ਨਿਵਾਸੀ (नगर-निवासी) /nagara-niwāsī ナガル・ニワースィー/ [+ Skt. निवासिन्] m. 1 町・市の住民. 2 町民. 3 市民.

ਨਗਰਪਾਲਕਾ (नगरपालका) /nagarapālakā ナガルパールカー/ ▸ਨਗਰ-ਪਾਲਿਕਾ f. → ਨਗਰ-ਪਾਲਿਕਾ

ਨਗਰ-ਪਾਲਿਕਾ (नगर-पालिका) /nagara-pālikā ナガル・パーリカー/ ▸ਨਗਰਪਾਲਕਾ [+ Skt. पालिका] f. 1 町当局, 市当局. 2 中小都市の自治体.

ਨਗਰ ਵਾਸੀ (नगर वासी) /nagara wāsī ナガル ワースィー/ [+ Skt. वासिन्] m. 1 町・市の住民. 2 町民. 3 市民. 4 都市人口.

ਨਗਰੀ (नगरी) /nagarī ナグリー/ [-ई] f. 1 町, 街. 2 小さな町. (⇒ਕਸਬਾ)

ਨਗੱਲਾ (नगल्ला) /nagallā ナガッラー/ adj. 1 約束を守らない. 2 信頼できない.

ਨੰਗਾ (नंगा) /naṅgā ナンガー/ [Skt. नग्न] adj. 1 裸の. ❐ਨੰਗਾ ਹੋ ਜਾਣਾ 裸になる. ❐ਨੰਗਾ ਕਰਨਾ 裸にする. 2 覆っていない. ❐ਇੱਥੇ ਕੋਈ ਨੰਗੇ ਸਿਰ ਨਹੀਂ ਆਉਂਦਾ। ここには誰も頭を覆わないで来ることはありません. 3 むき出しの, 露(あらわ)な, 露出した. ❐ਨੰਗਾ ਹੋ ਜਾਣਾ 露になる. ❐ਨੰਗਾ ਕਰਨਾ, ਨੰਗਾ ਰੱਖਣਾ 露にする.

ਨਗਾਰਖ਼ਾਨਾ (नगारख़ाना) /nagāraxānā ナガールカーナー/ [Pers. naqqāraxāna] m.〖建築〗宮殿の玄関にある太鼓が叩かれる場所.

ਨਗਾਰਾ (नगारा) /nagārā ナガーラー/ [Pers. naqqāra] m.〖楽器〗大きな一面太鼓, ケトルドラム. (⇒ਢੱਕਾ)

ਨਗੀਨਾ (नगीना) /nagīnā ナギーナー/ ▸ਨਗ [Pers. nagīna] m. 1〖装〗宝石, 宝石入りの装身具. 2 珠玉. 3〖装〗衣装に付ける宝石.

ਨੰਗੇਜ (नंगेज) /naṅgeja ナンゲージ/ [Skt. नग्न] m. 1 裸, 裸であること. 2 裸体, 裸身. 3 むき出し.

ਨੰਗੇਜਵਾਦ (नंगेजवाद) /naṅgejawāda ナンゲージワード/ [Skt.-वाद] m. 裸体主義.

ਨਗੌਰੀ (नगौरी) /nagaurī ナガォーリー/ adj.〖動物〗ラージャスターンのナーゴール(ナガォール)産の《特に牡牛について用いる》.

ਨੱਚਣਾ (नच्चणा) /naccaṇā ナッチャナー/ [Skt. नृत्यति] vi. 1 踊る, 舞う. 2 跳ね回る, 動き回る. 3 小躍りする, 嬉しくて飛び跳ねる.

ਨਚਵਾਉਣਾ (नचवाउणा) /nacawāuṇā ナチワーウナー/ [cf. ਨੱਚਣਾ] vt. 1 踊らせてもらう, 踊らせるよう指示する. 2 動かしてもらう, 操らせる.

ਨਚਾਉਣਾ (नचाउणा) /nacāuṇā ナチャーウナー/ [cf. ਨੱਚਣਾ] vt. 1 踊らせる, 踊りのような動作をさせる. 2 動かす, 回す, 操る. 3 意のままに操る, 手玉に取る.

ਨਚਾਰ (नचार) /nacāra ナチャール/ [cf. ਨੱਚਣਾ] m. 1 踊り手. 2 舞踊家, 舞踏家.

ਨਚੋੜ (नचोड़) /nacoṛa ナチョール/ ▸ਨਿਚੋੜ [cf. ਨਚੋੜਨਾ] m. 1 絞り汁. 2 液. 3 真髄. 4 要旨.

ਨਚੋੜਨਾ (नचोड़ना) /nacoṛanā ナチョールナー/ ▸ਨਿਚੋੜਣਾ, ਨਿਚੋੜਨਾ [Skt. निश्चोटयति] vt. 1 搾る. ❐ਪਾਣੀ ਵਿੱਚ ਨਿੰਬੂ ਵੀ ਨਚੋੜ ਸਕਦੇ ਹੋ। 水の中にライムを搾って入れてもいいです. 2 搾り出す, 圧搾する. 3 強く締める. 4 絞る, 握る.

ਨਛੱਤਰ (नछत्तर) /nacʰattara ナチャッタル/ [Skt. नक्षत्र] m. 1〖天文〗星, 惑星. 2〖天文〗星座. 3〖天文〗星宿.

ਨਛੱਤਰੀ (नछत्तरी) /nacʰattarī ナチャッタリー/ [-ई] adj. 1〖天文〗星の, 惑星の. 2 運勢の良い.

ਨਜ਼ਦੀਕ (नज़दीक) /nazadīka ナズディーク/ ▸ਨਜ਼ੀਕ [Pers. nazdīk] adv. 近くに, 接近して, 間近に. (⇒ਨੇੜੇ)
— postp. 《… ਦੇ ਨਜ਼ਦੀਕ の形で》…の近くに, …に接近して, …の間近に. (⇒ਕੋਲ)

ਨਜ਼ਦੀਕੀ (नज़दीकी) /nazadīkī ナズディーキー/ ▸ਨਜ਼ੀਕੀ [Pers. *nazdīkī*] *f.* **1** 近いこと, 近接, 間近, 接近. (⇒ ਨੇੜਾ) **2** 近しいこと, 近縁, 親密. **3** 近辺, そば.
— *adj.* **1** 近い, 近くの, そばの, 間近の, 接近した. (⇒ ਨੇੜੇ ਦਾ) **2** 近しい, 近縁の, 近親の, 親密な.
— *m.* **1** 近親者. **2** 親密な仲間.

ਨਜਫ਼ (नजफ़) /najafa ナジャフ/ [Arab. *najaf*] *m.* **1**〖地理〗水が来ない高い斜面. **2**〖地名〗ナジャフ《イラク中南部の都市. 第4代カリフのアリーの聖廟のあるシーア派の聖地の一つ》.

ਨਜਮ[1] (नजम) /najama ナジャム/ [Arab. *najm*] *m.*〖天文〗星. (⇒ਸਤਾਰਾ, ਤਾਰਾ)

ਨਜਮ[2] (नजम) /najama ナジャム/ ▸ਨਜ਼ਮ *f.* → ਨਜ਼ਮ

ਨਜ਼ਮ (नज़म) /nazama ナザム/ ▸ਨਜਮ [Arab. *nazm*] *f.* **1**〖文学〗詩, 韻文, 自由詩. **2**〖音楽〗小歌曲. **3** 命令, 秩序, 取り決め, 規律.

ਨਜ਼ਰ[1] (नज़र) /nazara ナザル/ [Arab. *nazar*] *f.* **1** 視線, 視界, 視野, 監視. ❐ਨਜ਼ਰ ਅੰਦਾਜ਼ ਕਰਨਾ 見落とす, 見過ごす, 無視する, 軽視する. ❐ਨੀਂਦ ਵਿੱਚ ਤੁਰਨ ਦੀ ਬਿਮਾਰੀ ਭਾਵੇਂ ਆਮ ਪਰਚਲਿਤ ਨਹੀਂ ਹੈ, ਪਰ ਇਸਦੀ ਗੰਭੀਰਤਾ ਨੂੰ ਨਜ਼ਰ ਅੰਦਾਜ਼ ਨਹੀਂ ਕੀਤਾ ਜਾ ਸਕਦਾ। 夢遊病は一般に広まってはいませんが, この病気の深刻さは無視できません. ❐ਨਜ਼ਰ ਆਉਣਾ 見える, 視界に入る, はっきり現れる. ❐ਨਜ਼ਰ ਚੁਰਾਉਣਾ 目を盗む, 避ける. ❐ਨਜ਼ਰ ਥੱਲੇ 監視の下に. ❐ਨਜ਼ਰ ਪੈਣੀ 目にとまる. ❐ਨਜ਼ਰ ਰੱਖਣੀ 見張る, 目を離さないでいる, 監視する. **2** 眼差し, 目付き. **3** 注視, 配慮, 心遣い. **4** 一瞥, 一見. ❐ਨਜ਼ਰ ਮਾਰਨੀ 一瞥する. **5** 識別. **6** 邪悪な視線. ❐ਨਜ਼ਰ ਲਾਉਣੀ 邪悪な視線で見る.

ਨਜ਼ਰ[2] (नज़र) /nazara ナザル/ [Arab. *nazr*] *f.* **1** 贈与, 贈り物, 進物. **2** 貢ぎ物. **3** 捧げ物.

ਨਜ਼ਰ[3] (नज़र) /nazara ナザル/ ▸ਨਦਰ *f.* → ਨਦਰ

ਨਜ਼ਰਸਾਨੀ (नज़रसानी) /nazarasānī ナザルサーニー/ [Arab. *nazar sānī*] *f.* **1** 見直し, 再検討. **2** 修正, 改訂. **3** 再考, 再審議. **4** 再調査, 再点検.

ਨਜ਼ਰਬੰਦ (नज़रबंद) /nazarabanda ナザルバンド/ [Arab. *nazar* Pers.-*band*] *adj.* **1** 留置された, 拘留された. **2** 逮捕された. **3** 投獄された, 監禁された. **4** 厳重に監視された.

ਨਜ਼ਰਬੰਦੀ (नज़रबंदी) /nazarabandī ナザルバンディー/ [Pers.-*bandī*] *f.* **1** 留置, 拘留. **2** 禁足, 監禁. **3** 逮捕.

ਨਜ਼ਰਾਨਾ (नज़राना) /nazarānā ナズラーナー/ [Pers. *nazrāna*] *m.* **1** 贈り物, 進物, プレゼント, ギフト. (⇒ ਤੋਹਫ਼ਾ, ਉਪਹਾਰ) **2** 捧げ物. **3** 貢ぎ物. **4** 賄賂. (⇒ਰਿਸ਼ਵਤ, ਵੱਢੀ)

ਨਜ਼ਰੀ (नज़री) /nazarī ナズリー/ [Arab. *nazar* -ई] *adj.* 視覚の, 視覚による.

ਨਜ਼ਰੀਆ (नज़रीआ) /nazarīā | nazarīā ナズリーアー | ナザリーアー/ [Arab. *nazarīya*] *m.* **1** 観点, 見地, 見解. **2** 立場.

ਨਜ਼ਲਾ (नज़ला) /nazalā ナズラー/ [Pers. *nazla*] *m.*〖医〗鼻風邪, 鼻カタル.

ਨਜ਼ਾਕਤ (नज़ाकत) /nazākata ナザーカト/ [Pers. *nāzuk*] *f.* **1** 柔軟. **2** 優美さ, 優雅さ. **3** 繊細さ. **4** 深刻さ.

ਨਜਾਤ (नजात) /najāta ナジャート/ ▸ਨਿਜਾਤ [Arab. *najāt*] *f.* **1** 脱出, 免れること. **2** 救済. **3** 自由. **4** 解放.

ਨਜ਼ਾਮ (नज़ाम) /nazāma ナザーム/ ▸ਨਿਜ਼ਾਮ *m.* → ਨਿਜ਼ਾਮ

ਨਜ਼ਾਰਾ (नज़ारा) /nazārā ナザーラー/ [Pers. *nazzāra*] *m.* **1** 視線, 眼差し, 一瞥. **2** 光景, 場面, 景色, 風景, 眺め. ❐ਬੜਾ ਹੀ ਸੁੰਦਰ ਨਜ਼ਾਰਾ ਸੀ। とても美しい光景でした.

ਨਜਿੱਠਣਾ (नजिट्ठणा) /najiṭṭʰaṇā ナジッタナー/ *vt.* **1** 取り組む, 取り扱う. **2** 処理する, 解決する. **3** 完成する, 成し遂げる. (⇒ਨਿਬੇੜਨਾ)

ਨਜ਼ੀਕ (नज़ीक) /nazīka ナズィーク/ ▸ਨਜ਼ਦੀਕ *adv.postp.* → ਨਜ਼ਦੀਕ

ਨਜ਼ੀਕੀ (नज़ीकी) /nazīkī ナズィーキー/ ▸ਨਜ਼ਦੀਕੀ *f.adj.* → ਨਜ਼ਦੀਕੀ

ਨਜ਼ੀਰ (नज़ीर) /nazīra ナズィール/ [Arab. *nazīr*] *f.* **1** 接近して見ること. **2** 視線, 視力. (⇒ਨਜ਼ਰ) **3** 例. (⇒ ਉਦਾਹਰਨ, ਮਿਸਾਲ) **4** 先例, 前例.

ਨਜੂਮ (नजूम) /najūma ナジューム/ [Arab. *nujūm*] *m.* **1** 天文学. **2** 占星術, 星占い. (⇒ਜੋਤਸ਼)

ਨਜੂਮੀ (नजूमी) /najūmī ナジューミー/ [Arab. *nujūmī*] *m.* **1** 天文学者. **2** 占星術師. **3** 占い師.

ਨਜ਼ੂਲ (नज़ूल) /nazūla ナズール/ [Arab. *nazūl*] *m.* **1** 継承. **2** 政府の所有地.

ਨਟ[1] (नट) /naṭa ナト/ [Skt. नट] *m.* **1** 男の役者・舞台芸人, 男優. **2** 軽業師, 曲芸師. (⇒ਬਾਜ਼ੀਗਰ) **3** 体操選手.

ਨਟ[2] (नट) /naṭa ナト/ [Eng. *nut*] *m.*〖植物〗木の実.

ਨਟਖਟ (नटखट) /naṭʰakʰaṭa ナトカト/ *adj.* **1** いたずらな, 悪ふざけする, 腕白な, やんちゃな. (⇒ਸ਼ਰਾਰਤੀ) **2** 遊び好きの.

ਨਟਣੀ (नटणी) /naṭaṇī ナトニー/ ▸ਨਟੀ [Skt. नट -णी] *f.* **1** 女の役者・舞台芸人, 女優. **2** 女性の軽業師, 女性の曲芸師.

ਨਟੀ (नटी) /naṭī ナティー/ ▸ਨਟਣੀ *f.* → ਨਟਣੀ

ਨੱਠਣਾ (नट्ठणा) /naṭṭʰaṇā ナッタナー/ [Skt. नश्यति] *vi.* **1** 走る, 駆ける. (⇒ਦੌੜਨਾ) **2** 逃げる, 逃げ出す. **3**〖比喩〗約束を破る.

ਨਠਾਉਣਾ (नठाउणा) /naṭʰāuṇā ナターウナー/ [cf. ਨੱਠਣਾ] *vt.* **1** 走らせる, 駆る. **2** 逃がす.

ਨੱਢਾ (नड्ढा) /nâḍḍā ナッダー/ [Skt. न + Skt. ऊढ] *m.* **1** 結婚していない人, 婚期に達していない男性. **2** 若者, 若い男. (⇒ਗੱਭਰੂ)

ਨੱਢੀ (नड्ढी) /nâḍḍī ナッディー/ [-ई] *f.* **1** 結婚していない女性, 婚期に達していない女性. **2** 若い女, 乙女, 娘.

ਨਣਦ (नणद) /naṇada ナナド/ ▸ਨੰਦ, ਨਣਾਣ, ਨਨਾਣ [Skt. ननन्द] *f.*〖親族〗義姉, 義妹, 義理の姉妹《夫の姉妹》. (⇒ਪਤੀ ਦੀ ਭੈਣ)

ਨਣਦੋਈਆ (नणदोईआ) /naṇadoiā ナンドーイアー/ ▸ ਨਣਾਣਵਈਆ [-ਈਆ] *m.*〖親族〗義理の兄弟《夫の姉妹の夫》.

ਨਣਾਣ (नणाण) /naṇāṇa ナナーン/ ▸ਨੰਦ, ਨਣਦ, ਨਨਾਣ *f.*

→ ਨਣਦ

ਨਣਾਣਵਈਆ (नणाणवईआ) /naṇāṇawaīā ナナーンワイーアー/ ▸ਨਣਦੋਈਆ *m.* → ਨਣਦੋਈਆ

ਨਤਾਕਤਾ (नताकता) /natākatā ナタークター/ [Pers. *nā*- Pers. *tāqat*] *adj.* **1** 力のない. **2** 弱い. (⇒ਕਮਜ਼ੋਰ)

ਨਤਾਕਤੀ (नताकती) /natākatī ナタークティー/ [Pers. *nā*- Pers. *tāqatī*] *f.* **1** 無力. **2** 弱いこと.

ਨਤਾਰਨਾ (नतारना) /natāranā ナタールナー/ ▸ਨਿਤਾਰਨਾ *vt.* → ਨਿਤਾਰਨਾ

ਨੱਤੀ (नत्ती) /nattī ナッティー/ *f.* 〖装〗(男性用の)輪型の耳飾り.

ਨਤੀਜਾ (नतीजा) /natījā ナティージャー/ [Arab. *natīja*] *m.* **1** 結果, 成り行き. (⇒ਅੰਜਾਮ) ❐ਦੇ ਨਤੀਜੇ ਵਿੱਚ …の結果. **2** 結論. ❐ਨਤੀਜਾ ਕੱਢਣਾ, ਨਤੀਜਾ ਨਿਕਾਲਣਾ 結論を引き出す, 結論づける. **3** 結末, 帰結. (⇒ਅੰਤ) **4** 成果, (試験の)成績.

ਨੱਥ (नत्थ) /nattʰa ナット/ [(Pkt. णत्था) Skt. नस्त] *f.* **1** 〖装〗女性が小鼻に付ける輪型の鼻飾り. **2** 動物の鼻に通して付ける輪または紐.

ਨੱਥਣਾ (नत्थणा) /nattʰaṇā ナッタナー/ [(Pkt. णत्था) Skt. नस्त] *vt.* **1** 鼻に穴を開ける, 鼻に穴を開けて輪を付ける. **2** 動物の鼻に通して輪を付ける. **3** 〖比喩〗制御する, 拘束する.

ਨਥਨਾ (नथना) /natʰanā ナトナー/ [(Pkt. णत्था) Skt. नस्त] *m.* 〖身体〗鼻孔.

ਨੱਥੀ (नत्थी) /nattʰī ナッティー/ *adj.* **1** 札の付いた. **2** 付属の. **3** 縛られた. **4** 固定された.

ਨੰਦ (नंद) /nanda ナンド/ ▸ਨਣਦ, ਨਣਾਣ, ਨਨਾਣ *f.* → ਨਣਦ

ਨਦ (नद) /nada ナド/ [Skt. नद] *m.* **1** 〖地理〗川, 河. (⇒ਦਰਿਆ) **2** 〖地理〗大河. (⇒ਵੱਡੀ ਨਦੀ)

ਨਦਰ (नदर) /nadara ナダル/ ▸ਨਜ਼ਰ [Arab. *nazar*] *f.* **1** 神の恩寵. **2** 恩恵. **3** 配慮, 顧慮, 心遣い. (⇒ਨਿਗਾਹ)

ਨਦਾਨ (नदान) /nadāna ナダーン/ ▸ਨਾਦਾਨ *adj.* → ਨਾਦਾਨ

ਨਦਾਨੀ (नदानी) /nadānī ナダーニー/ ▸ਨਾਦਾਨੀ *f.* → ਨਾਦਾਨੀ

ਨਦਾਮਤ (नदामत) /nadāmata ナダーマト/ [Pers. *nadāmat*] *f.* **1** 恥. (⇒ਸ਼ਰਮਿੰਦਗੀ) **2** 恥辱, 屈辱. **3** 不名誉, 汚名. **4** 悔い, 後悔, 悔恨. (⇒ਪਛਤਾਵਾ)

ਨਦਾਰਦ (नदारद) /nadārada ナダーラド/ [Pers. *nadārad*] *adj.* **1** なくなった, 消えた. (⇒ਗੁੰਮ, ਗ਼ਾਇਬ) **2** 不在の, 不足している. **3** 終わった, 使いきった.

ਨਦੀ (नदी) /nadī ナディー/ [Skt. नदी] *f.* **1** 〖地理〗川, 河. (⇒ਦਰਿਆ) **2** 流れ.

ਨਦੀਣ (नदीण) /nadīṇa ナディーン/ *m.* 〖植物〗雑草. ❐ਨਦੀਣ ਕੱਢਣਾ 雑草を引き抜く, 雑草を除く, 無用なものを取り除く. ❐ਨਦੀਣ ਮਾਰ ਦਵਾਈ 除草剤. ❐ਨਦੀਣ ਮਾਰਨਾ 除草剤または器具を使って雑草を除く.

ਨਦੀਦਾ (नदीदा) /nadīdā ナディーダー/ [Pers. *nadīda*] *adj.* **1** 目に見えない. **2** 欲張りな, 貪欲な. (⇒ਲੋਭੀ) **3** 恥知らずの. (⇒ਬੇਸ਼ਰਮ)

ਨਧੜਕ (नधड़क) /natăraka ナタラク/ ▸ਨਿਧੜਕ *adj.* **1** 恐れを知らない. **2** 勇猛な. **3** 大胆な. **4** 勇敢な. **5** 不屈の.

ਨੰਨ੍ਹਾ (नंन्हा) /nânnā ナンナー/ [(Pkt. लाण्हा) Skt. न्यंच] *adj.* **1** 小さな, ちっぽけな, 幼い. (⇒ਨਿੱਕਾ) **2** 無邪気な, あどけない. (⇒ਅੰਞਾਣਾ, ਮਾਸੂਮ)

ਨਨਕਾਣਾ ਸਾਹਿਬ (ननकाणा साहिब) /nanakāṇā sâba ナンカーナー サーブ/ *m.* 〖スィ〗ナンカーナー・サーヒブ《スィック教の開祖グル・ナーナクの生誕地, 及びこの地に建立されたグルドゥワーラーの名称. ラホール市の西方約75キロメートルに位置する》.

ਨੰਨਾ[1] (नंना) /nannā ナンナー/ ▸ਨੱਨਾ *m.* 〖文字〗ナンナー《歯・閉鎖音の「ナ」(鼻子音)を表す, グルムキー文字の字母表の25番目の文字 ਨ の名称》.

ਨੰਨਾ[2] (नंना) /nannā ナンナー/ *m.* 断固とした拒絶.

ਨੱਨਾ (नन्ना) /nannā ナンナー/ ▸ਨੰਨਾ *m.* → ਨੰਨਾ[1]

ਨਨਾਣ (ननाण) /nanāṇa ナナーン/ ▸ਨਣਦ, ਨਣਾਣ, ਨੰਦ *f.* → ਨਣਦ

ਨਨਿਅਹੁਰਾ (ननिअहुरा) /naniaûrā ナニアォーラー/ *m.* 〖親族〗義理の祖父《義理の母の父》.

ਨਨੇਹਸ (ननेहस) /nanêsa ナネース/ *f.* 〖親族〗義理の祖母《義理の母の母》.

ਨਨੌਤ੍ਰ (ननौत्र) /nanautra ナナォートル/ [(Kang.)] *m.* 〖親族〗義理の姉妹〔夫の姉妹〕の息子.

ਨਪਣਾ (नपणा) /napaṇā ナパナー/ [cf. ਨਾਪਣਾ] *vi.* **1** 計られる, 測られる, 計測される, 測定される. **2** 量られる, 計量される. **3** 吟味される.

ਨੱਪਣਾ (नप्पणा) /nappaṇā ナッパナー/ [Skt. पीडयति] *vt.* **1** 押さえつける, 圧迫する, 圧縮する. (⇒ਦੱਬਣਾ) **2** 搾る, 圧搾する, 搾り取る. **3** 埋める. (⇒ਦਫ਼ਨ ਕਰਨਾ) **4** 覆う. **5** 差し押さえる.

ਨਪਵਾਉਣਾ[1] (नपवाउणा) /napawāuṇā ナプワーウナー/ ▸ ਨਪਾਉਣਾ [cf. ਨਾਪਣਾ] *vt.* **1** 計らせる, 測らせる, 計測させる, 測定させる. **2** 量らせる, 計量させる. **3** 吟味させる.

ਨਪਵਾਉਣਾ[2] (नपवाउणा) /napawāuṇā ナプワーウナー/ ▸ ਨਪਾਉਣਾ [cf. ਨੱਪਣਾ] *vt.* **1** 押さえつけるさせる, 圧迫させる, 圧縮させる. (⇒ਦਬਵਾਉਣਾ) **2** 搾らせる, 圧搾させる, 搾り取らせる. **3** 埋めさせる. **4** 覆わせる. **5** 差し押さえさせる.

ਨਪਾਉਣਾ[1] (नपाउणा) /napāuṇā ナパーウナー/ ▸ ਨਪਵਾਉਣਾ *vt.* → ਨਪਵਾਉਣਾ[1]

ਨਪਾਉਣਾ[2] (नपाउणा) /napāuṇā ナパーウナー/ ▸ ਨਪਵਾਉਣਾ *vt.* → ਨਪਵਾਉਣਾ[2]

ਨਪਾਕ (नपाक) /napāka ナパーク/ ▸ਨਾਪਾਕ *adj.* → ਨਾਪਾਕ

ਨਪੀ-ਤੋਲੀ (नपी-तोली) /napī-tolī ナピー・トーリー/ [cf. ਨਾਪਣਾ + cf. ਤੋਲਣਾ] *adj.* **1** 計算された, きちんと測った, 慎重な. **2** 控え目な, 自制した.
— *f.* **1** 慎重な発言. **2** 控え目な発言.

ਨਪੀੜ (नपीड़) /napīṛa ナピール/ [cf. ਨੱਪਣਾ] *f.* **1** 圧迫, 圧力, 圧縮. (⇒ਦਬਾ) **2** 苦痛, 苦しみ. (⇒ਦੁਖ)

ਨਪੀੜਨਾ (नपीड़ना) /napīṛanā ナピールナー/ ▸ਨਿਪੀੜਨਾ [cf. ਨੱਪਣਾ] *vt.* **1** 圧迫する, 圧縮する. **2** 搾る, 圧搾する, 搾り取る. **3** 押し潰す. **4** 苦しめる, 苦痛を与える.

ਨਪੁੰਸਕ (नपुंसक) /napunsaka ナプンサク/ [Skt. नपुंसक] *adj.* **1** 交接不能の, 去勢された. (⇒ਨਾਮਰਦ) **2** 中性の, オ

カマの. **3** 弱腰の, 臆病な. (⇒ਬੁਜ਼ਦਿਲ, ਡਰਪੋਕ) **4** 無能な.
— *m.* **1** 交接不能者. **2** 去勢された男, オカマ.
ਨਪੁੰਸਕਤਾ (नपुंसकता) /napunsakatā ナプンサクター/ [Skt.-ता] *f.* **1** 交接不能. **2** 性的不能. **3** 弱腰, 臆病. **4** 無能.
ਨਪੁੱਤਾ (नपुत्ता) /naputtā ナプッター/ [Skt. न- Skt. पुत्र] *adj.* **1** 息子のいない. **2** 嫡男のいない.
ਨਫ਼ਸ (नफ़स) /nafasa ナファス/ [Arab. *nafs*] *m.* **1** 息, 呼吸. **2** 魂, 精神. **3** 自分, 自己, 自身, 自我. **4** 性欲, 色欲, 情欲, 肉欲. **5** 貪欲. **6** 激情. **7** 瞬間, 刹那.
ਨਫ਼ਸਪਰਸਤ (नफ़सपरसत) /nafasaparasata ナファスパラスト/ [Pers.-*parast*] *adj.* **1** 自我の赴くままに生きる, 放縦な. **2** 情欲に溺れる, 淫らな, 淫乱の, 好色な, 官能的な, ふしだらな.
ਨਫ਼ਸਪਰਸਤੀ (नफ़सपरसती) /nafasaparasatī ナファスパラスティー/ [Pers.-*parastī*] *f.* **1** 自我の赴くままに生きること, 放縦. **2** 情欲に溺れること, 淫乱, 好色, ふしだら.
ਨਫ਼ਸਾਨੀ (नफ़सानी) /nafasānī ナフサーニー/ [Arab. *nafsānī*] *adj.* **1** 自己に関する, 自我の, 我欲の. **2** 情欲の, 肉欲の, 官能的な. **3** 好色の, 淫らな, 淫乱の. **4** 性的な. **5** 身体の, 肉体的な.
ਨਫ਼ਰ (नफ़र) /nafara ナファル/ [Arab. *nafar*] *m.* **1** 召使. (⇒ਨੌਕਰ) **2** 奴隷. (⇒ਗ਼ੁਲਾਮ) **3** 人間, 個人. (⇒ਆਦਮੀ, ਮਨੁੱਖ)
ਨਫ਼ਰਤ (नफ़रत) /nafarata ナフラト/ [Pers. *nafrat*] *f.* **1** 嫌悪, 嫌うこと, 毛嫌い. **2** 憎しみ, 憎悪. **3** 軽蔑, 侮蔑.
ਨਫ਼ਰੀ (नफ़री) /nafarī ナファリー/ [Pers. *nafrī*] *f.* **1** 人数. **2** (兵士や警察官などの)数の力.
ਨਫ਼ਾ (नफ़ा) /nafā ナファー/ [Arab. *naf*'] *m.* **1** 利益, 利潤, 利得, 儲け, 収入, 収益. (⇒ਫ਼ਾਇਦਾ, ਲਾਭ) **2** 利子.
ਨਫ਼ਾਸਤ (नफ़ासत) /nafāsata ナファーサト/ [Pers. *nafāsat*] *f.* **1** 繊細. **2** 上品さ, 気品. **3** 洗練, 優雅, 優美, 端麗. **4** 厳格. **5** 精巧.
ਨਫ਼ਾਖ਼ੋਰ (नफ़ाख़ोर) /nafāxora ナファーコール/ ▸ਨਫ਼ੇਖ਼ੋਰ [Arab. *naf*' Pers.-*xor*] *adj.* 利得を得る, 不当な利益を貪る.
ਨਫ਼ਾਖ਼ੋਰੀ (नफ़ाख़ोरी) /nafāxorī ナファーコーリー/ ▸ਨਫ਼ੇਖ਼ੋਰੀ [Pers.-*xorī*] *f.* 不当な利益を貪ること, 暴利, 不当利得.
ਨਫ਼ੀਸ (नफ़ीस) /nafīsa ナフィース/ [Arab. *nafīs*] *adj.* **1** 繊細な. **2** 優雅な, 優美な, 端麗な. **3** 上品な, 気品のある. **4** 洗練された, 垢抜けした. **5** 見事な. **6** 良質な, 上質の. **7** 厳格な.
ਨਫ਼ੇਖ਼ੋਰ (नफ़ेख़ोर) /nafexora ナフェーコール/ ▸ਨਫ਼ਾਖ਼ੋਰ *adj.* → ਨਫ਼ਾਖ਼ੋਰ
ਨਫ਼ੇਖ਼ੋਰੀ (नफ़ेख़ोरी) /nafexorī ナフェーコーリー/ ▸ਨਫ਼ਾਖ਼ੋਰੀ *f.* → ਨਫ਼ਾਖ਼ੋਰੀ
ਨੱਬ੍ਹਿਆਂ (नब्भिहआँ) /nâbbiā̃ ナッビアーン/ ▸ਨੱਬ੍ਹੇਵਾਂ, ਨੱਬੇਵਾਂ *or.num. adj.* → ਨੱਬੇਵਾਂ
ਨੱਬ੍ਹੇਵਾਂ (नब्भ्हेवाँ) /nâbbewā̃ ナッベーワーン/ ▸ਨੱਬ੍ਹਿਆਂ, ਨੱਬੇਵਾਂ *or.num. adj.* → ਨੱਬੇਵਾਂ
ਨਬਜ਼ (नबज़) /nabaza ナバズ/ [Arab. *nabz*] *f.* 〘医〙 脈.
ਨੰਬਰ (नंबर) /nambara ナンバル/ ▸ਲੰਬਰ [Eng. *number*] *m.* **1** 番号. **2** 数, 数字. **3** 番, 順番, 順序. **4** 点数, 得点, 評点. **5** (定期刊行物の)号.
ਨੰਬਰਦਾਰ (नंबरदार) /nambaradāra ナンバルダール/ ▸ਲੰਬਰਦਾਰ [Pers.-*dār*] *m.* **1** 〘農業〙 ナンバルダール(ランバルダール)《地税納入の義務を負う耕作者たちの共同体の代表責任者》. **2** 村長. **3** 牢名主.
ਨੰਬਰਦਾਰਨੀ (नंबरदारनी) /nambaradāranī ナンバルダールニー/ ▸ਲੰਬਰਦਾਰਨੀ [Pers.-*dār* -ਨੀ] *f.* **1** 〘農業〙 女性のナンバルダール, ナンバルダールの妻. **2** 女性の村長, 村長の妻.
ਨੰਬਰਦਾਰੀ (नंबरदारी) /nambaradārī ナンバルダーリー/ ▸ਲੰਬਰਦਾਰੀ [Pers.-*dārī*] *f.* 〘農業〙 ナンバルダールの地位・身分・任務.
ਨੰਬਰਵਾਰ (नंबरवार) /nambarawāra ナンバルワール/ [+ Pers. *vār*] *adv.* **1** 順番に, 番号順に. **2** 順序に従って一つずつ. **3** 連続的に, 連続して.
ਨੰਬਰੀ (नंबरी) /nambarī ナンバリー/ [-ਈ] *adj.* **1** 番号の, 番号のついた. **2** 通例の, 標準的な, 定着した. **3** 有名な, よく知られている, 周知の. (⇒ਮਸ਼ਹੂਰ) **4** 悪名高い, 悪評の. (⇒ਬਦਨਾਮ)
— *f.* (数学の教科書の)練習番号.
— *m.* **1** 戦友. **2** 同志. **3** 相棒.
ਨਬੀ (नबी) /nabī ナビー/ [Arab. *nabī*] *m.* **1** 予言者. **2** 宣託者.
ਨੱਬੇ (नब्बे) /nabbe ナッベー/ ▸ਨੱਵੇ [(Pkt. णवइ) Skt. नवति] *ca.num.* 90.
— *adj.* 90の.
ਨੱਬੇਵਾਂ (नब्बेवाँ) /nabbewā̃ ナッベーワーン/ ▸ਨੱਬ੍ਹਿਆਂ, ਨੱਬ੍ਹੇਵਾਂ [-ਵਾਂ] *or.num.* 90番目.
— *adj.* 90番目の.
ਨਬੇੜਨਾ (नबेड़ना) /naberanā ナベールナー/ ▸ਨਿਬੇੜਨਾ *vt.* → ਨਿਬੇੜਨਾ
ਨਭ[1] (नभ) /nâba ナブ/ [Skt. नभ] *m.* **1** 空. (⇒ਅਕਾਸ਼) **2** 天空. (⇒ਗਗਨ)
ਨਭ[2] (नभ) /nâba ナブ/ ▸ਨਾਭ, ਨਾਭੀ *f.* → ਨਾਭ
ਨਮ (नम) /nama ナム/ [Pers. *nam*] *adj.* **1** 湿った, 湿っぽい. **2** 濡れた. **3** 湿気の多い, じめじめした.
ਨਮਸਕਾਰ (नमसकार) /namasakāra ナマスカール/ [Skt. नमस्कार] *f.* 挨拶, 敬礼.
— *int.* 《主にヒンドゥー教徒が合掌の動作とともに声に出す丁寧な挨拶の言葉. 一日中どの時刻でも, 出会いまたは別れの挨拶に用いられる》 **1** こんにちは. **2** おはよう. **3** こんばんは. **4** はじめまして. **5** さようなら.
ਨਮਸਤੇ (नमसते) /namasate ナマステー/ [Skt. नमस्ते] *f.* 挨拶, 敬礼.
— *int.* 《「あなたに敬礼する」という意味. 主にヒンドゥー教徒が合掌の動作とともに声に出す丁寧な挨拶の言葉. 一日中どの時刻でも, 出会いまたは別れの挨拶に用いられる》 **1** こんにちは. **2** おはよう. **3** こんばんは. **4** はじめまして. **5** さようなら.
ਨਮਕ (नमक) /namaka ナマク/ ▸ਨਿਮਕ [Pers. *namak*] *m.* **1** 塩. (⇒ਲੂਣ) **2** 〘食品〙 食塩. **3** 岩塩. **4** きりりと

した美しさ, 艶やかさ, 麗しさ, 魅力.
ਨਮਕਹਰਾਮ (नमकहराम) /namakaharāma ナマクハラーム/ [+ Arab. *harām*] *adj.* 1 恩知らずの, 忘恩の. (⇒ਲੂਣਹਰਾਮ) 2 背信の.
ਨਮਕਹਰਾਮੀ (नमकहरामी) /namakaharāmī ナマクハラーミー/ [+ Arab. *harāmī*] *f.* 1 恩知らず. 2 背信.
ਨਮਕਹਲਾਲ (नमकहलाल) /namakahalāla ナマクハラール/ [+ Pers. *halāl*] *adj.* 1 恩義を忘れない, 義理堅い. 2 忠実な, 誠実な.
ਨਮਕਹਲਾਲੀ (नमकहलाली) /namakahalālī ナマクハラーリー/ [+ Pers. *halālī*] *f.* 1 恩義を忘れないこと, 義理堅いこと. 2 忠実, 忠誠, 誠実.
ਨਮਕੀਨ (नमकीन) /namakīna ナムキーン/ [Pers. *namkīn*] *adj.* 1 塩を含んだ. 2 塩味の, 塩辛い, しょっぱい, 塩気のある. 3 きりりと美しい, 艶やかな, 魅惑的な《女性を形容する言葉》.
— *m.* 〘食品〙ナムキーン《塩味のスナック菓子類》.
ਨਮਕੀਨਪਣ (नमकीनपण) /namakīnapaṇa ナムキーンパン/ [-ਪਣ] *m.* 1 塩を含んでいること. 2 塩味, 塩辛さ. 3 きりりとした美しさ, 艶やかさ, 魅惑的な美しさ.
ਨਮਕੀਨੀ (नमकीनी) /namakīnī ナムキーニー/ [Pers. *namkīnī*] *f.* → ਨਮਕੀਨਪਣ
ਨਮਦਾ (नमदा) /namadā ナムダー/ [Pers. *namda*] *m.* 1 毛せん. 2 敷物, 目の粗い絨毯. 3 〘寝具〙毛布.
ਨਮਦਾਰ (नमदार) /namadāra ナムダール/ [Pers. *nam* Pers.-*dār*] *adj.* 1 湿った, 湿っぽい. 2 濡れた. 3 湿気の多い, じめじめした.
ਨਮਰ (नमर) /namara ナマル/ ▸ਨਿਮਰ *adj.* → ਨਿਮਰ
ਨਮਰਤਾ (नमरता) /namaratā ナマルター/ ▸ਨਿਮਰਤਾ *f.* → ਨਿਮਰਤਾ
ਨਮਰਦ (नमरद) /namarada ナマルド/ ▸ਨਾਮਰਦ *adj.* → ਨਾਮਰਦ
ਨਮਰਦੀ (नमरदी) /namaradī ナマルディー/ ▸ਨਾਮਰਦੀ *f.* → ਨਾਮਰਦੀ
ਨਮਾਇਸ਼ (नमाइश) /namāiśa ナマーイシュ/ ▸ਨਮੈਸ਼, ਨੁਮਾਇਸ਼ *f.* → ਨੁਮਾਇਸ਼
ਨਮਾਇੰਦਾ (नमाइंदा) /namāindā ナマーインダー/ ▸ਨੁਮਾਇੰਦਾ *m.* → ਨੁਮਾਇੰਦਾ
ਨਮਾਜ (नमाज) /namāja ナマージ/ ▸ਨਮਾਜ਼ *f.* → ਨਮਾਜ਼
ਨਮਾਜ਼ (नमाज़) /namāza ナマーズ/ ▸ਨਮਾਜ [Pers. *namāz*] *f.* 〘イス〙イスラーム教徒の祈り.
ਨਮਾਜ਼ਗਾਹ (नमाज़गाह) /namāzagâ ナマーズガー/ [+ Pers. *gāh*] *f.* 1 〘イス〙イスラーム教徒の礼拝所. 2 〘イス〙モスク.
ਨਮਾਜੀ (नमाजी) /namājī ナマージー/ ▸ਨਮਾਜ਼ੀ *adj.m.* → ਨਮਾਜ਼ੀ
ਨਮਾਜ਼ੀ (नमाज़ी) /namāzī ナマーズィー/ ▸ਨਮਾਜੀ [Pers. *namāzī*] *adj.* 1 〘イス〙イスラーム教徒の祈りに関する, イスラーム教徒の礼拝の. 2 〘イス〙規則正しく礼拝を行う, 敬虔な, 信心深い.
— *m.* 〘イス〙敬虔なイスラーム教徒.
ਨਮਿਤ (नमित) /namita ナミト/ ▸ਨਮਿੱਤ, ਨਵਿਤ, ਨਿਮਿਤ *m.postp.* → ਨਿਮਿਤ
ਨਮਿੱਤ (नमित्त) /namitta ナミット/ ▸ਨਮਿਤ, ਨਵਿਤ, ਨਿਮਿਤ *m.postp.* → ਨਿਮਿਤ
ਨਮੀ (नमी) /namī ナミー/ [Pers. *namī*] *f.* 1 湿気, 湿り気. 2 〘気象〙湿度, 多湿, じめじめした気候.
ਨਮੂਸ (नमूस) /namūsa ナムース/ ▸ਨਮੂਜ, ਨਮੂਜ਼ *f.* → ਨਮੂਜ
ਨਮੂਜ (नमूज) /namūja ナムージ/ ▸ਨਮੂਸ, ਨਮੂਜ਼ [Pers. *nāmūs*] *f.* 1 名誉, 威信. (⇒ਇੱਜ਼ਤ) 2 名声, 評判, 好評. (⇒ਪਰਸਿੱਧੀ) 3 恥じらい, はにかみ. (⇒ਸ਼ਰਮ) 4 謙遜, 慎み.
ਨਮੂਜ਼ (नमूज़) /namūza ナムーズ/ ▸ਨਮੂਸ, ਨਮੂਜ *f.* → ਨਮੂਜ
ਨਮੂਦ (नमूद) /namūda ナムード/ [Pers. *namūd*] *f.* 1 外観. 2 見せかけ. 3 表現.
ਨਮੂਦਾਰ (नमूदार) /namūdāra ナムーダール/ [Pers.-*dār*] *adj.* 1 明らかな, 明白な, 歴然とした. 2 目に見える.
ਨਮੂਨਾ (नमूना) /namūnā ナムーナー/ [Pers. *namūna*] *m.* 1 見本, サンプル. 2 標本. 3 手本, 模型. 4 型. 5 デザイン. 6 模様, パターン. 7 例, 実例.
ਨਮੂਨੀਆ (नमूनीआ) /namūnīā ナムーニーアー/ [Eng. *pneumonia*] *m.* 〘医〙肺炎.
ਨਮੂਨੇਦਾਰ (नमूनेदार) /namūnedāra ナムーネーダール/ [Pers. *namūna* Pers.-*dār*] *adv.* 装飾的模様のある, 装飾的にデザインされた.
ਨਮੈਸ਼ (नमैश) /namaiśa ナマェーシュ/ ▸ਨਮਾਇਸ਼, ਨੁਮਾਇਸ਼ *f.* → ਨੁਮਾਇਸ਼
ਨਮੋਸ਼ੀ (नमोशी) /namośī ナモーシー/ [Pers. *nāmūs*] *f.* 1 恥, 羞恥心. (⇒ਸ਼ਰਮਿੰਦਗੀ, ਲੱਜਿਆ) 2 恥辱. 3 不名誉, 不面目.
ਨਮੋਹਾ (नमोहा) /namôā | namohā ナモーアー | ナモーハー/ [Skt. न- Skt. मोह] *adj.* 1 魅力のない. 2 愛情のない, 愛着のない.
ਨਮੋਲੀ (नमोली) /namolī ナモーリー/ ▸ਨਿਮੋਲੀ *f.* → ਨਿਮੋਲੀ
ਨਯਾਇ (नयाइ) /nayāe ナヤーエー/ ▸ਨ੍ਯਾਇ, ਨਯਾਯ, ਨ੍ਯਾਯ, ਨਿਆਂ, ਨਿਆਉਂ, ਨਿਆਇ *m.* → ਨਿਆਂ
ਨ੍ਯਾਇ (न्याइ) /nyāe (nayāe) ニャーエー (ナヤーエー)/ ▸ਨਯਾਇ, ਨਯਾਯ, ਨ੍ਯਾਯ, ਨਿਆਂ, ਨਿਆਉਂ, ਨਿਆਇ *m.* → ਨਿਆਂ
ਨਯਾਯ (नयाय) /nayāya ナヤーユ/ ▸ਨਯਾਇ, ਨ੍ਯਾਇ, ਨ੍ਯਾਯ, ਨਿਆਂ, ਨਿਆਉਂ, ਨਿਆਇ *m.* → ਨਿਆਂ
ਨ੍ਯਾਯ (न्याय) /nyāya (nayāya) ニャーユ (ナヤーユ)/ ▸ਨਯਾਇ, ਨ੍ਯਾਇ, ਨਯਾਯ, ਨਿਆਂ, ਨਿਆਉਂ, ਨਿਆਇ *m.* → ਨਿਆਂ
ਨਰ (नर) /nara ナル/ [Skt. नर] *adj.* 1 (動植物の)オスの, 雄の. 2 男性の. 3 雄々しい, 勇敢な. 3 大きな, 大型の.
— *m.* 1 〘動物〙オス, 雄. 2 男性. 3 男. 4 人間.
ਨਰਸ (नरस) /narasa ナルス/ [Eng. *nurse*] *m.f.* 1 看護師, 看護士, 看護婦. 2 保育士, 保母.
ਨਰਸਰੀ (नरसरी) /narasarī ナルサリー/ [Eng. *nursery*] *f.* 1 保育園, 託児所. 2 苗床, 種苗場.
ਨਰਸਿੰਗ ਹੋਮ (नरसिंग होम) /narasiṅga homa ナルスィング ホーム/ [Eng. *nursing home*] *m.* 1 医院, 個人病院, 産院. 2 老人ホーム.
ਨਰਸਿੰਗ ਕੋਰਸ (नरसिंग कोरस) /narasiṅga korasa ナルスィング コールス/ [Eng. *nursing course*] *m.* 看護課程, 保

育課程.

ਨਰਸਿੰਗਾ (नरसिंगा) /narasiṅgā ナルスィンガー/ ▸ ਨਰਸਿੰਘਾ [Skt. नर + Skt. शृंग] *m.* 〖楽器〗ナルスィンガー《全体が湾曲した管楽器の一種》.

ਨਰਸਿੰਘਾ (नरसिंघा) /narasiṅgā ナルスィンガー/ ▸ ਨਰਸਿੰਗਾ *m.* → ਨਰਸਿੰਗਾ

ਨਰਸੋਂ (नरसों) /narasõ ナルソーン/ *adv.* **1** しあさって, 明々後日, 三日後. (⇒ਚੌਥ) **2** さきおととい, 一昨々日, 三日前. (⇒ਚੌਥ)

ਨਰ੍ਹਾਤਾ (नर्हाता) /narǎtā ナラーター/ ▸ਰਤਾਨ੍ਹਾ, ਰਤੌਂਧਾ [Skt. रात्रि + Skt. अंध] *m.* 〖医〗夜盲症, 鳥目. (⇒ਅੰਧਰਾਤਾ)

ਨਰਕ (नरक) /naraka ナルク/ [Skt. नरक] *m.* **1** 地獄, 奈落. (⇒ਦੋਜ਼ਖ਼, ਜਹੰਨਮ)(⇔ਸੁਰਗ, ਜੰਨਤ, ਬਹਿਸ਼ਤ) **2** 冥府, 冥界.

ਨਰਕੀ (नरकी) /narakī ナルキー/ [Skt. नारकिन्] *adj.* **1** 地獄の. (⇒ਦੋਜ਼ਖ਼ੀ)(⇔ਅਰਸ਼ੀ, ਸਵਰਗੀ) **2** 地獄に落ちるような. **3** 罪深い. **4** 極悪の. **5** 呪われた.

ਨਰਗਸ (नरगस) /naragasa ナルガス/ [Pers. *nargis*] *f.* 〖植物〗スイセン(水仙)《ヒガンバナ科の多年草》, 水仙の花.

ਨਰਗਸੀ (नरगसी) /naragasī ナルガスィー/ [Pers. *nargisī*] *adj.* **1** 水仙の, 水仙のような, 水仙の花に似ている. **2** 眼の美しい. **3** 薄黄色い.

ਨਰਤਕ (नरतक) /narataka ナルタク/ [Skt. नर्तक] *m.* 踊り手.

ਨਰਤਕੀ (नरतकी) /naratakī ナルタキー/ [Skt. नर्तकी] *f.* **1** 女性の踊り手. **2** 踊り子.

ਨਰਦ (नरद) /narada ナラド/ [Pers. *nard*] *f.* 〖遊戯〗ゲーム盤上の駒, チェスの駒.

ਨਰਪਤ (नरपत) /narapata ナルパト/ ▸ਨਰਪਤੀ [Skt. नर + Skt. पति] *m.* **1** 男たちの主. **2** 王, 国王. (⇒ਰਾਜਾ) **3** 支配者.

ਨਰਪਤੀ (नरपती) /narapatī ナルパティー/ ▸ਨਰਪਤ *m.* → ਨਰਪਤ

ਨਰਮ (नरम) /narama ナラム/ [Pers. *narm*] *adj.* **1** 柔らかい, 軟らかい, ソフトな. ❒ਨਰਮ ਕਰਨਾ 柔らかくする, 和らげる, (規則を)緩和する, 減刑する. **2** 柔和な, 優柔な. **3** 柔軟な. **4** 可塑性の. **5** しなやかな. **6** 繊細な. **7** 穏やかな, 穏健な, 穏和な. **8** 温厚な, 厳しくない, 緩やかな. **9** 弱い. **10** 穏当な.

ਨਰਮ ਦਿਲ (नरम दिल) /narama dila ナラム ディル/ [+ Pers. *dil*] *adj.* **1** 心優しい. **2** 慈悲深い. **3** 親切な.

ਨਰਮਾ (नरमा) /naramā ナルマー/ *m.* 〖植物〗綿花の一種.

ਨਰਮਾਉਣਾ (नरमाउणा) /naramāuṇā ナルマーウナー/ [Pers. *narm*] *vt.* **1** 柔らかくする, 和らげる. **2** 穏やかにする, 鎮める.

ਨਰਮਾਇਸ਼ (नरमाइश) /naramāiśa ナルマーイシュ/ [Pers. *narm*] *f.* **1** 柔らかさ. **2** 柔軟性. **3** 柔和さ, 優しさ. **4** 穏やかさ, 穏健. **5** 赦免, 大目に見ること.

ਨਰਮਾਈ (नरमाई) /naramāī ナルマーイー/ [-ਆਈ] *f.* → ਨਰਮਾਇਸ਼

ਨਰਮੀ (नरमी) /naramī ナルミー/ [Pers. *narmī*] *f.* → ਨਰਮਾਇਸ਼

ਨਰੜ (नरड़) /narara ナラル/ *m.* (動物を)一緒に繋ぐこと.

ਨਰੜਨਾ (नरड़ना) /nararanā ナラルナー/ *vt.* (動物を)一緒に繋ぐ.

ਨਰੜਾਉਣਾ (नरड़ाउणा) /nararāuṇā ナララーウナー/ *vt.* (動物を)一緒に繋がせる.

ਨਰਾਇਣ (नराइण) /narāiṇa ナラーイン/ ▸ਨਰੈਣ, ਨਾਰਾਇਣ [Skt. नारायण] *m.* **1** 水に憩うもの, 聖水に住まうもの. **2** 〖ヒ〗ナーラーヤナ《ヴィシュヌ神の異名の一つ》. (⇒ਵਿਸ਼ਨੂ) **3** 神. (⇒ਭਗਵਾਨ, ਰੱਬ)

ਨਰਾਜ਼ (नराज़) /narāza ナラーズ/ ▸ਨਾਰਾਜ਼ [Pers. *nā-* Arab. *rāzī*] *adj.* **1** 不機嫌な. **2** 怒っている, 腹を立てている. **3** 不快な, 不愉快な. **4** 気に入らない.

ਨਰਾਜ਼ਗੀ (नराज़गी) /narāzagī ナラーズギー/ ▸ਨਾਰਾਜ਼ਗੀ [Pers.-*gī*] *f.* **1** 不機嫌. **2** 怒り, 立腹. **3** 不快感, 不愉快. **4** 気に入らないこと.

ਨਰਾਤਾ (नराता) /narātā ナラーター/ [Skt. नवरात्र] *m.* 九日間の断食日.

ਨ੍ਰਿਤ (न्रित) /nrita | narita ヌリト | ナリト/ ▸ਨ੍ਰਿੱਤ, ਨਿਰਤ, ਨਿਰਿਤ [Skt. नृत्य] *m.* 踊り, 舞, 舞踊, 舞踏, ダンス.

ਨ੍ਰਿੱਤ (न्रित्त) /nritta | naritta ヌリット | ナリット/ ▸ਨ੍ਰਿਤ, ਨਿਰਤ, ਨਿਰਿਤ *m.* → ਨ੍ਰਿਤ

ਨ੍ਰਿਤ-ਕਲਾ (न्रित-कला) /nrita-kalā ヌリト・カラー/ ▸ ਨ੍ਰਿੱਤ-ਕਲਾ [Skt. नृत्य + Skt. कला] *f.* 舞踊芸術, ダンスアート.

ਨ੍ਰਿੱਤ-ਕਲਾ (न्रित्त-कला) /nritta-kalā ヌリット・カラー/ ▸ ਨ੍ਰਿਤ-ਕਲਾ *f.* → ਨ੍ਰਿਤ-ਕਲਾ

ਨਰੇਸ਼ (नरेश) /nareśa ナレーシュ/ ▸ਨਿਰੇਸ਼ [Skt. नरेश] *m.* **1** 王. (⇒ਰਾਜਾ) **2** 皇帝. (⇒ਬਾਦਸ਼ਾਹ)

ਨਰੇਲ (नरेल) /narela ナレール/ ▸ਨਲੀਏਰ, ਨਾਰੀਅਲ *m.* → ਨਾਰੀਅਲ

ਨਰੈਣ (नरैण) /naraiṇa ナラェーン/ ▸ਨਰਾਇਣ, ਨਾਰਾਇਣ *m.* → ਨਰਾਇਣ

ਨਰੋਆ (नरोआ) /naroā ナローアー/ ▸ਨਿਰੋਆ [Skt. नीरोग] *adj.* **1** 病気にならない. **2** 健康な. **3** 健全な. **4** 丈夫な.

ਨਰੋਆਪਣ (नरोआपण) /naroāpaṇa ナローアーパン/ [-ਪਣ] *m.* **1** 病気にならないこと. **2** 健康. **3** 健全. **4** 丈夫.

ਨਲ (नल) /nala ナル/ [Skt. नल] *m.* **1** 管, 導管, 筒, パイプ. **2** 水栓, 蛇口

ਨਲਕਾ (नलका) /nalakā ナルカー/ [Skt. नलक] *m.* **1** 太い管. **2** 水道管. **3** ポンプ, 井戸の手動式汲み上げポンプ.

ਨਲਕੀ (नलकी) /nalakī ナルキー/ [-ਈ] *f.* **1** 管, 細い管. **2** 試験管. **3** パイプ, (水ぎせるの)吸い口.

ਨਲਾਇਕ (नलाइक) /nalāika ナラーイク/ ▸ਨਾਲਾਇਕ *adj.* → ਨਾਲਾਇਕ

ਨਲਾਇਕੀ (नलाइकी) /nalāikī ナラーイキー/ ▸ਨਾਲਾਇਕੀ *f.* → ਨਾਲਾਇਕੀ

ਨਲੀ (नली) /nalī ナリー/ [Skt. नल -ਈ] *f.* **1** 管, 細い管, 管状のもの. **2** 〖植物〗葦の茎.

ਨਲੀ-ਆਕਾਰ (नली-आकार) /nalī-ākāra ナリー・アーカール/ [+ Skt. आकार] *adj.* 管の形の, 管状の.

ਨਲੀਏਰ (नलीएर) /nalīera ナリーエール/ ▸ਨਰੇਲ, ਨਾਰੀਅਲ

m. → ਨਾਰੀਅਲ

ਨਲੀਦਾਰ (नलीदार) /nalīdāra ナリーダール/ [Skt. नल -ई Pers.-*dār*] *adj.* **1** 管のある. **2** 管から成る. **3** 管状の.

ਨਵ¹ (नव) /nava ナヴ/ ▶ਨਉ [Skt. नव] *pref.* 「新しい」「新たな」などを意味する接頭辞.

ਨਵ² (नव) /nava ナヴ/ ▶ਨਉ, ਨੌਂ [Skt. नव] *pref.* 「9」「九つの」を意味する接頭辞.

ਨਵਸਾਖਰ (नवसाखर) /navasākʰara ナヴサーカル/ [Skt. नव- Skt. साक्षर] *adj.* 新しく読み書きができるようになった.

ਨਵ੍ਹਾਉਣਾ (नव्हाउणा) /nawăuṇā ナワーウナー/ ▶ਨ੍ਹਾਉਣਾ [cf. ਨਹਾਉਣਾ] *vt.* **1** 水浴びをさせる, 入浴させる. **2** 体を洗ってやる. **3** 洗い清めさせる, 沐浴させる. **4** 水に浸す.

ਨਵਜਨਮਾ (नवजनमा) /navajanamā ナヴジャンマー/ [Skt. नव- Skt. जन्म] *adj.* 新しく生まれた, 生まれたばかりの, 新生の.

ਨਵਜਾਤ (नवजात) /navajāta ナヴジャート/ [Skt. नव- Skt. जात] *adj.* 生まれたばかりの, 新生の.

ਨਵਜੀਵਨ (नवजीवन) /navajīwana ナヴジーワン/ [Skt. नव- Skt. जीवन] *m.* **1** 新生. **2** 復活.

ਨਵੰਬਰ (नवंबर) /navambara ナヴァンバル/ [Eng. *November*] *m.* 〘暦〙 11月.

ਨਵਯੁਗ (नवयुग) /navayuga ナヴユグ/ [Skt. नव- Skt. युग] *m.* **1** 新時代. **2** 新しい時代. **3** 現代.

ਨਵਯੁਵਕ (नवयुवक) /navayuwaka ナヴユワク/ [Skt. नव- युवक] *m.* 若者, 青年. (⇒ਨੌਜਵਾਨ)

ਨਵਯੁਵਤੀ (नवयुवती) /navayuwatī ナヴユウティー/ [Skt. नव- Skt. युवती] *adj.* **1** 若い女性. **2** 結婚適齢期の女性.

ਨਵਰੰਗ (नवरंग) /navaraṅga ナヴラング/ [Skt. नव- Skt. रंग] *adj.* **1** 目新しい, 斬新な. **2** 新型の.

ਨਵਵਿਵਾਹਿਤ (नवविवाहित) /navavivâita | navavivāhita ナヴヴィヴァーイト | ナヴヴィヴァーヒト/ [Skt. नव- Skt. विवाहित] *adj.* 新婚の.

ਨਵਾਂ (नवाँ) /nawā̃ ナワーン/ [Skt. नव] *adj.* **1** 新しい. **2** 新鮮な, とれたての, 収穫して間もない. **3** 初期の. **4** 若い, 若年の. **5** 斬新な, 新式の. **6** 現代の, 最近の, 近頃の. **7** 知らない, 馴染みのない, 見知らぬ. **8** 経験のない, 新任の, 新しく加わった.

ਨਵਾਜ਼ (नवाज़) /nawāza ナワーズ/ ▶ਨਿਵਾਜ਼ *suff.* → ਨਿਵਾਜ਼

ਨਵਾਜ਼ਸ਼ (नवाज़श) /nawāzaśa ナワーザシュ/ ▶ਨਵਾਜ਼ਿਸ਼, ਨਿਵਾਜ਼ਸ਼ *f.* → ਨਿਵਾਜ਼ਸ਼

ਨਵਾਜ਼ਿਸ਼ (नवाज़िश) /nawāziśa ナワーズィシュ/ ▶ਨਵਾਜ਼ਸ਼, ਨਿਵਾਜ਼ਸ਼ *f.* → ਨਿਵਾਜ਼ਸ਼

ਨਵਾਂਪਣ (नवाँपण) /nawā̃paṇa ナワーンパン/ [Skt. नव -ਪਣ] *m.* **1** 新しさ. **2** 新鮮さ. **3** 現代性.

ਨਵਾਬ (नवाब) /nawāba ナワーブ/ [Arab. *navvāb*] *m.* **1**(町や地方などの)統治者. **2** 〘歴史〙 ナワーブ, 太守《ムガル朝時代の封建領主》.

ਨਵਾਬਜ਼ਾਦਾ (नवाबज़ादा) /nawābazādā ナワーブザーダー/ [Pers.-*zāda*] *m.* ナワーブの嫡子.

ਨਵਾਬੀ (नवाबी) /nawābī ナワービー/ [Pers. *navvābī*] *f.* ナワーブの地位.
— *adj.* ナワーブの.

ਨਵਾਰ (नवार) /nawāra ナワール/ ▶ਨੁਆਰ [Pers. *navār*] *f.* ナワール《テントやベッドの製作に使われる木綿で織られた丈夫な紐》.

ਨਵਾਰੀ (नवारी) /nawārī ナワーリー/ [Pers. *navārī*] *adj.* ナワールを使って編まれた, ナワール製の.

ਨਵਾਲਾ (नवाला) /nawālā ナワーラー/ ▶ਨਿਵਾਲਾ, ਨੁਆਲਾ [Pers. *navāla*] *m.* **1** 小量の食べ物. **2**(食べ物を食べる時の)ひと口. (⇒ਬੁਰਕੀ)

ਨਵਿਆਉਣਾ (नविआउणा) /nawiāuṇā ナウィアーウナー/ [Skt. नव] *vt.* **1** 新しくする, 刷新する, 改める. (⇒ਨਵਾਂ ਕਰਨਾ) **2** 磨き上げる. **3** 修復する.

ਨਵਿਤ (नवित) /nawita ナウィト/ ▶ਨਮਿਤ, ਨਮਿੱਤ, ਨਿਮਿਤ *m.* → ਨਿਮਿਤ

ਨਵੀਂ (नवीं) /nawī̃ ナウィーン/ ▶ਨੌਈਂ [Skt. नव -ईं] *adv.* 9ルピーで.

ਨਵੀਸ (नवीस) /nawīsa ナウィース/ [Pers. *navīs*] *suff.* 「書く(人)」「記す(人)」「描く(人)」などの意味を含む形容詞または男性名詞を形成する接尾辞.

ਨਵੀਸੀ (नवीसी) /nawīsī ナウィースィー/ [Pers. *navīsī*] *suff.* 「書くこと」「記すこと」「描くこと」などの意味を含む女性名詞を形成する接尾辞.

ਨਵੀਨ (नवीन) /nawīna ナウィーン/ [Skt. नवीन] *adj.* **1** 新しい. **2** 新鮮な, とれたての, 収穫して間もない. **3** 初期の. **4** 若い, 若年の. **5** 斬新な, 新式の. **6** 現代の, 最近の, 近頃の. **7** 知らない, 馴染みのない, 見知らぬ. **8** 経験のない, 新任の, 新しく加わった.

ਨਵੀਨਤਮ (नवीनतम) /nawīnatama ナウィーンタム/ [Skt.-तम] *f.* **1** 最新の. **2** 最も現代的な.

ਨਵੀਨਤਾ (नवीनता) /nawīnatā ナウィーンター/ [Skt.-ता] *f.* **1** 新しさ. **2** 新鮮さ. **3** 斬新さ, 目新しさ. **4** 現代性, 近代性.

ਨਵੀਨੀਕਰਨ (नवीनीकरन) /nawīnīkarana ナウィーニーカルン/ [Skt. नवीनीकरण] *m.* **1** 新しくすること, 更新, 刷新. **2** 修復, 修繕.

ਨੱਵੇ (नव्वे) /nawwe ナッウェー/ ▶ਨੱਬੇ *ca.num. adj.* → ਨੱਬੇ

ਨਵੇਂ ਸਿਰ (नवें सिर) /nawẽ sira ナウェーン スィル/ *adv.* **1** 新たに, 改めて. **2** 再び. **3** 始めから. **4** 出直して.

ਨਵੇਕਲਾ (नवेकला) /nawekalā ナウェーカラー/ ▶ਨਿਵੇਕਲਾ *adj.* **1** 特別の, 格別の. **2** 取っておいた, 取っておきの. **3** 独占的な, よそでは見られない. **4** 別個の, 別々の, 個別の, 単独の. **5** 孤立した.
— *adv.* **1** 特別に, 格別に. **2** 独占的に, よそでは見られないやり方で, 取っておきのやり方で. **3** 別個に, 別々に, 別れて, 単独に.

ਨਵੇਕਲਾਪਣ (नवेकलापण) /nawekalāpaṇa ナウェーカラーパン/ ▶ਨਿਵੇਕਲਾਪਣ *m.* **1** 特別であること, 格別であること, 特殊性. **2** 独占, よそでは見られないこと, 取っておきであること. **3** 個別, 単独, 孤立.

ਨਵੇਕਲਾਵਾਦ (नवेकलावाद) /nawekalāwāda ナウェーカラーワード/ *m.* 孤立主義.

ਨਵੇਲਾ (नवेला) /nawelā ナウェーラー/ [Skt. नवल] *adj.* 新しい.

ਨੜ੍ਹਿਨਵਾਂ (नड़्हिनवाँ) /naṛ̆ínạwā̃ ナリンワーン/ ▶ਨੜ੍ਹਿਨਵਿਆਂ [Skt. नवनवति -वां] *or.num.* 99番目.
— *adj.* 99番目の.

ਨੜ੍ਹਿਨਵਿਆਂ (नड़्हिनविआँ) /naṛ̆ínạwiā̃ ナリンウィアーン/ ▶ਨੜ੍ਹਿਨਵਾਂ *or.num. adj.* → ਨੜ੍ਹਿਨਵਾਂ

ਨੜ੍ਹਿਨਵੇਂ (नड़्हिनवें) /naṛ̆ínawẽ ナリナウェーン/ ▶ਨੜਿੰਨਮੇ, ਨੜਿੰਨਵੇ [Skt. नवनवति] *ca.num.* 99.
— *adj.* 99の.

ਨੜਾ (नड़ा) /naṛā ナラー/ *m.* 〖植物〗細い竹の一種.

ਨੜਿੰਨਮੇ (नड़िंनमे) /naṛinname ナリンナメー/ ▶ਨੜ੍ਹਿਨਵੇਂ, ਨੜਿੰਨਵੇ *ca.num. adj.* → ਨੜ੍ਹਿਨਵੇਂ

ਨੜਿੰਨਵੇ (नड़िंनवे) /naṛinnawe ナリンナウェー/ ▶ਨੜ੍ਹਿਨਵੇਂ, ਨੜਿੰਨਮੇ *ca.num.* → ਨੜ੍ਹਿਨਵੇਂ

ਨੜੀ (नड़ी) /naṛī ナリー/ *f.* 〖道具〗水煙管(みずぎせる)のパイプ.

ਨੜੀਮਾਰ (नड़ीमार) /naṛīmārạ ナリーマール/ *m.* 水煙管(みずぎせる)を吸う人.

ਨੜੋਆ (नड़ोआ) /naṛoā ナローアー/ *m.* **1** 棺台. **2** 棺架.

ਨਾਂ (नाँ) /nā̃ ナーン/ ▶ਨਾਉਂ, ਨਾਮ [Skt. नामन्; Pers. *nām*] *m.* **1** 名, 名前, 名称. **2** 称号, 題名. **3** 名声, 名誉, 評判. (⇒ਪਰਸਿੱਧੀ, ਮਸ਼ਹੂਰੀ) ❐ਨਾਂ ਹੋਣਾ 有名になる. ❐ਨਾਂ ਕਮਾਉਣਾ 名声を得る.

ਨਾ[1] (ना) /nā ナー/ [Skt. न] *adv.* **1**《動詞の不定詞・命令形・依頼形・不確定未来形などの直前に置いて否定する》…ない, …な. ❐ਸਕੂਲ ਵਿੱਚ ਅਧਿਆਪਕ ਦਾ ਨਾ ਆਉਣਾ ਬੱਚਿਆਂ ਨੂੰ ਬਹੁਤ ਚੰਗਾ ਲੱਗਦਾ ਹੈ। 学校に先生が来ないことは子供たちにはとても好ましく思われます. ❐ਤੂੰ ਨਾ ਬੈਠ। おまえは座るな. ❐ਮੇਰੇ ਅੱਗੇ ਨਾ ਆਉਣਾ। 私の前に来ないでくれ. ❐ਮੇਰੇ ਕੋਲੋਂ ਛੁਰੀ ਨਾ ਲਓ। 私から短剣を取るな. ❐ਸਾਡੇ ਵਿਦਿਆਰਥੀ ਗ਼ਲਤੀ ਨਾ ਕਰਨ। 私たちの学生たちが間違いをしませんように. ❐ਅਸੀਂ ਬਿਮਾਰ ਨਾ ਹੋਏ ਹੁੰਦੇ ਤਾਂ ਚੰਗਾ ਹੁੰਦਾ। 私たちは病気でなかったらいいのに. **2**《文末において念を押す》…でしょ, …ですね, …しますね.《否定辞の ਨਾ の否定の意味が失われたものであるため, 虚辞の ਨਾ とも呼ばれる》❐ਉਹ ਇੱਥੇ ਹੀ ਹੈ। ਹੈ ਨਾ? あの人はここにいる. そうでしょ. ❐ਤੇਰੇ ਕੱਪੜੇ ਤਾਂ ਨਵੇਂ ਹਨ। ਹਨ ਨਾ? おまえの衣服は新しい. そうだね. ❐ਤੁਸੀਂ ਸ਼ਾਮੀਂ ਆਓਗੇ ਨਾ? あなたは晩に来ますね. ❐ਤੈਨੂੰ ਮਿਲ ਗਿਆ ਹੈ ਨਾ? — ਹਾਂ, ਮਿਲ ਗਿਆ। おまえは手に入れたね. — うん, 手に入れたよ. **3**《両者を否定する》…も…も(両方とも)…ない. ❐ਨਾ ਉਹ ਜਾਏਗਾ, ਨਾ ਮੈਂ। 彼も私も(二人とも)行きません.
— *int.* 《否定の返事》いいえ, いや, だめ, いけない.

ਨਾ[2] (ना) /nā ナー/ ▶ਨ [Pers. *nā*] *pref.* 《否定・反対の意味の語を形成する接頭辞》「…でない」「…のない」「…を持っていない」「無…」「非…」「不…」.

ਨਾ[3] (ना) /nā ナー/ *suff.* ਣ, ਰ, ੜ の文字が表す子音で終わる動詞の語幹と ਲ の文字が表す子音で終わる動詞の一部の語幹に付いて不定詞(主格・男性・単数形)を形成する接尾辞. 不定詞の主格形は, 主語または後置詞を伴わない目的語〔主格〕の性・数に応じて, 男性・単数 ਨਾ, 男性・複数 ਨੇ, 女性・単数 ਨੀ, 女性・複数 ਨੀਆਂ と語尾変化する. 不定詞の後置格形は, 母音が消失し子音の発音で終わる ਨ 語尾となり, 変化しない.

ਨਾਉਂ (नाउँ) /nāõ ナーオーン/ ▶ਨਾਂ, ਨਾਮ *m.* → ਨਾਂ

ਨਾਉਮੀਦ (नाउमीद) /nāumīdạ ナーウミード/ ▶ਨਾਉਮੈਦ [Pers. *nā*- Pers. *umīd*] *adj.* **1** 希望のない. **2** 失望した, 落胆した, がっかりした. **3** 絶望した.

ਨਾਉਮੀਦੀ (नाउमीदी) /nāumīdī ナーウミーディー/ ▶ਨਾਉਮੈਦੀ [Pers. *nā*- Pers. *umīdī*] *f.* **1** 希望のないこと. **2** 失望, 落胆. **3** 絶望.

ਨਾਉਮੈਦ (नाउमैद) /nāumaidạ ナーウマェード/ ▶ਨਾਉਮੀਦ *adj.* → ਨਾਉਮੀਦ

ਨਾਉਮੈਦੀ (नाउमैदी) /nāumaidī ナーウマェーディー/ ▶ਨਾਉਮੀਦੀ *f.* → ਨਾਉਮੀਦੀ

ਨਾਓ (नाओ) /nāo ナーオー/ ▶ਨਾਵ [Skt. नौका] *f.* 〖乗物〗小舟, ボート. (⇒ਕਿਸ਼ਤੀ, ਬੇੜੀ)

ਨਾਅਤ (नाअत) /nāatạ ナーアト/ [Arab. *na*[h]*at*] *f.* 〖イスラーム〗預言者ムハンマドへの讃歌.

ਨਾਅਰਾ (नाअरा) /nāarā ナーアラー/ ▶ਨਾਹਰਾ [Arab. *na`ra*] *m.* **1** 大声. (⇒ਜ਼ੋਰ ਦੀ ਅਵਾਜ਼) **2**(不平や抗議などで一斉に上がる)叫び声, 鬨の声, 勝鬨, シュプレヒコール. (⇒ਜੈਕਾਰਾ) **3**(政党・政治運動・軍隊などの)標語, スローガン.

ਨਾਅਰੇਬਾਜ਼ੀ (नाअरेबाज़ी) /nāarebāzī ナーアレーバーズィー/ [Pers.-*bāzī*] *f.* (政党・政治運動・軍隊などの)標語を叫ぶこと, シュプレヒコールを上げること.

ਨਾਅਲ (नाअल) /nāalạ ナーアル/ ▶ਨਾਲ੍ਹ *f.* → ਨਾਲ੍ਹ

ਨਾਇਆਂ (नाइआँ) /nāiā̃ ナーイアーン/ [Skt. नव] *m.* 数字の9.

ਨਾਇਕ (नाइक) /nāikạ ナーイク/ [Skt. नायक] *m.* **1** 指導者, 先導者. **2** 主人公, 主役, ヒーロー. **3** 首長, 頭, 頭領, 頭目. **4**(事件や運動などの)中心人物.

ਨਾਇਕਾ (नाइका) /nāikā ナーイカー/ [Skt. नायिका] *f.* **1** 女主人. **2** 女性主人公, ヒロイン.

ਨਾਇਣ (नाइण) /nāiṇạ ナーイン/ ▶ਨੈਣ [Skt. नापित -ण] *f.* 〖姓〗ナーイン《ナーイー種姓の女性》, 女の床屋, 床屋の妻.

ਨਾਇਤਫ਼ਾਕੀ (नाइतफ़ाकी) /nāitạfākī ナーイトファーキー/ [Pers. *nā* + Arab. *ittifāqī*] *f.* 不調和, 不統一, 不和.

ਨਾਇਨਸਾਫ਼ੀ (नाइनसाफ़ी) /nāinạsāfī ナーインサーフィー/ [Pers. *nā*- Arab. *inṣāfī*] *f.* **1** 不正. (⇒ਅਨਿਆਇ) **2** 不公正. **3** 不公平. **4** 偏向. **5** えこひいき.

ਨਾਇਬ (नाइब) /nāibạ ナーイブ/ [Arab. *nā*[h]*ib*] *adj.* **1** 代理の, 副…. **2** 補助の, 助….
— *m.* **1** 代理人. **2** 補助員, 助手.

ਨਾਈ (नाई) /nāī ナーイー/ [Skt. नापित] *m.* 〖姓〗ナーイー《理髪業に従事する種姓(の人・男性)》, 床屋, 理髪師, 理容師.

ਨਾਈਟਰੋਜਨ (नाईटरोजन) /nāīṭarojanạ ナーイータロージャン/ ▶ਨਾਈਟ੍ਰੋਜਨ [Eng. *nitrogen*] *m.* 〖化学〗窒素.

ਨਾਈਟ੍ਰੋਜਨ (नाईट्रोजन) /nāīṭrojanạ (nāīṭarojanạ) ナーイートロージャン (ナーイータロージャン)/ ▶ਨਾਈਟਰੋਜਨ *m.* → ਨਾਈਟਰੋਜਨ

ਨਾਈਲਨ (नाईलन) /nāīlanạ ナーイーラン/ [Eng. *nylon*]

f. 〖化学〗ナイロン.

ਨਾਸ[1] **(नास)** /nāsa ナース/ [Skt. नासिका] *f.* 〖身体〗鼻孔. (⇒ਨੱਕ ਦੇ ਛੇਕ)

ਨਾਸ[2] **(नास)** /nāsa ナース/ ▸ਨਾਸ਼ *m.* → ਨਾਸ਼

ਨਾਸ਼ (नाश) /nāśa ナーシュ/ ▸ਨਾਸ [Skt. नाश] *m.* **1** 破壊, 破滅, 絶滅, 滅亡. (⇒ਤਬਾਹੀ) **2** 消滅, 消失, 消去. **3** 荒廃. **4** 死. (⇒ਮੌਤ, ਮਿਰਤੂ) **5** 消耗.

ਨਾਸਕ (नासक) /nāsaka ナーサク/ ▸ਨਾਸ਼ਕ *adj.* → ਨਾਸ਼ਕ

ਨਾਸ਼ਕ (नाशक) /nāśaka ナーシャク/ ▸ਨਾਸਕ [Skt. नाशक] *adj.* **1** 破壊する, 破滅させる, 絶滅させる, 滅ぼす. **2** 消滅させる, 消去する, なくす. **3** 殺す, 殺戮する.

ਨਾਸਕਾ (नासका) /nāsakā ナースカー/ [Skt. नासिका] *f.* 〖身体〗鼻.

ਨਾਸ਼ਕਾਰੀ (नाशकारी) /nāśakārī ナーシュカーリー/ [Skt. नाश Skt.-कारिन्] *adj.* **1** 破壊する, 破滅させる, 絶滅させる, 滅ぼす. **2** 消滅させる, 消去する, なくす. **3** 殺す, 殺戮する.

ਨਾਸਤਕ (नासतक) /nāsataka ナースタク/ ▸ਨਾਸਤਿਕ *m.* → ਨਾਸਤਿਕ

ਨਾਸਤਕਤਾ (नासतकता) /nāsatakatā ナースタクター/ ▸ਨਾਸਤਿਕਤਾ *f.* → ਨਾਸਤਿਕਤਾ

ਨਾਸ਼ਤਾ (नाशता) /nāśatā ナーシュター/ [Pers. *nāśitā*] *m.* **1** 一日の初めに食べる軽い食事, 朝食. **2** 軽食, スナック. (⇒ਜਲਪਾਨ)

ਨਾਸਤਿਕ (नासतिक) /nāsatika ナースティク/ ▸ਨਾਸਤਕ [Skt. नास्तिक] *m.* **1** 無神論者. **2** 不信心者, 外道.

ਨਾਸਤਿਕਤਾ (नासतिकता) /nāsatikatā ナースティクター/ ▸ਨਾਸਤਕਤਾ [Skt.-ता] *f.* **1** 無神論. **2** 背信.

ਨਾਸ਼ਪਾਤੀ (नाशपाती) /nāśapātī ナーシュパーティー/ [Pers. *nāśpātī*] *f.* 〖植物〗ナシ(梨), ナシの果実. (⇒ਨਾਖ)

ਨਾਸਮਝ (नासमझ) /nāsâmaja ナーサマジ/ [Pers. *nā*- cf. ਸਮਝਣਾ] *adj.* **1** 分別のない, 無分別な. **2** 賢くない, 馬鹿な, 愚かな. **3** 鈍い. **4** 無知の.

ਨਾਸਮਝੀ (नासमझी) /nāsâmajī ナーサムジー/ [Pers. *nā*- cf. ਸਮਝਣਾ] *f.* **1** 分別のないこと, 無分別. **2** 愚かさ, 愚鈍. **3** 無知.

ਨਾਸਮਾਨ (नासमान) /nāsamāna ナースマーン/ ▸ਨਾਸ਼ਮਾਨ *adj.* → ਨਾਸ਼ਮਾਨ

ਨਾਸ਼ਮਾਨ (नाशमान) /nāśamāna ナーシュマーン/ ▸ਨਾਸਮਾਨ [Skt. नाश Skt.-मान] *adj.* **1** 消滅する, 滅びる, 壊れやすい. **2** 死滅しやすい. **3** 必滅の. **4** つかの間の, はかない, 移ろいやすい.

ਨਾਸਵਾਨ (नासवान) /nāsawāna ナースワーン/ ▸ਨਾਸ਼ਵਾਨ *adj.* → ਨਾਸ਼ਵਾਨ

ਨਾਸ਼ਵਾਨ (नाशवान) /nāśawāna ナーシュワーン/ ▸ਨਾਸਵਾਨ [Skt. नाश Skt.-वान्] *adj.* **1** 消滅する, 滅びる, 壊れやすい. **2** 死滅しやすい. **3** 必滅の. **4** つかの間の, はかない, 移ろいやすい.

ਨਾਸਾਜ਼ (नासाज़) /nāsāza ナーサーズ/ [Pers. *nā*- Pers. *sāz*] *adj.* **1** 調子外れの, 調子の良くない. **2** 気分がすぐれない, 体調不良の. **3** 加減が悪い.

ਨਾਸ਼ਾਦ (नाशाद) /nāśāda ナーシャード/ [Pers. *nā*- Pers. *śād*] *adj.* **1** 不幸な. **2** 不愉快な. **3** 悲しい. **4** 意気消沈した, 元気のない. **5** 落胆した, がっかりした. **6** 哀れな, 惨めな.

— *m.* **1** 不幸な人. **2** 哀れな人.

ਨਾਸਿਕਤਾ (नासिकता) /nāsikatā ナースィクター/ [Skt. नासिका Skt.-ता] *f.* 〖音〗鼻音化.

ਨਾਸਿਕੀ (नासिकी) /nāsikī ナースィキー/ [-ਈ] *adj.* **1** 鼻の. **2** 〖音〗鼻音の.

ਨਾਸ਼ੁਕਰਗੁਜ਼ਾਰ (नाशुकरगुज़ार) /nāśukaraguzāra ナーシュカルグザール/ [Pers. *nā*- Arab. *śukr* Pers.-*guzār*] *adj.* **1** 恩知らずの. **2** 感謝の気持ちのない. **3** ありがたく思っていない.

ਨਾਸ਼ੁਕਰਾ (नाशुकरा) /nāśukarā ナーシュクラー/ ▸ਨਸ਼ੁਕਰਾ [Pers. *nā*- Arab. *śukr*] *adj.* **1** 恩知らずの. **2** 感謝の気持ちのない. **3** ありがたく思っていない.

ਨਾਸ਼ੁਕਰਾਪਣ (नाशुकरापण) /nāśukarāpaṇa ナーシュクラーパン/ [-ਪਣ] *m.* **1** 忘恩. **2** 恩知らず.

ਨਾਸ਼ੁਕਰੀ (नाशुकरी) /nāśukarī ナーシュクリー/ ▸ਨਸ਼ੁਕਰੀ [-ਈ] *f.* **1** 忘恩. **2** 恩知らず.

ਨਾਸੂਰ (नासूर) /nāsūra ナースール/ [Arab. *nāsūr*] *m.* **1** 〖医〗腫れ物, 潰瘍. **2** 〖比喩〗心の傷, 苦悩

ਨਾਂਹ (नाँह) /nā̃ ナーン/ [Skt. न] *f.* **1** 否定, 否認. **2** 拒否, 拒絶. (⇒ਇਨਕਾਰ) ❐ਨਾਂਹ ਕਰਨੀ 拒否する, 拒絶する, 断る, 受け付けない. ❐ਉਨ੍ਹਾਂ ਅੰਗਰੇਜ਼ੀ ਸਰਕਾਰ ਨੂੰ ਸਹਿਯੋਗ ਦੇਣ ਤੋਂ ਨਾਂਹ ਕਰ ਦਿੱਤੀ। 彼らは英国政府に協力することを拒否しました.

— *int.* 《否定の返事》いいえ, いや, だめ, いけない.

ਨਾਹਮਵਾਰ (नाहमवार) /nāhamawāra ナーハムワール/ [Pers. *nā*- Pers. *ham*- Pers. *vār*] *adj.* **1** 平らでない, 平坦でない. **2** 滑らかでない, 粗い. **3** でこぼこの, 起伏のある.

ਨਾਹਰਾ[1] **(नाहरा)** /nârā ナーラー/ ▸ਨਾਰ੍ਹਾ *adj.* **1** 上向きの長い角のある. **2** 横柄な, 強情な.

— *m.* 〖動物〗上向きの長い角のある牡牛.

ਨਾਹਰਾ[2] **(नाहरा)** /nârā ナーラー/ ▸ਨਾਅਰਾ *m.* → ਨਾਅਰਾ

ਨਾਂਹਵਾਚੀ (नाँहवाची) /nā̃wācī ナーンワーチー/ *adj.* **1** 否定を伝える, 否定を表す, 否定の. **2** 拒否の, 断りの.

ਨਾਕ (नाक) /nāka ナーク/ [Pers. *nāk*] *suff.* 「…で満ちた」「…でいっぱいの」などを意味する形容詞を形成する接尾辞.

ਨਾਕਸ (नाकस) /nākasa ナーカス/ [Arab. *nāqiṣ*] *adj.* **1** 欠陥のある, 問題のある. **2** 不完全な, 不十分な. **3** 役に立たない, 価値のない. **4** 悪い. **5** 質の劣った, 粗悪な. (⇒ਘਟੀਆ) **6** 劣等な, 卑しい, 下品な.

ਨਾਕਾ (नाका) /nākā ナーカー/ [Skt. लंघन] *m.* **1** 障壁. **2** 封鎖. **3** 妨害物. **4** 堰.

ਨਾਕਾਫ਼ੀ (नाकाफ़ी) /nākāfī ナーカーフィー/ [Pers. *nā*- Arab. *kāfī*] *adj.* **1** 不十分な. **2** 不適格な.

ਨਾਕਾਬੰਦੀ (नाकाबंदी) /nākābandī ナーカーバンディー/ ▸ਨਾਕੇਬੰਦੀ [Skt. लंघन Pers.-*bandī*] *f.* **1** 障壁を築くこと. **2** 封鎖.

ਨਾਕਾਬਲ (नाकाबल) /nākābala ナーカーバル/ [Pers. *nā*- Arab. *qābil*] *adj.* **1** できない, 不可能な. **2** 無能な. **3** 能力不足の. **4** 不適格な.

ਨਾਕਾਬਲੀਅਤ (नाकाबलीअत) /nākābalīata ナーカーブリーアト/ [Pers. *nā-* Pers. *qābilīyat*] *f.* **1** できないこと, 不可能. **2** 無能. **3** 能力不足. **4** 不適格.

ਨਾਕਾਬਲੇ ਕਬੂਲ (नाकाबले कबूल) /nākābale kabūla ナーカーブレー カブール/ *adj.* **1** 受け入れられない. **2** 信じられない.

ਨਾਕਾਮ (नाकाम) /nākāma ナーカーム/ [Pers. *nā-* Pers. *kām*] *adj.* 不成功の. (⇒ਅਸਫਲ)

ਨਾਕਾਮਯਾਬ (नाकामयाब) /nākāmayāba ナーカームヤーブ/ [Pers.*-yāb*] *adj.* 不成功の. (⇒ਅਸਫਲ)

ਨਾਕਾਮਯਾਬੀ (नाकामयाबी) /nākāmayābī ナーカームヤービー/ [Pers.*-yābī*] *f.* **1** 不成功. (⇒ਅਸਫਲਤਾ) **2** 失敗. **3** 敗北.

ਨਾਕਾਮੀ (नाकामी) /nākāmī ナーカーミー/ [-ਈ] *f.* **1** 不成功. (⇒ਅਸਫਲਤਾ) **2** 失敗. **3** 敗北.

ਨਾਕੇਬੰਦੀ (नाकेबंदी) /nākebandī ナーケーバンディー/ ▸ਨਾਕਾਬੰਦੀ *f.* → ਨਾਕਾਬੰਦੀ

ਨਾਖ (नाख) /nākʰa ナーク/ *f.* 〖植物〗ナシ(梨), ナシの果実. (⇒ਨਾਸ਼ਪਾਤੀ)

ਨਾਖ਼ੁਸ਼ (नाख़ुश) /nāxuśa ナークシュ/ [Pers. *nā-* Pers. *xvuś*] *adj.* **1** 楽しくない. **2** 不愉快な, 不機嫌な, 不満足な.

ਨਾਖ਼ੁਸ਼ਗਵਾਰ (नाख़ुशगवार) /nāxuśagawāra ナークシュガワール/ [+ Pers. *guvār*] *adj.* **1** 不快な, 嫌な感じの, 快適でない. **2** 不愉快な, 気にくわない. **3** 悲しませるような. **4** 有害な. **5** 不健康な.

ਨਾਖ਼ੁਸ਼ੀ (नाख़ुशी) /nāxuśī ナークシー/ [Pers. *nā-* Pers. *xvuśī*] *f.* **1** 楽しくないこと. **2** 不愉快, 不機嫌, 不満足.

ਨਾਖ਼ੁਨ (नाख़ुन) /nāxuna ナークン/ [Pers. *nāxun*] *m.* 〖身体〗爪. (⇒ਨਹੁੰ)

ਨਾਂਗ (नाँग) /nā̃ga ナーング/ ▸ਨਾਗ [(Lah.)] *m.* → ਨਾਗ

ਨਾਗ (नाग) /nāga ナーグ/ ▸ਨਾਂਗ [Skt. नाग] *m.* **1** 〖動物〗ヘビ, 蛇. (⇒ਸੱਪ) **2** 〖動物〗コブラ. **3** 〖ヒ〗ナーガ《上半身は頭頂に5匹の蛇を飾る人間で, 下半身は蛇という姿をした蛇神》.

ਨਾਗਣ (नागण) /nāgaṇa ナーガン/ [-ਣ] *f.* **1** 〖動物〗雌の蛇. **2** 〖動物〗雌のコブラ. **3** 〖比喩〗冷酷な女.

ਨਾਗਪੰਚਮੀ (नागपंचमी) /nāgapañcamī ナーグパンチャミー/ [+ Skt. पञ्चमी] *f.* 〖祭礼・ヒ〗ナーガ・パンチャミー《蛇神ナーガを祀る祭日》.

ਨਾਗਫਣੀ (नागफणी) /nāgapʰaṇī ナーグパニー/ *f.* 〖植物〗サボテン, ヒラウチワサボテン.

ਨਾਗਰਿਕ (नागरिक) /nāgarika ナーグリク/ [Skt. नागरिक] *adj.* **1** 市民の, 一般人の, 民間の. **2** 町の. **3** 市の, 都市の. **4** 町営の. **5** 都会の, 都会風の, 洗練された. **6** 公衆の.

— *m.* **1** 市民, 一般人, 民間人. **2** 町民. **3** 国民. **4** 公民, 一般人民, 公衆.

ਨਾਗਰਿਕਤਾ (नागरिकता) /nāgarikatā ナーグリクター/ [Skt.-ता] *f.* 市民権, 公民権.

ਨਾਗਰੀ (नागरी) /nāgarī ナーグリー/ [Skt. नागरी] *f.* 〖文字〗ナーガリー文字《 ਦੇਵ 「神」を冠して, デーヴァナーガリー文字とも呼ばれる. サンスクリット語, ヒンディー語, マラーティー語, ネパール語などの表記文字の名称》.

ਨਾਗਵਾਰ (नागवार) /nāgawāra ナーガワール/ [Pers. *nā-* Pers. *guvār*] *adj.* **1** 我慢できない. **2** 不快な, 不愉快な. **3** 気にくわない, 気に障る. **4** むかつくような, 腹立たしい.

ਨਾਂਗਾ (नाँगा) /nā̃gā ナーンガー/ [Skt. नग्न] *adj.* 裸の, 裸体の, 裸身の.

— *m.* **1** 裸体, 裸身. **2** 裸行派.

ਨਾਗਾ (नागा) /nāgā ナーガー/ [Skt. नागः] *m.* ナガ族《ナガ系諸民族の総称. インドの北東部, ナガ丘陵を中心にナガランドの一帯に居住する人々》.

ਨਾਗ਼ਾ (नाग़ा) /nāğā ナーガー/ [Turk. *nāğā*] *adj.* 空(から)の, 空いている.

— *m.* **1** 不在, 欠席, 欠勤. (⇒ਗ਼ੈਰਹਾਜ਼ਰੀ) **2** 休み, 休暇, 休業, 休日. (⇒ਛੁੱਟੀ) **3** 省略. **4** (仕事・食事・水浴・お祈りなどの)日課を怠ること, さぼること, 怠業.

ਨਾਗਾਲੈਂਡ (नागालैंड) /nāgālāĩḍa ナーガーラェーンド/ [Eng. *Nagaland*] *m.* 〖地名〗ナガランド州《インド北東部のミャンマー国境部に位置する州. 州都はコヒマ》.

ਨਾਚ (नाच) /nāca ナーチ/ [(Pkt. णच्च) Skt. नृत्य] *m.* 踊り, 舞い, 舞踊, 舞踏, ダンス.

ਨਾਚਾ (नाचा) /nācā ナーチャー/ [Skt. नृत्य] *m.* **1** 踊り手. **2** 舞踊家, 舞踏家.

ਨਾਚੀ (नाची) /nācī ナーチー/ [Skt. नृत्य -ਈ] *f.* **1** 女性の踊り手. **2** 女性の舞踊家, 女性の舞踏家. **3** 踊り子.

ਨਾਜ (नाज) /nāja ナージ/ ▸ਅਨਾਜ *m.* → ਅਨਾਜ

ਨਾਜ਼ (नाज़) /nāza ナーズ/ [Pers. *nāz*] *m.* **1** 誇り. **2** 優雅さ, 優美, 端麗. **3** 優雅な身のこなし. **4** なまめかしいしぐさ, 媚態, 色っぽさ. **5** 移り気, 気まぐれ. **6** 戯れ, いちゃつき.

ਨਾਜ਼ਕ (नाज़क) /nāzaka ナーザク/ ▸ਨਾਜ਼ੁਕ [Pers. *nāzuk*] *adj.* **1** 繊細な, 微妙な. **2** 柔らかい. **3** 壊れやすい, 華奢な, か弱い. **4** 可憐な. **5** 弱い. **6** 薄い. **7** 幼い, 幼少の. **8** 決定的な. **9** 深刻な, 重大な. **10** 危うい, 危険な, 切迫した.

ਨਾਜ਼ਕ ਮਿਜ਼ਾਜ (नाज़क मिज़ाज) /nāzaka mizāja ナーザク ミザージ/ [+ Arab. *mizāj*] *adj.* **1** 神経質な, 神経過敏な. **2** 短気な, 怒りっぽい. **3** 好みのうるさい, 気難しい. **4** 繊細な趣味を持った, 風雅を好む.

ਨਾਜ਼ਕ ਮਿਜ਼ਾਜੀ (नाज़क मिज़ाजी) /nāzaka mizājī ナーザク ミザージー/ [-ਈ] *f.* **1** 神経質, 神経過敏. **2** 短気, 怒りっぽいこと. **3** 好みのうるさい性向, 凝り性, 気難しさ.

ਨਾਜ਼ਨੀਨ (नाज़नीन) /nāzanīna ナーズニーン/ [Pers. *nāznīn*] *adj.* **1** 美しい, 繊細な. (⇒ਸੋਹਣਾ, ਖ਼ੂਬਸੂਰਤ) **2** なまめかしい, 色っぽい.

— *f.* **1** 美しく繊細な女性. **2** 色っぽい女性.

ਨਾਜ਼ਬੋ (नाज़बो) /nāzabo ナーズボー/ ▸ਨਿਆਜ਼ਬੋ *f.* → ਨਿਆਜ਼ਬੋ

ਨਾਜ਼ਮ (नाज़म) /nāzama ナーザム/ [Arab. *nāzim*] *m.* **1** 行政官, 総督. **2** ムガル統治領の太守.

ਨਾਜ਼ਰ (नाज़र) /nāzara ナーザル/ [Arab. *nāzir*] *m.* **1** 見る人, 見物人. **2** 検査者, 検閲者, 監督者. **3** 執行吏.

4 法廷の主官吏.

ਨਾਜਾਇਜ਼ (नाजाइज़) /nājāizạ ナージャーイズ/ [Pers. nā- Arab. jāʰiz] *adj.* 1 不適正な. 2 違法の, 不法な. 3 不当な. 4 不正な. 5 悪質な. 6 不義の.

ਨਾਜ਼ੀ (नाज़ी) /nāzī ナーズィー/ [Eng. *Nazi* bf. Ger.] *m.* 〖歴史〗ナチ(党), ナチス《国家社会主義ドイツ労働者党》, ナチ党員.

ਨਾਜ਼ੀਵਾਦ (नाज़ीवाद) /nāzīwādạ ナーズィーワード/ [Skt.-वाद] *m.* 〖政治〗ナチズム《ドイツ国家社会主義》.

ਨਾਜ਼ੁਕ (नाज़ुक) /nāzukạ ナーズク/ ▶ਨਾਜ਼ਕ *adj.* → ਨਾਜ਼ਕ

ਨਾਜ਼ੋ (नाज़ो) /nāzo ナーゾー/ [Pers. *nāz*] *adj.* 媚を売る.

ਨਾਟ (नाट) /nāṭạ ナート/ [Skt. नाट्य] *m.* 1 踊り, 舞踊. 2 劇, 演劇, 芝居. 3 物まね劇, 道化劇.

ਨਾਟ ਸ਼ਾਸਤਰ (नाट शासतर) /nāṭạ śāsạtarạ ナート シャースタル/ [+ Skt. शास्त्र] *m.* 1 劇作法, 上演法. 2 演劇の価値体系. 3 演技術, 演出法.

ਨਾਟਸ਼ਾਲਾ (नाटशाला) /nāṭạśālā ナートシャーラー/ [+ Skt. शाला] *f.* 劇場.

ਨਾਟਕ (नाटक) /nāṭakạ ナータク/ [Skt. नाटक] *m.* 1 劇, 演劇, 芝居, ドラマ. 2 〖文学〗戯曲, 戯作, 脚本. 3 作り事, 芝居がかった行動. 4 演出. 5 芝居じみた言葉遣い.

ਨਾਟਕਕਾਰ (नाटककार) /nāṭakạkārạ ナータクカール/ [Skt.-कार] *m.* 1 劇作家, 戯曲家. 2 脚本家, 戯作者.

ਨਾਟਕ ਚੇਟਕ (नाटक चेटक) /nāṭakạ ceṭakạ ナータク チェータク/ [+ Skt. चेट] *m.* 1 芝居その他の舞台で見せる娯楽. 2 楽しませる演技. 3 興行.

ਨਾਟ-ਕਲਾ (नाट-कला) /nāṭạ-kalā ナート・カラー/ [Skt. नाट्य + Skt. कला] *f.* 1 振付け法, 舞踊技法. 2 演出法, 演技術.

ਨਾਟਕੀ (नाटकी) /nāṭakī ナートキー/ [Skt. नाटकीय] *adj.* 1 演劇の, 芝居の. ❐ਨਾਟਕੀ ਰੂਪ ਦੇਣਾ 劇化する, 脚色する. 2 劇的な, 目覚ましい. 3 芝居がかった, 大げさな.

ਨਾਟਕੀਅਤਾ (नाटकीअता) /nāṭakīatā ナートキーアター/ [Skt.-ता] *f.* 1 劇的なもの. 2 芝居がかったもの.

ਨਾਟ-ਦ੍ਰਿਸ਼ (नाट-द्रिश) /nāṭạ-driśạ (nāṭạ-dariśạ) ナート・ドリシュ (ナート・ダリシュ)/ [Skt. नाट्य + Skt. दृश्य] *m.* 劇の場面.

ਨਾਟ-ਮੰਡਲੀ (नाट-मंडली) /nāṭạ-maṇḍalī ナート・マンドリー/ [+ Skt. मंडली] *f.* 1 舞踊団. 2 上演目録.

ਨਾਟ-ਵਾਰਤਾ (नाट-वारता) /nāṭạ-wārạtā ナート・ワールター/ [+ Skt. वार्त्ता] *f.* 1 劇の対話. 2 〖文学〗戯曲, 戯作, 脚本, 台本, シナリオ.

ਨਾਢੂਖ਼ਾਨ (नाढ़ूख़ान) /nâḍūxānạ ナードゥーカーン/ *adj.* 1 尊大な, 傲慢な. 2 どなり立てる. 3 威張っている, 威張り散らす.

— *m.* 1 傲慢な人. 2 どなり立てる人. 3 威張り散らす人.

ਨਾਤਸੱਲੀਬਖ਼ਸ਼ (नातसल्लीबख़श) /nātasallībaxạśạ ナータサッリーバクシュ/ [Pers. *nā-* Arab. *tasallī* Pers.-*baxś*] *adj.* 1 満足を与えない, 不満足な. 2 がっかりさせるような. 3 いい加減な.

ਨਾਤਜਰਬੇਕਾਰ (नातजरबेकार) /nātajarạbekārạ ナータジャルベーカール/ [Pers. *nā-* Arab. *tajriba* Pers.-*kār*] *adj.* 1 経験のない, 経験の浅い, 未熟な. 2 初心者の, 新米の, 新参の. 3 未完成の.

ਨਾਤਜਰਬੇਕਾਰੀ (नातजरबेकारी) /nātajarạbekārī ナータジャルベーカーリー/ [Pers.-*kārī*] *f.* 1 経験のなさ. 2 未熟さ. 3 未完成.

ਨਾਤਾ (नाता) /nātā ナーター/ [Skt. ज्ञाति] *m.* 1 関係. 2 親子関係, 親族関係, 姻戚関係. 3 縁談, 婚約. 4 (娘の)婚約者, いいなづけ.

ਨਾਤੀ (नाती) /nātī ナーティー/ [Skt. नप्तृ] *m.* 1 〖親族〗娘の後裔, 娘の子孫. 2 〖親族〗娘の息子.

ਨਾਤੇਦਾਰ (नातेदार) /nātedārạ ナーテーダール/ [Skt. ज्ञाति Pers.-*dār*] *m.* 〖親族〗親類縁者. (⇒ਰਿਸ਼ਤੇਦਾਰ)

ਨਾਤੇਦਾਰੀ (नातेदारी) /nātedārī ナーテーダーリー/ [Pers.-*dārī*] *f.* 1 関係. 2 親族関係.

ਨਾਥ (नाथ) /nātʰạ ナート/ [Skt. नाथ] *m.* 1 主(あるじ, ぬし). 2 神. 3 〖親族〗夫, 主人. 4 支配者, 統治者. 5 〖ヒ〗ナータ(ナート)派《ヒンドゥー教の行者の一派》.

ਨਾਦ (नाद) /nādạ ナード/ [Skt. नाद] *m.* 1 音声, 反響, 響き. 2 大音響, 騒音, 叫び. 3 音楽. 4 ほら貝. 5 〖楽器〗角笛.

ਨਾਦ ਵਿੱਦਿਆ (नाद विद्दिआ) /nādạ viddiā ナード ヴィッディアー/ [+ Skt. विद्या] *f.* 1 音響学. 2 音楽学, 音楽理論. (⇒ਧੁਨੀ ਵਿਗਿਆਨ)

ਨਾਦਮ (नादम) /nādamạ ナーダム/ [Arab. *nādim*] *adj.* 1 恥じている, 決まりの悪い. 2 罪を悔いている, 後悔している. 3 残念な.

ਨਾਦਰ (नादर) /nādarạ ナーダル/ [Arab. *nādir*] *adj.* 1 稀な, 希有な, 稀少の, めったにない. 2 見つけるのが難しい, 得がたい. (⇒ਦੁਰਲਭ) 3 普通でない, 珍しい, 風変わりな. (⇒ਅਨੋਖਾ) 4 卓越した, 優れた, 素晴らしい, 立派な.

ਨਾਦਰ ਸ਼ਾਹ (नादर शाह) /nādarạ śâ ナーダル シャー/ [+ Pers. *śāh*] *m.* 〖人名・歴史〗ナーディル・シャー《アフシャール朝を創始したペルシア皇帝. 1739年にインド遠征を敢行. ムガル皇帝ムハンマド・シャーを破り, デリーに入城した際には, 数万人に及ぶデリー市民を殺戮した》.

ਨਾਦਰ ਸ਼ਾਹੀ (नादर शाही) /nādarạ śāhī ナーダル シャーヒー/ [+ Pers. *śāhī*] *adj.* 1 ナーディル・シャーの. 2 絶対的な, 絶対服従の, 専制の.

— *f.* 1 ナーディル・シャーがデリーで行った殺戮行為. 2 暴虐行為, 専制政治. (⇒ਅੱਤਿਆਚਾਰ)

ਨਾਦਾਨ (नादान) /nādānạ ナーダーン/ ▶ਨਦਾਨ [Pers. *nādān*] *adj.* 1 無知な, 無邪気な, 単純な. 2 純真な, うぶな, 世間知らずの. 3 愚かな, 愚鈍な. 4 経験のない, 経験の浅い, 未熟な. 5 若い, 年少の.

ਨਾਦਾਨੀ (नादानी) /nādānī ナーダーニー/ ▶ਨਦਾਨੀ [Pers. *nādānī*] *f.* 1 無知, 単純. 2 純真, うぶ, 世間知らず. 3 愚かさ, 愚鈍.

ਨਾਦੀ (नादी) /nādī ナーディー/ [Skt. नादिन्] *adj.* 1 声に

出した. **2**〖音〗有声音の. **3** 反響する, 鳴り響く.

ਨਾਨ (नान) /nāna ナーン/ [Pers. *nān*] *m.*〖料理〗ナーン《発酵させた小麦の精白粉の厚い生地をタンドゥール〔粘土製の壺窯型オーブン〕で焼いた大きな木の葉形のパン》.

ਨਾਨਕ (नानक) /nānaka ナーナク/ *m.*〖人名・スィ〗ナーナク《スィック教の開祖. 敬意を込めた通常の呼称はグル・ナーナク・デーヴ・ジー》.

ਨਾਨਕਾ (नानका) /nānakā ナーンカー/ *adj.*〖親族〗母方の祖父の家族の.
— *m.*〖親族〗母方の祖父の家族の人.

ਨਾਨਕੀ-ਛੱਕ (नानकी-छक्क) /nānakī-cʰakka ナーンキー・チャック/ *f.*〖儀礼〗母方の祖父母・おじから花嫁・花婿に与えられる贈り物.

ਨਾਨਕੇ (नानके) /nānake ナーンケー/ [Pkt. णन्न] *adj.*〖親族〗母方の祖父の家族の.
— *m.*〖親族〗母方の祖父の家, 母方の祖父の村.

ਨਾਨ ਫ਼ਰੋਸ਼ (नान फ़रोश) /nāna farośa ナーン ファローシュ/ [Pers. *nān* Pers.*-faroś*] *m.* ナーンを売る人.

ਨਾਨਬਾਈ (नानबाई) /nānabāī ナーンバーイー/ *m.* **1** ナーンを焼く人. **2** ナーンを売る人.

ਨਾਨਾ[1] (नाना) /nānā ナーナー/ [Pkt. णन्न] *m.*〖親族〗母方の祖父《母の父》.

ਨਾਨਾ[2] (नाना) /nānā ナーナー/ [Skt. नाना] *adj.* **1** 様々な, 色々な, 多様な. **2** 異なった, 違う. **3** 種々雑多な.

ਨਾਨਾ ਪ੍ਰਕਾਰ (नाना प्रकार) /nānā prakāra (nānā parakāra) ナーナー プラカール (ナーナー パルカール)/ [+ Skt. प्रकार] *adj.* 多種多様な, 種々雑多な.

ਨਾਨੀ (नानी) /nānī ナーニー/ [Pkt. णन्न -ਈ] *f.*〖親族〗母方の祖母《母の母》.

ਨਾਪ (नाप) /nāpa ナープ/ [cf. ਨਾਪਣਾ] *m.* **1** 計測, 測定, 測量. **2** 計量. **3** 基準, 標準, 尺度, 物差し. **4** 寸法, 大きさ, サイズ.

ਨਾਪਸੰਦ (नापसंद) /nāpasanda ナーパサンド/ [Pers. *nā-* Pers. *pasand*] *adj.* **1** 好まない. **2** 気に入らない.

ਨਾਪਸੰਦਗੀ (नापसंदगी) /nāpasandagī ナーパサンドギー/ [Pers.*-gī*] *f.* **1** 好まないこと. **2** 気に入らないこと.

ਨਾਪਸੰਦੀ (नापसंदी) /nāpasandī ナーパサンディー/ [-ਈ] *f.* **1** 好まないこと. **2** 気に入らないこと.

ਨਾਪਣਾ (नापणा) /nāpaṇā ナーパナー/ [Skt. ज्ञाप्यते] *vt.* **1** 計る, 測る, 寸法をとる, 計測する, 測定する, 測量する. (⇒ਮਾਪਣਾ, ਪੈਮਾਇਸ਼ ਕਰਨੀ) **2** 量る, 計量する. **3** 吟味する.

ਨਾਪਾਇਦਾਰ (नापाइदार) /nāpāedāra ナーパーエーダール/ [Pers. *nā-* Pers. *pāe* Pers.*-dār*] *adj.* **1** 長続きしない, 長持ちしない, はかない. **2** 一時的な, つかの間の. **3** 必滅の. **4** 短命の. **5** 滅びやすい.

ਨਾਪਾਇਦਾਰੀ (नापाइदारी) /nāpāedārī ナーパーエーダーリー/ [Pers.*-dārī*] *f.* **1** 長続きしないこと, 長持ちしないこと, はかなさ. **2** 一時的であること, つかの間であること. **3** 短命. **4** 滅びやすいこと.

ਨਾਪਾਕ (नापाक) /nāpāka ナーパーク/ ▸ਨਪਾਕ [Pers. *nā-* Pers. *pāk*] *adj.* **1** 不潔な, 不浄な. **2** 汚れた. **3** 神聖でない, 穢れた. **4** 不信心な. **5** 不快極まる.

ਨਾਪਾਕੀ (नापाकी) /nāpākī ナーパーキー/ [Pers. *nā-* Pers. *pākī*] *f.* **1** 不潔, 不浄. **2** 汚染. **3** 神聖でないこと, 穢れ. **4** 不信心.

ਨਾਫ਼ (नाफ़) /nāfa ナーフ/ [Pers. *nāf*] *f.*〖身体〗臍. (⇒ਧੁੰਨੀ, ਨਾਭ)

ਨਾਫ਼ਰਮਾਨ (नाफ़रमान) /nāfaramāna ナーファルマーン/ [Pers. *nā-* Pers. *farmān*] *adj.* **1** 従順でない. **2** 反抗的な.

ਨਾਫ਼ਰਮਾਨੀ (नाफ़रमानी) /nāfaramānī ナーファルマーニー/ [Pers. *nā-* Pers. *farmānī*] *f.* **1** 従順でないこと, 不従順. **2** 反抗.

ਨਾਫ਼ਰਮਾਂਬਰਦਾਰ (नाफ़रमाँबरदार) /nāfaramā̃baradāra ナーファルマーンバルダール/ [Pers. *nā-* Pers. *farmān* Pers.*-bardār*] *adj.* **1** 命令に従わない, 従順でない. **2** 反抗的な.

ਨਾਫ਼ਰਮਾਂਬਰਦਾਰੀ (नाफ़रमाँबरदारी) /nāfaramā̃baradārī ナーファルマーンバルダーリー/ [Pers.*-bardārī*] *f.* **1** 命令に従わないこと, 従順でないこと, 不従順. **2** 反抗的なこと.

ਨਾਫ਼ਾ (नाफ़ा) /nāfā ナーファー/ [Pers. *nāfā*] *m.* **1** 麝香. (⇒ਕਸਤੂਰੀ) **2** 麝香の腺.

ਨਾਬ (नाब) /nāba ナーブ/ *f.* **1** 取っ手. **2** 車輪の中央部.

ਨਾਬਰ (नाबर) /nābara ナーバル/ *adj.* **1** 従順でない. **2** 反抗的な. **3** 権威に従わない.

ਨਾਬਰਾਬਰ (नाबराबर) /nābarābara ナーバラーバル/ [Pers. *nā-* Pers. *barābar*] *adj.* **1** 等しくない, 同じでない. **2** 不平等な. **3** 釣り合っていない, 調和していない. **4** 異なる.

ਨਾਬਰਾਬਰੀ (नाबराबरी) /nābarābarī ナーバラーバリー/ [Pers. *nā-* Pers. *barābarī*] *f.* **1** 等しくないこと, 同じでないこと. **2** 不平等. **3** 不釣り合い, 不調和. **4** 異なること, 差異.

ਨਾਬਰੀ (नाबरी) /nābarī ナーバリー/ *f.* **1** 不従順. **2** 反抗. **3** 権威に従わないこと.

ਨਾਬਾਲਗ਼ (नाबालग़) /nābālağa ナーバーラグ/ [Pers. *nā-* Arab. *bāliğ*] *adj.* 未成年の.

ਨਾਬਾਲਗ਼ੀ (नाबालग़ी) /nābālagī ナーバールギー/ [Pers. *nā-* Arab. *bāliğī*] *f.* 未成年.

ਨਾਬੀਨਾ (नाबीना) /nābīnā ナービーナー/ [Pers. *nā-* Pers. *bīnā*] *adj.* 盲目の.

ਨਾਭ (नाभ) /nâba ナーブ/ ▸ਨਭ, ਨਾਭੀ [Skt. नाभि] *f.* **1**〖身体〗臍. (⇒ਧੁੰਨੀ, ਨਾਫ਼) **2**〖比喩〗中心点, 中央部.

ਨਾਭੀ (नाभी) /nâbī ナービー/ ▸ਨਭ, ਨਾਭ *f.* → ਨਾਭ

ਨਾਮ (नाम) /nāma ナーム/ ▸ਨਾਂ, ਨਾਉਂ [Skt. नामन् ; Pers. *nām*] *m.* **1** (神の) 御名. ❐ਨਾਮ ਜਪਣਾ, ਨਾਮ ਲੈਣਾ (神の) 御名を唱える. **2** 創造の原理. **3** 真理. **4** 名, 名前, 名称. ❐ਨਾਮ ਰਹਿਣਾ 名前が記憶される, 名を残す. **5** 称号, 題名. **6** 名声, 名誉, 評判. ❐ਨਾਮ ਹੋਣਾ 有名になる. ❐ਨਾਮ ਕਮਾਉਣਾ 名声を得る.

ਨਾਮ ਸੰਸਕਾਰ (नाम संसकार) /nāma sansakāra ナーム サンスカール/ [Skt. नामन् + Skt. संस्कार] *m.* **1** 命名式. **2** 命名. **3** 命名法.

ਨਾਮਕ (नामक) /nāmaka̸ ナーマク/ [Skt. नामक] *adj.* **1** という名の, という名を持つ, という名のついた. **2** と呼ばれる. **3** として知られる.

ਨਾਮਕਰਨ (नामकरन) /nāma̸karana̸ ナームカルン/ [Skt. नामन् Skt.-करण] *m.* **1** 命名, 名付け. **2** 〘儀礼〙命名式.

ਨਾਮਜ਼ਦ (नामज़द) /nāma̸zada̸ ナームザド/ [Pers. *nāmzad*] *adj.* **1** 指名された, 候補として指名された. ❐ਲਗਾਨ ਫ਼ਿਲਮ ਦੇ ਆਸਕਰ ਲਈ ਨਾਮਜ਼ਦ ਹੋਣ ਦੀ ਖ਼ਬਰ ਤੇ ਪਿਛਲੇ ਦਿਨੀਂ ਖ਼ੂਬ ਚਰਚਾ ਹੋਈ ਹੈ। 映画「ラガーン〔年貢〕」がオスカー〔アカデミー賞〕の候補として指名されたというニュースについてここ数日間大いに話題になっています. **2** 任命された. (⇒ਨਿਯੁਕਤ) **3** 有名な, 著名な. (⇒ਮਸ਼ਹੂਰ)

ਨਾਮਜ਼ਦਗੀ (नामज़दगी) /nāma̸zada̸gī ナームザドギー/ [Pers.-*gī*] *f.* **1** 指名. **2** 任命. (⇒ਨਿਯੁਕਤੀ)

ਨਾਮਣਾ (नामणा) /nāmaṇā ナーマナー/ *m.* **1** 名声, 高名. **2** 名誉, 栄誉. **3** 良い評判.

ਨਾਮ-ਧਰੀਕ (नाम-धरीक) /nāma̸-tarĭka̸ ナーム・タリーク/ *adj.* いわゆる.

ਨਾਮਧਾਰੀ (नामधारी) /nāma̸tārī ナームターリー/ [Skt. नामन् Skt.-धारिन्] *m.* **1** 〘スィ〙ナームダーリー派《19世紀にバーバー・ラーム・スィングによって興されたスィック教の分派》. **2** 〘スィ〙ナームダーリー派のスィック教徒.

ਨਾਮਨਜ਼ੂਰ (नामनज़ूर) /nāmana̸zūra̸ ナーマンズール/ [Pers. *nā-* Arab. *manzmūr*] *adj.* **1** 不承認の, 不承知の, 認められない, 受け入れられない. **2** 拒否された.

ਨਾਮਨਜ਼ੂਰੀ (नामनज़ूरी) /nāmana̸zūrī ナーマンズーリー/ [Pers. *nā-* Pers. *manzmūrī*] *f.* **1** 不承認, 不承知. **2** 拒否.

ਨਾਮ-ਰਸ (नाम-रस) /nāma̸-rasa̸ ナーム・ラス/ [Skt. नामन् + Skt. रस] *m.* 神の御名を唱えることによって得られる精神的な悦楽.

ਨਾਮਰਦ (नामरद) /nāmara̸da̸ ナーマルド/ ▸ਨਮਰਦ [Pers. *nā-* Pers. *mard*] *adj.* **1** 不能者の, 交接不能の, 去勢された. (⇒ਨਪੁੰਸਕ) **2** 女々しい. **3** 臆病な. (⇒ਬੁਜ਼ਦਿਲ) **4** 性的に弱い.

ਨਾਮਰਦੀ (नामरदी) /nāmara̸dī ナーマルディー/ ▸ਨਮਰਦੀ [Pers. *nā-* Pers. *mardī*] *f.* **1** 性的不能. **2** 女々しさ. **3** 臆病.

ਨਾਮਲੇਵਾ (नामलेवा) /nāma̸lewā ナームレーワー/ [Skt. नामन् + cf. ਲੈਣਾ] *m.* **1** 名前を受け継ぐ者. **2** 継承者, 世継ぎ. **3** 弟子, 門弟. **4** 子孫, 後裔.

ਨਾਮਵਰ (नामवर) /nāma̸wara̸ ナームワル/ [Pers. *nāmvar*] *adj.* **1** 有名な, 高名な, 著名な(⇒ਪਰਸਿੱਧ, ਮਸ਼ਹੂਰ) **2** 名の知れた, お馴染みの.

ਨਾਮਵਰੀ (नामवरी) /nāma̸warī ナームワリー/ [Pers. *nāmvarī*] *f.* **1** 名声, 高名, 著名 **2** 傑出.

ਨਾਮਵਾਚੀ (नामवाची) /nāma̸wācī ナームワーチー/ *adj.* 表示的な, 指示的な.

ਨਾਮਾ[1] (नामा) /nāmā ナーマー/ [Pers. *nāma*] *m.* **1** 手紙, 書簡, 令状. **2** 書類, 文書, 証書, 記録, 書物, 本. **3** 〘経済〙金融業者の原簿上の勘定記録.
— *suff.* 「手紙」「書簡」「書状」「令状」「書類」「証書」「本」「記録」「記録を詠んだ詩」などの意味を加えた男性名詞を形成する接尾辞.

ਨਾਮਾ[2] (नामा) /nāmā ナーマー/ ▸ਨਾਵਾਂ, ਨੌਆਂ, ਨੌਂਵਾਂ, ਨੌਵਾਂ [Skt. नव -मा] *or.num.* 9番目, 第九.
— *adj.* 9番目の, 第九の.

ਨਾਮਾਕੂਲ (नामाकूल) /nāmākūla̸ ナーマークール/ [Pers. *nā-* Arab. *ma`qūl*] *adj.* **1** 不合理な, 無分別な, 不適当な, 不当な. **2** 不完全な, 不十分な. **3** 馬鹿げた, 愚かな.

ਨਾਮਾ-ਨਿਗਾਰ (नामा-निगार) /nāmā-nigāra̸ ナーマー・ニガール/ [Pers. *nāma* Pers.-*nigār*] *m.* **1** (報道機関の)通信員, 特派員. **2** 新聞記者, ニュース・レポーター. **3** 報道関係者, ジャーナリスト.

ਨਾਮਾ-ਨਿਗਾਰੀ (नामा-निगारी) /nāmā-nigārī ナーマー・ニガーリー/ [+ Pers. *nigārī*] *f.* 報道関係, 新聞雑誌業界, ジャーナリズム.

ਨਾਮਾਲੂਮ (नामालूम) /nāmālūma̸ ナーマールーム/ [Pers. *nā-* Arab. *ma`lūm*] *adj.* **1** 分からない, 知られない, 不明の, 不詳の. **2** ごく少ない, ほんの僅かの, 取るに足らない.

ਨਾਮਾਵਲੀ (नामावली) /nāmāwalī ナーマーワリー/ [Skt. नामावली] *f.* **1** 名表, 名簿. **2** 一覧表. **3** 目録.

ਨਾਮਿਹਰਬਾਨ (नामिहरबान) /nāmêra̸bāna̸ ナーメールバーン/ [Pers. *nā-* Pers. *mehrbān*] *adj.* **1** 不親切な. **2** 思いやりのない.

ਨਾਮਿਤ (नामित) /nāmita̸ ナーミト/ [Skt. नामित] *adj.* 命名された, 名付けられた.

ਨਾਮਿਲਵਰਤਨ (नामिलवरतन) /nāmila̸wara̸tana̸ ナーミルワルタン/ *m.* 非協力.

ਨਾਮੀ (नामी) /nāmī ナーミー/ [Pers. *nāmī*] *adj.* **1** 有名な, 名のある(⇒ਮਸ਼ਹੂਰ, ਪਰਸਿੱਧ) **2** 高名な, 著名な. **3** お馴染みの.

ਨਾਮੁਆਫ਼ਕ (नामुआफ़क) /nāmuāfaka̸ ナームアーファク/ ▸ਨਾਮੁਆਫ਼ਿਕ *adj.* → ਨਾਮੁਆਫ਼ਿਕ

ਨਾਮੁਆਫ਼ਿਕ (नामुआफ़िक) /nāmuāfika̸ ナームアーフィク/ ▸ਨਾਮੁਆਫ਼ਕ [Pers. *nā-* Arab. *muvāfiq*] *adj.* **1** 不適当な. **2** 性分に合わない. **3** 相容れない.

ਨਾਮੁਕੰਮਲ (नामुकंमल) /nāmukammala̸ ナームカンマル/ [Pers. *nā-* Arab. *mukammal*] *adj.* 不完全な.

ਨਾਮੁਨਾਸਬ (नामुनासब) /nāmunāsaba̸ ナームナーサブ/ ▸ਨਾਮੁਨਾਸਿਬ [Pers. *nā-* Arab. *munāsib*] *adj.* **1** 不適当な, 不適切な, ふさわしくない. (⇒ਗ਼ੈਰਮੁਨਾਸਬ) **2** 不当な, 法外な. **3** 間違っている. **4** 下品な.

ਨਾਮੁਨਾਸਿਬ (नामुनासिब) /nāmunāsiba̸ ナームナースィブ/ ▸ਨਾਮੁਨਾਸਬ *adj.* → ਨਾਮੁਨਾਸਬ

ਨਾਮੁਮਕਨ (नामुमकन) /nāmuma̸kana̸ ナームムカン/ ▸ਨਾਮੁਮਕਿਨ *adj.* → ਨਾਮੁਮਕਿਨ

ਨਾਮੁਮਕਿਨ (नामुमकिन) /nāmuma̸kina̸ ナームムキン/ ▸ਨਾਮੁਮਕਨ [Pers. *nā-* Arab. *mumkin*] *adj.* **1** 不可能な. **2** ありえない, 論外な. (⇒ਅਸੰਭਵ)

ਨਾਮੁਰਾਦ (नामुराद) /nāmurāda̸ ナームラード/ [Pers. *nā-* Arab. *murād*] *adj.* **1** すべて望みに挫折した. **2** 不運な. **3** 子孫のいない.

ਨਾਯਾਬ (नायाब) /nāyāba̸ ナーヤーブ/ [Pers. *nā-*

Pers.-*yāb*] *adj.* **1** 見つからない. **2** 手に入らない. **3** 稀な, めったにない.

ਨਾਰ (नार) /nāra ナール/ ▸ਨਾਰੀ *f.* → ਨਾਰੀ

ਨਾਰ੍ਹਾ (नार्हा) /nârā ナーラー/ ▸ਨਾਹਰਾ *adj.m.* → ਨਾਹਰਾ[1]

ਨਾਰਕੀ (नारकी) /nārakī ナールキー/ *adj.* → ਨਰਕੀ

ਨਾਰੰਗੀ (नारंगी) /nāraṅgī ナーランギー/ [Skt. नारंग] *f.* 〖植物〗オレンジ, ミカン(蜜柑)《アマダイダイ(甘橙), ヘソミカン(臍蜜柑), ネーブルなどの種》, それらの果実.

ਨਾਰਦ (नारद) /nārada ナーラド/ [Skt. नारद] *m.* **1** 〖ヒ〗ナーラダ《神話に登場する聖仙》. **2** 厄介者. **3** ずる賢い人.

ਨਾਰਵੇ (नारवे) /nārawe ナールウェー/ [Eng. *Norway*] *m.* 〖国名〗ノルウェー(王国).

ਨਾਰਾਇਣ (नाराइण) /nārāiṇa ナーラーイン/ ▸ਨਰਾਇਣ, ਨਰੈਣ *m.* → ਨਰਾਇਣ

ਨਾਰਾਜ਼ (नाराज़) /nārāza ナーラーズ/ ▸ਨਰਾਜ਼ *adj.* → ਨਰਾਜ਼

ਨਾਰਾਜ਼ਗੀ (नाराज़गी) /nārāzagī ナーラーズギー/ ▸ ਨਰਾਜ਼ਗੀ *f.* → ਨਰਾਜ਼ਗੀ

ਨਾਰੀ (नारी) /nārī ナーリー/ ▸ਨਾਰ [Skt. नारी] *f.* **1** 女性, 婦人, 婦女. **2** 〖親族〗妻.

ਨਾਰੀਅਲ (नारीअल) /nārīala ナーリーアル/ ▸ਨਰੇਲ, ਨਲੀਏਰ [Skt. नारिकेल] *m.* **1** 〖植物〗ココヤシ(ココ椰子). **2** 〖植物〗ココヤシの実, ココナツ.

ਨਾਲ[1] (नाल) /nāla ナール/ *postp.* **1**《同伴, 相手, 交際, 携帯, 所持などを表す》…と, …と一緒に, …とともに, …を持って. (⇒ਗੈਲ) ❏ਜਦੋਂ ਤੁਸੀਂ ਆਓਗੇ ਤਦੋਂ ਤੁਹਾਡੇ ਨਾਲ ਗੱਲ ਕਰ ਲਵਾਂਗੇ। あなたが来た時にあなたと話しましょう. ❏ਤੁਹਾਡਾ ਭਰਾ ਵੀ ਤੁਹਾਡੇ ਨਾਲ ਹੈ? あなたの弟もあなたと一緒にいますか. ❏ਕੀ ਤੂੰ ਵੀ ਸਾਡੇ ਨਾਲ ਚੱਲੇਂਗੀ? おまえも私たちと一緒に行くかい. ❏੧੯੫੧ ਵਿੱਚ ਉਹ ਬੰਬਈ ਛੱਡ ਕੇ ਆਪਣੇ ਪਤੀ ਨਾਲ ਦਿੱਲੀ ਆ ਗਈ। 1951年に彼女はボンベイを去って夫と一緒にデリーに来ました. ❏ਰੇਲਵੇ ਪਲੇਟਫ਼ਾਰਮ ਤੇ ਕਾਫ਼ੀ ਸਮਾਨ ਨਾਲ ਇੱਕ ਔਰਤ ਬੈਠੀ ਸੀ। 駅のプラットホームにたくさんの荷物を持って一人の女性が座っていました. **2**《道具, 手段, 材料などを表す》…で, …を使って, …によって. (⇒ਗੈਲ) ❏ਮੈਂ ਚਾਕੂ ਨਾਲ ਵੱਢਦਾ ਹਾਂ। 私はナイフで切ります. ❏ਚਾਕੂ ਨਾਲ ਪੈਨਸਿਲ ਘੜ ਲਓ। ナイフで鉛筆を削りなさい. ❏ਸਰਦੀਆਂ ਵਿੱਚ ਅਸੀਂ ਗਰਮ ਪਾਣੀ ਨਾਲ ਨਹਾਉਂਦੇ ਹਾਂ। 冬には私たちはお湯で沐浴します. ❏ਸੋਹਣਿਆਂ ਕੱਪੜਿਆਂ ਨਾਲ ਆਦਮੀ ਚੰਗਾ ਲਗਦਾ ਹੈ। 奇麗な衣服を着ると人は立派に見えます. ❏ਤੁਹਫ਼ਿਆਂ ਨਾਲ ਪਿਆਰ ਵਧਦਾ ਹੈ। 贈り物によって愛は増します. ❏ਇੱਕ ਫੁੱਲ ਨਾਲ ਮਾਲਾ ਨਹੀਂ ਬਣਦੀ। 一つの花で花輪はできない〔諺〕. ❏ਹਰ ਕੰਮ ਮਸ਼ੀਨਾਂ ਨਾਲ ਹੋਣ ਲੱਗ ਪਿਆ ਏ। どの仕事も機械で行われるようになり始めました. **3**《対象, 関連, 関わりなどを述べる》…のことを, …に対して, …との間に. ❏ਉਹ ਮੇਰੇ ਨਾਲ ਨਰਾਜ਼ ਹੈ। あの人は私のことを怒っています. ❏ਮੈਂ ਉਸ ਨਾਲ ਨਹੀਂ ਬੋਲਦਾ। 私はあの人とは話しません. **4**《原因, 理由を表す》…のために, …が原因で. ❏ਭੁੱਖ ਨਾਲ ਜਾਨ ਪਈ ਨਿਕਲਦੀ ਹੈ। 飢えのために命は失われます. ❏ਧੁੱਪ ਨਾਲ ਗਰਮੀ ਹੋਣ ਲੱਗ ਪਈ। 日差しのために暑くなり始めました. ❏ਪਾਕਿਸਤਾਨ ਬਣਨ ਨਾਲ ਹੁਣ ਪੰਜਾਬ ਚੜ੍ਹਦੇ ਤੇ ਲਹਿੰਦੇ ਦੋ ਹਿੱਸਿਆਂ ਵਿੱਚ ਵੰਡਿਆ ਜਾ ਚੁਕਿਆ ਹੈ। パキスタンが建国されたために現在パンジャーブは東西二つの地域に分断されてしまっています. **5**《接近, 隣接, 密着, 依拠などを表す》…のすぐそばに, …に接して, …に密着して, …に沿って, …を辿って. ❏ਮੇਜ਼ ਦੇ ਨਾਲ ਹੀ ਕੁਰਸੀ ਪਈ ਹੈ। テーブルのすぐそばに椅子があります. ❏ਮਾਲਕ ਨੇ ਇੱਕ ਘੰਟੀ ਕੁੱਤੇ ਦੇ ਗਲ ਨਾਲ ਬੰਨ੍ਹ ਦਿੱਤੀ। 飼い主は一つの鈴を犬の首に結び付けました. ❏ਦਿਵਾਰ ਦੇ ਨਾਲ–ਨਾਲ ਚਲਾ ਜਾ। 壁にぴったり沿って行きなさい. **6**…することで, …することによって. ❏ਟਾਫ਼ੀਆਂ ਖਾਣ ਨਾਲ ਦੰਦ ਖ਼ਰਾਬ ਹੋ ਜਾਂਦੇ ਹਨ। 甘いキャンディを食べることで歯が悪くなってしまいます. ❏ਮੇਰੇ ਜਾਣ ਨਾਲ ਤੁਹਾਡਾ ਕੰਮ ਨਹੀਂ ਹੋਣਾ। 私が行ったのではあなたの用事は足せません. **7**《名詞の後に置いて, 二語で副詞に相当する語句を形成する》. ❏ਉਹ ਗੁੱਸੇ ਨਾਲ ਬੋਲਦੀ ਹੈ। 彼女は怒って話します. ❏ਉਹ ਦੇਰ ਨਾਲ ਆਇਆ ਸੀ। 彼は遅れて来ました. ❏ਅਰਾਮ ਨਾਲ ਬੈਠੋ ਜੀ। 楽にして座ってください. ❏ਤੁਸੀਂ ਜ਼ੋਰ ਨਾਲ ਬੋਲੋ। あなたは大きな声で話してください. ❏ਮਾਂ ਬੱਚੇ ਨੂੰ ਪਿਆਰ ਨਾਲ ਛੂਹਦੀ ਹੈ। 母親は子供を慈しみ深く撫でます.

— *adv.* **1**(人と)一緒に. (⇒ਸਾਥ) **2**(物を)持って, 携えて. **3** 近くに, 接近して, すぐそばに, 接して, 密着して. (⇒ਕੋਲ) **4** 含めて, 付随して. (⇒ਸਮੇਤ)

ਨਾਲ[2] (नाल) /nāla ナール/ [Skt. नाल] *f.* **1** 筒. **2** 管, パイプ. **3** 導管. **4** 銃身. **5**(織機の)杼《横糸を左右に運ぶ》. **6**〖容器〗家畜に薬を与えるための竹製の筒または徳利.

ਨਾਲਸ਼ (नालश) /nālaśa ナーラシュ/ [Pers. *nāliś*] *f.* **1** 不平, 不満, 苦情, 文句. (⇒ਸ਼ਿਕਾਇਤ) **2**〖法〗訴訟. **3** 賠償の嘆願.

ਨਾਲ੍ਹ (नाल्ह) /nâla ナール/ ▸ਨਾਅਲ [Arab. *na`l*] *f.* 蹄鉄. ❏ਨਾਲ੍ਹ ਲਾਉਣਾ 蹄鉄を付ける.

ਨਾਲ੍ਹਬੰਦ (नाल्हबंद) /nâlabanda ナールバンド/ [Pers.-*band*] *m.* 蹄鉄工.

— *adj.* 蹄鉄を付けられた.

ਨਾਲ੍ਹਬੰਦੀ (नाल्हबंदी) /nâlabandī ナールバンディー/ [Pers.-*bandī*] *f.* 馬に蹄鉄を付けること.

ਨਾਲਾ[1] (नाला) /nālā ナーラー/ [Skt.नाल] *m.* **1** 小川, 水路. **2** 排水溝. **3** どぶ.

ਨਾਲਾ[2] (नाला) /nālā ナーラー/ [Pers. *nāla*] *m.* **1** 泣きわめく声. **2** 嘆き悲しむ声.

ਨਾਲਾ[3] (नाला) /nālā ナーラー/ *m.*〖衣服〗(パジャーマーやサルワールの)腰紐.

ਨਾਲਾਇਕ (नालाइक) /nālāika ナーラーイク/ ▸ਨਲਾਇਕ [Pers. *nā*- Arab. *lā^hiq*] *adj.* **1** 能力のない, 無能な, 無力な, 役立たずの. **2** 頭の悪い, 愚かな, 鈍い, 愚鈍な. **3** ふさわしくない, 不適当な, 不適切な.

ਨਾਲਾਇਕੀ (नालाइकी) /nālāikī ナーラーイキー/ ▸ ਨਲਾਇਕੀ [Pers. *nā*- Pers. *lā^hiqī*] *f.* **1** 能力のないこと, 無能, 無力, 役に立たないこと. **2** 鈍いこと, 愚鈍. **3** 愚かな行為. **4** ふさわしくないこと, 不適当なこと.

ਨਾਲੀ (नाली) /nālī ナーリー/ [Skt. नाल -ਈ] *f.* **1** 排水溝. **2** 下水. **3** 管状のもの. **4** パイプ. **5** 管.

ਨਾਲੇ (नाले) /nāle ナーレー/ *conj.* **1**…も. ❏ਮੋਤੀ ਨਾਲੇ ਲੜਦਾ ਹੈ ਨਾਲੇ ਰੋਂਦਾ ਹੈ। モーティーは喧嘩もするし泣きもしま

す．**2**…に加えて．**3**…と同時に．

ਨਾਲੋਂ (नालों) /nālõ ナーローン/ *postp.* 《 ਨਾਲ ਤੋਂ の融合形》 **1**《比較表現で用いられると》…より，…以上．❐ ਸੁਰਿੰਦਰ ਮਹਿੰਦਰ ਨਾਲੋਂ ਹੁਸ਼ਿਆਰ ਵਿਦਿਆਰਥੀ ਹੈ। スリンダルはマヒンダルよりも賢い学生です．❐ਉਹ ਕੁੱਤਾ ਆਪਣੇ ਆਪ ਨੂੰ ਦੂਜੇ ਕੁੱਤਿਆਂ ਨਾਲੋਂ ਖ਼ਾਸ ਦਰਜੇ ਵਾਲਾ ਜਾਣਨ ਲੱਗਾ। その犬は自分が他の犬たちより特別の地位にあるものと思い始めました．❐ਉਹਨਾਂ ਦੇਸ਼ਾਂ ਵਿੱਚ ਸੂਰਜ ਦੀ ਰਹਿਮਤ ਭਾਰਤ ਨਾਲੋਂ ਬਹੁਤ ਘੱਟ ਹੈ। それらの国々では太陽の恵みがインドよりずっと少ないのです．❐ਉਹ ਆਪਣੇ ਲੱਕ ਨੂੰ ਪਹਿਲਾਂ ਨਾਲੋਂ ਜ਼ਿਆਦਾ ਪਤਲਾ ਕਰਨ ਵਿੱਚ ਸਫਲ ਰਹੀ। 彼女は自分のウエスト〔胴のくびれ〕を以前よりずっと細くすることに成功していました．**2**《「すべての〜より…」は，ਸਾਰਿਆਂ ＋ 男性名詞（後置格・複数）＋ ਨਾਲੋਂ または ਸਾਰੀਆਂ ＋ 女性名詞（後置格・複数）＋ ਨਾਲੋਂ という語句を形容詞の前に置く．この言い回しを用いると，（他者と比較して）「〜の中で一番…」「〜の中で最も…」という最上表現となる》❐ਨੱਥਾ ਸਾਰਿਆਂ ਮੁੰਡਿਆਂ ਨਾਲੋਂ ਲੰਮਾ ਹੈ। ナッターは少年たちの中で一番背が高いです．❐ਸ਼ੀਲਾ ਸਾਰੀਆਂ ਕੁੜੀਆਂ ਨਾਲੋਂ ਸੋਹਣੀ ਹੈ। シーラーは少女たちの中で一番美しいです．

ਨਾਂਵ (नाँव) /nā̃wa ナーンウ/ ▸ਨਾਵ [Skt. नामन्] *m.* **1**〖言〗名詞．❐ਨਿੱਜੀ ਨਾਂਵ 固有名詞．**2** 名前．

ਨਾਵ[1] (नाव) /nāwa ナーウ/ ▸ਨਾਂਵ *m.* → ਨਾਂਵ

ਨਾਵ[2] (नाव) /nāwa ナーウ/ ▸ਨਾਓ *f.* → ਨਾਓ

ਨਾਵਕ[1] (नावक) /nāwaka ナーワク/ [Pers. *nāvak*] *m.* **1**〖武〗小さな矢．**2**〖武〗吹き矢の筒．**3**〖武〗石弓．**4** 蜂の針．

ਨਾਵਕ[2] (नावक) /nāwaka ナーワク/ [Skt. नाविक] *m.* **1** 水夫．**2** 漕ぎ手．

ਨਾਵਲ (नावल) /nāvala ナーヴァル/ [Eng. *novel*] *m.*〖文学〗小説．(⇒ਉਪਨਿਆਸ)

ਨਾਵਲਕਾਰ (नावलकार) /nāvalakāra ナーヴァルカール/ [Eng. *novel* Skt.-कार or Pers.-*kār*] *m.* 小説家，作家．(⇒ਉਪਨਿਆਸਕਾਰ)

ਨਾਵਲਕਾਰੀ (नावलकारी) /nāvalakārī ナーヴァルカーリー/ [Pers.-*kārī* or Skt.-कारिता] *f.*〖文学〗小説の著作．

ਨਾਵਲਿਸਟ (नावलिसट) /nāvalisaṭa ナーヴァリスト/ [Eng. *novelist*] *m.* 小説家．

ਨਾਂਵਾਂ[1] (नाँवाँ) /nā̃wā̃ ナーンワーン/ ▸ਨਾਵਾਂ [Skt. नामन् or Pers. *nām* ＋ ਵਾਂ] *m.* 名前《 ਨਾਂ または ਨਾਉਂ の複数形》．

ਨਾਂਵਾਂ[2] (नाँवाँ) /nā̃wā̃ ナーンワーン/ ▸ਨਾਵਾਂ [Skt. नौका] *f.*〖乗物〗小舟，ボート《 ਨਾਓ または ਨਾਵ の複数形》．

ਨਾਵਾਂ[1] (नावाँ) /nāwā̃ ナーワーン/ ▸ਨਾਂਵਾਂ *m.* → ਨਾਂਵਾਂ[1]

ਨਾਵਾਂ[2] (नावाँ) /nāwā̃ ナーワーン/ ▸ਨਾਂਵਾਂ *f.* → ਨਾਂਵਾਂ[2]

ਨਾਵਾਂ[3] (नावाँ) /nāwā̃ ナーワーン/ *m.* **1** 現金．(⇒ਨਕਦ) **2**〖貨幣〗貨幣．**3** 金銭借用記録．

ਨਾਵਾਂ[4] (नावाँ) /nāwā̃ ナーワーン/ ▸ਨਾਮਾ, ਨੌਆਂ, ਨੌਂਵਾਂ, ਨੌਵਾਂ [(Jat.) Skt. नव -वां] *or.num.* 9番目，第九．

— *adj.* 9番目の，第九の．

ਨਾਵਾਕਫ਼ (नावाकफ़) /nāwākafa ナーワーカフ/ ▸ਨਾਵਾਕਿਫ਼ [Pers. *nā-* Arab. *vāqif*] *adj.* **1** 知らない，認識していない，知らされていない，無知の．**2** 見知らぬ，馴染みのない，面識のない．

ਨਾਵਾਕਿਫ਼ (नावाकिफ़) /nāwākifa ナーワーキフ/ ▸ਨਾਵਾਕਫ਼ *adj.* → ਨਾਵਾਕਫ਼

ਨਾਵਾਜਬ (नावाजब) /nāwājaba ナーワージャブ/ [Pers. *nā-* Arab. *vājib*] *adj.* **1** 不適当な，不適正な．(⇒ਗ਼ੈਰਵਾਜਬ) **2** 不正な，不公正な．**3** 不合理な．

— *adv.* **1** 不適当に，不適正に．**2** 不正に，不公正に．**3** 不合理に．

ਨਾੜ[1] (नाड़) /nāṛa ナール/ ▸ਨਾੜੀ *f.* → ਨਾੜੀ

ਨਾੜ[2] (नाड़) /nāṛa ナール/ *m.*〖植物〗植物の中空の乾いた茎．

ਨਾੜਾ (नाड़ा) /nāṛā ナーラー/ *m.* **1** なめし革の紐．**2**〖衣服〗腰紐，女性の着衣の腰紐．

ਨਾੜੀ (नाड़ी) /nāṛī ナーリー/ ▸ਨਾੜ [Skt. नाड़ि] *f.* **1**〖身体〗脈，脈拍，脈管．**2**〖身体〗血管．(⇒ਨਸ) **3**〖身体〗腱．**4**〖身体〗神経繊維．

ਨਾੜੀ ਪ੍ਰਬੰਧ (नाड़ी प्रबंध) /nāṛī prabânda ナーリー プラバンド/ [＋ Skt. प्रबंध] *m.*〖身体〗神経組織．

ਨਾੜੀ ਰੋਗ (नाड़ी रोग) /nāṛī roga ナーリー ローグ/ [＋ Skt. रोग] *m.*〖医〗神経症，ノイローゼ．

ਨਾੜੀ ਵਿਗਿਆਨ (नाड़ी विगिआन) /nāṛī vigiāna ナーリー ヴィギアーン/ [＋ Skt. विज्ञान] *m.* 神経病学．

ਨਾੜੂ (नाड़ू) /nāṛū ナールー/ ▸ਨਾੜੂਆ *m.*〖身体〗臍の緒．

ਨਾੜੂਆ (नाड़ूआ) /nāṛūā ナールーアー/ ▸ਨਾੜੂ *m.* → ਨਾੜੂ

ਨਿ (नि) /ni ニ/ ▸ਨਿਸ, ਨਿਸ਼, ਨਿਹ [Skt. निः , निश् , निष् , निस्] *pref.* 「…でない」「…のない」「…を持たない」「…から離れた」「…から外れた」などを意味する否定の接頭辞．

ਨਿਉਕਲਿਅਰ (निउकलिअर) /niukaliara ニウカリアル/ [Eng. *nuclear*] *adj.* 核の．

ਨਿਉਕਲਿਆਈ (निउकलिआई) /niukaliāī ニウカリアーイー/ [-ਈ] *adj.* 核の．

ਨਿਉਣਾ (निउणा) /niuṇā ニウナー/ ▸ਨਿਓਣਾ, ਨਿਵਣਾ *vi.* → ਨਿਓਣਾ

ਨਿਉਂਦਾ (निउंदा) /niundā ニウンダー/ ▸ਨਿਓਂਦਰਾ, ਨਿਓਂਦਾ, ਨੇਂਦਰਾ, ਨੇਂਦਾ *m.* → ਨਿਓਂਦਰਾ

ਨਿਊਜ਼ (निऊज़) /niūza ニューズ/ [Eng. *news*] *f.* ニュース，報道，知らせ．(⇒ਖ਼ਬਰ)

ਨਿਊਜ਼ੀਲੈਂਡ (निऊज़ीलैंड) /niūzīlāĩḍa ニューズィーラェーンド/ [Eng. *New Zealand*] *m.*〖国名〗ニュージーランド．

ਨਿਊਣਕੋਣ (निऊणकोण) /niūṇakoṇa ニウーンコーン/ *m.* 鋭角．

ਨਿਊਣਤਮ (निऊणतम) /niūṇatama ニウーンタム/ *adj.* **1** 最小限の．**2** 最低の．

ਨਿਓਟਾ (निओटा) /nioṭā ニオーター/ *adj.* **1** 隠れ場のない．**2** 避難する所のない．**3** 保護されていない．**4** 困窮している．**5** 頼るすべのない．

ਨਿਓਣਾ (निओंणा) /niõṇā ニオーンナー/ ▸ਨਿਉਣਾ, ਨਿਵਣਾ [(Pkt. नेइ) Skt. नेमि] *vi.* **1** 身をかがめる，腰を曲げる，お辞儀をする．**2** 屈服する，服従する．

ਨਿਓਂਦਰਾ (निओंदरा) /niõdarā ニオーンドラー/ ▸ਨਿਉਂਦਾ, ਨਿਓਂਦਾ, ਨੇਂਦਰਾ, ਨੇਂਦਾ [Skt. निमंत्रण] *m.* **1** 招待．**2** 返礼の寄付．

ਨਿਓਂਦਾ (निओंदा) /niõdā ニオーンダー/ ▸ਨਿਉਂਦਾ, ਨਿਓਂਦਰਾ, ਨੇਂਦਰਾ, ਨੇਂਦਾ *m.* → ਨਿਓਂਦਰਾ
ਨਿਓਲ (निओल) /niola ニオール/ ▸ਨਿਓਲਾ, ਨੇਵਲਾ [Skt. नकुल] *m.* 〖動物〗マングース.
ਨਿਓਲਾ (निओला) /niolā ニオーラー/ ▸ਨਿਓਲ, ਨੇਵਲਾ *m.* → ਨਿਓਲ
ਨਿਆਂ (निआँ) /niā̃ ニアーン/ ▸ਨਯਾਇ, ਨਿਆਇ, ਨਯਾਯ, ਨਿਆਯ, ਨਿਆਉਂ, ਨਿਆਇ [Skt. न्याय] *m.* **1** 規則, 決まり, 法律, 資格, 権利. **2** 正義, 公正. **3** 公平, 不偏不党. **4** 判決, 裁定. **5** 論理, 論法.
ਨਿਆਉਂ (निआउँ) /niāõ | niāũ ニアーオーン | ニアーウン/ ▸ਨਯਾਇ, ਨਿਆਇ, ਨਯਾਯ, ਨਿਆਯ, ਨਿਆਂ, ਨਿਆਇ *m.* → ਨਿਆਂ
ਨਿਆਇ (निआइ) /niāe ニアーエー/ ▸ਨਯਾਇ, ਨਿਆਇ, ਨਯਾਯ, ਨਿਆਯ, ਨਿਆਂ, ਨਿਆਉਂ *m.* → ਨਿਆਂ
ਨਿਆਈਂ (निआईं) /niāī̃ ニアーイーン/ [Skt. न्याय] *postp.* **1**…のように. (⇒ਵਾਂਗ, ਤਰ੍ਹਾਂ) **2**…に似ている.
— *adv.* **1** 同じように. **2** 似たように.
ਨਿਆਈ (निआई) /niāī ニアーイー/ [Skt. न्यायिन्] *adj.* **1** 道徳的に正しい. **2** 公正な. **3** 公平な.
ਨਿਆਸ (निआस) /niāsa ニアース/ [Skt. न्यास] *m.* **1** 寄託, 信託. **2** 寄託品, 預けられたもの. **3** 担保品.
ਨਿਆਸਰਾ (निआसरा) /niāsarā | niāsarā ニアーサラー | ニアースラー/ ▸ਨਿਰਾਸਰਾ [Skt. निर्- Skt. आश्रय] *adj.* **1** 庇護のない. **2** 困窮した.
ਨਿਆਂਸ਼ੀਲ (निआँशील) /niā̃śīla ニアーンシール/ [Skt. न्याय Skt.-शील] *adj.* **1** 公正な. **2** 公平な. **3** 正当な.
ਨਿਆਂਸ਼ੀਲਤਾ (निआँशीलता) /niā̃śīlatā ニアーンシールター/ [Skt.-ता] *f.* **1** 公正. **2** 公平.
ਨਿਆਂਹੀਣ (निआँहीण) /niā̃hīṇa ニアーンヒーン/ [Skt. न्याय Skt.-हीन] *adj.* **1** 不公正な. **2** 不公平な. **3** 不適当な.
ਨਿਆਂਹੀਣਤਾ (निआँहीणता) /niā̃hīṇatā ニアーンヒーンター/ [Skt.-ता] *f.* **1** 不公正. **2** 不公平. **3** 不適当.
ਨਿਆਂਕਾਰ (निआँकार) /niā̃kāra ニアーンカール/ *adj.* → ਨਿਆਂਕਾਰੀ
ਨਿਆਂਕਾਰੀ (निआँकारी) /niā̃kārī ニアーンカーリー/ [Skt. न्याय Skt.-कारिन्] *adj.* **1** 道徳的に正しい. **2** 公正な. **3** 公平な.
ਨਿਆਜ਼ (निआज़) /niāza ニアーズ/ [Pers. *niyāz*] *m.* **1** 願い, 懇願, 嘆願, 請願. **2** 望み, 願望, 熱望. **3** 貢ぎ物, 捧げ物. **4** 尊敬, 敬意を表すること, 拝謁. **5** 好意, 寵愛, 信頼. **6** 支援, 援助.
ਨਿਆਜ਼ਬੋ (निआज़बो) /niāzabo ニアーズボー/ ▸ਨਾਜ਼ਬੋ [Pers. *nāzbo*] *f.* 〖植物〗バジル, バジリコ, メボウキ(目箒)《シソ科の一年草. 芳香と辛みがあり, 香辛料や芳香剤とする》.
ਨਿਆਜ਼ਮੰਦ (निआज़मंद) /niāzamanda ニアーズマンド/ [Pers. *niyāz* Pers.*-mand*] *adj.* **1** 願っている, 懇願する. **2** 欲する, 求める, 必要とする.
ਨਿਆਣਪੁਣਾ (निआणपुणा) /niāṇapuṇā ニアーンプナー/ [Skt. अज्ञान -ਪੁਣਾ] *m.* **1** 無邪気さ, 純真さ, 幼さ. **2** 子供らしさ, 子供っぽさ.
ਨਿਆਣਾ[1] (निआणा) /niāṇā ニアーナー/ ▸ਅੰਞਾਣਾ, ਅਞਾਣਾ, ਅਯਾਣਾ [Skt. अज्ञान] *adj.* **1** 知らない, 知識のない, 認識のない. **2** 無知の, 愚かな. **3** 無邪気な, 純真な. **4** 子供らしい, 子供っぽい. **5** 若い, 年少の, 幼い.
— *m.* **1** 幼児. **2** 子供.
ਨਿਆਣਾ[2] (निआणा) /niāṇā ニアーナー/ [Skt. नहति] *m.* 搾乳中に牝牛の後ろ足を縛っておく綱.
ਨਿਆਂਪਾਲਕ (निआँपालक) /niā̃pālaka ニアーンパーラク/ [Skt. न्याय + Skt. पालक] *m.* 〖法〗司法当局, 司法部.
ਨਿਆਂਪੂਰਨ (निआँपूरन) /niā̃pūrana ニアーンプールン/ [Skt.-पूर्ण] *adj.* **1** 公正な. **2** 公平な. **3** 正当な. **4** 道理に合った.
ਨਿਆਮਤ (निआमत) /niāmata ニアーマト/ ▸ਨਿਹਮਤ, ਨੇਹਮਤ [Pers. *ne`mat*] *f.* **1** 大いに価値のあるもの. **2** 神の恵み, 恩恵, 恩寵. **3** 祝福, 幸福, 幸せ. **4** 贈り物. **5** 富, 財産.
ਨਿਆਰਾ (निआरा) /niārā ニアーラー/ [Skt. निर्निकट] *adj.* **1** 分かれた, 離れている. **2** 異なった, 別個の. **3** 普通でない, 独特の, 特異な. **4** 珍しい, 奇妙な.
ਨਿਆਰਾਪਣ (निआरापण) /niārāpaṇa ニアーラーパン/ [-ਪਣ] *m.* **1** 分かれていること, 分離. **2** 異なっていること. **3** 普通でないこと, 特異. **4** 珍しいこと, 奇妙なこと.
ਨਿਸ[1] (निस) /nisa ニス/ [Skt. निशा] *f.* 夜.
ਨਿਸ[2] (निस) /nisa ニス/ ▸ਨਿ, ਨਿਸ਼, ਨਿਹ *pref.* → ਨਿਸ਼
ਨਿਸ਼ (निश) /niśa ニシュ/ ▸ਨਿ, ਨਿਸ, ਨਿਹ [Skt. निः, निश्, निष्, निस्] *pref.* 「…でない」「…のない」「…を持たない」「…から離れた」「…から外れた」などを意味する否定の接頭辞.
ਨਿਸ਼ਕਪਟ (निशकपट) /niśakapaṭa ニシュカプト/ [Skt. निष्- Skt. कपट] *adj.* **1** 率直な, 包み隠しのない. **2** 誠実な.
ਨਿਸ਼ਕਪਟਤਾ (निशकपटता) /niśakapaṭatā ニシュカパトター/ [Skt.-ता] *f.* **1** 率直, 包み隠しのないこと. **2** 誠実.
ਨਿਸ਼ਕਰਸ਼ (निशकरश) /niśakaraśa ニシュカルシュ/ [Skt. निष्कर्ष] *m.* **1** 抽出, 抽出物. **2** 結論, 結果, 成果, 成り行き. **3** 推論, 推定. **4** 演繹. **5** 精髄. **6** 要約.
ਨਿਸ਼ੰਗ (निशंग) /niśaṅga ニシャング/ [Skt. निःशंक] *adv.* **1** 躊躇なく. **2** 率直に. **3** 公然と, あからさまに.
ਨਿਸ਼ਚਲ (निशचल) /niśacala ニシュチャル/ ▸ਨਿਹਚਲ [Skt. निश्चल] *adj.* **1** 動かない, 不動の. **2** 破壊されない. **3** 永遠の. **4** 永続する.
ਨਿਸਚਾ (निसचा) /nisacā ニスチャー/ ▸ਨਿਸ਼ਚਾ, ਨਿਹਚਾ *m.* → ਨਿਸ਼ਚਾ
ਨਿਸ਼ਚਾ (निशचा) /niśacā ニシュチャー/ ▸ਨਿਸਚਾ, ਨਿਹਚਾ [Skt. निश्चय] *m.* **1** 確信, 確かさ, 確証. **2** 信念. **3** 信用, 信頼. **4** 決意, 決心, 決断. **5** 決定, 決議.
ਨਿਸਚਾਵਾਦ (निसचावाद) /nisacāwāda ニスチャーワード/ ▸ਨਿਸ਼ਚੇਵਾਦ [Skt.-वाद] *m.* 決定論.
ਨਿਸਚਿੰਤ (निसचिंत) /nisacinta ニスチント/ ▸ਨਿਸ਼ਚਿੰਤ, ਨਿਹਚਿੰਤ, ਨਿਚਿੰਤ *adj.* → ਨਿਸ਼ਚਿੰਤ
ਨਿਸ਼ਚਿੰਤ (निशचिंत) /niśacinta ニシュチント/ ▸ਨਿਸਚਿੰਤ, ਨਿਹਚਿੰਤ, ਨਿਚਿੰਤ [Skt. निश्चिन्त] *adj.* **1** 心配のない, 不安のない, 安心した. **2** 無頓着な, 暢気な.
ਨਿਸਚਿਤ (निसचित) /nisacita ニスチト/ ▸ਨਿਸ਼ਚਿਤ *adj.* → ਨਿਸ਼ਚਿਤ

ਨਿਸ਼ਚਿਤ (निशचित) /niśacita ニシュチト/ ▸ਨਿਸਚਿਤ [Skt. निश्चित] *adj.* **1** 決定した. **2** 確かな, 確実な, はっきりした. **3** 定着した. **4** 確定した. **5** 正確な.

ਨਿਸ਼ਚੇਹੀਨ (निशचेहीन) /niśacehīna ニシュチェーヒーン/ [Skt. निश्चय Skt.-हीन] *adj.* **1** 信念のない. **2** 迷っている. **3** 態度を決められない.

ਨਿਸ਼ਚੇਹੀਨਤਾ (निशचेहीनता) /niśacehīnatā ニシュチェーヒーンター/ [Skt.-ता] *f.* **1** 信念がないこと. **2** 確信がないこと. **3** 迷っていること. **4** 態度を決められないこと.

ਨਿਸ਼ਚੇਪੂਰਵਕ (निशचेपूरवक) /niśacepūrawaka ニシュチェープールワク/ [Skt. निश्चय Skt.-पूर्वक] *adv.* **1** 確かに. **2** 断固として.

ਨਿਸਚੇਵਾਦ (निसचेवाद) /nisacewāda ニスチェーワード/ ▸ਨਿਸਚਾਵਾਦ [Skt.-वाद] *m.* 決定論.

ਨਿਸਚੇਵਾਦੀ (निसचेवादी) /nisacewādī ニスチェーワーディー/ [Skt.-वादिन्] *m.* 決定論者.

ਨਿਸਟਲ (निसटल) /nisaṭala ニスタル/ *adj.* 避けられない, 不可避の.

ਨਿਸ਼ਠਾ (निशठा) /niśaṭʰā ニシュター/ [Skt. निष्ठा] *f.* **1** 信念, 信条. **2** 確信, 確かな知識. **3** 忠節, 忠誠, 誠実さ. **4** 服従. **5** 敬虔さ, 信心深さ, 帰依.

ਨਿਸ਼ਠਾਵਾਨ (निशठावान) /niśaṭʰāwāna ニシュターワーン/ [Skt.-वान्] *adj.* **1** 信念のある. **2** 確信を持っている. **3** 忠実な, 誠実な. **4** 敬虔な, 信心深い.

ਨਿਸੱਤਾ (निसत्ता) /nisattā ニサッター/ [Skt. निस्सत्व] *adj.* **1** 力のない, 無力な. (⇒ਸ਼ਕਤੀਹੀਣ) **2** 弱い, 弱々しい. (⇒ਕਮਜ਼ੋਰ) **3** 虚弱な. **4** 元気のない.

ਨਿਸਤਾਰ (निसतार) /nisatāra ニスタール/ ▸ਨਿਸਤਾਰਾ *m.* → ਨਿਸਤਾਰਾ

ਨਿਸਤਾਰਨਾ (निसतारना) /nisatāranā ニスタールナー/ [Skt. निस्तारयति] *vt.* **1** 解放する. **2** 救済する.

ਨਿਸਤਾਰਾ (निसतारा) /nisatārā ニスターラー/ ▸ਨਿਸਤਾਰ [Skt. निस्तार] *m.* **1** 解放. **2** 救済.

ਨਿਸਤੇਜ (निसतेज) /nisateja ニステージ/ [Skt. निस्तेज] *adj.* **1** 輝きのない. **2** 精気のない, 活力のない. **3** 力のない, 無力な, 弱い. (⇒ਸ਼ਕਤੀਹੀਣ)

ਨਿਸਦਿਨ (निसदिन) /nisadina ニスディン/ [Skt. निशि-दिन] *adv.* **1** 日夜. (⇒ਰਾਤ ਦਿਨ) **2** 常に. (⇒ਸਦਾ, ਹਮੇਸ਼ਾਂ)

ਨਿਸਪਤ (निसपत) /nisapata ニスパト/ [Skt. निशि-पति] *m.* **1** 夜の主. **2**〖天文〗月. (⇒ਚੰਨ)

ਨਿਸ਼ਪੱਤੀ (निशपत्ती) /niśapattī ニシュパッティー/ [Skt. निष्पत्ति] *f.* **1** 前進. **2** 誕生, 生産. **3** 完結, 完成.

ਨਿਸਫਲ (निसफल) /nisapʰala ニスパル/ ▸ਨਿਸ਼ਫਲ [Skt. निष्फल] *adj.* **1** 実を結ばない, 実らない, 実りのない. (⇒ਵਿਫਲ) **2** 不成功の, 失敗の.

ਨਿਸ਼ਫਲ (निशफल) /niśapʰala ニシュパル/ ▸ਨਿਸਫਲ *adj.* → ਨਿਸਫਲ

ਨਿਸਫਲਤਾ (निसफलता) /nisapʰalatā ニスパルター/ [Skt. निष्फल Skt.-ता] *f.* **1** 実りのないこと. (⇒ਵਿਫਲਤਾ) **2** 不成功, 失敗, 敗北.

ਨਿਸਬਤ (निसबत) /nisabata ニスバト/ [Pers. *nisbat*] *f.* **1** 比率. **2** 関係. **3** 比較.

ਨਿਸਬਤਨ (निसबतन) /nisabatana ニサブタン/ *adv.* **1** 相対的に. **2** 比較的に. **3** 比例して.

ਨਿਸਬਤੀ (निसबती) /nisabatī ニスバティー/ *adj.* **1** 関係のある. **2** 相対的な.

ਨਿਸਬਾਸਰ (निसबासर) /nisabāsara ニスバーサル/ [Skt. निशि-वासर] *adv.* **1** 日夜. (⇒ਰਾਤ ਦਿਨ) **2** 常に. (⇒ਸਦਾ, ਹਮੇਸ਼ਾਂ)

ਨਿਸਰਨਾ (निसरना) /nisaranā ニサルナー/ ▸ਨਿੱਸਰਨਾ *vi.* → ਨਿੱਸਰਨਾ

ਨਿੱਸਰਨਾ (निस्सरना) /nissaranā ニッサルナー/ ▸ਨਿਸਰਨਾ [Skt. निसरण] *vi.* **1** 出る, 出てくる, 発する. (⇒ਨਿਕਲਣਾ) **2** 花開く, 花が咲く, 開花する. (⇒ਖਿੜਨਾ) **3** 蕾をつける. **4** 芽を出す, 芽吹く. **5**（穀物が）実る,（果実が）熟す. (⇒ਪੱਕਣਾ)

ਨਿੱਸਲ (निस्सल) /nissala ニッサル/ *adj.* **1** 手足をまっすぐに伸ばして平伏している. **2** 寛いだ. **3** 楽に横たわった. **4** けだるい. **5** だれた.

ਨਿਸਵਾਣਾ (निसवाणा) /nisawāṇā ニスワーナー/ [(Mul.)] *f.* **1** 部族. (⇒ਕਬੀਲਾ) **2** 民族. (⇒ਕੌਮ)

ਨਿਸ਼ਾ[1] (निशा) /niśā ニシャー/ [Pers. *niśān*] *f.* **1** 確信, 自信, 落ち着き. **2** 満足, 充足. (⇒ਸੰਤੋਖ, ਤਸੱਲੀ) **3** 満喫.

ਨਿਸ਼ਾ[2] (निशा) /niśā ニシャー/ [Skt. निशा] *f.* 夜. (⇒ਰਾਤ)

ਨਿਸ਼ਾਸਤਾ (निशासता) /niśāsatā ニシャースター/ ▸ਨਸ਼ਾਸਤਾ [Pers. *niśāsta*] *m.* **1**〖食品〗澱粉, 小麦の澱粉. **2**〖料理〗小麦粉の粥. **3** 澱粉糊, 糊.

ਨਿਸ਼ਾਦ (निशाद) /niśāda ニシャード/ [Skt. निषाद] *m.* **1** ニシャーダ《インド・アーリア人が移住して来る以前の先住民の呼称》. **2**〖音楽〗ニシャーダ《インド伝統音楽のオクターブの第7音》.

ਨਿਸ਼ਾਨ (निशान) /niśāna ニシャーン/ [Pers. *niśān*] *m.* **1** 印, マーク. **2** 標識. **3** 標的, 的. **4** 形跡, 跡, 痕跡, 傷. **5** 徴候. **6** 汚点. **7** 旗, 軍旗. **8** 象徴, シンボル, 表象. **9** 商標, 銘柄.

ਨਿਸ਼ਾਨ ਸਾਹਿਬ (निशान साहिब) /niśāna sâba ニシャーンサーブ/ [+ Arab. *ṣāhib*] *m.*〖スィ〗ニシャーン・サーヒブ《スィック教の象徴を描いた旗》.

ਨਿਸ਼ਾਨਚੀ (निशानची) /niśānacī ニシャーンチー/ [Pers.-*cī*] *m.* **1** 射手. **2** 狙撃者.

ਨਿਸ਼ਾਨਦਿਹੀ (निशानदिही) /niśānadêī ニシャーンデーイー/ ▸ਨਿਸ਼ਾਨਦੇਹੀ *f.* 境界, 区分. ❐ਨਿਸ਼ਾਨਦਿਹੀ ਕਰਨੀ 境界を定める, 区分する.

ਨਿਸ਼ਾਨਦੇਹੀ (निशानदेही) /niśānadêī ニシャーンデーイー/ ▸ਨਿਸ਼ਾਨਦਿਹੀ *f.* → ਨਿਸ਼ਾਨਦਿਹੀ

ਨਿਸ਼ਾਨਾ (निशाना) /niśānā ニシャーナー/ [Pers. *niśāna*] *m.* **1** 目標. **2** 標的, 的, 狙い. ❐ਨਿਸ਼ਾਨਾ ਬੰਨ੍ਹਣਾ 狙いをつける. ❐ਨਿਸ਼ਾਨਾ ਲਾਉਣਾ 的に当てる. ❐ਇੱਕ ਨਿਸ਼ਾਨੇ ਨਾਲ ਦੋ ਸ਼ਿਕਾਰ। 一つの狙いで二つの獲物〔諺〕〈一石二鳥〉. **3** 到達点.

ਨਿਸ਼ਾਨੀ (निशानी) /niśānī ニシャーニー/ [Pers. *niśānī*] *f.* **1** 印, マーク. **2** 標識. **3** 象徴, シンボル. **4** 徴候. **5** 記念品. **6** 形見. **7** 思い出となるもの.

ਨਿਸ਼ਾਨੇਬਾਜ਼ (निशानेबाज़) /niśānebāza ニシャーネーバーズ/ [Pers. *niśāna* Pers.-*bāz*] *m.* **1** 射手. **2** 狙撃者.

ਨਿਸ਼ਾਨੇਬਾਜ਼ੀ (निशानेबाज़ी) /niśānebāzī ニシャーネーバーズィー/ [Pers.-*bāzī*] *f.* 1 射撃. 2 狙撃. 3 弓を射ること. 4 弓術. 5 射撃術.

ਨਿਸਾਰ[1] (निसार) /nisāra ニサール/ *f.* 井戸と水槽を結ぶ導水管.

ਨਿਸਾਰ[2] (निसार) /nisāra ニサール/ [Arab. *nisār*] *adj.* 犠牲の. (⇒ਕੁਰਬਾਨ)
— *m.* 1 犠牲. 2 捧げ物, 供物. 3 献身, 信愛.

ਨਿਸਾਲਣਾ (निसालणा) /nisālaṇā ニサールナー/ ▶ਨਸਾਲਣਾ, ਨਿਸਾਲਨਾ *vt.* → ਨਿਸਾਲਨਾ

ਨਿਸਾਲਨਾ (निसालना) /nisālanā ニサールナー/ ▶ਨਸਾਲਣਾ, ਨਿਸਾਲਣਾ *vi.* 1 まっすぐにする. 2(脚などを)伸ばす.

ਨਿਸ਼ੁਕਰਾ (निशुकरा) /niśukarā ニシュクラー/ [Skt. निः- Arab. *śukr*] *adj.* 恩知らずの, 感謝の気持ちのない.
— *m.* 恩知らず, 感謝の気持ちのない人.

ਨਿਸ਼ੇਧ (निशेध) /niśêda ニシェード/ ▶ਨਿਖੇਦ [Skt. निषेध] *m.* 1 禁止. 2 禁制, タブー. 3 妨害, 阻止, 制止. 4 否定.
— *adj.* 1 禁止された. 2 禁制の, タブーの. 3 妨害された, 阻止された. 4 否定された.

ਨਿਸ਼ੇਧਾਤਮਕ (निशेधातमक) /niśêdātamaka ニシェーダートマク/ ▶ਨਿਸ਼ੇਧਾਤਮਿਕ, ਨਿਖੇਦਾਤਮਕ *adj.* → ਨਿਸ਼ੇਧਾਤਮਿਕ

ਨਿਸ਼ੇਧਾਤਮਿਕ (निशेधातमिक) /niśêdātamika ニシェーダートミク/ ▶ਨਿਸ਼ੇਧਾਤਮਕ, ਨਿਖੇਦਾਤਮਕ [Skt. निषेध Skt.-आत्मक] *adj.* 1 禁止の, 禁止を表す. 2 禁制の, タブーの. 3 制止的な, 妨害するような. 4 否定の, 否定的な, 否定を表す.

ਨਿਹ (निह) /nê ネー/ [Skt. निः , निश् , निष् , निस्] *pref.* 「…でない」「…のない」「…を持たない」「…から離れた」「…から外れた」などを意味する否定の接頭辞.

ਨਿਹਸਵਾਰਥ (निहसवारथ) /nêsawāratʰa ネーサワールト/ [Skt. निः- Skt. स्वार्थ] *adj.* 利己的でない, わがままでない, 私利私欲のない.

ਨਿਹਸਵਾਰਥੀ (निहसवारथी) /nêsawāratʰī ネーサワールティー/ [Skt. निः- Skt. स्वार्थिन्] *adj.* 利己的でない, わがままでない, 私利私欲のない.

ਨਿਹਕਰਮਣ (निहकरमण) /nêkaramaṇa ネーカルマン/ *adj.* 不運な.
— *f.* 不運な女性.

ਨਿਹਕਲੰਕ (निहकलंक) /nêkalaṅka ネーカランク/ [Skt. निः- Skt. कलंक] *adj.* 1 汚れのない. 2 汚点のない. 3 純粋な.

ਨਿਹੰਗ (निहंग) /nihaṅga | nêaṅga ニハング | ネーアング/ [Skt. निःसंग] *adj.* 1 一人の, 単独の, 孤独な. 2 汚れのない. 3 純粋な. 4 憂いのない, 解き放たれた. 5 裸の.
— *m.* 1 何も所有せず悩みから解き放たれた者. 2 〘スィ〙ニハング《グルドゥワーラーの警護者である, 洗礼を受けたスィック教徒の兵士》.

ਨਿਹੰਗਤਾ (निहंगता) /nihaṅgatā | nêaṅgatā ニハングター | ネーアングター/ [Skt.-ता] *f.* 1 純粋性. 2 憂いのない状態.

ਨਿਹਚਲ (निहचल) /nêcala ネーチャル/ ▶ਨਿਸ਼ਚਲ [Skt. निश्चल] *adj.* 1 動かない, 不動の. 2 破壊されない. 3 永遠の. 4 永続する.

ਨਿਹਚਾ (निहचा) /nêcā ネーチャー/ ▶ਨਿਸਚਾ, ਨਿਸ਼ਚਾ *m.* → ਨਿਸ਼ਚਾ

ਨਿਹਚਿੰਤ (निहचिंत) /nêcinta ネーチント/ ▶ਨਿਸਚਿੰਤ, ਨਿਸ਼ਚਿੰਤ, ਨਿਚਿੰਤ *adj.* → ਨਿਸ਼ਚਿੰਤ

ਨਿਹੱਥਾ (निहत्था) /nihattʰā | nêttʰā ニハッター | ネーッター/ [Skt. निः- Pkt. हत्थियार] *adj.* 1 武器を持たない. 2 素手の.

ਨਿਹਫਲ (निहफल) /nêpʰala ネーパル/ [Skt. निः- Skt. फल] *adj.* 1 実りのない. 2 不成功の.

ਨਿਹਮਤ (निहमत) /nêmata ネーマト/ ▶ਨਿਆਮਤ, ਨੇਹਮਤ *f.* → ਨਿਆਮਤ

ਨਿਹਾਇਤ (निहाइत) /nihāita | niǎita ニハーイト | ニアーイト/ [Pers. *nihāyat*] *adj.* 1 極端な. 2 過度の. 3 はなはだしい. 4 並外れた.
— *adv.* 1 極端に. 2 はなはだしく. 3 大いに. 4 非常に.

ਨਿਹਾਣੀ (निहाणी) /nihāṇī | niǎṇī ニハーニー | ニアーニー/ *f.* 〘道具〙鑿(のみ), 鏨(たがね).

ਨਿਹਾਰੀ (निहारी) /nihārī | niǎrī ニハーリー | ニアーリー/ ▶ਨਹਾਰੀ [Pers. *nihār*] *f.* 1 〘飼料〙粗糖と小麦粉を合わせて作った飼料, 馬・駱駝などに与える混合食. 2 軽い食事, 朝食. (⇒ਨਾਸ਼ਤਾ)

ਨਿਹਾਲ (निहाल) /nihāla | niǎla ニハール | ニアール/ ▶ਨਿਹਾਲਾ [Pers. *nihāl*] *adj.* 1 幸せな, 幸福な. 2 嬉しい, 喜ばしい. 3 満足した, 満悦の. 4 高尚な, 高邁な. 5 裕福な.

ਨਿਹਾਲਾ (निहाला) /nihālā | niǎlā ニハーラー | ニアーラー/ ▶ਨਿਹਾਲ *adj.* → ਨਿਹਾਲ

ਨਿਹਾਲੀ (निहाली) /nihālī | niǎlī ニハーリー | ニアーリー/ [Pers. *nihālī*] *f.* 〘寝具〙掛け布団, キルト.

ਨਿਹਿਤ (निहित) /nihita | nîita ニヒト | ニイト/ [Skt. निहित] *adj.* 1 置かれた, 据えられた. 2 保たれた. 3 含まれた.

ਨਿਹੁੰ (निहुँ) /niô ニオーン/ ▶ਨੇਹੁੰ, ਨੇਹੁ [Skt. स्नेह] *m.* 1 愛, 深い愛情. 2 熱愛, 礼賛. 3 溺愛.

ਨਿਹੁਲੀ (निहुली) /niôlī ニオーリー/ [Skt. स्नेह + ली] *adj.* 1 情愛の深い, 優しい. 2 愛情のこもった.

ਨਿਹੋਰਾ (निहोरा) /nihorā | niŏrā ニホーラー | ニオーラー/ ▶ਹਨੋਰਾ, ਨਹੋਰਾ *m.* → ਨਹੋਰਾ

ਨਿਕ-ਸੁਕ (निक-सुक) /nika-suka ニク・スク/ ▶ਨਿੱਕ ਸੁੱਕ, ਨਿੱਕੜ-ਸੁੱਕੜ *m.* 1 種々雑多な品物. (⇒ਲਟਾ-ਪਟਾ) 2 装飾的な小物. 3 細かい装身具.

ਨਿੱਕ ਸੁੱਕ (निक्क सुक्क) /nikka sukka ニック スック/ ▶ਨਿਕ-ਸੁਕ, ਨਿੱਕੜ-ਸੁੱਕੜ *m.* → ਨਿਕ-ਸੁਕ

ਨਿਕਟ (निकट) /nikaṭa ニカト/ [Skt. निकट] *adj.* 1 近い, 接近した, 近隣の. 2 身近な, 近親の. 3 心の通い合った, 親密な.
— *adv.* 近くに, 近辺に, そばに.

ਨਿਕਟਤਮ (निकटतम) /nikaṭatama ニカトタム/ [Skt. निकट Skt.-तम] *adj.* 1 最も近い. 2 最も接近した. 3 最も親密な.

ਨਿਕਟਤਾ (निकटता) /nikaṭatā ニカトター/ [Skt.-ता] *f.* 1

近いこと, 近接. **2** 接近. **3** 親密さ, 近親感.

ਨਿਕਟਵਰਤੀ (निकटवरती) /nikaṭawaratī ニカトワルティー/ [Skt.-वर्तिन्] *adj.* **1** 近くにある, 近い位置の. **2** 近接の, 近所の, 近辺の, 近隣の. **3** 密接な関係の, 親密な. **4** 最も近い.

ਨਿਕਟੀ (निकटी) /nikaṭī ニカティー/ [-ਈ] *adj.* → ਨਿਕਟਵਰਤੀ

ਨਿਕੰਮਾ (निकंमा) /nikammā ニカンマー/ [Skt. निष्कर्म्म] *adj.* **1** 怠惰な. **2** 不活発な. **3** 仕事のない, 無職の. **4** 役に立たない. **5** 価値のない.

ਨਿੱਕਰ (निक्कर) /nikkara ニッカル/ [Eng. *knickers*] *m.* **1**〘衣服〙ニッカーボッカー《膝の下で締める緩い半ズボン》. **2**〘衣服〙半ズボン.

ਨਿਕਰਮਣ (निकरमण) /nikaramaṇa ニカルマン/ [Skt. नि:- Skt. कर्म -ਣ] *f.* 不運な女性.

ਨਿਕਰਮਾ (निकरमा) /nikaramā ニカルマー/ [Skt. नि:- Skt. कर्म] *adj.* **1** 不運な. (⇒ਅਭਾਗਾ, ਬਦਨਸੀਬ) **2** 不幸な. **3** 哀れな.

— *m.* **1** 不運な男. **2** 哀れな男. **3** 価値のない男.

ਨਿਕਲ (निकल) /nikala ニカル/ [Eng. *nickel*] *m.* **1**〘金属〙ニッケル. **2**〘化学〙ニッケルめっき.

ਨਿਕਲਣਾ (निकलणा) /nikalaṇā ニカルナー/ ▸ਨਿਕਲਨਾ [Skt. निष्कलति] *vi.* **1** 出る, 外に出る, 出てくる. ❐ਬੋਤਲ ਵਿੱਚੋਂ ਹਵਾ ਦੇ ਬੁਲਬੁਲੇ ਨਿਕਲਣਗੇ। ビンの中から空気の泡が出てくるでしょう. **2** 内部から出る, 噴き出す, 湧き出る. ❐ਜਵਾਲਾਮੁਖੀ ਤੋਂ ਲਾਵਾ ਨਿਕਲਣਾ ਹੁਣੇ ਵੀ ਜਾਰੀ ਹੈ। 火山からの溶岩の噴出は現在も続いています. **3** 現れる, 出現する. **4** 発する, 始まる. **5** 離れる, 出発する. **6** 追い出される, 追放される. **7**(太陽・月が)昇る. **8** 出版される, 発行される. **9** 生まれる, 生み出される, 生産される. **10** 掘り出される. **11** 出る, 引き出される, 取り出される. ❐ਬਾਅਦ ਵਿੱਚ ਮੁਕੱਦਮੇ ਵੀ ਚੱਲੇ, ਪਰ ਨਤੀਜਾ ਕੋਈ ਵੀ ਨਹੀਂ ਨਿਕਲਿਆ। その後裁判も行われましたが, 結論は何も出ませんでした. **12** 判る, 判明する, 明らかになる, 証明される. **13**(行列が)出される, (行進が)行われる. ❐ਜਲੂਸ ਨਿਕਲਣਾ ਬੰਦ ਕਰ ਦੇਣਾ ਚਾਹੀਦਾ ਹੈ। 行進の実施を禁止すべきです.

ਨਿਕਲਨਾ (निकलना) /nikalanā ニカルナー/ ▸ਨਿਕਲਣਾ *vi.* → ਨਿਕਲਣਾ

ਨਿੱਕੜ-ਸੁੱਕੜ (निक्कड़-सुक्कड़) /nikkaṛa-sukkaṛa ニッカル・スッカル/ ▸ਨਿਕੁ-ਸੁਕ, ਨਿੱਕ ਸੁੱਕ *m.* → ਨਿਕੁ-ਸੁਕ

ਨਿਕੜਾ (निकड़ा) /nikaṛā ニクラー/ *adj.* **1** 背が低い. **2** 小形の.

ਨਿੱਕਾ (निक्का) /nikkā ニッカー/ *adj.* **1** 小さい. **2** 幼い, 年少の. **3** 若い. **4**(兄弟姉妹の中で)末の, 一番下の. **5** 些細な, たいしたことのない, こまごまとした.

ਨਿਕਾਸ (निकास) /nikāsa ニカース/ [Skt. निष्कास] *m.* **1** 出すこと, 放出, 追放. **2** 排出, 流出. **3**〘生理〙排泄, 排便. **4** 出口, 排出口, はけ口, 抜け口. **5** 立ち退き. **6** 出処, 発祥地. **7** 産出, 生産, 収入. **8** 出荷, 輸出.

ਨਿਕਾਸੀ (निकासी) /nikāsī ニカースィー/ [-ਈ] *adj.* **1** 放出された, 空けられた. **2** 排出された, 捨てられた. **3** 放置された.

ਨਿਕਾਸੂ (निकासू) /nikāsū ニカースー/ [-ਊ] *adj.* **1** 出荷できる, 輸出できる. **2** 手に入れられる. **3** 処分するための. **4** 余りの.

ਨਿਕਾਹ (निकाह) /nikâ ニカー/ ▸ਨਕਾਹ [Arab. *nikāh*] *m.*〘イス〙イスラーム法による結婚.

ਨਿਕਾਹਨਾਮਾ (निकाहनामा) /nikânāmā ニカーナーマー/ [Pers.-*nāma*] *m.*〘法〙婚姻証明書.

ਨਿਕਾਬ (निकाब) /nikāba ニカーブ/ ▸ਨਕਾਬ *m.* → ਨਕਾਬ

ਨਿਕਾਬਪੋਸ਼ (निकाबपोश) /nikābaposa ニカーブポーシュ/ ▸ਨਕਾਬਪੋਸ਼ *adj.m.* → ਨਕਾਬਪੋਸ਼

ਨਿਕਾਰਾ (निकारा) /nikārā ニカーラー/ ▸ਨਕਾਰਾ *adj.* → ਨਕਾਰਾ

ਨਿਕਾਲ (निकाल) /nikāla ニカール/ [Skt. निष्काल] *m.* **1** 出すこと, 排出すること. **2** 放出, 流出. **3** 出口, 排出口, はけ口.

ਨਿਕਾਲਣਾ (निकालणा) /nikālaṇā ニカールナー/ ▸ਨਿਕਾਲਨਾ [Skt. निष्कालयति] *vt.* **1** 出す, 外へ出す, 排出する. **2** 追い払う, 追放する. **3** 取り出す, 引き出す, 抜き出す. **4** 掘り出す. **5** 取り除く, 剥く, 剥ぎ取る. **6** 出版する, 刊行する. **7** 解雇する. **8** 解決する. **9** 達成する, やり遂げる.

ਨਿਕਾਲਨਾ (निकालना) /nikālanā ニカールナー/ ▸ਨਿਕਾਲਣਾ *vt.* → ਨਿਕਾਲਣਾ

ਨਿਕਾਲਾ (निकाला) /nikālā ニカーラー/ [Skt. निष्काल] *m.* **1** 追い出し, 追い立て. **2** 追放, 放逐, 排除.

ਨਿਖ਼ਸਮਾਂ (निख़समाँ) /nixasamā̃ ニカスマーン/ ▸ਨਿਖ਼ਸਮਾ [Skt. नि:- Arab. *xasm* Skt.-मान्] *adj.* **1** 主人のいない. **2** 世話されない, ほったらかしの. **3** 宿無しの.

ਨਿਖ਼ਸਮਾ (निख़समा) /nixasamā ニカスマー/ ▸ਨਿਖ਼ਸਮਾਂ *adj.* → ਨਿਖ਼ਸਮਾਂ

ਨਿਖੱਟੂ (निखट्टू) /nikʰaṭṭū ニカットゥー/ ▸ਨਖੱਟੂ, ਮਖੱਟੂ, ਮਣਖੱਟੂ *adj.m.* → ਨਖੱਟੂ

ਨਿਖੱਤਾ (निखत्ता) /nikʰattā ニカッター/ ▸ਨਖੱਤਰਾ, ਨਖੱਤਾ *adj.* → ਨਖੱਤਰਾ

ਨਿੱਖਰਨਾ (निक्खरना) /nikkʰaranā ニッカルナー/ [Skt. नि:क्षरति] *vi.* **1** きれいになる, はっきりする, 鮮明になる, 引き立つ. **2** 明るくなる, 輝く. **3** 磨き上げられる. **4** 洗練される.

ਨਿੱਖਰਵਾਂ (निक्खरवाँ) /nikkʰarawā̃ ニッカルワーン/ [cf. ਨਿੱਖਰਨਾ] *adj.* **1** きれいな, はっきりしている, 鮮明な, 鮮やかな. **2** 明るい, 輝いている. **3** 磨き上げられた. **4** つやのある, 光沢のある.

ਨਿੱਖੜਣਾ (निक्खड़णा) /nikkʰaṛaṇā ニッカルナー/ ▸ਨਿਖੜਨਾ, ਨਿੱਖੜਨਾ *vi.* → ਨਿੱਖੜਨਾ

ਨਿਖੜਨ (निखड़न) /nikʰaṛana ニクラン/ [cf. ਨਿੱਖੜਨਾ] *m.* **1** 離れること, 分かれること, 分離. **2** 別れること, 別離.

ਨਿਖੜਨਾ (निखड़ना) /nikʰaṛanā ニカルナー/ ▸ਨਿੱਖੜਣਾ, ਨਿੱਖੜਨਾ *vi.* → ਨਿੱਖੜਨਾ

ਨਿੱਖੜਨਾ (निक्खड़ना) /nikkʰaṛanā ニッカルナー/ ▸ਨਿੱਖੜਣਾ, ਨਿਖੜਨਾ [Skt. निष्कृत] *vi.* **1** 離れる, 分かれる. **2** 別れる.

ਨਿੱਖੜਵਾਂ (निक्खड़वाँ) /nikkʰaṛawā̃ ニッカルワーン/ [cf. ਨਿੱਖੜਨਾ] *adj.* **1** 離れた, 分かれた. **2** 別れた, 別個の.

3 孤立した.

ਨਿਖੜਿਆ (निखड़िआ) /nikʰaṛiā ニクリアー/ [cf. ਨਿੱਖੜਨਾ] *adj.* 1 離された. 2 別の.

ਨਿਖਾਰ (निखार) /nikʰāra ニカール/ [cf. ਨਿਖਾਰਨਾ] *m.* 1 はっきりすること, 鮮明さ. 2 きれいなこと, 清潔さ. 3 つや, 光沢. 4 磨き, 磨かれた様子, 輝き. 5 洗濯, 漂白.

ਨਿਖਾਰਨਾ (निखारना) /nikʰāranā ニカールナー/ [Skt. नि:क्षारयति] *vt.* 1 きれいにする, はっきりさせる, 鮮明にする. 2 明るくする, 輝かせる, 磨く. 3 洗練させる. 4 洗濯する, 漂白する.

ਨਿਖਿੱਦ (निखिद्द) /nikʰidda ニキッド/ ▸ਨਖਿੱਧ, ਨਿਖਿੱਧ *adj.* → ਨਖਿੱਧ

ਨਿਖਿੱਧ (निखिद्ध) /nikʰîdda ニキッド/ ▸ਨਖਿੱਧ, ਨਿਖਿੱਦ *adj.* → ਨਖਿੱਧ

ਨਿਖੁੱਟਣਾ (निखुट्टणा) /nikʰuṭṭaṇā ニクッタナー/ [Skt. निष्खुट्यते] *vi.* 1 使い尽くされる. 2 終わる. 3 欠乏する, 不足する.

ਨਿਖੇਦ (निखेद) /nikʰeda ニケード/ ▸ਨਿਸ਼ੇਧ *m.* → ਨਿਸ਼ੇਧ

ਨਿਖੇਦਾਤਮਕ (निखेदातमक) /nikʰedātamaka ニケーダートマク/ ▸ਨਿਸ਼ੇਧਾਤਮਕ, ਨਿਸ਼ੇਧਾਤਮਿਕ *adj.* → ਨਿਸ਼ੇਧਾਤਮਿਕ

ਨਿਖੇਦਵਾਦ (निखेदवाद) /nikʰedawāda ニケードワード/ [Skt. निषेध Skt.-वाद] *m.* 虚無主義.

ਨਿਖੇਦਵਾਦੀ (निखेदवादी) /nikʰedawādī ニケードワーディー/ [Skt.-वादिन्] *adj.* 虚無主義の.

— *m.* 虚無主義者.

ਨਿਖੇਦੀ (निखेदी) /nikʰedī ニケーディー/ [-ਈ] *f.* 1 非難. 2 悪口.

ਨਿਖੇੜਨ (निखेड़न) /nikʰeṛana ニケーラン/ [cf. ਨਿਖੇੜਨਾ] *m.* 1 離すこと, 分けること. 2 選り分けること, 選別.

ਨਿਖੇੜਨਾ (निखेड़ना) /nikʰeṛanā ニケールナー/ [Skt. निष्कृत] *vt.* 1 離す, 分ける. 2 選り分ける, 選別する. 3 分析する.

ਨਿਖੇੜਾ (निखेड़ा) /nikʰeṛā ニケーラー/ [cf. ਨਿਖੇੜਨਾ] *m.* 1 離すこと, 分離. 2 選り分けること, 選別. 3 区別. 4 差別. 5 分析.

ਨਿਗੰਦਣਾ (निगंदणा) /nigandaṇā ニガンダナー/ ▸ਨਗੰਦਣਾ *vt.* → ਨਗੰਦਣਾ

ਨਿਗਮ (निगम) /nigama ニガム/ [Skt. निगम] *m.* 1 協会. 2〖政治〗自治組織, 都市自治体. 3 自治体の役所, 市役所, 市当局. 4 公社, 公団.

ਨਿਗਮਨ (निगमन) /nigamana | nigamana ニグマン | ニガマン/ [Skt. निगमन] *m.* 1 演繹. 2 論理的帰結, 結論.

ਨਿਗਮਨਾਤਮਿਕ (निगमनातमिक) /nigamanātamika ニガマナートミク/ [Skt.-आत्मक] *adj.* 演繹的な, 推論的な.

ਨਿਗਮਨੀ (निगमनी) /nigamanī ニグマニー/ [-ਈ] *adj.* 演繹的な, 推論的な.

ਨਿੱਗਰ (निग्गर) /niggara ニッガル/ [(Pkt. निग्गड्डो) Skt. निस्- गर्त्त] *adj.* 1 中が空っぽでない, 中に隙間のない. 2 堅固な, 固く締まった. (⇒ਠੋਸ) 3 固い, 堅い. (⇒ਸਖ਼ਤ, ਕਰੜਾ) 4 重い. (⇒ਭਾਰਾ, ਵਜ਼ਨਦਾਰ) 5 強い, 丈夫な.

ਨਿੱਗਰਤਾ (निग्गरता) /niggaratā ニッガルター/ [Skt.-ता] *f.* 1 堅固. 2 固く締まっていること. 3 固さ. 4 重さ. 5 強さ.

ਨਿਗਰਾਨ (निगरान) /nigarāna ニグラーン/ [Pers. *nigarān*] *m.* 1 管理者, 管理指導者, 監督者. 2 支配人, 統括者. 3 管理人, 守衛, 監視人, 見張り. 4 見守る人, 保護者. 5 保護監督者, 後見人.

ਨਿਗਰਾਨੀ (निगरानी) /nigarānī ニグラーニー/ [Pers. *nigarānī*] *f.* 1 監督, 管理. 2 統御, 統括. 3 監視, 見張り. 4 見守り, 保護. 5 保護監督, 後見.

ਨਿਗਲਣਾ (निगलणा) /nigalaṇā ニガルナー/ ▸ਨਿਗਲਨਾ [Skt. निगलति] *vt.* 1 飲み込む, 呑み込む, ぐいと飲む. 2 むさぼり食う.

ਨਿਗਲਨਾ (निगलना) /nigalanā ニガルナー/ ▸ਨਿਗਲਣਾ *vt.* → ਨਿਗਲਣਾ

ਨਿਗਾਹ (निगाह) /nigâ ニガー/ [Pers. *nigāh*] *f.* 1 視線, 眼差し, 目付き. 2 配慮, 顧慮, 心遣い. 3 監視, 世話, 保護.

ਨਿਗਾਰ (निगार) /nigāra ニガール/ [Pers. *nigār*] *m.* 1 印, 絵, 素描. (⇒ਚਿੰਨ੍ਹ, ਨਕਸ਼) 2 恋人, 最愛の人. (⇒ਮਹਿਬੂਬ, ਮਸ਼ੂਕ, ਪਰੇਮੀ, ਪਰੇਮਿਕਾ)

— *suff.* 「行う人」「書く人」「描く人」などの意味を含む男性名詞を形成する接尾辞.

ਨਿਗੁਰਾ (निगुरा) /nigurā ニグラー/ [Skt. नि:- Skt. गुरु] *adj.* 1 導師を持たない, 心を導く師のいない. 2 道義心のない.

ਨਿਗੂਣਾ (निगूणा) /nigūṇā ニグーナー/ *adj.* 1 つまらない. 2 取るに足らない, 些細な, 重要でない, 無視してよい.

ਨਿੱਘ (निग्घ) /nîgga ニッグ/ *m.* 1 暖かさ. 2 居心地の良さ.

ਨਿੱਘਰਨਾ (निग्घरना) /nîggaranā ニッガルナー/ *vi.* 1 沈む. 2 潜む. 3 潜伏する.

ਨਿਘਰਾ (निघरा) /nikārā ニカラー/ [Skt. नि:- Skt. गृह] *adj.* 家のない, 宿無しの, ホームレスの.

ਨਿੱਘਾ (निग्घा) /nîggā ニッガー/ *adj.* 1 暖かい. 2 居心地の良い.

ਨਿਘਾਰਨਾ (निघारना) /nigǎranā ニガールナー/ *vt.* 1 沈める. 2 浸す.

ਨਿਚੱਲਾ (निचल्ला) /nicallā ニチャッラー/ [Skt. निश्चल] *adj.* 1 不活発な. 2 動かない.

ਨਿਚੜਨਾ (निचड़ना) /nicaṛanā ニチャルナー/ ▸ਨੁਚੜਨਾ *vi.* → ਨੁਚੜਨਾ

ਨਿਚਿੰਤ (निचिंत) /nicinta ニチント/ ▸ਨਿਸਚਿੰਤ, ਨਿਸ਼ਚਿੰਤ, ਨਿਹਚਿੰਤ *adj.* → ਨਿਸ਼ਚਿੰਤ

ਨਿਚੋੜ (निचोड़) /nicoṛa ニチョール/ ▸ਨਚੋੜ *m.* → ਨਚੋੜ

ਨਿਚੋੜਣਾ (निचोड़णा) /nicoṛaṇā ニチョールナー/ ▸ਨਚੋੜਨਾ, ਨਿਚੋੜਨਾ *vt.* → ਨਚੋੜਨਾ

ਨਿਚੋੜਨਾ (निचोड़ना) /nicoṛanā ニチョールナー/ ▸ਨਚੋੜਨਾ, ਨਿਚੋੜਣਾ *vt.* → ਨਚੋੜਨਾ

ਨਿੱਛ (निच्छ) /niccʰa ニッチ/ *f.*〖生理〗くしゃみ.

ਨਿਛਾਵਰ (निछावर) /nicʰāwara ニチャーワル/ [Skt. न्यासावर्त] *adj.* 犠牲の. (⇒ਕੁਰਬਾਨ)

— *f.* 1 犠牲. 2 捧げ物, 供物.

ਨਿਛੋਹ (निछोह) /nicʰô ニチョー/ [Skt. नि: + cf. ਛੂਹਣਾ] *adj.* 1 触れていない. 2 真新しい, 新品の.

ਨਿਜ (निज) /nija ニジ/ ▸ਨਿੱਜ *pron.adj.* → ਨਿੱਜ

ਨਿੱਜ (निज्ज) /nijja ニッジ/ ▸ਨਿਜ [Skt. निज] *pron.* **1** 自分, 自身, 自己. **2** 個人. **3** 身内.
— *adj.* **1** 自分の, 自分自身の, 自己の. **2** 個人の, 個人的な, 私的な. **3** 特別の, 特定の. ❒ਨਿੱਜ ਕਰਕੇ 特に, 特別に.

ਨਿਜਤਵ (निजतव) /nijatava ニジタヴ/ [Skt. निज Skt.-त्व] *m.* **1** 自我, 自己意識. **2** 個性, 個人であること. **3** 利己主義.

ਨਿਜਾਤ (निजात) /nijāta ニジャート/ ▸ਨਜਾਤ *f.* → ਨਜਾਤ

ਨਿਜ਼ਾਮ (निज़ाम) /nizāma ニザーム/ ▸ਨਜ਼ਾਮ [Arab. *nizām*] *m.* **1** 組織, 機構, 制度. **2** 規律, 規則, 秩序. **3** 管理, 支配, 統治, 統治機構, 政府. **4** 支配者, 統治者. **5**『歴史』ニザーム《ハイダラーバード藩王国支配者の称号》.

ਨਿੱਜੀ (निज्जी) /nijjī ニッジー/ [Skt. निज] *adj.* **1** 自分の, 自分自身の, 自己の. **2** 個人の, 個人的な, 私的な. **3** 身内の, 内部の, 内輪の. **4** 個人所有の, 私有の, 私営の, 私立の, 民間の. **5** 固有の. ❒ਨਿੱਜੀ ਨਾਂਵ 固有名詞.

ਨਿਝਕ (निझक) /nicăka ニチャク/ [Skt. निः- Skt. चक] *adj.* **1** ためらわない, 躊躇しない. **2** 断固とした.

ਨਿਟਿੰਗ (निटिंग) /niṭiṅga ニティング/ [Eng. *knitting*] *f.* 編物.

ਨਿਡਰ (निडर) /niḍara ニダル/ [Skt. निः- (Pkt. डर) Skt. दर] *adj.* **1** 恐れを知らない, 恐れ知らずの. **2** 勇猛な, 勇敢な. **3** 大胆な. **4** 不屈の.

ਨਿਡਰਤਾ (निडरता) /niḍaratā ニダルター/ [Skt.-ता] *f.* **1** 恐れを知らないこと. **2** 勇猛, 勇敢. **3** 大胆. **4** 不屈.

ਨਿਢਾਲ (निढाल) /niṭălа ニタール/ *adj.* **1** 疲れた. **2** けだるい. **3** ひどく疲れた, 疲弊した, くたくたの.

ਨਿੱਤ (नित्त) /nitta ニット/ [Skt. नित्य] *adv.* **1** いつも, 普段, 常に. (⇒ਸਦਾ, ਹਮੇਸ਼ਾਂ) **2** 毎日. (⇒ਰੋਜ਼, ਰੁਜ਼ਾਨਾ)

ਨਿੱਤ ਨਿਯਮ (नित्त नियम) /nitta niyama ニット ニヤム/ ▸ਨਿਤਨੇਮ *m.* → ਨਿਤਨੇਮ

ਨਿਤਨੇਮ (नितनेम) /nitanema ニトネーム/ ▸ਨਿੱਤ ਨਿਯਮ [Skt. नित्यनियम] *m.* **1** 毎日繰り返す仕事, 日課. **2** 毎日行う祈り, 日々の礼拝.

ਨਿਤਨੇਮੀ (नितनेमी) /nitanemī ニトネーミー/ [Skt. नित्यनियमिन्] *adj.* 毎日の日課を規則正しく行う.
— *m.* 毎日の日課を規則正しく行う人.

ਨਿੱਤਰਨਾ (नित्तरना) /nittaranā ニッタルナー/ [Skt. निस्तरति] *vi.* **1** 上澄みが取られる, 濾して取られる. **2** きれいになる, はっきりする, 明らかになる.

ਨਿਤਾਣਾ (निताणा) /nitāṇā ニターナー/ *adj.* **1** 弱い. **2** 無力な.

ਨਿਤਾਰ (नितार) /nitāra ニタール/ [cf. ਨਿਤਾਰਨਾ] *m.* **1** 上澄みを取ること, 上澄みとして取られたもの. **2** 濾して取ること, 濾して取られたもの.

ਨਿਤਾਰਨਾ (नितारना) /nitāranā ニタールナー/ ▸ਨਤਾਰਨਾ [Skt. निस्तारयति] *vt.* **1** 上澄みを取る, 濾して取る. **2** きれいにする, はっきりさせる, 明らかにする. **3** 偽りと真実を分ける, 真偽を区別する.

ਨਿਤਾਰਾ (नितारा) /nitārā ニターラー/ [Skt. निस्तार] *m.* **1** 真偽を区別すること. **2** 識別. **3** 判定.

ਨਿੰਦਕ (निंदक) /nindaka ニンダク/ [Skt. निंदक] *adj.* **1** 悪口を言う, 中傷する. **2** 陰口を言う.
— *m.* **1** 悪口を言う人, 中傷者. **2** 陰口を言う人.

ਨਿੰਦਣਾ (निंदणा) /nindaṇā ニンダナー/ [Skt. निंदा] *vt.* **1** 非難する, 中傷する. **2** 陰口を言う. **3** 悪口を言う.

ਨਿੰਦਤ (निंदत) /nindata ニンダト/ ▸ਨਿੰਦਿਤ *adj.* → ਨਿੰਦਿਤ

ਨਿੰਦਰਾ (निंदरा) /nindarā ニンダラー/ ▸ਨੀਂਦ, ਨੀਂਦਰ *f.* → ਨੀਂਦ

ਨਿੰਦਰਾਇਆ (निंदराइआ) /nindarāiā ニンダラーイアー/ ▸ਨਿੰਦਰਾਲਾ *adj.* → ਨਿੰਦਰਾਲਾ

ਨਿੰਦਰਾਲਾ (निंदराला) /nindarālā | nindarālā ニンダラーラー | ニンドラーラー/ ▸ਨਿੰਦਰਾਇਆ [Skt. निद्रा + ला] *adj.* **1** 眠い, 眠くてたまらない. **2** うとうとしている.

ਨਿੰਦਾ (निंदा) /nindā ニンダー/ ▸ਨਿੰਦਿਆ [Skt. निंदा] *f.* **1** 非難. **2** 誹謗, 中傷. **3** 悪口. **4** 陰口. **5** 軽蔑, さげすみ.

ਨਿੰਦਿਆ (निंदिआ) /nindiā ニンディアー/ ▸ਨਿੰਦਾ *f.* → ਨਿੰਦਾ

ਨਿੰਦਿਤ (निंदित) /nindita ニンディト/ ▸ਨਿੰਦਤ [Skt. निंदित] *adj.* **1** 非難された, 非難されるべき. **2** 批判された, 誹謗された.

ਨਿਦੇਸ਼ਕ (निदेशक) /nideśaka ニデーシャク/ [Skt. निदेशक] *m.* **1** (官庁の)局長, 長官, 理事, 重役, 監督者. **2** (研究所などの)所長. **3** 管理者, 統括者. **4** 指南役.

ਨਿਦੋਸਾ (निदोसा) /nidosā ニドーサー/ [Skt. निः- Skt. दोष] *adj.* **1** 過ちのない, 落ち度のない. **2** 罪のない, 無罪の, 無実の. (⇒ਨਿਰਅਪਰਾਧ)

ਨਿਧ (निध) /nîda ニド/ ▸ਨਿਧੀ [Skt. निधि] *f.* **1** 宝, 宝物, 財宝. **2** 富, 財産. **3** 埋蔵物.

ਨਿਧਨ[1] (निधन) /nităna ニタン/ [Skt. निधन] *m.* **1** 終わり, 終焉. **2** 死, 死去, 逝去. (⇒ਮਰਨ, ਮੌਤ)

ਨਿਧਨ[2] (निधन) /nităna ニタン/ [Skt. निर्धन] *adj.* **1** 富を持たない. **2** 貧しい, 貧乏な.

ਨਿਧੜਕ (निधड़क) /nităṛaka ニタラク/ ▸ਨਧੜਕ *adj.* **1** 恐れを知らない. **2** 勇猛な, 勇敢な. **3** 大胆な. **4** 不屈の.

ਨਿਧੜਕਤਾ (निधड़कता) /nităṛakatā ニタラクター/ *f.* **1** 恐れを知らないこと. **2** 勇猛, 勇敢. **3** 大胆. **4** 不屈.

ਨਿਧਾਨ (निधान) /nidăna ニダーン/ [Skt. निधान] *f.* **1** 保存, 貯蔵, 埋蔵. **2** 貯蔵物, 埋蔵物. **3** 宝, 財宝, 宝物. **4** 富, 財産.

ਨਿਧੀ (निधी) /nîdī ニディー/ ▸ਨਿਧ *f.* → ਨਿਧ

ਨਿਪਟ (निपट) /nipaṭa ニパト/ [cf. ਨਿਪਟਣਾ] *adv.* **1** 全く, 完全に, すっかり. **2** ひどく, 極度に.

ਨਿਪਟਣਾ (निपटणा) /nipaṭaṇā ニプタナー/ [Skt. निर्वर्तति] *vi.* **1** 終わる, 終了する, 済む. **2** 完結する, 首尾よく終わる, 決着がつく, まとまる. **3** (問題・争い・負債などが)解決される, 処理される.

ਨਿਪਟਾਉਣਾ (निपटाउणा) /nipaṭāuṇā ニプターウナー/ [Skt. निर्वर्तयति] *vt.* **1** 終える, 終了する, 済ます. **2** 完結させる, 首尾よく終わらせる, 決着をつける, まとめる. **3**

(問題・争い・負債などを)解決する, 処理する.
ਨਿਪਟਾਰਾ (निपटारा) /nipaṭārā ニプターラー/ [cf. ਨਿਪਟਾਉਣਾ] *m.* **1** 完結, 完了, 終了. **2** 解決, 処理.
ਨਿੱਪਤਰ (निपत्तर) /nipattara ニパッタル/ [Skt. नि:- Skt. पत्र] *adj.* 葉のない, 葉の落ちた.
ਨਿੱਪਤਰਣ (निपत्तरण) /nipattaraṇa ニパッタラン/ ▸ ਨਿੱਪਤਰਨ *m.* → ਨਿੱਪਤਰਨ
ਨਿੱਪਤਰਨ (निपत्तरन) /nipattarana ニパッタラン/ ▸ ਨਿੱਪਤਰਣ [Skt. नि:- Skt. पत्र] *m.* 葉がないこと, 木の葉が落ちること, 落葉.
ਨਿੱਪਤਾ (निपत्ता) /nipattā ニパッター/ [Skt. नि:- Skt. पद] *adj.* **1** 不名誉な. **2** 恥ずべき. **3** 浅ましい, 下劣な. **4** 厚かましい, 図々しい. **5** 恥を知らない.
ਨਿੱਪਲ (निप्पल) /nippala ニッパル/ [Eng. *nipple*] *f.* 〖容器〗哺乳瓶の吸い口.
ਨਿਪਾਲੀ (निपाली) /nipālī ニパーリー/ ▸ਨੇਪਾਲੀ *m.f.adj.* → ਨੇਪਾਲੀ
ਨਿਪੁੰਸਕ (निपुंसक) /nipunsaka ニプンサク/ [Skt. नि:- Skt. पुंसक] *adj.* **1** 交接不能の, 去勢された. (⇒ਨਾਮਰਦ) **2** 中性の, オカマの. **3** 弱腰の, 臆病な. (⇒ਬੁਜ਼ਦਿਲ, ਡਰਪੋਕ) **4** 無能な.
— *m.* **1** 交接不能者. **2** 去勢された男.
ਨਿਪੁੰਸਕਤਾ (निपुंसकता) /nipunsakatā ニプンサクター/ [Skt.-ता] *f.* **1** 交接不能. **2** 性的不能. **3** 弱腰, 臆病. **4** 無能.
ਨਿਪੁੱਤਰ (निपुत्तर) /niputtara ニプッタル/ ▸ਨਿਪੁੱਤਾ *adj.* → ਨਿਪੁੱਤਾ
ਨਿਪੁੱਤਾ (निपुत्ता) /niputtā ニプッター/ ▸ਨਿਪੁੱਤਰ [Skt. नि:- Skt. पुत्र] *adj.* 息子のいない, 嫡男のいない.
— *m.* 息子のいない人, 嫡男のいない人.
ਨਿਪੁੰਨ (निपुंन) /nipunna ニプンヌ/ [Skt. निपुण] *adj.* **1** 上手な, 巧妙な, 器用な. **2** 熟練の, 熟達した, 達人の. **3** 技量のある, 長けた.
ਨਿਪੁੰਨਤਾ (निपुंनता) /nipunnatā ニプンヌター/ [Skt.-ता] *f.* **1** 上手, 巧妙, 器用. **2** 熟練, 熟達.
ਨਿਪੀੜਨਾ (निपीड़ना) /nipīṛanā ニピールナー/ ▸ਨਪੀੜਨਾ *vt.* → ਨਪੀੜਨਾ
ਨਿਫਲ (निफल) /nipʰala ニパル/ [Eng. *nipple*] *m.* 〖武〗(旧式銃の)火門・火口《中の火薬に点火する開口部》.
ਨਿਬੰਧ (निबंध) /nibânda ニバンド/ [Skt. निबंध] *m.* **1** 〖文学〗随筆, エッセイ. **2** 短編の論考. **3** 論文.
ਨਿਬੰਧਕਾਰ (निबंधकार) /nibândakāra ニバンドカール/ [Skt.-कार] *m.* 随筆家, エッセイスト.
ਨਿਬੰਧਕਾਰੀ (निबंधकारी) /nibândakārī ニバンドカーリー/ [Skt.-कारिता] *f.* **1** 随筆の執筆. **2** 随筆作法.
ਨਿੰਬਲ (निंबल) /nimbala ニンバル/ [Skt. निर्मल] *adj.* 〖気象〗快晴の, 雲のない.
ਨਿਬੜਨਾ (निबड़ना) /nibaṛanā ニバルナー/ ▸ਨਿੱਬੜਨਾ *vi.* → ਨਿੱਬੜਨਾ
ਨਿੱਬੜਨਾ (निब्बड़ना) /nibbaṛanā ニッバルナー/ ▸ ਨਿਬੜਨਾ [Skt. निर्वर्तते] *vi.* **1** 終わる, 終了する. **2** 完結する, 完了する. **3** 解決する.
ਨਿਬਾਹ (निबाह) /nibâ ニバー/ ▸ਨਿਰਬਾਹ, ਨਿਰਵਾਹ *m.* → ਨਿਰਬਾਹ
ਨਿਬਾਹੁਣਾ (निबाहुणा) /nibâuṇā ニバーウナー/ ▸ਨਿਭਾਉਣਾ *vt.* → ਨਿਭਾਉਣਾ
ਨਿੰਬੂ (निंबू) /nimbū ニンブー/ ▸ਨਿੱਬੂ [Skt. निंबूक] *m.* 〖植物〗ライム, レモン, それらの果実《柑橘類のうちライム, レモンなどの総称》.
ਨਿੱਬੂ (निब्बू) /nibbū ニッブー/ ▸ਨਿੰਬੂ *m.* → ਨਿੰਬੂ
ਨਿੰਬੂ-ਨਿਚੋੜ (निंबू-निचोड़) /nimbū-nicoṛa ニンブー・ニチョール/ [Skt. निंबूक + cf. ਨਚੋੜਨਾ] *m.* 〖器具〗レモン搾り器.
ਨਿਬੇੜਨਾ (निबेड़ना) /nibeṛanā ニベールナー/ ▸ਨਬੇੜਨਾ [Skt. निर्वर्तयति] *vt.* **1** 終える, 終了する, 済ます. **2** 完了する, 完結させる. **3** 解決する, 処理する. **4** 費やす.
ਨਿਬੇੜਾ (निबेड़ा) /nibeṛā ニベーラー/ [cf. ਨਿਬੇੜਨਾ] *m.* **1** 完結, 終了. **2** 決定. **3** 結末.
ਨਿਬੇੜੂ (निबेड़ू) /nibeṛū ニベールー/ [cf. ਨਿਬੇੜਨਾ] *adj.* **1** 早く終わらせる, 仕事の速い. **2** 手際のよい.
ਨਿਬੋਆ (निबोआ) /niboā ニボーアー/ [(Mul.)] *m.* 〖植物〗ライム, レモン《柑橘類のうちライム, レモンなどの総称》, それらの果実.
ਨਿਭਣਾ (निभणा) /nîbaṇā ニバナー/ [Skt. निर्वहति] *vi.* **1** (仕事・役割・義務・約束などが)果たされる, 実行される, 完遂される, 完成する, 成就する, 終了する. **2** 保たれる, 保持される, 維持される, 継続される. **3** もちこたえる, 長続きする. **4** 都合よく進む, うまく行く, 順調に行く.
ਨਿੱਭਾ (निब्भा) /nîbbā ニッバー/ [cf. ਨਿਭਣਾ] *m.* 完遂, 完成, 成就.
ਨਿਭਾਉਣਾ (निभाउणा) /nibăuṇā ニバーウナー/ [Skt. निर्वाहयति] *vt.* **1**(仕事・役割・義務・約束などを)果たす, 全うする, 遂行する, 実行する, やり遂げる, 成し遂げる, 完遂する, 完成させる, 成就させる. ❒ਹਰ ਭਾਰਤੀ ਨੂੰ ਦੇਸ਼ ਪ੍ਰਤੀ ਆਪਣੀਆਂ ਜ਼ਿੰਮੇਵਾਰੀਆਂ ਅਤੇ ਫ਼ਰਜ਼ ਨਿਭਾਉਣ ਦੇ ਯੋਗ ਹੋਣਾ ਚਾਹੀਦਾ ਹੈ। インド国民の一人一人が国への自分の責任と義務を果たせるようになるべきです. **2**(愛情・友情に基づく関係を)誠実に持続する. **3**(芝居の役を)演じる, (劇を)上演する. ❒ਕਿਰਦਾਰ ਨਿਭਾਉਣਾ 役を演じる. ❒ਗਰਲਫ੍ਰੈਂਡ ਵਿੱਚ ਲੇਸਬਿਅਨ ਵਰਗਾ ਖ਼ਤਰਨਾਕ ਕਿਰਦਾਰ ਨਿਭਾਉਣਾ ਤੁਸੀਂ ਕਿਵੇਂ ਸਵੀਕਾਰ ਕਰ ਲਿਆ? 「ガールフレンド」でレズビアンのような危険な役を演じることをあなたはどうして承諾したのですか. ❒ਇਸ ਫ਼ਿਲਮ ਵਿੱਚ ਉਸ ਨੇ ਪਰਸਿੱਧ ਜਾਸੂਸ ਸ਼ਰਲਕ ਹੋਮਜ਼ ਦੀ ਭੂਮਿਕਾ ਨਿਭਾਈ। この映画で彼は名探偵シャーロック・ホームズの役を演じました. **4** 支える, 養う, 育む. **5** 保つ, 保持する, 維持する, 継続する. **6** 固守する, 堅持する.
ਨਿਭਾਉ (निभाऊ) /nibăū ニバーウー/ [cf. ਨਿਭਾਉਣਾ] *adj.* **1** 変わりなく続く, 安定した. **2** 心変わりしない, 最後まで誠意のある, 誠実な.
ਨਿੰਮ (निंम) /nimma ニンム/ [Skt. निंब] *f.* 〖植物〗ニーム, ニームの木, インドセンダン(印度栴檀)《センダン科の高木》.
ਨਿੰਮ੍ਹਾ (निंम्हा) /nîmmā ニンマー/ [Pers. *nīm*] *adj.* **1** 緩やかな, のろい. (⇒ਮੱਧਮ) **2** かすかな, 霞んだ, 曖昧な. (⇒ਧੀਮਾ, ਹਲਕਾ)

ਨਿਮਕ (निमक) /nimakạ ニマク/ ▸ਨਮਕ *m.* → ਨਮਕ
ਨਿਮਣਾ (निमणा) /nimaṇā ニマナー/ *vi.* 思い浮かぶ, 想像される.
ਨਿਮੰਤਰਨ (निमंतरन) /nimantạranạ ニマントラン/ [Skt. निमंत्रण] *m.* 招待, 招き.
ਨਿਮੰਤਰਨ ਪੱਤਰ (निमंतरन पत्तर) /nimantạranạ pattarạ ニマントラン パッタル/ [+ Skt. पत्र] *m.* **1** 招待状. **2** 招待カード.
ਨਿਮੰਤਰਿਤ (निमंतरित) /nimantạritạ ニマントリト/ [Skt. निमंत्रित] *adj.* 招待された, 招かれた, 呼ばれた.
ਨਿਮਨ (निमन) /nimanạ ニマン/ [Skt. निम्न] *adj.* **1** 低い. (⇔ਉੱਚ) **2** 下の, 下方の. **3** 下級の, 劣った.
ਨਿਮਨਤਮ (निमनतम) /nimanạtamạ ニマンタム/ [Skt. निम्न Skt.-तम] *adj.* 最も低い, 最低の. (⇔ਉੱਚਤਮ, ਉੱਤਮ)
ਨਿਮਨਲਿਖਤ (निमनलिखत) /nimanạlikʰatạ ニマンリカト/ [+ Skt. लिखित] *adj.* 下記の, 下に述べた.
ਨਿਮਰ (निमर) /nimarạ ニマル/ ▸ਨਮਰ [Skt. नम्र] *adj.* **1** 曲がった, 屈曲した. **2** 謙虚な, 控え目な, 慎み深い. **3** おとなしい, 柔和な, 従順な. **4** 温和な, 物腰の丁寧な. **5** 礼儀正しい, 丁重な.
ਨਿਮਰਤਾ (निमरता) /nimarạtā ニマルター/ ▸ਨਮਰਤਾ [Skt.-ता] *f.* **1** 謙虚, 謙遜, 控え目なこと, 慎み深いこと. **2** おとなしさ, 柔和, 従順. **3** 温和, 丁寧な物腰. **4** 礼儀正しさ, 丁重さ.
ਨਿਮਰਤਾਈ (निमरताई) /nimarạtāī ニマルターイー/ [-ताई] *f.* → ਨਿਮਰਤਾ
ਨਿਮਾਣਾ (निमाणा) /nimāṇā ニマーナー/ ▸ਨਿਮਾਨਾਂ [Skt. निः- Skt. मान] *adj.* **1** 誇りを持たない, 自尊心を表に出さない. **2** 謙虚な, 控え目な. **3** おとなしい, 柔和な. **4** 腰の低い, 物腰の丁寧な.
ਨਿਮਾਨਾਂ (निमानाँ) /nimānā̃ ニマーナーン/ ▸ਨਿਮਾਣਾ [(Mul.)] *adj.* → ਨਿਮਾਣਾ
ਨਿਮਿਤ (निमित) /nimitạ ニミト/ ▸ਨਮਿਤ, ਨਮਿੱਤ, ਨਵਿਤ [Skt. निमित्त] *m.* **1** 原因, 理由. (⇒ਕਾਰਨ, ਸਬੱਬ) **2** 目的, 意図, 動機. (⇒ਪਰਯੋਜਨ)
— *postp.* …のために, …を偲んで. (⇒ਵਾਸਤੇ, ਬਾਬਤ, ਲਈ)
ਨਿੰਮੋਝਾਣਾ (निंमोझाणा) /nimmocǎ̃ṇā ニンモーチャーナー/ ▸ਨਿੰਮੋਝੂਣਾ, ਨਿਮੋਝੂਣਾ [Skt. नम + cf. ਝਾਕਣਾ] *adj.* **1** 下の方を見つめている, 視線を落とした. **2** 萎れた, しょげた. **3** 元気がない, 気落ちした. **4** 意気消沈した.
ਨਿੰਮੋਝੂਣਾ (निंमोझूणा) /nimmocǔ̃ṇā ニンモーチューナー/ ▸ਨਿੰਮੋਝਾਣਾ, ਨਿਮੋਝੂਣਾ *adj.* → ਨਿੰਮੋਝਾਣਾ
ਨਿਮੋਝੂਣਾ (निमोझूणा) /nimocǔ̃ṇā ニモーチューナー/ ▸ਨਿੰਮੋਝਾਣਾ, ਨਿੰਮੋਝੂਣਾ *adj.* → ਨਿੰਮੋਝਾਣਾ
ਨਿਮੋਲੀ (निमोली) /nimolī ニモーリー/ ▸ਨਮੋਲੀ *f.* 〘植物〙インドセンダン(印度梅檀)の果実.
ਨਿਯਤ (नियत) /niyatạ ニヤト/ ▸ਨੀਅਤ [Skt. नियत] *adj.* **1** 決められた, 定められた, 規定された, 一定の. **2** 指定された, 制定された. **3** 指名された, 委任された, 任命された, 配属された.
ਨਿਯੰਤਰਨ (नियंतरन) /niyantạranạ ニヤントラン/ [Skt. नियंत्रण] *m.* **1** 統御, 統制. **2** 制限, 抑制. **3** 管理, 管制, 監督.
ਨਿਯੰਤਰਿਤ (नियंतरित) /niyantạritạ ニヤントリト/ [Skt. नियंत्रित] *adj.* **1** 統御された, 統制された. **2** 制限された, 抑制された. **3** 管理された, 管制された.
ਨਿਯਤੀਵਾਦ (नियतीवाद) /niyatīwādạ ニヤティーワード/ [Skt. नियति Skt.-वाद] *m.* 運命予定説, 運命論, 宿命論, 決定論.
ਨਿਯਤੀਵਾਦੀ (नियतीवादी) /niyatīwādī ニヤティーワーディー/ [Skt.-वादिन्] *adj.* 運命予定説の, 運命論の, 宿命論の.
— *m.* 運命論者, 宿命論者.
ਨਿਯਮ (नियम) /niyamạ ニヤム/ ▸ਨੇਮ *m.* → ਨੇਮ
ਨਿਯਮਬਧ (नियमबध) /niyamạbâdạ ニヤムバド/ ▸ਨਿਯਮਬੱਧ *adj.* → ਨਿਯਮਬੱਧ
ਨਿਯਮਬੱਧ (नियमबद्ध) /niyamạbâddạ ニヤムバッド/ ▸ਨਿਯਮਬਧ [Skt. नियम Skt.-बद्ध] *adj.* **1** 規則に縛られた, 規則に則った. **2** 規則的な, 規則正しい. **3** 正式の.
ਨਿਯਮਾਨੁਕੂਲ (नियमानुकूल) /niyamānukūlạ ニヤマーヌクール/ [+ Skt. अनुकूल] *adj.* **1** 規則に応じた. **2** 規定通りの.
ਨਿਯਮਾਵਲੀ (नियमावली) /niyamāwalī ニヤマーワリー/ [Skt. नियमावली] *f.* 規則集, 規定集.
ਨਿਯਮਿਤ (नियमित) /niyamitạ ニユミト/ [Skt. नियमित] *adj.* **1** 規則的な, 規則正しい. **2** 定期的な. **3** 規定された. **4** 確立した.
ਨਿਯਮੀ (नियमी) /niyamī ニヤミー/ ▸ਨੇਮੀ *adj.* → ਨੇਮੀ
ਨਿਯੁਕਤ (नियुकत) /niyukạtạ ニユクト/ [Skt. नियुक्त] *adj.* **1** 任命された, 配属された, 配備された. **2** 候補として指名された. (⇒ਨਾਮਜ਼ਦ) **3** 決められた, 定められた.
ਨਿਯੁਕਤੀ (नियुकती) /niyukạtī ニユクティー/ [Skt. नियुक्ति] *f.* **1** 任命, 委任, 任用, 採用, 配属, 配備. **2** 指名. (⇒ਨਾਮਜ਼ਦਗੀ)
ਨਿਯੁਕਤੀ-ਪੱਤਰ (नियुकती-पत्तर) /niyukạtī-pattarạ ニユクティー・パッタル/ [+ Skt. पत्र] *m.* 任命書, 採用通知書.
ਨਿਯੋਜਕ (नियोजक) /niyojakạ ニヨージャク/ [Skt. नियोजक] *m.* **1** 任命者, 採用者. **2** 雇用者, 雇い主.
ਨਿਯੋਜਤ (नियोजत) /niyojatạ ニヨージャト/ [Skt. नियोजित] *adj.* **1** 任用された, 採用された. **2** 雇用された, 雇われた. **3** 計画された, 計画的な.
ਨਿਯੋਜਨ (नियोजन) /niyojanạ ニヨージャン/ [Skt. नियोजन] *m.* **1** 任用, 採用. **2** 雇用. **3** 計画, 設計.
ਨਿਰ (निर) /nirạ ニル/ [Skt. निर्] *pref.* **1**「…のない」「…を持っていない」などを意味する否定の接頭辞. **2**「完全に」「確かに」「明確に」などの意味を含む語を形成する接頭辞.
ਨਿਰਉਤਸ਼ਾਹ (निरउतशाह) /nirạutạśâ ニルウトシャー/ [Skt. निर्- Skt. उत्साह] *adj.* **1** 無感動な, 無関心な. **2** 無気力な, 冷淡な. **3** 気の抜けた. **4** 活気のない.
ਨਿਰਉਤਸ਼ਾਹਤਾ (निरउतशाहता) /nirạutạśâtā ニルウトシャーター/ [Skt.-ता] *f.* **1** 無感動, 無関心. **2** 無気力, 冷淡. **3** 気の抜けた様子. **4** 活気のなさ.
ਨਿਰਉਦੇਸ਼ (निरउदेश) /nirạudeśạ ニルウデーシュ/ [Skt. निर्- Skt. उद्देश्य] *adj.* **1** 目的のない. **2** 無意味な.

— *adv.* **1** 目的なしに. **2** 無意味に.

ਨਿਰਅੱਖਰਤਾ (निरअक्खरता) /niraakkʰaratā ニルアッカルター/ ▸ਨਿਰੱਖਰਤਾ, ਨਿਰਖਸ਼ਰਤਾ *f.* → ਨਿਰੱਖਰਤਾ

ਨਿਰਅਪਰਾਧ (निरअपराध) /niraaparâda ニルアプラード/ [Skt. निर्- Skt. अपराध] *adj.* **1** 罪のない, 無罪の. (⇒ਨਿਰਦੋਸ਼) **2** 無実の. (⇒ਨਿਰਦੋਸ਼)

ਨਿਰਸ (निरस) /nirasa ニラス/ [Skt. निः- Skt. रस] *adj.* **1** 汁のない. **2** 無味乾燥の. **3** 劣った.

ਨਿਰਸੰਕੋਚ (निरसंकोच) /nirasaṅkoca ニルサンコーチ/ [Skt. निर्- Skt. संकोच] *adj.* **1** ためらいのない. **2** 遠慮のない. **3** 率直な. **4** 隠し立てしない.

— *adv.* **1** ためらいなく. **2** 遠慮なく. **3** 率直に. **4** 隠し立てなく.

ਨਿਰਸੰਦੇਹ (निरसंदेह) /nirasandê ニルサンデー/ [Skt. निर्- Skt. संदेह] *adv.* **1** 疑いもなく. **2** 必ず. **3** 確かに.

ਨਿਰੰਕਸ (निरंकस) /niraṅkasa ニランカス/ ▸ਨਿਰੰਕੁਸ਼ *adj.* → ਨਿਰੰਕੁਸ਼

ਨਿਰੰਕਾਰ (निरंकार) /niraṅkāra ニランカール/ [Skt. निर्- Skt. आकार] *adj.* 形のない, 無形の.

— *m.* **1** 無形のもの. **2** 神.

ਨਿਰੰਕਾਰੀ (निरंकारी) /niraṅkārī ニランカーリー/ [-ਈ] *adj.* **1** 無形の神に関する. **2** 無形の神を崇拝する.

— *m.* **1** 無形の神を崇拝する者. **2** 〖スィ〗ニランカーリー派《19世紀前半にバーバー・ダヤールによって興されたスィック教の分派》.

ਨਿਰੰਕੁਸ਼ (निरंकुश) /niraṅkuśa ニランクシュ/ ▸ਨਿਰੰਕਸ [Skt. निर्- Skt. अंशक] *adj.* **1** 一部分でない, 従属していない. **2** 独立した. **3** 主権を有する.

ਨਿਰਖ (निरख) /nirakʰa ニルク/ [Skt. निरीक्षण] *m.* **1** 検査. **2** 試験. **3** 評価.

ਨਿਰਖ਼ (निरख़) /niraxa ニルク/ [Pers. *nirx*] *m.* **1** 値段. **2** 〖経済〗物価, 市場価格.

ਨਿਰਖਸ਼ਰਤਾ (निरखशरता) /nirakʰaśaratā ニラクシャルター/ ▸ਨਿਰਅੱਖਰਤਾ, ਨਿਰੱਖਰਤਾ *f.* → ਨਿਰੱਖਰਤਾ

ਨਿਰਖਣਾ (निरखणा) /nirakʰaṇā ニルカナー/ [Skt. निरीक्षते] *vt.* **1** 検査する. (⇒ਜਾਂਚਣਾ) **2** 調べる, 調査する. **3** 試す, 試験する. **4** 査定する, 評価する. **5** 選別する.

ਨਿਰੱਖਰ (निरक्खर) /nirakkʰara ニラッカル/ [Skt. निर्- Skt. अक्षर] *adj.* **1** 文字を知らない, 文字を用いない. **2** 読み書きができない.

ਨਿਰੱਖਰਤਾ (निरक्खरता) /nirakkʰaratā ニラッカルター/ ▸ਨਿਰਅੱਖਰਤਾ, ਨਿਰਖਸ਼ਰਤਾ [Skt.-ता] *f.* **1** 文字を知らないこと, 文字を用いないこと. **2** 読み書きができないこと.

ਨਿਰਗੰਧ (निरगंध) /niragânda ニルガンド/ [Skt. निर्- Skt. गंध] *adj.* 臭いのない, 無臭の.

ਨਿਰਗੁਣ (निरगुण) /niraguṇa ニルグン/ [Skt. निर्- Skt. गुण] *adj.* **1** 属性のない, 無属性の, 顕現しない. **2** 長所・美点・特性などのない, 徳のない. **3** 役に立たない. **4** 〖ヒ〗無属性の最高神ブラフマーを信奉する.

— *m.* **1** 無属性, 非顕現. **2** 真実在の超絶的な側面. **3** 〖ヒ〗属性を超越した最高我.

ਨਿਰਗੁਣਤਾ (निरगुणता) /niraguṇatā ニルグンター/ [Skt.-ता] *f.* 無属性.

ਨਿਰਗੁਣਿਆਰਾ (निरगुणिआरा) /niraguṇiārā ニルグニアーラー/ [Skt. निर्- Skt. गुण] *adj.* **1** 美徳のない. **2** 価値のない.

— *m.* 美徳のない人.

ਨਿਰਛਲ (निरछल) /niracʰala ニルチャル/ [Skt. निर्- Skt. छल] *adj.* **1** 悪だくみをしない. **2** かけひきのない. **3** 包み隠しのない, 率直な. **4** 誠実な, 正直な.

ਨਿਰਛਲਤਾ (निरछलता) /niracʰalatā ニルチャルター/ [Skt.-ता] *f.* **1** 悪だくみをしないこと. **2** かけひきのないこと. **3** 包み隠しのないこと, 率直. **4** 誠実, 正直.

ਨਿਰੰਜਣ (निरंजण) /nirañjaṇa ニランジャン/ ▸ਨਿਰੰਜਨ [Skt. निर्- Skt. अंजन] *adj.* **1** 汚点のない. **2** 穢れのない, 清純な. **3** 執着のない, 迷妄を超えた.

— *m.* **1** 神の属性. **2** 〖ヒ〗ニランジャナ《シヴァ神の異名の一つ》. (⇒ਸ਼ਿਵ)

ਨਿਰੰਜਨ (निरंजन) /nirañjana ニランジャン/ ▸ਨਿਰੰਜਣ *adj.m.* → ਨਿਰੰਜਣ

ਨਿਰਜਨ (निरजन) /nirajana ニルジャン/ [Skt. निर्- Skt. जन] *adj.* **1** 人気(ひとけ)のない. **2** 寂しい. **3** 人の住んでいない. **4** 荒廃した. **5** 過疎の.

ਨਿਰਜਨੀਕਰਨ (निरजनीकरन) /nirajanīkarana ニルジャニーカルン/ [Skt.-करण] *m.* 人が住まなくなること, 過疎化.

ਨਿਰਜਿੰਦ (निरजिंद) /nirajinda ニルジンド/ [Skt. निर्- Pers. *zinda*] *adj.* **1** 生命のない. **2** 生きていない. **3** 死んでいる.

ਨਿਰਜੀਵ (निरजीव) /nirajīva ニルジーヴ/ [Skt. निर्- Skt. जीव] *adj.* **1** 生命のない. **2** 生きていない, 死んでいる. **3** 生気のない, 活気のない, 無気力な. **4** 不活発な, 沈滞した.

ਨਿਰਜੀਵਤਾ (निरजीवता) /nirajīvatā ニルジーヴター/ [Skt.-ता] *f.* **1** 生命のないこと. **2** 死んでいること. **3** 活気のない状態, 無気力. **4** 不活発, 沈滞.

ਨਿਰਣਾ (निरणा) /niraṇā ニルナー/ ▸ਨਿਰਣੈ, ਨਿਰਨਾ *m.* → ਨਿਰਨਾ[1]

ਨਿਰਣਾਇਕ (निरणाइक) /niraṇāika ニルナーイク/ ▸ਨਿਰਨਾਇਕ *adj.m.* → ਨਿਰਨਾਇਕ

ਨਿਰਣਾਕਾਰੀ (निरणाकारी) /niraṇākārī ニルナーカーリー/ [Skt. निर्णय Skt.-कारिन्] *adj.* 決定的な, 最終的な.

ਨਿਰਣੈ (निरणै) /niraṇai ニルナェー/ ▸ਨਿਰਣਾ, ਨਿਰਨਾ *m.* → ਨਿਰਨਾ[1]

ਨਿਰਤ (निरत) /nirata ニルト/ ▸ਨ੍ਰਿਤ, ਨ੍ਰਿੱਤ, ਨਿਰਿਤ [Skt. नृत्य] *m.* 踊り, 舞, 舞踊, 舞踏, ダンス.

ਨਿਰਤਕਾਰ (निरतकार) /niratakāra ニルトカール/ [Skt.-कार] *m.* **1** 踊り手. **2** 舞踊家.

ਨਿਰਤਕਾਰੀ (निरतकारी) /niratakārī ニルトカーリー/ [Skt.-कारिता] *f.* **1** 踊りの技芸, 舞踏芸術. **2** 舞踊, 舞, 踊りの実演.

ਨਿਰੰਤਰ (निरंतर) /nirantara ニランタル/ [Skt. निर्- Skt. अंतर] *adj.* **1** 途切れない, 間隔のない. **2** 続けざまの.

— *adv.* **1** 途切れなく, 隙間なく. **2** 続けて, 続けざまに.

ਨਿਰੰਤਰਤਾ (निरंतरता) /nirantaratā ニランタルター/ [Skt.-ता] *f.* **1** 途切れのないこと, 間隔のないこと. **2** 継

続, 連続, 連続性.

ਨਿਰਦਈ (निरदई) /niradaī ニルダイー/ [Skt. निर्दय] *adj.* **1** 無情な, 非情な, 無慈悲な. (⇒ਬੇਰਹਿਮ) **2** 冷酷な, 残酷な. **3** 暴虐な, 残虐な, 残忍な. (⇒ਜ਼ਾਲਮ) **4** 野蛮な. **5** 獰猛な.

ਨਿਰਦਈਤਾ (निरदईता) / niradaītā ニルダイーター/ ▸ ਨਿਰਦੈਤਾ *f.* → ਨਿਰਦੈਤਾ

ਨਿਰਦਈਪੁਣਾ (निरदईपुणा) /niradaīpuṇā ニルダイープナー/ [Skt. निर्दय -ਪੁਣਾ] *m.* → ਨਿਰਦੈਤਾ

ਨਿਰਦੇਸ਼ (निरदेश) /niradeśa ニルデーシュ/ [Skt. निर्देश] *m.* **1** 指示, 指令, 指図. **2** 指導, 指揮. **3** 命令.

ਨਿਰਦੇਸ਼ਕ (निरदेशक) /niradeśaka ニルデーシャク/ [Skt. निर्देशक] *m.* **1** 指示者, 指令者. **2** 管理者, 統括者, 長官, 局長. **3** 指導者, 指揮者. **4**(映画や演劇などの)監督, 演出家. **5**(研究所などの)所長.

ਨਿਰਦੇਸ਼ਨ (निरदेशन) /niradeśana ニルデーシャン/ [Skt. निर्देशन] *m.* **1** 指示, 指令, 指図. **2** 監督, 統括. **3** 管理, 指導. **4**(映画や演劇などの)監督, 演出. **5** 参照, 照合, 参考図書.

ਨਿਰਦੇਸ਼ਿਕਾ (निरदेशिका) /niradeśikā ニルデーシカー/ [Skt. निर्देशिका] *f.* **1** 訓令集, 法令集. **2** 人名録. (⇒ਡਾਇਰੈਕਟਰੀ)

ਨਿਰਦੈਤਾ (निरदैता) /niradaitā ニルダェーター/ ▸ ਨਿਰਦਈਤਾ [Skt. निर्दय Skt.-ता] *f.* **1** 無情, 非情, 無慈悲. **2** 冷酷, 残酷. **3** 暴虐, 残虐, 残忍. **4** 野蛮. **5** 獰猛.

ਨਿਰਦੋਸ਼ (निरदोश) /niradośa ニルドーシュ/ [Skt. निर्- Skt. दोष] *adj.* **1** 過ちのない, 落ち度のない. **2** 欠点のない, 欠陥のない. **3** 罪のない, 無罪の, 無実の. (⇒ਨਿਰਅਪਰਾਧ)

ਨਿਰਦੋਸ਼ਤਾ (निरदोशता) /niradośatā ニルドーシュター/ [Skt.-ता] *f.* **1** 過ちのないこと, 落ち度のないこと. **2** 欠点のないこと, 欠陥のないこと. **3** 罪のないこと, 無罪, 無実, 潔白.

ਨਿਰਧਨ (निरधन) /niratăna ニルタン/ [Skt. निर्- Skt. धन] *adj.* **1** 富のない, お金のない. **2** 貧しい, 貧困な, 貧乏な. **3** 困窮している. **4** 窮乏した, 赤貧の. **5** 貧乏に打ちひしがれた, 極貧の.

ਨਿਰਧਨਤਾ (निरधनता) /niratănatā ニルタンター/ [Skt.-ता] *f.* **1** 富のないこと, お金のないこと. **2** 貧しさ, 貧困, 貧乏. **3** 貧窮, 困窮.

ਨਿਰਧਾਰਨ (निरधारन) /niratărana ニルターラン/ [Skt. निर्धारण] *m.* **1** 確定. **2** 決定, 決断, 決心. **3** 規定. **4** 査定, 評価.

ਨਿਰਧਾਰਿਤ (निरधारित) /niratărita ニルターリト/ [Skt. निर्धारित] *adj.* **1** 確定された. **2** 決定された, 決断された. **3** 規定された. **4** 査定された, 評価された.

ਨਿਰਨਾ[1] (निरना) /niranā ニルナー/ ▸ਨਿਰਣਾ, ਨਿਰਣੈ [Skt. निर्णय] *m.* **1** 決定, 決断. **2** 判断, 判定, 審判. **3** 結論, 帰結.

ਨਿਰਨਾ[2] (निरना) /niranā ニルナー/ *adj.* 空(から)の. ❒ਨਿਰਨੇ ਪੇਟ 空腹で, お腹をすかせて.

ਨਿਰਨਾਇਕ (निरनाइक) /niranāika ニルナーイク/ ▸ ਨਿਰਣਾਇਕ [Skt. निर्णायक] *adj.* **1** 決定する, 決定的な. **2** 肯定的な.
— *m.* **1** 決定を下す者. **2** 裁定者, 判定者, 審判員.

ਨਿਰਨੇਵਾਚਕ (निरनेवाचक) /niranewācaka ニルネーワーチャク/ [Skt. निर्णय + Skt. वाचक] *adv.* **1** 断定的な. **2** 肯定の.

ਨਿਰਪੱਖ (निरपक्ख) /nirapakkʰa ニルパック/ [Skt. निर्- Skt. पक्ष] *adj.* **1** 公平な, 公正な. **2** 偏らない, 偏向していない. **3** 偏見のない. **4** 中立の, 不偏不党の.

ਨਿਰਪੱਖਤਾ (निरपक्खता) /nirapakkʰatā ニルパックター/ [Skt.-ता] *f.* **1** 公平, 公正さ. **2** 偏向していないこと. **3** 偏見のないこと. **4** 中立.

ਨਿਰਪੱਖਤਾਵਾਦ (निरपक्खतावाद) /nirapakkʰatāwāda ニルパックターワード/ [Skt.-वाद] *m.* 中立主義, 中立政策.

ਨਿਰਪੱਖੀਕਰਨ (निरपक्खीकरन) /nirapakkʰīkarana ニルパッキーカルン/ [Skt. निर्- Skt. पक्ष Skt.-करण] *m.* 中立にすること, 中立化.

ਨਿਰਪੇਖ (निरपेख) /nirapekʰa ニルペーク/ [Skt. निरपेक्ष] *adj.* **1** 自立の, 独立した. **2** 無関心な. **3** 無関係な. **4** 中立の.

ਨਿਰਬਲ (निरबल) /nirabala ニルバル/ [Skt. निर्- Skt. बल] *adj.* **1** 力のない, 無力な. **2** 弱い.

ਨਿਰਬਲਤਾ (निरबलता) /nirabalatā ニルバルター/ [Skt.-ता] *f.* **1** 無力さ. **2** 弱さ.

ਨਿਰਬਾਹ (निरबाह) /nirabâ ニルバー/ ▸ਨਿਬਾਹ, ਨਿਰਬਾਹ [Skt. निर्वाह] *m.* **1** 維持, 保持. **2** 生存, 生計, 生活. ❒ਨਿਰਬਾਹ ਖ਼ਰਚ 生活費. **3** 完成, 完遂, 成就.

ਨਿਰਬਾਣ (निरबाण) /nirabāṇa ニルバーン/ ▸ਨਿਰਵਾਣ [Skt. निर्वाण] *m.* **1** 吹き消すこと, 火が消えること. **2** 消滅, 解放. **3** 涅槃, 解脱, 魂の救済. **4** 解脱した人.

ਨਿਰਭਉ (निरभउ) /nirapăo ニルパオー/ ▸ਨਿਰਭੈ, ਨਿਰਭੌ [Skt. निर्- Skt. भय] *adj.* **1** 恐れのない, 恐れを知らない, 何ものも恐れない. **2** ひるまない, 不屈の. **3** 勇ましい, 勇敢な. **4** 大胆な.

ਨਿਰਭਰ (निरभर) /nirapăra ニルパル/ [Skt. निर्भर] *adj.* 依存している, 依拠している, よりかかっている, 頼っている, 依っている, 左右される, …次第の. ❒ਨਿਰਭਰ ਹੋਣਾ 依存する. ❒ਉੱਤੇ ਨਿਰਭਰ ਕਰਨਾ …に依存する, …に依拠する, …によって決まる.

ਨਿਰਭੈ (निरभै) /nirapaĭ ニルパェー/ ▸ਨਿਰਭਉ, ਨਿਰਭੌ *adj.* → ਨਿਰਭਉ

ਨਿਰਭੈਤਾ (निरभैता) /nirapaĭtā ニルパェーター/ [Skt. निर्- Skt. भय Skt.-ता] *f.* **1** 恐れのないこと, 恐れを知らないこと, 何ものも恐れないこと. **2** ひるまないこと, 不屈の精神. **3** 勇ましさ, 勇敢さ. **4** 大胆さ, 大胆不敵.

ਨਿਰਭੌ (निरभौ) /nirapaŭ ニルパォー/ ▸ਨਿਰਭਉ, ਨਿਰਭੈ *adj.* → ਨਿਰਭਉ

ਨਿਰਮਲ (निरमल) /niramala ニルマル/ [Skt. निर्मल] *adj.* **1** 汚れていない, 穢れのない. (⇒ਅਮਲ) **2** 清らかな, 清浄な, 清潔な. (⇒ਸਾਫ਼) **3** 純潔な, 無垢な. **4** 神聖な. **5**(水や空などが)澄んだ, 雲のない.

ਨਿਰਮਲਤਾ (निरमलता) /niramalatā ニルマルター/ [Skt.-ता] *f.* **1** 汚れていないこと, 穢れのないこと. **2** 清浄, 清潔. **3** 純潔, 無垢.

ਨਿਰਮਾਣ (निरमाण) /niramāṇa ニルマーン/ [Skt. निर्माण]

m. **1** 生じること, 作られること, 作ること, 創造. **2** 建設, 建造, 建築, 構築. **3** 設立. **4** 製造. **5** 生産.

ਨਿਰਮਾਤਾ (निरमाता) /niramātā ニルマーター/ [Skt. निर्माता] *m.* **1** 作る人. **2** 建設者. **3** 製作者, 製造者. **4** 生産者. **5** 発明者.

ਨਿਰਮਿਤ (निरमित) /niramita ニルミト/ [Skt. निर्मित] *adj.* **1** 作られた. **2** 建設された, 建造された. **3** 製作された, 製造された. **4** 発明された. **5** 生産された.

ਨਿਰਮੂਲ (निरमूल) /niramūla ニルムール/ [Skt. निर्मूल] *adj.* **1** 根のない. **2** 根絶やしの. **3** 根拠のない, いわれのない.

ਨਿਰਮੋਹ (निरमोह) /niramô ニルモー/ ▸ਨਿਰਮੋਹੀ [Skt. निर्मोह] *adj.* **1** 迷妄のない, 執着のない. **2** 愛着のない, 愛情のない. (⇒ਅਨੇਹ) **3** 情けのない, 無情な. **4** 無頓着な. **5** 無感情の.

ਨਿਰਮੋਹੀ (निरमोही) /niramôī ニルモーイー/ ▸ਨਿਰਮੋਹ *adj.* → ਨਿਰਮੋਹ

ਨਿਰਮੋਲ (निरमोल) /niramola ニルモール/ [Skt. निर्- Skt. मूल्य] *adj.* **1** 値段のつけられない. **2** 貴重な.

ਨਿਰਯਾਤ (निरयात) /nirayāta ニルヤート/ [Skt. निर्यात] *adj.* 外に出る, 輸出された.

— *m.f.* **1** 〖経済〗輸出. (⇒ਬਰਾਮਦ)(⇔ਆਯਾਤ) **2** 輸出品. (⇔ਆਯਾਤ)

ਨਿਰਯਾਤਕ (निरयातक) /nirayātaka ニルヤータク/ [Skt. निर्यातक] *m.* 輸出業者.

ਨਿਰਯੋਗ (निरयोग) /nirayoga ニルヨーグ/ [Skt. निर्- Skt. योग्य] *adj.* 能力のない, 無能な, 無力な.

ਨਿਰਯੋਗਤਾ (निरयोगता) /nirayogatā ニルヨーグター/ [Skt.-ता] *f.* 無能, 無力.

ਨਿਰਰਥਕ (निररथक) /nirarathaka ニラルタク/ ▸ਨਿਰਾਰਥ [Skt. निरर्थक] *adj.* **1** 意味のない, 無意味な. **2** 目的のない. **3** 役に立たない, 無駄な. **4** 馬鹿な.

ਨਿਰਲੱਜ (निरलज्ज) /niralajja ニルラッジ/ ▸ਨਿਲੱਜ [Skt. निर्लज्ज] *adj.* **1** 恥知らずの. **2** 厚顔無恥の, 破廉恥な. **3** 図々しい, 厚かましい.

ਨਿਰਲੇਪ (निरलेप) /niralepa ニルレープ/ [Skt. निर्लेप] *adj.* **1** 汚れていない. **2** 執着のない. **3** 私利私欲のない. **4** 純粋な.

ਨਿਰਲੇਪਤਾ (निरलेपता) /niralepatā ニルレープター/ [Skt.-ता] *f.* **1** 執着のないこと. **2** 私利私欲のないこと.

ਨਿਰਲੋਭ (निरलोभ) /niralôba ニルローブ/ [Skt. निर्- Skt. लोभ] *adj.* **1** 欲のない. **2** 貪欲でない. **3** 利己的でない.

ਨਿਰਵਾਸ (निरवास) /nirawāsa ニルワース/ ▸ਨਿਰਵਾਸਨ [Skt. निर्वासन] *m.* **1** 追放, 追い出し, 放逐. **2** 国外追放. (⇒ਦੇਸ ਨਿਕਾਲਾ)

ਨਿਰਵਾਸਤ (निरवासत) /nirawāsata ニルワーサト/ ▸ਨਿਰਵਾਸਿਤ *adj.* → ਨਿਰਵਾਸਿਤ

ਨਿਰਵਾਸਨ (निरवासन) /nirawāsana ニルワーサン/ ▸ਨਿਰਵਾਸ *m.* → ਨਿਰਵਾਸ

ਨਿਰਵਾਸਿਤ (निरवासित) /nirawāsita ニルワースィト/ ▸ਨਿਰਵਾਸਤ [Skt. निर्वासित] *adj.* **1** 追放された, 追い出された, 放逐された. **2** 国外追放された.

ਨਿਰਵਾਹ (निरवाह) /nirawâ ニルワー/ ▸ਨਿਬਾਹ, ਨਿਰਵਾਹ *m.* → ਨਿਰਬਾਹ

ਨਿਰਵਾਚਕ (निरवाचक) /nirawācaka ニルワーチャク/ [Skt. निर्वाचक] *m.* 〖政治〗選挙人, 有権者.

ਨਿਰਵਾਚਨ (निरवाचन) /nirawācana ニルワーチャン/ [Skt. निर्वाचन] *m.* **1** 〖政治〗選挙. **2** 選択, 選別.

ਨਿਰਵਾਣ (निरवाण) /nirawāṇa ニルワーン/ ▸ਨਿਰਬਾਣ *m.* → ਨਿਰਬਾਣ

ਨਿਰਵਿਕਾਰ (निरविकार) /niravikāra ニルヴィカール/ [Skt. निर्- Skt. विकार] *adj.* **1** 歪みのない, 悪い所のない. **2** 欠点のない, 無欠の. **3** 罪のない. **4** 変化のない, 変形していない. **5** 純粋の.

ਨਿਰਵਿਘਨ (निरविघन) /niravîgana ニルヴィガン/ [Skt. निर्- Skt. विघ्न] *adj.* 妨害されない, 支障のない, 順調な.

— *adv.* 妨害されることなく, 支障なく, 順調に.

ਨਿਰਵਿਘਨਤਾ (निरविघनता) /niravîganatā ニルヴィガンター/ [Skt.-ता] *f.* **1** 妨害のないこと, 順調であること. **2** 平坦な進路.

ਨਿਰਵਿਵਾਦ (निरविवाद) /niraviwāda ニルヴィワード/ [Skt. निर्- Skt. विवाद] *adj.* 議論の余地のない.

ਨਿਰਵਿਵੇਕ (निरविवेक) /niraviveka ニルヴィヴェーク/ [Skt. निर्- Skt. विवेक] *adj.* **1** 理屈のない, 論理を超えた. **2** 不合理な. **3** 道理をわきまえない, 無分別な.

— *adv.* **1** 理由なく, 論理を超えて. **2** 不合理に. **3** 道理をわきまえずに, 無分別に.

ਨਿਰਵੇਦ (निरवेद) /niraveda ニルヴェード/ [Skt. निर्- Skt. वेद] *m.* **1** 無頓着. **2** 世俗のことに構わないこと.

ਨਿਰਵੈਰ (निरवैर) /niravaira ニルヴァエール/ [Skt. निर्- Skt. वैर] *adj.* **1** 恨みのない. **2** 敵意のない. **3** 円満な. **4** 友好的な. **5** 平和を好む, 争いを好まない.

ਨਿਰਾ (निरा) /nirā ニラー/ [Skt. निरालय] *adj.* **1** 単独の, 唯一の. (⇒ਇਕੱਲਾ) **2** すべての, 全くの, 完全な. (⇒ਸਾਰਾ, ਪੂਰਾ) **3** 純粋の, 純然たる. (⇒ਖ਼ਾਲਸ)

— *adv.* ただ…だけ, 唯一. (⇒ਕੇਵਲ, ਸਿਰਫ਼) ❒ਉਹ ਨਿਰਾ ਐਤਵਾਰ ਨੂੰ ਹੀ ਆਉਂਦਾ ਹੁੰਦਾ ਸੀ। 彼は日曜日だけに来ていました.

ਨਿਰਾਸ (निरास) /nirāsa ニラース/ ▸ਨਿਰਾਸ਼ [Skt. निर्- Skt. आशा] *adj.* **1** 望みのない, 望みを失った. **2** 失望した, がっかりした, 落胆した. **3** 絶望した.

ਨਿਰਾਸ਼ (निराश) /nirāśa ニラーシュ/ ▸ਨਿਰਾਸ *adj.* → ਨਿਰਾਸ

ਨਿਰਾਸਤਾ (निरासता) /nirāsatā ニラースター/ [Skt. निर्- Skt. आशा Skt.-ता] *f.* **1** 望みのないこと. **2** 失望, 失意, 落胆. **3** 絶望.

ਨਿਰਾਸਰਾ (निरासरा) /nirāsarā ニラーサラー/ ▸ਨਿਆਸਰਾ *adj.* → ਨਿਆਸਰਾ

ਨਿਰਾਸ਼ਾ (निराशा) /nirāśā ニラーシャー/ [Skt. निर्- Skt. आशा] *f.* **1** 望みのないこと. **2** 失望. **3** 絶望.

ਨਿਰਾਸ਼ਾਜਨਕ (निराशाजनक) /nirāśājanaka ニラーシャージャナク/ [Skt.-जनक] *adj.* **1** 望みのない. **2** 失望させるような. **3** 絶望的な.

ਨਿਰਾਸ਼ਾਵਾਦ (निराशावाद) /nirāśāwāda ニラーシャーワード/ [Skt.-वाद] *m.* 悲観主義.

ਨਿਰਾਸ਼ਾਵਾਦੀ (निराशावादी) /nirāśāwādī ニラーシャーワーディー/ [Skt.-वादिन्] *adj.* 悲観主義の.

— *m.* 悲観主義者.

ਨਿਰਾਹਾਰ (निराहार) /nirāhāra ニラーハール/ [Skt. निर्- Skt. आहार] *adj.* 1 食べ物のない. 2 断食している.
— *m.* 1 絶食, 断食. 2 飢え.

ਨਿਰਾਕਰਨ (निराकरन) /nirākarana ニラーカルン/ [Skt. निरालय Skt.-करण] *m.* 1 除去, 撤去, 根絶. 2 論破, 論駁. 3 取り消し, 廃棄. 4 廃止.

ਨਿਰਾਕਾਰ (निराकार) /nirākāra ニラーカール/ [Skt. निर्- Skt. आकार] *adj.* 1 無形の. 2 無定形の.
— *m.* 1 無形のもの. 2 究極の存在, 神.

ਨਿਰਾਦਰ (निरादर) /nirādara ニラーダル/ ▸ਨਿਰਾਦਰੀ [Skt. निर्- Skt. आदर] *m.* 1 無礼, 失礼. 2 不敬, 侮辱, 侮蔑, 軽蔑.

ਨਿਰਾਦਰੀ (निरादरी) /nirādarī ニラーダリー/ ▸ਨਿਰਾਦਰ *f.* → ਨਿਰਾਦਰ

ਨਿਰਾਧਾਰ (निराधार) /nirādǎra ニラーダール/ [Skt. निर्- Skt. आधार] *adj.* 1 基盤のない. 2 根拠のない. 3 偽りの.

ਨਿਰਾਰਥ (निरारथ) /nirāratʰa ニラールト/ ▸ਨਿਰਰਥਕ *adj.* → ਨਿਰਰਥਕ

ਨਿਰਾਲਾ (निराला) /nirālā ニラーラー/ [Skt. निरालय] *adj.* 1 特異な, 独特の. 2 奇妙な, 風変わりな. 3 普通でない, 異常な. 4 希有の. 5 比類のない, 無類の, 並外れた. 6 人気のない, 寂しい. (⇒ਨਿਰਜਨ)

ਨਿਰਾਲਾਪਣ (निरालापण) /nirālāpaṇa ニラーラーパン/ [-ਪਣ] *m.* 1 特異性, 独自性. 2 奇妙なこと, 風変わり. 3 普通でないこと, 異常. 4 希有なこと. 5 比類のなさ, 並外れていること. 6 人気のないこと, 寂しさ.

ਨਿਰਿਤ (निरित) /nirita ニリト/ ▸ਨ੍ਰਿਤ, ਨ੍ਰਿੱਤ, ਨਿਰਤ *m.* → ਨਿਰਤ

ਨਿਰੀਖਕ (निरीखक) /nirīkʰaka ニリーカク/ [Skt. निरीक्षक] *m.* 1 観察者. 2 検査人, 検査官. 3 監視員, 監視者, 監督者, 監督官. 4 管理人, 管理者.

ਨਿਰੀਖਣ (निरीखण) /nirīkʰaṇa ニリーカン/ [Skt. निरीक्षण] *m.* 1 観察, 注視, 視察. 2 検査, 検閲. 3 監視, 監督. 4 管理.

ਨਿਰੁਕਤ (निरुकत) /nirukata ニルクト/ [Skt. निर्- Skt. उक्त] *adj.* 1 語られていない, 述べられていない. 2 説明されていない, 不可解な. 3 曖昧な. 4 明解に述べられた. 5 定義された, 確定された.
— *m.* 1 ニルクタ《紀元前5世紀頃にヤースカが著した『ヴェーダ』の語源解説書》. 2〖言〗語源解説, 語源学, 意味論. 3 辞書, 辞典.

ਨਿਰੁਕਤੀ (निरुकती) /nirukatī ニルクティー/ [Skt. निर्- Skt. उक्ति] *f.* 1 語源解説. 2 語源.

ਨਿਰੁਕਤੀਕਾਰ (निरुकतीकार) /nirukatīkāra ニルクティーカール/ [Skt.-कार] *m.* 1 語源学者, 語源解説著作者. 2 意味論研究者.

ਨਿਰੁੱਤਰ (निरुत्तर) /niruttara ニルッタル/ [Skt. निर्- Skt. उत्तर] *adj.* 1 答えられない. 2 答えのない.

ਨਿਰੂਪ (निरूप) /nirūpa ニループ/ [Skt. निः- Skt. रूप] *adj.* 1 形のない, 無形の. 2 姿の良くない, 醜い.

ਨਿਰੂਪਕ (निरूपक) /nirūpaka ニルーパク/ [Skt. निरूपक] *adj.* 1 確認する, 判定を下す. 2 代表する.
— *m.* 調査者, 捜査官.

ਨਿਰੂਪਣ (निरूपण) /nirūpaṇa ニルーパン/ [Skt. निरूपण] *m.* 1 確認, 論証. 2 決定, 判定. 3 明確に述べること, 解説. 4 提示, 表現. 5 具体化. 6 輪郭を描くこと, 描写.

ਨਿਰੂਪਣ-ਸ਼ਕਤੀ (निरूपण-शकती) /nirūpaṇa-śakatī ニルーパン・シャクティー/ [+ Skt. शक्ति] *f.* 1 表現力. 2 想像力, 空想.

ਨਿਰੂਪਿਤ (निरूपित) /nirūpita ニルーピト/ [Skt. निरूपित] *adj.* 1 確認された, 論証された. 2 明確に述べられた. 3 具体化された, 描かれた.

ਨਿਰੇਸ਼ (निरेश) /nireśa ニレーシュ/ ▸ਨਰੇਸ਼ *m.* → ਨਰੇਸ਼

ਨਿਰੋਆ (निरोआ) /niroā ニローアー/ ▸ਨਰੋਆ *adj.* → ਨਰੋਆ

ਨਿਰੋਗ (निरोग) /niroga ニローグ/ [Skt. नीरोग] *adj.* 1 病気をしない. 2 健康な.

ਨਿਰੋਧ (निरोध) /nirôda ニロード/ [Skt. निरोध] *m.* 1 妨害, 阻止. 2 制限, 抑制.

ਨਿਰੋਧਕ (निरोधक) /nirôdaka ニローダク/ [Skt. निरोधक] *adj.* 1 妨害する, 阻止する. 2 制限する, 抑制する.

ਨਿਰੋਲ (निरोल) /nirola ニロール/ [Skt. निर्मल] *adj.* 1 混じり気のない. 2 純粋な.

ਨਿਲੱਜ (निलज्ज) /nilajja ニラッジ/ ▸ਨਿਰਲੱਜ *adj.* → ਨਿਰਲੱਜ

ਨਿਲਾਮ (निलाम) /nilāma ニラーム/ ▸ਨੀਲਾਮ, ਲਲਾਮ [Portug. *leilám*] *m.*〖経済〗競り, 競売.

ਨਿਲਾਮੀ (निलामी) /nirāmī ニラーミー/ ▸ਨੀਲਾਮੀ, ਲਲਾਮੀ [-ਈ] *f.*〖経済〗競り, 競売.

ਨਿਵਣ (निवण) /niwaṇa ニワン/ *m.* 1 屈服, 服従. 2 謙遜, 卑下.

ਨਿਵਣਾ (निवणा) /niwaṇā ニワナー/ ▸ਨਿਉਣਾ, ਨਿਓਣਾ *vi.* → ਨਿਓਣਾ

ਨਿਵਰਤ (निवरत) /niwarata ニウラト/ ▸ਨਿਵਰਿਤ, ਨਿਵਿਰਤ *adj.* → ਨਿਵਿਰਤ

ਨਿਵਰਤੀ (निवरती) /niwaratī ニウラティー/ ▸ਨਿਵਰਿਤੀ, ਨਿਵਿਰਤੀ *f.* → ਨਿਵਿਰਤੀ

ਨਿਵਰਿਤ (निवरित) /niwarita ニウリト/ ▸ਨਿਵਰਤ, ਨਿਵਿਰਤ *adj.* → ਨਿਵਿਰਤ

ਨਿਵਰਿਤੀ (निवरिती) /niwaritī ニウリティー/ ▸ਨਿਵਰਤੀ, ਨਿਵਿਰਤੀ *f.* → ਨਿਵਿਰਤੀ

ਨਿਵਾਉਣਾ (निवाउणा) /niwāuṇā ニワーウナー/ [cf. ਨਿਓਣਾ] *vt.* 1 身をかがめさせる, お辞儀をさせる. 2 屈服させる, 服従させる.

ਨਿਵਾਸ (निवास) /niwāsa ニワース/ [Skt. निवास] *m.* 1 住居, 家. 2 在住, 居住.

ਨਿਵਾਸੀ (निवासी) /niwāsī ニワースィー/ [Skt. निवासिन्] *m.* 1 居住者. 2 在住者. 3 住民, 地元の人.

ਨਿਵਾਜ਼ (निवाज़) /niwāza ニワーズ/ ▸ਨਵਾਜ਼ [Pers. *navāz*] *adj.* 慈しむ, 慈悲を施す, 可愛がる.
— *suff.* 「…を慈しむ(人)」「…に慈悲を施す(人)」「…を可愛がる(人)」「…を大事にする(人)」などを意味する形容詞・名詞を形成する接尾辞.

ਨਿਵਾਜ਼ਸ਼ (निवाज़श) /niwāzaśa ニワーザシュ/ ▸ਨਵਾਜ਼ਸ਼, ਨਵਾਜ਼ਿਸ਼ [Pers. *navāziś*] *f.* 1 気配り. 2 親切心, 情け深

さ, 慈悲心, 恩恵, 好意. 3 礼儀正しさ, 丁重さ.
ਨਿਵਾਜਣਾ (निवाजणा) /niwājaṇā ニワージャナー/ [Pers. *navāz*] *vt.* 1 慈しむ, 可愛がる. 2 大事にする. 3 援助する, 後援する.
ਨਿਵਾਣ (निवाण) /niwāṇa ニワーン/ ▶ਨੀਵਾਣ *m.* 1 坂. 2 下り坂. 3 低地. 4 窪地.
ਨਿਵਾਰਕ (निवारक) /niwāraka ニワーラク/ [Skt. निवारक] *adj.* 1 妨げる, 防止する, 阻止する. 2 取り除く, 排除する, 根絶する. 3 癒す, 治療する.
— *m.* 1 妨げる人や物. 2 取り除く人や物, 根絶する人や物. 3 癒す人や物.
ਨਿਵਾਰਣ (निवारण) /niwāraṇa ニワーラン/ ▶ਨਿਵਾਰਨ *m.* → ਨਿਵਾਰਨ
ਨਿਵਾਰਨ (निवारन) /niwārana ニワーラン/ ▶ਨਿਵਾਰਣ [Skt. निवारण] *m.* 1 防止, 妨害, 阻止. 2 除去, 取り除くこと, 根絶. 3 癒し, 治療.
ਨਿਵਾਰਨਹਾਰ (निवारनहार) /niwāranahāra ニワーランハール/ [cf. ਨਿਵਾਰਨਾ -ਹਾਰ] *adj.* 1 妨げる, 止める, 阻止する. 2 取り除いてくれる, 根絶する. 3 癒す, 癒しの.
ਨਿਵਾਰਨਾ (निवारना) /niwāranā ニワールナー/ [Skt. निवारयति] *vt.* 1 妨げる, 妨害する, 防ぐ. 2 取り除く, 除去する, 根絶する. 3 癒す, 治療する.
ਨਿਵਾਲਾ (निवाला) /niwālā ニワーラー/ ▶ਨਵਾਲਾ, ਨੁਆਲਾ *m.* → ਨਵਾਲਾ
ਨਿਵਿਰਤ (निविरत) /niwirata ニウィルト/ ▶ਨਿਵਰਤ, ਨਿਵਰਿਤ [Skt. निर्वृत्त] *adj.* 1 成就した, 達成した, 任務を果たした. 2 自由になった, 解放された. 3 世を捨てた, 執着のない, 解脱した. 4 退いた, 引退した, 退職した.
ਨਿਵਿਰਤੀ (निविरती) /niwiratī ニウィルティー/ ▶ਨਿਵਰਤੀ, ਨਿਵਰਿਤੀ [Skt. निर्वृत्ति] *f.* 1 成就, 達成, 任務を果たすこと. 2 自由, 解放, 救済. 3 遁世, 執着のないこと, 解脱. 4 退くこと, 引退, 退職.
ਨਿਵੇਸ਼ (निवेश) /niweśa ニウェーシュ/ [Skt. निवेश] *m.* 1 入ること. 2 住みつくこと, 定住すること. 3 住処, 住居. 4 宿営, 宿. 5 〘経済〙 (資本や資材などの)投入, 投資. ❑ਜਪਾਨ ਦੇ ਪਰਧਾਨ ਮੰਤਰੀ ਸ਼ਿੰਜ਼ੋ ਆਬੇ ਨੇ ਕਿਹਾ ਕਿ ਜਪਾਨ ਦੀਆਂ ਕੰਪਨੀਆਂ ਭਾਰਤ ਵਿੱਚ ਨਿਵੇਸ਼ ਕਰਨ ਦੀਆਂ ਇੱਛਕ ਹਨ। 日本の安倍晋三首相は日本の会社はインドで投資することを望んでいると語りました.
ਨਿਵੇਸ਼ਕ (निवेशक) /niweśaka ニウェーシャク/ [+ ਕ] *m.* 投資家.
ਨਿਵੇਕਲਾ (निवेकला) /niwekalā ニウェーカラー/ ▶ਨਵੇਕਲਾ *adj.adv.* → ਨਵੇਕਲਾ
ਨਿਵੇਕਲਾਪਣ (निवेकलापण) /niwekalāpaṇa ニウェーカラーパン/ ▶ਨਵੇਕਲਾਪਣ *m.* → ਨਵੇਕਲਾਪਣ
ਨਿਵੇਦਨ (निवेदन) /niwedana ニウェーダン/ [Skt. निवेदन] *m.* 1 申し上げること. 2 嘆願, 懇願, お願い, 哀願. (⇒ਬੇਨਤੀ) 3 申請. 4 祈願. 5 切望.
ਨਿਵੇਰਾ (निवेरा) /niwerā ニウェーラー/ [ਨੀਵਾਂ -ੇਰਾ] *adj.* 1 より低い. (⇔ਉਚੇਰਾ) 2 低めの.
ਨੀ[1] (नी) /nī ニー/ *int.* ねえ, ちょっと《女性に対する呼びかけの言葉》.
ਨੀ[2] (नी) /nī ニー/ ▶ਣੀ *suff.* 1 男性名詞から女性名詞を形成する接尾辞. 2 動詞の語幹に付いて女性名詞を形成する接尾辞.
ਨੀਅਤ[1] (नीअत) /nīata ニーアト/ ▶ਨੀਤ, ਨੀਯਤ [Pers. *nīyat*] *f.* 1 意図, もくろみ, 構想, 企画. 2 目的, 狙い, 目当て. 3 動機. 4 意志, 決意. 5 願望, 欲求. 6 真摯.
ਨੀਅਤ[2] (नीअत) /nīata ニーアト/ ▶ਨਿਯਤ *adj.* → ਨਿਯਤ
ਨੀਂਹ (नींह) /nī̃ ニーン/ [(Pkt. णेइ) Skt. नेमि] *f.* 1 基礎, 創設, 創立. ❑ਨੀਂਹ ਰੱਖਣੀ 基礎を据える, 創設する. 2 土台, 基底部, 基盤.
ਨੀਂਹ ਪੱਥਰ (नींह पत्थर) /nī̃ pattʰara ニーン パッタル/ [+ Skt. प्रस्तर] *m.* 礎石.
ਨੀਂਗਰ (नींगर) /nī̃gara ニーンガル/ *m.* 少年.
ਨੀਗਰੋ (नीगरो) /nīgaro ニーグロー/ [Eng. *negro*] *m.* 黒人.
— *adj.* 黒人の.
ਨੀਚ (नीच) /nīca ニーチ/ [Skt. नीच] *adj.* 1 低い. (⇔ਉੱਚ) 2 卑しい, 下品な, 浅ましい. 3 育ちの悪い. 4 劣った, 低劣な, 下劣な. 5 堕落した, 不道徳な.
— *f.* 1 低いこと, 低さ. 2 卑しいこと, 卑しさ, 浅ましさ. 3 育ちの悪さ. 4 劣等, 低劣, 下劣. 5 堕落, 不道徳. 6 低下.
ਨੀਚਤਾ (नीचता) /nīcatā ニーチター/ [Skt.-ता] *f.* 1 低いこと, 低さ. (⇔ਉੱਚਤਾ) 2 卑しいこと, 卑しさ, 浅ましさ. 3 育ちの悪さ. 4 劣等, 低劣, 下劣. 5 堕落, 不道徳. 6 低下.
ਨੀਚਪੁਣਾ (नीचपुणा) /nīcapuṇā ニーチプナー/ [-पुणा] *m.* → ਨੀਚਤਾ
ਨੀਚਾ (नीचा) /nīcā ニーチャー/ [Skt. नीच] *adj.* 1 低い. 2 垂れ下がった. 3 劣った, 低劣な, 低級な. 4 卑しい, 浅ましい. 5 序列が下の, 地位の低い, 下級の.
ਨੀਝ (नीझ) /nī̃ja ニージ/ *f.* 1 鋭い視線. 2 凝視.
ਨੀਤ (नीत) /nīta ニート/ ▶ਨੀਅਤ, ਨੀਯਤ *f.* → ਨੀਅਤ[1]
ਨੀਤੀ (नीती) /nītī ニーティー/ [Skt. नीति] *f.* 1 行動の軌範. 2 正義, 公正. 3 原理, 原則. 4 思慮分別. 5 道徳, 倫理, 道義. 6 〘政治〙 政策. 7 策略, 方針. 8 方法, 手段.
ਨੀਤੀ ਸ਼ਾਸਤਰ (नीती शासतर) /nītī śāsatara ニーティーシャースタル/ [+ Skt. शास्त्र] *m.* 倫理学, 道徳論.
ਨੀਤੀ ਸਿਖਿਆ (नीती सिखिआ) /nītī sikʰiā ニーティー スィキアー/ [+ Skt. शिक्षा] *f.* 倫理教育, 道徳教育.
ਨੀਤੀ ਕਥਾ (नीती कथा) /nītī katʰā ニーティー カター/ [+ Skt. कथा] *f.* 道徳的教訓を教えるための寓話.
ਨੀਤੀ ਪੱਤਰ (नीती पत्तर) /nītī pattara ニーティー パッタル/ [+ Skt. पत्र] *f.* 〘政治〙 (政府や政党などの出す)声明書. (⇒ਮੈਨੀਫ਼ੈਸਟੋ)
ਨੀਤੀ ਵਚਨ (नीती वचन) /nītī wacana ニーティー ワチャン/ [+ Skt. वचन] *m.* 格言, 警句.
ਨੀਤੀ ਵਾਕ (नीती वाक) /nītī wāka ニーティー ワーク/ [+ Skt. वाक्य] *m.* 教訓的な標語, モットー, 座右の銘.
ਨੀਤੀਵਾਨ (नीतीवान) /nītīwāna ニーティーワーン/ [Skt.-वान्] *m.* 1 政治家. 2 外交官. 3 道徳家.
ਨੀਤੀਵਾਨਤਾ (नीतीवानता) /nītīwānatā ニーティーワーンター/ [Skt.-ता] *f.* 政治的手腕.

ਨੀਤੀ ਵਿਗਿਆਨ (नीती विगिआन) /nītī vigiānạ ニーティー ヴィギアーン/ [Skt. नीति + Skt. विज्ञान] *m.* 倫理学, 道徳論.

ਨੀਤੀਵੇਤਾ (नीतीवेता) /nītīwetā ニーティーウェーター/ [Skt.-वेत्ता] *m.* **1** 政策に精通した人. **2** 政治家.

ਨੀਂਦ (नींद) /nī̃dạ ニーンド/ ▸ਨਿੰਦਰਾ, ਨੀਂਦਰ [Skt. निद्रा] *f.* **1** 眠り, 睡眠. **2** 眠気. ❒ਨੀਂਦ ਆਉਣੀ 眠くなる. ❒ਉਸਨੂੰ ਨੀਂਦ ਆ ਗਈ। あの人は眠くなりました. ❒ਮੈਨੂੰ ਨੀਂਦ ਆ ਰਹੀ ਹੈ। 私は眠くなってきています.

ਨੀਂਦਰ (नींदर) /nī̃darạ ニーンダル/ ▸ਨਿੰਦਰਾ, ਨੀਂਦ *f.* → ਨੀਂਦ

ਨੀਦਰਲੈਂਡ (नीदरलैंड) /nīdarạlāī̃ḍạ ニーダルラエーンド/ [Eng. *Netherlands*] *m.* 〖国名〗オランダ(王国).

ਨੀਮ (नीम) /nīmạ ニーム/ [Pers. *nīm*] *adj.* **1** 半分の, 半ばの. **2** 大体の, ほぼ近い. **3** 少しの, 不十分な.

ਨੀਯਤ (नीयत) /nīyatạ ニーヤト/ ▸ਨੀਅਤ, ਨੀਤ *f.* → ਨੀਅਤ[1]

ਨੀਰ (नीर) /nīrạ ニール/ [Skt. नीर] *m.* **1** 水. (⇒ਜਲ, ਪਾਣੀ) **2** 液体. **3**〖比喩〗涙. (⇒ਅੱਥਰੂ)

ਨੀਰਸ (नीरस) /nīrasạ ニーラス/ [Skt. नीरस] *adj.* **1** 汁のない, 汁気のない. **2** 風味のない, 旨味のない, 美味しくない, まずい. **3** 味気ない, 面白味のない, つまらない.

ਨੀਰਾ (नीरा) /nīrā ニーラー/ *m.*〖飼料〗秣(まぐさ).

ਨੀਲ[1] (नील) /nīlạ ニール/ [Skt. नील] *m.* **1**〖植物〗アイ(藍)《キアイ(木藍), インドアイ(印度藍)などマメ科の半低木の総称》. **2** 藍色, 青色, 紺青. **3** 青色の染料, 藍色の染料, インジゴ. **4** 青あざ, 内出血. **5**〖鉱物〗サファイア, 青玉.

— *ca.num.(m.)*〖数量〗十兆, 10兆の単位. (⇒ਦਸ ਹਜ਼ਾਰ ਅਰਬ ਦੀ ਸੰਖਿਆ)

— *adj.* 十兆の. (⇒ਦਸ ਹਜ਼ਾਰ ਅਰਬ)

ਨੀਲ[2] (नील) /nīlạ ニール/ [Arab. *nīl*] *m.*〖河川〗ナイル川.

ਨੀਲਕੰਠ (नीलकंठ) /nīlạkaṇṭʰạ ニールカント/ [Skt. नीलकण्ठ] *m.* **1** 青い喉, 喉の青いもの. **2**〖ヒ〗ニーラカンタ《シヴァ神の異名の一つ. 大洋の攪拌によって生じた青い毒を呑んだシヴァ神の喉が青くなったという神話に基づく》. (⇒ਸ਼ਿਵ) **3**〖鳥〗喉の青いカササギ属の鳥の一種. **4**〖鳥〗(雄)クジャク, 雄孔雀. (⇒ਮੋਰ)

ਨੀਲ ਗਊ (नील गऊ) /nīlạ gaū ニール ガウー/ ▸ਨੀਲ ਗਾਂ, ਨੀਲ ਗਾਏ *f.* → ਨੀਲ ਗਾਂ

ਨੀਲ ਗਾਂ (नील गाँ) /nīlạ gā̃ ニール ガーン/ ▸ਨੀਲ ਗਊ, ਨੀਲ ਗਾਏ [Skt. नील + Skt. गो] *f.*〖動物〗ニルガイ《ウシ科の草食動物.「ウマシカ」とも呼称される》. (⇒ਰੋਹਜ)

ਨੀਲ ਗਾਏ (नील गाए) /nīlạ gāe ニール ガーエー/ ▸ਨੀਲ ਗਊ, ਨੀਲ ਗਾਂ *f.* → ਨੀਲ ਗਾਂ

ਨੀਲਮ (नीलम) /nīlamạ ニーラム/ ▸ਨੀਲਮਣੀ [Skt. नीलमणि] *m.*〖鉱物〗サファイア, 青玉, 蒼玉.

ਨੀਲਮਣੀ (नीलमणी) /nīlạmaṇī ニールマニー/ ▸ਨੀਲਮ *m.* → ਨੀਲਮ

ਨੀਲਾ (नीला) /nīlā ニーラー/ [Skt. नील] *adj.* **1** 青い. **2** 空色の.

ਨੀਲਾਪਣ (नीलापण) /nīlāpaṇạ ニーラーパン/ [+ ਪਣ] *m.* **1** 青さ. **2** 青み.

ਨੀਲਾਮ (नीलाम) /nīlāmạ ニーラーム/ ▸ਨਿਲਾਮ, ਲਲਾਮ *m.* → ਨਿਲਾਮ

ਨੀਲਾਮੀ (नीलामी) /nīlāmī ニーラーミー/ ▸ਨਿਲਾਮੀ, ਲਲਾਮੀ *f.* → ਨਿਲਾਮੀ

ਨੀਲੋਫ਼ਰ (नीलोफ़र) /nīlofarạ ニーローファル/ [Pers. *nīlofar*] *m.* **1**〖植物〗ムラサキスイレン(紫睡蓮), 青蓮, 青いハス. (⇒ਪੱਬਣ) **2**〖植物〗ヨーロッパシロスイレン.

ਨੀਵਾਂ (नीवाँ) /nīwā̃ ニーワーン/ [cf. ਨਿਓਣਾ] *adj.* **1** 低い. (⇔ਉੱਚਾ) **2** 垂れ下がった. **3** 下を向いた, うつむいた, 視線を落とした. **4** 劣った, 低劣な, 低級な. **5** 卑しい, 浅ましい. **6** 序列が下の, 地位の低い, 下級の.

ਨੀਵਾਣ (नीवाण) /nīwāṇạ ニーワーン/ ▸ਨਿਵਾਣ *f.* → ਨਿਵਾਣ

ਨੀਵੀਂ (नीवीं) /nīwī̃ ニーウィーン/ [cf. ਨਿਓਣਾ] *adj.* 形容詞 ਨੀਵਾਂ の女性単数形.

— *f.* 下に向けた視線. ❒ਨੀਵੀਂ ਪਾਉਣੀ (恥じらいや落胆などのため)視線を落とす, うつむく.

ਨੁਆਰ (नुआर) /nuārạ ヌアール/ ▸ਨਵਾਰ *f.* → ਨਵਾਰ

ਨੁਆਲਾ (नुआला) /nuālā ヌアーラー/ ▸ਨਵਾਲਾ, ਨਿਵਾਲਾ *m.* → ਨਵਾਲਾ

ਨੁਸਖ਼ਾ (नुसख़ा) /nusạxā ヌスカー/ [Arab. *nusx*] *m.* 処方, 処方箋.

ਨੁਸ਼ਾਦਰ (नुशादर) /nuśādarạ ヌシャーダル/ ▸ਨਸ਼ਾਦਰ [Pers. *nośādar*] *m.*〖化学〗塩化アンモニウム, ろしゃ.

ਨੁਹਾਉਣਾ (नुहाउणा) /nuǎuṇā | nuhāuṇā ヌアーウナー | ヌハーウナー/ ▸ਨਵ੍ਹਾਉਣਾ *vt.* → ਨਵ੍ਹਾਉਣਾ

ਨੁਹਾਰ (नुहार) /nuǎrạ | nuhārạ ヌアール | ヌハール/ [Skt. अनुहार] *f.* **1** 外観. **2** 容貌. **3** 形.

ਨੁਕਸ (नुकस) /nukasạ ヌカス/ [Arab. *naqṣ*] *m.* **1** 欠陥, 欠点. (⇒ਐਬ) **2** きず.

ਨੁਕਸਦਾਰ (नुकसदार) /nukasạdārạ ヌカスダール/ [Pers.-*dār*] *adj.* **1** 欠陥のある. **2** 不完全な. **3** 役に立たない.

ਨੁਕਸਾਨ (नुकसान) /nukạsānạ ヌクサーン/ [Arab. *nuqṣān*] *m.* **1** 損害, 損失. (⇒ਹਾਨੀ) **2** 被害, 打撃. **3** 欠損. **4** 欠陥. **5** 欠乏, 不足. **6** 不利益. **7** 怪我.

ਨੁਕਸਾਨਦਿਹ (नुकसानदिह) /nukạsānạdê ヌクサーンデー/ [-ਦਿਹ] *adj.* **1** 損害を与える. **2** 害を及ぼす, 有害な. **3** 損になる. **4** 不利益な. **5** 怪我をさせるような.

ਨੁਕਤਾ[1] (नुकता) /nukạtā ヌクター/ [Arab. *nukta*] *m.* **1** 論点, 要点, 観点. **2** 欠点, 弱点. (⇒ਨੁਕਸ) **3** 微妙な点, 細かいこと. (⇒ਬਰੀਕ ਗੱਲ) **4** 気のきいた洒落. **5** 秘密. (⇒ਭੇਤ)

ਨੁਕਤਾ[2] (नुकता) /nukạtā ヌクター/ [Arab. *nuqta*] *m.* **1** 点, 小さな点. (⇒ਬਿੰਦੀ) **2** 印, マーク. (⇒ਚਿੰਨ੍ਹ) **3**〖文字〗ヌクター記号《デーヴァナーガリー文字で, 主として外来語に含まれる音を表記するために, 元来の子音字の下に付ける点. グルムキー文字では ਪੈਰੀਂ ਬਿੰਦੀ パイリーン・ビンディー「足に付く点」と呼ばれる》.

ਨੁਕਤਾਚੀਨ (नुकताचीन) /nukạtācīnạ ヌクターチーン/ [Arab. *nukta* + Pers. *cīn*] *adj.* **1** あら探しをする. **2** 批判をする. **3** けちをつける. **4** 口やかましく言う.

— *m.* **1** あら探しをする人. **2** 批判をする人. **3** けち

をつける人. **4** 口やかましく言う人.

ਨੁਕਤਾਚੀਨੀ (नुकताचीनी) /nukatācīnī ヌクターチーニー/ [+ Pers. *cīnī*] *f.* **1** あら探し. **2** 批判. **3** けちをつけること. **4** 口やかましく言うこと.

ਨੁੱਕਰ (नुक्कर) /nukkara ヌッカル/ [Pers. *nūk*] *f.* **1** 角(かど), 隅. **2** 先端. **3** 急な曲がり角.

ਨੁਕਰਾ (नुकरा) /nukarā ヌクラー/ [Arab. *nuqra*] *m.* **1** 〘金属〙銀. (⇒ਚਾਂਦੀ, ਰੁੱਪਾ) **2** 〘動物〙白馬.
— *adj.* 白い肌の.

ਨੁਕਰੀਲਾ (नुकरीला) /nukarīlā ヌクリーラー/ ▸ਨੁਕੀਲਾ [Pers. *nūk*] *adj.* **1** 先の尖った, 鋭い. (⇒ਨੋਕਦਾਰ) **2** 角(かど)のある, 角の尖った. **3** 角の多い.

ਨੁਕਲ (नुकल) /nukala ヌカル/ [Arab. *nuql*] *m.* **1** 酒とともに食べる軽食, 酒肴, つまみ. **2** 軽い飲食物. **3** デザート.

ਨੁਕਲਪਾਣੀ (नुकलपाणी) /nukalapāṇī ヌカルパーニー/ [+ Skt. पानीय] *m.* 軽食と飲み物.

ਨੁਕੀਲਾ (नुकीला) /nukīlā ヌキーラー/ ▸ਨੁਕਰੀਲਾ *adj.* → ਨੁਕਰੀਲਾ

ਨੁਗਦਾ (नुगदा) /nugadā ヌグダー/ *m.* 薬の沈澱物.

ਨੁਚੜਨਾ (नुचड़ना) /nucaṛanā ヌチャルナー/ ▸ਨਿਚੜਨਾ [cf. ਨਚੋੜਨਾ] *vi.* **1** 滴る, 滴り落ちる. **2** にじみ出る. **3** 搾り出される.

ਨੁਚੜਵਾਉਣਾ (नुचड़वाउणा) /nucaṛawāuṇā ヌチャルワーウナー/ ▸ਨੁਚੜਾਉਣਾ [cf. ਨੁਚੜਨਾ] *vt.* **1** 滴らせる. **2** にじみ出させる. **3** 搾り出す.

ਨੁਚੜਵਾਈ (नुचड़वाई) /nucaṛawāī ヌチャルワーイー/ ▸ਨੁਚੜਾਈ [cf. ਨੁਚੜਨਾ] *f.* **1** 滴らせること. **2** にじみ出させること. **3** 搾り出すこと.

ਨੁਚੜਾਉਣਾ (नुचड़ाउणा) /nucaṛāuṇā ヌチャラーウナー/ ▸ਨੁਚੜਵਾਉਣਾ *vt.* → ਨੁਚੜਵਾਉਣਾ

ਨੁਚੜਾਈ (नुचड़ाई) /nucaṛāī ヌチラーイー/ ▸ਨੁਚੜਵਾਈ *f.* → ਨੁਚੜਵਾਈ

ਨੁਚਾਉਣਾ (नुचाउणा) /nucāuṇā ヌチャーウナー/ [cf. ਨੋਚਣਾ] *vt.* **1** 引き抜かせる. **2** ちぎらせる, むしり取らせる, 掻きむしらせる. **3** ひったくらせる. **4** ひっかかせる.

ਨੁਮਾ (नुमा) /numā ヌマー/ [Pers. *numā*] *suff.* 「…を示す(もの)」「…を指し示す(もの)」「…を顕示する(もの)」「…に似ている(もの)」「…のように見える(もの)」「…に準ずる(もの)」「…を案内する(もの)」などを意味する形容詞・名詞を形成する接尾辞.

ਨੁਮਾਇਆਂ (नुमाइआँ) /numāiā̃ ヌマーイアーン/ [Pers. *numāyān*] *adj.* **1** 目に見える. **2** 明らかな, 明白な, はっきりしている. **3** 目立つ, 顕著な, 目につきやすい.

ਨੁਮਾਇਸ਼ (नुमाइश) /numāiśa ヌマーイシュ/ ▸ਨਮੈਸ਼, ਨਮਾਇਸ਼ [Pers. *numāʰiś*] *f.* **1** 展示, 陳列. **2** 展示会, 展覧会, 博覧会. **3** 見もの. **4** 誇示, 見せかけ. **5** 飾り, 装飾.

ਨੁਮਾਇਸ਼ੀ (नुमाइशी) /numāiśī ヌマーイシー/ [Pers. *numāʰiśī*] *adj.* **1** 展示の, 展示用の. **2** 展覧会の, 博覧会の. **3** 目立つ. **4** 見せ物の. **5** 見せかけの, うわべの. **6** 飾りの, 装飾的な.

ਨੁਮਾਇੰਦਗੀ (नुमाइंदगी) /numāindagī ヌマーインダギー/ [Pers. *numāyanda* Pers.-*gī*] *f.* **1** 代表すること. **2** 代表として派遣されること. **3** 代理の任務.

ਨੁਮਾਇੰਦਾ (नुमाइंदा) /numāindā ヌマーインダー/ ▸ਨਮਾਇੰਦਾ [Pers. *numāyanda*] *m.* **1** 代表, 代表者. **2** 派遣員, 使節. **3** 代理, 代理人. **4** 出品者.

ਨੁਮਾਈ (नुमाई) /numāī ヌマーイー/ [Pers. *numāʰī*] *suff.* 「…を示すこと」「…を誇示すること」「…を顕示すること」などを意味する女性名詞を形成する接尾辞.

ਨੂੰ (नूँ) /nū̃ ヌーン/ ▸ਕੂੰ *postp.* 《1人称・2人称の代名詞については, ਮੈਨੂੰ, ਸਾਨੂੰ, ਤੈਨੂੰ, ਤੁਹਾਨੂੰ のように, 後置格形に ਨੂੰ を結合させた一語になる》 **1**《対象・相手を示し, 目的語であることを明確にする. 他動詞の目的語「…を」は, 人であれば ਨੂੰ を伴うが, 人以外は伴わないのが原則である. しかし話者にとってその内容が特定であったり既知の場合, また一文中の二つの目的語「…に…を」のうちの間接目的語「…に」には, 人以外の目的語でも ਨੂੰ を伴う》…を, …に. ❐ਮੈਂ ਡਾਕਟਰ ਨੂੰ ਦੱਸਿਆ। 私は医者に言いました. ❐ਦਾਦੀ ਜੀ ਨੇ ਬਿੱਲੀ ਨੂੰ ਬੁਲਾਇਆ। おばあちゃんは猫を呼びました. ❐ਬਾਂਦਰਾਂ ਨੇ ਰੰਗ-ਬਰੰਗੀਆਂ ਟੋਪੀਆਂ ਨੂੰ ਦੇਖਿਆ। 猿たちは色とりどりの帽子を見ました. ❐ਕੁਝ ਲੋਕ ਵਾਧੂ ਦੁੱਧ ਨੂੰ ਵੇਚ ਦਿੰਦੇ ਹਨ। 余分なミルクを売ってあげる人たちもいます. ❐ਉਹ ਫੁੱਲਾਂ ਨੂੰ ਪਾਣੀ ਦਿੰਦੀ ਹੈ। 彼女は花に水をやります. **2**《時間を表す特定の名詞に付く》…に. ❐ਸ਼ਾਮ ਨੂੰ 夕方, 晩, 夜分(に). ❐ਤੂੰ ਸ਼ਾਮ ਨੂੰ ਕੀ ਖਾਂਦਾ ਏਂ? おまえは夕方何を食べるんだ. ❐ਰਾਤ ਨੂੰ 夜, 夜間, 晩(に) ❐ਮੈਂ ਰਾਤ ਨੂੰ ਜਾਗਦਾ ਰਿਹਾ। 私は夜ずっと目を覚ましていました. ❐ਪੰਜ ਤਰੀਕ ਨੂੰ 5日に. ❐ਅਸੀਂ ਪੰਜ ਤਰੀਕ ਨੂੰ ਜਾਵਾਂਗੇ। 私たちは5日に行くでしょう. ❐ਐਨੇ ਚਿਰ ਨੂੰ その間に, そうしているうちに. ❐ਐਨੇ ਚਿਰ ਨੂੰ ਬਾਕੀ ਦੇ ਤਿੰਨ ਵੀ ਪਹੁੰਚ ਗਏ। その間に残りの三人も到着しました. **3**《時間の起点》…から, …以来. ❐ਅੱਜ ਸ਼ਿਮਲੇ ਆਈ ਨੂੰ ਚੌਥਾ ਦਿਨ ਹੋ ਗਿਆ ਸੀ। 今日でシムラーに来てから四日目になっていました. **4**《方向》…に, …の方に, …に向かって. ❐ਅਸੀਂ ਘਰ ਨੂੰ ਮੁੜ ਆਏ। 私たちは家に戻って来ました. **5**《意味上の主語に付加される》…は, …には, …にとって. ❐ਆਮ ਆਦਮੀਆਂ ਨੂੰ ਇਸ ਦਾ ਪਤਾ ਨਹੀਂ ਹੈ। 普通の人々はこれを知りません. ❐ਉਸਨੂੰ ਕੰਬਲ ਚਾਹੀਦਾ ਹੈ। 彼は毛布が必要です. ❐ਬੱਚੇ ਨੂੰ ਨੀਂਦ ਆ ਗਈ। 男の子は眠くなりました. ❐ਸਰਪੰਚ ਨੂੰ ਕਹੀ ਵਾਹੁੰਦਿਆਂ ਮੁੜ੍ਹਕਾ ਆ ਗਿਆ। サルパンチ〔村落自治組織の長〕は鍬をふるって耕すうちに汗をかきました. ❐ਤੈਨੂੰ ਇਹ ਕੰਮ ਕਰਨਾ ਪੈਂਦਾ ਹੈ। おまえはこの仕事をしなければならない. ❐ਮੈਨੂੰ ਸੋਨਾ ਲੋੜੀਂਦਾ ਹੋਏਗਾ। 私には金(きん)が必要となるでしょう. ❐ਕੈਦੀ ਨੂੰ ਸੰਗਲਾਂ ਨਾਲ ਜਕੜ ਦਿੱਤਾ ਗਿਆ। 囚人は鎖できつく縛られました.

ਨੂੰਹ (नूँह) /nū̃ ヌーン/ [(Pkt. णुसा) Skt. स्नुषा] *f.* 〘親族〙嫁, 義理の娘《息子の妻》. (⇒ਬਹੂ)

ਨੂਟਣਾ (नूटणा) /nūṭaṇā ヌータナー/ ▸ਮੀਚਣਾ, ਮੀਟਣਾ *vt.* → ਮੀਚਣਾ

ਨੂਡਲਜ਼ (नूडलज़) /nūḍalaza ヌーダルズ/ [Eng. *noodles*] *m.* 〘食品〙麺類, ヌードル.

ਨੂਤਨ (नूतन) /nūtana ヌータン/ [Skt. नूतन] *adj.* **1** 新しい. (⇒ਨਵਾਂ) **2** 新鮮な, 真新しい. (⇒ਤਾਜ਼ਾ) **3** 現在の, 最近の, 現代の. (⇒ਅਜੋਕਾ) **4** 最新の, 流行の. **5** 若い.

ਨੂੰਦਰ (नूँदर) /nū̃dara ヌーンダル/ ▸ਨਹੁੰਦਰ [(Pot.)] *f.*

→ ਨਹੁੰਦਰ

ਨੂਰ (नूर) /nūra ヌール/ [Arab. *nūr*] *m.* **1** 光, 光明, 輝き, 光輝. **2** 灼熱. **3** 白熱. **4** 明るさ. **5** 視力.

ਨੂਰਾਨੀ (नूरानी) /nūrānī ヌーラーニー/ [Arab. *nūrānī*] *adj.* **1** 光を放っている. **2** 灼熱の. **3** 輝いている, 光り輝く. **4** 白熱の. **5** 明るい.

ਨੂਰੀ (नूरी) /nūrī ヌーリー/ [Arab. *nūrī*] *adj.* **1** 光の, 光線の, 光を放っている. **2** 輝いている, 光り輝く. **3** 灼熱の. **4** 白熱の. **5** 明るい.

ਨੇ¹ (ने) /ne ネー/ ▸ਨੈ *postp.* 能格に付ける後置詞《述語が, 他動詞の完了分詞を含む場合と, 不定詞＋動詞 ਹੋਣਾ の変化形である場合, 意味上の主語（能格）に付加する. 1・2人称主語には付加せず, 3人称主語に付加するのが原則であるが, 人称代名詞の場合 ਨੇ を付加するかどうかは随意である. 2人称主語でも, 敬称として用いられる ਆਪ 「あなた」には ਨੇ を付加する》.

ਨੇ² (ने) /ne ネー/ ▸ਹਣ, ਹਨ, ਹੈਣ *vi.* 〖口語〗《動詞 ਹੋਣਾ の3人称・複数・現在形. ਉਹ … ਨੇ 》 **1**…である, …です. **2**…ある・いる, …あります・います.

ਨੇਸਤ (नेसत) /nesata ネースト/ [Pers. *nīst*] *adj.* 存在しない.

ਨੇਸਤੀ (नेसती) /nesatī ネースティー/ [Pers. *nīstī*] *f.* **1** 存在しないこと. **2** 何もないこと. **3** 無気力. **4** 怠惰. **5** ものぐさ.

ਨੇਸ਼ਨ (नेशन) /neśana ネーシャン/ [Eng. *nation*] *f.* **1** 国民. **2** 民族. **3** 国.

ਨੇਹਣ (नेहण) /nêṇa ネーン/ ▸ਨਹਿਣ *m.* → ਨਹਿਣ

ਨੇਹਮਤ (नेहमत) /nêmata ネーマト/ ▸ਨਿਆਮਤ, ਨਿਹਮਤ *f.* → ਨਿਆਮਤ

ਨੇਹੁੰ (नेहुँ) /neô ネーオーン/ ▸ਨਿਹੁੰ, ਨੇਹੁ *m.* → ਨਿਹੁੰ

ਨੇਹੁ (नेहु) /neô ネーオー/ ▸ਨਿਹੁੰ, ਨੇਹੁੰ *m.* → ਨਿਹੁੰ

ਨੇਕ (नेक) /neka ネーク/ [Pers. *nek*] *adj.* **1** 良い, 善良な. **2** 有徳の, 立派な. **3** 信心深い, 敬虔な. **4** 人道的な. **5** 慈悲深い, 親切な.

— *pref.* 「良」「善」などを意味する接頭辞.

ਨੇਕ ਚਲਨ (नेक चलन) /neka calana ネーク チャラン/ [+ (Pkt. चलण) Skt. चलन] *adj.* 品行方正な.

ਨੇਕ ਦਿਲ (नेक दिल) /neka dila ネーク ディル/ [+ Pers. *dil*] *adj.* **1** 心の美しい. **2** 善良な.

ਨੇਕੀ (नेकी) /nekī ネーキー/ [Pers. *nīkī*] *f.* **1** 善, 善良. **2** 美徳. **3** 慈悲深さ. **4** 高潔. **5** 善行, 徳行, 功徳.

ਨੇਜ਼ਾ (नेज़ा) /nezā ネーザー/ [Pers. *neza*] *m.* **1** 〖武〗槍, 投げ槍. **2** 〖武〗長柄の槍. (⇒ਕਨਾਤ)

ਨੇਜ਼ਾਬਰਦਾਰ (नेज़ाबरदार) /nezābaradāra ネーザーバルダール/ [Pers.-*bardār*] *m.* **1** 槍を持つ従者. **2** 槍使い. **3** 〖軍〗槍騎兵.

ਨੇਜ਼ਾਬਾਜ਼ (नेज़ाबाज़) /nezābāza ネーザーバーズ/ ▸ਨੇਜ਼ੇਬਾਜ਼ [Pers.-*bāz*] *m.* 槍を使う者, 槍使い.

ਨੇਜ਼ਾਬਾਜ਼ੀ (नेज़ाबाज़ी) /nezābāzī ネーザーバーズィー/ ▸ਨੇਜ਼ੇਬਾਜ਼ੀ [Pers.-*bāzī*] *f.* **1** 槍を使うこと. **2** 〖競技〗槍投げ.

ਨੇਜ਼ੇਬਾਜ਼ (नेज़ेबाज़) /nezebāza ネーゼーバーズ/ ▸ਨੇਜ਼ਾਬਾਜ਼ *m.* → ਨੇਜ਼ਾਬਾਜ਼

ਨੇਜ਼ੇਬਾਜ਼ੀ (नेज़ेबाज़ी) /nezebāzī ネーゼーバーズィー/ ▸ ਨੇਜ਼ਾਬਾਜ਼ੀ *f.* → ਨੇਜ਼ਾਬਾਜ਼ੀ

ਨੇਤ (नेत) /neta ネート/ [Skt. नियति] *f.* **1** 宿命, 運命. **2** 神の摂理.

ਨੇਤਰ (नेतर) /netara ネータル/ [Skt. नेत्र] *m.* 〖身体〗目, 眼. (⇒ਅੱਖ)

ਨੇਤਰਹੀਣ (नेतरहीण) /netarahīṇa ネータルヒーン/ [Skt.-हीन] *adj.* 目の見えない, 盲目の. (⇒ਅੰਧਾ, ਅੰਨ੍ਹਾਂ)

ਨੇਤਰ-ਜਲ (नेतर-जल) /netara-jala ネータル・ジャル/ [+ Skt. जल] *m.* **1** 目から出る水. **2** 涙. (⇒ਅੱਥਰੂ, ਹੰਝੂ)

ਨੇਤਰਾ (नेतरा) /netarā ネートラー/ [Skt. नेत्र] *m.* 攪乳用の紐, バターの製造で攪拌棒を回転させるために用いる紐.

ਨੇਤਾ (नेता) /netā ネーター/ [Skt. नेता] *m.* **1** 指導者, 先導者. **2** 首長, 頭目. **3** 統率者, 幹部. **4** 案内者, 道案内人.

ਨੇਂਦਰਾ (नेंदरा) /nẽdarā ネーンドラー/ ▸ਨਿਉਂਦਾ, ਨਿਓਂਦਰਾ, ਨਿਓਂਦਾ, ਨੇਂਦਾ [Skt. निमंत्रण] *m.* **1** 招待. **2** 返礼の寄付.

ਨੇਂਦਾ (नेंदा) /nẽdā ネーンダー/ ▸ਨਿਉਂਦਾ, ਨਿਓਂਦਰਾ, ਨਿਓਂਦਾ, ਨੇਂਦਰਾ *m.* → ਨੇਂਦਰਾ

ਨੇਪਾਲ (नेपाल) /nepāla ネーパール/ ▸ਨੈਪਾਲ [Skt. नेपाल] *m.* 〖国名〗ネパール（連邦民主共和国）.

ਨੇਪਾਲੀ (नेपाली) /nepālī ネーパーリー/ ▸ਨਿਪਾਲੀ [-ई] *m.* ネパール人.

— *f.* ネパール語.

— *adj.* **1** ネパールの, ネパール人の. **2** ネパール語の.

ਨੇਫ਼ਾ (नेफ़ा) /nefā ネーファー/ [Pers. *nefā*] *m.* パジャーマーなどの腰紐を通す穴.

ਨੇਮ (नेम) /nema ネーム/ ▸ਨਿਯਮ [Skt. नियम] *m.* **1** 規則. ❐ਨੇਮ ਅਨੁਸਾਰ, ਨੇਮ ਨਾਲ 規則正しく, 普段, 日常的に. **2** 法, 法律. **3** 原理, 摂理. **4** 習慣. **5** 日常の勤め. **6** 誓い, 誓約. **7** 敬虔な強い意志.

ਨੇਮੀ (नेमी) /nemī ネーミー/ ▸ਨਿਯਮੀ [Skt. नियमिन्] *adj.* **1** 規則を守る, 厳格な. **2** 規則的な, 規則正しい. **3** 日常の勤めをきちんと行う, 勤勉な. **4** 日常のお祈りをきちんと行う, 敬虔な.

ਨੇਵਲਾ (नेवला) /newalā ネーウラー/ ▸ਨਿਓਲ, ਨਿਓਲਾ [(Pot.) Skt. नकुल] *m.* 〖動物〗マングース.

ਨੇੜ (नेड़) /neṛa ネール/ ▸ਨੇੜਾ *m.f.* → ਨੇੜਾ

ਨੇੜਤਾ (नेड़ता) /neṛatā ネールター/ [Skt. निकट Skt.-ता] *f.* → ਨੇੜਾ

ਨੇੜ ਤੇੜ (नेड़ तेड़) /neṛa teṛa ネール テール/ [+ ਤੇੜ] *m.f.* → ਨੇੜਾ

— *adv.* → ਨੇੜੇ

ਨੇੜਲਾ (नेड़ला) /neṛalā ネールラー/ [+ ਲਾ] *adj.* → ਨੇੜਵਾਂ

ਨੇੜਵਾਂ (नेड़वाँ) /neṛawā̃ ネールワーン/ [-वान्] *adj.* **1** 近い, 近くの, そばの, 間近の, 接近した. (⇒ਨਜ਼ਦੀਕੀ) **2** 近しい, 近縁の, 近親の, 親密な.

ਨੇੜਾ (नेड़ा) /neṛā ネーラー/ ▸ਨੇੜ [Skt. निकट] *m.* **1** 近いこと, 近接, 間近, 接近. (⇒ਨਜ਼ਦੀਕੀ) ❐ਸਭ ਤੋਂ ਨੇੜੇ ਦਾ ਸਟੇਸ਼ਨ 一番近い駅, 最寄りの駅. **2** 近似, 類似. ❐ਨੇੜੇ ਦੇ ਅਰਥਾਂ ਵਾਲੇ ਸ਼ਬਦ 似ている意味の言葉, 類義語. **3** 近しいこと, 近縁, 親密. ❐ਇਹਨਾਂ ਦਾ ਆਪਸ ਵਿੱਚ ਬੜਾ ਨੇੜੇ

ਦਾ ਸੰਬੰਧ ਹੈ। この人たちはお互いにとても親密な関係にあります． **4** 近辺，付近，そば．

ਨੇੜਿਓਂ (नेड़िओं) /neṛiõ ネーリオーン/ [+ ਇਓਂ] *adv.* 《 ਨੇੜੇ ਤੋਂ の融合形》近くから，近くで，近くを，そばを．(⇒ਕੋਲੋਂ, ਲਾਗਿਓਂ)

ਨੇੜੇ (नेड़े) /neṛe ネーレー/ [+ ਏ] *adv.* **1** 近くに，近所に，近辺に，付近に，そばに，接近して，間近に．(⇒ਨਜ਼ਦੀਕ, ਕੋਲ) ❐ਤੁਹਾਡਾ ਘਰ ਇੱਥੋਂ ਨੇੜੇ ਹੈ? あなたの家はここから近いですか． ❐ਨੇੜੇ ਆਉਣਾ, ਨੇੜੇ ਹੋਣਾ 近づく，接近する． **2** 近しく，密接に，親密に．

— *postp.* …の近くに，…の近所に，…の付近に，…の間近に，…に接近して．(⇒ਨਜ਼ਦੀਕ, ਕੋਲ, ਲਾਗੇ) ❐ਉਹਨਾਂ ਦਾ ਸਕੂਲ ਉਹਨਾਂ ਦੇ ਘਰ ਦੇ ਨੇੜੇ ਹੀ ਹੈ। 彼らの学校は彼らの家のすぐ近くにあります． ❐ਸਰਹੱਦ ਨੇੜੇ ਇਹ ਤੀਰਥ ਅਸਥਾਨ ਸਥਿਤ ਹੈ। 国境の近くにこの聖地は位置しています．

ਨੇੜੇ-ਤੇੜੇ (नेड़े-तेड़े) /neṛe-teṛe ネーレー・テーレー/ [+ ਤੇੜੇ] *adv.* 近くに，近所に，どこかこの辺に．

ਨੈਂ (नैं) /nãĩ ナエーン/ *f.* 〖地理〗川．(⇒ਦਰਿਆ)

ਨੈ (नै) /nai ナエー/ ▸ਨੇ *postp.* → ਨੇ[1]

ਨੈਸ਼ਨਲ (नैशनल) /naiśanala ナエーシュナル/ [Eng. *national*] *adj.* **1** 国の，国家の． **2** 国民の，民族の． **3** 国立の．

ਨੈਸ਼ਨਲਿਸਟ (नैशनलिसट) /naiśanalisaṭa ナエーシュナリスト/ [Eng. *nationalist*] *m.* **1** 〖政治〗国家主義者． **2** 〖政治〗民族主義者．

ਨੈਕਲਸ (नैकलस) /naikalasa ナエークラス/ [Eng. *necklace*] *m.* 〖装〗ネックレス，首飾り．

ਨੈਣ[1] (नैण) /naiṇa ナエーン/ [Skt. नैन] *m.* 〖身体〗目，眼．(⇒ਅੱਖ, ਨੇਤਰ)

ਨੈਣ[2] (नैण) /naiṇa ナエーン/ ▸ਨਾਇਣ *f.* → ਨਾਇਣ

ਨੈਣ-ਸੁਖ (नैण-सुख) /naiṇa-sukʰa ナエーン・スク/ [Skt. नैन + Skt. सुख] *m.* **1** 目を楽しませるもの，目の保養になるもの，美しいもの． **2** 〖植物〗花． **3** 〖布地〗目の細かい平織り綿布．

ਨੈਣ-ਨਕਸ਼ (नैण-नकश) /naiṇa-nakaśa ナエーン・ナクシュ/ [+ Arab. *naqś*] *m.* 目鼻立ち，顔立ち，容貌．

ਨੈਣੀਂ (नैणीं) /naiṇī̃ ナエーニーン/ [-ਈਂ] *adv.* **1** 目に． **2** 目で． **3** 目から．

ਨੈਤਿਕ (नैतिक) /naitika ナエーティク/ [Skt. नैतिक] *adj.* **1** 道徳的な，道徳上の，道義的な． **2** 倫理的な，倫理に適う． **3** 精神の，心の．

ਨੈਤਿਕਤਾ (नैतिकता) /naitikatā ナエーティクター/ [Skt.-ता] *f.* **1** 道徳，モラル，風紀． **2** 倫理． **3** 精神性．

ਨੈਨੂੰ (नैनूं) /nainū̃ ナエーヌーン/ *m.* 〖布地〗花模様のモスリン《薄手織りの綿布》．

ਨੈਪਚੂਨ (नैपचून) /naipacūna ナエープチューン/ [Eng. *Neptune*] *m.* **1** ネプチューン《ローマ神話に現れる海神．ギリシア神話のポセイドンに当たる》． **2** 〖天文〗海王星．

ਨੈਪਾਲ (नैपाल) /naipāla ナエーパール/ ▸ਨੇਪਾਲ *m.* → ਨੇਪਾਲ

ਨੈਮਿੱਤਕ ਕਰਮ (नैमित्तक करम) /naimittaka karama ナエーミッタク カルム/ [Skt. नैमित्तिक कर्म] *m.* ある人を偲んで行われる日々の御勤め．

ਨੋਕ (नोक) /noka ノーク/ [Pers. *nūk*] *f.* **1** 先，尖った先端，突端，端． **2** 角（かど），隅．

ਨੋਕ-ਝੋਕ (नोक-झोक) /noka-cŏka ノーク・チョーク/ *f.* 皮肉や冗談の応酬．

ਨੋਕ-ਟੋਕ (नोक-टोक) /noka-ṭoka ノーク・トーク/ *f.* **1** 批評，批判，非難，酷評． **2** あらさがし．

ਨੋਕਦਾਰ (नोकदार) /nokadāra ノークダール/ [Pers. *nūk* Pers.-*dār*] *adj.* **1** 先の尖った，鋭い．(⇒ਨੁਕਰੀਲਾ) **2** 角のある，角の尖った． **3** 棘のある．

ਨੋਚਣਾ (नोचणा) /nocaṇā ノーチャナー/ [Skt. लुंचन] *vt.* **1** 引き抜く． **2** ちぎる，むしり取る，掻きむしる． **3** ひったくる． **4** 引っ掻く．

ਨੋਟ (नोट) /noṭa ノート/ [Eng. *note*] *m.* **1** 書き留めること，覚え書き，メモ． ❐ਨੋਟ ਕਰਨਾ 書き留める，控える． **2** 短い手紙，短信． **3** 注，注釈，注解． **4** 〖貨幣〗紙幣． **5** 注目，注意．

ਨੋਟਿਸ (नोटिस) /noṭisa ノーティス/ [Eng. *notice*] *m.* **1** 注目，注意． **2** 警告，通告，予告． **3** 通知，掲示，広告． ❐ਨੋਟਿਸ ਬੋਰਡ 掲示板．

ਨੌਂ (नौं) /nãũ ナオーン/ ▸ਨਉ, ਨਵ [Skt. नव] *ca.num.* 9，九つ．

— *adj.* 九つの．

ਨੌ[1] (नौ) /nau ナオー/ [Pers. *nau*] *pref.* 「新しい」「新鮮な」「若い」などを意味する接頭辞．

ਨੌ[2] (नौ) /nau ナオー/ [Skt. नौ] *pref.* 「船」「舟」「ボート」などを意味する接頭辞．

ਨੌਆਂ (नौआँ) /nauā̃ ナオーアーン/ ▸ਨਾਮਾ, ਨਾਵਾਂ, ਨੌਂਵਾਂ, ਨੌਵਾਂ *or.num. adj.* → ਨੌਂਵਾਂ

ਨੌਈਂ (नौईं) /nauī̃ ナオーイーン/ ▸ਨਵੀਂ [Skt. नव -ईं] *adv.* 9ルピーで．

ਨੌਸਰਬਾਜ਼ (नौसरबाज़) /nausarabāza ナオーサルバーズ/ *adj.* **1** 嘘つきの． **2** ずる賢い，狡猾な． **3** いたずら好きな．

ਨੌ-ਸੈਨਾ (नौ-सैना) /nau-sainā ナオー・サェーナー/ [Skt. नौ + Skt. सेना] *f.* 〖軍〗海軍．(⇒ਜਲ-ਸੈਨਾ)

ਨੌਂਹ (नौंह) /nãû ナオーン/ ▸ਨਹੁੰ, ਨਖ *m.* → ਨਹੁੰ

ਨੌਹਰਾ (नौहरा) /naûrā ナオーラー/ *m.* 〖建築〗大広間，ホール．

ਨੌਕਰ (नौकर) /naukara ナオーカル/ [Pers. *naukar*] *m.* **1** 召使，下僕，奉公人． ❐ਨੌਕਰ-ਚਾਕਰ 家の召使． ❐ਨੌਕਰ ਰੱਖਣਾ 召使を置く，召使を雇う． **2** 使用人，従業員，勤め人，雇われ人，被雇用者．(⇒ਮੁਲਾਜ਼ਮ) ❐ਨੌਕਰ ਹੋਣਾ 雇われる，職に就く． ❐ਨੌਕਰ ਰੱਖਣਾ 従業員を雇う． **3** 係員，従者，給仕． **4** 下男． **5** 〖俗語〗兵士．

ਨੌਕਰਸ਼ਾਹ (नौकरशाह) /naukaraśâ ナオーカルシャー/ [+ Pers. *śāh*] *m.* 〖政治〗官僚，官吏．

ਨੌਕਰਸ਼ਾਹੀ (नौकरशाही) /naukaraśâī ナオーカルシャーイー/ [+ Pers. *śāhī*] *f.* 〖政治〗官僚制，官僚政治，官僚主義．

ਨੌਕਰਾਣੀ (नौकराणी) /naukarāṇī ナオークラーニー/ [-ਣੀ] *f.* **1** 女性の召使． **2** 女性の使用人，女性の従業員． **3** 女性の係員，女性の従者，女性の給仕． **4** 下女．

ਨੌਕਰੀ (नौकरी) /naukarī ナオーカリー/ [Pers. *naukrī*] *f.*

1 奉仕, 奉公. **2** 仕事. **3** 勤め, 勤務. **4** 地位, 勤め口, 任務. **5** 職, 職業, 職務. ❐ਨੌਕਰੀ ਦੇਣੀ 職を与える. ❐ਨੌਕਰੀ ਤੋਂ ਹਟ ਜਾਣਾ 退職する. ❐ਨੌਕਰੀ ਤੋਂ ਹਟਿਆ ਹੋਇਆ 退職した. **6** 雇用. ❐ਨੌਕਰੀ ਦੇਣੀ 雇用する, 雇う.

ਨੌਕਾ (नौका) /naukā ナオーカー/ ▸ਨਉਕਾ [Skt. नौका] *f.* 〖乗物〗小舟, ボート. (⇒ਕਿਸ਼ਤੀ, ਬੇੜੀ)

ਨੌਜਵਾਨ (नौजवान) /naujawāna ナオージャワーン/ [Pers. *nau-* Pers. *javān*] *adj.* 若い, 青年の, 若々しい. (⇒ਗੱਭਰੂ)
— *m.* 若者, 青年. (⇒ਗੱਭਰੂ)

ਨੌਬਤ (नौबत) /naubata ナオーバト/ ▸ਨਉਬਤ [Pers. *naubat*] *f.* **1** 番, 順番. **2** 時期, 期間, 時間. **3** 状態, 状況. **4** 結果, 結末. **5** 苦境, 羽目. **6** 時期, 機会. **7** 特別な出来事, 行事. **8** 〖楽器〗大きな一面太鼓, 祝典の際に鳴らす太鼓.

ਨੌ-ਬਰ-ਨੌ (नौ-बर-नौ) /nau-bara-nau ナオー・バル・ナオー/ [Pers. *nau* + Pers. *bar* + Pers. *nau*] *adj.* **1** 真新しい. **2** 新品の. **3** 全く健康な, 達者な, 元気な. (⇒ਤੰਦਰੁਸਤ, ਸਿਹਤਮੰਦ, ਰਾਜ਼ੀ-ਖ਼ੁਸ਼ੀ) **4** 全快の.

ਨੌਰੋਜ਼ (नौरोज़) /nauroza ナオーローズ/ [Pers. *nauroz*] *m.* 〖暦〗元旦, 元日, イラン暦の元旦.

ਨੌਲਖਾ (नौलखा) /naulakʰā ナオールカー/ *adj.* とても貴重な.

ਨੌਲਣਾ (नौलणा) /naulaṇā ナオールナー/ ▸ਨੌਲਨਾ *vt.* → ਨੌਲਨਾ

ਨੌਲਨਾ (नौलना) /naulanā ナオールナー/ ▸ਨੌਲਣਾ *vt.* **1** 悪口を言う, 罵る. **2** 叱る, 叱責する, 咎める. **3** 主張する, 断言する.

ਨੌਂਵਾਂ (नौंवाँ) /nãũwā̃ ナオーンワーン/ ▸ਨਾਮਾ, ਨਾਵਾਂ, ਨੌਆਂ, ਨੌਵਾਂ [Skt. नव -वां] *or.num.* 9番目, 第九.
— *adj.* 9番目の, 第九の.

ਨੌਵਾਂ (नौवाँ) /nauwā̃ ナオーワーン/ ▸ਨਾਮਾ, ਨਾਵਾਂ, ਨੌਆਂ, ਨੌਂਵਾਂ *or.num. adj.* → ਨੌਂਵਾਂ

ਪ

ਪ (प) /pappā パッパー/ *m.* 〖文字〗グルムキー文字の字母表の26番目の文字《両唇・閉鎖音の「パ」(両唇を付け, 呼気を一瞬閉じ破裂させて発音する無声・無気音)を表す》.

ਪਉਖੜ (पउखड़) /paukʰaṛa パウカル/ *m.* 牛馬を縛る太い綱.

ਪਉਂਚਾ (पउँचा) /paũcā パウンチャー/ ▸ਪਹੁੰਚਾ, ਪੌਂਚਾ *m.* → ਪਹੁੰਚਾ

ਪਉਂਚੀ (पउँची) /paũcī パウンチー/ *f.* 〖装〗腕輪.

ਪਉਲਾ (पउला) /paulā パウラー/ *m.* **1** 〖履物〗靴. **2** 履物.

ਪਉਲੀ (पउली) /paulī パウリー/ *f.* **1** 〖貨単〗 4分の1ルピー, 25パイサー. **2** 〖貨幣〗 4分の1ルピーの旧硬貨.

ਪਉੜੀ (पउड़ी) /pauṛī パウリー/ ▸ਪੌੜੀ *f.* **1** 段階的進行. **2** 〖文学〗讃歌・頌詩の連の形式の一つ《称賛の最高潮に達する韻律・節》.

ਪਊਆ[1] (पऊआ) /paūā パウーアー/ *m.* **1** 4分の1. **2** 〖容量〗750ミリリットル瓶の4分の1の分量.

ਪਊਆ[2] (पऊआ) /paūā パウーアー/ *m.* 〖履物〗木製のサンダルの片方.

ਪਈ (पई) /paī パイー/ ▸ਭਈ *conj.* …ということ. (⇒ਕਿ)

ਪਈਅਲ (पईअल) /paīala パイーアル/ *adj.* **1** 怠惰な. **2** いつもベッドで寝ている.

ਪਸ[1] (पस) /pasa パス/ *adv.* それゆえに, 従って.

ਪਸ[2] (पस) /pasa パス/ [Pers. *pas*] *pref.* 「後」「後ろ」「後方」などを意味する接頭辞.
— *adv.* 後で, 後ろに, ついに.

ਪਸ[3] (पस) /pasa パス/ ▸ਪੱਸ [Eng. *pus*] *f.* 〖医〗うみ, 膿. ❐ਪਸ ਪੈਣੀ 膿む, 化膿する.

ਪੱਸ (पस्स) /passa パッス/ ▸ਪਸ *f.* → ਪਸ[3]

ਪਸ਼ਚਾਤ (पशचात) /paśacāta パシュチャート/ [Skt. पश्चात्] *adv.* 後で, その後. (⇒ਪਿੱਛੋਂ, ਮਗਰੋਂ)

ਪਸ਼ਚਾਤਾਪ (पशचाताप) /paśacātāpa パシュチャーターブ/ [Skt. पश्चात्ताप] *m.* **1** 後悔, 悔恨. **2** 自責の念, 良心の呵責.

ਪਸੰਜਰ (पसंजर) /pasañjara パサンジャル/ [Eng. *passenger*] *m.* 乗客, 旅客, 同乗者.

ਪਸਤ (पसत) /pasata パスト/ [Pers. *past*] *adj.* **1** 低い, 劣った, 卑しい. **2** 短い, 背の低い. **3** 疲れている, 精気のない.

ਪਸਤੀ (पसती) /pasatī パスティー/ *f.* **1** 低いこと, 低さ. **2** 低下, 下落.

ਪਸ਼ਤੋ (पशतो) /paśato パシュトー/ [Pers. *paśto*] *f.* パシュトー語《インド・ヨーロッパ語族のイラン語派東部グループの言語. パシュトゥーン民族の母語》.

ਪਸਤੌਲ (पसतौल) /pasataula パスタオール/ ▸ਪਿਸਟਲ, ਪਿਸਤੌਲ [Eng. *pistol*] *m.* 〖武〗ピストル, 拳銃.

ਪਸੰਦ (पसंद) /pasanda パサンド/ [Pers. *pasand*] *f.* 好み, 愛好, 嗜好, お気に入り, 選り好み. ❐ਪਸੰਦ ਕਰਨਾ 好む, 愛好する, 愛する, 選ぶ, 望む. ❐ਪਸੰਦ ਆਉਣਾ 気に入る, 好きになる. ❐ਇਹ ਗੱਲ ਚਾਰੇ ਭਰਾਵਾਂ ਨੂੰ ਪਸੰਦ ਆਈ। この話が兄弟は四人とも気に入りました.
— *adj.* 好みの, 好きな, お気に入りの.

ਪਸੰਦਗੀ (पसंदगी) /pasandagī パサンダギー/ [Pers. *pasand* Pers.*-gī*] *f.* **1** 好ましいこと. **2** 感じのよいこと. **3** 気持ちのいいこと.

ਪਸੰਦੀਦਗੀ (पसंदीदगी) /pasandīdagī パサンディードギー/ [Pers. *pasandīda* Pers.*-gī*] *f.* 好みに合っていること.

ਪਸੰਦੀਦਾ (पसंदीदा) /pasandīdā パサンディーダー/ [Pers. *pasandīda*] *adj.* **1** 好みに合っている, 好まれている. **2** お気に入りの. **3** 選ばれた.

ਪਸਪਰਦਾ (पसपरदा) /pasaparadā パスパルダー/ [Pers. *pas-* Pers. *parda*] *adv.* **1** 幕の後ろで. **2** 背後で, 隠れて. **3** 密かに, 内密に.

ਪਸਪਾ (पसपा) /pasapā パスパー/ *adj.* **1** 後退する. **2** 走り去る. **3** 逃亡する.

ਪਸਪਾਈ (पसपाई) /pasapāī パスパーイー/ *f.* **1** 後退する

こと. 2 走り去ること. 3 逃亡, 敗走. 4 飛行.

ਪਸ਼ਮ (पशम) /paśama パシュム/ [Pers. paśm] f. 1 羊毛, カシミヤ山羊の毛. 2〖布地〗毛織物, ウール. 3〖布地〗柔らかい上質の毛織物.

ਪਸਮਣਾ (पसमणा) /pasamaṇā パスマナー/ [Skt. प्र + Skt. स्रवण] vi. 1 乳を乳首まで降ろす. 2 進んで乳を出す, 搾乳される. 3〖比喩〗同意するよう説得される, 甘言でだまされる, 丸めこまれる.

ਪਸ਼ਮਦਾਰ (पशमदार) /paśamadāra パシュムダール/ [Pers. paśm Pers.-dār] adj. 羊毛の, 羊毛製の, ウールの.

ਪਸਮਾਉਣਾ (पसमाउणा) /pasamāuṇā パスマーウナー/ ▶ਪਸਮਾਣਾ [cf. ਪਸਮਣਾ] vt. 1 (乳を搾るために牝牛の)乳首をさする, 搾乳する. 2〖比喩〗甘言でだます, 丸めこむ, 口車に乗せる.

ਪਸਮਾਣਾ (पसमाणा) /pasamāṇā パスマーナー/ ▶ਪਸਮਾਉਣਾ vt. → ਪਸਮਾਉਣਾ

ਪਸਮਾਂਦਗੀ (पसमाँदगी) /pasamā̃dagī パスマーンドギー/ [Pers. pasmānda Pers.-gī] f. 1 後進性. 2 未開. 3 貧困.

ਪਸਮਾਂਦਾ (पसमाँदा) /pasamā̃dā パスマーンダー/ [Pers. pasmānda] adj. 1 後に残された. 2 後れた. 3 未開の. 4 貧しい.

ਪਸ਼ਮੀਨਾ (पशमीना) /paśamīnā パシュミーナー/ [Pers. paśmīna] m.〖布地〗カシミヤ織り《カシミヤ山羊の毛を紡いだ糸で織られた柔らかい上質の毛織物》.

ਪਸਰਨਸ਼ੀਲ (पसरनशील) /pasaranaśīla パサルンシール/ [Skt. प्रसारण Skt.-शील] adj. 1 伸長性の. 2 拡散できる.

ਪਸਰਨਾ (पसरना) /pasaranā パサルナー/ [Skt. प्रसरति] vi. 1 広がる, 大きくなる. 2 膨張する, 拡散する, 拡張される. 3 体を伸ばす, 寝そべる.

ਪਸਰਵਾਂ (पसरवाँ) /pasarawā̃ パサルワーン/ [cf. ਪਸਰਨਾ Skt.-वान्] adj. 1 広がりやすい, 大きくなる. 2 膨張力のある, 拡張する.

ਪਸਲੀ (पसली) /pasalī パスリー/ [Skt. पार्श्व + ली] f.〖身体〗あばら骨, 肋骨.

ਪਸਲੀਦਾਰ (पसलीदार) /pasalīdāra パスリーダール/ [Pers.-dār] adj. 1 あばら骨のある. 2 畝のある. 3 縦みぞ彫りの.

ਪਸ਼ਾਬ (पशाब) /paśāba パシャーブ/ ▶ਪਿਸ਼ਾਬ, ਪੇਸ਼ਾਬ m. → ਪਿਸ਼ਾਬ

ਪਸਾਰ (पसार) /pasāra パサール/ ▶ਪਰਸਾਰ, ਪ੍ਰਸਾਰ [(Pot.)] m. → ਪਰਸਾਰ

ਪਸਾਰ-ਹੱਟਾ (पसार-हट्टा) /pasāra-haṭṭā パサール・ハッタ―/ [Skt. पण्य + Skt. शाली + Skt. हट्ट] m. 1 薬種を売る店. 2 香辛料・草根などを商う店. 3 食料雑貨店.

ਪਸਾਰਕ (पसारक) /pasāraka パサーラク/ [Skt. प्रसारक] adj. 1 広がる, 大きくなる. 2 膨張する, 伸長する, 拡張する, 拡散する.

ਪਸਾਰ-ਗੁਣਕ (पसार-गुणक) /pasāra-guṇaka パサール・グナク/ [Skt. प्रसार + Skt. गुणक] m. 膨張率.

ਪਸਾਰਨਾ (पसारना) /pasāranā パサールナー/ [Skt. प्रसारयति] vt. 1 広げる. 2 伸ばす, 長くする. 3 差し出す. 4 膨張させる, 拡散させる, 拡張する. 5 発展させる.

ਪਸਾਰਮਈ (पसारमई) /pasāramaī パサールマイー/ [Skt. प्रसार Skt.-मयी] adj. 1 広がった, 拡張した. 2 長く伸びた. 3 長たらしい, 冗長な.

ਪਸਾਰਵਾਦ (पसारवाद) /pasārawāda パサールワード/ [Skt.-वाद] m. 拡張論, 拡張主義.

ਪਸਾਰਵਾਦੀ (पसारवादी) /pasārawādī パサールワーディー/ [Skt.-वादिन्] adj. 拡張論の, 拡張主義の.
— m. 拡張論者, 拡張主義者.

ਪਸਾਰਾ (पसारा) /pasārā パサーラー/ [Skt. प्रसार] m. 1 広がり, 広まり. 2 拡張, 膨張, 拡散, 増大. 3 伸ばすこと, 伸長, 延長. 4 神の創造した世界, 万物, 宇宙.

ਪੰਸਾਰੀ (पंसारी) /pansārī パンサーリー/ ▶ਪਸਾਰੀ, ਪਨਸਾਰੀ m. → ਪਸਾਰੀ

ਪਸਾਰੀ (पसारी) /pasārī パサーリー/ ▶ਪੰਸਾਰੀ, ਪਨਸਾਰੀ [Skt. पण्य + Skt. शाली] m. 1 薬種屋. 2 香辛料・草根などを商う乾物屋. 3 食料雑貨商. 4 薬剤師.

ਪਸਿੱਤਾ (पसित्ता) /pasittā パスィッター/ [(Pot.)] adj. 1 除いた. 2 除外された. 3 離れた.

ਪਸਿੱਤੇ (पसित्ते) /pasitte パスィッテー/ adv. 1 脇に, 除外されて, 別にして. 2 背後に. 3 離れて.

ਪਸੀਜਣਾ (पसीजणा) /pasījaṇā パスィージャナー/ [Skt. प्रस्विद्यति] vi. 1 汗をかく, 発汗する. 2 溶ける. (⇒ਪੱਘਰਨਾ) 3 心が和らぐ, 優しくなる. (⇒ਦਿਲ ਭਿੱਜਨਾ) 4 同情する, (同情や哀れみなどで)心が動かされる.

ਪਸੀਜਵਾਂ (पसीजवाँ) /pasījawā̃ パスィージワーン/ ▶ਪਸੀਜਵਾਨ adj. → ਪਸੀਜਵਾਨ

ਪਸੀਜਵਾਨ (पसीजवान) /pasījawāna パスィージワーン/ ▶ਪਸੀਜਵਾਂ [cf. ਪਸੀਜਣਾ Skt.-वान्] adj. 1 従順な, 扱いやすい, 言いなりになる. 2 柔軟な, しなやかな. 3 好意的な, 親切な, 面倒見のいい.

ਪਸੀਨਾ (पसीना) /pasīnā パスィーナー/ ▶ਪਰਸੀਨਾ, ਪਰਸੇ, ਪਰਸੇਉ, ਪਰਸੇਓ [Skt. प्रस्विन्न] m.〖生理〗汗, 冷や汗, 発汗. (⇒ਮੁੜ੍ਹਕਾ, ਸੇਤ)

ਪਸੂ (पसू) /pasū パスー/ ▶ਪਸ਼ੂ m. → ਪਸ਼ੂ

ਪਸ਼ੂ (पशू) /paśū パシュー/ ▶ਪਸੂ [Skt. पशु] m. 1 動物, 四つ足の動物, 獣. 2 家畜. (⇒ਡੰਗਰ) ❐ਪਸ਼ੂਆਂ ਦੇ ਰੋਗ 家畜の伝染病.

ਪਸ਼ੂ-ਸਮਾਨ (पशू-समान) /paśū-samāna パシュー・サマーン/ [Skt.-समान] adj. 1 獣と同じ, 獣のような. 2 残忍な.

ਪਸ਼ੂ-ਕਥਾ (पशू-कथा) /paśū-katʰā パシュー・カター/ [+ Skt. कथा] f. 1 動物寓話. 2 寓話.

ਪਸ਼ੂ-ਘਰ (पशू-घर) /paśū-kǎra パシュー・カル/ [Skt.-गृह] m. 家畜小屋, 畜舎.

ਪਸੂਜ (पसूज) /pasūja パスージ/ f. 1 連続した縫い目. 2 仮縫い.

ਪਸ਼ੂ-ਪਾਲਨ (पशू-पालन) /paśū-pālana パシュー・パーラン/ [Skt. पशु + Skt. पालन] m. 畜産.

ਪਸ਼ੂਪੁਣਾ (पशूपुणा) /paśūpuṇā パシュープナー/ [-ਪੁਣਾ] m. 1 動物性. 2 獣性. 3 残忍, 野蛮.

ਪਸ਼ੂਬ੍ਰਿਤੀ (पशूब्रिती) /paśūbritī (paśūbaritī) パシューブリティー (パシューバリティー)/ ▶ਪਸ਼ੂਬਿਰਤੀ f. → ਪਸ਼ੂਬਿਰਤੀ

ਪਸ਼ੂਬਿਰਤੀ (पशूबिरती) /paśūbiratī パシュービルティー/

▸ਪਸ਼ੂਬਿਰਤੀ [Skt. पशु Skt.-वृत्ति] *f.* **1** 動物性. **2** 獣性. **3** 残忍, 野蛮.

ਪਸ਼ੂ-ਵਾਰਤਾਵਾਂ (पशू-वारतावाँ) /paśū-wārạtāwā̃ パシュー・ワールターワーン/ [+ Skt. वार्त्ता + वां] *f.* 動物寓話集《ਵਾਰਤਾਵਾਂ は ਵਾਰਤਾ「物語」の複数形》.

ਪਸ਼ੇਮਾਨ (पशेमान) /paśemānạ パシェーマーン/ [Pers. *paśemān*] *adj.* **1** 恥ずかしい, 恥じている, 恥ずかしく思っている. (⇒ਸ਼ਰਮਿੰਦਾ) **2** 悔いている, 後悔している. (⇒ਪਛਤਾਉਣ ਵਾਲਾ) **3** 残念に思っている, すまないと思っている, 遺憾に思っている.

ਪਸ਼ੇਮਾਨੀ (पशेमानी) /paśemānī パシェーマーニー/ [Pers. *paśemānī*] *f.* **1** 恥, 恥じらい. **2** 悔い, 後悔, 悔恨. **3** 遺憾, 残念.

ਪਸੇਰਾ (पसेरा) /paserā パセーラー/ *adj.* 〚重量〛 5セールの重量の.
— *m.* 〚重量〛 5セールの重量の分銅, 5セールの重量《約5キログラム相当》.

ਪਸੇਰੀ[1] (पसेरी) /paserī パセーリー/ ▸ਪਨਸੇਰੀ *adj.* 〚重量〛 5セールの重量の.
— *f.* 〚重量〛 5セールの重量の分銅, 5セールの重量《約5キログラム相当》.

ਪਸੇਰੀ[2] (पसेरी) /paserī パセーリー/ *f.* 〚植物〛ハマメリス, アメリカマンサク(亜米利加満作)《マンサク科の植物》.

ਪਸੋਆ (पसोआ) /pasoā パソーアー/ [Pers. *pāśey*] *m.* 〚医〛 足の温熱治療《薬を入れた熱い湯で足を温める》.

ਪਹਾਰਾ (पहारा) /pahārā パハーラー/ *m.* **1** 炉. **2** かまど.

ਪਹਾਰੂ (पहारू) /pahārū パハールー/ *m.* **1** 〚動物〛ヤギ, 山羊. (⇒ਬੱਕਰੀ) **2** 〚動物〛ヒツジ, 羊. (⇒ਭੇਡ)

ਪਹਾੜ (पहाड़) /pǎṛạ パール/ [Skt. पाषाण] *m.* **1** 〚地理〛山. (⇒ਪਰਬਤ) **2** 〚地理〛山地, 山岳地帯. **3** 北方. **4** 山積みになったもの, 堆積. (⇒ਢੇਰ) **5** 〚比喩〛骨の折れる仕事, 大変厄介なもの.

ਪਹਾੜਨ (पहाड़न) /pǎṛanạ パーラン/ [-ਨ] *f.* 山地に住む女性.

ਪਹਾੜਾ (पहाड़ा) /pǎṛā パーラー/ [Skt. प्रस्तार] *m.* 掛け算の九九の表.

ਪਹਾੜੀ (पहाड़ी) /pǎṛī パーリー/ [Skt. पाषाण -ई] *adj.* **1** 山の, 山岳の. (⇒ਪਰਬਤੀ) **2** 山地の, 山間地の, 高地の. **3** 丘の, 丘陵の.
— *f.* **1** 〚地理〛丘, 丘陵. **2** 〚地理〛小山, 小さな山, 小高い山. **3** パハーリー方言《山岳地域で話されているパンジャービー語または西部ヒンディー語の方言》.
— *m.* 山地に住む人, 高地の住民, 山岳地域の住民. (⇒ਪਰਬਤੀ)

ਪਹਾੜੀਆ (पहाड़ीआ) /pǎṛīā パーリーアー/ ▸ਪਹਾੜੀ [-ਈਆ] *m.* 山岳地域の住民.

ਪਹਿਆ (पहिआ) /paîā パェーアー/ [(Pkt. पह) Skt. पथ] *m.* 田舎道.

ਪਹਿਚਾਣ (पहिचाण) /paîcāṇạ パェーチャーン/ ▸ਪਹਿਚਾਨ, ਪਛਾਣ *f.* → ਪਛਾਣ

ਪਹਿਚਾਣਨਾ (पहिचाणना) /paîcāṇạnā パェーチャーンナー/ ▸ਪਛਾਣਨਾ [(Pkt. पच्चभिजाण) Skt. प्रत्यभिजानाति] *vt.* **1** 認識する, 判別する, (特徴を)見分ける, (誰それと)分かる, (何であるかの)見分けがつく, 聞き分ける, (誰のまたは何の音声であるか)分かる. ❒ਕਈ ਵਾਰੀ ਲੋਕਾਂ ਵਿੱਚ ਇਹੋ ਜਿਹੀ ਤਬਦੀਲੀ ਆ ਜਾਂਦੀ ਹੈ ਕਿ ਤੁਸੀਂ ਉਨ੍ਹਾਂ ਨੂੰ ਪਹਿਚਾਣ ਵੀ ਨਹੀਂ ਸਕਦੇ। あなたがたが見分けることのできないほど人々が変わってしまうことが何度もあります. ❒ਜਦ ਉਹ ਹੱਸਿਆ, ਤਾਂ ਮੈਂ ਉਸ ਨੂੰ ਪਹਿਚਾਣ ਲਿਆ। 彼が笑った時, 私は彼が誰であるか分かりました. **2** 識別する, 区別する, 峻別する. **3** 理解する, はっきり分かる. **4** 知覚する.

ਪਹਿਚਾਨ (पहिचान) /paîcānạ パェーチャーン/ ▸ਪਹਿਚਾਣ, ਪਛਾਣ *f.* → ਪਛਾਣ

ਪਹਿਨਣਾ (पहिनणा) /paînaṇā パェーナナー/ [(Pkt. परिहाइस्सई) Skt. परिदधाति] *vt.* **1** 身につける. **2**(衣服を)着る. ❒ਸਰਦੀਆਂ ਵਿੱਚ ਅਸੀਂ ਗਰਮ ਕੱਪੜੇ ਪਹਿਨਦੇ ਹਾਂ। 冬には私たちは暖かい衣服を着ます. ❒ਪਿੰਡਵਾਸੀ ਸਾਦੀ ਪੁਸ਼ਾਕ ਪਹਿਨਦੇ ਹਨ। 村人たちは質素な衣服を着ます. **3**(帽子を)被る. **4**(靴を)履く. **5**(眼鏡を)かける.

ਪਹਿਨਾਉਣਾ (पहिनाउणा) /paînāuṇā パェーナーウナー/ [cf. ਪਹਿਨਣਾ] *vt.* **1** 身につけさせる. **2**(衣装の)着付けをする. **3**(衣服を)着せる. **4**(帽子を)被せる. **5**(靴を)履かせる. **6**(眼鏡を)かけさせる.

ਪਹਿਰ (पहिर) /paîrạ パェール/ [Skt. प्रहर] *m.* 〚時間〛 1日の8分の1の時間, 3時間を単位とする時間.

ਪਹਿਰਨਾ (पहिरना) /paîrạnā パェールナー/ ▸ਪਹਿਰਾਵਾ *m.* → ਪਹਿਰਾਵਾ

ਪਹਿਰਾ (पहिरा) /paîrā パェーラー/ [Pers. *pahra*] *m.* 見張り, 監視, 警戒. ❒ਪਹਿਰਾ ਦੇਣਾ 見張る, 監視する.

ਪਹਿਰਾਵਾ (पहिरावा) /paîrāwā パェーラーワー/ ▸ਪਹਿਰਨਾ [(Pkt. परिहाण) Skt. परिधानम्] *m.* **1** 装い, 衣装, 衣服, 衣類. **2** 身なり. **3** 扮装. **4** 流行. (⇒ਫ਼ੈਸ਼ਨ)

ਪਹਿਰੂਆ (पहिरूआ) /paîrūā パェールーアー/ [Pers. *pahra* + ਊਆ] *m.* **1** 見張り, 監視人, 番人. **2** 守衛. **3** 警備員.

ਪਹਿਰੇਦਾਰ (पहिरेदार) /paîredārạ パェーレーダール/ [Pers.*-dār*] *m.* **1** 見張り, 監視人, 番人. **2** 守衛. **3** 警備員.

ਪਹਿਰੇਦਾਰੀ (पहिरेदारी) /paîredārī パェーレーダーリー/ [Pers.*-dārī*] *f.* **1** 監視. **2** 警備. **3** 保全, 保管, 管理.

ਪਹਿਲ (पहिल) /paîlạ パェール/ [(Pkt. पहिल्लइ) Skt. प्रथम] *f.* **1** 始まり, 手始め. **2** 優先 ❒ਪਹਿਲ ਦੇਣਾ 優先する. **3** 優遇. **4** 率先, 先手. **5** 意気.

ਪਹਿਲਣ (पहिलण) /paîlaṇạ パェーラン/ [+ ਣ] *adj.* 初産の.

ਪਹਿਲਵਾਨ (पहिलवान) /paîlạwānạ パェールワーン/ ▸ਭਲਵਾਨ [Pers. *pahlvān*] *m.* **1** 〚競技〛(インド相撲の)力士, レスラー. **2** 体を鍛え上げた男.

ਪਹਿਲਵਾਨੀ (पहिलवानी) /paîlạwānī パェールワーニー/ ▸ਭਲਵਾਨੀ [Pers. *pahlvānī*] *f.* レスリング, 力士の仕事.

ਪਹਿਲਾਂ (पहिलाँ) /paîlā̃ パェーラーン/ ▸ਪਹਿਲੋਂ [(Pkt. पहिल्लइ) Skt. प्रथम] *adv.* **1** 初めに, 最初に, まず, 第一に. ❒ਸੜਕ ਪਾਰ ਕਰਨ ਵੇਲੇ, ਪਹਿਲਾਂ ਆਪਣੇ ਸੱਜੇ ਪਾਸੇ ਵੇਖਣਾ। 道路を渡る時は, まず自分の右側を見なさい. **2** 初めは, 最初は. **3** …前に, …以前に. ❒ਇੱਕ ਦਿਨ ਪਹਿਲਾਂ ਪਰਾਹੁਣੇ ਆਏ। 一日前にお客さんたちが来ました. **4** 前に, 以前,

かつて. **5** 前もって, 先に, 早く.

ਪਹਿਲਾ (पहिला) /paîlā パェーラー/ [Skt. प्रथम] *or.num.* 一番目, 第一.
— *adj.* **1** 一番目の, 第一の. **2** 初めの, 最初の. ❐ ਪਹਿਲੀ ਵਾਰ 初めて. **3** 最も重要な. **4** 主要な. **5** 真っ先の. **6** 先頭の. **7** 初めての, 処女…. **8** 前の, 以前の, 昔の. **9** 先行する.

ਪਹਿਲੂ (पहिलू) /paîlū パェールー/ [Pers. *pahlū*] *m.* **1** 面. **2** 脇, 側面. **3** そば, 近く. **4** 方向, 方角. **5** 見方, 観点.

ਪਹਿਲੇ (पहिले) /paîle パェーレー/ [Skt. प्रथम] *adv.* **1** 一番目に, 第一に, 最初に, まず, 先に. **2** 前に, 以前, 早く. **3** もともと, 元来.

ਪਹਿਲੋਂ (पहिलों) /paîlõ パェーローン/ ▸ਪਹਿਲਾਂ *adv.* → ਪਹਿਲਾਂ

ਪਹੀ (पही) /pâī パイー/ [Skt. पथ -ई] *m.f.* **1** 狭い田舎道. **2**(自然にできた)道. **3**(踏みならした)小道.

ਪਹੀਆ (पहीआ) /pâīā パイーアー/ [Skt. प्रधी] *m.* **1** 車輪. **2** 車輪の形のもの, 輪.

ਪਹੀਏਦਾਰ (पहीएदार) /pâīedārạ パイーエーダール/ [Pers.-*dār*] *adj.* 車輪の付いた.

ਪਹੁ (पहु) /paû パォー/ [(Pkt. पहा) Skt. प्रभा] *f.* **1** 夜明け. **2** 黎明. **3** あけぼの, 曙.

ਪਹੁੰਚ (पहुँच) /pâûcạ パォーンチ/ [cf. ਪਹੁੰਚਣਾ] *f.* **1** 到着, 着くこと. **2** 到達, 届くこと. **3** 接近, 近づくこと. **4** 利用, アクセス. **5** 取得, 入手. **6** 受け取り, 受領, 受領証, 領収書. **7**(力や影響などの)及ぶ範囲.

ਪਹੁੰਚਣਾ (पहुँचणा) /pâûcạṇā パォーンチナー/ ▸ਪੁੱਗਣਾ, ਪੁੱਜਣਾ [Pkt. पहच्चइ ; cf.Skt. प्रभूत] *vi.* **1** 着く, 到着する. **2** 達する, 到達する. **3** 届く. **4** 近づく. **5** 及ぶ, 能力が及ぶ. **6** …になる, …の状態になる. **7** 得られる, 手に入る. **8** 受領される.

ਪਹੁੰਚਾ (पहुँचा) /pâûcā パォーンチャー/ ▸ਪਓਂਚਾ, ਪੌਂਚਾ *m.* **1**〖身体〗(猫・鷹・鷲などの)爪, 鉤爪, 爪足. **2**〖身体〗動物の足. **3**〖身体〗手. **4**〖身体〗手首. **5**〖衣服〗サルワールやパジャーマーの裾. (⇒ਮੁਹਰੀ)

ਪਹੁੰਚਾਉਣਾ (पहुँचाउणा) /pâûcāuṇā パォーンチャーウナー/ ▸ਪਹੁੰਚਾਣਾ, ਪੁਚਾਉਣਾ, ਪੁਜਾਉਣਾ [cf. ਪਹੁੰਚਣਾ] *vt.* **1** 到着させる, 着かせる. **2** 到達させる, 至らせる. **3** 届ける, 送り届ける, 配達する. ❐ਲੱਖਾਂ ਲੋਕਾਂ ਨੇ ਗਾਂਧੀ ਜੀ ਦੇ ਸੰਦੇਸ਼ ਨੂੰ ਵਿਸ਼ਾਲ ਦੇਸ਼ ਦੇ ਪਿੰਡ-ਪਿੰਡ ਸ਼ਹਿਰ-ਸ਼ਹਿਰ ਪਹੁੰਚਾਇਆ। 数十万の人々がガーンディー・ジーのメッセージを広大な国の多くの村と町に送り届けました. **4** 運ぶ. **5** 与える, もたらす, 及ぼす. ❐ਕੰਪਨੀ ਨੇ ਧਾਰਮਿਕ ਭਾਵਨਾਵਾਂ ਨੂੰ ਠੇਸ ਪਹੁੰਚਾਈ। 会社は宗教的感情に打撃を与えました.

ਪਹੁੰਚਾਣਾ (पहुँचाणा) /pâûcāṇā パォーンチャーナー/ ▸ਪਹੁੰਚਾਉਣਾ, ਪੁਚਾਉਣਾ, ਪੁਜਾਉਣਾ *vt.* → ਪਹੁੰਚਾਉਣਾ

ਪਹੁੰਚੀ (पहुँची) /pâûcī パォーンチー/ *f.* **1**〖装〗手首に結び付ける装飾品. (⇒ਰਖੜੀ) **2**〖装〗足・爪先・足首・手首・頭などに付ける多様な装飾品.

ਪਹੁ-ਫੁਟਾਲਾ (पहु-फुटाला) /paû-pʰuṭālā パォー・プターラー/ *m.* **1** 夜明け. **2** 日の出. **3** 早朝.

ਪਹੁਲ (पहुल) /paûlạ パォール/ ▸ਪਾਹੁਲ *f.* **1**〖スィ〗カールサーへの入団の洗礼の儀式で用いられる神聖な不死の甘露. (⇒ਅੰਮ੍ਰਿਤ) **2**〖スィ〗カールサーへの入団の洗礼の儀式.

ਪਹੇਲੀ (पहेली) /pahelī パヘーリー/ [Skt. प्रहेलिका] *m.* **1**〖遊戯〗なぞなぞ. (⇒ਬੁਝਾਰਤ) **2** 判じ物, パズル.

ਪੰਕ (पंक) /paṅkạ パンク/ [Skt. पङ्क] *m.* 泥. (⇒ਚਿੱਕੜ)

ਪੱਕ (पक्क) /pakkạ パック/ *m.f.* **1** 確実性. **2** 堅固さ. **3** しっかりした態度. **4** 強調.

ਪੰਕਜ (पंकज) /paṅkajạ パンカジ/ [Skt. पङ्क + ज] *adj.* 泥の中に生える, 泥土に育つ.
— *m.*〖植物〗ハス(蓮)《スイレン科の水草》. (⇒ਕਮਲ, ਪਦਮ)

ਪੱਕਣਾ (पक्कणा) /pakkaṇā パッカナー/ [Skt. पक्व] *vi.* **1**(果実が)熟す, 熟れる, 成熟する. **2** 料理ができる,(火熱で)調理される,(オーブンなどで)焼かれる, 煮える, 炊ける. **3**(煉瓦や焼き物などが)焼かれる, 焼き上がる. **4** 化膿する, 膿む.

ਪੰਕਤੀ (पंकती) /paṅkạtī パンクティー/ [Skt. पंक्ति] *f.* **1** 線, 筋. **2** 列, 連なり, 並び. **3** 行列.

ਪਕਵਾਉਣਾ (पकवाउणा) /pakạwāuṇā パクワーウナー/ ▸ਪਕਵਾਣਾ [cf. ਪੱਕਣਾ] *vt.* **1**(火熱で)調理させる, 熱を加えて食べられるようにしてもらう. **2** 熟させる. **3** 固めさせる.

ਪਕਵਾਣਾ (पकवाणा) /pakạwāṇā パクワーナー/ ▸ਪਕਵਾਉਣਾ *vt.* → ਪਕਵਾਉਣਾ

ਪਕਵਾਨ (पकवान) /pakạwānạ パクワーン/ [Skt. पक्वान्न] *m.*〖料理〗揚げた上等の食べ物, 揚げ物の御馳走.

ਪਕੜ (पकड़) /pakaṛạ パカル/ [cf. ਪਕੜਨਾ] *f.* **1** つかむこと, 握ること, 把握. (⇒ਗਰਿਫ਼ਤ) **2** 捕えること, 捕獲. (⇒ਗਰਿਫ਼ਤ) **3** しっかりつかむこと. **4** 逮捕. **5** 拘束, 束縛. **6** 理解.

ਪਕੜਨਾ (पकड़ना) /pakaṛạnā パカルナー/ [Skt. प्रकटति] *vt.* **1** 押さえる, つかむ, 逃さない, 握る. (⇒ਫੜਨਾ) **2** 捕まえる, 捕らえる, 逮捕する. (⇒ਫੜਨਾ) **3** 把握する, 理解する. (⇒ਸਮਝਣਾ)

ਪਕੜਵਾਉਣਾ (पकड़वाउणा) /pakaṛạwāuṇā パカルワーウナー/ ▸ਪਕੜਾਉਣਾ [cf. ਪਕੜਨਾ] *vt.* **1** つかませる, 握らせる, 持たせる. (⇒ਫੜਵਾਉਣਾ) **2** 捕まえさせる, 捕まえてもらう, 捕らえさせる, 逮捕させる. (⇒ਫੜਵਾਉਣਾ) **3** 引き渡す, 手渡す. (⇒ਸੌਂਪਣਾ)

ਪਕੜਾਉਣਾ (पकड़ाउणा) /pakaṛāuṇā パカラーウナー/ ▸ਪਕੜਵਾਉਣਾ *vt.* → ਪਕੜਵਾਉਣਾ

ਪਕੜਾਈ (पकड़ाई) /pakạrāī パクラーイー/ [cf. ਪਕੜਨਾ] *f.* **1** 捕まえること. **2** 捕まえられること.

ਪੱਕਾ (पक्का) /pakkā パッカー/ [Skt. पक्व] *adj.* **1**(果物が)熟した, 熟れた. (⇔ਕੱਚਾ) **2** 火熱で調理された, 焼けた, 煮えた. **3** 堅い, 堅固な, 丈夫な. **4** 完成した, 完成された, 出来上がった, 仕上がった. **5** 確かな, 確実な, 確約した, 決定した, 確定した. **6** 本当の, 本物の. **7** 標準の, 正規の. **8** 熟達した, 円熟した. **9** 老いた. ❐ਪੱਕੀ ਉਮਰ 老年, 熟年. **10**〖建築〗石造りの, コンクリート造りの, 煉瓦造りの. **11** 舗装された. ❐ਸਾਡੇ ਪਿੰਡ ਦੀਆਂ ਗਲੀਆਂ ਖੁੱਲ੍ਹੀਆਂ ਤੇ ਪੱਕੀਆਂ ਹਨ। 私たちの村の路地は広くて舗装されています.

ਪਕਾਉਣਾ (पकाउणा) /pakāuṇā パカーウナー/ ▸ਪਕਾਣਾ

[cf. ਪੱਕਣਾ] *vt.* **1**（果実を）熟させる, 成熟させる. **2**（火熱で）調理する, 熱を加えて食べられるようにする,（オーブンなどで）焼く, 揚げる, 煮る, 炊く. **3**（煉瓦や焼き物などを）焼く. **4** 化膿させる, 膿ませる. **5** 固める, 確実にする. **6** 意志を固める, 決意する, 決議する. **7**（教わったことを）暗記する.

ਪਕਾਈ (पकाई) /pakāī パカーイー/ [cf. ਪੱਕਣਾ] *f.* **1** 焼くこと, 焼けること. **2** 揚げること. **3** 煮ること, 煮えること. **4** 火を使って調理すること. **5** 堅いこと, 堅固さ, 確かさ.

ਪਕਾਣਾ (पकाणा) /pakāṇā パカーナー/ ▸ਪਕਾਉਣਾ *vt.* → ਪਕਾਉਣਾ

ਪੱਕਾ ਪਕਾਇਆ (पक्का पकाइआ) /pakkā pakāiā パッカー パカーイアー/ [cf. ਪੱਕਣਾ] *adj.* 熱を加えて調理済みの, 調理され饗される用意のできた.

ਪੱਕਾ ਰੰਗ (पक्का रंग) /pakkā raṅga パッカー ラング/ [Skt. पक्व + Skt. रंग] *m.* **1** 落ちない色. **2** 黒みがかった色, 黒色. **3** 有色人, 黒人.

— *adj.* **1** 落ちない色の. **2** 黒みがかった, 黒い.

ਪੱਕਾ ਰਾਗ (पक्का राग) /pakkā rāga パッカー ラーグ/ [+ Skt. राग] *m.*〖音楽〗古典音楽. (⇒ਸ਼ਾਸਤਰੀ ਸੰਗੀਤ)

ਪਕਾਵਾ (पकावा) /pakāwā パカーワー/ [cf. ਪੱਕਣਾ] *m.* 調理する人, 焼く人, 固める人.

ਪਕਿਅੱਤ (पकिअत्त) /pakiatta パキアット/ [(Pot.) Skt. पक्व] *m.* **1** 固さ, 堅固さ. (⇒ਪਕਿਆਈ) **2** 強さ. **3** 確固たること.

ਪਕਿਆਈ (पकिआई) /pakiāī パキアーイー/ [Skt. पक्व -ਆਈ] *f.* **1** 固さ, 堅固さ. **2** 強さ, 丈夫さ. **3** 確固たること, 確かさ.

ਪੱਕੀ (पक्की) /pakkī パッキー/ [-ਈ] *f.* **1** 強調, 力説. (⇒ਤਾਕੀਦ) **2** 重視.

ਪੱਕੀ-ਜ਼ਬਾਨ (पक्की-ज़बान) /pakkī-zabāna パッキー・ザバーン/ [+ Arab. *zabān*] *f.* **1** 堅い約束. **2** 誓約.

ਪੱਕੀ ਪੇਸ਼ੀ (पक्की पेशी) /pakkī peśī パッキー ペーシー/ [+ Arab. *peśī*] *f.*〖法〗最終出廷, 最終審問.

ਪੱਕੇ ਪੈਰੀਂ (पक्के पैरीं) /pakke pairī̃ パッケー パェーリーン/ [+ Skt. पद -ਈਂ] *adv.* **1** しっかりした足取りで. **2** 着実に.

ਪਕੇਰਾ (पकेरा) /pakerā パケーラー/ [-ਏਰਾ] *adj.* **1** さらに熟した. **2** より固い, より堅固な.

ਪੱਕੇ ਵਾਲ (पक्के वाल) /pakke wāla パッケー ワール/ [+ Skt. बाल] *m.*〖身体〗白髪まじりの髪.

ਪਕੌੜਾ (पकौड़ा) /pakauṛā パカォーラー/ *m.*〖料理〗パコーラー《豆粉のころもを付けて油で揚げたインド風の天ぷら》.

ਪਕੌੜੀ (पकौड़ी) /pakauṛī パカォーリー/ *f.*〖料理〗小さなパコーラー.

ਪੰਖ (पंख) /paṅkʰa パンク/ ▸ਖੰਭ [(Pkt. पंख) Skt. पक्ष] *m.* **1** 翼. **2** 羽, 羽根.

ਪੱਖ (पक्ख) /pakkʰa パック/ ▸ਪਖਸ਼ [Skt. पक्ष] *m.* **1** 側. **2** 脇. **3** 面, 側面, 様相. **4** 局部, 局面. **5** 党派, 一味, 派閥. **6** 団, 集団. **7**〖暦〗陰暦における白分または黒分の半月《月が満ちてゆく期間を白分, 満月以降を黒分とする》.

ਪਖਸ਼ (पखश) /pakʰaśa パカシュ/ ▸ਪੱਖ *m.* → ਪੱਖ

ਪਖਸ਼ਪਾਤ (पखशपात) /pakʰaśapāta パカシュパート/ ▸ਪੱਖਪਾਤ *m.* → ਪੱਖਪਾਤ

ਪਖਸ਼ਪਾਤੀ (पखशपाती) /pakʰaśapātī パカシュパーティー/ ▸ਪੱਖਪਾਤੀ *m.* → ਪੱਖਪਾਤੀ

ਪਖੰਡ (पखंड) /pakʰaṇḍa パカンド/ ▸ਪਾਖੰਡ [Skt. पाषंड] *m.* **1** 偽り, だまし, ごまかし, いんちき, 不正. (⇒ਝੂਠ, ਧੋਖਾ, ਛਲ) ❒ਪਖੰਡ ਕਰਨਾ 偽る, だます, ごまかす. **2** 偽善, 偽善行為.

ਪਖੰਡਣ (पखंडण) /pakʰaṇḍaṇa パカンダン/ [-ਣ] *f.* だます女, 偽善を行う女.

ਪਖੰਡੀ (पखंडी) /pakʰaṇḍī パカンディー/ ▸ਪਾਖੰਡੀ [Skt. पाषंडिन्] *adj.* **1** 偽りの, だましの, ごまかしの, いんちきの. **2** 偽善の, 偽善的な, 偽善を行う.

— *m.* **1** だます男. **2** 偽善を行う男, 偽善者.

ਪਖਤੂਨ (पखतून) /pakʰatūna パクトゥーン/ ▸ਪਖ਼ਤੂਨ, ਪਠਾਣ, ਪਠਾਨ *m.* → ਪਖ਼ਤੂਨ

ਪਖ਼ਤੂਨ (पख़तून) /paxatūna パクトゥーン/ ▸ਪਖਤੂਨ, ਪਠਾਣ, ਪਠਾਨ [Pers. *puxton*] *m.* パシュトゥーン（パターン）《アフガニスタン全域からパキスタン北西部にかけての地域に居住するアーリア系の民族》.

ਪੱਖਪਾਤ (पक्खपात) /pakkʰapāta パックパート/ ▸ਪਖਸ਼ਪਾਤ [Skt. पक्षपात] *m.* **1** えこひいき. **2** 偏愛. **3** 偏見. **4** 派閥主義.

ਪੱਖਪਾਤੀ (पक्खपाती) /pakkʰapātī パックパーティー/ ▸ਪਖਸ਼ਪਾਤੀ [Skt. पक्षपातिन्] *adj.* **1** えこひいきする. **2** 偏見を持った. **3** 偏向した.

ਪਖਵਾੜਾ (पखवाड़ा) /pakʰawāṛā パクワーラー/ [Skt. पक्ष + Skt. वार] *m.*〖暦〗陰暦の半月, 半か月, 15日間. (⇒ਪੰਦਰਵਾੜਾ)

ਪੰਖੜੀ (पंखड़ी) /paṅkʰaṛī パンカリー/ [Skt. पक्ष्म] *f.* **1**〖植物〗花びら. **2**〖植物〗花弁.

ਪੰਖੜੀਹੀਣ (पंखड़ीहीण) /paṅkʰaṛīhīṇa パンカリーヒーン/ [Skt.-हीन] *adj.* **1**〖植物〗花びらのない. **2**〖植物〗花弁のない.

ਪੰਖੜੀਹੀਣਤਾ (पंखड़ीहीणता) /paṅkʰaṛīhīṇatā パンカリーヒーンター/ [Skt.-ता] *f.* **1**〖植物〗花びらのないこと. **2**〖植物〗花弁のないこと.

ਪੱਖਾ (पक्खा) /pakkʰā パッカー/ [Skt. पक्ष] *m.* **1**〖道具〗うちわ, 扇. **2**〖器具〗扇風機. **3** 羽扇. **4**（飛行機の）プロペラ. **5**（船の）スクリュー.

ਪਖਾਨਾ (पखाना) /pakʰānā パカーナー/ ▸ਪਖ਼ਾਨਾ, ਪਾਖ਼ਾਨਾ [Pers. *pāxāna*] *m.* 便所. (⇒ਕਾਵਾ, ਟੱਟੀ)

ਪਖ਼ਾਨਾ (पख़ाना) /paxānā パカーナー/ ▸ਪਖਾਨਾ, ਪਾਖ਼ਾਨਾ *m.* → ਪਖਾਨਾ

ਪੱਖਾ-ਨੁਮਾ (पक्खा-नुमा) /pakkʰā-numā パッカー・ヌマー/ [Skt. पक्ष Pers.-*numā*] *adj.* **1** うちわのような, 扇のような. **2**〖幾何〗扇形の.

ਪਖਾਵਜ (पखावज) /pakʰāwaja パカーワジ/ [(Pkt. पक्खाउज्ज) Skt. पक्षावाद्य] *m.*〖楽器〗パカーワジ《北インドの主要な両面太鼓の一種》.

ਪਖਾਵਜੀ (पखावजी) /pakʰāwajī パカーワジー/ [-ਈ] *m.* パカーワジの奏者.

ਪੰਖੀ (पंखी) /paṅkʰī パンキー/ ▸ਪੰਛੀ [Skt. पक्षिन्] *m.* 鳥,

鳥類.

ਪੱਖੀ[1] (पक्खी) /pakkʰī パッキー/ [Skt. पक्षिन्] *adj.* **1**…の側の, …の方向の. **2** 偏した, 片寄った. **3** えこひいきする.

ਪੱਖੀ[2] (पक्खी) /pakkʰī パッキー/ [Skt. पक्ष -ई] *f.* 〖道具〗小さな扇, 手扇.

ਪੰਖੇਰੂ (पंखेरू) /paṅkʰerū パンケールー/ ▸ਪਖੇਰੂ [Skt. पक्ष + रू] *m.* 鳥, 鳥類.

ਪਖੇਰੂ (पखेरू) /pakʰerū パケールー/ ▸ਪੰਖੇਰੂ *m.* → ਪੰਖੇਰੂ

ਪਖੌਜ (पखौज) /pakʰauja パカォージ/ *m.* 〖楽器〗太鼓の一種.

ਪਗ (पग) /paga パグ/ [Skt. पद] *m.* **1** 〖身体〗足. (⇒ਪੈਰ) **2** 歩み, 足取り. (⇒ਕਦਮ)

ਪੱਗ (पग्ग) /pagga パッグ/ ▸ਪਗੜੀ [Skt. पटक] *f.* **1** 〖衣服〗ターバン. **2** (裏で渡す)謝礼金. **3** (土地・家屋・部屋などの賃貸における)礼金, 前渡金. **4** 〖比喩〗尊厳, 威厳, 名誉. ❐ਪੱਗ ਲਾਹੁਣੀ 面目を失わせる, 辱しめる.

ਪੰਗਤ (पंगत) /paṅgata パンガト/ ▸ਪੰਗਤੀ [Skt. पंक्ति] *f.* **1** 列, 並び, 行列. **2** 行. **3** 線. **4** 会食の席に着いた人々の列. **5** 共同飲食の慣習.

ਪੰਗਤੀ (पंगती) /paṅgatī パンガティー/ ▸ਪੰਗਤ *f.* → ਪੰਗਤ

ਪਗਡੰਡੀ (पगडंडी) /pagaḍaṇḍī パグダンディー/ ▸ਡੰਡੀ [Skt. पद + Skt. दण्ड -ई] *f.* **1** 足の進む道筋. **2** 踏みならされた道, 小道, 歩道.

ਪੱਗ ਬੰਨ੍ਹ (पग्ग बंन्ह) /pagga bânna パッグ バンヌ/ [Skt. पटक + cf. ਬੰਨ੍ਹਣਾ] *adj.* **1** ターバンを巻いた. **2** 大人の, 成人した.

— *m.* **1** ターバンを巻いた人. **2** 大人, 成人.

ਪਗਲਾ (पगला) /pagalā パグラー/ ▸ਪਾਗਲ *adj.* → ਪਾਗਲ

ਪੱਗੜ (पग्गड़) /paggaṛa パッガル/ [Skt. पटक + ड़] *m.* 〖衣服〗大きなターバン.

ਪਗੜੀ (पगड़ी) /pagaṛī パグリー/ ▸ਪੱਗ *f.* → ਪੱਗ

ਪੰਗਾ (पंगा) /paṅgā パンガー/ *m.* **1** 〖植物〗二またに分かれた枝. **2** 分岐点. **3** 〖俗語〗自分で引き起こした面倒な事態.

ਪੰਘਰਨਾ (पंघरना) /pâṅgaranā パンガルナー/ ▸ਪੱਘਰਨਾ *vi.* → ਪੱਘਰਨਾ

ਪੱਘਰਨਾ (पग्घरना) /pâggaranā パッガルナー/ ▸ਪੰਘਰਨਾ [cf. ਪਿਘਲਨਾ] *vi.* **1** 溶ける, 解ける, 溶解する. **2** 液化する. **3** 融合する. **4** (態度が)軟化する, (怒りなどの感情が)和らぐ, 譲歩する.

ਪਘਰਵਾਉਣਾ (पघरवाउणा) /pâgarawāuṇā パガルワーウナー/ [cf. ਪਿਘਲਨਾ] *vt.* **1** 溶かさせる, 解かさせる, 溶かしてもらう. **2** 液化させてもらう.

ਪਘਰਾ (पघरा) /pagarā̆ パグラー/ [cf. ਪਿਘਲਨਾ] *m.* **1** 溶かすこと, 解かすこと. **2** 液化. **3** 溶解. **4** 融合.

ਪਘਰਾਉਣਾ (पघराउणा) /pagarā̆uṇā パグラーウナー/ ▸ਪਘਾਰਨਾ [cf. ਪਿਘਲਨਾ] *vt.* **1** 溶かす, 解かす. **2** 液化させる. **3** 溶解させる. **4** 融合させる. **5** (態度を)軟化させる, (怒りなどの感情を)和らげる, 譲歩させる.

ਪਘਾਰਨਾ (पघारना) /pagā̆ranā パガールナー/ ▸ਪਘਰਾਉਣਾ *vt.* → ਪਘਰਾਉਣਾ

ਪੰਘੂੜਾ (पंघूड़ा) /paṅgū̆ṛā パングーラー/ ▸ਭੰਗੂੜਾ [Skt. पल्यङ्क + ऊड़ा] *m.* **1** 〖寝具〗上から吊るされた揺れる寝台, 揺り籠. (⇒ਝੂਲਾ) ❐ਪੰਘੂੜਾ ਹਿਲਾਉਣਾ 揺り籠を揺する. **2** 〖家具〗小さな簡易ベッド, 小さな寝台. (⇒ਮੰਜੀ, ਛੋਟਾ ਮੰਜਾ)

ਪੰਚ[1] (पंच) /pañca パンチ/ ▸ਪੈਂਚ [Skt. पञ्च] *m.* **1** 五人の集まり, 世間, 社会. **2** 審判員, 陪審員, 仲裁人. **3** 〖政治〗パンチャーヤット(村落の自治機関・村議会)の構成員, 村の長老.

— *pref.* 「五つの」「5」を意味する接頭辞.

ਪੰਚ[2] (पंच) /pañca パンチ/ [Eng. *punch*] *m.* **1** (拳での)打撃, パンチ. **2** 〖道具〗穴開け器, (釘の)打ち込み道具.

ਪਚ (पच) /paca パチ/ [Eng. *patch*] *m.* **1** 継ぎ切れ. **2** 〖布地〗当て布.

ਪੰਚਸ਼ੀਲ (पंचशील) /pañcaśīla パンチシール/ [Skt. पञ्च- Skt. शील] *m.* **1** 〖仏〗五戒. **2** 〖政治〗平和五原則《インドのネルー首相と中国の周恩来首相との会談に基づき, 1954年6月に発表された共同声明の中で合意した国際関係の原則》.

ਪਚਕਾਰੀ (पचकारी) /pacakārī パチカーリー/ ▸ਪਿਚਕਾਰੀ *f.* → ਪਿਚਕਾਰੀ

ਪਚਣਾ (पचणा) /pacaṇā パチャナー/ [Skt. पच्यते] *vi.* **1** 消化される, 消化吸収される, (腹で)こなれる. **2** 吸収される.

ਪੰਚਤੱਤ (पंचतत्त) /pañcatatta パンチタット/ [Skt. पञ्च- Skt. तत्त्व] *m.* 〖ヒ・仏〗五元素《インド哲学または仏教における地・水・火・風・空》. (⇒ਪੰਚਭੂਤ)

ਪਚੱਤਰ (पचत्तर) /pacattara パチャッタル/ ▸ਪੰਝੱਤਰ *ca.num. adj.* → ਪੰਝੱਤਰ

ਪੰਚਨਦ (पंचनद) /pañcanada パンチナド/ ▸ਪੰਜਨਦ *m.* → ਪੰਜਨਦ

ਪੰਚਪਦਾ (पंचपदा) /pañcapadā パンチパダー/ [Skt. पञ्च- Skt. पद्य] *m.* **1** 〖文学〗五連詩《五連から成る詩歌・歌詞》. **2** 〖文学〗五歩格《詩脚が五つある詩行》.

ਪੰਚਭੂਤ (पंचभूत) /pañcapū̆ta パンチプート/ [Skt. पञ्च- Skt. भूत] *m.* 〖ヒ・仏〗五元素《インド哲学または仏教における地・水・火・風・空》. (⇒ਪੰਚਤੱਤ)

ਪੰਚਭੂਤਕ (पंचभूतक) /pañcapū̆taka パンチプータク/ [Skt. पञ्च- Skt. भौतिक] *adj.* 五元素の, 五元素から成る.

ਪੰਚਮ (पंचम) /pañcama パンチャム/ [Skt. पञ्चम] *or.num.(m.)* 5番目, 第五. (⇒ਪੰਜਵਾਂ)

— *adj.* 5番目の, 第五の. (⇒ਪੰਜਵਾਂ)

ਪੰਚਮ ਸੁਰ (पंचम सुर) /pañcama sura パンチャム スル/ [Skt. पञ्चम + Skt. स्वर] *f.* 〖音楽〗 7音色中の5番目の音色.

ਪੰਚ-ਮੰਡਲੀ (पंच-मंडली) /pañca-maṇḍalī パンチ・マンドリー/ [Skt. पञ्च- Skt. मण्डली] *f.* **1** 五人の集まり. **2** 陪審員団, 審査員団.

ਪੰਚਮੀ (पंचमी) /pañcamī パンチャミー/ [Skt. पञ्चमी] *f.* 〖暦〗太陰暦の各半月の五日.

ਪਚਮੇਲ (पचमेल) /pacamela パチメール/ [Skt. पञ्च- Skt. मेल] *m.* 五種混合.

ਪੰਚਰ (पंचर) /pañcara パンチャル/ ▸ਪੈਂਚਰ [Eng. *puncture*] *m.* パンク.
— *adj.* パンクした.
ਪੱਚਰ (पच्चर) /paccara パッチャル/ ▸ਚੱਪਰ, ਫੱਚਰ [Skt. पचित] *f.* **1** くさび. **2** 木っ端.
ਪਚਰੰਗਾ (पचरंगा) /pacaraṅgā パチランガー/ [Skt. पञ्च- Skt. रंग] *adj.* 五色の.
ਪਚਵੰਜਵਾਂ (पचवंजवाँ) /pacawañjawā̃ パチワンジワーン/ ▸ਪਚਵੰਞਵਾਂ *or.num. adj.* → ਪਚਵੰਞਵਾਂ
ਪਚਵੰਜਾ (पचवंजा) /pacawañjā パチワンジャー/ [Skt. पञ्च + Pers. *panjāh*] *ca.num.* 55.
— *adj.* 55の.
ਪਚਵੰਞਵਾਂ (पचवंञवाँ) /pacawãñjawā̃ パチワンジワーン/ ▸ਪਚਵੰਜਵਾਂ [-ਵਾਂ] *or.num.* 55番目.
— *adj.* 55番目の.
ਪਚਾਉਣਾ (पचाउणा) /pacāuṇā パチャーウナー/ ▸ਪਚਾਣਾ, ਪਚੌਣਾ [cf. ਪਚਣਾ] *vt.* **1** 消化する. **2** 吸収する. **3**〖比喩〗着服する, 横領する, 使い込む.
ਪਚਾਓ (पचाओ) /pacāo パチャーオー/ ▸ਪਚਾਅ *m.* → ਪਚਾਅ
ਪਚਾਅ (पचाअ) /pacāa パチャーア/ ▸ਪਚਾਓ [cf. ਪਚਣਾ] *m.* **1** 消化. **2** 消化力. **3** 消化作用.
ਪੰਚਾਇਤ (पंचाइत) /pañcāita パンチャーイト/ ▸ਪੰਚੈਤ [Skt. पञ्चायतन] *f.*〖政治〗パンチャーヤット(パンチャーイト)《村落の自治機関・村議会. 名称はインド古来の五人の長老から成る自治機関に由来する》.
ਪੰਚਾਇਤੀ (पंचाइती) /pañcāitī パンチャーイティー/ [-ਈ] *adj.*〖政治〗パンチャーヤット〔村落の自治機関・村議会〕の.
ਪਚਾਸੀ (पचासी) /pacāsī パチャースィー/ ▸ਪੰਜਾਸੀ *ca.num. adj.* → ਪੰਜਾਸੀ
ਪਚਾਸੀਵਾਂ (पचासीवाँ) /pacāsīwā̃ パチャースィーワーン/ ▸ਪੰਜਾਸੀਆਂ, ਪੰਜਾਸੀਵਾਂ *or.num. adj.* → ਪੰਜਾਸੀਵਾਂ
ਪਚਾਕਾ (पचाका) /pacākā パチャーカー/ ▸ਮਚਾਕਾ *m.* **1** 舌打ち, 舌を鳴らすこと. **2** 食べる時に口の中で起こる音.
ਪੰਚਾਂਗ (पंचाँग) /pañcā̃ga パンチャーング/ [Skt. पञ्चाङ्ग] *m.* **1** 五つの部分. **2** 五つの部分を持ったもの. **3**〖暦〗インド伝統の暦, 民間暦.
ਪੰਚਾਟ (पंचाट) /pañcāṭa パンチャート/ *f.*〖法〗法廷の裁定, 裁定額.
ਪਚਾਣਾ (पचाणा) /pacāṇā パチャーナー/ ▸ਪਚਾਉਣਾ, ਪਚੌਣਾ *vt.* → ਪਚਾਉਣਾ
ਪਚਾਦ (पचाद) /pacāda パチャード/ ▸ਪਚਾਧ [(Mul.)] *f.* → ਪਚਾਧ
ਪਚਾਧ (पचाध) /pacâda パチャード/ ▸ਪਚਾਦ [Skt. पाश्चात्य] *f.*〖地名〗パチャード《パンジャーブ南西部の地域. 語源は「西の」の意味》. (⇒ਲਹਿੰਦਾ)
ਪਚਾਧੀ (पचाधी) /pacâdī パチャーディー/ [-ਈ] *adj.* パチャード地域の.
— *m.* パチャード地域の住民.
— *f.* パチャーディー方言《パンジャーブ南西部のパチャード地域の方言》.
ਪਚਾਨ੍ਹਵਿਆਂ (पचान्हविआँ) /pacânawiā̃ パチャーンウィアーン/ ▸ਪਚਾਨਵਾਂ *or.num. adj.* → ਪਚਾਨਵਾਂ
ਪਚਾਨਵਾਂ (पचानवाँ) /pacānawā̃ パチャーナワーン/ ▸ਪਚਾਨ੍ਹਵਿਆਂ [Skt. पञ्चनवति -ਵਾਂ] *or.num.* 95番目.
— *adj.* 95番目の.
ਪੰਚਾਨਵੇਂ (पंचानवें) /pañcānawẽ パンチャーナウェーン/ ▸ਪਚਾਨਵੇਂ *ca.num. adj.* → ਪਚਾਨਵੇਂ
ਪਚਾਨਵੇਂ (पचानवें) /pacānawẽ パチャーナウェーン/ ▸ਪੰਚਾਨਵੇਂ [Skt. पञ्चनवति] *ca.num.* 95.
— *adj.* 95の.
ਪਚੀ (पची) /pacī パチー/ ▸ਪੱਚੀ [Skt. पचित] *adj.* **1** 恥じている. **2** 当惑している. **3** 決まりの悪い思いをしている.
ਪੱਚੀ[1] (पच्ची) /paccī パッチー/ ▸ਪਚੀ *adj.* → ਪਚੀ
ਪੱਚੀ[2] (पच्ची) /paccī パッチー/ ▸ਪੰਝੀ *ca.num. adj.* → ਪੰਝੀ
ਪੱਚੀਕਾਰੀ (पच्चीकारी) /paccīkārī パッチーカーリー/ *f.* **1** はめこみ. **2** 象眼細工. **3** 接合.
ਪਚੈਤ (पचैत) /pacaita パチャエート/ ▸ਪੰਚਾਇਤ *f.* → ਪੰਚਾਇਤ
ਪਚੌਣਾ (पचौणा) /pacauṇā パチャオーナー/ ▸ਪਚਾਉਣਾ, ਪਚਾਣਾ [(Pua.)] *vt.* → ਪਚਾਉਣਾ
ਪੱਛ[1] (पच्छ) /paccʰa パッチ/ *m.* **1** 軽い切り傷. **2** 放血.
ਪੱਛ[2] (पच्छ) /paccʰa パッチ/ ▸ਪਛਾਂ [(Pot.)] *f.* → ਪਛਾਂ
ਪਛੰਡਾ (पछंडा) /pacʰaṇḍā パチャンダー/ *m.* (馬の)後ろ足による蹴り.
ਪੱਛਣਾ (पच्छणा) /paccʰaṇā パッチャナー/ *vt.* **1** 切り傷をつける. **2** 血を流す. **3**〖医〗血を引く, 瀉血(しゃけつ)する.
ਪੱਛਣੀ (पच्छणी) /paccʰaṇī パッチャニー/ *f.*〖道具〗ランセット《両刃のメス》.
ਪਛਤਾਉਣਾ (पछताउणा) /pacʰatāuṇā パチターウナー/ [Skt. पश्चात्ताप] *vi.* **1** 悔やむ, 後悔する. ❒ਸੈਨਿਕ ਸ਼ਰਮਿੰਦਾ ਹੋ ਗਿਆ, ਤੇ ਆਪਣੀ ਗ਼ਲਤੀ ਤੇ ਮੂਰਖਤਾ ਤੇ ਪਛਤਾਉਣ ਲੱਗਾ। 兵士は恥ずかしく思い, 自分の過ちと愚かさを悔やみ始めました. ❒ਖਾ ਕੇ ਪਛਤਾਇਆ, ਨਹਾ ਕੇ ਨਹੀਂ ਪਛਤਾਇਆ। 食べて悔やんだことはあっても, 水を浴びて悔やんだことはない〔諺〕〈食べ過ぎで病気になることはあっても, 水を浴び過ぎて病気になることはない〉. **2** 残念に思う, 遺憾に思う. **3** 良心の呵責に悩む.
ਪਛਤਾਵਾ (पछतावा) /pacʰatāwā パチターワー/ ▸ਪਛੋਤਾ, ਪਛੋਤਾਈ [Skt. पश्चात्ताप] *m.* **1** 悔い, 悔やみ, 後悔, 悔恨. **2** 遺憾, 残念な思い. **3** 良心の呵責.
ਪੱਛਮ (पच्छम) /paccʰama パッチャム/ [Skt. पश्चिम] *m.* **1** 西, 西方, 西部. (⇒ਮਗ਼ਰਬ, ਲਹਿੰਦਾ)(⇔ਪੂਰਬ) **2**〖地理〗西洋. **3**〖地理〗西欧, 欧米.
ਪੱਛਮ ਬੰਗਾਲ (पच्छम बंगाल) /paccʰama baṅgāla パッチャム バンガール/ *m.*〖地名〗西ベンガル州《インド東部の州. 州都はコルカタ》.
ਪੱਛਮੀ (पच्छमी) /paccʰamī パッチャミー/ [Skt. पश्चिमीय] *adj.* **1** 西の, 西方の, 西部の. (⇒ਮਗ਼ਰਬੀ)(⇔ਪੂਰਬੀ) **2**〖地理〗西洋の. **3**〖地理〗西欧の, 欧米の.
ਪੱਛਮੀਅਤ (पच्छमीअत) /paccʰamīata パッチャミーアト/ [Pers.-*yat*] *f.* 西洋文化. (⇔ਪੂਰਬੀਅਤ)

ਪੱਛਮੀ ਪੌਣ (पच्छमी पौण) /pacchamī pauṇa パッチャミー パォーン/ [+ Skt. पवन] *f.* 〖気象〗 西風. (⇒ਪਛਵਾ)

ਪਛਵਾ (पछवा) /pachawā パチワー/ [Skt. पश्चिम + Skt. वायु] *f.* 〖気象〗 西風. (⇒ਪੱਛਮੀ ਪੌਣ)

ਪਛਵਾਉਣਾ (पछवाउणा) /pachawāuṇā パチワーウナー/ ▸ਪਛਾਉਣਾ *vt.* **1** 血を流させる. **2** 〖医〗 血を引かせる, 瀉血(しゃけつ)してもらう.

ਪਛੜਨਾ (पछड़ना) /pacharanā パチャルナー/ ▸ਪਿਛੜਨਾ [(Pkt. पच्छ) Skt. पश्चात्] *vi.* **1** 遅れる. **2** 後れる, 立ち後れる, 取り残される. ❐ਸਿੱਖਿਆ ਦੇ ਖੇਤਰ ਪਛੜਿਆ ਹੋਣ ਕਰਕੇ ਇਰਾਕ ਨੇ ਮਾਰਡਨ ਤਕਨਾਲੋਜੀ ਦੇ ਖੇਤਰ ਵਿੱਚ ਵੀ ਬਹੁਤੀ ਤਰੱਕੀ ਨਹੀਂ ਕੀਤੀ। 教育の分野で立ち後れているためイラクは近代科学技術の分野でもあまり発展しませんでした. **3** 乗り遅れる.

ਪਛੜਵਾਂ (पछड़वाँ) /pacharawā̃ パチャルワーン/ [cf. ਪਛੜਨਾ Skt.-वान्] *adj.* **1** 遅れている. **2** 後れていく, 退行する.

ਪਛੜਾ (पछड़ा) /pacharā パチラー/ *m.* 〖容器〗 籠.

ਪਛੜਾਉਣਾ (पछड़ाउणा) /pacharāuṇā パチャラーウナー/ [cf. ਪਛੜਨਾ] *vt.* **1** 遅らせる. **2** 後らせる, 立ち後れさせる.

ਪਛੜਾਈ (पछड़ाई) /pacharāī パチラーイー/ [cf. ਪਛੜਨਾ] *f.* **1** 後退. **2** 後戻り. **3** 逆行.

ਪਛੜਾਏ (पछड़ाए) /pacharāe パチラーエー/ [cf. ਪਛੜਨਾ] *adj.* **1** 遅らされた. **2** 延期された.

ਪਛੜਿਆ (पछड़िआ) /pachariā パチリアー/ ▸ਪਿਛੜਿਆ [cf. ਪਛੜਨਾ] *adj.* **1** 遅い, 遅れた, 遅延した. **2** 後れた, 後進の, 取り残された.

ਪਛੜੀਆਂ ਸ਼੍ਰੇਣੀਆਂ (पछड़ीआँ श्रेणीआँ) /pachariā̃ śreṇiā̃ パチリーアーン シュレーニーアーン/ ▸ਪਿਛੜੀਆਂ ਸ਼੍ਰੇਣੀਆਂ [cf. ਪਛੜਨਾ + Skt. श्रेणी + ਆਂ] *f.* 〖社会〗 後進階級, 被抑圧階級《複数形》.

ਪਛੜੇਵਾਂ (पछड़ेवाँ) /pacharewā̃ パチレーワーン/ [cf. ਪਛੜਨਾ Skt.-वान्] *m.* **1** 遅れ, 遅延. **2** 後進性.

ਪਛਾਂ (पछाँ) /pachā̃ パチャーン/ ▸ਪੱਛ [(Mul.) Skt. पश्चिम] *f.* 夕方, 晩《語源は「西」の意味》. (⇒ਸ਼ਾਮ, ਸੰਝ)

— *adv.* 夕方に, 晩に. (⇒ਸ਼ਾਮੀਂ)

ਪਛਾਉਣਾ (पछाउणा) /pachāuṇā パチャーウナー/ ▸ਪਛਵਾਉਣਾ *vt.* → ਪਛਵਾਉਣਾ

ਪਛਾਈ (पछाई) /pachāī パチャーイー/ *f.* **1** 血を流すこと. **2** 〖医〗 瀉血(しゃけつ).

ਪਛਾਣ (पछाण) /pachāṇa パチャーン/ ▸ਪਹਿਚਾਣ, ਪਹਿਚਾਨ [cf. ਪਛਾਣਨਾ] *f.* **1** 認識, 判別, 見分け, (誰それと)分かること, (何であるかの)見分けがつくこと. **2** 区別, 峻別. **3** 識別, 身元確認. **4** 目印, 手掛かり, 特徴. **5** 面識, 顔馴染み, 見覚え. **6** 紹介.

ਪਛਾਣਨਾ (पछाणना) /pachāṇanā パチャーンナー/ ▸ਪਹਿਚਾਣਨਾ [(Pkt. पच्चभिजाण) Skt. प्रत्यभिजानाति] *vt.* **1** 認識する, 判別する, 見分ける, (誰それと)分かる, (何であるかの)見分けがつく, 聞き分ける, (誰のまたは何の音声であるか)分かる. ❐ਕੁੱਤਾ ਮਾਲਕ ਦੇ ਪੈਰਾਂ ਦੀ ਅਵਾਜ਼ ਪਛਾਣ ਲੈਂਦਾ ਹੈ। 犬は飼い主の足音をちゃんと聞き分けます. **2** 識別する, 区別する, 峻別する. **3** 理解する, はっきり分かる. **4** 知覚する.

ਪਛਾੜ (पछाड़) /pachāra パチャール/ *f.* **1** 倒れること, 転倒. **2** 投げ飛ばすこと, 投げ倒すこと, 打ち倒すこと, 打倒. **3** (レスリングの)フォール. **4** (ボクシングの)ダウン. **5** 負かすこと, 敗北. **6** 卒倒, 失神, 気絶.

ਪਛਾੜਨਾ (पछाड़ना) /pachāranā パチャールナー/ *vt.* **1** 投げ倒す, (相手を)仰向けに倒す. **2** 打ち負かす, 打ち勝つ, 打ち破る. **3** 追い抜く. **4** 凌ぐ.

ਪਛਾੜੀ (पछाड़ी) /pachārī パチャーリー/ ▸ਪਿਛਾੜੀ *adv.f.* → ਪਿਛਾੜੀ

ਪੰਛੀ (पंछी) /pañchī パンチー/ ▸ਪੰਖੀ [Skt. पक्षी] *m.* 鳥, 鳥類.

ਪੱਛੀ (पच्छी) /pacchī パッチー/ [Pkt. पच्छि] *f.* **1** 〖植物〗 汁を搾った後の潰れたサトウキビ. **2** 〖植物〗 小麦の茎. **3** 〖植物〗 籠の材料となるシュロの葉または草. **4** 〖容器〗 籠, 笊.

ਪਛੇਤ (पछेत) /pacheta パチェート/ ▸ਪਛੇਤਰ *m.* **1** 遅れ, 遅延. **2** 〖言〗 接尾辞.

ਪਛੇਤਰ (पछेतर) /pachetara パチェータル/ ▸ਪਛੇਤ *m.* → ਪਛੇਤ

ਪਛੇਤਰਾ (पछेतरा) /pachetarā パチェータラー/ ▸ਪਛੇਤਾ *adj.* **1** 遅い, 遅れた. **2** 季節遅れの. **3** 時機を逸した. **4** 後の. **5** その次の.

ਪਛੇਤਾ (पछेता) /pachetā パチェーター/ ▸ਪਛੇਤਰਾ *adj.* → ਪਛੇਤਰਾ

ਪੱਛੋਂ (पच्छों) /pacchõ パッチョーン/ [Skt. पश्चिम + ਓਂ] *f.* 〖気象〗 西から吹く風, 西風.

— *adv.* 西から.

ਪਛੋਟਾ (पछोटा) /pachoṭā パチョーター/ *m.* 〖容器〗 小さな籠. (⇒ਛਿੱਕੂ)

ਪਛੋਤਾ (पछोता) /pachotā パチョーター/ ▸ਪਛਤਾਵਾ, ਪਛੋਤਾਈ *f.* → ਪਛਤਾਵਾ

ਪਛੋਤਾਈ (पछोताई) /pachotāī パチョーターイー/ ▸ਪਛਤਾਵਾ, ਪਛੋਤਾ *f.* → ਪਛਤਾਵਾ

ਪੰਜ (पंज) /pañja パンジ/ ▸ਪੰਝ [Pers. *panj*] *ca.num.* 5, 五つ.

— *adj.* 五つの.

— *pref.* 「五つの…」「5」などの意味を含む語を形成する接頭辞.

ਪੱਜ (पज्ज) /pajja パッジ/ [Skt. व्याज] *m.* **1** 言い訳. **2** 口実, かこつけ. **3** 作った理由.

ਪੰਜ-ਸਾਲਾ (पंज-साला) /pañja-sālā パンジ・サーラー/ [Pers. *panj-* Pers. *sāl*] *adj.* **1** 五年目ごとの, 五年に一度の. **2** 五年の, 五年経った, 五歳の, 五年がかりの.

ਪੰਜ-ਸੇਰੀ (पंज-सेरी) /pañja-serī パンジ・セーリー/ [Skt. पञ्च- Skt. सेठ -ਈ] *f.* 〖重量〗 5セールの重量.

ਪੰਜ ਕੱਕੇ (पंज कक्के) /pañja kakke パンジ カッケー/ *m.* 〖スィ〗 頭文字が ਕ である五つの象徴《 → ਕਕਾਰ 》.

ਪੰਜ-ਤਾਗਾ (पंज-तागा) /pañja-tāgā パンジ・ターガー/ [Skt. पञ्च- (Pkt. तग्गो) Skt. तार्कव] *m.* 〖楽器〗 五弦琴.

ਪੰਜਤਾਲ੍ਹੀਆਂ (पंजताल्हीआँ) /pañjatâliā̃ パンジターリーアーン/ ▸ਪੰਜਤਾਲ੍ਹੀਵਾਂ, ਪੰਜਤਾਲੀਆਂ, ਪੰਜਤਾਲੀਵਾਂ, ਪੰਤਾਲ੍ਹੀਵਾਂ *or.num. adj.* → ਪੰਜਤਾਲ੍ਹੀਵਾਂ

ਪੰਜਤਾਲ੍ਹੀਵਾਂ (पंजताल्हीवाँ) /pañjatâlīwā̃ パンジターリーワーン/ ▸ਪੰਜਤਾਲ੍ਹੀਆਂ, ਪੰਜਤਾਲੀਆਂ, ਪੰਜਤਾਲੀਵਾਂ, ਪੰਤਾਲ੍ਹੀਵਾਂ [(Pkt.

पंचत्तालीसति) Skt. पञ्चचत्वारिंशत् -वाँ] *or.num.* 45番目.
— *adj.* 45番目の.

ਪੰਜਤਾਲੀ (पंजताली) /pañjatālī パンジターリー/ ▸ਪੰਤਾਲੀ [(Pkt. पंचत्तालीसति) Skt. पञ्चचत्वारिंशत्] *ca.num.* 45.
— *adj.* 45の.

ਪੰਜਤਾਲੀਆਂ (पंजतालीआँ) /pañjatālīā̃ パンジターリーアーン/ ▸ਪੰਜਤਾਲ੍ਹੀਆਂ, ਪੰਜਤਾਲ੍ਹੀਵਾਂ, ਪੰਜਤਾਲੀਵਾਂ, ਪੰਤਾਲ੍ਹੀਵਾਂ *or.num. adj.* → ਪੰਜਤਾਲ੍ਹੀਵਾਂ

ਪੰਜਤਾਲੀਵਾਂ (पंजतालीवाँ) /pañjatālīwā̃ パンジターリーワーン/ ▸ਪੰਜਤਾਲ੍ਹੀਆਂ, ਪੰਜਤਾਲ੍ਹੀਵਾਂ, ਪੰਜਤਾਲੀਆਂ, ਪੰਤਾਲ੍ਹੀਵਾਂ *or.num. adj.* → ਪੰਜਤਾਲ੍ਹੀਵਾਂ

ਪੰਜਨਦ (पंजनद) /pañjanada パンジナド/ ▸ਪੰਚਨਦ [Skt. पञ्च- Skt. नद] *m.* **1**〖地名〗パンジャーブ地方〔五河地方〕《「五つの川」の意. インド亜大陸北西部のインダス水系中流域の地方名》. (⇒ਪੰਜਾਬ) **2**〖河川〗パンジャーブ地方を流れる五つの川《ジェーラム川 ਜਿਹਲਮ, チャナーブ川 ਚਨਾਬ, ラーヴィー川 ਰਾਵੀ, ビアース川 ਬਿਆਸ, サトルジ川 ਸਤਲੁਜ》. **3**〖河川〗パンジナド川《パンジャーブ地方を流れる五つの川が合流した地点を流れ, ミタンコート ਮਿਠਨਕੋਟ でインダス川に合流する》. **4**〖地名〗パンジナド《ミタンコートの古名》.

ਪੰਜ-ਭੁਜ (पंज-भुज) /pañja-pŭja パンジ・プジ/ [Skt. पञ्च- Skt. भुज] *m.*〖幾何〗五角形.

ਪੰਜ-ਮੁਖੀ (पंज-मुखी) /pañja-mukʰī パンジ・ムキー/ [Skt. पञ्च- Skt. मुखिन्] *adj.* **1** 五面の. **2** 五倍の.

ਪੱਜਲ (पज्जल) /pajjala パッジャル/ *adj.* **1** 怠ける. **2** 責任を回避する. **3** 仮病を使う.
— *m.* **1** 怠ける人. **2** 責任を回避する人. **3** 仮病を使う人.

ਪੰਜਵਾਂ (पंजवाँ) /pañjawā̃ パンジャワーン/ [Pers. *panj* -वाँ] *or.num.* 5番目, 第五. (⇒ਪੰਚਮ)
— *adj.* 5番目の, 第五の. (⇒ਪੰਚਮ)

ਪੰਜਾ (पंजा) /pañjā パンジャー/ ▸ਪਾਂਜਾ [Pers. *panj*] *ca.num.(m.)* 数字の5.
— *m.* **1**〖身体〗手の五本の指の集まり, 手のひら, たなごころ. **2** 手形, 手のひらの跡. (⇒ਹੱਥਾ) **3**〖身体〗足の五本の指の集まり, (足または靴の)爪先の部分. **4**〖身体〗(動物の)前足. **5**〖身体〗(猫・鷹・鷲などの)爪, 鉤爪. **6**〖比喩〗掌握. **7**〖比喩〗支配.

ਪੰਜਾਸੀ (पंजासी) /pañjāsī パンジャースィー/ ▸ਪਚਾਸੀ [(Pkt. पच्चासी) Skt. पञ्चाशीति] *ca.num.* 85.
— *adj.* 85の.

ਪੰਜਾਸੀਆਂ (पंजासीआँ) /pañjāsīā̃ パンジャースィーアーン/ ▸ਪਚਾਸੀਵਾਂ, ਪੰਜਾਸੀਵਾਂ *or.num. adj.* → ਪੰਜਾਸੀਵਾਂ

ਪੰਜਾਸੀਵਾਂ (पंजासीवाँ) /pañjāsīwā̃ パンジャースィーワーン/ ▸ਪਚਾਸੀਵਾਂ, ਪੰਜਾਸੀਆਂ [(Pkt. पच्चासी) Skt. पञ्चाशीति -वाँ] *or.num.* 85番目.
— *adj.* 85番目の.

ਪੰਜਾਹ (पंजाह) /pañjâ パンジャー/ [Pers. *panjāh*] *ca.num.* 50.
— *adj.* 50の.

ਪੰਜਾਹਵਾਂ (पंजाहवाँ) /pañjâwā̃ パンジャーワーン/ ▸ਪੰਜਾਹਾਂ [-वाँ] *or.num.* 50番目.
— *adj.* 50番目の.

ਪੰਜਾਹਾਂ (पंजाहाँ) /pañjāhā̃ パンジャーハーン/ ▸ਪੰਜਾਹਵਾਂ *or.num. adj.* → ਪੰਜਾਹਵਾਂ

ਪੰਜਾਬ (पंजाब) /pañjāba パンジャーブ/ [Pers. *panj-* Pers. *āb*] *m.* **1**〖地名〗パンジャーブ地方〔五河地方〕《ジェーラム川 ਜਿਹਲਮ, チャナーブ川(チェナーブ川) ਚਨਾਬ, ラーヴィー川 ਰਾਵੀ, ビアース川 ਬਿਆਸ, サトルジ川 ਸਤਲੁਜ の「五つの川」の意. インド亜大陸北西部のインダス水系中流域の地方名》. (⇒ਪੰਜ ਨਦ) **2**〖地名〗パンジャーブ州《インド及びパキスタンの州名. パキスタンのパンジャーブ州の州都はラホール. インドのパンジャーブ州の州都はチャンディーガル》.

ਪੰਜਾਬਣ (पंजाबण) /pañjābaṇa パンジャーバン/ [-ਣ] *f.* パンジャーブの女性, パンジャーブ出身の女性.

ਪੰਜਾਬੀ (पंजाबी) /pañjābī パンジャービー/ [-ਈ] *adj.* **1** パンジャーブの, パンジャーブ人の, パンジャーブ出身の. **2** パンジャービー語の.
— *m.* **1** パンジャーブの人, パンジャーブ人. **2** パンジャーブ出身者.
— *f.* パンジャービー語.

ਪੰਜਾਬੀਅਤ (पंजाबीअत) /pañjābīata パンジャービーアト/ [Pers.*-yat*] *f.* パンジャーブの民族性.

ਪਜਾਮਾ (पजामा) /pajāmā パジャーマー/ ▸ਪਾਜਾਮਾ [Pers. *pā-* Pers. *jāma*] *m.*〖衣服〗パジャーマー《緩く仕立てたズボンの一種》.

ਪੰਜਾਲੀ (पंजाली) /pañjālī パンジャーリー/ *f.* 牡牛の頸木(くびき).

ਪੰਜੀ (पंजी) /pañjī パンジー/ *f.*〖貨幣〗5パイサー硬貨.

ਪੰਜੀਰੀ (पंजीरी) /pañjīrī パンジーリー/ *m.*〖食品〗パンジーリー《小麦粉に香辛料・砂糖を加え, ギー〔精製バター〕で炒めた甘い食べ物》.

ਪੰਜੇ (पंजे) /pañje パンジェー/ ▸ਪਾਂਜੇ [Pers. *panj*] *m.* 五つの集まり《複数形》.

ਪੰਜੇਬ (पंजेब) /pañjeba パンジェーブ/ ▸ਪਜੇਬ, ਪਾਜ਼ੇਬ [Pers. *pāzeb*] *f.* **1**〖装〗足首の飾り, 踝飾り, 踝環, アンクレット. **2**〖装〗パンジェーブ(パーゼーブ)《小さな鈴のついた女性用の足首飾り》.

ਪਜੇਬ (पजेब) /pajeba パジェーブ/ ▸ਪੰਜੇਬ, ਪਾਜ਼ੇਬ *f.* → ਪੰਜੇਬ

ਪੰਜੋਤਰਾ (पंजोतरा) /pañjotarā パンジョートラー/ *adj.* **1** 5パーセント, 5%. **2**〖経済〗徴収された地税の5%《ナンバルダール ਨੰਬਰਦਾਰ に報酬として与えられる》.

ਪੰਞ (पंञ) /pâñja パンジ/ ▸ਪੰਜ [(Kang.)] *ca.num. adj.* → ਪੰਜ

ਪੰਞੱਤਰ (पंञत्तर) /pañjăttara パンジャッタル/ ▸ਪਚੱਤਰ [(Pkt. पंचहत्तरि) Skt. पञ्चसप्तति] *ca.num.* 75.
— *adj.* 75の.

ਪੰਞੱਤਰਵਾਂ (पंञत्तरवाँ) /pañjăttarawā̃ パンジャッタルワーン/ [-वाँ] *or.num.* 75番目.
— *adj.* 75番目の.

ਪੰਞੱਤਰੀਂ (पंञत्तरीं) /pañjăttarī̃ パンジャッタリーン/ [-ਈਂ] *adv.* 75ルピーで.

ਪੰਞੀ (पंञी) /pâñjī パンジー/ ▸ਪੱਚੀ [Skt. पञ्चविंशति] *ca.num.* 25.

— *adj.* 25の.

ਪੰਝੀਆਂ (पंझीआँ) /pâñjiā̃ パンジーアーン/ ▸ਪੰਝੀਵਾਂ *or.num. adj.* → ਪੰਝੀਵਾਂ

ਪੰਝੀਵਾਂ (पंझीवाँ) /pâñjīwā̃ パンジーワーン/ ▸ਪੰਝੀਆਂ [Skt. पञ्चविंशति -ਵਾਂ] *or.num.* 25番目.

— *adj.* 25番目の.

ਪਟ (पट) /paṭa パト/ [Skt. पट] *m.* **1**〖布地〗布地, 布切れ. **2** 幅. **3** 長さ.

ਪੱਟ[1] (पट्ट) /paṭṭa パット/ *m.*〖身体〗腿.

ਪੱਟ[2] (पट्ट) /paṭṭa パット/ [Skt. पट्ट] *m.* 扉, ドアリーフ.

ਪੱਟ[3] (पट्ट) /paṭṭa パット/ [Skt. पट्ट] *m.* **1**〖布地〗絹, シルク. **2** 絹の織り糸.

ਪੱਟ[4] (पट्ट) /paṭṭa パット/ *adv.* たちまち, 即座に, 即刻, すぐに, 素早く, すかさず. (⇒ਝੱਟ, ਤੁਰੰਤ, ਫਟਾ-ਫਟ)

ਪਟਸਨ (पटसन) /paṭasana パトサン/ *f.*〖布地〗ジュート麻.

ਪਟੱਕ (पटक्क) /paṭakka パタック/ ▸ਪਟਾਕ *f.*〖擬声語〗パタッ, バチッ《強く投げつけた物が地面などに当たって出る鋭い音》.

— *adv.* **1** パタッ・バチッという音を立てて. **2** すぐに, 急いで. (⇒ਤੁਰੰਤ, ਛੇਤੀ)

ਪਟਕਣਾ (पटकणा) /paṭakaṇā パトカナー/ ▸ਪਟਕਾਉਣਾ, ਪਟਕਾਣਾ [Skt. पतन-करण] *vt.* **1** 投げ落とす, 投げつける, 叩きつける. **2** 投げ捨てる, 投げ出す. **3** 倒す, 投げ倒す. **4** 打ち倒す, 打ちつける.

ਪਟਕਾ (पटका) /paṭakā パトカー/ [Skt. पट्टक] *m.* **1** 長い布. **2**〖衣服〗腰布, 腰帯, 腰紐. (⇒ਕਮਰਕੱਸਾ, ਕਮਰਬੰਦ, ਫੈਂਟ) **3**〖衣服〗小さなターバン. (⇒ਛੋਟੀ ਪੱਗ)

ਪਟਕਾਉਣਾ (पटकाउणा) /paṭakāuṇā パトカーウナー/ ▸ਪਟਕਣਾ, ਪਟਕਾਣਾ *vt.* → ਪਟਕਣਾ

ਪਟਕਾਣਾ (पटकाणा) /paṭakāṇā パトカーナー/ ▸ਪਟਕਣਾ, ਪਟਕਾਉਣਾ *vt.* → ਪਟਕਣਾ

ਪਟਕਾਰਨਾ (पटकारना) /paṭakāranā パトカールナー/ *vt.* ヒューと鳴らす, ヒューと振る.

ਪੱਟਣਾ (पट्टणा) /paṭṭaṇā パッタナー/ ▸ਪੁੱਟਣਾ *vt.* → ਪੁੱਟਣਾ

ਪਟਨਾ (पटना) /paṭanā パトナー/ *m.*〖地名〗パトナー《インドのビハール州の州都》.

ਪਟੰਬਰ (पटंबर) /paṭambara パタンバル/ [Skt. पाट + Skt. अंबर] *m.*〖衣服〗絹の衣服.

ਪਟਮੇਲੀ (पटमेली) /paṭamelī パトメーリー/ *f.* **1** 災難, 災厄. **2** 災害. **3** 大混乱. **4** 大騒ぎ.

ਪਟਰਾਣੀ (पटराणी) /paṭarāṇī パトラーニー/ ▸ਪਟਰਾਨੀ [Skt. पट्ट + Skt. राज्ञी] *f.* 第一王妃, 正妃.

ਪਟਰਾਨੀ (पटरानी) /paṭarānī パトラーニー/ ▸ਪਟਰਾਣੀ *f.* → ਪਟਰਾਣੀ

ਪਟਰੀ (पटरी) /paṭarī パタリー/ ▸ਪਟੜੀ *f.* → ਪਟੜੀ

ਪਟਰੋਲ[1] (पटरोल) /paṭarola パトロール/ [Eng. *patrol*] *m.* 巡回, 巡視, パトロール.

ਪਟਰੋਲ[2] (पटरोल) /paṭarola パトロール/ ▸ਪੈਟਰੋਲ *m.* → ਪੈਟਰੋਲ

ਪਟਰੋਲ ਪੰਪ (पटरोल पंप) /paṭarola pampa パトロール パンプ/ ▸ਪੈਟਰੋਲ ਪੰਪ *m.* → ਪੈਟਰੋਲ ਪੰਪ

ਪਟਵਾਰੀ (पटवारी) /paṭawārī パトワーリー/ [Skt. पट्ट + ਵਾਰੀ] *m.* **1** 村の記録係. **2** 土地差配人《村の農地に関する記録を取り, 徴税額を計算する役人》.

ਪਟੜਾ (पटड़ा) /paṭaṛā パタラー/ [Skt. पटल] *m.* **1** 板, 板材. **2** 板で作られた低い台. **3**〖道具〗洗濯板.

ਪਟੜੀ (पटड़ी) /paṭaṛī パタリー/ ▸ਪਟਰੀ [Skt. पटल] *f.* **1** 軌道, 線路, レール. **2** 鉄道. **3** 歩道, 庭園の小道, 運河に沿った土手の上の小道. **4**〖装〗女性が足首の周りに付ける銀の帯.

ਪਟਾ[1] (पटा) /paṭā パター/ [Skt. पट्ट] *m.* **1** 革紐. (⇒ਤਸਮਾ) **2** 革バンド. **3** 犬の首輪. **4** ベルト.

ਪਟਾ[2] (पटा) /paṭā パター/ *m.* **1** 短い髪の房. **2** 短く切った髪.

ਪੱਟਾ (पट्टा) /paṭṭā パッター/ [Skt. पट्ट] *m.* **1** 契約書, 約定書. **2** 賃貸借契約書.

ਪਟਾਸ[1] (पटास) /paṭāsa パタース/ [Eng. *potash*] *f.*〖化学〗炭酸カリウム.

ਪਟਾਸ[2] (पटास) /paṭāsa パタース/ *m.* 大きな革帯.

ਪਟਾਸੀ (पटासी) /paṭāsī パタースィー/ *f.* **1** 小さな革帯. **2**〖道具〗床屋が剃刀の刃を研ぐ革帯.

ਪਟਾਕ (पटाक) /paṭāka パターク/ ▸ਪਟੱਕ *f.adv.* → ਪਟੱਕ

ਪਟਾਕਾ (पटाका) /paṭākā パターカー/ ▸ਪਟਾਖਾ *m.* **1**〖擬声語〗パーン《割れる音, 破裂する音など, 勢いのある鋭い音》. **2** 爆竹. **3**〖俗語・身体〗未婚女性の陰部.

ਪਟਾਖਾ (पटाखा) /paṭākʰā パターカー/ ▸ਪਟਾਕਾ *m.* → ਪਟਾਕਾ

ਪਟਾਦਾਰ (पटादार) /paṭādāra パターダール/ ▸ਪਟੇਦਾਰ [Skt. पट्ट Pers.-*dār*] *m.* 保有権者, 借地人.

ਪਟਾਰਾ (पटारा) /paṭārā パターラー/ [Skt. पिट] *m.*〖容器〗小枝・竹・茎などで作られた籠.

ਪਟਾਰੀ (पटारी) /paṭārī パターリー/ [-ਈ] *f.*〖容器〗小枝・竹・茎などで作られた小さな籠.

ਪਟਿਆਲਾ (पटिआला) /paṭiālā パティアーラー/ *m.*〖地名〗パティアーラー(パティヤーラー)《インドのパンジャーブ州南東端の都市. イギリス領時代には同名の藩王国の首都として栄えた. アムリトサルと並ぶパンジャーブにおけるスィック教文化・教育の中心地》.

ਪੱਟੀ[1] (पट्टी) /paṭṭī パッティー/ ▸ਫੱਟੀ [Skt. पट्टिका] *f.* **1** 包帯. ❐ਪੱਟੀ ਕਰ ਦੇਣਾ 包帯を巻く. ❐ਜ਼ਖ਼ਮ ਨੂੰ ਧੋ ਕੇ ਪੱਟੀ ਕਰ ਦਿਓ। 傷を洗浄してから包帯を巻いてください. **2**〖布地〗細長い布, 布の帯. **3**〖布地〗ガーゼ. **4** 欄. **5** 垂線. **6** 列, 線, 縞. **7** 表. **8** 小さな板 **9** 書き板. **10** 文字の練習用の小型の黒板.

ਪੱਟੀ[2] (पट्टी) /paṭṭī パッティー/ *m.*〖地名〗パッティー《アムリトサル市の南方約30マイルに位置するアムリトサル県の町. パキスタン側のカスールとともにマージャー地方の中心地の一部を成す》.

ਪਟੀਸ਼ਨ (पटीशन) /paṭīśana パティーシャン/ [Eng. *petition*] *f.* **1** 嘆願, 請願. **2** 嘆願書, 陳情書.

ਪੱਟੀਦਾਰ (पट्टीदार) /paṭṭīdāra パッティーダール/ [Skt. पट्टिका Pers.-*dār*] *adj.* 縞模様の.

ਪੱਟੂ (पट्टू) /paṭṭū パットゥー/ *m.*〖布地〗ウールの布.

ਪਟੇਦਾਰ (पटेदार) /paṭedāra パテーダール/ ▸ਪਟਾਦਾਰ [Skt. पट्ट Pers.-*dār*] *m.* 保有権者, 借地人.

ਪਟੇਦਾਰੀ (पटेदारी) /paṭedārī パテーダーリー/ [Pers.-dārī] f. 保有権, 賃借権.

ਪਟੋਹਲਾ (पटोहला) /paṭôlā パトーラー/ m. 〖衣服〗人形の衣装.

ਪੱਠ (पट्ठ) /paṭṭʰa パット/ f. 1〖動物〗雌の子山羊. 2〖動物〗雌の子羊. 3〖鳥〗雌の雛鶏.

ਪੱਠਾ (पट्ठा) /paṭṭʰā パッター/ [Skt. पुष्ट] m. 1 練習生. 2 レスラーの弟子. 3 元気な若者. 4〖身体〗腱. 5〖飼料〗飼葉, 飼料植物.

ਪਠਾਣ (पठाण) /paṭʰāṇa パターン/ ▶ਪਖਤੂਨ, ਪਖ਼ਤੂਨ, ਪਠਾਨ [Pers. puxton] m. パターン(パシュトゥーン)《アフガニスタン全域からパキスタン北西部にかけての地域に居住するアーリア系の民族》. (⇒ਰਾਸ਼ਾ)

ਪਠਾਣੀ (पठाणी) /paṭʰāṇī パターニー/ [Pers. puxton -ਈ] f. パターン(パシュトゥーン)の女性.

— adj. パターンの.

ਪਠਾਨ (पठान) /paṭʰāna パターン/ ▶ਪਖਤੂਨ, ਪਖ਼ਤੂਨ, ਪਠਾਣ m. → ਪਠਾਣ

ਪਠਾਰ (पठार) /paṭʰāra パタール/ [Skt. पृष्ठ + Skt. धार] m. 1〖地理〗高原. 2〖地理〗台地.

ਪਠੋਰਾ (पठोरा) /paṭʰorā パトーラー/ m. 〖動物〗子ヤギ, 子山羊.

ਪਠੋਰੀ (पठोरी) /paṭʰorī パトーリー/ f. 〖動物〗雌の子山羊.

ਪੰਡ (पंड) /paṇḍa パンド/ [Skt. पण्ड] f. 1 包み. 2 巻いたもの. 3 荷物. 4 重荷.

ਪੰਡਤ (पंडत) /paṇḍata パンダト/ ▶ਪੰਡਿਤ [Skt. पण्डित] m. 1〖ヒ〗パンディト(パンディット)《ブラーフマン階級の学者》. 2〖ヒ〗ブラーフマン(バラモン, 婆羅門). 3 学者, 学僧. 4 教師. 5 碩学. 6 専門家. 7(しばしば戯言として)お偉い学者様. 8(西欧的な学者に対して)インドの伝統的学者.

ਪੰਡਤਾਈ (पंडताई) /paṇḍatāī パンドターイー/ [-ਆਈ] f. 1 学問, 学識. 2 パンディトの仕事. 3 学者らしさ, 学者ぶること.

ਪੰਡਤਾਣੀ (पंडताणी) /paṇḍatāṇī パンドターニー/ ▶ਪੰਡਤਾਨੀ [-ਣੀ] f. 1〖ヒ〗パンディトの妻. 2〖ヒ〗ブラーフマンの女性.

ਪੰਡਤਾਨੀ (पंडतानी) /paṇḍatānī パンドターニー/ ▶ਪੰਡਤਾਣੀ f. → ਪੰਡਤਾਣੀ

ਪੰਡਾ (पंडा) /paṇḍā パンダー/ ▶ਪਾਂਡਾ [Skt. पण्डित] m. 1〖姓・ヒ〗パンダー《聖地での巡礼者の世話を生業とするブラーフマン階級の一種姓(の人)》, 聖地の寺院の学僧, 聖地の案内僧, ブラーフマンの教師. 2〖姓・ヒ〗パンダー《調理を生業とするブラーフマン階級の一種姓(の人)》.

ਪੰਡਿਤ (पंडित) /paṇḍita パンディト/ ▶ਪੰਡਤ m. → ਪੰਡਤ

ਪੰਡੋਰੀ (पंडोरी) /paṇḍorī パンドーリー/ f. 1 小さな村. 2 小村落.

ਪਣ¹ (पण) /paṇa パン/ ▶ਪਨ suff. 「…であること」「…である状態」「…である様子」「…性」などを表す抽象名詞(男性名詞)を形成する接尾辞.

ਪਣ² (पण) /paṇa パン/ ▶ਪਨ [Skt. पानीय] pref. 「水」を意味する接頭辞《 ਪਾਣੀ の短縮形》.

ਪਣਖ (पणख) /paṇakʰa パナク/ f. 〖道具〗織り糸や布をぴんと張っておくため機織り職人が用いる棒.

ਪਣ-ਚੱਕੀ (पण-चक्की) /paṇa-cakkī パン・チャッキー/ ▶ਪਨ-ਚੱਕੀ [Skt. पानीय- Skt. चक्र] f. 水車による製粉場.

ਪਣਾ¹ (पणा) /paṇā パナー/ ▶ਪਨ੍ਹਾਂ, ਪਨ੍ਹਾ, ਪੰਨਾਂ m. 布の幅.

ਪਣਾ² (पणा) /paṇā パナー/ ▶ਪੁਣਾ suff. 「…であること」「…である状態」「…である様子」「…らしさ」「…っぽさ」「…性」などを意味する抽象名詞(男性名詞)を形成する接尾辞. 例えば ਬਚਪਣਾ は「子供らしさ」「子供っぽさ」.

ਪਣਿਆਲੀ (पणिआली) /paṇiālī パニアーリー/ adj. 水を用いて料理した.

— f. 〖料理〗パニアーリー《水でこねた生地を焼いたローティー〔無発酵平焼きパン〕》.

ਪਤ (पत) /pata パト/ [Skt. पद] f. 1 名誉, 名声. (⇒ਮਾਣ) 2 良い評判. 3 尊敬, 敬意. (⇒ਸਤਿਕਾਰ) 4 威信, 威厳. (⇒ਇੱਜ਼ਤ) 5 自尊心. 6 貞節.

ਪੱਤ¹ (पत्त) /patta パット/ ▶ਪੱਤਾ m. → ਪੱਤਾ

ਪੱਤ² (पत्त) /patta パット/ f. 〖食品〗糖蜜.

ਪਤਹੀਣ (पतहीण) /patahīṇa パトヒーン/ [Skt. पद Skt.-हीन] adj. 1 敬意のない. 2 不名誉な.

ਪਤੰਗ (पतंग) /pataṅga パタング/ [Skt. पतङ्ग] m. 〖遊戯〗凧. ❐ਪਤੰਗ ਉਡਾਉਣਾ, ਪਤੰਗ ਚੜ੍ਹਾਉਣਾ 凧を揚げる.

ਪਤੰਗਬਾਜ਼ (पतंगबाज़) /pataṅgabāza パタングバーズ/ [Pers.-bāz] adj. 凧を揚げる.

— m. 凧を揚げる人.

ਪਤੰਗਬਾਜ਼ੀ (पतंगबाज़ी) /pataṅgabāzī パタングバーズィー/ [Pers.-bāzī] f. 〖遊戯〗凧揚げ.

ਪਤੰਗਾ (पतंगा) /pataṅgā パタンガー/ [Skt. पतङ्ग] m. 1 足があり空を飛ぶ昆虫類. 2〖虫〗ガ, 蛾. (⇒ਪਰਵਾਨਾ)

ਪਤੰਗੀ (पतंगी) /pataṅgī パタンギー/ [-ਈ] f. 〖遊戯〗小さな凧.

ਪੱਤਗੋਭੀ (पत्तगोभी) /pattagôbī パットゴービー/ [Skt. पत्र + Skt. गोजिह्वा] f. 〖植物〗キャベツ, カンラン(甘藍), タマナ(玉菜)《アブラナ科の野菜》. (⇒ਬੰਦਗੋਭੀ)

ਪਤਝੜ (पतझड़) /patacăṛa パトチャル/ [Skt. पत्र + cf. ਝੜਨਾ] f. 1〖植物〗落ち葉. 2〖暦〗落ち葉の季節, 秋.

ਪਤਝੜਨ (पतझड़न) /patacăṛana パトチャラン/ [Skt. पत्र + cf. ਝੜਨਾ] m. 剥落.

ਪਤਝੜੀ (पतझड़ी) /patacăṛī パトチャリー/ [Skt. पत्र + cf. ਝੜਨਾ] adj. 〖植物〗落ち葉の.

ਪੱਤਣ (पत्तण) /pattaṇa パッタン/ ▶ਪੱਤਨ [Sind. pataṇu] m. 1 川岸. 2 船着き場. (⇒ਘਾਟ) 3 船荷の積み降ろしをする施設.

ਪਤਤ (पतत) /patata パタト/ ▶ਪਤਿਤ adj. → ਪਤਿਤ

ਪਤਤ ਪਾਵਨ (पतत पावन) /patata pāwana パタト パーワン/ ▶ਪਤਿਤ ਪਾਵਨ m. → ਪਤਿਤ ਪਾਵਨ

ਪਤੰਦਰ (पतंदर) /patandara パタンダル/ [Pers. pidandar] m. 〖親族〗養父.

— adj. 1 行儀の悪い. 2 ずる賢い, 狡猾な.

ਪਤਨ (पतन) /patana パタン/ [Skt. पतन] m. 1 落下, 下落. 2 沈下, 低下. 3 堕落. 4 衰退, 衰微. 5 没落, 凋落, 退廃.

ਪੱਤਨ[1] (पत्तन) /pattana パッタン/ [Skt. पत्तनम] m. 1 都市. (⇒ਸ਼ਹਿਰ) 2 町. (⇒ਕਸਬਾ) 3 居住区. (⇒ਅਬਾਦੀ) 4 港.

ਪੱਤਨ[2] (पत्तन) /pattana パッタン/ ▸ਪੱਤਣ m. → ਪੱਤਣ

ਪਤਨ-ਉਨਮਖ (पतन-उनमख) /patana-unamakʰa パタン・ウンマク/ [Skt. पतनोन्मुखिन्] adj. 1 下落に向かっている. 2 衰退に向かっている, 衰微している. 3 堕落に向かっている, 退廃的な.

ਪਤਨਸ਼ੀਲ (पतनशील) /patanaśīla パタンシール/ [Skt. पतन Skt.-शील] adj. 1 下落の傾向を帯びた. 2 衰退している, 衰微している, 凋落の. 3 堕落の傾向を帯びた, 退廃的な.

ਪਤਨਸ਼ੀਲਤਾ (पतनशीलता) /patanaśīlatā パタンシールター/ [Skt.-ता] f. 1 下落の傾向. 2 衰退していること, 衰微していること. 3 堕落の傾向, 退廃性, 退廃ぶり.

ਪਤਨ-ਗ੍ਰਸਤ (पतन-ग्रसत) /patana-grasata パタン・グラスト/ [Skt. पतन + Skt. ग्रस्त] adj. 1 下落に陥った. 2 衰退に陥った, 凋落の. 3 堕落に陥った, 退廃的な.

ਪਤਨੀ (पतनी) /patanī パトニー/ [Skt. पत्नी] f. 〖親族〗妻. (⇒ਵਹੁਟੀ)(⇔ਪਤੀ)

ਪੱਤਰ (पत्तर) /pattara パッタル/ [Skt. पत्र] m. 1 〖植物〗葉, 木の葉. 2 紙. (⇒ਕਾਗਜ਼) 3 手紙, 便り, 書簡, 書状, …状. (⇒ਚਿੱਠੀ) 4 文書, 証書. 5 新聞. (⇒ਅਖ਼ਬਾਰ) 6 雑誌. (⇒ਪਤਰਿਕਾ)

ਪੱਤਰਕਾਰ (पत्तरकार) /pattarakāra パッタルカール/ [Skt. पत्र Skt.-कार] m. 1 新聞記者. 2 雑誌記者. 3 ジャーナリスト.

ਪੱਤਰਕਾਰਤਾ (पत्तरकारता) /pattarakāratā パッタルカールター/ ▸ਪੱਤਰਕਾਰੀ [+ Skt. कारिता] f. 1 報道の仕事・職業. 2 報道機関, 報道界, ジャーナリズム.

ਪੱਤਰਕਾਰੀ (पत्तरकारी) /pattarakārī パッタルカーリー/ ▸ਪੱਤਰਕਾਰਤਾ f. → ਪੱਤਰਕਾਰਤਾ

ਪੱਤਰਣ (पत्तरण) /pattaraṇa パッタラン/ [Skt. पत्र] m. 〖植物〗葉を出すこと.

ਪੱਤਰਪੇਟੀ (पत्तरपेटी) /pattarapeṭī パッタルペーティー/ [Skt. पत्र + Skt. पेटिका] f. 1 郵便箱, 郵便受け. (⇒ਲੈਟਰ ਬਕਸ) 2 郵便ポスト. (⇒ਲੈਟਰ ਬਕਸ)

ਪੱਤਰ-ਵਿਹਾਰ (पत्तर-विहार) /pattara-viăra パッタル・ヴィアール/ ▸ਪੱਤਰ-ਵਿਵਹਾਰ [+ Skt. व्यवहार] m. 文通. (⇒ਕਾਰਸਪਾਂਡੈਂਸ, ਚਿੱਠੀ ਪੱਤਰ)

ਪੱਤਰ-ਵਿਵਹਾਰ (पत्तर-विवहार) /pattara-vivahāra パッタル・ヴィヴハール/ ▸ਪੱਤਰ-ਵਿਹਾਰ m. → ਪੱਤਰ-ਵਿਹਾਰ

ਪੱਤਰਾ (पत्तरा) /pattarā パッタラー/ [Skt. पत्र] m. 1 〖植物〗葉. 2 紙片. 3 金属片.

ਪਤਰਾਉਣਾ (पतराउणा) /patarāuṇā パトラーウナー/ [Skt. पत्र] vi. 〖植物〗葉を出す.

ਪੱਤਰਾਚਾਰ (पत्तराचार) /pattarācāra パッタラーチャール/ [Skt. पत्राचार] m. 1 文通, 通信. (⇒ਕਾਰਸਪਾਂਡੈਂਸ, ਚਿੱਠੀ ਪੱਤਰ) 2 通信教育.

ਪਤਰਾਲ (पतराल) /patarāla パトラール/ [Skt. पत्र] f. 1 〖植物〗木の葉. 2 〖植物〗葉を出すこと.

ਪਤਰਾਲਾ (पतराला) /patarālā パトラーラー/ [Skt. पत्र] adj. 1 〖植物〗葉の. 2 〖植物〗葉のある.

ਪਤਰਿਕਾ (पतरिका) /patarikā パトリカー/ ▸ਪਤ੍ਰਿਕਾ [Skt. पत्रिका] f. 1 雑誌. (⇒ਰਿਸਾਲਾ) 2 定期刊行物, 機関誌. 3 新聞. 4 手紙, 書簡.

ਪਤ੍ਰਿਕਾ (पत्रिका) /patrikā パトリカー/ ▸ਪਤਰਿਕਾ f. → ਪਤਰਿਕਾ

ਪਤਰਿਤ (पतरित) /patarita パトリト/ [Skt. पत्र] adj. 〖植物〗葉の.

ਪੱਤਰੀ (पत्तरी) /pattarī パッタリー/ [Skt. पत्री] f. 1 手紙, 書簡. 2 書物, 書類. 3 金属の細長い切片, 金属板. 4 〖天文〗(占星用の)天宮図, 星占いによる予言. 5 〖暦〗インド伝統の暦, 民間暦, カレンダー. (⇒ਜੰਤਰੀ, ਪੰਚਾਂਗ)

ਪਤਰੀਸ (पतरीस) /patarīsa パタリース/ f. 〖親族〗夫の父方のおじの妻.

ਪਤਰੌਂਹਰਾ (पतरौंहरा) /pataraûrā パトラォーラー/ ▸ਪਤਿਔਂਹਰਾ [Skt. पितृ + Skt. श्वसुर] m. 〖親族〗義理の父の弟.

ਪੱਤਲ (पत्तल) /pattala パッタル/ [Skt. पत्तल] f. 〖容器〗葉盆.

ਪਤਲਾ (पतला) /patalā パトラー/ [Skt. पत्रालः] adj. 1 細い. ❒ਸ਼ਿਕਾਰੀ ਕੁੱਤੇ ਦਾ ਲੱਕ ਬੜਾ ਪਤਲਾ ਹੁੰਦਾ ਹੈ, ਪਰ ਲੱਤਾਂ ਬੜੀਆਂ ਲੰਮੀਆਂ। 猟犬の胴はとても細いのですが, 脚はとても長いです. 2 痩せた. 3(幅が)狭い.

ਪਤਲਾਪਣ (पतलापण) /patalāpaṇa パトラーパン/ [-ਪਣ] m. 1 細さ. 2 痩せていること. 3 華奢.

ਪਤਲੂਣ (पतलूण) /patalūṇa パトルーン/ ▸ਪਤਲੂਨ [Eng. pantaloon] m. 〖衣服〗ズボン. (⇒ਪੈਂਟ)

ਪਤਲੂਨ (पतलून) /patalūna パトルーン/ ▸ਪਤਲੂਣ m. → ਪਤਲੂਣ

ਪਤਵੰਤ (पतवंत) /patawanta パトワント/ ▸ਪਤਵੰਤਾ [Skt. पद Skt.-वंत] adj. 1 尊敬すべき, 立派な. (⇒ਮਾਣਧਾਰੀ) 2 気品のある, 上品な.

ਪਤਵੰਤਾ (पतवंता) /patawantā パトワンター/ ▸ਪਤਵੰਤ adj. → ਪਤਵੰਤ

ਪਤਵਾਰ (पतवार) /patawāra パトワール/ [Skt. पात्रपाल] f. 1 舵. 2 方向舵.

ਪਤਾ (पता) /patā パター/ [(Pkt. पत्तय) Skt. प्रत्यय] m. 1 所在, 所在地, 在り処, 居場所, 居所, 住所. ❒ਪਤਾ ਕਰਨਾ 所在をつきとめる. 2 情報, 知識, 知っていること, 分かっていること, 認識, 理解. ❒ਪਤਾ ਕਰਨਾ 調べる, 問い合わせる. ❒ਪਤਾ ਹੈ 分かっている. ❒ਪਤਾ ਨਹੀਂ 分からない, 知らない. ❒ਪਤਾ ਨਹੀਂ ਕਿੰਨਾ ਚਿਰ ਲੱਗੇ। どのくらい時間がかかるか分かりません. ❒ਆਮ ਆਦਮੀਆਂ ਨੂੰ ਇਸ ਦਾ ਪਤਾ ਨਹੀਂ ਹੈ। 普通の人々はこれを知りません.

ਪੱਤਾ (पत्ता) /pattā パッター/ ▸ਪੱਤ [Skt. पत्र] m. 1 〖植物〗大きな葉, 草木の葉. 2 〖遊戯〗(トランプの)カード. 3 金属片.

ਪੱਤਾ-ਅਕਾਰ (पत्ता-अकार) /pattā-akāra パッター・アカール/ [+ Skt. आकार] adj. 葉の形の, 葉状の.

ਪਤਾਸਾ (पतासा) /patāsā パターサー/ ▸ਪਤੀਸਾ, ਬਤਾਸਾ [Skt. वातः] m. 〖食品〗パターサー《球形の砂糖菓子の一種》.

ਪੱਤਾ-ਨੁਮਾ (पत्ता-नुमा) /pattā-numā パッター・ヌマー/ [Skt. पत्र Pers.-numā] adj. 葉の形に似ている, 葉のように見える, 葉のような.

ਪਤਾਮ (पताम) /patāma パターム/ m. 差し入れ口.

ਪਤਾਲ (पताल) /patāla パタール/ ▸ਪਾਤਾਲ [Skt. पाताल] m. 1 下界, 地下の最下層にある世界. 2 地獄. (⇒ਨਰਕ)(⇔ਸੁਰਗ) 3〘比喩〙深い割れ目, 深い穴.

ਪੰਤਾਲ੍ਹੀਵਾਂ (पंताल्हीवाँ) /pantâlīwā̃ パンターリーワーン/ ▸ ਪੰਜਤਾਲ੍ਹੀਆਂ, ਪੰਜਤਾਲ੍ਹੀਵਾਂ, ਪੰਜਤਾਲੀਆਂ, ਪੰਜਤਾਲੀਵਾਂ [(Pkt. पंचत्तालीसति) Skt. पञ्चचत्वारिंशत् -वां] or.num. 45番目.
— adj. 45番目の.

ਪਤਾਲ-ਲੋਕ (पताल-लोक) /patāla-loka パタール・ローク/ [Skt. पाताल + Skt. लोक] m. 1 下界, 地下の最下層にある世界. 2 地獄. (⇒ਨਰਕ)(⇔ਸੁਰਗ)

ਪੰਤਾਲੀ (पंताली) /pantālī パンターリー/ ▸ਪੰਜਤਾਲੀ [(Pkt. पंचत्तालीसति) Skt. पञ्चचत्वारिंशत्] ca.num. 45.
— adj. 45の.

ਪਤਾਲੂ (पतालू) /patālū パタールー/ m. 1〘身体〙陰嚢. (⇒ਫ਼ੋਤਾ) 2〘身体〙睾丸.

ਪਤਾਵਾ (पतावा) /patāwā パターワー/ [Pers. pāetāb] m. 〘履物〙靴底の内張り.

ਪਤਿਆਉਣਾ (पतिआउणा) /patiāuṇā パティアーウナー/ [Skt. प्रत्याययति] vt. 1 信じさせる, 優しい語り口で信用させる. 2 安心させる. 3 口車に乗せる, 言いくるめる. 4 誘い込む, だまして加担させる.

ਪਤਿਔਹਰਾ (पतिऔहरा) /patiaûrā パティアオーラー/ ▸ ਪਤਰੌਹਰਾ m. → ਪਤਰੌਹਰਾ

ਪਤਿਤ (पतित) /patita パティト/ ▸ਪਤਤ [Skt. पतित] adj. 1 落ちた, 下落した. 2 背教の. 3 堕落した.

ਪਤਿਤ ਪਾਵਨ (पतित पावन) /patita pāwana パティト パーワン/ ▸ਪਤਤ ਪਾਵਨ [+ Skt. पावन] adj. 堕落した者を清める.
— m. 1 堕落した者を清めるもの. 2 堕落した者を清めて救済する神. (⇒ਰੱਬ)

ਪਤੀ (पती) /patī パティー/ [Skt. पति] m. 1〘親族〙夫. (⇔ਪਤਨੀ) 2 主人. 3 神.

ਪੱਤੀ (पत्ती) /pattī パッティー/ [Skt. पत्र -ਈ] f. 1〘植物〙小さな葉, 木の葉, 葉っぱ. 2 共有, 分け前, 分担. 3 協力, 連携.

ਪਤੀਸਾ (पतीसा) /patīsā パティーサー/ ▸ਪਤਾਸਾ, ਬਤਾਸਾ m. → ਪਤਾਸਾ

ਪਤੀਹਸ (पतीहस) /patîsa パティース/ ▸ਪਤਰੀਸ f. → ਪਤਰੀਸ

ਪਤੀਜ (पतीज) /patīja パティージ/ [Skt. प्रत्यय] f. 1 信じること, 信用, 信頼. (⇒ਵਸਾਹ, ਭਰੋਸਾ) 2 信念, 確信. (⇒ਯਕੀਨ)

ਪਤੀਜਣਾ (पतीजणा) /patījaṇā パティージャナー/ [cf. ਪਤਿਆਉਣਾ] vi. 1 信じる, 信用する, 信頼する. 2 安心する. 3 言いくるめられる, 説得される, 納得する. 4 満足する.

ਪੱਤੀਦਾਰ (पत्तीदार) /pattīdāra パッティーダール/ [Skt. पत्र -ਈ Pers.-dār] adj. 1 葉のある. 2 共有している, 持ち分のある, 出資している.
— m. 1 共有者, 出資者. 2 協力者, パートナー.

ਪਤੀ ਦੇਵ (पती देव) /patī deva パティー デーヴ/ [Skt. पति + Skt. देव] m. 1〘親族〙夫. 2 主人.

ਪਤੀ-ਪਤਨੀ (पती-पतनी) /patī-patanī パティー・パトニー/ [+ Skt. पत्नी] m. 夫と妻, 夫婦.

ਪਤੀਮ (पतीम) /patīma パティーム/ adj. パン種を入れていない.

ਪਤੀਲਾ (पतीला) /patīlā パティーラー/ m.〘調〙上に大きく口の開いた金属製の調理用の鍋. (⇒ਦੇਗਚਾ)

ਪਤੀਲੀ (पतीली) /patīlī パティーリー/ f.〘調〙上に大きく口の開いた金属製の調理用の小さな鍋. (⇒ਦੇਗਚੀ)

ਪੱਤੇਦਾਰ (पत्तेदार) /pattedāra パッテーダール/ [Skt. पत्र Pers.-dār] adj. 1 葉のある. 2 葉の茂った.

ਪੱਤੇਬਾਜ਼ (पत्तेबाज़) /pattebāza パッテーバーズ/ [Pers.-bāz] adj. 人をだます, 詐欺の.

ਪੱਤੇਬਾਜ਼ੀ (पत्तेबाज़ी) /pattebāzī パッテーバーズィー/ [Pers.-bāzī] f. 詐欺, いんちき, ぺてん.

ਪੰਥ (पंथ) /pantʰa パント/ [Skt. पथ] m. 1 道. (⇒ਰਾਹ, ਰਸਤਾ) 2 方法. (⇒ਤਰੀਕਾ) 3 宗教. (⇒ਧਰਮ) 4 宗派, 宗派集団. (⇒ਸੰਪਰਦਾ)

ਪਥ (पथ) /patʰa パト/ [Skt. पथ] m. 1 道. (⇒ਰਾਹ, ਰਸਤਾ) 2 道路, 通り. (⇒ਮਾਰਗ) 3 方法, 習慣. (⇒ਤਰੀਕਾ, ਰੀਤੀ, ਰਸਮ) 4 進路. 5 通路.

ਪੱਥਣਾ (पत्थणा) /pattʰaṇā パッタナー/ ▸ਪਾਥਣਾ [Skt. प्रथते] vt. 1 形作る, 形を整える, 塊にする. 2(乾燥させて燃料にする牛糞などの)塊を手でこねて作る. 3(焼いて煉瓦にする粘土などを)型に入れて固める.

ਪੱਥਰ (पत्थर) /pattʰara パッタル/ [(Pkt. पत्थर) Skt. प्रस्तर] m. 1 石. 2 岩, 岩石. 3 大玉石. 4 宝石.

ਪਥਰਾਉਣਾ (पथराउणा) /patʰarāuṇā パトラーウナー/ [Skt. प्रस्तर] vi. 1 石のように堅くなる. 2 硬直化する.
— vt. 1 石のように堅くする. 2 硬直化させる.

ਪੱਥਰੀ (पत्थरी) /pattʰarī パッタリー/ [Skt. प्रस्तर -ਈ] f. 1 小さな石. (⇒ਛੋਟਾ ਪੱਥਰ) 2〘鉱物〙火打ち石. (⇒ਚਕਮਾਕ)

ਪਥਰੀਲਾ (पथरीला) /patʰarīlā パトリーラー/ [-ਈਲਾ] adj. 1 石の. 2 岩の.

ਪਥਰੌਟਾ (पथरौटा) /patʰarauṭā パトラォーター/ [Skt. प्रस्तरवर्त] m.〘容器〙石碗.

ਪਥਰੌਟੀ (पथरौटी) /patʰarauṭī パトラォーティー/ [-ਈ] f. 〘容器〙小さな石碗.

ਪਥੱਲਣਾ (पथल्लणा) /patʰallaṇā パタッラナー/ vt. 1 ひっくり返す. 2 裏返す. 3 覆す.

ਪਥੱਲਾ (पथल्ला) /patʰallā パタッラー/ m. 1 しゃがんだ姿勢, 胡座(あぐら). (⇒ਚੌਂਕੜੀ) 2 うずくまること.

ਪਥਵਾਉਣਾ (पथवाउणा) /patʰawāuṇā パトワーウナー/ ▸ ਪਥਾਉਣਾ [cf. ਪੱਥਣਾ] vt. 1 形作らせる, 形を整えさせる, 塊にさせる. 2(乾燥させて燃料にする牛糞などの)塊を手でこねて作らせる. 3(焼いて煉瓦にする粘土などを)型に入れて固めさせる.

ਪਥਵਾਈ (पथवाई) /patʰawāī パトワーイー/ ▸ਪਥਾਈ [cf. ਪੱਥਣਾ] f. 1 形作らせること, 形を整えさせること, 塊にさせること. 2(乾燥させて燃料にする牛糞などの)塊を手でこねて作らせること. 3(焼いて煉瓦にする粘土などを)型に入れて固めさせること.

ਪਥਾਉਣਾ (पथाउणा) /patʰāuṇā パターウナー/ ▸ਪਥਵਾਉਣਾ vt. → ਪਥਵਾਉਣਾ

ਪਥਾਈ (पथाई) /patʰāī パターイー/ ▸ਪਥਵਾਈ f. → ਪਥਵਾਈ

ਪੰਥੀ (पंथी) /pantʰī パンティー/ [Skt. पथिन्] m. 1 道を歩

いて行く人, 旅人. (⇒ਰਾਹੀ, ਮੁਸਾਫ਼ਿਰ) **2** 宗派に属する信徒.

— *suff.* 「…の教えに従う信者」「…の信徒」「…の信奉者」などを意味する接尾辞.

ਪਥੇਰ (पथेर) /pat^{h}era パテール/ [cf. ਪੱਥਣਾ] *f.* **1** 煉瓦作り, 焼いて煉瓦にする粘土を型に入れて固める作業. **2** 煉瓦作りの作業場.

ਪਥੇਰਾ (पथेरा) /pat^{h}erā パテーラー/ [cf. ਪੱਥਣਾ] *m.* 煉瓦職人, 焼いて煉瓦にする粘土を型に入れて固める人.

ਪਦ[1] (पद) /pada パド/ [Skt. पद] *m.* **1** 〖身体〗足. (⇒ਪੈਰ, ਚਰਨ) **2** 歩, 一歩, 歩み. **3** 足跡. **4** 地位, 位階, 等級. (⇒ਦਰਜਾ) **5** 称号. **6** 語句, 文句. **7** 〖文学〗パダ(パド), 詩の一行《詩を構成する韻律上の一つの単位. 詩節の4分の1に相当するまとまり》.

ਪਦ[2] (पद) /pada パド/ [Skt. पद्य] *m.* **1** 〖文学〗詩, 讃歌. (⇒ਕਵਿਤਾ) **2** 〖文学〗連, 詩の一区切り. **3** 〖言〗語, 語句, 複合語.

ਪੱਦ (पद्द) /padda パッド/ [Skt. पर्द] *m.* 〖生理〗おなら, 屁. (⇒ਵਾਉਕਾ) ❒ਪੱਦ ਮਾਰਨਾ おならをする, 放屁する.

ਪਦ-ਅਧਿਕਾਰੀ (पद-अधिकारी) /pada-âdikārī パド・アディカーリー/ [Skt. पद + Skt. अधिकारिन्] *m.* 役人, 官吏.

ਪੰਦ੍ਰਵਾਂ (पंद्रहवाँ) /pândarawā̃ パンダルワーン/ ▸ਪੰਦਰਵਾਂ [(Pkt. पण्णरस) Skt. पञ्चदश -वां] *or.num.* 15番目.

— *adj.* 15番目の.

ਪੰਦ੍ਰਵਾੜਾ (पंद्रहवाड़ा) /pândarawāṛā パンダルワーラー/ ▸ਪੰਦਰਵਾੜਾ *m.* → ਪੰਦਰਵਾੜਾ

ਪੰਦ੍ਰਾਂ (पंद्रहाँ) /pândarā̃ パンドラーン/ ▸ਪੰਦਰਾਂ *ca.num.* → ਪੰਦਰਾਂ

ਪੰਦ੍ਰੀਂ (पंद्रहीं) /pândarī̃ パンダリーン/ [-ਈਂ] *adv.* 15ルピーで.

ਪਦਕ (पदक) /padaka パダク/ [Skt. पदक] *m.* **1** メダル. (⇒ਤਮਗ਼ਾ, ਮੈਡਲ) **2** 記章, バッジ.

ਪਦੱਕੜ (पदक्कड़) /padakkaṛa パダッカル/ [Skt. पर्द + ਕੜ] *adj.* 頻繁に放屁する.

— *m.* 頻繁に放屁する人.

ਪਦ-ਛੇਦ (पद-छेद) /pada-c^{h}eda パド・チェード/ [Skt. पद्य + Skt. छेदन] *m.* 〖言〗複合語の分解.

ਪੱਦਣਾ (पद्दणा) /paddaṇā パッダナー/ [Skt. पर्द] *vi.* **1** おならをする, 放屁する. **2** 恐がる, おびえる.

ਪਦ-ਬਹੇੜਾ (पद-बहेड़ा) /pada-baheṛā パド・バヘーラー/ *m.* 〖植物〗ホコリタケ(埃茸)《球形の食用キノコ》.

ਪਦਮ[1] (पदम) /padama パダム/ [Skt. पद्म] *m.* 〖植物〗ハス(蓮)《スイレン科の水草》, 蓮の花. (⇒ਕਮਲ, ਪੰਕਜ)

— *ca.num.(m.)* 〖数量〗千兆, 1000兆の単位. (⇒ਸੌ ਨੀਲ ਦੀ ਸੰਖਿਆ)

— *adj.* 千兆の. (⇒ਸੌ ਨੀਲ)

ਪਦਮਨੀ (पदमनी) /padamanī パドマニー/ [Skt. पद्मिनी] *f.* **1** 〖植物〗小さなハス(蓮), 蓮の茎. **2** 〖植物〗ユリ(百合). **3** 美と品位を兼ね備えた女性, 女性四分類中最高位の貴婦人.

ਪੰਦਰਵਾਂ (पंदरवाँ) /pandarawā̃ パンダルワーン/ ▸ਪੰਦ੍ਰਵਾਂ *or.num. adj.* → ਪੰਦ੍ਰਵਾਂ

ਪੰਦਰਵਾੜਾ (पंदरवाड़ा) /pandarawāṛā パンダルワーラー/ ▸ਪੰਦ੍ਰਵਾੜਾ [Skt. पञ्चदश + Skt. वार] *m.* 〖暦〗 15日間, 陰暦の半月. (⇒ਪਖਵਾੜਾ)

ਪੰਦਰਾਂ (पंदराँ) /pandarā̃ パンドラーン/ ▸ਪੰਦ੍ਰਾਂ [(Pkt. पण्णरस) Skt. पञ्चदश] *ca.num.* 15.

— *adj.* 15の.

ਪੱਦਲ (पद्दल) /paddala パッダル/ [Skt. पर्द + ਲ] *adj.* 頻繁に放屁する.

— *m.* 頻繁に放屁する人.

ਪਦਵੀ (पदवी) /padavī パドヴィー/ [Skt. पदवी] *f.* **1** 地位, 位階, 階級, 等級. **2** 職. **3** 身分. **4** 称号, タイトル. **5** 道. **6** 方法.

ਪਦਾ (पदा) /padā パダー/ [Skt. पद्य] *m.* **1** 〖文学〗連, 詩の一区切り. **2** 〖文学〗詩, 讃歌. (⇒ਕਵਿਤਾ)

ਪਦਾਉਣਾ (पदाउणा) /padāuṇā パダーウナー/ [Skt. पर्द] *vt.* **1** おならをさせる, 放屁させる. **2** 恐がらせる, おびえさせる.

ਪਦਾਰਥ (पदारथ) /padārat^{h}a パダーラト/ [Skt. पदार्थ] *m.* **1** 物, 物体, 物質. **2** 材料. **3** 商品. **4** 品物. **5** 富. **6** 食物, 食品.

ਪਦਾਰਥਕ (पदारथक) /padārat^{h}aka パダールタク/ ▸ਪਦਾਰਥਿਕ *adj.* → ਪਦਾਰਥਿਕ

ਪਦਾਰਥਵਾਦ (पदारथवाद) /padārat^{h}awāda パダーラトワード/ [Skt. पदार्थ Skt.-वाद] *m.* 物質主義.

ਪਦਾਰਥਵਾਦੀ (पदारथवादी) /padārat^{h}awādī パダーラトワーディー/ [Skt.-वादिन्] *adj.* 物質主義の.

— *m.* 物質主義者.

ਪਦਾਰਥਿਕ (पदारथिक) /padārat^{h}ika パダールティク/ ▸ਪਦਾਰਥਕ *adj.* 物質の.

ਪਦਾਵਲੀ (पदावली) /padāwalī パダーワリー/ [Skt. पदावली] *f.* **1** 語群. **2** 〖文学〗賛歌集.

ਪੰਧ (पंध) /pânda パンド/ [Skt. पन्थ] *m.* **1** 道, 道路, 道程, 道のり. (⇒ਰਸਤਾ, ਸੜਕ, ਪੈਂਡਾ) **2** 距離. (⇒ਦੂਰੀ) **3** 旅, 旅行. (⇒ਸਫ਼ਰ)

ਪਧਤੀ (पधती) /pâdatī パダティー/ ▸ਪੱਧਤੀ *f.* → ਪੱਧਤੀ

ਪੱਧਤੀ (पद्धती) /pâddatī パッダティー/ ▸ਪਧਤੀ [Skt. पद्धति] *f.* **1** 方法, 方式, 様式. **2** 手順, 過程. **3** 制度. **4** 習慣. **5** 儀礼.

ਪੱਧਰ (पद्धर) /pâddara パッダル/ [Pkt. पध्दर] *f.* **1** 水平面, 平面. **2** 水平, 平坦. **3** 平原, 平野. **4** 基準, 標準, 水準.

ਪੱਧਰਾ (पद्धरा) /pâddarā パッダラー/ [Pkt. पध्दर] *adj.* **1** 水平の. **2** 平らな, 平坦な. **3** 滑らかな.

ਪਧਰਾਉਣਾ (पधराउणा) /padarǎuṇā パドラーウナー/ [cf. ਪੱਧਰ] *vt.* **1** 水平にする. **2** 平らにする, 平坦にする. **3** 均等にする. **4** 一様にする.

ਪੰਧਾਊ (पंधाऊ) /pandǎū パンダーウー/ ▸ਪੰਧਾਣੂ [Skt. पन्थ -ਆਊ] *m.* 旅人, 旅行者.

ਪੰਧਾਣੂ (पंधाणू) /pandǎṇū パンダーヌー/ ▸ਪੰਧਾਊ *m.* → ਪੰਧਾਊ

ਪਧਾਰਨਾ (पधारना) /padǎranā パダールナー/ [(Pkt. पाधारइ) Pkt. पद्धारयति] *vi.* **1** 来る, やって来る, 到着する, 辿り着く. (⇒ਆ ਜਾਣਾ, ਆ ਪੁਜਣਾ) ❒ਅੱਜ ਤੋਂ ਕਈ ਹਜ਼ਾਰ ਵਰ੍ਹੇ ਪਹਿਲਾਂ ਆਰੀਏ ਲੋਕ ਭਾਰਤ ਵਿੱਚ ਪਧਾਰੇ। 今から数千年も前にアーリア人たちはインドにやって来ました. **2** おいでになる, いらっしゃる. ❒ਦੇਸ਼ ਦੇ ਅਜ਼ਾਦ ਹੋਣ ਤੋਂ ਬਾਅਦ ੧੯੫੬ ਵਿੱਚ

ਪੰਡਤ ਨਹਿਰੂ ਜਲੰਧਰ ਪਧਾਰੇ। 国の独立後1956年にパンディト・ネルーはジャランダルにおいでになりました. **3** 入る. **4** 出発する. **5** 行く, 進む. (⇒ਚੱਲਣਾ)

ਪਨ[1] (पन) /pana パン/ ▸ਪਣ *suff.* 「…であること」「…である状態」「…である様子」」「…性」などを表す抽象名詞(男性名詞)を形成する接尾辞.

ਪਨ[2] (पन) /pana パン/ ▸ਪਣ [Skt. पानीय] *pref.* 「水」を意味する接頭辞.

ਪਨਸ (पनस) /panasa パナス/ [Skt. पनस] *m.* 〖植物〗ナガミパンノキ, パラミツ(波羅蜜)《クワ科の常緑高木》, その果実, ジャックフルーツ《果実は大きく, パイナップルとドリアンの中間のような味. 未熟のものは料理にも用いられる》. (⇒ਕਟਹਰ)

ਪਨਸਾਰੀ (पनसारी) /panasārī パンサーリー/ ▸ਪੰਸਾਰੀ, ਪਸਾਰੀ *m.* → ਪਸਾਰੀ

ਪਨਸੇਰੀ (पनसेरी) /panaserī パンセーリー/ ▸ਪਸੇਰੀ *adj.* 〖重量〗 5セールの重量の.

— *f.* 〖重量〗 5セールの重量の分銅, 5セールの重量《約5キログラム相当》.

ਪਨ੍ਹਾਂ (पन्हाँ) /pânā̃ パナーン/ ▸ਪਣਾ, ਪਨ੍ਹਾ, ਪੰਨਾਂ *m.* 布の幅.

ਪਨ੍ਹਾ (पन्हा) /pânā パナー/ ▸ਪਣਾ, ਪਨ੍ਹਾਂ, ਪੰਨਾਂ *m.* → ਪਨ੍ਹਾਂ

ਪਨਘਟ (पनघट) /panakăṭa パンカト/ [Skt. पानीय- Skt. घट्ट] *m.* 水汲み場.

ਪਨ-ਚੱਕੀ (पन-चक्की) /pana-cakkī パン・チャッキー/ ▸ਪਣ-ਚੱਕੀ *f.* → ਪਣ-ਚੱਕੀ

ਪਨਵਾੜੀ (पनवाड़ी) /panawāṛī パンワーリー/ ▸ਪਾਨਵਾੜੀ *m.* パーン〔キンマの葉に石灰・香辛料を入れて包んだもの〕を売る人.

ਪੰਨਾਂ[1] (पंनाँ) /pannā̃ パンナーン/ [Skt. पर्ण] *m.* (本の)ページ, 頁. (⇒ਸਫ਼ਾ)

ਪੰਨਾਂ[2] (पंनाँ) /pannā̃ パンナーン/ ▸ਪਣਾ, ਪਨ੍ਹਾਂ, ਪਨ੍ਹਾ *m.* → ਪਨ੍ਹਾਂ

ਪੰਨਾਂ[3] (पंनाँ) /pannā̃ パンナーン/ *m.* 〖鉱物〗エメラルド.

ਪਨਾਉਣਾ (पनाउणा) /panāuṇā パナーウナー/ *vt.* **1** 鋭くする. **2** 研ぐ. **3** 磨く.

ਪਨਾਹ (पनाह) /panâ パナー/ [Pers. *panāh*] *f.* **1** 避難. (⇒ਸ਼ਰਨ) **2** 庇護, 保護. (⇒ਆਸਰਾ)

ਪਨਾਹਗਾਹ (पनाहगाह) /panâgâ パナーガー/ [Pers.*-gāh*] *f.* **1** 避難所. **2** 隠れ場所.

ਪਨਾਹਗੀਰ (पनाहगीर) /panâgīra パナーギール/ [Pers.*-gīr*] *adj.* 避難している.

— *m.* 避難者, 難民. (⇒ਸ਼ਰਨਾਰਥੀ, ਰਫ਼ਿਊਜੀ)

ਪਨਾਹੀ (पनाही) /panâī パナーイー/ [-ई] *adj.* 避難している.

— *m.* 避難者, 難民. (⇒ਸ਼ਰਨਾਰਥੀ, ਰਫ਼ਿਊਜੀ)

ਪਨਾਲਾ (पनाला) /panālā パナーラー/ *m.* **1** とい. **2** 溝.

ਪਨੀਅਰ (पनीअर) /panīara パニーアル/ [Eng. *spaniel*] *m.* 〖動物〗スパニエル犬《美しい毛並みで耳の垂れた小形犬》.

ਪਨੀਰ (पनीर) /panīra パニール/ [Pers. *panīr*] *m.* 〖食品〗チーズ, カッテージチーズ, パニール《水牛の乳を温め, レモンまたはライムの汁などで分離させ, 主にタンパク質および脂肪分を集めて固めたインド風チーズ》.

❐ਪਨੀਰ ਪਾਣੀ 乳漿《チーズの製造過程で牛乳から凝乳を除いた水っぽい液》.

ਪਨੀਰੀ[1] (पनीरी) /panīrī パニーリー/ [Pers. *panīrī*] *adj.* 〖食品〗チーズ(パニール)の, チーズでできた, チーズを用いた.

ਪਨੀਰੀ[2] (पनीरी) /panīrī パニーリー/ *f.* **1** 〖植物〗草花の苗, 苗木. **2** 苗床.

ਪੰਪ (पंप) /pampa パンプ/ [Eng. *pump*] *m.* **1** ポンプ. **2** 〖道具〗膨らます道具, 空気入れ.

ਪੰਪਸ਼ੂ (पंपशू) /pampaśū パンプシュー/ [Eng. *pump shoes*] *m.* 〖履物〗パンプス《軽いダンス用の靴》, 運動靴.

ਪਪੜੀ (पपड़ी) /papaṛī パプリー/ ▸ਪਿਪੜੀ, ਪੇਪੜੀ *f.* **1** 外皮. **2** 堅い表面. **3** かさぶた. **4** 薄片.

ਪੱਪਾ (पप्पा) /pappā パッパー/ *m.* 〖文字〗パッパー《両唇・閉鎖音の「パ」(無声・無気音)を表す, グルムキー文字の字母表の26番目の文字 ਪ の名称》.

ਪੱਪੀ[1] (पप्पी) /pappī パッピー/ [Eng. *puppy*] *m.* 〖動物〗子犬.

ਪੱਪੀ[2] (पप्पी) /pappī パッピー/ *f.* 〖俗語〗接吻, 口づけ.

ਪਪੀਹਾ (पपीहा) /papīhā パピーハー/ ▸ਬਬੀਹਾ *m.* 〖鳥〗郭公, ジャコバンカッコウ, チャバラカッコウ《春または雨季に鳴く美声の鳥. 伝承上, 特定の季節の雨水しか飲まないとされる》. (⇒ਚਾਤਰਿਕ)

ਪਪੀਤਾ (पपीता) /papītā パピーター/ *m.* 〖植物〗パパイヤ《パパイヤ科の低木》, パパイヤの実.

ਪਪੋਟਾ (पपोटा) /papoṭā パポーター/ [Skt. प्र + पट] *m.* 〖身体〗瞼(まぶた).

ਪਪੋਲਣਾ (पपोलणा) /papolaṇā パポールナー/ ▸ਪਪੋਲਨਾ *vt.* → ਪਪੋਲਨਾ

ਪਪੋਲਨਾ (पपोलना) /papolanā パポールナー/ ▸ਪਪੋਲਣਾ *vt.* **1** 吸う. **2** しゃぶる. **3** 歯を使わずに口で咀嚼する. **4** 口の中で溶かす. **5** 舌と口蓋の間で転がす.

ਪੱਬ[1] (पब्ब) /pabba パッブ/ [Skt. पाद] *m.* **1** 〖身体〗足の爪先. **2** 足や靴の前の部分.

ਪੱਬ[2] (पब्ब) /pabba パッブ/ ▸ਪਰਬਤ [Skt. पर्वत] *m.* 〖地理〗山. (⇒ਪਹਾੜ)

ਪੱਬ[3] (पब्ब) /pabba パッブ/ [Eng. *pub*] *m.* パブ, 居酒屋, 酒場.

ਪੱਬਣ (पब्बण) /pabbaṇa パッバン/ [(Mul.)] *f.* 〖植物〗スイレン(睡蓮), インド・ロータス. (⇒ਨੀਲੋਫ਼ਰ)

ਪਬਲਕ (पबलक) /pabalaka パブラク/ ▸ਪਬਲਿਕ *f.adj.* → ਪਬਲਿਕ

ਪਬਲਿਸ਼ (पबलिश) /pabaliśa パブリシュ/ [Eng. *publish*] *m.* **1** 出版, 発行. ❐ਪਬਲਿਸ਼ ਕਰਨਾ 出版する, 発行する. **2** 発表, 公布. ❐ਪਬਲਿਸ਼ ਕਰਨਾ 発表する, 公布する.

ਪਬਲਿਸ਼ਰ (पबलिशर) /pabaliśara パブリシャル/ [Eng. *publisher*] *m.* 出版社.

ਪਬਲਿਸਿਟੀ (पबलिसिटी) /pabalisiṭī パブリスィティー/ [Eng. *publicity*] *f.* **1** 知れ渡ること, 周知, 評判. **2** 公表, 宣伝, 広告.

ਪਬਲਿਕ (पबलिक) /pabalika パブリク/ ▸ਪਬਲਕ [Eng. *public*] *f.* **1** 一般大衆, 公衆. **2** 世間.

— *adj.* 公の, 公共の, 公衆の.

ਪਬਲਿਕ ਪਰਾਸੀਕਯੂਟਰ (पबलिक परासीकयूटर) /pabạlikạ parāsīkayūṭarạ パブリク パラースィーカユータル/ ▸ਪਬਲਿਕ ਪ੍ਰਸੀਕਿਊਟਰ [Eng. *public prosecutor*] *m.* 〖法〗検察官, 検事.

ਪਬਲਿਕ ਪ੍ਰਸੀਕਿਊਟਰ (पबलिक प्रसीकिऊटर) /pabạlikạ prāsīkiūṭarạ パブリク プラースィーキウータル/ ▸ਪਬਲਿਕ ਪਰਸੀਕਯੂਟਰ *m.* → ਪਬਲਿਕ ਪਰਾਸੀਕਯੂਟਰ

ਪਬਲੀਕੇਸ਼ਨ (पबलीकेशन) /pabạlīkeśanạ パブリーケーシャン/ [Eng. *publication*] *f.* **1** 発表, 公表. **2** 出版, 発行. **3** 出版物.

ਪੱਬੀ (पब्बी) /pabbī パッビー/ *f.* **1** 〖地理〗高原. **2** 〖地理〗台地.

ਪੰਮਾਂ (पंमाँ) /pammā̃ パンマーン/ ▸ਪੰਮਾ *m.* → ਪੰਮਾ

ਪੰਮਾ (पंमा) /pammā パンマー/ ▸ਪੰਮਾਂ *m.* **1** 〖ヒ〗パンディト(パンディット)《ブラーフマン階級の学者》. **2** 〖ヒ〗ブラーフマン(バラモン). **3** スィック教徒がパンディトを嘲笑して呼ぶ名称.

ਪਯਾਰ (पयार) /payārạ パヤール/ ▸ਪ੍ਯਾਰ, ਪਿਆਰ *m.* → ਪਿਆਰ

ਪ੍ਯਾਰ (प्यार) /pyārạ (payārạ) ピャール (パヤール)/ ▸ਪਯਾਰ, ਪਿਆਰ *m.* → ਪਿਆਰ

ਪਯਾਰਾ (पयारा) /payārā パヤーラー/ ▸ਪ੍ਯਾਰਾ, ਪਿਆਰਾ *adj.m.* → ਪਿਆਰਾ

ਪ੍ਯਾਰਾ (प्यारा) /pyārā (payārā) ピャーラー (パヤーラー)/ ▸ਪਯਾਰਾ, ਪਿਆਰਾ *adj.m.* → ਪਿਆਰਾ

ਪਯਾਲਾ (पयाला) /payālā パヤーラー/ ▸ਪ੍ਯਾਲਾ, ਪਿਆਲਾ *m.* → ਪਿਆਲਾ

ਪ੍ਯਾਲਾ (प्याला) /pyālā (payālā) ピャーラー (パヤーラー)/ ▸ਪਯਾਲਾ, ਪਿਆਲਾ *m.* → ਪਿਆਲਾ

ਪਰ[1] (पर) /parạ パル/ [Pers. *par*] *m.* **1** (鳥や虫の)羽. **2** 翼. **3** 羽毛.

ਪਰ[2] (पर) /parạ パル/ [Pers. *pār sāl*] *m.* 去年, 昨年. (⇒ਪਿਛਲਾ ਸਾਲ)

— *adv.* 去年, 昨年. (⇒ਪਿਛਲੇ ਸਾਲ)

ਪਰ[3] (पर) /parạ パル/ *conj.* **1** しかし, けれど. (⇒ਪਰੰਤੂ, ਲੇਕਨ) ❒ਪਰ ਮੈਂ ਸੁਣਿਆ ਹੈ ਕਿ ਅੱਠ ਚਾਲੀ ਤੇ ਆਉਂਦੀ ਹੈ। けれど私は8時40分に来ると聞いています. **2** …が, …のに. ❒ਇਹ ਮਾਲ ਚੰਗਾ ਹੈ, ਪਰ ਮਹਿੰਗਾ ਹੈ। この品物は良いのですが, 高いです. ❒ਮੈਂ ਉਸ ਨੂੰ ਮਾਫ਼ ਕਰ ਦੇਂਦਾ, ਪਰ ਉਹ ਮਾਫ਼ੀ ਤਾਂ ਮੰਗਦਾ। 私は彼を許しているのに, 彼は許しを求めます. **3** しかしながら.

ਪਰ[4] (पर) /parạ パル/ [Skt. उपरि] *postp.* …の上に. (⇒ਉੱਤੇ)

ਪਰ[5] (पर) /parạ パル/ [Skt. पर] *pref.* 「離れた」「異なる」「他の」「外国の」「超越した」「至高の」などを意味する接頭辞.

ਪਰ[6] (पर) /parạ パル/ ▸ਪੜ, ਪ੍ *pref.* → ਪ੍

ਪ੍ (प्र) /pra (parạ) プラ (パル)/ ▸ਪੜ, ਪਰ [Skt. प्र] *pref.* **1**「前」「前方」「前面」などを意味する接頭辞. **2**「前代の」「曾…」などを意味する接頭辞. **3**「程度が強いこと」「多いこと」などを意味する接頭辞.

ਪਰਉਪਕਾਰ (परउपकार) /parạupạkārạ パルウプカール/ [Skt. पर- Skt. उपकार] *m.* **1** 他者の利益. **2** 慈善.

ਪਰਉਪਕਾਰੀ (परउपकारी) /parạupạkārī パルウプカーリー/ [Skt. पर- Skt. उपकारिन्] *adj.* **1** 慈悲深い. **2** 慈善を行う.

— *m.* **1** 慈悲深い人. **2** 慈善を行う人.

ਪਰਸ (परस) /parasạ パルス/ [Eng. *purse*] *m.* **1** 財布. **2** ハンドバッグ.

ਪਰਸ਼ੰਸਕ (परशंसक) /parạśansakạ パルシャンサク/ ▸ਪ੍ਰਸੰਸਕ, ਪ੍ਰਸ਼ੰਸਕ [Skt. प्रशंसक] *adj.* **1** 賛美する. **2** 称賛する. **3** へつらう.

— *m.* **1** 賛美者. **2** 称賛者. **3** へつらう人.

ਪ੍ਰਸੰਸਕ (प्रसंसक) /prasansakạ (parạsansakạ) プラサンサク (パルサンサク)/ ▸ਪਰਸ਼ੰਸਕ, ਪ੍ਰਸ਼ੰਸਕ *adj.m.* → ਪਰਸ਼ੰਸਕ

ਪ੍ਰਸ਼ੰਸਕ (प्रशंसक) /praśansakạ (parạśansakạ) プラシャンサク (パルシャンサク)/ ▸ਪਰਸ਼ੰਸਕ, ਪ੍ਰਸੰਸਕ *adj.m.* → ਪਰਸ਼ੰਸਕ

ਪਰਸ਼ੰਸਾ (परशंसा) /parạśansā パルシャンサー/ ▸ਪ੍ਰਸ਼ੰਸਾ [Skt. प्रशंसा] *f.* **1** 称賛, 称揚. (⇒ਸ਼ਲਾਘਾ, ਵਡਿਆਈ) **2** 拍手喝采. **3** へつらい.

ਪ੍ਰਸ਼ੰਸਾ (प्रशंसा) /praśansā (parạśansā) プラシャンサー (パルシャンサー)/ ▸ਪਰਸ਼ੰਸਾ *f.* → ਪਰਸ਼ੰਸਾ

ਪਰਸੰਗ (परसंग) /parạsaṅgạ パルサング/ ▸ਪ੍ਰਸੰਗ [Skt. प्रसङ्ग] *m.* **1** 関連, 関係. **2** 文脈, 脈絡. **3** 話題, 会話. **4** 逸話. **5** 好機, 機会, チャンス, 時宜.

ਪ੍ਰਸੰਗ (प्रसंग) /prasaṅgạ (parạsaṅgạ) プラサング (パルサング)/ ▸ਪਰਸੰਗ *m.* → ਪਰਸੰਗ

ਪਰਸਣਾ (परसणा) /parạsaṇā パルサナー/ [Skt. स्पर्शयते] *vt.* **1** 触る, 接触する. **2** 感じる. **3** 礼拝する.

ਪਰਸਤ (परसत) /parasạtạ パラスト/ ▸ਪ੍ਰਸਤ [Pers. *parast*] *adj.* **1** 崇拝する, 信奉する, 礼拝する, 礼賛する. **2** 耽る, ほしいままにする.

— *suff.* 「…を崇拝する」「…を礼拝する」「…を礼賛する」「…に耽る」などを意味する形容詞, または「…を崇拝する者」「…を礼拝する者」「…を礼賛する者」「…に耽る者」などを意味する男性名詞を形成する接尾辞.

ਪ੍ਰਸਤ (प्रसत) /prasạtạ (parasạtạ) プラスト (パラスト)/ ▸ਪਰਸਤ *adj.suff.* → ਪਰਸਤ

ਪਰਸਤਾਨ (परसतान) /parạsạtānạ パルスターン/ ▸ਪਰਿਸਤਾਨ [Pers. *parī* Pers.*-stān*] *m.* 天女の国, 妖精の国, おとぎの国.

ਪਰਸਤਾਵ (परसताव) /parasạtāvạ パラスターヴ/ ▸ਪ੍ਰਸਤਾਵ [Skt. प्रस्ताव] *m.* **1** 提案, 申し出, 申し入れ. **2** 提議, 動議, 決議案.

ਪ੍ਰਸਤਾਵ (प्रसताव) /prasạtāvạ (parasạtāvạ) プラスターヴ (パラスターヴ)/ ▸ਪਰਸਤਾਵ *m.* → ਪਰਸਤਾਵ

ਪਰਸਤਾਵਨਾ (परसतावना) /parasạtāvanā パラスターヴァナー/ ▸ਪ੍ਰਸਤਾਵਨਾ [Skt. प्रस्तावना] *f.* **1** 導入, 序言. **2** 序文, 前文.

ਪ੍ਰਸਤਾਵਨਾ (प्रसतावना) /prasạtāvanā (parasạtāvanā) プラスターヴァナー (パラスターヴァナー)/ ▸ਪਰਸਤਾਵਨਾ *f.* → ਪਰਸਤਾਵਨਾ

ਪਰਸਤੀ (परसती) /parasạtī パラスティー/ [Pers. *parastī*] *f.* **1** 崇拝, 信奉, 礼拝, 礼賛. **2** 耽ること, 耽溺.

— *suff.* 「…の崇拝」「…の礼拝」「…を礼賛すること」「…に耽ること」「…主義」「…性」などを意味する女性名

詞を形成する接尾辞.

ਪ੍ਰਸਤੁਤ (प्रसतुत) /prasa̯tuta̯ (parasa̯tuta̯) プラストゥト (パラストゥト)/ [Skt. प्रस्तुत] *adj.* **1** 提出された, 提示された. (⇒ਪੇਸ਼ ਕੀਤਾ ਹੋਇਆ) **2** 目の前にある, その場にある. (⇒ਹਾਜ਼ਰ, ਮੌਜੂਦ) **3** 用意された, 準備された. **4** 述べられた, 言及された. **3** 問題となっている, 関わっている.

ਪ੍ਰਸਥਾਨ (प्रसथान) /prasa̯tʰāna̯ (parasa̯tʰāna̯) プラスターン (パラスターン)/ [Skt. प्रस्थान] *m.* **1** 出発, 出立. **2** 前進. **3** 〘軍〙 進軍.

ਪ੍ਰਸਥਾਪਨ (प्रसथापन) /prasa̯tʰāpana̯ (parasa̯tʰāpana̯) プラスターパン (パラスターパン)/ [Skt. प्रस्थापन] *m.* **1** 発送, 派遣. **2** 設立, 設置. **3** 代用, 代理, 交代.

ਪਰਸੰਨ (परसंन) /para̯sanna̯ パルサンヌ/ ▸ਪ੍ਰਸੰਨ [Skt. प्रसन्न] *adj.* **1** 嬉しい, 楽しい, 喜んでいる. **2** 満足している, 上機嫌の.

ਪ੍ਰਸੰਨ (प्रसंन) /prasanna̯ (para̯sanna̯) プラサンヌ (パルサンヌ)/ ▸ਪਰਸੰਨ *adj.* → ਪਰਸੰਨ

ਪਰਸ਼ਨ (परशन) /paraśana̯ パラシャン/ ▸ਪ੍ਰਸ਼ਨ [Skt. प्रश्न] *m.* **1** 質問, 設問, 問い. (⇒ਸਵਾਲ)(⇔ਉੱਤਰ) **2** 問い合わせ, 照会. **3** 疑問. **4** 問題. **5** 論題.

ਪ੍ਰਸ਼ਨ (प्रशन) /praśana̯ (paraśana̯) プラシャン (パラシャン)/ ▸ਪਰਸ਼ਨ *m.* → ਪਰਸ਼ਨ

ਪ੍ਰਸ਼ਨ ਉੱਤਰ (प्रशन उत्तर) /praśana̯ uttara̯ プラシャン ウッタル/ [Skt. प्रश्न + Skt. उत्तर] *m.* **1** 質疑応答. **2** 問答. **3** 対話. **4** 討論, 議論.

ਪ੍ਰਸ਼ਨਕਰਤਾ (प्रशनकरता) /praśana̯kara̯tā プラシャンカルター/ [Skt. प्रश्नकर्ता] *m.* 質問者, 尋問者.

ਪ੍ਰਸ਼ਨ ਚਿੰਨ੍ਹ (प्रशन चिंन्ह) /praśana̯ cînna̯ プラシャン チンヌ/ [Skt. प्रश्न + Skt. चिह्न] *m.* **1** 〘符号〙 疑問符. **2** 疑わしい様子. **3** 不確実, 不確定.

ਪਰਸੰਨਤਾ (परसंनता) /para̯sanna̯tā パルサンヌター/ ▸ਪ੍ਰਸੰਨਤਾ [Skt. प्रसन्न Skt.-ता] *f.* **1** 嬉しさ, 楽しさ, 喜び. **2** 満足, 上機嫌.

ਪ੍ਰਸੰਨਤਾ (प्रसंनता) /prasanna̯tā プラサンヌター/ ▸ਪਰਸੰਨਤਾ *f.* → ਪਰਸੰਨਤਾ

ਪ੍ਰਸ਼ਨ ਪੱਤਰ (प्रशन पत्तर) /praśana̯ pattara̯ プラシャン パッタル/ [Skt. प्रश्न + Skt. पत्र] *m.* 問題用紙, 質問用紙.

ਪ੍ਰਸ਼ਨ ਵਾਚਕ ਪੜਨਾਉਂ (प्रशन वाचक पड़नाउँ) /praśana̯ wācaka̯ paṛa̯nāũ プラシャン ワーチャク パルナーウン/ [Skt. प्रश्न + Skt. वाचक + Eng. *pronoun*] *m.* 〘言〙 疑問代名詞.

ਪ੍ਰਸ਼ਨਾਤਮਕ (प्रशनातमक) /praśanāta̯maka̯ プラシャナートマク/ ▸ਪ੍ਰਸ਼ਨਾਤਮਿਕ *adj.* → ਪ੍ਰਸ਼ਨਾਤਮਿਕ

ਪ੍ਰਸ਼ਨਾਤਮਿਕ (प्रशनातमिक) /praśanāta̯mika̯ プラシャナートミク/ ▸ਪ੍ਰਸ਼ਨਾਤਮਕ [Skt. प्रश्न Skt.-नात्मक] *adj.* 疑問の, 質問の, 疑問を表す.

ਪ੍ਰਸ਼ਨਾਵਲੀ (प्रशनावली) /praśanāwalī プラシャナーワリー/ [Skt. प्रश्नावली] *f.* 質問事項, 質問表, 質問書.

ਪ੍ਰਸ਼ਨਿਕ (प्रशनिक) /praśanika̯ プラシャニク / *adj.* 質問に関する, 質問の形の.

ਪਰਸਪਰ (परसपर) /parasa̯para̯ パラスパル/ [Skt. परस्पर] *adj.* お互いの, 相互の.
— *adv.* お互いに, 相互に.

ਪਰਸਪਰ ਵਿਰੋਧੀ (परसपर विरोधी) /parasa̯para̯ virôdī パラスパル ヴィローディー/ [+ Skt. विरोधिन्] *adj.* **1** 互いに対立する. **2** 相互矛盾の.

ਪ੍ਰਸ੍ਵੇਦ (प्रस्वेद) /praswedа̯ (parasawedа̯) プラスウェード (パラサウェード)/ [Skt. प्रस्वेद] *m.* 〘生理〙 汗, 発汗. (⇒ਮੁੜ੍ਹਕਾ)

ਪਰਸਾ[1] (परसा) /para̯sā パルサー/ *m.* 水. (⇒ਜਲ, ਪਾਣੀ)

ਪਰਸਾ[2] (परसा) /para̯sā パルサー/ ▸ਫਰਸਾ [Skt. परशु] *m.* **1** 〘道具〙 斧. (⇒ਕੁਹਾੜਾ) **2** 〘武〙 槍斧.

ਪਰਸ਼ਾਸਕ (परशासक) /para̯śāsaka̯ パルシャーサク/ ▸ਪ੍ਰਸ਼ਾਸਕ [Skt. प्रशासक] *m.* **1** 管理者. **2** 行政官. **3** 統治者.

ਪ੍ਰਸ਼ਾਸਕ (प्रशासक) /praśāsaka̯ (para̯śāsaka̯) プラシャーサク (パルシャーサク)/ ▸ਪਰਸ਼ਾਸਕ *m.* → ਪਰਸ਼ਾਸਕ

ਪਰਸ਼ਾਸਕੀ (परशासकी) /para̯śāsa̯kī パルシャースキー/ ▸ਪ੍ਰਸ਼ਾਸਕੀ [Skt. प्रशासकीय] *adj.* **1** 行政の, 行政上の, 行政に関する. **2** 統治の, 統治者の.

ਪ੍ਰਸ਼ਾਸਕੀ (प्रशासकी) /praśāsa̯kī (para̯śāsa̯kī) プラシャースキー (パルシャースキー)/ ▸ਪਰਸ਼ਾਸਕੀ *adj.* → ਪਰਸ਼ਾਸਕੀ

ਪਰਸ਼ਾਸਨ (परशासन) /para̯śāsana̯ パルシャーサン/ ▸ਪ੍ਰਸ਼ਾਸਨ [Skt. प्रशासन] *m.* **1** 管理, 運営. **2** 行政. **3** 統治. **4** 行政当局, 政府.

ਪ੍ਰਸ਼ਾਸਨ (प्रशासन) /praśāsana̯ (para̯śāsana̯) プラシャーサン (パルシャーサン)/ ▸ਪਰਸ਼ਾਸਨ *m.* → ਪਰਸ਼ਾਸਨ

ਪਰਸ਼ਾਸਨਕ (परशासनक) /para̯śāsanaka̯ パルシャーサナク/ ▸ਪ੍ਰਸ਼ਾਸਨਕ [Skt. प्रशासनिक] *adj.* 行政の, 行政上の, 行政関係の.

ਪ੍ਰਸ਼ਾਸਨਕ (प्रशासनक) /praśāsanaka̯ (para̯śāsanaka̯) プラシャーサナク (パルシャーサナク)/ ▸ਪਰਸ਼ਾਸਨਕ *adj.* → ਪਰਸ਼ਾਸਨਕ

ਪਰਸ਼ਾਸਨੀ (परशासनी) /para̯śāsanī パルシャーサニー/ ▸ਪ੍ਰਸ਼ਾਸਨੀ [Skt. प्रशासन -ई] *adj.* **1** 管理の, 運営の. **2** 行政の, 行政上の, 行政関係の. **3** 統治上の. **4** 行政当局の, 政府の.

ਪ੍ਰਸ਼ਾਸਨੀ (प्रशासनी) /praśāsanī (para̯śāsanī) プラシャーサニー (パルシャーサニー)/ ▸ਪਰਸ਼ਾਸਨੀ *adj.* → ਪਰਸ਼ਾਸਨੀ

ਪਰਸਾਦ (परसाद) /para̯sāda̯ パルサード/ ▸ਪ੍ਰਸਾਦ, ਪਰਸ਼ਾਦ, ਪ੍ਰਸ਼ਾਦ *m.* → ਪਰਸ਼ਾਦ

ਪ੍ਰਸਾਦ (प्रसाद) /prasāda̯ (para̯sāda̯) プラサード (パルサード)/ ▸ਪਰਸਾਦ, ਪਰਸ਼ਾਦ, ਪ੍ਰਸ਼ਾਦ *m.* → ਪਰਸ਼ਾਦ

ਪਰਸ਼ਾਦ (परशाद) /para̯śāda̯ パルシャード/ ▸ਪ੍ਰਸਾਦ, ਪਰਸਾਦ, ਪ੍ਰਸ਼ਾਦ [Skt. प्रसाद] *m.* **1** 恵み, 恩寵. **2** 恩恵, 利益. **3** 親切, 好意. **4** 祝福. **5** 捧げ物. **6** 神前への供物, お供え. **7** お下がり《お祈りや参拝の時に, 神からの贈り物として信者や参拝者が受け取るもの》. .

ਪ੍ਰਸ਼ਾਦ (प्रशाद) /praśāda̯ (para̯śāda̯) プラシャード (パルシャード)/ ▸ਪਰਸਾਦ, ਪ੍ਰਸਾਦ, ਪਰਸ਼ਾਦ *m.* → ਪਰਸ਼ਾਦ

ਪਰਸਾਦਾ (परसादा) /para̯sādā パルサーダー/ ▸ਪਰਸ਼ਾਦਾ *m.* → ਪਰਸ਼ਾਦਾ

ਪਰਸ਼ਾਦਾ (परशादा) /para̯śādā パルシャーダー/ ▸ਪਰਸਾਦਾ [Skt. प्रसाद] *m.* **1** 食事. **2** お供えの食べ物.

ਪਰਸਾਰ (परसार) /para̯sāra̯ パルサール/ ▸ਪਸਾਰ, ਪ੍ਰਸਾਰ [Skt. प्रसार] *m.* **1** 広げること, 広がること, 広まること. **2** 広まり, 普及, 伝わること, 伝播. **3** 拡張, 膨張, 拡散, 増大. **4** 伸ばすこと, 伸長, 延長. **5** 発展, 発達, 進展.

6〚建築〛大広間, 講堂, ホール.

ਪ੍ਰਸਾਰ (प्रसार) /prasāra (parasāra) プラサール (パルサール)/ ▸ਪਸਾਰ, ਪਰਸਾਰ *m.* → ਪਰਸਾਰ

ਪਰਸਾਰਣ (परसारण) /parasāraṇa パルサーラン/ ▸ਪ੍ਰਸਾਰਣ, ਪਰਸਾਰਨ, ਪ੍ਰਸਾਰਨ *m.* → ਪਰਸਾਰਨ

ਪ੍ਰਸਾਰਣ (प्रसारण) /prasāraṇa (parasāraṇa) プラサーラン (パルサーラン)/ ▸ਪਰਸਾਰਣ, ਪਰਸਾਰਨ, ਪ੍ਰਸਾਰਨ *m.* → ਪਰਸਾਰਨ

ਪਰਸਾਰਨ (परसारन) /parasārana パルサーラン/ ▸ਪਰਸਾਰਣ, ਪ੍ਰਸਾਰਣ, ਪ੍ਰਸਾਰਨ [Skt. प्रसारण] *m.* **1** 広がること, 拡張する, 拡大すること. **2** 広めること, 普及, 宣伝, 広告, 流布. **3** 広報活動, 公表, 報道. **4** 放送.

ਪ੍ਰਸਾਰਨ (प्रसारन) /prasārana (parasārana) プラサーラン (パルサーラン)/ ▸ਪਰਸਾਰਣ, ਪ੍ਰਸਾਰਣ, ਪਰਸਾਰਨ *m.* → ਪਰਸਾਰਨ

ਪਰਸਾਰਿਤ (परसारित) /parasārita パルサーリト/ ▸ਪ੍ਰਸਾਰਿਤ [Skt. प्रसारित] *adj.* **1** 広がった, 拡張された, 拡大された. **2** 広められた, 普及された, 宣伝された, 広告された, 流布された. **3** 発表された, 公表された, 報道された, (新聞や雑誌に)掲載された. **4** 放送された.

ਪ੍ਰਸਾਰਿਤ (प्रसारित) /prasārita (parasārita) プラサーリト (パルサーリト)/ ▸ਪਰਸਾਰਿਤ *adj.* → ਪਰਸਾਰਿਤ

ਪਰਸਿੱਜਣਾ (परसिज्जणा) /parasijjaṇā パルスィッジャナー/ [Skt. प्रस्विद्यति] *vi.* **1**〚生理〛汗をかく, 発汗する. **2**〚生理〛おびただしく汗をかく, 汗だくになる.

ਪਰਸਿੱਧ (परसिद्ध) /parasîdda パルスィッド/ ▸ਪ੍ਰਸਿੱਧ [Skt. प्रसिद्ध] *adj.* 有名な, 名の知れた, 名高い, 著名な. (⇒ਮਸ਼ਹੂਰ) ❐ਓਸਾਮਾ ਬਿਨ ਲਾਦਿਨ ਹੁਣ ਦੁਨੀਆ ਦਾ ਸਭ ਤੋਂ ਪਰਸਿੱਧ ਵਿਅਕਤੀ ਹੈ। オサマ・ビン・ラーディンは今世界で最も有名な人物です.

ਪ੍ਰਸਿੱਧ (प्रसिद्ध) /prasîdda (parasîdda) プラスィッド (パルスィッド)/ ▸ਪਰਸਿੱਧ *adj.* → ਪਰਸਿੱਧ

ਪਰਸਿੱਧਤਾ (परसिद्धता) /parasîddatā パルスィッドター/ ▸ਪ੍ਰਸਿੱਧਤਾ [Skt. प्रसिद्ध Skt.-ता] *f.* 有名なこと, 名の知れていること, 名高いこと, 高名, 著名. (⇒ਮਸ਼ਹੂਰੀ)

ਪ੍ਰਸਿੱਧਤਾ (प्रसिद्धता) /prasîddatā (parasîddatā) プラスィッドター (パルスィッドター)/ ▸ਪਰਸਿੱਧਤਾ *f.* → ਪਰਸਿੱਧਤਾ

ਪਰਸਿੱਧੀ (परसिद्धी) /parasîddī パルスィッディー/ ▸ਪ੍ਰਸਿੱਧੀ [Skt. प्रसिद्धि] *f.* 名声, 有名, 高名, 著名. (⇒ਮਸ਼ਹੂਰੀ)

ਪ੍ਰਸਿੱਧੀ (प्रसिद्धी) /prasîddī (parasîddī) プラスィッディー (パルスィッディー)/ ▸ਪਰਸਿੱਧੀ *f.* → ਪਰਸਿੱਧੀ

ਪਰਸੀਨਾ (परसीना) /parasīnā パルスィーナー/ ▸ਪਸੀਨਾ, ਪਰਸੇ, ਪਰਸੇਉ, ਪਰਸੇਓ *m.* → ਪਸੀਨਾ

ਪਰਸੂਤ (परसूत) /parasūta パルスート/ ▸ਪ੍ਰਸੂਤ [Skt. प्रसूत] *m.* **1** 出産, 分娩. (⇒ਜਣੇਪਾ, ਵਿਅੰਮ) **2** 妊娠. **3** 子孫, 末裔, 後裔. (⇒ਸੰਤਾਨ, ਔਲਾਦ)

ਪ੍ਰਸੂਤ (प्रसूत) /prasūta (parasūta) プラスート (パルスート)/ ▸ਪਰਸੂਤ *m.* → ਪਰਸੂਤ

ਪਰਸੂਤ ਸੰਬੰਧੀ (परसूत संबंधी) /parasūta sambândī パルスート サンバンディー/ [Skt. प्रसूत + Skt. संबंधिन्] *adj.* **1** 出産の, 分娩の, 出産に関する. **2** 産科の, 助産術の.

ਪਰਸੂਤ ਸੰਬੰਧੀ ਵਿਗਿਆਨ (परसूत संबंधी विगिआन) /parasūta sambândī vigiāna パルスート サンバンディー ヴィギアーン/ [+ Skt. विज्ञान] *m.* 産科学, 助産術.

ਪਰਸੂਤ ਬੁਖ਼ਾਰ (परसूत बुख़ार) /parasūta buxāra パルスート ブカール/ [Skt. प्रसूत + Arab. *buxār*] *m.*〚医〛産褥熱.

ਪਰਸੂਤ ਵਿਗਿਆਨੀ (परसूत विगिआनी) /parasūta vigiānī パルスート ヴィギアーニー/ [+ Skt. विज्ञानी] *m.* 産科医.

ਪਰਸੂਤੀ (परसूती) /parasūtī パルスーティー/ [-ਈ] *adj.* **1** 出産の, 分娩の, 出産に関する. **2** 産科の, 助産術の.

ਪਰਸੇ (परसे) /parase パルセー/ ▸ਪਸੀਨਾ, ਪਰਸੀਨਾ, ਪਰਸੇਉ, ਪਰਸੇਓ *m.* → ਪਸੀਨਾ

ਪਰਸੇਉ (परसेउ) /paraseu | paraseo パルセーウ｜パルセーオー/ ▸ਪਸੀਨਾ, ਪਰਸੀਨਾ, ਪਰਸੇ, ਪਰਸੇਓ *m.* → ਪਸੀਨਾ

ਪਰਸੇਓ (परसेओ) /paraseo パルセーオー/ ▸ਪਸੀਨਾ, ਪਰਸੀਨਾ, ਪਰਸੇ, ਪਰਸੇਉ *m.* → ਪਸੀਨਾ

ਪਰਸੋਂ (परसों) /parasõ パルソーン/ [Skt. परश्वः] *m.f.* **1** あさって, 明後日. **2** おととい, 一昨日.

— *adv.* **1** あさって, 明後日. **2** おととい, 一昨日.

ਪਰਹਸਨ (परहसन) /parahasana パルハサン/ ▸ਪ੍ਰਹਸਨ [Skt. प्रहसन] *m.* **1** 笑い. **2** 笑劇. **3** 陽気な笑い. **4** おかしみ. **5** 笑いざわめくこと. **6** あざけり.

ਪ੍ਰਹਸਨ (प्रहसन) /prahasana (parahasana) プラハサン (パルハサン)/ ▸ਪਰਹਸਨ *m.* → ਪਰਹਸਨ

ਪਰਹਰਨਾ (परहरना) /paraharanā パルハルナー/ [Skt. परिहरति] *vt.* (金品を)盗む, 奪う.

ਪਰ੍ਹਾਂ (पर्हाँ) /pârā̃ パラーン/ ▸ਪਰੇ [Skt. पर] *adv.* **1** 離れて, 遠くに. (⇒ਦੂਰ) **2** 越えて. (⇒ਹੱਦ ਲੰਘ ਕੇ)

ਪਰ੍ਹਾ (पर्हा) /pârā パラー/ *m.* 列.

ਪਰਹੀਨ (परहीन) /parahīna パルヒーン/ [Pers. *par* Skt.-हीन] *adj.* 翼のない.

ਪਰਹੇਜ਼ (परहेज़) /paraheza | parěza パルヘーズ｜パレーズ/ [Pers. *parhez*] *m.* **1** 禁欲. **2** 節制, 自制. **3** 控えること, 差し控え. **4** 養生, 飲食の節制.

ਪਰਹੇਜ਼ਗਾਰ (परहेज़गार) /parahezagāra パルヘーズガール/ [Pers.-*gār*] *adj.* **1** 禁欲する, 節制する. **2** 敬虔な, 信心深い.

ਪਰਹੇਜ਼ਗਾਰੀ (परहेज़गारी) /parahezagārī パルヘーズガーリー/ [Pers.-*gārī*] *f.* **1** 禁欲の行, 節制すること. **2** 敬虔, 信心深さ, 敬虔な生活.

ਪ੍ਰਕਰਣ (प्रकरण) /prakaraṇa (parakaraṇa) プラカラン (パルカラン)/ ▸ਪਰਕਰਨ, ਪ੍ਰਕਰਨ *m.* → ਪਰਕਰਨ

ਪਰਕਰਨ (परकरन) /parakarana パルカラン/ ▸ਪ੍ਰਕਰਣ, ਪ੍ਰਕਰਨ [Skt. प्रकरण] *m.* **1** 文脈. **2** 話題, 論題. **3**(本や論文などの)章. (⇒ਅਧਿਆਇ)

ਪ੍ਰਕਰਨ (प्रकरन) /prakarana (parakarana) プラカラン (パルカラン)/ ▸ਪ੍ਰਕਰਣ, ਪਰਕਰਨ *m.* → ਪਰਕਰਨ

ਪਰਕਰਮਾ (परकरमा) /parakaramā パルカルマー/ ▸ਪਰਿਕਰਮਾ [Skt. परिक्रमा] *f.*〚建築〛回廊.

ਪਰਕ੍ਰਿਆ (परक्रिआ) /parakriā (parakariā) パルクリアー (パルカリアー)/ ▸ਪ੍ਰਕਿਰਿਆ, ਪਰਕਿਰਿਆ *f.* → ਪਰਕਿਰਿਆ

ਪਰਕਾਸ਼ (परकाश) /parakāśa パルカーシュ/ ▸ਪ੍ਰਕਾਸ਼ [Skt. प्रकाश] *m.* **1** 光, 明かり, 光明, 照明. **2** 輝き. **3** 光沢. **4** 啓発, 啓蒙.

ਪ੍ਰਕਾਸ਼ (प्रकाश) /prakāśa (parakāśa) プラカーシュ (パルカーシュ)/ ▸ਪਰਕਾਸ਼ *m.* → ਪਰਕਾਸ਼

ਪਰਕਾਸ਼ਕ (परकाशक) /parakāśaka パルカーシャク/ ▸

ਪ੍ਰਕਾਸ਼ਕ [Skt. प्रकाशक] *m.* 出版業者, 出版社, 発行者.

ਪ੍ਰਕਾਸ਼ਕ (प्रकाशक) /prakāśaka̸ (para̸kāśaka̸) プラカーシャク (パルカーシャク)/ ▸ਪਰਕਾਸ਼ਕ *m.* → ਪਰਕਾਸ਼ਕ

ਪਰਕਾਸ਼ਕੀ (परकाशकी) /para̸kāśa̸kī パルカーシュキー/ [Skt. प्रकाशक -ई] *adj.* 出版に関わる, 出版関係の.

ਪਰਕਾਸ਼ਣਾ (परकाशणा) /para̸kāśa̸ṇā パルカーシュナー/ ▸ਪ੍ਰਕਾਸ਼ਣਾ [Skt. प्रकाशन] *vt.* **1** 出版する, 発行する, 刊行する. (⇒ਪਰਕਾਸ਼ਿਤ ਕਰਨਾ) ❐ **2** 表す, 表現する, 見せる, 明らかにする. (⇒ਪਰਗਟਾਉਣਾ)

ਪ੍ਰਕਾਸ਼ਣਾ (प्रकाशणा) /prakāśa̸ṇā (para̸kāśa̸ṇā) プラカーシュナー (パルカーシュナー)/ ▸ਪਰਕਾਸ਼ਣਾ *vt.* → ਪਰਕਾਸ਼ਣਾ

ਪਰਕਾਸ਼ਤ (परकाशत) /para̸kāśata̸ パルカーシャト/ ▸ਪ੍ਰਕਾਸ਼ਤ, ਪਰਕਾਸ਼ਿਤ, ਪ੍ਰਕਾਸ਼ਿਤ *adj.* → ਪਰਕਾਸ਼ਿਤ

ਪ੍ਰਕਾਸ਼ਤ (प्रकाशत) /prakāśata̸ (para̸kāśata̸) プラカーシャト (パルカーシャト)/ ▸ਪਰਕਾਸ਼ਤ, ਪਰਕਾਸ਼ਿਤ, ਪ੍ਰਕਾਸ਼ਿਤ *adj.* → ਪਰਕਾਸ਼ਿਤ

ਪਰਕਾਸ਼ਨ (परकाशन) /para̸kāśana̸ パルカーシャン/ ▸ਪ੍ਰਕਾਸ਼ਨ [Skt. प्रकाशन] *m.* **1** 表明, 公表, 発表. **2** 出版, 発行, 刊行. **3** 出版物.

ਪ੍ਰਕਾਸ਼ਨ (प्रकाशन) /prakāśana̸ (para̸kāśana̸) プラカーシャン (パルカーシャン)/ ▸ਪਰਕਾਸ਼ਨ *m.* → ਪਰਕਾਸ਼ਨ

ਪਰਕਾਸ਼ਿਤ (परकाशित) /para̸kāśita̸ パルカーシト/ ▸ਪਰਕਾਸ਼ਤ, ਪ੍ਰਕਾਸ਼ਤ, ਪ੍ਰਕਾਸ਼ਿਤ [Skt. प्रकाशित] *adj.* 出版された, 発行された, 刊行された. ❐ਪਰਕਾਸ਼ਿਤ ਕਰਨਾ 出版する, 発行する.

ਪ੍ਰਕਾਸ਼ਿਤ (प्रकाशित) /prakāśita̸ (para̸kāśita̸) プラカーシト (パルカーシト)/ ▸ਪਰਕਾਸ਼ਤ, ਪ੍ਰਕਾਸ਼ਤ, ਪਰਕਾਸ਼ਿਤ *adj.* → ਪਰਕਾਸ਼ਿਤ

ਪਰਕਾਰ[1] (परकार) /para̸kāra̸ パルカール/ ▸ਪ੍ਰਕਾਰ [Skt. प्रकार] *m.* **1** 種類, 種. (⇒ਕਿਸਮ) **2** 範疇. **3** 様式. **4** 型, タイプ.

ਪਰਕਾਰ[2] (परकार) /para̸kāra̸ パルカール/ [Pers. *parkār*] *f.* 〖道具〗コンパス.

ਪ੍ਰਕਾਰ (प्रकार) /prakāra̸ (para̸kāra̸) プラカール (パルカール)/ ▸ਪਰਕਾਰ *m.* → ਪਰਕਾਰ[1]

ਪਰਕਿਰਤੀ (परकिरती) /para̸kira̸tī パルキルティー/ ▸ਪ੍ਰਕਿਰਤੀ [Skt. प्रकृति] *f.* **1** 自然. **2** 本性. **3** 性質. **4** 宇宙.

ਪ੍ਰਕਿਰਤੀ (प्रकिरती) /prakira̸tī (para̸kira̸tī) プラキルティー (パルキルティー)/ ▸ਪਰਕਿਰਤੀ *f.* → ਪਰਕਿਰਤੀ

ਪਰਕਿਰਿਆ (परकिरिआ) /para̸kiriā パルキリアー/ ▸ਪਰਕ੍ਰਿਆ, ਪ੍ਰਕਿਰਿਆ [Skt. प्रक्रिया] *f.* **1** 方法, 手順, 技法. **2** 過程, 行程. **3** 操作.

ਪ੍ਰਕਿਰਿਆ (प्रकिरिआ) /prakiriā (para̸kiriā) プラキリアー (パルキリアー)/ ▸ਪਰਕ੍ਰਿਆ, ਪਰਕਿਰਿਆ *f.* → ਪਰਕਿਰਿਆ

ਪਰਕੋਟਾ (परकोटा) /para̸koṭā パルコーター/ [Skt. परिकोट] *m.* **1** 町の周りに巡らした壁, 城壁で囲まれた場所. **2** 胸壁《城壁の縁に巡らした土や石造りの低い壁》.

ਪਰਖ (परख) /para̸kʰa̸ パルク/ [Skt. परीक्षा] *f.* **1** 試験. **2** 試用. **3** 検査. **4** 試金, 分析. **5** 検討, 吟味. **6** 純正であることの査定, 真贋の鑑定.

ਪਰਖਣਾ (परखणा) /para̸kʰaṇā パルカナー/ [Skt. परीक्षते] *vt.* **1** 試す, 試みる, 確かめる. (⇒ਅਜ਼ਮਾਉਣਾ) **2** 試験する. **3** 検査する, 検討する. **4** 分析する. **5** 立証する. **6** 純正であることを査定する, 真贋を鑑定する.

ਪਰਖਵਾਉਣਾ (परखवाउणा) /para̸kʰawāuṇā パルカワーウナー/ ▸ਪਰਖਾਉਣਾ [cf. ਪਰਖਣਾ] *vi.* **1** 試させる. **2** 試験させる. **3** 検査させる. **4** 分析させる. **5** 立証させる. **6** 純正であることを査定させる, 真贋を鑑定させる.

ਪਰਖਾਉਣਾ (परखाउणा) /para̸kʰāuṇā パルカーウナー/ ▸ਪਰਖਵਾਉਣਾ *vi.* → ਪਰਖਵਾਉਣਾ

ਪਰਖਾਈ (परखाई) /para̸kʰāī パルカーイー/ [cf. ਪਰਖਣਾ] *f.* **1** 試すこと. **2** 試験すること. **3** 検査すること. **4** 分析すること. **5** 立証すること. **6** 純正であることを査定すること, 真贋を鑑定すること.

ਪਰਖੀ (परखी) /para̸kʰī パルキー/ *f.* 〖道具〗麻袋の中味の標本を取り出すための先の尖った大匙.

ਪਰਖੇਪ (परखेप) /para̸kʰepa̸ パルケープ/ ▸ਪ੍ਰਖੇਪ [Skt. प्रक्षेप] *m.* 増補.

ਪ੍ਰਖੇਪ (प्रखेप) /prakʰepa̸ (para̸kʰepa̸) プラケープ (パルケープ)/ ▸ਪਰਖੇਪ *m.* → ਪਰਖੇਪ

ਪਰਗਟ (परगट) /para̸gaṭa̸ パルガト/ ▸ਪ੍ਰਗਟ [Skt. प्रकट] *adj.* **1** 目に見える, 明らかな. **2** 現れた, 出現した. **3** 明白な, 歴然とした. **4** 明瞭な, はっきりしている.

ਪ੍ਰਗਟ (प्रगट) /pragaṭa̸ (para̸gaṭa̸) プラガト (パルガト)/ ▸ਪਰਗਟ *adj.* → ਪਰਗਟ

ਪਰਗਟਣਾ (परगटणा) /para̸gaṭa̸ṇā パルガトナー/ [Skt. प्रकट] *vi.* **1** 明らかになる, 明示される, 顕現する. **2** 現れる, 出現する. **3** 表れる, 表現される, 表明される. **4** 露(あらわ)になる, 露呈する. **5** 見える, 人目にさらされる.

ਪਰਗਟਾ (परगटा) /para̸gaṭā パルガター/ ▸ਪਰਗਟਾਉ, ਪ੍ਰਗਟਾਉ, ਪਰਗਟਾਅ, ਪਰਗਟਾਵਾ [Skt. प्रकट] *m.* **1** 明らかになること, 明示, 顕示, 表明. **2** 現れること, 出現, 顕現. **3** 露(あらわ)になること, 露出, 露呈. **4** 目に見えること, 表われ. **5** 表出, 表現.

ਪਰਗਟਾਉ (परगटाउ) /para̸gaṭāo | para̸gaṭāu パルガターオー | パルガターウ/ ▸ਪਰਗਟਾ, ਪ੍ਰਗਟਾਉ, ਪਰਗਟਾਅ, ਪਰਗਟਾਵਾ *m.* → ਪਰਗਟਾ

ਪ੍ਰਗਟਾਉ (प्रगटाउ) /pragaṭāo (para̸gaṭāo) プラガターオー (パルガターオー)/ ▸ਪਰਗਟਾ, ਪਰਗਟਾਉ, ਪਰਗਟਾਅ, ਪਰਗਟਾਵਾ *m.* → ਪਰਗਟਾ

ਪਰਗਟਾਉਣਾ (परगटाउणा) /para̸gaṭāuṇā パルガターウナー/ ▸ਪ੍ਰਗਟਾਉਣਾ [Skt. प्रकट] *vt.* **1** 明らかにする, 明示する, 顕現させる. **2** 現す, 出現させる. **3** 表す, 表現する, 表明する. **4** 露(あらわ)にする, 露呈させる. **5** 見せる, 人目にさらす.

ਪ੍ਰਗਟਾਉਣਾ (प्रगटाउणा) /pragaṭāuṇā (para̸gaṭāuṇā) プラガターウナー (パルガターウナー)/ ▸ਪਰਗਟਾਉਣਾ *vt.* → ਪਰਗਟਾਉਣਾ

ਪਰਗਟਾਅ (परगटाअ) /para̸gaṭāa パルガターア/ ▸ਪਰਗਟਾ, ਪਰਗਟਾਉ, ਪ੍ਰਗਟਾਉ, ਪਰਗਟਾਵਾ *m.* → ਪਰਗਟਾ

ਪਰਗਟਾਵਾ (परगटावा) /para̸gaṭāwā パルガターワー/ ▸ਪਰਗਟਾ, ਪਰਗਟਾਉ, ਪ੍ਰਗਟਾਉ, ਪਰਗਟਾਅ *m.* → ਪਰਗਟਾ

ਪਰਗਣਾ (परगणा) /para̸gaṇā パルガナー/ [Pers. *pargana*] *m.* **1** 村落の集まり, (都市に対しての)村落, 田舎. **2**(行政区分としての)地方の下位区分《 ਜ਼ਿਲਾ よ

り小さい》.

ਪਰਗਤੀ (परगती) /paragatī パルガティー/ ▶ਪ੍ਰਗਤੀ [Skt. प्रगति] *f.* **1** 進歩, 向上, 進捗. (⇒ਉੱਨਤੀ) **2** 前進, 進行. **3** 発展, 発達. **4** 成長.

ਪ੍ਰਗਤੀ (प्रगती) /pragatī (paragatī) プラガティー (パルガティー)/ ▶ਪਰਗਤੀ *f.* → ਪਰਗਤੀ

ਪਰਗਤੀਸ਼ੀਲ (परगतीशील) /paragatīśīla パルガティーシール/ ▶ਪ੍ਰਗਤੀਸ਼ੀਲ [Skt. प्रगति Skt.-शील] *adj.* **1** 進歩的な, 前進的な. **2** 発展する.

ਪ੍ਰਗਤੀਸ਼ੀਲ (प्रगतीशील) /pragatīśīla (paragatīśīla) プラガティーシール (パルガティーシール)/ ▶ਪਰਗਤੀਸ਼ੀਲ *adj.* → ਪਰਗਤੀਸ਼ੀਲ

ਪਰਗਤੀਵਾਦ (परगतीवाद) /paragatīwāda パルガティーワード/ ▶ਪ੍ਰਗਤੀਵਾਦ [Skt. प्रगति Skt.-वाद] *m.* 進歩主義.

ਪ੍ਰਗਤੀਵਾਦ (प्रगतीवाद) /pragatīwāda (paragatīwāda) プラガティーワード (パルガティーワード)/ ▶ਪਰਗਤੀਵਾਦ *m.* → ਪਰਗਤੀਵਾਦ

ਪਰਗਤੀਵਾਦੀ (परगतीवादी) /paragatīwādī パルガティーワーディー/ ▶ਪ੍ਰਗਤੀਵਾਦੀ [Skt. प्रगति Skt.-वादिन्] *m.* 進歩主義者.

ਪ੍ਰਗਤੀਵਾਦੀ (प्रगतीवादी) /pragatīwādī (paragatīwādī) プラガティーワーディー (パルガティーワーディー)/ ▶ਪਰਗਤੀਵਾਦੀ *m.* → ਪਰਗਤੀਵਾਦੀ

ਪਰਚੰਡ (परचंड) /paracaṇḍa パルチャンド/ ▶ਪ੍ਰਚੰਡ [Skt. प्रचंड] *adj.* **1** 過激な, 猛烈な, 激烈な, ものすごい. **2** 耐えがたい, 堪えがたい. **3** 恐ろしい, 怖い. **4** 大変な. **5** 強力な.

ਪ੍ਰਚੰਡ (प्रचंड) /pracaṇḍa (paracaṇḍa) プラチャンド (パルチャンド)/ ▶ਪਰਚੰਡ *adj.* → ਪਰਚੰਡ

ਪਰਚਣਾ (परचणा) /paracaṇā パルチャナー/ [Skt. प्रज्यते] *vi.* **1** 馴染む, なつく, 馴れる. **2** 気が向く. **3** 打ちとけて楽しむ, 楽しく従事する. **4** なだめられる, 慰められる, 癒される. **5** 満足する, 満たされる.

ਪਰਚਲਤ (परचलत) /paracalata パルチャラト/ ▶ਪ੍ਰਚਲਤ, ਪਰਚੱਲਤ, ਪਰਚਲਿਤ, ਪ੍ਰਚਲਿਤ *adj.* → ਪਰਚੱਲਤ

ਪ੍ਰਚਲਤ (प्रचलत) /pracalata (paracalata) プラチャラト (パルチャラト)/ ▶ਪਰਚਲਤ, ਪਰਚੱਲਤ, ਪਰਚਲਿਤ, ਪ੍ਰਚਲਿਤ *adj.* → ਪਰਚੱਲਤ

ਪਰਚੱਲਤ (परचल्लत) /paracallata パルチャッラト/ ▶ਪਰਚਲਤ, ਪ੍ਰਚਲਤ, ਪਰਚਲਿਤ, ਪ੍ਰਚਲਿਤ [Skt. प्रचलित] *adj.* **1** 普及している, 広まっている. **2** 現行の. **3** 通用する. **4** 流行している. **5** 一般的な, 一般に行き渡っている.

ਪਰਚਲਨ (परचलन) /paracalana パルチャラン/ [Skt. प्रचलन] *m.* **1** 普及, 広まり. **2** 通用. **3** 流行.

ਪਰਚਲਿਤ (परचलित) /paracalita パルチャリト/ ▶ਪਰਚਲਤ, ਪ੍ਰਚਲਤ, ਪਰਚੱਲਤ, ਪ੍ਰਚਲਿਤ *adj.* → ਪਰਚੱਲਤ

ਪ੍ਰਚਲਿਤ (प्रचलित) /pracalita (paracalita) プラチャリト (パルチャリト)/ ▶ਪਰਚਲਤ, ਪ੍ਰਚਲਤ, ਪਰਚੱਲਤ, ਪਰਚਲਿਤ *adj.* → ਪਰਚੱਲਤ

ਪਰਚਾ[1] (परचा) /paracā パルチャー/ [Skt. परिचय] *m.* **1** 知識, 専門知識. (⇒ਜਾਣਕਾਰੀ) **2** 学識, 学問. (⇒ਗਿਆਨ) **3** 試験, 試練.

ਪਰਚਾ[2] (परचा) /paracā パルチャー/ [Pers. *parcā*] *m.* **1** 紙切れ, 紙片, 券. **2** 答案用紙. **3** 請求書.

ਪਰਚਾਉਣਾ (परचाउणा) /paracāuṇā パルチャーウナー/ ▶ਪਰਚਾਣਾ [cf. ਪਰਚਣਾ] *vt.* **1** 馴染ませる, なつかせる, 馴らす. **2** 気を向かせる. **3** 楽しませる. **4** なだめる, 慰める, 癒す. **5** 満足させる. **6** 弔問する.

ਪਰਚਾਉਣੀ (परचाउणी) /paracāuṇī パルチャーウニー/ ▶ਪਰਚੌਣੀ [cf. ਪਰਚਾਉਣਾ] *f.* 弔問. (⇒ਮਾਤਮਪੁਰਸ਼ੀ)

ਪਰਚਾਣਾ (परचाणा) /paracāṇā パルチャーナー/ ▶ਪਰਚਾਉਣਾ *vt.* → ਪਰਚਾਉਣਾ

ਪਰਚਾਰ (परचार) /paracāra パルチャール/ ▶ਪ੍ਰਚਾਰ [Skt. प्रचार] *m.* **1** 宣伝, 宣伝活動, 広告. **2** 布教, 布教活動. **3** 普及, 流布, 広まり, 流行.

ਪ੍ਰਚਾਰ (प्रचार) /pracāra (paracāra) プラチャール (パルチャール)/ ▶ਪਰਚਾਰ *m.* → ਪਰਚਾਰ

ਪਰਚਾਰਕ (परचारक) /paracāraka パルチャーラク/ ▶ਪ੍ਰਚਾਰਕ [Skt. प्रचारक] *adj.* **1** 宣伝する, 広告する. **2** 広める, 普及させる. **3** 説き勧める, 布教する. **4** 推進する.

— *m.* **1** 宣伝者. **2** 説教師, 宣教師. **3** 推進者.

ਪ੍ਰਚਾਰਕ (प्रचारक) /pracāraka (paracāraka) プラチャーラク (パルチャーラク)/ ▶ਪਰਚਾਰਕ *adj.m.* → ਪਰਚਾਰਕ

ਪਰਚਾਰਨਾ (परचारना) /paracāranā パルチャールナー/ ▶ਪ੍ਰਚਾਰਨਾ [Skt. प्रचारयति] *vt.* **1** 宣伝する, 広告する. **2** 広める, 普及させる. **3** 説き勧める, 布教する.

ਪ੍ਰਚਾਰਨਾ (प्रचारना) /pracāranā (paracāranā) プラチャールナー (パルチャールナー)/ ▶ਪਰਚਾਰਨਾ *vt.* → ਪਰਚਾਰਨਾ

ਪਰਚਾਵਾ (परचावा) /paracāwā パルチャーワー/ [cf. ਪਰਚਾਰਨਾ] *m.* **1** 楽しませるもの, 楽しみ, 娯楽. (⇒ਮਨੋਰੰਜਨ) **2** 心を癒すもの, 気晴らし. (⇒ਦਿਲ ਬਹਿਲਾਵਾ)

ਪਰਚੀ (परची) /paracī パルチー/ [Pers. *parcā* -ਈ] *f.* **1** 小さな紙切れ. **2** 細長い切れ端, 伝票. **3** 短い手紙, メモ用紙. **4** 説教.

ਪਰਚੂਣ (परचूण) /paracūṇa パルチューン/ [Skt. पर + Skt. चूर्ण] *f.* **1** 糧食, 食糧, 食料, 食料雑貨類. **2** 〖経済〗小売業.

ਪਰਚੂਣੀਆ (परचूणीआ) /paracūṇīā パルチューニーアー/ [-ੀਆ] *m.* 食料雑貨販売業者.

ਪਰਚੌਣੀ (परचौणी) /paracauṇī パルチャォーニー/ ▶ਪਰਚਾਉਣੀ *f.* → ਪਰਚਾਉਣੀ

ਪਰਛਾਈਂ (परछाईं) /parac^hāī̃ パルチャーイーン/ ▶ਪਰਛਾਂਵਾਂ, ਪਰਛਾਵਾਂ *f.* → ਪਰਛਾਵਾਂ

ਪਰਛਾਂਵਾਂ (परछाँवाँ) /parac^hā̃wā̃ パルチャーンワーン/ ▶ਪਰਛਾਈਂ, ਪਰਛਾਵਾਂ *m.* → ਪਰਛਾਵਾਂ

ਪਰਛਾਵਾਂ (परछावाँ) /parac^hāwā̃ パルチャーワーン/ ▶ਪਰਛਾਈਂ, ਪਰਛਾਂਵਾਂ [Skt. प्रतिच्छाया] *m.* **1** 影. **2** 陰, 日陰. **3** 反射. **4** 影響. **5** 悪影響, 悪霊の祟り, 不吉なもの.

ਪਰਜਾ (परजा) /parajā パルジャー/ ▶ਪ੍ਰਜਾ [Skt. प्रजा] *f.* 民, 人民, 臣民. (⇒ਮਹਿਕੂਮ)

ਪ੍ਰਜਾ (प्रजा) /prajā (parajā) プラジャー (パルジャー)/ ▶ਪਰਜਾ *f.* → ਪਰਜਾ

ਪਰਜੀਵ (परजीव) /parajīva パルジーヴ/ [Skt. परजीव] *m.* 〖虫〗寄生虫.

ਪਰਜੀਵੀ (परजीवी) /parajīvī パルジーヴィー/ [Skt. परजीविन्] *adj.* **1** 寄生虫の. **2** 寄生している.

ਪਰਣ (परण) /paraṇa パラン/ ▶ਪ੍ਰਣ [Skt. प्रण] *m.* **1** 誓い.

(⇒ਸਹੁੰ, ਕਸਮ) **2** 誓約, 約束. (⇒ਵਾਇਦਾ, ਬਚਨ) **3** 決意.

ਪ੍ਰਣ (प्रण) /praṇa (paraṇa) プラン (パラン)/ ▸ਪਰਣ *m.* → ਪਰਣ

ਪ੍ਰਣਾਲੀ (प्रणाली) /praṇālī (paraṇālī) プラナーリー (パルナーリー)/ ▸ਪਰਨਾਲੀ, ਪ੍ਰਨਾਲੀ *f.* → ਪਰਨਾਲੀ

ਪਰਤ[1] (परत) /parata パラト/ [Skt. पत्र] *f.* **1** 折り目. (⇒ਤਹਿ) **2** 層. **3** 薄片.

ਪਰਤ[2] (परत) /parata パラト/ [Skt. प्रति] *f.* **1** 複製, 模造. (⇒ਨਕਲ) **2** 模写, 複写. (⇒ਉਤਾਰਾ, ਕਾਪੀ)

ਪਰਤ[3] (परत) /parata パラト/ ▸ਪੜਤ *f.* → ਪੜਤ

ਪਰਤਖ (परतख) /paratakʰa パルタク/ ▸ਪਰਤੱਖ *adj.* → ਪਰਤੱਖ

ਪਰਤੱਖ (परतक्ख) /paratakkʰa パルタック/ ▸ਪਰਤਖ [Skt. प्रत्यक्ष] *adj.* **1** 目に見える. **2** 明らかな, 明白な. **3** 知覚できる.

ਪਰਤੱਖ-ਗਿਆਨ (परतक्ख-गिआन) /paratakkʰa-giāna パルタック・ギアーン/ [+ Skt. ज्ञान] *m.* 知覚.

ਪਰਤੱਖਵਾਦ (परतक्खवाद) /paratakkʰawāda パルタックワード/ [Skt.-वाद] *m.* 実証主義, 実証哲学.

ਪਰਤੱਖਵਾਦੀ (परतक्खवादी) /paratakkʰawādī パルタックワーディー/ [Skt.-वादिन्] *adj.* 実証主義の.

— *m.* 実証主義者, 実証哲学者.

ਪਰਤਗਿਆ (परतगिआ) /paratagiā パルタギアー/ ▸ਪ੍ਰਤਗਿਆ, ਪਰਤੱਗਿਆ, ਪਰਤਿਗਿਆ *f.* → ਪਰਤੱਗਿਆ

ਪ੍ਰਤਗਿਆ (प्रतगिआ) /pratagiā (paratagiā) プラタギアー (パルタギアー)/ ▸ਪਰਤਗਿਆ, ਪਰਤੱਗਿਆ, ਪਰਤਿਗਿਆ *f.* → ਪਰਤੱਗਿਆ

ਪਰਤੱਗਿਆ (परतग्गिआ) /parataggiā パルタッギアー/ ▸ਪਰਤਗਿਆ, ਪ੍ਰਤਗਿਆ, ਪਰਤਿਗਿਆ [Skt. प्रतिज्ञा] *f.* **1** 誓い, 誓約. (⇒ਸਹੁੰ, ਕਸਮ) **2** 宣誓. **3** 約束. (⇒ਵਾਇਦਾ, ਬਚਨ) **4** 決意, 決心. (⇒ਨਿਸ਼ਚਾ, ਦਰਿੜ੍ਹ ਸੰਕਲਪ) **5** 主張, 断言, 言明, 宣言. **6** 確信, 確言.

ਪਰਤਣਾ (परतणा) /parataṇā パルタナー/ [Skt. वर्तते] *vi.* **1** 回る, 曲がる. **2** 戻る, 引き返す, 帰る. (⇒ਵਾਪਸ ਆਉਣਾ) ❑ਪੰਛੀ ਟਕਰਾਉਣ ਕਾਰਨ ਏਅਰ ਇੰਡੀਆ ਦੀ ਉਡਾਣ ਨੂੰ ਪਰਤਣਾ ਪਿਆ। 鳥が衝突したためにエアー・インディアのフライトは引き返すことを余儀なくされました. **3** 振り返る, 振り向く.

ਪਰਤੰਤਰ (परतंतर) /paratantara パルタンタル/ [Skt. परतंत्र] *adj.* 従属した, 服従している, 依存している. (⇒ਪਰਾਧੀਨ)(⇔ਸੁਤੰਤਰ)

ਪਰਤੰਤਰਤਾ (परतंतरता) /paratantaratā パルタンタルター/ [Skt.-ता] *f.* 従属, 服従. (⇒ਪਰਾਧੀਨਤਾ)(⇔ਸੁਤੰਤਰਤਾ)

ਪਰਤਾਉਣਾ[1] (परताउणा) /paratāuṇā パルターウナー/ [cf. ਪਰਤਣਾ] *vt.* **1** 回す, 曲げる. **2** 戻す, 返す. **3** 帰す. **4** 拒絶する. **5** 受け取らない. **6** 返済する.

ਪਰਤਾਉਣਾ[2] (परताउणा) /paratāuṇā パルターウナー/ *vt.* **1** 試す, 試みる. (⇒ਪਰਖਣਾ, ਅਜ਼ਮਾਉਣਾ) **2** 試験する. **3** 検査する. **4** 分析する. **5** 立証する.

ਪਰਤਾਪ (परताप) /paratāpa パルタープ/ ▸ਪ੍ਰਤਾਪ [Skt. प्रताप] *m.* **1** 名誉, 名声. **2** 偉大さ. **3** 威厳, 威光. **4** 荘厳, 壮麗. **5** 栄華, 繁栄.

ਪ੍ਰਤਾਪ (प्रताप) /pratāpa (paratāpa) プラタープ (パルタープ)/ ▸ਪਰਤਾਪ *m.* → ਪਰਤਾਪ

ਪਰਤਾਪਮਾਨ (परतापमान) /paratāpamāna パルタープマーン/ [Skt. प्रताप Skt.-मान्] *adj.* → ਪਰਤਾਪੀ

ਪਰਤਾਪਵਾਨ (परतापवान) /paratāpawāna パルタープワーン/ [Skt. प्रताप Skt.-वान्] *adj.* → ਪਰਤਾਪੀ

ਪਰਤਾਪੀ (परतापी) /paratāpī パルターピー/ ▸ਪ੍ਰਤਾਪੀ [Skt. प्रतापिन्] *adj.* **1** 名誉ある. **2** 偉大な, 立派な. **3** 威厳のある. **4** 荘厳な, 壮麗な, 堂々とした.

ਪ੍ਰਤਾਪੀ (प्रतापी) /pratāpī (paratāpī) プラターピー (パルターピー)/ ▸ਪਰਤਾਪੀ *adj.* → ਪਰਤਾਪੀ

ਪਰਤਾਵਾਂ (परतावाँ) /paratāwā̃ パルターワーン/ [cf. ਪਰਤਾਉਣਾ[1]] *adj.* **1** 戻せる, 返せる. **2** 返済できる.

ਪਰਤਾਵਾ (परतावा) /paratāwā パルターワー/ [cf. ਪਰਤਣਾ] *m.* **1** 戻ること, 引き返すこと, 帰ること. **2** 拒絶. **3** 返答. **4** 言い返し, 反論.

ਪਰਤਿ (परति) /parati パラティ/ ▸ਪ੍ਰਤਿ, ਪ੍ਰਤੀ [Skt. प्रति] *pref.* 「反対」「対抗」「逆」「…につき」「毎…」「類似」「代理」「周囲」「十分」などの意味を含む語を形成する接頭辞.

— *postp.* …に対して, …の方へ, …への, …に向かって, …に向けて, …の方を向いて.

ਪ੍ਰਤਿ (प्रति) /prati (parati) プラティ (パラティ)/ ▸ਪਰਤਿ, ਪ੍ਰਤੀ *pref.postp.* → ਪਰਤਿ

ਪਰਤਿਸ਼ਟਤ (परतिशटत) /paratiśaṭata パルティシュタト/ ▸ਪ੍ਰਤਿਸ਼ਟਤ, ਪਰਤਿਸ਼ਠਿਤ, ਪ੍ਰਤਿਸ਼ਠਿਤ *adj.* → ਪਰਤਿਸ਼ਠਿਤ

ਪ੍ਰਤਿਸ਼ਟਤ (प्रतिशटत) /pratiśaṭata (paratiśaṭata) プラティシュタト (パルティシュタト)/ ▸ਪਰਤਿਸ਼ਟਤ, ਪਰਤਿਸ਼ਠਿਤ, ਪ੍ਰਤਿਸ਼ਠਿਤ *adj.* → ਪਰਤਿਸ਼ਠਿਤ

ਪਰਤਿਸ਼ਟਾ (परतिशटा) /paratiśaṭā パルティシュター/ ▸ਪ੍ਰਤਿਸ਼ਟਾ, ਪਰਤਿਸ਼ਠਾ, ਪ੍ਰਤਿਸ਼ਠਾ *f.* → ਪਰਤਿਸ਼ਠਾ

ਪ੍ਰਤਿਸ਼ਟਾ (प्रतिशटा) /pratiśaṭā (paratiśaṭā) プラティシュター (パルティシュター)/ ▸ਪਰਤਿਸ਼ਟਾ, ਪਰਤਿਸ਼ਠਾ, ਪ੍ਰਤਿਸ਼ਠਾ *f.* → ਪਰਤਿਸ਼ਠਾ

ਪਰਤਿਸ਼ਠਾ (परतिशठा) /paratiśaṭʰā パルティシュター/ ▸ਪਰਤਿਸ਼ਟਾ, ਪ੍ਰਤਿਸ਼ਟਾ, ਪ੍ਰਤਿਸ਼ਠਾ [Skt. प्रतिष्ठा] *f.* **1** 名誉, 尊敬, 尊重, 栄誉. **2** 評判, 名声, 高名. **3** 体面, 面目, 威信.

ਪ੍ਰਤਿਸ਼ਠਾ (प्रतिशठा) /pratiśaṭʰā (paratiśaṭʰā) プラティシュター (パルティシュター)/ ▸ਪਰਤਿਸ਼ਟਾ, ਪ੍ਰਤਿਸ਼ਟਾ, ਪਰਤਿਸ਼ਠਾ *f.* → ਪਰਤਿਸ਼ਠਾ

ਪਰਤਿਸ਼ਠਿਤ (परतिशठित) /paratiśaṭʰita パルティシュティト/ ▸ਪਰਤਿਸ਼ਟਤ, ਪ੍ਰਤਿਸ਼ਟਤ, ਪ੍ਰਤਿਸ਼ਠਿਤ [Skt. प्रतिष्ठित] *adj.* **1** 尊敬された, 尊敬すべき, 尊重された, 名誉ある, 栄誉ある. **2** 立派な, 優れた, 名の通った, 高名, 有名な, 著名な, 高貴な. **3** 確かな, しっかりした, 確立された, 信頼のある. **4** 設立された, 設置された, 据えつけられた, 安置された, 祀られた.

ਪ੍ਰਤਿਸ਼ਠਿਤ (प्रतिशठित) /pratiśaṭʰita (paratiśaṭʰita) プラティシュティト (パルティシュティト)/ ▸ਪਰਤਿਸ਼ਟਤ, ਪ੍ਰਤਿਸ਼ਟਤ, ਪਰਤਿਸ਼ਠਿਤ *adj.* → ਪਰਤਿਸ਼ਠਿਤ

ਪਰਤਿਸ਼ਤ (परतिशत) /paratiśata パラティシャト/ ▸ਪ੍ਰਤਿਸ਼ਤ, ਪ੍ਰਤੀਸ਼ਤ [Skt. प्रति- Skt. शत] *adv.* 100につき, 百分率で, 100分の1で, パーセントで. (⇒ਫ਼ੀਸਦੀ)

— *adj.* 100分の1の, パーセントの.

— *m.* 百分率, パーセント, %.

ਪ੍ਰਤਿਸ਼ਤ (प्रतिशत) /pratiśata̸ (paratiśata̸) プラティシャト (パラティシャト)/ ▸ਪਰਤਿਸ਼ਤ, ਪ੍ਰਤੀਸ਼ਤ *adv.adj.m.* → ਪਰਤਿਸ਼ਤ

ਪ੍ਰਤਿਕਿਰਿਆ (प्रतिकिरिआ) /pratikiriā (paratikiriā) プラティキリアー (パラティキリアー)/ ▸ਪ੍ਰਤੀਕਿਰਿਆ [Skt. प्रति- Skt. क्रिया] *f.* **1** 反応, 反響. **2** 反動, 反作用.

ਪ੍ਰਤਿਕੂਲ (प्रतिकूल) /pratikūla̸ (paratikūla̸) プラティクール (パラティクール)/ [Skt. प्रतिकूल] *adj.* **1** 反対の, 逆の. **2** 悪い, 負の.

ਪ੍ਰਤਿਕੂਲਤਾ (प्रतिकूलता) /pratikūla̸tā (paratikūla̸tā) プラティクールター (パラティクールター)/ [Skt.-ता] *f.* **1** 反対, 逆方向. **2** 反対すること, 対立, 敵対. (⇒ਵਿਰੋਧ) **3** 悪さ, 劣悪さ, 悪い行い.

ਪਰਤਿਗਿਆ (परतिगिआ) /paratigiā パラティギアー/ ▸ ਪਰਤਗਿਆ, ਪ੍ਰਤਗਿਆ, ਪਰਤੱਗਿਆ *f.* → ਪਰਤੱਗਿਆ

ਪਰਤਿਜੀਵ (परतिजीव) /paratijīva̸ パラティジーヴ/ ▸ ਪ੍ਰਤਿਜੀਵ [Skt. प्रति- Skt. जीव] *m.* 〖生物〗抗体.
— *adv.* 個人ごとに, 個別に.

ਪ੍ਰਤਿਜੀਵ (प्रतिजीव) /pratijīva̸ (paratijīva̸) プラティジーヴ (パラティジーヴ)/ ▸ਪਰਤਿਜੀਵ *m.adv.* → ਪਰਤਿਜੀਵ

ਪਰਤਿਜੀਵੀ (परतिजीवी) /paratijīvī パラティジーヴィー/ ▸ਪ੍ਰਤਿਜੀਵੀ [Skt. प्रति- Skt. जीविन्] *adj.* 〖生物〗抗生の.

ਪ੍ਰਤਿਜੀਵੀ (प्रतिजीवी) /pratijīvī (paratijīvī) プラティジーヴィー (パラティジーヴィー)/ ▸ਪਰਤਿਜੀਵੀ *adj.* → ਪਰਤਿਜੀਵੀ

ਪਰਤਿਤਰਤੀਬੀ (परतितरतीबी) /paratitara̸tībī パラティタルティービー/ [Skt. प्रति- Pers. *tartībī*] *adj.* 逆の順序の, 正反対の.

ਪਰਤਿਦਲੀਲ (परतिदलील) /paratidalīla̸ パラティダリール/ [Skt. प्रति- Arab. *dalīl*] *f.* 反論.

ਪਰਤਿਦਵੰਦੀ (परतिदवंदी) /paratidawandī パラティダワンディー/ ▸ਪ੍ਰਤਿਦ੍ਵੰਦੀ [Skt. प्रति- Skt. द्वंद्विन्] *adj.* 対抗する, 競争相手の.
— *m.* 対抗者, 競争相手, 好敵手, ライバル.

ਪ੍ਰਤਿਦ੍ਵੰਦੀ (प्रतिद्वंदी) /pratidwandī (paratidawandī) プラティドワンディー (パラティダワンディー)/ ▸ਪਰਤਿਦਵੰਦੀ *adj.m.* → ਪਰਤਿਦਵੰਦੀ

ਪਰਤਿਧੁਨੀ (परतिधुनी) /paratitŭnī パラティトゥニー/ ▸ ਪ੍ਰਤਿਧੁਨੀ [Skt. प्रति- Skt. ध्वनि] *f.* こだま, 反響, 共鳴, 余韻.

ਪ੍ਰਤਿਧੁਨੀ (प्रतिधुनी) /pratitŭnī (paratitŭnī) プラティトゥニー (パラティトゥニー)/ ▸ਪਰਤਿਧੁਨੀ *f.* → ਪਰਤਿਧੁਨੀ

ਪਰਤਿਨਾਇਕ (परतिनाइक) /paratināika̸ パラティナーイク/ ▸ਪ੍ਰਤਿਨਾਇਕ [Skt. प्रति- Skt. नायक] *m.* 主人公の対立者, 悪玉.

ਪ੍ਰਤਿਨਾਇਕ (प्रतिनाइक) /pratināika̸ (paratināika̸) プラティナーイク (パラティナーイク)/ ▸ਪਰਤਿਨਾਇਕ *m.* → ਪਰਤਿਨਾਇਕ

ਪਰਤਿਨਿਧਤਾ (परतिनिधता) /paratinîda̸tā パラティニドター/ ▸ਪ੍ਰਤਿਨਿਧਤਾ [Skt. प्रति- Skt. निधि Skt.-ता] *f.* **1** 代表すること, 代表権. **2** 代理, 代理権. (⇒ਪਰਾਕਸੀ) **3** 〖政治〗代理投票権. (⇒ਪਰਾਕਸੀ)

ਪ੍ਰਤਿਨਿਧਤਾ (प्रतिनिधता) /pratinîda̸tā (paratinîda̸tā) プラティニドター (パラティニドター)/ ▸ਪਰਤਿਨਿਧਤਾ *f.* → ਪਰਤਿਨਿਧਤਾ

ਪਰਤਿਨਿਧੀ (परतिनिधी) /paratinîdī パラティニディー/ ▸ ਪ੍ਰਤਿਨਿਧੀ [Skt. प्रति- Skt. निधि] *m.* 代表, 代表者, 代理.

ਪ੍ਰਤਿਨਿਧੀ (प्रतिनिधी) /pratinîdī (paratinîdī) プラティニディー (パラティニディー)/ ▸ਪਰਤਿਨਿਧੀ *m.* → ਪਰਤਿਨਿਧੀ

ਪ੍ਰਤਿਪਰਵਰਤਨ (प्रतिपरवरतन) /pratipara̸wara̸tana̸ (paratipara̸wara̸tana̸) プラティパルワルタン (パラティパルワルタン)/ [Skt. प्रति- Skt. परिवर्तन] *m.* 対照.

ਪ੍ਰਤਿਪਰਵਰਤਿਤ (प्रतिपरवरतित) /pratipara̸wara̸tita̸ (paratipara̸wara̸tita̸) プラティパルワルティト (パラティパルワルティト)/ [Skt. प्रति- Skt. परिवर्तित] *adj.* 対照的な.

ਪ੍ਰਤਿਪਾਦਨ (प्रतिपादन) /pratipādana̸ (paratipādana̸) プラティパーダン (パラティパーダン)/ [Skt. प्रतिपादन] *m.* **1** 解説, 説明. **2** 確認, 証明.

ਪ੍ਰਤਿਪਾਦਿਤ (प्रतिपादित) /pratipādita̸ (paratipādita̸) プラティパーディト (パラティパーディト)/ [Skt. प्रतिपादित] *adj.* **1** 解説された, 説明された. **2** 確認された, 証明された.

ਪ੍ਰਤਿਪੂਰਕ (प्रतिपूरक) /pratipūraka̸ (paratipūraka̸) プラティプーラク (パラティプーラク)/ [Skt. प्रति- Skt. पूरक] *adj.* **1** 補足的な, 補完する. **2** 補償の.

ਪ੍ਰਤਿਪੂਰਤੀ (प्रतिपूरती) /pratipūra̸tī (paratipūra̸tī) プラティプールティー (パラティプールティー)/ [Skt. प्रति- Skt. पूर्ति] *f.* **1** 補足, 補完. **2** 補償, 弁償.

ਪ੍ਰਤਿਬੰਧ (प्रतिबंध) /pratibânda̸ (paratibânda̸) プラティバンド (パラティバンド)/ [Skt. प्रति- Skt. बंध] *m.* **1** 制限, 制約, 抑制. **2** 禁止. **3** 妨害.

ਪਰਤਿਬਿੰਬ (परतिबिंब) /paratibimba̸ パラティビンブ/ ▸ ਪ੍ਰਤਿਬਿੰਬ, ਪ੍ਰਤੀਬਿੰਬ [Skt. प्रति- Skt. बिम्ब] *m.* **1** 反射, 反映, 生き写し. **2** 影. **3** 像, イメージ.

ਪ੍ਰਤਿਬਿੰਬ (प्रतिबिंब) /pratibimba̸ (paratibimba̸) プラティビンブ (パラティビンブ)/ ▸ਪਰਤਿਬਿੰਬ, ਪ੍ਰਤੀਬਿੰਬ *m.* → ਪਰਤਿਬਿੰਬ

ਪਰਤਿਬਿੰਬਿਤ (परतिबिंबित) /paratibimbita̸ パラティビンビト/ ▸ਪ੍ਰਤਿਬਿੰਬਿਤ, ਪ੍ਰਤੀਬਿੰਬਤ [Skt. प्रति- Skt. बिम्बित] *adj.* **1** 反射した, 反映した. **2** 投影された. **3** 描かれた.

ਪ੍ਰਤਿਬਿੰਬਿਤ (प्रतिबिंबित) /pratibimbita̸ (paratibimbita̸) プラティビンビト (パラティビンビト)/ ▸ਪਰਤਿਬਿੰਬਿਤ, ਪ੍ਰਤੀਬਿੰਬਤ *adj.* → ਪਰਤਿਬਿੰਬਿਤ

ਪਰਤਿਭਾ (परतिभा) /paratîbā パラティバー/ ▸ਪ੍ਰਤਿਭਾ [Skt. प्रति- Skt. भा] *f.* **1** 才能, 才知, 頭脳. **2** 知性. **3** 天賦の才, 天才. **4** 光, 輝き.

ਪ੍ਰਤਿਭਾ (प्रतिभा) /pratîbā (paratîbā) プラティバー (パラティバー)/ ▸ਪਰਤਿਭਾ *f.* → ਪਰਤਿਭਾ

ਪਰਤਿਭਾਸ਼ੀਲ (परतिभाशील) /paratîbāśīla̸ パラティバーシール/ [Skt. प्रति- Skt. भा Skt.-शील] *adj.* 才能豊かな, 才能に恵まれた.

ਪਰਤਿਮਾ (परतिमा) /paratimā パラティマー/ ▸ਪ੍ਰਤਿਮਾ [Skt. प्रतिमा] *f.* **1** 像, 彫像. **2** 偶像, 聖像. **3** 絵画. **4** 映像. **5** 象徴.

ਪ੍ਰਤਿਮਾ (प्रतिमा) /pratimā (paratimā) プラティマー (パラティマー)/ ▸ਪਰਤਿਮਾ *f.* → ਪਰਤਿਮਾ

ਪ੍ਰਤਿਮਾਨ (प्रतिमान) /pratimāna̸ (paratimāna̸) プラティマーン (パラティマーン)/ [Skt. प्रतिमान] *m.* **1** 写し, 複製. **2** 様式, パターン. **3** 型, 原型, 模範, モデル. **4** 基準, 標準.

ਪ੍ਰਤਿਮੁੱਲ (प्रतिमुल्ल) /pratimulla (paratimulla) プラティムッル（パラティムッル）/ [Skt. प्रति- Skt. मूल्य] *m.* 反対の価値.

ਪਰਤਿਯੋਗਤਾ (परतियोगता) /paratiyogatā パラティヨーグター/ ▸ਪ੍ਰਤਿਯੋਗਤਾ, ਪ੍ਰਤੀਯੋਗਤਾ [Skt. प्रति- Skt. योगिता] *f.* **1** 競争, 競技. **2** 対抗.

ਪ੍ਰਤਿਯੋਗਤਾ (प्रतियोगता) /pratiyogatā (paratiyogatā) プラティヨーグター（パラティヨーグター）/ ▸ਪਰਤਿਯੋਗਤਾ, ਪ੍ਰਤੀਯੋਗਤਾ *f.* → ਪਰਤਿਯੋਗਤਾ

ਪਰਤਿਯੋਗੀ (परतियोगी) /paratiyogī パラティヨーギー/ ▸ਪ੍ਰਤਿਯੋਗੀ [Skt. प्रति- Skt. योगिन्] *m.* **1** 競争者, 競争相手. **2** 好敵手, ライバル.

ਪ੍ਰਤਿਯੋਗੀ (प्रतियोगी) /pratiyogī (paratiyogī) プラティヨーギー（パラティヨーギー）/ ▸ਪਰਤਿਯੋਗੀ *m.* → ਪਰਤਿਯੋਗੀ

ਪਰਤਿਰੂਪ (परतिरूप) /paratirūpa パラティループ/ ▸ਪ੍ਰਤਿਰੂਪ [Skt. प्रति- Skt. रूप] *m.* **1** 外観. **2** 像, 肖像. **3** 原型. **4** 模範, 手本, モデル, 鑑.

ਪ੍ਰਤਿਰੂਪ (प्रतिरूप) /pratirūpa (paratirūpa) プラティループ（パラティループ）/ ▸ਪਰਤਿਰੂਪ *m.* → ਪਰਤਿਰੂਪ

ਪਰਤਿਰੂਪਤਾ (परतिरूपता) /paratirūpatā パラティループター/ ▸ਪ੍ਰਤਿਰੂਪਤਾ [Skt. प्रति- Skt. रूप Skt.-ता] *f.* **1** 類似. **2** 一致.

ਪ੍ਰਤਿਰੂਪਤਾ (प्रतिरूपता) /pratirūpatā (paratirūpatā) プラティループター（パラティループター）/ ▸ਪਰਤਿਰੂਪਤਾ *f.* → ਪਰਤਿਰੂਪਤਾ

ਪਰਤਿਰੋਧ (परतिरोध) /paratirôda パラティロード/ ▸ਪ੍ਰਤਿਰੋਧ [Skt. प्रति- Skt. रोध] *m.* **1** 障害, 妨げ. **2** 抵抗. **3** 反対.

ਪ੍ਰਤਿਰੋਧ (प्रतिरोध) /pratirôda (paratirôda) プラティロード（パラティロード）/ ▸ਪਰਤਿਰੋਧ *m.* → ਪਰਤਿਰੋਧ

ਪ੍ਰਤਿਵਿਸਫੋਟਕ (प्रतिविसफोटक) /prativisapʰoṭaka (parativisapʰoṭaka) プラティヴィスポータク（パラティヴィスポータク）/ [Skt. प्रति- Skt. विस्फोटक] *adj.* 対爆性の.

ਪ੍ਰਤੀ (प्रती) /pratī (paratī) プラティー（パラティー）/ ▸ਪਰਤਿ, ਪ੍ਰਤਿ [Skt. प्रति] *pref.* 「反対」「対抗」「逆」「…につき」「毎…」「類似」「代理」「周囲」「十分」などの意味を含む語を形成する接頭辞.

— *postp.* …に対して, …の方へ, …への, …に向かって, …に向けて, …の方を向いて.

ਪ੍ਰਤੀਸ਼ਤ (प्रतीशत) /pratīśata (paratīśata) プラティーシャト（パラティーシャト）/ ▸ਪਰਤਿਸ਼ਤ, ਪ੍ਰਤਿਸ਼ਤ *adv.m.* → ਪਰਤਿਸ਼ਤ

ਪਰਤੀਕ (परतीक) /paratīka パルティーク/ ▸ਪ੍ਰਤੀਕ [Skt. प्रतीक] *m.* **1** 象徴, シンボル. **2** 印. **3** 姿. **4** 形見. **5** 紋章.

ਪ੍ਰਤੀਕ (प्रतीक) /pratīka (paratīka) プラティーク（パルティーク）/ ▸ਪਰਤੀਕ *m.* → ਪਰਤੀਕ

ਪ੍ਰਤੀਕਵਾਦ (प्रतीकवाद) /pratīkawāda (paratīkawāda) プラティークワード（パルティークワード）/ [Skt. प्रतीक Skt.-वाद] *m.* 象徴主義.

ਪ੍ਰਤੀਕਵਾਦੀ (प्रतीकवादी) /pratīkawādī (paratīkawādī) プラティークワーディー（パルティークワーディー）/ [Skt.-वादिन्] *adj.* 象徴主義の.

— *m.* 象徴主義者.

ਪ੍ਰਤੀਕਿਰਿਆ (प्रतीकिरिआ) /pratīkiriā (paratīkiriā) プラティーキリアー（パラティーキリアー）/ ▸ਪ੍ਰਤਿਕਿਰਿਆ *f.* → ਪ੍ਰਤਿਕਿਰਿਆ

ਪਰਤੀਖਿਆ (परतीखिआ) /paratīkʰiā パルティーキアー/ ▸ਪ੍ਰਤੀਖਿਆ [Skt. प्रतीक्षा] *f.* **1** 待つこと, 待機, 待ち受けること. (⇒ਉਡੀਕ, ਇੰਤਜ਼ਾਰ) **2** 待ち望むこと, 待望, 期待.

ਪ੍ਰਤੀਖਿਆ (प्रतीखिआ) /pratīkʰiā (paratīkʰiā) プラティーキアー（パルティーキアー）/ ▸ਪਰਤੀਖਿਆ *f.* → ਪਰਤੀਖਿਆ

ਪਰਤੀਤ[1] (परतीत) /paratīta | paratīta パルティート｜パラティート/ ▸ਪ੍ਰਤੀਤ [Skt. प्रतीत] *adj.* **1** 思われる, 感じられる, 推定される. **2** 知られている, 明らかな, 判明した.

ਪਰਤੀਤ[2] (परतीत) /paratīta | paratīta パルティート｜パラティート/ ▸ਪ੍ਰਤੀਤ [Skt. प्रतीति] *f.* **1** 思えること, 感じること, 推定. **2** 知ること, 情報, 知識. **3** 信念, 確信.

ਪ੍ਰਤੀਤ[1] (प्रतीत) /pratīta (paratīta) プラティート（パラティート）/ ▸ਪਰਤੀਤ *adj.* → ਪਰਤੀਤ[1]

ਪ੍ਰਤੀਤ[2] (प्रतीत) /pratīta (paratīta) プラティート（パラティート）/ ▸ਪਰਤੀਤ *f.* → ਪਰਤੀਤ[2]

ਪ੍ਰਤੀਬਿੰਬ (प्रतीबिंब) /pratībimba (paratībimba) プラティービンブ（パラティービンブ）/ ▸ਪਰਤਿਬਿੰਬ, ਪ੍ਰਤਿਬਿੰਬ *m.* → ਪਰਤਿਬਿੰਬ

ਪ੍ਰਤੀਬਿੰਬਤ (प्रतीबिंबत) /pratībimbata (paratībimbata) プラティービンバト（パラティービンバト）/ ▸ਪਰਤਿਬਿੰਬਿਤ, ਪ੍ਰਤਿਬਿੰਬਿਤ *adj.* → ਪਰਤਿਬਿੰਬਿਤ

ਪ੍ਰਤੀਯੋਗਤਾ (प्रतीयोगता) /pratīyogatā (paratīyogatā) プラティーヨーグター（パラティーヨーグター）/ ▸ਪਰਤਿਯੋਗਤਾ, ਪ੍ਰਤਿਯੋਗਤਾ *f.* → ਪਰਤਿਯੋਗਤਾ

ਪਰੰਤੂ (परंतू) /parantū パラントゥー/ [Skt. परंतु] *conj.* しかし, しかしながら, けれども. (⇒ਮਗਰ, ਲੇਕਨ)

ਪਰਥਮ (परथम) /paratʰama パルタム/ ▸ਪ੍ਰਥਮ [Skt. प्रथम] *or.num.* 一番目, 第一. (⇒ਪਹਿਲਾ)

— *adj.* **1** 一番目の, 第一の. (⇒ਪਹਿਲਾ) **2** 最も重要な. **3** 最も優秀な. **4** 主要な.

ਪ੍ਰਥਮ (प्रथम) /pratʰama (paratʰama) プラタム（パルタム）/ ▸ਪਰਥਮ *or.num. adj.* → ਪਰਥਮ

ਪ੍ਰਥਮੇ (प्रथमे) /pratʰame (paratʰame) プラタメー（パルタメー）/ [Skt. प्रथम + ਏ] *adv.* 一番目に, 第一に.

ਪਰਥਾ (परथा) /paratʰā パルター/ ▸ਪ੍ਰਥਾ [Skt. प्रथा] *f.* **1** 慣習. **2** 制度. **3** 伝統.

ਪ੍ਰਥਾ (प्रथा) /pratʰā (paratʰā) プラター（パルター）/ ▸ਪਰਥਾ *f.* → ਪਰਥਾ

ਪਰਥਾਏ (परथाए) /paratʰāe パルターエー/ [ਪਰ + Skt. स्थान + ਏ] *postp.* **1** …に関して, …に関連して. (⇒ਬਾਬਤ, ਬਾਰੇ) **2** …の代わりに, …に代わって. (⇒ਦੀ ਥਾਂ)

ਪਰਦੱਖਣਾ (परदक्खणा) /paradakkʰaṇā パルダッカナー/ [Skt. प्रदक्षिणा] *f.* **1**〖儀礼〗巡回拝礼《神像などを右側に見てその周りを回る儀礼》. **2**〖建築〗神像の四方を巡る回廊.

ਪਰਦਰਸ਼ਨ (परदरशन) /paradaraśana パルダルシャン/ ▸ਪ੍ਰਦਰਸ਼ਨ [Skt. प्रदर्शन] *m.* **1** 展示, 展覧. **2** 展示会, 展覧会. **3** 示威行動. **4** 誇示, 顕示.

ਪ੍ਰਦਰਸ਼ਨ (प्रदरशन) /pradaraśana (paradaraśana) プラダルシャン（パルダルシャン）/ ▸ਪਰਦਰਸ਼ਨ *m.* → ਪਰਦਰਸ਼ਨ

ਪਰਦਰਸ਼ਨੀ (परदरशनी) /paradaraśanī パルダルシャニー/

▸ਪ੍ਰਦਰਸ਼ਨੀ [Skt. प्रदर्शनी] *f.* **1** 展覧会. **2** 展示会.

ਪ੍ਰਦਰਸ਼ਨੀ (प्रदरशनी) /pradarⱥśanī (parⱥdarⱥśanī) プラダルシャニー（パルダルシャニー）/ ▸ਪਰਦਰਸ਼ਨੀ *f.* → ਪਰਦਰਸ਼ਨੀ

ਪਰਦਾ (परदा) /parⱥdā パルダー/ ▸ਪੜਦਾ [Pers. *parda*] *m.* **1** 幕, カーテン, 覆い. **2**〘衣服〙顔を覆い隠す布, ベール. **3** 秘密. **4** 隔離. **5**〘社会〙パルダー《女性隔離. 女性を家族以外の男性の目から遮断する社会慣習》.

ਪਰਦਾਨ (परदान) /parⱥdānⱥ パルダーン/ ▸ਪ੍ਰਦਾਨ [Skt. प्रदान] *m.* **1** 贈与, 授与. **2** 贈り物, 贈答品.

ਪ੍ਰਦਾਨ (प्रदान) /pradānⱥ (parⱥdānⱥ) プラダーン（パルダーン）/ ▸ਪਰਦਾਨ *m.* → ਪਰਦਾਨ

ਪਰਦਾ ਨਸ਼ੀਨ (परदा नशीन) /parⱥdā naśīnⱥ パルダー ナシーン/ [Pers. *parda* + Pers. *niśīn*] *adj.* **1** 隔離されて生活する. **2** パルダーの風習を遵守する.

ਪਰਦਾ ਨਸ਼ੀਨੀ (परदा नशीनी) /parⱥdā naśīnī パルダー ナシーニー/ [+ Pers. *niśīnī*] *f.* **1** 隔離されて生活すること. **2** パルダーの風習の遵守.

ਪਰਦਾਪੋਸ਼ੀ (परदापोशी) /parⱥdāpośī パルダーポーシー/ [+ Pers. *pośī*] *f.* **1** 隠すこと, 隠匿, 隠蔽. **2** 揉み消し. **3** 秘密主義. **4** 無口, 控え目, 感情の抑制. **5** ベールで覆うこと. **6** パルダーの風習の遵守.

ਪਰਦੀਪ (परदीप) /parⱥdīpⱥ パルディープ/ ▸ਪ੍ਰਦੀਪ [Skt. प्रदीप] *m.* **1** 灯り, 角灯, ランタン. **2** 光, 輝き. **3**〘器具〙ランプ.

ਪ੍ਰਦੀਪ (प्रदीप) /pradīpⱥ (parⱥdīpⱥ) プラディープ（パルディープ）/ ▸ਪਰਦੀਪ *m.* → ਪਰਦੀਪ

ਪਰਦੀਪਤ (परदीपत) /parⱥdīpatⱥ パルディーパト/ ▸ਪ੍ਰਦੀਪਤ, ਪਰਦੀਪਿਤ, ਪ੍ਰਦੀਪਿਤ *adj.* → ਪਰਦੀਪਿਤ

ਪ੍ਰਦੀਪਤ (प्रदीपत) /pradīpatⱥ (parⱥdīpatⱥ) プラディーパト（パルディーパト）/ ▸ਪਰਦੀਪਤ, ਪਰਦੀਪਿਤ, ਪ੍ਰਦੀਪਿਤ *adj.* → ਪਰਦੀਪਿਤ

ਪਰਦੀਪਿਤ (परदीपित) /parⱥdīpitⱥ パルディーピト/ ▸ਪਰਦੀਪਤ, ਪ੍ਰਦੀਪਤ, ਪ੍ਰਦੀਪਿਤ [Skt. प्रदीप्त] *adj.* **1** 光っている. **2** 輝いている. **3** 照らしている. **4** 明るい.

ਪ੍ਰਦੀਪਿਤ (प्रदीपित) /pradīpitⱥ (parⱥdīpitⱥ) プラディーピト（パルディーピト）/ ▸ਪਰਦੀਪਤ, ਪ੍ਰਦੀਪਤ, ਪਰਦੀਪਿਤ *adj.* → ਪਰਦੀਪਿਤ

ਪਰਦੂਸ਼ਣ (परदूशण) /parⱥdūsanⱥ パルドゥーシャン/ ▸ਪ੍ਰਦੂਸ਼ਣ [Skt. प्रदूषण] *m.* **1** 汚すこと, 汚されること, 汚染, 公害. ❐ਪਿਛਲੇ ਕੁਝ ਸਾਲਾਂ ਤੋਂ ਵਾਤਾਵਰਣ ਦੇ ਪਰਦੂਸ਼ਣ ਵਿੱਚ ਬੜੀ ਤੇਜ਼ੀ ਨਾਲ ਵਾਧਾ ਹੋ ਰਿਹਾ ਹੈ। 過去数年間で環境汚染が急速に増加しつつあります. **2** 穢すこと. **3** 滅ぼすこと. **4** 駄目になること, 害, 損害, 被害.

ਪ੍ਰਦੂਸ਼ਣ (प्रदूशण) /pradūśaṇⱥ (parⱥdūśaṇⱥ) プラドゥーシャン（パルドゥーシャン）/ ▸ਪਰਦੂਸ਼ਣ *m.* → ਪਰਦੂਸ਼ਣ

ਪਰਦੂਸ਼ਿਤ (परदूशित) /parⱥdūśitⱥ パルドゥーシト/ ▸ਪ੍ਰਦੂਸ਼ਿਤ [Skt. प्रदूषित] *adj.* **1** 汚された, 汚染された. **2** 穢された. **3** 害された, 駄目になった.

ਪ੍ਰਦੂਸ਼ਿਤ (प्रदूशित) /pradūśitⱥ (parⱥdūśitⱥ) プラドゥーシト（パルドゥーシト）/ ▸ਪਰਦੂਸ਼ਿਤ *adj.* → ਪਰਦੂਸ਼ਿਤ

ਪਰਦੇਸ (परदेस) /parⱥdesⱥ パルデース/ ▸ਪਰਦੇਸ਼ [Skt. पर- Skt. देश] *m.* 外国, 異国.

ਪਰਦੇਸ਼[1] (परदेश) /parⱥdeśⱥ パルデーシュ/ ▸ਪਰਦੇਸ *m.* → ਪਰਦੇਸ

ਪਰਦੇਸ਼[2] (परदेश) /parⱥdeśⱥ パルデーシュ/ ▸ਪ੍ਰਦੇਸ਼ *m.* → ਪ੍ਰਦੇਸ਼

ਪ੍ਰਦੇਸ਼ (प्रदेश) /pradeśⱥ (parⱥdeśⱥ) プラデーシュ（パルデーシュ）/ ▸ਪਰਦੇਸ਼ [Skt. प्रदेश] *m.* **1** 州. **2** 領土. **3** 地域, 地方.

ਪਰਦੇਸ਼ਕ (परदेशक) /parⱥdeśakⱥ パルデーシャク/ ▸ਪ੍ਰਦੇਸ਼ਕ *adj.* → ਪ੍ਰਦੇਸ਼ਕ

ਪ੍ਰਦੇਸ਼ਕ (प्रदेशक) /pradeśakⱥ (parⱥdeśakⱥ) プラデーシャク（パルデーシャク）/ ▸ਪਰਦੇਸ਼ਕ [Skt. प्रादेशिक] *adj.* **1** 州の. **2** 領土の. **3** 地域の, 地方の.

ਪਰਦੇਸੀ (परदेसी) /parⱥdesī パルデースィー/ [Skt. पर- Skt. देशीय] *adj.* **1** 他国の. **2** 外国の.
— *m.* **1** 外国人, 異人. **2** よそ者. (⇒ਅਜਨਬੀ)

ਪਰਦੇਸ਼ੀ (परदेशी) /parⱥdeśī パルデーシー/ ▸ਪ੍ਰਦੇਸ਼ੀ *adj.* → ਪ੍ਰਦੇਸ਼ੀ

ਪ੍ਰਦੇਸ਼ੀ (प्रदेशी) /pradeśī (parⱥdeśī) プラデーシー（パルデーシー）/ ▸ਪਰਦੇਸ਼ੀ [Skt. प्रदेशिन्] *adj.* **1** 州の. **2** 領土の. **3** 地域の, 地方の.

ਪਰਦੇਦਾਰ (परदेदार) /parⱥdedārⱥ パルデーダール/ [Pers. *parda* Pers.-*dār*] *adj.* **1** 幕やカーテンの付いた, 幕やカーテンで仕切られた. **2** 欠点や欠陥を覆い隠す. **3** パルダーの風習を遵守する. (⇒ਪਰਦਾ ਨਸ਼ੀਨ)

ਪਰਦੇਦਾਰੀ (परदेदारी) /parⱥdedārī パルデーダーリー/ [Pers.-*dārī*] *f.* **1** 幕やカーテンの付いていること, 仕切られていること. **2** 欠点や欠陥を覆い隠すこと, 隠蔽, 揉み消し. **3** パルダーの風習の遵守. (⇒ਪਰਦਾ ਨਸ਼ੀਨੀ)

ਪਰਧਾਨ (परधान) /parⱥdǎnⱥ パルダーン/ ▸ਪ੍ਰਧਾਨ [Skt. प्रधान] *adj.* **1** 主要な, 中心の, 基幹を成す. **2** 統率する, 指導的な地位の. **3** 最高の, 最高位の.
— *m.* **1** 首長, 首領, 統率者. **2** 総裁, 会長, 議長, 社長《組織の中心人物の肩書き》.

ਪ੍ਰਧਾਨ (प्रधान) /pradǎnⱥ (parⱥdǎnⱥ) プラダーン（パルダーン）/ ▸ਪਰਧਾਨ *adj.m.* → ਪਰਧਾਨ

ਪਰਧਾਨਗੀ (परधानगी) /parⱥdǎnagī パルダーンギー/ ▸ਪ੍ਰਧਾਨਗੀ [Skt. प्रधान Pers.-*gī*] *f.* **1** 最高位. **2** 首長の地位. **3** 総裁・会長・議長・社長などの地位.

ਪ੍ਰਧਾਨਗੀ (प्रधानगी) /pradǎnagī (parⱥdǎnagī) プラダーンギー（パルダーンギー）/ ▸ਪਰਧਾਨਗੀ *f.* → ਪਰਧਾਨਗੀ

ਪਰਧਾਨਤਾ (परधानता) /parⱥdǎnatā パルダーンター/ ▸ਪ੍ਰਧਾਨਤਾ [Skt. प्रधान Skt.-ता] *f.* **1** 優位, 指導的な地位, 統率する立場. **2** 主導権.

ਪ੍ਰਧਾਨਤਾ (प्रधानता) /pradǎnatā (parⱥdǎnatā) プラダーンター（パルダーンター）/ ▸ਪਰਧਾਨਤਾ *f.* → ਪਰਧਾਨਤਾ

ਪਰਧਾਨ ਮੰਤਰੀ (परधान मंतरी) /parⱥdǎnⱥ mantⱥrī パルダーン マントリー/ [Skt. प्रधान + Skt. मंत्रिन्] *m.*〘政治〙総理大臣, 首相. (⇒ਵਜ਼ੀਰੇ-ਆਜ਼ਮ)

ਪਰਨਾਂ (परनाँ) /parⱥnā̃ パルナーン/ [Skt. परिणयन] *m.* 結婚. (⇒ਸ਼ਾਦੀ, ਵਿਆਹ)

ਪਰਨਾ (परना) /parⱥnā パルナー/ *m.* **1**〘布地〙タオルや腰布として用いる無地の布. **2** タオル.

ਪਰਨਾਉਣਾ (परनाउणा) /parⱥnāuṇā パルナーウナー/ [Skt. परिणापयति] *vt.* 結婚させる.

ਪਰਨਾਮ (परनाम) /paranāma パルナーム/ ▶ਪ੍ਰਨਾਮ [Skt. प्रणाम] *m.* **1** 敬礼. **2** 目上の人に対する挨拶.

ਪ੍ਰਨਾਮ (प्रनाम) /pranāma (paranāma) プラナーム (パルナーム)/ ▶ਪਰਨਾਮ [Skt. प्रणाम] *m.* → ਪਰਨਾਮ

ਪਰਨਾਰੀ (परनारी) /paranārī パルナーリー/ [Skt. पर- Skt. नारी] *f.* 他人の妻. (⇒ਪਰਾਈ ਔਰਤ)

ਪਰਨਾਲਾ (परनाला) /paranālā パルナーラー/ [Skt. प्रणाल] *m.* 下水, 下水道, どぶ.

ਪਰਨਾਲੀ (परनाली) /paranālī パルナーリー/ ▶ਪ੍ਰਣਾਲੀ, ਪ੍ਰਨਾਲੀ [Skt. प्रणाली] *f.* **1** 制度, 組織, 体系. **2** 体制. **3** 方式, 方法. **4** 様式. **5** 技法.

ਪ੍ਰਨਾਲੀ (प्रनाली) /pranālī (paranālī) プラナーリー (パルナーリー)/ ▶ਪ੍ਰਣਾਲੀ, ਪਰਨਾਲੀ *f.* → ਪਰਨਾਲੀ

ਪਰਨੇ (परने) /parane パルネー/ *postp.* **1**…に. **2**…の上に.

ਪਰਨੇਹ (परनेह) /paranê パルネー/ *m.* 〖医〗黄疸.

ਪਰਪੱਕ (परपक्क) /parapakka パルパック/ [Skt. परिपक्व] *adj.* **1** よく熟した. **2** 堅い, 堅固な. **3** 堅実な.

ਪਰਪੱਕਤਾ (परपक्कता) /parapakkatā パルパックター/ [Skt.-ता] *f.* **1** よく熟した状態. **2** 堅固さ. **3** 堅実さ.

ਪਰਪੰਚ (परपंच) /parapañca パルパンチ/ [Skt. प्रपंच] *m.* **1** 広がり, 拡大. **2** 現象世界, 俗世間, 現世の厄介なこと. **3** ごまかし, 欺き, 見せかけ.

ਪਰਪੰਚੀ (परपंची) /parapañcī パルパンチー/ [Skt. प्रपंचिन्] *adj.* **1** ごまかしの, 欺くような, いんちきな. **2** 見せかけの, 内容のない.

ਪਰੰਪਰਾ (परंपरा) /paramparā パランパラー/ [Skt. परंपरा] *f.* **1** 連続するもの, 続いてきたもの. **2** 伝統, 伝承. **3** 慣習, 慣例, しきたり. **4** 先祖伝来の因習.

ਪਰੰਪਰਾਈ (परंपराई) /paramparāī パランパラーイー/ [-ई] *adj.* **1** 伝統の, 伝統的な. **2** 慣例の, 慣習的な, 通例の. **3** 因習的な, 型にはまった.

ਪਰੰਪਰਾਗਤ (परंपरागत) /paramparāgata パランパラーガト/ [Skt. परंपरागत] *adj.* **1** 伝統の, 伝統的な. **2** 古来の, 先祖伝来の. **3** 古風な.

ਪਰੰਪਰਾਵਾਦ (परंपरावाद) /paramparāwāda パランパラーワード/ [Skt. परंपरा Skt.-वाद] *m.* **1** 伝統主義. **2** 慣例主義.

ਪਰੰਪਰਾਵਾਦੀ (परंपरावादी) /paramparāwādī パランパラーワーディー/ [Skt.-वादिन्] *m.* **1** 伝統主義者. **2** 慣例主義者.

ਪਰਪਾਟੀ (परपाटी) /parapāṭī パルパーティー/ ▶ਪ੍ਰਪਾਟੀ, ਪਰਿਪਾਟੀ [Skt. परिपाटी] *f.* **1** 方法, 方式. **2** 伝統的方法, 伝統. **3** 慣例, 慣習, 習わし, しきたり. **4** 連続, 繋がり.

ਪ੍ਰਪਾਟੀ (प्रपाटी) /prapāṭī (parapāṭī) プラパーティー (パルパーティー)/ ▶ਪਰਪਾਟੀ, ਪਰਿਪਾਟੀ *f.* → ਪਰਪਾਟੀ

ਪਰਫ਼ਿਊਮ (परफ़िऊम) /parafiūma パルフィウーム/ [Eng. *perfume*] *m.* 香水, 香料.

ਪਰਫੁਲਤ (परफुलत) /parapʰulata パルプラト/ ▶ਪਰਫੁੱਲਤ, ਪ੍ਰਫੁਲਤ, ਪਰਫੁੱਲਿਤ, ਪ੍ਰਫੁੱਲਿਤ *adj.* → ਪਰਫੁੱਲਿਤ

ਪਰਫੁੱਲਤ (परफुल्लत) /parapʰullata パルプッラト/ ▶ਪਰਫੁਲਤ, ਪ੍ਰਫੁਲਤ, ਪਰਫੁੱਲਿਤ, ਪ੍ਰਫੁੱਲਿਤ *adj.* → ਪਰਫੁੱਲਿਤ

ਪ੍ਰਫੁਲਤ (प्रफुलत) /prapʰulata (parapʰulata) プラプラト (パルプラト)/ ▶ਪਰਫੁਲਤ, ਪਰਫੁੱਲਤ, ਪਰਫੁੱਲਿਤ, ਪ੍ਰਫੁੱਲਿਤ *adj.* → ਪਰਫੁੱਲਿਤ

ਪਰਫੁੱਲਤਾ (परफुल्लता) /parapʰullatā パルプッラター/ ▶ਪ੍ਰਫੁੱਲਤਾ [Skt. प्रफुल्ल Skt.-ता] *f.* **1** 〖植物〗開花, 蕾が開くこと. **2** 繁栄, 繁盛. **3** 明るさ, 明朗, 上機嫌.

ਪ੍ਰਫੁੱਲਤਾ (प्रफुल्लता) /prapʰullatā (parapʰullatā) プラプッラター (パルプッラター)/ ▶ਪਰਫੁੱਲਤਾ *f.* → ਪਰਫੁੱਲਤਾ

ਪਰਫੁੱਲਿਤ (परफुल्लित) /parapʰullita パルプッリト/ ▶ਪਰਫੁਲਤ, ਪਰਫੁੱਲਤ, ਪ੍ਰਫੁਲਤ, ਪ੍ਰਫੁੱਲਿਤ [Skt. प्रफुल्लित] *adj.* **1** 〖植物〗咲いた, 開花した, 蕾が開いた. **2** 嬉しい, 上機嫌の, 朗らかな.

ਪ੍ਰਫੁੱਲਿਤ (प्रफुल्लित) /prapʰullita (parapʰullita) プラプッリト (パルプッリト)/ ▶ਪਰਫੁਲਤ, ਪਰਫੁੱਲਤ, ਪ੍ਰਫੁਲਤ, ਪਰਫੁੱਲਿਤ *adj.* → ਪਰਫੁੱਲਿਤ

ਪਰਬਤ (परबत) /parabata パルバト/ ▶ਪੱਬ [Skt. पर्वत] *m.* **1** 〖地理〗山. (⇒ਪਹਾੜ) **2** 山積み, 堆積. (⇒ਢੇਰ)

ਪਰਬਤੀ (परबती) /parabatī パルバティー/ [Skt. पर्वतीय] *adj.* **1** 山の, 山間の, 山地の. (⇒ਪਹਾੜੀ) **2** 山に住む, 山間に居住する.

— *m.* 山に住む人, 山間に居住する人, 山の民.

ਪਰਬੰਧ (परबंध) /parabânda パルバンド/ ▶ਪ੍ਰਬੰਧ [Skt. प्रबंध] *m.* **1** 組織, 機構. **2** 管理, 運営, 経営, 監督, 取り締まり. **3** 準備, 手配. (⇒ਇੰਤਜ਼ਾਮ)

ਪ੍ਰਬੰਧ (प्रबंध) /prabânda (parabânda) プラバンド (パルバンド)/ ▶ਪਰਬੰਧ *m.* → ਪਰਬੰਧ

ਪਰਬੰਧਕ (परबंधक) /parabândaka パルバンダク/ ▶ਪ੍ਰਬੰਧਕ [Skt. प्रबंधक] *adj.* **1** 組織する. **2** 管理する, 運営する, 経営する, 監督する. **3** 統括する. **4** 執行する, 統治する, 支配する.

— *m.* **1** 管理者, 支配人, マネージャー. **2** 経営者, 社長, 理事. **3** 主人. **4** 組織者. **5** 統括者.

ਪ੍ਰਬੰਧਕ (प्रबंधक) /prabândaka (parabândaka) プラバンダク (パルバンダク)/ ▶ਪਰਬੰਧਕ *adj.m.* → ਪਰਬੰਧਕ

ਪ੍ਰਬੰਧਕਾ (प्रबंधका) /prabândakā (parabândakā) プラバンダカー (パルバンダカー)/ [Skt. प्रबंधिका] *f.* 女性の管理者, 女性支配人.

ਪਰਬੰਧਕੀ (परबंधकी) /parabândakī パルバンダキー/ ▶ਪ੍ਰਬੰਧਕੀ [Skt. प्रबंधकीय] *adj.* **1** 管理する, 運営する. **2** 統括する. **3** 行政の, 統治の.

ਪ੍ਰਬੰਧਕੀ (प्रबंधकी) /prabândakī (parabândakī) プラバンダキー (パルバンダキー)/ ▶ਪਰਬੰਧਕੀ *adj.* → ਪਰਬੰਧਕੀ

ਪਰਬਲ (परबल) /parabala パルバル/ ▶ਪ੍ਰਬਲ [Skt. प्रबल] *adj.* **1** 強力な, 力強い. **2** 猛烈な, 激しい.

ਪ੍ਰਬਲ (प्रबल) /prabala (parabala) プラバル (パルバル)/ ▶ਪਰਬਲ *adj.* → ਪਰਬਲ

ਪਰਬਲਤਾ (परबलता) /parabalatā パルバルター/ ▶ਪ੍ਰਬਲਤਾ [Skt. प्रबल Skt.-ता] *f.* **1** 強力, 力強さ. **2** 猛烈さ, 激しさ.

ਪ੍ਰਬਲਤਾ (प्रबलता) /prabalatā (parabalatā) プラバルター (パルバルター)/ ▶ਪਰਬਲਤਾ *f.* → ਪਰਬਲਤਾ

ਪਰਬੀਨ (परबीन) /parabīna パルビーン/ ▶ਪ੍ਰਬੀਨ, ਪ੍ਰਵੀਣ [Skt. प्रवीण] *adj.* **1** 熟練した, 熟達した. **2** 経験豊かな. **3** 堪能な. **4** 専門家の.

ਪ੍ਰਬੀਨ (प्रबीन) /prabīna (parabīna) プラビーン (パルビー

ン)/ ▶ਪਰਬੀਨ, ਪ੍ਰਵੀਣ *adj.* → ਪਰਬੀਨ

ਪਰਬੀਨਤਾ (परबीनता) /parabīnatā パルビーンター/ ▶ ਪ੍ਰਵੀਣਤਾ [Skt. प्रवीण Skt.-ता] *f.* 1 技術, 技能. 2 熟練, 熟達. 3 堪能.

ਪਰਬੁੱਧ (परबुद्ध) /parabûdda パルブッド/ ▶ਪ੍ਰਬੁੱਧ [Skt. प्रबुद्ध] *adj.* 1 目覚めている, 悟っている. 2 起きている. 3 啓発された, 教化された. 4 学識のある. 5 賢い, 賢明な.

ਪ੍ਰਬੁੱਧ (प्रबुद्ध) /prabûdda (parabûdda) プラブッド (パルブッド)/ ▶ਪਰਬੁੱਧ *adj.* → ਪਰਬੁੱਧ

ਪਰਬੋਧ (परबोध) /parabôda パルボード/ ▶ਪ੍ਰਬੋਧ [Skt. प्रबोध] *m.* 1 目覚め, 気づくこと, 覚醒. 2 啓発, 啓蒙, 教化. 3 理解. 4 知識. 5 学識. 6 知恵, 賢明さ.

ਪ੍ਰਬੋਧ (प्रबोध) /prabôda (parabôda) プラボード (パルボード)/ ▶ਪਰਬੋਧ *m.* → ਪਰਬੋਧ

ਪਰਭ (परभ) /pâraba パラブ/ ▶ਪ੍ਰਭ, ਪਰਭੁ, ਪਰਭੂ, ਪ੍ਰਭੂ *m.* → ਪਰਭੂ

ਪ੍ਰਭ (प्रभ) /prâba (pâraba) プラブ (パラブ)/ ▶ਪਰਭ, ਪਰਭੁ, ਪਰਭੂ, ਪ੍ਰਭੂ *m.* → ਪਰਭੂ

ਪਰਭਤਾ (परभता) /parâbatā パラブター/ ▶ਪ੍ਰਭਤਾ, ਪ੍ਰਭੁਤਾ [Skt. प्रभु Skt.-ता] *f.* 1 主権, 宗主権, 統治権. 2 最高位. 3 君主の統治. 4 権威, 支配権. 5 優越, 優位.

ਪ੍ਰਭਤਾ (प्रभता) /prâbatā (parâbatā) プラブター (パラブター)/ ▶ਪਰਭਤਾ, ਪ੍ਰਭੁਤਾ *f.* → ਪਰਭਤਾ

ਪਰਭਾ (परभा) /pârabā パルバー/ ▶ਪ੍ਰਭਾ [Skt. प्रभा] *f.* 1 光. 2 輝き.

ਪ੍ਰਭਾ (प्रभा) /prâbā (pârabā) プラバー (パルバー)/ ▶ ਪਰਭਾ *f.* → ਪਰਭਾ

ਪਰਭਾਣੀ (परभाणी) /parabǎṇī パルバーニー/ [Skt. प्रभु -ਣੀ] *f.* 神の妻.

ਪਰਭਾਤ (परभात) /parabǎta パルバート/ ▶ਪ੍ਰਭਾਤ [Skt. प्रभात] *f.* 1 夜明け, 明け方, 早朝. 2 朝. (⇒ਸੁਬ੍ਹਾ, ਸਵੇਰਾ)

ਪ੍ਰਭਾਤ (प्रभात) /prabǎta (parabǎta) プラバート (パルバート)/ ▶ਪਰਭਾਤ *f.* → ਪਰਭਾਤ

ਪਰਭਾਵ (परभाव) /parabǎva パルバーヴ/ ▶ਪ੍ਰਭਾਵ [Skt. प्रभाव] *m.* 1 影響. 2 効果. 3 作用. 4 印象. 5 感銘, 感化, 感動. 6 権威, 覇権.

ਪ੍ਰਭਾਵ (प्रभाव) /prabǎva (parabǎva) プラバーヴ (パルバーヴ)/ ▶ਪਰਭਾਵ *m.* → ਪਰਭਾਵ

ਪਰਭਾਵਕਾਰੀ (परभावकारी) /parabǎvakārī パルバーヴカーリー/ ▶ਪ੍ਰਭਾਵਕਾਰੀ [Skt. प्रभाव Skt.-कारिन्] *adj.* 1 影響力のある, 有力な. 2 有効な, 効果的な, 効き目のある. 3 印象的な, 感銘を与える, 感動的な.

ਪ੍ਰਭਾਵਕਾਰੀ (प्रभावकारी) /prabǎvakārī (parabǎvakārī) プラバーヴカーリー (パルバーヴカーリー)/ ▶ਪਰਭਾਵਕਾਰੀ *adj.* → ਪਰਭਾਵਕਾਰੀ

ਪਰਭਾਵਿਤ (परभावित) /parabǎvita パルバーヴィト/ ▶ ਪ੍ਰਭਾਵਿਤ [Skt. प्रभावित] *adj.* 影響された, 影響を受けた. (⇒ਮੁਤਾਸਰ)

ਪ੍ਰਭਾਵਿਤ (प्रभावित) /prabǎvita (parabǎvita) プラバーヴィト (パルバーヴィト)/ *adj.* → ਪਰਭਾਵਿਤ

ਪਰਭਾਵੀ (परभावी) /parabǎvī パルバーヴィー/ ▶ਪ੍ਰਭਾਵੀ [Skt. प्रभाव -ਈ] *adj.* 1 影響力のある. 2 効果のある.

ਪ੍ਰਭਾਵੀ (प्रभावी) /prabǎvī (parabǎvī) プラバーヴィー (パルバーヴィー)/ ▶ਪਰਭਾਵੀ *adj.* → ਪਰਭਾਵੀ

ਪਰਭਾਵਸ਼ਾਲੀ (परभावशाली) /parabǎvaśālī パルバーヴシャーリー/ ▶ਪ੍ਰਭਾਵਸ਼ਾਲੀ [Skt. प्रभावशाली] *adj.* 1 影響力の強い. 2 威信のある.

ਪ੍ਰਭਾਵਸ਼ਾਲੀ (प्रभावशाली) /prabǎvaśālī (parabǎvaśālī) プラバーヴシャーリー (パルバーヴシャーリー)/ ▶ਪਰਭਾਵਸ਼ਾਲੀ *adj.* → ਪਰਭਾਵਸ਼ਾਲੀ

ਪਰਭੁ (परभु) /pârabu | parâbu パラブ | パラブ/ ▶ਪ੍ਰਭ, ਪਰਭ, ਪ੍ਰਭੁ, ਪਰਭੂ, ਪ੍ਰਭੂ *m.* → ਪਰਭੂ

ਪ੍ਰਭੁ (प्रभु) /prâbu (pârabu) プラブ (パラブ)/ ▶ਪ੍ਰਭ, ਪਰਭ, ਪਰਭੁ, ਪਰਭੂ, ਪ੍ਰਭੂ *m.* → ਪਰਭੂ

ਪ੍ਰਭੁਤਾ (प्रभुता) /prâbutā (parâbutā) プラブター (パラブター)/ ▶ਪਰਭਤਾ, ਪ੍ਰਭਤਾ *f.* → ਪਰਭਤਾ

ਪਰਭੂ (परभू) /parâbū パラブー/ ▶ਪ੍ਰਭ, ਪਰਭ, ਪਰਭੁ, ਪ੍ਰਭੁ, ਪ੍ਰਭੂ [Skt. प्रभु] *m.* 1 主, 神. 2 主人. 3 統治者, 君主.

ਪ੍ਰਭੂ (प्रभू) /prâbū (parâbū) プラブー (パラブー)/ ▶ਪ੍ਰਭ, ਪਰਭ, ਪਰਭੁ, ਪ੍ਰਭੁ, ਪਰਭੂ *m.* → ਪਰਭੂ

ਪਰਮ (परम) /parama パラム/ [Skt. परम] *adj.* 1 最高の, 至高の. 2 究極の, 極度の. 3 絶対の, 絶対的な.

ਪਰਮ ਸੱਤ (परम सत्त) /parama satta パラム サット/ ▶ ਪਰਮ ਸਤਿ [Skt. परम + Skt. सत्य] *m.* 1 究極の真理. 2 神.

ਪਰਮ ਸਤਿ (परम सति) /parama sat パラム サト/ ▶ਪਰਮ ਸੱਤ *m.* → ਪਰਮ ਸੱਤ

ਪਰਮਹੰਸ (परमहंस) /paramahansa パラムハンス/ [Skt. परम-हंस] *m.* 1 至高の魂. 2 最高の段階に達した修行者.

ਪਰਮਦੇਵ (परमदेव) /paramadeva パラムデーヴ/ [Skt. परम + Skt. देव] *m.* 究極の神.

ਪਰਮਦੇਵਵਾਦ (परमदेववाद) /paramadevawāda パラムデーヴワード/ [Skt.-वाद] *m.* 有神論, 人格神論. (⇒ਈਸ਼ਵਰਵਾਦ)

ਪਰਮਲ[1] (परमल) /paramala パルマル/ [Skt. परिमल] *m.* 1 芳香. (⇒ਖ਼ੁਸ਼ਬੂ, ਮਹਿਕ) 2 〖植物〗上質の籾米. 3 〖料理〗炒り米.

ਪਰਮਲ[2] (परमल) /paramala パルマル/ *f.* 〖植物〗ビャクダン(白檀).

ਪਰਮਲ[3] (परमल) /paramala パルマル/ ▶ਪਰਵਲ, ਪਲਵਲ *m.* → ਪਰਵਲ

ਪਰਮਾਣ (परमाण) /paramāṇa パルマーン/ ▶ਪ੍ਰਮਾਣ [Skt. प्रमाण] *m.* 1 証明. 2 証拠. 3 確実性.

ਪ੍ਰਮਾਣ (प्रमाण) /pramāṇa (paramāṇa) プラマーン (パルマーン)/ ▶ਪਰਮਾਣ *m.* → ਪਰਮਾਣ

ਪਰਮਾਣ ਪੱਤਰ (परमाण पत्तर) /paramāṇa pattara パルマーン パッタル/ [Skt. प्रमाण + Skt. पत्र] *m.* 証明書, 保証書.

ਪਰਮਾਣਿਕ (परमाणिक) /paramāṇika パルマーニク/ ▶ ਪ੍ਰਮਾਣਿਕ [Skt. प्रामाणिक] *adj.* 1 論拠のある. 2 信頼できる, 確実な. 3 真正の, 本物の, 正真正銘の. 4 標準の, 標準的な. 5 権威のある. 6 正しい.

ਪ੍ਰਮਾਣਿਕ (प्रमाणिक) /pramāṇika (paramāṇika) プラマーニク (パルマーニク)/ ▶ਪਰਮਾਣਿਕ *adj.* → ਪਰਮਾਣਿਕ

ਪਰਮਾਣਿਕਤਾ (परमाणिकता) /paramāṇikatā パルマーニクター/ ▶ਪ੍ਰਮਾਣਿਕਤਾ [Skt. प्रामाणिक Skt.-ता] *f.* 1 信頼でき

ること, 信頼性, 確実性. **2** 真正であること, 本物であること. **3** 権威があること.

ਪ੍ਰਮਾਣਿਕਤਾ (प्रमाणिकता) /pramāṇikątā (parąmāṇikątā) プラマーニクター (パルマーニクター)/ ▸ਪਰਮਾਣਿਕਤਾ *f.* → ਪਰਮਾਣਿਕਤਾ

ਪਰਮਾਣਿਤ (परमाणित) /parąmāṇitą パルマーニト/ ▸ ਪ੍ਰਮਾਣਿਤ [Skt. प्रमाणित] *adj.* **1** 証明された, 保証された. **2** 真正であると証明された. **3** 信頼できる, 確実な.

ਪ੍ਰਮਾਣਿਤ (प्रमाणित) /pramāṇitą (parąmāṇitą) プラマーニト (パルマーニト)/ ▸ਪਰਮਾਣਿਤ *adj.* → ਪਰਮਾਣਿਤ

ਪਰਮਾਣੂ (परमाणू) /parąmāṇū パルマーヌー/ [Skt. परमाणु] *m.* 〖物理〗原子.

ਪਰਮਾਣੂ ਸ਼ਕਤੀ (परमाणू शकती) /parąmāṇū śakątī パルマーヌー シャクティー/ [+ Skt. शक्ति] *f.* 原子力.

ਪਰਮਾਣੂ ਜੁਗ (परमाणू जुग) /parąmāṇū jugą パルマーヌー ジュグ/ [+ Skt. युग] *m.* 核の時代, 原子力時代.

ਪਰਮਾਣੂ ਬੰਬ (परमाणू बंब) /parąmāṇū bambą パルマーヌー バンブ/ [+ Eng. *bomb*] *m.* 〖武〗原子爆弾.

ਪਰਮਾਣੂਵਾਦ (परमाणूवाद) /parąmāṇūwādą パルマーヌーワード/ [Skt.-वाद] *m.* 原子論, 原子説.

ਪਰਮਾਣੂਵਾਦੀ (परमाणूवादी) /parąmāṇūwādī パルマーヌーワーディー/ [Skt.-वादिन्] *adj.* 原子論の, 原子論的な.
— *m.* 原子論者.

ਪਰਮਾਤਮਾ (परमातमा) /parąmātąmā パルマートマー/ [Skt. परमात्मा] *m.* **1** 至高の魂, 最高我, 絶対者. **2** 神, 最高神.

ਪਰਮਾਨੰਦ (परमानंद) /parąmānandą パルマーナンド/ [Skt. परमानंद] *m.* 最高の喜び, 至福.

ਪਰਮਾਰਥ (परमारथ) /parąmārat^hą パルマーラト/ [Skt. परमार्थ] *m.* **1** 最良の目的, 至高の真実. **2** 解脱.

ਪਰਮਾਰਥੀ (परमारथी) /parąmārat^hī パルマールティー/ [Skt. परमार्थिन्] *adj.* 至高の真実を求める, 解脱を願う.
— *m.* 至高の真実を求める者, 解脱を願う者.

ਪਰਮਿਟ (परमिट) /parąmiṭą パルミト/ [Eng. *permit*] *m.* **1** 許可, 認可. **2** 許可書, 許可証. **3** 免許, 免許状.

ਪਰਮੁਖ (परमुख) /parąmuk^hą パルムク/ ▸ਪ੍ਰਮੁਖ [Skt. प्रमुख] *adj.* **1** 主要な, 第一の, 主導的な. **2** 卓越した, 傑出した.

ਪ੍ਰਮੁਖ (प्रमुख) /pramuk^hą (parąmuk^hą) プラムク (パルムク)/ ▸ਪਰਮੁਖ *adj.* → ਪਰਮੁਖ

ਪਰਮੁਖਤਾ (परमुखता) /parąmuk^hątā パルムクター/ ▸ ਪ੍ਰਮੁਖਤਾ [Skt. प्रमुख Skt.-ता] *f.* **1** 主導的な地位, 首位. **2** 卓越, 傑出.

ਪ੍ਰਮੁਖਤਾ (प्रमुखता) /pramuk^hątā (parąmuk^hątā) プラムクター (パルムクター)/ ▸ਪਰਮੁਖਤਾ *f.* → ਪਰਮੁਖਤਾ

ਪਰਮੇਓ (परमेओ) /parąmeo パルメーオー/ [Skt. प्रमेह] *m.* 〖医〗淋病.

ਪਰਮੇਈ (परमेई) /parąmeī パルメーイー/ [Skt. प्रमेहिन्] *adj.* 〖医〗淋病の, 性病の.

ਪਰਮੇਸਰ (परमेसर) /parąmesarą パルメーサル/ ▸ਪਰਮੇਸ਼ਰ, ਪਰਮੇਸ਼ਵਰ *m.* → ਪਰਮੇਸ਼ਰ

ਪਰਮੇਸ਼ਰ (परमेशर) /parąmeśarą パルメーシャル/ ▸ ਪਰਮੇਸਰ, ਪਰਮੇਸ਼ਵਰ [Skt. परमेश्वर] *m.* **1** 至高の神, 最高神. **2** 〖ヒ〗パラメーシュヴァラ《ヴィシュヌ神・シヴァ神の異名の一つ》.

ਪਰਮੇਸਰੀ ਨੋਟ (परमेसरी नोट) /parąmesarī noṭą パルメーサリー ノート/ [Eng. *promissory note*] *m.* 約束手形.

ਪਰਮੇਸ਼ਵਰ (परमेशवर) /parąmeśawarą パルメーシュワル/ ▸ਪਰਮੇਸਰ, ਪਰਮੇਸ਼ਰ *m.* → ਪਰਮੇਸ਼ਰ

ਪਰਮੋਸ਼ਨ (परमोशन) /parąmośaną パルモーシャン/ ▸ ਪ੍ਰਮੋਸ਼ਨ [Eng. *promotion*] *f.* **1** 昇進, 促進, 助長. **2** 販売促進.

ਪ੍ਰਮੋਸ਼ਨ (प्रमोशन) /pramośaną (parąmośaną) プラモーシャン (パルモーシャン)/ ▸ਪਰਮੋਸ਼ਨ *f.* → ਪਰਮੋਸ਼ਨ

ਪਰਮੋਦ (परमोद) /parąmodą パルモード/ ▸ਪ੍ਰਮੋਦ [Skt. प्रमोद] *m.* **1** 喜び, 楽しみ. **2** 快活, 陽気. **3** 軽薄な楽しみ, 快楽.

ਪ੍ਰਮੋਦ (प्रमोद) /pramodą (parąmodą) プラモード (パルモード)/ ▸ਪਰਮੋਦ *m.* → ਪਰਮੋਦ

ਪਰਮੋਦਵਾਦ (परमोदवाद) /parąmodąwādą パルモードワード/ [Skt. प्रमोद Skt.-वाद] *m.* 快楽主義.

ਪਰਮੋਦਵਾਦੀ (परमोदवादी) /parąmodąwādī パルモードワーディー/ [Skt.-वादिन्] *adj.* 快楽主義の.
— *m.* 快楽主義者.

ਪਰਮੋਦੀ (परमोदी) /parąmodī パルモーディー/ [Skt. प्रमोदिन्] *adj.* **1** 快楽を求める, 放蕩に耽る. **2** 快活な, 陽気な.

ਪਰਯੰਤ (परयंत) /parąyantą パルヤント/ ▸ਪ੍ਰਯੰਤ [Skt. पर्यन्त] *m.* 境, 境界, 限界.
— *postp.* …まで. (⇒ਤਕ)

ਪ੍ਰਯੰਤ (प्रयंत) /prayantą (parąyantą) プラヤント (パルヤント)/ ▸ਪਰਯੰਤ *m.postp.* → ਪਰਯੰਤ

ਪਰਯਤਨ (परयतन) /parąyataną パルヤタン/ ▸ਪ੍ਰਯਤਨ [Skt. प्रयत्न] *m.* **1** 努力, 尽力, 励むこと. (⇒ਕੋਸ਼ਿਸ਼) **2** 試み.

ਪ੍ਰਯਤਨ (प्रयतन) /prayataną (parąyataną) プラヤタン (パルヤタン)/ ▸ਪਰਯਤਨ *m.* → ਪਰਯਤਨ

ਪਰਯਾਸ (परयास) /parąyāsą パルヤース/ ▸ਪ੍ਰਯਾਸ [Skt. प्रयास] *m.* **1** 努力, 尽力, 奮闘. (⇒ਕੋਸ਼ਿਸ਼) **2** 試み.

ਪ੍ਰਯਾਸ (प्रयास) /prayāsą (parąyāsą) プラヤース (パルヤース)/ ▸ਪਰਯਾਸ *m.* → ਪਰਯਾਸ

ਪਰਯਾਗ (परयाग) /parąyāgą パルヤーグ/ ▸ਪ੍ਰਯਾਗ [Skt. प्रयाग] *m.* **1** 供犠のための祭場. **2** 〖ヒ〗聖なる河が合流する巡礼地. **3** 〖地名〗プラヤーガ《ウッタル・プラデーシュ州の都市アラーハーバードの昔の名称. 1581年ムガル皇帝アクバルによって改名された》.

ਪ੍ਰਯਾਗ (प्रयाग) /prayāgą (parąyāgą) プラヤーグ (パルヤーグ)/ ▸ਪਰਯਾਗ *m.* → ਪਰਯਾਗ

ਪਰਯੁਕਤ (परयुकत) /parąyukątą パルユクト/ ▸ਪ੍ਰਯੁਕਤ [Skt. प्रयुक्त] *adj.* **1** 連合している, 結合している. **2** 関連している, 連携している. **3** 用いられた, 使用された, 利用された, 応用された.

ਪ੍ਰਯੁਕਤ (प्रयुकत) /prayukątą (parąyukątą) プラユクト (パルユクト)/ ▸ਪਰਯੁਕਤ *adj.* → ਪਰਯੁਕਤ

ਪਰਯੋਗ (परयोग) /parąyogą パルヨーグ/ ▸ਪ੍ਰਯੋਗ [Skt. प्रयोग] *m.* **1** 使用, 実用. **2** 利用, 応用. **3** 実験, 試し, 試験. **4** 実践.

ਪ੍ਰਯੋਗ (प्रयोग) /prayogą (parąyogą) プラヨーグ (パルヨー

グ)/ ▸ਪਰਯੋਗ *m.* → ਪਰਯੋਗ

ਪਰਯੋਗਸ਼ਾਲਾ (परयोगशाला) /para̸yoga̸śālā パルヨーグシャーラー/ ▸ਪ੍ਰਯੋਗਸ਼ਾਲਾ [Skt. प्रयोग + Skt. शाला] *f.* 実験室, 試験所, 研究所. (⇒ਤਜਰਬਾਗਾਹ, ਲਬਾਟਰੀ)

ਪ੍ਰਯੋਗਸ਼ਾਲਾ (प्रयोगशाला) /prayoga̸śālā (para̸yoga̸śālā) プラヨーグシャーラー (パルヨーグシャーラー)/ ▸ਪਰਯੋਗਸ਼ਾਲਾ *f.* → ਪਰਯੋਗਸ਼ਾਲਾ

ਪਰਯੋਗਵਾਦ (परयोगवाद) /para̸yoga̸wāda̸ パルヨーグワード/ ▸ਪ੍ਰਯੋਗਵਾਦ [Skt. प्रयोग Skt.-वाद] *m.* 実験主義.

ਪ੍ਰਯੋਗਵਾਦ (प्रयोगवाद) /prayoga̸wāda̸ (para̸yoga̸wāda̸) プラヨーグワード (パルヨーグワード)/ ▸ਪਰਯੋਗਵਾਦ *m.* → ਪਰਯੋਗਵਾਦ

ਪਰਯੋਗਵਾਦੀ (परयोगवादी) /para̸yoga̸wādī パルヨーグワーディー/ ▸ਪ੍ਰਯੋਗਵਾਦੀ [Skt. प्रयोग Skt.-वादिन्] *adj.* 実験主義の.
— *m.* 実験主義者.

ਪ੍ਰਯੋਗਵਾਦੀ (प्रयोगवादी) /prayoga̸wādī (para̸yoga̸wādī) プラヨーグワーディー (パルヨーグワーディー)/ ▸ਪਰਯੋਗਵਾਦੀ *adj.m.* → ਪਰਯੋਗਵਾਦੀ

ਪਰਯੋਗਾਤਮਕ (परयोगातमक) /para̸yogāta̸maka̸ パルヨーガートマク/ ▸ਪਰਯੋਗਾਤਮਿਕ *adj.* → ਪਰਯੋਗਾਤਮਿਕ

ਪਰਯੋਗਾਤਮਿਕ (परयोगातमिक) /para̸yogāta̸mika̸ パルヨーガートミク/ ▸ਪਰਯੋਗਾਤਮਕ [Skt. प्रयोग Skt.-आत्मक] *adj.* **1** 実験の, 実験的な. **2** 実用の, 実際的な.

ਪਰਯੋਜਨ (परयोजन) /para̸yojana̸ パルヨージャン/ ▸ਪ੍ਰਯੋਜਨ [Skt. प्रयोजन] *m.* **1** 目的. **2** 意図, つもり. **3** 動機.

ਪ੍ਰਯੋਜਨ (प्रयोजन) /prayojana̸ (para̸yojana̸) プラヨージャン (パルヨージャン)/ ▸ਪਰਯੋਜਨ *m.* → ਪਰਯੋਜਨ

ਪਰਲ-ਪਰਲ (परल-परल) /parala̸-parala̸ パルル・パルル/ *adv.* **1** (話が)速く. **2** (涙が)おびただしく, ぼろぼろと.

ਪਰਲਾ (परला) /para̸lā パルラー/ [Skt. पर] *adj.* 遠方の, さらに遠い.

ਪਰਲੋਂ (परलों) /para̸lõ パルローン/ ▸ਪਰਲੋ *f.* → ਪਰਲੋ

ਪਰਲੋ (परलो) /para̸lo パルロー/ ▸ਪਰਲੋਂ [Skt. प्रलय] *f.* **1** 破滅, 終末. **2** 最後の審判の日, 世界の終末. (⇒ਜਗਤ ਦਾ ਨਾਸ਼) **3** 大惨事, 惨劇. **4** 大騒ぎ, 大騒動. **5** 〖地理〗地殻の激変.

ਪਰਲੋਕ (परलोक) /para̸loka̸ パルローク/ [Skt. परलोक] *m.* **1** あの世, 来世. **2** 黄泉の国. **3** 天国.

ਪਰਲੋਕਿਕ (परलोकिक) /para̸lokika̸ パルローキク/ [+ ਇਕ] *adj.* **1** あの世の, 来世の. **2** 天国の.

ਪਰਵਰ (परवर) /para̸wara̸ パルワル/ [Pers. *parvardan*] *suff.* 「…を養う」「…を養育する」「…を支える」などを意味する接尾辞.

ਪਰਵਰਤਨ (परवरतन) /para̸wara̸tana̸ パルワルタン/ ▸ਪਰਿਵਰਤਨ, ਪਰੀਵਰਤਨ, ਪ੍ਰੀਵਰਤਨ *m.* → ਪਰਿਵਰਤਨ

ਪਰਵਰਦਗਾਰ (परवरदगार) /para̸wara̸dagāra̸ パルワルダガール/ [Pers. *parvardagār*] *m.* **1** 養うもの, 暮らしを支える人. **2** 至高の存在に対する称号, 神.

ਪਰਵਰਿਸ਼ (परवरिश) /para̸wariśa̸ パルワリシュ/ [Pers. *parvariś*] *f.* **1** 養育, 育成. (⇒ਪਾਲਣ) **2** 維持, 保持, 支持.

ਪਰਵਲ (परवल) /para̸wala̸ パルワル/ ▸ਪਰਮਲ, ਪਲਵਲ *m.* 〖植物〗ウリ科カラスウリ(烏瓜)属の蔓草の一種《実は野菜として食べる》.

ਪਰਵਾਸ (परवास) /para̸wāsa̸ パルワース/ ▸ਪ੍ਰਵਾਸ [Skt. प्रवास] *m.* **1** (他国への)移住. **2** 異郷に住むこと, 居留, 外国居住.

ਪ੍ਰਵਾਸ (प्रवास) /prawāsa̸ (para̸wāsa̸) プラワース (パルワース)/ ▸ਪਰਵਾਸ *m.* → ਪਰਵਾਸ

ਪਰਵਾਸੀ (परवासी) /para̸wāsī パルワースィー/ ▸ਪ੍ਰਵਾਸੀ [Skt. प्रवासिन्] *adj.* 異郷に住む, 居留する, 移住する.
— *m.* **1** (他国への)移民, 移住者. **2** 異郷に住む人, 居留民, 外国居住者, 国外移住者.

ਪ੍ਰਵਾਸੀ (प्रवासी) /prawāsī (para̸wāsī) プラワースィー (パルワースィー)/ ▸ਪਰਵਾਸੀ *adj.m.* → ਪਰਵਾਸੀ

ਪਰਵਾਹ[1] (परवाह) /para̸wâ パルワー/ [Pers. *parvāh*] *f.* **1** 心配, 危惧. **2** 気がかり, 不安, 恐れ. **3** 留意, 注意, 配慮.

ਪਰਵਾਹ[2] (परवाह) /para̸wâ パルワー/ ▸ਪ੍ਰਵਾਹ [Skt. प्रवाह] *m.* **1** (液体や気体などの)流れ, 流れること. **2** 継続, 連鎖.

ਪ੍ਰਵਾਹ (प्रवाह) /prawâ (para̸wâ) プラワー (パルワー)/ ▸ਪਰਵਾਹ *m.* → ਪਰਵਾਹ[2]

ਪਰਵਾਨ (परवान) /para̸wāna̸ パルワーン/ [Skt. प्रमाण] *adj.* **1** 信頼すべき. **2** 受け入れられた, 受諾された, 認められた. (⇒ਸਵੀਕਰਿਤ, ਮਨਜ਼ੂਰ)

ਪਰਵਾਨਗੀ (परवानगी) /para̸wāna̸gī パルワーンギー/ [Pers. *parvāna* Pers.-*gī*] *f.* **1** 許可, 認可. **2** 受け入れ, 承認, 承諾, 受諾. (⇒ਸਵੀਕਾਰ, ਮਨਜ਼ੂਰੀ)

ਪਰਵਾਨਾ (परवाना) /para̸wānā パルワーナー/ [Pers. *parvāna*] *m.* **1** 証明書, 許可証, 免許証. **2** 命令書, 勅命. **3** 〖法〗令状. (⇒ਰਿਟ) **4** 〖虫〗ガ, 蛾. (⇒ਪਤੰਗਾ) **5** 〖比喩〗熱愛者, 恋人. (⇒ਆਸ਼ਕ)

ਪਰਵਾਰ (परवार) /para̸wāra̸ パルワール/ ▸ਪਰਿਵਾਰ, ਪਰੀਵਾਰ *m.* → ਪਰਿਵਾਰ

ਪਰਵਾਰਕ (परवारक) /para̸wāraka̸ パルワーラク/ ▸ਪਰਵਾਰਿਕ, ਪਰਿਵਾਰਕ, ਪਰਿਵਾਰਿਕ *adj.* → ਪਰਿਵਾਰਕ

ਪਰਵਾਰਿਕ (परवारिक) /para̸wārika̸ パルワーリク/ ▸ਪਰਵਾਰਕ, ਪਰਿਵਾਰਕ, ਪਰਿਵਾਰਿਕ *adj.* → ਪਰਿਵਾਰਕ

ਪਰਵਿਸ਼ਟ (परविशट) /para̸viśata̸ パルヴィシャト/ ▸ਪ੍ਰਵਿਸ਼ਟ [Skt. प्रविष्ट] *adj.* **1** 入った, 入り込んだ. **2** 入学を認められた.

ਪ੍ਰਵਿਸ਼ਟ (प्रविशट) /praviśaṭa̸ (para̸viśaṭa̸) プラヴィシャト (パルヴィシャト)/ ▸ਪਰਵਿਸ਼ਟ *adj.* → ਪਰਵਿਸ਼ਟ

ਪਰਵਿਸ਼ਟੀ (परविशटी) /para̸viśaṭī パルヴィシュティー/ ▸ਪ੍ਰਵਿਸ਼ਟੀ [Skt. प्रविष्टि] *f.* **1** 入ること, 入場, 参加. **2** 書き入れ, 記入, 記載. **3** 参加申し込み, エントリー.

ਪ੍ਰਵਿਸ਼ਟੀ (प्रविशटी) /praviśaṭī (para̸viśaṭī) プラヴィシュティー (パルヴィシュティー)/ ▸ਪਰਵਿਸ਼ਟੀ *f.* → ਪਰਵਿਸ਼ਟੀ

ਪਰਵਿਰਤੀ (परविरती) /para̸viratī パルヴィルティー/ ▸ਪ੍ਰਵਿਰਤੀ [Skt. प्रवृत्ति] *f.* **1** 傾き, 傾向. **2** 志向, 好み. **3** 性向, 性質, 性癖. **4** 習慣, 習癖, 行動. **5** 世俗の事物への執着.

ਪ੍ਰਵਿਰਤੀ (प्रविरती) /praviratī (para̸viratī) プラヴィルティー (パルヴィルティー)/ ▸ਪਰਵਿਰਤੀ *f.* → ਪਰਵਿਰਤੀ

ਪ੍ਰਵੀਣ (प्रवीण) /pravīṇa̩ (para̩vīṇa̩) プラヴィーン (パルヴィーン)/ ▸ਪਰਬੀਨ, ਪ੍ਰਬੀਨ *adj.* → ਪਰਬੀਨ

ਪ੍ਰਵੀਣਤਾ (प्रवीणता) /pravīṇatā (para̩vīṇatā) プラヴィーンター (パルヴィーンター)/ ▸ਪਰਬੀਨਤਾ *f.* → ਪਰਬੀਨਤਾ

ਪਰਵੇਸ਼ (परवेश) /para̩veśa̩ パルヴェーシュ/ ▸ਪ੍ਰਵੇਸ਼ [Skt. प्रवेश] *m.* **1** 入ること, 立ち入ること. **2** 進入, 到達. **3** 入門, 入会, 加入, 入所, 入学. **4** 始めること, 開始.

ਪ੍ਰਵੇਸ਼ (प्रवेश) /praveśa̩ (para̩veśa̩) プラヴェーシュ (パルヴェーシュ)/ ▸ਪਰਵੇਸ਼ *m.* → ਪਰਵੇਸ਼

ਪ੍ਰਵੇਸ਼ਨ (प्रवेशन) /praveśana̩ (para̩veśana̩) プラヴェーシャン (パルヴェーシャン)/ [Skt. प्रवेशन] *m.* **1** 入ること. **2** 進入すること, 進入, 立ち入り.

ਪਰਵੇਸ਼ਕਾ (परवेशका) /para̩veśa̩kā パルヴェーシュカー/ ▸ਪ੍ਰਵੇਸ਼ਕਾ, ਪਰਵੇਸ਼ਿਕਾ, ਪ੍ਰਵੇਸ਼ਿਕਾ *f.* → ਪਰਵੇਸ਼ਿਕਾ

ਪ੍ਰਵੇਸ਼ਕਾ (प्रवेशका) /praveśa̩kā (para̩veśa̩kā) プラヴェーシュカー (パルヴェーシュカー)/ ▸ਪਰਵੇਸ਼ਕਾ, ਪਰਵੇਸ਼ਿਕਾ, ਪ੍ਰਵੇਸ਼ਿਕਾ *f.* → ਪਰਵੇਸ਼ਿਕਾ

ਪਰਵੇਸ਼ ਪੱਤਰ (परवेश पत्तर) /para̩veśa̩ pattara̩ パルヴェーシュ パッタル/ ▸ਪ੍ਰਵੇਸ਼ ਪੱਤਰ [Skt. प्रवेश + Skt. पत्र] *m.* **1** 入場許可書, 入場券. **2** 入場申込書, 入学願書.

ਪ੍ਰਵੇਸ਼ ਪੱਤਰ (प्रवेश पत्तर) /praveśa̩ pattara̩ (para̩veśa̩ pattara̩) プラヴェーシュ パッタル (パルヴェーシュ パッタル)/ ▸ਪਰਵੇਸ਼ ਪੱਤਰ *m.* → ਪਰਵੇਸ਼ ਪੱਤਰ

ਪਰਵੇਸ਼ਿਕਾ (परवेशिका) /para̩veśikā パルヴェーシカー/ ▸ਪਰਵੇਸ਼ਕਾ, ਪ੍ਰਵੇਸ਼ਕਾ, ਪ੍ਰਵੇਸ਼ਿਕਾ [Skt. प्रवेशिका] *f.* **1** 入門, 学習の始まり, 事始め. **2** 入門書, 初歩読本. **3** 入場券, 入場許可証. **4** 入場料. **5** 入学試験.

ਪ੍ਰਵੇਸ਼ਿਕਾ (प्रवेशिका) /praveśikā (para̩veśikā) プラヴェーシカー (パルヴェーシカー)/ ▸ਪਰਵੇਸ਼ਕਾ, ਪ੍ਰਵੇਸ਼ਕਾ, ਪਰਵੇਸ਼ਿਕਾ *f.* → ਪਰਵੇਸ਼ਿਕਾ

ਪਰਾ (परा) /parā パラー/ [Skt. परा] *pref.* 「離れた」「至高の」「超…」などを意味する接頭辞.

ਪਰਾਉਂਠਾ (पराउँठा) /parāũṭʰā パラーウンター/ ▸ਪਰੌਂਠਾ, ਪਰਾਠਾ *m.* → ਪਰੌਂਠਾ

ਪਰਾਇਆ (पराइआ) /parāiā パラーイアー/ [Pkt. पराय] *adj.* **1** 他人の, 自分に関係のない, 無縁の. ❐ਆਪਣਾ ਆਪਣਾ, ਪਰਾਇਆ ਪਰਾਇਆ। 身内は身内, 他人は他人〔諺〕〈血は水よりも濃し〉. **2** よそよそしい, 他人行儀な.

ਪਰਾਇਣ (पराइण) /parāiṇa̩ パラーイン/ [Skt. परायण] *adj.* **1** 従属している. **2** 信奉している, 崇拝している.

ਪ੍ਰਾਇਦੀਪ (प्राइदीप) /prāidīpa̩ (parāidīpa̩) プラーイディープ (パラーイディープ)/ [Skt. प्रायद्वीप] *m.* 〖地理〗半島. (⇒ਟਾਪੂਨੁਮਾ)

ਪਰਾਇਮਰੀ (पराइमरी) /parāimarī パラーイマリー/ ▸ਪ੍ਰਾਇਮਰੀ [Eng. *primary*] *adj.* **1** 初歩の. **2** 初等の.

ਪ੍ਰਾਇਮਰੀ (प्राइमरी) /prāimarī (parāimarī) プラーイマリー (パラーイマリー)/ ▸ਪਰਾਇਮਰੀ *adj.* → ਪਰਾਇਮਰੀ

ਪਰਾਈ (पराई) /parāī パラーイー/ [Pkt. पराय] *adj.* 他人の.

ਪ੍ਰਾਈਸ (प्राईस) /prāīsa̩ (parāīsa̩) プラーイース (パラーイース)/ [Eng. *price*] *f.* **1** 値段. **2** 価格.

ਪਰਾਈਜ਼ (पराईज़) /parāīza̩ パラーイーズ/ ▸ਪ੍ਰਾਈਜ਼ [Eng. *prize*] *m.* **1** 賞. **2** 賞品.

ਪ੍ਰਾਈਜ਼ (प्राईज़) /prāīza̩ (parāīza̩) プラーイーズ (パラーイーズ)/ ▸ਪਰਾਈਜ਼ *m.* → ਪਰਾਈਜ਼

ਪ੍ਰਾਈਮ ਮਿਨਿਸਟਰ (प्राईम मिनिसटर) /prāīma̩ minisa̩ṭara̩ (parāīma̩ minisa̩ṭara̩) プラーイーム ミニスタル (パラーイーム ミニスタル)/ [Eng. *Prime Minister*] *m.* 〖政治〗首相, 総理大臣.

ਪਰਾਈਮਰ (पराईमर) /parāīmara̩ パラーイーマル/ [Eng. *primer*] *f.* **1** 入門書. **2** 初歩読本.

ਪਰਾਈਵੇਟ (पराईवेट) /parāīveṭa̩ パラーイーヴェート/ ▸ਪ੍ਰਾਈਵੇਟ [Eng. *private*] *adj.* **1** 私有の, 私用の, 私立の, 民間の. **2** 個人的な, 私的な. **3** 内密の.

ਪ੍ਰਾਈਵੇਟ (प्राईवेट) /prāīveṭa̩ (parāīveṭa̩) プラーイーヴェート (パラーイーヴェート)/ ▸ਪਰਾਈਵੇਟ *adj.* → ਪਰਾਈਵੇਟ

ਪਰਾਸਚਿਤ (परासचित) /parāsa̩cita̩ パラースチト/ ▸ਪ੍ਰਾਸਚਿਤ, ਪਰਾਛਤ [Skt. प्रायश्चित्त] *m.* 償い, 贖罪.

ਪ੍ਰਾਸਚਿਤ (प्रासचित) /prāsa̩cita̩ (parāsa̩cita̩) プラースチト (パラースチト)/ ▸ਪਰਾਸਚਿਤ, ਪਰਾਛਤ *m.* → ਪਰਾਸਚਿਤ

ਪਰਾਸਰੀਰਕ (परासरीरक) /parāsarīraka̩ パラーサリーラク/ [Skt. परा- Skt. शारीरिक] *adj.* 形而上学の.

ਪਰਾਹੁਣਚਾਰੀ (पराहुणचारी) /parāûṇa̩cārī パラーウンチャーリー/ ▸ਪ੍ਰਾਹੁਣਚਾਰੀ [Skt. प्राघुण Skt.-चारिन्] *f.* 接客, 接待, もてなし. (⇒ਅਤਿਥੀ ਸੇਵਾ, ਮਹਿਮਾਨਦਾਰੀ)

ਪ੍ਰਾਹੁਣਚਾਰੀ (प्राहुणचारी) /prâuṇa̩cārī (parâuṇa̩cārī) プラーウンチャーリー (パラーウンチャーリー)/ ▸ਪਰਾਹੁਣਚਾਰੀ *f.* → ਪਰਾਹੁਣਚਾਰੀ

ਪਰਾਹੁਣਾ (पराहुणा) /parâuṇā パラーウナー/ ▸ਪ੍ਰਾਹੁਣਾ [Skt. प्राघुण] *m.* **1** 客, 来客, 訪問客, 客人, ゲスト. (⇒ਅਤਿਥੀ, ਮਹਿਮਾਨ) ❐ਮੇਰੇ ਘਰ ਕੁਝ ਪਰਾਹੁਣੇ ਆਏ। 私の家に何人かの客が来ました. **2** 〖親族〗義理の息子. **3** 〖親族〗夫.

ਪ੍ਰਾਹੁਣਾ (प्राहुणा) /prâuṇā (parâuṇā) プラーウナー (パラーウナー)/ ▸ਪਰਾਹੁਣਾ *m.* → ਪਰਾਹੁਣਾ

ਪਰਾਕਸੀ (पराकसी) /parāka̩sī パラークスィー/ [Eng. *proxy*] *f.* **1** 代理, 代理権. (⇒ਪ੍ਰਤਿਨਿਧਤਾ) **2** 〖政治〗代理投票権.

ਪਰਾਕਟਰ (पराकटर) /parāka̩ṭara̩ パラークタル/ [Eng. *proctor*] *m.* 学生監.

ਪਰਾਕਰਮ (पराकरम) /parākarama̩ パラーカラム/ ▸ਪਰਾਕ੍ਰਮ [Skt. पराक्रम] *m.* **1** 活力, 精力, 勢力. **2** 勇気, 武勇.

ਪਰਾਕ੍ਰਮ (पराक्रम) /parākrama̩ (parākarama̩) パラークラム (パラーカラム)/ ▸ਪਰਾਕਰਮ *m.* → ਪਰਾਕਰਮ

ਪਰਾਕਰਮੀ (पराकरमी) /parākara̩mī パラーカルミー/ ▸ਪਰਾਕ੍ਰਮੀ [Skt. पराक्रमिन्] *adj.* **1** 精力旺盛な, 力強い. **2** 勇敢な, 勇壮な.

ਪਰਾਕ੍ਰਮੀ (पराक्रमी) /parākramī (parākara̩mī) パラークラミー (パラーカルミー)/ ▸ਪਰਾਕਰਮੀ *adj.* → ਪਰਾਕਰਮੀ

ਪ੍ਰਾਕ੍ਰਿਤ (प्राक्रित) /prākrita̩ (parākarita̩) プラークリト (パラーカリト)/ [Skt. प्राकृत] *adj.* **1** 自然の, ありのままの. **2** 平易な. **3** 洗練されていない, 粗野な. **4** 通俗な, 普通の.

— *f.* プラークリット語《中期インド・アーリア語の総称. サンスクリット語が完成された雅語であるのに対して民衆が使う「自然の」「土着の」「粗野な」言語の意》.

ਪ੍ਰਾਕ੍ਰਿਤਿਕ (प्राक्रितिक) /prākritika̸ (parākaritika̸) プラークリティク (パラーカリティク)/ ▸ਪਰਾਕਿਰਤਿਕ *adj.* → ਪਰਾਕਿਰਤਿਕ

ਪਰਾਕਿਰਤਿਕ (पराकिरतिक) /parākira̸tika̸ パラーキルティク/ ▸ਪ੍ਰਾਕ੍ਰਿਤਿਕ [Skt. प्राकृतिक] *adj.* **1** 自然の, 自然界の. **2** 天然の, 人工の物でない. **3** 当然の, 自然な.

ਪਰਾਗ (पराग) /parāga̸ パラーグ/ [Skt. पराग] *m.* 〖植物〗花粉.

ਪਰਾਗਣ (परागण) /parāgaṇa̸ パラーガン/ [Skt. पराग -ण] *m.* 〖植物〗受粉.

ਪਰਾਗਾ (परागा) /parāgā パラーガー/ *m.* 一度に炒める分の穀物の量.

ਪਰਾਚੀਨ (पराचीन) /parācīna̸ パラーチーン/ ▸ਪ੍ਰਾਚੀਨ [Skt. प्राचीन] *adj.* **1** 古代の. **2** 古い.

ਪ੍ਰਾਚੀਨ (प्राचीन) /prācīna̸ (parācīna̸) プラーチーン (パラーチーン)/ ▸ਪਰਾਚੀਨ *adj.* → ਪਰਾਚੀਨ

ਪਰਾਛਤ (पराछत) /parācʰata̸ パラーチャト/ ▸ਪਰਾਸਚਿਤ, ਪ੍ਰਾਸਚਿਤ *m.* → ਪਰਾਸਚਿਤ

ਪਰਾਜਿਤ (पराजित) /parājita̸ パラージト/ [Skt. पराजित] *adj.* **1** 負けた, 敗北した. **2** 征服された. **3** 滅ぼされた.

ਪਰਾਜੈ (पराजै) /parājai パラージャェー/ [Skt. पराजय] *f.* 負け, 敗北. (⇔ਵਿਜੈ)

ਪਰਾਠਾ (पराठा) /parāṭʰā パラーター/ ▸ਪਰਾਉਂਠਾ, ਪਰੌਂਠਾ *m.* → ਪਰੌਂਠਾ

ਪਰਾਣ (पराण) /parāṇa̸ パラーン/ ▸ਪ੍ਰਾਣ [Skt. प्राण] *m.* **1** 息. **2** 生命, 活力. **3** 最愛の人.

ਪ੍ਰਾਣ (प्राण) /prāṇa̸ (parāṇa̸) プラーン (パラーン)/ ▸ਪਰਾਣ *m.* → ਪਰਾਣ

ਪਰਾਣਹੀਨ (पराणहीन) /parāṇahīna̸ パラーンヒーン/ ▸ਪ੍ਰਾਣਹੀਨ [Skt. प्राण Skt.-हीन] *adj.* **1** 息をしていない. **2** 生命のない. **3** 死んだ.

ਪ੍ਰਾਣਹੀਨ (प्राणहीन) /prāṇahīna̸ (parāṇahīna̸) プラーンヒーン (パラーンヒーン)/ ▸ਪਰਾਣਹੀਨ *adj.* → ਪਰਾਣਹੀਨ

ਪਰਾਣਾਯਾਮ (पराणायाम) /parāṇāyāma̸ パラーナーヤーム/ ▸ਪ੍ਰਾਣਾਯਾਮ [Skt. प्राणायाम] *m.* **1** 呼吸の制御. **2** ヨーガにおける調息法.

ਪ੍ਰਾਣਾਯਾਮ (प्राणायाम) /prāṇāyāma̸ (parāṇāyāma̸) プラーナーヤーム (パラーナーヤーム)/ ▸ਪਰਾਣਾਯਾਮ *m.* → ਪਰਾਣਾਯਾਮ

ਪਰਾਣੀ (पराणी) /parāṇī パラーニー/ ▸ਪ੍ਰਾਣੀ [Skt. प्राणिन्] *adj.* **1** 息をしている. **2** 生きている, 生命のある.
— *m.* **1** 生き物, 生物. **2** 人間.

ਪ੍ਰਾਣੀ (प्राणी) /prāṇī (parāṇī) プラーニー (パラーニー)/ ▸ਪਰਾਣੀ *adj.m.* → ਪਰਾਣੀ

ਪਰਾਣੀ ਵਿਗਿਆਨ (पराणी विगिआन) /parāṇī vigiāna̸ パラーニー ヴィギアーン/ [Skt. प्राणिन् + Skt. विज्ञान] *m.* **1** 生物学. **2** 動物学.

ਪਰਾਣੀ ਵਿਗਿਆਨੀ (पराणी विगिआनी) /parāṇī vigiānī パラーニー ヴィギアーニー/ [+ Skt. विज्ञानिन्] *m.* **1** 生物学者. **2** 動物学者.

ਪਰਾਂਤ (पराँत) /parā̃ta̸ パラーント/ ▸ਪ੍ਰਾਂਤ *m.* → ਪ੍ਰਾਂਤ

ਪ੍ਰਾਂਤ (प्राँत) /prā̃ta̸ (parā̃ta̸) プラーント (パラーント)/ ▸ਪਰਾਂਤ [Skt. प्रांत] *m.* **1** 州. (⇒ਪ੍ਰਦੇਸ਼) **2** 地域, 地区. **3** 周辺, 辺境, 境界, 端, 縁.

ਪਰਾਤ (परात) /parāta̸ パラート/ [Skt. पात्र] *f.* 金属製大皿.

ਪਰਾਂਦਾ (पराँदा) /parā̃dā パラーンダー/ [Skt. परिबन्धन] *m.* 女性のヘアバンド.

ਪਰਾਧਿਆਪਕ (पराधिआपक) /parādiăpaka̸ パラーディアーパク/ ▸ਪ੍ਰਾਧਿਆਪਕ [Skt. प्राध्यापक] *m.* (大学など専門教育機関の)教員, 教授, 講師.

ਪ੍ਰਾਧਿਆਪਕ (प्राधिआपक) /prādiăpaka̸ (parādiăpaka̸) プラーディアーパク (パラーディアーパク)/ ▸ਪਰਾਧਿਆਪਕ *m.* → ਪਰਾਧਿਆਪਕ

ਪਰਾਧੀਨ (पराधीन) /parādĭna̸ パラーディーン/ [Skt. पराधीन] *adj.* 従属した, 服従している, 依存している. (⇒ਪਰਤੰਤਰ)(⇔ਸਵਾਧੀਨ)

ਪਰਾਧੀਨਤਾ (पराधीनता) /parādĭna̸tā パラーディーンター/ [Skt.-ता] *f.* 従属, 服従. (⇒ਪਰਤੰਤਰਤਾ)(⇔ਸਵਾਧੀਨਤਾ)

ਪਰਾਪਤ (परापत) /parāpata̸ パラーパト/ ▸ਪ੍ਰਾਪਤ [Skt. प्राप्त] *adj.* 得られた, 取得された, 獲得された, 修得された, 身についた, 達成された. ❒ਪਰਾਪਤ ਕਰਨਾ 得る, 取得する, 獲得する, 修得する, 身につける, 達成する, 受け取る, 見つける. ❒ਰੂਮੀ ਨੇ ਅਪਣੀ ਮੁੱਢਲੀ ਵਿੱਦਿਆ ਆਪਣੇ ਪਿਤਾ ਪਾਸੋਂ ਪਰਾਪਤ ਕੀਤੀ। ルーミーは基礎的な知識を父親から修得しました.

ਪ੍ਰਾਪਤ (प्रापत) /prāpata̸ (parāpata̸) プラーパト (パラーパト)/ ▸ਪਰਾਪਤ *adj.* → ਪਰਾਪਤ

ਪਰਾਪਤੀ (परापती) /parāpatī パラーパティー/ ▸ਪ੍ਰਾਪਤੀ [Skt. प्राप्ति] *f.* **1** 取得, 獲得, 修得, 達成. **2** 受領, 領収. **3** 利得, 利益, 収入.

ਪ੍ਰਾਪਤੀ (प्रापती) /prāpatī (parāpatī) プラーパティー (パラーパティー)/ ▸ਪਰਾਪਤੀ *f.* → ਪਰਾਪਤੀ

ਪਰਾਪਰਟੀ (परापरटी) /parāpara̸ṭī パラーパルティー/ ▸ਪ੍ਰਾਪਰਟੀ [Eng. *property*] *f.* 財産, 資産.

ਪ੍ਰਾਪਰਟੀ (प्रापरटी) /prāpara̸ṭī (parāpara̸ṭī) プラーパルティー (パラーパルティー)/ ▸ਪਰਾਪਰਟੀ *f.* → ਪਰਾਪਰਟੀ

ਪਰਾਪੂਰਬਲਾ (परापूरबला) /parāpūra̸balā パラープールバラー/ *adj.* 原始の.

ਪਰਾਪੇਗੰਡਾ (परापेगंडा) /parāpegaṇḍā パラーペーガンダー/ ▸ਪ੍ਰਾਪੇਗੰਡਾ [Eng. *propaganda*] *m.* (組織的に行う)宣伝, 宣伝活動, 布教活動.

ਪ੍ਰਾਪੇਗੰਡਾ (प्रापेगंडा) /prāpegaṇḍā (parāpegaṇḍā) プラーペーガンダー (パラーペーガンダー)/ ▸ਪਰਾਪੇਗੰਡਾ *m.* → ਪਰਾਪੇਗੰਡਾ

ਪ੍ਰਾਬਲਮ (प्राबलम) /prāba̸lama̸ (parāba̸lama̸) プラーブラム (パラーブラム)/ [Eng. *problem*] *f.* 問題, 難問.

ਪਰਾਮਨੁੱਖੀ (परामनुक्खी) /parāmanukkʰī パラーマヌッキー/ [Skt. परा- Skt. मनुष्य -ई] *adj.* 超人的な.

ਪਰਾਰ (परार) /parāra̸ パラール/ [Pers. *pīrār*] *m.* おととし, 一昨年.
— *adv.* おととし, 一昨年.

ਪਰਾਰਥਨਾ (परारथना) /parāra̸tʰanā パラールタナー/ ▸ਪ੍ਰਾਰਥਨਾ [Skt. प्रार्थना] *f.* **1** 祈り, 願い. **2** 嘆願. **3** 請願, 請求.

ਪ੍ਰਾਰਥਨਾ (प्रारथना) /prāra̸tʰanā (parāra̸tʰanā) プラールタナー (パラールタナー)/ ▸ਪਰਾਰਥਨਾ *f.* → ਪਰਾਰਥਨਾ

ਪਰਾਰੰਭ (परारंभ) /parārâmba パラーランブ/ ▸ਪ੍ਰਾਰੰਭ [Skt. प्रारंभ] *m.* 始まり, 開始, 発端.

ਪ੍ਰਾਰੰਭ (प्रारंभ) /prārâmba (parārâmba) プラーランブ (パラーランブ)/ ▸ਪਰਾਰੰਭ *m.* → ਪਰਾਰੰਭ

ਪਰਾਰੰਭਕ (परारंभक) /parārâmbaka パラーランバク/ ▸ਪ੍ਰਾਰੰਭਕ [Skt. प्रारंभिक] *adj.* **1** 初めの, 始まりの. **2** 初歩の, 基礎の.

ਪ੍ਰਾਰੰਭਕ (प्रारंभक) /prārâmbaka (parārâmbaka) プラーランバク (パラーランバク)/ ▸ਪਰਾਰੰਭਕ *adj.* → ਪਰਾਰੰਭਕ

ਪਰਾਲਬਧ (परालबध) /parālâbada パラーラバド/ ▸ਪ੍ਰਾਲਬਧ [Skt. प्रारब्ध] *f.* **1** 運命. **2** 運, 運勢.

ਪ੍ਰਾਲਬਧ (प्रालबध) /prālâbada (parālâbada) プラーラバド (パラーラバド)/ ▸ਪਰਾਲਬਧ *f.* → ਪਰਾਲਬਧ

ਪਰਾਲੀ (पराली) /parālī パラーリー/ *f.* 藁.

ਪਰਾਵਰਤਨ (परावरतन) /parāwaratana パラーワルタン/ [Skt. प्रावर्तन] *m.* **1** 逆戻り. **2** 反射.

ਪਰਿਆ (परिआ) /pariā パリアー/ ▸ਪ੍ਰਿਆ [Skt. प्रिय] *adj.* **1** 愛しい, 親愛なる. **2** 好きな, 好みの.

ਪ੍ਰਿਆ (प्रिआ) /priā (pariā) プリアー (パリアー)/ ▸ਪਰਿਆ *adj.* → ਪਰਿਆ

ਪਰਿੰਸ (परिंस) /parinsa パリンス/ ▸ਪ੍ਰਿੰਸ [Eng. *prince*] *m.* **1** 王子, 皇子, 親王. **2**(小国家の)君主, 公. **3** 公爵, 貴族.

ਪ੍ਰਿੰਸ (प्रिंस) /prinsa (parinsa) プリンス (パリンス)/ ▸ਪਰਿੰਸ *m.* → ਪਰਿੰਸ

ਪਰਿਸਤਾਨ (परिसतान) /parisatāna パリスターン/ ▸ਪਰਸਤਾਨ *m.* → ਪਰਸਤਾਨ

ਪਰਿਸਥਿਤੀ (परिसथिती) /parisat^hitī パリスティティー/ [Skt. परिस्थिति] *f.* **1** 状況. **2** 状態. **3** 環境.

ਪਰਿਸ਼ਦ (परिशद) /pariśada パリシャド/ [Skt. परिषद्] *f.* **1** 会議, 協議会, 評議会. **2** 集会, 会合. **3** 協会.

ਪਰਿਸ਼ਰਮ (परिशरम) /pariśarama | pariśarama パリシャラム | パリシャルム/ ▸ਪਰਿਸ਼੍ਰਮ [Skt. परिश्रम] *m.* **1** 努力, 努めること. (⇒ਮਿਹਨਤ) **2** 勤勉. **3** 精進, 励むこと. **4** 労苦. **5** 労働, 仕事.

ਪਰਿਸ਼੍ਰਮ (परिश्रम) /pariśrama (pariśarama) パリシュラム (パリシャラム)/ ▸ਪਰਿਸ਼ਰਮ *m.* → ਪਰਿਸ਼ਰਮ

ਪਰਿੰਸੀਪਲ[1] (परिंसीपल) /parinsīpala パリンスィーパル/ ▸ਪ੍ਰਿੰਸੀਪਲ [Eng. *principal*] *m.* **1** 校長. **2** 学長. **3** 会長.

ਪਰਿੰਸੀਪਲ[2] (परिंसीपल) /parinsīpala パリンスィーパル/ ▸ਪ੍ਰਿੰਸੀਪਲ [Eng. *principle*] *m.* **1** 原理. **2** 主義.

ਪ੍ਰਿੰਸੀਪਲ[1] (प्रिंसीपल) /prinsīpala (parinsīpala) プリンスィーパル (パリンスィーパル)/ ▸ਪਰਿੰਸੀਪਲ *m.* → ਪਰਿੰਸੀਪਲ[1]

ਪ੍ਰਿੰਸੀਪਲ[2] (प्रिंसीपल) /prinsīpala (parinsīpala) プリンスィーパル (パリンスィーパル)/ ▸ਪਰਿੰਸੀਪਲ *m.* → ਪਰਿੰਸੀਪਲ[2]

ਪਰਿਹਾਸ (परिहास) /parihāsa パリハース/ [Skt. परिहास] *m.* **1** 冗談, 洒落, 軽口. **2** ユーモア. **3** ひやかし, ふざけ.

ਪਰਿਕਰਮਾ (परिकरमा) /parikaramā パリカルマー/ ▸ਪਰਕਰਮਾ [Skt. परिक्रमा] *f.* 〖建築〗回廊.

ਪਰਿਖਿਪਤ (परिखिपत) /parik^hipata パリキパト/ *adj.* 分散した.

ਪਰਿਖੇਪ (परिखेप) /parik^hepa パリケープ/ ▸ਪਰਿਖੇਪਨ *m.* **1** 散策. **2** 分散.

ਪਰਿਖੇਪਨ (परिखेपन) /parik^hepana パリケーパン/ ▸ਪਰਿਖੇਪ *m.* → ਪਰਿਖੇਪ

ਪਰਿਗ੍ਰਹਿ (परिग्रहि) /parigraî (parigaraî) パリグラェー (パリガラェー)/ [Skt. परिग्रह] *m.* **1** 取ること, 取得. **2** つかむこと. **3** 握ること, 掌握, 把握. **4** 受け取ること, 受領. **5** 得ること, 獲得, 入手. **6** 所有物, 財産. **7** 家, 家庭. (⇒ਘਰ) **8** 家族. (⇒ਪਰਿਵਾਰ)

ਪਰਿਗ੍ਰਾਹ (परिग्राह) /parigrâ (parigarâ) パリグラー (パリガラー)/ *m.* **1** 把握力. **2** 掌握. **3** つかむこと.

ਪਰਿਗ੍ਰਾਹੀ (परिग्राही) /parigrâî (parigarâî) パリグラーイー (パリガラーイー)/ *adj.* 把握力のある.

ਪਰਿਚਯ (परिचय) /paricaya パリチャユ/ ▸ਪਰੀਚੇ, ਪਰੀਚੈ, ਪ੍ਰੀਚੈ *m.* → ਪਰੀਚੈ

ਪਰਿਚਿਤ (परिचित) /paricita パリチト/ ▸ਪਰੀਚਤ, ਪ੍ਰੀਚਤ, ਪਰੀਚਿਤ *adj.* → ਪਰੀਚਿਤ

ਪਰਿਛੇਦ (परिछेद) /paric^heda パリチェード/ [Skt. परिच्छेद] *m.* **1** 分割, 分離. **2** 区別, 区分, 区切り. **3** 章, 節. **4** 段落, パラグラフ. (⇒ਅਨੁਛੇਦ)

ਪਰਿਜ਼ਮ (परिज़म) /parizama パリズム/ [Eng. *prism*] *m.* **1** プリズム. **2**〖幾何〗角柱.

ਪਰਿੰਟ (परिंट) /parinṭa パリント/ ▸ਪ੍ਰਿੰਟ [Eng. *print*] *m.f.* **1** 印刷, 印刷物, 出版物, プリント. **2** 染物の模様, 捺染.

ਪ੍ਰਿੰਟ (प्रिंट) /prinṭa (parinṭa) プリント (パリント)/ ▸ਪਰਿੰਟ *m.f.* → ਪਰਿੰਟ

ਪਰਿੰਟਿੰਗ (परिंटिंग) /parinṭiṅga パリンティング/ ▸ਪ੍ਰਿੰਟਿੰਗ [Eng. *printing*] *f.* 印刷, 印刷術, 印刷業.

ਪ੍ਰਿੰਟਿੰਗ (प्रिंटिंग) /prinṭiṅga (parinṭiṅga) プリンティング (パリンティング)/ ▸ਪਰਿੰਟਿੰਗ *f.* → ਪਰਿੰਟਿੰਗ

ਪਰਿਣਾਮ (परिणाम) /pariṇāma パリナーム/ ▸ਪਰਿਨਾਮ [Skt. परिणाम] *m.* **1** 変化, 変遷, 発展. **2** 結果, 結末, 結論, 帰結.

ਪਰਿਣਾਮ-ਰਹਿਤ (परिणाम-रहित) /pariṇāma-raîta パリナーム・ラェート/ [Skt. परिणाम Skt.-रहित] *adj.* **1** 結果のない, 結論の出ない. **2** 重要でない.

ਪਰਿਤਪਾਲਕ (परितपालक) /paritapālaka パリトパーラク/ ▸ਪ੍ਰਿਤਪਾਲਕ [Skt. प्रतिपालक] *m.* **1** 守護者, 保護者, 擁護者. **2** 養育者, 育成者.

ਪ੍ਰਿਤਪਾਲਕ (प्रितपालक) /pritapālaka (paritapālaka) プリトパーラク (パリトパーラク)/ ▸ਪਰਿਤਪਾਲਕ *m.* → ਪਰਿਤਪਾਲਕ

ਪਰਿਤਪਾਲਨ (परितपालन) /paritapālana パリトパーラン/ ▸ਪ੍ਰਿਤਪਾਲਨ [Skt. प्रतिपालन] *m.* **1** 保護. **2** 養育.

ਪ੍ਰਿਤਪਾਲਨ (प्रितपालन) /pritapālana (paritapālana) プリトパーラン (パリトパーラン)/ ▸ਪਰਿਤਪਾਲਨ *m.* → ਪਰਿਤਪਾਲਨ

ਪਰਿਥਵੀ (परिथवी) /parit^havī パリトヴィー/ ▸ਪ੍ਰਿਥਵੀ [Skt. पृथ्वी] *f.* **1**〖天文〗地球. **2** 大地. **3** 土地.

ਪ੍ਰਿਥਵੀ (प्रिथवी) /prit^havī (parit^havī) プリトヴィー (パリトヴィー)/ ▸ਪਰਿਥਵੀ *f.* → ਪਰਿਥਵੀ

ਪਰਿੰਦਾ (परिंदा) /parindā パリンダー/ [Pers. *parinda*] *m.* 鳥. (⇒ਪੰਛੀ, ਪੰਖੇਰੂ)

ਪਰਿਨਾਮ (परिनाम) /parināma パリナーム/ ▸ਪਰਿਣਾਮ *m.* → ਪਰਿਣਾਮ

ਪਰਿਪੱਕ (परिपक्क) /paripakka パリパック/ [Skt. परिपक्व] *adj.* **1** よく熟した, 円熟した, 経験豊かな, 熟練の. **2** よく成長した, 成人になった. **3** よく調理された, よく焼かれた.

ਪਰਿਪੱਕਤਾ (परिपक्कता) /paripakkatā パリパックター/ [Skt.-ता] *f.* **1** よく熟している状態, 円熟, 熟練. **2** よく成長した状態, 完全な成長. **3** よく調理された状態, よく焼かれた状態.

ਪਰਿਪਾਟੀ (परिपाटी) /paripāṭī パリパーティー/ ▸ਪਰਪਾਟੀ, ਪ੍ਰਪਾਟੀ *f.* → ਪਰਪਾਟੀ

ਪਰਿਪੂਰਨ (परिपूरन) /paripūrana パリプールン/ [Skt. परिपूर्ण] *adj.* **1** 完全な, 満杯の. **2** 充足された, 満足な.

ਪਰਿਪੂਰਨਤਾ (परिपूरनता) /paripūranatā パリプールンター/ [Skt.-ता] *f.* **1** 完全, 満杯. **2** 充足, 満足.

ਪਰਿਪੇਖ (परिपेख) /paripekʰa パリペーク/ [Skt. परिप्रेक्ष्य] *m.* **1** 遠近法, 遠景の見通し, 眺望, 眺め. **2** 展望, 見通し. **2** 視野, 見方, 見地, 観点, 見解.

ਪਰਿਭਾਸ਼ਕ (परिभाशक) /paribăśaka パリバーシャク/ [Skt. परिभाषिक] *adj.* 決定的な, 決定版の.

ਪਰਿਭਾਸ਼ਾ (परिभाशा) /paribăśā パリバーシャー/ [Skt. परिभाषा] *f.* 定義.

ਪਰਿਭਾਸ਼ਿਕੀ (परिभाशिकी) /paribăśikī パリバーシキー/ [Skt. परिभाषिकी] *adj.* 定義できる.

ਪਰਿਭਾਸ਼ਿਤ (परिभाशित) /paribăśita パリバーシト/ [Skt. परिभाषित] *adj.* 定義された.

ਪਰਿਵਰਤਕ (परिवरतक) /pariwarataka パリワルタク/ [Skt. परिवर्तक] *adj.* **1** 転換させる. **2** 変化させる.
— *m.* **1** 転換させるもの. **2** 変化させるもの.

ਪਰਿਵਰਤਨ (परिवरतन) /pariwaratana パリワルタン/ ▸ਪਰਵਰਤਨ, ਪਰੀਵਰਤਨ, ਪ੍ਰੀਵਰਤਨ [Skt. परिवर्तन] *m.* **1** 変化. **2** 変形, 変容. **3** 転換, 転向. **4** 交換, 交替, 入れ替わり.

ਪਰਿਵਰਤਿਤ (परिवरतित) /pariwaratita パリワルティト/ [Skt. परिवर्तित] *adj.* **1** 変化した, 変容した. **2** 転換した.

ਪਰਿਵਾਰ (परिवार) /pariwāra パリワール/ ▸ਪਰਵਾਰ, ਪਰੀਵਾਰ [Skt. परिवार] *m.* **1** 家族, 家庭. **2** 所帯. **3** 一家, 一族, 一門. **4** 同族, 家系. **5** 家来, 従者. **6** 〖言〗語族.

ਪਰਿਵਾਰਕ (परिवारक) /pariwāraka パリワーラク/ ▸ਪਰਵਾਰਕ, ਪਰਵਾਰਿਕ, ਪਰਿਵਾਰਿਕ [+ क] *adj.* 家族の.

ਪਰਿਵਾਰਿਕ (परिवारिक) /pariwārika パリワーリク/ ▸ਪਰਵਾਰਕ, ਪਰਵਾਰਿਕ, ਪਰਿਵਾਰਕ *adj.* → ਪਰਿਵਾਰਕ

ਪਰੀ (परी) /parī パリー/ [Pers. *parī*] *f.* **1** 妖精. **2** 天女.

ਪਰੀਖਿਅਕ (परीखिअक) /parīkʰiaka パリーキアク/ [Skt. परीक्षक] *m.* **1** 試験官, 検査官. **2** 調査者.

ਪਰੀਖਿਆ (परीखिआ) /parīkʰiā パリーキアー/ ▸ਪ੍ਰੀਖਿਆ [Skt. परीक्षा] *f.* **1** 試験, テスト. (⇒ਇਮਤਿਹਾਨ) ❐ਪਰੀਖਿਆ ਦੇਣ ਵਾਲਾ 試験を受ける人, 受験者, 受験生, 志願者. ❐ਪਰੀਖਿਆ ਦੇਣੀ 試験を受ける, テストを受ける, 受験する. ❐ਪਰੀਖਿਆ ਲੈਣ ਵਾਲਾ 試験を行う人, 試験官. ❐ਪਰੀਖਿਆ ਲੈਣੀ 試験を行う. **2** 検査. ❐ਪਰੀਖਿਆ ਦੇਣ ਵਾਲਾ 検査を受ける人. ❐ਪਰੀਖਿਆ ਦੇਣੀ 検査を受ける. ❐ਪਰੀਖਿਆ ਲੈਣ ਵਾਲਾ 検査を行う人, 検査官. ❐ਪਰੀਖਿਆ ਲੈਣੀ 検査を行う. **3** 綿密な検査, 吟味. **4** 調査, 監査. **5** 試行. **6** 実験. **7** 試練. ❐ਪਰੀਖਿਆ ਦੇਣੀ 試練を経験する.

ਪ੍ਰੀਖਿਆ (प्रीखिआ) /prīkʰiā (parīkʰiā) プリーキアー (パリーキアー)/ ▸ਪਰੀਖਿਆ *f.* → ਪਰੀਖਿਆ

ਪਰੀਖਿਆ ਪੱਤਰ (परीखिआ पत्तर) /parīkʰiā pattara パリーキアー パッタル/ [Skt. परीक्षा + Skt. पत्र] *m.* 試験用紙.

ਪਰੀਖਿਆਰਥੀ (परीखिआरथी) /parīkʰiāratʰī パリーキアールティー/ [Skt. परीक्षार्थिन्] *m.* **1** 受験者, 受験生, 検査を受ける人. **2** 志願者.

ਪਰੀਚਤ (परीचत) /parīcata パリーチャト/ ▸ਪਰਿਚਿਤ, ਪ੍ਰੀਚਤ, ਪਰੀਚਿਤ *adj.* → ਪਰੀਚਿਤ

ਪ੍ਰੀਚਤ (प्रीचत) /prīcata (parīcata) プリーチャト (パリーチャト)/ ▸ਪਰਿਚਿਤ, ਪਰੀਚਤ, ਪਰੀਚਿਤ *adj.* → ਪਰੀਚਿਤ

ਪਰੀਚਿਤ (परीचित) /parīcita パリーチト/ ▸ਪਰਿਚਿਤ, ਪਰੀਚਤ, ਪ੍ਰੀਚਤ [Skt. परिचित] *adj.* **1** 面識のある, 知り合いの. **2** 知っている, 知られている, 既知の.

ਪਰੀਚੇ (परीचे) /parīce パリーチェー/ ▸ਪਰਿਚਯ, ਪਰੀਚੈ, ਪ੍ਰੀਚੈ *m.* → ਪਰੀਚੈ

ਪਰੀਚੈ (परीचै) /parīcai パリーチャェー/ ▸ਪਰਿਚਯ, ਪਰੀਚੇ, ਪ੍ਰੀਚੈ [Skt. परिचय] *m.* **1** 馴染み, 面識. **2** 紹介. **3** 知識.

ਪ੍ਰੀਚੈ (प्रीचै) /prīcai (parīcai) プリーチャェー (パリーチャェー)/ ▸ਪਰਿਚਯ, ਪਰੀਚੇ, ਪਰੀਚੈ *m.* → ਪਰੀਚੈ

ਪ੍ਰੀਜ਼ਾਈਡਿੰਗ ਅਫ਼ਸਰ (प्रीज़ाईडिंग अफ़सर) /prīzāīḍiṅga afasara (parīzāīḍiṅga afasara) プリーザーイーディング アフサル (パリーザーイーディング アフサル)/ [Eng. *presiding officer*] *m.* 〖政治〗投票場監督官.

ਪਰੀਠਾ (परीठा) /parīṭʰā パリーター/ *m.* 〖食品〗慶事で親類縁者に配られる食べ物. (⇒ਸੰਭਾਲ)

ਪਰੀਤ (परीत) /parīta パリート/ ▸ਪ੍ਰੀਤ [Skt. प्रीति] *f.* **1** 愛, 愛情, 情愛. **2** 恋, 恋愛, 恋慕. **3** 熱愛, 信愛. **4** 優しさ, 慈しみ. **5** 好意, 思いやり. **6** 好むこと, 愛好. **7** 喜び, 嬉しさ.

ਪ੍ਰੀਤ (प्रीत) /prīta (parīta) プリート (パリート)/ ▸ਪਰੀਤ *f.* → ਪਰੀਤ

ਪਰੀਤਮ (परीतम) /parītama パリータム/ ▸ਪ੍ਰੀਤਮ [Skt. प्रियतम] *adj.* 最愛の, 大好きな.
— *m.* **1** 最愛の人. **2** 恋人, 愛人. **3** 〖親族〗夫.

ਪ੍ਰੀਤਮ (प्रीतम) /prītama (parītama) プリータム (パリータム)/ ▸ਪਰੀਤਮ *adj.m.* → ਪਰੀਤਮ

ਪਰੀਤੀਭੋਜਨ (परीतीभोजन) /parītīpŏjana パリーティーポージャン/ ▸ਪ੍ਰੀਤੀਭੋਜਨ [Skt. प्रीति + Skt. भोजन] *m.* 饗宴, 御馳走.

ਪ੍ਰੀਤੀਭੋਜਨ (प्रीतीभोजन) /prītīpŏjana (parītīpŏjana) プリーティーポージャン (パリーティーポージャン)/ ▸ਪਰੀਤੀਭੋਜਨ *m.* → ਪਰੀਤੀਭੋਜਨ

ਪਰੀਬੰਦ (परीबंद) /parībanda パリーバンド/ *m.* 〖装〗鈴の付いた腕輪.

ਪਰੀਮੀਅਮ (परीमीअम) /parīmīama パリーミーアム/ ▸ਪ੍ਰੀਮੀਅਮ [Eng. *premium*] *m.* プレミアム, 割増金.

ਪ੍ਰੀਮੀਅਮ (प्रीमीअम) /prīmīama (parīmīama) プリーミー

アム (パリーミーアム)/ ▸ਪਰੀਮੀਅਮ *m.* → ਪਰੀਮੀਅਮ

ਪਰੀਵਰਤਨ (**परीवरतन**) /parīwarạtanạ パリーワルタン/ ▸ ਪਰਵਰਤਨ, ਪਰਿਵਰਤਨ, ਪ੍ਰੀਵਰਤਨ *m.* → ਪਰਿਵਰਤਨ

ਪ੍ਰੀਵਰਤਨ (**प्रीवरतन**) /prīwarạtanạ (parīwarạtanạ) プリーワルタン (パリーワルタン)/ ▸ਪਰਵਰਤਨ, ਪਰਿਵਰਤਨ, ਪਰੀਵਰਤਨ *m.* → ਪਰਿਵਰਤਨ

ਪਰੀਵਾਰ (**परीवार**) /parīwārạ パリーワール/ ▸ਪਰਵਾਰ, ਪਰਿਵਾਰ *m.* → ਪਰਿਵਾਰ

ਪਰੁੱਚਣਾ (**परुच्चणा**) /paruccaṇā パルッチャナー/ [(Pot.) cf. ਪਰੋਣਾ] *vi.* **1** 糸を通して繋がれる. **2** 綴じられる, 束ねられる.

ਪਰੂੰ (**परूँ**) /parū̃ パルーン/ [Pers. *pār* + Pers. *sāl*] *adv.* **1** 去年, 昨年. (⇒ਪਿਛਲੇ ਸਾਲ) **2** 来年. (⇒ਅਗਲੇ ਸਾਲ)

ਪਰੂਫ਼ (**परूफ़**) /parūfạ パルーフ/ [Eng. *proof*] *m.* **1** 証拠, 証明. (⇒ਸਬੂਤ, ਪਰਮਾਣ) **2** 校正刷り, 試し刷り.

ਪਰੇ (**परे**) /pare パレー/ ▸ਪਰ੍ਹਾਂ [Skt. पर] *adv.* **1** 離れて, 遠くに. (⇒ਦੂਰ) **2** 越えて. (⇒ਹੱਦ ਲੰਘ ਕੇ)

ਪਰੇਸ਼ਾਂ (**परेशाँ**) /pareśā̃ パレーシャーン/ ▸ਪਰੇਸ਼ਾਨ *adj.* → ਪਰੇਸ਼ਾਨ

ਪਰੇਸ਼ਾਨ (**परेशान**) /pareśānạ パレーシャーン/ ▸ਪਰੇਸ਼ਾਂ [Pers. *pareśān*] *adj.* **1** 困っている, 困惑した, 悩んでいる, 苦しんでいる. ❐ਰਾਜਾ ਬੜਾ ਪਰੇਸ਼ਾਨ ਸੀ। 王様はとても困りました. **2** 心配している.

ਪਰੇਸ਼ਾਨੀ (**परेशानी**) /pareśānī パレーシャーニー/ [Pers. *pareśānī*] *f.* **1** 困ったこと. **2** 困惑. **3** 心配. **4** 気苦労.

ਪਰੇਗ (**परेग**) /paregạ パレーグ/ ▸ਪ੍ਰੇਗ [Arab. *peg*] *f.* 釘.

ਪ੍ਰੇਗ (**प्रेग**) /pregạ (paregạ) プレーグ (パレーグ)/ ▸ਪਰੇਗ *f.* → ਪਰੇਗ

ਪਰੇਜ਼ੀਡੈਂਟ (**परेज़ीडैंट**) /parezīḍā̃īṭạ パレーズィーダェーント/ ▸ਪ੍ਰੇਜ਼ੀਡੈਂਟ, ਪਰੈਜ਼ੀਡੈਂਟ, ਪ੍ਰੈਜ਼ੀਡੈਂਟ *m.* → ਪਰੈਜ਼ੀਡੈਂਟ

ਪ੍ਰੇਜ਼ੀਡੈਂਟ (**प्रेज़ीडैंट**) /prezīḍā̃īṭạ (parezīḍā̃īṭạ) プレーズィーダェーント (パレーズィーダェーント)/ ▸ਪਰੇਜ਼ੀਡੈਂਟ, ਪਰੈਜ਼ੀਡੈਂਟ, ਪ੍ਰੈਜ਼ੀਡੈਂਟ *m.* → ਪਰੈਜ਼ੀਡੈਂਟ

ਪਰੇਟ (**परेट**) /pareṭạ パレート/ ▸ਪਰੇਡ *f.* → ਪਰੇਡ

ਪਰੇਡ (**परेड**) /pareḍạ パレード/ ▸ਪਰੇਟ [Eng. *parade*] *f.* **1** 行列, 行進, パレード. **2** 〖軍〗閲兵, 観閲式.

ਪਰੇਡੇ (**परेडे**) /pareḍe パレーデー/ ▸ਪਰੇੜੇ *adv.* 遠く離れて, さらに遠い.

ਪਰੇਤ (**परेत**) /paretạ パレート/ ▸ਪ੍ਰੇਤ [Skt. प्रेत] *m.* **1** 死者の霊, 亡霊. **2** 幽霊, お化け. (⇒ਭੂਤ) **3** 悪霊. **4** 悪魔, 悪鬼.

ਪ੍ਰੇਤ (**प्रेत**) /pretạ (paretạ) プレート (パレート)/ ▸ਪਰੇਤ *m.* → ਪਰੇਤ

ਪਰੇਮ (**परेम**) /paremạ パレーム/ ▸ਪ੍ਰੇਮ [Skt. प्रेम] *m.* **1** 愛, 愛情, 情愛. ❐ਪਰੇਮ ਕਰਨਾ 愛する, 可愛がる, 好きになる. **2** 恋, 恋愛, 恋慕. **3** 熱愛, 信愛. **4** 親愛, 友愛. **5** 好意, 思いやり. **6** 好むこと, 愛好.

ਪ੍ਰੇਮ (**प्रेम**) /premạ (paremạ) プレーム (パレーム)/ ▸ਪਰੇਮ *m.* → ਪਰੇਮ

ਪਰੇਮਣ (**परेमण**) /paremaṇạ パレーマン/ ▸ਪ੍ਰੇਮਣ [Skt. प्रेम + ਣ] *f.* **1** 恋人, 愛人, 愛しい人. **2** 恋仲の女性, 彼女. (⇒ਪਰੇਮਿਕਾ)

ਪ੍ਰੇਮਣ (**प्रेमण**) /premaṇạ (paremaṇạ) プレーマン (パレーマン)/ ▸ਪਰੇਮਣ *f.* → ਪਰੇਮਣ

ਪਰੇਮ-ਪੱਤਰ (**परेम-पत्तर**) /paremạ-pattarạ パレーム・パッタル/ [Skt. प्रेम + Skt. पत्र] *m.* **1** 恋文. **2** ラブレター.

ਪਰੇਮਿਕਾ (**परेमिका**) /paremikā パレーミカー/ ▸ਪ੍ਰੇਮਿਕਾ [Skt. प्रेमिका] *f.* **1** 恋人, 愛人, 愛しい人. **2** 恋仲の女性, 彼女. (⇒ਪਰੇਮਣ)

ਪ੍ਰੇਮਿਕਾ (**प्रेमिका**) /premikā (paremikā) プレーミカー (パレーミカー)/ ▸ਪਰੇਮਿਕਾ *f.* → ਪਰੇਮਿਕਾ

ਪਰੇਮੀ (**परेमी**) /paremī パレーミー/ ▸ਪ੍ਰੇਮੀ [Skt. प्रेमिन्] *m.* **1** 恋人, 恋する人, 愛人, 愛しい人. **2** 熱愛者, 愛好する人, 愛好者, ファン.

ਪ੍ਰੇਮੀ (**प्रेमी**) /premī (paremī) プレーミー (パレーミー)/ ▸ ਪਰੇਮੀ *m.* → ਪਰੇਮੀ

ਪਰੇਰਕ (**परेरक**) /pareraka パレーラク/ ▸ਪ੍ਰੇਰਕ [Skt. प्रेरक] *m.* **1** 促進者. **2** 刺激を与えるもの. **3** 激励者.

ਪ੍ਰੇਰਕ (**प्रेरक**) /prerakạ (parerakạ) プレーラク (パレーラク)/ ▸ਪਰੇਰਕ *m.* → ਪਰੇਰਕ

ਪਰੇਰਨਾ (**परेरना**) /parerạnā パレールナー/ ▸ਪ੍ਰੇਰਨਾ [Skt. प्रेरणा] *f.* **1** 促進. **2** 動機づけ. **3** 励まし, 激励. **4** 思いつき, 着想, 霊感. **5** 〖言〗使役動詞.

— *vt.* **1** 促進する. **2** 動機づける. **3** 励ます, 激励する.

ਪ੍ਰੇਰਨਾ (**प्रेरना**) /prerạnā (parerạnā) プレールナー (パレールナー)/ ▸ਪਰੇਰਨਾ *f.vt.* → ਪਰੇਰਨਾ

ਪਰੇਰਿਤ (**परेरित**) /pareritạ パレーリト/ ▸ਪ੍ਰੇਰਿਤ [Skt. प्रेरित] *adj.* **1** 促進された. **2** 動機づけされた. **3** 刺激された. **4** 激励された.

ਪ੍ਰੇਰਿਤ (**प्रेरित**) /preritạ (pareritạ) プレーリト (パレーリト)/ ▸ਪਰੇਰਿਤ *adj.* → ਪਰੇਰਿਤ

ਪਰੇੜੇ (**परेड़े**) /pareṛe パレーレー/ ▸ਪਰੇਡੇ *adv.* 遠く離れて, さらに遠い.

ਪਰੈਸ (**परैस**) /paraisạ パラェース/ ▸ਪ੍ਰੈੱਸ [Eng. *press*] *m.* **1** 印刷. **2** 出版. **3** 新聞. **4** アイロン.

ਪ੍ਰੈੱਸ (**प्रैस्स**) /praissạ (paraissạ) プラェーッス (パラェーッス)/ ▸ਪਰੈਸ *m.* → ਪਰੈਸ

ਪ੍ਰੈਕਟਸ (**प्रैकटस**) /praikạṭasạ (paraikạṭasạ) プラェークタス (パラェークタス)/ ▸ਪਰੈਕਟਿਸ, ਪ੍ਰੈਕਟਿਸ *f.* → ਪਰੈਕਟਿਸ

ਪਰੈਕਟਿਸ (**परैकटिस**) /paraikạṭisạ パラェークティス/ ▸ ਪ੍ਰੈਕਟਸ, ਪ੍ਰੈਕਟਿਸ [Eng. *practice*] *f.* 実行, 練習, 実習.

ਪ੍ਰੈਕਟਿਸ (**प्रैकटिस**) /praikạṭisạ (paraikạṭisạ) プラェークティス (パラェークティス)/ ▸ਪ੍ਰੈਕਟਸ, ਪਰੈਕਟਿਸ *f.* → ਪਰੈਕਟਿਸ

ਪਰੈਕਟੀਸ਼ਨਰ (**परैकटीशनर**) /paraikạṭīśạnarạ パラェークティーシュナル/ [Eng. *practitioner*] *m.* **1** 開業医. **2** 弁護士. **3** 技術屋.

ਪਰੈਕਟੀਕਲ (**परैकटीकल**) /paraikạṭīkalạ パラェークティーカル/ ▸ਪ੍ਰੈਕਟੀਕਲ [Eng. *practical*] *adj.* 実際的な, 実用的な.

ਪ੍ਰੈਕਟੀਕਲ (**प्रैकटीकल**) /praikạṭīkalạ (paraikạṭīkalạ) プラェークティーカル (パラェークティーカル)/ ▸ਪਰੈਕਟੀਕਲ *adj.* → ਪਰੈਕਟੀਕਲ

ਪਰੈਜ਼ੀਡੈਂਸੀ (**परैज़ीडैंसी**) /paraizīḍā̃īsī パラェーズィーダェーンスィー/ ▸ਪ੍ਰੈਜ਼ੀਡੈਂਸੀ [Eng. *presidency*] *f.* **1** 会長・議長・総裁の職. **2** 社長・代表取締役の職. **3** 総長・学長の

職. **4**〘政治〙大統領の職.

ਪ੍ਰੈਜ਼ੀਡੈਂਸੀ (प्रैज़ीडैंसी) /praizīḍāĩsī (paraizīḍāĩsī) プラエーズィーダェーンスィー (パラエーズィーダェーンスィー)/ ▸ ਪਰੈਜ਼ੀਡੈਂਸੀ *f.* → ਪਰੈਜ਼ੀਡੈਂਸੀ

ਪਰੈਜ਼ੀਡੈਂਟ (परैज़ीडैंट) /paraizīḍāĩṭa パラエーズィーダェーント/ ▸ਪਰੇਜ਼ੀਡੈਂਟ, ਪ੍ਰੈਜ਼ੀਡੈਂਟ, ਪ੍ਰੈਜ਼ੀਡੈਂਟ [Eng. *president*] *m.* **1** 会長, 議長, 総裁. **2** 社長, 代表取締役. **3** 総長, 学長. **4**〘政治〙大統領.

ਪ੍ਰੈਜ਼ੀਡੈਂਟ (प्रैज़ीडैंट) /praizīḍāĩṭa (paraizīḍāĩṭa) プラエーズィーダェーント (パラエーズィーダェーント)/ ▸ਪਰੇਜ਼ੀਡੈਂਟ, ਪ੍ਰੈਜ਼ੀਡੈਂਟ, ਪਰੈਜ਼ੀਡੈਂਟ *m.* → ਪਰੈਜ਼ੀਡੈਂਟ

ਪਰੋਸਣਹਾਰ (परोसणहार) /parosaṇahāra パローサンハール/ ▸ਪਰੋਸਣਹਾਰਾ [cf. ਪਰੋਸਣਾ -ਹਾਰ] *m.* (食べ物を器に)盛りつけて出す人, 給仕.

ਪਰੋਸਣਹਾਰਾ (परोसणहारा) /parosaṇahārā パローサンハーラー/ ▸ਪਰੋਸਣਹਾਰ *m.* → ਪਰੋਸਣਹਾਰ

ਪਰੋਸਣਾ (परोसणा) /parosaṇā パローサナー/ [Skt. परिवेषति] *vt.* **1**(食べ物を器に)盛る, 盛りつける, よそう. **2**(食べ物を)出す, 供する, 給仕する.

ਪ੍ਰੋਸੈਸ਼ਨ (प्रोसैशन) /prosaiśana (parosaiśana) プローサェーシャン (パローサェーシャン)/ [Eng. *procession*] *m.* 行列, 行進.

ਪਰੋਹਤ (परोहत) /parôta パロート/ ▸ਪ੍ਰੋਹਤ, ਪੁਰੋਹਤ, ਪੁਰੋਹਿਤ [Skt. पुरोहित] *m.* **1**〘ヒ〙家庭顧問僧, 家庭祭官. **2**〘ヒ〙儀式を司る僧, 僧侶, 司祭.

ਪ੍ਰੋਹਤ (प्रोहत) /prôta (parôta) プロート (パロート)/ ▸ ਪਰੋਹਤ, ਪੁਰੋਹਤ, ਪੁਰੋਹਿਤ [Skt. पुरोहित] *m.* → ਪਰੋਹਤ

ਪਰੋਖ (परोख) /parokʰa パローク/ ▸ਪਰੋਖਾ [Skt. परोक्ष] *adj.* **1** 見えない, 眼前にない, 隠された. **2** 不在の.

ਪਰੋਖਾ (परोखा) /parokʰā パローカー/ ▸ਪਰੋਖ *adj.* → ਪਰੋਖ

ਪਰੋਗਰਾਮ (परोगराम) /parogarāma パローガラーム/ ▸ ਪ੍ਰੋਗਰਾਮ, ਪਰੋਗ੍ਰਾਮ, ਪ੍ਰੋਗ੍ਰਾਮ [Eng. *programme*] *m.* **1** 計画, 予定. ❒ਤੁਹਾਡਾ ਸ਼ਾਮ ਦਾ ਕੀ ਪਰੋਗਰਾਮ ਹੈ? あなたの晩の予定はどうですか. **2** 催し, 行事. **3** 番組, 出し物, 演目. **4** プログラム.

ਪ੍ਰੋਗਰਾਮ (प्रोगराम) /progarāma (parogarāma) プローガラーム (パローガラーム)/ ▸ਪਰੋਗਰਾਮ, ਪਰੋਗ੍ਰਾਮ, ਪ੍ਰੋਗ੍ਰਾਮ *m.* → ਪਰੋਗਰਾਮ

ਪਰੋਗ੍ਰਾਮ (परोग्राम) /parogrāma (parogarāma) パローグラーム (パローガラーム)/ ▸ਪਰੋਗਰਾਮ, ਪ੍ਰੋਗਰਾਮ, ਪ੍ਰੋਗ੍ਰਾਮ *m.* → ਪਰੋਗਰਾਮ

ਪ੍ਰੋਗ੍ਰਾਮ (प्रोग्राम) /progrāma (parogarāma) プローグラーム (パローガラーム)/ ▸ਪਰੋਗਰਾਮ, ਪ੍ਰੋਗਰਾਮ, ਪਰੋਗ੍ਰਾਮ *m.* → ਪਰੋਗਰਾਮ

ਪਰੋਗ੍ਰੈਸਿਵ (परोग्रैसिव) /parograisiva パローグラェースィヴ/ [Eng. *progressive*] *adj.* **1** 前進する, 進歩する. **2** 累進的な. **3** 漸進的な.

ਪਰੋਟੀਨ (परोटीन) /paroṭīna パローティーン/ ▸ਪ੍ਰੋਟੀਨ [Eng. *protein*] *m.* 蛋白質.

ਪ੍ਰੋਟੀਨ (प्रोटीन) /proṭīna (paroṭīna) プローティーン (パローティーン)/ ▸ਪਰੋਟੀਨ *m.* → ਪਰੋਟੀਨ

ਪਰੋਟੈਸਟ (परोटैसट) /paroṭaisaṭa パロータェースト/ ▸ ਪ੍ਰੋਟੈਸਟ [Eng. *protest*] *m.* 抗議, 異議.

ਪ੍ਰੋਟੈਸਟ (प्रोटैसट) /proṭaisaṭa (paroṭaisaṭa) プロータェースト (パロータェースト)/ ▸ਪਰੋਟੈਸਟ *m.* → ਪਰੋਟੈਸਟ

ਪਰੋਡਿਊਸਰ (परोडिऊसर) /paroḍiūsara パローディウーサル/ ▸ਪ੍ਰੋਡਿਊਸਰ [Eng. *producer*] *m.* **1** 生産者, 製作者. **2**(映画・演劇・放送などの)プロデューサー, 製作の総責任者.

ਪ੍ਰੋਡਿਊਸਰ (प्रोडिऊसर) /proḍiūsara (paroḍiūsara) プローディウーサル (パローディウーサル)/ ▸ਪਰੋਡਿਊਸਰ *m.* → ਪਰੋਡਿਊਸਰ

ਪਰੋਣਾ (परोणा) /paroṇā パローナー/ [Skt. परिवयति] *vt.* **1** 穴に糸を通す, 糸を通して繋ぐ. **2** 綴じる, 束ねる.

ਪਰੋਤਾ (परोता) /parotā パローター/ [cf. ਪਰੋਣਾ] *adj.* **1** 糸を通して繋がれた. **2** 綴じられた, 束ねられた.

ਪਰੋਫ਼ੈਸਰ (परोफ़ैसर) /parofaisara パローファエーサル/ ▸ ਪ੍ਰੋਫ਼ੈਸਰ [Eng. *professor*] *m.* (大学の)教授.

ਪ੍ਰੋਫ਼ੈਸਰ (प्रोफ़ैसर) /profaisara (parofaisara) プローファエーサル (パローファエーサル)/ ▸ਪਰੋਫ਼ੈਸਰ *m.* → ਪਰੋਫ਼ੈਸਰ

ਪਰੋਲਤਾਰੀ (परोलतारी) /parolatārī パロールターリー/ ▸ ਪ੍ਰੋਲਤਾਰੀ [Eng. *proletariat*] *f.*〘政治〙プロレタリアート, 無産階級, 労働者階級.

ਪ੍ਰੋਲਤਾਰੀ (प्रोलतारी) /prolatārī (parolatārī) プロールターリー (パロールターリー)/ ▸ਪਰੋਲਤਾਰੀ *f.* → ਪਰੋਲਤਾਰੀ

ਪਰੋਲਾ (परोला) /parolā パローラー/ [(Pot.) Skt. पटोलं] *m.* 汚れ雑巾.

ਪਰੋੜ੍ਹਤਾ (परोड़्हता) /parôṛatā パロールター/ ▸ਪ੍ਰੋੜ੍ਹਤਾ, ਪਰੋੜਤਾ *f.* **1** 確認, 確認すること. **2** 批准, 裁可.

ਪ੍ਰੋੜ੍ਹਤਾ (प्रोड़्हता) /prôṛatā (parôṛatā) プロールター (パロールター)/ ▸ਪਰੋੜ੍ਹਤਾ, ਪਰੋੜਤਾ *f.* → ਪਰੋੜ੍ਹਤਾ

ਪਰੋੜਤਾ (परोड़ता) /paroṛatā パロールター/ ▸ਪਰੋੜ੍ਹਤਾ, ਪ੍ਰੋੜ੍ਹਤਾ *f.* → ਪਰੋੜ੍ਹਤਾ

ਪਰੌਠਾ (परौंठा) /parāũṭʰā パラォーンター/ ▸ਪਰਾਉਂਠਾ, ਪਰਾਠਾ [Pkt. पलट्टइ] *m.*〘料理〙パラォーンター(パラーンター)《小麦粉を水で練って作った生地をギー〔精製バター〕を用いてパイのように層を折り込んで平たく厚焼きにしたローティー〔無発酵平焼きパン〕の一種》.

ਪਰੌੜ੍ਹ (परौड़्ह) /paraûṛa パラォール/ ▸ਪ੍ਰੌੜ੍ਹ [Skt. प्रौढ़] *adj.* **1** 成長した, 成年の. **2** 十分に成長した, 成熟した, 熟練の. **3** 強い, 強固な.

ਪ੍ਰੌੜ੍ਹ (प्रौड़्ह) /praûṛa (paraûṛa) プラォール (パラォール)/ ▸ਪਰੌੜ੍ਹ *adj.* → ਪਰੌੜ੍ਹ

ਪਰੌੜ੍ਹਤਾ (परौड़्हता) /paraûṛatā パラォールター/ ▸ਪ੍ਰੌੜ੍ਹਤਾ [Skt. प्रौढ़ Skt.-ता] *f.* **1** 成長した状態. **2** 成熟, 熟練. **3** 強さ, 強固.

ਪ੍ਰੌੜ੍ਹਤਾ (प्रौड़्हता) /praûṛatā (paraûṛatā) プラォールター (パラォールター)/ ▸ਪਰੌੜ੍ਹਤਾ *f.* → ਪਰੌੜ੍ਹਤਾ

ਪਲ (पल) /pala パル/ [Skt. पल] *m.* **1** 瞬間, ちょっとの間. **2** 瞬時.

ਪਲੱਸ[1] (पलस्स) /palassa パラッス/ [Eng. *plus*] *adj.* **1**〘数学〙プラスの. **2** 有利な, 余分の.

ਪਲੱਸ[2] (पलस्स) /palassa パラッス/ [Eng. *plush*] *m.*〘布地〙フラシ天《ビロードよりけばの長い布地》.

ਪਲਸਤਰ (पलसतर) /palasatara パラスタル/ ▸ਪਲੱਸਤਰ, ਪਲਤਾ, ਪਲਾਸਟਰ [Eng. *plaster*] *m.* **1**〘建築〙漆喰. **2**〘薬剤〙膏薬.

ਪਲੱਸਤਰ (पलस्सतर) /palassatara パラッサタル/ ▸ਪਲਸਤਰ, ਪਲਤਾ, ਪਲਾਸਟਰ *m.* → ਪਲਸਤਰ

ਪਲਸੇਟਾ (पलसेटा) /palaseṭā パルセーター/ *m.* 寝返り.

ਪਲਕ (पलक) /palaka パラク/ [Pers. *palak*] *f.* **1**〖身体〗瞼(まぶた). (⇒ਪਪੋਟਾ) **2**〖身体〗睫毛(まつげ). (⇒ਝਿੰਮਣੀ) **3** まばたき, ウィンク. **4** 瞬間, 瞬時.

ਪਲਕਾਰ (पलकार) /palakāra パルカール/ ▸ਪਲਕਾਰਾ [Pers. *palak*] *f.* **1** まばたき, ウィンク. **2** 瞬間, 瞬時.

ਪਲਕਾਰਾ (पलकारा) /palakārā パルカーラー/ ▸ਪਲਕਾਰ *m.* → ਪਲਕਾਰ

ਪਲੰਗ (पलंग) /palaṅga パラング/ [Pers. *palang*] *m.*〖動物〗ヒョウ, 豹.

ਪਲੱਗ (पलग्ग) /palagga パラッグ/ [Eng. *plug*] *m.* 栓.

ਪਲੰਘ (पलंघ) /palâṅga パラング/ [Skt. पल्यङ्क] *m.* **1**〖家具〗ベッド, 寝台. **2** 寝台の骨組み, ベッドの台枠.

ਪਲਚਣਾ (पलचणा) /palacaṇā パラチャナー/ ▸ਪਿਲਚਣਾ [Skt. लिप्यते] *vi.* **1** くっ付く, 付着する. (⇒ਚੰਬੜਨਾ) **2** 心を奪われる, 夢中になる. (⇒ਲੀਨ ਹੋਣਾ)

— *vt.* **1** かじる. **2** すする.

ਪਲਚਾਉਣਾ (पलचाउणा) /palacāuṇā パルチャーウナー/ [cf. ਪਲਚਣਾ] *vt.* **1** くっ付ける, 付着させる. (⇒ਚੰਬੜਾਉਣਾ) **2** 巻き込む.

ਪਲਚੀ (पलची) /palacī パルチー/ [cf. ਪਲਚਣਾ] *adj.* **1** 付着した. **2** もつれた.

ਪਲੰਜਾ (पलंजा) /palañjā パランジャー/ *m.*〖道具〗コンパス.

ਪਲਟਣ (पलटण) /palaṭaṇa パルタン/ ▸ਪਲਟਨ, ਪਲਾਟੂਣ, ਪਲਾਟੂਨ *f.* → ਪਲਾਟੂਨ

ਪਲਟਣਾ (पलटणा) /palaṭaṇā パルタナー/ [Pkt. पल्लट्टइ] *vi.* **1** 逆になる, 逆さまになる. (⇒ਉਲਟਣਾ) **2** ひっくり返る, 転覆する.

— *vt.* **1** 逆にする, 逆さまにする. (⇒ਉਲਟਾਉਣਾ) **2** ひっくり返す, 転覆させる.

ਪਲਟਨ (पलटन) /palaṭana パルタン/ ▸ਪਲਟਣ, ਪਲਾਟੂਣ, ਪਲਾਟੂਨ *f.* → ਪਲਾਟੂਨ

ਪਲਟਵਾਂ (पलटवाँ) /palaṭawā̃ パルトワーン/ [cf. ਪਲਟਣਾ] *adj.* **1** 仕返しの, 復讐の. **2** 報いの, 天罰の.

ਪਲਟਾ (पलटा) /palaṭā パルター/ [cf. ਪਲਟਣਾ] *m.* **1** ひっくり返ること, 逆になること, 逆転. **2** 曲がり角, 転換. (⇒ਮੋੜ) **3** 変革, 革命. (⇒ਇਨਕਲਾਬ) **4** 破壊, 破滅, 滅亡. (⇒ਬਰਬਾਦੀ)

ਪਲਟਾਉਣਾ (पलटाउणा) /palaṭāuṇā パルターウナー/ [cf. ਪਲਟਣਾ] *vt.* **1** 逆にする, 逆さまにする. (⇒ਉਲਟਾਉਣਾ) **2** ひっくり返す, 転覆させる.

ਪਲਟਾਈ (पलटाई) /palaṭāī パルターイー/ [cf. ਪਲਟਣਾ] *f.* **1** 転換. **2** 改変, 改造.

ਪਲਟੇ (पलटे) /palaṭe パルテー/ [cf. ਪਲਟਣਾ] *adv.* **1** お返しに. **2** 引き替えに, 代わりに.

ਪਲਣਾ (पलणा) /palaṇā パルナー/ ▸ਪਲਨਾ *vi.* → ਪਲਨਾ

ਪਲਤ (पलत) /palata パラト/ [Skt. परल] *m.* **1** あの世. **2** 来世. **3** 黄泉の国.

ਪਲਤਾ (पलता) /palatā パルター/ ▸ਪਲਸਤਰ, ਪਲੱਸਤਰ, ਪਲਾਸਟਰ *m.* → ਪਲਸਤਰ

ਪਲੱਥਾ (पलत्था) /palattʰā パラッター/ ▸ਭਲੱਥਾ *m.* **1** 警棒. **2** 棒術, 剣術.

ਪਲੱਥਾ ਬਾਜ਼ੀ (पलत्था बाज़ी) /palattʰā bāzī パラッター バーズィー/ ▸ਪਲੱਥੇਬਾਜ਼ੀ, ਭਲੱਥੇਬਾਜ਼ੀ *f.* 剣術.

ਪਲੱਥੇਬਾਜ਼ (पलत्थेबाज़) /palattʰebāza パラッテーバーズ/ ▸ਭਲੱਥੇਬਾਜ਼ *m.* 棒術師, 剣士.

ਪਲੱਥੇਬਾਜ਼ੀ (पलत्थेबाज़ी) /palattʰebāzī パラッテーバーズィー/ ▸ਪਲੱਥਾ ਬਾਜ਼ੀ, ਭਲੱਥੇਬਾਜ਼ੀ *f.* → ਪਲੱਥਾ ਬਾਜ਼ੀ

ਪਲੰਦਾ (पलंदा) /palandā パランダー/ ▸ਪੁਲੰਦਾ [Skt. पल + Skt. वत] *m.* 包み.

ਪਲਨਾ (पलना) /palanā パルナー/ ▸ਪਲਣਾ [cf. ਪਾਲਨਾ] *vi.* 育つ, 育てられる, 育まれる, 養われる, 養育される.

ਪਲਮਣਾ (पलमणा) /palamaṇā パルマナー/ *vi.* 吊るされる, ぶら下がる, 吊り下がる, 垂れる. (⇒ਲਮਕਣਾ)

ਪਲਮਦਾ (पलमदा) /palamadā パルマダー/ *adj.* 吊るされた, ぶら下がった, 垂れ下がった.

ਪਲਮਾਉਣਾ (पलमाउणा) /palamāuṇā パルマーウナー/ *vt.* 吊るす, ぶら下げる, 吊り下げる, 垂らす. (⇒ਲਮਕਾਉਣਾ)

ਪਲਰਨਾ (पलरना) /palaranā パラルナー/ [Skt. परिहरण] *vt.* 捨てる, 棄てる, 放棄する. (⇒ਛੱਡਣਾ)

ਪੱਲਰਨਾ (पल्लरना) /pallaranā パッラルナー/ *vi.* **1** 大きくなる, 成長する. **2** 膨らむ, 膨張する. **3**〖植物〗芽が出る. **4**〖植物〗開花する.

ਪਲਵਲ (पलवल) /palawala パルワル/ ▸ਪਰਮਲ, ਪਰਵਲ *m.* → ਪਰਵਲ

ਪਲੜਾ (पलड़ा) /palaṛā パルラー/ [Pers. *pallā*] *m.* **1** 天秤ばかりの両端の皿. **2** 二つの集団が対峙している状態, 対峙している二つの集団の勢力.

ਪੱਲਾ (पल्ला) /pallā パッラー/ ▸ਪੱਲੂ [Pers. *pallā*] *m.* **1**〖器具〗天秤ばかりの両端の皿. **2** 敷布の端. **3**(布や衣服などの)縁. **4**〖衣服〗女性の頭を覆うスカーフ. **5**〖衣服〗女性用の肩掛け.

ਪਲਾਇਣ (पलाइण) /palāiṇa パラーイン/ [Skt. पलायन] *m.* **1** 逃亡, 逃避. **2** 飛行. (⇒ਉਡਾਰੀ)

ਪਲਾਇਣਵਾਦ (पलाइणवाद) /palāiṇawāda パラーインワード/ [Skt.-वाद] *m.* 逃避主義.

ਪਲਾਇਣਵਾਦੀ (पलाइणवादी) /palāiṇawādī パラーインワーディー/ [Skt.-वादिन्] *adj.* 逃避主義の.

— *m.* 逃避主義者.

ਪਲਾਈ (पलाई) /palāī パラーイー/ [Eng. *ply*] *f.* (重ね織りの布地や合板などの)層. (⇒ਤਹਿ)

ਪਲਾਈਵੁਡ (पलाईवुड) /palāīwuḍa パラーイーウド/ [Eng. *plywood*] *f.* 合板, ベニヤ板.

ਪਲਾਸ[1] (पलास) /palāsa パラース/ [Eng. *pliers*] *m.*〖道具〗やっとこ, ペンチ.

ਪਲਾਸ[2] (पलास) /palāsa パラース/ ▸ਪਲਾਹ *m.* → ਪਲਾਹ

ਪਲਾਸਟਰ (पलासटर) /palāsaṭara パラースタル/ ▸ਪਲਸਤਰ, ਪਲੱਸਤਰ, ਪਲਤਾ *m.* → ਪਲਸਤਰ

ਪਲਾਸਟਿਕ (पलासटिक) /palāsaṭika パラースティク/ [Eng. *plastic*] *m.* プラスチック.

ਪਲਾਹ (पलाह) /palâ パラー/ ▸ਪਲਾਸ [Skt. पलाश] *m.*〖植物〗ハナモツヤクノキ(花没薬樹)《マメ科の落葉高木》. (⇒ਟੇਸੂ, ਢੱਕ)

ਪਲਾਕੀ (पलाकी) /palākī パラーキー/ [Skt. पल्वन] *f.* 馬にまたがって乗ること.

ਪਲਾਂਘ (पलाँघ) /palā̃gạ パラーング/ ▸ਫਲਾਂਗ, ਫਲਾਂਘ, ਲਾਂਘ *f.* **1** 歩み. (⇒ਕਦਮ) **2** 大股の一歩. **3** 飛び跳ねること, 跳び越えること, 跳躍, 一跳びの幅. (⇒ਛਾਲ)

ਪਲਾਟ (पलाट) /palāṭạ パラート/ [Eng. *plot*] *m.* 小さい地所.

ਪਲਾਂਟ (पलाँट) /palā̃ṭạ パラーント/ [Eng. *plant*] *m.* **1** 植物. **2** 機械装置. **3** 工場.

ਪਲਾਟੀਨਮ (पलाटीनम) /palāṭīnamạ パラーティーナム/ [Eng. *platinum*] *m.* 〖金属〗プラチナ, 白金.

ਪਲਾਟੂਣ (पलाटूण) /palāṭūṇạ パラートゥーン/ ▸ਪਲਟਣ, ਪਲਟਨ, ਪਲਾਟੂਨ *f.* → ਪਲਾਟੂਨ

ਪਲਾਟੂਨ (पलाटून) /palāṭūnạ パラートゥーン/ ▸ਪਲਟਣ, ਪਲਟਨ, ਪਲਾਟੂਣ [Eng. *platoon*] *f.* 〖軍〗小隊, 歩兵部隊.

ਪਲਾਟੂਨ ਕਮਾਂਡਰ (पलाटून कमाँडर) /palāṭūnạ kamā̃ḍarạ パラートゥーン カマーンダル/ [Eng. *platoon commander*] *m.* 〖軍〗小隊長.

ਪਲਾਣ (पलाण) /palāṇạ パラーン/ ▸ਪਲਾਣਾ [Skt. पाल्याण] *m.* 鞍.

ਪਲਾਣਾ (पलाणा) /palāṇā パラーナー/ ▸ਪਲਾਣ *m.* → ਪਲਾਣ

ਪਲਾਣੀ (पलाणी) /palāṇī パラーニー/ *f.* ハブ, 車輪の中央部.

ਪਲਾਤਾ (पलाता) /palātā パラーター/ *adj.* 軽い.

ਪਲਾਲ (पलाल) /palālạ パラール/ *m.* **1** 偽り, ほら. (⇒ਪਖੰਡ) **2** 無駄話, 雑談.

ਪਲਾਲਣ (पलालण) /palālaṇạ パラーラン/ *f.* ほら吹きの女性.

ਪਲਾਲੀ (पलाली) /palālī パラーリー/ *m.* ほら吹き.

ਪਲਿਆਰ (पलिआर) /paliārạ パリアール/ *f.* 囲い, 塀.

ਪਲੀ (पली) /palī パリー/ [Skt. पल] *f.* 〖道具〗油をすくう柄杓(ひしゃく).

ਪੱਲੀ (पल्ली) /pallī パッリー/ *f.* 秣(まぐさ)・干し草・藁などを運ぶ麻布の敷物.

ਪਲੀਹਾ (पलीहा) /palīhā パリーハー/ *m.* 〖身体〗脾臓.

ਪਲੀਡਰ (पलीडर) /palīḍarạ パリーダル/ [Eng. *pleader*] *m.* 弁護人, 抗弁者. (⇒ਵਕੀਲ)

ਪਲੀਡਰੀ (पलीडरी) /palīḍarī パリーダリー/ [-ਈ] *f.* 弁護人の職務.

ਪਲੀਤ (पलीत) /palītạ パリート/ [Pers. *palīd*] *adj.* **1** 汚れた, 不潔な, 不純な. (⇒ਮੈਲਾ, ਗੰਦਾ, ਨਾਪਾਕ) **2** 邪な, 邪悪な.

ਪਲੀਤਪਣ (पलीतपण) /palītapaṇạ パリートパン/ [-ਪਣ] *m.* **1** 汚染, 不潔, 不純. **2** 邪悪.

ਪਲੀਤਾ (पलीता) /palītā パリーター/ [Pers. *palīta*] *m.* **1** 火を点けるもの, ともし火, (蝋燭やランプなどの)灯芯. **2** 雷管, 起爆剤, (火を点けるための)枯れ木, (乾いて)火の点きやすいもの. **3** 松明.

ਪਲੀਤੀ (पलीती) /palītī パリーティー/ [Pers. *palīd* -ਈ] *f.* → ਪਲੀਤਪਣ

ਪੱਲੂ (पल्लू) /pallū パッルー/ ▸ਪੱਲਾ *m.* → ਪੱਲਾ

ਪਲੂੰਝੜ (पलूँझड़) /palū̃jarạ パルーンジャル/ *m.* 〖植物〗サトウキビの根または切り株.

ਪਲੂਰਸੀ (पलूरसी) /palūrasī パルールスィー/ [Eng. *pleurisy*] *f.* 〖医〗肋膜炎.

ਪਲੇਅਰ (पलेअर) /palearạ パレーアル/ [Eng. *player*] *m.* **1** プレーヤー. **2** 選手. **3** 演奏者.

ਪਲੇਗ (पलेग) /palegạ パレーグ/ [Eng. *plague*] *f.* **1** 疫病. **2** 〖医〗ペスト.

ਪਲੇਟ[1] (पलेट) /paleṭạ パレート/ [Eng. *plate*] *f.* 〖食器〗皿. (⇒ਤਸ਼ਤਰੀ, ਪਿਰਚ)

ਪਲੇਟ[2] (पलेट) /paleṭạ パレート/ [Eng. *pleat, plait*] *m.* **1** ひだ. **2** 組み紐.

ਪਲੇਟਫ਼ਾਰਮ (पलेटफ़ारम) /paleṭạfārạmạ パレートファールム/ ▸ਪਲੈਟਫ਼ਾਰਮ [Eng. *platform*] *m.* プラットホーム.

ਪਲੇਠਾ (पलेठा) /paletʰā パレーター/ ▸ਪਲੋਠਾ *adj.* **1** 初子の, 第一子の. **2** 初産の.
— *m.* 初子, 第一子.

ਪਲੇਥਣ (पलेथण) /paletʰaṇạ パレータン/ [Skt. पर्यस्तम्] *m.* 〖食品〗パン粉の一種《団子状の練り生地の上下の面に振りかける粉. これを平たく延ばして円形のローティー〔無発酵平焼きパン〕を作る》.

ਪੱਲੇਦਾਰ (पल्लेदार) /palledārạ パッレーダール/ [Pers. *pallā* Pers.*-dār*] *m.* 穀物市場で働く人夫.

ਪੱਲੇਦਾਰੀ (पल्लेदारी) /palledārī パッレーダーリー/ [Pers.*-dārī*] *f.* 穀物市場で働く人夫の仕事.

ਪਲੈਟਫ਼ਾਰਮ (पलैटफ़ारम) /palaiṭạfārạmạ パラェートファールム/ ▸ਪਲੇਟਫ਼ਾਰਮ *m.* → ਪਲੇਟਫ਼ਾਰਮ

ਪਲੈਨ (पलैन) /palainạ パラェーン/ [Eng. *plan*] *f.* **1** 計画. **2** 案.

ਪਲੋਈ (पलोई) /paloī パローイー/ *f.* ひだ.

ਪਲੋਸਣਾ (पलोसणा) /palosaṇā パローサナー/ *vt.* **1** 軽くこする. **2** 撫でさする. **3** 愛撫する.

ਪਲੋਠਾ (पलोठा) /palotʰā パローター/ ▸ਪਲੇਠਾ *adj.m.* → ਪਲੇਠਾ

ਪਵਣ (पवण) /pawaṇạ パワン/ ▸ਪਵਨ, ਪੌਣ *f.* → ਪਵਨ

ਪਵਣਰੂਪ (पवणरूप) /pawaṇarūpạ パワンループ/ [(Pkt. पवण) Skt. पवन + Skt. रूप] *adj.* 気体の, 気状の.

ਪਵਨ (पवन) /pawanạ パワン/ ▸ਪਵਣ, ਪੌਣ [(Pkt. पवण) Skt. पवन] *f.* **1** 空気. **2** 〖気象〗風. (⇒ਹਵਾ, ਵਾਯੂ)

ਪਵਰਗ (पवरग) /pawarạgạ パワルグ/ [ਪ + Skt. वर्ग] *m.* 〖文字・音〗パ段《グルムキー字母表の両唇・閉鎖音の子音グループ》.

ਪਵਾਉਣਾ (पवाउणा) /pawāuṇā パワーウナー/ ▸ਪੁਆਉਣਾ, ਪੁਐਣਾ [cf. ਪਾਉਣਾ] *vt.* 着せる, 身につけさせる.

ਪਵਾਹ (पवाह) /pawâ パワー/ *f.* 生け垣の間の小道.

ਪਵਾਂਦ (पवाँद) /pawā̃dạ パワーンド/ ▸ਪੁਆਂਦ *f.* 〖家具〗寝台の脚.

ਪਵਾਂਦੀ (पवाँदी) /pawā̃dī パワーンディー/ ▸ਪੁਆਂਦੀ *f.* 〖家具〗ベッドの脚.
— *adv.* ベッドの脚に.

ਪਵਿੱਤਰ (पवित्तर) /pavittarạ パヴィッタル/ ▸ਪਵਿਤ੍ਰ [Skt. पवित्र] *adj.* **1** 神聖な, 聖なる, 神に捧げられた. **2** 尊い, 高潔な. **3** 清い, 清浄な, 穢れのない. **4** 純粋な, 清純な.

ਪਵਿਤ੍ਰ (पवित्र) /pavitrạ (pavitarạ) パヴィトル (パヴィタル)/ ▸ਪਵਿੱਤਰ *adj.* → ਪਵਿੱਤਰ

ਪਵਿੱਤਰਤਾ (पवित्तरता) /pavittarạtā パヴィッタルター/ ▸

ਪਵਿਤ੍ਰਤਾ [Skt. पवित्र Skt.-ता] *f.* **1** 神聖さ, 尊さ. **2** 純粋さ, 清純さ.

ਪਵਿਤ੍ਰਤਾ (पवित्रता) /pavitratā (pavitaratā) パヴィトルター (パヴィタルター)/ ▸ਪਵਿੱਤਰਤਾ *f.* → ਪਵਿੱਤਰਤਾ

ਪਵਿੱਤਰਾ (पवित्तरा) /pavittarā パヴィッタラー/ [Skt. पवित्रा] *f.* 『儀礼』神聖指輪《宗教儀式の際に薬指にはめるクシャ草で作った指輪》.

ਪੜ¹ (पड़) /paṛa パル/ *m.* **1** 岩. (⇒ਚਟਾਨ) **2** 幅の広い石の厚板, 平たい岩板. (⇒ਸਿਲ)

ਪੜ² (पड़) /paṛa パル/ *m.* **1** 蓋(ふた). (⇒ਢੱਕਣ) **2** 層, 折り目. (⇒ਪਰਤ, ਤਹਿ)

ਪੜ³ (पड़) /paṛa パル/ ▸ਪਰ, ਪ੍ਰ *pref.* → ਪ੍ਰ

ਪੜਸਾਂਗ (पड़साँग) /paṛasā̃ga パルサーング/ *f.* 梯子.

ਪੜਹਟ (पड़हट) /paṛahaṭa パルハト/ *f.* 病気の再発.

ਪੜ੍ਹਤ (पड़्हत) /pâṛata パラト/ [cf. ਪੜ੍ਹਨਾ] *f.* **1** 読むこと, 読書. **2** 読み上げること, 読誦. **3** 学ぶこと, 学習.

ਪੜ੍ਹਨਾ (पड़्हना) /pâṛanā パルナー/ [(Pkt. पढइ) Skt. पठहति] *vt.* **1** 読む, 読書する. ❒ਕੁਝ ਚਿਰ ਉਹ ਆਪਣੇ ਸਕੂਲ ਦੀਆਂ ਕਿਤਾਬਾਂ ਪੜ੍ਹਦੇ ਰਹਿੰਦੇ ਸਨ। しばらく彼らは自分たちの学校の本を読み続けていました. **2** 勉強する, 学習する, 学ぶ, 教育を受ける. (⇒ਸਿੱਖਣਾ) ❒ਮਨਜੀਤੀ ਦੂਜੀ ਸ਼੍ਰੇਣੀ ਵਿੱਚ ਪੜ੍ਹਦੀ ਹੈ। マンジーティーは二学年で学んでいます. **3** 読誦する, 朗読する, 朗唱する.

ਪੜ੍ਹਵਾਉਣਾ (पड़्हवाउणा) /paṛawǎuṇā パルワーウナー/ [cf. ਪੜ੍ਹਨਾ] *vt.* **1** 読ませる, 読んでもらう. **2** 読誦させる. **3** 教えさせる, 教えてもらう.

ਪੜ੍ਹਾਉਣਾ (पड़्हाउणा) /paṛǎuṇā パラーウナー/ [cf. ਪੜ੍ਹਨਾ] *vt.* **1** 教える, 教育する, 教授する, 訓練する. (⇒ਸਿਖਾਉਣਾ) ❒ਮਾਸਟਰ ਨੇ ਪਿੰਡ ਦੇ ਕੁਝ ਗੱਭਰੂਆਂ ਨੂੰ ਵੀ ਰਾਤਾਂ ਨੂੰ ਪੜ੍ਹਾਉਣਾ ਸ਼ੁਰੂ ਕਰ ਦਿੱਤਾ। 先生は村の何人かの若者たちにも夜教え始めました. **2** 読ませる, 読んでもらう, 読みを学ばせる. **3** 勉強させる, 学校に通わす.

ਪੜ੍ਹਾਈ (पड़्हाई) /paṛǎī パラーイー/ [cf. ਪੜ੍ਹਨਾ] *f.* **1** 教授, 教えること, 授業. **2** 学習, 勉強, 勉学. **3** 教育, 学業.

ਪੜ੍ਹਾਕਾ (पड़्हाका) /paṛǎkā パラーカー/ ▸ਪੜ੍ਹਾਕੂ *adj.m.* → ਪੜ੍ਹਾਕੂ

ਪੜ੍ਹਾਕੂ (पड़्हाकू) /paṛǎkū パラークー/ ▸ਪੜ੍ਹਾਕਾ [cf. ਪੜ੍ਹਨਾ] *adj.* 勉強家の.
— *m.* **1** 勉強家. **2** 学生, 生徒.

ਪੜਕੱਟ (पड़कट्ट) /paṛakaṭṭa パルカット/ *m.* 継子.

ਪੜਚੱਕਰ (पड़चक्कर) /paṛacakkara パルチャッカル/ *m.* 『幾何』周転円.

ਪੜਚੋਲ (पड़चोल) /paṛacola パルチョール/ [Skt. पर्यालोचना] *f.* **1** 調査. **2** 研究.

ਪੜਚੋਲਣਾ (पड़चोलणा) /paṛacolaṇā パルチョーラナー/ [Skt. पर्यालोचना] *vt.* **1** 調べる, 調査する. **2** 研究する.

ਪੜਚੋਲਵਾਂ (पड़चोलवाँ) /paṛacolawā̃ パルチョールワーン/ [cf. ਪੜਚੋਲਣਾ] *adj.* 調査の.

ਪੜਚੋਲੀਆ (पड़चोलीआ) /paṛacolīā パルチョーリーアー/ [cf. ਪੜਚੋਲਣਾ] *m.* **1** 調査者. **2** 研究者.

ਪੜਛੰਡਣਾ (पड़छंडणा) /paṛacʰaṇḍaṇā パルチャンダナー/ *vt.* 鞭打つ.

ਪੜਛੱਤੀ (पड़छत्ती) /paṛacʰattī パルチャッティー/ [Skt. प्र- Skt. छत्र -ਈ] *f.* 『家具』屋内の天井近くに設けた棚.

ਪੜਛਾ (पड़छा) /paṛacʰā パルチャー/ *m.* **1** かけら. **2** 断片.

ਪੜਤ (पड़त) /paṛata パルト/ ▸ਪਰਤ [cf. ਪੜਨਾ] *f.* **1** 落ちること, 落下. (⇒ਗਿਰਾਉ, ਪਤਨ) **2** 価格, 値段. (⇒ਮੁੱਲ, ਲਾਗਤ) **3** 名誉, 信望, 信用. (⇒ਇੱਜ਼ਤ) **4** 評判.

ਪੜਤਲ (पड़तल) /paṛatala パルタル/ *f.* 『植物』ブータンマツ(不丹松)《マツ科の常緑高木》.

ਪੜਤਲਾ (पड़तला) /paṛatalā パルタラー/ *m.* 剣帯.

ਪੜਤਾ (पड़ता) /paṛatā パルター/ [cf. ਪੜਨਾ] *m.* **1** 値段, 価格. (⇒ਦਰ, ਨਿਰਖ਼) **2** 原価.

ਪੜਤਾਲ (पड़ताल) /paṛatāla パルタール/ [Skt. परितोलन] *f.* **1** 確認. **2** 調査, 検査, 監査. (⇒ਖੋਜ) **3** 照合, 点検, 検証. (⇒ਜਾਂਚ) **4** 立証.

ਪੜਤਾਲਕਾਰ (पड़तालकार) /paṛatālakāra パルタールカール/ [Skt.-कार] *m.* 検査官, 監査役.

ਪੜਤਾਲਣਾ (पड़तालणा) /paṛatālaṇā パルタールナー/ [Skt. परितोलन] *vt.* **1** 確認する. **2** 検証する. **3** 調査する.

ਪੜਤਾਲੀਆ (पड़तालीआ) /paṛatālīā パルターリーアー/ [Skt. परितोलन -ਈਆ] *m.* **1** 検証者. **2** 調査者.

ਪੜਦਾ (पड़दा) /paṛadā パルダー/ ▸ਪਰਦਾ *m.* → ਪਰਦਾ

ਪੜਦਾ ਨਸ਼ੀਨ (पड़दा नशीन) /paṛadā naśīna パルダー ナシーン/ ▸ਪਰਦਾ ਨਸ਼ੀਨ *adj.* → ਪਰਦਾ ਨਸ਼ੀਨ

ਪੜਦਾਦਾ (पड़दादा) /paṛadādā パルダーダー/ [Skt. प्र- Skt. तात] *m.* 『親族』父方の曾祖父.

ਪੜਦਾਦੀ (पड़दादी) /paṛadādī パルダーディー/ [-ਈ] *f.* 『親族』父方の曾祖母.

ਪੜਨਾ (पड़ना) /paṛanā パルナー/ [(Pkt. पडइ) Skt. पतति] *vi.* **1** 横になる, 横たわる. **2** 落ちる, 落下する. **3** 泊まる, 逗留する.

ਪੜਨਾਉਂ (पड़नाउँ) /paṛanāõ パルナーオーン/ ▸ਪੜਨਾਂਵ *m.* → ਪੜਨਾਂਵ

ਪੜਨਾਨਾ (पड़नाना) /paṛanānā パルナーナー/ [Skt. प्र- Pkt. णन्न] *m.* 『親族』母方の曾祖父.

ਪੜਨਾਨੀ (पड़नानी) /paṛanānī パルナーニー/ [-ਈ] *f.* 『親族』母方の曾祖母.

ਪੜਨਾਂਵ (पड़नाँव) /paṛanā̃wa パルナーンウ/ ▸ਪੜਨਾਉਂ [Eng. *pronoun*] *m.* 『言』代名詞.

ਪੜਨਾਂਵੀ (पड़नाँवी) /paṛanā̃wī パルナーンウィー/ [-ਈ] *adj.* 『言』代名詞の.

ਪੜਪੋਤਰਾ (पड़पोतरा) /paṛapotarā パルポータラー/ ▸ਪੜਪੋਤਾ, ਪੜੋਤਰਾ, ਪੜੋਤਾ [Skt. प्र- Skt. पौत्र] *m.* 『親族』男の曾孫.

ਪੜਪੋਤਰੀ (पड़पोतरी) /paṛapotarī パルポータリー/ ▸ਪੜਪੋਤੀ [Skt. प्र- Skt. पौत्री] *f.* 『親族』女の曾孫, 曾孫娘.

ਪੜਪੋਤਾ (पड़पोता) /paṛapotā パルポーター/ ▸ਪੜਪੋਤਰਾ, ਪੜੋਤਰਾ, ਪੜੋਤਾ *m.* → ਪੜਪੋਤਰਾ

ਪੜਪੋਤੀ (पड़पोती) /paṛapotī パルポーティー/ ▸ਪੜਪੋਤਰੀ *f.* → ਪੜਪੋਤਰੀ

ਪੜਵਾਉਣਾ (पड़वाउणा) /paṛawāuṇā パルワーウナー/ ▸ਪੜਾਉਣਾ [cf. ਪਾੜਨਾ] *vt.* **1** 裂かせる, 引き裂かせる, ちぎらせる, 破らせる. **2** 分けさせる, 引き離させる, 分割さ

せる.

ਪੜਵਾਲ (पड़वाल) /paṛawāla パルワール/ ▸ਪਿਮਵਾਲ [Skt. प्र- Skt. बाल] *m.* 〖医〗さかまつげ.

ਪੜਾਂ (पड़ाँ) /paṛā̃ パラーン/ ▸ਪੜਾ, ਪੜਾਉ, ਪੜਾਓ *m.* → ਪੜਾਉ

ਪੜਾ[1] (पड़ा) /paṛā パラー/ *m.* (糸の)束.

ਪੜਾ[2] (पड़ा) /paṛā パラー/ ▸ਪੜਾਂ, ਪੜਾਉ, ਪੜਾਓ *m.* → ਪੜਾਉ

ਪੜਾਉ (पड़ाउ) /paṛāo パラーオー/ ▸ਪੜਾਂ, ਪੜਾ, ਪੜਾਓ [cf. ਪੜਨਾ] *m.* **1** 段階, 旅行の一段階, 旅程. **2** 停泊, 逗留. **3** 宿泊地, 宿場. **4** 野営, 野営地. **5**〖軍〗駐屯地, 陣地.

ਪੜਾਉਣਾ (पड़ाउणा) /paṛāuṇā パラーウナー/ ▸ਪੜਵਾਉਣਾ *vt.* → ਪੜਵਾਉਣਾ

ਪੜਾਉ-ਮਸੂਲ (पड़ाउ-मसूल) /paṛāo-masūla パラーオー・マスール/ [cf. ਪੜਨਾ + Arab. *mahṣūl*] *m.* 宿泊料, 停泊料.

ਪੜਾਓ (पड़ाओ) /paṛāo パラーオー/ ▸ਪੜਾਂ, ਪੜਾ, ਪੜਾਉ *m.* → ਪੜਾਉ

ਪੜਾਵਾ (पड़ावा) /paṛāwā パラーワー/ *m.* 高さを上げるため寝台の脚の下に置く石.

ਪੜੀ (पड़ी) /paṛī パリー/ *f.* **1** 岩. **2** 岩板, 石板.

ਪੜੀਦਾਰ (पड़ीदार) /paṛīdāra パリーダール/ *adj.* 岩のある, 岩の多い, 岩石質の.

ਪੜੁੱਛਣਾ (पड़ुच्छणा) /paṛuccʰaṇā パルッチャナー/ *vt.* **1** 押さえつける. (⇒ਨੱਪਣਾ) **2** 捕らえる. (⇒ਬੋਚਣਾ)

ਪੜੁੱਲ (पड़ुल्ल) /paṛulla パルッル/ *m.* 跳躍の踏み切り.

ਪੜੇਲੀ (पड़ेली) /paṛelī パレーリー/ *adj.* 休閑中の.

ਪੜੋਸ (पड़ोस) /paṛosa パロース/ [Skt. प्रतिवेश] *m.* 近所, 近隣. (⇒ਗੁਆਂਢ, ਆਲਾ-ਦੁਆਲਾ)

ਪੜੋਸੀ (पड़ोसी) /paṛosī パロースィー/ [-ਈ] *m.* 近所の人, 隣人. (⇒ਗੁਆਂਢੀ)

ਪੜੋਤਰਾ (पड़ोतरा) /paṛotarā パロータラー/ ▸ਪੜਪੋਤਰਾ, ਪੜਪੋਤਾ, ਪੜੋਤਾ *m.* → ਪੜਪੋਤਰਾ

ਪੜੋਤਾ (पड़ोता) /paṛotā パローター/ ▸ਪੜਪੋਤਰਾ, ਪੜਪੋਤਾ, ਪੜੋਤਰਾ *m.* → ਪੜਪੋਤਰਾ

ਪੜੋਪੀ (पड़ोपी) /paṛopī パローピー/ *f.*〖重量〗500グラム相当の重量.

ਪਾਂ (पाँ) /pā̃ パーン/ [Skt. पामन्] *f.*〖医〗皮膚病.

ਪਾ[1] (पा) /pā パー/ ▸ਪਾਉ, ਪਾਅ, ਪਾਈਆ [Skt. पाद] *m.* 4分の1.

ਪਾ[2] (पा) /pā パー/ [Pers. *pā*] *m.*〖身体〗足, 脚.

ਪਾ[3] (पा) /pā パー/ *suff.* 形容詞・名詞・動詞の語幹などに付いて男性抽象名詞を形成する接尾辞.

ਪਾਉ (पाउ) /pāu | pāo パーウ | パーオー/ ▸ਪਾ, ਪਾਅ, ਪਾਈਆ [Skt. पाद] *m.* 4分の1.

ਪਾਉਂਟਾ (पाउँटा) /pāũṭā | pāõṭā パーウンター | パーオーンター/ *m.*〖装〗足首飾り.

ਪਾਉਣਾ (पाउणा) /pāuṇā パーウナー/ [Skt. प्रापयति] *vt.* **1** 得る, 獲得する. (⇒ਪਰਾਪਤ ਕਰਨਾ) **2** 加える. ❐ਚੂਰੀ ਵਿੱਚ ਸ਼ੱਕਰ ਤੇ ਘਿਓ ਪਾਇਆ ਹੋਇਆ ਏ। チューリー〔パン粉に砂糖とバターを加えて作った甘い菓子〕には砂糖とバター油が加えられています. **3** 置く. **4**(容器・食器に)取る, 移す. ❐ਨੀਟੂ ਨੇ ਆਪਣੀ ਪਲੇਟ ਵਿੱਚ ਸਬਜ਼ੀ ਪਾਉਣ ਲਈ ਹੱਥ ਵਧਾਇਆ। ニートゥーは自分の皿に野菜料理を取ろうと手を伸ばしました. **5**(液体を容器に)入れる, 注ぐ. ❐ਅਸੀਂ ਭਾਂਡੇ ਵਿੱਚ ਦੁੱਧ ਪਾ ਦਿੰਦੇ ਹਾਂ। 私たちは容器の中にミルクを入れます. **6** 混ぜる. **7**(衣服を)着る. ❐ਗਰਮੀਆਂ ਵਿੱਚ ਠੰਢੇ ਕੱਪੜੇ ਪਾਉਂਦੇ ਹਾਂ। 夏には涼しい衣服を着ます. **8**(履物を)履く. ❐ਸੈਂਡਲ ਪਾਉਣਾ サンダルを履く. **9**(騒音を)立てる. ❐ਇੱਥੇ ਰੌਲਾ ਕਦੇ ਨਾ ਪਾਓ ਜੀ। ここでは決して騒音を立てないでください. **10**(踊りを)踊る. ❐ਕੁੜੀਆਂ ਨੇ ਗੀਤ ਗਾਏ ਅਤੇ ਗਿੱਧਾ ਪਾਇਆ। 少女たちは歌を歌いギッダー〔手拍子と歌を伴うパンジャーブの乙女たちの踊り〕を踊りました. **11**(手紙を)出す, 投函する, 送る, 書く. ❐ਚਿੱਠੀ ਵੀ ਉਸ ਨੇ ਏਥੋਂ ਹੀ ਪਾਈ ਸੀ। 手紙もあの人はここから出しました.

ਪਾਉਲੀ (पाउली) /pāulī パーウリー/ ▸ਪਾਊਲੀ *m.* 機織職人. (⇒ਜੁਲਾਹਾ)

ਪਾਉਂਡ (पाऊँड) /pāũḍa パーウーンド/ [Eng. *pound*] *m.* 家畜を収容する囲い柵, 動物収容所.

ਪਾਊਡਰ (पाऊडर) /pāūḍara パーウーダル/ ▸ਪੌਡਰ [Eng. *powder*] *m.* 粉, 粉末. (⇒ਧੂੜਾ)

ਪਾਊਲੀ (पाऊली) /pāūlī パーウーリー/ ▸ਪਾਉਲੀ [(Mul.)] *m.* → ਪਾਉਲੀ

ਪਾਅ (पाअ) /pāa パーア/ ▸ਪਾ, ਪਾਉ, ਪਾਈਆ [Skt. पाद] *m.* 4分の1.

ਪਾਇਉਰੀਆ (पाइउरीआ) /pāiurīā パーイウリーアー/ [Eng. *pyorrhea*] *m.*〖医〗膿尿症.

ਪਾਇਆਂ (पाइआँ) /pāiā̃ パーイアーン/ *f.* **1** 強さ, 力. (⇒ਤਾਕਤ, ਬਲ) **2** 能力. (⇒ਸਮਰੱਥਾ)

ਪਾਇਆ (पाइआ) /pāiā パーイアー/ ▸ਪਾਵਾ [Pers. *pāya*] *m.* **1**〖家具〗(テーブルやベッドなど)家具の脚. **2**〖身体〗動物の足.

ਪਾਇਦਾਰ (पाइदार) /pāedāra パーエーダール/ ▸ਪਾਏਦਾਰ *adj.* → ਪਾਏਦਾਰ

ਪਾਇਦਾਰੀ (पाइदारी) /pāedārī パーエーダーリー/ ▸ਪਾਏਦਾਰੀ *f.* → ਪਾਏਦਾਰੀ

ਪਾਇਲ (पाइल) /pāila パーイル/ [Pers. *pāe* + ਲ] *f.*〖装〗足首飾り.

ਪਾਇਲਟ (पाइलट) /pāilaṭa パーイラト/ ▸ਪਾਈਲਟ, ਪਾਈਲਾਟ, ਪਾਯਲਟ *m.* → ਪਾਈਲਾਟ

ਪਾਈ[1] (पाई) /pāī パーイー/ [Skt. पाद] *f.* **1**〖貨幣〗パーイー《インドの旧硬貨. 旧1パイサーの3分の1》. **2**〖貨単〗192分の1ルピー. **3**〖重量〗約8キログラムに相当する穀物を量る昔の単位.

ਪਾਈ[2] (पाई) /pāī パーイー/ [Eng. *pie*] *f.*〖料理〗パイ《肉・果肉などをパイ皮に包んで焼いたもの》.

ਪਾਈਆ (पाईआ) /pāīā パーイーアー/ ▸ਪਾ, ਪਾਉ, ਪਾਅ [Skt. पाद] *m.* 4分の1.

ਪਾਈਪ (पाईप) /pāīpa パーイープ/ [Eng. *pipe*] *f.* **1** 管. **2**〖道具〗(煙草の)パイプ, きせる. **3**〖楽器〗笛, 管楽器.

ਪਾਈਲਟ (पाईलट) /pāīlaṭa パーイーラト/ ▸ਪਾਇਲਟ, ਪਾਈਲਾਟ, ਪਾਯਲਟ *m.* → ਪਾਈਲਾਟ

ਪਾਈਲਾਟ (पाईलाट) /pāīlāṭa パーイーラート/ ▸ਪਾਇਲਟ, ਪਾਈਲਟ, ਪਾਯਲਟ [Eng. *pilot*] *m.* **1** パイロット, 操縦士. **2** 水先案内人, 舵手.

ਪਾਏ (पाए) /pāe パーエー/ [Pers. *pāe*] *m.* **1** 足. (⇒ਪੈਰ) **2** 基礎, 土台. (⇒ਬੁਨਿਆਦ, ਨੀਂਹ) **3** 強さ, 力. (⇒ਤਾਕਤ, ਸ਼ਕਤੀ)

ਪਾਏਦਾਨ (पाएदान) /pāedāna パーエーダーン/ [Pers.-*dān*] *m.* **1** 足置き台, 足載せ台. **2** 踏み板. **3** 乗物のステップ, 踏み段. **4** ドアマット.

ਪਾਏਦਾਰ (पाएदार) /pāedāra パーエーダール/ ▶ਪਾਇਦਾਰ [Pers.-*dār*] *adj.* **1** 長続きする, 長持ちする, 持ちの良い, 永続する. **2** 丈夫な, 強い. **3** しっかりした, 安定した.

ਪਾਏਦਾਰੀ (पाएदारी) /pāedārī パーエーダーリー/ ▶ਪਾਇਦਾਰੀ [Pers.-*dārī*] *f.* **1** 長続きすること, 長持ちすること, 耐久性, 永続性. **2** 丈夫さ, 強さ. **3** 安定性.

ਪਾਸ[1] (पास) /pāsa パース/ [Skt. पार्श्व] *adv.* 近くに, そばに. (⇒ਕੋਲ)

— *postp.* …の近くに, …のそばに. (⇒ਕੋਲ)

ਪਾਸ[2] (पास) /pāsa パース/ *adj.* **1** ひっくり返った. **2** 転覆した.

ਪਾਸ[3] (पास) /pāsa パース/ [Eng. *pass*] *adj.* **1** 合格した. **2** パスした.

— *m.* **1** 通行証. **2** 定期券. **3** パス.

ਪਾਸ਼ (पाश) /pāśa パーシュ/ [Pers. *pāśīdān*] *adj.* 散り散りの.

ਪਾਸਕੂ (पासकू) /pāsakū パースクー/ *m.* **1** 釣り合い重り, 釣り合う重さ. **2** 密かに生じた天秤の不均衡. **3** 少量.

ਪਾਸਟਰ (पासटर) /pāsaṭara パースタル/ [Eng. *pastor*] *m.* 〘キ〙牧師.

ਪਾਸ਼ ਪਾਸ਼ (पाश पाश) /pāśa pāśa パーシュ パーシュ/ [Pers. *pāśīdān* + Pers. *pāśīdān*] *adj.* 粉々の, 砕けた, 粉みじんになった. ❒ਪਾਸ਼ ਪਾਸ਼ ਕਰਨਾ 粉々に砕く.

ਪਾਸਪੋਰਟ (पासपोरट) /pāsaporaṭa パースポールト/ [Eng. *passport*] *m.* 旅券, パスポート.

ਪਾਸਬਾਨ (पासबान) /pāsabāna パースバーン/ [Pers. *pāsbān*] *m.* **1** 監視者, 警備員, 夜警, ガードマン. (⇒ਰਖਵਾਲਾ) **2** 門番, 守衛. (⇒ਚੌਕੀਦਾਰ)

ਪਾਸਬਾਨੀ (पासबानी) /pāsabānī パースバーニー/ [Pers. *pāsbānī*] *f.* **1** 監視. **2** 警備, 警護. (⇒ਰਖਵਾਲੀ)

ਪਾਸਬੁਕ (पासबुक) /pāsabuka パースブク/ [Eng. *passbook*] *f.* (銀行の)通帳, 預金通帳.

ਪਾਸਲਾ (पासला) /pāsalā パースラー/ *adj.* さらに近い.

ਪਾਸਵਲੀ (पासवली) /pāsawalī パースワリー/ *f.* 〘建築〙壁の脇に設けられた垂木.

ਪਾਸ਼ਵਿਕ (पाशविक) /pāśawika パーシュウィク/ [Skt. पाशविक] *adj.* **1** 動物のような, 野獣の, 獣性の. **2** 残忍な, 残酷な.

ਪਾਸਾ[1] (पासा) /pāsā パーサー/ ▶ਪਾਸ਼ਾ [Skt. पार्श्व] *m.* **1** 側. **2** 側面. **3** 脇, 傍ら. (⇒ਬਗ਼ਲ) **4** 方向, 方角. (⇒ਤਰਫ਼)

ਪਾਸਾ[2] (पासा) /pāsā パーサー/ ▶ਪਾਸ਼ਾ [Skt. पाशक] *m.* **1** さいころ. **2** 〘遊戯〙さいころを投げること, さいころを使ったゲーム.

ਪਾਸਾ[3] (पासा) /pāsā パーサー/ *m.* 純金の厚板.

ਪਾਸ਼ਾ[1] (पाशा) /pāśā パーシャー/ ▶ਪਾਸਾ *m.* → ਪਾਸਾ[1]

ਪਾਸ਼ਾ[2] (पाशा) /pāśā パーシャー/ ▶ਪਾਸਾ *m.* → ਪਾਸਾ[2]

ਪਾਸਿਓਂ (पासिओं) /pāsiõ パースィオーン/ [Skt. पार्श्व + ਇਓਂ] *adv.* 《 ਪਾਸੇ ਤੋਂ の融合形》側から, 脇から.

— *postp.* 《 ਪਾਸੇ ਤੋਂ の融合形》…の側から, …の方から.

ਪਾਸੇ (पासे) /pāse パーセー/ [+ ਏ] *adv.* **1** 脇に, 側に. **2** そばに, 近くに.

ਪਾਸੋਂ (पासों) /pāsõ パーソーン/ [+ ਓਂ] *postp.* 《 ਪਾਸ ਤੋਂ の融合形》 **1** …から. **2** …より. **3** …の側から, …の方から.

ਪਾਹ (पाह) /pâ パー/ ▶ਪਾਹਣ *f.* 〘薬剤〙媒染剤.

ਪਾਹਣ[1] (पाहण) /pâṇa パーン/ ▶ਪਾਹ *f.* → ਪਾਹ

ਪਾਹਣ[2] (पाहण) /pâṇa パーン/ ▶ਪਾਹਨ *m.* → ਪਾਹਨ

ਪਾਹਨ (पाहन) /pâna パーン/ ▶ਪਾਹਣ [Skt. पाषाण] *m.* 石, 岩石. (⇒ਪੱਥਰ)

ਪਾਹਰਿਆ ਪਾਹਰਿਆ (पाहरिआ पाहरिआ) /pâriā pâriā パーリアー パーリアー/ *f.* **1** 非難を浴びせる叫び. (⇒ਹਾਲ ਹਾਲ) **2** 救いを求める叫び. (⇒ਦੁਹਾਈ)

ਪਾਹਰੂ (पाहरू) /pârū パールー/ [Pers. *pahra* -ਊ] *m.* **1** 見張り, 監視人, 番人. (⇒ਪਹਿਰੇਦਾਰ) **2** 守衛. **3** 警備員.

ਪਾਹੜਾ (पाहड़ा) /pâṛā パーラー/ *m.* 〘動物〙(雄)シカ, 鹿, ヌマジカ, アカシカ. (⇒ਬਾਰਾਂਸਿੰਗਾ)

ਪਾਹੁਲ (पाहुल) /pâula パーウル/ ▶ਪਹੁਲ *f.* → ਪਹੁਲ

ਪਾਕ[1] (पाक) /pāka パーク/ [Pers. *pāk*] *adj.* **1** 純粋な. (⇒ਸ਼ੁੱਧ, ਸੱਚਾ) **2** 清浄な. (⇒ਸਾਫ਼) **3** 神聖な. (⇒ਪਵਿੱਤਰ) **4** 高潔な.

ਪਾਕ[2] (पाक) /pāka パーク/ [Skt. पाक] *m.* **1** 調理. **2** 調理された食べ物.

ਪਾਕ[3] (पाक) /pāka パーク/ *f.* 膿.

ਪਾਕਟ (पाकट) /pākaṭa パーカト/ [Eng. *pocket*] *f.* ポケット.

ਪਾਕਟਮਾਰ (पाकटमार) /pākaṭamāra パーカトマール/ [+ cf. मारना] *m.* すり.

ਪਾਕਾ (पाका) /pākā パーカー/ [Skt. पक्क] *m.* 〘医〙(指などの)おでき, 膿血症.

ਪਾਕਿਸਤਾਨ (पाकिसतान) /pākisatāna パーキスターン/ [Pers. *pāk* Pers.-*i-stān*] *m.* 〘国名〙パキスタン(イスラム共和国).

ਪਾਕਿਸਤਾਨੀ (पाकिसतानी) /pākisatānī パーキスターニー/ [-ਈ] *adj.* パキスタンの.

— *m.* パキスタン人.

ਪਾਕੀ (पाकी) /pākī パーキー/ [Pers. *pākī*] *f.* **1** 純粋, 清浄. **2** 〘身体〙外陰部. **3** 〘身体〙陰毛.

ਪਾਕੀਜ਼ਗੀ (पाकीज़गी) /pākīzagī パーキーザギー/ [Pers. *pākīza* Pers.-*gī*] *f.* **1** 信心深さ, 敬虔さ. **2** 清らかさ, 純粋さ, 清純さ. **3** 清浄さ, 清潔さ. **4** 純潔, 貞淑. **5** 高潔さ. **6** 神聖さ. (⇒ਪਵਿੱਤਰਤਾ)

ਪਾਕੀਜ਼ਾ (पाकीज़ा) /pākīzā パーキーザー/ [Pers. *pākīza*] *adj.* **1** 信心深い, 敬虔な. **2** 純潔な, 貞淑な. (⇒ਨਿਰਦਿਸ਼) **3** 清らかな, 純粋な, 清純な. **4** 清浄な, 清潔な. (⇒ਪਾਕ) **5** 神聖な. (⇒ਪਵਿੱਤਰ) **6** 高潔な.

ਪਾਖੰਡ (पाखंड) /pākʰaṇḍa パーカンド/ ▶ਪਖੰਡ *m.* → ਪਖੰਡ

ਪਾਖੰਡੀ (पाखंडी) /pākʰaṇḍī パーカンディー/ ▸ਪਖੰਡੀ *adj.m.* → ਪਖੰਡੀ

ਪਾਖਰ (पाखर) /pākʰarạ パーカル/ [Skt. प्रक्षर] *m.* **1** 馬や象に着せる戦闘用の防具. **2** 馬具類.

ਪਾਖੜਾ (पाखड़ा) /pākʰạṛā パークラー/ [Skt. प्रक्षर] *m.* 二人用の鞍.

ਪਾਖ਼ਾਨਾ (पाख़ाना) /pāxānā パーカーナー/ ▸ਪਖਾਨਾ, ਪਖ਼ਾਨਾ [Pers. *pāxāna*] *m.* 便所. (⇒ਕਾਵਾ, ਟੱਟੀ)

ਪਾਗਲ (पागल) /pāgalạ パーガル/ ▸ਪਗਲਾ *adj.* **1** 〖医〗精神異常の, 精神病の. **2** 気の狂った, 狂気の, 気がふれた. **3** 熱狂した. **4** 馬鹿な, 愚かな. **5**(熱愛・怒り・悲しみなどで)我を忘れた, 分別をなくした. **6** 〖医〗狂犬病に罹った.

— *m.* **1** 〖医〗精神異常者, 精神病者. **2** 狂人. **3** 熱狂者, 熱烈なファン **4** 馬鹿, 愚か者. **5**(熱愛・怒り・悲しみなどで)我を忘れた人, 分別をなくした人.

ਪਾਗਲਖ਼ਾਨਾ (पागलख़ाना) /pāgalạxānā パーガルカーナー/ *m.* 精神病院.

ਪਾਗਲਪਣ (पागलपण) /pāgalạpaṇạ パーガルパン/ ▸ਪਾਗਲਪਨ *m.* **1** 狂気, 精神錯乱, 精神異常. **2** 熱狂, 夢中. **3** 愚かさ, 愚の骨頂. **4** 狂乱, 興奮, 逆上, 激昂.

ਪਾਗਲਪਨ (पागलपन) /pāgalạpaṇạ パーガルパン/ ▸ਪਾਗਲਪਣ *m.* → ਪਾਗਲਪਣ

ਪਾਚਕ (पाचक) /pācakạ パーチャク/ [Skt. पाचक] *adj.* 消化を促進する.

ਪਾਚਨ (पाचन) /pācanạ パーチャン/ [Skt. पाचन] *m.* **1** 消化. **2** 吸収.

ਪਾਂਚਾ (पाँचा) /pā̃cā パーンチャー/ ▸ਪਾਚਾ *m.* 〖衣服〗パジャーマー〔緩く仕立てたズボンの一種〕の片足.

ਪਾਚਾ (पाचा) /pācā パーチャー/ ▸ਪਾਂਚਾ *m.* → ਪਾਂਚਾ

ਪਾਛਾ (पाछा) /pācʰā パーチャー/ *m.* 切り傷をつける人.

ਪਾਜ (पाज) /pājạ パージ/ *m.* 偽善.

ਪਾਂਜਾ (पाँजा) /pā̃jā パーンジャー/ ▸ਪੰਜਾ *ca.num.(m.) m.* → ਪੰਜਾ

ਪਾਜਾਮਾ (पाजामा) /pājāmā パージャーマー/ ▸ਪਜਾਮਾ *m.* → ਪਜਾਮਾ

ਪਾਜੀ (पाजी) /pājī パージー/ [Pers. *pājī*] *adj.* 卑しい, 下劣な. (⇒ਕਮੀਨਾ, ਨੀਚ)

ਪਾਂਜੇ (पाँजे) /pā̃je パーンジェー/ ▸ਪੰਜੇ *m.* → ਪੰਜੇ

ਪਾਜ਼ੇਬ (पाज़ेब) /pāzebạ パーゼーブ/ ▸ਪਜੇਬ, ਪੰਜੇਬ [Pers. *pāzeb*] *f.* 〖装〗パーゼーブ《小さな鈴のついた女性用の足首飾り》.

ਪਾਟ (पाट) /pāṭạ パート/ *m.* 幅.

ਪਾਟਕ (पाटक) /pāṭakạ パータク/ [cf. ਪਾਟਣਾ] *f.* **1** 裂け目. **2** 割れ目. **3** 分裂, 分岐. **4** 不和.

ਪਾਟਣਾ (पाटणा) /pāṭaṇā パータナー/ [(Pkt. फट्टइ) Skt. स्फाट्यते] *vi.* **1** 裂ける. **2** 割れる. **3** 分かれる, 分裂する, 分岐する.

ਪਾਟਵਾਂ (पाटवाँ) /pāṭạwā̃ パートワーン/ [cf. ਪਾਟਣਾ] *adj.* **1** 裂けている. **2** 割れている. **3** 分かれている, 分裂している, 分岐している.

ਪਾਟਾ (पाटा) /pāṭā パーター/ [cf. ਪਾਟਣਾ] *adj.* **1** 裂かれた. **2** 割れた. **3** 分裂した.

ਪਾਠ (पाठ) /pāṭʰạ パート/ [Skt. पाठ] *m.* **1** 読むこと, 読書. **2** 朗読, 読誦. **3** 経典の読誦, 聖典の吟唱. **4** 学ぶこと, 学習, 学問. **5**(教科書などの区切りの)課, 学課, レッスン, 授業. **6** 教科, 科目. **7** 教訓.

ਪਾਠਸ਼ਾਲਾ (पाठशाला) /pāṭʰạśālā パートシャーラー/ [Skt.-शाला] *f.* **1** 授業が行われる建物, 学び舎, 学問所. **2** 学校, 学院.

ਪਾਠਕ (पाठक) /pāṭʰakạ パータク/ [Skt. पाठक] *m.* **1** 読者, 読み手. **2** 学習者, 学生. **3** 学者. **4** 教師, 説教師.

ਪਾਠ-ਕ੍ਰਮ (पाठ-क्रम) /pāṭʰạ-kramạ (pāṭʰạ-karamạ) パート・クラム (パート・カラム)/ [Skt. पाठ्य-क्रम] *m.* **1** 教育課程, 履修課程, カリキュラム. **2** 講義一覧表, 授業概要, シラバス. (⇒ਸਿਲੇਬਸ)

ਪਾਠ-ਪੁਸਤਕ (पाठ-पुसतक) /pāṭʰạ-pusạtakạ パート・プスタク/ [Skt. पाठ्य-पुस्तक] *f.* 教科書, テキスト.

ਪਾਠ-ਪੂਜਾ (पाठ-पूजा) /pāṭʰạ-pūjā パート・プージャー/ [Skt. पाठ + Skt. पूजा] *f.* **1** 経典の読誦や聖典の吟唱によって祈りを捧げること, 祈祷, 礼拝. **2** 毎日行う祈り, 日々の礼拝. (⇒ਨਿਤਨੇਮ)

ਪਾਠ-ਭੇਦ (पाठ-भेद) /pāṭʰạ-pědạ パート・ペード/ [+ Skt. भेद] *m.* **1** 読みの違い, 異文. **2** 版本による文の違い, 異本.

ਪਾਠਾ (पाठा) /pāṭʰā パーター/ [Skt. पुष्ट] *adj.* 剛健な, 頑健な, 頑丈な.

ਪਾਠਾਂਤਰ (पाठाँतर) /pāṭʰā̃tarạ パーターンタル/ [Skt. पाठांतर] *m.* **1** 読みの違い, 異文. **2** 版本による文の違い, 異本.

ਪਾਠੀ (पाठी) /pāṭʰī パーティー/ [Skt. पाठिन्] *m.* **1** 読者. **2** 朗読者, 読誦者. **3** 吟唱者.

ਪਾਂਡਵ (पाँडव) /pā̃ḍavạ パーンダヴ/ [Skt. पाण्डव] *m.* 〖ヒ〗パーンダヴァ五兄弟《パーンドゥ王の五人の息子》.

ਪਾਂਡਾ (पाँडा) /pā̃ḍā パーンダー/ ▸ਪੰਡਾ *m.* → ਪੰਡਾ

ਪਾਂਡੀ (पाँडी) /pā̃ḍī パーンディー/ *m.* 人夫. (⇒ਕੁਲੀ, ਮਜ਼ਦੂਰ)

ਪਾਂਡੂ (पाँडू) /pā̃ḍū パーンドゥー/ [Skt. पाण्डु] *m.* **1** 白色, 黄白色. **2** 白い粘土. **3** 〖ヒ〗パーンドゥ《パーンダヴァ五兄弟の父》.

ਪਾਂਡੂ ਰੋਗ (पाँडू रोग) /pā̃ḍū rogạ パーンドゥー ローグ/ [+ Skt. रोग] *m.* 〖医〗黄疸. (⇒ਪੀਲੀਆ, ਯਰਕਾਨ)

ਪਾਂਡੂ ਲਿਪੀ (पाँडू लिपी) /pā̃ḍū lipī パーンドゥー リピー/ [+ Skt. लिपि] *f.* **1** 手書き. **2** 稿本. **3** 古写本.

ਪਾਣ (पाण) /pāṇạ パーン/ *f.* **1**(鋼などの)鍛え, 堅くすること, 頑丈にすること. **2** 光沢, つや, 輝き. (⇒ਆਬ, ਚਮਕ) **3** 名誉, 名声.

ਪਾਣਪਤ (पाणपत) /pāṇạpatạ パーンパト/ ▸ਪਾਣ ਪੱਤ *f.* 名誉, 名声. (⇒ਆਬਰੂ, ਇੱਜ਼ਤ)

ਪਾਣ ਪੱਤ (पाण पत्त) /pāṇạ pattạ パーン パット/ ▸ਪਾਣਪਤ *f.* → ਪਾਣਪਤ

ਪਾਣਾ (पाणा) /pāṇā パーナー/ [(Pot.)] *vt.* 見つける.

ਪਾਣੀ (पाणी) /pāṇī パーニー/ [Skt. पानीय] *m.* **1** 水, 水分. (⇒ਜਲ, ਉਦਕ, ਆਬ) ❐ਪਾਣੀ ਦੀਆਂ ਖੇਡਾਂ 水上競技. ❐ਪਾਣੀ ਦੇਣਾ 水を与える, 水を出す, 灌漑する. ❐ਪਾਣੀ

ਨਿਕਲਣਾ 水が漏れる, おびただしく汗をかく. ❐ਪਾਣੀ-ਪਾਣੀ ਹੋਣਾ 氾濫する, 恥をかく, 恥かしい思いをする. ❐ਪਾਣੀ ਫੇਰਨਾ 灌漑する, 氾濫させる, 希望や計画を打ち壊す. **2** 液体. **3** 汁. **4** つや, 光沢. ❐ਪਾਣੀ ਚੜ੍ਹਾਉਣਾ めっきする.

ਪਾਣੀਹਾਰ (पाणीहार) /pāṇīhāra パーニーハール/ [-ਹਾਰ] *m.* 水運び人.

ਪਾਣੀਪੱਤ (पाणीपत्त) /pāṇīpatta パーニーパット/ *m.* 〖地名〗パーニーパット《デリーの北方約90kmに位置する, ハリヤーナー州カルナール県の都市. ムガル帝国興亡にかかわるインド史上重要な三度の戦いが行われた地》.

ਪਾਤਸ਼ਾਹ (पातशाह) /pātaśâ パートシャー/ ▸ਪਾਦਸ਼ਾਹ [Pers. *pādśāh*] *m.* **1** 王, 国王, 君主. (⇒ਰਾਜਾ) **2** 皇帝. **3** 〖スィ〗スィック教の教主. (⇒ਗੁਰੂ)

ਪਾਤਸ਼ਾਹਤ (पातशाहत) /pātaśâta パートシャート/ ▸ ਬਾਦਸ਼ਾਹਤ *f.* → ਬਾਦਸ਼ਾਹਤ

ਪਾਤਸ਼ਾਹਾਨਾ (पातशाहाना) /pātaśââna パートシャーアーナー/ [Pers. *pādśāhāna*] *adj.* **1** 王の, 王らしい. **2** 皇帝の.

ਪਾਤਸਾਹੀ (पातसाही) /pātasâī パートサーイー/ ▸ਪਾਤਸ਼ਾਹੀ *adj.f.* → ਪਾਤਸ਼ਾਹੀ

ਪਾਤਸ਼ਾਹੀ (पातशाही) /pātaśâī パートシャーイー/ ▸ ਪਾਤਸਾਹੀ [Pers. *bādśāhī*] *adj.* **1** 王の. **2** 皇帝の.
— *f.* 王位.

ਪਾਤਣੀ (पातणी) /pātaṇī パータニー/ *m.* 渡し守, 渡し舟の船頭.

ਪਾਤਰ (पातर) /pātara パータル/ [Skt. पात्र] *m.* **1** 役者. **2** 配役, 登場人物. **3** 器, 容器, 入れ物. (⇒ਭਾਜਨ)
— *adj.* **1** 価値のある. **2** 適格の.

ਪਾਤਰ ਸੂਚੀ (पातर सूची) /pātara sūcī パータル スーチー/ [+ Skt. सूची] *f.* 配役一覧表.

ਪਾਤਰਤਾ (पातरता) /pātaratā パータルター/ [Skt.-ता] *f.* 価値, 値打ち.

ਪਾਤਾਲ (पाताल) /pātāla パータール/ ▸ਪਤਾਲ *m.* → ਪਤਾਲ

ਪਾਤਾਲੀ (पाताली) /pātālī パーターリー/ [Skt. पाताल -ਈ] *adj.* **1** 下界の, 地下の最下層にある世界の. **2** 深海の.

ਪਾਤੀ (पाती) /pātī パーティー/ [Skt. पत्री] *f.* **1** 〖植物〗葉. **2** 手紙. (⇒ਚਿੱਠੀ, ਖ਼ਤ)

ਪਾਥਣਾ (पाथणा) /pātʰaṇā パートナー/ ▸ਪੱਥਣਾ *vt.* → ਪੱਥਣਾ

ਪਾਥੀ (पाथी) /pātʰī パーティー/ [cf. ਪੱਥਣਾ] *f.* 牛糞の塊, 手でこねて丸い塊にし乾燥させた燃料用牛糞.

ਪਾਥੀਆਂ (पाथीआँ) /pātʰīā̃ パーティーアーン/ [cf. ਪੱਥਣਾ] *f.* ਪਾਥੀ の複数形《総称としてはこの複数形を用いる》.

ਪਾਦ (पाद) /pāda パード/ [Skt. पाद] *m.* **1** 〖身体〗足, 脚. (⇒ਪੈਰ, ਚਰਨ) **2** 下の部分, 下部, 基底部, 底. **3** 支える脚, 支柱, 土台, 台座. **4** 4分の1. **5** 〖文学〗パーダ(パード)《詩を構成する韻律上の一つの単位. 詩節の4分の1に相当するまとまり》.

ਪਾਦਸ਼ਾਹ (पादशाह) /pādaśâ パードシャー/ ▸ਪਾਤਸ਼ਾਹ *m.* → ਪਾਤਸ਼ਾਹ

ਪਾਦਰੀ (पादरी) /pādarī パーダリー/ [Portug. *padre*] *m.* 〖キ〗神父, 司祭, 宣教師, 聖職者.

ਪਾਦਰੀਵਾਦ (पादरीवाद) /pādarīwāda パーダリーワード/ [Skt.-वाद] *m.* 聖職重視主義, 聖職者の政治的権力.

ਪਾਂਧਾ (पाँधा) /pā̂dā パーンダー/ [Skt. उपाध्याय] *m.* **1** 教師. (⇒ਅਧਿਆਪਕ) **2** 〖ヒ〗ヒンドゥー僧. **3** 占星術師. (⇒ਜੋਤਸ਼ੀ)

ਪਾਂਧੀ (पाँधी) /pā̂dī パーンディー/ *m.* **1** 旅人. **2** 旅行者.

ਪਾਨ[1] (पान) /pāna パーン/ [Skt. पर्ण] *m.* **1** 葉, 木の葉. **2** 〖植物〗キンマ(蒟醤)《コショウ科の蔓木》, キンマの葉. **3** パーン《キンマの葉にビンロウジやカテキューなどの薬味やライムを加えて嚙む嗜好品》. **4** 〖遊戯〗(トランプの絵柄の)ハート.

ਪਾਨ[2] (पान) /pāna パーン/ [Skt. पान] *m.* **1** 飲むこと. **2** 飲み物. **3** 水.

ਪਾਨਦਾਨ (पानदान) /pānadāna パーンダーン/ [Skt. पर्ण + Pers. *dān*] *m.* 〖容器〗パーンを入れる箱.

ਪਾਨਵਾਈ (पानवाई) /pānawāī パーンワーイー/ [-ਵਾਈ] *m.* パーンを売る人, パーン売り.

ਪਾਨਾ (पाना) /pānā パーナー/ *m.* 〖道具〗スパナ《工具の一種》.

ਪਾਪ (पाप) /pāpa パープ/ [Skt. पाप] *m.* **1** 罪, 罪悪. **2** 悪行, 悪事. **3** 悪徳. **4** 不道徳.

ਪਾਪਣ (पापण) /pāpaṇa パーパン/ [-ਣ] *f.* 女性の罪人.

ਪਾਪਲੀਨ (पापलीन) /pāpalīna パープリーン/ [Eng. *poplin*] *f.* 〖布地〗ポプリン《光沢のある薄手の織物》.

ਪਾਪੜ (पापड़) /pāpaṛa パーパル/ [(Pkt. पप्पड) Skt. पर्पट] *m.* 〖料理〗パーパル《豆粉を薄く大きな煎餅状にして焼いたもの》. ❐ਪਾਪੜ ਵੇਲਣਾ パーパルの生地を薄く延ばす, 収入の少ない職を転々とする.

ਪਾਪੜੀ (पापड़ी) /pāpaṛī パーパリー/ ▸ਪਪੜੀ *f.* **1** 堅い表面. **2** かさぶた. **3** 薄片.

ਪਾਪਾ (पापा) /pāpā パーパー/ [Eng. *papa*] *m.* **1** 〖親族〗父. **2** お父さん, お父ちゃん.

ਪਾਪੀ (पापी) /pāpī パーピー/ [Skt. पापिन्] *adj.* **1** 罪深い. **2** 罪を犯した. **3** 不道徳な, 邪悪な.
— *m.* **1** 罪人, 罪深い人. **2** 悪人.

ਪਾਬੰਦ (पाबंद) /pābanda パーバンド/ ▸ਪੈਬੰਦ [Pers. *pā* Pers.-*band*] *adj.* **1** 足を縛られた, 足枷をはめられた, 足鎖で繋がれた. **2** 結ばれた, 縛られた, 束縛された. **3** 抑えられた, 抑制された, 制限された. **4** 守られた, 遵守された. **5** 規則に服する, 規則を厳守する. **6** 献身的な.

ਪਾਬੰਦੀ (पाबंदी) /pābandī パーバンディー/ [Pers.-*bandī*] *f.* **1** 足を縛られた状態. **2** 束縛, 拘束, 制限. **3** 従うこと, 遵守すること. **4** 規則厳守.

ਪਾਮ (पाम) /pāma パーム/ [Eng. *palm*] *m.* 〖身体〗手のひら, たなごころ(指は含まない).

ਪਾਂਮਰ (पाँमर) /pā̃mara パーンマル/ ▸ਪਾਮਰ *adj.* → ਪਾਮਰ

ਪਾਮਰ (पामर) /pāmara パーマル/ ▸ਪਾਂਮਰ [Skt. पामर] *adj.* **1** 卑しい, 卑劣な, 下劣な. **2** 邪な, 邪悪な.

ਪਾਯਲਟ (पायलट) /pāyalaṭa パーユラト/ ▸ਪਾਇਲਟ, ਪਾਈਲਟ, ਪਾਈਲਾਟ *m.* → ਪਾਈਲਾਟ

ਪਾਰ (पार) /pāra パール/ [Skt. पार] *m.* **1** 向こう側. **2** 対岸, 向こう岸.

— *adv.* 越えて, 渡って. ❐ਪਾਰ ਕਰਨਾ (川・道・境などを)越える, 渡る, 横切る, 横断する. ❐ਇਸ ਤੇਜ਼ੀ ਨਾਲ ਆ ਰਹੀ ਟਰੇਨ ਦੇ ਸਾਹਮਣੇ ਲਾਈਨ ਪਾਰ ਕਰਨ ਦੀ ਕੋਸ਼ਿਸ਼ ਨਾ ਕਰੋ। この速く走って来る列車の前で線路を横断しようとしてはいけません.

— *postp.* (…の)向こうに, (…を)越えて. ❐ਦੇ ਪਾਰ …の向こうに, …を越えて.

ਪਾਰ-ਅੰਧ (पार-अंध) /pāra-ânda パール・アンド/ *adj.* 不透明な.

ਪਾਰਸ[1] (पारस) /pārasa パーラス/ [Skt. स्पर्श] *m.* 試金石.

ਪਾਰਸ[2] (पारस) /pārasa パーラス/ [Skt. पारस्य] *m.* 〖国名〗ペルシア.

ਪਾਰਸ਼ਦ (पारशद) /pāraśada パールシャド/ [Skt. पारिषद] *m.* 〖政治〗(市議会などの)議会議員.

ਪਾਰਸਲ (पारसल) /pārasala パールサル/ [Eng. *parcel*] *m.* 小包.

ਪਾਰਸਾ (पारसा) /pārasā パールサー/ [Pers. *pārsā*] *adj.* **1** 信心深い, 誠実な. **2** 神聖な. **3** 清らかな.

ਪਾਰਸਾਈ (पारसाई) /pārasāī パールサーイー/ [Pers. *pārsāī*] *f.* **1** 信心深さ. **2** 神聖さ.

ਪਾਰਸੀ (पारसी) /pārasī パールスィー/ [Pers. *fārsī*] *adj.* **1** ペルシアの. **2** パールスィーの.

— *m.* **1** ペルシア人. **2** 〖ゾロ〗パールスィー《インドのゾロアスター教徒〔拝火教徒〕》.

ਪਾਰਕ (पारक) /pāraka パールク/ [Eng. *park*] *m.* 公園.

ਪਾਰਕਿੰਗ (पारकिंग) /pārakiṅga パールキング/ [Eng. *parking*] *m.* 駐車.

ਪਾਰਖੂ (पारखू) /pārakʰū パールクー/ *m.* **1** 目利き. **2** 分析者. **3** 熟練者, 専門家. **4** 鑑識家, 鑑定家. **5** 批評家. **6** 調べる人, 試験官.

ਪਾਰਗਮਨ (पारगमन) /pāragamana パールガマン/ [Skt. पार + Skt. गमन] *m.* **1** 渡ること, 横断, 向こう側に行くこと. **2** 通過, 乗り継ぎ. **3** 伝送.

ਪਾਰਟ (पारट) /pāraṭa パールト/ [Eng. *part*] *m.* **1** 部分, 局部, 部品. **2** 役割, 役目, 務め. **3** 編, 部, 巻.

ਪਾਰਟਨਰ (पारटनर) /pāraṭanara パールトナル/ [Eng. *partner*] *m.* **1** 協力者, 仲間, 相棒. **2** 配偶者, パートナー.

ਪਾਰਟੀ (पारटी) /pāraṭī パールティー/ [Eng. *party*] *f.* **1** パーティー, (社交的な)集まり, 会合. **2** 招待会. **3** 〖政治〗党, 政党. **4** 〖政治〗派閥, 分派.

ਪਾਰਟੀਸ਼ਨ (पारटीशन) /pāraṭīśana パールティーシャン/ [Eng. *partition*] *m.f.* **1** 分割. (⇒ਵੰਡ, ਬਟਵਾਰਾ) **2** 〖歴史〗インドとパキスタンの分離独立. **3** 衝立, 仕切り, 隔壁. **4** 分割された部分, 区画.

ਪਾਰਟੀਬਾਜ਼ (पारटीबाज़) /pāraṭībāza パールティーバーズ/ [Eng. *party* Pers.-*bāz*] *adj.* **1** 〖政治〗党派的な, 党派や徒党を組む. **2** 〖政治〗派閥の, 分派的な.

ਪਾਰਟੀਬਾਜ਼ੀ (पारटीबाज़ी) /pāraṭībāzī パールティーバーズィー/ [Eng. *party* Pers.-*bāzī*] *f.* **1** 〖政治〗党派主義, 党派や徒党を組むこと. **2** 〖政治〗派閥主義, 派閥争い.

ਪਾਰਤਾਪਕ (पारतापक) /pāratāpaka パールターパク/ [Skt. पार + Skt. तापक] *adj.* 透熱性の.

ਪਾਰਥਵਿਕ (पारथविक) /pāratʰawika パールタウィク/ [Skt. पार्थिव] *adj.* 地球の.

ਪਾਰਦਰਸ਼ਕ (पारदरशक) /pāradaraśaka パールダルシャク/ [Skt. पारदर्शक] *adj.* 透明な, 透けて見える.

ਪਾਰਦਰਸ਼ਕਤਾ (पारदरशकता) /pāradaraśakatā パールダルシャクター/ [Skt.-ता] *f.* 透明, 透明性.

ਪਾਰਦਰਿਸ਼ਟੀ (पारदरिशटी) /pāradariśaṭī パールダリシュティー/ [Skt. पारदृष्टि] *f.* 透視力.

ਪਾਰਬਤੀ (पारबती) /pārabatī パールバティー/ ▸ਪਾਰਵਤੀ *f.* → ਪਾਰਵਤੀ

ਪਾਰਬ੍ਰਹਮ (पारब्रहम) /pārabrâma (pārabarâma) パールブラム (パールバラム)/ [Skt. पारब्रह्म] *m.* **1** 〖ヒ〗至高のブラフマ(ブラフマン)《宇宙の最高原理》. **2** 最高神.

ਪਾਰਲਾ (पारला) /pāralā パールラー/ [Skt. पार + ਲਾ] *adj.* 向こう側の.

ਪਾਰਲੀਮੈਂਟ (पारलीमैंट) /pāralīmāĩṭa パールリーマェーント/ [Eng. *parliament*] *f.* 〖政治〗国会.

ਪਾਰਲੀਮੈਂਟਰੀ (पारलीमैंटरी) /pāralīmāĩṭarī パールリーマェーンタリー/ [Eng. *parliamentary*] *adj.* 国会の.

ਪਾਰਵਤੀ (पारवती) /pāravatī パールヴァティー/ ▸ਪਾਰਬਤੀ [Skt. पार्वती] *f.* **1** 山の娘. **2** 〖ヒ〗パールヴァティー女神《シヴァ神の妃》.

ਪਾਰਾ[1] (पारा) /pārā パーラー/ [Skt. पारद] *m.* 〖金属〗水銀.

ਪਾਰਾ[2] (पारा) /pārā パーラー/ [Pers. *pāra*] *m.* かけら, 破片.

ਪਾਰਾਵਾਰ (पारावार) /pārāwāra パーラーワール/ [Skt. पारावार] *m.* **1** 境界, 限界. (⇒ਹੱਦ, ਸੀਮਾ) **2** 最も遠い限界.

ਪਾਰੀ[1] (पारी) /pārī パーリー/ [(Pkt. पारी) Skt. पालि] *f.* **1** 番, 順番. (⇒ਵਾਰੀ) **2** 〖競技〗回, 打撃番.

ਪਾਰੀ[2] (पारी) /pārī パーリー/ *f.* **1** 抱擁. **2** 抱き締めること. **3** 接吻.

ਪਾਰੇਸ਼ਕ (पारेशक) /pāreśaka パーレーシャク/ *m.* 送信者, 発信者, 伝送者.

ਪਾਰੇਸ਼ਣ (पारेशण) /pāreśaṇa パーレーシャン/ *m.* 送信, 発信, 伝送.

ਪਾਰੋਂ (पारों) /pārõ パーローン/ [Skt. पार + ਓਂ] *adv.* 《 ਪਾਰ ਤੋਂ の融合形》 **1** 向こう側から. **2** 対岸から, 向こう岸から.

ਪਾਲ[1] (पाल) /pāla パール/ [Skt. पालि] *f.* **1** 線, 筋, 列. (⇒ਲੀਕ, ਲਕੀਰ) **2** 並び. **3** 縦列.

ਪਾਲ[2] (पाल) /pāla パール/ [Skt. पटल] *m.* **1** 着物の端, 縁. (⇒ਪੱਲਾ) **2** 帆. **3** テント, 天幕. (⇒ਛੋਲਦਾਰੀ)

ਪਾਲ[3] (पाल) /pāla パール/ [(Jat.)] *f.* **1** 〖植物〗サトウキビの乾いた葉. (⇒ਗੰਨੇ ਦੀ ਛੋਈ) **2** 〖植物〗汁を搾った後の潰れたサトウキビ. (⇒ਪੱਛੀ)

ਪਾਲ[4] (पाल) /pāla パール/ [Skt. पाल] *adj.* **1** 守る, 守護

する, 保護する, 監視する. **2** 管理する, 保管する.
— *suff.* 「…を守る」「…を保護する」「…を監視する」「…を管理する」「…の世話をする」などの意味を表す形容詞, または「…の守護者」「…の保護者」「…の監視者」「…の管理者」「…の世話をする人」などの意味を表す名詞を形成する接尾辞.

ਪਾਲ[5] (पाल) /pāla パール/ *f.* 〘姓〙 パール《ジャットと呼ばれる農耕カースト集団の姓の一つ》.

ਪਾਲਸ਼ (पालश) /pālaśa パーラシュ/ ▸ਪਾਲਿਸ਼ *m.f.* → ਪਾਲਿਸ਼

ਪਾਲਸੀ (पालसी) /pālasī パールスィー/ ▸ਪਾਲਿਸੀ *f.* → ਪਾਲਿਸੀ

ਪਾਲਕ[1] (पालक) /pālaka パーラク/ [Skt. पालक] *adj.* **1** 守る, 守護する, 保護する, 監視する. **2** 管理する, 保管する.
— *m.* **1** 守護者, 保護者, 監視者. **2** 管理者, 管理人, 保管者.

ਪਾਲਕ[2] (पालक) /pālaka パーラク/ [Skt. पालङ्क] *f.* 〘植物〙 ホウレンソウ(菠薐草)《アカザ科の野菜》.

ਪਾਲਕੀ (पालकी) /pālakī パールキー/ [Skt. पल्यङ्क] *f.* 〘乗物〙 輿, 駕籠《複数人で棒を前後から担いで運ぶ》. (⇒ਪੀਨਸ)

ਪਾਲਟਿਕਸ (पालटिकस) /pālaṭikasa パールティクス/ ▸ਪਾਲਿਟਿਕਸ *m.* → ਪਾਲਿਟਿਕਸ

ਪਾਲਣ (पालण) /pālaṇa パーラン/ ▸ਪਾਲਨ [Skt. पालन] *m.* **1** 養うこと, 養育, 扶養. (⇒ਪਰਵਰਿਸ਼) **2** 飼育. **3** 保護, 擁護. **4** (約束や命令などを)守ること, 遵守.

ਪਾਲਣਹਾਰ (पालणहार) /pālaṇahāra パーランハール/ [cf. ਪਾਲਨਾ -ਹਾਰ] *adj.* **1** 養う, 養育する, 扶養する. **2** 飼う, 飼育する. **3** 守る, 保護する, 庇護する.
— *m.* **1** 養う者, 養育者, 扶養者. **2** 飼育する者, 飼い主. **3** 守る者, 保護者, 庇護者. **4** 神.

ਪਾਲਣਾ (पालणा) /pālaṇā パーラナー/ ▸ਪਾਲਨਾ *vt.m.* → ਪਾਲਨਾ

ਪਾਲਤੂ (पालतू) /pālatū パールトゥー/ [cf. ਪਾਲਨਾ] *adj.* **1** 飼われている, 飼育されている, 家畜化された. ❐ਪਾਲਤੂ ਜਾਨਵਰ 家畜. **2** 飼い慣らされた.

ਪਾਲਨ (पालन) /pālana パーラン/ ▸ਪਾਲਣ *m.* → ਪਾਲਣ

ਪਾਲਨਾ (पालना) /pālanā パールナー/ ▸ਪਾਲਣਾ [Skt. पालयति] *vt.* **1** 育てる, 養う, 養育する, 育む. **2** 飼う, 飼育する, 畜産を営む. **3** (約束や命令などを)守る, 遵守する. **4** 遂行する, (義務などを)果たす.
— *m.* **1** 養うこと, 養育, 扶養. (⇒ਪਰਵਰਿਸ਼) **2** 〘寝具〙 揺り籠. (⇒ਝੂਲਾ, ਪੰਘੂੜਾ)

ਪਾਲਾ[1] (पाला) /pālā パーラー/ [Skt. प्रलिय] *m.* **1** 寒気, 寒さ. (⇒ਠੰਢ, ਸਰਦੀ) ❐ਪਾਲੇ ਦਾ ਮੌਸਮ 冬, 冬季. **2** 冷気. **3** 〘気象〙 霜.

ਪਾਲਾ[2] (पाला) /pālā パーラー/ *m.* **1** 番, 順番. **2** 回, イニング.

ਪਾ ਲਾ ਕੇ (पा ला के) /pā lā ke パー ラー ケー/ *adv.* **1** 結局, 最終的に. **2** すべてを考慮した末に.

ਪਾਲਿਸ਼ (पालिश) /pāliśa パーリシュ/ ▸ਪਾਲਸ਼ [Eng. *polish*] *m.f.* **1** 磨くこと, つやを出すこと. ❐ਪਾਲਿਸ਼ ਕਰਨਾ 磨く, つやを出す. **2** 輝き, つや, 光沢. (⇒ਚਮਕ) **3** 磨き粉, つや出し, 光沢剤. ❐ਨੇਲ ਪਾਲਿਸ਼, ਨਹੁੰ ਪਾਲਿਸ਼ マニキュア液. ❐ਬੂਟ ਪਾਲਿਸ਼ 靴墨.

ਪਾਲਿਸੀ (पालिसी) /pālisī パーリスィー/ ▸ਪਾਲਸੀ [Eng. *policy*] *f.* **1** 〘政治〙 政策, 政略. **2** 策, 方針, やり方.

ਪਾਲਿਸੀਬਾਜ਼ (पालिसीबाज़) /pālisībāza パーリスィーバーズ/ [Pers.-*bāz*] *adj.* 策士の, 駆け引きのうまい, 巧妙な, 賢い.

ਪਾਲਿਸੀਬਾਜ਼ੀ (पालिसीबाज़ी) /pālisībāzī パーリスィーバーズィー/ [Pers.-*bāzī*] *f.* 駆け引き.

ਪਾਲਿਟਿਕਸ (पालिटिकस) /pāliṭikasa パーリティクス/ ▸ਪਾਲਟਿਕਸ [Eng. *politics*] *f.* 政治, 政治学.

ਪਾਲਿਟਿਸ਼ਨ (पालिटिशन) /pāliṭiśana パーリティシャン/ [Eng. *politician*] *m.* 政治家.

ਪਾਲੀ[1] (पाली) /pālī パーリー/ [Skt. पालिन्] *m.* **1** 養う者, 飼育する者. **2** 牛飼い. **3** 羊飼い. **4** 牧畜業者.

ਪਾਲੀ[2] (पाली) /pālī パーリー/ [Skt. पालि] *f.* **1** 線, 列. (⇒ਕਤਾਰ) **2** パーリ語《中期インド・アーリア語, プラークリット語を代表する言語. 小乗仏教経典の言語として多量の文献を持つ. パンジャービー語では, この言語名は ਪਾਲਿ 「パーリ」ではなく ਪਾਲੀ 「パーリー」と表記される》.

ਪਾਲੋ ਪਾਲ (पालो पाल) /pālo pāla パーロー パール/ [Skt. पालि + ਓ + Skt. पालि] *adv.* 列に並んで, 連続して. (⇒ਕਤਾਰੋ ਕਤਾਰ)

ਪਾਵਕ (पावक) /pāwaka パーワク/ [Skt. पावक] *m.* 火. (⇒ਅੱਗ)

ਪਾਵਨ (पावन) /pāwana パーワン/ [Skt. पावन] *adj.* **1** 神聖な. **2** 神に捧げられた. **3** 純粋な. **4** 清い. **5** 穢れない.

ਪਾਵਨਤਾ (पावनता) /pāwanatā パーワンター/ [Skt.-ता] *f.* **1** 神聖さ(⇒ਪਵਿੱਤਰਤਾ) **2** 清らかさ.

ਪਾਵਰ (पावर) /pāwara パーワル/ [Eng. *power*] *f.* **1** 力, 能力, 勢力, 権力, 影響力. (⇒ਸ਼ਕਤੀ, ਤਾਕਤ) **2** 動力, 機械力. **3** 電力.

ਪਾਵਰ ਹਾਊਸ (पावर हाऊस) /pāwara hāūsa パーワル ハーウース/ [Eng. *powerhouse*] *m.* 発電所. (⇒ਬਿਜਲੀ ਘਰ)

ਪਾਵਲੀ (पावली) /pāwalī パーワリー/ *m.* 機織職人, 紡織工. (⇒ਜੁਲਾਹਾ)

ਪਾਵਾ (पावा) /pāwā パーワー/ ▸ਪਾਇਆ [Pers. *pāya*] *m.* 〘家具〙 (テーブルやベッドなど)家具の脚.

ਪਾੜ (पाड़) /pāṛa パール/ ▸ਫਾੜ [cf. ਪਾੜਨਾ] *m.* **1** 破れ目, 裂け目, 割れ目, 穴. (⇒ਸੰਨ੍ਹ, ਨਕਬ) **2** 大きな断片, 大きな切片. **3** 薄く切ったもの, スライス.

ਪਾੜਛਾ (पाड़छा) /pāṛacʰā パールチャー/ *m.* 雨どい.

ਪਾੜਨਾ (पाड़ना) /pāṛanā パールナー/ ▸ਫਾੜਨਾ [Skt. स्फाटयति] *vt.* **1** 裂く, 引き裂く, ちぎる. **2** 破る, 切り裂く. **3** 引き離す. **4** 分ける. **5** 割る.

ਪਾੜਾ (पाड़ा) /pāṛā パーラー/ [cf. ਪਾੜਨਾ] *m.* **1** 裂け目. **2** 相違.

ਪਿਉ (पिउ) /pio ピオー/ ▸ਪਿਊ, ਪਿਓ, ਪੇ, ਪੇਓ *m.* → ਪਿਓ

ਪਿਉਂਦ (पिउँद) /piũda ピウンド/ ▸ਪਿਓਂਦ, ਪੈਵੰਦ *f.* → ਪਿਓਂਦ

ਪਿਊ (पिऊ) /pio ピオー/ ▸ਪਿਉ, ਪਿਓ, ਪੇ, ਪੇਓ *m.* → ਪਿਓ

ਪਿਓ (पिओ) /pio ピオー/ ▸ਪਿਉ, ਪਿਊ, ਪੇ, ਪੇਓ [(Pkt. पिउ) Skt. पिता] *m.* 〘親族〙 父, 父親.

ਪਿਓਕਾ (पिओका) /piokā ピオーカー/ ▶ਪੇਓਕਾ, ਪੇਕਾ, ਪੇਯਾ *adj.* **1** 父親の. (⇒ਪਿਓ ਨਾਲ ਸੰਬੰਧਤ) **2** 親の.
— *m.* **1** 父親の家. (⇒ਪਿਓ ਦਾ ਘਰ) **2** 親の家.

ਪਿਓਂਦ (पिओंद) /piõda ピオーンド/ ▶ਪਿਉਂਦ, ਪੈਵੰਦ [Pers. *paivand*] *f.* **1** 接続, 接合. **2** 継ぎ切れ, 寄せ布. **3** 〘植物〙接ぎ木.

ਪਿਅੱਕੜ (पिअक्कड़) /piakkaṛa ピアッカル/ ▶ਪਿਆਕੜ *m.* → ਪਿਆਕੜ

ਪਿਆ (पिआ) /piā ピアー/ *adj.* **1** 横になっている. **2** 眠っている.

ਪਿਆਉ (पिआउ) /piāu | piāo ピアーウ | ピアーオー/ ▶ਪਿਆਓ, ਪੌਊ *m.* → ਪਿਆਓ

ਪਿਆਉਣਾ (पिआउणा) /piāuṇā ピアーウナー/ ▶ਪਿਆਲਣਾ, ਪਿਲਾਉਣਾ [cf. ਪੀਣਾ] *vt.* **1** 飲ませる, 飲ます. **2** 飲物を出す. **3** 水をやる, 給水する. **4** 灌漑する.

ਪਿਆਓ (पिआओ) /piāo ピアーオー/ ▶ਪਿਆਉ, ਪੌਊ [Skt. पय] *m.* 無料の給水所. (⇒ਛਬੀਲ)

ਪਿਆਸ (पिआस) /piāsa ピアース/ [Skt. पिपासा] *f.* **1** 〘生理〙(喉の)渇き. ❐ਪਿਆਸ ਬੁਝਾਉਣੀ 渇きを癒す. ❐ਪਿਆਸ ਲੱਗਣੀ 喉が渇く. **2** 〘比喩〙渇望, 切望, 懇願.

ਪਿਆਸਾ (पिआसा) /piāsā ピアーサー/ [Skt. पिपासा] *adj.* (喉の)渇いた.

ਪਿਆਕ (पिआक) /piāka ピアーク/ ▶ਪਿਆਕਲ *adj.* 酒好きの.

ਪਿਆਕਲ (पिआकल) /piākala ピアーカル/ ▶ਪਿਆਕ *adj.* → ਪਿਆਕ

ਪਿਆਕੜ (पिआकड़) /piākaṛa ピアーカル/ ▶ਪਿਅੱਕੜ *m.* **1** 酔っ払い. **2** 大酒飲み.

ਪਿਆਜ (पिआज) /piāja ピアージ/ ▶ਪਿਆਜ਼ *m.* → ਪਿਆਜ਼

ਪਿਆਜ਼ (पिआज़) /piāza ピアーズ/ ▶ਪਿਆਜ [Pers. *piyāz*] *m.* 〘植物〙タマネギ(玉葱), オニオン. (⇒ਗੰਢਾ)

ਪਿਆਜੀ (पिआजी) /piājī ピアージー/ ▶ਪਿਆਜ਼ੀ *adj.* → ਪਿਆਜ਼ੀ

ਪਿਆਜ਼ੀ (पिआज़ी) /piāzī ピアーズィー/ ▶ਪਿਆਜੀ [Pers. *piyāzī*] *adj.* **1** タマネギのような. **2** 赤みを帯びた.

ਪਿਆਦਾ (पिआदा) /piādā ピアーダー/ [Pers. *piyāda*] *m.* **1** 〘軍〙歩兵. **2** 〘遊戯〙(チェスの)ポーン.

ਪਿਆਨੋ (पिआनो) /piāno ピアーノー/ [Eng. *piano*] *m.* 〘楽器〙ピアノ.

ਪਿਆਮ (पिआम) /piāma ピアーム/ ▶ਪੈਗ਼ਾਮ *m.* → ਪੈਗ਼ਾਮ

ਪਿਆਰ (पिआर) /piāra ピアール/ ▶ਪਯਾਰ, ਪਜਾਰ [Skt. प्रिय] *m.* **1** 愛, 愛情. (⇒ਪਰੇਮ) ❐ਪਿਆਰ ਕਰਨਾ 愛する, 可愛がる, 好む. ❐ਮਨਪ੍ਰੀਤ ਆਪਣੀ ਛੋਟੀ ਭੈਣ ਨੂੰ ਬੜਾ ਪਿਆਰ ਕਰਦੀ ਹੈ। マンプリートは自分の妹をとても可愛がります. **2** 恋. **3** 愛着.

ਪਿਆਰਾ (पिआरा) /piārā ピアーラー/ ▶ਪਯਾਰਾ, ਪਜਾਰਾ [Skt. प्रिय] *adj.* **1** 可愛い. **2** 愛らしい. **3** 愛しい. **4** 親愛なる.
— *m.* **1** 恋人. **2** 愛しい人.

ਪਿਆਲਣਾ (पिआलणा) /piālaṇā ピアールナー/ ▶ਪਿਆਉਣਾ, ਪਿਲਾਉਣਾ *vt.* → ਪਿਆਉਣਾ

ਪਿਆਲਾ (पिआला) /piālā ピアーラー/ ▶ਪਯਾਲਾ, ਪਜਾਲਾ [Pers. *piyāla*] *m.* **1** 〘容器〙杯, カップ, 器. **2** 〘容器〙コップ, 大型コップ, マグカップ. **3** 〘容器〙鉢, 焼き物などの碗, 茶碗. (⇒ਕਟੋਰਾ)

ਪਿਆਲੀ (पिआली) /piālī ピアーリー/ [-ਈ] *f.* 〘容器〙小さなカップ, ティーカップ, 紅茶茶碗.

ਪਿਸਟਨ (पिसटन) /pisaṭana ピスタン/ [Eng. *piston*] *m.* ピストン.

ਪਿਸਟਲ (पिसटल) /pisaṭala ピスタル/ ▶ਪਸਤੌਲ, ਪਿਸਤੌਲ *m.* → ਪਸਤੌਲ

ਪਿਸਣਯੋਗ (पिसणयोग) /pisaṇayoga ピサンヨーグ/ [cf. ਪੀਹਣਾ + Skt. योग्य] *adj.* (臼で)挽くことのできる, 挽いて粉になる, 擦り潰すことのできる.

ਪਿਸਣਾ (पिसणा) /pisaṇā ピサナー/ [cf. ਪੀਹਣਾ] *vi.* **1** (臼で)挽かれる, 挽かれて粉になる, 擦り潰される. **2** 潰れる, 砕ける, 粉砕される. **3** 擦り減る, 疲れ果てる. **4** 〘比喩〙虐げられる, こき使われる, 酷使される.

ਪਿਸਤਾ[1] (पिसता) /pisatā ピスター/ [Pers. *pist*] *m.* 〘植物〙ピスタチオ《ウルシ科の落葉樹》, ピスタチオの実, ピスタチオナッツ.

ਪਿਸਤਾ[2] (पिसता) /pisatā ピスター/ *adj.* 小さい.

ਪਿਸਤਾਕੀ (पिसताकी) /pisatākī ピスターキー/ *adj.* **1** ピスタチオの実の色の. **2** 薄緑色の.

ਪਿਸਤੌਲ (पिसतौल) /pisataula ピスタォール/ ▶ਪਸਤੌਲ, ਪਿਸਟਲ *m.* → ਪਸਤੌਲ

ਪਿੰਸਲ (पिंसल) /pinsala ピンサル/ ▶ਪਿਨਸਲ, ਪੈਨਸਿਲ *f.* → ਪੈਨਸਿਲ

ਪਿਸਵਾਉਣਾ (पिसवाउणा) /pisawāuṇā ピスワーウナー/ ▶ਪਿਸਾਉਣਾ, ਪਿਹਾਉਣਾ [cf. ਪੀਹਣਾ] *vt.* (粉に)挽かせる, 擦り潰させる.

ਪਿਸਵਾਈ (पिसवाई) /pisawāī ピスワーイー/ ▶ਪਿਸਾਈ, ਪਿਹਾਈ [cf. ਪੀਹਣਾ] *f.* (粉に)挽くこと, その労賃.

ਪਿਸਾਉਣਾ (पिसाउणा) /pisāuṇā ピサーウナー/ ▶ਪਿਸਵਾਉਣਾ, ਪਿਹਾਉਣਾ *vt.* → ਪਿਸਵਾਉਣਾ

ਪਿਸਾਈ (पिसाई) /pisāī ピサーイー/ ▶ਪਿਸਵਾਈ, ਪਿਹਾਈ *f.* → ਪਿਸਵਾਈ

ਪਿਸ਼ਾਚ (पिशाच) /piśāca ピシャーチ/ [Skt. पिशाच] *m.* (生肉や死者の肉を食らう)悪魔, 悪鬼, 悪霊.

ਪਿਸ਼ਾਚੀ[1] (पिशाची) /piśācī ピシャーチー/ [-ਈ] *adj.* **1** 悪魔の, 悪魔のような, 残忍な. **2** 巨人のような, 巨大な.

ਪਿਸ਼ਾਚੀ[2] (पिशाची) /piśācī ピシャーチー/ [Skt. पैशाची] *f.* パイシャーチー語《プラークリット諸語の一つ》.

ਪਿਸ਼ਾਬ (पिशाब) /piśāba ピシャーブ/ ▶ਪਸ਼ਾਬ, ਪੇਸ਼ਾਬ [Pers. *peśāb*] *m.* 〘生理〙小便, 尿. (⇒ਮੂਤ)

ਪਿਸ਼ਾਬ-ਖ਼ਾਨਾ (पिशाब-ख़ाना) /piśāba-xānā ピシャーブ・カーナー/ [Pers.-*xāna*] *m.* 小便所.

ਪਿਸ਼ਾਵਰ (पिशावर) /piśāwara ピシャーワル/ ▶ਪਿਸ਼ੌਰ, ਪੇਸ਼ਾਵਰ *m.* 〘地名〙ペシャーワル《パキスタンの北西辺境州の州都》.

ਪਿੱਸੂ (पिस्सू) /pissū ピッスー/ ▶ਪੀਹੂ [Pkt. पिसुअ] *m.* **1** 〘虫〙ノミ, 蚤. **2** 〘虫〙蚊, ブヨ.

ਪਿਸ਼ੌਰ (पिशौर) /piśaura ピシャオール/ ▶ਪਿਸ਼ਾਵਰ, ਪੇਸ਼ਾਵਰ *m.* → ਪਿਸ਼ਾਵਰ

ਪਿਹਾਉਣਾ (पिहाउणा) /pihāuṇā | piăuṇā ピハーウナー |

ピアーウナー/ ▸ਪਿਸਵਾਉਣਾ, ਪਿਸਾਉਣਾ *vt.* → ਪਿਸਵਾਉਣਾ

ਪਿਹਾਉਣੀ (पिहाउणी) /pihāuṇī | piǎuṇī ピハーウニー | ピアーウニー/ [cf. ਪੀਹਣਾ] *f.* (粉に)挽くこと, その労賃.

ਪਿਹਾਈ (पिहाई) /pihāī | piǎī ピハーイー | ピアーイー/ ▸ ਪਿਸਵਾਈ, ਪਿਸਾਈ *f.* → ਪਿਸਵਾਈ

ਪਿਕਚਰ (पिकचर) /pikạcarạ ピクチャル/ [Eng. *picture*] *f.* **1** 絵. **2** 映画.

ਪਿਕਟ (पिकट) /pikaṭạ ピカト/ [Eng. *picket*] *f.* **1**(先の尖った)杭, 棒杭. **2**〖軍〗哨兵, 見張りの兵隊. **3** (労働争議などの)ピケ.

ਪਿਕਟਿੰਗ (पिकटिंग) /pikạṭiṅgạ ピクティング/ [Eng. *picketing*] *f.* ピケを張ること.

ਪਿਕਨਿਕ (पिकनिक) /pikạnikạ ピクニク/ [Eng. *picnic*] *f.* ピクニック.

ਪਿੰਗਲ (पिंगल) /piṅgalạ ピンガル/ [Skt. पिङ्गल] *m.* **1** 〖人名〗ピンガラ《韻律学の師であった聖者の名》. **2** 〖文学〗作詩法, 韻律学. (⇒ਛੰਦ ਸ਼ਾਸਤਰ) **3**〖文学〗ムガル朝時代ラージャスターンにおいて盛んであったブラジ・バーシャーによる詩作の総称.

ਪਿੰਗਲਕਾਰ (पिंगलकार) /piṅgalạkārạ ピンガルカール/ [Skt.-कार] *m.*〖文学〗作詩者, 韻律学者.

ਪਿੰਗਲਵਾੜਾ (पिंगलवाड़ा) /piṅgalạwāṛā ピンガルワーラー/ [Skt. पङ्ग + Skt. वाड] *m.* 障害者施設, 養護施設.

ਪਿੰਗਲਾ (पिंगला) /piṅgalā ピンガラー/ [Skt. पङ्ग] *adj.* 身体に障害のある.

ਪਿੰਗਲਾਘਰ (पिंगलाघर) /piṅgalākǎrạ ピンガラーカル/ [Skt.-गृह] *m.* 障害者の家, 障害者施設, 養護施設.

ਪਿਘਲਣ (पिघलण) /pîgalaṇạ ピグラン/ [cf. ਪਿਘਲਨਾ] *m.* 溶けること, 溶解.

ਪਿਘਲਣਾ (पिघलणा) /pîgalạṇā ピガルナー/ ▸ਪਿਘਲਨਾ *vi.* → ਪਿਘਲਨਾ

ਪਿਘਲਨਾ (पिघलना) /pîgalạnā ピガルナー/ ▸ਪਿਘਲਣਾ [(Pkt. पगलइ) Skt. प्रघिलति] *vi.* **1** 溶ける, 解ける, 溶解する. **2** 液化する. **3** 融合する. **4**(態度が)軟化する, (怒りなどの感情が)和らぐ, 慈悲心を起こす.

ਪਿਘਲਾਉਣਾ (पिघलाउणा) /pigalǎuṇā ピグラーウナー/ [cf. ਪਿਘਲਨਾ] *vt.* **1** 溶かす, 解かす, 溶解させる. **2**(態度を)軟化させる, (心を)和らげる, 慈悲心を起こさせる.

ਪਿਘਲਾਓ (पिघलाओ) /pigalǎo ピグラーオー/ [cf. ਪਿਘਲਨਾ] *m.* 溶解, 融合.

ਪਿਚਕਣਾ (पिचकणा) /picakaṇā ピチャカナー/ [Skt. पिच्चयति] *vi.* **1** 縮む, 収縮する. (⇒ਸੁੰਗੜਨਾ) **2** 押されて平らになる, ぺちゃんこになる. **3** へこむ. (⇒ਚਿੱਬ ਪੈਣਾ) **4** しぼむ, (頬などが)こける.

ਪਿਚਕਾਉਣਾ (पिचकाउणा) /picạkāuṇā ピチカーウナー/ [cf. ਪਿਚਕਣਾ] *vt.* **1** 縮める, 縮ませる, 収縮させる. (⇒ਸੰਗੋੜਨਾ) **2** 押して平らにする. **3** へこませる. (⇒ਚਿੱਬ ਪਾਉਣਾ)

ਪਿਚਕਾਰੀ (पिचकारी) /picạkārī ピチカーリー/ ▸ਪਚਕਾਰੀ *f.* **1**〖道具〗水鉄砲, 色水を掛け合う道具. **2**〖道具〗(水や空気を噴出したり注入する)ポンプ. **3**〖器具〗注射器. **4**〖器具〗灌腸器. **5**〖器具〗(殺虫剤などを散布する)噴霧器.

ਪਿਚ-ਪਿਚ (पिच-पिच) /picạ-picạ ピチ・ピチ/ ▸ਚਿਪ-ਚਿਪ *f.* **1** ねばねばすること. **2** 粘着性.

ਪਿੱਚਰ (पिच्चर) /piccarạ ピッチャル/ ▸ਚਿੱਪਰ *f.* 破片, 裂片, 砕片, かけら, 切れ端.

ਪਿੱਛ (पिच्छ) /piccʰạ ピッチ/ [Skt. पिच्छा] *f.*〖料理〗米汁, 米を煮た後の濃い乳白色の汁.

ਪਿਛਲ (पिछल) /picʰalạ ピチャル/ ▸ਪਿੱਛਲ, ਪਿਛਲਾ *adj.* → ਪਿਛਲਾ

ਪਿੱਛਲ (पिच्छल) /piccʰalạ ピッチャル/ ▸ਪਿਛਲ, ਪਿਛਲਾ *adj.* → ਪਿਛਲਾ

ਪਿੱਛਲ-ਸੋਚ (पिच्छल-सोच) /piccʰalạ-socạ ピッチャル・ソーチ/ [(Pkt. पच्छ) Skt. पश्चात् + Skt. शोच] *f.* 回顧.

ਪਿੱਛਲ-ਹੱਥਾ (पिच्छल-हत्था) /piccʰalạ-hattʰā ピッチャル・ハッター/ [+ Skt. हस्त] *adj.* 逆手打ちの.

ਪਿੱਛਲ-ਖੁਰੀ (पिच्छल-खुरी) /piccʰalạ-kʰurī ピッチャル・クリー/ *adv.* 後ろ向きに.

ਪਿੱਛਲ-ਖੋੜੀ (पिच्छल-खोड़ी) /piccʰalạ-kʰoṛī ピッチャル・コーリー/ *adv.* 後ろ向きに.

ਪਿੱਛਲੱਗ (पिच्छलग्ग) /piccʰalaggạ ピッチラッグ/ *m.* 忠実な従者.

ਪਿੱਛਲ-ਝਾਤ (पिच्छल-झात) /piccʰalạ-cǎtạ ピッチャル・チャート/ *f.* 回顧.

ਪਿੱਛਲਬੂਹਾ (पिच्छलबूहा) /piccʰalạbûā | piccʰalạbūhā ピッチャルブーアー | ピッチャルブーハー/ [Skt. पश्चात् + Skt. द्वार] *m.* 裏口.

ਪਿਛਲਰਾਤ (पिछलरात) /picʰalạrātạ ピチャルラート/ [+ रात्रि] *f.* **1** 夜半過ぎ. **2** 夜明け前.

ਪਿਛਲਾ (पिछला) /picʰalā | picʰalā ピチラー | ピチャラー/ ▸ਪਿਛਲ, ਪਿੱਛਲ [(Pkt. पच्छ) Skt. पश्चात्] *adj.* **1**《空間的に》後の, 後ろの, 後部の, 後方の. ❒ਕਾਂਗਰੂ ਦੀਆਂ ਪਿਛਲੀਆਂ ਦੋਵੇਂ ਲੱਤਾਂ ਬਹੁਤ ਵੱਡੀਆਂ ਤੇ ਤਾਕਤਵਰ ਹੁੰਦੀਆਂ ਹਨ। カンガルーの両方の後足はとても大きくて力強いのです. **2** 背面の, 裏の, 背後の. **3**《時間的に》前の, 以前の, 過去の. ❒ਪਿਛਲੇ ਸਾਲ 去年. ❒ਪਿਛਲੇ ਮਹੀਨੇ 先月. ❒ਪਿਛਲੇ ਹਫ਼ਤੇ 先週. ❒ਪਿਛਲੇ ਦਿਨੀਂ 過去数日間, ここ数日間.

ਪਿਛਲਾੜੀ (पिछलाड़ी) /picʰạlāṛī ピチラーリー/ [-ੜੀ] *f.* 後ろの部分, 後部.

ਪਿਛਲੇ (पिछले) /picʰạle ピチレー/ [+ ਏ] *m.*《複数形》**1** 後に残った人々. **2** 生存者たち. **3** 後裔, 末裔, 子孫. **4**〖親族〗既婚女性の両親.

ਪਿਛਲੇਰਾ (पिछलेरा) /picʰalerā ピチレーラー/ [-ੲਰਾ] *adj.* さらに後の, さらに後ろの.

ਪਿਛਵਾੜ (पिछवाड़) /picʰạwāṛạ ピチワール/ ▸ਪਿਛਵਾੜਾ *m.* → ਪਿਛਵਾੜਾ

ਪਿਛਵਾੜਾ (पिछवाड़ा) /picʰạwāṛā ピチワーラー/ [(Pkt. पच्छ) Skt. पश्चात् + वाड] *m.* **1** 後ろの部分, 後部. **2** 背景. **3** 裏側, 裏手.

ਪਿਛਵਾੜੇ (पिछवाड़े) /picʰạwāṛe ピチワーレー/ [+ वाड] *adv.* **1** 後ろに, 背後に. **2** 裏側に, 裏手に.

ਪਿਛੜਨਾ (पिछड़ना) /picʰaṛanā ピチャルナー/ ▸ਪਛੜਨਾ *vi.* → ਪਛੜਨਾ

ਪਿਛੜਲਾ (पिछड़ला) /picʰaṛạlā ピチャルラー/ [(Pkt. पच्छ) Skt. पश्चात् -ला] *adj.* 最後の, 最終の.

ਪਿਛੜਿਆ (पिछड़िआ) /picʰạriā ピチリアー/ ▸ਪਛੜਿਆ

adj. → ਪਛੜਿਆ

ਪਿਛੜੀਆਂ ਸ਼੍ਰੇਣੀਆਂ (पिछड़ीआँ श्रेणीआँ) /picʰaṛīā̃ śreṇīā̃ ピチリーアーン シュレーニーアーン/ ▶ਪਛੜੀਆਂ ਸ਼੍ਰੇਣੀਆਂ *f.* → ਪਛੜੀਆਂ ਸ਼੍ਰੇਣੀਆਂ

ਪਿਛਾਂ (पिछाँ) /picʰā̃ ピチャーン/ ▶ਪਿਛਾਂਹ [(Pkt. पच्छ) Skt. पश्चात्] *adv.* **1** 後ろに, 後方に, 背後に. **2** 後部に. **3** 過去に, 以前に.

ਪਿੱਛਾ (पिच्छा) /piccʰā ピッチャー/ [(Pkt. पच्छ) Skt. पश्चात्] *m.* **1** 後ろ, 後方, 背後. **2** 後ろの部分, 後部. **3** 背景. **4** 過去. **5** 後押し, 後援, 支援. **6** 追跡. ❐ਪਿੱਛਾ ਕਰਨਾ 追跡する, 追いかける.

ਪਿਛਾਂਹ (पिछाँह) /picʰā̃ ピチャーン/ ▶ਪਿਛਾਂ *adv.* → ਪਿਛਾਂ

ਪਿਛਾਖੜ (पिछाखड़) /picʰākʰaṛa ピチャーカル/ [(Pkt. पच्छ) Skt. पश्चात् -खड़] *adj.* **1** 逆行する. **2** 反動的な.

ਪਿਛਾੜ (पिछाड़) /picʰāṛa ピチャール/ [+ ੜ] *f.* 逆行, 反動.

ਪਿਛਾੜੀ (पिछाड़ी) /picʰāṛī ピチャーリー/ ▶ਪਛਾੜੀ [-ੜੀ] *adv.* **1** 後ろに, 後部に, 背後に, 後方に. **2** 過去に, 以前に.

— *f.* **1** 後ろ, 後部, 後方. **2** 背景. **3** 過去. **4** 後押し, 後援, 支援. **5** 馬の踵を杭に縛る綱.

ਪਿਛਿਆਲ (पिछिआल) /picʰiāla ピチアール/ [+ ਲ] *m.* 後部, 後ろ側.

ਪਿਛਿਆਲੀ (पिछिआली) /picʰiālī ピチアーリー/ [(Pot.) + ਲੀ] *m.* 後部, 後ろ側.

ਪਿੱਛੇ (पिच्छे) /piccʰe ピッチェー/ [+ ਏ] *adv.* **1**《空間的に》後ろに, 後方に, 背後に. **2**《時間的に》後で, のちに.

— *postp.* **1**《空間的に》…の後ろに, …の後方に, …の背後に. **2**《時間的に》…後に, …のちに.

ਪਿਛੇਤ (पिछेत) /picʰeta ピチェート/ ▶ਪਿਛੇਤਰ [+ ਏਤ] *m.* **1** 遅れ. **2** 遅れていること. **3** 時季遅れ.

ਪਿਛੇਤਰ (पिछेतर) /picʰetara ピチェータル/ ▶ਪਿਛੇਤ *m.* → ਪਿਛੇਤ

ਪਿਛੇਤਰਾ (पिछेतरा) /picʰetarā ピチェータラー/ ▶ਪਿਛੇਤਾ [+ ਏਤਰਾ] *adj.* **1** 遅い. **2** 遅れた. **3** 時季遅れに蒔かれた.

ਪਿਛੇਤਾ (पिछेता) /picʰetā ピチェーター/ ▶ਪਿਛੇਤਰਾ *adj.* → ਪਿਛੇਤਰਾ

ਪਿਛੇ-ਪਿਛੇ (पिछे-पिछे) /picʰe-picʰe ピチェー・ピチェー/ [(Pkt. पच्छ) Skt. पश्चात् + ਏ] *adv.* すぐ後について.

ਪਿਛੋਂ (पिछों) /picʰõ ピチョーン/ ▶ਪਿੱਛੋਂ *adv.postp.* → ਪਿੱਛੋਂ

ਪਿੱਛੋਂ (पिच्छों) /piccʰõ ピッチョーン/ ▶ਪਿਛੋਂ [(Pkt. पच्छ) Skt. पश्चात् + ਓਂ] *adv.* 《 ਪਿੱਛੇ ਤੋਂ の融合形》. **1**《空間的に》後ろから, 後方から, 背後から. **2**《時間的に》後から, 後で.

— *postp.* 《 ਪਿੱਛੇ ਤੋਂ の融合形》. **1**《空間的に》…の後ろから, …の後方から, …の背後から. **2**《時間的に》…後に, …の後, …のちに. ❐ਕਈ ਸਾਲਾਂ ਪਿੱਛੋਂ ਭਗਤ ਸਿੰਘ ਫੜਿਆ ਗਿਆ। 数年後にバガト・スィングは捕らえられました. ❐ਅਜ਼ਾਦੀ ਪਿੱਛੋਂ ਅੱਧੀ ਸਦੀ ਤੋਂ ਵੀ ਜ਼ਿਆਦਾ ਸਮਾਂ ਬੀਤ ਗਿਆ। 独立後半世紀以上もの時が過ぎました.

ਪਿਛੋਕੜ (पिछोकड़) /picʰokaṛa ピチョーカル/ [+ ਕੜ] *m.* **1** 後ろの部分, 背後にあるもの. **2** 背景, 事情. **3** 前歴, 来歴, 経歴.

ਪਿਛੋਕਾ (पिछोका) /picʰokā ピチョーカー/ [+ ਕਾ] *m.* **1** 祖先, 先祖. **2** 家系, 一家, 一族. (⇒ਖ਼ਾਨਦਾਨ, ਘਰਾਣਾ)

ਪਿੰਜਣ (पिंजण) /piñjaṇa ピンジャン/ *m.* **1**(綿や羊毛を)梳くこと, (綿のもつれを)梳き櫛で整えること. **2** 綿打ち弓で打ってほぐすこと.

ਪਿੰਜਣਾ (पिंजणा) /piñjaṇā ピンジャナー/ [(Pkt. पिंजइ) Skt. पिञ्जति] *vt.* **1**(綿や羊毛を)梳く, (綿のもつれを)梳き櫛で整える. (⇒ਧੁਣਨਾ) **2** 綿打ち弓で打ってほぐす. **3** 激しく打つ.

ਪਿੰਜਣੀ[1] (पिंजणी) /piñjaṇī ピンジャニー/ ▶ਪੇਂਜਣੀ [cf. ਪਿੰਜਣਾ] *f.* **1**〚道具〛綿のもつれを整える道具, 梳き櫛. **2**〚道具〛綿を打ってほぐす弓状の道具, 綿打ち弓. **3**〚機械〛綿を梳く機械.

ਪਿੰਜਣੀ[2] (पिंजणी) /piñjaṇī ピンジャニー/ ▶ਪਿੰਡਲੀ *f.* → ਪਿੰਡਲੀ

ਪਿੰਜਰ (पिंजर) /piñjara ピンジャル/ [Skt. पिञ्जर] *m.* **1**〚身体〛骸骨, 骨格, 骨組み. (⇒ਹੱਡੀਆਂ ਦਾ ਢਾਂਚਾ) **2** 体格, 体つき, 身体. (⇒ਦੇਹ, ਸਰੀਰ) **3**〚身体〛肋骨, あばら骨.

ਪਿੰਜਰਾ (पिंजरा) /piñjarā ピンジラー/ [Skt. पिञ्जर] *m.* 鳥籠, (獣の)檻.

ਪਿੰਜਵਾਉਣਾ (पिंजवाउणा) /piñjawāuṇā ピンジワーウナー/ ▶ਪਿੰਜਾਉਣਾ [cf. ਪਿੰਜਣਾ] *vt.* **1**(綿や羊毛を)梳かせる, (綿のもつれを)梳き櫛で整えさせる. **2** 綿打ち弓で打ってほぐさせる.

ਪਿੰਜਾਉਣਾ (पिंजाउणा) /piñjāuṇā ピンジャーウナー/ ▶ਪਿੰਜਵਾਉਣਾ *vt.* → ਪਿੰਜਵਾਉਣਾ

ਪਿੰਜਾਈ (पिंजाई) /piñjāī ピンジャーイー/ [cf. ਪਿੰਜਣਾ] *f.* **1** 綿のもつれを梳き櫛で整えること. **2** 綿打ち弓で打ってほぐすこと.

ਪਿਟਣਾ (पिटणा) /piṭaṇā ピタナー/ ▶ਪਿੱਟਣਾ *vi.m.* → ਪਿੱਟਣਾ

ਪਿੱਟਣਾ (पिट्टणा) /piṭṭaṇā ピッタナー/ ▶ਪਿਟਣਾ [cf. ਪੀਟਣਾ] *vi.* **1** 打たれる, 叩かれる, 打ちつけられる, 殴られる. (⇒ਕੁੱਟ ਖਾਣੀ) **2**(弔いの慣習として)女性が自分の胸・頬・腿を叩いて嘆き悲しむ. (⇒ਸਿਆਪਾ ਕਰਨਾ) **3** 苦悶をしぐさで表す. **4** 嫌な仕事をする.

— *m.* **1** 葬儀で女性たちが胸・頬・腿を叩いて悲しみを表す風習. (⇒ਸਿਆਪਾ) **2** 嫌な仕事, 腹の立つ仕事. **3** 退屈な骨折り仕事.

ਪਿਟਵਾਉਣਾ (पिटवाउणा) /piṭawāuṇā ピトワーウナー/ ▶ਪਿਟਾਉਣਾ [cf. ਪੀਟਣਾ] *vt.* 打たせる, 叩かせる, 打ちつけさせる, 殴らせる.

ਪਿਟਾਉਣਾ (पिटाउणा) /piṭāuṇā ピターウナー/ ▶ਪਿਟਵਾਉਣਾ *vt.* → ਪਿਟਵਾਉਣਾ

ਪਿਟਾਈ (पिटाई) /piṭāī ピターイー/ [cf. ਪੀਟਣਾ] *f.* 打つこと, 叩くこと, 打ちつけること, 殴ること, 殴打.

ਪਿੱਠ (पिट्ठ) /piṭṭʰa ピット/ [(Pkt. पिट्ठ) Skt. पृष्ठ] *f.* **1**〚身体〛背, 背中. ❐ਪਿੱਠ ਠੋਕਣੀ 背中を叩く, 励ます, 褒め称える. ❐ਪਿੱਠ ਤੇ ਹੋਣਾ 援護する. ❐ਪਿੱਠ ਦਿਖਾਉਣੀ 背中を見せる, 逃げる, 敗北を認める. ❐ਪਿੱਠ ਪਿੱਛੇ 背後

で, 陰で. ❑ਪਿੱਠ ਪਿੱਛੇ ਕਹਿਣਾ 背後で言う, 陰口を言う, 中傷する. ❑ਪਿੱਠ ਵਿੱਚ ਛੁਰਾ ਮਾਰਨਾ 背中を刃物で刺す, 卑怯な攻撃をする, 裏切る. **2** 背後. **3** 裏, 裏面.

ਪਿੱਠ-ਅੰਕਣ (पिट्ठ-अंकण) /pitṭʰa-aṅkaṇa ピット・アンカン/ *m.* 裏書き.

ਪਿੱਠ-ਆਧਾਰੀ (पिट्ठ-आधारी) /pitṭʰa-ādǎrī ピット・アーダーリー/ [(Pkt. पिट्ठ) Skt. पृष्ठ + Skt. आधारिन्] *adj.* 背中を支えにした.

ਪਿੱਠ-ਜੁੜਵੇ (पिट्ठ-जुड़वे) /pitṭʰa-juṛawe ピット・ジュルウェー/ *adj.* 背中合わせの.

ਪਿੱਠ-ਜੁੜਿਆ (पिट्ठ-जुड़िआ) /pitṭʰa-juṛiā ピット・ジュリアー/ *adj.* 背中の固定された.

ਪਿੱਠ-ਭਾਰ (पिट्ठ-भार) /pitṭʰa-pǎra ピット・パール/ [(Pkt. पिट्ठ) Skt. पृष्ठ + Skt. भार] *adj.* 仰向けの.

ਪਿੱਠ-ਭੂਮੀ (पिट्ठ-भूमी) /pitṭʰa-pǔmī ピット・プーミー/ [+ Skt. भूमि] *f.* 背景.

ਪਿਠਲ (पिठल) /piṭʰala ピタル/ *adj.* 背の.

ਪਿੱਠੂ¹ (पिट्ठू) /pitṭʰū ピットゥー/ *m.* **1** 引き立て役. **2** 相棒. **3** 子分.

ਪਿੱਠੂ² (पिट्ठू) /pitṭʰū ピットゥー/ *m.* 背負って運ぶ重い荷物.

ਪਿੰਡ (पिंड) /piṇḍa ピンド/ [Skt. पिण्ड] *m.* **1** 村, 村落, 村落共同体. (⇒ਛੋਟੀ ਬਸਤੀ, ਗਰਾਮ) **2** 体, 身, 身体. (⇒ਦੇਹ, ਸਰੀਰ) **3**〘儀礼〙祖先の供養として供えるために米などで作った団子.

ਪਿੰਡ-ਪਿੰਡ (पिंड-पिंड) /piṇḍa-piṇḍa ピンド・ピンド/ [+ Skt. पिण्ड] *adv.* 村から村へ.

ਪਿੰਡਲੀ (पिंडली) /piṇḍalī ピンダリー/ ▸ਪਿੰਜਣੀ [+ ਲੀ] *f.*〘身体〙脹脛(ふくらはぎ).

ਪਿੰਡਵਾਸੀ (पिंडवासी) /piṇḍawāsī ピンドワースィー/ [+ Skt. वासिन्] *m.* 村の住民, 村人.

ਪਿੰਡਾ (पिंडा) /piṇḍā ピンダー/ [Skt. पिण्ड] *m.* **1** 体, 身, 身体. **2** 身体の表面, 体表.

ਪਿੰਡੋਰੀ (पिंडोरी) /piṇḍorī ピンドーリー/ [+ ਓਰੀ] *f.* 小さな村.

ਪਿਤ (पित) /pita ピト/ ▸ਪਿੱਤ *f.* **1** 回. (⇒ਵਾਰੀ) **2** イニング.

ਪਿੱਤ¹ (पित्त) /pitta ピット/ [Skt. पित्त] *f.* **1**〘身体〙胆汁. (⇒ਸਫ਼ਰਾ) **2**〘医〙あせも, 汗疹.

ਪਿੱਤ² (पित्त) /pitta ピット/ ▸ਪਿਤ *f.* → ਪਿਤ

ਪਿਤਰ (पितर) /pitara ピタル/ [Skt. पितृ] *m.* **1**〘親族〙父. **2** (父方の)祖先, 先祖. **2** 祖霊, 死霊.

ਪਿਤਰ-ਪੂਜਾ (पितर-पूजा) /pitara-pūjā ピタル・プージャー/ [+ Skt. पूजा] *f.* **1** 祖先崇拝. **2** 祖霊崇拝, 死霊崇拝.

ਪਿਤਰਾਈ (पितराई) /pitarāī ピトラーイー/ [+ Skt. ਆਈ] *f.* **1** 先祖の三世代. **2**〘生物〙遺伝.

ਪਿਤਰੀ (पितरी) /pitarī ピタリー/ [-ਈ] *adj.* **1** 親の. **2** 祖先の, 先祖の.

ਪਿੱਤਲ (पित्तल) /pittala ピッタル/ [Skt. पित्तल] *m.*〘金属〙真鍮, 黄銅.

ਪਿਤਾ (पिता) /pitā ピター/ [Skt. पिता, पितृ] *m.*〘親族〙父.

ਪਿੱਤਾ (पित्ता) /pittā ピッター/ [Skt. पित्त] *m.* **1**〘身体〙胆嚢. **2** 勇気.

ਪਿਤਾ-ਪੱਖੀ (पिता-पक्खी) /pitā-pakkʰī ピター・パッキー/ [Skt. पिता + Skt. पक्षिन्] *adj.* 父系の.

ਪਿਤਾ-ਪਰਧਾਨ (पिता-परधान) /pitā-paradǎna ピター・パラダーン/ [+ Skt. प्रधान] *adj.* 家長の.

ਪਿਤਾ-ਪਿਤਾਮਾ (पिता-पितामा) /pitā-patāmā ピター・パターマー/ [+ Skt. पितामह] *m.* 父方の先祖, 父祖.

ਪਿਤਾ-ਪੁਰਖੀ (पिता-पुरखी) /pitā-purakʰī ピター・プルキー/ [+ Skt. पुरुष -ਈ] *adj.* 祖先の, 先祖の.

ਪਿਤਾਮਾ (पितामा) /pitāmā ピターマー/ [Skt. पितामह] *m.*〘親族〙(父方の)祖父, 父の父.

ਪਿੱਦਣਾ (पिद्दणा) /piddaṇā ピッダナー/ *vi.* へとへとに疲れる.

— *vt.* **1** へとへとに疲れさせる. **2** 打ち負かす.

ਪਿਦਰ (पिदर) /pidara ピダル/ [Pers. *pidar*] *m.*〘親族〙父.

ਪਿੱਦਾ (पिद्दा) /piddā ピッダー/ [Skt. पिक्ट] *m.* **1**〘鳥〙アカハラコルリ, 赤腹小瑠璃. **2**〘鳥〙(雀のような一般的に)とても小さな鳥. **3** 小人.

— *adj.* 小人のような.

ਪਿਦਾਉਣਾ (पिदाउणा) /pidāuṇā ピダーウナー/ *vt.* **1** へとへとに疲れさせる. **2** 打ち負かす.

ਪਿੱਦੀ (पिद्दी) /piddī ピッディー/ [Skt. पिक्ट -ਈ] *f.* **1**〘鳥〙アカハラコルリの雌. **2** 取るに足らないもの.

ਪਿੰਨ (पिंन) /pinna ピンヌ/ ▸ਪਿਨ [Eng. *pin*] *m.* **1** 留め針. **2** ピン.

ਪਿਨ (पिन) /pina ピン/ ▸ਪਿੰਨ *m.* → ਪਿੰਨ

ਪਿਨਸ਼ਨ (पिनशन) /pinaśana ピンシャン/ ▸ਪੈਨਸ਼ਨ *f.* → ਪੈਨਸ਼ਨ

ਪਿਨਸ਼ਨਰ (पिनशनर) /pinaśanara ピンシャナル/ ▸ਪੈਨਸ਼ਨਰ *m.* → ਪੈਨਸ਼ਨਰ

ਪਿਨਸ਼ਨੀਆ (पिनशनीआ) /pinaśanīā ピンシャニーアー/ ▸ਪੈਨਸ਼ਨੀਆਂ *m.* → ਪੈਨਸ਼ਨੀਆਂ

ਪਿਨਸਲ (पिनसल) /pinasala ピンサル/ ▸ਪਿੰਸਲ, ਪੈਨਸਿਲ *f.* → ਪੈਨਸਿਲ

ਪਿਨਕੋਡ (पिनकोड) /pinakoḍa ピンコード/ [Eng. *pin code*] *m.* 郵便番号.

ਪਿੰਨਣਾ (पिंनणा) /pinnaṇā ピンナナー/ [Skt. पिण्ड] *vt.* 乞う, 請い求める. (⇒ਮੰਗਣਾ)

ਪਿੰਨਾ (पिंना) /pinnā ピンナー/ [Skt. पिण्ड] *m.* **1** 球, 球形のもの. **2** 糸・紐などを巻いて丸くした玉. **3** 球形の甘いお菓子, 甘い団子. **4** 土・泥などの丸い塊.

ਪਿੰਨੀ¹ (पिंनी) /pinnī ピンニー/ *f.*〘食品〙ピンニー《穀物の粉に砂糖とドライフルーツを加え, ギー〔精製バター〕で焼いた菓子》.

ਪਿੰਨੀ² (पिंनी) /pinnī ピンニー/ *f.*〘身体〙脚の下部, 脹脛(ふくらはぎ).

ਪਿਪ (पिप) /pipa ピプ/ ▸ਪਿੱਪ *f.*〘植物〙インドボダイジュの果実.

ਪਿੱਪ (पिप्प) /pippa ピップ/ ▸ਪਿਪ *f.* → ਪਿਪ

ਪਿਪਣ (पिपण) /pipaṇa ピパン/ ▸ਪਿੱਪਣ [(Pot.)] *f.*〘身体〙睫毛(まつげ).

ਪਿੱਪਣ (पिप्पण) /pippaṇa ピッパン/ ▸ਪਿਪਣ [(Pot.)] *f.* → ਪਿਪਣ

ਪਿਪਰਮਿੰਟ (पिपरमिंट) /piparamiṇṭa ピパルミント/ ▸ਪਿਪਰਾਮਿੰਟ *m.* → ਪਿਪਰਾਮਿੰਟ

ਪਿਪਰਾਮਿੰਟ (पिपरामिंट) /piparāmiṇṭa ピパラーミント/ ▸ਪਿਪਰਮਿੰਟ [Eng. *peppermint*] *m.* **1**〖植物〗ペパーミント, セイヨウハッカ(西洋薄荷)《シソ科の多年草》. **2** ハッカ油.

ਪਿੱਪਲ (पिप्पल) /pippala ピッパル/ [Skt. पिप्पल] *m.*〖植物〗インドボダイジュ(印度菩提樹)《クワ科の高木》.

ਪਿੱਪਲ-ਪੱਤੀ (पिप्पल-पत्ती) /pippala-pattī ピッパル・パッティー/ [+ Skt. पत्र -ਈ] *f.* **1**〖植物〗インドボダイジュの葉. **2**〖装〗インドボダイジュの葉の形の耳飾り.

ਪਿੱਪਲ-ਪੱਤੀਆਂ (पिप्पल-पत्तीआँ) /pippala-pattīā̃ ピッパル・パッティーアーン/ [+ ਆਂ] *f.* → ਪਿੱਪਲ-ਪੱਤੀ の複数形.

ਪਿੱਪਲਾਮੂਲ (पिप्पलामूल) /pippalāmūla ピッパラームール/ *m.*〖植物〗インドナガコショウの根.

ਪਿਪਲੀ (पिपली) /pipalī ピパリー/ ▸ਪਿੱਪਲੀ *f.* → ਪਿੱਪਲੀ

ਪਿੱਪਲੀ (पिप्पली) /pippalī ピッパリー/ ▸ਪਿਪਲੀ [Skt. पिप्पली] *f.*〖植物〗インドナガコショウ(印度長胡椒), ヒハツ(畢撥)《インド原産のコショウ科の常緑蔓性植物. 果実・種子は, 香辛料・薬用などに用いる》. (⇒ਮਘ)

ਪਿਪੜੀ (पिपड़ी) /piparī ピパリー/ ▸ਪਪੜੀ, ਪੇਪੜੀ *f.* → ਪਪੜੀ

ਪਿੰਮਣੀ (पिंमणी) /pimmaṇī ピンマニー/ *f.*〖身体〗睫毛(まつげ).

ਪਿਮਵਾਲ (पिमवाल) /pimawāla ピムワール/ ▸ਪੜਵਾਲ *m.* → ਪੜਵਾਲ

ਪਿਰ (पिर) /pira ピル/ ▸ਪਿਰੁ [Skt. प्रिय] *adj.* **1** 最愛の. (⇒ਪਰੀਤਮ) **2** 愛しい. (⇒ਪਿਆਰਾ)

— *m.*〖親族〗夫, 主人. (⇒ਪਤੀ)

ਪਿਰਚ (पिरच) /piraca ピルチ/ [Hin. पिरिच] *f.*〖食器〗(茶のカップなどの)受け皿, 皿, プレート. (⇒ਪਲੇਟ)

ਪਿਰਚ ਪਿਆਲੀ (पिरच पिआली) /piraca piālī ピルチ ピアーリー/ [+ Pers. *piyāla* -ਈ] *f.*〖容器〗カップと受け皿(の一揃い).

ਪਿਰਤ (पिरत) /pirata ピルト/ [Skt. प्रथा] *f.* **1** 習慣, 慣習. (⇒ਰਿਵਾਜ) **2** 伝統. **3** 流行.

ਪਿਰੁ (पिरु) /piru ピル/ ▸ਪਿਰ *adj.m.* → ਪਿਰ

ਪਿਰੇਮਿਡ (पिरेमिड) /piremiḍa ピレーミド/ [Eng. *pyramid*] *m.*〖建築〗ピラミッド.

ਪਿਲਚਣਾ (पिलचणा) /pilacaṇā ピラチャナー/ ▸ਪਲਚਣਾ *vi.vt.* → ਪਲਚਣਾ

ਪਿਲਚਣੀ (पिलचणी) /pilacaṇī ピラチャニー/ [cf. ਪਲਚਣਾ] *adj.* ねばねばする, 粘着性の.

ਪਿਲਛੀ (पिलछी) /pilacʰī ピルチー/ *f.*〖植物〗タマリスク, ギョリュウ(御柳)《 → ਝਾਊ 》.

ਪਿਲੱਤਣ (पिलत्तण) /pilattaṇa ピラッタン/ [(Pkt. पीअल) Skt. पीत] *m.* **1** 黄色, 黄み, 黄ばみ. **2** 蒼白さ, 顔色が青ざめていること.

ਪਿਲਪਲਾ (पिलपला) /pilapalā ピルパラー/ ▸ਪਿਲਪਿਲਾ *adj.* → ਪਿਲਪਿਲਾ

ਪਿਲਪਿਲਾ (पिलपिला) /pilapilā ピルピラー/ ▸ਪਿਲਪਲਾ *adj.* **1** 柔らかい. (⇒ਨਰਮ) **2** ふにゃふにゃの, 弛んだ, 軟弱な. **3** ふっくらした.

ਪਿਲਪਿਲਾਪਣ (पिलपिलापण) /pilapilāpaṇa ピルピラーパン/ *m.* **1** 柔らかいこと. (⇒ਨਰਮਾਇਸ਼) **2** 軟弱さ. **3** ふっくらしていること.

ਪਿਲਵਾਉਣਾ (पिलवाउणा) /pilawāuṇā ピルワーウナー/ [cf. ਪੀਣਾ] *vt.* **1**(人に頼んで)飲ませてもらう. **2** 飲物を出させる, 飲物を用意させる.

ਪਿੱਲਾ[1] (पिल्ला) /pillā ピッラー/ [(Pkt. पीअल) Skt. पीत] *adj.* **1** 黄色い. **2** 青ざめた. **3** 半分熟した. **4** 焼き上がっていない.

ਪਿੱਲਾ[2] (पिल्ला) /pillā ピッラー/ [Tam.] *m.*〖動物〗子犬. (⇒ਕਤੂਰਾ)

ਪਿਲਾਉਣਾ (पिलाउणा) /pilāuṇā ピラーウナー/ ▸ਪਿਆਉਣਾ, ਪਿਆਲਣਾ *vt.* → ਪਿਆਉਣਾ

ਪਿੜ (पिड़) /pira ピル/ [Skt. पिट्] *m.* **1** 脱穀場. **2** 闘技場, 競技場.

ਪਿੜੀ (पिड़ी) /pirī ピリー/ *f.* **1** 刺繍・織物・編物に用いる幾何学模様. (⇒ਡੱਬੀ) **2** 格子柄, 碁盤縞. (⇒ਚਾਰਖ਼ਾਨਾ)

ਪੀਂ (पीं) /pĩ ピーン/ ▸ਪੀਨ [Skt. पिङ्ग] *m.f.*〖鳥〗ペリカン.

ਪੀਓ (पीओ) /pīo ピーオー/ ▸ਪੀਆ *adj.m.* → ਪੀਆ

ਪੀਅਨ (पीअन) /pīana ピーアン/ [Eng. *peon*] *m.* **1** 使い走りの下男. **2** 日雇い労働者.

ਪੀਆ (पीआ) /pīā ピーアー/ ▸ਪੀਓ [Skt. प्रिय] *adj.* 愛しい.

— *m.* **1** 恋人. **2**〖親族〗夫.

ਪੀ ਐਚ ਡੀ (पी ऐच डी) /pī aica ḍī ピー アェーチ ディー/ [Eng. *Ph. D. (Doctor of Philosophy)*] *f.* 哲学博士, 博士号.

ਪੀ ਏ (पी ए) /pī e ピー エー/ [Eng. *P. A. (Personal Assistant)*] *m.* 個人秘書.

ਪੀਸ (पीस) /pīsa ピース/ [Eng. *piece*] *m.* **1** 一個, 一片, 一枚. (⇒ਟੁਕੜਾ) **2** 部分, 断片. **3** 破片, かけら.

ਪੀਸਣਾ (पीसणा) /pīsaṇā ピーサナー/ ▸ਪੀਹਣਾ *vt.* → ਪੀਹਣਾ

ਪੀਹਣ (पीहण) /pī̃ṇa ピーン/ [cf. ਪੀਹਣਾ] *m.* 挽いて粉にするための穀物, 洗われて粉に挽く用意のできた穀粒.

ਪੀਹਣਾ (पीहणा) /pī̃ṇā ピーナー/ ▸ਪੀਸਣਾ [Skt. पिंशति] *vt.* **1**(臼で)挽く, (小麦などの穀物を)挽いて粉にする. **2** 擦り潰す. **3** 潰す, 砕く. **4** 強くこする, こすり合わせる. ❒ਦੰਦ ਪੀਹਣਾ 歯ぎしりする, (怒りや悔しさで)歯を噛みしめる. **5**〖比喩〗虐げる, こき使う, 酷使する.

ਪੀਹੜਾ (पीहड़ा) /pī̃rā ピーラー/ *m.*〖家具〗低い椅子.

ਪੀਹੂ (पीहू) /pī̃ū ピーウー/ ▸ਪਿੱਸੂ *m.* → ਪਿੱਸੂ

ਪੀਕ[1] (पीक) /pīka ピーク/ [Skt. पिच्च] *f.* **1** 唾, 痰. **2** パーン ਪਾਨ を噛んだ後に吐き出される赤い唾. **3**〖医〗膿.

ਪੀਕ[2] (पीक) /pīka ピーク/ [Pers. *kīf*] *f.*〖道具〗漏斗(じょうご).

ਪੀਕਦਾਨ (पीकदान) /pīkadāna ピークダーン/ [Skt. पिच्च Pers-*dān*] *m.*〖容器〗痰壷.

ਪੀਂਘ (पींघ) /pī̃ga ピーング/ [Skt. पेङ्खा] *f.* **1**〖遊具〗ぶらんこ. (⇒ਝੂਟਾ, ਝੂਲਾ) **2**〖気象〗虹. (⇒ਕਹਿਕਸ਼ਾਂ, ਇੰਦਰ-ਧਨੁਸ਼)

ਪੀਂਘਾ (पींघा) /pĩgā ピーンガー/ [Skt. पेङ्खा] m. 〖寝具〗木の枝から吊るしたり揺り籠, 揺り籠型のハンモック. (⇒ਪੰਘੂੜਾ)

ਪੀਚ (पीच) /pīca ピーチ/ m. 1 きつく結ばれていること, 固い結び付き. 2 〖比喩〗固い友情. 3 〖農業〗灌漑された耕地.

ਪੀਚਣਾ (पीचणा) /pīcaṇā ピーチャナー/ vi. 1 きつく結ばれる. 2 〖農業〗水が引かれる, 灌漑される.

ਪੀਚਰਾ (पीचरा) /picarā ピーチャラー/ [Skt. पिञ्जर] m. 1 叩き潰されて柔らかくなったもの. (⇒ਕਚੂਮਰ) 2 破片, 裂片, 砕片, かけら, 切れ端. (⇒ਚਿੱਪਰ)

ਪੀਚਵਾਂ (पीचवाँ) /pīcawā̃ ピーチワーン/ adj. 1 きつく結ばれた. 2 〖農業〗種蒔きに適した, 水が引かれ種が蒔かれた.

ਪੀਚੋ-ਬਕਰੀ (पीचो-बकरी) /pīco-bakarī ピーチョー・バクリー/ f. 〖遊戯〗石けり遊び.

ਪੀਂਜ (पींज) /pĩja ピーンジ/ [Skt. पंक्ति] f. 1 線. (⇒ਕਤਾਰ) 2 列. 3 地平線.

ਪੀਟਣਾ (पीटणा) /pīṭaṇā ピータナー/ [Skt. पिट्टयति] vt. 打つ, 叩く, 打ちつける, 殴る.

ਪੀ ਟੀ (पी टी) /pī ṭī ピー ティー/ [Eng. *PT (Physical Training)*] m. 肉体の鍛練.

ਪੀਠ (पीठ) /pīṭʰa ピート/ f. 1 (皮膚・木材・岩石などの)きめ. 2 密度. 3 堅さ.

ਪੀਠਣਾ (पीठणा) /pīṭʰaṇā ピータナー/ [Skt. पिंशति] vt. 1 (臼で)挽く, (小麦などの穀物を)挽いて粉にする. 2 擦り潰す. 3 潰す, 砕く.

ਪੀਠਾ (पीठा) /pīṭʰā ピーター/ [cf. ਪੀਠਣਾ] adj. (粉に)挽かれた, 擦り潰された.

ਪੀਠੀ (पीठी) /pīṭʰī ピーティー/ [cf. ਪੀਠਣਾ] f. 〖料理〗水に浸した挽き割り豆を擦り潰したもの.

ਪੀਡਾ (पीडा) /pīḍā ピーダー/ adj. 1 丈夫な, 頑丈な. 2 堅い, 堅固な.

ਪੀਡਾਪਣ (पीडापण) /pīḍāpaṇa ピーダーパン/ m. 1 丈夫なこと, 頑丈さ. 2 堅いこと, 堅固さ.

ਪੀਢਾ (पीढा) /pī̂ḍā ピーダー/ adj. 固い, 硬い, 強硬な, 堅固な. (⇒ਸਖ਼ਤ, ਕਰੜਾ, ਠਿੱਗਰ)

ਪੀਣਸ (पीणस) /pīṇasa ピーナス/ ▸ਪੀਨਸ f. → ਪੀਨਸ[1]

ਪੀਣਾ (पीणा) /pīṇā ピーナー/ [Skt. पिबति] vt. 1 飲む. 2 酒を飲む. 3 (煙草を)吸う. 4 飲み干す. 5 啜る. 6 押し隠す. 7 (感情を)抑える.

ਪੀਨ[1] (पीन) /pīna ピーン/ ▸ਪੀਂ [Skt. पिङ्ग] m. 〖鳥〗ペリカン.

ਪੀਨ[2] (पीन) /pīna ピーン/ [Skt. पीन] f. 〖道具〗(斧や鎚などの道具の)柄が固定された部分.

ਪੀਨਸ[1] (पीनस) /pīnasa ピーナス/ ▸ਪੀਣਸ f. 〖乗物〗輿, 駕籠《複数人で棒を前後から担いで運ぶ》. (⇒ਪਾਲਕੀ)

ਪੀਨਸ[2] (पीनस) /pīnasa ピーナス/ [Skt. पीनस] m. 1 〖医〗風邪, 鼻風邪. 2 〖医〗鼻の炎症.

ਪੀਨਕ (पीनक) /pīnaka ピーナク/ [Pers. *pīnakī*] f. 1 眠り, 昏睡. 2 意識不明, 人事不省. 3 酒や麻薬類による前後不覚の状態. 4 無気力.

ਪੀਨਕੀ (पीनकी) /pīnakī ピーナキー/ [Pers. *pīnakī*] adj. 〖医〗麻薬中毒の.

ਪੀਪ (पीप) /pīpa ピープ/ [Skt. पूय] f. 〖医〗膿, 膿汁.

ਪੀਪਣੀ (पीपणी) /pīpaṇī ピーパニー/ f. 1 〖楽器〗葦笛. 2 リード, 簧(した)《楽器に用いられる薄片》.

ਪੀਪਾ (पीपा) /pīpā ピーパー/ m. 〖容器〗缶.

ਪੀਪੀ (पीपी) /pīpī ピーピー/ f. 〖容器〗小さな缶.

ਪੀਰ[1] (पीर) /pīra ピール/ [Pers. *pīr*] m. 1 〖イス〗ピール《(イスラーム神秘主義の)聖者, 指導者, 師, 老師》. 2 老人. 3 〖俗語〗老獪な人. 4 〖暦〗月曜日. (⇒ਸੋਮਵਾਰ)

ਪੀਰ[2] (पीर) /pīra ピール/ ▸ਪੀੜ, ਪੀੜਾ f. → ਪੀੜ

ਪੀਰਜ਼ਾਦਾ (पीरज़ादा) /pīrazādā ピールザーダー/ [Pers. *pīr* + Pers. *zāda*] m. 〖イス〗ピールの息子.

ਪੀਰਜ਼ਾਦੀ (पीरज़ादी) /pīrazādī ピールザーディー/ [+ Pers. *zādī*] f. 〖イス〗ピールの娘.

ਪੀਰੀ (पीरी) /pīrī ピーリー/ [Pers. *pīrī*] f. 1 ピール〔イスラーム神秘主義の聖者〕であること, その身分や地位. 2 老齢, 老年. 3 〖俗語〗老獪さ.

ਪੀਰੀਅਡ (पीरीअड) /pīrīaḍa ピーリーアド/ [Eng. *period*] m. 1 時限, 授業時間. ❑ਸਾਡੇ ਸਕੂਲ ਵਿੱਚ ਕੁੱਲ ਅੱਠ ਪੀਰੀਅਡ ਲੱਗਦੇ ਹਨ। 私たちの学校では全部で8時限の授業が行われます. 2 時代, 期, 時期, 期間. (⇒ਜ਼ਮਾਨਾ, ਕਾਲ)

ਪੀਲਕ[1] (पीलक) /pīlaka ピーラク/ [(Pkt. पीअल) Skt. पीत] m. 〖鳥〗キガシラコウライウグイス, 黄頭高麗鶯.

ਪੀਲਕ[2] (पीलक) /pīlaka ピーラク/ f. 〖植物〗イヌホオズキ(犬酸漿・犬鬼灯)の実.

ਪੀਲਪਲਾਂਘਾ (पीलपलाँघा) /pīlapalā̃gā ピールパラーンガー/ f. 〖遊具〗シーソー.

ਪੀਲਾ (पीला) /pīlā ピーラー/ [(Pkt. पीअल) Skt. पीत] adj. 1 黄色い, 黄色の. 2 (恐怖などのために)顔色を失った, 顔面蒼白の, 顔色が青ざめた. 3 (不健康で)顔色が良くない, 血色の悪い.

ਪੀਲਾਪਣ (पीलापण) /pīlāpaṇa ピーラーパン/ [-ਪਣ] m. 1 黄色, 黄み, 黄ばみ. 2 蒼白さ, 顔色が青ざめていること. 3 顔色が良くないこと, 血色の悪いこと.

ਪੀਲੀਆ (पीलीआ) /pīliā ピーリーアー/ [-ਈਆ] m. 〖医〗黄疸. (⇒ਪਾਂਡੂ ਰੋਗ, ਯਰਕਾਨ)

ਪੀੜ (पीड़) /pīṛa ピール/ ▸ਪੀਰ, ਪੀੜਾ [Skt. पीडा] f. 1 痛み, 苦痛, 苦しみ. (⇒ਦਰਦ) ❑ਪੀੜ ਹੋਣੀ 痛みを感じる, 痛くなる. 2 心痛, 悲痛. (⇒ਦੁਖ) 3 苦悩. (⇒ਸੰਤਾਪ) 4 困難, 困窮, 苦難, 危難, 災難. (⇒ਤਕਲੀਫ਼, ਮੁਸੀਬਤ, ਬਿਪਤਾ) 5 同情心, 哀れみ, 慈悲. (⇒ਦਇਆ)

ਪੀੜ੍ਹ (पीड़्ह) /pī̂ṛa ピール/ m. 〖身体〗一揃いの歯, 義歯床.

ਪੀੜ੍ਹਾ (पीड़्हा) /pī̂ṛā ピーラー/ [(Pkt. पीढ) Skt. पीठ] m. 〖家具〗背もたれのある低い椅子.

ਪੀੜ੍ਹੀ[1] (पीड़्ही) /pī̂ṛī ピーリー/ [-ਈ] f. 〖家具〗小さな低い腰かけ.

ਪੀੜ੍ਹੀ[2] (पीड़्ही) /pī̂ṛī ピーリー/ f. 1 家系. 2 世代.

ਪੀੜਤ (पीड़त) /pīṛata ピーラト/ ▸ਪੀੜਿਤ adj.m. → ਪੀੜਿਤ

ਪੀੜਨਾ (पीड़ना) /pīṛanā ピールナー/ [Skt. पीडयति] vt. 押し潰す, 潰して汁や油を取る. (⇒ਦਰੜਨਾ, ਪੀਹਣਾ, ਦਬਾਉਣਾ)

ਪੀੜ-ਨਾਸ਼ਕ (पीड़-नाशक) /pīṛa-nāśaka ピール・ナーシャ

ク/ [Skt. पीडा + Skt. नाशक] *adj.* 痛みをなくす, 痛みを鎮める, 鎮痛の.

ਪੀੜਾ (पीड़ा) /pīṛā ピーラー/ ▸ਪੀੜ, ਪੀੜ *f.* → ਪੀੜ

ਪੀੜਤ (पीड़ित) /pīṛitạ ピーリト/ ▸ਪੀੜਤ [Skt. पीडित] *adj.* **1** 痛みを感じている, 苦しんでいる. (⇒ਦੁਖੀ, ਸਤਾਇਆ) **2** 押し潰された. **3** 圧迫された, 迫害された. (⇒ਦਬਾਇਆ ਹੋਇਆ) **4** 虐げられた, 惨い仕打ちを受けた. **5** ひどい苦痛を受けた.
— *m.* **1** 迫害された人. **2** 虐げられた人, 惨い仕打ちを受けた人, 被災者. **3** ひどい苦痛を受けた人.

ਪੁਆਉਣਾ (पुआउणा) /puāuṇā プアーウナー/ ▸ਪਵਾਉਣਾ, ਪੁਔਣਾ [cf. ਪਾਉਣਾ] *vt.* 着せる, 身につけさせる.

ਪੁਆਇੰਟ (पुआइंट) /puāiṇṭạ プアーイント/ [Eng. *point*] *m.* 点, 点数, 得点.

ਪੁਆਂਦ (पुआँद) /puā̃dạ プアーンド/ ▸ਪਵਾਂਦ *m.* 〖家具〗寝台の脚.

ਪੁਆਂਦੀ (पुआँदी) /puā̃dī プアーンディー/ ▸ਪਵਾਂਦੀ *f.* 〖家具〗ベッドの脚.
— *adv.* ベッドの脚に.

ਪੁਆਧ (पुआध) /puâdạ プアード/ [Skt. पुवद्धि] *f.* 〖地名〗プアード地方《パンジャーブ東部のパティアーラー, サングルール, 及びローパル, ルディアーナー, アンバーラーそれぞれの一部を併せた地域の総称》.

ਪੁਆਧੀ (पुआधी) /puâdī プアーディー/ ▸ਪੋਵਾਧੀ [-ਈ] *f.* プアーディー方言《プアード地方で話されているパンジャービー語の方言》.
— *m.* プアード地方の人.
— *adj.* **1** プアード地方の. **2** プアーディー方言の.

ਪੁਆਰ (पुआर) /puārạ プアール/ *m.* 〖生理〗失神.

ਪੁਆੜਾ (पुआड़ा) /puāṛā プアーラー/ *m.* **1** 争い, 喧嘩. **2** 不和. **3** 揉め事, 騒ぎ.

ਪੁਔਣਾ (पुऔणा) /puauṇā プアォーナー/ ▸ਪਵਾਉਣਾ, ਪੁਆਉਣਾ [(Pua.)] *vt.* → ਪੁਆਉਣਾ

ਪੁਸ਼ਟ (पुशट) /puśạṭạ プシュト/ [Skt. पुष्ट] *adj.* **1** 十分に栄養を取った, 壮健な, 健康な. (⇒ਤੰਦਰੁਸਤ) **2** 強い, 頑健な. (⇒ਤਕੜਾ) **3** 堅固な. (⇒ਦਰਿੜ੍ਹ) **4** 確かな, 確実な. (⇒ਪੱਕਾ)
— *m.* **1** 強さ, 力. (⇒ਤਾਕਤ, ਬਲ) **2** 堅固さ. (⇒ਦਰਿੜ੍ਹਤਾ, ਪਕਿਆਈ)

ਪੁਸ਼ਟਕਾਰਕ (पुशटकारक) /puśạṭạkārakạ プシュトカーラク/ [Skt. पुष्टि Skt.-कारक] *adj.* **1** 栄養のある, 滋養に良い. **2** 強心性の.

ਪੁਸ਼ਟਕਾਰੀ (पुशटकारी) /puśạṭạkārī プシュトカーリー/ [Skt. पुष्टि Skt.-कारिन्] *adj.* 栄養のある, 滋養に良い.

ਪੁਸ਼ਟਤਾ (पुशटता) /puśạṭạtā プシュトター/ [Skt. पुष्ट Skt.-ता] *f.* **1** 十分に栄養の取れた状態, 健康であること. **2** 元気を回復させる力.

ਪੁਸ਼ਟੀ (पुशटी) /puśạṭī プシュティー/ [Skt. पुष्टि] *f.* **1** 栄養豊かに育った状態, 成長, 繁栄. **2** 頑健さ, 力. (⇒ਤਾਕਤ, ਸ਼ਕਤੀ, ਬਲ) **3** 確かめること, 確認, 確証, 支持.

ਪੁਸ਼ਤ (पुशत) /puśạtạ プシュト/ [Pers. *puśt*] *f.* **1** 〖身体〗背中. (⇒ਪਿੱਠ) **2** うしろ, 背部, 後部. **3** 世代, (家族の)代, 家系. (⇒ਕੁਲ, ਖ਼ਾਨਦਾਨ)

ਪੁਸਤਕ (पुसतक) /pusạtakạ プスタク/ [Skt. पुस्तक] *f.* 本, 書物, 書籍, 図書, 典籍, 文典. (⇒ਕਿਤਾਬ, ਪੋਥੀ, ਗਰੰਥ)

ਪੁਸਤਕ ਸੂਚੀ (पुसतक सूची) /pusạtakạ sūcī プスタク スーチー/ [+ Skt. सूची] *f.* **1** 文献リスト. **2** 参考文献目録. **3** 著書目録. **4** 書籍カタログ.

ਪੁਸਤਕਾ (पुसतका) /pusạtakā プスタカー/ [Skt. पुस्तिका] *f.* 小冊子, パンフレット. (⇒ਕਿਤਾਬਚਾ)

ਪੁਸਤਕਾਲਾ (पुसतकाला) /pusạtakālā プスタカーラー/ [Skt. पुस्तक Skt.-आलय] *m.* 図書館. (⇒ਲਾਇਬਰੇਰੀ)

ਪੁਸ਼ਤਾ (पुशता) /puśạtā プシュター/ [Pers. *puśta*] *m.* **1** 〖建築〗控え壁. **2** 本の背表紙.

ਪੁਸ਼ਤਾਰਾ (पुशतारा) /puśạtārā プシュターラー/ [*puśtāra*] *m.* 包み.

ਪੁਸ਼ਪ (पुशप) /puśapạ プシャプ/ [Skt. पुष्प] *m.* 〖植物〗花. (⇒ਫੁੱਲ)

ਪੁਸ਼ਪਾਂਜਲੀ (पुशपाँजली) /puśapā̃jalī プシャパーンジャリー/ [Skt. पुष्पांजलि] *f.* 両手のひらに花を満たし捧げること.

ਪੁਸ਼ਾਕ (पुशाक) /puśākạ プシャーク/ ▸ਪੁਸ਼ਾਕਾ, ਪੋਸ਼ਾਕ [Pers. *pośāk*] *f.* **1** 衣服, 服, 着物. (⇒ਲਿਬਾਸ) **2** 衣装, 服装.

ਪੁਸ਼ਾਕਾ (पुशाका) /puśākā プシャーカー/ ▸ਪੁਸ਼ਾਕ, ਪੋਸ਼ਾਕ *m.* → ਪੁਸ਼ਾਕ

ਪੁਸ਼ੀਦਗੀ (पुशीदगी) /puśīdagī プシーダギー/ ▸ਪੋਸ਼ੀਦਗੀ [Pers. *pośīda* Pers.-*gī*] *f.* **1** 覆われていること. **2** 隠されていること, 隠匿, 秘密.

ਪੁਸ਼ੀਦਾ (पुशीदा) /puśīdā プシーダー/ ▸ਪੋਸ਼ੀਦਾ [Pers. *pośīda*] *adj.* **1** 覆われた. **2** 隠された, 秘められた, 秘密の.

ਪੁਕਾਰ (पुकार) /pukārạ プカール/ [cf. ਪੁਕਾਰਨਾ] *f.* **1** 呼び声. **2** 叫び声. **3** 名前を呼ぶ声, 点呼. **4** 呼び出し, 召集, 召喚, 招き, 招請. **5** 救いを求める叫び声. **6** 祈り, 祈願, 嘆願, 懇願, 要請.

ਪੁਕਾਰਨਾ (पुकारना) /pukārạnā プカールナー/ [(Pkt. पुक्कारेइ] *vt.* **1** 呼ぶ, 呼びかける, 呼びとめる. (⇒ਬੁਲਾਉਣਾ) **2** 名付けて呼ぶ, 名付ける. **3** 呼び求める, (欲するものを)何度も声に出す, 連呼する. **4** 救いを求める. **5** 請い求める, 懇願する.

ਪੁਖ਼ਤਾ (पुख़ता) /puxạtā プクター/ [Pers. *puxta*] *adj.* **1** (煉瓦などの)焼かれた. **2** 固い, 強い, 丈夫な.

ਪੁਖਰਾਜ (पुखराज) /pukʰarājạ プクラージ/ [Skt. पुष्पराज] *m.* 〖鉱物〗黄玉(おうぎょく), トパーズ.

ਪੁਗਣਾ (पुगणा) /pugaṇā プガナー/ *vi.* **1** 適する, 適合する. **2** 受け入れられる. **3** 満足できる, 満足のいくものになる.

ਪੁੱਗਣਾ (पुग्गणा) /puggaṇā プッガナー/ ▸ਪਹੁੰਚਣਾ, ਪੁੱਜਣਾ *vi.* → ਪੁੱਜਣਾ

ਪੁੰਗਰਨਾ (पुंगरना) /puṅgarạnā プンガルナー/ *vi.* 芽を出す, 発芽する.

ਪੁੰਗਰਵਾਂ (पुंगरवाँ) /puṅgarawā̃ プングラワーン/ *adj.* 種から育つ.

ਪੁੱਗਾ (पुग्गा) /puggā プッガー/ *adj.* **1** 満ちた, いっぱいになった. **2** 満ち足りた, 満足した.

ਪੁਗਾਉਣਾ (पुगाउणा) /pugāuṇā プガーウナー/ *vt.* **1** 適合させる. **2** 満足させる, 満足のいくものにする. **3** 全うする. (⇒ਪੂਰਾ ਕਰਨਾ)

ਪੁਚਕਾਰ (पुचकार) /pucakāra プチカール/ *f.* **1**（人や動物に愛情を示すために出す）舌打ち音. **2** 愛，愛しさ，いつくしみ，愛情表現.（⇒ਲਾਡ ਪਿਆਰ）

ਪੁਚਕਾਰਨਾ (पुचकारना) /pucakāranā プチカールナー/ *vt.* **1**（人や動物に愛情を示すために）舌打ち音を出す. **2** 可愛がる，あやす，優しく声をかける.

ਪੁੱਚ ਪੁੱਚ (पुच्च पुच्च) /pucca pucca プッチ プッチ/ *f.* 〖擬声語〗プッチ プッチ《閉じた唇を内側に引いて出す音．人や動物に対して愛情を示す》.

ਪੁਚਵਾਉਣਾ (पुचवाउणा) /pucawāuṇā プチワーウナー/ [cf. ਪੂੰਝਣਾ] *vt.* **1** 拭わせる，拭かせる，拭いてもらう. **2** 拭い消してもらう，消し去ってもらう. **3** 塗り付けさせる，塗り付けてもらう.

ਪੁਚਾਉਣਾ (पुचाउणा) /pucāuṇā プチャーウナー/ ▸ਪਹੁੰਚਾਉਣਾ, ਪਹੁੰਚਾਣਾ, ਪੁਜਾਉਣਾ *vt.* → ਪਹੁੰਚਾਉਣਾ

ਪੁੱਛ (पुच्छ) /pucc^{h}a プッチ/ ▸ਪੂਛ [cf. ਪੁੱਛਣਾ] *f.* **1** 尋ねること，問い合わせ. **2** 質問，尋問. **3** 求め，要求，要請. **4** 尊敬，敬意. **5** 尊重，重視.

ਪੁੱਛ-ਗਿੱਛ (पुच्छ-गिच्छ) /pucc^{h}a-gicc^{h}a プッチ・ギッチ/ *f.* **1** 尋ねること，問い合わせ，照会，尋問. ❐ਪੁੱਛ-ਗਿੱਛ ਕਰਨੀ 問い合わせる，情報を求める. ❐ਪੁੱਛ-ਗਿੱਛ ਦਫ਼ਤਰ 受付，案内所. **2** 調べること，調査.

ਪੁੱਛਣਾ (पुच्छणा) /pucc^{h}aṇā プッチャナー/ [Skt. पृच्छति] *vt.* **1** 尋ねる，訊く. ❐ਪੁੱਛਣਾ ਹੋਵੇ ਜੇ ਮੇਰੇ ਬਾਰੇ ਤਾਂ ਪੁੱਛੋ ਜੀ। 私について訊きたいなら訊いてください. **2** 質問する，問う. **3** 問い合わせる. ❐ਪੁੱਛ ਪੁਛਾ ਕੇ 十分問い合わせてから.

ਪੁੱਛ-ਪਰਤੀਤ (पुच्छ-परतीत) /pucc^{h}a-paratīta プッチ・パルティート/ *f.* **1** 尊敬. **2** 敬意.

ਪੁੱਛ ਪੜਤਾਲ (पुच्छ पड़ताल) /pucc^{h}a paṛatāla プッチ パルタール/ [cf. ਪੁੱਛਣਾ + Skt. परितोलन] *f.* **1** 問い合わせ. **2** 調査.

ਪੁੱਛਲ (पुच्छल) /pucc^{h}ala プッチャル/ ▸ਪੂਛ, ਪੂਛਲ *f.* → ਪੂਛ[1]

ਪੁੱਛਲ ਤਾਰਾ (पुच्छल तारा) /pucc^{h}ala tārā プッチャル ターラー/ ▸ਪੂਛਲ ਤਾਰਾ *m.* → ਪੂਛਲ ਤਾਰਾ

ਪੁਛਵਾਉਣਾ (पुछवाउणा) /puc^{h}awāuṇā プチワーウナー/ ▸ਪੁਛਾਉਣਾ [cf. ਪੁੱਛਣਾ] *vt.* **1** 尋ねさせる，尋ねてもらう，訊いてもらう. **2** 質問させる. **3** 問い合わせてもらう.

ਪੁਛਾਉਣਾ (पुछाउणा) /puc^{h}āuṇā プチャーウナー/ ▸ਪੁਛਵਾਉਣਾ *vt.* → ਪੁਛਵਾਉਣਾ

ਪੁੰਜ (पुंज) /puñja プンジ/ [Skt. पुंज] *m.* **1** 塊，集団，集積，集合体. **2** 累積，蓄積，堆積.

ਪੁੱਜ (पुज्ज) /pujja プッジ/ ▸ਪੁਜਤ [cf. ਪੁੱਜਣਾ] *f.* **1** 到達，届くこと. **2** 到着，着くこと. **3** 接近，近づくこと. **4** 能力が及ぶこと.

ਪੁੱਜਣਸਾਰ (पुज्जणसार) /pujjaṇasāra プッジャンサール/ [cf. ਪੁੱਜਣਾ -ਸਾਰ] *adv.* 着くとすぐに，到着するやいなや.

ਪੁੱਜਣਾ (पुज्जणा) /pujjaṇā プッジャナー/ ▸ਪਹੁੰਚਣਾ, ਪੁੱਗਣਾ [Pkt. पहुच्चइ cf.Skt. प्रभूत] *vi.* **1** 着く，到着する. ❐ਗੁਰੂ ਜੀ ਇਸ ਬਾਗ਼ ਵਿੱਚ ਪੁੱਜ ਗਏ। グル・ジーはこの庭園に着きました. ❐ਕਈ ਦੇਸ਼ਾਂ ਤੋਂ ਬਚਾਅ ਟੋਲੀਆਂ ਭੁਚਾਲ ਪੀੜਤ ਖੇਤਰ ਵਿੱਚ ਪੁੱਜਣੀਆਂ ਸ਼ੁਰੂ ਹੋ ਗਈਆਂ ਹਨ। 多くの国々から救助部隊が地震の被害に苦しむ被災地に到着し始めています. **2** 達する，到達する. ❐ਈਰਾਨ ਵਿੱਚ ਭੁਚਾਲ ਨਾਲ ਮੌਤਾਂ ਦੀ ਗਿਣਤੀ ੪੦੦੦੦ ਤੇ ਪੁੱਜੀ। イランにおける地震による死者の数は四万に達しました. **3** 届く. **4** 近づく. **5** 及ぶ，能力が及ぶ. **6**…になる，…の状態になる. **7** 得られる，手に入る. **8** 受領される.

ਪੁਜਤ (पुजत) /pujata プジャト/ ▸ਪੁੱਜ *f.* → ਪੁੱਜ

ਪੁਜਦਾ (पुजदा) /pujadā プジダー/ ▸ਪੁੱਜਦਾ [cf. ਪੁੱਜਣਾ] *adj.* **1** 能力のある. **2** 適切な. **3** 裕福な. **4** 届く範囲の. **5** 余裕のある，十分な.

ਪੁੱਜਦਾ (पुज्जदा) /pujjadā プッジャダー/ ▸ਪੁਜਦਾ *adj.* → ਪੁਜਦਾ

ਪੁਜਾਉਣਾ[1] (पुजाउणा) /pujāuṇā プジャーウナー/ [cf. ਪੂਜਣਾ] *vt.* **1** 拝ませる，礼拝させる.（⇒ਪੂਜਾ ਕਰਾਉਣਾ）**2** 敬わせる，尊敬させる.

ਪੁਜਾਉਣਾ[2] (पुजाउणा) /pujāuṇā プジャーウナー/ ▸ਪਹੁੰਚਾਉਣਾ, ਪਹੁੰਚਾਣਾ, ਪੁਚਾਉਣਾ *vt.* → ਪਹੁੰਚਾਉਣਾ

ਪੁਜਾਰਨ (पुजारन) /pujārana プジャーラン/ [Skt. पूजा Skt.-कारिन् -ਨ] *f.* **1** 女性の礼拝者. **2** 尼僧.

ਪੁਜਾਰੀ (पुजारी) /pujārī プジャーリー/ [Skt. पूजा Skt.-कारिन्] *m.* **1** 礼拝者. **2** 僧，僧侶.

ਪੁਜੀਸ਼ਨ (पुजीशन) /pujīśana プジーシャン/ ▸ਪੋਜੀਸ਼ਨ [Eng. *position*] *f.* **1** 位置，場所，立場. **2** 地位，身分.

ਪੁੰਝਵਾਉਣਾ (पुंझवाउणा) /puñjawǎuṇā プンジワーウナー/ ▸ਪੁੰਝਾਉਣਾ [cf. ਪੂੰਝਣਾ] *vt.* **1** 拭わせる，拭かせる，拭いてもらう. **2** 拭い消させる，拭き取らせる. **3** きれいにさせる，掃除させる.

ਪੁੰਝਵਾਈ (पुंझवाई) /puñjawǎī プンジワーイー/ ▸ਪੁੰਝਾਈ [cf. ਪੂੰਝਣਾ] *f.* **1** 拭わせること，拭いてもらうこと. **2** 拭い消させること，拭き取らせること. **3** きれいにすること，掃除.

ਪੁੰਝਾਉਣਾ (पुंझाउणा) /puñjǎuṇā プンジャーウナー/ ▸ਪੁੰਝਵਾਉਣਾ *vt.* → ਪੁੰਝਵਾਉਣਾ

ਪੁੰਝਾਈ (पुंझाई) /puñjǎī プンジャーイー/ ▸ਪੁੰਝਵਾਈ *f.* → ਪੁੰਝਵਾਈ

ਪੁੱਟਣਾ (पुट्टणा) /puṭṭaṇā プッタナー/ ▸ਪੱਟਣਾ [Skt. पाटयति] *vt.* **1** 掘る.（⇒ਖੋਦਣਾ）❐ਬੁੱਢਾ ਬੂਟਾ ਲਾਉਣ ਲਈ ਟੋਆ ਪੁੱਟ ਰਿਹਾ ਸੀ। 老人は苗木を植えるため穴を掘っていました. **2** 掘り出す，発掘する. **3** 根こそぎにする. **4** 引き抜く.（⇒ਉਖੇੜਨਾ）**5**〖比喩〗台無しにする，人を迷わせる.（⇒ਖ਼ਰਾਬ ਕਰਨਾ, ਵਿਗਾੜਨਾ）

ਪੁਟਵਾਉਣਾ (पुटवाउणा) /puṭawāuṇā プトワーウナー/ ▸ਪੁਟਾਉਣਾ [cf. ਪੁੱਟਣਾ] *vt.* **1** 掘らせる. **2** 掘り出させる，発掘させる. **3** 根こそぎにさせる. **4** 引き抜かせる.

ਪੁਟਵਾਈ (पुटवाई) /puṭawāī プトワーイー/ ▸ਪੁਟਾਈ [cf. ਪੁੱਟਣਾ] *f.* **1** 掘ること，掘り出すこと. **2** 掘らせること，掘り出させること. **3** 掘り起こし，発掘.

ਪੁਟਾਉਣਾ (पुटाउणा) /puṭāuṇā プターウナー/ ▸ਪੁਟਵਾਉਣਾ *vt.* → ਪੁਟਵਾਉਣਾ

ਪੁਟਾਈ (पुटाई) /puṭāī プターイー/ ▸ਪੁਟਵਾਈ *f.* → ਪੁਟਵਾਈ

ਪੁਟਾਸ਼ (पुटाश) /puṭāśa プターシュ/ [Eng. *putash*] *f.* 〖化学〗炭酸カリウム.

ਪੁਟੀਨ (पुटीन) /puṭīna プティーン/ [Eng. *putty*] *f.* パテ.

ਪੁੱਠ (पुट्ठ) /puttʰa プット/ *f.* 後部.
ਪੁਠਕੰਡਾ (पुठकंडा) /putʰakaṇḍā プトカンダー/ *m.* 〖植物〗インドイノコズチ(印度猪子槌)《ヒユ科の雑草》.
ਪੁੱਠਾ (पुट्ठा) /puttʰā プッター/ *adj.* **1** 反対の, 逆の, さかさまの. **2** 間違った, 不適切な, 悪い.
— *m.* 反対.
ਪੁਣਛਾਣ (पुणछाण) /puṇacʰāṇa プンチャーン/ *f.* 詳細な調査.
ਪੁਣਛੀ (पुणछी) /puṇacʰī プンチー/ *f.* プンチー方言《西部パンジャービー語に属するプンチュ地方の方言》.
ਪੁਣਨਾ (पुणना) /puṇanā プナナー/ *vt.* 濾す, 濾過する.
ਪੁਣਵਾਉਣਾ (पुणवाउणा) /puṇawāuṇā プンワーウナー/ ▸ਪੁਣਾਉਣਾ *vt.* 濾させる, 濾過させる.
ਪੁਣਾ (पुणा) /puṇā プナー/ ▸ਪਣਾ *suff.* 「…であること」「…である状態」「…である様子」「…らしさ」「…っぽさ」「…性」などを意味する抽象名詞(男性名詞)を形成する接尾辞. 例えば ਮੁੰਡਪੁਣਾ は「男の子らしさ」「子供っぽさ」.
ਪੁਣਾਉਣਾ (पुणाउणा) /puṇāuṇā プナーウナー/ ▸ਪੁਣਵਾਉਣਾ *vt.* → ਪੁਣਵਾਉਣਾ
ਪੁੱਤ (पुत्त) /putta プット/ ▸ਪੁੱਤਰ, ਪੋਤਰ *m.* → ਪੁੱਤਰ
ਪੁੱਤਰ (पुत्तर) /puttara プッタル/ ▸ਪੁੱਤ, ਪੋਤਰ [Skt. पुत्र] *m.* 〖親族〗息子.
ਪੁੱਤਰੀ (पुत्तरी) /puttarī プッタリー/ [Skt. पुत्री] *f.* **1** 〖親族〗娘. (⇒ਧੀ, ਬੇਟੀ) **2** 少女, 女の子, 女子.
ਪੁਤਰੇਲ (पुतरेल) /putarela プトレール/ ▸ਪੁਤਰੇਲਾ *m.* → ਪੁਤਰੇਲਾ
ਪੁਤਰੇਲਾ (पुतरेला) /putarelā プトレーラー/ ▸ਪੁਤਰੇਲ [Skt. पुत्र + ਏਲਾ] *m.* 〖親族〗養子.
ਪੁਤਰੇਲੀ (पुतरेली) /putarelī プトレーリー/ [+ ਏਲੀ] *f.* 〖親族〗養女.
ਪੁਤਲਾ (पुतला) /putalā プトラー/ [Skt. पुत्तलक] *m.* **1** 大きな人形. **2** 人の像. **3** 偶像.
ਪੁਤਲੀ (पुतली) /putalī プトリー/ [-ਈ] *f.* **1** 人形. **2** 操り人形. **3** 〖身体〗瞳. (⇒ਧੀਰੀ)
ਪੁਤਲੀਘਰ (पुतलीघर) /putalīkăra プトリーカル/ [Skt.-गृह] *m.* 織物工場.
ਪੁਤੇਤਾ (पुतेता) /putetā プテーター/ *adj.* 花婿の血縁の.
— *m.* 〖親族〗花婿の親族.
ਪੁਦੀਨਾ (पुदीना) /pudīnā プディーナー/ ▸ਪੂਦਨਾ [Pers. *pudīna*] *m.* 〖植物〗ハッカ(薄荷)《シソ科の草本》.
ਪੁੰਨ (पुंन) /punna プンヌ/ [(Pkt. पुण्ण) Skt. पुण्य] *m.* **1** 立派な行い, 徳行, 善行, 功徳. **2** 好意からの行い, 慈善. **3** 福祉, 幸福. **4** 道徳的な美点, 美徳.
ਪੁੰਨ ਅਰਥ (पुंन अरथ) /punna aratʰa プンヌ アルト/ [+ Skt. अर्थ] *adj.* **1** 好意からの. **2** 慈善の.
— *adv.* **1** 好意から. **2** 慈善で.
ਪੁੰਨ ਸੰਸਥਾ (पुंन संसथा) /punna sansatʰā プンヌ サンスター/ [+ Skt. संस्था] *f.* 慈善のための施設, 福祉施設.
ਪੁੰਨ ਪਾਪ (पुंन पाप) /punna pāpa プンヌ パープ/ [+ Skt. पाप] *m.* 善行と悪行, 善悪.
ਪੁਨਰ (पुनर) /punara プナル/ [Skt. पुनर्] *pref.* 「再…」を意味する接頭辞.
ਪੁਨਰ ਉਕਤੀ (पुनर उकती) /punara ukatī プナル ウクティー/ ▸ਪੁਨਰੁਕਤੀ [Skt. पुनर्- Skt. उक्ति] *f.* **1** 繰り返し, 反復, 繰り言. **2** 〖言〗同義語反復.
ਪੁਨਰ ਉੱਥਾਨ (पुनर उत्थान) /punara uttʰāna プナル ウッターン/ ▸ਪੁਨਰੋਥਾਨ [Skt. पुनर्- Skt. उत्थान] *m.* **1** 再起, 復興. **2** 復活, 再び活力を得ること.
ਪੁਨਰ ਉਲੇਖ (पुनर उलेख) /punara ulekʰa プナル ウレーク/ [Skt. पुनर्- Skt. उल्लेख] *m.* **1** 再び言及すること. **2** 要旨の繰り返し.
ਪੁਨਰ ਅੰਕੁਰਣ (पुनर अंकुरण) /punara aṅkuraṇa プナル アンクラン/ [Skt. पुनर्- Skt. अंकुरण] *m.* 再発芽.
ਪੁਨਰ ਅਧਿਕਾਰ (पुनर अधिकार) /punara âdikāra プナル アディカール/ [Skt. पुनर्- Skt. अधिकार] *m.* 所有権回復.
ਪੁਨਰ ਅਨੁਵਾਦ (पुनर अनुवाद) /punara anuwāda プナル アヌワード/ [Skt. पुनर्- Skt. अनुवाद] *m.* 再翻訳.
ਪੁਨਰ ਆਗਮਨ (पुनर आगमन) /punara āgamana プナル アーグマン/ [Skt. पुनर्- Skt. आगमन] *m.* **1** 再び来ること, 再来, 再訪. **2** 再び誕生すること, 再生.
ਪੁਨਰ ਆਰੰਭ (पुनर आरंभ) /punara ārâmba プナル アーランブ/ [Skt. पुनर्- Skt. आरंभ] *m.* **1** 再び始めること. **2** 更新.
ਪੁਨਰ ਆਵਰਤਕ (पुनर आवरतक) /punara āwarataka プナル アーワルタク/ [Skt. पुनर्- Skt. आवर्तक] *adj.* **1** 要旨を繰り返す. **2** 要約的な.
ਪੁਨਰ ਸਥਾਪਨ (पुनर सथापन) /punara satʰāpana プナル サターパン/ [Skt. पुनर्- Skt. स्थापन] *m.* **1** 再び設立すること, 再建. **2** 復帰, 社会復帰, リハビリ.
ਪੁਨਰ ਸਥਾਪਨਾ (पुनर सथापना) /punara satʰāpanā プナル サタープナー/ [Skt. पुनर्- Skt. स्थापना] *f.* 再任, 復位, 復権.
ਪੁਨਰ ਸਮਰਥਨ (पुनर समरथन) /punara samaratʰana プナル サマルタン/ [Skt. पुनर्- Skt. समर्थन] *m.* 再確認.
ਪੁਨਰ ਸੰਯੋਜਨ (पुनर संयोजन) /punara sanyojana プナル サンヨージャン/ [Skt. पुनर्- Skt. संयोजन] *m.* 再結合, 再結成.
ਪੁਨਰ ਸਰਵੇਖਣ (पुनर सरवेखण) /punara saravekʰaṇa プナル サルヴェーカン/ [Skt. पुनर्- Skt. सर्वेक्षण] *m.* 再調査.
ਪੁਨਰ ਸੇਧ (पुनर सेध) /punara sêda プナル セード/ [Skt. पुनर्- Skt. शुद्ध] *f.* 再指導.
ਪੁਨਰ ਸੋਖਣ (पुनर सोखण) /punara sokʰaṇa プナル ソーカン/ [Skt. पुनर्- Skt. शोषण] *m.* 再吸収.
ਪੁਨਰ ਕ੍ਰਿਆਸ਼ੀਲਣ (पुनर क्रिआशीलण) /punara kriāsīlaṇa プナル クリアーシーラン/ [Skt. पुनर्- Skt. क्रिया Skt.-शील -ਣ] *m.* 再活性.
ਪੁਨਰ ਗਠਨ (पुनर गठन) /punara gaṭʰana プナル ガタン/ [Skt. पुनर्- Skt. गठन] *m.* 再び組織すること, 改組, 再編成.
ਪੁਨਰ ਘੜਿਤ (पुनर घड़ित) /punara kăṛita プナル カリト/ [Skt. पुनर्- cf. ਘੜਨਾ] *adj.* 再び作られた, 再製造された.
ਪੁਨਰ ਜਨਮ (पुनर जनम) /punara janama プナル ジャナム/ [Skt. पुनर्- Skt. जन्म] *m.* 再び誕生すること, 生まれ変わること, 転生, 輪廻.

ਪੁਨਰ ਜਾਗਰਿਤੀ (पुनर जागरिती) /punarⱥ jāgⱥritī プナル ジャーグリティー/ [Skt. पुनर्- Skt. जाग्रति] *f.* **1** 再び目覚めること, 再覚醒. **2** 復活.

ਪੁਨਰ ਜੀਵਨ (पुनर जीवन) /punarⱥ jīwanⱥ プナル ジーワン/ [Skt. पुनर्- Skt. जीवन] *m.* **1** 生き返ること, よみがえり. **2** 復活, 再生.

ਪੁਨਰ ਦੀਖਿਆ (पुनर दीखिआ) /punarⱥ dīk^{h}iā プナル ディーキアー/ [Skt. पुनर्- Skt. दीक्षा] *f.* 再び入信儀式を受けること, 再洗礼.

ਪੁਨਰ ਦੌੜ (पुनर दौड़) /punarⱥ daurⱥ プナル ダォール/ [Skt. पुनर्- Skt. धोरण] *f.* 再び走ること, 再走.

ਪੁਨਰ ਧਰਮ ਪ੍ਰਵੇਸ਼ਨ (पुनर धरम प्रवेशन) /punarⱥ tărama pravešanⱥ プナル タラム プラヴェーシャン/ [Skt. पुनर्- Skt. धर्म + Skt. प्रवेशन] *m.* 宗旨復帰.

ਪੁਨਰ ਨਿਰਮਾਣ (पुनर निरमाण) /punarⱥ nirⱥmāṇⱥ プナル ニルマーン/ [Skt. पुनर्- Skt. निर्माण] *m.* **1** 再構築, 再構成. **2** 再建, 復興, 復元.

ਪੁਨਰ ਨਿਰਯਾਤ (पुनर निरयात) /punarⱥ nirⱥyātⱥ プナル ニルヤート/ [Skt. पुनर्- Skt. निर्यात] *m.* 再輸出品.

ਪੁਨਰ ਨਿਰਯਾਤਣ (पुनर निरयातण) /punarⱥ nirⱥyātaṇⱥ プナル ニルヤータン/ [Skt. पुनर्- Skt. निर्यातन] *m.* 再輸出.

ਪੁਨਰ ਨਿਯੁਕਤੀ (पुनर नियुकती) /punarⱥ niyukⱥtī プナル ニユクティー/ [Skt. पुनर्- Skt. नियुक्ति] *f.* 再び任命すること, 再び任命されること, 再任.

ਪੁਨਰ ਨਿਰਵਾਚਨ (पुनर निरवाचन) /punarⱥ nirⱥwācanⱥ プナル ニルワーチャン/ [Skt. पुनर्- Skt. निर्वाचन] *m.* 再選挙.

ਪੁਨਰ ਪ੍ਰਕਾਸ਼ਨ (पुनर प्रकाशन) /punarⱥ prakāšanⱥ (punarⱥ parⱥkāšanⱥ) プナル プラカーシャン (プナル パルカーシャン)/ [Skt. पुनर्- Skt. प्रकाशन] *m.* 再発行.

ਪੁਨਰ ਪ੍ਰਗਟਾਉ (पुनर प्रगटाउ) /punarⱥ pragaṭāo (punarⱥ parⱥgaṭāo) プナル プラガターオー (プナル パルガターオー)/ [Skt. पुनर्- Skt. प्रकट] *m.* 再出現.

ਪੁਨਰ ਪੁਸ਼ਟੀ (पुनर पुशटी) /punarⱥ pušⱥṭī プナル プシュティー/ [Skt. पुनर्- Skt. पुष्टि] *f.* 再確認.

ਪੁਨਰ ਬਣ ਰੋਪਣ (पुनर बण रोपण) /punarⱥ baṇⱥ ropaṇⱥ プナル バン ローパン/ [Skt. पुनर्- Skt. वन + Skt. रोपण] *m.* 再植樹.

ਪੁਨਰ ਬ੍ਰਿਤੀ (पुनर ब्रिती) /punarⱥ britī プナル ブリティー/ [Skt. पुनर्- Skt. वृत्ति] *f.* **1** 再帰, 復帰. **2** 再現, 反復, 再発. **3** 複製.

ਪੁਨਰ ਬੀਮਾ (पुनर बीमा) /punarⱥ bīmā プナル ビーマー/ [Skt. पुनर्- Pers. *bīma*] *m.* 再保険.

ਪੁਨਰ ਮਿਲਨ (पुनर मिलन) /punarⱥ milanⱥ プナル ミラン/ [Skt. पुनर्- Skt. मिलन] *m.* 再会.

ਪੁਨਰ ਮੁਦਰਾ ਸਫੀਤੀ (पुनर मुदरा सफीती) /punarⱥ mudarā sap^{h}ītī プナル ムドラー サピーティー/ [Skt. पुनर्- Skt. मुद्रा + Skt. स्फीति] *f.* 〖経済〗通貨再膨張, インフレ再燃.

ਪੁਨਰ ਮੁਦਰੀਕਰਨ (पुनर मुदरीकरन) /punarⱥ mudarīkarⱥnⱥ プナル ムドリーカルン/ [Skt. पुनर्- Skt. मुद्रा Skt.-करण] *m.* 〖経済〗貨幣再鋳造, 通貨再発行.

ਪੁਨਰ ਮੁਲਾਂਕਣ (पुनर मुलाँकण) /punarⱥ mulākaṇⱥ プナル ムラーンカン/ [Skt. पुनर्- Skt. मूल्यांकन] *m.* **1** 再査定, 再評価. **2** 〖経済〗平価の切上げ.

ਪੁਨਰ ਮੇਲ (पुनर मेल) /punarⱥ melⱥ プナル メール/ [Skt. पुनर्- Skt. मेल] *m.* 再結合.

ਪੁਨਰ ਰਚਨਾਤਮਕ (पुनर रचनातमक) /punarⱥ racⱥnātⱥmakⱥ プナル ラチナートマク/ [Skt. पुनर्- Skt. रचना Skt.-आत्मक] *adj.* **1** 再建設的な. **2** 再生産的な.

ਪੁਨਰ ਵੰਡ (पुनर वंड) /punarⱥ waṇḍⱥ プナル ワンド/ [Skt. पुनर्- cf. ਵੰਡਣਾ] *f.* **1** 再分配. **2** 再分割.

ਪੁਨਰ ਵਰਗੀਕਰਨ (पुनर वरगीकरन) /punarⱥ warⱥgīkarⱥnⱥ プナル ワルギーカルン/ [Skt. पुनर्- Skt. वर्गीकरण] *m.* 再分類, 再区分.

ਪੁਨਰਵਾਸ (पुनरवास) /punarⱥwāsⱥ プナルワース/ [Skt. पुनर्- Skt. वास] *m.* **1** 再定住, 難民の定住. **2** 社会復帰.

ਪੁਨਰ ਵਾਚਨ (पुनर वाचन) /punarⱥ wācanⱥ プナル ワーチャン/ [Skt. पुनर्- Skt. वाचन] *m.* 再精読.

ਪੁਨਰ ਵਿਆਹ (पुनर विआह) /punarⱥ viâ プナル ヴィアー/ [Skt. पुनर्- Skt. विवाह] *m.* 再婚.

ਪੁਨਰ ਵਿਸ਼ਲੇਸ਼ਨ (पुनर विशलेशन) /punarⱥ višalešanⱥ プナル ヴィシュレーシャン/ [Skt. पुनर्- Skt. विश्लेषण] *m.* 再分析.

ਪੁਨਰ ਵਿਕਰੀਯੋਗ (पुनर विकरीयोग) /punarⱥ vikarīyoga プナル ヴィクリーヨーグ/ [Skt. पुनर्- Skt. विक्रय Skt.-योग्य] *adj.* 再販可能な.

ਪੁਨਰ ਵਿਚਾਰ (पुनर विचार) /punarⱥ vicārⱥ プナル ヴィチャール/ [Skt. पुनर्- Skt. विचार] *m.* **1** 再考, 再検討. **2** 見直し.

ਪੁਨਰ ਵਿਜੇ (पुनर विजे) /punarⱥ vije プナル ヴィジェー/ [Skt. पुनर्- Skt. विजय] *f.* 再勝利.

ਪੁਨਰ ਵਿਤਰਨ (पुनर वितरन) /punarⱥ vitaranⱥ プナル ヴィタラン/ [Skt. पुनर्- Skt. वितरण] *m.* 再分配.

ਪੁਨਰ ਵਿਭਾਜਨ (पुनर विभाजन) /punarⱥ vipǎjanⱥ プナル ヴィパージャン/ [Skt. पुनर्- Skt. विभाजन] *m.* 再分割.

ਪੁਨਰੁਕਤੀ (पुनरुकती) /punarukⱥtī プナルクティー/ ▸ਪੁਨਰ ਉਕਤੀ *f.* → ਪੁਨਰ ਉਕਤੀ

ਪੁਨਰੋਥਾਨ (पुनरोथान) /punarot^{h}ānⱥ プナローターン/ ▸ ਪੁਨਰ ਉੱਥਾਨ *m.* → ਪੁਨਰ ਉੱਥਾਨ

ਪੁੰਨਿਆ (पुंनिआ) /punniā プンニアー/ [Skt. पूर्णिमा] *f.* 〖天文〗満月. (⇒ਪੂਰਨਮਾਸ਼ੀ)

ਪੁੰਨੀ (पुंनी) /punnī プンニー/ *adj.* 高徳な.

ਪੁਰ[1] (पुर) /purⱥ プル/ [Pers. *pur*] *adj.* **1** 満ちた. (⇒ਭਰਿਆ ਹੋਇਆ) **2** 完全な. (⇒ਪੂਰਨ)

— *pref.* 「…に満ちた」を意味する接頭辞.

ਪੁਰ[2] (पुर) /purⱥ プル/ [Skt. पुर] *m.* **1** 町. **2** 都市. **3** 城塞.

— *suff.* 「村」「町」「都市」「城塞」などの名前(男性名詞)を形成する接尾辞.

ਪੁਰਉਮੀਦ (पुरउमीद) /purⱥumīdⱥ プルウミード/ [Pers. *pur*- Pers. *umīd*] *adj.* 希望に満ちた, 有望な.

ਪੁਰਅਸਰ (पुरअसर) /purⱥasarⱥ プルアサル/ [Pers. *pur*- Arab. *asr*] *adj.* 効果に満ちた, 効果的な.

ਪੁਰਅਮਨ (पुरअमन) /purⱥamanⱥ プルアマン/ [Pers. *pur*- Arab. *amn*] *adj.* 平和に満ちた, 平和な.

ਪੁਰਸ਼ (पुरश) /purⱥšⱥ プルシュ/ ▸ਪੁਰਖ, ਪੁਰਖੁ *m.* → ਪੁਰਖ

ਪੁਰਸਕਾਰ (पुरसकार) /purasakāra プラスカール/ [Skt. पुरस्कार] *m.* 1 賞, 褒賞, 褒美. 2 賞品, 賞金. 3 懸賞.

ਪੁਰਸਕੂਨ (पुरसकून) /purasakūna プルサクーン/ [Pers. *pur-* Arab. *sukūn*] *adj.* 平和に満ちた, 平和な, 静穏な.

ਪੁਰਸ਼ੋਤਮ (पुरशोतम) /puraśotama プルショータム/ ▸ਪੁਰਖੋਤਮ [Skt. पुरुषोत्तम] *m.* 1 最高の人, 至高の人間. 2 我執を超越した理想的な人物. 3〖ヒ〗プルショーッタマ《ヴィシュヌ神・クリシュナ神の異名の一つ》.

ਪੁਰਖ (पुरख) /purakʰa プルク/ ▸ਪੁਰਸ਼, ਪੁਰਖੁ [Skt. पुरुष] *m.* 1 男, 男性. 2 人間. (⇒ਮਨੁੱਖ) 3〖親族〗夫. (⇒ਪਤੀ) 4 先祖. 5〖ヒ〗宇宙に遍在する霊魂《ウパニシャッドさらにサーンキャ体系における「永遠かつ不滅なる, 遍在する純粋精神」》. 6〖スィ〗唯一の創造主《スーフィーおよびヴィシュヌ派教説における「神は唯一の実在であり, 神により創造されたるものは, 神との合一を切望する」という概念に, より近いもの》. 7〖言〗人称.

ਪੁਰਖਵਾਚਕ (पुरखवाचक) /purakʰawācaka プルクワーチャク/ [Skt. पुरुष + Skt. वाचक] *adj.*〖言〗(文法上)男性の.

ਪੁਰਖਵਾਚੀ (पुरखवाची) /purakʰawācī プルクワーチー/ [Skt. पुरुष + Skt. वाचिन्] *adj.*〖言〗(文法上)男性の.

ਪੁਰਖਾ (पुरखा) /purakʰā プルカー/ [Skt. पुरुष] *m.* 祖先, 先祖.

ਪੁਰਖੁ (पुरखु) /purakʰu プルク/ ▸ਪੁਰਸ਼, ਪੁਰਖ *m.* → ਪੁਰਖ

ਪੁਰਖੋਤਮ (पुरखोतम) /purakʰotama プルコータム/ ▸ਪੁਰਸ਼ੋਤਮ *m.* → ਪੁਰਸ਼ੋਤਮ

ਪੁਰਜ਼ਾ (पुरज़ा) /purazā プルザー/ [Pers. *purza*] *m.* 1 部品. 2 断片. 3 紙切れ. 4 布切れ.

ਪੁਰਜੋਸ਼ (पुरजोश) /purajośa プルジョーシュ/ [Pers. *pur-* Pers. *joś*] *adj.* 1 熱意に満ちた, 熱心な. 2 熱情のこもった. 3 力強い.

ਪੁਰਜ਼ੋਰ (पुरज़ोर) /purazora プルゾール/ [Pers. *pur-* Pers. *zor*] *adj.* 1 力に満ちた, 力強い. 2 活力のある.

ਪੁਰਤਕੱਲਫ਼ (पुरतकल्लफ़) /puratakallafa プルタカッラフ/ [Pers. *pur-* Arab. *takalluf*] *adj.* 1 真心に満ちた, 心尽くしの, 厚くもてなす. 2 形式張った. 3 儀礼的な.

ਪੁਰਤਗਾਲ (पुरतगाल) /puratagāla プルトガール/ [Portug. *Portugal*] *m.*〖国名〗ポルトガル(共和国).

ਪੁਰਤਗਾਲੀ (पुरतगाली) /puratagālī プルトガーリー/ [-ਈ] *adj.* ポルトガルの, ポルトガル語の.

— *m.* ポルトガル人.

— *f.* ポルトガル語.

ਪੁਰਤਗੀਜ਼ (पुरतगीज़) /puratagīza プルトギーズ/ [Eng. *Portuguese*] *adj.* ポルトガルの, ポルトガル語の.

— *m.* ポルトガル人.

— *f.* ポルトガル語.

ਪੁਰਨੂਰ (पुरनूर) /puranūra プルヌール/ [Pers. *pur-* Arab. *nūr*] *adj.* 1 光に満ちた. 2 光輝く.

ਪੁਰਬ (पुरब) /puraba プルブ/ [Skt. पर्व] *m.* 宗教上の祭礼, 祭事. (⇒ਉਤਸਵ, ਤਿਓਹਾਰ)

ਪੁਰਵਾ (पुरवा) /purawā プルワー/ ▸ਪੁਰਾ [Skt. पूर्व] *f.* 1〖気象〗東風. 2 東, 東側.

ਪੁਰਵਾਉਣਾ[1] (पुरवाउणा) /purawāuṇā プルワーウナー/ ▸ਪੁਰਾਉਣਾ *vt.* 糸を通させる, 糸を通してもらう.

ਪੁਰਵਾਉਣਾ[2] (पुरवाउणा) /purawāuṇā プルワーウナー/ ▸ਪੁਰਾਉਣਾ [cf. ਪੂਰਨਾ] *vt.* 1 満たさせる, 満たしてもらう. 2 (穴や溝を)埋めさせる.

ਪੁਰਾ[1] (पुरा) /purā プラー/ ▸ਪੁਰਵਾ *f.* → ਪੁਰਵਾ

ਪੁਰਾ[2] (पुरा) /purā プラー/ [Skt. पुरा] *pref.* 「古い…」「昔の…」「古代の…」などを意味する語を形成する接頭辞.

ਪੁਰਾਉਣਾ[1] (पुराउणा) /purāuṇā プラーウナー/ ▸ਪੁਰਵਾਉਣਾ *vt.* → ਪੁਰਵਾਉਣਾ[1]

ਪੁਰਾਉਣਾ[2] (पुराउणा) /purāuṇā プラーウナー/ ▸ਪੁਰਵਾਉਣਾ *vt.* → ਪੁਰਵਾਉਣਾ[2]

ਪੁਰਾਕਾਲ (पुराकाल) /purākāla プラーカール/ [Skt. पुराकाल] *m.* 1 古代, 大昔. 2 先史時代.

ਪੁਰਾਕਾਲੀ (पुराकाली) /purākālī プラーカーリー/ [Skt. पुराकालीन] *adj.* 1 古代の, 太古の, 大昔の. 2 先史時代の.

ਪੁਰਾਖੋਜ (पुराखोज) /purākʰoja プラーコージ/ [Skt. पुरा + Pkt. खोज्ज] *f.* 古物研究, 考古調査, 考古学.

ਪੁਰਾਖੋਜਵਾਂ (पुराखोजवाँ) /purākʰojawā̃ プラーコージワーン/ [Skt.-वान्] *adj.* 古物研究の, 考古学の.

ਪੁਰਾਖੋਜੀ (पुराखोजी) /purākʰojī プラーコージー/ [-ਈ] *m.* 考古学者.

ਪੁਰਾਣ (पुराण) /purāṇa プラーン/ [Skt. पुराण] *m.*〖ヒ〗プラーナ文献《18種あるヒンドゥー教の古伝説》.

ਪੁਰਾਣਕ (पुराणक) /purāṇaka プラーナク/ ▸ਪੁਰਾਣਿਕ, ਪੌਰਾਣਿਕ *adj.* → ਪੁਰਾਣਿਕ

ਪੁਰਾਣਾ (पुराणा) /purāṇā プラーナー/ [Skt. पुराण] *adj.* 1 古い, 昔の. ❐ਪੁਰਾਣਾ ਸਮਾਂ, ਪੁਰਾਣਾ ਜ਼ਮਾਨਾ 古い時代, 古代, 昔. 2 昔からの, 昔なじみの. ❐ਪੁਰਾਣਾ ਦੋਸਤ 旧友. 3 古風な, 古びた, 古めかしい. 4 中古の, 使い古しの. 5 伝統の. 6 経験を積んだ.

ਪੁਰਾਣਾਪਣ (पुराणापण) /purāṇāpaṇa プラーナーパン/ [-ਪਣ] *m.* 1 古い状態. 2 古いこと, 古さ.

ਪੁਰਾਣਿਕ (पुराणिक) /purāṇika プラーニク/ ▸ਪੁਰਾਣਕ, ਪੌਰਾਣਿਕ [Skt. पौराणिक] *adj.* 1〖ヒ〗プラーナ文献の. 2 神話学の.

ਪੁਰਾਤਤਵ (पुराततव) /purātatava プラータタヴ/ [Skt. पुरातत्त्व] *m.* 1 古代の遺物, 遺跡. 2 考古学.

ਪੁਰਾਤਤਵ ਵਿਗਿਆਨ (पुराततव विगिआन) /purātatava vigiāna プラータタヴ ヴィギアーン/ [+ Skt. विज्ञान] *m.* 考古学.

ਪੁਰਾਤਨ (पुरातन) /purātana プラータン/ [Skt. पुरातन] *adj.* 1 古い, 昔の, いにしえの. 2 古風な. 3 古代の. 4 最古の, 原初の, 原始の.

ਪੁਰਾਤਨਤਾ (पुरातनता) /purātanatā プラータンター/ [Skt.-ता] *f.* 1 古い状態, 古いこと, 古さ. 2 古くからの風習, 伝統, 由緒.

ਪੁਰੀ (पुरी) /purī プリー/ [Skt. पुरी] *f.* 1 町. 2 都市. 3 住まい, 住居, 場所.

— *suff.* 「町」「都市」「世界」「住まい」などの意味を含む名詞(女性名詞)を形成する接尾辞.

ਪੁਰੋਹਤ (पुरोहत) /purôta プロート/ ▸ਪਰੋਹਤ, ਪ੍ਰੋਹਤ, ਪੁਰੋਹਿਤ

m. → ਪਰੋਹਤ

ਪੁਰੋਹਿਤ (पुरोहित) /purôitạ プローイト/ ▸ਪਰੋਹਤ, ਪ੍ਰੋਹਤ, ਪੁਰੋਹਤ *m.* → ਪਰੋਹਤ

ਪੁਲ (पुल) /pulạ プル/ [Pers. *pul*] *m.* 橋. ❐ਇਹਨਾਂ ਦਰਿਆਵਾਂ ਉੱਤੇ ਵੱਡੇ ਵੱਡੇ ਪੁਲ ਹਨ। これらの川にはとても大きな橋が架かっています.

ਪੁਲਓਵਰ (पुलओवर) /pulạovarạ プルオーヴァル/ [Eng. *pullover*] *m.* 〖衣服〗プルオーバー《頭から被るセーターやシャツなど》.

ਪੁਲਸ (पुलस) /pulạsạ プルス/ ▸ਪੁਲਿਸ, ਪੁਲੀਸ *f.* → ਪੁਲੀਸ

ਪੁਲਸ ਵਾਲਾ (पुलस वाला) /pulạsạ wālā プルス ワーラー/ ▸ਪੁਲੀਸ ਵਾਲਾ *m.* → ਪੁਲੀਸ ਵਾਲਾ

ਪੁਲਸੀਆ (पुलसीआ) /pulạsīā プルスィーアー/ ▸ਪੁਲੀਸੀਆ [Eng. *police* -ਈਆ] *m.* 警官, 警察官, 巡査. (⇒ਪੁਲੀਸ ਵਾਲਾ)

ਪੁਲਟਸ (पुलटस) /pulạṭasạ プルタス/ [Eng. *poultice*] *m.f.* 〖薬剤〗湿布, パップ剤. (⇒ਲੁਪਰੀ)

ਪੁਲੰਦਾ (पुलंदा) /pulandā プランダー/ [Skt. पूल] *m.* **1** 束. **2** 包み.

ਪੁਲਾਉ (पुलाउ) /pulāo プラーオー/ ▸ਪੁਲਾਓ, ਪੁਲਾਅ *m.* 〖料理〗プラーオ《インド風の炊き込みご飯》.

ਪੁਲਾਓ (पुलाओ) /pulāo プラーオー/ ▸ਪੁਲਾਉ, ਪੁਲਾਅ *m.* → ਪੁਲਾਉ

ਪੁਲਾਅ (पुलाअ) /pulāa プラーア/ ▸ਪੁਲਾਉ, ਪੁਲਾਓ *m.* → ਪੁਲਾਉ

ਪੁਲਾੜ (पुलाड़) /pulāṛạ プラール/ *m.* **1** 空白, 空間, 天と地の間. **2** 宇宙.

ਪੁਲਾੜੀ (पुलाड़ी) /pulāṛī プラーリー/ *adj.* 宇宙の.

ਪੁਲਿਸ (पुलिस) /pulisạ プリス/ ▸ਪੁਲਸ, ਪੁਲੀਸ *f.* → ਪੁਲੀਸ

ਪੁਲਿੰਗ (पुलिंग) /puliṅgạ プリング/ [Skt. पुंलिंग] *m.* 〖言〗(文法上の)男性. (⇒ਮੁਜ਼ੱਕਰ)(⇔ਇਸਤਰੀ ਲਿੰਗ)

ਪੁਲਿਟੀਕਲ (पुलिटीकल) /puliṭīkalạ プリティーカル/ ▸ਪੋਲਿਟੀਕਲ [Eng. *political*] *adj.* 政治の, 政治的な, 政略的な.

ਪੁਲੀ (पुली) /pulī プリー/ *f.* 排水路.

ਪੁਲੀਸ (पुलीस) /pulīsạ プリース/ ▸ਪੁਲਸ, ਪੁਲਿਸ [Eng. *police*] *f.* 警察.

ਪੁਲੀਸ ਕਪਤਾਨ (पुलीस कपतान) /pulīsạ kapatānạ プリース カプターン/ [Eng. *police* + Eng. *captain*] *m.* 警察署長, 警察本部長.

ਪੁਲੀਸ ਚੌਕੀ (पुलीस चौकी) /pulīsạ caukī プリース チャオーキー/ [Eng. *police* + Skt. चतुष्क] *f.* 巡査駐在所, 駐在所, 交番.

ਪੁਲੀਸ ਥਾਣਾ (पुलीस थाणा) /pulīsạ tʰāṇā プリース ターナー/ [Eng. *police* + Skt. स्थान] *m.* 警察署, 巡査駐在所.

ਪੁਲੀਸ ਵਾਲਾ (पुलीस वाला) /pulīsạ wālā プリース ワーラー/ ▸ਪੁਲਸ ਵਾਲਾ [Eng. *police* -ਵਾਲਾ] *m.* 警官, 警察官, 巡査. (⇒ਪੁਲਸੀਆ)

ਪੁਲੀਸੀਆ (पुलीसीआ) /pulīsīā プリースィーアー/ ▸ਪੁਲਸੀਆ *m.* → ਪੁਲਸੀਆ

ਪੁੜ (पुड़) /puṛạ プル/ [Skt. पुट] *m.* 〖調〗臼石.

ਪੁੜਨਾ (पुड़ना) /puṛạnā プルナー/ [(Lah.)] *vi.* 刺さる, 突き刺さる, ちくりと刺さる. (⇒ਖੁਭਣਾ, ਚੁਭਣਾ)

ਪੁੜਪੁੜੀ (पुड़पुड़ी) /puṛạpuṛī プルプリー/ *f.* 〖身体〗こめかみ. (⇒ਕੰਨਪਟੀ)

ਪੁੜਾ (पुड़ा) /puṛā プラー/ *m.* 大きな包み.

ਪੁੜੀ (पुड़ी) /puṛī プリー/ [Skt. पुटिका] *f.* **1** 小さな包み. **2** 紙を折って作った小さな入れ物《少量の薬や食べ物を入れる》.

ਪੂੰਗ (पूँग) /pū̃gạ プーング/ [Skt. पूग] *m.* 〖魚〗小さな魚, 稚魚.

ਪੂੰਗਰਾ (पूँगरा) /pū̃garā プーンガラー/ *m.* 〖虫〗水生の虫.

ਪੂਛ[1] (पूछ) /pūcʰạ プーチ/ ▸ਪੁੱਛਲ, ਪੂਛਲ [Skt. पुच्छ] *f.* **1** 〖身体〗(動物・鳥・魚などの)尾, 尻尾. (⇒ਦੁੰਮ) **2** 尾に似たもの, 尾のように垂れたもの, 後部に尾のように伸びたもの.

ਪੂਛ[2] (पूछ) /pūcʰạ プーチ/ ▸ਪੁੱਛ *f.* → ਪੁੱਛ

ਪੂਛਲ (पूछल) /pūcʰalạ プーチャル/ ▸ਪੁੱਛਲ, ਪੂਛ *f.* → ਪੂਛ[1]

ਪੂਛਲ ਤਾਰਾ (पूछल तारा) /pūcʰalạ tārā プーチャル ターラー/ ▸ਪੁੱਛਲ ਤਾਰਾ [Skt. पुच्छ + Skt. तारा] *m.* **1** 尻尾のある星, 後部に尾のように伸びたもののある星. **2** 〖天文〗彗星, 箒星. (⇒ਧੂਮਕੇਤੂ) **3** 〖天文〗流星.

ਪੂਜ (पूज) /pūjạ プージ/ [Skt. पूज्य] *adj.* 尊敬すべき, 尊い.

ਪੂਜਕ (पूजक) /pūjakạ プージャク/ [Skt. पूजक] *m.* 拝む人, 礼拝する人, 崇拝者.

ਪੂਜਣਾ (पूजणा) /pūjaṇā プージャナー/ [(Pkt. पुज्जइ) Skt. पूजयति] *vt.* **1** 拝む, 礼拝する, 崇拝する. **2** 敬う, 尊敬する.

ਪੂਜਨੀਕ (पूजनीक) /pūjanīkạ プージニーク/ *adj.* → ਪੂਜਨੀਯ

ਪੂਜਨੀਯ (पूजनीय) /pūjanīyạ プージニーユ/ [Skt. पूजनीय] *adj.* **1** 拝むべき, 崇拝すべき. **2** 尊敬すべき.

ਪੂਜਮਾਨ (पूजमान) /pūjamānạ プージマーン/ [Skt. पूज्यमान्] *adj.* → ਪੂਜਨੀਯ

ਪੂਜਾ (पूजा) /pūjā プージャー/ [Skt. पूजा] *f.* **1** 崇拝, 礼拝. ❐ਲੋਕ ਗਊਆਂ ਦੀ ਪੂਜਾ ਕਰਦੇ ਹਨ। 人々は牝牛を崇拝しています. **2** 敬うこと, 尊敬すること. **3** 祈り, 祈祷.

ਪੂਜਾ-ਅਸਥਾਨ (पूजा-असथान) /pūjā-asatʰānạ プージャー・アスターン/ [+ Skt. स्थान] *m.* **1** 祈りの場所, 礼拝所. **2** 寺院. **3** 神殿. **4** 祭壇.

ਪੂਜਾ-ਪਾਠ (पूजा-पाठ) /pūjā-pāṭʰạ プージャー・パート/ [+ Skt. पाठ] *m.* 日々の礼拝読誦.

ਪੂੰਜੀ (पूँजी) /pū̃jī プーンジー/ [Skt. पुञ्ज] *f.* **1** 〖経済〗資本. **2** 富. **3** 〖貨幣〗貨幣. **4** 蓄財. **5** 資金. **6** 〖経済〗投資.

ਪੂੰਜੀ-ਸੰਪਤੀ (पूँजी-संपती) /pū̃jī-sampatī プーンジー・サンパティー/ [+ Skt. संपत्ति] *f.* 〖経済〗資産.

ਪੂੰਜੀਕਰਨ (पूँजीकरन) /pū̃jīkaranạ プーンジーカルン/ [Skt.-करण] *m.* 〖経済〗資本化.

ਪੂੰਜੀਗਤ (पूँजीगत) /pū̃jīgatạ プーンジーガト/ [Skt.-गत] *adj.* 〖経済〗資本の.

ਪੂੰਜੀਦਾਰ (पूँजीदार) /pū̃jīdārạ プーンジーダール/

[Pers.-*dār*] *m.* 〖経済・政治〗資本家.

ਪੂੰਜੀਪਤੀ (पूँजीपती) /pũjīpatī プーンジーパティー/ [+ Skt. पति] *m.* 〖経済・政治〗資本家.

ਪੂੰਜੀਵਾਦ (पूँजीवाद) /pũjīwāda プーンジーワード/ [Skt.-वाद] *m.* 〖経済・政治〗資本主義.

ਪੂੰਜੀਵਾਦੀ (पूँजीवादी) /pũjīwādī プーンジーワーディー/ [Skt.-वादिन्] *adj.* 〖経済・政治〗資本主義の.

— *m.* 資本主義者.

ਪੂੰਝਣ (पूँझण) /pũ̀jaṇa プーンジャン/ [cf. ਪੂੰਝਣਾ] *m.* 拭うこと, 拭くこと.

ਪੂੰਝਣਾ (पूँझणा) /pũ̀jaṇā プーンジャナー/ ▸ਪੋਂਚਣਾ [Skt. प्रोञ्छति] *vt.* **1** 拭う, 拭く. ❐ਉਹ ਤੌਲੀਏ ਨਾਲ ਪਿੰਡਾ ਪੂੰਝ ਲੈਂਦੀ ਹੈ। 彼女はタオルで身体の表面を拭き取ります. **2** 拭い消す, 消し去る. **3**(塵や埃などを)拭き取る. **4** 塗り付ける.

ਪੂੰਝਾ (पूँझा) /pũ̀jā プーンジャー/ *m.* 鳥の尾.

ਪੂਣੀ (पूणी) /pūṇī プーニー/ [Pkt. पूणी] *f.* 巻いた物.

ਪੂਤਕੰਦਾ (पूतकंदा) /pūtakandā プートカンダー/ *f.* 〖植物〗クチナシ(梔).

ਪੂੰਦ (पूँद) /pũda プーンド/ *f.* 批判.

ਪੂੰਦਨਾ (पूँदना) /pũdanā プーンダナー/ *m.* 〖植物〗プーンダナー樹《シヴァーリク丘陵からインダス川にかけて分布するカンコノキ属の低木》.

ਪੂਦਨਾ (पूदना) /pūdanā プーダナー/ ▸ਪੁਦੀਨਾ *m.* → ਪੁਦੀਨਾ

ਪੂੰਦੀ (पूँदी) /pũdī プーンディー/ *adj.* 批判的な.

ਪੂੰਦੀਪੁਣਾ (पूँदीपुणा) /pũdīpuṇā プーンディープナー/ *m.* 批判的なこと.

ਪੂਨਾ (पूना) /pūnā プーナー/ *m.* 〖植物〗プーナー樹《シヴァーリク丘陵からインダス川にかけて分布するチシャノキ属の木. 建築材として用いられる》.

ਪੂਰ (पूर) /pūra プール/ [Skt. पूर] *adj.* 満ちた, 満杯の.

— *m.* **1** 満たすこと. **2** ひと焼き分《一度にタンドゥール〔粘土製の壺窯型オーブン〕の中で焼かれるローティー〔平焼きパン〕などの一定の分量》. **3** 舟に乗った乗客の群れ.

ਪੂਰਕ (पूरक) /pūraka プーラク/ [Skt. पूरक] *adj.* **1** 満たす, 補う, 充填する. **2** 補充の, 補足の, 追加の.

ਪੂਰਕ-ਕੋਣ (पूरक-कोण) /pūraka-koṇa プーラク・コーン/ [+ Skt. कोण] *m.* 〖幾何〗余角.

ਪੂਰਕ-ਰੰਗ (पूरक-रंग) /pūraka-raṅga プーラク・ラング/ [+ Skt. रंग] *m.* 補色.

ਪੂਰਣ (पूरण) /pūraṇa | pūraṇa プーラン | プールン/ ▸ ਪੂਰਨ [(Mul.)] *adj.suff.* → ਪੂਰਨ

ਪੂਰਤੀ (पूरती) /pūratī プールティー/ [Skt. पूर्ति] *f.* **1** 充満, 充填, 充実. **2** 完成, 成就. **3** 補充, 供給, 補給. **4** 補償, 賠償, 埋め合わせ.

ਪੂਰਨ (पूरन) /pūrana | pūrana プーラン | プールン/ ▸ ਪੂਰਣ [Skt. पूर्ण] *adj.* **1** 満ちている, いっぱいになっている. **2** 全くの, 完全な, 十分な. (⇒ਸਾਲਮ) **3** 全体の. **4** 完成した, 完了した, 達成された.

— *suff.* 「…に満ちている」「…でいっぱいの」「…で溢れている」などを意味する形容詞を形成する接尾辞.

ਪੂਰਨ ਅੰਕ (पूरन अंक) /pūrana aṅka プーラン アンク/ [+ Skt. अंक] *m.* 〖数学〗整数.

ਪੂਰਨਤਾ (पूरनता) /pūranatā プーランター/ [Skt.-ता] *f.* **1** 満ちていること, 充満, 充填, 十分さ. **2** 完全であること, 完全, 万全, 完全性. (⇒ਸਾਲਮੀਅਤ) **3** 完成, 完了, 達成.

ਪੂਰਨ ਭਗਤ (पूरन भगत) /pūrana pǎgata プーラン パガト/ *m.* 〖人名・文学〗プーラン・バガト《9世紀パンジャーブで活動したナート派行者. パンジャーブの民話に登場する代表的な主人公》.

ਪੂਰਨਮਾਸ਼ੀ (पूरनमाशी) /pūranamāśī プーランマーシー/ [Skt. पूर्णिमा] *f.* **1** 満月. (⇒ਪੁੰਨਿਆ) **2** 〖暦〗満月の日. **3** 〖暦〗満月の夜.

ਪੂਰਨ ਵਿਰਾਮ (पूरन विराम) /pūrana virāma プーラン ヴィラーム/ [Skt. पूर्ण + Skt. विराम] *m.* 〖符号〗終止符, ピリオド, 句点.

ਪੂਰਨਾ (पूरना) /pūranā プールナー/ [Skt. पूरयति] *vt.* **1** 満たす. **2**(穴や溝を)埋める.

ਪੂਰਬ (पूरब) /pūraba プーラブ/ ▸ਪੂਰਵ [(Pkt. पूरब) Skt. पूर्व] *m.* **1** 東, 東方, 東部. (⇒ਮਸ਼ਰਕ)(⇔ਪੱਛਮ) **2** 〖地理〗東洋.

— *adj.* **1** 前の. **2** 以前の.

— *adv.* **1** 前に. **2** 以前に.

ਪੂਰਬਣ (पूरबण) /pūrabaṇa プールバン/ [-ਣ] *f.* 東部の州の出身の女性.

ਪੂਰਬ-ਪ੍ਰਭਾਵੀ (पूरब-प्रभावी) /pūraba-prabǎvī プーラブ・プラバーヴィー/ [+ Skt. प्रभाव -ਈ] *adj.* **1** 過去の影響を受けた. **2** 過去に遡った.

ਪੂਰਬਲਾ (पूरबला) /pūrabalā プールバラー/ [+ ਲਾ] *adj.* 前の, 以前の.

ਪੂਰਬਾਚਾਰੀਆ (पूरबाचारीआ) /pūrabācārīā プールバーチャーリーアー/ [+ Skt. आचार्य] *m.* 東洋学者.

ਪੂਰਬੀ (पूरबी) /pūrabī プールビー/ ▸ਪੂਰਵੀ [Skt. पूर्वीय] *adj.* **1** 東の, 東方の, 東部の. (⇒ਮਸ਼ਰਕੀ)(⇔ਪੱਛਮੀ) **2** 〖地理〗東洋の.

ਪੂਰਬੀਅਤ (पूरबीअत) /pūrabīata プールビーアト/ [Pers.-*yat*] *f.* 東洋文化. (⇔ਪੱਛਮੀਅਤ)

ਪੂਰਬੀਆ (पूरबीआ) /pūrabīā プールビーアー/ [Skt. पूर्व -ਈਆ] *m.* 東部の州の出身者.

ਪੂਰਬੋਤਰ (पूरबोतर) /pūrabotara プールボータル/ [+ Skt. उत्तर] *m.* 北東.

ਪੂਰਵ (पूरव) /pūrava プーラヴ/ ▸ਪੂਰਬ *m.adj.adv.* → ਪੂਰਬ

ਪੂਰਵ-ਈਸਵੀ (पूरव-ईसवी) /pūrava-īsawī プーラヴ・イースウィー/ [Skt. पूर्व + Arab. *īsavī*] *adj.* 〖歴史〗紀元前の.

— *adv.* 〖歴史〗紀元前に.

ਪੂਰਵਕ (पूरवक) /pūrawaka プールワク/ [Skt. पूर्वक] *suff.* 名詞に付いて,「…のやり方で」「…に従って」「…を伴って」「…に則って」などの意味を持つ副詞を形成する接尾辞.

ਪੂਰਵ-ਰਾਗ (पूरव-राग) /pūrava-rāga プーラヴ・ラーグ/ [Skt. पूर्व + Skt. राग] *m.* 〖文学〗直接会う以前の愛着, 相手を直接見ずに噂や絵などの情報を通して生じた恋情.

ਪੂਰਵੀ (पूरवी) /pūrạvī プールヴィー/ ▸ਪੂਰਬੀ *adj.* → ਪੂਰਬੀ

ਪੂਰਾ[1] (पूरा) /pūrā プーラー/ [Skt. पूर्ण] *adj.* **1** 満ちた, 満たされた, いっぱいの, 詰まっている. ❐ਪੂਰਾ ਕਰਨਾ 満たす, (損害・不足を)埋め合わせる, 補填する. **2** 完全な, 揃った, 整った. **3** 完結した, 完了した. ❐ਪੂਰਾ ਹੋ ਜਾਣਾ 完結する, 死ぬ. ❐ਪੂਰਾ ਕਰਨਾ 完結させる, 完了させる, 仕上げる. **4** 全体の, 全部の, すべての. **5** 正確な, ちょうどの, ぴったりの.

ਪੂਰਾ[2] (पूरा) /pūrā プーラー/ *m.* **1**〖生物〗微小な動物. **2**〖生物〗水中に棲む幼虫.

ਪੂਰੀ[1] (पूरी) /pūrī プーリー/ ▸ਪੂੜੀ [Skt. पूलिका] *f.*〖料理〗プーリー《小麦粉の生地を薄く延ばし, 油で揚げて中をふくらませたもの》.

ਪੂਰੀ[2] (पूरी) /pūrī プーリー/ [Skt. पूर्ण] *f.* 完成, 達成, 成就. ❐ਪੂਰੀ ਪਾਉਣੀ 達成する, 成就する.

ਪੂਲਾ (पूला) /pūlā プーラー/ [Skt. पूलक] *m.* 草や藁の束.

ਪੂਲੀ (पूली) /pūlī プーリー/ *f.* 小さな草や藁の束.

ਪੂੜੀ (पूड़ी) /pūṛī プーリー/ ▸ਪੂਰੀ *f.* → ਪੂਰੀ[1]

ਪੇ[1] (पे) /pe ペー/ ▸ਪਿਉ, ਪਿਊ, ਪਿਓ, ਪੇਓ [(Dua.)] *m.* → ਪਿਓ

ਪੇ[2] (पे) /pe ペー/ [Eng. *pay*] *f.* **1** 支払い. **2** 給料.

ਪੇਓ (पेओ) /peo ペーオー/ ▸ਪਿਉ, ਪਿਊ, ਪਿਓ, ਪੇ [(Pua.)] *m.* → ਪਿਓ

ਪੇਓਕਾ (पेओका) /peokā ペーオーカー/ ▸ਪਿਓਕਾ, ਪੇਕਾ, ਪੇਯਾ *adj.m.* → ਪੇਕਾ

ਪੇਓਨਗਯਾਂਗ (पेओनगयंग) /peonạgayaṅgạ ペーオーングヤング/ [Eng. *Pyongyang*] *m.*〖地名〗ピョンヤン《朝鮮民主主義人民共和国の首都》.

ਪੇਇਣ (पेइण) /peiṇạ ペーイン/ [(Mul.)] *f.*〖鳥〗ペリカン.

ਪੇਸ਼ (पेश) /peśạ ペーシュ/ [Pers. *peś*] *adv.* **1** 前に. **2** 面前に. ❐ਪੇਸ਼ ਕਰਨਾ 発表する, 提示する, 提出する, 差し出す, 提供する, お目にかける.

ਪੇਸ਼ਕਸ਼ (पेशकश) /peśạkaśạ ペーシュカシュ/ [+ Pers. *kaś*] *f.* **1** 申し出, 申し込み. **2** 提案, 提示.

ਪੇਸ਼ਕਾਰ (पेशकार) /peśạkārạ ペーシュカール/ [Pers.*-kār*] *m.* **1**〖法〗裁判所の事務官. **2**〖法〗陪審員長. **3** 代理人. **4** 秘書.

ਪੇਸ਼ਕਾਰੀ (पेशकारी) /peśạkārī ペーシュカーリー/ [Pers.*-kārī*] *f.* **1** 発表, 提示. **2** ਪੇਸ਼ਕਾਰ の職・身分.

ਪੇਸ਼ਕੀ (पेशकी) /peśakī ペーシャキー/ ▸ਪੇਸ਼ਗੀ [(Pot.)] *f.* → ਪੇਸ਼ਗੀ

ਪੇਸ਼ਗੀ (पेशगी) /peśagī ペーシャギー/ ▸ਪੇਸ਼ਕੀ [Pers. *peśgī*] *f.* 前金, 前渡し金, 手付け金. (⇒ਸਾਈ)

ਪੇਸਟਰੀ (पेसटरी) /pesạṭarī ペースタリー/ [Eng. *pastry*] *f.*〖食品〗ペーストリー《練り粉菓子》.

ਪੇਸ਼ਬੰਦੀ (पेशबंदी) /peśạbandī ペーシュバンディー/ [Pers. *peś* Pers.*-bandī*] *f.* **1** 予防. **2** 事前工作, 根回し. **3** 先手を打つこと, 機先を制すること.

ਪੇਸ਼ਵਾ (पेशवा) /peśạwā ペーシュワー/ [Pers. *peśvā*] *m.* **1** 指導者, 先導者. **2**〖歴史〗マラータ同盟の宰相の称号.

ਪੇਸ਼ਵਾਈ (पेशवाई) /peśạwāī ペーシュワーイー/ [Pers. *peśvāī*] *f.* **1** 指導, 指導力. **2** ਪੇਸ਼ਵਾ の地位・身分.

ਪੇਸ਼ਾ (पेशा) /peśā ペーシャー/ [Pers. *peśa*] *m.* **1** 職, 職業. (⇒ਰੁਜ਼ਗਾਰ) **2** 仕事. (⇒ਕੰਮ) **3** 商業.

ਪੇਸ਼ਾਬ (पेशाब) /peśābạ ペーシャーブ/ ▸ਪਸ਼ਾਬ, ਪਿਸ਼ਾਬ *m.* → ਪਿਸ਼ਾਬ

ਪੇਸ਼ਾਵਰ[1] (पेशावर) /peśāwarạ ペーシャーワル/ ▸ਪਿਸ਼ਾਵਰ, ਪਿਸ਼ੌਰ *m.* → ਪਿਸ਼ਾਵਰ

ਪੇਸ਼ਾਵਰ[2] (पेशावर) /peśāwarạ ペーシャーワル/ [Pers. *peśā* Pers.*-var*] *adj.* 職業のある, 仕事を持っている.
— *m.* 職業人, プロ.

ਪੇਸ਼ਾਵਰਾਨਾ (पेशावराना) /peśāwarānā ペーシャーワラーナー/ [Pers.*-āna*] *adj.* **1** 職業人の, プロの. **2** 専門的な.

ਪੇਸ਼ੀ[1] (पेशी) /peśī ペーシー/ [Pers. *peśī*] *f.* **1** 発表, 提示. **2**〖法〗裁判事件の審問. **3**〖法〗出頭, 出廷.

ਪੇਸ਼ੀ[2] (पेशी) /peśī ペーシー/ [Skt. पेशी] *f.* **1** 肉片, 肉塊. **2**〖身体〗筋肉. (⇒ਮਾਸਪੇਸ਼ੀ)

ਪੇਸ਼ੀਨਗੋਈ (पेशीनगोई) /peśīnạgoī ペーシーンゴーイー/ [Pers. *peśīn* Pers.*-goī*] *f.* 予言, 予告.

ਪੇਕਾ (पेका) /pekā ペーカー/ ▸ਪਿਓਕਾ, ਪੇਓਕਾ, ਪੇਯਾ *adj.* **1** 父親の. (⇒ਪਿਓ ਨਾਲ ਸੰਬੰਧਤ) **2** 親の.
— *m.* **1** 父親の家. (⇒ਪਿਓ ਦਾ ਘਰ) **2** 親の家.

ਪੇਚ (पेच) /pecạ ペーチ/ [Pers. *pec*] *m.* **1** ねじれ, よじれ, もつれ, 曲がり, ひねり. **2** 複雑, 入り組んだ事情, 紛糾, 面倒な事態. **3** ねじ釘, ボルト. **4** 糸のもつれ, 絡み合い. **5** 策略, 策謀.

ਪੇਚਸ਼ (पेचश) /pecaśạ ペーチャシュ/ [Pers. *peciś*] *m.*〖医〗赤痢.

ਪੇਚਕ[1] (पेचक) /pecakạ ペーチャク/ *m.*〖鳥〗フクロウ, 梟. (⇒ਉੱਲੂ)

ਪੇਚਕ[2] (पेचक) /pecakạ ペーチャク/ [Pers. *pecak*] *f.* **1** 糸巻き, かせ《糸のひと巻》. **2** 螺旋形のもの, 渦状のもの.

ਪੇਚਕਸ (पेचकस) /pecạkasạ ペーチカス/ ▸ਪੇਚਕਸ਼, ਪੇਚਕੱਸ [Pers. *pec* + Pers. *kaś*] *m.*〖道具〗ねじ回し, ドライバー.

ਪੇਚਕਸ਼ (पेचकश) /pecạkaśạ ペーチカシュ/ ▸ਪੇਚਕਸ, ਪੇਚਕੱਸ *m.* → ਪੇਚਕਸ

ਪੇਚਕੱਸ (पेचकस्स) /pecạkassạ ペーチカッス/ ▸ਪੇਚਕਸ, ਪੇਚਕਸ਼ *m.* → ਪੇਚਕਸ

ਪੇਚਦਾਰ (पेचदार) /pecạdārạ ペーチダール/ [Pers. *pec* Pers.*-dār*] *adj.* **1** ひねりのある, ねじれのある, ねじれた. **2** 螺旋形の, 螺旋状の. **3** 渦巻いた, 渦状の.

ਪੇਚਾ (पेचा) /pecā ペーチャー/ [Pers. *pec*] *m.* **1** もつれ, 絡み. **2** 二つの凧の糸のもつれ・絡み合い. **3**〖競技〗凧糸を絡ませて相手を切り落とす凧合戦.

ਪੇਚੀਦਗੀ (पेचीदगी) /pecīdạgī ペーチードギー/ [Pers. *pecīda* Pers.*-gī*] *f.* **1** ねじれ, ひねり, よじれ. **1** 複雑さ, 混乱, 錯綜. **2** 紛糾. **3** 込み入っていること, 面倒なこと, 厄介なこと. **4** もつれ, 絡み.

ਪੇਚੀਦਾ (पेचीदा) /pecīdā ペーチーダー/ [Pers. *pecīda*] *adj.* **1** ねじれた, よじれた. **2** 複雑な. **3** 込み入った, 面倒な, 厄介な. **4** もつれた, 絡み合った.

ਪੇਛਾ (पेछा) /pecʰā ペーチャー/ ▸ਪਿੱਛਾ *m.* 〖身体〗背中.

ਪੇਂਜਣੀ (पेंजणी) /pẽjaṇī ペーンジャニー/ ▸ਪਿੰਜਣੀ *f.* → ਪਿੰਜਣੀ[1]

ਪੇਂਜਾ (पेंजा) /pẽjā ペーンジャー/ *m.* **1**〖道具〗綿を打ってほぐす弓状の道具, 綿打ち弓. **2**〖道具〗綿を梳いて整える櫛.

ਪੇਂਜੂ (पेंजू) /pẽjū ペーンジュー/ ▸ਪੇਂਝੂ *m.* → ਪੇਂਝੂ

ਪੇਂਝੂ (पेंझू) /pẽjū ペーンジュー/ ▸ਪੇਂਜੂ *m.* 〖植物〗セイヨウフウチョウボク(西洋風蝶木)の果実. (⇒ਡੇਲਾ)

ਪੇਂਟ (पेंट) /pẽṭa ペーント/ [Eng. *paint*] *f.* ペンキ, 塗料.

ਪੇਟ (पेट) /peṭa ペート/ [Skt. पेट] *m.* **1**〖身体〗胃, 腹, お腹(おなか). (⇒ਢਿੱਡ) ❐ਪੇਟ ਕੱਟਣਾ 節約をする, 生計の手段を奪う, 飢えさせる. ❐ਪੇਟ ਦਰਦ 胃痛, 腹痛. ❐ਪੇਟ ਦੀ ਅੱਗ 腹の火, 空腹. **2**〖身体〗腹部, 胴. (⇒ਢਿੱਡ) ❐ਪੇਟ ਸੰਬੰਧੀ 腹部の. ❐ਪੇਟ ਦੀ ਝਿੱਲੀ 腹膜. **3**〖身体〗子宮. **4** 妊娠. ❐ਪੇਟ ਗਿਰਨਾ 流産する. ❐ਪੇਟ ਗਿਰਾਉਣਾ 流産させる, 中絶させる, 堕胎する.

ਪੇਂਟਰ (पेंटर) /pẽṭara ペーンタル/ [Eng. *painter*] *m.* 画家.

ਪੇਟਾ (पेटा) /peṭā ペーター/ [Skt. पेट] *m.* **1**(織物の)横糸. **2** 幅. **3** 責任.

ਪੇਂਟਿੰਗ (पेंटिंग) /pẽṭiṅga ペーンティング/ [Eng. *painting*] *f.* 絵を描くこと.

ਪੇਟੀ[1] (पेटी) /peṭī ペーティー/ [Skt. पेट -ਈ] *f.* 〖衣服〗ベルト, 帯.

ਪੇਟੀ[2] (पेटी) /peṭī ペーティー/ [Skt. पेटिका] *f.* **1**〖容器〗大箱, 道具箱. (⇒ਵੱਡਾ ਟਰੰਕ) **2**〖楽器〗ハルモニアム《卓上アコーディオン風の小さなオルガン》. (⇒ਹਾਰਮੋਨੀਅਮ)

ਪੇਟੂ (पेटू) /peṭū ペートゥー/ [Skt. पेट -ਊ] *adj.* **1** 食いしん坊の, がつがつ食う, 大食家の, 大食漢の. **2** 食い道楽の.

— *m.* 食いしん坊, がつがつ食う人, 大食家, 大食漢. (⇒ਤਾਖੂੰ)

ਪੇਟੂਪੁਣਾ (पेटूपुणा) /peṭūpuṇā ペートゥープナー/ [-ਪੁਣਾ] *m.* 食いしん坊であること, 大食, がつがつ食うこと.

ਪੇਟੇ (पेटे) /peṭe ペーテー/ *postp.* …に責任を持っている.

ਪੇਟੇਂਟ (पेटेंट) /peṭẽṭa ペーテーント/ ▸ਪੇਟੈਂਟ *m.adj.* → ਪੇਟੈਂਟ

ਪੇਟੈਂਟ (पेटैंट) /peṭãĩṭa ペータェーント/ ▸ਪੇਟੇਂਟ [Eng. *patent*] *m.* 特許, パテント, 特許権.

— *adj.* 特許の, 特許を受けている, 特許権を持つ.

ਪੇਠਾ (पेठा) /peṭʰā ペーター/ *m.* 〖植物〗トウガン(冬瓜)《ウリ科の蔓性一年草》.

ਪੇਂਡੂ (पेंडू) /pẽḍū ペーンドゥー/ *adj.* **1** 村の, 農村の. **2** 田舎風の.

— *m.* 村人.

ਪੇਡੂ (पेडू) /peḍū ペードゥー/ *m.* 〖身体〗骨盤.

ਪੇਤਲਾ (पेतला) /petalā ペートラー/ *adj.* 薄い.

ਪੇਤਲਾਪਣ (पेतलापण) /petalāpaṇa ペートラーパン/ *m.* 薄いこと.

ਪੇਂਦਾ (पेंदा) /pẽdā ペーンダー/ [Skt. पिण्ड] *m.* **1** 基盤. **2** 底.

ਪੇਨਾ (पेना) /penā ペーナー/ [(Pot.)] *m.* 請い求める人, 乞食. (⇒ਪਿੰਨਣ ਵਾਲਾ)

ਪੇਨੀ (पेनी) /penī ペーニー/ [(Pot.)] *f.* 請い求める女, 女の乞食. (⇒ਪਿੰਨਣ ਵਾਲੀ)

ਪੇਪਣੀ (पेपणी) /pepaṇī ペーパニー/ *f.* **1**〖身体〗耳たぶ. **2**〖衣服〗女性用のシャツ.

ਪੇਪਰ (पेपर) /pepara ペーパル/ [Eng. *paper*] *m.* **1** 紙. **2** 新聞. **3** 文書, 書類. **4** 試験問題, 答案用紙. **5** 研究論文, レポート.

ਪੇਪੜੀ (पेपड़ी) /pepaṛī ペーパリー/ ▸ਪਪੜੀ, ਪਿਪੜੀ *f.* → ਪਪੜੀ

ਪੇਯਾ (पेया) /peyā ペーヤー/ ▸ਪਿਓਕਾ, ਪੇਓਕਾ, ਪੇਕਾ [(Pua.)] *adj.m.* → ਪੇਕਾ

ਪੇਰੂ[1] (पेरू) /perū ペールー/ [Pers. *perūj*] *m.* 〖鳥〗雄の七面鳥.

ਪੇਰੂ[2] (पेरू) /perū ペールー/ [Eng. *Peru*] *m.* 〖国名〗ペルー(共和国).

ਪੇਵਾ (पेवा) /pewā ペーワー/ [(Mul.)] *m.* **1**〖医〗扁桃腺炎. **2**〖植物〗綿花の種子.

ਪੇੜ (पेड़) /peṛa ペール/ *m.* 〖植物〗木, 樹, 樹木. (⇒ਰੁੱਖ)

ਪੇੜਾ (पेड़ा) /peṛā ペーラー/ [Skt. पिंड] *m.* 〖食品〗ペーラー《ミルクで練った粉を丸めて作った甘い菓子》.

ਪੈਸਾ (पैसा) /paisā パェーサー/ [Skt. पाद] *m.* **1**〖貨単〗パイサー《インドの貨幣単位. 1ルピーの100分の1》. **2** 金, お金, 現金, 銭, 富, 財産《これらの意味で用いる場合は単数形》.

ਪੈਸੇ ਵਾਲਾ (पैसे वाला) /paise wālā パェーセー ワーラー/ [Skt. पाद -ਵਾਲਾ] *adj.* 金持ちの, 裕福な, 富裕な. (⇒ਅਮੀਰ)

— *m.* 金持ち, 裕福な人.

ਪੈਂਹਠ (पैंहठ) /pãĩṭʰa パェーント/ ▸ਪੈਂਠ [(Pkt. पण्णसट्ठि) Skt. पञ्चषष्टि] *ca.num.* 65.

— *adj.* 65の.

ਪੈਂਹਠਮਾਂ (पैंहठमाँ) /pãĩṭʰamā̃ パェーントマーン/ ▸ਪੈਂਹਠਵਾਂ, ਪੈਂਠਵਾਂ [(Pua.)] *or.num. adj.* → ਪੈਂਹਠਵਾਂ

ਪੈਂਹਠਵਾਂ (पैंहठवाँ) /pãĩṭʰawā̃ パェーントワーン/ ▸ਪੈਂਹਠਮਾਂ, ਪੈਂਠਵਾਂ [(Pkt. पण्णसट्ठि) Skt. पञ्चषष्टि -ਵਾਂ] *or.num.* 65番目.

— *adj.* 65番目の.

ਪੈਕ (पैक) /paika パェーク/ [Eng. *pack*] *m.* **1** 包み, 荷物, 束, 包装, パック. ❐ਪੈਕ ਕਰਨਾ 包む, 包装する, 梱包する, 荷造りする, 詰める, 詰め込む. **2** ひと包み, ひと箱.

ਪੈਕਿੰਗ (पैकिंग) /paikiṅga パェーキング/ [Eng. *packing*] *f.* **1** 荷造り, 包装, 梱包. **2** 荷造りしたもの, 梱包したもの.

ਪੈਕਟ[1] (पैकट) /paikaṭa パェーカト/ [Eng. *packet*] *m.* 小さい包み, 小包, 小さな箱.

ਪੈਕਟ[2] (पैकट) /paikaṭa パェーカト/ [Eng. *pact*] *m.* 協定, 条約, 申し合わせ.

ਪੈਂਖੜ (पैंखड़) /pãĩkʰaṛa パェーンカル/ *m.* **1** 足枷. **2** 繋ぎ鎖.

ਪੈਗ (पैग) /paiga パェーグ/ ▸ਪੈੱਗ [Eng. *peg*] *m.* 〖飲

料』小量のアルコール飲料.

ਪੈੱਗ (पैग्ग) /paigga パェーッグ/ ▸ਪੈਗ *m.* → ਪੈਗ

ਪੈਗ਼ੰਬਰ (पैग़ंबर) /paiǧambara パェーガンバル/ [Pers. *paiǧambar*] *m.* 預言者, 神の使徒.

ਪੈਗ਼ੰਬਰੀ (पैग़ंबरी) /paiǧambarī パェーガンブリー/ [Pers. *paiǧambarī*] *adj.* 預言者の, 神の使徒の.
— *f.* 預言者であること, 預言者の務め, 伝道.

ਪੈਗ਼ਾਮ (पैग़ाम) /paiǧāma パェーガーム/ ▸ਪਿਆਮ [Pers. *paiǧām*] *m.* **1** 伝言. **2** 情報, 知らせ.

ਪੈਂਚ (पैंच) /pãīca パェーンチ/ ▸ਪੰਚ *m.* → ਪੰਚ[1]

ਪੈਂਚਰ (पैंचर) /pãīcara パェーンチャル/ ▸ਪੰਚਰ *m.adj.* → ਪੰਚਰ

ਪੈਜ (पैज) /paija パェージ/ *f.* **1** 誓約, 約束(⇒ਪਰਤੱਗਿਆ) **2** 名誉, 高名.

ਪੈਜ਼ਾਰ (पैज़ार) /paizāra パェーザール/ [Pers. *paizār*] *f.* **1**『履物』靴. (⇒ਜੁੱਤੀ) **2**『履物』室内履き, 上靴.

ਪੈਂਟ (पैंट) /pãīṭa パェーント/ [Eng. *pants*] *f.*『衣服』パンツ, ズボン. (⇒ਪਤਲੂਣ)

ਪੈਟਰੋਲ (पैटरोल) /paiṭarola パェートロール/ ▸ਪਟਰੋਲ [Eng. *petrol*] *m.* ガソリン.

ਪੈਟਰੋਲ ਪੰਪ (पैटरोल पंप) /paiṭarola pampa パェートロール パンプ/ ▸ਪਟਰੋਲ ਪੰਪ [Eng. *petrol pump*] *m.* **1** ガソリンスタンドの給油ポンプ. **2** ガソリンスタンド, 給油所.

ਪੈਂਠ (पैंठ) /pãīṭʰa パェーント/ ▸ਪੈਂਹਠ *ca.num. adj.* → ਪੈਂਹਠ

ਪੈਂਠਵਾਂ (पैंठवाँ) /pãīṭʰawā̃ パェーントワーン/ ▸ਪੈਂਹਠਮਾਂ, ਪੈਂਹਠਵਾਂ *or.num. adj.* → ਪੈਂਹਠਵਾਂ

ਪੈਡ (पैड) /paiḍa パェード/ [Eng. *pad*] *m.* 詰め物.

ਪੈਂਡਲ (पैंडल) /pãīḍala パェーンダル/ [Eng. *pendulum*] *m.*『装』首に付ける垂れ飾り, ペンダント.

ਪੈਡਲ (पैडल) /paiḍala パェーダル/ [Eng. *pedal*] *m.* ペダル, (自転車やミシンなどの)踏み板.

ਪੈਂਡਾ (पैंडा) /pãīḍā パェーンダー/ [Pkt. पायडंड] *m.* **1** 道, 道路, 道程, 道のり. (⇒ਰਸਤਾ, ਰਾਹ, ਮਾਰਗ) ❐ਪੈਂਡਾ ਕਰਨਾ, ਪੈਂਡਾ ਮਾਰਨਾ 道のりを行く, 道を踏破する. ❐ਭਾਰਤ ਨੇ ਲੰਮਾ ਪੈਂਡਾ ਮਾਰਨਾ ਸੀ। インドは長い道のりを行かねばなりませんでした. **2** 距離. (⇒ਦੂਰੀ) **3** 旅行. (⇒ਸਫ਼ਰ)

ਪੈਂਡੂਲਮ (पैंडूलम) /pãīḍūlama パェーンドゥーラム/ [Eng. *pendulum*] *m.* 振り子.

ਪੈਣਾ (पैणा) /paiṇā パェーナー/ [cf. ਪੜਨਾ] *vi.* **1** 横になる, 横たわる. ❐ਉਹ ਰੁੱਖ ਹੇਠਾਂ ਪੈ ਗਿਆ। 彼は木の下で横になりました. **2** 落ちる, 落下する. **3** 降る. ❐ਮੀਂਹ ਪੈਣਾ 雨が降る. ❐ਉਸੇ ਦਿਨ ਸ਼ਾਮ ਵੇਲੇ ਬਹੁਤ ਮੀਂਹ ਪਿਆ। その日の夕方にはたくさん雨が降りました. **4** 陥る, (良くないことが)起こる, 降り懸かる. ❐ਦੇਸਾਂ ਪਰਦੇਸਾਂ ਵਿੱਚ ਰੌਲਾ ਪੈ ਗਿਆ। 国の内外で騒乱が起きました. ❐ਇਹੋ ਫ਼ਿਕਰ ਕਰਦਾ ਕਰਦਾ ਉਹ ਬਿਮਾਰ ਪੈ ਗਿਆ। こんな心配をしているうちに彼は病気になってしまいました. **5**《他の動詞の語幹に続き「突然の変化」の意味を加える》(突然)…し出す. ❐ਸਾਰੇ ਹੱਸ ਪੈਂਦੇ ਹਨ। 皆が笑い出します. ❐ਮਾਤਾ ਜੀ ਤੇ ਪਿਤਾ ਜੀ ਇਹ ਸੁਣ ਕੇ ਹੱਸ ਪੈਂਦੇ ਹਨ। お母さんとお父さんはこれを聞いて笑い出します. ❐ਬਲਦ ਸਾਡੇ ਇਸ਼ਾਰੇ ਉੱਤੇ ਤੁਰ ਪੈਂਦੇ ਹਨ। 牡牛たちは私たちの身振りに従って歩き出します. **6**《「起きる(目覚める, 起き上がる, 立ち上がる)」「落ちる」など特定の自動詞の語幹に続けて用いる》. ❐ਦੀਪੀ ਦੇ ਮਾਤਾ ਜੀ ਸੂਰਜ ਨਿਕਲਣ ਤੋਂ ਪਹਿਲਾਂ ਜਾਗ ਪੈਂਦੇ ਹਨ। ディーピーのお母さんは日の出前に目を覚まします. ❐ਅਨਾੜੀ ਸਵਾਰ ਜ਼ਮੀਨ ਤੇ ਡਿਗ ਪੈਂਦੇ ਹਨ। 下手な乗り手たちは地面に落ちてしまいます. **7**《不定詞に続く場合は「強制」の意味. [意味上の主語(要請されている人間) + ਨੂੰ + 不定詞 + ਪੈਣਾ の各時制]の形式. 不定詞が他動詞で後置詞を伴わない目的語〔主格〕が先行する場合は, 不定詞と ਪੈਣਾ はその目的語の性・数に応じて, 男性・単数 ਾ (ਿਆ), 男性・複数 ੇ , 女性・単数 ੀ , 女性・複数 ੀਆਂ と語尾変化する. 母音字を用いたつづりでは, 語尾は, 男性・単数 ਆ (ਇਆ), 男性・複数 ਏ , 女性・単数 ਈ , 女性・複数 ਈਆਂ となる. 不定詞が自動詞であったり, また他動詞であっても目的語〔主格〕が先行しない場合は, すべて男性・単数形になる》…しなければならない, …せざるをえない, …することを余儀なくされる. ❐ਤੁਹਾਨੂੰ ਕਿੰਨੇ ਵਜੇ ਦਫ਼ਤਰ ਜਾਣਾ ਪੈਂਦਾ ਹੈ? あなたは何時にオフィスに行かねばなりませんか. ❐ਮਾਲੀ ਨੂੰ ਫੁੱਲਾਂ ਦਾ ਹਾਰ ਬਣਾਉਣਾ ਪੈਂਦਾ ਹੈ। 庭師は花の首飾りを作らなければなりません. ❐ਮਹਾਤਮਾ ਗਾਂਧੀ ਨੂੰ ਪਿੰਡ ਪਿੰਡ ਫਿਰਨਾ ਪਿਆ ਸੀ। マハートマー・ガーンディーは村から村へと歩き回らなければなりませんでした. ❐ਤੈਨੂੰ ਧੋਬੀ ਪਾਸੋਂ ਕੱਪੜੇ ਲਿਆਉਣੇ ਪੈਣਗੇ। おまえは洗濯屋の所から衣服を持って来なければならないだろう. **8**(輝き・つやなどが)生じる. ❐ਲਿਸ਼ਕ ਪੈਣੀ 輝く, きらめく, ピカピカになる, つやが出る. ❐ਇਸ ਨਾਲ ਦੰਦ ਵੀ ਲਿਸ਼ਕ ਪੈਣਗੇ। これで歯もピカピカになるでしょう. ❐ਕੋਈ ਪੰਜ ਸੌ ਕਹੀਆਂ ਹਵਾ ਵਿੱਚ ਲਿਸ਼ਕ ਪਈਆਂ। およそ五百本ほどの鋤が空中できらめきました. **9**(結果として)…ができる, 生じる. ❐ਸੰਤਾ ਸਿੰਘ ਨੂੰ ਕੀ ਫ਼ਰਕ ਪੈਂਦਾ ਏ? サンター・スィングにとって何の違いが生じようか. ❐ਜ਼ਰੂਰਤ ਪੈਣਾ 必要になる, 求められる, 要請される. **10** 敷かれる, 入れられる. ❐ਅੱਜ ਰਾਹ ਤੇ ਮਿੱਟੀ ਪੈਣੀ ਹੈ। 今日は道に土が敷かれなければなりません. **11** 加えられる. **12** 混ぜられる, 混入される. **13** 建てられる, 建築される, 敷設される. **14** 着せられる. **15**…に位置する, …にある. ❐ਸਾਡੇ ਪਿੰਡ ਤੋਂ ਸਟੇਸ਼ਨ ਕੋਈ ਦੋ ਕਿਲੋਮੀਟਰ ਪੈਂਦਾ ਹੈ। 私たちの村から駅はおよそ2キロメートルの位置にあります〈私たちの村から駅まではおよそ2キロメートルです〉. ❐ਪਰ ਵਿਚਕਾਰ ਵੱਡੇ ਬਜ਼ਾਰ ਨੂੰ ਜਾਣ ਵਾਲੀ ਇੱਕ ਸੜਕ ਪੈਂਦੀ ਹੈ। けれど途中に大きな市場に通じる一本の道路があります.

ਪੈਂਤ੍ਹੀਆਂ (पैंत्हीआँ) /pãītiā̃ パェーンティーアーン/ ▸ਪੈਂਤ੍ਹੀਵਾਂ, ਪੈਂਤੀਵਾਂ *or.num. adj.* → ਪੈਂਤ੍ਹੀਵਾਂ

ਪੈਂਤ੍ਹੀਵਾਂ (पैंत्हीवाँ) /pãītīwā̃ パェーンティーワーン/ ▸ਪੈਂਤ੍ਹੀਆਂ, ਪੈਂਤੀਵਾਂ [(Pkt. पणतीस) Skt. पञ्चत्रिंशत् -वां] *or.num.* 35番目.
— *adj.* 35番目の.

ਪੈਂਤਰਾ (पैंतरा) /pãītarā パェーンタラー/ ▸ਪੈਂਤੜਾ *m.* → ਪੈਂਤੜਾ

ਪੈਤਰਿਕ (पैतरिक) /paitarika パェータリク/ ▸ਪੈਤ੍ਰਿਕ *adj.* 世襲の.

ਪੈਤ੍ਰਿਕ (पैत्रिक) /paitrika (paitarika) パェートリク (パェータリク)/ ▸ਪੈਤਰਿਕ *adj.* → ਪੈਤਰਿਕ

ਪੈਂਤਰੀ (पैंतरी) /pãītarī パェーンタリー/ ▸ਪੈਂਤੀ [(Pot.) (Pkt. पणतीस) Skt. पञ्चत्रिंशत्] *ca.num.* 35.

— *adj.* 35の.

ਪੈਂਤਰੇਬਾਜ਼ (पैंतरेबाज़) /pāĩtarebāzạ パェーンタレーバーズ/ ▸ਪੈਂਤੜੇਬਾਜ਼ *adj.* → ਪੈਂਤੜੇਬਾਜ਼

ਪੈਂਤੜਾ (पैंतड़ा) /pāĩtaṛā パェーンタラー/ ▸ਪੈਂਤਰਾ [Skt. पदान्तर] *m.* **1** 姿勢, 体勢. **2** 戦術, 戦略, 策略.

ਪੈਂਤੜੇਬਾਜ਼ (पैंतड़ेबाज़) /pāĩtaṛebāzạ パェーンタレーバーズ/ ▸ਪੈਂਤਰੇਬਾਜ਼ [Pers.*-bāz*] *adj.* **1** 策士の. **2** 悪賢い.

ਪੈਂਤੜੇਬਾਜ਼ੀ (पैंतड़ेबाज़ी) /pāĩtaṛebāzī パェーンタレーバーズィー/ [Pers.*-bāzī*] *f.* **1** 策を弄すること. **2** 策略, 術策, 謀略.

ਪੈਂਤੀ (पैंती) /pāĩtī パェーンティー/ ▸ਪੈਂਤਰੀ [(Pkt. पणतीस) Skt. पञ्चत्रिंशत्] *ca.num.* 35.

— *adj.* 35の.

— *f.* **1** 35文字. **2**〖文字〗グルムキー文字の字母表.

ਪੈਂਤੀ-ਅੱਖਰੀ (पैंती-अक्खरी) /pāĩtī-akkʰarī パェーンティー・アッカリー/ [+ Skt. अक्षर -ई] *f.* **1** 35文字. **2**〖文字〗グルムキー文字の字母表.

ਪੈਂਤੀਵਾਂ (पैंतीवाँ) /pāĩtīwā̃ パェーンティーワーン/ ▸ਪੈਂਤ੍ਰੀਆਂ, ਪੈਂਤ੍ਰੀਵਾਂ *or.num. adj.* → ਪੈਂਤ੍ਰੀਵਾਂ

ਪੈਂਦ (पैंद) /pāĩdạ パェーンド/ ▸ਪੁਆਂਦ *m.* ベッドのスプリング.

ਪੈਦਲ (पैदल) /paidalạ パェーダル/ [Skt. पाद + ल] *adv.* 歩いて, 徒歩で. ❐ਪੈਦਲ ਚੱਲਣਾ 歩いて行く, 歩行する. ❐ਪੈਦਲ ਚੱਲਣ ਵਾਲਾ 歩いて行く人, 歩行者. ❐ਸੜਕ ਉੱਤੇ ਪੈਦਲ ਚੱਲਣ ਵਾਲਿਆਂ ਦੇ ਲੰਘਣ ਲਈ ਨਿਸ਼ਾਨ ਲੱਗੇ ਹਨ। 道路を歩いて行く人たちが横断するために印が付いています.

— *adj.* **1** 徒歩の. **2**〖軍〗徒歩で行軍する. ❐ਪੈਦਲ ਸਿਪਾਹੀ 歩兵. ❐ਪੈਦਲ ਫ਼ੌਜ 歩兵隊.

ਪੈਂਦੜ (पैंदड़) /pāĩdaṛạ パェーンダル/ *m.* 狂乱.

ਪੈਦਾ (पैदा) /paidā パェーダー/ [Pers. *paidā*] *adj.* **1** 生まれた, 誕生した. ❐ਪੈਦਾ ਹੋਣਾ 生まれる, 誕生する. ❐ਪੈਦਾ ਕਰਨਾ 生む. **2** 創られた, 創造された. ❐ਪੈਦਾ ਹੋਣਾ 創られる, 創造される. ❐ਪੈਦਾ ਕਰਨਾ 創る, 創造する. **3** 生じた, 発生した, 起こった. ❐ਪੈਦਾ ਹੋਣਾ 生じる, 発生する. ❐ਪੈਦਾ ਕਰਨਾ 生じさせる, 引き起こす. **4** 産出された, 生産された. ❐ਪੈਦਾ ਕਰਨਾ 生産する.

ਪੈਦਾਇਸ਼ (पैदाइश) /paidāiśạ パェーダーイシュ/ [Pers. *paidāʰiś*] *f.* **1** 誕生, 出生. **2** 創造. **3** 生産. **4** 成長.

ਪੈਦਾਇਸ਼ੀ (पैदाइशी) /paidāiśī パェーダーイシー/ [Pers. *paidāʰiśī*] *adj.* **1** 生まれの, 誕生の, 出生の. **2** 生まれながらの, 生まれつきの, 生来の, 天性の, 先天的な.

ਪੈਦਾਵਾਰ (पैदावार) /paidāwārạ パェーダーワール/ [Pers. *paidāvār*] *f.* **1** 生産, 産出 **2** 生産物 **3** 収穫物, 作物, 農産物 **4** 収益. **5** 成果.

ਪੈਦਾਵਾਰੀ (पैदावारी) /paidāwārī パェーダーワーリー/ [Pers. *paidāvārī*] *f.* **1** 誕生. **2** 創造. **3** 生産. **4** 成長.

ਪੈਨ (पैन) /painạ パェーン/ ▸ਪੈੱਨ *m.* → ਪੈੱਨ

ਪੈੱਨ (पैन्न) /painnạ パェーンヌ/ ▸ਪੈਨ [Eng. *pen*] *m.*〖道具〗ペン.

ਪੈਨਸ਼ਨ (पैनशन) /painạśanạ パェーンシャン/ ▸ਪਿਨਸ਼ਨ [Eng. *pension*] *f.* 年金.

ਪੈਨਸ਼ਨਰ (पैनशनर) /painạśanarạ パェーンシャナル/ ▸ਪਿਨਸ਼ਨਰ [Eng. *pensioner*] *m.* 年金受給者. (⇒ਇੰਗਲਿਸ਼ੀਆ)

ਪੈਨਸ਼ਨੀਆਂ (पैनशनीआँ) /painạśaniā̃ パェーンシャニーアーン/ ▸ਪਿਨਸ਼ਨੀਆ [Eng. *pension* -ੀਆਂ] *m.* 年金受給者. (⇒ਇੰਗਲਿਸ਼ੀਆ)

ਪੈਨਸਲੀਨ (पैनसलीन) /painạsalīnạ パェーンサリーン/ [Eng. *penicillin*] *f.*〖薬剤〗ペニシリン.

ਪੈਨਸਿਲ (पैनसिल) /painạsilạ パェーンスィル/ ▸ਪਿੰਸਲ, ਪਿਨਸਲ [Eng. *pencil*] *f.*〖道具〗鉛筆.

ਪੈਪਸੂ (पैपसू) /paipạsū パェープスー/ [Eng. *PEPSU (Patiala and East Punjab States Union)*] *m.*〖歴史〗PEPSU《パティアーラーと東パンジャーブ藩王国連合. 分離独立の翌年1948年, インドへの帰属を選んだ8藩王国が合体して作った連合. 1956年にパンジャーブ州に編入された》.

ਪੈਂਫ਼ਲਟ (पैंफ़लट) /pāĩfạlaṭạ パェーンフラト/ ▸ਪੈਂਫ਼ਲਿਟ *m.* → ਪੈਂਫ਼ਲਿਟ

ਪੈਂਫ਼ਲਿਟ (पैंफ़लिट) /pāĩfạliṭạ パェーンフリト/ ▸ਪੈਂਫ਼ਲਟ [Eng. *pamphlet*] *m.* **1** パンフレット. **2** 小冊子. (⇒ਕਿਤਾਬਚਾ, ਪੁਸਤਕਾ)

ਪੈਮਾਇਸ਼ (पैमाइश) /paimāiśạ パェーマーイシュ/ [Pers. *paimāʰiś*] *f.* **1** 計測, 計量, 測定, 測量. ❐ਪੈਮਾਇਸ਼ ਕਰਨੀ 計る, 測定する, 測量する. **2** 検分, 調査.

ਪੈਮਾਨਾ (पैमाना) /paimānā パェーマーナー/ [Pers. *paimāna*] *m.* **1** 尺度, 規格. **2** 大きさ, 規模.

ਪੈਰ (पैर) /pairạ パェール/ [Skt. पद] *m.* **1**〖身体〗足. ❐ਪੈਰ ਉੱਖੜਨੇ 退却する. ❐ਪੈਰ ਕਬਰ ਵਿੱਚ ਹੋਣਾ 墓に片足を入れる, とても年をとる, 死期に近づく. ❐ਪੈਰ ਖਿੱਚਣਾ 引き返す, 後戻りする. ❐ਪੈਰ ਚੱਟਣਾ 人の足を舐める, 卑屈に振る舞う, へつらう. ❐ਪੈਰ ਚੁੰਮਣਾ 人の足に接吻する, 最大限の敬意を表する. ❐ਪੈਰ ਛੂਹਣਾ 足に触れる, 長上の人の足を手で触って敬意を表する. ❐ਪੈਰ ਪਾਉਣਾ 入る. ❐ਪੈਰ ਫੜਨੇ (平伏して)人の足をつかむ, 敗北を認める, 謝る, 許しを請う. ❐ਪੈਰ ਭਾਰੇ ਹੋਣੇ 両足が重くなる, 妊娠する. **2**(机などの)脚. **3** 足跡.

ਪੈਰਹੀਨ (पैरहीन) /pairạhīnạ パェールヒーン/ [Skt.-हीन] *adj.* 足のない.

ਪੈਰ-ਟਿੱਪਣੀ (पैर-टिप्पणी) /pairạ-ṭippaṇī パェール・ティッパニー/ [+ Skt. टिप्पणी] *f.* 脚注.

ਪੈਰਵੀ (पैरवी) /pairạwī パェールウィー/ [Pers. *pai* + Pers. *ravī*] *f.* **1** 追従, 追随. **2** 擁護, 支持, 弁護. **3** 追求, 追跡. **4**〖法〗訴追. **5** 努力. (⇒ਕੋਸ਼ਿਸ਼)

ਪੈਰਾ (पैरा) /pairā パェーラー/ [Eng. *paragraph*] *m.* 段落.

ਪੈਰਾਸ਼ੂਟ (पैराशूट) /pairāśūṭạ パェーラーシュート/ [Eng. *parachute*] *m.* 落下傘, パラシュート. (⇒ਹਵਾਈ ਛਤਰੀ)

ਪੈਰੀਂ (पैरीं) /pairī̃ パェーリーン/ [Skt. पद + ईं] *adv.* **1** 足で, 足に. **2** 歩いて, 徒歩で.

ਪੈਰੀਂ ਹਾਹਾ (पैरीं हाहा) /pairī̃ hāhā パェーリーン ハーハー/ *m.*〖文字〗パイリーン・ハーハー《「足に付くハーハー」の意味. グルムキー文字で, 子音字の下に付く, ਹ をその字形のまま小さく縮小した形の付加文字の名称. 摩擦音の「ハ」ではなく, 高降りアクセント(高声調)または低昇りアクセント(低声調)を表す. 例えば ਨ੍ਹ ਮ੍ਹ ਰ੍ਹ ਲ੍ਹ ੜ੍ਹ は, 中央の各文字が示す子音とそれに伴うアクセント(声調)を表す》.

ਪੈਰੀਂ ਬਿੰਦੀ (पैरीं बिंदी) /pairī̃ bindī パェーリーン ビンディー/ *f.* 〖文字〗パイリーン・ビンディー《「足に付く点」の意味. グルムキー文字で, 主として外来語に含まれる音を表記するために, 元来の子音字の下に付ける点. デーヴァナーガリー文字のヌクター記号に当たる》.

ਪੈਰੀਂ ਰਾਰਾ (पैरीं रारा) /pairī̃ rārā パェーリーン ラーラー/ *m.* 〖文字〗パイリーン・ラーラー《「足に付くラーラー」の意味. グルムキー文字で, 子音字の下に付く, ਰ を変形させた付加文字の名称. ਰ の字形のまま小さく縮小した形ではなく, 左端の先が丸くなったおたまじゃくしのような形. 中央の各文字が示す子音と ਰ が示す巻き舌の音「ラ」 ra との結合を表す. ਸ੍ਰ ਸ਼੍ਰ ਕ੍ਰ ਗ੍ਰ ਦ੍ਰ ਤ੍ਰ ਦ੍ਰ ਪ੍ਰ ਫ੍ਰ ਬ੍ਰ ਮ੍ਰ などが実際に用いられるつづりである. 例えば ਸ੍ਰ は, 結合子音「スラ」 sra を, また ਕ੍ਰ は, 結合子音「クラ」 kra を表す》.

ਪੈਰੀਂ ਵੱਵਾ (पैरीं वव्वा) /pairī̃ wawwā | pairī̃ vavvā パェーリーン ワッワー | パェーリーン ヴァッヴァー/ ▸ਪੈਰੀਂ ਵਾਵਾ *m.* 〖文字〗パイリーン・ワッワー(ヴァッヴァー)《「足に付くワッワー(ヴァッヴァー)」の意味. グルムキー文字で, 子音字の下に付く, ਵ をその字形のまま小さく縮小した形の付加文字の名称. 中央の各文字が示す子音と ਵ が示す音「ワ」 wa または「ヴァ」 va との結合を表す. 例えば ਸ੍ਵ は, 結合子音「スワ」 swa または「スヴァ」 sva を表す》.

ਪੈਰੀਂ ਵਾਵਾ (पैरीं वावा) /pairī̃ wāwā | pairī̃ vāvā パェーリーン ワーワー | パェーリーン ヴァーヴァー/ ▸ਪੈਰੀਂ ਵੱਵਾ *m.* → ਪੈਰੀਂ ਵੱਵਾ

ਪੈਰੋਂ (पैरों) /pairõ パェーローン/ [Skt. पद + ਓ] *adv.* 《 ਪੈਰ ਤੋਂ の融合形》足から.

ਪੈਰੋਕਾਰ (पैरोकार) /pairokārạ パェーローカール/ [Pers. *pai* + Pers. *ravī* Pers.-*kār*] *m.* **1** 追従者, 信奉者. **2** 支持者, 擁護者. **3** 弟子. (⇒ਚੇਲਾ)

ਪੈਰੋ ਪੈਰ (पैरो पैर) /pairo pairạ パェーロー パェール/ *adv.* **1** 一歩一歩. **2** 徐々に.

ਪੈਰੋਲ (पैरोल) /pairolạ パェーロール/ [Eng. *parole*] *f.* 〖法〗仮釈放.

ਪੈਲ (पैल) /pailạ パェール/ [Skt. पलाल] *f.* 〖植物〗藁の床に並べたマンゴー.

ਪੈਲੀ (पैली) /pailī パェーリー/ [Pkt. पल्लवाय] *f.* 耕地, 農地. (⇒ਖੇਤ)

ਪੈਵੰਦ¹ (पैवंद) /paiwandạ パェーワンド/ ▸ਪਿਉਂਦ, ਪਿਓਂਦ [(Mul.)] *f.* → ਪਿਓਂਦ

ਪੈਵੰਦ² (पैवंद) /paiwandạ パェーワンド/ ▸ਪਾਬੰਦ *adj.* → ਪਾਬੰਦ

ਪੈੜ (पैड़) /pairạ パェール/ *f.* **1** 足跡. **2** 足取り.

ਪੈੜੀ (पैड़ी) /pairī パェーリー/ *f.* **1** 〖建築〗階段の踏み段, 階段. (⇒ਜ਼ੀਨਾ) **2** 梯子. **3** 敷居.

ਪੈੜੋ-ਪੈੜ (पैड़ो-पैड़) /pairo-pairạ パェーロー・パェール/ *adv.* 跡を追って, 追跡して.

ਪੋਉ (पोऊ) /poū ポーウー/ ▸ਪਿਆਉ, ਪਿਆਓ [(Pua.) Skt. पय] *m.* 無料の給水所. (⇒ਛਬੀਲ)

ਪੋਆ (पोआ) /poā ポーアー/ *m.* 〖虫〗さなぎ.

ਪੋਈਆ (पोईआ) /poīā ポーイーアー/ [Pers. *poyā*] *m.* 馬の緩い駆け足.

ਪੋਏ (पोए) /poe ポーエー/ *m.* 〖虫〗さなぎ《複数形》.

ਪੋਸ਼ (पोश) /pośạ ポーシュ/ [Pers. *poś*] *m.* **1** 覆うもの, 覆い隠すもの. **2** 衣服, 衣装. (⇒ਲਿਬਾਸ)

— *suff.* 「覆う」「覆い隠す」などの意味を含む形容詞, または「覆った人」「覆い隠した人」などの意味を含む男性名詞を形成する接尾辞.

ਪੋਸਟ¹ (पोसट) /posạṭạ ポースト/ [Eng. *post*] *f.* 地位, 職, ポスト. (⇒ਅਸਾਮੀ)

ਪੋਸਟ² (पोसट) /posạṭạ ポースト/ [Eng. *post*] *f.* 郵便. (⇒ਡਾਕ)

ਪੋਸਟ ਆਫ਼ਿਸ (पोसट आफ़िस) /posạṭạ āfisạ ポースト アーフィス/ [Eng. *post office*] *m.* 郵便局. (⇒ਡਾਕਖ਼ਾਨਾ, ਡਾਕਘਰ)

ਪੋਸਟ ਕਾਰਡ (पोसट कारड) /posạṭạ kārạḍạ ポースト カールド/ [Eng. *postcard*] *m.* はがき, 郵便葉書.

ਪੋਸਟ ਮਾਸਟਰ (पोसट मासटर) /posạṭạ māsạṭạrạ ポースト マースタル/ [Eng. *postmaster*] *m.* 郵便局長.

ਪੋਸਟ ਮਾਰਟਮ (पोसट मारटम) /posạṭạ mārạṭạmạ ポースト マールタム/ [Eng. *postmortem*] *m.* 〖法〗検死.

ਪੋਸਟਮੈਨ (पोसटमैन) /posạṭạmainạ ポーストマェーン/ [Eng. *postman*] *m.* 郵便集配人.

ਪੋਸਟਰ (पोसटर) /posạṭạrạ ポースタル/ [Eng. *poster*] *m.* **1** ポスター. **2** ビラ広告.

ਪੋਸਟਲ ਆਰਡਰ (पोसटल आरडर) /posạṭạlạ ārạḍạrạ ポースタル アールダル/ [Eng. *postal order*] *m.* 郵便為替.

ਪੋਸਣ (पोसण) /posaṇạ ポーサン/ ▸ਪੋਖਣ [Skt. पोषण] *m.* **1** 養育, 扶養, 育成, 愛育. **2** 飼育. **3** 滋養, 栄養, 養分. **4** 維持, 保持. **5** 激励, 助力, 後援, 援護.

ਪੋਸਣਾ (पोसणा) /posaṇā ポーサナー/ ▸ਪੋਖਣਾ [Skt. पोषति] *vt.* **1** 養う, 養育する, 扶養する. **2** 育てる, 飼育する.

ਪੋਸਤ (पोसत) /posạtạ ポースト/ [Pers. *post*] *m.* **1** 〖身体〗皮膚, 外皮. (⇒ਛਿਲਕਾ) **2** 〖植物〗ケシ(芥子・罌粟), ケシの花. **3** 〖麻薬〗アヘン, 阿片.

ਪੋਸਤੀ (पोसती) /posạtī ポースティー/ [Pers. *postī*] *m.* **1** 阿片中毒者. **2** 怠け者.

ਪੋਸਤੀਨ (पोसतीन) /posạtīnạ ポースティーン/ [Pers. *postīn*] *f.* **1** 毛皮. **2** 〖衣服〗毛皮の衣服, 毛皮のコート.

ਪੋਸ਼ਾਕ (पोशाक) /pośākạ ポーシャーク/ ▸ਪੁਸ਼ਾਕ, ਪੁਸ਼ਾਕਾ *f.* → ਪੁਸ਼ਾਕ

ਪੋਸ਼ੀਦਗੀ (पोशीदगी) /pośīdagī ポーシーダギー/ ▸ਪੁਸ਼ੀਦਗੀ *f.* → ਪੁਸ਼ੀਦਗੀ

ਪੋਸ਼ੀਦਾ (पोशीदा) /pośīdā ポーシーダー/ ▸ਪੁਸ਼ੀਦਾ *adj.* → ਪੁਸ਼ੀਦਾ

ਪੋਹ (पोह) /pô ポー/ [(Pkt. पोस) Skt. पौष] *m.* 〖暦〗ポー(パウシャ)月《インド暦10月・西洋暦12～1月)》.

ਪੋਹਕਰਮੂਲ (पोहकरमूल) /pôkarạmūlạ ポーカルムール/ *m.* 塊茎.

ਪੋਹਣਾ (पोहणा) /pôṇā ポーナー/ [Skt. पोषति] *vi.* 感じら

れる, 思われる. (⇒ਲੱਗਣਾ)

— *vt.* **1** 感じさせる, 感動させる, 心を動かす. **2** 刺激する.

ਪੋਹਲੀ (पोहली) /pôlī ポーリー/ *f.* 〖植物〗ワイルドサフラワー《キク科ベニバナ属の草本》.

ਪੋਖਣ (पोखण) /pokʰaṇa ポーカン/ ▸ਪੋਸਣ *m.* → ਪੋਸਣ

ਪੋਖਣਾ (पोखणा) /pokʰaṇā ポーカナー/ ▸ਪੋਸਣਾ *vt.* → ਪੋਸਣਾ

ਪੋਚ¹ (पोच) /poca ポーチ/ *m.* **1** 年齢層. **2** 世代.

ਪੋਚ² (पोच) /poca ポーチ/ [Pers. *puc*] *adj.* **1** 卑しい. (⇒ਕਮੀਨਾ) **2** 下賤な. (⇒ਨੀਚ) **3** 取るに足らない, 価値のない. (⇒ਤੁੱਛ)

ਪੋਚਣਾ (पोचणा) /pocaṇā ポーチャナー/ ▸ਪੂੰਝਣਾ *vt.* → ਪੂੰਝਣਾ

ਪੋਚਾ (पोचा) /pocā ポーチャー/ *m.* **1** 床や壁に塗るため泥や牛糞を水を含めてこねたもの. **2** 床を拭くためのぼろ布.

ਪੋਜ਼ (पोज़) /poza ポーズ/ [Eng. *pose*] *m.* 姿勢, 構え.

ਪੋਜੀਸ਼ਨ (पोजीशन) /pojīśana ポージーシャン/ ▸ਪੁਜੀਸ਼ਨ *f.* → ਪੁਜੀਸ਼ਨ

ਪੋਟ (पोट) /poṭa ポート/ [Pkt. पोट] *f.* **1** 包み, 包装, 梱包. (⇒ਗੰਢ) **2** 餌袋《鳥の食道にある素嚢》.

ਪੋਟਲੀ (पोटली) /poṭalī ポータリー/ [Skt. पोट्टल] *f.* **1** 小さな包み, 小包. **2** 小嚢.

ਪੋਟਲੀ-ਨੁਮਾ (पोटली-नुमा) /poṭalī-numā ポータリー・ヌマー/ [Pers.-*numā*] *adj.* 小嚢状の.

ਪੋਟਾ (पोटा) /poṭā ポーター/ *m.* 〖身体〗指先, 指骨.

ਪੋਟਾ-ਪੋਟਾ (पोटा-पोटा) /poṭā-poṭā ポーター・ポーター/ ▸ਪੋਟੇ-ਪੋਟੇ *adv.* → ਪੋਟੇ-ਪੋਟੇ

ਪੋਟੇ-ਪੋਟੇ (पोटे-पोटे) /poṭe-poṭe ポーテー・ポーテー/ ▸ਪੋਟਾ-ਪੋਟਾ *adv.* 小刻みに, 少しずつ.

ਪੋਠੋਹਾਰ (पोठोहार) /poṭʰohāra ポートーハール/ *m.* 〖地名〗ポートーハール地方《パンジャーブ北西部ジェーラム川とアトック川の間に位置する台地の地域. 主要都市はラーワルピンディー》.

ਪੋਠੋਹਾਰਨ (पोठोहारन) /poṭʰohārana ポートーハーラン/ *f.* ポートーハール地方に住む女性, ポートーハール地方出身の女性.

ਪੋਠੋਹਾਰੀ (पोठोहारी) /poṭʰohārī ポートーハーリー/ *f.* ポートーハーリー方言《ポートーハール地方で話されるパンジャービー語の方言》.

— *m.* ポートーハール地方に住む人, ポートーハール地方出身者.

— *adj.* **1** ポートーハール地方の. **2** ポートーハーリー方言の.

ਪੋਣ (पोण) /poṇa ポーン/ *m.* 脱脂乳を濾した後の残余物. (⇒ਛਿੱਡੀ)

ਪੋਣਾ (पोणा) /poṇā ポーナー/ *m.* **1** 濾し布. **2** 布巾. **3** 〖建築〗穴の開いた石製の障壁, 石製の網戸. **4** 沐浴池にある女性用の遮蔽された沐浴施設.

ਪੋਣੀ (पोणी) /poṇī ポーニー/ *f.* 〖道具〗濾し網.

ਪੋਤ¹ (पोत) /pota ポート/ [Skt. पोत] *m.* **1** 〖乗物〗船. **2** 〖乗物〗ボート.

ਪੋਤ² (पोत) /pota ポート/ [Skt. पोत] *m.* **1** 絹糸による刺繍. **2** 〖布地〗絹糸で刺繍した布.

ਪੋਤ³ (पोत) /pota ポート/ *f.* 糠(ぬか), 米糠. (⇒ਫੱਕ)

ਪੋਤ⁴ (पोत) /pota ポート/ [Skt. पौत्र, पौत्री] *suff.* 「孫」を意味する接頭辞.

ਪੋਤ ਜਵਾਈ (पोत जवाई) /pota jawāī ポート ジャワーイー/ [Skt. पौत्री- Skt. जामातृ] *m.* 〖親族〗孫娘の夫, 義理の孫.

ਪੋਤ ਨੂੰਹ (पोत नूँह) /pota nū̃ ポート ヌーン/ [Skt. पौत्र- Skt. स्नुषा] *f.* 〖親族〗孫の妻, 義理の孫娘.

ਪੋਤਰ (पोतर) /potara ポータル/ ▸ਪੁੱਤ, ਪੁੱਤਰ [(Mul.)] *m.* → ਪੁੱਤਰ

ਪੋਤਰਾ (पोतरा) /potarā ポータラー/ ▸ਪੋਤਾ [Skt. पौत्र] *m.* 〖親族〗孫《息子の息子》.

ਪੋਤਰੀ (पोतरी) /potarī ポータリー/ ▸ਪੋਤੀ [Skt. पौत्री] *f.* 〖親族〗孫娘《息子の娘》.

ਪੋਤੜਾ (पोतड़ा) /potaṛā ポータラー/ *m.* おむつ.

ਪੋਤਾ (पोता) /potā ポーター/ ▸ਪੋਤਰਾ *m.* → ਪੋਤਰਾ

ਪੋਤੀ (पोती) /potī ポーティー/ ▸ਪੋਤਰੀ *f.* → ਪੋਤਰੀ

ਪੋਥਾ (पोथा) /potʰā ポーター/ [(Pkt. पोत्थअ) Skt. पुस्तक] *m.* 大型の本.

ਪੋਥੀ (पोथी) /potʰī ポーティー/ [-ई] *f.* **1** 本. **2** 聖典.

ਪੋਨਵਾਰ (पोनवार) /ponawāra ポーンワール/ *m.* 〖植物〗ハブソウ(波布草)の種子.

ਪੋਨਾ (पोना) /ponā ポーナー/ [Skt. पौता] *m.* 〖植物〗サトウキビの一種.

ਪੋਪ (पोप) /popa ポープ/ [Eng. *Pope*] *m.* 〖キ〗ローマ教皇, 法王.

ਪੋਪਟ (पोपट) /popaṭa ポーパト/ *m.* クラッカー《パーンと音を発する花火の一種》.

ਪੋਪਲਾ (पोपला) /popalā ポーパラー/ *adj.* 歯のない, 歯の抜けた.

— *m.* 歯のない男, 歯の抜けた男.

ਪੋਪਲੀ¹ (पोपली) /popalī ポープリー/ *f.* 歯のない女.

ਪੋਪਲੀ² (पोपली) /popalī ポープリー/ *f.* **1** 空気を入れて膨らました皮袋《浮き袋として用いる》. **2** 救命帯, 救命具.

ਪੋਰ (पोर) /pora ポール/ *f.* 〖道具〗種蒔き用の長い漏斗(じょうご).

ਪੋਰਟਰ (पोरटर) /poraṭara ポールタル/ [Eng. *porter*] *m.* 運搬人, 赤帽.

ਪੋਰਤੇ (पोरते) /porate ポールテー/ ▸ਪੋਰਤੇ [(Mul.)] *adv.* → ਪੋਰਤੇ

ਪੋਰਨਾ (पोरना) /poranā ポールナー/ *vt.* 〖農業〗長い漏斗(じょうご)を使って種を蒔く.

ਪੋਰੀ (पोरी) /porī ポーリー/ *f.* 〖植物〗竹やサトウキビの節.

ਪੋਲ¹ (पोल) /pola ポール/ [Pkt. पोल्ल] *adj.* 空(から)の, 空洞の, 中空の, うつろの.

— *f.* **1** 空(から), うつろなこと. **2** 空洞, 空所.

ਪੋਲ² (पोल) /pola ポール/ [Eng. *pole*] *m.* 棒.

ਪੋਲ੍ਹੋ (पोल्हो) /pôlo ポーロー/ ▸ਪੋਲੋ [Eng. *polo*] *f.* 〖競技〗ポロ《馬上から木球を打ち合ってゴールに入れる競技》.

ਪੋਲਟਰੀ ਫ਼ਾਰਮ (पोलटरी फ़ारम) /polaṭarī fārama ポール

タリー ファールム/ [Eng. *poultry farm*] *m.* 養鶏場.

ਪੋਲ-ਵਾਲਟ (पोल-वालट) /polḁ-vālḁṭḁ ポール・ヴァールト/ [Eng. *pole-vault*] *m.* 〖競技〗棒高跳び.

ਪੋਲਾ (पोला) /polā ポーラー/ [Pkt. पोल्ल] *adj.* **1** 空(から)の, 空洞の, 中空の, うつろの. (⇒ਥੋਥਾ) **2** 柔らかい, 柔軟な. **3** 弱い, 繊細な. **4** 潰れやすい. **5** 弛んだ, ぐにゃぐにゃした.

ਪੋਲਾਪਣ (पोलापण) /polāpaṇḁ ポーラーパン/ [-ਪਣ] *m.* **1** 空(から)の状態, 空洞, 中空. **2** 柔らかいこと, 柔軟性. **3** 弱いこと, 虚弱, 繊細. **4** 潰れやすさ. **5** 弛み, ぐにゃぐにゃした状態.

ਪੋਲਿੰਗ (पोलिंग) /polingḁ ポーリング/ [Eng. *polling*] *f.* 投票.

ਪੋਲਿਟੀਕਲ (पोलिटीकल) /politīkalḁ ポーリティーカル/ ▸ਪੁਲਿਟੀਕਲ [Eng. *political*] *adj.* 政治上の, 政治的な, 政略的な.

ਪੋਲਿਟੀਕਲ ਪਾਰਟੀ (पोलिटीकल पारटी) /politīkalḁ pārḁṭī ポーリティーカル パールティー/ [Eng. *political party*] *f.* 〖政治〗政党, 党.

ਪੋਲੈਂਡ (पोलैंड) /polā̃ĩḍḁ ポーラェーンド/ [Eng. *Poland*] *m.* 〖国名〗ポーランド(共和国).

ਪੋਲੋ (पोलो) /polo ポーロー/ ▸ਪੋਲ੍ਹੋ *f.* → ਪੋਲ੍ਹੋ

ਪੋਵਾਧੀ (पोवाधी) /powâdī ポーワーディー/ ▸ਪੁਆਧੀ *f.m.adj.* → ਪੁਆਧੀ

ਪੌਂ (पौं) /pãũ パォーン/ *m.* 〖遊戯〗さいころの目で強い数, さいころの1. ❒ਪੌਂ ਬਾਰਾਂ さいころの一番強い目, 大当たり, 大成功, 幸運.

ਪੌਂਖਾ (पौंखा) /pãũk^{h}ā パォーンカー/ *m.* 前兆.

ਪੌਂਚਾ (पौंचा) /pãũcā パォーンチャー/ ▸ਪਹੁੰਚਾ, ਪਹੁੰਚਾ *m.* → ਪਹੁੰਚਾ

ਪੌਂਚੀ (पौंची) /pãũcī パォーンチー/ *f.* 〖装〗腕輪.

ਪੌਂਡ (पौंड) /pãũḍḁ パォーンド/ [Eng. *pound*] *m.* 〖重量〗ポンド《約454グラム》.

ਪੌਂਡਰ (पौडर) /pauḍarḁ パォーダル/ ▸ਪਾਊਡਰ *m.* → ਪਾਊਡਰ

ਪੌਂਡਾ (पौंडा) /pãũḍā パォーンダー/ *m.* 足場.

ਪੌਣ (पौण) /pauṇḁ パォーン/ ▸ਪਵਣ, ਪਵਨ [(Pkt. पवण) Skt. पवन] *f.* **1** 空気. **2** 〖気象〗風, そよ風. (⇒ਹਵਾ, ਵਾਯੂ)

ਪੌਣ-ਪਾਣੀ (पौण-पाणी) /pauṇḁ-pāṇī パォーン・パーニー/ [+ Skt. पानीय] *m.* **1** 空気と水. **2** 気候, 気候風土. (⇒ਆਬੋ-ਹਵਾ, ਜਲ-ਵਾਯੂ, ਹਵਾ-ਪਾਣੀ)

ਪੌਣਾ (पौणा) /pauṇā パォーナー/ [Skt. पौदोन] *adj.* **1** 4分の3の, 4分の3倍の. (⇒ਮੁੰਨਾ) **2** 4分の1少ない, マイナス4分の1の.

— *m.* 4分の3, 4分の3倍, 4分の3倍の掛け算.

ਪੌਦ (पौद) /paudḁ パォード/ [Skt. पोत] *f.* 〖植物〗苗, 苗木, 若木.

ਪੌਦਾ (पौदा) /paudā パォーダー/ [Skt. पोत] *m.* **1** 丈の低い植物, 草木. **2** 苗, 苗木, 若木.

ਪੌਰਤੇ (पौरते) /paurḁte パォールテー/ ▸ਪੋਰਤੇ [Skt. परत] *adv.* 離れて, 遠くに, 遠方に. (⇒ਦੂਰ)

ਪੌਰਾਣਿਕ (पौराणिक) /paurāṇikḁ パォーラーニク/ ▸ਪੁਰਾਣਕ, ਪੁਰਾਣਿਕ *adj.* → ਪੁਰਾਣਿਕ

ਪੌਲਾ (पौला) /paulā パォーラー/ *m.* 〖履物〗片方の靴.

ਪੌਲੀ (पौली) /paulī パォーリー/ *f.* 〖貨単〗 4分の1ルピー《インドの貨幣単位. 25パイサー》.

ਪੌਂਵਣਾ (पौंवणा) /pãũwaṇā パォーンワナー/ [(Mul.)] *vi.* **1** 落ちる. (⇒ਡਿਗਣਾ) **2** 倒れる. (⇒ਡਿਗਣਾ)

ਪੌੜ (पौड़) /pauṛḁ パォール/ *f.* **1** 蹄(ひづめ). **2** 馬の足跡.

ਪੌੜੀ[1] (पौड़ी) /pauṛī パォーリー/ *f.* **1** 梯子. **2** 梯子の横木. **3** 〖建築〗階段. **4** 階段の踏み段.

ਪੌੜੀ[2] (पौड़ी) /pauṛī パォーリー/ ▸ਪਉੜੀ *f.* **1** 段階的進行. **2** 〖文学〗讃歌・頌詩の連の形式の一つ《称賛の最高潮に達する韻律・節》.

ਪੌੜੀਆਂ (पौड़ीआँ) /pauṛīā̃ パォーリーアーン/ *f.* 《 ਪੌੜੀ の複数形》 **1** 梯子. **2** 〖建築〗建物の階段部分. **3** 階段のひと続きの踏み段.

ਫ ਫ਼

ਫ (फ) /p^{h}app^{h}ā パッパー/ *m.* 〖文字〗グルムキー文字の字母表の27番目の文字《両唇・閉鎖音の「パ」(両唇を付け, 呼気を一瞬閉じ破裂させて発音する無声・有気音)を表す》.

ਫ਼ (फ़) /p^{h}app^{h}e pairī̃ bindī | faffā パッペー パェーリーン ビンディー | ファッファー/ *m.* 〖文字〗グルムキー文字の字母表の27番目の文字 ਫ の下に点の付いた文字《無声・唇歯・摩擦音の「ファ」を表す》.

ਫਸੱਕੜ (फसक्कड़) /p^{h}asakkaṛḁ パサッカル/ *m.* 足を投げ出して座った姿勢.

ਫਸਕਾ (फसका) /p^{h}asḁkā パスカー/ *m.* 〖建築〗泥の漆喰.

ਫ਼ਸਟ (फ़सट) /fasḁṭḁ ファスト/ ▸ਫ਼ਰਸਟ [Eng. *first*] *adj.* **1** 一番目の, 第一の, 最初の. **2** 一番の, 一位の, 一等の. **3** 一流の, 一級の, 最高級の. **4** 優良な, 最良の.

ਫਸਣਾ (फसणा) /p^{h}asḁṇā パスナー/ [Skt. स्पाश्यते] *vi.* **1** はまる, 抜けられなくなる, 立ち往生する. (⇒ਅੜਨਾ) ❒ਬਿੱਲੀ ਬੂਟ ਵਿੱਚ ਹੀ ਫਸ ਗਈ। 猫は長靴にはまってしまいました. **2** 網にかかる, 罠にかかる, 罠に落ちる, 引っ掛かる. (⇒ਫਾਸੀ ਵਿੱਚ ਆਉਣਾ) **3** (面倒なことに)巻き込まれる, 災難に遭う, 苦境に陥る. (⇒ਬਿਪਤਾ ਪੈਣਾ)

ਫ਼ਸਤਾ (फ़सता) /fasḁtā ファスター/ *m.* 喧嘩, 争い.

ਫ਼ਸਦ (फ़सद) /fasadḁ ファサド/ [Arab. *fasd*] *m.* 〖医〗瀉血(しゃけつ).

ਫ਼ਸਲ (फ़सल) /fasalḁ ファサル/ [Arab. *faṣl*] *f.* **1** 区分, 季節. **2** 〖農業〗収穫, 収穫期. **3** 〖農業〗作物, 農作物, 農産物, 穀物. **4** 生産物.

ਫ਼ਸਲੀ (फ़सली) /fasḁlī ファスリー/ [Pers. *faṣlī*] *adj.* **1** 季節の, 時季の. **2** 〖農業〗収穫の, 収穫期の.

ਫਸਵਾਂ (फसवाँ) /p^{h}asḁwā̃ パスワーン/ [cf. ਫਸਣਾ] *adj.* **1** はまった, 抜けられなくなった. **2** きつい.

ਫੱਸੜਾ (फस्सड़ा) /p^{h}assaṛā パッサラー/ *m.* 籾殻. (⇒

ਚੋਕਰ)

ਫਸਾਉ (फसाउ) /pʰasāo | pʰasāu パサーオー｜パサーウ/ [cf. ਫਸਣਾ] *m.* 1 停止. (⇒ਰੋਕ) 2 妨害. (⇒ਅਟਕਾ) 3 もつれ. 4 紛糾.

ਫਸਾਉਣਾ (फसाउणा) /pʰasāuṇā パサーウナー/ ▸ਫਹਾਉਣਾ, ਫਾਹੁਣਾ [cf. ਫਸਣਾ] *vt.* 1 はめる, 抜けられなくする, しっかり固定する, 立ち往生させる. (⇒ਅੜਾਉਣਾ) 2 網にかける, 罠にかける, 罠に落とす, 引っ掛ける. (⇒ਜਾਲ ਵਿੱਚ ਲਿਆਉਣਾ) 3 (面倒なことに)巻き込む, 災難に遭わせる, 苦境に陥れる. (⇒ਮੁਸੀਬਤ ਵਿੱਚ ਪਾਉਣਾ)

ਫਸਾਊ (फसाऊ) /pʰasāū パサーウー/ [cf. ਫਸਣਾ] *m.* 罠にかけるもの, 罠に落とすもの.

ਫਸਾਈ (फसाई) /pʰasāī パサーイー/ ▸ਫਹਾਈ [cf. ਫਸਣਾ] *f.* 罠にかけること, その労賃.

ਫ਼ਸਾਹਤ (फ़साहत) /fasâta ファサート/ [Pers. *faṣāhat*] *f.* 1 良い言語, 正しい言語. 2 雄弁, 能弁, 流暢な談話.

ਫ਼ਸਾਦ (फ़साद) /fasāda ファサード/ [Arab. *fasād*] *m.* 1 暴動, 騒乱. 2 争い, 闘争, 喧嘩.

ਫ਼ਸਾਨਾ (फ़साना) /fasānā ファサーナー/ ▸ਅਫ਼ਸਾਨਾ *m.* → ਅਫ਼ਸਾਨਾ

ਫ਼ਸੀਲ (फ़सील) /fasīla ファスィール/ [Arab. *fasīl*] *f.* 1 壁. (⇒ਕੰਧ) 2 城壁. 3 〖軍〗塹壕.

ਫ਼ਹਮ (फ़हम) /fahama ファハム/ ▸ਫ਼ਹਿਮ *m.* → ਫ਼ਹਿਮ

ਫਹਾ (फहा) /pʰă | pʰahā パー｜パハー/ ▸ਫਹਿਆ, ਫਾਹਾ, ਫਾਹਿਆ, ਫੈਹਾ *m.* → ਫਹਿਆ

ਫਹਾਉਣਾ (फहाउणा) /pʰăuṇā | pʰahāuṇā パーウナー｜パハーウナー/ ▸ਫਸਾਉਣਾ, ਫਾਹੁਣਾ *vt.* → ਫਸਾਉਣਾ

ਫਹਾਈ (फहाई) /pʰăī | pʰahāī パーイー｜パハーイー/ ▸ਫਸਾਈ *f.* → ਫਸਾਈ

ਫਹਿਆ (फहिआ) /pʰaîā | pʰahiā パェーアー｜パヒアー/ ▸ਫਹਾ, ਫਾਹਾ, ਫਾਹਿਆ, ਫੈਹਾ *m.* 綿切れ, ばんそう膏.

ਫ਼ਹਿਮ (फ़हिम) /faîma | fahima ファエーム｜ファヒム/ ▸ਫ਼ਹਮ [Arab. *fahm*] *m.* 理解, 理解力.

ਫਹਿਰਾਉਣਾ (फहिराउणा) /pʰaîrāuṇā パェーラーウナー/ *vt.* 1 揺らす, 揺り動かす. (⇒ਲਹਿਰਾਉਣਾ) 2 引き上げる.

ਫ਼ਹਿਰਿਸਤ (फ़हिरिसत) /faîrisata ファエーリスト/ ▸ਫ਼ਰਿਸਤ *f.* → ਫ਼ਰਿਸਤ

ਫ਼ਹੀਮ (फ़हीम) /faĭma | fahīma ファイーム｜ファヒーム/ [Arab. *fahīm*] *adj.* 理解力のある, 賢い. (⇒ਬੁੱਧੀਮਾਨ, ਸਿਆਣਾ)

ਫਹੁੜਾ (फहुड़ा) /pʰaûrā パォーラー/ ▸ਫਾਉੜਾ, ਫਾਹੁੜਾ, ਫਾਵੜਾ, ਫੌੜ੍ਹਾ *m.* → ਫੌੜ੍ਹਾ

ਫਹੁੜੀ (फहुड़ी) /pʰaûrī パォーリー/ ▸ਫੌੜ੍ਹੀ *f.* → ਫੌੜ੍ਹੀ

ਫੱਕ (फक्क) /pʰakka パック/ *f.* 糠(ぬか), 米糠. (⇒ਪੋਤ)

ਫ਼ੱਕ (फ़क्क) /fakka ファック/ [Arab. *faq*] *adj.* 色の消えた, 色褪せた.

ਫੱਕਣਾ (फक्कणा) /pʰakkaṇā パッカナー/ [Skt. फलक] *vt.* 1 (挽いて粉にしたものを)手のひらから口に入れる. 2 噛まずに飲み込む. 3 液体なしで飲み込む.

ਫ਼ਕਤ (फ़कत) /fakata ファカト/ [Arab. *faqat*] *adj.* 唯一の.

ਫੱਕਰ (फक्कर) /pʰakkara パッカル/ ▸ਫ਼ਕੀਰ *m.* → ਫ਼ਕੀਰ

ਫੱਕੜ (फक्कड़) /pʰakkaṛa パッカル/ *m.* 1 口汚い表現, 下品な言葉使い. 2 悪口, 罵り. 3 くだらないおしゃべり.

ਫੱਕੜਪੁਣਾ (फक्कड़पुणा) /pʰakkaṛapuṇā パッカルプナー/ *m.* 1 暢気, 無頓着. (⇒ਬੇਪਰਵਾਹੀ) 2 無遠慮.

ਫੱਕੜੀ (फक्कड़ी) /pʰakkaṛī パッカリー/ *m.* 1 口汚い人, 下品な言葉遣いの人. 2 くだらないおしゃべりをする人.

ਫੱਕਾ (फक्का) /pʰakkā パッカー/ [Skt. फलक] *m.* 1 一口, 一度に食べるほんの少量. 2 食べ物を口に放り込む動作.

ਫੱਕੀ (फक्की) /pʰakkī パッキー/ ▸ਫੁੱਕੀ *f.* 〖薬剤〗粉薬.

ਫ਼ਕੀਰ (फ़कीर) /fakīra ファキール/ ▸ਫੱਕਰ [Arab. *faqīr*] *m.* 1 〖イス〗ファキール《(イスラーム神秘主義の)修行者, 托鉢僧, 聖者, 隠者》. (⇒ਕਲੰਦਰ, ਦਰਵੇਸ਼) 2 乞食, 物乞い.

ਫ਼ਕੀਰੀ (फ़कीरी) /fakīrī ファキーリー/ [Pers. *faqīrī*] *adj.* ファキールの, 乞食の.

— *f.* 1 ファキールの生活, 修行の生活, 聖行. 2 乞食の生活, 行乞, 托鉢, 隠遁.

ਫੱਕੁ (फक्कु) /pʰakku パック/ [(Kang.) Arab. *fak*] *m.* 〖農業〗脱穀場.

ਫੰਗ (फंग) /pʰaṅga パング/ ▸ਫੰਘ *m.* → ਫੰਘ

ਫੱਗਣ (फग्गण) /pʰaggaṇa パッガン/ ▸ਫਾਗ [(Pkt. फागुण) Skt. फाल्गुन] *m.* 〖暦〗パッガン(パールグナ)月《インド暦12月・西洋暦2〜3月》.

ਫਗੂਆ (फगूआ) /pʰagūā パグーアー/ [(Pkt. फागुण) Skt. फल्गुन] *m.* 〖祭礼〗ホーリーの祭り.

ਫੰਘ (फंघ) /pʰâṅga パング/ ▸ਫੰਗ [(Pkt. पंख) Skt. पक्ष] *m.* 1 翼. 2 羽, 羽根.

ਫੱਚਰ (फच्चर) /pʰaccara パッチャル/ ▸ਚੱਪਰ, ਪੱਚਰ [(Mul.)] *f.* → ਪੱਚਰ

ਫ਼ਜਰ (फ़जर) /fajara ファジャル/ [Arab. *fajr*] *f.* 1 夜明け. 2 早朝. (⇒ਸਵੇਰ)

ਫ਼ਜਰੀਂ (फ़जरीं) /fajarī̃ ファジャリーン/ [-ਈਂ] *adv.* 1 夜明けに. 2 早朝に. (⇒ਸਵੇਰੇ)

ਫ਼ਜ਼ਲ (फ़ज़ल) /fazala ファザル/ [Arab. *fazl*] *m.* 1 気前の良さ. 2 恩恵, 好意. 3 温情.

ਫ਼ਜ਼ਾ (फ़ज़ा) /fazā ファザー/ ▸ਫ਼ਿਜ਼ਾ [Arab. *fazā*] *f.* 1 大気. 2 環境. 3 〖気象〗天気, 天候, 気候.

ਫ਼ਜ਼ੀਹਤ (फ़ज़ीहत) /fazîta ファズィート/ [Pers. *fazīhat*] *f.* 1 不名誉, 恥, 恥辱, 侮蔑, 侮辱. (⇒ਬੇਇੱਜ਼ਤੀ, ਅਪਮਾਨ) 2 口論, 激論. 3 挫折.

ਫ਼ਜ਼ੀਲਤ (फ़ज़ीलत) /fazīlata ファズィーラト/ [Pers. *fazīlat*] *f.* 1 優秀さ, 長所. 2 重要性, 意義.

ਫ਼ਜ਼ੂਲ (फ़ज़ूल) /fazūla ファズール/ ▸ਫ਼ਿਜ਼ੂਲ [Arab. *fuzūl*] *adj.* 1 価値のない. 2 不必要な. 3 無駄な, 役に立たない. 4 余分な.

ਫ਼ਜ਼ੂਲ ਖ਼ਰਚ (फ़ज़ूल ख़रच) /fazūla xaraca ファズール カルチ/ [+ Pers. *xarc*] *adj.* 1 浪費する, 金遣いの荒い, 乱費家の. 2 放蕩な, 放埒な.

ਫ਼ਜ਼ੂਲ ਖ਼ਰਚੀ (फ़ज़ूल ख़रची) /fazūla xaracī ファズール カルチー/ [+ Pers. *xarcī*] *f.* 1 無駄遣い. 2 浪費. 3 放蕩.

ਫ਼ਜ਼ੂਲੀ (फ़ज़ूली) /fazūlī ファズーリー/ [-ਈ] *f.* 1 価値のないこと. 2 無駄遣い.

ਫਟ (फट) /p^{h}aṭa パト/ ▸ਫੱਟ *adv.* → ਫੱਟ[1]

ਫੱਟ[1] (फट्ट) /p^{h}aṭṭa パット/ ▸ਫਟ *adv.* 直ちに, 即刻, すぐに. (⇒ਤੁਰੰਤ)

ਫੱਟ[2] (फट्ट) /p^{h}aṭṭa パット/ *m.* 傷, 切り傷.

ਫਟਕ (फटक) /p^{h}aṭaka パタク/ *f.* 〖鉱物〗水晶.

ਫਟਕਣ (फटकण) /p^{h}aṭakaṇa パタカン/ ▸ਫੜਕਣ *f.* はためき.

ਫਟਕਣਾ (फटकणा) /p^{h}aṭakaṇā パタカナー/ *vi.* **1** 小刻みに動く, 震える, 揺れる. (⇒ਹਿੱਲਣਾ) **2** はためく, ぱたぱた動く. **3** どきどきする, 動悸を打つ.
— *vt.* **1** 小刻みに動かす, 震わせる, 揺らす. (⇒ਹਿਲਾਉਣਾ) **2** はたく, 振り払う, 払い落とす. **3** 籾殻を吹き分ける, 穀物を選り分ける.

ਫਟਕੜੀ (फटकड़ी) /p^{h}aṭakaṛī パトカリー/ [Skt. स्फटिकारि] *f.* 〖化学〗明礬(みょうばん).

ਫਟਕਾ[1] (फटका) /p^{h}aṭakā パトカー/ *m.* **1** 臨終の時の身悶え. **2** 断末魔の苦しみ.

ਫਟਕਾ[2] (फटका) /p^{h}aṭakā パトカー/ ▸ਫਟਾਕਾ *m.* → ਫਟਾਕਾ

ਫਟਕਾਉਣਾ (फटकाउणा) /p^{h}aṭakāuṇā パトカーウナー/ *vt.* **1** 小刻みに動かす, 震わせる, 揺らす. (⇒ਹਿਲਾਉਣਾ) **2** はたく, 振り払う, 払い落とす. **3** 籾殻を吹き分ける, 穀物を選り分ける.

ਫਟਣਾ (फटणा) /p^{h}aṭaṇā パタナー/ ▸ਫੱਟਣਾ [(Pkt. फट्टइ) Skt. स्फाट्यते] *vi.* **1** 破れる, 破損する, ぼろぼろになる. **2** 裂ける, 割れる, ひび割れる. **3** はじける, 破裂する, 爆発する. **4** (乳が)凝固する, 凝結する, 凝乳になる.

ਫੱਟਣਾ[1] (फट्टणा) /p^{h}aṭṭaṇā パッタナー/ ▸ਫਟਣਾ *vi.* → ਫਟਣਾ

ਫੱਟਣਾ[2] (फट्टणा) /p^{h}aṭṭaṇā パッタナー/ *vt.* 傷つける, 切り込む.

ਫੱਟੜ (फट्टड़) /p^{h}aṭṭaṛa パッタル/ *adj.* 傷ついた, 切り傷を負った, 負傷した.

ਫੱਟਾ (फट्टा) /p^{h}aṭṭā パッター/ [Skt. पट्ट] *m.* **1** 板, 板切れ. **2** 看板, 掲示板, 広告板. **3** 〖遊戯〗キャロムボード, (チェスなどの)盤.

ਫਟਾਕਾ (फटाका) /p^{h}aṭākā パターカー/ ▸ਫਟਕਾ *m.* 籾殻の吹き分け, 穀物を選り分けること.

ਫਟਾ-ਫਟ (फटा-फट) /p^{h}aṭā-p^{h}aṭa パター・パト/ *adv.* 直ちに, 即刻, すぐに, 即座に. (⇒ਤਤਕਾਲ, ਤੁਰੰਤ)

ਫੱਟੀ (फट्टी) /p^{h}aṭṭī パッティー/ ▸ਪੱਟੀ [Skt. पट्टिका] *f.* **1** 小さな板, 板切れ **2** 書き板. **3** 文字の練習用の小型の黒板.

ਫਟੀਕ (फटीक) /p^{h}aṭīka パティーク/ [Eng. *fatigue*] *f.* 〖軍〗(罰として課せられる)雑役, 労役.

ਫੰਡ (फंड) /p^{h}aṇḍa パンド/ *f.* 〖気象〗激しいにわか雨.

ਫ਼ੰਡ (फ़ंड) /faṇḍa ファンド/ [Eng. *fund*] *m.* 基金, 資金, 蓄財, 財産, 財源. (⇒ਕੋਸ਼)

ਫੰਡਣਾ (फंडणा) /p^{h}aṇḍaṇā パンダナー/ *vt.* **1** 激しく打つ, 打ちつける. **2** 殴りつける. **3** 〖農業〗脱穀する.

ਫੰਡਰ (फंडर) /p^{h}aṇḍara パンダル/ *adj.* 乳の出ない.
— *f.* 〖動物〗乳の出ない牛.

ਫੰਡਵਾਉਣਾ (फंडवाउणा) /p^{h}aṇḍawāuṇā パンドワーウナー/ ▸ਫੰਡਾਉਣਾ *vt.* **1** 激しく打たせる, 打ちつけさせる. **2** 殴りつけさせる. **3** 〖農業〗脱穀させる.

ਫੰਡਾਉਣਾ (फंडाउणा) /p^{h}aṇḍāuṇā パンダーウナー/ ▸ਫੰਡਵਾਉਣਾ *vt.* → ਫੰਡਵਾਉਣਾ

ਫੰਡਾਈ (फंडाई) /p^{h}aṇḍāī パンダーイー/ *f.* 〖農業〗脱穀.

ਫਣ (फण) /p^{h}aṇa パン/ ▸ਫੰਨ੍ਹ *m.* → ਫੰਨ੍ਹ

ਫਣੀਅਰ (फणीअर) /p^{h}aṇīara パニーアル/ ▸ਫਨ੍ਹੀਅਰ *adj.m.* → ਫਨ੍ਹੀਅਰ

ਫ਼ਤਹਿ (फ़तहि) /fataî ファタエー/ ▸ਫ਼ਤਿਹ *f.* → ਫ਼ਤਿਹ

ਫ਼ਤਵਾ (फ़तवा) /fatawā ファトワー/ [Arab. *fatvā*] *m.* 〖イス〗イスラーム法に基づく裁定.

ਫ਼ਤਿਹ (फ़तिह) /fâte ファテー/ ▸ਫ਼ਤਹਿ [Arab. *fath*] *f.* **1** 勝利. (⇒ਜਿੱਤ, ਵਿਜੇ) **2** 成功. (⇒ਸਫਲਤਾ, ਕਾਮਯਾਬੀ)

ਫ਼ਤੀਲ (फ़तील) /fatīla ファティール/ [Pers. *patīla*] *f.* **1** (蝋燭・ランプなどの)灯芯. **2** 導火線.

ਫ਼ਤੂਹੀ (फ़तूही) /fatûī ファトゥーイー/ [Pers. *fatūhī*] *f.* 〖衣服〗上半身に着る袖のない上着, チョッキ. (⇒ਵਾਸਕਟ)

ਫ਼ਤੂਰ (फ़तूर) /fatūra ファトゥール/ [Arab. *futūr*] *m.* **1** 騒ぎ, 騒乱. **2** 喧嘩, 不和.

ਫੰਦ[1] (फंद) /p^{h}anda パンド/ ▸ਫੰਧ *m.* → ਫੰਧ

ਫੰਦ[2] (फंद) /p^{h}anda パンド/ *m.* **1** ごまかし. (⇒ਚਾਲਾਕੀ) **2** 詐欺.

ਫੱਦ (फद्द) /p^{h}adda パッド/ *m.* 〖身体〗歯茎, 歯肉. (⇒ਬੁੱਟ, ਮਸੂੜਾ)

ਫੰਦਣਾ (फंदणा) /p^{h}andaṇā パンダナー/ ▸ਫੰਧਣਾ *vt.* → ਫੰਧਣਾ

ਫੱਦੜ (फद्दड़) /p^{h}addaṛa パッダル/ *adj.* デブの, 太り過ぎの.

ਫੰਦਾ (फंदा) /p^{h}andā パンダー/ ▸ਫੰਧਾ *m.* → ਫੰਧਾ

ਫੰਧ (फंध) /p^{h}ânda パンド/ ▸ਫੰਦ [Skt. बंध] *m.* **1** 罠, 仕掛け. **2** 網.

ਫੰਧਕ (फंधक) /p^{h}ândaka パンダク/ [+ ਕ] *m.* 罠で獲物を捕る猟師.

ਫੰਧਣਾ (फंधणा) /p^{h}ândaṇā パンダナー/ ▸ਫੰਦਣਾ [Skt. बंध] *vt.* 罠で捕らえる, 罠にかける.

ਫੰਧਾ (फंधा) /p^{h}ândā パンダー/ ▸ਫੰਦਾ [Skt. बंध] *m.* 罠, 仕掛け.

ਫ਼ਨ (फ़न) /fana ファン/ [Arab. *fann*] *m.* 技術, 技能, 技芸.

ਫੰਨ੍ਹ (फंन्ह) /p^{h}ânna パンヌ/ ▸ਫਣ [Skt. फण] *f.* 〖身体〗蛇の頭の広がった部分.

ਫਨ੍ਹੀਅਰ (फन्हीअर) /p^{h}ânīara パニーアル/ ▸ਫਣੀਅਰ [+ ਈਅਰ] *adj.* 頭に広がった部分のある.
— *m.* 〖動物〗頭に広がった部分のある蛇.

ਫ਼ਨਕਾਰ (फ़नकार) /fanakāra ファンカール/ [Arab. *fann* Pers.-*kār*] *m.* 職人.

ਫ਼ਨਕਾਰੀ (फ़नकारी) /fanakārī ファンカーリー/ [Pers.-*kārī*] *f.* 職人芸.

ਫ਼ਨਾਹ (फ़नाह) /fanâ ファナー/ [Arab. *fanā*] *f.* **1** 滅亡, 消滅. (⇒ਨਾਸ਼) **2** 死, 死滅. (⇒ਮੌਤ) **3** 〖イス〗(スーフィズムにおける)神との合一.

ਫ਼ਨੂਸ (फ़नूस) /fanūsa ファヌース/ ▸ਫ਼ਾਨੂਸ *m.* → ਫ਼ਾਨੂਸ

ਫਫੜਾ (फफड़ा) /p^{h}ap^{h}aṛā パプラー/ *m.* **1** だますこと.

2 詐欺． 3 へつらい．
ਫੱਫਾ (फप्फा) /pʰappʰā パッパー/ *m.* 〖文字〗 パッパー《両唇・閉鎖音の「パ」(無声・有気音)を表す，グルムキー文字の字母表の27番目の文字 ਫ の名称》．
ਫਫੇਕੁੱਟ (फफेकुट्ट) /pʰapʰekuṭṭa パペークット/ *adj.* 1 人をだます，だましの，詐欺の． 2 狡猾な．
ਫਫੇਕੁਟਣੀ (फफेकुटणी) /pʰapʰekuṭaṇī パペークトニー/ *f.* 人をだます老婆，老獪な女．
ਫੱਫੇ ਪੈਰੀਂ ਬਿੰਦੀ (फप्फे पैरीं बिंदी) /pʰappʰe pairī̃ bindī パッペー パェーリーン ビンディー/ *m.* 〖文字〗 パッペー・パイリーン・ビンディー《「足に点の付いたパッパー」の意味．グルムキー文字の字母表の27番目の文字 ਫ の下に点の付いた文字 ਫ਼ の名称》．
ਫਫੋਲਾ (फफोला) /pʰapʰolā パポーラー/ *m.* 1 〖医〗 皮膚の水ぶくれ，水疱．(⇒ਛਾਲਾ) 2 泡．
ਫਬ (फब) /pʰaba パブ/ ▸ਫੱਬਣ [Skt. प्रभवन] *m.* 1 似合っていること，合致，調和． 2 見映え，美しく見えること． 3 装飾，飾り付け，華美． 4 優美，気品．
ਫੱਬਣ (फब्बण) /pʰabbaṇa パッバン/ ▸ਫਬ *f.* → ਫਬ
ਫਬਣਾ (फबणा) /pʰabaṇā パブナー/ [(Pkt. फव्वीहइ) Skt. स्पर्वति] *vi.* 1 似合う，合致する，調和する． 2 映える，見映えが良くなる，美しく見える．
ਫਬਵਾਂ (फबवाँ) /pʰabawā̃ パブワーン/ [cf. ਫਬਣਾ] *adj.* 1 似合っている，合致している． 2 見映えのする，美しく見える．
ਫੰਬਾ (फंबा) /pʰambā パンバー/ [Pers. *panb*] *m.* 綿の房．
ਫਬਾਉ (फबाउ) /pʰabāu | pʰabāo パバーウ｜パバーオー/ ▸ਫਬਾਅ [cf. ਫਬਣਾ] *m.* 1 似合っていること，合致，調和． 2 見映え，美しく見えること． 3 装飾，飾り付け，華美． 4 優美，気品．
ਫਬਾਉਣਾ (फबाउणा) /pʰabāuṇā パバーウナー/ [cf. ਫਬਣਾ] *vt.* 1 似合うようにする，調和させる． 2 映えさせる，見映え良くさせる，美しくする，美しく装わせる． 3 飾る，装飾する．(⇒ਸਜਾਉਣਾ)
ਫਬਾਅ (फबाअ) /pʰabāa パバーア/ ▸ਫਬਾਉ *m.* → ਫਬਾਉ
ਫਬੀਲਾ (फबीला) /pʰabīlā パビーラー/ [cf. ਫਬਣਾ] *adj.* 1 見目麗しい． 2 器量よしの． 3 魅力的な．
ਫਰ[1] (फर) /pʰara パル/ [(Pkt. फरअ) Skt. फलक] *m.* 1 〖身体〗 肩甲骨． 2 動物の胸部にある帯を成す背側の骨．
ਫਰ[2] (फर) /pʰara パル/ [Pers. *far*] *f.* 1 圧迫，権威，威力，威圧．(⇒ਦਬਦਬਾ, ਦਾਬ, ਰੋਹਬ) 2 光，輝き，きらめき．(⇒ਚਮਕ, ਰੋਸ਼ਨੀ)
ਫ਼ਰ (फ़र) /fara ファル/ [Eng. *fur*] *f.* 〖衣服〗 毛皮．
ਫ਼ਰਸ਼ (फ़रश) /faraśa ファルシュ/ [Arab. *farś*] *m.* 1 敷物，床に敷いた布． 2 〖建築〗 床，床板，床材． 3 舗装，(煉瓦やセメントなどにより)舗装された地面． 4 地面，平らな場所．
ਫ਼ਰਸਟ (फ़रसट) /farasaṭa ファラスト/ ▸ਫ਼ਸਟ *adj.* → ਫ਼ਸਟ
ਫਰਸਾ (फरसा) /pʰarasā パルサー/ ▸ਪਰਸਾ *m.* → ਪਰਸਾ[2]
ਫ਼ਰਸ਼ੀ (फ़रशी) /faraśī ファルシー/ [Pers. *farśī*] *adj.* 1 床の． 2 地面の． 3 頭を床や地面に付けた，ひれ伏した．
ਫ਼ਰਸੂਦਾ (फ़रसूदा) /farasūdā ファルスーダー/ [Pers. *farsūd*] *adj.* 1 着古した． 2 古い．(⇒ਪੁਰਾਣਾ)
ਫ਼ਰਹੰਗ (फ़रहंग) /farahaṅga ファルハング/ [Pers. *farhang*] *m.* 辞書，辞典，用語集，用語辞典．(⇒ਸ਼ਬਦਕੋਸ਼, ਲੁਗ਼ਾਤ)
ਫ਼ਰਹਤ (फ़रहत) /farahata ファルハト/ [Arab. *farhat*] *f.* 1 喜び．(⇒ਖ਼ੁਸ਼ੀ, ਪਰਸੰਨਤਾ) 2 幸せ，幸福． 3 爽やかさ．
ਫਰ੍ਹਾ (फर्हा) /pʰârā パラー/ ▸ਫਰਲਾ, ਫਰਾ *m.* 1 〖スィ〗 ニシャーン・サーヒブ〔スィック教の象徴の旗〕の先端に結び付けられた布． 2 〖スィ〗 ニハング〔洗礼を受けたスィック教徒の兵士〕のターバンの頂上に結び付けられた布． 3 旗，小旗，ペナント． 4 束ねていない紙，紙切れ．
ਫ਼ਰਕ (फ़रक) /faraka ファルク/ [Arab. *farq*] *m.* 1 違い，相違，区別．(⇒ਅੰਤਰ, ਭੇਤ) 2 隔たり，距離． 3 逸脱． 4 差，差異． 5 変化．
ਫਰਕਣਾ (फरकणा) /pʰarakaṇā パルカナー/ [Skt. स्फुरति] *vi.* 1 震える． 2 はためく． 3 (筋肉が)痙攣する．
ਫਰਕਾਉਣਾ (फरकाउणा) /pʰarakāuṇā パルカーウナー/ [cf. ਫਰਕਣਾ] *vt.* 1 震わせる． 2 はためかせる．
ਫ਼ਰੰਗ (फ़रंग) /faraṅga ファラング/ [Eng. *Frank*] *m.* 1 フランス・イギリスを中心とする国々． 2 ヨーロッパの国々．
ਫ਼ਰੰਗਣ (फ़रंगण) /faraṅgaṇa ファランガン/ [-ਣ] *f.* 1 イギリス人の女性． 2 ヨーロッパ人の女性．
ਫ਼ਰੰਗੀ (फ़रंगी) /faraṅgī ファランギー/ [-ਈ] *adj.* 1 イギリスの． 2 ヨーロッパの． 3 外国の．
— *m.* 1 英国人，イギリス人． 2 ヨーロッパ人． 3 外国人．
ਫ਼ਰਜ਼ (फ़रज़) /faraza ファルズ/ [Arab. *farz*] *m.* 1 義務，務め． 2 責任．
ਫ਼ਰਜ਼ੰਦ (फ़रज़ंद) /farazanda ファルザンド/ [Pers. *farzand*] *m.* 1 〖親族〗 息子． 2 子供．
ਫ਼ਰਜ਼ੀ (फ़रज़ी) /farazī ファルズィー/ [Pers. *farzī*] *adj.* 1 義務の． 2 仮説の． 3 想像上の． 4 仮定された． 5 推定の．
ਫ਼ਰੰਟ (फ़रंट) /faranṭa ファラント/ [Eng. *front*] *m.* 1 前面，正面． 2 〖軍〗 戦線．
ਫ਼ਰੰਟੀਅਰ (फ़रंटीअर) /faranṭīara ファランティーアル/ [Eng. *frontier*] *f.* 辺境，国境，国境地方．(⇒ਸਰਹੱਦ)
ਫ਼ਰਦ (फ़रद) /farada ファルド/ [Arab. *fard*] *f.* 1 書類． 2 一覧表． 3 予定表．
ਫਰਨਾਹੀ (फरनाही) /pʰaranāhī | pʰaranâī パルナーヒー｜パルナーイー/ [cf. ਫਿਰਨਾ] *f.* 〖道具〗 長方形の木枠に固定された鋸．(⇒ਆਰਾ)
ਫ਼ਰਨੀਚਰ (फ़रनीचर) /faranīcara ファルニーチャル/ [Eng. *furniture*] *m.* 家具．
ਫਰਫੰਦ (फरफंद) /pʰarapʰanda パルパンド/ *m.* 1 偽り，嘘．(⇒ਝੂਠ) 2 だまし，ごまかし，いかさま，欺き．(⇒ਧੋਖਾ, ਛਲ)
ਫ਼ਰਮ (फ़रम) /farama ファルム/ [Eng. *firm*] *f.* 商会，商店，会社．(⇒ਹੱਟ, ਕੰਪਨੀ)
ਫ਼ਰਮਾਂ (फ़रमाँ) /faramā̃ ファルマーン/ ▸ਫ਼ਰਮਾ [Eng. *form*] *m.* 1 型． 2 枠，フレーム．(⇒ਚੌਖਟਾ) 3 靴の木型．

4 組版の枠, 組版.

ਫ਼ਰਮਾ (फ़रमा) /faramā ファルマー/ ▸ਫ਼ਰਮਾਂ *m.* → ਫ਼ਰਮਾਂ

ਫ਼ਰਮਾਉਣਾ (फ़रमाउणा) /faramāuṇā ファルマーウナー/ ▸ਫ਼ੁਰਮਾਉਣਾ [Pers. *farmān*] *vt.* **1** 命ずる, 命令する, 指令する, 指示する. **2** おっしゃる《「言う」の尊敬語》. **3** なさる《「する」の尊敬語》.

ਫ਼ਰਮਾਇਸ਼ (फ़रमाइश) /faramāiśa ファルマーイシュ/ [Pers. *farmāʰiś*] *f.* **1** 頼み, 依頼, 要望, 要求, 注文. **2** 命令, 指令, 指示. **3** 推薦.

ਫ਼ਰਮਾਇਸ਼ੀ (फ़रमाइशी) /faramāiśī ファルマーイシー/ [Pers. *farmāʰiśī*] *adj.* **1** 依頼された, 要求された, 注文された. **2** 推薦の.

ਫ਼ਰਮਾਣ (फ़रमाण) /faramāṇa ファルマーン/ ▸ਫ਼ਰਮਾਨ, ਫ਼ੁਰਮਾਣ *m.* → ਫ਼ਰਮਾਨ

ਫ਼ਰਮਾਨ (फ़रमान) /faramāna ファルマーン/ ▸ਫ਼ਰਮਾਣ, ਫ਼ੁਰਮਾਣ [Pers. *farmān*] *m.* **1** 命令, 指令. **2** 勅令. **3** 布告. **4** 〖スィ〗 聖典『アーディ・グラント』から抜粋した聖句.

ਫ਼ਰਮਾਂਬਰਦਾਰ (फ़रमाँबरदार) /faramā̃baradāra ファルマーンバルダール/ ▸ਫ਼ਰਮਾਬਰਦਾਰ *adj.* → ਫ਼ਰਮਾਬਰਦਾਰ

ਫ਼ਰਮਾਬਰਦਾਰ (फ़रमाबरदार) /faramābaradāra ファルマーバルダール/ ▸ਫ਼ਰਮਾਂਬਰਦਾਰ [Pers. *farmān* Pers.*-bardār*] *adj.* **1** 命令に従う, 従順な. **2** 律義な, 忠義な. **3** 盲従する. **4** 素直な.

ਫ਼ਰਮਾਂਬਰਦਾਰੀ (फ़रमाँबरदारी) /faramā̃baradārī ファルマーンバルダーリー/ ▸ਫ਼ਰਮਾਬਰਦਾਰੀ *f.* → ਫ਼ਰਮਾਬਰਦਾਰੀ

ਫ਼ਰਮਾਬਰਦਾਰੀ (फ़रमाबरदारी) /faramābaradārī ファルマーバルダーリー/ ▸ਫ਼ਰਮਾਂਬਰਦਾਰੀ [Pers. *farmān* Pers.*-bardārī*] *f.* **1** 命令に従うこと, 従順. **2** 律義, 忠義. **3** 盲従. **4** 素直.

ਫਰਲਾ (फरला) /pʰaralā パルラー/ ▸ਫਰ੍ਹਾ, ਫਰਾ *m.* → ਫਰ੍ਹਾ

ਫ਼ਰਲਾਂਗ (फ़रलाँग) /faralā̃ga ファルラーング/ [Eng. *furlong*] *m.* 〖長さ〗 ファーロング《1マイルの8分の1, 約201メートル》.

ਫ਼ਰਲੋ (फ़रलो) /faralo ファルロー/ [Eng. *furlough*] *f.* **1** 休暇. **2** 無断欠席.

ਫ਼ਰਵਰੀ (फ़रवरी) /farawarī ファルワリー/ [Eng. *February*] *m.f.* 〖暦〗 2月.

ਫਰੜ (फरड़) /pʰarara̤ パラル/ *adj.* 不妊の.

ਫਰਾ (फरा) /pʰarā パラー/ ▸ਫਰ੍ਹਾ, ਫਰਲਾ [(Mul)] *m.* → ਫਰ੍ਹਾ

ਫ਼ਰਾਈਪੈਨ (फ़राईपैन) /farāīpaina ファラーイーパェーン/ [Eng. *frying pan*] *m.* 〖調〗 フライパン.

ਫ਼ਰਾਂਸ (फ़राँस) /farā̃sa ファラーンス/ ▸ਫ਼੍ਰਾਂਸ [Eng. *France*] *m.* 〖国名〗 フランス(共和国).

ਫ਼੍ਰਾਂਸ (फ़्राँस) /frā̃sa (farā̃sa) フラーンス (ファラーンス)/ ▸ਫ਼ਰਾਂਸ *m.* → ਫ਼ਰਾਂਸ

ਫ਼ਰਾਸ਼ (फ़राश) /farāśa ファラーシュ/ [Pers. *farrāś*] *m.* **1** 床の敷物の管理や家具の清掃に従事する使用人. **2** 召使, 家事使用人, 従者. **3** 給仕.

ਫ਼ਰਾਸਬੀਨ (फ़रासबीन) /farāsabīna ファラースビーン/ [Eng. *French bean*] *f.* 〖植物〗 インゲンマメ(隠元豆), サヤインゲン(莢隠元)《マメ科の一年草》.

ਫ਼ਰਾਸ਼ੀ (फ़राशी) /farāśī ファラーシー/ [Pers. *farrāśī*] *f.* **1** 床の敷物の管理や家具の清掃などの仕事. **2** 召使の仕事. **3** 給仕の仕事.

ਫ਼ਰਾਂਸੀਸੀ (फ़राँसीसी) /farā̃sīsī ファラーンスィースィー/ [Pers. *farāsīsī*] *adj.* フランスの, フランス人の, フランス風の.

— *m.* フランス人.

— *f.* フランス語.

ਫ਼ਰਾਕ (फ़राक) /farāka ファラーク/ [Eng. *frock*] *f.* 〖衣服〗 (婦人・女児の)ワンピース.

ਫਰਾਟਾ (फराटा) /pʰarāṭā パラーター/ *m.* 〖気象〗 突風.

ਫ਼ਰਾਮੋਸ਼ (फ़रामोश) /farāmośa ファラーモーシュ/ [Pers. *farāmoś*] *adj.* 忘れる, 忘れている, 忘れられた. ❐ ਫ਼ਰਾਮੋਸ਼ ਕਰਨਾ 忘れる.

— *suff.* 「…を忘れる」を意味する形容詞, または「…を忘れる人」を意味する男性名詞を形成する接尾辞. 例えば ਇਹਸਾਨਫ਼ਰਾਮੋਸ਼ は「恩義を忘れる(人)」 ਵਾਇਦਾਫ਼ਰਾਮੋਸ਼ は「約束を忘れる(人)」.

ਫ਼ਰਾਮੋਸ਼ੀ (फ़रामोशी) /farāmośī ファラーモーシー/ [Pers. *farāmośī*] *f.* **1** 忘れること, 忘れ去っていること, 忘却. **2** 忘れっぽいこと, 忘れっぽさ, 健忘症. **3** 気がつかないこと, 無意識.

— *suff.* 「…を忘れること」を意味する女性名詞を形成する接尾辞. 例えば ਵਾਇਦਾਫ਼ਰਾਮੋਸ਼ੀ は「約束を忘れること」.

ਫ਼ਰਾਰ (फ़रार) /farāra ファラール/ [Pers. *firār*] *adj.* **1** 逃亡している, 行方をくらましてる. ❐ਫ਼ਰਾਰ ਹੋ ਜਾਣਾ 逃亡する, 行方をくらます. **2** 逃げている, 逃走している. ❐ਫ਼ਰਾਰ ਹੋ ਜਾਣਾ 逃げる, 逃走する. **3** 脱走している. ❐ਫ਼ਰਾਰ ਹੋ ਜਾਣਾ 脱走する.

ਫ਼ਰਿਆਦ (फ़रिआद) /fariāda ファリアード/ [Pers. *faryād*] *f.* **1** 嘆願, 哀願. **2** 訴え. **3** 〖法〗 告訴, 控訴, 上告.

ਫ਼ਰਿਆਦੀ (फ़रिआदी) /fariādī ファリアーディー/ [Pers. *faryādī*] *m.* **1** 嘆願者, 哀願者. **2** 請願者. **3** 〖法〗 告訴人, 上訴人.

ਫ਼ਰਿਸਤ (फ़रिसत) /farisata ファリスト/ ▸ਫ਼ਹਿਰਿਸਤ [Pers. *fehrist*] *f.* **1** 一覧表. **2** 目録, カタログ.

ਫ਼ਰਿਸ਼ਤਾ (फ़रिशता) /fariśatā ファリシュター/ [Pers. *firiśta*] *m.* **1** 〖イス〗 神の使い. **2** 天使. **3** 天使のような立派な人, 徳のある人.

ਫ਼ਰਿਜ (फ़रिज) /farija ファリジ/ ▸ਫ਼ਰਿੱਜ, ਫ਼੍ਰਿੱਜ *m.* → ਫ਼ਰਿੱਜ

ਫ਼ਰਿੱਜ (फ़रिज्ज) /farijja ファリッジ/ ▸ਫ਼ਰਿਜ, ਫ਼੍ਰਿੱਜ [Eng. *fridge*] *m.* 〖器具〗 冷蔵庫. (⇒ਰੈਫ਼ਰੀਜਿਰੇਟਰ)

ਫ਼੍ਰਿੱਜ (फ़्रिज्ज) /frijja (farijja) フリッジ (ファリッジ)/ ▸ਫ਼ਰਿਜ, ਫ਼ਰਿੱਜ *m.* → ਫ਼ਰਿੱਜ

ਫ਼ਰੀ (फ़री) /farī ファリー/ ▸ਫ਼੍ਰੀ [Eng. *free*] *adj.* **1** 自由な, 束縛のない. **2** 無料の, 無税の.

ਫ਼੍ਰੀ (फ़्री) /frī (farī) フリー (ファリー)/ ▸ਫ਼ਰੀ *adj.* → ਫ਼ਰੀ

ਫ਼ਰੀ ਵੀਲ (फ़री वील) /farī wīla ファリー ウィール/ [Eng. *freewheel*] *m.* 〖機械〗 (自転車・自動車の)フリーホイール, 自由回転装置.

ਫ਼ਰੂਟ (फ़रूट) /farūṭa ファルート/ [Eng. *fruit*] *m.* 〖植

物〕フルーツ, 果物. (⇒ਫਲ)

ਫ਼ਰੇਬ (फ़रेब) /farebạ ファレーブ/ [Pers. *fireb*] *m.* **1** だまし, 欺き, 詐欺. **2** 策謀, 悪だくみ. **3** ごまかし. **4** 欺瞞.

ਫ਼ਰੇਬੀ (फ़रेबी) /farebī ファレービー/ [Pers. *firebī*] *adj.* **1** 詐欺の. **2** 人をだます. **3** 悪賢い, 狡猾な.
— *m.* **1** だます人. **2** 嘘つき. **3** 詐欺師.

ਫ਼ਰੇਮ (फ़रेम) /faremạ ファレーム/ ▸ਫ਼੍ਰੇਮ [Eng. *frame*] *m.* **1** 骨組み, フレーム. **2** 枠, 縁, 額, 額縁.

ਫ਼੍ਰੇਮ (फ़्रेम) /fremạ (faremạ) フレーム (ファレーム)/ ▸ਫ਼ਰੇਮ *m.* → ਫ਼ਰੇਮ

ਫਰੇਰਾ (फरेरा) /pʰarerā パレーラー/ *m.* 旗.

ਫ਼ਰੈਸ਼ (फ़रैश) /faraiśạ ファラエーシュ/ ▸ਫ਼੍ਰੈਸ਼ [Eng. *fresh*] *adj.* 新鮮な, みずみずしい. (⇒ਤਾਜ਼ਾ)

ਫ਼੍ਰੈਸ਼ (फ़्रैश) /fraiśạ (faraiśạ) フラエーシュ (ファラエーシュ)/ ▸ਫ਼ਰੈਸ਼ *adj.* → ਫ਼ਰੈਸ਼

ਫ਼ਰੈਕਚਰ (फ़रैकचर) /faraikạcarạ ファラエークチャル/ ▸ਫ਼੍ਰੈਕਚਰ [Eng. *fracture*] *m.* 〘医〙骨折.

ਫ਼੍ਰੈਕਚਰ (फ़्रैकचर) /fraikạcarạ (faraikạcarạ) フラエークチャル (ファラエークチャル)/ ▸ਫ਼ਰੈਕਚਰ *m.* → ਫ਼ਰੈਕਚਰ

ਫ਼ਰੈਂਚ (फ़रैंच) /farãīcạ ファラエーンチ/ ▸ਫ਼੍ਰੈਂਚ [Eng. *French*] *adj.* フランスの.
— *m.* フランス人.
— *f.* フランス語.

ਫ਼੍ਰੈਂਚ (फ़्रैंच) /frãīcạ (farãīcạ) フラエーンチ (ファラエーンチ)/ ▸ਫ਼ਰੈਂਚ *adj.m.f.* → ਫ਼ਰੈਂਚ

ਫ਼ਰੈਂਡ (फ़रैंड) /farãīḍạ ファラエーンド/ ▸ਫ਼੍ਰੈਂਡ [Eng. *friend*] *m.* 友人, 友達. (⇒ਦੋਸਤ)

ਫ਼੍ਰੈਂਡ (फ़्रैंड) /frãīḍạ (farãīḍạ) フラエーンド (ファラエーンド)/ ▸ਫ਼ਰੈਂਡ *m.* → ਫ਼ਰੈਂਡ

ਫ਼ਰੋਈ (फ़रोई) /faroī ファローイー/ [(Mul.)] *m.* 種々雑多な罰金.

ਫ਼ਰੋਸ਼ (फ़रोश) /faróśạ ファローシュ/ [Pers. *faroṣ́*] *suff.* 「…を売る人」「…を商う人」などを意味する男性名詞を形成する接尾辞.

ਫ਼ਰੋਸ਼ੀ (फ़रोशी) /faróśī ファローシー/ [Pers. *farośī*] *f.* 売ること, 商売, 商い. (⇒ਵਪਾਰ)
— *suff.* 「…を売ること」「…の販売」「…の商い」などを意味する女性名詞を形成する接尾辞.

ਫ਼ਰੋਖ਼ਤ (फ़रोख़त) /faroxatạ ファローカト/ [Pers. *faroxt*] *f.* 売ること, 販売.

ਫ਼ਰੋਗ (फ़रोग) /faroğạ ファローグ/ [Pers. *furoğ*] *m.* **1** 拡張. **2** 発展. **3** 進歩.

ਫਰੋਲਣਾ (फरोलणा) /pʰarolạṇā パロールナー/ ▸ਫਰੋਲਨਾ, ਫੋਲਣਾ *vt.* → ਫਰੋਲਨਾ

ਫਰੋਲਨਾ (फरोलना) /pʰarolạnā パロールナー/ ▸ਫਰੋਲਣਾ, ਫੋਲਣਾ *vt.* **1** ひっ掻き回す. **2** くまなく捜す, 徹底的に捜す.

ਫਰੋਲਾ-ਫਰੋਲੀ (फरोला-फरोली) /pʰarolā-pʰarolī パローラー・パローリー/ ▸ਫੋਲਾ-ਫਾਲੀ *f.* **1** くまなく捜すこと. **2** 徹底的な捜索.

ਫ਼ਰੌਹਟੀ (फ़रौहटी) /faraûṭī ファラオーティー/ *f.* 自慢.

ਫਲ (फल) /pʰalạ パル/ [Skt. फल] *m.* **1** 〘植物〙果物, 果実, 実. ❐ਰਾਜੂ ਨੂੰ ਫਲ ਨਹੀਂ ਸਨ ਚੰਗੇ ਲੱਗਦੇ। ラージューは果物が好きではありませんでした. **2** 結果, 結末, 報い. (⇒ਸਿੱਟਾ, ਨਤੀਜਾ) ❐ਸਾਡੀਆਂ ਸਾਰੀਆਂ ਸਮੱਸਿਆਵਾਂ ਪਿਛਲੇ ਜਨਮਾਂ ਦੇ ਕਰਮਾਂ ਦੇ ਫਲ ਉੱਤੇ ਨਿਰਭਰ ਕਰਦੀਆਂ ਹਨ। 私たちのすべての問題は前世の業果〔業による報い〕によって決まります. **3** 成果, 結実, 報酬. (⇒ਇਨਾਮ) **4** 利益, 利得. (⇒ਲਾਭ) **5** 産物, 生産物. **6** (刃物の)刃, 刀身, 刃渡り.

ਫ਼ਲਸ਼ (फ़लश) /falaśạ ファラシュ/ ▸ਫ਼ਲੱਸ਼ *m.* → ਫ਼ਲੱਸ਼

ਫ਼ਲੱਸ਼ (फ़लश्श) /falaśśạ ファラッシュ/ ▸ਫ਼ਲਸ਼ [Eng. *flush*] *m.* **1** 水で洗い流すこと, 水洗設備. **2** 水洗便所.

ਫ਼ਲਸਫ਼ਾ (फ़लसफ़ा) /falạsafā ファルサファー/ [Arab. *falsafa*] *m.* 哲学.

ਫ਼ਲਸਫ਼ੀ (फ़लसफ़ी) /falạsafī ファルサフィー/ [Arab. *falsafī*] *adj.* 哲学の.
— *m.* 哲学者.

ਫਲ੍ਹਾ (फल्हा) /pʰâlā パラー/ *m.* 四角い木枠.

ਫਲਹੀਣ (फलहीण) /pʰalạhīṇạ パルヒーン/ [Skt. फल Skt.-हीन] *f.* **1** 実りのない. **2** 実を結ばない. **3** 成果のない.

ਫਲ੍ਹੌੜਾ (फल्हौड़ा) /pʰalaûṛā パラオーラー/ *m.* 〘道具〙靴直し職人の木製の槌.

ਫ਼ਲਕ (फ़लक) /falakạ ファラク/ [Arab. *falak*] *m.* **1** 空, 大空, 蒼穹. **2** 天国.

ਫਲਣਾ (फलणा) /pʰalạṇā パルナー/ ▸ਫਲਨਾ *vi.* → ਫਲਨਾ

ਫਲਦਾਰ (फलदार) /pʰalạdārạ パルダール/ [Skt. फल Pers.-*dār*] *adj.* **1** 実を結んでいる. **2** 実りの多い.

ਫਲਨਾ (फलना) /pʰalạnā パルナー/ ▸ਫਲਣਾ [Skt. फलति] *vi.* **1** 実る, 実を結ぶ. **2** 成長する, 大きくなる, 強大になる. **3** 成果を得る, 成果が上がる, 身につく. **4** 報酬を得る. **5** (家畜が)交配される, 子を孕む. (⇒ਫਲੀ ਜਾਣਾ)

ਫਲੜੀ (फलड़ी) /pʰalạṛī パルリー/ *f.* 横木.

ਫਲਾਉਣਾ (फलाउणा) /pʰalāuṇā パラーウナー/ [cf. ਫਲਨਾ] *vt.* **1** 実らせる, 実を結ばせる. **2** 成長させる, 大きくする, 強大にさせる. **3** 成果を得させる, 身につけさせる. **4** 報酬を得させる.

ਫ਼ਲਾਈਓਵਰ (फ़लाईओवर) /falāīovarạ ファラーイーオーヴァル/ [Eng. *flyover*] *m.* 〘建築〙高架道路, 陸橋.

ਫ਼ਲਾਸ਼ (फ़लाश) /falāśạ ファラーシュ/ [Eng. *flush*] *f.* 〘遊戯〙フラッシュ, 手揃い《トランプのポーカーで同種の札が揃うこと》.

ਫ਼ਲਾਸਫ਼ੀ (फ़लासफ़ी) /falāsạfī ファラースフィー/ ▸ਫ਼ਿਲਾਸਫ਼ੀ *f.* → ਫ਼ਿਲਾਸਫ਼ੀ

ਫਲਾਂਗ (फलाँग) /pʰalā̃gạ パラーング/ ▸ਪਲਾਂਘ, ਫਲਾਂਘ, ਲਾਂਘ *f.* → ਪਲਾਂਘ

ਫਲਾਂਘ (फलाँघ) /pʰalā̃̂gạ パラーング/ ▸ਪਲਾਂਘ, ਫਲਾਂਗ, ਲਾਂਘ *f.* → ਪਲਾਂਘ

ਫਲਾਣਾ (फलाणा) /pʰalāṇā パラーナー/ [Arab. *fulān*] *adj.* これこれの, 不特定の, ある.
— *m.* 某, 誰それ.

ਫ਼ਲਾਲੈਣ (फ़लालैण) /falālaiṇạ ファラーラエーン/ ▸ਫ਼ਲਾਲੈਨ [Eng. *flannel*] *f.* 〘布地〙フランネル, フラノ, ネル《毛織物の一種. 紡毛糸で荒く織った柔らかい織物》.

ਫ਼ਲਾਲੈਨ (फ़लालैन) /falālaina ファラーラェーン/ ▸ਫਲਾਲੈਣ f. → ਫਲਾਲੈਣ

ਫ਼ਲਿੱਟ (फ़लिट्ट) /faliṭṭa ファリット/ [Eng. *flit*] *f.* 〖薬剤〗 噴霧器に入れて散布し蚊を退治する殺虫剤の一種.

ਫਲੀ (फली) /pʰalī パリー/ [Skt. फल -ई] *f.* **1** 〖植物〗 豆類の莢. **2** 〖植物〗 バナナの果実の房のうちの一本.

ਫੱਲੀ (फल्ली) /pʰallī パッリー/ ▸ਫਾਲੀ *f.* 〖道具〗 靴職人が革を切る木の台.

ਫਲੀ ਜਾਣਾ (फली जाणा) /pʰalī jāṇā パリー ジャーナー/ *vi.* (家畜が)交配される, 子を孕む.

ਫ਼ਲੀਟ (फ़लीट) /falīṭa ファリート/ [Eng. *fleet*] *m.* 〖履物〗 ゴム底の布製長靴.

ਫਲੀਭੂਤ (फलीभूत) /pʰalīpŭta パリープート/ [Skt. फलीभत] *adj.* **1** 実を結んだ, 結実した, 実りある, 実り多い, 成果を伴った. (⇒ਫਲ ਸਹਿਤ) **2** 成功した, 成功を収めた. (⇒ਸਫਲ, ਕਾਮਯਾਬ)

ਫਲੀਰਾ (फलीरा) /pʰalīrā パリーラー/ *m.* 〖道具〗 鋤べら.

ਫ਼ਲੂ (फ़लू) /falū ファルー/ [Eng. *flu*] *m.* 〖医〗 流感, インフルエンザ. (⇒ਇਨਫਲੂਐਂਜ਼ਾ)

ਫ਼ਲੂਸ (फ़लूस) /falūsa ファルース/ *m.* **1** 風船. **2** 泡.

ਫਲੂਹਾ (फलूहा) /pʰalûā パルーアー/ *m.* 〖医〗 水ぶくれ, 水疱.

ਫਲੂਦਾ (फलूदा) /pʰalūdā パルーダー/ ▸ਫਾਲੂਦਾ [Pers. *fālūda*] *m.* **1** 〖食品〗 麦粉や澱粉などで作られたそうめん状の麺をゆでたもの《アイスクリーム ਕੁਲਫ਼ੀ やラスグッラー ਰਸਗੁੱਲਾ に添えて食べられる》. **2** 〖料理〗 澱粉をゆでた料理の一種. **3** 〖飲料〗 甘い液体にそうめん状の麺を入れた飲料の一種.

ਫ਼ਲੈਸ਼ (फ़लैश) /falaiśa ファラェーシュ/ [Eng. *flash*] *m.* (カメラの)フラッシュ.

ਫ਼ਲੈਟ (फ़लैट) /falaiṭa ファラェート/ [Eng. *flat*] *m.* 〖建築〗 フラット, アパート, 共同住宅.

ਫਵ੍ਹੀ (फव्ही) /pʰâwī パウィー/ *f.* 〖動物〗 子を孕んだ雌のジャッカル.

ਫ਼ਵਾਰਾ (फ़वारा) /fawārā ファワーラー/ ▸ਫੁਆਰਾ, ਫੁਹਾਰਾ *m.* → ਫੁਹਾਰਾ

ਫੜ[1] (फड़) /pʰaṛa パル/ ▸ਫੜ੍ਹ *f.* → ਫੜ੍ਹ

ਫੜ[2] (फड़) /pʰaṛa パル/ [Skt. पण] *f.* **1** 商品を並べて見せるための敷物. **2** 道端に商品を並べた店, 露店. **3** 賭博場, 賭場.

ਫੜ੍ਹ (फड़्ह) /pʰâṛa パル/ ▸ਫੜ [Pers. *far*] *f.* 自慢, 自慢話, 大言壮語, 大ぼら, 大ぶろしき. (⇒ਸ਼ੇਖ਼ੀ, ਡੀਂਗ)

ਫੜ੍ਹੀ (फड़्ही) /pʰâṛī パリー/ *f.* **1** 煉瓦の積み重ね. **2** 露店.

ਫੜਕ (फड़क) /pʰaṛaka パルク/ ▸ਫੜਕਣ *m.* → ਫੜਕਣ

ਫੜੱਕ (फड़क्क) /pʰaṛakka パラック/ *adv.* 直ちに, 即刻, すぐに. (⇒ਤੁਰਤ, ਉਸੇ ਵੇਲੇ)

ਫੜਕਣ (फड़कण) /pʰaṛakaṇa パルカン/ ▸ਫੜਕ [cf. ਫੜਕਣਾ] *f.* **1** ぴくぴくすること, 小刻みに動くこと. **2** 痙攣. **3** 鼓動, 動悸, 脈. **4** 心の動揺, 苦悶.

ਫੜਕਣਾ (फड़कणा) /pʰaṛakaṇā パルカナー/ [Skt. स्फरति] *vi.* **1** 小刻みに動く, ぴくぴくする. **2** 痙攣する. **3** はためく. **4** 動悸を打つ, 脈打つ. **5** 悶える, のたうつ.

ਫੜਕਾ (फड़का) /pʰaṛakā パルカー/ *m.* ぼろ布.

ਫੜਕਾਉਣਾ (फड़काउणा) /pʰaṛakāuṇā パルカーウナー/ [cf. ਫੜਕਣਾ] *vt.* **1** 小刻みに動かす, ぴくぴくさせる. **2** 痙攣させる. **3** はためかせる. **4** 悶えさせる. **5** 打つ, 打ちのめす. **6** 殺す.

ਫੜਕੀ (फड़की) /pʰaṛakī パルキー/ [cf. ਫੜਕਣਾ] *f.* **1** ぴくぴくすること, 小刻みに動くこと. **2** 痙攣, 身悶え. **3** 〖俗語〗 死の苦しみ, 断末魔. ❐ਫੜਕੀ ਪੈਣੀ くたばる, 死ぬ. ❐ਫੜਕੀ ਪਏ くたばれ, 死ね, 死んじまえ. **4** 心の動揺, 苦悶.

ਫੜਨਾ (फड़ना) /pʰaṛanā パルナー/ *vt.* **1** 押さえる, つかむ, 逃さない, 握る. (⇒ਪਕੜਨਾ) ❐ਉਸ ਦੇ ਹੱਥ ਵਿੱਚ ਸੋਨੇ ਦਾ ਕੁਹਾੜਾ ਫੜਿਆ ਹੋਇਆ ਸੀ। 彼の手には金の斧が握られていました. **2** 捕まえる, 捕らえる, 逮捕する. (⇒ਪਕੜਨਾ) ❐ਘਰ ਵਾਲਿਆਂ ਨੇ ਚੂਹਿਆਂ ਨੂੰ ਫੜਨ ਲਈ ਪਿੰਜਰਾ ਲਾਇਆ। 家の人たちは鼠を捕まえるために檻を持って来ました. **3** 把握する, 理解する. (⇒ਸਮਝਣਾ)

ਫੜ ਫੜ (फड़ फड़) /pʰaṛa pʰaṛa パル パル/ *f.* **1** 〖擬声語〗 パタパタ《はためく音や羽ばたく音》. **2** はためく動き, 羽ばたき.

ਫੜਫੜਾਉਣਾ (फड़फड़ाउणा) /pʰaṛapʰaṛāuṇā パルパラーウナー/ *vi.* **1** パタパタ音がする, はためく, 羽ばたく. **2** 小刻みに動く, 震える. **3** 悶える, のたうつ.
— *vt.* パタパタ音を立てる, はためかす, 羽ばたかせる.

ਫੜਫੜਾਹਟ (फड़फड़ाहट) /pʰaṛapʰaṛâṭa パルパラート/ *f.* **1** はためく動き, 羽ばたき. **2** はためく音, 羽ばたきの音, 羽音.

ਫੜਫੜੀਆ (फड़फड़ीआ) /pʰaṛapʰaṛīā パルパリーアー/ *m.* ほらふき.

ਫੜਵਾਉਣਾ (फड़वाउणा) /pʰaṛawāuṇā パルワーウナー/ ▸ਫੜਾਉਣਾ *vt.* **1** つかませる, 握らせる, 持たせる. (⇒ਪਕੜਵਾਉਣਾ) **2** 捕まえさせる, 捕まえてもらう, 捕らえさせる, 逮捕させる. (⇒ਪਕੜਵਾਉਣਾ) **3** 引き渡す, 手渡す. (⇒ਸੌਂਪਣਾ)

ਫੜਵਾਈ (फड़वाई) /pʰaṛawāī パルワーイー/ ▸ਫੜਾਈ *f.* **1** 捕まること, 捕まえること, 逮捕. **2** 逮捕の報奨.

ਫੜਾਉਣਾ (फड़ाउणा) /pʰaṛāuṇā パラーウナー/ ▸ਫੜਵਾਉਣਾ *vt.* → ਫੜਵਾਉਣਾ

ਫੜਾਈ (फड़ाई) /pʰaṛāī パラーイー/ ▸ਫੜਵਾਈ *f.* → ਫੜਵਾਈ

ਫੜੂਕਣਾ (फड़ूकणा) /pʰaṛūkaṇā パルークナー/ [(Pot.)] *vt.* 口で吹き付ける.

ਫੜੂਕਾ (फड़ूका) /pʰaṛūkā パルーカー/ *m.* 口で吹き付けること.

ਫ਼ਾਉਂਟਨ ਪੈੱਨ (फ़ाउंटन पैन्न) /fāuṇṭana painna ファーウンタン パェーンヌ/ [Eng. *fountain pen*] *m.* 〖道具〗 万年筆.

ਫਾਉੜਾ (फाउड़ा) /pʰāuṛā パーウラー/ ▸ਫਾਹੁੜਾ, ਫਾਵੜਾ, ਫੌੜ੍ਹਾ *m.* → ਫੌੜ੍ਹਾ

ਫ਼ਾਇਕ (फ़ाइक) /fāika ファーイク/ [Arab. *fāʰiq*] *adj.* 一級の, 最高の.

ਫ਼ਾਇਦਾ (फ़ाइदा) /fāidā ファーイダー/ ▸ਫ਼ੈਦਾ [Pers.

fā^{h}ida] *m.* **1** 利益, 得, 利得, 収益, 利潤, 儲け. (⇒ਨਫ਼ਾ, ਮੁਨਾਫ਼ਾ, ਲਾਭ) ❒ਫ਼ਾਇਦਾ ਉਠਾਉਣਾ, ਫ਼ਾਇਦਾ ਲੈਣਾ 利用する, つけこむ. **2** 効果. **3** (薬や治療などの)効能, 効き目. **4** 好都合. **5** 良い結果.

ਫ਼ਾਇਦਾਮੰਦ (फ़ाइदामंद) /fāidāmanda ファーイダーマンド/ ▸ਫ਼ਾਇਦੇਮੰਦ *adj.* → ਫ਼ਾਇਦੇਮੰਦ

ਫ਼ਾਇਦੇਮੰਦ (फ़ाइदेमंद) /fāidemanda ファーイデーマンド/ ▸ਫ਼ਾਇਦਾਮੰਦ [Pers. *fā^{h}ida* Pers.*-mand*] *adj.* **1** 有益な, 有用な, 役に立つ. **2** 利益のある, 得な, 儲かる. **3** 有利な. **4** 効果のある, 効き目のある.

ਫ਼ਾਇਰ (फ़ाइर) /fāira ファーイル/ [Eng. *fire*] *m.* **1** 火. **2** 火事, 火災. **3** 発砲, 射撃, 発射.

ਫ਼ਾਇਰ ਬਰਗੇਡ (फ़ाइर बरगेड) /fāira baragedа ファーイル バルゲード/ [Eng. *fire brigade*] *m.* 消防隊.

ਫ਼ਾਇਰਮੈਨ (फ़ाइरमैन) /fāiramaina ファーイルマェーン/ [Eng. *fireman*] *m.* 消防士, 消防隊員.

ਫ਼ਾਇਲ (फ़ाइल) /fāila ファーイル/ ▸ਫ਼ਾਈਲ *f.* → ਫ਼ਾਈਲ

ਫ਼ਾਈਟਰ (फ़ाईटर) /fāīṭara ファーイータル/ [Eng. *fighter*] *m.* **1** 戦士, 闘士. **2** 〖武〗戦闘機.

ਫ਼ਾਈਨ[1] (फ़ाईन) /fāīna ファーイーン/ [Eng. *fine*] *m.* 罰金, 科料.

ਫ਼ਾਈਨ[2] (फ़ाईन) /fāīna ファーイーン/ [Eng. *fine*] *adj.* 素晴らしい, 素敵な, 見事な, 上質の, 立派な.

ਫ਼ਾਈਨਲ (फ़ाईनल) /fāīnala ファーイーナル/ [Eng. *final*] *adj.* 最後の, 最終の. (⇒ਅੰਤਿਮ)

— *m.* **1** 〖競技〗決勝戦. **2** 最終学年. **3** 最終試験.

ਫ਼ਾਈਬਰ[1] (फ़ाईबर) /fāībara ファーイーバル/ [Eng. *fibre*] *m.* 繊維, ファイバー. (⇒ਰੇਸ਼ਾ)

ਫ਼ਾਈਲ (फ़ाईल) /fāīla ファーイール/ ▸ਫ਼ਾਇਲ [Eng. *file*] *f.* (書類や新聞などの)とじ込み, とじ込み帳, ファイル.

ਫਾਸ (फास) /p^{h}āsa パース/ ▸ਫਾਸੀ, ਫਾਹੀ *f.* → ਫਾਸੀ

ਫ਼ਾਸ਼ (फ़ाश) /fāśa ファーシュ/ [Pers. *fāś*] *adj.* **1** 暴露された, 知られた. **2** 露出した, 明白な.

ਫ਼ਾਸਕ (फ़ासक) /fāsaka ファーサク/ [Arab. *fāsik*] *adj.* 堕落した, 罪深い. (⇒ਪਾਪੀ)

ਫ਼ਾਸਟ (फ़ासट) /fāsaṭa ファースト/ [Eng. *fast*] *adj.* **1** 速い, 高速の. **2** すみやかな, 敏速な, 迅速な.

ਫਾਸਣਾ (फासणा) /p^{h}āsaṇā パースナー/ [Skt. स्पाशयति] *vi.* **1** はまる. **2** 罠にかかる.

— *vt.* **1** はめる. **2** 罠にかける.

ਫ਼ਾਸਫ਼ੋਰਸ (फ़ासफ़ोरस) /fāsaforasa ファースフォーラス/ [Eng. *phosphorus*] *f.* 〖化学〗燐.

ਫ਼ਾਸਲਾ (फ़ासला) /fāsalā ファースラー/ [Pers. *fāṣila*] *m.* 距離, 隔たり, 間隔. (⇒ਦੂਰੀ, ਵਿੱਥ)

ਫ਼ਾਸਿਸਟ (फ़ासिसट) /fāsisaṭa ファースィスト/ [Eng. *fascist*] *adj.* 〖政治〗ファシズムを信奉する, ファシスト党の.

— *m.* 〖政治〗ファシズム信奉者, ファシスト.

ਫ਼ਾਸਿਜ਼ਮ (फ़ासिज़म) /fāsizama ファースィズム/ [Eng. *fascism*] *m.* 〖政治〗ファシズム, 反共国粋的独裁主義.

ਫ਼ਾਸਿਦ (फ़ासिद) /fāsida ファースィド/ [Arab. *fāsid*] *adj.* **1** 汚れた. (⇒ਗੰਦਾ) **2** 腐敗した, 邪悪な. (⇒ਭਿੜਾ, ਬਦਕਾਰ) **3** 罪を犯した, 害を及ぼす.

ਫਾਂਸੀ (फाँसी) /p^{h}ā̃sī パーンスィー/ ▸ਫਾਹ, ਫਾਹਾ [Skt. पाश] *f.* **1** 絞殺. **2** 首吊りによる死. **3** 絞首刑.

ਫਾਸੀ (फासी) /p^{h}āsī パースィー/ ▸ਫਾਸ, ਫਾਹੀ [Skt. पाश] *f.* **1** くびり縄. **2** 縄が締まる仕掛け. **3** 罠. (⇒ਫੰਧਾ)

ਫ਼ਾਸੀ (फ़ासी) /fāsī ファースィー/ [Eng. *fascist* -ਈ] *adj.* 〖政治〗ファシストの, ファシズム信奉者の.

— *m.* 〖政治〗ファシズム信奉者, ファシスト.

ਫਾਹ (फाह) /p^{h}â パー/ ▸ਫਾਂਸੀ, ਫਾਹਾ *m.* → ਫਾਂਸੀ

ਫਾਹਾ[1] (फाहा) /p^{h}āhā パーハー/ ▸ਫਹਾ, ਫਹਿਆ, ਫਾਹਿਆ, ਫੈਹਾ *m.* → ਫਹਿਆ

ਫਾਹਾ[2] (फाहा) /p^{h}āhā パーハー/ ▸ਫਾਂਸੀ, ਫਾਹ *m.* → ਫਾਂਸੀ

ਫਾਹਿਆ (फाहिआ) /p^{h}âiā パーイアー/ ▸ਫਹਾ, ਫਾਹਾ, ਫਹਿਆ, ਫੈਹਾ *m.* → ਫਹਿਆ

ਫ਼ਾਹਿਸ਼ (फ़ाहिश) /fâiśa | fāhiśa ファーイシュ | ファーヒシュ/ [Arab. *fāhiś*] *adj.* **1** 淫らな, 好色な, 猥褻な. **2** 不道徳な, 不品行な, ふしだらな. (⇒ਬਦਕਾਰ)

ਫ਼ਾਹਿਸ਼ਾ (फ़ाहिशा) /fâiśā | fāhiśā ファーイシャー | ファーヒシャー/ [Arab. *fāhiśa*] *f.* **1** ふしだらな女, 淫らな女, 好色な女. (⇒ਬਦਕਾਰ ਔਰਤ) **2** 不貞な妻.

ਫਾਹੀ (फाही) /p^{h}âī パーイー/ ▸ਫਾਸ, ਫਾਸੀ *f.* → ਫਾਸੀ

ਫਾਹੀਵਾਲ (फाहीवाल) /p^{h}âīwāla パーイーワール/ [Skt. पाश Skt.-पाल] *m.* 鳥を捕る人, 鳥捕り, 鳥の捕獲を生業とする者.

ਫਾਹੁਣਾ (फाहुणा) /p^{h}âuṇā パーウナー/ ▸ਫਸਾਉਣਾ, ਫਹਾਉਣਾ *vt.* → ਫਸਾਉਣਾ

ਫਾਹੁੜਾ (फाहुड़ा) /p^{h}âuṛā パーウラー/ ▸ਫਾਉੜਾ, ਫਾਵੜਾ, ਫੌੜ੍ਹਾ *m.* → ਫੌੜ੍ਹਾ

ਫਾਂਕ (फाँक) /p^{h}ā̃ka パーンク/ *f.* **1** 断片, 切片, 一切れ. (⇒ਫਾੜੀ) **2** 薄く切ったもの, スライス.

ਫ਼ਾਕਾ (फ़ाका) /fākā ファーカー/ [Pers. *fāqa*] *m.* **1** 断食, 絶食, 食事をとらないこと. (⇒ਉਪਵਾਸ) **2** 空腹, 飢え.

ਫ਼ਾਖ਼ਤਾ (फ़ाख़ता) /fāxatā ファークター/ [Pers. *fāxta*] *f.* 〖鳥〗ハト, 鳩, 野生の鳩.

ਫਾਗ (फाग) /p^{h}āga パーグ/ ▸ਫੱਗਣ [(Pkt. फागुण) Skt. फाल्गुन] *m.* **1** 〖暦〗→ ਫੱਗਣ **2** 〖祭礼〗ホーリー祭.

ਫ਼ਾਜ਼ਲ (फ़ाज़ल) /fāzala ファーザル/ ▸ਫ਼ਾਜ਼ਿਲ, ਫਾਦਲ [Arab. *fāzil*] *adj.* **1** 豊富な, 過剰な. **2** 学識のある, 博学の.

ਫ਼ਾਜ਼ਿਲ (फ़ाज़िल) /fāzila ファーズィル/ ▸ਫ਼ਾਜ਼ਲ, ਫਾਦਲ *adj.* → ਫ਼ਾਜ਼ਲ

ਫਾਂਟ (फाँट) /p^{h}ā̃ṭa パーント/ *f.* **1** 打つこと, 叩くこと. **2** 殴ること, 殴打.

ਫਾਟ (फाट) /p^{h}āṭa パート/ *m.* **1** 細長い土地. **2** 支流.

ਫਾਟਕ (फाटक) /p^{h}āṭaka パータク/ [Skt. कपाट] *m.* **1** 門, ゲート, 大門. **2** 門扉. **3** 〖機械〗(踏切の)遮断機. **4** 家畜の囲い, 家畜収容所. (⇒ਹੇੜੀ)

ਫਾਂਟਣਾ (फाँटणा) /p^{h}ā̃ṭaṇā パーンタナー/ *vt.* **1** 打つ, 叩く. **2** 殴る. **3** 罰する, 懲らしめる.

ਫਾਟਾ (फाटा) /p^{h}āṭā パーター/ [cf. ਫਟਣਾ] *adj.* 破れた, 裂かれた.

ਫਾਂਡ (फाँड) /p^{h}ā̃ḍa パーンド/ *f.* 一斉射撃.

ਫਾਡੀ (फाडी) /p^{h}āḍī パーディー/ *adj.* **1** のろまな. **2** 最

下位の.

ਫ਼ਾਤਿਆ (फ़ातिआ) /fātiā ファーティアー/ ▸ਫ਼ਾਤਿਹਾ [Arab. *fātiha*] *m.* **1** はじめ, 始まり, 序. **2**〘イス〙コーラン(クルアーン)の序章, 死者に捧げるイスラーム教徒の祈り. ❐ਫ਼ਾਤਿਆ ਪੜ੍ਹਨਾ 死者に捧げる祈りを唱える, 死者の冥福を祈る.

ਫ਼ਾਤਿਆ ਖ਼ਾਨੀ (फ़ातिआ ख़ानी) /fātiā xānī ファーティアーカーニー/ *f.* **1** 死者に捧げる祈り. **2** 死者に捧げる祈りを唱えること.

ਫ਼ਾਤਿਹ (फ़ातिह) /fâtia | fâte ファーティア | ファーテー/ [Arab. *fath*] *m.* **1** 勝利者. **2** 征服者.

ਫ਼ਾਤਿਹਾ (फ़ातिहा) /fâtiā ファーティアー/ ▸ਫ਼ਾਤਿਆ *m.* → ਫ਼ਾਤਿਆ

ਫਾਥਾ (फाथा) /p^hāt^hā パーター/ [cf. ਫਸਣਾ] *adj.* **1** 罠にはめられた. **2** 策略にかけられた. **3** 捕えられた.

ਫ਼ਾਦਰ (फ़ादर) /fādara ファーダル/ [Eng. *father*] *m.* **1**〘親族〙父. (⇒ਪਿਤਾ) **2**〘キ〙神父, 修道院長. (⇒ਪਾਦਰੀ)

ਫਾਦਲ (फादल) /p^hādala パーダル/ ▸ਫ਼ਾਜ਼ਲ, ਫ਼ਾਜ਼ਿਲ *adj.* → ਫ਼ਾਜ਼ਲ

ਫਾਂਧੀ (फाँधी) /p^hā̂dī パーンディー/ *m.* **1** 罠で獲物を捕る猟師. **2** 網で野鳥を捕る猟師.

— *f.*〘道具〙野鳥を捕るための網・仕掛け.

ਫਾਨਾ (फाना) /p^hānā パーナー/ *m.* 楔.

ਫਾਨਾ-ਆਕਾਰ (फाना-आकार) /p^hānā-ākāra パーナー・アーカール/ *adj.* 楔形の.

ਫ਼ਾਨੀ (फ़ानी) /fānī ファーニー/ [Arab. *fānī*] *adj.* **1** 死すべき. **2** 朽ちゆく. **3** 滅びゆく. **4** はかない, 移ろいやすい.

ਫ਼ਾਨੂਸ (फ़ानूस) /fānūsa ファーヌース/ ▸ਫ਼ਨੂਸ [Pers. *fānūs*] *m.* **1** 照明, ランプ, 燭台. **2** ガラス製のランプのかさ, シャンデリア. **3** 灯台.

ਫਾਫਾਂ (फाफाँ) /p^hāp^hā̃ パーパーン/ *f.* **1** 歯のない老婆. **2** 狡猾な老女, やり手ばばあ, 老いた妖婦.

ਫ਼ਾਰਸ (फ़ारस) /fārasa ファーラス/ [Pers. *fārs*] *m.*〘国名〙ペルシア.

ਫ਼ਾਰਸੀ (फ़ारसी) /fārasī ファールスィー/ [Pers. *fārsī*] *adj.* ペルシアの.

— *f.* ペルシア語.

ਫ਼ਾਰਕ (फ़ारक) /fāraka ファーラク/ ▸ਫ਼ਾਰਗ, ਫ਼ਾਰਿਗ *adj.* → ਫ਼ਾਰਗ

ਫ਼ਾਰਖ਼ਤੀ (फ़ारख़ती) /fāraxatī ファーラカティー/ [Arab. *fāriğ* + Pers. *xatī*] *f.* **1** (借金や義務などからの)解放, 放免. **2** 放棄, 廃棄. **3** 絶縁状, 離縁状.

ਫ਼ਾਰਗ (फ़ारग) /fāraǧa ファーラグ/ ▸ਫ਼ਾਰਕ, ਫ਼ਾਰਿਗ [Arab. *fāriğ*] *adj.* **1** 自由な, 解放された. (⇒ਮੁਕਤ) **2** 暇な. (⇒ਵਿਹਲਾ)

ਫ਼ਾਰਮ[1] (फ़ारम) /fārama ファールム/ [Eng. *form*] *m.* **1** 形, 形状, 形態, 型. **2** 書式, 書式用紙, 申し込み用紙.

ਫ਼ਾਰਮ[2] (फ़ारम) /fārama ファールム/ [Eng. *farm*] *m.* **1** 農場, 農園. **2** 飼育場, 養殖場.

ਫ਼ਾਰਮੀ (फ़ारमी) /fāramī ファールミー/ [-ਈ] *adj.* **1** 農場の, 農園の. **2** 飼育場の, 養殖場の.

ਫ਼ਾਰਮੂਲਾ (फ़ारमूला) /fāramūlā ファールムーラー/ [Eng. *formula*] *m.* **1** 方式, 決まったやり方, 決まり文句. **2**〘数学〙公式, 数式. **3**〘医〙処方, 処方箋.

ਫ਼ਾਰਮੇਸੀ (फ़ारमेसी) /fāramesī ファールメースィー/ [Eng. *pharmacy*] *f.* **1** 薬局, 薬屋. **2** 薬学.

ਫ਼ਾਰਿਗ (फ़ारिग) /fāriǧa ファーリグ/ ▸ਫ਼ਾਰਕ, ਫ਼ਾਰਗ *adj.* → ਫ਼ਾਰਗ

ਫਾਲ (फाल) /p^hāla パール/ [Skt. फाल] *f.* **1** 小さな楔. **2** ピン. **3** 合い釘.

ਫ਼ਾਲ[1] (फ़ाल) /fāla ファール/ [Arab. *fāl*] *f.* **1** 前兆. (⇒ਸਗਨ) **2** 占い, 予言.

ਫ਼ਾਲ[2] (फ़ाल) /fāla ファール/ [Eng. *fall*] *f.* **1** 垂れ下がる物, 飾り物の垂れ. **2**〘衣服〙サリー(サーリー)のフォール《サリーを巻いた時に裾に当たる部分に, 裏から当てた当て布. 重みをプラスすることによって, 裾がきちんと落ちる》.

ਫ਼ਾਲਸਾ (फ़ालसा) /fālasā ファールサー/ *m.*〘植物〙ファールサー樹《シナノキ科の小木》.

ਫ਼ਾਲਤੂ (फ़ालतू) /fālatū ファールトゥー/ *adj.* **1** 余った, 残った, 余分な, 余計な. (⇒ਵਾਧੂ) **2** 予備の. **3** 不必要な, 無用な. **4** 無益な, 無駄な, 無意味な.

ਫਾਲਾ (फाला) /p^hālā パーラー/ *m.* **1** 鋤の刃. **2** 槍の刃.

ਫਾਲੀ (फाली) /p^hālī パーリー/ ▸ਫੱਲੀ *f.*〘道具〙靴職人が革を切る木の台.

ਫ਼ਾਲੂਦਾ (फ़ालूदा) /fālūdā ファールーダー/ ▸ਫਲੂਦਾ *m.* → ਫਲੂਦਾ

ਫਾਵੜਾ (फावड़ा) /p^hāwaṛā パーウラー/ ▸ਪਾਉੜਾ, ਫਾਹੁੜਾ, ਫੌੜ੍ਹਾ *m.* → ਫੌੜ੍ਹਾ

ਫਾਵਾ (फावा) /p^hāwā パーワー/ [Pers. *fāvā*] *adj.* **1** 疲れた. (⇒ਥੱਕਿਆ ਹੋਇਆ) **2** 恥じた. (⇒ਸ਼ਰਮਿੰਦਾ, ਲੱਜਿਤ)

ਫਾੜ (फाड़) /p^hāṛa パール/ ▸ਪਾੜ [cf. ਫਾੜਨਾ] *m.* **1** 破れ目, 裂け目, 割れ目, 穴. (⇒ਸੰਨ੍ਹ, ਨਕਬ) **2** 大きな断片, 大きな切片. **3** 薄く切ったもの, スライス.

ਫਾੜਨਾ (फाड़ना) /p^hāṛanā パールナー/ ▸ਪਾੜਨਾ *vt.* → ਪਾੜਨਾ

ਫਾੜੀ (फाड़ी) /p^hāṛī パーリー/ [cf. ਫਾੜਨਾ] *f.* **1** 断片, 切片, 一切れ. (⇒ਫਾਂਕ) **2** 薄く切ったもの, スライス.

ਫ਼ਿਊਜ਼ (फ़िऊज़) /fiūza フィウーズ/ [Eng. *fuse*] *m.* **1** (電気器具などの)ヒューズ. **2** (爆弾などの)信管, 導火線.

ਫਿੱਸਣਾ (फिस्सणा) /p^hissaṇā ピッサナー/ *vi.* **1** 押し潰される. **2** 皺が寄る.

ਫਿਸਲਣ (फिसलण) /p^hisalaṇa ピスラン/ [cf. ਫਿਸਲਣਾ] *f.* **1** 滑ること. **2** 滑りやすいこと, つるつる滑ること. (⇒ਤਿਲਕਣ) **3** 滑りやすい場所.

ਫਿਸਲਣਾ (फिसलणा) /p^hisalaṇā ピスラナー/ [Skt. पिच्छल] *vi.* **1** 滑る. (⇒ਤਿਲਕਣਾ) **2** ずれる, 外れる. **3** 抜ける, 抜け落ちる. **4** (時が)知らない間に過ぎる.

ਫਿਸਲਾਉਣਾ (फिसलाउणा) /p^hisalāuṇā ピスラーウナー/ [cf. ਫਿਸਲਣਾ] *vt.* **1** 滑らせる. (⇒ਤਿਲਕਾਉਣਾ) **2** ずらす, 外す. **3** 抜かす, 抜け落ちさせる.

ਫਿਸਲਾਹਟ (फिसलाहट) /p^hisalâṭa ピスラート/ [cf. ਫਿਸਲਣਾ] *f.* 滑ること.

ਫਿਹਣਾ (फिहणा) /pʰênạ̄ ペーナー/ ▸ਫੇਹਣਾ *vt.* → ਫੇਹਣਾ
ਫਿੱਕ (फिक्क) /pʰikkạ ピック/ *m.* **1** 味のないこと. **2** 気の抜けた様子. **3** 味気なさ.
ਫ਼ਿਕਸੋ (फ़िकसो) /fikạso フィクソー/ [Eng. *fix*] *f.* 髪を固定する溶液.
ਫ਼ਿਕਰ (फ़िकर) /fikarạ フィカル/ [Arab. *fikr*] *m.* **1** 考え, 思考. **2** 心配, 不安. **3** 憂慮, 懸念. **4** 気配り.
ਫ਼ਿਕਰਾ (फ़िकरा) /fikạrā フィクラー/ [Arab. *fiqra*] *m.* **1** 文. (⇒ਵਾਕ) **2** もっともらしい言葉, 欺き.
ਫ਼ਿਕਾ (फ़िका) /fikā フィカー/ [Arab. *fik*] *m.* 〖イス〗イスラーム法.
ਫਿੱਕਾ (फिक्का) /pʰikkā ピッカー/ [Skt. अपक्व] *adj.* **1** 味のない, 味の薄い, うまくない. **2** 気の抜けた. **3** くすんだ, 色あせた, 輝きのない. **4** ぼんやりした, 薄暗い.
ਫ਼ਿਜ਼ਾ (फ़िज़ा) /fizā フィザー/ ▸ਫ਼ਜ਼ਾ *f.* → ਫ਼ਜ਼ਾ
ਫ਼ਿਜੀ (फ़िजी) /fijī フィジー/ ▸ਫ਼ੀਜੀ [Eng. *Fiji*] *m.* 〖国名〗フィジー(諸島共和国).
ਫ਼ਿਜ਼ੂਲ (फ़िज़ूल) /fizūlạ フィズール/ ▸ਫ਼ਜ਼ੂਲ *adj.* → ਫ਼ਜ਼ੂਲ
ਫਿਟ (फिट) /pʰiṭạ ピト/ *int.* **1** 〖罵言〗恥を知れ, この面汚し. **2** 嫌だね, みっともないよ.
— *adj.* 呪われた, 忌々しい. (⇒ਧਫਿਗ)
ਫ਼ਿੱਟ (फ़िट्ट) /fiṭṭạ フィット/ [Eng. *fit*] *adj.* 適した, 適合した, ふさわしい. (⇒ਉਪਯੁਕਤ, ਮਾਕੂਲ)
ਫਿਟਕ (फिटक) /pʰiṭạkạ ピタク/ ▸ਫਿਟਕਾਰ *f.* **1** 呪い, 呪いの言葉. **2** 悪口, 中傷. **3** 非難, 叱責, 咎め. **4** 悪習, 悪の道に溺れること.
ਫਿਟਕਾਰ (फिटकार) /pʰiṭạkārạ ピトカール/ ▸ਫਿਟਕ *f.* → ਫਿਟਕ
ਫਿਟਕਾਰਨਾ (फिटकारना) /pʰiṭạkārạnā ピトカールナー/ *vt.* **1** 呪う, 呪いの言葉を浴びせる. **2** 罵る, 中傷する. **3** 非難する, 叱責する, 咎める, 叱る. **4** 猛烈に反対する.
ਫਿੱਟਣਾ (फिट्टणा) /pʰiṭṭạṇā ピッタナー/ [(Pkt. फिट्टइ) Skt. स्फिटयति] *vi.* **1** (乳が)凝結する, 凝固する, 凝乳になる. **2** (乳が)凝乳と水っぽい液に分離する. **3** (乳が)発酵する, 酸っぱくなる. **4** 食べ過ぎる. **5** 太る, デブになる. **6** うぬぼれる, 慢心する.
ਫ਼ਿਟਨ (फ़िटन) /fiṭạnạ フィタン/ [Eng. *phaeton*] *f.* 〖乗物〗フェートン《二頭立て軽四輪馬車》.
ਫ਼ਿਟਰ (फ़िटर) /fiṭarạ フィタル/ [Eng. *fitter*] *m.* **1** 取付工. **2** 機械組立工. **3** 仮縫い工.
ਫਿਟਾਉਣਾ (फिटाउणा) /pʰiṭāuṇā ピターウナー/ [cf. ਫਿੱਟਣਾ] *vt.* **1** (乳を)凝結させる, 凝固させる, 凝乳にする. **2** (乳を)凝乳と水っぽい液に分離させる. **3** (乳を)発酵させる, 酸っぱくさせる. **4** 太らせる. **5** うぬぼれさせる, 増長させる. **6** 甘やかす, だめにする.
ਫਿੱਟਿਆ (फिट्टिआ) /pʰiṭṭiā ピッティアー/ [cf. ਫਿੱਟਣਾ] *adj.* **1** 凝固した. **2** 凝結した. **3** だめになった, 甘やかされた, 増長した. **4** うぬぼれた. **5** わがままな. **6** 傲慢な, 横柄な.
ਫਿਟੇ ਮੂੰਹ (फिटे मूँह) /pʰiṭe mũ̄ ピテー ムーン/ ▸ਫਿੱਟੇ ਮੂੰਹ *int.* **1** おまえの顔は呪われるがいい. **2** 〖罵言〗この野郎, こん畜生. **3** 嫌だね おまえったら.
ਫਿੱਟੇ ਮੂੰਹ (फिट्टे मूँह) /pʰiṭṭe mũ̄ ピッテー ムーン/ ▸ਫਿਟੇ ਮੂੰਹ *int.* → ਫਿਟੇ ਮੂੰਹ
ਫਿਟੇਵਾਂ (फिटेवाँ) /pʰiṭewā̃ ピテーワーン/ [cf. ਫਿੱਟਣਾ] *m.* **1** (乳が発酵して)酸っぱくなった状態. **2** (乳が)凝結または凝固した状態. **3** (乳が)凝乳と水っぽい液に分離した状態. **4** 食べ過ぎの状態. **5** 太ること, 肥満. **6** 誇り, うぬぼれ. **7** 虚栄. **8** 横柄な態度, 威張り散らすこと.
ਫਿੰਡ (फिंड) /pʰiṇḍạ ピンド/ *f.* 毬, 球, ボール. (⇒ਖਿੱਦੋ, ਗੇਂਦ)
ਫਿੱਡ (फिड्ड) /pʰiḍḍạ ピッド/ *m.* 〖医〗内反足.
ਫਿੱਡਾ (फिड्डा) /pʰiḍḍā ピッダー/ *adj.* 〖医〗内反足の.
ਫਿੱਡੀ (फिड्डी) /pʰiḍḍī ピッディー/ *f.* 〖競技〗足をすくう技.
ਫਿਣਸੀ (फिणसी) /pʰiṇasī ピンスィー/ ▸ਫਿਨਸੀ, ਫਿੰਮ੍ਹਣੀ, ਫੁਣਸੀ, ਫੁਨਸੀ *f.* → ਫਿਨਸੀ
ਫ਼ਿਤਨਾ (फ़ितना) /fitạnā フィトナー/ [Arab. *fitna*] *m.* **1** 不幸, 災難, 深刻な問題. **2** 厄介者, 迷惑な存在, いたずら者. (⇒ਸ਼ਰਾਰਤੀ ਆਦਮੀ)
ਫ਼ਿਤਰਤ (फ़ितरत) /fitarata フィトラト/ [Pers. *fitrat*] *f.* **1** 性質, 気質, 気性. (⇒ਸੁਭਾਉ, ਪਰਕਿਰਤੀ) **2** 抜け目のなさ, 狡猾さ. (⇒ਚਲਾਕੀ, ਹੁਸ਼ਿਆਰੀ)
ਫ਼ਿਤਰਤੀ (फ़ितरती) /fitaratī フィトラティー/ [Pers. *fitratī*] *adj.* **1** 性質のままの, 本来の, 自然な. (⇒ਸੁਭਾਵਿਕ) **2** 抜け目のない, 狡猾な. (⇒ਚਲਾਕ, ਹੁਸ਼ਿਆਰ)
ਫ਼ਿਦਾ (फ़िदा) /fidā フィダー/ [Arab. *fidā*] *adj.* **1** 自己を犠牲にする, 献身的な. **2** 夢中になった. **3** 魅了された.
ਫਿਨਸੀ (फिनसी) /pʰinasī ピンスィー/ ▸ਫਿਣਸੀ, ਫਿੰਮ੍ਹਣੀ, ਫੁਣਸੀ, ਫੁਨਸੀ [Skt. पनसिका] *f.* 〖医〗吹き出物, おでき.
ਫ਼ਿਨਲੈਂਡ (फ़िनलैंड) /finalāĩḍạ フィンラェーンド/ [Eng. *Finland*] *m.* 〖国名〗フィンランド(共和国).
ਫ਼ਿਨਿਸ਼ (फ़िनिश) /finiśạ フィニシュ/ [Eng. *finish*] *f.* 終わり, 終結, 終局, 仕上げ.
ਫਿਪੜਾ (फिपड़ा) /pʰipạṛā ピプラー/ ▸ਫਿਫੜਾ, ਫੇਫੜਾ *m.* → ਫੇਫੜਾ
ਫਿਫੜਾ (फिफड़ा) /pʰipʰạṛā ピプラー/ ▸ਫਿਪੜਾ, ਫੇਫੜਾ *m.* → ਫੇਫੜਾ
ਫਿੰਮ੍ਹਣੀ (फिम्हणी) /pʰîmmaṇī ピンマニー/ ▸ਫਿਣਸੀ, ਫਿਨਸੀ, ਫੁਣਸੀ, ਫੁਨਸੀ *f.* → ਫਿਨਸੀ
ਫਿਰ (फिर) /pʰirạ ピル/ ▸ਫੇਰ *adv.* → ਫੇਰ[1]
ਫਿਰਕਣੀ (फिरकणी) /pʰirạkaṇī ピルカニー/ *f.* 〖機械〗機械の回転盤.
ਫ਼ਿਰਕਾ (फ़िरका) /firạkā フィルカー/ [Arab. *firqa*] *m.* **1** 民族, 種族, 部族. (⇒ਕੌਮ, ਜਾਤੀ) **2** (団体などの)派, 流派. ❑ਅੱਜ ਜਪਾਨ ਵਿੱਚ ਫੁੱਲਾਂ ਨੂੰ ਸਜਾਉਣ ਦੇ ਲਗਭਗ ਤਿੰਨ ਸੌ ਅਲੱਗ ਅਲੱਗ ਫ਼ਿਰਕੇ ਹਨ। 現在日本には約三百の生け花の異なる流派があります.
ਫਿਰਕੀ (फिरकी) /pʰirạkī ピルキー/ *f.* **1** 〖道具〗糸車, 糸巻き. **2** 〖道具〗巻き車, リール.
ਫ਼ਿਰਕੂ (फ़िरकू) /firạkū フィルクー/ *adj.* 種族の.
ਫਿਰਤ (फिरत) /pʰiratạ ピラト/ [cf. ਫਿਰਨਾ] *m.* 回ること, 回転.
ਫਿਰ ਤਾਂ (फिर ताँ) /pʰirạ tā̃ ピル ターン/ ▸ਫੇਰ ਤਾਂ *adv.* → ਫੇਰ ਤਾਂ

ਫਿਰਤਾਨਾ (फिरताना) /pʰiratānā ピルターナー/ *m.* 補償.

ਫਿਰਤੂ (फिरतू) /pʰiratū ピルトゥー/ [cf. ਫਿਰਨਾ] *adj.* **1** 回っている, 回転している. **2** 歩き回っている, うろついている, 放浪している.

ਫਿਰਨਾ (फिरना) /pʰiranā ピルナー/ [(Pkt. फिरइ) Skt. प्रेर्ते] *vi.* **1** 回る, 向きが変わる, 曲がる. **2** くるくる回る, 回転する. **3** 反対を向く, 翻る, 戻る. **4** 巡る, 巡回する, 循環する. **5** ぶらつく, うろつく, 歩き回る. **6** 放浪する.

ਫਿਰਨੀ[1] (फिरनी) /pʰiranī ピルニー/ [Pers. *firnī*] *f.* 〖料理〗砕いた米・ミルク・砂糖で作った料理.

ਫਿਰਨੀ[2] (फिरनी) /pʰiranī ピルニー/ [cf. ਫਿਰਨਾ] *f.* 村の周辺の道.

ਫਿਰਵਾਂ (फिरवाँ) /pʰirawā̃ ピルワーン/ [cf. ਫਿਰਨਾ] *adj.* **1** 回っている, 回転している. **2** 回ることができる, 回転可能な.

ਫਿਰਵਾਉਣਾ (फिरवाउणा) /pʰirawāuṇā ピラワーウナー/ [cf. ਫਿਰਨਾ] *vt.* **1** 回させる. **2** 返させる, 戻させる. **3** 曲げさせる, 向きを変えさせる.

ਫਿਰ ਵੀ (फिर वी) /pʰira wī ピル ウィー/ ▸ਫੇਰ ਵੀ *adv.* → ਫੇਰ ਵੀ

ਫਿਰਾਉ (फिराउ) /pʰirāu | pʰirāo ピラーウ | ピラーオー/ ▸ਫਿਰਾਅ [cf. ਫਿਰਨਾ] *m.* 回ること, 回転.

ਫਿਰਾਉਣਾ (फिराउणा) /pʰirāuṇā ピラーウナー/ [cf. ਫਿਰਨਾ] *vt.* **1** 回す, 回転させる. **2** 返す, 戻す. **3** 曲げる, 向きを変える, 反対向きにする, 背ける. **4** ぶらつかせる, 連れ歩く. **5** (泥や家畜の糞を)こね回す.

ਫਿਰਾਅ (फिराअ) /pʰirāa ピラーア/ ▸ਫਿਰਾਉ *m.* → ਫਿਰਾਉ

ਫ਼ਿਰਾਕ (फ़िराक) /firāka フィラーク/ [Arab. *firāq*] *m.* **1** 別離. (⇒ਵਿਛੋੜਾ, ਵਿਜੋਗ) **2** 切望, 熱望. **3** 待機.

ਫ਼ਿਰੋਜ਼ਾ (फ़िरोज़ा) /firozā フィローザー/ ▸ਫ਼ੀਰੋਜ਼ਾ [Pers. *fīroza*] *m.* 〖鉱物〗トルコ石, エメラルド.

ਫ਼ਿਰੋਜ਼ੀ (फ़िरोज़ी) /firozī フィローズィー/ ▸ਫ਼ੀਰੋਜ਼ੀ [Pers. *fīrozī*] *adj.* **1** トルコ石色の. **2** 緑がかった青の, 青緑色の.

ਫ਼ਿਰੌਤੀ (फ़िरौती) /firautī フィラォーティー/ *f.* 受け戻し.

ਫ਼ਿਲਹਾਲ (फ़िलहाल) /filahāla フィルハール/ [Arab. *fil-hāl*] *adv.* **1** 今のところ, 目下. **2** 当面, 差し当たり. **3** 当分の間.

ਫ਼ਿਲਟਰ (फ़िलटर) /filaṭara フィルタル/ [Eng. *filter*] *m.* **1** 濾過器, 濾過装置. **2** (写真撮影・光学実験用の)フィルター. **3** (紙巻き煙草の)フィルター. **4** 濾過用の材料.

ਫ਼ਿਲਫ਼ਨਾਹ (फ़िलफ़नाह) /filafanâ フィルファナー/ *adj.* 完全に破壊された, 壊滅した.

ਫ਼ਿਲਫ਼ੌਰ (फ़िलफ़ौर) /filafaura フィルファォール/ [Arab. *fil-faur*] *adv.* 急いで, 直ちに, すぐに, 即座に.

ਫ਼ਿਲਬਦੀਹ (फ़िलबदीह) /filabadî フィルバディー/ *adj.* 準備なしの.

ਫ਼ਿਲਮ (फ़िलम) /filama | filama フィラム | フィルム/ [Eng. *film*] *f.* **1** 映画. **2** フィルム.

ਫ਼ਿਲਮਸਾਜ਼ (फ़िलमसाज़) /filamasāza フィラムサーズ/ [Pers.-*sāz*] *m.* **1** 映画製作者. **2** 映画プロデューサー. **3** 映画監督.

ਫ਼ਿਲਮਸਾਜ਼ੀ (फ़िलमसाज़ी) /filamasāzī フィラムサーズィー/ [Pers.-*sāzī*] *f.* **1** 映画製作. **2** 映画産業.

ਫ਼ਿਲਮਕਾਰ (फ़िलमकार) /filamakāra フィラムカール/ [Pers.-*kār* or Skt.-कार] *m.* **1** 映画製作者. **2** 映画プロデューサー. **3** 映画監督.

ਫ਼ਿਲਮਕਾਰੀ (फ़िलमकारी) /filamakārī フィラムカーリー/ [Pers.-*kārī* or Skt.-कारिता] *f.* **1** 映画製作. **2** 映画産業.

ਫ਼ਿਲਮਾਉਣਾ (फ़िलमाउणा) /filamāuṇā フィルマーウナー/ [Eng. *film*] *vt.* 映画化する, 映画を作る.

ਫ਼ਿਲਮੀ (फ़िलमी) /filamī フィルミー/ [-ਈ] *adj.* 映画の, 映画に関する.

ਫ਼ਿਲਾਸਫ਼ਰ (फ़िलासफ़र) /filāsafara フィラースファル/ [Eng. *philosopher*] *m.* **1** 哲学者, 哲人. **2** 賢人.

ਫ਼ਿਲਾਸਫ਼ੀ (फ़िलासफ़ी) /filāsafī フィラースフィー/ ▸ਫ਼ਲਾਸਫ਼ੀ [Eng. *philosophy*] *f.* **1** 哲学, 哲理, 道理. **2** 人生観, 世界観.

ਫ਼ਿਲਿਪੀਨੀਜ਼ (फ़िलिपीनीज़) /filipīnīza フィリピーニーズ/ [Eng. *Philippines*] *m.* 〖国名〗フィリピン(共和国).

ਫਿੜਕ (फिड़क) /pʰiṛaka ピルク/ ▸ਖਿੜਕ *m.* → ਖਿੜਕ

ਫੀ (फी) /pʰī ピー/ ▸ਫ਼ੀ *prep.* → ਫ਼ੀ

ਫ਼ੀ (फ़ी) /fī フィー/ ▸ਫੀ [Arab. *fī*] *prep.* …につき. (⇒ਪ੍ਰਤੀ)

ਫ਼ੀਸ (फ़ीस) /fīsa フィース/ [Eng. *fee*] *f.* 料金, 納付金, 経費.

ਫ਼ੀਸਟ (फ़ीसट) /fīsaṭa フィースト/ [Eng. *feast*] *f.* 饗宴, 宴会, ごちそう.

ਫ਼ੀਸਦੀ (फ़ीसदी) /fīsadī フィーサディー/ ▸ਫ਼ੀ ਸਦੀ [Arab. *fī* + Pers. *ṣadī*] *adv.* 100につき, 百分率で, 100分の1で, パーセントで. (⇒ਪਰਤਿਸ਼ਤ)

— *adj.* 100分の1の, パーセントの.

— *m.* 百分率, パーセント, %.

ਫ਼ੀ ਸਦੀ (फ़ी सदी) /fī sadī フィー サディー/ ▸ਫ਼ੀਸਦੀ *adv.adj.m.* → ਫ਼ੀਸਦੀ

ਫ਼ੀਹਨਾ (फ़ीहना) /fînā フィーナー/ *adj.* **1** 低い鼻の. **2** 獅子鼻の.

ਫ਼ੀਚਰ (फ़ीचर) /fīcara フィーチャル/ [Eng. *feature*] *m.* (新聞・雑誌の)特集記事, 呼び物, (テレビの)特別番組.

ਫ਼ੀਜੀ (फ़ीजी) /fījī フィージー/ ▸ਫ਼ਿਜੀ *m.* → ਫ਼ਿਜੀ

ਫ਼ੀਡ (फ़ीड) /fīḍa フィード/ [Eng. *feed*] *f.* 飼料.

ਫ਼ੀਤਾ (फ़ीता) /fītā フィーター/ [Pers. *fita*] *m.* **1** テープ. **2** リボン. **3** バンド, 帯. **4** 紐状のもの. **5** 巻尺, メジャー.

ਫ਼ੀਮ (फ़ीम) /fīma フィーム/ ▸ਅਫ਼ੀਮ *f.* → ਅਫ਼ੀਮ

ਫ਼ੀਮੀ (फ़ीमी) /fīmī フィーミー/ ▸ਅਫ਼ੀਮੀ *adj.m.* → ਅਫ਼ੀਮੀ

ਫ਼ੀਰੋਜ਼ਾ (फ़ीरोज़ा) /fīrozā フィーローザー/ ▸ਫ਼ਿਰੋਜ਼ਾ *m.* → ਫ਼ਿਰੋਜ਼ਾ

ਫ਼ੀਰੋਜ਼ੀ (फ़ीरोज़ी) /fīrozī フィーローズィー/ ▸ਫ਼ਿਰੋਜ਼ੀ *adj.* → ਫ਼ਿਰੋਜ਼ੀ

ਫ਼ੀਲ (फ़ील) /fīla フィール/ [Pers. *fīl*] *m.* **1** 〖動物〗ゾ

ウ, 象. (⇒ਹਾਥੀ) **2**〖遊戯〗象の駒, チェスのビショップ.

ਫ਼ੀਲਖ਼ਾਨਾ (फ़ीलख़ाना) /fīlaxānā フィールカーナー/ [Pers. *fīl* Pers.-*xāna*] *m.*〖建築〗象舎.

ਫ਼ੀਲਾ (फ़ीला) /fīlā フィーラー/ [Pers. *fīl*] *m.*〖遊戯〗象の駒, チェスのビショップ.

ਫੀੜ (फीड़) /pʰīṛa ピール/ ▸ਭੀੜ [(Pua.)] *f.* → ਭੀੜ²

ਫੁਆਰ (फुआर) /pʰuāra プアール/ ▸ਫੁਹਾਰ, ਫੂਹਰ, ਫੂਰ੍ਹ, ਭੂਰ *f.* → ਫੁਹਾਰ

ਫੁਆਰਾ (फुआरा) /pʰuārā プアーラー/ ▸ਫ਼ਵਾਰਾ, ਫੁਹਾਰਾ *m.* → ਫੁਹਾਰਾ

ਫੁਸਕਣਾ (फुसकणा) /pʰusakaṇā プサクナー/ *vi.* 啜り泣く. (⇒ਠੁਣਕਣਾ, ਡੁਸਕਣਾ, ਬੁਸਕਣਾ)

ਫੁਸ-ਫੁਸਾ (फुस-फुसा) /pʰusa-pʰusā プス・プサー/ *adj.* **1** ふわふわした. **2** 柔らかい.

ਫੁਸਲਾਉਣਾ (फुसलाउणा) /pʰusalāuṇā プスラーウナー/ [cf. ਫਿਸਲਾਉਣਾ] *vt.* **1** 唆す, けしかける. **2** 甘言で誘う, おだてる, 丸めこむ. **3** たぶらかす, だます.

ਫੁਸਲਾਹਟ (फुसलाहट) /pʰusalâṭa プスラート/ [cf. ਫੁਸਲਾਉਣਾ] *f.* **1** 唆し, 教唆, 誘惑. **2** たぶらかし, だますこと.

ਫ਼ੁਹਸ਼ (फ़ुहश) /fuhaśa | fôśa フハシュ | フォーシュ/ *adj.* **1** 下品な, 淫らな, ふしだらな. **2** 不謹慎な, 厚かましい. **3** 卑猥な, 野卑な.

ਫੁਹਾਰ (फुहार) /pʰuǎra | pʰuhāra プアール | プハール/ ▸ਫੁਆਰ, ਫੂਹਰ, ਫੂਰ੍ਹ, ਭੂਰ [Skt. फूत्कार] *f.* **1**〖気象〗霧雨, 小雨. **2** しぶき, 水煙.

ਫੁਹਾਰਾ (फुहारा) /puǎrā | pʰuhārā プアーラー | プハーラー/ ▸ਫ਼ਵਾਰਾ, ਫੁਆਰਾ [Arab. *favvārā*] *m.* **1** 噴水. **2** 泉.

ਫੁੱਕ (फुक्क) /pʰukka プック/ [(Kang.)] *f.* **1** 魂. (⇒ਆਤਮਾ) **2** 霊. (⇒ਰੂਹ)

ਫੁਕਣਾ (फुकणा) /pʰukaṇā プクナー/ [(Pkt. फुक्कइ) Skt. फुत्] *vi.* **1** 燃える, 焼ける, 燃え尽きる, 焼き払われる. **2** 台無しになる, 破壊される. **3** 無駄に使われる, 浪費される. **4** (空気や息が)吹き込まれる.

ਫੁਕਣੀ (फुकणी) /pʰukaṇī プクニー/ ▸ਫੂਕਣੀ *f.* → ਫੂਕਣੀ

ਫੁਕਲਾ (फुकला) /pʰukalā プクラー/ ▸ਫੋਕਲਾ *adj.* → ਫੋਕਲਾ

ਫੁਕਵਾਉਣਾ (फुकवाउणा) /pʰukawāuṇā プクワーウナー/ ▸ਫੁਕਾਉਣਾ [cf. ਫੁਕਣਾ] *vt.* **1** 焼かせる, 焼き払わせる. **2** 台無しにさせる, 破壊させる. **3** (空気や息を)強く吹かせる, 吹き込ませる.

ਫੁਕਾਉਣਾ (फुकाउणा) /pʰukāuṇā プカーウナー/ ▸ਫੁਕਵਾਉਣਾ *vt.* → ਫੁਕਵਾਉਣਾ

ਫੁੰਕਾਰ (फुंकार) /pʰuṅkāra プンカール/ ▸ਫੁੰਕਾਰਾ [Skt. फूत्कार] *f.* **1** (蛇などの出す)シューという音. **2** シューという音を出すこと. **3** 鼻を鳴らすこと, 荒い鼻息.

ਫੁੰਕਾਰਨਾ (फुंकारना) /pʰuṅkāranā プンカールナー/ [Skt. फूत्कार] *vi.* **1** (蛇などが)シューという音を出す. **2** 鼻を鳴らして荒い息をする.

ਫੁੰਕਾਰਾ (फुंकारा) /pʰuṅkārā プンカーラー/ ▸ਫੁੰਕਾਰ *m.* → ਫੁੰਕਾਰ

ਫੁੱਕੀ (फुक्की) /pʰukkī プッキー/ ▸ਫੱਕੀ [(Mul.)] *f.* → ਫੱਕੀ

ਫ਼ੁਜ਼ਲਾ (फ़ुज़ला) /fuzalā フズラー/ [Arab. *fuzlā*] *m.* 学識のある人たち, 学者たち. (⇒ਵਿਦਵਾਨ ਲੋਕ)

ਫੁੱਟ (फुट्ट) /pʰuṭṭa プット/ [cf. ਫੁੱਟਣਾ] *f.* **1** 不調和, 不統一. **2** 分裂, 分離, 分割. **3** 疎外, 不和, 敵対. **4** 裂け目, 割れ目.

ਫ਼ੁੱਟ (फ़ुट्ट) /fuṭṭa フット/ [Eng. *foot*] *m.* **1**〖長さ〗1フィート, 一呎《12インチ. 約30. 48センチメートル》. **2**〖身体〗足. (⇒ਪੈਰ)

ਫੁਟਕਰ (फुटकर) /pʰuṭakara プトカル/ ▸ਫੁਟਕਲ *adj.* → ਫੁਟਕਲ

ਫੁਟਕਲ (फुटकल) /pʰuṭakala プトカル/ ▸ਫੁਟਕਰ [cf. ਫੁੱਟਣਾ] *adj.* **1** 色々な, 種々雑多な, 多方面にわたる. (⇒ਕਈ ਕਿਸਮ ਦਾ) **2** 別の, 個別の, 単独の, 別々の. (⇒ਵੱਖਰੋ ਵੱਖਰਾ)

ਫੁਟਕੜੀ (फुटकड़ी) /pʰuṭakaṛī プトカリー/ *f.* **1** 沈澱物. **2** 染み.

ਫੁੱਟਣਸ਼ੀਲ (फुट्टणशील) /pʰuṭṭaṇaśīla プッタンシール/ [cf. ਫੁੱਟਣਾ] *adj.* 壊れやすい, 割れやすい, もろい.

ਫੁੱਟਣਾ (फुट्टणा) /pʰuṭṭaṇā プッタナー/ [(Pkt. फुट्टइ) Skt. स्फुटयते] *vi.* **1** 壊れる, 割れる, 分裂する, はじける. (⇒ਟੁੱਟਣਾ) **2** 出る, 現れる, 出てくる. (⇒ਨਿਕਲਣਾ) **3** 芽が出る, 発芽する, 若芽が伸びる, 萌え出る. (⇒ਉੱਗਣਾ) **4** 走り去る, 逃げる. (⇒ਨੱਸਣਾ) **5** 消える.

ਫ਼ੁੱਟਨੋਟ (फ़ुट्टनोट) /fuṭṭanoṭa フットノート/ [Eng. *footnote*] *m.* 脚注.

ਫ਼ੁੱਟਪਾਥ (फ़ुट्टपाथ) /fuṭṭapātʰa フットパート/ [Eng. *footpath*] *m.* 歩道, 小道, 遊歩道.

ਫ਼ੁੱਟਬਾਲ (फ़ुट्टबाल) /fuṭṭabāla フットバール/ [Eng. *football*] *m.*〖競技〗フットボール, 蹴球, サッカー.

ਫ਼ੁੱਟਾ (फ़ुट्टा) /fuṭṭā フッター/ [Eng. *foot* -ਆ] *m.*〖道具〗1フィート定規.

ਫੁੱਟੀ (फुट्टी) /pʰuṭṭī プッティー/ *f.* **1**〖食品〗凝乳. **2** 新しくはじけた莢の綿.

ਫੁੰਡਣਾ (फुंडणा) /pʰuṇḍaṇā プンダナー/ [cf. ਫੁੱਟਣਾ] *vt.* **1** (獲物や的に)当てる. **2** 命中させる.

ਫੁੰਡਾਉਣਾ (फुंडाउणा) /pʰuṇḍāuṇā プンダーウナー/ [cf. ਫੁੰਡਣਾ] *vt.* (獲物や的に)当てさせる.

ਫੁਣਸੀ (फुणसी) /pʰuṇasī プンスィー/ ▸ਫਿਣਸੀ, ਫਿਨਸੀ, ਫਿੰਮ੍ਹਣੀ, ਫੁਨਸੀ *f.* → ਫਿਨਸੀ

ਫੁਦਕਣਾ (फुदकणा) /pʰudakaṇā プダクナー/ *vi.* **1** 飛び跳ねる. **2** 跳ね回る. **3** はしゃぎ回る.

ਫੁਦਕੀ (फुदकी) /pʰudakī プドキー/ *f.* **1** 飛び跳ねること. **2**〖鳥〗サイホウチョウ, 裁縫鳥.

ਫੁਨਸੀ (फुनसी) /pʰunasī プンスィー/ ▸ਫਿਣਸੀ, ਫਿਨਸੀ, ਫਿੰਮ੍ਹਣੀ, ਫੁਣਸੀ *f.* → ਫਿਨਸੀ

ਫੁੱਫੜ (फुप्फड़) /pʰuppʰaṛa プッパル/ [(Pkt. पुफका) Skt. पितृष्वसा] *m.*〖親族〗伯父・叔父(おじ)《父方の伯母・叔母(おば)の夫, 父の姉妹の夫》.

ਫੁਫਿਆਹੁਰਾ (फुफिआहुरा) /pʰupʰiâurā プピアーウラー/ [+ ਔਹਰਾ] *m.* **1**〖親族〗義理のおじ《義父の姉妹の夫》. **2**〖親族〗義理のおじ《夫の父の姉妹の夫》.

ਫੁੱਫੀ (फुप्फी) /pʰuppʰī プッピー/ [(Pkt. पुफका) Skt. पितृष्वसा] *f.*〖親族〗父方の伯母・叔母(おば)《父の姉妹》. (⇒ਭੂਆ)

ਫੁਫੇਰ (फुफेर) /pʰupʰera プペール/ ▸ਫੁਫੇਰਾ *m.* → ਫੁਫੇਰਾ

ਫੁਫੇਰਾ (फुफेरा) /pʰupʰerā プペーラー/ ▸ਫੁਫੇਰ [(Pkt. पुफका) Skt. पितृखसा -ਏਰਾ] *adj.* 〘親族〙父の姉妹の, 父方のおばの血筋の.

— *m.* → ਫੁਫੇਰਾ ਭਰਾ

ਫੁਫੇਰਾ ਭਰਾ (फुफेरा भरा) /pʰupʰerā parā̆ プペーラー パラー/ *m.* 〘親族〙従兄弟(いとこ)《父の姉妹の息子》.

ਫੁਫੇਰਾ ਭਾਈ (फुफेरा भाई) /pʰupʰerā pā̆ī プペーラー パーイー/ *m.* → ਫੁਫੇਰਾ ਭਰਾ

ਫੁਫੇਰੀ (फुफेरी) /pʰupʰerī プペーリー/ [(Pkt. पुफका) Skt. पितृखसा -ਏਰੀ] *adj.* 《 ਫੁਫੇਰਾ の女性形》父の姉妹の, 父方のおばの血筋の.

— *f.* → ਫੁਫੇਰੀ ਭੈਣ

ਫੁਫੇਰੀ ਭੈਣ (फुफेरी भैण) /pʰupʰerī paĭṇa プペーリー パェーン/ *f.* 〘親族〙従姉妹(いとこ)《父の姉妹の娘》.

ਫੁੰਮ੍ਹਣ (फुंम्हण) /pʰûmmaṇa プンマン/ *m.* 〘装〙(帽子などの)飾り房.

ਫੁੰਮ੍ਹਣੀਆਂ (फुंम्हणीआँ) /pʰûmmaṇīā̃ プンマニーアーン/ *f.* 〘舞踊〙田舎の素朴な踊り.

ਫੁਰ (फुर) /pʰura プル/ *f.* 〘擬声語〙プル, バサ, ブン《鳥の羽音, 羽ばたく音》.

ਫ਼ੁਰਸਤ (फ़ुरसत) /furasata フルサト/ [Pers. *furṣat*] *f.* **1** 暇, 余暇, 自由時間. (⇒ਵਿਹਲ) **2** 休息, 中休み.

ਫੁਰਕੜਾ (फुरकड़ा) /pʰurakaṛā プルカラー/ *m.* **1** (馬や驢馬が)鼻を鳴らすこと, 荒い鼻息. **2** 物を口から吹いて出すこと.

ਫੁਰਤੀ (फुरती) /pʰuratī プルティー/ [Skt. स्फूर्ति] *f.* **1** 素早さ. (⇒ਤੇਜ਼ੀ) **2** 敏捷. (⇒ਚੁਸਤੀ) **3** 活発さ.

ਫੁਰਤੀਲਾ (फुरतीला) /pʰuratīlā プルティーラー/ [+ ਲਾ] *adj.* **1** 素早い, 動きの速い, 即座の. **2** 敏捷な, 機敏な, すばしこい. **3** 活発な, はつらつとした.

ਫੁਰਨਾ (फुरना) /pʰuranā プルナー/ [Skt. स्फुरति] *vi.* **1** 発する, 生じる, 現れる, 出現する, 湧き起こる. **2** 心に浮かぶ, 思い浮かぶ. **3** 分かる, 了解される.

— *m.* **1** 思いつき. **2** 直感, ひらめき. **3** 洞察.

ਫ਼ੁਰਮਾਉਣਾ (फ़ुरमाउणा) /furamāuṇā フルマーウナー/ ▸ ਫ਼ਰਮਾਉਣਾ *vt.* → ਫ਼ਰਮਾਉਣਾ

ਫੁਰਮਾਣ (फुरमाण) /pʰuramāṇa プルマーン/ ▸ਫ਼ਰਮਾਣ, ਫ਼ਰਮਾਨ *m.* → ਫ਼ਰਮਾਨ

ਫੁੱਲ (फुल्ल) /pʰulla プッル/ [Skt. फुल्ल] *m.* **1** 〘植物〙花. (⇒ਬੂਰ) **2** 〘装〙花の形をした装身具, 女性がこめかみに付ける装身具. **3** 遺骨, 遺灰. **4** 熱で焼き尽くされた穀粒, 炒った穀粒. **5** 金属・岩石・角(つの)などが高熱で灰になったもの.

— *adj.* **1** 開花している. **2** とても薄い, 繊細な.

ਫੁਲਹਿਰੀ (फुलहिरी) /pʰulaîrī プラェーリー/ ▸ਫੁਲਬਹਿਰੀ *f.* → ਫੁਲਬਹਿਰੀ

ਫੁਲਕਾ (फुलका) /pʰulakā プルカー/ *m.* 〘料理〙プルカー《ローティー〔無発酵平焼きパン〕の一種. 全粒の小麦粉を水で練って作った生地を薄く焼いたもの》. (⇒ਚਪਾਤੀ)

ਫੁਲਕਾਰੀ (फुलकारी) /pʰulakārī プルカーリー/ [Skt. फुल्ल Skt.-कारिता] *f.* **1** 花模様の刺繍. **2** 〘衣服〙刺繍のある女性用の被布.

ਫੁੱਲਗੋਭੀ (फुल्लगोभी) /pʰullagôbī プッルゴービー/ [+ Skt. गोजिह्वा] *f.* 〘植物〙カリフラワー, ハナキャベツ.

ਫੁਲਝੜੀ (फुलझड़ी) /pʰulacăṛī プルチャリー/ [+ Pkt. झड़ी] *f.* 明るい火花を発する花火の一種.

ਫੁੱਲਣ (फुल्लण) /pʰullaṇa プッラン/ [cf. ਫੁੱਲਣਾ] *m.* 開花.

ਫੁੱਲਣਾ (फुल्लणा) /pʰullaṇā プッラナー/ [Skt. फुल्लति] *vi.* **1** 〘植物〙咲く, 開花する, 花をつける. **2** 膨らむ, 膨張する. **3** 茂る, 繁る, 繁栄する. ❐ਘਾਹ ਫੁੱਲੇ ਤਾਂ ਮੀਂਹ ਭੁੱਲੇ 草が茂れば雨を忘れる〔諺〕〈育ててくれたものへの恩を顧みないこと〉. **4** 〘比喩〙とても嬉しく思う, 大喜びする. (⇒ਬਹੁਤ ਖ਼ੁਸ਼ ਹੋਣਾ) **5** 〘比喩〙得意満面になる, いい気になる, 慢心する. (⇒ਘਮੰਡ ਕਰਨਾ)

ਫੁੱਲਦਾਨ (फुल्लदान) /pʰulladāna プッルダーン/ ▸ਫੁਲਦਾਨ [Skt. फुल्ल Pers.-*dān*] *m.* 〘容器〙花瓶.

ਫੁਲਬਹਿਰੀ (फुलबहिरी) /pʰulabaîrī プルバェーリー/ ▸ ਫੁਲਹਿਰੀ *f.* 〘医〙白斑《皮膚病の一種》.

ਫੁੱਲਮਾਲਾ (फुल्लमाला) /pʰullamālā プッルマーラー/ [Skt. फुल्ल + Skt. माला] *f.* 花環《摘んだ花に糸や紐を通して連ね, 環にしたもの》.

ਫੁਲਵਾਂ (फुलवाँ) /pʰulawā̃ プルワーン/ [Skt.-वान्] *adj.* **1** 花を咲かせた, 開化した. **2** 膨らんだ, ふっくらした. **3** 膨張性の, 膨張した.

ਫੁਲਵਾਉਣਾ (फुलवाउणा) /pʰulawāuṇā プルワーウナー/ [cf. ਫੁੱਲਣਾ] *vt.* **1** 膨らませてもらう. **2** 拡げさせる.

ਫੁਲਵਾੜੀ (फुलवाड़ी) /pʰulawāṛī プルワーリー/ [Skt. फुल्ल + Skt. वाड -ਈ] *f.* **1** 花の咲いた庭園, 花園. (⇒ਬਗ਼ੀਚਾ) **2** 花壇.

ਫੁੱਲਾ (फुल्ला) /pʰullā プッラー/ *m.* 〘食品〙ポップコーン《炒ったトウモロコシ》.

ਫੁਲਾਉ (फुलाउ) /pʰulāo プラーオー/ ▸ਫੁਲਾਅ [cf. ਫੁੱਲਣਾ] *m.* **1** 膨らむこと, 膨張. **2** 拡がること, 拡張.

ਫੁਲਾਉਣਾ (फुलाउणा) /pʰulāuṇā プラーウナー/ [cf. ਫੁੱਲਣਾ] *vt.* **1** 咲かせる, 開花させる. **2** 膨らます, 膨張させる. **3** 拡げる, 拡張する.

ਫੁਲਾਅ (फुलाअ) /pʰulāa プラーア/ ▸ਫੁਲਾਉ *m.* → ਫੁਲਾਉ

ਫ਼ੁਲਾਦ (फ़ुलाद) /fulāda フラード/ ▸ਫ਼ੌਲਾਦ [Pers. *fūlād*] *m.* 〘金属〙鋼鉄.

ਫ਼ੁਲਾਦੀ (फ़ुलादी) /fulādī フラーディー/ ▸ਫ਼ੌਲਾਦੀ [Pers. *fūlādī*] *adj.* **1** 鋼鉄の. **2** 鋼鉄のような.

ਫੁੱਲੀਆਂ (फुल्लीआँ) /pʰullīā̃ プッリーアーン/ *f.* 〘食品〙炒って膨らませた米《複数形》.

ਫੁਲੇਰਾ (फुलेरा) /pʰulerā プレーラー/ [Skt. फुल्ल -ਏਰਾ] *m.* 花屋.

ਫੁਲੇਲ (फुलेल) /pʰulela プレール/ [+ ਏਲ] *m.* **1** 花の香りのする油. **2** 香水. (⇒ਅਤਰ)

ਫੂੰ (फूँ) /pʰū̃ プーン/ *f.* **1** 荒い鼻息. **2** うぬぼれ.

ਫੂਸ (फूस) /pʰūsa プース/ [(Pkt. बुसिआ) Skt. बुस] *m.* **1** 干し草. **2** 藁.

ਫੂਸੀ (फूसी) /pʰūsī プースィー/ *f.* 〘生理〙音のしないおなら, すかしっ屁.

ਫੂਹਰ (फूहर) /pʰûra プール/ ▸ਫੁਆਰ, ਫੁਹਾਰ, ਫੂਰ੍ਹ, ਭੂਰ *f.* → ਫੁਹਾਰ

ਫੂਹੜ (फूहड़) /pʰûṛa プール/ ▸ਫੂੜ੍ਹ *m.f.adj.* → ਫੂੜ੍ਹ

ਫੂਹੜੀ (फूहड़ी) /pʰûṛī プーリー/ ▸ਫੂੜ੍ਹੀ *f.* → ਫੂੜ੍ਹੀ

ਫੂਹੀ (फूही) /pʰūhī | pʰûī プーヒー｜プーイー/ [Skt. फूत्कार] *f.* **1** 小さな水滴. **2** 雨滴.

ਫੂਕ (फूक) /pʰūka プーク/ [cf. ਫੂਕਣਾ] *f.* **1** 息, 息のひと吹き. **2** 強く吐き出す息, 吹きかける息.

ਫੂਕਣਾ (फूकणा) /pʰūkaṇā プーカナー/ [(Skt. फुंका) Skt. फूत्क] *vt.* **1** 燃やす, 焼く, 焼き払う. **2** 無駄にする, 台無しにする. **3** 息を強く吐く, 吹きつける, 吹き込む. **4** 息を吹いて火をおこす.

ਫੂਕਣੀ (फूकणी) /pʰūkaṇī プーカニー/ ▸ਫੁਕਣੀ [cf. ਫੂਕਣਾ] *f.* 〖道具〗吹管.

ਫੂਟੀ (फूटी) /pʰūṭī プーティー/ *m.* ほら吹き.

ਫੂੰਫਾਂ (फूँफाँ) /pʰūpʰā̃ プーンパーン/ *f.* **1** 荒い鼻息. (⇒ ਫੌਂਡ) **2** 空威張り, うぬぼれ, 虚栄心, 横柄さ, 傲慢さ. (⇒ ਆਕੜ, ਹੰਕਾਰ, ਹੈਂਕੜ) **3** きざ, いやにめかした様子.

ਫੂਰ੍ਹ (फूर्ह) /pʰûra プール/ ▸ਫੁਆਰ, ਫੁਹਾਰ, ਫੁਹਰ, ਭੁਰ *f.* → ਫੁਹਾਰ

ਫੂਲਕਰਨ (फूलकरन) /pʰūlakarana プールカラン/ [Skt. फुल्ल + Skt. कर्ण] *m.* 〖装〗耳飾り.

ਫੂਲਦਾਨ (फूलदान) /pʰūladāna プールダーン/ ▸ਫੁੱਲਦਾਨ *m.* → ਫੁੱਲਦਾਨ

ਫੂੜ੍ਹ (फूड़्ह) /pʰûṛa プール/ ▸ਫੂਹੜ [(Pkt. बुसिआ) Skt. बुस + ੜ] *m.* **1** 〖寝具〗大きな藁布団, 粗末な布団. **2** 大きな茣蓙(ござ).

— *f.* 不器用な女.

— *adj.* **1** 粗野な, 野卑な. (⇒ਗਵਾਰ) **2** 知識のない, 愚かな.

ਫੂੜ੍ਹੀ (फूड़्ही) /pʰûṛī プーリー/ ▸ਫੂਹੜੀ [-ਈ] *f.* **1** 〖寝具〗藁布団, 粗末な布団. **2** 茣蓙(ござ).

ਫੇਹ (फेह) /pʰê ペー/ *f.* **1** 押し潰すこと, 粉砕. **2** 圧搾, 締めつけること, 絞ること. **3** 踏み潰すこと, 踏みにじること.

ਫੇਹਣਾ (फेहणा) /pʰêṇā ペーナー/ ▸ਫਿਹਣਾ *vt.* **1** 押し潰す, 砕く, 粉砕する. **2** 圧搾する, 締めつける, 絞る. **3** 踏み潰す, 踏みにじる.

ਫੇਟ (फेट) /pʰeṭa ペート/ ▸ਫੇਟੀ *f.* 衝撃, 打撃, ショック. (⇒ਠੋਕਰ, ਧੱਕਾ)

ਫੇਂਟਾ (फेंटा) /pʰēṭā ペーンター/ ▸ਫੈਂਟ [(Pua.)] *m.* → ਫੈਂਟ

ਫੇਟੀ (फेटी) /pʰeṭī ペーティー/ ▸ਫੇਟ *f.* → ਫੇਟ

ਫੇਣੀ (फेणी) /pʰeṇī ペーニー/ ▸ਫੈਣੀ *f.* → ਫੈਣੀ

ਫੇਫੜਾ (फेफड़ा) /pʰepʰaṛā ペープラー/ ▸ਫਿਪੜਾ, ਫਿਫੜਾ [Skt. फुप्फुस] *m.* 〖身体〗肺, 肺臓.

ਫੇਰ[1] (फेर) /pʰera ペール/ ▸ਫਿਰ *adv.* **1** その後, 後で, 将来. **2** また, 再び, 再度, もう一度. **3** それから, そして.

ਫੇਰ[2] (फेर) /pʰera ペール/ [cf. ਫੇਰਨਾ] *m.* **1** 回ること, 回すこと, 回転. **2** 変化, 変転, 移り変わり. **3** 揉め事, 厄介事.

ਫੇਰ ਤਾਂ (फेर ताँ) /pʰera tā̃ ペール ターン/ ▸ਫਿਰ ਤਾਂ *adv.* それなら, そういうことなら, それで.

ਫੇਰਨਾ (फेरना) /pʰeranā ペールナー/ [(Pkt. फेरण) Skt. प्रेरयति] *vt.* **1** 回す, 向きを変える, 曲げる. **2** くるくる回す, 回転させる. **3** 繰り動かす. **4** さする, 撫でる, 撫でるように動かす. ❐ਉਸਤਰਾ ਫੇਰਨਾ 剃刀を当てる, ひげを剃る, だます.

ਫੇਰਵਾਂ (फेरवाँ) /pʰerawā̃ ペールワーン/ [cf. ਫੇਰਨਾ] *adj.* **1** 戻すことができる. **2** 回っている, 回転している.

ਫੇਰ ਵੀ (फेर वी) /pʰera wī ペール ウィー/ ▸ਫਿਰ ਵੀ *adv.* それでも, しかし, だが. ❐ਬਾਂਦਰਾਂ ਨੇ ਟੋਪੀਆਂ ਫੇਰ ਵੀ ਨਾ ਦਿੱਤੀਆਂ। 猿たちはそれでも帽子を渡しませんでした.

ਫੇਰਾ (फेरा) /pʰerā ペーラー/ [cf. ਫੇਰਨਾ] *m.* **1** 回転, 周回, 巡回. **2** 往復, 往来, 行き来. (⇒ਆਵਾਜਾਈ) **3** 訪問, 訪れること. **4** 旅行.

ਫੇਰੀ (फेरी) /pʰerī ペーリー/ [cf. ਫੇਰਨਾ] *f.* **1** 周囲を回ること, 周回, 巡回. **2** 訪問. **3** 托鉢の門付け.

ਫੇਰੀਵਾਲਾ (फेरीवाला) /pʰerīwālā ペーリーワーラー/ [-ਵਾਲਾ] *m.* **1** 行商人, 呼び売り人. **2** 托鉢する行者, 乞食(こつじき). (⇒ਫ਼ਕੀਰ)

ਫੇਰੇ (फेरे) /pʰere ペーレー/ [cf. ਫੇਰਨਾ] *m.* 〖儀礼〗結婚式で花嫁花婿が聖なる火または聖典の周りを回る儀式.

ਫ਼ੇਲ੍ਹ[1] (फ़ेल्ह) /fêla フェール/ [Arab. *fe`l*] *adj.* 行為, 行動. (⇒ਅਮਲ, ਕਰਮ)

ਫ਼ੇਲ੍ਹ[2] (फ़ेल्ह) /fêla フェール/ [Eng. *fail*] *adj.* **1** 失敗した, しくじった. **2** (試験に)落ちた, 落第した. **3** 役に立たない, 故障している.

ਫੇੜ (फेड़) /pʰeṛa ペール/ [Arab. *fe`l*] *m.* **1** 悪行. (⇒ਬਦੀ) **2** いたずら. (⇒ਸ਼ਰਾਰਤ)

ਫੇੜਨਾ (फेड़ना) /pʰeṛanā ペールナー/ [Arab. *fe`l*] *vi.* 悪事を行う, 悪い行為をする.

ਫ਼ੈਸ਼ਨ (फ़ैशन) /faiśana ファェーシャン/ [Eng. *fashion*] *m.* **1** 流行, はやり, ファッション, 世間の風潮, 時流. **2** やり方, 流儀, 様式, 形式, 型.

ਫ਼ੈਸ਼ਨਦਾਰ (फ़ैशनदार) /faiśanadāra ファェーシャンダール/ [Pers.*-dār*] *adj.* **1** 流行の, はやりの. **2** 現代風の.

ਫ਼ੈਸ਼ਨਪਰਸਤ (फ़ैशनपरसत) /faiśanaparasata ファェーシャンパラスト/ [Pers.*-parast*] *adj.* **1** 流行を礼賛する, 流行を追う. **2** お洒落な.

ਫ਼ੈਸ਼ਨਪਰਸਤੀ (फ़ैशनपरसती) /faiśanaparasatī ファェーシャンパラスティー/ [Pers.*-parastī*] *f.* **1** 流行を礼賛すること, 流行を追うこと. **2** お洒落.

ਫ਼ੈਸ਼ਨੇਬਲ (फ़ैशनेबल) /faiśanebala ファェーシャネーバル/ [Eng. *fashinable*] *adj.* **1** 流行の. **2** 現代風の. **3** お洒落な, 好みの良い.

ਫ਼ੈਸਲਾ (फ़ैसला) /faisalā ファェースラー/ [Pers. *faiṣala*] *m.* **1** 決定, 決断, 判定, 裁決, 決着. ❐ਫ਼ੈਸਲਾ ਕਰਨਾ 決める, 決定する, 判定する, 裁決する, 決着をつける. **2** 〖法〗判決. ❐ਫ਼ੈਸਲਾ ਕਰਨਾ 判決を下す.

ਫ਼ੈਸਲਾਕੁਨ (फ़ैसलाकुन) /faisalākuna ファェースラークン/ [+ ਕੁਨ] *adj.* 決定的な.

ਫੈਹਾ (फैहा) /pʰaîā パェーアー/ ▸ਫਹਾ, ਫਹਿਆ, ਫਾਹਾ, ਫਾਹਿਆ *m.* → ਫਹਿਆ

ਫ਼ੈਕਟਰੀ (फ़ैकटरी) /faikaṭarī ファェークタリー/ [Eng. *factory*] *f.* 工場, 製造所.

ਫ਼ੈਕਲਟੀ (फ़ैकलटी) /faikalaṭī ファェーカルティー/ [Eng. *faculty*] *f.* 学部.

ਫ਼ੈਜ਼ (फ़ैज़) /faiza ファェーズ/ [Arab. *faiz*] *m.* **1** 寛大さ, 気前の良さ. **2** 利益. **3** 恩恵, 好意.

ਫ਼ੈਜ਼ਯਾਬ (फ़ैज़याब) /faizayāba ファェーズヤーブ/

[Pers.-*yāb*] *adj.* **1** 利益を得た. **2** 恩恵を受けた.
ਫ਼ੈਜ਼ਯਾਬੀ (फ़ैज़याबी) /faizayābī ファエーズヤービー/ [Pers.-*yābī*] *f.* **1** 利益を受けること. **2** 恩恵を受けること.
ਫੈਂਟ (फैंट) /pʰāĩṭa パエーント/ ▸ਫੈਂਟਾ [Skt. पेट] *f.* 〖衣服〗腰を縛るもの, 腰帯, 腰紐, 帯, ベルト. (⇒ਕਮਰਬੰਦ, ਪਟਕਾ)
ਫੈਂਟਾ (फैंटा) /pʰāĩṭā パエーンター/ [Skt. पेट] *m.* **1** 〖衣服〗小さなターバン. (⇒ਛੋਟੀ ਪਗੜੀ) **2** → ਫੈਂਟ
ਫੈਂਟਣਾ (फैंटणा) /pʰāĩṭaṇā パエーンタナー/ *vt.* **1** 混ぜる, 掻き混ぜる, 混ぜ合わせる, 攪拌する. (⇒ਮਥਣਾ) **2** ごちゃ混ぜにする, よく混ぜる, (トランプの札などを)よく切る. **3** 振る, 揺らす. **4** 打つ, 叩く.
ਫੈਣੀ (फैणी) /pʰaiṇī パエーニー/ ▸ਫੇਣੀ [Skt. फेनिका] *f.* 〖食品〗ペーニー(パエーニー)《小麦粉で作られる細い糸状に絡み合った菓子. 熱い牛乳に浸けて食べる》.
ਫ਼ੈਦਾ (फ़ैदा) /faidā ファエーダー/ ▸ਫ਼ਾਇਦਾ *m.* → ਫ਼ਾਇਦਾ
ਫ਼ੈਮਲੀ (फ़ैमली) /faimalī ファエームリー/ ▸ਫ਼ੈਮਿਲੀ *m.f.* → ਫ਼ੈਮਿਲੀ
ਫ਼ੈਮਿਲੀ (फ़ैमिली) /faimilī ファエーミリー/ ▸ਫ਼ੈਮਲੀ [Eng. *family*] *m.f.* 家族. (⇒ਪਰਿਵਾਰ) ❑ਕੀ ਤੁਹਾਡਾ ਸਾਰਾ ਫ਼ੈਮਿਲੀ ਇੱਥੇ ਰਹਿੰਦਾ ਹੈ? あなたの家族は皆ここに住んでいるのですか.
ਫ਼ੈਲਸੂਫ਼ (फ़ैलसूफ़) /failasūfa ファエールスーフ/ [Arab. *failasūf*] *m.* **1** 哲学者. **2** 悪賢い奴, いかさま師, 悪漢. **3** 浪費家, 金遣いの荒い人.
ਫ਼ੈਲਸੂਫ਼ੀ (फ़ैलसूफ़ी) /failasūfī ファエールスーフィー/ [-ਈ] *f.* **1** 厳格さ, 気難しさ. **2** 世間慣れしていること. **3** 浪費, 無駄遣い.
ਫ਼ੈਲਸੂਫ਼ੀਆ (फ़ैलसूफ़ीआ) /failasūfīā ファエールスーフィーアー/ [-ਈਆ] *adj.* **1** 厳格な, 気難しい. **2** 世間慣れしてる. **3** 浪費家の, 金遣いの荒い.
— *m.* **1** 哲学者. **2** 悪賢い奴, 悪漢. **3** 浪費家, 金遣いの荒い人.
ਫ਼ੈਲਟ (फ़ैलट) /failaṭa ファエールト/ [Eng. *felt*] *f.* フェルト, 毛氈(もうせん).
ਫੈਲਣਾ (फैलणा) /pʰailaṇā パエールナー/ ▸ਫੈਲਰਨਾ [cf.(Pkt. पहिअ) Skt. प्रथित] *vi.* **1** 広がる. (⇒ਖਿੱਲਰਨਾ) **2** 広まる, 行きわたる, 普及する. **3** 達する, 届く, 及ぶ. **4** 拡散する, 散らばる, 散らかる. **5** 拡大する. **6** 膨張する, 膨らむ. **7** 伝染する, 流行る.
ਫੈਲਰਨਾ (फैलरना) /pʰailaranā パエーラルナー/ ▸ਫੈਲਣਾ *vi.* → ਫੈਲਣਾ
ਫੈਲਾ (फैला) /pʰailā パエーラー/ ▸ਫੈਲਾਉ, ਫੈਲਾਅ, ਫੈਲਾਰ *m.* → ਫੈਲਾਉ
ਫੈਲਾਉ (फैलाउ) /pʰailāo パエーラーオー/ ▸ਫੈਲਾ, ਫੈਲਾਅ, ਫੈਲਾਰ [cf. ਫੈਲਣਾ] *m.* **1** 広がり. **2** 広まり, 普及. **3** 拡張, 伸張, 拡散. **4** 膨張, 膨らみ.
ਫੈਲਾਉਣਾ (फैलाउणा) /pʰailāuṇā パエーラーウナー/ [cf. ਫੈਲਣਾ] *vt.* **1** 広げる. (⇒ਵਿਸਤਾਰਨਾ) **2** 広める, 行きわたらせる, 普及させる. **3** 拡散させる, 散らばらせる. (⇒ਖਿਲਾਰਨਾ) **4** 拡大する, 拡張する. **5** 膨張させる, 膨らます.
ਫੈਲਾਅ (फैलाअ) /pʰailāa パエーラーア/ ▸ਫੈਲਾ, ਫੈਲਾਉ, ਫੈਲਾਰ *m.* → ਫੈਲਾਉ
ਫੈਲਾਰ (फैलार) /pʰailāra パエーラール/ ▸ਫੈਲਾ, ਫੈਲਾਉ, ਫੈਲਾਅ *m.* → ਫੈਲਾਉ
ਫੋਸ (फोस) /pʰosa ポース/ *m.* 家畜の糞.
ਫੋਸੜ (फोसड़) /pʰosaṛa ポーサル/ *adj.* 怠惰な, 不精な.
ਫੋਸੀ (फोसी) /pʰosī ポースィー/ *f.* **1** (獣類の)糞. **2** 少量の家畜の糞.
ਫੋਹਾ (फोहा) /pʰôā ポーアー/ [Skt. फूत्कार] *m.* **1** 水滴. (⇒ਬੂੰਦ) **2** 水しぶき.
ਫੋਕ (फोक) /pʰoka ポーク/ ▸ਫੋਗ *m.* 水や飲物などの底に沈んだ滓(おり).
ਫੋਕਟ (फोकट) /pʰokaṭa ポーカト/ *adj.* **1** 役に立たない, 価値のない, 効果のない, 無駄な, 無意味な. (⇒ਬੇਕਾਰ, ਫ਼ਜ਼ੂਲ, ਬਿਅਰਥ) **2** つまらない, くだらない.
— *m.* **1** 役にたたないもの. **2** つまらないもの, くだらないもの.
ਫੋਕਲਾ (फोकला) /pʰokalā ポークラー/ ▸ਫੁਕਲਾ *adj.* 風味のない, 旨味のない, 味気ない.
ਫੋਕੜ (फोकड़) /pʰokaṛa ポーカル/ *adj.* **1** 空(から)の, 空虚な, 空しい. **2** 陳腐な, つまらない. **3** 風味のない, 旨味のない, 味気ない. **4** 役にたたない, 価値のない, 効果のない. **5** 見せかけの, 偽の, 食わせ物の.
ਫੋਕਾ (फोका) /pʰokā ポーカー/ *adj.* **1** 空(から)の, 空虚な, 空しい. **2** 陳腐な, つまらない. **3** 風味のない, 旨味のない, 味気ない. **4** あっさりした, 薄味の. **5** 効果のない.
ਫੋਗ (फोग) /pʰoga ポーグ/ ▸ਫੋਕ *m.* → ਫੋਕ
ਫੋਟ (फोट) /pʰoṭa ポート/ [Skt. स्फोट] *f.* **1** 割れ目. **2** 裂け目. **3** 亀裂.
ਫ਼ੋਟੋ (फ़ोटो) /foṭo フォートー/ [Eng. *photo*] *m.f.* 写真. (⇒ਤਸਵੀਰ)
ਫ਼ੋਟੋਗਰਾਫ਼ (फ़ोटोगराफ़) /foṭogarāfa フォートーガラーフ/ ▸ਫ਼ੋਟੋਗ੍ਰਾਫ਼ [Eng. *photograph*] *m.* 写真.
ਫ਼ੋਟੋਗ੍ਰਾਫ਼ (फ़ोटोग्राफ़) /foṭogrāfa (foṭogarāfa) フォートーグラーフ (フォートーガラーフ)/ ▸ਫ਼ੋਟੋਗਰਾਫ਼ *m.* → ਫ਼ੋਟੋਗਰਾਫ਼
ਫ਼ੋਟੋਗਰਾਫ਼ਰ (फ़ोटोगराफ़र) /foṭogarāfara フォートーガラーファル/ ▸ਫ਼ੋਟੋਗ੍ਰਾਫ਼ਰ [Eng. *photographer*] *m.* 写真を撮る人, 写真家, カメラマン.
ਫ਼ੋਟੋਗ੍ਰਾਫ਼ਰ (फ़ोटोग्राफ़र) /foṭogrāfara (foṭogarāfara) フォートーグラーファル (フォートーガラーファル)/ ▸ਫ਼ੋਟੋਗਰਾਫ਼ਰ *m.* → ਫ਼ੋਟੋਗਰਾਫ਼ਰ
ਫ਼ੋਟੋਗਰਾਫ਼ੀ (फ़ोटोगराफ़ी) /foṭogarāfī フォートーガラーフィー/ ▸ਫ਼ੋਟੋਗ੍ਰਾਫ਼ੀ [Eng. *photography*] *m.f.* **1** 写真術. **2** 写真撮影.
ਫ਼ੋਟੋਗ੍ਰਾਫ਼ੀ (फ़ोटोग्राफ़ी) /foṭogrāfī (foṭogarāfī) フォートーグラーフィー (フォートーガラーフィー)/ ▸ਫ਼ੋਟੋਗਰਾਫ਼ੀ *m.f.* → ਫ਼ੋਟੋਗਰਾਫ਼ੀ
ਫੋਂਡ (फोंड) /pʰõḍa ポーンド/ [(Pot.)] *f.* **1** 荒い鼻息. (⇒ਫੂੰਗਾਂ) **2** 空威張り, うぬぼれ, 虚栄心, 横柄さ, 傲慢さ. (⇒ਆਕੜ, ਹੰਕਾਰ, ਹੈਂਕੜ) **3** きざ, いやにめかした様子.
ਫ਼ੋਤਾ (फ़ोता) /fotā フォーター/ [Pers. *fota*] *m.* **1** 〖身体〗陰嚢. (⇒ਪਤਾਲੂ) **2** 〖身体〗睾丸.
ਫ਼ੋਨ (फ़ोन) /fona フォーン/ [Eng. *phone*] *m.* **1** 電話, 電

話をかけること. ❐ਫ਼ੋਨ ਕਰਨਾ 電話する, 電話をかける. **2**〖機械〗電話機, 受話器.
ਫ਼ੋਨੋਗਰਾਫ਼ (फ़ोनोगराफ़) /fonogarāfa フォーノーガラーフ/ ▸ਫ਼ੋਨੋਗ੍ਰਾਫ਼ [Eng. *phonograph*] *m.*〖機械〗蓄音機, レコードプレーヤー.
ਫ਼ੋਨੋਗ੍ਰਾਫ਼ (फ़ोनोग्राफ़) /fonogrāfa (fonogarāfa) フォーノーグラーフ (フォーノーガラーフ)/ ▸ਫ਼ੋਨੋਗਰਾਫ਼ *m.* → ਫ਼ੋਨੋਗਰਾਫ਼
ਫੋਫੜ (फोफड़) /pʰopʰaṛa ポーパル/ *m.* 罵り, 罵倒.
ਫ਼ੋਮ (फ़ोम) /foma フォーム/ [Eng. *foam*] *f.* **1** 泡. **2** 気泡ゴム.
ਫੋਰ (फोर) /pʰora ポール/ [Skt. स्फुरण] *m.* 瞬時, 瞬間.
ਫ਼ੋਰਮੈਨ (फ़ोरमैन) /foramaina フォールマェーン/ [Eng. *foreman*] *m.* **1** 職長. **2**〖法〗陪審員長.
ਫੋਲਕ (फोलक) /pʰolaka ポーラク/ *m.* 籾殻. (⇒ਚੋਕਰ, ਫੱਸੜਾ)
ਫ਼ੋਲਡਿੰਗ (फ़ोलडिंग) /folaḍiṅga フォールディング/ [Eng. *folding*] *adj.* 折り畳み式の, 折り畳める.
ਫੋਲਣਾ (फोलणा) /pʰolaṇā ポーラナー/ ▸ਫਰੋਲਣਾ, ਫਰੋਲਨਾ *vt.* → ਫਰੋਲਣਾ
ਫੋਲਣੀ (फोलणी) /pʰolaṇī ポーラニー/ *f.*〖道具〗火掻き棒.
ਫੋਲਾ (फोला) /pʰolā ポーラー/ *m.*〖医〗角膜白斑.
ਫੋਲਾ-ਫਾਲੀ (फोला-फाली) /pʰolā-pʰālī ポーラー・パーリー/ ▸ਫਰੋਲਾ-ਫਰੋਲੀ *f.* → ਫਰੋਲਾ-ਫਰੋਲੀ
ਫੋੜਨਾ (फोड़ना) /pʰoṛanā ポールナー/ [Skt. स्फोटयति] *vt.* **1** 壊す, 割る, 破る, 破壊する. (⇒ਤੋੜਨਾ) **2** 砕く, 潰す, 押し潰す. **3** 破裂させる, 爆発させる.
ਫੋੜਾ (फोड़ा) /pʰoṛā ポーラー/ [Skt. स्फोटक] *m.* **1**〖医〗おでき, できもの, 腫れ物. **2**〖医〗潰瘍.
ਫੌਹੜ (फौहड़) /pʰaûṛa パォール/ ▸ਫੌੜ੍ਹ *m.* → ਫੌੜ੍ਹ
ਫ਼ੌਜ (फ़ौज) /fauja ファオージ/ [Arab. *fauj*] *f.* **1**〖軍〗軍, 軍隊, 軍勢. (⇒ਲਸ਼ਕਰ) **2** 集団, 大群.
ਫ਼ੌਜਦਾਰ (फ़ौजदार) /faujadāra ファオージダール/ [Pers.-*dār*] *m.* **1**〖軍〗(軍隊の)指揮官, 将官, 士官, 隊長. **2**〖法〗刑事裁判官, 治安判事.
ਫ਼ੌਜਦਾਰੀ (फ़ौजदारी) /faujadārī ファオージダーリー/ [Pers.-*dārī*] *adj.* **1**〖軍〗(軍隊の)指揮官の, 士官の. **2**〖法〗刑事上の.
— *f.* **1**〖軍〗(軍隊の)指揮官の地位, 士官の地位. **2**〖法〗刑事犯罪. **3**〖法〗刑事裁判所. **4** 争い, 乱闘, 殴り合い, 暴力事件.
ਫ਼ੌਜਵਾਦ (फ़ौजवाद) /faujawāda ファオージワード/ [Skt.-वाद] *m.*〖政治〗軍国主義, 軍国思想.
ਫ਼ੌਜਵਾਦੀ (फ़ौजवादी) /faujawādī ファオージワーディー/ [Skt.-वादिन्] *adj.*〖政治〗軍国主義の.
— *m.*〖政治〗軍国主義者.
ਫ਼ੌਜੀ (फ़ौजी) /faujī ファオージー/ [Pers. *faujī*] *adj.*〖軍〗軍の, 軍隊の, 軍事上の.
— *m.*〖軍〗兵士, 軍人.
ਫ਼ੌਜੀ ਅਦਾਲਤ (फ़ौजी अदालत) /faujī adālata ファオージー アダーラト/ [+ Pers. \`*adālat*] *f.*〖軍〗軍法会議, 軍事裁判所. (⇒ਕੋਰਟ ਮਾਰਸ਼ਲ)
ਫ਼ੌਤ (फ़ौत) /fauta ファオート/ [Arab. *faut*] *adj.* **1** 死んだ, 死亡した. **2** なくなった, 消えた.
ਫ਼ੌਰਨ (फ़ौरन) /faurana ファオーラン/ [Arab. *fauran*] *adv.* すぐに, 直ちに. (⇒ਛੇਤੀ)
ਫ਼ੌਰੀ (फ़ौरी) /faurī ファオーリー/ [Arab. *faurī*] *adj.* 即座の, 即刻の.
ਫ਼ੌਲਾਦ (फ़ौलाद) /faulāda ファオーラード/ ▸ਫ਼ੁਲਾਦ *m.* → ਫ਼ੁਲਾਦ
ਫ਼ੌਲਾਦੀ (फ़ौलादी) /faulādī ファオーラーディー/ ▸ਫ਼ੁਲਾਦੀ *adj.* → ਫ਼ੁਲਾਦੀ
ਫੌੜ੍ਹ (फौड़्ह) /pʰaûṛa パォール/ ▸ਫੌਹੜ *m.* **1** はったり. **2** 自慢.
ਫੌੜ੍ਹਾ (फौड़्हा) /pʰaûṛā パォーラー/ ▸ਫਾਉੜਾ, ਫਾਹੁੜਾ, ਫਾਵੜਾ *m.* **1**〖道具〗鍬, 踏み鍬. **2**〖道具〗肥やしを掻き集めるために用いる鍬のような木製の道具.
ਫੌੜ੍ਹੀ (फौड़्ही) /pʰaûṛī パォーリー/ ▸ਫਹੁੜੀ *f.* **1**〖道具〗小さな鍬. **2**〖道具〗灰を掻き集めるために用いる小さな鍬のような木製の道具.

ਬ

ਬ[1] (ब) /babbā バッバー/ *m.*〖文字〗グルムキー文字の字母表の28番目の文字《両唇・閉鎖音の「バ」(両唇を付け, 呼気を一瞬閉じ破裂させて発音する有声・無気音)を表す》.
ਬ[2] (ब) /ba バ/ [Pers. *ba*] *prep.* 「…で」「…によって」「…に従って」「…の通り」「…に向かって」「…とともに」「…につき」「…ごとに」などの意味を表す前置詞.
ਬਉਰਾ (बउरा) /baurā バウラー/ *adj.* **1** 愚かな. **2** 気の狂った.
ਬਇਆ (बइआ) /baiā バイアー/ ▸ਬਈਆ *m.* → ਬਈਆ
ਬਈ (बई) /baī バイー/ ▸ਭਈ, ਵਈ [(Pkt. भाई) Skt. भ्रातृ] *int.* 《 ਭਾਈ または ਬਾਈ の短縮形. 呼びかけや相手の反応に対する確認などを表す言葉》 **1** 兄弟, ねえ君. **2** 旦那さん. **3** いいかい. **4** どうだい.
ਬਈਅਰ (बईअर) /baīara バイーアル/ [(Ban.) Skt. वरोरु] *f.* 結婚した女性, 既婚女性. (⇒ਵਿਆਹੀ ਇਸਤਰੀ)
ਬਈਆ (बईआ) /baīā バイーアー/ ▸ਬਇਆ [Skt. वय] *m.*〖鳥〗ハタオリドリ, 機織鳥.
ਬਈਂ-ਦਰ-ਬਈਂ (बईं-दर-बईं) /baī̃-dara-baī̃ バイーン・ダル・バイーン/ *adj.* 違った, 異なる, 様々な.
— *adv.* 違った風に, 異なるやり方で, 様々に.
ਬੰਸ (बंस) /bansa バンス/ ▸ਬਨਸ, ਵੰਸ਼ [Skt. वंश] *m.* **1** 系譜, 家系. **2** 家族, 氏族. **3** 王家, 王室, 王朝. **4** 子孫. **5** 血統. **6**〖生物〗属.
ਬਸ[1] (बस) /basa バス/ ▸ਬੱਸ *adj.int.adv.* → ਬੱਸ[1]
ਬਸ[2] (बस) /basa バス/ ▸ਬੱਸ *f.* → ਬੱਸ[2]
ਬਸ[3] (बस) /basa バス/ ▸ਵੱਸ *m.* → ਵੱਸ
ਬੱਸ[1] (बस्स) /bassa バッス/ ▸ਬਸ [Pers. *bas*] *adj.* **1** 十分な. **2** 終わった. ❐ਬੱਸ ਕਰਨਾ (もういい加減で)やめる. ❐ਬੱਸ ਕਰੋ, ਮੈਨੂੰ ਸਮਝ ਆ ਗਈ। もうやめてくれ, 分かったよ.
— *int.* **1** もう十分, もう結構. ❐ਬੱਸ, ਮੈਂ ਇਸ ਤੋਂ ਹੋਰ ਅੱਗੇ

ਨਹੀਂ ਜਾਣਾ। もう十分, 私はこれ以上先には行きません. **2** もうそれまで, はいおしまい. ❐ਬੱਸ, ਏਨੀ ਮੇਰੀ ਬਾਤ। はい, もう私の話はこれでおしまい.
— *adv.* ただ…の, …だけ.

ਬੱਸ² (बस्स) /bassa バッス/ ▸ਬਸ [Eng. *bus*] *f.* 〖乗物〗バス.

ਬੱਸ ਸਟਾਪ (बस्स सटाप) /bassa saṭāpa バッス サタープ/ [Eng. *bus stop*] *m.* バスの停留所, バス停.

ਬਸੰਤ (बसंत) /basanta バサント/ ▸ਵਸੰਤ [Skt. वसंत] *f.* 〖暦〗春, 春季, 3月から5月の季節《ਚੇਤ と ਵਸਾਖ の月》.
— *m.* 〖音楽〗インド古典音楽の小節の一つ.

ਬਸੰਤ ਪੰਚਮੀਂ (बसंत पंचमीं) /basanta pañcamī̃ バサント パンチャミーン/ ▸ਬਸੰਤ ਪੰਚਮੀ *f.* → ਬਸੰਤ ਪੰਚਮੀ

ਬਸੰਤ ਪੰਚਮੀ (बसंत पंचमी) /basanta pañcamī バサント パンチャミー/ ▸ਬਸੰਤ ਪੰਚਮੀਂ [Skt. वसंत + Skt. पंचम] *f.* 〖祭礼〗ヴァサント・パンチャミー《「春の第5日目」を意味する名前の通り, マーグ月(1～2月)5日に祝われる祭. 学問と芸術の女神サラスヴァティーを祭る》.

ਬਸੰਤ ਬਹਾਰ (बसंत बहार) /basanta bǎra | basanta bahāra バサント バール | バサント バハール/ [+ Pers. *bahār*] *f.* 〖暦〗春, 陽春.

ਬਸੰਤਰ (बसंतर) /basantara バサンタル/ ▸ਵਸੰਤਰ [Skt. वैश्नावर] *m.* 火. (⇒ਅੱਗ, ਅਗਨੀ)

ਬਸਤਰ (बसतर) /basatara バスタル/ ▸ਵਸਤਰ [Skt. वस्त्र] *m.* 衣服, 着物, 衣装. (⇒ਕਪੜਾ, ਪੁਸ਼ਾਕ)

ਬਸਤਰਹੀਣ (बसतरहीण) /basatarahīṇa バスタルヒーン/ ▸ਬਸਤਰਹੀਨ, ਵਸਤਰਹੀਨ *adj.* → ਬਸਤਰਹੀਨ

ਬਸਤਰਹੀਨ (बसतरहीन) /basatarahīna バスタルヒーン/ ▸ਬਸਤਰਹੀਣ, ਵਸਤਰਹੀਨ [Skt. वस्त्र Skt.-हीन] *adj.* **1** 衣服を身につけていない. **2** 裸の.

ਬਸੰਤਰ ਦੇਵਤਾ (बसंतर देवता) /basantara devatā バサンタル デーヴター/ [Skt. वैश्वानर + Skt. देवता] *m.* 〖ヒ〗ヴァイシュヴァーナラ神《普遍的なもの. 火の神アグニの異名》. (⇒ਅਗਨੀ)

ਬਸਤਾ (बसता) /basatā バスター/ [Pers. *bast*] *m.* **1** (布製の)肩掛け鞄. **2** 通学用鞄.

ਬਸੰਤੀ (बसंती) /basantī バサンティー/ [Skt. वसंत -ई] *adj.* **1** 春の. **2** 明るい黄色の.

ਬਸਤੀ (बसती) /basatī バスティー/ ▸ਵਸਤੀ [Skt. वसति] *f.* **1** 居住地. (⇒ਵੱਸੋਂ) **2** 集落, 村落. (⇒ਪਿੰਡ) **3** 〖歴史〗植民地. (⇒ਉਪਨਿਵੇਸ਼)

ਬਸਤੀਵਾਦ (बसतीवाद) /basatīwāda バスティーワード/ [Skt.-वाद] *m.* 〖政治〗植民地主義.

ਬਸਤੀਵਾਦੀ (बसतीवादी) /basatīwādī バスティーワーディー/ [Skt.-वादिन्] *adj.* 〖政治〗植民地主義の, 植民地主義者の.
— *m.* 〖政治〗植民地主義者.

ਬਸ਼ਰ (बशर) /baśara バシャル/ [Arab. *baśar*] *m.* 人間. (⇒ਮਨੁੱਖ)

ਬੰਸਰੀ (बंसरी) /bansarī バンサリー/ ▸ਬੰਸੀ, ਬਨਸਰੀ, ਬਨਸੀ, ਬਾਂਸਰੀ [(Pkt. वंस) Skt. वंश + री] *f.* 〖楽器〗バンスリー(バーンスリー)《北インドの竹製の横笛》.

ਬੰਸਲੋਚਨ (बंसलोचन) /bansalocana バンスローチャン/ [Skt. वंशलोचन] *m.* 〖薬剤〗竹からとれる白色の薬. (⇒ਤਬਾਸ਼ੀਰ)

ਬਸਾਖ (बसाख) /basākʰa バサーク/ ▸ਬੈਸਾਖ, ਵਸਾਖ, ਵਿਸਾਖ, ਵੈਸਾਖ *m.* → ਵਸਾਖ

ਬਸਾਖੀ (बसाखी) /basākʰī バサーキー/ ▸ਬੈਸਾਖੀ, ਵਸਾਖੀ, ਵਿਸਾਖੀ, ਵੈਸਾਖੀ *adj.f.* → ਵਸਾਖੀ

ਬਸਾਤ (बसात) /basāta バサート/ [Arab. *bisāt*] *f.* **1** 広げられたもの, 敷物. **2** 広げて商品を置く敷物. **3** 〖遊戯〗チェスなどのゲームを行う敷物または盤. **4** 金銭の力, 経済力, 貯蓄. (⇒ਹੈਸੀਅਤ) **5** 〖経済〗資本. (⇒ਪੂੰਜੀ, ਸਰਮਾਇਆ) **6** 力, 権限, 手段.

ਬਸਾਤੀ (बसाती) /basātī バサーティー/ [Pers. *bisātī*] *m.* **1** 雑貨商, 小間物商. **2** 行商人.

ਬਸਾਰ (बसार) /basāra バサール/ ▸ਬਿਸਾਰ, ਵਸਾਰ *f.* → ਵਸਾਰ

ਬੰਸਾਵਲੀ (बंसावली) /bansāwalī バンサーワリー/ [Skt. वंशावलि] *f.* **1** 系図, 系統図. **2** 家系図. **3** 一族の歴史.

ਬੰਸੀ¹ (बंसी) /bansī バンスィー/ [Skt. वंशिन्] *adj.* **1** 子孫の. **2** 家系に生まれた.
— *suff.* 「…の子孫の」「…の家系に生まれた」「…族の」などを意味する形容詞, または「…の子孫の者」「…の家系に生まれた者」「…族の人」などを意味する名詞を形成する接尾辞.

ਬੰਸੀ² (बंसी) /bansī バンスィー/ ▸ਬੰਸਰੀ, ਬਨਸਰੀ, ਬਨਸੀ, ਬਾਂਸਰੀ *f.* → ਬੰਸਰੀ

ਬਸੀਠ (बसीठ) /basīṭʰa バスィート/ [Skt. अवसृष्ट] *m.* **1** 仲介者. (⇒ਵਿਚੋਲਾ) **2** 〖法〗弁護士. (⇒ਵਕੀਲ)

ਬਸੁਅ (बसुअ) /basua バスア/ [Skt. वत्स + Skt. अवि] *m.* **1** 〖詩語・動物〗牝牛. (⇒ਗਾਂ) **2** 〖詩語・動物〗羊. (⇒ਭੇਡ)

ਬਸੂਲਾ (बसूला) /basūlā バスーラー/ ▸ਬਸੋਹਲਾ, ਬਸੋਲਾ *m.* → ਬਸੋਲਾ

ਬਸੂਲੀ¹ (बसूली) /basūlī バスーリー/ [Skt. वासि + ਊਲੀ] *f.* 〖道具〗小さな手斧(ちょうな). (⇒ਤੇਸੀ)

ਬਸੂਲੀ² (बसूली) /basūlī バスーリー/ ▸ਵਸੂਲੀ *f.* → ਵਸੂਲੀ

ਬਸ਼ੇਸ਼ (बशेश) /baśeśa バシェーシュ/ ▸ਬਸੇਖ, ਬਿਸੇਖ, ਵਸ਼ੇਸ਼, ਵਸੇਖ, ਵਿਸ਼ੇਸ਼ *adj.* → ਵਿਸ਼ੇਸ਼

ਬਸੇਖ (बसेख) /basekʰa バセーク/ ▸ਬਸ਼ੇਸ਼, ਬਿਸੇਖ, ਵਸ਼ੇਸ਼, ਵਸੇਖ, ਵਿਸ਼ੇਸ਼ *adj.* → ਵਿਸ਼ੇਸ਼

ਬਸੇਰਾ (बसेरा) /baserā バセーラー/ [cf. ਵੱਸਣਾ] *m.* **1** 泊まる場所, 宿. **2** 休息所. **3** 生息地. **4** 巣.

ਬਸੋਸ (बसोस) /basosa バソース/ ▸ਅਫ਼ਸੋਸ, ਮਸੋਸ [(Pot.)] *m.* → ਅਫ਼ਸੋਸ

ਬਸੋਹਲਾ (बसोहला) /basôlā バソーラー/ ▸ਬਸੂਲਾ, ਬਸੋਲਾ *m.* → ਬਸੋਲਾ

ਬਸੋਲਾ (बसोला) /basolā バソーラー/ ▸ਬਸੂਲਾ, ਬਸੋਹਲਾ [Skt. वासि + ਲਾ] *m.* **1** 〖道具〗手斧(ちょうな). **2** 〖道具〗鍬.

ਬਹਸ (बहस) /bâsa バース/ ▸ਬਹਿਸ *f.* → ਬਹਿਸ

ਬਹੱਤਰ (बहत्तर) /bahattara | bǎttara バハッタル | バッタル/ [(Pkt. बहत्तरि) Skt. द्वासप्तति] *ca.num.* 72.
— *adj.* 72の.

ਬਹੱਤਰਵਾਂ (बहत्तरवाँ) /bahattarawã | bǎttarawã バハッタルワーン｜バッタルワーン/ [-ਵਾਂ] *or.num.* 72番目.
— *adj.* 72番目の.

ਬਹੱਤਰਿਆ ਹੋਇਆ (बहत्तरिआ होइआ) /bahattariā hoiā バハッタリアー ホーイアー/ *adj.* 年老いて惚けた.

ਬਹਰਹਾਲ (बहरहाल) /baharahāla バハルハール/ [Pers. *ba-* Pers. *har* + Arab. *hāl*] *adv.* **1** どの状況にも応じて, どんな場合でも. **2** とにかく.

ਬਹਾਉ (बहाउ) /bǎu | bahāu バーウ｜バハーウ/ ▶ਵਹਾ, ਵਹਾਉ, ਵਹਾਅ *m.* → ਵਹਾਉ

ਬਹਾਉਣਾ[1] (बहाउणा) /bǎuṇā | bahāuṇā バーウナー｜バハーウナー/ ▶ਵਹਾਉਣਾ *vt.* → ਵਹਾਉਣਾ[1]

ਬਹਾਉਣਾ[2] (बहाउणा) /bǎuṇā | bahāuṇā バーウナー｜バハーウナー/ ▶ਬਹਾਲਣਾ, ਬਹਾਲਨਾ *vt.* → ਬਹਾਲਨਾ

ਬਹਾਦਰ (बहादर) /bǎdara | bahādara バーダル｜バハーダル/ ▶ਬਹਾਦੁਰ [Pers. *bahādur*] *adj.* **1** 勇ましい, 勇敢な, 勇気のある, 勇猛果敢な. **2** 恐れを知らぬ. **3** 大胆な.

ਬਹਾਦਰੀ (बहादरी) /bǎdarī | bahādarī バードリー｜バハードリー/ [Pers. *bahādurī*] *f.* **1** 勇ましさ, 勇敢さ, 勇気. 勇敢に. **2** 大胆さ.

ਬਹਾਦੁਰ (बहादुर) /bǎdura | bahādura バードゥル｜バハードゥル/ ▶ਬਹਾਦਰ *adj.* → ਬਹਾਦਰ

ਬਹਾਦੁਰੀ (बहादुरी) /bǎdurī | bahādurī バードゥリー｜バハードゥリー/ ▶ਬਹਾਦਰੀ *f.* → ਬਹਾਦਰੀ

ਬਹਾਨਾ (बहाना) /bǎnā | bahānā バーナー｜バハーナー/ [Pers. *bahāna*] *m.* **1** 口実, かこつけ. ❐ਬਹਾਨਾ ਕਰਨਾ 口実にする, かこつける. ❐ਬਹਾਨਾ ਬਣਾਉਣਾ 口実を作る, 口実を設ける. **2** 言い訳, 弁解, 言い逃れ. ❐ਬਹਾਨਾ ਕਰਨਾ 言い訳をする, 弁解する, 言い逃れる. **3** 見せかけ, ふり. ❐ਬਿਮਾਰੀ ਦਾ ਬਹਾਨਾ ਕਰਨਾ 病気のふりをする, 仮病を使う. ❐ਉਹ ਬਿਮਾਰੀ ਦਾ ਬਹਾਨਾ ਕਰ ਰਿਹਾ ਹੈ। 彼は病気のふりをしています.

ਬਹਾਨੇਸਾਜ਼ (बहानेसाज़) /bǎnesāza | bahānesāza バーネーサーズ｜バハーネーサーズ/ [Pers.*-sāz*] *adj.* 言い訳をする, 言い逃れをする.
— *m.* **1** 言い訳をする人, 言い逃れをする人. **2** 口実を設けて仕事を怠ける人. **3** 仮病を使う人.

ਬਹਾਨੇਸਾਜ਼ੀ (बहानेसाज़ी) /bǎnesāzī | bahānesāzī バーネーサーズィー｜バハーネーサーズィー/ [Pers.*-sāzī*] *f.* 言い訳をすること, 言い逃れをすること.

ਬਹਾਨੇਬਾਜ਼ (बहानेबाज़) /bǎnebāza | bahānebāza バーネーバーズ｜バハーネーバーズ/ [Pers.*-bāz*] *adj.* 言い訳をする, 言い逃れをする.
— *m.* **1** 言い訳をする人, 言い逃れをする人. **2** 口実を設けて仕事を怠ける人. **3** 仮病を使う人.

ਬਹਾਨੇਬਾਜ਼ੀ (बहानेबाज़ी) /bǎnebāzī | bahānebāzī バーネーバーズィー｜バハーネーバーズィー/ [Pers.*-bāzī*] *f.* 言い訳をすること, 言い逃れをすること.

ਬਹਾਰ (बहार) /bǎra | bahāra バール｜バハール/ [Pers. *bahār*] *f.* **1**〖暦〗春, 陽春. (⇒ਬਸੰਤ ਰੁੱਤ) **2** 青春, 青年期. (⇒ਜਵਾਨੀ, ਜੋਬਨ) **3**〖植物〗開花, 開花期, 花盛り. **4**〖比喩〗喜び, 嬉しさ, 楽しさ, 幸福. (⇒ਅਨੰਦ, ਖ਼ੁਸ਼ੀ)

ਬਹਾਰੀ (बहारी) /bǎrī | bahārī バーリー｜バハーリー/ *f.* **1**〖道具〗箒. (⇒ਝਾੜੂ) **2**〖道具〗葦またはその他の草の茎で作られた箒.

ਬਹਾਲ (बहाल) /bǎla | bahāla バール｜バハール/ [Pers. *ba-* Arab. *hāl*] *adj.* **1** 元通りの. **2** そのままの.

ਬਹਾਲਣਾ (बहालणा) /bǎlaṇā | bahālaṇā バールナー｜バハールナー/ ▶ਬਹਾਉਣਾ, ਬਹਾਲਨਾ *vt.* → ਬਹਾਲਨਾ

ਬਹਾਲਨਾ (बहालना) /bǎlanā | bahālanā バールナー｜バハールナー/ ▶ਬਹਾਉਣਾ, ਬਹਾਲਣਾ [cf. ਬਹਿਣਾ] *vt.* 座らせる, 腰を下ろさせる, 着席させる.

ਬਹਾਲੀ (बहाली) /bǎlī | bahālī バーリー｜バハーリー/ *f.* 復元.

ਬਹਿਆ (बहिआ) /baîā バェーアー/ ▶ਬਿਹਾ, ਬੇਹਾ, ਬੇਹਿਆ *adj.* → ਬਿਹਾ

ਬਹਿਸ (बहिस) /baîsa バェース/ ▶ਬਹਸ [Arab. *bahs*] *f.* **1** 議論, 討論, 討議. **2** 論争.

ਬਹਿਸਣਾ (बहिसणा) /baîsaṇā バェーサナー/ [Arab. *bahs*] *vi.* **1** 議論する, 討論する, 討議する. **2** 論争する.

ਬਹਿਸ਼ਤ (बहिशत) /bahiśata バヒシュト/ ▶ਭਿਸ਼ਤ [Pers. *bihiśt*] *f.* 天国, 天界, 極楽, 楽園. (⇒ਜੰਨਤ, ਸੁਰਗ)(⇔ਦੋਜ਼ਖ਼, ਜਹੰਨਮ, ਨਰਕ)

ਬਹਿਸ ਤਲਬ (बहिस तलब) /baîsa talaba バェース タラブ/ [Arab. *bahs* + Arab. *talab*] *adj.* **1** 論争の種となる, 異論のある, 論争中の. **2** 議論の余地がある, 未解決の.

ਬਹਿਸ਼ਤੀ[1] (बहिशती) /bahiśatī バヒシュティー/ [Pers. *bihiśt* -ਈ] *adj.* **1** 天国の. **2** 楽園の.

ਬਹਿਸ਼ਤੀ[2] (बहिशती) /bahiśatī バヒシュティー/ *m.* 水運び人夫.

ਬਹਿਸ ਮੁਬਾਹਸਾ (बहिस मुबाहसा) /baîsa mubâsā バェース ムバーサー/ [Arab. *bahs* + Arab. *mubāhasa*] *m.* **1** 討論. **2** 論争.

ਬਹਿਕ (बहिक) /baîka バェーク/ *f.* 放牧地.

ਬਹਿਕਣਾ (बहिकणा) /baîkaṇā バェーカナー/ [Skt. व्यथते] *vi.* **1** 道から外れる, 逸脱する, 道に迷う. **2** 酔っ払う, 酩酊する. **3** 自分を制御できなくなる.

ਬਹਿਕਾਉਣਾ (बहिकाउणा) /baîkāuṇā バェーカーウナー/ [cf. ਬਹਿਕਣਾ] *vt.* **1** 道から逸らせる, 逸脱させる, 道に迷わせる. **2** 間違った道に導く, 誤り導く. **3** 惑わす, だます, 欺く. **4** 酔っ払わせる, 酩酊させる.

ਬਹਿਕਾਵਾ (बहिकावा) /baîkāwā バェーカーワー/ [cf. ਬਹਿਕਣਾ] *m.* **1** 唆し, 扇動. **2** 誤り導くこと. **3** 欺き.

ਬਹਿਣ (बहिण) /baîṇa バェーン/ [cf. ਬਹਿਣਾ] *m.* 座ること, 腰を下ろすこと, 席に着くこと.

ਬਹਿਣਾ (बहिणा) /baîṇā バェーナー/ [(Pkt. उवइट्ठ) Skt. उपविषति] *vi.* **1** 座る, 腰を下ろす, 腰掛ける, しゃがむ. **2** 席に着く, 着席する. **3**(留まって)いる. **4** 落ち着く. **5** 倒れ込む.

ਬਹਿਣੀ (बहिणी) /baîṇī バェーニー/ [cf. ਬਹਿਣਾ] *f.* **1** 座法. **2** 仲間. **3** 共同体.

ਬਹਿਰ[1] (बहिर) /baîra バェール/ [Arab. *bahr*] *m.*〖地理〗海. (⇒ਸਮੁੰਦਰ)

ਬਹਿਰ[2] (बहिर) /baîra バェール/ *f.*〖音楽〗リズム, 旋律, 音程.

ਬਹਿਰੰਗ (बहिरंग) /baîraṅga バェーラング/ [Skt. बहिरंग] *adj.* 外の, 外部の, 外側の. (⇒ਬਾਹਰਲਾ)

ਬਹਿਰਾ[1] (बहिरा) /baîrā バェーラー/ ▸ਬੈਰ੍ਹਾ [(Apb. बहिर Pkt. बीहर) Skt. बधिर] *adj.* 耳が遠い, 耳の聞こえない. (⇒ਬੋਲਾ)

— *m.* 耳の聞こえない人, 聾者. (⇒ਬੋਲਾ)

ਬਹਿਰਾ[2] (बहिरा) /baîrā バェーラー/ ▸ਬੈਰ੍ਹਾ [Eng. *bearer*] *m.* **1** 召使. **2** 給仕, ボーイ. (⇒ਵੇਟਰ)

ਬਹਿਰੂਪੀਆ (बहिरूपीआ) /baîrūpīā バェールーピーアー/ ▸ਬਹੁਰੂਪੀਆ, ਬਰੂਪੀਆ *m.* → ਬਹੁਰੂਪੀਆ

ਬਹਿਲਣਾ (बहिलणा) /baîlaṇā バェーラナー/ [Skt. विहरति] *vi.* **1** 落ち着く. (⇒ਵਰਚਣਾ) **2** なだめられる, 慰められる, 癒される. **3** 泣き止む. **4** 和む, 楽しくなる.

ਬਹਿਲਾਉਣਾ (बहिलाउणा) /baîlāuṇā バェーラーウナー/ [cf. ਬਹਿਲਣਾ] *vt.* **1** 落ち着かせる. (⇒ਵਰਚਾਉਣਾ) **2** なだめる, 慰める, 癒す. **3** 泣き止ませる. **4** 和ませる, 楽しませる.

ਬਹਿਲੀ (बहिली) /baîlī バェーリー/ *f.* 〖乗物〗牡牛の引く四輪車.

ਬਹੀ (बही) /bâī バイー/ ▸ਵਹੀ *f.* 会計簿.

ਬਹੁ (बहु) /baû バォー/ [Skt. बहु] *pref.* 「たくさんの」「多くの」「多数の」「多量の」「大量の」などを意味する接頭辞.

ਬਹੁਅਰਥਕ (बहुअरथक) /baûaratʰaka バォーアルタク/ [Skt. बहु- Skt. अर्थिक] *adj.* 〖言〗多義の.

ਬਹੁਅਰਥਤਾ (बहुअरथता) /baûaratʰatā バォーアルトター/ [Skt. बहु- Skt. अर्थ Skt.-ता] *f.* 〖言〗多義, 多義性.

ਬਹੁਸੰਮਤੀ (बहुसंमती) /baûsammatī バォーサンマティー/ [Skt. बहु- Skt. सम्मति] *f.* 〖政治〗賛成多数, 過半数の得票.

ਬਹੁਸੁਰ (बहुसुर) /baûsura バォースル/ [Skt. बहु- Skt. स्वर] *adj.* 多音の.

ਬਹੁਕੰਤੀ (बहुकंती) /baûkantī バォーカンティー/ *adj.* 〖生物〗多雄性の.

ਬਹੁਕਮ (बहुकम) /bahukama バフカム/ [Pers. *ba-* Arab. *hukm*] *adv.* 命令によって.

ਬਹੁਕਰ (बहुकर) /baûkara バォーカル/ ▸ਬੌਹਕਰ [Skt. बहुकरी] *f.* 〖道具〗箒. (⇒ਝਾੜੂ)

ਬਹੁਕੌਮੀ (बहुकौमी) /baûkaumī バォーカォーミー/ [Skt. बहु- Arab. *qaumī*] *adj.* 多民族の.

ਬਹੁਗਿਣਤੀ (बहुगिणती) /baûgiṇatī バォーギンティー/ [Skt. बहु- cf. ਗਿਣਨਾ] *f.* **1** 大多数. **2** 多数派.

ਬਹੁਗੁਣਾ (बहुगुणा) /baûguṇā バォーグナー/ [Skt. बहु- Skt. गुण] *adj.* **1** 多様な性格の. **2** 多種多様に使える.

— *m.* **1** 多様な性格の人. **2** 多種多様に使える物.

ਬਹੁਛਿਦਰੀਆ (बहुछिदरीआ) /baûcʰidarīā バォーチドリーアー/ [Skt. बहु- Skt. छिद्र -ਈਆ] *adj.* **1** たくさん穴の開いた. **2** 多孔質の, 多孔性の.

ਬਹੁਣੀ (बहुणी) /baûṇī バォーニー/ ▸ਬੁਹਣੀ, ਬੋਹਣੀ [Pkt. विहाण] *f.* その日の初売り.

ਬਹੁਤ (बहुत) /baûta バォート/ ▸ਬਹੁਤਾ [Skt. बहुत्व] *adj.* **1** たくさんの, 多くの. **2** 豊富な, 随分な, かなりの, 相当な, 有り余る. **3** 多量の. **4** 多数の, 数多くの. **5** 過度の, 甚だしい. **6** 十分な.

— *adv.* **1** とても, 非常に, 大いに, ずっと, 大変. **2** ひどく, 甚だしく. **3** 激しく, 強烈に. **4** 随分, かなり, 相当.

ਬਹੁਤ ਅੱਛਾ (बहुत अच्छा) /baûta accʰā バォート アッチャー/ ▸ਬਹੁਤ ਹੱਛਾ [+ Skt. अच्छ] *adj.* とても良い, 大変良い.

— *int.* よろしい, いいですよ, 了解です, 承知しました.

ਬਹੁਤ ਸਾਰਾ (बहुत सारा) /baûta sārā バォート サーラー/ [+ Skt. सह] *adj.* **1** とてもたくさんの, とても多くの. **2** かなりの, 相当な. **3** 多量の, 豊富な.

— *adv.* 大いに, 多量に.

ਬਹੁਤ ਹੱਛਾ (बहुत हच्छा) /baûta haccʰā バォート ハッチャー/ ▸ਬਹੁਤ ਅੱਛਾ *adj.int.* → ਬਹੁਤ ਅੱਛਾ

ਬਹੁਤ ਕਰ ਕੇ (बहुत कर के) /baûta kara ke バォート カル ケー/ ▸ਬਹੁਤਾ ਕਰ ਕੇ *adv.* **1** たびたび, 何度も, よく, 頻繁に. (⇒ਅਕਸਰ) **2** たいてい. **3** 多分. **4** 通常, ふつう, 一般的に. (⇒ਆਮ ਤੌਰ ਤੇ)

ਬਹੁਤ ਕੁਝ (बहुत कुझ) /baûta kûja バォート クジ/ [Skt. बहुत्व + Skt. किञ्चित्] *m.* **1** 相当量, 相当なもの, 相当なこと. **2** たくさん, 多量, 多数.

— *adj.* **1** かなりの, 随分な, 相当な. **2** 少なからぬ.

— *adv.* **1** かなり, 随分, 相当. **2** 少なからず.

ਬਹੁਤਲੀ (बहुतली) /baûtalī バォータリー/ [Skt. बहु- Skt. तल -ਈ] *adj.* 〖幾何〗多面体の.

ਬਹੁਤਾ (बहुता) /baûtā バォーター/ ▸ਬਹੁਤ [Skt. बहुत्व] *adj.* **1**→ ਬਹੁਤ **2**《否定文で》それほどの…(ない).

— *adv.* **1**→ ਬਹੁਤ **2**《否定文で》それほど…(ない), あまり…(ない).

ਬਹੁਤਾ ਕਰ ਕੇ (बहुता कर के) /baûtā kara ke バォーターカル ケー/ ▸ਬਹੁਤ ਕਰ ਕੇ *adv.* → ਬਹੁਤ ਕਰ ਕੇ

ਬਹੁਤਾਤ (बहुतात) /baûtāta バォータート/ [Skt. बहुत्व] *f.* **1** 多量, 多数, 多いこと. (⇒ਬਹੁਲਤਾ) **2** 過度, 余剰. **3** 豊富.

ਬਹੁਤੇਰਾ (बहुतेरा) /baûterā バォーテーラー/ [Skt. बहुत्व -ਏਰਾ] *adj.* **1** よりたくさんの, より多くの. **2** 豊富な, かなりの, 随分な, 相当な.

— *adv.* **1** とても, 非常に, 大いに, ずっと. **2** かなり, 随分, 相当.

ਬਹੁਦਰਸੀ (बहुदरसी) /baûdarasī バォーダルスィー/ [Skt. बहु- Skt.-दर्शिन्] *adj.* **1** たくさんのものを見ている, 多くのことを経験している, 経験豊かな, 熟練した. **2** 世慣れた, 世事に通じている. **3** 博識の, 博学の.

ਬਹੁਨੇਤਰੀ (बहुनेतरी) /baûnetarī バォーネートリー/ *adj.* 多胞性の.

ਬਹੁਪੱਖਾ (बहुपक्खा) /baûpakkʰā バォーパッカー/ [Skt. बहु- Skt. पक्ष] *adj.* **1** 多次元の. **2** 多くの顔を持つ. **3** 多くの様相を持つ. **4** 多国間の.

ਬਹੁ-ਪਤਨੀ-ਪ੍ਰਥਾ (बहु-पतनी-प्रथा) /baû-patanī-pratʰā (baû-patanī-paratʰā) バォー・パトニー・プラター (バォー・パトニー・パラター)/ [Skt. बहु- Skt. पत्नी + Skt. प्रथा] *f.* 〖社会〗一夫多妻制.

ਬਹੁਪਦੀ (बहुपदी) /baûpadī バォーパディー/ [Skt. बहु- Skt. पद -ਈ] *adj.* **1** 多くの称号を持つ. **2**〖数学〗多項

式の.

ਬਹੁਬਚਨ (बहुबचन) /baûbacana バウォーバチャン/ ▶ ਬਹੁਵਚਨ *m.* → ਬਹੁਵਚਨ

ਬਹੁਬਿਧ (बहुबिध) /baûbîda バウォービド/ ▶ਬਹੁਬਿੱਧ [Skt. बहु- Skt. विधि] *adj.* **1** 多様な. **2** 種々の形を持った, 多形の. **3** 雑多な, 雑色の.
— *adv.* いくつもの方法で, 様々な手段で.

ਬਹੁਬਿੱਧ (बहुबिद्ध) /baûbîdda バウォービッド/ ▶ਬਹੁਬਿਧ *adj.adv.* → ਬਹੁਬਿਧ

ਬਹੁਭਾਸ਼ਕ (बहुभाशक) /baûpāśaka バウォーパーシャク/ [Skt. बहु- Skt. भाषिक] *adj.* 多言語に通じた, 多言語を話す, 多言語を操れる.

ਬਹੁਭਾਸ਼ੀ (बहुभाशी) /baûpāśī バウォーパーシー/ [Skt. बहु- Skt. भाषिन्] *adj.* **1** 多言語の, 多言語の使われている. **2** 多言語に通じた, 多言語を話す.

ਬਹੁਭਾਸ਼ੀਆ (बहुभाशीआ) /baûpāśīā バウォーパーシーアー/ [Skt. बहु- Skt. भाषा -ਈਆ] *m.* 数か国語に通じた人, 多言語を操れる人.

ਬਹੁਭਾਂਤ (बहुभाँत) /baûpā̃ta バウォーパーント/ [Skt. बहु- Skt. भक्ति] *adj.* 様々な種類の, 多様な. (⇒ਬਹੁਬਿਧ)
— *adv.* いくつもの方法で, 様々な手段で.

ਬਹੁਭੁਜ (बहुभुज) /baûpŭja バウォープジ/ [Skt. बहुभुज] *f.* 〖幾何〗多角形.

ਬਹੁਮਤ (बहुमत) /baûmata バウォーマト/ [Skt. बहु- Skt. मत] *m.* **1** 多数意見. **2** 〖政治〗多数得票.

ਬਹੁਮੁਖੀ (बहुमुखी) /baûmukʰī バウォームキー/ [Skt. बहु- Skt. मुखिन्] *adj.* **1** 多くの顔を持つ, 多くの面を持つ, 多面的な. **2** 多様な.

ਬਹੁਮੁੱਲਾ (बहुमुल्ला) /baûmullā バウォームッラー/ [Skt. बहु- Skt. मूल्य] *adj.* **1** 高価な. **2** 貴重な.

ਬਹੁਰੰਗਾ (बहुरंगा) /baûraṅgā バウォーランガー/ [Skt. बहु- Skt. रंग] *adj.* **1** 様々な色の, 多色の. **2** 色々な, 多彩な, 多様な.

ਬਹੁਰੁਖ਼ੀ (बहुरुख़ी) /baûruxī バウォールキー/ [Skt. बहु- Pers. *rux* -ਈ] *adj.* **1** 多次元の. **2** 多くの面を持つ.

ਬਹੁਰੂਪੀ (बहुरूपी) /baûrūpī バウォールーピー/ [Skt. बहु- Skt. रूपिन्] *adj.* **1** 多様な形の. **2** 多形態の.

ਬਹੁਰੂਪੀਆ (बहुरूपीआ) /baûrūpīā バウォールーピーアー/ ▶ਬਹਿਰੂਪੀਆ, ਬਰੂਪੀਆ [Skt. बहु- Skt. रूप -ਈਆ] *m.* **1** 物真似道化役者, 物真似師. (⇒ਸਾਂਗੀ) **2** 〖比喩〗ずる賢くて信用できない奴, 迎合者, 日和見主義者.

ਬਹੁਲ[1] (बहुल) /baûla バウォール/ [Skt. बहुल] *adj.* **1** 多い, 多量の. (⇒ਬਹੁਤ) **2** 豊富な, 充満した. **3** 過度の.

ਬਹੁਲ[2] (बहुल) /baûla バウォール/ ▶ਬੁਹਲ, ਬੋਹਲ *m.* → ਬੋਹਲ

ਬਹੁਲਤਾ (बहुलता) /baûlatā バウォールター/ [Skt. बहुल Skt.-ता] *f.* **1** 多いこと, 多量. (⇒ਬਹੁਤਾਤ) **2** 豊富, 充満. **3** 過度.

ਬਹੁਲਤਾਵਾਦ (बहुलतावाद) /baûlatāwāda バウォールターワード/ [Skt.-वाद] *m.* 多元論.

ਬਹੁਲਿੰਗੀ (बहुलिंगी) /baûliṅgī バウォーリンギー/ [Skt. बहु- Skt. लिंगिन्] *adj.* **1** 〖生物〗雌雄同体の, 両性具有の. **2** 〖植物〗雌雄混株の.

ਬਹੁਲੀ (बहुली) /baûlī バウォーリー/ ▶ਬੋਹਲੀ [Skt. बहुल -ਈ] *f.* **1** 〖飲料〗子を産んだばかりの家畜の乳. **2** 〖飲料〗子を産んだばかりの牝牛から搾った乳.

ਬਹੁਵਚਨ (बहुवचन) /baûwacana バウォーワチャン/ ▶ ਬਹੁਬਚਨ [Skt. बहु- Skt. वचन] *m.* 〖言〗複数.

ਬਹੁੜ (बहुड़) /baûṛa バウォール/ *adv.* **1** 再び. **2** もう一度.

ਬਹੁੜਨਾ (बहुड़ना) /baûṛanā バウォールナー/ *vi.* **1** 帰る. **2** 戻る. **3** 助けに来る.

ਬਹੁੜੀ (बहुड़ी) /baûṛī バウォーリー/ *f.* **1** 救助. **2** 救援. **3** 助けを求める声.

ਬਹੂ (बहू) /baû | bahū バウー | バフー/ [Skt. वधू] *f.* **1** 〖親族〗嫁, 義理の娘《息子の妻》. (⇒ਨੂੰਹ) **2** 〖親族〗妻. (⇒ਵਹੁਟੀ, ਘਰਵਾਲੀ)

ਬਹੇੜਾ (बहेड़ा) /baheṛā バヘーラー/ [(Pkt. बहेडय) Skt. बहेटक] *m.* 〖植物〗ミロバラン, カリロク(呵梨勒)《シクンシ科の落葉高木》, その乾燥した果実《薬用・染料となる》.

ਬਕ[1] (बक) /baka バク/ [Skt. वचन] *m.* **1** 無駄話, ぺちゃくちゃ話をすること. **2** 馬鹿話, たわごと.

ਬਕ[2] (बक) /baka バク/ ▶ਬੱਕ *m.* → ਬੱਕ

ਬੱਕ (बक्क) /bakka バック/ ▶ਬਕ [Eng. *buck*] *m.* 〖動物〗子ジカ, 子鹿. (⇒ਹਰਨੌਟਾ)

ਬਕਸ (बकस) /bakasa バクス/ ▶ਬੌਕਸ [Eng. *box*] *m.* 〖容器〗箱, 入れ物, ボックス.

ਬਕਸਾ (बकसा) /bakasā バクサー/ [Eng. *box*] *m.* 〖容器〗箱, 大箱, トランク. (⇒ਸੰਦੂਕ, ਟਰੰਕ)

ਬਕਸੂਆ (बकसूआ) /bakasūā バクスーアー/ [Eng. *buckle*] *m.* **1** バックル, 締め金. **2** 留め具, 安全ピン.

ਬਕਣਾ (बकणा) /bakaṇā バカナー/ [Skt. वक्ति] *vi.* **1** 無駄話をする. **2** 訳の分からないことを言う, たわごとを言う.

ਬਕਤਰ (बकतर) /bakatara バクタル/ [Pers. *baktar*] *m.* 〖武〗鎧, 鎖帷子.

ਬਕਤਰਬੰਦ (बकतरबंद) /bakatarabanda バクタルバンド/ [Pers.*-band*] *adj.* **1** 〖武〗鎧を着た, 鎖帷子を着た. **2** 装甲した.

ਬਕਬਕ (बकबक) /bakabaka バクバク/ ▶ਬਕਬਕਾਉ [cf. ਬਕਣਾ] *f.* **1** 無駄話, 無駄口, くだらないおしゃべり. **2** 馬鹿話, たわごと.

ਬਕਬਕਾ (बकबका) /bakabakā バクバカー/ *adj.* **1** 吐き気を催すような. **2** ひどい味の, まずい. **3** 味のない, 風味のない.

ਬਕਬਕਾਉ (बकबकाउ) /bakabakāo バクバカーオー/ ▶ ਬਕਬਕ *m.* → ਬਕਬਕ

ਬਕਬਕਾਉਣਾ (बकबकाउणा) /bakabakāuṇā バクバカーウナー/ *vi.* **1** 吐き気を催す. **2** 気分が悪くなる.

ਬਕਰ-ਕਸਾਈ (बकर-कसाई) /bakara-kasāī バカル・カサーイー/ [Skt. वर्करि + Arab. *qaṣṣāb*] *m.* 肉屋.

ਬਕਰਵਾਨ (बकरवान) /bakarawāna バカルワーン/ [Skt. वर्करि Skt.-वान्] *m.* 山羊飼い.

ਬੱਕਰਾ (बक्करा) /bakkarā バッカラー/ [Skt. वर्करि] *m.* **1** 〖動物〗雄ヤギ, 雄山羊, 牡山羊. ❐ਬੱਕਰੇ ਦਾ ਮਾਸ 山羊の肉, マトン. **2** 種付け用の牡山羊が発する鳴き声. **3** 挑発的な叫び. (⇒ਬੁਲਬੁਲੀ)

ਬੱਕਰੀ (बक्करी) /bakkarī バッカリー/ [Skt. वर्करि] *f.* **1**〖動物〗(総称として)ヤギ, 山羊. **2**〖動物〗雌ヤギ, 雌山羊, 牝山羊.

ਬਕਰੀਦ (बकरीद) /bakạrīdạ バクリード/ [Arab. *baqr-`īd*] *f.*〖祭礼・イス〗バクリード(バカルイード)《動物を屠殺し捧げるイスラームの犠牲祭》.

ਬਕਰੋਟ (बकरोट) /bakạroṭạ バクロート/ [Skt. वर्करि] *m.f.*〖動物〗子ヤギ, 子山羊.

ਬਕਲ[1] (बकल) /bakalạ バカル/ ▸ਬੱਕਲ [(Pkt. वक्कल) Skt. बल्कल] *m.* **1**〖植物〗木の皮, 樹皮. **2**〖植物〗果皮.

ਬਕਲ[2] (बकल) /bakalạ バカル/ ▸ਬੱਕਲ [Eng. *buckle*] *m.* バックル, 締め金.

ਬਕਲ[3] (बकल) /bakalạ バカル/ [Skt. विकल] *m.* 当惑, まごつき, うろたえ.

ਬੱਕਲ[1] (बक्कल) /bakkalạ バッカル/ ▸ਬਕਲ *m.* → ਬਕਲ[1]

ਬੱਕਲ[2] (बक्कल) /bakkalạ バッカル/ ▸ਬਕਲ *m.* → ਬਕਲ[2]

ਬਕਲਸ (बकलस) /bakạlasạ バクラス/ [Eng. *buckle*] *m.* バックル, 締め金.

ਬਕਲਣਾ (बकलणा) /bakalạṇā バカルナー/ [Skt. विकल] *vi* **1** 当惑する, まごつく, うろたえる. **2** とても喉が渇く.

ਬਕਲੀਆਂ (बकलीआँ) /bakạlīā̃ バクリーアーン/ *f.*〖食品〗炊いた小麦《複数形》.

ਬਕਵਾਸ (बकवास) /bakạwāsạ バクワース/ [cf. ਬਕਣਾ] *f.* **1** 馬鹿げた話, 馬鹿馬鹿しいこと, たわごと. ❒ਬਕਵਾਸ ਨਾ ਕਰ। 馬鹿を言うな. **2**(くだらない)おしゃべり, 無駄話. (⇒ਫ਼ਜ਼ੂਲ ਗੱਲਾਂ)

ਬਕਵਾਸੀ (बकवासी) /bakạwāsī バクワースィー/ [-ਈ] *adj.* 馬鹿げた話をする, 無駄口を叩く, おしゃべりな.
— *m.* 馬鹿げた話をする人, おしゃべりな男.

ਬਕਵਾਦ (बकवाद) /bakạwādạ バクワード/ [cf. ਬਕਣਾ Skt.-वाद] *m.* **1** 馬鹿げた話, 馬鹿馬鹿しいこと, たわごと. **2**(くだらない)おしゃべり, 無駄話. (⇒ਫ਼ਜ਼ੂਲ ਗੱਲਾਂ)

ਬਕਵਾਦਣ (बकवादण) /bakạwādaṇạ バクワーダン/ [-ਣ] *f.* **1** 馬鹿げた話をする女. **2** おしゃべりな女.

ਬਕਵਾਦੀ (बकवादी) /bakạwādī バクワーディー/ [cf. ਬਕਣਾ Skt.-वादिन्] *adj.* **1** 馬鹿げた話をする. **2** 無駄口を叩く, おしゃべりな.
— *m.* **1** 馬鹿げた話をする人. **2** おしゃべりな男.

ਬਕੜਵਾਹ (बकड़वाह) /bakaṛạwâ バカルワー/ ▸ਬਗੜਵਾਹ *f.* **1** わめき. **2** 異常に興奮した話しぶり.

ਬਕਾ (बका) /bakā バカー/ [Arab. *baqā*] *f.* 永続的に存在すること, 不滅.

ਬਕਾਉਣਾ (बकाउणा) /bakāuṇā バカーウナー/ [cf. ਬਕਣਾ] *vt.* **1** 無駄話をさせる. **2** 真実を言わせる, 告白させる.

ਬਕਾਇਆ (बकाइआ) /bakāiā バカーイアー/ [Arab. *baqāyā*] *m.* **1** 残り, 差額. **2** 残金, 未払いの借金, 未決済額, 未納金, 滞納金. **3** 残余, 残留物, 残りかす.

ਬੰਕਾਕ (बंकाक) /baṅkākạ バンカーク/ ▸ਬੈਂਕਾਕ *m.* → ਬੈਂਕਾਕ

ਬਕਾਰ[1] (बकार) /bakārạ バカール/ [Pers. *bakār*] *adj.* 必要な. (⇒ਲੋੜਵੰਦ)

ਬਕਾਰ[2] (बकार) /bakārạ バカール/ *m.* **1** 声. **2** 口から出る言葉. **3** 大きな呼び声.

ਬਕਾਲ (बकाल) /bakālạ バカール/ [Arab. *baqqāl*] *m.* **1** 商人, 商店主. (⇒ਬਾਣੀਆਂ) **2** 穀物商.

ਬੱਕੀ (बक्की) /bakkī バッキー/ [Eng. *buck* + ਈ] *f.*〖動物〗雌の小鹿, 小さな牝鹿. (⇒ਹਰਨੋਟੀ)

ਬਖ਼ਸ਼ (बख़्श) /baxạśạ バクシュ/ [Pers. *baxś*] *f.* **1** 授与. **2** 恵み, 恩賜, 授かり物. **3** 許し, 赦し, 容赦, 寛容さ.
— *suff.* 「与える」「授与する」「授与者」または「許す」「赦す」などの意味を名詞に加える接尾辞.

ਬਖ਼ਸ਼ਸ਼ (बख़्शश) /baxạśaśạ バクシャシュ/ ▸ਬਖ਼ਸ਼ਿਸ਼, ਬਖ਼ਸ਼ੀਸ਼ [Pers. *baxśis*] *f.* **1** 授与. **2** 恵み, 恩賜, 授かり物. **3** 許し, 赦し, 容赦, 寛容さ. **4** 喜捨, お恵み, 施し. **5** 心付け, チップ. **6** 褒美.

ਬਖ਼ਸ਼ਣਹਾਰ (बख़्शणहार) /baxạśaṇạhārạ バクシャンハール/ [cf. ਬਖ਼ਸ਼ਣਾ -ਹਾਰ] *m.* **1** 与える人, 授ける人, 授与者. **2** 許す人, 赦す人. **3** 神性.

ਬਖ਼ਸ਼ਣਾ (बख़्शणा) /baxạśaṇā バクシャナー/ [Pers. *baxś*] *vt.* **1** 与える, 授ける, 授与する, 恵む, 施す. ❒ਪਰਮਾਤਮਾ ਉਹਦੀ ਆਤਮਾ ਨੂੰ ਸ਼ਾਂਤੀ ਬਖ਼ਸ਼ੇ। 神が彼女の魂に安らぎを与えますように. **2** 許す, 赦す, 容赦する, 免除する, 見逃す.

ਬਖ਼ਸ਼ਵਾਉਣਾ (बख़्शवाउणा) /baxaśạwāuṇā バカシュワーウナー/ [cf. ਬਖ਼ਸ਼ਣਾ] *vt.* **1** 与えさせる, 恵ませる, 施させる. **2** 赦させる.

ਬਖ਼ਸ਼ਿਸ਼ (बख़्शिश) /baxạśiśạ バクシシュ/ ▸ਬਖ਼ਸ਼ਸ਼, ਬਖ਼ਸ਼ੀਸ਼ *f.* → ਬਖ਼ਸ਼ਸ਼

ਬਖ਼ਸ਼ਿੰਦ (बख़्शिंद) /baxạśindạ バクシンド/ [Pers. *baxśand*] *m.* **1** 与える人, 授ける人, 授与者. **2** 許す人, 赦す人. **3** 神性.

ਬਖ਼ਸ਼ੀ (बख़्शी) /baxạśī バクシー/ [Pers. *baxśī*] *m.* 主計官, 会計係, 徴税人.
— *f.* 恩寵, 慈悲, 情け. (⇒ਰਹਿਮਤ, ਮਿਹਰ)

ਬਖ਼ਸ਼ੀਸ਼ (बख़्शीश) /baxạśīśạ バクシーシュ/ ▸ਬਖ਼ਸ਼ਸ਼, ਬਖ਼ਸ਼ਿਸ਼ [Pers. *baxśis*] *f.* → ਬਖ਼ਸ਼ਸ਼

ਬਖ਼ਤ (बख़्त) /baxạtạ バクト/ [Pers. *baxt*] *m.* **1** 分け与えられたもの, 分け前. **2** 運, 運命, 運勢.

ਬਖ਼ਤਾਵਰ (बख़्तावर) /baxạtāwarạ バクターワル/ [Pers. *baxtāvar*] *adj.* **1** 幸運な, 運のいい, ついている. **2** 繁栄している. **3** 富裕な.

ਬਖ਼ਤਾਵਰੀ (बख़्तावरी) /baxạtāwarī バクターワリー/ [Pers. *baxtavarī*] *f.* **1** 幸運. **2** 繁栄.

ਬਖਰਾ (बखरा) /bak^{h}arā バクラー/ [Pers. *baxra*] *m.* **1** 部分. (⇒ਹਿੱਸਾ) **2** 割り当て.

ਬਖਾਣ (बखाण) /bak^{h}āṇạ バカーン/ ▸ਵਖਾਣ *m.* → ਵਖਾਣ

ਬਖਾਦ (बखाद) /bak^{h}ādạ バカード/ ▸ਬਿਖਾਦ, ਵਿਖਾਦ *m.* → ਬਿਖਾਦ

ਬਖਾਦੀ (बखादी) /bak^{h}ādī バカーディー/ ▸ਬਿਖਾਦੀ *adj.* → ਬਿਖਾਦੀ

ਬਖ਼ੀਆ (बख़ीआ) /baxīā バキーアー/ [Pers. *baxya*] *m.* 縫い合わせ.

ਬਖ਼ੀਲ (बख़ील) /baxīlạ バキール/ [Arab. *baxīl*] *adj.* けちな, しみったれの, 物惜しみする. (⇒ਕੰਜੂਸ)

ਬਖ਼ੀਲੀ (बख़ीली) /baxīlī バキーリー/ [Arab. *baxīlī*] *f.* けちなこと, 物惜しみすること. (⇒ਕੰਜੂਸੀ)

ਬਖੇਰਨਾ (बखेरना) /bak^{h}erạnā バケールナー/ [Skt. विष्केरयति] *vt.* 撒き散らす, 拡散させる. (⇒ਖਿਲਾਰਨਾ)

ਬਖੇੜਾ (बखेड़ा) /bak^{h}eṛā バケーラー/ [(Pkt. वक्खेब) Skt. व्याक्षेप] *m.* **1** 冗談. **2** あざけり.

ਬਖ਼ੈਰ (बख़ैर) /baxairạ バカェール/ *adv.* 無事に.

ਬਗ (बग) /bagạ バグ/ [Skt. बक] *m.* 〖鳥〗サギ, 鷺.

ਬੱਗ[1] (बग्ग) /baggạ バッグ/ [Skt. बक] *m.* **1** 白さ. **2** 白い斑点.

ਬੱਗ[2] (बग्ग) /baggạ バッグ/ ▸ਵੱਗ *m.* → ਵੱਗ

ਬਗਟੁਟ (बगटुट) /bagạṭuṭạ バグトゥト/ *adj.* まっさかさまの.

ਬਗ਼ਲ (बग़ल) /bağalạ バガル/ [Pers. *bağal*] *f.* **1** 〖身体〗脇, 脇の下. **2** 〖身体〗脇腹, 胸の横側. **3** 傍ら, 側. **4** 隣, そば, 近所.

ਬਗ਼ਲ ਗੰਧ (बग़ल गंध) /bağalạ gândạ バガル ガンド/ ▸ ਬਗ਼ਲ ਗਨ [+ Skt. गंध] *f.* 〖医〗腋臭(わきが).

ਬਗ਼ਲ ਗਨ (बग़ल गन) /bağalạ ganạ バガル ガン/ ▸ ਬਗ਼ਲ ਗੰਧ [(Pot.)] *f.* → ਬਗ਼ਲ ਗੰਧ

ਬਗ਼ਲਗੀਰ (बग़लगीर) /bağalạgīrạ バガルギール/ [Pers. *bağal* Pers.-*gīr*] *adj.* **1** 抱いている, 抱擁している, 抱き締めている. **2** そばにいる, 近くの.

ਬਗ਼ਲਗੀਰੀ (बग़लगीरी) /bağalạgīrī バガルギーリー/ [Pers.-*gīrī*] *f.* 抱き締めること, 抱擁. (⇒ਜੱਫੀ)

ਬਗਲਣਾ (बगलणा) /bagalạṇā バガルナー/ ▸ਬਗਲਨਾ, ਵਗਲਣਾ, ਵਗਲਨਾ *vt.* → ਵਗਲਨਾ

ਬਗਲਨਾ (बगलना) /bagalạnā バガルナー/ ▸ਬਗਲਣਾ, ਵਗਲਣਾ, ਵਗਲਨਾ *vt.* → ਵਗਲਨਾ

ਬੰਗਲਾ (बंगला) /baṅgalā バングラー/ [Skt. बंग] *adj.* ベンガルの, ベンガル地方の, ベンガル風の.

— *f.* ベンガル語.

— *m.* 〖建築〗ベンガル風の家屋, バンガロー《ベランダを巡らした平屋建ての家. バングラー ਬੰਗਲਾ が英語に入りバンガロー bungalow となった》.

ਬਗਲਾ (बगला) /bagalā バグラー/ [Skt. बक + ला] *m.* 〖鳥〗サギ, 鷺.

ਬੰਗਲਾਦੇਸ਼ (बंगलादेश) /baṅgalādeśạ バングラーデーシュ/ [Skt. बंग + Skt. देश] *m.* 〖国名〗バングラーデーシュ, バングラデシュ(人民共和国).

ਬਗ਼ਲੀ (बग़ली) /bağalī バグリー/ [Pers. *bağlī*] *f.* 肩から脇の下に提げる袋.

ਬਗ਼ਲੋਲ (बग़लोल) /bagalolạ バグロール/ [Urd. *bağlol*] *adj.* **1** 馬鹿な, 愚かな, 間抜けな. **2** 鈍い, 鈍感な, 愚鈍な.

— *m.* **1** 馬鹿, 愚か者, 間抜け. **2** 鈍い人, ぼけ.

ਬਗ਼ੜ (बग़ड़) /bağaṛạ バガル/ *m.* 〖植物〗綱の材料に使われる草.

ਬੱਗੜ (बग्गड़) /baggaṛạ バッガル/ [Skt. बक + ड़] *adj.* **1** 白っぽい, 白みがかった. **2** 青ざめた顔色の, 血色の悪い, 生気のない. **3** 〖医〗貧血症の.

ਬਗੜਵਾਹ (बगड़वाह) /bagaṛạwâ バガルワー/ ▸ਬਕੜਵਾਹ *f.* → ਬਕੜਵਾਹ

ਬੱਗਾ (बग्गा) /baggā バッガー/ [Skt. बक] *adj.* 白い. (⇒ਚਿੱਟਾ)

— *m.* 〖身体〗白髪.

ਬੱਗਾ-ਚਿੱਟਾ (बग्गा-चिट्टा) /baggā-ciṭṭā バッガー・チッター/ [Skt. बक + Skt. चित्र] *adj.* **1** 真っ白な. **2** 純白の.

ਬੰਗਾਲ (बंगाल) /baṅgālạ バンガール/ [Skt. बंग] *m.* 〖地名〗ベンガル《インド亜大陸北東部, 主としてガンジス川下流域の地帯》.

ਬੰਗਾਲਣ (बंगालण) /baṅgālaṇạ バンガーラン/ [-ਣ] *f.* **1** ベンガルの女性. **2** ベンガル出身の女性.

ਬੰਗਾਲੀ (बंगाली) /baṅgālī バンガーリー/ [-ई] *adj.* **1** ベンガルの, ベンガル人の, ベンガル出身の. **2** ベンガル語の.

— *m.* **1** ベンガルの人, ベンガル人. **2** ベンガルの出身者.

— *f.* ベンガル語.

ਬਗ਼ਾਵਤ (बग़ावत) /bağāwatạ バガーワト/ [Pers. *bağāvat*] *f.* **1** 反乱. **2** 暴動. **3** 反抗, 謀反.

ਬਗ਼ੀਚਾ (बग़ीचा) /bağīcā バギーチャー/ [Pers. *bāğīca*] *m.* **1** 庭, 庭園. **2** 花園. **3** 公園. **4** 花壇.

ਬਗ਼ੀਚੀ (बग़ीची) /bağīcī バギーチー/ [-ई] *f.* **1** 小さな庭, 小さな庭園. **2** 小さな花園.

ਬੱਗੂ-ਗੋਸ਼ਾ (बग्गू-गोशा) /baggū-gośā バッグー・ゴーシャー/ *m.* 〖植物〗セイヨウナシ(西洋梨)《バラ科ナシ属の落葉高木》.

ਬਗ਼ੈਰ (बग़ैर) /bağairạ バガェール/ [Pers. *ba-* Arab. *ğair*] *prep.* **1**…なしで, …しないで. (⇒ਬਿਨਾਂ) ❐ਵਿਆਨਾ ਵਿੱਚ ਰੋਜ਼ਾਨਾ ਤਕਰੀਬਨ ਤਿੰਨ ਸੌ ਯਾਤਰੀ ਬਗ਼ੈਰ ਟਿਕਟ ਦੇ ਸਫ਼ਰ ਕਰਦੇ ਫੜੇ ਜਾਂਦੇ ਹਨ। ウィーンでは毎日約三百人の旅行者が切符なしで旅行をして(＝無賃乗車で)逮捕されています. **2** …を除いて, …以外に.

— *postp.* **1**…なしで, …しないで. (⇒ਬਿਨਾਂ) ❐ਰੋਏ ਬਗ਼ੈਰ ਤਾਂ ਮਾਂ ਵੀ ਦੁੱਧ ਨਹੀਂ ਦਿੰਦੀ। 欲しがって泣かなければ母親も乳を飲ませない〔諺〕〈どんな仕事でも自分から働きかける努力がなければ成果は得られない〉〈何事にも自分から働きかける努力が必要である〉. **2**…を除いて, …以外に.

ਬੱਗੋਂ (बग्गों) /baggõ バッゴーン/ [Skt. बक] *f.* 白さ, 白, 白色. (⇒ਸਫ਼ੈਦੀ, ਚਿਟਿਆਈ)

ਬਗੋਣਾ (बगोणा) /bagoṇā バゴーナー/ [cf. ਬਦਗੋਈ] *vt.* **1** 悪口を言う, 非難する, 中傷する. (⇒ਨਿੰਦਣਾ) **2** 破滅させる, 破壊する. (⇒ਉਜਾੜਨਾ) **3** 荒らす, 台無しにする, 損害を与える. (⇒ਨੁਕਸਾਨ ਪਹੁੰਚਾਉਣਾ)

ਬਗੋਲਾ (बगोला) /bagolā バゴーラー/ *m.* 〖気象〗旋風.

ਬੱਘ-ਨਖਾ (बग्घ-नखा) /bâggạ-nak^{h}ā バッグ・ナカー/ [Skt. व्याघ्र + Skt. नख] *m.* 〖武〗虎の爪の形をした鉄製の武器.

ਬਘਾਰ (बघार) /bagărạ バガール/ [cf. ਬਘਾਰਨਾ] *m.* **1** 〖食品〗炒め物や揚げ物に用いる油. **2** 香辛料を油で炒めて香りを付けること.

ਬਘਾਰਨਾ (बघारना) /bagărạnā バガールナー/ [Skt. व्याघारयति] *vt.* **1**(油で)炒める, 揚げる. **2** 香辛料を油で炒めて香りを付ける.

ਬਘਿਆੜ (बघिआड़) /bagiăṛạ バギアール/ [Skt. व्याघ्र] *m.* 〖動物〗(雄)オオカミ, 狼.

ਬਘਿਆੜੀ (बघिआड़ी) /bagiǎṛī バギアーリー/ [-ਈ] *f.* 〖動物〗 雌の狼.

ਬੱਘੀ (बग्घी) /bâggī バッギー/ [Eng. *bogie*] *f.* 〖乗物〗 四輪馬車, 軽装馬車.

ਬਘੇਲਾ (बघेला) /bagĕlā バゲーラー/ [Skt. व्याघ्र] *m.* 〖動物〗 虎の子.

ਬਚ (बच) /baca バチ/ ▸ਬਚਨ, ਵਚਨ *m.* → ਬਚਨ

ਬੱਚ (बच्च) /bacca バッチ/ *m.* 大群.

ਬਚਗਾਨਾ (बचगाना) /bacagānā バチガーナー/ [Pers. *baccagāna*] *adj.* **1** 子供の. **2** 子供らしい, 子供にふさわしい. **3** 未熟な, 幼稚な.

ਬਚਣਾ (बचणा) /bacaṇā バチャナー/ [Skt. वच्यते] *vi.* **1** 救われる, 助かる, 逃れる, 脱する, 免れる. **2** 避ける, よける, 退く. **3** 残る, 留まる. ❒ਸੱਪ ਵੀ ਮਰ ਜਾਏ ਤੇ ਲਾਠੀ ਵੀ ਬਚ ਜਾਏ। 蛇も死んで(蛇を殺すために使った)棒も残る〔諺〕〈苦難や災厄が, 何の害も伴わずうまく取り除かれる〉. **4** 余る. **5** 節約される. **6** 貯金される.

ਬਚਤ (बचत) /bacata バチャト/ ▸ਬੱਚਤ *f.* → ਬੱਚਤ

ਬੱਚਤ (बच्चत) /baccata バッチャト/ ▸ਬਚਤ [cf. ਬਚਣਾ] *f.* **1** 残り, 残余. **2** 残金, 儲け, 利益. **3** 節約, 倹約. **4** 貯金, 預金. ❒ਬੱਚਤ ਖਾਤਾ 預金口座.

ਬਚਨ (बचन) /bacana バチャン/ ▸ਬਚ, ਵਚਨ [Skt. वचन] *m.* **1** 言葉, 語. **2** 発言. **3** 約束. (⇒ਵਾਇਦਾ)

ਬਚਨਬੱਧ (बचनबद्ध) /bacanabâdda バチャンバッド/ ▸ਵਚਨਬੱਧ [Skt. वचन Skt.-बद्ध] *adj.* **1** 約束に縛られた. **2** 誓約した, 保証した.

ਬਚਨਬੱਧਤਾ (बचनबद्धता) /bacanabâddatā バチャンバッドター/ ▸ਵਚਨਬੱਧਤਾ [Skt.-ता] *f.* **1** 約束に縛られること. **2** 言質, 言質を与えること.

ਬਚਪਣ (बचपण) /bacapaṇa バチパン/ ▸ਬਚਪਨ [Pers. *bacca* -ਪਣ] *m.* **1** 幼少, 年少. **2** 幼い頃, 幼年期, 幼児期, 子供時代. (⇒ਬਾਲਪਣ)

ਬਚਪਣਾ (बचपणा) /bacapaṇā バチパナー/ ▸ਬੱਚਪੁਣਾ [Pers. *bacca* -ਪਣਾ] *m.* **1** 子供らしさ, 子供っぽさ. **2** 幼稚な言動.

ਬਚਪਨ (बचपन) /bacapana バチパン/ ▸ਬਚਪਣ *m.* → ਬਚਪਣ

ਬੱਚਪੁਣਾ (बच्चपुणा) /baccapuṇā バッチャプナー/ ▸ਬਚਪਣਾ *m.* → ਬਚਪਣਾ

ਬਚੜ (बचड़) /bacaṛa バチャル/ ▸ਬਚੜਾ, ਬੱਚੜਾ *m.* → ਬਚੜਾ

ਬਚੜਦਾਰ (बचड़दार) /bacaṛadāra バチャルダール/ [Pers. *bacca* -ੜ Pers.-*dār*] *adj.* 結婚して子供のいる.
— *m.* 所帯持ち.

ਬਚੜਾ (बचड़ा) /bacaṛā バチャラー/ ▸ਬਚੜ, ਬੱਚੜਾ [Pers. *bacca* -ੜਾ] *m.* **1** 幼児, 男の幼児. **2** 〖親愛語〗 可愛い子, 可愛い赤ちゃん《幼児や赤ん坊に対して大人が愛情を込めて使う語形》. (⇒ਬੱਚੂ)

ਬੱਚੜਾ (बच्चड़ा) /baccaṛā バッチャラー/ ▸ਬਚੜ, ਬਚੜਾ *m.* → ਬਚੜਾ

ਬਚੜੀ (बचड़ी) /bacaṛī バチャリー/ ▸ਬੱਚੜੀ [Pers. *bacca* -ੜੀ] *f.* **1** 女の幼児. **2** 〖親愛語〗 可愛い女の子, 可愛い赤ちゃん《女の幼児や赤ん坊に対して大人が愛情を込めて使う語形》. (⇒ਬੱਚੂ)

ਬੱਚੜੀ (बच्चड़ी) /baccaṛī バッチャリー/ ▸ਬਚੜੀ *f.* → ਬਚੜੀ

ਬੱਚਾ (बच्चा) /baccā バッチャー/ [Pers. *bacca*] *m.* **1** 子, 子供. **2** 児童. **3** 男の子. **4** 息子. **5** 幼児, 小児. **6**(雄の)子, 雛, 幼虫.

ਬਚਾਉ (बचाउ) /bacāo バチャーオー/ ▸ਬਚਾਅ [cf. ਬਚਣਾ] *m.* **1** 安全. **2** 保護, 防御.

ਬਚਾਉਣਾ (बचाउणा) /bacāuṇā バチャーウナー/ [cf. ਬਚਣਾ] *vt.* **1** 救う, 助ける. **2** 保護する, 守る, 防御する. ❒ਕੱਪੜੇ ਸਾਨੂੰ ਗਰਮੀ ਸਰਦੀ ਤੋਂ ਬਚਾਉਂਦੇ ਹਨ। 衣服は私たちを暑さ寒さから守ってくれます. **3** 残す, 余す. **4** 節約する, 倹約する. **5** 貯金する, 貯蓄する.

ਬਚਾਅ (बचाअ) /bacāa バチャーア/ ▸ਬਚਾਉ *m.* → ਬਚਾਉ

ਬੱਚਾ ਗੱਡੀ (बच्चा गड्डी) /baccā gaḍḍī バッチャー ガッディー/ [Pers. *bacca* + Pkt. गड्डी] *f.* 〖乗物〗 乳母車.

ਬਚਿਆ-ਖੁਚਿਆ (बचिआ-खुचिआ) /baciā-kʰuciā バチアー・クチアー/ *adj.* 残った, 残り物の, 食べ残しの.
— *m.* 残り, 残り物, 食べ残し.

ਬਚਿੱਤਰ (बचित्तर) /bacittara バチッタル/ ▸ਵਚਿੱਤਰ, ਵਿਚਿੱਤਰ *adj.* → ਵਿਚਿੱਤਰ

ਬੱਚੀ (बच्ची) /baccī バッチー/ [Pers. *bacca* -ਈ] *f.* **1** 女の子, 女の幼児. **2** 〖親族〗 娘. **3**(雌の)子, 雛, 幼虫.

ਬੱਚੂ (बच्चू) /baccū バッチュー/ [-ਊ] *m.f.* **1** 〖親愛語〗 可愛い子, 可愛い赤ちゃん《幼児や赤ん坊に対して大人が愛情を込めて使う語形》. (⇒ਬਚੜਾ) **2** 〖俗語〗 こいつ, この野郎《軽蔑の気持ちを込めて呼びかける語形》.

ਬਚੂੰਗੜਾ (बचूँगड़ा) /bacū̃garā バチューンガラー/ [-ੜਾ] *m.* 〖親愛語〗 おちびさん.

ਬੱਚੇਦਾਨੀ (बच्चेदानी) /baccedānī バッチェーダーニー/ [Pers. *bacca* Pers.-*dānī*] *f.* 〖身体〗 子供の宿る所, 子宮. (⇒ਗਰਭਾਸ)

ਬਛੜਾ (बछड़ा) /bacʰaṛā バチャラー/ ▸ਵੱਛਾ *m.* → ਵੱਛਾ

ਬਛੜੀ (बछड़ी) /bacʰaṛī バチャリー/ ▸ਵੱਛੀ *f.* → ਵੱਛੀ

ਬੱਜ (बज्ज) /bajja バッジ/ [(Pkt. वज्ज) Skt. वज्र] *f.* **1** 身体上の欠陥, 不具. **2** 欠点. **3** 汚点.

ਬਜਟ (बजट) /bajaṭa バジャト/ [Eng. *budget*] *m.* 予算, 予算案, 予算額.

ਬੱਜਣਾ (बज्जणा) /bajjaṇā バッジャナー/ ▸ਵਜਣਾ, ਵੱਜਣਾ *vi.* → ਵੱਜਣਾ

ਬਜੰਤਰੀ (बजंतरी) /bajantarī バジャンタリー/ ▸ਵਜੰਤਰੀ *m.* → ਵਜੰਤਰੀ

ਬੰਜਰ (बंजर) /bañjara バンジャル/ *adj.* **1** 荒れた. **2** 不毛の.
— *m.* **1** 荒れ地. **2** 不毛地帯.

ਬਜਰ (बजर) /bajara バジャル/ ▸ਬੱਜਰ, ਵਜਰ, ਵਜ੍ਰ, ਵੱਜਰ *adj.m.* → ਵਜਰ

ਬੱਜਰ (बज्जर) /bajjara バッジャル/ ▸ਬਜਰ, ਵਜਰ, ਵਜ੍ਰ, ਵੱਜਰ *adj.m.* → ਵਜਰ

ਬਜਰੰਗ (बजरंग) /bajaraṅga バジラング/ [Skt. वज्रांग] *adj.* **1** とても頑丈な, 頑強な. **2** 身体の頑健な.

ਬਜਰੰਗਬਲੀ (बजरंगबली) /bajaraṅgabalī バジラングバリー/ [+ Skt. बली] *adj.* **1** 石の手足を持った. **2** 勇敢な.

— *m.* 〖ヒ〗ハヌマーンの異名の一つ. (⇒ਹਨੂਮਾਨ)

ਬਜਰਾ (बजरा) /bajarā バジラー/ [Skt. वज्रा] *m.* 〖乗物〗屋形船, 遊覧船.

ਬਜਰੀ (बजरी) /bajarī バジャリー/ [Skt. वज्र -ई] *f.* **1** 小石. **2** 砂利.

ਬਜ਼ਰੀਆ (बज़रीआ) /bazariā バザリーアー/ [Pers. *bazrīa*`] *prep.* **1**…を介して. **2**…を通して.

ਬਜਾ (बजा) /bajā バジャー/ [Pers. *bajā*] *adj.* **1** 正しい, 適正な. (⇒ਠੀਕ) **2** 適切な, 妥当な. (⇒ਉਚਿਤ)

ਬਜਾਉਣਾ[1] (बजाउणा) /bajāuṇā バジャーウナー/ ▸ਵਜਾਉਣਾ *vt.* → ਵਜਾਉਣਾ

ਬਜਾਉਣਾ[2] (बजाउणा) /bajāuṇā バジャーウナー/ [Pers. *bajā*] *vt.* **1** 従う, 守る. **2** 遂行する, 果たす.

ਬਜਾਇ (बजाइ) /bajāe バジャーエー/ ▸ਬਜਾਏ *adv.postp.* → ਬਜਾਏ

ਬਜਾਏ (बजाए) /bajāe バジャーエー/ ▸ਬਜਾਇ [Pers. *bajāe*] *adv.* 代わりに, 代わって. (⇒ਵੱਟੇ)

— *postp.* …の代わりに, …に代わって. (⇒ਬਦਲੇ, ਦੀ ਥਾਂ)

ਬਜ਼ਾਹਰ (बज़ाहर) /bazârạ | bazāharạ バザール | バザーハル/ [Pers. *ba* + Arab. *zāhir*] *adv.* **1** 明らかに. **2** 見たところ.

ਬਜਾਜ (बजाज) /bajājạ バジャージ/ [Arab. *bazzāz*] *m.* 反物の商人, 織物商, 服地商, 衣料品商.

ਬਜਾਜੀ (बजाजी) /bajājī バジャージー/ [Arab. *bazzāzī*] *f.* **1** 反物の商売, 服地の商売, 衣料品の商売. **2** 反物, 服地, 衣料品.

ਬਜ਼ਾਤਿਖ਼ੁਦ (बज़ातिख़ुद) /bazātixudạ バザーティクド/ ▸ਬਜ਼ਾਤੇ ਖ਼ੁਦ [Pers. *ba-* Arab. *zāt* + Pers. *xvud*] *adv.* **1** 自分で, 自分自身で, 自ら, 自力で. (⇒ਆਪੇ, ਸਵਯੰ) **2** それ自体で, それだけで, 元来.

ਬਜ਼ਾਤੇ ਖ਼ੁਦ (बज़ाते ख़ुद) /bazāte kʰudạ バザーテー クド/ ▸ਬਜ਼ਾਤਿਖ਼ੁਦ *adv.* → ਬਜ਼ਾਤਿਖ਼ੁਦ

ਬਜ਼ਾਰ (बज़ार) /bazārạ バザール/ ▸ਬਾਜ਼ਾਰ [Pers. *bāzār*] *m.* **1** 市, 定期市. **2** 市場, マーケット, 商店街. **3** 〖経済〗相場, 市況.

ਬਜ਼ਾਰੀ (बज़ारी) /bazārī バザーリー/ [Pers. *bāzārī*] *adj.* **1** 市場の. **2** 普通の, 並の, ありきたりの. **3** 市場で行われている. **4** 劣った, 上等でない, 安っぽい. **5** 下品な, 低俗な. **6** 〖言〗(言語が)一般庶民の, 砕けた.

ਬਜ਼ਾਰੂ (बज़ारू) /bazārū バザールー/ [Pers. *bāzārū*] *adj.* **1** 市場の. **2** 庶民の, 大衆の, 通俗的な. **3** 粗悪な, 安っぽい. **4** 下品な, 粗野な.

ਬਜ਼ਿਦ (बज़िद) /bazidạ バズィド/ [Pers. *ba-* Arab. *zidd*] *adv.* **1** 断固として. **2** 頑固に.

ਬਜ਼ੁਰਗ (बज़ुरग) /bazurạgạ バズルグ/ [Pers. *buzurg*] *adj.* **1** 上長の, 年長の. **2** 年配の, 年寄りの. **3** 目上の.

— *m.* **1** 年長者. **2** 年配者, 老人, 年寄り. **3** 長老. **4** 先祖, 祖先.

ਬਜ਼ੁਰਗਵਾਰ (बज़ुरगवार) /bazurạgạwārạ バズルグワール/ [Pers.-*vār*] *adj.* **1** 年長の. **2** 年配の. **3** 偉大な, 尊敬すべき. **4** 寛大な, 寛容な.

ਬਜ਼ੁਰਗੀ (बज़ुरगी) /bazurạgī バズルギー/ [Pers. *buzurgī*] *f.* **1** 年長・年配・高齢であること. **2** 偉大さ, 威厳. **3** 尊敬, 名誉, 名声. **4** 高位, 高貴な生まれ.

ਬੱਝਣਾ (बज्झणा) /bâjjaṇā バッジャナー/ [cf. ਬੰਨ੍ਹਣਾ] *vi.* **1** 縛られる, 束縛される, 罠にかかる. **2** 結び付けられる. **3** 固定される. **4** 制限される. **5** 逮捕される, 投獄される.

ਬੱਝਵਾਂ (बज्झवाँ) /bâjjawā̃ バッジャワーン/ [cf. ਬੰਨ੍ਹਣਾ] *adj.* **1** 縛られた, 束縛された. **2** 罠にかかった. **3** 結び付けられた. **4** 固定された. **5** 決定された.

ਬੱਝਾ (बज्झा) /bâjjā バッジャー/ [cf. ਬੰਨ੍ਹਣਾ] *adj.* **1** 縛られた, 束縛された. **2** 罠にかかった. **3** 結び付けられた. **4** 固定された. **5** 決定された.

ਬਟਣ (बटण) /baṭaṇạ バタン/ ▸ਬਟਨ *m.* → ਬਟਨ

ਬਟਨ (बटन) /baṭanạ バタン/ ▸ਬਟਣ [Eng. *button*] *m.* ボタン. (⇒ਗੁਦਾਮ, ਬੀੜਾ)

ਬਟਵਾਰਾ (बटवारा) /baṭạwārā バトワーラー/ [cf. ਬਾਂਟਣਾ] *m.* **1** 分割, 分離. (⇒ਵੰਡ) **2** 分配, 分与, 配分, 割り当て. (⇒ਵੰਡ)

ਬੰਟਾ (बंटा) /banṭā バンター/ *m.* ガラス玉.

ਬਟਾ[1] (बटा) /baṭā バター/ [Skt. वर्ति] *m.* **1** 間の線. (⇒ਵਿਚਕਾਰਲੀ ਲਕੀਰ) **2** 〖数学〗分数の分母と分子の間に用いられる横線.

ਬਟਾ[2] (बटा) /baṭā バター/ ▸ਵੱਟ *m.* → ਵੱਟ[1]

ਬੱਟਾ (बट्टा) /baṭṭā バッター/ ▸ਵੱਟਾ *m.* → ਵੱਟਾ[3]

ਬਟਾਈ (बटाई) /baṭāī バターイー/ *f.* **1** 分割. **2** 〖農業〗小作.

ਬਟਾਲੀਅਨ (बटालीअन) /baṭālīanạ バターリーアン/ [Eng. *battalion*] *f.* 〖軍〗大隊.

ਬਟੁਆਲ (बटुआल) /baṭuālạ バトゥアール/ [(Pah.)] *m.* 守衛, 警備員, 護衛兵. (⇒ਚੌਕੀਦਾਰ)

ਬਟੂਆ (बटूआ) /baṭūā バトゥーアー/ [Skt. वर्तुल] *m.* **1** 小物入れ. **2** 財布.

ਬਟੇਰ (बटेर) /baṭerạ バテール/ ▸ਬਟੇਰਾ *m.* → ਬਟੇਰਾ

ਬਟੇਰਾ (बटेरा) /baṭerā バテーラー/ ▸ਬਟੇਰ [Skt. वर्तक] *m.* 〖鳥〗ウズラ, 鶉.

ਬਟੋਰਨਾ (बटोरना) /baṭorạnā バトールナー/ [Skt. वर्तुल] *vt.* **1** ひったくる, 横取りする. **2** だまし取る, せしめる, ちょろまかす. **3** かき集める, 寄せ集める.

ਬੱਠਲ (बट्ठल) /baṭṭʰalạ バッタル/ ▸ਬੀਠਲ [Skt. वर्त्तुल] *m.* **1** 〖容器〗染め物屋が用いる大きな焼き物の容器. **2** 焼き物の浅い皿.

ਬਠਾਉਣਾ (बठाउणा) /baṭʰāuṇā バターウナー/ ▸ਬਠਾਲਣਾ, ਬਠਾਲਨਾ, ਬਿਠਾਉਣਾ, ਬੈਠਾਉਣਾ, ਬੈਠਾਲਨਾ [cf. ਬੈਠਣਾ] *vt.* **1** 座らせる, 腰を下ろさせる, 着席させる. (⇒ਬਹਾਲਨਾ) **2** 据える, 設置する, 取り付ける. **3** 固定する, はめる.

ਬਠਾਲਣਾ (बठालणा) /baṭʰālạṇā バタールナー/ ▸ਬਠਾਉਣਾ, ਬਠਾਲਨਾ, ਬਿਠਾਉਣਾ, ਬੈਠਾਉਣਾ, ਬੈਠਾਲਨਾ *vt.* → ਬਠਾਉਣਾ

ਬਠਾਲਨਾ (बठालना) /baṭʰālạnā バタールナー/ ▸ਬਠਾਉਣਾ, ਬਠਾਲਣਾ, ਬਿਠਾਉਣਾ, ਬੈਠਾਉਣਾ, ਬੈਠਾਲਨਾ *vt.* → ਬਠਾਉਣਾ

ਬੰਡਲ (बंडल) /banḍalạ バンダル/ [Eng. *bundle*] *m.* **1** 束, 束ねたもの. **2** 包み, 包んだもの.

ਬੰਡੀ (बंडी) /banḍī バンディー/ *f.* **1** 〖衣服〗チョッキ, ベスト. **2** 〖衣服〗綿入れ.

ਬਣ (बण) /baṇa バン/ ▸ਬਨ, ਵਣ, ਵਨ [(Pkt. वण) Skt. वन] *m.* 『地理』森, 森林. (⇒ਜੰਗਲ)

ਬਣਚਰ (बणचर) /baṇacara バンチャル/ [Skt. वनचर] *m.* 『動物』森に棲む野生動物.

ਬਣਜਾਰਨ (बणजारन) /baṇajārana バンジャーラン/ ▸ਵਣਜਾਰਣ, ਵਣਜਾਰਨ *f.* → ਵਣਜਾਰਨ

ਬਣਜਾਰਾ (बणजारा) /baṇajārā バンジャーラー/ ▸ਵਣਜਾਰਾ *m.* → ਵਣਜਾਰਾ

ਬਣਤ (बणत) /baṇata バント/ ▸ਬਣਤਰ [cf. ਬਣਨਾ] *f.* **1** 構造, 構成, 組成. **2** 形, 意匠, デザイン.

ਬਣਤਰ (बणतर) /baṇatara バンタル/ ▸ਬਣਤ *f.* → ਬਣਤ

ਬਣਦਾ-ਫਬਦਾ (बणदा-फबदा) /baṇadā-pʰabadā バンダー・パブダー/ [cf. ਬਣਨਾ + cf. ਫਬਣਾ] *adj.* **1** 合っている, ぴったりの, 合致する. **2** 適切な, 適当な.

ਬਣਨਾ (बणना) /baṇanā バンナー/ [Skt. वनति] *vi.* **1** 作られる, できる. ❒ਮੱਝ ਦੇ ਚੰਮ ਤੋਂ ਜੁੱਤੀਆਂ ਆਦਿ ਬਣਦੀਆਂ ਹਨ। 水牛の皮から靴などが作られます. **2** 建つ. **3** 出来上がる. **4**…になる. ❒ਉਹ ਚਾਹੁੰਦਾ ਸੀ ਕਿ ਉਹ ਆਪਣਾ ਧਰਮ ਛੱਡ ਕੇ ਮੁਸਲਮਾਨ ਬਣ ਜਾਣ। 彼らが自分たちの信仰を捨ててイスラーム教徒になることを彼は望んでいました. ❒ਵਰਤਮਾਨ ਸਮੇਂ ਵਿੱਚ ਨਸ਼ਿਆਂ ਦੀ ਵਰਤੋਂ ਇੱਕ ਅੰਤਰ ਰਾਸ਼ਟਰੀ ਸਮੱਸਿਆ ਬਣੀ ਹੋਈ ਹੈ। 現在では麻薬の使用が一つの国際的な問題になっています. ❒ਮੇਰੀ ਇਮੇਜ ਵੀ ਵੱਖਰੀ ਤਰ੍ਹਾਂ ਦੀ ਬਣ ਰਹੀ ਹੈ। 私のイメージも違った種類のものになりつつあります. **5**…に仕立てられる. **6** 成立する.

ਬਣ-ਪਸ਼ੂ (बण-पशू) /baṇa-paśū バン・パシュー/ [Skt. वन + Skt. पशु] *m.* 『動物』森の野生動物.

ਬਣਬਾਸ (बणबास) /baṇabāsa バンバース/ ▸ਬਨਬਾਸ [Skt. बनवास] *m.* **1** 森への追放, 流刑. **2** 追放, 国外追放. (⇒ਦੇਸ਼ ਨਿਕਾਰਾ)

ਬਣਮਾਣਸ (बणमाणस) /baṇamāṇasa バンマーナス/ ▸ਬਨਮਾਹਣੂ, ਬਨਮਾਣਸ, ਬਨਮਾਣੂ, ਬਨਮਾਨਸ [Skt. वन + Skt. मानुष] *m.* **1**『動物』類人猿. **2**『動物』ゴリラ.

ਬਣ-ਰਾਜਾ (बण-राजा) /baṇa-rājā バン・ラージャー/ [+ Skt. राजन्] *m.* **1** 森の王様. **2**『動物』ライオン, 獅子. (⇒ਸਿੰਘ, ਸ਼ੇਰ)

ਬਣਵਾਉਣਾ (बणवाउणा) /baṇawāuṇā バンワーウナー/ [cf. ਬਣਨਾ] *vt.* **1** 作らせる, 作ってもらう. **2** 建てさせる, 建設させる. **3** 用意させる.

ਬਣਵਾਈ (बणवाई) /baṇawāī バンワーイー/ [cf. ਬਣਨਾ] *f.* **1** 作らせること, 作らせるための労賃. **2** 用意させること, 用意させるための労賃.

ਬਣਵਾਸ (बणवास) /baṇawāsa バンワース/ ▸ਵਣਵਾਸ [Skt. वन + Skt. वास] *m.* 森に住むこと, 森に隠棲すること.

ਬਣਵਾਸੀ (बणवासी) /baṇawāsī バンワースィー/ [+ Skt. वासिन्] *adj.* 森に住む, 森に隠棲する.
— *m.* 森に住む人, 森に隠棲する人.

ਬਣਾਉਟ (बणाउट) /banāuṭa バナーウト/ ▸ਬਣਾਵਟ, ਬਨਾਉਟ, ਬਨਾਵਟ *f.* → ਬਣਾਵਟ

ਬਣਾਉਟੀ (बणाउटी) /baṇāuṭī バナーウティー/ ▸ਬਣਾਵਟੀ, ਬਣੌਟੀ, ਬਨਾਉਟੀ, ਬਨਾਵਟੀ [cf. ਬਣਨਾ] *adj.* **1** 作られた, 人工の, 人造の, 人為的な. **2** 偽の, 偽造の, 見せかけの.

ਬਣਾਉਣਾ (बणाउणा) /baṇāuṇā バナーウナー/ [cf. ਬਣਨਾ] *vt.* **1** 作る, 製造する, 作成する. ❒ਮੱਝ ਦੀਆਂ ਹੱਡੀਆਂ ਵੀ ਖਾਦ ਬਣਾਉਣ ਦੇ ਕੰਮ ਆਉਂਦੀਆਂ ਹਨ। 水牛の骨も肥料の製造に役立ちます. **2** 建てる, 建設する, 設置する. **3** 立てる, 立案する. ❒ਮੈਂ ਆਪਣੇ ਚਾਚੇ ਦੇ ਪੁੱਤਰ ਨਾਲ ਸੈਰ ਕਰਨ ਦਾ ਪਰੋਗਰਾਮ ਬਣਾਇਆ। 私は叔父さんの息子と旅行をする計画を立てました. **4**…にする, …に仕立てる. ❒ਇਸ ਦੇਸ ਨੂੰ ਅਮੀਰ ਬਣਾਉਣ ਲਈ ਅਸੀਂ ਸਾਰੇ ਭਾਰਤੀ ਮਿਹਨਤ ਕਰਦੇ ਹਾਂ। この国を豊かにするために私たちインド人は皆努力しています.

ਬਣਾਵਟ (बणावट) /baṇāwaṭa バナーワト/ ▸ਬਣਾਉਟ, ਬਨਾਉਟ, ਬਨਾਵਟ [cf. ਬਣਨਾ] *m.* **1** 構造, 構成, 組成. **2** 形, 意匠, デザイン. **3** 作られたもの, 人為的なこと, 人工のもの. **4** 偽造, 偽作, 捏造. **5** 逃げ口上, 口実, ごまかし. **6** でっち上げ, 冤罪.

ਬਣਾਵਟੀ (बणावटी) /baṇāwaṭī バナーワティー/ ▸ਬਣਾਉਟੀ, ਬਣੌਟੀ, ਬਨਾਉਟੀ, ਬਨਾਵਟੀ *adj.* → ਬਣਾਉਟੀ

ਬਣਿਆਣੀ (बणिआणी) /baṇiāṇī バニアーニー/ *f.* 商人の妻.

ਬਣਿਆ ਬਣਾਇਆ (बणिआ बणाइआ) /baṇiā baṇāiā バニアー バナーイアー/ [cf. ਬਣਨਾ] *adj.* 既製の, 既製品の, 出来合いの. (⇒ਰੈਡੀਮੇਡ) ❒ਬਣੀ ਬਣਾਈ ਪੁਸ਼ਾਕ ਸਸਤੀ ਹੁੰਦੀ ਹੈ। 既製服は安いものです.

ਬਣੀ (बणी) /baṇī バニー/ *f.* 苦難.

ਬਣੀਆ (बणीआ) /baṇīā バニーアー/ ▸ਬਾਣੀਆਂ *m.* → ਬਾਣੀਆਂ

ਬਣੌਟੀ (बणौटी) /baṇauṭī バナォーティー/ ▸ਬਣਾਉਟੀ, ਬਣਾਵਟੀ, ਬਨਾਉਟੀ, ਬਨਾਵਟੀ *adj.* → ਬਣਾਉਟੀ

ਬੱਤ੍ਹੀਆਂ (बत्त्हीआँ) /bâttiā̃ バッティーアーン/ ▸ਬੱਤ੍ਹੀਵਾਂ, ਬੱਤੀਵਾਂ *or.num. adj.* → ਬੱਤ੍ਹੀਵਾਂ

ਬੱਤ੍ਹੀਵਾਂ (बत्त्हीवाँ) /bâttīwā̃ バッティーワーン/ ▸ਬੱਤ੍ਹੀਆਂ, ਬੱਤੀਵਾਂ [(Pkt. बत्तीसा) Skt. द्वात्रिंशत् -वां] *or.num.* 32番目.
— *adj.* 32番目の.

ਬਤਕ (बतक) /bataka バタク/ ▸ਬਤਖ਼, ਬੱਤਖ਼ *f.* → ਬੱਤਖ਼

ਬਤਖ਼ (बतख़) /bataxa バタク/ ▸ਬਤਕ, ਬੱਤਖ਼ *f.* → ਬੱਤਖ਼

ਬੱਤਖ਼ (बत्तख़) /battaxa バッタク/ ▸ਬਤਕ, ਬਤਖ਼ [Pers. *battax*] *f.* 『鳥』アヒル, 家鴨.

ਬੱਤਾ (बत्ता) /battā バッター/ [(Mul.)] *m.* **1**『飲料』瓶入りのミネラルウォーター, ミネラルウォーターの瓶. **2**『飲料』瓶入りの炭酸飲料水.

ਬਤਾਉਣਾ[1] (बताउणा) /batāuṇā バターウナー/ ▸ਬਤਾਣਾ *vt.* → ਬਤਾਣਾ

ਬਤਾਉਣਾ[2] (बताउणा) /batāuṇā バターウナー/ ▸ਬਿਤਾਉਣਾ, ਵਿਤਾਉਣਾ *vt.* → ਬਿਤਾਉਣਾ

ਬਤਾਊਂ[1] (बताऊँ) /batāū̃ バターウーン/ ▸ਵਤਾਊਂ *m.* 『植物』ナス(茄子). (⇒ਬੈਂਗਣ)

ਬਤਾਊਂ[2] (बताऊँ) /batāū̃ バターウーン/ *int.* 言いましょうか, 言ってもいいですか. (⇒ਦੱਸਾਂ)

ਬਤਾਸਾ (बतासा) /batāsā バターサー/ ▸ਪਤਾਸਾ, ਪਤੀਸਾ *m.* → ਪਤਾਸਾ

ਬਤਾਣਾ (बताणा) /batāṇā バターナー/ ▸ਬਤਾਉਣਾ *vt.* **1** 言う, 述べる. (⇒ਦੱਸਣਾ, ਕਹਿਣਾ) **2** 告げる, 知らせる, 伝える, 教える. (⇒ਦੱਸਣਾ, ਸਮਝਾਉਣਾ)

ਬਤਾਲ੍ਹੀਆਂ (बताल्हीआँ) /batâliā̃ バターリーアーン/ ▸ਬਤਾਲ੍ਹੀਵਾਂ, ਬਤਾਲੀਆਂ, ਬਤਾਲੀਵਾਂ *or.num. adj.* → ਬਤਾਲ੍ਹੀਵਾਂ

ਬਤਾਲ੍ਹੀਵਾਂ (बताल्हीवाँ) /batâlīwā̃ バターリーワーン/ ▸ਬਤਾਲ੍ਹੀਆਂ, ਬਤਾਲੀਆਂ, ਬਤਾਲੀਵਾਂ [(Pkt. विचत्तालीसा) Skt. द्विचत्वारिंशत् -वां] *or.num.* 42番目.
— *adj.* 42番目の.

ਬਤਾਲੀ (बताली) /batālī バターリー/ ▸ਬਿਆਲੀ, ਬਿਤਾਲੀ, ਬੈਤਾਲੀ [(Pkt. विचत्तालीसा) Skt. द्विचत्वारिंशत्] *ca.num.* 42.
— *adj.* 42の.

ਬਤਾਲੀਆਂ (बतालीआँ) /batāliā̃ バターリーアーン/ ▸ਬਤਾਲ੍ਹੀਆਂ, ਬਤਾਲ੍ਹੀਵਾਂ, ਬਤਾਲੀਵਾਂ [(Pot.) *or.num. adj.* → ਬਤਾਲ੍ਹੀਵਾਂ

ਬਤਾਲੀਵਾਂ (बतालीवाँ) /batālīwā̃ バターリーワーン/ ▸ਬਤਾਲ੍ਹੀਆਂ, ਬਤਾਲ੍ਹੀਵਾਂ, ਬਤਾਲੀਆਂ [(Pot.) *or.num. adj.* → ਬਤਾਲ੍ਹੀਵਾਂ

ਬਤਾਵਾ (बतावा) /batāwā バターワー/ *m.* さっと身をかわすこと.

ਬੱਤੀ[1] (बत्ती) /battī バッティー/ [(Pkt. बत्तीसा) Skt. द्वात्रिंशत्] *ca.num.* 32.
— *adj.* 32の.

ਬੱਤੀ[2] (बत्ती) /battī バッティー/ [(Pkt. बत्ति) Skt. वर्ति] *f.* **1** 灯火, 灯り. **2** ランプ. **3** 蝋燭. **4** 電灯.

ਬਤੀਸਾ (बतीसा) /batīsā バティーサー/ [(Pkt. बत्तीसा) Skt. द्वात्रिंशत्] *m.* 〘薬剤〙 32種の成分で調合された薬.

ਬਤੀਸੀ (बतीसी) /batīsī バティースィー/ [-ਈ] *f.* **1** 32の集まり. **2** 上下の歯並び.

ਬਤੀਤ (बतीत) /batīta バティート/ ▸ਬਿਤੀਤ [Skt. व्यतीत] *adj.* 過ぎた, 過ぎ去った, 経過した.

ਬਤੀਰਾ (बतीरा) /batīrā バティーラー/ ▸ਵਤੀਰਾ [(Pua.)] *m.* → ਵਤੀਰਾ

ਬੱਤੀਵਾਂ (बत्तीवाँ) /battīwā̃ バッティーワーン/ ▸ਬੱਤ੍ਰੀਆਂ, ਬੱਤ੍ਰੀਵਾਂ *or.num. adj.* → ਬੱਤ੍ਰੀਵਾਂ

ਬਤੂਨੀ (बतूनी) /batūnī バトゥーニー/ ▸ਬਾਤੂਨੀ *adj.m.* → ਬਾਤੂਨੀ

ਬਤੌਰ (बतौर) /bataura バタォール/ ▸ਤੌਰ [Pers. *ba-* Arab. *taur*] *prep.* **1**…の様式に従って. **2**…として, …の肩書きで, …の職として, …の資格で. (⇒ਰੂਪ ਵਿੱਚ) ❐ਬਤੌਰ ਮੁੱਖ ਮਹਿਮਾਨ 主賓として. ❐ਉਹ ਟਰਾਂਸਪੋਰਟ ਕੰਪਨੀ ਵਿੱਚ ਬਤੌਰ ਡਰਾਇਵਰ ਕੰਮ ਕਰਦੇ ਸਨ। 彼らは運送会社で運転手として働いていました. **3**…の代役として. **4**…のつもりで.

ਬਥੇਰਾ (बथेरा) /batʰerā バテーラー/ [Skt. बहुल -ਏਰਾ] *adj.* **1** より多い, さらにたくさんの. **2** たくさんの, 多くの. (⇒ਬਹੁਤ ਸਾਰਾ) **3** かなりの. (⇒ਕਾਫ਼ੀ)

ਬੰਦ (बंद) /banda バンド/ [Pers. *band*] *adj.* **1** 閉まった, 閉じた, 締まった. ❐ਬੰਦ ਹੋਣਾ 閉まる, 閉じられる. ❐ਬੰਦ ਕਰਨਾ 閉める, 閉じる. ❐ਆਪਣੇ ਕੋਟ ਦੇ ਬਟਨ ਬੰਦ ਕਰੋ। 上着のボタンを閉めなさい. **2** 密閉された. **3** 錠の掛かった. ❐ਬੰਦ ਕਰਨਾ 錠を掛ける. **4** 幽閉された. ❐ਬੰਦ ਕਰਨਾ 幽閉する, 投獄する, 逮捕する. **5** 禁止された. ❐ਬੰਦ ਕਰਨਾ 禁止する. **6** 止まっている, 止んでいる. ❐ਬੰਦ ਹੋਣਾ 止まる, 止む. ❐ਅੱਜ ਹਵਾ ਬੰਦ ਹੈ। 今日は風が止んでいます. ❐ਬੰਦ ਕਰਨਾ 止める, スイッチを切る.
— *m.* **1** 閉めること, 締めること, 結ぶこと, 連結. **2** 締めるもの, 帯, 紐. **3** 〘身体〙 関節. **4** 〘文学〙 (詩の)連, 詩行の集まり.
— *suff.* **1**「閉じられた」「閉ざされた」「…を整えた」「…を持った」「…を装着させる」などを意味する形容詞を形成する接尾辞. **2**「…を結び付けるもの」「…を装着させるもの」「…を閉ざすもの」「…を整えるもの」「…を作るもの」「…を持つもの」などを意味する男性名詞を形成する接尾辞.

ਬਦ (बद) /bada バド/ [Pers. *bad*] *adj.* **1** 悪い, 良くない. **2** 邪悪な. **3** 不運な, 不吉な. **4** 正常でない.
— *pref.* 「悪」「悪い」「良くない」「不吉な」などの意味を含む語を形成する接頭辞.

ਬਦ-ਅਸੀਸ (बद-असीस) /bada-asīsa バド・アスィース/ ▸ਬਦਸੀਸ [Pers. *bad-* Skt. आशिष] *f.* **1** 悪意の祝福. **2** 呪い, 呪詛, 呪いの言葉. (⇒ਸਰਾਪ)

ਬਦ-ਅਮਲੀ (बद-अमली) /bada-amalī バド・アムリー/ [Pers. *bad-* Arab. *`amalī*] *f.* **1** 悪い行い, 悪行. **2** 悪い統治, 悪政.

ਬਦ-ਇਖ਼ਲਾਕ (बद-इख़लाक) /bada-ixalāka バド・イクラーク/ [Pers. *bad-* Arab. *axlāq*] *adj.* **1** 品行の悪い, 不品行な, 不道徳な. **2** 野蛮な, 粗暴な.

ਬਦ-ਇਖ਼ਲਾਕੀ (बद-इख़लाकी) /bada-ixalākī バド・イクラーキー/ [Pers. *bad-* Arab. *axlāqī*] *f.* **1** 不品行, 不道徳, ふしだらなこと. **2** 野蛮, 粗暴.

ਬਦ-ਇੰਤਜ਼ਾਮੀ (बद-इंतज़ामी) /bada-intazāmī バド・イントザーミー/ [Pers. *bad-* Arab. *intizāmī*] *f.* **1** 段取りの悪さ, 不手際, 手違い. **2** 無秩序, 混乱.

ਬੰਦਸ਼ (बंदश) /bandaśa バンダシュ/ [Pers. *bandiś*] *f.* **1** 締めること, 結ぶこと, 連結. **2** 制限, 制約, 抑制, 束縛. **3** 禁止. **4** 阻止. **5** 構造, 構成. **6** 用心, 予防策, 下準備, 根回し.

ਬਦਸ਼ਕਲ (बदशकल) /badaśakala バドシャカル/ [Pers. *bad-* Arab. *śakl*] *adj.* 形の悪い, 不恰好な, 奇形の, 醜い.

ਬਦਸ਼ਕਲੀ (बदशकली) /badaśakalī バドシャクリー/ [Pers. *bad-* Arab. *śaklī*] *f.* 形の悪さ, 不恰好, 醜さ.

ਬਦਸਤੂਰ (बदसतूर) /badasatūra バダストゥール/ [Pers. *ba-* Arab. *dastūr*] *adv.* **1** 慣例に従って. **2** いつもの通り.

ਬਦਸਲੂਕੀ (बदसलूकी) /badasalūkī バドサルーキー/ [Pers. *bad-* Pers. *sulūkī*] *f.* **1** 悪い振る舞い. **2** 悪い使い方, 悪い処置. (⇒ਭੈੜਾ ਵਰਤਾਉ) **3** 酷使.

ਬਦਸੀਸ (बदसीस) /badasīsa バドスィース/ ▸ਬਦ-ਅਸੀਸ *f.* → ਬਦ-ਅਸੀਸ

ਬਦਸੂਰਤ (बदसूरत) /badasūrata バドスーラト/ [Pers. *bad-* Pers. *ṣūrat*] *adj.* 形の悪い, 醜い. (⇒ਕਰੂਪ)

ਬਦਹਜ਼ਮੀ (बदहज़मी) /badahazamī バドハズミー/ [Pers. *bad-* Pers. *hazmī*] *f.* 〘医〙 消化不良. (⇒ਅਜੀਰਨ)

ਬਦਹਵਾਸ (बदहवास) /badahawāsa バドハワース/ [Pers. *bad-* Arab. *havās*] *adj.* **1** 感覚が正常でない. **2** 無意識の, 茫然とした. **3** 混乱した, うろたえた.

ਬਦਹਵਾਸੀ (बदहवासी) /badahawāsī バドハワースィー/ [Pers. *bad-* Arab. *havāsī*] *f.* 茫然自失, 混乱, 当惑.

ਬਦਹਾਲ (बदहाल) /badahāla バドハール/ [Pers. *bad-* Arab. *hāl*] *adj.* **1** 悪い状態の, 苦境の, 逆境の. **2** 哀

れな, みじめな.

ਬਦਹਾਲੀ (बदहाली) /bada̸hālī バドハーリー/ [Pers. *bad-* Arab. *hālī*] *f.* 苦境, 逆境.

ਬਦਕਾਰ (बदकार) /bada̸kāra̸ バドカール/ [Pers. *bad-* Pers.*-kār*] *adj.* **1** 邪悪な, たちの悪い, 不正な. **2** 不道徳な, 不品行な, ふしだらな, 身持ちの悪い. (⇒ਫ਼ਾਹਿਸ਼)

ਬਦਕਾਰੀ (बदकारी) /bada̸kārī バドカーリー/ [Pers. *bad-* Pers.*-kārī*] *f.* **1** 邪悪, 不正. **2** 不道徳な行い, 不品行, ふしだらなこと, 身持ちの悪さ.

ਬਦਕਿਸਮਤ (बदकिसमत) /bada̸kisa̸mata̸ バドキスマト/ [Pers. *bad-* Pers. *qismat*] *adj.* **1** 運の悪い, 不運な. (⇒ਅਭਾਗਾ, ਬਦਨਸੀਬ) **2** 不幸な.

ਬਦਕਿਸਮਤੀ (बदकिसमती) /bada̸kisa̸matī バドキスマティー/ [Pers. *bad-* Pers. *qismatī*] *f.* **1** 運の悪いこと, 不運. **2** 不幸.

ਬਦਖ਼ਤ (बदख़त) /bada̸xata̸ バドカト/ [Pers. *bad-* Arab. *xatt*] *adj.* 悪筆の, 字の下手な.
— *m.* 悪筆の人, 字の下手な人.

ਬਦਖ਼ਤੀ (बदख़ती) /bada̸xatī バドカティー/ [Pers. *bad-* Pers. *xattī*] *f.* 悪筆, 字の下手なこと.

ਬਦਖ਼ਾਹ (बदख़ाह) /bada̸xâ バドカー/ [Pers. *bad-* Pers. *xvāh*] *adj.* 悪意を持った, 意地の悪い, 憎しみを持った.

ਬਦਖ਼ਾਹੀ (बदख़ाही) /bada̸xâī バドカーイー/ [Pers. *bad-* Pers. *xvāhī*] *f.* 悪意, 憎しみ.

ਬਦਖ਼ੋਈ (बदख़ोई) /bada̸xoī バドコーイー/ [Pers. *bad-* Pers. *xoī*] *f.* → ਬਦਗੋਈ

ਬੰਦਗੀ (बंदगी) /banda̸gī バンドギー/ [Pers. *banda* Pers.*-gī*] *f.* **1** 仕えること, 奉仕. **2** 奴隷・下僕・臣下・部下などとして服従すること. **3** 祈り, 祈祷, 礼拝, 崇拝. **4** 敬礼. **5** 挨拶.

ਬਦਗੁਮਾਨ (बदगुमान) /bada̸gumāna̸ バドグマーン/ [Pers. *bad-* Pers. *gumān*] *adj.* **1** 悪い憶測をする. **2** 疑う, 信用しない.

ਬਦਗੁਮਾਨੀ (बदगुमानी) /bada̸gumānī バドグマーニー/ [Pers. *bad-* Pers. *gumānī*] *f.* **1** 悪い憶測. **2** 疑い, 疑念, 疑惑.

ਬਦਗੋਈ (बदगोई) /bada̸goī バドゴーイー/ [Pers. *bad-* Pers.*-goī*] *f.* **1** 中傷, 誹謗. (⇒ਅਪਵਾਦ, ਤੁਹਮਤ) **2** 悪口, 陰口. (⇒ਨਿੰਦਾ, ਕੁਬੋਲ) **3** 罵り, 罵詈雑言. (⇒ਗਾਲੀ)

ਬੰਦਗੋਭੀ (बंदगोभी) /banda̸gôbī バンドゴービー/ [Pers. *band* + Skt. गोजिह्वा] *f.* 〖植物〗キャベツ, カンラン(甘藍), タマナ(玉菜)《アブラナ科の野菜》. (⇒ਪੱਤਗੋਭੀ)

ਬਦਚਲਣ (बदचलण) /bada̸calaṇa̸ バドチャラン/ [Pers. *bad-* Skt. चलन] *adj.* 行いの悪い, 振る舞いの良くない, 不品行の.

ਬਦਜ਼ਬਾਨ (बदज़बान) /bada̸zabāna̸ バドザバーン/ [Pers. *bad-* Pers. *zabān*] *adj.* **1** 悪い言葉を発する. **2** 口汚い, 口の悪い.

ਬਦਜ਼ਬਾਨੀ (बदज़बानी) /bada̸zabānī バドザバーニー/ [Pers. *bad-* Pers. *zabānī*] *f.* **1** 口汚いこと, 口の悪さ. **2** 下品な言葉遣い.

ਬਦਜ਼ਾਤ (बदज़ात) /bada̸zāta̸ バドザート/ [Pers. *bad-* Arab. *zāt*] *adj.* **1** 下種の, 下賤な, 卑しい, 質の悪い. **2** 低級な, 低劣な.

ਬਦਜ਼ੇਬ (बदज़ेब) /bada̸zeba̸ バドゼーブ/ [Pers. *bad-* Pers. *zeb*] *adj.* 異様な, 怪奇な.

ਬਦਤਮੀਜ਼ (बदतमीज़) /bada̸tamīza̸ バドタミーズ/ [Pers. *bad-* Arab. *tamyīz*] *adj.* **1** 行儀の悪い, 無作法な, 無礼な, 失礼な. **2** 粗野な, がさつな. **3** 下劣な.

ਬਦਤਮੀਜ਼ੀ (बदतमीज़ी) /bada̸tamīzī バドタミーズィー/ [Pers. *bad-* Arab. *tamyīzī*] *f.* **1** 行儀の悪いこと, 無作法, 無礼, 失礼. **3** 粗野, がさつ. **4** 下劣.

ਬਦਦਿਆਨਤ (बददिआनत) /bada̸diānata̸ バドディアーナト/ [Pers. *bad-* Arab. *diyānat*] *adj.* 不誠実な, 不正直な.

ਬਦਦਿਆਨਤੀ (बददिआनती) /bada̸diāna̸tī バドディアーンティー/ [Pers. *bad-* Arab. *diyānatī*] *f.* 不誠実, 不正直.

ਬਦਦਿਮਾਗ਼ (बददिमाग़) /bada̸dimāğa̸ バドディマーグ/ [Pers. *bad-* Arab. *dimāğ*] *adj.* **1** 頭の悪い, 馬鹿な, 愚かな. **2** 高慢な, 傲慢な, 横柄な. **3** 気難しい.

ਬਦਦਿਮਾਗ਼ੀ (बददिमाग़ी) /bada̸dimāğī バドディマーギー/ [Pers. *bad-* Pers. *dimāğī*] *f.* **1** 頭の悪いこと, 馬鹿な様子, 愚かさ. **2** 高慢さ, 傲慢さ, 横柄さ. **3** 気難しさ.

ਬਦਦੁਆ (बददुआ) /bada̸duā バドドゥアー/ [Pers. *bad-* Arab. *duā*] *f.* **1** 悪意の祈り. **2** 呪い, 呪詛, 呪いの言葉. (⇒ਸਰਾਪ)

ਬਦਨ (बदन) /badana̸ バダン/ [Arab. *badan*] *m.* 体, 身体, 肉体. (⇒ਕਾਲਬ)

ਬਦਨਸੀਬ (बदनसीब) /bada̸nasība̸ バドナスィーブ/ [Pers. *bad-* Arab. *naṣīb*] *adj.* **1** 運の悪い, 不運な. (⇒ਅਭਾਗਾ, ਬਦਕਿਸਮਤ) **2** 不幸な.

ਬਦਨਸੀਬੀ (बदनसीबी) /bada̸nasībī バドナスィービー/ [Pers. *bad-* Arab. *naṣībī*] *f.* **1** 運の悪いこと, 不運. **2** 不幸.

ਬੰਦਨਾ (बंदना) /bandanā バンダナー/ [Skt. वन्दना] *f.* **1** 挨拶. **2** 敬礼. (⇒ਨਮਸਕਾਰ, ਪਰਨਾਮ) **3** 祈り, 礼拝. **4** 嘆願, 懇願.

ਬਦਨਾਮ (बदनाम) /bada̸nāma̸ バドナーム/ [Pers. *bad-* Pers. *nām*] *adj.* **1** 悪名の, 悪名高い. **2** 悪評の, 不評の. **3** 不名誉な.

ਬਦਨਾਮੀ (बदनामी) /bada̸nāmī バドナーミー/ [Pers. *bad-* Pers. *nāmī*] *f.* **1** 悪名. **2** 悪評, 不評. **3** 不名誉, 汚名.

ਬਦਨੀ (बदनी) /bada̸nī バドニー/ [Arab. *badanī*] *adj.* 身体の, 肉体の.

ਬਦਨੀਤ (बदनीत) /bada̸nīta̸ バドニート/ [Pers. *bad-* Pers. *nīyat*] *adj.* **1** 悪意を持った. **2** 不誠実な, 心がけの悪い. **3** 嘘つきの. **4** 人をだます.

ਬਦਨੀਤੀ (बदनीती) /bada̸nītī バドニーティー/ [Pers. *bad-* Pers. *nīyatī*] *f.* **1** 悪意, 敵意. **2** 不誠実, 不心得. **3** 嘘つき. **4** 人をだますこと.

ਬਦਪਰਹੇਜ਼ (बदपरहेज़) /bada̸parahezа̸ バドパルヘーズ/ [Pers. *bad-* *parhez*] *adj.* **1** 抑制のきかない. **2** 不摂生な, 不養生な.

ਬਦਪਰਹੇਜ਼ੀ (बदपरहेज़ी) /bada̸para̸hezī バドパルヘーズィー/ [Pers. *bad-* Pers. *parhezī*] *f.* **1** 抑制のきかないこと.

2 不摂生, 不養生.
ਬਦਫ਼ੇਲ੍ਹੀ (बदफ़ेल्ही) /badḁfêlī バドフェーリー/ ▸ਬਦਫ਼ੈਲੀ [Pers. *bad-* Arab. *fe`lī*] *f.* 1 不品行. 2 不義, 姦通, 不倫行為. 3 猥褻行為.
ਬਦਫ਼ੈਲੀ (बदफ़ैली) /badḁfailī バドファェーリー/ ▸ਬਦਫ਼ੇਲ੍ਹੀ *f.* → ਬਦਫ਼ੇਲ੍ਹੀ
ਬਦਬਖ਼ਤ (बदबख़्त) /badḁbaxaṭḁ バドバクト/ [Pers. *bad-* Pers. *baxt*] *adj.* 1 運の悪い, 不運な, つきのない. 2 不幸な.
ਬਦਬਖ਼ਤੀ (बदबख़्ती) /badḁbaxaṭī バドバクティー/ [Pers. *bad-* Pers. *baxtī*] *f.* 1 運の悪いこと, 不運, 非運. 2 不幸.
ਬਦਬੂ (बदबू) /badḁbū バドブー/ ▸ਬਦਬੋ [Pers. *bad-* Pers. *bū*] *f.* 悪臭.
ਬਦਬੂਦਾਰ (बदबूदार) /badḁbūdārḁ バドブーダール/ [Pers.*-dār*] *adj.* 1 悪臭を発する. 2 臭い(くさい).
ਬਦਬੋ (बदबो) /badḁbo バドボー/ ▸ਬਦਬੂ *f.* → ਬਦਬੂ
ਬਦਮਸਤ (बदमस्त) /badḁmasaṭḁ バドマスト/ [Pers. *bad-* Pers. *mast*] *adj.* 1 悪酔いした, 酩酊した, 泥酔した. 2 酔いどれの. 3 放埒な. 4 不品行な. 5 不道徳な.
ਬਦਮਸਤੀ (बदमस्ती) /badḁmasaṭī バドマスティー/ [Pers. *bad-* Pers. *mastī*] *f.* 1 悪酔い, 酩酊, 泥酔. 2 酔いどれ. 3 放埒. 4 不品行. 5 不道徳.
ਬਦਮਗ਼ਜ਼ (बदमग़ज़) /badḁmagazḁ バドマガズ/ [Pers. *bad-* Pers. *mağz*] *adj.* 1 頭の悪い, 馬鹿な, 愚かな. 2 横柄な.
ਬਦਮਜ਼ਗੀ (बदमज़गी) /badḁmazagī バドマズギー/ [Pers. *bad-* Pers. *maza* Pers.*-gī*] *f.* 1 不愉快, 面白くないこと. 2 美味しくないこと. (⇒ਬੇਸੁਆਦੀ)
ਬਦਮਜ਼ਾ (बदमज़ा) /badḁmazā バドマザー/ [Pers. *bad-* Pers. *maza*] *adj.* 1 不愉快な, 面白くない. 2 美味しくない, まずい. (⇒ਬੇਸੁਆਦ)
ਬਦਮਜ਼ਾਜ (बदमज़ाज) /badḁmazājḁ バドマザージ/ ▸ਬਦਮਿਜ਼ਾਜ *adj.* → ਬਦਮਿਜ਼ਾਜ
ਬਦਮਜ਼ਾਜੀ (बदमज़ाजी) /badḁmazājī バドマザージー/ ▸ਬਦਮਿਜ਼ਾਜੀ *f.* → ਬਦਮਿਜ਼ਾਜੀ
ਬਦਮਾਸ਼ (बदमाश) /badḁmāśḁ バドマーシュ/ [Pers. *bad-* Arab. *ma`āś*] *adj.* 1 邪悪な, 性悪の. 2 不道徳な, 不品行な. 3 粗暴な, 乱暴な. 4 淫らな, 猥褻な.
— *m.* 1 悪者, 悪漢, 悪党, ごろつき, ならず者. 2 泥棒, 盗人.
ਬਦਮਾਸ਼ੀ (बदमाशी) /badḁmāśī バドマーシー/ [Pers. *bad-* Arab. *ma`āśī*] *f.* 1 悪行, 悪事. 2 粗暴, 乱暴. 3 淫らな行為, 猥褻行為.
ਬਦਮਿਜ਼ਾਜ (बदमिज़ाज) /badḁmizājḁ バドミザージ/ ▸ਬਦਮਜ਼ਾਜ [Pers. *bad-* Arab. *mizāj*] *adj.* 1 短気な, 怒りっぽい. 2 気難しい.
ਬਦਮਿਜ਼ਾਜੀ (बदमिज़ाजी) /badḁmizājī バドミザージー/ ▸ਬਦਮਜ਼ਾਜੀ [Pers. *bad-* Pers. *mizājī*] *f.* 1 短気, 怒りっぽいこと. 2 気難しいこと.
ਬੰਦਰ[1] (बंदर) /bandarḁ バンダル/ ▸ਬਾਂਦਰ *m.* → ਬਾਂਦਰ
ਬੰਦਰ[2] (बंदर) /bandarḁ バンダル/ [Pers. *bandar*] *m.* 港, 港湾, 波止場, 埠頭, 港湾施設.
ਬਦਰੱਕਾ (बदरक्का) /badḁrakkā バドラッカー/ [Pers. *badrakk*] *m.* 道案内人. (⇒ਰਾਹਬਰ)
ਬਦਰੰਗ (बदरंग) /badḁrangḁ バドラング/ [Pers. *bad-* Pers. *rang*] *adj.* 1 色の悪い. 2 変色した, 色の褪せた.
ਬੰਦਰਗਾਹ (बंदरगाह) /bandaragâ バンダルガー/ [Pers. *bandar* + Pers. *gāh*] *f.* 港, 港湾, 波止場, 埠頭, 港湾施設.
ਬਦਰਾ (बदरा) /badḁrā バドラー/ [Pers. *badar*] *m.* 1 鞄, バッグ. (⇒ਥੈਲੀ) 2 財布. (⇒ਬਟੂਆ)
ਬਦਰਾਹ (बदराह) /badḁrâ バドラー/ [Pers. *bad-* Pers. *rāh*] *adj.* 1 悪い道を進む, 道を誤った. 2 道に迷った.
ਬਦਰੀ (बदरी) /badḁrī バドリー/ [Skt. बदरी] *f.* 〖植物〗イヌナツメ(蛮棗), イヌナツメの実《クロウメモドキ科の低木. 実は食用, 種子と樹皮は薬用》. (⇒ਉਨਾਬ)
ਬਦਲ (बदल) /badalḁ バダル/ [Arab. *badal*] *m.* 1 代替, 交代, 代わりのもの. 2 交換, 変換.
ਬੱਦਲ (बद्दल) /baddalḁ バッダル/ ▸ਬਾਦਲ [(Pkt. बद्दल) Skt. वारिद] *m.* 〖気象〗雲. ❐ਕਾਲਾ ਬੱਦਲ 黒雲, 暗雲.
ਬਦਲਗਾਮ (बदलगाम) /badḁlagāmḁ バドラガーム/ *adj.* 制御できない.
ਬਦਲਣਾ (बदलणा) /badalaṇā バダルナー/ ▸ਬਦਲਨਾ *vi.vt.* → ਬਦਲਨਾ
ਬਦਲਨਾ (बदलना) /badalanā バダルナー/ ▸ਬਦਲਣਾ [Arab. *badal*] *vi.* 1 変わる, 変化する. ❐ਸਾਡਾ ਰਹਿਣ ਸਹਿਣ ਮੌਸਮ ਨਾਲ ਬਦਲਦਾ ਹੈ। 私たちの生活様式は季節に応じて変わります. 2 代わる, 替わる, 交替する. 3 移る, 移転する.
— *vt.* 1 変える, 変化させる. 2 代える, 替える, 換える, 交換する.
ਬਦਲਵਾਂ (बदलवाँ) /badalawā̃ バダルワーン/ [cf. ਬਦਲਨਾ] *adj.* 1 変わりやすい. 2 交替の. 3 交換できる.
ਬਦਲਵਾਉਣਾ (बदलवाउणा) /badalḁwāuṇā バダルワーウナー/ [cf. ਬਦਲਨਾ] *vt.* 1 変えさせる. 2 代えさせる, 替えさせる, 換えさせる, 交換してもらう.
ਬਦਲਵਾਈ (बदलवाई) /badalḁwāī バダルワーイー/ [cf. ਬਦਲਨਾ] *f.* 1 変えさせること. 2 交換してもらうこと, その費用・料金・労賃.
ਬੱਦਲਵਾਈ (बद्दलवाई) /baddalḁwāī バッダルワーイー/ [(Pkt. बद्दल) Skt. वारिद] *f.* 〖気象〗曇天.
ਬਦਲਾ (बदला) /badḁlā バドラー/ ▸ਬਦਲਾਅ [cf. ਬਦਲਨਾ] *m.* 1 変換, 交換, 引き換え, 取り替え, 変えること. (⇒ਚੇਂਜ) 2 復讐, 報復, 仕返し. (⇒ਕਿਸਾਸ) ❐ਬਦਲਾ ਲੈਣਾ 復讐をする, 仕返しする. ❐ਉਹ ਅੰਗਰੇਜ਼ੀ ਸਰਕਾਰ ਵੱਲੋਂ ਕੀਤੀ ਗਈ ਅਯੋਗ ਗੱਲ ਦਾ ਬਦਲਾ ਲੈਣਾ ਚਾਹੁੰਦੇ ਸਨ। 彼らは英国政府によってなされた不当な事件への復讐をすることを望んでいました. ❐ਬਦਲੇ ਦਾ ਬਦਲਾ 目には目を〔諺〕. 3 報い, 応報. 4 償い, 賠償. 5 返礼, 御礼.
ਬਦਲਾਉਣਾ (बदलाउणा) /badḁlāuṇā バドラーウナー/ [cf. ਬਦਲਨਾ] *vt.* 1 変える. 2 替える, 換える, 交換する. 3 変えさせる. 4 代えさせる, 替えさせる, 換えさせる, 交換してもらう. ❐ਹਿਰਦੇ ਨੂੰ ਬਦਲਾਉਣਾ ਵੀ ਅਸਾਨ ਹੋ ਗਿਆ ਹੈ। 心臓移植も容易になっています.
ਬਦਲਾਅ (बदलाअ) /badḁlāa バドラーア/ ▸ਬਦਲਾ *m.* →

ਬਦਲਾ

ਬਦਲਾਈ (बदलाई) /bada̯lāī バドラーイー/ [cf. ਬਦਲਨਾ] *f.* **1** 変えること. **2** 変えさせること. **3** 交換してもらうこと, その費用・料金・労賃.

ਬਦਲੀ[1] (बदली) /badalī バダリー/ [cf. ਬਦਲਨਾ] *f.* **1** 変化, 変更, 転換. **2** 交換, 交替. **3** 転勤, 異動. **4** 代理, 代理人, 代用品.

ਬਦਲੀ[2] (बदली) /badalī バダリー/ ▸ਬੱਦਲੀ *f.* → ਬੱਦਲੀ

ਬੱਦਲੀ (बद्दली) /baddalī バッダリー/ ▸ਬਦਲੀ [Skt. वारिद -ई] *f.* **1**〖気象〗小さな雲. **2**〖気象〗曇り, 曇天.

ਬਦਲੇ (बदले) /bada̯le バドレー/ [cf. ਬਦਲਨਾ] *adv.* 代わって, 代わりに.

— *postp.* …に代わって, …の代わりに.

ਬੰਦਾ (बंदा) /bandā バンダー/ ▸ਬਾਂਦਾ [Pers. *banda*] *m.* **1** 男. **2** しもべ, 下僕, 召使. **3** 部下, 配下の者, 手下.

ਬਦਾਨਾ (बदाना) /badānā バダーナー/ *m.*〖植物〗クワ(桑)の実.

ਬਦਾਮ (बदाम) /badāma̯ バダーム/ ▸ਬਾਦਾਮ [Pers. *bādām*] *m.*〖植物〗アーモンド, ハタンキョウ(巴旦杏), ヘントウ(扁桃)《バラ科の落葉高木》, アーモンドの実.

ਬਦਾਮੀ (बदामी) /badāmī バダーミー/ [Pers. *bādāmī*] *adj.* **1** アーモンド色の, 黄褐色の. (⇒ਮਲਾਗੀਰੀ) **2** アーモンドの形の.

ਬੰਦੀ (बंदी) /bandī バンディー/ [Pers. *bandī*] *f.* **1** 縛ること, 捕縛, 結び付けること. **2** 閉鎖, 停止, 封鎖. **3** 閉店, 休業. **4** 投獄, 拘置, 監禁. **5** 整えること, 整理, 配置.

— *adj.* **1** 拘留された, 拘置された. **2** 監禁された, 投獄された. **3** 虜にされた, 捕虜になった.

— *m.* **1** 囚人. (⇒ਕੈਦੀ) **2**〖軍〗虜, 捕虜. (⇒ਬਰਦਾ) **3** 奴隷.

— *suff.* 「…を結び付けること」「…を装着させること」「…を閉ざすこと」「…を整えること」「…を作ること」「…を持つこと」などを意味する女性名詞を形成する接尾辞.

ਬਦੀ (बदी) /badī バディー/ [Pers. *badī*] *f.* **1** 悪, 邪悪. **2** 悪事, 悪行.

ਬੰਦੀਖ਼ਾਨਾ (बंदीख़ाना) /bandīxānā バンディーカーナー/ [Pers. *bandī* + Pers. *xāna*] *m.* **1** 監獄, 牢獄. **2** 拘置所, 刑務所. **3**〖軍〗捕虜収容所.

ਬੰਦੀਵਾਨ (बंदीवान) /bandīwāna̯ バンディーワーン/ [Pers.-*vān*] *m.* **1** 囚人. **2**〖軍〗捕虜.

ਬੱਦੂ (बद्दू) /baddū バッドゥー/ [Pers. *bad* + ਊ] *adj.* 悪名高い. (⇒ਬਦਨਾਮ)

ਬੰਦੂਕ (बंदूक) /bandūka̯ バンドゥーク/ ▸ਦਮੂਕ, ਦਮੂਖ [Pers. *bundūq*] *f.*〖武〗銃, 鉄砲.

ਬੰਦੂਕਚੀ (बंदूकची) /bandūka̯cī バンドゥークチー/ [Pers. *bandūqcī*] *m.* 小銃射手, 銃撃手, 射撃手.

ਬਦੇਸ (बदेस) /badesa̯ バデース/ ▸ਬਦੇਸ਼, ਬਿਦੇਸ, ਵਿਦੇਸ਼ [Skt. विदेश] *m.* 外国, 異国.

ਬਦੇਸ਼ (बदेश) /badeśa̯ バデーシュ/ ▸ਬਦੇਸ, ਬਿਦੇਸ, ਵਿਦੇਸ਼ *m.* → ਬਦੇਸ

ਬਦੇਸੀ (बदेसी) /badesī バデースィー/ ▸ਬਦੇਸ਼ੀ, ਵਿਦੇਸ਼ੀ [Skt. विदेशिन्] *adj.* 外国の, 外国からの, 外国への, 異国の.

— *m.* 外国人.

ਬਦੇਸ਼ੀ (बदेशी) /badeśī バデーシー/ ▸ਬਦੇਸੀ, ਵਿਦੇਸ਼ੀ *adj.m.* → ਬਦੇਸੀ

ਬੰਦੋਇਆ (बंदोइआ) /bandoiā バンドーイアー/ [(Mul.)] *m.*〖動物〗蛇の一種.

ਬੰਦੋਬਸਤ (बंदोबसत) /bandobasa̯ta̯ バンドーバスト/ [Pers. *band* + Pers. *bast*] *m.* **1** 配置, 整理, 調整. **2** 手配. **3** 準備, 用意. **4** 管理, 運営.

ਬਦੋਬਦੀ (बदोबदी) /badobadī バドーバディー/ *adv.* **1** 無理やりに. **2** 嫌々ながら.

ਬਦੌਲਤ (बदौलत) /badaulata̯ バダォーラト/ [Pers. *ba*- Arab. *daulat*] *postp.* 《… ਦੀ ਬਦੌਲਤ の形で》 **1**…によって, …を介して. (⇒ਰਾਹੀਂ) **2**…のおかげで.

ਬੰਧ[1] (बंध) /bânda̯ バンド/ [Skt. बंध] *m.* **1** 縛り, 束縛. **2** 結び付き, 絆. **3** 結び目. **4** 紐. **5** 停止, 停滞, 閉鎖. **6** 罷業, ストライキ.

ਬੰਧ[2] (बंध) /bânda̯ バンド/ ▸ਬੰਧੂ *m.* → ਬੰਧੂ

ਬਧ (बध) /bâda̯ バド/ ▸ਬੱਧ *adj.suff.* → ਬੱਧ

ਬੱਧ (बद्ध) /bâdda̯ バッド/ ▸ਬਧ [Skt. बद्ध] *adj.* **1** 結ばれた, 縛られた, 繋がれた. **2** 限られた, 制限された. **3** 整えられた, 用意された, 備わった.

— *suff.* 「結ばれた」「縛られた」「繋がれた」「整えられた」「用意された」などの意味を含む形容詞を形成する接尾辞.

ਬੰਧਕ (बंधक) /bândaka̯ バンダク/ [Skt. बद्धक] *adj.* **1** 縛られた. **2** 拘留された. **3** 誘拐された.

— *m.* **1** 縛られた奴隷. **2** 誘拐された人. **3** 人質.

ਬੱਧਕ (बद्धक) /bâddaka̯ バッダク/ [Skt. बंधक] *m.* 鳥を捕える人.

ਬੰਧਣਾ (बंधणा) /bândaṇā バンダナー/ ▸ਬੰਨ੍ਹਣਾ *vt.* → ਬੰਨ੍ਹਣਾ

ਬੰਧਨ (बंधन) /bândana̯ バンダン/ ▸ਬੰਨ੍ਹਣ [Skt. बंधन] *m.* **1** 縛ること, 繋ぐこと, 縛りつけること. **2** 束縛, 拘束, 制約. **3** 絆. **4** 関係.

ਬੰਧਨਕਾਰੀ (बंधनकारी) /bândana̯kārī バンダンカーリー/ [Skt.-कारिन्] *adj.* 縛っている, 結び付けている.

ਬੰਧਪ (बंधप) /bândapa̯ バンダプ/ [Skt. बान्धव] *m.* **1** 関係, 絆. (⇒ਸਾਕ, ਸੰਬੰਧ) **2** 親類, 縁者. (⇒ਰਿਸ਼ਤੇਦਾਰ)

ਬਧਰੀ (बधरी) /bâda̯rī バドリー/ *f.* 犬の首輪.

ਬੱਧਾ (बद्धा) /bâddā バッダー/ [Skt. बद्ध] *adj.* 結ばれた, 縛られた, 繋がれた.

ਬਧਾਈ[1] (बधाई) /badăī バダーイー/ ▸ਵਧਾਈ, ਵਧਾਇਓ *f.* → ਵਧਾਈ

ਬਧਾਈ[2] (बधाई) /badăī バダーイー/ [(Jat.) Skt. बद्ध -आई] *f.* 縛る仕事, 結ぶ仕事.

ਬੰਧਾਨ (बंधान) /bandăna̯ バンダーン/ [cf. ਬੰਧਣਾ] *m.* **1** 束縛, 制限. **2** 禁止.

ਬਧਾਰ (बधार) /badăra̯ バダール/ ▸ਬੁੱਧਵਾਰ [(Pot.)] *m.* → ਬੁੱਧਵਾਰ

ਬਧਾਰੇਂ (बधारें) /badărẽ バダーレーン/ [(Pot.) -ਏਂ] *adv.* 水曜日に.

ਬੰਧੂ (बंधू) /bândū バンドゥー/ ▸ਬੰਧ [Skt. बंधु] *m.* **1** 親族, 親類, 縁者. (⇒ਰਿਸ਼ਤੇਦਾਰ) **2** 関係, 絆. (⇒ਸਾਕ, ਸੰਬੰਧ)

ਬੰਧੂਆ (बंधूआ) /bândūā バンドゥーアー/ [cf. ਬੰਧਣਾ] *adj.* **1** 縛られた, 結び付けられた. **2**〖経済〗抵当に入れられた, 借金のために拘束された.

ਬੰਧੇਜ (बंधेज) /bandĕja バンデージ/ [cf. ਬੰਧਣਾ] *m.* **1** 束縛, 拘束. **2** 禁止, 禁制, 禁忌.

ਬੰਧੇਲੂ (बंधेलू) /bandĕlū バンデールー/ [cf. ਬੰਧਣਾ] *adj.* 結ばれた, 縛られた.

ਬਨ (बन) /bana バン/ ▸ਬਣ, ਵਣ, ਵਨ *m.* → ਬਣ

ਬਨਸ (बनस) /banasa バナス/ ▸ਬੰਸ, ਵੰਸ਼ *m.* → ਬੰਸ

ਬਨਸਪਤ (बनसपत) /banasapata バナスパト/ ▸ਬਨਸਪਤੀ, ਬਨਾਸਪਤੀ, ਵਨਸਪਤੀ [Skt. वनस्पति] *f.* **1**〖植物〗樹木. (⇒ਪੇੜ-ਪੌਦੇ, ਬ੍ਰਿਛ-ਬੂਟੇ) **2** 植物, 植生, 植物相.

ਬਨਸਪਤ ਸੰਬੰਧੀ (बनसपत संबंधी) /banasapata sambândī バナスパト サンバンディー/ [Skt.-संबंधिन्] *adj.* 植物に関連する, 植物から作った, 植物から採った, 植物学の.

ਬਨਸਪਤ ਦੁੱਧ (बनसपत दुद्ध) /banasapata dûdda バナスパト ドゥッド/ [+ Skt. दुग्ध] *m.* ラテックス《ゴムの木などの乳状液》.

ਬਨਸਪਤ ਵਿਗਿਆਨ (बनसपत विगिआन) /banasapata vigiāna バナスパト ヴィギアーン/ ▸ਬਨਸਪਤੀ ਵਿਗਿਆਨ [+ Skt. विज्ञान] *m.* 植物学.

ਬਨਸਪਤ ਵਿਗਿਆਨੀ (बनसपत विगिआनी) /banasapata vigiānī バナスパト ヴィギアーニー/ [+ Skt. विज्ञानिन्] *m.*〖植物〗植物学者.

ਬਨਸਪਤੀ (बनसपती) /banasapatī バナスパティー/ ▸ਬਨਸਪਤ, ਬਨਾਸਪਤੀ, ਵਨਸਪਤੀ *f.* → ਬਨਸਪਤ

ਬਨਸਪਤੀ ਵਿਗਿਆਨ (बनसपती विगिआन) /banasapatī vigiāna バナスパティー ヴィギアーン/ ▸ਬਨਸਪਤ ਵਿਗਿਆਨ *m.* → ਬਨਸਪਤ ਵਿਗਿਆਨ

ਬਨਸਰੀ (बनसरी) /banasarī バンサリー/ ▸ਬੰਸਰੀ, ਬੰਸੀ, ਬਨਸੀ, ਬਾਂਸਰੀ *f.* → ਬੰਸਰੀ

ਬਨਸੀ (बनसी) /banasī バンスィー/ ▸ਬੰਸਰੀ, ਬੰਸੀ, ਬਨਸਰੀ, ਬਾਂਸਰੀ *f.* → ਬੰਸਰੀ

ਬੰਨ੍ਹ (बंन्ह) /bânna バンヌ/ [Pers. *band*] *m.f.* **1** ダム, 堰. **2** 停止.

ਬੰਨ੍ਹਣ (बंन्हण) /bânnaṇa バンナン/ ▸ਬੰਧਨ *m.* → ਬੰਧਨ

ਬੰਨ੍ਹਣਾ (बंन्हणा) /bânnaṇā バンナナー/ ▸ਬੰਧਣਾ [Skt. बन्धति] *vt.* **1** 縛る, 繋ぐ, 縛りつける. **2** 結ぶ, 結び付ける. **3** 拘束する, 逮捕する, 投獄する.

ਬੰਨ੍ਹਾਉਣਾ (बंन्हाउणा) /bannǎuṇā バンナーウナー/ ▸ਬਨ੍ਹਾਉਣਾ, ਬਨਵ੍ਹਾਉਣਾ *vt.* → ਬਨਵ੍ਹਾਉਣਾ

ਬਨ੍ਹਾਉਣਾ (बन्हाउणा) /banǎuṇā バナーウナー/ ▸ਬੰਨ੍ਹਾਉਣਾ, ਬਨਵ੍ਹਾਉਣਾ *vt.* → ਬਨਵ੍ਹਾਉਣਾ

ਬੰਨ੍ਹਾਈ (बंन्हाई) /bannǎī バンナーイー/ ▸ਬਨ੍ਹਾਈ, ਬਨਵ੍ਹਾਈ *f.* → ਬਨਵ੍ਹਾਈ

ਬਨ੍ਹਾਈ (बन्हाई) /banǎī バナーイー/ ▸ਬੰਨ੍ਹਾਈ, ਬਨਵ੍ਹਾਈ *f.* → ਬਨਵ੍ਹਾਈ

ਬਨਕਸ਼ਾ (बनकशा) /banakaśā バナクシャー/ ▸ਬਨਖ਼ਸ਼ਾ, ਬਨਫ਼ਸ਼ਾ, ਬਨਫ਼ੱਸ਼ਾ *m.* → ਬਨਫ਼ਸ਼ਾ

ਬਨਖ਼ਸ਼ਾ (बनख़शा) /banaxaśā バナクシャー/ ▸ਬਨਕਸ਼ਾ, ਬਨਫ਼ਸ਼ਾ, ਬਨਫ਼ੱਸ਼ਾ *m.* → ਬਨਫ਼ਸ਼ਾ

ਬਨਫ਼ਸ਼ਾ (बनफ़शा) /banafaśā バナフシャー/ ▸ਬਨਕਸ਼ਾ, ਬਨਖ਼ਸ਼ਾ, ਬਨਫ਼ੱਸ਼ਾ [Pers. *banafśa*] *m.* **1**〖植物〗スミレ(菫), ニオイスミレ(匂い菫), バイオレット《スミレ科の多年草》. **2**〖植物〗ニオイスミレの花《早春に咲く芳香のある可憐な濃紫色の花》.

ਬਨਫ਼ੱਸ਼ਾ (बनफ़श्शा) /banafaśśā バナファッシャー/ ▸ਬਨਕਸ਼ਾ, ਬਨਖ਼ਸ਼ਾ, ਬਨਫ਼ਸ਼ਾ *m.* → ਬਨਫ਼ਸ਼ਾ

ਬਨਬਾਸ (बनबास) /banabāsa バンバース/ ▸ਬਣਬਾਸ *m.* → ਬਣਬਾਸ

ਬਨਮਾਹਣੂ (बनमाहणू) /banamâṇū バンマーヌー/ ▸ਬਣਮਾਣਸ, ਬਨਮਾਣਸ, ਬਨਮਾਣੂ, ਬਨਮਾਨਸ *m.* → ਬਣਮਾਣਸ

ਬਨਮਾਣਸ (बनमाणस) /banamāṇasa バンマーナス/ ▸ਬਣਮਾਣਸ, ਬਨਮਾਹਣੂ, ਬਨਮਾਣੂ, ਬਨਮਾਨਸ *m.* → ਬਣਮਾਣਸ

ਬਨਮਾਣੂ (बनमाणू) /banamāṇū バンマーヌー/ ▸ਬਣਮਾਣਸ, ਬਨਮਾਹਣੂ, ਬਨਮਾਣਸ, ਬਨਮਾਨਸ *m.* → ਬਣਮਾਣਸ

ਬਨਮਾਨਸ (बनमानस) /banamānasa バンマーナス/ ▸ਬਣਮਾਣਸ, ਬਨਮਾਹਣੂ, ਬਨਮਾਣਸ, ਬਨਮਾਣੂ *m.* → ਬਣਮਾਣਸ

ਬਨਮਾਲਾ (बनमाला) /banamālā バンマーラー/ [Skt. वन + Skt. माला] *f.* ヴァナマーラー《野生の花で作った花輪》.

ਬਨਮਾਲੀ (बनमाली) /banamālī バンマーリー/ ▸ਵਨਮਾਲੀ [-ਈ] *adj.* ヴァナマーラーを身につけた.

— *m.*〖ヒ〗ヴァナマーリー《クリシュナ神の異名の一つ》. (⇒ਕਰਿਸ਼ਨ)

ਬਨਵ੍ਹਾਉਣਾ (बनव्हाउणा) /banawǎuṇā バンワーウナー/ ▸ਬੰਨ੍ਹਾਉਣਾ, ਬਨ੍ਹਾਉਣਾ [cf. ਬੰਨ੍ਹਣਾ] *vt.* **1** 縛らせる, 縛りつけさせる, 繋がせる. **2** 結ばせる, まとめさせる. **3** 拘束させる, 逮捕させる.

ਬਨਵ੍ਹਾਈ (बनव्हाई) /banawǎī バンワーイー/ ▸ਬੰਨ੍ਹਾਈ, ਬਨ੍ਹਾਈ [cf. ਬੰਨ੍ਹਣਾ] *f.* 縛ること, 結ぶこと, 縛る仕事, 結ぶ仕事, その仕事の報酬・労賃.

ਬਨਵਾਰੀ (बनवारी) /banawārī バンワーリー/ *m.* **1** 野生動物を保護する者. **2**〖ヒ〗バンワーリー《クリシュナ神の異名の一つ》. (⇒ਕਰਿਸ਼ਨ)

ਬੰਨਵੇਂ (बंनवें) /bannawẽ バンナウェーン/ ▸ਬਾਨਵੇਂ *ca.num. adj.* → ਬਾਨਵੇਂ

ਬਨੜਾ (बनड़ा) /banaṛā バナラー/ *m.* 花婿. (⇒ਲਾੜਾ)

ਬਨੜੀ (बनड़ी) /banaṛī バナリー/ *f.* **1** 花嫁. (⇒ਲਾੜੀ) **2** 乙女.

ਬੰਨਾ[1] (बंना) /bannā バンナー/ *m.* 花婿. (⇒ਲਾੜਾ)

ਬੰਨਾ[2] (बंना) /bannā バンナー/ ▸ਵੰਨਾ [Skt. बंध] *m.* **1** 境界, 境目, 境界線. (⇒ਹੱਦ, ਸੀਮਾ) **2** 岸, 岸辺, ほとり, 沿岸, 土手, 堤, 堤防. (⇒ਕਿਨਾਰਾ) **3** 畑の畝, (畑の畝と畝との間の)溝. (⇒ਸੰਨ, ਸਿਆੜ) **4** 側, 方向, 方角. (⇒ਪਾਸਾ)

ਬਨਾ (बना) /banā バナー/ [(Pot.) Arab. *binā*] *f.* 基礎, 基盤, 土台. (⇒ਬੁਨਿਆਦ, ਨੀਂਹ)

ਬਨਾਉਟ (बनाउट) /banāuṭa バナーウト/ ▸ਬਣਾਉਟ, ਬਣਾਵਟ, ਬਨਾਵਟ *f.* → ਬਣਾਵਟ

ਬਨਾਉਟੀ (बनाउटी) /banāuṭī バナーウティー/ ▸ਬਣਾਉਟੀ, ਬਣਾਵਟੀ, ਬਣੌਟੀ, ਬਨਾਵਟੀ *adj.* → ਬਣਾਉਟੀ

ਬਨਾਸਪਤੀ (बनासपती) /banāsapatī バナースパティー/ ▸ਬਨਸਪਤ, ਬਨਸਪਤੀ, ਵਨਸਪਤੀ *f.* → ਬਨਸਪਤ

ਬਨਾਤ (बनात) /banāta バナート/ *f.*〖布地〗毛織物の一種.

ਬਨਾਤੀ (बनाती) /banātī バナーティー/ *adj.* 毛織物の.

ਬਨਾਮ (बनाम) /banāma バナーム/ [Pers. *ba- nām*] *postp.* **1** …と称されて. **2** …の名で. **3** …に対して.

ਬਨਾਰਸ (बनारस) /banārasa バナーラス/ *m.* 〖地名〗バナーラス, ベナレス, ヴァーラーナスィー(ワーラーナシー)《ウッタル・プラデーシュ州東部の都市. ガンジス川左岸に広がるヒンドゥー教・仏教の一大聖地》.

ਬਨਾਵਟ (बनावट) /banāwaṭa バナーワト/ ▸ਬਣਾਉਟ, ਬਣਾਵਟ, ਬਨਾਉਟ *f.* → ਬਣਾਵਟ

ਬਨਾਵਟੀ (बनावटी) /banāwaṭī バナーワティー/ ▸ਬਣਾਉਟੀ, ਬਣਾਵਟੀ, ਬਣੌਟੀ, ਬਨਾਉਟੀ *adj.* → ਬਣਾਉਟੀ

ਬਨਿਆਣ (बनिआण) /baniāṇa バニアーン/ ▸ਬਨਿਆਨ, ਬਨੈਣ *f.* → ਬਨੈਣ

ਬਨਿਆਨ (बनिआन) /baniāna バニアーン/ ▸ਬਨਿਆਣ, ਬਨੈਣ *f.* → ਬਨੈਣ

ਬਨਿਤਾ (बनिता) /banitā バニター/ [Skt. वनिता] *f.* **1** 女性. (⇒ਇਸਤਰੀ, ਔਰਤ) **2** 〖親族〗妻. (⇒ਵਹੁਟੀ)

ਬੰਨੀ[1] (बंनी) /bannī バンニー/ *f.* 〖建築〗低い壁.

ਬੰਨੀ[2] (बंनी) /bannī バンニー/ *f.* **1** 花嫁. (⇒ਲਾੜੀ) **2** 乙女.

ਬੰਨੇ (बंने) /banne バンネー/ *adv.* …の側に.

ਬਨੇਰਾ (बनेरा) /banerā バネーラー/ *m.* 〖建築〗屋根の縁の低い壁. (⇒ਮੁੰਡੇਰ)

ਬਨੈਣ (बनैण) /banaiṇa バナェーン/ ▸ਬਨਿਆਣ, ਬਨਿਆਨ *f.* **1** 〖衣服〗肌着, 肌シャツ, アンダーシャツ. **2** 〖衣服〗袖なしシャツ.

ਬਪਤਸਮਾ (बपतसमा) /bapatasamā バプタスマー/ ▸ਬਪਤਿਸਮਾ, ਬੈਪਤਿਸਮਾ [Eng. *baptism*] *m.* 〖キ〗洗礼.

ਬਪਤਿਸਮਾ (बपतिसमा) /bapatisamā バプティスマー/ ▸ਬਪਤਸਮਾ, ਬੈਪਤਿਸਮਾ *m.* → ਬਪਤਸਮਾ

ਬੰਪਰ (बंपर) /bampara バンパル/ [Eng. *bumper*] *m.* (自動車の)バンパー.

ਬਪਰਾ (बपरा) /baparā バプラー/ ▸ਬਪੁਰਾ [Skt. बर्बर] *adj.* **1** 頼るものがない, 頼るすべのない. (⇒ਬੇਚਾਰਾ) **2** 可哀相な, 哀れな.

ਬਪਾਰ (बपार) /bapāra バパール/ ▸ਵਪਾਰ, ਵਿਉਪਾਰ *m.* → ਵਪਾਰ

ਬਪਾਰੀ (बपारी) /bapārī バパーリー/ ▸ਵਪਾਰੀ, ਵਿਉਪਾਰੀ *m.adj.* → ਵਪਾਰੀ

ਬਪੁਰਾ (बपुरा) /bapurā バプラー/ ▸ਬਪਰਾ *adj.* → ਬਪਰਾ

ਬਫ਼ਾ (बफ़ा) /bafā バファー/ [Sind. *bapʰo*] *m.* (頭の)ふけ.

ਬੰਬ (बंब) /bamba バンブ/ ▸ਬਮ [Eng. *bomb*] *m.* 〖武〗爆弾, 爆発物, 爆発装置.

ਬੱਬ (बब्ब) /babba バッブ/ [(Pah.)] *m.* 〖親族〗父. (⇒ਪਿਓ)

ਬੰਬਈ (बंबई) /bambaī バンバイー/ [Portug. *bom baim*] *f.* 〖地名〗ボンベイ《ムンバイー(ムンバイ)の旧名》.

ਬੰਬਰ (बंबर) /bambara バンバル/ ▸ਬੰਬਾਰ [Eng. *bomber*] *m.* **1** 〖武〗爆撃機. **2** 〖政治〗爆破犯人, 爆破テロ実行犯.

ਬਬਰ (बबर) /babara ババル/ ▸ਬੱਬਰ *m.* → ਬੱਬਰ

ਬੱਬਰ (बब्बर) /babbara バッバル/ ▸ਬਬਰ [Pers. *babar*] *m.* **1** 〖動物〗ライオン, 獅子. (⇒ਸਿੰਘ, ਸ਼ੇਰ) **2** 土器, 焼き物. **3** 焼き物の破片.

ਬਬਰ ਸ਼ੇਰ (बबर शेर) /babara śera ババル シェール/ ▸ਬੱਬਰ ਸ਼ੇਰ *m.* → ਬੱਬਰ ਸ਼ੇਰ

ਬੱਬਰ ਸ਼ੇਰ (बब्बर शेर) /babbara śera バッバル シェール/ ▸ਬਬਰ ਸ਼ੇਰ [Pers. *babar* + Pers. *śer*] *m.* **1** 〖動物〗(雄)ライオン, 獅子. (⇒ਸਿੰਘ) **2** 〖動物〗(雄)トラ, 虎. (⇒ਬਾਘ)

ਬੰਬਾ (बंबा) /bambā バンバー/ [Portug. *pompa*] *m.* **1** 水を通す管, 導水管. **2** 汲み上げ装置. **3** 管による汲み上げ装置を用いた井戸. **4** 〖乗物〗蒸気機関車.

ਬੱਬਾ (बब्बा) /babbā バッバー/ *m.* 〖文字〗バッバー《両唇・閉鎖音の「バ」(有声・無気音)を表す, グルムキー文字の字母表の28番目の文字 ਬ の名称》.

ਬਬਾਣ (बबाण) /babāṇa ババーン/ ▸ਬਮਾਣ, ਵਿਮਾਨ *m.* → ਵਿਮਾਨ

ਬੰਬਾਰ (बंबार) /bambāra バンバール/ ▸ਬੰਬਰ *m.* → ਬੰਬਰ

ਬੰਬਾਰੀ (बंबारी) /bambārī バンバーリー/ [Eng. *bomb* + ਆਰੀ] *f.* 〖軍〗爆撃.

ਬੰਬੀ (बंबी) /bambī バンビー/ [Portug. *pompa* -ਈ] *f.* 〖農業〗ポンプで汲み上げた水を畑に送る井戸.

ਬਬੀਹਾ (बबीहा) /babīhā バビーハー/ ▸ਪਪੀਹਾ *m.* → ਪਪੀਹਾ

ਬਬੀਲਾ (बबीला) /babīlā バビーラー/ *m.* 〖鳥〗アマツバメ, 雨燕.

ਬੰਬੂਕਾਟ (बंबूकाट) /bambūkāṭa バンブーカート/ [Eng. *bamboo cart*] *m.* **1** 〖乗物〗バンブーカート《二輪馬車の一種》. (⇒ਟਾਂਗਾ) **2** 〖乗物〗オートバイ, バイク. (⇒ਮੋਟਰ-ਸਾਈਕਲ)

ਬਬੂਲ (बबूल) /babūla バブール/ [Skt. बब्बूल] *m.* 〖植物〗アカシア, アラビアゴムモドキ《マメ科の高木》. (⇒ਕਿੱਕਰ)

ਬਮ (बम) /bama バム/ ▸ਬੰਬ *m.* → ਬੰਬ

ਬਮਾਣ (बमाण) /bamāṇa バマーン/ ▸ਬਬਾਣ, ਵਿਮਾਨ *m.* → ਵਿਮਾਨ

ਬਮੂਜਬ (बमूजब) /bamūjaba バムージャブ/ [Pers. *ba-* Arab. *mūjib*] *postp.* …に従って. (⇒ਮੁਤਾਬਕ, ਅਨੁਸਾਰ)

ਬੱਯਾ (बय्या) /bayyā バッヤー/ *m.* 〖鳥〗ハヌイドリ, 葉縫鳥《葉を縫い合わせて巣を作る小鳥》. (⇒ਬਿਜੜਾ)

ਬਯਾਹ (बयाह) /bayâ バヤー/ ▸ਬ੍ਯਾਹ, ਬਿਆਹ, ਵਿਆਹ, ਵਿਵਾਹ *m.* → ਵਿਆਹ

ਬ੍ਯਾਹ (ब्याह) /byâ (bayâ) ビャー (バヤー)/ ▸ਬਯਾਹ, ਬਿਆਹ, ਵਿਆਹ, ਵਿਵਾਹ *m.* → ਵਿਆਹ

ਬਯਾਜ (बयाज) /bayāja バヤージ/ ▸ਬ੍ਯਾਜ, ਬਿਆਜ, ਵਿਆਜ *m.* → ਬਿਆਜ

ਬ੍ਯਾਜ (ब्याज) /byāja (bayāja) ビャージ (バヤージ)/ ▸ਬਯਾਜ, ਬਿਆਜ, ਵਿਆਜ *m.* → ਬਿਆਜ

ਬਰ[1] (बर) /bara バル/ [Skt. वरस्] *m.* 幅, 広さ. (⇒ਅਰਜ਼, ਚੌੜਾਈ)

ਬਰ[2] (बर) /bara バル/ [Pers. *bar*] *postp.* **1**…の上に, …に **2**…に対して.

— *pref.* 「…の上の」「…を超えた」「…に対する」などを意味する接頭辞.

ਬਰਸ (बरस) /barasa バルス/ ▸ਵਰਸ਼, ਵਰ੍ਹਾ, ਵਰਿਹਾ *m.* → ਵਰ੍ਹਾ

ਬਰਸਣਾ (बरसणा) /barasaṇā バルサナー/ ▸ਵੱਸਣਾ, ਵਰਸਣਾ, ਵਰ੍ਹਨਾ *vi.* → ਵਰ੍ਹਨਾ

ਬਰਸਾਉਣਾ (बरसाउणा) /barasāuṇā バルサーウナー/ ▸ ਵਸਾਉਣਾ, ਵਰ੍ਹਾਉਣਾ vt. → ਵਰ੍ਹਾਉਣਾ

ਬਰਸਾਤ (बरसात) /barasāta バルサート/ ▸ਵਰਸਾਤ [Skt. वर्षा + Skt. ऋतु] f. 1〖気象〗雨.(⇒ਮੀਂਹ, ਬਾਰਸ਼) 2〖暦〗雨季, 7月から9月の季節《 ਸਾਉਣ と ਭਾਦੋਂ の月》.

ਬਰਸਾਤੀ (बरसाती) /barasātī バルサーティー/ ▸ਵਰਸਾਤੀ [-ਈ] adj. 1〖気象〗雨の. 2〖暦〗雨季の.

— f. 1〖衣服〗レインコート, 防水服. 2〖建築〗屋根裏部屋. 3〖建築〗柱廊玄関, 屋根のある車寄せ, 屋根のある玄関, ポーチ.

ਬਰਸੀ (बरसी) /barasī バルスィー/ [Skt. वर्षिन्] f. 1〖儀礼〗年忌.(⇒ਵਰ੍ਹੀਣਾ) 2 命日.

ਬ੍ਰਹਸਪਤ (ब्रहसपत) /brâsapata (barâsapata) ブラスパト(バラスパト)/ ▸ਬ੍ਰਹਸਪਤੀ m. → ਬ੍ਰਹਸਪਤੀ

ਬ੍ਰਹਸਪਤੀ (ब्रहसपती) /brâsapatī (barâsapatī) ブラスパティー (バラスパティー)/ ▸ਬ੍ਰਹਸਪਤ [Skt. बृहस्पति, बृहत्-पति] m. 1〖ヒ〗ブリハスパティ《「祈祷の主」という意味で, 神々の世界において祭祀を司る祭官とされていた. 後世になると賢者にして神々を教え導く師とされるようになった》.(⇒ਦੇਵਤਿਆਂ ਦਾ ਗੁਰੂ) 2〖天文〗木星. 3〖暦〗木曜日.(⇒ਵੀਰਵਾਰ)

ਬਰਹਮ (बरहम) /barâma バラム/ ▸ਬ੍ਰਹਮ [Skt. ब्रह्म] m. 1〖ヒ〗ブラフマ(ブラフマン), 梵《宇宙の最高原理》. 2 究極の真理.

ਬ੍ਰਹਮ (ब्रहम) /brâma (barâma) ブラム (バラム)/ ▸ਬਰਹਮ m. → ਬਰਹਮ

ਬ੍ਰਹਮਚਰਜ (ब्रहमचरज) /brâmacaraja (barâmacaraja) ブラムチャルジ (バラムチャルジ)/ [Skt. ब्रह्मचर्य] m.〖ヒ〗梵行期《ヒンドゥー教の四住期の第一期》.

ਬ੍ਰਹਮਚਾਰੀ (ब्रहमचारी) /brâmacārī (barâmacārī) ブラムチャーリー (バラムチャーリー)/ [Skt. ब्रह्मचारिन्] m.〖ヒ〗梵行者.

ਬ੍ਰਹਮੰਡ (ब्रहमंड) /brâmaṇḍa (barâmaṇḍa) ブラマンド (バラマンド)/ ▸ਬਰਹਿਮੰਡ, ਬ੍ਰਹਿਮੰਡ m. → ਬਰਹਿਮੰਡ

ਬ੍ਰਹਮ ਭੋਜ (ब्रहम भोज) /brâma pǒja (barâma pǒja) ブラム ポージ (バラム ポージ)/ [Skt. ब्राह्मण + Skt. भोजन] m.〖ヒ〗ブラーフマン(バラモン, 婆羅門)に御馳走を供すること.

ਬ੍ਰਹਮ ਵਿੱਦਿਆ (ब्रहम विद्दिआ) /brâma viddiā (barâma viddiā) ブラム ヴィッディアー (バラム ヴィッディアー)/ [Skt. ब्रह्म + Skt. विद्या] f. 神知学.

ਬਰਹਮਾ (बरहमा) /barâmā バラマー/ ▸ਬ੍ਰਹਮਾ [Skt. ब्रह्मा] m. 1〖ヒ〗ブラフマー神《ウパニシャド思想の最高原理ブラフマンを神格化したもので, 宇宙の創造神とされる》. 2〖仏〗梵天.

ਬ੍ਰਹਮਾ (ब्रहमा) /brâmā (barâmā) ブラマー (バラマー)/ ▸ ਬਰਹਮਾ m. → ਬਰਹਮਾ

ਬਰ੍ਹਮਾ (बर्हमा) /bâramā バラマー/ ▸ਬਰਮਾ [Eng. Burma] m.〖国名〗旧ビルマ(連邦社会主義共和国), 現ミャンマー(連邦). ❒ਬਰ੍ਹਮਾ ਸੰਬੰਧੀ ビルマの, ビルマに関する. ❒ਬਰ੍ਹਮਾ ਵਾਸੀ ビルマの住民, ビルマ人, ビルマ人の.

ਬ੍ਰਹਮੀ (ब्रहमी) /brâmī (barâmī) ブラミー (バラミー)/ ▸ ਬਰਾਹਮੀ, ਬ੍ਰਾਹਮੀ f. → ਬਰਾਹਮੀ

ਬਰ੍ਹਮੀ (बर्हमी) /bâramī バラミー/ ▸ਬਰਮੀ [Eng. Burma -ਈ] adj. 1 ビルマの. ❒ਬਰ੍ਹਮੀ ਭਾਸ਼ਾ ビルマ語. 2 ビルマ人の, ビルマ語の.

— m. ビルマ人.

— f. ビルマ語.

ਬਰਹਿਨਾ (बरहिना) /baraînā バラエーナー/ adj. 裸の.

ਬਰਹਿਮੰਡ (बरहिमंड) /baraîmaṇḍa バラエーマンド/ ▸ ਬ੍ਰਹਮੰਡ, ਬ੍ਰਹਿਮੰਡ [Skt. ब्रह्माण्ड] m.〖天文〗宇宙.

ਬ੍ਰਹਿਮੰਡ (ब्रहिमंड) /braîmaṇḍa (baraîmaṇḍa) ブラエーマンド (バラエーマンド)/ ▸ਬ੍ਰਹਮੰਡ, ਬਰਹਿਮੰਡ m. → ਬਰਹਿਮੰਡ

ਬਰਹਿਮੰਡੀ (बरहिमंडी) /baraîmaṇḍī バラエーマンディー/ ▸ਬ੍ਰਹਿਮੰਡੀ [Skt. ब्रह्माण्डीय] adj. 宇宙の.

ਬ੍ਰਹਿਮੰਡੀ (ब्रहिमंडी) /braîmaṇḍī (baraîmaṇḍī) ブラエーマンディー (バラエーマンディー)/ ▸ਬਰਹਿਮੰਡੀ adj. → ਬਰਹਿਮੰਡੀ

ਬਰਹਿਮੀ ਬੂਟੀ (बरहिमी बूटी) /baraîmī būṭī バラエーミー ブーティー/ ▸ਬ੍ਰਹਿਮੀ ਬੂਟੀ f. 1〖植物〗ツボクサ(壺草), ゴツコラ《セリ科の薬草》. 2〖植物〗ヘンルーダ《ミカン科の薬草》.

ਬ੍ਰਹਿਮੀ ਬੂਟੀ (ब्रहिमी बूटी) /braîmī būṭī (baraîmī būṭī) ブラエーミー ブーティー (バラエーミー ブーティー)/ ▸ਬਰਹਿਮੀ ਬੂਟੀ f. → ਬਰਹਿਮੀ ਬੂਟੀ

ਬਰਕ (बरक) /baraka バルク/ [Arab. barq] f. 1〖気象〗雷光, 稲光, 雷. 2 電気.(⇒ਬਿਜਲੀ)

ਬਰਕਤ (बरकत) /barakata バルカト/ [Pers. barakat] f. 1 祝福, 幸福, 幸運. 2 繁栄, 成功. 3 増長, 豊富. 4 利益.

ਬਰਕੰਦਾਜ਼ (बरकंदाज़) /barakandāza バルカンダーズ/ [Arab. barq + Pers. andāz] m. 1 雷光を放つもの. 2 守衛, 看守. 3(使い走りの)下男. 4 執行吏, 土地管理人. 5〖軍〗砲手.

ਬਰਕਰਾਰ (बरकरार) /barakarāra バルカラール/ [Pers. bar- Arab. qarār] adj. 1 変化しない, 固定された, 確立された, 定着した. 2 以前と同じ. 3 継続している.

ਬਰਕੀ (बरकी) /barakī バルキー/ [Arab. barqī] adj. 1 雷光の, 稲光の, 雷の. 2 電気の, 電流の.

ਬਰਖਾ (बरखा) /barakʰā バルカー/ ▸ਵਰਸ਼ਾ, ਵਰਖਾ [Skt. वर्षा] f. → ਵਰਖਾ

ਬਰਖ਼ਾਸਤ (बरख़ासत) /baraxāsata バルカースト/ [Pers. bar- Pers. xāst] adj. 1 免職された, 解雇された. 2 解散した. 3 終了した.

ਬਰਖ਼ਾਸਤਗੀ (बरख़ासतगी) /baraxāsatagī バルカーサトギー/ [Pers.-gī] f. 1 免職, 解雇. 2 解散. 3 終了, 終息.

ਬਰਖਾ ਰੁੱਤ (बरखा रुत्त) /barakʰā rutta バルカー ルット/ [Skt. वर्षा + Skt. ऋतु] f.〖暦〗雨季.

ਬਰਖ਼ਿਲਾਫ਼ (बरख़िलाफ़) /baraxilāfa バルキラーフ/ [Pers. bar- Arab. xilāf] adv. 1 反対に. 2 逆に. 3 反して.

ਬਰਖ਼ੁਰਦਾਰ (बरख़ुरदार) /baraxuradāra バルクルダール/ [Pers. barxurdār] adj. 1 親愛なる, 愛しい. 2 可愛い, 愛らしい.(⇒ਪਿਆਰਾ)

— m.〖親族〗息子.(⇒ਪੁੱਤਰ, ਬੇਟਾ)

ਬਰਗ (बरग) /baraga バルグ/ [Pers. barg] m.〖植物〗

草木の葉.

ਬਰਗੇਡ (बरगेड) /baragedạ バルゲード/ ▸ਬਰਿਗੇਡ, ਬ੍ਰਿਗੇਡ [Eng. *brigade*] *m.* 〖軍〗旅団.

ਬਰਗੇਡੀਅਰ (बरगेडीअर) /baragedīarạ バルゲーディーアル/ [Eng. *brigadier*] *m.* 〖軍〗准将.

ਬਰਛਾ (बरछा) /baracʰā バルチャー/ [Pers. *barcax*] *m.* 〖武〗槍.

ਬਰਛੀ (बरछी) /baracʰī バルチー/ [-ਈ] *f.* 〖武〗小さな槍.

ਬਰੰਜ (बरंज) /barañjạ バランジ/ [Pers. *biranj*] *m.* **1** 〖植物〗イネ(稲), コメ(米), 脱穀した米. (⇒ਚਾਵਲ) **2** 〖料理〗飯, 御飯, 炊いた米. (⇒ਭੱਤ)

ਬਰਜ (बरज) /barajạ バラジ/ ▸ਬ੍ਰਜ [Skt. व्रज] *m.* 〖地名〗ブラジ(ブラジュ)地方《「ブラジ」は「牛の放牧地」を意味するサンスクリット語「ヴラジャ」の近代語形. 現在のマトゥラー周辺の地域》.
— *f.* ブラジ・バーシャー〔ブラジ地方の言語〕の略称.

ਬ੍ਰਜ (ब्रज) /brajạ (barajạ) ブラジ (バラジ)/ ▸ਬਰਜ *m.f.* → ਬਰਜ

ਬ੍ਰਜ ਭਾਸ਼ਾ (ब्रज भाशा) /brajạ pā̆śā (barajạ pā̆śā) ブラジ パーシャー (バラジ パーシャー)/ [Skt. व्रज भाषा] *f.* ブラジ・バーシャー(ブラジュ・バーシャー)〔ブラジ地方の言語〕《中世のクリシュナ及びラーマ信仰文学に用いられたマトゥラー周辺の方言が, 詩語・文語となって以降の名称》.

ਬਰੰਜੀ (बरंजी) /barañjī バランジー/ ▸ਬਿਰੰਜੀ [Pers. *biranjī*] *f.* 小さい釘.

ਬਰਡ ਫ਼ਲੂ (बरड फ़लू) /baradạ falū バルド ファルー/ [Eng. *bird flu*] *m.* 〖医〗鳥インフルエンザ.

ਬਰਤ (बरत) /baratạ バルト/ ▸ਬ੍ਰਤ, ਵਰਤ *m.* → ਵਰਤ

ਬ੍ਰਤ (ब्रत) /bratạ (baratạ) ブラト (バルト)/ ▸ਬਰਤ, ਵਰਤ *m.* → ਵਰਤ

ਬਰਤਨ (बरतन) /baratanạ バルタン/ [Skt. वर्तन] *m.* **1** 食器, 食器類. (⇒ਭਾਂਡਾ) **2** 〖調〗調理用の容器《鍋・釜の類》.

ਬਰਤਰ (बरतर) /baratarạ バルタル/ [Pers. *bar* Pers.-*tar*] *adj.* **1** さらに高い. **2** 優勢の.

ਬਰਤਰਫ਼ (बरतरफ़) /baratarafạ バルタラフ/ [Pers. *bar*- Arab. *taraf*] *adj.* **1** 除かれた, 排除された. **2** 解任された, 解職された, 免職された, 解雇された. **3** 追放された.

ਬਰਤਰਫ਼ੀ (बरतरफ़ी) /baratarafī バルタルフィー/ [Pers. *bar*- Arab. *tarafī*] *f.* **1** 除外, 排除. **2** 解任, 解職, 免職, 解雇. **3** 追放.

ਬਰਤਰੀ (बरतरी) /baratarī バルタリー/ [Pers. *bar*- Pers. *tarī*] *f.* **1** 高位. **2** 優勢.

ਬਰਤਾਂਤ (बरताँत) /baratā̃tạ バルターント/ ▸ਬਿਰਤਾਂਤ [Skt. वृत्तांत] *m.* **1** 叙述. (⇒ਬਿਆਨ, ਵਰਨਨ) **2** 物語. **3** 記述. **4** 報告, 知らせ, ニュース. (⇒ਖ਼ਬਰ)

ਬਰਤਾਨਵੀ (बरतानवी) /baratānawī バルターンウィー/ [*Britain* -ਈ] *adj.* 英国の, イギリスの.

ਬਰਤਾਨੀਆਂ (बरतानीआँ) /baratānīā̃ バルターニーアーン/ [Eng. *Britannia*] *m.* **1** 〖国名〗ブリタニア, 大英帝国, 英国, イギリス. **2** 〖地理〗大ブリテン島.

ਬਰਥ ਕੰਟਰੋਲ (बरथ कंटरोल) /baratʰạ kaṇṭarolạ バルト カントロール/ [Eng. *birth control*] *m.* 産児制限, 避妊.

ਬਰਦਾ (बरदा) /baradā バルダー/ [Turk. *bardā*] *m.* **1** 〖軍〗捕虜. (⇒ਜੰਗ ਦਾ ਕੈਦੀ) **2** 奴隷. (⇒ਗ਼ੁਲਾਮ) **3** 召使. (⇒ਨੌਕਰ)

ਬਰਦਾਸ਼ਤ (बरदाशत) /baradāśatạ バルダーシュト/ [Pers. *bar*- Pers. *dāśt*] *f.* 忍耐, 我慢, 辛抱. (⇒ਸਹਿਨ)

ਬਰਦਾਰ (बरदार) /baradārạ バルダール/ [Pers. *bardār*] *suff.* 「…を担う(もの)」「…を持つ(もの)」「…を携えている(もの)」「…を持ち運ぶ(もの)」「…に従う(もの)」「…を引く(もの)」などを意味する形容詞・名詞を形成する接尾辞.

ਬਰਦਾਰੀ (बरदारी) /baradārī バルダーリー/ [Pers. *bardārī*] *suff.* 「…を担うこと」「…を持つこと」「…を携えていること」「…を持ち運ぶこと」「…に従うこと」「…を引くこと」などを意味する女性名詞を形成する接尾辞.

ਬਰਨ (बरन) /baranạ バラン/ ▸ਵਰਣ, ਵਰਨ *m.* → ਵਰਨ

ਬਰਨਰ (बरनर) /baranarạ バルナル/ [Eng. *burner*] *m.* バーナー, 燃焼装置, ガスオーブンなどの熱を発する部分.

ਬਰਫ਼ (बरफ़) /barafạ バルフ/ [Pers. *barf*] *f.* **1** 氷. ❏ਬਰਫ਼ ਤੇ ਰਿੜ੍ਹਨਾ, ਬਰਫ਼ ਤੇ ਤਿਲਕਣਾ 氷の上を滑る, スケートをする. ❏ਬਰਫ਼ ਦਾ ਤੋਦਾ 氷山. ❏ਬਰਫ਼ ਦਾ ਦਰਿਆ 氷河. ❏ਬਰਫ਼ ਵਰਗਾ 氷の, 氷のように冷たい. ❏ਬਰਫ਼ ਵਿੱਚ ਲਾਉਣਾ 凍らせる, 冷却する, 冷蔵する, 冷たくあしらう, 無視する. **2** 〖気象〗雪. ❏ਬਰਫ਼ ਤੇ ਰਿੜ੍ਹਨਾ 雪の上を滑る, スキーをする. ❏ਬਰਫ਼ ਦਾ ਤੁਫ਼ਾਨ 雪嵐, 猛吹雪. ❏ਬਰਫ਼ ਪੈਣੀ 雪が降る. ❏ਬਰਫ਼ ਵਰਗਾ 雪のような, 雪のように白い.

ਬਰਫ਼ਬਾਰੀ (बरफ़बारी) /barafabārī バルフバーリー/ [Pers. *barf* + Pers. *bārī*] *f.* 〖気象〗降雪.

ਬਰਫ਼ਾਨੀ (बरफ़ानी) /barafānī バルファーニー/ [Pers. *barfānī*] *adj.* **1** 氷の. **2** 〖気象〗雪の, 雪の降った. **3** 氷のように冷たい. **4** 雪に覆われた.

ਬਰਫ਼ੀ (बरफ़ी) /barafī バルフィー/ [Pers. *barfī*] *f.* 〖食品〗バルフィー《練乳と砂糖で作られた四角い形の甘い菓子》.

ਬਰਫ਼ੀਲਾ (बरफ़ीला) /barafīlā バルフィーラー/ [Pers. *barf* -ਈਲਾ] *adj.* **1** 氷の. **2** 〖気象〗雪の. ❏ਬਰਫ਼ੀਲਾ ਤੁਫ਼ਾਨ 雪嵐, 猛吹雪. **3** 雪や氷のように冷たい. **4** 雪に覆われた.

ਬਰਬਾਦ (बरबाद) /barabādạ バルバード/ [Pers. *barbād*] *adj.* **1** 破壊された, 崩壊した. **2** 荒廃した. **3** 滅びた, 滅亡した, 破滅した. **4** 無駄な, 無駄になった, 台無しの. **5** 損ねた, 傷んだ.

ਬਰਬਾਦੀ (बरबादी) /barabādī バルバーディー/ [Pers. *barbādī*] *f.* **1** 破壊, 崩壊. **2** 荒廃. **3** 滅亡, 破滅.

ਬਰਮਾ[1] (बरमा) /baramā バルマー/ ▸ਬਰ੍ਹਮਾ *m.* → ਬਰ੍ਹਮਾ

ਬਰਮਾ[2] (बरमा) /baramā バルマー/ ▸ਵਰਮਾ *m.* → ਵਰਮਾ

ਬਰਮੀ (बरमी) /baramī バルミー/ ▸ਬਰ੍ਹਮੀ *adj.m.f.* → ਬਰ੍ਹਮੀ

ਬਰਲ (बरल) /baralạ バラル/ *m.* 狂気.

ਬਰਵਾ (बरवा) /barawā バルワー/ ▶ਬਿਰਵਾ *m.* → ਬਿਰਵਾ

ਬਰਵਾਲਾ (बरवाला) /barawālā バルワーラー/ *m.* 見張り人.

ਬਰੜ (बरड़) /barara バラル/ *m.*〚医〛斜視, 藪睨み. (⇒ਟੀਰ, ਭੈਂਗ)

ਬਰੜਾ (बरड़ा) /bararā バララー/ *adj.* 斜視の, 藪睨みの. (⇒ਟੀਰਾ, ਭੈਂਗਾ)

ਬਰੜਾਉਣਾ (बरड़ाउणा) /bararāuṇā バララーウナー/ *vi.* **1** 寝言を言う. **2** もぐもぐ言う, ぶつぶつ言う, 訳の分からないことを言う.

ਬਰੜਾਅ (बरड़ाअ) /bararāa バララーア/ *m.* **1** 寝言. **2** もぐもぐ言うこと, 分からないことを言うこと.

ਬਰਾਏ (बराए) /barāe バラーエー/ [Pers. *barāe*] *postp.* **1**…のために. (⇒ਵਾਸਤੇ, ਲਈ) **2**…の目的で.

ਬਰਾਸਤਾ (बरासता) /barāsatā バラースター/ [Pers. *barāsta*] *adv.* **1** 経由して. **2** 通って.

ਬਰਾਹਮਣ (बराहमण) /barâmaṇa バラーマン/ ▶ਬ੍ਰਾਹਮਣ, ਬਾਹਮਣ, ਬਾਮ੍ਹਣ [Skt. ब्राह्मण] *m.*〚姓・ヒ〛ブラーフマン（バラモン, 婆羅門）《インドの種姓制度で最高位の司祭階級》.

ਬ੍ਰਾਹਮਣ (ब्राहमण) /brâmaṇa (barâmaṇa) ブラーマン（バラーマン）/ ▶ਬਰਾਹਮਣ, ਬਾਹਮਣ, ਬਾਮ੍ਹਣ *m.* → ਬਰਾਹਮਣ

ਬਰਾਹਮਣੀ (बराहमणी) /barâmaṇī バラーマニー/ ▶ਬਾਹਮਣੀ [Skt. ब्राह्मणी] *f.*〚姓・ヒ〛ブラーフマンの女性, ブラーフマンの妻.

ਬਰਾਹਮੀ (बराहमी) /barâmī バラーミー/ ▶ਬ੍ਰਹਮੀ, ਬ੍ਰਾਹਮੀ [Skt. ब्राह्मी] *f.* **1**〚文字〛ブラーフミー文字《古代インドの文字の一つ》. **2**〚ヒ〛ブラーフミー《ドゥルガー女神の異名》. (⇒ਦੁਰਗਾ) **3**〚植物〛オトメアゼナ《オオバコ科ウキアゼナ属の多年草》.

ਬ੍ਰਾਹਮੀ (ब्राहमी) /brâmī (barâmī) ブラーミー（バラーミー）/ ▶ਬ੍ਰਹਮੀ, ਬਰਾਹਮੀ *f.* → ਬਰਾਹਮੀ

ਬਰਾਗੀ (बरागी) /barāgī バラーギー/ ▶ਬੈਰਾਗੀ, ਵਿਰਾਗੀ, ਵੈਰਾਗੀ *adj.m.* → ਬੈਰਾਗੀ

ਬਰਾਂਚ (बराँच) /barā̃ca バラーンチ/ ▶ਬ੍ਰਾਂਚ [Eng. *branch*] *f.* **1**〚植物〛枝. **2** 支店.

ਬ੍ਰਾਂਚ (ब्राँच) /brā̃ca (barā̃ca) ブラーンチ（バラーンチ）/ ▶ਬਰਾਂਚ *f.* → ਬਰਾਂਚ

ਬਰਾਜਣਾ (बराजणा) /barājaṇā バラージャナー/ ▶ਬਿਰਾਜਣਾ, ਵਿਰਾਜਣਾ *vi.* → ਬਿਰਾਜਣਾ

ਬਰਾਜ਼ੀਲ (बराज़ील) /barāzīla バラーズィール/ [Eng. *Brazil*] *m.*〚国名〛ブラジル（連邦共和国）.

ਬਰਾਂਡ (बराँड) /barā̃ḍa バラーンド/ [Eng. *brand*] *m.* ブランド, 商標, 銘柄. (⇒ਵਪਾਰ ਚਿੰਨ੍ਹ, ਮਾਰਕਾ)

ਬਰਾਡਕਾਸਟ (बराडकासट) /barāḍakāsaṭa バラードカースト/ ▶ਬ੍ਰਾਡਕਾਸਟ [Eng. *broadcast*] *m.* 放送.

ਬ੍ਰਾਡਕਾਸਟ (ब्राडकासट) /brāḍakāsaṭa (barāḍakāsaṭa) ブラードカースト（バラードカースト）/ ▶ਬਰਾਡਕਾਸਟ *m.* → ਬਰਾਡਕਾਸਟ

ਬਰਾਂਡਾ (बराँडा) /barā̃ḍā バラーンダー/ ▶ਬਰਾਮਦਾ [Pers. *bar āmada*] *m.*〚建築〛ベランダ《庇のある縁. 屋根付きの廊下・回廊》.

ਬਰਾਂਡੀ (बराँडी) /barā̃ḍī バラーンディー/ [Eng. *brandy*] *f.*〚飲料〛ブランデー.

ਬਰਾਤ (बरात) /barāta バラート/ [Skt. वरयात्रा] *f.* **1**〚儀礼〛バラート《花嫁の家に行く花婿側の行列》. (⇒ਜੰਞ) **2** 婚礼参列者の集まり.

ਬਰਾਤੀ (बराती) /barātī バラーティー/ [-ਈ] *m.*〚儀礼〛婚礼参列者.

ਬਰਾਦਰ (बरादर) /barādara バラーダル/ [Pers. *birādar*] *m.*〚親族〛兄弟.

ਬਰਾਦਰਾਨਾ (बरादराना) /barādarānā バラーダラーナー/ [Pers.-*āna*] *adj.* **1** 兄弟の, 兄弟の間の. **2** 兄弟のような, 友愛の.

ਬਰਾਦਰੀ (बरादरी) /barādarī バラーダリー/ ▶ਬਲਾਦਰੀ [Pers. *birādarī*] *f.* **1** 兄弟関係, 兄弟の間柄. **2** 同族. **3** 同一種姓の共同体, 同業仲間.

ਬਰਾਨੀ (बरानी) /barānī バラーニー/ [Pers. *bārānī*] *adj.* **1** 雨の, 雨頼みの, 天水の. **2** 水の引かれていない, 灌漑されていない.

— *f.* **1** 雨頼みの土地, 天水耕作地. **2** 水の引かれていない土地, 灌漑されていない土地.

ਬਰਾਬਰ (बराबर) /barābara バラーバル/ [Pers. *barābar*] *adj.* **1** 等しい, 同じ, 同等の, 対等の. (⇒ਸਮਾਨ) ❒ਆਪਣੇ ਦੇਸ ਦਾ ਪਾਣੀ ਤੇ ਪਰਾਏ ਦੇਸ ਦਾ ਦੁੱਧ ਬਰਾਬਰ ਹੁੰਦਾ ਹੈ। 自国の水と他国のミルクは等しい〔諺〕. **2** 平等の. **3** 平らな, 凹凸のない. **4** 同数の, 同点の, 引き分けの.

— *adv* **1** 等しく, 同等に. **2** 平等に. **3** 平らに.

ਬਰਾਬਰੀ (बराबरी) /barābarī バラーバリー/ [Pers. *barābarī*] *f.* **1** 平等. **2** 均等. **3** 同等, 同格, 対等.

ਬਰਾਮਦ (बरामद) /barāmada バラーマド/ [Pers. *bar-* Pers. *āmad*] *adj.* **1** 国外に送られた, 輸出された. **2** 取り戻された.

— *f.* **1**〚経済〛輸出. (⇒ਨਿਰਯਾਤ)(⇔ਦਰਾਮਦ) **2** 取り戻すこと, 回復, 復旧.

ਬਰਾਮਦਾ (बरामदा) /barāmadā バラームダー/ ▶ਬਰਾਂਡਾ *m.* → ਬਰਾਂਡਾ

ਬਰਾਮਦਾਤ (बरामदात) /barāmadāta バラームダート/ [Pers. *bar-* Pers. *āmad*] *f.* 輸出.

ਬਰਿਸਟਰ (बरिसटर) /barisaṭara バリスタル/ ▶ਬੈਰਿਸਟਰ [Eng. *barrister*] *m.*〚法〛法廷弁護士.

ਬਰਿਸਟਰੀ (बरिसटरी) /barisaṭarī バリスタリー/ [-ਈ] *f.*〚法〛法廷弁護士の地位・職務.

ਬਰਿਗੇਡ (बरिगेड) /barigeḍa バリゲード/ ▶ਬਰਗੇਡ, ਬ੍ਰਿਗੇਡ *m.* → ਬਰਗੇਡ

ਬ੍ਰਿਗੇਡ (ब्रिगेड) /brigeḍa (barigeḍa) ブリゲード（バリゲード）/ ▶ਬਰਗੇਡ, ਬਰਿਗੇਡ *m.* → ਬਰਗੇਡ

ਬ੍ਰਿਛ (ब्रिछ) /bricʰa (baricʰa) ブリチ（バリチ）/ ▶ਬਿਰਖ, ਬਿਰਛ *m.* → ਬਿਰਖ

ਬ੍ਰਿੱਜ (ब्रिज्ज) /brijja (barijja) ブリッジ（バリッジ）/ [Eng. *bridge*] *m.* **1** 橋. **2**〚遊戯〛（トランプの）ブリッジ.

ਬ੍ਰਿਟਿਸ਼ (ब्रिटिश) /briṭiśa (bariṭiśa) ブリティシュ（バリティシュ）/ [Eng. *British*] *adj.* 英国の.

ਬਰੀ (बरी) /barī バリー/ [Arab. *barī*] *adj.* **1** 解放された. **2** 釈放された, 放免された. **3** 疑いの晴れた.

ਬਰੀਅਤ (बरीअत) /barīata バリーアト/ [Pers.-*yat*] *f.* **1** 解放. (⇒ਰਿਹਾਈ) **2** 釈放, 放免.

ਬਰੀਕ (बरीक) /barīka バリーク/ ▶ਬਾਰੀਕ [Pers. *bārīk*]

adj. **1** 薄い, 薄手の. **2** 細い, 痩せた. **3** 微小な, 微細な, 繊細な, 微妙な, 細かい.

ਬਰੀਕੀ (बरीकी) /barīkī バリーキー/ [Pers. *bārīkī*] *f.* **1** 薄いこと. **2** 細いこと, 痩せていること. **3** 微小, 微細, 繊細, 微妙, 細かいこと. **4** 詳細, 詳しいこと.

ਬਰੂਹ (बरूह) /barû バルー/ [Pers. *birūn*] *m.* 〖建築〗敷居. (⇒ਦਲ੍ਹੀਜ਼)

ਬਰੂਦ (बरूद) /barūda バルード/ ▸ਬਾਰੂਦ [Pers. *bārūd*] *m.* **1** 爆薬, 火薬. **2** 弾薬.

ਬਰੂਦਖ਼ਾਨਾ (बरूदख़ाना) /barūdaxānā バルードカーナー/ [Pers. *bārūd* Pers.-*xāna*] *m.* **1** 火薬庫, 弾薬庫. **2** 火薬工場, 弾薬工場.

ਬਰੂਦੀ (बरूदी) /barūdī バルーディー/ [Pers. *bārūdī*] *adj.* **1** 爆薬の, 火薬の, 弾薬の. **2** 爆発性の. **3** 爆薬の仕掛けられた.

ਬਰੂਪੀਆ (बरूपीआ) /barūpīā バルーピーアー/ ▸ਬਹਿਰੂਪੀਆ, ਬਹੁਰੂਪੀਆ *m.* → ਬਹੁਰੂਪੀਆ

ਬਰੂੜਨਾ (बरूड़ना) /barūṛanā バルールナー/ *vt.* **1**(粉を)振り撒く. (⇒ਧੂੜਨਾ) **2**(粉塵を)舞い上げる. (⇒ਧੂੜਨਾ)

ਬਰੂਰੀ (बरूरी) /barūrī バルーリー/ [Eng. *brewery*] *m.* 醸造所.

ਬਰੇਸ[1] (बरेस) /baresa バレース/ *m.* 〖道具〗手動ドリル.

ਬਰੇਸ[2] (बरेस) /baresa バレース/ [Skt. वर्ष] *f.* 年齢. (⇒ਉਮਰ)

ਬਰੇਹੀ (बरेही) /barêī バレーイー/ *f.* 〖農業〗一年間の休耕地.

ਬਰੇਕ[1] (बरेक) /bareka バレーク/ ▸ਬ੍ਰੇਕ [Eng. *brake*] *f.* ブレーキ, 制動装置.

ਬਰੇਕ[2] (बरेक) /bareka バレーク/ ▸ਬ੍ਰੇਕ [Eng. *break*] *f.* 中断, 中休み, 小憩.

ਬ੍ਰੇਕ[1] (ब्रेक) /breka (bareka) ブレーク (バレーク)/ ▸ਬਰੇਕ *f.* → ਬਰੇਕ[1]

ਬ੍ਰੇਕ[2] (ब्रेक) /breka (bareka) ブレーク (バレーク)/ ▸ਬਰੇਕ *f.* → ਬਰੇਕ[2]

ਬਰੇਠਣ (बरेठण) /baret^hana バレータン/ *f.* 〖姓〗バレータン《バレーター種姓の女性》, 女の洗濯屋, 洗濯屋の妻. (⇒ਧੋਬਣ, रजकी)

ਬਰੇਠਾ (बरेठा) /baret^hā バレーター/ *m.* 〖姓〗バレーター《洗濯を生業とする種姓(の人・男性)》, 洗濯屋. (⇒ਧੋਬੀ, रजक)

ਬਰੇਤਾ (बरेता) /baretā バレーター/ *f.* 〖地理〗砂州.

ਬਰੇਤੀ (बरेती) /baretī バレーティー/ *f.* 〖地理〗小さな砂州.

ਬਰੇਨਗਨ (बरेनगन) /barenagana バレーンガン/ [Eng. *Bren gun*] *f.* 〖武〗ブレン機関銃《第二次大戦で英軍が使った空冷式軽機関銃》.

ਬਰੇਲ (बरेल) /barela バレール/ [Eng. *braille*] *m.* 〖文字〗(ブライユ式の)点字.

ਬਰੈਕਟ (बरैकट) /baraikata バラェーカト/ ▸ਬ੍ਰੈਕਟ [Eng. *bracket*] *f.* **1** 〖符号〗かっこ. **2**(棚などを支える)腕木.

ਬ੍ਰੈਕਟ (ब्रैकट) /braikata (baraikata) ブラェーカト (バラェーカト)/ ▸ਬਰੈਕਟ *f.* → ਬਰੈਕਟ

ਬਰੋਜ਼ਾ (बरोज़ा) /barozā バローザー/ *m.* 樹脂.

ਬਰੋਟਾ (बरोटा) /barotā バローター/ ▸ਬੜ, ਬੋਹੜ, ਬੋੜ੍ਹ *m.* → ਬੋਹੜ

ਬਲ (बल) /bala バル/ [Skt. बल] *m.* **1** 力, 強さ, 体力, 腕力. **2** 活力. **3** 支え, 頼り, 拠り所.

ਬੱਲ (बल्ल) /balla バッル/ [(Pot.)] *adj.* **1** 適切な. (⇒ਠੀਕ) **2** 承諾できる. (⇒ਰਾਜ਼ੀ)

ਬਲਹੀਣ (बलहीण) /balahīṇa バルヒーン/ [Skt. बल Skt.-हीन] *adj.* 力のない, 弱い.

ਬਲਕਾਰ (बलकार) /balakāra バルカール/ [Skt. बल Skt.-कार] *adj.* 力強い, 強力な. (⇒ਬਲਵਾਨ, ਤਾਕਤਵਰ)
— *m.* **1** 強力, 強さ. (⇒ਜ਼ੋਰ, ਤਾਕਤ) **2** 傲慢, 横柄さ. (⇒ਘਮੰਡ, ਹੰਕਾਰ)

ਬਲਕਿ (बलकि) /balaki | balake バルキ | バルケー/ [Arab. *bal* + Pers. *ki*] *conj.* **1** 一方. **2** むしろ, それどころか. (⇒ਸਗੋਂ) ❒ਹੀ ਨਹੀਂ ਬਲਕਿ …だけでなく…もまた. ❒ਭਾਰਤ ਵਿੱਚ ਅੱਜ ਰੇਲਾਂ, ਹਵਾਈ ਜਹਾਜ਼, ਸਮੁੰਦਰੀ ਜਹਾਜ਼, ਸੁਪਰ-ਕੰਪਿਊਟਰ ਹੀ ਨਹੀਂ ਬਲਕਿ ਪਰਮਾਣੂ ਬੰਬ ਬਣਾਉਣ ਦੀ ਸਮਰੱਥਾ ਪਰਾਪਤ ਹੋ ਚੁੱਕੀ ਹੈ। インドでは今日, 鉄道・航空機・船舶・スーパーコンピューターだけでなく, 原子爆弾を製造する能力も既に獲得されています.

ਬਲਖ਼ (बलख़) /balaxa | balaxa バラク | バルク/ [Pers. *balax*] *m.* 〖地名〗バラフ(バルフ)《アフガニスタンの古都》.

ਬਲਖ਼ੀ (बलख़ी) /balaxī バルキー/ [Pers. *balaxī*] *adj.* バラフの.

ਬਲਗ਼ਮ (बलग़म) /balağama バルガム/ [Arab. *balğam*] *f.* **1** 〖生理〗痰. **2** 〖生理〗粘液, 鼻汁.

ਬਲਗ਼ਮੀ (बलग़मी) /balağamī バルガミー/ [Arab. *balğamī*] *adj.* 粘液質の.

ਬਲੱਡ (बलड्ड) /baladda バラッド/ [Eng. *blood*] *m.* 〖身体〗血液.

ਬਲੱਡ ਪਰੈਸ਼ਰ (बलड्ड परैशर) /baladda paraiśara バラッド パラェーシャル/ ▸ਬਲੱਡ ਪ੍ਰੈਸ਼ਰ [Eng. *blood pressure*] *m.* 〖医〗血圧.

ਬਲੱਡ ਪ੍ਰੈਸ਼ਰ (बलड्ड प्रैशर) /baladda praiśara (baladda paraiśara) バラッド プラェーシャル (バラッド パラェーシャル)/ ▸ਬਲੱਡ ਪਰੈਸ਼ਰ *m.* → ਬਲੱਡ ਪਰੈਸ਼ਰ

ਬਲਣਾ (बलणा) /balaṇā バルナー/ ▸ਬਲਨਾ *vi.* → ਬਲਨਾ

ਬਲਦ (बलद) /balada バルド/ ▸ਬੌਲਦ [(Pkt. बलद्द) Skt. बलीवर्द] *m.* 〖動物〗雄ウシ, 雄牛, 牡牛, 役牛. (⇒ਦਾਂਦ)

ਬਲਨਾ (बलना) /balanā バルナー/ ▸ਬਲਣਾ [Skt. ज्वलति] *vi.* **1** 燃える, 点る. **2** 焼ける.

ਬਲਬ (बलब) /balaba バルブ/ [Eng. *bulb*] *m.* 電球.

ਬਲਮ (बलम) /balama バラム/ ▸ਬੱਲਮ [Skt. बल] *m.* **1** 棍棒. (⇒ਸੋਟਾ, ਡੰਡਾ) **2** 〖武〗槍, 投げ槍, 鎗矛. (⇒ਨੇਜ਼ਾ, ਬਰਛਾ)

ਬੱਲਮ (बल्लम) /ballama バッラム/ ▸ਬਲਮ *m.* → ਬਲਮ

ਬਲਵਈ (बलवई) /balawaī バルワイー/ ▸ਬਲਵਾਈ *m.* → ਬਲਵਾਈ

ਬਲਵੰਤ (बलवंत) /balawanta バルワント/ [Skt. बल Skt.-वंत] *adj.* **1** 力を持った, 力持ちの, 力のある. (⇒ਜ਼ੋਰਦਾਰ) **2** 強い, 強力な. **3** 活力のある.

ਬਲਵਾ (बलवा) /balawā バルワー/ [Pers. *balvā*] *m.* **1**

暴動, 騒乱, 騒動. (⇒ਸ਼ੋਰਸ਼) **2** 反乱, 謀反.

ਬਲਵਾਈ (बलवाई) /bala̸wāī バルワーイー/ ▸ਬਲਵਈ [Pers. *balvāī*] *m.* 暴動を起こす人, 暴徒.

ਬਲਵਾਨ (बलवान) /bala̸wāna̸ バルワーン/ [Skt. बल Skt.-वान्] *adj.* **1** 力を持った, 力持ちの, 力のある. (⇒ਜ਼ੋਰਦਾਰ) **2** 強い, 強力な. (⇒ਤਾਕਤਵਰ, ਬਲਕਾਰ)

ਬਲਾ (बला) /balā バラー/ [Arab. *balā*] *f.* **1** 悪霊, 悪魔. (⇒ਭੂਤ) **2** 不幸, 災難. (⇒ਮੁਸੀਬਤ, ਬਿਪਤਾ)

ਬੱਲਾ (बल्ला) /ballā バッラー/ [Skt. बल] *m.* **1** 長い棒, 竿. **2** 〖競技・道具〗(クリケットなどの)バット. (⇒ਬੈਟ)

ਬਲਾਊਜ਼ (बलाऊज़) /balāūza̸ バラーウーズ/ [Eng. *blouse*] *m.* 〖衣服〗ブラウス.

ਬਲਾਕ[1] (बलाक) /balāka̸ バラーク/ [Eng. *block*] *m.* **1** 区画, ブロック. **2** 阻害, 妨害. **3** 塊.

ਬਲਾਕ[2] (बलाक) /balāka̸ バラーク/ ▸ਬੁਲਾਕ [Turk. *bulāq*] *m.* 〖装〗鼻飾り.

ਬਲਾਟਿੰਗ ਪੇਪਰ (बलाटिंग पेपर) /balāṭiṅga̸ pepara̸ バラーティング ペーパル/ [Eng. *blotting paper*] *m.* 吸取紙.

ਬਲਾਤਕਾਰ (बलातकार) /balātạkāra̸ | balātakāra̸ バラートカール | バラータカール/ [Skt. बलात् Skt.-कार] *m.* **1** 暴力, 強制, 威圧. (⇒ਜ਼ਬਰਦਸਤੀ) **2** 強姦, 婦女暴行, レイプ.

ਬਲਾਤਕਾਰੀ (बलातकारी) /balātạkārī | balātakārī バラートカーリー | バラータカーリー/ [Skt. बलात् Skt.-कारिन्] *f.* **1** 暴力, 強制, 威圧. (⇒ਜ਼ਬਰਦਸਤੀ) **2** 強姦, 婦女暴行, レイプ.

— *adj.* **1** 暴行を犯す. **2** 強姦を犯す.

— *m.* **1** 暴行を犯す者. **2** 強姦者.

ਬਲਾਦਰੀ (बलादरी) /balādarī バラーダリー/ ▸ਬਰਾਦਰੀ [(Pot.)] *f.* → ਬਰਾਦਰੀ

ਬਲਿਹਾਰ (बलिहार) /balihāra̸ バリハール/ [Skt. बलि -ਹਾਰ] *adj.* **1** 自己犠牲の, 自己を犠牲にする. **2** 献身する.

ਬਲਿਹਾਰੀ (बलिहारी) /balihārī バリハーリー/ [-ਈ] *f.* **1** 犠牲. **2** 献身.

ਬਲੀ[1] (बली) /balī バリー/ [Skt. बलि] *f.* **1** 犠牲, 生け贄. (⇒ਕੁਰਬਾਨੀ) **2** 献身. (⇒ਸਦਕਾ)

ਬਲੀ[2] (बली) /balī バリー/ [Skt. बली] *adj.* **1** 力強い. (⇒ਬਲਵੰਤ) **2** 活力のある.

ਬੱਲੀ (बल्ली) /ballī バッリー/ ▸ਵਲੀ *f.* 〖建築〗梁.

ਬਲੀਦਾਨ (बलीदान) /balīdāna̸ バリーダーン/ [Skt. बलिदान] *m.* **1** 犠牲を捧げること, 生け贄を捧げること. (⇒ਕੁਰਬਾਨੀ) **2** 殉教.

ਬਲੂੰਗੜਾ (बलूँगड़ा) /balū̃gaṛā バルーングラー/ *m.* 〖動物〗子猫.

ਬਲੂੰਗੜੀ (बलूँगड़ी) /balū̃gaṛī バルーングリー/ *f.* 〖動物〗雌の子猫.

ਬਲੂਤ (बलूत) /balūta̸ バルート/ [Arab. *ballūt*] *m.* 〖植物〗カシノキ(樫の木), セイヨウヒイラギガシ(西洋柊樫)《ブナ科の高木》.

ਬੱਲੇ (बल्ले) /balle バッレー/ *int.* すごいぞ, いいぞ, うまい, よくやった, でかした《称賛の呼びかけを表す言葉》. (⇒ਸ਼ਾਬਾਸ਼)

ਬਲੇਡ (बलेड) /baleḍa̸ バレード/ [Eng. *blade*] *m.* (刃物の)刃.

ਬਲੇਦ (बलेद) /baleda̸ バレード/ *m.* 〖動物〗牡牛の群れ.

ਬੱਲੇ ਬੱਲੇ (बल्ले बल्ले) /balle balle バッレー バッレー/ *int.* すごいぞ, いいぞ, うまい, よくやった, でかした《称賛の呼びかけを表す言葉》. (⇒ਸ਼ਾਬਾਸ਼)

— *f.* 称賛, 喝采, 歓呼. ❐ਬੱਲੇ ਬੱਲੇ ਕਰਨੀ 褒め称える, 称賛する, 喝采を浴びせる, 歓呼する.

ਬੱਲੇਬਾਜ਼ (बल्लेबाज़) /ballebāza̸ バッレーバーズ/ [Skt. बल Pers.-*bāz*] *m.* (クリケットの)打者.

ਬੱਲੇਬਾਜ਼ੀ (बल्लेबाज़ी) /ballebāzī バッレーバーズィー/ [Skt. बल Pers.-*bāzī*] *f.* **1** (クリケットの)打撃. **2** 〖競技〗クリケット. (⇒ਕਰਿਕਟ)

ਬਲੈਕ (बलैक) /balaika̸ バラエーク/ [Eng. *black*] *adj.* **1** 黒い. **2** 〖経済〗闇取引の.

ਬਲੈਕ-ਆਊਟ (बलैक-आऊट) /balaika̸-āūṭa̸ バラエーク・アーウート/ [Eng. *blackout*] *m.* 灯火管制.

ਬਲੈਕ-ਬੋਰਡ (बलैक-बोरड) /balaika̸-boraḍa̸ バラエーク・ボールド/ [Eng. *blackboard*] *m.* 黒板.

ਬਲੈਡਰ (बलैडर) /balaiḍara̸ バラエーダル/ [Eng. *bladder*] *m.* 空気袋.

ਬਲੋਚ (बलोच) /baloca̸ バローチ/ *m.* バローチスターンの住民.

ਬਲੋਚਿਸਤਾਨ (बलोचिसतान) /balocisa̸tāna̸ バローチスターン/ *m.* 〖地名〗バローチスターン《パキスタン南西端からイラン南東端にかけて広がる高原地帯》.

ਬਲੋਚੀ (बलोची) /balocī バローチー/ *adj.* バローチスターンの.

— *f.* バローチー語.

ਬਲੌਰ (बलौर) /balaura̸ バラォール/ *m.* 〖鉱物〗水晶.

ਬਲੌਰੀ (बलौरी) /balaurī バラォーリー/ *adj.* 水晶の.

ਬਵੰਜਵਾਂ (बवंजवाँ) /bawañja̸wā̃ バワンジワーン/ ▸ਬਵੰਞਵਾਂ *or.num. adj.* → ਬਵੰਞਵਾਂ

ਬਵੰਜਾ (बवंजा) /bawañjā バワンジャー/ [Skt. द्वा + Pers. *panjāh*] *ca.num.* 52. (⇒ਬਾਵਨ)

— *adj.* 52の. (⇒ਬਾਵਨ)

ਬਵੰਞਵਾਂ (बवंञवाँ) /bawāñja̸wā̃ バワンジワーン/ ▸ਬਵੰਜਵਾਂ [-ਵਾਂ] *or.num.* 52番目.

— *adj.* 52番目の.

ਬਵਰਚੀ (बवरची) /bawara̸cī バワルチー/ ▸ਬਾਵਰਚੀ [Pers. *bāvarcī*] *m.* 調理人, 料理人, コック. (⇒ਖ਼ਾਨਸਾਮਾ, ਰਸੋਈਆ)

ਬਵਾਸੀਰ (बवासीर) /bawāsīra̸ バワースィール/ [Arab. *bavāsīr*] *f.* 〖医〗痔.

ਬੜ (बड़) /baṛa̸ バル/ ▸ਬਰੋਟਾ, ਬੋਹੜ, ਬੋੜ੍ਹ *m.* → ਬੋਹੜ

ਬੜ੍ਹਕ (बड़्हक) /bâṛaka̸ バラク/ *f.* **1** 大声. **2** 怒鳴り声, 吼え声, 咆哮. (⇒ਗਰਜ)

ਬੜ੍ਹਕਣਾ (बड़्हकणा) /bâṛakaṇā バルカナー/ *vi.* **1** 大声で話す. **2** 怒鳴る, 吼える. (⇒ਗੱਜਣਾ)

ਬੜਬੜ (बड़बड़) /baṛabaṛa̸ バルバル/ ▸ਬੁੜਬੁੜ *f.* → ਬੁੜਬੁੜ

ਬੜਬੜਾਉਣਾ (बड़बड़ाउणा) /baṛabaṛāuṇā バルバラーウナー/ ▸ਬੁੜਬੁੜਾਉਣਾ *vi.* → ਬੁੜਬੁੜਾਉਣਾ

ਬੜਬੜਾਹਟ (बड़बड़ाहट) /baṛabaṛâṭa̸ バルバラート/ ▸

ਬੁੜਬੁੜਾਹਟ *f.* → ਬੁੜਬੁੜਾਹਟ

ਬੜਬੋਲਾ (बड़बोला) /baṛabolā バルボーラー/ *adj.* ほら吹きの, 大口を叩く.
— *m.* ほら吹き, 大口を叩く人.

ਬੜਾ (बड़ा) /baṛā バラー/ ▸ਵੱਡਾ [(Pkt. बड्ढ) Skt. वृद्ध] *adj.* → ਵੱਡਾ
— *adv.* とても, 非常に, 大いに. (⇒ਬਹੁਤ) ❐ਬੂਟ ਵਿੱਚ ਫਸੀ ਹੋਈ ਬਿੱਲੀ ਨੂੰ ਵੇਖ ਕੇ ਚੂਹਾ ਬੜਾ ਖ਼ੁਸ਼ ਹੋਇਆ। 長靴にはまってしまった猫を見て鼠は大いに喜びました.

ਬਾ (बा) /bā バー/ [Pers. *bā*] *pref.* 「…を持った」「…のある」などを意味する接頭辞.

ਬਾਉਰਾ (बाउरा) /bāurā バーウラー/ ▸ਬਾਉਲਾ, ਬਾਵਰਾ, ਬਾਵਲਾ, ਬੌਰਾ, ਬੌਲਾ *adj.* → ਬਾਉਲਾ

ਬਾਉਲਾ (बाउला) /bāulā バーウラー/ ▸ਬਾਉਰਾ, ਬਾਵਰਾ, ਬਾਵਲਾ, ਬੌਰਾ, ਬੌਲਾ [(Pkt. बाउल) Skt. बातुल] *adj.* **1** 気の狂った, 狂気の, 気がふれた. (⇒ਪਾਗਲ) **2** 精神異常の.

ਬਾਉਲੀ (बाउली) /bāulī バーウリー/ ▸ਬਾਵਲੀ [Skt. वापी] *f.* 水のある所まで階段のある井戸.

ਬਾਊ (बाऊ) /bāū バーウー/ ▸ਬਾਬੂ *m.* → ਬਾਬੂ

ਬਾਊਲਰ (बाऊलर) /bāūlara バーウーラル/ [Eng. *bowler*] *m.* 〖競技〗(クリケットの)投手. (⇒ਗੇਂਦਬਾਜ਼)

ਬਾਅਸਰ (बाअसर) /bāasara バーアサル/ [Pers. *bā-* Arab. *asr*] *adj.* 効果のある, 効果的な.

ਬਾਅਜ਼ (बाअज़) /bāaza バーアズ/ ▸ਬਾਜੇ [Arab. *ba`az*] *adj.* **1**(はっきりとは言わない)ある, 不特定の. (⇒ਕੋਈ) **2** 様々な, 色々な.

ਬਾਅਦ (बाअद) /bāada | bāda バーアド | バード/ ▸ਬਾਦ [Arab. *ba`d*] *adv.* 後で, その後, 後に. (⇒ਪਿੱਛੋਂ, ਮਗਰੋਂ)
— *postp.* …の後で, …の後に. (⇒ਪਿੱਛੋਂ, ਮਗਰੋਂ) ❐ਇਹ ਪਾਰਟੀ ਵਿੱਚ ਦੋ ਬੀਅਰਾਂ ਪੀਣ ਬਾਅਦ ਗੱਡੀ ਚਲਾ ਰਿਹਾ ਸੀ। この人はパーティーで二本のビールを飲んだ後に車を運転していました.

ਬਾਅਦ ਵਿੱਚ (बाअद विच्च) /bāada vicca バーアド ヴィッチ/ *adv.* 後で, その後, 後に. (⇒ਪਿੱਛੋਂ, ਮਗਰੋਂ)

ਬਾਇਓਡਾਟਾ (बाइओडाटा) /bāioḍāṭā バーイオーダーター/ [Eng. *biodata*] *m.* 履歴書.

ਬਾਇਆਂ (बाइआँ) /bāiā̃ バーイアーン/ [Skt. वाम] *adj.* 左の, 左手の. (⇒ਖੱਬਾ)

ਬਾਇਲਰ (बाइलर) /bāilara バーイラル/ [Eng. *boiler*] *m.* 〖器具〗ボイラー.

ਬਾਈ[1] (बाई) /bāī バーイー/ [(Pua.)(Mal.) (Pkt. भाई) Skt. भ्रातृ] *m.* **1** 〖親族〗兄, 弟, 兄弟. **2** 〖親族〗父. (⇒ਪਿਓ)

ਬਾਈ[2] (बाई) /bāī バーイー/ ▸ਬਾਵੀ [(Pkt. बावीस) Skt. द्वाविंशति] *ca.num.* 22.
— *adj.* 22の.

ਬਾਈ[3] (बाई) /bāī バーイー/ *f.* **1** 女性, 婦人. (⇒ਔਰਤ, ਤਰੀਮਤ) **2** 踊り子, 娼婦. (⇒ਕੰਜਰੀ, ਵੇਸਵਾ) **3** 売春宿のおかみ.

ਬਾਈਸਕੋਪ (बाईसकोप) /bāīsakopa バーイーサコープ/ [Eng. *bioscope*] *m.* 〖機械〗(初期の)映画映写機.

ਬਾਈਸਿਕਲ (बाईसिकल) /bāīsikala バーイースィカル/ [Eng. *bicycle*] *m.* 〖乗物〗自転車.

ਬਾਈਕਾਟ (बाईकाट) /bāīkāṭa バーイーカート/ [Eng. *boycott*] *m.* 交渉拒否.

ਬਾਈਬਲ (बाईबल) /bāībala バーイーバル/ [Eng. *Bible*] *f.* 〖キ〗聖書. (⇒ਅੰਜੀਲ)

ਬਾਈਵਾਂ (बाईवाँ) /bāīwā̃ バーイーワーン/ ▸ਬਾਹਈਆਂ, ਬਾਹਈਵਾਂ [(Pkt. बावीस) Skt. द्वाविंशति -वां] *or.num.* 22番目.
— *adj.* 22番目の.

ਬਾਂਸ (बाँस) /bā̃sa バーンス/ ▸ਵਾਂਸ [(Pkt. वंस) Skt. वंश] *m.* 〖植物〗タケ(竹).

ਬਾਸ[1] (बास) /bāsa バース/ ▸ਵਾਸ *m.* → ਵਾਸ

ਬਾਸ[2] (बास) /bāsa バース/ ▸ਬਾਸਨਾ, ਬਾਸ਼ਨਾ, ਵਾਸ਼ਨਾ *f.* → ਵਾਸ਼ਨਾ

ਬਾਸ[3] (बास) /bāsa バース/ [Eng. *boss*] *m.* 上役.

ਬਾਸਕ (बासक) /bāsaka バーサク/ ▸ਬਾਸ਼ਕ, ਬਾਸਕੀ, ਵਾਸੁਕੀ [Skt. वासुकि] *m.* **1** 〖ヒ〗ヴァースキ《神話に登場する地下界の蛇の王. 神々と悪魔とが大洋を攪拌する道具として用いた大蛇》. **2** 〖動物〗コブラ.

ਬਾਸ਼ਕ (बाशक) /bāśaka バーシャク/ ▸ਬਾਸਕ, ਬਾਸਕੀ, ਵਾਸੁਕੀ *m.* → ਬਾਸਕ

ਬਾਹਈਆਂ (बाहईआँ) /bâīā̃ バーイーアーン/ ▸ਬਾਈਵਾਂ, ਬਾਹਈਵਾਂ *or.num. adj.* → ਬਾਈਵਾਂ

ਬਾਹਈਵਾਂ (बाहईवाँ) /bâīwā̃ バーイーワーン/ ▸ਬਾਈਵਾਂ, ਬਾਹਈਆਂ *or.num. adj.* → ਬਾਈਵਾਂ

ਬਾਸਕਟ (बासकट) /bāsakaṭa バースカト/ [Eng. *basket*] *m.* **1** 〖容器〗籠, 笊, バスケット. **2** 〖競技〗バスケットボールのゴールネット.

ਬਾਸਕਟਬਾਲ (बासकटबाल) /bāsakaṭabāla バースカトバール/ [Eng. *basketball*] *m.* 〖競技〗バスケットボール.

ਬਾਸਕੀ (बासकी) /bāsakī バースキー/ ▸ਬਾਸਕ, ਬਾਸ਼ਕ, ਵਾਸੁਕੀ *m.* → ਬਾਸਕ

ਬਾਸਨਾ (बासना) /bāsanā バースナー/ ▸ਬਾਸ, ਬਾਸ਼ਨਾ, ਵਾਸ਼ਨਾ *f.* → ਵਾਸ਼ਨਾ

ਬਾਸ਼ਨਾ (बाशना) /bāśanā バーシュナー/ ▸ਬਾਸ, ਬਾਸਨਾ, ਵਾਸ਼ਨਾ *f.* → ਵਾਸ਼ਨਾ

ਬਾਸਮਤੀ (बासमती) /bāsamatī バースマティー/ *f.* 〖植物〗バースマティー米《上質の稲の一種》.

ਬਾਸਰ (बासर) /bāsara バーサル/ [Skt. वासर] *m.* 日. (⇒ਦਿਨ)

ਬਾਂਸਰੀ (बाँसरी) /bā̃sarī バーンサリー/ ▸ਬੰਸਰੀ, ਬੰਸੀ, ਬਨਸਰੀ, ਬਨਸੀ *f.* → ਬੰਸਰੀ

ਬਾਸ਼ਾ[1] (बाशा) /bāśā バーシャー/ [Pers. *bāśā*] *m.* **1** 〖鳥〗(鷲・鷹などの)猛禽. (⇒ਸ਼ਿਕਾਰੀ ਪੰਛੀ) **2** ずる賢い人. (⇒ਚਲਾਕ ਆਦਮੀ)

ਬਾਸ਼ਾ[2] (बाशा) /bāśā バーシャー/ *m.* 〖建築〗割れた竹の棒で作った壁のある藁葺き小屋.

ਬਾਸ਼ਿੰਦਾ (बाशिंदा) /bāśindā バーシンダー/ [Pers. *bāśanda*] *m.* 住民, 居住者.

ਬਾਂਹ (बाँह) /bā̂ バーン/ ▸ਬਾਹ, ਬਾਹੂ [Skt. बाहु] *f.* **1** 〖身体〗腕. **2** 〖衣服〗袖. (⇒ਆਸਤੀਨ) **3** 支え, 支援. (⇒ਸਹਾਰਾ) **4** 支援者, 協力者. (⇒ਸਹਾਇਕ)

ਬਾਹ (बाह) /bâ バー/ ▸ਬਾਂਹ, ਬਾਹੂ *f.* → ਬਾਂਹ

ਬਾਹਠ (बाहठ) /bâṭʰa バート/ [(Pkt. बासट्ठि) Skt. द्विषष्टि] *ca.num.* 62.
— *adj.* 62の.

ਬਾਹਠਵਾਂ (बाहठवाँ) /bâṭʰawā̃ バートワーン/ [-ਵਾਂ] *or.num.* 62.
— *adj.* 62番目の.
ਬਾਹਮਣ (बाहमण) /bâmaṇa バーマン/ ▸ਬਰਾਹਮਣ, ਬ੍ਰਾਹਮਣ, ਬਾਮ੍ਹਣ *m.* → ਬਰਾਹਮਣ
ਬਾਹਮਣੀ (बाहमणी) /bâmaṇī バーマニー/ ▸ਬਰਾਹਮਣੀ *f.* → ਬਰਾਹਮਣੀ
ਬਾਹਮੀ (बाहमी) /bâmī バーミー/ *adj.* **1** 相互の. **2** お互いの.
ਬਾਹਰ (बाहर) /bâra バール/ [(Pkt. बाहिरअ) Skt. बहिर्] *adv.* **1** 外に, 外部に. (⇔ਅੰਦਰ) **2** 離れて.
— *postp.* **1**…の外に, …の外部に. **2**…を離れて. **3** …なしで.
— *m.* **1** 外. **2** 外部, 外面. **3** 他の場所, よそ. (⇒ਕਿਸੇ ਹੋਰ ਥਾਂ) **4** 外地, 外国. (⇒ਪਰਦੇਸ)
ਬਾਹਰਮੁਖੀ (बाहरमुखी) /bâramukʰī バールムキー/ [+ Skt. मुखिन्] *adj.* **1** 外に顔を向けた, 外面を見ている. **2** 外向的な, 外向性の, 社交的な. (⇔ਅੰਤਰਮੁਖੀ)
ਬਾਹਰਲਾ (बाहरला) /bâralā バールラー/ [+ ਲਾ] *adj.* **1** 外の, 外部の, 外面の. (⇔ਅੰਦਰਲਾ) **2** 外国の. (⇒ਪਰਦੇਸੀ)
ਬਾਹਰਵਰਤੀ (बाहरवरती) /bârawaratī バールワルティー/ [Skt.-वर्तिन्] *adj.* **1** 外にある, 外に位置する. **2** 外的な.
ਬਾਹਰਾ[1] (बाहरा) /bârā バーラー/ [-ਆ] *adj.* **1** 外の, 外面の. **2** 外部の. **3** 反対の. **4** 従順でない.
ਬਾਹਰਾ[2] (बाहरा) /bârā バーラー/ [(Pkt. बारस) Skt. द्वादश] *m.* 12の村の集まり.
— *adj.* 〖長さ〗(長さが)12本の指の幅の.
ਬਾਹਰੋਂ (बाहरों) /bârõ バーローン/ [(Pkt. बाहिरअ) Skt. बहिर् + ਓਂ] *adv.* 《 ਬਾਹਰ ਤੋਂ の融合形》 **1** 外から. **2** 外国から. ❐ਉਸ ਨੂੰ ਉਮੀਦ ਸੀ ਕਿ ਸ਼ਾਇਦ ਬਾਹਰੋਂ ਆਉਣ ਵਾਲੇ ਵਪਾਰੀਆਂ ਤੋਂ, ਉਸ ਨੂੰ ਆਪਣੇ ਪਿਤਾ ਤੇ ਚਾਚੇ ਦੀ ਕੋਈ ਖ਼ਬਰ ਮਿਲ ਜਾਏ। 多分外国からやって来る商人たちから, 自分の父や叔父についての何らかの情報が得られると彼は期待していました.
ਬਾਹਲਾ (बाहला) /bâlā バーラー/ [Skt. बहुल] *adj.* たくさんの, 多量の. (⇒ਜ਼ਿਆਦਾ)
— *adv.* たくさん, 多量に, 大いに.
ਬਾਹੀ (बाही) /bâī | bāhī バーイー | バーヒー/ *f.* **1** 側面. **2** 枠木.
ਬਾਹੁੜੀ (बाहुड़ी) /bâuṛī バーウリー/ *f.* 助け・救い・正義・慈悲などを求める叫び. (⇒ਦੁਹਾਈ)
ਬਾਹੂ (बाहू) /bâū | bāhū バーウー | バーフー/ ▸ਬਾਂਹ, ਬਾਹ *m.* → ਬਾਂਹ
ਬਾਹੂ-ਬਲ (बाहू-बल) /bâū-bala | bāhū-bala バーウー・バル | バーフー・バル/ [Skt. बाहुबल] *m.* **1** 腕力. **2** 体力. **3** 武勇.
ਬਾਂਕ (बाँक) /bā̃ka バーンク/ [Skt. वङ्क] *f.* **1** 〖装〗足首に付ける銀製の飾り. **2** 〖道具〗湾曲したナイフ. **3** 〖器具〗(大工や鍛冶屋が用いる)万力, 固定用工具.
ਬਾਕ[1] (बाक) /bāka バーク/ [Pers. *bāk*] *m.* 恐れ, 恐怖. (⇒ਡਰ, ਖ਼ੌਫ਼, ਭੌ)
ਬਾਕ[2] (बाक) /bāka バーク/ *f.* 山羊や羊がメーと鳴く声.
ਬਾਂਕਪਣ (बाँकपण) /bā̃kapaṇa バーンクパン/ [Skt. वङ्क -ਪਣ] *m.* **1** お洒落. **2** 優雅さ.
ਬਾਂਕਾ (बाँका) /bā̃kā バーンカー/ [Skt. वङ्क] *adj.* **1** お洒落な. **2** 気取った. **3** 優雅な.
ਬਾਕਾਇਦਾ (बाकाइदा) /bākāidā バーカーイダー/ [Pers. *bā-* Arab. *qā`ida*] *adv.* **1** 規則に従って, 正式に, 慣例通り. **2** 規則正しく, 普通に, 順調に.
ਬਾਕੀ (बाकी) /bākī バーキー/ [Arab. *bāqī*] *adj.* **1** 残りの, 残っている, その他の. ❐ਚੰਗਾ, ਬਾਕੀ ਗੱਲਾਂ ਕਦੇ ਫੇਰ ਕਰਾਂਗੇ। では, 残りの話はいつかまたしましょう. **2** 余りの.
— *f.* **1** 残り, 残ったもの, 余り, 残余. **2** 差し引き. **3** 差額. **4** 残金, 未払い分, 未払いの借金, 債務.
ਬਾਕੀਦਾਰ (बाकीदार) /bākīdāra バーキーダール/ [Arab. *bāqī* Pers.*-dār*] *adj.* 債務のある, 負債のある.
— *m.* **1** 借り主, 債務者. **2** 債務などの不履行者.
ਬਾਂਗ (बाँग) /bā̃ga バーング/ [Pers. *bāng*] *f.* **1** 叫び, 叫び声, 大声. **2** 雄鶏の鬨の声. **3** 〖イス〗ムッラー〔イスラームの聖職者〕が祈りの時間を告げる声. (⇒ਅਜ਼ਾਨ)
ਬਾਗ਼ (बाग़) /bāğa バーグ/ [Pers. *bāğ*] *m.* **1** 広い庭園, 公園, 広場. **2** 庭, 庭園. **3** 果樹園. **4** 農園.
ਬਾਗ਼-ਪਰਵਾਰ (बाग़-परवार) /bāğa-parawāra バーグ・パルワール/ [+ Skt. परिवार] *m.* 子供の多い家族, 大家族.
ਬਾਗ਼ਬਾਨ (बाग़बान) /bāğabāna バーグバーン/ [Pers.*-bān*] *m.* 庭師, 園丁, 庭園管理者. (⇒ਮਾਲੀ)
ਬਾਗ਼ਬਾਨਣੀ (बाग़बानणी) /bāğabānaṇī バーグバーンニー/ [-ਣੀ] *f.* 女の庭師, 庭師の妻. (⇒ਮਾਲਣ, ਮਾਲਿਨੀ)
ਬਾਗ਼ਬਾਨੀ (बाग़बानी) /bāğabānī バーグバーニー/ [Pers. *bāğbānī*] *f.* **1** 庭造り, 造園. **2** 園芸, 庭仕事.
ਬਾਂਗਰ (बाँगर) /bā̃gara バーンガル/ *m.* **1** 雨の少ない土地. **2** 〖地理〗砂漠. **3** 〖地名〗バーンガル地方《ハリヤーナー州のヒッサール, ロータク, カルナール地域を併せた総称》.
ਬਾਂਗਰੂ (बाँगरू) /bā̃garū バーングルー/ *m.* バーンガル地方の住民.
— *f.* バーングルー方言《バーンガル地方で話されている西部ヒンディー語に属する方言》.
ਬਾਗ਼ੀ (बाग़ी) /bāğī バーギー/ [Arab. *bāğī*] *m.* **1** 反逆者. **2** 謀反人. **3** 暴徒.
ਬਾਘ (बाघ) /bâga バーグ/ [Skt. व्याघ्र] *m.* 〖動物〗(雄)トラ, 虎. (⇒ਸ਼ੇਰ)
ਬਾਘਣੀ (बाघणी) /bâgaṇī バーグニー/ [-ਣੀ] *f.* 〖動物〗雌トラ, 雌虎. (⇒ਸ਼ੇਰਨੀ)
ਬਾਘੰਬਰ (बाघंबर) /bâgambara バーガンバル/ [+ अंबर] *m.* 虎の皮.
ਬਾਘੜ-ਬਿੱਲਾ (बाघड़-बिल्ला) /bâgaṛa-billā バーガル・ビッラー/ [+ ਬਿਡਾਰ] *m.* 〖動物〗ヤマネコ, 山猫.
ਬਾਘੀ (बाघी) /bâgī バーギー/ *f.* **1** 馬鹿騒ぎ. **2** 踊りの一種.
ਬਾਚੀ (बाची) /bācī バーチー/ *f.* **1** 〖身体〗顎(あご). (⇒ਹੜਬ) **2** 〖身体〗下顎骨.
ਬਾਛ (बाछ) /bācʰa バーチ/ ▸ਵਰਾਛ, ਵਾਛ [(Pot.)] *f.* → ਵਰਾਛ
ਬਾਜ਼[1] (बाज़) /bāza バーズ/ [Arab. *bāz*] *m.* **1** 〖鳥〗タ

カ, 鷹. ❒ਬਾਜ਼ ਦਾ ਆਲ੍ਹਣਾ 鷹の巣, 高巣《鷹・鷲などの猛禽が高所に作る巣》. ❒ਬਾਜ਼ ਦਾ ਪਿੰਜਰਾ 鷹を飼う籠, 鷹籠. ❒ਬਾਜ਼ ਨਾਲ ਸ਼ਿਕਾਰ 鷹を放して獲物を捕らえる狩猟, 鷹狩り, 放鷹. ❒ਬਾਜ਼ ਨਾਲ ਸ਼ਿਕਾਰ ਖੇਡਣ ਵਾਲਾ 鷹狩りをする人, 鷹使い, 鷹匠. **2** 〖道具〗顎鬚(あごひげ)を巻いて押さえるために用いる釘状で先細の金棒.

ਬਾਜ਼[2] (बाज़) /bāza̜ バーズ/ [Pers. *bāz*] *adv.* **1** 離れて, 遠ざかって, 後ろに退いて, 免れて. ❒ਬਾਜ਼ ਆਉਣਾ 退く, 手を引く, 懲りる, もうこりごりだと思う. ❒ਬਾਜ਼ ਰਹਿਣਾ 退いた, 手を引いたままでいる, 避ける, 慎む. ❒ਬਾਜ਼ ਰੱਖਣਾ 退ける, 遠ざける, 止める, 禁ずる, 妨げる. **2** 再び. (⇒ਫੇਰ, ਮੁੜ)

ਬਾਜ਼[3] (बाज़) /bāza̜ バーズ/ [Pers. *bāz*] *suff.* 名詞に付いて,「…を行う」「…に関係のある」「…を扱う」「…を操る」「…で遊ぶ」「…を愛好する」などを意味する形容詞, または「…を行う人」「…に関係のある人」「…を扱う人」「…を操る人」「…で遊ぶ人」「…を愛好する人」などを意味する男性名詞を形成する接尾辞.

ਬਾਜ ਗੁਜ਼ਾਰ (बाज गुज़ार) /bāja̜ guzāra̜ バージ グザール/ *adj.* 従属する, 服従する, 隷属する.

ਬਾਜਰਾ (बाजरा) /bājarā バージャラー/ *m.* 〖植物〗トウジンビエ(唐人稗)《イネ科の一年草》.

ਬਾਜ਼ਾਰ (बाज़ार) /bāzāra̜ バーザール/ ▸ਬਜ਼ਾਰ *m.* → ਬਜ਼ਾਰ

ਬਾਜ਼ੀ[1] (बाज़ी) /bāzī バーズィー/ [Pers. *bāzī*] *f.* **1** 〖遊戯〗遊び, ゲーム, 賭け事. **2** 軽業, 曲芸, アクロバット.

ਬਾਜ਼ੀ[2] (बाज़ी) /bāzī バーズィー/ [Pers. *bāzī*] *suff.* 名詞に付いて,「…を行うこと」「…に関わること」「…を扱うこと」「…を操ること」「…で遊ぶこと」「…を愛好すること」などを意味する女性名詞を形成する接尾辞.

ਬਾਜ਼ੀਗਰ (बाज़ीगर) /bāzīgara̜ バーズィーガル/ [Pers. *bāzī* Pers.*-gar*] *m.* **1** 軽業師, 曲芸師. **2** 魔術師, 奇術師.

ਬਾਜ਼ੀਗਰਨੀ (बाज़ीगरनी) /bāzīgara̜nī バーズィーガルニー/ [-ਨੀ] *f.* 女性の軽業師, 女性の曲芸師.

ਬਾਜ਼ੀਗਰੀ (बाज़ीगरी) /bāzīgarī バーズィーガリー/ [Pers. *bāzī* Pers.*-garī*] *f.* **1** 軽業, 曲芸, アクロバット. **2** 魔術, 手品, 奇術.

ਬਾਜ਼ੂ (बाज़ू) /bāzū バーズー/ [Pers. *bāzū*] *m.* **1** 〖身体〗腕, 上腕部, 肩. (⇒ਬਾਂਹ) **2** 鳥の翼.

ਬਾਜ਼ੂਬੰਦ (बाज़ूबंद) /bāzūbanda̜ バーズーバンド/ [Pers.*-band*] *m.* 〖装〗腕輪, 腕飾り, 腕章. (⇒ਕੇਯੂਰ)

ਬਾਜੇ (बाजे) /bāje バージェー/ ▸ਬਾਅਜ਼ *adj.* → ਬਾਅਜ਼

ਬਾਂਝ (बाँझ) /bā̃ja̜ バーンジ/ [Skt. वन्ध्य, वन्ध्या] *adj.* **1** 不妊の. **2** 不毛の. (⇒ਬੇਪੈਦ)

— *f.* 不妊の女性.

ਬਾਂਝਪਣ (बाँझपण) /bā̃japaṇa̜ バーンジパン/ [-ਪਣ] *m.* **1** 不妊. **2** 〖医〗不妊症.

ਬਾਟ (बाट) /bāṭa̜ バート/ ▸ਵਾਟ [Skt. वाट] *m.f.* → ਵਾਟ

ਬਾਂਟਣਾ (बाँटणा) /bā̃ṭaṇā バーンタナー/ ▸ਵੰਡਣਾ *vt.* → ਵੰਡਣਾ

ਬਾਟਾ (बाटा) /bāṭā バーター/ [Pkt. वट्ट] *m.* 大きな浅い金属製の鉢.

ਬਾਟੀ (बाटी) /bāṭī バーティー/ [-ਈ] *f.* 〖容器〗小さな浅い金属製の鉢.

ਬਾਂਡ (बाँड) /bā̃ḍa̜ バーンド/ [Eng. *bond*] *m.* 債券.

ਬਾਡਰ (बाडर) /bāḍara̜ バーダル/ ▸ਬਾਰਡਰ, ਬੌਡਰ [Eng. *border*] *m.* 境界, 国境, 辺境.

ਬਾਂਡਾ (बाँडा) /bā̃ḍā バーンダー/ [Skt. वण्ड] *adj.* 手足が奇形の.

ਬਾਡੀ (बाडी) /bāḍī バーディー/ [Eng. *body*] *f.* **1** 体, 身体. **2** 胴, 胴体.

ਬਾਢਾ (बाढा) /bâḍā バーダー/ ▸ਵਾਢਾ, ਵਢਾਵਾ *m.* → ਵਾਢਾ

ਬਾਢੀ[1] (बाढी) /bâḍī バーディー/ ▸ਵਾਢੀ *f.* → ਵਾਢੀ

ਬਾਢੀ[2] (बाढी) /bâḍī バーディー/ *m.* 大工. (⇒ਤਰਖਾਣ)

ਬਾਣ[1] (बाण) /bāṇa̜ バーン/ [Skt. वाण] *m.* 〖武〗矢. (⇒ਤੀਰ)

ਬਾਣ[2] (बाण) /bāṇa̜ バーン/ [(Pkt. बण्ण) Skt. वर्ण] *f.* **1** 習慣. (⇒ਆਦਤ, ਸੁਭਾਉ) **2** 良くない習慣.

ਬਾਣਾ (बाणा) /bāṇā バーナー/ [Skt. वर्ण] *m.* **1** 着物, 衣服, 衣装, 服装, 身なり. (⇒ਲਿਬਾਸ, ਪਹਿਰਾਵਾ) **2** 身体. (⇒ਸਰੀਰ) **3** 仕事, 生業. (⇒ਕੰਮ, ਕਾਜ, ਰੁਜ਼ਗਾਰ)

ਬਾਣੀ (बाणी) /bāṇī バーニー/ [Skt. वाणी] *f.* **1** 談話. (⇒ਬੋਲੀ, ਗੱਲ-ਬਾਤ) **2** 言葉. (⇒ਬਚਨ) **3** グルや聖者たちの言葉・詩作. (⇒ਗੁਰਬਾਣੀ)

ਬਾਣੀਆਂ (बाणीआँ) /bāṇīā̃ バーニーアーン/ ▸ਬਣੀਆ [Skt. वणिक] *m.* **1** 〖姓〗バーニーアーン(バニヤー)《商業に従事するヒンドゥー教徒の種姓》. **2** 商人, 商店主. (⇒ਬਕਾਲ) **3** 穀物商, 食糧雑貨商. **4** 利に聡く抜け目のない人.

— *adj.* 利に聡く抜け目のない.

ਬਾਤ (बात) /bāta̜ バート/ ▸ਵਾਤ [Skt. वार्त्ता] *f.* **1** 話, 語り. (⇒ਗੱਲ) **2** 談話, 会話. (⇒ਗੱਲ-ਕੱਥ) **3** 言葉. (⇒ਸ਼ਬਦ) **4** 発言, 発話. (⇒ਵਾਚ) **5** 事柄, 事情. (⇒ਮਾਮਲਾ) **6** 出来事, 事件, こと. (⇒ਘਟਨਾ) **7** 約束. (⇒ਬਚਨ, ਵਾਇਦਾ) **8** 情報.

ਬਾਤ-ਚੀਤ (बात-चीत) /bāta̜-cīta̜ バート・チート/ *f.* 会話, 対話. (⇒ਗੱਲ-ਕੱਥ, ਗੱਲ-ਬਾਤ)

ਬਾਤਨ (बातन) /bātana̜ バータン/ [Arab. *bātin*] *adj.* 内部の. (⇒ਅੰਦਰਲਾ)

— *m.* **1** 内側. (⇒ਅੰਦਰ) **2** 心. (⇒ਦਿਲ)

ਬਾਤਰੀ (बातरी) /bātarī バータリー/ ▸ਬੈਟਰੀ *f.* → ਬੈਟਰੀ

ਬਾਤਲ (बातल) /bātala̜ バータル/ [Arab. *bātil*] *adj.* 虚偽の, 嘘の. (⇒ਝੂਠਾ)

ਬਾਤੂ (बातू) /bātū バートゥー/ [(Pot.)] *m.* 〖遊戯〗トランプのキング. (⇒ਤਾਸ਼ ਦਾ ਬਾਦਸ਼ਾਹ)

ਬਾਤੂਨੀ (बातूनी) /bātūnī バートゥーニー/ ▸ਬਤੂਨੀ [Skt. वार्त्ता -ਈ] *adj.* **1** おしゃべりな, べらべらしゃべる, 多弁な. **2** 饒舌な. **3** 話好きな.

— *m.* **1** おしゃべり, べらべらしゃべる人. **2** 口の軽い奴.

ਬਾਤੂਨੀਆ (बातूनीआ) /bātūnīā バートゥーニーアー/ [Skt. वार्त्ता -ਈਆ] *m.* **1** おしゃべり, べらべらしゃべる人. **2** 口の軽い奴.

ਬਾਥਰੂਮ (बाथरूम) /bātʰarūma̜ バートルーム/ [Eng. *bathroom*] *m.* **1** 浴室, 風呂場, (便器・洗面台の設備のある)バスルーム. **2**(婉曲な表現としての)トイレ, 便所.

ਬਾਦ[1] (बाद) /bāda̯ バード/ ▸ਬਾਅਦ adv.postp. → ਬਾਅਦ

ਬਾਦ[2] (बाद) /bāda̯ バード/ [Pers. bād] f. 〖気象〗風. (⇒ਹਵਾ, ਵਾਯੂ)

ਬਾਦ[3] (बाद) /bāda̯ バード/ ▸ਵਾਦ m.suff. → ਵਾਦ

ਬਾਦ[4] (बाद) /bāda̯ バード/ [Pers. bād] suff. 「…であれ」「…になるように」などを意味する間投詞を形成する接尾辞.

ਬਾਦਸ਼ਾਹ (बादशाह) /bādaśâ バードシャー/ [Pers. pādśāh] m. **1** 王, 国王, 君主. (⇒ਰਾਜਾ) **2** 皇帝. **3**〖遊戯〗(トランプやチェスの)キング.

ਬਾਦਸ਼ਾਹਤ (बादशाहत) /bādaśâta̯ バードシャート/ ▸ਪਾਤਸ਼ਾਹਤ [Pers. bādśāhat] f. **1** 統治, 支配. (⇒ਹਕੂਮਤ, ਰਾਜ) **2** 領土, 領地. **3** 王国. **4** 帝国. **5** 国王の身分, 王位.

ਬਾਦਸ਼ਾਹੀ (बादशाही) /bādaśâī バードシャーイー/ [Pers. bādśāhī] f. **1** 統治, 支配. (⇒ਹਕੂਮਤ, ਰਾਜ) **2** 領土, 領地. **3** 王国. **4** 帝国. **5** 王者らしさ, 王者の風格.
— adj. **1** 王の, 国王の, 皇帝の. **2** 王にふさわしい, 皇帝にふさわしい, 王者らしい.

ਬਾਦਬਾਨ (बादबान) /bādabāna̯ バードバーン/ [Pers. bād Pers.-bān] m. 帆.

ਬਾਂਦਰ (बाँदर) /bā̃dara̯ バーンダル/ ▸ਬੰਦਰ [Skt. वानर] m. 〖動物〗(雄)サル, 猿.

ਬਾਦਲ (बादल) /bādala̯ バーダル/ ▸ਬੱਦਲ m. → ਬੱਦਲ

ਬਾਦਲਾ (बादला) /bādalā バードラー/ [Skt. बार्दर] m. 〖布地〗錦, 金襴, 緞子.

ਬਾਦਲੀਲ (बादलील) /bādalīla̯ バーダリール/ [Pers. bā- Arab. dalīl] adj. **1** 論理的な, 合理的な. **2** 理屈に合った, 当然の. **3** 適正な, 穏当な.

ਬਾਂਦਾ (बाँदा) /bā̃dā バーンダー/ ▸ਬੰਦਾ m. → ਬੰਦਾ

ਬਾਦਾਮ (बादाम) /bādāma̯ バーダーム/ ▸ਬਦਾਮ m. → ਬਦਾਮ

ਬਾਂਦੀ (बाँदी) /bā̃dī バーンディー/ [Pers. banda -ई] f. **1** 奴隷の女性. **2** 召使の女性. (⇒ਸੁਰੀਤਾ, ਗੋੱਲੀ)

ਬਾਦੀ (बादी) /bādī バーディー/ f. 〖医〗胃腸内ガス滞留, 鼓腸.
— adj. 〖医〗胃腸にガスが溜まった, 鼓腸の.

ਬਾਂਧ (बाँध) /bā̂da̯ バーンド/ [Skt. बंधन] m. **1**〖地理〗堰. **2**〖地理〗堤防.

ਬਾਧਕ (बाधक) /bâdaka̯ バーダク/ [Skt. बंधक] adj. **1** 妨げる, 妨害の, 障害となる. **2** 制限する, 限定的な.

ਬਾਧਾ (बाधा) /bâdā バーダー/ [Skt. बाधा] f. **1** 妨げ, 妨害. (⇒ਰੁਕਾਵਟ) **2** 制限, 限定. **3** 禁止. (⇒ਰੋਕ)

ਬਾਨ (बान) /bāna̯ バーン/ [Pers. bān] suff. 「…に関わりのある」「…という属性を持つ」「…を所有する」「…を御する」「…を管理する」「…を行う」などを意味する形容詞, または「…に関わりのあるもの」「…という属性を持つもの」「…を所有するもの」「…を御するもの」「…を管理するもの」「…を行うもの」などを意味する男性名詞を形成する接尾辞.

ਬਾਨ੍ਹ (बान्ह) /bâna̯ バーン/ ▸ਬਾਨ੍ਹਣੂੰ m. **1** 束縛, 拘束. **2** 禁止, 禁制, 禁忌. **3** 調停. **4** 契約, 規定. **5** 取り決め, 協定. **6** 計画, 予定.

ਬਾਨ੍ਹਣੂੰ (बान्हणूँ) /bânaṇū̃ バーナヌーン/ ▸ਬਾਨ੍ਹ m. → ਬਾਨ੍ਹ

ਬਾਨ੍ਹਵਾਂ (बान्हवाँ) /bânawā̃ バーナワーン/ ▸ਬਾਨ੍ਹਵਿਆਂ, ਬਾਨਵਾਂ [(Pkt. बाणवइ) Skt. द्विनवति -वां] or.num. 92番目.
— adj. 92番目の.

ਬਾਨ੍ਹਵਿਆਂ (बान्हविआँ) /bânawiā̃ バーンウィアーン/ ▸ਬਾਨ੍ਹਵਾਂ, ਬਾਨਵਾਂ or.num. adj. → ਬਾਨ੍ਹਵਾਂ

ਬਾਨਵਾਂ (बानवाँ) /bānawā̃ バーナワーン/ ▸ਬਾਨ੍ਹਵਾਂ, ਬਾਨ੍ਹਵਿਆਂ or.num. adj. → ਬਾਨ੍ਹਵਾਂ

ਬਾਨਵੇਂ (बानवें) /bānawẽ バーナウェーン/ ▸ਬੰਨਵੇਂ [(Pkt. बाणवइ) Skt. द्विनवति] ca.num. 92.
— adj. 92の.

ਬਾਨੀ[1] (बानी) /bānī バーニー/ [Arab. bānī] m. **1** 創立者, 創始者, 開祖. (⇒ਮੋਢੀ) ❐ਬੁੱਧ ਜੀ ਬੁੱਧ ਧਰਮ ਦੇ ਬਾਨੀ ਸਨ। お釈迦様は仏教の開祖でした. **2** 指導者, 先駆者. (⇒ਆਗੂ)

ਬਾਨੀ[2] (बानी) /bānī バーニー/ [Pers. bānī] suff. 「…に関わりのあること」「…という属性を持つこと」「…を所有すること」「…を御すること」「…を管理すること」「…を行うこと」などを意味する女性名詞を形成する接尾辞.

ਬਾਪ (बाप) /bāpa̯ バープ/ [(Pkt. वप्प) Skt. वप्तृ] m. **1**〖親族〗父, 親父. (⇒ਪਿਓ, ਪਿਤਾ) **2** 主人. (⇒ਸਵਾਮੀ, ਮਾਲਕ)

ਬਾਪੂ (बापू) /bāpū バープー/ [+ ਊ] m. 〖親族〗父, 親父. (⇒ਪਿਓ, ਪਿਤਾ)

ਬਾਫ਼ਤਾ (बाफ़ता) /bāfatā バーフター/ [Pers. bāfta] m. 〖布地〗多彩に刺繍された絹布.

ਬਾਬ[1] (बाब) /bāba̯ バーブ/ [Arab. bāb] m. **1** 戸, ドア, 出入り口, 門. (⇒ਦਰਵਾਜ਼ਾ, ਬੂਹਾ) **2** (書物の)章, 節. (⇒ਕਾਂਡ, ਅਧਿਆਇ)

ਬਾਬ[2] (बाब) /bāba̯ バーブ/ [Arab. bāba] m. 状態. (⇒ਹਾਲਤ, ਦਸ਼ਾ)
— f. ひどい状態, 苦境, 窮状.

ਬਾਬਤ (बाबत) /bābata̯ バーバト/ [Pers. bābat] postp. **1**…について, …に関して. (⇒ਬਾਰੇ) **2**…のために, …の理由で, …が原因で. (⇒ਮਾਰੇ)
— f. **1** 関係, 関連. **2** 事柄.

ਬਾਬਰੀ (बाबरी) /bābarī バーバリー/ ▸ਬਾਵਰੀ f. → ਬਾਵਰੀ

ਬਾਬਲ[1] (बाबल) /bābala̯ バーバル/ m. 〖地名〗バビロン《古代バビロニアの首都》.

ਬਾਬਲ[2] (बाबल) /bābala̯ バーバル/ m. 〖親族〗お父さん《娘から父親に対する愛情を込めた呼称》.

ਬਾਬਾ (बाबा) /bābā バーバー/ [Pers. bābā] m. **1**〖親族〗祖父, おじいちゃん. **2** おじいさん《お年寄り・年輩の男性への敬称》. **3** 老師《聖者への敬称》. **4** 老人.

ਬਾਬੂ (बाबू) /bābū バーブー/ m. **1** 旦那, 先生《社会的地位や学識のある男子に対する敬称》. **2** お父さん, 親爺さん《父親など年長者に対する敬称》. **3**〖親族〗父, 父親. **4** (男の)事務官, 事務員.

ਬਾਬੂਆਣੀ (बाबूआणी) /bābūāṇī バーブーアーニー/ f. 事務官・事務員の妻.

ਬਾਮ[1] (बाम) /bāma̯ バーム/ [Pers. bām] m. **1**〖建築〗

住宅の屋根. **2**〖建築〗露台, テラス.

ਬਾਮ² (बाम) /bāma バーム/ [Eng. *balm*] *f.*〖薬剤〗バルサム剤《バルサムから作る鎮痛用軟膏》.

ਬਾਮ³ (बाम) /bāma バーム/ ▸ਵਾਮ *adj.* → ਵਾਮ

ਬਾਮ੍ਹਣ (बाम्हण) /bâmaṇa バーマン/ ▸ਬਰਾਹਮਣ, ਬ੍ਰਾਹਮਣ, ਬਾਹਮਣ *m.* → ਬਰਾਹਮਣ

ਬਾਰ¹ (बार) /bāra バール/ ▸ਵਾਰ, ਵੇਰ *f.* → ਵਾਰ³

ਬਾਰ² (बार) /bāra バール/ ▸ਵਾਰ *m.* → ਵਾਰ⁴

ਬਾਰ³ (बार) /bāra バール/ [Skt. द्वार] *m.*〖建築〗戸. (⇒ਬੂਹਾ, ਦਰਵਾਜ਼ਾ)

ਬਾਰ⁴ (बार) /bāra バール/ [Pers. *bār*] *m.* **1** 荷物. **2** 積み荷. **3** 重さ, 重量.

ਬਾਰ⁵ (बार) /bāra バール/ [Eng. *bar*] *m.* 酒場, バー.

ਬਾਰਸ਼ (बारश) /bāraśa バーラシュ/ ▸ਬਾਰਿਸ਼ [Pers. *bāriś*] *f.*〖気象〗雨, 降雨. (⇒ਮੀਂਹ)

ਬਾਰਹਮਾਹਾ (बारहमाहा) /bārahamāhā バーラフマーハー/ ▸ਬਾਰਾਂਮਾਹ, ਬਾਰਾਮਾਹ, ਬਾਰਾਂਮਾਹਾ, ਬਾਰਾਮਾਹਾ *m.* → ਬਾਰਾਂਮਾਹ

ਬਾਰ੍ਹਵਾਂ (बार्हवाँ) /bâraw̃ā バールワーン/ [(Pkt. बारस) Skt. द्वादश -वाँ] *or.num.* 12番目.

— *adj.* 12番目の.

ਬਾਰ੍ਹਾਂ (बार्हाँ) /bârā̃ バーラーン/ ▸ਬਾਰਾਂ *ca.num. adj.* → ਬਾਰਾਂ¹

ਬਾਰਕ (बारक) /bāraka バーラク/ ▸ਬੈਰਕ *f.* → ਬੈਰਕ

ਬਾਰਡਰ (बारडर) /bāraḍara バールダル/ ▸ਬਾਡਰ, ਬੌਡਰ *m.* → ਬਾਡਰ

ਬਾਰਦਾਨਾ (बारदाना) /bāradānā バールダーナー/ [Pers. *bār* + Pers. *dāna*] *m.* **1** 目の粗い麻袋. **2** 入れ物, 容器. **3** 供給, 補給.

ਬਾਰ ਬਾਰ (बार बार) /bāra bāra バール バール/ ▸ਵਾਰ ਵਾਰ, ਵੇਰ ਵੇਰ *adv.* → ਵਾਰ ਵਾਰ

ਬਾਰਾਂ¹ (बाराँ) /bārā̃ バーラーン/ ▸ਬਾਰ੍ਹਾਂ [(Pkt. बारस) Skt. द्वादश] *ca.num.* 12.

— *adj.* 12の.

ਬਾਰਾਂ² (बाराँ) /bārā̃ バーラーン/ [Pers. *bārān*] *f.*〖気象〗雨, 降雨. (⇒ਮੀਂਹ, ਵਰਖਾ)

ਬਾਰਾਂਸਿੰਗਾ (बाराँसिंगा) /bārā̃singā バーラーンスィンガー/ *m.*〖動物〗(雄)シカ, 鹿, ヌマジカ, アカシカ. (⇒ਪਾਹੜਾ)

ਬਾਰਾਂਤਾਲ (बाराँताल) /bārā̃tāla バーラーンタール/ *m.* **1** 意地悪. **2** ずる賢いこと.

ਬਾਰਾਂਤਾਲਣ (बाराँतालण) /bārā̃tālaṇa バーラーンターラン/ *f.* 魔女.

ਬਾਰਾਂਮਾਹ (बाराँमाह) /bārā̃mâ バーラーンマー/ ▸ਬਾਰਹਮਾਹਾ, ਬਾਰਾਮਾਹ, ਬਾਰਾਂਮਾਹਾ, ਬਾਰਾਮਾਹਾ *m.*〖文学〗十二か月の歌, 十二か月諷詠《季節の移ろいに託して, 夫や恋人と離れて暮らす女性の気持ちを詠う長編詩. 十二か月の名称で始まる連で構成されている》.

ਬਾਰਾਮਾਹ (बारामाह) /bārāmâ バーラーマー/ ▸ਬਾਰਹਮਾਹਾ, ਬਾਰਾਂਮਾਹ, ਬਾਰਾਂਮਾਹਾ, ਬਾਰਾਮਾਹਾ *m.* → ਬਾਰਾਂਮਾਹ

ਬਾਰਾਂਮਾਹਾ (बाराँमाहा) /bārā̃māhā バーラーンマーハー/ ▸ਬਾਰਹਮਾਹਾ, ਬਾਰਾਂਮਾਹ, ਬਾਰਾਮਾਹ, ਬਾਰਾਮਾਹਾ *m.* → ਬਾਰਾਂਮਾਹ

ਬਾਰਾਮਾਹਾ (बारामाहा) /bārāmāhā バーラーマーハー/ ▸ਬਾਰਹਮਾਹਾ, ਬਾਰਾਂਮਾਹ, ਬਾਰਾਮਾਹ, ਬਾਰਾਂਮਾਹਾ *m.* → ਬਾਰਾਂਮਾਹ

ਬਾਰਿਸ਼ (बारिश) /bāriśa バーリシュ/ ▸ਬਾਰਸ਼ [Pers. *bāriś*] *f.* → ਬਾਰਸ਼

ਬਾਰੀ¹ (बारी) /bārī バーリー/ [Skt. द्वार -ਈ] *f.*〖建築〗窓. (⇒ਖਿੜਕੀ)

ਬਾਰੀ² (बारी) /bārī バーリー/ ▸ਵਾਰੀ *f.* → ਵਾਰੀ²

ਬਾਰੀਕ (बारीक) /bārīka バーリーク/ ▸ਬਰੀਕ *adj.* → ਬਰੀਕ

ਬਾਰੀ ਦੁਆਬ (बारी दुआब) /bārī duāba バーリー ドゥアーブ/ *m.*〖地名〗バーリー・ドゥアーブ地方《ラーヴィー川とビアース川の間のパンジャーブの中部地域》.

ਬਾਰੂਦ (बारूद) /bārūda バールード/ ▸ਬਰੂਦ *m.* → ਬਰੂਦ

ਬਾਰੇ (बारे) /bāre バーレー/ ▸ਵਾਰੇ [Pers. *bār*] *postp.* …について, …に関して(⇒ਬਾਬਤ) ❑ਲੋਕ ਇਸ ਨਵੇਂ ਅਧਿਆਪਕ ਬਾਰੇ ਗੱਲਾਂ ਕਰ ਰਹੇ ਹਨ। 人々はこの新任の教師について話をしています. ❑ਗੁਰੂ ਜੀ ਨੂੰ ਮਲਿਕ ਭਾਗੋ ਬਾਰੇ ਸਭ ਕੁਝ ਪਤਾ ਸੀ। グル・ジーはマリク・バーゴーについてすべて知っていました. ❑ਇਸ ਵਾਰੇ ਆਪ ਜੀ ਦਾ ਕੀ ਖ਼ਿਆਲ ਹੈ? これについてあなたはどう思いますか.

ਬਾਲ¹ (बाल) /bāla バール/ [Skt. बाल] *m.* **1** 子供. (⇒ਬੱਚਾ) **2** 幼児.

ਬਾਲ² (बाल) /bāla バール/ ▸ਵਾਲ [Skt. बाल] *m.*〖身体〗毛, 髪, 髪の毛, 毛髪, 頭髪, 体毛.

ਬਾਲ³ (बाल) /bāla バール/ [Eng. *ball*] *m.* **1** 球. **2** ボール.

ਬਾਲਕ (बालक) /bālaka バーラク/ [Skt. बालक] *m.* **1** 男の子, 男児. **2** 少年.

ਬਾਲਕਾ¹ (बालका) /bālakā バールカー/ [Skt. बालका] *m.* **1** 子供. (⇒ਛੋਟਾ ਬੱਚਾ) **2** 弟子. (⇒ਸ਼ਿਸ਼) **3** 生徒.

ਬਾਲਕਾ² (बालका) /bālakā バールカー/ [Skt. बालिका] *f.* 女の子, 少女. (⇒ਕੁੜੀ, ਲੜਕੀ)

ਬਾਲਗ਼ (बालग़) /bālağa バーラグ/ [Arab. *bāliğ*] *adj.* 成人した, 成人の, 成年に達した.

— *m.* 成人, 大人.

ਬਾਲਗ਼-ਨਿਗਰਾਨੀ (बालग़-निगरानी) /bālağa-nigarānī バーラグ・ニグラーニー/ [+ Pers. *nigarānī*] *f.*〖法〗保護観察.

ਬਾਲਟੀ (बालटी) /bālaṭī バールティー/ [Portug. *balde*] *f.*〖容器〗バケツ, 手桶.

ਬਾਲਣ (बालण) /bālaṇa バーラン/ [cf. ਬਾਲਨਾ] *m.* **1** 燃料. **2** 薪. (⇒ਈਂਧਣ)

ਬਾਲਣਾ (बालणा) /bālaṇā バールナー/ ▸ਬਾਲਨਾ *vt.* → ਬਾਲਨਾ

ਬਾਲਨਾ (बालना) /bālanā バールナー/ ▸ਬਾਲਣਾ [Skt. ज्वालयति] *vt.* **1** 燃やす. **2** 焼く. **3** 焚き火をする. **4** 灯を点す.

ਬਾਲਪਣ (बालपण) /bālapaṇa バールパン/ [Skt. बाल -ਪਣ] *m.* **1** 幼少, 年少. **2** 幼い頃, 幼年期, 幼児期, 子供時代. (⇒ਬਚਪਣ)

ਬਾਲ-ਬੱਚੇਦਾਰ (बाल-बच्चेदार) /bāla-baccedāra バール・バッチェーダール/ [Skt. बाल + Pers. *bacca* Pers.*-dār*] *adj.* 子供のいる.

ਬਾਲਮ (बालम) /bālama バーラム/ [Skt. वल्लभ] *m.* **1** 恋人. **2** 愛人. **3**〖親族〗夫.

ਬਾਲਮੀਕ (बालमीक) /bālamīka バールミーク/ ▸ਵਾਲਮੀਕ *m.* → ਵਾਲਮੀਕ

ਬਾਲ ਵਰੇਸ (बाल वरेस) /bāla waresa バール ワレース/ [Skt. बाल Skt.-वयस्] f. 幼年, 児童期, 子供の頃.
— adj. 幼年の, 幼い, 子供の.

ਬਾਲਵਾੜੀ (बालवाड़ी) /bālawāṛī バールワーリー/ [Skt. बाल + Skt. वाड -ਈ] f. 1 幼稚園. (⇒ਕਿੰਡਰਗਾਰਟਨ) 2 託児所.

ਬਾਲੜੀ (बालड़ी) /bālaṛī バーラリー/ [Skt. बाल -ੜੀ] f. 女の子, 少女.

ਬਾਲਾ[1] (बाला) /bālā バーラー/ [Skt. बाल + ਆ] f. 女の子, 少女. (⇒ਕੁੜੀ, ਲੜਕੀ)

ਬਾਲਾ[2] (बाला) /bālā バーラー/ m. 〖装〗大きな輪の形の耳飾り.

ਬਾਲਾ[3] (बाला) /bālā バーラー/ [Pers. bālā] adj. 高い. (⇒ਉੱਚਾ)

ਬਾਲੀਵੁੱਡ (बालीवुड्ड) /bālīwuḍḍa バーリーウッド/ [Eng. Bombay + Eng. Hollywood] m. ボリウッド《ムンバイーの旧名ボンベイとアメリカのハリウッドを合わせた造語. インド映画の主流であるヒンディー語映画の中心地を指すが, インド映画の総称としても使われる》.

ਬਾਲੂ[1] (बालू) /bālū バールー/ [Skt. वालुका] f. 砂. (⇒ਰੇਤ)

ਬਾਲੂ[2] (बालू) /bālū バールー/ ▸ਭਾਲੂ [(Kang.)] m. → ਭਾਲੂ

ਬਾਲੂਸ਼ਾਹੀ (बालूशाही) /bālūśâī バールーシャーイー/ f. 〖食品〗バールーシャーヒー《甘い菓子の一種》.

ਬਾਵਕਾਰ (बावकार) /bāwakāra バーワカール/ [Pers. bā- Arab. vakār] adj. 1 名誉ある, 尊敬される. 2 名声の高い, 高名な.

ਬਾਵਜੂਦ (बावजूद) /bāwajūda バーワジュード/ [Pers. bāvujūd] adv. それにもかかわらず, とはいえ.
— postp. 《… ਦੇ ਬਾਵਜੂਦ の形で》…にもかかわらず. ❐ਪੁਲੀਸ ਦੀ ਵਧੀਆ ਕਾਰਗੁਜ਼ਾਰੀ ਦੇ ਬਾਵਜੂਦ ਵੀ ਇੱਥੇ ਕਤਲ, ਬਲਾਤਕਾਰ ਆਦਿ ਦੀਆਂ ਘਟਨਾਵਾਂ ਅਕਸਰ ਹੁੰਦੀਆਂ ਰਹਿੰਦੀਆਂ ਹਨ। 警察の優れた働きにもかかわらず, 依然としてここでは殺人や強姦などの事件が頻発し続けています.

ਬਾਵਨ (बावन) /bāwana バーワン/ [(Pkt. विपण्णा) Skt. द्वापञ्चाशत्] ca.num. 52. (⇒ਬਵੰਜਾ)
— adj. 52の. (⇒ਬਵੰਜਾ)

ਬਾਵਨ-ਅੱਖਰੀ (बावन-अक्खरी) /bāwana-akkʰarī バーワン・アッカリー/ [+ Skt. अक्षर -ਈ] f. 〖文字・文学〗 52種のアルファベットの各文字で始まるように構成された詩.

ਬਾਵਰਚੀ (बावरची) /bāwaracī バーワルチー/ ▸ਬਵਰਚੀ m. → ਬਵਰਚੀ

ਬਾਵਰਾ (बावरा) /bāwarā バーワラー/ ▸ਬਾਉਰਾ, ਬਾਉਲਾ, ਬਾਵਲਾ, ਬੌਰਾ, ਬੌਲਾ adj. → ਬਾਉਲਾ

ਬਾਵਰੀ (बावरी) /bāwarī バーワリー/ ▸ਬਾਬਰੀ [(Pkt. बब्बरी) Skt. बर्बर] f. 〖身体〗髪の房.

ਬਾਵਰੀਆਂ (बावरीआँ) /bāwariā̃ バーワリーアーン/ [+ ਆਂ] f. 〖身体〗《 ਬਾਵਰੀ の複数形》ばらばらの縮れた髪, 乱れた髪.

ਬਾਵਲਾ (बावला) /bāwalā バーワラー/ ▸ਬਾਉਰਾ, ਬਾਉਲਾ, ਬਾਵਰਾ, ਬੌਰਾ, ਬੌਲਾ adj. → ਬਾਉਲਾ

ਬਾਵਲੀ (बावली) /bāwalī バーワリー/ ▸ਬਾਉਲੀ f. → ਬਾਉਲੀ

ਬਾਵਾ[1] (बावा) /bāwā バーワー/ [Pers. bābā] m. 1 苦行者. (⇒ਸਾਧ, ਫ਼ਕੀਰ) 2 〖姓〗バーワー《スィック教の初めの3代目までのグル〔教主〕の子孫とされる姓の一つ》. 3 家の主人. (⇒ਘਰ ਦਾ ਮਾਲਕ) 4 可愛い子. (⇒ਸੋਹਣਾ ਬੱਚਾ)

ਬਾਵਾ[2] (बावा) /bāwā バーワー/ [Skt. वाम] adj. 左の. (⇒ਖੱਬਾ)

ਬਾਵਾਂਗੋਰੀ (बावाँगोरी) /bāwā̃gorī バーワーンゴーリー/ m. 〖鉱物〗瑪瑙(めのう).

ਬਾਵੀ (बावी) /bāwī バーウィー/ ▸ਬਾਈ ca.num. adj. → ਬਾਈ[2]

ਬਾੜ (बाड़) /bāṛa バール/ ▸ਵਾੜ f. → ਵਾੜ

ਬਾੜ੍ਹ (बाड़्ह) /bâṛa バール/ f. 〖気象〗洪水, 大水, 水害, 川の増水.

ਬਾੜੀ (बाड़ी) /bāṛī バーリー/ ▸ਵਾੜੀ f. → ਵਾੜੀ

ਬਿਉਰੋ (बिउरो) /biuro ビウロー/ ▸ਬਿਊਰੋ m. → ਬਿਊਰੋ

ਬਿਊਰੋ (बिऊरो) /biūro ビウーロー/ ▸ਬਿਉਰੋ [Eng. bureau] m. 1(官庁内の)局, 部, 事務局. 2 営業所, 案内所, ビューロー.

ਬਿਅਰਥ (बिअरथ) /biaratʰa ビアルト/ ▸ਬੇਅਰਥ, ਵਿਅਰਥ, ਵੇਅਰਥ adj.adv. → ਵਿਅਰਥ

ਬਿਆ (बिआ) /biā ビアー/ adj. 他の. (⇒ਹੋਰ, ਦੂਜਾ)

ਬਿਆਈ (बिआई) /biāī ビアーイー/ f. 皮膚のひび割れ.

ਬਿਆਸ (बिआस) /biāsa ビアース/ ▸ਵਿਆਸ [Skt. विपाशा] m. 〖河川〗ビアース川《パンジャーブ地方を流れる五河の一つ》.

ਬਿਆਸੀ (बिआसी) /biāsī ビアースィー/ [(Pkt. बिअसी) Skt. द्व्यशीति] ca.num. 82.
— adj. 82の.

ਬਿਆਸੀਆਂ (बिआसीआँ) /biāsiā̃ ビアースィーアーン/ ▸ਬਿਆਸੀਮਾਂ, ਬਿਆਸੀਵਾਂ or.num. adj. → ਬਿਆਸੀਵਾਂ

ਬਿਆਸੀਮਾਂ (बिआसीमाँ) /biāsīmā̃ ビアースィーマーン/ ▸ਬਿਆਸੀਆਂ, ਬਿਆਸੀਵਾਂ [(Pua.)] or.num. adj. → ਬਿਆਸੀਵਾਂ

ਬਿਆਸੀਵਾਂ (बिआसीवाँ) /biāsīwā̃ ビアースィーワーン/ ▸ਬਿਆਸੀਆਂ, ਬਿਆਸੀਮਾਂ [(Pkt. बिअसी) Skt. द्व्यशीति -ਵਾਂ] or.num. 82番目.
— adj. 82番目の.

ਬਿਆਹ (बिआह) /biâ ビアー/ ▸ਬਯਾਹ, ਬਜਾਹ, ਵਿਆਹ, ਵਿਵਾਹ m. → ਵਿਆਹ

ਬਿਆਹੁਣਾ (बिआहुणा) /biâuṇā ビアーウナー/ ▸ਵਿਆਹੁਣਾ [Skt. विवाह] vt. → ਵਿਆਹੁਣਾ
— vi. (家畜が)子を産む, 交配する, 子を孕む.

ਬਿਆਹੁਤਾ (बिआहुता) /biâutā ビアーウター/ ▸ਵਿਆਹਤਾ, ਵਿਆਹੁਤਾ adj.f. → ਵਿਆਹੁਤਾ

ਬਿਆਜ (बिआज) /biāja ビアージ/ ▸ਬਯਾਜ, ਬਜਾਜ, ਵਿਆਜ [Skt. व्याज] m. 〖経済〗利子, 利息, 金利. (⇒ਸੂਦ) ❐ਬਿਆਜ ਦਰ 利率.

ਬਿਆਜਖ਼ੋਰ (बिआजख़ोर) /biājaxora ビアージコール/ ▸ਵਿਆਜਖ਼ੋਰ [Pers.-xor] m. 1 金貸し, 金貸し業者. 2 高利貸し, 高利貸し業者.

ਬਿਆਜਖ਼ੋਰੀ (बिआजख़ोरी) /biājaxorī ビアージコーリー/ ▸ਵਿਆਜਖ਼ੋਰੀ [Pers.-xorī] f. 1 金貸し業. 2 高利貸し業.

ਬਿਆਜੀ (बिआजी) /biājī ビアージー/ ▸ਵਿਆਜੀ [Skt.

ब्याजी] *adj.* 利子の付く.

ਬਿਆਧ (बिआध) /biâdạ ビアード/ ▸ਵਿਆਧ [Skt. व्याधि] *m.* **1** 狩人. **2** 鳥を捕まえる人.

ਬਿਆਨ (बिआन) /biānạ ビアーン/ [Arab. *bayān*] *m.* **1** 陳述, 供述, 供述書. **2** 記述. **3** 説明. **4** 宣言, 主張, 言明. **5**〘法〙状況証拠.

ਬਿਆਨਾ (बिआना) /biānā ビアーナー/ [Pers. *baiānā*] *m.* 前金, 前渡し金. (⇒ਪੇਸ਼ਗੀ)

ਬਿਆਨੀਆ (बिआनीआ) /biānīā ビアーニーアー/ [Arab. *bayān* -ਈਆ] *adj.* **1** 記述の. **2** 物語体の.

ਬਿਆਰ[1] (बिआर) /biārạ ビアール/ *m.*〘植物〙ヒマラヤスギ《マツ科の常緑高木》. (⇒ਦਿਓਦਾਰ)

ਬਿਆਰ[2] (बिआर) /biārạ ビアール/ ▸ਬਿਆੜ *m.* → ਬਿਆੜ

ਬਿਆਲੀ (बिआली) /biālī ビアーリー/ ▸ਬਤਾਲੀ, ਬਿਤਾਲੀ, ਬੈਤਾਲੀ [(Pua.)] *ca.num. adj.* → ਬਤਾਲੀ

ਬਿਆੜ (बिआड़) /biāṛạ ビアール/ ▸ਬਿਆਰ *m.*〘植物〙苗床, 苗代.

ਬਿਸਕੁਟ (बिसकुट) /bisạkuṭạ ビスクト/ [Eng. *biscuit*] *m.*〘食品〙ビスケット.

ਬਿਸਕੁਟੀ (बिसकुटी) /bisạkuṭī ビスクティー/ [-ਈ] *adj.* **1** ビスケット色の. **2** 薄茶色の.

ਬਿਸਤਰ (बिसतर) /bisạtarạ ビスタル/ ▸ਬਿਸਤਰਾ [Pers. *bistar*] *m.* **1**〘家具〙ベッド. **2** 寝具, 寝具一式.

ਬਿਸਤਰਬੰਦ (बिसतरबंद) /bisạtarạbandạ ビスタルバンド/ [Pers.-*band*] *m.* 寝具を巻いて止めたもの.

ਬਿਸਤਰਾ (बिसतरा) /bisạtarā ビスタラー/ ▸ਬਿਸਤਰ *m.* → ਬਿਸਤਰ

ਬਿਸ਼ਨ (बिशन) /biśanạ ビシャン/ ▸ਵਿਸ਼ਨੂੰ, ਵਿਸ਼ਨੂ *m.* → ਵਿਸ਼ਨੂ

ਬਿਸ਼ਨੀ (बिशनी) /biśạnī ビシュニー/ [Skt. व्यसनी] *m.* 官能的な喜びにふけること, 放蕩.

ਬਿਸ਼ਨੋਈ (बिशनोई) /biśạnoī ビシュノーイー/ *m.*〘ヒ〙ビシュノイ《1450年に生誕したとされる聖者ジャンボー・ジーを開祖とする改革ヒンドゥー教の一派の名称. さらにこの宗派に属する信者を指す. ビシュノイの意味は, この派の29の戒律を表す数字の「29」と言われる. また「ヴィシュヌ神の弟子」という意味とも言われる》.

ਬਿਸ਼ਪ (बिशप) /biśapạ ビシャプ/ [Eng. *bishop*] *m.*〘キ〙司教, 主教.

ਬਿਸਮ (बिसम) /bisamạ ビサム/ [Skt. विस्मय] *adj.* 驚いた, びっくりした. (⇒ਹੈਰਾਨ)

ਬਿਸਮਣਾ (बिसमणा) /bisạmaṇā ビスマナー/ ▸ਵਿਸਮਣਾ [Skt. विशम्यते] *vi.* (火や明かりが)消える. (⇒ਬੁਝਣਾ)

ਬਿਸਮਾਉਣਾ (बिसमाउणा) /bisạmāuṇā ビスマーウナー/ [cf. ਬਿਸਮਣਾ] *vt.* (火や明かりを)消す. (⇒ਬੁਝਾਉਣਾ)

ਬਿਸਮਾਦ (बिसमाद) /bisạmādạ ビスマード/ ▸ਵਿਸਮਾਦ *m.* → ਵਿਸਮਾਦ

ਬਿਸਮਿਲ (बिसमिल) /bisạmilạ ビスミル/ [Pers. *bismil*] *adj.* 傷ついた, 負傷した. (⇒ਘਾਇਲ, ਜ਼ਖ਼ਮੀ)

ਬਿਸਮਿੱਲਾ (बिसमिल्ला) /bisạmillā ビスミッラー/ [Arab. *bismillāh*] *adv.* 神の御名において. (⇒ਰੱਬ ਦੇ ਨਾਂ ਨਾਲ)

— *m.*〘イス〙物事の開始の時に述べられる決まり文句.

ਬਿਸਰਨਾ (बिसरना) /bisarạnā ビサルナー/ ▸ਵਿਸਰਨਾ, ਵਿੱਸਰਨਾ *vi.vt.* → ਵਿਸਰਨਾ

ਬਿਸਰਾਉਣਾ (बिसराउणा) /bisạrāuṇā ビスラーウナー/ ▸ ਵਿਸਰਾਉਣਾ *vt.* → ਵਿਸਰਾਉਣਾ

ਬਿਸਰਾਈ (बिसराई) /bisạrāī ビスラーイー/ [cf. ਵਿਸਰਨਾ] *f.* 忘れること, 忘却.

ਬਿਸਰਾਮ (बिसराम) /bisạrāmạ ビスラーム/ ▸ਵਿਸਰਾਮ, ਵਿਸ਼ਰਾਮ *m.* → ਵਿਸ਼ਰਾਮ

ਬਿਸਵਾ (बिसवा) /bisạwā ビスワー/ ▸ਵਿਸਵਾ *m.* → ਵਿਸਵਾ

ਬਿਸਵੇਦਾਰ (बिसवेदार) /bisạwedārạ ビスウェーダール/ ▸ ਵਿਸਵੇਦਾਰ *m.* → ਵਿਸਵੇਦਾਰ

ਬਿਸਾਰ (बिसार) /bisārạ ビサール/ ▸ਬਸਾਰ, ਵਸਾਰ *f.* → ਵਸਾਰ

ਬਿਸੀਅਰ (बिसीअर) /bisīarạ ビスィーアル/ [Skt. विषधर] *adj.* 有毒の.

— *m.* 毒蛇.

ਬਿਸੇਖ (बिसेख) /bisekʰạ ビセーク/ ▸ਬਸ਼ੇਸ਼, ਬਸੇਖ, ਵਸ਼ੇਸ਼, ਵਸੇਖ, ਵਿਸ਼ੇਸ਼ *adj.* → ਵਿਸ਼ੇਸ਼

ਬਿਸੇਖਤਾ (बिसेखता) /bisekʰạtā ビセークター/ ▸ਵਿਸ਼ੇਸ਼ਤਾ *f.* → ਵਿਸ਼ੇਸ਼ਤਾ

ਬਿਹੰਗਮ (बिहंगम) /bihaṅgamạ ビハンガム/ [Skt. विहंगम] *m.* **1** 鳥. **2** 苦行者. (⇒ਵਿਰਕਤ ਸਾਧ)

ਬਿਹਤਰ (बिहतर) /bêtarạ ベータル/ [Pers. *behtar*] *adj.* **1** より良い, もっと良い, ましな. (⇒ਚੰਗੇਰਾ) **2** 望ましい.

ਬਿਹਤਰੀ (बिहतरी) /bêtarī ベータリー/ [Pers. *behtarī*] *f.* **1** より良いこと, ましなこと. **2** 優れていること, 優秀さ. (⇒ਚੰਗਿਆਈ) **3** 改良, 改善.

ਬਿਹਤਰੀਨ (बिहतरीन) /bêtarīnạ ベータリーン/ [Pers. *behtarīn*] *adj.* 最も良い, 最良の, 最高の. (⇒ਸਭ ਤੋਂ ਚੰਗਾ)

ਬਿਹਬਲ (बिहबल) /bêbalạ ベーバル/ [Skt. विह्वल] *adj.* **1** 揺れ動いている, 動揺した, 落ち着きのない, 混乱した, 不安な. (⇒ਬੇਚੈਨ, ਬੇਕਰਾਰ, ਵਿਆਕੁਲ) **2** 我を忘れた, 逆上した, 興奮した, 狂乱状態の. **3** 苦悩している, 苦しんでいる.

ਬਿਹਬਲਤਾ (बिहबलता) /bêbalạtā ベーバルター/ [Skt.-ता] *f.* **1** 動揺, 混乱, 不安. **2** 逆上, 興奮, 狂乱状態. **3** 苦悩, 苦しみ.

ਬਿਹਾ (बिहा) /bêā | behā ベーアー | ベーハー/ ▸ਬੇਹਾ, ਬੇਹਿਆ *adj.* **1** 新鮮でない. **2** 腐りかけた, 腐った.

ਬਿਹਾਗ (बिहाग) /bihāgạ | biǎgạ ビハーグ | ビアーグ/ ▸ ਬਿਹਾਗੜਾ, ਵਿਹਾਗ *m.*〘音楽〙ビハーグ《夜半過ぎに奏されるラーガ〔旋律〕の一つ》.

ਬਿਹਾਗੜਾ (बिहागड़ा) /bihāgaṛā | biǎgaṛā ビハーガラー | ビアーガラー/ ▸ਬਿਹਾਗ, ਵਿਹਾਗ *m.* → ਬਿਹਾਗ

ਬਿਹਾਰ (बिहार) /bihārạ | biǎrạ ビハール | ビアール/ *m.*〘地名〙ビハール州《インド東部の州. 州都はパトナー》.

ਬਿਹਾਰੀ[1] (बिहारी) /bihārī | biǎrī ビハーリー | ビアーリー/ *adj.* ビハールの, ビハール地方の, ビハール州の.

— *m.* ビハール地方の住民, ビハール出身の人.

— *f.* ビハール地方の言葉《マガヒー, マイティリー, ボージュプリーなどの方言群の総称》.

ਬਿਹਾਰੀ[2] (बिहारी) /bihārī | biǎrī ビハーリー | ビアーリー/ *f.* 〖文字〗ビハーリー(ビアーリー)《長母音「イー」を表す, グルムキー文字の母音記号 ੀ の名称》.

ਬਿਹਾਰੀ[3] (बिहारी) /bihārī | biǎrī ビハーリー | ビアーリー/ *adj.* **1** 遊び戯れる, ふざける, 陽気な. **2** 陽気に騒ぐ, 浮かれ気分の.

— *m.* 〖ヒ〗ビハーリー《牛飼いの乙女たちと遊び戯れる者. クリシュナ神の異名の一つ》. (⇒ਕਰਿਸ਼ਨ)

ਬਿਹੀ (बिही) /bihī ビヒー/ ▸ਬੀਹੀ [Pers. *bihī*] *f.* 〖植物〗マルメロ《バラ科の果樹. アムルード ਅਮਰੂਦ に似た果実をつけ, 種子は薬用に供される》.

ਬਿਹੀਦਾਣਾ (बिहीदाणा) /bihīdāṇā ビヒーダーナー/ [+ Pers. *dāna*] *m.* 〖植物〗マルメロの種子《薬用に供される》.

ਬਿਹੀਨ (बिहीन) /bihīna ビヒーン/ [Skt. विहीन] *suff.* 「…のない」を意味する接尾辞. (⇒ਰਹਿਤ)

ਬਿੱਕ (बिक्क) /bikka ビック/ [(Pkt. वक्क) Skt. वल्क] *f.* **1** (果物の)皮, 樹皮. (⇒ਛਿੱਲ) **2** 皮, 表皮. (⇒ਖੱਲ)

ਬਿਕਟ[1] (बिकट) /bikaṭa ビカト/ ▸ਵਿਕਟ *adj.* → ਵਿਕਟ

ਬਿਕਟ[2] (बिकट) /bikaṭa ビカト/ [Eng. *picket*] *m.* **1** 棒杭. **2** 〖軍〗哨兵.

ਬਿਕਣਾ (बिकणा) /bikaṇā ビカナー/ ▸ਵਿਕਣਾ *vi.* → ਵਿਕਣਾ

ਬਿਕਰਮਾਜੀਤ (बिकरमाजीत) /bikaramājīta ビカルマージート/ ▸ਵਿਕਰਮਾਜੀਤ [Skt. विक्रमाजीत] *m.* 〖人名・歴史〗ヴィクラマージート《ヒンドゥーの王名. ウッジャイニー〔現在のウッジャイン〕を都としたグプタ朝の最盛期の王チャンドラグプタ2世の称号. ヴィクラマーディティヤ〈剛勇なる太陽〉とも称される》.

ਬਿਕਰਮਾਜੀਤੀ (बिकरमाजीती) /bikaramājītī ビカルマージーティー/ ▸ਵਿਕਰਮਾਜੀਤੀ [-ਈ] *adj.* ヴィクラマージート王の, ヴィクラマージート王の時代の.

ਬਿਕਰਮੀ (बिकरमी) /bikaramī ビカルミー/ ▸ਵਿਕਰਮੀ [Skt. विक्रमी] *adj.* ヴィクラマージート王の, ヴィクラマージート王の時代の.

— *m.* → ਬਿਕਰਮੀ ਸੰਮਤ

ਬਿਕਰਮੀ ਸੰਮਤ (बिकरमी संमत) /bikaramī sammata ビカルミー サンマト/ ▸ਵਿਕਰਮੀ ਸੰਮਤ [+ Skt. संवत्] *m.* 〖暦〗ヴィクラマ暦, ヴィクラマ紀元《西暦の紀元前57年から始まる》.

ਬਿਕਰਾਲ (बिकराल) /bikarāla ビクラール/ ▸ਵਿਕਰਾਲ *adj.* → ਵਿਕਰਾਲ

ਬਿੱਕਰੀ (बिक्करी) /bikkarī ビッカリー/ ▸ਵਿੱਕਰੀ *f.* → ਵਿੱਕਰੀ

ਬਿਕਲ (बिकल) /bikala ビカル/ ▸ਵਿਕਲ [Skt. विकल] *adj.* **1** 動転した, あわてている, うろたえた, 狼狽した. (⇒ਵਿਆਕੁਲ) **2** 当惑した, 困惑した. **3** 落ち着かない, 不安な. (⇒ਬੇਚੈਨ) **4** 窮乏した.

ਬਿਕਾਉਣਾ (बिकाउणा) /bikāuṇā ビカーウナー/ ▸ਵਿਕਾਉਣਾ, ਵਿਕਵਾਉਣਾ *vt.* → ਵਿਕਵਾਉਣਾ

ਬਿਕਾਊ (बिकाऊ) /bikāū ビカーウー/ ▸ਵਿਕਾਊ *adj.* → ਵਿਕਾਊ

ਬਿਕਾਰ (बिकार) /bikāra ビカール/ ▸ਵਿਕਾਰ *m.* → ਵਿਕਾਰ

ਬਿਕਾਰੀ (बिकारी) /bikārī ビカーリー/ ▸ਵਿਕਾਰੀ *adj.* → ਵਿਕਾਰੀ

ਬਿਖ (बिख) /bikʰa ビク/ ▸ਵਿਸ, ਵਿੱਸ, ਵਿਹੁ, ਵਿਖ, ਵੇਹੁ [Skt. विष] *m.* 毒. (⇒ਜ਼ਹਿਰ)

ਬਿਖਮ (बिखम) /bikʰama ビカム/ ▸ਵਿਸ਼ਮ, ਵਿਖਮ [Skt. विषम] *adj.* **1** 平坦でない, でこぼこの. **2** 釣り合いのとれない, 均衡を失った, 不規則な. **3** 難しい, 気難しい, 厳しい, 厄介な. (⇒ਔਖਾ) **4** 複雑な. (⇒ਪੇਚੀਦਾ) **5** 不満足な, 意に満たない, 不公正な. **6** 奇妙な, 変な, 無類の. **7** 〖数学〗奇数の. (⇒ਟਾਂਕ, ਤਾਕ)

ਬਿਖਮਤਾ (बिखमता) /bikʰamatā ビカムター/ ▸ਵਿਸ਼ਮਤਾ [Skt.-ता] *f.* **1** 一様でないこと, 不釣り合い, 不ぞろい. (⇒ਨਾ ਬਰਾਬਰੀ) **2** 不一致, 不調和. **3** 困難, 苦労. (⇒ਔਖਿਆਈ, ਮੁਸ਼ਕਲ) **4** 奇妙さ, 風変わり.

ਬਿਖਰਨਾ (बिखरना) /bikʰaranā ビカルナー/ [(Pkt. विक्खरइ) Skt. विष्करति] *vi.* 撒かれる, 散らばる, 撒き散らされる, 散乱する. (⇒ਖਿੱਲਰਨਾ)

ਬਿਖਰਾਉਣਾ (बिखराउणा) /bikʰarāuṇā ビクラーウナー/ [cf. ਬਿਖਰਨਾ] *vt.* 撒く, 散らかす, 散らばらせる, 撒き散らす. (⇒ਖਿਲਾਰਨਾ)

ਬਿਖੜਾ (बिखड़ा) /bikʰaṛā ビカラー/ *adj.* **1** 難しい. **2** 険しい, 危険な. **3** 平坦でない, でこぼこの, 荒れた.

ਬਿਖਾਦ (बिखाद) /bikʰāda ビカード/ ▸ਬਖਾਦ, ਵਿਖਾਦ [Skt. विषाद] *m.* **1** 妬み. **2** 悪意, 悪口. (⇒ਵੈਰ, ਵਿਰੋਧ) **3** 喧嘩, 争い, 闘争. (⇒ਝਗੜਾ) **4** 口論, 激論.

ਬਿਖਾਦੀ (बिखादी) /bikʰādī ビカーディー/ ▸ਬਖਾਦੀ [-ਈ] *adj.* **1** 妬ましそうな. **2** 意地悪な. **3** 喧嘩腰の, 喧嘩好きな. **4** 論争好きな. **5** 好戦的な.

ਬਿਖਾਰਨਾ (बिखारना) /bikʰāranā ビカールナー/ ▸ਬਿਖੇਰਨਾ [Skt. विष्केरयति] *vt.* 撒き散らす, 散らばらせる, 散乱させる. (⇒ਖਿਲਾਰਨਾ)

ਬਿਖਿਆ (बिखिआ) /bikʰiā ビキアー/ [Skt. विष] *f.* **1** 毒. (⇒ਜ਼ਹਿਰ) **2** 罪. **3** 偽り. **4** 詐欺.

ਬਿਖੇਰਨਾ (बिखेरना) /bikʰeranā ビケールナー/ ▸ਬਿਖਾਰਨਾ *vt.* → ਬਿਖਾਰਨਾ

ਬਿੰਗ[1] (बिंग) /binga ビング/ ▸ਵਯੰਗ, ਵ੍ਯੰਗ, ਵਿਅੰਗ *m.* → ਵਿਅੰਗ

ਬਿੰਗ[2] (बिंग) /binga ビング/ ▸ਡਿੰਗ, ਵਿੰਗ, ਵਿੰਙ *m.* → ਵਿੰਗ[1]

ਬਿਗਲ (बिगल) /bigala ビガル/ [Eng. *bugle*] *m.* 〖楽器〗軍用らっぱ.

ਬਿਗੜਨਾ (बिगड़ना) /bigaṛanā ビガルナー/ ▸ਵਿਗੜਨਾ *vi.* → ਵਿਗੜਨਾ

ਬਿਗਾਨਗੀ (बिगानगी) /bigānagī ビガーンギー/ ▸ਬੇਗਾਨਗੀ [Pers. *begāna* Pers.-*gī*] *f.* **1** 知らないこと, 見慣れないこと. **2** 異質, 馴染みの薄いこと, 無縁. **3** 疎外, 疎外感.

ਬਿਗਾਨਾ (बिगाना) /bigānā ビガーナー/ ▸ਬੇਗਾਨਾ [Pers. *begāna*] *adj.* **1** 見知らぬ, 知らない, 見慣れない, 異質の. (⇒ਓਪਰਾ) **2** 馴染みの薄い, 無縁の. (⇒ਪਰਾਇਆ) **3** 異国の, 外国の, よその. (⇒ਪਰਦੇਸੀ)

— *m.* **1** 見知らぬ人, 他人. **2** 異人, 外国人, よそ者.

ਬਿਗਾਰ (बिगार) /bigāra ビガール/ ▸ਵਗਾਰ *f.* → ਵਗਾਰ

ਬਿਗਾਰੀ (बिगारी) /bigārī ビガーリー/ ▸ਵਗਾਰੀ *m.* →

ਵਗਾਰੀ
ਬਿਗਾੜ (बिगाड़) /bigāṛa ビガール/ ▸ਵਿਗਾੜ *m.* → ਵਿਗਾੜ
ਬਿਗਾੜਨਾ (बिगाड़ना) /bigāṛanā ビガールナー/ ▸ਵਿਗਾੜਨਾ *vt.* → ਵਿਗਾੜਨਾ
ਬਿਗਾੜੂ (बिगाड़ू) /bigāṛū ビガールー/ ▸ਵਿਗਾੜੂ *m.* → ਵਿਗਾੜੂ
ਬਿਘਨ (बिघन) /bîgana ビガン/ ▸ਵਿਘਨ *m.* → ਵਿਘਨ
ਬਿਘਾ (बिघा) /bîgā ビガー/ ▸ਬਿੱਘਾ, ਵਿੱਘਾ *m.* → ਵਿੱਘਾ
ਬਿੱਘਾ (बिग्घा) /bîggā ビッガー/ ▸ਬਿਘਾ, ਵਿੱਘਾ *m.* → ਵਿੱਘਾ
ਬਿਚਲਣਾ (बिचलणा) /bicalaṇā ビチャルナー/ ▸ਵਿਚਲਣਾ, ਵਿਚਲਨਾ *vi.* → ਵਿਚਲਨਾ
ਬਿਚਾਰ (बिचार) /bicāra ビチャール/ ▸ਵਿਚਾਰ *m.* → ਵਿਚਾਰ
ਬਿਚਾਰਾ (बिचारा) /bicārā ビチャーラー/ ▸ਬੇਚਾਰਾ, ਵਿਚਾਰਾ *adj.* → ਬੇਚਾਰਾ
ਬਿਛਵਾਉਣਾ (बिछवाउणा) /bicʰawāuṇā ビチワーウナー/ ▸ਵਿਛਵਾਉਣਾ *vt.* → ਵਿਛਵਾਉਣਾ
ਬਿਛਾਉਣਾ (बिछाउणा) /bicʰāuṇā ビチャーウナー/ ▸ਵਿਛਾਉਣਾ *vt.* → ਵਿਛਾਉਣਾ
ਬਿਛਾਈ (बिछाई) /bicʰāī ビチャーイー/ ▸ਵਿਛਾਈ *f.* → ਵਿਛਾਈ
ਬਿੱਛੂ (बिच्छू) /biccʰū ビッチュー/ ▸ਵਿਛੂ [Skt. वृश्चिक] *m.* 〖動物〗(雄)サソリ, 蠍. (⇒ਠੂਹਾਂ)
ਬਿਛੂਆ (बिछूआ) /bicʰūā ビチューアー/ *m.* **1**〖武〗湾曲した短剣. **2**〖装〗女性の足の指に付ける輪飾り.
ਬਿਛੌਣਾ (बिछौणा) /bicʰauṇā ビチャォーナー/ ▸ਵਿਛੌਣਾ [cf. ਵਿਛਾਉਣਾ] *m.* 〖寝具〗寝具, 寝具一式.
ਬਿੱਜ (बिज्ज) /bijja ビッジ/ [(Pkt. विज्ज) Skt. विद्युत] *f.* **1** 雷, 雷光, 稲光, 稲妻. **2** 不幸, 災難. (⇒ਮੁਸੀਬਤ, ਆਫ਼ਤ)
ਬਿੰਜਨ (बिंजन) /biñjana ビンジャン/ ▸ਵਿਅੰਜਨ, ਵਯੰਜਨ, ਵਜੰਜਨ *m.* → ਵਿਅੰਜਨ
ਬਿਜ਼ਨਸ (बिज़नस) /bizanasa ビズナス/ [Eng. *business*] *m.* ビジネス, 商売, 取引, 実業, 営業. (⇒ਵਪਾਰ)
ਬਿਜ਼ਨਸਮੈਨ (बिज़नसमैन) /bizanasamaina ビズナスマェーン/ [Eng. *businessman*] *m.* ビジネスマン, 実業家.
ਬਿਜਲਈ (बिजलई) /bijalaī ビジライー/ [(Pkt. बिज्जुली) Skt. विद्युत -ई] *adj.* 電気の.
ਬਿਜਲੀ (बिजली) /bijalī ビジリー/ [(Pkt. बिज्जुली) Skt. विद्युत] *f.* **1**〖物理〗電気, 電流. ❒ਬਿਜਲੀ ਚਲਾਉਣੀ 電流を流す. 電気のスイッチを入れる. ❒ਬਿਜਲੀ ਦੀ ਤਾਰ 電線. ❒ਬਿਜਲੀ ਦੀ ਰੌ 電流. ❒ਬਿਜਲੀ ਬੰਦ ਕਰਨੀ 電流を止める. 電気のスイッチを切る. **2** 電気の光, 電灯. ❒ਬਿਜਲੀ ਜਗਾਉਣੀ 電灯を点ける. ❒ਬਿਜਲੀ ਦਾ ਬਟਨ 電灯のスイッチ. **3**〖気象〗雷, 雷光, 稲光, 稲妻. ❒ਬਿਜਲੀ ਚਮਕਣੀ 稲光がひらめく, 稲妻が光る. ❒ਬਿਜਲੀ ਵਾਂਗ 稲妻のように, 電光石火の速さで.
ਬਿਜਲੀ ਘਰ (बिजली घर) /bijalī kăra ビジリー カル/ [Skt.-गृह] *m.* 発電所. (⇒ਪਾਵਰ ਹਾਊਸ)
ਬਿਜਵਾਉਣਾ (बिजवाउणा) /bijawāuṇā ビジワーウナー/ ▸ਬਿਜਾਉਣਾ [cf. ਬੀਜਣਾ] *vt.* …の種を蒔かせる, 種蒔きをさせる.
ਬਿਜਵਾਈ (बिजवाई) /bijawāī ビジワーイー/ ▸ਬਿਜਾਈ *f.* → ਬਿਜਾਈ
ਬਿਜੜਾ (बिजड़ा) /bijaṛā ビジラー/ [Skt. वय] *m.* 〖鳥〗ハタオリドリ, 機織鳥.
ਬਿਜਾਉਣਾ (बिजाउणा) /bijāuṇā ビジャーウナー/ ▸ਬਿਜਵਾਉਣਾ *vt.* → ਬਿਜਵਾਉਣਾ
ਬਿਜਾਊ (बिजाऊ) /bijāū ビジャーウー/ [cf. ਬੀਜਣਾ] *adj.* **1** 種の蒔かれた. **2** 耕された, 耕作できる.
ਬਿਜਾਈ (बिजाई) /bijāī ビジャーイー/ ▸ਬਿਜਵਾਈ [cf. ਬੀਜਣਾ] *f.* 〖農業〗種蒔き.
ਬਿਜ਼ੀ (बिज़ी) /bizī ビズィー/ [Eng. *busy*] *adj.* 忙しい, 多忙な. (⇒ਵਿਅਸਤ) ❒ਬਿਜ਼ੀ ਰਹਿਣਾ 忙しくしている, 多忙である, 活躍する.
ਬਿੱਜੂ (बिज्जू) /bijjū ビッジュー/ *m.* **1**〖動物〗アナグマ, 穴熊. **2**〖動物〗ハイエナ.
ਬਿਜੈ (बिजै) /bijai ビジャェー/ ▸ਵਿਜਯ, ਵਿਜੈ, ਵਿਜੇ *f.* → ਵਿਜੇ
ਬਿਠਾਉਣਾ (बिठाउणा) /biṭʰāuṇā ビターウナー/ ▸ਬਠਾਉਣਾ, ਬਠਾਲਣਾ, ਬਠਾਲਨਾ, ਬੈਠਾਉਣਾ, ਬੈਠਾਲਣਾ *vt.* → ਬਠਾਉਣਾ
ਬਿੰਡਾ (बिंडा) /binḍā ビンダー/ ▸ਬੀਂਡਾ *m.* → ਬੀਂਡਾ
ਬਿਤਾਉਣਾ (बिताउणा) /bitāuṇā ビターウナー/ ▸ਬਤਾਉਣਾ, ਵਿਤਾਉਣਾ [cf. ਬੀਤਣਾ] *vt.* (時を)過ごす, 費やす. (⇒ਗੁਜ਼ਾਰਨਾ) ❒ਜੀਵਣ ਬਿਤਾਉਣਾ 生活を送る, 暮らす.
ਬਿਤਾਲੀ (बिताली) /bitālī ビターリー/ ▸ਬਤਾਲੀ, ਬਿਆਲੀ, ਬੈਤਾਲੀ *ca.num. adj.* → ਬਤਾਲੀ
ਬਿਤੀਤ (बितीत) /bitīta ビティート/ ▸ਬਤੀਤ *adj.* → ਬਤੀਤ
ਬਿੰਦ (बिंद) /binda ビンド/ [Skt. बिन्दु] *f.* **1** 小量. **2** 滴, 水滴. (⇒ਕਤਰਾ) **3** 瞬時. (⇒ਪਲ, ਥੋੜ੍ਹਾ ਚਿਰ)
ਬਿਦਣਾ (बिदणा) /bidaṇā ビダナー/ [Skt. वदति] *vi.* **1** 賭ける. **2** 競う.
ਬਿਦਾਰ[1] (बिदार) /bidāra ビダール/ ▸ਬੇਦਾਰ *adj.* → ਬੇਦਾਰ
ਬਿਦਾਰ[2] (बिदार) /bidāra ビダール/ [Skt. विदारक] *adj.* 破壊的な, 破壊する.
ਬਿਦਾਰਨਾ (बिदारना) /bidāranā ビダールナー/ [Skt. विदारयति] *vt.* **1** 壊す, 破壊する, 滅ぼす, 壊滅させる. (⇒ਨਸ਼ਟ ਕਰਨਾ, ਨਾਸ਼ ਕਰਨਾ) **2** 殺す. **3** 根絶する.
ਬਿਦਾਰੀ (बिदारी) /bidārī ビダーリー/ ▸ਬੇਦਾਰੀ *f.* → ਬੇਦਾਰੀ
ਬਿੱਦਿਆ (बिद्दिआ) /biddiā ビッディアー/ ▸ਵਿਦਿਆ, ਵਿੱਦਿਆ *f.* → ਵਿੱਦਿਆ
ਬਿੰਦੀ (बिंदी) /bindī ビンディー/ [Skt. बिन्दु -ई] *f.* **1** 点. **2**〖数学〗ゼロ, 零. **3**〖装〗額に付ける点状のマーク. **4**〖文字〗ビンディー《グルムキー文字の鼻音化記号 ਂ の名称. 上の位置に付く小さな点の形で, 鼻母音または各種の鼻子音を表す》.
ਬਿੰਦੂ (बिंदू) /bindū ビンドゥー/ [Skt. बिन्दु] *m.* 点.
ਬਿਦੂਖਕ (बिदूखक) /bidūkʰaka ビドゥーカク/ ▸ਵਿਦੂਸ਼ਕ *m.* → ਵਿਦੂਸ਼ਕ
ਬਿਦੇਸ (बिदेस) /bidesa ビデース/ ▸ਬਦੇਸ, ਬਦੇਸ਼, ਵਿਦੇਸ਼ *m.* → ਬਦੇਸ
ਬਿਧ[1] (बिध) /bîda ビド/ ▸ਵਿਧ [Skt. विधि] *f.* **1** 運命, 宿命, 天命. (⇒ਕਿਸਮਤ, ਭਾਗ) **2** 偶然の一致, 符合. **3** ブラ

フマー神の異名の一つ. (⇒ਬਰਹਮਾ)
ਬਿਧ² (बिध) /bîdạ ビド/ ▸ਬਿਧੀ, ਵਿਧੀ *f.* → ਵਿਧੀ
ਬਿਧਨਾ (बिधना) /bîdạnā ビドナー/ ▸ਵਿਧਨਾ [Skt. विधि + ਨਾ] *f.* **1** 運命の女神. **2**〘ヒ〙ブラフマー神, 梵天. (⇒ਬਰਹਮਾ)
ਬਿਧਾਤਾ (बिधाता) /bidătā ビダーター/ ▸ਵਿਧਾਤਾ *m.* → ਵਿਧਾਤਾ
ਬਿਧੀ (बिधी) /bîdī ビディー/ ▸ਬਿਧ, ਵਿਧੀ *f.* → ਵਿਧੀ
ਬਿਨ (बिन) /binạ ビン/ ▸ਬਿਨਾਂ, ਬਿਨਾ *prep.postp.* → ਬਿਨਾਂ
ਬਿਨਸਣਹਾਰ (बिनसणहार) /binạsaṇạhārạ ビンサンハール/ [cf. ਬਿਨਸਣਾ -ਹਾਰ] *adj.* 滅びやすい, 壊れやすい, 破滅的な.
ਬਿਨਸਣਹਾਰਤਾ (बिनसणहारता) /binạsaṇạhārạtā ビンサンハールター/ [Skt.-ता] *f.* 滅びやすさ, 壊れやすさ, 壊滅性.
ਬਿਨਸਣਾ (बिनसणा) /binasaṇā ビナサナー/ [Skt. विनश्यति] *vi.* **1** 滅びる, 消滅する, 壊滅する. **2** 壊れる, 破壊される.
ਬਿਨਸਾਉਣਾ (बिनसाउणा) /binạsāuṇā ビンサーウナー/ [cf. ਬਿਨਸਣਾ] *vt.* **1** 滅ぼす, 消滅させる, 壊滅させる. **2** 壊す, 破壊する.
ਬਿਨਤੀ (बिनती) /binạtī ビンティー/ ▸ਬੇਨਤੀ *f.* → ਬੇਨਤੀ
ਬਿੰਨਾਂ (बिंनाँ) /binnā̃ ビンナーン/ ▸ਬਿੰਨਾ, ਬਿੰਨੂੰ *m.* 荷物を置くために頭の上に敷くクッション.
ਬਿੰਨਾ (बिंना) /binnā ビンナー/ ▸ਬਿੰਨਾਂ, ਬਿੰਨੂੰ *m.* → ਬਿੰਨਾਂ
ਬਿਨਾਂ (बिनाँ) /binā̃ ビナーン/ ▸ਬਿਨ, ਬਿਨਾ [Skt. विना] *prep.* **1**…なしで, …しないで. (⇒ਬਗ਼ੈਰ) ❐ਉਠ ਕਈ ਕਈ ਦਿਨ ਬਿਨਾਂ ਪਾਣੀ ਪੀਤਿਆਂ ਅਤੇ ਬਿਨਾਂ ਕੁਝ ਖਾਧਿਆਂ ਸਾਰ ਲੈਂਦਾ ਹੈ। 駱駝は何日も何日も水を飲まず何も食べないで済ますことができます. ❐ਬੁੱਢੀ ਬਿਨਾਂ ਕੁਝ ਬੋਲਿਆਂ ਬੈਠ ਗਈ। 老婆は何も話さず座りました. ❐ਉਹ ਔਰਤ ਬਿਨਾਂ ਕੋਈ ਗੱਲ ਕੀਤਿਆਂ ਮੁੜ ਲਾਈਨ ਵਿੱਚ ਖਲੋਤੀ। その女性は何も話さずまた列に並んで立ちました. **2**…を除いて, …以外に.
— *postp.* **1**…なしで, …しないで. (⇒ਬਗ਼ੈਰ) ❐ਮੈਂ ਚਾਹ ਬਿਨਾਂ ਨਹੀਂ ਰਹਿ ਸਕਦਾ। 私はお茶なしではやっていけません. ❐ਕਾਰਖ਼ਾਨਿਆਂ ਵਿੱਚ ਕੋਲੇ ਤੇ ਲੋਹੇ ਤੋਂ ਬਿਨਾਂ ਕੰਮ ਨਹੀਂ ਚੱਲ ਸਕਦਾ। 工場では石炭と鉄なしでは仕事が進みません. **2**…を除いて, …以外に.
ਬਿਨਾ¹ (बिना) /binā ビナー/ ▸ਬਿਨ, ਬਿਨਾਂ *prep.postp.* → ਬਿਨਾਂ
ਬਿਨਾ² (बिना) /binā ビナー/ ▸ਬਿਨਾਅ [Arab. *binā*] *f.* **1** 基礎, 基盤. (⇒ਨੀਂਹ, ਬੁਨਿਆਦ) **2** 根底, 土台. (⇒ਜੜ੍ਹ, ਅਧਾਰ) **3** 原因, 理由, 動機. (⇒ਕਾਰਨ)
ਬਿਨਾਅ (बिनाअ) /bināa ビナーア/ ▸ਬਿਨਾ *f.* → ਬਿਨਾ²
ਬਿਨਾਸ (बिनास) /bināsạ ビナース/ ▸ਵਿਨਾਸ਼, ਵਿਣਾਸ *m.* → ਵਿਨਾਸ਼
ਬਿੰਨੂੰ (बिंनूँ) /binnū̃ ビンヌーン/ ▸ਬਿੰਨਾਂ, ਬਿੰਨਾ *m.* → ਬਿੰਨਾਂ
ਬਿਨੈ (बिनै) /binai ビナェー/ [Skt. विनय] *f.* 願い, 懇願, 嘆願, 申請. (⇒ਅਰਜ਼, ਦਰਖ਼ਾਸਤ, ਨਿਵੇਦਨ, ਬੇਨਤੀ)
ਬਿਨੈ-ਪੱਤਰ (बिनै-पत्तर) /binai-pattarạ ビナェー・パッタル/ [+ Skt. पत्र] *m.* 申請書, 願書, 申込書. (⇒ਅਰਜ਼ੀ, ਦਰਖ਼ਾਸਤ)
ਬਿਨੋਦ (बिनोद) /binodạ ビノード/ ▸ਵਿਨੋਦ *m.* → ਵਿਨੋਦ
ਬਿਪਤਾ (बिपता) /bipạtā ビプター/ ▸ਵਿਪੱਤੀ, ਵਿਪਦਾ [Skt. विपत्ति] *f.* **1** 災い, 災難, 災厄, 災害. (⇒ਆਫ਼ਤ) **2** 苦境, 困難. (⇒ਮੁਸੀਬਤ)
ਬਿਫਰਨਾ (बिफरना) /bipʰarạnā ビパルナー/ ▸ਬਿੱਫਰਨਾ [Skt. विस्फरति] *vi.* **1** 激怒する, 怒り狂う, いきり立つ. **2** 憤然とする.
ਬਿੱਫਰਨਾ (बिप्फरना) /bippʰarạnā ビッパルナー/ ▸ਬਿਫਰਨਾ *vi.* → ਬਿਫਰਨਾ
ਬਿਫਲਣਾ (बिफलणा) /bipʰalạṇā ビパラナー/ *vi.* **1** うわごとを言う. **2** でたらめなことを言う. **3** 錯乱状態になる.
ਬਿੰਬ (बिंब) /bimbạ ビンブ/ [Skt. बिम्ब] *m.* **1** 像, 映像, 姿. **2** 心象, イメージ. **3** 反映, 反射. **4** 影, 影像. **5** 見かけ, 外形, 外観. **6** 丸い形, 円盤状のもの.
ਬਿੱਬ (बिब्ब) /bibbạ ビッブ/ [Eng. *bib*] *f.*〘衣服〙よだれかけ.
ਬਿੰਬਾਕਾਰ (बिंबाकार) /bimbākārạ ビンバーカール/ [Skt. बिम्ब + Skt. आकार] *adj.* 平円盤状の, 円形の.
ਬਿੰਬਾਵਲੀ (बिंबावली) /bimbāwalī ビンバーワリー/ *f.* 心象, 形象, イメージ.
ਬਿਬੇਕ (बिबेक) /bibekạ ビベーク/ ▸ਵਿਵੇਕ *m.* → ਵਿਵੇਕ
ਬਿਬੇਕਵਾਦ (बिबेकवाद) /bibekạwādạ ビベークワード/ ▸ਵਿਵੇਕਵਾਦ *m.* → ਵਿਵੇਕਵਾਦ
ਬਿਬੇਕੀ (बिबेकी) /bibekī ビベーキー/ ▸ਵਿਵੇਕੀ *adj.m.* → ਵਿਵੇਕੀ
ਬਿਭੂਤ (बिभूत) /bibŭtạ ビブート/ ▸ਬਿਭੂਤੀ, ਭਬੂਤ, ਭਭੂਤ, ਭਭੂਤੀ, ਵਿਭੂਤੀ *m.* → ਵਿਭੂਤੀ
ਬਿਭੂਤੀ (बिभूती) /bibŭtī ビブーティー/ ▸ਬਿਭੂਤ, ਭਬੂਤ, ਭਭੂਤ, ਭਭੂਤੀ, ਵਿਭੂਤੀ *f.* → ਵਿਭੂਤੀ
ਬਿਮਾਰ (बिमार) /bimārạ ビマール/ ▸ਬੀਮਾਰ [Pers. *bīmār*] *adj.* 病気の, 体調不良の.
— *m.* **1** 病人. **2** 患者.
ਬਿਮਾਰੀ (बिमारी) /bimārī ビマーリー/ ▸ਬੀਮਾਰੀ [Pers. *bīmārī*] *f.* 病気, 病, 疾病.
ਬਿਰਹਾ (बिरहा) /birạhā ビルハー/ ▸ਬਿਰਹੋਂ [Skt. विरह] *m.* 愛する人と離れ離れになること, 恋人との別離.
ਬਿਰਹੋਂ (बिरहों) /birạhõ ビルホーン/ ▸ਬਿਰਹਾ *m.* → ਬਿਰਹਾ
ਬਿਰਕਣਾ (बिरकणा) /birạkaṇā ビルカナー/ *vi.* **1** 大声で話す, 怒鳴る. (⇒ਬੜ੍ਹਕਣਾ) **2** おびえて白状する.
ਬਿਰਖ (बिरख) /birạkʰạ ビルク/ ▸ਬ੍ਰਿਛ, ਬਿਰਛ [Skt. वृक्ष] *m.*〘植物〙木, 樹木. (⇒ਦਰਖ਼ਤ)
ਬਿਰਛ (बिरछ) /birạcʰạ ビルチ/ ▸ਬ੍ਰਿਛ, ਬਿਰਖ *m.* → ਬਿਰਖ
ਬਿਰਜਸ (बिरजस) /birạjasạ ビルジャス/ [Eng. *breeches*] *f.*〘衣服〙半ズボン《乗馬用・宮廷礼服用などの, 膝の下で留めるもの》.
ਬਿਰਜਲੋਟ (बिरजलोट) /birạjaloṭạ ビルジャロート/ [Eng. *breechloader*] *adj.*〘武〙元込めの, 後装式の.
ਬਿਰੰਜੀ (बिरंजी) /birañjī ビランジー/ ▸ਬਰੰਜੀ [Pers. *biranjī*] *f.* 小さい釘.
ਬਿਰਤ¹ (बिरत) /biratạ ビラト/ [Skt. वृत्ति] *f.* **1** 精神集中. **2** 生計手段. (⇒ਰੋਜ਼ੀ)
ਬਿਰਤ² (बिरत) /biratạ ビラト/ [Skt. वृत्त] *m.* **1** 円. (⇒ਦਾਇਰਾ) **2** 円周, 周囲. (⇒ਦਾਇਰਾ)

ਬਿਰਤਾਂਤ (बिरताँत) /biratãta ビルターント/ ▸ਬਰਤਾਂਤ *m.* → ਬਰਤਾਂਤ

ਬਿਰਤਾਂਤਿਕ (बिरताँतिक) /biratãtika ビルターンティク/ [Skt. वृत्तांत + इक] *adj.* 物語体の.

ਬਿਰਤੀ (बिरती) /biratī ビルティー/ ▸ਵ੍ਰਿਤੀ [Skt. वृत्ति] *f.* **1** 状態, 様子. **2** 行動, 振る舞い. **3** 仕事, 職業, 生業. **4** 傾向. **5** 性質, 性向, 性格, 性分. **6** 精神集中. (⇒ਧਿਆਨ) **7** 沈思, 瞑想.

ਬਿਰਥਾ[1] (बिरथा) /biratʰā ビルター/ [Skt. वृथा] *adj.* **1** 無用の, 無駄な. **2** 無益な.
— *adv.* 無駄に.

ਬਿਰਥਾ[2] (बिरथा) /biratʰā ビルター/ [Skt. व्यथा] *f.* **1** 痛み. (⇒ਪੀੜ, ਦਰਦ) **2** 苦悩. (⇒ਸੰਤਾਪ) **3** 悲しみ. (⇒ਦੁਖ)

ਬਿਰਦ[1] (बिरद) /birada ビラド/ ▸ਵਿਰਦ [Skt. विरुद] *m.* **1** 称賛, 賛辞. (⇒ਉਸਤਤ) **2** 名声, 栄光. (⇒ਕੀਰਤੀ, ਜੱਸ)

ਬਿਰਦ[2] (बिरद) /birada ビラド/ ▸ਵਿਰਦ [Arab. *virad*] *m.* **1** 繰り返し, 反復, 練習, 稽古, 訓練. (⇒ਅਭਿਆਸ) **2** 日々の御勤め. (⇒ਨਿਤਨੇਮ) **3** 神の御名の暗唱. (⇒ਜਾਪ)

ਬਿਰਧ (बिरध) /bîrada ビラド/ [Skt. वृद्ध] *adj.* **1** 年老いた, 老齢の. (⇒ਬੁੱਢਾ) **2** 年配の.

ਬਿਰਧੀ (बिरधी) /bîradī ビルディー/ ▸ਵਰਿਧੀ, ਵ੍ਰਿਧੀ *f.* → ਵਰਿਧੀ

ਬਿਰਨਾ (बिरना) /biranā ビルナー/ [(Pua.) Skt. विरम्यति] *vi.* (幼児が)泣き止む.

ਬਿਰਲ (बिरल) /birala ビラル/ ▸ਵਿਰਲ *f.* → ਵਿਰਲ

ਬਿਰਵਾ (बिरवा) /birawā ビルワー/ ▸ਬਰਵਾ [(Pkt. बिरवअ) Skt. विपटक] *m.* 〖植物〗木, 樹木, 草木. (⇒ਦਰਖ਼ਤ, ਬਿਰਖ, ਰੁੱਖ)

ਬਿਰਾਜਣਾ (बिराजणा) /birājaṇā ビラージャナー/ ▸ਬਰਾਜਣਾ, ਵਿਰਾਜਣਾ [Skt. विराजति] *vi.* **1** 輝く, 照り輝く, 映える, 引き立って見える. **2** 据えられる, 安置される, 鎮座する, おわします, まします《ある, いる, の丁寧な表現》. **3** お座りになる, 着席なさる《座る, 腰を下ろす, 席に着く, などの敬語表現》.

ਬਿਰਾਜਮਾਨ (बिराजमान) /birājamāna ビラージマーン/ ▸ਵਿਰਾਜਮਾਨ [Skt. विराजमान] *adj.* **1** 輝いている, 映えている. **2** 据えられている, 安置されている, 鎮座している, 居られる, おわします, まします. **3** お座りになっている, 腰を下ろしていらっしゃる.

ਬਿਰਾਨ (बिरान) /birāna ビラーン/ ▸ਵਰਾਨ, ਵਿਰਾਨ, ਵੀਰਾਨ, ਵੈਰਾਨ *adj.* → ਵੀਰਾਨ

ਬਿਰੋਧ (बिरोध) /birôda ビロード/ ▸ਵਿਰੋਧ *m.* → ਵਿਰੋਧ

ਬਿਲ[1] (बिल) /bila ビル/ [Eng. *bill*] *m.* **1** 勘定書, 請求書. **2** 〖政治〗法案, 議案. **3** 〖経済〗為替手形.

ਬਿਲ[2] (बिल) /bila ビル/ ▸ਬਿੱਲ [Skt. बिल्व] *m.* 〖植物〗ベルノキ《ミカン科の落葉性中高木. インド原産で, 東南アジアの乾燥した森林に広く分布する. ヒンドゥー教の神ラクシュミーとシヴァを祀るもので, 通常は寺院の近くに植えられる》, ベルノキの実.

ਬਿੱਲ (बिल्ल) /billa ビッル/ ▸ਬਿਲ *m.* → ਬਿਲ[2]

ਬਿਲਕੁਲ (बिलकुल) /bilakula ビルクル/ [Arab. *bilkul*] *adv.* **1** 全く. **2** 完全に, すっかり.

ਬਿਲਟੀ (बिलटी) /bilaṭī ビルティー/ [Eng. *billet*] *f.* **1** 鉄道荷物. **2** 鉄道荷物の受領書.

ਬਿਲਡਿੰਗ (बिलडिंग) /biladiṅga ビルディング/ [Eng. *building*] *f.* 〖建築〗建物, ビル.

ਬਿਲਪ (बिलप) /bilapa ビルプ/ ▸ਵਰਲਾਪ, ਵਿਰਲਾਪ, ਵਿਲਾਪ *m.* → ਵਿਰਲਾਪ

ਬਿਲਪਣਾ (बिलपणा) /bilapaṇā ビルパナー/ [Skt. विलपति] *vi.* 泣き悲しむ, 泣きわめく, 悲嘆に暮れる.

ਬਿਲਬਿਲਾਉਣਾ (बिलबिलाउणा) /bilabilāuṇā ビルビラーウナー/ [Skt. विलापयति] *vi.* **1** 落ち着きを失う, 気が動転する. **2** 泣く, 泣きわめく, わめく.

ਬਿਲਮ (बिलम) /bilama ビラム/ ▸ਵਿਲੰਬ *m.f.* → ਵਿਲੰਬ

ਬਿਲਮਣਾ (बिलमणा) /bilamaṇā ビラムナー/ [Skt. विलंब] *vi.* **1** 遅れる, 手間取る, 長引く. **2** 滞る, つかえる, 止まる. (⇒ਅਟਕਣਾ, ਰੁਕਣਾ)

ਬਿਲਮਾਉਣਾ (बिलमाउणा) /bilamāuṇā ビルマーウナー/ [cf. ਬਿਲਮਣਾ] *vt.* **1** 遅らせる, 手間取らせる, 長引かせる. **2** 滞らせる, つかえさせる, 止まらせる, 止める. (⇒ਅਟਕਾਉਣਾ, ਰੋਕਣਾ)

ਬਿਲਲਾਉਣਾ (बिललाउणा) /bilalāuṇā ビルラーウナー/ [Skt. विलापयति] *vi.* **1** 泣きわめく, 号泣する. **2** 泣く, 泣き悲しむ.

ਬਿਲਾ (बिला) /bilā ビラー/ [Pers. *bilā*] *pref.* 「…なしに」「…なしで」「…なく」「…なしの」「…のない」などの意味の語を形成する否定の接頭辞.
— *prep.* …なしで, …なしの. (⇒ਬਗ਼ੈਰ, ਬਿਨਾਂ)

ਬਿੱਲਾ (बिल्ला) /billā ビッラー/ [Skt. बिडाल] *m.* 〖動物〗雄ネコ, 雄猫.
— *adj.* 猫の目のような薄茶色の, ハシバミ色の.

ਬਿਲਾਉਲ (बिलाउल) /bilāula ビラーウル/ ▸ਬਿਲਾਵਲ *m.* → ਬਿਲਾਵਲ

ਬਿਲਾਸ (बिलास) /bilāsa ビラース/ ▸ਵਿਲਾਸ *m.* → ਵਿਲਾਸ

ਬਿਲਾਸ਼ੱਕ (बिलाशक्क) /bilāśakka ビラーシャック/ [Pers. *bilā-* Arab. *śakk*] *adv.* 疑いなく.

ਬਿਲਾਸੀ (बिलासी) /bilāsī ビラースィー/ ▸ਵਿਲਾਸੀ *adj.m.* → ਵਿਲਾਸੀ

ਬਿਲਾਕਸੂਰ (बिलाकसूर) /bilākasūra ビラーカスール/ [Pers. *bilā-* Arab. *quṣūr*] *adv.* **1** 過失なく, 違反なく, 罪なく. **2** 申し分なく, 完璧に.

ਬਿਲਾਨਾਗ਼ਾ (बिलानाग़ा) /bilānāǧā ビラーナーガー/ [Pers. *bilā-* Turk. *nāǧā*] *adv.* **1** 休みなく, 怠りなく. **2** 絶え間なく. **3** 毎日.

ਬਿਲਾਮੁਆਵਜ਼ਾ (बिलामुआवज़ा) /bilāmuāwazā ビラームアーウザー/ [Pers. *bilā-* Arab. *muāvaza*] *adv.* **1** 補償なしで. **2** 報酬なしで.

ਬਿਲਾਮੁਕਾਬਲਾ (बिलामुकाबला) /bilāmukābalā ビラームカーブラー/ [Pers. *bilā-* Arab. *muqābala*] *adj.* **1** 対抗するもののない, 競争なしの. **2** 反対のない, 異議のない, 満場一致の.
— *adv.* 反対なく, 異議なく, 満場一致で.

ਬਿਲਾਰਾ (बिलारा) /bilārā ビラーラー/ [(Mul.)] *m.* 〖地理〗島. (⇒ਟਾਪੂ)

ਬਿਲਾਵਜ੍ਹਾ (बिलावज्हा) /bilāwâjā ビラーワジャー/ [Pers. *bilā-* Arab. *vajh*] *adj.* **1** いわれのない, 根拠のない. **2** 不必要な.

— *adv.* 理由なく, 根拠なく.
ਬਿਲਾਵਲ (बिलावल) /bilāwala ビラーワル/ ▸ਬਿਲਾਉਲ *m.* 〖音楽〗ビラーワル《インド古典音楽のラーガ〔旋法・音階型〕の一つ》.
ਬਿੱਲੀ[1] (बिल्ली) /billī ビッリー/ [Skt. विडाल] *f.* **1**〖動物〗（総称として）ネコ, 猫. ❐ਬਿੱਲੀਆਂ ਦੀ ਲੜਾਈ 猫の喧嘩, いがみ合い. **2** 雌ネコ, 雌猫.
— *adj.* 猫の目のような薄茶色の, ハシバミ色の.
ਬਿੱਲੀ ਅੱਖਾ (बिल्ली अक्खा) /billī akkʰā ビッリー アッカー/ [+ Skt. अक्षि] *adj.* 猫の目のような薄茶色の目の, ハシバミ色の目の.
ਬਿਲੀਅਰਡ (बिलीअरड) /biliārạḍạ ビリーアルド/ [Eng. *billiards*] *f.* 〖遊戯〗ビリヤード, 玉突き.
ਬਿਲ੍ਹੂੰ ਬਿਲ੍ਹੂੰ (बिलूँ बिलूँ) /bilũ bilũ ビルーン ビルーン/ *f.* 〖擬声語〗グスングスン《啜り泣く声, 哀れっぽく泣く声, 哀願する声など》. ❐ਬਿਲ੍ਹੂੰ-ਬਿਲ੍ਹੂੰ ਕਰਨਾ 啜り泣く, 哀れっぽく泣く, 哀願する.
ਬਿਲੋਣਾ (बिलोणा) /biloṇā ビローナー/ [Skt. बिलोभयति] *vt.* 掻き回す, 攪拌する. (⇒ਰਿੜਕਣਾ)
ਬਿਵਸਥਾ (बिवसथा) /bivasatʰā ビヴァスター/ ▸ਵਿਵਸਥਾ *f.* → ਵਿਵਸਥਾ
ਬਿੜਕ (बिड़क) /biṛaka ビルク/ ▸ਵਿੜਕ *f.* **1**〖擬声語〗カタカタ, ツタツタ《足音などの音》. ❐ਬਿੜਕ ਆਉਣੀ 足音などが聞こえる. **2** 音に対する警戒. ❐ਬਿੜਕ ਰੱਖਣੀ 音や動きに対して警戒する. **3** 危険が来るのを察知する感覚. ❐ਬਿੜਕ ਲੈਣੀ 察知する. **4** 何かが起こる前兆.
ਬੀ[1] (बी) /bī ビー/ ▸ਬੀਜ [Skt. बीज] *m.* 〖植物〗種, 種子.
ਬੀ[2] (बी) /bī ビー/ ▸ਭੀ, ਵੀ *adv.* → ਵੀ
ਬੀਅਰ (बीअर) /bīara ビーアル/ [Eng. *beer*] *f.* 〖飲料〗ビール. (⇒ਜੌਂ ਦੀ ਸ਼ਰਾਬ)
ਬੀਆਬਾਨ (बीआबान) /bīābāna ビーアーバーン/ [Pers. *biyābān*] *adj.* 荒れ果てた, 無人の.
— *m.* **1** 荒れ果てた森. **2** 荒れ地, 荒野.
ਬੀ ਏ (बी ए) /bī e ビー エー/ [Eng. *BA*] *m.* 文学士.
ਬੀਸੀਓਂ (बीसीओं) /bīsīõ ビースィーオーン/ ▸ਬੀਸੀਆਂ, ਬੀਸੈ, ਬੀਸੋ [(Pua.) (Pkt. वीसा) Skt. विंशति] *adv.* **1** 数十も. **2** 多く.
ਬੀਸੀਆਂ (बीसीआँ) /bīsīā̃ ビースィーアーン/ ▸ਬੀਸੀਓਂ, ਬੀਸੈ, ਬੀਸੋ [(Pua.)] *adv.* → ਬੀਸੀਓਂ
ਬੀਸੈ (बीसै) /bīsai ビーサェー/ ▸ਬੀਸੀਓਂ, ਬੀਸੀਆਂ, ਬੀਸੋ [(Pua.)] *adv.* → ਬੀਸੀਓਂ
ਬੀਸੋ (बीसो) /bīso ビーソー/ ▸ਬੀਸੀਓਂ, ਬੀਸੀਆਂ, ਬੀਸੈ [(Pua.)] *adv.* → ਬੀਸੀਓਂ
ਬੀਹ[1] (बीह) /bî ビー/ ▸ਬੀਹੀ, ਵੀਹੀ *f.* → ਵੀਹੀ
ਬੀਹ[2] (बीह) /bî ビー/ ▸ਵੀਹ *ca.num. adj.* → ਵੀਹ
ਬੀਹਵਾਂ (बीहवाँ) /bîwā̃ ビーワーン/ ▸ਵੀਹਵਾਂ, ਵੀਹਾਂ *or.num. adj.* → ਵੀਹਵਾਂ
ਬੀਹੜ[1] (बीहड़) /bîara ビーアル/ ▸ਬੀੜ [Skt. विकट] *adj.* **1** 難しい. (⇒ਔਖਾ, ਕਠਿਨ) **2** 越えるのが難しい. **3** 起伏のある, 険しい.
— *m.* **1**〖植物〗原生林. (⇒ਜੰਗਲ) **2** 保護林. **3** 荒れ地. **4** 牧場, 牧草地.
ਬੀਹੜ[2] (बीहड़) /bîara ビーアル/ *m.* 〖身体〗歯床.
ਬੀਹੀ[1] (बीही) /bīhī ビーヒー/ ▸ਬੀਹ, ਵੀਹੀ *f.* → ਵੀਹੀ
ਬੀਹੀ[2] (बीही) /bīhī ビーヒー/ ▸ਬਿਹੀ [Pers. *bihī*] *f.* → ਬਿਹੀ
ਬੀਕਰ (बीकर) /bīkara ビーカル/ [Eng. *beaker*] *m.* 〖容器〗ビーカー.
ਬੀਚ (बीच) /bīca ビーチ/ [(Pkt. विच्च) Skt. व्यचस्] *adv.* 真ん中に, 中央に.
ਬੀਚਕ (बीचक) /bīcaka ビーチャク/ ▸ਬੀਜਕ [Skt. बीजक] *m.* **1** 送り状. **2** 表, 明細表. **3**〖文学〗聖者の語録, 詩集. **4**〖文学〗ビージャク《カビールの語録》.
ਬੀਜ (बीज) /bīja ビージ/ ▸ਬੀ [Skt. बीज] *m.* **1**〖植物〗種, 種子. **2** 精液.
ਬੀਜਕ (बीजक) /bījaka ビージャク/ ▸ਬੀਚਕ *m.* → ਬੀਚਕ
ਬੀਜ-ਗਣਿਤ (बीज-गणित) /bīja-gaṇita ビージ・ガニト/ [Skt. बीजगणित] *m.* 〖数学〗代数, 代数学.
ਬੀਜਣਾ (बीजणा) /bījaṇā ビージャナー/ [Skt. बीज] *vt.* 〖農業〗蒔く, …の種を蒔く. ❐ਸਬਜ਼ੀ ਸਾਡੇ ਖੇਤ ਵਿੱਚ ਬੀਜੀ ਜਾਂਦੀ ਹੈ। 野菜の種が私たちの畑に蒔かれます.
ਬੀਜ-ਨਾਸ਼ਕ (बीज-नाशक) /bīja-nāśaka ビージ・ナーシャク/ *adj.* 殺菌力のある.
ਬੀਜ-ਮੰਤਰ (बीज-मंतर) /bīja-mantara ビージ・マンタル/ [Skt. बीजमंत्र] *m.* **1** 基本讃歌. **2** 信仰の真髄を表す聖典の決まり文句.
ਬੀਜਾਣੂ (बीजाणू) /bījāṇū ビージャーヌー/ [Skt. बीज + Skt. अणु] *m.* **1**〖生物〗胞子. **2**〖生物〗生殖細胞.
ਬੀਠਲ[1] (बीठल) /bīṭʰala ビータル/ ▸ਵਿੱਠਲ *m.* → ਵਿੱਠਲ
ਬੀਠਲ[2] (बीठल) /bīṭʰala ビータル/ ▸ਬੱਠਲ *m.* → ਬੱਠਲ
ਬੀਂਡਾ (बींडा) /bĩḍā ビーンダー/ ▸ਬਿੰਡਾ *m.* **1**〖虫〗コオロギ, 蟋蟀. **2**〖虫〗セミ, 蝉.
ਬੀਡਿੰਗ (बीडिंग) /bīḍiṅga ビーディング/ [Eng. *beading*] *f.* ビーズ細工.
ਬੀਂਡੀ (बींडी) /bĩḍī ビーンディー/ *f.* 〖動物〗重い荷車を引くために追加して頸木（くびき）で繋がれた牡牛.
ਬੀਣਾ (बीणा) /bīṇā ビーナー/ ▸ਵੀਣਾ *f.* → ਵੀਣਾ
ਬੀਣੀ[1] (बीणी) /bīṇī ビーニー/ ▸ਵੀਣੀ *f.* → ਵੀਣੀ
ਬੀਣੀ[2] (बीणी) /bīṇī ビーニー/ ▸ਬੀਨੀ *f.* → ਬੀਨੀ
ਬੀਤਣਾ (बीतणा) /bītaṇā ビータナー/ [Skt. व्यतीत] *vi.* **1**（時が）過ぎる, 経つ, 経過する. (⇒ਗੁਜ਼ਰਨਾ) **2** 期限が切れる, 終わる. **3**（人が）死去する, 亡くなる, 死ぬ.
ਬੀਤੀ (बीती) /bītī ビーティー/ [cf. ਬੀਤਣਾ] *suff.* 「過去」「遍歴」などを意味する接尾辞. 先行する語と併せて ਆਪ-ਬੀਤੀ「自分の過去」「自叙伝」のような女性名詞を形成する.
ਬੀਨ[1] (बीन) /bīna ビーン/ [Skt. वीणा] *m.* 〖楽器〗ビーン《蛇使いの用いる笛》.
ਬੀਨ[2] (बीन) /bīna ビーン/ [Pers. *bīn*] *suff.* 「…を見る（物・人）」「…を眺める（物・人）」などを意味する形容詞または男性名詞を形成する接尾辞.
ਬੀਨਾ (बीना) /bīnā ビーナー/ *m.* 見る人.
ਬੀਨਾਈ (बीनाई) /bīnāī ビーナーイー/ *f.* 視力.
ਬੀਨੀ[1] (बीनी) /bīnī ビーニー/ ▸ਬੀਣੀ [Pers. *bīnī*] *f.* **1**〖身体〗鼻, 鼻の盛り上がった部分の斜面. (⇒ਨੱਕ) **2**〖武〗剣の握りを半円形に覆うように付けられた手を保護するための部分. **3** 本の表紙の端の部分. **4** 戸板の上に枠と枠を固定するために付けられた棒.

ਬੀਨੀ² (बीनी) /bīnī ビーニー/ [Pers. *bīnī*] *suff.* 「…を見ること」「…を眺めること」などを意味する女性名詞を形成する接尾辞.

ਬੀਬਾ (बीबा) /bībā ビーバー/ [Pers. *bībī*] *adj.* **1** 可愛い, 愛らしい. **2** 行儀の良い.

— *m.* **1** 男の子. **2** 行儀の良い子.

ਬੀਬੀ (बीबी) /bībī ビービー/ [Pers. *bībī*] *f.* **1** 淑女. **2** 敬意・愛情を込めて女性に呼びかける言葉. **3**〖親族〗妻. (⇒ਪਤਨੀ, ਵਹੁਟੀ)

ਬੀਮ (बीम) /bīma ビーム/ [Eng. *beam*] *m.*〖建築〗梁. (⇒ਸ਼ਤੀਰ)

ਬੀਮਾ (बीमा) /bīmā ビーマー/ [Pers. *bīma*] *m.* **1** 保険. **2** 保険証券. **3** 生命保険.

ਬੀਮਾਰ (बीमार) /bīmāra ビーマール/ ▸ਬਿਮਾਰ *adj.m.* → ਬਿਮਾਰ

ਬੀਮਾਰੀ (बीमारी) /bīmārī ビーマーリー/ ▸ਬਿਮਾਰੀ *f.* → ਬਿਮਾਰੀ

ਬੀਰ (बीर) /bīra ビール/ ▸ਵੀਰ *adj.m.* → ਵੀਰ

ਬੀਰਜ (बीरज) /bīraja ビーラジ/ ▸ਵੀਰਜ *m.* → ਵੀਰਜ

ਬੀਰਤਾ (बीरता) /bīratā ビールター/ ▸ਵੀਰਤਾ *f.* → ਵੀਰਤਾ

ਬੀਵੀ (बीवी) /bīwī ビーウィー/ [Pers. *bīvī*] *f.* **1**〖親族〗妻. (⇒ਪਤਨੀ, ਵਹੁਟੀ) **2** 奥さん, 奥方. **3** 伴侶.

ਬੀੜ¹ (बीड़) /bīṛa ビール/ ▸ਬੀਹੜ *f.* → ਬੀਹੜ

ਬੀੜ² (बीड़) /bīṛa ビール/ [Skt. वेष्टन] *f.* **1** 集大成, 定本, 原典. **2**〖スィ〗スィック教典の集大成, 聖典『グル・グラント・サーヒブ』の定本・原典, 写本. ❒ਦਮਦਮੀ ਬੀੜ ダムダミー・ビール《インドのパンジャーブ州バティンダー県タルワンディー・サーボーにおいて第10代グル・ゴービンド・スィングが1705年から1706年にかけて編纂したスィック教聖典の定本.『アーディ・グラント』に第9代グル・テーグ・バハーダルの詩作を加え集大成もので, グル・ゴービンド・スィングの死後は, この聖典が人間としてのグルに代わり第11代にして最後のグルとなった. このため聖典には「グル」の称号が冠され『グル・グラント・サーヒブ』と呼ばれている. グル・ゴービンド・スィングが逗留し, 定本を編纂したタルワンディー・サーボーにはグルドゥワーラーが建立され, スィック教五大聖地の一つのダムダマー・サーヒブとなっている》.

ਬੀੜਨਾ (बीड़ना) /bīṛanā ビールナー/ [Skt. वेष्टन] *vt.* **1** 固定する, 取り付ける. **2** 結び付ける.

ਬੀੜਵਾਂ (बीड़वाँ) /bīṛawā̃ ビールワーン/ [cf. ਬੀੜਨਾ] *adj.* **1** 固定された. **2** 結び付けられた.

ਬੀੜਾ (बीड़ा) /bīṛā ビーラー/ *m.* ボタン. (⇒ਗੁਦਾਮ, ਬਟਨ)

ਬੀੜੀ (बीड़ी) /bīṛī ビーリー/ [Skt. बीटी] *f.* ビーリー《粗末な小型の葉巻き煙草》.

ਬੁਆਏਫ੍ਰੈਂਡ (बुआएफ़्रैंड) /buāefrāīḍa (buāefarāīḍa) ブアーエーフラェーンド (ブアーエーファラェーンド)/ [Eng. *boyfriend*] *m.* ボーイフレンド, 男性の恋人.

ਬੁਆੜ (बुआड़) /buāṛa ブアール/ [Arab. *bavār*] *m.*〖植物〗種のできない胡麻.

ਬੁਸਕਣਾ (बुसकणा) /busakaṇā ブスカナー/ [Hin. सुबकना] *vi.* むせび泣く, 啜り泣く, しくしく泣く, 声を忍ばせて静かに泣く. (⇒ਡੁਸਕਣਾ)

ਬੁਸਣਾ (बुसणा) /busaṇā ブサナー/ ▸ਬੁੱਸਣਾ *vi.* → ਬੁੱਸਣਾ

ਬੁੱਸਣਾ (बुस्सणा) /bussaṇā ブッサナー/ ▸ਬੁਸਣਾ [Skt. उद्वास्यते] *vi.* **1** 腐る, 腐敗する. (⇒ਤਰੱਕਣਾ) **2** 腐ってつんとくる臭いがする, 腐った臭いがする. **3** 嫌な臭いがする.

ਬੁਸਬੁਸਾ (बुसबुसा) /busabusā ブスブサー/ [cf. ਬੁੱਸਣਾ] *adj.* 腐った, 腐敗した.

ਬੁੱਸਾ (बुस्सा) /bussā ブッサー/ [cf. ਬੁੱਸਣਾ] *adj.* 腐った.

ਬੁਸਾਉਣਾ (बुसाउणा) /busāuṇā ブサーウナー/ [cf. ਬੁੱਸਣਾ] *vt.* 腐らせる, 腐敗させる. (⇒ਤਰਕਾਉਣਾ)

ਬੁਹਣੀ (बुहणी) /bôṇī ボーニー/ ▸ਬਹੁਣੀ, ਬੋਹਣੀ *f.* → ਬਹੁਣੀ

ਬੁਹਲ (बुहल) /bôla ボール/ ▸ਬਹੁਲ, ਬੋਹਲ *m.* → ਬੋਹਲ

ਬੁਹਾਰਨਾ (बुहारना) /buǎranā | buhāranā ブアールナー | ブハールナー/ [Skt. बहुकर] *vt.* 掃く, 掃除する. (⇒ਸੰਬਰਨਾ)

ਬੁਹਾਰੀ (बुहारी) /buǎrī | buhārī ブアーリー | ブハーリー/ [Skt. बहुकरी] *f.*〖道具〗箒. (⇒ਝਾੜੂ)

ਬੁਕ (बुक) /buka ブク/ ▸ਬੁੱਕ *f.* → ਬੁੱਕ²

ਬੁੱਕ¹ (बुक्क) /bukka ブック/ [Pkt. बुक्का] *m.* **1**〖身体〗手を上向きにして指を曲げ手のひらで作った窪み. (⇒ਅੰਜਲੀ) **2**〖身体〗(神様に捧げ物をするために)お椀の形に並べた両手. **3** 両手を並べてお椀の形にした空間. **4**〖容量〗手のひらの窪みにのる分量.

ਬੁੱਕ² (बुक्क) /bukka ブック/ ▸ਬੁਕ [Eng. *book*] *f.* 本, 書物, 書籍.

— *adj.* 予約された, 予約済みの, 前もって確保された. ❒ਇਸ ਤਰ੍ਹਾਂ ਸਾਡੀਆਂ ਟਿਕਟਾਂ ਬੁੱਕ ਹੋ ਜਾਂਦੀਆਂ ਹਨ। このようにして私たちのチケットは予約済みになります. ❒ਬੁੱਕ ਕਰਨਾ 予約する.

ਬੁਕਚਾ (बुकचा) /bukacā ブクチャー/ ▸ਬੁਚਕਾ, ਬੁਜਕਾ *m.* → ਬੁਚਕਾ

ਬੁਕਚੀ (बुकची) /bukacī ブクチー/ ▸ਬੁਚਕੀ *f.* → ਬੁਚਕੀ

ਬੁੱਕਣਾ (बुक्कणा) /bukkaṇā ブッカナー/ [(Pkt. बूक्क) Skt. बुक्क] *vi.* **1** 轟く, 鳴り響く. (⇒ਗੱਜਣਾ) **2** 吼える, 怒鳴る, わめく. **3** 大声で話す.

ਬੁਕਰਮ (बुकरम) /bukarama ブクラム/ [Eng. *buckram*] *f.*〖布地〗バックラム《にかわ・のりで固めた粗い麻布》.

ਬੁੱਕਲ (बुक्कल) /bukkala ブッカル/ *f.*〖衣服〗頭を覆って片端を肩越しに後ろに回した布の巻き方.

ਬੁਕਿੰਗ (बुकिंग) /bukiṅga ブキング/ [Eng. *booking*] *f.* 予約, 購入予約.

ਬੁਖ਼ਾਰ (बुख़ार) /buxāra ブカール/ [Arab. *buxār*] *m.* **1** 蒸気, 水蒸気. **2**〖医〗熱, 病気による発熱, マラリア熱. **3**〖比喩〗熱狂, 興奮, 熱中状態. **4**〖比喩〗不安, 恐れ, 恐怖.

ਬੁਖ਼ਾਰ-ਨਾਸ਼ਕ (बुख़ार-नाशक) /buxāra-nāśaka ブカール・ナーシャク/ [Arab. *buxār* + Skt. नाशक] *adj.*〖医〗解熱の, 病気による熱を下げる.

ਬੁੱਗ (बुग्ग) /bugga ブッグ/ [Pers. *buğc*] *adj.* **1** 愚かな, 間抜けな. (⇒ਮੂਰਖ) **2** 無口な.

ਬੁਗਤੀ (बुगती) /bugatī ブグティー/ ▸ਬੁਤਕੀ *f.* **1**〖貨

幣』パンジャーブのスィック藩王国において流通した金貨. **2**〖装〗金貨を連ねて作られた首飾り.

ਬੁਗਦਰ (बुगदर) /bugadara ブグダル/ ▸ਮੁਗਦਰ, ਮੁਘਦਰ, ਮੁਧਕਰ [Skt. मुद्गर] *m.* **1**〖道具〗重量上げの練習に使う樽形の木製用具. **2**〖道具〗身体鍛練用の二本一組の棍棒.

ਬੁੱਗਨ ਬਿੱਲਾ (बुग्गन बिल्ला) /buggana billā ブッガン ビッラー/ ▸ਬੋਗਨਵਿੱਲਾ [Eng. *bougainvillea*] *m.*〖植物〗ブーゲンビリア《オシロイバナ科の熱帯性低木》.

ਬੁੰਗਾ (बुंगा) /buṅgā ブンガー/ [Pers. *bungā*] *m.* **1** 家. (⇒ਘਰ) **2** 住居. (⇒ਮਕਾਨ) **3** 信徒の宿泊所.

ਬੁਘਣਾ (बुघणा) /bûgaṇā ブガナー/ *m.* **1**〖容器〗焼き物の容器. **2**〖容器〗小さな水差し.

ਬੁਘਣੀ (बुघणी) /bûgaṇī ブガニー/ *f.* **1**〖容器〗硬貨の差し入れ口のある焼き物の容器. **2** 貯金箱.

ਬੁਚਕਾ (बुचका) /bucakā ブチカー/ ▸ਬੁਕਚਾ, ਬੁਜਕਾ [Pers. *buqca*] *m.* 布にくるんだ包み.

ਬੁਚਕੀ (बुचकी) /bucakī ブチキー/ ▸ਬੁਕਚੀ [-ਈ] *f.* 布にくるんだ小さな包み.

ਬੁੱਚੜ (बुच्चड़) /buccara ブッチャル/ [Eng. *butcher*] *m.* 食肉処理業者, 精肉業者, 肉屋. (⇒ਕਸਾਈ)

ਬੁੱਚੜਖ਼ਾਨਾ (बुच्चड़ख़ाना) /buccaraxānā ブッチャルカーナー/ [Pers.-*xāna*] *m.* 食肉処理場, 屠殺場. (⇒ਕਸਾਈਖ਼ਾਨਾ)

ਬੁੱਚਾ (बुच्चा) /buccā ブッチャー/ ▸ਬੁੱਟਾ [Pkt. बुच्चा] *adj.* **1** 耳の切れた. **2** 飾りのない.

ਬੁਛਾੜ (बुछाड़) /bucʰāra ブチャール/ ▸ਵਾਛੜ *f.* → ਵਾਛੜ

ਬੁਜਕਾ (बुजका) /bujakā ブジカー/ ▸ਬੁਕਚਾ, ਬੁਚਕਾ *m.* → ਬੁਚਕਾ

ਬੁਜ਼ਦਿਲ (बुज़दिल) /buzadila ブズディル/ [Pers. *buzdil*] *adj.* 臆病な, 小心な, 気が小さい, 気の弱い, 意気地なしの. (⇒ਗੀਦੀ, ਡਰਪੋਕ, ਯਰਕੂ)

ਬੁਜ਼ਦਿਲੀ (बुज़दिली) /buzadilī ブズディリー/ [Pers. *buzdilī*] *f.* 臆病, 小心, 意気地のないこと. (⇒ਗੀਦੀਪੁਣਾ)

ਬੁਜਲੀ (बुजली) /bujalī ブジリー/ *f.* **1**〖装〗女性用の孔の空いた円形耳飾り. **2** 井戸の中に設置されたパイプ.

ਬੁੱਜਾ (बुज्जा) /bujjā ブッジャー/ *m.* **1** 止める装置, ストッパー. **2** 栓, コルク栓. (⇒ਡੱਟ)

ਬੁਝਣਾ (बुझणा) /bûjaṇā ブジャナー/ [Skt. उज्झति] *vi.* **1**(火や明かりが)消える. ❐ਪੀਲੀਆਂ ਤੇ ਲਾਲ ਬੱਤੀਆਂ ਜਗਦੀਆਂ ਬੁਝਦੀਆਂ ਰਹੀਆਂ। 黄色と赤の信号灯がついたり消えたりし続けていました. **2**(喉の渇きが)癒される. **3** 静まる, 落ち着く.

ਬੁੱਝਣਾ (बुज्झणा) /bûjjaṇā ブッジャナー/ [(Apb. Pkt. बुज्झ) Skt. बुध्यते] *vt.* **1** 分かる, 理解する. (⇒ਸਮਝਣਾ) **2** 知る. (⇒ਜਾਣਨਾ) **3**(なぞなぞを)を解く(⇒ਜਵਾਬ ਦੱਸਣਾ) ❐ਇਹ ਬੁਝਾਰਤ ਤਾਂ ਪਹਿਲੀ ਨਾਲੋਂ ਵੀ ਬੁੱਝਣੀ ਔਖੀ ਏ। このなぞなぞは初めのよりも解くのが難しいです.

ਬੁਝਵਾਉਣਾ (बुझवाउणा) /bujawǎuṇā ブジワーウナー/ ▸ਬੁਝਾਉਣਾ [cf. ਬੁੱਝਣਾ] *vt.* **1** 分からせる, 理解させる. **2**(なぞなぞを)解かせる.

ਬੁਝਾਉਣਾ[1] (बुझाउणा) /bujǎuṇā ブジャーウナー/ [cf. ਬੁਝਣਾ] *vt.* **1**(火や明かりを)消す. **2**(喉の渇きを)癒す. **3** 静める, 落ち着かせる.

ਬੁਝਾਉਣਾ[2] (बुझाउणा) /bujǎuṇā ブジャーウナー/ ▸ਬੁਝਵਾਉਣਾ *vt.* → ਬੁਝਵਾਉਣਾ

ਬੁਝਾਰਤ (बुझारत) /bujǎrata ブジャーラト/ [cf. ਬੁੱਝਣਾ] *f.* **1**〖遊戯〗なぞなぞ. **2** 判じ物, パズル.

ਬੁੱਟ (बुट्ट) /buṭṭa ブット/ *m.*〖身体〗歯茎, 歯肉. (⇒ਢੱਟ, ਮਸੂੜਾ)

ਬੁੱਟਾ (बुट्टा) /buṭṭā ブッター/ ▸ਬੁੱਚਾ *adj.* → ਬੁੱਚਾ

ਬੁੰਡ (बुंड) /bunḍa ブンド/ ▸ਬੁੰਡੜੀ [Pkt. बुन्ध] *f.* **1**〖身体〗肛門. **2**〖身体〗尻.

ਬੁੰਡੜੀ (बुंडड़ी) /bunḍarī ブンダリー/ ▸ਬੁੰਡ *f.* → ਬੁੰਡ

ਬੁੱਢ (बुड्ढ) /bûḍḍa ブッド/ [(Pkt. बुड्ढ) Skt. वृद्ध] *pref.*「年老いた」「老年」「老齢」などを意味する接頭辞.

ਬੁੱਢ ਸੁਹਾਗਣ (बुड्ढ सुहागण) /bûḍḍa suǎgaṇa ブッド スアーガン/ [Skt. वृद्ध- Skt. सौभाग्य -ਣ] *f.* 夫が健在の老婆.

ਬੁੱਢ ਵਰੇਸ (बुड्ढ वरेस) /bûḍḍa waresa ブッド ワレース/ [Skt. वृद्ध- Skt.-वयस्] *f.* 老年, 老年期.

— *adj.* 老年の, 年老いた.

ਬੁੱਢਾ (बुड्ढा) /bûḍḍā ブッダー/ [(Pkt. बुड्ढ) Skt. वृद्ध] *adj.* 年老いた, 老齢の.

— *m.* 年老いた男性, 老人.

ਬੁੱਢੀ (बुड्ढी) /bûḍḍī ブッディー/ [-ਈ] *adj.* 年老いた, 老齢の.

— *f.* 年老いた女性, 老女, 老婆.

ਬੁਢੇਪਾ (बुढेपा) /buḍěpā ブデーパー/ [-ਪਾ] *m.* **1** 高齢, 老齢, 老年. (⇒ਜਰਾ, ਜ਼ਈਫ਼ੀ) **2** 老い, 年老いること.

ਬੁਣਤ (बुणत) /buṇata ブント/ ▸ਬੁਣਤੀ [cf. ਬੁਣਨਾ] *f.* 織り具合, 織り方, 織り目.

ਬੁਣਤੀ (बुणती) /buṇatī ブンティー/ ▸ਬੁਣਤ *f.* → ਬੁਣਤ

ਬੁਣਨਾ (बुणना) /buṇanā ブンナー/ ▸ਬੁਨਣਾ [Skt. वुनाति] *vt.* **1**(布を)織る. **2** 編む, 編み物をする. **3** 想像する, 思い巡らす.

ਬੁਣਵਾਉਣਾ (बुणवाउणा) /buṇawāuṇā ブンワーウナー/ ▸ਬੁਣਾਉਣਾ [cf. ਬੁਣਨਾ] *vt.* **1**(布を)織らせる. **2** 編ませる, 編み物をさせる.

ਬੁਣਵਾਈ (बुणवाई) /buṇawāī ブンワーイー/ [cf. ਬੁਣਨਾ] *f.* **1** 織らせること, 織ってもらうこと, その労賃. **2** 編んでもらうこと, その労賃.

ਬੁਣਾਉਣਾ (बुणाउणा) /buṇāuṇā ブナーウナー/ ▸ਬੁਣਵਾਉਣਾ *vt.* → ਬੁਣਵਾਉਣਾ

ਬੁਣਾਈ (बुणाई) /buṇāī ブナーイー/ [cf. ਬੁਣਨਾ] *f.* **1** 織ること, 織り方, 織り, 織り目. **2** 編むこと, 編み物.

ਬੁੱਤ (बुत्त) /butta ブット/ [Pers. *but*] *m.* **1** 像, 偶像, 彫像. (⇒ਮੂਰਤੀ) **2** 肖像, 姿, 形. **3** 体格. **4** 身体. **5**〖詩語〗美女. **6**〖詩語〗最愛の人.

ਬੁੱਤਸ਼ਿਕਨ (बुत्तशिकन) /buttaśikana ブットシカン/ [+ Pers. *śikan*] *adj.* 偶像破壊の.

— *m.* **1** 偶像破壊者. **2** 偶像破壊の唱導者.

ਬੁੱਤਸ਼ਿਕਨੀ (बुत्तशिकनी) /buttaśikanī ブットシクニー/ [+ Pers. *śikanī*] *f.* **1** 偶像破壊. **2** 偶像破壊主義.

ਬੁਤਕੀ (बुतकी) /butakī ブトキー/ ▸ਬੁਗਤੀ *f.* → ਬੁਗਤੀ

ਬੁੱਤਖ਼ਾਨਾ (बुत्तख़ाना) /buttaxānā ブットカーナー/ [Pers. *but* Pers.-*xāna*] *m.* 彫像のある寺院, 偶像の祀られて

いる寺院.

ਬੁੱਤ-ਘਾੜਾ (बुत्त-घाड़ा) /buttạ-kǎrā ブット・カーラー/ [Pers. *but* + cf. ਘੜਨਾ] *m.* → ਬੁੱਤ-ਤਰਾਸ਼

ਬੁੱਤ-ਤਰਾਸ਼ (बुत्त-तराश) /buttạ-tarāśạ ブット・タラーシュ/ [+ Pers. *tarāś*] *m.* 1 彫刻師, 彫刻家. 2 偶像製作者, 彫像製作者.

ਬੁੱਤ-ਤਰਾਸ਼ੀ (बुत्त-तराशी) /buttạ-tarāśī ブット・タラーシー/ [+ Pers. *tarāśī*] *f.* 1 彫刻, 彫刻芸術. 2 偶像製作, 彫像製作. (⇒ਮੂਰਤੀ-ਕਲਾ)

ਬੁੱਤਪਰਸਤ (बुत्तपरसत) /buttạparasạtạ ブットパラスト/ [Pers.-*parast*] *adj.* 偶像を崇拝する, 偶像崇拝の.
— *m.* 偶像崇拝者. (⇒ਮੂਰਤੀ-ਪੂਜਕ)

ਬੁੱਤਪਰਸਤੀ (बुत्तपरसती) /buttạparasạtī ブットパラスティー/ [Pers.-*parastī*] *f.* 偶像崇拝, 神像の崇拝. (⇒ ਮੂਰਤੀ-ਪੂਜਾ)

ਬੁੱਤ-ਪੂਜ (बुत्त-पूज) /buttạ-pūjạ ブット・プージ/ [+ Skt. पूज्य] *adj.* 偶像を崇拝する, 偶像崇拝の.

ਬੁੱਤ-ਪੂਜਕ (बुत्त-पूजक) /buttạ-pūjakạ ブット・プージャク/ [+ Skt. पूजक] *m.* 偶像崇拝者. (⇒ਮੂਰਤੀ-ਪੂਜਕ)

ਬੁੱਤ-ਪੂਜਾ (बुत्त-पूजा) /buttạ-pūjā ブット・プージャー/ [+ Skt. पूजा] *f.* 偶像崇拝, 神像の崇拝. (⇒ਮੂਰਤੀ-ਪੂਜਾ)

ਬੁੱਤਭੰਜਨ (बुत्तभंजन) /buttạpǎñjanạ ブットパンジャン/ [+ Skt. भंजन] *m.* 偶像破壊. (⇒ਮੂਰਤੀਭੰਜਨ)

ਬੁੱਤਾ (बुत्ता) /buttā ブッター/ [(Pkt. वित्ति) Skt. वृत्ति] *m.* 1 ごまかし. (⇒ਧੋਖਾ, ਛਲ) 2 必要.

ਬੁੱਤੀ (बुत्ती) /buttī ブッティー/ [Pers. *but* -ਈ] *f.* 〖建築〗石または煉瓦の囲い.

ਬੁਥਾੜ (बुथाड़) /butʰāṛạ ブタール/ ▸ਬੂਥਾ *m.* → ਬੂਥਾ

ਬੁੰਦਾ (बुंदा) /bundā ブンダー/ *m.* 〖装〗耳飾り.

ਬੁੱਧ[1] (बुद्ध) /bûddạ ブッド/ [Skt. बुद्ध] *adj.* 1 目覚めた, 覚醒した, 真理に目覚めた. 2 啓発された, 教化された. 3 賢い, 賢明な. 4 知識を持った, 学識のある. 5 〖仏〗仏陀の, 仏教の.
— *m.* 1 真理に目覚めた者, 悟りを開いた人, 修行完成者. 2 〖仏〗ブッダ, 仏陀, 仏, 釈迦牟尼《仏教の開祖ゴータマ・スィッダールタの悟りを開いて後の呼称》.

ਬੁੱਧ[2] (बुद्ध) /bûddạ ブッド/ [Skt. बुध] *m.* 1 〖天文〗水星. 2 〖暦〗水曜日. (⇒ਬੁੱਧਵਾਰ)

ਬੁੱਧ[3] (बुद्ध) /bûddạ ブッド/ ▸ਬੁੱਧੀ *f.* → ਬੁੱਧੀ

ਬੁੱਧਹੀਨ (बुद्धहीन) /bûddạhīnạ ブッドヒーン/ ▸ਬੁੱਧੀਹੀਨ *adj.* → ਬੁੱਧੀਹੀਨ

ਬੁੱਧਹੀਨਤਾ (बुद्धहीनता) /bûddạhīnạtā ブッドヒーンター/ ▸ਬੁੱਧੀਹੀਨਤਾ *f.* → ਬੁੱਧੀਹੀਨਤਾ

ਬੁੱਧਵਾਨ (बुद्धवान) /bûddạwānạ ブッドワーン/ ▸ਬੁੱਧੀਵਾਨ [Skt. बुद्धि Skt.-वान्] *adj.* 1 知性のある, 知能のすぐれた. 2 頭の良い, 頭脳明晰な. 3 賢い, 賢明な.

ਬੁੱਧਵਾਨਤਾ (बुद्धवानता) /bûddạwānạtā ブッドワーンター/ ▸ਬੁੱਧੀਵਾਨਤਾ [Skt.-ता] *f.* 1 知性のあること, 知能のすぐれていること. 2 頭の良さ, 頭脳明晰. 3 賢さ, 賢明さ.

ਬੁੱਧਵਾਨੀ (बुद्धवानी) /bûddạwānī ブッドワーニー/ [-ਈ] *f.* → ਬੁੱਧਵਾਨਤਾ

ਬੁੱਧਵਾਰ (बुद्धवार) /bûddạwārạ ブッドワール/ ▸ਬਧਾਰ [Skt. बुध + Skt. वार] *m.* 〖暦〗水曜日.

ਬੁੱਧੀ (बुद्धी) /bûddī ブッディー/ ▸ਬੁੱਧ [Skt. बुद्धि] *f.* 1 知能, 知力, 知性. 2 知恵, 思考力. (⇒ਸਿਆਣਪ) 3 理知, 理解, 理解力. (⇒ਸਮਝ, ਸੂਝ) 4 頭脳, 頭の働き.

ਬੁੱਧੀ ਅੰਕ (बुद्धी अंक) /bûddī aṅkạ ブッディー アンク/ [+ Skt. अंक] *m.* 知能指数.

ਬੁੱਧੀਹੀਨ (बुद्धीहीन) /bûddīhīnạ ブッディーヒーン/ ▸ਬੁੱਧਹੀਨ [Skt.-हीन] *adj.* 1 知的でない, 知性のない. 2 知力の劣った. 3 頭の悪い. 4 愚かな.

ਬੁੱਧੀਹੀਨਤਾ (बुद्धीहीनता) /bûddīhīnạtā ブッディーヒーンター/ ▸ਬੁੱਧਹੀਨਤਾ [Skt.-ता] *f.* 1 知的でないこと, 知性のないこと. 2 知力の劣っていること. 3 頭の悪さ. 4 愚かさ.

ਬੁੱਧੀਜੀਵੀ (बुद्धीजीवी) /bûddījīvī ブッディージーヴィー/ [Skt. बुद्धिजीविन्] *adj.* 1 知力を手段に生活している, 学識を生業としている. 2 知的な, 知性のある. 3 知識を持った, 学識のある. 4 理知的な, 理性的な. 5 教育のある, 高学歴の. 6 知的職業の, 専門職の.
— *m.* 1 知力を手段に生活している人, 学識を生業としている人. 2 頭脳労働者. 3 知識人, インテリ.

ਬੁੱਧੀਜੀਵੀ ਵਰਗ (बुद्धीजीवी वरग) /bûddījīvī waragạ ブッディージーヴィー ワルグ/ [+ Skt. वर्ग] *m.* 知識階層, 知識階級.

ਬੁੱਧੀਮਾਨ (बुद्धीमान) /bûddīmānạ ブッディーマーン/ [Skt. बुद्धि Skt.-मान्] *adj.* 1 知性のある, 知能のすぐれた. 2 頭の良い, 頭脳明晰な. 3 賢い, 賢明な.

ਬੁੱਧੀਮਾਨਤਾ (बुद्धीमानता) /bûddīmānạtā ブッディーマーンター/ [Skt.-ता] *f.* 1 知性のあること, 知能のすぐれていること. 2 頭の良さ, 頭脳明晰. 3 賢さ, 賢明さ.

ਬੁੱਧੀਮਾਨੀ (बुद्धीमानी) /bûddīmānī ブッディーマーニー/ [-ਈ] *f.* 1 パンジャービー語の学位証書. 2→ ਬੁੱਧੀਮਾਨਤਾ

ਬੁੱਧੀਵਾਨ (बुद्धीवान) /bûddīwānạ ブッディーワーン/ ▸ਬੁੱਧਵਾਨ *adj.* → ਬੁੱਧਵਾਨ

ਬੁੱਧੀਵਾਨਤਾ (बुद्धीवानता) /bûddīwānạtā ブッディーワーンター/ ▸ਬੁੱਧਵਾਨਤਾ *f.* → ਬੁੱਧਵਾਨਤਾ

ਬੁੱਧੂ (बुद्धू) /bûddū ブッドゥー/ [Skt. बुद्धि -ਊ] *adj.* 1 愚かな, 馬鹿な, 間抜けな, 頭の悪い. (⇒ਮੂਰਖ) 2 単純な.

ਬੁੱਧੂਪੁਣਾ (बुद्धूपुणा) /bûddūpuṇā ブッドゥープナー/ [-ਪੁਣਾ] *m.* 1 愚かさ, 間抜けさ, 馬鹿さ, 頭の悪いこと. (⇒ ਮੂਰਖਤਾ) 2 無知.

ਬੁਨ੍ਹ (बुन्ह) /bûnạ ブン/ [(Kang.)] *adv.* 下に. (⇒ਹੇਠ)

ਬੁੰਨ੍ਹਾ (बुन्हा) /bûnnā ブンナー/ ▸ਬੁੱਨ੍ਹਾ *adj.* 1 愚かな, 愚鈍な. (⇒ਮੂਰਖ) 2 下の, 下位の. (⇒ਹੇਠਲਾ)

ਬੁੱਨ੍ਹਾ (बुन्हा) /bûnnā ブンナー/ ▸ਬੁੰਨ੍ਹਾ *adj.* → ਬੁੰਨ੍ਹਾ

ਬੁਣਨਾ (बुणना) /bunạṇā ブンナー/ ▸ਬੁਣਨਾ *vt.* → ਬਣਨਾ

ਬੁਨਿਆਦ (बुनिआद) /buniādạ ブニアード/ ▸ਮੁਨਿਆਦ, ਮੁਨਿਆਦ [Pers. *buniyād*] *f.* 1 基礎, 基本. (⇒ਨੀਂਹ) 2 根, 根本. (⇒ਜੜ੍ਹ)

ਬੁਨਿਆਦੀ (बुनिआदी) /buniādī ブニアーディー/ [Pers. *buniyādī*] *adj.* 1 基礎の, 初歩的な, 入門の. (⇒ਮੁਢਲਾ) 2 基礎的な, 基本的な, 根本の(⇒ਮੂਲਕ)

ਬੁੰਬਲ (बुंबल) /bumbalạ ブンバル/ *m.* 房.

ਬੁਰ (बुर) /burạ ブル/ [Pers. *burād*] *f.* 1 柔らかい毛. 2 けば.

ਬੁਰਸ਼ (बुरश) /burạśạ ブルシュ/ [Eng. *brush*] *m.* 1 〖道

具』ブラシ, 刷毛. **2**『道具』歯ブラシ. **3** 歯磨き. (⇒ਦਾਤਣ) ❐ਬੁਰਸ਼ ਕਰਨਾ 歯磨きをする.

ਬੁਰਕ (बुरक) /buraka ブルク/ [Skt. बृगल] *m.* **1**(食べ物を食べる時の)大きなひと口. **2**(家畜が草を食べる時の)ひと噛み. .

ਬੁਰਕਣਾ (बुरकणा) /burakaṇā ブルカナー/ *vt.* **1**(指先でつまんで)振りかける, 振り撒く. **2** 撒き散らす, 散布する. **3** 引きちぎる.

ਬੁਰਕਾ (बुरका) /burakā ブルカー/ [Arab. *burqa*] *m.*『衣服』イスラーム教徒の女性が着用する被り物.

ਬੁਰਕੀ (बुरकी) /burakī ブルキー/ *f.* (食べ物を食べる時の)ひと口. (⇒ਨਵਾਲਾ)

ਬੁਰਛਣਾ (बुरछणा) /burachaṇā ブルチャナー/ [Skt. वृश्चति] *vt.* 切る, 切り刻む. (⇒ਕੱਟਣਾ)

ਬੁਰਛਾ (बुरछा) /burachā ブルチャー/ [Pers. *bar rust*] *adj.* **1** 威張っている. **2** 悪辣な. **3** 強固な. **4** 強烈な. **5** 乱暴な, 攻撃的な. (⇒ਕੱਬਾ) **6** 暴虐な.

ਬੁਰਜ (बुरज) /buraja ブルジ/ [Arab. *burj*] *m.* **1**『建築』塔, 尖塔. (⇒ਮਿਨਾਰ) **2**『建築』円柱形の建物.

ਬੁਰਜਵਾ (बुरजवा) /burajawā ブルジャワー/ [Eng. *bourgeois* bf. Fre.] *adj.*『政治』有産階級の, 資本家の, ブルジョアの.

ਬੁਰਜਵਾਜ਼ੀ (बुरजवाज़ी) /burajawāzī ブルジャワーズィー/ [Eng. *bourgeoisie* bf. Fre.] *f.*『政治』資本家階級, ブルジョアジー.

ਬੁਰਜੀ (बुरजी) /burajī ブルジー/ [Arab. *burj* -ਈ] *f.* **1**『建築』小さな塔, 小さな尖塔. **2**『建築』小さな円柱形の建物.

ਬੁਰਾ (बुरा) /burā ブラー/ [Skt. विरूप] *adj.* **1** 悪い, 邪悪な. (⇒ਭੈੜਾ, ਮਾੜਾ) **2** 間違っている. **3** 嫌な, 不快な. **4** 失礼な, 無礼な. **5** 卑劣な, 下劣な. **6** 有害な. **7** (程度が)ひどい.

ਬੁਰਾਈ (बुराई) /burāī ブラーイー/ ▸ਬੁਰਿਆਈ [-ਈ] *f.* **1** 悪, 邪悪. **2** 悪行. **3** 害悪. **4** 卑劣, 下劣, 下賤. (⇒ਕਮੀਨਾਪਣ) **5** 欠点, 短所, 欠陥. (⇒ਦੋਸ਼) **6** 失礼, 非礼, 無礼. **7** 悪口, 非難. (⇒ਨਿੰਦਾ)

ਬੁਰਾਦਾ (बुरादा) /burādā ブラーダー/ [Pers. *burāda*] *m.* **1** 粉, 粉末. **2** おが屑. (⇒ਬੂਰਾ) **3** 削り屑. (⇒ਚੂਰਾ)

ਬੁਰਿਆਈ (बुरिआई) /buriāī ブリアーイー/ ▸ਬੁਰਾਈ *f.* → ਬੁਰਾਈ

ਬੁਰਿਆਰ (बुरिआर) /buriāra ブリアール/ [Skt. विरूप] *adj.* **1** 悪い. **2** 邪悪な.

ਬੁੱਲ੍ਹ (बुल्ह) /bûlla ブッル/ [Pers. *lab*] *m.*『身体』唇. (⇒ਹੋਠ) ❐ਬੁੱਲ੍ਹਾਂ ਦੀ ਚਮੜੀ ਬਹੁਤ ਪਤਲੀ ਹੁੰਦੀ ਹੈ। ਇਸ ਲਈ ਸਰਦੀ ਵਿੱਚ ਇਸ ਦੀ ਵੀ ਦੇਖਭਾਲ ਬਹੁਤ ਜ਼ਰੂਰੀ ਹੈ। 唇の皮膚はとても薄いものです. ですから寒い季節には唇もお手入れがとても必要です.

ਬੁਲ੍ਹਣ (बुल्हण) /bûlaṇa ブラン/ ▸ਬੁਲ੍ਹਿਣ *f.*『動物』カワイルカ, 河海豚.

ਬੁੱਲ੍ਹੜ (बुल्लहड़) /bûllaṛa ブッラル/ [Pers. *lab* + ੜ] *adj.*『身体』突き出た厚い唇の.

ਬੁੱਲ੍ਹਾ (बुल्ल्हा) /bûllā ブッラー/ ▸ਬੁੱਲਾ *m.* → ਬੁੱਲਾ

ਬੁਲ੍ਹਿਣ (बुल्हिण) /bûliṇa ブリン/ ▸ਬੁਲ੍ਹਣ [(Mul.)] *m.* → ਬੁਲ੍ਹਣ

ਬੁੱਲ੍ਹੀ (बुल्ल्ही) /bûllī ブッリー/ [Pers. *lab* -ਈ] *f.*『身体』小さく薄く美しい唇.

ਬੁੱਲ੍ਹੇ ਸ਼ਾਹ (बुल्ल्हे शाह) /bûlle śâ ブッレー シャー/ *m.*『人名・文学』ブッレー・シャー《神への普遍的な愛を多様な韻律形式の詩に詠んだ18世紀のパンジャービー語の神秘主義詩人. 中でも多くの押韻叙情詩カーフィーが愛され, イスラーム宗教歌謡カッワーリーの主要なレパートリーとなっている》.

ਬੁਲੰਦ (बुलंद) /bulanda ブランド/ [Pers. *buland*] *adj.* **1** 高い. (⇒ਉੱਚਾ) **2** そびえ立つ. **3** 声高の, 大声の.

ਬੁਲੰਦੀ (बुलंदी) /bulandī ブランディー/ [Pers. *bulandī*] *f.* **1** 高さ. (⇒ਉਚਾਈ) **2** そびえ立っていること. **3** 音量.

ਬੁਲਬੁਲ (बुलबुल) /bulabula ブルブル/ [Arab. *bulbul*] *f.*『鳥』ブルブル鳥, ナイチンゲール《サヨナキドリ(小夜鳴き鳥), または数種のヒヨドリの総称》.

ਬੁਲਬੁਲਟੀਨ (बुलबुलटीन) /bulabulaṭīna ブルブルティーン/ [Eng. *velveteen*] *f.*『布地』ベッチン, 綿ビロード.

ਬੁਲਬੁਲਾ (बुलबुला) /bulabulā ブルブラー/ ▸ਬੁੜਬੁੜਾ [Skt. बुद् बुद्] *m.* **1** 泡, あぶく. ❐ਆਦਮੀ ਪਾਣੀ ਦਾ ਬੁਲਬੁਲਾ ਹੈ। 人間は水の泡である〔諺〕〈人生ははかないものだ〉. **2**『比喩』(泡のように)はかないもの, 消えやすいもの.

ਬੁਲਬੁਲੀ[1] (बुलबुली) /bulabulī ブルブリー/ [Arab. *bulbul* -ਈ] *adj.* ブルブル鳥の, ブルブル鳥に関係のある, ブルブル鳥のような.

ਬੁਲਬੁਲੀ[2] (बुलबुली) /bulabulī ブルブリー/ ▸ਬੁੜਬੁੜੀ [Skt. बुद् बुद् -ਈ] *f.* 小さな泡, 小さなあぶく. (⇒ਛੋਟਾ ਬੁਲਬੁਲਾ)

ਬੁਲਬੁਲੀ[3] (बुलबुली) /bulabulī ブルブリー/ *f.* **1** 挑発的な叫び. (⇒ਬੱਕਰਾ) **2** 喜びの雄叫び. **3** 怒りの叫び.

ਬੁਲਬੁਲੀ[4] (बुलबुली) /bulabulī ブルブリー/ [Eng. *velvet*] *f.*『布地』ビロード. (⇒ਮਖ਼ਮਲ)

ਬੁਲਬੁਲੀਆਂ (बुलबुलीआँ) /bulabuliā̃ ブルブリーアーン/ *f.*『身体』ちぢれ毛, 巻き毛.

ਬੁਲਵਾਉਣਾ (बुलवाउणा) /bulawāuṇā ブルワーウナー/ [cf. ਬੁਲਾਉਣਾ] *vt.* **1** 呼ばせる, 呼んでもらう. **2** 呼びにやる, (人を介して)呼び寄せる.

ਬੁਲਾਉਣਾ (बुलाउणा) /bulāuṇā ブラーウナー/ [cf. ਬੋਲਣਾ] *vt.* **1** 声をかける, 呼ぶ. **2** 呼び寄せる, 召集する. **3** 招く, 招待する.

ਬੁੱਲਾ (बुल्ला) /bullā ブッラー/ ▸ਬੁੱਲ੍ਹਾ *m.*『気象』(風の)ひと吹き, 一陣の風. ❐ਬੁੱਲੇ ਲੁੱਟਣੇ 楽しむ, 浮かれる.

ਬੁਲਾਕ (बुलाक) /bulāka ブラーク/ ▸ਬਲਾਕ *m.* → ਬਲਾਕ[2]

ਬੁਲਾਰਾ (बुलारा) /bulārā ブラーラー/ [cf. ਬੁਲਾਉਣਾ] *m.* **1** 呼びかけ, 叫び, 大声. **2** 演説者, 雄弁家.

ਬੁਲਾਵਾ (बुलावा) /bulāwā ブラーワー/ [cf. ਬੁਲਾਉਣਾ] *m.* **1** 召喚, 召集, 呼び出し. **2** 招待, 招き, 誘い. (⇒ਸੱਦਾ)

ਬੁਲਾਵੀ (बुलावी) /bulāwī ブラーウィー/ [cf. ਬੁਲਾਉਣਾ] *f.* 子供を各家から学校に送り届ける女性.

ਬੁਲਿਟਨ (बुलिटन) /buliṭana ブリタン/ [Eng. *bulletin*] *m.* 公報.

ਬੁਲੇਲ (बुलेल) /bulela ブレール/ ▸ਵਲੇਲ *f.* **1** 話し声, 話. (⇒ਗੱਲ) **2** 情報. (⇒ਖ਼ਬਰ) **3** 噂. (⇒ਅਫ਼ਵਾਈ)

ਬੁੜ੍ਹਕਣਾ (बुड़्हकणा) /bûṛakaṇā ブルカナー/ *vi.* **1** 跳ね返る, 跳ね上がる. **2** 跳ぶ.

ਬੁੜ੍ਹਕਾਉਣਾ (बुड़्हकाउणा) /bûṛakāuṇā ブルカーウナー/ *vt.* **1** 跳ね返させる, 跳ね上げる. **2** 跳ばせる.

ਬੁੜਬੁੜ (बुड़बुड़) /buṛabuṛa ブルブル/ ▸ਬੜਬੜ *f.* **1** 泡立つ音. **2** つぶやき, ぶつぶつ言う独り言, ぼやき. **3** 馬鹿話, たわごと, くだらないおしゃべり, 無駄話. (⇒ਫ਼ਜ਼ੂਲ ਗੱਲਾਂ)

ਬੁੜਬੁੜਾ (बुड़बुड़ा) /buṛabuṛā ブルブラー/ ▸ਬੁਲਬੁਲਾ *m.* → ਬੁਲਬੁਲਾ

ਬੁੜਬੁੜਾਉਣਾ (बुड़बुड़ाउणा) /buṛabuṛāuṇā ブルブラーウナー/ ▸ਬੜਬੜਾਉਣਾ *vi.* **1** つぶやく, ぶつぶつ言う, もぐもぐ言う, 訳の分からないことを言う. **2** 寝言を言う.

ਬੁੜਬੁੜਾਹਟ (बुड़बुड़ाहट) /buṛaburâṭa ブルブラート/ ▸ਬੜਬੜਾਹਟ *f.* **1** つぶやき, ぶつぶつ言う独り言. **2** 訳の分からない言葉. **3** 馬鹿話, たわごと, 無駄話. (⇒ਫ਼ਜ਼ੂਲ ਗੱਲਾਂ)

ਬੁੜਬੁੜੀ (बुड़बुड़ी) /buṛaburī ブルブリー/ ▸ਬੁਲਬੁਲੀ *f.* → ਬੁਲਬੁਲੀ[2]

ਬੂ (बू) /bū ブー/ ▸ਬੋ *f.* → ਬੋ

ਬੂਆ (बूआ) /būā ブーアー/ ▸ਭੂਆ *f.* → ਭੂਆ

ਬੂਈ (बूई) /būī ブーイー/ *f.* 〖植物・飼料・薬剤〗ブーイー草《アカザ科ハハチヂ属の草本. 牛や羊が好む飼料となり, 薬草としても血管刺激薬・心臓興奮薬に用いられる》.

ਬੂਸਰ (बूसर) /būsara ブーサル/ *adj.* 太った.

ਬੂਹਾ (बूहा) /bûā | būhā ブーアー | ブーハー/ [Skt. द्वार] *m.* **1** 〖建築〗ドア, 戸, 戸口, 扉, 入り口. (⇒ਦਰਵਾਜ਼ਾ) **2** 〖建築〗窓. (⇒ਖਿੜਕੀ)

ਬੂਜੋ (बूजो) /būjo ブージョー/ *f.* 〖動物〗雌ザル, 雌猿.

ਬੂਝ (बूझ) /bûja ブージ/ [cf. ਬੁੱਝਣਾ] *f.* **1** 理解, 知覚, 認識, 洞察. (⇒ਸਮਝ) **2** 知恵, 知識. (⇒ਅਕਲ, ਬੁੱਧੀ) **3** 推理, 推測.

ਬੂਝਾ (बूझा) /bûjā ブージャー/ *m.* **1** 束. **2** 〖植物〗灌木.

ਬੂਟ[1] (बूट) /būṭa ブート/ ▸ਬੂਟਾ, ਬੋਟਾ *m.* → ਬੂਟਾ

ਬੂਟ[2] (बूट) /būṭa ブート/ [Eng. *boot*] *m.* **1** 〖履物〗長靴, 深靴, 半長靴, 編み上げ靴, ブーツ. **2** (自動車の)トランク.

ਬੂਟਾ (बूटा) /būṭā ブーター/ ▸ਬੂਟ, ਬੋਟਾ [Skt. विटप] *m.* **1** 〖植物〗植物, 草本, 灌木, 低木. **2** 〖植物〗苗木, 若木, 若枝, 小枝. **3** 木や花の模様.

ਬੂਟੀ (बूटी) /būṭī ブーティー/ [-ਈ] *f.* **1** 〖植物〗小さな植物, 小さな草本. **2** 〖植物〗薬草.

ਬੂਟੀਦਾਰ (बूटीदार) /būṭīdāra ブーティーダール/ [Pers.-*dār*] *adj.* 花模様の.

ਬੂਟੇਮਾਰ (बूटेमार) /būṭemāra ブーテーマール/ *m.* 森をきれいにするもの.

ਬੂੰਡਾ (बूँडा) /bū̃ḍā ブーンダー/ *m.* 〖植物〗ニンジン(人参)やダイコン(大根)の根の上部.

ਬੂਥ (बूथ) /būtʰa ブート/ [Eng. *booth*] *f.* **1** 個人用の仕切られた場所. **2** 小さく仕切った部屋・空間. **3** ブース.

ਬੂਥਾ (बूथा) /būtʰā ブーター/ ▸ਬੁਥਾੜ *m.* 動物の顔.

ਬੂੰਦ (बूँद) /bū̃da ブーンド/ [(Pkt. बिंदु) Skt. बिन्दु] *f.* **1** 滴, 水滴. (⇒ਕਤਰਾ, ਚੋਆ, ਤੁਪਕਾ) **2** 雨の滴, 雨滴. (⇒ਮੀਂਹ ਦੀ ਕਣੀ)

ਬੂੰਦਾ-ਬਾਂਦੀ (बूँदा-बाँदी) /bū̃dā-bā̃dī ブーンダー・バーンディー/ *f.* 〖気象〗霧雨, 糠雨.

ਬੂੰਦੀ (बूँदी) /bū̃dī ブーンディー/ [Skt. बिन्दु -ਈ] *f.* **1** 小さな滴, 小滴. **2** 小球体. **3** 〖食品〗ブーンディー《練った豆粉を揚げ玉にしてから砂糖のシロップをからめた甘い菓子》.

ਬੂਰ (बूर) /būra ブール/ [Skt. वारिरूह] *m.* **1** 〖植物〗花. (⇒ਫੁੱਲ) **2** 〖植物〗花粉. **3** 籾殻, 外皮, 殻. **4** 秣(まぐさ), 切り藁. **5** 屑, おが屑, やすり屑. **6** 糠(ぬか), 米糠. ❐ਬੂਰ ਦੇ ਲੱਡੂ 糠の入ったラッドゥー菓子, 人を引き付けるが価値のないもの, 見かけ倒しのもの・人. **7** (沸騰または発酵する液体の表面に浮かぶ)浮きかす, あく, (よどんだ水の表面に浮かぶ)浮きあか. **8** 〖生物〗かび, 糸状菌. **9** 〖植物〗コケ(苔).

ਬੂਰਾ (बूरा) /būrā ブーラー/ ▸ਭੂਰਾ [Skt. बभ्रु] *m.* **1** 粉, 粉末. **2** おが屑. (⇒ਬੁਰਾਦਾ) **3** 削り屑. (⇒ਚੂਰਾ) **4** 粗糖. **5** 土色, 褐色, 茶色, 灰褐色. (⇒ਖ਼ਾਕੀ ਰੰਗ)
— *adj.* 土色の, 褐色の, 茶色の, 灰褐色の. (⇒ਖ਼ਾਕੀ ਰੰਗਾ)

ਬੂਰੀ (बूरी) /būrī ブーリー/ *f.* 〖動物〗褐色の牝水牛.

ਬੇ (बे) /be ベー/ [Pers. *be*] *pref.* 「無…」「…のない」などを意味する否定の接頭辞.

ਬੇਉਜ਼ਰ (बेउज़र) /beuzara ベーウザル/ [Pers. *be*- Arab. *uzr*] *adj.* **1** 反対や弁解のない. **2** 不平や文句を言わない. **3** 素直な.

ਬੇਉਮੀਦ (बेउमीद) /beumīda ベーウミード/ [Pers. *be*- Pers. *ummīd*] *adj.* 希望のない. (⇒ਨਾਉਮੀਦ)

ਬੇਉਮੀਦੀ (बेउमीदी) /beumīdī ベーウミーディー/ [Pers. *be*- Pers. *ummīdī*] *f.* 失望, 絶望.

ਬੇਉਲਾਦ (बेउलाद) /beulāda ベーウラード/ ▸ਬੇਉਲਾਦਾ [Pers. *be*- Pers. *valād*] *adj.* 子供のいない.

ਬੇਉਲਾਦਾ (बेउलादा) /beulādā ベーウラーダー/ ▸ਬੇਉਲਾਦ *adj.* → ਬੇਉਲਾਦ

ਬੇਓੜਕ (बेओड़क) /beoṛaka ベーオーラク/ [Pers. *be*- ਓੜਕ] *adj.* 終わりのない, 限りない. (⇒ਬੇਅੰਤ)

ਬੇਅਸਰ (बेअसर) /beasara ベーアサル/ [Pers. *be*- Arab. *asr*] *adj.* 効果のない.

ਬੇਅਸੂਲ (बेअसूल) /beasūla ベーアスール/ ▸ਬੇਅਸੂਲਾ *adj.* → ਬੇਅਸੂਲਾ

ਬੇਅਸੂਲਾ (बेअसूला) /beasūlā ベーアスーラー/ ▸ਬੇਅਸੂਲ [Pers. *be*- Arab. *uṣūl*] *adj.* **1** 主義のない, 原則のない. **2** 無節操な.

ਬੇਅਸੂਲੀ (बेअसूली) /beasūlī ベーアスーリー/ [Pers. *be*- Arab. *uṣūlī*] *f.* **1** 主義のないこと, 原則のないこと. **2** 無節操.

ਬੇਅਕਲ (बेअकल) /beakala ベーアカル/ ▸ਬੇਕਲ [Pers. *be*- Arab. *aql*] *adj.* **1** 知恵のない, 知力のない, 理解力のない. (⇒ਅਸਮਝ) **2** 愚かな.

ਬੇਅਕਲੀ (बेअकली) /beakalī ベーアカリー/ ▸ਬੇਕਲੀ [Pers. *be*- Arab. *aqlī*] *f.* **1** 知恵のないこと. **2** 愚かさ.

ਬੇਅਣਖਾ (बेअणखा) /beaṇakʰā ベーアンカー/ [Pers. *be*- ਅਣਖ] *adj.* 名誉のない, 自尊心のない, 誇りを持たない.

ਬੇਅੰਤ (बेअंत) /beanta ベーアント/ [Pers. be- Skt. अंत] adj. 1 終わりのない, 無限の. 2 無数の.
ਬੇਅਦਬ (बेअदब) /beadaba ベーアダブ/ [Pers. be- Arab. adab] adj. 1 無礼な, 無作法な, 行儀の悪い. 2 粗野な.
ਬੇਅਦਬੀ (बेअदबी) /beadabī ベーアダビー/ [Pers. be- Arab. adabī] f. 1 無礼, 無作法. 2 粗野.
ਬੇਅੰਦਾਜ਼ (बेअंदाज़) /beandāza ベーアンダーズ/ [Pers. be- Pers. andāz] adj. 1 計り知れない. 2 限りない.
ਬੇਅਬਰੋ (बेअबरो) /beabaro ベーアブロー/ ▸ਬੇਆਬਰੂ adj. → ਬੇਆਬਰੂ
ਬੇਅਬਰੋਈ (बेअबरोई) /beabaroī ベーアブローイー/ [Pers. be- Pers. ābrū -ਈ] f. 辱しめ, 恥辱.
ਬੇਅਬਾਦ (बेअबाद) /beabāda ベーアバード/ [Pers. be- Pers. ābād] adj. 居住していない, 人の住んでいない. (⇒ਗ਼ੈਰਅਬਾਦ)
ਬੇਅਰਥ[1] (बेअरथ) /bearatʰa ベーアルト/ [Pers. be- Skt. अर्थ] adj. 意味のない, 無意味な. (⇒ਬੇਮਤਲਬ)
— adv. 意味もなく, 無意味に. (⇒ਬੇਮਤਲਬ)
ਬੇਅਰਥ[2] (बेअरथ) /bearatʰa ベーアルト/ ▸ਬਿਅਰਥ, ਵਿਅਰਥ, ਵੇਅਰਥ adj.adv. → ਵਿਅਰਥ
ਬੇਅਰਾਮ (बेअराम) /bearāma ベーアラーム/ ▸ਬੇਆਰਾਮ [Pers. be- Pers. ārām] adj. 安らぎのない, 落ち着かない, 不安な.
ਬੇਅਰਾਮੀ (बेअरामी) /bearāmī ベーアラーミー/ ▸ਬੇਆਰਾਮੀ [Pers. be- Pers. ārāmī] f. 安らぎのないこと.
ਬੇਅਰਿੰਗ (बेअरिंग) /bearinga ベーアリング/ [Eng. bearing] m. 1 軸受け. 2 ベアリング.
ਬੇਅਵਾਜ਼ (बेअवाज़) /beawāza ベーアワーズ/ [Pers. be- Pers. āvāz] adj. 1 音のしない, 音を立てない. 2 声に表されない, 無言の.
ਬੇਆਬ (बेआब) /beāba ベーアーブ/ [Pers. be- Pers. āb] adj. 光沢のない, つやのない.
ਬੇਆਬਰੂ (बेआबरू) /beābarū ベーアーブルー/ ▸ਬੇਅਬਰੋ [Pers. be- Pers. ābrū] adj. 辱められた, 侮蔑された, 恥をかいた. (⇒ਬੇਇੱਜ਼ਤ, ਜ਼ਲੀਲ)
ਬੇਆਰਾਮ (बेआराम) /beārāma ベーアーラーム/ ▸ਬੇਅਰਾਮ adj. → ਬੇਅਰਾਮ
ਬੇਆਰਾਮੀ (बेआरामी) /beārāmī ベーアーラーミー/ ▸ਬੇਅਰਾਮੀ f. → ਬੇਅਰਾਮੀ
ਬੇਐਬ (बेऐब) /beaiba ベーアエーブ/ [Pers. be- Arab. `aib] adj. 欠点のない, 欠陥のない.
ਬੇਐਬੀ (बेऐबी) /beaibī ベーアエービー/ [Pers. be- Pers. `aibī] f. 欠点のないこと, 完全無欠.
ਬੇਇਹਤਿਆਤ (बेइहतिआत) /beêtiāta ベーエーティアート/ [Pers. be- Arab. ihtiyāt] adj. 不注意な.
ਬੇਇਹਤਿਆਤੀ (बेइहतिआती) /beêtiātī ベーエーティアーティー/ [Pers. be- Arab. ihtiyātī] f. 不注意.
ਬੇਇਖ਼ਤਿਆਰ (बेइख़तिआर) /beixatiāra ベーイクティアール/ [Pers. be- Arab. ixtiyār] adj. 1 権限のない. 2 自分の判断でない, 自由裁量のない, 不本意の. 3 強制された, 無理強いされた. 4 仕方のない, 余儀ない. (⇒ਬੇਵੱਸ, ਮਜਬੂਰ)
ਬੇਇੱਜ਼ਤ (बेइज़्ज़त) /beizzata ベーイッザト/ [Pers. be- Pers. `izzat] adj. 敬意のない, 侮蔑された. (⇒ਬੇਆਬਰੂ, ਬੇਹੁਰਮਤ, ਜ਼ਲੀਲ)
ਬੇਇੱਜ਼ਤੀ (बेइज़्ज़ती) /beizzatī ベーイッザティー/ [-ਈ] f. 1 不名誉, 恥, 恥辱. (⇒ਹੇਠੀ, ਬੇਹੁਰਮਤੀ) 2 侮蔑, 侮辱.
ਬੇਇੰਤਹਾ (बेइंतहा) /beintahā ベーインタハー/ [Pers. be- Arab. intihā] adj. 終わりのない, 限りない. (⇒ਬੇਅੰਤ)
ਬੇਇਤਫ਼ਾਕ (बेइतफ़ाक) /beitafāka ベーイトファーク/ [Pers. be- Arab. itifāq] adj. 1 不統一の. 2 一致しない, 不調和の.
ਬੇਇਤਫ਼ਾਕੀ (बेइतफ़ाकी) /beitafākī ベーイトファーキー/ [Pers. be- Arab. itifāqī] f. 1 不統一. 2 一致しないこと, 不調和.
ਬੇਇਤਬਾਰ (बेइतबार) /beitabāra ベーイトバール/ ▸ਬੇਇਤਬਾਰਾ adj. → ਬੇਇਤਬਾਰਾ
ਬੇਇਤਬਾਰਾ (बेइतबारा) /beitabārā ベーイトバーラー/ ▸ਬੇਇਤਬਾਰ [Pers. be- Arab. itibār] adj. 信頼できない, 信用できない. (⇒ਬੇਪਰਤੀਤਾ)
ਬੇਇਤਬਾਰੀ (बेइतबारी) /beitabārī ベーイトバーリー/ [Pers. be- Arab. itibārī] f. 信頼できないこと, 不信. (⇒ਬੇਪਰਤੀਤੀ)
ਬੇਇਨਸਾਫ਼ (बेइनसाफ़) /beinasāfa ベーインサーフ/ [Pers. be- Arab. insāf] adj. 1 不正な, 不公正な. (⇒ਅਨਿਆਈ) 2 不公平な, 偏向した, えこひいきの.
ਬੇਇਨਸਾਫ਼ੀ (बेइनसाफ़ी) /beinasāfī ベーインサーフィー/ [Pers. be- Arab. insāfī] f. 1 不正, 不公正. (⇒ਅਨਿਆਇ) 2 不公平, 偏向, えこひいき.
ਬੇਇਲਮ (बेइलम) /beilama ベーイルム/ [Pers. be- Arab. `ilm] adj. 無学の, 無知蒙昧の.
ਬੇਇਲਮੀ (बेइलमी) /beilamī ベーイルミー/ [Pers. be- Arab. `ilmī] f. 無学, 無知蒙昧.
ਬੇਇਲਾਜ (बेइलाज) /beilāja ベーイラージ/ [Pers. be- Arab. `ilāj] adj. 治すことができない, 不治の.
ਬੇਈਮਾਨ (बेईमान) /beīmāna ベーイーマーン/ [Pers. be- Arab. īmān] adj. 1 不正直な, 不誠実な, 不正な, いかさまの. 2 不信心な.
ਬੇਈਮਾਨੀ (बेईमानी) /beīmānī ベーイーマーニー/ [Pers. be- Pers. īmānī] f. 1 不正直, 不誠実, 不正, いかさま. 2 不信心.
ਬੇਸ (बेस) /besa ベース/ [Eng. base] f. 1 基礎, 基底, 基本. 2 下地, 下塗り.
ਬੇਸ਼ (बेश) /beśa ベーシュ/ [Pers. beś] adj. 1 多い, より多い, より大きな. 2 良い, 優れた, 優秀な.
ਬੇਸ਼ਊਰ (बेशऊर) /beśaūra ベーシャウール/ [Pers. be- Arab. śu`ūr] adj. 分別のない, 無礼な, 不躾な.
ਬੇਸ਼ਊਰੀ (बेशऊरी) /beśaūrī ベーシャウーリー/ [Pers. be- Arab. śu`ūrī] f. 無礼, 不躾.
ਬੇਸਹਾਰਾ (बेसहारा) /besahārā | besărā ベーサハーラー | ベーサーラー/ [Pers. be- Skt. सहाय] adj. 1 支援のない, 援助のない. 2 庇護のない, 収入のない. 3 困窮している, 極貧の.
ਬੇਸ਼ਕ (बेशक) /beśaka ベーシャク/ ▸ਬੇਸ਼ੱਕ [Pers. be- Arab. śakk] adv. 1 疑う余地なく. 2 もちろん. 3 必ず. 4 きっと.
ਬੇਸ਼ੱਕ (बेशक्क) /beśakka ベーシャック/ ▸ਬੇਸ਼ਕ adv. →

ਬੇਸ਼ਕ
ਬੇਸ਼ਕਲ (बेशकल) /beśakala ベーシャカル/ [Pers. *be-* Arab. *śakl*] *adj.* 1 形のない, 無定形の. 2 醜い. (⇒ਬਦਸੂਰਤ)
ਬੇਸ਼ਕੀਮਤ (बेशकीमत) /beśakīmata ベーシュキーマト/ [Pers. *beś* + Pers. *qīmat*] *adj.* 多い値段の, 高価な, 高値の.
ਬੇਸੰਕੋਚ (बेसंकोच) /besaṅkoca ベーサンコーチ/ [Pers. *be-* Skt. संकोच] *adv.* 遠慮なく, 躊躇せずに, 迷わず.
ਬੇਸ਼ਗਨੀ (बेशगनी) /beśaganī ベーシャグニー/ [Pers. *be-* Skt. शकुन -ਈ] *f.* 不吉, 凶, 縁起が悪いこと.
ਬੇਸੰਜਮਾ (बेसंजमा) /besañjamā ベーサンジマー/ [Pers. *be-* Skt. संयम] *adj.* 1 節度のない. 2 不経済な.
ਬੇਸਣ (बेसण) /besaṇa ベーサン/ ▸ਵੇਸਣ *m.* → ਵੇਸਣ
ਬੇਸਬਬ (बेसबब) /besababa ベーサバブ/ ▸ਬੇਸਬੱਬ [Pers. *be-* Pers. *sabab*] *adj.* 1 理由のない, 根拠のない, いわれのない. (⇒ਅਕਾਰਨ)
— *adv.* 1 理由なしに, 根拠なく, いわれなく. (⇒ਅਕਾਰਨ)
ਬੇਸਬੱਬ (बेसबब्ब) /besababba ベーサバッブ/ ▸ਬੇਸਬਬ *adj.adv.* → ਬੇਸਬਬ
ਬੇਸਬਰ (बेसबर) /besabara ベーサバル/ ▸ਬੇਸਬਰਾ [Pers. *be-* Arab. *ṣabr*] *adj.* 1 不満な, 不満足な. 2 耐えられない, 我慢できない.
ਬੇਸਬਰਾ (बेसबरा) /besabarā ベーサブラー/ ▸ਬੇਸਬਰ *adj.* → ਬੇਸਬਰ
ਬੇਸਬਰੀ (बेसबरी) /besabarī ベーサブリー/ [Pers. *be-* Arab. *ṣabrī*] *f.* 1 不満, 不満足. 2 我慢できないこと.
ਬੇਸਮਝ (बेसमझ) /besâmaja ベーサマジ/ [Pers. *be-* cf. ਸਮਝਣਾ] *adj.* 理解力のない, 愚かな, 鈍い.
ਬੇਸਮਝੀ (बेसमझी) /besâmajī ベーサムジー/ [Pers. *be-* cf. ਸਮਝਣਾ] *f.* 理解力のないこと, 愚かなこと, 鈍いこと. (⇒ਹੁਮਕ)
ਬੇਸ਼ਰਮ (बेशरम) /beśarama ベーシャラム/ [Pers. *be-* Pers. *śarm*] *adj.* 恥知らずの, 厚かましい. (⇒ਬੇਹਯਾ)
ਬੇਸ਼ਰਮੀ (बेशरमी) /beśaramī ベーシャルミー/ [Pers. *be-* Pers. *śarmī*] *f.* 恥知らず, 厚かましさ. (⇒ਬੇਹਯਾਈ)
ਬੇਸਿਦਕ (बेसिदक) /besidaka ベースィダク/ [Pers. *be-* Pers. *sidk*] *adj.* 1 満足しない, 足るを知らない. 2 貪欲な, 意地汚い.
ਬੇਸਿਰ (बेसिर) /besira ベースィル/ ▸ਬੇਸਿਰਾ *adj.* → ਬੇਸਿਰਾ
ਬੇ ਸਿਰ ਪੈਰ ਦਾ (बे सिर पैर दा) /be sira paira dā ベー スィル パェール ダー/ *adj.* 1 支離滅裂な, 意味の分からない. 2 理屈に合わない, 不適切な. (⇒ਬੇਤੁਕਾ)
ਬੇਸਿਰਾ (बेसिरा) /besirā ベースィラー/ ▸ਬੇਸਿਰ [Pers. *be-* Skt. शिरस्] *adj.* 1 頭のない, 胴体だけの. 2 理屈に合わない, 不適切な. (⇒ਬੇਤੁਕਾ)
ਬੇਸੁਆਦ (बेसुआद) /besuāda ベースアード/ ▸ਬੇਸੁਆਦਾ [Pers. *be-* Skt. स्वाद] *adj.* 1 風味のない, 味のない, まずい. (⇒ਬੇਮਜ਼ਾ) 2 面白くない, 不愉快な.
ਬੇਸੁਆਦਾ (बेसुआदा) /besuādā ベースアーダー/ ▸ਬੇਸੁਆਦ *adj.* → ਬੇਸੁਆਦ
ਬੇਸੁਆਦੀ (बेसुआदी) /besuādī ベースアーディー/ [Pers. *be-* Skt. स्वाद -ਈ] *f.* 1 味のないこと. 2 まずいこと. 3 面白くないこと.
ਬੇਸੁੱਧ (बेसुद्ध) /besûdda ベースッド/ [Pers. *be-* Skt. शुद्धि] *adj.* 1 意識不明の. (⇒ਬੇਹੋਸ਼) 2 気絶した, 失神した. 3 昏睡状態の.
ਬੇਸ਼ੁਮਾਰ (बेशुमार) /beśumāra ベーシュマール/ [Pers. *be-* Pers. *śumār*] *adj.* 数えきれない, 無数の. (⇒ਬੇਹਿਸਾਬ)
ਬੇਸੁਰ (बेसुर) /besura ベースル/ ▸ਬੇਸੁਰਾ [Pers. *be-* Skt. स्वर] *adj.* 音程が外れた, 調子外れの.
ਬੇਸੁਰਤ (बेसुरत) /besurata ベースルト/ [Pers. *be-* Skt. स्मृति] *adj.* 1 意識不明の. 2 気絶している, 失神している. 3 昏睡状態の.
ਬੇਸੁਰਤੀ (बेसुरती) /besuratī ベースルティー/ [-ਈ] *f.* 1 意識不明. 2 失神, 気絶. (⇒ਗ਼ਸ਼) 3 昏睡状態.
ਬੇਸੁਰਾ (बेसुरा) /besurā ベースラー/ ▸ਬੇਸੁਰ *adj.* → ਬੇਸੁਰ
ਬੇਸੋਗ (बेसोग) /besoga ベーソーグ/ [Pers. *be-* Pers. *sog*] *adj.* 喪に服していない.
ਬੇਹਥਿਆਰ (बेहथिआर) /behatʰiāra ベーハティアール/ [Pers. *be-* Pkt. हत्थियार] *adj.* 武装していない, 武器を持っていない.
ਬੇਹਦ (बेहद) /behada ベーハド/ [Pers. *be-* Arab. *hadd*] *adj.* 1 限りない. 2 非常にたくさんの.
— *adv.* 1 限りなく. 2 非常にたくさん. 3 この上なく.
ਬੇਹਯਾ (बेहया) /behayā ベーハヤー/ ▸ਬੇਹਿਯਾ [Pers. *be-* Arab. *hayā*] *adj.* 恥知らずの, 厚かましい. (⇒ਬੇਸ਼ਰਮ)
ਬੇਹਯਾਈ (बेहयाई) /behayāī ベーハヤーイー/ ▸ਬੇਹਿਯਾਈ [Pers. *be-* Arab. *hayāī*] *f.* 恥知らず, 厚かましさ. (⇒ਬੇਸ਼ਰਮੀ)
ਬੇਹਰਕਤ (बेहरकत) /beharakata ベーハルカト/ [Pers. *be-* Pers. *harakat*] *adj.* 1 動きのない, 動かない, 動けない. 2 不活発な, だらけた.
ਬੇਹਾ (बेहा) /bêā | behā ベーアー | ベーハー/ ▸ਬਿਹਾ, ਬੇਹਿਆ *adj.* → ਬਿਹਾ
ਬੇਹਾਲ (बेहाल) /behāla ベーハール/ [Pers. *be-* Arab. *hāl*] *adj.* 1 悪い状態の, 苦境の, 逆境の. 2 哀れな, みじめな. 3 混乱した, 動転した.
ਬੇਹਿਆ (बेहिआ) /bêiā | behiā ベーイアー | ベーヒアー/ ▸ਬਿਹਾ, ਬੇਹਾ *adj.* → ਬਿਹਾ
ਬੇਹਿਸ (बेहिस) /behisa ベーヒス/ ▸ਬੇਹਿੱਸ *adj.* 1 無感覚な, 麻痺した, 痺れた. 2 敏感でない.
ਬੇਹਿੱਸ (बेहिस्स) /behissa ベーヒッス/ ▸ਬੇਹਿਸ *adj.* → ਬੇਹਿਸ
ਬੇਹਿਸਾਬ (बेहिसाब) /behisāba ベーヒサーブ/ [Pers. *be-* Arab. *hisāb*] *adj.* 数えきれない, 無数の. (⇒ਬੇਸ਼ੁਮਾਰ)
ਬੇਹਿੰਮਤ (बेहिंमत) /behimmata ベーヒンマト/ [Pers. *be-* Pers. *himmat*] *adj.* 1 勇気のない, 度胸のない. 2 弱腰の, 臆病な. 3 無気力な, 疲れ果てた.
ਬੇਹਿਯਾ (बेहिया) /behiyā ベーヒヤー/ ▸ਬੇਹਯਾ *adj.* → ਬੇਹਯਾ
ਬੇਹਿਯਾਈ (बेहियाई) /behiyāī ベーヒヤーイー/ ▸ਬੇਹਯਾਈ *f.* → ਬੇਹਯਾਈ
ਬੇਹੁਨਰ (बेहुनर) /behunara ベーフナル/ [Pers. *be-* Pers. *hunar*] *adj.* 1 技術のない, 技芸のない. 2 不器用な.
ਬੇਹੁਰਮਤ (बेहुरमत) /behuramata ベーフルマト/ [Pers.

be- Pers. *hurmat*] *adj.* 敬意のない, 侮蔑された. (⇒ਬੇਆਬਰੂ, ਬੇਇੱਜ਼ਤ)

ਬੇਹੁਰਮਤੀ (बेहुरमती) /behuramatī ベーフルマティー/ [Pers. *be-* Pers. *hurmatī*] *f.* **1** 不名誉, 恥, 恥辱. (⇒ਹੇਠੀ, ਬੇਇੱਜ਼ਤੀ) **2** 侮蔑, 侮辱.

ਬੇਹੂਦਾ (बेहूदा) /behūdā ベーフーダー/ [Pers. *behūda*] *adj.* **1** 無意味な, 無駄な, 無益な. (⇒ਫ਼ਜ਼ੂਲ, ਬੇਫ਼ਾਇਦਾ) **2** 卑しい, 下品な, 俗悪な. (⇒ਵਾਹਿਯਾਤ) **3** 野蛮な, 粗野な. (⇒ਅਸੱਭ)

ਬੇਹੋਸ਼ (बेहोश) /behośa ベーホーシュ/ [Pers. *be-* Pers. *hoś*] *adj.* **1** 意識不明の. **2** 気絶している, 失神している, 気を失っている. **3** 昏睡状態の. **4** 感覚のない, 無感覚の, 感覚の麻痺した.

ਬੇਹੋਸ਼ੀ (बेहोशी) /behośī ベーホーシー/ [Pers. *be-* Pers. *hośī*] *f.* **1** 意識不明. **2** 失神, 気絶. (⇒ਗ਼ਸ਼) **3** 昏睡状態. **4** 感覚のないこと, 無感覚, 感覚麻痺. **5** 麻酔.

ਬੇਕਸ (बेकस) /bekasa ベーカス/ [Pers. *be-* Pers. *kas*] *adj.* **1** 寄る辺のない. **2** 可哀相な, 哀れな.

ਬੇਕਸੂਰ (बेकसूर) /bekasūra ベーカスール/ [Pers. *be-* Arab. *quṣūr*] *adj.* **1** 罪のない, 無罪の. **2** 無実の.

ਬੇਕਸੂਰੀ (बेकसूरी) /bekasūrī ベーカスーリー/ [Pers. *be-* Arab. *quṣūrī*] *f.* **1** 無罪. **2** 無実, 潔白.

ਬੇਕਦਰ (बेकदर) /bekadara ベーカダル/ ▸ਬੇਕਦਰਾ [Pers. *be-* Arab. *qadr*] *adj.* **1** 尊敬されていない. **2** 評価されていない. **3** 無視されている. **4** 関心を持たれない. **5** 感謝されない. **6** 劣った, 下手な. **7** 需要のない. **8** 安っぽい.

ਬੇਕਦਰਾ (बेकदरा) /bekadarā ベーカダラー/ ▸ਬੇਕਦਰ *adj.* → ਬੇਕਦਰ

ਬੇਕਦਰੀ (बेकदरी) /bekadarī ベーカダリー/ [Pers. *be-* Arab. *qadr* -ई] *f.* **1** 尊敬されていないこと. **2** 評価されていないこと. **3** 無視されていること. **4** 関心を持たれないこと. **5** 需要のないこと. **6** 安っぽいこと.

ਬੇਕਨੂੰਨਾ (बेकनूना) /bekanūnā ベーカヌーナー/ [Pers. *be-* Arab. *qānūn*] *adj.* 非合法の, 違法な, 不法の.

ਬੇਕਬਜ਼ਾ (बेकबज़ा) /bekabazā ベーカブザー/ [Pers. *be-* Arab. *qabza*] *adj.* **1** 追い立てられた, 立ち退かされた. (⇒ਬੇਦਖ਼ਲ) **2** 不適切な.

ਬੇਕਰਾਰ (बेकरार) /bekarāra ベーカラール/ [Pers. *be-* Arab. *qarār*] *adj.* **1** 落ち着きのない. **2** 安らぎのない, 不安な. **3** 混乱した. **4** 心穏やかでない, 心をかき乱された. **5** そわそわしている.

ਬੇਕਰਾਰੀ (बेकरारी) /bekarārī ベーカラーリー/ [Pers. *be-* Arab. *qarārī*] *f.* **1** 落ち着かないこと. **2** 不安. **3** 混乱. **4** 心穏やかでないこと, 心をかき乱されること. **5** そわそわしていること.

ਬੇਕਰੀ (बेकरी) /bekarī ベーカリー/ [Eng. *bakery*] *f.* パン製造, パン製造店, パン屋.

ਬੇਕਲ[1] (बेकल) /bekala ベーカル/ ▸ਬੇਅਕਲ *adj.* → ਬੇਅਕਲ

ਬੇਕਲ[2] (बेकल) /bekala ベーカル/ ▸ਵਿਆਕੁਲ *adj.* → ਵਿਆਕੁਲ

ਬੇਕਲੀ[1] (बेकली) /bekalī ベーカリー/ ▸ਬੇਅਕਲੀ *f.* → ਬੇਅਕਲੀ

ਬੇਕਲੀ[2] (बेकली) /bekalī ベーカリー/ [Skt. व्याकुल -ई] *f.* **1** 困惑, 混乱, 当惑. **2** 不安, 心穏やかでないこと, 心をかき乱されること. (⇒ਬੇਕਰਾਰੀ) **3** そわそわしていること, 焦燥, 切望.

ਬੇਕਾਇਦਗੀ (बेकाइदगी) /bekāidagī ベーカーイドギー/ [Pers. *be-* Arab. *qā`ida* Pers.*-gī*] *f.* **1** 不規則. **2** 常軌を逸していること, 不品行. **3** 不法, 無秩序.

ਬੇਕਾਇਦਾ (बेकाइदा) /bekāidā ベーカーイダー/ [Pers. *be-* Arab. *qā`ida*] *adj.* **1** 不規則な. **2** 常軌を逸した, 不品行な. **3** 不法な, 無秩序な.

ਬੇਕਾਬੂ (बेकाबू) /bekābū ベーカーブー/ [Pers. *be-* Pers. *qābū*] *adj.* 制御できない, 統制外の.

ਬੇਕਾਬੂਪਣ (बेकाबूपण) /bekābūpaṇa ベーカーブーパン/ [-ਪਣ] *m.* 制御できないこと, 制御不能.

ਬੇਕਾਰ (बेकार) /bekāra ベーカール/ [Pers. *be-* Pers. *kār*] *adj.* **1** 役に立たない, 無用の, 無益な, 無駄な, 駄目な. **2** 価値のない, 出来の悪い, つまらない, くだらない. **3** 仕事のない, 失業した, 失職した. **4** 仕事をしない, 怠惰な.

ਬੇਕਾਰੀ (बेकारी) /bekārī ベーカーリー/ [Pers. *be-* Pers. *kārī*] *m.* **1** 役に立たないこと, 無用, 無駄. **2** 価値のないこと, 出来の悪いこと. **3** 失業. **4** 怠惰.

ਬੇਕਿਰਕ (बेकिरक) /bekiraka ベーキルク/ [Pers. *be-* Skt. कर्कर] *adj.* 非情な, 無慈悲な. (⇒ਨਿਰਦਈ, ਬੇਰਹਿਮ)

ਬੇਕਿਰਕੀ (बेकिरकी) /bekirakī ベーキルキー/ [-ਈ] *f.* 非情, 無慈悲. (⇒ਬੇਰਹਿਮੀ)

ਬੇਕੀਮਤ (बेकीमत) /bekīmata ベーキーマト/ [Pers. *be-* Pers. *qīmat*] *adj.* **1** 値段のない. **2** 無料の, ただの. (⇒ਮੁਫ਼ਤ) **3** 値をつけられないほどの, 極めて貴重な, 計り知れないほど価値のある. (⇒ਵਡਮੁੱਲਾ)

ਬੇਖ਼ਤਾ (बेख़ता) /bexatā ベーカター/ [Pers. *be-* Arab. *xatā*] *adj.* **1** 欠点のない, 無欠の. **2** 罪のない, 無実の.

ਬੇਖ਼ਬਰ (बेख़बर) /bexabara ベーカバル/ [Pers. *be-* Arab. *xabar*] *adj.* **1** 知らない, 無知な. **2** 情報のない. **3** 意識していない, 警戒していない.

ਬੇਖ਼ਬਰੀ (बेख़बरी) /bexabarī ベーカバリー/ [Pers. *be-* Arab. *xabarī*] *f.* **1** 知らないこと, 無知. **2** 情報のないこと. **3** 意識していないこと, 無警戒.

ਬੇਖ਼ਮੀਰਾ (बेख़मीरा) /bexamīrā ベーカミーラー/ [Pers. *be-* Arab. *xamīra*] *adj.* 発酵していない.

ਬੇਖ਼ੁਦ (बेख़ुद) /bexuda ベークド/ [Pers. *be-* Pers. *xvud*] *adj.* **1** 無我の, 無我の境地の. **2** 無我夢中の. **3** 陶酔した. **4** 正気でない, 狂気の.

ਬੇਖ਼ੁਦੀ (बेख़ुदी) /bexudī ベークディー/ [Pers. *be-* Pers. *xvudī*] *f.* **1** 無我の境地. **2** 無我夢中, 忘我. **3** 陶酔. **4** 深い瞑想.

ਬੇਖ਼ੌਫ਼ (बेख़ौफ़) /bexaufa ベーカォーフ/ [Pers. *be-* Arab. *xauf*] *adj.* 恐れ知らずの, 命知らずの. (⇒ਨਿਡਰ)

ਬੇਖ਼ੌਫ਼ੀ (बेख़ौफ़ी) /bexaufī ベーカォーフィー/ [Pers. *be-* Arab. *xaufī*] *f.* 恐れ知らず, 命知らず.

ਬੇਗਮ (बेगम) /begama ベーガム/ [Turk. *begam*] *f.* **1** 王妃, 女王. **2** 淑女. **3** 〖親族・イス〗(イスラーム教徒の)妻, 奥様. **4** 〖遊戯〗(トランプの)クイーン.

ਬੇਗ਼ਮ (बेग़म) /beğamạ ベーガム/ [Pers. be- Pers. ğam] *adj.* **1** 悩みのない. **2** 悲しみのない. **3** 幸福な.

ਬੇਗ਼ਰਜ਼ (बेग़रज़) /beğarạzạ ベーガルズ/ [Pers. be- Arab. ğarz] *adj.* **1** 興味がない. **2** 私利私欲のない, 公平無私な.

ਬੇਗ਼ਰਜ਼ੀ (बेग़रज़ी) /beğarạzī ベーガルズィー/ [Pers. be- Arab. ğarzī] *f.* **1** 無関心. **2** 公平無私.

ਬੇਗਾਨਗੀ (बेगानगी) /begānạgī ベーガーンギー/ ▸ਬਿਗਾਨਗੀ *f.* → ਬਿਗਾਨਗੀ

ਬੇਗਾਨਾ (बेगाना) /begānā ベーガーナー/ ▸ਬਿਗਾਨਾ *adj.m.* → ਬਿਗਾਨਾ

ਬੇਗਾਨਾਪਣ (बेगानापण) /begānāpaṇạ ベーガーナーパン/ ▸ਬੇਗਾਨਾਪਨ [Pers. begāna -ਪਣ] *m.* **1** 知らないこと, 異質. (⇒ਓਪਰਾਪਣ) **2** 疎遠なこと, 疎外.

ਬੇਗਾਨਾਪਨ (बेगानापन) /begānāpanạ ベーガーナーパン/ ▸ਬੇਗਾਨਾਪਣ *m.* → ਬੇਗਾਨਾਪਣ

ਬੇਗੁਨਾਹ (बेगुनाह) /begunâ ベーグナー/ [Pers. be- Pers. gunāh] *adj.* 無実の, 罪のない, 無罪の, 潔白な.

ਬੇਗੁਨਾਹੀ (बेगुनाही) /begunâī | begunāhī ベーグナーイー | ベーグナーヒー/ [Pers. be- Pers. gunāhī] *f.* 無実, 罪のないこと, 無罪, 潔白.

ਬੇਗ਼ੈਰਤ (बेग़ैरत) /beğairatạ ベーガェーラト/ [Pers. be- Pers. ğairat] *adj.* 恥知らずの, 厚かましい. (⇒ਬੇਸ਼ਰਮ)

ਬੇਗ਼ੈਰਤੀ (बेग़ैरती) /beğairatī ベーガェーラティー/ [Pers. be- Pers. ğairatī] *f.* 恥知らず, 厚かましさ. (⇒ਬੇਸ਼ਰਮੀ)

ਬੇਘਰ (बेघर) /bekăra ベーカル/ ▸ਬੇਘਰਾ [Pers. be- Skt. गृह] *adj.* 家のない, 家を失った, ホームレスの.

ਬੇਘਰਾ (बेघरा) /bekărā ベーカラー/ ▸ਬੇਘਰ *adj.* → ਬੇਘਰ

ਬੇਚਾਰਾ (बेचारा) /becārā ベーチャーラー/ ▸ਬਿਚਾਰਾ, ਵਿਚਾਰਾ [Pers. becāra] *adj.* **1** 頼るすべのない, 無力の. **2** 可哀相な. **3** 哀れな, 哀れむべき. **4** 不幸な.

ਬੇਚਿਰਾਗ਼ (बेचिराग़) /becirāğạ ベーチラーグ/ [Pers. be- Pers. cirāğ] *adj.* **1** 灯りのない. **2** 廃虚の.

ਬੇਚੈਨ (बेचैन) /becainạ ベーチャェーン/ [Pers. be- Skt. चनस्] *adj.* **1** 安らぎのない, 落ち着かない. (⇒ਬੇਅਰਾਮ) **2** 不安な, 心配な. (⇒ਅਧੀਰ)

ਬੇਚੈਨੀ (बेचैनी) /becainī ベーチャェーニー/ [-ਈ] *f.* **1** 安らぎのないこと, 落ち着かない気分. **2** 不安, 心配. (⇒ਅਧੀਰਜ)

ਬੇਛੱਤਾ (बेछत्ता) /becʰattā ベーチャッター/ [Pers. be- Skt. छत्र] *adj.* 屋根のない, 露天の.

ਬੇਜ਼ਬਾਨ (बेज़बान) /bezabānạ ベーザバーン/ [Pers. be- Pers. zabān] *adj.* **1** 言葉を発しない, 無言の. **2** 口のきけない. (⇒ਗੂੰਗਾ) **3** おとなしい, つつましい. (⇒ਗ਼ਰੀਬ) **4** 哀れな. (⇒ਬੇਚਾਰਾ)

ਬੇਜ਼ਬਾਨੀ (बेज़बानी) /bezabānī ベーザバーニー/ [Pers. be- Pers. zabānī] *f.* **1** 無言. **2** 口のきけないこと.

ਬੇਜ਼ਮੀਨ (बेज़मीन) /bezamīnạ ベーザミーン/ ▸ਬੇਜ਼ਮੀਨਾ [Pers. be- Pers. zamīn] *adj.* 土地のない, 土地を持たない.

ਬੇਜ਼ਮੀਨਾ (बेज़मीना) /bezamīnā ベーザミーナー/ ▸ਬੇਜ਼ਮੀਨ *adj.* → ਬੇਜ਼ਮੀਨ

ਬੇਜ਼ਮੀਰ (बेज़मीर) /bezamīrạ ベーザミール/ [Pers. be- Arab. zamīr] *adj.* 無意識の.

ਬੇਜੜ (बेजड़) /bejaṛạ ベージャル/ [Pers. be- Skt. जटा] *adj.* **1** 根のない. **2** 根拠のない, 理由のない. **3** 薄弱な.

ਬੇਜਾ (बेजा) /bejā ベージャー/ [Pers. bejā] *adj.* **1** 不適当な, 不都合な, 不当な, 途方もない. (⇒ਅਯੋਗ) **2** 所を得ない, 場違いの.

ਬੇਜਾਨ (बेजान) /bejānạ ベージャーン/ [Pers. be- Pers. jān] *adj.* **1** 生命のない. **2** 死んだ. **3** 面白味のない, つまらない.

ਬੇਜ਼ਾਬਤਾ (बेज़ाबता) /bezābatā ベーザーブター/ [Pers. be- Arab. zābita] *adj.* **1** 規則に反する, 不法な. **2** 不規則な.

ਬੇਜ਼ਾਰ (बेज़ार) /bezārạ ベーザール/ [Pers. bezār] *adj.* **1** 嫌になった, うんざりした. **2** 不快な, 不機嫌な.

ਬੇਜ਼ਾਰੀ (बेज़ारी) /bezārī ベーザーリー/ [Pers. bezārī] *f.* **1** 嫌になっている気持ち, 嫌気. **2** 不快, 不機嫌.

ਬੇਜੁਰਮ (बेजुरम) /bejuramạ ベージュルム/ [Pers. be- Arab. jurm] *adj.* 無実の, 潔白な, 無罪の, 罪のない. (⇒ਬੇਕਸੂਰ)

ਬੇਜ਼ੋਰ (बेज़ोर) /bezorạ ベーゾール/ [Pers. be- Pers. zor] *adj.* **1** 力のない. **2** 弱い.

ਬੇਜੋੜ (बेजोड़) /bejoṛạ ベージョール/ [Pers. be- cf. ਜੋੜਨਾ] *adj.* **1** 比類のない, 無比の, 並ぶもののない. **2** 稀な, 稀有な.

ਬੇਜ਼ੌਂਕ (बेज़ौंक) /bezãũkạ ベーザォーンク/ ▸ਬੇਜ਼ੌਕ [(Pot.)] *adj.* → ਬੇਜ਼ੌਕ

ਬੇਜ਼ੌਕ (बेज़ौक) /bezaukạ ベーザォーク/ ▸ਬੇਜ਼ੌਂਕ [Pers. be- Pers. zauq] *adj.* **1** 味のない, まずい. (⇒ਬੇਸੁਆਦ) **2** 面白味のない, つまらない.

ਬੇਝਿਜਕ (बेझिजक) /becǐjakạ ベーチジャク/ [Pers. be- Skt. चक] *adj.* **1** ためらいのない, 躊躇しない. **2** 遠慮のない, 気兼ねのない.

— *adv.* **1** ためらいなく, 躊躇せずに. **2** 遠慮なく, 気兼ねなく.

ਬੇਟ (बेट) /beṭạ ベート/ *f.* 〖地理〗洪水の被害を受けやすい川沿いの低地.

ਬੇਟੰਗਾ (बेटंगा) /beṭaṅgā ベータンガー/ [Pers. be- Skt. टङ्ग] *adj.* 脚のない.

ਬੇਟੜਾ (बेटड़ा) /beṭaṛā ベートラー/ [(Pkt. बिट्ट) Skt. वटु -ੜਾ] *m.* 〖親族〗息子. (⇒ਪੁੱਤਰ)

ਬੇਟੜੀ (बेटड़ी) /beṭaṛī ベートリー/ [-ੜੀ] *f.* 〖親族〗娘. (⇒ਧੀ)

ਬੇਟਾ (बेटा) /beṭā ベーター/ [(Pkt. बिट्ट) Skt. वटु] *m.* 〖親族〗息子. (⇒ਪੁੱਤਰ)

ਬੇਟਿਕਾਣਾ (बेटिकाणा) /beṭikāṇā ベーティカーナー/ [Pers. be- cf. ਟਿਕਣਾ -ਆਣਾ] *adj.* 居場所のない, 住所不定の.

ਬੇਟੀ (बेटी) /beṭī ベーティー/ [(Pkt. बिट्ट) Skt. वटु -ਈ] *f.* 〖親族〗娘. (⇒ਧੀ)

ਬੇਡਰ (बेडर) /beḍarạ ベーダル/ [Pers. be- (Pkt. डर) Skt. दर] *adj.* **1** 恐れ知らずの. **2** 勇猛な, 勇敢な.

ਬੇਡੌਲ (बेडौल) /beḍaulạ ベーダォール/ [Pers. be- ਡੌਲ] *adj.* **1** 形の良くない, 不恰好の. **2** 醜い.

ਬੇਡੌਲਤਾ (बेडौलता) /beḍaulạtā ベーダォールター/

[Skt.-ता] *f.* **1** 不恰好. **2** 醜さ.

ਬੇਢੰਗਾ (बेढंगा) /beṭăṅgā ベータンガー/ *adj.* **1** 無秩序な, 乱雑な. **2** 不恰好な.

ਬੇਢੱਬਾ (बेढब्बा) /beṭăbbā ベータッバー/ [Pers. *be-* Skt. धव] *adj.* **1** 無秩序な, 乱雑な. **2** 不恰好な.

ਬੇਤਅੱਲਕ (बेतअल्लक) /betaallaka ベータアッラク/ [Pers. *be-* Arab. *ta`alluq*] *adj.* **1** 関係のない, 関連のない, 無縁の. **2** 関心のない.

ਬੇਤਅੱਲਕੀ (बेतअल्लकी) /betaallakī ベータアッラキー/ [Pers. *be-* Arab. *ta`alluqī*] *f.* **1** 関係の薄いこと, 無縁, 疎遠, 疎隔. **2** 無関心. **3** 見知らぬこと.

ਬੇਤਹਾਸ਼ਾ (बेतहाशा) /betăśā | betahāśā ベーターシャー | ベータハーシャー/ [Pers. *be-* Arab. *tahāśā*] *adv.* **1** 向こう見ずに, 滅茶苦茶に. **2** 猛烈に, ひどく. **3** 急速に, にわかに.

ਬੇਤਕਸੀਰ (बेतकसीर) /betakasīra ベータクスィール/ [Pers. *be-* Arab. *taqṣīr*] *adj.* 無実の, 無罪の. (⇒ਬੇਖ਼ਤਾ)

ਬੇਤਰਸ (बेतरस) /betarasa ベータラス/ [Pers. *be-* Skt. त्रस] *adj.* **1** 無情な, 無慈悲な. (⇒ਬੇਕਿਰਕ) **2** 冷酷な, 残酷な.

ਬੇਤਰਸੀ (बेतरसी) /betarasī ベータルスィー/ [-ਈ] *f.* **1** 無情, 無慈悲. (⇒ਬੇਕਿਰਕੀ) **2** 冷酷.

ਬੇਤਰਤੀਬ (बेतरतीब) /betaratība ベータルティーブ/ [Pers. *be-* Arab. *tartīb*] *adj.* **1** 無秩序の. **2** 不規則な.

ਬੇਤਰਦੀਦ (बेतरदीद) /betaradīda ベータルディード/ [Pers. *be-* Arab. *tardīd*] *adj.* 拒否できない, 反駁できない.

ਬੇਤਰਮੀਮਾ (बेतरमीमा) /betaramīmā ベータルミーマー/ [Pers. *be-* Arab. *tarmīm*] *adj.* 矯正されない.

ਬੇਤਾਜ (बेताज) /betāja ベータージ/ [Pers. *be-* Pers. *tāj*] *adj.* 王冠のない, 無冠の, 冠をつけない.

ਬੇਤਾਬ (बेताब) /betāba ベーターブ/ [Pers. *be-* Pers. *tāb*] *adj.* **1** 輝きのない, 微かな, 弱い. **2** 我慢のできない, 耐え難い, 苛々する. **3** 落ち着かない, 安らぎのない. (⇒ਬੇਚੈਨ, ਬੇਅਰਾਮ) **4** 困惑した. (⇒ਵਿਆਕੁਲ) **5** 熱烈な, 熱心な, 熱望している.

ਬੇਤਾਬੀ (बेताबी) /betābī ベータービー/ [Pers. *be-* Pers. *tābī*] *f.* **1** 輝きのないこと, 微少, 弱いこと. **2** 我慢のできないこと, 苛立ち, あせり. **3** 困惑. **4** 熱情.

ਬੇਤਾਰ (बेतार) /betāra ベータール/ [Pers. *be-* Pers. *tār*] *adj.* 線のない, 無線の, 無線電信の. (⇒ਤਾਰ ਰਹਿਤ)

— *f.* 〖機械〗無線電信, 無電, 無線受信装置. (⇒ਵਾਇਰਲੈੱਸ)

ਬੇਤਾਲ[1] (बेताल) /betāla ベータール/ ▸ਬੈਤਾਲ, ਵੈਤਾਲ [Skt. वैताल] *m.* **1** 屍鬼, 死体を操る幽鬼. **2** 悪霊, 幽霊. **3** 幽鬼が操る死体.

ਬੇਤਾਲ[2] (बेताल) /betāla ベータール/ [Pers. *be-* Skt. ताल] *adj.* 拍子外れの, 調子外れの. (⇒ਬੇਸੁਰਾ)

ਬੇਤੁਕਾ (बेतुका) /betukā ベートゥカー/ [Pers. *be-* ਤੁਕ] *adj.* **1** 理屈に合わない, 納得できない. **2** 場違いの. **3** 不調和の. **3** 不適切な.

ਬੇਦ (बेद) /beda ベード/ ▸ਵੇਦ *m.* → ਵੇਦ

ਬੇਦਸ (बेदस) /bedasa ベーダス/ *adj.* 12の. (⇒ਬਾਰ੍ਹਾਂ)

ਬੇਦਸਤੂਰ (बेदसतूर) /bedasatūra ベーダストゥール/ [Pers. *be-* Pers. *dastūr*] *adj.* 作法に合っていない, 節操のない, 常軌を逸した, 不品行な. (⇒ਬੇਕਾਇਦਾ)

ਬੇਦਖ਼ਲ (बेदख़ल) /bedaxala ベーダカル/ [Pers. *be-* Arab. *daxl*] *adj.* **1** 追い立てられた, 立ち退かされた. (⇒ਬੇਕਬਜ਼ਾ) **2** 放逐された.

ਬੇਦਖ਼ਲੀ (बेदख़ली) /bedaxalī ベーダクリー/ [Pers. *be-* Arab. *daxlī*] *f.* **1** 追い立て, 立ち退き. **2** 放逐.

ਬੇਦਮ (बेदम) /bedama ベーダム/ [Pers. *be-* Pers. *dam*] *adj.* **1** 息を切らした. **2** 疲れきった.

ਬੇਦਰਦ (बेदरद) /bedarada ベーダルド/ [Pers. *be-* Pers. *dard*] *adj.* **1** 痛みを感じない. **2** 情けを持たない, 無慈悲な, 冷酷な. (⇒ਬੇਤਰਸ)

ਬੇਦਰਦੀ (बेदरदी) /bedaradī ベーダルディー/ [Pers. *be-* Pers. *dardī*] *f.* **1** 痛みを感じないこと. **2** 無慈悲, 冷酷. (⇒ਬੇਤਰਸੀ)

ਬੇਦਰੇਗ਼ (बेदरेग़) /bedareğa ベーダレーグ/ [Pers. *be-* Pers. *dareğ*] *adj.* 思いやりのない, 無慈悲な. (⇒ਬੇਰਹਿਮ, ਨਿਰਦਈ)

— *adv.* 思いやりなく, 無慈悲に.

ਬੇਦਲੀਲ (बेदलील) /bedalīla ベーダリール/ [Pers. *be-* Arab. *dalīl*] *adj.* 論拠のない, 不合理な.

ਬੇਦਾਗ਼ (बेदाग़) /bedāğa ベーダーグ/ [Pers. *be-* Pers. *dāğ*] *adj.* **1** 汚点のない. **2** 欠点のない.

ਬੇਦਾਦ (बेदाद) /bedāda ベーダード/ [Pers. *be-* Pers. *dād*] *f.* **1** 不正, 不公正. (⇒ਬੇਇਨਸਾਫ਼ੀ, ਅਨਿਆਇ) **2** 暴虐, 非道. (⇒ਜ਼ੁਲਮ)

— *adj.* **1** 無慈悲な, 無情な. (⇒ਬੇਰਹਿਮ, ਨਿਰਦਈ) **2** 冷酷な, 残酷な.

ਬੇਦਾਮ (बेदाम) /bedāma ベーダーム/ [Pers. *be-* Skt. द्रम्म] *adj.* 無料の, 無償の.

ਬੇਦਾਰ (बेदार) /bedāra ベーダール/ ▸ਬਿਦਾਰ [Pers. *bedār*] *adj.* 目が覚めた, 目覚めた, 覚醒した. (⇒ਜਾਗਰਿਤ)

ਬੇਦਾਰੀ (बेदारी) /bedārī ベーダーリー/ ▸ਬਿਦਾਰੀ [Pers. *bedārī*] *f.* 目覚めていること, 目覚め, 覚醒.

ਬੇਦਾਵਾ (बेदावा) /bedāwā ベーダーワー/ [Pers. *be-* Arab. *da`vā*] *m.* **1** 権利のないこと. **2** 縁を切る手紙.

ਬੇਦਿਮਾਗ਼ (बेदिमाग़) /bedimāğa ベーディマーグ/ [Pers. *be-* Arab. *dimāğ*] *adj.* **1** 頭の悪い, 愚かな, 馬鹿な.

ਬੇਦਿਲ (बेदिल) /bedila ベーディル/ [Pers. *be-* Pers. *dil*] *adj.* **1** 気が進まない. **2** 憂鬱な.

ਬੇਦਿਲੀ (बेदिली) /bedilī ベーディリー/ [Pers. *be-* Pers. *dilī*] *f.* **1** 気が進まないこと. **2** 憂鬱なこと.

ਬੇਦੀ[1] (बेदी) /bedī ベーディー/ ▸ਵੇਦੀ *f.* → ਵੇਦੀ

ਬੇਦੀ[2] (बेदी) /bedī ベーディー/ *m.* 〖姓〗ベーディー《カッタリー(クシャトリヤ)の一種姓. グル・ナーナクの生まれた家系の姓》.

ਬੇਦੀਨ (बेदीन) /bedīna ベーディーン/ [Pers. *be-* Arab. *dīn*] *adj.* **1** 不信心な, 宗教心のない. **2** 信頼できない.

ਬੇਦੁਮ (बेदुम) /beduma ベードゥム/ [Pers. *be-* Pers. *dum*] *adj.* 尻尾のない.

ਬੇਦੋਸ (बेदोस) /bedosa ベードース/ [Pers. *be-* Skt. दोष] *adj.* 罪のない, 無罪の.

ਬੇਧਰਮ (बेधरम) /betărama ベータルム/ [Pers. *be-* Skt. धर्म] *adj.* **1** 不信心な, 宗教心のない. **2** 異教徒の. **3** 不道徳な.
— *m.* **1** 不信心者. **2** 無神論者. **3** 異教徒.

ਬੇਧਰਮੀ (बेधरमी) /betăramī ベータルミー/ [-ਈ] *f.* **1** 不信心. **2** 悪徳. **3** 不道徳. **4** 異教.

ਬੇਧੜਕ (बेधड़क) /betăraka ベータルク/ [Pers. *be-* ਧੜਕ] *adj.* **1** 恐れない. **2** ひるまない.

ਬੇਧਿਆਨ (बेधिआन) /betiăna ベーティアーン/ [Pers. *be-* Skt. ध्यान] *adj.* **1** 不注意な, 注意力のない. **2** 気づいていない. **3** うっかりしている. **4** うわの空の, 放心状態の.

ਬੇਧਿਆਨੀ (बेधिआनी) /betiănī ベーティアーニー/ [-ਈ] *f.* **1** 不注意. **2** 気づいていないこと, 見落とし. **3** うっかりしていること. **4** うわの空, 放心状態.

ਬੇਨਸੀਬ (बेनसीब) /benasība ベーナスィーブ/ [Pers. *be-* Arab. *naṣīb*] *adj.* 不運な, 不幸な.

ਬੇਨਕਾਬ (बेनकाब) /benakāba ベーナカーブ/ [Pers. *be-* Arab. *niqāb*] *adj.* **1** 覆いのない, 覆われていない. **2** 隠されていない, むき出しの.

ਬੇਨਜ਼ੀਰ (बेनज़ीर) /benazīra ベーナズィール/ [Pers. *be-* Arab. *nazīr*] *adj.* **1** 例のない, 比類のない, 無類の. (⇒ਬੇਮਿਸਾਲ) **2** 特異な, 独特の. **3** 稀な, 稀有な.

ਬੇਨਤੀ (बेनती) /benatī ベーンティー/ ▸ਬਿਨਤੀ [Skt. विनति] *f.* **1** 懇願, 嘆願, お願い. (⇒ਨਿਵੇਦਨ) **2** 祈願. **3** 切望.

ਬੇਨੰਬਰ (बेनंबर) /benambara ベーナンバル/ [Pers. *be-* Eng. *number*] *adj.* 番号のない.

ਬੇਨਾਂ (बेनाँ) /benā̃ ベーナーン/ ▸ਬੇਨਾਮ [Pers. *benām*] *adj.* 名前のない, 無名の, 名前の分からない.

ਬੇਨਾਮ (बेनाम) /benāma ベーナーム/ ▸ਬੇਨਾਂ *adj.* → ਬੇਨਾਂ

ਬੇਨਿਆਈ (बेनिआई) /beniāī ベーニアーイー/ [Pers. *be-* Skt. न्याय] *adj.* 不正な, 不当な.
— *adv.* 不正に, 不当に.
— *f.* 不正, 不当.

ਬੇਨਿਆਜ਼ (बेनिआज़) /beniāza ベーニアーズ/ [Pers. *be-* Pers. *niyāz*] *adj.* **1** 不足のない, 自立した. **2** 悩みのない, 暢気な. **3** 無関心な, 無頓着な. (⇒ਬੇਪਰਵਾਹ)

ਬੇਨਿਸ਼ਾਨ (बेनिशान) /beniśāna ベーニシャーン/ [Pers. *be-* Pers. *niśān*] *adj.* **1** 印のない. **2** 汚点のない.

ਬੇਨੁਕਸ (बेनुकस) /benukasa | benukasa ベーヌカス | ベーヌクス/ [Pers. *be-* Arab. *naqṣ*] *adj.* **1** 欠点のない, 欠陥のない. **2** 完璧な.

ਬੇਨੂਰ (बेनूर) /benūra ベーヌール/ [Pers. *be-* Arab. *nūr*] *adj.* **1** 光のない. **2** 暗い, 薄暗い. **3** ぼんやりした.

ਬੇਪਛਾਣ (बेपछाण) /bepacʰāṇa ベーパチャーン/ [Pers. *be-* cf. ਪਛਾਣਨਾ] *adj.* **1** 見分けられない, 認識できない. **2** はっきりしない, ぼんやりした. **3** 見知らぬ, 馴染みのない.

ਬੇਪਤਾ (बेपता) /bepatā ベーパター/ [Pers. *be-* Skt. प्रत्यय] *adj.* **1** 居所の分からない, 所在不明の, 見つけられない. **2** 行方不明の, 消息のない, 失踪した. (⇒ਲਾਪਤਾ)

ਬੇਪਤੀ (बेपती) /bepatī ベーパティー/ *f.* **1** 侮辱, 侮蔑. (⇒ਬੇਇੱਜ਼ਤੀ) **2** 凌辱.

ਬੇਪਨਾਹ (बेपनाह) /bepanâ ベーパナー/ [Pers. *be-* Pers. *panāh*] *adj.* **1** 過度な, ものすごい, 猛烈な. **2** 助けのない, 支援のない. (⇒ਨਿਆਸਰਾ) **3** 寄る辺のない.

ਬੇਪਰਤੀਤਾ (बेपरतीता) /beparatītā ベーパルティーター/ [Pers. *be-* Skt. प्रतीति] *adj.* 信用できない, 信頼できない. (⇒ਬੇਇਤਬਾਰਾ)

ਬੇਪਰਤੀਤੀ (बेपरतीती) /beparatītī ベーパルティーティー/ [-ਈ] *f.* 不信, 信頼できないこと. (⇒ਬੇਇਤਬਾਰੀ)

ਬੇਪਰਦ (बेपरद) /beparada ベーパルド/ ▸ਬੇਪਰਦਾ [Pers. *be-* Pers. *parda*] *adj.* **1** 覆いのない, 覆われていない. **2** 裸の, むき出しの.

ਬੇਪਰਦਗੀ (बेपरदगी) /beparadagī ベーパルドギー/ [Pers.*-gī*] *f.* **1** 覆われていないこと. **2** 裸, むき出し. **3** 露出. **4** 無遠慮.

ਬੇਪਰਦਾ (बेपरदा) /beparadā ベーパルダー/ ▸ਬੇਪਰਦ *adj.* → ਬੇਪਰਦ

ਬੇਪਰਵਾਹ (बेपरवाह) /beparawâ ベーパルワー/ [Pers. *be-* Pers. *parvāh*] *adj.* **1** 悩みのない. **2** 無関心な, 無頓着な. (⇒ਬੇਨਿਆਜ਼) **3** 暢気な.

ਬੇਪਰਵਾਹੀ (बेपरवाही) /beparawâī ベーパルワーイー/ [Pers. *be-* Pers. *parvāhī*] *f.* **1** 悩みのないこと. **2** 無関心, 無頓着. **3** 暢気.

ਬੇਪੀਰ (बेपीर) /bepīra ベーピール/ ▸ਬੇਪੀਰਾ [Pers. *be-* Pers. *pīr*] *adj.* **1** 師を持たない, 教授者のいない. (⇒ਨਿਗੁਰਾ) **2** 無節操な, わがままな.

ਬੇਪੀਰਾ (बेपीरा) /bepīrā ベーピーラー/ ▸ਬੇਪੀਰ *adj.* → ਬੇਪੀਰ

ਬੇਪੀੜ (बेपीड़) /bepīṛa ベーピール/ [Pers. *be-* Skt. पीडा] *adj.* **1** 痛みのない, 痛みを感じない. **2** 同情心のない, 不人情な, 無慈悲な, 冷酷な.

ਬੇਪੈਦ (बेपैद) /bepaida ベーパェード/ [Pers. *be-* Pers. *paidā*] *adj.* **1** 生産力のない, 肥沃でない. **2** 不毛の. (⇒ਬੰਜਰ)

ਬੇਪੈਦਗੀ (बेपैदगी) /bepaidagī ベーパェードギー/ [Pers.*-gī*] *f.* **1** 生産力のないこと, 肥沃でないこと. **2** 不毛.

ਬੇਫ਼ਾਇਦਾ (बेफ़ाइदा) /befāidā ベーファーイダー/ [Pers. *be-* Pers. *fāʰida*] *adj.* **1** 利益のない, 無益な. **2** 成果のない. **3** 効果のない. **4** 無駄な.

ਬੇਬਸ (बेबस) /bebasa ベーバス/ ▸ਬੇਵਸ, ਬੇਵੱਸ *adj.* → ਬੇਵੱਸ

ਬੇਬਸੀ (बेबसी) /bebasī ベーバスィー/ ▸ਬੇਵਸੀ, ਬੇਵੱਸੀ *f.* → ਬੇਵਸੀ

ਬੇਬੀ (बेबी) /bebī ベービー/ [Eng. *baby*] *f.* **1** 赤ちゃん, 赤ん坊. **2** 女の子.

ਬੇਬੁਨਿਆਦ (बेबुनिआद) /bebuniāda ベーブニアード/ [Pers. *be-* Pers. *buniyād*] *adj.* **1** 基礎のない. **2** 根拠のない. **3** 偽りの.

ਬੇਬੇ (बेबे) /bebe ベーベー/ [Pers. *bībī*] *f.* **1** お姉さん《年上の女性》. **2**〖親族〗姉, お姉さん. **3**〖親族〗母, お母さん.

ਬੇਭਰੋਸਗੀ (बेभरोसगी) /beparŏsagī ベーパロースギー/

[Pers. *be-* Skt. वर + Skt. आशा Pers.*-gī*] *f.* 不信, 信用のないこと, 信頼できないこと.

ਬੇਮਕਸਦ (बेमकसद) /bemakasada/ ベーマクサド/ [Pers. *be-* Arab. *maqṣad*] *adj.* **1** 目的のない, 用のない. **2** 意味のない, 無意味な, 不適切な.
— *adv.* **1** 目的もなく, 無用に. **2** 意味もなく, 無意味に, 不適切に.

ਬੇਮਜ਼ਾ (बेमज़ा) /bemazā ベーマザー/ [Pers. *be-* Pers. *maza*] *adj.* **1** 風味のない, 味のない, まずい. (⇒ ਬੇਸੁਆਦ) **2** 面白くない, 不愉快な.

ਬੇਮਤਲਬ (बेमतलब) /bematalaba/ ベーマトラブ/ [Pers. *be-* Arab. *matlab*] *adj.* 意味のない, 無意味な.
— *adv.* 意味もなく, 無意味に, 用もなく.

ਬੇਮਦਦ (बेमदद) /bemadada/ ベーマダド/ [Pers. *be-* Arab. *madad*] *adj.* 助けのない, 無援の.

ਬੇਮਲੂਮ (बेमलूम) /bemalūma/ ベーマルーム/ [Pers. *be-* Arab. *ma`lūm*] *adj.* **1** 知らない, 分からない. **2** 気づかれない, 知覚できない. **3** 取るに足らない. **4** 微少な.

ਬੇਮਿਸਾਲ (बेमिसाल) /bemisāla/ ベーミサール/ [Pers. *be-* Arab. *misāl*] *adj.* **1** 例のない, 比類のない, 無類の. (⇒ ਬੇਨਜ਼ੀਰ) **2** 特異な, 独特の. **3** 稀な, 稀有な.

ਬੇਮੁਹਤਾਜ (बेमुहताज) /bemôtāja/ ベーモータージ/ ▸ ਬੇਮੁਥਾਜ [Pers. *be-* Arab. *muhtāj*] *adj.* **1** 必要としていない. **2** 困窮していない, 窮乏していない. **3** 従属していない. **4** 独立した, 自立した.

ਬੇਮੁਹਤਾਜੀ (बेमुहताजी) /bemôtājī ベーモータージー/ ▸ ਬੇਮੁਥਾਜੀ [Pers. *be-* Pers. *muhtājī*] *f.* **1** 必要としていないこと. **2** 困窮していないこと, 窮乏していないこと. **3** 従属していないこと. **4** 独立, 自立.

ਬੇਮੁਹੱਬਤ (बेमुहब्बत) /bemuhabbata/ ベームハッバト/ [Pers. *be-* Pers. *mahabbat*] *adj.* **1** 愛のない, 愛情のない. **2** 冷淡な, 無関心な.

ਬੇਮੁਹੱਬਤੀ (बेमुहब्बती) /bemuhabbatī ベームハッバティー/ [-ਈ] *f.* **1** 愛のないこと. **2** 冷淡, 無関心.

ਬੇਮੁਹਾਰ (बेमुहार) /bemuhāra/ ベームハール/ [Pers. *be-* Pers. *muhār*] *adj.* **1** 抑えられない. **2** 手に負えない. **3** わがままな.

ਬੇਮੁਕਾਬਲਾ (बेमुकाबला) /bemukābalā ベームカーブラー/ [Pers. *be-* Arab. *muqābala*] *adj.* **1** 対抗するもののない, 競争なしの. **2** 反対のない, 異議のない, 満場一致の.
— *adv.* 反対なく, 異議なく, 満場一致で.

ਬੇਮੁਖ (बेमुख) /bemukʰa/ ベームク/ *adj.* 背信の.

ਬੇਮੁਖਤਾ (बेमुखता) /bemukʰatā ベームクター/ *f.* 背信.

ਬੇਮੁਥਾਜ (बेमुथाज) /bemutʰāja/ ベームタージ/ ▸ਬੇਮੁਹਤਾਜ *adj.* → ਬੇਮੁਹਤਾਜ

ਬੇਮੁਥਾਜੀ (बेमुथाजी) /bemutʰājī ベームタージー/ ▸ ਬੇਮੁਹਤਾਜੀ *f.* → ਬੇਮੁਹਤਾਜੀ

ਬੇਮੁਰੱਵਤ (बेमुरव्वत) /bemurawwata/ ベームラッワト/ [Pers. *be-* Pers. *muruvat*] *adj.* **1** 善意のない, 思いやりのない, 無慈悲な. **2** 冷淡な, 無愛想な.

ਬੇਮੁਰੱਵਤੀ (बेमुरव्वती) /bemurawwatī ベームラッワティー/ [Pers. *be-* Pers. *muruvatī*] *f.* **1** 善意のないこと, 思いやりのなさ, 無慈悲. **2** 冷淡, 無愛想.

ਬੇਮੇਲ (बेमेल) /bemela/ ベーメール/ [Pers. *be-* Skt. मेल] *adj.* **1** 合わない, 不調和な, 馴染まない. **2** 不釣合いな, 不均衡な.

ਬੇਮੇਲਤਾ (बेमेलता) /bemelatā ベーメールター/ [Skt.-ता] *f.* **1** 合わないこと, 不調和, 馴染まないこと. **2** 不釣合い, 不均衡.

ਬੇਮੌਸਮ (बेमौसम) /bemausama/ ベーマォーサム/ [Pers. *be-* Arab. *mausim*] *adj.* **1** 季節外れの. **2** 時機を失した.

ਬੇਮੌਕਾ (बेमौका) /bemaukā ベーマォーカー/ [Pers. *be-* Arab. *mauqa*] *adj.* 折りの悪い, 時機を失した.

ਬੇਯਕੀਨ (बेयकीन) /beyakīna/ ベーヤキーン/ ▸ਬੇਯਕੀਨਾ *adj.* → ਬੇਯਕੀਨਾ

ਬੇਯਕੀਨਾ (बेयकीना) /beyakīnā ベーヤキーナー/ ▸ ਬੇਯਕੀਨ [Pers. *be-* Arab. *yaqīn*] *adj.* **1** 不確かな, 不確実な, 確信できない. **2** 信頼できない, 信用できない. (⇒ਬੇਇਤਬਾਰਾ)

ਬੇਯਕੀਨੀ (बेयकीनी) /beyakīnī ベーヤキーニー/ [Pers. *be-* Arab. *yaqīnī*] *f.* **1** 不確実, 確信できないこと. **2** 不信, 信頼できないこと, 信用できないこと. (⇒ਬੇਇਤਬਾਰੀ)

ਬੇਰ (बेर) /bera/ ベール/ [Skt. बदरी] *m.* 〖植物〗イヌナツメ(蛮棗), イヌナツメの実《クロウメモドキ科の低木》.

ਬੇਰਸ (बेरस) /berasa/ ベーラス/ [Pers. *be-* Skt. रस] *adj.* **1** 味気のない, 味気ない. **2** 風味のない. **3** 面白味のない.

ਬੇਰਸੀ (बेरसी) /berasī ベーラスィー/ [-ਈ] *f.* **1** 味気のないこと, 味気なさ. **2** 風味のないこと. **3** 面白味のないこと. **4** 不愉快.

ਬੇਰਹਿਮ (बेरहिम) /beraîma/ ベーラェーム/ [Pers. *be-* Arab. *rahm*] *adj.* **1** 無慈悲な, 無情な, 非情な. (⇒ ਨਿਰਦਈ) **2** 冷酷な, 残酷な.

ਬੇਰਹਿਮੀ (बेरहिमी) /beraîmī ベーラェーミー/ [Pers. *be-* Arab. *rahmī*] *f.* **1** 無慈悲, 無情, 非情. **2** 冷酷, 残酷.

ਬੇਰੰਗ (बेरंग) /beraṅga/ ベーラング/ [Pers. *be-* Pers. *rang* Skt. रंग] *adj.* **1** 色のない. **2** 味気ない, つまらない.

ਬੇਰੜਾ (बेरड़ा) /beraṛā ベーララー/ [Skt. वेरट] *m.* **1** 〖食品〗小麦・大麦・ひよこ豆などの穀物を混合した食糧. **2** 雑種, 交配種. **3** 〖俗語〗混血児, 私生児.

ਬੇਰਾ[1] (बेरा) /berā ベーラー/ ▸ਬੇਲਾ, ਵੇਲਾ *m.* → ਵੇਲਾ

ਬੇਰਾ[2] (बेरा) /berā ベーラー/ *m.* **1** 知識. **2** 情報.

ਬੇਰਿਵਾਜਾ (बेरिवाजा) /beriwājā ベーリワージャー/ [Pers. *be-* Arab. *ravāj*] *adj.* **1** 一般に行われていない. **2** 流行遅れの.

ਬੇਰੀ (बेरी) /berī ベーリー/ [Skt. बदरी] *f.* 〖植物〗ナツメ(棗), イヌナツメ(蛮棗)の小木.

ਬੇਰੁਖ (बेरुख़) /beruxa/ ベールク/ [Pers. *be-* Pers. *rux*] *adj.* **1** 無愛想な, 不機嫌な. **2** 無視している, 冷淡な.

ਬੇਰੁਖ਼ੀ (बेरुख़ी) /beruxī ベールキー/ [Pers. *be-* Pers. *ruxī*] *f.* **1** 無愛想, 不機嫌. **2** 無視, 冷淡さ. **3** 反感, 毛嫌い. **4** 仲たがい, 疎遠. **5** 避けること, 回避.

ਬੇਰੁਜ਼ਗਾਰ (बेरुज़गार) /beruzagāra/ ベールズガール/ [Pers. *be-* Pers. *rozgār*] *adj.* 仕事のない, 失業した, 生活の手段のない.

ਬੇਰੁਜ਼ਗਾਰੀ (बेरुज़गारी) /beruzagārī ベールズガーリー/

[Pers. *be*- Pers. *rozgārī*] *f.* 失業, 失職.

ਬੇਰੋਕ (बेरोक) /beroka ベーローク/ [Pers. *be*- Skt. रोधन] *adj.* **1** 妨げられない. **2** 制約のない, 自由な.

ਬੇਰੋਕਤਾ (बेरोकता) /berokatā ベーロークター/ [Skt.-ता] *f.* **1** 妨げられないこと. **2** 制約のないこと, 自由.

ਬੇਰੌਣਕ (बेरौणक) /beraunaka ベーラォーナク/ [Pers. *be*- Arab. *raunaq*] *adj.* **1** 明るさのない, 陽気でない, 陰気な. **2** 賑わいのない, 繁栄していない, 寂れた.

ਬੇਰੌਣਕੀ (बेरौणकी) /beraunakī ベーラォーンキー/ [Pers. *be*- Arab. *raunaqī*] *f.* **1** 陽気でないこと, 陰気. **2** 賑わいのないこと, 繁栄していないこと, 寂れた様子.

ਬੇਲ[1] (बेल) /bela ベール/ ▸ਵੱਲ, ਵੇਲ [Skt. बल्ली] *f.* **1** 〖植物〗蔓草, ツタ(蔦). (⇒ਲਤਾ) **2** 蔓草の模様, 唐草模様.

ਬੇਲ[2] (बेल) /bela ベール/ [(Pkt. बिल्ल) Skt. बिल्व] *m.* 〖植物〗ベルノキ, インドカラタチ(印度枸橘), その果実《ミカン科の低木. 果実は食用》.

ਬੇਲਗਾਮ (बेलगाम) /belagāma ベーラガーム/ [Pers. *be*- Pers. *lagām*] *adj.* **1** (轡や手綱などの)馬勒を付けていない. **2** 抑えきれない, 野放しの, 強情な.

ਬੇਲਚਕ (बेलचक) /belacaka ベーラチャク/ [Pers. *be*- cf. ਲਚਕਣਾ] *adj.* **1** 柔軟性のない. **2** 適応性のない. **3** 頑固な.

ਬੇਲਚਾ (बेलचा) /belacā ベールチャー/ [Pers. *belca*] *m.* **1** 〖道具〗小さな踏み鍬. **2** 〖道具〗シャベル.

ਬੇਲੱਜ (बेलज्ज) /belajja ベーラッジ/ [Pers. *be*- Skt. लज्जा] *adj.* 恥知らずの, 厚かましい. (⇒ਨਿਰਲੱਜ)

ਬੇਲਦਾਰ (बेलदार) /beladāra ベールダール/ ▸ਵੇਲਦਾਰ [Skt. बल्ली Pers.-*dār*] *adj.* 蔓草の模様のある, 唐草模様の, 花蔦模様の.

ਬੇਲਨ (बेलन) /belana ベーラン/ [Skt. वेलन] *m.* **1** 円筒, 円柱形のもの. **2** 円柱状の棒, 巻き軸, ローラー. **3** 〖調〗延し棒, 麺棒.

ਬੇਲਬੂਟੇ (बेलबूटे) /belabūṭe ベールブーテー/ ▸ਵੇਲ ਬੂਟੇ [Skt. बल्ली + Skt. विटप] *m.* **1** 植物群. **2** 蔓草模様, 花模様, 唐草模様, 花蔦模様. **3** 〖建築〗狭間飾り, 壁などの上部の帯状装飾.

ਬੇਲਾ[1] (बेला) /belā ベーラー/ *m.* 〖地理〗川岸に生い茂った草・葦・灌木などから成る森.

ਬੇਲਾ[2] (बेला) /belā ベーラー/ ▸ਬੇਰਾ, ਵੇਲਾ *m.* → ਵੇਲਾ

ਬੇਲਾਗ (बेलाग) /belāga ベーラーグ/ [Pers. *be*- cf. ਲੱਗਣਾ] *adj.* **1** 関係がない, 無関係な. **2** 公平無私な. (⇒ਨਿਰਪੱਖ) **3** 飾り気のない, 純粋な.

ਬੇਲਿਹਾਜ਼ (बेलिहाज़) /belihāza ベーリハーズ/ [Pers. *be*- Arab. *lihāz*] *adj.* **1** 思いやりのない. **2** 無作法な.

ਬੇਲਿਹਾਜ਼ੀ (बेलिहाज़ी) /belihāzī ベーリハーズィー/ [-ਈ] *f.* **1** 思いやりのなさ. **2** 無作法.

ਬੇਲਿਬਾਸ (बेलिबास) /belibāsa ベーリバース/ [Pers. *be*- Arab. *libās*] *adj.* 衣服のない.

ਬੇਲੀ (बेली) /belī ベーリー/ [Pkt. बेलि] *m.* **1** 仲良し. **2** 友達, 友人.

ਬੇਲੁਤਫ਼ (बेलुतफ़) /belutafa ベールタフ/ [Pers. *be*- Arab. *lutf*] *adj.* **1** 楽しくない, つまらない. (⇒ਬੇਸੁਆਦ) **2** 退屈な.

ਬੇਲੋੜ (बेलोड़) /beloṛa ベーロール/ ▸ਬੇਲੋੜਾ *adj.* → ਬੇਲੋੜਾ

ਬੇਲੋੜਾ (बेलोड़ा) /beloṛā ベーローラー/ ▸ਬੇਲੋੜ [Pers. *be*- ਲੋੜ] *adj.* 不必要な, 要らない. (⇒ਫ਼ਜ਼ੂਲ)

ਬੇਵਸ (बेवस) /bewasa ベーワス/ ▸ਬੇਬਸ, ਬੇਵੱਸ *adj.* → ਬੇਵੱਸ

ਬੇਵੱਸ (बेवस्स) /bewassa ベーワッス/ ▸ਬੇਬਸ, ਬੇਵਸ [Pers. *be*- Skt. वश] *adj.* **1** 無力な, 力のない, 従属している. **2** 仕方のない, 余儀ない. (⇒ਮਜਬੂਰ)

ਬੇਵਸਾਹ (बेवसाह) /bewasâ ベーワサー/ [Pers. *be*- Skt. विश्वास] *adj.* **1** 信頼できない. **2** 疑わしい.

ਬੇਵਸਾਹੀ (बेवसाही) /bewasâī ベーワサーイー/ [-ਈ] *f.* **1** 不信, 信頼の欠如. **2** 疑い, 疑念.

ਬੇਵਸੀ (बेवसी) /bewasī ベーワスィー/ ▸ਬੇਬਸੀ, ਬੇਵੱਸੀ [Pers. *be*- Skt. वश -ਈ] *f.* **1** 無力さ. **2** 仕方のなさ, 思うままにならないこと. (⇒ਮਜਬੂਰੀ)

ਬੇਵੱਸੀ (बेवस्सी) /bewassī ベーワッスィー/ ▸ਬੇਬਸੀ, ਬੇਵਸੀ *f.* → ਬੇਵਸੀ

ਬੇਵਕਤ (बेवकत) /bewakata ベーワカト/ [Pers. *be*- Arab. *vaqt*] *adj.* **1** 折りの悪い, 時機を失した. **2** 不意の. — *adv.* **1** 折り悪しく. **2** 不意に.

ਬੇਵਕੂਫ਼ (बेवकूफ़) /bewakūfa ベーワクーフ/ [Pers. *be*- Arab. *vuqūf*] *adj.* **1** 知識のない, 知恵のない. **2** 愚かな. (⇒ਮੂਰਖ)

ਬੇਵਕੂਫ਼ੀ (बेवकूफ़ी) /bewakūfī ベーワクーフィー/ [Pers. *be*- Arab. *vuqūfī*] *f.* 愚かさ, 愚行.

ਬੇਵਫ਼ਾ (बेवफ़ा) /bewafā ベーワファー/ [Pers. *be*- Arab. *vafā*] *adj.* **1** 不誠実な, 忠実でない. **2** 裏切る. **3** 恩知らずの.

ਬੇਵਫ਼ਾਈ (बेवफ़ाई) /bewafāī ベーワファーイー/ [Pers. *be*- Pers. *vafāī*] *f.* **1** 不誠実, 不忠実. **2** 裏切り, 背信行為.

ਬੇਵਾ (बेवा) /bewā ベーワー/ [Pers. *beva*] *f.* 寡婦, 未亡人, 夫と死別した女性.

ਬੇੜਾ (बेड़ा) /beṛā ベーラー/ [Pkt. बेडा] *m.* **1** 〖乗物〗筏(いかだ). **2** 〖乗物〗大きなボート. **3** 〖乗物〗船. **4** 艦隊, 船団.

ਬੇੜੀ (बेड़ी) /beṛī ベーリー/ [-ਈ] *f.* **1** 〖乗物〗小さな筏. **2** 〖乗物〗小舟, ボート. (⇒ਨਾਓ, ਨੌਕਾ)

ਬੈ (बै) /bai バェー/ *m.* 物品販売.

ਬੈਸਟ (बैसट) /baisaṭa バェースト/ [Eng. *best*] *adj.* 最も良い, 最良の, 最高の, 最適の, 最優秀の.

ਬੈਸਾਖ (बैसाख) /baisākʰa バェーサーク/ ▸ਬਸਾਖ, ਵਸਾਖ, ਵਿਸਾਖ, ਵੈਸਾਖ *m.* → ਵਸਾਖ

ਬੈਸਾਖੀ (बैसाखी) /baisākʰī バェーサーキー/ ▸ਬਸਾਖੀ, ਵਸਾਖੀ, ਵਿਸਾਖੀ, ਵੈਸਾਖੀ *adj.f.* → ਵਸਾਖੀ

ਬੈਂਕ (बैंक) /bãīka バェーンク/ [Eng. *bank*] *m.* 〖経済〗銀行.

ਬੈਕ (बैक) /baika バェーク/ [Eng. *back*] *f.* **1** 後部, 後ろ, 奥. **2** 裏側, 裏手. **3** 〖身体〗背, 背中.

ਬੈਂਕਾਕ (बैंकाक) /bãīkāka バェーンカーク/ ▸ਬੰਕਾਕ [Eng. *Bangkok*] *m.* 〖地名〗バンコク《タイ王国の首都》.

ਬੈਕਟੀਰੀਆ (बैकटीरीआ) /baikaṭīrīā バェークティーリーアー/ ▸ਬੈਕਟੇਰੀਆ *m.* → ਬੈਕਟੇਰੀਆ

ਬੈਕਟੇਰੀਆ (बैकटेरीआ) /baikaṭerīā バェークテーリーアー/ ▶ਬੈਕਟੀਰੀਆ [Eng. *bacteria*] *m.* 〖生物〗バクテリア, 細菌.

ਬੈਕੁੰਠ (बैकुंठ) /baikuṇṭʰa バェークント/ ▶ਵੈਕੁੰਠ *m.* → ਵੈਕੁੰਠ

ਬੈਗ (बैग) /baiga バェーグ/ [Eng. *bag*] *m.* 鞄, バッグ.

ਬੈਂਗਣ (बैंगण) /bãĩgaṇa バェーンガン/ ▶ਵੈਂਗਣ [(Pkt. बाइंगण) Skt. वङ्गन] *m.* 〖植物〗ナス(茄子). (⇒ਬਤਾਊਂ)

ਬੈਂਗਣੀ (बैंगणी) /bãĩgaṇī バェーンガニー/ ▶ਵੈਂਗਣੀ [-ਈ] *adj.* **1** 茄子色の, 茄子紺の. **2** 紫色の.

ਬੈਂਚ (बैंच) /bãĩca バェーンチ/ [Eng. *bench*] *m.* ベンチ.

ਬੈਜ (बैज) /baija バェージ/ [Eng. *badge*] *m.* 記章, バッジ.

ਬੈਟਰੀ (बैटरी) /baiṭarī バェータリー/ ▶ਬਾਤਰੀ [Eng. *battery*] *f.* 電池, バッテリー.

ਬੈਟਿੰਗ (बैटिंग) /baiṭiṅga バェーティング/ [Eng. *batting*] *m.* 打撃, バッティング.

ਬੈਠਕ (बैठक) /baiṭʰaka バェータク/ [cf. ਬੈਠਣਾ] *f.* **1** 〖建築〗居間. **2** 〖建築〗客間. **3** 坐法. **4** 屈伸運動. **5** 会合.

ਬੈਠਣਾ (बैठणा) /baiṭʰaṇā バェータナー/ [(Pkt. उवइट्ठ) Skt. उपविषति] *vi.* **1** 座る, 腰を下ろす, 腰掛ける, しゃがむ. ❐ਇੱਧਰ ਆ ਕੇ ਬੈਠ ਜਾ। こっちへ来て座れ. ❐ਉਹ ਆ ਕੇ ਬੈਠ ਗਿਆ। 彼は来て座りました. ❐ਤੁਸੀਂ ਅਰਾਮ ਨਾਲ ਬੈਠਣਾ। あなたは楽にして座ってください. **2** 席に着く, 着席する. **3**(留まって)いる, 一か所に留まる, 佇む. ❐ਘਰ ਬੈਠਣਾ। 家にいなさい. **4** 置かれる, 設置される, 配置される. **5** 落ち着く, 据わる. **6** 倒れ込む. **7**(考えが)とりつく. **8**《複合動詞中で, 主動詞に特定のニュアンスを加える従属動詞として》…してしまう(完了). ❐ਮੈਂ ਉੱਠ ਬੈਠਾਂ? 私は起きてしまいましょうか.

ਬੈਠਵਾਂ (बैठवाँ) /baiṭʰawā̃ バェートワーン/ [cf. ਬੈਠਣਾ Skt.-वान्] *adj.* 座っている, 腰を下ろしている.

ਬੈਠਾਉਣਾ (बैठाउणा) /baiṭʰāuṇā バェーターウナー/ ▶ਬਠਾਉਣਾ, ਬਠਾਲਣਾ, ਬਠਾਲਨਾ, ਬਿਠਾਉਣਾ, ਬੈਠਾਲਨਾ *vt.* → ਬਠਾਉਣਾ

ਬੈਠਾਲਨਾ (बैठालना) /baiṭʰālanā バェータールナー/ ▶ਬਠਾਉਣਾ, ਬਠਾਲਣਾ, ਬਠਾਲਨਾ, ਬਿਠਾਉਣਾ, ਬੈਠਾਉਣਾ *vt.* → ਬਠਾਉਣਾ

ਬੈਂਡ (बैंड) /bãĩḍa バェーンド/ [Eng. *band*] *m.* 楽団, 楽隊, バンド.

ਬੈੱਡ (बैड्ड) /baiḍḍa バェーッド/ [Eng. *bed*] *m.* 〖家具〗寝台, ベッド.

ਬੈਡਮਿੰਟਨ (बैडमिंटन) /baiḍamiṇṭana バェードミンタン/ [Eng. *badminton*] *f.* 〖競技〗バドミントン.

ਬੈਂਤ (बैंत) /bãĩta バェーント/ [Skt. वेत्र] *f.* 〖植物〗トウ(籐).

ਬੈਤਾਲ (बैताल) /baitāla バェータール/ ▶ਬੇਤਾਲ, ਵੈਤਾਲ *m.* → ਬੇਤਾਲ[1]

ਬੈਤਾਲੀ (बैताली) /baitālī バェーターリー/ ▶ਬਤਾਲੀ, ਬਿਆਲੀ, ਬਿਤਾਲੀ *ca.num. adj.* → ਬਤਾਲੀ

ਬੈਪਤਿਸਮਾ (बैपतिसमा) /baipatisamā バェープティスマー/ ▶ਬਪਤਸਮਾ, ਬਪਤਿਸਮਾ *m.* → ਬਪਤਸਮਾ

ਬੈਰ (बैर) /baira バェール/ ▶ਵੈਰ *m.* → ਵੈਰ

ਬੈਰ੍ਹਾ[1] (बैर्हा) /baîrā バェーラー/ ▶ਬਹਿਰਾ *adj.m.* → ਬਹਿਰਾ[1]

ਬੈਰ੍ਹਾ[2] (बैर्हा) /baîrā バェーラー/ ▶ਬਹਿਰਾ *m.* → ਬਹਿਰਾ[2]

ਬੈਰਕ (बैरक) /bairaka バェーラク/ ▶ਬਾਰਕ [Eng. *barracks*] *f.* 〖建築〗バラック《粗末な仮の建物》.

ਬੈਰਾਗ (बैराग) /bairāga バェーラーグ/ ▶ਵਿਰਾਗ, ਵੈਰਾਗ [Skt. वैराग्य] *m.* **1** 無執着. **2** 脱俗, 世俗生活を捨て去ること. **3** 隠棲, 遁世, 禁欲主義.

ਬੈਰਾਗੀ (बैरागी) /bairāgī バェーラーギー/ ▶ਬਰਾਗੀ, ਵਿਰਾਗੀ, ਵੈਰਾਗੀ [Skt. वैरागी] *adj.* **1** 世俗への執着心のない. **2** 脱俗の. **3** 遁世した.
— *m.* **1** 隠者, 苦行者. **2** 〖ヒ〗ヴァイラーギー派《ヴィシュヌ派の一派》, この派の信徒.

ਬੈਰਿਸਟਰ (बैरिसटर) /bairisaṭara バェーリスタル/ ▶ਬਰਿਸਟਰ *m.* → ਬਰਿਸਟਰ

ਬੈਰੀ (बैरी) /bairī バェーリー/ ▶ਵੈਰੀ *m.* → ਵੈਰੀ

ਬੈਰੂਨੀ (बैरूनी) /bairūnī バェールーニー/ [Pers. *berūnī*] *adj.* 外部の. (⇒ਬਾਹਰਲਾ)

ਬੈਰੋਮੀਟਰ (बैरोमीटर) /bairomīṭara バェーローミータル/ [Eng. *barometer*] *m.* 指標, 尺度, 基準, 物差し, バロメーター.

ਬੈਲ (बैल) /baila バェール/ [(Pkt. बइल्ल) Skt. बलीवर्द] *m.* 〖動物〗雄ウシ, 雄牛, 牡牛. (⇒ਦਾਂਦ)

ਬੈਲੰਸ (बैलंस) /bailansa バェーランス/ [Eng. *balance*] *m.* **1** 〖道具〗秤, 天秤. **2** 差額. **3** 釣り銭.

ਬੈਲਗੱਡੀ (बैलगड्डी) /bailagaḍḍī バェールガッディー/ [Pkt. बइल्ल + Pkt. गड्डी] *f.* 〖乗物〗牡牛の引く車, 牛車.

ਬੈਲਟ (बैलट) /bailaṭa バェールト/ [Eng. *belt*] *f.* 〖衣服〗帯, ベルト.

ਬੈੱਲਟ (बैल्लट) /baillaṭa バェーッラト/ [Eng. *ballot*] *m.* 投票用紙.

ਬੈਲਡ (बैलड) /bailaḍa バェーラド/ [Eng. *ballad*] *f.* 〖文学〗詩頌, バラード.

ਬੈਲਿਫ਼ (बैलिफ़) /bailifa バェーリフ/ [Eng. *bailiff*] *m.* 執行官.

ਬੈਲੂਨ (बैलून) /bailūna バェールーン/ [Eng. *balloon*] *m.* **1** 風船. **2** 気球. (⇒ਗੁਬਾਰਾ)

ਬੋ (बो) /bo ボー/ ▶ਬੂ [Pers. *bū*] *f.* **1** 匂い, 香り. (⇒ਮੁਸ਼ਕ) **2** 悪臭, 臭さ, 嫌な臭い. (⇒ਬਦਬੂ) **3** 知識, 情報. (⇒ਥਹੁ, ਪਤਾ) **4** 自尊心, うぬぼれ, 傲慢さ. (⇒ਆਕੜ, ਹੰਕਾਰ)

ਬੋਸਕੀ (बोसकी) /bosakī ボースキー/ [Skt. वासक] *f.* 〖布地〗絹の布地.

ਬੋਸਾ (बोसा) /bosā ボーサー/ [Pers. *bosa*] *m.* 口づけ, 接吻, キス. (⇒ਚੁੰਮੀ)

ਬੋਹਣੀ (बोहणी) /bôṇī ボーニー/ ▶ਬਹੁਣੀ, ਬੁਹਣੀ *f.* → ਬਹੁਣੀ

ਬੋਹਥ (बोहथ) /bôtʰa ボート/ ▶ਬੋਹਥਾ, ਬੋਹਿਥਾ [(Pkt. बोहित्थ) Skt. वहित्थ] *m.* 〖乗物〗船, 大きなボート. (⇒ਜਹਾਜ਼, ਬੇੜਾ)

ਬੋਹਥਾ (बोहथा) /bôtʰā ボーター/ ▶ਬੋਹਥ, ਬੋਹਿਥਾ *m.* → ਬੋਹਥ

ਬੋਹਲ (बोहल) /bôla ボール/ ▶ਬਹੁਲ, ਬੁਹਲ *m.* 〖農業〗

脱穀したばかりの穀物の堆積.

ਬੋਹੜ (बोहड़) /bôṛa ボール/ ▶ਬਰੋਟਾ, ਬੜ, ਬੋੜ੍ਹ [(Pkt. वड) Skt. वट] *m.* 〖植物〗ベンガルボダイジュ(孟加拉菩提樹), バンヤン樹《クワ科の常緑高木》.

ਬੋਹਿਥਾ (बोहिथा) /bôitʰā ボーイター/ ▶ਬੋਹਥ, ਬੋਹਥਾ *m.* → ਬੋਹਥ

ਬੋਹੀਆ (बोहीआ) /bôīā ボーイーアー/ [Skt. वहन] *m.* 〖容器〗小さな籠. (⇒ਨਿੱਕੀ ਟੋਕਰੀ)

ਬੋਕ (बोक) /boka ボーク/ [(Pkt. बोकड) Skt. बर्कर] *m.* 〖動物〗雄ヤギ, 雄山羊, 牡山羊.

ਬੋਂਕਰੀ (बोंकरी) /bõkarī ボーンクリー/ [(Kang.)] *f.* 〖道具〗箒. (⇒ਝਾੜੂ)

ਬੋਕਾ (बोका) /bokā ボーカー/ *m.* 〖容器〗井戸から水を汲み上げる皮の容器.

ਬੋਗਸ (बोगस) /bogasa ボーガス/ [Eng. *bogus*] *adj.* 偽の, 偽造の.

ਬੋਗਨਵਿੱਲਾ (बोगनविल्ला) /boganavillā ボーガンヴィッラー/ ▶ਬੁੱਗਨ ਬਿੱਲਾ *m.* → ਬੁੱਗਨ ਬਿੱਲਾ

ਬੋਗੀ (बोगी) /bogī ボーギー/ [Eng. *bogie*] *f.* ボギー《鉄道車両の下に設けられた車輪枠》.

ਬੋਚਣਾ (बोचणा) /bocaṇā ボーチャナー/ *vt.* **1** 空中で捕る. **2** 〖競技〗(クリケットなどで)打球を捕る, 捕球する. **3** 捕らえる, つかむ, 受けとめる.

ਬੋਚ ਬੋਚ ਕੇ (बोच बोच के) /boca boca ke ボーチ ボーチ ケー/ [(Pua.)] *adv.* 注意深く, 用心して. (⇒ਸੰਭਾਲ ਕੇ)

ਬੋਝ (बोझ) /bôja ボージ/ [(Pkt. वोज्झ) Skt. वह्य] *m.* **1** 重み, 重いこと. **2** 重荷. **3** 負担, 責任. **4** 重苦しさ, 重圧.

ਬੋਝਲ (बोझल) /bôjala ボージャル/ [+ ਲ] *adj.* **1** 重い, 重く感じられる. (⇒ਭਾਰਾ) **2** 重苦しい. **3** 重荷を負った, 重さに苦しむ, 負担に苦しむ.

ਬੋਝਾ (बोझा) /bôjā ボージャー/ [+ ਆ] *m.* **1** 重荷. **2** ポケット. (⇒ਜੇਬ)

ਬੋਟ[1] (बोट) /boṭa ボート/ [Skt. पोत] *m.* 〖鳥〗雛鳥.

ਬੋਟ[2] (बोट) /boṭa ボート/ [Eng. *boat*] *f.* 〖乗物〗小舟, ボート.

ਬੋਟਾ (बोटा) /boṭā ボーター/ ▶ਬੂਟ, ਬੂਟਾ [(Mul.)] *m.* → ਬੂਟਾ

ਬੋਟੀ (बोटी) /boṭī ボーティー/ *f.* 肉片.

ਬੋਟੈਨੀਕਲ (बोटैनीकल) /boṭainīkala ボータェーニーカル/ [Eng. *botanical*] *adj.* 植物の, 植物学の.

ਬੋਡਰ (बोडर) /boḍara ボーダル/ ▶ਬਾਡਰ, ਬਾਰਡਰ *m.* → ਬਾਡਰ

ਬੋਣਾ[1] (बोणा) /boṇā ボーナー/ [Skt. वपति] *vt.* **1** 〖農業〗蒔く, …の種を蒔く. (⇒ਬੀਜਣਾ) **2** 植える.

ਬੋਣਾ[2] (बोणा) /boṇā ボーナー/ *m.* 機織職人.

ਬੋਤਲ (बोतल) /botala ボータル/ [Eng. *bottle*] *f.* 〖容器〗瓶(びん), ボトル.

ਬੋਤਾ (बोता) /botā ボーター/ [cf.Turk. *būt*] *m.* 〖動物〗若い牡駱駝.

ਬੋਤੀ (बोती) /botī ボーティー/ [-ਈ] *f.* 〖動物〗若い牝駱駝.

ਬੋਦਾ[1] (बोदा) /bodā ボーダー/ *m.* **1** 〖身体〗(女性や子供の)お下げ髪. **2** 〖ヒ〗パンディトの頭に剃り残された髪の束《 ਬੋਦੀ よりやや太いもの》.

ਬੋਦਾ[2] (बोदा) /bodā ボーダー/ ▶ਬੋੱਦਾ [Skt. अबोध] *adj.* **1** 空洞の. **2** もろい. **3** 弱い, 虚弱な. (⇒ਕਮਜ਼ੋਰ, ਮਾੜਾ) **4** 朽ちた, 老朽化した. **5** 腐った, 腐敗した. (⇒ਬਿਹਾ) **6** 臆病な, 小心な. (⇒ਡਰਪੋਕ)

ਬੋੱਦਾ (बोद्दा) /boddā ボーッダー/ ▶ਬੋਦਾ *adj.* → ਬੋਦਾ[2]

ਬੋਦੀ (बोदी) /bodī ボーディー/ *f.* **1** 〖身体〗前髪, 額に垂らした髪. **2** 〖動物〗馬の前髪, たてがみのうち耳の間から前に垂れた部分. **3** 〖ヒ〗パンディトの頭に剃り残された髪の細い束.

ਬੋਦੀ ਵਾਲਾ ਤਾਰਾ (बोदी वाला तारा) /bodī wālā tārā ボーディー ワーラー ターラー/ *m.* 〖天文〗彗星, 箒星. (⇒ਧੂਮਕੇਤੂ, ਪੂਛਲ ਤਾਰਾ)

ਬੋਧ (बोध) /bôda ボード/ [Skt. बोध] *m.* **1** 知識. **2** 知覚. **3** 認知. **4** 理解.

ਬੋਧੀ (बोधी) /bôdī ボーディー/ [-ਈ] *adj.* **1** 賢い, 理解力のある. (⇒ਸਿਆਣਾ, ਸੁਝਵਾਨ) **2** 〖仏〗仏教の, 仏教徒の.

— *m.* 〖仏〗仏教徒.

ਬੋਧੀਸਤਵ (बोधीसतव) /bôdīsatava ボーディーサタヴ/ [Skt. बोधिसत्त्व] *m.* 〖仏〗菩薩(ぼさつ).

ਬੋਨਸ (बोनस) /bonasa ボーナス/ [Eng. *bonus*] *m.* 賞与, ボーナス.

ਬੋਨਟ (बोनट) /bonaṭa ボーナト/ ▶ਬੌਨੱਟ [Eng. *bonnet*] *m.* **1**(自動車の)ボンネット. **2** 〖衣服〗ボンネット《顎(あご)の下で紐を結ぶ婦人や子供用の帽子》. **3** 〖衣服〗ベレー風の縁なし帽.

ਬੋਰ (बोर) /bora ボール/ [Eng. *bore*] *adj.* **1** 退屈な, 面白くない. **2** うんざりさせる, 煩わしい. **3** 飽きた.

ਬੋਰਕ (बोरक) /boraka ボーラク/ [Eng. *boric*] *m.* 〖化学〗ホウ素, 硼素.

ਬੋਰਡ (बोरड) /boraḍa ボールド/ [Eng. *board*] *m.* **1** 板, 掲示板, 盤. **2**(官庁の)局・部, 委員会, 役員会.

ਬੋਰਡਰ (बोरडर) /boraḍara ボールダル/ [Eng. *boarder*] *m.* 寮生, 下宿人, 下宿生.

ਬੋਰਡਿੰਗ (बोरडिंग) /boraḍiṅga ボールディング/ [Eng. *boarding*] *m.* 寄宿舎, 寮, 下宿.

ਬੋਰਾ (बोरा) /borā ボーラー/ [Skt. पुर] *m.* 大きな麻袋.

ਬੋਰੀ (बोरी) /borī ボーリー/ [Skt. पुर] *f.* **1** 袋. **2** 麻袋.

ਬੋਲ (बोल) /bola ボール/ [(Pkt. बोल्ल) Skt. वल्ह] *m.* **1** 言葉. **2** 出された声, 発声. **3** 発話, 発言, 話. **4** 歌い出しの文句. **5** 対話, 会話.

ਬੋਲ-ਕਬੋਲ (बोल-कबोल) /bola-kabola ボール・カボール/ [+ Skt. कु- Skt. वल्ह] *m.* **1** 罵る言葉, 口汚い言い回し, 攻撃的な発言. **2** 口論, 激論, 興奮したやりとり.

ਬੋਲ-ਚਾਲ (बोल-चाल) /bola-cāla ボール・チャール/ *m.f.* **1** 話, 会話, 日常用語. (⇒ਗੱਲ-ਬਾਤ) **2** 話しぶり. (⇒ਬੋਲਣ ਦਾ ਢੰਗ) **3** 面識, 親密な関係. (⇒ਵਾਕਫ਼ੀਅਤ)

ਬੋਲਣਾ (बोलणा) /bolaṇā ボーラナー/ [(Pkt. बोल्लइ) Skt. वल्हते] *vi.vt.* **1** 声を出す. **2** 話す. ❑ਅਸੀਂ ਘਰਾਂ ਵਿੱਚ ਪੰਜਾਬੀ ਬੋਲਦੇ ਹਾਂ। 私たちは家ではパンジャービー語を話します. ❑ਤੈਨੂੰ ਪੰਜਾਬੀ ਬੋਲਣੀ ਨਹੀਂ ਆਉਂਦੀ? おまえはパンジャービー語を話せないのか. **3** しゃべる. **4** 言う.

ਬੋਲਣੀ (बोलणी) /bolaṇī ボーラニー/ [cf. ਬੋਲਣਾ] *f.* **1** 話

しぶり, 口調. (⇒ਬੋਲਣ ਦਾ ਢੰਗ) **2** 言葉遣い, 言い回し. **3** 話, 話し言葉, 談話.

ਬੋਲਾ (बोला) /bolā ボーラー/ [Sind. *boro*] *adj.* 耳の聞こえない, 耳が遠い. (⇒ਬਹਿਰਾ)
— *m.* 耳の聞こえない人, 聾者. (⇒ਬਹਿਰਾ)

ਬੋਲੀ (बोली) /bolī ボーリー/ [cf. ਬੋਲਣਾ] *f.* **1** 〖言〗言語《ਭਾਸ਼ਾ より下位の区分》. **2** 〖言〗方言, 御国言葉, 訛り, 国なまり. **3** 言葉, 話, 話しぶり, 口調. **4** 嫌み, 当てこすり.

ਬੋੜ (बोड़) /boṛa ボール/ *m.* 歯のないこと.

ਬੋੜ੍ਹ (बोड़्ह) /bôṛa ボール/ ▸ਬਰੋਟਾ, ਬੜ, ਬੋਹੜ *m.* → ਬੋਹੜ

ਬੋੜਾ (बोड़ा) /boṛā ボーラー/ *adj.* 歯のない.

ਬੌਆ (बौआ) /bauā バォーアー/ [(Pua.)] *m.* **1** 気の狂った人. (⇒ਪਾਗਲ) **2** 愚か者, 大馬鹿者. (⇒ਮੂਰਖ)

ਬੌਂਹਕਰ (बौंहकर) /baûkara バォーカル/ ▸ਬਹੁਕਰ *f.* → ਬਹੁਕਰ

ਬੌਂਹਲੀ (बौंहली) /baûlī バォーリー/ ▸ਬਹੁਲੀ *f.* → ਬਹੁਲੀ

ਬੌਕਸ (बौकस) /baukasa バォークス/ ▸ਬਕਸ *m.* → ਬਕਸ

ਬੌਕਸਰ (बौकसर) /baukasara バォークサル/ [Eng. *boxer*] *m.* 〖競技〗ボクサー. (⇒ਮੁੱਕੇਬਾਜ਼)

ਬੌਕਸਿੰਗ (बौकसिंग) /baukasiṅga バォークスィング/ [Eng. *boxing*] *f.* 〖競技〗ボクシング. (⇒ਮੁੱਕੇਬਾਜ਼ੀ)

ਬੌਂਗਾ (बौंगा) /bãũgā バォーンガー/ *adj.* 間抜けな, 愚かな.

ਬੌਣਾ (बौणा) /bauṇā バォーナー/ [Skt. वामन] *m.* 小人.

ਬੌਂਦਲਨਾ (बौंदलना) /bãũdalanā バォーンダルナー/ ▸ਭੌਂਦਲਣਾ [Skt. वायु मण्डल] *vi.* 困惑する, 混乱する, うろたえる.

ਬੌਧ (बौध) /baûda バォード/ [Skt. बौद्ध] *adj.* **1** 〖仏〗仏陀の. ❐ਬੌਧ ਧਰਮ 仏教. **2** 仏教の.
— *m.* 仏教徒.

ਬੌਧਿਕ (बौधिक) /baûdika バォーディク/ [Skt. बौद्धिक] *adj.* **1** 知的. **2** 精神的な. **3** 学究的な.

ਬੌਧਿਕਤਾ (बौधिकता) /baûdikatā バォーディクター/ [Skt.-ता] *f.* **1** 知性. **2** 博学.

ਬੌਨੱਟ (बौनट्ट) /baunaṭṭa バォーナット/ ▸ਬੋਨਟ *m.* → ਬੋਨਟ

ਬੌਰਾ (बौरा) /baurā バォーラー/ ▸ਬਾਉਰਾ, ਬਾਉਲਾ, ਬਾਵਰਾ, ਬਾਵਲਾ, ਬੌਲਾ *adj.* → ਬਾਉਲਾ

ਬੌਲ (बौल) /baula バォール/ [Arab. *baul*] *m.* 〖生理〗小便. (⇒ਪਿਸ਼ਾਬ, ਮੂਤਰ)

ਬੌਲਦ (बौलद) /baulada バォーラド/ ▸ਬਲਦ *m.* → ਬਲਦ

ਬੌਲਾ (बौला) /baulā バォーラー/ ▸ਬਾਉਰਾ, ਬਾਉਲਾ, ਬਾਵਰਾ, ਬਾਵਲਾ, ਬੌਰਾ *adj.* → ਬਾਉਲਾ

ਭ

ਭ (भ) /pǎbbā パッバー/ *m.* 〖文字〗グルムキー文字の字母表の29番目の文字《高声調(高降りアクセント)または低声調(低昇りアクセント)を伴う, 両唇・閉鎖音の「パ」(無声・無気音)または「バ」(有声・無気音)を表す》.

ਭਉ (भउ) /paŭ パォー/ ▸ਭੈ, ਭੌ *m.* → ਭੈ

ਭਉਣ (भउण) /paŭṇa パォーン/ *m.* 蟻塚.

ਭਈ[1] (भई) /pǎī パイー/ ▸ਬਈ, ਵਈ *int.* 《ਭਾਈ の短縮形》→ ਬਈ

ਭਈ[2] (भई) /pǎī パイー/ ▸ਪਈ *conj.* → ਪਈ

ਭਈਆ (भईआ) /pǎīā パイーアー/ ▸ਭੱਯਾ [(Pkt. भाई) Skt. भ्रातृ] *m.* **1** 〖親族〗兄弟. (⇒ਭਰਾ, ਵੀਰ) **2** ウッタル・プラデーシュ州またはビハール州の住民・出身者.

ਭਈਆ ਦੂਜ (भईआ दूज) /pǎīā dūja パイーアー ドゥージ/ [+ Pkt. दुइज] *f.* 〖祭礼・ヒ〗バイヤー・ドゥージュ《カールティカ月白分二日に行われるヒンドゥー教の祭礼. この日, 兄弟が姉妹を庇護することを誓う. 兄と妹, 姉と弟の愛情の象徴とされる祭礼》.

ਭਈਵਾਲ (भईवाल) /pǎīwāla パイーワール/ ▸ਭਾਈਵਾਲ, ਭਿਆਲ *m.* → ਭਾਈਵਾਲ

ਭਸ (भस) /pǎsa パス/ ▸ਭੱਸ *f.adj.* → ਭੱਸ

ਭੱਸ (भस्स) /pǎssa パッス/ ▸ਭਸ [(Pkt. भस्स) Skt. भस्म] *f.* **1** 灰, 燃え残り, 燃えがら. **2** 塵.
— *adj.* **1** 価値のない. **2** 役に立たない.

ਭਸਮ (भसम) /pǎsama パサム/ [(Pkt. भस्स) Skt. भस्म] *f.* **1** 灰, 燃え残り, 燃えがら. ❐ਭਸਮ ਹੋਣਾ 灰燼に帰す. **2** 金属灰.

ਭਸਮਭੂਤ (भसमभूत) /pǎsamapŭta パサムプート/ ▸ਭਸਮਾਭੂਤ [Skt. भस्मीभूत] *adj.* 焼き尽くされた.

ਭਸਮਾਭੂਤ (भसमाभूत) /pǎsamāpŭta パスマープート/ ▸ਭਸਮਭੂਤ *adj.* → ਭਸਮਭੂਤ

ਭਸੂਹਾ (भसूहा) /pasŭhā パスーハー/ [(Pkt. भस्स) Skt. भस्म] *adj.* 灰に覆われた.

ਭਸੂੜੀ (भसूड़ी) /pasŭṛī パスーリー/ *f.* **1** 争い, 喧嘩. **2** 紛争. **3** 揉め事. **4** 性急, あわてること. **5** 過度にあわてること, 混乱.

ਭਕਭਕ (भकभक) /pǎkapǎka パクパク/ *f.* 〖擬声語〗ボーボー《火の燃え立つ音》.

ਭਖ[1] (भख) /pǎkʰa パク/ ▸ਭੱਛ [Skt. भक्षय] *m.* **1** 食べることのできるもの. **2** 食べ物.

ਭਖ[2] (भख) /pǎkʰa パク/ *m.* **1** 光. **2** 熱. **3** 蜃気楼, 幻影.

ਭਖਕ (भखक) /pǎkʰaka パカク/ ▸ਭੱਛਕ [cf. ਭੱਖਣਾ] *adj.* 食べる, 食する.
— *m.* 食べる人.

ਭਖਣਾ (भखणा) /pǎkʰaṇā パカナー/ *vi.* **1** 熱くなる, 熱を持つ. **2** 熱を放出する. **3** 白熱する. **4** 燃える, 燃焼する. **5** 燃え上がる, 炎上する. (⇒ਅੱਗ ਬਲਣਾ) **6** 〖比喩〗怒る. (⇒ਗੁੱਸੇ ਵਿੱਚ ਹੋਣਾ)

ਭੱਖਣਾ (भक्खणा) /pǎkkʰaṇā パッカナー/ ▸ਭੱਛਣਾ [Skt. भक्षति] *vt.* **1** 食べる. (⇒ਖਾਣਾ, ਛਕਣਾ) **2** むさぼり食う. **3** 食べ尽くす.

ਭਖਵਾਂ (भखवाँ) /pǎkʰawā̃ パクワーン/ *adj.* **1** とても熱い. **2** 焼けるように熱い.

ਭੱਖੜਾ (भक्खड़ा) /pǎkkʰaṛā パッカラー/ [Skt. भद्रकण्ट] *m.* 〖植物〗ハマビシ(浜菱)《ハマビシ科の多年草. 薬草としては体内のテストステロン量を保つ作用がある. 果実を乾燥したものはシツリシ(しつ藜子)という生薬で, 利尿・消炎作用があるとされる》.

ਭਖਾਉਣਾ (भखाउणा) /pakʰǎuṇā パカーウナー/ *vt.* **1** 熱する, 熱くする. **2** 温める. **3** 火をたく, 燃え立たせる. **4** 燃やす. **5** 勢いをつける. **6** 〖比喩〗(パーティーや催し物などを)盛り上げる. **7** 〖比喩〗(人を)怒らせる.

ਭੱਖੀ (भक्खी) /pǎkkī パッキー/ [cf. ਭੱਖਣਾ] *adj.* 食べる, 食する, 食べてしまう. (⇒ਖਾਣ ਵਾਲਾ)

ਭੰਗ[1] (भंग) /pǎṅga パング/ [Skt. भङ्गा] *f.* **1** 〖麻薬〗大麻製興奮剤. **2** 傲慢, 横柄さ. (⇒ਘਮੰਡ, ਹੰਕਾਰ)

ਭੰਗ[2] (भंग) /pǎṅga パング/ [Skt. भङ्ग] *adj.* **1** 壊れた, 崩壊した. **2** 解消した, 消滅した. **3** 分割された.

— *m.* **1** 壊れること, 崩壊. **2** 解消, 消滅. (⇒ਨਾਸ਼) **3** 分割.

ਭਗ (भग) /păga パグ/ [Skt. भग] *f.* 〖身体〗女陰, 女性の生殖器, 膣. (⇒ਯੋਨੀ)

ਭਗਉਤੀ (भगउती) /pagǎutī パガウティー/ ▸ਭਗੌਤੀ [Skt. भगवती] *f.* **1** 〖武〗剣, 刀, 太刀. (⇒ਤਲਵਾਰ) **2** 〖ヒ〗バガヴァティー《ドゥルガー女神の異名の一つ》. (⇒ਦੁਰਗਾ)

ਭੰਗਣ (भंगण) /pǎṅgaṇa パンガン/ *f.* 〖姓〗バンギー種姓の女性, 清掃婦, 掃除婦.

ਭਗਣ (भगण) /pǎgaṇa パガン/ [Skt. भगण] *m.* 〖文学〗バガナ《3音節を単位とする詩の脚韻形式の一つ》.

ਭਗਤ (भगत) /pǎgata パガト/ [Skt. भक्त] *m.* **1** 信徒, 信者. **2** 聖者. **3** 敬虔な人, 信心深い人, 神への信愛を抱く人.

ਭਗਤਣ (भगतण) /pǎgataṇa パガタン/ [Skt. भक्त -ਣ] *f.* **1** 女性の信徒. **2** 女性の聖者. **3** 信心深い女性, 敬虔な女性.

ਭਗਤਨੀ (भगतनी) /pǎgatanī パガタニー/ [Skt. भक्त -ਨੀ] *f.* → ਭਗਤਣ

ਭਗਤੀ (भगती) /pǎgatī パガティー/ [Skt. भक्ति] *f.* **1** 信心, 神への信愛. **2** 礼拝.

ਭਗੰਦਰ (भगंदर) /pǎgandara パガンダル/ [Skt. भगन्दर] *m.* 〖医〗痔.

ਭਗਦੜ (भगदड़) /pǎgadaṛa パグダル/ *f.* **1** (パニック状態の人々が)先を争って逃げること, 一斉に逃げること, 暴走. ❐ਭਗਦੜ ਮੱਚਣੀ (パニック状態の人々が)先を争って逃げる. **2** 狂乱した突進, 殺到. **3** 向こう見ずな群れ. **4** 総崩れ, 潰走. **5** あわてふためいて走ること.

ਭੰਗਰਾ (भंगरा) /pǎṅgarā パンガラー/ *m.* 〖植物〗タカサブロウ(高三郎)《キク科の雑草. 世界の暖帯から熱帯に広く分布する水田雑草の一つ. 葉やその他の部分に含まれる成分は薬用または染毛用に供される》.

ਭਗਵੰਤ (भगवंत) /pǎgawanta パグワント/ ▸ਭਗਵਤ *m.* → ਭਗਵਤ

ਭਗਵਤ (भगवत) /pǎgawata パグワト/ ▸ਭਗਵੰਤ [Skt. भगवत्] *m.* **1** 神. (⇒ਪਰਮੇਸ਼ਰ, ਪਰਮਾਤਮਾ, ਰੱਬ) **2** 〖ヒ〗ヴィシュヌ神. (⇒ਵਿਸ਼ਨੂ)

ਭਗਵਤ ਗੀਤਾ (भगवत गीता) /pǎgawata gītā パグワト ギーター/ ▸ਭਗਵਦ ਗੀਤਾ [Skt. भगवद् गीता] *f.* 〖ヒ〗バガヴァッドギーター《表題は「尊き神の歌」を意味する. 古代インドの叙事詩『マハーバーラタ』の一部をなす詩編. 独立の詩編としても扱われ, 宗派を超え, 常用経典と仰がれている》.

ਭਗਵੰਤੀ[1] (भगवंती) /pǎgawantī パグワンティー/ ▸ਭਗਵਤੀ *f.* → ਭਗਵਤੀ

ਭਗਵੰਤੀ[2] (भगवंती) /pǎgawantī パグワンティー/ [Skt. भगवत् -ਈ] *adj.* 神の, 神に関する. (⇒ਰੱਬੀ)

ਭਗਵਤੀ (भगवती) /pǎgawatī パグワティー/ ▸ਭਗਵੰਤੀ [Skt. भगवती] *f.* **1** 女神. (⇒ਦੇਵੀ) **2** 〖ヒ〗バガヴァティー《ドゥルガー女神の異名の一つ》. (⇒ਦੁਰਗਾ)

ਭਗਵਦ ਗੀਤਾ (भगवद गीता) /pǎgawada gītā パグワド ギーター/ ▸ਭਗਵਤ ਗੀਤਾ *f.* → ਭਗਵਤ ਗੀਤਾ

ਭਗਵਾਂ (भगवाँ) /pǎgawā̃ パグワーン/ ▸ਭਗਵਾ *m.adj.* → ਭਗਵਾ

ਭਗਵਾ (भगवा) /pǎgawā パグワー/ ▸ਭਗਵਾਂ [Skt. भृगु] *m.* **1** 〖鉱物〗代赭石(たいしゃせき), 紅土. (⇒ਗੇਰੂ) **2** 代赭石で染めた色, 赭色, 赤褐色, 赤茶色. (⇒ਗੇਰੂਆ ਰੰਗ) **3** 黄褐色, サフラン色. **4** 〖布地〗代赭石の色に染めた布. **5** 〖衣服〗行者・修行僧・出家者などが身にまとう衣, 袈裟.

— *adj.* **1** 代赭石で染めた. (⇒ਗੇਰੂਆ) **2** 赤土色の, 赤褐色の, 赤茶色の. **3** 黄褐色の, サフラン色の.

ਭਗਵਾਨ (भगवान) /pǎgawāna パグワーン/ [Skt. भगवान्] *m.* **1** 神. (⇒ਰੱਬ) **2** 最高神. (⇒ਪਰਮੇਸ਼ਰ, ਪਰਮਾਤਮਾ)

ਭੰਗੜ (भंगड़) /pǎṅgaṛa パンガル/ [Skt. भङ्गा + ੜ] *m.* 〖麻薬〗大麻中毒者.

ਭੰਗੜਾ (भंगड़ा) /pǎṅgaṛā パンガラー/ [Skt. भङ्गा] *m.* 〖舞踊〗バングラー《パンジャーブの民俗舞踊の一つ. 太鼓と手拍子のリズムに合わせた激しい動きが特徴. 収穫祭を祝う踊りから始まったものだが, 次第に結婚式などの祝い事に不可欠な踊りになった. 伝統的な形態のものとヒップホップやレゲエなど他の分野とのフュージョンといった双方の分野で, 世界中で人気が高まっている》.

ਭੰਗਾਰ (भंगार) /pǎṅgāra パンガール/ [Skt. भङ्गुर] *adj.* 砕けやすい.

ਭੰਗੀ[1] (भंगी) /pǎṅgī パンギー/ *m.* 〖姓〗バンギー《清掃を生業とする一種姓(の人)》, 清掃人, 掃除人.

ਭੰਗੀ[2] (भंगी) /pǎṅgī パンギー/ *m.* 〖歴史〗バンギー・ミスル《18世紀にパンジャーブの各地を統治した12のミスル〔スィック教徒の軍政組織に基づく地方独立国家〕のうちの一つの名称》.

ਭੰਗੂਰ (भंगूर) /paṅgǔra パングール/ *m.* 〖料理〗バングール《香辛料の味付けで煮たひよこ豆》.

ਭੰਗੂੜਾ (भंगूड़ा) /paṅgǔṛā パングーラー/ ▸ਪੰਘੂੜਾ *m.* → ਪੰਘੂੜਾ

ਭਗੌਤੀ (भगौती) /pagǎutī パガォーティー/ ▸ਭਗਉਤੀ *f.* → ਭਗਉਤੀ

ਭਗੌੜਾ (भगौड़ा) /pagaŭṛā パガォーラー/ *adj.* 逃亡した, 逃亡中の, 脱走した.
— *m.* 逃亡者, 脱走犯.

ਭਚੱਕਾ (भचक्का) /pacăkkā パチャッカー/ ▸ਭੁਚੱਕਾ *m.* → ਭੁਚੱਕਾ

ਭਚੀੜਨਾ (भचीड़ना) /pacĭṛanā パチールナー/ *vt.* ふさぐ, 閉じ込める. (⇒ਝਪੀੜਨਾ)

ਭਚੋਲਣਾ (भचोलणा) /pacŏlaṇā パチョールナー/ ▸ ਭੁਚਲਾਉਣਾ [(Pua.)] *vt.* → ਭੁਚਲਾਉਣਾ

ਭੱਛ (भच्छ) /păcchạ パッチ/ ▸ਭਖ *m.* → ਭਖ[1]

ਭੱਛਕ (भच्छक) /păcchakạ パッチャク/ ▸ਭਖਕ *adj.m.* → ਭਖਕ

ਭੱਛਣਾ (भच्छणा) /păcchaṇā パッチャナー/ ▸ਭੱਖਣਾ *vt.* → ਭੱਖਣਾ

ਭਛਾਉਣਾ (भछाउणा) /pachăuṇā パチャーウナー/ ▸ ਭਜਾਉਣਾ *vt.* → ਭਜਾਉਣਾ

ਭੰਜਕ (भंजक) /pănjakạ パンジャク/ [Skt. भंजक] *adj.* 壊す, 破壊する.
— *m.* 壊すもの, 破壊者.

ਭੰਜਣਾ (भंजणा) /pănjaṇā パンジャナー/ ▸ਭਜਣਾ, ਭੱਜਣਾ *vi.* → ਭੱਜਣਾ[1]

ਭਜਣਾ[1] (भजणा) /păjaṇā パジャナー/ [Skt. भजति] *vi.* **1** 祈る, 祈願する. **2** 瞑想する.
— *vt.* **1** 暗唱する. **2**(神の名を)唱える, 念誦する. **3** 拝む, 礼拝する.

ਭਜਣਾ[2] (भजणा) /păjaṇā パジャナー/ ▸ਭੰਜਣਾ, ਭੱਜਣਾ *vi.* → ਭੱਜਣਾ[1]

ਭੱਜਣਾ[1] (भज्जणा) /pǎjjaṇā パッジャナー/ ▸ਭੰਜਣਾ, ਭਜਣਾ [Skt. भज्जति] *vi.* **1** 壊れる, 破壊される. (⇒ਟੁੱਟਣਾ) **2** 砕ける. **3** 粉々になる.

ਭੱਜਣਾ[2] (भज्जणा) /pǎjjaṇā パッジャナー/ [Skt. भज्जति] *vi.* **1** 走る, 駆ける, 疾走する. (⇒ਦੌੜਨਾ) ❐ਭੱਜ ਕੇ ਸੜਕ ਨਹੀਂ ਪਾਰ ਕਰਨੀ ਚਾਹੀਦੀ। 走って道路を横断すべきではありません. **2** 逃げる, 逃れる. (⇒ਨੱਸਣਾ) ❐ਕਿਸੇ ਪਾਸੇ ਨੂੰ ਭੱਜਣ ਦਾ ਕੋਈ ਰਾਹ ਨਹੀਂ ਸੀ। どの方向にも何の逃げ道もありませんでした.

ਭੰਜਨ (भंजन) /pănjanạ パンジャン/ [Skt. भंजन] *m.* 壊すこと, 破壊.

ਭਜਨ (भजन) /păjanạ パジャン/ [Skt. भजन] *m.* **1**〘音楽〙神を讃える歌. **2** 賛歌, 御詠歌. **3** 称名. **4** 祈り. **5** 熱烈な信仰.

ਭਜਨੀਕ (भजनीक) /păjanīkạ パジニーク/ [Skt. भजन + ਈਕ] *m.* **1** 神を讃える歌を歌う者. **2** 信者, 信徒. **3** 礼拝者.

ਭਜਾਉਣਾ (भजाउणा) /pajăuṇā パジャーウナー/ ▸ਭਛਾਉਣਾ [cf. ਭੱਜਣਾ[2]] *vt.* **1** 走らせる. **2** 駆り立てる.

ਭਟ (भट) /păṭạ パト/ *m.* **1** 戦士. **2**〘軍〙傭兵.

ਭੱਟ (भट्ट) /păṭṭạ パット/ [(Pkt. भट्ट) Skt. भट] *m.* **1** 吟遊詩人, 民衆の美徳を称える詩を歌い施しを受ける放浪詩人. (⇒ਢਾਡੀ) **2** 賛辞を述べる人, 戦士の栄光を称える詩を歌う宮廷のお抱え詩人. **3** 学者, 識者. (⇒ਵਿਦਵਾਨ, ਗਿਆਨੀ) **4**〘姓〙バット《ブラーフマンの一種姓》.

ਭਟਕਣ (भटकण) /păṭakaṇạ パトカン/ [cf. ਭਟਕਣਾ] *f.* **1** さまようこと, うろつくこと, 当てもなく歩き回ること, 流浪, 彷徨, 放浪. **2** 道に迷うこと, はぐれること, 方向を間違えること. **3** 迷い, 心の定まらないこと.

ਭਟਕਣਾ (भटकणा) /păṭakaṇā パタカナー/ [Pkt. भट्ट] *vi.* **1** さまよう, うろつく, 当てもなく歩き回る, 放浪する, 徘徊する. **2** 道に迷う, はぐれる, 方向を間違える. **3** 迷う, 心がふらつく, 落ち着きをなくす.

ਭਟਕਾ (भटका) /păṭakā パトカー/ ▸ਭਟਕੀ *m.* → ਭਟਕੀ

ਭਟਕਾਉਣਾ (भटकाउणा) /paṭakăuṇā パトカーウナー/ [cf. ਭਟਕਣਾ] *vt.* さまよわせる, 迷わせる, 惑わす, 方向を間違えさせる.

ਭਟਕੀ (भटकी) /păṭakī パトキー/ ▸ਭਟਕਾ [cf. ਭਟਕਣਾ] *f.* **1** さまようこと, 迷うこと. **2** 不安. (⇒ਚਿੰਤਾ) **3** 恐れ. (⇒ਡਰ)

ਭਟਣੀ (भटणी) /păṭaṇī パトニー/ [(Pkt. भट्ट) Skt. भट -ਣੀ] *f.* 吟遊詩人の妻.

ਭਟਿਆਣੀ (भटिआणी) /păṭiāṇī パティアーニー/ *f.* パティアーニー方言《パンジャーブ州のフィローズプル県のラージャスターン州境地域及び旧ビーカーネール藩王国領に住むイスラーム教徒のパッティー族によって話されているパンジャービー語の方言》.

ਭਟਿੱਟਰ (भटिट्टर) /paṭĭṭṭarạ パティッタル/ [Skt. वर्तिर:] *m.*〘鳥〙ヤマウズラ, 山鶉.

ਭੱਟੀ[1] (भट्टी) /păṭṭī パッティー/ *m.*〘姓〙バッティー《ラージプートの一種姓》.

ਭੱਟੀ[2] (भट्टी) /păṭṭī パッティー/ *m.* パッティー(バッティー)《パンジャーブ州のフィローズプル県のラージャスターン州境地域及び旧ビーカーネール藩王国領に住むイスラーム教徒の一種族》.

ਭੱਠ (भट्ठ) /păṭṭhạ パット/ [Skt. भ्राष्ट्र] *m.* **1** 穀物や豆を炒る窯. **2** 炉. **3** 極度に熱い場所.

ਭੱਠਾ (भट्ठा) /păṭṭhā パッター/ [Skt. भ्राष्ट्र] *m.* **1** 大きな窯. **2** 煉瓦を焼く窯.

ਭਠਿਆਰਨ (भठिआरन) /paṭhiărạnạ パティアーラン/ [Skt. भ्राष्ट्र -ਨ] *f.* 穀物を炒る女性.

ਭਠਿਆਰਾ (भठिआरा) /paṭhiărā パティアーラー/ [Skt. भ्राष्ट्र] *m.* 穀物を炒る人.

ਭੱਠੀ (भट्ठी) /păṭṭhī パッティー/ [Skt. भ्राष्ट्र -ਈ] *f.* **1** 穀物や豆を炒る窯. **2** 小炉, かまど, オーブン.

ਭਠੂਰਾ (भठूरा) /paṭhŭrā パトゥーラー/ *m.*〘料理〙バトゥーラー《揚げパンの一種. 精白した小麦粉の生地にダヒーやバターを練り込み一定時間寝かせ, 油で揚げたもの》.

ਭੰਡ[1] (भंड) /păṇḍạ パンド/ [Skt. भण्ड] *m.* **1** 道化役者, 道化師, 幇間. **2**〘比喩〙口の軽い人, 軽薄なことを言う人.

ਭੰਡ[2] (भंड) /păṇḍạ パンド/ [Skt. भाण्ड] *f.* 女性. (⇒ਇਸਤਰੀ, ਔਰਤ)

ਭੰਡਣਾ (भंडणा) /păṇḍaṇā パンダナー/ *vt.* **1** 悪口を言う, けなす. **2** 中傷する, 誹謗する. **3** 罵る, どなりつける.

ਭੰਡਾਰ (भंडार) /paṇḍărạ パンダール/ [(Pkt. भंडाआर) Skt. भण्डागार] *m.* **1** 倉, 倉庫, 収納庫. **2** 宝庫, 宝の山, 豊富な様子. (⇒ਖ਼ਜ਼ਾਨਾ) **3** 蓄え, 蓄積, 備蓄.

ਭੰਡਾਰਨ (भंडारन) /paṇḍărạnạ パンダーラン/ [-ਨ] *f.* 倉

庫管理人の妻.

ਭੰਡਾਰਾ (भंडारा) /paṇḍārā パンダーラー/ [Skt. भण्डागार] *m.* 修行者に出す食事.

ਭੰਡਾਰੀ (भंडारी) /paṇḍārī パンダーリー/ [-ਈ] *m.* 倉庫管理人.

ਭੰਡੀ (भंडी) /pǎṇḍī パンディー/ *f.* 中傷, 誹謗. (⇒ਅਪਵਾਦ, ਕੁਵਾਕ, ਤੁਹਮਤ)

ਭਣਵਈਆ (भणवईआ) /paṇawǎīā パンワイーアー/ ▸ਭਣੂਜਾ *m.*〖親族〗義理の兄弟《姉妹の夫》.

ਭਣੂਜਾ (भणूजा) /paṇǔjā パヌージャー/ ▸ਭਣਵਈਆ *m.* → ਭਣਵਈਆ

ਭਣੇਆਂ (भणेआँ) /paṇẽā̃ パネーアーン/ ▸ਭਣੇਵਾਂ *m.* → ਭਣੇਵਾਂ

ਭਣੇਵਾਂ (भणेवाँ) /paṇěwā̃ パネーワーン/ ▸ਭਣੇਆਂ *m.*〖親族〗甥《姉妹の息子》. (⇒ਭਾਣਜਾ)

ਭਣੇਵੀਂ (भणेवीं) /paṇěwī̃ パネーウィーン/ *f.*〖親族〗姪《姉妹の娘》. (⇒ਭਾਣਜੀ)

ਭੱਤ (भत्त) /pǎttạ パット/ ▸ਭਾਤ [Skt. भक्त] *m.*〖料理〗飯, 御飯, 炊いた米. (⇒ਬਰੰਜ)

ਭਤਰੀ (भतरी) /pǎtarī パタリー/ [Skt. भ्रातृ -ਈ] *f.*〖親族〗姪《兄弟の娘》. (⇒ਭਤੀਜੀ)

ਭਤਰੀਆ (भतरीआ) /pǎtarīā パタリーアー/ [Skt. भ्रातृ -ਈਆ] *m.*〖親族〗甥《兄弟の息子》. (⇒ਭਤੀਜਾ)

ਭੱਤਾ (भत्ता) /pǎttā パッター/ [Skt. भक्त] *m.* **1** 戸外で働く人の昼食・弁当. **2** 本給以外の諸手当. **3** 手当, 給与. ❐ਰੋਜ਼ਾਨਾ ਭੱਤਾ 日当, 日給.

ਭਤਾਰ (भतार) /patǎrạ パタール/ [(Skt. भर्तरि) Skt. भर्तृ] *m.* **1** 養う人, 扶養者. (⇒ਪਾਲਣ ਵਾਲਾ) **2**〖親族〗夫. (⇒ਪਤੀ)

ਭਤੀਆ (भतीआ) /patǐā パティーアー/ ▸ਭਤੀਜਾ *m.* → ਭਤੀਜਾ

ਭਤੀਈ (भतीई) /patǐī パティーイー/ ▸ਭਤੀਜੀ *f.* → ਭਤੀਜੀ

ਭਤੀਜਾ (भतीजा) /patǐjā パティージャー/ ▸ਭਤੀਆ [Skt. भ्रातृज] *m.*〖親族〗甥《兄弟の息子》. (⇒ਭਤਰੀਆ)

ਭਤੀਜੀ (भतीजी) /patǐjī パティージー/ ▸ਭਤੀਈ [Skt. भ्रातृज] *f.*〖親族〗姪《兄弟の娘》. (⇒ਭਤਰੀ)

ਭੱਥਾ (भत्था) /pǎttʰā パッター/ *m.* 矢筒.

ਭੱਦਰ (भद्र) /pǎddarạ パッダル/ [Skt. भद्र] *adj.* **1** 上品な. (⇒ਭਲਾ, ਨੇਕ) **2** 教養のある.

ਭੱਦਾ (भद्दा) /pǎddā パッダー/ ▸ਭੌਂਡਾ *adj.* **1** 醜い, 見苦しい, 無様な. **2** みっともない, みすぼらしい, だらしない. **3** へたな, 不器用な.

ਭੰਨ (भंन) /pǎnnạ パンヌ/ [Skt. भग्न] *m.* (布や紙などの)折り目, 皺.

ਭੰਨਣਾ (भंनणा) /pǎnnaṇā パンナナー/ [Skt. भग्न] *vt.* **1** 壊す, 折る. **2** 砕く, 潰す. **3** 粉々にする. **4** 両替する.

ਭੰਨਵਾਂ (भंनवाँ) /pǎnnawā̃ パンヌワーン/ [cf. ਭੰਨਣਾ] *adj.* 部分に分かれている, 部分的な. (⇒ਟੁੱਟਵਾਂ)

ਭਨਵਾਉਣਾ (भनवाउणा) /panawǎuṇā パンワーウナー/ ▸ਭਨਾਉਣਾ [cf. ਭੰਨਣਾ] *vt.* **1** 壊させる, 折らせる. **2** 砕かせる, 潰させる. **3** 両替してもらう.

ਭਨਵਾਈ (भनवाई) /panawǎī パンワーイー/ ▸ਭਨਾਈ [cf. ਭੰਨਣਾ] *f.* **1** 壊すこと, 折ること. **2** 砕くこと, 粉砕.

ਭਨਾਉਣਾ (भनाउणा) /panǎuṇā パナーウナー/ ▸ਭਨਵਾਉਣਾ *vt.* → ਭਨਵਾਉਣਾ

ਭਨਾਈ (भनाई) /panǎī パナーイー/ ▸ਭਨਵਾਈ *f.* → ਭਨਵਾਈ

ਭੱਪਾ (भप्पा) /pǎppā パッパー/ [Skt. वाष्प] *m.*〖料理〗バッパー《混ぜ粥》.

ਭਬਕ (भबक) /pǎbakạ パバク/ *f.* **1** 炎上. **2** 爆発. **3** 脅し, 脅迫, 恫喝.

ਭਬਕਣਾ (भबकणा) /pǎbakaṇā パバカナー/ *vi.* **1** 燃え上がる, 燃え立つ, 炎上する. **2** 爆発する. **3** 怒りに燃える, かっとなる, いきり立つ. **4** 怒鳴る, 大声でわめく, 怒って声を出す. **5** 吠える. (⇒ਭੌਂਕਣਾ)

ਭਬਕਾ (भबका) /pǎbakā パバカー/ *m.* **1**〖器具〗蒸留器. **2**〖容器〗水差し.

ਭਬਕੀ (भबकी) /pǎbakī パバキー/ *f.* 脅し, 脅迫.

ਭੰਬਟ (भंबट) /pǎmbaṭạ パンバト/ *m.*〖虫〗ガ, 蛾. (⇒ਭਮੱਕੜ)

ਭੰਬਲਭੂਸਾ (भंबलभूसा) /pǎmbalạpǔsā パンバルプーサー/ *m.* **1** 混乱, 紛糾. **2** 当惑, うろたえ. **3** さまよい歩くこと. **4** 迷走.

ਭੰਬੀਰੀ (भंबीरी) /pambǐrī パンビーリー/ *f.*〖虫〗チョウ, 蝶.

ਭੱਬੂ[1] (भब्बू) /pǎbbū パップー/ *m.* 乾いた鼻水.

ਭੱਬੂ[2] (भब्बू) /pǎbbū パップー/ ▸ਭੰਬੋ [(Pua.)] *m.*〖遊戯〗(トランプの)スペードの1. (⇒ਹੁਕਮ ਦਾ ਯੱਕਾ)

ਭਬੂਕਾ (भबूका) /pabǔkā パブーカー/ *m.* **1** 炎. **2** 炎上, 立ちのぼる炎.

ਭਬੂਤ (भबूत) /pabǔtạ パブート/ ▸ਬਿਭੂਤ, ਬਿਭੂਤੀ, ਭਭੂਤ, ਭਭੂਤੀ, ਵਿਭੂਤੀ *m.* → ਵਿਭੂਤੀ

ਭੰਬੋ (भंबो) /pǎmbo パンボー/ ▸ਭੱਬੂ [(Pua.)] *m.* → ਭੱਬੂ[2]

ਭੱਭਾ (भभ्भा) /pǎbbā パッバー/ *m.*〖文字〗パッバー《高声調(高降りアクセント)または低声調(低昇りアクセント)を伴う, 両唇・閉鎖音の「パ」(無声・無気音)または「バ」(有声・無気音)を表す, グルムキー文字の字母表の29番目の文字 ਭ の名称》.

ਭਭੂਤ (भभूत) /pabǔtạ パブート/ ▸ਬਿਭੂਤ, ਬਿਭੂਤੀ, ਭਬੂਤ, ਭਭੂਤੀ, ਵਿਭੂਤੀ *f.* → ਵਿਭੂਤੀ

ਭਭੂਤੀ (भभूती) /pabǔtī パブーティー/ ▸ਬਿਭੂਤ, ਬਿਭੂਤੀ, ਭਬੂਤ, ਭਭੂਤ, ਵਿਭੂਤੀ *f.* → ਵਿਭੂਤੀ

ਭਮੱਕੜ (भमक्कड़) /pamǎkkaṛạ パマッカル/ [Skt. भ्रामक + ੜ] *m.*〖虫〗ガ, 蛾. (⇒ਭੰਬਟ)

ਭਮਾਕਾ (भमाका) /pamǎkā パマーカー/ *m.* **1** 爆破, 発破. **2** 爆発, 破裂.

ਭੱਯਾ (भय्या) /pǎyyā パッヤー/ ▸ਭਈਆ *m.* → ਭਈਆ

ਭਰ (भर) /pǎrạ パル/ [cf. ਭਰਨਾ] *m.* **1** 荷, 重荷. (⇒ਭਾਰ, ਬੋਝ) **2** 満たされた状態, 満杯の状態, いっぱいであること, 充満. **3** 完全であること, 充分. **4** 多量, 豊富. (⇒ਬਹੁਲਤਾ, ਬਹੁਤਾਤ) **5** 力, 強さ. (⇒ਸੱਤਾ, ਜ਼ੋਰ)

— *adj.* **1** 完全な, 満杯の. (⇒ਪੂਰਾ) **2** すべての, 全部の. (⇒ਸਾਰਾ, ਸਮੁੱਚਾ)

— *pref.* 「いっぱいであること」「満たされた状態」「豊富なこと」「完全であること」などを意味する接頭辞. ❐ਭਰ

ਸਿਆਲ 冬の真っ盛り, 真冬. ❐ਭਰ ਜਵਾਨ 若さに満ち溢れた, 人生の盛りの, すっかり成長した. ❐ਭਰ-ਭਾਰਾ 多量の荷, 重荷, 重圧.
— *suff.* 「…いっぱい」「…すべて(…を通して, …中)」「およその(近似の, 約…)」「ただ…(ほんの…だけ)」などを意味する接尾辞. ❐ਉਮਰਭਰ 終生, 生涯, 一生. ❐ਜ਼ਰਾਭਰ ほんの少しだけ. ❐ਮਣਭਰ 約1マウンド〔重量単位約80ポンド〕の.

ਭਰਜਾਈ (भरजाई) /parajǎī パルジャーイー/ [Skt. भ्राता + Skt. जाया] *f.* **1**〘親族〙義理の姉妹《兄弟の妻》. (⇒ਭਾਬੀ) **2**〘親族〙義理の従姉妹《従兄弟の妻》.

ਭਰਤ[1] (भरत) /pǎrata パラト/ [Skt. भरत] *m.* **1**〘人名・ヒ〙バラタ《バラタ族の祖》. **2**〘人名・ヒ〙バラタ《ラーマーヤナの主人公ラーマの異母弟》. **3**〘人名・文学〙バラタ《演劇論の開祖と伝えられる学匠》.

ਭਰਤ[2] (भरत) /pǎrata パラト/ [cf. ਭਰਨਾ] *f.* **1** 満たすこと, 充填. **2** 充填材, 穴・へこみ・窪みなどを埋める物.

ਭਰਤ[3] (भरत) /pǎrata パラト/ ▸ਭਰਥ *f.* → ਭਰਥ

ਭਰਤਾ (भरता) /pǎratā パルター/ [Skt. भर्ता] *m.* **1**〘親族〙夫. (⇒ਪਤੀ) **2** 主人. (⇒ਸੁਆਮੀ) **3** 庇護者. (⇒ਆਸਰਾ ਦੇਣ ਵਾਲਾ)

ਭਰਤੀ (भरती) /pǎratī パルティー/ [cf. ਭਰਨਾ] *f.* **1** 満たすこと, 充填. **2** 充填材, 穴・へこみ・窪みなどを埋める物. **3**〘軍〙兵籍に入れること, 入隊, 新兵補充. **4** 新人募集, 新人採用.

ਭਰਤੀ ਦਫ਼ਤਰ (भरती दफ़तर) /pǎratī dafatara パルティーダフタル/ [+ Arab. *daftar*] *m.*〘軍〙新兵募集事務所.

ਭਰਥ (भरथ) /pǎratʰa パラト/ ▸ਭਰਤ [Skt. वर्तक] *m.*〘金属〙銅・亜鉛・錫・鉛などの合金.

ਭਰਨਾ (भरना) /pǎranā パルナー/ [Skt. भरति] *vi.* **1** 満たされる, 満ちる, 充満する, いっぱいになる. **2** 詰まる, 埋まる. **3** 元に戻る, 治る, 癒える. **4** 孕む, 妊娠する.
— *vt.* **1** 満たす, 充満させる, いっぱいにする. **2** 満杯にする. **3**(穴・隙間・割れ目などを)埋める, 詰める, ふさぐ. **4**(空欄などを)埋める, 書き入れる, 書き込む, 記入する. **5** 補充する, 充填する. **6** 納める, 納入する, 払い込む, 納金する.

ਭਰਨੀ (भरनी) /pǎranī パルニー/ *f.* 行為の結果.

ਭਰੱਪਣ (भरप्पण) /parǎppaṇa パラッパン/ ▸ਭ੍ਰੱਪਣ [Skt. भ्राता -ਪਣ] *m.* **1** 兄弟関係. **2** 兄弟愛. **3** 同胞愛, 友愛.

ਭ੍ਰੱਪਣ (भ्रप्पण) /prǎppaṇa (parǎppaṇa) プラッパン (パラッパン)/ ▸ਭਰੱਪਣ *m.* → ਭਰੱਪਣ

ਭਰਪੂਰ (भरपूर) /pǎrapūra パルプール/ [cf. ਭਰਨਾ + Skt. पूर] *adj.* **1** いっぱいの, 満杯の. **2** 満ち足りた.

ਭਰਪੂਰੀ (भरपूरी) /pǎrapūrī パルプーリー/ [-ਈ] *f.* **1** いっぱいであること. **2** 満杯の状態. **3** 充足.

ਭਰ ਪੇਟ (भर पेट) /pǎra peṭa パル ペート/ [cf. ਭਰਨਾ + Skt. पेट] *adv.* 腹いっぱい.

ਭਰਬੱਟਾ (भरबट्टा) /parabǎṭṭā パルバッター/ ▸ਭਰਵੱਟਾ *m.* → ਭਰਵੱਟਾ

ਭਰਮ (भरम) /pǎrama パラム/ [Skt. भ्रम] *m.* **1** 思い違い, 錯誤, 錯覚. (⇒ਭੁੱਲ, ਗ਼ਲਤ ਖ਼ਿਆਲ) **2** 幻覚, 幻影, 幻想, 妄想. **3** 誤り, 誤った信念. (⇒ਵਹਿਮ) **4** 迷信. **5** 当惑, 混乱. **6** 疑い, 疑念, 迷い. **7** 不安, 心配.

ਭਰਮਣ (भरमण) /pǎramaṇa パルマン/ ▸ਭ੍ਰਮਣ, ਭਰਮਨ, ਭ੍ਰਮਨ [cf. ਭਰਮਣਾ[2]] *m.* **1** 歩き回ること, 散歩, 散策. (⇒ਸੈਰ) **2** 旅, 旅行, 周遊. (⇒ਸਫ਼ਰ, ਯਾਤਰਾ)

ਭ੍ਰਮਣ (भ्रमण) /prǎmaṇa (pǎramaṇa) プラマン (パルマン)/ ▸ਭਰਮਣ, ਭਰਮਨ, ਭ੍ਰਮਨ *m.* → ਭਰਮਣ

ਭਰਮਣਾ[1] (भरमणा) /pǎramaṇā パルマナー/ [Skt. भ्रमति] *vi.* **1** 思い違いをする, 錯誤・錯覚に陥る. **2** 根拠のない想像をする, 妄想する. **3** 誤解する. **4** 惑わされる, 迷う. **5** だまされる. **6** 誘い込まれる, 誘惑される. **7** 虚偽の信念を持つようになる.

ਭਰਮਣਾ[2] (भरमणा) /pǎramaṇā パルマナー/ [Skt. भ्रमति] *vi.* **1** 回る, くるくる回る, 回転する. (⇒ਫਿਰਨਾ) **2** 歩き回る, 散歩する, 散策する. (⇒ਘੁੰਮਣਾ) **3** 旅をする, 旅行する. **4** さまよう, 放浪する.

ਭਰਮਨ (भरमन) /pǎramana パルマン/ ▸ਭਰਮਣ, ਭ੍ਰਮਣ, ਭ੍ਰਮਨ *m.* → ਭਰਮਣ

ਭ੍ਰਮਨ (भ्रमन) /prǎmana (pǎramana) プラマン (パルマン)/ ▸ਭਰਮਣ, ਭ੍ਰਮਣ, ਭਰਮਨ *m.* → ਭਰਮਣ

ਭਰਮਾਂ (भरमाँ) /pǎramã̄ パルマーン/ ▸ਭਰਮਾ [(Pua.) cf. ਭਰਨਾ Skt.-मान] *adj.* **1** 満ちた, いっぱいの. **2** ぎっしり詰まった. **3** 力強い.

ਭਰਮਾ (भरमा) /pǎramā パルマー/ ▸ਭਰਮਾਂ [(Pua.)] *adj.* → ਭਰਮਾਂ

ਭਰਮਾਉਣਾ (भरमाउणा) /paramǎuṇā パルマーウナー/ [cf. ਭਰਮਣਾ[1]] *vt.* **1** 思い違いをさせる. **2** 根拠のない想像をさせる. **3** 誤解させる. **4** 惑わす. **5** だます. **6** 誘い込む, 引き込む, 誘惑する. **7** 虚偽の信念を持たせる.

ਭ੍ਰਮਾਤਮਕ (भ्रमातमक) /prǎmātamaka (pǎramātamaka) プラマートマク (パルマートマク)/ [Skt. भ्रम Skt.-आत्मक] *adj.* **1** 疑わしい, 怪しい, 不確かな. **2** 誤った, 間違った, 正しくない.

ਭਰਮਾਰ (भरमार) /pǎramāra パルマール/ *f.* 過剰.

ਭਰਮੀ (भरमी) /pǎramī パルミー/ [Skt. भ्रम -ਈ] *adj.* **1** 疑い深い. **2** 迷信を信じやすい.
— *m.* 疑い深い人.

ਭਰਵੱਟਾ (भरवट्टा) /parawǎṭṭā パルワッター/ ▸ਭਰਬੱਟਾ [Skt. भृकुटी] *m.*〘身体〙眉(まゆ), 眉毛. (⇒ਭੌਂ)

ਭਰਵਾਂ (भरवाँ) /pǎrawã̄ パルワーン/ [cf. ਭਰਨਾ Skt.-वान्] *adj.* **1** 満ちた, いっぱいの. **2** ぎっしり詰まった. **3** 力強い.

ਭਰਵਾਉਣਾ (भरवाउणा) /parawǎuṇā パルワーウナー/ ▸ਭਰਾਉਣਾ [cf. ਭਰਨਾ] *vt.* **1** 満たさせる, いっぱいにさせる. **2** 埋めさせる, 充填させる. **3** 納めさせる, 納入させる, 支払わせる, 納金させる. **4** 孕ませる, 妊娠させる, 種付けさせる.

ਭਰਵਾਈ (भरवाई) /parawǎī パルワーイー/ ▸ਭਰਾਈ [cf. ਭਰਨਾ] *f.* いっぱいにさせること, 埋めさせること, 種付けさせること, その料金・労賃.

ਭਰਵਾਸਾ (भरवासा) /parawǎsā パルワーサー/ *m.* **1** 信頼. **2** 支持.

ਭਰਾ (भरा) /parǎ パラー/ ▸ਭਰਾਉ, ਭਾ, ਭਿਰਾ [Skt. भ्राता] *m.*〘親族〙兄, 弟, 兄弟. (⇒ਭਾਈ, ਵੀਰ)

ਭਰਾਉ (भराउ) /parǎo パラーオー/ ▸ਭਰਾ, ਭਾ, ਭਿਰਾ *m.*

→ ਭਰਾ

ਭਰਾਉਣਾ (भराउणा) /parăuṇā パラーウナー/ ▸ਭਰਵਾਉਣਾ *vt.* → ਭਰਵਾਉਣਾ

ਭਰਾਈ[1] (भराई) /parăī パラーイー/ ▸ਭਰਵਾਈ *f.* → ਭਰਵਾਈ

ਭਰਾਈ[2] (भराई) /parăī パラーイー/ *m.* 太鼓奏者.

ਭੱਰਾਈ (भर्राई) /parrăī パッラーイー/ *adj.* 込み上げた, 感涙にむせんだ.

ਭਰਾ-ਗਤੀ (भरा-गती) /parǎ-gatī パラー・ガティー/ [Skt. भ्राता + Skt. गति] *f.* 兄弟関係.

ਭਰਾਤਰੀ (भरातरी) /parătarī パラータリー/ [Skt. भ्रात्रीय] *adj.* **1** 兄弟の, 兄弟のような, 兄弟らしい. **2** 友愛の.

ਭਰਾਤਰੀ ਭਾਵ (भरातरी भाव) /parătarī pǎvạ パラータリー パーヴ/ [+ Skt. भाव] *m.* **1** 兄弟愛. **2** 兄弟関係. **3** 同胞愛.

ਭਰਾਂਤੀ (भराँती) /parằtī パラーンティー/ ▸ਭ੍ਰਾਂਤੀ, ਭਰਾਂਦ [Skt. भ्रांति] *f.* **1** ぐるぐる回ること, 回転, 旋回. **2** 徘徊, 放浪. **3** 思い違い, 誤解, 錯覚. **4** 幻想, 妄想, 妄念. **5** 迷信. **6** 過ち, 過誤.

ਭ੍ਰਾਂਤੀ (भ्राँती) /prằtī (parằtī) プラーンティー (パラーンティー)/ ▸ਭਰਾਂਤੀ, ਭਰਾਂਦ *f.* → ਭਰਾਂਤੀ

ਭਰਾਂਦ[1] (भराँद) /parằdạ パラーンド/ ▸ਭਰਾਂਤੀ, ਭ੍ਰਾਂਤੀ *f.* → ਭਰਾਂਤੀ

ਭਰਾਂਦ[2] (भराँद) /parằdạ パラーンド/ *adj.* **1** 役に立たない. (⇒ਨਿਕੰਮਾ) **2** 質の悪い, 粗悪な. (⇒ਘਟੀਆ)

ਭਰਾਵਾ (भरावा) /parăwā パラーワー/ [Skt. भ्राता + ਵਾ] *int.* おい兄弟, 兄弟よ.

ਭਰਿਆ (भरिआ) /pǎriā パリアー/ [cf. ਭਰਨਾ] *adj.* **1** 満たされた, 満ちた, いっぱいの. **2** 埋められた, 詰められた, 塗られた. **3** 払われた, 納められた. **4** 治った, 癒えた, 治癒した.

ਭਰਿਸ਼ਟ (भरिशट) /parĭśạṭạ パリシュト/ ▸ਭ੍ਰਿਸ਼ਟ [Skt. भ्रष्ट] *adj.* **1** 堕落した, 背教の. (⇒ਪਤਿਤ) **2** 汚れた, 腐敗した. (⇒ਪਲੀਤ)

ਭ੍ਰਿਸ਼ਟ (भ्रिशट) /prĭśạṭạ (parĭśạṭạ) プリシュト (パリシュト)/ ▸ਭਰਿਸ਼ਟ *adj.* → ਭਰਿਸ਼ਟ

ਭਰਿਸ਼ਟਣਾ (भरिशटणा) /parĭśạṭạṇā パリシュタナー/ ▸ਭ੍ਰਿਸ਼ਟਣਾ [Skt. भ्रष्ट] *vi.* **1** 堕落する. (⇒ਪਤਿਤ ਹੋਣਾ) **2** 汚れる, 腐敗する. (⇒ਪਲੀਤ ਹੋਣਾ)

ਭ੍ਰਿਸ਼ਟਣਾ (भ्रिशटणा) /prĭśạṭạṇā (parĭśạṭạṇā) プリシュタナー (パリシュタナー)/ ▸ਭਰਿਸ਼ਟਣਾ *vi.* → ਭਰਿਸ਼ਟਣਾ

ਭਰਿਸ਼ਟਾਚਾਰ (भरिशटाचार) /parĭśạṭācārạ パリシュターチャール/ ▸ਭ੍ਰਿਸ਼ਟਾਚਾਰ [Skt. भ्रष्टाचार] *m.* **1** 非行, 不品行, 悪行. (⇒ਬੁਰੀ ਚਾਲ) **2** 堕落, 腐敗, 背徳. **3** 汚職, 収賄.

ਭ੍ਰਿਸ਼ਟਾਚਾਰ (भ्रिशटाचार) /prĭśạṭācārạ (parĭśạṭācārạ) プリシュターチャール (パリシュターチャール)/ ▸ਭਰਿਸ਼ਟਾਚਾਰ *m.* → ਭਰਿਸ਼ਟਾਚਾਰ

ਭਰਿੰਡ (भरिंड) /parĩḍạ パリンド/ [Skt. भृङ्ग] *f.* 〖虫〗スズメバチ, 雀蜂.

ਭਰੀ (भरी) /pǎrī パリー/ *f.* 束.

ਭਰੀਚਣਾ (भरीचणा) /parĭcaṇā パリーチャナー/ ▸ਭਰੀਣਾ [cf. ਭਰਨਾ] *vi.* 満たされる, 満ちる, いっぱいになる.

ਭਰੀਣਾ (भरीणा) /parĭṇā パリーナー/ ▸ਭਰੀਚਣਾ *vi.* → ਭਰੀਚਣਾ

ਭਰੂਣ (भरूण) /parŭṇạ パルーン/ *m.* 胎児.

ਭਰੋਸਾ (भरोसा) /parŏsā パローサー/ [Skt. वर + Skt. आशा] *m.* **1** 信じること, 信用. **2** 頼り, 信頼, 安心. ❐ ਭਰੋਸਾ ਰੱਖਣਾ 信頼する. **3** 信義, 忠誠. **4** 任せること, 委任. **5** 保証.

ਭਰੋਸੇ (भरोसे) /parŏse パローセー/ [+ ਏ] *adv.* 信用して, 信頼して.

ਭਲ (भल) /pǎlạ パル/ ▸ਭੱਲ [(Pkt. भल्ल) Skt. भद्र] *f.* **1** 良さ, 善良さ. **2** 気高さ, 品の良さ. **3** 偉大さ. **4** 名声.

ਭੱਲ (भल्ल) /pǎllạ パッル/ ▸ਭਲ *f.* → ਭਲ

ਭਲਕ (भलक) /pǎlakạ パラク/ *f.* 明日.

ਭਲਕਾ (भलका) /pǎlạkā パルカー/ *m.* 明日.

ਭਲਕੇ (भलके) /pǎlạke パルケー/ *adv.* **1** 明日, 明日に. **2** 明日の朝に, 明朝.

ਭਲੱਥਾ (भलत्था) /palătt[h]ā パラッター/ ▸ਪਲੱਥਾ *m.* → ਪਲੱਥਾ

ਭਲੱਥੇਬਾਜ਼ (भलत्थेबाज़) /palătt[h]ebāzạ パラッテーバーズ/ ▸ਪਲੱਥੇਬਾਜ਼ *m.* → ਪਲੱਥੇਬਾਜ਼

ਭਲੱਥੇਬਾਜ਼ੀ (भलत्थेबाज़ी) /palătt[h]ebāzī パラッテーバーズィー/ ▸ਪਲੱਥਾ ਬਾਜ਼ੀ, ਪਲੱਥੇਬਾਜ਼ੀ *f.* → ਪਲੱਥਾ ਬਾਜ਼ੀ

ਭਲਮਨਸਊ (भलमनसऊ) /pǎlạmanạsaū パルマンサウー/ ▸ਭਲਮਾਨਸੀ *m.* **1** 良さ, 善良さ. **2** 育ちの良さ, 気高さ, 紳士的な態度, 礼儀正しさ. (⇒ਸ਼ਰਾਫ਼ਤ) **3** 優しさ, 温厚さ. **4** 我慢強さ.

ਭਲਮਾਨਸੀ (भलमानसी) /pǎlạmānạsī パルマーンスィー/ ▸ਭਲਮਨਸਊ *f.* → ਭਲਮਨਸਊ

ਭਲਵਾਨ (भलवान) /pǎlạwānạ パルワーン/ ▸ਪਹਿਲਵਾਨ *m.* → ਪਹਿਲਵਾਨ

ਭਲਵਾਨੀ (भलवानी) /pǎlạwānī パルワーニー/ ▸ਪਹਿਲਵਾਨੀ *f.* → ਪਹਿਲਵਾਨੀ

ਭਲਾ (भला) /pǎlā パラー/ [(Pkt. भल्ल) Skt. भद्र] *adj.* **1** 良い, 善良な. (⇒ਚੰਗਾ) **2** 気高い. **3** 上品な. **4** 敬虔な. **5** 徳のある.

— *m.* **1** 善行, 役立つこと. **2** 福祉. **3** 利益, 便益.

— *int.* **1** えっ, 何. (⇒ਕੀ) **2** 本当, おや. **3** ところで. **4** はい, なるほど, いいです. (⇒ਹਾਂ, ਚੰਗਾ, ਠੀਕ ਹੈ)

ਭੱਲਾ (भल्ला) /pǎllā パッラー/ *m.* 〖料理〗豆の粉の塊を揚げたもの.

ਭਲਾਈ (भलाई) /palăī パラーイー/ ▸ਭਲਿਆਈ [(Pkt. भल्ल) Skt. भद्र -ਈ] *f.* **1** 良さ, 善良さ, 優秀さ. (⇒ਚੰਗਿਆਈ) **2** 気高さ, 品の良さ. **3** 偉大さ. **4** 名声.

ਭਲਾ ਚੰਗਾ (भला चंगा) /pǎlā caṅgā パラー チャンガー/ [Skt. भद्र + Skt. चङ्ग] *adj.* **1** 達者な, 壮健な, 元気な. **2** 健康な. **3** 良い状態の.

ਭਲਿਆਈ (भलिआई) /paliăī パリアーイー/ ▸ਭਲਾਈ *f.* → ਭਲਾਈ

ਭਲੇਰਾ (भलेरा) /palĕrā パレーラー/ [Skt. भद्र -ਏਰਾ] *adj.* **1** より良い, もっと良い. (⇒ਚੰਗੇਰਾ) **2** より気高い.

ਭਵ (भव) /pǎvạ パヴ/ [Skt. भव] *m.* **1** 存在, 生命. **2** 誕生, 起源. (⇒ਜਨਮ) **3** 世界. (⇒ਸੰਸਾਰ, ਦੁਨੀਆ)

ਭਵਨ[1] (भवन) /pǎwanạ パワン/ [Skt. भवन] *m.* **1** 居所, 住まい. **2** 建物, 公共建築物. **3** 〖建築〗家. (⇒ਮਕਾਨ) **4** 〖建築〗館, 邸宅, 屋敷. (⇒ਹਵੇਲੀ) **5** 〖建築〗

宮殿. 6 宇宙. 7 誕生. 8 方向, 方角, 側. (⇒ਦਿਸ਼ਾ, ਪਾਸਾ, ਤਰਫ਼) 9 場所. (⇒ਥਾਂ) 10 目的地. (⇒ਟਿਕਾਣਾ)
ਭਵਨ[2] (भवन) /pǎwanạ パワン/ ▸ਭੁਵਨ [Skt. भुवन] m. 世界, …界. (⇒ਸੰਸਾਰ, ਦੁਨੀਆ)
ਭਵਨ[3] (भवन) /pǎwanạ パワン/ [Skt. भावना] m. 1 注意, 留意, 配慮. (⇒ਧਿਆਨ) 2 考え, 意向. (⇒ਖ਼ਿਆਲ)
ਭੰਵਰ (भंवर) /pǎnwarạ パンワル/ m. 1 回転, ぐるぐる回ること. 2 渦, 渦巻き.
ਭੰਵਰ-ਕਲੀ (भंवर-कली) /pǎnwarạ-kalī パンワル・カリー/ ▸ਭੌਰ-ਕਲੀ f. → ਭੌਰ-ਕਲੀ
ਭੰਵਰਾ (भंवरा) /pǎnwạrā パンウラー/ ▸ਭੌਰ, ਭੌਰਾ m. → ਭੌਰ
ਭਵਾਂ (भवाँ) /pǎwā̃ パワーン/ [Skt. भ्रः] f. 〖身体〗眉(まゆ), 眉毛《複数形. 単数形は ਭੌਂ》.
ਭਵਾਉਣਾ (भवाउणा) /pawǎuṇā パワーウナー/ ▸ਭੁਆਉਣਾ vt. → ਭੁਆਉਣਾ
ਭਵਾਟਣੀ (भवाटणी) /pawǎṭaṇī パワータニー/ ▸ਭੁਆਂਟਣੀ f. → ਭੁਆਂਟਣੀ
ਭਵਾਨੀ (भवानी) /pawǎnī パワーニー/ ▸ਭੁਆਨੀ [Skt. भवानी] f. 1 女神. (⇒ਦੇਵੀ) 2 〖ヒ〗バヴァーニー《ドゥルガー女神・パールヴァティー女神の異名の一つ》. (⇒ਦੁਰਗਾ, ਪਾਰਵਤੀ)
ਭਵਿੱਸ਼ (भविश्श) /pavǐśśạ パヴィッシュ/ ▸ਭਵਿਖ, ਭਵਿੱਖ m. → ਭਵਿਖ
ਭਵਿਖ (भविख) /pavǐkʰạ パヴィク/ ▸ਭਵਿੱਸ਼, ਭਵਿੱਖ [Skt. भविष्य] m. 1 未来, 将来. (⇒ਮੁਸਤਕਬਿਲ) 2 前途, 将来性.
ਭਵਿੱਖ (भविक्ख) /pavǐkkʰạ パヴィック/ ▸ਭਵਿੱਸ਼, ਭਵਿਖ m. → ਭਵਿਖ
ਭਵਿਖ ਕਾਲ (भविख काल) /pavǐkʰạ kālạ パヴィク カール/ [Skt. भविष्य + Skt. काल] m. 〖言〗未来時制.
ਭਵਿਖਤ (भविखत) /pavǐkʰatạ パヴィカト/ ▸ਭਵਿੱਖਤ [Skt. भविष्यत्] adj. 未来の, 未来に関する, 未来ふうの.
— m. 未来.
ਭਵਿੱਖਤ (भविक्खत) /pavǐkkʰatạ パヴィッカト/ ▸ਭਵਿਖਤ adj.m. → ਭਵਿਖਤ
ਭਵਿਖਤ ਕਾਲ (भविखत काल) /pavǐkʰatạ kālạ パヴィカト カール/ [Skt. भविष्यत् + Skt. काल] m. 〖言〗未来時制.
ਭਵਿਖਵਾਦ (भविखवाद) /pavǐkʰạwādạ パヴィクワード/ [Skt. भविष्य Skt.-वाद] m. 未来派, 未来学.
ਭਵਿਖਵਾਦੀ (भविखवादी) /pavǐkʰạwādī パヴィクワーディー/ [Skt. भविष्य Skt.-वादिन्] adj. 未来派の.
— m. 未来派芸術家, 未来学者.
ਭੜ (भड़) /pǎṛạ パル/ m. 1 威信, 威厳. 2 有力なこと. 3 畏怖. 4 強さの評判.
ਭੜਕ (भड़क) /pǎṛakạ パラク/ f. 1 炎. 2 燃え上がること, 炎上. 3(怒りなどの)激発, 激怒. 4 虚飾, 虚栄. 5 見せびらかし, 人目を引くこと. 6 きらびやかさ, 派手さ, けばけばしさ.
ਭੜਕਣ (भड़कण) /pǎṛakaṇạ パルカン/ f. 1 炎. 2 燃え上がること, 炎上.
ਭੜਕਣਾ (भड़कणा) /pǎṛakaṇā パルカナー/ vi. 1 燃え上がる, 炎上する. 2(怒りなどが)激発する, 激怒する. 3(戦争などが)勃発する.
ਭੜਕਦਾਰ (भड़कदार) /pǎṛakạdārạ パラクダール/ adj. 1 きらびやかな, 派手な, けばけばしい. 2 これ見よがしの.
ਭੜਕਾਉਣਾ (भड़काउणा) /pǎṛạkāuṇā パルカーウナー/ vt. 1 燃え上がらせる, 炎上させる. 2 激怒させる.
ਭੜਕਾਊ (भड़काऊ) /pǎṛạkāū パルカーウー/ adj. 1 怒らせるような. 2 刺激的な. 3 挑発的な. 4 扇動的な.
ਭੜਕਾਹਟ (भड़काहट) /pǎṛạkâṭạ パルカート/ f. 1 刺激. 2 挑発. 3 扇動.
ਭੜਕੀਲਾ (भड़कीला) /pǎṛạkīlā パルキーラー/ adj. 1 きらびやかな, 派手な, けばけばしい. 2 これ見よがしの.
ਭੜਕੀਲਾਪਣ (भड़कीलापण) /pǎṛạkīlāpaṇạ パルキーラーパン/ m. 1 きらびやかさ, 派手さ, けばけばしさ. 2 これ見よがし.
ਭੜਥਾ (भड़था) /pǎṛatʰā パルター/ [Skt. भृक्त] m. 〖料理〗バルター《ナスを潰して焼いた料理》.
ਭੜਥੂ (भड़थू) /pǎṛatʰū パルトゥー/ m. 1 騒動. 2 騒乱.
ਭੜਭੂੰਜਾ (भड़भूँजा) /pǎṛạpū̃jā パルプーンジャー/ m. 穀物を炒る人.
ਭੜਮੱਚ (भड़मच्च) /pǎṛạmaccạ パルマッチ/ m. 炎.
ਭੜਮੱਲ (भड़मल्ल) /pǎṛạmallạ パルマッル/ m. 1 重い体重. 2 〖競技〗大きな力士, 大きなレスラー.
ਭੜਾਸ (भड़ास) /paṛǎsạ パラース/ f. 1 沸騰, 蒸気の熱. 2 抑えつけられた感情.
ਭੜਾਕਾ (भड़ाका) /paṛǎkā パラーカー/ m. 1 爆発. 2 破裂. 3 発火.
ਭੜੂਆ (भड़ूआ) /pǎṛūā パルーアー/ [Skt. भंड] m. 1 売春婦斡旋屋, ぽん引き. (⇒ਦਲਾਲ) 2 厚顔無恥の男, 破廉恥な男. (⇒ਨਿਰਲੱਜ ਆਦਮੀ)
ਭੜੋਲਾ (भड़ोला) /paṛǒlā パローラー/ m. 穀物置き場.
ਭੜੋਲੀ (भड़ोली) /paṛǒlī パローリー/ f. 小さな穀物置き場.
ਭਾ[1] (भा) /pǎ パー/ ▸ਭਾਉ, ਭਾਅ [Pers. bahā] m. 価格, 値段. (⇒ਮੁੱਲ, ਕੀਮਤ)
ਭਾ[2] (भा) /pǎ パー/ ▸ਭਾਉ m. → ਭਾਉ[2]
ਭਾ[3] (भा) /pǎ パー/ [Skt. भय] m. 1 恐れ, 恐怖. (⇒ਡਰ) 2 心配, 不安, 憂慮, 懸念. (⇒ਫ਼ਿਕਰ)
ਭਾ[4] (भा) /pǎ パー/ ▸ਭਾਹ [Skt. वह्नि] f. 1 火. (⇒ਅੱਗ, ਅਗਨੀ) 2 愛, 愛情. (⇒ਪਿਆਰ, ਮੁਹੱਬਤ) 3 輝き, 光沢. (⇒ਚਮਕ, ਲਿਸ਼ਕ)
ਭਾ[5] (भा) /pǎ パー/ [(Jat.)] adj. 熱い, 温かい. (⇒ਗਰਮ, ਤੱਤਾ)
ਭਾ[6] (भा) /pǎ パー/ ▸ਭਰਾਉ, ਭਰਾ, ਭਿਰਾ m. → ਭਰਾ
ਭਾਉ[1] (भाउ) /pǎo パーオー/ ▸ਭਾ, ਭਾਅ m. → ਭਾ[1]
ਭਾਉ[2] (भाउ) /pǎo パーオー/ ▸ਭਾ [Skt. भाव] m. 1 愛情. (⇒ਪਰੇਮ) 2 敬意, 尊敬. (⇒ਆਦਰ, ਸਤਕਾਰ) 3 利益, 儲け. (⇒ਲਾਹਾ, ਲਾਭ)
ਭਾਉਣਾ[1] (भाउणा) /pǎuṇā パーウナー/ [Skt. भाव] vi. 1 愛される, 好かれる. 2 望まれる. 3 心に訴える.
ਭਾਉਣਾ[2] (भाउणा) /pǎuṇā パーウナー/ ▸ਭਾਵਨਾ f. → ਭਾਵਨਾ
ਭਾਉਣੀ (भाउणी) /pǎuṇī パーウニー/ f. 願い, 望み, 願望.
ਭਾਊ (भाऊ) /pǎū パーウー/ m. 〖親族〗兄弟.

ਭਾਅ (भाअ) /pǎa パーア/ ▸ਭਾ, ਭਾਉ *m.* → ਭਾ[1]

ਭਾਈ (भाई) /pǎī パーイー/ [(Pkt. भाई) Skt. भ्रातृ] *m.* **1**〖親族〗兄, 弟, 兄弟. (⇒ਭਰਾ, ਵੀਰ) **2** ਸ੍ਰੀ と同じく, 紳士の名前に添える敬称. **3**〖スィ〗信仰上とりわけ功績のあった偉人の名前に添える敬称.

ਭਾਈਆ (भाईआ) /pǎīā パーイーアー/ *m.* **1**〖親族〗義理の兄弟《姉妹の夫》. **2**〖親族〗兄. **3**〖親族〗父.

ਭਾਈਚਾਰਕ (भाईचारक) /pǎīcāraka̸ パーイーチャーラク/ ▸ਭਾਈਚਾਰਿਕ *adj.* → ਭਾਈਚਾਰਿਕ

ਭਾਈਚਾਰਾ (भाईचारा) /pǎīcārā パーイーチャーラー/ *m.* **1** 兄弟関係, 兄弟の間柄. **2** 友愛, 同胞愛. **3** 親戚関係. **4** 親しい交際仲間. **5** 共同体.

ਭਾਈਚਾਰਿਕ (भाईचारिक) /pǎīcārika̸ パーイーチャーリク/ ▸ਭਾਈਚਾਰਕ *adj.* **1** 兄弟関係の. **2** 同胞の, 同族の. **3** 親しい交際仲間の. **4** 共同体の, 社会の.

ਭਾਈਬੰਦ (भाईबंद) /pǎībanda̸ パーイーバンド/ [Skt. भ्रातृ + Skt. बन्धु] *m.* **1** 兄弟. **2** 親戚, 親族, 親類縁者. **3** 同胞, 同族. **4** 兄弟分, 仲間.

ਭਾਈਬੰਦੀ (भाईबंदी) /pǎībandī パーイーバンディー/ [-ਈ] *f.* **1** 兄弟関係. **2** 交友関係, 交際, 付き合い. **3** 偏愛. **4** 身内びいき.

ਭਾਈਵਾਲ (भाईवाल) /pǎīwāla̸ パーイーワール/ ▸ਭਈਵਾਲ, ਭਿਆਲ [Skt. भ्रातृ -पाल] *m.* **1** 協力者. **2** 連帯者. **3** 仲間.

ਭਾਈਵਾਲੀ (भाईवाली) /pǎīwālī パーイーワーリー/ [-ਈ] *f.* **1** 協力. **2** 連帯.

ਭਾਸ਼ (भाश) /pǎśa̸ パーシュ/ [Skt. भाष्य] *m.* **1** 論評, 注解. (⇒ਵਿਆਖਿਆ) **2** 評釈. (⇒ਟੀਕਾ)

ਭਾਸਕਰ (भासकर) /pǎsakara̸ パースカル/ [Skt. भास्कर] *adj.* **1** 輝いている, 輝かしい. **2** きらめく, まばゆい.
— *m.* **1**〖天文〗太陽. (⇒ਸੂਰਜ) **2** 火. (⇒ਅੱਗ) **3** 金. (⇒ਸੋਨਾ, ਸਵਰਨ) **4** 勇者. (⇒ਵੀਰ)

ਭਾਸ਼ਣ (भाशण) /pǎśaṇa̸ パーシャン/ ▸ਭਾਸ਼ਨ [Skt. भाषण] *m.* **1** 演説, スピーチ, 式辞. (⇒ਤਕਰੀਰ) **2** 講義, 講演. (⇒ਲੈਕਚਰ) **3** 説教, 説論. **4** 話すこと, 発言, 談話, 会話.

ਭਾਸ਼ਣ-ਕਲਾ (भाशण-कला) /pǎśaṇa-kalā パーシャン・カラー/ [+ Skt. कला] *f.* **1** 演説法. **2** 雄弁術.

ਭਾਸ਼ਣਕਾਰ (भाशणकार) /pǎśaṇakāra̸ パーシャンカール/ [Skt.-कार] *m.* **1** 演説者. **2** 式辞を述べる人. **3** スピーチをする人. **4** 講演者.

ਭਾਸ਼ਣਕਾਰੀ (भाशणकारी) /pǎśaṇakārī パーシャンカーリー/ [Skt.-कारिता] *f.* **1** 演説法. **2** 雄弁術.

ਭਾਸਣਾ (भासणा) /pǎsaṇā パーサナー/ *vi.* **1** 見える, 見受けられる. (⇒ਦਿਸਣਾ, ਜਾਪਣਾ) **2** 思われる, 感じられる. (⇒ਲੱਗਣਾ)

ਭਾਸ਼ਨ (भाशन) /pǎśana̸ パーシャン/ ▸ਭਾਸ਼ਣ *m.* → ਭਾਸ਼ਣ

ਭਾਸ਼ਾ (भाशा) /pǎśā パーシャー/ ▸ਭਾਖਾ, ਭਾਖਿਆ [Skt. भाषा] *f.* **1** 言葉, 発言. **2** 言語. (⇒ਜ਼ਬਾਨ) **3**〖言〗混成語, 特有語. **4** 話し言葉, 話し方, 言葉遣い.

ਭਾਸ਼ਾਈ (भाशाई) /pǎśāī パーシャーイー/ ▸ਭਾਸ਼ਾਵੀ, ਭਾਖਾਈ [-ਈ] *adj.* **1** 言語の, 言語上の, 言語的な. **2** 言語に関する, 言語関係の. (⇒ਭਾਸ਼ਾ ਸੰਬੰਧੀ) **3** 言語学の.

ਭਾਸ਼ਾਂਤਰ (भाशाँतर) /pǎśā̃tara̸ パーシャーンタル/ [Skt. भाषा + Skt. अंतर] *m.* 翻訳.

ਭਾਸ਼ਾ ਵਿਗਿਆਨ (भाशा विगिआन) /pǎśā vigiāna̸ パーシャー ヴィギアーン/ [Skt. भाषा + Skt. विज्ञान] *m.* 言語学.

ਭਾਸ਼ਾ ਵਿਗਿਆਨਕ (भाशा विगिआनक) /pǎśā vigiānaka̸ パーシャー ヴィギアーナク/ [Skt. भाषा + Skt. वैज्ञानिक] *adj.* 言語学の.

ਭਾਸ਼ਾ ਵਿਗਿਆਨੀ (भाशा विगिआनी) /pǎśā vigiānī パーシャー ヴィギアーニー/ [Skt. भाषा + Skt. विज्ञानिन्] *adj.* 言語学者.

ਭਾਸ਼ਾਵੀ (भाशावी) /pǎśāwī パーシャーウィー/ ▸ਭਾਸ਼ਾਈ, ਭਾਖਾਈ *adj.* → ਭਾਸ਼ਾਈ

ਭਾਹ (भाह) /pǎ パー/ ▸ਭਾ *f.* → ਭਾ[4]

ਭਾਖਣਾ (भाखणा) /pǎk^{h}aṇā パークナー/ [Skt. भाषण] *vt.* **1** 言う, 話す. (⇒ਬੋਲਣਾ, ਕਹਿਣਾ, ਆਖਣਾ) **2** 見分ける, (誰それと)分かる. (⇒ਪਛਾਣਨਾ)

ਭਾਖਾ (भाखा) /pǎk^{h}ā パーカー/ ▸ਭਾਸ਼ਾ, ਭਾਖਿਆ *f.* → ਭਾਸ਼ਾ

ਭਾਖਾਈ (भाखाई) /pǎk^{h}āī パーカーイー/ ▸ਭਾਸ਼ਾਈ, ਭਾਸ਼ਾਵੀ *adj.* → ਭਾਸ਼ਾਈ

ਭਾਖਿਆ (भाखिआ) /pǎk^{h}iā パーキアー/ ▸ਭਾਸ਼ਾ, ਭਾਖਾ *f.* → ਭਾਸ਼ਾ

ਭਾਗ[1] (भाग) /pǎga̸ パーグ/ [Skt. भाग] *m.* **1** 一部, 部分. (⇒ਹਿੱਸਾ, ਅੰਗ) **2** 断片. **3**(書物の)章, 巻. **4** 分割. (⇒ਵੰਡ, ਬਟਵਾਰਾ) ❐ਭਾਗ ਦੇਣਾ 分割する. 分ける. **5** 配分, 割り当て, 分担. **6** 参加. ❐ਭਾਗ ਲੈਣਾ 参加する, 加わる. ❐ਇਹ ਟੀਮ ਗੇਮਜ਼ ਫ਼ਾਰ ਚਿਲਡਰਨ ਆਫ਼ ਏਸ਼ੀਆ ਵਿੱਚ ਭਾਗ ਲੈਣ ਲਈ ਰੂਸ ਗਈ ਹੈ। このチームはアジア児童競技会に参加するためロシアに行っています. **7** 関与.

ਭਾਗ[2] (भाग) /pǎga̸ パーグ/ [Skt. भाग्य] *m.* **1** 運, 運命, 運勢. (⇒ਕਿਸਮਤ, ਨਸੀਬ) **2** 幸運. (⇒ਖ਼ੁਸ਼ਕਿਸਮਤੀ)

ਭਾਗਸ਼ਾਲੀ (भागशाली) /pǎgaśālī パーグシャーリー/ [Skt. भाग्यशालिन्] *adj.* 運に恵まれた, 幸運な. (⇒ਖ਼ੁਸ਼ਕਿਸਮਤ, ਭਾਗਵਾਨ)

ਭਾਗਹੀਣ (भागहीण) /pǎgahīṇa̸ パーグヒーン/ [Skt. भाग्य Skt.-हीन] *adj.* 運のない, 不運な.

ਭਾਗਫਲ (भागफल) /pǎgap^{h}ala̸ パーグパル/ [Skt. भागफल] *m.*〖数学〗商, 割り算の答え.

ਭਾਗਵਾਦ (भागवाद) /pǎgawāda̸ パーグワード/ [Skt. भाग्य Skt.-वाद] *m.* 運命論, 宿命論, 宿命の甘受.

ਭਾਗਵਾਦੀ (भागवादी) /pǎgawādī パーグワーディー/ [Skt.-वादिन्] *adj.* 運命論の, 運命に甘んじる, 宿命に逆らわない.
— *m.* 運命論者, 宿命論者, 宿命に逆らわない人.

ਭਾਗਵਾਨ (भागवान) /pǎgawāna̸ パーグワーン/ [Skt.-वान्] *adj.* 運に恵まれた, 幸運な. (⇒ਖ਼ੁਸ਼ਕਿਸਮਤ, ਭਾਗਸ਼ਾਲੀ)

ਭਾਂਗਾ (भाँगा) /pǎ̃gā パーンガー/ [Skt. भंग] *m.* **1** 損失. (⇒ਨੁਕਸਾਨ) ❐ਭਾਂਗਾ ਪੂਰਾ ਕਰਨਾ 損失を補う, 損失を埋め合わせる. **2** 不足, 不足額. (⇒ਘਾਟਾ, ਕਸਰ) **3** 欠陥, 欠点. (⇒ਵਿਘਨ) **4** 復讐, 報復, 仕返し. (⇒ਬਦਲਾ) ❐ਭਾਂਗਾ ਲੈਣਾ 復讐する, 報復する, 仕返しをする.

ਭਾਗੀ[1] (भागी) /pǎgī パーギー/ [Skt. भागिन्] *m.* **1** 共有

者, 共同経営者. (⇒ਹਿੱਸੇਦਾਰ) **2** 相棒, 仲間, 連れ. (⇒ਸਾਂਝੀ) **3** 資格を持つ者.

ਭਾਗੀ[2] (भागी) /pǎgī パーギー/ [Skt. भाग्य -ई] *adj.* **1** 運に恵まれた, 幸運な. (⇒ਖ਼ੁਸ਼ਕਿਸਮਤ, ਭਾਗਸ਼ਾਲੀ, ਭਾਗਵਾਨ) **2** 運命づけられた.

ਭਾਂਜ (भाँज) /pǎ̃ja パーンジ/ *f.* **1** 敗走. **2** 総崩れ. **3** 敗北. (⇒ਸ਼ਿਕਸਤ, ਹਾਰ)

ਭਾਜਨ (भाजन) /pǎjana パージャン/ [Skt. भाजन] *m.* **1** 器, 容器, 入れ物. (⇒ਪਾਤਰ) **2** …に値する人. **3** 分割, 等分. **4**〖数学〗割り算, 除法.

ਭਾਜੜ (भाजड़) /pǎjaṛa パージャル/ *f.* **1** 脱出. **2** 緊急移住. **3** 敗走. **4** 大潰走.

ਭਾਂਜੀ (भाँजी) /pǎ̃jī パーンジー/ *f.* 妨げ, 妨害.

ਭਾਜੀ (भाजी) /pǎjī パージー/ [Skt. भुर्जित] *f.*〖料理〗野菜料理. (⇒ਸਬਜ਼ੀ, ਤਰਕਾਰੀ)

ਭਾਟੜਾ (भाटड़ा) /pǎṭaṛā パートラー/ *m.*〖姓〗バートラー《占星術を行うブラーフマン(バラモン)の姓の一つ》.

ਭਾਟਾ (भाटा) /pǎṭā パーター/ *m.*〖地理〗引き潮, 下げ潮, 干潮.

ਭਾਟੀਆ (भाटीआ) /pǎṭīā パーティーアー/ *m.*〖姓〗バーティヤー《カッタリー(クシャトリヤ)の姓の一つ》.

ਭਾਂਡਸਾਲ (भाँडसाल) /pǎ̃ḍasāla パーンドサール/ ▸ਭਾਂਡਸਾਲਾ [Skt. भाण्डशाला] *f.* 倉庫, 倉, 蔵, 貯蔵所. . (⇒ਸਟੋਰ, ਗੁਦਾਮ, ਮੋਦੀਖ਼ਾਨਾ)

ਭਾਂਡਸਾਲਾ (भाँडसाला) /pǎ̃ḍasālā パーンドサーラー/ ▸ਭਾਂਡਸਾਲ *f.* → ਭਾਂਡਸਾਲ

ਭਾਂਡਾ (भाँडा) /pǎ̃ḍā パーンダー/ [Skt. भाण्ड] *m.* **1** 食器, 食器類. (⇒ਬਰਤਨ) **2** 入れ物, 容器. **3** 壺. **4**〖調〗調理用の容器《鍋, 釜など》.

ਭਾਣ[1] (भाण) /pǎṇa パーン/ *f.* **1** 疲れ, 疲労, 疲弊. **2** 筋肉痛. **3** 激しい活動による身体の痛み.

ਭਾਣ[2] (भाण) /pǎṇa パーン/ *f.* **1** 折り目. **2** 皺.

ਭਾਣਜ ਜਵਾਈ (भाणज जवाई) /pǎṇaja jawāī パーナジ ジャワーイー/ *m.*〖親族〗姉妹の娘の夫.

ਭਾਣਜਾ (भाणजा) /pǎṇajā パーンジャー/ *m.*〖親族〗甥《姉妹の息子》.

ਭਾਣਜੀ (भाणजी) /pǎṇajī パーンジー/ *f.*〖親族〗姪《姉妹の娘》.

ਭਾਣਾ (भाणा) /pǎṇā パーナー/ [Skt. भावना] *m.* **1** 神の意志. (⇒ਰੱਬੀ ਹੁਕਮ, ਰੱਬੀ ਰਜ਼ਾ) **2** 天命. **3** 運, 運命. (⇒ਕਿਸਮਤ, ਨਸੀਬ) **4** 願い, 願望. (⇒ਇੱਛਾ, ਚਾਹ)

ਭਾਂਤ (भाँत) /pǎ̃ta パーント/ [Skt. भक्ति] *f.* **1** 種類, 部類. **2** 多様性. ❐ਭਾਂਤ ਭਾਂਤ ਦਾ 多様な. **3** 形式, 様式. **4** 方式, 方法.

ਭਾਤ (भात) /pǎta パート/ ▸ਭੱਤ *m.* → ਭੱਤ

ਭਾਦਰੋਂ (भादरों) /pǎdarõ パーダローン/ ▸ਭਾਦੋਂ *m.* → ਭਾਦੋਂ

ਭਾਦੋਂ (भादों) /pǎdõ パードーン/ ▸ਭਾਦਰੋਂ [Skt. भाद्रपद] *m.*〖暦〗パードーン(バードラパダ)月《インド暦第6月・西洋暦8～9月》.

ਭਾਨ[1] (भान) /pǎna パーン/ *m.*〖貨幣〗小銭, 釣り銭, お釣り. (⇒ਰੇਜ਼ਗਾਰੀ)

ਭਾਨ[2] (भान) /pǎna パーン/ [Skt. भानु] *m.*〖天文〗太陽. (⇒ਸੂਰਜ)

ਭਾਨਮਤੀ (भानमती) /pǎnamatī パーンマティー/ *f.* 女の魔法使い.

ਭਾਨੀ (भानी) /pǎnī パーニー/ *f.* **1** 妨害. **2** 陰口.

ਭਾਪ (भाप) /pǎpa パープ/ ▸ਭਾਫ *f.* → ਭਾਫ

ਭਾਪਣ (भापण) /pǎpaṇa パーパン/ [Skt. भ्रातृ + ਪਾ -ਣ] *f.* **1** パンジャーブの北西部〔主にラーワルピンディー以西〕の地域の女性や夫人に対する呼称. **2** パンジャーブの北西部地域出身のスィック教徒の商人階層の男性の妻.

ਭਾਂਪਣਾ (भाँपणा) /pǎ̃paṇā パーンパナー/ [Skt. भाप्यते] *vi.vt.* **1** 推察する, 推量する, 推測する. **2** 察知する, 予知する. **3** 感じる, 感知する, 見て取る, 見抜く.

ਭਾਪਾ (भापा) /pǎpā パーパー/ [Skt. भ्रातृ + ਪਾ] *m.* **1**〖親族〗兄, お兄さん. (⇒ਵੱਡਾ ਭਰਾ) **2**〖親族〗父, お父さん. (⇒ਪਿਓ, ਪਿਤਾ) **3** パンジャーブの北西部〔主にラーワルピンディー以西〕の地域の男性に対する呼称. **4** パンジャーブの北西部地域出身のスィック教徒の商人階層の男性.

ਭਾਫ (भाफ) /pǎpʰa パープ/ ▸ਭਾਪ [(Pkt. वष) Skt. वाष्प] *f.* **1** 蒸気, 水蒸気, スチーム. (⇒ਸਟੀਮ) **2** 湯気. **3**〖比喩〗鬱積した感情.

ਭਾਫ-ਇੰਜਣ (भाफ-इंजण) /pǎpʰa-iñjaṇa パープ・インジャン/ [+ Eng. *engine*] *m.* **1** 蒸気機関. **2**〖乗物〗蒸気機関車.

ਭਾਂਬੜ (भाँबड़) /pǎ̃baṛa パーンバル/ *m.* 高く燃え上がる炎.

ਭਾਬੜਾ (भाबड़ा) /pǎbaṛā パーブラー/ *m.*〖姓〗バーブラー《ジャイナ教徒の一種姓》.

ਭਾਬੀ (भाबी) /pǎbī パービー/ ▸ਭਾਬੋ [Skt. भ्रातृ + ਬੀ] *f.* **1**〖親族〗兄嫁, 義理の姉. (⇒ਭਰਜਾਈ) **2** (親しい友人の)奥さん. **3**〖親族〗お母さん.

ਭਾਬੋ (भाबो) /pǎbo パーボー/ ▸ਭਾਬੀ *f.* → ਭਾਬੀ

ਭਾਰ (भार) /pǎra パール/ [Skt. भार] *m.* **1** 重さ, 重量, 体重. (⇒ਵਜ਼ਨ) **2** 重み, 重要性. **3** 重荷. (⇒ਬੋਝ, ਲੱਦ) ❐ਭਾਰ ਉਠਾਉਣਾ, ਭਾਰ ਚੁੱਕਣਾ 重荷を持ち上げる, 重量挙げ. ❐ਭਾਰ ਉੱਤਰਨਾ 重荷が降ろされる. **4** 重圧. **5** 荷物, 積荷. ❐ਭਾਰ ਲੱਦਣਾ 荷物を積む. **6**〖比喩〗責任, 責務, 義務. (⇒ਜ਼ੁੰਮੇਵਾਰੀ) ❐ਭਾਰ ਉਠਾਉਣਾ, ਭਾਰ ਚੁੱਕਣਾ 責任を負う. ❐ਭਾਰ ਉੱਤਰਨਾ 責任から解放される. ❐ਭਾਰ ਵੰਡਣਾ, ਭਾਰ ਵੰਡਾਉਣਾ 責任を分担する. ❐ਭਾਰ ਲਾਹੁਣਾ 義務を果たす. **7**〖比喩〗負担, 辛いこと, 苦痛を与えるもの.

ਭਾਰਤ (भारत) /pǎrata パーラト/ [Skt. भारत] *m.* **1**〖国名〗インド(共和国), 印度. (⇒ਇੰਡੀਆ) **2** バラタ〔バラタ族の祖〕の末裔.

ਭਾਰਤਵਰਸ਼ (भारतवरश) /pǎratawaraśa パーラトワルシュ/ [Skt. भारतवर्ष] *m.* **1**〖国名〗インド, インド国. **2** インド亜大陸を指す呼称. **3** バラタ族の統治領.

ਭਾਰਤਵਾਸੀ (भारतवासी) /pǎratawāsī パーラトワースィー/ [Skt. भारत + Skt. वासिन्] *m.* **1** インドの住民, インド国民. **2** インドの出身者.

ਭਾਰਤੀ[1] (भारती) /pǎratī パールティー/ [Skt. भारती] *f.* **1** 音声, 言葉, 弁舌. (⇒ਬਚਨ, ਬਾਣੀ) **2**〖ヒ〗バーラティー《サラスヴァティー女神の異名の一つ》. (⇒ਸਰਸਵਤੀ)

ਭਾਰਤੀ[2] (भारती) /pǎratī パールティー/ ▸ਭਾਰਤੀਅ [Skt.

भारतीय] *adj.* インドの.
— *m.* インド人, インドの民, インド国民.
ਭਾਰਤੀਅ (भारतीअ) /pǎr̥atīa パールティーア/ ▸ਭਾਰਤੀ *adj.m.* → ਭਾਰਤੀ²
ਭਾਰਤੀਅਤਾ (भारतीअता) /pǎr̥atīatā パールティーアター/ [Skt. भारतीय Skt.-ता] *f.* インドの特質, インド的なもの, インドらしさ.
ਭਾਰਾ (भारा) /pǎrā パーラー/ [Skt. भार] *adj.* **1** 重い, 重量のある. (⇒ਵਜ਼ਨੀ) **2** どっしりした, 太った. **3** 耐え難い. (⇒ਔਖਾ) **4** 消化しにくい.
ਭਾਰਾਪਣ (भारापण) /pǎrāpaṇa̧ パーラーパン/ [-ਪਣ] *m.* **1** 重いこと, 重さ, 重み. **2** どっしりしていること.
ਭਾਲ¹ (भाल) /pǎla̧ パール/ [cf. ਭਾਲਣਾ] *f.* **1** 注視, 注意深く見ること. **2** 探索, 探求, 捜索. (⇒ਢੂੰਡ, ਤਲਾਸ਼) **3** 探検. **4** 覗き見, 期待. (⇒ਝਾਕ, ਆਸ)
ਭਾਲ² (भाल) /pǎla̧ パール/ [Skt. भाल] *m.* 〚身体〛 額, おでこ, 前頭部. (⇒ਮੱਥਾ)
ਭਾਲਣਾ (भालणा) /pǎla̧ṇā パールナー/ ▸ਭਾਲਨਾ *vt.* → ਭਾਲਨਾ
ਭਾਲਨਾ (भालना) /pǎla̧nā パールナー/ ▸ਭਾਲਣਾ [Skt. भालयते] *vt.* **1** 見る, 注視する, 注意深く見る. **2** 探す, 捜す, 見つける, 探索する. (⇒ਟੋਲ੍ਹਨਾ) **3** 追跡する. **4** 探検する, 踏査する.
ਭਾਲਾ (भाला) /pǎlā パーラー/ [(Pkt. भल्ली) Skt. भल्ल] *m.* 〚武〛 槍, 投げ槍. (⇒ਬਰਛਾ, ਨੇਜ਼ਾ)
ਭਾਲੂ (भालू) /pǎlū パールー/ ▸ਬਾਲੂ [Skt. भालुक] *m.* 〚動物〛 クマ, 熊. (⇒ਰਿੱਛ)
ਭਾਵ (भाव) /pǎva̧ パーヴ/ [Skt. भाव] *m.* **1** 存在. **2** 意味. (⇒ਅਰਥ, ਮਤਲਬ) **3** 含意, 含蓄. **4** 意図, 意向. **5** 目的. **6** 様子, 状態. **7** 考え, 観念, 概念. (⇒ਖ਼ਿਆਲ) **8** 気持ち, 感情, 情緒, 気分. **9** 愛, 愛情. (⇒ਪਰੇਮ) **10** 信愛, 熱愛. (⇒ਸ਼ਰਧਾ)
ਭਾਵਕ (भावक) /pǎvaka̧ パーヴァク/ [Skt. भावुक] *adj.* **1** 感じやすい, 感受性の強い. **2** 感傷的な. **3** 情緒的な, 涙もろい.
ਭਾਵਕਤਾ (भावकता) /pǎvaka̧tā パーヴァクター/ [Skt.-ता] *f.* **1** 感じやすさ, 感受性. **2** 感傷. **3** 情緒的なこと, 涙もろさ, 多情多感.
ਭਾਵ-ਚਿੱਤਰ (भाव-चित्तर) /pǎva̧-cittara̧ パーヴ・チッタル/ [Skt. भाव + Skt. चित्र] *m.* **1** 〚文字〛 表意文字. **2** 〚符号〛 表意記号.
ਭਾਵਨਾ (भावना) /pǎva̧nā パーヴナー/ ▸ਭਾਉਣਾ [Skt. भावना] *f.* **1** 気持ち, 感情. **2** 情緒, 情念. **3** 気分. **4** 意識. **5** 精神. **6** 願い, 願望. (⇒ਇੱਛਿਆ, ਚਾਹ)
ਭਾਵਨਾਤਮਕ (भावनातमक) /pǎva̧nāta̧maka̧ パーヴナートマク/ [Skt.-आत्मक] *adj.* 感情的な, 情緒的な.
ਭਾਵਨਾਤਮਕਤਾ (भावनातमकता) /pǎva̧nāta̧maka̧tā パーヴナートマクター/ [Skt.-ता] *f.* 情緒的なこと.
ਭਾਵਵਾਚਕ (भाववाचक) /pǎva̧wācaka̧ パーヴワーチャク/ [Skt. भाववाचक] *adj.* **1** 感情を反映する. **2** 思いを表現する.
— *m.* 〚言〛 抽象名詞. (⇒ਭਾਵਵਾਚਕ ਨਾਂਵ)
ਭਾਵਵਾਚਕ ਨਾਂਵ (भाववाचक नाँव) /pǎva̧wācaka̧ nãwa̧ パーヴワーチャク ナーンウ/ [+ Skt. नामन्] *m.* 〚言〛 抽象名詞.
ਭਾਵੀ (भावी) /pǎwī パーウィー/ [Skt. भाविन्] *adj.* **1** 未来の. **2** 予想される. (⇒ਹੋਣਹਾਰ)
— *f.* 運命.
ਭਾਵੇਂ (भावें) /pǎwẽ パーウェーン/ *conj.* **1** たとえ…でも, たとえ…しようとも. (⇒ਚਾਹੇ) ❐ਬਲਦ ਸਾਡੀ ਬੋਲੀ ਭਾਵੇਂ ਨਹੀਂ ਸਨ ਸਮਝ ਸਕਦੇ, ਪਰ ਬੋਲ ਪਛਾਣ ਜਾਂਦੇ ਸਨ। 牡牛は私たちの言葉をたとえ理解できなくても, 言っていることは分かっていました. **2**《 ਭਾਵੇਂ … ਭਾਵੇਂ …の形式で》…であろうと…であろうと, …にしても…にしても. ❐ਭਾਵੇਂ ਜਾ ਭਾਵੇਂ ਨਾ ਜਾ 行くにしても行かないにしても. ❐ਭਾਵੇਂ ਰਹੋ ਭਾਵੇਂ ਜਾਓ, ਤੁਹਾਡੀ ਮਰਜ਼ੀ ਹੈ। 残ろうと行こうと, あなたの勝手です. **3**…ではあるが. **4** にもかかわらず, しかし.
— *adv.* **1** 多分. **2** 恐らく.
ਭਾੜਾ (भाड़ा) /pǎṛā パーラー/ [Skt. भाट] *m.* **1** 料金. (⇒ਕਿਰਾਇਆ) **2** 使用料, 賃貸料. **3** 運賃.
ਭਿਓਣਾ (भिओणा) /piǒṇā ピオーナー/ *vt.* **1** 湿らす. **2** 濡らす. **3** 浸す.
ਭਿਅੰਕਰ (भिअंकर) /piǎṅkara̧ ピアンカル/ [Skt. भयंकर] *adj.* 恐ろしい, 怖い. (⇒ਖ਼ੌਫ਼ਨਾਕ, ਡਰਾਉਣਾ, ਭਿਆਨਕ)
ਭਿਆਣਕ (भिआणक) /piǎṇaka̧ ピアーナク/ ▸ਭਿਆਨਕ *adj.* → ਭਿਆਨਕ
ਭਿਆਣਾ (भिआणा) /piǎṇā ピアーナー/ *adj.* おびえた, 恐れをなした.
ਭਿਆਨਕ (भिआनक) /piǎnaka̧ ピアーナク/ ▸ਭਿਆਣਕ [Skt. भयानक] *adj.* **1** 恐ろしい, 怖い, 危険な. (⇒ਖ਼ੌਫ਼ਨਾਕ, ਡਰਾਉਣਾ, ਭਿਅੰਕਰ) **2** 荒れ果てた.
ਭਿਆਲ (भिआल) /piǎla̧ ピアール/ ▸ਭਈਵਾਲ, ਭਾਈਵਾਲ *m.* → ਭਾਈਵਾਲ
ਭਿਆਲੀ (भिआली) /piǎlī ピアーリー/ *f.* 交友, 協力, 提携. (⇒ਸ਼ਰੀਕਾ)
ਭਿਸ਼ਤ (भिशत) /pǐśata̧ ピシュト/ ▸ਬਹਿਸ਼ਤ *f.* → ਬਹਿਸ਼ਤ
ਭਿਕਸ਼ੂ (भिकशू) /pǐkaśū ピクシュー/ ▸ਭਿਖਸ਼ੂ [Skt. भिक्षु] *m.* **1** 乞食, 物乞い. (⇒ਮੰਗਤਾ) **2** 施し物で生きている聖者, 托鉢行者. **3** 〚仏〛 仏教修行僧. (⇒ਬੋਧੀ ਸਾਧ)
ਭਿੱਖ (भिक्ख) /pǐkkʰa̧ ピック/ ▸ਭਿਖਿਆ [Skt. भिक्षा] *f.* **1** 物乞い, 施しを乞うこと, 托鉢. **2** 施し物, 施された食べ物.
ਭਿਖਸ਼ੂ (भिखशू) /pǐkʰaśū ピクシュー/ ▸ਭਿਕਸ਼ੂ *m.* → ਭਿਕਸ਼ੂ
ਭਿੱਖ-ਮੰਗਾ (भिक्ख-मंगा) /pǐkkʰa̧-maṅgā ピック・マンガー/ *m.* **1** 乞食, 物乞い. **2** 托鉢行者.
ਭਿਖਾਰਨ (भिखारन) /pikʰǎrana̧ ピカーラン/ *f.* **1** 女の乞食, 女の物乞い. **2** 女性の托鉢行者.
ਭਿਖਾਰੀ (भिखारी) /pikʰǎrī ピカーリー/ *m.* **1** 乞食. **2** 托鉢行者.
ਭਿਖਿਆ (भिखिआ) /pǐkʰiā ピキアー/ ▸ਭਿੱਖ *f.* → ਭਿੱਖ
ਭਿੱਜਣਾ (भिज्जणा) /pǐjjaṇā ピッジャナー/ [Skt. भ्यञ्जति] *vi.* **1** 濡れる. (⇒ਗਿੱਲਾ ਹੋਣਾ) ❐ਉਸ ਨੇ ਉਸ ਬਾਗ਼ ਦੀ ਸ਼ਹੀਦਾਂ ਦੇ ਲਹੂ ਨਾਲ ਭਿੱਜੀ ਮਿੱਟੀ ਇੱਕ ਸ਼ੀਸ਼ੀ ਵਿੱਚ ਪਾ ਲਈ। 彼はその庭園で殺された殉難者たちの血で濡れた土を一つのガラス瓶の中に入れました. **2** びしょ濡れになる. **3**(怒りや悲しみなどの感情が) 和らぐ. ❐ਦਿਲ ਭਿੱਜਣਾ 心が和らぐ.

ਭਿਜਵਾਉਣਾ (भिजवाउणा) /pijawǎuṇā ピジワーウナー/ ▸ ਭਿਜਾਉਣਾ [cf. ਭੇਜਣਾ] *vt.* **1** 送らせる, 送ってもらう. **2**(人を介して)行かせる, 派遣させる.

ਭਿਜਵਾਈ (भिजवाई) /pijawǎī ピジワーイー/ [cf. ਭੇਜਣਾ] *f.* **1** 送ってもらうこと. **2** 送料.

ਭਿੱਜੜ (भिज्जड़) /pǐjjaṛa ピッジャル/ [cf. ਭਿੱਜਣਾ] *adj.* **1** 水浸しの. **2** 雨に濡れた.

ਭਿਜਾਉਣਾ (भिजाउणा) /pijǎuṇā ピジャーウナー/ ▸ ਭਿਜਵਾਉਣਾ *vt.* → ਭਿਜਵਾਉਣਾ

ਭਿਟ (भिट) /pǐṭa ピト/ ▸ਭਿੱਟ *f.* → ਭਿੱਟ

ਭਿੱਟ (भिट्ट) /pǐṭṭa ピット/ ▸ਭਿਟ [Skt. भ्रष्ट] *f.* **1** 接触, 交際, 付き合い, 関わり合い. **2** 触れて穢れるという観念, 交際によって不浄になるという観念. **3** 穢れ **4** 不可触性. (⇒ਛੂਤਛਾਤ) **5** 不浄. **6** 汚染.

ਭਿੱਟਣਾ (भिट्टणा) /pǐṭṭaṇā ピッタナー/ [Skt. भ्रष्ट] *vi.* **1** 触れるようになる, 接触するようになる. **2** 近しい関係になる, 交じり合う, 交際する, 付き合う. (⇒ਨੇੜੇ ਹੋਣਾ, ਮਿਲਣਾ) **3** 触れて穢れる, 交際によって不浄になる. **4** 穢れる. **5** 汚れる, 汚染される.

— *vt.* **1** さわる, 触れる, 接触する. (⇒ਛੂਹਣਾ) **2** 触れて穢す, 交際によって不浄にする. **3** 穢す. **4** 汚す, 汚染する.

ਭਿਟਾਉਣਾ (भिटाउणा) /piṭǎuṇā ピターウナー/ [cf. ਭਿੱਟਣਾ] *vt.* **1** 接触させる, 交際させる. **2** 触れて穢させる, 交際によって不浄なものにさせる. (⇒ਛੋਹ ਨਾਲ ਅਪਵਿੱਤਰ ਕਰਾਉਣਾ) **3** 穢させる. **4** 汚させる, 汚染させる.

ਭਿੰਡੀ (भिंडी) /pǐṇḍī ピンディー/ [Skt. भिण्डा] *f.* 〖植物〗 オクラ, オカレンコン(陸蓮根)《アオイ科トロロアオイ属の野菜》, オクラの実.

ਭਿਣਕ (भिणक) /pǐṇaka | pǐṇaka ピナク | ピンク/ ▸ ਭਿਣਖ, ਭਿਣਕਾਰ, ਭਿਣਭਿਣ *f.* **1** 〖擬声語〗 ブンブン《蝿などが立てる音》. **2** 噂, 情報. (⇒ਅਵਾਈ, ਖ਼ਬਰ)

ਭਿਣਕਣਾ (भिणकणा) /pǐṇakaṇā ピンカナー/ *vi.* (蝿などが)ブンブン音を立てる, ブンブン飛び回る. ❐ਜੇ ਰਸੋਈ ਗੰਦੀ ਹੋਵੇ ਤਾਂ ਮੱਖੀਆਂ ਭਿਣਕਣਗੀਆਂ। 台所が汚いと蝿がブンブン飛び回るでしょう.

ਭਿਣਕਾਰ (भिणकार) /pǐṇakāra ピンカール/ ▸ਭਿਣਕ, ਭਿਣਖ, ਭਿਣਭਿਣ *f.* → ਭਿਣਕ

ਭਿਣਖ (भिणख) /pǐṇakʰa | pǐṇakʰa ピナク | ピンク/ ▸ ਭਿਣਕ, ਭਿਣਕਾਰ, ਭਿਣਭਿਣ *f.* → ਭਿਣਕ

ਭਿਣਭਿਣ (भिणभिण) /pǐṇapǐṇa ピンピン/ ▸ਭਿਣਕ, ਭਿਣਖ, ਭਿਣਕਾਰ *f.* 〖擬声語〗 ブンブン《蝿などが立てる音》. ❐ ਭਿਣਭਿਣ ਕਰਨਾ ブンブン音を立てる. ❐ਮੱਖੀਆਂ ਭਿਣਭਿਣ ਕਰਨ ਲੱਗੀਆਂ। 蝿がブンブン音を立て始めました.

ਭਿਣਭਿਣਾਹਟ (भिणभिणाहट) /pǐṇapǐṇâṭa ピンピナート/ *f.* **1** 蝿などが立てるブンブンという音. **2** 噂, 情報. (⇒ਅਵਾਈ, ਖ਼ਬਰ)

ਭਿੱਤ[1] (भित्त) /pǐtta ピット/ [Skt. भित्त] *f.* **1** 〖建築〗 戸, ドア. (⇒ਦਰਵਾਜ਼ਾ, ਬੂਹਾ, ਕਿਵਾੜ) **2** 割れ目. **3** 覗き穴.

ਭਿੱਤ[2] (भित्त) /pǐtta ピット/ ▸ਭੀਤ [Skt. भित्ति] *f.* 〖建築〗 壁.

ਭਿੱਤੀ (भित्ती) /pǐttī ピッティー/ *f.* 餌.

ਭਿੰਨ (भिंन) /pǐnna ピンヌ/ [Skt. भिन्न] *adj.* **1** 分かれた, 別々の, 別個の. (⇒ਵੱਖਰਾ, ਅਲੱਗ) **2** 異なった, 違った. **3** 他の. (⇒ਹੋਰ ਕੋਈ) **4** 無関係な.

— *m.* **1** 分離, 分割. **2** 〖数学〗 分数, 小数, 端数.

ਭਿੰਨਤਾ (भिंनता) /pǐnnatā ピンナター/ [Skt.-ता] *f.* **1** 相違, 差異, 個別性. **2** 不一致. **3** 分離.

ਭਿੰਨਾ (भिंना) /pǐnnā ピンナー/ *adj.* 濡れた.

ਭਿਰਾ (भिरा) /pǐrā ピラー/ ▸ਭਰਾਉ, ਭਰਾ, ਭਾ *m.* → ਭਰਾ

ਭਿਲਾਵਾ (भिलावा) /pǐlāwā ピラーワー/ *m.* 〖植物〗 スミウルシノキ《ウルシ科の小木》.

ਭਿੜਨਾ (भिड़ना) /pǐṛanā ピルナー/ [Pkt. भिडइ] *vt.* **1** 組みつく, 取り組む, 対決する. **2** ぶつかる, 衝突する. **3** 立ち向かう, 頑張る. **4** 戦う, 争う, 競う. **5**(ドアが)閉まる.

ਭੀ (भी) /pǐ ピー/ ▸ਬੀ, ਵੀ *adv.* → ਵੀ

ਭੀਸ਼ਣ (भीशण) /pǐśaṇa ピーシャン/ ▸ਭੀਸ਼ਨ *adj.* → ਭੀਸ਼ਨ

ਭੀਸ਼ਨ (भीशन) /pǐśana ピーシャン/ ▸ਭੀਸ਼ਣ [Skt. भीषण] *adj.* **1** 恐るべき, 恐ろしい, 震え上がらせる. **2** ものすごい, 激しい, 猛烈な.

ਭੀਤ (भीत) /pǐta ピート/ ▸ਭਿੱਤ *f.* → ਭਿੱਤ[2]

ਭੀਤਰ (भीतर) /pǐtara ピータル/ [Skt. अभ्यन्तर] *adv.* 中に. (⇒ਅੰਦਰ)

ਭੀਤਰੀ (भीतरी) /pǐtarī ピータリー/ [-ਈ] *adj.* **1** 中の, 内部の, 内側の. (⇒ਅੰਦਰਲਾ) **2** 内密の, 秘密の, 隠された.

ਭੀਮ (भीम) /pǐma ピーム/ [Skt. भीम] *m.* 〖文学〗 ビーマ《マハーバーラタの主人公である五人のパーンダヴァ兄弟の一人》.

ਭੀਮਸੈਨ (भीमसैन) /pǐmasaina ピームサェーン/ [Skt. भीमसेन] *m.* **1** 〖文学〗 ビーマセーナ《ビーマの別名》. **2** 大男, 強力男. **3** 食いしん坊, がつがつ食う人, 大食家, 大食漢. (⇒ਤਾਖੂੰ, ਪੇਟੂ)

ਭੀਮਸੈਨੀ (भीमसैनी) /pǐmasainī ピームサェーニー/ [-ਈ] *adj.* **1** ビーマセーナの. **2** 美味しい, 旨い. (⇒ਸੁਆਦੀ, ਜ਼ਾਇਕੇਦਾਰ, ਮਜ਼ੇਦਾਰ)

ਭੀਲ (भील) /pǐla ピール/ [Skt. भिल्ल] *m.* ビール《インド西部・中部を中心に分布する先住民族》.

ਭੀੜ[1] (भीड़) /pǐṛa ピール/ *f.* **1** 集まり, 群れ, 群集. **2** 群衆, 人混み, 人だかり. **3** 混雑. (⇔ਛੀੜ)

ਭੀੜ[2] (भीड़) /pǐṛa ピール/ ▸ਭੀੜ *f.* **1** 苦しみ, 苦痛, 苦悩. (⇒ਦੁਖ) **2** 困難, 苦難, 苦労, 苦しい状況, 苦境, 逆境. (⇒ਮੁਸੀਬਤ) **3** 危機, 危難.

ਭੀੜਨਾ (भीड़ना) /pǐṛanā ピールナー/ ▸ਬੇੜਨਾ *vt.* → ਬੇੜਨਾ

ਭੀੜ-ਭੜੱਕਾ (भीड़-भड़क्का) /pǐṛa-pǎṛakkā ピール・パラッカー/ *m.* 人出, 人混み, 人だかり, 大混雑.

ਭੀੜ-ਭਾੜ (भीड़-भाड़) /pǐṛa-pǎṛa ピール・パール/ *f.* 人出, 人混み, 人だかり, 大混雑.

ਭੀੜਾ (भीड़ा) /pǐṛā ピーラー/ *adj.* **1** 狭い. **2** きつい. **3** ぴったりした. **4** 窮屈な.

ਭੁ (भु) /pǔ プ/ ▸ਭੂ *pref.* → ਭੂ

ਭੁਆਉਣਾ (भुआउणा) /puǎuṇā プアーウナー/ ▸ਭਵਾਉਣਾ [cf. ਭੌਣਾ] *vt.* **1** 回す, 回転させる. (⇒ਫੇਰਨਾ, ਘੁਮਾਉਣਾ, ਚੱਕਰ ਦੇਣਾ) **2** 戻す, 返す. **3** 歩き回らせる, 散歩に連れて行く. **4**(家畜を)草を食べさせに連れて行く.

ਭੁਆਂਟਣੀ (भुआँटणी) /puǎ̃ṭaṇī プアーンタニー/ ▸ਭਵਾਟਣੀ

[cf. ਭੌਣਾ] *f.* **1** 回る動き. **2** 回転. **3** 回転部.
ਭੁਆਨੀ (भुआनी) /puǎnī プアーニー/ ▸ਭਵਾਨੀ *f.* → ਭਵਾਨੀ
ਭੁਇ (भुइ) /pǔi プイ/ *f.* 土地.
ਭੁਇਅੰਗਮ (भुइअंगम) /pǔiaṅgama プイアンガム/ ▸ਭੁਜੰਗ *m.* → ਭੁਜੰਗ
ਭੁੱਸ (भुस्स) /pǔssa プッス/ [Skt. अभ्यास] *m.* **1** 習慣. (⇒ਆਦਤ, ਵਾਦੀ) **2** 悪い習慣. (⇒ਭੈੜੀ ਆਦਤ) **3** 中毒. **4** 蒼白, 顔色が青白いこと. **5**〖医〗貧血症.
ਭੁੱਸਾ (भुस्सा) /pǔssā プッサー/ *adj.* **1** 青白い. **2** 顔色がさえない. **3** 顔面蒼白の.
— *m.*〖医〗貧血症.
ਭੁਕਣਾ (भुकणा) /pǔkaṇā プカナー/ *vt.* **1** 振りかける, 振り撒く. **2** 撒き散らす, 散布する.
ਭੁਕਵਾਉਣਾ (भुकवाउणा) /pukawǎuṇā プクワーウナー/ ▸ਭੁਕਾਉਣਾ *vt.* **1** 振り掛けさせる, 振り撒かせる. **2** 撒き散らさせる, 散布させる.
ਭੁਕਾਉਣਾ[1] (भुकाउणा) /pukǎuṇā プカーウナー/ ▸ਭੁਕਵਾਉਣਾ *vt.* → ਭੁਕਵਾਉਣਾ
ਭੁਕਾਉਣਾ[2] (भुकाउणा) /pukǎuṇā プカーウナー/ ▸ਭੌਂਕਾਉਣਾ *vt.* → ਭੌਂਕਾਉਣਾ
ਭੁਕਾਈ (भुकाई) /pukǎī プカーイー/ [cf. ਭੌਂਕਣਾ] *f.* **1**(犬が)吠えること. **2**〖比喩〗悩ますこと, 苦労の種.
ਭੁਕਾਨਾ (भुकाना) /pukǎnā プカーナー/ *m.* **1** 風船. **2**〖身体〗膀胱.
ਭੁੱਖ (भुक्ख) /pǔkkʰa プック/ [Skt. बुभुक्षा] *f.* **1**〖生理〗空腹, 飢え. **2** 飢餓. **3** 食欲. (⇒ਖਾਣ ਦੀ ਇੱਛਾ) **4**〖比喩〗渇望, 熱望, 欲望. (⇒ਇੱਛਾ, ਤਰਿਸ਼ਣਾ, ਲਾਲਚ)
ਭੁੱਖ-ਹੜਤਾਲ (भुक्ख-हड़ताल) /pǔkkʰa-haṛatāla プック・ハルタール/ [+ Skt. हट्ट + Skt. तलक] *f.*〖政治〗ハンガー・ストライキ, ハンスト.
ਭੁੱਖਣ-ਭਾਣਾ (भुक्खण-भाणा) /pǔkkʰaṇa-pǎṇā プッカン・パーナー/ ▸ਭੁੱਖਾ-ਭਾਣਾ [+ Skt. भावना] *adj.* **1** ひどく空腹の, 腹ぺこの. **2** 何も食べていない.
ਭੁੱਖ-ਤ੍ਰੇਹ (भुक्ख-त्रेह) /pǔkkʰa-trê (pǔkkʰa-tarê) プック・トレー (プック・タレー)/ ▸ਭੁੱਖ-ਤੇਹ *f.* → ਭੁੱਖ-ਤੇਹ
ਭੁੱਖ-ਤੇਹ (भुक्ख-तेह) /pǔkkʰa-tê プック・テー/ ▸ਭੁੱਖ-ਤ੍ਰੇਹ [Skt. बुभुक्षा + Skt. तृषा] *f.*〖生理〗飢えと渇き.
ਭੁੱਖ-ਨੰਗ (भुक्ख-नंग) /pǔkkʰa-naṅga プック・ナング/ *f.* **1** 貧しさ, 貧困. (⇒ਗ਼ਰੀਬੀ) **2** 貧乏, 窮乏. **3** 極貧. **4** 困窮. **5** 不足.
ਭੁੱਖਮਰੀ (भुक्खमरी) /pǔkkʰamarī プックマリー/ *f.* **1** 飢え, 飢餓. **2** 餓死. **3** 飢饉.
ਭੁੱਖੜ (भुक्खड़) /pǔkkʰaṛa プッカル/ [Skt. बुभुक्षा + ੜ] *adj.* **1** ひどく空腹の. **2** がつがつ食う. **3** 食欲な, 欲張りな. **4** しきりに欲しがる.
ਭੁੱਖਾ (भुक्खा) /pǔkkʰā プッカー/ [Skt. बुभुक्षा + ਆ] *adj.* **1** 空腹の, 空腹な. **2** 飢えている, ひもじい. **3** 食欲な, 欲張りな. **4** 強欲な. **5** しきりに欲しがる.
ਭੁੱਖਾ-ਨੰਗਾ (भुक्खा-नंगा) /pǔkkʰā-naṅgā プッカー・ナンガー/ *adj.* **1** 貧しい. **2** 貧乏に打ちひしがれた. **3** 極貧の. **4** 困窮している.
ਭੁੱਖਾ-ਭਾਣਾ (भुक्खा-भाणा) /pǔkkʰā-pǎṇā プッカー・パーナー/ ▸ਭੁੱਖਣ-ਭਾਣਾ *adj.* → ਭੁੱਖਣ-ਭਾਣਾ
ਭੁੰਗ (भुंग) /pǔṅga プング/ [Skt. भुग्न] *m.* 布の皺.
ਭੁਗਤ (भुगत) /pǔgata プガト/ [Skt. भुक्ति] *f.* 享楽, 快楽.
ਭੁਗਤਣਾ (भुगतणा) /pǔgataṇā プガトナー/ [Skt. भुक्ति] *vi.* 終わる, 完了する.
— *vt.* **1** 享楽する, 快楽に耽る. (⇒ਭੋਗਣਾ) **2** 耐える. (⇒ਸਹਿਣਾ) **3**(結果を)引き受ける, 責任を取る, 義務を果たす. **4**(費用を)引き受ける, 負担する. **5**(刑に)服する, 服役する. ❐ਸਜ਼ਾ ਭੁਗਤ ਰਹੇ ਕੈਦੀਆਂ ਵਿੱਚੋਂ ਇਸ ਵੇਲੇ ੯੩ ਫ਼ੀਸਦੀ ਆਦਮੀਆਂ ਦੀ ਹੈ ਤੇ ੭ ਫ਼ੀਸਦੀ ਗਿਣਤੀ ਔਰਤਾਂ ਦੀ ਹੈ। 服役中の受刑者のうち現在93%の人数が男性で7%の人数が女性です.
ਭੁਗਤਾ (भुगता) /pǔgatā プグター/ [Skt. भोक्ता] *m.* **1** 享楽する者, 享受するもの. (⇒ਭੋਗਣ ਵਾਲਾ) **2** 受けるもの, 被る者, 耐える者.
ਭੁਗਤਾਉਣਾ (भुगताउणा) /pugatǎuṇā プグターウナー/ [cf. ਭੁਗਤਣਾ] *vt.* **1** 終わらせる, 終える, 完了させる, 全うする, 満たす. (⇒ਪੂਰਾ ਕਰਨਾ) **2** 実行する, (役目を)果たす. **3** 支払う, 借金を返す, 完済する.
ਭੁਗਤਾਣ (भुगताण) /pǔgatāṇa プグターン/ ▸ਭੁਗਤਾਨ *m.* → ਭੁਗਤਾਨ
ਭੁਗਤਾਨ (भुगतान) /pǔgatāna プグターン/ ▸ਭੁਗਤਾਣ [cf. ਭੁਗਤਣਾ] *m.* **1** 支払い, 完済. **2** 完結, 終了. (⇒ਨਿਪਟਾਰਾ)
ਭੁੱਗਾ (भुग्गा) /pǔggā プッガー/ [Skt. भोग्य] *m.*〖料理〗ブッガー《砂糖とともに胡麻をすり潰した食べ物》.
— *adj.* **1** 虫に食われた. **2** 弱い.
ਭੁਚੱਕਾ (भुचक्का) /pucǎkkā プチャッカー/ ▸ਭਚੱਕਾ *f.* **1** 誤解. **2** 誤った考え. **3** 思い違い. **4** 忘却. **5** 詐欺.
ਭੁੱਚਰ (भुच्चर) /pǔccara プッチャル/ ▸ਭੁੱਚੜ *adj.* **1** 太った, でぶの. **2** 愚かな, 間抜けな.
ਭੁਚਲਾਉਣਾ (भुचलाउणा) /pucalǎuṇā プチラーウナー/ ▸ਭਚੋਲਣਾ *vt.* **1** 甘言でだます, 唆す. **2** 甘言で巻き上げる. **3** 誘い込む.
ਭੁੱਚੜ (भुच्चड़) /pǔccaṛa プッチャル/ ▸ਭੁੱਚਰ *adj.* → ਭੁੱਚਰ
ਭੁਚਾਲ (भुचाल) /pǔcāla プチャール/ ▸ਭੂਚਾਲ [Skt. भू- Skt. चलन] *m.* **1** 地震, 大地の震動. (⇒ਭੂਕੰਪ) ❐ਛੱਬੀ ਜਨਵਰੀ ਵਾਲੇ ਦਿਨ ਅੱਠ ਵੱਜ ਕੇ ਛਿਆਲੀ ਮਿੰਟ ਉੱਤੇ ਗੁਜਰਾਤ ਵਿੱਚ ਭੁਚਾਲ ਆਇਆ। 1月26日の8時46分にグジャラートを地震が襲いました. **2**〖比喩〗大混乱, 騒乱, 騒動.
ਭੁਜ (भुज) /pǔja プジ/ [Skt. भुज] *m.* **1**〖身体〗腕. **2**〖身体〗手. **3**〖植物〗枝. **4**〖幾何〗(図形の)辺.
ਭੁਜੰਗ (भुजंग) /pǔjaṅga プジャング/ ▸ਭੁਇਅੰਗਮ [Skt. भुजङ्ग] *m.* **1**〖動物〗ヘビ, 蛇. **2** 爬虫類.
ਭੁਜੰਗੀ (भुजंगी) /pǔjaṅgī プジャンギー/ ▸ਭੁਝੰਗੀ *m.* **1** 男の子. **2**〖親族〗息子. **3** 戦士. **4**〖スィ〗ニハング. (⇒ਨਿਹੰਗ)
ਭੁੱਜਣਾ (भुज्जणा) /pǔjjaṇā プッジャナー/ [Skt. भजति] *vi.* **1** 炒られる, 炙られる, 炒められる. **2** 怒る. (⇒ਗੁੱਸਾ ਚੜ੍ਹਨਾ)
ਭੁਝੰਗੀ (भुझंगी) /pǔjaṅgī プジャンギー/ ▸ਭੁਜੰਗੀ *m.* → ਭੁਜੰਗੀ

ਭੁੰਦਲਾਉਣਾ (भुंदलाउणा) /pŭnda̯lāuṇā プンドラーウナー/ *vt.* **1** 炒らせる, 炙らせる, 炒めさせる. **2** 油で揚げさせる. **3** 扇動する.

ਭੁੰਨਣਾ (भुंनणा) /pŭnnaṇā プンナナー/ [Skt. भर्जन] *vt.* **1** 炒る, 炙る, 炒める. **2** 油で揚げる. **3** 焼く. **4**(銃弾で)穴だらけにする. **5** 射殺する.

ਭੁਨਵਾਉਣਾ (भुनवाउणा) /puna̯wăuṇā プンワーウナー/ ▸ਭੁਨਾਉਣਾ [cf. ਭੁੰਨਣਾ] *vt.* **1** 炒らせる, 炙らせる, 炒めさせる. **2** 油で揚げさせる. **3** 扇動する.

ਭੁਨਾਉਣਾ (भुनाउणा) /punăuṇā プナーウナー/ ▸ਭੁਨਵਾਉਣਾ *vt.* → ਭੁਨਵਾਉਣਾ

ਭੁੱਬ (भुब्ब) /pŭbba̯ プッブ/ *f.* 号泣.

ਭੁੱਬਲ (भुब्बल) /pŭbbala̯ プッバル/ [Skt. भूति + Skt. ज्वल्] *f.* 熱い灰. (⇒ਸੁਸਰ)

ਭੁੰਮਰ (भुंमर) /pŭmmara̯ プンマル/ ▸ਝੁੰਮਰ *f.* 〚舞踊〛ブンマル(ジュンマル)《輪になって踊る西パンジャーブの民俗舞踊》.

ਭੁਰਜੀ (भुरजी) /pŭra̯jī ブルジー/ *f.* 〚料理〛ブルジー《揚げた野菜》.

ਭੁਰਨਾ (भुरना) /pŭra̯nā プルナー/ [Sind. b^h*uraṇu*] *vi.* **1** 細かく砕ける. **2** ぼろぼろになる. **3** 〚比喩〛徐々に使い果たされる.

ਭੁਰਭੁਰਾ (भुरभुरा) /pŭra̯pŭrā プルプラー/ [cf. ਭੁਰਨਾ] *adj.* 砕けやすい, 壊れやすい, もろい.

ਭੁੱਲ (भुल्ल) /pŭlla̯ プッル/ ▸ਭੋਲ [Pkt. भुल्ल] *f.* **1** 忘却. **2** 失念. **3** 誤り, 間違い. **4** 過ち, 過失, 落ち度. **5** 罪. **6** 見落とし. **7** 思い違い.

ਭੁਲੱਕੜ (भुलक्कड़) /pulăkkaṛa̯ プラッカル/ *adj.* **1** 忘れっぽい. **2** 忘れん坊の.

ਭੁੱਲ-ਚੁੱਕ (भुल्ल-चुक्क) /pŭlla̯-cukka̯ プッル・チュック/ *f.* 過失.

ਭੁੱਲਣਵਾਲਾ (भुल्लणवाला) /pŭllaṇa̯wālā プッランワーラー/ [cf. ਭੁੱਲਣਾ -ਵਾਲਾ] *adj.* 忘れっぽい.

ਭੁੱਲਣਾ (भुल्लणा) /pŭllaṇā プッラナー/ [Pkt. भुल्ल] *vi.* **1** 忘れられる, 忘却される. **2** 失念する. **3** 誤る, 間違う. **4** 罪を犯す.
— *vt.* **1** 忘れる, 忘却する. ❒ਉਹ ਭੁੱਲ ਹੀ ਗਿਆ ਸੀ। 彼はすっかり忘れていました. ❒ਇਹ ਗੱਲ ਨਹੀਂ ਭੁੱਲਣੀ ਚਾਹੀਦੀ। このことを忘れるべきではありません. **2** 見落とす.

ਭੁੱਲ ਭੁਲਈਆਂ (भुल्ल भुलईआँ) /pŭlla̯ pŭlaīā̃ プッル プライーアーン/ ▸ਭੁੱਲ ਭੁਲਾਈਆਂ, ਭੂਲ ਭੁਲਈਆਂ *f.* **1** 迷宮, 迷路. **2** 複雑に入り組んだもの, 複雑なこと.

ਭੁੱਲ ਭੁਲਾਈਆਂ (भुल्ल भुलाईआँ) /pŭlla̯ pŭlāīā̃ プッル プラーイーアーン/ ▸ਭੁੱਲ ਭੁਲਈਆਂ, ਭੂਲ ਭੁਲਈਆਂ *f.* → ਭੁੱਲ ਭੁਲਈਆਂ

ਭੁਲਵਾਉਣਾ (भुलवाउणा) /pula̯wăuṇā プルワーウナー/ [cf. ਭੁੱਲਣਾ] *vt.* **1** 忘れさせる. **2** 誤らせる, 誤り導く. **3** 迷わす, だます, 欺く.

ਭੁਲ-ਵਿਸਾਰ (भुल-विसार) /pŭla̯-visāra̯ プル・ヴィサール/ [cf. ਭੁੱਲਣਾ + cf. ਵਿਸਾਰਨਾ] *m.* 〚医〛記憶喪失症.

ਭੁੱਲੜ (भुल्लड़) /pŭllaṛa̯ プッラル/ *adj.* 忘れっぽい.

ਭੁੱਲਾ (भुल्ला) /pŭllā プッラー/ ▸ਭੁੱਲਿਆ [cf. ਭੁੱਲਣਾ] *adj.* 忘れられた.

ਭੁਲਾਉਣਾ (भुलाउणा) /pulăuṇā プラーウナー/ [cf. ਭੁੱਲਣਾ] *vt.* **1** 忘れる, 忘却する. **2** 忘れさせる. **3** 誤らせる, 誤り導く. **4** 迷わす, だます, 欺く.

ਭੁਲਾਵਾ (भुलावा) /pulăwā プラーワー/ ▸ਭੁਲੇਖਾ [cf. ਭੁੱਲਣਾ] *m.* **1** 忘却. **2** 思い違い. **3** 誤解. **4** 誤った考え. **5** だまし, ごまかし, 詐欺.

ਭੁੱਲਿਆ (भुल्लिआ) /pŭlliā プッリアー/ ▸ਭੁੱਲਾ *adj.* → ਭੁੱਲਾ

ਭੁਲੇਖਾ (भुलेखा) /pŭlek^{h}ā プレーカー/ ▸ਭੁਲਾਵਾ *m.* → ਭੁਲਾਵਾ

ਭੁਵਨ (भुवन) /pŭwana̯ プワン/ ▸ਭਵਨ [Skt. भुवन] *m.* 世界, …界. (⇒ਸੰਸਾਰ, ਦੁਨੀਆ)

ਭੁੜਕਣਾ (भुड़कणा) /pŭṛa̯kaṇā プルカナー/ *vi.* **1** 跳ねる. **2** 弾む, 跳ね上がる.

ਭੁੜਕਾਉਣਾ (भुड़काउणा) /puṛa̯kăuṇā プルカーウナー/ *vt.* **1** 跳ねさせる. **2** 弾ませる, 跳ね上がらせる.

ਭੂ (भू) /pŭ プー/ ▸ਭੁ [Skt. भू] *f.* **1** 土, 土地, 大地. (⇒ਧਰਤੀ, ਜ਼ਮੀਨ) **2** 〚天文〛地球. **3** 世界.
— *pref.* 「土」「土地」「大地」「地球」などを意味する接頭辞.

ਭੂਆ (भूआ) /pŭā プーアー/ ▸ਬੂਆ *f.* 〚親族〛父方の伯母・叔母(おば)《父の姉妹》. (⇒ਫੁੱਫੀ)

ਭੂਏ (भूए) /pŭe プーエー/ *adj.* **1** 動揺した, 興奮した. **2** 怒った.

ਭੂਸ਼ਨ (भूशन) /pŭśana̯ プーシャン/ ▸ਭੂਖਣ *m.* → ਭੂਖਣ

ਭੂਸਲਾ (भूसला) /pŭsa̯lā プースラー/ [(Pkt. भस्स) Skt. भस्म] *adj.* 灰色の.

ਭੂਸਾ (भूसा) /pŭsā プーサー/ [Skt. बुस] *m.* 藁. (⇒ਤੂੜੀ)

ਭੂਹੇ (भूहे) /pŭe | pūhe プーエー | プーヘー/ [Skt. भूर्णि] *adj.* 怒っている, 腹を立てている.

ਭੂਕ (भूक) /pŭka̯ プーク/ [Skt. भूक] *f.* 〚植物〛玉葱の緑の葉.

ਭੂਕਣਾ (भूकणा) /pŭkaṇā プーカナー/ *m.* **1** 筒. **2** 〚道具〛竹の吹き筒.

ਭੂਕਣੀ (भूकणी) /pŭkaṇī プーカニー/ *f.* **1** 筒. **2** 噴出. **3** 射出, 射出物. **4** 〚医〛下痢.

ਭੂਕੰਪ (भूकंप) /pŭkampa̯ プーカンプ/ [Skt. भू- Skt. कंप] *m.* 大地の震動, 地震. (⇒ਭੂਚਾਲ)

ਭੂਖਣ (भूखण) /pŭk^{h}aṇa̯ プーカン/ ▸ਭੂਸ਼ਨ [Skt. भूषण] *m.* **1** 装飾品, 宝飾品. **2** 装身具. **3** 飾り, 装飾.

ਭੂੰਗਾ[1] (भूँगा) /pŭ̃gā プーンガー/ *m.* **1** 包むもの, カバー. (⇒ਖੁੰਬ) **2** 罰金. **3** 泥棒が賄賂として渡した盗んだものの一部.

ਭੂੰਗਾ[2] (भूँगा) /pŭ̃gā プーンガー/ *adj.* まっすぐな角の.
— *m.* 〚動物〛まっすぐな角の牡牛.

ਭੂਗੋਲ (भूगोल) /pŭgola̯ プーゴール/ [Skt. भूगोल] *m.* **1** 〚天文〛地球. (⇒ਭੂਮੰਡਲ) **2** 地理, 地理学.

ਭੂਗੋਲਿਕ (भूगोलिक) /pŭgolika̯ プーゴーリク/ [+ ਇਕ] *adj.* 地理の, 地理学の.

ਭੂਚਾਲ (भूचाल) /pŭcāla̯ プーチャール/ ▸ਭੁਚਾਲ *m.* → ਭੁਚਾਲ

ਭੂੰਡ (भूँड) /pŭ̃ḍa̯ プーンド/ *m.* 〚虫〛ジガバチ, 似我蜂.

ਭੂੰਡ-ਪਟਾਕਾ (भूँड-पटाका) /pŭ̃ḍa̯-paṭākā プーンド・パターカー/ *m.* **1** 音を発する花火の一種. **2** いたずらっ子.

ਭੂਤ (भूत) /pŭt̤a プート/ [Skt. भूत] *m.* **1** 元素, インド哲学における五元素の一つ. **2** 過去. (⇒ਬੀਤਿਆ ਹੋਇਆ ਸਮਾਂ) **3** 被創造物, 生き物. **4** 魂, 霊魂. **5** 幽霊, お化け, 悪霊. (⇒ਪਰੇਤ) **6** 悪魔, 悪鬼.

ਭੂਤ ਕਾਲ (भूत काल) /pŭt̤a kāla プート カール/ [+ Skt. काल] *m.* **1** 過去の時. **2**〘言〙過去時制.

ਭੂਤਣਾ (भूतणा) /pŭtaṇā プータナー/ ▸ਭੂਤਰਨਾ *vi.* **1** 怒る, 腹を立てる. **2** 興奮する. **3** 激怒する.

ਭੂਤਨਾ (भूतना) /pŭt̤anā プートナー/ [Skt. भूत] *m.* 幽霊, 悪霊, 悪鬼.

ਭੂਤਨਾਥ (भूतनाथ) /pŭt̤anātʰa プートナート/ [Skt. भूतनाथ] *m.* **1** 霊魂の主, 幽霊の神. **2**〘ヒ〙ブータナータ《シヴァ神の異名の一つ》. (⇒ਸ਼ਿਵ)

ਭੂਤਨੀ (भूतनी) /pŭt̤anī プートニー/ [Skt. भूत -ਨੀ] *f.* **1** 女の幽霊, 女の悪霊. **2** 魔女, 鬼女.

ਭੂਤ ਪਰੇਤ (भूत परेत) /pŭt̤a paret̤a プート パレート/ [Skt. भूत + Skt. प्रेत] *m.* 幽霊や悪霊.

ਭੂਤਰਨਾ (भूतरना) /pŭtaranā プータルナー/ ▸ਭੂਤਣਾ *vi.* → ਭੂਤਣਾ

ਭੂਪ (भूप) /pŭpa プープ/ ▸ਭੂਪਤ, ਭੂਪਤੀ *m.* → ਭੂਪਤੀ

ਭੂਪਤ (भूपत) /pŭpata プーパト/ ▸ਭੂਪ, ਭੂਪਤੀ *m.* → ਭੂਪਤੀ

ਭੂਪਤੀ (भूपती) /pŭpatī プーパティー/ ▸ਭੂਪ, ਭੂਪਤ [Skt. भूपति] *m.* 王, 皇帝, 君主, 皇帝. (⇒ਰਾਜਾ, ਬਾਦਸ਼ਾਹ)

ਭੂਮ (भूम) /pŭma プーム/ ▸ਭੂਮੀ *f.* → ਭੂਮੀ

ਭੂਮਕਾ (भूमका) /pŭmakā プームカー/ ▸ਭੂਮਿਕਾ *f.* → ਭੂਮਿਕਾ

ਭੂਮੰਡਲ (भूमंडल) /pŭmanḍala プーマンダル/ [Skt. भू- Skt. मण्डल] *m.*〘天文〙地球. (⇒ਭੂਗੋਲ)

ਭੂਮੰਡਲੀਕਰਨ (भूमंडलीकरन) /pŭmanḍalīkarana プーマンドリーカルン/ [Skt.-करण] *m.* **1** 地球的規模化, 世界的規模化. **2** グローバリゼーション, グローバル化.

ਭੂਮਿਕਾ (भूमिका) /pŭmikā プーミカー/ ▸ਭੂਮਕਾ [Skt. भूमिका] *f.* **1** 序文, 前書き. **2** 配役, 役, 役目, 役割, 任務.

ਭੂਮੀ (भूमी) /pŭmī プーミー/ ▸ਭੂਮ [Skt. भूमि] *f.* **1**〘天文〙地球. **2** 大地, 土地, 地面. (⇒ਧਰਤੀ, ਜ਼ਮੀਨ) **3** 耕地, 農地. **4** 場所, 用地, 敷地, 地域. (⇒ਇਲਾਕਾ)

ਭੂਮੀਆਂ (भूमीआँ) /pŭmīā̃ プーミーアーン/ ▸ਭੂਮੀਆ *m.* → ਭੂਮੀਆ

ਭੂਮੀਆ (भूमीआ) /pŭmīā プーミーアー/ ▸ਭੂਮੀਆਂ [Skt. भूमि -ਈਆ] *m.* **1** 地主. **2**〘動物〙ヘビ, 蛇. (⇒ਸੱਪ)

ਭੂਮੀਹੀਣ (भूमीहीण) /pŭmīhīṇa プーミーヒーン/ [Skt.-हीन] *adj.* **1** 土地のない. **2** 土地を所有していない.

ਭੂਮੀਗਤ (भूमीगत) /pŭmīgata プーミーガト/ *adj.* 地下の.

ਭੂਮੀਪਤੀ (भूमीपती) /pŭmīpatī プーミーパティー/ [Skt. भूमि + Skt. पति] *m.* **1** 地主. (⇒ਭੂਮੀਆ) **2** 王, 国王.

ਭੂਰ (भूर) /pŭra プール/ ▸ਫੁਆਰ, ਫੁਹਾਰ, ਫੂਹਰ, ਫੂਰ *f.* → ਫੁਹਾਰ

ਭੂਰਾ (भूरा) /pŭrā プーラー/ ▸ਬੂਰਾ *m.adj.* → ਬੂਰਾ

ਭੂਲ ਭੁਲਈਆਂ (भूल भुलईआँ) /pŭla pŭlaīā̃ プール プライーアーン/ ▸ਭੁੱਲ ਭੁਲਈਆਂ, ਭੁੱਲ ਭੁਲਾਈਆਂ *f.* → ਭੁੱਲ ਭੁਲਈਆਂ

ਭੂ ਵਿਗਿਆਨ (भू विगिआन) /pŭ vigiāna プー ヴィギアーン/ [Skt. भू- Skt. विज्ञान] *m.* 地質学.

ਭੇਂ (भें) /pě̃ ペーン/ *m.*〘植物〙蓮の茎・根.

ਭੇਸ (भेस) /pěsa ペース/ ▸ਭੇਖ, ਵੇਸ [Skt. वेष] *m.* 服装, 衣装, 衣服, 身なり.

ਭੇਖ (भेख) /pěkʰa ペーク/ ▸ਭੇਸ, ਵੇਸ *m.* → ਭੇਸ

ਭੇਖਧਾਰੀ (भेखधारी) /pěkʰatǎrī ペークターリー/ [Skt. वेष + Skt. धारिन्] *m.* 宗派特有の衣装を身にまとった者.

ਭੇਖੀ (भेखी) /pěkʰī ペーキー/ [Skt. वेष -ਈ] *adj.* **1** 見せかけの. **2** 変装した.

ਭੇਜਣਾ (भेजणा) /pějaṇā ページャナー/ [Skt. प्रेषण] *vt.* **1** 送る, 送付する, 発送する. (⇒ਘੱਲਣਾ) ❐ਚਿੱਠੀ ਜ਼ਰੂਰ ਭੇਜੋ ਜੀ। 手紙を必ず送ってください. **2** 届ける. (⇒ਪੁਚਾਉਣਾ) **3** 行かせる. **4** 遣わす, 派遣する. ❐ਉਸ ਨੇ ਗੁਰੂ ਜੀ ਨੂੰ ਬੁਲਾਉਣ ਲਈ ਦੁਬਾਰਾ ਬੰਦਾ ਭੇਜਿਆ। 彼はグル・ジーを招待するために再度下僕を遣わしました. ❐ਉੱਤਰੀ ਕੋਰੀਆ ਨੇ ਪਰਮਾਣੂ ਤਕਨਾਲੋਜੀ ਹਾਸਲ ਕਰਨ ਲਈ ੧੯੯੯ ਵਿੱਚ ਆਪਣੇ ਤਿੰਨ ਵਿਗਿਆਨੀਆਂ ਨੂੰ ਪਾਕਿਸਤਾਨ ਭੇਜਿਆ ਸੀ। 北朝鮮は核開発技術獲得のために1999年に自国の三人の科学者をパキスタンに派遣していました.

ਭੇਜਾ (भेजा) /pějā ページャー/ [Skt. मज्जा] *m.*〘身体〙頭脳. (⇒ਦਿਮਾਗ, ਮਗ਼ਜ਼)

ਭੇਂਟ (भेंट) /pě̃ṭa ペーント/ ▸ਭੇਟ *f.* → ਭੇਟ

ਭੇਟ (भेट) /pěṭa ペート/ ▸ਭੇਂਟ [Pkt. भिट्टा] *f.* **1** 会見, 出会い. **2** 訪問. **3** 紹介. **4** 贈り物. (⇒ਨਜ਼ਰਾਨਾ) **5** 寄贈, 贈呈. **6** 供え物, 捧げ物.

ਭੇਟਣਾ (भेटणा) /pěṭaṇā ペータナー/ [Pkt. भिट्टा] *vi.* 会う, 出会う. (⇒ਮਿਲਨਾ)

— *vt.* 贈る.

ਭੇਟਾ (भेटा) /pěṭā ペーター/ [Pkt. भिट्टा] *f.* **1** 贈り物. (⇒ਨਜ਼ਰਾਨਾ) **2** 寄贈, 贈呈. **3** 捧げること, 供え物, 捧げ物.

ਭੇਡ (भेड) /pěḍa ペード/ [Skt. भेड] *f.* **1**〘動物〙(総称として)ヒツジ, 羊. **2**〘動物〙雌ヒツジ, 雌羊, 牝羊.

ਭੇਡਚਾਲ (भेडचाल) /pěḍacāla ペードチャール/ *f.* 盲従.

ਭੇਡੂ (भेडू) /pěḍū ペードゥー/ [Skt. भेड] *m.*〘動物〙雄ヒツジ, 雄羊, 牡羊.

ਭੇਤ (भेत) /pět̤a ペート/ ▸ਭੇਦ [Skt. भेद] *m.* **1** 秘密. (⇒ਰਾਜ਼) ❐ਭੇਤ ਖੋਲ੍ਹਣਾ 秘密を漏らす, 秘密を暴露する. **2** 機密, 機密情報. ❐ਭੇਤ ਲੈਣਾ 情報を収集する, 内偵する. **3** 神秘. (⇒ਰਮਜ਼) **4** 秘伝. **5** 違い, 相違, 差, 差異. (⇒ਫ਼ਰਕ, ਅੰਤਰ) **6** 隔たり, 距離. (⇒ਦੂਰੀ) **7** 逸脱. **8** 変化, 変種, 種類. (⇒ਕਿਸਮ, ਪਰਕਾਰ)

ਭੇਤ ਭਰਿਆ (भेत भरिआ) /pět̤a pǎriā ペート パリアー/ [+ cf. ਭਰਨਾ] *adj.* **1** 秘密に満ちた, 秘密の. **2** 内密の, 機密の. **3** 神秘の.

ਭੇਤੀ (भेती) /pětī ペーティー/ [-ਈ] *m.* **1** 秘密を知る者. **2** 腹心の友.

ਭੇਦ (भेद) /pěda ペード/ ▸ਭੇਤ *m.* → ਭੇਤ

ਭੇਦਭਾਵ (भेदभाव) /pědapǎva ペードパーヴ/ [Skt. भेद + Skt. भाव] *m.* 差別. ❐ਭੇਦਭਾਵ ਵਰਤਣਾ 差別する.

ਭੇਰ (भेर) /pěra ペール/ ▸ਭੇਰਾ *m.* → ਭੇਰਾ

ਭੇਰਾ (भेरा) /pěrā ペーラー/ ▸ਭੇਰ [Skt. भेरि] *m.*〘楽器〙大きな一面太鼓, ケトルドラム. (⇒ਨਗਾਰਾ)

ਭੇਰੀ (भेरी) /pěrī ペーリー/ [Skt. भेरि] *f.*〘楽器〙太鼓.

ਭੇਲੀ (भेली) /pĕlī ペーリー/ *f.* 塊.
ਭੇੜ (भेड़) /pĕṛa ペール/ [Pkt. भिड] *m.* **1** 衝突, 激突. **2** 争い, 戦い, 戦闘.
ਭੇੜਨਾ (भेड़ना) /pĕṛanā ペールナー/ ▸ਭੀੜਨਾ *vt.* (ドアなどを)閉める, 閉じる.
ਭੇੜੀਆ (भेड़ीआ) /pĕṛīā ペーリーアー/ *m.* 〖動物〗オオカミ, 狼. (⇒ਬਘਿਆੜ)
ਭੈ (भै) /paĭ パェー/ ▸ਭਉ, ਭੌ *m.* → ਭੌ
ਭੈਂਸ (भैंस) /pāĭsa パェーンス/ [Skt. महिष] *f.* **1** 〖動物〗(総称として)スイギュウ, 水牛. **2** 〖動物〗雌スイギュウ, 牝水牛. (⇒ਮੱਝ)
ਭੈਂਸਾ (भैंसा) /pāĭsā パェーンサー/ [Skt. महिष] *m.* 〖動物〗雄スイギュウ, 牡水牛. (⇒ਸੰਢਾ, ਮਾਲੀ)
ਭੈਂਗ (भैंग) /pāĭga パェーング/ [Skt. भङ्गिमा] *m.* 〖医〗斜視, 藪睨み. (⇒ਟੀਰ, ਬਰੜ)
ਭੈਂਗਾ (भैंगा) /pāĭgā パェーンガー/ [Skt. भङ्गिमा] *adj.* 斜視の, 藪睨みの. (⇒ਟੀਰਾ, ਬਰੜਾ)
ਭੈਂਗਾਪਨ (भैंगापन) /pāĭgāpana パェーンガーパン/ [-ਪਨ] *m.* **1** 斜視であること. **2** 斜視, 藪睨み. (⇒ਟੀਰ, ਬਰੜ)
ਭੈਣ (भैण) /paĭṇa パェーン/ [(Pkt. भइणि) Skt. भगिनी] *f.* 〖親族〗姉, 妹, 姉妹.
ਭੈਦਾਇਕ (भैदाइक) /paĭdāika パェーダーイク/ [Skt. भय Skt.-दायक] *adj.* 恐怖を与えるような, 恐ろしい.
ਭੈ-ਪ੍ਰਤਿਕਿਰਿਆ (भै-प्रतिकिरिआ) /paĭ-pratikiriā パェー・プラティキリアー/ [+ Skt. प्रतिक्रिया] *f.* 恐慌反応.
ਭੈਰਵੀ (भैरवी) /paĭrawī パェールウィー/ [Skt. भैरवी] *f.* **1** 〖ヒ〗バイラヴィー女神《バイラヴァ〔シヴァ神の化身〕の妃として崇拝される》. **2** 〖音楽〗バイラヴィー《早朝の清新さを表す朝のラーガ ਰਾਗ. 夜を徹して行なわれる演奏会では, 最後の曲として, 明け方によく演奏される》.
ਭੈਰੋਂ (भैरों) /paĭrõ パェーローン/ [Skt. भैरव] *m.* 〖ヒ〗バイラヴァ《シヴァ神の化身》.
ਭੈੜਾ (भैड़ा) /paĭṛā パェーラー/ [Skt. भ्रष्ट] *adj.* **1** 悪い, 邪悪な. **2** 不道徳な, ふしだらな. **3** 醜い. **4** 汚い. **5** 使えない.
ਭੋਂ (भों) /pŏ ポーン/ ▸ਭੋਇੰ, ਭੋਏਂ [Skt. भूमि] *f.* **1** 〖天文〗地球. **2** 大地, 土地. (⇒ਧਰਤੀ, ਜ਼ਮੀਨ) **3** 地面. **4** 耕地, 農地. **5** 場所, 用地, 敷地, 地域. (⇒ਇਲਾਕਾ)
ਭੋਇੰ (भोइं) /pŏĩ ポーイン/ ▸ਭੋਂ, ਭੋਏਂ *f.* → ਭੋਂ
ਭੋਏਂ (भोएँ) /pŏẽ ポーエーン/ ▸ਭੋਂ, ਭੋਇੰ *f.* → ਭੋਂ
ਭੋਂਹ (भोंह) /pŏ ポーン/ ▸ਭੋਹ *m.* → ਭੋਹ
ਭੋਹ (भोह) /pŏ ポー/ ▸ਭੋਂਹ *m.* 籾殻.
ਭੋਹਰਾ (भोहरा) /pŏrā ポーラー/ ▸ਭੋਰ੍ਹਾ, ਭੋਰਾ *m.* → ਭੋਰਾ[1]
ਭੋਖੜਾ (भोखड़ा) /pŏkʰaṛā ポーカラー/ *m.* 〖生理〗ひどい空腹.
ਭੋਗ (भोग) /pŏga ポーグ/ [Skt. भोग] *m.* **1** 享受, 経験, 体験. **2** 享楽. ❒ਭੋਗ ਕਰਨਾ 快楽に耽ける. **3** 性交. ❒ਭੋਗ ਕਰਨਾ 性交する. **4** 供物, お供え. ❒ਭੋਗ ਲਾਉਣਾ 神に供物を捧げる. **5** 〖儀礼〗宗教行事の結びの儀式. **6** 終結. ❒ਭੋਗ ਪਾਉਣਾ 終える, 終結する.
ਭੋਗਣਾ (भोगणा) /pŏgaṇā ポーガナー/ [Skt. भोग] *vt.* **1** 楽しむ. **2** 享受する, 享楽する, 快楽に耽ける. **3** 恍惚となる. **4** 経験する. **5** 被る, 受ける, 耐える.
ਭੋਗ ਵਿਲਾਸ (भोग विलास) /pŏga vilāsa ポーグ ヴィラース/ [Skt. भोग + Skt. विलास] *m.* **1** 享楽. **2** 遊興, 娯楽. **3** 道楽, 放蕩.
ਭੋਛਣ (भोछण) /pŏcʰaṇa ポーチャン/ ▸ਭੋਛਾ *m.* 〖衣服〗女性の被り物.
ਭੋਛਾ (भोछा) /pŏcʰā ポーチャー/ ▸ਭੋਛਣ *m.* → ਭੋਛਣ
ਭੋਜ (भोज) /pŏja ポージ/ [Skt. भोजन] *m.* **1** 御馳走. **2** 饗宴.
ਭੋਜਨ (भोजन) /pŏjana ポージャン/ [Skt. भोजन] *m.* **1** 食事, 食べること. **2** 食べ物, 食物, 食糧. **3** 料理.
ਭੋਂਡਾ (भोंडा) /pŏḍā ポーンダー/ ▸ਭੱਦਾ *adj.* → ਭੱਦਾ
ਭੋਰ (भोर) /pŏra ポール/ [Skt. विभावरी] *f.* 夜明け, 早朝. (⇒ਪਰਭਾਤ)
ਭੋਰ੍ਹਾ (भोर्हा) /pŏrā ポーラー/ ▸ਭੋਹਰਾ, ਭੋਰਾ *m.* → ਭੋਰਾ[1]
ਭੋਰਨਾ (भोरना) /pŏranā ポールナー/ *vt.* **1** 小さな破片にする, 手で細かくちぎる. **2**(トウモロコシなどの)穀粒を取る. **3** 〖比喩〗倹約して消費する.
ਭੋਰਾ[1] (भोरा) /pŏrā ポーラー/ ▸ਭੋਹਰਾ, ਭੋਰ੍ਹਾ *m.* 〖建築〗地階, 地下室.
ਭੋਰਾ[2] (भोरा) /pŏrā ポーラー/ *m.* **1** 屑, 粉. **2** 小さなかけら, 断片. **3** ごく少量, ほんの少し.
— *adj.* 少量の, ほんの少しの.
— *adv.* ほんの少し.
ਭੋਰਾ ਕੁ (भोरा कु) /pŏrā ku ポーラー ク/ *adv.* 少しばかり, ほんの少し.
ਭੋਰੀ (भोरी) /pŏrī ポーリー/ *f.* 少量, ほんの少し.
ਭੋਲ[1] (भोल) /pŏla ポール/ ▸ਭੁੱਲ *f.* → ਭੁੱਲ
ਭੋਲ[2] (भोल) /pŏla ポール/ ▸ਲੋਭ [Skt. लोभ] *m.* 《ਲੋਭ の音位転換》→ ਲੋਭ
ਭੋਲਾ[1] (भोला) /pŏlā ポーラー/ [(Pkt. भोल) Skt. भ्रम] *adj.* **1** 素直な, 純真な, 純朴な, 素朴な. **2** あどけない, 無邪気な.
ਭੋਲਾ[2] (भोला) /pŏlā ポーラー/ *adj.* **1** まるまると太った, ふっくらした, 太った, でぶの. **2** 重苦しい, のっそりした.
ਭੋਲਾਨਾਥ (भोलानाथ) /pŏlānātʰa ポーラーナート/ ▸ਭੋਲੇਨਾਥ [Skt. भ्रम + Skt. नाथ] *m.* **1** 〖ヒ〗ボーラーナータ《シヴァ神の異名の一つ》. (⇒ਸ਼ਿਵ) **2** 純朴な人, お人好し.
ਭੋਲਾਪਣ (भोलापण) /pŏlāpaṇa ポーラーパン/ [-ਪਣ] *m.* **1** 素直さ, 純真さ, 純朴さ, 素朴さ. **2** あどけなさ, 無邪気さ.
ਭੋਲਾ ਭਾਲਾ (भोला भाला) /pŏlā pălā ポーラー パーラー/ [+ Skt. भ्रम] *adj.* **1** 全く素朴な, 純朴そのものの. **2** 全く邪心のない, 純真無垢な.
ਭੋਲੇਨਾਥ (भोलेनाथ) /pŏlenātʰa ポーレーナート/ ▸ਭੋਲਾਨਾਥ *m.* → ਭੋਲਾਨਾਥ
ਭੋਲੇ ਭਾ (भोले भा) /pŏle pă ポーレー パー/ *adv.* **1** 無邪気に, あどけなく. **2** 策を弄せず, おとなしく.
ਭੋੜੇ (भोड़े) /pŏṛe ポーレー/ *m.* 〖儀礼〗初めての妊娠を祝う儀式《複数形》.
ਭੌਂ[1] (भौं) /pāŭ パォーン/ [cf. ਭੌਣਾ] *m.* **1** 回転, 旋回. (⇒ਚੱਕਰ) **2** 〖医〗めまい. (⇒ਘੇਰਨੀ)
ਭੌਂ[2] (भौं) /pāŭ パォーン/ [Skt. भ्रू] *f.* 〖身体〗眉(まゆ),

眉毛. (⇒ਭਰਵੱਟਾ)
ਭੌ (भौ) /paŭ パォー/ ▶ਭਉ, ਭੈ [Skt. भय] *m.* 恐れ, 恐怖. (⇒ਡਰ, ਖ਼ੌਫ਼)
ਭੌਂਕਣਾ (भौंकणा) /pãŭkaṇā パォーンカナー/ [Skt. भुक्कति] *vi.* **1** (犬が)吠える. **2**〖比喩〗わめき散らす. **3**〖比喩〗馬鹿げた話をする.
ਭੌਂਕਾ (भौंका) /pãŭkā パォーンカー/ [cf. ਭੌਂਕਣਾ] *adj.* **1** 吠える, 吠えつく. **2** おしゃべりな.
ਭੌਂਕਾਉਣਾ (भौंकाउणा) /pãŭkāuṇā パォーンカーウナー/ ▶ਭੁਕਾਉਣਾ [cf. ਭੌਂਕਣਾ] *vt.* **1** (犬を)吠えさせる. **2**〖比喩〗わめき散らさせる.
ਭੌਣਾ (भौणा) /paŭṇā パォーナー/ [Skt. भ्रमण] *vi.* **1** 回る, 回転する. (⇒ਚੱਕਰ ਖਾਣਾ) **2** 巡る, 巡回する. (⇒ਚੱਕਰ ਕੱਟਣਾ, ਫਿਰਨਾ) **3** 散歩する. (⇒ਘੁੰਮਣਾ) **4** 放浪する. **5** 戻る, 帰る. (⇒ਮੁੜਨਾ, ਵਾਪਸ ਆਉਣਾ)
ਭੌਣੀ (भौणी) /paŭṇī パォーニー/ [cf. ਭੌਣਾ] *f.*〖道具〗滑車.
ਭੌਤਕ (भौतक) /paŭtaka パォータク/ ▶ਭੌਤਿਕ *adj.* → ਭੌਤਿਕ
ਭੌਤਿਕ (भौतिक) /paŭtika パォーティク/ ▶ਭੌਤਕ [Skt. भौतिक] *adj.* **1** 物の, 物質の, 物的な. **2** 物理的な.
ਭੌਤਿਕਵਾਦ (भौतिकवाद) /paŭtikawāda パォーティクワード/ [Skt.-वाद] *m.* 物質主義, 唯物主義, 唯物論.
ਭੌਤਿਕਵਾਦੀ (भौतिकवादी) /paŭtikawādī パォーティクワーディー/ [Skt.-वादिन्] *adj.* 物質主義の, 唯物主義の, 唯物論の.
— *m.* 物質主義者, 唯物主義者, 唯物論者.
ਭੌਤਿਕ ਵਿਗਿਆਨ (भौतिक विगिआन) /paŭtika vigiāna パォーティク ヴィギアーン/ [+ Skt. विज्ञान] *m.* 物理学.
ਭੌਤਿਕ ਵਿਗਿਆਨੀ (भौतिक विगिआनी) /paŭtika vigiānī パォーティク ヴィギアーニー/ [+ Skt. विज्ञानिन्] *m.* 物理学者.
ਭੌਂਦਲਣਾ (भौंदलणा) /pãŭdalaṇā パォーンダルナー/ ▶ਬੌਂਦਲਣਾ *vi.* → ਬੌਂਦਲਣਾ
ਭੌਂਦੂ (भौंदू) /pãŭdū パォーンドゥー/ [cf. ਭੌਣਾ] *adj.* 放浪者.
ਭੌਰ (भौर) /paŭra パォール/ ▶ਭੌਰਾ, ਭੰਵਰਾ [Skt. भ्रमर] *m.*〖虫〗オオクロバチ, 大黒蜂.
ਭੌਰ-ਕਲੀ (भौर-कली) /paŭra-kalī パォール・カリー/ ▶ਭੰਵਰ-ਕਲੀ *f.*〖装〗女性の額の飾り.
ਭੌਰਾ (भौरा) /paŭrā パォーラー/ ▶ਭੌਰ, ਭੰਵਰਾ *m.* → ਭੌਰ
ਭੌਰੀ (भौरी) /paŭrī パォーリー/ *f.* **1**〖医〗皮膚硬結. **2**〖医〗足の裏や指の魚の目(うおのめ).

ਮ

ਮ[1] (म) /mammā マンマー/ *m.*〖文字〗グルムキー文字の字母表の30番目の文字《両唇・閉鎖音の「マ」(両唇を付け, 呼気を一瞬閉じ破裂させ鼻に抜いて発音する鼻子音)を表す》.
ਮ[2] (म) /ma マ/ [Skt. मा] *suff.* 「…のない」「…でない」「…と反対の」などを意味する否定の接頭辞.
ਮਈ[1] (मई) /maī マイー/ [Eng. *May*] *m.f.*〖暦〗5月.
ਮਈ[2] (मई) /maī マイー/ [Skt. मयी] *suff.* 名詞に付いて「…の」「…的な」などを意味する形容詞を形成する接尾辞.
ਮਈਅਤ (मईअत) /maīata マイーアト/ [Arab. *maiyit*] *f.* **1** 死体. **2** 棺台, 棺架.
ਮੱਸ (मस्स) /massa マッス/ [Skt. मसि] *f.* **1**〖身体〗生え始めのひげ. **2** 黒インク, インク. (⇒ਸਿਆਹੀ) **3** 油煙, 煤(すす). (⇒ਕੱਜਲ)
ਮਸਹਿਰੀ (मसहिरी) /masaîrī マサェーリー/ ▶ਮਛਹਿਰੀ *f.* 蚊帳. (⇒ਮੱਛਰਦਾਨੀ)
ਮਸ਼ਹੂਰ (मशहूर) /maśahūra マシュフール/ ▶ਮਸ਼ਾਹੂਰ, ਮਛੂਰ [Arab. *maśhūr*] *adj.* 有名な, よく知られている, 名高い, 高名な, 著名な, 評判の. (⇒ਪਰਸਿੱਧ)
ਮਸ਼ਹੂਰੀ (मशहूरी) /maśahūrī マシュフーリー/ [Pers. *maśhūrī*] *f.* 有名, 高名, 著名, 名声. (⇒ਪਰਸਿੱਧੀ)
ਮਸ਼ਕ[1] (मशक) /maśaka マシャク/ [Pers. *maśk*] *f.* 水運搬用の革袋.
ਮਸ਼ਕ[2] (मशक) /maśaka マシャク/ ▶ਮਛਕ [Arab. *maśq*] *f.* **1** 練習, 実習, 訓練. (⇒ਅਭਿਆਸ) **2** 練習問題.
ਮਸ਼ਕਰੀ (मशकरी) /maśakarī マシュカリー/ ▶ਮਛਕਰੀ [Pers. *masxaragī*] *f.* からかい, 冗談, ふざけ. (⇒ਮਖੌਲ)
ਮਸ਼ਕਲਾ (मशकला) /maśakalā マシュカラー/ ▶ਮਸਕਾ [Arab. *misqal*] *m.*〖道具〗磨き道具.
ਮਸਕਾ (मसका) /masakā マスカー/ ▶ਮਸ਼ਕਲਾ *m.* → ਮਸ਼ਕਲਾ
ਮਸਕੀਨ (मसकीन) /masakīna マスキーン/ [Arab. *maskīn*] *adj.* **1** 謙虚な. (⇒ਨਿਮਰ) **2** 従順な.
ਮਸਕੀਨੀ (मसकीनी) /masakīnī マスキーニー/ [Pers. *maskīnī*] *f.* **1** 謙虚, 謙遜. (⇒ਨਿਮਰਤਾ) **2** 従順.
ਮਸ਼ਕੂਕ (मशकूक) /maśakūka マシュクーク/ [Arab. *maśkūk*] *adj.* **1** 疑わしい, 不審な, 胡散臭い. **2** 不確実な.
ਮਸ਼ਕੂਰ (मशकूर) /maśakūra マシュクール/ [Arab. *maśkūr*] *adj.* 感謝している, 感謝すべき.
ਮਸ਼ਕੂਲਾ (मशकूला) /maśakūlā マシュクーラー/ ▶ਮਸ਼ਗ਼ੂਲਾ [Arab. *maśġal*] *m.* 冗談, 洒落. (⇒ਮਖੌਲ, ਮਜ਼ਾਕ)
ਮਸਖ਼ਰਾ (मसख़रा) /masaxarā マスカラー/ [Arab. *masxara*] *m.* **1** おどけ者, 道化師. **2** おどけ, 冗談, 洒落. (⇒ਮਖੌਲ)
— *adj.* **1** こっけいな, ふざけた, 冗談を言う. **2** 面白い, おかしい, おどけた, 笑いを誘う.
ਮਸਖ਼ਰੀ (मसख़री) /masaxarī マスカリー/ [Pers. *masxaragī*] *f.* おどけ, 冗談, 洒落. (⇒ਮਖੌਲ)
ਮਸ਼ਗ਼ੂਲ (मशग़ूल) /maśağūla マシュグール/ [Arab. *maśğūl*] *adj.* 従事している, かかりきりの, 余念がない, 忙しい, 専念している. (⇒ਰੁੱਝਾ ਹੋਇਆ, ਲੀਨ)
ਮਸ਼ਗ਼ੂਲਾ (मशग़ूला) /maśağūlā マシュグーラー/ ▶ਮਸ਼ਕੂਲਾ *m.* → ਮਸ਼ਕੂਲਾ
ਮਸਜਦ (मसजद) /masajada マスジャド/ ▶ਮਸਜਿਦ, ਮਸੀਤ *f.* → ਮਸੀਤ
ਮਸਜਿਦ (मसजिद) /masajida マスジド/ ▶ਮਸਜਦ, ਮਸੀਤ *f.* → ਮਸੀਤ

ਮਸ਼ਟਰੇਟ (मशटरेट) /maśaṭareṭa マシュタレート/ ▸ਮਜਿਸਟਰੇਟ [(Mal.)] *m.* → ਮਜਿਸਟਰੇਟ

ਮਸਤ (मसत) /masata マスト/ [Pers. *mast*] *adj.* **1** 酔った, 酔っ払った. **2** 酔い痴れた, 陶酔した. **3** 我を忘れた, 没頭した, 熱中した. **4** 歓喜した. **5** 陽気な.

ਮਸਤਕ (मसतक) /masataka マスタク/ ▸ਮੱਥਾ [Skt. मस्तक] *m.* 〖身体〗額, おでこ, 前頭部, 頭. ❐ਮਸਤਕ ਝੁਕਾਉਣਾ 頭を下げる, 敬服する.

ਮਸਤਣਾ (मसतणा) /masataṇā マスタナー/ [Pers. *mast*] *vi.* **1** 酔う, 酔い痴れる, 陶酔する, 浮かれる. **2** 得意になる, のぼせ上がる, 横柄な態度をとる. **3** 行儀が悪くなる, つけ上がる.

ਮਸਤਾਉਣਾ (मसताउणा) /masatāuṇā マスターウナー/ [cf. ਮਸਤਣਾ] *vt.* 酔わせる, 陶酔させる.

ਮਸਤਾਨਾ (मसताना) /masatānā マスターナー/ [Pers. *mastāna*] *adj.* **1** 酔った, 陶酔した, 酔い痴れた. **2** 得意になった, のぼせた. **3** 熱中した, 興奮した. **4** 歓喜した, 浮かれた. **5** 陽気な.

ਮਸਤੀ (मसती) /masatī マスティー/ [Pers. *mastī*] *f.* **1** 酔い, 陶酔. (⇒ਨਸ਼ਾ) **2** 昏睡, 茫然自失, 自己没頭. **3** 恍惚, 忘我, 有頂天. **4** 陽気に騒ぐこと, 浮かれること. **5** ふしだらな振る舞い, 淫らな様子, 気まぐれ.

ਮਸਤੂਰ (मसतूर) /masatūra マストゥール/ [Arab. *mastūr*] *f.* **1** 女, 女性. (⇒ਤੀਵੀਂ, ਔਰਤ) **2** 妻. (⇒ਵਹੁਟੀ)

ਮਸਤੂਲ (मसतूल) /masatūla マストゥール/ [Portug. *masto*] *m.* (船の)マスト, 帆柱.

ਮਸਤੇਵਾਂ (मसतेवाँ) /masatewā̃ マステーワーン/ [Pers. *mast*] *m.* **1** 陶酔. **2** 恍惚. **3** 陽気, 浮かれ騒ぎ.

ਮਸੰਦ (मसंद) /masanda マサンド/ [Arab. *masnad*] *m.* 〖スィ〗マサンド《信者からの献金を管理し, グルに寄託するスィック教徒の聖職》.

ਮਸਦਰ (मसदर) /masadara マスダル/ [Arab. *masdar*] *m.* **1** 〖言〗語根. **2** 起源. (⇒ਸੋਮਾ)

ਮਸਨਦ (मसनद) /masanada マスナド/ [Arab. *masnad*] *f.* **1** 高い位. **2** 王座, 王位. **3** 〖寝具〗長枕. **4** 当て物, クッション.

ਮਸਨਵੀ (मसनवी) /masanawī マスナウィー/ [Arab. *masnavī*] *f.* 〖文学〗マスナウィー体《詩の一形式》.

ਮਸਨੂਈ (मसनूई) /masanūī マスヌーイー/ [Arab. *masnūī*] *adj.* 人工の.

ਮਸਰ (मसर) /masara マサル/ ▸ਮਸਰੀ, ਮਸੂਰ, ਮਹੁਰ [Skt. मसुर, मसूर] *m.* 〖植物〗レンズ豆, ヒラマメ(平豆).

ਮਸ਼ਰਕ (मशरक) /maśaraka マシュラク/ [Arab. *maśriq*] *m.* **1** 東, 東方, 東部. (⇒ਪੂਰਬ)(⇔ਮਗ਼ਰਬ) **2** 〖地理〗東洋.

ਮਸ਼ਰਕੀ (मशरकी) /maśarakī マシュラキー/ [Arab. *maśriqī*] *adj.* **1** 東の, 東方の, 東部の. (⇒ਪੂਰਬੀ)(⇔ਮਗ਼ਰਬੀ) **2** 〖地理〗東洋の.

ਮਸਰੀ (मसरी) /masarī マスリー/ ▸ਮਸਰ, ਮਸੂਰ, ਮਹੁਰ *m.* → ਮਸਰ

ਮਸ਼ਰੂਤ (मशरूत) /maśarūta マシュルート/ [Arab. *maśrūt*] *adj.* **1** 条件付きの. **2** 起きる可能性のある.

ਮਸਰੂਫ਼ (मसरूफ़) /masarūfa マスルーフ/ [Arab. *maśrūf*] *adj.* **1** 従事している, 忙しい. (⇒ਵਿਅਸਤ) **2** かかりきりの, 余念がない. (⇒ਰੁੱਝਾ ਹੋਇਆ, ਲੀਨ)

ਮਸਰੂਫ਼ੀਅਤ (मसरूफ़ीअत) /masarūfīata マスルーフィーアト/ [Arab. *maśrūf* Pers.*-yat*] *f.* **1** 忙しい状態. **2** 余念がないこと.

ਮਸਰੂਰ (मसरूर) /masarūra マスルール/ ▸ਮਸ਼ਰੂਰ [Arab. *masrūr*] *adj.* **1** 楽しい. **2** 陽気な. **3** 喜んでいる. **4** 陶酔した.

ਮਸ਼ਰੂਰ (मशरूर) /maśarūra マシュルール/ ▸ਮਸਰੂਰ *adj.* → ਮਸਰੂਰ

ਮਸਰੂਰੀ (मसरूरी) /masarūrī マスルーリー/ [Pers. *masrūrī*] *f.* **1** 安楽, 幸福. **2** 陽気な様子. **3** 歓喜. **4** 陶酔. (⇒ਮਸਤੀ)

ਮਸਲਹਤ (मसलहत) /masalâta マスラト/ ▸ਮਸਲਤ [Pers. *maslahat*] *f.* **1** 便宜, 便益. **2** 利益, 得, 福利. **3** 助言, 忠告. **4** 相談, 諮問. **5** 善意, 親切.

ਮਸਲਣਾ (मसलणा) /masalaṇā マサラナー/ [Skt. मषति] *vt.* **1** こする, こすって潰す. **2** 押し潰す. (⇒ਕੁਚਲਣਾ) **3** 踏みつける.

ਮਸਲਤ (मसलत) /masalata マスラト/ ▸ਮਸਲਹਤ *f.* → ਮਸਲਹਤ

ਮਸਲਤੀ (मसलती) /masalatī マスラティー/ [Pers. *maslahatī*] *m.* **1** 助言者. **2** 相談相手. **3** 顧問, 相談役.

ਮਸਲਨ (मसलन) /masalana マスラン/ ▸ਮਸਲਿਨ [Arab. *masalan*] *adv.* 例えば.

ਮਸਲਾ (मसला) /masalā マスラー/ [Arab. *mas^hala*] *m.* **1** 問題. ❐ਮਸਲਾ ਹੱਲ ਹੋਣਾ 問題が解決される. ❐ਮਸਲਾ ਹੱਲ ਕਰਨਾ 問題を解決する. **2** 課題. **3** 話題.

ਮਸਲਿਨ (मसलिन) /masalina マスリン/ ▸ਮਸਲਨ *adv.* → ਮਸਲਨ

ਮਸ਼ਵਰਾ (मशवरा) /maśawarā マシュワラー/ [Pers. *maśvara*] *m.* **1** 相談. **2** 助言, 忠告. **3** 協議, 審議. **4** 密談, 密議, 謀議, 企て. (⇒ਘਾਲਾ-ਮਾਲਾ)

ਮਸ਼ਵਰਾਤੀ (मशवराती) /maśawarātī マシュワラーティー/ [+ ਤੀ] *adj.* **1** 諮問の, 顧問の. **2** 協議の.

ਮਸਵਾਣੀ (मसवाणी) /masawāṇī マスワーニー/ [Skt. मसिधानी] *f.* 〖容器〗インク壺. (⇒ਦਵਾਤ)

ਮਸਾਂ (मसाँ) /masā̃ マサーン/ ▸ਮਸਾਈਂ, ਮਸੀਂ [Sind. *masa*] *adv.* **1** なんとか苦労して, 苦労の末やっと, やっとのことで. ❐ਲੋਕਾਂ ਨੇ ਇਕੱਠੇ ਹੋ ਕੇ ਮਸਾਂ ਬਲਦ ਨੂੰ ਜੂਲੇ ਹੇਠੋਂ ਕੱਢਿਆ। 人々は集まって苦労の末やっと牡牛を頸木(くびき)の下から引き出しました. **2** ほとんど…ない. **3** ほんの…にすぎない, かろうじて…である(する). ❐ਓਦੋਂ ਭਗਤ ਸਿੰਘ ਮਸਾਂ ਢਾਈ-ਤਿੰਨ ਵਰ੍ਹਿਆਂ ਦਾ ਸੀ। 当時バガト・スィングはほんの二歳半から三歳でした.

ਮੱਸਾ (मस्सा) /massā マッサー/ [Skt. मशक] *m.* 〖医〗いぼ. (⇒ਮਹੁਕਾ)

ਮਸਾਈਂ (मसाईं) /masāī̃ マサーイーン/ ▸ਮਸਾਂ, ਮਸੀਂ *adv.* → ਮਸਾਂ

ਮਸ਼ਾਹੂਰ (मशाहूर) /maśāhūra マシャーフール/ ▸ਮਸ਼ਹੂਰ, ਮਛੂਰ *adj.* → ਮਸ਼ਹੂਰ

ਮਸਾਜਨ (मसाजन) /masājana マサージャン/ [(Pah.) Skt. मसिधान] *f.* 〖容器〗インク壺. (⇒ਦਵਾਤ)

ਮਸਾਣ (मसाण) /masāṇa マサーン/ *m.* 火葬場.

ਮਸਾਨਾ (मसाना) /masānā マサーナー/ [Arab. masān] m.〘身体〙膀胱. ❐ਮਸਾਨੇ ਸੰਬੰਧੀ 膀胱の.
ਮਸਾਮ (मसाम) /masāma マサーム/ [Arab. massām] m. 1 小穴. 2〘身体〙毛孔.
ਮਸਾਂ-ਮਸਾਂ (मसाँ-मसाँ) /masā̃-masā̃ マサーン・マサーン/ [Sind. masa] adv. とても苦労して.
ਮਸਾਮਦਾਰ (मसामदार) /masāmadāra マサームダール/ [Arab. massām Pers.-dār] adj. 1 小穴の多い. 2 多孔性の.
ਮਸਾਮਦਾਰੀ (मसामदारी) /masāmadārī マサームダーリー/ [Arab. massām Pers.-dārī] f. 多孔性.
ਮਸ਼ਾਲ (मशाल) /maśāla マシャール/ [Arab. mas`al] f. 1 松明(たいまつ), 炬火(きょか), かがり火. 2〘軍〙閃光信号, 照明弾.
ਮਸ਼ਾਲਚੀ (मशालची) /maśālacī マシャールチー/ [Pers.-cī] m. 1 松明持ち, 炬火を持って先導する人. 2 先導者, 先駆者, 開拓者.
ਮਸਾਲਾ (मसाला) /masālā マサーラー/ [Arab. maṣālih] m. 1 原料, 材料, 成分. 2〘食品〙香辛料, 薬味, スパイス.
ਮਸਾਲੇਦਾਨੀ (मसालेदानी) /masāledānī マサーレーダーニー/ [Pers.-dānī] f.〘容器〙香辛料を入れる容器.
ਮਸਾਲੇਦਾਰ (मसालेदार) /masāledāra マサーレーダール/ [Pers.-dār] adj. 1 香辛料の入った, 香辛料の利いた. 2 ぴりっとした, 辛い. (⇒ਤਿੱਖਾ)
ਮੱਸਿਆ (मस्सिआ) /massiā マッスィアー/ ▸ਅਮੱਸਿਆ [Skt. अमावस्या] f.〘暦〙陰暦黒分の15日, 新月の夜, 新月.
ਮਸਿਔਹਰ (मसिऔहर) /masiaûra マスィアオール/ m.〘親族〙義理の伯父・叔父(おじ)《義母の姉妹の夫》.
ਮਸੀਂ (मसीं) /masī̃ マスィーン/ ▸ਮਸਾਂ, ਮਸਾਈਂ adv. → ਮਸਾਂ
ਮਸੀਹ (मसीह) /masî マスィー/ [Arab. masīh] m. 1 救世主, メシア. 2〘キ〙イエス・キリスト.
ਮਸੀਹਾ (मसीहा) /masîā マスィーアー/ [Arab. masīhā] m. 1 救世主. 2 解放する人.
ਮਸੀਹੀ (मसीही) /masīhī マスィーヒー/ [Arab. masīhī] adj.〘キ〙キリスト教の.
— m.〘キ〙キリスト教徒.
ਮਸੀਤ (मसीत) /masīta マスィート/ ▸ਮਸਜਦ, ਮਸਜਿਦ [Arab. masjid] f.〘イス〙マスジド(マスジッド), モスク《イスラームの礼拝堂》.
ਮਸ਼ੀਨ (मशीन) /maśīna マシーン/ [Eng. machine] f. 1 機械, 機器. 2〘機械〙ミシン. (⇒ਸਿਲਾਈ ਮਸ਼ੀਨ) 3 機構, 機関.
ਮਸ਼ੀਨਗੰਨ (मशीनगंन) /maśīnaganna マシーンガンヌ/ ▸ਮਸ਼ੀਨ ਗਨ [Eng. machine-gun] f.〘武〙機関銃, マシンガン.
ਮਸ਼ੀਨ ਗਨ (मशीन गन) /maśīna gana マシーン ガン/ ▸ਮਸ਼ੀਨਗੰਨ f. → ਮਸ਼ੀਨਗੰਨ
ਮਸ਼ੀਨਬੰਦ (मशीनबंद) /maśīnabanda マシーンバンド/ [Eng. machine Pers.-band] adj. 機械化された.
ਮਸ਼ੀਨਰੀ (मशीनरी) /maśīnarī マシーナリー/ [Eng. machinery] f. 機械類.
ਮਸ਼ੀਨੀ (मशीनी) /maśīnī マシーニー/ [Eng. machine -ਈ] adj. 機械の. (⇒ਯੰਤਰਿਕ)
ਮਸ਼ੀਰ (मशीर) /maśīra マシール/ [Arab. muśīr] m. 1 助言者. 2 相談相手. 2 顧問, 相談役.
ਮਸ਼ੂਕ (मशूक) /maśūka マシューク/ ▸ਮਾਸ਼ੂਕ [Arab. ma`śūq] adj. 愛する, 最愛の. (⇒ਮਹਿਬੂਬ)
— m. 愛する人, 愛しい人, 恋人. (⇒ਮਹਿਬੂਬ)
ਮਸ਼ੂਕਾ (मशूका) /maśūkā マシューカー/ ▸ਮਾਸ਼ੂਕਾ [Arab. ma`śūqa] f. 1 愛する人, 愛しい人, 恋人. (⇒ਮਹਿਬੂਬਾ) 2 愛する女性, 恋仲の女性, 彼女. (⇒ਪਰੇਮਣ, ਪਰੇਮਿਕਾ)
ਮਸੂਮ (मसूम) /masūma マスーム/ ▸ਮਾਸੂਮ [Arab. ma`ṣūm] adj. 1 罪のない, 無実の. 2 無邪気な, 無垢の, あどけない.
— m. 無邪気な子供.
ਮਸੂਮੀਅਤ (मसूमीअत) /masūmīata マスーミーアト/ [Pers.-yat] f. 1 罪のないこと, 無実. 2 無邪気, あどけなさ.
ਮਸੂਰ (मसूर) /masūra マスール/ ▸ਮਸਰ, ਮਸਰੀ, ਮਹੁਰ m. → ਮਸਰ
ਮਸੂਲ (मसूल) /masūla マスール/ ▸ਮਹਿਸੂਲ [Arab. mahṣūl] m. 1 税, 税金, 関税. (⇒ਕਰ) 2 料金.
ਮਸੂਲੀਆ (मसूलीआ) /masūlīā マスーリーアー/ [-ਈਆ] m. 収税官.
ਮਸੂੜਾ (मसूड़ा) /masūṛā マスーラー/ m.〘身体〙歯茎, 歯肉. (⇒ਫੱਦ, ਬੁੱਟ)
ਮਸੇਹਸ (मसेहस) /masêsa マセース/ f.〘親族〙義理の伯母・叔母(おば)《義母の姉妹》.
ਮੱਸੇਦਾਰ (मस्सेदार) /massedāra マッセーダール/ [Skt. मशक Pers.-dār] adj. いぼのある.
ਮਸੇਰ (मसेर) /masera マセール/ [Skt. मातृश्वसा + ਏਰ] adj.〘親族〙母の姉妹の, 母方のおばの血筋の.
— m.〘親族〙従兄弟(いとこ)《母の姉妹の息子》. (⇒ਮਸੇਰ ਭਰਾ, ਮਸੇਰਾ ਭਰਾ)
— f.〘親族〙従姉妹(いとこ)《母の姉妹の娘》. (⇒ਮਸੇਰ ਭੈਣ, ਮਸੇਰੀ ਭੈਣ)
ਮਸੇਰਾ (मसेरा) /maserā マセーラー/ [-ਏਰਾ] adj.〘親族〙母の姉妹の, 母方のおばの血筋の. ❐ਮਸੇਰਾ ਭਰਾ 従兄弟(いとこ)《母の姉妹の息子》. ❐ਮਸੇਰੀ ਭੈਣ 従姉妹(いとこ)《母の姉妹の娘》.
ਮਸੋਸ (मसोस) /masosa マソース/ ▸ਅਫ਼ਸੋਸ, ਬਸੋਸ m. → ਅਫ਼ਸੋਸ
ਮਸੋਸਣਾ[1] (मसोसणा) /masosaṇā マソーサナー/ [Pers. afsos] vi. 1 悲しむ. 2 残念に思う, 遺憾に思う, 惜しむ. 3 気の毒に思う.
ਮਸੋਸਣਾ[2] (मसोसणा) /masosaṇā マソーサナー/ [Skt. मषति] vt. 1 こする, こすって潰す. 2 押し潰す. (⇒ਕੁਚਲਣਾ) 3 踏みつける.
ਮਸੌਦਾ (मसौदा) /masaudā マサォーダー/ [Arab. musavvada] m. 草稿, 原稿, 下書き. (⇒ਹੱਥ ਲਿਖਤ)
ਮਹੰਤ (महंत) /mahanta マハント/ [Skt. महन्त] m. 1 僧. 2 高僧, 聖人, 上人. 3 僧院長, 僧団の長.
ਮਹੱਤ (महत्त) /mahatta マハット/ [Skt. महत्त्व] adj. 偉大な. (⇒ਮਹਾਨ)
— m. 偉大さ. (⇒ਮਹਾਨਤਾ)
ਮਹੱਤਤਾ (महत्तता) /mahattatā マハッタター/ ▸ਮਹੱਤਾ f.

→ ਮਹੱਤਾ

ਮਹੱਤਮ (महत्तम) /mahattama マハッタム/ [Skt. महत्तम] *m.* 〖数学〗最大公約数.

ਮਹੱਤਵ (महत्तव) /mahattava マハッタヴ/ [Skt. महत्त्व] *m.* **1** 重要性, 重み, 重点, 大切さ. ❑ਮਹੱਤਵ ਦੇਣਾ 重要性を与える, 重んじる, 重視する. **2** 偉大さ.

ਮਹੱਤਵਪੂਰਨ (महत्तवपूरन) /mahattavapūrana マハッタヴプールン/ [Skt.-पूर्ण] *adj.* **1** 重要な, 大切な, 大事な, 肝心な. **2** 意味深い, 意義のある. **3** 重みのある.

ਮਹੱਤਾ (महत्ता) /mahattā マハッター/ ▸ਮਹੱਤਤਾ [Skt. महत्ता] *f.* **1** 偉大さ, 壮大さ. (⇒ਮਹਾਨਤਾ, ਵਡਿਆਈ) **2** 重要性, 意義.

ਮਹੱਲ (महल्ल) /mahalla マハッル/ ▸ਮਹਿਲ [Arab. *mahall*] *m.* 〖建築〗宮殿, パレス.

ਮਹਲਾ (महला) /mahalā マハラー/ [Arab. *mahall* + ਆ] *m.* **1** 宮殿で暮らす女性. **2** 女性, 婦人. (⇒ਇਸਤਰੀ, ਔਰਤ) **3** 〖親族〗妻. (⇒ਪਤਨੀ) **4** 〖文学・スィ〗マハラー《スィック教の根本聖典『アーディ・グラント(グル・グラント・サーヒブ)』に収められた讃歌の中で, グル〔スィック教の教主〕の作とされるものについては讃歌番号が記されている. 「マハラー」は, この讃歌番号の前に付け, 次に示す数字〔各グルが何代目かを示す数字1, 2, 3, 4, 5, 9〕の代のグルの作品であることを示す用語》.

ਮਹੱਲਾ (महल्ला) /mahallā マハッラー/ ▸ਮੁਹੱਲਾ [Arab. *mahalla*] *m.* **1** 都市の区域・地区. **2** 街, 市街, 市街区. **3** 区域.

ਮਹੱਲੇਦਾਰ (महल्लेदार) /mahalledāra マハッレーダール/ [Pers.-*dār*] *adj.* **1** 都市の同じ区域の. **2** 近所の, 近隣の.

ਮਹੱਲੇਦਾਰੀ (महल्लेदारी) /mahalledārī マハッレーダーリー/ [Pers.-*dārī*] *f.* **1** 都市の同じ区域に住む関係. **2** 近所に住む間柄, 近隣関係.

ਮਹਾਂ (महाँ) /mahā̃ マハーン/ ▸ਮਹਾ *adj.pref.* → ਮਹਾ

ਮਹਾ (महा) /mahā マハー/ ▸ਮਹਾਂ [Skt. महा] *adj.* **1** 大きな, 偉大な, 強大な, 著名な, 高名な. (⇒ਵੱਡਾ, ਪਰਤਾਪੀ, ਉੱਚਾ) **2** 過度の, 莫大な. (⇒ਅਤੀ, ਬਹੁਤ ਜ਼ਿਆਦਾ) **3** 広大な. (⇒ਵਿਸ਼ਾਲ)

— *pref.* 「大きな」「偉大な」「広大な」などを意味する接頭辞.

ਮਹਾਉਤ (महाउत) /mahāuta マハーウト/ ▸ਮਹਾਵਤ *m.* → ਮਹਾਵਤ

ਮਹਾਂ ਅਨੰਦ (महाँ अनंद) /mahā̃ ananda マハーン アナンド/ [Skt. महा- Skt. आनंद] *m.* **1** 大きな喜び. **2** 醍醐味.

ਮਹਾਂ ਅਪਰਾਧ (महाँ अपराध) /mahā̃ aparâda マハーン アプラード/ [Skt. महा- Skt. अपराध] *m.* 大罪.

ਮਹਾਸ਼ਕਤੀ (महाशकती) /mahāśakatī マハーシャクティー/ [Skt. महा- Skt. शक्ति] *f.* **1** 大きな力. **2** 超能力.

ਮਹਾਸ਼ਾ (महाशा) /mahāśā マハーシャー/ [Skt. महाशय] *m.* **1** 偉人, 人格者, 立派な人. **2** 紳士, 高貴な人. (⇒ਸੱਜਣ) **3** 殿, 貴殿.

ਮਹਾਂਸਾਗਰ (महाँसागर) /mahā̃sāgara マハーンサーガル/ ▸ਮਹਾਸਾਗਰ *m.* → ਮਹਾਸਾਗਰ

ਮਹਾਸਾਗਰ (महासागर) /mahāsāgara マハーサーガル/ ▸ਮਹਾਂਸਾਗਰ [Skt. महासागर] *m.* 〖地理〗広大な海, 大洋, …洋.

ਮਹਾਂਕਾਲ (महाँकाल) /mahā̃kāla マハーンカール/ [Skt. महा- Skt. काल] *m.* **1** 永遠の時. **2** 神.

ਮਹਾਂਕਾਵ (महाँकाव) /mahā̃kāva マハーンカーヴ/ ▸ਮਹਾਂਕਾਵਿ *m.* → ਮਹਾਂਕਾਵਿ

ਮਹਾਂਕਾਵਿ (महाँकावि) /mahā̃kāv マハーンカーヴ/ ▸ਮਹਾਂਕਾਵ [Skt. महाकाव्य] *m.* 〖文学〗叙事詩, 長編詩.

ਮਹਾਜਨ (महाजन) /mahājana マハージャン/ [Skt. महाजन] *m.* **1** 偉人, 長. **2** 金貸し, 金融業者. (⇒ਸਰਾਫ਼, ਸ਼ਾਹੂਕਾਰ) **3** 実業家, 商人. (⇒ਬਾਣੀਆਂ) **4** 店主, 商店主, 店の主人, 店の経営者. (⇒ਦੁਕਾਨਦਾਰ) **5** 〖姓〗マハージャン《ヒンドゥー教徒の姓の一つ》.

ਮਹਾਜਨੀ (महाजनी) /mahājanī マハージャニー/ [-ਈ] *adj.* 金貸しの, 金融業の, 金融業者の.

— *f.* **1** 金貸し業, 金融業. **2** 〖文字〗マハージャニー文字《主にマールワール ਮਾਰਵਾੜ〔ラージャスターン州の中西部地方〕出身の金融・流通部門に進出している商人が帳簿記入に用いる文字》.

ਮਹਾਜਰ (महाजर) /mahājara マハージャル/ ▸ਮੁਹਾਜਰ *m.* → ਮੁਹਾਜਰ

ਮਹਾਤਮ (महातम) /mahātama マハータム/ [Skt. माहात्म्य] *m.* **1** 偉大さ, 威厳. **2** 重要性, 意義. **3** 神仏・寺社の御利益.

ਮਹਾਤਮਾ (महातमा) /mahātamā マハートマー/ [Skt. महात्मा] *m.* **1** 偉大な魂, 高貴な魂. **2** 大聖者. **3** 偉人. **4** 哲人.

ਮਹਾਦ੍ਵੀਪ (महाद्वीप) /mahādwīpa (mahādawīpa) マハードウィープ (マハーダウィープ)/ ▸ਮਹਾਂਦੀਪ *m.* → ਮਹਾਂਦੀਪ

ਮਹਾਂਦੀਪ (महाँदीप) /mahā̃dīpa マハーンディープ/ ▸ਮਹਾਦ੍ਵੀਪ [Skt. महाद्वीप] *m.* 〖地理〗大陸.

ਮਹਾਂਦੇਵ (महाँदेव) /mahā̃deva マハーンデーヴ/ ▸ਮਹਾਦੇਵ *m.* → ਮਹਾਦੇਵ

ਮਹਾਦੇਵ (महादेव) /mahādeva マハーデーヴ/ ▸ਮਹਾਂਦੇਵ [Skt. महादेव] *m.* **1** 偉大な神. **2** 〖ヒ〗マハーデーヴァ《シヴァ神の異名の一つ》. (⇒ਸ਼ਿਵ)

ਮਹਾਂਦੋਸ਼ (महाँदोश) /mahā̃dośa マハーンドーシュ/ *m.* 弾劾.

ਮਹਾਨ (महान) /mahāna マハーン/ [Skt. महान्] *adj.* **1** 大きな, 巨大な, 莫大な. **2** 広大な, 壮大な. **3** 偉大な. **4** 輝かしい.

ਮਹਾਂਨਗਰ (महाँनगर) /mahā̃nagara マハーンナガル/ [Skt. महा- Skt. नगर] *m.* 大都市, 大都会.

ਮਹਾਨਤਾ (महानता) /mahānatā マハーンター/ [Skt. महान् Skt.-ता] *f.* **1** 巨大さ, 広大さ, 壮大さ. **2** 偉大さ. **3** 優越性. **4** 重要性.

ਮਹਾਪਰਾਣ (महापराण) /mahāparāṇa マハーパラーン/ ▸ਮਹਾਪ੍ਰਾਣ [Skt. महाप्राण] *adj.* 〖音〗有気音の, 帯気音の.

— *m.* 〖音〗有気音, 帯気音.

ਮਹਾਪ੍ਰਾਣ (महाप्राण) /mahāprāṇa (mahāparāṇa) マハープラーン (マハーパラーン)/ ▸ਮਹਾਪਰਾਣ *adj.m.* → ਮਹਾਪਰਾਣ

ਮਹਾਂਪਾਪ (महाँपाप) /mahā̃pāpa マハーンパープ/ [Skt. महा- Skt. पाप] *m.* 大罪.

ਮਹਾਂ ਪੁਰਖ (महाँ पुरख) /mahā̃ purakʰa マハーン プルク/

[Skt. महा- Skt. पुरुष] *m.* 偉人, 聖人.

ਮਹਾਂਭਾਰਤ (महाँभारत) /mahā̃pẵrata̸ マハーンパーラト/ ▸ਮਹਾਭਾਰਤ *m.* → ਮਹਾਭਾਰਤ

ਮਹਾਭਾਰਤ (महाभारत) /mahāpărata̸ マハーパーラト/ ▸ਮਹਾਂਭਾਰਤ [Skt. महाभारत] *m.* 〖文学〗マハーバーラタ《サンスクリット語による大叙事詩. ラーマーヤナと並ぶ古代インドの二大叙事詩の一つ》.

ਮਹਾਂਮਾਰਗ (महाँमारग) /mahā̃māraga̸ マハーンマーラグ/ [Skt. महा- Skt. मार्ग] *m.* 幹線道路. (⇒ਸ਼ਾਹਰਾਹ) ❒ਰਾਸ਼ਟਰੀ ਮਹਾਂਮਾਰਗ 国道. ❒ਰਾਜ ਮਹਾਂਮਾਰਗ 州道.

ਮਹਾਮਾਰੀ (महामारी) /mahāmārī マハーマーリー/ *f.* 〖医〗伝染病, 流行病, 疫病.

ਮਹਾਯਾਨ (महायान) /mahāyāna̸ マハーヤーン/ [Skt. महायान] *m.* 〖仏〗大乗仏教.

ਮਹਾਰਤ (महारत) /mahārata̸ マハーラト/ ▸ਮੁਹਾਰਤ [Pers. *mahārat*] *f.* **1** 熟達, 熟練, 堪能. **2** 技術, 技量. **3** 器用さ.

ਮਹਾਰਾਸ਼ਟਰ (महाराशटर) /mahārāśa̸ṭara̸ マハーラーシュタル/ [Skt. महाराष्ट्र] *m.* 〖地名〗マハーラーシュトラ, マハーラーシュトラ州《インド西部の州. 州都はムンバイー（旧名ボンベイ)》.

ਮਹਾਰਾਸ਼ਟਰੀ (महाराशटरी) /mahārāśa̸ṭarī マハーラーシュタリー/ [Skt. महाराष्ट्रीय] *adj.* マハーラーシュトラの, マハーラーシュトラ州の.

— *m.* **1** マハーラーシュトラの人. **2** マハーラーシュトラの住民. **3** マハーラーシュトラ出身の人.

— *f.* **1** マハーラーシュトラの言語. **2** マハーラーシュトリー語《プラークリット語の一つ》. **3** マラーティー語. (⇒ਮਰਾਠੀ)

ਮਹਾਂਰਾਜ (महाँराज) /mahā̃rāja̸ マハーンラージ/ ▸ਮਹਾਰਾਜ [Skt. महाराज] *m.* → ਮਹਾਰਾਜ

ਮਹਾਰਾਜ (महाराज) /mahārāja̸ マハーラージ/ ▸ਮਹਾਂਰਾਜ [Skt. महाराज] *m.* **1** 大王, 大帝, 大君主. **2** 陛下, 殿下, 閣下《本来は王など統治者への敬称》. **3** 神様, 主, …様《神を尊敬する意味で用いる》. **4** 旦那様, 先生, …殿, …様《一般の会話でも相手を尊敬する意味で用いる》. (⇒ਸਾਹਿਬ)

ਮਹਾਂਰਾਜਾ (महाँराजा) /mahā̃rājā マハーンラージャー/ ▸ਮਹਾਰਾਜਾ *m.* → ਮਹਾਰਾਜਾ

ਮਹਾਰਾਜਾ (महाराजा) /mahārājā マハーラージャー/ ▸ਮਹਾਂਰਾਜਾ [Skt. महा- Skt. राजन्] *m.* **1** 大王, 大帝, 大君主. **2** 王, 皇帝, 君主. **3** 藩王, 藩王国の藩主.

ਮਹਾਰਾਣੀ (महाराणी) /mahārāṇī マハーラーニー/ [Skt. महाराज्ञी] *f.* **1** 女王. **2** 王妃.

ਮਹਾਂਰੋਗ (महाँरोग) /mahā̃roga̸ マハーンローグ/ [Skt. महा- Skt. रोग] *m.* **1** 不治の病. **2** 無知.

ਮਹਾਲ (महाल) /mahāla̸ マハール/ ▸ਮੁਹਾਲ *adj.* → ਮੁਹਾਲ

ਮਹਾਵਤ (महावत) /mahāwata̸ マハーワト/ ▸ਮਹਾਉਤ [Skt. महामात्र] *m.* 象使い.

ਮਹਾਂਵਾਕ (महाँवाक) /mahā̃wāka̸ マハーンワーク/ [Skt. महा- Skt. वाक्] *m.* 格言.

ਮਹਾਵਰ (महावर) /mahāwara̸ マハーワル/ *m.* マハーワル《ラックカイガラムシから採れる赤い顔料の一つ. 女性の足の装飾に用いる》.

ਮਹਾਵਿਦਿਆਲਾ (महाविदिआला) /mahāvidiālā マハーヴィディアーラー/ [Skt. महा- Skt. विद्यालय] *m.* 大学, カレッジ.

ਮਹਾਂਵੀਰ (महाँवीर) /mahā̃vīra̸ マハーンヴィール/ ▸ਮਹਾਵੀਰ *adj.m.* → ਮਹਾਵੀਰ

ਮਹਾਵੀਰ (महावीर) /mahāvīra̸ マハーヴィール/ ▸ਮਹਾਂਵੀਰ [Skt. महावीर] *adj.* **1** 非常に勇敢な, 勇猛果敢な. **2** 英雄の.

— *m.* **1** 偉大な武勇者. **2** 偉大な英雄. **3** 〖ジャ〗マハーヴィーラ《ジャイナ教の開祖. ジャイナ教徒の信仰では23人の祖師ティールタンカラがおり, マハーヴィーラは第24代にして最後のティールタンカラとされる》. **4** 〖ヒ〗ハヌマーン. (⇒ਹਨੂਮਾਨ)

ਮਹਿੰ (महिं) /mãî マェーン/ ▸ਮਹੀਂ *f.* → ਮਹੀਂ

ਮਹਿੰਆਂ (महिंआँ) /mãîã マェーンアーン/ [(Pkt. महिस) Skt. महिष] *m.* 〖動物〗雄スイギュウ, 牡水牛. (⇒ਸੰਢਾ)

ਮਹਿਸੂਸ (महिसूस) /maîsūsa̸ マェースース/ [Arab. *mahsūs*] *adj.* 感じられた, 知覚された, 感知された. ❒ਮਹਿਸੂਸ ਕਰਨਾ 感じる, 感づく, 感知する.

ਮਹਿਸੂਸਣਾ (महिसूसणा) /maîsūsa̸ṇā マェースースナー/ [Arab. *mahsūs*] *vt.* **1** 感じる, 感づく. **2** 感知する, 知覚する.

ਮਹਿਸੂਲ (महिसूल) /maîsūla̸ マェースール/ ▸ਮਸੂਲ *m.* → ਮਸੂਲ

ਮਹਿਕ (महिक) /maîka̸ マェーク/ [Skt. महक्क] *f.* **1** 芳香. (⇒ਖ਼ੁਸ਼ਬੂ) **2** 香り. **3** 匂い.

ਮਹਿਕਣਾ (महिकणा) /maîkaṇā マェーカナー/ [Skt. महक्क] *vi.* 芳香を放つ, 香る, 匂う.

ਮਹਿਕਦਾ (महिकदा) /maîka̸dā マェークダー/ [cf. ਮਹਿਕਣਾ] *adj.* 芳香が漂う, 香りが良い.

ਮਹਿਕਦਾਰ (महिकदार) /maîka̸dāra̸ マェークダール/ [Skt. महक्क Pers.*-dār*] *adj.* 芳香が漂う, 香りが良い.

ਮਹਿਕਮਾ (महिकमा) /maîka̸mā マェークマー/ [Arab. *mahkama*] *m.* **1** 部門. **2** 部局, 局, 庁. (⇒ਵਿਭਾਗ)

ਮਹਿਕਮਾਨਾ (महिकमाना) /maîka̸mānā マェークマーナー/ *adj.* 部門の, 部局の. (⇒ਵਿਭਾਗੀ)

ਮਹਿਕਾਉਣਾ (महिकाउणा) /maîkāuṇā マェーカーウナー/ [cf. ਮਹਿਕਣਾ] *vt.* 芳香を漂わせる, 芳香で満たす, 香らせる, 匂わせる.

ਮਹਿਕੂਮ (महिकूम) /maîkūma̸ マェークーム/ [Arab. *mahkūm*] *adj.* **1** 命じられた, 命令を与えられた. **2** 支配を受ける, 統治された.

— *m.* 民, 臣民, 人民. (⇒ਪਰਜਾ)

ਮਹਿੰਗ (महिंग) /mãîga̸ マェーング/ [Skt. महार्घ] *m.* **1** 高価. **2** 高騰. **3** 〖経済〗インフレ, 通貨膨張.

ਮਹਿੰਗਾ (महिंगा) /mãîgā マェーンガー/ ▸ਮੇਘਾ [Skt. महार्घ] *adj.* **1** 高価な, 値段の高い. (⇔ਸਸਤਾ) **2** 高くつく.

ਮਹਿੰਗਾਈ (महिंगाई) /mãîgāī マェーンガーイー/ [-ਈ] *f.* **1** 高価, 高物価, 物価高. **2** 高騰. **3** 〖経済〗インフレ, 通貨膨張.

ਮਹਿਜ (महिज) /maîja̸ マェージ/ ▸ਮਹਿਜ਼ *adv.* → ਮਹਿਜ਼

ਮਹਿਜ਼ (महिज़) /maîza̸ マェーズ/ ▸ਮਹਿਜ [Arab. *mahz*] *adv.* ただ…だけ, …にすぎない. (⇒ਕੇਵਲ, ਸਿਰਫ਼)

ਮਹਿੱਟਰ (महिट्टर) /mahiṭṭarạ | mĭṭṭarạ マヒッタル｜ミッタル/ [Skt. माता + Skt. रहित] *adj.* 1 母親のいない. 2 孤児の. 3 両親に先立たれた.

ਮਹਿਣਾ (महिणा) /maîṇā マェーナー/ ▸ਮਹਿਨਾ, ਮਾਅਨਾ, ਮਾਅਨੇ *m.* → ਮਹਿਨਾ

ਮਹਿਤਾ (महिता) /maîtā マェーター/ [Skt. महत्] *m.* 1 〖ヒ〗ブラーフマンなどに向けて用いる敬称. 2 〖ヒ〗(ヒンドゥー教徒の)書記, 事務官, 会計係. 3 〖姓〗メーヘター《カッタリー(クシャトリヤ)の姓の一つ》.

ਮਹਿਤਾਬ (महिताब) /maîtābạ マェーターブ/ [Pers. *mahtāb*] *m.* 1 〖天文〗月. (⇒ਚੰਨ) 2 月光. (⇒ਚਾਨਣੀ) 3 打ち上げ花火の一種.

ਮਹਿੰਦੀ (महिंदी) /maîdī マェーンディー/ [Skt. मेन्धी] *f.* 1 〖植物〗シコウカ(指甲花)《ミソハギ科の多年生低木》. 2 メヘンディー, ヘンナ(ヘナ)《 → ਹਿਨਾ 》.

ਮਹਿਦੂਦ (महिदूद) /maîdūdạ マェードゥード/ [Arab. *mahdūd*] *adj.* 限られた, 制限された.

ਮਹਿਨਾ (महिना) /maînā マェーナー/ ▸ਮਹਿਣਾ, ਮਾਅਨਾ, ਮਾਅਨੇ [Arab. *ma`na*] *m.* 意味, 意義. (⇒ਅਰਥ, ਮਤਲਬ)

ਮਹਿਫ਼ਲ (महिफ़ल) /maîfalạ マェーファル/ [Arab. *mahfil*] *f.* 1 集会. 2 社交上の集まり. 3 パーティー.

ਮਹਿਬੂਬ (महिबूब) /maîbūbạ マェーブーブ/ [Arab. *mahbūb*] *adj.* 愛する, 最愛の. (⇒ਮਸ਼ੂਕ)
— *m.* 愛する人, 愛しい人, 恋人. (⇒ਮਸ਼ੂਕ)

ਮਹਿਬੂਬਾ (महिबूबा) /maîbūbā マェーブーバー/ [Arab. *mahbūba*] *f.* 1 愛する人, 愛しい人, 恋人. (⇒ਮਸ਼ੂਕਾ) 2 愛する女性, 恋仲の女性, 彼女. (⇒ਪਰੇਮਣ, ਪਰੇਮਿਕਾ)

ਮਹਿਮਾ (महिमा) /maîmā マェーマー/ [Skt. महिमा] *f.* 1 偉大さ, 壮大さ, 崇高さ, 威光, 威力. (⇒ਵਡਿਆਈ) 2 重要性. (⇒ਮਹੱਤਾ) 3 名声, 栄光, 見事さ. (⇒ਸੋਭਾ) 4 称賛, 賛辞. (⇒ਉਸਤਤ)

ਮਹਿਮਾਨ (महिमान) /maîmānạ マェーマーン/ ▸ਮਿਹਮਾਨ, ਮਿਜ਼ਮਾਨ [Pers. *mehmān*] *m.* 客, 来客, 訪問客, 客人, ゲスト. (⇒ਅਤਿਥੀ, ਪਰਾਹੁਣਾ)

ਮਹਿਮਾਨਦਾਰੀ (महिमानदारी) /maîmānạdārī マェーマーンダーリー/ ▸ਮਿਹਮਾਨਦਾਰੀ [Pers.-*dārī*] *f.* 1 接客, 接待, もてなし. (⇒ਪਰਾਹੁਣਚਾਰੀ, ਅਤਿਥੀ ਸੇਵਾ) 2 歓待.

ਮਹਿਮਾਨੀ (महिमानी) /maîmānī マェーマーニー/ ▸ਮਿਜ਼ਮਾਨੀ [Pers. *mehmānī*] *f.* 1 もてなし. 2 歓待.

ਮਹਿਰਮ (महिरम) /maîramạ マェーラム/ [Arab. *mahram*] *m.* 1 親密な関係の人. 2 秘密を知っている人. 3 腹心の友.

ਮਹਿਰਾ (महिरा) /maîrā マェーラー/ *m.* 1 〖姓〗メヘラー《カッタリー(クシャトリヤ)の姓の一つ》. 2 水運び人. (⇒ਝਿਊਰ)

ਮਹਿਰਾਬ (महिराब) /maîrābạ マェーラーブ/ ▸ਮਿਹਰਾਬ [Arab. *mahrāb*] *f.* 1 〖建築〗アーチ. 2 〖建築〗モスクのアルコーブ《壁面の一部をへこませて作った空間》.

ਮਹਿਰਾਬੀ (महिराबी) /maîrābī マェーラービー/ ▸ਮਿਹਰਾਬੀ [-ਈ] *f.* アーチの内輪, 内弧面.

ਮਹਿਰੀ (महिरी) /maîrī マェーリー/ *f.* 水運び人の妻.

ਮਹਿਰੂ (महिरू) /maîrū マェールー/ *f.* 〖動物〗スイギュウ, 水牛.

ਮਹਿਰੂਮ (महिरूम) /maîrūmạ マェールーム/ [Pers. *mahrūm*] *adj.* 1 奪われた, 失った. 2 困窮した. 3 財産を奪われた.

ਮਹਿਰੂਮੀ (महिरूमी) /maîrūmī マェールーミー/ [Pers. *mahrūmī*] *f.* 1 剥奪, 喪失. 2 欠乏, 困窮.

ਮਹਿਰੂਮੀਅਤ (महिरूमीअत) /maîrūmīatạ マェールーミーアト/ [Pers.-*yat*] *f.* → ਮਹਿਰੂਮੀ

ਮਹਿਲ (महिल) /maîlạ マェール/ ▸ਮਹੱਲ *m.* → ਮਹੱਲ

ਮਹਿਲਾ (महिला) /maîlā マェーラー/ [Skt. महिला] *f.* 1 女性. 2 婦人. 3 淑女.

ਮਹਿਵ (महिव) /maîwạ マェーウ/ [Arab. *mahv*] *adj.* 1 没頭している. 2 ひどく忙しい.

ਮਹਿਵਰ (महिवर) /maîwarạ マェーワル/ [Arab. *mihvar*] *m.* 回転軸.

ਮਹੀਂ (महीं) /mâĩ マイーン/ ▸ਮਹਿੰ [(Pkt. महिसी) Skt. महिषी] *f.* 〖動物〗雌スイギュウ, 牝水牛. (⇒ਖੋਲੀ)

ਮਹੀ (मही) /mâī マイー/ [Skt. मही] *f.* 1 大地. (⇒ਧਰਤੀ) 2 川. (⇒ਨਦੀ)

ਮਹੀਓਂ (महीओं) /mâīõ マイーオーン/ *pron.* 《 ਮੈਂ ਹੀ ਓ の融合形》私自身.

ਮਹੀਅਲ (महीअल) /mâīalạ マイーアル/ *adv.* 真ん中に. (⇒ਵਿਚਕਾਰ)

ਮਹੀਨ (महीन) /maĭnạ | mahīnạ マイーン｜マヒーン/ ▸ਮ੍ਹੀਨ [Pers. *mahīn*] *adj.* 1 細い. 2 繊細な, 微妙な. 3 柔らかい.

ਮ੍ਹੀਨ (म्हीन) /mĭnạ ミーン/ ▸ਮਹੀਨ *adj.* → ਮਹੀਨ

ਮਹੀਨਾ (महीना) /maĭnā | mahīnā マイーナー｜マヒーナー/ [Pers. *mahīna*] *m.* 1 〖暦〗(暦の上での)月. 2 〖時間〗一か月. 3 月給. (⇒ਮਹੀਨੇ ਦੀ ਤਨਖ਼ਾਹ) 4 〖生理〗月経, 月経期間.

ਮਹੀਪ (महीप) /mahīpạ | maĭpạ マヒープ｜マイープ/ [Skt. महीप] *m.* 王.

ਮਹੀਪਤ (महीपत) /mahīpatạ | maĭpatạ マヒーパト｜マイーパト/ [Skt. महीपति] *m.* 王, 国王. (⇒ਰਾਜਾ)

ਮਹੀਂਵਾਲ (महींवाल) /mâĩwālạ マイーンワール/ [Skt. महिषी Skt.-पाल] *m.* 1 牛飼い. 2 〖人名・文学〗マヒーンワール《パンジャーブの伝承悲恋物語に登場する男性主人公. 恋人の女性主人公はソーホニー ਸੋਹਣੀ 》.

ਮਹੁਕਾ (महुका) /maûkā マォーカー/ ▸ਮੁਹਕਾ, ਮੋਹਕਾ *m.* → ਮੁਹਕਾ

ਮਹੁਰ (महुर) /maûrạ マォール/ ▸ਮਸਰ, ਮਸਰੀ, ਮਸੂਰ [(Kang.)] *m.* → ਮਸਰ

ਮਹੁਰਾ (महुरा) /maûrā マォーラー/ ▸ਮੌਹਰਾ [Skt. मधुर] *m.* 1 毒. (⇒ਜ਼ਹਿਰ, ਵਿੱਸ) 2 毒草.

ਮਹੁਰੀ (महुरी) /maûrī マォーリー/ ▸ਮੌਹਰੀ *f.* 〖医〗たちの悪いできもの.

ਮਹੂਆ (महूआ) /maûā マウーアー/ *m.* 〖植物〗イリッペ《アカテツ科の高木. 花からは酒, 種子からは油が作られる》, イリッペの花.

ਮਹੂਰਤ (महूरत) /mahūratạ | maŭratạ マフーラト｜マウーラト/ ▸ਮੁਹਤ [Skt. मुहूर्त] *m.* 1 〖時間〗 48分に相当する時間の単位, 1日の30分の1の時間. 2 瞬間, 瞬時, ちょっとの間. 3 縁起の良い時, 吉祥の時刻, 吉日.

ਮਹੇਸ਼ (महेश) /maheśạ | maĕśạ マヘーシュ｜マエーシュ/ [Skt. महेश] *m.* 1 最高神. 2 〖ヒ〗マヘーシャ《シヴァ神

の異名の一つ》. (⇒ਸ਼ਿਵ)

ਮ੍ਹੇਲਣਾ (म्हेलणा) /mĕlaṇā メーラナー/ ▸ਮੇਲ੍ਹਣਾ *vi.* ふらふら歩く, 千鳥足で歩く.

ਮਹੈਣ (महैण) /mahaiṇa̸ マハェーン/ *m.* **1** 家族. **2** 群衆, 人混み. **3** 大衆.

ਮਹੋਰ (महोर) /mahora̸ | maŏra̸ マホール | マオール/ [(Jat.)] *int.* 〖罵言〗こん畜生. (⇒ਫਿਟੇ ਮੂੰਹ)

ਮਹੌਲ (महौल) /mahaula̸ マハォール/ ▸ਮਾਹੌਲ [Arab. *mā haul*] *m.* → ਮਾਹੌਲ

ਮਕਈ (मकई) /makaī マカイー/ ▸ਮੱਕੀ *f.* → ਮੱਕੀ

ਮਕਸਦ (मकसद) /maka̸sada̸ マクサド/ [Arab. *maqṣad*] *m.* **1** 目的, 目標. (⇒ਉਦੇਸ਼, ਲਕਸ਼) **2** 意図. **3** 願い, 願望.

ਮਕਸੂਦ (मकसूद) /maka̸sūda̸ マクスード/ [Arab. *maqṣūd*] *m.* **1** 目的, 目標. (⇒ਉਦੇਸ਼, ਲਕਸ਼) **2** 意図. **3** 願い, 願望. **4** 意味.
— *adj.* **1** 目的とされた. **2** 望まれた.

ਮਕਚਰ੍ਹੀ (मकचर्ही) /maka̸cârī マクチャリー/ *f.* 〖植物〗テオシント, ブタモロコシ(豚蜀黍)《家畜の飼料にする》.

ਮਕਤਬ (मकतब) /maka̸taba̸ マクタブ/ [Arab. *maktab*] *m.* **1** 書く場所. **2** 学校, 小学校.

ਮਕਤਲ (मकतल) /maka̸tala̸ マクタル/ [Arab. *maqtal*] *m.* **1** 処刑場. **2** 屠殺場, 屠殺舎, 食肉処理場.

ਮਕਤਾ (मकता) /maka̸tā マクター/ [Arab. *maqta`a*] *f.* 〖文学〗最後の詩行.

ਮਕਤੂਲ (मकतूल) /maka̸tūla̸ マクトゥール/ [Arab. *maqtūl*] *m.* 殺された人.

ਮਕਦਮ (मकदम) /maka̸dama̸ マクダム/ ▸ਮੁਕਦਮ, ਮੁਕੱਦਮ *adj.m.* → ਮੁਕੱਦਮ

ਮਕਨਾ (मकना) /maka̸nā マクナー/ [Skt. मक्कण] *m.* 〖動物〗牙のない雄象.
— *adj.* 背の低い.

ਮਕਬਰਾ (मकबरा) /maka̸barā マクバラー/ [Arab. *maqbara*] *m.* 〖建築・イス〗霊廟, 陵, 墓, 建築物を伴った墓.

ਮਕਬੂਜ਼ਾ (मकबूज़ा) /maka̸būzā マクブーザー/ [Arab. *maqbūzat*] *adj.* **1** 所有された. **2** 占拠された. **3** 占領された.

ਮਕਬੂਲ (मकबूल) /maka̸būla̸ マクブール/ [Arab. *maqbūl*] *adj.* **1** 受け入れられている. (⇒ਪਰਵਾਨ) **2** 信じられている. **3** 人気のある, 広く好まれている, 評判の良い. **4** 有名な. (⇒ਪਰਸਿੱਧ, ਮਸ਼ਹੂਰ)

ਮਕਬੂਲੀਅਤ (मकबूलीअत) /maka̸būlīata̸ マクブーリーアト/ [Pers.*-yat*] *f.* **1** 受け入れること, 受諾, 承諾. **2** 人気, 好まれていること, 評判の良さ. (⇒ਪਸੰਦੀਦਗੀ) **3** 名声, 高名. (⇒ਪਰਸਿੱਧੀ, ਮਸ਼ਹੂਰੀ)

ਮਕਰ[1] (मकर) /makara̸ マカル/ [Arab. *makr*] *m.* **1** 詐欺. (⇒ਧੋਖਾ) **2** 見せかけ. (⇒ਦਿਖਾਵਾ)

ਮਕਰ[2] (मकर) /makara̸ マカル/ [Skt. मकर] *m.* **1** 〖天文〗山羊座. **2** 〖動物〗クジラ類. **3** 〖動物〗ワニ, 鰐. (⇒ਮਗਰਮੱਛ)

ਮਕਰੰਦ (मकरंद) /maka̸randa̸ マクランド/ [Skt. मकरन्द] *m.* 花の蜜.

ਮਕਰ-ਰੇਖਾ (मकर-रेखा) /makara̸-rekʰā マカル・レーカー/ [Skt. मकर + Skt. रेखा] *f.* 〖地理・天文〗南回帰線.

ਮਕਰਾ (मकरा) /maka̸rā マクラー/ *adj.* **1** 偽る人. **2** ぺてん師.

ਮਕਰੋਨੀ (मकरोनी) /maka̸ronī マクローニー/ [Eng. *macaroni*] *f.* 〖食品〗マカロニ.

ਮੱਕੜ[1] (मक्कड़) /makkaṛa̸ マッカル/ ▸ਮਕੜਾ, ਮੱਕੜਾ *m.* → ਮਕੜਾ[1]

ਮੱਕੜ[2] (मक्कड़) /makkaṛa̸ マッカル/ ▸ਮੱਕਾਰ *adj.m.* → ਮੱਕਾਰ

ਮਕੜਾ[1] (मकड़ा) /maka̸ṛā マクラー/ ▸ਮੱਕੜ, ਮੱਕੜਾ [(Pal. मक्कटक) Skt. मर्कटक] *m.* **1** 〖虫〗雄グモ, 雄蜘蛛, 大蜘蛛. **2** 〖虫〗バッタ, イナゴ, キリギリス. (⇒ਟਿੱਡਾ)

ਮਕੜਾ[2] (मकड़ा) /maka̸ṛā マクラー/ *m.* 〖農業〗刈り取られた農作物の小さな積み重ね.

ਮਕੜਾ[3] (मकड़ा) /maka̸ṛā マクラー/ *m.* 〖機械〗圧搾機などの垂直の軸の上部を固定する木製の挿入物.

ਮਕੜਾ[4] (मकड़ा) /maka̸ṛā マクラー/ *m.* 駱駝の尻繋(しりがい).

ਮੱਕੜਾ (मक्कड़ा) /makkaṛā マッカラー/ ▸ਮੱਕੜ, ਮਕੜਾ *m.* → ਮਕੜਾ[1]

ਮਕੜੀ (मकड़ी) /maka̸ṛī マクリー/ ▸ਮੱਕੜੀ [(Pal. मक्कटक) Skt. मर्कटक -ई] *f.* **1** 〖虫〗(総称として)クモ, 蜘蛛. **2** 〖虫〗雌グモ, 雌蜘蛛. **3** 〖虫〗バッタ, イナゴ, キリギリス.

ਮੱਕੜੀ (मक्कड़ी) /makkaṛī マッカリー/ ▸ਮਕੜੀ *f.* → ਮਕੜੀ

ਮੱਕਾ[1] (मक्का) /makkā マッカー/ [Arab. *makka*] *m.* 〖地名〗メッカ《アラビア半島西部の都市. 預言者ムハンマドの生誕地》.

ਮੱਕਾ[2] (मक्का) /makkā マッカー/ [Skt. मर्कटक] *m.* 〖植物〗粒の大きいトウモロコシ(玉蜀黍).

ਮਕਾਣ (मकाण) /makāṇa̸ マカーン/ ▸ਖਾਣ, ਮੁਕਾਣ *f.* **1** 弔意, 悔やみ. **2** 弔問.

ਮਕਾਨ (मकान) /makāna̸ マカーン/ [Arab. *makān*] *m.* **1** 〖建築〗家, 家屋. (⇒ਘਰ, ਹਾਊਸ) **2** 住宅, 住居, 住まい. (⇒ਨਿਵਾਸ) **3** 建物. (⇒ਇਮਾਰਤ)

ਮਕਾਨਕੀ (मकानकी) /makāna̸kī マカーンキー/ ▸ਮਕਾਨਗੀ, ਮਕੈਨਕੀ, ਮਕੈਨਿਕੀ *adj.f.* → ਮਕੈਨਿਕੀ

ਮਕਾਨਗੀ (मकानगी) /makāna̸gī マカーンギー/ ▸ਮਕਾਨਕੀ, ਮਕੈਨਕੀ, ਮਕੈਨਿਕੀ *adj.f.* → ਮਕੈਨਿਕੀ

ਮਕਾਨਦਾਰ (मकानदार) /makāna̸dāra̸ マカーンダール/ [Arab. *makān* Pers.*-dār*] *m.* 家の主人, 世帯主, 戸主.

ਮਕਾਨ ਮਾਲਕ (मकान मालक) /makāna̸ mālaka̸ マカーン マーラク/ [+ Arab. *mālik*] *m.* 家主, 貸家の持ち主, 大家, 賃貸人.

ਮਕਾਨ ਮਾਲਕਣ (मकान मालकण) /makāna̸ mālaka̸ṇa̸ マカーン マールカン/ [-ਣ] *f.* 女家主.

ਮਕਾਨੀ (मकानी) /makānī マカーニー/ *adj.* この世の, 現世の, 世俗的な. (⇒ਸੰਸਾਰੀ, ਦੁਨੀਆਈ)

ਮਕਾਮ (मकाम) /makāma̸ マカーム/ ▸ਮੁਕਾਮ *m.* → ਮੁਕਾਮ

ਮਕਾਮੀ (मकामी) /makāmī マカーミー/ ▸ਮੁਕਾਮੀ *adj.* → ਮੁਕਾਮੀ

ਮੱਕਾਰ (मक्कार) /makkārạ マッカール/ ▸ਮੱਕੜ [Arab. makkār] *adj.* **1** 詐欺の, 嘘つきの, 人を惑わすような. **2** 悪賢い, 狡猾な.
— *m.* 詐欺師.

ਮੱਕਾਰਪੁਣਾ (मक्कारपुणा) /makkārạpuṇā マッカールプナー/ [-ਪੁਣਾ] *m.* ごまかし, 詐欺, 欺瞞. (⇒ਦੰਭ, ਫ਼ਰੇਬ)

ਮੱਕਾਰਾ (मक्कारा) /makkārā マッカーラー/ [Arab. makkār] *f.* 女の詐欺師.

ਮੱਕਾਰੀ (मक्कारी) /makkārī マッカーリー/ [Arab. makkārī] *f.* **1** だまし, 欺き, 詐欺. (⇒ਦੰਭ, ਫ਼ਰੇਬ) **2** 悪賢いこと, 狡猾.

ਮੱਕੀ (मक्की) /makkī マッキー/ ▸ਮਕਈ [Skt. मर्कटक] *f.* 〘植物〙トウモロコシ(玉蜀黍). ❐ਮੱਕੀ ਦੀ ਰੋਟੀ トウモロコシのローティー《トウモロコシ粉を水で練った生地を平たく焼いたもの. ローティーは北インドで主食とされる無発酵平焼きパンの総称》. ❐ਮੈਨੂੰ ਤਾਂ ਮਾਤਾ ਜੀ ਨੇ ਮੱਕੀ ਦੀ ਰੋਟੀ ਉੱਪਰ ਮੱਖਣ ਰੱਖ ਕੇ ਦਿੱਤਾ ਸੀ। 僕にはお母さんがトウモロコシのローティーの上にバターを載せてくれました.

ਮੱਕੂ (मक्कू) /makkū マックー/ [Skt. मुख] *m.* 〘道具〙マックー《フッカー〔水煙管〕の下の部分にあるチラム〔火皿〕を置くための孔》. ❐ਮੱਕੂ ਠੱਪਣਾ, ਮੱਕੂ ਬੰਨ੍ਹਣਾ マックーを固く締める, 打つ, 叩く, 打ちのめす, 強く抑える, とっちめる.

ਮਕੈਨਕ (मकैनक) /makainakạ マカェーナク/ ▸ਮਕੈਨਿਕ *m.* → ਮਕੈਨਿਕ

ਮਕੈਨਕੀ (मकैनकी) /makainạkī マカェーンキー/ ▸ ਮਕਾਨਕੀ, ਮਕਾਨਗੀ, ਮਕੈਨਿਕੀ *adj.f.* → ਮਕੈਨਿਕੀ

ਮਕੈਨਿਕ (मकैनिक) /makainikạ マカェーニク/ ▸ਮਕੈਨਕ [Eng. *mechanic*] *m.* 機械工, 修理工, 工員. (⇒ਯੰਤਰਕ)

ਮਕੈਨਿਕੀ (मकैनिकी) /makainikī マカェーニキー/ ▸ ਮਕਾਨਕੀ, ਮਕਾਨਗੀ, ਮਕੈਨਕੀ [Eng. *machanic* -ਈ] *adj.* 機械工の.
— *f.* 機械工の仕事・技能.

ਮਕੈਨੀਕਲ (मकैनीकल) /makainīkalạ マカェーニーカル/ [Eng. *mechanical*] *adj.* **1** 機械の. (⇒ਮਸ਼ੀਨੀ) **2** 機械に強い, 機械の専門家の.

ਮਕੋ (मको) /mako マコー/ [Pers. *mako*] *m.* 〘植物〙イヌホオズキ(犬酸漿・犬鬼灯)《ナス科の雑草》.

ਮਕੌੜਾ (मकौड़ा) /makauṛā マカォーラー/ *m.* 〘虫〙大型の黒蟻.

ਮੱਖ (मक्ख) /makkʰạ マック/ [Skt. मक्षिका] *m.* 〘虫〙大型の蝿.

ਮਖ਼ਸੂਸ (मख़सूस) /maxạsūsạ マクスース/ [Arab. *maxṣūṣ*] *adj.* **1** 特別の, 特定の, 際立った. **2** 詳細に述べられた.

ਮਖੱਟੂ (मखट्टू) /makʰaṭṭū マカットゥー/ ▸ਨਖੱਟੂ, ਨਿਖੱਟੂ, ਮਣਖੱਟੂ *adj.m.* → ਨਖੱਟੂ

ਮੱਖਣ (मक्खण) /makkʰaṇạ マッカン/ [(Pkt. मक्खण) Skt. म्रक्षण] *m.* 〘食品〙バター(発酵バター)《 ਮੱਖਣ は, 生乳を加熱し, 乳酸菌で静置発酵させた後, 攪拌して作った発酵バター. さらにその発酵バターをしばらく煮立たせた後, 澱のような沈殿物をとり除くと純度の高い乳脂肪のギー〔精製バター〕 ਘੀ (ਘਿਓ)となる》.

ਮਖ਼ਤੂਲ (मख़तूल) /maxạtūlạ マクトゥール/ [Arab. *maftūl*] *m.* 黒い絹糸.

ਮਖ਼ਦੂਮ (मख़दूम) /maxạdūmạ マクドゥーム/ [Arab. *maxdūm*] *m.* **1** 主人. (⇒ਮਾਲਿਕ, ਸੁਆਮੀ) **2** 〘イス〙イスラームの学者. (⇒ਮੁੱਲਾ, ਮੌਲਵੀ) **3** 〘イス〙聖者. (⇒ਫ਼ਕੀਰ)

ਮਖ਼ਮਲ (मख़मल) /maxạmalạ マクマル/ [Arab. *muxmal*] *f.* 〘布地〙ビロード.

ਮਖ਼ਮਲੀ (मख़मली) /maxạmalī マクマリー/ [Pers. *muxmalī*] *adj.* ビロードの.

ਮਖ਼ਮੂਰ (मख़मूर) /maxạmūrạ マクムール/ [Arab. *maxmūr*] *adj.* **1** 酔っている, 酔い痴れた. **2** うっとりとした, 陶酔した. **3** 恍惚状態の.

ਮਖ਼ਲੂਕ (मख़लूक) /maxạlūkạ マクルーク/ [Arab. *maxlūq*] *f.* **1** 創造物, 万物. **2** 生き物, 生物. **3** 世界.

ਮਖਾਂ (मखाँ) /makʰã マカーン/ *int.* 《 ਮੈਂ ਆਖਾਂ の短縮融合形》私は言いましょうか, 言ってもいいかい.

ਮਖਾਣਾ (मखाणा) /makʰāṇā マカーナー/ [Skt. माक्षिक + ਆਣਾ] *m.* 〘食品〙マカーナー《ひよこ豆の形の砂糖菓子の一種》.

ਮਖਿਆ (मखिआ) /makʰiā マキアー/ [(Mal.)] *int.* 《 ਮੈਂ ਆਖਿਆ の短縮融合形》私は言った, 言っただろ, ほら.

ਮਖਿਆਰੀ (मखिआरी) /makʰiārī マキアーリー/ [(Pkt. मक्खिआ) Skt. मक्षिका + ਰੀ] *f.* **1** 〘虫〙ハエ, 蝿. **2** 〘虫〙ミツバチ, 蜜蜂.

ਮਖਿਆਲ (मखिआल) /makʰiālạ マキアール/ [Skt.-आलय] *m.* **1** ミツバチの巣. (⇒ਛੱਤਾ) **2** ミツバチの群れ. **3** 〘食品〙蜂蜜.

ਮੱਖੀ (मक्खी) /makkʰī マッキー/ [(Pkt. मक्खिआ) Skt. मक्षिका] *f.* **1** 〘虫〙ハエ, 蝿. ❐ਮੱਖੀਆਂ ਮਾਰਨਾ 蝿を叩いて殺す, 怠けている, 何もしないでぶらぶらする. ❐ਅੱਖੀਂ ਦੇਖ ਕੇ ਮੱਖੀ ਨਿਗਲਣਾ 目で見ていながら蝿を飲み込む, 悪いと分かっていながら悪いことをする. **2** 〘虫〙ミツバチ, 蜜蜂.

ਮੱਖੀ-ਚੂਸ (मक्खी-चूस) /makkʰī-cūsạ マッキー・チュース/ [+ cf. ਚੂਸਣਾ] *m.* **1** 蝿を吸う者. **2** 〘俗語〙(溶けたバターの中に落ちた蝿まで吸う)けちな奴, けちん坊, しみったれ, ドケチ. (⇒ਸੂਮ, ਕੰਜੂਸ)
— *adj.* 〘俗語〙けちな, けちん坊の, しみったれの, ドケチの. (⇒ਸੂਮ, ਕੰਜੂਸ)

ਮੱਖੀ ਪਾਲਣ (मक्खी पालण) /makkʰī pālaṇạ マッキー パーラン/ [+ Skt. पालन] *m.* 養蜂.

ਮੱਖੀਮਾਰ (मक्खीमार) /makkʰīmārạ マッキーマール/ [+ Skt. मारण] *m.* **1** 蝿をピシャリと打つこと. **2** 〘道具〙蝿叩き.
— *adj.* 〘俗語〙怠け者の, 無気力な.

ਮਖੀਰ (मखीर) /makʰīrạ マキール/ [+ ਰ] *m.* **1** 〘虫〙ミツバチ, 蜜蜂. **2** ミツバチの巣. (⇒ਛੱਤਾ) **3** 〘食品〙蜂蜜.

ਮਖੌਟਾ (मखौटा) /makʰauṭā マカォーター/ ▸ਮੁਖੌਟਾ [Skt. मुखपट] *m.* 仮面.

ਮਖੌਲ (मखौल) /makʰaulạ マカォール/ *m.* **1** 冗談, 洒落. (⇒ਮਜ਼ਾਕ, ਮੌਜੂ) **2** いたずら, 悪ふざけ. **3** 戯れ. **4** 落ち着かないこと. (⇒ਬੇਚੈਨੀ)

ਮਖੌਲਣ (मखौलण) /makʰaulaṇạ マカォーラン/ *f.* 女性

の道化師.

ਮਖੌਲੀ (मखौली) /makʰaulī マカオーリー/ ▶ਮਖੌਲੀਆ *adj.* おかしい, 愉快な, 冗談好きな, こっけいな, ひょうきんな.
— *m.* **1** 冗談好きな人, ひょうきん者. **2** 道化師.

ਮਖੌਲੀਆ (मखौलीआ) /makʰauliā マカオーリーアー/ ▶ ਮਖੌਲੀ *adj.m.* → ਮਖੌਲੀ

ਮੰਗ (मंग) /maṅga マング/ ▶ਮਾਂਗ [cf. ਮੰਗਣਾ] *f.* **1** 求め, 要求. **2** 請求. **3**〖経済〗需要. **4** 頼み, 依頼, 懇請.

ਮਗ (मग) /maga マグ/ *m.* 道. (⇒ਰਸਤਾ)

ਮੱਗ (मग्ग) /magga マッグ/ [Eng. *mug*] *m.*〖容器〗大型コップ.

ਮਗ਼ਜ਼ (मग़ज़) /mağaza マガズ/ [Pers. *mağz*] *m.* **1**〖身体〗脳, 頭脳. (⇒ਦਿਮਾਗ਼) **2** 核, 中核. **3**〖植物〗木の実の核, 果物などの芯.

ਮਗ਼ਜ਼ਖਪਾਈ (मग़ज़खपाई) /mağazakʰapāī マガズカパーイー/ [+ cf. ਖਪਣਾ] *f.* **1** 頭を悩ませるもの. **2** 気苦労, 悩み. **3** 迷惑, 厄介なこと. **4** 苛立ち.

ਮਗ਼ਜ਼ਪੱਚੀ (मग़ज़पच्ची) /mağazapaccī マガズパッチー/ [+ ਪੱਚੀ] *f.* **1** 頭を悩ますこと. **2** 厄介なこと. **3** 苛立たせること.

ਮਗ਼ਜ਼ਮਾਰੀ (मग़ज़मारी) /mağazamārī マガズマーリー/ [+ ਮਾਰੀ] *f.* **1** 頭を悩ますこと. **2** 厄介なこと. **3** 苛立たせること.

ਮਗ਼ਜ਼ੀ (मग़ज़ी) /mağazī マグズィー/ [Pers. *mağzī*] *f.* **1** 裏地. **2**(布や衣服などの)縁.

ਮੰਗਣਾ (मंगणा) /maṅgaṇā マンガナー/ [Skt. मार्गति] *vt.* **1** 求める, 要求する, 望む, 要望する. **2** 請う, 請求する, 請願する, 懇願する, 請い願う. **3** 物乞いする. **4** 頼む, 依頼する. **5** 借りる, 借用する.

ਮੰਗਣੀ (मंगणी) /maṅgaṇī マンガニー/ [cf. ਮੰਗਣਾ] *f.*〖儀礼〗婚約, 婚約式. (⇒ਕੁੜਮਾਈ, ਸਗਾਈ) ❐ਅੱਜ ਮੇਰੀ ਮੰਗਣੀ ਤੇ ਕੱਲ੍ਹ ਮੇਰਾ ਵਿਆਹ। 今日は婚約, 明日は結婚〔諺〕〈物事が迅速に進むこと〉.

ਮੰਗਤਾ (मंगता) /maṅgatā マングター/ [cf. ਮੰਗਣਾ] *m.* **1** 物乞いをする人, 乞食. **2** 托鉢者.

ਮੰਗਤੀ (मंगती) /maṅgatī マングティー/ [cf. ਮੰਗਣਾ] *f.* **1** 女性の乞食. **2** 女性の托鉢者.

ਮਗਨ (मगन) /magana マガン/ [Skt. मग्न] *adj.* **1** 沈んだ, 溺れた. **2** 没頭した, 熱中した, 耽った, 夢中の. **3** 酔い痴れた, 陶酔した.

ਮਗਨਤਾ (मगनता) /maganatā マガンター/ [Skt.-ता] *f.* **1** 没頭, 熱中, 夢中, 耽溺. **2** 陶酔.

ਮਗਨੇਸ਼ੀਆ (मगनेशीआ) /maganeśiā マグネーシーアー/ [Eng. *magnesia*] *m.*〖化学・薬剤〗マグネシア《制酸剤・下剤などに用いる酸化マグネシウム》.

ਮਗਰ[1] (मगर) /magara マガル/ [(Pkt. मग्ग) Skt. मार्ग] *m.f.* **1** 後ろ. **2** 後ろ側. **3**〖身体〗背, 背中.
— *adv.* **1** 後ろに. **2** 後で.

ਮਗਰ[2] (मगर) /magara マガル/ [Pers. *magar*] *conj.* しかし, だが, けれど. (⇒ਪਰ)

ਮਗਰ[3] (मगर) /magara マガル/ [Skt. मकर] *m.*〖動物〗ワニ, 鰐. (⇒ਮਗਰਮੱਛ)

ਮਗ਼ਰਬ (मग़रब) /mağaraba マグラブ/ [Arab. *mağrib*] *m.* **1** 太陽が沈む方角. **2** 西, 西方, 西部. (⇒ਪੱਛਮ)(⇔ਮਸ਼ਰਕ) **3**〖地理〗西洋.

ਮਗ਼ਰਬੀ (मग़रबी) /mağarabī マグラビー/ [Arab. *mağribī*] *adj.* 西の. (⇒ਪੱਛਮੀ)(⇔ਮਸ਼ਰਕੀ)

ਮਗਰਮੱਛ (मगरमच्छ) /magaramaccʰa マガルマッチ/ [Skt. मकर + (Pkt. मच्छ) Skt. मत्स्य] *m.*〖動物〗ワニ, 鰐.

ਮਗਰਲਾ (मगरला) /magaralā マガルラー/ [Skt. मार्ग + ਲਾ] *adj.* **1** 後ろの, 後の. **2** 次の.

ਮਗਰਾ[1] (मगरा) /magarā マグラー/ [Arab. *mağrūr*] *adj.* 尊大な, 高慢な, 思い上がった.

ਮਗਰਾ[2] (मगरा) /magarā マグラー/ [Skt. मार्ग] *m.* 肩に掛けて背中に下げる布製の大きな包み.

ਮਗਰੀ (मगरी) /magarī マグリー/ [-ਈ] *f.* 肩に掛けて背中に下げる布製の小さな包み.

ਮਗ਼ਰੂਰ (मग़रूर) /mağarūra マグルール/ [Arab. *mağrūr*] *adj.* 尊大な, 高慢な, 思い上がった.

ਮਗ਼ਰੂਰੀ (मग़रूरी) /mağarūrī マグルーリー/ [-ਈ] *f.* 尊大, 高慢, 思い上がり.

ਮਗਰੋਂ (मगरों) /magarõ マグローン/ [Skt. मार्ग + ਓਂ] *adv.* 後で, その後.
— *postp.* 《… ਦੇ ਮਗਰੋਂ , … ਤੋਂ ਮਗਰੋਂ の形で》…の後で, …の後に. ❐ਰਾਤ ਦੇ ਮਗਰੋਂ ਦਿਨ ਦੀ ਵਾਰੀ ਈ ਹੁੰਦੀ ਏ। 夜の後にはまさに昼の出番なのです. ❐ਖੇਡਣ ਤੋਂ ਮਗਰੋਂ ਸਾਰੇ ਅੰਬ ਦੇ ਇੱਕ ਵੱਡੇ ਸਾਰੇ ਬਿਰਛ ਦੇ ਹੇਠਾਂ ਬੈਠ ਗਏ। 遊んだ後で皆はマンゴーの一本のとても大きな木の下に座りました.

ਮੰਗਲ (मंगल) /maṅgala マンガル/ [Skt. मङ्गल] *m.* **1** 吉祥. **2** 祝賀. **3** めでたさ. **4** 幸福. **5** 安寧. **6** 繁栄. **7**〖天文〗火星. **8**〖暦〗火曜日. (⇒ਮੰਗਲਵਾਰ)

ਮੰਗਲ-ਸੂਤਰ (मंगल-सूतर) /maṅgala-sūtara マンガル・スータル/ [+ Skt. सूत्र] *m.*〖装・ヒ〗結婚の証としてヒンドゥー教徒の女性が首の周りや頭上に付ける飾り.

ਮੰਗਲਬਾਰ (मंगलबार) /maṅgalabāra マンガルバール/ ▶ ਮੰਗਲਵਾਰ *m.* → ਮੰਗਲਵਾਰ

ਮੰਗਲਵਾਰ (मंगलवार) /maṅgalawāra マンガルワール/ ▶ ਮੰਗਲਬਾਰ [Skt. मङ्गल + Skt. वासर] *m.*〖暦〗火曜日.

ਮੰਗਲਾਚਰਣ (मंगलाचरण) /maṅgalācaraṇa マンガラーチャラン/ ▶ਮੰਗਲਾਚਰਨ *m.* → ਮੰਗਲਾਚਰਨ

ਮੰਗਲਾਚਰਨ (मंगलाचरन) /maṅgalācarana マンガラーチャラン/ ▶ਮੰਗਲਾਚਰਣ [Skt. मङ्गलाचार] *m.* **1** 神の加護などを祈ること. **2** 神への賛辞. **3** 祝福. **4** 祈祷. **5** 成就の祈り. **6** 経文や長編詩の冒頭の部分. **7** 物事を始める時の神への祈り.

ਮੰਗਲੀਕ (मंगलीक) /maṅgalīka マングリーク/ [Skt. मङ्गल -ਈਕ] *adj.* **1** 火星の運気の下に生まれた, 運勢図の第1・第4・第7・第8・第12の位置に火星が来る. **2** 吉祥の, 幸福の.
— *m.* **1** 火星の運気の下に生まれた人. **2** 結婚の家財道具.

ਮੰਗਵਾਂ (मंगवाँ) /maṅgawā̃ マングワーン/ ▶ਮਾਂਗਵਾਂ [cf. ਮੰਗਣਾ] *adj.* **1** 請求されている. **2** 借りている, 借用している.
— *adv.* 借りて, 借用して.
— *m.* 借り手, 借用者.

ਮੰਗਵਾਉਣਾ (मंगवाउणा) /maṅgawāuṇā マングワーウナー/ ▶ਮੰਗਾਉਣਾ [cf. ਮੰਗਣਾ] vt. 1 求めさせる, 要求させる. 2 持ってこさせる, 取り寄せる, 注文する. 3 買ってこさせる, 買い求めさせる. 4 呼びにやる, 連れて来させる. 5 婚約させる.

ਮੰਗਾਉਣਾ (मंगाउणा) /maṅgāuṇā マンガーウナー/ ▶ ਮੰਗਵਾਉਣਾ vt. → ਮੰਗਵਾਉਣਾ

ਮੰਗਿਆ (मंगिआ) /maṅgiā マンギアー/ [cf. ਮੰਗਣਾ] adj. 1 請求されている. 2 借りている.

ਮੰਗੂ (मंगू) /maṅgū マングー/ m. 〖動物〗牛の群れ.

ਮੰਗੇਤਰ (मंगेतर) /maṅgetara マンゲータル/ [Skt. मार्गयितृ] adj. 婚約した.

— m. (女性から見た)男性の婚約者.

— f. (男性から見た)女性の婚約者.

ਮੰਗੋਲ (मंगोल) /maṅgola マンゴール/ [Eng. Mongol] m. モンゴル人, 蒙古人.

ਮੰਗੋਲੀਆ (मंगोलीआ) /maṅgolīā マンゴーリーアー/ [Eng. Mongolia] m. 1〖地名〗モンゴル, 蒙古. 2〖国名〗モンゴル(国).

ਮਘ (मघ) /mâga マグ/ [Skt. मघ] f. 〖植物〗インドナガコショウ(印度長胡椒), ヒハツ(畢撥)《インド原産のコショウ科の常緑蔓性植物. 果実・種子は, 香辛料・薬用などに用いる》. (⇒ਪਿੱਪਲੀ)

ਮੱਘ (मग्घ) /mâgga マッグ/ ▶ਮੁੱਘ m. 〖建築〗(通風や採光のため)屋根に開いている孔.

ਮਘਣਾ (मघणा) /mâgaṇā マガナー/ vi. 燃え立つ, 燃え上がる. (⇒ਭਖਣਾ)

ਮਘਪਿੱਪਲਾ (मघपिप्पला) /mâgapippalā マグピッパラー/ [Skt. मघ + Skt. पिप्पलि] f. → ਮਘ

ਮੱਘਰ (मग्घर) /mâggara マッガル/ [(Pkt. मग्गसिर) Skt. मार्गशीर्ष] m. 〖暦〗マッガル月(マールガシールシャ)《インド暦9月・西洋暦11～12月》.

ਮੱਘਾ (मग्घा) /mâggā マッガー/ [Skt. मार्त्तिक] m. 〖容器〗中型の焼き物の水差し.

ਮਘਾਉਣਾ (मघाउणा) /magăuṇā マガーウナー/ vt. 燃え立たせる, 燃え上がらせる. (⇒ਭਖਾਉਣਾ)

ਮੱਘੀ (मग्घी) /mâggī マッギー/ [Skt. मार्त्तिक -ई] f. 〖容器〗小型の焼き物の水差し.

ਮਘੋਰਾ (मघोरा) /magŏrā マゴーラー/ m. 大きな穴.

ਮੰਚ (मंच) /mañca マンチ/ [Skt. मञ्च] m. 1 舞台, ステージ. 2 演壇.

ਮੱਚ (मच्च) /macca マッチ/ m. 1 強さ, 力. (⇒ਤਾਕਤ, ਜ਼ੋਰ) 2 効果, 影響. (⇒ਤਾਸੀਰ, ਅਸਰ) 3 炎, 高く燃え上がる炎. (⇒ਲਾਟ, ਭਾਂਬੜ) 4 大火災.

ਮਚਕੋੜ (मचकोड़) /macakoṛa マチコール/ f. 〖医〗捻挫. (⇒ਮੋਚ)

ਮੱਚਣਾ (मच्चणा) /maccaṇā マッチャナー/ [(Pkt. मच्चइ) Skt. मच्यते] vi. 1 起こる, 発生する. 2 噴き出す, 噴出する, 激発する. 3 燃える, 燃え立つ, 炎上する. (⇒ਜਲਨਾ, ਬਲਨਾ)

ਮਚਲਕਾ (मचलका) /macalakā マチャルカー/ ▶ਮੁਚਲਕਾ m. → ਮੁਚਲਕਾ

ਮਚਲਣਾ (मचलणा) /macalaṇā マチャルナー/ [cf.Skt. मञ्चते] vi. 1 主張する, 固執する, 強情を張る. 2 反抗する, すねる, 駄々をこねる, 手におえなくなる. 3 そわそわする, 落ち着きをなくす.

ਮਚਲਾ (मचला) /macalā マチラー/ [cf. ਮਚਲਣਾ] adj. 1 主張の強い, 固執する, 強情張りの. 2 反抗的な, すねた, 扱いにくい, つむじ曲がりの. 3 わざと知らないふりをしている, 聞こえないふりをしている, わざと黙っている. 4 そわそわしている, 落ち着きのない.

ਮਚਾਉਣਾ (मचाउणा) /macāuṇā マチャーウナー/ [cf. ਮੱਚਣਾ] vt. 1(騒ぎ・暴動などを)起こす, 引き起こす. 2(騒音を)発する. ❐ਸ਼ੋਰ ਮਚਾਉਣਾ 騒ぐ, うるさくする.

ਮਚਾਕ (मचाक) /macāka マチャーク/ m. 〖道具〗車大工が用いる鎚(つち), 鍛冶屋が用いる鉄床(かなとこ).

ਮਚਾਕਾ (मचाका) /macākā マチャーカー/ ▶ਪਚਾਕਾ m. → ਪਚਾਕਾ

ਮਚਾਣ (मचाण) /macāṇa マチャーン/ [Skt. मञ्च] f. 見張り台《狩りで獲物を探したり, 作物を荒らす鳥を追い払うため, 枝や縄を用いて樹の上などに足場を組んで造ったもの》. (⇒ਟਾਂਡ)

ਮੱਛ (मच्छ) /maccʰa マッチ/ [(Pkt. मच्छ) Skt. मत्स्य] m. 大魚. (⇒ਵੱਡੀ ਮੱਛੀ)

ਮੱਛ-ਅਹਾਰੀ (मच्छ-अहारी) /maccʰa-ahārī マッチ・アハーリー/ [+ Skt. आहारिन्] adj. 魚を食う, 魚食の.

ਮਛਹਿਰੀ (मछहिरी) /macʰaîrī マチャェーリー/ ▶ਮਸਹਿਰੀ f. 蚊帳. (⇒ਮੱਛਰਦਾਨੀ)

ਮਛਕ (मछक) /macʰaka マチャク/ ▶ਮਸ਼ਕ [(Mal.)] f. → ਮਸ਼ਕ[2]

ਮਛਕਰੀ (मछकरी) /macʰakarī マチカリー/ ▶ਮਸ਼ਕਰੀ f. → ਮਸ਼ਕਰੀ

ਮਛੰਦਰ (मछंदर) /macʰandara マチャンダル/ [Skt. मत्स्येंद्र] m. 1〖人名・ヒ〗マツイェーンドラナート. → ਮਛੰਦਰਨਾਥ 2 いたずら者. 3 悪辣な人, 悪漢. 4 無情な人, 無慈悲な人. 5 愚か者. 6 悪賢い者, 狡猾な者.

— adj. 1 いたずらな. (⇒ਸ਼ਰਾਰਤੀ) 2 悪辣な. (⇒ਬਦਮਾਸ਼) 3 無情な, 無慈悲な. (⇒ਨਿਰਦਈ, ਬੇਰਹਿਮ) 4 愚かな. (⇒ਮੂਰਖ) 5 悪賢い, ずるい, 狡猾な. (⇒ਚਲਾਕ)

ਮਛੰਦਰਨਾਥ (मछंदरनाथ) /macʰandaranātʰa マチャンダルナート/ [Skt. मत्स्येंद्रनाथ] m. 〖人名・ヒ〗マツイェーンドラナート(マットスェーンドラナータ)《ゴーラクナートの師であったとされる行者》.

ਮੱਛਰ (मच्छर) /maccʰara マッチャル/ [(Pkt. मच्छर Pal. मच्छरो) Skt. मत्सर] m. 〖虫〗蚊. (⇒ਕੱਟਰ)

ਮੱਛਰਦਾਨੀ (मच्छरदानी) /maccʰaradānī マッチャルダーニー/ [Pers.-dānī] f. 蚊帳. (⇒ਮਸਹਿਰੀ)

ਮੱਛਰਨਾ (मच्छरना) /maccʰaranā マッチャルナー/ vi. 1 浮かれ騒ぐ. 2 ふざける.

ਮਛਰਾਉਣਾ (मछराउणा) /macʰarāuṇā マチラーウナー/ vt. 1 浮かれ騒がせる. 2 ふざけさせる.

ਮਛਰੀ (मछरी) /macʰarī マチャリー/ [Skt. मत्सर -ई] f. 1〖虫〗小型の蚊. 2〖虫〗サシチョウバエ, 刺蝶蠅. 3〖虫〗ブユ, 蚋.

ਮਛਲੀ (मछली) /macʰalī マチリー/ [(Pkt. मच्छ) Skt. मत्स्य] f. 1 魚, 魚類. 2〖装〗魚の形をした装身具.

ਮੱਛੀ (मच्छी) /maccʰī マッチー/ [(Pkt. मच्छ) Skt. मत्स्य] f. 魚. ❐ਮੱਛੀ ਦਾ ਤੇਲ 肝油. ❐ਮੱਛੀ ਪਾਲਣ 養魚(法), 魚

の養殖. ❐ਮੱਛੀ ਪਾਲਣ ਵਾਲਾ 養魚家, 魚の養殖業者. ❐ਮੱਛੀ ਫੜਨਾ 魚を捕る, 釣りをする. ❐ਮੱਛੀਆਂ ਫੜਨ ਵਾਲਾ 魚を捕る人, 漁師, 漁民, 釣り人.

ਮੱਛੀਕੰਡਾ (मच्छीकंडा) /maccʰīkaṇḍā マッチーカンダー/ [+ Skt. कण्टक] *m.* **1** 魚の骨. **2** 刺繍の縫い方の一種.

ਮੱਛੀ ਫ਼ਾਰਮ (मच्छी फ़ारम) /maccʰī fārama マッチー ファールム/ [+ Eng. *farm*] *m.* 養魚場.

ਮੱਛੀ ਮਾਰਕੀਟ (मच्छी मारकीट) /maccʰī mārakīṭa マッチー マールキート/ [+ Eng. *market*] *f.* 魚市場.

ਮਛੂਆ (मछूआ) /macʰūā マチューアー/ [+ ਊਆ] *m.* 漁師, 漁民. (⇒ਮਾਹੀਗੀਰ)

ਮਛੂਰ (मछूर) /macʰūra マチュール/ ▸ਮਸ਼ਹੂਰ, ਮਸ਼ਾਹੂਰ [(Mal.)] *adj.* → ਮਸ਼ਹੂਰ

ਮਛੇਰਾ (मछेरा) /macʰerā マチェーラー/ [(Pkt. मच्छ) Skt. मत्स्य -ਏਰਾ] *m.* 漁師, 漁民. (⇒ਮਾਹੀਗੀਰ)

ਮਛੋਹਰ (मछोहर) /macʰôra マチョール/ *m.* **1** 子供, 幼児, 男の子. (⇒ਨਿਆਣਾ) **2** 母のいない子.

ਮਛੋਹਰ-ਮੱਤ (मछोहर-मत्त) /macʰôra-matta マチョール・マット/ *adj.* **1** 子供っぽい. (⇒ਅੱਲ੍ਹੜ) **2** 無邪気な, 無垢の. (⇒ਇਆਣਾ, ਅਣਜਾਣ)

ਮੰਜ (मंज) /mañja マンジ/ [(Kang.) (Pkt. मज्झ) Skt. मध्य] *adv.* **1** 間に, 中間に. (⇒ਵਿਚਕਾਰ) **2** 真ん中に, 中央に. (⇒ਵਿਚਕਾਰ)

ਮਜ਼ਹਬ (मज़हब) /mâzaba マザブ/ ▸ਮਜ਼੍ਹਬ *m.* → ਮਜ਼੍ਹਬ

ਮਜ਼੍ਹਬ (मज़्हब) /mâzaba マザブ/ ▸ਮਜ਼ਹਬ [Arab. *mazhab*] *m.* **1** 宗教, 宗教上の信条, 信仰. **2** 宗派, 教派.

ਮਜ਼੍ਹਬਣ (मज़्हबण) /mâzabaṇa マズバン/ [-ਣ] *f.* 〖スィ〗マズハバン《清掃人カーストからスィック教に改宗した女性. 一般に低い階層のスィック教徒の女性を指す呼称にもなる》.

ਮਜ਼ਹਬੀ (मज़हबी) /mâzabī マズビー/ ▸ਮਜ਼੍ਹਬੀ *adj.m.* → ਮਜ਼੍ਹਬੀ

ਮਜ਼੍ਹਬੀ (मज़्हबी) /mâzabī マズビー/ ▸ਮਜ਼ਹਬੀ [Pers. *mazhabī*] *adj.* 宗教の, 宗教に関する.

— *m.* 〖スィ〗マズハビー《清掃人カーストなど, いわゆる不可触カーストからスィック教に改宗した階層及びこの階層に属する人. 一般に, 低い階層のスィック教徒を指す呼称にもなる》.

ਮਜ਼੍ਹਬੀ ਸਿੱਖ (मज़्हबी सिक्ख) /mâzabī sikkʰa マズビー スィック/ [+ Skt. शिष्य] *m.* 〖スィ〗マズハビー ਮਜ਼੍ਹਬੀ のスィック教徒

ਮਜ਼੍ਹਬੀ ਜਨੂਨ (मज़्हबी जनून) /mâzabī janūna マズビー ジャヌーン/ [+ Arab. *junūn*] *m.* 宗教上の狂信・熱狂, 宗教的不寛容, 宗教上の頑迷.

ਮਜ਼੍ਹਬੀ ਲੜਾਈ (मज़्हबी लड़ाई) /mâzabī laṛāī マズビー ララーイー/ [+ cf. ਲੜਨਾ] *f.* 宗教戦争, 聖戦.

ਮੰਜਣ (मंजण) /mañjaṇa マンジャン/ ▸ਮੰਜਨ *m.* → ਮੰਜਨ

ਮਜ਼ਦੂਰ (मज़दूर) /mazadūra マズドゥール/ ▸ਮਜੂਰ [Pers. *muzdūr*] *m.* **1** 労働者. **2** 肉体労働者, 労務者, 人夫.

ਮਜ਼ਦੂਰੀ (मज़दूरी) /mazadūrī マズドゥーリー/ ▸ਮਜੂਰੀ [Pers. *muzdūrī*] *f.* **1** 労働, 肉体労働. **2** 労賃, 賃金, 手当. (⇒ਉਜਰਤ)

ਮੰਜਨ (मंजन) /mañjana マンジャン/ ▸ਮੰਜਣ [Skt. मज्जन] *m.* **1** 身体をきれいに拭くこと. 身体をこすってきれいにすること. **2** 歯磨き粉, 練り歯磨き.

ਮਜਨੂੰ (मजनूँ) /majanū̃ マジヌーン/ [Arab. *majnūn*] *adj.* **1** 気の狂った, 狂気の. **2** 恋に狂った.

— *m.* **1** 気の狂った男, 狂人. **2** 恋に狂った男, 優男(やさおとこ), 軟弱な男. **3** 〖人名・文学〗マジュヌーン《アラブの悲恋物語に登場する男性主人公. 恋人の女性主人公はライラー ਲੈਲਾ 》.

ਮਜ਼ਬੂਤ (मज़बूत) /mazabūta マズブート/ [Arab. *mazbūt*] *adj.* **1** 強い, 頑強な. **2** 強固な, 堅固な. **3** 丈夫な, 頑丈な. **4** しっかりしている.

ਮਜ਼ਬੂਤੀ (मज़बूती) /mazabūtī マズブーティー/ [Pers. *mazbūtī*] *f.* **1** 強さ, 頑強さ, 強固さ. **2** 丈夫さ, 頑丈さ, 堅固さ. **3** しっかりしていること.

ਮਜਬੂਨ (मजबून) /majabūna マジブーン/ ▸ਮਜ਼ਮੂਨ [(Mal.)] *m.* → ਮਜ਼ਮੂਨ

ਮਜਬੂਰ (मजबूर) /majabūra マジブール/ [Arab. *majbūr*] *adj.* **1** 仕方のない, 余儀ない, どうしようもない, 抜け出せない. ❐ਹਰ ਆਦਮੀ ਆਪੋ ਆਪਣੀ ਆਦਤ ਤੋਂ ਮਜਬੂਰ ਹੁੰਦਾ ਹੈ। どの人間も自分自身の習慣から抜け出せないものです. **2** 無理強いされた, 強要された, 強制された. ❐ਮਜਬੂਰ ਕਰਨਾ 強いる, 強要する, 強制する. **3** 力のない, 無力な.

ਮਜਬੂਰਨ (मजबूरन) /majabūrana マジブーラン/ [Arab. *majbūran*] *adv.* **1** 仕方なく, 余儀なく, 止むを得ず, どうしようもなく. **2** 否応なしに.

ਮਜਬੂਰੀ (मजबूरी) /majabūrī マジブーリー/ [Pers. *majbūrī*] *f.* **1** 仕方ないこと, 余儀ないこと, 止むを得ないこと, どうしようもないこと. **2** 無理強い, 強要, 強制.

ਮਜਮਾ (मजमा) /majamā マジマー/ [Arab. *majma`a*] *m.* **1** 人々の集まる場所. **2** 人々の集まり, 群衆.

ਮਜ਼ਮੂਨ (मज़मून) /mazamūna マズムーン/ ▸ਮਜਬੂਨ [Arab. *mazmūn*] *m.* **1** 論文, 随筆. **2** 記事. **3** 話題.

ਮਜ਼ਮੂਨ ਨਵੀਸ (मज़मून नवीस) /mazamūna nawīsa マズムーン ナウィース/ [Pers.-*navīs*] *m.* 随筆家, 記者, 編集者.

ਮਜ਼ਮੂਨ ਨਵੀਸੀ (मज़मून नवीसी) /mazamūna nawīsī マズムーン ナウィースィー/ [Pers.-*navīsī*] *f.* 随筆の著述, 論述.

ਮਜ਼ਮੂਨ ਨਿਗਾਰ (मज़मून निगार) /mazamūna nigāra マズムーン ニガール/ [Pers.-*nigār*] *m.* 随筆家, 記者, 編集者.

ਮਜ਼ਰੀ (मज़री) /mazarī マズリー/ *f.* 〖布地〗銀または灰色の綿布の一種.

ਮੰਜ਼ਲ (मंज़ल) /mañzala マンザル/ ▸ਮੰਜ਼ਿਲ [Arab. *manzil*] *f.* **1** 目的地, 行き先, 最終目標. **2** 宿駅, 宿場. **3** 宿場間の旅程, 一日の旅程, 行程, 道のり. **4** 達成, 前進. **5** 〖建築〗(建物の)階.

ਮਜਲਸ (मजलस) /majalasa マジラス/ [Arab. *majlis*] *f.* **1** 社交上の集まり. **2** 集会.

ਮਜਲਾ (मजला) /majalā マジラー/ [(Mul.)] *m.* **1** 〖衣服〗腰布. **2** 〖衣服〗レスラーの下ばき, 力士のふんどし.

ਮਜ਼ਲੂਮ (मज़लूम) /mazalūma マズルーム/ [Arab.

mazlūm] *adj.* **1** 抑圧された. **2** 迫害された.

ਮੰਜਵਾਉਣਾ (मंजवाउणा) /mañjḁwāuṇā マンジワーウナー/ ▸ਮੰਜਾਉਣਾ [cf. ਮਾਂਜਣਾ] *vt.* **1** こすらせる, 磨かせる, こすって磨かせる. **2**(食器などを)磨いてきれいにしてもらう.

ਮੰਜਵਾਈ (मंजवाई) /mañjḁwāī マンジワーイー/ ▸ਮੰਜਾਈ [cf. ਮਾਂਜਣਾ] *f.* **1** 磨かせること. **2**(食器などを)磨いてきれいにしてもらうこと. **3** 磨き代, 研磨料.

ਮੰਜਾ (मंजा) /mañjā マンジャー/ [Skt. मञ्च] *m.* **1**〖家具〗寝台, ベッド. **2**〖家具〗簡易寝台.

ਮਜ਼ਾ (मज़ा) /mazā マザー/ [Pers. *maza*] *m.* **1** 味, 趣, 美味, 美味しさ. (⇒ਸੁਆਦ, ਰਸ) **2** 楽しみ, 楽しさ, おもしろ味, 愉快, 遊び, 娯楽. (⇒ਆਨੰਦ, ਲੁਤਫ਼) ❒ਮਜ਼ਾ ਆ ਜਾਣਾ 楽しむ, 楽しく感じられる. ❒ਮਜ਼ਾ ਚਖਾਉਣਾ 思い知らせる, 懲らしめる.

ਮੱਜਾ (मज्जा) /majjā マッジャー/ *f.*〖身体〗骨髄.

ਮੰਜਾਉਣਾ (मंजाउणा) /mañjāuṇā マンジャーウナー/ ▸ਮੰਜਵਾਉਣਾ *vt.* → ਮੰਜਵਾਉਣਾ

ਮਜਾਉਰ (मजाउर) /majāurḁ マジャーウル/ ▸ਮਜੌਰ, ਮੁਜਾਵਰ, ਮੁਜੌਰ *m.* → ਮਜੌਰ

ਮੰਜਾਈ (मंजाई) /mañjāī マンジャーイー/ ▸ਮੰਜਵਾਈ *f.* → ਮੰਜਵਾਈ

ਮਜ਼ਾਕ (मज़ाक) /mazākḁ マザーク/ [Arab. *mazāq*] *m.* **1** 冗談. **2** たわごと, 戯れ言.

ਮਜ਼ਾਕੀਆ (मज़ाकीआ) /mazākīā マザーキーアー/ [-ਈਆ] *adj.* おかしい, 愉快な, 冗談好きな, こっけいな, ひょうきんな.

— *m.* 冗談好きな人, ひょうきん者, おどけ者, 道化師.

— *adv.* 冗談で, ふざけて, おどけて.

ਮਜਾਜ (मजाज) /majājḁ マジャージ/ ▸ਮਿਜ਼ਾਜ *m.* → ਮਿਜ਼ਾਜ

ਮਜਾਜਣ (मजाजण) /majājaṇḁ マジャージャン/ ▸ਮਿਜ਼ਾਜਣ *f.* → ਮਿਜ਼ਾਜਣ

ਮਜਾਜੀ (मजाजी) /majājī マジャージー/ ▸ਮਿਜ਼ਾਜੀ *adj.m.* → ਮਿਜ਼ਾਜੀ

ਮਜਾਤ (मजात) /majātḁ マジャート/ [(Mul.) Skt. मय] *m.*〖動物〗二歳以下の駱駝.

ਮਜ਼ਾਰ (मज़ार) /mazārḁ マザール/ [Arab. *mazār*] *m.* **1**〖イス〗墓, 廟, 霊廟. (⇒ਕਬਰ, ਦਰਗਾਹ) **2** 巡礼地, 聖地.

ਮਜਾਲ (मजाल) /majālḁ マジャール/ [Arab. *majāl*] *f.* **1** 力, 能力. **2** 勇気, 大胆さ. **3** 権利, 正義.

ਮਜਿਸਟਰੇਟ (मजिसटरेट) /majisḁṭareṭḁ マジスタレート/ ▸ਮਜਸਟਰੇਟ [Eng. *magistrate*] *m.*〖法〗治安判事, 下級裁判所判事.

ਮਜਿਸਟਰੇਟੀ (मजिसटरेटी) /majisḁṭareṭī マジスタレーティー/ [Eng. *magistrate* -ਈ] *f.*〖法〗治安判事の地位・職.

ਮੰਜ਼ਿਲ (मंज़िल) /mañzilḁ マンズィル/ ▸ਮੰਜ਼ਲ *f.* → ਮੰਜ਼ਲ

ਮੰਜੀ (मंजी) /mañjī マンジー/ [Skt. मञ्च -ਈ] *f.* **1**〖家具〗寝台, ベッド. **2**〖家具〗四脚の簡易寝台. (⇒ਚਾਰਪਾਈ) **3**〖家具〗小さな寝台, 簡易ベッド.

ਮਜੀਠ (मजीठ) /majīṭʰḁ マジート/ [(Pkt. मंजिट्ठा) Skt. मंजिष्ठा] *m.*〖植物〗インドアカネ(印度茜)《アカネ科の草本. 赤色染料となる》, インドアカネの実.

ਮਜੀਠਾ (मजीठा) /majīṭʰā マジーター/ [(Pkt. मंजिट्ठा) Skt. मंजिष्ठा] *adj.* **1** 茜色の. **2** 赤い.

ਮਜੀਦ[1] (मजीद) /majīdḁ マジード/ [Arab. *majīd*] *adj.* **1** 大きな, 偉大な. (⇒ਵੱਡਾ) **2** 高い, 高位の, 高貴な, 高尚な, 高遠な. ❒ਕੁਰਾਨ ਮਜੀਦ 聖典コーラン(クルアーン). **3** 念入りな, 精緻な, 精巧な. **4** 上長の, 年長の, 年配の. (⇒ਬਜ਼ੁਰਗ) **5** 尊敬すべき, 称賛すべき.

ਮਜੀਦ[2] (मजीद) /majīdḁ マジード/ ▸ਮਜ਼ੀਦ *adj.* → ਮਜ਼ੀਦ

ਮਜ਼ੀਦ (मज़ीद) /mazīdḁ マズィード/ ▸ਮਜੀਦ [Arab. *mazīd*] *adj.* **1** 余分な, 必要以上の. (⇒ਜ਼ਰੂਰਤ ਤੋਂ ਜ਼ਿਆਦਾ, ਲੋੜ ਤੋਂ ਵੱਧ) **2** 追加の, 付加の, さらに多くの, 付け足しの, 付録の. (⇒ਹੋਰ)

ਮੰਜੀਰਾ (मंजीरा) /mañjīrā マンジーラー/ ▸ਮਜੀਰਾ *m.* → ਮਜੀਰਾ

ਮਜੀਰਾ (मजीरा) /majīrā マジーラー/ ▸ਮੰਜੀਰਾ [Skt. मञ्जीर] *m.*〖楽器〗シンバル.

ਮੰਜ਼ੂਰ (मंज़ूर) /mañzūrḁ マンズール/ ▸ਮਨਜ਼ੂਰ *adj.* → ਮਨਜ਼ੂਰ

ਮਜੂਰ (मजूर) /majūrḁ マジュール/ ▸ਮਜ਼ਦੂਰ *m.* → ਮਜ਼ਦੂਰ

ਮਜੂਰੀ (मजूरी) /majūrī マジューリー/ ▸ਮਜ਼ਦੂਰੀ *f.* → ਮਜ਼ਦੂਰੀ

ਮਜ਼ੇਦਾਰ (मज़ेदार) /mazedārḁ マゼーダール/ [Pers. *maza* Pers.-*dār*] *adj.* **1** 味のある, 趣のある, 趣味の良い. **2** 美味な, 美味しい, 旨い. (⇒ਸੁਆਦ) **3** 楽しい. **4** 愉快な.

ਮਜੌਰ (मजौर) /majaurḁ マジャオール/ ▸ਮਜਾਉਰ, ਮੁਜਾਵਰ, ਮੁਜੌਰ [Arab. *mujāvir*] *m.* **1**〖イス〗モスクや霊廟で常に祈りと瞑想に勤める者. **2**〖イス〗墓・霊廟・聖者廟を管理する聖職者.

ਮੰਝ (मंझ) /mâñjḁ マンジ/ [(Pkt. मज्झ) Skt. मध्य] *m.* 中央. (⇒ਗੱਭਾ)

— *adv.* 中央に. (⇒ਵਿਚਕਾਰ)

— *postp.* …の中央に. (⇒ਵਿੱਚ)

ਮੱਝ[1] (मज्झ) /mâjjḁ マッジ/ [Skt. महिषी] *f.*〖動物〗雌スイギュウ, 牝水牛. (⇒ਬੋਲੀ)

ਮੱਝ[2] (मज्झ) /mâjjḁ マッジ/ [(Pkt. मज्झ) Skt. मध्य] *m.* **1** 中央, 真ん中. (⇒ਕੇਂਦਰ, ਗੱਭਾ) **2**〖身体〗腰. (⇒ਲੱਕ, ਕਮਰ) **3**〖衣服〗腰布. (⇒ਤਹਿਮਤ, ਲੁੰਗੀ)

ਮੰਝਧਾਰ (मंझधार) /mâñjḁtărḁ マンジタール/ [+ Skt. धारा] *f.*〖地理〗川の中央の急流.

ਮੰਝਲਾ[1] (मंझला) /mâñjḁlā マンジラー/ ▸ਮਝਲਾ [+ ਲਾ] *adj.* **1** 中間の. **2** 真ん中の. **3** 中央の.

ਮੰਝਲਾ[2] (मंझला) /mâñjḁlā マンジラー/ *m.*〖衣服〗腰布. (⇒ਤਹਿਮਤ, ਲੁੰਗੀ)

ਮਝਲਾ (मझला) /mâjḁlā マジラー/ ▸ਮੰਝਲਾ *adj.* → ਮੰਝਲਾ[1]

ਮੰਝਲੀ (मंझली) /mâñjḁlī マンジリー/ *m.* **1**〖衣服〗下半身を覆う布. **2**〖衣服〗腰布. (⇒ਤਹਿਮਤ, ਲੁੰਗੀ)

ਮੰਝੀ (मंझी) /mâñjī マンジー/ *m.*〖身体〗腰. (⇒ਲੱਕ)

ਮਝੇਰੂ (मझेरू) /majĕrū マジェールー/ [(Pkt. मज्झ) Skt. मध्य + ਏਰੂ] *m.* 車軸.

ਮਝੈਲ (मझैल) /majaĭlḁ マジャエール/ *adj.* マージャー

ਮਾਝਾ 地方の.
— *m.* **1** マージャー地方の住民. **2** マージャー地方の出身者.

ਮਝੋਲਾ (मझोला) /majŏlā マジョーラー/ *m.* 〖道具〗石膏を滑らかにするために石工が用いる道具.

ਮੱਟ (मट्ट) /maṭṭa マット/ [Skt. मार्त्तिक] *m.* 〖容器〗大きな水差し.

ਮਟਕ (मटक) /maṭaka マタク/ ▸ਮੜਕ [cf. ਮਟਕਣਾ] *f.* **1** 気取り, 媚. **2** いちゃつき. **3** 活発な動作.

ਮਟਕਣਾ (मटकणा) /maṭakaṇā マトカナー/ [Skt. मट] *vi.* **1** 気取る, 媚びる, 科を作る, なまめかしいしぐさをする, 色っぽく振る舞う. **2** いちゃつく. **3** 活発に振る舞う.

ਮਟਕਾ (मटका) /maṭakā マトカー/ [Skt. मार्त्तिक] *m.* 〖容器〗大きな焼き物の水瓶.

ਮਟੱਕਾ (मटक्का) /maṭakkā マタッカー/ [cf. ਮਟਕਣਾ] *m.* 目配せ, 色目使い.

ਮਟਕਾਉਣਾ (मटकाउणा) /maṭakāuṇā マトカーウナー/ [cf. ਮਟਕਣਾ] *vt.* **1** (身体の一部を) 気取ったり媚びたりして動かす. **2** 目配せする, 色目を使う, 色っぽく誘いかける.

ਮਟਕੀ (मटकी) /maṭakī マトキー/ [Skt. मार्त्तिक -ई] *f.* 〖容器〗小さな焼き物の水瓶.

ਮਟਨ (मटन) /maṭana マタン/ [Eng. *mutton*] *m.* 〖食品〗羊肉, マトン.

ਮਟਰ (मटर) /maṭara マタル/ ▸ਮੱਟਰ *m.* 〖植物〗エンドウ(豌豆), エンドウマメ《マメ科の二年草》.

ਮੱਟਰ (मट्टर) /maṭṭara マッタル/ ▸ਮਟਰ *m.* → ਮਟਰ

ਮਟਰਗਸ਼ਤ (मटरगशत) /maṭaragaśata マタルガシュト/ ▸ਮਟਰਗਸ਼ਤੀ [Skt. अठर + Pers. *gaśt*] *m.* **1** 当てもなく歩き回ること, ぶらぶら歩くこと. **2** 散歩, 散策.

ਮਟਰਗਸ਼ਤੀ (मटरगशती) /maṭaragaśatī マタルガシュティー/ ▸ਮਟਰਗਸ਼ਤ *f.* → ਮਟਰਗਸ਼ਤ

ਮਟੀਲਾ (मटीला) /maṭīlā マティーラー/ *adj.* 土の.

ਮਠ (मठ) /maṭʰa マト/ ▸ਮੱਠ [Skt. मठ] *m.* **1** 僧院. **2** 隠者の住居.

ਮੱਠ (मट्ठ) /maṭṭʰa マット/ ▸ਮਠ *m.* → ਮਠ

ਮੱਠਾ[1] (मट्ठा) /maṭṭʰā マッター/ [(Pkt. मट्ठ) Skt. मन्द] *adj.* **1** 遅い, 鈍い. (⇒ਸੁਸਤ, ਢਿੱਲਾ) **2** 動作がのろい, 緩慢な.

ਮੱਠਾ[2] (मट्ठा) /maṭṭʰā マッター/ [Skt. मन्थन] *m.* 〖食品〗攪拌棒または攪乳器でバターを採取した後の凝乳, バターミルク. (⇒ਕੱਸਾ, ਛਾਛ, ਲੱਸੀ)

ਮਠਾਅ (मठाअ) /maṭʰāa マターア/ [(Pkt. मट्ठ) Skt. मन्द] *m.* **1** 遅いこと, 遅鈍. **2** のろいこと, 緩慢.

ਮਠਿਆਈ (मठिआई) /maṭʰiāī マティアーイー/ ▸ਮਿਠਿਆਈ, ਮਿਠਾਈ *f.* → ਮਿਠਾਈ

ਮੱਠੀ (मट्ठी) /maṭṭʰī マッティー/ [(Skt. मिट्ठ) Skt. मिष्ट -ई] *f.* 〖食品〗マッティー《油で揚げた菓子の一種》.

ਮਡਗਾਡ (मडगाड) /maḍagāḍa マドガード/ ▸ਮਡਗਾਰਡ, ਮਰਗਾਟ, ਮਰਗਾਡ *m.* → ਮਡਗਾਰਡ

ਮਡਗਾਰਡ (मडगारड) /maḍagāraḍa マドガールド/ ▸ਮਡਗਾਡ, ਮਰਗਾਟ, ਮਰਗਾਡ [Eng. *mud-guard*] *m.* (自転車やオートバイの) 泥よけ.

ਮੰਡਣ (मंडण) /manḍaṇa マンダン/ [Skt. मण्डन] *m.* **1** 裏付け, 確認, 確証, 証明. (⇒ਤਾਈਦ) **2** 論証.

ਮੰਡਣਾ[1] (मंडणा) /manḍaṇā マンダナー/ [Skt. मण्डति] *vt.* **1** 裏付ける, 証明する, 支持する. **2** 確認する.

ਮੰਡਣਾ[2] (मंडणा) /manḍaṇā マンダナー/ [(Pua.) Skt. मृद्नाति] *vt.* 揉む, マッサージする. (⇒ਮਲਨਾ)

ਮੰਡਣਾ[3] (मंडणा) /manḍaṇā マンダナー/ [(Mal.)] *vi.* **1** 没頭する, 熱中する. **2** 仕事に勤しむ.

ਮੰਡਪ (मंडप) /manḍapa マンダプ/ ▸ਮੰਡਵਾ [Skt. मण्डप] *m.* **1** 大天幕, 大テント. **2** 仮設の建物. **3** 儀式を行う祭壇. **4** 〖建築〗寺院の丸屋根.

ਮੰਡਰਾਉਣਾ (मंडराउणा) /manḍarāuṇā マンドラーウナー/ ▸ਮੰਡਲਾਉਣਾ *vi.* → ਮੰਡਲਾਉਣਾ

ਮੰਡਲ (मंडल) /manḍala マンダル/ [Skt. मण्डल] *m.* **1** 円, 円形のもの. **2** 輪. **3** 球, 球体, 球形のもの. **4** 集まり, 集団, 会衆, 仲間, サークル, 社交界, 委員会. **5** 地域, 区域, 地区. **6** 圏, 層. **7** 地平線. (⇒ਖਿਤਿਜ) **8** 〖仏〗曼荼羅.

ਮੰਡਲਾਉਣਾ (मंडलाउणा) /manḍalāuṇā マンドラーウナー/ ▸ਮੰਡਰਾਉਣਾ [Skt. मण्डल] *vi.* **1** 円を描いて飛ぶ, 旋回する. **2** 飛び回る. ❐ਤਿਤਲੀ ਆਪਣੀ ਦੋ-ਤਿੰਨ ਮਹੀਨਿਆਂ ਦੀ ਜ਼ਿੰਦਗੀ ਇਸੇ ਤਰ੍ਹਾਂ ਫੁੱਲਾਂ ਤੇ ਮੰਡਲਾਉਂਦੀ ਹੋਈ ਗੁਜ਼ਾਰ ਦੇਂਦੀ ਹੈ। 蝶はその二, 三か月の生涯をこうして花から花へと飛び回って過ごします.

ਮੰਡਲਾਕਾਰ (मंडलाकार) /manḍalākāra マンドラーカール/ [Skt. मण्डल + Skt. आकार] *adj.* 円形の, 環状の.

ਮੰਡਲੀ (मंडली) /manḍalī マンドリー/ [-ई] *f.* **1** 小さな円, 小さな輪. **2** 集まり, 集団, 隊, 団. **3** 仲間, 共同体. **4** (鳥や動物の) 群れ.

ਮੰਡਵਾ (मंडवा) /manḍawā マンドワー/ ▸ਮੰਡਪ *m.* → ਮੰਡਪ

ਮੰਡਾ (मंडा) /manḍā マンダー/ [Skt. मंड] *m.* 〖料理〗厚焼きのローティー〔無発酵平焼きパン〕. (⇒ਮੋਟੀ ਰੋਟੀ)

ਮੰਡਾਸਾ (मंडासा) /manḍāsā マンダーサー/ ▸ਮੁੰਡਾਸਾ *m.* → ਮੁੰਡਾਸਾ

ਮੰਡੀ (मंडी) /manḍī マンディー/ [Skt. मण्डते] *f.* 市場《「穀物市場」「青物市場」のように, 一品を専門に大量に取り引きする場所》, 卸売市場, 集荷市場. ❐ਅਨਾਜ ਮੰਡੀ 穀物市場. ❐ਸਬਜ਼ੀ ਮੰਡੀ 青物市場.

ਮੰਡੂਆ[1] (मंडूआ) /manḍūā マンドゥーアー/ [Skt. मण्डप] *m.* **1** 劇場. (⇒ਥੀਏਟਰ) **2** 映画館. (⇒ਸਿਨਮਾ ਘਰ)

ਮੰਡੂਆ[2] (मंडूआ) /manḍūā マンドゥーアー/ ▸ਮੰਡੂਆ [Skt. मंडकः] *m.* 〖植物〗シコクビエ(四石稗)《イネ科の一年生草本作物》.

ਮਣ[1] (मण) /maṇa マン/ ▸ਮਨ [Skt. माति] *m.* 〖重量〗マウンド《重量単位約80ポンド》.

ਮਣ[2] (मण) /maṇa マン/ *pref.* 「…のない」「…でない」「…と反対の」などを意味する否定の接頭辞.

ਮਣਸਣਾ (मणसणा) /maṇasaṇā マナサナー/ [Skt. मनसा] *vt.* **1** 寄贈する, 寄付する. **2** 慈善を施すために取っておく.

ਮਣਸਵਾਉਣਾ (मणसवाउणा) /maṇasawāuṇā マンサワーウナー/ ▸ਮਣਸਾਉਣਾ [cf. ਮਣਸਣਾ] *vt.* 寄贈させる, 寄付させる.

ਮਣਸਾਉਣਾ (मणसाउणा) /maṇasāuṇā マンサーウナー/ ▸ਮਣਸਵਾਉਣਾ *vt.* → ਮਣਸਵਾਉਣਾ

ਮਣ੍ਹਾ (मण्हा) /mâṇā マナー/ ▸ਮਨ੍ਹਾ [Skt. मञ्च] *m.* 畑を守るための見張り台.

ਮਣਕਾ (मणका) /maṇakā マンカー/ [Skt. मणिक] *m.* **1** 穴の開いた宝石. **2** 数珠玉. **3** ビーズ.

ਮਣਖੱਟੂ (मणखट्टू) /maṇak^{h}aṭṭū マンカットゥー/ ▸ਨਖੱਟੂ, ਨਿਖੱਟੂ, ਮਖੱਟੂ *adj.m.* → ਨਖੱਟੂ

ਮਣਛੱਟੀ (मणछट्टी) /maṇac^{h}aṭṭī マンチャッティー/ ▸ ਮਣਛਿੱਟੀ, ਵਣਛਿੱਟੀ *f.* → ਮਣਛਿੱਟੀ

ਮਣਛਿੱਟੀ (मणछिट्टी) /maṇac^{h}iṭṭī マンチッティー/ ▸ ਮਣਛੱਟੀ, ਵਣਛਿੱਟੀ *f.* **1**〖植物〗綿畑にある乾燥した綿の木の茎《火を焚くために用いる》. **2**〖植物〗綿花を摘んだ後に残された綿の木の茎.

ਮਣਾਮੂੰਹੀਂ (मणामूँहीं) /maṇāmū̃hī̃ マナームーンヒーン/ *adj.* 過度の.

ਮਣੀ[1] (मणी) /maṇī マニー/ [Skt. मणि] *f.* **1** 宝石, 宝玉, 珠玉. (⇒ਰਤਨ, ਜਵਾਹਰ) **2** 蛇の頭にあるとされる宝石.

ਮਣੀ[2] (मणी) /maṇī マニー/ [Arab. *manī*] *f.*〖身体〗精液. (⇒ਵੀਰਜ)

ਮਤ[1] (मत) /mata マト/ ▸ਮੱਤ [Skt. मत] *m.* **1** 考え, 意見. (⇒ਰਾਇ) **2** 見解, 理解. (⇒ਸਮਝ) **3** 主張, 持論. **4** 宗教, 信仰, 信条, 教義, 崇拝. (⇒ਧਰਮ, ਮਜ਼੍ਹਬ) **5** 宗派, 教団. (⇒ਸੰਪਰਦਾ, ਪੰਥ) **6** 助言, 忠告. (⇒ਸਲਾਹ) **7** 賛否の表示, (選挙の)票, 投票.

ਮਤ[2] (मत) /mata マト/ ▸ਮੱਤ, ਮਤੀ [Skt. मति] *f.* **1** 心理, 精神, 知恵, 知性. (⇒ਅਕਲ, ਸਿਆਣਪ) **2** 理解, 見解, 判断. (⇒ਸਮਝ) **3** 知力, 聡明さ. (⇒ਸੂਝ) **4** 考え, 思考, 思想, 観念. **5** 意見. (⇒ਰਾਇ) **6** 助言, 忠告. (⇒ਸਲਾਹ)

ਮਤ[3] (मत) /mata マト/ [(Pkt. मंत) Skt. मा] *adv.* …するな《命令形と結合して禁止を表す》.

ਮੱਤ[1] (मत्त) /matta マット/ ▸ਮਤ *m.* → ਮਤ[1]

ਮੱਤ[2] (मत्त) /matta マット/ ▸ਮਤ, ਮਤੀ *f.* → ਮਤ[2]

ਮਤ-ਅਧਿਕਾਰ (मत-अधिकार) /mata-âdikāra マト・アディカール/ [Skt. मत + Skt. अधिकार] *m.*〖政治〗投票権, 選挙権, 参政権. (⇒ਵੋਟ-ਅਧਿਕਾਰ)

ਮਤਹਿਤ (मतहित) /mataîta マタエート/ [Arab. *mātaht*] *adj.* **1** 従属した. (⇒ਅਧੀਨ) **2** 支配を受けている.

ਮਤਹਿਤੀ (मतहिती) /mataîtī マタエーティー/ *f.* **1** 従属. (⇒ਅਧੀਨਗੀ) **2** 服従.

ਮਤਹੀਣ (मतहीण) /matahīṇa マトヒーン/ ▸ਮੱਤਹੀਣ *adj.* → ਮੱਤਹੀਣ

ਮੱਤਹੀਣ (मत्तहीण) /mattahīṇa マットヒーン/ ▸ਮਤਹੀਣ [Skt. मति Skt.-हीन] *adj.* **1** 知恵のない. (⇒ਬੇਅਕਲ) **2** 愚かな. (⇒ਮੂਰਖ, ਬੁੱਧੂ)

ਮੰਤਕ (मंतक) /mantaka マンタク/ [Arab. *mantiq*] *m.* **1** 論理, 論法, 論証, 理屈. (⇒ਤਰਕ, ਦਲੀਲ) **2** 推論, 推理. **3** 論理学.

ਮੰਤਕੀ (मंतकी) /mantakī マンタキー/ [-ਈ] *adj.* **1** 論理的な. **2** 理屈に合った.

ਮਤਦਾਤਾ (मतदाता) /matadātā マトダーター/ [Skt. मत + Skt. दाता] *m.*〖政治〗投票者, 選挙人, 有権者.

ਮਤਦਾਨ (मतदान) /matadāna マトダーン/ [+ Skt. दान] *m.*〖政治〗投票.

ਮਤਪੱਤਰ (मतपत्तर) /matapattara マトパッタル/ [+ Skt. पत्र] *m.*〖政治〗投票用紙. (⇒ਵੋਟ-ਪਰਚੀ)

ਮਤਬਲ (मतबल) /matabala マトバル/ ▸ਮਤਲਬ *m.* → ਮਤਲਬ

ਮਤਬਲੀ (मतबली) /matabalī マトバリー/ ▸ਮਤਲਬੀ *adj.* → ਮਤਲਬੀ

ਮਤਬਾ (मतबा) /matabā マトバー/ [Arab. *matbā`*] *m.* 印刷所. (⇒ਛਾਪਾਖ਼ਾਨਾ)

ਮਤ-ਭੇਦ (मत-भेद) /mata-pěda マト・ペード/ [Skt. मत + Skt. भेद] *m.* 意見の相違.

ਮਤ-ਭੇਦੀਆ (मत-भेदीआ) /mata-pědīā マト・ペーディーアー/ [-ਈਆ] *m.* 意見を異にする人.

ਮੰਤਰ (मंतर) /mantara マンタル/ ▸ਮੰਤ੍ਰ [Skt. मन्त्र] *m.* **1** 真言, 教義の真髄として繰り返し唱えられる決まり文句. **2** 聖句, 賛歌. **3** 祭祀呪文, 呪詞. **4** 神秘の句, 秘句. **5** 呪文. **6** まじない.

ਮੰਤ੍ਰ (मंत्र) /mantra (mantara) マントル (マンタル)/ ▸ ਮੰਤਰ *m.* → ਮੰਤਰ

ਮੰਤਰਨਾ[1] (मंतरना) /mantaranā マンタルナー/ [Skt. मन्त्रणा] *f.* **1** 忠告, 助言, 勧告. **2** 相談, 話し合い. **3** 見解, 意見.

ਮੰਤਰਨਾ[2] (मंतरना) /mantaranā マンタルナー/ ▸ਮੰਦਰਨਾ [Skt. मन्त्र] *vt.* **1** 教義の真髄としての決まり文句を唱えて祈願成就や厄除けのための祈祷を行う. **2** 呪法を行う, 呪文で縛る. **3** 魔法をかける.

ਮੰਤਰਾਲਾ (मंतराला) /mantarālā マントラーラー/ [Skt. मंत्रालय] *m.* **1**〖政治〗省. **2** 事務局, 官房.

ਮੰਤਰਾਲੇ ਸੰਬੰਧੀ (मंतराले संबंधी) /mantarāle sambândī マントラーレー サンバンディー/ [+ Skt. संबंधिन्] *adj.* **1**〖政治〗省の. **2** 事務局の, 官房の.

ਮੰਤਰੀ (मंतरी) /mantarī マントリー/ [Skt. मंत्रिन्] *m.* **1**〖政治〗大臣, 長官, 閣僚. ❐ਮੰਤਰੀ ਦਾ ਪਦ 大臣の地位・職務. **2** 秘書官. **3** 書記長. **4** 助言者, 顧問.

ਮੰਤਰੀਮੰਡਲ (मंतरीमंडल) /mantarīmanḍala マントリーマンダル/ [+ Skt. मण्डल] *m.* **1**〖政治〗内閣, 閣僚会議, 諸大臣. (⇒ਕੈਬਨਿਟ)

ਮਤਰੇਆ (मतरेआ) /matareā マトレーアー/ ▸ਮਤੇਆ [Skt. विमातृ] *adj.* 父母の再婚による義理の, 母親の異なる, 異母関係の, 父親の異なる, 異父関係の.
— *m.*〖親族〗異母兄弟, 異父兄弟.

ਮਤਰੇਆ ਭਰਾ (मतरेआ भरा) /matareā parā̆ マトレーアー パラー/ [+ Skt. भ्राता] *m.*〖親族〗異母兄弟, 異父兄弟.

ਮਤਰੇਈ (मतरेई) /matareī マトレーイー/ ▸ਮਤੇਈ [Skt. विमातृ] *adj.* → ਮਤਰੇਆ の女性形.
— *f.*〖親族〗継母.

ਮਤਰੇਈ ਭੈਣ (मतरेई भैण) /matareī paĭṇa マトレーイー パェーン/ [+ (Pkt. भइणि) Skt. भगिनी] *f.*〖親族〗異母姉妹, 異父姉妹.

ਮਤਰੇਈ ਮਾਂ (मतरेई माँ) /matareī mā̃ マトレーイー マーン/ [+ Skt. माता] *f.*〖親族〗継母.

ਮਤਲਬ (मतलब) /matalaba マトラブ/ ▸ਮਤਬਲ [Arab. *matlab*] *m.* **1** 意味, 意義, 意味合い. (⇒ਅਰਥ, ਮਹਿਨਾ) **2** 目的. (⇒ਉਦੇਸ਼) **3** 意図, 動機.
— *conj.* つまり, すなわち, 要するに.

ਮਤਲਬੀ (मतलबी) /matalabī マトラビー/ ▸ਮਤਬਲੀ [Pers.

matlabī] *adj.* **1** 利己的な, 自分勝手な. (⇒ਸਵਾਰਥੀ) **2** 打算的な.

ਮਤਲਬੀਆ (मतलबीआ) /matalabīā マトラビーアー/ [Arab. *matlab* -ੀਆ] *m.* **1** 利己的な人, 自分勝手な人. **2** 打算的な人.

ਮਤਲਾ (मतला) /matalā マトラー/ [Arab. *matla*] *m.* **1** 〖文学〗ガザル ਗ਼ਜ਼ਲ の初めの連句. **2** 空. (⇒ਅਸਮਾਨ) **3** 天候. (⇒ਮੌਸਮ)

ਮਤਲਾਉਣਾ (मतलाउणा) /matalāuṇā マトラーウナー/ *vi.* 吐き気がする, 吐き気を催す, むかつく. (⇒ਮਿਚਲਾਉਣਾ, ਕਚਿਆਣ੍ਹ ਆਉਣੀ)

ਮਤਲੀ (मतली) /matalī マトリー/ *f.* 〖医〗吐き気, むかつき. (⇒ਕਚਿਆਣ੍ਹ)

ਮੰਤਵ (मंतव) /mantava マンタヴ/ [Skt. मन्तव्य] *m.* **1** 意味. (⇒ਅਰਥ, ਮਤਲਬ) **2** 目的, 意図. (⇒ਮਕਸਦ, ਉਦੇਸ਼)

ਮਤਵਾਤਰ (मतवातर) /matawātara マトワータル/ [Arab. *mutavātir*] *adv.* **1** 連続して. **2** 絶え間なく. **3** 始終.

ਮੱਤਵਾਦ (मत्तवाद) /mattawāda マットワード/ [Skt. मत Skt.-वाद] *m.* 教義至上主義.

ਮੱਤਵਾਦੀ (मत्तवादी) /mattawādī マットワーディー/ [Skt. मत Skt.-वादिन्] *m.* 教義至上主義者, 純理論家, 空論家.

ਮਤਵਾਲਾ (मतवाला) /matawālā マトワーラー/ [Skt. मत्त -ਵਾਲਾ] *adj.* **1** 酔った, 陶酔した. (⇒ਨਸ਼ੇ ਵਿੱਚ ਚੂਰ, ਮਖ਼ਮੂਰ) **2** 熱狂した. **3** 魅せられた. **4** 狂気の. (⇒ਪਾਗਲ)

ਮਤਵਾਲਾਪਣ (मतवालापण) /matawālāpaṇa マトワーラーパン/ [-ਪਣ] *m.* **1** 陶酔. **2** 熱狂. **3** 狂気.

ਮਤੜਾ (मतड़ा) /matarā マトラー/ [Skt. मत्त] *adj.* 酔った, ほろ酔いの, 陶酔した. (⇒ਮਸਤ, ਮਖ਼ਮੂਰ)

ਮਤਾਂ (मताँ) /matā̃ マターン/ [Skt. मा] *conj.* …しないように.

ਮਤਾ (मता) /matā マター/ ▶ਮੱਤਾ [Skt. मत] *m.* **1** 意見. (⇒ਰਾਏ, ਸਲਾਹ) **2** 意図, 考え, 思考. (⇒ਇਰਾਦਾ, ਖ਼ਿਆਲ) **3** 決定, 決議. (⇒ਫ਼ੈਸਲਾ)

ਮੱਤਾ[1] (मत्ता) /mattā マッター/ ▶ਮਤਾ *m.* → ਮਤਾ

ਮੱਤਾ[2] (मत्ता) /mattā マッター/ [Skt. मत्त] *adj.* 酔った, 陶酔した.

— *suff.* 「…に酔った」「…に陶酔した」を意味する形容詞, または「…に酔った者」「…に陶酔した者」を意味する男性名詞を形成する接尾辞.

ਮਤਾਂਤਰ (मताँतर) /matā̃tara マターンタル/ [Skt. मत + Skt. अंतर] *m.* 意見の相違.

ਮਤਾਬ (मताब) /matāba マターブ/ ▶ਮਾਹਤਾਬ *m.* → ਮਾਹਤਾਬ

ਮਤਾਬੀ (मताबी) /matābī マタービー/ [Pers. *māhtābī*] *f.* **1** 花火の一種. **2**(信号用の)青花火.

ਮਤਾਲਬਾ (मतालबा) /matālabā マタールバー/ ▶ਮੁਤਾਲਬਾ *m.* → ਮੁਤਾਲਬਾ

ਮਤੀ (मती) /matī マティー/ ▶ਮਤ, ਮੱਤ *f.* → ਮਤ[2]

ਮਤੀਰਾ (मतीरा) /matīrā マティーラー/ *m.* 〖植物〗スイカ(西瓜). (⇒ਹਦਵਾਣਾ, ਤਰਬੂਜ਼)

ਮਤੇਆ (मतेआ) /mateā マテーアー/ ▶ਮਤਰੇਆ *adj.m.* → ਮਤਰੇਆ

ਮਤੇਈ (मतेई) /mateī マテーイー/ ▶ਮਤਰੇਈ *adj.f.* → ਮਤਰੇਈ

ਮਥਣਾ (मथणा) /matʰaṇā マタナー/ [Skt. मथ्नाति] *vt.* **1** 攪拌する. (⇒ਫੈਂਟਣਾ, ਰਿੜਕਣਾ) **2** 攪乳する, 攪乳棒を回す, 攪乳器を回す. (⇒ਫੈਂਟਣਾ, ਰਿੜਕਣਾ)

ਮਥਣੀ (मथणी) /matʰaṇī マタニー/ ▶ਮਧਾਣੀ *f.* → ਮਧਾਣੀ

ਮੰਥਨ (मंथन) /mantʰana マンタン/ [Skt. मथन] *m.* **1** 攪拌. **2** 攪乳.

ਮੱਥਾ (मत्था) /mattʰā マッター/ ▶ਮਸਤਕ [(Pkt. मत्था, मत्थग) Skt. मस्तक] *m.* 〖身体〗額, おでこ, 前頭部, 頭. (⇒ਮੂਹਰ) ❒ਮੱਥਾ ਟੇਕਣਾ 平伏し額を地に付けて敬意を示す.

ਮਥੇਲਾ (मथेला) /matʰelā マテーラー/ *adj.* 正面の.

ਮੰਦ[1] (मंद) /manda マンド/ [Skt. मन्द] *adj.* **1** のろい, ゆっくりした, 悠長な. **2** 緩やかな, 緩慢な, 不活発な. **3** 微かな, 弱い, 弱々しい. **4** 低い, 深い. **5** 穏やかな, 優しい, 静かな. **6** のろまな, 鈍い, 愚鈍な. **7** 悪い, 邪悪な, 卑しい.

— *pref.* 「悪い」「鈍い」などを意味する接頭辞.

ਮੰਦ[2] (मंद) /manda マンド/ ▶ਵੰਦ [Pers. *mand*] *suff.* 「…を持っている(もの)」「…〔という特徴・属性〕を持つ(もの)」「…を備えている(もの)」「…を受けている(もの)」などの意味を表す接尾辞. 先行する語と合わせて, 特徴や属性を指定する形容詞または名詞を形成する.

ਮਦ (मद) /mada マド/ [Skt. मद] *m.* **1** うぬぼれ, 慢心, 傲慢. (⇒ਘਮੰਡ, ਹੰਕਾਰ) **2** 陶酔, 恍惚. **3** 〖飲料〗酒, アルコール飲料. (⇒ਸ਼ਰਾਬ)

ਮੱਦ (मद्द) /madda マッド/ [Arab. *madd*] *f.* **1** 記事. **2** 見出し. (⇒ਸਿਰਲੇਖ, ਹੈੱਡ)

ਮਦਹੋਸ਼ (मदहोश) /madahośa マドホーシュ/ [Pers. *madhūś*] *adj.* **1** 酔った, 酔い痴れた, 酩酊した. **2** 陶酔した, うっとりとした, 恍惚の. **3** 気絶している, 失神している, 気を失っている.

ਮਦਹੋਸ਼ੀ (मदहोशी) /madahośī マドホーシー/ [Pers. *madhūśī*] *f.* **1** 酔い, 酩酊. **2** 陶酔, 恍惚. **3** 失神, 気絶, 意識不明.

ਮੰਦਕ (मंदक) /mandaka マンダク/ *m.* 仲裁人, 調停者.

ਮੰਦਚਾਲਾ (मंदचाला) /mandacālā マンドチャーラー/ [Skt. मन्द- Skt. चलन] *adj.* **1** 鈍い, のろい, 緩慢な. **2** 特徴のない, 何の変哲もない.

ਮਦਦ (मदद) /madada マダド/ ▶ਮੱਦਦ [Arab. *madad*] *f.* **1** 助け, 助力, 手伝い. ❒ਮਦਦ ਕਰਨੀ 助ける, 手伝う. **2** 援助, 支援, 支持, 応援. (⇒ਸਹਾਰਾ)

ਮੱਦਦ (मद्दद) /maddada マッダド/ ▶ਮਦਦ *f.* → ਮਦਦ

ਮਦਦਗਾਰ (मददगार) /madadagāra マダドガール/ [Arab. *madad* Pers.*-gār*] *adj.* **1** 助ける, 援助する. (⇒ਸਹਾਇਕ) **2** 支える, 支えとなる, 支持する.

— *m.* **1** 助ける人, 援助者, 助手. (⇒ਸਹਾਈ) **2** 支える人, 支持者.

ਮਦਨ (मदन) /madana マダン/ [Skt. मदन] *m.* **1** 〖ヒ〗マダナ《愛の神》. **2** 酔わせる行為, 浮き浮きさせる行為. **3** 愛欲, 情欲, 色情, 性欲, 肉欲. **4** 性交, 交接.

ਮੰਦਭਾਗਾ (मंदभागा) /mandapāgā マンドパーガー/ [Skt.

मन्द- Skt. भाग्य] *adj.* 不運な, 不幸な.

ਮੰਦਭਾਵਨਾ (मंदभावना) /mandapǎvanā マンドパーヴナー/ [Skt. मन्द- Skt. भावना] *f.* 悪意, 反感, 敵意.

ਮਦਮਸਤ (मदमसत) /madamasata マドマスト/ [Skt. मद + Pers. *mast*] *adj.* **1** 酔った, 酔い痴れた, 酩酊した. **2** 陶酔した, うっとりとした, 恍惚の. **3** うぬぼれた, 傲慢な. (⇒ਘਮੰਡੀ, ਹੰਕਾਰੀ)

ਮਦਮਾਤਾ (मदमाता) /madamātā マドマーター/ [Skt. मद Skt.-मत्त] *adj.* → ਮਦਮਸਤ

ਮੰਦਰ (मंदर) /mandara マンダル/ ▸ਮੰਦਿਰ [Skt. मन्दिर] *m.* **1** 〖ヒ・仏〗寺, 寺院, 神殿. **2** 礼拝堂, 礼拝所. **3** 壮麗な建物, 建造物. **4** 家, 住まい. **5** 館, 屋敷. **6** 領土, 領域.

ਮਦਰਸਾ (मदरसा) /madarasā マダルサー/ ▸ਮਦਰੱਸਾ [Pers. *madrasa*] *m.* **1** 学校. **2** 〖イス〗イスラーム神学校, イスラーム学者を養成する教育機関.

ਮਦਰੱਸਾ (मदरस्सा) /madarassā マドラッサー/ ▸ਮਦਰਸਾ *m.* → ਮਦਰਸਾ

ਮੰਦਰਨਾ (मंदरना) /mandaranā マンダルナー/ ▸ਮੰਤਰਨਾ *vt.* → ਮੰਤਰਨਾ[2]

ਮਦਰਾ (मदरा) /madarā マドラー/ ▸ਮਦਿਰਾ [Skt. मदिरा] *f.* **1** 〖飲料〗酒, 蒸留酒, 発酵酒. (⇒ਸ਼ਰਾਬ) **2** 酔い, 酩酊. (⇒ਨਸ਼ਾ) **3** 陶酔.

ਮਦਰਾਸ (मदरास) /madarāsa マドラース/ *m.* **1** 〖地名〗マドラス《タミルナードゥ州の州都の旧名. 現在の呼称はチェンナイ》. **2** 〖地名〗タミルナードゥ州.

ਮਦਰਾਸੀ (मदरासी) /madarāsī マドラースィー/ *adj.* **1** マドラスの. **2** タミルナードゥ州の. **3** 南インドの.

— *m.* **1** マドラスの住民. **2** タミルナードゥ州の住民. **3** 南インドの人.

— *f.* タミル語.

ਮੰਦਵਾੜਾ (मंदवाड़ा) /mandawārā マンドワーラー/ [Skt. मन्द + Skt. वाड] *m.* 〖経済〗景気後退, 不景気, 不況.

ਮੰਦਾ (मंदा) /mandā マンダー/ [Skt. मन्द] *adj.* **1** 悪い, 邪悪な. (⇒ਬੁਰਾ, ਭੈੜਾ) **2** 劣った, 劣悪な. **3** 質の悪い, 粗悪な. **4** のろい, ゆっくりした, 遅れた. **5** 鈍い, 緩い, 弛んだ, 緩慢な.

ਮਦਾਹ (मदाह) /madâ マダー/ [Arab. *maddāh*] *m.* 称賛者, 賛美者.

ਮਦਾਖ਼ਲਤ (मदाख़लत) /madāxalata マダークラト/ [Pers. *mudāxalat*] *f.* **1** 妨害, 障害. (⇒ਵਿਘਨ, ਰੁਕਾਵਟ) **2** 干渉, 介入. (⇒ਦਖ਼ਲ) **3** 仲裁, 調停.

ਮੰਦਾ-ਚੰਗਾ (मंदा-चंगा) /mandā-caṅgā マンダー・チャンガー/ [Skt. मन्द + Skt. चङ्ग] *adj.* 良いか悪いかの, 善悪の.

ਮਦਾਨ (मदान) /madāna マダーン/ ▸ਮੈਦਾਨ [Pers. *maidān*] *m.* **1** 広場. **2** 運動場. **3** 〖地理〗平野, 平地, 平原. **4** 勝負を決する場. ❒ਲੜਾਈ ਦਾ ਮਦਾਨ 戦場.

ਮਦਾਨੀ (मदानी) /madānī マダーニー/ ▸ਮੈਦਾਨੀ [Pers. *maidānī*] *adj.* **1** 広場の, 運動場の. **2** 〖地理〗平野の, 平地の, 平原の.

ਮਦਾਮ (मदाम) /madāma マダーム/ ▸ਮੁਦਾਮ [Arab. *mudām*] *adj.* **1** 永続的な, 永久の. **2** 続いている, 連続的な, 絶え間のない. **3** 普段の, 日常の.

— *adv.* **1** 常に, いつも. (⇒ਨਿੱਤ, ਸਦਾ, ਹਮੇਸ਼ਾਂ) **2** 続けて, 途切れなく. (⇒ਲਗਾਤਾਰ)

ਮਦਾਮੀ (मदामी) /madāmī マダーミー/ ▸ਮੁਦਾਮੀ [Pers. *mudāmī*] *adj.* **1** 永続的な, 永久の. **2** 続いている, 連続的な, 絶え間のない.

— *f.* **1** 永続性. **2** 継続, 連続, 連続性.

ਮਦਾਰੀ (मदारी) /madārī マダーリー/ [Pers. *madār* -ਈ] *m.* **1** 猿や熊を見せ物として使う大道芸人, その集団. **2** 奇術師, 手品師.

ਮੰਦਿਰ (मंदिर) /mandira マンディル/ ▸ਮੰਦਰ *m.* → ਮੰਦਰ

ਮਦਿਰਾ (मदिरा) /madirā マディラー/ ▸ਮਦਰਾ *f.* → ਮਦਰਾ

ਮੰਦੀ (मंदी) /mandī マンディー/ [Pers. *mandī*] *suff.* 「…を持っていること」「…という特徴・属性を持つこと」「…を備えていること」「…を受けていること」などの意味を表す接尾辞. 先行する語と合わせて, 特徴や属性を指定する女性名詞を形成する.

ਮਦੀਨ (मदीन) /madīna マディーン/ [Pers. *māda*] *adj.* メスの, 雌の.

— *f.* **1** メス, 雌. **2** 女性, 女の人, 婦人. (⇒ਔਰਤ, ਇਸਤਰੀ)

ਮਦੀਨਾ (मदीना) /madīnā マディーナー/ *m.* 〖地名〗マディーナ(メディナ)《サウジアラビア西部の都市》.

ਮੰਦੀਲਾ (मंदीला) /mandīlā マンディーラー/ [Skt. मर्दल] *m.* 〖楽器〗大きな二面太鼓.

ਮੰਦੂਆ (मंदूआ) /mandūā マンドゥーアー/ ▸ਮੰਡੂਆ [(Mul.)] *m.* → ਮੰਡੂਆ[2]

ਮੱਦੇ ਨਜ਼ਰ (मद्दे नज़र) /madde nazara マッデー ナザル/ [Arab. *madd* + Arab. *nazar*] *adv.* 見込んで, 考慮して. (⇒ਧਿਆਨ ਵਿੱਚ)

ਮੰਦੇਰਾ (मंदेरा) /manderā マンデーラー/ [Skt. मन्द -ਏਰਾ] *adj.* **1** より悪い, さらに悪い. **2** より粗悪な, さらに安い.

ਮਧ (मध) /mâda マド/ ▸ਮੱਧ *m.adv.* → ਮੱਧ

ਮੱਧ (मद्ध) /mâdda マッド/ ▸ਮਧ [Skt. मध्य] *m.* **1** 中央. **2** 中間.

— *adv.* **1** 中央に. **2** 間に.

ਮੱਧ ਸ਼ਰੇਣੀ (मद्ध शरेणी) /mâdda śareṇī マッド シャレーニー/ ▸ਮੱਧ ਸ਼੍ਰੇਣੀ [Skt. मध्य + Skt. श्रेणी] *f.* 〖政治〗中産階級.

ਮੱਧ ਸ਼੍ਰੇਣੀ (मद्ध श्रेणी) /mâdda śreṇī (mâdda śareṇī) マッド シュレーニー (マッド シャレーニー)/ ▸ਮੱਧ ਸ਼ਰੇਣੀ *f.* → ਮੱਧ ਸ਼ਰੇਣੀ

ਮੱਧ ਕਾਲ (मद्ध काल) /mâdda kāla マッド カール/ [Skt. मध्य + Skt. काल] *m.* 〖歴史〗中世.

ਮੱਧ ਕਾਲੀਨ (मद्ध कालीन) /mâdda kālīna マッド カーリーン/ [Skt. मध्य + Skt. कालीन] *adj.* 〖歴史〗中世の.

ਮੱਧ ਪ੍ਰਦੇਸ਼ (मद्ध प्रदेश) /mâdda pradeśa マッド プラデーシュ/ [Skt. मध्य + Skt. प्रदेश] *m.* 〖地名〗マディヤ・プラデーシュ州《インド中部, デカン高原北部に広がる州. 州都はボーパール》.

ਮੱਧਮ (मद्धम) /mâddama マッダム/ [Skt. मध्यम] *adj.* **1** 緩やかな, のろい. (⇒ਧੀਮਾ) **2** 緩慢な, 不活発な. (⇒ਸੁਸਤ) **3** 薄暗い, ぼんやりした. **4** かすかな, 微弱な.

(⇒ਹਲਕਾ)

ਮੱਧਮਾਨ (**मद्धमान**) /mâddamānạ マッドマーン/ [Skt. मध्य Skt.-मान] *adj.* **1** 中間の, 中位の. **2** 平均の, 標準の, 並の.

ਮਧਰਾ (**मधरा**) /mâdạrā マドラー/ *adj.* **1** 中背の. **2** 背の低い.

ਮੱਧਵਰਤੀ (**मद्धवरती**) /mâddạwarạtī マッドワルティー/ [Skt. मध्यवर्तिन्] *adj.* **1** 中央に位置する, 中央にある, 中央の. **2** 中部の. **3**〖地理・天文〗赤道の.

ਮਧਾਣੀ (**मधाणी**) /madắṇī マダーニー/ [Skt. मथन] *f.* **1**〖調〗攪拌棒. **2**〖調〗攪乳棒.

ਮਧੁਰ (**मधुर**) /mâdurạ マドゥル/ [Skt. मधुर] *adj.* **1** 甘い, 甘美な. (⇒ਮਿੱਠਾ) **2** 美味な, 美味しい. (⇒ਰਸੀਲਾ) **3** 心地よい. **4**〖音楽〗旋律の美しい.

ਮਧੁਰਤਾ (**मधुरता**) /mâdurạtā マドゥルター/ [Skt.-ता] *f.* **1** 甘さ. (⇒ਮਿਠਾਸ) **2** 甘美さ, 美味. **3** 心地よさ. **4**〖音楽〗美しい旋律.

ਮਧੂ (**मधू**) /madǘ マドゥー/ [Skt. मधु] *m.* **1**〖食品〗蜜, 蜂蜜. (⇒ਸ਼ਹਿਦ) **2**〖飲料〗酒, アルコール飲料. (⇒ਸ਼ਰਾਬ)

ਮਧੂ ਮੱਖੀ (**मधू मक्खी**) /madǘ makkʰī マドゥー マッキー/ [+ (Pkt. मक्खिआ) Skt. मक्षिका] *f.*〖虫〗ミツバチ, 蜜蜂. (⇒ਸ਼ਹਿਦ ਦੀ ਮੱਖੀ)

ਮਧੂਵਤ (**मधूवत**) /madǘwatạ マドゥーワト/ *adj.* 蜜で甘くした.

ਮਧੋਲਣਾ (**मधोलणा**) /madǒlạṇā マドールナー/ ▸ਮਧੋਲਨਾ *vt.* → ਮਧੋਲਨਾ

ਮਧੋਲਨਾ (**मधोलना**) /madǒlạnā マドールナー/ ▸ਮਧੋਲਣਾ *vt.* **1** しわくちゃにする, くちゃくちゃにする, 乱す. **2** 乱暴に扱う, だめにする, 壊す. **3** 押し潰す. (⇒ਕੁਚਲਨਾ) **4** 手でこする, 手で揉む. (⇒ਹੱਥਾਂ ਨਾਲ ਮਲਨਾ)

ਮੰਨ (**मंन**) /mannạ マンヌ/ ▸ਮੱਨ [Skt. मंड] *m.*〖料理〗厚焼きのローティー〔無発酵平焼きパン〕. (⇒ਮੋਟੀ ਰੋਟੀ)

ਮੱਨ (**मन्न**) /mannạ マンヌ/ ▸ਮੰਨ *m.* → ਮੰਨ

ਮਨ[1] (**मन**) /manạ マン/ [Skt. मनस्] *m.* **1** 心, 心情, 心理, 思い, 気持ち, 魂, 精神, 胸の内. (⇒ਦਿਲ) ❒ਮਨ ਆਈ ਕਰਨਾ 自分勝手な行動をする. ❒ਮਨ ਦੀ ਮਨ ਵਿੱਚ ਰਹਿਣੀ 心が満たされない, 心を打ちあけられない. ❒ਮਨ ਭਰ ਜਾਣਾ うんざりする, 飽き飽きする. ❒ਮਨ ਮਾਰ ਕੇ 辛抱強く, 勤勉に. ❒ਮਨ ਮਾਰਨਾ 自分の心を押し殺す, 辛抱する. **2** 気分. **3** 意志. **4** 願い, 願望.

ਮਨ[2] (**मन**) /manạ マン/ ▸ਮਣ *m.* → ਮਣ[1]

ਮਨ-ਇੱਛਤ (**मन-इच्छत**) /manạ-iccʰatạ マン・イッチャト/ [Skt. मनस् + Skt. इच्छित] *adj.* **1** 望まれた, 望み通りの. **2** 好みの, 好きな. (⇒ਦਿਲਪਸੰਦ)

ਮਨਸਬ (**मनसब**) /manạsabạ マンサブ/ [Arab. manṣab] *m.* **1** 位階, 地位. **2** 官職. **3** 称号. **4**〖歴史〗ムガル帝国の軍人・官僚に与えられた位階.

ਮਨਸਬਦਾਰ (**मनसबदार**) /manạsabạdārạ マンサブダール/ [Pers.-*dār*] *m.* **1** 位階を持つ人, 高官. **2**〖歴史〗皇帝から位階を与えられたムガル帝国の軍人・官僚.

ਮਨਸਬਦਾਰੀ (**मनसबदारी**) /manạsabạdārī マンサブダーリー/ [Pers.-*dārī*] *f.*〖歴史〗マンサブダーリー制度《ムガル帝国における軍事・官僚機構》.

ਮਨਸ਼ਾ (**मनशा**) /manạśā マンシャー/ [Arab. *manśā*] *f.* **1** 意図, 意向, 趣意, 考え. (⇒ਇਰਾਦਾ) **2** 目的, 目標. (⇒ਮਕਸਦ) **3** 願い, 願望, 望み. (⇒ਇੱਛਾ)

ਮਨਸੂਖ਼ (**मनसूख़**) /manạsūxạ マンスーク/ [Arab. *mansūx*] *adj.* **1** 取り消された. **2** 撤回された.

ਮਨਸੂਖ਼ੀ (**मनसूख़ी**) /manạsūxī マンスーキー/ [Pers. *mansūxī*] *f.* **1** 取り消し. **2** 撤回.

ਮਨਸੂਬ (**मनसूब**) /manạsūbạ マンスーブ/ [Arab. *manṣūb*] *adj.* **1** 関係のある, 関連の. (⇒ਜੋੜਿਆ ਗਿਆ) **2** 指定の, 約束の, 指名された, 定められた. **3** 熱心な.

ਮਨਸੂਬਾ (**मनसूबा**) /manạsūbā マンスーバー/ [Arab. *manṣūba*] *m.* **1** 意図, 野心, 決意. **2** 計画, 案.

ਮਨਸੂਬਾਬੰਦੀ (**मनसूबाबंदी**) /manạsūbābandī マンスーバーバンディー/ [Pers.-*bandī*] *f.* 計画を立てること, 計画の立案.

ਮਨ੍ਹਾ[1] (**मन्हा**) /mânā マナー/ [Arab. *man`*] *adj.* 禁じられた, 禁止された. ❒ਸਿਨੇਮਾ ਹਾਲ ਵਿੱਚ ਸਿਗਰਟ ਪੀਣਾ ਮਨ੍ਹਾ ਹੁੰਦਾ ਹੈ। 映画館の中で煙草を吸うことは禁じられています. ❒ਮਨ੍ਹਾ ਕਰਨਾ 禁じる, 禁止する

ਮਨ੍ਹਾ[2] (**मन्हा**) /mânā マナー/ ▸ਮਣ੍ਹਾ *m.* → ਮਣ੍ਹਾ

ਮਨ ਹੀ ਮਨ (**मन ही मन**) /manạ hī manạ マン ヒー マン/ *adv.* 心密かに.

ਮਨਹੁ (**मनहु**) /manaû マナオー/ *adv.* 心で.

ਮਨਹੂਸ (**मनहूस**) /manạhūsạ マンフース/ [Arab. *manhūs*] *adj.* **1** 縁起の悪い, 不吉な. (⇒ਨਹੂਸਤੀ) **2** 不運な, 不幸な.

ਮਨਹੂਸੀਅਤ (**मनहूसीअत**) /manạhūsīatạ マンフースィーアト/ [Pers.-*yat*] *f.* **1** 縁起の悪いこと, 不吉. (⇒ਨਹੂਸਤ) **2** 不運, 不幸.

ਮਨੱਕਾ (**मनक्का**) /manakkā マナッカー/ ▸ਮੁਨੱਕਾ [Arab. *munaqqā*] *m.*〖食品〗干し葡萄, レーズン.

ਮਨਕੂਲਾ (**मनकूला**) /manạkūlā マンクーラー/ [Arab. *mankūl*] *adj.* **1** 移すことのできる. **2** 譲渡できる. **3** 動かすことのできる.

ਮਨਚਲਾ (**मनचला**) /manạcalā マンチャラー/ *adj.* **1** 落ち着きのない, 軽薄な, いたずらな. (⇒ਚੰਚਲ, ਸ਼ਰਾਰਤੀ) **2** 恐れ知らずの, 勇敢な, 豪胆な. (⇒ਬਹਾਦਰ, ਜਿਗਰੇ ਵਾਲਾ)

ਮਨਚਾਹਾ (**मनचाहा**) /manạcāhā | manạcâā マンチャーハー | マンチャーアー/ ▸ਮਨਚਾਹਿਆ *adj.* → ਮਨਚਾਹਿਆ

ਮਨਚਾਹਿਆ (**मनचाहिआ**) /manạcâiā マンチャーイアー/ ▸ਮਨਚਾਹਾ [Skt. मनस् + cf. ਚਾਹੁਣਾ] *adj.* **1** 好みの, 好きな. (⇒ਦਿਲਪਸੰਦ) **2** 思い通りの.

ਮਨਜ਼ੂਰ (**मनज़ूर**) /manạzūrạ マンズール/ ▸ਮੰਜ਼ੂਰ [Arab. *manzmūr*] *adj.* 認められた, 受け入れられた, 承認された, 承諾された, 受諾された, 受理された, 承知の, 納得済みの. (⇒ਸਵੀਕਰਿਤ, ਪਰਵਾਨ)

ਮਨਜ਼ੂਰੀ (**मनज़ूरी**) /manạzūrī マンズーリー/ [Pers. *manzmūrī*] *f.* 受け入れ, 承認, 承諾, 受諾, 受理, 承知, 納得. (⇒ਸਵੀਕਾਰ, ਪਰਵਾਨਗੀ, ਕਬੂਲੀਅਤ)

ਮੰਨਣਯੋਗ (**मंनणयोग**) /mannaṇạyogạ マンナンヨーグ/ [cf. ਮੰਨਣਾ Skt.-योग्य] *adj.* **1** 認められる, 承認できる, 承諾できる. **2** 信用できる, 信頼できる.

ਮੰਨਣਾ (**मंनणा**) /mannaṇā マンナナー/ [(Pkt. मण्णइ) Skt. मन्यते] *vi.vt.* **1** 認める, 承認する, 承諾する, 受け入れる,

承知する, 了承する, 了解する, 同意する. (⇒ਸਵੀਕਾਰ ਕਰਨਾ) **2** 従う, 服する, 守る. **3** 信じる, 信奉する.

ਮੰਨਤ (मंनत) /mannata̸ マンナト/ *f.* **1** 誓い, 誓約. **2** 誓願, 願掛け, 誓いを立てて神に願い事をすること.

ਮਨਤਾਰੂ (मनतारू) /mana̸tārū マンタールー/ *adj.* 泳ぎ方を知らない, 泳げない.

ਮਨਨ (मनन) /manana̸ マナン/ [Skt. मनन] *m.* **1** 熟考, 熟慮, 沈思, 思慮. (⇒ਚਿੰਤਨ) **2** 精緻な研究.

ਮਨਪਸੰਦ (मनपसंद) /mana̸pasanda̸ マンパサンド/ [Skt. मनस् + Pers. *pasand*] *adj.* **1** 気に入った. **2** 好みの, 好きな. (⇒ਮਨਚਾਹਿਆ)

ਮਨ ਪਰਚਾਵਾ (मन परचावा) /mana̸ para̸cāwā マン パルチャーワー/ [Skt. मनस् + cf. ਪਰਚਾਉਣਾ] *m.* **1** 心を楽しませるもの, 心を癒すもの. **2** 楽しみ, 娯楽. **3** 気晴らし.

ਮਨਫ਼ੀ (मनफ़ी) /mana̸fī マンフィー/ [Arab. *manfī*] *adj.* 〖数学〗負の, マイナスの.

— *f.* 〖符号〗負の記号, マイナスの符号.

ਮਨ ਭਾਉਂਦਾ (मन भाउँदा) /mana̸ pǎõdā マン パーオーンダー/ ▸ਮਨ ਭਾਂਦਾ [Skt. मनस् + Skt. भाव] *adj.* **1** 好ましく思われる. **2** 心に訴える. **3** 気に入った. **4** 好きな, 好みの. (⇒ਦਿਲਪਸੰਦ)

ਮਨ ਭਾਂਦਾ (मन भाँदा) /mana̸ pǎ̃dā マン パーンダー/ ▸ਮਨ ਭਾਉਂਦਾ *adj.* → ਮਨ ਭਾਉਂਦਾ

ਮਨਮਤ (मनमत) /mana̸mata̸ マンマト/ *f.* **1** 強情, 頑固. **2** 自分勝手, わがまま. **3** 理不尽. **4** 背教.

ਮਨਮਤੀਆ (मनमतीआ) /mana̸matīā マンマティーアー/ *adj.* **1** 強情な, 頑固な. **2** わがままな, 専横な. **3** 自分勝手な, 身勝手な. **4** 背教の.

ਮਨ ਮਰਜ਼ੀ (मन मरज़ी) /mana̸ mara̸zī マン マルズィー/ [Skt. मनस् + Arab. *marzī*] *f.* **1** 意欲. **2** 自分勝手. **3** 頑固.

ਮਨਮੁਖ (मनमुख) /mana̸mukʰa̸ マンムク/ [Skt. मनस् + Skt. मुख] *adj.* **1** 自己本位の, 自分勝手な. **2** 背教の. **3** 不信心な. **4** 〖スィ〗グルの導きでなく自身の心の導きに従う. (⇔ਗੁਰਮੁਖ)

ਮਨਮੋਹਕ (मनमोहक) /mana̸môka̸ マンモーク/ [Skt. मनस् + Skt. मोहक] *adj.* **1** 心を引き付ける, 魅惑する, 魅力的な, うっとりさせるような. **2** 美しい. (⇒ਸੋਹਣਾ) **3** 愛しい. (⇒ਪਿਆਰਾ)

ਮਨਮੋਹਣਾ (मनमोहणा) /mana̸môṇā マンモーナー/ [Skt. मनस् + cf. ਮੋਹਣਾ] *adj.* → ਮਨਮੋਹਕ

ਮਨਮੋਹਨ (मनमोहन) /mana̸môna̸ マンモーン/ [Skt. मनस् + Skt. मोहन] *adj.* → ਮਨਮੋਹਕ

ਮਨਵਾਉਣਾ (मनवाउणा) /mana̸wāuṇā マンワーウナー/ [cf. ਮੰਨਣਾ] *vt.* **1** 認めさせる, 受け入れさせる. **2** 同意させる. **3** 説得する, 言い聞かせる. **4** 説得して意見を変えさせる.

ਮਨਾਉਣਾ (मनाउणा) /manāuṇā マナーウナー/ [cf. ਮੰਨਣਾ] *vt.* **1** 認めさせる, 受け入れさせる. **2** 同意させる. **3** 説得する, 言い聞かせる. **4** 説得して意見を変えさせる. **5** なだめる, なだめすかす. **6** 機嫌を取る. **7** 慰める. **8** (加護を求めて神などに)呼びかける, 祈る. **9** 礼拝する. **10** 祝う, 祝賀する, (儀式・祭典を)執り行う, 挙行する, 催す. ❏ਖ਼ੁਸ਼ੀ ਮਨਾਉਣੀ 喜びを祝う. ❏ ਮੁਸਲਮਾਨ ਦੋ ਤਿਓਹਾਰ ਬੜੀ ਸ਼ਰਧਾ ਅਤੇ ਉਤਸ਼ਾਹ ਨਾਲ ਮਨਾਉਂਦੇ ਹਨ। イスラーム教徒は二つの祭りをとても敬虔且つ熱烈に祝います. **11** (祭日や式典などを)正式に守る, 遵守する.

ਮਨਾਹੀ (मनाही) /manâī マナーイー/ [Arab. *manāhī*] *f.* **1** 禁じること, 禁止, 差し止め. **2** 禁制. **3** 禁忌.

ਮਨਾਹੀ-ਹੁਕਮ (मनाही-हुकम) /manâī-hukama̸ マナーイー・フカム/ [+ Arab. *hukm*] *m.* 〖法〗禁止命令, 差し止め命令.

ਮਨਾਖਾ (मनाखा) /manākʰā マナーカー/ [Skt. मन्दाक्ष] *adj.* **1** 視力の弱い. **2** 目の不自由な. **3** 盲目の.

ਮਨਾਪਲੀ (मनापली) /manāpa̸lī マナープリー/ [Eng. *monopoly*] *f.* 〖経済〗(市場などの)独占.

ਮੰਨਿਆ-ਦੰਨਿਆ (मंनिआ-दंनिआ) /manniā-danniā マンニアー・ダンニアー/ *adj.* **1** 一般的に認められた. **2** よく知られた, 有名な.

ਮਨਿਆਰ (मनिआर) /maniāra̸ マニアール/ ▸ਮਨਿਹਾਰ, ਮੁਨਿਆਰ *m.* → ਮੁਨਿਆਰ

ਮਨਿਆਰਨ (मनिआरन) /maniārana̸ マニアーラン/ ▸ਮਨਿਹਾਰਨ, ਮੁਨਿਆਰਨ *f.* → ਮੁਨਿਆਰਨ

ਮਨਿਸਟਰ (मनिसटर) /manisa̸ṭara̸ マニスタル/ ▸ਮਿਨਿਸਟਰ *m.* → ਮਿਨਿਸਟਰ

ਮਨਿਹਾਰ (मनिहार) /manihāra̸ | maniǎra̸ マニハール | マニアール/ ▸ਮਨਿਆਰ, ਮੁਨਿਆਰ *m.* → ਮੁਨਿਆਰ

ਮਨਿਹਾਰਨ (मनिहारन) /manihārana̸ | maniǎrana̸ マニハーラン | マニアーラン/ ▸ਮਨਿਆਰਨ, ਮੁਨਿਆਰਨ *f.* → ਮੁਨਿਆਰਨ

ਮਨੀਆਡਰ (मनीआडर) /maniāḍara̸ マニーアーダル/ ▸ਮਨੀਆਰਡਰ [Eng. *money order*] *m.* 郵便為替, 郵便送金.

ਮਨੀਆਰਡਰ (मनीआरडर) /maniāra̸ḍara̸ マニーアールダル/ ▸ਮਨੀਆਡਰ *m.* → ਮਨੀਆਡਰ

ਮਨੀਟਰ (मनीटर) /manīṭara̸ マニータル/ [Eng. *monitor*] *m.* モニター.

ਮਨੁੱਖ (मनुक्ख) /manukkʰa̸ マヌック/ ▸ਮਾਨੁ, ਮਾਨੁਖ, ਮਾਨੁੱਖ [Skt. मनुष्य] *m.* 人, ヒト, 人間, 人類. (⇒ਆਦਮੀ, ਮਾਨਵ)

ਮਨੁੱਖਤਾ (मनुक्खता) /manukkʰa̸tā マヌックター/ [Skt.-ता] *f.* **1** 人間性. **2** 人道.

ਮਨੁੱਖਤਾਵਾਦ (मनुक्खतावाद) /manukkʰa̸tāwāda̸ マヌックターワード/ [Skt.-वाद] *m.* 人文主義.

ਮਨੁੱਖਤਾਵਾਦੀ (मनुक्खतावादी) /manukkʰa̸tāwādī マヌックターワーディー/ [Skt.-वादिन्] *adj.* 人文主義の.

— *m.* 人文主義者.

ਮਨੁੱਖੀ (मनुक्खी) /manukkʰī マヌッキー/ [Skt. मनुष्य -ਈ] *adj.* 人間の, 人間的な.

ਮੰਨੂੰ (मंनूँ) /mannū̃ マンヌーン/ ▸ਮੈਂਕੂੰ, ਮੈਨੂੰ [(Pua.)] *pron.* 《プアーディー方言における ਮੈ ਨੂੰ の融合形. マージー方言に基づく標準語形は ਮੈਨੂੰ 》私に, 私を, 私にとって.

ਮਨੂਆ (मनूआ) /manūā マヌーアー/ *m.* **1** 心. **2** 意志. **3** 願望.

ਮਨੂਰ (मनूर) /manūra̸ マヌール/ [Skt. मण्डूर] *m.* 溶鉱炉から出る金屎(かなくそ).

ਮਨੇਜਰ (मनेजर) /manejara マネージャル/ ▸ਮੈਨੇਜਰ [Eng. *manager*] *m.* **1** マネージャー, 支配人. **2** 経営者. **3** 部長. **4** 監督.

ਮਨੇਵਾਂ (मनेवाँ) /manewā̃ マネーワーン/ *m.* 和解.

ਮਨੋ (मनो) /mano マノー/ [Skt. मनो] *pref.* 「心」「心理」「精神」などの意味を含む語を形成する接頭辞.

ਮਨੋਹਰ (मनोहर) /manôra マノール/ [Skt. मनोहर] *adj.* **1** 愛らしい, 魅力的な, 魅惑的な, うっとりさせるような, 素敵な. **2** 美しい, 綺麗な. **3** 心地よい, 快い.

ਮਨੋਕਾਮਨਾ (मनोकामना) /manokāmanā マノーカームナー/ [Skt. मनो- Skt. कामना] *f.* 願い, 願望. (⇒ਇੱਛਾ)

ਮਨੋਜ (मनोज) /manoja マノージ/ [Skt. मनोज] *m.* 〖ヒ〗マノージャ《愛の神カーマの異名》. (⇒ਕਾਮਦੇਵ)

ਮਨੋਦਸ਼ਾ (मनोदशा) /manodaśā マノーダシャー/ [Skt. मनो- Skt. दशा] *f.* **1** 精神状態, 心理. **2** 気分, 気持ち, 感情.

ਮਨੋਬਲ (मनोबल) /manobala マノーバル/ [Skt. मनो- Skt. बल] *m.* **1** 気力, 精神力. **2** 士気, 意気込み.

ਮਨੋਭਾਵ (मनोभाव) /manopăva マノーパーヴ/ [Skt. मनो- Skt. भाव] *m.* **1** 思い. **2** 気持ち, 感情, 心情, 心理. **3** 感性.

ਮਨੋਰੰਜਕ (मनोरंजक) /manorañjaka マノーランジャク/ [Skt. मनो + Skt. रंजक] *adj.* **1** 楽しい, 面白い. **2** 娯楽の, 気晴らしの.

ਮਨੋਰੰਜਨ (मनोरंजन) /manorañjana マノーランジャン/ [Skt. मनो- Skt. रंजन] *m.* **1** 面白い事, 楽しみ. **2** 娯楽, 遊興, 気晴らし. **3** 趣味, 道楽.

ਮਨੋਰਥ (मनोरथ) /manoratʰa マノーラト/ [Skt. मनोरथ] *m.* **1** 望み, 願望, 欲求. (⇒ਇੱਛਾ, ਚਾਹ) **2** 目的, 意図. (⇒ਇਰਾਦਾ, ਮਕਸਦ)

ਮਨੋਰਥਹੀਣ (मनोरथहीण) /manoratʰahīṇa マノーラトヒーン/ ▸ਮਨੋਰਥਹੀਨ *adj.* → ਮਨੋਰਥਹੀਨ

ਮਨੋਰਥਹੀਨ (मनोरथहीन) /manoratʰahīna マノーラトヒーン/ ▸ਮਨੋਰਥਹੀਣ [Skt. मनोरथ Skt.-हीन] *adj.* 目的のない, 目標のない.

ਮਨੋਰੋਗ (मनोरोग) /manoroga マノーローグ/ [Skt. मनो- Skt. रोग] *m.* 〖医〗心の病, 精神病.

ਮਨੋਰੋਗੀ (मनोरोगी) /manorogī マノーローギー/ [Skt. मनो- Skt. रोगिन्] *adj.* 心の病を患っている, 精神病の.

ਮਨੋ ਵਿਆਖਿਆ (मनो विआखिआ) /mano viākʰiā マノーヴィアーキアー/ [Skt. मनो- Skt. व्याख्या] *f.* 精神分析(学).

ਮਨੋ ਵਿਸ਼ਲੇਸ਼ਣ (मनो विशलेशन) /mano viśaleśana マノーヴィシュレーシャン/ [Skt. मनो- Skt. विश्लेषण] *m.* 精神分析(学).

ਮਨੋਵਿਕਾਰ (मनोविकार) /manovikāra マノーヴィカール/ [Skt. मनो- Skt. विकार] *m.* **1** 心の動き, 感情, 情緒. **2** 〖医〗精神異常, 精神錯乱, 精神病.

ਮਨੋਵਿਗਿਆਨ (मनोविगिआन) /manovigiāna マノーヴィギアーン/ [Skt. मनो- Skt. विज्ञान] *m.* 心理学.

ਮਨੋਵਿਗਿਆਨਕ (मनोविगिआनक) /manovigiānaka マノーヴィギアーナク/ ▸ਮਨੋਵਿਗਿਆਨਿਕ *adj.* → ਮਨੋਵਿਗਿਆਨਿਕ

ਮਨੋਵਿਗਿਆਨਿਕ (मनोविगिआनिक) /manovigiānika マノーヴィギアーニク/ ▸ਮਨੋਵਿਗਿਆਨਕ [Skt. मनो- Skt. वैज्ञानिक] *adj.* 心理学の.

ਮਨੋਵਿਗਿਆਨੀ (मनोविगिआनी) /manovigiānī マノーヴィギアーニー/ [Skt. मनो- Skt. विज्ञानिन्] *adj.* 心理学の. — *m.* 心理学者.

ਮਨੋਵਿਗਿਆਨੀ ਡਾਕਟਰ (मनोविगिआनी डाकटर) /manovigiānī ḍākaṭara マノーヴィギアーニー ダークタル/ [+ Eng. *doctor*] *m.* 精神科医, 精神病学者.

ਮਨੋਵਿਗਿਆਨੀ ਡਾਕਟਰੀ (मनोविगिआनी डाकटरी) /manovigiānī ḍākaṭarī マノーヴィギアーニー ダークタリー/ [-ई] *f.* 精神病学, 精神病療法.

ਮਨੋਵਿਰੇਚਨ (मनोविरेचन) /manovirecana マノーヴィレーチャン/ [Skt. मनो- Skt. विरेचन] *m.* 精神の浄化, カタルシス《芸術などによる精神の浄化》.

ਮਨੋਵੇਗ (मनोवेग) /manovega マノーヴェーグ/ [Skt. मनो- Skt. वेग] *m.* **1** 激情. **2** 衝動.

ਮਨੌਤ (मनौत) /manauta マナォート/ ▸ਮਨੌਤੀ *f.* → ਮਨੌਤੀ

ਮਨੌਤੀ (मनौती) /manautī マナォーティー/ ▸ਮਨੌਤ *f.* **1** 自明の原理, 証明不要の真理. **2** 証拠なしで仮定されたもの. **3** 誓い, 誓約, 誓願, 願掛け, 祈願. **4** 保証, 債務保証の約束.

ਮੱਪਣਾ (मप्पणा) /mappaṇā マッパナー/ ▸ਮਾਪਣਾ *vt.* → ਮਾਪਣਾ

ਮਪਾਉਣਾ (मपाउणा) /mapāuṇā マパーウナー/ [cf. ਮਾਪਣਾ] *vt.* 測らせる, 寸法をとってもらう, 計測させる, 測定させる. (⇒ਨਪਵਾਉਣਾ)

ਮਫ਼ਰੂਰ (मफ़रूर) /mafarūra マフルール/ [Arab. *mafrūr*] *adj.* **1** 逃亡した. **2** 行方をくらました. **3** 潜伏した.

ਮਫ਼ਰੂਰੀ (मफ़रूरी) /mafarūrī マフルーリー/ [-ई] *f.* **1** 逃亡. **2** 行方をくらますこと. **3** 潜伏.

ਮਫ਼ਲਰ (मफ़लर) /mafalara マフラル/ [Eng. *muffler*] *m.* 〖衣服〗襟巻, マフラー.

ਮਫ਼ਾਦ (मफ़ाद) /mafāda マファード/ ▸ਮੁਫ਼ਾਦ [Arab. *fāʰid*] *m.* **1** 利益, 儲け, 利潤. (⇒ਲਾਭ) **2** 得, 利得, 良い結果.

ਮਬਨੀ (मबनी) /mabanī マバニー/ [Arab. *mabnī*] *adj.* **1** 依存している, 頼っている. **2** 依拠している, 基づいている.

ਮੰਬਰ (मंबर) /mambara マンバル/ [Arab. *mimbar*] *m.* 〖イス〗アザーン ਅਜ਼ਾਨ を行うモスクの中の場所.

ਮੰਬਾ (मंबा) /mambā マンバー/ [Arab. *mambah*] *m.* 源, 源泉.

ਮੰਮਟੀ (मंमटी) /mammaṭī マンマティー/ ▸ਮਮਟੀ, ਮੱਮਟੀ *f.* → ਮਮਟੀ

ਮਮਟੀ (ममटी) /mamaṭī マムティー/ ▸ਮੰਮਟੀ, ਮੱਮਟੀ *f.* 〖建築〗屋上に作られた小さな部屋.

ਮੱਮਟੀ (मम्मटी) /mammaṭī マンマティー/ ▸ਮੰਮਟੀ, ਮਮਟੀ *f.* → ਮਮਟੀ

ਮਮਤਾ (ममता) /mamatā マムター/ [Skt. ममता] *f.* **1** 母の愛, 母性, 母. **2** 子への愛. **3** 自分に関係のある人や物への関心・愛情. **4** 所有者の関心. **5** 愛情, 慈愛. **6** 自尊心, 傲慢.

ਮਮਤਾਜ਼ (ममताज़) /mamatāza マムターズ/ ▸ਮੁਮਤਾਜ਼ *adj.* → ਮੁਮਤਾਜ਼

ਮਮਨੂਨ (ममनून) /mamanūna マムヌーン/ [Arab. mamnūn] adj. 感謝している, ありがたく思っている, 恩を感じている.
ਮੰਮਾ[1] (मंमा) /mammā マンマー/ ▸ਮਮਾ, ਮੱਮਾ m. 〖文字〗マンマー(ママー)《両唇・閉鎖音の「マ」(鼻子音)を表す, グルムキー文字の字母表の30番目の文字 ਮ の名称》.
ਮੰਮਾ[2] (मंमा) /mammā マンマー/ ▸ਮਮਾ, ਮੱਮਾ m. 1 〖身体〗乳首. (⇒ਚੂਚੀ) 2 〖身体〗乳房. (⇒ਥਣ)
ਮੰਮਾ[3] (मंमा) /mammā マンマー/ f. 〖親族〗母.
ਮਮਾ[1] (ममा) /mamā ママー/ ▸ਮੰਮਾ, ਮੱਮਾ m. → ਮੰਮਾ[1]
ਮਮਾ[2] (ममा) /mamā ママー/ ▸ਮੰਮਾ, ਮੱਮਾ m. → ਮੰਮਾ[2]
ਮੱਮਾ[1] (मम्मा) /mammā マンマー/ ▸ਮੰਮਾ, ਮਮਾ m. → ਮੰਮਾ[1]
ਮੱਮਾ[2] (मम्मा) /mammā マンマー/ ▸ਮੰਮਾ, ਮਮਾ m. → ਮੰਮਾ[2]
ਮਮਾਰਖ (ममारख) /mamārakʰa ママーラク/ ▸ਮੁਬਾਰਕ, ਮੁਬਾਰਿਕ, ਮੁਮਾਰਖ [(Lah.)] adj.f. → ਮੁਬਾਰਕ
ਮਮਿਆਈ (ममिआई) /mamiāī マミアーイー/ ▸ਮੋਮਿਆਈ [Pers. mūmiyāī] f. 〖鉱物・薬剤〗強壮剤として用いられる岩からの抽出物.
ਮੰਮੀ[1] (मंमी) /mammī マンミー/ ▸ਮਮੀ, ਮੱਮੀ [Eng. mummy] f. 〖親族〗お母さん, お母ちゃん, ママ. (⇔ਡੈਡੀ)
ਮੰਮੀ[2] (मंमी) /mammī マンミー/ ▸ਮਮੀ f. → ਮਮੀ[2]
ਮੰਮੀ[3] (मंमी) /mammī マンミー/ m. 2 〖身体〗若い小さな乳房.
ਮਮੀ[1] (ममी) /mamī マミー/ ▸ਮੰਮੀ, ਮੱਮੀ f. → ਮੰਮੀ[1]
ਮਮੀ[2] (ममी) /mamī マミー/ ▸ਮੰਮੀ [Eng. mummy] f. ミイラ.
ਮਮੀ[3] (ममी) /mamī マミー/ pron. 《 ਮੈਂ ਵੀ の短縮融合形》私も.
ਮੱਮੀ (मम्मी) /mammī マンミー/ ▸ਮੰਮੀ, ਮਮੀ f. → ਮੰਮੀ[1]
ਮਮੂਲੀ (ममूली) /mamūlī マムーリー/ ▸ਮਾਮੂਲੀ adj. → ਮਾਮੂਲੀ
ਮਮੇਰਾ (ममेरा) /mamerā マメーラー/ [(Pkt. मामअ) Skt. मामका -ਏਰਾ] adj. 〖親族〗母の兄弟の, 母方のおじの血筋の. ❐ਮਮੇਰਾ ਭਰਾ 従兄弟(いとこ)《母の兄弟の息子》. ❐ਮਮੇਰੀ ਭੈਣ 従姉妹(いとこ)《母の兄弟の娘》.
— m. 従兄弟(いとこ)《母の兄弟の息子》.
ਮਮੋਲਾ (ममोला) /mamolā マモーラー/ m. 〖鳥〗オオハクセキレイ, 大白鶺鴒.
ਮਯਾਰ (मयार) /mayāra マヤール/ ▸ਮਿਆਰ m. → ਮਿਆਰ
ਮਯੂਜ਼ੀਅਮ (मयूज़ीअम) /mayūzīama マユーズィーアム/ ▸ਮਿਊਜ਼ੀਅਮ m. → ਮਿਊਜ਼ੀਅਮ
ਮਯੂਬ (मयूब) /mayūba マユーブ/ [Pers. ma`yūb] adj. 1 不完全な. 2 欠陥のある. (⇒ਨੁਕਸਦਾਰ)
ਮਯੂਰ (मयूर) /mayūra マユール/ ▸ਮੋਰ [Skt. मयूर] m. 〖鳥〗クジャク, 孔雀.
ਮਰਸੀਆ (मरसीआ) /marasīā マルスィーアー/ [Pers. marsiya] m. 哀悼歌, 悲歌, 哀歌.
ਮਰਹੱਟਨ (मरहट्टन) /marahaṭṭana マルハッタン/ ▸ਮਰਾਠਣ f. → ਮਰਾਠਣ
ਮਰਹੱਟਾ (मरहट्टा) /marahaṭṭā マルハッター/ ▸ਮਰਾਠਾ m.adj. → ਮਰਾਠਾ
ਮਰਹਬਾ (मरहबा) /marahabā マルハバー/ [Arab. marhaba] int. よくやった, でかした. (⇒ਸ਼ਾਬਾਸ਼)
ਮਰਹਮ (मरहम) /marahama マルハム/ ▸ਮਲਹਮ, ਮਲ੍ਹਮ [Pers. marham] f. 〖薬剤〗塗り薬, 膏薬, 軟膏.
ਮਰਹਲਾ (मरहला) /marahalā マルハラー/ [Arab. marhala] m. 1 旅程, 一日の行程. 2 段階, 過程. 3 宿, 宿屋, 宿場.
ਮਰਹੂਮ (मरहूम) /marahūma マルフーム/ [Arab. marhūm] adj. 故, 今は亡き, 故人となった. (⇒ਮਰ ਚੁੱਕਿਆ, ਸਵਰਗਵਾਸੀ)
ਮਰਹੋਤ੍ਰਾ (मरहोत्रा) /marahotrā マルホートラー/ ▸ਮਲਹੋਤਰਾ m. → ਮਲਹੋਤਰਾ
ਮਰਕਜ਼ (मरकज़) /marakaza マルカズ/ [Arab. markaz] m. 1 中央, 中心. (⇒ਕੇਂਦਰ) 2 首都.
ਮਰਕਜ਼ੀ (मरकज़ी) /marakazī マルカズィー/ [Arab. markazī] adj. 中央の, 中心の. (⇒ਕੇਂਦਰੀ)
ਮਰਕਨਟਾਈਜ਼ (मरकनटाईज़) /marakanaṭāīza マルカンターイーズ/ [Eng. merchandise] m. 商品.
ਮਰਕਰੀ (मरकरी) /marakarī マルカリー/ [Eng. mercury] m. 1 〖金属〗水銀. 2 〖天文〗水星.
ਮਰਗ (मरग) /maraga マルグ/ [Pers. marg] f. 死. (⇒ਮੌਤ)
ਮਰਗ਼ (मरग़) /maraǧa マルグ/ [Pers. marǧ] m. 1 草. (⇒ਘਾਹ) 2 草地, 牧草地.
ਮਰਗਾਟ (मरगाट) /maragāṭa マルガート/ ▸ਮਡਗਾਰਡ, ਮਡਗਾਡ, ਮਰਗਾਡ [(Mal.)] m. → ਮਡਗਾਰਡ
ਮਰਗਾਡ (मरगाड) /maragāḍa マルガード/ ▸ਮਡਗਾਰਡ, ਮਡਗਾਡ, ਮਰਗਾਟ [(Mal.)] m. → ਮਡਗਾਰਡ
ਮਰਗ਼ੂਬ (मरग़ूब) /maraǧūba マルグーブ/ [Arab. marǧūb] adj. 好きな, 好ましい. (⇒ਦਿਲਪਸੰਦ)
ਮਰਘਟ (मरघट) /marakăṭa マルカト/ m. 火葬場.
ਮਰਚ (मरच) /maraca マルチ/ ▸ਮਿਰਚ f. → ਮਿਰਚ
ਮਰਚੈਂਟ (मरचैंट) /maracãĩṭa マルチャエーント/ [Eng. merchant] m. 商人, 小売商, 店主.
ਮਰਜ਼ (मरज़) /maraza マルズ/ [Arab. marz] m.f. 1 病気. (⇒ਰੋਗ, ਬਿਮਾਰੀ) 2 悪習, 悪癖.
ਮਰਜਾਦਾ (मरजादा) /marajādā マルジャーダー/ ▸ਮਰਿਆਦਾ, ਮਰਯਾਦਾ f. → ਮਰਯਾਦਾ
ਮਰਜ਼ੀ (मरज़ी) /marazī マルズィー/ [Arab. marzī] f. 1 望み, 希望, 願望. 2 意志, 意向, 意欲, 欲求, 気持ち. ❐ਤੁਹਾਡੀ ਮਰਜ਼ੀ ਹੈ। あなたの勝手です, お好きなように. 3 命令, 指図. 4 喜び.
ਮਰਜੀਵੜਾ (मरजीवड़ा) /marajīwaṛā マルジーワラー/ [Skt. मरण + Skt. जीवन -ੜਾ] adj. 1 死にそうになって生きている, 生死の境にある. 2 非常に苦しい状態で生きている, 苦しい人生を送っている. 3 命を捧げる覚悟をしている, 死と隣り合せの生活をしている. 4 世俗の執着を棄てて質素に暮らしている.
— m. 1 生死の境にある人. 2 潜水夫, 潜って真珠などを採る人.
ਮਰਣ (मरण) /maraṇa マラン/ ▸ਮਰਨ m. → ਮਰਨ
ਮਰਣਹਾਰ (मरणहार) /maraṇahāra マランハール/ ▸

ਮਰਨਹਾਰ *adj.* → ਮਰਨਹਾਰ

ਮਰਤੰਜਾ (मरतंजा) /maratañjā マルタンジャー/ [Skt. मृत्युंजय] *m.* **1** 死に打ち勝った者. **2**〖ヒ〗ムリティユンジャヤ《シヴァ神の異名の一つ》. (⇒ਸ਼ਿਵ) **3** ムリティユンジャヤ・マントラ《シヴァ神の真言》.

ਮਰਤਬਾ (मरतबा) /maratabā マルタバー/ ▸ਮਰਾਤਬਾ [Arab. *martaba*] *m.* **1** 段階, 等級, 階級. **2** 地位, 役職. **3** 時, 時機, 機会. **4** 回. (⇒ਵਾਰ)

ਮਰਤਬਾਨ (मरतबान) /maratabāna マルトバーン/ [Pers. *martabān*] *m.*〖容器〗ガラス製・焼き物などの広口の瓶・壺《ピクルスなどを保存する》.

ਮਰਦ (मरद) /marada マルド/ [Pers. *mard*] *m.* **1** 男, 男子, 男性. (⇒ਨਰ) **2** 人, 人間. (⇒ਮਨੁੱਖ, ਆਦਮੀ) **3**〖親族〗夫. (⇒ਪਤੀ)

— *adj.* **1** 男らしい. **2** 勇ましい, 勇敢な. (⇒ਦਲੇਰ, ਬਹਾਦਰ)

ਮਰਦਊ (मरदऊ) /maradaū マルダウー/ [Pers. *mard* -ਊ] *m.* **1** 男らしさ. **2** 勇ましさ, 勇敢さ.

ਮਰਦਊਪੁਣਾ (मरदऊपुणा) /maradaūpuṇā マルダウープナー/ [-ਪੁਣਾ] *m.* → ਮਰਦਊ

ਮਰਦੰਗ (मरदंग) /maradaṅga マルダング/ ▸ਮਿਰਦੰਗ [Skt. मृदंग] *m.*〖楽器〗ムリダンガ《古典音楽の伴奏に用いられる両面太鼓》.

ਮਰਦਮ (मरदम) /maradama マルダム/ [Pers. *mardum*, plural of Pers. *mard*] *m.* **1** 人, 人間. (⇒ਮਨੁੱਖ, ਆਦਮੀ) **2** 人々.

ਮਰਦਮਸ਼ੁਮਾਰੀ (मरदमशुमारी) /maradamaśumārī マルダムシュマーリー/ [+ Pers. *śumārī*] *f.*〖社会〗人口統計, 国勢調査.

ਮਰਦਮ ਖ਼੍ਵਾਰ (मरदम ख़्वार) /maradama kʰwāra マルダム クワール/ ▸ਮਰਦਮ ਖੁਆਰ *adj.m.* → ਮਰਦਮ ਖੁਆਰ

ਮਰਦਮ ਖੁਆਰ (मरदम खुआर) /maradama kʰuāra マルダム クアール/ ▸ਮਰਦਮ ਖ਼੍ਵਾਰ [Pers. *mardum* Pers.*-xor*] *adj.* 人を食べる, 人食いの. (⇒ਆਦਮਖ਼ੋਰ)

— *m.* 人食い人, 食人種. (⇒ਆਦਮਖ਼ੋਰ)

ਮਰਦਮੀ (मरदमी) /maradamī マルダミー/ [Pers. *mardumī*] *adj.* **1** 男らしい. **2** 勇ましい, 勇敢な. (⇒ਬਹਾਦਰ)

— *f.* **1** 男らしさ. **2** 勇ましさ, 勇敢さ. (⇒ਬਹਾਦਰੀ)

ਮਰਦਾਨਗੀ (मरदानगी) /maradānagī マルダーンギー/ [Pers. *mard* Pers.*-āna* Pers.*-gī*] *f.* **1** 男らしさ. **2** 勇ましさ, 勇敢さ. (⇒ਬਹਾਦਰੀ)

ਮਰਦਾਨਾ[1] (मरदाना) /maradānā マルダーナー/ [Pers. *mard* Pers.*-āna*] *adj.* **1** 男性の. **2** 男らしい. **3** 勇ましい, 勇敢な. (⇒ਬਹਾਦਰ)

ਮਰਦਾਨਾ[2] (मरदाना) /maradānā マルダーナー/ *m.*〖人名・スィ〗マルダーナー《弦楽器ラバーブの奏者. 元はイスラーム教徒であったがスィック教の開祖ナーナクの弟子となり, ナーナクの遊行の長旅に同行した》.

ਮਰਦਾਨਾਵਾਰ (मरदानावार) /maradānāwāra マルダーナーワール/ [Pers. *mardāna* Pers.*-vār*] *adv.* **1** 男らしく. **2** 勇ましく, 勇敢に.

ਮਰਦਾਵਾਂ (मरदावाँ) /maradāwā̃ マルダーワーン/ [Pers. *mard* Pers.*-vān*] *adj.* **1** 男性の. **2** 男性用の, 男物の.

ਮਰਦੂਦ (मरदूद) /maradūda マルドゥード/ [Pers. *mardūd*] *adj.* **1** 拒絶された, 排斥された, 追放された. **2** 不良の, 邪悪な, ろくでなしの. **2** 忌まわしい.

— *m.* **1** 咎めを受けるべき男. **2**〖罵言〗悪党, ろくでなし.

ਮਰਨ (मरन) /marana マラン/ ▸ਮਰਣ [Skt. मरण] *m.* 死ぬこと, 死, 死亡, 死去, 逝去. (⇒ਮੌਤ)

ਮਰਨ ਇੱਛਿਆ (मरन इच्छिआ) /marana iccʰiā マラン イッチアー/ [Skt. मरण + Skt. इच्छा] *f.* 死の願望, 死の衝動, 自殺の衝動.

ਮਰਨ ਸੰਸਕਾਰ (मरन संसकार) /marana sansakāra マラン サンスカール/ [+ Skt. संस्कार] *m.* 葬儀, 葬送儀礼.

ਮਰਨਹਾਰ (मरनहार) /maranahāra マランハール/ ▸ਮਰਣਹਾਰ [cf. ਮਰਨਾ -ਹਾਰ] *adj.* 死すべき, 死を免れない.

ਮਰਨ ਦਰ (मरन दर) /marana dara マラン ダル/ [Skt. मरण + Pers. *dar*] *m.f.* 死亡率.

ਮਰਨ ਮਰਾਣ (मरन मराण) /marana marāṇa マラン マラーン/ ▸ਮਰਨ ਮਾਰਨ *m.* → ਮਰਨ ਮਾਰਨ

ਮਰਨ ਮਾਰਨ (मरन मारन) /marana mārana マラン マーラン/ ▸ਮਰਨ ਮਰਾਣ *m.* 命懸け, 必死の状態.

ਮਰਨ ਵਰਤ (मरन वरत) /marana varata マラン ヴァルト/ [Skt. मरण + Skt. व्रत] *m.* 死の断食, 死ぬまで断食する誓い.

ਮਰਨਾ (मरना) /maranā マルナー/ [Skt. मरते] *vi.* **1** 死ぬ, 死亡する, 死去する. ❐ਮਰ ਕੇ ਜਿੰਦਾ ਰਹਿਣਾ 死して生きる, 永遠不滅のものになる. ❐ਮਰ ਕੇ ਮਿੱਟੀ ਹੋ ਜਾਣਾ とても恥ずかしく思う. ❐ਮਰ ਕੇ ਵੀ ਚੈਨ ਨਾ ਆਉਣਾ 死んでも安らぎがない, いつも苦しんでいる. ❐ਮਰ ਜੀ ਕੇ いくら苦労しても, 何とかして. ❐ਮਰਦੇ ਦਮ ਤਕ 息をひきとるまで, 死ぬまで, 最後まで, とことん. ❐ਮਰਦੇ ਮਰਦੇ 大変苦労して. ❐ਮਰਨ ਕਿਨਾਰੇ ਬੈਠਣਾ 死の淵に座る, 老衰する, 危篤に陥る. ❐ਮਰਨ ਜੀਵਨ ਨਾਲ ਹੋਣਾ 死ぬも生きるも一緒になる, 常に一緒にいる, 離れられない関係になる. ❐ਮਰਨ ਤੋਂ ਭੱਜਣਾ 死から逃げる, 臆病になる, おびえる. ❐ਮਰਨ ਦਾ ਵਿਹਲ ਨਾ ਹੋਣਾ 死ぬ暇もない, 極めて忙しい. ❐ਮਰਨ ਮੂੰਹ ਹੋਣਾ 死にそうになる, 非常に危険な状態になる. ❐ਮਰ ਮਰ ਕੇ 辛うじて, 大変苦労して. **2** 滅びる, 消滅する. **3** 終わる. **4** 枯れる, 萎れる. **5** 止む. **6** 静まる.

ਮਰਨਾਊ (मरनाऊ) /maranāū マルナーウー/ [cf. ਮਰਨਾ] *adj.* 死にかけている.

ਮਰਨੀ (मरनी) /maranī マルニー/ [cf. ਮਰਨਾ] *f.* 死.

ਮਰੱਬਾ (मरब्बा) /marabbā マラッバー/ ▸ਮੁਰੱਬਾ [Arab. *murabba`*] *m.* **1**〖幾何〗正方形. **2** 25エーカーの方形の土地.

ਮਰਮ (मरम) /marama マラム/ [Skt. मर्म] *m.* **1** 秘密. (⇒ਭੇਤ, ਰਾਜ਼) **2** 神秘. **3** 神業.

ਮਰੰਮਤ (मरंमत) /marammata マランマト/ ▸ਮਰੱਮਤ, ਮੁਰੰਮਤ *f.* → ਮੁਰੰਮਤ

ਮਰੱਮਤ (मरम्मत) /marammata マランマト/ ▸ਮਰੰਮਤ, ਮੁਰੰਮਤ *f.* → ਮੁਰੰਮਤ

ਮਰਮਰ (मरमर) /maramara マルマル/ [Pers. *marmar*] *m.*〖鉱物〗大理石.

ਮਰਮਰੀ (मरमरी) /maramarī マルマリー/ [-ਈ] *adj.* **1** 大

理石の, 大理石製の. **2** 白い, 乳白色の. **3** 柔らかい.

ਮਰਯਾਦਾ (मरयादा) /marayādā マルヤーダー/ ▶ਮਰਜਾਦਾ, ਮਰਿਆਦਾ [Skt. मर्यादा] *f.* **1** 伝統, 慣習, 習わし, しきたり. (⇒ਰੀਤੀ, ਰਸਮ, ਰਿਵਾਜ) **2** 正しい行い, 徳行. **3** 日常の勤めを行うこと, 規則の遵守. (⇒ਨਿਯਮਾਂ ਦੀ ਪਾਬੰਦੀ) **4** 行動規範, 戒律. **5** 節度, 自制. **6** 作法, 礼節.

ਮਰਯਾਦਿਤ (मरयादित) /marayādita マルヤーディト/ [Skt. मर्यादित] *adj.* **1** 規則正しい. **2** 慣例の, 習わし通りの. **3** 抑制のきいた, 規制された. **4** 規範に従っている.

ਮਰਲਾ (मरला) /maralā マルラー/ *m.* 〖面積〗 1エーカーの160分の1の面積単位.

ਮਰਵਾਉਣਾ (मरवाउणा) /marawāuṇā マルワーウナー/ [cf. ਮਰਨਾ] *vt.* 殺させる, 殺害させる.

ਮਰਵਾਹਾ (मरवाहा) /marawāhā マルワーハー/ *m.* 〖姓〗 マルワーハー《カッタリー（クシャトリヤ）の姓の一つ》.

ਮਰਾਸੀ (मरासी) /marāsī マラースィー/ ▶ਮਿਰਾਸੀ [Pers. *mīrāsī*] *m.* **1** 〖姓〗 ミーラースィー《歌や楽器の演奏を生業とし, 主に北西インドを流浪するムスリムの一種族》. **2** 吟遊楽師, 楽人. (⇒ਡੂਮ) **3** お笑い芸人, 喜劇俳優. **4** 〖比喩〗 卑猥な笑いを売り物にする人.

ਮਰਾਠਣ (मराठण) /marāṭʰaṇa マラータン/ ▶ਮਰਹੱਟਨ [Skt. महाराष्ट्र -ਣ] *f.* **1** マハーラーシュトラに住む女性, マラーター地方の女性. **2** マハーラーシュトラ人の妻.

ਮਰਾਠਾ (मराठा) /marāṭʰā マラーター/ ▶ਮਰਹੱਟਾ [Skt. महाराष्ट्र] *m.* **1** マハーラーシュトラの住民. **2** マラーター地方. **3** 〖歴史〗 マラーター王国, マラーター同盟.
— *adj.* **1** マハーラーシュトラの, マラーター地方の. **2** マハーラーシュトラ人の.

ਮਰਾਠੀ (मराठी) /marāṭʰī マラーティー/ ▶ਮਰਹੱਟੀ [Skt. महाराष्ट्री] *f.* マラーティー語.
— *adj.* **1** マハーラーシュトラの, マラーター地方の. **2** マハーラーシュトラ人の.

ਮਰਾਤਬਾ (मरातबा) /marātabā マラータバー/ ▶ਮਰਤਬਾ *m.* → ਮਰਤਬਾ

ਮਰਿਆਦਾ (मरिआदा) /mariādā マリアーダー/ ▶ਮਰਜਾਦਾ, ਮਰਯਾਦਾ *f.* → ਮਰਯਾਦਾ

ਮਰਿਗ (मरिग) /mariga マリグ/ ▶ਮ੍ਰਿਗ, ਮਿਰਗ *m.* → ਮਿਰਗ

ਮ੍ਰਿਗ (म्रिग) /mriga (mariga) ムリグ（マリグ）/ ▶ਮਰਿਗ, ਮਿਰਗ *m.* → ਮਿਰਗ

ਮ੍ਰਿਗਰਾਜ (म्रिगराज) /mrigarāja (marigarāja) ムリグラージ（マリグラージ）/ ▶ਮਿਰਗਰਾਜ *m.* → ਮਿਰਗਰਾਜ

ਮਰਿਗੀ (मरिगी) /marigī マリギー/ ▶ਮ੍ਰਿਗੀ, ਮਿਰਗੀ *f.* → ਮਿਰਗੀ

ਮ੍ਰਿਗੀ (म्रिगी) /mrigī (marigī) ムリギー（マリギー）/ ▶ਮਰਿਗੀ, ਮਿਰਗੀ *f.* → ਮਿਰਗੀ

ਮਰਿਤ (मरित) /marita マリト/ ▶ਮ੍ਰਿਤ, ਮਿਰਤ *adj.* → ਮਿਰਤ[1]

ਮ੍ਰਿਤ (म्रित) /mrita (marita) ムリト（マリト）/ ▶ਮਰਿਤ, ਮਿਰਤ *adj.* → ਮਿਰਤ[1]

ਮਰਿਤਕ (मरितक) /maritaka マリタク/ ▶ਮ੍ਰਿਤਕ, ਮਿਰਤਕ *adj.m.* → ਮਿਰਤਕ

ਮ੍ਰਿਤਕ (म्रितक) /mritaka (maritaka) ムリタク（マリタク）/ ▶ਮਰਿਤਕ, ਮਿਰਤਕ *adj.m.* → ਮਿਰਤਕ

ਮਰਿਤੂ (मरितू) /maritū マリトゥー/ ▶ਮ੍ਰਿਤੂ, ਮਿਰਤ, ਮਿਰਤੂ *f.* → ਮਿਰਤੂ

ਮ੍ਰਿਤੂ (म्रितू) /mritū (maritū) ムリトゥー（マリトゥー）/ ▶ਮਰਿਤੂ, ਮਿਰਤ, ਮਿਰਤੂ *f.* → ਮਿਰਤੂ

ਮਰੀ (मरी) /marī マリー/ ▶ਮਾਰੀ *f.* **1** 〖医〗 悪疫, 疫病. **2** 死. (⇒ਮੌਤ)

ਮਰੀਅਲ (मरीअल) /marīala マリーアル/ *adj.* **1** 病弱な. **2** 虚弱な. **3** ひ弱な.

ਮਰੀਜ਼ (मरीज़) /marīza マリーズ/ [Arab. *marīz*] *m.* 病人, 患者. (⇒ਰੋਗੀ)

ਮਰੁੰਡਣਾ (मरुंडणा) /maruṇḍaṇā マルンダナー/ [Skt. मर्दयति] *vt.* **1** 摘む, 摘み取る. **2** もぐ, もぎ取る. **3** 引っ張る.

ਮਰੁਤ (मरुत) /maruta マルト/ [Skt. मरुत] *m.* **1** 風. (⇒ਹਵਾ) **2** そよ風. (⇒ਪੌਣ)

ਮਰੂਆ (मरूआ) /marūā マルーアー/ [Skt. मरुवक] *m.* **1** 〖植物〗 ゲッキツ（月橘）《アジアからオセアニアの熱帯・亜熱帯に広く分布するミカン科の常緑小高木》. **2** 〖飲料〗 ゲッキツ酒. (⇒ਮਰੂਏ ਦੀ ਸ਼ਰਾਬ)

ਮਰੂਸ (मरूस) /marūsa マルース/ ▶ਮੌਰੂਸ, ਮੌਰੂਸੀ *adj.* → ਮੌਰੂਸ

ਮਰੂੰਡਾ (मरूंडा) /marū̃ḍā マルーンダー/ [Skt. मर्दन] *m.* 〖食品〗 マルーンダー《小麦と砂糖を混ぜて炒った甘い菓子》.

ਮਰੋੜ (मरोड़) /maroṛa マロール/ [cf. ਮਰੋੜਨਾ] *m.* **1** ねじり. **2** ひねること. **3** 〖医〗 捻挫.

ਮਰੋੜਨਾ (मरोड़ना) /maroṛanā マロールナー/ [(Pkt. मोडइ) Skt. मुरोटति] *vt.* **1** ねじる. **2** ひねる.

ਮਰੋੜਾ (मरोड़ा) /maroṛā マローラー/ [cf. ਮਰੋੜਨਾ] *m.* **1** ねじり. **2** ひねること.

ਮਰੋੜੀ (मरोड़ी) /maroṛī マローリー/ [cf. ਮਰੋੜਨਾ] *f.* 結び目.

ਮਲ (मल) /mala マル/ [Skt. मल] *m.f.* **1** 糞便, 排泄物, 粘液. (⇒ਟੱਟੀ, ਵਿਸ਼ਟਾ) **2** 汚物.

ਮੱਲ[1] (मल्ल) /malla マッル/ [Skt. मल्ल] *m.* **1** 〖競技〗 力士, レスラー. (⇒ਪਹਿਲਵਾਨ) **2** 屈強な男. **3** 太った男. (⇒ਮੋਟਾ ਆਦਮੀ)

ਮੱਲ[2] (मल्ल) /malla マッル/ [cf. ਮੱਲਣਾ[2]] *f.* **1** 所有, 所有権. (⇒ਅਧਿਕਾਰ, ਕਬਜ਼ਾ) **2** 所有物, 財産, 資産. (⇒ਜਾਇਦਾਦ, ਮਲਕੀਅਤ)

ਮਲਹੱਪ (मलहप्प) /malăppa マラップ/ ▶ਮਲ੍ਹੱਪ *m.* → ਮਲ੍ਹੱਪ

ਮਲ੍ਹੱਪ (मल्हप्प) /malăppa マラップ/ ▶ਮਲਹੱਪ *m.* 〖虫〗 線虫, 回虫.

ਮਲਹਮ (मलहम) /mâlama マラム/ ▶ਮਰਹਮ, ਮਲ੍ਹਮ *f.* → ਮਲ੍ਹਮ

ਮਲ੍ਹਮ (मल्हम) /mâlama マラム/ ▶ਮਰਹਮ, ਮਲਹਮ [Pers. *marham*] *f.* 〖薬剤〗 塗り薬, 膏薬, 軟膏.

ਮਲ੍ਹਾ (मल्हा) /mâlā マラー/ *m.* 〖植物〗 ヤセイナツメ（野生棗）《クロウメモドキ科の低木》.

ਮਲ੍ਹਾਰ (मल्हार) /malăra マラール/ [Skt. मल्लार] *m.* **1** 〖音楽〗 マラール・ラーガ《雨季に歌われるラーガ》. **2** 喜び, 嬉しさ. (⇒ਖ਼ੁਸ਼ੀ)

ਮਲ੍ਹੀ (मल्ही) /mâlī マリー/ *f.* 『動物』イルカ, 海豚.
ਮਲਹੋਤਰਾ (मलहोतरा) /malahotarā マルホートラー/ ▸ ਮਰਹੋਤ੍ਰਾ *m.* 『姓』マルホートラー《カッタリー(クシャトリヤ)の姓の一つ》.
ਮਲਕ (मलक) /malaka マラク/ ▸ਮਲਿਕ [Arab. *malik*] *m.* **1** 王, 皇帝. (⇒ਰਾਜਾ, ਬਾਦਸ਼ਾਹ) **2** 族長, 共同体の長. (⇒ਚੌਧਰੀ) **3** 統治者, 領主. (⇒ਹਾਕਮ)
ਮਲਕੜੇ (मलकड़े) /malakare マラクレー/ ▸ਅਮਲਕੜੇ *adv.* **1** ゆっくり. **2** 静かに. **3** 密かに.
ਮਲਕਾ (मलका) /malakā マラカー/ ▸ਮਲਿਕਾ [Arab. *malika*] *f.* 王妃, 皇后. (⇒ਰਾਣੀ)
ਮਲਕੀਅਤ (मलकीअत) /malakīata マルキーアト/ ▸ ਮਲਕੀਯਤ [Pers. *milkiyat*] *f.* **1** 所有, 所有権. (⇒ਕਬਜ਼ਾ) **2** 所有物, 財産, 資産. (⇒ਜਾਇਦਾਦ) **3** 土地, 不動産.
ਮਲਕੀਯਤ (मलकीयत) /malakīyata マルキーヤト/ ▸ ਮਲਕੀਅਤ *f.* → ਮਲਕੀਅਤ
ਮਲੰਗ (मलंग) /malaṅga マラング/ [Pers. *malang*] *adj.* **1** 世俗を離れた. **2** 煩悩のない.
— *m.* 『イス』(ムスリムの)行者, 隠者.
ਮਲੱਠੀ (मलट्ठी) /malaṭṭʰī マラッティー/ [Skt. मधुयष्टि] *f.* 『植物』カンゾウ(甘草), カンゾウの根《強壮剤・利尿薬・粘滑剤・去痰剤・緩下剤などに用いられる》.
ਮਲਣਾ (मलणा) /malaṇā マルナー/ ▸ਮਲਨਾ *vt.* → ਮਲਨਾ
ਮੱਲਣਾ[1] (मल्लणा) /mallaṇā マッラナー/ [Skt. मल्ल] *vi.* **1** 太る. **2** 筋肉が付く. **3** たくましくなる, 頑健になる.
ਮੱਲਣਾ[2] (मल्लणा) /mallaṇā マッラナー/ [Skt. मलयति] *vt.* **1** 所有する. **2** 選ぶ, 選択する. **3** 要求する.
ਮਲਨਾ (मलना) /malanā マルナー/ ▸ਮਲਣਾ [Skt. मर्दयति] *vt.* **1** こする. **2** 揉む. **3** 塗る.
ਮਲਬਾ (मलबा) /malabā マルバー/ ▸ਮਲਵਾ [Skt. मल] *m.* **1** (崩れた建物や壁などの) 瓦礫, 廃墟. **2** 残骸. **3** 屑, 廃棄物.
ਮਲਮਲ (मलमल) /malamala マルマル/ [Skt. मलमल्लक] *f.* 『布地』モスリン《薄手織りの木綿生地》.
ਮਲੰਮਾ (मलंमा) /malammā マランマー/ ▸ਮੁਲੰਮਾ *m.* → ਮੁਲੰਮਾ
ਮਲੱਲ (मलल्ल) /malalla マラッル/ [(Pot.)] *m.* **1** 不安. (⇒ਸੰਸਾ) **2** 疑い. (⇒ਸ਼ੱਕ)
ਮਲਵਈ (मलवई) /malawaī マルワイー/ *adj.* **1** マールワー地方の《マールワー → ਮਾਲਵਾ[1]》. **2** マルワイー方言の.
— *m.* マールワー地方の人.
— *f.* マルワイー方言《マールワー地方で話されているパンジャービー語の方言》.
ਮਲਵਾ (मलवा) /malawā マルワー/ ▸ਮਲਬਾ *m.* → ਮਲਬਾ
ਮਲਵਾਉਣਾ (मलवाउणा) /malawāuṇā マルワーウナー/ ▸ ਮਲਾਉਣਾ [cf. ਮਲਨਾ] *vt.* **1** こすらせる. **2** 揉ませる. **3** 塗らせる.
ਮਲਵਾਈ (मलवाई) /malawāī マルワーイー/ ▸ਮਲਾਈ [cf. ਮਲਨਾ] *f.* **1** こすること. **2** 揉むこと. **3** 塗ること.
ਮਲਵੇਰ (मलवेर) /malawera マルウェール/ *m.* 『親族』従兄弟(いとこ)《母の兄弟の息子》.
— *f.* 『親族』従姉妹(いとこ)《母の兄弟の娘》.
ਮਲਵੈਣ (मलवैण) /malawaiṇa マルワェーン/ *f.* マールワー地方の女性.
ਮਲਾਉਣਾ (मलाउणा) /malāuṇā マラーウナー/ ▸ ਮਲਵਾਉਣਾ *vt.* → ਮਲਵਾਉਣਾ
ਮਲਾਈ[1] (मलाई) /malāī マラーイー/ [Pers. *bālāī*] *f.* 『食品』マラーイー《生乳を煮つめて浮いてくる薄膜状のクリームを集めたもの》. ❒ਪੰਜਾਬ ਦੀ ਵਹਾਈ ਤੇ ਦੁੱਧ ਦੀ ਮਲਾਈ। パンジャーブの耕作と牛乳のマラーイー〔諺〕〈穀倉地帯を成すパンジャーブの肥沃な土地を, 誰もが欲しがる美味しい食べ物に見立てた言い回し〉.
ਮਲਾਈ[2] (मलाई) /malāī マラーイー/ ▸ਮਲਵਾਈ *f.* → ਮਲਵਾਈ
ਮਲਾਹ (मलाह) /malâ マラー/ ▸ਮੱਲਾਹ [Arab. *mallāh*] *m.* **1** 船頭, 舟を操る人. **2** 漕ぎ手. **3** 水夫, 船乗り.
ਮੱਲਾਹ (मल्लाह) /mallâ マッラー/ ▸ਮਲਾਹ *m.* → ਮਲਾਹ
ਮਲਾਹਗੀਰੀ (मलाहगीरी) /malâgīrī マラーギーリー/ [Arab. *mallāh* Pers.-*gīrī*] *f.* 船頭の仕事.
ਮਲਾਹੀ (मलाही) /malâī マラーイー/ [Pers. *mallāhī*] *f.* 船頭の仕事.
ਮਲਾਗੀਰ (मलागीर) /malāgīra マラーギール/ [Skt. मलय-गिरि] *m.* 『鳥』マラーギール《アーモンド色の鳥》.
ਮਲਾਗੀਰੀ (मलागीरी) /malāgīrī マラーギーリー/ [Skt. मलय-गिरि] *m.* **1** マラヤ山《マラヤ ਮਲਯ は南インドのケーララ州のマラバール(マラーバール) ਮਲਾਬਾਰ 地方の山の名》. **2** アーモンド色, 赤褐色, 黒褐色.
— *adj.* **1** マラヤ山地産の. **2** アーモンド色の, 赤褐色の. (⇒ਬਦਾਮੀ)
ਮਲਾਮਤ (मलामत) /malāmata マラーマト/ ▸ਮੁਲਾਮਤ [Pers. *malāmat*] *f.* **1** 非難, 糾弾, 咎め. **2** 叱責.
ਮਲਾਮਤੀ (मलामती) /malāmatī マラーマティー/ ▸ ਮੁਲਾਮਤੀ [Pers. *malāmatī*] *adj.* **1** 非難すべき, 咎められるべき. **2** 非難を表す, 有罪宣告の.
ਮਲਾਲ (मलाल) /malāla マラール/ [Arab. *malāl*] *m.* **1** 悲しみ, 悲嘆, 苦しみ, 悩み, 苦悩. (⇒ਦੁਖ, ਗ਼ਮੀ) **2** 悔い, 後悔, 悔悟. **3** 残念さ, 遺憾. **4** 失意, 落胆, 憂鬱. (⇒ਉਦਾਸੀ) **5** 退屈. (⇒ਅਕੇਵਾਂ) **6** 恨み.
ਮਲਾਲੀ (मलाली) /malālī マラーリー/ [-ई] *f.* **1** 悲しみ, 悲嘆, 苦しみ, 悩み, 苦悩. (⇒ਦੁਖ, ਗ਼ਮੀ) **2** 失意, 落胆, 憂鬱. (⇒ਉਦਾਸੀ) **3** 退屈. (⇒ਅਕੇਵਾਂ)
ਮਲਿਆਨਲੋ (मलिआनलो) /maliānalo マリアーンロー/ *m.* 『気象』マラヤ地方〔マイソールの南とトラヴァンコールの東の地域〕の山から来る薫風.
ਮਲਿਆਲਮ (मलिआलम) /maliālama マリアーラム/ *f.* マラヤーラム語《ケーララ州を中心に話される言語》.
ਮਲਿਆਲੀ (मलिआली) /maliālī マリアーリー/ *f.* マラヤーラム語.
— *m.* **1** マラヤーラム語の話者. **2** ケーララ州の出身者. **3** ケーララ州の住民.
ਮਲਿਔਹਰਾ (मलिऔहरा) /maliaûrā マリアォーラー/ *m.* 『親族』義理の伯父・叔父(おじ)《義理の母の兄弟》.
ਮਲਿਕ (मलिक) /malika マリク/ ▸ਮਲਕ *m.* → ਮਲਕ
ਮਲਿਕਾ (मलिका) /malikā マリカー/ ▸ਮਲਕਾ *f.* → ਮਲਕਾ
ਮਲੀਆਮੇਟ (मलीआमेट) /maliāmeṭa マリーアーメート/

adj. 全滅となった, 壊滅した.
— *m.* 全滅, 壊滅.
ਮਲੀਦਾ (मलीदा) /malīdā マリーダー/ [Pers. *malīda*] *m.* 〘食品〙マリーダー《バターと砂糖を混ぜたパン粉で作った甘い菓子》. (⇒ਚੂਰਮਾ)
ਮਲੀਨ (मलीन) /malīna マリーン/ [Skt. मलिन] *adj.* **1** 汚れた, 汚い. **2** 不潔な, 汚らしい. **3** くすんだ, 曇った, 染みの付いた. **4** 邪悪な, あくどい, 意地の悪い. **5** 心の乱れた, 悲しい, 落胆した, 憂鬱な.
ਮਲੀਨਤਾ (मलीनता) /malīnatā マリーンター/ [Skt.-ता] *f.* **1** 汚れ. **2** 不潔, 汚さ. **3** 汚染. **4** 邪悪さ, あくどいこと.
ਮਲੂਕ (मलूक) /malūka マルーク/ *adj.* **1** 美しい, 綺麗な, 魅力的な. (⇒ਸੋਹਣਾ, ਸੁੰਦਰ) **2** 柔らかい, 柔和な. (⇒ਕੋਮਲ) **3** 繊細な. **4** 弱々しい, 弱い.
ਮਲੂਮ (मलूम) /malūma マルーム/ ▶ਮਾਲੂਮ *adj.* → ਮਾਲੂਮ
ਮਲੇਸ਼ੀਆ (मलेशीआ) /maleśīā マレーシーアー/ [Eng. *Malaysia*] *m.* 〘国名〙マレーシア.
ਮਲੇਛ (मलेछ) /malec^ha マレーチ/ [Skt. म्लेच्छ] *adj.* **1** 野蛮な, 未開の. **2** 卑しい. **3** 罪深い.
— *m.* **1** 野蛮人, 未開人. **2** 不純な血統の種族. **3** サンスクリット語を話さない者. **4** ヴァルナ〔四姓〕を認めない者. **5** 卑しい者. **6** 罪深い者.
ਮਲੇਰੀਆ (मलेरीआ) /malerīā マレーリーアー/ [Eng. *malaria*] *m.* 〘医〙マラリア.
ਮਵਾਤਾ (मवाता) /mawātā マワーター/ ▶ਮੁਆਤਾ *m.* → ਮੁਆਤਾ
ਮਵਾਦ (मवाद) /mawāda マワード/ ▶ਮੁਆਦ *m.* → ਮੁਆਦ
ਮਵੇਸ਼ੀ (मवेशी) /maweśī マウェーシー/ [Pers. *maveśī*] *m.* **1** 動物. **2** 家畜.
ਮਵੇਸ਼ੀਖ਼ਾਨਾ (मवेशीख़ाना) /maweśīxānā マウェーシーカーナー/ [Pers.-*xāna*] *m.* **1** 家畜小屋. **2** 畜舎.
ਮੜ੍ਹੰਗਾ (मड़्हंगा) /mâraṅgā マランガー/ *m.* 顔つき.
ਮੜ੍ਹਨਾ (मड़्हना) /mâranā マルナー/ *vt.* **1** はめ込む. **2** 伸ばす, 引っ張る. **3** きつく縫い合わせる.
ਮੜ੍ਹਵਾਉਣਾ (मड़्हवाउणा) /marawǎuṇā マルワーウナー/ *vt.* **1** はめ込ませる. **2** 引っ張らせる. **3** きつく縫い合わさせる.
ਮੜ੍ਹਵਾਈ (मड़्हवाई) /marawǎī マルワーイー/ *f.* (貴金属や皮革を)はめ込む仕事, その労賃.
ਮੜ੍ਹੀ (मड़्ही) /mârī マリー/ [(Pkt. मठिया) Skt. मठ] *f.* 〘ヒ・スィ〙火葬された場所に建てられた墓碑. (⇒ਸ਼ਮਸ਼ਾਨ)
ਮੜਕ (मड़क) /maraka マラク/ ▶ਮਟਕ *f.* → ਮਟਕ
ਮਾਂ[1] (माँ) /mā̃ マーン/ [Skt. माता] *f.* 〘親族〙母, 母親, 母さん. ❑ਮਾਂ ਯਾਦ ਆਉਣੀ 母を思い出す, 故郷を恋しがる, へとへとに疲れる, ひどい苦痛を受ける, 苦悶する. ❑ਮਾਂ ਯਾਦ ਕਰਾਉਣੀ 母を思い出させる, へとへとに疲れさせる, ひどく苦しめる, 厳しく罰する.
ਮਾਂ[2] (माँ) /mā̃ マーン/ ▶ਆਂ, ਮਾ, ਵਾਂ, ਵਿਆਂ *suff.* 「…番目」(序数詞)または「…番目の」(形容詞)を意味する語を形成する接尾辞.
ਮਾਂ[3] (माँ) /mā̃ マーン/ ▶ਮਾ, ਮਾਨ [Skt. मान्] *suff.* 名詞や動詞の語幹などに付いて,「…を持つ」「…に関わりのある」「…の形の」などの意味の形容詞, または「…を持つもの」「…に関わりのあるもの」「…の形のもの」などを意味する男性名詞を形成する接尾辞.
ਮਾ (मा) /mā マー/ ▶ਆਂ, ਮਾਂ, ਵਾਂ, ਵਿਆਂ *suff.* → ਮਾਂ[2]
ਮਾ (मा) /mā マー/ ▶ਮਾਂ, ਮਾਨ *suff.* → ਮਾਂ[3]
ਮਾਊਂ[1] (माऊँ) /māū̃ マーウーン/ *adj.* **1** 〘俗語〙臆病な, びびっている. ❑ਮਾਊਂ ਬਣ ਜਾਣਾ びびる. **2** 黙っている. ❑ਮਾਊਂ ਬਣ ਜਾਣਾ 黙ってしまう. **3** 間抜けな.
ਮਾਊਂ[2] (माऊँ) /māū̃ マーウーン/ ▶ਮਿਆਊਂ, ਮਿਆਉਂ *f.* → ਮਿਆਉਂ
ਮਾਊਂਟ ਐਵਰਸਟ (माऊँट ऐवरसट) /māū̃ṭa aivarasaṭa マーウーント アエーヴラスト/ [Eng. *Mount Everest*] *f.* エベレスト山《チベット語名に基づく呼称はチョモランマ. ヒマラヤ山脈中の世界最高峰. 8, 848メートル》.
ਮਾਊਨਾ (माऊना) /māūnā マーウーナー/ *pron.* 《1人称単数 ਮੈਂ の属格. 民謡などで使われた方言形. 標準形は ਮੇਰਾ》私の.
ਮਾਊਵਾਦੀ (माऊवादी) /māūwādī マーウーワーディー/ ▶ਮਾਓਵਾਦੀ *adj.m.* → ਮਾਓਵਾਦੀ
ਮਾਓਵਾਦ (माओवाद) /māowāda マーオーワード/ [Eng. *Mao* bf. Chin. Skt.-वाद] *m.* 〘政治〙毛沢東主義.
ਮਾਓਵਾਦੀ (माओवादी) /māowādī マーオーワーディー/ ▶ਮਾਊਵਾਦੀ [Skt.-वादिन्] *adj.* 〘政治〙毛沢東主義の.
— *m.* 〘政治〙毛沢東主義者, マオイスト.
ਮਾਅਨਾ (माअना) /māanā マーアナー/ ▶ਮਹਿਣਾ, ਮਹਿਨਾ, ਮਾਅਨੇ *m.* → ਮਹਿਨਾ
ਮਾਅਨੇ (माअने) /māane マーアネー/ ▶ਮਹਿਣਾ, ਮਹਿਨਾ, ਮਾਅਨਾ *m.* → ਮਹਿਨਾ
ਮਾਇਆ[1] (माइआ) /māiā マーイアー/ ▶ਮਾਯਾ [Skt. माया] *f.* **1** 神の幻力, 霊力, 神通力, 超能力, 魔力. **2** 幻, 幻影, 幻想, 虚偽, 迷妄, まやかし. (⇒ਭਰਮ) **3** 物質世界. (⇒ਪਦਾਰਥਿਕ ਸੰਸਾਰ) **4** 富, 財産. (⇒ਧਨ, ਮਾਲ) **5** 〘ヒ〙マーヤー《ラクシュミー女神・ドゥルガー女神の異名の一つ》.
ਮਾਇਆ[2] (माइआ) /māiā マーイアー/ ▶ਮਾਵਾ *m.* → ਮਾਵਾ
ਮਾਇਆਛਲ (माइआछल) /māiāc^hala マーイアーチャル/ [Skt. माया + Skt. छल] *m.* **1** 幻想, まやかし, ごまかし. **2** 現世の執着, しがらみ.
ਮਾਇਆਜਾਲ (माइआजाल) /māiājāla マーイアージャール/ [+ Skt. जाल] *m.* **1** 幻想の罠, まやかしの罠. **2** 現世の執着, しがらみ.
ਮਾਇਆਧਾਰੀ (माइआधारी) /māiātǎrī マーイアーターリー/ [Skt.-धारिन्] *adj.* **1** 世俗の財産に執着している. **2** 金持ちの, 裕福な. (⇒ਅਮੀਰ, ਧਨੀ) **3** 世渡り上手な, 世間慣れした.
ਮਾਇਆਵਾਦ (माइआवाद) /māiāwāda マーイアーワード/ [Skt.-वाद] *m.* 幻影主義, 仮現論《神以外の現世の物を幻影とする考え方》.
ਮਾਇਆਵਾਦੀ (माइआवादी) /māiāwādī マーイアーワーディー/ [Skt.-वादिन्] *adj.* 幻影主義の, 仮現論の.
— *m.* 幻影主義者, 仮現論者.
ਮਾਇਕ (माइक) /māika マーイク/ [Skt. मायिक] *adj.* **1** 幻

影の. **2** 現世の物に関する. **3** 金銭の, 貨幣の. **4** 財政の.

ਮਾਇਲ (माइल) /māila マーイル/ *adj.* **1** 心が向いている. **2** 魅惑された.

ਮਾਈ (माई) /māī マーイー/ [(Pkt. माइ) Skt. मातृ] *f.* **1** 母. (⇒ਮਾਂ, ਮਾਤਾ) **2** お母さん《年長の婦人に対する敬称》. **3** 年配の女性, 老婆. (⇒ਬੁੱਢੀ)

ਮਾਈਆਂ[1] (माईआँ) /māīā̃ マーイーアーン/ *f.* 〖儀礼〗婚礼の数日前に花嫁・花婿がワタナー ਵਟਣਾ〔大麦粉・ウコン・油を混ぜたもの〕を身体に塗ってマッサージする慣習.

ਮਾਈਆਂ[2] (माईआँ) /māīā̃ マーイーアーン/ [(Pkt. माइ) Skt. मातृ] *f.* 年配の女性たち, 婦人たち《 ਮਾਈ の複数形》.

ਮਾਈਕ (माईक) /māīka マーイーク/ [Eng. *mike*] *m.* 〖器具〗マイク, マイクロフォン.

ਮਾਈਕਰੋਸਕੋਪ (माईकरोसकोप) /māīkarosakopa マーイーカローサコープ/ ▸ਮਾਈਕ੍ਰੋਸਕੋਪ [Eng. *microscope*] *f.* 〖器具〗顕微鏡. (⇒ਖ਼ੁਰਦਬੀਨ)

ਮਾਈਕ੍ਰੋਸਕੋਪ (माईक्रोसकोप) /māīkrosakopa マーイークローサコープ/ ▸ਮਾਈਕਰੋਸਕੋਪ *f.* → ਮਾਈਕਰੋਸਕੋਪ

ਮਾਈਕਰੋਫ਼ੋਨ (माईकरोफ़ोन) /māīkarofona マーイーカローフォーン/ ▸ਮਾਈਕ੍ਰੋਫ਼ੋਨ, ਮੈਕਰੋਫ਼ੋਨ [Eng. *microphone*] *m.* 〖器具〗マイクロフォン, マイク.

ਮਾਈਕ੍ਰੋਫ਼ੋਨ (माईक्रोफ़ोन) /māīkrofona マーイークローフォーン/ ▸ਮਾਈਕਰੋਫ਼ੋਨ, ਮੈਕਰੋਫ਼ੋਨ *m.* → ਮਾਈਕਰੋਫ਼ੋਨ

ਮਾਈਕਰੋਮੀਟਰ (माईकरोमीटर) /māīkaromīṭara マーイーカローミータル/ ▸ਮਾਈਕ੍ਰੋਮੀਟਰ [Eng. *micrometer*] *m.* 〖器具〗測微計.

ਮਾਈਕ੍ਰੋਮੀਟਰ (माईक्रोमीटर) /māīkromīṭara マーイークローミータル/ ▸ਮਾਈਕਰੋਮੀਟਰ *m.* → ਮਾਈਕਰੋਮੀਟਰ

ਮਾਸ[1] (मास) /māsa マース/ [Skt. मांस] *m.* **1** 肉. (⇒ਗੋਸ਼ਤ) **2** 〖食品〗食肉.

ਮਾਸ[2] (मास) /māsa マース/ [Skt. मास] *m.* **1** 〖暦〗(暦の上での)月. **2** 〖時間〗一か月.

ਮਾਸਕ (मासक) /māsaka マーサク/ ▸ਮਾਸਿਕ *adj.m.* → ਮਾਸਿਕ

ਮਾਸ਼ਕੀ (माशकी) /māśakī マーシュキー/ [Pers. *maśk* -ਈ] *m.* **1** 水運搬用の皮袋 ਮਸ਼ਕ[1] を使う人. **2** 水運び人.

ਮਾਸਖ਼ੋਰ (मासख़ोर) /māsaxora マースコール/ [Skt. मांस Pers.-*xor*] *adj.* 肉食の.

ਮਾਸਖ਼ੋਰਾ (मासख़ोरा) /māsaxorā マースコーラー/ [Skt. मांस Pers.-*xor*] *m.* **1** 肉食者, 非菜食主義者. (⇒ਮਾਸਾਹਾਰੀ)(⇔ਸ਼ਾਕਾਹਾਰੀ) **2** 〖医〗歯槽膿漏.

— *adj.* 肉食の.

ਮਾਸਖ਼ੋਰੀ (मासख़ोरी) /māsaxorī マースコーリー/ [Skt. मांस Pers.-*xorī*] *f.* 肉食, 肉食主義.

ਮਾਸਟਰ (मासटर) /māsaṭara マースタル/ [Eng. *master*] *m.* **1** (一本立ちの)職人, 親方, 熟練者, 精通者. **2** 教師, 先生.

ਮਾਸਟਰਨੀ (मासटरनी) /māsaṭaranī マースタルニー/ ▸ਮਾਸਟਰਾਣੀ [-ਨੀ] *f.* **1** 女性の教師. (⇒ਅਧਿਆਪਕਾ) **2** 教師の妻.

ਮਾਸਟਰਾਣੀ (मासटराणी) /māsaṭarāṇī マースタラーニー/ ▸ਮਾਸਟਰਨੀ *f.* → ਮਾਸਟਰਨੀ

ਮਾਸਟਰੀ (मासटरी) /māsaṭarī マースタリー/ [Eng. *master* -ਈ] *f.* **1** (一本立ちの)職人の地位, 親方の地位. **2** 教職. **3** 熟練, 精通.

ਮਾਸਪੇਸ਼ੀ (मासपेशी) /māsapeśī マースペーシー/ [Skt. मांस + Skt. पेशी] *f.* 〖身体〗筋肉.

ਮਾਸੜ (मासड़) /māsaṛa マーサル/ *m.* 〖親族〗伯父・叔父(おじ)《母方の伯母・叔母(おば)の夫, 母の姉妹の夫》.

ਮਾਸਾ (मासा) /māsā マーサー/ [Pers. *māś*] *m.* **1** 〖重量〗約1グラムの重量単位. **2** 少量, 微量.

— *adj.* 少量の, 微量の, 僅かな. (⇒ਥੋੜ੍ਹਾ ਜਿਹਾ, ਮਾਮੂਲੀ)

ਮਾਸਾਹਾਰ (मासाहार) /māsāhāra マーサーハール/ [Skt. मांसाहार] *m.* **1** 肉食. **2** 非菜食主義者の食べ物.

— *adj.* 肉食の. (⇒ਮਾਸਖ਼ੋਰ)

ਮਾਸਾਹਾਰੀ (मासाहारी) /māsāhārī マーサーハーリー/ [Skt. मांसाहारिन्] *m.* 肉食者, 非菜食主義者. (⇒ਮਾਸਖ਼ੋਰਾ)(⇔ਸ਼ਾਕਾਹਾਰੀ)

— *adj.* 肉食の. (⇒ਮਾਸਖ਼ੋਰ)

ਮਾਸਿਕ (मासिक) /māsika マースィク/ ▸ਮਾਸਕ [Skt. मासिक] *adj.* 〖暦〗月々の, 月一回の, 毎月の.

— *m.* **1** 月刊誌. **2** 月給.

ਮਾਸੀ (मासी) /māsī マースィー/ [Skt. मातृश्वसा] *f.* 〖親族〗母方の伯母・叔母(おば)《母の姉妹》. (⇒ਖ਼ਾਲਾ)

ਮਾਸ਼ੂਕ (माशूक) /māśūka マーシューク/ ▸ਮਸ਼ੂਕ *adj.m.* → ਮਸ਼ੂਕ

ਮਾਸ਼ੂਕਾ (माशूका) /māśūkā マーシューカー/ ▸ਮਸ਼ੂਕਾ *f.* → ਮਸ਼ੂਕਾ

ਮਾਸੂਮ (मासूम) /māsūma マースーム/ ▸ਮਸੂਮ *adj.m.* → ਮਸੂਮ

ਮਾਂਹ (माँह) /mā̃ マーン/ [Skt. माष] *m.* 〖植物〗リョクトウ(緑豆), リョクズ(緑豆)《アオアズキ(青小豆), ヤエナリ(八重成り), ブンドウ(文豆)など多くの別名を持つ》.

ਮਾਹ (माह) /mâ マー/ [Pers. *māh*] *m.* **1** 〖暦〗(暦の上での)月. **2** 〖時間〗一か月.

ਮਾਹਣੂ (माहणू) /mâṇū マーヌー/ ▸ਮਾਣੂ [Skt. मानव] *m.* 人, ヒト, 人間. (⇒ਮਨੁੱਖ, ਆਦਮੀ)

ਮਾਹਤਾਬ (माहताब) /mâtāba マーターブ/ ▸ਮਤਾਬ [Pers. *māhtāb*] *m.* 〖天文〗月. (⇒ਚੰਦ)

ਮਾਹਰ (माहर) /mâra マール/ ▸ਮਾਹਿਰ [Arab. *māhir*] *adj.* **1** 巧みな, 上手な, 熟練した, 腕利きの. **2** 専門の, 精通した.

— *m.* **1** 上手な人, 巧者, 熟練者. **2** 専門家, 玄人. **3** 名人, 達人, 師匠.

ਮਾਹਰੀ (माहरी) /mârī マーリー/ *f.* 〖武〗銃尾.

ਮਾਹਲ (माहल) /mâla マール/ ▸ਮਾਲ੍ਹ *f.* → ਮਾਲ੍ਹ

ਮਾਹਵਾਰ (माहवार) /mâwāra マーワール/ [Pers. *māhvār*] *adj.* 毎月の, 月ごとの, ひと月の.

— *adv.* 毎月, 月々に.

— *f.* 毎月の賃貸料. (⇒ਮਾਸਿਕ ਕਿਰਾਇਆ)

ਮਾਹਵਾਰੀ (माहवारी) /mâwārī マーワーリー/ [Pers. *māhvārī*] *adj.* 毎月の, 月々の, 月ごとの.

— *f.* 〖生理〗月のもの, 月経, 生理. (⇒ਸਿਰਨ੍ਹਾਉਣੀ)

ਮਾਹਾਨਾ (माहाना) /māhānā マーハーナー/ [Pers.

māhāna] *adj.* 毎月の.
— *m.* **1** 月給. **2** 手当.

ਮਾਹਿਰ (माहिर) /māhira̯ | mâira̯ マーヒル｜マーイル/ ▸ਮਾਹਰ *adj.m.* → ਮਾਹਰ

ਮਾਹੀ[1] (माही) /māhī | mâī マーヒー｜マーイー/ *m.* **1** 船頭. **2** 水運び人. (⇒ਮਾਸ਼ਕੀ)

ਮਾਹੀ[2] (माही) /māhī | mâī マーヒー｜マーイー/ [(Pkt. महिसी) Skt. महिषी] *m.* **1** 牛飼い. (⇒ਮਹੀਂਵਾਲ) **2** 恋人, 愛人. (⇒ਸੱਜਣ, ਪਰੀਤਮ)

ਮਾਹੀ[3] (माही) /māhī | mâī マーヒー｜マーイー/ [Pers. *māhī*] *f.* 魚. (⇒ਮੱਛੀ, ਮਛਲੀ)

ਮਾਹੀਆ (माहीआ) /mâīā マーイーアー/ *m.* **1** 愛しい人, 恋人, 愛人. (⇒ਸੱਜਣ, ਪਰੀਤਮ) **2**〖音楽〗民謡の音階・旋法の一つ.

ਮਾਹੀਗੀਰ (माहीगीर) /māhīgīra̯ | mâīgīra̯ マーヒーギール｜マーイーギール/ [Pers. *māhī* Pers.*-gīr*] *m.* 漁師, 漁夫. (⇒ਮਾਛੀ)

ਮਾਹੀਗੀਰਨੀ (माहीगीरनी) /māhīgīra̯nī | mâīgīra̯nī マーヒーギールニー｜マーイーギールニー/ [-ਨੀ] *f.* 女の漁師, 漁夫の妻.

ਮਾਹੀਗੀਰੀ (माहीगीरी) /māhīgīrī | mâīgīrī マーヒーギーリー｜マーイーギーリー/ [Pers. *māhī* Pers.*-gīrī*] *f.* **1** 漁, 魚釣り. **2** 水産業, 漁業.

ਮਾਹੋਮਾਹੀਆ (माहोमाहीआ) /māhomāhīā | mâomâīā マーホーマーヒーアー｜マーオーマーイーアー/ *m.*〖天文〗双子座.

ਮਾਹੌਲ (माहौल) /māhaula̯ マーハォール/ ▸ਮਹੌਲ [Arab. *mā haul*] *m.* **1** 雰囲気, ムード. (⇒ਵਾਤਾਵਰਨ) **2** 環境, 周囲, 周辺. (⇒ਚੁਗਿਰਦਾ) **3** 状況, 事情.

ਮਾਕੂਲ (माकूल) /mākūla̯ マークール/ [Arab. *ma`qūl*] *adj.* **1** 適当な, 適切な, ふさわしい. (⇒ਮੁਨਾਸਬ) **2** 正しい, 正確な. **3** 道理に合った, 納得できる. **4** 分別のある, 賢い. **5** 公正な.

ਮਾਂਖ਼ਜ਼ (माँख़ज़) /mā̃xaza̯ マーンカズ/ ▸ਮਾਖ਼ਜ਼ *m.* → ਮਾਖ਼ਜ਼

ਮਾਖ਼ਜ਼ (माख़ज़) /māxaza̯ マーカズ/ ▸ਮਾਂਖ਼ਜ਼ [Arab. *māxaz*] *m.* **1** (情報などの)出所, 典拠, 出典, 参考文献, 参照文献. **2**〖歴史〗史料.

ਮਾਖਤਾ (माखता) /māk^{h}a̯tā マークター/ [Skt. मक्ष Skt.-ता] *m.* 怒り. (⇒ਗੁੱਸਾ, ਕ੍ਰੋਧ)

ਮਾਖ਼ਤਾ (माख़ता) /māxa̯tā マークター/ [(Jat.)] *m.* **1** 補償金. (⇒ਮੁਆਵਜ਼ਾ) **2** 罰金. (⇒ਡੰਨ, ਜੁਰਮਾਨਾ)

ਮਾਖਿਉਂ (माखिउँ) /māk^{h}iũ | māk^{h}iõ マーキウン｜マーキオーン/ ▸ਮਾਖਿਓਂ *m.f.* → ਮਾਖਿਓਂ

ਮਾਖਿਓਂ (माखिओं) /māk^{h}iõ マーキオーン/ ▸ਮਾਖਿਉਂ [(Pkt. मक्खि) Skt. मक्षिका] *m.f.* **1**〖食品〗蜂蜜. (⇒ਸ਼ਹਿਦ) **2** ミツバチの巣. (⇒ਮਖੀਰ)

ਮਾਂਗ[1] (माँग) /mā̃ga̯ マーング/ *f.*〖身体〗髪の分け目.

ਮਾਂਗ[2] (माँग) /mā̃ga̯ マーング/ ▸ਮੰਗ *f.* → ਮੰਗ

ਮਾਂਗਣੂ (माँगणू) /mā̃ga̯ṇū マーングヌー/ ▸ਮਾਣੂ [Skt. मत्कुण] *m.*〖虫〗ナンキンムシ, 南京虫. (⇒ਖਟਮਲ)

ਮਾਂਗਵਾਂ (माँगवाँ) /mā̃ga̯wā̃ マーングワーン/ ▸ਮੰਗਵਾਂ *adj.adv.m.* → ਮੰਗਵਾਂ

ਮਾਘ (माघ) /mâga̯ マーグ/ [Skt. माघ] *m.*〖暦〗マーグ(マーガ)月《インド暦11月・西洋暦1～2月》.

ਮਾਘਾ (माघा) /mâgā マーガー/ *m.* **1** 拍子. **2** 拍手喝采.

ਮਾਂਘੀ (माँघी) /mẫgī マーンギー/ ▸ਮਾਘੀ *f.* → ਮਾਘੀ

ਮਾਘੀ (माघी) /mâgī マーギー/ ▸ਮਾਂਘੀ [Skt. माघ] *f.*〖暦〗マーグ月の一日(ついたち, 第一日).

ਮਾਚਸ (माचस) /mācasa̯ マーチャス/ [Eng. *match*] *f.* **1** マッチ. **2** マッチ棒, マッチの軸. (⇒ਦੀਵਾਸਲਾਈ)

ਮਾਛੀ (माछी) /māc^{h}ī マーチー/ [(Pkt. मच्छ) Skt. मत्स्य -ਈ] *m.* 漁師, 漁夫. (⇒ਮਾਹੀਗੀਰ)

ਮਾਂਜਣਾ (माँजणा) /mā̃jaṇā マーンジャナー/ [Skt. मार्जति] *vt.* **1** こする, 磨く, こすって磨く. **2** (食器などを)磨いてきれいにする. **3** 洗練する, 改良する. (⇒ਸੋਧਣਾ)

ਮਾਜਰਾ (माजरा) /māja̯rā マージラー/ [Arab. *mājarā*] *m.* **1** 出来事, 事件, 行事. **2** 状態, 状況.

ਮਾਂਜਾ (माँजा) /mā̃jā マーンジャー/ *m.*〖道具〗箒.

ਮਾਂ ਜਾਇਆ (माँ जाइआ) /mā̃ jāiā マーン ジャーイアー/ [Skt. माता + cf. ਜੰਮਣਾ[1]] *adj.* 同じ母から生まれた.
— *m.* 同じ母から生まれた兄弟.

ਮਾਂ ਜਾਈ (माँ जाई) /mā̃ jāī マーン ジャーイー/ [Skt. माता + cf. ਜੰਮਣਾ[1]] *adj.* 同じ母から生まれた.
— *f.* 同じ母から生まれた姉妹.

ਮਾਂਜੀ (माँजी) /mā̃jī マーンジー/ [Arab. *māzī*] *adj.* 過ぎた. (⇒ਬੀਤਿਆ ਹੋਇਆ)
— *m.* 過去. (⇒ਬੀਤਿਆ ਸਮਾਂ, ਭੂਤਕਾਲ)

ਮਾਜੂ (माजू) /mājū マージュー/ [Pers. *māzū*] *m.*〖植物〗虫こぶ, 菌こぶ《虫・菌などが葉・茎に作る木の実状のこぶ》.

ਮਾਝ (माझ) /mâja̯ マージ/ [Skt. मध्य] *m.*〖音楽〗マージ《インドの音楽の旋律ラーガの一つ. パンジャーブの民謡に起源を持つとされる》.

ਮਾਝਾ[1] (माझा) /mâjā マージャー/ [Skt. मध्य] *m.*〖地名〗マージャー地方《広義では, パキスタンのラホール, スィアールコート, グジュラーンワーラー, インドのアムリトサル, グルダースプルなどを含むパンジャーブの中部地域. 狭義では, ラホールとアムリトサルを中心とする, ラーヴィー川とビアース川の間のバーリー・ドゥアーブ ਬਾਰੀ ਦੁਆਬ と呼ばれる地域》.

ਮਾਝਾ[2] (माझा) /mâjā マージャー/ [Skt. महिषी] *adj.*〖動物〗水牛の. ❒ਮਾਝਾ ਦੁੱਧ 水牛の乳.

ਮਾਝਾ[3] (माझा) /mâjā マージャー/ *m.* 凧糸を丈夫にするため使われるガラス粉と膠の混合物.

ਮਾਂਝੀ[1] (माँझी) /mẫjī マーンジー/ [Skt. मध्य -ਈ] *f.* **1**〖身体〗腰. (⇒ਲੱਕ, ਕਮਰ) **2**〖衣服〗腰に巻く黒い布.

ਮਾਂਝੀ[2] (माँझी) /mẫjī マーンジー/ [Skt. मध्य -ਈ] *m.* 船頭. (⇒ਮਲਾਹ)

ਮਾਂਝੀ[3] (माँझी) /mẫjī マーンジー/ [Skt. महिषी] *m.* 牛飼い. (⇒ਮਹੀਂਵਾਲ)

ਮਾਝੀ (माझी) /mâjī マージー/ [Skt. मध्य -ਈ] *adj.* **1** マージャー ਮਾਝਾ 地方の. **2** マージー方言の.
— *f.* マージー方言《マージャー地方で話されているパンジャービー語の方言》.

ਮਾਟੀ (माटी) /māṭī マーティー/ ▸ਮਿੱਟੀ *f.* → ਮਿੱਟੀ

ਮਾਟੋ (माटो) /māṭo マートー/ [Eng. *motto*] *m.* (教訓的

な）標語, モットー, 座右銘.

ਮਾਠਣਾ (माठणा) /māṭʰaṇā マーターナー/ *vt.* **1** だまし取る. **2** うまくせしめる. **3** 安く買う.

ਮਾਡਰਨ (माडरन) /māḍarana マードラン/ [Eng. *modern*] *adj.* **1** 近代の. **2** 現代の.

ਮਾਡਲ (माडल) /māḍala マーダル/ [Eng. *model*] *m.* **1** 模型, 雛形, 原型. **2** 見本, 模範, 手本. **3**（画家や作家などの）モデル.

— *f.*（ファッションモデルなどの女性の）モデル.

ਮਾਡਲਿੰਗ (माडलिंग) /māḍaliṅga マーダリング/ [Eng. *modelling*] *m.* **1** 模型制作, 原型制作術. **2** モデルの仕事, モデル業.

ਮਾਣ (माण) /māṇa マーン/ ▸ਮਾਨ [Skt. मान] *m.* **1** 尊敬, 敬意, 崇敬の念. (⇒ਆਦਰ, ਇੱਜ਼ਤ, ਸਤਿਕਾਰ, ਸਨਮਾਨ) ❑ਮਾਣ ਕਰਨਾ, ਮਾਣ ਰੱਖਣਾ 敬う, 尊敬する, 敬意を払う, 敬意を表する. **2** 誇り, 名誉, 名声, 威信. ❑ਮਾਣ ਕਰਨਾ 誇りに思う, 誇る. **3** 自尊心. ❑ਮਾਣ ਤੋੜਨਾ 自尊心を傷つける, 恥をかかせる, 辱める, 侮辱する. **4** 高慢, 尊大. (⇒ਹੰਕਾਰ, ਘਮੰਡ)

ਮਾਣਸ (माणस) /māṇasa マーナス/ [(Pkt. माणुस) Skt. माणुष] *m.* 人, ヒト, 人間. (⇒ਆਦਮੀ)

ਮਾਣਹਾਨੀ (माणहानी) /māṇahānī マーンハーニー/ [Skt. मान + Skt. हानि] *f.* **1** 自尊心を失うこと. **2** 名誉毀損, 侮辱, 誹謗中傷.

ਮਾਣਕ (माणक) /māṇaka マーナク/ [(Pkt. माणिक) Skt. माणिक्य] *m.*〘鉱物〙ルビー, 紅玉. (⇒ਲਾਲ)

ਮਾਣਤਾ (माणता) /māṇatā マーンター/ ▸ਮਾਨਤਾ *f.* → ਮਾਨਤਾ

ਮਾਣ ਤਾਣ (माण ताण) /māṇa tāṇa マーン ターン/ [Skt. मान + Skt. तान] *m.* **1** 尊敬, 敬意. **2** 手厚いもてなし, 厚遇.

ਮਾਣਧਾਰੀ (माणधारी) /māṇatǎrī マーンターリー/ ▸ਮਾਨਧਾਰੀ [Skt.-धारिन्] *adj.* **1** 誇りある, 尊敬すべき, 立派な. (⇒ਪਤਵੰਤ) **2** 気品のある, 上品な.

ਮਾਣਨਾ (माणना) /māṇanā マーンナー/ *vt.* **1** 楽しむ, 享受する. ❑ਇਸ ਤਰੱਕੀ ਨੂੰ ਮੁੱਠੀ ਭਰ ਰਾਜਨੀਤੀਵਾਨਾਂ, ਅਫ਼ਸਰਾਂ ਅਤੇ ਪੂੰਜੀਪਤੀਆਂ ਨੇ ਮਾਣਿਆ ਹੈ। この発展を一握りの政治家•役人•資本家たちが享受しています. **2** 楽しんで味わう, 賞味する.

ਮਾਣਮੱਤਾ (माणमत्ता) /māṇamattā マーンマッター/ [Skt. मान Skt.-मत्त] *adj.* **1** 自尊心に酔った. **2** うぬぼれた, 傲慢な, 思い上がった.

ਮਾਣਯੋਗ (माणयोग) /māṇayoga マーンヨーグ/ [Skt.-योग्य] *adj.* 尊敬に値する, 尊敬すべき. (⇒ਆਦਰਯੋਗ, ਸਤਿਕਾਰਯੋਗ) ❑ਮਾਣਯੋਗ ਬਜ਼ੁਰਗੋ ਤੇ ਭਰਾਵੋ। 尊敬すべきお年寄りの方々と兄弟の皆さん.

ਮਾਣੀ (माणी) /māṇī マーニー/ *f.*〘重量〙約8マウンドの重量.

ਮਾਣੂ[1] (माणू) /māṇū マーヌー/ ▸ਮਾਹਣੂ *m.* → ਮਾਹਣੂ

ਮਾਣੂ[2] (माणू) /māṇū マーヌー/ ▸ਮਾਂਗਣੂ *m.* → ਮਾਂਗਣੂ

ਮਾਣੋਂ (माणों) /māṇõ マーノーン/ *f.*〘動物〙ネコ, 猫. (⇒ਬਿੱਲੀ)

ਮਾਤ[1] (मात) /māta マート/ [Skt. माता] *f.*〘親族〙母, 母親. (⇒ਮਾਂ)

— *pref.* 「母」を示す接頭辞.

ਮਾਤ[2] (मात) /māta マート/ [Pers. *māt*] *adj.* **1**〘遊戯〙（チェスで）王手詰みになった. ❑ਮਾਤ ਕਰਨਾ 詰ませる. **2** 負けた, 敗れた, 敗北した. ❑ਮਾਤ ਕਰਨਾ 負かす, 完敗させる, 圧倒する.

— *f.* **1**〘遊戯〙（チェスの）詰み. **2** 負け, 敗北.

ਮਾਤ ਗਰਭ (मात गरभ) /māta gârába マート ガルブ/ [Skt. माता- Skt. गर्भ] *m.*〘身体〙母親の子宮, 母胎.

ਮਾਤ ਪੱਖੀ (मात पक्खी) /māta pakkʰī マート パッキー/ [Skt. माता- Skt. पक्षिन्] *adj.* **1** 母方の. **2** 母親の側の.

ਮਾਤ ਪਰਧਾਨ (मात परधान) /māta paradǎna マート パルダーン/ [Skt. माता- Skt. प्रधान] *adj.*〘社会〙女家長の, 女族長の.

ਮਾਤ ਪਰਧਾਨਤਾ (मात परधानता) /māta paradǎnatā マート パルダーンター/ [Skt.-ता] *f.*〘社会〙女家長制, 女族長制, 母系家族制.

ਮਾਤਬੋਲੀ (मातबोली) /mātabolī マートボーリー/ ▸ਮਾਂ ਬੋਲੀ [Skt. माता- cf. ਬੋਲਣਾ] *f.* 母語. (⇒ਮਾਦਰੀ ਜ਼ਬਾਨ)

ਮਾਤ ਭਾਸ਼ਾ (मात भाशा) /māta pǎśā マート パーシャー/ ▸ਮਾਤ ਭਾਖਾ [Skt. माता- Skt. भाषा] *f.* 母語. (⇒ਮਾਦਰੀ ਜ਼ਬਾਨ)

ਮਾਤ ਭਾਖਾ (मात भाखा) /māta pǎkʰā マート パーカー/ ▸ਮਾਤ ਭਾਸ਼ਾ *f.* → ਮਾਤ ਭਾਸ਼ਾ

ਮਾਤ ਭੂਮੀ (मात भूमी) /māta pǔmī マート プーミー/ [Skt. माता- Skt. भूमि] *f.* **1** 母国, 祖国, 故国. **2** 生まれた国. **3** 育った国.

ਮਾਤਮ (मातम) /mātama マータム/ [Arab. *maʰtam*] *m.* **1** 悲嘆, 深い悲しみ, 泣き悲しむこと. ❑ਮਾਤਮ ਕਰਨਾ 嘆く, 深く悲しむ, 嘆き悲しむ, 泣き悲しむ. ❑ਮਾਤਮ ਛਾ ਜਾਣਾ 悲しみの影が広がる, 悲しみが降り懸かる. **2** 哀悼. ❑ਮਾਤਮ ਕਰਨਾ 悼む, 哀悼する, 哀悼歌を歌う, 葬送歌を歌う. **3** 傷心. **4** 死.

ਮਾਤਮਪੁਰਸ਼ੀ (मातमपुरशी) /mātamapuraśī マータムプルシー/ [+ Pers. *pursī*] *f.* **1** 哀悼の意, 弔意. **2** 弔問. (⇒ਪਰਚਾਉਣੀ)

ਮਾਤਮੀ (मातमी) /mātamī マータミー/ [Pers. *maʰtamī*] *adj.* **1** 深く悲しんでいる, 悲しみに沈んだ. **2** 物悲しい, 悲痛な, 痛ましい. **3** 死を悼む, 追悼の, 弔いの, 葬式の. **4** 服喪に適した.

ਮਾਤਮੀ ਜਲੂਸ (मातमी जलूस) /mātamī jalūsa マータミー ジャルース/ [+ Arab. *julūs*] *m.*〘儀礼〙葬送の行列, 葬列.

ਮਾਤਮੀ ਲਿਬਾਸ (मातमी लिबास) /mātamī libāsa マータミー リバース/ [+ Arab. *libās*] *m.*〘衣服〙喪服.

ਮਾਤਰ[1] (मातर) /mātara マータル/ *adj.* **1** 義理の. **2** 血族でない.

ਮਾਤਰ[2] (मातर) /mātara マータル/ [Skt. मात्र] *adv.* **1** かろうじて. **2** ただ, 単に…だけ, のみ, ばかり. (⇒ਕੇਵਲ)

ਮਾਤਰ[3] (मातर) /mātara マータル/ [Skt. मातृ] *pref.* 「母」を示す接頭辞.

ਮਾਤਰ[4] (मातर) /mātara マータル/ ▸ਮਾਤਰਾ, ਮਾਤ੍ਰਾ *f.* → ਮਾਤਰਾ

ਮਾਤਰਵੰਸ਼ੀ (मातरवंशी) /mātarawanśī マータルワンシー/ [Skt. मातृ- Skt.-वंशिन्] *adj.* 母方の.

ਮਾਤਰਾ (मातरा) /mātarā マータラー/ ▸ਮਾਤਰ, ਮਾਤ੍ਰਾ [Skt. मात्रा] *f.* **1** 量, 分量. **2** 度合い, 尺度, 基準. **3** 割合. **4**〖文字〗母音記号. (⇒ਲਗ) **5**〖文字〗マートラー(マータラー), 音量《一つの短母音から成る音節を発音する時間を1マートラー〔1音量〕とした韻律上の単位》.

ਮਾਤ੍ਰਾ[1] (मात्रा) /mātrā (mātarā) マートラー (マータラー)/ ▸ਮਾਤਰ, ਮਾਤਰਾ *f.* → ਮਾਤਰਾ

ਮਾਤਰਾਤਮਕ (मातरातमक) /mātarātamaka マータラートマク/ ▸ਮਾਤਰਾਤਮਿਕ *adj.* → ਮਾਤਰਾਤਮਿਕ

ਮਾਤਰਾਤਮਿਕ (मातरातमिक) /mātarātamika マータラートミク/ ▸ਮਾਤਰਾਤਮਕ [Skt. मात्रा Skt.-आत्मक] *adj.* 量の, 量的な.

ਮਾਤਰਿਕ (मातरिक) /mātarika マータリク/ ▸ਮਾਤ੍ਰਿਕ [Skt. मात्रिक] *adj.* **1**〖文字〗母音記号を伴った. **2**〖文字〗母音記号に関する.

ਮਾਤ੍ਰਿਕ (मात्रिक) /mātrika (mātarika) マートリク (マータリク)/ ▸ਮਾਤਰਿਕ *adj.* → ਮਾਤਰਿਕ

ਮਾਤਰੀ (मातरी) /mātarī マータリー/ ▸ਮਾਤ੍ਰੀ [Skt. मातृ] *adj.* 母の, 母方の. (⇒ਮਾਂ ਸੰਬੰਧੀ)

ਮਾਤ੍ਰੀ (मात्री) /mātrī (mātarī) マートリー (マータリー)/ ▸ਮਾਤਰੀ *adj.* → ਮਾਤਰੀ

ਮਾਤਰੀ ਭਾਸ਼ਾ (मातरी भाशा) /mātarī pǎśā マータリー パーシャー/ [Skt. मातृभाषा] *f.* 母語. (⇒ਮਾਦਰੀ ਜ਼ਬਾਨ)

ਮਾਤਲੋਕ (मातलोक) /mātaloka マートローク/ [Skt. मर्त्यलोक] *m.* **1**〖天文〗地球. (⇒ਪਰਿਥਵੀ) **2** 現世.

ਮਾਤਵੰਸ਼ੀ (मातवंशी) /mātawanśī マートワンシー/ [Skt. माता- Skt.-वंशिन्] *adj.* 母方の.

ਮਾਤਾ[1] (माता) /mātā マーター/ [Skt. माता] *f.* **1**〖親族〗母, 母親. (⇒ਮਾਂ) **2** 女神. (⇒ਦੇਵੀ) **3** マーター《天然痘の守り神とされるシータラー女神の異名》. (⇒ਸੀਤਲਾ) **4**〖医〗天然痘, 疱瘡, 痘瘡. (⇒ਸੀਤਲਾ, ਚੀਚਕ)

ਮਾਤਾ[2] (माता) /mātā マーター/ *adj.suff.* → ਮੱਤਾ[2]

ਮਾਤਾ-ਪਿਤਾ (माता-पिता) /mātā-pitā マーター・ピター/ [Skt. माता + Skt. पिता] *m.*〖親族〗父母, 両親.

ਮਾਂਦ (माँद) /mā̃da マーンド/ ▸ਮਾਂਦਾ [Pers. *mānda*] *adj.* **1** 疲れた, 疲労した. (⇒ਥੱਕਿਆ ਹੋਇਆ) **2** 弱った, 衰弱した. (⇒ਕਮਜ਼ੋਰ) **3** 病気の. (⇒ਬਿਮਾਰ) **4** 色あせた, 輝きのない, つやのない. (⇒ਫਿੱਕਾ) **5** 薄暗い.

ਮਾਂਦਗੀ (माँदगी) /mā̃dagī マーンドギー/ [Pers.-*gī*] *f.* **1** 疲れ, 疲労. (⇒ਥਕਾਵਟ) **2** 衰弱. (⇒ਕਮਜ਼ੋਰੀ) **3** 病気. (⇒ਰੋਗ) **4** 薄暗さ.

ਮਾਂਦਰੀ (माँदरी) /mā̃darī マーンダリー/ *m.* 呪術師, 祈祷師.

ਮਾਦਰੀ (मादरी) /mādarī マーダリー/ [Pers. *mādarī*] *adj.* **1** 母の, 母に関係のある. **2** 母方の.

ਮਾਦਰੀ ਜ਼ਬਾਨ (मादरी ज़बान) /mādarī zabāna マーダリー ザバーン/ [+ Pers. *zabān*] *f.* 母語. (⇒ਮਾਤਰੀ ਭਾਸ਼ਾ)

ਮਾਦਰੀ ਬੋਲੀ (मादरी बोली) /mādarī bolī マーダリー ボーリー/ [+ cf. ਬੋਲਣਾ] *f.* 母語.

ਮਾਂਦਾ (माँदा) /mā̃dā マーンダー/ ▸ਮਾਂਦ *adj.* → ਮਾਂਦ

ਮਾਦਾ[1] (मादा) /mādā マーダー/ [Pers. *māda*] *adj.* メスの, 雌の.

— *f.* (動植物の)メス, 雌.

ਮਾਦਾ[2] (मादा) /mādā マーダー/ [Arab. *mādda*] *m.* **1** 物質, 物体. **2** 髄. **3** 膿(うみ).

ਮਾਦੀ (मादी) /mādī マーディー/ [Arab. *mādda* -ਈ] *adj.* **1** 物質の, 物体の. **2** 現世の, 世俗の.

ਮਾਧਮਿਕ (माधमिक) /mâdamika マードミク/ [Skt. माध्यमिक] *adj.* 中等の, 中間の.

— *m.*〖仏〗中観派《インド大乗仏教哲学の二大潮流の一つ》.

ਮਾਧਿਅਮ (माधिअम) /mâdiama マーディアム/ [Skt. माध्यम] *m.* **1** 媒介, 媒体. (⇒ਜ਼ਰੀਆ) **2** 手段. (⇒ਉਪਾ)

ਮਾਧੋ (माधो) /mâdo マードー/ [Skt. माधव] *m.* **1**〖ヒ〗マーダヴァ《クリシュナ神の異名の一つ》. (⇒ਕਰਿਸ਼ਨ) **2**〖俗語〗間抜け.

ਮਾਨ[1] (मान) /māna マーン/ ▸ਮਾਣ *m.* → ਮਾਣ

ਮਾਨ[2] (मान) /māna マーン/ ▸ਮਾਂ, ਮਾ [Skt. मान्] *suff.* 名詞や動詞の語幹などに付いて,「…を持つ」「…に関わりのある」「…の形の」などの意味の形容詞, または「…を持つもの」「…に関わりのあるもの」「…の形のもの」などを意味する男性名詞を形成する接尾辞.

ਮਾਨ-ਅਰਥ (मान-अरथ) /māna-aratʰa マーン・アルト/ [Skt. मान + Skt. अर्थ] *adj.* 称賛的な.

ਮਾਨਸਕ (मानसक) /mānasaka マーンサク/ ▸ਮਾਨਸਿਕ *adj.* → ਮਾਨਸਿਕ

ਮਾਨਸਿਕ (मानसिक) /mānasika マーンスィク/ ▸ਮਾਨਸਕ [Skt. मानसिक] *adj.* **1** 心の, 精神の. **2** 心理的な.

ਮਾਨਸਿਕ ਰੋਗ (मानसिक रोग) /mānasika roga マーンスィク ローグ/ [+ Skt. रोग] *m.* **1**〖医〗心の病, 精神病. **2** 精神異常.

ਮਾਨਸੂਨ (मानसून) /mānasūna マーンスーン/ ▸ਮੌਨਸੂਨ [Eng. *monsoon*] *f.*〖気象〗季節風, モンスーン.

ਮਾਨਤਾ (मानता) /mānatā マーンター/ ▸ਮਾਣਤਾ [Skt. मान्यता] *f.* **1** 承認, 是認, 賛成, 認定, 認可. **2** 尊敬, 敬意. **3** 考え, 見解, 観念. **4** 信念, 価値観, 意見.

ਮਾਨਤਾ-ਪਰਾਪਤ (मानता-परापत) /mānatā-parāpata マーンター・パラーパト/ [+ Skt. प्राप्त] *adj.* 承認された, 認定された, 公認の.

ਮਾਨਦੰਡ (मानदंड) /mānadaṇḍa マーンダンド/ ▸ਮਾਪਦੰਡ *m.* → ਮਾਪਦੰਡ

ਮਾਨਧਾਰੀ (मानधारी) /mānatǎrī マーンターリー/ ▸ਮਾਣਧਾਰੀ *adj.* → ਮਾਣਧਾਰੀ

ਮਾਨਵ (मानव) /mānava マーナヴ/ [Skt. मानव] *m.* 人, ヒト, 人間, 人類. (⇒ਆਦਮੀ, ਮਨੁੱਖ)

ਮਾਨਵ ਅਧਿਕਾਰ (मानव अधिकार) /mānava âdikāra マーナヴ アディカール/ [+ Skt. अधिकार] *m.* 人権.

ਮਾਨਵ ਈਸ਼ਵਰਵਾਦ (मानव ईशवरवाद) /mānava īśawarawāda マーナヴ イーシュワルワード/ [+ Skt. ईश्वर Skt.-वाद] *m.* 人神同一論, 人格神論.

ਮਾਨਵ ਸ਼ਾਸਤਰ (मानव शासतर) /mānava śāsatara マーナヴ シャースタル/ [+ Skt. शास्त्र] *m.* 人類学.

ਮਾਨਵ ਹੱਤਿਆ (मानव हत्तिआ) /mānava hattiā マーナヴ ハッティアー/ [+ Skt. हत्या] *f.*〖法〗殺人.

ਮਾਨਵ ਹਿਤਕਾਰੀ (मानव हितकारी) /mānava hitakārī マーナヴ ヒトカーリー/ [+ Skt. हित Skt.-कारिन्] *adj.* **1** 人類の利益になる. **2** 人道主義の. **3** 人間至上の.

ਮਾਨਵ ਹਿਤੈਸ਼ੀ (मानव हितैशी) /mānava hitaiśī マーナヴ

ヒタェーシー/ [+ Skt. हितैषिन्] *adj.* → ਮਾਨਵ ਹਿਤਕਾਰੀ

ਮਾਨਵਤਾ (मानवता) /mānavatā マーナヴター/ [Skt.-ता] *f.* **1** 人類, ヒト, 人間. **2** 人間性, 人道, 人情, 思いやり, 慈悲. (⇒ਇਨਸਾਨੀਅਤ)

ਮਾਨਵਤਾਵਾਦ (मानवतावाद) /mānavatāwāda マーナヴターワード/ [Skt.-वाद] *m.* 人道主義, 博愛主義, ヒューマニズム.

ਮਾਨਵਰੂਪਵਾਦ (मानवरूपवाद) /mānavarūpawāda マーナヴループワード/ [Skt. मानव + Skt. रूप Skt.-वाद] *m.* 神人同形同性説.

ਮਾਨਵਰੂਪਵਾਦੀ (मानवरूपवादी) /mānavarūpawādī マーナヴループワーディー/ [Skt.-वादिन्] *adj.* 神人同形同性説の.

— *m.* 神人同形同性説者.

ਮਾਨਵਰੂਪੀ (मानवरूपी) /mānavarūpī マーナヴルーピー/ [Skt. मानव + Skt. रूपिन्] *adj.* 神人同形同性の.

ਮਾਨਵਵਾਦ (मानववाद) /mānavawāda マーナヴワード/ [Skt.-वाद] *m.* 人道主義, 博愛主義, ヒューマニズム.

ਮਾਨਵਵਾਦੀ (मानववादी) /mānavawādī マーナヴワーディー/ [Skt.-वादिन्] *adj.* 人道主義の, 博愛主義の.

— *m.* 人道主義者, 博愛主義者, ヒューマニスト.

ਮਾਨਵ ਵਿਗਿਆਨ (मानव विगिआन) /mānava vigiāna マーナヴ ヴィギアーン/ [+ Skt. विज्ञान] *m.* 人類学.

ਮਾਨਵੀ (मानवी) /mānavī マーナヴィー/ [Skt. मानवीय] *adj.* **1** 人間の, 人間に関する. (⇒ਮਨੁੱਖੀ, ਇਨਸਾਨੀ) **2** 人情のある, 人道的な, 慈悲深い.

ਮਾਨਵੀਕਰਨ (मानवीकरन) /mānavīkarana マーナヴィーカルン/ [Skt.-करण] *m.* **1** 擬人化. **2** 〖文学〗擬人法.

ਮਾਨਿੰਦ (मानिंद) /māninda マーニンド/ [Pers. *mānand*] *postp.* …のような, …のように. (⇒ਵਰਗਾ, ਵਾਂਗ)

ਮਾਨੁ (मानु) /mānu マーヌ/ ▸ਮਨੁੱਖ, ਮਾਨੁਖ, ਮਾਨੁੱਖ [(Kang.)] *m.* → ਮਨੁੱਖ

ਮਾਨੁਖ (मानुख) /mānukʰa マーヌク/ ▸ਮਨੁੱਖ, ਮਾਨੁ, ਮਾਨੁੱਖ *m.* → ਮਨੁੱਖ

ਮਾਨੁੱਖ (मानुक्ख) /mānukkʰa マーヌック/ ▸ਮਨੁੱਖ, ਮਾਨੁ, ਮਾਨੁਖ *m.* → ਮਨੁੱਖ

ਮਾਨੋਂ (मानों) /mānõ マーノーン/ ▸ਮਾਨੋ *conj.* → ਮਾਨੋ

ਮਾਨੋ (मानो) /māno マーノー/ ▸ਮਾਨੋਂ *conj.* まるで…のように, あたかも…のように.

ਮਾਪ (माप) /māpa マープ/ [Skt. माप] *m.* **1** 尺度. **2** 計測, 測定. **3** 計量.

ਮਾਪ ਅੰਕ (माप अंक) /māpa aṅka マープ アンク/ [+ Skt. अंक] *m.* **1** 度. **2** 〖数学〗係数.

ਮਾਪਕ (मापक) /māpaka マーパク/ [Skt. मापक] *m.* 〖器具〗計量器.

ਮਾਪਣਾ (मापणा) /māpaṇā マーパナー/ ▸ਮੱਪਣਾ [Skt. माप्यते] *vt.* **1** 計る, 測る, 寸法をとる, 計測する, 測定する. (⇒ਨਾਪਣਾ) **2** 計量する. **3** 見る. (⇒ਵੇਖਣਾ) **4** 見つける, 探す. (⇒ਭਾਲਣਾ)

ਮਾਪਦੰਡ (मापदंड) /māpadaṇḍa マープダンド/ ▸ਮਾਨਦੰਡ [Skt. माप + Skt. दण्ड] *m.* **1** 〖道具〗物差し, 計量用の竿. **2** 尺度, 基準, 価値基準.

ਮਾਂ-ਪਿਉ (माँ-पिउ) /mā̃-pio マーン・ピオー/ ▸ਮਾਂ-ਪਿਓ *m.* → ਮਾਂ-ਪਿਓ

ਮਾਂ-ਪਿਓ (माँ-पिओ) /mā̃-pio マーン・ピオー/ ▸ਮਾਂ-ਪਿਉ [Skt. माता + Skt. पिता] *m.* 〖親族〗父母, 両親. (⇒ਮਾਪੇ)

ਮਾਂਪੇ (माँपे) /mā̃pe マーンペー/ ▸ਮਾਪੇ *m.* → ਮਾਪੇ

ਮਾਪੇ (मापे) /māpe マーペー/ ▸ਮਾਂਪੇ [Skt. माता + Skt. पिता] *m.* 〖親族〗父母, 両親《文法上は主格複数形. 後置格形・能格形は ਮਾਪਿਆਂ 》. (⇒ਮਾਂ-ਪਿਓ, ਵਾਲਦੈਨ)

ਮਾਫ਼ (माफ़) /māfa マーフ/ ▸ਮੁਆਫ਼ *adj.* → ਮੁਆਫ਼

ਮਾਫ਼ਕ (माफ़क) /māfaka マーファク/ ▸ਮੁਆਫ਼ਕ *adj.* → ਮੁਆਫ਼ਕ

ਮਾਫ਼ੀ (माफ़ी) /māfī マーフィー/ ▸ਮੁਆਫ਼ੀ [Pers. *mu`āfī*] *f.* **1** 許し, 赦し, 容赦, 勘弁, 赦免. (⇒ਖਿਮਾ) ❐ਮਾਫ਼ੀ ਦੇਣੀ 許す, 容赦する. ❐ਮਾਫ਼ੀ ਮੰਗਣੀ 許しを請う, 容赦を請う. **2** 謝罪, 詫び, 弁解. ❐ਮਾਫ਼ੀ ਮੰਗਣੀ 謝罪する, 謝る, 詫びる. **3** 免除. ❐ਮਾਫ਼ੀ ਦੇਣੀ 免除する. ❐ਮਾਫ਼ੀ ਮੰਗਣੀ 免除を請う. **4** 〖経済〗租税免除の土地.

ਮਾਫ਼ੀਦਾਰ (माफ़ीदार) /māfīdāra マーフィーダール/ [Pers.-*dār*] *m.* **1** 自由保有権者. **2** 免税地の保有者, 地代免除者.

ਮਾਫ਼ੀਨਾਮਾ (माफ़ीनामा) /māfīnāmā マーフィーナーマー/ [Pers.-*nāma*] *m.* **1** 赦免を請う書簡. **2** 免税令状.

ਮਾਂ ਬਾਪ (माँ बाप) /mā̃ bāpa マーン バープ/ [Skt. माता + Skt. वप्तृ] *m.* 〖親族〗父母, 両親.

ਮਾਂ ਬੋਲੀ (माँ बोली) /mā̃ bolī マーン ボーリー/ ▸ਮਾਤਬੋਲੀ [+ cf. ਬੋਲਣਾ] *f.* 母語. (⇒ਮਾਦਰੀ ਜ਼ਬਾਨ)

ਮਾਂ ਮਹਿੱਟਰ (माँ महिट्टर) /mā̃ maîṭṭara マーン マェーッタル/ [Skt.-रहित] *adj.* **1** 母親のいない. **2** 孤児の.

ਮਾਮਲਾ (मामला) /māmalā マームラー/ ▸ਮੁਆਮਲਾ [Arab. *mu`āmala*] *m.* **1** 事情, 事態. **2** 事件, 出来事. **3** 事柄, 問題. **4** 用件, 案件. **5** 訴訟, 裁判. **6** 揉め事, 争い. **7** 取り決め, 協定. **8** 取り扱い, 待遇. **9** 取引, 商売. **10** 地税.

ਮਾਮਾ[1] (मामा) /māmā マーマー/ [(Pkt. मामअ) Skt. मामका] *m.* 〖親族〗母方の伯父・叔父(おじ)《母の兄弟》.

ਮਾਮਾ[2] (मामा) /māmā マーマー/ [Eng. *mama*] *f.* 〖幼児語・親族〗ママ, お母ちゃん.

ਮਾਮੀ (मामी) /māmī マーミー/ *f.* 〖親族〗伯母・叔母(おば)《母方の伯父・叔父(おじ)の妻, 母の兄弟の妻》.

ਮਾਮੂਰ[1] (मामूर) /māmūra マームール/ [Arab. *māmūr*] *adj.* **1** 任命された. **2** 委任された.

ਮਾਮੂਰ[2] (मामूर) /māmūra マームール/ [Arab. *ma`mūr*] *adj.* **1** 定住した, 人の住んでいる. (⇒ਅਬਾਦ) **1** 満たされた, 満ちている. (⇒ਪੂਰਨ) **3** 繁栄している. (⇒ਖ਼ੁਸ਼ਹਾਲ)

ਮਾਮੂਲ (मामूल) /māmūla マームール/ [Arab. *ma`mūl*] *m.* **1** 慣例, 慣行, 慣習. **2** 決まりきった仕事. **3** 固定給, 通常の手当.

ਮਾਮੂਲੀ (मामूली) /māmūlī マームーリー/ ▸ਮਮੂਲੀ [Pers. *ma`mūlī*] *adj.* **1** 普通の, 通常の, 通例の, 一般の. **2** 平凡な, 並の, 一介の, ありきたりの, 陳腐な. **3** 日常的な, 普段の. **4** 取るに足らない, 僅かな, 些細な. **5** 粗末な, 質素な.

ਮਾਯਾ (माया) /māyā マーヤー/ ▸ਮਾਇਆ *f.* → ਮਾਇਆ[1]

ਮਾਯੂਸ (मायूस) /māyūsa マーユース/ [Pers. *māyūs*] *adj.*

1 失望した, がっかりした. 2 落胆した, 気落ちした, しょげた.

ਮਾਯੂਸੀ (मायूसी) /māyūsī マーユースィー/ [Pers. *māyūsī*] *f.* 1 失望, がっかりすること. 2 落胆, 失意, 意気消沈.

ਮਾਰ (मार) /mārạ マール/ [cf. ਮਾਰਨਾ] *f.* 1 殴打. ❐ ਮਾਰ ਖਾਣੀ 殴打される, 殴られる. 2 打撃, 損害. ❐ ਮਾਰ ਖਾਣੀ 打撃を受ける, 損害を被る. ❐ਪੰਜਾਬ ਵੰਡਿਆ ਗਿਆ। ਸਭ ਤੋਂ ਜ਼ਿਆਦਾ ਮਾਰ ਪੰਜਾਬ ਨੇ ਖਾਧੀ ਸੀ। パンジャーブは分割されました. 最も大きな損害をパンジャーブが被りました. 3 殺害, 死.

ਮਾਰਸ਼ਲ[1] (मारशल) /mārạśalạ マールシャル/ [Eng. *martial*] *adj.* 1 戦争の, 軍事の. 2 軍人らしい, 好戦的な.

ਮਾਰਸ਼ਲ[2] (मारशल) /mārạśalạ マールシャル/ [Eng. *marshal*] *m.* 〖軍〗元帥, 将官.

ਮਾਰਸ਼ਲ ਲਾ (मारशल ला) /mārạśalạ lā マールシャル ラー/ [Eng. *martial law*] *m.* 〖政治〗戒厳令.

ਮਾਰ੍ਹਕਾ (मार्हका) /mârạkā マールカー/ ▶ਮਾਰਕਾ [Arab. *ma`raka*] *m.* 1 戦闘. 2 戦場. 3 大奮闘. 4 妙技, 離れ業. 5 殊勲, 手柄, 功績. 6 英雄的な行為, 大活躍.

ਮਾਰਕ (मारक) /mārạkạ マールク/ [Eng. *mark*] *m.* 印, マーク.

ਮਾਰਕਸਵਾਦ (मारकसवाद) /mārạkasạwādạ マールカスワード/ [Eng. *Marx* Skt.-वाद] *m.* 〖政治〗マルクス主義.

ਮਾਰਕਸਵਾਦੀ (मारकसवादी) /mārạkasạwādī マールカスワーディー/ [Skt.-वादिन्] *adj.* 〖政治〗マルクス主義の.

— *m.* 〖政治〗マルクス主義者.

ਮਾਰਕਸਵਾਦੀ ਕਮਿਊਨਿਸਟ ਪਾਰਟੀ (मारकसवादी कमिऊनिसट पारटी) /mārạkasạwādī kamiūnisạṭạ pārạṭī マールカスワーディー カミウーニスト パールティー/ [+ Eng. *Communist Party*] *f.* 〖政治〗インド共産党マルクス主義派, マルクス主義共産党.

ਮਾਰਕਾ[1] (मारका) /mārạkā マールカー/ [Eng. *mark*] *m.* 1 印, 記号, マーク. 2 商標, 銘柄.

ਮਾਰਕਾ[2] (मारका) /mārạkā マールカー/ ▶ਮਾਰ੍ਹਕਾ *m.* → ਮਾਰ੍ਹਕਾ

ਮਾਰਕਿਟ (मारकिट) /mārạkiṭạ マールキト/ ▶ਮਾਰਕੀਟ *f.* → ਮਾਰਕੀਟ

ਮਾਰਕੀਟ (मारकीट) /mārạkīṭạ マールキート/ ▶ਮਾਰਕਿਟ [Eng. *market*] *f.* マーケット, 市場, 商店街. (⇒ਬਜ਼ਾਰ)

ਮਾਰਕੀਨ (मारकीन) /mārạkīnạ マールキーン/ [Eng. *marocain*] *f.* 〖布地〗漂白していない布.

ਮਾਰ ਕੁੱਟ (मार कुट्ट) /mārạ kuṭṭạ マール クット/ ▶ਮਾਰ ਕੁਟਾਈ [cf. ਮਾਰਨਾ + cf. ਕੁੱਟਣਾ] *f.* 1 殴ること, 殴打. 2 めった打ち. 3 殴り合い, 喧嘩.

ਮਾਰ ਕੁਟਾਈ (मार कुटाई) /mārạ kuṭāī マール クターイー/ ▶ਮਾਰ ਕੁੱਟ *f.* → ਮਾਰ ਕੁੱਟ

ਮਾਰਗ (मारग) /mārạgạ マーラグ/ [Skt. मार्ग] *m.* 1 道, 道路, 通路. (⇒ਰਸਤਾ, ਰਾਹ) 2 通り, 街路. (⇒ਸੜਕ) 3 解脱への道. 4 宗教.

ਮਾਰਚ[1] (मारच) /mārạcạ マールチ/ [Eng. *March*] *m.* 〖暦〗 3月.

ਮਾਰਚ[2] (मारच) /mārạcạ マールチ/ [Eng. *march*] *m.* 1 行進. 2 進軍.

ਮਾਰਟ (मारट) /mārạṭạ マールト/ [Eng. *mart*] *f.* 市場, 商業中心地. (⇒ਬਜ਼ਾਰ, ਮੰਡੀ)

ਮਾਰਟਰ (मारटर) /mārạṭarạ マールタル/ [Eng. *mortar*] *m.* 1 〖建築〗モルタル, 漆喰. 2 〖道具〗乳鉢, すり鉢.

ਮਾਰਨਾ (मारना) /mārạnā マールナー/ [Skt. मारयति] *vt.* 1 打つ, ぶつける. 2 叩く, 殴る. 3 蹴る, 蹴飛ばす. 4 殺す, 殺害する. 5 閉じる. 6 灰燼に帰す. 7 (感情などを)抑える, 抑制する, 押し殺す. 8 (雑草を)取り除く.

ਮਾਰਫ਼ਤ (मारफ़त) /mārạfatạ マールファト/ [Pers. *marifat*] *f.* 1 方法, 手段, 媒介. 2 知識, 認識. 3 霊知, 心霊論, 神秘主義.

— *postp.* 1 …経由で, …を通って. (⇒ਰਾਹੀਂ) 2 …を通して, …を介して, …を媒介にして, …によって. (⇒ਦੁਆਰਾ) 3 …気付.

— *adv.* 経由して, 介して.

ਮਾਰਫ਼ੀਆ (मारफ़ीआ) /mārạfīā マールフィーアー/ [Eng. *morphia*] *m.* 〖化学〗モルヒネ《阿片に含まれるアルカロイドで, 麻薬の一つ. 鎮痛薬として用いられる》.

ਮਾਰਬਲ (मारबल) /mārạbalạ マールバル/ [Eng. *marble*] *m.* 〖鉱物〗大理石. (⇒ਮਰਮਰ)

ਮਾਰਵਾੜ (मारवाड़) /mārạwāṛạ マールワール/ *m.* 〖地名〗マールワール《ラージャスターン州の中西部地方》.

ਮਾਰੀ (मारी) /mārī マーリー/ ▶ਮਰੀ *f.* → ਮਰੀ

ਮਾਰੂ[1] (मारू) /mārū マールー/ [cf. ਮਾਰਨਾ] *adj.* 1 叩く, 殴る. 2 殺す, 命を奪う, 致命的な, 死すべき.

ਮਾਰੂ[2] (मारू) /mārū マールー/ *adj.* 1 〖農業〗灌漑されていない, 雨水だけに依存する. 2 乾燥した.

ਮਾਰੂਥਲ (मारूथल) /mārūtʰalạ マールータル/ *m.* 乾燥地帯, 砂漠. (⇒ਰੇਗਿਸਤਾਨ)

ਮਾਰੇ (मारे) /māre マーレー/ *postp.* 《… ਦੇ ਮਾਰੇ の形で》…のために, …の理由で, …が原因で. (⇒ਵਾਸਤੇ, ਕਰਕੇ, ਕਾਰਨ) ❐ਘੁਮਾਰ ਨੇ ਇਹ ਹੁਕਮ ਸੁਣਿਆ ਤਾਂ ਡਰ ਦੇ ਮਾਰੇ ਥਰ ਥਰ ਕੰਬਣ ਲੱਗਾ। 焼き物職人はこの命令を聞くと恐怖のためにがたがた震え始めました.

ਮਾਲ[1] (माल) /mālạ マール/ [Arab. *māl*] *m.* 1 品物, 物品, 商品, 物資. 2 積み荷, 荷物. 3 財産, 所有物, 富. 4 〖経済〗資本. 5 〖経済〗地租, 租税収入, 歳入.

ਮਾਲ[2] (माल) /mālạ マール/ [Eng. *mall*] *f.* 木陰のある散歩道, 歩行者専用商店街, ショッピングセンター.

ਮਾਲਸ਼ (मालश) /mālạśạ マーラシュ/ ▶ਮਾਲਿਸ਼ [Pers. *māliś*] *f.* 1 マッサージ. 2 身体に油を擦り込むこと.

ਮਾਲਸ਼ਨ (मालशन) /mālạśana マールシャン/ [-ਨ] *f.* 女のマッサージ師.

ਮਾਲਸ਼ੀਆ (मालशीआ) /mālạśīā マールシーアー/ [-ਈਆ] *m.* 男のマッサージ師.

ਮਾਲ੍ਹ (माल्ह) /mâlạ マール/ ▶ਮਾਹਲ *f.* 1 汲み上げ井戸の滑車の綱. 2 紡ぎ車を回すために車に掛けた紐.

ਮਾਲਕ (मालक) /mālakạ マーラク/ ▶ਮਾਲਿਕ [Arab. *mālik*] *m.* 1 所有者, オーナー, 持ち主. 2 飼い主.

3 家主. **4** 雇い主. **5**〖親族〗主人, 亭主, 夫. **6** 神, 神様.

ਮਾਲਕਣ (मालकण) /mālakaṇa マールカン/ [-ਣ] *f.* **1** 女性の所有者. **2** 女主人.

ਮਾਲਕਾਨਾ (मालकाना) /mālakānā マールカーナー/ [Pers. *mālikāna*] *adj.* 所有者の.
— *m.*〖経済〗(地主に支払われる)地代.

ਮਾਲਕਿਆਣੀ (मालकिआणी) /mālakiāṇī マールキアーニー/ [Arab. *mālik* -ਣੀ] *f.* **1** 女性の所有者. **2** 女主人.

ਮਾਲਕੀ (मालकी) /mālakī マールキー/ [Pers. *mālikī*] *f.* **1** 所有者の地位, 主人の地位. **2** 所有権.

ਮਾਲਖ਼ਜ਼ਾਨਾ (मालख़ज़ाना) /mālaxazānā マールカザーナー/ [Arab. *māl* + Arab. *xizāna*] *m.* 財宝.

ਮਾਲਖ਼ਾਨਾ (मालख़ाना) /mālaxānā マールカーナー/ [Pers.*-xāna*] *m.* 商品倉庫, 収納庫, 宝物庫.

ਮਾਲਗੁਜ਼ਾਰੀ (मालगुज़ारी) /mālaguzārī マールグザーリー/ [Pers.*-guzārī*] *f.*〖経済〗地租, 地税.

ਮਾਲਗੁਦਾਮ (मालगुदाम) /mālagudāma マールグダーム/ [+ Eng. *godown*] *m.* **1** 商品倉庫, 商品金庫. **2** 金庫. **3** 貨物取扱所.

ਮਾਲਟਾ (मालटा) /mālaṭā マールター/ [Eng. *Malta*] *m.*〖植物〗マルタ, スイートオレンジ, アマダイダイ(甘橙)《ミカン科のカンキツ(柑橘)の一種.「マルタ」という名称は原産地のマルタ島に由来する》.

ਮਾਲਣ (मालण) /mālaṇa マーラン/ [(Pkt. मालिय) Skt. मालिन् -ਣ] *f.* **1**〖姓〗マーラン《マーリー種姓の女性》, 女の庭師, 庭師の妻. (⇒ਬਾਗ਼ਬਾਨਣੀ, ਮਾਲਿਨੀ) **2** 花売り娘.

ਮਾਲਦਾਰ (मालदार) /māladāra マールダール/ [Arab. *māl* Pers.*-dār*] *adj.* **1** 財産のある, 金持ちの. **2** 富裕な, 豊かな.

ਮਾਲਧਨ (मालधन) /mālatăna マールタン/ [+ Skt. धन] *m.* 財産, 富.

ਮਾਲ-ਮਤਾ (माल-मता) /māla-matā マール・マター/ ▸ਮਾਲ-ਮੱਤਾ *m.* → ਮਾਲ-ਮੱਤਾ

ਮਾਲ-ਮੱਤਾ (माल-मत्ता) /māla-mattā マール・マッター/ ▸ਮਾਲ-ਮਤਾ *m.* **1** 持ち物, 所有物. **2** 財産, 資産.

ਮਾਲਵਾ[1] (मालवा) /mālawā マールワー/ *m.*〖地名〗マールワー地方《パンジャーブのフィローズプル, バティンダー, 及びルディアーナーの大部分を併せた地域の総称》.

ਮਾਲਵਾ[2] (मालवा) /mālawā マールワー/ *m.*〖地名〗マールワー地方《マディヤ・プラデーシュ州の南西端地域》.

ਮਾਲਾ (माला) /mālā マーラー/ [Skt. माला] *f.* **1** 連なったもの, 一連のもの, シリーズ, 列. **2** (ビーズなどを)ひと繋ぎにした環, 輪. **3**〖装〗首飾り, ネックレス. **4** 花環, 花輪. **5**〖道具〗数珠.

ਮਾਲਾਮਾਲ (मालामाल) /mālāmāla マーラーマール/ [Pers. *mālāmāl*] *adj.* **1** 溢れている. **2** 豊かな, 豊富な. **3** 大金持ちの.

ਮਾਲਿਸ਼ (मालिश) /māliśa マーリシュ/ ▸ਮਾਲਸ਼ *f.* → ਮਾਲਸ਼

ਮਾਲਿਕ (मालिक) /mālika マーリク/ ▸ਮਾਲਕ *m.* → ਮਾਲਕ

ਮਾਲਿਨੀ (मालिनी) /mālinī マーリニー/ [Skt. मालिनी] *f.*〖姓〗マーリニー《マーリー種姓の女性》, 女の庭師, 庭師の妻. (⇒ਬਾਗ਼ਬਾਨਣੀ, ਮਾਲਣ)

ਮਾਲੀ[1] (माली) /mālī マーリー/ [(Pkt. मालिय) Skt. मालिन्] *m.*〖姓〗マーリー《庭園作りと手入れに携わる仕事を生業としてきた種姓(の人・男性)》, 庭師, 園丁, 庭園管理者. (⇒ਬਾਗ਼ਬਾਨ)

ਮਾਲੀ[2] (माली) /mālī マーリー/ [Arab. *mālī*] *adj.* **1** 財政の, 財政的な, 金銭上の. (⇒ਵਿੱਤੀ) **2** 経済の, 経済的な. (⇒ਆਰਥਕ) **3** 歳入の, 国庫の, 収入の.

ਮਾਲੀ[3] (माली) /mālī マーリー/ [Skt. मल्ल] *m.* **1**〖競技〗(インド相撲の)力士, レスラー. (⇒ਪਹਿਲਵਾਨ) **2**〖動物〗雄スイギュウ, 牡水牛. (⇒ਸੰਢਾ, ਭੈਂਸਾ)
— *f.*〖競技〗相撲やレスリングの勝者に与えられる賞.

ਮਾਲੀਅਤ (मालीअत) /mālīata マーリーアト/ [Arab. *mālīyat*] *f.* **1** 価値, 値段, 価格. (⇒ਕੀਮਤ, ਮੁੱਲ) **2** 富, 財産. (⇒ਧਨ, ਦੌਲਤ)

ਮਾਲੀਆ (मालीआ) /mālīā マーリーアー/ [Pers. *mālīyā*] *m.*〖経済〗地租, 租税収入. (⇒ਲਗਾਨ)

ਮਾਲੂਮ (मालूम) /mālūma マールーム/ ▸ਮਲੂਮ [Arab. *ma`lūm*] *adj.* **1** 知っている, 知られている, 認識されている. **2** 明らかな, 明白な.

ਮਾਵਾ (मावा) /māwā マーワー/ ▸ਮਾਇਆ [Skt. मंड] *f.* **1** 澱粉. **2** 穀粉.

ਮਾੜਕੂ (माड़कू) /māṛakū マールクー/ *adj.* 弱い.
— *m.* 弱い人.

ਮਾੜਚੂ (माड़चू) /māṛacū マールチュー/ *adj.* 弱い.
— *m.* 弱い人.

ਮਾੜਚੋ (माड़चो) /māṛaco マールチョー/ *adj.* 弱い.
— *f.* 弱い女性.

ਮਾੜਾ (माड़ा) /māṛā マーラー/ *adj.* **1** 弱い, 弱々しい, 痩せ細った, みすぼらしい. **2** 劣った, 下劣な, 好ましくない. **3** 貧しい, 困窮した. **4** 悪い, 邪な, 罪深い.

ਮਾੜੀ (माड़ी) /māṛī マーリー/ [Skt. माडि] *f.* **1**〖建築〗大邸宅. (⇒ਹਵੇਲੀ) **2** 集落, 村落, 村. (⇒ਬਸਤੀ, ਪਿੰਡ)

ਮਾੜੋ (माड़ो) /māṛo マーロー/ *f.* 弱い女性.

ਮਿਉਂਸਪਲ ਕਮਿਸ਼ਨਰ (मिउंसपल कमिशनर) /miunsapala kamiśanara ミウンスパル カミシュナル/ [Eng. *municipal commissioner*] *m.*〖政治〗都市自治体の首長.

ਮਿਉਂਸਪੈਲਟੀ (मिउंसपैलटी) /miunsapailaṭī ミウンスパェールティー/ ▸ਮਿਊਂਸਿਪਲਟੀ, ਮਿਓਂਸਪੈਲਟੀ [Eng. *municipality*] *f.*〖政治〗自治体, 市当局. (⇒ਨਗਰ-ਪਾਲਿਕਾ)

ਮਿਉਣਾ (मिउणा) /miuṇṇā | mioṇā ミウンナー | ミオーンナー/ ▸ਮਿਉਣਾ, ਮਿਓਣਾ *vi.* → ਮਿਓਣਾ

ਮਿਉਣਾ (मिउणा) /miuṇā ミウナー/ ▸ਮਿਉਣਾ, ਮਿਓਣਾ *vi.* → ਮਿਓਣਾ

ਮਿਊਂਸਿਪਲਟੀ (मिऊँसिपलटी) /miũsipalaṭī ミウーンスィパルティー/ ▸ਮਿਉਂਸਪੈਲਟੀ, ਮਿਓਂਸਪੈਲਟੀ *f.* → ਮਿਉਂਸਪੈਲਟੀ

ਮਿਊਜ਼ਕ (मिऊज़क) /miūzaka ミウーザク/ ▸ਮਿਊਜ਼ਿਕ *m.* → ਮਿਊਜ਼ਿਕ

ਮਿਊਜ਼ਿਕ (मिऊज़िक) /miūzika ミウーズィク/ ▸ਮਿਊਜ਼ਕ [Eng. *music*] *m.* 音楽.

ਮਿਊਜ਼ੀਅਮ (मिऊज़ीअम) /miūzīama ミウーズィーアム/ ▸

ਮਯੂਜ਼ੀਅਮ [Eng. *museum*] *m.* 博物館. (⇒ਅਜਾਇਬ ਘਰ)

ਮਿਓਂਸਪੈਲਟੀ (मिओंसपैलटी) /miõsapailaṭī ミオーンスパェールティー/ ▸ਮਿਉਂਸਪੈਲਟੀ, ਮਿਊਂਸਿਪਲਟੀ *f.* → ਮਿਉਂਸਪੈਲਟੀ

ਮਿਓਣਾ (मिओणा) /mioṇā ミオーナー/ ▸ਮਿਉਂਣਾ, ਮਿਉਣਾ *vi.* **1** 入る, 収まる, 収納される, 含まれる. (⇒ਸਮਾਉਣਾ) **2** 収納可能になる. **3** 数えたり測ったりできるようになる.

ਮਿਆਉਂ (मिआउँ) /miāõ ミアーオーン/ ▸ਮਾਊਂ, ਮਿਆਊਂ *f.* 〖擬声語〗ミャー, ニャー《猫の鳴き声》. ❐ਮਿਆਉਂ ਮਿਆਉਂ ਕਰਨਾ (猫が)ミャーミャーとかニャーニャーと鳴く.

ਮਿਆਉਣਾ (मिआउणा) /miāuṇā ミアーウナー/ *vi.* (猫が)ニャーニャーと鳴く.

ਮਿਆਊਂ (मिआऊँ) /miāū̃ ミアーウーン/ ▸ਮਾਊਂ, ਮਿਆਉਂ *f.* → ਮਿਆਉਂ

ਮਿਆਂਕ (मिआँक) /miãka ミアーンク/ *f.* 〖擬声語〗メーメー, ミャーミャー, ニャーニャー《羊・山羊・子犬・猫などの鳴き声》.

ਮਿਆਂਕਣਾ (मिआँकणा) /miãkaṇā ミアーンカナー/ *vi.* **1** (羊・山羊・子犬・猫などが)メーメー, ミャーミャー, ニャーニャーなどと鳴く. **2** 苦痛などのために羊・山羊・子犬・猫などの鳴き声に似た声を出す.

ਮਿਆਦ (मिआद) /miāda ミアード/ [Arab. *mīʻād*] *f.* **1** 期間. **2** 期限.

ਮਿਆਦੀ (मिआदी) /miādī ミアーディー/ [Pers. *mīʻādī*] *adj.* 特定期間の, 期限のある, 期限付きの. ❐ਮਿਆਦੀ ਜਮ੍ਹਾਂ 定期預金. ❐ਮਿਆਦੀ ਬੁਖ਼ਾਰ 間歇熱, 腸チフス.

ਮਿਆਨ (मिआन) /miāna ミアーン/ [Pers. *miyān*] *f.* 〖武〗(刀などの)鞘.

— *adv.* 間に, 中間に, 真ん中に, 中央に. (⇒ਵਿਚਕਾਰ, ਦਰਮਿਆਨ)

ਮਿਆਨੀ (मिआनी) /miānī ミアーニー/ *f.* 〖布地〗まち《ズボンやパジャーマーの内側にあてた布》.

ਮਿਆਂਮਾਰ (मिआँमार) /miãmāra ミアーンマール/ *m.* 〖国名〗ミャンマー(連邦).

ਮਿਆਰ (मिआर) /miāra ミアール/ ▸ਮਯਾਰ [Arab. *miʻyār*] *m.* **1** 標準. **2** 水準. (⇒ਪੱਧਰ)

ਮਿੱਸ (मिस्स) /missa ミッス/ [Eng. *Miss*] *f.* …さん《未婚の女性の姓名の前に付ける》.

ਮਿਸਟਰ (मिसटर) /misaṭara ミスタル/ [Eng. *Mr.*] *m.* …氏《男性の姓名の前に付ける》.

ਮਿਸਤਰ (मिसतर) /misatara ミスタル/ [Arab. *mistar*] *m.* 〖道具〗屋根葺き用の木槌.

ਮਿਸਤਰੀ (मिसतरी) /misatarī ミスタリー/ ▸ਮਿਸਤ੍ਰੀ [Portug. *mestre*] *m.* **1** (大工や左官などの)職人, 職工. **2** 機械工.

ਮਿਸਤ੍ਰੀ (मिसत्री) /misatrī (misatarī) ミストリー(ミスタリー)/ ▸ਮਿਸਤਰੀ *m.* → ਮਿਸਤਰੀ

ਮਿਸ਼ਨ (मिशन) /miśana ミシャン/ [Eng. *mission*] *m.* **1** 使節団, 代表団. **2** 伝道団, 宣教師団. **3** 伝道, 布教. **4** 特殊任務, 使命.

ਮਿਸ਼ਨਰੀ (मिशनरी) /miśanarī ミシュナリー/ [Eng. *missionary*] *adj.* 伝道の, 布教の.

— *m.* 伝道者, 宣教師.

ਮਿਸਰ (मिसर) /misara ミサル/ [Arab. *miṣr*] *m.* 〖国名〗エジプト(アラブ共和国).

ਮਿਸ਼ਰ (मिशर) /miśara ミシャル/ [Skt. मिश्र] *m.* 〖姓〗ミシュラ《北インドのブラーフマン(バラモン)の姓の一つ》.

ਮਿਸ਼ਰਣ (मिशरण) /miśaraṇa ミシュラン/ [Skt. मिश्रण] *m.* **1** 混合. (⇒ਮਿਲਾਵਟ, ਰਲਾਵਟ) **2** 結合.

ਮਿਸਰਤ (मिसरत) /misarata ミスラト/ ▸ਮਿਸ਼ਰਤ, ਮਿਸ਼ਰਿਤ *adj.* → ਮਿਸ਼ਰਿਤ

ਮਿਸ਼ਰਤ (मिशरत) /miśarata ミシュラト/ ▸ਮਿਸਰਤ, ਮਿਸ਼ਰਿਤ *adj.* → ਮਿਸ਼ਰਿਤ

ਮਿਸਰਾ (मिसरा) /misarā ミスラー/ [Arab. *miṣrāʻ*] *m.* 〖文学〗(詩の)一行, 半行, 半句.

ਮਿਸ਼ਰਿਤ (मिशरित) /miśarita ミシュリト/ ▸ਮਿਸਰਤ, ਮਿਸ਼ਰਤ [Skt. मिश्रित] *adj.* **1** 混ざった, 混合した, 混入した. (⇒ਰਲਿਆ ਹੋਇਆ, ਮਿਲਿਆ ਹੋਇਆ) **2** 結合した.

ਮਿਸਰੀ (मिसरी) /misarī ミスリー/ ▸ਮਿਸ਼ਰੀ [Arab. *miṣrī*] *adj.* **1** エジプトの. **2** エジプト人の.

— *m.* エジプト人.

— *f.* **1** 古代エジプト語. **2** 〖食品〗角砂糖, 固形砂糖, 氷砂糖, 砂糖菓子.

ਮਿਸ਼ਰੀ (मिशरी) /miśarī ミシュリー/ ▸ਮਿਸਰੀ *adj.m.f.* → ਮਿਸਰੀ

ਮਿਸਲ (मिसल) /misala ミサル/ [Arab. *misl*] *adj.* **1** 等しい, 同等の. (⇒ਤੁੱਲ, ਸਮਾਨ) **2** 似ている. (⇒ਵਰਗਾ) **3** …のような.

— *adv.* **1** 等しく, 同等に. **2** 類似して, …のように.

— *f.* **1** 等しいこと, 同等. (⇒ਸਮਾਨਤਾ) **2** 似ていること, 類似. **3** とじ込み, 書類などのとじ込み帳, ファイル. (⇒ਫ਼ਾਈਲ) **4** 〖歴史・スィ〗ミスル《18世紀にパンジャーブの各地を統治したスィック教徒の12の地方独立国家. 軍政組織に基づく国家同盟を形成し, ランジート・スィングの治世には連合王国へと発展した》. **5** 地位, 位階. (⇒ਦਰਜਾ, ਰੁਤਬਾ) **6** 諺, 格言. (⇒ਅਖੌਤ, ਕਹਾਵਤ)

ਮਿੱਸਾ (मिस्सा) /missā ミッサー/ [Skt. मिश्र] *adj.* 穀類を混ぜ合わせた, 豆類や小麦などを一緒に挽いた.

ਮਿਸਾਈਲ (मिसाईल) /misāīla ミサーイール/ ▸ਮਿਜ਼ਾਈਲ, ਮੀਜ਼ਾਇਲ [Eng. *missile*] *f.* 〖武〗ミサイル.

ਮਿਸਾਲ (मिसाल) /misāla ミサール/ [Arab. *misāl*] *f.* **1** 例, 実例. (⇒ਉਦਾਹਰਨ, ਦਰਿਸ਼ਟਾਂਤ) ❐ਮਿਸਾਲ ਵਜੋਂ 例として, 例えば. **2** 比喩. **3** 見本. **4** 理想.

ਮਿਸਿਜ਼ (मिसिज़) /misiza ミスィズ/ [Eng. *Mrs.*] *f.* …さん《既婚の女性の姓名の前に付ける》.

ਮਿਹਣਾ (मिहणा) /mêṇā メーナー/ *m.* **1** 非難. **2** 中傷.

ਮਿਹਤਰ (मिहतर) /mêtara メータル/ [Pers. *mihtar*] *m.* 〖姓〗メヘタル《清掃を生業とする種姓(の人・男性)》, 清掃人, 掃除人. (⇒ਭੰਗੀ)

ਮਿਹਤਰਾਣੀ (मिहतराणी) /mêtarāṇī メータラーニー/ [Pers. *mihtarānī*] *f.* 〖姓〗メヘタラーニー《メヘタル種姓の女性》, 清掃婦, 掃除婦, 掃除人の妻.

ਮਿਹਦਾ (मिहदा) /mêdā メーダー/ ▸ਮੇਹਦਾ [Arab. *miʻada*] *m.* 〖身体〗胃.

ਮਿਹਨਤ (मिहनत) /mênata メーナト/ [Pers. *mehnat*] *f.* **1** 労働, 勤労. **2** 苦労, 骨折り. ❐ਮਿਹਨਤ ਕਰਨੀ 骨を折る, 一生懸命働く. **3** 努力. ❐ਪੂਰੀ ਮਿਹਨਤ ਨਾਲ ਕੰਮ ਕਰਨਾ 精いっぱい働く.

ਮਿਹਨਤਾਨਾ (मिहनताना) /mênatānā メーナターナー/ [Pers. *mehnatāna*] *m.* **1** 労賃, 賃金, 給料, 手当. (⇒ ਤਨਖ਼ਾਹ, ਵੇਤਨ) **2** 報酬.

ਮਿਹਨਤੀ (मिहनती) /mênatī メーナティー/ [Pers. *mehnatī*] *adj.* **1** 勤勉な, よく働く, 働き者の. **2** 努力する, 努力家の.
— *m.* **1** 働き者, 努力家. **2** 労働者, 勤労者. (⇒ ਮਜ਼ਦੂਰ)

ਮਿਹਮਾਨ (मिहमान) /mêmāna メーマーン/ ▸ਮਹਿਮਾਨ, ਮਿਜ਼ਮਾਨ *m.* → ਮਹਿਮਾਨ

ਮਿਹਮਾਨਦਾਰੀ (मिहमानदारी) /mêmānadārī メーマーンダーリー/ ▸ਮਹਿਮਾਨਦਾਰੀ *f.* → ਮਹਿਮਾਨਦਾਰੀ

ਮਿਹਰ (मिहर) /mêra メール/ [Pers. *mehr*] *f.* **1** 親切, 好意. (⇒ਦਇਆ) **2** 恩恵, 恩寵. (⇒ਕਿਰਪਾ) **3** 慈悲, 哀れみ, 情け. (⇒ਤਰਸ) **4** 愛, 愛情, 愛着. (⇒ਪਰੇਮ)

ਮਿਹਰਬਾਨ (मिहरबान) /mêrabāna メールバーン/ [Pers. *mehrbān*] *adj.* **1** 親切な, 心優しい. **2** 好意的な, 思いやりのある. **3** 慈悲深い, 情け深い. (⇒ਦਿਆਲ)

ਮਿਹਰਬਾਨੀ (मिहरबानी) /mêrabānī メールバーニー/ [Pers. *mehrbānī*] *f.* **1** 親切, 親切な行い. **2** 恩恵, 愛顧. **3** 好意, 厚意. **4** 情け深さ, 慈悲.
— *int.* おかげさまで, ありがとう, 御親切様. (⇒ਧੰਨਵਾਦ, ਸ਼ੁਕਰੀਆ)

ਮਿਹਰਾਬ (मिहराब) /mêrāba メーラーブ/ ▸ਮਹਿਰਾਬ *f.* → ਮਹਿਰਾਬ

ਮਿਹਰਾਬੀ (मिहराबी) /mêrābī メーラービー/ ▸ਮਹਿਰਾਬੀ *f.* → ਮਹਿਰਾਬੀ

ਮਿਕਸਚਰ (मिकसचर) /mikasacara ミカスチャル/ [Eng. *mixture*] *m.* **1** 混合物. **2** 〖薬剤〗混合薬, 調合薬.

ਮਿਕਸਡ (मिकसड) /mikasaḍa ミクサド/ [Eng. *mixed*] *adj.* 混合の, 混成の, 入り混じった.

ਮਿਕਸੀ (मिकसी) /mikasī ミクスィー/ [Eng. *mix* -ਈ] *f.* 〖調〗(料理用)ミキサー.

ਮਿਕਦਾਰ (मिकदार) /mikadāra ミクダール/ [Arab. *miqdār*] *f.* **1** 量, 分量. **2** 寸法, 尺度, 大きさ, 規模. **3** 比, 比率, 割合, 度合い.

ਮਿਕਨਾਤੀਸ (मिकनातीस) /mikanātīsa ミクナーティース/ [Arab. *miqnātīs*] *m.* 磁石.

ਮਿਕਨਾਤੀਸੀ (मिकनातीसी) /mikanātīsī ミクナーティースィー/ [-ਈ] *adj.* 磁石の.

ਮਿਚਣਾ[1] (मिचणा) /micaṇā ミチャナー/ [(Pkt. मिंचण) Skt. मिषति] *vi.* **1** (目・手のひら・本などが)閉じられる, (ドアなどが)閉められる, 閉まる. (⇒ਬੰਦ ਹੋਣਾ) **2** ふさがれる.

ਮਿਚਣਾ[2] (मिचणा) /micaṇā ミチャナー/ [cf. ਮੇਚਣਾ] *vi.* **1** 測られる, 測定される, 計測される. **2** 比べられる.

ਮਿੱਚਣਾ (मिच्चणा) /miccaṇā ミッチャナー/ ▸ਮੇਚਣਾ *vt.* → ਮੇਚਣਾ

ਮਿੱਚ ਮਿੱਚ ਕੇ (मिच्च मिच्च के) /micca micca ke ミッチ ミッチ ケー/ *adv.* **1** ゆっくり, そろりそろりと, だんだん, 次第に, 一歩一歩. (⇒ਹੌਲੀ ਹੌਲੀ) **2** 気取って, 取り澄まして, 科を作って, なまめかしく. (⇒ਨਖ਼ਰੇ ਨਾਲ)

ਮਿਚਲਾਉਣਾ (मिचलाउणा) /micalāuṇā ミチラーウナー/ *vi.* 吐き気がする, 吐き気を催す, むかつく. (⇒ਮਤਲਾਉਣਾ, ਕਚਿਆਣ੍ਹ ਆਉਣੀ)

ਮਿਚਵਾਉਣਾ[1] (मिचवाउणा) /micawāuṇā ミチワーウナー/ ▸ਮਿਚਾਉਣਾ [cf. ਮਿਚਣਾ] *vt.* **1** (目・手のひら・本などを)閉じさせる, 閉じてもらう(ドアなどを)閉めさせる, 閉めてもらう. **2** ふさがせる, ふさいでもらう.

ਮਿਚਵਾਉਣਾ[2] (मिचवाउणा) /micawāuṇā ミチワーウナー/ ▸ਮਿਚਾਉਣਾ [cf. ਮੇਚਣਾ] *vt.* **1** 測らせる, 測定させる, 計測させる. **2** 比べさせる, 比較させる.

ਮਿਚਾਉਣਾ[1] (मिचाउणा) /micāuṇā ミチャーウナー/ ▸ਮਿਚਵਾਉਣਾ *vt.* → ਮਿਚਵਾਉਣਾ[1]

ਮਿਚਾਉਣਾ[2] (मिचाउणा) /micāuṇā ミチャーウナー/ ▸ਮਿਚਵਾਉਣਾ *vt.* → ਮਿਚਵਾਉਣਾ[2]

ਮਿਜ਼ਮਾਨ (मिज़मान) /mizamāna ミズマーン/ ▸ਮਹਿਮਾਨ, ਮਿਹਮਾਨ *m.* → ਮਹਿਮਾਨ

ਮਿਜ਼ਮਾਨੀ (मिज़मानी) /mizamānī ミズマーニー/ ▸ਮਹਿਮਾਨੀ *f.* → ਮਹਿਮਾਨੀ

ਮਿਜ਼ਰਾਬ (मिज़राब) /mizarāba ミズラーブ/ [Arab. *mizrāb*] *f.* 〖楽器・道具〗ギターなど弦楽器演奏用の付け爪.

ਮਿਜ਼ਾਈਲ (मिज़ाईल) /mizāīla ミザーイール/ ▸ਮਿਸਾਈਲ, ਮੀਜ਼ਾਇਲ *f.* → ਮਿਸਾਈਲ

ਮਿਜ਼ਾਜ (मिज़ाज) /mizāja ミザージ/ ▸ਮਜਾਜ [Arab. *mizāj*] *m.* **1** 天性, 性質, 性向, 気質, 気性. (⇒ਤਬ੍ਹਾ, ਤਬੀਅਤ) **2** 気分, 機嫌, 御機嫌. **3** 健康, 体調. **4** 慢心, 傲慢, 自慢, 尊大.

ਮਿਜ਼ਾਜਣ (मिज़ाजण) /mizājaṇa ミザージャン/ ▸ਮਜਾਜਣ [-ਣ] *f.* 横柄な女, 傲慢な女, うぬぼれの強い女, 独り善がりの女.

ਮਿਜ਼ਾਜਪੁਰਸੀ (मिज़ाजपुरसी) /mizājapurasī ミザージプルスィー/ [+ Pers. *pursī*] *f.* 御機嫌を伺うこと, 御挨拶.

ਮਿਜ਼ਾਜ ਵਾਲਾ (मिज़ाज वाला) /mizāja wālā ミザージ ワーラー/ [-ਵਾਲਾ] *adj.* 横柄な, 傲慢な, うぬぼれの強い, 独り善がりの. (⇒ਹੰਕਾਰੀ, ਘਮੰਡੀ)
— *m.* 横柄な人, 傲慢な人, うぬぼれの強い人, 独り善がりの人.

ਮਿਜ਼ਾਜੀ (मिज़ाजी) /mizājī ミザージー/ ▸ਮਜਾਜੀ [-ਈ] *adj.* **1** 横柄な, 傲慢な, うぬぼれの強い, 独り善がりの. (⇒ਹੰਕਾਰੀ, ਘਮੰਡੀ) **2** 上品ぶった. **3** 世俗的な. **4** 肉体的な.
— *m.* 横柄な人, 傲慢な人, うぬぼれの強い人, 独り善がりの人.

ਮਿੱਝ (मिज्झ) /mîjja ミッジ/ [Skt. मज्जा] *f.* **1** どろどろしたもの. **2** 〖身体〗髄, 骨髄. (⇒ਗੁੱਦਾ, ਹੱਡੀਆਂ ਵਿਚਲਾ ਗੁੱਦਾ) **3** 〖身体〗頭脳. (⇒ਦਿਮਾਗ਼, ਮਗਜ਼)

ਮਿੰਟ (मिंट) /minṭa ミント/ ▸ਮਿਨਟ [Eng. *minute*] *m.* 〖時間〗分.

ਮਿਟਣਾ (मिटणा) /miṭaṇā ミタナー/ [Skt. मार्ष्टि, मृष्ट] *vi.* **1** 消える, 消え去る, 消し去られる, 落ちる. **2** 滅びる, 消滅する, なくなる. **3** 削除される. **4** 絶滅する.

ਮਿਟਾਉਣਾ (मिटाउणा) /miṭāuṇā ミターウナー/ ▸ਮੇਸਣਾ, ਮੇਟਣਾ [cf. ਮਿਟਣਾ] *vt.* **1** 消す, 消し去る, 落とす, (染みを)抜く, 取り除く. ❐ਕੱਪੜਿਆਂ ਉੱਤੇ ਲੱਗੇ ਦਾਗ਼ਾਂ ਨੂੰ ਮਿਟਾਉਣ ਦੇ ਤਰੀਕੇ ਪੜ੍ਹ ਕੇ ਅਸੀਂ ਵੀ ਹੁਣ ਘਰ ਹੀ ਦਾਗ਼ ਮਿਟਾ ਸਕਦੇ ਹਾਂ। 衣類に付いた染みを抜く方法を読んで私たちも今では家で染み抜きができます. **2** 消滅させる. **3** こすり落とす. **4**

削除する. **5** 絶滅させる.

ਮਿਟਿਆਲਾ (मिटिआला) /miṭiālā ミティアーラー/ [Skt. मृत्तिका] *adj.* **1** 土埃色の, 灰色の. **2** 汚れた.

ਮਿੱਟੀ (मिट्टी) /miṭṭī ミッティー/ ▸ਮਾਟੀ [(Pkt. मितिआ) Skt. मृत्तिका] *f.* **1** 土. **2** 土壌. **3** 土地. (⇒ਜ਼ਮੀਨ, ਧਰਤੀ) **4** 泥. **5** 粘土. **6** ちり, 塵. **7** 灰. **8** 悪い状態. (⇒ਭੈੜੀ ਹਾਲਤ) **9** 破壊, 荒廃. **10** 屍体. (⇒ਲਾਸ਼)

ਮਿੱਟੀਓ ਮਿੱਟੀ (मिट्टीओ मिट्टी) /miṭṭīo miṭṭī ミッティーオー ミッティー/ *adj.* 土で全部覆われた, 土まみれの.

ਮਿੱਟੀ ਦਾ ਤੇਲ (मिट्टी दा तेल) /miṭṭī dā tela ミッティー ダー テール/ [+ Skt. तैल] *m.* 灯用石油, 灯油.

ਮਿਠਤ (मिठ्ठत) /miṭṭʰata ミッタト/ [(Pkt. मिट्ठ) Skt. मिष्ट] *f.* **1** 優しさ. **2** 行儀の良さ.

ਮਿਠਬੋਲਾ (मिठबोला) /miṭʰabolā ミトボーラー/ [+ cf. ਬੋਲਣਾ] *adj.* **1** 甘言を操る, 口のうまい. **2** 礼儀正しい. **3** 説得力のある.

ਮਿੱਠਾ (मिट्ठा) /miṭṭʰā ミッター/ [(Pkt. मिट्ठ) Skt. मिष्ट] *adj.* **1** 甘い. ❐ਮਿੱਠਾ ਕਰਨਾ 甘くする. ❐ਮਿੱਠਾ ਮੂੰਹ ਕਰਨਾ (吉報を聞いたり, 慶事の時に) 甘い物を食べる. **2** 美味しい, 旨い. **3** 甘美な. ❐ਮਿੱਠਾ ਗੀਤ 甘美な歌. **4** 優しい, 快い. ❐ਮਿੱਠਾ ਸੁਭਾਉ 優しい性格.

— *m.* **1**〖食品〗砂糖. (⇒ਖੰਡ, ਚੀਨੀ) **2**〖食品〗プディング.

ਮਿਠਾਈ (मिठाई) /miṭʰāī ミターイー/ ▸ਮਠਿਆਈ, ਮਿਠਿਆਈ [-ਈ] *f.*〖食品〗甘い菓子.

ਮਿਠਾਸ (मिठास) /miṭʰāsa ミタース/ [(Pkt. मिट्ठ) Skt. मिष्ट] *f.* **1** 甘さ, 甘味. **2** 優しさ, 柔和さ.

ਮਿੱਠਾ ਤੇਲ (मिट्ठा तेल) /miṭṭʰā tela ミッター テール/ [+ Skt. तैल] *m.*〖食品〗胡麻油.

ਮਿੱਠਾ ਪਾਣੀ (मिट्ठा पाणी) /miṭṭʰā pāṇī ミッター パーニー/ [+ Skt. पानीय] *m.* **1**〖飲料〗甘味飲料, 清涼飲料. (⇒ਸ਼ਰਬਤ) **2**〖飲料〗果汁水. **3** 塩分のない地下水.

ਮਿਠਿਆਈ (मिठिआई) /miṭʰiāī ミティアーイー/ ▸ਮਠਿਆਈ, ਮਿਠਾਈ *f.* → ਮਿਠਾਈ

ਮਿੱਠੀ (मिट्ठी) /miṭṭʰī ミッティー/ *f.*〖俗語〗キス, 接吻, 口づけ.

ਮਿਡਲ (मिडल) /miḍala ミダル/ [Eng. *middle*] *adj.* 中央の, 中間の, 中等の.

— *m.* 中央, 中間, 中等.

ਮਿਡਲ ਸਕੂਲ (मिडल सकूल) /miḍala sakūla ミダル サクール/ [Eng. *middle school*] *m.* 中等学校, 中学校.

ਮਿਡਵਾਈਫ਼ (मिडवाईफ़) /miḍawāīfa ミドワーイーフ/ [Eng. *midwife*] *f.* 助産婦, 産婆.

ਮਿੱਡਾ (मिड्डा) /miḍḍā ミッダー/ *adj.*〖身体〗獅子鼻の.

ਮਿਣਤੀ (मिणती) /miṇatī ミンティー/ [cf. ਮਿਣਨਾ] *f.* **1** 計測, 測定. **2** 計量.

ਮਿਣਨਾ (मिणना) /miṇanā ミナナー/ [Skt. मिनोति] *vt.* **1** 測る, 計測する, 測定する. **2** 量る, 計量する. **3** 推量する, 推測する.

ਮਿਣਵਾਉਣਾ (मिणवाउणा) /miṇawāuṇā ミンワーウナー/ ▸ਮਿਣਾਉਣਾ [cf. ਮਿਣਨਾ] *vt.* **1** 測らせる, 計らせる, 計測させる. **2** 量らせる, 計量させる.

ਮਿਣਾਉਣਾ (मिणाउणा) /miṇāuṇā ミナーウナー/ ▸ਮਿਣਵਾਉਣਾ *vt.* → ਮਿਣਵਾਉਣਾ

ਮਿਤ[1] (मित) /mita ミト/ [Skt. मित] *adj.* **1** 限られた. **2** 制限された.

ਮਿਤ[2] (मित) /mita ミト/ [Skt. मिति] *f.* **1** 制限. **2** 限界.

ਮਿਤਰ (मितर) /mitara ミタル/ ▸ਮਿੱਤਰ, ਮੀਤ *m.* → ਮਿੱਤਰ

ਮਿੱਤਰ (मित्तर) /mittara ミッタル/ ▸ਮਿਤਰ, ਮੀਤ [Skt. मित्र] *m.* **1** 友, 友人, 友達. **4** 相棒, 仲間. **3** 盟友.

ਮਿੱਤਰਤਾ (मित्तरता) /mittaratā ミッタルター/ [Skt.-ता] *f.* **1** 友情. **2** 友好, 親しさ. **3** 友人関係.

ਮਿੱਤਰਤਾਈ (मित्तरताई) /mittaratāī ミッタルターイー/ [-ਤਾਈ] *f.* → ਮਿੱਤਰਤਾ

ਮਿਤਰਾਨਾ (मितराना) /mitarānā ミトラーナー/ [Pers.-*āna*] *m.* **1** 友情. **2** 友人関係.

— *adj.* 友好的な.

ਮਿਤਿ (मिति) /miti ミティ/ ▸ਮਿਤੀ [Skt. मिति] *f.* **1** 測定. **2** 尺度, 大きさ, 長さ. (⇒ਮਾਪ) **3** 限度, 制限, 制約. (⇒ਹੱਦ)

ਮਿਤੀ[1] (मिती) /mitī ミティー/ [Skt. मिती] *f.* 日付. (⇒ਤਰੀਕ, ਤਾਰੀਖ਼)

ਮਿਤੀ[2] (मिती) /mitī ミティー/ ▸ਮਿਤਿ *f.* → ਮਿਤਿ

ਮਿਥਣਾ (मिथणा) /mitʰaṇā ミタナー/ [Skt. मथ्नाति] *vt.* **1** 深く考える, 熟考する, 考え抜く, 十分に見定める. **2** 仮定する, 推定する. **3** 選ぶ, 選定する. **4** 決める, 決定する.

ਮਿਥਵਾਂ (मिथवाँ) /mitʰawā̃ ミトワーン/ [cf. ਮਿਥਣਾ] *adj.* **1** 熟考した, 考え抜いた. **2** 仮定された, 推定された. **3** 定められた, 決められた. **4** 確固たる. **5** 意見が一致した. **6** 故意の.

ਮਿਥਿਆ[1] (मिथिआ) /mitʰiā ミティアー/ [cf. ਮਿਥਣਾ] *vt.* ਮਿਥਣਾ の完了分詞.

— *adj.* → ਮਿਥਵਾਂ

ਮਿਥਿਆ[2] (मिथिआ) /mitʰiā ミティアー/ ▸ਮਿੱਥਿਆ [Skt. मिथ्या] *adj.* **1** 嘘の, 虚偽の, 偽りの. (⇒ਝੂਠਾ) **2** 幻影の, 幻想の. **3** 真実でない, 本物でない. (⇒ਅਸੱਤ) **4** 見せかけの.

ਮਿੱਥਿਆ (मित्थिआ) /mittʰiā ミッティアー/ ▸ਮਿਥਿਆ *adj.* → ਮਿਥਿਆ[2]

ਮਿਥਿਆਸ (मिथिआस) /mitʰiāsa ミティアース/ ▸ਮਿਥਿਹਾਸ *m.* → ਮਿਥਿਹਾਸ

ਮਿਥਿਹਾਸ (मिथिहास) /mitʰihāsa ミティハース/ ▸ ਮਿਥਿਆਸ [Eng. *myth* + ਹਾਸ] *m.* 神話.

ਮਿਥਿਹਾਸਕ (मिथिहासक) /mitʰihāsaka ミティハーサク/ ▸ਮਿਥਿਹਾਸਿਕ [+ ਕ] *adj.* 神話の.

ਮਿਥਿਹਾਸਿਕ (मिथिहासिक) /mitʰihāsika ミティハースィク/ ▸ਮਿਥਿਹਾਸਕ *adj.* → ਮਿਥਿਹਾਸਕ

ਮਿਥੁਨ (मिथुन) /mitʰuna ミトゥン/ [Skt. मिथुन] *m.* **1** 男女の一組, 雌雄一対. **2** 性交.

ਮਿੱਧਣਾ (मिद्धणा) /mîddaṇā ミッダナー/ *vt.* **1** 潰す, 押し潰す, 粉々にする, 砕く. (⇒ਕੁਚਲਨਾ) **2** 踏みつける, 踏み潰す. (⇒ਰੌਂਦਣਾ)

ਮਿਧਵਾਉਣਾ (मिधवाउणा) /midawǎuṇā ミドワーウナー/ ▸ਮਿਧਾਉਣਾ *vt.* **1** 潰させる, 押し潰させる, 粉々にさせる, 砕かせる. **2** 踏みつけさせる, 踏み潰させる.

ਮਿਧਾਉਣਾ (मिधाउणा) /midǎuṇā ミダーウナー/ ▸ ਮਿਧਵਾਉਣਾ *vt.* → ਮਿਧਵਾਉਣਾ

ਮਿਨਟ (मिनट) /minaṭa | minaṭa ミナト｜ミント/ ▶ਮਿੰਟ *m.* → ਮਿੰਟ

ਮਿੰਨਤ (मिंनत) /minnata ミンナト/ ▶ਮਿਨਤ *f.* → ਮਿਨਤ

ਮਿਨਤ (मिनत) /minata ミント/ ▶ਮਿੰਨਤ [Pers. *minnat*] *f.* **1** 哀れを誘う懇願, 悲痛な願い. **2** 切願, 嘆願. (⇒ਬੇਨਤੀ, ਪਰਾਰਥਨਾ) **3** 惨めな哀願.

ਮਿੰਨਾ (मिंना) /minnā ミンナー/ ▶ਮੁੰਨਾ [(Pot.)] *m.* → ਮੁੰਨਾ[1]

ਮਿਨਾਰ (मिनार) /mināra ミナール/ ▶ਮੀਨਾਰ [Arab. *mīnār*] *m.* **1**〖建築〗尖塔. (⇒ਕਲਸ, ਲਾਠ) **2**〖建築〗高い塔.

ਮਿਨਿਸਟਰ (मिनिसटर) /minisaṭara ミニスタル/ ▶ਮਨਿਸਟਰ [Eng. *mimister*] *m.* 大臣. (⇒ਮੰਤਰੀ)

ਮਿੰਬਰ (मिंबर) /mimbara ミンバル/ ▶ਮੈਂਬਰ *m.* → ਮੈਂਬਰ

ਮਿੰਬਰੀ (मिंबरी) /mimbarī ミンバリー/ ▶ਮੈਂਬਰੀ *f.* → ਮੈਂਬਰੀ

ਮਿਮਿਆਉਣਾ (मिमिआउणा) /mimiāuṇā ミミアーウナー/ *vi.* **1**(子山羊・子羊が)メーメーと鳴く. **2** 慈悲を乞う. **3** 嘆願する, 懇願する. **4**(お世辞などを言い)媚びへつらう.

ਮਿਰਕਣ (मिरकण) /mirakaṇa ミルカン/ ▶ਅਮਰੀਕਨ [Eng. *American*] *m.* **1** アメリカ人. ❐ਤੂੰ ਵੀ ਹੈਰੀ ਤੇ ਪ੍ਰਿਟੀ ਵਾਂਗ ਮਿਰਕਣ ਬਣ ਗਿਆ? おまえもハリーとプリティーのようにアメリカ人になってしまったのかい. **2**〖国名〗アメリカ(合衆国).

ਮਿਰਕਣੀਆਂ (मिरकणीआँ) /mirakaṇiā̃ ミルカニーアーン/ [Eng. *American* -ੀਆਂ] *m.* アメリカ人.

ਮਿਰਗ (मिरग) /miraga ミルグ/ ▶ਮਰਿਗ, ਮ੍ਰਿਗ [Skt. मृग] *m.*〖動物〗(雄)シカ, 牡鹿. (⇒ਹਰਨ)

ਮਿਰਗਸ਼ਾਲਾ (मिरगशाला) /miragaśālā ミルグシャーラー/ *f.* 鹿皮, シカ革.

ਮਿਰਗਛਾਲਾ (मिरगछाला) /miragacʰālā ミルグチャーラー/ *f.* 鹿皮, シカ革.

ਮਿਰਗਣੀ (मिरगणी) /miragaṇī ミルグニー/ ▶ਮਿਰਗਨੀ [Skt. मृग -ਣੀ] *f.*〖動物〗雌シカ, 牝鹿. (⇒ਹਰਨੀ)

ਮਿਰਗ ਤ੍ਰਿਸ਼ਣਾ (मिरग त्रिशणा) /miraga triśaṇā ミルグ トリシャナー/ ▶ਮਿਰਗ ਤ੍ਰਿਸ਼ਨਾ [+ Skt. तृष्णा] *f.* 幻影, 幻想.

ਮਿਰਗ ਤ੍ਰਿਸ਼ਨਾ (मिरग त्रिशना) /miraga triśanā ミルグ トリシャナー/ ▶ਮਿਰਗ ਤ੍ਰਿਸ਼ਣਾ *f.* → ਮਿਰਗ ਤ੍ਰਿਸ਼ਣਾ

ਮਿਰਗਨੀ (मिरगनी) /miraganī ミルグニー/ ▶ਮਿਰਗਣੀ *f.* → ਮਿਰਗਣੀ

ਮਿਰਗਨੈਣ (मिरगनैण) /miraganaiṇa ミルグナェーン/ [Skt. मृग + Skt. नैन] *m.* 鹿の目, 鹿の目のような大きな目.

ਮਿਰਗਨੈਣਾ (मिरगनैणा) /miraganaiṇā ミルグナェーナー/ [+ ਆ] *adj.* 鹿の目の, 鹿の目のような大きな目の.
— *m.* 鹿の目のような大きな目の男の人.

ਮਿਰਗਨੈਣੀ (मिरगनैणी) /miraganaiṇī ミルグナェーニー/ [-ਈ] *adj.* 鹿の目の, 鹿の目のように大きな美しい目の《女性形》. (⇒ਆਹੂ-ਚਸ਼ਮ)
— *f.* 鹿の目のように大きな美しい目の女の人.

ਮਿਰਗਰਾਜ (मिरगराज) /miragarāja ミルグラージ/ ▶ਮ੍ਰਿਗਰਾਜ [Skt. मृग + Skt. राजन्] *m.* **1** 森の動物の王. **2**〖動物〗ライオン, 獅子. (⇒ਸਿੰਘ, ਸ਼ੇਰ)

ਮਿਰਗੀ (मिरगी) /miragī ミルギー/ ▶ਮਰਿਗੀ, ਮ੍ਰਿਗੀ [Skt. मृगी] *f.* **1**〖医〗癲癇(てんかん). **2**〖動物〗雌シカ, 牝鹿. (⇒ਹਰਨੀ)

ਮਿਰਚ (मिरच) /miraca ミルチ/ ▶ਮਰਚ [Skt. मरिच] *f.* **1**〖植物〗トウガラシ(唐辛子)《ナス科のトウガラシの総称》. **2**〖植物〗コショウ(胡椒)《コショウ科の低木》.

ਮਿਰਚ-ਮਸਾਲਾ (मिरच-मसाला) /miraca-masālā ミルチ・マサーラー/ [+ Arab. *maṣālih*] *m.*〖食品〗香辛料, 薬味, スパイス.

ਮਿਰਤ[1] (मिरत) /mirata | mirata ミルト｜ミラト/ ▶ਮਰਿਤ, ਮ੍ਰਿਤ [Skt. मृत] *adj.* **1** 死んだ, 死亡した. (⇒ਮੁਰਦਾ) **2** 枯れた.

ਮਿਰਤ[2] (मिरत) /mirata | mirata ミルト｜ミラト/ ▶ਮਰਿਤੂ, ਮ੍ਰਿਤੂ, ਮਿਰਤੂ *f.* → ਮਿਰਤੂ

ਮਿਰਤਕ[1] (मिरतक) /mirataka ミルタク/ ▶ਮਰਿਤਕ, ਮ੍ਰਿਤਕ [Skt. मृतक] *adj.* **1** 死の. **2** 死んだ, 生命のない.
— *m.* **1** 死人, 死者, 死亡者. **2** 死体, 屍体, 屍(しかばね). (⇒ਮੁਰਦਾ, ਲਾਸ਼)

ਮਿਰਤਕ[2] (मिरतक) /mirataka ミルタク/ [Skt. मृत्तिका] *adj.* 土で作られた, 土製の.

ਮਿਰਤੂ (मिरतू) /miratū ミルトゥー/ ▶ਮਰਿਤੂ, ਮ੍ਰਿਤੂ, ਮਿਰਤ [Skt. मृत्यु] *f.* 死, 死ぬこと, 死亡. (⇒ਮੌਤ)

ਮਿਰਤੂ-ਦੰਡ (मिरतू-दंड) /miratū-daṇḍa ミルトゥー・ダンド/ [+ Skt. दण्ड] *m.*〖法〗死刑. (⇒ਮੌਤ ਦੀ ਸਜ਼ਾ)

ਮਿਰਦੰਗ (मिरदंग) /miradaṅga ミルダング/ ▶ਮਰਦੰਗ *m.* → ਮਰਦੰਗ

ਮਿਰਾਸੀ (मिरासी) /mirāsī ミラースィー/ ▶ਮਰਾਸੀ *m.* → ਮਰਾਸੀ

ਮਿਲ (मिल) /mila ミル/ ▶ਮਿੱਲ *f.* → ਮਿੱਲ

ਮਿੱਲ (मिल्ल) /milla ミッル/ ▶ਮਿਲ [Eng. *mill*] *f.* 工場. (⇒ਕਾਰਖ਼ਾਨਾ)

ਮਿੱਲ ਓਨਰ (मिल्ल ओनर) /milla onara ミッル オーナル/ [Eng. *millowner*] *m.* 工場主, 工場経営者. (⇒ਮਿੱਲ ਮਾਲਕ)

ਮਿਲਕ (मिलक) /milaka ミルク/ ▶ਮਿਲਖ *f.* → ਮਿਲਖ

ਮਿਲਕੀ (मिलकी) /milakī ミルキー/ ▶ਮਿਲਖੀ *adj.m.* → ਮਿਲਖੀ

ਮਿਲਖ (मिलख) /milakʰa ミルク/ ▶ਮਿਲਕ [Arab. *milk*] *f.* **1** 所有物. **2** 財産. **3** 地所, 不動産. **4** 富.

ਮਿਲਖੀ (मिलखी) /milakʰī ミルキー/ ▶ਮਿਲਕੀ [Arab. *milkī*] *adj.* 財産の.
— *m.* **1** 所有者, 主人. (⇒ਵਾਰਸ) **2** 地主.

ਮਿਲਟਰੀ (मिलटरी) /milaṭarī ミルタリー/ [Eng. *military*] *f.*〖軍〗軍隊.

ਮਿਲਣ (मिलण) /milaṇa | milaṇa ミルン｜ミラン/ ▶ਮਿਲਨ *m.* → ਮਿਲਨ

ਮਿਲਣਸਾਰ (मिलणसार) /milaṇasāra ミランサール/ ▶ਮਿਲਨਸਾਰ *adj.* → ਮਿਲਨਸਾਰ

ਮਿਲਣਾ (मिलणा) /milaṇā ミルナー/ ▶ਮਿਲਨਾ *vi.* → ਮਿਲਨਾ

ਮਿਲਦਾ ਜੁਲਦਾ (मिलदा जुलदा) /miladā juladā ミルダー ジュルダー/ *adj.* 似ている, 似通っている, 同様の, 一様な. ❐ਹਰਨਾਂ ਦੇ ਸਰੀਰ ਘੋੜਿਆਂ ਨਾਲ ਮਿਲਦੇ ਜੁਲਦੇ ਸਨ। 鹿の体は馬に似ていました. ❐ਸਭਨਾਂ ਪਰਾਂਤਾਂ ਵਿੱਚ ਜਾਨਵਰਾਂ ਅਤੇ ਪੰਛੀਆਂ ਨਾਲ ਸੰਬੰਧਤ ਕਹਾਣੀਆਂ ਵੀ ਆਪਸ ਵਿੱਚ ਮਿਲਦੀਆਂ ਜੁਲਦੀਆਂ

ਹਨ। すべての地域で動物や鳥に関する物語も互いに似通っています.
ਮਿਲਨ (मिलन) /milana | milana ミルン | ミラン/ ▸ਮਿਲਣ [Skt. मिलन] m. 1 会うこと, 会合. 2 出会い, 遭遇. 3 混ざること, 混合. 4 合わさること, 結合.
ਮਿਲਨਸਾਰ (मिलनसार) /milanasāra ミランサール/ ▸ਮਿਲਣਸਾਰ [Skt. मिलन Pers.-sār] adj. 1 社交的な, 社交好きな, 人付き合いのよい. 2 親しみやすい. 3 情愛の深い, 優しい. 4 愛想のよい, 愛嬌のある.
ਮਿਲਨਾ (मिलना) /milanā ミルナー/ ▸ਮਿਲਣਾ [Skt. मिलति] vi. 1 会う, 逢う. ❒ਮੈਂ ਪਰਸੋਂ ਅਫ਼ਸਰਾਂ ਨੂੰ ਮਿਲਿਆ ਸਾਂ। 私は一昨日役人たちに会いました. ❒ਉਹ ਕਦੀ ਕਦੀ ਮੈਨੂੰ ਮਿਲਨ ਆਉਂਦਾ ਹੈ। 彼は時々私に会いに来ます. 2 出会う, 遭う, 遭遇する. 3 加わる, 参加する, 合わさる, 連結する, 接続する, 統合される, 合併される, 組み入れられる, 合流する. 4 加算される, 合算される. 5 合う, 一致する, 合致する. 6 混ざる, 混入する, まみれる. 7 手に入る, 得られる, 受け取られる, 与えられる, もらう《… ਨੂੰ 〜 ਮਿਲਨਾ で「…は(が)〜を得る(受け取る, もらう)」》. ❒ਵਿਟਾਮਿਨ ਡੀ ਸੂਰਜ ਤੋਂ ਮਿਲਦਾ ਹੈ। ビタミンDは太陽から得られます. ❒ਪਤਾ ਲੱਗਿਆ ਕਿ ਅਜ਼ਾਦੀ ਮਿਲ ਗਈ। 独立を得たのだと分かりました. ❒ਮੈਨੂੰ ਤੁਹਾਡੀ ਚਿੱਠੀ ਮਿਲੀ। 私はあなたの手紙を受け取りました. ❒ਮੈਨੂੰ ਤਨਖ਼ਾਹ ਮਿਲਦੀ ਹੈ। 私は給料をもらいます. 8 見つかる, 発見される, 見当たる. ❒ਸੀਰੀਆ ਵਿੱਚ ੧੩ ਵੀਂ ਸਦੀ ਪੂਰਵ ਈਸਵੀ ਦੀ ਇਮਾਰਤ ਮਿਲੀ। シリアで紀元前13世紀の建物が発見されました. 9 産出される. ❒ਇਸ ਦੇਸ ਵਿੱਚ ਕੋਲਾ ਤੇ ਲੋਹਾ ਬਹੁਤ ਮਿਲਦੇ ਹਨ। この国では石炭と鉄がたくさん産出されます. 10 似通う, 似ている.
ਮਿੱਲ ਮਾਲਕ (मिल्ल मालक) /milla mālaka ミッル マーラク/ [Eng. mill + Arab. mālik] m. 工場主, 工場経営者. (⇒ਮਿੱਲ ਓਨਰ)
ਮਿਲਵਰਤਣ (मिलवरतण) /milawaratana ミルワルタン/ ▸ਮਿਲਵਰਤਨ m. → ਮਿਲਵਰਤਨ
ਮਿਲਵਰਤਨ (मिलवरतन) /milawaratana ミルワルタン/ ▸ਮਿਲਵਰਤਣ m. 1 協力, 連携. 2 相互扶助.
ਮਿਲਵਾਂ (मिलवाँ) /milawā̃ ミルワーン/ [cf. ਮਿਲਨਾ] adj. 1 混合した. 2 似ている. 3 調和した.
ਮਿਲਵਾਉਣਾ (मिलवाउणा) /milawāuṇā ミルワーウナー/ [cf. ਮਿਲਨਾ] vt. 1 混ぜさせる, 入れさせる, 調合してもらう. 2 会わせる, 紹介する. 3 比べさせる, 照合してもらう.
ਮਿਲਾਉਣਾ (मिलाउणा) /milāuṇā ミラーウナー/ ▸ਮਿਲਾਣਾ [cf. ਮਿਲਨਾ] vt. 1 混ぜる, 混入させる, 調合する. (⇒ਰਲਾਉਣਾ) 2 合わせる, 一緒にする, 結合させる, 繋ぐ. 3 つがわせる. 4 入れる, 引き入れる, 組み入れる, 併合する. 5 会わせる, 紹介する, (複数の人々を)集める. 6 比べる, 照合する.
ਮਿਲਾਣ (मिलाण) /milāṇa ミラーン/ ▸ਮਿਲਾਨ m. → ਮਿਲਾਨ
ਮਿਲਾਣਾ (मिलाणा) /milāṇā ミラーナー/ ▸ਮਿਲਾਉਣਾ vt. → ਮਿਲਾਉਣਾ
ਮਿਲਾਨ (मिलान) /milāna ミラーン/ ▸ਮਿਲਾਣ [cf. ਮਿਲਾਉਣਾ] m. 1 混ぜること, 混合, 調合. 2 合わせること, 一緒にすること, 結合. 3 調整, 調節, 順応. 4 調停, 和解, 和合.
ਮਿਲਾਪ (मिलाप) /milāpa ミラープ/ [Skt. मिलाप] m. 1 和合, 調和, 友好. 2 結合, 参加. 3 出会い, 邂逅, 会合.
ਮਿਲਾਪੜਾ (मिलापड़ा) /milāpaṛā ミラープラー/ [-ੜਾ] adj. 1 社交的な, 社交好きな, 人付き合いのよい. 2 親しみやすい. 3 情愛の深い, 優しい. 4 愛想のよい, 愛嬌のある.
ਮਿਲਾਪੜਾਪਨ (मिलापड़ापन) /milāpaṛāpana ミラープラーパン/ [-ਪਨ] m. 1 社交性. 2 愛想のよさ, 愛嬌.
ਮਿਲਾਪੀ (मिलापी) /milāpī ミラーピー/ [Skt. मिलाप -ਈ] adj. → ਮਿਲਾਪੜਾ
ਮਿਲਾਵਟ (मिलावट) /milāwaṭa ミラーワト/ [cf. ਮਿਲਾਉਣਾ] f. 1 混合, 混入. 2 混ぜ物, 異物混入.
ਮਿਲਾਵਟੀ (मिलावटी) /milāwaṭī ミラーワティー/ [cf. ਮਿਲਾਉਣਾ] adj. 混ぜ物をした, 混ぜ物の, 異物を混ぜた.
ਮਿਲੀਅਨ (मिलीअन) /milīana ミリーアン/ [Eng. million] m.〘数量〙百万.
ਮਿਲੀਗ੍ਰਾਮ (मिलीग्राम) /milīgrāma (milīgarāma) ミリーグラーム (ミリーガラーム)/ [Eng. milligramme] m.〘重量〙ミリグラム.
ਮਿਲੀਮੀਟਰ (मिलीमीटर) /milīmīṭara ミリーミータル/ [Eng. mllimetre] m.〘長さ〙ミリメートル.
ਮਿਲੀਲਿਟਰ (मिलीलिटर) /milīliṭara ミリーリタル/ ▸ਮਿਲੀਲੀਟਰ m. → ਮਿਲੀਲੀਟਰ
ਮਿਲੀਲੀਟਰ (मिलीलीटर) /milīlīṭara ミリーリータル/ ▸ਮਿਲੀਲਿਟਰ [Eng. millilitre] m.〘容量〙ミリリットル.
ਮੀਆਂ (मीआँ) /miā̃ ミーアーン/ [Pers. miyān] m. 1〘親族〙夫. (⇒ਪਤੀ)(⇔ਬੀਬੀ) 2〘親族〙父. (⇒ਪਿਓ, ਪਿਤਾ) 3〘イス〙ミヤーン《男性に対する敬意を込めた呼びかけ. 主にイスラーム教徒の間で用いられるが, ヒマーチャル・プラデーシュではヒンドゥー教徒のラージプートの間でも用いられる》. 4〘イス〙イスラーム教徒の聖職者・教師・先生.
ਮੀਸਣਾ (मीसणा) /mīsaṇā ミーサナー/ [Arab. miskīn] adj. 1 心の不純な. 2 ずるい, 悪賢い, 狡猾な. 3 ひねくれた.
ਮੀਸਣਾਪਣ (मीसणापण) /mīsaṇāpaṇa ミーサナーパン/ ▸ਮੀਸਣਾਪਨ [-ਪਣ] m. 1 心の不純なこと, ずるいこと, 悪賢いこと, 狡猾さ. 2 ひねくれていること.
ਮੀਸਣਾਪਨ (मीसणापन) /mīsaṇāpana ミーサナーパン/ ▸ਮੀਸਣਾਪਣ m. → ਮੀਸਣਾਪਣ
ਮੀਂਹ (मींह) /mī̃ ミーン/ [(Skt. मेह) Skt. मेघ] m.〘気象〙雨. (⇒ਵਰਖਾ, ਬਾਰਸ਼) ❒ਮੀਂਹ ਹੋਵੇ ਹਨੇਰੀ ਹੋਵੇ たとえ雨でも嵐でも, 何があっても, どんな状態でも. ❒ਮੀਂਹ ਪੈਣਾ, ਮੀਂਹ ਵਰ੍ਹਨਾ 雨が降る.
ਮੀਂਹ ਕਣੀ (मींह कणी) /mī̃ kaṇī ミーン カニー/ [+ Skt. कण] f. 1〘気象〙降ったり止んだりの小雨, 糠雨, 霧雨. 2 雨模様の天気, ぐずついた天気.
ਮੀਹਾਂ ਵੇਲੇ (मीहाँ वेले) /mīā̃ wele ミーアーン ウェーレー/ [+ Skt. वेला] adv. 1 雨が降っている時に. 2 雨季に.
ਮੀਚਣਾ (मीचणा) /mīcaṇā ミーチャナー/ ▸ਨੂਟਣਾ, ਮੀਟਣਾ [cf. ਮਿਚਣਾ] vt. 1 (目・手のひら・本などを)閉じる, (ドア

などを)閉める. (⇒ਬੰਦ ਕਰਨਾ) 2 ふさぐ.

ਮੀਜ਼ਾਇਲ (मीज़ाइल) /mīzāila ミーザーイル/ ▸ਮਿਸਾਈਲ, ਮਿਜ਼ਾਈਲ *f.* → ਮਿਸਾਈਲ

ਮੀਜ਼ਾਨ (मीज़ान) /mīzāna ミーザーン/ [Arab. *mīzān*] *m.* 1 総計, 合計. (⇒ਜੋੜ) 2 〖数学〗加算.

ਮੀਟ (मीट) /mīṭa ミート/ [Eng. *meat*] *m.* 1 肉. 2 〖食品〗食肉.

ਮੀਟਣਾ (मीटणा) /mīṭaṇā ミータナー/ ▸ਨੂਟਣਾ, ਮੀਚਣਾ *vt.* → ਮੀਚਣਾ

ਮੀਟਰ[1] (मीटर) /mīṭara ミータル/ [Eng. *metre*] *m.* 〖長さ〗メートル.

ਮੀਟਰ[2] (मीटर) /mīṭara ミータル/ [Eng. *meter*] *m.* 〖器具〗計器, メーター.

ਮੀਟਿੰਗ (मीटिंग) /mīṭiṅga ミーティング/ [Eng. *meeting*] *f.* 会, 会合, 集会, 会議.

ਮੀਢੀ (मीढी) /mîḍī ミーディー/ ▸ਮੇਂਢੀ, ਮੇਢੀ [Skt. वेणी] *f.* 〖身体〗髪を編んだお下げ, 編んだ髪.

ਮੀਤ (मीत) /mīta ミート/ ▸ਮਿਤਰ, ਮਿੱਤਰ *m.* → ਮਿੱਤਰ

ਮੀਨ (मीन) /mīna ミーン/ [Skt. मीन] *f.* 1 魚. (⇒ਮੱਛੀ) 2 〖天文〗魚座.

ਮੀਨਾ (मीना) /mīnā ミーナー/ [Pers. *mīnā*] *m.* 1 エナメル. 2 〖鉱物〗青色の宝石の一種. 3 〖容器〗デカンター《酒を入れる装飾的な栓付きのガラス瓶》.

ਮੀਨਾਕਸ਼ੀ (मीनाकशी) /mīnākaśī ミーナークシー/ [Skt. मीनाक्ष] *adj.* 魚の目のような美しい目をした.
— *f.* 1 魚の目のような美しい目をした女性. 2 〖ヒ〗ミーナークシー神《魚の目の女神. タミルの土着神であったが, シヴァ神の妻・ヴィシュヌ神の妹というように, ヒンドゥー教に取り込まれた》.

ਮੀਨਾਕਾਰ (मीनाकार) /mīnākāra ミーナーカール/ [Pers. *mīnā* Pers.-*kār*] *m.* エナメル細工師.

ਮੀਨਾਕਾਰੀ (मीनाकारी) /mīnākārī ミーナーカーリー/ [Pers. *mīnā* Pers.-*kārī*] *f.* エナメル細工.

ਮੀਨਾਰ (मीनार) /mīnāra ミーナール/ ▸ਮਿਨਾਰ *m.* → ਮਿਨਾਰ

ਮੀਨੂ (मीनू) /mīnū ミーヌー/ ▸ਮੀਨੋ, ਮੈਨਿਊ *m.* → ਮੀਨੋ

ਮੀਨੋ (मीनो) /mīno ミーノー/ ▸ਮੀਨੂ, ਮੈਨਿਊ [Eng. *menu*] *m.* メニュー, 献立表. (⇒ਭੋਜਨ ਸੂਚੀ)

ਮੀਮਾਂਸਕ (मीमाँसक) /mīmā̃saka ミーマーンサク/ [Skt. मीमांसक] *m.* 1 論究者, 考究者. 2 〖ヒ〗ミーマーンサー学派の学匠.

ਮੀਮਾਂਸਾ (मीमाँसा) /mīmā̃sā ミーマーンサー/ [Skt. मीमांसा] *f.* 1 検討, 吟味, 熟考. (⇒ਪਰਖ) 2 論究, 論述, 論評, 批評. (⇒ਆਲੋਚਨਾ) 3 調査, 研究. (⇒ਪੜਚੋਲ) 4 〖ヒ〗ミーマーンサー学派《六派哲学の一つ》.

ਮੀਮੋ (मीमो) /mīmo ミーモー/ [Eng. *memo*] *m.* メモ, 控え, 覚え書き.

ਮੀਰ (मीर) /mīra ミール/ [Pers. *mīr*] *m.* 1 指導者, 統率者. 2 頭, 頭領, 首長, 族長. 3 統括者, 指揮官, 司令官. 4 将軍. 5 王子, 親王. 6 貴族.

ਮੀਰ-ਸ਼ਿਕਾਰ (मीर-शिकार) /mīra-śikāra ミール・シカール/ [+ Pers. *śikār*] *m.* 王様が行う狩りの統括者.

ਮੀਰਜ਼ਾਦਾ (मीरज़ादा) /mīrazādā ミールザーダー/ [Pers.-*zāda*] *m.* 1 首長の息子. 2 貴族の息子.

ਮੀਰਜ਼ਾਦੀ (मीरज़ादी) /mīrazādī ミールザーディー/ [Pers.-*zādī*] *f.* 1 首長の娘. 2 貴族の娘.

ਮੀਰੀ (मीरी) /mīrī ミーリー/ [Pers. *mīrī*] *f.* 1 首長・統率者・統括者などであること. 2 政治上の統率者であること. 3 政治権力. 4 統率力.

ਮੀਰੀ-ਪੀਰੀ (मीरी-पीरी) /mīrī-pīrī ミーリー・ピーリー/ [+ Pers. *pīrī*] *f.* 〖スィ〗ミーリー・ピーリー《宗教上の師であることと政治上の統率者であることは互いに密接に結び付いているというスィック教の教義》.

ਮੀਲ (मील) /mīla ミール/ [Eng. *mile*] *m.* 〖距離〗マイル(約1609メートル).

ਮੀਲ-ਪੱਥਰ (मील-पत्थर) /mīla-pattʰara ミール・パッタル/ [Eng. *mile* + Skt. प्रस्तर] *m.* 道標, 里程標.

ਮੁਅਜ਼ਜ਼ (मुअज़ज़) /muazaza ムアザズ/ ▸ਮੁਅੱਜ਼ਜ਼ *adj.* → ਮੁਅੱਜ਼ਜ਼

ਮੁਅੱਜ਼ਜ਼ (मुअज़्ज़ज़) /muazzaza ムアッザズ/ ▸ਮੁਅਜ਼ਜ਼ [Arab. *mu`azzaz*] *adj.* 1 尊敬すべき, 尊い, 立派な. 2 名誉ある, 高潔な.

ਮੁਅੱਜ਼ਨ (मुअज़्ज़न) /muazzana ムアッザン/ [Arab. *mu`azzin*] *m.* 〖イス〗ムアッズィン《アザーン ਅਜ਼ਾਨ を行う役目の人》.

ਮੁਅੱਤਲ (मुअत्तल) /muattala ムアッタル/ [Arab. *mu`attal*] *adj.* 1 停学になった, 停学中の. 2 停職になった, 停職中の. 3 職のない, 解雇された. 4 停止中の, 中止された, 中断された.

ਮੁਅੱਤਲੀ (मुअत्तली) /muattalī ムアッタリー/ [Pers. *mu`attalī*] *f.* 1 停学. 2 停職. 3 停止, 中止, 中断.

ਮੁਅੱਨਸ (मुअन्नस) /muannasa ムアンナス/ [Arab. *muwannas*] *f.* 〖言〗(文法上の)女性. (⇒ਇਸਤਰੀ ਲਿੰਗ)(⇔ਮੁਜ਼ੱਕਰ)

ਮੁਅੱਮਾ (मुअम्मा) /muammā ムアンマー/ [Arab. *mu`ammā*] *m.* 〖遊戯〗なぞなぞ. (⇒ਬੁਝਾਰਤ)

ਮੁਆਇਨਾ (मुआइना) /muāinā ムアーイナー/ [Arab. *mu`āyana*] *m.* 1 検査, 試験, 調査, 査定. 2 診察. 3 視察.

ਮੁਆਹਿਦਾ (मुआहिदा) /muâidā ムアーイダー/ [Arab. *mu`āhada*] *m.* 1 協定, 協約, 約定. 2 条約.

ਮੁਆਤਾ (मुआता) /muātā ムアーター/ ▸ਮਵਾਤਾ [Skt. मृत + Skt. काष्ठ] *m.* 1 火花, 火の粉. (⇒ਚੰਗਿਆੜੀ) 2 火種, 点火する棒. 3 燃えている木, 燃えさし, くすぶっている小さな木片. (⇒ਚੁਆਤੀ)

ਮੁਆਦ (मुआद) /muāda ムアード/ ▸ਮਵਾਦ [Arab. *mavādd*] *m.* 1 分泌物. 2 〖医〗膿(うみ).

ਮੁਆਫ਼ (मुआफ़) /muāfa ムアーフ/ ▸ਮਾਫ਼ [Pers. *mu`āf*] *adj.* 1 許された, 容赦された. ❐ਮੁਆਫ਼ ਕਰਨਾ 許す, 赦す, 容赦する. 2 免除された. ❐ਮੁਆਫ਼ ਕਰਨਾ 免除する. ❐ਪੰਜਾਬ ਦੇ ਮੁੱਖ ਮੰਤਰੀ ਨੇ ਅੱਜ ਕਿਹਾ ਕਿ ਪੰਜਾਬ ਵਿੱਚ ਬਣਨ ਵਾਲੀ ਹਰ ਪੰਜਾਬੀ ਫ਼ਿਲਮ ਦਾ ਮਨੋਰੰਜਨ ਟੈਕਸ ਮੁਆਫ਼ ਕੀਤਾ ਜਾਏਗਾ। パンジャーブ州首相はパンジャーブで作られるすべてのパンジャービー映画の娯楽税が免除されると本日語りました. ❐ਕਰਜ਼ਾ ਮੁਆਫ਼ ਕਰਨਾ 借款を免除する, 債権を放棄する. ❐ਜਪਾਨ ਇਰਾਕ ਦਾ ਕਰਜ਼ਾ ਮੁਆਫ਼ ਕਰੇਗਾ। 日本はイラク向けの債権を放棄するでしょう.

ਮੁਆਫ਼ਕ (मुआफ़क) /muāfaka ムアーファク/ ▸ਮਾਫ਼ਕ

[Arab. *muvāfiq*] *adj.* **1** ふさわしい, 適切な. (⇒ਅਨੁਕੂਲ) **2** 適合する, 合致する, 一致した. **3** 心地よい, 好ましい, 感じのよい. **4** 効果的な.

ਮੁਆਫ਼ਕਤ (मुआफ़कत) /muāfa̸kata̸ ムアーフカト/ [Pers. *muvāfiqat*] *f.* **1** 調和, 親善, 友好. **2** 同族関係. **3** 相性, 親しみ. **4** 同情. **5** 友情. **6** 心地よさ. **7** 適していること. (⇒ਅਨੁਕੂਲਤਾ)

ਮੁਆਫ਼ੀ (मुआफ़ी) /muāfī ムアーフィー/ ▸ਮਾਫ਼ੀ *f.* → ਮਾਫ਼ੀ

ਮੁਆਮਲਾ (मुआमला) /muāma̸lā ムアームラー/ ▸ਮਾਮਲਾ *m.* → ਮਾਮਲਾ

ਮੁਆਵਜ਼ਾ (मुआवज़ा) /muāwa̸zā ムアーウザー/ [Arab. *mu`āvaza*] *m.* **1** 弁償, 代償, 補償, 補償金. (⇒ਇਵਜ਼ਾਨਾ, ਮਾਖ਼ਤਾ) **2** 報酬, 報償. **3** 交換, 物々交換.

ਮੁਸ਼ਕ (मुशक) /muśa̸ka̸ ムシュク/ [Pers. *muśk*] *m.* **1** 麝香(じゃこう). (⇒ਕਸਤੂਰੀ) **2** 匂い. (⇒ਗੰਧ, ਬੋ) **3** 香り, 芳香. (⇒ਸੁਗੰਧ, ਖ਼ੁਸ਼ਬੂ, ਮਹਿਕ) **4** 悪臭. (⇒ਦੁਰਗੰਧ, ਬਦਬੂ)

ਮੁਸ਼ਕਣਾ (मुशकणा) /muśa̸kaṇā ムシュカナー/ [Pers. *muśk*] *vi.* **1** 嫌な臭いがする. **2**(動物が)発情する, さかりがつく.

ਮੁਸਕਣੀ (मुसकणी) /musa̸kaṇī ムスカニー/ ▸ਮੁਸਕੜੀ *f.* → ਮੁਸਕੜੀ

ਮੁਸ਼ੱਕਤ (मुशक्कत) /muśakkata̸ ムシャッカト/ [Pers. *maśaqqat*] *f.* **1** 作業, 労働. (⇒ਕੰਮ) **2** 肉体労働, 重労働. (⇒ਮਜ਼ਦੂਰੀ) **3** 困苦, 苦痛. (⇒ਔਖ, ਕਸ਼ਟ, ਤਕਲੀਫ਼) **4** 努力, 労苦. (⇒ਜਤਨ, ਮਿਹਨਤ)

ਮੁਸ਼ੱਕਤੀ (मुशक्कती) /muśakkatī ムシャッカティー/ [Pers. *maśaqqatī*] *adj.* 勤勉な, 働き者の. (⇒ਮਿਹਨਤੀ)

— *m.* 労働者, 労務者. (⇒ਮਜ਼ਦੂਰ)

ਮੁਸਕਰਾਉਣਾ (मुसकराउणा) /musa̸karāuṇā ムスカラーウナー/ ▸ਮੁਸਕਾਉਣਾ [Skt. स्मय] *vi.* ほほえむ, 微笑する.

ਮੁਸਕਰਾਹਟ (मुसकराहट) /musa̸karâṭa̸ ムスカラート/ [cf. ਮੁਸਕਰਾਉਣਾ] *f.* ほほえみ, 微笑. (⇒ਤਬੱਸਮ)

ਮੁਸ਼ਕਲ (मुशकल) /muśa̸kala̸ ムシュカル/ [Arab. *muśkil*] *adj.* **1** 難しい, 困難な, 面倒な, 厄介な. (⇒ਔਖਾ, ਕਠਨ) **2** 骨の折れる, 大変な努力を要する.

— *f.* 困難, 難しさ, 難しいこと, 面倒, 厄介, 悩み. (⇒ਔਕੜ, ਕਠਨਾਈ)

ਮੁਸਕੜੀ (मुसकड़ी) /musa̸kaṛī ムスカリー/ ▸ਮੁਸਕਣੀ [cf. ਮੁਸਕਰਾਉਣਾ] *f.* ほほえみ, 微笑. (⇒ਤਬੱਸਮ)

ਮੁਸਕਾਉਣਾ (मुसकाउणा) /musa̸kāuṇā ムスカーウナー/ ▸ਮੁਸਕਰਾਉਣਾ *vi.* → ਮੁਸਕਰਾਉਣਾ

ਮੁਸਕਾਣ (मुसकाण) /musakāṇa̸ ムサカーン/ ▸ਮੁਸਕਾਨ, ਮੁਸ਼ਕਾਨ *f.* → ਮੁਸਕਾਨ

ਮੁਸਕਾਨ (मुसकान) /musa̸kāna̸ ムスカーン/ ▸ਮੁਸਕਾਣ, ਮੁਸ਼ਕਾਨ [cf. ਮੁਸਕਰਾਉਣਾ] *f.* ほほえみ, 微笑. (⇒ਤਬੱਸਮ)

ਮੁਸ਼ਕਾਨ (मुशकान) /muśa̸kāna̸ ムシュカーン/ ▸ਮੁਸਕਾਣ, ਮੁਸਕਾਨ [(Pua.)] *f.* → ਮੁਸਕਾਨ

ਮੁਸ਼ਕੀ (मुशकी) /muśa̸kī ムシュキー/ [Pers. *muśkī*] *adj.* **1** 麝香色の. **2** 暗黒の, 黒い, 黒ずんだ.

ਮੁਸ਼ਟੰਡਾ (मुशटंडा) /muśa̸ṭaṇḍā ムシュタンダー/ [Skt. मुष्ट + ਅੰਡਾ] *adj.* 悪辣な, あくどい. (⇒ਲੁੱਚਾ)

— *m.* **1** 悪漢. (⇒ਬਦਮਾਸ਼) **2** ごろつき.

ਮੁੱਸਣਾ (मुस्सणा) /mussaṇā ムッサナー/ ▸ਮੋਂਸਣਾ [(Pot.)] *vt.* → ਮੋਂਸਣਾ

ਮੁਸ਼ਤ (मुशत) /muśata̸ | muśata̸ ムシュト | ムシャト/ [Pers. *muśt*] *f.*〖身体〗拳骨, 握り拳.

ਮੁਸਤਹੱਕ (मुसतहक्क) /musa̸tahakka̸ ムスタハック/ [Arab. *mustahakk*] *adj.* **1** 値する, ふさわしい. **2** 権利がある. (⇒ਹੱਕਦਾਰ)

ਮੁਸਤਹਕਮ (मुसतहकम) /musa̸taha̸kama̸ ムスタフカム/ [Arab. *mustahkam*] *adj.* 堅固な, 確固たる, 揺るぎない. (⇒ਪੱਕਾ, ਮਜ਼ਬੂਤ, ਦਰਿੜ੍ਹ)

ਮੁਸਤਕਬਿਲ (मुसतकबिल) /musa̸takabila̸ ムスタクビル/ [Arab. *mustakbil*] *m.* 未来, 将来. (⇒ਭਵਿਖ)

ਮੁਸਤਕਿਲ (मुसतकिल) /musa̸takila̸ ムスタキル/ [Arab. *mustaqill*] *adj.* **1** 永遠の, 永続する, 長期にわたる. **2** 堅固な, 確固たる, 揺るぎない, 不動の. **3** 安定した, 固定した. **4** 変化しない.

ਮੁਸ਼ਤਮਲ (मुशतमल) /muśa̸tamala̸ ムシュタマル/ [Arab. *muśtamal*] *adj.* **1** 含んでいる. (⇒ਸੰਮਿਲਤ, ਸ਼ਾਮਲ) **2** 構成されている. **3** 成り立っている.

ਮੁਸ਼ਤਰਕਾ (मुशतरका) /muśa̸tara̸kā ムシュタルカー/ [Arab. *muśtaraka*] *adj.* **1** 共同の, 共有の, 合同の. **2** 不可分の.

ਮੁਸ਼ਤਾਕ (मुशताक) /muśa̸tāka̸ ムシュターク/ [Arab. *muśtāq*] *adj.* **1** 望んでいる, 熱心な, 意欲的な. **2** 好きな, 恋い焦がれている.

ਮੁਸੱਦਸ (मुसद्दस) /musaddasa̸ ムサッダス/ [Arab. *musaddas*] *adj.* 六つで成り立っている, 六角の, 六辺の.

— *m.* **1**〖幾何〗六角形, 六辺形. **2**〖文学〗六行詩.

ਮੁਸੱਦੀ (मुसद्दी) /musaddī ムサッディー/ [Arab. *musaddī*] *m.* **1** 筆記者. **2** 書記.

ਮੁਸੰਨਫ਼ (मुसंनफ़) /musannafa̸ ムサンナフ/ ▸ਮੁਸੱਨਫ਼ [Arab. *muṣannif*] *m.* **1** 著者, 作者, 筆者. **2** 作家.

ਮੁਸੱਨਫ਼ (मुसन्नफ़) /musannafa̸ ムサンナフ/ ▸ਮੁਸੰਨਫ਼ *m.* → ਮੁਸੰਨਫ਼

ਮੁਸੱਬਰ (मुसब्बर) /musabbara̸ ムサッバル/ [Arab. *ṣabir*] *f.* **1**〖植物〗アロエ《ユリ科の薬用・観賞用植物》. (⇒ਏਲੂਆ) **2**〖薬剤〗アロエの成分を乾燥させた薬用品.

ਮੁਸੰਮਮ (मुसंमम) /musammama̸ ムサンマム/ ▸ਮੁਸੱਮਮ [Arab. *musammam*] *adj.* **1** 堅固な. (⇒ਦਰਿੜ੍ਹ) **2** 確定した. (⇒ਪੱਕਾ)

ਮੁਸੱਮਮ (मुसम्मम) /musammama̸ ムサンマム/ ▸ਮੁਸੰਮਮ *adj.* → ਮੁਸੰਮਮ

ਮੁਸੱਮਾਤ (मुसम्मात) /musammāta̸ ムサンマート/ [Arab. *musammāt*] *f.* …の名を持つ女性, …女史, …夫人.

ਮੁਸੰਮੀ[1] (मुसंमी) /musammī ムサンミー/ ▸ਮੁਸੱਮੀ [Eng. *Mozambique*] *f.*〖植物〗ムサンミー, ヘソミカン(臍蜜柑), スイートオレンジ, アマダイダイ(甘橙)《ミカン科のカンキツ(柑橘)の一種.「ムサンミー」という名称はアフリカの地名「モザンビーク」が訛ったもの》.

ਮੁਸੰਮੀ[2] (मुसंमी) /musammī ムサンミー/ ▸ਮੁਸੱਮੀ [Arab. *musammī*] *m.* …の名を持つ男性, …氏, …殿.

ਮੁਸੱਮੀ[1] (मुसम्मी) /musammī ムサンミー/ ▸ਮੁਸੰਮੀ *f.* → ਮੁਸੰਮੀ[1]

ਮੁਸੱਮੀ² (मुसम्मी) /musammī ムサンミー/ ▸ਮੁਸੰਮੀ *m.* → ਮੁਸੰਮੀ²

ਮੁਸੱਰਤ (मुसर्रत) /musarrata ムサッラト/ [Arab. *masarrat*] *f.* **1** 幸福. (⇒ਖ਼ੁਸ਼ੀ) **2** 喜び, 歓喜, 嬉しさ. (⇒ਪ੍ਰਸੰਨਤਾ)

ਮੁਸ਼ੱਰਫ਼ (मुशर्रफ़) /muśarrafa ムシャッラフ/ [Arab. *muśarraf*] *adj.* 尊敬すべき, 名誉ある.

ਮੁਸਲਸਲ (मुसलसल) /musalasala ムサルサル/ [Arab. *musalsal*] *adj.* 連続する, 継続的な. (⇒ਸਿਲਸਿਲੇਵਾਰ)

ਮੁਸਲਮ (मुसलम) /musalama ムスラム/ ▸ਮੁਸਲਿਮ *m.adj.* → ਮੁਸਲਿਮ

ਮੁਸੱਲਮ (मुसल्लम) /musallama ムサッラム/ [Arab. *musallam*] *adj.* **1** 完全な. **2** 全体の. **3** すべての. **4** 確固たる, 確かな, 確実な. **5** 確立された. **6** 明白な.

ਮੁਸਲਮਾਨ (मुसलमान) /musalamāna ムサルマーン/ [Pers. *musulmān*] *m.* 〖イス〗ムサルマーン, ムスリム《イスラーム(イスラム)教徒, 回教徒》.
— *adj.* 〖イス〗イスラームの.

ਮੁਸਲਮਾਨਣੀ (मुसलमानणी) /musalamānaṇī ムサルマーンニー/ [Pers. *musulmān* -ਣੀ] *f.* 〖イス〗ムサルマーンニー《イスラーム教徒の女性》.

ਮੁਸਲਮਾਨੀ (मुसलमानी) /musalamānī ムサルマーニー/ [Pers. *musulmānī*] *f.* **1** 〖イス〗イスラームの信仰. **2** 〖イス〗ムサルマーニー《イスラーム教徒の女性》.
— *adj.* 〖イス〗イスラームの.

ਮੁਸੱਲਾ (मुसल्ला) /musallā ムサッラー/ [Arab. *muṣallā*] *m.* 〖イス〗イスラーム教徒の礼拝用の敷物.

ਮੁਸਲਿਮ (मुसलिम) /musalima ムスリム/ ▸ਮੁਸਲਮ [Arab. *muslim*] *m.* 〖イス〗ムスリム, ムサルマーン《イスラーム(イスラム)教徒, 回教徒》.
— *adj.* 〖イス〗イスラームの.

ਮੁਸੱਲੀ (मुसल्ली) /musallī ムサッリー/ *m.* 〖姓〗ムサッリー《イスラームに改宗したチューラー ਚੂਹੜਾ〔清掃を生業とする種姓の人〕》. (⇒ਕੁਟਾਣਾ)

ਮੁਸੱਵਰ (मुसव्वर) /musawwara ムサッワル/ [Arab. *muṣavvir*] *m.* **1** 画家, 絵描き. (⇒ਚਿੱਤਰਕਾਰ) **2** 彫刻家. **3** 芸術家.

ਮੁਸੱਵਰੀ (मुसव्वरी) /musawwarī ムサッワリー/ [-ਈ] *f.* 絵を描くこと, 絵画制作. (⇒ਚਿੱਤਰਕਾਰੀ)

ਮੁਸ਼ਾਇਰਾ (मुशाइरा) /muśāirā ムシャーイラー/ [Arab. *muśā`ara*] *m.* 〖文学〗ムシャーイラー, 詩会《ウルドゥー詩の朗唱会. 招かれた詩人が自作の詩を朗唱し聴衆が鑑賞する催し物》. (⇒ਕਵੀ ਦਰਬਾਰ)

ਮੁਸਾਹਿਬ (मुसाहिब) /musāhiba | musâiba ムサーヒブ | ムサーイブ/ [Arab. *muśāhib*] *m.* **1** 付き添い, 仲間, 同僚. **2** 廷臣. **3** 王の側近. **4** 取り巻き.

ਮੁਸਾਫ਼ਰ (मुसाफ़र) /musāfara ムサーファル/ ▸ਮੁਸਾਫ਼ਿਰ [Arab. *musāfir*] *m.* **1** 旅人, 旅行者. (⇒ਰਾਹੀ) **2** 旅客, 乗客.

ਮੁਸਾਫ਼ਰ-ਖ਼ਾਨਾ (मुसाफ़र-ख़ाना) /musāfara-xānā ムサーファル・カーナー/ [Pers.-*xāna*] *m.* **1** 宿, 宿屋, 旅館. **2** 駅の待合い室.

ਮੁਸਾਫ਼ਰੀ (मुसाफ़री) /musāfarī ムサーファリー/ ▸ਮੁਸਾਫ਼ਿਰੀ [-ਈ] *f.* **1** 旅, 旅行. (⇒ਸਫ਼ਰ, ਯਾਤਰਾ) **2** 旅の途中, 道中.

ਮੁਸਾਫ਼ਿਰ (मुसाफ़िर) /musāfira ムサーフィル/ ▸ਮੁਸਾਫ਼ਰ *m.* → ਮੁਸਾਫ਼ਰ

ਮੁਸਾਫ਼ਿਰੀ (मुसाफ़िरी) /musāfirī ムサーフィリー/ ▸ਮੁਸਾਫ਼ਰੀ *f.* → ਮੁਸਾਫ਼ਰੀ

ਮੁੱਸੀ (मुस्सी) /mussī ムッスィー/ *adj.* 先が尖って曲がった角を持っている.

ਮੁਸੀਬਤ (मुसीबत) /musībata ムスィーバト/ [Pers. *muṣībat*] *f.* **1** 困難, 苦難, 苦労, 面倒, 苦境. (⇒ਔਕੜ, ਕਸ਼ਟ, ਤਕਲੀਫ਼) **2** 災難, 危難, 災厄, 不運, 不幸. (⇒ਆਫ਼ਤ, ਬਿਪਤਾ) **3** 苦痛, 苦悩. (⇒ਸੰਤਾਪ)

ਮੁਹਈਆ (मुहईआ) /muhaīā ムハイーアー/ ▸ਮੁਹੱਯਾ [Arab. *muhaiyā*] *adj.* **1** 手に入った, 入手された. **2** 用意された, 準備された, 整えられた. ❒ਮੁਹਈਆ ਕਰਨਾ 用意する, 申し出る. **3** 提供された, 供給された, 支給された. ❒ਮੁਹਈਆ ਕਰਨਾ 提供する, 供給する, 支給する, 与える.

ਮੁਹਕਾ (मुहका) /môkā モーカー/ ▸ਮਹੁਕਾ, ਮੋਹਕਾ [Pers. *muhak*] *m.* **1** いぼ. **2** にきび.

ਮੁਹੱਜ਼ਬ (मुहज़्ज़ब) /muhazzaba ムハッザブ/ [Arab. *muhazzab*] *adj.* **1** 開化した, 教養のある, 洗練された. **2** 上品な, 優雅な.

ਮੁਹਤ (मुहत) /môta | muhata モート | ムハト/ ▸ਮਹੂਰਤ *f.* → ਮਹੂਰਤ

ਮੁਹਤਦਿਲ (मुहतदिल) /môtadila モートディル/ [Arab. *mu`atadil*] *adj.* **1** 温暖な. **2** 適度な.

ਮੁਹਤਬਰ (मुहतबर) /môtabara モートバル/ [Arab. *mu`atabar*] *adj.* **1** 信頼できる. **2** 卓越した. **3** 重要な.

ਮੁਹਤਬਰੀ (मुहतबरी) /môtabarī モートバリー/ [-ਈ] *f.* 信頼.

ਮੁਹਤਰਮ (मुहतरम) /môtarama モータラム/ [Arab. *muhtaram*] *adj.* 尊敬すべき. (⇒ਮਾਣਯੋਗ)

ਮੁਹਤਰਮਾ (मुहतरमा) /môtaramā モータルマー/ [Arab. *muhtarama*] *adj.* 尊敬すべき《女性形》. (⇒ਮਾਣਯੋਗ)

ਮੁਹਤਾਜ (मुहताज) /môtāja モータージ/ ▸ਮੁਥਾਜ *adj.* → ਮੁਥਾਜ

ਮੁਹਤਾਜਗੀ (मुहताजगी) /môtājagī モータージギー/ ▸ਮੁਥਾਜਗੀ *f.* → ਮੁਥਾਜਗੀ

ਮੁਹਤਾਜੀ (मुहताजी) /môtājī モータージー/ ▸ਮੁਥਾਜੀ *f.* → ਮੁਥਾਜੀ

ਮੁਹੱਬਤ (मुहब्बत) /muhabbata ムハッバト/ [Pers. *mahabbat*] *f.* **1** 愛, 愛情, 愛しさ. **2** 恋愛. **3** 友情.

ਮੁਹੱਬਤੀ (मुहब्बती) /muhabbatī ムハッバティー/ [-ਈ] *adj.* **1** 愛している. **2** 情愛の深い. **3** 親密な, 親しい.

ਮੁਹੰਮਦ (मुहंमद) /muhammada ムハンマド/ [Arab. *mahammad*] *m.* **1** 〖人名・イス〗ムハンマド(ムハメッド, マホメット)《イスラームの開祖》. **2** ムサルマーン, ムスリム《イスラーム教徒, 回教徒》. (⇒ਮੁਸਲਮਾਨ)

ਮੁਹਮਲ (मुहमल) /and /mômala モーマル/ [Arab. *muhmal*] *adj.* **1** 難解な. **2** 無意味な. **3** 無駄な, 無益な. **4** 馬鹿げた.

ਮੁਹੱਯਾ (मुहय्या) /muhayyā ムハッヤー/ ▸ਮੁਹਈਆ *adj.* → ਮੁਹਈਆ

ਮੁਹਰ (मुहर) /môra̧ モール/ ▸ਮੋਹਰ *f.* → ਮੋਹਰ
ਮੁਹਰਕਾ (मुहरका) /môra̧kā モールカー/ [Arab. *muharq*] *m.* 〖医〗腸チフス.
ਮੁਹਰਕਾ ਤਾਪ (मुहरका ताप) /môra̧kā tāpa̧ モールカー ターブ/ [+ Skt. ताप] *m.* 〖医〗腸チフス熱.
ਮੁਹਰਬੰਦ (मुहरबंद) /môra̧banda̧ モールバンド/ ▸ਮੋਹਰਬੰਦ *adj.* → ਮੋਹਰਬੰਦ
ਮੁਹੱਰਮ (मुहर्रम) /muharrama̧ ムハッラム/ [Arab. *muharram*] *m.* 〖暦〗イスラーム暦1月《フサインの殉教した聖なる月とされる》.
ਮੁਹੱਰਰ (मुहर्रर) /muharrara̧ ムハッラル/ [Arab. *muharrir*] *m.* **1** 書記. **2** 筆記者.
ਮੁਹਰਾ (मुहरा) /môrā モーラー/ ▸ਮੋਹਰਾ *m.* → ਮੋਹਰਾ
ਮੁਹਰੀ (मुहरी) /môrī モーリー/ ▸ਮੋਹਰੀ *m.adj.* → ਮੋਹਰੀ
ਮੁਹਰੈਲ (मुहरैल) /môraila̧ モーラエール/ *m.* 〖軍〗先陣, 前衛, 前衛部隊. (⇒ਹਰਾਵਲ)
ਮੁਹਲਕ (मुहलक) /môlaka̧ モーラク/ [Arab. *muhlik*] *adj.* **1** 致命的な. (⇒ਜਾਨਲੇਵਾ) **2** 死すべき.
ਮੁਹਲਤ (मुहलत) /môlata̧ モーラト/ ▸ਮੋਹਲਤ [Pers. *mohlat*] *f.* **1** 遅れ, 遅延, 猶予, 延期, 据え置き. **2** 暇, 余暇. **3** 休止.
ਮੁਹਲਾ (मुहला) /môlā モーラー/ ▸ਮੋਲ੍ਹਾ [Skt. मुसल] *m.* **1** 〖道具〗杵, 棍棒. **2** 〖道具〗井戸の底を浚う長い木製の棒.
ਮੁਹੱਲਾ (मुहल्ला) /muhallā ムハッラー/ ▸ਮਹੱਲਾ *m.* → ਮਹੱਲਾ
ਮੁਹਲੇਧਾਰ (मुहलेधार) /môletǎra̧ モーレータール/ *adv.* 滝のように.
ਮੁਹਾਸਰਾ (मुहासरा) /muhāsa̧rā | muǎsa̧rā ムハースラー | ムアースラー/ [Arab. *muhāsar*] *m.* **1** 包囲, 封鎖. **2** 〖軍〗包囲攻撃.
ਮੁਹਾਸਾ (मुहासा) /muhāsā ムハーサー/ *m.* 〖医〗にきび.
ਮੁਹਾਜ਼ (मुहाज़) /muhāza̧ | muǎza̧ ムハーズ | ムアーズ/ [Arab. *muhāz*] *f.* 〖軍〗前線. (⇒ਮੋਰਚਾ, ਫ਼ਰੰਟ)
ਮੁਹਾਜਰ (मुहाजर) /muhājara̧ | muǎjara̧ ムハージャル | ムアージャル/ ▸ਮਹਾਜਰ [Arab. *muhājir*] *m.* 難民, 避難民.
ਮੁਹਾਣਾ (मुहाणा) /muhāṇā | muǎṇā ムハーナー | ムアーナー/ *m.* **1** 船頭. **2** 渡し守り.
ਮੁਹਾਂਦਰਾ (मुहाँदरा) /muhā̃da̧rā | muǎ̃da̧rā ムハーンドラー | ムアーンドラー/ *f.* **1** 顔立ち. **2** 容貌.
ਮੁਹਾਨਾ (मुहाना) /muhānā | muǎnā ムハーナー | ムアーナー/ *m.* 〖地理〗河口.
ਮੁਹਾਫ਼ਜ਼ (मुहाफ़ज़) /muhāfaza̧ | muǎfaza̧ ムハーファズ | ムアーファズ/ [Arab. *muhāfiz*] *adj.* **1** 保護する. **2** 防御する, 防衛する.
— *m.* **1** 保護者. **2** 防御者, 防衛者, 擁護者. **3** 護衛者, 警護者, 警備員. **4** 守衛, 門衛.
ਮੁਹਾਫ਼ਜ਼ਤ (मुहाफ़ज़त) /muhāfazata̧ | muǎfazata̧ ムハーフザト | ムアーフザト/ [Arab. *muhāfizat*] *f.* **1** 保護. (⇒ਹਿਫ਼ਾਜ਼ਤ, ਰਖਵਾਲੀ) **2** 防御, 防衛, 警備, 警護, 護衛. (⇒ਪਾਸਬਾਨੀ)
ਮੁਹਾਰ (मुहार) /muhāra̧ | muǎra̧ ムハール | ムアール/ [Pers. *muhār*] *f.* **1** 駱駝の鼻の紐. **2** 〖比喩〗統制する権威.
ਮੁਹਾਰਤ (मुहारत) /muhārata̧ | muǎrata̧ ムハーラト | ムアーラト/ ▸ਮਹਾਰਤ *f.* → ਮਹਾਰਤ
ਮੁਹਾਰਨੀ (मुहारनी) /muhāra̧nī | muǎra̧nī ムハールニー | ムアールニー/ *f.* **1** 反復, 繰り返し. **2** 丸暗記のための反復練習. **3** 〖文字〗字母表の各字母にすべての種類の母音記号を付けて行う読み書きの練習.
ਮੁਹਾਰਾ (मुहारा) /muhārā | muǎrā ムハーラー | ムアーラー/ *m.* 〖農業〗モロコシ・トウモロコシなどの茎を立てかけたり積み重ねたりして作られた山.
ਮੁਹਾਲ (मुहाल) /muhāla̧ | muǎla̧ ムハール | ムアール/ ▸ਮਹਾਲ [Arab. *muhāl*] *adj.* **1** 途方もない, 不条理な, 馬鹿らしい. **2** 難しい, 困難な. (⇒ਔਖਾ, ਮੁਸ਼ਕਲ) **3** 不可能な. (⇒ਅਸੰਭਵ)
ਮੁਹਾਵਰਾ (मुहावरा) /muhāvarā | muǎvarā ムハーヴァラー | ムアーヴァラー/ [Arab. *muhāvara*] *m.* **1** 〖言〗慣用句, 慣用語法, 成句, イディオム. **2** 決まり文句, お定まりの文句, 常套句.
ਮੁਹਾਵਰੇਦਾਰ (मुहावरेदार) /muhāvaredāra̧ ムハーヴァレーダール/ [Pers.-*dār*] *adj.* 慣用句に富んだ.
ਮੁਹਾੜ (मुहाड़) /muhāṛa̧ | muǎṛa̧ ムハール | ムアール/ *m.* **1** 方向, 側, 面. **2** 傾向, 性向, 性癖.
ਮੁਹਿੰਮ (मुहिंम) /muhimma̧ ムヒンム/ [Arab. *muhimm*] *f.* **1** 重要な事, 大仕事. **2** 困難な仕事, 難業, 難行. **3** 遠征. **4** 戦い, 闘争. **5** 退治, 撲滅. **6** 組織的な運動, キャンペーン.
ਮੁਕਟ (मुकट) /mukaṭa̧ ムカト/ [Skt. मुकुट] *m.* **1** 〖装〗王冠. **2** 〖装〗頭飾り.
ਮੁੱਕਣਾ (मुक्कणा) /mukkaṇā ムッカナー/ [(Pkt. मुक्क) Skt. मुच्यते] *vi.* **1** 終わる, 終結する, 終了する, 完結する. **2** 尽きる. **3** 使い果たされる.
ਮੁਕਤ[1] (मुकत) /mukata̧ ムカト/ [Skt. मुक्त] *adj.* **1** 解かれた, 解き放たれた, 解放された. **2** 自由な, 制限のない. **3** 救済された. **4** 解脱した. **5** 開けた, 開放された, 開放的な, おおらかな. **6** 免れた, 免除された.
ਮੁਕਤ[2] (मुकत) /mukata̧ ムカト/ ▸ਮੁਕਤਾ *f.* → ਮੁਕਤਾ[2]
ਮੁਕਤਾ[1] (मुकता) /muka̧tā ムクター/ [Skt. मुक्त] *m.* **1** 解き放たれたもの. **2** 解放された人. **3** 〖スィ〗チャムコウルとムクトサルの戦いの殉教者. **4** 〖文字〗ムクター《何も表記しない, グルムキー文字の母音記号の名称. 束縛されず解き放たれたもの, つまり表記された母音記号のない状態に付けられた名称. ムクターは, 発音される潜在母音「ア」, または発音されない潜在母音を示す. 前者は, 語頭または語中で, 表記された母音記号を伴わない子音字だけで母音「ア」を含む独立した1音節を形成している. 一方後者は, 語末または特定の条件下の語中で母音「ア」の消えた子音のみの発音を表す》.
ਮੁਕਤਾ[2] (मुकता) /muka̧tā ムクター/ ▸ਮੁਕਤ [Skt. मुक्ता] *f.* 真珠. (⇒ਮੋਤੀ)
ਮੁਕਤੀ (मुकती) /muka̧tī ムクティー/ [Skt. मुक्ति] *f.* **1** 解放, 解き放たれること, 自由. **2** 救済. **3** 解脱, 魂の救済. **4** 免除, 除去.
ਮੁਕੱਦਸ (मुकद्दस) /mukaddasa̧ ムカッダス/ [Arab.

muqaddas] *adj.* **1** 聖なる, 神聖な. (⇒ਪਵਿੱਤਰ) **2** 清らかな. (⇒ਪਾਕ) **3** 敬虔な.

ਮੁਕਦਮ (मुकदम) /mukadama ムクダム/ ▸ਮਕਦਮ, ਮੁਕੱਦਮ *adj.m.* → ਮੁਕੱਦਮ

ਮੁਕੱਦਮ (मुकद्दम) /mukaddama ムカッダム/ ▸ਮਕਦਮ, ਮੁਕਦਮ [Arab. *muqaddam*] *adj.* **1** 先の, 先行する, 事前の. **2** 前の, 以前の, 古い, 昔の, 古代の. **3** 優位な, 上位の, 上席の, 主席の. **4** 重要な, 大切な.
— *m.* **1** (組織の)長, かしら, 頭目, 首領, 指導者, 首長. **2** 村の首長. **3** 収税官の長.

ਮੁਕਦਮਾ (मुकदमा) /mukadamā ムカドマー/ ▸ਮੁਕੱਦਮਾ *m.* → ਮੁਕੱਦਮਾ

ਮੁਕੱਦਮਾ (मुकद्दमा) /mukaddamā ムカッダマー/ ▸ਮੁਕਦਮਾ [Arab. *muqaddama*] *m.* 〖法〗訴訟, 訴訟事件, 裁判, 判例. ❐ਮੁਕੱਦਮਾ ਕਰਨਾ, ਮੁਕੱਦਮਾ ਦਾਇਰ ਕਰਨਾ, ਮੁਕੱਦਮਾ ਚਲਾਉਣਾ 訴える, 告訴する, 起訴する.

ਮੁਕੱਦਮੇਬਾਜ਼ (मुकद्दमेबाज़) /mukaddamebāza ムカッドメーバーズ/ [Pers.*-bāz*] *adj.* 訴訟好きの, 裁判慣れした.

ਮੁਕੱਦਮੇਬਾਜ਼ੀ (मुकद्दमेबाज़ी) /mukaddamebāzī ムカッドメーバーズィー/ [Pers.*-bāzī*] *f.* **1** 〖法〗訴訟沙汰, 裁判沙汰. **2** 訴訟好き.

ਮੁਕੱਦਰ (मुकद्दर) /mukaddara ムカッダル/ [Arab. *muqaddar*] *m.* **1** 運, 運勢. **2** 運命, 宿命.

ਮੁਕੰਮਲ (मुकंमल) /mukammala ムカンマル/ [Arab. *mukammal*] *adj.* **1** 完成された, 完了している, 終わっている. **2** 完全な, 徹底した, 徹底的な. **4** すべての, 全体の.

ਮੁਕੰਮਲਸ਼ੁਦਾ (मुकंमलशुदा) /mukammalaśudā ムカンマルシュダー/ [Pers.*-śuda*] *adj.* **1** 完成された, 完了している, 終わっている. **2** 準備のできている. **3** 最新の.

ਮੁਕ-ਮੁਕਾ (मुक-मुका) /muka-mukā ムク・ムカー/ *m.* **1** 終結. **2** 決着.

ਮੁੱਕਰਨਾ (मुक्करना) /mukkaranā ムッカルナー/ [Arab. *munkar*] *vi.* **1** 否定する. **2** 撤回する.

ਮੁਕੱਰਰ[1] (मुकर्रर) /mukarrara ムカッラル/ [Arab. *mukarrar*] *adv.* もう一度, 再度, 再び, 繰り返し.

ਮੁਕੱਰਰ[2] (मुकर्रर) /mukarrara ムカッラル/ [Arab. *muqarrar*] *adj.* **1** 決められた, 定められた, 指定された, 規定された. **2** 固定された, 一定の, 確立された, 確固たる. (⇒ਕਾਇਮ) **3** 指名された, 任命された, 配属された.

ਮੁਕਰਵਾਉਣਾ (मुकरवाउणा) /mukarawāuṇā ムカルワーウナー/ ▸ਮੁਕਰਾਉਣਾ [cf. ਮੁੱਕਰਨਾ] *vt.* **1** 否定させる. **2** 撤回させる.

ਮੁਕਰਾਉਣਾ (मुकराउणा) /mukarāuṇā ムクラーウナー/ ▸ਮੁਕਰਵਾਉਣਾ *vt.* → ਮੁਕਰਵਾਉਣਾ

ਮੁਕਲਾਵਾ (मुकलावा) /mukalāwā ムクラーワー/ [Pkt. मुकलाव] *m.* **1** 〖儀礼〗婚礼後に新郎が新婦を家に連れて来る儀礼. **2** 結婚の成就.

ਮੁਕਲੇਰਾ (मुकलेरा) /mukalerā ムクレーラー/ ▸ਮੁਖਲੇਰਾ [(Pkt. मुक्कल) Skt. मुच् -ਏਰਾ] *adj.* **1** 広い, 広々とした. (⇒ਮੋਕਲਾ) **2** 緩い, 弛んだ. (⇒ਢਿੱਲਾ) **3** 遠い, はるかな. (⇒ਦੂਰ)

ਮੁੱਕਾ (मुक्का) /mukkā ムッカー/ [Skt. मुष्टिका] *m.* **1** 〖身体〗拳骨, 握り拳. **2** 拳骨で殴ること, 殴打.

ਮੁਕਾਉਣਾ (मुकाउणा) /mukāuṇā ムカーウナー/ [cf. ਮੁੱਕਣਾ] *vt.* **1** 終わらせる, 終了させる, 仕上げる. **2** 使い切る, 使い果たす.

ਮੁਕਾਣ (मुकाण) /mukāṇa ムカーン/ ▸ਕਾਣ, ਮਕਾਣ *f.* → ਮਕਾਣ

ਮੁਕਾਬਲ (मुकाबल) /mukābala ムカーバル/ ▸ਮੁਕਾਬਿਲ [Arab. *muqābil*] *adj.* **1** 向かい合っている, 直面している, 立ちはだかる. **2** 比較できる, 匹敵する, 似通った.

ਮੁਕਾਬਲਤਨ (मुकाबलतन) /mukābalatana ムカーバルタン/ [Arab. *muqābil* + तन] *adv.* 比較して.

ਮੁਕਾਬਲਾ (मुकाबला) /mukābalā ムカーブラー/ [Arab. *muqābala*] *m.* **1** 競争, 対決, 対抗, 抵抗. ❐ਮੁਕਾਬਲਾ ਕਰਨਾ 競う, 競争する, 対決する, 対抗する. **2** 遭遇. ❐ਮੁਕਾਬਲਾ ਕਰਨਾ 遭遇する, 出くわす, 直面する. ❐ਰਾਹ ਵਿੱਚ ਉਹਨੂੰ ਅਨੇਕਾਂ ਔਕੜਾਂ ਦਾ ਮੁਕਾਬਲਾ ਕਰਨਾ ਪਿਆ। 途中彼は多くの困難に遭遇しなければなりませんでした. **3** 応戦, 立ち向かうこと. **4** 〖競技〗対戦, 試合, 競技. ❐ਮੁਕਾਬਲਾ ਕਰਨਾ 対戦する, 勝負する. **5** 衝突, 争い, 異議. **6** 比較, 対照. ❐ਮੁਕਾਬਲਾ ਕਰਨਾ 比較する, 対照する.

ਮੁਕਾਬਿਲ (मुकाबिल) /mukābila ムカービル/ ▸ਮੁਕਾਬਲ *adj.* → ਮੁਕਾਬਲ

ਮੁਕਾਮ (मुकाम) /mukāma ムカーム/ ▸ਮਕਾਮ [Arab. *maqām*] *m.* **1** 場所, 土地. **2** 現場. **3** 滞在, 停泊. **4** 逗留. **5** 宿泊地, 滞在地, 野営地. **6** 仮住まい. **7** 住居, 家. **8** 地位, 身分.

ਮੁਕਾਮੀ (मुकामी) /mukāmī ムカーミー/ ▸ਮਕਾਮੀ [Pers. *maqāmī*] *adj.* 土地の, 地域の, 地方の, 地元の. (⇒ਸਥਾਨਿਕ)

ਮੁਕਾਲਾ (मुकाला) /mukālā ムカーラー/ ▸ਮੂੰਹ-ਕਾਲਾ [(Pkt. मुह) Skt. मुख + Skt. काल] *m.* 《ਮੂੰਹ-ਕਾਲਾ の短縮融合形》 **1** 恥辱, 赤恥. **2** 不名誉, 汚名. **3** 不義, 姦通, 不倫行為.

ਮੁੱਕੀ (मुक्की) /mukkī ムッキー/ [Skt. मुष्टिका] *f.* **1** 〖身体〗拳骨, 握り拳. ❐ਮੁੱਕੀ ਦੇਣੀ こねる. ❐ਮੁੱਕੀ ਮਾਰਨੀ 拳骨で殴る, 握り拳で殴打する. **2** 拳骨で殴ること, 殴打.

ਮੁੱਕੇਬਾਜ਼ (मुक्केबाज़) /mukkebāza ムッケーバーズ/ [Pers.*-bāz*] *m.* **1** 拳骨で殴る人. **2** 〖競技〗ボクサー, 拳闘選手.

ਮੁੱਕੇਬਾਜ਼ੀ (मुक्केबाज़ी) /mukkebāzī ムッケーバーズィー/ [Pers.*-bāzī*] *f.* **1** 拳骨での殴り合い. **2** 〖競技〗ボクシング, 拳闘.

ਮੁਕੈਸ਼ (मुकैश) /mukaiśa ムカェーシュ/ [Arab. *muqqaiś*] *f.* 刺繍に用いる金・銀など輝く色の糸.

ਮੁਖ[1] (मुख) /mukʰa ムク/ ▸ਮੁੱਖ [Skt. मुख] *m.* **1** 〖身体〗口, 開口部. (⇒ਮੂੰਹ) **2** 〖身体〗顔, 顔面. (⇒ਚਿਹਰਾ) **3** 顔つき, 顔立ち, 容貌. (⇒ਸ਼ਕਲ)

ਮੁਖ[2] (मुख) /mukʰa ムク/ ▸ਮੁੱਖ, ਮੁਖਯ *adj.* → ਮੁੱਖ[2]

ਮੁੱਖ[1] (मुक्ख) /mukkʰa ムック/ ▸ਮੁਖ *m.* → ਮੁਖ[1]

ਮੁੱਖ[2] (मुक्ख) /mukkʰa ムック/ ▸ਮੁਖ, ਮੁਖਯ [Skt. मुख्य] *adj.* **1** 主な, 主要な. ❐ਮੁੱਖ ਤੌਰ ਤੇ 主に. **2** 最大の. **3** 先頭の, 主導的な. **4** 卓越した, 著名な. **5** 基の, 基本の. ❐ਮੁੱਖ ਅੰਕ 基数.

ਮੁੱਖ ਸਕੱਤਰ (मुक्ख सकत्तर) /mukkʰa̯ sakattara̯ ムック サカッタル/ [Skt. मुख्य + Eng. *secretary*] *m.* 長官, 幹事長, 書記長.

ਮੁੱਖ ਕਾਰਨ (मुक्ख कारन) /mukkʰa̯ kārana̯ ムック カーラン/ [+ Skt. कारण] *m.* 主な原因, 主因.

ਮੁੱਖ ਖੇਤਰ (मुक्ख खेतर) /mukkʰa̯ kʰetara̯ ムック ケータル/ [+ Skt. क्षेत्र] *m.* **1** 主要な地域. **2**〖地理〗首都地域, 首都圏.

ਮੁਖਤ (मुखत) /mukʰata̯ ムカト/ ▸ਮੁਫ਼ਤ *adj.* → ਮੁਫ਼ਤ

ਮੁਖ਼ਤਸਰ (मुख़तसर) /muxatasara̯ ムカトサル/ [Arab. *muxtaṣar*] *adj.* **1** 簡略な. (⇒ਸੰਖਿਪਤ) ❒ਮੁਖ਼ਤਸਰ ਤੌਰ ਤੇ 簡略に. **2** 短い.

ਮੁਖ਼ਤਲਿਫ਼ (मुख़तलिफ़) /muxatalifa̯ ムカトリフ/ [Arab. *muxtalif*] *adj.* **1** 違った. (⇒ਭਿੰਨ) **2** 多様な. (⇒ਭਾਂਤ ਭਾਂਤ ਦਾ) **3** 雑多な.

ਮੁਖ਼ਤਾਰ (मुख़तार) /muxatāra̯ ムクタール/ ▸ਮੁਖ਼ਤਿਆਰ [Arab. *muxtār*] *m.* **1** 代理, 代理人, 代言人. **2**〖法〗訴訟代理人, 事務弁護士.

ਮੁਖ਼ਤਾਰ ਆਮ (मुख़तार आम) /muxatāra āma̯ ムクタール アーム/ [+ Arab. *`āmm*] *m.* 全目的代理人, 総代理人.

ਮੁਖ਼ਤਾਰ ਖ਼ਾਸ (मुख़तार ख़ास) /muxatāra xāsa̯ ムクタール カース/ [+ Arab. *xāṣṣ*] *m.* 特殊目的代理人.

ਮੁਖ਼ਤਾਰਨਾਮਾ (मुख़तारनामा) /muxatāranāmā ムクタール ナーマー/ ▸ਮੁਖ਼ਤਿਆਰਨਾਮਾ [Pers.*-nāma*] *m.* **1** 代理委任状, 弁護委任状, 弁護士の権限を与える文書. **2** 弁護士の権限・資格.

ਮੁਖ਼ਤਾਰੀ (मुख़तारी) /muxatārī ムクターリー/ ▸ਮੁਖ਼ਤਿਆਰੀ [Pers. *muxtārī*] *f.* **1** 代理, 代表. **2** 事務弁護士の資格, 弁護士の権限・機能.

ਮੁਖ਼ਤਿਆਰ (मुख़तिआर) /muxatiāra̯ ムクティアール/ ▸ਮੁਖ਼ਤਾਰ *m.* → ਮੁਖ਼ਤਾਰ

ਮੁਖ਼ਤਿਆਰਨਾਮਾ (मुख़तिआरनामा) /muxatiāranāmā ムクティアールナーマー/ ▸ਮੁਖ਼ਤਾਰਨਾਮਾ *m.* → ਮੁਖ਼ਤਾਰਨਾਮਾ

ਮੁਖ਼ਤਿਆਰੀ (मुख़तिआरी) /muxatiārī ムクティアーリー/ ▸ਮੁਖ਼ਤਾਰੀ *f.* → ਮੁਖ਼ਤਾਰੀ

ਮੁੱਖ ਦਫ਼ਤਰ (मुक्ख दफ़तर) /mukkʰa̯ dafatara̯ ムック ダフタル/ [Skt. मुख्य + Arab. *daftar*] *m.* 中央官庁.

ਮੁੱਖ ਧਾਰਾ (मुक्ख धारा) /mukkʰa̯ tǎrā ムック ターラー/ [+ Skt. धारा] *m.* 主要な潮流, 主流, 大勢.

ਮੁੱਖ ਨਗਰ (मुक्ख नगर) /mukkʰa̯ nagara̯ ムック ナガル/ [+ Skt. नगर] *m.* 首都.

ਮੁੱਖ ਪਾਤਰ (मुक्ख पातर) /mukkʰa̯ pātara̯ ムック パータル/ [+ Skt. पात्र] *m.* **1** 主役. **2** 主人公.

ਮੁਖਬੰਦ (मुखबंद) /mukʰabanda̯ ムクバンド/ ▸ਮੁਖਬੰਧ *m.* **1** 序, 序文, 前文. **2** 導入部.

ਮੁਖਬੰਧ (मुखबंध) /mukʰabânda̯ ムクバンド/ ▸ਮੁਖਬੰਦ *m.* → ਮੁਖਬੰਦ

ਮੁਖ਼ਬਰ (मुख़बर) /muxabara̯ ムクバル/ [Arab. *muxbir*] *m.* **1** 密告者, 秘密情報提供者. **2** 密偵, スパイ. **3**〖法〗共犯証人.

ਮੁਖ਼ਬਰੀ (मुख़बरी) /muxabarī ムクバリー/ [Pers. *muxbirī*] *m.* **1** 秘密情報. **2** 密告, 告げ口. **3** 密偵活動, スパイ活動.

ਮੁੱਖ ਮੰਤਰੀ (मुक्ख मंतरी) /mukkʰa̯ mantarī ムック マントリー/ [Skt. मुख्य + Skt. मंत्रिन्] *m.* 主席大臣, 首相.

ਮੁਖ-ਮਾਂਜਣੀ (मुख-माँजणी) /mukʰa̯-mā̃jaṇī ムク・マーンジニー/ [Skt. मुख + cf. ਮਾਂਜਣਾ] *f.*〖道具〗歯ブラシ.

ਮੁਖਯ (मुखय) /mukʰaya̯ ムカユ/ ▸ਮੁਖ, ਮੁੱਖ *adj.* → ਮੁੱਖ²

ਮੁਖਲਸ (मुखलस) /mukʰalasa̯ ムクラス/ ▸ਮੁਫ਼ਲਸ, ਮੁਫ਼ਲਿਸ *adj.* → ਮੁਫ਼ਲਸ

ਮੁਖ਼ਲਿਸ (मुख़लिस) /muxalisa̯ ムクリス/ [Arab. *muxlis*] *adj.* **1** 素直な, 純朴な, 正直な. (⇒ਸਿੱਧਾ-ਸਾਦਾ) **2** 真の, 本当の. (⇒ਸੱਚਾ) **3** 忠実な. (⇒ਵਫ਼ਾਦਾਰ)

— *m.* 真の友. (⇒ਸੱਚਾ ਦੋਸਤ)

ਮੁਖਲੇਰਾ (मुखलेरा) /mukʰalerā ムクレーラー/ ▸ਮੁਕਲੇਰਾ *adj.* → ਮੁਕਲੇਰਾ

ਮੁਖੜਾ (मुखड़ा) /mukʰaṛā ムクラー/ [Skt. मुख -ड़ा] *m.*〖身体〗顔. (⇒ਚਿਹਰਾ)

ਮੁਖ਼ਾਤਬ (मुख़ातब) /muxātaba̯ ムカータブ/ ▸ਮੁਖ਼ਾਤਿਬ *adj.* → ਮੁਖ਼ਾਤਿਬ

ਮੁਖ਼ਾਤਿਬ (मुख़ातिब) /muxātiba̯ ムカーティブ/ ▸ਮੁਖ਼ਾਤਬ [Arab. *muxātib*] *adj.* **1** 話しかけられた. **2** 呼ばれた, 呼びかけられた.

ਮੁਖਾਰਬਿੰਦ (मुखारबिंद) /mukʰārabinda̯ ムカールビンド/ *m.* **1** 美貌. **2** 神々しい容貌.

ਮੁਖ਼ਾਲਫ਼ (मुख़ालफ़) /muxālafa̯ ムカーラフ/ [Arab. *muxālif*] *adj.* **1** 反対の, 対立している. **2** 気に入らない, 嫌な.

— *m.* 反対者, 対立者.

ਮੁਖ਼ਾਲਫ਼ਤ (मुख़ालफ़त) /muxālafata̯ ムカールファト/ [Pers. *muxālifat*] *f.* **1** 反対, 対立. **2** 敵意, 敵対.

ਮੁਖੀ (मुखी) /mukʰī ムキー/ [Skt. मुख्य] *adj.* **1** 大きな. (⇒ਵੱਡਾ) **2** 有名な. (⇒ਮਸ਼ਹੂਰ, ਪਰਸਿੱਧ)

— *m.* **1** 首長, 頭目. **2** 指導者. (⇒ਆਗੂ)

ਮੁਖੀਆ (मुखीआ) /mukʰīā ムキーアー/ [Skt. मुख्य] *adj.* 有名な. (⇒ਮਸ਼ਹੂਰ, ਪਰਸਿੱਧ)

— *m.* **1** 首長. **2** 村長.

ਮੁਖੌਟਾ (मुखौटा) /mukʰauṭā ムカォーター/ ▸ਮਖੌਟਾ *m.* → ਮਖੌਟਾ

ਮੁੰਗ (मुंग) /munga̯ ムング/ ▸ਮੂੰਗੀ, ਮੂੰਗ, ਮੂੰਗੀ *m.* → ਮੂੰਗੀ

ਮੁਗਦਰ (मुगदर) /mugadara̯ ムグダル/ ▸ਬੁਗਦਰ, ਮੁਘਦਰ, ਮੁਧਕਰ *m.* → ਬੁਗਦਰ

ਮੁਗਧ (मुगध) /mûgada̯ | mûgada̯ ムガド | ムグド/ [Skt. मुग्ध] *adj.* **1** 無知の, 愚かな. (⇒ਮੂਰਖ) **2** 夢中になった, 魅せられた. (⇒ਮੋਹਿਤ)

ਮੁਗਧਤਾ (मुगधता) /mûgadatā | mûgadatā ムガドター | ムグドター/ [Skt.-ता] *f.* **1** 夢中になった状態, 魅せられた状態. **2** 多情.

ਮੁੰਗਫਲੀ (मुंगफली) /muṅgapʰalī ムングパリー/ ▸ਮੂੰਗਫਲੀ [Skt. भूमि + Skt. फल -ई] *f.* **1**〖植物〗ラッカセイ(落花生), ナンキンマメ(南京豆), ピーナツ《マメ科ラッカセイ属の一年草》. **2**〖食品〗ラッカセイの実.

ਮੁੰਗਰਾ (मुंगरा) /muṅgarā ムングラー/ ▸ਮੂੰਗਰਾ, ਮੋਂਗਰਾ [(Pkt. मुग्गर) Skt. मुकुल] *m.*〖植物〗ダイコン(大根)の種子の入っている莢.

ਮੁਗ਼ਲ (मुग़ल) /muǧala̯ ムガル/ [Pers. *muǧul*] *m.* **1**(一般に)モンゴル人, モンゴル族. **2**〖歴史〗ムガル人《1

6世紀にインドを征服し帝国を樹立した外来の社会集団の一つ》. **3**〖歴史〗ムガル王朝, ムガル帝国.

ਮੁਗ਼ਲਈ (मुग़लई) /muğalaī ムグライー/ [-ਈ] *adj.* **1** ムガルの. **2** ムガル様式の, ムガル風の.

— *m.* 〖衣服〗ムガル風のゆったりとしたシャツ.

ਮੁਗ਼ਲਾਣੀ (मुग़लाणी) /muğalāṇī ムグラーニー/ [-ਣੀ] *f.* ムガルの女性.

ਮੁੰਗਲੀ (मुंगली) /muṅgalī ムンガリー/ ▸ਮੂੰਗਲੀ [Skt. मुद्गर -ਈ] *f.* 〖道具〗身体鍛練用の二本一組の棍棒. ❐ਮੁੰਗਲੀਆਂ ਫੇਰਨੀਆਂ 棍棒を回して身体を鍛錬する.

ਮੁੰਗੀ (मुंगी) /muṅgī ムンギー/ ▸ਮੁੰਗ, ਮੂੰਗ, ਮੂੰਗੀ [(Pkt. मुग्ग) Skt. मुद्ग] *f.* **1**〖植物〗ムング豆, モヤシマメ(萌やし豆)《インゲンマメの一種》. **2**〖植物〗リョクトウ(緑豆), リョクズ(緑豆)《アオアズキ(青小豆), ブンドウ(文豆)など多くの別名を持つ》. (⇒ਉੜਦ, ਮਾਂਹ)

ਮੁੰਗੀਆ (मुंगीआ) /muṅgīā ムンギーアー/ ▸ਮੂੰਗੀਆ *adj.* 緑がかった灰色の.

ਮੁੱਘ (मुग्घ) /mûggá ムッグ/ ▸ਮੱਘ *m.* → ਮੱਘ

ਮੁਘਦਰ (मुघदर) /mûgadara ムグダル/ ▸ਬੁਗਦਰ, ਮੁਗਦਰ, ਮੁਧਕਰ *m.* → ਬੁਗਦਰ

ਮੁੱਚ (मुच्च) /mucca ムッチ/ [(Lah.)] *adv.* とても, 大いに. (⇒ਬਹੁਤ)

— *adj.* 太った. (⇒ਮੋਟਾ)

ਮੁਚਣਾ (मुचणा) /mucaṇā ムチャナー/ *vi.* **1** 捻挫する, 挫く. **2** 脱臼する.

ਮੁਚਲਕਾ (मुचलका) /mucalakā ムチャルカー/ ▸ਮਚਲਕਾ [Turk. *mucalkā*] *m.* **1** 誓約書, 契約書, 証文. **2** 不当な行為を繰り返さないという誓約書.

ਮੁੱਛ (मुच्छ) /mucchá ムッチ/ [Skt. श्मश्रु] *f.* 〖身体〗口髭(くちひげ). ❐ਮੁੱਛ ਢਿੱਲੀ ਹੋਣੀ 負ける, 士気を失う, くじける, 落胆する. ❐ਮੁੱਛ ਨੂੰ ਤਾਉ ਦੇਣਾ 口髭をひねる, 威張る. ❐ਮੁੱਛ ਪੁੱਟਣੀ 口髭を引き抜く, 侮辱する, 名を汚す. ❐ਮੁੱਛ ਪੁਟਾਉਣੀ 口髭を引き抜かれる, 侮辱される, 名を汚される. ❐ਮੁੱਛ ਫੁੱਟ 口髭の生え始めた若者, 年ごろの少年.

ਮੁੱਛਣਾ (मुच्छणा) /mucchaṇā ムッチャナー/ [Skt. मुषति] *vt.* **1**(丸太や棒などを)切って端を滑らかにする. **2**〖俗語〗だまし取る.

ਮੁੱਛਲ (मुच्छल) /mucchala ムッチャル/ [Skt. श्मश्रु + ਲ] *m.* 口髭を長く伸ばした人.

ਮੁਛਵਾਉਣਾ (मुछवाउणा) /muchawāuṇā ムチワーウナー/ ▸ਮੁਛਾਉਣਾ [cf. ਮੁੱਛਣਾ] *vt.* **1**(丸太や棒などを)切って端を滑らかにさせる. **2**〖俗語〗だまし取らせる.

ਮੁਛਾਉਣਾ (मुछाउणा) /muchāuṇā ムチャーウナー/ ▸ਮੁਛਵਾਉਣਾ *vt.* → ਮੁਛਵਾਉਣਾ

ਮੁੰਜ (मुंज) /muñja ムンジ/ ▸ਮੁੰਞ *f.* 縄の材料となる葦の繊維.

ਮੁਜੱਸਮ (मुजस्सम) /mujassama ムジャッサム/ [Arab. *mujassam*] *adj.* **1** 肉体の, 身体の. **2** 身体を持っている, 有体の. **3** 形のある, 有形の. **4** 具体的な. **5** 実在の.

ਮੁਜੱਸਮਾ (मुजस्समा) /mujassamā ムジャッサマー/ [Arab. *mujassam*] *m.* **1** 彫像. **2** 偶像.

ਮੁਜ਼ੱਕਰ (मुज़क्कर) /muzakkara ムザッカル/ [Arab. *muzakkar*] *m.* **1**〖言〗(文法上の)男性. (⇒ਪੁਲਿੰਗ)(⇔ਮੁਅੱਨਸ) **2** オス, 雄. (⇒ਨਰ)

ਮੁਜ਼ੰਮਤ (मुज़म्मत) /muzammata ムザンマト/ [Arab. *muzammat*] *f.* **1** 非難. (⇒ਨਿੰਦਾ) **2** 酷評. **3** 不承知.

ਮੁਜਰਮ (मुजरम) /mujarama ムジラム/ [Arab. *mujrim*] *m.* 犯人, 犯罪者, 罪人.

ਮੁਜਰਮਾਨਾ (मुजरमाना) /mujaramānā ムジャルマーナー/ [Pers.-*āna*] *adj.* 犯罪の, 犯罪になる, 罪を犯した.

ਮੁਜਰਾ (मुजरा) /mujarā ムジラー/ ▸ਮੁਜਰਾਅ [Arab. *mujrā*] *m.* **1** 値引き, 差し引くこと, 控除, 割引き, 減額. (⇒ਕਟੌਤੀ) **2** 棒引き, 相殺. **3** 敬意を払うこと, 丁寧な挨拶, 随行. (⇒ਅਦਬ, ਸਲਾਮ) **4**〖音楽・舞踊〗芸娼や芸妓の歌舞.

ਮੁਜਰਾਅ (मुजराअ) /mujarāa ムジラーア/ ▸ਮੁਜਰਾ *m.* → ਮੁਜਰਾ

ਮੁਜਾਹਦ (मुजाहद) /mujāhada | mujâda ムジャーハド | ムジャード/ [Arab. *mujāhid*] *m.* **1** 戦士, 勇猛な武人. **2**〖イス〗イスラームの護持のために戦う者.

ਮੁਜ਼ਾਹਰਾ (मुज़ाहरा) /muzârā ムザーラー/ [Arab. *muzāhar*] *m.* 〖政治〗デモ, 示威運動, デモ行進. (⇒ਡੀਮਾਨਸਟਰੇਸ਼ਨ)

ਮੁਜ਼ਾਰਾ (मुज़ारा) /muzārā ムザーラー/ [Arab. *muzāria*] *m.* 農夫, 農民, 耕作者, 小作人.

ਮੁਜਾਵਰ (मुजावर) /mujāwara ムジャーワル/ ▸ਮਜਾਉਰ, ਮਜੌਰ, ਮੁਜੌਰ *m.* → ਮਜੌਰ

ਮੁੰਜੀ (मुंजी) /muñjī ムンジー/ ▸ਮੂੰਜੀ [Skt. मुञ्ज] *f.* 〖植物〗コメ(米), イネ(稲), モミ(籾).

ਮੁਜੌਰ (मुजौर) /mujaura ムジャオール/ ▸ਮਜਾਉਰ, ਮਜੌਰ, ਮੁਜਾਵਰ *m.* → ਮਜੌਰ

ਮੁੰਞ (मुंञ) /muññá ムンヌ/ ▸ਮੁੰਜ *f.* → ਮੁੰਜ

ਮੁਟਾਈ (मुटाई) /muṭāī ムターイー/ ▸ਮੁਟਿਆਈ, ਮੋਟਾਈ [Skt. मुष्ट -ਈ] *f.* **1** 厚さ, 厚みがあること. **2** 太さ, 太いこと. **3** 太っていること. **4**〖医〗肥満, 太り過ぎ. **5** でっぷりしていること. **6** 大きさ, 大きいこと. **7** 慢心, うぬぼれ.

ਮੁਟਾਪਾ (मुटापा) /muṭāpā ムターパー/ ▸ਮੋਟਾਪਾ [Skt. मुष्ट -ਪਾ] *m.* **1** 太っていること. **2**〖医〗肥満, 太り過ぎ. **3** でっぷりしていること.

ਮੁਟਿਆਈ (मुटिआई) /muṭiāī ムティアーイー/ ▸ਮੁਟਾਈ, ਮੋਟਾਈ *f.* → ਮੁਟਾਈ

ਮੁਟਿਆਰ (मुटिआर) /muṭiāra ムティアール/ [Skt. मुष्ट + ਆਰ] *f.* **1** 乙女. **2** 若い女性. **3** 結婚適齢期の女性.

ਮੁਟਿਆਰਪਣ (मुटिआरपण) /muṭiārapaṇa ムティアールパン/ [-ਪਣ] *m.* 処女性.

ਮੁਟੇਰਾ (मुटेरा) /muṭerā ムテーラー/ [Skt. मुष्ट -ਏਰਾ] *adj.* **1** さらに厚い, より厚みのある. **2** さらに太い. **3** さらに太っている. **4** より大きい.

ਮੁੱਠ (मुट्ठ) /muṭṭʰa ムット/ [(Pkt. मुठि) Skt. मुष्टि] *f.* 〖身体〗握り拳, 拳骨. ❐ਮੁੱਠ ਗਰਮ ਕਰਨੀ 賄賂を贈る, 買収する. ❐ਮੁੱਠ ਘੁੱਟਣੀ 握り締める, 物惜しみをする.

ਮੁਠਭੇੜ (मुठभेड़) /muṭʰapĕṛa ムトペール/ *m.f.* **1** 小競り合い. **2** 交戦, 対戦, 遭遇戦. **3** 格闘.

ਮੁਠਾ (मुठा) /muṭʰā ムター/ ▸ਮੁੱਠਾ *m.* → ਮੁੱਠਾ

ਮੁੱਠਾ (मुट्ठा) /muṭṭʰā ムッター/ ▸ਮੁਠਾ *m.* 道具の柄.

ਮੁੱਠੀ (मुट्ठी) /mutṭʰī ムッティー/ [(Pkt. मुठि) Skt. मुष्टि] *f.* 〖身体〗握り拳, 拳骨. ❐ਮੁੱਠੀ ਚਾਪੀ マッサージ. ❐ਮੁੱਠੀ ਚਾਪੀ ਕਰਨੀ マッサージする, 筋肉を揉む, へつらう. ❐ਮੁੱਠੀ ਭਰ 一握りの, 僅かな. ❐ਮੁੱਠੀ ਵਿੱਚ 掌握して, 人の言いなりになって, 所有されて. ❐ਮੁੱਠੀ ਗਰਮ ਕਰਨੀ 賄賂を贈る, 買収する.

ਮੁੰਡ (मुंड) /muṇḍa ムンド/ [Skt. मुण्ड] *m.* 〖身体〗頭. (⇒ਸਿਰ)

ਮੁੰਡਨ (मुंडन) /muṇḍana ムンダン/ [Skt. मुण्डन] *m.* 剃髪.

ਮੁੰਡਨ ਸੰਸਕਾਰ (मुंडन संसकार) /muṇḍana sansakāra ムンダン サンスカール/ [+ Skt. संस्कार] *m.* 〖儀礼・ヒ〗剃髪儀礼, 剃髪式.

ਮੁੰਡਪੁਣਾ (मुंडपुणा) /muṇḍapuṇā ムンドプナー/ [Skt. मुण्डित -ਪੁਣਾ] *m.* **1** 男の子らしさ, 子供っぽさ. **2** 子供っぽい言動. **3** 幼児性, 幼稚さ.

ਮੁੰਡਾ (मुंडा) /muṇḍā ムンダー/ [Skt. मुण्डित] *m.* **1** 男の子, 少年. (⇒ਲੜਕਾ) **2** 〖親族〗息子. (⇒ਪੁੱਤਰ) ❐ਮੁੰਡਾ ਹੋਣਾ 息子が生まれる.

ਮੁੰਡਾਸਾ (मुंडासा) /muṇḍāsā ムンダーサー/ ▸ਮੰਡਾਸਾ [Skt. मुण्ड + ਆਸਾ] *m.* **1** 〖衣服〗顔を覆う布. **2** 〖衣服〗頭巾.

ਮੁੰਡਾ ਖੁੰਡਾ (मुंडा खुंडा) /muṇḍā kʰuṇḍā ムンダー クンダー/ *m.* **1** 男の子, 少年. **2** 若者.

ਮੁੰਡੀ (मुंडी) /muṇḍī ムンディー/ [Skt. मुण्ड -ਈ] *f.* **1** 〖身体〗首. **2** 〖身体〗頭. **3** 少女.

ਮੁੰਡੀਰ (मुंडीर) /muṇḍīra ムンディール/ [Skt. मुण्डित] *f.* 多くの少年たち, 男の子の群れ.

ਮੁੰਡੇਬਾਜ਼ (मुंडेबाज़) /muṇḍebāza ムンデーバーズ/ [Skt. मुण्डित Pers.-*bāz*] *adj.* **1** 少年相手の男色の, 少年愛の. **2** 男色の, 衆道の.

ਮੁੰਡੇਬਾਜ਼ੀ (मुंडेबाज़ी) /muṇḍebāzī ムンデーバーズィー/ [Pers.-*bāzī*] *f.* **1** 少年相手の男色, 少年愛. **2** 男色, 衆道, 男性の同性愛.

ਮੁੰਡੇਰ (मुंडेर) /muṇḍera ムンデール/ [Skt. मुण्ड + ਏਰ] *f.* 〖建築〗屋根の縁の低い壁, 土や石造りの低い壁, 胸壁. (⇒ਬਨੇਰਾ)

ਮੁਢ (मुढ) /mûḍa ムド/ ▸ਮੁੱਢ *m.* → ਮੁੱਢ

ਮੁੱਢ (मुड्ढ) /mûḍḍa ムッド/ ▸ਮੁਢ [(Pkt. मुढ) Skt. मूर्धन्] *m.* **1** 〖植物〗根. (⇒ਮੂਲ) **2** 〖植物〗切株. **3** 始まり, 初歩. (⇒ਸ਼ੁਰੂ) **4** 起源. **5** 基礎, 基本. (⇒ਨੀਂਹ)

ਮੁੱਢ ਕਦੀਮ (मुड्ढ कदीम) /mûḍḍa kadīma ムッド カディーム/ [+ Arab. *qadīm*] *m.* **1** 古代, 太古. **2** 大昔, はるか昔, 原始時代.

ਮੁੱਢ ਕਦੀਮੀ (मुड्ढ कदीमी) /mûḍḍa kadīmī ムッド カディーミー/ [+ Pers. *qadīmī*] *adj.* **1** 古代の, 太古の. **2** 大昔の, 原始の.

ਮੁੱਢ ਕਦੀਮੋਂ (मुड्ढ कदीमों) /mûḍḍa kadīmõ ムッド カディーモーン/ [+ Arab. *qadīm* + ਓਂ] *adv.* **1** 古代から, 太古から. **2** 大昔から, はるか昔から, 原始時代から.

ਮੁਢਲਾ (मुढला) /mûḍalā ムドラー/ [(Pkt. मुढ) Skt. मूर्धन् + ਲਾ] *adj.* **1** 初歩の, 初等の, 初級の. (⇒ਪਹਿਲਾ) **2** 入門の. **3** 基礎の, 基本の. (⇒ਬੁਨਿਆਦੀ) **4** 初期の. **5** 原始の. **6** 本来の.

ਮੁੱਢਾ (मुड्ढा) /mûḍḍā ムッダー/ *m.* 紡ぎ糸.

ਮੁੱਢੀ (मुड्ढी) /mûḍḍī ムッディー/ *f.* 〖植物〗切り株.

ਮੁੱਢੋਂ (मुड्ढों) /mûḍḍõ ムッドーン/ [(Pkt. मुढ) Skt. मूर्धन् + ਓਂ] *adv.* 《ਮੁੱਢ ਤੋਂ の融合形》 **1** 根本から. (⇒ਜੜ੍ਹੋਂ, ਮੂਲੋਂ) **2** 初めから, もともと, 元来. (⇒ਸ਼ੁਰੂ ਤੋਂ)

ਮੁਣਸ (मुणस) /muṇasa ムナス/ ▸ਮੁਨਸ [Skt. मनुष्य] *m.* **1** 人間. **2** 男. (⇒ਆਦਮੀ) **3** 〖親族〗夫. (⇒ਪਤੀ, ਖ਼ਾਵੰਦ)

ਮੁਣਿਆਦ (मुणिआद) /muṇiāda ムニアード/ ▸ਬੁਨਿਆਦ, ਮੁਨਿਆਦ *f.* → ਬੁਨਿਆਦ

ਮੁਤਅੱਸਬ (मुतअस्सब) /mutaassaba ムトアッサブ/ ▸ਮੁਤੱਸਬ [Arab. *mut`assib*] *adj.* **1** 宗教に凝り固まった, 狂信的な. (⇒ਤਅੱਸਬੀ) **2** 忠実な. (⇒ਕੱਟੜ) **3** 頑固な.

ਮੁਤਅੱਲਕ (मुतअल्लक) /mutaallaka ムトアッラク/ ▸ਮੁਤੱਲਕ, ਮੁਤੱਲਿਕ, ਮੁਤਾਲਿਕ *adj.postp.* → ਮੁਤੱਲਕ

ਮੁਤੱਸਬ (मुतस्सब) /mutassaba ムタッサブ/ ▸ਮੁਤਅੱਸਬ *adj.* → ਮੁਤਅੱਸਬ

ਮੁਤਹੱਰਕ (मुतहर्रक) /mutaharraka ムトハッラク/ [Arab. *mutaharrik*] *adj.* 動いている, 活動している. (⇒ਗਤੀਸ਼ੀਲ)

ਮੁਤਹਿਦ (मुतहिद) /mutaĭda | mutahida ムタェード | ムトヒド/ ▸ਮੁਤਹਿਦਾ [Arab. *muttahid*] *adj.* **1** 合同の, 集まった, 結合した. **2** 協同の, 協力的な, 友好的な. **3** 統合された.

ਮੁਤਹਿਦਾ (मुतहिदा) /mutaĭdā | mutahidā ムタェーダー | ムトヒダー/ ▸ਮੁਤਹਿਦ *adj.* → ਮੁਤਹਿਦ

ਮੁੰਤਕਲ (मुंतकल) /muntakala ムントカル/ ▸ਮੁੰਤਕਿਲ [Arab. *muntaqil*] *adj.* **1** 別の場所に移った. **2** 転任した.

ਮੁੰਤਕਿਲ (मुंतकिल) /muntakila ムントキル/ ▸ਮੁੰਤਕਲ *adj.* → ਮੁੰਤਕਲ

ਮੁੰਤਖ਼ਬ (मुंतख़ब) /muntaxaba ムントカブ/ [Arab. *muntaxab*] *adj.* 選ばれた. (⇒ਚੁਣਿਆ ਹੋਇਆ)

ਮੁੰਤਜ਼ਮ (मुंतज़म) /muntazama ムントザム/ ▸ਮੁੰਤਜ਼ਿਮ [Arab. *muntazim*] *m.* **1** 監督. **2** 管理者.

ਮੁੰਤਜ਼ਰ (मुंतज़र) /muntazara ムントザル/ ▸ਮੁੰਤਜ਼ਿਰ [Arab. *muntazir*] *adj.* **1** 待っている. **2** 期待している.

ਮੁੰਤਜ਼ਿਮ (मुंतज़िम) /muntazima ムントズィム/ ▸ਮੁੰਤਜ਼ਮ *m.* → ਮੁੰਤਜ਼ਮ

ਮੁੰਤਜ਼ਿਰ (मुंतज़िर) /muntazira ムントズィル/ ▸ਮੁੰਤਜ਼ਰ *adj.* → ਮੁੰਤਜ਼ਰ

ਮੁਤਫ਼ਿਕ (मुतफ़िक) /mutafika ムトフィク/ [Arab. *muttafiq*] *adj.* 同意している, 合意した, 同じ意見の. (⇒ਸਹਿਮਤ)

ਮੁਤਬੰਨਾ (मुतबंना) /mutabannā ムトバンナー/ [Arab. *mutabannā*] *m.* **1** 〖親族〗養子. **2** 〖法〗相続人.

ਮੁਤਬਰਕ (मुतबरक) /mutabaraka ムトバラク/ ▸ਮੁਤਬੱਰਕ *adj.* → ਮੁਤਬੱਰਕ

ਮੁਤਬੱਰਕ (मुतबर्रक) /mutabarraka ムトバッラク/ ▸ਮੁਤਬਰਕ [Arab. *mutbarrak*] *adj.* **1** 神聖な. (⇒ਪਵਿੱਤਰ) **2** 清らかな. (⇒ਪਾਕ)

ਮੁਤਲਕ (मुतलक) /mutalaka ムタラク/ ▸ਮੁਤਲਿਕ [Arab. *mutlaq*] *adj.* 絶対的権力の.
— *adv.* **1** 絶対に. **2** 完全に.

ਮੁਤੱਲਕ (मुतल्लक) /mutallaka ムタッラク/ ▸ਮੁਤਅੱਲਕ,

ਮੁਤੱਲਿਕ, ਮੁਤਾਲਿਕ [Arab. *muta`alliq*] *adj.* 関連する, 関わる, 関係している. (⇒ਸੰਬੰਧਤ)
— *postp.* 《… ਦੇ ਮੁਤੱਲਕ の形で》…に関連して, …に関して, …について.

ਮੁਤਲਿਕ (मुतलिक) /mutalika ムタリク/ ▸ਮੁਤਲਕ *adj.adv.* → ਮੁਤਲਕ

ਮੁਤੱਲਿਕ (मुतल्लिक) /mutallika ムタッリク/ ▸ਮੁਤਅੱਲਕ, ਮੁਤੱਲਕ, ਮੁਤਾਲਿਕ *adj.postp.* → ਮੁਤੱਲਕ

ਮੁਤਵੱਜੋ (मुतवज्जो) /mutawajjo ムトワッジョー/ [Arab. *mutavajjah*] *adj.* 注意を払っている, 注意深い.

ਮੁਤਵਾਉਣਾ (मुतवाउणा) /mutawāuṇā ムトワーウナー/ [cf. ਮੂਤਣਾ] *vt.* 小便をさせる.

ਮੁਤਵਾਜ਼ੀ (मुतवाज़ी) /mutawāzī ムトワーズィー/ [Arab. *mutvāzī*] *adj.* 〖幾何〗平行の.

ਮੁਤਵਾਤਰ (मुतवातर) /mutawātara ムトワータル/ ▸ਮੁਤਵਾਤਿਰ [Arab. *mutavātir*] *adv.* **1** 連続して. **2** 絶え間なく.

ਮੁਤਵਾਤਿਰ (मुतवातिर) /mutawātira ムトワーティル/ ▸ਮੁਤਵਾਤਰ *adv.* → ਮੁਤਵਾਤਰ

ਮੁਤਾਸਰ (मुतासर) /mutāsara ムターサル/ ▸ਮੁਤਾਸਿਰ [Arab. *mutāssir*] *adj.* **1** 影響された, 影響を受けた. (⇒ਪਰਭਾਵਿਤ) **2** 感銘を受けた, 感動した.

ਮੁਤਾਸਿਰ (मुतासिर) /mutāsira ムタースィル/ ▸ਮੁਤਾਸਰ *adj.* → ਮੁਤਾਸਰ

ਮੁਤਾਬਕ (मुताबक) /mutābaka ムターバク/ ▸ਮੁਤਾਬਿਕ [Arab. *mutābiq*] *adj.* **1** 対応する. **2** 適当な, 適合した, 一致した.
— *adv.* **1** 従って. **2** 対応して.
— *postp.* 《… ਦੇ ਮੁਤਾਬਕ の形で》. **1**…に応じて, …に従って, …に倣って. **2**…によれば, …に従うと. (⇒ਅਨੁਸਾਰ)

ਮੁਤਾਬਿਕ (मुताबिक) /mutābika ムタービク/ ▸ਮੁਤਾਬਕ *adj.adv.postp.* → ਮੁਤਾਬਕ

ਮੁਤਾਲਬਾ (मुतालबा) /mutālabā ムタールバー/ ▸ਮਤਾਲਬਾ [Arab. *mutālaba*] *m.* **1** 要求, 求めること. **2** 請求.

ਮੁਤਾਲਿਆ (मुतालिआ) /mutāliā ムターリアー/ [Arab. *mutāla`a*] *m.* **1** 注意深く見ること. **2** 勉強, 学習. **3** 研究. (⇒ਅਧਿਐਨ) **4** 知識. **5** 精読. **6** 熟慮, 熟考.

ਮੁਤਾਲਿਕ (मुतालिक) /mutālika ムターリク/ ▸ਮੁਤਅੱਲਕ, ਮੁਤੱਲਕ, ਮੁਤੱਲਿਕ *adj.postp.* → ਮੁਤੱਲਕ

ਮੁਤਾੜ (मुताड़) /mutāṛa ムタール/ *m.* 頸木(くびき)の摩擦で首の上部にできた腫れ物や傷.

ਮੁਤੂੰ (मुतूँ) /mutū̃ ムトゥーン/ ▸ਮੁਤੂ [(Jat.)] *prep.* **1**…なしで. (⇒ਬਿਨਾਂ, ਬਗ਼ੈਰ) **2**…以外に. (⇒ਬਿਨਾਂ)
— *postp.* **1**…なしで. (⇒ਬਿਨਾਂ, ਬਗ਼ੈਰ) **2**…以外に. (⇒ਬਿਨਾਂ)

ਮੁਤੂ (मुतू) /mutū ムトゥー/ ▸ਮੁਤੂੰ [(Jat.)] *prep.postp.* → ਮੁਤੂੰ

ਮੁੱਥ (मुत्थ) /mutt^{h}a ムット/ [(Mul.)] *m.* 〖農業〗湿地の畑で用いる地ならし機.

ਮੁਥਾਜ (मुथाज) /mut^{h}āja ムタージ/ ▸ਮੁਹਤਾਜ [Arab. *muhtāj*] *adj.* **1** 必要としている, 欠けている, 不足している. **2** 困窮している, 窮乏している. **3** 貧しい. **4** か弱い. **5** 頼っている, 扶養されている, 寄生している.

ਮੁਥਾਜਗੀ (मुथाजगी) /mut^{h}ājagī ムタージギー/ ▸ਮੁਹਤਾਜਗੀ [Pers.-*gī*] *f.* **1** 不足, 欠乏. **2** 困窮, 窮乏. **3** 貧窮, 貧困. **4** 頼っていること, 扶養されていること, 依存, 寄生.

ਮੁਥਾਜੀ (मुथाजी) /mut^{h}ājī ムタージー/ ▸ਮੁਹਤਾਜੀ [Pers. *muhtājī*] *f.* **1** 不足, 欠乏. **2** 困窮, 窮乏. **3** 貧窮, 貧困. **4** 頼っていること, 扶養されていること, 依存, 寄生.

ਮੁਦ (मुद) /muda ムド/ [(Mul.)] *f.* 時. (⇒ਵਕਤ, ਸਮਾਂ)

ਮੁਦਈ (मुदई) /mudaī ムダイー/ ▸ਮੁੱਦਈ [Arab. *mudda`ī*] *m.* **1** 要求者. **2**〖法〗原告, 告訴人.

ਮੁੱਦਈ (मुद्दई) /muddaī ムッダイー/ ▸ਮੁਦਈ *m.* → ਮੁਦਈ

ਮੁੰਦਣਾ (मुंदणा) /mundaṇā ムンダナー/ [Skt. मुद्रयति] *vt.* **1** 閉じる. (⇒ਬੰਦ ਕਰਨਾ, ਮੀਟਣਾ) **2** ふさぐ. **3** 穴を開ける. **4** 突き通す.

ਮੁੱਦਤ (मुद्दत) /muddata ムッダト/ [Pers. *muddat*] *f.* **1** 期間. **2** 時間. **3** 期限. **4** 長時間. (⇒ਬਹੁਤ ਚਿਰ)

ਮੁੱਦਤ ਹੋਈ (मुद्दत होई) /muddata hoī ムッダト ホーイー/ *adv.* 昔々.

ਮੁਦਪਣ (मुदपण) /mudapaṇa ムドパン/ *m.* **1** 憎しみ, 反目. **2** 敵意, 敵対. **3** 喧嘩, 不和.

ਮੁਦੱਪੜਾ (मुदप्पड़ा) /mudappaṛā ムダッパラー/ *m.* **1** 憎しみ, 反目. **2** 敵意, 敵対. **3** 要求, 主張.

ਮੁਦੱਬਰ (मुदब्बर) /mudabbara ムダッバル/ [Arab. *mudabbir*] *adj.* **1** 賢い. (⇒ਸਿਆਣਾ, ਹੁਸ਼ਿਆਰ) **2** 聡明な. (⇒ਸੂਝਵਾਨ, ਸਮਝਦਾਰ)

ਮੁਦੱਬਰਪਣ (मुदब्बरपण) /mudabbarapaṇa ムダッバルパン/ [-ਪਣ] *m.* **1** 賢明さ. (⇒ਸਿਆਣਪ, ਹੁਸ਼ਿਆਰੀ) **2** 聡明さ. (⇒ਸਮਝ)

ਮੁਦੱਬਰਪੁਣਾ (मुदब्बरपुणा) /mudabbarapuṇā ムダッバルプナー/ [-ਪੁਣਾ] *m.* → ਮੁਦੱਬਰਪਣ

ਮੁਦੱਬਰੀ (मुदब्बरी) /mudabbarī ムダッバリー/ [Pers. *mudabbirī*] *f.* → ਮੁਦੱਬਰਪਣ

ਮੁੰਦਰ (मुंदर) /mundara ムンダル/ [Skt. मुद्रा] *m.* 〖装〗耳輪, 耳飾り, イヤリング.

ਮੁਦੱਰਸ (मुदर्रस) /mudarrasa ムダッラス/ [Arab. *mudarris*] *m.* 教師, 先生, 指導者. (⇒ਉਸਤਾਦ)

ਮੁੱਦਰਕਾ (मुद्दरका) /muddarakā ムッダルカー/ [Skt. मुद्रिका] *m.* 貨幣. (⇒ਰੁਪਇਆ)

ਮੁੰਦਰਾਂ (मुंदराँ) /mundarā̃ ムンダラーン/ [Skt. मुद्रा] *f.* 〖装・ヒ〗大きな重い耳輪《ヨーガ派・ゴーラクナート派などの修行者が耳に付けるもの》.

ਮੁਦਰਾ (मुदरा) /mudarā ムドラー/ ▸ਮੁੱਦਰਾ *f.* → ਮੁੱਦਰਾ

ਮੁੱਦਰਾ (मुद्दरा) /muddarā ムッダラー/ ▸ਮੁਦਰਾ [Skt. मुद्रा] *f.* **1** 印章. **2** 押印, 刻印, 封印. **3**〖貨幣〗硬貨, コイン. **4** 通貨, 貨幣. **5** 金銭. **6** 座法. **7** 姿勢. **8** しぐさ.

ਮੁੱਦਰਿਤ (मुद्दरित) /muddarita ムッダリト/ [Skt. मुद्रित] *adj.* **1** 押印された, 刻印された. **2** 印刷された.

ਮੁੰਦਰੀ (मुंदरी) /mundarī ムンダリー/ [Skt. मुद्रा -ਈ] *f.* **1** 〖装〗指輪, 認印のついた指輪. **2** 印章.

ਮੁੱਦਾ (मुद्दा) /muddā ムッダー/ [Arab. *mudda`ā*] *m.* **1** 意図, 目的, 目標. **2** 願い, 念願. **3** 要旨. **4** 事柄, 問題, 論点, 争点.

ਮੁੱਦਾਅਲਹਿ (मुद्दाअलहि) /muddālaî ムッダーラエー/ ▸ ਮੁਦਾਲਾ, ਮੁਦੈਲਾ [Arab. mudda`ālaih] m. 〖法〗被告, 被告人.
ਮੁਦਾਮ (मुदाम) /mudāma ムダーム/ ▸ਮਦਾਮ adj.adv. → ਮਦਾਮ
ਮੁਦਾਮੀ (मुदामी) /mudāmī ムダーミー/ ▸ਮਦਾਮੀ adj.f. → ਮਦਾਮੀ
ਮੁਦਾਲਾ (मुदाला) /mudālā ムダーラー/ ▸ਮੁੱਦਾਅਲਹਿ, ਮੁਦੈਲਾ m. → ਮੁੱਦਾਅਲਹਿ
ਮੁਦੈਲਾ (मुदैला) /mudailā ムダェーラー/ ▸ਮੁੱਦਾਅਲਹਿ, ਮੁਦਾਲਾ m. → ਮੁੱਦਾਅਲਹਿ
ਮੁੰਧ (मुंध) /mûnda ムンド/ [Skt. मुग्धा] f. 1 女性主人公. 2 純真な娘. 3 女, 女性. (⇒ਤੀਵੀਂ, ਇਸਤਰੀ)
ਮੁਧਕਰ (मुधकर) /mûdakara ムドカル/ ▸ਬੁਗਦਰ, ਮੁਗਦਰ, ਮੁਘਦਰ m. → ਬੁਗਦਰ
ਮੁੰਧਣਾ (मुंधणा) /mûndaṇā ムンダナー/ ▸ਮੁਧਣਾ vi. → ਮੁਧਣਾ
ਮੁਧਣਾ (मुधणा) /mûdaṇā ムダナー/ ▸ਮੁੰਧਣਾ vi. 1 逆さまになる. 2 ひっくり返る.
ਮੁਧਾਉਣਾ (मुधाउणा) /mudǎuṇā ムダーウナー/ ▸ ਮੁਧਿਆਉਣਾ [cf. ਮੁਧਣਾ] vt. 1 逆にする, 逆さまにする. 2 ひっくり返す.
ਮੁਧਿਆਉਣਾ (मुधिआउणा) /mudiǎuṇā ムディアーウナー/ ▸ਮੁਧਾਉਣਾ vt. → ਮੁਧਾਉਣਾ
ਮੁਨਸ (मुनस) /munasa ムナス/ ▸ਮੁਣਸ m. → ਮੁਣਸ
ਮੁਨਸਫ਼ (मुनसफ़) /munasafa ムンサフ/ [Arab. munṣif] m. 1 〖法〗裁判官, 判事, 判事補. 2 裁決者, 裁定者. — adj. 1 正しい. 2 公正な, 公平な.
ਮੁਨਸਫ਼ ਮਜ਼ਾਜ (मुनसफ़ मज़ाज) /munasafa mazāja ムンサフ マザージ/ [+ Arab. mizāj] adj. 1 正しい. 2 公正な. 3 公平な, 正義を愛する, 正義感の強い. (⇒ਇਨਸਾਫ਼ਪਸੰਦ) 4 道徳的に正しい. (⇒ਨਿਆਂਕਾਰੀ)
ਮੁਨਸਫ਼ੀ (मुनसफ़ी) /munasafī ムンサフィー/ [Pers. munṣifī] f. 1 公正さ. 2 正義. 3 合法. 4 〖法〗裁判, 裁決, 判決. 5 〖法〗裁判官の地位・職務.
ਮੁਨਸ਼ੀ (मुनशी) /munaśī ムンシー/ [Arab. munśī] m. 1 書記, 筆記者, 記録係, 秘書. 2 事務員. 3 法律家の助手, 弁護士の秘書. 4 教師.
ਮੁਨਸ਼ੀਆਨਾ (मुनशीआना) /munaśīānā ムンシーアーナー/ [Pers.-āna] f. 1 書記の報酬. 2 事務員の報酬.
ਮੁਨਹਸਰ (मुनहसर) /munâsara ムナサル/ [Arab. munhaṣir] adj. 1 依存した. 2 条件付けられた.
ਮੁਨ੍ਹੇਰਾ (मुन्हेरा) /munĕrā ムネーラー/ ▸ਮੂੰਹ-ਹਨੇਰਾ m. 《 ਮੂੰਹ-ਹਨੇਰਾ の短縮融合形》→ ਮੂੰਹ-ਹਨੇਰਾ
ਮੁਨ੍ਹੇਰੇ (मुन्हेरे) /munĕre ムネーレー/ ▸ਮੂੰਹ-ਹਨੇਰੇ adv. 《 ਮੂੰਹ-ਹਨੇਰੇ の短縮融合形》→ ਮੂੰਹ-ਹਨੇਰੇ
ਮੁਨਕਰ (मुनकर) /munakara ムンカル/ [Arab. munkir] m. 1 背教者. 2 背信者.
ਮੁਨੱਕਾ (मुनक्का) /munakkā ムナッカー/ ▸ਮਨੱਕਾ m. → ਮਨੱਕਾ
ਮੁੰਨਣਾ (मुंनणा) /munnaṇā ムンナナー/ [Skt. मुण्डयति] vt. 1 剃る. (⇒ਹਜਾਮਤ ਕਰਨਾ) 2 (髪を)刈る. 3 〖比喩〗ふんだくる. 4 〖比喩〗だまし取る.
ਮੁਨੱਵਰ (मुनव्वर) /munawwara ムナッワル/ adj. 光り輝く, 輝いている, 照り輝いている. (⇒ਰੋਸ਼ਨ)
ਮੁਨਵਾਉਣਾ (मुनवाउणा) /munawāuṇā ムンワーウナー/ ▸ ਮੁਨਾਉਣਾ [cf. ਮੁੰਨਣਾ] vt. 1 剃らせる. 2 刈らせる.
ਮੁਨਵਾਈ (मुनवाई) /munawāī ムンワーイー/ [cf. ਮੁੰਨਣਾ] f. 1 剃髪. 2 刈り込み.
ਮੁੰਨਾ[1] (मुंना) /munnā ムンナー/ ▸ਮਿੰਨਾ m. 1 男の子. (⇒ਕਾਕਾ) 2 〖親族〗息子. 3 坊や《男児に対する愛情を込めた呼びかけ》.
ਮੁੰਨਾ[2] (मुंना) /munnā ムンナー/ adj. 4分の3の. (⇒ਪੌਣਾ)
ਮੁਨਾਉਣਾ (मुनाउणा) /munāuṇā ムナーウナー/ ▸ ਮੁਨਵਾਉਣਾ vt. → ਮੁਨਵਾਉਣਾ
ਮੁਨਾਸਬ (मुनासब) /munāsaba ムナーサブ/ ▸ਮੁਨਾਸਿਬ [Arab. munāsib] adj. 1 適当な, 適切な, ふさわしい. (⇒ਉਪਯੁਕਤ, ਮਾਕੂਲ) 2 正しい, 正確な. 3 道理に合った, 納得できる. 4 分別のある, 賢い. 5 公正な.
ਮੁਨਾਸਿਬ (मुनासिब) /munāsiba ムナースィブ/ ▸ਮੁਨਾਸਬ adj. → ਮੁਨਾਸਬ
ਮੁਨਾਦੀ (मुनादी) /munādī ムナーディー/ [Pers. munādī] f. 1 布告, 触れ. (⇒ਐਲਾਨ, ਘੋਸ਼ਣਾ) ❐ਮੁਨਾਦੀ ਕਰਨੀ, ਮੁਨਾਦੀ ਕਰਵਾਉਣੀ 布告する, 触れ回る. 2 触れ太鼓を打つこと, 太鼓を打って触れ回ること. (⇒ਢੰਡੋਰਾ)
ਮੁਨਾਫ਼ਾ (मुनाफ़ा) /munāfā ムナーファー/ [Arab. manāfi`] m. 利益, 収益, 儲け. (⇒ਫ਼ਾਇਦਾ, ਲਾਭ)
ਮੁਨਾਫ਼ਾਖ਼ੋਰ (मुनाफ़ाख़ोर) /munāfāxora ムナーファーコール/ [Pers.-xor] adj. 不当な利益を貪る.
ਮੁਨਾਫ਼ਾਖ਼ੋਰੀ (मुनाफ़ाख़ोरी) /munāfāxorī ムナーファーコーリー/ [Pers.-xorī] f. 不当な利益を貪ること, 暴利, 不当利得.
ਮੁਨਾਰਾ (मुनारा) /munārā ムナーラー/ [Arab. manār] m. 1 〖建築〗尖塔. 2 〖建築〗高い塔.
ਮੁਨਿਆਦ (मुनिआद) /muniāda ムニアード/ ▸ਬੁਨਿਆਦ, ਮੁਣਿਆਦ f. → ਬੁਨਿਆਦ
ਮੁਨਿਆਰ (मुनिआर) /muniāra ムニアール/ ▸ਮਨਿਆਰ, ਮਨਿਹਾਰ [Skt. मणिकार] m. 〖姓〗マニハール《腕輪の製造・販売を生業とする種姓(の人)》, 腕輪売り, 雑貨の商人.
ਮੁਨਿਆਰਨ (मुनिआरन) /muniārana ムニアーラン/ ▸ ਮਨਿਆਰਨ, ਮਨਿਹਾਰਨ [-ਨ] f. 〖姓〗マニハーラン《マニハール種姓の女性》, 腕輪売りの妻, 雑貨の商人の妻.
ਮੁਨਿਆਰੀ (मुनिआरी) /muniārī ムニアーリー/ [-ਈ] f. 腕輪の商売, 雑貨の商売.
ਮੁਨੀ (मुनी) /munī ムニー/ [Skt. मुनि] m. 1 苦行者. 2 聖者.
ਮੁਨੀਸ (मुनीस) /munīsa ムニース/ ▸ਮੁਨੀਸਰ, ਮੁਨੀਸ਼ਵਰ m. → ਮੁਨੀਸਰ
ਮੁਨੀਸਰ (मुनीसर) /munīsara ムニーサル/ ▸ਮੁਨੀਸ, ਮੁਨੀਸ਼ਵਰ [Skt. मुनीश्वर] m. 大聖者, 賢人の長.
ਮੁਨੀਸ਼ਵਰ (मुनीशवर) /munīśawara ムニーシュワル/ ▸ ਮੁਨੀਸ, ਮੁਨੀਸਰ m. → ਮੁਨੀਸਰ
ਮੁਨੀਮ (मुनीम) /munīma ムニーム/ [Arab. munīb] m. 1 会計係, 会計士. 2 帳簿係. 3 代理人, 差配人.
ਮੁਨੀਮਪੁਣਾ (मुनीमपुणा) /munīmapuṇā ムニームプナー/ [-ਪੁਣਾ] m. 1 会計実務, 会計係の仕事. 2 簿記.

ਮੁਨੀਮੀ (मुनीमी) /munīmī ムニーミー/ [-ਈ] *f.* **1** 会計実務, 会計係の仕事. **2** 簿記.

ਮੁਫ਼ੱਸਲ (मुफ़स्सल) /mufassala ムファッサル/ [Arab. *mufaṣṣal*] *adj.* **1** 詳しい, 詳細な. **2** 精緻な. **3** 余す所のない. **4** 明解な.

ਮੁਫ਼ਤ (मुफ़त) /mufata ムファト/ ▸ਮੁਖਤ [Pers. *muft*] *adj.* 無料の, ただの. ❐ਮੁਫ਼ਤ ਦਾ 無料の, ただの. ❐ਮੁਫ਼ਤ ਵਿੱਚ 無料で, ただで, 何の理由もなく, わけもなく.
— *adv.* 無料で, ただで. ❐ਇੱਥੋਂ ਦਵਾਈਆਂ ਮੁਫ਼ਤ ਮਿਲਦੀਆਂ ਹਨ। ここでは薬が無料でもらえます.

ਮੁਫ਼ਤਖ਼ੋਰ (मुफ़तख़ोर) /mufataxora ムファトコール/ ▸ਮੁਫ਼ਤਖ਼ੋਰਾ [Pers. *muft* Pers.-*xor*] *adj.* ただ食いの, 寄食する, 居候の.
— *m.* ただで食べる人, 居候.

ਮੁਫ਼ਤਖ਼ੋਰਾ (मुफ़तख़ोरा) /mufataxorā ムファトコーラー/ ▸ਮੁਫ਼ਤਖ਼ੋਰ *adj.m.* → ਮੁਫ਼ਤਖ਼ੋਰ

ਮੁਫ਼ਤਖ਼ੋਰੀ (मुफ़तख़ोरी) /mufataxorī ムファトコーリー/ [Pers. *muft* Pers.-*xorī*] *f.* ただ食い, 寄食, 居候.

ਮੁਫ਼ਤੀ[1] (मुफ़ती) /mufatī ムフティー/ [-ਈ] *adv.* 無料で, ただで.

ਮੁਫ਼ਤੀ[2] (मुफ़ती) /mufatī ムフティー/ [Arab. *muftī*] *m.* **1** 〖イス〗聖職者. **2** 〖イス〗イスラーム法を執行する判事.

ਮੁਫ਼ਲਸ (मुफ़लस) /mufalasa ムフラス/ ▸ਮੁਖਲਸ, ਮੁਫ਼ਲਿਸ [Arab. *muflis*] *adj.* **1** 貧しい, 貧乏な. (⇒ਗ਼ਰੀਬ) **2** 文無しの. (⇒ਨਿਰਧਨ) **3** 謙虚な. (⇒ਨਿਮਾਣਾ) **4** 妻のいない.

ਮੁਫ਼ਲਿਸ (मुफ़लिस) /mufalisa ムフリス/ ▸ਮੁਖਲਸ, ਮੁਫ਼ਲਸ *adj.* → ਮੁਫ਼ਲਸ

ਮੁਫ਼ਲਸੀ (मुफ़लसी) /mufalasī ムフラスィー/ [Pers. *muflisī*] *f.* **1** 貧しさ, 貧乏. (⇒ਗ਼ਰੀਬੀ) **2** 文無し, 無一文. (⇒ਨਿਰਧਨਤਾ)

ਮੁਫ਼ਾਦ (मुफ़ाद) /mufāda ムファード/ ▸ਮਫ਼ਾਦ *m.* → ਮਫ਼ਾਦ

ਮੁਫ਼ੀਦ (मुफ़ीद) /mufīda ムフィード/ [Arab. *mufīd*] *adj.* **1** 有益な, 有用な, 役に立つ. **2** 大切な, 重要な.

ਮੁੰਬਈ (मुंबई) /mumbaī ムンバイー/ [Mar. मुंबा आई] *f.* 〖地名〗ムンバイー(ムンバイ)《マハーラーシュトラ州の州都. 旧名はボンベイ》.

ਮੁਬਤਲਾ (मुबतला) /mubatalā ムブタラー/ [Arab. *mubtalā*] *adj.* **1** 病気に罹った, 病気に苦しんでいる. **2** とりつかれた, 巻き込まれた. **3** 関わっている, 従事している. **4** 罠にかかった, 囚われている.

ਮੁਬਾਹਸਾ (मुबाहसा) /mubâsā ムバーサー/ ▸ਮੁਬਾਹਿਸਾ *m.* → ਮੁਬਾਹਿਸਾ

ਮੁਬਾਹਿਸਾ (मुबाहिसा) /mubâisā ムバーイサー/ ▸ਮੁਬਾਹਸਾ [Arab. *mubāhasa*] *m.* **1** 討論. **2** 論争.

ਮੁਬਾਰਕ (मुबारक) /mubāraka ムバーラク/ ▸ਮਮਾਰਖ, ਮੁਬਾਰਿਕ, ਮੁਮਾਰਖ [Arab. *mubārak*] *adj.* **1** めでたい. **2** 縁起の良い. **3** 幸福な, 吉祥の. **4** 祝福された. **5** 幸運な.
— *f.* **1** 祝福, 祝賀. ❐ਮੁਬਾਰਕ ਦੇਣੀ 祝う, 祝福する. **2** 祝意. ❐ਮੁਬਾਰਕ ਦੇਣੀ 祝意を表す, 祝辞を述べる.

ਮੁਬਾਰਕਬਾਦ (मुबारकबाद) /mubārakabāda ムバーラクバード/ ▸ਮੁਬਾਰਕਬਾਦੀ [Pers.-*bād*] *int.* おめでとう.
— *f.* **1** 祝いの言葉, 祝詞, 祝辞. **2** 祝福, 祝賀.

ਮੁਬਾਰਕਬਾਦੀ (मुबारकबादी) /mubārakabādī ムバーラクバーディー/ ▸ਮੁਬਾਰਕਬਾਦ *int.f.* → ਮੁਬਾਰਕਬਾਦ

ਮੁਬਾਰਿਕ (मुबारिक) /mubārika ムバーリク/ ▸ਮਮਾਰਖ, ਮੁਬਾਰਕ, ਮੁਮਾਰਖ *adj.f.* → ਮੁਬਾਰਕ

ਮੁਬਾਲਗ਼ਾ (मुबालग़ा) /mubālağā ムバールガー/ [Arab. *mubālağ*] *m.* 誇張, 大袈裟に言うこと.

ਮੁਮਕਨ (मुमकन) /mumakana ムムカン/ ▸ਮੁਮਕਿਨ *adj.* → ਮੁਮਕਿਨ

ਮੁਮਕਿਨ (मुमकिन) /mumakina ムムキン/ ▸ਮੁਮਕਨ [Arab. *mumkin*] *adj.* **1** ありうる, ありそうな, 起こりそうな. (⇒ਸੰਭਵ) **2** 可能な, できる. **3** 実行可能な. **4** 実際的な, 利用できる.

ਮੁਮਤਾਜ਼ (मुमताज़) /mumatāza ムムターズ/ ▸ਮਮਤਾਜ਼ [Arab. *mumtāz*] *adj.* **1** 高貴な. **2** 他に抜きん出て優れた, 抜群の. **3** 卓越した. **4** 目立つ. **5** 尊敬すべき. **6** 名高い, 有名な. (⇒ਨਾਮੀ, ਮਸ਼ਹੂਰ)

ਮੁਮਾਰਖ (मुमारख) /mumārakʰa ムマーラク/ ▸ਮਮਾਰਖ, ਮੁਬਾਰਕ, ਮੁਬਾਰਿਕ *adj.f.* → ਮੁਬਾਰਕ

ਮੁਯੱਸਰ (मुयस्सर) /muyassara ムヤッサル/ [Arab. *muyassar*] *adj.* 入手可能な, 手に入る.

ਮੁਰ (मुर) /mura ムル/ [Skt. मुर] *m.* **1** 悪魔, 鬼. **2** 〖ヒ〗ムラ《プラーナ文典に登場する悪魔, クリシュナ神に殺された悪魔の名》.

ਮੁਰਸ (मुरस) /murasa ムラス/ [Skt. पुरुष] *m.* **1** 男. (⇒ਆਦਮੀ) **2** 〖親族〗夫. (⇒ਪਤੀ)

ਮੁਰਸ਼ਦ (मुरशद) /muraśada ムルシャド/ [Arab. *murśid*] *m.* 〖イス〗イスラームの導師, 説教師.

ਮੁਰਕਣਾ (मुरकणा) /murakaṇā ムルカナー/ [Skt. मुटति] *vi.* **1** 曲がる, ねじれる, 歪む. **2** 折れる. **3** 壊れる. **4** 割れる.

ਮੁਰਕੀ (मुरकी) /murakī ムルキー/ [cf. ਮੁਰਕਣਾ] *f.* 〖装〗小さな耳輪.

ਮੁਰਗ਼ਾ (मुरग़ा) /murağā ムルガー/ [Pers. *murğ*] *m.* **1** 〖鳥〗雄のニワトリ, 雄鶏(おんどり). (⇒ਕੁੱਕੜ) **2** 〖食品〗鶏肉. (⇒ਕੁੱਕੜ ਦਾ ਮਾਸ)

ਮੁਰਗ਼ਾਬੀ (मुरग़ाबी) /murağābī ムルガービー/ [Pers. *murğābī*] *f.* 〖鳥〗カモ, 鴨.

ਮੁਰਗ਼ੀ (मुरग़ी) /murağī ムルギー/ [Pers. *murğ*] *f.* **1** 〖鳥〗雌のニワトリ, 雌鶏(めんどり). (⇒ਕੁੱਕੜੀ) **2** 〖食品〗鶏肉. (⇒ਕੁੱਕੜੀ ਦਾ ਮਾਸ)

ਮੁਰਗ਼ੀਖ਼ਾਨਾ (मुरग़ीख़ाना) /murağīxānā ムルギーカーナー/ [Pers.-*xāna*] *m.* 養鶏小屋, 養鶏場.

ਮੁਰਗ਼ੀਪਾਲਣ (मुरग़ीपालण) /murağīpālaṇa ムルギーパーラン/ [+ Skt. पालन] *m.* 養鶏.

ਮੁਰਝਾਉਣਾ (मुरझाउणा) /murajǎuṇā ムルジャーウナー/ [Skt. मूर्छति] *vi.* **1** 萎れる, しなびる, 枯れる. (⇒ਕੁਮਲਾਉਣਾ) **2** しぼむ. **3** 衰える. **4** 〖比喩〗やつれる, 元気がなくなる. **5** 〖比喩〗しょんぼりする, 沈む. **6** 〖比喩〗憂鬱になる, ふさぎ込む.

ਮੁਰਝਾਹਟ (मुरझाहट) /murajǎṭa ムルジャート/ [cf. ਮੁਰਝਾਉਣਾ] *f.* **1** 萎れること, しなびること. **2** しぼむこと. **3** 衰えること, 衰退.

ਮੁਰਦਨੀ (मुरदनी) /muradanī ムルダニー/ [Pers.

murdanī] *f.* **1** 死んだような静寂, 死人のような青白さ. **2** 憂鬱な表情. **3** 陰鬱. **4** 生気のなさ. **5** 物憂げな様子.

ਮੁਰਦਾ (मुरदा) /muradā ムルダー/ [Pers. *murda*] *m.* **1** 死人, 死者. **2** 死体, 遺体, 屍体, 屍(しかばね), 死骸. (⇒ਲਾਸ਼, ਲੋਥ)

— *adj.* **1** 死んだ, 死亡した. **2** 感覚を失った. **3** 元気のない, 不活発な. **4**〘比喩〙怠け者の. **5**〘比喩〙弱い.

ਮੁਰਦਾ ਦਿਲ (मुरदा दिल) /muradā dila ムルダー ディル/ [+ Pers. *dil*] *adj.* **1** 死人の心の, 何の喜びも感じず何の意欲もない. **2** 落胆した, 打ちのめされた. **3** 活気のない, だらけた, 物憂げな. **4** 臆病な, 卑怯な.

— *m.* **1** 死人の心の人, 何の喜びも感じず何の意欲もない人. **2** 落胆した人, 打ちのめされた人.

ਮੁਰਦਾ ਦਿਲੀ (मुरदा दिली) /muradā dilī ムルダー ディリー/ [+ Pers. *dilī*] *f.* **1** 死人の心, 何の喜びも感じず何の意欲もないこと. **2** 落胆, 意気消沈, 打ちのめされた状態. **3** 活気のないこと, だらけた様子, 憂鬱. **4** 臆病, 卑怯.

ਮੁਰਦਾਬਾਦ (मुरदाबाद) /muradābāda ムルダーバード/ [Pers. *murda* Pers.*-bād*] *int.* **1**〘罵言〙…に死を, くたばれ. **2**…はいらない, やめてしまえ. **3**…を打倒せよ, やっつけろ.

ਮੁਰਦਾਰ (मुरदार) /muradāra ムルダール/ [Pers. *murdār*] *m.* 死体, 遺体, 屍体, 屍(しかばね), 死骸. (⇒ਲਾਸ਼, ਲੋਥ)

— *adj.* **1** 死んだ. **2** 感覚を失った. **3**〘比喩〙怠け者の. **4**〘比喩〙弱い.

ਮੁਰਦਿਆਨ (मुरदिआन) /muradiāna ムルディアーン/ *f.* 死体の悪臭.

ਮੁਰਦੇਖ਼ਾਨਾ (मुरदेख़ाना) /muradexānā ムルデーカーナー/ [Pers. *murdā* Pers.*-xāna*] *m.* 遺体安置所.

ਮੁਰੱਬਾ[1] (मुरब्बा) /murabbā ムラッバー/ [Arab. *murabbā*] *m.*〘食品〙保存加工した果物, ジャム. (⇒ਜੈਮ)

ਮੁਰੱਬਾ[2] (मुरब्बा) /murabbā ムラッバー/ ▶ਮਰੱਬਾ *m.* → ਮਰੱਬਾ

ਮੁਰੱਬੀ (मुरब्बी) /murabbī ムラッビー/ [Arab. *murabbī*] *m.* **1** 育てる人, 養育者, 保護者, 守護者. **2** 支持者, 後援者, 応援者, 世話人. (⇒ਹਾਮੀ)

ਮੁਰੰਮਤ (मुरंमत) /murammata ムランマト/ ▶ਮਰੰਮਤ, ਮਰੱਮਤ [Pers. *marammat*] *f.* **1** 修理, 修復, 修繕, 繕い. **2** 懲らしめ, 懲戒. **3**〘俗語〙殴打, 打ちのめすこと. (⇒ਮਾਰ ਕੁਟਾਈ)

ਮੁਰੰਮਤੀ (मुरंमती) /murammatī ムランムティー/ [Pers. *marammatī*] *adj.* **1** 修理した, 修理の済んだ. **2** 修理すべき, 修理を要する, 修繕すべき.

— *f.* **1** 修理, 修繕, 繕い. **2** 懲らしめ, 懲戒. **3**〘俗語〙殴打, 打ちのめすこと. (⇒ਮਾਰ ਕੁਟਾਈ)

ਮੁਰਮੁਰਾ (मुरमुरा) /muramurā ムルムラー/ *m.*〘食品〙炒り黍.

ਮੁਰਲੀ (मुरली) /muralī ムルリー/ [Skt. मुरली] *f.*〘楽器〙ムラリー(ムルリー)《北インドの竹製の横笛》. (⇒ਬੰਸਰੀ)

ਮੁਰਲੀਧਰ (मुरलीधर) /muralītāra ムルリータル/ [Skt.-धर] *m.* **1** ムラリー〔竹製の横笛〕を持つ者. **2**〘ヒ〙ムラリーダラ《クリシュナ神の異名の一つ》. (⇒ਕਰਿਸ਼ਨ)

ਮੁਰਲੀਮਨੋਹਰ (मुरलीमनोहर) /muralīmanôra ムルリーマノール/ [+ Skt. मनोहर] *m.* **1** ムラリー〔竹製の横笛〕で魅惑する者. **2**〘ヒ〙ムラリーマノーハラ《クリシュナ神の異名の一つ》. (⇒ਕਰਿਸ਼ਨ)

ਮੁਰੱਵਤ (मुरव्वत) /murawwata ムラッワト/ [Pers. *muruvat*] *f.* **1** 善意. **2** 思いやり. **3** 慈悲.

ਮੁਰਾਸਲਾ (मुरासला) /murāsalā ムラースラー/ ▶ਮੁਰਾਸਿਲਾ [Arab. *murāsal*] *m.* **1** 手紙. (⇒ਚਿੱਠੀ) **2** 通信.

ਮੁਰਾਸਿਲਾ (मुरासिला) /murāsilā ムラースィラー/ ▶ਮੁਰਾਸਲਾ *m.* → ਮੁਰਾਸਲਾ

ਮੁਰਾਦ (मुराद) /murāda ムラード/ [Arab. *murād*] *f.* **1** 願い, 願望, 祈願. **2** 念願, 頼み事, 待望するもの. **3** 意味, 意図, 目的.

ਮੁਰਾਰੀ (मुरारी) /murārī ムラーリー/ [Skt. मुरारि] *m.* **1** 悪魔ムラの敵. **2**〘ヒ〙ムラーリ《クリシュナ神の異名の一つ》. (⇒ਕਰਿਸ਼ਨ)

ਮੁਰੀਦ (मुरीद) /murīda ムリード/ [Arab. *murīd*] *m.* **1** 弟子. **2** 信徒, 信者, 信奉者.

ਮੁਰੀਦੀ (मुरीदी) /murīdī ムリーディー/ [Pers. *murīdī*] *f.* **1** 弟子であること. **2** 信徒であること, 信者であること, 信奉者であること.

ਮੁੱਲ (मुल्ल) /mulla ムッル/ ▶ਮੂਲ, ਮੋਲ [Skt. मूल्य] *m.* **1** 価格, 値段, 代価, 代金. (⇒ਕੀਮਤ, ਦਾਮ) **2** 価値, 値打ち.

ਮੁਲਹਦ (मुलहद) /mulâda | mulahada ムラド | ムルハド/ [Arab. *mulhid*] *m.* **1** (イスラーム教徒から見た)異教徒. (⇒ਗ਼ੈਰ ਮੁਸਲਮਾਨ) **2** 不信心者. (⇒ਨਾਸਤਕ) **3** 背信者.

ਮੁਲਕ (मुलक) /mulaka ムルク/ ▶ਮੁਲਖ [Arab. *mulk*] *m.* **1** 国, 国家. (⇒ਦੇਸ) **2** 母国, 故国. (⇒ਵਤਨ) **3** 王国. (⇒ਰਾਜ) **4** 地域, 領域. (⇒ਇਲਾਕਾ) **5** 大衆.

ਮੁਲਕੀ (मुलकी) /mulakī ムルキー/ ▶ਮੁਲਖੀ [Arab. *mulkī*] *adj.* **1** 国の, 国家の, 政府の. **2** 自国の, 母国の.

ਮੁਲਖ (मुलख) /mulakʰa ムルク/ ▶ਮੁਲਕ *m.* → ਮੁਲਕ

ਮੁਲਖਈਆ (मुलखईआ) /mulakʰaīā ムルカイーアー/ [Arab. *mulk* -ਈਆ] *m.* **1** 国民. **2** 民衆, 大衆.

ਮੁਲਖੀ (मुलखी) /mulakī ムルキー/ ▶ਮੁਲਕੀ *adj.* → ਮੁਲਕੀ

ਮੁਲਜ਼ਮ (मुलज़म) /mulazama ムルザム/ [Arab. *mulzam*] *m.* **1**〘法〙被告, 容疑者. **2** 犯罪者.

ਮੁਲੱਠੀ (मुलट्ठी) /mulaṭṭʰī ムラッティー/ *f.*〘植物〙カンゾウ(甘草)《マメ科カンゾウ属の多年草. 薬や甘味料となる》.

ਮੁਲਤਵੀ (मुलतवी) /mulatawī ムルタウィー/ [Pers. *multavī*] *adj.* **1** 延期された. **2** 順延された.

ਮੁਲਤਾਨ (मुलतान) /mulatāna ムルターン/ *m.*〘地名〙ムルターン《パンジーャブ南西部, 現在のパキスタンのパンジャーブ州中部の地方名・都市名》.

ਮੁਲਤਾਨੀ (मुलतानी) /mulatānī ムルターニー/ *adj.* ムル

ターンの.
— *m.* ムルターンの住民.
— *f.* ムルターニー方言《パンジーャブ南西部のムルターン周辺で話されるパンジャービー語の方言》.

ਮੁਲੰਮਾ (मुलंमा) /mulammā ムランマー/ ▶ਮਲੰਮਾ [Arab. *mulamma*`] *m.* **1**〖化学〗めっき. **2**〖比喩〗見せかけ.

ਮੁੱਲਾਂ (मुल्लाँ) /mullā̃ ムッラーン/ ▶ਮੁੱਲਾ [Arab. *mullā*] *m.* **1**〖イス〗ムッラー《一定の宗教教育を修了した聖職者. 教育活動, 地域住民の人生相談, 宗教儀式の立会, 説教なども行う》. (⇒ਇਮਾਮ) **2**〖イス〗イスラームの学者.

ਮੁੱਲਾ (मुल्ला) /mullā ムッラー/ ▶ਮੁੱਲਾਂ *m.* → ਮੁੱਲਾਂ

ਮੁਲਾਇਮ (मुलाइम) /mulāima̤ ムラーイム/ [Arab. *mulāʰim*] *adj.* **1** 柔らかい. **2** 滑らかな, すべすべした. **3** 柔和な, 優しい, 穏やかかな.

ਮੁਲਾਇਮੀ (मुलाइमी) /mulāimī ムラーイミー/ [Pers. *mulāʰimī*] *f.* **1** 柔らかさ. **2** 滑らかさ. **3** 柔和さ, 優しさ, 穏やかさ.

ਮੁਲਾਹਜ਼ਾ (मुलाहज़ा) /mulâzā ムラーザー/ [Arab. *mulāhaza*] *m.* **1** 検査, 検討. **2** 調査. **3** 配慮, 熟慮.

ਮੁਲਾਂਕਣ (मुलाँकण) /mulā̃kaṇa̤ ムラーンカン/ [Skt. मूल्यांकन] *m.* **1** 評価, 評定. **2** 査定, 鑑定, 品定め.

ਮੁਲਾਕਾਤ (मुलाकात) /mulākāta̤ ムラーカート/ [Arab. *mulāqāt*] *f.* **1** 面会. **2** 会見, 面接, 面談, 対談, インタビュー. (⇒ਇੰਟਰਵਿਊ) **3** 出会い. ❒ਕਰਾਮਾਤ ਨਾਲੋਂ ਮੁਲਾਕਾਤ ਚੰਗੀ। 出会いは奇跡に勝る〔諺〕. **4** 訪問.

ਮੁਲਾਕਾਤੀ (मुलाकाती) /mulākātī ムラーカーティー/ [-ਈ] *m.* **1** 訪問者, 面会者. **2** 知人.

ਮੁਲਾਜ਼ਮ (मुलाज़म) /mulāzama̤ ムラーザム/ ▶ਮੁਲਾਜ਼ਿਮ [Arab. *mulāzim*] *m.* **1** 使用人, 被雇用者, 勤め人, 従業員, 職員. (⇒ਨੌਕਰ) **2** 召使.

ਮੁਲਾਜ਼ਿਮ (मुलाज़िम) /mulāzima̤ ムラーズィム/ ▶ਮੁਲਾਜ਼ਮ *m.* → ਮੁਲਾਜ਼ਮ

ਮੁਲਾਣਾ (मुलाणा) /mulāṇā ムラーナー/ ▶ਮੌਲਾਣਾ [Arab. *maulānā*] *m.* **1**〖イス〗学者に対する敬称. **2**〖イス〗聖職者.

ਮੁਲਾਮਤ (मुलामत) /mulāmata̤ ムラーマト/ ▶ਮਲਾਮਤ *f.* → ਮਲਾਮਤ

ਮੁਲਾਮਤੀ (मुलामती) /mulāmatī ムラーマティー/ ▶ਮਲਾਮਤੀ *adj.* → ਮਲਾਮਤੀ

ਮੁੜ (मुड़) /muṛa̤ ムル/ [Skt. मुहुर् , मुहुस्] *adv.* また, 再び, 再度, もう一度. (⇒ਫੇਰ, ਦੁਬਾਰਾ)

ਮੁੜ੍ਹਕਾ (मुड़्हका) /mûṛakā ムルカー/ [(Pkt. घम्म) Skt. घर्म्म] *m.*〖生理〗汗, 冷や汗, 発汗. (⇒ਪਸੀਨਾ, ਸੇਤ)

ਮੁੜ੍ਹਕੋ ਮੁੜ੍ਹਕੀ (मुड़्हको मुड़्हकी) /mûṛako mûṛakī ムルコー ムルキー/ *adj.* 汗まみれの, 汗びっしょりの.

ਮੁੜਨਾ (मुड़ना) /muṛanā ムルナー/ [Skt. मुहुर्] *vi.* **1** 曲がる, 折れ曲がる, 折れる, 屈する. (⇒ਝੁਕਣਾ) **2** 進む方向が変わる, 向きが変わる. **3** ねじれる, よじれる. **4** 回る, 巡回する. (⇒ਫਿਰਨਾ, ਘੁੰਮਣਾ) **5** 折り返す, 戻る, 帰る. (⇒ਵਾਪਸ ਆਉਣਾ) **6** 振り向く, 振り返る. **7** やめる, 断念する.

ਮੁੜਮਾਂ (मुड़माँ) /muṛamā̃ ムルマーン/ ▶ਮੁੜਮਾ [(Pua.) cf. ਮੁੜਨਾ Skt.-मान्] *adj.* **1** 曲がった, 折れた. **2** 歪んだ. **3** 曲がりやすい, 柔軟な.

ਮੁੜਮਾ (मुड़मा) /muṛamā ムルマー/ ▶ਮੁੜਮਾਂ [(Pua.)] *adj.* → ਮੁੜਮਾਂ

ਮੁੜ ਮੁੜ (मुड़ मुड़) /muṛa muṛa̤ ムル ムル/ [Skt. मुहुर् + Skt. मुहुर्] *adv.* 何度も, 繰り返し.

ਮੁੜ ਮੁੜ ਕੇ (मुड़ मुड़ के) /muṛa muṛa ke ムル ムル ケー/ [+ ਕੇ] *adv.* 何度も, 繰り返し.

ਮੁੜਵਾਂ (मुड़वाँ) /muṛawā̃ ムルワーン/ [cf. ਮੁੜਨਾ Skt.-वान्] *adj.* **1** 曲がった, 折れた. **2** 歪んだ. **3** 曲がりやすい, 柔軟な.

ਮੁੜਵਾਉਣਾ (मुड़वाउणा) /muṛawāuṇā ムルワーウナー/ [cf. ਮੁੜਨਾ] *vt.* **1** 曲げさせる, 折らせる, 折り曲げさせる. **2** 回させる, 向きを変えさせる. **3** 戻させる, 返させる.

ਮੁੜਵਾਈ (मुड़वाई) /muṛawāī ムルワーイー/ [cf. ਮੁੜਨਾ] *f.* 曲げさせること, 曲げること, その労賃.

ਮੂਸਲ (मूसल) /mūsala̤ ムーサル/ [(Pkt. मूसल) Skt. मुसल] *m.*〖道具〗杵, 棍棒.

ਮੂਸਲਾਧਾਰ (मूसलाधार) /mūsalātā̆ra̤ ムーサラータール/ [+ Skt. धारा] *adj.*〖気象〗どしゃぶりの.
— *m.*〖気象〗どしゃぶりの雨.

ਮੂਸਲੀ (मूसली) /mūsalī ムーサリー/ [-ਈ] *f.* **1**〖道具〗小さな杵, 小さな棍棒. **2**〖植物〗主根, 直根. **3**〖植物〗アスパラガス, 野生アスパラガス, アスパラガス根《ユリ科の小低木. 女性の受胎能力や寿命に良い効果がある薬草》. (⇒ਸਤਾਵਰ)

ਮੂਸਾ[1] (मूसा) /mūsā ムーサー/ [Arab. *mūsā*] *m.*〖人名・キ〗モーゼ《ユダヤの予言者》.

ਮੂਸਾ[2] (मूसा) /mūsā ムーサー/ [Pers. *mūś* ; cf.Skt. मूषक] *m.*〖動物〗ネズミ, 鼠. (⇒ਚੂਹਾ)

ਮੂੰਹ (मूँह) /mū̃ ムーン/ [(Pkt. मुह) Skt. मुख] *m.* **1**〖身体〗口, 開口部. **2** 言葉遣い, 話しぶり. ❒ਮੂੰਹ ਦਾ ਭੈੜਾ 口の悪い, 言葉遣いの荒い. ❒ਮੂੰਹ ਦਾ ਮਿੱਠਾ 言葉遣いの優しい, 物柔らかな. **3**〖身体〗顔, 顔面. (⇒ਚਿਹਰਾ) **4** 顔つき, 顔立ち, 容貌. (⇒ਸ਼ਕਲ) **5** 孔, 穴. (⇒ਛੇਕ) **6** 通路, 出入り口, 抜け口. (⇒ਰਸਤਾ, ਰਾਹ) **7** 縁, 端. (⇒ਕਿਨਾਰਾ)

ਮੂੰਹ ਉੱਤੇ (मूँह उत्ते) /mū̃ utte ムーン ウッテー/ *adv.* **1** 面前で, 目の前で. **2** 差し向かいで, 直面して.

ਮੂੰਹ ਅੱਡੀ (मूँह अड्डी) /mū̃ aḍḍī ムーン アッディー/ [(Pkt. मुह) Skt. मुख + cf. ਅੱਡਣਾ] *adv.* **1** 口を広げて, 口を開けたまま. **2** 驚いた様子で.

ਮੂੰਹ ਸੜਿਆ (मूँह सड़िआ) /mū̃ saṛiā ムーン サリアー/ [+ cf. ਸੜਨਾ] *adj.* 口汚い.
— *m.* 罵り, ひどい悪口.

ਮੂੰਹ ਸਿਰ (मूँह सिर) /mū̃ sira̤ ムーン スィル/ [+ Skt. शिरस्] *m.* **1** 明確な形. **2** 意味のあること, 有意義.

ਮੂੰਹ-ਹਨੇਰਾ (मूँह-हनेरा) /mū̃-hanerā ムーン・ハネーラー/ ▶ਮੂਨ੍ਹੇਰਾ [+ Skt. अंधकार] *m.* **1** 闇の出口. **2** 夜明け.

ਮੂੰਹ-ਹਨੇਰੇ (मूँह-हनेरे) /mū̃-hanere ムーン・ハネーレー/ ▶ਮੂਨ੍ਹੇਰੇ [+ Skt. अंधकार] *adv.* **1** 闇の出口で. **2** 夜明けに.

ਮੂੰਹ-ਕਾਲਾ (मूँह-काला) /mū̃-kālā ムーン・カーラー/ ▶ਮੁਕਾਲਾ [+ Skt. काल] *m.* **1** 恥辱, 赤恥. **2** 不名誉, 汚名. **3** 不義, 姦通, 不倫行為.

ਮੂੰਹ-ਕਾਲੀ (मूँह-काली) /mū̃-kālī ムーン・カーリー/ [-ਈ] *adj.* **1** 呪われた, ひどい.
— *f.* 呪われた女, ひどい女.

ਮੂੰਹ-ਖੁਰ (मूँह-खुर) /mū̃-kʰura ムーン・クル/ [Skt. मुख + Skt. खुर] *m.* 〖医〗口蹄疫《牛・羊など偶蹄目が罹る, 口・蹄の伝染病》. (⇒ਖੁਰਪਕਾ)

ਮੂੰਹ-ਜ਼ਬਾਨੀ (मूँह-ज़बानी) /mū̃-zabānī ムーン・ザバーニー/ [+ Pers. *zabānī*] *adj.* **1** 口述の. **2** 口頭の.
— *adv.* **1** 口述で. **2** 口頭で.

ਮੂੰਹ-ਜ਼ੋਰ (मूँह-ज़ोर) /mū̃-zora ムーン・ゾール/ [+ Pers. *zor*] *adj.* **1** わがままな. **2** 強情な, 頑固な.

ਮੂੰਹ-ਜ਼ੋਰੀ (मूँह-ज़ोरी) /mū̃-zorī ムーン・ゾーリー/ [-ਈ] *f.* **1** わがまま. **2** 強情, 頑固.

ਮੂੰਹ-ਟੁੱਟਾ (मूँह-टुट्टा) /mū̃-ṭuṭṭā ムーン・トゥッター/ [Skt. मुख + cf. ਟੁੱਟਣਾ] *adj.* **1** 性格の悪い. **2** 行儀の悪い.

ਮੂੰਹ-ਟੋਪ (मूँह-टोप) /mū̃-ṭopa ムーン・トープ/ [+ Skt. स्तूप] *m.* 仮面, マスク.

ਮੂੰਹ-ਤੋੜ (मूँह-तोड़) /mū̃-toṛa ムーン・トール/ [+ cf. ਤੋੜਨਾ] *adj.* **1**(答えが)率直で厳しい. **2**(答えや反応が)痛烈な.

ਮੂੰਹ-ਤੋੜਵਾਂ (मूँह-तोड़वाँ) /mū̃-toṛawā̃ ムーン・トールワーン/ [+ cf. ਤੋੜਨਾ Skt.-वान्] *adj.* → ਮੂੰਹ-ਤੋੜ

ਮੂੰਹ ਦਖਾਈ (मूँह दखाई) /mū̃ dakʰāī ムーン ダカーイー/ ▸ਮੂੰਹ ਦਿਖਾਈ [(Mul.) Skt. मुख + cf. ਦਿਖਾਉਣਾ] *f.* → ਮੂੰਹ ਵਿਖਾਈ

ਮੂੰਹ-ਦਰੂਹੀਂ (मूँह-दरूहीं) /mū̃-darūhī̃ ムーン・ダルーヒーン/ *adv.* 差し向かいで, 向かい合って.

ਮੂੰਹ ਦਿਖਾਈ (मूँह दिखाई) /mū̃ dikʰāī ムーン ディカーイー/ ▸ਮੂੰਹ ਦਖਾਈ [Skt. मुख + cf. ਦਿਖਾਉਣਾ] *f.* → ਮੂੰਹ ਵਿਖਾਈ

ਮੂੰਹ-ਫਟ (मूँह-फट) /mū̃-pʰaṭa ムーン・パト/ ▸ਮੂੰਹ-ਫੱਟ [+ cf. ਫਟਣਾ] *adj.* **1** 口汚い, 言葉遣いの荒い, ずけずけとものを言う. **2** 無遠慮な, 横柄な. **3** ぶっきらぼうな, そっけない.

ਮੂੰਹ-ਫੱਟ (मूँह-फट्ट) /mū̃-pʰaṭṭa ムーン・パット/ ▸ਮੂੰਹ-ਫਟ *adj.* → ਮੂੰਹ-ਫਟ

ਮੂੰਹ-ਬੰਦ (मूँह-बंद) /mū̃-banda ムーン・バンド/ [Skt. मुख Pers.-*band*] *adj.* **1** 口の閉じられた, 口をふさがれた. ❐ਮੂੰਹ-ਬੰਦ ਕਰਨਾ さるぐつわをする, 無理やり黙らせる. **2** 栓のされた. **3** 封をした, 封印された.

ਮੂੰਹ-ਮੱਥਾ (मूँह-मत्था) /mū̃-matthā ムーン・マッター/ [+ (Pkt. मत्था) Skt. मस्तक] *m.* **1** 顔, 顔立ち, 顔の造作, 容貌. **2** 外観, 風采. **3** 外見, 見かけ.

ਮੂੰਹ-ਮੁਲਾਹਜ਼ਾ (मूँह-मुलाहज़ा) /mū̃-mulâzā ムーン・ムラーザー/ [+ Arab. *mulāhaza*] *m.* **1** 面識, 馴染み. **2** ねんごろの間柄. **3** えこひいき, 情実. **4** 形式上の関係への心遣い.

ਮੂਹਰ (मूहर) /mûra | mūhara ムール | ムーハル/ [Skt. मुख] *m.* **1** 〖身体〗額, 前頭部. (⇒ਮੱਥਾ) **2** 前の部分, 前部. (⇒ਅਗਲਾ ਹਿੱਸਾ)

ਮੂਹਰਾ (मूहरा) /mûrā | mūharā ムーラー | ムーハラー/ [Skt. मुख] *m.* **1** 前の部分, 前部. (⇒ਅੱਗਾ) **2** 表, 前, 前面, 正面. (⇒ਸਾਹਮਣਾ)

ਮੂਹਰੀ (मूहरी) /mûrī | mūharī ムーリー | ムーハリー/ [-ਈ] *f.* 〖衣服〗サルワールやパジャーマーの裾. (⇒ਪਹੁੰਚਾ)

ਮੂੰਹ ਵਿਖਾਈ (मूँह विखाई) /mū̃ wikʰāī ムーン ウィカーイー/ [Skt. मुख + cf. ਵਿਖਾਉਣਾ] *f.* **1** 〖儀礼〗花嫁のヴェールを上げて顔を見せ 金品を贈る儀礼. (⇒ਘੁੰਡ ਚੁਕਾਈ, ਘੁੰਡ ਲੁਹਾਈ) **2** 花嫁の顔を初めて見る儀礼で花婿が与える贈り物, 花嫁のヴェールを上げて顔を見せる儀礼で贈られるお金.

ਮੂਹੜਾ (मूहड़ा) /mûṛā ムーラー/ ▸ਮੂੜ੍ਹਾ *m.* → ਮੂੜ੍ਹਾ

ਮੂਹਾਂ (मूहाँ) /mûā̃ | mūhā̃ ムーアーン | ムーハーン/ [Skt. मुख] *m.* 〖農業〗流れの向きを変えて畑の方に導くために水路に作られた切り口.

ਮੂਹੀਂ (मूहीं) /mûī̃ | mūhī̃ ムーイーン | ムーヒーン/ *f.* **1** 氏族. **2** 家系, 血統.

ਮੂੰਹੋਂ (मूँहों) /mū̃õ | mū̃hõ ムーンオーン | ムーンホーン/ ▸ਮੂਹੋਂ *adv.* → ਮੂਹੋਂ

ਮੂਹੋਂ (मूहों) /mûõ | mūhõ ムーオーン | ムーホーン/ ▸ਮੂੰਹੋਂ [Skt. मुख + ਓਂ] *adv.* 《 ਮੂੰਹ ਤੋਂ の融合形》 **1** 口から. **2** 口頭で, 口述で.

ਮੂਹੋਂ-ਮੂੰਹ (मूहों-मूँह) /mûõ-mū̃ | mūhõ-mū̃ ムーオーン・ムーン | ムーホーン・ムーン/ [+ Skt. मुख] *adv.* (容器の)縁までいっぱいに, 溢れるほど, なみなみと.

ਮੂੰਹੋਂ-ਮੂੰਹੀ (मूँहों-मूँही) /mū̃õ-mū̃ī | mū̃hõ-mū̃hī ムーンオーン・ムーンイー | ムーンホーン・ムーンヒー/ ▸ਮੂਹੋਂ-ਮੂਹੀਂ *adv.* → ਮੂਹੋਂ-ਮੂਹੀਂ

ਮੂਹੋਂ-ਮੂਹੀਂ (मूहों-मूहीं) /mûõ-mûī̃ | mūhõ-mūhī̃ ムーオーン・ムーイーン | ムーホーン・ムーヒーン/ ▸ਮੂੰਹੋਂ-ਮੂੰਹੀ [-ਈਂ] *adv.* 差し向かいで, 面と向かって.

ਮੂਕ (मूक) /mūka ムーク/ [Skt. मूक] *adj.* **1** 無言の, 黙っている, 無声の, 無口な. **2** 唖の.

ਮੂਕਤਾ (मूकता) /mūkatā ムークター/ [Skt.-ता] *f.* **1** 無言, 沈黙, 無口. **2** ものを言えないこと, 口のきけないこと.

ਮੂੰਗ (मूँग) /mū̃ga ムーング/ ▸ਮੁੰਗ, ਮੁੰਗੀ, ਮੂੰਗੀ *m.* → ਮੁੰਗੀ

ਮੂੰਗਫਲੀ (मूँगफली) /mū̃gapʰalī ムーングパリー/ ▸ਮੁੰਗਫਲੀ *f.* → ਮੁੰਗਫਲੀ

ਮੂੰਗਰਾ (मूँगरा) /mū̃garā ムーンガラー/ ▸ਮੁੰਗਰਾ, ਮੋਂਗਰਾ *m.* → ਮੁੰਗਰਾ

ਮੂੰਗਲੀ (मूँगली) /mū̃galī ムーンガリー/ ▸ਮੁੰਗਲੀ *f.* → ਮੁੰਗਲੀ

ਮੂੰਗਾ (मूँगा) /mū̃gā ムーンガー/ ▸ਮੋਂਗਾ *m.* → ਮੋਂਗਾ

ਮੂੰਗੀ (मूँगी) /mū̃gī ムーンギー/ ▸ਮੁੰਗ, ਮੁੰਗੀ, ਮੂੰਗ *f.* → ਮੁੰਗੀ

ਮੂੰਗੀਆ (मूँगीआ) /mū̃gīā ムーンギーアー/ ▸ਮੁੰਗੀਆ *adj.* → ਮੁੰਗੀਆ

ਮੂਜਬ (मूजब) /mūjaba ムージャブ/ [Arab. *mūjib*] *postp.* …に従って. (⇒ਮੁਤਾਬਕ, ਅਨੁਸਾਰ)

ਮੂੰਜੀ (मूँजी) /mū̃jī ムーンジー/ ▸ਮੁੰਜੀ *f.* → ਮੁੰਜੀ

ਮੂਜੀ (मूजी) /mūjī ムージー/ ▸ਮੂਜ਼ੀ *adj.* → ਮੂਜ਼ੀ

ਮੂਜ਼ੀ (मूज़ी) /mūzī ムーズィー/ ▸ਮੂਜੀ [Arab. *mūzī*] *adj.* **1** 苦しめる, 苦痛を与える. **2** 邪悪な, 悪辣な. **3** ひどい, 残酷な. **4** 有害な, 害を及ぼす.

ਮੂੰਡ (मूँड) /mū̃ḍa ムーンド/ [Skt. मुण्ड] *m.* 〖身体〗頭, 頭部. (⇒ਸਿਰ, ਸੀਸ)

ਮੂਡ (मूड) /mūḍa ムード/ [Eng. *mood*] *m.* **1** 気分, 機嫌.

2 雰囲気.
ਮੂਤ (मूत) /mūta ムート/ ▸ਮੂਤਰ [Skt. मूत्र] m.〖生理〗尿, 小便. (⇒ਪਿਸ਼ਾਬ)
ਮੂਤਣਾ (मूतणा) /mūtaṇā ムータナー/ ▸ਮੂਤਰਨਾ [Skt. मूत्र] vi.〖生理〗小便をする.
ਮੂਤਰ (मूतर) /mūtara ムータル/ ▸ਮੂਤ m. → ਮੂਤ
ਮੂਤਰਨਾ (मूतरना) /mūtaranā ムータルナー/ ▸ਮੂਤਣਾ vi. → ਮੂਤਣਾ
ਮੂਧਾ (मूधा) /mûdā ムーダー/ adj. 逆さまの, 逆の. (⇒ਉਲਟ) ❐ਮੂਧਾ ਕਰਨਾ 逆さまにする.
ਮੂਨ (मून) /mūna ムーン/ f.〖動物〗雌ジカ, 牝鹿. (⇒ਹਿਰਨੀ)
ਮੂਰਖ (मूरख) /mūrakʰa ムーラク/ ▸ਮੂੜ੍ਹ [Skt. मूर्ख] adj. 1 頭が悪い. 2 愚かな, 鈍い, 愚鈍な. ❐ਸਿਆਣਾ ਵੈਰੀ ਮੂਰਖ ਮਿੱਤਰ ਤੋਂ ਚੰਗਾ ਹੈ। 賢い敵は愚かな友よりましだ〔諺〕. 3 馬鹿げた.
— m. 1 愚か者. 2 馬鹿.
ਮੂਰਖਤਾ (मूरखता) /mūrakʰatā ムールカター/ [Skt.-ता] f. 1 愚かさ, 愚かなこと. 2 愚かな行為, 愚行.
ਮੂਰਖਤਾਈ (मूरखताई) /mūrakʰatāī ムールカターイー/ [-ਤਾਈ] f. → ਮੂਰਖਤਾ
ਮੂਰਛਾ (मूरछा) /mūracʰā ムールチャー/ [Skt. मूर्छा] f. 気絶, 失神, 卒倒. (⇒ਗ਼ਸ਼, ਬੇਹੋਸ਼ੀ)
ਮੂਰਛਿਤ (मूरछित) /mūracʰita ムールチト/ [Skt. मूर्छित] adj. 気絶した, 失神した, 意識不明の. (⇒ਬੇਹੋਸ਼)
ਮੂਰਤ (मूरत) /mūrata | mūrata ムールト | ムーラト/ ▸ਮੂਰਤੀ f. → ਮੂਰਤੀ
ਮੂਰਤਿ (मूरति) /mūrati | mūrat ムーラティ | ムーラト/ [Skt. मूर्ति] f. 存在, 実在(⇒ਹੋਂਦ, ਵਜੂਦ)
ਮੂਰਤੀ (मूरती) /mūratī ムールティー/ ▸ਮੂਰਤ [Skt. मूर्ति] f. 1 形, 形体, 姿. (⇒ਸ਼ਕਲ) 2 像, 偶像, 彫像. (⇒ਬੁੱਤ) 3 絵, 絵画, 肖像. (⇒ਚਿੱਤਰ, ਤਸਵੀਰ)
ਮੂਰਤੀ-ਓਟਾ (मूरती-ओटा) /mūratī-oṭā ムールティー・オーター/ m. 聖画壁.
ਮੂਰਤੀ-ਕਲਾ (मूरती-कला) /mūratī-kalā ムールティー・カラー/ [Skt. मूर्ति + Skt. कला] f. 1 彫刻, 彫刻芸術. 2 偶像製作, 彫像製作. (⇒ਬੁੱਤ-ਤਰਾਸ਼ੀ)
ਮੂਰਤੀਕਾਰ (मूरतीकार) /mūratīkāra ムールティーカール/ [Skt.-कार] m. 1 彫刻家. 2 偶像製作者, 石像を彫る人.
ਮੂਰਤੀਕਾਰੀ (मूरतीकारी) /mūratīkārī ムールティーカーリー/ [Skt.-कारिता] f. 1 彫刻. 2 偶像製作, 石像を彫ること.
ਮੂਰਤੀ-ਪੂਜਕ (मूरती-पूजक) /mūratī-pūjaka ムールティー・プージャク/ [+ Skt. पूजक] m. 偶像崇拝者. (⇒ਬੁੱਤ-ਪੂਜਕ)
ਮੂਰਤੀ-ਪੂਜਾ (मूरती-पूजा) /mūratī-pūjā ムールティー・プージャー/ [+ Skt. पूजा] f. 偶像崇拝, 神像の崇拝. (⇒ਬੁੱਤ-ਪੂਜਾ)
ਮੂਰਤੀਭੰਜਕ (मूरतीभंजक) /mūratīpǎñjaka ムールティーパンジャク/ [+ Skt. भंजक] m. 偶像破壊者.
ਮੂਰਤੀਭੰਜਨ (मूरतीभंजन) /mūratīpǎñjana ムールティーパンジャン/ [+ Skt. भंजन] m. 偶像破壊, 偶像否定. (⇒ਬੁੱਤਭੰਜਨ)
ਮੂਰਤੀਮਾਨ (मूरतीमान) /mūratīmāna ムールティーマーン/ [Skt.-मान्] adj. 1 形のある, 具体化された. 2 人間の姿をした, 偶像化された. 3 明らかな, 明白な.
ਮੂਰਤੀਵਾਦ (मूरतीवाद) /mūratīwāda ムールティーワード/ [Skt.-वाद] m. 偶像崇拝主義.
ਮੂਰਧਨੀ (मूरधनी) /mūradǎnī ムールダニー/ [Skt. मूर्धन्य] adj.〖音〗頂音の, 反り舌音の.
ਮੂਲ[1] (मूल) /mūla ムール/ [Skt. मूल] m. 1〖植物〗根. (⇒ਜੜ੍ਹ) 2 根元, 根源, 起源, 始まり. (⇒ਮੁੱਢ, ਅਰੰਭ) 3 原文, 原典, 原著. 4 本質, 本源, 原理. 5 基礎, 基本, 根本. (⇒ਬੁਨਿਆਦ) 6 元手, 元金, 資本.
— adj. 1 根本の, 根元の. 2 元の, 本来の. 3 本質的な. 4 基本の, 基礎的な. 5 初歩の. 6 根幹の, 主要な.
ਮੂਲ[2] (मूल) /mūla ムール/ ▸ਮੁੱਲ, ਮੋਲ m. → ਮੁੱਲ
ਮੂਲਕ (मूलक) /mūlaka ムーラク/ [Skt. मूलक] adj. 1 元の, 根本の 2 基本の, 基礎的な. (⇒ਬੁਨਿਆਦੀ) 3 初めの, 初歩の. (⇒ਅਰੰਭਿਕ) 4 根ざした.
— suff. 「…に根ざした」「…に基づいた」「…から生じた」などの意味を表す接尾辞.
ਮੂਲ-ਮੰਤਰ (मूल-मंतर) /mūla-mantara ムール・マンタル/ [Skt. मूल + Skt. मन्त्र] m. 1 根本聖句, 基本讃歌. 2〖スィ〗ムール・マンタル《アーディ・グラントの冒頭と途中の章で繰り返し唱えられるスィック教の根本聖句》.
ਮੂਲਵਾਦ (मूलवाद) /mūlawāda ムールワード/ [Skt.-वाद] m. 原理主義.
ਮੂਲਵਾਦੀ (मूलवादी) /mūlawādī ムールワーディー/ [Skt.-वादिन्] adj. 原理主義の.
— m. 原理主義者.
ਮੂਲੀ (मूली) /mūlī ムーリー/ [-ਈ] f.〖植物〗ダイコン(大根)《アブラナ科の野菜》.
ਮੂਲੋਂ (मूलों) /mūlõ ムーローン/ [+ ਓਂ] adv. 《ਮੂਲ ਤੋਂ の融合形》 1 根本から. (⇒ਜੜ੍ਹੋਂ, ਮੁੱਢੋਂ) 2 初めから, もともと, 元来. (⇒ਸ਼ੁਰੂ ਤੋਂ) 3 全く.
ਮੂਵੀ ਕੈਮਰਾ (मूवी कैमरा) /mūvī kaimarā ムーヴィー カェームラー/ [Eng. *movie camera*] m.〖機械〗映画カメラ.
ਮੂੜ੍ਹ (मूड़्ह) /mûṛa ムール/ ▸ਮੂਰਖ adj.m. → ਮੂਰਖ
ਮੂੜ੍ਹਾ (मूड़्हा) /mûṛā ムーラー/ ▸ਮੂਹੜਾ m.〖家具〗葦製の腰掛け.
ਮੇਅਰ (मेअर) /meara メーアル/ [Eng. *mayor*] m. 市長.
ਮੇਸਣਾ (मेसणा) /mesaṇā メーサナー/ ▸ਮੇਟਣਾ, ਮਿਟਾਉਣਾ vt. → ਮਿਟਾਉਣਾ
ਮੇਸ਼ਾ (मेशा) /meśā メーシャー/ [Skt. मेष] m. 羊皮.
ਮੇਹਜਰ (मेहजर) /mêjara メージャル/ ▸ਮੇਜਰ [(Mul.)] f. → ਮੇਜਰ
ਮੇਹਦਾ (मेहदा) /mêdā メーダー/ ▸ਮਿਹਦਾ m. → ਮਿਹਦਾ
ਮੇਕ-ਅਪ (मेक-अप) /meka-apa メーク・アプ/ [Eng. *make up*] m. 化粧.
ਮੇਖ (मेख) /mekʰa メーク/ ▸ਮੇਖ਼ [Pers. *mex*] f. 1 釘. 2 杭, 棒.
ਮੇਖ਼ (मेख़) /mexa メーク/ ▸ਮੇਖ f. → ਮੇਖ
ਮੇਂਗਣ (मेंगण) /mẽgaṇa メーンガン/ f. (羊や山羊などの円形の)獣糞.

ਮੇਘ (मेघ) /mêga メーグ/ [Skt. मेघ] m. 〖気象〗雲. (⇒ ਬੱਦਲ)

ਮੇਘਲਾ (मेघला) /mêgalā メーグラー/ [+ ਲਾ] m. 1 〖気象〗雲. (⇒ਬੱਦਲ) 2 曇り.
— adj. 曇りの, 曇っている.

ਮੇਘਾ (मेघा) /mêgā メーガー/ ▸ਮਹਿੰਗਾ [(Pua.)] adj. → ਮਹਿੰਗਾ

ਮੇਚ (मेच) /meca メーチ/ [Skt. मेय] m. 1 測定. 2 大きさ.
— adj. 1 適した. 2 ちょうどよい.

ਮੇਚਣਾ (मेचणा) /mecaṇā メーチャナー/ ▸ਮਿੱਚਣਾ [Skt. मेय] vt. 1 測る, 測定する, 計測する. (⇒ਮਾਪਣਾ) 2 比べる, 比較する, 対照する, 照合する. (⇒ਮੁਕਾਬਲਾ ਕਰਨਾ, ਮਿਲਾ ਕੇ ਵੇਖਣਾ)

ਮੇਚਾ (मेचा) /mecā メーチャー/ ▸ਮੇੱਚਾ [cf. ਮੇਚਣਾ] m. 1 測定, 計測. 2 大きさ.

ਮੇੱਚਾ (मेच्चा) /meccā メーッチャー/ ▸ਮੇਚਾ m. → ਮੇਚਾ

ਮੇਜ (मेज) /meja メージ/ ▸ਮੇਜ਼ m.f. → ਮੇਜ਼

ਮੇਜ਼ (मेज़) /meza メーズ/ ▸ਮੇਜ [Pers. mez] m.f. 1 〖家具〗テーブル, 机, デスク. 2 〖家具〗食卓.

ਮੇਜ਼-ਪੋਸ਼ (मेज़-पोश) /meza-pośa メーズ・ポーシュ/ [+ Pers. pośīdan] m. 〖布地〗テーブル掛け, テーブルクロス.

ਮੇਜ਼ਬਾਨ (मेज़बान) /mezabāna メーズバーン/ [Pers.-bān] m. 1 歓待者, 接待役. 2 宴会の主人. 3 ホスト. 4 (大会などの) 主催者, 開催者.

ਮੇਜ਼ਬਾਨੀ (मेज़बानी) /mezabānī メーズバーニー/ [Pers.-bānī] f. 1 歓待, もてなし. 2 接待, 接待者の任務. 3 主催すること, 開催者となること.

ਮੇਜਰ (मेजर) /mejara メージャル/ ▸ਮੇਹਜਰ [Eng. major] m. 1 〖軍〗少佐. 2 〖音楽〗長調, 長音階. 3 専攻科目, 専攻学生.

ਮੇਜਰ ਜਨਰਲ (मेजर जनरल) /mejara janarala メージャル ジャンラル/ [Eng. major general] m. 〖軍〗陸軍少将.

ਮੇਟ (मेट) /meṭa メート/ [Eng. mate] m. 1 仲間, 友達, 相棒. 2 従業員の管理職, 親方, 組頭. 3 航海士.

ਮੇਟਣਾ (मेटणा) /meṭaṇā メータナー/ ▸ਮੇਸਣਾ, ਮਿਟਾਉਣਾ vt. → ਮਿਟਾਉਣਾ

ਮੇਂਡਕ (मेंडक) /mẽḍaka メーンダク/ ▸ਮੈਂਡਕ [Skt. मण्डूक] m. 〖動物〗雄のカエル, 蛙. (⇒ਡੱਡੂ, ਦਾਦਰ)

ਮੇਂਡਕੀ (मेंडकी) /mẽḍakī メーンダキー/ [-ਈ] f. 〖動物〗雌のカエル, 雌蛙. (⇒ਡੱਡ)

ਮੇਂਢਾ (मेंढा) /mẽḍā メーンダー/ ▸ਮੇਢਾ m. 〖動物〗雄ヒツジ, 雄羊, 牡羊.

ਮੇਢਾ (मेढा) /mêḍā メーダー/ ▸ਮੇਂਢਾ m. → ਮੇਂਢਾ

ਮੇਂਢੀ (मेंढी) /mêḍī メーンディー/ ▸ਮੇਢੀ, ਮੀਢੀ f. → ਮੀਢੀ

ਮੇਢੀ (मेढी) /mêḍī メーディー/ ▸ਮੇਂਢੀ, ਮੀਢੀ f. → ਮੀਢੀ

ਮੇਥੀ (मेथी) /metʰī メーティー/ [Skt. मेथिका] f. 〖植物〗コロハ, フェヌグリーク《マメ科の一年草》, コロハの実.

ਮੇਥੇ (मेथे) /metʰe メーテー/ ▸ਮੈਥੋਂ [(Pua.)] pron. 《プアーディー方言における ਮੈ ਥੋਂ の結合形. マージー方言に基づく標準語形は ਮੈਥੋਂ 》私から, 私より, 私には.

ਮੇਦਨੀ (मेदनी) /medanī メーダニー/ [Skt. मेदिनी] f. 1 大地. (⇒ਧਰਤੀ) 2 〖天文〗地球. 3 群衆. (⇒ਲੋਕਾਂ ਦਾ ਇਕੱਠ)

ਮੇਨਕਾ (मेनका) /menakā メーナカー/ [Skt. मेनका] f. 1 天女. 2 〖ヒ〗メーナカー《ヴィシュヴァーミトラをインドラ神の命によって誘惑した天女. その結果女の子が生まれ, のちにシャクンタラーと呼ばれる美女となった》.

ਮੇਮ (मेम) /mema メーム/ [Eng. madam] f. 1 奥様. ❒ਮੇਮ ਸਾਹਿਬ 奥様《既婚女性に対する敬意を込めた呼びかけ》. 2 欧米人の女性, イギリス人女性, 白人女性. 3 貴婦人.

ਮੇਮਣਾ (मेमणा) /memaṇā メーマナー/ m. 1 〖動物〗子ヤギ, 子山羊. 2 〖動物〗子ヒツジ, 子羊.

ਮੇਰ[1] (मेर) /mera メール/ f. 1 自分のものであるという主張. 2 所有権. 3 持ち主であるという考え. 4 えこひいき. 5 偏愛.

ਮੇਰ[2] (मेर) /mera メール/ ▸ਸੁਮੇਰ, ਮੇਰੁ, ਮੇਰੂ m. → ਸੁਮੇਰ

ਮੇਰਾ (मेरा) /merā メーラー/ pron. 《1人称単数 ਮੈਂ の属格》私の.

ਮੇਰੁ (मेरु) /meru メール/ ▸ਸੁਮੇਰ, ਮੇਰ, ਮੇਰੂ m. → ਸੁਮੇਰ

ਮੇਰੂ (मेरू) /merū メールー/ ▸ਸੁਮੇਰ, ਮੇਰ, ਮੇਰੁ m. → ਸੁਮੇਰ

ਮੇਲ (मेल) /mela メール/ [Skt. मेल] m. 1 結合, 一体化, 合体, 合流. 2 一致, 合致, 融合. ❒ਮੇਲ ਖਾਣਾ 一致する, 合致する. 3 出会い, 会合. 4 交際. 5 友好, 友情, 親密. 6 関連. 7 調和, 融和. 8 混合, 混入, 混淆. 9 対応, 呼応, 対抗. 10 婚礼やその他の家族儀礼での来客.

ਮੇਲ੍ਹਣਾ (मेल्हणा) /mêlaṇā メーラナー/ ▸ਮੇ੍ਲਣਾ vi. ふらふら歩く, 千鳥足で歩く.

ਮੇਲਣ (मेलण) /melaṇa メーラン/ f. 婚礼やその他の家族儀礼での女性の来客.

ਮੇਲਣਾ (मेलणा) /melaṇā メーラナー/ ▸ਮੇਲਨਾ vt. → ਮੇਲਨਾ

ਮੇਲਨਾ (मेलना) /melanā メールナー/ ▸ਮੇਲਣਾ [Skt. मेलयति] vt. 1 集める, 寄せ集める, 結集させる. (⇒ਇਕੱਠਾ ਕਰਨਾ) 2 合わせる, 結合させる, 密着させる. (⇒ਜੋੜਨਾ) 3 きつくより合わせる. 4 絡み合わせる. 5 比べる, 対照する. (⇒ਮੁਕਾਬਲਾ ਕਰਨਾ, ਮਿਲਾ ਕੇ ਵੇਖਣਾ)

ਮੇਲਾ (मेला) /melā メーラー/ [Skt. मेलक] m. 1 (定期) 市. 2 〖祭礼〗縁日, 祭り. 3 群衆. 4 雑踏, 賑わい.

ਮੇਲੀ (मेली) /melī メーリー/ m. 1 婚礼などの来客. 2 友, 友人, 友達. (⇒ਮਿੱਤਰ) 3 交際相手. 4 仲間.

ਮੇਵਾ (मेवा) /mewā メーワー/ [Pers. meva] m. 1 〖植物〗果物, 果実, 実. 2 〖食品〗乾燥果物, ドライフルーツ. 3 褒美, 報奨, 報酬. (⇒ਇਨਾਮ)

ਮੈਂ (मैं) /mãĩ マェーン/ [Skt. अहम्] pron. 《1人称・主格または能格・単数形. 1人称・2人称では, ਆਪ「あなた」以外については, 能格の場合も ਨੇ を伴わない》私.
— f. 1 我の意識, 自己認識, 自我意識. (⇒ਹਉਮੈਂ) 2 自尊心. 3 高慢, 慢心. (⇒ਘਮੰਡ)

ਮੈ[1] (मै) /mai マェー/ pron. 《1人称単数 ਮੈਂ の後置格. 結合形の一部となり, 単独では用いられない》私.

ਮੈ[2] (मै) /mai マェー/ [Pers. mai] f. 1 〖飲料〗酒. (⇒ਸ਼ਰਾਬ) 2 酔い, 酩酊, 陶酔. (⇒ਨਸ਼ਾ)

ਮੈਸ (मैस) /maisa マェース/ [Eng. mess] m. (軍隊などの) 会食の食事.

ਮੈਸੰਜਰ (मैसंजर) /maisañjara マェーサンジャル/ ▸ਮੈਸੈਂਜਰ [Eng. *messenger*] *m.* 使いの者, 伝令.

ਮੈਸੈਂਜਰ (मैसैंजर) /maisãĩjara マェーサェーンジャル/ ▸ ਮੈਸੰਜਰ *m.* → ਮੈਸੰਜਰ

ਮੈਕਸਿਕੋ (मैकसिको) /maikasiko マェークスィコー/ ▸ ਮੈਕਸੀਕੋ [Eng. *Mexico*] *m.* 〖国名〗メキシコ(合衆国).

ਮੈਕਸੀਕੋ (मैकसीको) /maikasīko マェークスィーコー/ ▸ ਮੈਕਸਿਕੋ *m.* → ਮੈਕਸਿਕੋ

ਮੈਕਰੋਫ਼ੋਨ (मैकरोफ़ोन) /maikarofona マェーカローフォーン/ ▸ਮਾਈਕਰੋਫ਼ੋਨ, ਮਾਈਕ੍ਰੋਫ਼ੋਨ *m.* → ਮਾਈਕਰੋਫ਼ੋਨ

ਮੈਕਾ (मैका) /maikā マェーカー/ *m.* 嫁の実家.

ਮੈਂਕੂੰ (मैंकूँ) /mãĩkũ マェーンクーン/ ▸ਮੰਹੂੰ, ਮੈਨੂੰ [(Lah.)] *pron.* 《 ਮੈਂ ਕੂੰ の結合形. マージー方言に基づく標準語形は ਮੈਨੂੰ 》私に, 私を, 私にとって.

ਮੈਖ਼ਾਨਾ (मैख़ाना) /maixānā マェーカーナー/ [Pers. *mai* + Pers. *xāna*] *m.* **1** 酒屋. **2** 居酒屋.

ਮੈਗਜ਼ੀਨ (मैगज़ीन) /maigazīna マェーグズィーン/ [Eng. *magazine*] *m.* **1** 雑誌. (⇒ਪਤਰਿਕਾ) **2** 弾薬庫. **3**〖武〗(連発銃の)弾倉.

ਮੈਗਾਫ਼ੋਨ (मैगाफ़ोन) /maigāfona マェーガーフォーン/ [Eng. *megaphone*] *m.* 〖器具〗メガホン, 拡声器.

ਮੈਂਗੋ (मैंगो) /mãĩgo マェーンゴー/ [Eng. *mango*] *m.* 〖植物〗マンゴー《ウルシ科の常緑高木》, マンゴーの果実. (⇒ਅੰਬ)

ਮੈਂਗੋ ਜੂਸ (मैंगो जूस) /mãĩgo jūsa マェーンゴー ジュース/ [Eng. *mango juice*] *m.* 〖飲料〗マンゴージュース.

ਮੈਚ (मैच) /maica マェーチ/ [Eng. *match*] *m.* **1** 試合. **2** 競技.

ਮੈਚਿੰਗ (मैचिंग) /maicinga マェーチング/ [Eng. *matching*] *adj.* 調和している.

ਮੈਜਿਸਟਰੇਟ (मैजिसटरेट) /maijisaṭareṭa マェージスタレート/ ▸ਮੈਜਿਸਟ੍ਰੇਟ [Eng. *magistrate*] *m.* 行政官.

ਮੈਜਿਸਟ੍ਰੇਟ (मैजिसट्रेट) /maijisaṭreṭa (maijisaṭareṭa) マェージストレート (マェージスタレート)/ ▸ਮੈਜਿਸਟਰੇਟ *m.* → ਮੈਜਿਸਟਰੇਟ

ਮੈਟਨੀ ਸ਼ੋ (मैटनी शो) /maiṭanī śo マェートニー ショー/ [Eng. *matinee show*] *m.* マチネー・ショー《演劇・音楽会などの昼間興行》.

ਮੈਟਰੋ (मैटरो) /maiṭaro マェートロー/ [Eng. *metro*] *f.* 〖乗物〗地下鉄.

ਮੈਟ੍ਰਿਕ (मैट्रिक) /maiṭrika (maiṭarika) マェートリク (マェータリク)/ [Eng. *matriculation*] *m.* 大学入学資格試験.

ਮੈਂਟਲ ਪੀਸ (मैंटल पीस) /mãĩṭala pīsa マェーンタル ピース/ [Eng. *mantlepiece*] *m.* マントルピース, 暖炉棚.

ਮੈਂਡਕ (मैंडक) /mãĩḍaka マェーンダク/ ▸ਮੇਂਡਕ *m.* → ਮੇਂਡਕ

ਮੈਡਮ (मैडम) /maiḍama マェーダム/ [Eng. *madam*] *m.* **1**《女性に対する丁寧な呼びかけ》奥様, お嬢様. **2** 女教師.

ਮੈਡਲ (मैडल) /maiḍala マェーダル/ [Eng. *medal*] *m.* メダル, 賞牌, 記章, 勲章. (⇒ਤਮਗ਼ਾ, ਪਦਕ)

ਮੈਂਡਾ (मैंडा) /mãĩḍā マェーンダー/ ▸ਮੈਂਢਾ *pron.* 《1人称単数の属格. ਮੈਂ ਡਾ の結合形. 標準語形は ਮੇਰਾ 》私の.

ਮੈਡੀਕਲ (मैडीकल) /maiḍīkala マェーディーカル/ [Eng. *medical*] *adj.* 医学の.

ਮੈਂਢਾ (मैंढा) /mãĩḍā マェーンダー/ ▸ਮੈਂਡਾ [(Pot.)] *pron.* → ਮੈਂਡਾ

ਮੈਤਰੀ (मैतरी) /maitarī マェータリー/ [Skt. मैत्री] *f.* 友情. (⇒ਮਿੱਤਰਤਾ)

ਮੈਥੋਂ (मैथों) /maitʰõ マェートーン/ ▸ਮੇਥੋ *pron.* 《 ਮੈ ਥੋਂ の結合形》私から, 私より, 私には.

ਮੈਦਾ (मैदा) /maidā マェーダー/ ▸ਮੈੱਦਾ [Pers. *maida*] *m.* 〖食品〗上質の小麦粉, メリケン粉.

ਮੈੱਦਾ (मैद्दा) /maiddā マェーッダー/ ▸ਮੈਦਾ *m.* → ਮੈਦਾ

ਮੈਦਾਨ (मैदान) /maidāna マェーダーン/ ▸ਮਦਾਨ *m.* → ਮਦਾਨ

ਮੈਦਾਨੀ (मैदानी) /maidānī マェーダーニー/ ▸ਮਦਾਨੀ *adj.* → ਮਦਾਨੀ

ਮੈਨਸਲ (मैनसल) /mainasala マェーンサル/ ▸ਮੈਨਸਿਲ *m.* → ਮੈਨਸਿਲ

ਮੈਨਸਿਲ (मैनसिल) /mainasila マェーンスィル/ ▸ਮੈਨਸਲ *m.* 〖鉱物〗鶏冠石.

ਮੈਨਾ (मैना) /mainā マェーナー/ [Pkt. मयणा] *f.* 〖鳥〗キュウカンチョウ, 九官鳥.

ਮੈਨਿਊ (मैनिऊ) /mainiū マェーニウー/ ▸ਮੀਨੂ, ਮੀਨੋ *m.* → ਮੀਨੋ

ਮੈਨੀਫ਼ੈਸਟੋ (मैनीफ़ैसटो) /mainīfaisaṭo マェーニーファェーストー/ [Eng. *menifesto*] *m.* **1** 声明. **2**〖政治〗(政府や政党などの出す)声明書. (⇒ਨੀਤੀ-ਪੱਤਰ)

ਮੈਨੂੰ (मैनूँ) /mainũ マェーヌーン/ ▸ਮੰਹੂੰ, ਮੈਂਕੂੰ *pron.* 《 ਮੈ ਨੂੰ の結合形》私に, 私を, 私にとって.

ਮੈਨੂਅਲ (मैनूअल) /mainūala マェーヌーアル/ [Eng. *manual*] *m.* 手引き, 便覧.

— *adj.* 手を使う, 手でする.

ਮੈਨੇਜਰ (मैनेजर) /mainejara マェーネージャル/ ▸ਮਨੇਜਰ [Eng. *manager*] *m.* → ਮਨੇਜਰ

ਮੈਪਲ (मैपल) /maipala マェーパル/ [Eng. *maple*] *m.* 〖植物〗カエデ(楓)《カエデ科の落葉高木》.

ਮੈਂਬਰ (मैंबर) /mãĩbara マェーンバル/ ▸ਮਿੰਬਰ [Eng. *member*] *m.* メンバー, 一員, 構成員, 会員, 議員. (⇒ਸਦੱਸ)

ਮੈਂਬਰਸ਼ਿਪ (मैंबरशिप) /mãĩbaraśipa マェーンバルシプ/ [Eng. *membership*] *f.* 一員であること, 会員であること, 会員資格, 議員などの身分. (⇒ਸਦੱਸਤਾ)

ਮੈਂਬਰੀ (मैंबरी) /mãĩbarī マェーンバリー/ ▸ਮਿੰਬਰੀ [Eng. *member* -ਈ] *f.* 一員であること, 会員であること, 会員資格, 議員などの身分. (⇒ਸਦੱਸਤਾ)

ਮੈਮੋਰੀਅਲ (मैमोरीअल) /maimorīala マェーモーリーアル/ [Eng. *memorial*] *m.* 記念物.

ਮੈਰਾ (मैरा) /mairā マェーラー/ [Skt. मेरु] *m.* **1** 高地. (⇒ਉੱਚੀ ਧਰਤੀ) **2** 砂地. (⇒ਰੇਤਲੀ ਜ਼ਮੀਨ)

— *adj.* **1** 粘土と砂の混ざった土壌の. **2** 肥沃な. **3** 生産力のある.

ਮੈਰਿਜ (मैरिज) /mairija マェーリジ/ [Eng. *marriage*] *f.* 結婚. (⇒ਸ਼ਾਦੀ, ਵਿਆਹ)

ਮੈਲ (मैल) /maila マェール/ [Skt. मल] *f.* **1** 汚れ, 垢. **2** 汚物, 不潔な物. **3** 泥, ヘドロ, 沈積物. **4**〖比喩〗

わだかまり, 悪意, 恨み, 遺恨, 敵意, 罪深い考え.

ਮੈਲ-ਖ਼ੋਰਾ (मैल-ख़ोरा) /mailḁ-xorā マェール・コーラー/ *adj.* **1** 土色の. **2** 汚れを隠す色の, 汚れが見えにくい.

ਮੈਲਾ (मैला) /mailā マェーラー/ [Skt. मल] *adj.* **1** 汚れた, 汚い. **2** 不潔な. **3** 泥まみれの.
— *m.* **1** 汚物, 糞便, 排泄物. **2** 垢. **3** ごみ.

ਮੈਲੋਡਰਾਮਾ (मैलोडरामा) /mailoḍarāmā マェーローダラーマー/ [Eng. *melodrama*] *m.* メロドラマ《感傷的な通俗劇》.

ਮੋ (मो) /mo モー/ ▸ਮੋਚ [(Mul.)] *f.* → ਮੋਚ

ਮੋਇਆ (मोइआ) /moiā モーイアー/ [cf. ਮਰਨਾ] *adj.* 死んだ, 死んでいる.

ਮੋਸਣਾ (मोसणा) /mosaṇā モーサナー/ ▸ਮੁੱਸਣਾ [Skt. मोषयति] *vt.* **1** 盗む. (⇒ਚੁਰਾਉਣਾ) **2** 奪う, 奪い取る, 強奪する. (⇒ਲੁੱਟਣਾ)

ਮੋਸ਼ਨ (मोशन) /mośanḁ モーシャン/ [Eng. *motion*] *f.* **1** 動き, 運動. **2** 動作, 身振り.

ਮੋਹ (मोह) /mô モー/ [Skt. मोह] *m.* **1** 迷妄, 妄執, 迷い. **2** 魅惑, 魅力, うっとりさせること. **3** 欲望, 欲念. **4** 愛情, 愛着, 愛執, 恋.

ਮੋਹਕ (मोहक) /môkḁ モーク/ [Skt. मोहक] *adj.* 魅せる, 魅惑的な, うっとりさせる.

ਮੋਹਕਾ (मोहका) /môkā モーカー/ ▸ਮਹੁਕਾ, ਮੁਹਕਾ *m.* → ਮੁਹਕਾ

ਮੋਹਣਾ (मोहणा) /môṇā モーナー/ [Skt. मोहयति] *vt.* **1** 魅惑する, 魅了する, うっとりさせる. **2** 夢中にさせる, 心を奪う.
— *adj.* **1** 魅力的な, 魅惑的な, うっとりさせる. **2** 夢中にさせる, 心を奪うような. **3** 美しい, 美貌の.

ਮੋਹਣੀ (मोहणी) /môṇī モーニー/ [Skt. मोहनी] *f.* **1** 魅力, 魔力. **2** 魅了すること, 心を奪うこと, 悩殺. **3** 迷妄. **4** 魅力的な女性, 妖艶な美女.

ਮੋਹਤ (मोहत) /môatḁ モーアト/ ▸ਮੋਹਿਤ *adj.* → ਮੋਹਿਤ

ਮੋਹਰ (मोहर) /môrḁ モール/ ▸ਮੁਹਰ [Pers. *muhr*] *f.* **1** 印, 印章, スタンプ, 刻印, 印鑑, 判. **2** 封印, 証印, シール. **3**〖貨幣〗金貨《中世インドにおいて発行されたもの》.

ਮੋਹਰਬੰਦ (मोहरबंद) /môrḁbandḁ モールバンド/ ▸ਮੁਹਰਬੰਦ [Pers.*-band*] *adj.* 封印された.

ਮੋਹਰਲਾ (मोहरला) /môrḁlā モールラー/ *adj.* **1** 先頭の. **2** 最前部の. **3** 正面の.
— *m.* **1** 前面. **2** 正面.

ਮੋਹਰਾ (मोहरा) /môrā モーラー/ ▸ਮੁਹਰਾ [Pers. *muhr*] *m.*〖遊戯〗チェスの駒.

ਮੋਹਰੀ (मोहरी) /môrī モーリー/ ▸ਮੁਹਰੀ *m.* 指導者.
— *adj.* 指導的な.

ਮੋਹਰੇ (मोहरे) /môre モーレー/ *adv.* 先に.

ਮੋਹਲਤ (मोहलत) /môlatḁ モーラト/ ▸ਮੁਹਲਤ *f.* → ਮੁਹਲਤ

ਮੋਹਲਾ (मोहला) /môlā モーラー/ *m.*〖道具〗脱穀に用いる棒.

ਮੋਹੜੀ (मोहड़ी) /môṛī モーリー/ ▸ਮੋੜ੍ਹੀ *f.* → ਮੋੜ੍ਹੀ

ਮੋਹਿਤ (मोहित) /môitḁ モーイト/ ▸ਮੋਹਤ [Skt. मोहित] *adj.* **1** 魅せられた, 魅了された, 誘惑された, 心を奪われた, うっとりした. **2** 恋に落ちた, ぞっこん惚れ込んだ.

ਮੋਕਲਾ (मोकला) /mokalā モーカラー/ [(Pkt. मुक्कल) Skt. मुच्] *adj.* **1** 広い, 広々とした. (⇒ਵੱਡਾ, ਚੌੜਾ) **2** 緩い, 緩やかな, 弛んだ. (⇒ਖੁੱਲ੍ਹਾ, ਢਿੱਲਾ)

ਮੋਖ (मोख) /mok^{h}ḁ モーク/ ▸ਮੋਖਸ਼ [(Pkt. मोक्ख) Skt. मोक्ष] *m.f.* **1** 解放, 救済. (⇒ਮੁਕਤੀ, ਛੁਟਕਾਰਾ) **2** 永遠の至福. **3** 価格, 値段. (⇒ਮੁੱਲ, ਕੀਮਤ)

ਮੋਖਸ਼ (मोखश) /mok^{h}aśḁ モーカシュ/ ▸ਮੋਖ *f.* → ਮੋਖ

ਮੋਂਗਰਾ (मोंगरा) /mõgarā モーンガラー/ ▸ਮੁੰਗਰਾ, ਮੂੰਗਰਾ *m.* → ਮੁੰਗਰਾ

ਮੋਂਗਰੀ (मोंगरी) /mõgarī モーンガリー/ ▸ਮੋਗਰੀ *f.* → ਮੋਗਰੀ

ਮੋਗਰੀ (मोगरी) /mogarī モーガリー/ ▸ਮੋਂਗਰੀ *f.*〖道具〗槌.

ਮੋਂਗਾ (मोंगा) /mõgā モーンガー/ ▸ਮੂੰਗਾ *m.* サンゴ, 珊瑚.

ਮੋਘ (मोघ) /môgḁ モーグ/ [Skt. मेघ] *f.*〖気象〗光る雲, 輝いている雲, 朝夕に見られる黄色い雲. (⇒ਚਮਕਦਾ ਬੱਦਲ)

ਮੋਘਾ (मोघा) /môgā モーガー/ [Skt. मुख] *m.* **1** 屋根や壁などの開いている所. **2** 通気孔, 空気穴, 通風孔. **3** 覗き穴.

ਮੋਚ (मोच) /mocḁ モーチ/ ▸ਮੋ *f.*〖医〗捻挫. (⇒ਮਚਕੋੜ) ❐ਮੋਚ ਆਉਣੀ 捻挫する, 挫く.

ਮੋਚਣ (मोचण) /mocaṇḁ モーチャン/ [Pkt. मोच -ण] *f.*〖姓〗モーチャン(モーチアーニー)《モーチー種姓の女性》, 女性の靴屋, 靴屋の妻.

ਮੋਚਣਾ (मोचणा) /mocaṇā モーチャナー/ ▸ਮੋਚਨਾ [Skt. मोचयति] *vt.* **1** 捨てる, 残す. (⇒ਛੱਡਣਾ) **2** つまむ, つねる, 挟む. **3** 引き出す, 引き抜く, 抜け出させる.
— *m.* **1**〖道具〗やっとこ, ペンチ. **2**〖道具〗小さな挟み道具, 毛抜き. (⇒ਚਿਮਟੀ)

ਮੋਚਨਾ (मोचना) /mocanā モーチャナー/ ▸ਮੋਚਣਾ *m.* → ਮੋਚਣਾ

ਮੋਚਿਆਣੀ (मोचिआणी) /mociāṇī モーチアーニー/ [Pkt. मोच -णी] *f.* → ਮੋਚਣ

ਮੋਚੀ (मोची) /mocī モーチー/ [Pkt. मोच -ई] *m.*〖姓〗モーチー《皮革製の履物の製造・修理などを生業とする種姓(の人・男性)》, 靴屋, 靴直し.

ਮੋਛਾ (मोछा) /moc^{h}ā モーチャー/ *m.* 鋸で切った丸太や木.

ਮੋਜਾ (मोजा) /mojā モージャー/ ▸ਮੌਜਾ, ਮੌਜ਼ਾ *m.* → ਮੌਜਾ

ਮੋਟਰ (मोटर) /moṭarḁ モータル/ [Eng. *motor*] *f.* **1** モーター. **2**〖乗物〗自動車. (⇒ਮੋਟਰਕਾਰ)

ਮੋਟਰ ਸਾਈਕਲ (मोटर साईकल) /moṭarḁ sāikalḁ モータル サーイーカル/ [Eng. *motorcycle*] *m.*〖乗物〗原動機付き自転車, 小型オートバイ, バイク.

ਮੋਟਰਕਾਰ (मोटरकार) /moṭarḁkārḁ モータルカール/ [Eng. *motor* + Eng. *car*] *f.*〖乗物〗自動車. (⇒ਮੋਟਰਗੱਡੀ)

ਮੋਟਰਗੱਡੀ (मोटरगड्डी) /moṭarḁgaḍḍī モータルガッディー/ [Eng. *motor* + Pkt. गड्डी] *f.*〖乗物〗自動車. (⇒ਮੋਟਰਕਾਰ)

ਮੋਟਰ ਬੋਟ (मोटर बोट) /moṭarḁ boṭḁ モータル ボート/

[Eng. *motorboat*] *f.* 〖乗物〗モーターボート.

ਮੋਟਰ ਰਿਕਸ਼ਾ (मोटर रिकशा) /moṭara rikaśā モータル リクシャー/ [Eng. *motor* + Eng. *rickshaw* bf. Jap.] *m.* 〖乗物〗オート・リキシャ《軽自動三輪車の荷台を客席にした形のタクシー》. (⇒ਆਟੋ ਰਿਕਸ਼ਾ)

ਮੋਟੜ (मोटड़) /moṭaṛa モータル/ *adj.* 太った.
— *m.* 太った人.

ਮੋਟਾ (मोटा) /moṭā モーター/ ▸ਮੋੱਟਾ [Skt. मुष्ट] *adj.* **1** 厚い, 厚手の, 厚みのある. **2** 太い. **3** 太った, 肥えている, 肥満の, デブの. **4** 粗い. **5** 大きい.

ਮੋੱਟਾ (मोट्टा) /moṭṭā モーッター/ ▸ਮੋਟਾ *adj.* → ਮੋਟਾ

ਮੋਟਾਈ (मोटाई) /moṭāī モーターイー/ ▸ਮੁਟਾਈ, ਮੁਟਿਆਈ *f.* → ਮੁਟਾਈ

ਮੋਟਾਪਾ (मोटापा) /moṭāpā モーターパー/ ▸ਮੁਟਾਪਾ *m.* → ਮੁਟਾਪਾ

ਮੋਠ (मोठ) /moṭʰa モート/ [Skt. मकुष्ठ] *m.* 〖植物〗モスビーン, マットビーン《マメ科の草本. 南アジア西北部の砂漠地域など乾燥地帯での栽培が多い》, モスビーンの実《食用》.

ਮੋਂਢਾ (मोंढा) /môḍā モーンダー/ ▸ਮੋਢਾ *m.* → ਮੋਢਾ

ਮੋਢਾ (मोढा) /môḍā モーダー/ ▸ਮੋਂਢਾ *m.* 〖身体〗肩. (⇒ਕੰਧਾ) ❐ਮੋਢੇ ਦੀ ਹੱਡੀ 肩甲骨.

ਮੋਢੀ (मोढी) /môḍī モーディー/ [(Pkt. मुढ) Skt. मूर्धन् -ई] *m.* **1** 創始者, 創設者, 先駆者. (⇒ਸਥਾਪਕ) **2** 先導者, 主導者, 指導者. (⇒ਆਗੂ)

ਮੋਣ (मोण) /moṇa モーン/ *f.* 〖食品〗揚げ物用の油.

ਮੋਤੀ (मोती) /motī モーティー/ [(Pkt. मुत्तिअ, मुत्ता, मोतिअ) Skt. मौक्तिक] *m.* 真珠.

ਮੋਤੀਆ[1] (मोतीआ) /motīā モーティーアー/ *m.* 〖植物〗マツリカ(茉莉花), アラビアンジャスミン《モクセイ科の常緑低木. ジャスミン茶の香り付けに使われる》.
— *adj.* 黄紅色の.

ਮੋਤੀਆ[2] (मोतीआ) /motīā モーティーアー/ *m.* 〖医〗眼病. ❐ਚਿੱਟਾ ਮੋਤੀਆ 白内障, しろそこひ. ❐ਕਾਲਾ ਮੋਤੀਆ 緑内障, あおそこひ.

ਮੋਤੀਆਬਿੰਦ (मोतीआबिंद) /motīābinda モーティーアービンド/ *m.* 〖医〗眼病.

ਮੋਤੀਚੂਰ (मोतीचूर) /motīcūra モーティーチュール/ *m.* 〖食品〗小粒菓子《豆粉を真珠のように小粒に丸めたもの》. ❐ਮੋਤੀਚੂਰ ਦਾ ਲੱਡੂ 小粒菓子のラッドゥー《小粒菓子を集めて球形に丸めた甘い菓子》.

ਮੋਤੀਝਾਰਾ (मोतीझारा) /motīcărā モーティーチャーラー/ ▸ਮੋਤੀਝਾੜਾ *m.* 〖医〗発疹, はしか, 風疹.

ਮੋਤੀਝਾੜਾ (मोतीझाड़ा) /motīcăṛā モーティーチャーラー/ ▸ਮੋਤੀਝਾਰਾ *m.* → ਮੋਤੀਝਾਰਾ

ਮੋਥਾ[1] (मोथा) /motʰā モーター/ *m.* 〖植物〗ドクムギ(毒麦)《イネ科ドクムギ属の植物の総称》.

ਮੋਥਾ[2] (मोथा) /motʰā モーター/ [(Pkt. मुत्थ) Skt. मुस्त] *m.* 〖植物〗ハマスゲ(浜菅)《カヤツリグサ科の多年草. 日当りのよい砂地に自生する多年草で, 長い根茎を有し, その所々が塊状に肥大している. 薬用に供される》.

ਮੋਦ[1] (मोद) /moda モード/ [Skt. मोद] *m.* 楽しみ, 喜び, 嬉しさ, 歓喜. (⇒ਖ਼ੁਸ਼ੀ, ਅਨੰਦ)

ਮੋਦ[2] (मोद) /moda モード/ [(Pot.)] *f.* **1** 基礎. (⇒ਨੀਂਹ) **2** 基本. (⇒ਬੁਨਿਆਦ)

ਮੋਦੀ (मोदी) /modī モーディー/ [Skt. मोदक] *m.* **1** 穀物商. **2** 食糧商店の店主.

ਮੋਦੀਖ਼ਾਨਾ (मोदीख़ाना) /modīxānā モーディーカーナー/ [Pers.*-xāna*] *m.* **1** 穀物商店, 食糧商店. **2** 穀物倉庫, 食糧倉庫.

ਮੋਨ (मोन) /mona モーン/ ▸ਮੋਣ, ਮੌਨ *m.adj.* → ਮੌਨ

ਮੋਨਾ (मोना) /monā モーナー/ [Skt. मुण्डन] *adj.* **1** 髪を刈った. **2** 剃髪した, 坊主頭の. **3** ひげを剃った.
— *m.* **1** 髪を刈った人. **2** 剃髪した人. **3** ひげを剃った人.

ਮੋਨੀ (मोनी) /monī モーニー/ [Skt. मौन -ई] *m.* 沈黙の行をしている苦行者.

ਮੋਬਲ-ਆਇਲ (मोबल-आइल) /mobala-āila モーバル・アーイル/ [Eng. *mobile oil*] *m.* **1** モビール・オイル《自動車などの内燃機関用の潤滑油. エンジンオイル》. **2** 潤滑油.

ਮੋਬਾਇਲ (मोबाइल) /mobāila モーバーイル/ ▸ਮੋਬਾਈਲ [Eng. *mobile*] *adj.* 動かしやすい, 移動できる.

ਮੋਬਾਇਲ ਫ਼ੋਨ (मोबाइल फ़ोन) /mobāila fona モーバーイル フォーン/ ▸ਮੋਬਾਈਲ ਫ਼ੋਨ [Eng. *mobile phone*] *m.* 携帯電話.

ਮੋਬਾਈਲ (मोबाईल) /mobāīla モーバーイール/ ▸ਮੋਬਾਇਲ *adj.* → ਮੋਬਾਇਲ

ਮੋਬਾਈਲ ਫ਼ੋਨ (मोबाईल फ़ोन) /mobāīla fona モーバーイール フォーン/ ▸ਮੋਬਾਇਲ ਫ਼ੋਨ *m.* → ਮੋਬਾਇਲ ਫ਼ੋਨ

ਮੋਂਭਰ (मोंभर) /môbara モーンバル/ *m.* 〖医〗風邪. (⇒ਜ਼ੁਕਾਮ)

ਮੋਮ (मोम) /moma モーム/ [Pers. *mūm*] *m.* 蝋.

ਮੋਮਨ (मोमन) /momana モーマン/ [Arab. *mumin*] *m.* **1** 〖イス〗イスラームを信仰する者. **2** 〖イス〗ムサルマーン《イスラーム教徒, 回教徒》.

ਮੋਮਬੱਤੀ (मोमबत्ती) /momabattī モームバッティー/ [Pers. *mūm* + (Pkt. बत्ति) Skt. वर्ति] *f.* 蝋燭. (⇒ਸ਼ਮ੍ਹਾ, ਕੈਂਡਲ)

ਮੋਮਿਆਈ (मोमिआई) /momiāī モーミアーイー/ ▸ਮਮਿਆਈ *f.* → ਮਮਿਆਈ

ਮੋਮੀ (मोमी) /momī モーミー/ [Pers. *mūmī*] *adj.* 蝋の.

ਮੋਮੋਠਗਣਾ (मोमोठगणा) /momoṭʰagaṇā モーモータガナー/ *adj.* 甘言で人をだます.

ਮੋਰ (मोर) /mora モール/ ▸ਮਯੂਰ [Skt. मयूर] *m.* 〖鳥〗(雄)クジャク, 孔雀.

ਮੋਰਚਾ (मोरचा) /moracā モールチャー/ [Pers. *morca*] *m.* **1** 堀. **2** 〖軍〗塹壕. **3** 〖軍〗やぐら, 砦, 要塞. **4** 〖軍〗最前線, 前線, 戦線. **5** 扇動. **6** 〖政治〗政治運動.

ਮੋਰਚਾਬੰਦੀ (मोरचाबंदी) /moracābandī モールチャーバンディー/ [Pers.*-bandī*] *f.* 砦作り, 塹壕作り.

ਮੋਰਛਲ (मोरछल) /moracʰala モールチャル/ *m.* 〖道具〗孔雀の羽毛製の扇.

ਮੋਰਨੀ (मोरनी) /moranī モールニー/ [Skt. मयूर -ਨੀ] *f.* 〖鳥〗雌クジャク, 雌孔雀.

ਮੋਰਪੰਖ (मोरपंख) /morapaṅkʰa モールパンク/ [+ Skt. पक्ष] *m.* 孔雀の羽根.

ਮੋਰਾ (मोरा) /morā モーラー/ *m.* 大きな穴.

ਮੋਰੀ (मोरी) /morī モーリー/ [Pers. *mūrī*] *f.* **1** 穴, 開き口. (⇒ਛੇਕ, ਸੁਰਾਖ਼) **2** 小さな出入り口. (⇒ਛੋਟਾ ਦਰਵਾਜ਼ਾ) **3** 窓. (⇒ਖਿੜਕੀ)

ਮੋਲ (मोल) /mola モール/ ▸ਮੁੱਲ, ਮੂਲ *m.* → ਮੁੱਲ

ਮੋਲ੍ਹਾ (मोल्हा) /môlā モーラー/ ▸ਮੁਹਲਾ *m.* → ਮੁਹਲਾ

ਮੋੜ (मोड़) /moṛa モール/ [cf. ਮੁੜਨਾ] *m.* **1** 角(かど), 曲がり角, カーブ. **2** 分かれ目, 転機. **3** 曲がること, 湾曲, 屈曲. **4** 矯正.

ਮੋੜ੍ਹਾ (मोड़्हा) /môṛā モーラー/ *m.* 〖植物〗切られた木の枝.

ਮੋੜ੍ਹੀ (मोड़्ही) /môṛī モーリー/ ▸ਮੋਹੜੀ *f.* 〖植物〗切られた小さな木の枝.

ਮੋੜ-ਤੋੜ (मोड़-तोड़) /moṛa-toṛa モール・トール/ [cf. ਮੋੜਨਾ + cf. ਤੋੜਨਾ] *m.* **1** 曲げること. **2** 誤り伝えること.

ਮੋੜਦਾਰ (मोड़दार) /moṛadāra モールダール/ [cf. ਮੁੜਨਾ Pers.-*dār*] *adj.* 曲がりくねった.

ਮੋੜਨਾ (मोड़ना) /moṛanā モールナー/ [cf. ਮੁੜਨਾ] *vt.* **1** 曲げる, 折る, 折り曲げる. **2** 回す, 向きを変える. **3** ねじる, ひねる. **4** 戻す. **5** 返す, 返却する.

ਮੋੜਵਾਂ (मोड़वाँ) /moṛawā̃ モールワーン/ [cf. ਮੋੜਨਾ Skt.-वान्] *adj.* **1** 返却できる, 戻せる. **2** お返しの, 返礼の. **3** 相互の, お互いの.

ਮੋੜਾ (मोड़ा) /moṛā モーラー/ [cf. ਮੋੜਨਾ] *m.* **1** 戻すこと. **2** 返すこと, 返却.

ਮੌਸਮ (मौसम) /mausama マォーサム/ [Arab. *mausim*] *m.* **1** 〖気象〗天気, 天候, 気象. **2** 〖気象〗気候. **3** 〖暦〗季節, 時季. (⇒ਰੁੱਤ) **4** 時機, 適した時期.

ਮੌਸਮ ਵਿਗਿਆਨ (मौसम विगिआन) /mausama vigiāna マォーサム ヴィギアーン/ [+ Skt. विज्ञान] *m.* 気象学.

ਮੌਸਮੀ (मौसमी) /mausamī マォーサミー/ [Pers. *mausimī*] *adj.* **1** 〖気象〗気象の, 気候の, 風土の. **2** 〖暦〗季節の, 時季の, 季節にふさわしい.

ਮੌਸਮੀ ਬੁਖ਼ਾਰ (मौसमी बुख़ार) /mausamī buxāra マォーサミー ブカール/ [+ Arab. *buxār*] *m.* 〖医〗マラリア. (⇒ਮਲੇਰੀਆ)

ਮੌਸੀਕੀ (मौसीकी) /mausīkī マォースィーキー/ [Arab. *mūsīqī*] *f.* 音楽, 音楽芸術, 音楽学, 音楽理論.

ਮੌਹਰਾ (मौहरा) /maûrā マォーラー/ ▸ਮਹੁਰਾ *m.* → ਮਹੁਰਾ

ਮੌਹਰੀ (मौहरी) /maûrī マォーリー/ ▸ਮਹੁਰੀ *f.* → ਮਹੁਰੀ

ਮੌਕਾ (मौका) /maukā マォーカー/ [Arab. *mauqa`*] *m.* **1** 機会, 時機, 折, 時, 際, 場合. (⇒ਅਵਸਰ) ❐ਮੌਕਾ ਸੰਭਾਲਨਾ 機会を利用する. **2** 好機, チャンス.

ਮੌਕਾ-ਸ਼ਨਾਸ (मौका-शनास) /maukā-śanāsa マォーカー・シャナース/ *adj.* **1** 思慮深い, 用心深い, 慎重な. **2** 抜け目のない, 利に敏な.

ਮੌਕਾ-ਸ਼ਨਾਸੀ (मौका-शनासी) /maukā-śanāsī マォーカー・シャナースィー/ **1** 思慮深いこと, 用心深さ, 慎重さ. **2** 抜け目のなさ.

ਮੌਕਾ ਪ੍ਰਸਤ (मौका प्रसत) /maukā prasata マォーカー プラスト/ [Arab. *mauqa`* Pers.-*parast*] *m.* 日和見主義者.

ਮੌਕਾ ਪ੍ਰਸਤੀ (मौका प्रसती) /maukā prasatī マォーカー プラスティー/ [Pers.-*parastī*] *f.* 日和見主義.

ਮੌਕਾਵਾਦ (मौकावाद) /maukāwāda マォーカーワード/ [Skt.-वाद] *m.* 日和見主義.

ਮੌਕਾਵਾਦੀ (मौकावादी) /maukāwādī マォーカーワーディー/ [Skt.-वादिन्] *adj.* 日和見主義の.
— *m.* 日和見主義者.

ਮੌਕੂਫ਼ (मौकूफ़) /maukūfa マォークーフ/ [Arab. *mauqūf*] *adj.* **1** 停職の. **2** 免職された, 解雇された.

ਮੌਕੇ ਸਿਰ (मौके सिर) /mauke sira マォーケー スィル/ *adv.* 好機に, 機が熟した時に, 折にふれて. (⇒ਮੌਕੇ ਤੇ)

ਮੌਕੇ-ਕਮੌਕੇ (मौके-कमौके) /mauke-kamauke マォーケー・カマォーケー/ *adv.* 手の空いた時に, 合い間合い間に.

ਮੌਕੇ ਤੇ (मौके ते) /mauke te マォーケー テー/ *adv.* 好機に, 機が熟した時に, 折にふれて. (⇒ਮੌਕੇ ਸਿਰ)

ਮੌਖਿਕ (मौखिक) /maukʰika マォーキク/ [Skt. मौखिक] *adj.* **1** 口から発せられた, 話された. **2** 口頭の. **3** 声に出した. **4** 歌われる.

ਮੌਜ (मौज) /mauja マォージ/ [Arab. *mauj*] *f.* **1** 波, 波浪. **2** 感情の高まり, 情熱. **3** 楽しい気分, 快楽, 上機嫌, 安楽. ❐ਮੌਜ ਉਡਾਉਣੀ, ਮੌਜ ਕਰਨੀ, ਮੌਜ ਮਾਣਨੀ 楽しむ, 楽しく過ごす.

ਮੌਜਾ (मौजा) /maujā マォージャー/ ▸ਮੋਜ਼ਾ, ਮੌਜ਼ਾ [Pers. *moza*] *m.* **1** 〖衣服〗靴下. (⇒ਜੁਰਾਬ) **2** 〖履物〗靴. (⇒ਜੁੱਤੀ)

ਮੌਜ਼ਾ[1] (मौज़ा) /mauzā マォーザー/ ▸ਮੌਜ਼ਿਆ [Arab. *mauza`*] *m.* **1** 場所, 位置, 敷地. **2** 村. (⇒ਪਿੰਡ)

ਮੌਜ਼ਾ[2] (मौज़ा) /mauzā マォーザー/ ▸ਮੋਜਾ, ਮੌਜਾ *m.* → ਮੌਜਾ

ਮੌਜ਼ਿਆ (मौज़िआ) /maujiā マォージアー/ ▸ਮੌਜ਼ਾ *m.* → ਮੌਜ਼ਾ[1]

ਮੌਜੀ (मौजी) /maujī マォージー/ [Pers. *maujī*] *adj.* **1** 陽気な, 上機嫌の, 楽しい気分の. **2** 気まぐれな, 突飛な. **3** 感情的な. **4** 遊び好きな, 享楽的な.

ਮੌਜੂ (मौजू) /maujū マォージュー/ [Arab. *mauj*] *m.* 冗談, 皮肉, 洒落. (⇒ਮਖ਼ੌਲ, ਹਾਸਾ)

ਮੌਜੂਦ (मौजूद) /maujūda マォージュード/ [Arab. *maujūd*] *adj.* **1** 存在している, ある, いる. **2** 居合わせている, 出席している, 参列している, 臨席している. **3** 入手可能な, 手に入る.

ਮੌਜੂਦਗੀ (मौजूदगी) /maujūdagī マォージュードギー/ [Arab. *maujūda* Pers.-*gī*] *f.* **1** 存在, あること, いること. **2** 出席, 参列, 参集, 臨席. **3** 入手可能なこと, 手に入ること.

ਮੌਜੂਦਾ (मौजूदा) /maujūdā マォージューダー/ [Arab. *maujūda*] *adj.* **1** 現存の, 既存の. **2** 現在の, 現行の. **3** 現代の.

ਮੌਣ (मौण) /mauṇa マォーン/ ▸ਮੋਨ, ਮੌਨ *m.adj.* → ਮੌਨ

ਮੌਤ (मौत) /mauta マォート/ [Arab. *maut*] *f.* 死, 死亡, 死去, 逝去. (⇒ਮਿਰਤੂ, ਦਿਹਾਂਤ) ❐ਮੌਤ ਦਰ 死亡率. ❐ਮੌਤ ਦਾ ਡਰ 死の恐怖. ❐ਮੌਤ ਦਾ ਸ਼ਿਕਾਰ ਹੋਣਾ 死の餌食になる, 死ぬ. ❐ਮੌਤ ਦੇ ਘਾਟ ਉਤਾਰਨਾ 殺す, 殺害する.

ਮੌਤ-ਦੰਡ (मौत-दंड) /mauta-daṇḍa マォート・ダンド/ [+ Skt. दण्ड] *m.* 〖法〗死刑. (⇒ਮਿਰਤੂ-ਦੰਡ)

ਮੌਤ ਦੀ ਸਜ਼ਾ (मौत दी सज़ा) /mauta dī sazā マォート ディー サザー/ [+ Pers. *sazā*] *f.* 〖法〗死刑. (⇒ਮਿਰਤੂ-ਦੰਡ)

ਮੌਨ (मौन) /mauna マォーン/ ▸ਮੋਨ, ਮੌਣ [Skt. मौन] *m.* **1** 沈黙. ❐ਮੌਨ ਧਾਰਨਾ 沈黙を固く守る, 誓って話さない. **2** 無言, 無口
— *adj.* **1** 沈黙した. **2** 無言の, 無口な.

ਮੌਨਸੂਨ (मौनसून) /maunasūna マォーンスーン/ ▸ਮਾਨਸੂਨ *f.* → ਮਾਨਸੂਨ

ਮੌਨਧਾਰੀ (मौनधारी) /maunatǎrī マォーンターリー/ [Skt. मौन Skt.-धारिन्] *m.* 沈黙を固く守ると誓った人.

ਮੌਨ ਵਰਤ (मौन वरत) /mauna varata マォーン ヴァルト/ [+ Skt. व्रत] *m.* 指定された期間沈黙を守る誓い.

ਮੌਰ (मौर) /maura マォール/ [Skt. मौलि] *m.* 〖身体〗肩甲骨.

ਮੌਰੂਸ (मौरूस) /maurūsa マォールース/ ▸ਮਰੂਸ, ਮੌਰੂਸੀ [Arab. *maurūs*] *adj.* **1** 先祖代々の, 先祖伝来の. (⇒ਜੱਦੀ) **2** 世襲の. **3** 継承できる, 相続できる.

ਮੌਰੂਸੀ (मौरूसी) /maurūsī マォールースィー/ ▸ਮਰੂਸ, ਮੌਰੂਸ *adj.* → ਮੌਰੂਸ

ਮੌਲ (मौल) /maula マォール/ [Skt. मुकुल] *m.* **1** 喜び, 幸福. (⇒ਖ਼ੁਸ਼ੀ) **2** 花. (⇒ਫੁੱਲ)

ਮੌਲਸਰੀ (मौलसरी) /maulasarī マォールサリー/ *f.* 〖植物〗ミサキノハナ(岬花)《アカテツ科の高木》, ミサキノハナの実.

ਮੌਲਣਾ (मौलणा) /maulaṇā マォーラナー/ [Skt. मुकुलायते] *vi.* **1** 芽を出す. **2** 咲く, 開花する. **3** 喜ぶ. (⇒ਖ਼ੁਸ਼ ਹੋਣਾ)

ਮੌਲਵੀ (मौलवी) /maulawī マォールウィー/ [Pers. *maulavī*] *m.* **1** 〖イス〗イスラーム法の学者, イスラームの聖職者. **2** アラビア語やペルシア語の学者, イスラーム教徒の教育者.

ਮੌਲਾ (मौला) /maulā マォーラー/ [Arab. *maulā*] *m.* **1** 神, 主. (⇒ਖ਼ੁਦਾ, ਰੱਬ, ਈਸ਼ਵਰ, ਪਰਮਾਤਮਾ) **2** 主人, 尊師. (⇒ਮਾਲਕ, ਸੁਆਮੀ) **3** 聖者. (⇒ਸਾਈਂ)

ਮੌਲਾਣਾ (मौलाणा) /maulāṇā マォーラーナー/ ▸ਮੁਲਾਣਾ *m.* → ਮੁਲਾਣਾ

ਮੌਲਿਕ (मौलिक) /maulika マォーリク/ [Skt. मौलिक] *adj.* **1** 根本の, 根源の, 根本的な. **2** 基本の, 基本的な. **3** 独創的な, 独自の.

ਮੌਲਿਕਤਾ (मौलिकता) /maulikatā マォーリクター/ [Skt.-ता] *f.* 独創性, 独自性.

ਮੌਲੀ (मौली) /maulī マォーリー/ [(Pkt. मौली) Skt. मौलि] *f.* 〖儀礼・装〗婚礼の時に女性たちが身につける吉祥の赤糸.

ਯ

ਯ (य) /yayyā | yaiā ヤッヤー | ヤイアー/ *m.* 〖文字〗グルムキー文字の字母表の31番目の文字《半母音の「ヤ」ya を表す》.

ਯਸ (यस) /yasa ヤス/ ▸ਜਸ, ਜੱਸ, ਯਸ਼ *m.* → ਜੱਸ

ਯਸ਼ (यश) /yaśa ヤシュ/ ▸ਜਸ, ਜੱਸ, ਯਸ *m.* → ਜੱਸ

ਯਸ਼ਬ (यशब) /yaśaba ヤシャブ/ [Pers. *yaśb*] *m.* 〖鉱物〗碧玉, 緑色の宝石.

ਯਸੂ (यसू) /yasū ヤスー/ ▸ਯਸੂਹ *m.* 〖キ〗イエス・キリスト.

ਯਸੂਹ (यसूह) /yasū̂ ヤスー/ ▸ਯਸੂ *m.* → ਯਸੂ

ਯਸੂ-ਮਸੀਹ (यसू-मसीह) /yasū-masî ヤスー・マスィー/ *m.* 〖キ〗イエス・キリスト.

ਯਹੂਦੀ (यहूदी) /yahūdī | yaŭdī ヤフーディー | ヤウーディー/ [Arab. *yahūdī*] *m.* ユダヤ人.
— *adj.* ユダヤ人の.

ਯਕ (यक) /yaka ヤク/ [Pers. *yak*] *ca.num.* 1, 一つ.
— *adj.* **1** 一つの, 唯一の. **2** 単一の, 同一の, 同じ. **3**(はっきりとは言わない)ある, 不特定の.
— *pref.* 「一つ」「唯一」「単一」「同一」「一貫性」などの意味を表す接頭辞.

ਯਕਸ਼ (यकश) /yakaśa ヤカシュ/ ▸ਜੱਖ, ਯੱਖ *m.* → ਯੱਖ

ਯਕਸ਼ਣੀ (यकशणी) /yakaśaṇī ヤカシュニー/ ▸ਯੱਖਣੀ *f.* → ਯੱਖਣੀ

ਯਕਸਮਾਨ (यकसमान) /yakasamāna ヤクサマーン/ [Pers. *yak-* Skt. समान] *adj.* **1** 一様な. **2** 同様の. **3** すべて同じ. **4** 同質の.

ਯਕਸਾਂ (यकसाँ) /yakasā̃ ヤクサーン/ [Pers. *yaksān*] *adj.* **1** 一様な. (⇒ਇੱਕਸਾਰ) **2** 同様の, 似ている, 類似している. (⇒ਮਿਲਦਾ ਜੁਲਦਾ) **3** 一定不変の.
— *adv.* **1** 一様に, 全体に, まんべんなく. **2** 同じく, 同様に. **3** 一定の割合で, 変わらずに. **4** 一貫して, 終始変わらず.

ਯਕਸਾਨੀਅਤ (यकसानीअत) /yakasānīata ヤクサーニーアト/ [Pers. *yaksānīyat*] *f.* **1** 一様性. **2** 類似, 類似性. **3** 不変性. **4** 調和. **5** 一貫性.

ਯਕਸਾਰ (यकसार) /yakasāra ヤクサール/ [Pers. *yak-* Pers.-*sār*] *adj.* **1** 一様な, 全体的な. **2** 同様の, 似ている, 似通っている, 類似している. (⇒ਮਿਲਦਾ ਜੁਲਦਾ) **3** 一定不変の. **4** 調和した, 釣り合いのとれた. **5** 一貫している, 終始変わらない.
— *adv.* **1** 一様に, 全体に, まんべんなく. **2** 同じく, 同様に. **3** 一定の割合で, 変わらずに. **4** 一貫して, 終始変わらず. **5** 一定の速度で連続して, 同じ速度で着実に続いて.

ਯਕਸਾਰਤਾ (यकसारता) /yakasāratā ヤクサールター/ [Skt.-ता] *f.* **1** 一様性. **2** 類似, 類似性. **3** 不変性. **4** 調和. **5** 一貫性.

ਯਕਜ਼ਬਾਨ (यकज़बान) /yakazabāna ヤクザバーン/ [Pers. *yak-* Pers. *zabān*] *adj.* 異口同音の.

ਯਕਜ਼ਬਾਨੀ (यकज़बानी) /yakazabānī ヤクザバーニー/ [Pers. *yak-* Pers. *zabānī*] *f.* 異口同音.

ਯਕਜਿਹਤੀ (यकजिहती) /yakajêtī ヤクジェーティー/ [Pers. *yak-* Arab. *jahat* -ਈ] *f.* **1** 一様, 一定. **2** 一致, 調和, 和合.

ਯਕਤਰਫ਼ਾ (यकतरफ़ा) /yakatarafā ヤクタルファー/ [Pers. *yaktarfā*] *adj.* **1** 一方の, 片方の, 片側の. (⇒ਇਕ-ਪੱਖੀ) **2** 一方的な, 一方に偏った, 不公平な. **3** えこひいきする. **4** 〖法〗片務的な.

ਯਕਦਮ (यकदम) /yakadama ヤクダム/ [Pers. *yak-* Pers. *dam*] *adv.* **1** 一息の間に, 一息で, 一気に. **2** 突然,

急に, にわかに. (⇒ਅਚਾਨਕ) **3** すぐに, 即刻. **4** 全く, 完全に, ぴったり.

ਯਕਦਿਲ (यकदिल) /yakadila ヤクディル/ [Pers. *yak-* Pers. *dil*] *adj.* **1** 一つの心の, 同意見の, 同意した, 合意した. **2** 合一した, 一つになった, 結合した. **3** 親密な, 親愛なる.

— *adv.* **1** 全幅の信頼を持って. **2** 満場一致で.

ਯਕਦਿਲੀ (यकदिली) /yakadilī ヤクディリー/ [Pers. *yak-* Pers. *dilī*] *f.* **1** 一つの心になること, 合意, 同意. **2** 合一, 結合. **3** 親密さ, 友情. **4** 全幅の信頼. **5** 満場一致.

ਯਕਮੁਸ਼ਤ (यकमुशत) /yakamuśata ヤクムシャト/ [Pers. *yak-* Pers. *muśt*] *adj.* **1** ひとまとめの, ひとまとまりの. **2** 一括した, 一括払いの.

ਯਕਲਖ਼ਤ (यकलख़त) /yakalaxata ヤクラカト/ ▸ਇਕਲਖਤ *adv.* 突然, いきなり, 不意に. (⇒ਅਚਾਨਕ)

ਯੱਕੜ (यक्कड़) /yakkaṛa ヤッカル/ ▸ਜੱਕੜ, ਜੱਖੜ [Pkt. झक्ख, झंख + ੜ] *m.* **1** 噂話, 世間話, 雑談. (⇒ਗੱਪਸ਼ੱਪ) **2** 無駄話, くだらないおしゃべり. (⇒ਬਕਵਾਦ, ਫ਼ਜ਼ੂਲ ਗੱਲਾਂ) **3** はったり, まゆつばの話.

ਯੱਕੜਬਾਜ਼ (यक्कड़बाज़) /yakkaṛabāza ヤッカルバーズ/ [Pers.*-bāz*] *adj.* 噂話の好きな, おしゃべりな, 口の軽い.

— *m.* 噂話の好きな人, おしゃべりな人, 口の軽い人.

ਯੱਕੜਬਾਜ਼ੀ (यक्कड़बाज़ी) /yakkaṛabāzī ヤッカルバーズィー/ [Pers.*-bāzī*] *f.* 噂話をすること, 無駄話をすること.

ਯੱਕਾ (यक्का) /yakkā ヤッカー/ [Pers. *yak* + ਆ] *adj.* 唯一の.

— *m.* **1** 〖乗物〗一頭引きの二輪馬車. (⇒ਟਾਂਗਾ) **2** 〖遊戯〗トランプの1の札.

ਯਕਾਯਕ (यकायक) /yakāyaka ヤカーヤク/ [Pers. *yakāyak*] *adv.* 突然, いきなり, 急に, 不意に, 思いがけなく. (⇒ਅਚਾਨਕ)

ਯਕੀਨ (यकीन) /yakīna ヤキーン/ ▸ਅਕੀਨ [Arab. *yaqīn*] *m.* **1** 信用, 信頼. **2** 確信. **3** 信念.

ਯਕੀਨਨ (यकीनन) /yakīnana ヤキーナン/ [Arab. *yaqīnan*] *adv.* **1** 確かに, 確実に, 必ず. **2** 間違いなく.

ਯਕੀਨੀ (यकीनी) /yakīnī ヤキーニー/ [Arab. *yaqīnī*] *adj.* **1** 確かな, 確実な. **2** 間違いのない, 疑いのない.

ਯਖ (यख) /yakʰa ヤク/ ▸ਯਖ਼ *adj.m.* → ਯਖ਼

ਯਖ਼ (यख़) /yaxa ヤク/ ▸ਯਖ [Pers. *yax*] *adj.* **1** 氷の. **2** とても冷たい.

— *m.* **1** 氷. (⇒ਬਰਫ਼) **2** 雪. (⇒ਹਿਮ)

ਯੱਖ (यक्ख) /yakkʰa ヤック/ ▸ਜੱਖ, ਯਕਸ਼ [Skt. यक्ष] *m.* 〖ヒ〗ヤクシャ, 夜叉《財宝神クベーラに仕える半神半人》.

ਯਖ਼ਣੀ (यख़णी) /yaxaṇī ヤクニー/ [Pers. *yaxnī*] *f.* 〖料理〗調理された肉から出る肉汁.

ਯੱਖਣੀ (यक्खणी) /yakkʰaṇī ヤッカニー/ ▸ਯਕਸ਼ਣੀ [Skt. यक्षिणी] *f.* **1** 〖ヒ〗ヤクシニー《財宝神クベーラに仕える女性の半神半人》. **2** 〖ヒ〗財宝神クベーラの妻.

ਯੱਗ (यग्ग) /yagga ヤッグ/ ▸ਜੱਗ *m.* → ਜੱਗ[2]

ਯਤਨ (यतन) /yatana ヤタン/ ▸ਜਤਨ *m.* → ਜਤਨ

ਯਤਨਸ਼ੀਲ (यतनशील) /yatanaśīla ヤタンシール/ ▸ਜਤਨਸ਼ੀਲ *adj.* → ਜਤਨਸ਼ੀਲ

ਯੰਤਰ (यंतर) /yantara ヤンタル/ ▸ਜੰਤਰ, ਜੰਤ੍ਰ *m.* → ਜੰਤਰ

ਯੰਤਰਸ਼ਾਲਾ (यंतरशाला) /yantaraśālā ヤンタルシャーラー/ [Skt. यन्त्र Skt.-शाला] *f.* 工場.

ਯੰਤਰਕ (यंतरक) /yantaraka ヤントラク/ [Skt. यंत्रक] *m.* **1** 機械工, 修理工, 工員. (⇒ਮਕੈਨਿਕ) **2** 機械技師.

ਯੰਤਰਿਕ (यंतरिक) /yantarika ヤントリク/ ▸ਯਾਂਤਰਿਕ, ਯਾਂਤ੍ਰਿਕ [Skt. यांत्रिक] *adj.* **1** 機械の. **2** 機械化された.

ਯੰਤਰੀਕਰਨ (यंतरीकरन) /yantarīkarana ヤントリーカルン/ [Skt. यंत्रीकरण] *m.* 機械化.

ਯਤੀਮ (यतीम) /yatīma ヤティーム/ [Arab. *yatīm*] *m.* 孤児, みなし子. (⇒ਅਨਾਥ)

ਯਤੀਮਖ਼ਾਨਾ (यतीमख़ाना) /yatīmaxānā ヤティームカーナー/ [Pers.*-xāna*] *m.* 孤児院.

ਯਥਾ (यथा) /yatʰā ヤター/ [Skt. यथा] *pref.* 「…に従って」「…に応じて」「…に基づいて」「…のように」などの意味を表す接頭辞.

ਯਥਾਸ਼ਕਤ (यथाशकत) /yatʰāśakata | yatʰāsakata ヤターシャクト | ヤターシャカト/ ▸ਯਥਾਸ਼ਕਤੀ [+ Skt. शक्ति] *adv.* **1** 力に応じて, 能力に応じて, 力の限り. **2** 可能な限り, できるだけ.

ਯਥਾਸ਼ਕਤੀ (यथाशकती) /yatʰāśakatī ヤターシャクティー/ ▸ਯਥਾਸ਼ਕਤ *adv.* → ਯਥਾਸ਼ਕਤ

ਯਥਾਯੋਗ (यथायोग) /yatʰāyoga ヤターヨーグ/ [Skt. यथा + Skt. योग्य] *adj.* 適切な, 適当な. (⇒ਮੁਨਾਸਬ)

— *adv.* 適切に, 適当と思われるように.

ਯਥਾਰਥ (यथारथ) /yatʰāratʰa ヤタールト/ [Skt. यथार्थ] *m.* 真実, 現実, 事実, 実際.

— *adj.* 真実の, 現実の, 事実の, 実際の.

ਯਥਾਰਥਕ (यथारथक) /yatʰāratʰaka ヤタールタク/ ▸ਯਥਾਰਥਿਕ *adj.* → ਯਥਾਰਥਿਕ

ਯਥਾਰਥਕਤਾ (यथारथकता) /yatʰāratʰakatā ヤタールタクター/ ▸ਯਥਾਰਥਿਕਤਾ *f.* → ਯਥਾਰਥਿਕਤਾ

ਯਥਾਰਥਵਾਦ (यथारथवाद) /yatʰāratʰawāda ヤタールトワード/ [Skt. यथार्थ Skt.-वाद] *m.* 写実主義, リアリズム.

ਯਥਾਰਥਵਾਦੀ (यथारथवादी) /yatʰāratʰawādī ヤタールトワーディー/ [Skt. यथार्थ Skt.-वादिन्] *adj.* 写実主義の, リアリズムの.

— *m.* 写実主義者, 写実主義作家.

ਯਥਾਰਥਿਕ (यथारथिक) /yatʰāratʰika ヤタールティク/ ▸ਯਥਾਰਥਕ [Skt. यथार्थ + ਇਕ] *adj.* 真実の, 写実の, 現実の.

ਯਥਾਰਥਿਕਤਾ (यथारथिकता) /yatʰāratʰikatā ヤタールティクター/ ▸ਯਥਾਰਥਕਤਾ [Skt.-ता] *f.* 真実性, 写実性, 現実性.

ਯਥਾਰਥੀ (यथारथी) /yatʰāratʰī ヤタールティー/ [Skt. यथार्थ -ਈ] *adj.* 写実的な, 現実的な.

ਯੱਭ (यब्भ) /yâbba ヤッブ/ *m.* **1** 困難, 苦難. (⇒ਮੁਸੀਬਤ) **2** 難しい仕事, 難行. **3** 厄介, 面倒, 揉め事, 悩み事, 迷惑. (⇒ਕਜ਼ੀਆ)

ਯੱਭਲ (यब्भल) /yâbbala ヤッバル/ ▸ਯੱਭੂ *adj.* **1** 馬鹿な, 愚かな. (⇒ਪਾਗਲ) **2** 不器用な, 下手な. **3** うとい, 物を知らない.

ਯਭਲੀ (यभली) /yâbalī ヤブリー/ *f.* **1** 馬鹿なこと, 愚かなこと. **2** 無駄なこと, くだらないこと. (⇒ਫ਼ਜ਼ੂਲ ਗੱਲ)
ਯੱਭੂ (यब्भू) /yâbbū ヤッブー/ ▸ਯੱਭਲ *adj.* → ਯੱਭਲ
ਯਮ (यम) /yama ヤム/ ▸ਜਮ *m.* → ਜਮ
ਯਮਕ (यमक) /yamaka ヤマク/ [Skt. यमक] *m.* 〖文学〗同一単語を別々の意味で繰り返し用いる頭韻.
ਯਮਦੂਤ (यमदूत) /yamadūta ヤムドゥート/ ▸ਜਮਦੂਤ *m.* → ਜਮਦੂਤ
ਯਮਰਾਜ (यमराज) /yamarāja ヤムラージ/ ▸ਜਮਰਾਜ *m.* → ਜਮਰਾਜ
ਯਮਲੋਕ (यमलोक) /yamaloka ヤムローク/ ▸ਜਮਲੋਕ *m.* → ਜਮਲੋਕ
ਯਯਾ (यया) /yaiā ヤイアー/ ▸ਯੱਯਾ *m.* → ਯੱਯਾ
ਯੱਯਾ (यय्या) /yayyā ヤッヤー/ ▸ਯਯਾ *m.* 〖文字〗ヤッヤー《半母音の「ヤ」 ya を表す, グルムキー文字の字母表の31番目の文字 ਯ の名称》.
ਯਰਕਣਾ (यरकणा) /yarakaṇā ヤルカナー/ *vi.* **1** 怖がる, おびえる. **2** 恐れおののく, おじけづく. **3** 脅されて屈服する, 威圧される.
ਯਰਕਾਉਣਾ (यरकाउणा) /yarakāuṇā ヤルカーウナー/ *vt.* **1** 怖がらせる, おびえさせる, 脅す, 脅かす, 脅迫する. **2** 恐れおののかせる, おじけづかせる. **3** 脅して屈服させる, 威圧する.
ਯਰਕਾਨ (यरकान) /yarakāna ヤルカーン/ [Arab. *yarqān*] *m.* 〖医〗黄疸. (⇒ਪਾਂਡੂ ਰੋਗ, ਪੀਲੀਆ)
ਯਰਕੂ (यरकू) /yarakū ヤルクー/ *adj.* 小心な, 臆病な. (⇒ਬੁਜ਼ਦਿਲ, ਗੀਦੀ, ਡਰਪੋਕ)
ਯਰਗਮਾਲ (यरगमाल) /yaragamāla ヤルグマール/ [Turk. *yarğmāl*] *m.* 人質.
ਯਰਾਨਾ (यराना) /yarānā ヤラーナー/ ▸ਯਾਰਾਨਾ [Pers. *yārāna*] *m.* **1** 友情. (⇒ਦੋਸਤੀ, ਮਿੱਤਰਤਾ) **2** 親しさ, 仲がいいこと, 友好, 親密.
— *adj.* 親しい, 仲がいい, 友好な, 親密な.
ਯਵਨ (यवन) /yawana ヤワン/ [Skt. यवन] *m.* **1** 古代ギリシア人, イオニア人. **2** 〖イス〗ヨーロッパに住むイスラーム教徒. **3** トルコ人. **4** 外国人.
ਯਾ (या) /yā ヤー/ ▸ਇਆ, ਜਾਂ *conj.* → ਜਾਂ
ਯਾਕ (याक) /yāka ヤーク/ [Tib. ग्याक ; Skt. गावय] *m.* 〖動物〗ヤク.
ਯਾਕੂਤ (याकूत) /yākūta ヤークート/ [Arab. *yāqūt*] *m.* **1** 〖鉱物〗ガーネット, ざくろ石. **2** 〖鉱物〗ルビー, 紅玉.
ਯਾਚਕ (याचक) /yācaka ヤーチャク/ ▸ਜਾਚਕ *adj.m.* → ਜਾਚਕ
ਯਾਚਨਾ (याचना) /yācanā ヤーチャナー/ ▸ਜਾਚਨਾ *f.* → ਜਾਚਨਾ
ਯਾਚਿਕਾ (याचिका) /yācikā ヤーチカー/ ▸ਜਾਚਿਕਾ *f.* → ਜਾਚਿਕਾ
ਯਾਤਰਾ (यातरा) /yātarā ヤートラー/ ▸ਜਾਤਰਾ, ਜਾਤ੍ਰਾ [Skt. यात्रा] *f.* **1** 旅, 旅行. (⇒ਸਫ਼ਰ) ❒ਯਾਤਰਾ ਕਰਨੀ 旅行をする. **2** 巡礼, 聖地巡拝. ❒ਯਾਤਰਾ ਕਰਨੀ 巡礼に出かける. **3** 行進, 行列.
ਯਾਤਰੀ (यातरी) /yātarī ヤートリー/ ▸ਜਾਤਰੀ, ਜਾਤ੍ਰੀ, ਜਾਤਰੂ, ਯਾਤਰੂ [Skt. यात्री] *m.* **1** 旅人, 旅行者. **2** 巡礼者.
ਯਾਤਰੂ (यातरू) /yātarū ヤートルー/ ▸ਜਾਤਰੀ, ਜਾਤ੍ਰੀ, ਜਾਤਰੂ, ਯਾਤਰੀ *m.* → ਯਾਤਰੀ
ਯਾਂਤਰਿਕ (याँतरिक) /yā̃tarika ヤーンタリク/ ▸ਯੰਤਰਿਕ, ਯਾਂਤ੍ਰਿਕ *adj.* → ਯੰਤਰਿਕ
ਯਾਂਤ੍ਰਿਕ (याँत्रिक) /yā̃trika (yā̃tarika) ヤーントリク (ヤーンタリク)/ ▸ਯੰਤਰਿਕ, ਯਾਂਤਰਿਕ *adj.* → ਯੰਤਰਿਕ
ਯਾਦ (याद) /yāda ヤード/ [Pers. *yād*] *f.* **1** 記憶, 思い出. ❒ਯਾਦ ਆਉਣਾ 思い出す. ❒ਯਾਦ ਕਰਨਾ 覚える, 記憶する, 暗記する, 思い起こす. ❒ਇਸ ਕਵਿਤਾ ਦੇ ਜਿਹੜੇ ਬੰਦ ਤੁਹਾਨੂੰ ਚੰਗੇ ਲੱਗੇ ਹਨ, ਯਾਦ ਕਰੋ। この詩のあなたが気に入った連を覚えなさい. ❒ਯਾਦ ਰੱਖਣਾ 覚えておく, 心に留める, 記憶に留める. ❒ਮੈਂ ਚਾਹੁੰਦੀ ਹਾਂ ਕਿ ਲੋਕ ਮੈਨੂੰ ਚੰਗੀ ਅਭਿਨੇਤਰੀ ਦੇ ਰੂਪ ਵਿੱਚ ਯਾਦ ਰੱਖਣ। 人々が私を良い女優として記憶に留めてくれることを私は望んでいます. **2** 思慕, 追憶, 懐古, 郷愁. ❒ਯਾਦ ਕਰਨਾ 懐かしく思う. ❒ਇੱਥੇ ਪਿੰਡ ਵਾਲੇ ਪਿਤਾ ਜੀ ਨੂੰ ਬਹੁਤ ਯਾਦ ਕਰਦੇ ਹਨ। こちらの村の人たちはお父さんのことをとても懐かしく思っています.
ਯਾਦ-ਆਵਰੀ (याद-आवरी) /yāda-āwarī ヤード・アーウリー/ *f.* **1** 記憶すること. **2** 思い出すこと.
ਯਾਦਸ਼ਕਤੀ (यादशकती) /yādaśakatī ヤードシャクティー/ [Pers. *yād* + Skt. शक्ति] *f.* 記憶力, 物覚え. (⇒ਯਾਦਦਾਸ਼ਤ)
ਯਾਦਗਾਰ (यादगार) /yādagāra ヤードガール/ [Pers.*-gār*] *f.* **1** 思い出の品, 記念品. (⇒ਸੁਵਿਨਰ) **2** 記念碑.
ਯਾਦਗਾਰੀ (यादगारी) /yādagārī ヤードガーリー/ [Pers.*-gārī*] *adj.* 記念の, 思い出の.
ਯਾਦਦਹਾਨੀ (याददहानी) /yādadānī | yādadahānī ヤードダーニー | ヤードダハーニー/ [Pers. *yād dihānī*] *f.* 思い出させること.
ਯਾਦਦਾਸ਼ਤ (याददाशत) /yādadāśata ヤードダーシュト/ [Pers. *yād* + Pers. *dāśt*] *f.* 記憶力, 物覚え. (⇒ਯਾਦਸ਼ਕਤੀ) ❒ਯਾਦਦਾਸ਼ਤ ਦੀ ਕਮੀ, ਯਾਦਦਾਸ਼ਤ ਦੀ ਕਮਜ਼ੋਰੀ 記憶喪失症.
ਯਾਦ-ਪੱਤਰ (याद-पत्तर) /yāda-pattara ヤード・パッタル/ [+ Skt. पत्र] *m.* **1** 備忘録, 覚え書き. **2** 思い出させる手紙, 催促する手紙, 督促状.
ਯਾਨੀ (यानी) /yānī ヤーニー/ [Arab. *ya`nī*] *conj.* **1** すなわち, つまり. **2** 言いかえれば.
ਯਾਫ਼ਤਾ (याफ़ता) /yāfatā ヤーフター/ [Pers. *yāftā*] *suff.* 「…を得た」「…を獲得した」「…を身につけた」「…を伴った」などの意味を加える接尾辞.
ਯਾਬ (याब) /yāba ヤーブ/ [Pers. *yāb*] *suff.* 「…を得た」「…を手に入れた」「…を見つけ出した」「…を叶えた」などを意味する形容詞を形成する接尾辞.
ਯਾਬੀ (याबी) /yābī ヤービー/ [Pers. *yābī*] *suff.* 「…を得たこと」「…を手に入れたこと」「…を見つけ出したこと」「…を叶えたこと」などを意味する女性名詞を形成する接尾辞.
ਯਾਰ (यार) /yāra ヤール/ [Pers. *yār*] *m.* **1** 友, 友人, 友達. **2** 仲良し, 親友. **3** 恋人, 愛人. **4** 情夫, 姦夫, 間男.
ਯਾਰ੍ਹਵਾਂ (यार्हवाँ) /yârawā̃ ヤールワーン/ ▸ਗਿਆਰਵਾਂ *or.num. adj.* → ਗਿਆਰਵਾਂ
ਯਾਰ੍ਹਾਂ (यार्हाँ) /yârā̃ ヤーラーン/ ▸ਗਿਆਰਾਂ, ਯਾਰਾਂ *ca.num.*

adj. → ਗਿਆਰਾਂ

ਯਾਰਡ (यारड) /yārada̩ ヤールド/ [Eng. *yard*] *m.* **1**（建物に隣接した）庭, 中庭. **2** 囲い地, 構内.

ਯਾਰ-ਦੋਸਤ (यार-दोसत) /yāra̩-dosata̩ ヤール・ドースト/ [Pers. *yār* + Pers. *dost*] *m.* **1** 友人. **2** 親友.

ਯਾਰਨੀ (यारनी) /yāra̩nī ヤールニー/ [-ਨੀ] *f.* 女友達.

ਯਾਰ-ਬੇਲੀ (यार-बेली) /yāra̩-belī ヤール・ベーリー/ [+ Pkt. बेलि] *m.* **1** 友人. **2** 親友.

ਯਾਰਾਂ (याराँ) /yārā̃ ヤーラーン/ ▸ਗਿਆਰਾਂ, ਯਾਰ੍ਹਾਂ *ca.num. adj.* → ਗਿਆਰਾਂ

ਯਾਰਾਨਾ (याराना) /yārānā ヤーラーナー/ ▸ਯਰਾਨਾ *m.adj.* → ਯਰਾਨਾ

ਯਾਰੀ (यारी) /yārī ヤーリー/ [Pers. *yārī*] *f.* **1** 友情. (⇒ਦੋਸਤੀ, ਮਿੱਤਰਤਾ) **2** 情事, 不倫. (⇒ਆਸ਼ਨਾਈ)

ਯਾਰੀ-ਦੋਸਤੀ (यारी-दोसती) /yārī-dosa̩tī ヤーリー・ドースティー/ [+ Pers. *dostī*] *f.* 友情.

ਯਾਵਾ (यावा) /yāwā ヤーワー/ [Pers. *yāva*] *adj.* **1** 愚かな, 馬鹿な. (⇒ਬੁੱਧੂ, ਮੂਰਖ) **2** 馬鹿げた, くだらない.

ਯਾਵੀ (यावी) /yāwī ヤーウィー/ [-ਈ] *f.* **1** 愚かな言動, 馬鹿なこと. ❐ਯਾਵੀ ਮਾਰਨੀ 馬鹿なことを言う.

ਯੁਕਤ (युकत) /yuka̩ta̩ ユクト/ ▸ਜੁਗਤ *adj.f.* → ਜੁਗਤ

ਯੁਕਤੀ (युकती) /yuka̩tī ユクティー/ ▸ਜੁਗਤੀ *f.adj.* → ਜੁਗਤੀ

ਯੁਗ (युग) /yuga̩ ユグ/ ▸ਜੁਗ, ਯੁੱਗ *m.* → ਜੁਗ

ਯੁੱਗ (युग्ग) /yugga̩ ユッグ/ ▸ਜੁਗ, ਯੁਗ *m.* → ਜੁਗ

ਯੁਗਮ (युगम) /yugama̩ ユガム/ ▸ਜੁਗਲ, ਯੁਗਲ *m.* → ਜੁਗਲ

ਯੁਗਮਤ (युगमत) /yuga̩mata̩ ユグマト/ *adj.* 同時の.
— *adv.* 同時に.

ਯੁਗਮੱਤਾ (युगमत्ता) /yuga̩mattā ユグマッター/ *f.* 同時性.

ਯੁਗਮਨ (युगमन) /yuga̩mana̩ ユグマン/ *adj.* 結合している.

ਯੁਗਲ (युगल) /yugala̩ ユガル/ ▸ਜੁਗਲ, ਯੁਗਮ *m.* → ਜੁਗਲ

ਯੁੱਧ (युद्ध) /yûdda̩ ユッド/ ▸ਜੁੱਧ *m.* → ਜੁੱਧ

ਯੁੱਧ-ਖੇਤਰ (युद्ध-खेतर) /yûdda̩-kʰetara̩ ユッド・ケータル/ [Skt. युद्ध + Skt. क्षेत्र] *m.* 戦場, 戦線.

ਯੁੱਧ-ਜੇਤੂ (युद्ध-जेतू) /yûdda̩-jetū ユッド・ジェートゥー/ [+ Skt. विजेता] *m.* 戦争の勝利者・勝者.
— *adj.* 戦争に勝利した.

ਯੁੱਧ-ਭੂਮੀ (युद्ध-भूमी) /yûdda̩-pǔmī ユッド・プーミー/ [+ Skt. भूमि] *f.* 戦場.

ਯੁਨਾਣੀ (युनाणी) /yunāṇī ユナーニー/ ▸ਯੂਨਾਨੀ, ਯੂਨਾਨੀ *adj.m.f.* → ਯੂਨਾਨੀ

ਯੁਨਾਨ (युनान) /yunāna̩ ユナーン/ ▸ਯੂਨਾਨ [Arab. *yūnān*] *m.* **1**〖国名〗ギリシア（ギリシャ）. **2** 古代ギリシア.

ਯੁਨਾਨੀ (युनानी) /yunānī ユナーニー/ ▸ਯੂਨਾਣੀ, ਯੂਨਾਨੀ [Arab. *yūnānī*] *adj.* **1** ギリシアの. **2** ギリシア語の.
— *m.* ギリシア人.
— *f.* **1** ギリシア語. **2** ユーナーニー《ギリシア・イスラーム医学, アラビア医学》. (⇒ਹਕੀਮੀ)

ਯੁਰੇਨੀਅਮ (युरेनीअम) /yurenīama̩ ユレーニーアム/ ▸ਯੂਰੇਨੀਅਮ [Eng. *uranium*] *m.*〖化学〗ウラン, ウラニウム《放射性金属元素. 記号はU, Ur. 核燃料・核兵器の製造などに用いられる》.

ਯੁਵ (युव) /yuwa̩ ユウ/ [Skt. युव] *adj.* 若い.

ਯੁਵਕ (युवक) /yuwaka̩ ユワク/ [Skt. युवक] *m.* **1** 青年. **2** 若者, 若人. **3** 若い男性. (⇔ਯੁਵਤੀ)

ਯੁਵਤੀ (युवती) /yuwa̩tī ユウティー/ [Skt. युवती] *f.* **1** 若い女性. (⇔ਯੁਵਕ) **2** 乙女.

ਯੁਵਰਾਜ (युवराज) /yuwa̩rāja̩ ユウラージ/ [Skt. युवराज] *m.* **1** 皇太子. **2** 王位継承者.

ਯੁਵਾ (युवा) /yuwā ユワー/ [Skt. युवा] *adj.* **1** 若い. **2** 若々しい.

ਯੂਕਲਿਪਟਸ (यूकलिपटस) /yūkalipa̩ṭasa̩ ユーカリプタス/ [Eng. *eucalyptus*] *m.*〖植物〗ユーカリ《フトモモ科ユーカリ属の常緑高木の総称》.

ਯੂਨਾਨ (यूनान) /yūnāna̩ ユーナーン/ ▸ਯੁਨਾਨ *m.* → ਯੁਨਾਨ

ਯੂਨਾਨੀ (यूनानी) /yūnānī ユーナーニー/ ▸ਯੁਨਾਣੀ, ਯੁਨਾਨੀ *adj.m.f.* → ਯੁਨਾਨੀ

ਯੂਨਿਟ (यूनिट) /yūniṭa̩ ユーニト/ [Eng. *unit*] *f.* **1** 単位, 構成単位, 一個. **2** 部隊, 部署, 部門. **3** 設備一式, セット.

ਯੂਨੀਅਨ (यूनीअन) /yūnīana̩ ユーニーアン/ [Eng. *union*] *f.* **1** 連合, 連盟, 組合. (⇒ਸੰਘ) **2** 労働組合. **3** 合同, 団結.

ਯੂਨੀਅਨ ਜੈਕ (यूनीअन जैक) /yūnīana̩ jaika̩ ユーニーアン ジャェーク/ [Eng. *Union Jack*] *m.* 連合王国国旗, 英国国旗.

ਯੂਨੀਫ਼ਾਰਮ (यूनीफ़ारम) /yūnīfāra̩ma̩ ユーニーファールム/ [Eng. *uniform*] *f.*〖衣服〗制服, ユニフォーム.

ਯੂਨੀਵਰਸਿਟੀ (यूनीवरसिटी) /yūnīvara̩siṭī ユーニーヴァルスィティー/ [Eng. *university*] *f.* 大学. (⇒ਵਿਸ਼ਵਵਿਦਿਆਲਾ)

ਯੂਨੈਸਕੋ (यूनैसको) /yūnaisa̩ko ユーナェースコー/ [Eng. *UNESCO*] *m.* ユネスコ, 国際連合教育科学文化機関.

ਯੂਪੀ (यूपी) /yūpī ユーピー/ *m.*〖地名〗U. P., ウッタル・プラデーシュ州《インド北部の州名ウッタル・プラデーシュの略語》. (⇒ਉੱਤਰ ਪ੍ਰਦੇਸ਼)

ਯੂਰਪ (यूरप) /yūrapa̩ ユーラプ/ [Eng. *Europe*] *m.*〖地理〗ヨーロッパ.

ਯੂਰਪੀ (यूरपी) /yūra̩pī ユールピー/ [Eng. *Europe* -ਈ] *adj.*〖地理〗ヨーロッパの.
— *m.* ヨーロッパ人.

ਯੂਰਪੀਅਨ (यूरपीअन) /yūra̩pīana̩ ユールピーアン/ [Eng. *European*] *adj.*〖地理〗ヨーロッパの.
— *m.* ヨーロッパ人.

ਯੂਰੀਆ (यूरीआ) /yūrīā ユーリーアー/ *m.*〖化学〗尿素.

ਯੂਰੀਨਸ (यूरीनस) /yūrīnasa̩ ユーリーナス/ [Eng. *Uranus*] *m.* **1** ウラヌス《ギリシア神話で宇宙を支配していた最古の神》. **2**〖天文〗天王星.

ਯੂਰੇਸ਼ੀਆ (यूरेशीआ) /yūreśīā ユーレーシーアー/ [Eng. *Eurasia*] *m.*〖地理〗ユーラシア, 欧亜大陸.

ਯੂਰੇਨੀਅਮ (यूरेनीअम) /yūrenīama̩ ユーレーニーアム/ ▸ਯੁਰੇਨੀਅਮ *m.* → ਯੁਰੇਨੀਅਮ

ਯੇਨ (येन) /yena エーン/ [Eng. *yen* bf. Jap.] *m.* 〖貨単〗円, 日本円《日本の貨幣単位》.

ਯੋਗ[1] (योग) /yoga ヨーグ/ ▸ਜੋਗ *m.* → ਜੋਗ[1]

ਯੋਗ[2] (योग) /yoga ヨーグ/ ▸ਜੋਗ *postp.adj.suff.* → ਜੋਗ[2]

ਯੋਗ-ਆਸਣ (योग-आसण) /yoga-āsaṇa ヨーグ・アーサン/ [Skt. योग + Skt. आसन] *m.* 〖ヒ〗ヨーガの行における座法.

ਯੋਗਣੀ (योगणी) /yogaṇī ヨーグニー/ ▸ਜੋਗਣੀ *f.* → ਜੋਗਣੀ

ਯੋਗਤਾ (योगता) /yogatā ヨーグター/ [Skt. योग्य Skt.-ता] *f.* **1** 適性. **2** 能力, 才能.

ਯੋਗ ਦਰਸ਼ਨ (योग दरशन) /yoga daraśana ヨーグ ダルシャン/ [Skt. योग + Skt. दर्शन] *m.* 〖ヒ〗ヨーガ哲学.

ਯੋਗਦਾਨ (योगदान) /yogadāna ヨーグダーン/ [Skt. योगदान] *m.* **1** 貢献, 寄与, 功績. (⇒ਦੇਣ) ❒ਦੇਸ਼ ਦੀ ਅਜ਼ਾਦੀ ਦੀ ਲੜਾਈ ਵਿੱਚ ਪੰਜਾਬੀਆਂ ਦਾ ਯੋਗਦਾਨ ਬਾਕੀ ਸਾਰੇ ਸੂਬਿਆਂ ਤੋਂ ਵੱਧ ਹੈ। 国の独立の戦いにおいてパンジャーブの人々の貢献は他のすべての州よりも多大です. **2** 参与, 参加.

ਯੋਗਫਲ (योगफल) /yogapʰala ヨーグパル/ [Skt. योग + Skt. फल] *m.* **1** 合計. **2** 総和.

ਯੋਗਾਤਮਿਕ (योगातमिक) /yogātamika ヨーガートミク/ [Skt.-आत्मक] *adj.* **1** 加える, 追加の. **2** 寄与する.

ਯੋਗਿਕ (योगिक) /yogika ヨーギク/ [Skt. यौगिक] *adj.* **1** 結合した, 連結した. **2** 複合した, 化合した. **3** 〖ヒ〗ヨーガの.

ਯੋਗੀ (योगी) /yogī ヨーギー/ ▸ਜੋਗੀ *m.* → ਜੋਗੀ

ਯੋਗੇਸ਼ਵਰ (योगेशवर) /yogeśawara ヨーゲーシュワル/ [Skt. योगेश्वर] *m.* **1** 〖ヒ〗ヨーゲーシュヴァラ《ヨーガの神. シヴァ神の異名の一つ》. (⇒ਸ਼ਿਵ) **2** 〖ヒ〗偉大なヨーガ行者.

ਯੋਜਕ (योजक) /yojaka ヨージャク/ [Skt. योजक] *m.* **1** 結合部, 連結部. **2** 〖言〗接続詞.

ਯੋਜਕੀ (योजकी) /yojakī ヨージャキー/ [-ਈ] *adj.* **1** 結び付ける, 繋ぎ合わせる. **2** 繋ぐ役目の.

ਯੋਜਨਾ (योजना) /yojanā ヨージャナー/ [Skt. योजना] *f.* **1** 計画, 企画. **2** 案. **3** 予定. **4** 配合, 配分, 配列.

ਯੋਜਨਾਬੰਦੀ (योजनाबंदी) /yojanābandī ヨージャナーバンディー/ [Pers.-*bandī*] *f.* **1** 計画, 企画. **2** 立案.

ਯੋਜਨਾਬੱਧ (योजनाबद्ध) /yojanābâdda ヨージャナーバッド/ [Skt.-बद्ध] *adj.* 計画された, 企画された, 計画的な, 計画に基づいた.

ਯੋਧਾ (योधा) /yôdā ヨーダー/ ▸ਜੋਧ, ਜੋਧਾ *m.* → ਜੋਧਾ

ਯੋਨੀ (योनी) /yonī ヨーニー/ [Skt. योनि] *f.* **1** 〖身体〗女性性器, 陰門, 膣. (⇒ਭਗ) **2** 根源.

ਯੌਮ (यौम) /yauma ヤオーム/ [Arab. *yaum*] *m.* **1** 日, 曜日. (⇒ਦਿਨ) **2** 〖暦〗記念日. (⇒ਦਿਵਸ)

ਯੌਮੀਆ (यौमीआ) /yaumīā ヤオーミーアー/ [-ਈਆ] *adj.* 毎日の. (⇒ਰੁਜ਼ਾਨਾ)

ਯੌਵਨ (यौवन) /yauwana ヤオーワン/ ▸ਜੋਬਨ *m.* → ਜੋਬਨ

ਰ

ਰ (र) /rārā ラーラー/ *m.* 〖文字〗グルムキー文字の字母表の32番目の文字《舌端を歯茎付近でふるわせた歯茎・顫(せん)動音の「ラ」. いわゆる巻き舌の子音(半母音)「ラ」 ra を表す》.

ਰਉਂ (रउँ) /raõ ラオーン/ ▸ਰੌਂ, ਰੌ *f.* → ਰੌਂ

ਰਉਂਸ (रउँस) /raũsa ラウンス/ ▸ਰੌਂਸ *f.* → ਰੌਂਸ

ਰਈ (रई) /raī ライー/ ▸ਰੈ [Pers. *ri`āyat*] *f.* **1** 寵愛, 好意. **2** 偏愛, えこひいき.

ਰਈਅਤ (रईअत) /raīata ライーアト/ ▸ਰਈਯਤ [Pers. *ra`īyat*] *f.* **1** 臣民, 臣下. (⇒ਪਰਜਾ) **2** 人民, 民衆. (⇒ਜਨਤਾ) **3** 小作人, 耕作者.

ਰਈਸ (रईस) /raīsa ライース/ [Arab. *raʰīs*] *adj.* **1** 高貴な, 貴族の, 上流階級の. **2** 裕福な, 金持ちの. (⇒ਅਮੀਰ, ਧਨੀ)

— *m.* **1** 貴人, 貴族, 上流階級の人. **2** 裕福な人, 金持ち.

ਰਈਸਜ਼ਾਦਾ (रईसज़ादा) /raīsazādā ライースザーダー/ [Pers. *raʰīszāda*] *m.* **1** 貴人の息子. **2** 裕福な人の息子.

ਰਈਸੀ (रईसी) /raīsī ライースィー/ [cf. ਰਈਸ] *f.* **1** 高貴な身分. **2** 裕福な地位.

ਰਈਯਤ (रईयत) /raīyata ライーヤト/ ▸ਰਈਅਤ *f.* → ਰਈਅਤ

ਰਸ[1] (रस) /rasa ラス/ [Skt. रस] *m.* **1** 液汁, 果汁, ジュース, 搾り汁, 樹液. **2** 〖料理〗汁, つゆ, 煮出し汁, スープ, ソース. **3** 味, 味覚. **4** 本質, 精髄. **5** 〖身体〗分泌液, リンパ液. **6** 好み, 興味, 感興, 趣味, 興趣. **7** 感情, 情調, 情趣. **8** 熱意, 情熱. **9** 喜び. **10** 愛情. **11** 〖文学〗ラサ, 情調《作品鑑賞者の感情に生じる味わいや美的な喜び》.

ਰਸ[2] (रस) /rasa ラス/ [Eng. *rusk*] *m.* 〖食品〗ラスク《固く焼いた薄いパン》.

ਰਸ਼ (रश) /raśa ラシュ/ [Eng. *rush*] *m.* **1** 殺到. **2** 混み合い.

ਰਸ-ਸੰਵੇਦੀ (रस-संवेदी) /rasa-sanvedī ラス・サンヴェーディー/ [Skt. रस + Skt. संवेदिन्] *adj.* 味覚の, 味の分かる.

ਰਸਹੀਣ (रसहीण) /rasahīṇa ラスヒーン/ ▸ਰਸਹੀਨ [Skt.-हीन] *adj.* **1** 味のない. **2** 乾いた. **3** 面白くない.

ਰਸਹੀਨ (रसहीन) /rasahīṇa ラスヒーン/ ▸ਰਸਹੀਣ *adj.* → ਰਸਹੀਣ

ਰਸਕ (रसक) /rasaka ラサク/ ▸ਰਸਿਕ *adj.m.* → ਰਸਿਕ

ਰਸ਼ਕ (रशक) /raśaka ラシュク/ [Pers. *raśk*] *m.* **1** 妬み, 嫉妬, やきもち. (⇒ਈਰਖਾ, ਹਸਦ) **2** 敵意, 敵愾心.

ਰਸਕਪੂਰ (रसकपूर) /rasakapūra ラスカプール/ *m.* 〖化学〗甘汞(かんこう), 塩化第一水銀《下剤・電極などに用いる》.

ਰਸਗੁੱਲਾ (रसगुल्ला) /rasagullā ラスグッラー/ [Skt. रस +

Skt. गोल] *m.* 〖食品〗ラスグッラー《ボール状に丸めたパニール〔ダヒーの水分を除いて固めたインド風チーズ〕を揚げたものを砂糖シロップの中で煮つめた甘い菓子》.

ਰਸਗੁੱਲੀ (रसगुल्ली) /rasagullī ラスグッリー/ [-ਈ] *adj.* ラスグッラーのような.

ਰਸਣਾ[1] (रसणा) /rasaṇā ラスナー/ [Skt. रसति] *vi.* **1** 旨味が出る, 熟す. **2** 夢中になる, 没頭する. **3** 和解する, 親密になる. **4** (機械などが)滑らかに動く.

ਰਸਣਾ[2] (रसणा) /rasaṇā ラスナー/ ▸ਰਿਸਣਾ *vi.* → ਰਿਸਣਾ

ਰਸਣਾ[3] (रसणा) /rasaṇā ラスナー/ ▸ਰਸਨਾ *f.* → ਰਸਨਾ

ਰਸਤ (रसत) /rasata ラスト/ ▸ਰਸਦ *f.* → ਰਸਦ

ਰਸਤਾ (रसता) /rasatā ラスター/ [Pers. *rāsta*] *m.* **1** 道, 道路. **2** 通路, 抜け道. **3** やり方, 方法, 手段, 方策. ❐ਰਸਤੇ ਸਿਰ 方法通りに, 適切に, 整然と.

ਰਸਦ (रसद) /rasada ラサド/ ▸ਰਸਤ [Pers. *rasad*] *f.* **1** 分け前, 配分. **2** 供給物, 配給物. **3** 食料, 食糧, 糧食, 兵糧. (⇒ਰਾਸ਼ਨ)

ਰਸਦ ਪਾਣੀ (रसद पाणी) /rasada pāṇī ラサド パーニー/ [+ Skt. पानीय] *m.* 食料と飲料. (⇒ਰਾਸ਼ਨ ਪਾਣੀ)

ਰਸਦ ਰਸਾਨੀ (रसद रसानी) /rasada rasānī ラサド ラサーニー/ *f.* 食料の輸送・供給.

ਰਸਦਾਇਕ (रसदाइक) /rasadāika ラスダーイク/ [Skt. रस Skt.-दायक] *adj.* **1** 喜びを与える, 興趣のある. **2** 楽しめる. **3** 旨味のある, 美味な, 美味しい.

ਰਸਦਾਰ (रसदार) /rasadāra ラスダール/ [Pers.-*dār*] *adj.* **1** 汁の多い, 水分の多い. **2** 旨味のある, 美味な, 美味しい. **3** 楽しめる.

ਰਸਨਾ (रसना) /rasanā ラスナー/ ▸ਰਸਣਾ [Skt. रसना] *f.* **1** 〖身体〗舌. (⇒ਜੀਭ) **2** 味覚.

ਰਸਪਤਿ (रसपति) /rasapati ラスパティ/ [Skt. रस + Skt. पति] *m.* 〖身体〗舌. (⇒ਜੀਭ)

ਰਸ-ਭਰਿਆ (रस-भरिआ) /rasa-pǎriā ラス・パリアー/ [+ cf. ਭਰਨਾ] *adj.* **1** 汁に満ちた, 水分の多い, ジューシーな. **2** 旨味のある, 美味しい.

ਰਸਭਰੀ (रसभरी) /rasapǎrī ラスパリー/ [Eng. *raspberry*] *f.* **1** 〖植物〗ラズベリー, キイチゴ(木苺)《バラ科の落葉低木》. **2** 濃い赤紫.

ਰਸਮ (रसम) /rasama ラサム/ [Arab. *rasm*] *f.* **1** 習慣, 慣習, 風習, 習わし. (⇒ਰੀਤੀ, ਰਿਵਾਜ) **2** 規則, 決まり. (⇒ਨਿਯਮ) **3** 慣例. (⇒ਦਸਤੂਰ) **4** 儀式, 儀礼.

ਰਸਮਈ (रसमई) /rasamaī ラスマイー/ [Skt. रस Skt.-मयी] *adj.* **1** 汁の多い, 水分の多い. **2** 旨味のある, 美味な, 美味しい. **3** 楽しめる.

ਰਸਮੱਤਾ (रसमत्ता) /rasamattā ラスマッター/ [Skt.-मत्त] *adj.* 情調に酔った, 情趣に酔い痴れた.

ਰਸਮ ਰਵਾਜ (रसम रवाज) /rasama rawāja ラサム ラワージ/ ▸ਰਸਮ ਰਿਵਾਜ *m.* → ਰਸਮ ਰਿਵਾਜ

ਰਸਮ ਰਿਵਾਜ (रसम रिवाज) /rasama riwāja ラサム リワージ/ ▸ਰਸਮ ਰਵਾਜ [Arab. *rasm* + Arab. *ravāj*] *m.* **1** 慣習, 慣行, しきたり, 習わし. **2** 伝統.

ਰਸਮੀ (रसमी) /rasamī ラスミー/ [Arab. *rasmī*] *adj.* **1** 慣例的な, 儀礼的な, 形式的な. **2** 習慣的な.

ਰਸਮੀਨ (रसमीन) /rasamīna ラスミーン/ ▸ਰੇਸ਼ਮੀ *adj.* → ਰੇਸ਼ਮੀ

ਰਸਾ (रसा) /rasā ラサー/ [Skt. रस] *m.* **1** 液汁, 果汁. **2** 〖料理〗汁, 煮出し汁, スープ, ソース. **3** 味, 味覚. **4** 本質, 精髄. **5** 好み, 興味, 感興, 趣味, 興趣. **6** 感情, 情調. **7** 熱意, 情熱. **8** 喜び. **9** 愛情.

ਰੱਸਾ (रस्सा) /rassā ラッサー/ [(Pkt. रस्सा) Skt. रश्ना] *m.* **1** 太綱, 綱, ロープ. ❐ਰੱਸਾ ਖਿੱਚਣਾ 綱を引く, 綱引きをする. **2** くびり縄. ❐ਫਾਂਸੀ ਦਾ ਰੱਸਾ 絞首索.

ਰਸਾਉਣਾ (रसाउणा) /rasāuṇā ラサーウナー/ [cf. ਰਸਣਾ] *vt.* **1** 旨味を持たせる, 熟させる. **2** よく混ぜる. **3** 和解させる, 親密にさせる. **4** (機械などを)滑らかに動かす.

ਰਸਾਇਣ (रसाइण) /rasāiṇa ラサーイン/ [Skt. रसायन] *f.* **1** 化学. (⇒ਕੈਮਿਸਟਰੀ) **2** 化学物質, 化学製品, 化学薬品. **3** 錬金術.

ਰਸਾਇਣਿਕ (रसाइणिक) /rasāiṇika ラサーイニク/ [+ ਇਕ] *adj.* 化学の.

ਰਸਾਇਣੀ (रसाइणी) /rasāiṇī ラサーイニー/ [-ਈ] *adj.* 化学の.

ਰਸਾਈ (रसाई) /rasāī ラサーイー/ [Pers. *rasāʰī*] *f.* **1** 接近, 入ること. **2** 到達. **3** (能力や知識などの)範囲・限界.

ਰੱਸਾਕਸ਼ੀ (रस्साकशी) /rassākaśī ラッサーカシー/ [Skt. रश्ना + Pers. *kaśī*] *f.* **1** 〖競技〗綱引き. **2** 取り合い, 奪い合い.

ਰਸਾਤਮਿਕ (रसातमिक) /rasātamika ラサートミク/ [Skt. रस Skt.-आत्मक] *adj.* **1** 汁の多い, 水分の多い, 旨味のある. **2** 芸術的な, 趣のある. **3** 審美的な.

ਰਸਾਤਲ (रसातल) /rasātala ラサータル/ [Skt. रसातल] *m.* **1** 下界. **2** 地獄. (⇒ਨਰਕ)

ਰਸਾਲ (रसाल) /rasāla ラサール/ [Skt. रसाल] *adj.* **1** 甘美な. (⇒ਮਿੱਠਾ) **2** 美味な, 美味しい. (⇒ਸਵਾਦ) **3** 楽しめる. **4** 魅力的な.

ਰਸਾਲਦਾਰ (रसालदार) /rasāladāra ラサールダール/ ▸ਰਿਸਾਲਦਾਰ *m.* → ਰਿਸਾਲਦਾਰ

ਰਸਾਲਦਾਰੀ (रसालदारी) /rasāladārī ラサールダーリー/ ▸ਰਿਸਾਲਦਾਰੀ *f.* → ਰਿਸਾਲਦਾਰੀ

ਰਸਾਲਾ (रसाला) /rasālā ラサーラー/ ▸ਰਿਸਾਲਾ *m.* → ਰਿਸਾਲਾ

ਰਸਿਕ (रसिक) /rasika ラスィク/ ▸ਰਸਕ [Skt. रसिक] *adj.* **1** 芸術を愛好する. **2** 賛美する, 恋い焦がれる. **3** 粋な, 通の, 風雅な, 風流な, 道楽の.
— *m.* **1** 愛好者, 芸術愛好家. **2** 賛美者, 恋い焦がれる人. **3** 粋な男, 通人, 風流人, 道楽者, 色好み.

ਰਸਿਕਤਾ (रसिकता) /rasikatā ラスィクター/ [Skt.-ता] *f.* **1** 芸術の愛好, 芸術の称賛. **2** 恋い焦がれること. **3** 粋, 通, 風雅, 風流, 道楽, 好色.

ਰੱਸੀ (रस्सी) /rassī ラッスィー/ [Skt. रश्ना -ਈ] *f.* **1** 縄, 紐. **2** 綱, 細綱, ロープ.

ਰਸੀਆ (रसीआ) /rasīā ラスィーアー/ [Skt. रस -ਈਆ] *adj.* **1** 芸術を愛好する. **2** 賛美する, 恋い焦がれる. **3** 粋な, 通の, 風雅な, 風流な, 道楽の.
— *m.* **1** 愛好者, 芸術愛好家. **2** 賛美者, 恋い焦がれる人. **3** 粋な男, 通人, 風流人, 道楽者, 色好み.

ਰਸੀਦ (रसीद) /rasīda ラスィード/ [Pers. rasīd] f. 1 到着, 到達. 2 受領, 領収, 受け取り. 3 受領証, 領収書, レシート.

ਰਸੀਦੀ (रसीदी) /rasīdī ラスィーディー/ [-ਈ] adj. 1 受領の, 領収の, 受け取りの. 2 受領証の, 領収書の.

ਰਸੀਦੀ ਟਿਕਟ (रसीदी टिकट) /rasīdī ṭikaṭa ラスィーディーティカト/ [+ Eng. ticket] m.f. 収入印紙.

ਰਸੀਲਾ (रसीला) /rasīlā ラスィーラー/ [Skt. रस -ਈਲਾ] adj. 1 汁の多い, 水分の多い. 2 美味な, 美味しい, 旨い. 3 楽しめる, 道楽の. 4 魅惑的な.

ਰਸੀਵਰ (रसीवर) /rasīvara ラスィーヴァル/ ▸ਰਿਸੀਵਰ [Eng. receiver] m. 1〖器具〗受話器, レシーバー. 2〖器具〗ヘッドフォン. 3〖機械〗受信機. 4〖法〗管財人.

ਰਸੂਖ਼ (रसूख़) /rasūxa ラスーク/ [Arab. rusūx] m. 1 入ること. 2 友情, 親交. 3 到達, 接近. (⇒ਰਸਾਈ) 4 影響力. 5 上達, 熟達.

ਰਸੂਲ (रसूल) /rasūla ラスール/ [Arab. rasūl] m. 1 神の使徒. 2 預言者. 3〖イス〗預言者ムハンマド(マホメット).

ਰਸੋਈ (रसोई) /rasoī ラソーイー/ [(Pkt. रसवई) Skt. रसवती] f. 1 台所, キッチン, 調理場, 厨房. (⇒ਕਿਚਨ, ਚੌਂਕਾ) ❐ਰਸੋਈ ਦਾ ਕੰਮ 台所仕事, 調理. 2 料理, 調理された食べ物.

ਰਸੋਈਆ (रसोईआ) /rasoīā ラソーイーアー/ [-ਈਆ] m. 料理人, 調理人, 調理師, コック. (⇒ਖ਼ਾਨਸਾਮਾ, ਬਵਰਚੀ)

ਰਸੋਈਖ਼ਾਨਾ (रसोईख़ाना) /rasoīxānā ラソーイーカーナー/ [Pers.-xāna] m. 台所, キッチン, 調理場, 厨房. (⇒ਕਿਚਨ, ਚੌਂਕਾ)

ਰਸੋਈਘਰ (रसोईघर) /rasoīkăra ラソーイーカル/ [Skt.-गृह] m. 台所, キッチン, 調理場, 厨房. (⇒ਕਿਚਨ, ਚੌਂਕਾ)

ਰਸੌਂਤ (रसौंत) /rasãũta ラサォーント/ [Skt. रस + ਅੰਤ] f.〖薬剤〗ラソート《メギ科の落葉低木ヘビノボラズ(蛇登らず)の根の抽出物. 子供用の下剤として用いられる》.

ਰਸੌਲੀ (रसौली) /rasaulī ラサォーリー/ f.〖医〗腫れ, 腫れ物, 腫瘍.

ਰਹੱਸ (रहस्स) /rahassa ラハッス/ [Skt. रहस्य] m. 1 秘密, 隠し事. (⇒ਭੇਦ) 2 神秘, 謎. ❐ਕੁਦਰਤ ਦਾ ਰਹੱਸ 自然の神秘. 3 不可解な物.

ਰਹੱਸਪੂਰਨ (रहस्सपूरन) /rahassapūrana ラハッスプールン/ [Skt.-पूर्ण] adj. 1 秘密に満ちた, 秘密の. 2 謎に満ちた, 謎の. 3 神秘的な. 4 不可解な. 5 不明瞭な. 6 超自然的な.

ਰਹੱਸਮਈ (रहस्समई) /rahassamaī ラハッスマイー/ [Skt.-मयी] adj. → ਰਹੱਸਪੂਰਨ

ਰਹੱਸਵਾਦ (रहस्सवाद) /rahassawāda ラハッスワード/ [Skt.-वाद] m. 神秘主義, 神秘論.

ਰਹੱਸਵਾਦੀ (रहस्सवादी) /rahassawādī ラハッスワーディー/ [Skt.-वादिन्] adj. 神秘主義の.
— m. 神秘主義者.

ਰਹੱਸਾਤਮਕ (रहस्सातमक) /rahassātamaka ラハッサートマク/ ▸ਰਹੱਸਾਤਮਿਕ adj. → ਰਹੱਸਾਤਮਿਕ

ਰਹੱਸਾਤਮਿਕ (रहस्सातमिक) /rahassātamika ラハッサートミク/ ▸ਰਹੱਸਾਤਮਕ [Skt. रहस्य Skt.-आत्मक] adj. 神秘の, 神秘的な.

ਰਹਰਾਸ (रहरास) /raharāsa ラフラース/ ▸ਰਹਿਰਾਸ f. → ਰਹਿਰਾਸ

ਰਹਲ (रहल) /rahala ラハル/ ▸ਰਹਿਲ f. → ਰਹਿਲ

ਰਹੜ (रहड़) /rahaṛa ラハル/ [(Pot.)] m. 1〖農業〗収穫, 作物, 農産物. (⇒ਫ਼ਸਲ) 2〖食品〗穀物. (⇒ਅਨਾਜ) 3 生産物. (⇒ਪੈਦਾਵਾਰ)

ਰਹਾਉ (रहाउ) /rahāo | rǎo ラハーオー | ラーオー/ f. 1〖文学〗(詩歌の)繰り返し文句, リフレーン. 2 小休止.

ਰਹਾਇਸ਼ (रहाइश) /rahāiśa | rǎiśa ラハーイシュ | ラーイシュ/ ▸ਰਿਹਾਇਸ਼ f. → ਰਿਹਾਇਸ਼

ਰਹਾਇਸ਼ੀ (रहाइशी) /rahāiśī | rǎiśī ラハーイシー | ラーイシー/ ▸ਰਿਹਾਇਸ਼ੀ adj. → ਰਿਹਾਇਸ਼ੀ

ਰਹਿਕਲਾ (रहिकला) /raîkalā ラェークラー/ m.〖武〗持ち運び式の軽砲.

ਰਹਿਟ (रहिट) /raîṭa ラェート/ ▸ਹਰਟ, ਹਲਟ m.〖農業〗揚水車, ペルシア風灌漑井戸.

ਰਹਿਣ[1] (रहिण) /raîṇa ラェーン/ [cf. ਰਹਿਣਾ] m. 1 生活. 2 生活様式.

ਰਹਿਣ[2] (रहिण) /raîṇa ラェーン/ ▸ਰਹਿਨ m.adj. → ਰਹਿਨ

ਰਹਿਣ ਸਹਿਣ (रहिण सहिण) /raîṇa saîṇa ラェーン サェーン/ m. 1 生活様式. 2 生活水準. 3 生活状態. 4 文化.

ਰਹਿਣਾ (रहिणा) /raîṇā ラェーナー/ [(Pkt. रहइ) Skt. रहति] vi. 1 住む, 居住する. ❐ਇੱਕ ਪਿੰਡ ਵਿੱਚ ਇੱਕ ਕਿਸਾਨ ਰਹਿੰਦਾ ਸੀ। ある村に一人の農夫が住んでいました. 2 棲む, 棲息する. ❐ਬਹੁਤ ਸਾਰੇ ਜੀਵ ਪਾਣੀ ਵਿੱਚ ਰਹਿੰਦੇ ਹਨ। とても多くの生き物が水の中に棲んでいます. 3 滞在する, 留まる. 4 生きる. ❐ਨਹੀਂ ਰਹਿਣਾ 死ぬ, 亡くなる. ❐ਆਦਮੀ ਨਹੀਂ ਰਹਿੰਦਾ, ਪਰ ਆਦਮੀ ਦੀ ਗੱਲ ਰਹਿ ਜਾਂਦੀ ਹੈ। 人は死んでも, その人のことは生き続けます. 5 残る, 残っている, 留まっている, 置いたままである. ❐ਮੇਰੇ ਦਰਾਜ਼ ਦੀ ਚਾਬੀ ਘਰੇ ਹੀ ਰਹਿ ਗਈ। 私の引き出しの鍵は家に置いたままでした. 6《形容詞・動詞の完了分詞に続く場合》…のままでいる, …であり続ける, …でい続ける. ❐ਉਹ ਬੜੀ ਦੁਖੀ ਹੋਈ ਪਰ ਚੁੱਪ ਰਹੀ। 彼女はとても悲しくなりましたが黙ったままでいました. 7《動詞の未完了分詞に続く場合》…し続ける, 繰り返し…する. ❐ਉਹ ਆਪਣੇ ਮਿੱਤਰਾਂ ਨੂੰ ਗੱਲਾਂ ਸੁਣਾਉਂਦਾ ਰਹਿੰਦਾ ਸੀ। 彼は自分の友人たちに話を聞かせ続けていました. 8《動詞の語幹に続く場合, 動詞 ਹੋਣਾ の変化形を後に伴い, 進行中の動作を表す進行形を作る》(現在進行形では)…している, …しつつある, …しているところだ, (過去進行形では)…していた, …しつつあった, …しているところだった, (未来進行形では)…しているだろう, …しつつあるだろう, …しているところだろう. ❐ਮੈਂ ਪਹਿਲਾਂ ਵੀ ਕਿਹਾ ਸਾਂ, ਹੁਣ ਵੀ ਕਹਿ ਰਿਹਾ ਹਾਂ। 私は前にも言いましたし, 今も言っているのです. ❐ਅਸੀਂ ਕਿਸ ਪਾਸੇ ਨੂੰ ਜਾ ਰਹੇ ਹਾਂ? 私たちはどの方向に進んでいるのですか. ❐ਉਹ ਬੈਠ ਕੇ ਖਾਣਾ ਖਾ ਰਹੇ ਹਨ। 彼らは座って食事をしています. ❐ਮੈਂ ਤੁਹਾਨੂੰ ਉਡੀਕ ਰਿਹਾ ਸਾਂ। 私はあなたを待っていました. ❐ਉਹ ਟੀ ਵੀ ਤੇ ਕੋਈ ਸੀਰੀਅਲ ਵੇਖ ਰਹੀ ਸੀ। 彼

女はテレビで ある連続番組を見ていました. ❐ਬੱਚੇ ਇੱਕ ਸੁਰ ਵਿੱਚ ਗਾ ਰਹੇ ਸਨ। 子供たちは声を合わせて歌っていました. ❐ਉਹ ਤੁਹਾਨੂੰ ਲੱਭ ਰਹੇ ਸਨ। 彼らはあなたを探していました. ❐ਉਸ ਵੇਲੇ ਮੈਂ ਤੈਨੂੰ ਖ਼ਤ ਲਿਖ ਰਿਹਾ ਹੋਵਾਂਗਾ। その頃私はおまえに手紙を書いているでしょう. ❐ਕੱਲ੍ਹ ਸ਼ਾਮੀਂ ਉਹ ਕੰਮ ਕਰ ਰਹੀ ਹੋਏਗੀ। 明日の晩彼女は仕事をしているでしょう.

ਰਹਿਣੀ (रहिणी) /raîṇī ラェーニー/ [cf. ਰਹਿਣਾ] *f.* **1** 生活様式. **2** 生活水準. **3** 生活状態. **4** 文化.

ਰਹਿਣੀ ਬਹਿਣੀ (रहिणी बहिणी) /raîṇī baîṇī ラェーニー バェーニー/ *f.* → ਰਹਿਣੀ

ਰਹਿਤ (रहित) /raîta ラェート/ [Skt. रहित] *adj.* **1** 欠けている, …のない. **2** 棄てられた, 放棄された.

— *suff.* 「…が欠けている」「…のない」などを意味する接尾辞.

— *f.* **1** 生活様式, 戒律. **2** 節度のある生活, 規律を守る生活. **3**〘スィ〙ラヒト《スィック教徒のために規定された生活様式・戒律》.

ਰਹਿਤਨਾਮਾ (रहितनामा) /raîtanāmā ラェートナーマー/ [+ Pers. *nāma*] *m.*〘スィ〙ラヒト・ナーマー《スィック教徒の戒律・行動規範》.

ਰਹਿਤਮਰਯਾਦਾ (रहितमरयादा) /raîtamarayādā ラェートマルヤーダー/ [+ Skt. मर्यादा] *f.*〘スィ〙ラヒト・マルヤーダー《スィック教徒のために規定された伝統的な生活様式や戒律及び行動規範》.

ਰਹਿਤਲ (रहितल) /raîtala ラェータル/ *adj.* 節度のある, 規律を守る.

— *m.* **1** 節度. **2** 文明.

ਰਹਿੰਦ-ਖੂੰਦ (रहिंद-खूँद) /raîda-kʰũda ラェーンド・クーンド/ *m.* **1** 残り. **2** 残り物.

ਰਹਿਨ (रहिन) /raîna ラェーン/ ▸ਰਹਿਣ [Arab. *rahn*] *m.*〘経済〙抵当, 担保, 質.

— *adj.* 抵当に入っている.

ਰਹਿਨਦਾਰ (रहिनदार) /raînadāra ラェーンダール/ [Pers.-*dār*] *m.*〘法〙抵当権者.

ਰਹਿਨੁਮਾ (रहिनुमा) /raînumā ラェーヌマー/ ▸ਰਾਹਨੁਮਾ *adj.m.* → ਰਾਹਨੁਮਾ

ਰਹਿਨੁਮਾਈ (रहिनुमाई) /raînumāī ラェーヌマーイー/ ▸ਰਾਹਨੁਮਾਈ *f.* → ਰਾਹਨੁਮਾਈ

ਰਹਿਬਰ (रहिबर) /raîbara ラェーバル/ ▸ਰਾਹਬਰ *m.* → ਰਾਹਬਰ

ਰਹਿਬਰੀ (रहिबरी) /raîbarī ラェーバリー/ ▸ਰਾਹਬਰੀ *f.* → ਰਾਹਬਰੀ

ਰਹਿਮ[1] (रहिम) /raîma ラェーム/ [Arab. *rahm*] *m.* **1** 同情, 哀れみ, 慈悲, 情け. (⇒ਤਰਸ) **2** 親切心.

ਰਹਿਮ[2] (रहिम) /raîma ラェーム/ ▸ਰਿਹਮ *m.* → ਰਿਹਮ

ਰਹਿਮਤ (रहिमत) /raîmata ラェーマト/ [Pers. *rahmat*] *f.* **1** 恩寵, 恩恵, 恵み. (⇒ਕਿਰਪਾ) **2** 哀れみ, 慈悲, 情け. (⇒ਤਰਸ)

ਰਹਿਮ-ਦਿਲ (रहिम-दिल) /raîma-dila ラェーム・ディル/ [Arab. *rahm* + Pers. *dil*] *adj.* **1** 慈悲深い, 情け深い. **2** 思いやりのある. **3** 親切な. **4** 心の優しい.

ਰਹਿਮ-ਦਿਲੀ (रहिम-दिली) /raîma-dilī ラェーム・ディリー/ [+ Pers. *dilī*] *f.* **1** 慈悲深さ, 情け深さ. **2** 同情. **3** 親切. **4** 心の優しさ.

ਰਹਿਮਾਨ (रहिमान) /raîmāna ラェーマーン/ [Arab. *rahmān*] *adj.* **1** 慈悲深い. **2** 寛大な. **3** 心の広い.

ਰਹਿਰਾਸ (रहिरास) /raîrāsa ラェーラース/ ▸ਰਹਰਾਸ [Pers. *rāhirāst*] *f.* **1** 習慣. **2** 御勤め. **3**〘スィ〙スィック教徒の夕べの祈り.

ਰਹਿਲ (रहिल) /raîla ラェール/ *f.* **1** 畑に囲まれた区域. **2** 書見台, 読誦中に開いた聖典などを立てておくための折り畳み式の木製の台.

ਰਹੀਮ (रहीम) /rahīma | raĭma ラヒーム | ライーム/ [Arab. *rahīm*] *adj.* **1** 慈悲深い, 哀れみ深い. **2** 寛大な.

ਰਹੁ (रहु) /raû ラォー/ [Skt. रस] *f.*〘飲料〙サトウキビの汁. (⇒ਗੰਨੇ ਦਾ ਰਸ)

ਰਹੁਰੀਤ (रहुरीत) /raûrīta ラォーリート/ *f.* **1** 習慣. **2** 伝統. **3** 伝統的な実践.

ਰੰਕ (रंक) /raṅka ランク/ [Skt. रंक] *m.* **1** 貧乏人. **2** 困窮者. **3** 一文無し.

ਰਕਸ (रकस) /rakasa ラクス/ [Arab. *rakas*] *m.* 踊り, 舞踊, ダンス. (⇒ਨਾਚ)

ਰਕਸ਼ਕ (रकशक) /rakaśaka ラクシャク/ ▸ਰਖਸ਼ਕ, ਰੱਖਿਅਕ, ਰੱਛਕ *adj.m.* → ਰੱਖਿਅਕ

ਰਕਸ਼ਾ[1] (रकशा) /rakaśā ラクシャー/ ▸ਰੱਖਿਆ *f.* → ਰੱਖਿਆ

ਰਕਸ਼ਾ[2] (रकशा) /rakaśā ラクシャー/ ▸ਰਿਕਸ਼ਾ *m.* → ਰਿਕਸ਼ਾ

ਰਕਸ਼ਾ ਬੰਧਨ (रकशा बंधन) /rakaśā bândana ラクシャー バンダン/ [Skt. रक्षा + Skt. बंधन] *m.*〘祭礼〙ラクシャー・バンダン祭《サーウン月に行われるヒンドゥーの祭礼. この日姉妹が兄弟の手首に吉祥の飾り紐を結び付ける. 兄弟は返礼として贈り物を姉妹に与え, 姉妹を保護することを誓い, 絆を強める》.

ਰਕਸ਼ਾ ਮੰਤਰੀ (रकशा मंतरी) /rakaśā mantarī ラクシャー マントリー/ ▸ਰੱਖਿਆ ਮੰਤਰੀ *m.* → ਰੱਖਿਆ ਮੰਤਰੀ

ਰਕਤ (रकत) /rakata ラクト/ ▸ਰੱਤ [Skt. रक्त] *m.* **1** 赤色. **2**〘身体〙血, 血液. (⇒ਖ਼ੂਨ, ਲਹੂ)

— *adj.* **1** 赤い. (⇒ਲਾਲ)

ਰਕਤਦਾਨ (रकतदान) /rakatadāna ラクトダーン/ [+ Skt. दान] *m.*〘医〙献血.

ਰਕਤ ਬੂੰਦ (रकत बूँद) /rakata bũda ラクト ブーンド/ [+ Skt. बिन्दु] *f.* 血の滴. (⇒ਖ਼ੂਨ ਦਾ ਕਤਰਾ)

ਰਕਤਾਣੂ (रकताणू) /rakatāṇū ラクターヌー/ [+ Skt. अणु] *m.*〘身体〙血球.

ਰਕਬਾ (रकबा) /rakabā ラクバー/ [Arab. *raqba*] *m.* **1** 地域. **2** 所有地.

ਰਕਮ (रकम) /rakama ラカム/ [Arab. *raqm*] *f.* **1** 金額. **2** 金, 金銭, 現金. **3**〘数学〙数学の問題.

ਰਕੜ (रकड़) /rakaṛa ラカル/ ▸ਰੱਕੜ *adj.m.* → ਰੱਕੜ

ਰੱਕੜ (रक्कड़) /rakkaṛa ラッカル/ ▸ਰਕੜ [Skt. कठर] *adj.* **1** 厳しい, 手ごわい, 困難な. **2** 荒れた, 不毛の.

— *m.* 荒れ地, 不毛地帯.

ਰਕਾਨ (रकान) /rakāna ラカーン/ [Arab. *arkān*] *adj.* **1** 賢い, 賢明な, 聡明な. (⇒ਸਿਆਣਾ) **2** 洗練された. **3** 教養のある.

— *f.* **1** 聡明な女性, 才媛. **2** 洗練された女性. **3** 教養のある女性.

ਰਕਾਬ (रकाब) /rakāba̸ ラカーブ/ [Pers. *rikāb*] *f.* 〖道具〗鐙(あぶみ). ❐ਰਕਾਬ ਤੇ ਪੈਰ ਰੱਖਣਾ 馬にまたがる, 出発準備が整う.

ਰਕਾਬਤ (रकाबत) /rakābata̸ ラカーバト/ [Arab. *rakābat*] *f.* **1** 対抗. **2** 敵対.

ਰਕਾਬੀ (रकाबी) /rakābī ラカービー/ [Pers. *rakābī*] *f.* 〖食器〗浅い皿, 受け皿, プレート.

ਰਕੀਬ (रकीब) /rakība̸ ラキーブ/ [Arab. *raqīb*] *m.* **1** 好敵手, ライバル. **2** 対抗者. **3** 恋敵.

ਰੱਖ (रक्ख) /rakkʰa̸ ラック/ [cf. ਰੱਖਣਾ] *f.* **1** 保護. **2** 保護林. **3** 牧草地.

ਰਖਸ਼ਕ (रखशक) /rakʰa̸śaka̸ ラクシャク/ ▸ਰਕਸ਼ਕ, ਰੱਖਿਅਕ, ਰੱਛਕ *adj.m.* → ਰੱਖਿਅਕ

ਰਖਣਾ (रखणा) /rakʰa̸ṇā ラクナー/ ▸ਰੱਖਣਾ *vt.* → ਰੱਖਣਾ

ਰੱਖਣਾ (रक्खणा) /rakkʰaṇā ラッカナー/ ▸ਰਖਣਾ [Skt. रक्षति] *vt.* **1** 置く, 入れる, 載せる. ❐ਉਸ ਨੇ ਪੰਜ ਸੌ ਰੁਪਏ ਮੇਜ਼ ਉੱਪਰ ਰੱਖ ਦਿੱਤੇ। 彼は五百ルピーを机の上に置きました. ❐ਜੁੱਤੀਆਂ ਰੱਖਣ ਲਈ ਥਾਂ ਬਣੀ ਹੋਈ ਹੈ। 靴を置くために場所が設けられています. ❐ਬੈਠਣ ਤੋਂ ਪਹਿਲਾਂ ਜਾਂ ਆਪਣਾ ਸਮਾਨ ਰੱਖਣ ਤੋਂ ਪਹਿਲਾਂ ਸੀਟਾਂ ਦੇ ਹੇਠਾਂ ਜ਼ਰੂਰ ਦੇਖ ਲਓ। 座る前や自分の手荷物を置く前には座席の下を必ず見なさい. **2** 設置する, 配置する. **3** 守る, 保つ, …にしておく. ❐ਕੇਸਾਂ ਨੂੰ ਸਾਫ਼ ਰੱਖੋ। 髪を清潔にしておきなさい. **4** 保有する, 所有する, 所持する, 持つ, 飼う. ❐ਘਰ ਵਿੱਚ ਰੱਖਿਆ ਕੁੱਤਾ 家で飼われている犬. **5**(名前を)付ける. **6**《動詞の語幹に続き「意図」「作為」の意味を加える》(予め)…しておく. . ❐ਅਸਾਂ ਉਸ ਨੂੰ ਇਤਲਾਹ ਦੇ ਰੱਖੀ ਹੈ। 私たちはあの人に知らせておきました.

ਰਖਨਾ (रखना) /rakʰa̸nā ラクナー/ [Pers. *raxana*] *m.* **1** 細長い穴. (⇒ਛੇਕ) **2** へこみ, へこんだ所. **3** 引き出し. **4** 仕切り巣箱.

ਰਖਵਾਉਣਾ (रखवाउणा) /rakʰa̸wāuṇā ラクワーウナー/ [cf. ਰੱਖਣਾ] *vt.* **1** 置かせる, 設置させる, 積ませる. **2** 守らせる, 保たせる.

ਰਖਵਾਈ (रखवाई) /rakʰa̸wāī ラクワーイー/ [cf. ਰੱਖਣਾ] *f.* **1** 保護. **2** 監視.

ਰਖਵਾਲਾ (रखवाला) /rakʰa̸wālā ラクワーラー/ [Skt. रक्षा -ਵਾਲਾ] *m.* **1** 保護者. **2** 監視者, 警備員, 夜警, ガードマン, 守衛. (⇒ਪਾਸਬਾਨ)

ਰਖਵਾਲੀ (रखवाली) /rakʰa̸wālī ラクワーリー/ [-ਈ] *f.* **1** 守り, 保護. **2** 警備, 警護. (⇒ਪਾਸਬਾਨੀ)

ਰਖੜਾ (रखड़ा) /rakʰa̸ṛā ラクラー/ *m.* 平手打ち. (⇒ਥੱਪੜ)

ਰੱਖੜੀ (रक्खड़ी) /rakkʰaṛī ラッカリー/ ▸ਰੱਖੀ, ਰਾਖੀ [cf. ਰੱਖਣਾ] *f.* **1** 〖装〗ラッカリー(ラッキー, ラーキー)《ラクシャー・バンダン祭の時, 姉妹が兄弟の手首に結び付ける吉祥の飾り紐》. **2** 〖祭礼〗ラクシャー・バンダン祭. (⇒ਰਕਸ਼ਾ ਬੰਧਨ)

ਰੱਖਿਅਕ (रक्खिअक) /rakkʰiaka̸ ラッキアク/ ▸ਰਕਸ਼ਕ, ਰਖਸ਼ਕ, ਰੱਛਕ [Skt. रक्षक] *adj.* **1** 守っている, 保護する. **2** 防衛する.

— *m.* **1** 保護者. **2** 衛兵, 監視者, 番人.

ਰੱਖਿਆ (रक्खिआ) /rakkʰiā ラッキアー/ ▸ਰਕਸ਼ਾ [Skt. रक्षा] *f.* **1** 守り, 保護. **2** 防御, 防衛. **3** 〖政治〗国防.

ਰਖਿਆਤਮਕ (रखिआतमक) /rakʰiāta̸maka̸ ラキアートマク/ [Skt.-आत्मक] *adj.* **1** 保護する. **2** 防御の.

ਰੱਖਿਆ ਮੰਤਰੀ (रक्खिआ मंतरी) /rakkʰiā manta̸rī ラッキアー マントリー/ ▸ਰਕਸ਼ਾ ਮੰਤਰੀ [+ Skt. मंत्रिन्] *m.* 〖政治〗国防大臣.

ਰੱਖੀ (रक्खी) /rakkʰī ラッキー/ ▸ਰੱਖੜੀ, ਰਾਖੀ *f.* → ਰੱਖੜੀ

ਰਖੇਲ (रखेल) /rakʰela̸ ラケール/ ▸ਰਖੇਲੀ, ਰਖੋਸਰ [cf. ਰੱਖਣਾ] *f.* 妾, 内妻.

ਰਖੇਲਪੁਣਾ (रखेलपुणा) /rakʰela̸puṇā ラケールプナー/ [-ਪੁਣਾ] *m.* 内縁関係.

ਰਖੇਲੀ (रखेली) /rakʰelī ラケーリー/ ▸ਰਖੇਲ, ਰਖੋਸਰ *f.* → ਰਖੇਲ

ਰਖੋਸਰ (रखोसर) /rakʰosara̸ ラコーサル/ ▸ਰਖੇਲ, ਰਖੇਲੀ [(Kang.)] *f.* → ਰਖੇਲ

ਰੰਗ (रंग) /raṅga̸ ラング/ [Skt. रंग ; Pers. *rang*] *m.* **1** 色, 色彩. ❐ਰੰਗ ਉਡਣਾ 色が褪せる. **2** 〖身体〗顔色, 肌の色. ❐ਰੰਗ ਉਡਣਾ (恐怖などのため)顔が青ざめる, 顔面蒼白となる. ❐ਸ਼ੇਰ ਵੇਖ ਕੇ ਰਾਜਿੰਦਰ ਦਾ ਰੰਗ ਉਡ ਗਿਆ। 虎を見てラージンダルの顔は青ざめました. **3** 顔料, 塗料, 絵の具. ❐ਰੰਗ ਕਰਨਾ 色を塗る. **4** 〖祭礼〗(ホーリーの祭りで投げかける)色水, 色粉. ❐ਰੰਗਾਂ ਨਾਲ ਸਾਡੇ ਕੱਪੜੇ ਰੰਗ-ਬਰੰਗੇ ਹੋ ਗਏ। 色水で私たちの衣服は色とりどりに染まりました. **5** 色づけ, 色塗り. **6** 状態, 雰囲気. ❐ਰੰਗ ਜਮਣਾ 良い雰囲気になる, 会が盛り上がる. **7** 楽しみ, 歓楽, 浮かれ気分. ❐ਰੰਗ ਮਾਣਨਾ 楽しむ, 愉快な気分になる. **8** 愛情, 恋愛. **9** 〖遊戯〗トランプのカードの絵柄(ハート, ダイヤ, クラブ, スペード).

ਰਗ (रग) /raga̸ ラグ/ [Pers. *rag*] *f.* **1** 〖身体〗血管. **2** 〖身体〗神経.

ਰੰਗਸਾਜ਼ (रंगसाज़) /raṅga̸sāza̸ ラングサーズ/ [Pers. *rang* Pers.*-sāz*] *m.* **1** 彩色する人, 塗装工. **2** 染料・顔料・塗料などを作る人. **3** 染め物屋, 染色業者, 染色家. (⇒ਰੰਗਰੇਜ਼, ਲਲਾਰੀ)

ਰੰਗਸਾਜ਼ੀ (रंगसाज़ी) /raṅga̸sāzī ラングサーズィー/ [Pers.*-sāzī*] *f.* **1** 彩色の仕事, 塗装. **2** 染料・顔料・塗料などを作る仕事. **3** 染色, 色付け. **4** 染め物の仕事, 染め物業. (⇒ਰੰਗਰੇਜ਼ੀ)

ਰੰਗਸ਼ਾਲਾ (रंगशाला) /raṅga̸śālā ラングシャーラー/ [Skt. रंग Skt.-शाला] *f.* **1** 劇場, 演舞場. **2** 舞台, ステージ.

ਰੰਗਹੀਣ (रंगहीण) /raṅga̸hīṇa̸ ラングヒーン/ [Skt.-हीन] *adj.* 色のない, 無色の.

ਰੰਗ-ਕਾਟ (रंग-काट) /raṅga̸-kāṭa̸ ラング・カート/ *m.* 〖薬剤〗漂白剤.

ਰੰਗਣ (रंगण) /raṅgaṇa̸ ランガン/ [cf. ਰੰਗਣਾ] *f.* **1** 染色. **2** 顔料, 染料.

ਰੰਗਣਾ (रंगणा) /raṅgaṇā ランガナー/ [cf. ਰੰਗਾਉਣਾ] *vt.* **1** 染める, 染色する. **2** 彩色する, 着色する. **3** 塗る.

ਰੰਗਤ (रंगत) /raṅgata̸ ランガト/ [cf. ਰੰਗਣਾ] *f.* **1** 色, 色彩. **2** 色合い, 色調. **3** 調子, 状態. **4** 肌の色, 色つや, 顔色, 血色. **5** 良い気分, 乗り気, 楽しみ, 喜び.

ਰੰਗ-ਤਮਾਸ਼ਾ (रंग-तमाशा) /raṅga̸-tamāśā ラング・タマー

シャー/ [Pers. *rang* + Pers. *tamāśā*] *m.* **1** 浮かれ騒ぎ. **2** お祭り騒ぎ.

ਰੰਗਤਰਾ (रंगतरा) /raṅgatarā ラングタラー/ [Pers. *rangatrā*] *m.* 〖植物〗オレンジ, ミカン(蜜柑)《マンダリンオレンジ, ポンカンなどの類》, その果実.

ਰੰਗਦਾਨੀ (रंगदानी) /raṅgadānī ラングダーニー/ [Pers. *rang* Pers.-*dānī*] *f.* **1** 〖道具〗絵具箱. **2** 〖道具〗パレット, 調色板.

ਰੰਗਦਾਰ (रंगदार) /raṅgadāra ラングダール/ [Pers.-*dār*] *adj.* **1** 色のついた, 着色された, 染色された. **2** 目立つ, 派手な, 人目を引く. **3** 綺麗な, 美しい.

ਰਗਦਾਰ (रगदार) /ragadāra ラグダール/ [Pers. *rag* Pers.-*dār*] *adj.* 脈のある.

ਰੰਗਪੱਟੀ (रंगपट्टी) /raṅgapaṭṭī ラングパッティー/ [Skt. रंग + Skt. पट्टिका] *f.* 〖道具〗パレット, 調色板.

ਰਗਪਿੱਤੀ (रगपित्ती) /ragapittī ラグピッティー/ [Skt. रक्त + Skt. पित्त -ਈ] *f.* 〖医〗発疹. (⇒ਛਪਾਕੀ)

ਰੰਗ-ਬਰੰਗ (रंग-बरंग) /raṅga-baraṅga ラング・バラング/ ▸ਰੰਗ-ਬਰੰਗਾ *adj.* → ਰੰਗ-ਬਰੰਗਾ

ਰੰਗ-ਬਰੰਗਾ (रंग-बरंगा) /raṅga-baraṅgā ラング・バランガー/ ▸ਰੰਗ-ਬਰੰਗ [Pers. *rang-ba-rang*] *adj.* **1** 色とりどりの, 多彩な, カラフルな. **2** 雑色の, 多種多様な. **3** 色々な, 様々な.

ਰੰਗ-ਭੂਮੀ (रंग-भूमी) /raṅga-pŭmī ラング・プーミー/ [Skt. रंग + Skt. भूमि] *m.* **1** 舞台, 演舞場, ステージ. **2** 劇場. **3** 遊技場, 闘技場, アリーナ.

ਰੰਗ-ਮਹੱਲ (रंग-महल्ल) /raṅga-mahalla ラング・マハッル/ [Pers. *rang* + Arab. *mahall*] *m.* **1** 祝典の催される宮殿の広間. **2** 睦み事に用いる宮殿の奥の間.

ਰੰਗ-ਮੰਚ (रंग-मंच) /raṅga-mañca ラング・マンチ/ [Skt. रंग + Skt. मञ्च] *m.* **1** 舞台, ステージ. **2** 劇場. **3** 演劇.

ਰੰਗ-ਮੰਚਕ (रंग-मंचक) /raṅga-mañcaka ラング・マンチャク/ ▸ਰੰਗ-ਮੰਚਿਕ [+ क] *adj.* **1** 舞台の, 劇の. **2** 劇的な, ドラマチックな.

ਰੰਗ-ਮੰਚਿਕ (रंग-मंचिक) /raṅga-mañcika ラング・マンチク/ ▸ਰੰਗ-ਮੰਚਕ *adj.* → ਰੰਗ-ਮੰਚਕ

ਰੰਗ-ਮੰਚੀ (रंग-मंची) /raṅga-mañcī ラング・マンチー/ [Skt. रंग + Skt. मञ्चीय] *adj.* **1** 舞台の, 劇の. **2** 劇的な, ドラマチックな.

ਰੰਗ-ਰਸ (रंग-रस) /raṅga-rasa ラング・ラス/ [+ Skt. रस] *m.* **1** 歓楽. **2** 陽気, 浮かれ気分.

ਰੰਗ ਰੰਗ ਦਾ (रंग रंग दा) /raṅga raṅga dā ラング ラング ダー/ *adj.* **1** 色とりどりの, 多彩な. **2** 雑色の, 多種多様な. **3** 色々な, 様々な.

ਰੰਗ-ਰਲੀਆਂ (रंग-रलीआँ) /raṅga-ralīā̃ ラング・ラリーアーン/ *f.* **1** 歓楽. **2** 官能の喜び.

ਰੰਗਰੂਟ (रंगरूट) /raṅgarūṭa ラングルート/ [Eng. *recruit*] *m.* 〖軍〗新兵.

ਰੰਗਰੂਟੀ (रंगरूटी) /raṅgarūṭī ラングルーティー/ [Eng. *recruit* -ਈ] *f.* 〖軍〗新兵訓練.

ਰੰਗਰੂਪ (रंगरूप) /raṅgarūpa ラングループ/ [Skt. रंग + Skt. रूप] *m.* **1** 顔色と形. **2** 顔立ち, 容貌. **3** 美しさ. **4** 器量.

ਰੰਗਰੇਜ਼ (रंगरेज़) /raṅgareza ラングレーズ/ [Pers. *rangrez*] *m.* 染め物屋, 染色業者, 染色家. (⇒ਲਲਾਰੀ)

ਰੰਗਰੇਜ਼ੀ (रंगरेज़ी) /raṅgarezī ラングレーズィー/ [Pers. *rangrezī*] *f.* **1** 染色, 色付け. **2** 染め物の仕事, 染め物業.

ਰੰਗਲਾ (रंगला) /raṅgalā ラングラー/ ▸ਰਾਂਗਲਾ [Skt. रंग ; Pers. *rang* -ਲਾ] *adj.* **1** 色のついた, 染色された, 着色された. **2** 色彩に富んだ.

ਰੰਗਵਾਉਣਾ (रंगवाउणा) /raṅgawāuṇā ラングワーウナー/ ▸ਰੰਗਾਉਣਾ *vt.* → ਰੰਗਾਉਣਾ

ਰੰਗਵਾਈ (रंगवाई) /raṅgawāī ラングワーイー/ ▸ਰੰਗਾਈ [cf. ਰੰਗਾਉਣਾ] *f.* **1** 染色, 彩色, 着色. **2** 染め物業, その労賃.

ਰਗੜ (रगड़) /ragaṛa ラガル/ [cf. ਰਗੜਨਾ] *f.* **1** 摩擦. **2** 〖医〗擦り傷.

ਰਗੜਨਾ (रगड़ना) /ragaṛanā ラガルナー/ [Skt. घर्षण] *vt.* **1** こする. **2** こすって磨く, 磨いて滑らかにする.

ਰਗੜਵਾਉਣਾ (रगड़वाउणा) /ragaṛawāuṇā ラガルワーウナー/ ▸ਰਗੜਾਉਣਾ [cf. ਰਗੜਨਾ] *vt.* **1** こすらせる. **2** 磨かせる.

ਰਗੜਵਾਈ (रगड़वाई) /ragaṛawāī ラガルワーイー/ [cf. ਰਗੜਨਾ] *f.* **1** こすらせること, 磨かせること. **2** 被害, 損害. **3** 困難, 苦労.

ਰਗੜਾ (रगड़ा) /ragaṛā ラグラー/ [cf. ਰਗੜਨਾ] *m.* **1** 摩擦. ❒ਰਗੜਾ ਲਾਉਣਾ こする, だます. **2** 揉め事, 争い. **3** 被害, 損害.

ਰਗੜਾਉਣਾ (रगड़ाउणा) /ragaṛāuṇā ラグラーウナー/ ▸ਰਗੜਵਾਉਣਾ *vt.* → ਰਗੜਵਾਉਣਾ

ਰਗੜਾਈ (रगड़ाई) /ragaṛāī ラグラーイー/ [cf. ਰਗੜਨਾ] *f.* こすること.

ਰਗੜਾ ਝਗੜਾ (रगड़ा झगड़ा) /ragaṛā căgaṛā ラグラー チャグラー/ [cf. ਰਗੜਨਾ + cf. ਝਗੜਨਾ] *m.* **1** 長引く争い. **2** 複雑な軋轢.

ਰੰਗਾ (रंगा) /raṅgā ランガー/ [Skt. रंग ; Pers. *rang*] *adj.* 色のついた, 有色の.
— *suff.* 「…の色の」「…色の」「…に染まった」などの意味の形容詞を形成する接尾辞.

ਰੰਗਾਉਣਾ (रंगाउणा) /raṅgāuṇā ランガーウナー/ ▸ਰੰਗਵਾਉਣਾ [Skt. रञ्जयति] *vt.* **1** 染めさせる, 染色させる. **2** 彩色させる, 着色させる. **3** 塗らせる.

ਰੰਗਾਈ (रंगाई) /raṅgāī ランガーイー/ ▸ਰੰਗਵਾਈ *f.* → ਰੰਗਵਾਈ

ਰੰਗਾਰੰਗ (रंगारंग) /raṅgāraṅga ランガーラング/ *adj.* **1** 色とりどりの, 多彩な. **2** 雑色の, 多種多様な. **3** 色々な, 様々な.

ਰੰਗੀਨ (रंगीन) /raṅgīna ランギーン/ [Pers. *rangīn*] *adj.* **1** 着色された, 彩色された. **2** 染色された.

ਰੰਗੀਨੀ (रंगीनी) /raṅgīnī ランギーニー/ [Pers. *rangīnī*] *f.* **1** 着色・彩色された状態. **2** 明るい色づけ. **3** 派手, けばけばしさ.

ਰੰਗੀਲਾ (रंगीला) /raṅgīlā ランギーラー/ [Skt. रंग ; Pers. *rang* -ਈਲਾ] *adj.* **1** 多彩な, 派手な, 華やかな. **2** 愉快な, 楽しい, 陽気な. **3** 遊び好きの.

ਰੰਗੀਲਾਪਣ (रंगीलापण) /raṅgīlāpaṇa ランギーラーパン/

▸ਰੰਗੀਲਾਪਨ [-ਪਣ] *m.* 1 多彩, 派手, 華やかさ. 2 愉快なこと, 愉楽. 3 遊び好き.

ਰੰਗੀਲਾਪਨ (रंगीलापन) /raṅgīlāpana ランギーラーパン/ ▸ਰੰਗੀਲਾਪਣ *m.* → ਰੰਗੀਲਾਪਣ

ਰੰਘਰੇਟਾ (रंघरेटा) /râṅgareṭā ラングレーター/ ▸ਰੰਘੜੇਟਾ *m.* 〖スィ〗ラングレーター《低カーストから改宗したスィック教徒》.

ਰੰਘੜ (रंघड़) /râṅgaṛa ランガル/ *m.* 〖イス〗ランガル《ラージプートから改宗したイスラーム教徒》.

— *adj.* 1 傲慢な. 2 横柄な.

ਰੰਘੜਊ (रंघड़ऊ) /raṅgaṛăū ラングラウー/ *m.* 1 傲慢. 2 横柄.

ਰੰਘੜਊਪੁਣਾ (रंघड़ऊपुणा) /raṅgaṛăūpuṇā ラングラウープナー/ *m.* 1 傲慢. 2 横柄.

ਰੰਘੜੇਟਾ (रंघड़ेटा) /râṅgaṛeṭā ラングレーター/ ▸ਰੰਘਰੇਟਾ *m.* → ਰੰਘਰੇਟਾ

ਰਘੂ (रघू) /ragŭ ラグー/ [Skt. रघु] *m.* ラグ王《スーリヤヴァンシャ〔日種族〕の王で, ラーマチャンドラの祖父》.

ਰਘੂਕੁਲ (रघूकुल) /ragŭkula ラグークル/ [Skt. रघुकुल] *m.* ラグ王の一族.

ਰਘੂਨਾਥ (रघूनाथ) /ragŭnātʰa ラグーナート/ [Skt. रघुनाथ] *m.* 1 ラグ王の一族の首長. 2 ラグナータ《ラーマチャンドラの異名の一つ》.

ਰਘੂਪਤੀ (रघूपती) /ragŭpatī ラグーパティー/ [Skt. रघुपति] *m.* 1 ラグ王の一族の首長. 2 ラグパティ《ラーマチャンドラの異名の一つ》.

ਰਘੂਬੰਸ (रघूबंस) /ragŭbansa ラグーバンス/ [Skt. रघुवंश] *m.* ラグ王の子孫.

ਰਘੂਬੰਸੀ (रघूबंसी) /ragŭbansī ラグーバンスィー/ [Skt. रघुवंशिन्] *adj.* ラグ王の子孫の.

ਰੰਚ (रंच) /rañca ランチ/ [Skt. न्यंच] *adj.* 少量の. (⇒ਥੋੜ੍ਹਾ)

— *m.* 少量.

ਰਚਣਹਾਰ (रचणहार) /racaṇahāra ラチャンハール/ [cf. ਰਚਣਾ¹ -ਹਾਰ] *m.* 1 作り手, 作者. 2 創造者. 3 書き手, 作家.

ਰਚਣਾ¹ (रचणा) /racaṇā ラチナー/ [Skt. रच्यते] *vt.* 1 作る. (⇒ਬਣਾਉਣਾ) 2 創造する, 創作する. (⇒ਸਿਰਜਣਾ) 3 書く, 執筆する. 4 生産する. 5 建設する. 6 構築する. 7 用意する, 準備する, 手配する. 8 企てる.

ਰਚਣਾ² (रचणा) /racaṇā ラチナー/ [Skt. रञ्जनम्] *vi.* 1 混ざる. 2 しみ透る, 染まる. 3 浸る, ずぶ濡れになる. 4 一面に広がる.

ਰਚਣੇਈ (रचणेई) /racaṇeī ラチネーイー/ [cf. ਰਚਣਾ¹] *adj.* 創造的な.

ਰਚਨਾ (रचना) /racanā ラチナー/ [Skt. रचना] *f.* 1 作品. 2 創造, 創作. 3 制作. 4 生産. 5 建設.

ਰਚਨਾਕਾਰ (रचनाकार) /racanākāra ラチナーカール/ [Skt. रचना Skt.-कार] *m.* 1 創造者. 2 制作者. 3 作家.

ਰਚਨਾਤਮਕ (रचनातमक) /racanātamaka ラチナートマク/ ▸ਰਚਨਾਤਮਿਕ *adj.* → ਰਚਨਾਤਮਿਕ

ਰਚਨਾਤਮਿਕ (रचनातमिक) /racanātamika ラチナートミク/ ▸ਰਚਨਾਤਮਕ [Skt. रचना Skt.-आत्मक] *adj.* 1 創造的な. 2 建設的な. 3 生産的な.

ਰਚਵਾਉਣਾ (रचवाउणा) /racawāuṇā ラチワーウナー/ [cf. ਰਚਣਾ¹] *vt.* 1 作らせる. 2 創造させる, 創作させる.

ਰਚਵਾਂ-ਮਿਚਵਾਂ (रचवाँ-मिचवाँ) /racawā̃-micawā̃ ラチワーン・ミチワーン/ *adj.* 同質の.

ਰਚਾਉਣਾ (रचाउणा) /racāuṇā ラチャーウナー/ [cf. ਰਚਣਾ¹] *vt.* 1 作る. (⇒ਬਣਾਉਣਾ) 2 創造する, 創作する. (⇒ਸਿਰਜਣਾ) 3 用意する, 準備する, 手配する. 4 作らせる. 5 創造させる, 創作させる.

ਰਚਿਆ-ਮਿਚਿਆ (रचिआ-मिचिआ) /raciā-miciā ラチアー・ミチアー/ *adj.* 広がった.

ਰਚਿਤ (रचित) /racita ラチト/ [Skt. रचित] *adj.* 1 作られた. 2 創造された. 3 書かれた.

ਰੱਛ (रच्छ) /raccʰa ラッチ/ *m.* 道具.

ਰੱਛਕ (रच्छक) /raccʰaka ラッチャク/ ▸ਰਕਸ਼ਕ, ਰਖਸ਼ਕ, ਰੱਖਿਅਕ *adj.m.* → ਰੱਖਿਅਕ

ਰੰਜ (रंज) /rañja ランジ/ [Pers. *ranj*] *m.* 1 悲しみ. 2 憎しみ. 3 怒り.

ਰਜ (रज) /raja ラジ/ [Skt. रजस्] *f.* 1 埃, 塵. (⇒ਧੂਲ) 2 〖植物〗花粉. (⇒ਪਰਾਗ)

ਰੱਜ (रज्ज) /rajja ラッジ/ [cf. ਰੱਜਣਾ] *m.* 1 飽食, 満腹. 2 欲求を満たすのに十分であること, 存分. 3 満足, 満足感, 充足. 4 大量, 多量. 5 豊富.

ਰੰਜਸ਼ (रंजश) /rañjaśa ランジャシュ/ [Pers. *ranjiś*] *f.* 1 敵意, 憎しみ. 2 怒り.

ਰੰਜਕ¹ (रंजक) /rañjaka ランジャク/ [Skt. रञ्जक] *f.* 1 粉, 粉末. (⇒ਧੂੜਾ, ਪਾਊਡਰ) 2 点火薬. 3 導火線, 口火.

ਰੰਜਕ² (रंजक) /rañjaka ランジャク/ [Skt. रञ्जक] *adj.* 1 色を付ける, 着色する. 2 楽しませる, 喜ばせる, 娯楽の, 気晴らしの.

ਰਜਕ (रजक) /rajaka ラジャク/ [Skt. रजक:] *m.* 〖姓〗ラジャク《洗濯を生業とする種姓(の人・男性)》, 洗濯屋. (⇒ਧੋਬੀ, ਬਰੇਠਾ)

ਰਜਕੀ (रजकी) /rajakī ラジキー/ [-ਈ] *f.* 〖姓〗ラジキー《ラジャク種姓の女性》, 女の洗濯屋, 洗濯屋の妻. (⇒ਧੋਬਣ, ਬਰੇਠਣ)

ਰੱਜ ਕੇ (रज्ज के) /rajja ke ラッジ ケー/ [cf. ਰੱਜਣਾ + ਕੇ] *adv.* 1 満足するまで, 思う存分. ❐ਕਾਂ ਨੇ ਰੱਜ ਕੇ ਪਾਣੀ ਪੀਤਾ। カラスは満足するまで水を飲みました. 2 お腹いっぱい. ❐ਰੱਜ ਕੇ ਖਾਣਾ お腹いっぱい食べる.

ਰੱਜਣਾ (रज्जणा) /rajjaṇā ラッジャナー/ [Skt. रज्यते] *vi.* 満足する, いっぱいになる, 満腹になる. ❐ਜਦੋਂ ਬਗਲੇ ਮੱਛੀਆਂ ਖਾ ਕੇ ਰੱਜ ਜਾਂਦੇ, ਤਾਂ ਉਹ ਛੱਪੜ ਦੇ ਕਿਨਾਰੇ ਬੈਠ ਜਾਂਦੇ। 鷺は魚を食べて満足すると, 池のほとりに佇みます. ❐ਪੱਪੂ ਦਾ ਢਿੱਡ ਤਾਂ ਰੱਜ ਜਾਂਦਾ ਹੈ। パップーのお腹はいっぱいになります. ❐ਰੱਜ-ਰੱਜ ਕੇ ਖਾਈਏ। 十分満足するまで(お腹いっぱい)食べましょう.

ਰਜਤ (रजत) /rajata ラジャト/ [Skt. रजत] *f.* 〖金属〗銀. (⇒ਚਾਂਦੀ, ਰੁੱਪਾ)

ਰਜਧਾਨੀ (रजधानी) /rajatănī ラジターニー/ ▸ਰਾਜਧਾਨੀ *f.* → ਰਾਜਧਾਨੀ

ਰਜਨੀ (रजनी) /rajanī ラジニー/ [Skt. रजनी] *f.* 夜. (⇒ਰਾਤ)

ਰਜਮੰਟ (रजमंट) /rajamanṭa ラジマント/ ▸ਰਜਮੈਂਟ, ਰੇਜੀਮੈਂਟ,

ਰੈਜਮੈਂਟ [Eng. *regiment*] *f.*〖軍〗連隊.

ਰਜਮੈਂਟ (रजमैंट) /rajamāĩṭa ラジマェーント/ ▸ਰਜਮੰਟ, ਰੇਜੀਮੈਂਟ, ਰੈਜਮੈਂਟ *f.* → ਰਜਮੰਟ

ਰਜਵਾਂ (रजवाँ) /rajawā̃ ラジワーン/ ▸ਰਜੇਵਾਂ [cf. ਰੱਜਣਾ] *adj.* **1** 満足させるほどの. **2** 満杯の. **3** 大量の, 多量の. **4** 豊富な.
— *m.* **1** 飽食, 満腹. **2** 欲求を満たすのに十分であること, 存分. **3** 満ち足りた状態, 満足, 充足. **4** 大量, 多量. **5** 豊富.

ਰਜਵਾਉਣਾ (रजवाउणा) /rajawāuṇā ラジワーウナー/ [cf. ਰੱਜਣਾ] *vt.* **1**(人を介して)満足させる, 満足させてもらう. **2** 満腹にさせてもらう, 満腹になるまで奢らせる.

ਰਜਵਾਹਾ (रजवाहा) /rajawāhā ラジワーハー/ *m.*〖地理〗運河の支流.

ਰਜਵਾੜਾ (रजवाड़ा) /rajawāṛā ラジワーラー/ *m.* **1**〖歴史〗藩王国. (⇒ਰਿਆਸਤ) **2** 小国. **3** 領主. **4** 族長.

ਰਜਾ (रजा) /rajā ラジャー/ ▸ਰਜ਼ਾ [(Pua.)] *f.* → ਰਜ਼ਾ

ਰਜ਼ਾ (रज़ा) /razā ラザー/ ▸ਰਜਾ [Arab. *rizā*] *f.* **1** 意志. (⇒ਮਰਜ਼ੀ) **2** 満足. (⇒ਸੰਤੋਸ਼) **3** 喜び. (⇒ਖ਼ੁਸ਼ੀ) **4** 神の意志. (⇒ਰੱਬ ਦਾ ਭਾਣਾ)

ਰੱਜਾ (रज्जा) /rajjā ラッジャー/ ▸ਰੱਜਿਆ *adj.* → ਰੱਜਿਆ

ਰਜਾਉਣਾ (रजाउणा) /rajāuṇā ラジャーウナー/ [cf. ਰੱਜਣਾ] *vt.* **1** 満足させる. **2** 満腹にさせる, 満腹になるまで奢る.

ਰਜਾਈ (रजाई) /rajāī ラジャーイー/ ▸ਰਜ਼ਾਈ *f.* → ਰਜ਼ਾਈ

ਰਜ਼ਾਈ (रज़ाई) /razāī ラザーイー/ ▸ਰਜਾਈ [Pers. *razāī*] *f.*〖寝具〗掛け布団.

ਰਜ਼ਾਕਾਰ (रज़ाकार) /razākāra ラザーカール/ [Arab. *rizā* Pers.-*kār*] *m.* **1** 自発的な志願者, ボランティア. **2** 志願兵, 義勇兵.

ਰੱਜਾ ਪੁੱਜਾ (रज्जा पुज्जा) /rajjā pujjā ラッジャー プッジャー/ [cf. ਰੱਜਣਾ + cf. ਪੁੱਜਣਾ] *adj.* 暮らし向きのいい, 裕福な, 金持ちの. (⇒ਖ਼ੁਸ਼ਹਾਲ)

ਰਜ਼ਾਮੰਦ (रज़ामंद) /razāmanda ラザーマンド/ [Arab. *rizā* Pers.-*mand*] *adj.* **1** 同意した, 承諾した. **2** 納得した. **3** 満足した. **4** 喜んでいる.

ਰਜ਼ਾਮੰਦੀ (रज़ामंदी) /razāmandī ラザーマンディー/ [Pers.-*mandī*] *f.* **1** 同意, 賛同. **2** 納得, 満足.

ਰੱਜਿਆ (रज्जिआ) /rajjiā ラッジアー/ ▸ਰੱਜਾ [cf. ਰੱਜਣਾ] *adj.* 満足した, 充足した, 満ち足りた.

ਰਜਿਸਟਰ (रजिसटर) /rajisaṭara ラジスタル/ [Eng. *register*] *m.* **1** 記録簿, 登録簿. **2**〖器具〗自動記録器.

ਰਜਿਸਟਰਡ (रजिसटरड) /rajisaṭaraḍa ラジスタルド/ [Eng. *registered*] *adj.* **1** 登録した, 登録済みの. ❐ਰਜਿਸਟਰਡ ਨੰਬਰ 登録番号. **2** 書留にされた. ❐ਰਜਿਸਟਰਡ ਪਾਰਸਲ 書留小包.

ਰਜਿਸਟਰਾਰ (रजिसटरार) /rajisaṭarāra ラジスタラール/ [Eng. *registrar*] *m.* **1** 記録係, 登記係. **2** 教務係, 学籍係.

ਰਜਿਸਟਰੀ (रजिसटरी) /rajisaṭarī ラジスタリー/ [Eng. *registry*] *f.* **1** 登録, 登記. **2** 登録簿, 登記簿. **3** 書留, 書留郵便.

ਰਜਿਸਟਰੇਸ਼ਨ (रजिसटरेशन) /rajisaṭareśana ラジスタレーシャン/ [Eng. *registration*] *f.* **1** 登録, 記入. **2** 書留.

ਰੰਜੀਦਾ (रंजीदा) /rañjīdā ランジーダー/ [Pers. *rañjīda*] *adj.* **1** 悲しい, 辛い, 苦しい. (⇒ਦੁਖੀ, ਗ਼ਮਗੀਨ) **2** 不快な, 不機嫌な, 怒っている. (⇒ਨਰਾਜ਼)

ਰਜੂਹ (रजूह) /rajû ラジュー/ [Arab. *rajūa*] *m.* **1** 意向, 意図, 意志. (⇒ਇਰਾਦਾ) **2** 注意, 留意. (⇒ਧਿਆਨ)

ਰੰਜੂਰ (रंजूर) /rañjūra ランジュール/ ▸ਰੰਜੂਲ [Pers. *ranjūr*] *adj.* **1** 悲しい, 辛い, 苦しんでいる. (⇒ਦੁਖੀ, ਗ਼ਮਗੀਨ) **2** 病気の, 患っている. (⇒ਬਿਮਾਰ, ਰੋਗੀ)

ਰੰਜੂਰੀ (रंजूरी) /rañjūrī ランジューリー/ [Pers. *ranjūrī*] *f.* **1** 悲しみ, 辛さ, 苦悩. (⇒ਦੁਖ, ਗ਼ਮ, ਤਕਲੀਫ਼) **2** 病気, 患い. (⇒ਬਿਮਾਰੀ, ਰੋਗ)

ਰੰਜੂਲ (रंजूल) /rañjūla ランジュール/ ▸ਰੰਜੂਰ *adj.* → ਰੰਜੂਰ

ਰਜੇਵਾਂ (रजेवाँ) /rajewā̃ ラジェーワーン/ ▸ਰਜਵਾਂ *adj.m.* → ਰਜਵਾਂ

ਰਜੋਗੁਣ (रजोगुण) /rajoguṇa ラジョーグン/ [Skt. रजोगुण] *m.* **1**〖ヒ〗激質《根本原質の三つの構成要素の一つ》. **2** 激情. **3** 暴力的な感情.

ਰਟ (रट) /raṭa ラト/ [cf. ਰਟਣਾ] *f.* **1** 繰り返し言うこと, 繰り返し言う言葉. **2** 繰り返し唱えること, 復唱.

ਰੱਟ (रट्ट) /raṭṭa ラット/ [Eng. *rut*] *f.* **1** 車の跡, 轍. (⇒ਲੀਹ) **2** 決まったやり方, 慣例, 慣習. (⇒ਰਿਵਾਜ) ❐ਰੱਟ ਵਿੱਚ ਪੈਣਾ 慣例に従う.

ਰਟਣਾ (रटणा) /raṭaṇā ラタナー/ [Skt. रट्यति] *vt.* **1** 繰り返し言う, 言葉を反復する. (⇒ਬਾਰ ਬਾਰ ਕਹਿਣਾ) **2**(神の御名を)繰り返し唱える. (⇒ਜਪਣਾ, ਸਿਮਰਨਾ) **3** 繰り返し言って暗記する. (⇒ਯਾਦ ਕਰਨਾ) **4** 丸暗記する, 諳んじる. (⇒ਬਿਲਕੁਲ ਯਾਦ ਕਰ ਲੈਣਾ)

ਰਟਨ (रटन) /raṭana ラタン/ [Skt. पर्यटन] *m.* **1** 旅行, 観光, 観光旅行. (⇒ਯਾਤਰਾ, ਸਫ਼ਰ) **2** 散策, 巡り歩き, 周遊.

ਰਟਵਾਉਣਾ (रटवाउणा) /raṭawāuṇā ラトワーウナー/ ▸ਰਟਾਉਣਾ [cf. ਰਟਣਾ] *vt.* **1** 繰り返し言わせる, 言葉を反復させる. **2**(神の御名を)繰り返し唱えさせる. **3** 繰り返し言って暗記させる. **4** 丸暗記させる, 諳んじさせる.

ਰੱਟਾ (रट्टा) /raṭṭā ラッター/ [cf. ਰਟਣਾ] *m.* **1** 繰り返し言うこと, 反復, 復唱. ❐ਰੱਟਾ ਲਾਉਣਾ 繰り返し言う, 復唱する. **2** 繰り返し言って暗記すること, 丸暗記. (⇒ਘੋਟਾ) ❐ਰੱਟਾ ਲਾਉਣਾ 繰り返し言って暗記する, 丸暗記する. **3** 諍い, 口論, 争い, 喧嘩, 不和. ❐ਰੱਟਾ ਪਾਉਣਾ 口論する, 争いを起こす.

ਰਟਾਉਣਾ (रटाउणा) /raṭāuṇā ラターウナー/ ▸ਰਟਵਾਉਣਾ *vt.* → ਰਟਵਾਉਣਾ

ਰੱਟੇਬਾਜ਼ (रट्टेबाज़) /raṭṭebāza ラッテーバーズ/ [cf. ਰਟਣਾ] *adj.* **1** 繰り返し言って暗記する方法を実践している. **2** 口論好きな, 喧嘩腰の, 意地っ張りの. (⇒ਜ਼ਿੱਦੀ)

ਰੱਟੇਬਾਜ਼ੀ (रट्टेबाज़ी) /raṭṭebāzī ラッテーバーズィー/ [cf. ਰਟਣਾ] *f.* 口論好き, 喧嘩腰, 意地っ張り.

ਰਠਾ (रठा) /raṭʰā ラター/ [(Lah.)] *m.*〖鳥〗青いヤマバト, 青山鳩.

ਰਠੌਰ (रठौर) /raṭʰaura ラタォール/ ▸ਰਾਠੌਰ *m.* → ਰਾਠੌਰ

ਰੰਡ (रंड) /raṇḍa ランド/ [Skt. रण्डा] *f.* 寡婦, 未亡人. (⇒ਵਿਧਵਾ)

ਰੰਡਾ (रंडा) /raṇḍā ランダー/ [Skt. रण्डा] *adj.* 妻を亡くし

た, 男やもめの.
— *m.* 男やもめ.
ਰੰਡਿੜ (रंडिड़) /raṇḍiṛa ランディル/ [(Mul.) Skt. रण्डा] *f.* 寡婦, 未亡人. (⇒ਵਿਧਵਾ)
ਰੰਡੀ (रंडी) /raṇḍī ランディー/ [Skt. रण्डा] *f.* **1** 寡婦, 未亡人. (⇒ਵਿਧਵਾ) **2** 娼婦, 遊女. (⇒ਵੇਸਵਾ)
ਰੰਡੀਬਾਜ਼ (रंडीबाज़) /raṇḍībāza ランディーバーズ/ [Pers.-*bāz*] *adj.* **1** 娼婦の所に通う, 遊女と遊ぶ. **2** 好色な, 淫らな.
— *m.* **1** 娼婦の所に通う男, 女遊びをする男. **2** 好色家, 淫らな男.
ਰੰਡੀਬਾਜ਼ੀ (रंडीबाज़ी) /raṇḍībāzī ランディーバーズィー/ [Pers.-*bāzī*] *f.* 娼婦の所に通うこと, 遊女と遊ぶこと, 好色.
ਰੰਡੂਆ (रंडूआ) /raṇḍūā ランドゥーアー/ [Skt. रण्डा] *adj.* 妻を亡くした, 男やもめの.
— *m.* 男やもめ.
ਰੰਡੇਪਾ (रंडेपा) /raṇḍepā ランデーパー/ [Skt. रण्डा -पा] *m.* 未亡人の身の上, 未亡人の暮らし. (⇒ਵਿਧਵਾਪਣ)
ਰਣ (रण) /raṇa ラン/ [Skt. रण] *m.* **1** 戦い, 戦闘, 戦争, 戦(いくさ). **2** 戦場.
ਰਣ-ਖੇਤਰ (रण-खेतर) /raṇa-kʰetara ラン・ケータル/ [+ Skt. क्षेत्र] *m.* **1** 戦場, 戦地. **2** 戦線. **3** 最前線.
ਰਣ-ਚੰਡੀ (रण-चंडी) /raṇa-caṇḍī ラン・チャンディー/ [+ Skt. चण्डी] *f.* **1**〘ヒ〙戦場のチャンディー女神《シヴァ神の妃ドゥルガーの姿の一つ》. **2**〘武〙剣.
ਰਣਜੀਤ (रणजीत) /raṇajīta ランジート/ [+ cf. ਜਿੱਤਣਾ] *adj.* 戦いに勝つ, 勝利の.
— *m.* 勝利者.
ਰਣਬੀਰ (रणबीर) /raṇabīra ランビール/ [+ Skt. वीर] *m.* **1** 戦(いくさ)の英雄. **2** 勇敢な戦士.
ਰਣ-ਭੂਮੀ (रण-भूमी) /raṇa-pŭmī ラン・プーミー/ [+ Skt. भूमि] *f.* 戦場, 戦地.
ਰਣ-ਯੋਧਾ (रण-योधा) /raṇa-yôdā ラン・ヨーダー/ [+ Skt. योद्धा] *m.* 戦士.
ਰਣਵਾਸ (रणवास) /raṇawāsa ランワース/ [Skt. राज्ञी + Skt. वास] *m.* **1** 妃の住まい. **2** 宮殿の中の女性たちの部屋. **3** ハーレム.
ਰਤ (रत) /rata ラト/ [Skt. रत] *adj.* **1** 心を引き付けられている, 楽しんでいる, 愛している **2** かかりきりの, 従事している, 忙しい, 耽っている, 没頭している, 熱中している.
— *suff.* 「…にかかりきりの」「…に従事している」「…で忙しい」「…に耽っている」「…に没頭している」「…に熱中している」などの意味を加える接尾辞.
ਰੱਤ (रत्त) /ratta ラット/ ▸ਰਕਤ [(Pkt. रत्त) Skt. रक्त] *f.* 〘身体〙血, 血液. (⇒ਖ਼ੂਨ, ਲਹੂ)
ਰੱਤਹੀਣ (रत्तहीण) /rattahīṇa ラットヒーン/ ▸ਰੱਤਹੀਨ *adj.* → ਰੱਤਹੀਨ
ਰੱਤਹੀਨ (रत्तहीन) /rattahīna ラットヒーン/ ▸ਰੱਤਹੀਣ [(Pkt. रत्त) Skt. रक्त Skt.-हीन] *adj.* **1** 血の気のない, 顔色が悪い. **2**〘医〙貧血症の. **3** 弱い. (⇒ਕਮਜ਼ੋਰ, ਨਤਾਕਤਾ)
ਰਤਨ (रतन) /ratana ラタン/ [Skt. रत्न] *m.* 宝石.
ਰਤਨਜੋਤ (रतनजोत) /ratanajota ラタンジョート/ *f.*〘植物〙ムラサキ科の多年草.
ਰਤਨਾਕਰ (रतनाकर) /ratanākara ラタナーカル/ [Skt. रत्नाकर] *m.* **1** 宝石の山, 宝石の採れる山, 鉱山. (⇒ਰਤਨਾਂ ਦੀ ਖਾਣ) **2**〘地理〙大洋. (⇒ਮਹਾਸਾਗਰ) **3**〘地理〙海. (⇒ਸਮੁੰਦਰ, ਸਾਗਰ)
ਰਤਵੰਨਾ (रतवंना) /ratawannā ラトワンナー/ [(Pkt. रत्त) Skt. रक्त + ਵੰਨਾ] *adj.* 血だらけの.
ਰਤੜਾ (रतड़ा) /rataṛā ラトラー/ ▸ਰਤਾ, ਰੱਤਾ [-ੜਾ] *adj.* **1** 彩色された. **2** 赤い.
ਰਤਾ[1] (रता) /ratā ラター/ [Skt. रक्तिका] *adj.* **1** 少しの. (⇒ਥੋੜ੍ਹਾ) **2** 少量の.
— *adv.* **1** 少し. **2** 少しの間.
ਰਤਾ[2] (रता) /ratā ラター/ ▸ਰੱਤਾ, ਰਤੜਾ *adj.* → ਰਤੜਾ
ਰੱਤਾ (रत्ता) /rattā ラッター/ ▸ਰਤਾ, ਰਤੜਾ *adj.* → ਰਤੜਾ
ਰਤਾ ਕੁ (रता कु) /ratā ku ラター ク/ [Skt. रक्तिका Skt.-एक] *adj.* 少しばかりの.
— *adv.* **1** 少しだけ. **2** いくらか.
ਰਤਾਨ੍ਹਾ (रतान्हा) /ratânā ラターナー/ ▸ਨਰ੍ਹਾਤਾ, ਰਤੌਂਧਾ [Skt. रात्रि + Skt. अंध] *m.*〘医〙夜盲症, 鳥目. (⇒ਅੰਧਰਾਤਾ)
ਰਤਾ ਭਰ (रता भर) /ratā pǎra ラター パル/ [Skt. रक्तिका Skt.-भर] *adj.* 少しばかりの.
— *adv.* **1** 少しだけ. **2** いくらか.
ਰਤਾ ਮਾਸਾ (रता मासा) /ratā māsā ラター マーサー/ [+ Pers. *māś*] *adj.* 少しばかりの.
— *adv.* **1** 少しだけ. **2** いくらか.
ਰਤਾਲੂ (रतालू) /ratālū ラタールー/ [Skt. रक्त + Skt. आलु] *m.*〘植物〙カシュウイモ(何首烏薯)《ヤマノイモ科の蔓草》.
ਰਤਿ (रति) /rati ラティ/ ▸ਰਤੀ *f.* → ਰਤੀ
ਰਤੀ (रती) /ratī ラティー/ ▸ਰਤਿ [Skt. रति] *f.* **1** 愛, 性愛, 恋情. **2** 性交, 交接, 交合. **3** 美. **4**〘ヒ〙ラティ《性愛の神カーマの配偶神》.
ਰੱਤੀ (रत्ती) /rattī ラッティー/ [Skt. रक्तिका] *f.*〘植物〙トウアズキ(唐小豆), トウアズキの実.
ਰਤੂਬਤ (रतूबत) /ratūbata ラトゥーバト/ [Arab. *ratūbat*] *f.* **1** 湿気, 湿り気. (⇒ਤਰੀ, ਸਿੱਲ੍ਹ) **2**〘植物〙樹液.
ਰਤੌਂਧਾ (रतौंधा) /ratāûdā ラタォーンダー/ ▸ਨਰ੍ਹਾਤਾ, ਰਤਾਨ੍ਹਾ [Skt. रात्रि + Skt. अंध] *m.*〘医〙夜盲症, 鳥目. (⇒ਅੰਧਰਾਤਾ)
ਰਥ (रथ) /ratʰa ラト/ [Skt. रथ] *m.* **1**〘乗物〙四輪または二輪の馬車・牛車. **2**〘乗物・武〙古代インドの戦車. **3**〘祭礼〙山車. **4**〘建築〙堂全体を岩塊から掘り出した岩石寺院.
ਰਥਵਾਨ (रथवान) /ratʰawāna ラトワーン/ [Skt.-वान्] *m.* **1** 四輪または二輪の牛車の御者. **2** 戦車の御者.
ਰਥਵਾਨੀ (रथवानी) /ratʰawānī ラトワーニー/ [-ਈ] *f.* **1** 四輪または二輪の牛車の御者の仕事. **2** 戦車の御者の仕事.
ਰੰਦ (रंद) /randa ランド/ *m.* **1** 獣道. **2** 小道. **3** 踏みならされてできた道.
ਰੱਦ (रद्द) /radda ラッド/ [Arab. *radd*] *adj.* **1** 戻された, 返却された. **2** 拒否された, 拒絶された. **3** 取り消された, 解除された, 却下された. **4** 廃止された, 無効になった, 撤回された.

ਰੰਦਣਾ (रंदणा) /randaṇā ランダナー/ [Pers. randīdan] *vt.* **1** 滑らかにする, 削る. **2** 鉋をかける, 鉋で削る.

ਰੱਦਣਾ (रद्दणा) /raddaṇā ラッダナー/ [Arab. *radd*] *vt.* **1** 拒否する, 拒絶する, 断る. **2** 取り消す, 解除する, 却下する. **3** 廃止する, 無効にする, 撤回する. **4** 破棄する, 帳消しにする.

ਰੰਦਵਾਉਣਾ (रंदवाउणा) /randⱥwāuṇā ランドワーウナー/ ▸ਰੰਦਾਉਣਾ [cf. ਰੰਦਣਾ] *vt.* **1** 滑らかにさせる. **2** 鉋をかけさせる.

ਰੰਦਵਾਈ (रंदवाई) /randⱥwāī ランドワーイー/ [cf. ਰੰਦਣਾ] *f.* 鉋をかける仕事.

ਰੰਦਾ (रंदा) /randā ランダー/ [Pers. *randa*] *m.* 〖道具〗鉋(かんな).

ਰਦਾ (रदा) /radā ラダー/ ▸ਰੱਦਾ *m.* → ਰੱਦਾ

ਰੱਦਾ (रद्दा) /raddā ラッダー/ ▸ਰਦਾ [Pers. *rada*] *m.* **1** 煉瓦の積み重ね. **2** 一列に並べられた物, 積み重ねた物.

ਰੰਦਾਉਣਾ (रंदाउणा) /randāuṇā ランダーウナー/ ▸ ਰੰਦਵਾਉਣਾ *vt.* → ਰੰਦਵਾਉਣਾ

ਰੱਦੀ (रद्दी) /raddī ラッディー/ [Pers. *raddī*] *adj.* 無用の, 無効の.

— *f.* 屑, 廃棄物.

ਰਦੀਫ਼ (रदीफ़) /radīfⱥ ラディーフ/ [Arab. *radīf*] *f.* **1** 〖文学〗韻, 脚韻, 押韻. **2** 〖文学〗二重押韻の前部のうち先頭部である ਕਾਫ਼ੀਆ に続く部分.

ਰੰਨ (रंन) /rannⱥ ランヌ/ [Skt. रमणी] *f.* **1** 女性. (⇒ਔਰਤ, ਇਸਤਰੀ) **2** 〖親族〗妻. (⇒ਪਤਨੀ, ਵਹੁਟੀ)

ਰਨ (रन) /ranⱥ ラン/ [Eng. *run*] *f.* 〖競技〗(クリケットの)得点.

ਰਨ ਥਰੂ (रन थरू) /ranⱥ tʰarū ラン タルー/ [Eng. *run-through*] *adj.* 駅に止まらずに通過する. ❐ਰਨ ਥਰੂ ਗੱਡੀ 駅通過列車.

ਰੰਨ-ਮੁਰੀਦ (रंन-मुरीद) /rannⱥ-murīdⱥ ランヌ・ムリード/ [Skt. रमणी + Arab. *murīd*] *adj.* **1** 女性に仕える下僕となっている. **2** 妻の尻に敷かれている.

— *m.* **1** 女性に仕える下僕. (⇒ਔਰਤ ਦਾ ਗ਼ੁਲਾਮ) **2** 妻の尻に敷かれている亭主. (⇒ਝੁੱਡੂ)

ਰਪਟ (रपट) /rapaṭⱥ ラパト/ ▸ਰਪੋਟ [Eng. *report*] *f.* **1** 報告, 報告書. **2** 通知. **3** 届け, 届け出. **4** 警察への届け出.

ਰਪਟਣਾ (रपटणा) /rapⱥṭaṇā ラプタナー/ [Skt. वर्तते] *vi.* 《 ਪਰਤਣਾ の音位転換 》 **1** 手ぶらで帰る, 何も得ずに戻る. (⇒ਰਬੜਨਾ) **2** むやみに動く.

ਰਪਟੀਆ (रपटीआ) /rapaṭīā ラパティーアー/ [Eng. *report* -ईआ] *m.* 報告者, 情報提供者.

ਰਪੋਟ (रपोट) /rapoṭⱥ ラポート/ ▸ਰਪਟ *f.* → ਰਪਟ

ਰਫ਼ (रफ़) /rafⱥ ラフ/ [Eng. *rough*] *adj.* **1** 粗い, ざらざらした, でこぼこの. **2** 大まかな, 大雑把な, あらましの, 概略の. **3** 仕上げられていない, 未加工の, 未完成の.

ਰਫ਼ਤਾਰ (रफ़तार) /rafⱥtāra ラフタール/ [Pers. *raftār*] *f.* **1** 動き. (⇒ਚਾਲ, ਗਤੀ) **2** 速さ, 速度.

ਰਫ਼ਲ (रफ़ल) /rafalⱥ ラファル/ ▸ਰਾਈਫ਼ਲ [Eng. *rifle*] *f.* 〖武〗ライフル銃.

ਰੱਫੜ (रप्फड़) /rappʰaṛⱥ ラッパル/ *m.* **1** 争い. **2** 論争. **3** 解決困難な問題.

ਰਫ਼ਾ (रफ़ा) /rafā ラファー/ [Arab. *raf*] *m.* **1** 遠いこと, 隔たり. (⇒ਦੂਰੀ) **2** 除くこと, 除去. (⇒ਨਿਵਾਰਨ) **3** 解決, 決着. (⇒ਫ਼ੈਸਲਾ)

ਰਫ਼ਿਊਜੀ (रफ़िऊजी) /rafiūjī ラフィウージー/ ▸ਰਿਫ਼ਿਊਜੀ [Eng. *refugee*] *m.* **1** 避難者, 難民. (⇒ਸ਼ਰਨਾਰਥੀ, ਪਨਾਹੀ) **2** 〖政治〗亡命者.

ਰਫ਼ੀ (रफ़ी) /rafī ラフィー/ [Arab. *rafīʻ*] *adj.* **1** 高い. (⇒ਉੱਚਾ) **2** 大きな. (⇒ਵੱਡਾ)

ਰਫ਼ੀਕ (रफ़ीक) /rafīkⱥ ラフィーク/ [Arab. *rafīq*] *m.* **1** 仲間. (⇒ਸਾਥੀ) **2** 友人. (⇒ਮਿੱਤਰ)

ਰਫ਼ੂ (रफ़ू) /rafū ラフー/ [Arab. *rafū*] *m.* かがり縫い, 縫い繕い. ❐ਰਫ਼ੂ ਕਰਨਾ かがり縫いをする, 繕う.

ਰਫ਼ੂਗਰ (रफ़ूगर) /rafūgarⱥ ラフーガル/ [Pers.*-gar*] *m.* かがり縫いの職人, 繕い職人.

ਰਫ਼ੂਚੱਕਰ (रफ़ूचक्कर) /rafūcakkarⱥ ラフーチャッカル/ [+ Skt. चक्र] *m.* **1** 抜け出すこと. **2** 逃亡. **3** 突進.

ਰੱਬ (रब्ब) /rabbⱥ ラッブ/ [Arab. *rabb*] *m.* **1** 主人. **2** 神, 主. (⇒ਪਰਮੇਸ਼ਰ, ਪਰਮਾਤਮਾ, ਭਗਵਾਨ, ਖ਼ੁਦਾ) ❐ਰੱਬ ਚਾਹੇ ਤਾਂ 神が望めば. ❐ਰੱਬ ਜਾਣੇ 神のみぞ知る, 分からない. ❐ਰੱਬ ਦੀ ਸਹੁੰ 神に誓って. ❐ਰੱਬ ਦੇ ਨਾਂ ਤੇ 神の御名において. ❐ਰੱਬ ਦੇ ਵਾਸਤੇ 神のために. **3** 神の摂理.

ਰੱਬ ਸਬੱਬੀ (रब्ब सबब्बी) /rabbⱥ sababbī ラッブ サバッビー/ [+ Pers. *sabab* -ई] *adv.* **1** 神の摂理によって. **2** 偶然, 思いがけなく.

ਰਬਤ (रबत) /rabatⱥ ラバト/ [Arab. *rabat*] *m.* **1** 関係. (⇒ਸੰਬੰਧ) **2** 付着, 接合, 結合. (⇒ਲਗਾਉ, ਜੋੜ)

ਰਬੜ (रबड़) /rabaṛⱥ ラバル/ [Eng. *rubber*] *m.* **1** ゴム. ❐ਰਬੜ ਕਰਨਾ こすり取る. **2** 消しゴム. ❐ਰਬੜ ਕਰਨਾ 消しゴムで消す.

ਰਬੜਨਾ (रबड़ना) /rabaṛⱥnā ラバルナー/ *vi.* **1** 手ぶらで帰る, 何も得ずに戻る. (⇒ਰਪਟਣਾ) **2** 目的もなく行ったり来たりする.

ਰਬੜਾਉਣਾ (रबड़ाउणा) /rabarāuṇā | rabⱥrāuṇā ラバラーウナー | ラブラーウナー/ *vt.* **1** 手ぶらで帰らせる, 何も得ずに戻らせる. **2** 目的もなく行ったり来たりさせる.

ਰਬੜੀ (रबड़ी) /rabaṛī ラバリー/ [Pkt. रब्बा -ड़ी] *f.* 〖飲料〗砂糖入り濃縮牛乳.

ਰੰਬਾ (रंबा) /rambā ランバー/ [Pkt. रंप] *m.* 〖道具〗柄の短い鍬.

ਰੱਬਾ (रब्बा) /rabbā ラッバー/ [Arab. *rabb*] *int.* おお神よ, ああ神様.

ਰਬਾਨੀ (रबानी) /rabānī ラバーニー/ [Arab. *rabb*] *adj.* **1** 神の. **2** 信心深い.

ਰਬਾਬ (रबाब) /rabābⱥ ラバーブ/ [Arab. *rabāb*] *f.* 〖楽器〗ラバーブ《一本の木を彫り抜いて作るリュート属の撥弦楽器》.

ਰਬਾਬੀ (रबाबी) /rabābī ラバービー/ [Arab. *rabābī*] *m.* 〖音楽〗ラバーブの奏者.

ਰੰਬੀ (रंबी) /rambī ランビー/ ▸ਰਾਂਪੀ [Pkt. रंप -ई] *f.* 〖道具〗靴職人の用いるこて.

ਰਬੀ (रबी) /rabī ラビー/ [Arab. *rabīʻ*] *f.* **1** 〖暦〗春. **2** 〖農業〗春の収穫.

ਰੱਬੀ (रब्बी) /rabbī ラッビー/ [Arab. *rabb* -ਈ] *adj.* **1** 神の. **2** 信心深い.

ਰੰਭਣਾ (रंभणा) /râmbaṇā ランバナー/ [Skt. रम्भते] *vi.* **1** (牛や駱駝などの動物が)大声で鳴く. (⇒ਅਰੜਾਉਣਾ, ਅੜਿੰਗਣਾ) **2** 甲高い声で叫ぶ, 大声で叫ぶ.

ਰੰਭਾਟ (रंभाट) /rambāṭa ランバート/ [cf. ਰੰਭਣਾ] *m.* **1** (牛や駱駝などの動物が)大声で鳴くこと・鳴く声. (⇒ਅਰੜਾਟ) **2** 高い音程の叫び声.

ਰੰਮ (रंम) /ramma ランム/ [Eng. *rum*] *f.* 〖飲料〗ラム酒.

ਰਮਜ਼ (रमज़) /ramaza ラマズ/ [Arab. *ramaz*] *f.* **1** 秘密, 神秘, 謎. (⇒ਭੇਤ, ਰਾਜ਼) **2** 合図, 暗示, ほのめかし, 警句. (⇒ਇਸ਼ਾਰਾ)

ਰਮਜ਼ਸ਼ਨਾਸ (रमज़शनास) /ramazaśanāsa ラマズシャナース/ [+ Pers. *sanās*] *adj.* 謎の解ける.

ਰਮਜ਼ਦਾਰ (रमज़दार) /ramazadāra ラマズダール/ [Pers.-*dār*] *adj.* 謎の, 不可思議な, 神秘的な.

ਰਮਜ਼ਾਨ (रमज़ान) /ramazāna ラムザーン/ [Arab. *ramazān*] *m.* 〖暦・イス〗ラマザーン(ラマダーン)月《イスラーム暦9月. 断食月》.

ਰਮਣਾ (रमणा) /ramaṇā ラムナー/ [Skt. रम्यति] *vi.* **1** 広がる, 行き渡る, 充満する. (⇒ਵਿਆਪਤ ਹੋਣਾ) **2** くすぶる, 火が燃え上がらずに煙だけ出る. (⇒ਧੁਖਣਾ) **3** 燃える, 焼ける. (⇒ਬਲਨਾ) **4** さまよう, 歩き回る, 放浪する. (⇒ਘੁੰਮਣਾ, ਫਿਰਨਾ) **5** 行く, 出発する, 立ち去る. (⇒ਜਾਣਾ) **6** 留まる, 滞在する. (⇒ਟਿਕਣਾ, ਠਹਿਰਨਾ) **7** 住む, 居住する. (⇒ਨਿਵਾਸ ਕਰਨਾ, ਰਹਿਣਾ) **8** 楽しむ, 快楽に耽ける. (⇒ਭੋਗ ਕਰਨਾ)

ਰਮਣੀਕ (रमणीक) /ramaṇīka ラムニーク/ ▸ਰਮਣੀਯ [Skt. रमणीय] *adj.* **1** 美しい, 綺麗な, 麗しい. (⇒ਸੁੰਦਰ) **2** 楽しい. **3** 愛らしい. **4** 人の心を奪うような, 魅惑的な. (⇒ਮੋਹਣ ਵਾਲਾ)

ਰਮਣੀਯ (रमणीय) /ramaṇīya ラムニーユ/ ▸ਰਮਣੀਕ *adj.* → ਰਮਣੀਕ

ਰਮਤਾ (रमता) /ramatā ラムター/ [cf. ਰਮਣਾ] *adj.* さまよっている, 放浪している.

ਰਮਦਾਸ (रमदास) /ramadāsa ラムダース/ ▸ਰਵਦਾਸ, ਰਵਿਦਾਸ, ਰਵੀਦਾਸ, ਰੈਦਾਸ *m.* → ਰਵਿਦਾਸ

ਰਮਦਾਸੀਆ (रमदासीआ) /ramadāsīā ラムダースィーアー/ ▸ਰਵਦਾਸੀਆ *m.* → ਰਵਦਾਸੀਆ

ਰਮਲ (रमल) /ramala ラマル/ [Arab. *raml*] *m.* 砂や地面に書かれた線と数字によって行う占い.

ਰਮਲੀਆ (रमलीआ) /ramalīā ラムリーアー/ ▸ਰੰਲ [-ਈਆ] *m.* 砂や地面に書かれた線と数字によって占いを行う人, 占い師. (⇒ਰਾਵਲ)

ਰਮਾਉਣਾ (रमाउणा) /ramāuṇā ラマーウナー/ [cf. ਰਮਣਾ] *vt.* **1** 用いる. **2** 水をやる, 灌漑する. (⇒ਸਿੰਜਣਾ) **3** 魅了する, 引き付ける, 誘う. (⇒ਮੋਹਣਾ) **4** 火を点ける, くすぶらせる, 火を燃え上がらせずに煙だけ出す. (⇒ਧੁਖਾਉਣਾ)

ਰਮਾਇਣ (रमाइण) /ramāiṇa ラマーイン/ ▸ਰਾਮਾਇਣ *f.* → ਰਾਮਾਇਣ

ਰਮੀ (रमी) /ramī ラミー/ [Eng. *rummy*] *f.* 〖遊戯〗ラミー《二組の札でするトランプ遊びの一種》.

ਰਲਗੱਡ (रलगड्ड) /ralagaḍḍa ラルガッド/ [cf. ਰਲਨਾ] *adj.* 混ざった, 混合の, 一緒になった.

ਰਲਣਾ (रलणा) /ralaṇā ラルナー/ ▸ਰਲਨਾ *vi.* → ਰਲਨਾ

ਰਲਦਾ-ਮਿਲਦਾ (रलदा-मिलदा) /raladā-miladā ラルダー・ミルダー/ [cf. ਰਲਨਾ + cf. ਮਿਲਨਾ] *adj.* 似ている, 似通った.

ਰਲਨਾ (रलना) /ralanā ラルナー/ ▸ਰਲਣਾ [Skt. ललति] *vi.* **1** 混ざる, 一緒になる, 溶け込む. ❐ਸਾਡੇ ਸਕੂਲ ਵਿੱਚ ਕੁੜੀਆਂ ਅਤੇ ਮੁੰਡੇ ਰਲ ਕੇ ਪੜ੍ਹਦੇ ਹਨ। 私たちの学校では女子と男子が一緒に学んでいます. **2** 結び付く. **3** 似る.

ਰਲਵਾਂ (रलवाँ) /ralawā̃ ラルワーン/ [cf. ਰਲਨਾ] *adj.* 混ざった, 混合の, 一緒になった.

ਰਲਵਾਉਣਾ (रलवाउणा) /ralawāuṇā ラルワーウナー/ [cf. ਰਲਨਾ] *vt.* **1** 混ぜさせる. **2** 比べさせる.

ਰਲਵਾਂ ਮਿਲਵਾਂ (रलवाँ मिलवाँ) /ralawā̃ milawā̃ ラルワーン ミルワーン/ [cf. ਰਲਨਾ + cf. ਮਿਲਨਾ] *adj.* 混ざった, 混合の, 一緒になった.

ਰਲਾ (रला) /ralā ララー/ [cf. ਰਲਨਾ] *m.* 混合.

ਰਲਾਉਣਾ (रलाउणा) /ralāuṇā ララーウナー/ [cf. ਰਲਨਾ] *vt.* **1** 混ぜる, 一緒にする. ❐ਰਲਾ-ਮਿਲਾ ਦੇਣਾ 混ぜ物をする, 品質を落とす. **2** 結び付ける. **3** 仲間に入れる.

ਰਲਾਵਟ (रलावट) /ralāwaṭa ララーワト/ [cf. ਰਲਨਾ] *f.* 混ぜ物. (⇒ਮਿਲਾਵਟ)

ਰਲਿਆ (रलिआ) /raliā ラリアー/ *adj.* 運命の定まった. — *m.* 運命. (⇒ਭਾਗ)

ਰਵਈਆ (रवईआ) /rawaīā ラワイーアー/ ▸ਰਵੱਯਾ [Pers. *ravaīā*] *m.* **1** 態度, 行儀, 振る舞い, 行為, 行状, 品行. (⇒ਸਲੂਕ, ਵਤੀਰਾ, ਵਰਤਾਰਾ) **2** 規範, 規則, 法律, 慣例, しきたり, 制度. **3** 様式, 方式, 流儀. (⇒ਤਰੀਕਾ, ਢੰਗ)

ਰਵਸ਼ (रवश) /rawaśa ラワシュ/ [Pers. *raviś*] *f.* **1** 動き. (⇒ਚਾਲ, ਗਤੀ) **2** 行儀. **3** 振る舞い, 行動. **4** 手段, 方法. (⇒ਤਰੀਕਾ, ਢੰਗ) **5** 庭園の小道.

ਰਵਦਾਸ (रवदास) /ravadāsa ラヴダース/ ▸ਰਮਦਾਸ, ਰਵਿਦਾਸ, ਰਵੀਦਾਸ, ਰੈਦਾਸ *m.* → ਰਵਿਦਾਸ

ਰਵਦਾਸੀਆ (रवदासीआ) /ravadāsīā ラヴダースィーアー/ ▸ਰਮਦਾਸੀਆ *m.* ラヴィダースの信徒.

ਰਵੱਯਾ (रवय्या) /rawayyā ラワッヤー/ ▸ਰਵਈਆ *m.* → ਰਵਈਆ

ਰਵਾਂ (रवाँ) /rawā̃ ラワーン/ [Pers. *ravān*] *adj.* **1** 流れている. **2** 動いている. **3** 行われている, 通用している, 流通している. **4** 慣れた, 熟達した. **5** 鋭い, 鋭利な.

ਰਵਾ[1] (रवा) /rawā ラワー/ [(Pkt. रव) Skt. रजस्] *m.* **1** 粒, 粒子, 穀粒. (⇒ਦਾਣਾ) **2** 〖食品〗粗挽きの小麦粉. (⇒ਸੂਜੀ)

ਰਵਾ[2] (रवा) /rawā ラワー/ [Pers. *ravā*] *adj.* **1** 正しい, 適切な, ふさわしい. (⇒ਜਾਇਜ਼, ਉਚਿਤ, ਠੀਕ) **2** 合法の, 正規の.

ਰਵਾ[3] (रवा) /rawā ラワー/ *m.* 血統, 家柄.

ਰਵਾਇਤ (रवाइत) /rawāita ラワーイト/ [Arab. *rivāit*] *f.* **1** 語り, 伝承. **2** ハディース〔預言者ムハンマドの言行録〕を語ること・伝承すること. **3** 伝説, 話, 物語, 説話. **4** 伝統. **5** 慣習.

ਰਵਾਇਤੀ (रवाइती) /rawāitī ラワーイティー/ [-ਈ] *adj.* **1** 伝統的な. **2** 慣習的な.

ਰਵਾਂਹ (रवाँह) /rawā̃ ラワーン/ ▸ਹਰਵਾਂਹ *m.* → ਹਰਵਾਂਹ

ਰਵਾਜ (रवाज) /rawājḁ ラワージ/ ▸ਰਿਵਾਜ *m.* → ਰਿਵਾਜ

ਰਵਾਜੀ (रवाजी) /rawājī ラワージー/ ▸ਰਿਵਾਜੀ *adj.* → ਰਿਵਾਜੀ

ਰਵਾਣੀ (रवाणी) /rawāṇī ラワーニー/ [Skt. रव] *f.* **1** 騒音, 雑音, 物音. (⇒ਸ਼ੋਰ) **2** 喧騒, 大騒ぎ. (⇒ਰੌਲਾ) **3** ガヤガヤとやかましい音. (⇒ਡੰਡ)

ਰਵਾਦਾਰ (रवादार) /rawādārḁ ラワーダール/ [Pers. *ravā* Pers.-*dār*] *adj.* **1** 適切な認識を持っている, 物事を正しく認識している. **2** 公平な, 偏見のない. **3** 寛大な, おおらかな. **4** 思いやりのある.

ਰਵਾਦਾਰੀ (रवादारी) /rawādārī ラワーダーリー/ [Pers.-*dārī*] *f.* **1** 適切な認識を持っていること, 物事を正しく認識していること. **2** 公平, 偏見のないこと. **3** 寛大さ, おおらかさ. **4** 思いやりのあること.

ਰਵਾਨਗੀ (रवानगी) /rawānagī ラワーンギー/ [Pers. *ravāna* Pers.-*gī*] *f.* **1** 出発, 出かけること. (⇒ਕੂਚ) **2** (列車の)出発, 発車, 発車時刻. **3** 移動.

ਰਵਾਨਾ (रवाना) /rawānā ラワーナー/ [Pers. *ravāna*] *adj.* **1** 出発した, 出かけた. ❒ਰਵਾਨਾ ਹੋਣਾ 出発する, 出かける. **2** 発送された, 送り出された, 派遣された. ❒ਰਵਾਨਾ ਕਰਨਾ 送る, 発送する, 送り出す, 見送る. **3** 動いている. ❒ਰਵਾਨਾ ਹੋਣਾ 動く, 移動する.

ਰਵਾਨੀ (रवानी) /rawānī ラワーニー/ [Pers. *ravānī*] *f.* **1** 移ろい, 推移, 進行, 経過, 過程. **2** 流れ, 流動. **3** 流暢さ, 流麗さ.

ਰਵਾਂ-ਰਵੀਂ (रवाँ-रवीं) /rawā̃-rawī̃ ラワーン・ラウィーン/ *adv.* **1** 止まらずに. **2** ゆっくり, 徐々に. (⇒ਹੌਲੀ ਹੌਲੀ)

ਰਵਾਲ (रवाल) /rawālḁ ラワール/ [(Pkt. रब) Skt. रजस्] *f.* **1** 埃. (⇒ਧੂੜ, ਮਿੱਟੀ) **2** 粒子.

ਰਵਿ (रवि) /ravi ラヴィ/ ▸ਰਵੀ *m.* → ਰਵੀ

ਰਵਿਦਾਸ (रविदास) /ravidāsḁ ラヴィダース/ ▸ਰਮਦਾਸ, ਰਵਦਾਸ, ਰਵੀਦਾਸ, ਰੈਦਾਸ *m.* 〘人名・ヒ〙ラヴィダース(ライダース)《15世紀頃のカーシー ਕਾਸ਼ੀ の宗教家. チャマール出身でラーマーナンダの弟子となった》.

ਰਵਿਵਾਰ (रविवार) /raviwārḁ ラヴィワール/ ▸ਰਵੀਵਾਰ *m.* → ਰਵੀਵਾਰ

ਰਵੀ (रवी) /ravī ラヴィー/ ▸ਰਵਿ [Skt. रवि] *m.* 〘天文〙太陽, 日輪. (⇒ਸੂਰਜ)

ਰਵੀਦਾਸ (रवीदास) /ravīdāsḁ ラヴィーダース/ ▸ਰਮਦਾਸ, ਰਵਦਾਸ, ਰਵਿਦਾਸ, ਰੈਦਾਸ *m.* → ਰਵਿਦਾਸ

ਰਵੀਵਾਰ (रवीवार) /ravīwārḁ ラヴィーワール/ ▸ਰਵਿਵਾਰ [Skt. रवि + Skt. वार] *m.* 〘暦〙日曜日.

ਰਵੇਲ (रवेल) /rawelḁ ラウェール/ [Hin. रायबेल] *f.* 〘植物〙ジャスミン.

ਰੜ੍ਹਨਾ (रड़्हना) /rârạnā ラルナー/ *vi.* **1** 十分に火を通して調理される. **2** 焼き上げられる, 焼き上がる, 炙られる, 炒められる, 揚げられる.

ਰੜ੍ਹਵਾਉਣਾ (रड़्हवाउणा) /raṛawā̆uṇā ラルワーウナー/ ▸ਰੜ੍ਹਾਉਣਾ *vt.* **1** 十分に火を通して調理させる. **2** 焼き上げさせる, 炙らせる, 炒めさせる, 揚げさせる.

ਰੜ੍ਹਾਉਣਾ (रड़्हाउणा) /raṛā̆uṇā ララーウナー/ ▸ਰੜ੍ਹਵਾਉਣਾ *vt.* → ਰੜ੍ਹਵਾਉਣਾ

ਰੜਕ (रड़क) /raṛakḁ ラルク/ [cf. ਰੜਕਣਾ] *f.* **1** 疼き, 疼痛, ずきずきする痛み. **2** 軽い痛み, ちくちくとした痛み.

ਰੜਕਣਾ (रड़कणा) /raṛakaṇā ラルカナー/ [Skt. रटति] *vi.* **1** 疼く, ずきずきと痛む. **2** ちくちくと痛む.

ਰੜਕਾ (रड़का) /raṛakā ラルカー/ *m.* 〘道具〙箒. (⇒ਝਾੜੂ)

ਰੜਕਾਉਣਾ (रड़काउणा) /raṛakāuṇā ラルカーウナー/ [cf. ਰੜਕਣਾ] *vt.* 疼かせる.

ਰੜਖੇੜ (रड़खेड़) /raṛak^{h}eṛḁ ラルケール/ *f.* **1** 争い, 紛争. (⇒ਝਗੜਾ) **2** 喧嘩. **3** 攪拌. (⇒ਰੇੜਕਾ)

ਰੜਾ (रड़ा) /raṛā ララー/ *adj.* **1** 平坦な. **2** 草木の生えていない. **3** 不毛の.

— *m.* **1** 〘地理〙草木の生えていない平地. **2** 不毛の平地.

ਰਾਉ (राउ) /rāo ラーオー/ ▸ਰਾਓ [Skt. राजन्] *m.* **1** 王, 国王. **2** 王子.

ਰਾਊਂਡ (राऊँड) /rāū̃ḍḁ ラーウーンド/ [Eng. *round*] *m.* **1** 円, 輪, 球形. **2** 回転, 循環, 巡回. **3** (競技・ゲームの)ラウンド.

ਰਾਊਂਡ ਟੇਬਲ ਕਾਨਫ਼ਰੰਸ (राऊँड टेबल कानफ़रंस) /rāū̃ḍḁ ṭebalḁ kānafaransḁ ラーウーンド テーバル カーンファランス/ [Eng. *round table conference*] *f.* **1** 円卓会議. **2** 懇談会.

ਰਾਓ (राओ) /rāo ラーオー/ ▸ਰਾਉ *m.* → ਰਾਉ

ਰਾਇ (राइ) /rāe ラーエー/ ▸ਰਾਏ *f.* → ਰਾਏ

ਰਾਇ-ਸ਼ੁਮਾਰੀ (राइ-शुमारी) /rāe-śumārī ラーエー・シュマーリー/ ▸ਰਾਏ-ਸ਼ੁਮਾਰੀ *f.* → ਰਾਏ-ਸ਼ੁਮਾਰੀ

ਰਾਇਜ (राइज) /rāijḁ ラーイジ/ [Arab. *rāij*] *adj.* 行われている, 流行している, 普及している. (⇒ਚਾਲੂ, ਜਾਰੀ, ਪਰਚੱਲਤ)

ਰਾਇਟਿੰਗ ਪੈਡ (राइटिंग पैड) /rāiṭiṅgḁ paiḍḁ ラーイティング パェード/ [Eng. *writing pad*] *m.* 剥ぎ取り式の便箋.

ਰਾਇਤਾ (राइता) /rāitā ラーイター/ ▸ਰੈਤਾ *m.* → ਰੈਤਾ

ਰਾਇਲਟੀ (राइलटी) /rāilaṭī ラーイルティー/ [Eng. *royalty*] *f.* 印税, 著作権使用料.

ਰਾਈਂ (राईं) /rāī̃ ラーイーン/ ▸ਅਰਾਈਂ *m.* → ਅਰਾਈਂ

ਰਾਈ (राई) /rāī ラーイー/ [Skt. राजिका] *f.* 〘植物〙カラシナ(芥子菜), オオカラシナ(大芥子菜), セイヨウカラシナ(西洋芥子菜)《アブラナ科の植物》. (⇒ਔਹਰ)

ਰਾਈਟਰ (राईटर) /rāīṭarḁ ラーイータル/ [Eng. *writer*] *m.* **1** 作家, 文筆家. (⇒ਲੇਖਕ) **2** 書き手, 筆記者, 書記.

ਰਾਈਫ਼ਲ (राईफ़ल) /rāīfalḁ ラーイーファル/ ▸ਰਫ਼ਲ [Eng. *rifle*] *f.* 〘武〙ライフル銃.

ਰਾਏ (राए) /rāe ラーエー/ ▸ਰਾਇ [Pers. *rā^{h}ī*] *f.* **1** 考え, 意見. **2** 見解, 判断. **3** 持論. **4** 賛否. **5** 助言, 忠告.

ਰਾਏ-ਸ਼ੁਮਾਰੀ (राए-शुमारी) /rāe-śumārī ラーエー・シュマーリー/ ▸ਰਾਇ-ਸ਼ੁਮਾਰੀ [+ Pers. *śumārī*] *f.* **1** 〘政治〙世論調査. **2** 〘政治〙住民投票, 国民投票.

ਰਾਸ[1] (रास) /rāsḁ ラース/ [Skt. रास] *f.* **1** 〘舞踊〙円舞. **2** 〘祭礼〙クリシュナ行伝劇.

ਰਾਸ[2] (रास) /rāsḁ ラース/ [Skt. रश्मि] *f.* 手綱.

ਰਾਸ[3] (रास) /rāsḁ ラース/ [Pers. *rāst*] *adj.* **1** 適合した, 合致した. (⇒ਠੀਕ) **2** ふさわしい. (⇒ਅਨੁਕੂਲ) **3** 調子の良い, 整備されている, うまく機能している.

ਰਾਸ਼ਟਰ (राशटर) /rāśaṭara ラーシュタル/ ▸ਰਾਸ਼ਟ੍ਰ [Skt. राष्ट्र] m. 1 国, 国家. 2 国民. 3 民族.

ਰਾਸ਼ਟ੍ਰ (राशट्र) /rāśaṭra (rāśaṭara) ラーシュトル (ラーシュタル)/ ▸ਰਾਸ਼ਟਰ m. → ਰਾਸ਼ਟਰ

ਰਾਸ਼ਟਰਹੀਣ (राशटरहीण) /rāśaṭarahīṇa ラーシュタルヒーン/ [Skt. राष्ट्र Skt.-हीन] adj. 国のない, 無国籍の.

ਰਾਸ਼ਟਰਹੀਣਤਾ (राशटरहीणता) /rāśaṭarahīṇatā ラーシュタルヒーンター/ [Skt.-ता] f. 国のない状態, 無国籍状態.

ਰਾਸ਼ਟਰਗਾਨ (राशटरगान) /rāśaṭaragāna ラーシュタルガーン/ [Skt. राष्ट्र + Skt. गान] m. 国歌.

ਰਾਸ਼ਟਰਪਣ (राशटरपण) /rāśaṭarapaṇa ラーシュタルパン/ [-ਪਣ] m. 〖政治〗独立国家の地位.

ਰਾਸ਼ਟਰਪਤੀ (राशटरपती) /rāśaṭarapatī ラーシュタルパティー/ [+ Skt. पति] m. 〖政治〗大統領.

ਰਾਸ਼ਟਰਮੰਡਲ (राशटरमंडल) /rāśaṭaramanḍala ラーシュタルマンダル/ [+ Skt. मण्डल] m. 1 連邦. 2 〖地理〗イギリス連邦, 英連邦.

ਰਾਸ਼ਟਰਵਾਦ (राशटरवाद) /rāśaṭarawāda ラーシュタルワード/ [Skt.-वाद] m. 〖政治〗民族主義, ナショナリズム, 国家主義.

ਰਾਸ਼ਟਰਵਾਦੀ (राशटरवादी) /rāśaṭarawādī ラーシュタルワーディー/ [Skt.-वादिन्] adj. 民族主義の, 国家主義の. — m. 民族主義者, ナショナリスト, 国家主義者.

ਰਾਸ਼ਟਰੀ (राशटरी) /rāśaṭarī ラーシュタリー/ ▸ਰਾਸ਼ਟਰੀਯ [Skt. राष्ट्रीय] adj. 1 国の, 国家の. 2 民族の, 民族的な.

ਰਾਸ਼ਟਰੀਅਤਾ (राशटरीअता) /rāśaṭarīatā ラーシュタリーアター/ ▸ਰਾਸ਼ਟਰੀਯਤਾ [Skt.-ता] f. 1 国民性, 民族性, 民族精神. (⇒ਕੌਮੀਅਤ) 2 国民的統一. 3 国籍. 4 市民権.

ਰਾਸ਼ਟਰੀਕਰਣ (राशटरीकरण) /rāśaṭarīkaraṇa ラーシュタリーカルン/ ▸ਰਾਸ਼ਟਰੀਕਰਨ m. → ਰਾਸ਼ਟਰੀਕਰਨ

ਰਾਸ਼ਟਰੀਕਰਨ (राशटरीकरन) /rāśaṭarīkarana ラーシュタリーカルン/ ▸ਰਾਸ਼ਟਰੀਕਰਣ [Skt. राष्ट्रीय Skt.-करण] m. 〖経済〗国有化.

ਰਾਸ਼ਟਰੀ-ਗਾਨ (राशटरी-गान) /rāśaṭarī-gāna ラーシュタリー・ガーン/ [+ Skt. गान] m. 国歌.

ਰਾਸ਼ਟਰੀ-ਗੀਤ (राशटरी-गीत) /rāśaṭarī-gīta ラーシュタリー・ギート/ [+ Skt. गीत] m. 国歌.

ਰਾਸ਼ਟਰੀਯ (राशटरीय) /rāśaṭarīya ラーシュタリーユ/ ▸ਰਾਸ਼ਟਰੀ adj. → ਰਾਸ਼ਟਰੀ

ਰਾਸ਼ਟਰੀਯਤਾ (राशटरीयता) /rāśaṭarīyatā ラーシュタリーユター/ ▸ਰਾਸ਼ਟਰੀਅਤਾ f. → ਰਾਸ਼ਟਰੀਅਤਾ

ਰਾਸ਼ਣ (राशण) /rāśaṇa ラーシャン/ ▸ਰਾਸ਼ਨ m. → ਰਾਸ਼ਨ

ਰਾਸ਼ਨ (राशन) /rāśana ラーシャン/ ▸ਰਾਸ਼ਣ [Eng. ration] m. 1(食料などの)配給, 配給量, 配給物. 2 食料, 食糧, 糧食, 兵糧. (⇒ਰਸਦ)

ਰਾਸ਼ਨ ਕਾਰਡ (राशन कारड) /rāśana kārada ラーシャン カールド/ [Eng. ration card] m. 配給通帳.

ਰਾਸ਼ਨ ਪਾਣੀ (राशन पाणी) /rāśana pāṇī ラーシャン パーニー/ [Eng. ration + Skt. पानीय] m. 食料と飲料. (⇒ਰਸਦ ਪਾਣੀ)

ਰਾਸਲੀਲ੍ਹਾ (रासलील्हा) /rāsalîlā ラースリーラー/ [Skt. रासलीला] f. 〖祭礼〗クリシュナ行伝劇.

ਰਾਸ਼ਾ (राशा) /rāśā ラーシャー/ m. パシュトゥーン人(パターン人)《アフガニスタン全域からパキスタン北西部にかけての地域に居住するアーリア系の民族》. (⇒ਪਠਾਣ)

ਰਾਸਿ (रासि) /rāsi ラースィ/ ▸ਰਾਸ਼ੀ f. → ਰਾਸ਼ੀ

ਰਾਸ਼ੀ (राशी) /rāśī ラーシー/ ▸ਰਾਸਿ [Skt. राशि] f. 1 堆積, 塊. 2 量. 3 額, 金額. 4 合計, 総数. 5 〖天文〗十二宮《黄道帯を12等分し, それぞれに星座を配したもの》.

ਰਾਸ਼ੀ-ਚੱਕਰ (राशी-चक्कर) /rāśī-cakkara ラーシー・チャッカル/ [Skt. राशि + Skt. चक्र] m. 〖天文〗十二宮図《黄道帯を12等分し, それぞれに星座を配した一覧図》.

ਰਾਸ਼ੀ-ਚਿੰਨ੍ਹ (राशी-चिंन्ह) /rāśī-ĉnna ラーシー・チンヌ/ [+ Skt. चिह्न] m. 〖天文〗十二宮の象徴・文様.

ਰਾਸ਼ੀ-ਫਲ (राशी-फल) /rāśī-pʰala ラーシー・パル/ [+ Skt. फल] m. 〖天文〗星占い, 運勢占い.

ਰਾਹ (राह) /râ ラー/ [Pers. rāh] m. 1 道, 道路, 進路. (⇒ਰਸਤਾ) ❐ਰਾਹ ਸਾਫ਼ ਹੋਣਾ 道がはっきりする, 邪魔をされない. ❐ਰਾਹ ਸਿਰ 適切に, 整然と. ❐ਰਾਹ ਤੇ ਆਉਣਾ 正しい道を選ぶ, 状況を理解する. ❐ਰਾਹ ਦੱਸਣਾ 道を教える, 指示する, 助言する. ❐ਰਾਹ ਵੇਖਣਾ 待つ, 期待する. 2 通路, 抜け道. 3 方法, 手段, 方策. (⇒ਤਰੀਕਾ)

ਰਾਹਕ (राहक) /râka ラーク/ [(Mul.)] m. 〖農業〗小作人.

ਰਾਹਕਾਰ (राहकार) /râkāra ラーカール/ [Pers. rāh Pers.-kār] adj. 1 狡猾な. 2 悪賢い. 3 ずるい.

ਰਾਹਕੀ (राहकी) /râkī ラーキー/ [(Mul.)] f. 〖農業〗耕作. (⇒ਵਾਹੀ)

ਰਾਹਗੀਰ (राहगीर) /râgīra ラーギール/ [Pers. rāh Pers.-gīr] m. 旅人, 旅行者. (⇒ਰਾਹੀ, ਮੁਸਾਫ਼ਰ)

ਰਾਹਗੁਜ਼ਰ (राहगुज़र) /râguzara ラーグザル/ [+ Pers. guzar] m. 通行人.

ਰਾਹਜ਼ਨ (राहज़न) /râzana ラーザン/ [Pers. rāhzan] m. 1 追い剥ぎ. 2 盗賊.

ਰਾਹਜ਼ਨੀ (राहज़नी) /râzanī ラーザニー/ [Pers. rāhzanī] f. 1 追い剥ぎ行為. 2 強盗行為.

ਰਾਹਣਾ[1] (राहणा) /râṇā ラーナー/ ▸ਰਾਹੁਣਾ vt. 1 碾き臼の石の表面に刻み目を入れる. 2(やすりなどの道具の)目立てをする.

ਰਾਹਣਾ[2] (राहणा) /râṇā ラーナー/ vt. 〖農業〗耕す, 耕作する.

ਰਾਹਤ (राहत) /râta ラート/ [Arab. rāhat] f. 1 安楽, 安逸, 安堵, 安心. (⇒ਅਰਾਮ) 2 満足, 充足, 喜び. 3 補償, 償い, 賠償. 4 被災者への援助, 救援.

ਰਾਹਦਾਰੀ (राहदारी) /râdārī ラーダーリー/ [Pers. rāh Pers.-dārī] f. 1 通行許可. 2 通行税. 3 〖俗語〗旅費.

ਰਾਹਨੁਮਾ (राहनुमा) /rânumā ラーヌマー/ ▸ਰਹਿਨੁਮਾ [Pers. rāh Pers.-numā] adj. 1 道を案内する. 2 案内役の, 先導する. 3 指導する.
— m. 1 道案内をする人. 2 案内人, ガイド. (⇒ਗਾਈਡ) 3 指導者.

ਰਾਹਨੁਮਾਈ (राहनुमाई) /rânumāī ラーヌマーイー/ ▸ਰਹਿਨੁਮਾਈ [Pers. rāh Pers.-numāʰī] f. 1 道案内. 2 案

内, 先導. **3** 指導.

ਰਾਹਬਰ (राहबर) /râbara ラーバル/ ▸ਰਹਿਬਰ [Pers. *rāhbar*] *m.* **1** 道案内人, 先導者. **2** 指導者. **3** 教授者.

ਰਾਹਬਰੀ (राहबरी) /râbarī ラーバリー/ ▸ਰਹਿਬਰੀ [Pers. *rāhbarī*] *f.* **1** 案内, 先導. **2** 指導. **3** 教え, 教授.

ਰਾਹਮਾਰ (राहमार) /râmāra ラーマール/ [Pers. *rāh* + cf. ਮਾਰਨਾ] *m.* **1** 追い剥ぎ. **2** 盗賊. (⇒ਡਾਕੂ, ਡਕੈਟ)

ਰਾਹੀਂ (राहीं) /rāhĩ | rãĩ ラーヒーン | ラーイーン/ [Pers. *rāh* -ईं] *postp.* **1** …を通って, …経由で. (⇒ਮਾਰਫ਼ਤ) ❐ ਸਭ ਤੋਂ ਜ਼ਿਆਦਾ ਮਾਲ ਦੀ ਢੁਆਈ ਸੜਕ ਮਾਰਗ ਰਾਹੀਂ ਹੁੰਦੀ ਹੈ। 最も多くの物資の輸送は道路を通って行われています. **2** …で, …によって, …を通して, …を使って, …の手段で. (⇒ਦੁਆਰਾ) ❐ਕੀ ਕੰਪਿਊਟਰ ਰਾਹੀਂ ਗੁਰਮੁਖੀ ਲਿਪੀ ਨੂੰ ਸ਼ਾਹਮੁਖੀ ਵਿੱਚ ਬਦਲਿਆ ਜਾ ਸਕਦਾ ਹੈ? コンピューターでグルムキー文字をシャームキー文字に変換することができますか. ❐ ਬੱਚਿਆਂ ਨੂੰ ਘਰ ਬੈਠਿਆਂ ਤਸਵੀਰਾਂ ਰਾਹੀਂ ਦੇਸਾਂ ਪਰਦੇਸਾਂ ਦੀ ਸੈਰ ਕਰਾਉਣ ਲੱਗ ਪਈ। 子供たちに家に居ながらにして写真によって国内外の旅行をさせ始めました.

ਰਾਹੀ (राही) /rāhī | rāī ラーヒー | ラーイー/ [Pers. *rāhī*] *m.* **1** 道を歩く人, 通行人, 歩行者. **2** 旅人, 旅行者. (⇒ਮੁਸਾਫ਼ਰ)

ਰਾਹੁਣਾ (राहुणा) /râuṇā ラーウナー/ ▸ਰਾਹਣਾ *vt.* → ਰਾਹਣਾ[1]

ਰਾਹੂ (राहू) /rāhū | rāū ラーフー | ラーウー/ [Skt. राहु] *m.* **1** 〚天文〛ラーフ《占星学における惑星の一つ》. **2** 〚ヒ〛ラーフ《太陽と月を捕らえて食べ, 日食や月食を起こすと信じられている悪魔》.

ਰਾਕ ਐਂਡ ਰੋਲ (राक ऐंड रोल) /rāka ãĩḍa rola ラーク アェーンド ロール/ [Eng. *rock-and-roll*] *m.* 〚音楽〛ロックンロール.

ਰਾਕਸ਼ਸ (राकशस) /rākaśasa ラークシャス/ ▸ਰਾਖਸ਼ *m.* → ਰਾਖਸ਼

ਰਾਕਟ (राकट) /rākaṭa ラーカト/ [Eng. *rocket*] *m.* ロケット, ロケットミサイル, ロケット弾.

ਰਾਖ (राख) /rākʰa ラーク/ [Skt. रक्षा] *f.* 灰. (⇒ਸੁਆਹ)

ਰਾਖਸ਼ (राखश) /rākʰaśa ラーカシュ/ ▸ਰਾਕਸ਼ਸ [Skt. राक्षस] *m.* **1** 鬼, 悪鬼, 羅刹. **2** 鬼のような人, 残酷な人, 無慈悲な人.

ਰਾਖਸ਼ਣ (राखशण) /rākʰaśaṇa ラーカシャン/ [-ਣ] *f.* → ਰਾਖਸ਼ਣੀ

ਰਾਖਸ਼ਣੀ (राखशणी) /rākʰaśaṇī ラーカシュニー/ [-ਣੀ] *f.* **1** 鬼女, 女の悪鬼, 女の羅刹. **2** 鬼のような女, 残酷な女, 無慈悲な女.

ਰਾਖਦਾਨ (राखदान) /rākʰadāna ラークダーン/ [Skt. रक्षा Pers.-*dān*] *m.* 〚容器〛灰皿. (⇒ਐਸ਼-ਤਰੇ)

ਰਾਖਦਾਨੀ (राखदानी) /rākʰadānī ラークダーニー/ [Pers.-*dānī*] *f.* 〚容器〛灰皿. (⇒ਐਸ਼-ਤਰੇ)

ਰਾਖਵਾਂ (राखवाँ) /rākʰawā̃ ラークワーン/ [Skt. रक्षण Skt.-वान्] *adj.* **1** 予備の. **2** 飼われている. (⇒ਪਾਲਤੂ)

ਰਾਖਾ (राखा) /rākʰā ラーカー/ [cf. ਰੱਖਣਾ] *m.* **1** 守衛. **2** 保護者.

ਰਾਖੀ[1] (राखी) /rākʰī ラーキー/ [cf. ਰੱਖਣਾ] *f.* **1** 監視, 警備, 見張ること, 番. **2** 保護, 保全, 保持.

ਰਾਖੀ[2] (राखी) /rākʰī ラーキー/ ▸ਰੱਖੜੀ, ਰੱਖੀ *f.* → ਰੱਖੜੀ

ਰਾਂਗ (राँग) /rãga ラーング/ [(Kang.)] *m.* 〚地理〛高い丘.

ਰਾਗ (राग) /rāga ラーグ/ [Skt. राग] *m.* **1** 〚音楽〛ラーガ《インド音楽における音階や旋律構成上の枠組み》, 曲, 節, 旋律, 旋法, 音階型. **2** 愛情, 愛着, 情愛, 恋情. (⇒ਅਨੁਰਾਗ)

ਰਾਗਣੀ (रागणी) /rāgaṇī ラーグニー/ [-ਣੀ] *f.* 〚音楽〛変調, 小ラーガ《ラーガ〔旋律〕の女性形》.

ਰਾਂਗਲਾ (राँगला) /rãgalā ラーングラー/ ▸ਰੰਗਲਾ *adj.* → ਰੰਗਲਾ

ਰਾਂਗਾ (राँगा) /rãgā ラーンガー/ [Skt. रंग] *m.* **1** 〚金属〛錫(すず). (⇒ਕਲੀ) **2** 〚金属〛しろめ, 白鑞(はくろう)《錫と鉛との合金》.

ਰਾਗਾਤਮਿਕ (रागातमिक) /rāgātamika ラーガートミク/ [Skt. राग Skt.-आत्मक] *adj.* **1** 音楽の. **2** 〚音楽〛旋律の美しい. **3** 愛情の, 愛情に基づく.

ਰਾਗਾਤਮਿਕਤਾ (रागातमिकता) /rāgātamikatā ラーガートミクター/ [Skt.-ता] *f.* **1** 音楽性. **2** 〚音楽〛旋律の美しさ. **3** 愛情に基づくこと.

ਰਾਗੀ (रागी) /rāgī ラーギー/ [Skt. रागिन्] *m.* **1** 〚音楽〛(ラーガの奏法と歌唱法を修得した)演奏家, 歌手, 楽師, 音楽家. **2** 〚スィ〛グルバーニー ਗੁਰਬਾਣੀ のキールタン ਕੀਰਤਨ を専門に行う楽師.

ਰਾਜ[1] (राज) /rāja ラージ/ [Skt. राज्य] *m.* **1** 国, 国家. **2** 統治, 支配, 政治, 政体. (⇒ਸ਼ਾਸਨ) **3** 統治領, 支配地. **4** 王国.

ਰਾਜ[2] (राज) /rāja ラージ/ [Skt. राजन्] *m.* **1** 王, 王様, 国王. **2** 君主, 帝王, 皇帝. **3** 王子. **4** 主, 主人, 主君. **5** 支配者, 統治者.

ਰਾਜ਼ (राज़) /rāza ラーズ/ [Pers. *rāz*] *m.* 秘密, 隠し事, 内緒, 謎. (⇒ਭੇਤ)

ਰਾਜ-ਸੱਤਾ (राज-सत्ता) /rāja-sattā ラージ・サッター/ [Skt. राज्यसत्ता] *f.* 統治権力, 政権, 行政当局.

ਰਾਜਸਥਾਨ (राजसथान) /rājasatʰāna ラージャスターン/ [Skt. राजस्थान] *m.* 〚地名〛ラージャスターン州《インド北西部の州. 州都はジャイプル》.

ਰਾਜਸਥਾਨੀ (राजसथानी) /rājasatʰānī ラージャスターニー/ [-ਈ] *adj.* ラージャスターンの.

— *f.* ラージャスターニー語.

ਰਾਜ-ਸਭਾ[1] (राज-सभा) /rāja-sâbā ラージ・サバー/ [Skt. राजन् + Skt. सभा] *f.* **1** 宮廷. **2** 王の側近たちの集まり, 御前会議. **3** 王たちの集まり, 諸侯会議.

ਰਾਜ-ਸਭਾ[2] (राज-सभा) /rāja-sâbā ラージ・サバー/ [Skt. राज्य + Skt. सभा] *f.* 〚政治〛ラージヤ・サバー(ラージュヤ・サバー)《インド連邦共和国議会の上院》.

ਰਾਜਸਮਤਾ (राजसमता) /rājasamatā ラージサムター/ [Skt. राज्य + Skt. समता] *f.* 国家の平等.

ਰਾਜਸੀ (राजसी) /rājasī ラージスィー/ [Skt. राजसी] *adj.* **1** 王の, 国王の, 国王らしい, 王者にふさわしい. **2** 派手な, 豪華な, きらびやかな. **3** 政府の, 国家の, 公の, 公的な. **4** 政治の, 政治上の. (⇒ਸਿਆਸਤੀ, ਸਿਆਸੀ)

ਰਾਜਸੂਚਨਾ (राजसूचना) /rājasūcanā ラージスーチャナー/ [Skt. राज्य + Skt. सूचना] *f.* 公報.

ਰਾਜਹੰਸ (राजहंस) /rājahansa ラージハンス/ [Skt. राजहंस] *m.* **1**〖鳥〗雄ハクチョウ, 雄白鳥. **2**〖鳥〗ラージハンス《嘴と脚の赤い大型の白鳥》. **3**〖鳥〗ベニイロフラミンゴ.

ਰਾਜਕੰਨਿਆਂ (राजकंनिआँ) /rājakanniã ラージカンニアーン/ [Skt. राजन् + Skt. कन्या] *f.* 王女. (⇒ਰਜਕੁਮਾਰੀ)

ਰਾਜਕਾਜ (राजकाज) /rājakāja ラージカージ/ [Skt. राजकार्य] *m.* **1** 国政. **2** 行政.

ਰਾਜਕੀ (राजकी) /rājakī ラージキー/ ▸ਰਾਜਗੀ [Skt. राजकीय] *adj.* **1** 王の, 王立の. **2** 公共の, 公立の. **3** 州の, 州立の, 国の, 国立の. **4** 政府の, 政治の.

ਰਾਜਕੀ ਖੇਤਰ (राजकी खेतर) /rājakī kʰetara ラージキーケータル/ [+ Skt. क्षेत्र] *m.* 公共部門.

ਰਾਜਕੁਮਾਰ (राजकुमार) /rājakumāra ラージクマール/ [Skt. राजकुमार] *m.* 王子, 皇太子.

ਰਾਜਕੁਮਾਰੀ (राजकुमारी) /rājakumārī ラージクマーリー/ [Skt. राजकुमारी] *f.* 王女.

ਰਾਜਕੋਸ਼ (राजकोश) /rājakośa ラージコーシュ/ [Skt. राजकोश, राज्यकोश] *m.* 国庫.

ਰਾਜਗੱਦੀ (राजगद्दी) /rājagaddī ラージガッディー/ [Skt. राजन् + Skt. गर्त] *f.* 王座, 王位.

ਰਾਜਗੀ (राजगी) /rājagī ラージギー/ ▸ਰਾਜਕੀ *adj.* → ਰਾਜਕੀ

ਰਾਜਗੀਰ (राजगीर) /rājagīra ラージギール/ [Skt. राजन् Pers.*-gīr*] *m.* 煉瓦職人.

ਰਾਜਗੀਰੀ (राजगीरी) /rājagīrī ラージギーリー/ [Skt. राजन् Pers.*-gīrī*] *f.* **1** 煉瓦職. **2** 煉瓦建築.

ਰਾਜਘਾਟ (राजघाट) /rājakāṭa ラージカート/ *m.* ラージガート《デリーのヤムナー川の岸辺にある, マハートマー・ガーンディーが荼毘に付された場所》.

ਰਾਜਜੋਗ (राजजोग) /rājajoga ラージジョーグ/ [Skt. राजयोग] *m.*〖政治〗神聖な王政, 世俗の執着を超えた王政.

ਰਾਜਜੋਗੀ (राजजोगी) /rājajogī ラージジョーギー/ [Skt. राजयोगिन्] *m.* 神聖な王, 世俗の執着を超えた王.

ਰਾਜਤੰਤਰ (राजतंतर) /rājatantara ラージタンタル/ [Skt. राजतंत्र, राज्यतंत्र] *m.*〖政治〗君主制, 君主政治, 君主政体, 君主国.

ਰਾਜਤੰਤਰਵਾਦੀ (राजतंतरवादी) /rājatantarawādī ラージタンタルワーディー/ [Skt.-वादिन्] *m.* 君主制主義者.

ਰਾਜਤਿਲਕ (राजतिलक) /rājatilaka ラージティラク/ [Skt. राज-तिलक] *m.* **1** 即位. **2**〖儀礼〗即位礼, 戴冠式.

ਰਾਜਦਰਬਾਰ (राजदरबार) /rājadarabāra ラージダルバール/ [Skt. राजन् + Pers. *darbār*] *m.* **1** 王宮, 宮廷. **2** 王の側近たちの集まり, 御前会議.

ਰਾਜਦਰਬਾਰੀ (राजदरबारी) /rājadarabārī ラージダルバーリー/ [+ Pers. *darbārī*] *m.* **1** 王の側近. **2** 廷臣.

ਰਾਜ-ਦਰੋਹ (राज-दरोह) /rāja-darô ラージ・ダロー/ ▸ਰਾਜ-ਧਰੋਹ, ਰਾਜ-ਧ੍ਰੋਹ *m.* → ਰਾਜ-ਧਰੋਹ

ਰਾਜ-ਦਰੋਹੀ (राज-दरोही) /rāja-darôī ラージ・ダローイー/ ▸ਰਾਜ-ਧਰੋਹੀ *adj.m.* → ਰਾਜ-ਧਰੋਹੀ

ਰਾਜ਼ਦਾਰ (राज़दार) /rāzadāra ラーズダール/ [Pers. *rāz* Pers.*-dār*] *adj.* **1** 秘密を保持している. **2** 秘密を知っている.

ਰਾਜ਼ਦਾਰੀ (राज़दारी) /rāzadārī ラーズダーリー/ [Pers.*-dārī*] *f.* **1** 秘密保持. **2** 相互信頼.

ਰਾਜਦੂਤ (राजदूत) /rājadūta ラージドゥート/ [Skt. राजदूत] *m.* 大使.

ਰਾਜਦੂਤਾਵਾਸ (राजदूतावास) /rājadūtāwāsa ラージドゥーターワース/ [+ Skt. वास] *m.* 大使館.

ਰਾਜ-ਧਰੋਹ (राज-धरोह) /rāja-tarô ラージ・タロー/ ▸ਰਾਜ-ਦਰੋਹ, ਰਾਜ-ਧ੍ਰੋਹ [Skt. राज्य + Skt. द्रोह] *m.* 国家への反逆, 謀反, 反乱.

ਰਾਜ-ਧ੍ਰੋਹ (राज-ध्रोह) /rāja-trô (rāja-tarô) ラージ・トロー (ラージ・タロー)/ ▸ਰਾਜ-ਦਰੋਹ, ਰਾਜ-ਧਰੋਹ *m.* → ਰਾਜ-ਧਰੋਹ

ਰਾਜ-ਧਰੋਹੀ (राज-धरोही) /rāja-tarôī ラージ・タローイー/ ▸ਰਾਜ-ਦਰੋਹੀ [Skt. राज्य + Skt. द्रोही] *adj.* 国家に反逆する, 謀反を起こす, 反逆罪の, 亡国の.

— *m.* 売国奴, 謀反人.

ਰਾਜਧਾਨੀ (राजधानी) /rājatănī ラージターニー/ ▸ਰਜਧਾਨੀ [Skt. राजधानी] *f.* **1** 首都, 首府. **2** 州都.

ਰਾਜਨ (राजन) /rājana ラージャン/ [Skt. राजन्] *m.* 王.

ਰਾਜਨੀਤਕ (राजनीतक) /rājanītaka ラージニータク/ [Skt. राजनैतिक] *adj.* 政治の, 政治上の, 政治的な. (⇒ਸਿਆਸਤੀ, ਸਿਆਸੀ)

ਰਾਜਨੀਤੱਗ (राजनीतग्ग) /rājanītagga ラージニータッグ/ [Skt. राजनैतिज्ञ] *m.* 政治家. (⇒ਸਿਆਸਤਦਾਨ)

ਰਾਜਨੀਤੀ (राजनीती) /rājanītī ラージニーティー/ [Skt. राजनीति] *f.* **1** 政治. (⇒ਸਿਆਸਤ) **2** 政策.

ਰਾਜਨੀਤੀ ਸ਼ਾਸਤਰ (राजनीती शासतर) /rājanītī śāsatara ラージニーティー シャースタル/ [Skt. राजनीति + Skt. शास्त्र] *m.* 政治学, 政治理論, 政策論.

ਰਾਜਨੀਤੀਵਾਨ (राजनीतीवान) /rājanītīwāna ラージニーティーワーン/ [Skt.-वान्] *m.* 政治家. (⇒ਸਿਆਸਤਦਾਨ)

ਰਾਜਨੇਤਾ (राजनेता) /rājanetā ラージネーター/ [Skt. राजनेता] *m.* 政治指導者, 大物政治家.

ਰਾਜਪੱਤਰ (राजपत्तर) /rājapattara ラージパッタル/ [Skt. राजपत्र] *m.* 官報, 公報. (⇒ਗਜ਼ਟ)

ਰਾਜਪੱਥ (राजपत्थ) /rājapattʰa ラージパット/ [Skt. राजपथ] *m.* **1** 王宮に通じる道. **2** 幹線道路, 大通り. **3** 公道.

ਰਾਜਪਦ (राजपद) /rājapada ラージパド/ [Skt. राजपद] *m.*〖政治〗王位.

ਰਾਜਪ੍ਰਬੰਧ (राजप्रबंध) /rājaprabânda (rājaparabânda) ラージプラバンド (ラージパルバンド)/ [Skt. राज्यप्रबंध] *m.* 国家組織, 政府.

ਰਾਜਪਾਲ (राजपाल) /rājapāla ラージパール/ [Skt. राज्यपाल] *m.* **1** 知事. **2** インドの州知事.

ਰਾਜਪੁੱਤਰ (राजपुत्तर) /rājaputtara ラージプッタル/ [Skt. राजपुत्र] *m.* 王子, 皇子, 親王.

ਰਾਜਪੂਤ (राजपूत) /rājapūta ラージプート/ [Skt. राजपुत्र] *m.* ラージプート《西部・中部インドに幾多の政権を樹立した尚武の種族》.

ਰਾਜਪੂਤਾਨਾ (राजपूताना) /rājapūtānā ラージプーターナー/ [-ਆਨਾ] *m.*〖地名〗ラージプーターナー《「ラージプートの住む地方」の意味. 今日のラージャスターン州に相当する地域の英領時代の旧称》.

ਰਾਜਬੰਸ (राजबंस) /rājabansa ラージバンス/ ▸ਰਾਜਵੰਸ਼ [Skt. राजवंश] *m.* 王家, 王族, 皇族.

ਰਾਜਬੰਸੀ (राजबंसी) /rājabansī ラージバンスィー/ ▸ ਰਾਜਵੰਸ਼ੀ [Skt. राजवंशिन्] *adj.* 王家の, 王族の, 皇族の.

ਰਾਜਭਵਨ (राजभवन) /rājapăwana ラージパワン/ [Skt. राजभवन] *m.* **1**〖建築〗王宮. **2**〖建築〗知事公邸.

ਰਾਜਭਾਸ਼ਾ (राजभाशा) /rājapăśā ラージパーシャー/ [Skt. राज्यभाषा] *f.*〖言〗公用語.

ਰਾਜਭੂਸ਼ਣ (राजभूशण) /rājapŭśaṇa ラージプーシャン/ [Skt. राज-भूषण] *m.* 王の宝飾品.

ਰਾਜ-ਮਹੱਲ (राज-महल्ल) /rāja-mahalla ラージ・マハッル/ [Skt. राजन् + Arab. *mahall*] *m.*〖建築〗王宮.

ਰਾਜਮੰਡਲ (राजमंडल) /rājamaṇḍala ラージマンダル/ [Skt. राज्यमण्डल] *m.* 連邦, 諸国連合.

ਰਾਜਮੰਤਰੀ (राजमंतरी) /rājamantarī ラージマントリー/ [Skt. राज्यमंत्रिन्] *m.* 国務大臣.

ਰਾਜਮਾਂਹ (राजमाँह) /rājamā̃ ラージマーン/ *m.*〖植物〗インゲンマメ(隠元豆)《マメ科の一年草》.

ਰਾਜਮਾਤਾ (राजमाता) /rājamātā ラージマーター/ [Skt. राजमाता] *f.* 皇太后.

ਰਾਜਮਾਲੀਆ (राजमालीआ) /rājamālīā ラージマーリーアー/ *m.* 国家の歳入.

ਰਾਜਮੁਕਟ (राजमुकट) /rājamukaṭa ラージムカト/ [Skt. राजन् + Skt. मुकुट] *m.*〖装〗王冠, 宝冠. (⇒ਤਾਜ)

ਰਾਜਯੁੱਧ (राजयुद्ध) /rājayûdda ラージユッド/ [Skt. राजयुद्ध] *m.* 王家の戦争.

ਰਾਜਰਾਣੀ (राजराणी) /rājarāṇī ラージラーニー/ [Skt. राजरानी] *f.* 王妃.

ਰਾਜਰੋਗ (राजरोग) /rājaroga ラージローグ/ [Skt. राजरोग] *m.* **1** 不治の病, 難病. **2**〖医〗結核, 肺結核. (⇒ਖਈ, ਟੀ ਬੀ)

ਰਾਜਵੰਸ਼ (राजवंश) /rājawanśa ラージワンシュ/ ▸ਰਾਜਬੰਸ *m.* → ਰਾਜਬੰਸ

ਰਾਜਵੰਸ਼ੀ (राजवंशी) /rājawanśī ラージワンシー/ ▸ਰਾਜਬੰਸੀ *adj.* → ਰਾਜਬੰਸੀ

ਰਾਜਾ (राजा) /rājā ラージャー/ [Skt. राजन्] *m.* **1** 王, 王様, 国王, 王者. **2** 君主, 帝王, 皇帝. **3** 大名, 殿様, 諸侯. **4** 支配者, 統治者.

ਰਾਜ਼ੀ (राज़ी) /rāzī ラーズィー/ [Arab. *rāzī*] *adj.* **1** 同意している, 納得している, 承諾している. **2** 満足している, 喜んでいる. **3** 機嫌の良い, 愉快な. **4** 元気な, 達者な, 健康な. (⇒ਤੰਦਰੁਸਤ, ਸਿਹਤਮੰਦ)

ਰਾਜ਼ੀ-ਖ਼ੁਸ਼ੀ (राज़ी-ख़ुशी) /rāzī-xuśī ラーズィー・クシー/ [+ Pers. *xvuśī*] *adj.* **1** 達者な, 元気な. **2** 無事な. **3** 幸福な.

ਰਾਜ਼ੀਨਾਮਾ (राज़ीनामा) /rāzīnāmā ラーズィーナーマー/ [Pers.-*nāma*] *m.* **1** 和解書, 親善書, 和平協定書, 講和条約. (⇒ਸੁਲ੍ਹਾਨਾਮਾ) **2** 示談書, 承諾書.

ਰਾਜ਼ੀ-ਬਾਜ਼ੀ (राज़ी-बाज़ी) /rāzī-bāzī ラーズィー・バーズィー/ *adj.* **1** 達者な, 元気な. **2** 無事な. **3** 幸福な.

ਰਾਂਝਨ (राँझन) /rā̃jana ラーンジャン/ ▸ਰਾਂਝਾ *m.*〖詩語〗→ ਰਾਂਝਾ の詩文における呼称.

ਰਾਂਝਾ (राँझा) /rā̃jā ラーンジャー/ ▸ਰਾਂਝਨ *m.*〖人名・文学〗ラーンジャー《パンジャーブの伝承悲恋物語に登場する男性主人公. 恋人の女性主人公はヒール ਹੀਰ》.

ਰਾਠ (राठ) /rāṭʰa ラート/ [Skt. राष्ट्र] *m.* **1** 王. (⇒ਰਾਜਾ) **2** 首長. (⇒ਸਰਦਾਰ) **3** 勇者. (⇒ਬਹਾਦਰ ਆਦਮੀ)

— *adj.* **1** 勇ましい, 勇敢な, 勇壮な. **2** 残忍な, 無慈悲な. (⇒ਜ਼ਾਲਮ, ਨਿਰਦਈ)

ਰਾਠਾਚਾਰੀ (राठाचारी) /rāṭʰācārī ラーターチャーリー/ ▸ ਰਾਠਾਦਾਰੀ *f.*〖儀礼〗冠婚葬祭で王から吟遊詩人に与えられる給金.

ਰਾਠਾਦਾਰੀ (राठादारी) /rāṭʰādārī ラーターダーリー/ ▸ ਰਾਠਾਚਾਰੀ *f.* → ਰਾਠਾਚਾਰੀ

ਰਾਠੌਰ (राठौर) /rāṭʰaura ラータォール/ ▸ਰਠੌਰ *m.*〖姓〗ラートール《ラージプートの姓の一つ》.

ਰਾਣਾ (राणा) /rāṇā ラーナー/ [Skt. राट्] *m.*〖歴史〗ラーナー《ラージプートの王侯の称号の一つ》.

ਰਾਣੀ (राणी) /rāṇī ラーニー/ [Skt. राज्ञी] *f.* **1** 后, 妃, 王妃, 皇后. **2** 女王. **3** 奥様, 奥方. (⇒ਮੇਮ ਸਾਹਿਬ)

ਰਾਤ (रात) /rāta ラート/ [Skt. रात्रि] *f.* **1** 夜. (⇒ਨਿਸ਼ਾ) ❒ ਰਾਤ ਪੈਣੀ 夜になる. **2** 夜中.

ਰਾਤ ਕਟੀ (रात कटी) /rāta kaṭī ラート カティー/ [+ cf. ਕੱਟਣਾ] *f.* **1** 夜を過ごすこと. **2** 一晩泊り.

ਰਾਤ ਦਾ ਰਾਜਾ (रात दा राजा) /rāta dā rājā ラート ダー ラージャー/ *m.* **1** 夜の王様. **2**〖鳥〗フクロウ, 梟. (⇒ਉੱਲੂ)

ਰਾਤ ਦਿਨ (रात दिन) /rāta dina ラート ディン/ [Skt. रात्रि + Skt. दिन] *m.* 昼と夜, 昼夜, 日夜.

— *adv.* **1** 日夜. **2** 常に, 絶えず.

ਰਾਤ ਦੀ ਰਾਣੀ (रात दी राणी) /rāta dī rāṇī ラート ディー ラーニー/ *f.* **1** 夜の女王. **2**〖植物〗ゲッカコウ(月下香), チューベローズ《リュウゼツラン科ポリアンテス属の多年草. 花には芳香があり, 夜になると強くなる》.

ਰਾਤਬ (रातब) /rātaba ラータブ/ [Arab. *rātib*] *m.*〖飼料〗家畜の配給食料.

ਰਾਤੀਂ (रातीं) /rātī̃ ラーティーン/ ▸ਰਾਤੀ [Skt. रात्रि -ईं] *adv.* 夜, 夜に.

ਰਾਤੀ (राती) /rātī ラーティー/ ▸ਰਾਤੀਂ *adv.* → ਰਾਤੀਂ

ਰਾਤੋ-ਰਾਤੀਂ (रातो-रातीं) /rāto-rātī̃ ラートー・ラーティーン/ ▸ਰਾਤੋ-ਰਾਤੀ *adv.* 夜に, 夜間に.

ਰਾਤੋ-ਰਾਤੀ (रातो-राती) /rāto-rātī ラートー・ラーティー/ ▸ਰਾਤੋ-ਰਾਤੀਂ *adv.* → ਰਾਤੋ-ਰਾਤੀਂ

ਰਾਂਪੀ (राँपी) /rā̃pī ラーンピー/ ▸ਰੰਬੀ *f.* → ਰੰਬੀ

ਰਾਬ (राब) /rāba ラーブ/ [Pkt. रब्बा] *f.*〖食品〗糖蜜.

ਰਾਬਤਾ (राबता) /rābatā ラーブター/ [Arab. *rābit*] *m.* **1** 関係, 関わり, 関連. (⇒ਸੰਬੰਧ, ਤਅੱਲਕ) **2** 交渉, 接触, 交際, 会合. (⇒ਮੇਲ)

ਰਾਮ (राम) /rāma ラーム/ [Skt. राम] *m.*〖人名・文学〗ラーマ《古代インドの大叙事詩『ラーマーヤナ』の主人公》.

ਰਾਮ ਸਨੇਹੀ (राम सनेही) /rāma sanêī ラーム サネーイー/ [+ Skt. स्नेही] *adj.* ラーマを信愛している.

— *m.* ラーマの信愛者.

ਰਾਮਸਰ (रामसर) /rāmasara ラームサル/ *m.*〖スィ〗ラームサル《アムリトサルのハリマンディルの近郊に第5代グル・アルジャンが造った貯水池. この池の畔でグル・アルジャンは自らの詩篇『スクマニー』を作り, 根本聖典『アーディ・グラント』の編纂を行った》.

ਰਾਮ ਕਹਾਣੀ (राम कहाणी) /rāma kā̆ṇī | rāma kahāṇī ラ

ーム カーニー｜ラーム カハーニー/ [Skt. राम + Skt. कथानिका] *f.* **1**〖文学・ヒ〗ラーマの物語. **2** 長い物語. **3** 長々と述べられる話. **4** 身の上話.

ਰਾਮਗੜ੍ਹੀਆ (रामगड़्हीआ) /rāmagâṛīā ラームガリーアー/ *m.*〖姓〗ラームガリーアー《ジャッサー・スィングがラームガル城砦を占領した後, 彼の属するスィック教徒の木工職人のカーストト集団に与えられた称号・姓》.

ਰਾਮਜੰਗਾ (रामजंगा) /rāmajaṅgā ラームジャンガー/ [Skt. राम + Pers. *jang*] *m.* **1**〖武〗火薬を用いる武器. **2**〖武〗旧式銃.

ਰਾਮਤੋਰੀ (रामतोरी) /rāmatorī ラームトーリー/ *f.*〖植物〗ヘチマ(糸瓜).

ਰਾਮਦੁਹਾਈ (रामदुहाई) /rāmaduhāī | rāmaduāĩ ラームドゥハーイー｜ラームドゥアーイー/ *f.* **1** 神の御名を唱え加護を求める叫び. **2** 神の御名を唱え嘆き悲しむ叫び.

ਰਾਮਨੌਮੀ (रामनौमी) /rāmanaumī ラームナォーミー/ ▸ ਰਾਮਨੌਵੀਂ [Skt. राम + Skt. नवमी] *f.*〖暦〗ラーマの誕生日である太陰暦9日.

ਰਾਮਨੌਵੀਂ (रामनौवीं) /rāmanauwī̃ ラームナォーウィーン/ ▸ਰਾਮਨੌਮੀ *f.* → ਰਾਮਨੌਮੀ

ਰਾਮ ਫਲ (राम फल) /rāma pʰala ラーム パル/ [Skt. राम + Skt. फल] *m.*〖植物〗ギュウシンリ(牛心梨), ギュウシンリの果実《牛心梨は, 果実が牛の心臓を思わせることから付けられた名前. 熱帯の各地に広がっているバンレイシ科バンレイシ属の常緑低木. ਸੀਤਾ ਫਲ バンレイシ(番茘枝)に似て, より大型の果実だが, 味・香りは ਸੀਤਾ ਫਲ より劣る》.

ਰਾਮਬਾਂਸ (रामबाँस) /rāmabā̃sa ラームバーンス/ *m.*〖植物〗サイザルアサ(サイザル麻)《リュウゼツラン科の植物》.

ਰਾਮਰੌਲਾ (रामरौला) /rāmaraulā ラームラォーラー/ [Skt. राम + Skt. रवण] *m.* **1** 混乱した騒音, 大騒ぎ. **2** 騒乱, 騒動.

ਰਾਮਲੀਲ੍ਹਾ (रामलील्हा) /rāmalîlā ラームリーラー/ [Skt. राम-लीला] *f.*〖祭礼〗ラーマ行伝劇.

ਰਾਮਾਇਣ (रामाइण) /rāmāiṇa ラーマーイン/ ▸ਰਮਾਇਣ [Skt. रामायण] *f.*〖文学〗ラーマーヤナ, ラーマ王子物語《サンスクリット語による大叙事詩.『マハーバーラタ』と並ぶ古代インドの二大叙事詩の一つ》.

ਰਾਮਾਨੰਦ (रामानंद) /rāmānanda ラーマーナンド/ *m.*〖人名・ヒ〗ラーマーナンダ《14～15世紀頃ラーマとスィーターへのバクティ〔純粋な信愛〕を広めた宗教家. ヴィシュヌ派の一派であるラーマーナンダ派の開祖》.

ਰਾਰ[1] (रार) /rāra ラール/ ▸ਉਰਾਰ *m.* → ਉਰਾਰ

ਰਾਰ[2] (रार) /rāra ラール/ ▸ਰਾੜ *f.* → ਰਾੜ

ਰਾਰਾ (रारा) /rārā ラーラー/ *m.*〖文字〗ラーラー《舌端を歯茎付近でふるわせた歯茎・顫(せん)動音の「ラ」, いわゆる巻き舌の子音(半母音)「ラ」ra を表す, グルムキー文字の字母表の32番目の文字 ਰ の名称》.

ਰਾਲ[1] (राल) /rāla ラール/ [Skt. राल] *f.*〖植物〗樹脂, やに, ロジン.

ਰਾਲ[2] (राल) /rāla ラール/ *f.*〖生理〗唾液, つば, よだれ.

ਰਾਵਣ (रावण) /rāwaṇa ラーワン/ [Skt. रावण] *m.*〖文学・ヒ〗ラーヴァナ《叙事詩『ラーマーヤナ』に登場する古代ランカーの魔王》.

ਰਾਵਲ (रावल) /rāwala ラーワル/ [Pkt. राउल] *m.* 砂や地面に書かれた線と数字によって占いを行う人, 占い師. (⇒ਰਮਲੀਆ)

ਰਾਵੀ (रावी) /rāvī ラーヴィー/ *f.*〖河川〗ラーヴィー川《パンジャーブ地方を流れる五河の一つ》.

ਰਾੜ (राड़) /rāṛa ラール/ ▸ਰਾਰ [Pkt. राडि] *f.* **1** 争い, 喧嘩, 衝突. (⇒ਝਗੜਾ) **2** 擦り傷, 掻き傷. (⇒ਖਰਾਸ਼)

ਰਾੜ੍ਹ (राड़्ह) /râṛa ラール/ ▸ੜਾੜ *f.* **1** 敵意, 憎しみ. **2** 悪意. **3** 恨み, 遺恨. **4** 頑固, 強情.

ਰਾੜ੍ਹਨਾ (राड़्हना) /râṛanā ラールナー/ *vt.* **1** 十分に火を通して調理する. **2** 焼き上げる, 炙る, 炒める. **3** 射殺する.

ਰਾੜੀਆ (राड़ीआ) /rāṛīā ラーリーアー/ [Pkt. राडि -ਈਆ] *m.* 喧嘩好きな人.

ਰਿਉੜੀ (रिउड़ी) /rioṛī | riuṛī リオーリー｜リウリー/ ▸ ਰਿਓੜੀ, ਰੇਉੜੀ, ਰੇਵੜੀ *f.* → ਰਿਓੜੀ

ਰਿਓੜੀ (रिओड़ी) /rioṛī リオーリー/ ▸ਰਿਉੜੀ, ਰੇਉੜੀ, ਰੇਵੜੀ *f.*〖食品〗リオーリー《砂糖を練り込んでボール状に丸めたものを胡麻でくるんだ甘い菓子》.

ਰਿਆ (रिआ) /riā リアー/ [Arab. *riyā*] *m.* **1** だまし, 欺き, ごまかし. (⇒ਕਪਟ, ਧੋਖਾ) **2** 悪賢さ, 狡猾さ, ずるさ. (⇒ਛਲ)

ਰਿਆਇਆ (रिआइआ) /riāiā リアーイアー/ [Arab. *ra`āyā*] *f.* **1** 臣民, 人民, 民衆. (⇒ਪਰਜਾ) **2** 小作人, 耕作者.

ਰਿਆਇਤ (रिआइत) /riāita リアーイト/ [Pers. *ri`āyat*] *f.* **1** 恩恵, 好意, 寵愛, ひいき. **2** 気配り, 配慮, 考慮, 留意. **3** 割引, 減額, 値引き. (⇒ਕਨਸੈਸ਼ਨ)

ਰਿਆਇਤੀ (रिआइती) /riāitī リアーイティー/ [Pers. *ri`āyatī*] *adj.* **1** 好意で与えられた. **2** 配慮した, 考慮した. **3** 割引の, 減額の, 値引きした.

ਰਿਆਸਤ (रिआसत) /riāsata リアースト/ [Pers. *riyāsat*] *f.* **1**〖歴史〗藩王国. (⇒ਰਜਵਾੜਾ) **2** 封土, 属国, 所領. **3** (昔の行政区分としての)国.

ਰਿਆਸਤੀ (रिआसती) /riāsatī リアースティー/ [-ਈ] *adj.*〖歴史〗藩王国の.

ਰਿਆਕਾਰ (रिआकार) /riākāra リアーカール/ [Arab. *riyā* Pers.*-kār*] *adj.* **1** 人をだます. **2** ずるい, 狡猾な.

ਰਿਆਕਾਰੀ (रिआकारी) /riākārī リアーカーリー/ [Pers.*-kārī*] *f.* **1** だますこと, 詐欺. **2** ずるい行為, ずるさ, 狡猾さ.

ਰਿਆਜ਼ (रिआज़) /riāza リアーズ/ [Arab. *riyāz*] *m.* **1** 訓練, 練習, 稽古. **2** 労苦. **3**〖音楽〗音楽の稽古.

ਰਿਸਕ (रिसक) /risaka リスク/ [Eng. *risk*] *m.* 危険, 危険性, 恐れ.

ਰਿਸਕੀ (रिसकी) /risakī リスキー/ [Eng. *risky*] *adj.* 危険な, 危うい.

ਰਿਸ਼ਟ-ਪੁਸ਼ਟ (रिशट-पुशट) /riśaṭa-puśaṭa リシュト・プシュト/ [Skt. रिष्ट + Skt. पुष्ट] *adj.* **1** 健康な. **2** 達者な, 元気な, 壮健な. **3** 丈夫な.

ਰਿਸਟ ਵਾਚ (रिसट वाच) /risaṭa wāca リスト ワーチ/ [Eng. *wrist watch*] *f.* 腕時計.

ਰਿਸਣਾ (रिसणा) /risaṇā リスナー/ ▸ਰਸਣਾ [Skt. रस] vi. 1 にじみ出る, しみ出る. (⇒ਸਿੰਮਣਾ) 2 流れ出る. 3 漏れる.

ਰਿਸ਼ਤਾ (रिशता) /riśatā リシュター/ [Pers. riśta] m. 1 関係. 2〖親族〗親族関係, 親戚関係, 血縁関係. 3 縁談. 4 婚約.

ਰਿਸ਼ਤਾ-ਨਾਤਾ (रिशता-नाता) /riśatā-nātā リシュター・ナーター/ [Pers. riśta + Skt. ज्ञाति] m.〖親族〗親族関係, 親戚関係, 血縁関係.

ਰਿਸ਼ਤੇਦਾਰ (रिशतेदार) /riśatedāra リシュテーダール/ [Pers. riśta Pers.-dār] m.〖親族〗親戚, 親類, 親族, 血縁, 身内.

ਰਿਸ਼ਤੇਦਾਰੀ (रिशतेदारी) /riśatedārī リシュテーダーリー/ [Pers. riśta Pers.-dārī] f. 1 親戚関係, 親類関係. 2 親戚付き合い.

ਰਿਸ਼ਮ (रिशम) /riśama リシュム/ [Skt. रश्मि] f. 1 光線. (⇒ਕਿਰਨ) 2 日光. 3 月光.
— adv. 少し, 僅かに. (⇒ਜ਼ਰਾ ਕੁ)

ਰਿਸਰਚ (रिसरच) /risaraca リサルチ/ [Eng. research] f. 研究, 調査.

ਰਿਸਰਚ ਅਸਿਸਟੈਂਟ (रिसरच असिसटैंट) /risaraca asisaṭāĩṭa リサルチ アスィスタェーント/ [Eng. research assistant] m. 研究助手.

ਰਿਸਰਚ ਸਕਾਲਰ (रिसरच सकालर) /risaraca sakālara リサルチ サカーラル/ [Eng. research scholar] m. 研究者, 研究員.

ਰਿਸਰਚ ਫ਼ੈਲੋ (रिसरच फ़ैलो) /risaraca failo リサルチ ファエーロー/ [Eng. research fellow] m. 研究員.

ਰਿਸ਼ਵਤ (रिशवत) /riśawata リシュワト/ [Pers. riśvat] f. 賄賂. (⇒ਵੱਢੀ, ਘੂਸ)

ਰਿਸਾਲਦਾਰ (रिसालदार) /risāladāra リサールダール/ ▸ਰਸਾਲਦਾਰ [Arab. risāla Pers.-dār] m.〖軍〗騎兵下士官, 騎兵隊長.

ਰਿਸਾਲਦਾਰੀ (रिसालदारी) /risāladārī リサールダーリー/ ▸ਰਸਾਲਦਾਰੀ [Arab. risāla Pers.-dārī] f.〖軍〗騎兵下士官の地位.

ਰਿਸਾਲਾ (रिसाला) /risālā リサーラー/ ▸ਰਸਾਲਾ [Arab. risāla] m. 1 雑誌, 定期刊行物, 機関誌. (⇒ਪਤਰਿਕਾ) 2 小冊子. (⇒ਕਿਤਾਬਚਾ, ਪੁਸਤਕਾ) 3 小論文. 4 手紙, 書簡. 5〖軍〗騎兵隊.

ਰਿਸ਼ੀ (रिशी) /riśī リシー/ ▸ਰਿਖੀ [Skt. ऋषि] m. 1 詩聖, 聖仙《古代インドの神話に現れる仙人》. 2 行者. (⇒ਸਾਧ, ਤਪੱਸਵੀ) 3 賢人, 哲人. (⇒ਮਹਾਤਮਾ) 4 預言者, 占い師. 5〖姓〗リシ《ブラーフマン(バラモン)の姓の一つ》.

ਰਿਸੀਵਰ (रिसीवर) /risīvara リスィーヴァル/ ▸ਰਸੀਵਰ m. → ਰਸੀਵਰ

ਰਿਸੈੱਸ (रिसैस्स) /risaissa リサェーッス/ [Eng. recess] f. 1 休憩, 休憩時間. 2 休暇.

ਰਿਸੈਪਸ਼ਨ (रिसैपशन) /risaipaśana リサェープシャン/ [Eng. reception] f. 1 接待, もてなし, 招待, 招待会, 歓迎会, レセプション. 2 (会社などの)受付, (ホテルの)フロント.

ਰਿਸੈਪਸ਼ਨਿਸਟ (रिसैपशनिसट) /risaipaśanisaṭa リサェープシャニスト/ [Eng. receptionist] m. (会社などの)受付係, (ホテルの)フロント係.

ਰਿਹਮ (रिहम) /rihama | rêma リハム | レーム/ ▸ਰਹਿਮ [Arab. riham] m.〖身体〗子宮. (⇒ਬੱਚੇਦਾਨੀ, ਗਰਭਾਸ)

ਰਿਹਰਸਲ (रिहरसल) /riharasala リハルサル/ [Eng. rehearsal] f. 1 試演, 下稽古, リハーサル. 2 予行演習.

ਰਿਹਾ (रिहा) /rihā | riā̆ リハー | リアー/ [Pers. rahā] adj. 1 解放された. 2 釈放された.

ਰਿਹਾਇਸ਼ (रिहाइश) /rihāiśa | riā̆iśa リハーイシュ | リアーイシュ/ ▸ਰਹਾਇਸ਼ [cf. ਰਹਿਣਾ] f. 1〖建築〗住宅, 家, 住まい. 2 住むこと, 居住. 3 宿泊, 滞在.

ਰਿਹਾਇਸ਼ੀ (रिहाइशी) /rihāiśī | riā̆iśī リハーイシー | リアーイシー/ ▸ਰਹਾਇਸ਼ੀ [cf. ਰਹਿਣਾ] adj. 1〖建築〗住宅の, 家の, 住まいの. 2 居住できる.

ਰਿਹਾਈ (रिहाई) /rihāī | riā̆ī リハーイー | リアーイー/ [Pers. rahāʰī] f. 1 解放. ❐ਇਰਾਕ ਵਿੱਚ ਬੰਧਕ ਬਣਾਏ ਗਏ ਤਿੰਨ ਭਾਰਤੀਆਂ ਸਮੇਤ ਸੱਤ ਵਿਦੇਸ਼ੀਆਂ ਦੀ ਰਿਹਾਈ ਨੂੰ ਲੈਕੇ ਭੰਬਲਭੂਸਾ ਪੈ ਗਿਆ ਹੈ। イラクで人質となっていた三人のインド人を含む七人の外国人の解放をめぐって混乱が起きています. 2 釈放. 3 自由.

ਰਿਹਾੜ (रिहाड़) /rihāṛa | riā̆ṛa リハール | リアール/ m. 子供の泣き声.

ਰਿਕਸ਼ਾ (रिकशा) /rikaśā リクシャー/ ▸ਰਕਸ਼ਾ [Eng. rickshaw bf. Jap.] m.〖乗物〗リキシャ《本来は人を乗せて手で引く日本式の人力車のことを言った. 現在の南アジアにおいては, 人力車タイプのものから, 自転車で引く ਸਾਈਕਲ ਰਿਕਸ਼ਾ サイクル・リキシャに取って代わられている. 軽自動三輪車のタクシーには ਆਟੋ ਰਿਕਸ਼ਾ オート・リキシャという名前を用いる》.

ਰਿਕਸ਼ਾ ਵਾਲਾ (रिकशा वाला) /rikaśā wālā リクシャー ワーラー/ ▸ਰਿਕਸ਼ੇ ਵਾਲਾ m. → ਰਿਕਸ਼ੇ ਵਾਲਾ

ਰਿਕਸ਼ੇ ਵਾਲਾ (रिकशे वाला) /rikaśe wālā リクシェー ワーラー/ ▸ਰਿਕਸ਼ਾ ਵਾਲਾ [Eng. rickshaw bf. Jap. -ਵਾਲਾ] m. リキシャの車夫.

ਰਿਕਤ (रिकत) /rikata リクト/ [Skt. रिक्त] adj. 1 空(から)の, 空虚な. 2 欠けている, 持たない.

ਰਿਕਾਰਡ (रिकारड) /rikārada リカールド/ [Eng. record] m. 1 記録, 登録, 登記, 記録文書, 公文書, 古文書, 史料. 2 レコード, 音盤.

ਰਿਕਾਰਡ ਆਫ਼ਿਸ (रिकारड आफ़िस) /rikārada āfisa リカールド アーフィス/ [Eng. record office] m. 登記所.

ਰਿਕਾਰਡ ਤੋੜ (रिकारड तोड़) /rikārada toṛa リカールド トール/ [Eng. record + cf. ਤੋੜਨਾ] adj. 記録破りの, 空前の, 未曾有の.

ਰਿਖੀ (रिखी) /rikʰī リキー/ ▸ਰਿਸ਼ੀ m. → ਰਿਸ਼ੀ

ਰਿੰਗ (रिंग) /riṅga リング/ [Eng. ring] m. 1 環, 輪. 2〖装〗指輪. (⇒ਅੰਗੂਠੀ)

ਰਿਗਵੇਦ (रिगवेद) /rigaveda リグヴェード/ [Skt. ऋग्वेद] m.〖文学〗リグヴェーダ《古代インドのバラモン教の聖典ヴェーダ四種のうちの一つ》.

ਰਿੱਚ (रिच्च) /ricca リッチ/ f. 1 鉛を詰めて重くした貝殻. (⇒ਰੇਪ) 2 土器の小さな丸い破片. (⇒ਗੋਲ ਠੀਕਰੀ)

ਰਿਚਾ (रिचा) /ricā リチャー/ [Skt. ऋचा] f. 1〖文学〗ヴ

ェーダの賛歌. **2** 賛歌, 神を称える賛歌. **3** 呪文, 祈祷の言葉.

ਰਿੱਛ (रिच्छ) /riccʰa リッチ/ [(Pkt. रिच्छ) Skt. ऋक्ष] *m.* 〖動物〗(雄の)クマ, (牡)熊. (⇒ਭਾਲੂ)

ਰਿੱਛਣੀ (रिच्छणी) /riccʰaṇī リッチニー/ [-ਣੀ] *f.* 〖動物〗雌のクマ, 牝熊.

ਰਿਜ਼ਕ (रिज़क) /rizaka リザク/ [Arab. *rizak*] *m.* **1** 生計, 生業. (⇒ਰੋਜ਼ੀ, ਜੀਵਕਾ) **2** 食べ物, 食料. (⇒ਰੋਟੀ, ਖ਼ੁਰਾਕ) **3** 富.

ਰਿਜ਼ਰਵ (रिज़रव) /rizarava リザルヴ/ [Eng. *reserve*] *m.* 蓄え, 予備.

— *adj.* **1** 予備の. **2** 貸切の, 予約済みの, 指定の, 専用の. ❐ਰਿਜ਼ਰਵ ਹੋਣਾ 貸切になる, 専用とされる.

ਰਿਜ਼ਰਵ ਸੀਟ (रिज़रव सीट) /rizarava sīṭa リザルヴ スィート/ [Eng. *reserve* + Eng. *seat*] *f.* 予約席, 指定席.

ਰਿਜ਼ਰਵੇਸ਼ਨ (रिज़रवेशन) /rizaraveśana リザルヴェーシャン/ [Eng. *reservation*] *f.* **1** 予約, 予約申し込み. **2** 保留, 留保, 確保. **3** 〖政治〗制度上行われるインドの後進階級の一部の人たちの諸権利の留保. (⇒ਆਰਕਸ਼ਣ)

ਰਿਜ਼ਲਟ (रिज़लट) /rizalaṭa リザルト/ [Eng. *result*] *m.* **1** 結果. **2** 試験の結果, 成績.

ਰਿੱਝਣਾ (रिज्झणा) /rîjjaṇā リッジャナー/ [cf. ਰਿੰਨ੍ਹਣਾ] *vi.* **1** (火熱で)調理される. (⇒ਪੱਕਣਾ) **2** 煮える, 煮上がる, 煮込まれる. (⇒ਉੱਬਲਨਾ) **3** 〖比喩〗(怒りで)煮えくり返る, 激怒する.

ਰਿਝਾਉਣਾ (रिझाउणा) /rijǎuṇā リジャーウナー/ [cf. ਰੀਝਣਾ] *vt.* **1** 好きにならせる, 惚れさせる, 惚れ込ませる. **2** 魅惑する, 魅了する, 誘惑する, 勧誘する. **3** 喜ばす, 喜ばせる, 嬉しがらせる, 機嫌をとる.

ਰਿਟ (रिट) /riṭa リト/ [Eng. *writ*] *m.* 〖法〗令状. (⇒ਪਰਵਾਨਾ)

ਰਿਟਰਨ (रिटरन) /riṭarana リタルン/ [Eng. *return*] *adj.* 帰りの. (⇒ਵਾਪਸੀ)

— *f.* **1** 帰り, 帰還. (⇒ਵਾਪਸੀ) **2** 報告, 申告.

ਰਿਟਰਨ ਟਿਕਟ (रिटरन टिकट) /riṭarana ṭikaṭa リタルン ティカト/ [Eng. *return ticket*] *f.* **1** 戻れる切符. **2** 往復切符. **3** 帰りの切符.

ਰਿਟਰਨਿੰਗ ਅਫ਼ਸਰ (रिटरनिंग अफ़सर) /riṭaraniṅga afasar リタルニング アフサル/ [Eng. *returning officer*] *m.* 〖政治〗選挙管理員. (⇒ਚੋਣ ਅਧਿਕਾਰੀ, ਚੋਣ ਅਫ਼ਸਰ)

ਰਿਟਾਇਰ (रिटाइर) /riṭāira リターイル/ [Eng. *retire*] *adj.* 引退した, 退職した.

ਰਿਟਾਇਰਡ (रिटाइरड) /riṭāirada リターイルド/ [Eng. *retired*] *adj.* 引退した, 退職した.

ਰਿਟਾਇਰਮੈਂਟ (रिटाइरमैंट) /riṭāiramāĩṭa リターイルマェーント/ [Eng. *retirement*] *f.* 引退, 退職.

ਰਿਟਾਇਰਮੈਂਟ ਏਜ (रिटाइरमैंट एज) /riṭāiramāĩṭa eja リターイルマェーント エージ/ [Eng. *retirement age*] *f.* 定年.

ਰਿਣ (रिण) /riṇa リン/ [Skt. ऋण] *m.* **1** 借り, 負債, 債務, 借金. **2** 恩義, おかげ. **3** 〖数学〗負, マイナス. **4** 〖物理〗陰極, マイナス.

ਰਿਣਾਤਮਕ (रिणातमक) /riṇātamaka リナートマク/ [Skt.-आत्मक] *adj.* 〖数学〗負の, マイナスの.

ਰਿਣੀ (रिणी) /riṇī リニー/ [Skt. ऋणी] *adj.* **1** 負債のある, 債務を負っている. **2** 恩義がある.

ਰਿਤੂ (रितू) /ritū リトゥー/ ▸ਰੁੱਤ *f.* → ਰੁੱਤ

ਰਿੰਦ (रिंद) /rinda リンド/ [Pers. *rind*] *m.* **1** 放埒な人, 身持ちの悪い人. **2** 悪漢. **3** 酔っ払い.

ਰਿਦਮ (रिदम) /ridama リダム/ [Eng. *rhythm*] *f.* 〖音楽〗リズム.

ਰਿੱਧ (रिद्ध) /rîdda リッド/ ▸ਰਿੱਧੀ *f.* → ਰਿੱਧੀ

ਰਿੱਧਾ (रिद्धा) /rîddā リッダー/ [cf. ਰਿੰਨ੍ਹਣਾ] *adj.* (火熱で)調理された, 料理された.

ਰਿੱਧੀ (रिद्धी) /rîddī リッディー/ ▸ਰਿੱਧ [Skt. ऋद्धि] *f.* **1** 〖ヒ〗リッディ《ガネーシャ神の妻の一人. 富と繁栄の女神とされる》. **2** 富. (⇒ਧਨ) **3** 繁栄, 豊富. **4** 成功, 達成. (⇒ਸਫਲਤਾ, ਕਾਮਯਾਬੀ)

ਰਿੱਧੀ-ਸਿੱਧੀ (रिद्धी-सिद्धी) /rîddī-sîddī リッディー・スィッディー/ [+ Skt. सिद्धि] *f.* **1** 成功, 達成. (⇒ਸਫਲਤਾ, ਕਾਮਯਾਬੀ) **2** 富. (⇒ਧਨ) **3** 繁栄. **4** 超能力, 神通力.

ਰਿੰਨ੍ਹਣਾ (रिंन्हणा) /rînnaṇā リンナナー/ [Skt. रन्धयति] *vt.* **1** (火熱で)調理する. (⇒ਪਕਾਉਣਾ) **2** 煮込む, 煮上げる. (⇒ਉਬਾਲਨਾ)

ਰਿੰਨ੍ਹਵਾਉਣਾ (रिंन्हवाउणा) /rinnawǎuṇā リンヌワーウナー/ ▸ਰਿੰਨ੍ਹਾਉਣਾ [cf. ਰਿੰਨ੍ਹਣਾ] *vt.* **1** (火熱で)調理させる. **2** 煮込ませる, 煮上げさせる.

ਰਿੰਨ੍ਹਾਉਣਾ (रिंन्हाउणा) /rinnǎuṇā リンナーウナー/ ▸ਰਿੰਨ੍ਹਵਾਉਣਾ *vt.* → ਰਿੰਨ੍ਹਵਾਉਣਾ

ਰਿਪਟ (रिपट) /ripaṭa リパト/ ▸ਰਿਵਟ *m.* → ਰਿਵਟ

ਰਿਪਬਲਿਕ (रिपबलिक) /ripabalika リパブリク/ [Eng. *republic*] *f.* 共和国.

ਰਿਪੂ (रिपू) /ripū リプー/ [Skt. रिपु] *m.* 敵, 仇, 対立者. (⇒ਵੈਰੀ, ਦੁਸ਼ਮਨ)

ਰਿਪੂਦਮਨ (रिपूदमन) /ripūdamana リプーダマン/ [+ Skt. दमन] *adj.* 敵を制圧する.

ਰਿਪੋਰਟ (रिपोरट) /riporaṭa リポールト/ [Eng. *report*] *f.* **1** 報告, 報告書, レポート, リポート. **2** 成績通知, 通信簿. **3** 届け, 届け出. **4** 噂, 評判.

ਰਿਪੋਰਟਰ (रिपोरटर) /riporaṭara リポールタル/ [Eng. *reporter*] *m.* **1** 報告者, 申告者. **2** 報道記者, 取材記者, 放送記者, レポーター, リポーター.

ਰਿਪੋਰਤਾਜ (रिपोरताज) /riporatāja リポールタージ/ [Eng. *reportage*] *m.* 〖文学〗ルポルタージュ, 記録文学, 報告文学.

ਰਿਫ਼ਰੈਸ਼ਮੈਂਟ (रिफ़रैशमैंट) /rifaraiśamāĩṭa リフラェーシュマェーント/ ▸ਰਿਫ਼੍ਰੈਸ਼ਮੈਂਟ, ਰੀਫ਼ਰੈਸ਼ਮੈਂਟ [Eng. *refreshment*] *f.* **1** 保養, 休養, 元気回復. **2** 元気をつけるもの. **3** 飲食物, 軽食, 茶菓.

ਰਿਫ਼੍ਰੈਸ਼ਮੈਂਟ (रिफ़्रैशमैंट) /rifraiśamāĩṭa リフラェーシュマェーント/ ▸ਰਿਫ਼ਰੈਸ਼ਮੈਂਟ, ਰੀਫ਼ਰੈਸ਼ਮੈਂਟ *f.* → ਰਿਫ਼ਰੈਸ਼ਮੈਂਟ

ਰਿਫ਼ਰੈਸ਼ਮੈਂਟ ਰੂਮ (रिफ़रैशमैंट रूम) /rifaraiśamāĩṭa rūma リフラェーシュマェーント ルーム/ ▸ਰੀਫ਼ਰੈਸ਼ਮੈਂਟ ਰੂਮ [Eng. *refreshment room*] *m.* (駅などの)食堂, (パーティーなどの)模擬店.

ਰਿਫ਼ਿਊਜੀ (रिफ़िऊजी) /rifiūjī リフィウージー/ ▸ਰਫ਼ਿਊਜੀ *m.* → ਰਫ਼ਿਊਜੀ

ਰਿੱਬ (रिब्ब) /ribba リッブ/ *f.* **1** 泥水. **2** ヘドロ.

ਰਿਬਨ (रिबन) /ribana リバン/ [Eng. *ribbon*] *m.* リボ

ン.

ਰਿੰਮ (रिंम) /rimma リンム/ ▶ਰਿਮ m. → ਰਿਮ¹

ਰਿਮ¹ (रिम) /rima リム/ ▶ਰਿੰਮ [Eng. ream] m. 〖枚数〗連《500枚の紙の枚数単位》.

ਰਿਮ² (रिम) /rima リム/ [Eng. rim] m. （眼鏡・帽子・皿などの）縁.

ਰਿਮਝਿਮ (रिमझिम) /rimacĭma リムチム/ f. 〖擬声語〗パラパラ《小雨の降る音》.

ਰਿਮਾਇੰਡਰ (रिमाइंडर) /rimāiṇḍara リマーインダル/ [Eng. reminder] m. 1 思い出させるもの, 思い出させるための注意. 2 催促状, 督促状.

ਰਿਮਾਂਡ (रिमाँड) /rimā̃ḍa リマーンド/ [Eng. remand] m. 1 送還, 召還. 2 〖法〗再拘束, 再拘留, 再留置.

ਰਿਮਾਰਕ (रिमारक) /rimāraka リマールク/ [Eng. remark] m. 所見.

ਰਿਲੀਜ਼ (रिलीज़) /rilīza リリーズ/ [Eng. release] m. 1（映画の）封切り, 公開. 2 発売, 出版.

ਰਿਲੇ (रिले) /rile リレー/ [Eng. relay] m.f. 1 〖競技〗リレー競走. 2 中継, 中継放送.

ਰਿਲੇ ਰੇਸ (रिले रेस) /rile resa リレー レース/ [Eng. relay race] f. 〖競技〗リレー競走.

ਰਿਵਟ (रिवट) /rivaṭa リヴァト/ ▶ਰਿਪਟ [Eng. rivet] m. 1（鉄板などを接合する）リベット. 2 鋲.

ਰਿਵਾਜ (रिवाज) /riwāja リワージ/ ▶ਰਵਾਜ [Arab. ravāj] m. 1 普及, 流布, 流行, 流通, 通用, いつもの事. 2 習慣, 慣習, 慣行, 風習, しきたり, 習わし. (⇒ਰੀਤੀ, ਰਸਮ) 3 伝統, 伝承. (⇒ਪਰੰਪਰਾ)

ਰਿਵਾਜੀ (रिवाजी) /riwājī リワージー/ ▶ਰਵਾਜੀ [-ਈ] adj. 1 いつもの, 日常的な. 2 慣習的な. 3 形式的な, 儀礼的な. 4 伝統的な.

ਰਿਵਾਲਵਰ (रिवालवर) /rivālavara リヴァールヴァル/ [Eng. revolver] m. 〖武〗回転式連発ピストル.

ਰਿਵਾਲੀ (रिवाली) /rivālī リヴァーリー/ [Eng. reveille] f. 〖軍〗起床らっぱ.

ਰਿਵੀ (रिवी) /riwī リウィー/ f. 〖気象〗涼しいそよ風. (⇒ਸਮੀਰ)

ਰਿਵੀਊ (रिवीऊ) /rivīū リヴィーウー/ ▶ਰੀਵਿਊ m. → ਰੀਵਿਊ

ਰਿਵੀਜ਼ਨ (रिवीज़न) /rivīzana リヴィーザン/ [Eng. revision] m. 改訂, 校訂.

ਰਿੜ੍ਹਦੀ-ਰਿੜ੍ਹਦੀ (रिड़्हदी-रिड़्हदी) /rîṛadī-rîṛadī リルディー・リルディー/ [cf. ਰਿੜ੍ਹਨਾ] adv. 1 転がって. 2 滑って.

ਰਿੜ੍ਹਨਾ (रिड़्हना) /rîṛanā リルナー/ [Skt. लुठति] vi. 1 転がる. 2 滑る. 3（虫などが）這う. 4 這って進む. 5（赤ん坊が）はいはいする. 6 ローラースケートをする.

ਰਿੜ੍ਹਵਾਂ (रिड़्हवाँ) /rîṛawā̃ リルワーン/ [cf. ਰਿੜ੍ਹਨਾ Skt.-वान्] adj. 1 転がるような. 2 滑るような.

ਰਿੜ੍ਹਵਾਉਣਾ (रिड़्हवाउणा) /riṛawā̃uṇā リルワーウナー/ [cf. ਰਿੜ੍ਹਨਾ] vt. 転がさせる.

ਰਿੜ੍ਹਾਉਣਾ (रिड़्हाउणा) /riṛā̃uṇā リラーウナー/ [cf. ਰਿੜ੍ਹਨਾ] vt. 転がす.

ਰਿੜਕਣਾ (रिड़कणा) /riṛakaṇā リルカナー/ vt. 掻き回す, 攪拌する. (⇒ਬਿਲੋਣਾ)

ਰਿੜਕਵਾਉਣਾ (रिड़कवाउणा) /riṛakawāuṇā リルカワーウナー/ ▶ਰਿੜਕਾਉਣਾ vt. 掻き回させる, 攪拌させる.

ਰਿੜਕਾਉਣਾ (रिड़काउणा) /riṛakāuṇā リルカーウナー/ ▶ਰਿੜਕਵਾਉਣਾ vt. → ਰਿੜਕਵਾਉਣਾ

ਰੀਸ (रीस) /rīsa リース/ [Skt. ईर्ष्या] f. 1 競争意識, 対抗, 張り合い. 2 模倣, 人真似. 3 妬み, 嫉妬.

ਰੀਸ਼ (रीश) /rīśa リーシュ/ [Pers. rīś] f. 〖身体〗顎鬚（あごひげ）. (⇒ਦਾੜ੍ਹੀ)

ਰੀਸੋਰੀਸ (रीसोरीस) /rīsorīsa リーソーリース/ ▶ਰੀਸੋ-ਰੀਸੀ adv. 1 張り合って. 2 真似をして, 人に倣って.

ਰੀਸੋ-ਰੀਸੀ (रीसो-रीसी) /rīso-rīsī リーソー・リースィー/ ▶ਰੀਸੋਰੀਸ adv. → ਰੀਸੋਰੀਸ

ਰੀਂਗਣਾ (रींगणा) /rīganā リーンガナー/ [Skt. रिङ्गति] vi. 1 這う, 這って進む. 2 のろのろと進む.

ਰੀਜ਼ਨੇਬਲ (रीज़नेबल) /rīzanebala リーズネーバル/ [Eng. reasonable] adj. 1 道理に合った, もっともな, 理屈に適った, 当然の, 納得できる. 2 穏当な, 妥当な, ほどよい, 適度な, 手ごろな.

ਰੀਜੈਂਸੀ (रीजैंसी) /rījāĩsī リージャエーンスィー/ ▶ਰੀਜੈਨਸੀ [Eng. regency] f. 1 〖政治〗摂政政治. 2 摂政職. 3 理事の職.

ਰੀਜੈਂਟ (रीजैंट) /rījāĩṭa リージャエーント/ [Eng. regent] m. 1 摂政. 2 理事.

ਰੀਜੈਨਸੀ (रीजैनसी) /rījainasī リージャエーンスィー/ ▶ਰੀਜੈਂਸੀ f. → ਰੀਜੈਂਸੀ

ਰੀਝ (रीझ) /rîja リージ/ [cf. ਰੀਝਣਾ] f. 1 好むこと, 惚れ込み, 溺愛. 2 熱望, 切望. □ਮਾਂ ਬਾਪ ਦੀ ਰੀਝ ਸੀ ਕਿ ਉਹਨਾਂ ਦੀ ਬੇਟੀ ਵੀ ਆਪਣੀ ਮਾਂ ਵਾਂਗ ਡਾਕਟਰੀ ਸਿੱਖਿਆ ਗਰਹਿਣ ਕਰ ਸਕੇ। 両親は自分たちの娘も彼女の母親と同じく医学を修めることができればと熱望していました. 3 喜び, 嬉しさ.

ਰੀਝਣਾ (रीझणा) /rîjanā リージャナー/ [Skt. ऋध्यति] vi. 1 好きになる, 惚れ込む. 2 熱望する. 3 喜ぶ, 嬉しく思う.

ਰੀਠਾ (रीठा) /rīṭʰā リーター/ ▶ਰੇਠੜਾ, ਰੇਠਾ [Skt. अरिष्ट] m. 〖植物〗ムクロジ（無患子）, ムクロジの果実・種子《ムクロジ科の落葉高木. 果皮から採る液体が石鹸の代用になる》.

ਰੀਡਰ (रीडर) /rīḍara リーダル/ [Eng. reader] m. 助教授.

ਰੀਂਡਾ (रींडा) /rīḍā リーンダー/ ▶ਰੇਂਡਾ m. 〖植物〗小さなスイカ（西瓜）.

ਰੀਡਿੰਗ ਰੂਮ (रीडिंग रूम) /rīḍiṅga rūma リーディング ルーム/ [Eng. reading room] m. 読書室.

ਰੀਤ (रीत) /rīta リート/ ▶ਰੀਤੀ f. → ਰੀਤੀ

ਰੀਤ-ਰਸਮ (रीत-रसम) /rīta-rasama リート・ラサム/ [Skt. रीति + Arab. rasm] f. 1 慣習, 風習, 習わし. 2 儀礼, 儀式. 3 伝統行事. 4 方法, 様式.

ਰੀਤ-ਰਿਵਾਜ (रीत-रिवाज) /rīta-riwāja リート・リワージ/ ▶ਰੀਤੀ-ਰਿਵਾਜ m. → ਰੀਤੀ-ਰਿਵਾਜ

ਰੀਤਾਂ (रीताँ) /rītā̃ リーターン/ [Skt. रीति] f. 〖儀礼〗《 ਰੀਤ の複数形》妊娠七か月目の儀礼.

ਰੀਤੀ (रीती) /rītī リーティー/ ▶ਰੀਤ [Skt. रीति] f. 1 様式, 方法, 手段. 2 習慣, 慣習, 風習, 習わし, しきたり. (⇒ਰਸਮ, ਰਿਵਾਜ) 3 儀礼. 4 伝統.

ਰੀਤੀਬਧ (रीतीबध) /rītībâdạ リーティーバド/ [Skt.-बद्ध] *adj.* 1 伝統的様式・慣習に縛られた. 2 様式化された. 3 慣習的な. 4 伝統的な.

ਰੀਤੀ-ਰਿਵਾਜ (रीती-रिवाज) /rītī-riwājạ リーティー・リワージ/ ▸ਰੀਤ-ਰਿਵਾਜ [+ Pers. *ravāj*] *m.* 1 慣習, 風習, 慣例. 2 伝統.

ਰੀਤੀਵਾਦ (रीतीवाद) /rītīwādạ リーティーワード/ [Skt.-वाद] *m.* 1 儀礼主義. 2 伝統主義. 3 〖文学〗作詩法を重んじる考え方.

ਰੀਤੀਵਾਦੀ (रीतीवादी) /rītīwādī リーティーワーディー/ [Skt.-वादिन्] *adj.* 1 儀礼主義の. 2 伝統主義の. 3 〖文学〗作詩法を重んじる.

— *m.* 1 儀礼主義者. 2 伝統主義者. 3 〖文学〗作詩法を重んじる人.

ਰੀਤੀ ਵਿਗਿਆਨ (रीती विगिआन) /rītī vigiānạ リーティーヴィギアーン/ [+ Skt. विज्ञान] *m.* 1 〖言・文学〗文体論. 2 〖文学〗作詩法.

ਰੀਫ਼ਰੈਸ਼ਮੈਂਟ (रीफ़रैशमैंट) /rīfạraiśạmāīṭạ リーフラエーシュマエーント/ ▸ਰਿਫ਼ਰੈਸ਼ਮੈਂਟ, ਰਿਫ਼੍ਰੈਸ਼ਮੈਂਟ *f.* → ਰਿਫ਼ਰੈਸ਼ਮੈਂਟ

ਰੀਫ਼ਰੈਸ਼ਮੈਂਟ ਰੂਮ (रीफ़रैशमैंट रूम) /rīfạraiśạmāīṭạ rūmạ リーフラエーシュマエーント ルーム/ ▸ਰਿਫ਼ਰੈਸ਼ਮੈਂਟ ਰੂਮ *m.* → ਰਿਫ਼ਰੈਸ਼ਮੈਂਟ ਰੂਮ

ਰੀਂ ਰੀਂ (रीं रीं) /rī̃ rī̃ リーン リーン/ *f.* 1 〖擬声語〗エーンエーン《子供が泣きじゃくる声》. 2 子供の泣きじゃくること. ❐ਰੀਂ ਰੀਂ ਕਰਨਾ (子供が)泣きじゃくる.

ਰੀਲ (रील) /rīlạ リール/ ▸ਰੀਲ੍ਹ *m.* → ਰੀਲ੍ਹ

ਰੀਲ੍ਹ (रील्ह) /rîlạ リール/ ▸ਰੀਲ [Eng. *reel*] *f.* リール, 巻き枠, 糸巻き.

ਰੀਵਿਊ (रीविऊ) /rīviū リーヴィウー/ ▸ਰਿਵੀਊ [Eng. *review*] *m.* 1 復習. 2 評論, 批評.

ਰੀਵਿਊਕਾਰ (रीविऊकार) /rīviūkārạ リーヴィウーカール/ [Eng. *review* Skt.-कार , Pers.-*kār*] *m.* 評論家, 批評家.

ਰੀੜ੍ਹ (रीड़्ह) /rîṛạ リール/ [Skt. रीढ़क] *f.* 〖身体〗背骨, 脊椎, 脊柱. (⇒ਕੰਗਰੋੜ)

ਰੀੜ੍ਹ ਦੀ ਹੱਡੀ (रीड़्ह दी हड्डी) /rîṛạ dī haḍḍī リール ディー ハッディー/ *f.* 〖身体〗背骨, 脊椎, 脊柱. (⇒ਕੰਗਰੋੜ)

ਰੀੜ੍ਹਧਾਰੀ (रीड़्हधारी) /rîṛạtǎrī リールターリー/ [Skt. रीढ़क Skt.-धारी] *adj.* 背骨のある.

ਰੀੜ੍ਹਰਹਿਤ (रीड़्हरहित) /rîṛạraîtạ リールラエート/ [Skt.-रहित] *adj.* 背骨のない.

ਰੀੜ੍ਹਵਾਲਾ (रीड़्हवाला) /rîṛạwālā リールワーラー/ [-ਵਾਲਾ] *adj.* 背骨のある.

ਰੁਆਉਣਾ (रुआउणा) /ruāuṇā ルアーウナー/ [cf. ਰੋਣਾ] *vt.* 泣かせる, 悲しませる.

ਰੁੱਸਣਾ (रुस्सणा) /russaṇā ルッサナー/ ▸ਰੁੱਠਣਾ [Skt. रुष्यति] *vi.* 不機嫌になる, ぐずる, すねる, 苛立つ, 腹を立てる, 怒る. ❐ਬੱਚਾ ਰੁੱਸਦਾ ਹੈ ਤਾਂ ਮਾਂ ਉਸਨੂੰ ਪਿਆਰ ਨਾਲ ਮਨਾਉਂਦੀ ਹੈ। 子供がぐずるとお母さんは子供を優しくなだめます.

ਰੁਸਤਮ (रुसतम) /rusạtamạ ルスタム/ [Pers. *rustam*] *m.* 1 〖人名・歴史〗ルスタム《古代ペルシアの英雄の名》. 2 〖競技〗レスリングのチャンピオンの称号.

ਰੁਸਤਮੇ-ਹਿੰਦ (रुसतमे-हिंद) /rusạtame-hindạ ルスタメー・ヒンド/ [Pers. *rustam-e-hind*] *m.* 〖競技〗レスリングのインド・チャンピオン.

ਰੁਸਤਮੇ-ਜ਼ਮਾਂ (रुसतमे-ज़माँ) /rusạtame-zamā̃ ルスタメー・ザマーン/ [Pers. *rustam-e-zamān*] *m.* 〖競技〗レスリングの世界チャンピオン.

ਰੁਸ਼ਨਾਉਣਾ (रुशनाउणा) /ruśạnāuṇā ルシュナーウナー/ [Pers. *rauśan*] *vt.* 照らす, 明るくする, 輝かせる.

ਰੁਸ਼ਨਾਈ[1] (रुशनाई) /ruśạnāī ルシュナーイー/ ▸ਰੋਸ਼ਨਾਈ [Pers. *rauśan* -ਆਈ] *f.* 1 光, 輝き. (⇒ਚਾਨਣ) 2 明るさ, 明かり, 照明.

ਰੁਸ਼ਨਾਈ[2] (रुशनाई) /ruśạnāī ルシュナーイー/ ▸ਰੋਸ਼ਨਾਈ [Pers. *rosnāʰī*] *f.* インク, 黒インク. (⇒ਸਿਆਹੀ)

ਰੁਸਵਾ (रुसवा) /rusạwā ルスワー/ [Pers. *rusvā*] *adj.* 1 不名誉な, 恥ずべき. (⇒ਜ਼ਲੀਲ) 2 悪評の, 悪名高い. (⇒ਬਦਨਾਮ)

ਰੁਸਵਾਈ (रुसवाई) /rusạwāī ルスワーイー/ [Pers. *rusvāī*] *f.* 1 不名誉. (⇒ਜ਼ਲਾਲਤ) 2 汚名, 悪名. (⇒ਬਦਨਾਮੀ)

ਰੁਸਾਉਣਾ (रुसाउणा) /rusāuṇā ルサーウナー/ ▸ਰੁਠਾਉਣਾ [cf. ਰੁੱਸਣਾ] *vt.* 不機嫌にさせる, ぐずらせる, 苛立たせる, 怒らせる.

ਰੁਸੇਵਾਂ (रुसेवाँ) /rusewā̃ ルセーワーン/ [cf. ਰੁੱਸਣਾ] *m.* 不機嫌, 苛立ち.

ਰੁਹ (रुह) /rô ロー/ ▸ਰੋਹ *m.* → ਰੋਹ

ਰੁਹਬ (रुहब) /rôbạ ローブ/ ▸ਰੋਹਬ *m.* → ਰੋਹਬ

ਰੁਹਲਾ (रुहला) /rôlā ローラー/ *adj.* 不具の, 体の不自由な.

ਰੁਹੜ (रुहड़) /rôṛạ ロール/ ▸ਰੋੜ੍ਹ *m.f.* → ਰੋੜ੍ਹ

ਰੁਹਾਨੀ (रुहानी) /ruhānī | ruǎnī ルハーニー | ルアーニー/ ▸ਰੂਹਾਨੀ [Arab. *rūhānī*] *adj.* 1 魂を持った. 2 魂の, 霊魂の. 3 精神の, 心の.

ਰੁਹਾਨੀਅਤ (रुहानीअत) /ruhānīatạ | ruǎnīatạ ルハーニーアト | ルアーニーアト/ [Pers.-*yat*] *f.* 1 精神性. 2 精神主義.

ਰੁਹਾੜਾ (रुहाड़ा) /ruhāṛā | ruǎṛā ルハーラー | ルアーラー/ *m.* 〖鳥〗白い目の家鴨(あひる).

ਰੁਕਣਾ (रुकणा) /rukaṇā ルカナー/ [cf. ਰੋਕਣਾ] *vi.* 1 止まる, 停まる, 停止する, 立ち止まる, 停車する. ❐ਇਹ ਘੜੀ ਡੇਢ ਘੰਟੇ ਤਕ ਰੁਕੀ ਰਹੀ। この時計は1時間半止まったままでした. ❐ਇਹ ਹਾਦਸਾ ਹੋਣ ਤੋਂ ਬਾਅਦ ਇਸ ਸੜਕ ਤੇ ਤਕਰੀਬਨ ਇੱਕ ਘੰਟਾ ਆਵਾਜਾਈ ਵੀ ਰੁਕੀ ਰਹੀ। この事故が起きた後この道路では約1時間交通も止まったままでした. ❐ਬੈਂਚ ਕੋਲ ਉਹ ਰੁਕ ਗਈ। ベンチの近くで彼女は立ち止まりました. ❐ਇੱਕ ਹੋਰ ਟੈਕਸੀ ਆਈ ਅਤੇ ਰੁਕੀ। もう一台のタクシーが来て停まりました. 2 中止になる, 妨げられる, 延期になる. 3 泊まる, 滞在する, 留まる.

ਰੁਕਨ (रुकन) /rukanạ ルカン/ [Arab. *rukan*] *m.* 1 一員, 会員. (⇒ਮੈਂਬਰ) 2 必要な部分. (⇒ਜ਼ਰੂਰੀ ਅੰਗ) 3 地位のある人, 官職に就いた人. (⇒ਅਹੁਦੇਦਾਰ)

ਰੁਕਵਾਉਣਾ (रुकवाउणा) /rukạwāuṇā ルクワーウナー/ ▸ਰੁਕਾਉਣਾ [cf. ਰੋਕਣਾ] *vt.* 止めさせる, 停止させる.

ਰੁੱਕਾ (रुक्का) /rukkā ルッカー/ [Arab. *ruq`a*] *m.* 1 メモの書かれた紙切れ, 書き付け, 小書簡. (⇒ਛੋਟਾ ਪਰਚਾ, ਚਿੱਟ) 2 受領証.

ਰੁਕਾਉ (रुकाउ) /rukāo ルカーオー/ [cf. ਰੁਕਣਾ] *m.* 止ま

ること, 停止.
ਰੁਕਾਉਣਾ (रुकाउणा) /rukāuṇā ルカーウナー/ ▶ਰੁਕਵਾਉਣਾ *vt.* → ਰੁਕਵਾਉਣਾ
ਰੁਕਾਵਟ (रुकावट) /rukāwaṭa ルカーワト/ [cf. ਰੁਕਣਾ] *f.* **1** 停止. **2** 中断. **3** 妨げ, 妨害.
ਰੁਕੂ (रुकू) /rukū ルクー/ ▶ਰੁਕੂਹ *m.* → ਰੁਕੂਹ
ਰੁਕੂਹ (रुकूह) /rukû ルクー/ ▶ਰੁਕੂ [Arab. *rukū`*] *m.* 〖イスラム〗ナマーズ〔イスラーム教徒の祈り〕において身をかがめる礼拝の姿勢.
ਰੁਖ਼ (रुख़) /ruxa ルク/ [Pers. *rux*] *m.* **1** 〖身体〗顔. (⇒ਮੁਖ, ਮੂੰਹ) **2** 〖身体〗頬. (⇒ਗੱਲ੍ਹ) **3** 顔立ち, 容貌. **4** 側面, 方向, 向き. **5** 態度.
ਰੁੱਖ (रुक्ख) /rukkʰa ルック/ [(Pkt. रुक्ख) Skt. वृक्ष] *m.* 〖植物〗木, 樹, 樹木. (⇒ਦਰਖ਼ਤ)
ਰੁਖ਼ਸਤ (रुख़सत) /ruxasata ルクサト/ [Pers. *ruxṣat*] *f.* **1** 別れ, 告別, 暇乞い. **2** 出発. **3** 見送り, 送別.
ਰੁਖ਼ਸਾਰ (रुख़सार) /ruxasāra ルクサール/ [Pers. *ruxsār*] *m.* 〖身体〗頬. (⇒ਗੱਲ੍ਹ)
ਰੁਖੜਾ (रुखड़ा) /rukʰaṛā ルカラー/ [(Pkt. रुक्ख) Skt. वृक्ष -ੜਾ] *m.* 〖植物〗木, 樹木.
ਰੁਖਾ (रुखा) /rukʰā ルカー/ ▶ਰੁੱਖਾ *adj.* → ਰੁੱਖਾ
ਰੁੱਖਾ (रुक्खा) /rukkʰā ルッカー/ ▶ਰੁਖਾ [Skt. रूक्ष] *adj.* **1** 乾いた, 乾燥した. (⇒ਸੁੱਕਾ) **2** 粗い, ざらざらした, バター油を使って焼いていない. **3** 新鮮でない. **4** 味付けしていない, 味のない, 風味のない, 気の抜けた, うまくない. **5** 野菜などのおかずの付いていない. **6** 無感動な, 無関心な, そっけない, 冷淡な. **7** 行儀の悪い, 粗野な. **8** 無愛想な, ぞんざいな, ぶっきらぼうな.
ਰੁਖਾਈ (रुखाई) /rukʰāī ルカーイー/ [-ਈ] *f.* **1** 乾き, 乾燥. **2** 粗さ.
ਰੁੱਖਾ-ਸੁੱਖਾ (रुक्खा-सुक्खा) /rukkʰā-sukkʰā ルッカー・スッカー/ *adj.* **1** 質素な, 粗末な. **2** 味付けしていない. **3** 乏しい, 貧弱な.
ਰੁੱਖਾਪਣ (रुक्खापण) /rukkʰāpaṇa ルッカーパン/ [Skt. रूक्ष -ਪਣ] *m.* **1** 乾き, 乾燥. **2** 粗さ. **3** 新鮮でないこと. **4** 味のないこと, 風味のないこと, うまくないこと. **5** 無感動, 無関心, 冷淡, そっけなさ. **6** 無愛想, ぶっきらぼう.
ਰੁੱਖਾ-ਮਿੱਸਾ (रुक्खा-मिस्सा) /rukkʰā-missā ルッカー・ミッサー/ [+ Skt. मिश्र] *adj.* **1** 質素な, 粗末な. **2** 味付けしていない. **3** 乏しい, 貧弱な.
ਰੁੱਗ (रुग्ग) /rugga ルッグ/ *m.* 一つかみ.
ਰੁਚਿਤ (रुचित) /rucita ルチト/ [Skt. रुचि] *adj.* **1** 興味のある. **2** 意欲のある.
ਰੁਚੀ (रुची) /rucī ルチー/ [Skt. रुचि] *f.* **1** 興味, 関心, 好み, 趣味. (⇒ਰੁਝਾਨ) ❒ਉਹਦੀ ਪੜ੍ਹਨ ਵਿੱਚ ਕੋਈ ਰੁਚੀ ਨਹੀਂ। あの人は勉強に全く興味がありません. **2** 意欲.
ਰੁਜ਼ਗਾਰ (रुज़गार) /ruzagāra ルズガール/ ▶ਰੋਜ਼ਗਾਰ [Pers. *roz* Pers.*-gār*] *m.* **1** 仕事, 職, 職業. **2** 生業. **3** 生計. **4** 雇用.
ਰੁਜ਼ਾਨਾ (रुज़ाना) /ruzānā ルザーナー/ ▶ਰੋਜ਼ਾਨਾ [Pers.*-āna*] *adj.* 日々の, 毎日の.
— *adv.* 毎日, いつも.
ਰੁਜ਼ੀਨਾ (रुज़ीना) /ruzīnā ルズィーナー/ ▶ਰੋਜ਼ੀਨਾ [Pers. *rozīna*] *m.* **1** 日々の賃金, 日払いの賃金, 日給, 日当. (⇒ਦਿਹਾੜੀ) **2** 生活費手当, 生計費手当.
ਰੁੱਝਣਾ (रुज्झणा) /rûjjaṇā ルッジャナー/ ▶ਰੁੱਧਣਾ [Skt. रुध्यते] *vi.* **1** 忙しくなる, 勤しむ. **2** かかりきりになる. **3** 没頭する.
ਰੁੱਝਾ (रुज्झा) /rûjjā ルッジャー/ ▶ਰੁੱਧਾ [cf. ਰੁੱਝਣਾ] *adj.* **1** 忙しい, (時間が)ふさがっている. **2** かかりきりの, 取り込み中の. **3** 没頭している.
ਰੁਝਾਉਣਾ (रुझाउणा) /rujǎuṇā ルジャーウナー/ [cf. ਰੁੱਝਣਾ] *vt.* **1** 忙しくさせる. **2** かかりきりにさせる. **3** 没頭させる.
ਰੁਝਾਨ (रुझान) /rujǎna ルジャーン/ [Arab. *rujhān*] *m.* **1** 興味, 好み, 趣味. **2** 意向, 傾向, 性癖.
ਰੁਝੇਵਾਂ (रुझेवाँ) /rujěwā̃ ルジェーワーン/ [cf. ਰੁੱਝਣਾ] *m.* 忙しさ, 多忙.
ਰੁਟੀਨ (रुटीन) /ruṭīna ルティーン/ ▶ਰੌਂਤ [Eng. *routine*] *m.* **1** 決まりきった仕事. **2** 日常の仕事. **3** 日課.
ਰੁੱਠਣਾ (रुट्ठणा) /ruṭṭʰaṇā ルッタナー/ ▶ਰੁੱਸਣਾ *vi.* → ਰੁੱਸਣਾ
ਰੁੱਠਾ (रुट्ठा) /ruṭṭʰā ルッター/ [cf. ਰੁੱਸਣਾ] *adj.* 不機嫌な, 苛立っている, 怒っている.
ਰੁਠਾਉਣਾ (रुठाउणा) /ruṭʰāuṇā ルターウナー/ ▶ਰੁਸਾਉਣਾ *vt.* → ਰੁਸਾਉਣਾ
ਰੁੰਡ (रुंड) /ruṇḍa ルンド/ [Skt. रुण्ड] *m.* **1** 〖身体〗頭のない体, 胴体. **2** 〖身体〗坊主頭, 剃髪した頭. **3** 〖植物〗枝や葉のない木, 剪定された木.
ਰੁੱਡ (रुड्ड) /ruḍḍa ルッド/ [Skt. रंध्र] *f.* 穴, 孔. (⇒ਖੁੱਡ)
ਰੁੰਡ ਮੁੰਡ (रुंड मुंड) /ruṇḍa muṇḍa ルンド ムンド/ [Skt. रुण्ड + Skt. मुण्ड] *adj.* **1** 坊主頭の, 剃髪した. **2** 切り詰められた. **3** 刈り込まれた, 剪定された. **4** 枝のない, 葉のない.
ਰੁਣ ਝੁਣ (रुण झुण) /ruṇa cǔṇa ルン チュン/ *f.* **1** 〖擬声語〗チリンチリン《鈴などが鳴る音》. (⇒ਛਣਛਣ) **2** 〖擬声語〗チュンチュン《鳥がさえずる声》. (⇒ਚਹਿਕ)
ਰੁੱਤ (रुत्त) /rutta ルット/ ▶ਰਿਤੁ [Skt. ऋतु] *f.* **1** 〖暦〗季節. (⇒ਮੌਸਮ) **2** 〖気象〗気候, 天候. (⇒ਮੌਸਮ) **3** 〖生理〗月経, 月経期. (⇒ਮਾਹਵਾਰੀ) **4** 〖生理〗妊娠可能期.
ਰੁਤਬਾ (रुतबा) /rutabā ルトバー/ [Arab. *rutba*] *m.* **1** 立場, 地位. (⇒ਅਹੁਦਾ) **2** 区別, 差異.
ਰੁੱਤੀ (रुत्ती) /ruttī ルッティー/ [Skt. ऋतु] *adj.* 〖暦〗季節の, 時季の, 気候の. (⇒ਮੌਸਮੀ)
— *f.* 〖文学〗《 ਰੁੱਤ の複数古形》一年の六つの季節を題材に詠んだ文学作品.
ਰੁੰਦਣਾ[1] (रुंदणा) /rundaṇā ルンダナー/ [Skt. मर्दन] *vi.* 踏みつけられる, 踏み潰される.
ਰੁੰਦਣਾ[2] (रुंदणा) /rundaṇā ルンダナー/ [Skt. रुन्धति] *vi.* 止まる, 停止する.
— *vt.* 止める, 停止させる.
ਰੁਦਨ (रुदन) /rudana ルダン/ [Skt. रुदन] *m.* **1** 泣くこと. (⇒ਰੋਣ) **2** 泣きわめくこと, 泣き悲しむこと. (⇒ਵਿਰਲਾਪ)
ਰੁੱਦਰ (रुद्दर) /ruddara ルッダル/ [Skt. रुद्र] *adj.* 恐ろしい, 怖い. (⇒ਭਿਆਨਕ)
— *m.* **1** 〖ヒ〗ルドラ《リグ・ヴェーダの暴風神. シヴァ神の前身とされている》. **2** 恐ろしさ, 恐怖感.

ਰੁਦਰਾਕਸ਼ (रुदराकश) /rudarākaśa ルダラーカシュ/ ▸ਰੁਦ੍ਰਾਕਸ਼, ਰੁੱਦਰਾਕਸ਼, ਰੁਦਰਾਖ [Skt. रुद्राक्ष] *m.* 〖植物〗 インドジュズノキ(印度数珠の木), ジュズボダイジュ(数珠菩提樹)《ホルトノキ科の高木》, その果実の核《数珠やアクセサリーに加工される》.

ਰੁੱਦਰਾਕਸ਼ (रुद्‌द्राकश) /ruddarākaśa ルッダラーカシュ/ ▸ਰੁਦਰਾਕਸ਼, ਰੁਦ੍ਰਾਕਸ਼, ਰੁਦਰਾਖ *m.* → ਰੁਦਰਾਕਸ਼

ਰੁਦ੍ਰਾਕਸ਼ (रुद्राकश) /rudrākaśa (rudarākaśa) ルドラーカシュ (ルダラーカシュ)/ ▸ਰੁਦਰਾਕਸ਼, ਰੁੱਦਰਾਕਸ਼, ਰੁਦਰਾਖ *m.* → ਰੁਦਰਾਕਸ਼

ਰੁਦਰਾਖ (रुदराख) /rudarākʰa ルダラーク/ ▸ਰੁਦਰਾਕਸ਼, ਰੁੱਦਰਾਕਸ਼, ਰੁਦ੍ਰਾਕਸ਼ *m.* → ਰੁਦਰਾਕਸ਼

ਰੁੱਧਣਾ (रुद्धणा) /rûddaṇā ルッダナー/ ▸ਰੁੱਝਣਾ *vi.* → ਰੁੱਝਣਾ

ਰੁੱਧਾ (रुद्धा) /rûddā ルッダー/ ▸ਰੁੱਝਾ *adj.* → ਰੁੱਝਾ

ਰੁਪਇਆ (रुपइआ) /rupaiā ルパイアー/ ▸ਰੁਪਈਆ, ਰੁਪਯਾ, ਰੁਪੱਯਾ, ਰੁਪਿਆ, ਰੁਪੈਯਾ [Skt. रूप्य] *m.* **1** 〖貨単〗 ルピー《インドの貨幣単位》. **2** 金, お金, 金銭, 財産, 富《これらの意味で用いる場合は単数形》. (⇒ਧਨ)

ਰੁਪਇਆ ਪੈਸਾ (रुपइआ पैसा) /rupaiā paisā ルパイアー パェーサー/ [+ Skt. पाद] *m.* **1** 金, お金, 金銭. **2** 財産, 富. (⇒ਧਨ)

ਰੁਪਇਏ (रुपइए) /rupaie ルパイエー/ ▸ਰੁਪਈਏ, ਰੁਪਏ, ਰੁਪੈ *m.* → ਰੁਪਏ

ਰੁਪਈਆ (रुपईआ) /rupaīā ルパイーアー/ ▸ਰੁਪਇਆ, ਰੁਪਯਾ, ਰੁਪੱਯਾ, ਰੁਪਿਆ, ਰੁਪੈਯਾ *m.* → ਰੁਪਇਆ

ਰੁਪਈਏ (रुपईए) /rupaīe ルパイーエー/ ▸ਰੁਪਇਏ, ਰੁਪਏ, ਰੁਪੈ *m.* → ਰੁਪਏ

ਰੁਪਏ (रुपए) /rupae ルパエー/ ▸ਰੁਪਇਏ, ਰੁਪਈਏ, ਰੁਪੈ [Skt. रूप्य] *m.* 〖貨単〗 ルピー《インドの貨幣単位. 主格・複数形または後置格・単数形》.

ਰੁਪਏ ਵਾਲਾ (रुपए वाला) /rupae wālā ルパエー ワーラー/ [-ਵਾਲਾ] *adj.* 金持ちの, 裕福な, 富裕な. (⇒ਅਮੀਰ, ਪੈਸੇ ਵਾਲਾ)

ਰੁਪਹਿਲਾ (रुपहिला) /rupaîlā ルパェーラー/ [Skt. रूप्य] *adj.* **1** 銀のような. **2** 銀色の.

ਰੁਪਯਾ (रुपया) /rupayā ルパヤー/ ▸ਰੁਪਇਆ, ਰੁਪਈਆ, ਰੁਪੱਯਾ, ਰੁਪਿਆ, ਰੁਪੈਯਾ *m.* → ਰੁਪਇਆ

ਰੁਪੱਯਾ (रुपय्या) /rupayyā ルパッヤー/ ▸ਰੁਪਇਆ, ਰੁਪਈਆ, ਰੁਪਯਾ, ਰੁਪਿਆ, ਰੁਪੈਯਾ *m.* → ਰੁਪਇਆ

ਰੁੱਪਾ (रुप्पा) /ruppā ルッパー/ [Skt. रूप्य] *m.* 〖金属〗 銀. (⇒ਚਾਂਦੀ)

ਰੁਪਿਆ (रुपिआ) /rupiā ルピアー/ ▸ਰੁਪਇਆ, ਰੁਪਈਆ, ਰੁਪਯਾ, ਰੁਪੱਯਾ, ਰੁਪੈਯਾ *m.* → ਰੁਪਇਆ

ਰੁਪੈ (रुपै) /rupai ルパェー/ ▸ਰੁਪਇਏ, ਰੁਪਈਏ, ਰੁਪਏ [Skt. रूप्य] *m.* 〖口語・貨単〗 ルピー《インドの貨幣単位の主格・複数形または後置格・単数形》. ❐ਇੱਕ ਰੁਪੈ ਦੀ ਔਰਤ 1ルピーの女性〔短編小説の題名〕.

ਰੁਪੈਯਾ (रुपैया) /rupaiyā ルパェーヤー/ ▸ਰੁਪਇਆ, ਰੁਪਈਆ, ਰੁਪਯਾ, ਰੁਪੱਯਾ, ਰੁਪਿਆ *m.* → ਰੁਪਇਆ

ਰੁਬਾਈ (रुबाई) /rubāī ルバーイー/ [Arab. *rubā`ī*] *f.* 〖文学〗 四行詩.

ਰੁਮਕਣਾ (रुमकणा) /rumakaṇā ルムカナー/ *vi.* **1** (風が)緩やかに吹く. **2** ゆっくり歩く.

ਰੁਮਕਾ (रुमका) /rumakā ルムカー/ *m.* 〖気象〗 そよ風の一吹き.

ਰੁਮਾਂਸ (रुमाँस) /rumā̃sa ルマーンス/ ▸ਰੋਮਾਂਸ [Eng. *romance*] *m.* **1** ロマンス. **2** 夢物語. **3** 情事, 恋愛事件.

ਰੁਮਾਂਸਵਾਦ (रुमाँसवाद) /rumā̃sawāda ルマーンスワード/ ▸ਰੋਮਾਂਸਵਾਦ [Eng. *romance* Skt.-वाद] *m.* ロマン主義.

ਰੁਮਾਂਸਵਾਦੀ (रुमाँसवादी) /rumā̃sawādī ルマーンスワーディー/ ▸ਰੋਮਾਂਸਵਾਦੀ [Eng. *romance* Skt.-वादिन्] *m.* **1** ロマン主義者. **2** ロマンチスト.

ਰੁਮਾਂਚ (रुमाँच) /rumā̃ca ルマーンチ/ [Skt. रोमाञ्च] *m.* **1** 〖生理〗 鳥肌, 鳥肌が立つこと. **2** 身の毛がよだつこと, 戦慄. **3** 身震いするような感動.

ਰੁਮਾਂਚਕ (रुमाँचक) /rumā̃caka ルマーンチャク/ [Skt. रोमाञ्चक] *adj.* **1** 〖生理〗 鳥肌の立つ. **2** 身の毛がよだつような, 恐ろしい. **3** 身震いするほど感動的な.

ਰੁਮਾਂਟਿਸਿਜ਼ਮ (रुमाँटिसिज़म) /rumā̃ṭisizama ルマーンティスィズム/ [Eng. *romanticism*] *m.* ロマン主義.

ਰੁਮਾਂਟਿਕ (रुमाँटिक) /rumā̃ṭika ルマーンティク/ ▸ਰੋਮਾਂਟਕ, ਰੋਮਾਂਟਿਕ [Eng. *romantic*] *adj.* ロマンチックな.

ਰੁਮਾਨੀਅਨ (रुमानीअन) /rumānīana ルマーニーアン/ [Eng. *Romanian*] *adj.* ルーマニアの, ルーマニア人の, ルーマニア語の.

— *m.* ルーマニア人.

— *f.* ルーマニア語.

ਰੁਮਾਨੀਆ (रुमानीआ) /rumānīā ルマーニーアー/ [Eng. *Rumania*] *m.* 〖国名〗 ルーマニア.

ਰੁਮਾਲ (रुमाल) /rumāla ルマール/ [Pers. *rūmāl*] *m.* **1** ハンカチ. **2** 〖衣服〗 スカーフ.

ਰੁਮਾਲਾ (रुमाला) /rumālā ルマーラー/ [+ ਆ] *m.* **1** 聖典を包む布. **2** 〖スィ〗 聖典『グル・グラント・サーヒブ』を包む布.

ਰੁਮਾਲੀ (रुमाली) /rumālī ルマーリー/ [-ਈ] *f.* **1** 〖衣服〗 小さな腰布, ふんどし. **2** 〖衣服〗 小さなスカーフ.

ਰੁਲਣਾ (रुलणा) /rulaṇā ルルナー/ ▸ਰੁਲਨਾ *vi.* → ਰੁਲਨਾ

ਰੁਲਦ-ਖੁਲਦ (रुलद-खुलद) /rulada-kʰulada ルラド・クラド/ ▸ਰੁਲਦਾ-ਖੁਲਦਾ [cf. ਰੋਲਣਾ] *adj.* なおざりにされた, 可哀相な, 哀れな. (⇒ਬੇਚਾਰਾ, ਗ਼ਰੀਬ)

ਰੁਲਦਾ-ਖੁਲਦਾ (रुलदा-खुलदा) /ruladā-kʰuladā ルルダー・クルダー/ ▸ਰੁਲਦ-ਖੁਲਦ *adj.* → ਰੁਲਦ-ਖੁਲਦ

ਰੁਲਨਾ (रुलना) /rulanā ルルナー/ ▸ਰੁਲਣਾ [cf. ਰੋਲਣਾ] *vi.* **1** なおざりにされる, 気にかけられない, ひどい扱いをされる, 冷遇される. **2** 押し潰される, 踏み潰される, 潰れる. **3** 追い散らされる, 打ち捨てられる, 消散する. **4** さまよう, 浮浪する, 流浪する, 道に迷う. (⇒ਘੁੰਮਣਾ, ਗੁਆਚਣਾ) **5** ならされる, 平らになる. **6** 悪くなる. (⇒ਖ਼ਰਾਬ ਹੋਣਾ)

ਰੁਲਵਾਉਣਾ (रुलवाउणा) /rulawāuṇā ルルワーウナー/ [cf. ਰੋਲਣਾ] *vt.* **1** なおざりにさせる, ひどい扱いをさせる, 冷遇させる. **2** 押し潰させる, 踏み潰させる, 潰させる. **3** さまよわせる, 浮浪させる, 流浪させる. **4** ならさせる, 平らにさせる.

ਰੁਲਾਉਣਾ (रुलाउणा) /rulāuṇā ルラーウナー/ [cf. ਰੋਲਣਾ]

vt. **1** なおざりにする, 冷遇する.　**2** 押し潰す, 踏み潰す.　**3** 泥まみれにする, 汚す.　**4** だめにする, 台無しにする. (⇒ਬਰਬਾਦ ਕਰਨਾ) **5** ならす, 平らにする.

ਰੁੜ੍ਹਨਾ (रुड़्हना) /rûṛanā ルルナー/ [cf. ਰੋੜ੍ਹਨਾ] *vi.* **1** 浮く, 浮かぶ, 漂う, 浮動する.　**2** 流れる. (⇒ਵਹਿਣਾ, ਵਗਣਾ) **3** 流れ去る, 押し流される, 流れに運び去られる.　**4**〘比喩〙浪費される, 無駄遣いされる, 使い果たされる.

ਰੁੜ੍ਹਵਾਉਣਾ (रुड़्हवाउणा) /ruṛawǎuṇā ルルワーウナー/ [cf. ਰੁੜ੍ਹਨਾ] *vt.* **1** 浮かべさせる, 漂わせさせる.　**2** 流させる, 押し流させる.　**3**〘比喩〙浪費させる, 無駄遣いさせる, 使い果たさせる.

ਰੁੜ੍ਹਾ (रुड़्हा) /rûṛā ルラー/ [cf. ਰੁੜ੍ਹਨਾ] *m.* 流れ.

ਰੁੜ੍ਹਾਉਣਾ (रुड़्हाउणा) /ruṛǎuṇā ルラーウナー/ [cf. ਰੁੜ੍ਹਨਾ] *vt.* → ਰੋੜ੍ਹਨਾ

ਰੁੜ੍ਹਾਊ (रुड़्हाऊ) /ruṛǎū ルラーウー/ [cf. ਰੁੜ੍ਹਨਾ] *adj.* **1** 浮かんでいる.　**2** 流れている, 流されている.　**3** 流されるような, 流されそうな.

ਰੂੰ (रूँ) /rū̃ ルーン/ *m.* 原綿.

ਰੂ (रू) /rū ルー/ [Pers. *rū*] *m.* **1** 顔. (⇒ਮੂੰਹ, ਚਿਹਰਾ) **2** 顔立ち, 容貌. (⇒ਸ਼ਕਲ, ਸੂਰਤ) **3** 理由, 根拠. (⇒ਵਜ੍ਹਾ, ਕਾਰਨ)

ਰੂਈ (रूई) /rūī ルーイー/ [Skt. रोम] *f.* **1** 綿, 綿花.　**2**〘植物〙ワタノキ(綿の木), キダチワタ(木立綿)《アオイ科の低木》.

ਰੂਸ (रूस) /rūsa̸ ルース/ [Pers. *rūs*] *m.*〘国名〙ロシア(連邦).

ਰੂਸੀ[1] (रूसी) /rūsī ルースィー/ [Pers. *rūsī*] *adj.* **1** ロシアの.　**2** ロシア人の.　**3** ロシア語の.
— *m.* ロシア人.
— *f.* ロシア語.

ਰੂਸੀ[2] (रूसी) /rūsī ルースィー/ *f.* (頭の)ふけ. (⇒ਸਿੱਕਰੀ)

ਰੂਹ (रूह) /rû ルー/ [Arab. *rūh*] *f.* **1** 魂, 霊魂.　**2** 精神, 気持ち.

ਰੂਹਾਨੀ (रूहानी) /rūhānī | rûānī ルーハーニー | ルーアーニー/ ▸ਰੁਹਾਨੀ *adj.* → ਰੁਹਾਨੀ

ਰੂਜ (रूज) /rūja̸ ルージ/ [Eng. *rouge*] *f.* (化粧用の)紅, 口紅, ルージュ.

ਰੂਟ (रूट) /rūṭa̸ ルート/ [Eng. *route*] *m.* 道, 道筋, 経路, 路線, ルート.

ਰੂਪ (रूप) /rūpa̸ ループ/ [Skt. रूप] *m.* **1** 形, 形状, 形態.　**2** 姿, 容姿, 容貌, 肢体.　**3** 美.　**4** 様相.

ਰੂਪਕ (रूपक) /rūpaka̸ ルーパク/ [Skt. रूपक] *m.* **1** 劇, 演劇, 芝居. (⇒ਨਾਟਕ, ਡਰਾਮਾ) **2**〘文学〙戯曲, 戯作, 脚本.　**3**〘文学〙隠喩, 暗喩, 諷喩.

ਰੂਪ-ਬਦਲੀ (रूप-बदली) /rūpa̸-badalī ループ・バダリー/ [Skt. रूप + cf. ਬਦਲਨਾ] *f.* 容貌の変化, 変貌.

ਰੂਪਮਾਨ (रूपमान) /rūpa̸māna̸ ループマーン/ [Skt. रूप Skt.-मान्] *adj.* **1** 容姿の美しい.　**2** 明白な.

ਰੂਪਰੰਗ (रूपरंग) /rūpa̸raṅga̸ ループラング/ [+ Skt. रंग] *m.* **1** 容姿.　**2** 美しさ.

ਰੂਪਰੇਖਾ (रूपरेखा) /rūpa̸rekʰā ループレーカー/ [+ Skt. रेखा] *f.* **1** 外形, 輪郭.　**2** 概要, 概略, 大筋.　**3** 企画, 設計.　**4** 大まかな計画.　**5** 草案.　**6** 容貌.

ਰੂਪਵੰਤ (रूपवंत) /rūpa̸wanta̸ ループワント/ [Skt.-वंत] *adj.* **1** 容姿の美しい, 綺麗な, 美しい, 美貌の.　**2** ハンサムな, 男前の.

ਰੂਪਵਤੀ (रूपवती) /rūpa̸watī ループワティー/ *adj.* 容姿の美しい, 綺麗な, 美しい, 美貌の.
— *f.* 美女. (⇒ਸੋਹਣੀ ਇਸਤਰੀ)

ਰੂਪਵਾਦ (रूपवाद) /rūpa̸wāda̸ ループワード/ [Skt. रूप Skt.-वाद] *m.* 形式主義.

ਰੂਪਵਾਦੀ (रूपवादी) /rūpa̸wādī ループワーディー/ [Skt.-वादिन्] *m.* 形式主義者.

ਰੂਪਵਾਨ (रूपवान) /rūpa̸wāna̸ ループワーン/ [Skt.-वान्] *adj.* **1** 容姿の美しい, 綺麗な, 美しい, 美貌の.　**2** ハンサムな, 男前の.

ਰੂਪਵਿਧੀ (रूपविधी) /rūpa̸vîdī ループヴィディー/ [+ Skt. विधि] *f.* 様式.

ਰੂਪਾਤਮਕ (रूपातमक) /rūpāta̸maka̸ ルーパートマク/ [Skt.-आत्मक] *adj.* 形式の, 形式上の, 形式的な.

ਰੂਪਾਂਤਰ (रूपाँतर) /rūpā̃tara̸ ルーパーンタル/ [Skt. रूपांतर] *m.* **1** 翻字.　**2** 翻訳, 解釈.　**3** 変形, 変質, 変容.　**4**〘文学〙翻案, 改作, 脚色.

ਰੂਪਾਂਤਰਕਾਰ (रूपाँतरकार) /rūpā̃tara̸kāra̸ ルーパーンタルカール/ [Skt.-कार] *m.* **1** 翻字者.　**2** 翻訳者, 翻訳家.　**3**〘文学〙翻案者, 脚色者.

ਰੂਪਾਂਤਰਨ (रूपाँतरन) /rūpā̃tarana̸ ルーパーンタラン/ [Skt. रूपांतरण] *m.* **1** 変形, 変質, 変容.　**2** 変成作用.

ਰੂਪੋਸ਼ (रूपोश) /rūposa̸ ルーポーシュ/ [Pers. *rūpoś*] *adj.* **1** 顔を覆った, 覆面をした.　**2** 消えた, 姿を消した, 隠れている.　**3** 遁走した, 逃亡した, 潜伏した.

ਰੂਪੋਸ਼ੀ (रूपोशी) /rūpośī ルーポーシー/ [Pers. *rūpośī*] *f.* **1** 顔を覆すこと.　**2** 覆面.　**3** 姿を消すこと, 隠れること.　**4** 遁走, 逃亡, 潜伏.

ਰੂਬਟ (रूबट) /rūbaṭa̸ ルーバト/ ▸ਰੋਬੋਟ, ਰੋਬੌਟ *m.* → ਰੋਬੋਟ

ਰੂਬਰੂ (रूबरू) /rūba̸rū ルーブルー/ [Pers. *ru-ba-rū*] *adv.* **1**《 ਰੂ-ਬਰੂ または ਰੂ-ਬ-ਰੂ とも表記する》対面して, 向き合って, 差し向かいで.　❒ਦੇ ਰੂਬਰੂ ਹੋਣਾ, ਨਾਲ ਰੂਬਰੂ ਹੋਣਾ …と対面する, …と面会する, …に会う.　**2** 面前で, 目前に.　**3** 前に, 正面に.　**4** 向かい側に.

ਰੂਬਲ (रूबल) /rūbala̸ ルーバル/ [Eng. *rouble*] *m.*〘貨単〙ルーブル《ロシアの貨幣単位》.

ਰੂਮ[1] (रूम) /rūma̸ ルーム/ ▸ਰੋਮ [Eng. *Rome*] *m.*〘地名〙ローマ.

ਰੂਮ[2] (रूम) /rūma̸ ルーム/ [Eng. *room*] *m.* 部屋. (⇒ਕਮਰਾ)

ਰੂਮ ਸਾਗਰ (रूम सागर) /rūma̸ sāgara̸ ルーム サーガル/ [Eng. *Rome* + Skt. सागर] *m.*〘地理〙地中海.

ਰੂਮ ਮੇਟ (रूम मेट) /rūma̸ meṭa̸ ルーム メート/ [Eng. *roommate*] *m.* 同室者, 同宿者.

ਰੂਲ (रूल) /rūla̸ ルール/ [Eng. *rule*] *m.* **1** 統治, 支配.　**2** 規則, 規定.　**3**〘道具〙物差し, 定規.

ਰੂਲਰ[1] (रूलर) /rūlara̸ ルーラル/ [Eng. *ruler*] *m.* **1** 統治者, 支配者.　**2**〘道具〙物差し, 定規.

ਰੂਲਰ[2] (रूलर) /rūlara̸ ルーラル/ ▸ਰੋਲਰ *m.* → ਰੋਲਰ

ਰੂਲਿੰਗ (रूलिंग) /rūliṅga̸ ルーリング/ [Eng. *ruling*] *f.* **1** 統治, 支配.　**2** 線引き, 物差しで線を引くこと.

ਰੂੜ੍ਹੀ (रूड़्ही) /rûṛī ルーリー/ [Skt. रूढि] *f.* **1** 伝統.　**2**

慣習, 慣例. **3** 因習.

ਰੂੜ੍ਹੀਗਤ (रूढ़ीगत) /rûṛīgata ルーリーガト/ [Skt. रूढ़िगत] *adj.* **1** 伝統的な. **2** 慣習的な. **3** 因習的な.

ਰੂੜ੍ਹੀਮੁਕਤ (रूढ़ीमुकत) /rûṛīmukata ルーリームカト/ [Skt. रूढ़ि + Skt. मुक्त] *adj.* 因習にとらわれない.

ਰੂੜ੍ਹੀਵਾਦ (रूढ़ीवाद) /rûṛīwāda ルーリーワード/ [Skt.-वाद] *m.* 慣例尊重主義, 因習尊重主義.

ਰੂੜ੍ਹੀਵਾਦੀ (रूढ़ीवादी) /rûṛīwādī ルーリーワーディー/ [Skt.-वादिन्] *adj.* 慣例尊重主義の.

— *m.* 慣例尊重主義者.

ਰੂੜੀ (रूड़ी) /rūṛī ルーリー/ ▸ਅਰੂੜੀ *f.* 〖農業〗肥料, 堆肥, 動物の糞など肥やしとなるものの堆積. (⇒ਹੈਲ, ਖਾਦ, ਰੇਹ)

ਰੇਉੜੀ (रेउड़ी) /reoṛī | reuṛī レーオーリー | レーウリー/ ▸ ਰਿਉੜੀ, ਰਿਓੜੀ, ਰੇਵੜੀ *f.* → ਰਿਉੜੀ

ਰੇਸ[1] (रेस) /resa レース/ [Eng. *race*] *f.* 競走, レース.

ਰੇਸ[2] (रेस) /resa レース/ [Eng. *race*] *f.* **1** 人種, 種族, 民族. **2** 家系, 家柄.

ਰੇਸਕੋਰਸ (रेसकोरस) /resakorasa レースコールス/ [Eng. *racecourse*] *m.* **1** 競走路. **2** 競馬場.

ਰੇਸਤਰਾਂ (रेसतराँ) /resatarā̃ レースタラーン/ ▸ਰੈਸਤੋਰਾਂ [Pers. *restūrān* bf. Fre.] *m.* レストラン, 料理店, 飲食店.

ਰੇਸ਼ਮ (रेशम) /reśama レーシャム/ [Pers. *reśam*] *m.* 〖布地〗絹, シルク, 絹布. (⇒ਸਿਲਕ)

ਰੇਸ਼ਮੀ (रेशमी) /reśamī レーシャミー/ ▸ਰਸਮੀਨ [Pers. *reśmī*] *adj.* **1** 〖布地〗絹の, 絹製の. **2** 絹のような, 絹のように柔らかい. **3** 滑らかで光沢のある.

ਰੇਸ਼ਾ (रेशा) /reśā レーシャー/ [Pers. *reśa*] *m.* **1** 繊維. (⇒ਫ਼ਾਈਬਰ) **2** 神経繊維. **3** 繊維の多いこと. **4** 鼻汁. **5** 〖医〗風邪. (⇒ਜ਼ੁਕਾਮ)

ਰੇਸ਼ੇਦਾਰ (रेशेदार) /reśedāra レーシェーダール/ [Pers.-*dār*] *adj.* 繊維の, 繊維状の.

ਰੇਸ਼ੋ (रेशो) /reśo レーショー/ [Eng. *ratio*] *f.* **1** 比率, 割合. **2** 〖数学〗比.

ਰੇਹ (रेह) /rê レー/ *f.* **1** 〖化学〗化石アルカリ, アルカリ性の土壌. **2** 塩分を含む土壌. **3** 〖農業〗肥料. (⇒ ਰੂੜੀ, ਹੈਲ, ਖਾਦ)

ਰੇਹੜ (रेहड़) /rêṛa レール/ ▸ਰੇੜ੍ਹ *m.* → ਰੇੜ੍ਹ

ਰੇਹੜਾ (रेहड़ा) /rêṛā レーラー/ ▸ਰੇੜ੍ਹਾ *m.* → ਰੇੜ੍ਹਾ

ਰੇਹੜੀ (रेहड़ी) /rêṛī レーリー/ ▸ਰੇੜ੍ਹੀ *f.* → ਰੇੜ੍ਹੀ

ਰੇਖ (रेख) /rekʰa レーク/ [Skt. रेखा] *f.* **1** 線, 筋. **2** 〖身体〗手のひらや足の裏の線, 手相.

ਰੇਖ਼ਤਾ (रेख़ता) /rexatā レークター/ [Pers. *rexta*] *m.* **1** 〖文学〗レーフター(レークター)《ペルシア語の韻律を混淆して作られたウルドゥー語の詩文体の一つ》. **2** レーフター(レークター)語《ムガル朝時代の初期のウルドゥー語に対する呼び名. アラビア語・ペルシア語系の語彙が, ヒンディー語のカリー・ボーリー方言に混淆された言語》. **3** (煉瓦や石などの)建築資材. **4** 〖建築〗煉瓦や石で造られた建物. (⇒ਪੱਕੀ ਇਮਾਰਤ)

ਰੇਖ਼ਤੀ (रेख़ती) /rexatī レークティー/ [Pers. *rextī*] *f.* 〖文学〗レーフティー(レークティー)《女性の用いる日常的な語彙や表現を強調的に採り入れ, 女性の視点で作られたウルドゥー語の恋愛詩》.

ਰੇਖਾ (रेखा) /rekʰā レーカー/ [Skt. रेखा] *f.* **1** 線, 直線, 筋. **2** 〖身体〗手のひらや足の裏の線, 手相, 顔の表情に現れた皺. **3** (手相の線から分かる)運命, 運勢.

ਰੇਖਾ-ਅੰਕਿਤ (रेखा-अंकित) /rekʰā-aṅkita レーカー・アンキト/ [Skt. रेखा + Skt. अंकित] *adj.* **1** 線の描かれた, 下線の引かれた. **2** 描かれた, 描写された.

ਰੇਖਾ-ਗਣਿਤ (रेखा-गणित) /rekʰā-gaṇita レーカー・ガニト/ [+ Skt. गणित] *m.* 幾何, 幾何学. (⇒ਜੁਮੈਟਰੀ)

ਰੇਖਾਤਮਕ (रेखातमक) /rekʰātamaka レーカートマク/ [Skt.-आत्मक] *adj.* 線の, 筋の.

ਰੇਖੀ (रेखी) /rekʰī レーキー/ [-ਈ] *adj.* 線の, 筋の.

ਰੇਗ (रेग) /rega レーグ/ [Pers. *reg*] *f.* 砂. (⇒ਰੇਤ)

ਰੇਗਮਾਰ (रेगमार) /regamāra レーグマール/ [Pers. *reg* + Skt. मर्दन] *m.* 紙やすり.

ਰੇਗਿਸਤਾਨ (रेगिसतान) /regisatāna レーギスターン/ [Pers. *registān*] *m.* 〖地理〗砂漠. ❐ਊਠ ਰੇਗਿਸਤਾਨ ਦਾ ਜਹਾਜ਼ ਹੈ। 駱駝は砂漠の船です. ❐ਰੇਗਿਸਤਾਨ ਵਿੱਚ ਦਿਨ ਗਰਮ ਅਤੇ ਰਾਤਾਂ ਠੰਢੀਆਂ ਹੁੰਦੀਆਂ ਹਨ। 砂漠では昼は暑く夜は寒いのです.

ਰੇਗਿਸਤਾਨੀ (रेगिसतानी) /regisatānī レーギスターニー/ [Pers. *registānī*] *adj.* 〖地理〗砂漠の.

ਰੇਚਕ (रेचक) /recaka レーチャク/ [Skt. रेचक] *adj.* 〖薬剤〗下剤の.

ਰੇਂਜ (रेंज) /rēja レーンジ/ [Eng. *range*] *m.* **1** 〖調〗(ガスや電気などの)レンジ, 天火, オーブン. **2** 射撃場, 発射場. **3** 範囲, 射程.

ਰੇਜ[1] (रेज) /reja レージ/ *m.* **1** 湿気. **2** 水分. **3** しみ出した水分・液体.

ਰੇਜ[2] (रेज) /reja レージ/ *m.* **1** 愛情. **2** 利益. **3** 社会的な利益.

ਰੇਜ਼ਗਾਰੀ (रेज़गारी) /rezagārī レーズガーリー/ [Pers. *rezagī*] *f.* 〖貨幣〗小銭, 釣り銭, お釣り. (⇒ਭਾਨ)

ਰੇਂਜਰ (रेंजर) /rējara レーンジャル/ [Eng. *ranger*] *m.* 〖軍〗特別攻撃隊員.

ਰੇਜ਼ਰ (रेज़र) /rezara レーザル/ [Eng. *razor*] *m.* 〖道具〗剃刀(かみそり). (⇒ਉਸਤਰਾ)

ਰੇਜ਼ਾ (रेज़ा) /rezā レーザー/ [Pers. *reza*] *m.* 小片, 断片.

ਰੇਜੀਮੈਂਟ (रेजीमेंट) /rejīmēṭa レージーメーント/ ▸ਰਜਮੰਟ, ਰਜਮੈਂਟ, ਰੈਜਮੈਂਟ *f.* → ਰਜਮੰਟ

ਰੇਟ (रेट) /reṭa レート/ [Eng. *rate*] *m.* **1** 率, 比率, 割合, 歩合, レート. (⇒ਦਰ) **2** 相場. **3** 市価, 価格, 値段, 料金. (⇒ਭਾ)

ਰੇਠੜਾ (रेठड़ा) /reṭʰaṛā レータラー/ ▸ਰੀਠਾ, ਰੇਠਾ *m.* → ਰੀਠਾ

ਰੇਠਾ (रेठा) /reṭʰā レーター/ ▸ਰੀਠਾ, ਰੇਠੜਾ *m.* → ਰੀਠਾ

ਰੇਂਡਾ (रेंडा) /rēḍā レーンダー/ ▸ਰੀਂਡਾ *m.* → ਰੀਂਡਾ

ਰੇਡੀਓ (रेडीओ) /reḍīo レーディーオー/ [Eng. *radio*] *m.* ラジオ.

ਰੇਡੀਅਮ (रेडीअम) /reḍīama レーディーアム/ [Eng. *radium*] *m.* 〖化学〗ラジウム.

ਰੇਂਡੀਅਰ (रेंडीअर) /rēḍīara レーンディーアル/ [Eng. *reindeer*] *m.* 〖動物〗トナカイ.

ਰੇਣ (रेण) /reṇḁ レーン/ [Skt. रेणु] *f.* 埃, 土埃. (⇒ਧੂੜ, ਬਰੀਕ ਮਿੱਟੀ)

ਰੇਤ (रेत) /retḁ レート/ ▸ਰੇਤਾ [Skt. रेत्र] *f.* **1** 砂. (⇒ਰੇਗ) **2** 〖地理〗砂地.

ਰੇਤਣਾ (रेतणा) /retaṇā レータナー/ [Skt. रेत्र] *vt.* やすりをかける, やすりで削る.

ਰੇਤਲਾ (रेतला) /retalā レータラー/ [Skt. रेत्र + ਲਾ] *adj.* 砂の, 砂の多い, 砂地の.

ਰੇਤੜ (रेतड़) /retaṛḁ レータル/ [+ ੜ] *adj.* 〖地理〗砂地の.

— *m.* 〖地理〗砂地.

ਰੇਤਾ (रेता) /retā レーター/ ▸ਰੇਤ *m.* → ਰੇਤ

ਰੇਤੀ (रेती) /retī レーティー/ [Skt. रेत्र -ਈ] *f.* 〖道具〗やすり.

ਰੇਤੀਲਾ (रेतीला) /retīlā レーティーラー/ [-ਈਲਾ] *adj.* **1** 砂の, 砂の多い. **2** 〖地理〗砂地の.

ਰੇਨਕੋਟ (रेनकोट) /renḁkoṭḁ レーンコート/ [Eng. *raincoat*] *m.* 〖衣服〗レインコート, 雨合羽.

ਰੇਪ (रेप) /repḁ レープ/ *f.* 鉛を詰めて重くした貝殻. (⇒ਰਿੱਚ)

ਰੇਬੀਜ਼ (रेबीज़) /rebīzḁ レービーズ/ [Eng. *rabies*] *m.* 〖医〗狂犬病. (⇒ਹਲਕ)

ਰੇਲ (रेल) /relḁ レール/ [Eng. *rail*] *f.* **1** 軌道, 線路, レール. **2** 鉄道. ❐ਰੇਲ ਦਾ ਫਾਟਕ 踏切の遮断機. **3** 〖乗物〗列車.

ਰੇਲਗੱਡੀ (रेलगड्डी) /relḁgaḍḍī レールガッディー/ [Eng. *rail* + Pkt. गड्डी] *f.* 〖乗物〗列車, 鉄道車両.

ਰੇਲਣਾ (रेलणा) /relaṇā レーラナー/ *vt.* **1** 押す, 突く. **2** 積み上げる. **3** 〖農業〗脱穀した穀物を集積する.

ਰੇਲਵੇ (रेलवे) /relḁwe レールウェー/ [Eng. *railway*] *f.* **1** 線路. **2** 鉄道.

ਰੇਲਵੇ ਸਟੇਸ਼ਨ (रेलवे सटेशन) /relḁwe saṭeśanḁ レールウェー サテーシャン/ [Eng. *railway station*] *m.* 鉄道の駅.

ਰੇਲਵੇ ਕ੍ਰਾਸਿੰਗ (रेलवे क्रासिंग) /relḁwe krāsiṅgḁ (relḁwe karāsiṅgḁ) レールウェー クラースィング (レールウェー カラースィング)/ [Eng. *railway crossing*] *m.* 踏切.

ਰੇਲਵੇ ਟਾਈਮ ਟੇਬਲ (रेलवे टाईम टेबल) /relḁwe ṭāimḁ ṭebalḁ レールウェー ターイム テーバル/ [Eng. *railway timetable*] *m.* 鉄道時刻表.

ਰੇਲਵੇ ਫਾਟਕ (रेलवे फाटक) /relḁwe pʰāṭakḁ レールウェー パータク/ [Eng. *railway* + Skt. कपाट] *m.* 踏切の遮断機.

ਰੇਲਾ (रेला) /relā レーラー/ *m.* **1** 氾濫. **2** 雑踏.

ਰੇਲਿੰਗ (रेलिंग) /reliṅgḁ レーリング/ [Eng. *railing*] *f.* 〖建築〗手摺り, 欄干, 柵.

ਰੇਵਰ (रेवर) /rewarḁ レーワル/ ▸ਰੇਵੜ [(Mul.)] *m.* → ਰੇਵੜ

ਰੇਵੜ (रेवड़) /rewaṛḁ レーワル/ ▸ਰੇਵਰ *m.* (羊や山羊の)群れ. (⇒ਇੱਜੜ)

ਰੇਵੜੀ (रेवड़ी) /rewaṛī レーワリー/ ▸ਰਿਉੜੀ, ਰਿਓੜੀ, ਰੇਉੜੀ *f.* → ਰਿਓੜੀ

ਰੇੜ੍ਹ (रेड़्ह) /rêṛḁ レール/ ▸ਰੇਹੜ [cf. ਰੇੜ੍ਹਨਾ] *m.* **1** 回転. **2** 流れ. **3** 急流.

ਰੇੜ੍ਹਨਾ (रेड़्हना) /rêṛanā レールナー/ [cf. ਰਿੜ੍ਹਨਾ] *vt.* **1** 転がす. **2** 押す.

ਰੇੜ੍ਹਾ (रेड़्हा) /rêṛā レーラー/ ▸ਰੇਹੜਾ [cf. ਰੇੜ੍ਹਨਾ] *m.* 手押し車.

ਰੇੜ੍ਹੀ (रेड़्ही) /rêṛī レーリー/ ▸ਰੇਹੜੀ [cf. ਰੇੜ੍ਹਨਾ] *f.* 小型の手押し車.

ਰੇੜਕਾ (रेड़का) /reṛakā レールカー/ *m.* **1** 喧嘩, 争い, 紛争. (⇒ਝਗੜਾ, ਪੁਆੜਾ) **2** 攪拌.

ਰੇੜੂ (रेड़ू) /reṛū レールー/ [(Mul.) cf. ਰਿੜ੍ਹਨਾ] *adj.* 転がりやすい.

ਰੈ (रै) /rai ラェー/ ▸ਰਈ *f.* → ਰਈ

ਰੈਸਟ (रैसट) /raisaṭḁ ラェースト/ [Eng. *rest*] *m.* 休息, 休憩, 休養, 休み.

ਰੈਸਟ ਹਾਊਸ (रैसट हाऊस) /raisaṭḁ hāūsḁ ラェースト ハーウース/ [Eng. *rest house*] *m.* 宿泊所, レストハウス.

ਰੈਸਟੂਰੈਂਟ (रैसटूरैंट) /raisaṭūrãīṭḁ ラェーストゥーラェーント/ ▸ਰੈਸਟੋਰਾਂ, ਰੈਸਟੋਰੈਂਟ *m.* → ਰੈਸਟੋਰੈਂਟ

ਰੈਸਟੋਰਾਂ (रैसटोराँ) /raisaṭorā̃ ラェーストーラーン/ ▸ਰੈਸਟੂਰੈਂਟ, ਰੈਸਟੋਰੈਂਟ *m.* → ਰੈਸਟੋਰੈਂਟ

ਰੈਸਟੋਰੈਂਟ (रैसटोरैंट) /raisaṭorãīṭḁ ラェーストーラェーント/ ▸ਰੈਸਟੂਰੈਂਟ, ਰੈਸਟੋਰਾਂ [Eng. *restaurant*] *m.* レストラン, 料理店, 飲食店.

ਰੈਸਤੋਰਾਂ (रैसतोराँ) /raisatorā̃ ラェーストーラーン/ ▸ਰੇਸਤਰਾਂ *m.* → ਰੇਸਤਰਾਂ

ਰੈਂਕ (रैंक) /rãīkḁ ラェーンク/ [Eng. *rank*] *m.* **1** 列, 並び. **2** 序列, 階級, 位, 身分.

ਰੈਕ (रैक) /raikḁ ラェーク/ [Eng. *rack*] *m.* 網棚, 物置棚.

ਰੈਕਟ (रैकट) /raikaṭḁ ラェーカト/ [Eng. *racket*] *m.* 〖競技・道具〗ラケット.

ਰੈਕਟਰ (रैकटर) /raikaṭarḁ ラェークタル/ [Eng. *rector*] *m.* **1** 〖キ〗教区牧師. **2** 修道院長. **3** 校長, 学長, 大学理事.

ਰੈਗੂਲਰ (रैगूलर) /raigūlarḁ ラェーグーラル/ [Eng. *regular*] *adj.* **1** 規則的な, 規則正しい. **2** 正規の.

ਰੈਗੂਲੇਸ਼ਨ (रैगूलेशन) /raigūleśanḁ ラェーグーレーシャン/ [Eng. *regulation*] *m.* 規則.

ਰੈਗੂਲੇਟਰ (रैगूलेटर) /raigūleṭarḁ ラェーグーレータル/ [Eng. *regulator*] *m.* 〖器具〗調節装置, 調整器, 加減器.

ਰੈਂਚ (रैंच) /rãīcḁ ラェーンチ/ [Eng. *wrench*] *m.* 〖道具〗レンチ, 自在スパナ.

ਰੈਜਮੈਂਟ (रैजमैंट) /raijḁmãīṭḁ ラェージマェーント/ ▸ਰਜਮੰਟ, ਰਜਮੈਂਟ, ਰੇਜੀਮੈਂਟ *f.* → ਰਜਮੰਟ

ਰੈਜ਼ੀਡੈਂਸੀ (रैज़ीडैंसी) /raizīḍãīsī ラェーズィーダェーンスィー/ [Eng. *residency*] *f.* **1** 〖建築〗レジデントの公邸. **2** 居住, 居留, 駐在. **3** 医学研修期間.

ਰੈਜ਼ੀਡੈਂਟ (रैज़ीडैंट) /raizīḍãīṭḁ ラェーズィーダェーント/ [Eng. *resident*] *m.* **1** 〖歴史〗レジデント《英領インドの地方政府における英国総督代理〔政治顧問〕》. **2** 居住者.

ਰੈਜ਼ੂਲੇਸ਼ਨ (रैज़ूलेशन) /raizūleśanḁ ラェーズーレーシャン/ ▸ਰੈਜ਼ੋਲਿਊਸ਼ਨ, ਰੈਜ਼ੋਲੂਸ਼ਨ [Eng. *resolution*] *m.* 決定, 決議, 決意.

ਰੈਜ਼ੋਲਿਊਸ਼ਨ (रैज़ोलिऊशन) /raizoliūśanḁ ラェーゾーリウーシャン/ ▸ਰੈਜ਼ੂਲੇਸ਼ਨ, ਰੈਜ਼ੋਲੂਸ਼ਨ *m.* → ਰੈਜ਼ੂਲੇਸ਼ਨ

ਰੈਜ਼ੋਲੂਸ਼ਨ (रैज़ोलूशन) /raizolūśana ラェーゾールーシャン/ ▸ਰੈਜ਼ੂਲੇਸ਼ਨ, ਰੈਜ਼ੋਲਿਊਸ਼ਨ *m.* → ਰੈਜ਼ੂਲੇਸ਼ਨ

ਰੈਂਟ (रैंट) /rãīṭa ラェーント/ [Eng. *rent*] *m.* 賃貸料.

ਰੈੱਡ (रैड्ड) /raiḍḍa ラェーッド/ [Eng. *red*] *adj.* 赤い. (⇒ਲਾਲ)

ਰੈੱਡਕ੍ਰਾਸ (रैड्डक्रास) /raiḍḍakrāsa (raiḍḍakarāsa) ラェーッドクラース (ラェーッドカラース)/ [Eng. *Red Cross*] *f.* 赤十字.

ਰੈੱਡ ਲਾਈਟ (रैड्ड लाईट) /raiḍḍa lāīṭa ラェーッド ラーイート/ [Eng. *red light*] *f.* 赤信号, 危険信号, 停止信号. (⇒ਲਾਲ ਬੱਤੀ)

ਰੈਡੀ (रैडी) /raiḍī ラェーディー/ [Eng. *ready*] *adj.* 用意のできた. (⇒ਤਿਆਰ)

ਰੈਡੀਮੇਡ (रैडीमेड) /raiḍīmeḍa ラェーディーメード/ [Eng. *ready-made*] *adj.* 既製の, 既製品の, 出来合いの. (⇒ਬਣਿਆ ਬਣਾਇਆ)

ਰੈਣ (रैण) /raiṇa ラェーン/ [Skt. रजनी] *f.* 夜. (⇒ਰਾਤ)

ਰੈਣਾ (रैणा) /raiṇā ラェーナー/ ▸ਰੈਂਣਾ *m.* → ਰੈਂਣਾ

ਰੈਣੀ (रैणी) /raiṇī ラェーニー/ [Skt. रेणु] *f.* 〖金属〗溶かされる金・銀.

ਰੈਤਾ (रैता) /raitā ラェーター/ ▸ਰਾਇਤਾ [Skt. राजिकाक्त] *m.* 〖料理〗ラーイター《主に野菜類をヨーグルトに混ぜて香辛料を加えた料理》.

ਰੈਦਾਸ (रैदास) /raidāsa ラェーダース/ ▸ਰਮਦਾਸ, ਰਵਦਾਸ, ਰਵਿਦਾਸ, ਰਵੀਦਾਸ *m.* → ਰਵਿਦਾਸ

ਰੈਪਰ (रैपर) /raipara ラェーパル/ [Eng. *wrapper*] *m.* 包装紙.

ਰੈਪੀਟੀਸ਼ਨ (रैपीटीशन) /raipīṭīśana ラェーピーティーシャン/ [Eng. *repetition*] *f.* 反復, 繰り返し.

ਰੈਫ਼ਰੀ (रैफ़री) /raifarī ラェーファリー/ [Eng. *referee*] *m.* レフェリー, 審判員.

ਰੈਫ਼ਰੀਜਿਰੇਟਰ (रैफ़रीजिरेटर) /raifarījireṭara ラェーフリージレータル/ [Eng. *refrigerator*] *m.* 冷蔵庫. (⇒ਫ਼ਰਿੱਜ)

ਰੈਲੀ (रैली) /railī ラェーリー/ [Eng. *rally*] *f.* **1**〖政治〗(政党や組合などの)決起大会. **2**〖競技〗(テニスなどの)激しい打ち合い.

ਰੈਵੀਨਿਊ (रैवीनिऊ) /raivīniū ラェーヴィーニウー/ [Eng. *revenue*] *m.* **1**〖経済〗(国家の)歳入. **2**(個人や企業などの)収入.

ਰੋਸ (रोस) /rosa ロース/ ▸ਰੋਸਾ [Skt. रोष] *m.* **1** 怒り, 腹立たしさ. (⇒ਗ਼ੁੱਸਾ, ਨਰਾਜ਼ਗੀ) **2** 不快, 苛立ち. **3** すねること, ふてくされること.

ਰੋਸ਼ਨ (रोशन) /rośana ローシャン/ [Pers. *rauśan*] *adj.* **1** 明かりのともっている, 燃えている. **2** 明るい, 輝いている. **3** 光っている, きらきら光る, 発光している. **4** 照らされた. **5** 明らかな. **6** 有名な, 著名な.

ਰੋਸ਼ਨ-ਖ਼ਿਆਲ (रोशन-ख़िआल) /rośana-xiāla ローシャン・キアール/ [+ Arab. *xayāl*] *adj.* **1** 啓発された, 教化された. **2** 賢い, 賢明な.

ਰੋਸ਼ਨ-ਜ਼ਮੀਰ (रोशन-ज़मीर) /rośana-zamīra ローシャン・ザミール/ [+ Arab. *zamīr*] *adj.* **1** 良心的な, 誠実な. **2** 啓発された, 教化された.

ਰੋਸ਼ਨਦਾਨ (रोशनदान) /rośanadāna ローシャンダーン/ [Pers.-*dān*] *m.* **1**〖建築〗明かり窓, 天窓. **2** 換気孔, 通風孔.

ਰੋਸ਼ਨ-ਦਿਮਾਗ਼ (रोशन-दिमाग़) /rośana-dimāğa ローシャン・ディマーグ/ [+ Arab. *dimāğ*] *adj.* **1** 頭脳明敏な, 聡明な. **2** 才能溢れる.

ਰੋਸ਼ਨਾਈ[1] (रोशनाई) /rośanāī ローシュナーイー/ ▸ਰੁਸ਼ਨਾਈ *f.* → ਰੁਸ਼ਨਾਈ[1]

ਰੋਸ਼ਨਾਈ[2] (रोशनाई) /rośanāī ローシュナーイー/ ▸ਰੁਸ਼ਨਾਈ *f.* → ਰੁਸ਼ਨਾਈ[2]

ਰੋਸ਼ਨੀ (रोशनी) /rośanī ローシュニー/ [Pers. *rauśanī*] *f.* **1** 光, 輝き, 明るさ. **2** 明かり, 照明, 灯火. **3** 輝き, きらめき.

ਰੋਸੜ (रोसड़) /rosaṛa ローサル/ [cf. ਰੁੱਸਣਾ] *adj.* **1** 苛立ちやすい, すぐに腹を立てる. **2** すぐにすねる, ふてくされやすい. **3** 不機嫌な, 気難しい.

ਰੋਸਾ (रोसा) /rosā ローサー/ ▸ਰੋਸ *m.* → ਰੋਸ

ਰੋਹ (रोह) /rô ロー/ ▸ਰੁਹ [(Pkt. रोस) Skt. रोष] *m.* 怒り, 激怒, 憤激. (⇒ਗੁੱਸਾ, ਕਰੋਧ) ❐ਰੋਹ ਚੜ੍ਹਨਾ 怒る, 激怒する, 憤然とする, 憤慨する. ❐ਕੂਕਾ ਲਹਿਰ ਤੋਂ ਪਿੱਛੋਂ ਅਨੇਕ ਲਹਿਲਾਂ ਦੇ ਰੂਪ ਵਿੱਚ ਪੰਜਾਬੀਆਂ ਦਾ ਰੋਹ ਜਾਗਿਆ। クーカー運動の後多くの政治運動の形でパンジャーブの人々の怒りが目覚めました.

ਰੋਹਜ (रोहज) /rôja ロージ/ ▸ਰੋਝ [Sind. *roj*^{h}*u*] *m.*〖動物〗ニルガイ《ウシ科の草食動物.「ウマシカ」とも呼ばれる》. (⇒ਨੀਲ ਗਾਂ)

ਰੋਹਣੀ (रोहणी) /rôṇī ローニー/ [Skt. रोहिणी] *f.* **1**〖動物〗雌牛, 牝牛. **2**〖天文〗第四の星宿. **3**〖天文〗月. **4**〖気象〗雷, 稲妻, 稲光. **5**〖医〗ジフテリア.

ਰੋਹਬ (रोहब) /rôba ローブ/ ▸ਰੁਹਬ [Arab. *ro`b*] *m.* **1** 畏怖, 畏敬, 威圧. (⇒ਜਬ੍ਹਾ) **2** 威厳, 威信. (⇒ਗੌਰਵ) **3** 圧力, 圧迫. (⇒ਦਾਬ) **4** 影響.

ਰੋਹਬਦਾਰ (रोहबदार) /rôbadāra ローブダール/ [Pers.-*dār*] *adj.* **1** 威厳のある. **2** 強い印象を与える.

ਰੋਹੀ (रोही) /rohī | rôī ローヒー | ローイー/ *f.*〖地理〗未耕作の土地.

ਰੋਹੂ (रोहू) /rohū | rôū ローフー | ローウー/ [Skt. रोहित] *f.*〖魚〗鯉に似た大魚の一種.

ਰੋਹੇ (रोहे) /rohe | rôe ローヘー | ローエー/ *m.*〖医〗トラコーマ.

ਰੋਕ[1] (रोक) /roka ローク/ [cf. ਰੋਕਣਾ] *f.* **1** 禁止, 制止, 停止. **2** 制限, 制約, 抑制. **3** 妨害, 障害.

ਰੋਕ[2] (रोक) /roka ローク/ [Skt. रोक] *adv.* 現金で.

ਰੋਕਣਾ (रोकणा) /rokaṇā ローカナー/ [Skt. रोधयति] *vt.* **1** 止める, 停止させる, 中止する, 留める. ❐ਜਦੋਂ ਵੱਖ ਵੱਖ ਧਾਰਮਿਕ ਜਲੂਸ ਨਿਕਲਦੇ ਹਨ ਤਾਂ ਦਿੱਲੀ ਦੇ ਬਹੁਤ ਸਾਰੇ ਹਿੱਸਿਆਂ ਵਿੱਚ ਕਈ ਘੰਟਿਆਂ ਤਕ ਟਰੈਫ਼ਿਕ ਰੋਕ ਦਿੱਤਾ ਜਾਂਦਾ ਹੈ। 色々異なる宗教行列が繰り出すとデリーのとても多くの地区で何時間も交通が止められます. **2** 禁止する, 禁じる, やめさせる. ❐ਫ਼ਰਾਂਸ ਵਾਂਗ ਹੋਰ ਦੇਸ਼ਾਂ ਵਿੱਚ ਵੀ ਪਗੜੀ ਅਤੇ ਕਿਰਪਾਨ ਪਹਿਨਣ ਤੋਂ ਰੋਕ ਦਿੱਤਾ ਜਾਏਗਾ। フランスのように他の国々でもターバンと短剣を身に着けることが禁止されるでしょう. **3** 中止する, 延期する. **4** 抑える, 抑制する, 制限する, 押し止める. **5** 阻む, 阻止する, 遮る, 遮断する, 食い止める, 防ぐ. **6** 妨げる, 妨害する.

ਰੋਕੜ (रोकड़) /rokaṛa ローカル/ [Skt. रोक] *f.* **1** 現金, キャッシュ. (⇒ਨਕਦ) **2** 即金.
ਰੋਕੜ ਖਾਤਾ (रोकड़ खाता) /rokaṛa kʰātā ローカル カーター/ [+ Skt. क्षत्रं] *m.* 現金勘定. (⇒ਵਹੀ ਖਾਤਾ)
ਰੋਕੜ ਵਹੀ (रोकड़ वही) /rokaṛa wahī ローカル ワヒー/ [+ Skt. वाहिका] *f.* **1** 現金出納帳, 現金出納原簿. **2** 〖器具〗金銭登録器.
ਰੋਕੜ ਵਿੱਕਰੀ (रोकड़ विक्करी) /rokaṛa vikkarī ローカル ヴィッカリー/ [+ Skt. विक्रय] *f.* 現金売り.
ਰੋਕੜੀ (रोकड़ी) /rokaṛī ローカリー/ [-ਈ] *f.* **1** 現金. (⇒ਨਕਦ)
— *adj.* 現金の. (⇒ਨਕਦ)
ਰੋਕੜੀਆ (रोकड़ीआ) /rokaṛīā ローカリーアー/ [-ਈਆ] *m.* **1** 現金出納係. **2** 会計係. (⇒ਖ਼ਜ਼ਾਨਚੀ)
ਰੋਕੂ (रोकू) /rokū ロークー/ [cf. ਰੋਕਣਾ] *adj.* **1** 止める, 制止の. **2** 避ける, 回避の.
ਰੋਗ (रोग) /roga ローグ/ [Skt. रोग] *m.* 病気, 疾病, 疾患. (⇒ਬਿਮਾਰ) ❐ਰੋਗ ਉਪਜਾਊ 病原の, 発病させる. ❐ਰੋਗ ਸੰਬੰਧੀ 病理上の, 病理学の. ❐ਰੋਗ ਚਿਕਿਤਸਾ 病気の治療. ❐ਰੋਗ ਦੀ ਤਫ਼ਤੀਸ਼ 診断, 診断書. ❐ਰੋਗ ਭਰਮ ヒポコンデリー, 心気症. ❐ਰੋਗ ਮੁਕਤ 病気のない, 健康な. ❐ਰੋਗ ਵਾਹਕ 保菌者, 伝染病媒体. ❐ਰੋਗ ਵਿਗਿਆਨ 病理学.
ਰੋਗਗ੍ਰਸਤ (रोगग्रसत) /rogagrasata (rogagarasata) ローググラスト (ローグガラスト)/ [Skt. रोग + Skt. ग्रस्त] *adj.* 病気の, 病気に罹った, 罹病した.
ਰੋਗਜਨਕ (रोगजनक) /rogajanaka ローグジャナク/ [Skt. रोग Skt.-जनक] *adj.* 病気を引き起こす, 病原の.
ਰੋਗਣ (रोगण) /rogaṇa ローガン/ [-ਣ] *f.* 女性の患者, 女性の病人.
ਰੋਗ਼ਨ (रोग़न) /roġana ローガン/ [Pers. rauġan] *m.* **1** 脂肪, 油脂, グリース. **2** 〖食品〗精製バター, ギー. (⇒ਘਿਓ) **3** 塗料, ペンキ. **4** ニス, ワニス.
ਰੋਗ਼ਨੀ (रोग़नी) /roġanī ローグニー/ [Pers. rauġanī] *adj.* **1** 塗料を塗った. **2** ニスを塗った.
ਰੋਗ ਵਿੱਦਿਆ (रोग विद्दिआ) /roga viddiā ローグ ヴィッディアー/ [Skt. रोग + Skt. विद्या] *f.* 〖医〗病理学. (⇒ਰੋਗ ਵਿਗਿਆਨ)
ਰੋਗਾਣੂ (रोगाणू) /rogāṇū ローガーヌー/ [Skt. रोग + Skt. अणु] *m.* 〖医〗病原菌.
ਰੋਗੀ (रोगी) /rogī ローギー/ [Skt. रोगिन्] *adj.* 病気の, 病気に罹った, 患っている.
— *m.* 患者, 病人.
ਰੋਚਕ (रोचक) /rocaka ローチャク/ ▸ਰੌਚਕ [Skt. रोचक] *adj.* **1** 面白い, 興味を引く. **2** 心地よい, 楽しい, 気持ちのいい, 愉快な.
ਰੋਚਕਤਾ (रोचकता) /rocakatā ローチャクター/ [Skt.-ता] *f.* **1** 面白さ. **2** 心地よさ.
ਰੋਜ਼[1] (रोज़) /roza ローズ/ [Pers. roz] *m.* 日, 一日.
— *adv.* 毎日.
ਰੋਜ਼[2] (रोज़) /roza ローズ/ [Eng. rose] *m.* 〖植物〗バラ(薔薇).
ਰੋਜ਼ਗਾਰ (रोज़गार) /rozagāra ローズガール/ ▸ਰੁਜ਼ਗਾਰ *m.* → ਰੁਜ਼ਗਾਰ
ਰੋਜ਼ਨਾਮਚਾ (रोज़नामचा) /rozanāmacā ローズナームチャー/ *m.* 日誌, 日記.
ਰੋਜ਼ ਬਰੋਜ਼ (रोज़ बरोज़) /roza baroza ローズ バローズ/ [Pers. roz-ba-roz] *adv.* 毎日. (⇒ਹਰ ਰੋਜ਼)
ਰੋਜ਼ ਰੋਜ਼ (रोज़ रोज़) /roza roza ローズ ローズ/ [Pers. roz + Pers. roz] *adv.* 毎日毎日, 来る日も来る日も.
ਰੋਜ਼ਾ[1] (रोज़ा) /rozā ローザー/ [Pers. roza] *m.* 〖イス〗(宗教的な意味での)断食.
ਰੋਜ਼ਾ[2] (रोज़ा) /rozā ローザー/ ▸ਰੌਜ਼ਾ *m.* → ਰੌਜ਼ਾ
ਰੋਜ਼ਾਨਾ (रोज़ाना) /rozānā ローザーナー/ ▸ਰੁਜ਼ਾਨਾ *adj.adv.* → ਰੁਜ਼ਾਨਾ
ਰੋਜ਼ੀ (रोज़ी) /rozī ローズィー/ [Pers. rozī] *f.* **1** 生活費. **2** 生計, 生業, 生活の手段. **3** 日常の食事. **4** 糧.
ਰੋਜ਼ੀਨਾ (रोज़ीना) /rozīnā ローズィーナー/ ▸ਰੁਜ਼ੀਨਾ *m.* → ਰੁਜ਼ੀਨਾ
ਰੋਜ਼ੇਦਾਰ (रोज़ेदार) /rozedāra ローゼーダール/ [Pers. roza Pers.-dār] *m.* 〖イス〗ラマザーン(ラマダーン)月に断食を行う人.
ਰੋਝ (रोझ) /rôja ロージ/ ▸ਰੋਹਜ *m.* → ਰੋਹਜ
ਰੋਟ (रोट) /roṭa ロート/ [Pkt. रोट्ट] *m.* 〖料理〗ロート《厚焼きのローティー〔無発酵平焼きパン〕. 甘く味付けされているのが通例》.
ਰੋਟੀ (रोटी) /roṭī ローティー/ *f.* **1** 〖料理〗ローティー《北インドで主食とされる無発酵平焼きパンの総称. 全粒の小麦粉を水で練って作った生地を薄く焼いたものが主であるが, トウモロコシ粉のローティー ਮੱਕੀ ਦੀ ਰੋਟੀ のように, トウモロコシ・ヒエ・アワなどその他の穀物の平焼きパンも指す》. **2** 〖比喩〗食事, 食料, 食べ物, 日常の食事, 糧. (⇒ਰੋਜ਼ੀ) **3** 〖比喩〗生活の糧, 生活費, 生活の手段. (⇒ਰੋਜ਼ੀ)
ਰੋਟੀ ਕੱਪੜਾ (रोटी कप्पड़ा) /roṭī kappaṛā ローティー カッパラー/ *m.* **1** 食料と衣服, 衣食. **2** 〖比喩〗生活必需品.
ਰੋਟੀ ਟੁੱਕ (रोटी टुक्क) /roṭī ṭukka ローティー トゥック/ *m.* **1** 食事. **2** 食料, 食べ物.
ਰੋਟੀ ਦਾਲ (रोटी दाल) /roṭī dāla ローティー ダール/ ▸ਦਾਲ ਰੋਟੀ *f.* → ਦਾਲ ਰੋਟੀ
ਰੋਟੀ ਪਾਣੀ (रोटी पाणी) /roṭī pāṇī ローティー パーニー/ *m.* 飲食物, 食事.
ਰੋਟੀ ਵੇਲਾ (रोटी वेला) /roṭī welā ローティー ウェーラー/ *m.* 食事の時間.
ਰੋਡ[1] (रोड) /roḍa ロード/ [Skt. रुण्ड] *m.* 〖身体〗坊主頭, 丸刈りの頭.
ਰੋਡ[2] (रोड) /roḍa ロード/ [Eng. road] *f.* 道路, 街道, 道.
ਰੋਡਸ਼ੋ (रोडशो) /roḍaśo ロードショー/ [Eng. roadshow] *m.* **1** (芝居などの)地方興行. **2** 〖政治〗地方遊説. ❐ਕਾਂਗਰਸੀ ਪਰਧਾਨ ਸੋਨੀਆ ਗਾਂਧੀ ਵੀ ਅੰਮ੍ਰਿਤਸਰ ਦਾ ਰੋਡਸ਼ੋ ਕਰਨ ਵਾਲੀ ਹੈ। 国民会議派総裁のソーニーアー・ガーンディーもアムリトサルでの遊説を行う予定です. **3** (映画の)ロードショー.
ਰੋਡਾ (रोडा) /roḍā ローダー/ [Skt. रुण्ड] *adj.* 〖身体〗坊主頭の. (⇒ਗੰਜਾ)
ਰੋਣ (रोण) /roṇa ローン/ [cf. ਰੋਣਾ] *m.* **1** 泣くこと. **2** 泣

きわめくこと, 泣き悲しむこと. (⇒ਵਿਰਲਾਪ)

ਰੋਣਾ (रोणा) /roṇā ローナー/ [Skt. रोदति] *vi.* **1** 泣く. **2** 欲しがって泣く, 泣きつく, 哀願する. **3** 泣き悲しむ, 嘆く.

ਰੋਣੀ (रोणी) /roṇī ローニー/ [cf. ਰੋਣਾ] *adj.* 悲しい.

ਰੋਂਦ (रोंद) /rõda ローンド/ *m.* 〖競技〗試合でのフェアでない行為.

ਰੋਂਦੂ (रोंदू) /rõdū ローンドゥー/ *adj.* 〖競技〗フェアプレイを行わない.

ਰੋਪਣਾ (रोपणा) /ropaṇā ローパナー/ [Skt. रोप्यते] *vt.* **1** 植える. (⇒ਬੂਟਾ ਲਾਉਣਾ) **2** 移植する. **3** 種子を蒔く. (⇒ਬੀਜਣਾ)

ਰੋਬੋਟ (रोबोट) /roboṭa ローボート/ ▸ਰੂਬਟ, ਰੋਬੌਟ [Eng. *robot*] *m.* **1** ロボット, 人造人間. **2** 自動装置. **3** 〖比喩〗機械的に働く人, 人の言うなりに動く存在.

ਰੋਬੌਟ (रोबौट) /robauṭa ローバォート/ ▸ਰੂਬਟ, ਰੋਬੋਟ *m.* → ਰੋਬੋਟ

ਰੋਮ[1] (रोम) /roma ローム/ [Skt. रोम] *m.* 〖身体〗体毛, 体全体に生えている毛, 柔らかく細い毛.

ਰੋਮ[2] (रोम) /roma ローム/ ▸ਰੂਮ *m.* → ਰੂਮ[1]

ਰੋਮਨ (रोमन) /romana ローマン/ [Eng. *Roman*] *adj.* ローマの.

ਰੋਮਾਂਸ (रोमाँस) /romãsa ローマーンス/ ▸ਰੁਮਾਂਸ *m.* → ਰੁਮਾਂਸ

ਰੋਮਾਂਸਵਾਦ (रोमाँसवाद) /romãsawāda ローマーンスワード/ ▸ਰੁਮਾਂਸਵਾਦ *m.* → ਰੁਮਾਂਸਵਾਦ

ਰੋਮਾਂਸਵਾਦੀ (रोमाँसवादी) /romãsawādī ローマーンスワーディー/ ▸ਰੁਮਾਂਸਵਾਦੀ *m.* → ਰੁਮਾਂਸਵਾਦੀ

ਰੋਮਾਂਟਕ (रोमाँटक) /romãṭaka ローマーンタク/ ▸ਰੁਮਾਂਟਿਕ, ਰੋਮਾਂਟਿਕ *adj.* → ਰੁਮਾਂਟਿਕ

ਰੋਮਾਂਟਿਕ (रोमाँटिक) /romãṭika ローマーンティク/ ▸ਰੁਮਾਂਟਿਕ, ਰੋਮਾਂਟਕ *adj.* → ਰੁਮਾਂਟਿਕ

ਰੋਲ[1] (रोल) /rola ロール/ [Eng. *role*] *m.* **1** 配役, 役. ❐ਰੋਲ ਕਰਨਾ 役を演じる. **2** 役割.

ਰੋਲ[2] (रोल) /rola ロール/ [Eng. *roll*] *f.* **1** 回転, 転がり. **2** 巻物. **3** 出席簿, 名簿.

ਰੋਲਕਾਲ (रोलकाल) /rolakāla ロールカール/ [Eng. *roll-call*] *f.* 出欠点呼.

ਰੋਲਡ ਗੋਲਡ (रोलड गोलड) /rolaḍa golaḍa ロールド ゴールド/ [Eng. *rolled gold*] *m.* 金メッキ, 金張り.

ਰੋਲਣਾ (रोलणा) /rolaṇā ロールナー/ ▸ਰੋਲਨਾ [Skt. लोडयति] *vt.* **1** 地面でこする, 地面の上で引きずる. (⇒ਮਿੱਟੀ ਵਿੱਚ ਮਧੋਲਨਾ) **2** 押し潰す, 踏み潰す. **3** 泥まみれにする, 泥で汚す, 汚す. **4** だめにする, 台無しにする. (⇒ਖ਼ਰਾਬ ਕਰਨਾ, ਬਰਬਾਦ ਕਰਨਾ) **5** なおざりにする, 冷遇する. **6** 打ち勝つ, 打ち負かす. (⇒ਜਿੱਤਣਾ, ਹਰਾਉਣਾ)

ਰੋਲਨਾ[1] (रोलना) /rolanā ロールナー/ [Skt. लोलयति] *vt.* **1** 選別する, 選り分ける, 選び出す, 選りすぐる. (⇒ਛਾਂਟਣਾ, ਚੁਗਣਾ) **2** 手で寄せ集める. **3** 雑多に集積された穀物・果物の中から大粒のものや良質のものを手で選り分ける.

ਰੋਲਨਾ[2] (रोलना) /rolanā ロールナー/ ▸ਰੋਲਣਾ *vt.* → ਰੋਲਣਾ

ਰੋਲਰ (रोलर) /rolara ローラル/ ▸ਰੂਲਰ [Eng. *roller*] *m.* **1** 〖道具〗ローラー《円筒状の棒》. **2** 〖機械〗地ならし機. **3** 〖調〗延し棒, 麺棒.

ਰੋੜ (रोड़) /roṛa ロール/ *m.* 小石.

ਰੋੜ੍ਹ (रोड़्ह) /rôṛa ロール/ ▸ਰੁਹੜ [cf. ਰੋੜ੍ਹਨਾ] *m.* **1** 流れ. **2** 急流, 奔流, 激流, 滝のような流れ.

ਰੋੜ੍ਹਨਾ (रोड़्हना) /rôṛanā ロールナー/ [Skt. लुण्ठयति] *vt.* **1** 浮かべる, 漂わせる, 浮動させる. **2** 流す, 押し流す, 流れで運び去る. (⇒ਵਹਾਉਣਾ) **3** 〖比喩〗浪費する, 無駄遣いする, 使い果たす.

ਰੋੜਾ (रोड़ा) /roṛā ローラー/ *m.* **1** 石ころ. **2** 煉瓦のかけら. **3** 障害, 障害物, 邪魔物.

ਰੋੜੀ (रोड़ी) /roṛī ローリー/ *f.* 小石.

ਰੋੜੂ (रोड़ू) /roṛū ロールー/ [cf. ਰੋੜ੍ਹਨਾ] *adj.* とても速く流れる, 急流の.

ਰੌਂ (रौं) /rãũ ラォーン/ ▸ਰਉਂ, ਰੌ *f.* → ਰੌ

ਰੌ (रौ) /rau ラォー/ ▸ਰਉਂ, ਰੌਂ [Pers. *rau*] *f.* **1** 流れ, 水流. (⇒ਵਹਾਉ, ਵਹਿਣ) **2** 動き, 動作, 運動. (⇒ਗਤੀ, ਚਾਲ) **3** 激情, 熱望. (⇒ਵਲਵਲਾ) **4** 気分, 機嫌. (⇒ਮੂਡ)

ਰੌਂਸ (रौंस) /rãũsa ラォーンス/ ▸ਰਉਂਸ [Pers. *raviś*] *f.* **1** 道. (⇒ਰਾਹ, ਰਸਤਾ) **2** 方法, 様式, 型. (⇒ਢੰਗ, ਤਰੀਕਾ) **3** 先例, 慣習. **4** 使用法, 慣用.

ਰੌਂਗਟਾ (रौंगटा) /rãũgaṭā ラォーングター/ [Skt. रोम] *m.* 〖身体〗体毛.

ਰੌਚਕ (रौचक) /raucaka ラォーチャク/ ▸ਰੋਚਕ *adj.* → ਰੋਚਕ

ਰੌਜ਼ਾ (रौज़ा) /rauzā ラォーザー/ ▸ਰੋਜ਼ਾ [Arab. *rauza*] *m.* **1** 〖建築・イス〗廟, 霊廟, 聖者廟. (⇒ਮਕਬਰਾ) **2** 庭園. (⇒ਬਾਗ਼)

ਰੌਂਡ (रौंड) /rãũḍa ラォーンド/ ▸ਰੁਟੀਨ [Eng. *routine*] *m.* → ਰੁਟੀਨ

ਰੌਣਕ (रौणक) /rauṇaka ラォーナク/ [Arab. *raunaq*] *f.* **1** 明るさ, 輝き. **2** 明るい表情. **3** 楽しい様子. **4** 賑わい. **5** 栄えている状態, 繁栄, 繁盛.

ਰੌਣਕ-ਮੇਲਾ (रौणक-मेला) /rauṇaka-melā ラォーナク・メーラー/ [+ Skt. मेलक] *m.* お祭り騒ぎ.

ਰੌਣਕੀ (रौणकी) /rauṇakī ラォーナキー/ [-ਈ] *adj.* **1** 陽気な, 明るい. **2** 楽しい.

ਰੌਣਾ (रौणा) /rauṇā ラォーナー/ ▸ਰੈਣਾ [Skt. रवण] *m.* 鐘・鈴の舌(ぜつ).

ਰੌਣੀ (रौणी) /rauṇī ラォーニー/ *f.* 〖農業〗耕作地の散水.

ਰੌਂਦ (रौंद) /rãũda ラォーンド/ [Eng. *round*] *m.* **1** 円筒形の物. **2** 〖武〗弾薬筒, 弾丸. (⇒ਗੋਲੀ)

ਰੌਂਦਣਾ (रौंदणा) /rãũdaṇā ラォーンダナー/ [Skt. मर्दयति] *vt.* **1** 踏みつける, 踏み潰す. (⇒ਮਿੱਧਣਾ) **2** 台無しにする. **3** 砕く.

ਰੌਦਰ (रौदर) /raudara ラォーダル/ [Skt. रौद्र] *adj.* **1** 恐ろしい. (⇒ਭਿਆਨਕ) **2** 狂暴な, 荒れ狂う, 激怒した.
— *m.* 激怒, 憤激, 激情.

ਰੌਲ[1] (रौल) /raula ラォール/ [Eng. *round*] *f.* **1** 回, 度, 番, 順番. (⇒ਵਾਰੀ) **2** 勤務・役割の交替, 交替番. **3** 〖スィ〗アカンド・パート ਅਖੰਡ-ਪਾਠ において読誦を務める分担.

ਰੌਲ[2] (रौल) /raula ラォール/ ▸ਰਮਲੀਆ *m.* → ਰਮਲੀਆ

ਰੌਲਾ (रौला) /raulā ラォーラー/ [Skt. रवण] *m.* **1** 叫び, 叫喚. **2** 騒音. **3** 喧噪, 大騒ぎ. **4** いざこざ, 騒動, 騒乱.

ਰੌੜ (रौड़) /rauṛa ラォール/ *f.* **1**〖地理〗草木の生えていない平地. **2** 不毛の平地.

ਲ ਲ਼

ਲ (ल) /lallā ラッラー/ *m.*〖文字〗グルムキー文字の字母表の33番目の文字《舌先を上の歯茎にあて, 舌の両側から呼気を出して発音する半母音の「ラ」 la を表す》.

ਲ਼ (ळ) /lalle pairī̃ bindī | ḷaḷḷā ラッレー パェーリーン ビンディー | ラッラー/ *m.*〖文字〗グルムキー文字の字母表の33番目の文字 ਲ の下に点の付いた文字《標準パンジャービーの土台となったマージー方言にある la の反り舌音 ḷa を表す. しかし, この ਲ਼ の表記は一般に定着していないため, ਲ が代用され, 下部に点のない文字の発音になるのが普通である. 本辞典でも ਲ਼ を語のつづりに用いず, すべて ਲ に統一した》.

ਲਉਂਗ (लउँग) /laũga ラウング/ ▶ਲੌਂਗ *m.* → ਲੌਂਗ

ਲਉਂਡਾ (लउँडा) /laũḍā ラウンダー/ ▶ਲੌਂਡਾ *m.* → ਲੌਂਡਾ

ਲਉਂਦਾ (लउँदा) /laũdā ラウンダー/ *m.* カラスのカーカーという鳴き声.

ਲਈ (लई) /laī ライー/ *postp.* **1**《利益・目的・意図》…のために, …の目的で, …するために, …しに. ❐ਚਾਚਾ ਜੀ ਮੇਰੇ ਲਈ ਨਾਰੀਅਲ ਲੈ ਕੇ ਆਏ ਸਨ। 叔父さんは私のためにココナツを持って来ました. ❐ਉਹ ਕਿਸੇ ਗ਼ਰੀਬ ਦੀ ਧੀ ਦੇ ਵਿਆਹ ਲਈ ਪੈਸਾ ਦਿੰਦਾ ਸੀ। 彼は誰か貧しい人の娘の結婚のためにお金を出していました. ❐ਭਾਰਤ ਅਤੇ ਪਾਕਿਸਤਾਨ ਨੂੰ ਸ਼ਾਂਤੀ ਲਈ ਠੋਸ ਯੋਜਨਾਬੰਦੀ ਬਣਾਉਣੀ ਚਾਹੀਦੀ ਹੈ। インドとパキスタンは和平のために確固たる計画を立てるべきです. ❐ਬੱਚੇ ਰੋਟੀ ਖਾਣ ਲਈ ਘਰਾਂ ਨੂੰ ਚੱਲੇ ਗਏ। 子供たちは食事をしに家に帰りました. ❐ਅਸੀਂ ਫ਼ਤਿਹਪੁਰ ਸੀਕਰੀ ਵੇਖਣ ਲਈ ਗਏ। 私たちはファテープル・スィークリーを見に行きました. ❐ਤੁਸੀਂ ਕਿਸ ਲਈ ਪੁੱਛਦੇ ਹੋ? あなたは何のために(＝なぜ)尋ねるのですか. ❐ਮਠ ਦੀ ਅਸਥਾਪਨਾ ਕਿਸ ਲਈ ਕੀਤੀ ਜਾਂਦੀ ਹੈ? 僧院は何のために(＝なぜ)開設されるのですか. **2**《原因・理由》…ので, …だから, …のために, …の理由で. ❐ਮੁੰਡਾ ਖ਼ੁਸ਼ ਹੈ ਇਸ ਲਈ ਕਿ ਉਹ ਇਮਤਿਹਾਨ ਵਿੱਚੋਂ ਪਾਸ ਹੋ ਗਿਆ ਹੈ। 少年は試験に合格したので喜んでいます. **3**《対象・関連・関わり》…にとって, …に対して, …に関して. ❐ਮੇਰੇ ਲਈ ਕੀ ਹੁਕਮ ਹੈ? 私に何の御用ですか. **4**《時間の幅・期間》…の間. ❐ਇਹ ਕੰਮ ਕੇਵਲ ਥੋੜ੍ਹੇ ਚਿਰ ਲਈ ਕੀਤਾ ਗਿਆ ਸੀ। この仕事はほんの少しの間だけ行われました. ❐ਇਹ ਆਫ਼ਿਸ ਇੱਕ ਹਫ਼ਤੇ ਲਈ ਬੰਦ ਰਹੇਗਾ। この事務所は一週間閉まったままでしょう.

ਲੱਸ (लस्स) /lassa ラッス/ [cf. ਲੱਸਣਾ] *f.* 輝き, 光沢. (⇒ਚਮਕ, ਲਿਸ਼ਕ)

ਲਸੰਸ (लसंस) /lasansa ラサンス/ ▶ਲਸੈਂਸ, ਲਾਈਸੈਂਸ [Eng. *license*] *m.* **1** 免許. **2** 免許証, 免許状.

ਲਸੰਸ ਹੋਲਡਰ (लसंस होलडर) /lasansa holaḍara ラサンス ホールダル/ [Eng. *license holder*] *m.* 免許所持者.

ਲਸੰਸਦਾਰ (लसंसदार) /lasansadāra ラサンスダール/ [Eng. *license* Pers.-*dār*] *m.* 免許所持者.

ਲਸੰਸੀ (लसंसी) /lasansī ラサンスィー/ [Eng. *license* -ਈ] *adj.* 免許を持っている.

ਲਸ਼ਕਣਾ (लशकणा) /laśakaṇā ラシュカナー/ ▶ਲਿਸ਼ਕਣਾ *vi.* → ਲਿਸ਼ਕਣਾ

ਲਸ਼ਕਰ (लशकर) /laśakara ラシュカル/ [Pers. *laśkar*] *m.* **1** 軍隊, 軍勢. (⇒ਫ਼ੌਜ) **2** 駐留地, 軍営, 兵営. (⇒ਛਾਉਣੀ) **3** 群衆, 人だかり.

ਲਸ਼ਕਰੀ (लशकरी) /laśakarī ラシュカリー/ [Pers. *laśkarī*] *adj.* **1** 軍隊の. **2** 軍営の, 兵営の.
— *m.* **1**〖軍〗軍人, 兵士. **2** 軍営の随行者.

ਲਸਕਾਉਣਾ (लसकाउणा) /lasakāuṇā ラスカーウナー/ ▶ਲਸ਼ਕਾਉਣਾ, ਲਿਸ਼ਕਾਉਣਾ, ਲਿਸ਼ਕਾਣਾ *vt.* → ਲਿਸ਼ਕਾਉਣਾ

ਲਸ਼ਕਾਉਣਾ (लशकाउणा) /laśakāuṇā ラシュカーウナー/ ▶ਲਸਕਾਉਣਾ, ਲਿਸ਼ਕਾਉਣਾ, ਲਿਸ਼ਕਾਣਾ *vt.* → ਲਿਸ਼ਕਾਉਣਾ

ਲਸਕਾਰ (लसकार) /lasakāra ラスカール/ ▶ਲਸ਼ਕਾਰ, ਲਸਕਾਰਾ, ਲਸ਼ਕਾਰਾ, ਲਿਸ਼ਕਾਰ, ਲਿਸ਼ਕਾਰਾ *m.* → ਲਿਸ਼ਕਾਰ

ਲਸ਼ਕਾਰ (लशकार) /laśakāra ラシュカール/ ▶ਲਸਕਾਰ, ਲਸਕਾਰਾ, ਲਸ਼ਕਾਰਾ, ਲਿਸ਼ਕਾਰ, ਲਿਸ਼ਕਾਰਾ *m.* → ਲਿਸ਼ਕਾਰ

ਲਸਕਾਰਾ (लसकारा) /lasakārā ラスカーラー/ ▶ਲਸਕਾਰ, ਲਸ਼ਕਾਰ, ਲਸ਼ਕਾਰਾ, ਲਿਸ਼ਕਾਰ, ਲਿਸ਼ਕਾਰਾ *m.* → ਲਿਸ਼ਕਾਰ

ਲਸ਼ਕਾਰਾ (लशकारा) /laśakārā ラシュカーラー/ ▶ਲਸਕਾਰ, ਲਸ਼ਕਾਰ, ਲਸਕਾਰਾ, ਲਿਸ਼ਕਾਰ, ਲਿਸ਼ਕਾਰਾ *m.* → ਲਿਸ਼ਕਾਰ

ਲਸਟਕਾ (लसटका) /lasaṭakā ラスタカー/ ▶ਲਸ਼ਟਕਾ *f.* → ਲਸ਼ਟਕਾ

ਲਸ਼ਟਕਾ (लशटका) /laśaṭakā ラシュタカー/ ▶ਲਸਟਕਾ [Skt. यष्टिका] *f.* 棒, 棍棒. (⇒ਲਾਠੀ)

ਲਸਣ (लसण) /lasaṇa ラサン/ [Skt. लशुन] *m.* **1**〖植物〗ニンニク(大蒜・葫). (⇒ਥੋਮ) **2**〖医〗皮膚の黒い斑点.

ਲੱਸਣਾ (लस्सणा) /lassaṇā ラッサナー/ [Skt. लसति] *vi.* 光る, 輝く, きらめく. (⇒ਚਮਕਣਾ, ਲਿਸ਼ਕਣਾ)

ਲੱਸਦਾਰ (लस्सदार) /lassadāra ラッスダール/ [cf. ਲੱਸਣਾ Pers.-*dār*] *adj.* **1** 光っている. **2** 輝いている. **3** つやのある, 光沢のある.

ਲਸਲਸਾ (लसलसा) /lasalasā ラスラサー/ *adj.* ねばねばの, べとべとする, 粘着性の.

ਲੱਸਾ (लस्सा) /lassā ラッサー/ [cf. ਲੱਸਣਾ] *m.*〖布地〗インドアカネ(印度茜)の染料で染めた布, 赤い布. (⇒ਸਾਲੂ)

ਲੱਸੀ (लस्सी) /lassī ラッスィー/ [Skt. लसीका] *f.* **1**〖飲料〗ラッスィー〔飲むヨーグルト〕《ダヒー〔凝乳, ヨーグルト〕に塩または砂糖を加え, 水で泡立つように溶いた飲み物》. **2**〖食品〗ラッスィー〔脱脂乳〕《水とダヒーを混ぜて攪拌することによって脂肪分を取り除いた残り物》. (⇒ਕੱਸਾ, ਛਾਛ, ਮੱਠਾ)

ਲੱਸੀ ਮੁੰਦਰੀ (लस्सी मुंदरी) /lassī mundarī ラッスィー ムンダリー/ [+ Skt. मुद्रा -ਈ] *f.*〖儀礼〗ラッスィー・ムンダリー《新郎新婦がラッスィー ਲੱਸੀ〔脱脂乳〕をいれた壺に落とされた ਮੁੰਦਰੀ〔指輪〕を探すのを競う, 古くからの結婚儀礼》.

ਲਸੈਂਸ (लसैंस) /lasãĩsa ラサェーンス/ ▸ਲਸੰਸ, ਲਾਈਸੈਂਸ *m.* → ਲਸੰਸ

ਲਹਜਾ (लहजा) /lâjā ラージャー/ ▸ਲਹਿਜਾ *m.* → ਲਹਿਜਾ

ਲਹਜ਼ਾ (लहज़ा) /lâzā ラーザー/ ▸ਲਹਿਜ਼ਾ *m.* → ਲਹਿਜ਼ਾ

ਲਹਣਾ (लहणा) /lâṇā ラーナー/ *vt.* **1** 得る, 獲得する. **2** 取る.

ਲਹਬਰ (लहबर) /lâbara | lahabara ラーバル | ラフバル/ [Arab. *lahab*] *f.* **1** 炎. (⇒ਅੱਗ ਦੀ ਲਾਟ) **2** 高く燃え上がる炎. (⇒ਭਾਂਬੜ)

ਲਹਾਉਣਾ (लहाउणा) /lăuṇā | lahāuṇā ラーウナー | ラハーウナー/ ▸ਲੁਹਾਉਣਾ [cf. ਲਾਹੁਣਾ] *vt.* **1** 降ろさせる, 下げさせる. **2** 脱がせる, 脱ぎ捨てさせる.

ਲਹਾਅ (लहाअ) /lăa | lahāa ラーア | ラハーア/ *m.* **1** 衰退. **2** 減退. **3** 下落. **4** 減少. **5** 下降.

ਲਹਾਈ (लहाई) /lăī | lahāī ラーイー | ラハーイー/ ▸ਲੁਹਾਈ *f.* **1** 降ろさせること. **2** 脱ぎ捨てさせること.

ਲਹਾਈ ਚੜ੍ਹਾਈ (लहाई चड़्हाई) /lăī caṛăī | lahāī caṛăī ラーイー チャラーイー | ラハーイー チャラーイー/ *f.* **1** 下降と上昇. **2** 上り下り, 起伏.

ਲਹਿਕਣਾ (लहिकणा) /laîkaṇā ラェーカナー/ *vi.* 揺れる, 波打つ, 波立つ, うねる. (⇒ਲਹਿਲਹਾਉਣਾ)

ਲਹਿੰਗਾ (लहिंगा) /lãîgā ラェーンガー/ *m.* 〖衣服〗女性用のゆったりとしたスカート. (⇒ਘੱਗਰਾ)

ਲਹਿਜਾ (लहिजा) /laîjā ラェージャー/ ▸ਲਹਜਾ [Arab. *lahja*] *m.* **1** 〖言〗アクセント, 抑揚, 訛り. **2** 口調, 語調, 話ぶり.

ਲਹਿਜ਼ਾ (लहिज़ा) /laîzā ラェーザー/ ▸ਲਹਜ਼ਾ [Arab. *lahza*] *m.* **1** 一瞥. **2** 瞬間, 刹那.

ਲਹਿਣਾ[1] (लहिणा) /laîṇā ラェーナー/ *vi.* **1** 降りる, 降ろされる. **2** 下降する. **3** 脱がれる, 脱ぎ捨てられる. **4** 衰える, 衰退する. **5** 減る, 減退する. **6** (太陽が)沈む. **7** (借金が)返済される.

ਲਹਿਣਾ[2] (लहिणा) /laîṇā ラェーナー/ [Pkt. लहण] *vt.* **1** 探す, 捜す. **2** 見つける. **3** 得る, 手に入れる, 獲得する. **4** 取る.

— *vi.* 得られる, 手に入る.

ਲਹਿਣਾ[3] (लहिणा) /laîṇā ラェーナー/ *m.* 〖人名・スィ〗ラェーナー(ラヒナー)《スィック教の第2代グル・アンガドの幼名》.

ਲਹਿੰਦਾ (लहिंदा) /lãîdā ラェーンダー/ *m.* **1** 日没. **2** 太陽が沈む方角, 西. (⇒ਪੱਛਮ, ਮਗ਼ਰਬ)(⇔ਚੜ੍ਹਦਾ) ❐ਲਹਿੰਦਾ ਪੰਜਾਬ 西パンジャーブ, 西部パンジャーブ. **3** 〖地名〗ラェーンダー(ラーンダー, ラヘンダー, ラフンダー)地方《西部パンジャーブの総称》.

ਲਹਿੰਦੀ (लहिंदी) /lãîdī ラェーンディー/ *f.* ラェーンディー(ラーンダー, ラフンダー)語・方言群《西部パンジャービー語方言群の総称》.

ਲਹਿਰ (लहिर) /laîra ラェール/ [Skt. लहरी] *f.* **1** 波. **2** 波形, 波紋. **3** 感情の高まり, 激情. (⇒ਜੋਸ਼, ਉਮੰਗ) **4** 〖政治〗(目的達成のための政治的・社会的な)運動, 活動. (⇒ਅੰਦੋਲਨ)

ਲਹਿਰਦਾਰ (लहिरदार) /laîradāra ラェールダール/ [Pers.-*dār*] *adj.* **1** 波打っている. **2** 起伏のある.

ਲਹਿਰਨਾ (लहिरना) /laîranā ラェールナー/ [Skt. लहरी] *vi.* **1** 波打つ, 波立つ, (畑の作物などが風で)揺れる. **2** 〖植物〗草木が青々と茂る.

ਲਹਿਰ ਬਹਿਰ (लहिर बहिर) /laîra baîra ラェール バェール/ *f.* **1** 幸福. **2** 楽しみ. **3** 繁栄.

ਲਹਿਰਾਉਣਾ (लहिराउणा) /laîrāuṇā ラェーラーウナー/ [cf. ਲਹਿਰਨਾ] *vi.* **1** 波打つ, 波立つ, さざめく, (畑の作物などが風で)揺れる. **2** ひらひらする, はためく, (旗が)ひるがえる.

— *vt.* **1** 波打たせる, 波立たせる, (畑の作物などを風が)揺らす. **2** ひらひらさせる, はためかせる, (旗を)ひるがえらせる.

ਲਹਿਰੀ (लहिरी) /laîrī ラェーリー/ [Skt. लहरी -ਈ] *adj.* **1** 陽気な, 明るい. **2** 気まぐれな.

ਲਹਿਰੀਆ (लहिरीआ) /laîrīā ラェーリーアー/ [-ਈਆ] *adj.* **1** 波状の. **2** 曲がりくねった.

ਲਹਿਲਹਾਉਣਾ (लहिलहाउणा) /laîlahāuṇā | laîlăuṇā ラェーラハーウナー | ラェーラーウナー/ [cf. ਲਹਿਰਨਾ] *vi.* **1** 波打つ, 波立つ, (畑の作物などが風で)揺れる. **2** 草木が青々と茂る.

ਲਹੁਕਾ (लहुका) /laûkā ラォーカー/ ▸ਹਲਕਾ, ਲੌਹਕਾ *adj.* → ਹਲਕਾ[1]

ਲਹੁੜਾ (लहुड़ा) /laûṛā ラォーラー/ *adj.* 年少の.

ਲਹੂ (लहू) /lâū | lahū ラウー | ラフー/ [Skt. लोह] *m.* 〖身体〗血, 血液. (⇒ਖ਼ੂਨ, ਰਕਤ) ❐ਲਹੂ ਉਬਲਣਾ 血がたぎる, 怒る, 情熱を持つ. ❐ਲਹੂ ਅੱਖਾਂ ਨੂੰ ਚੜ੍ਹਨਾ 激怒する. ❐ਲਹੂ ਸਫ਼ੈਦ ਹੋ ਜਾਣਾ 無慈悲になる. ❐ਲਹੂ ਕੱਢਣਾ 出血する. ❐ਲਹੂ ਦਾ ਪਿਆਸਾ 血に飢えた, 残忍な. ❐ਲਹੂ ਦੀ ਘਾਟ 貧血. ❐ਲਹੂ ਪਾਣੀ ਹੋ ਜਾਣਾ 愛情がなくなる. ❐ਲਹੂ ਪੀਣਾ 血を吸う, 苦しめる, 搾取する. ❐ਲਹੂ ਬੰਦ ਕਰਨਾ 止血する. ❐ਲਹੂ ਭਿੱਜਾ 血まみれの. ❐ਲਹੂ ਰੰਗਾ 血の色をした, 血染めの. ❐ਲਹੂ ਲੁਹਾਨ 血だらけの.

ਲਹੂ-ਗੇੜ (लहू-गेड़) /lâū-geṛa ラウー・ゲール/ *m.* 〖身体〗血の循環, 血行.

ਲਹੌਰ (लहौर) /lahaura | laŭra ラハォール | ラォール/ ▸ਲਾਹੌਰ *m.* 〖地名〗ラホール(ラーホール)《パキスタンのパンジャーブ州の州都》.

ਲਹੌਰਨ (लहौरन) /lahaurana | laŭrana ラハォーラン | ラォーラン/ *f.* **1** ラホールに住む女性. **2** ラホール出身の女性.

ਲਹੌਰੀ (लहौरी) /lahaurī | laŭrī ラハォーリー | ラォーリー/ ▸ਲਾਹੌਰੀ *adj.* ラホールの.

ਲਹੌਰੀਆ (लहौरीआ) /lahaurīā | laŭrīā ラハォーリーアー | ラォーリーアー/ ▸ਲਾਹੌਰੀਆ *m.* **1** ラホールの居住者. **2** ラホール出身の人.

ਲੰਕ (लंक) /laṅka ランク/ ▸ਲੰਕਾ *f.* → ਲੰਕਾ

ਲੱਕ (लक्क) /lakka ラック/ *m.* **1** 〖身体〗腰. (⇒ਕਮਰ, ਮੱਝ) ❐ਉਹ ਲੱਕ ਨੂੰ ਹੱਥ ਲਾ ਕੇ ਬੋਲੀ। 彼女は腰に手をやって話しました. ❐ਲੱਕ ਸਿੱਧਾ ਕਰਨਾ 腰を伸ばす, ゆっくり横になる, 休む. ❐ਲੱਕ ਸਿੱਧਾ ਨਾ ਹੋਣਾ 腰が伸びない, ずっと忙しい. ❐ਲੱਕ ਤੋੜ 骨の折れる, たいへんな. ❐ਲੱਕ ਬੰਨ੍ਹਣਾ 衣服を腰までまくって留める, 困難な仕事にとりかかる準備ができる. **2** 〖身体〗胴, ウエスト, 胴のくびれ.

ਲਕਸ਼ (लकश) /lakaśa ラカシュ/ [Skt. लक्ष्य] *m.* **1** 標的,

目標物, 目標, 対象. (⇒ਨਿਸ਼ਾਨਾ) **2** 目的, 意図. (⇒ਮਕਸਦ)

ਲਕਸ਼ਣ (लकशण) /lakaśaṇa ラクシャン/ ▸ਲੱਖਣ, ਲੱਛਣ *m.* → ਲੱਖਣ

ਲਕਸ਼ਮੀ (लकशमी) /lakaśamī ラカシュミー/ ▸ਲਖਮੀ, ਲੱਛਮੀ [Skt. लक्ष्मी] *f.* **1** 〖ヒ〗ラクシュミー女神《ヴィシュヌ神の妃. 富と繁栄を司る》. **2** 〖仏〗吉祥天. **3** 幸運. **4** 富, 財産.

ਲਕਚਰ (लकचर) /lakacara ラクチャル/ ▸ਲੈਕਚਰ *m.* → ਲੈਕਚਰ

ਲੱਕਣਾ (लक्कणा) /lakkaṇā ラッカナー/ *vt.* **1** 舐める. **2** 舐め取る.

ਲਕਬ (लकब) /lakaba ラカブ/ [Arab. *laqb*] *m.* **1** (王や皇帝などの)称号, 肩書. (⇒ਉਪਾਧੀ, ਖ਼ਿਤਾਬ) **2** 添え名, 呼び名, 異名. (⇒ਉਪਨਾਮ)

ਲਕਵਾ (लकवा) /lakawā ラクワー/ [Arab. *laqva*] *m.* 〖医〗中風. (⇒ਅਧਰੰਗ)

ਲੱਕੜ (लक्कड़) /lakkaṛa ラッカル/ [Pkt. लक्कुड] *f.* **1** 木材, 材木. (⇒ਕਾਠ) ❐ਲੱਕੜ ਚੀਰਨ ਵਾਲਾ 材木伐り出し人, 木材業者. ❐ਲੱਕੜ ਦਾ 木材の, 木製の. ❐ਲੱਕੜ ਦਾ ਸੁਦਾਗਰ 材木商. ❐ਲੱਕੜ ਦਾ ਕੰਮ 木材加工, 木工, 木彫. ❐ਲੱਕੜ ਦਾ ਕੰਮ ਕਰਨ ਵਾਲਾ 大工, 木工職人, 木彫職人. ❐ਮੈਂ ਜੰਗਲ ਵਿੱਚੋਂ ਲੱਕੜਾਂ ਕੱਟਦਾ ਹਾਂ। 私は森から材木を伐り出します. **2** 薪. (⇒ਈਂਧਣ, ਬਾਲਣ)

ਲੱਕੜਹਾਰਾ (लक्कड़हारा) /lakkaṛahārā ラッカルハーラー/ ▸ਲੱਕੜਹਾੜਾ [-ਹਾਰਾ] *m.* 樵(きこり).

ਲੱਕੜਹਾੜਾ (लक्कड़हाड़ा) /lakkaṛahāṛā ラッカルハーラー/ ▸ਲੱਕੜਹਾਰਾ *m.* → ਲੱਕੜਹਾਰਾ

ਲੱਕੜਬੱਗਾ (लक्कड़बग्गा) /lakkaṛabaggā ラッカルバッガー/ ▸ਲਗੜਬੱਘਾ *m.* 〖動物〗ハイエナ.

ਲੱਕੜਮੰਡੀ (लक्कड़मंडी) /lakkaṛamaṇḍī ラッカルマンディー/ [Pkt. लक्कुड + Skt. मण्ड] *f.* 材木市場.

ਲੱਕੜੀ (लक्कड़ी) /lakkaṛī ラッカリー/ [Pkt. लक्कुड] *f.* **1** 木材, 材木. (⇒ਕਾਠ) **2** 薪.

ਲੰਕਾ (लंका) /laṅkā ランカー/ ▸ਲੰਕ [Skt. लंका] *m.* **1** 〖地名〗ランカー島, セイロン島. **2** 〖国名〗スリランカ(民主社会主義共和国).

ਲਕਾਰ (लकार) /lakāra ラカール/ ▸ਕਾਰ, ਲਕੀਰ *f.* → ਲਕੀਰ

ਲਕੀਰ (लकीर) /lakīra ラキール/ ▸ਕਾਰ, ਲਕਾਰ [Skt. रेखा] *f.* **1** 線, 線条. ❐ਲਕੀਰ ਮਾਰਨੀ, ਲਕੀਰ ਵਾਹੁਣੀ 線を引く, 取り消す. ❐ਲਕੀਰਾਂ ਵਾਹੁਣੀਆਂ 殴り書きする, 走り書きする. **2** 筋. **3** 縞. **4** 皺.

ਲਕੀਰਦਾਰ (लकीरदार) /lakīradāra ラキールダール/ [Pers.-*dār*] *adj.* **1** 線のある. **2** 線の引かれた. **3** 筋のある. **4** 縞のある, 縞模様の.

ਲੱਖ (लक्ख) /lakkʰa ラック/ ▸ਲਾਖ [(Pkt. लक्ख) Skt. लक्ष] *ca.num.(m.)* 〖数量〗10万, 十万の単位. (⇒ਸੌ ਹਜ਼ਾਰ ਦੀ ਸੰਖਿਆ)
— *adj.* 10万の, 十万の. (⇒ਸੌ ਹਜ਼ਾਰ)

ਲੱਖਣ (लक्खण) /lakkʰaṇa ラッカン/ ▸ਲਕਸ਼ਣ, ਲੱਛਣ [Skt. लक्षण] *m.* **1** 印, 徴候, 兆し, 前兆. **2** 特徴, 特性, 特色.

ਲਖਣਾ (लखणा) /lakʰaṇā ラカナー/ *vt.* **1** 見る. **2** 気づく, 感知する, 知覚する.

ਲਖਨਊ (लखनऊ) /lakʰanaū ラクナウー/ *m.* 〖地名〗ラクナウ(ラクナウー)《ウッタル・プラデーシュ州の州都》.

ਲਖਨਵੀ (लखनवी) /lakʰanawī ラクナウィー/ *adj.* ラクナウの, ラクナウ出身の, ラクナウに住む, ラクナウ風の.

ਲੱਖਪਤੀ (लक्खपती) /lakkʰapatī ラックパティー/ [Skt. लक्ष + Skt. पति] *m.* 百万長者, 大金持ち, 富豪.

ਲਖਮੀ (लखमी) /lakʰamī ラクミー/ ▸ਲੱਛਮੀ, ਲਕਸ਼ਮੀ *f.* → ਲਕਸ਼ਮੀ

ਲੱਖਾਂ (लक्खाँ) /lakkʰā̃ ラッカーン/ [(Pkt. लक्ख) Skt. लक्ष + ਆਂ] *adj.* 数十万の.

ਲਖਾਉਣਾ (लखाउणा) /lakʰāuṇā ラカーウナー/ *vt.* **1** 気づかせる, 感知させる, 知覚させる. **2** 示す, 指示する, 指摘する.

ਲਖਾਇਕ (लखाइक) /lakʰāika ラカーイク/ *adj.* **1** 表示する. **2** 徴候がある.

ਲੰਗ (लंग) /laṅga ラング/ ▸ਲੰਙ *adj.m.* → ਲੰਙ

ਲਗ (लग) /laga ラグ/ ▸ਲੱਗ *f.* 〖文字〗母音記号. (⇒ਮਾਤਰਾ)

ਲੱਗ (लग्ग) /lagga ラッグ/ ▸ਲਗ *f.* → ਲਗ

ਲਗਣਾ (लगणा) /lagaṇā ラグナー/ ▸ਲੱਗਣਾ *vi.* → ਲੱਗਣਾ

ਲੱਗਣਾ (लग्गणा) /laggaṇā ラッガナー/ ▸ਲਗਣਾ [Skt. लग्यति] *vi.* **1** 付く, 付着する. ❐ਪਲੰਘ ਦੀ ਚਾਦਰ ਤੇ ਬੂਟਾਂ ਦੇ ਨਿਸ਼ਾਨ ਲੱਗੇ ਹੁੰਦੇ ਹਨ। ベッドのシーツに靴の跡が付いています. **2** 従事する, 勤しむ, かかりきりになる, 熱中する, 没頭する. ❐ਮਾਤਾ ਜੀ ਘਰ ਦੇ ਕੰਮਾਂ ਵਿੱਚ ਲੱਗੇ ਹੋਏ ਸਨ। お母さんは家事に勤しんでいました. **3** (時間・費用が)かかる. ❐ਇਸ ਬੂਟੇ ਨੂੰ ਰੁੱਖ ਬਣਦਿਆਂ ਕਿੰਨੇ ਸਾਲ ਲੱਗਣਗੇ? この苗木が樹になるまで何年かかるでしょうか. **4** 感じられる, 思われる. ❐ਮੈਨੂੰ ਤਾਂ ਬੜੀ ਭੁੱਖ ਲੱਗ ਰਹੀ ਹੈ। 私はとてもお腹がすいてきています. ❐ਟਮਾਟਰ ਤਾਂ ਮੈਨੂੰ ਵੀ ਚੰਗੇ ਲੱਗਦੇ ਨੇ। トマトは私も好きです. ❐ਭਾਬੀ ਜੀ ਮੈਨੂੰ ਬਹੁਤ ਸੋਹਣੇ ਲੱਗੇ। 私はお義姉さんがとても綺麗だと思いました. **5** 生じる, 生る(なる), 植えられる, 植わる. ❐ਅਗਲੇ ਸਾਲ ਤੋਂ ਇਨ੍ਹਾਂ ਬੂਟਿਆਂ ਨੂੰ ਫਲ ਲੱਗਣਾ ਅਰੰਭ ਹੋਏਗਾ। 来年からこれらの木々に実が生り始めるでしょう. ❐ਸੱਚੀ ਸ਼ਰਧਾ ਨੂੰ ਹਮੇਸ਼ਾਂ ਮਿੱਠਾ ਫਲ ਲੱਗਦਾ ਹੈ। 誠の忠義には常に甘い実が生ります. ❐ਵਿਹੜੇ ਵਿੱਚ ਅਮਰੂਦ ਦਾ ਰੁੱਖ ਲੱਗਿਆ ਹੋਇਆ ਹੈ। 中庭にグアバの木が植わっています. **6** 展示される, 並べられる, 据えられる, 設置される. **7** 行われる, 実施される. **8**《不定詞の後置格形に続き「始動」の意味を加える》…し始める. ❐ਰਾਣੀ ਛੱਤ ਵੱਲ ਵੇਖਣ ਲੱਗੀ। ラーニーは天井の方を見始めました. ❐ਮਾਮੀਆਂ ਅਤੇ ਚਾਚੀਆਂ ਗਾਉਣ ਲੱਗੀਆਂ। 親戚のおばさんたちが歌い始めました.

ਲਗਨ (लगन) /lagana ラガン/ [cf. ਲੱਗਣਾ] *f.* **1** 付着, 付加. **2** 熱意, 熱中. **3** 愛着.

ਲਗਪਗ (लगपग) /lagapaga ラグパグ/ ▸ਲਗਭਗ *adv.* → ਲਗਭਗ

ਲਗਭਗ (लगभग) /lagapăga ラグパグ/ ▸ਲਗਪਗ *adv.* おおよそ, おおよそ, ほぼ, ほとんど, 大体, 約, …近く, …ばかり. (⇒ਤਕਰੀਬਨ)

ਲੰਗਰ (लंगर) /laṅgara ランガル/ [Pers. *langar*] *m.* **1** 貧者に食事が施される所. **2** 〖スィ〗ランガル《グルドゥワーラーでの無料共同飲食, またはそれが行われる場所》.

3 錨. ❑ਲੰਗਰ ਸੁੱਟਣਾ 錨を下ろす, 投錨する, 停泊する. ❑ਜਹਾਜ਼ ਨੇ ਲੰਗਰ ਸੁੱਟ ਦਿੱਤਾ ਹੈ। 船は錨を下ろしています. **4**〖衣服〗(レスラーや修行者が着用する)まわし, ふんどし. (⇒ਲੰਗੋਟ) **5** 時計の振り子. (⇒ਲਟਕਣ)

ਲਗਰ (लगर) /lagara ラガル/ [Skt. लगुर] *f.*〖植物〗新芽.

ਲਗਵਾਉਣਾ (लगवाउणा) /lagawāuṇā ラグワーウナー/ ▸ਲਵਾਉਣਾ, ਲੁਆਉਣਾ [cf. ਲੱਗਣਾ] *vt.* **1** 付けさせる, 塗らせる, 貼らせる. **2** 接続させる, 結び付けさせる. **3** 削らせる. **4** 種を蒔かせる. **5** 植えさせる. **6** 任用させる, 雇用させる. **7** 費やさせる, (金を)使わせる.

ਲਗਵਾਈ (लगवाई) /lagawāī ラグワーイー/ [cf. ਲੱਗਣਾ] *f.* **1** 付けさせること, 塗らせること, 貼らせること. **2** 接続させること, 結び付けさせること. **3** 削らせること. **4** 種を蒔かせること. **5** 植えさせる. **6** 任用させること, 雇用させること. **7** (金を)使わせること.

ਲਗੜਬੱਘਾ (लगड़बग्घा) /lagaṛabâggā ラガルバッガー/ ▸ਲੱਕੜਬੱਗਾ *m.* → ਲੱਕੜਬੱਗਾ

ਲੰਗੜਾ (लंगड़ा) /laṅgaṛā ラングラー/ *adj.* 足の不自由な.

ਲੰਗੜਾਉਣਾ (लंगड़ाउणा) /laṅgaṛāuṇā ラングラーウナー/ *vi.* 足を引きずる.

ਲੰਗਾ (लंगा) /laṅgā ランガー/ ▸ਲੰਙਾ *adj.* → ਲੰਙਾ

ਲਗਾਉ (लगाउ) /lagāo ラガーオー/ [cf. ਲੱਗਣਾ] *m.* **1** 付着, 付加. **2** 接続, 接合. **3** 熱意, 熱中. **4** 愛着.

ਲਗਾਉਣਾ (लगाउणा) /lagāuṇā ラガーウナー/ ▸ਲਾਉਣਾ [cf. ਲੱਗਣਾ] *vt.* **1** 付ける, 付着させる, 塗る, 付加する, 貼る. **2** 接続する, 結び付ける. **3** 削る, 尖らせる. **4** 種を蒔く. **5** 植える. ❑ਵੱਧ ਤੋਂ ਵੱਧ ਰੁੱਖ ਲਗਾਓ। できるだけ多くの木を植えなさい. **6** 任用する, 雇用する. **7** 費やす, (金を)使う. **8** 展示する, 並べる, 盛り付ける, 据える, 設置する. ❑ਇਸ ਪਰਦਰਸ਼ਨੀ ਵਿੱਚ ੭੦ ਫ਼ੋਟੋਆਂ ਲਗਾਈਆਂ ਗਈਆਂ ਸਨ। この展覧会では70枚の写真が展示されていました.

ਲਗਾਖਰ (लगाखर) /lagākʰara ラガーカル/ *m.*〖文字〗付加記号《アッダク, ビンディー, ティッピーなどの促音化・鼻音化記号の総称》.

ਲਗਾਤਾਰ (लगातार) /lagātāra ラガータール/ *adv.* **1** 連続して. **2** 絶えず, 絶え間なく. **3** 途切れなく.

ਲਗਾਤਾਰਤਾ (लगातारता) /lagātāratā ラガータールター/ *f.* **1** 連続. **2** 絶え間のないこと.

ਲਗਾਨ (लगान) /lagāna ラガーン/ [cf. ਲਗਾਉਣਾ] *m.* 地租, 年貢.

ਲਗਾਮ (लगाम) /lagāma ラガーム/ [Pers. *lagām*] *f.* **1**〖道具〗馬銜(はみ), 轡(くつわ). **2** 手綱.

ਲੰਗਾਰ (लंगार) /laṅgāra ランガール/ *m.* (布などの)裂け目.

ਲੰਗੂਰ (लंगूर) /laṅgūra ラングール/ [Skt. लांगूलिन्] *m.*〖動物〗ラングール《北インドに生息するオナガザル科の猿. 黒い皮膚と長い尾が特徴》.

ਲੰਗੋਟ (लंगोट) /laṅgoṭa ランゴート/ [Skt. लिंग + Skt. पट] *m.* **1**〖衣服〗腰布. **2**〖衣服〗(レスラーや修行者が着用する)まわし, ふんどし. (⇒ਲੰਗਰ)

ਲੰਗੋਟਧਾਰੀ (लंगोटधारी) /laṅgoṭatǎrī ランゴートターリー/ [Skt.-धारिन्] *adj.* **1**〖衣服〗腰布を身につけた, きつい下ばきをつけた, ふんどしを締めた. **2**〖比喩〗独身の, 禁欲主義の.

ਲੰਗੋਟੀ (लंगोटी) /laṅgoṭī ランゴーティー/ [-ਈ] *f.*〖衣服〗腰布.

ਲੰਗੋਟੀਆ (लंगोटीआ) /laṅgoṭīā ランゴーティーアー/ [-ਈਆ] *m.* **1** 親友. (⇒ਪੱਕਾ ਦੋਸਤ) **2** 竹馬の友.

ਲੰਗੋਟੀਆ ਯਾਰ (लंगोटीआ यार) /laṅgoṭīā yāra ランゴーティーアー ヤール/ [+ Pers. *yār*] *m.* → ਲੰਗੋਟੀਆ

ਲੰਘਣ (लंघण) /lâṅgaṇa ランガン/ [cf. ਲੰਘਣਾ] *m.* **1** 通ること, 通り抜けること, 通過. **2** 横切ること, 横断. **3** 跳び越えること. **4** 違反, 犯罪. **5** 断食. (⇒ਫ਼ਾਕਾ)

ਲੰਘਣਾ (लंघणा) /lâṅgaṇā ランガナー/ [Skt. लङ्घति] *vi.* **1** 通る, 通り抜ける, 通り過ぎる, 通過する, 去る. ❑ਲੰਘ ਗਏ ਪਾਣੀ ਮੁੜ ਨਹੀਂ ਆਉਂਦੇ। 流れ去った水は二度と戻らない〔諺〕〈過ぎ去った時間は取り戻すことができない〉. **2** 越える, 渡る, 横切る, 横断する. (⇒ਪਾਰ ਕਰਨਾ) **3** (時が)過ぎる, 経つ, 経過する. (⇒ਗੁਜ਼ਰਨਾ)

ਲੰਘਵਾਉਣਾ (लंघवाउणा) /laṅgawǎuṇā ラングワーウナー/ [cf. ਲੰਘਣਾ] *vt.* **1** 通させる, 通り抜けさせてもらう. **2** (人を介して)渡らせる.

ਲੰਘਾਉਣਾ (लंघाउणा) /laṅgǎuṇā ランガーウナー/ [cf. ਲੰਘਣਾ] *vt.* **1** 通す, 通らせる, 通り抜けさせる, 通してあげる. **2** 渡らせる. **3** 飲み込む. **4** (時を)過ごす. (⇒ਗੁਜ਼ਾਰਨਾ) **5**〖比喩〗殺す.

ਲੰਘਾਈ (लंघाई) /laṅgǎī ランガーイー/ [cf. ਲੰਘਣਾ] *f.* **1** 通り抜けること. **2** 通行料金.

ਲਘੁੱਤਮ (लघुत्तम) /lagŭttama ラグッタム/ [Skt. लघु Skt.-तम] *adj.* **1** 最も小さい, 最小の, 最小限の, 最低の. (⇒ਅਲਪਤਮ) **2**〖数学〗最小公倍数.

ਲਘੂ (लघू) /lâgū ラグー/ [Skt. लघु] *adj.* **1** 小さい, 小型の, ちっぽけな. **2** 短い, 短小な. **3** 些細な.

ਲਘੂ ਕਥਾ (लघू कथा) /lâgū katʰā ラグー カター/ [+ Skt. कथा] *f.* 短い話, 超短編小説. (⇒ਨਿੱਕੀ-ਕਹਾਣੀ)

ਲਘੂ ਰੀਤ (लघू रीत) /lâgū rīta ラグー リート/ [+ Skt. रीति] *f.* **1** 聖歌. **2** 雅歌.

ਲਘੂ ਵਿਰਾਮ (लघू विराम) /lâgū virāma ラグー ヴィラーム/ [+ Skt. विराम] *m.*〖符号〗セミコロン.

ਲੰਙ (लंङ) /laṅṅa ランヌ/ ▸ਲੰਗ [Skt. लङ्ग] *adj.* 足の不自由な, びっこの.

— *m.* 足の不自由なこと, びっこの状態.

ਲੰਙਾ (लंङा) /laṅṅā ランナー/ ▸ਲੰਗਾ [Skt. लङ्ग] *adj.* 足の不自由な, びっこの.

ਲੰਚ (लंच) /lañca ランチ/ [Eng. *lunch*] *m.* 昼食, 昼御飯, ランチ.

ਲਚਕ (लचक) /lacaka ラチャク/ [cf. ਲਚਕਣਾ] *f.* **1** 弾性, 柔軟性. **2** 屈折.

ਲਚਕਹੀਨ (लचकहीन) /lacakahīna ラチャクヒーン/ [Skt.-हीन] *adj.* **1** 弾性のない, 柔軟性のない. **2** 曲がらない. **3** 堅い.

ਲਚਕਹੀਨਤਾ (लचकहीनता) /lacakahīnatā ラチャクヒーンター/ [Skt.-ता] *f.* **1** 弾性のないこと, 柔軟性のないこと. **2** 曲がらないこと. **3** 堅いこと.

ਲਚਕਣਾ (लचकणा) /lacakaṇā ラチャカナー/ ▸ਲਿਚਕਣਾ

[Skt. न्यञ्चति] *vi.* **1** しなう, しなる, たわむ. **2** 曲がる, 折れ曲がる, 屈折する. **3** くねる, くねくねと動く. **4** はね返る.

ਲਚਕਦਾਰ (लचकदार) /lacakadāra ラチャクダール/ [cf. ਲਚਕਣਾ Pers.-*dār*] *adj.* **1** しなう, しなる. **2** 弾力のある. **3** 柔軟な.

ਲਚਕਵਾਂ (लचकवाँ) /lacakawā̃ ラチャクワーン/ [cf. ਲਚਕਣਾ Skt.-वान्] *adj.* → ਲਚਕਦਾਰ

ਲਚਕਾ (लचका) /lacakā ラチカー/ *m.* 衝撃.

ਲਚਕਾਉਣਾ (लचकाउणा) /lacakāuṇā ラチカーウナー/ [cf. ਲਚਕਣਾ] *vt.* **1** しなわせる, しならせる, たわませる. **2** 曲げる, 折り曲げる, 屈折させる. **3** くねらせる, くねくねと動かす.

ਲਚਕੀਲਾ (लचकीला) /lacakīlā ラチキーラー/ [cf. ਲਚਕਣਾ -ਈਲਾ] *adj.* → ਲਚਕਦਾਰ

ਲੱਚਰ (लच्चर) /laccara ラッチャル/ *adj.* **1** 卑しい, 下品な. **2** 卑猥な.

ਲੱਚਰਪੁਣਾ (लच्चरपुणा) /laccarapuṇā ラッチャルプナー/ *m.* **1** 卑しさ, 下品. **2** 卑猥.

ਲਚਾਰ (लचार) /lacāra ラチャール/ ▸ਲਾਚਾਰ *adj.* → ਲਾਚਾਰ

ਲਚਾਰੀ (लचारी) /lacārī ラチャーリー/ ▸ਲਾਚਾਰੀ *f.* → ਲਾਚਾਰੀ

ਲਚੀਲਾ (लचीला) /lacīlā ラチーラー/ [cf. ਲਚਕਣਾ] *adj.* **1** 柔らかい, 柔軟な, 弾力のある. **2** しなやかな, よく曲がる.

ਲੱਛਣ (लच्छण) /lacchaṇa ラッチャン/ ▸ਲਕਸ਼ਣ, ਲੱਖਣ *m.* → ਲੱਖਣ

ਲਛਣਾਤਮਕ (लछणातमक) /lachaṇātamaka ラチナートマク/ [Skt. लक्षण Skt.-आत्मक] *adj.* **1** 徴候がある. **2** 暗示する.

ਲੱਛਮੀ (लच्छमी) /lacchamī ラッチミー/ ▸ਲਖਮੀ, ਲਕਸ਼ਮੀ *f.* → ਲਕਸ਼ਮੀ

ਲੱਛਾ (लच्छा) /lacchā ラッチャー/ *m.* **1** 束. **2** かせ, 糸の束. **3** もつれたもの, 絡まったもの, 絡み合ったもの. **4** 房.

ਲੱਛੇਦਾਰ (लच्छेदार) /lacchedāra ラッチェーダール/ *adj.* **1** もつれた, 絡まった, 絡み合った. **2** 飾り房のついた. **3**(話に)尾ひれがついて面白い, 興味を引く.

ਲੱਜ[1] (लज्ज) /lajja ラッジ/ *f.* 長く太い丈夫な綱《主に井戸から水を汲み上げるために用いるもの》. (⇒ਲਾਂ, ਲਾਸ)

ਲੱਜ[2] (लज्ज) /lajja ラッジ/ ▸ਲੱਜਾ, ਲੱਜਿਆ, ਲਾਜ *f.* → ਲੱਜਿਆ

ਲੱਜ਼ਤ (लज़्ज़त) /lazzata ラッザト/ [Pers. *lazzat*] *f.* 味. (⇒ਸੁਆਦ)

ਲੱਜ਼ਤਦਾਰ (लज़्ज़तदार) /lazzatadāra ラッザトダール/ [Pers.-*dār*] *adj.* 美味な, 美味しい, 旨い. (⇒ਸੁਆਦੀ)

ਲੱਜਾ (लज्जा) /lajjā ラッジャー/ ▸ਲੱਜ, ਲੱਜਿਆ, ਲਾਜ *f.* → ਲੱਜਿਆ

ਲਜਾਉਣਾ (लजाउणा) /lajāuṇā ラジャーウナー/ ▸ਲਜਿਆਉਣਾ *vi.vt.* → ਲਜਿਆਉਣਾ

ਲੱਜਿਆ (लज्जिआ) /lajjiā ラッジアー/ ▸ਲੱਜ, ਲੱਜਾ, ਲਾਜ [Skt. लज्जा] *f.* **1** 恥, 羞恥心. (⇒ਸ਼ਰਮ) **2** 慎み. **3** 名誉, 面目.

ਲਜਿਆਉਣਾ (लजिआउणा) /lajiāuṇā ラジアーウナー/ ▸ਲਜਾਉਣਾ [Skt. लज्जापयति] *vi.* 恥じ入る, 恥ずかしがる. (⇒ਸ਼ਰਮਾਉਣਾ)

— *vt.* 恥じ入らせる, 辱める, 恥をかかせる. (⇒ਲੱਜਿਤ ਕਰਨਾ)

ਲੱਜਿਆਵਾਨ (लज्जिआवान) /lajjiāwāna ラッジアーワーン/ [Skt. लज्जा Skt.-वान्] *adj.* 内気な, 恥ずかしがり屋の.

ਲੱਜਿਤ (लज्जित) /lajjita ラッジト/ [Skt. लज्जित] *adj.* 恥ずかしい, 恥じ入った, 恥をかかされた. (⇒ਸ਼ਰਮਿੰਦਾ)

ਲਜ਼ੀਜ਼ (लज़ीज़) /lazīza ラズィーズ/ [Arab. *laziz*] *adj.* **1** 美味な, 美味しい, 旨い. (⇒ਸੁਆਦੀ) **2** 楽しい, 愉快な.

ਲਟ (लट) /laṭa ラト/ ▸ਲਿਟ *f.* → ਲਿਟ

ਲਟਕ (लटक) /laṭaka ラタク/ ▸ਲਟਕਾ [cf. ਲਟਕਣਾ] *f.* **1** ぶら下がり, 宙吊り, 垂れ下がること. **2** 気取ったしぐさ, 媚. **3** 悦び, 恍惚.

ਲਟਕਣ (लटकण) /laṭakaṇa ラトカン/ [cf. ਲਟਕਣਾ] *f.* **1** ぶら下がること, 宙吊り, 宙ぶらりんの状態. **2**(吊り下がった物が)揺れること, 振れること.

— *m.* **1** 〖装〗ペンダント. **2** 時計の振り子. (⇒ਲੰਗਰ)

ਲਟਕਣਾ (लटकणा) /laṭakaṇā ラトカナー/ [Skt. लडति] *vi.* **1** ぶら下がる, 吊り下げられる, 垂れ下がる, 掛かる, 揺れる. ❒ਉਹਨਾਂ ਦੇ ਪਹਿਚਾਨ ਪੱਤਰ ਉਹਨਾਂ ਦੇ ਗਲਾਂ ਵਿੱਚ ਲਟਕ ਰਹੇ ਸਨ। 彼らの身分証明書は首に吊り下げられていました. **2** 中途半端に置かれる, 未決で宙に浮く, 延期される. ❒ਇਹ ਮਾਮਲਾ ਲਟਕ ਗਿਆ ਹੈ। この案件は宙に浮いてしまっています.

ਲਟਕਵਾਂ (लटकवाँ) /laṭakawā̃ ラタクワーン/ [cf. ਲਟਕਣਾ Skt.-वान्] *adj.* ぶら下がっている, 宙ぶらりんの.

ਲਟਕਵਾਈ (लटकवाई) /laṭakawāī ラタクワーイー/ [cf. ਲਟਕਣਾ] *f.* ぶら下げること, 吊るすこと.

ਲਟਕਾ (लटका) /laṭakā ラトカー/ ▸ਲਟਕ *m.* → ਲਟਕ

ਲਟਕਾਉ (लटकाउ) /laṭakāo | laṭakāu ラトカーオー | ラトカーウ/ [cf. ਲਟਕਣਾ] *m.* **1** ぶら下げること, 吊るすこと. **2** 遅らせること, 引き延ばし.

ਲਟਕਾਉਣਾ (लटकाउणा) /laṭakāuṇā ラトカーウナー/ [cf. ਲਟਕਣਾ] *vt.* **1** ぶら下げる, 吊り下げる, 吊るす, 垂らす, 掛ける. **2** 宙ぶらりんにする, ぶらぶらさせる, 揺らす. **3**(決定・結論を)未決で宙に浮かせる. **4** 遅らせる. **5** 引き延ばす.

ਲਟਕਾਊ (लटकाऊ) /laṭakāū ラトカーウー/ [cf. ਲਟਕਣਾ] *adj.* **1** ぶら下げる, 宙ぶらりんにする, 宙に浮かせる. **2** 遅らせる, 引き延ばしのための, 手間取る.

ਲਟਪਟ (लटपट) /laṭapaṭa ラトパト/ ▸ਲਟਪਟਾ *adj.* よろめいている, ふらふらする.

ਲਟਪਟਾ (लटपटा) /laṭapaṭā ラトパター/ ▸ਲਟਪਟ *adj.* → ਲਟਪਟ

ਲਟਪਟਾਉਣਾ (लटपटाउणा) /laṭapaṭāuṇā ラトパターウナー/ *vi.* よろめく, よろける, ふらつく.

ਲਟਬਉਰਾ (लटबउरा) /laṭabaurā ラトバウラー/ ▸ਲਟਬੌਰਾ *adj.* → ਲਟਬੌਰਾ

ਲਟਬੌਰਾ (लटबौरा) /laṭabaurā ラトバォーラー/ ▸ਲਟਬਉਰਾ *adj.* **1** 気の狂った. **2** 酔った, 陶酔した. **3** 夢中の, のぼせている.

ਲਟਾ-ਪਟਾ (लटा-पटा) /laṭā-paṭā ラター・パター/ *m.*

種々雑多な品目. (⇒ਨਿਕ-ਸੁਕ)
ਲੱਟੂ (लट्टू) /laṭṭū ラットゥー/ *adj.* 惚れ込んでいる.
ਲਟੈਣ (लटैण) /laṭaiṇa ラタェーン/ [Eng. *lintel*] *f.* 〖建築〗大きな木製の梁, 窓・入り口などの上の横木.
ਲੱਠ (लट्ठ) /laṭṭʰa ラット/ [(Pkt. लट्ठि) Skt. लष्टि] *f.* **1** 杖, 棒, 棍棒. **2** 心棒. **3** 丸太.
ਲਠਬਾਜ਼ (लठबाज़) /laṭʰabāza ラトバーズ/ [Pers.-*bāz*] *adj.* **1** 棒術使いの. **2** 乱暴な.
ਲੱਠਮਾਰ (लट्ठमार) /laṭṭʰamāra ラットマール/ [+ cf. ਮਾਰਨਾ] *adj.* → ਲਠਬਾਜ਼
ਲੱਠਾ (लट्ठा) /laṭṭʰā ラッター/ [Pal. लट्ठि] *m.* 〖布地〗長い布.
ਲੰਡ (लंड) /laṇḍa ランド/ ▸ਲੰਨ *m.* → ਲੰਨ
ਲੰਡਨ (लंडन) /laṇḍana ランダン/ ▸ਲੰਦਨ *m.* → ਲੰਦਨ
ਲਡ ਪਿੰਸਲ (लड पिंसल) /laḍa pinsala ラド ピンサル/ [Eng. *lead pencil*] *f.* 〖道具〗鉛筆.
ਲੰਡਰ (लंडर) /laṇḍara ランダル/ *adj.* 放浪の, 宿無しの. (⇒ਅਵਾਰਾ)
ਲੰਡਾ (लंडा) /laṇḍā ランダー/ [Skt. लून] *adj.* **1** 尻尾の切られた, 尻尾の短い. **2** 尻尾のない. **3** 邪悪な, 不正な, 悪辣な. (⇒ਲੁੱਚਾ)
— *m.* **1** 尻尾の短い動物, 尻尾の切られた動物. **2** 尻尾のない動物. **3**〖文字〗ランダー文字《パンジャーブ及びスィンド地方の商人階級が用いた種々の文字の総称. 尻尾のない(シローレーカー〔文字の上部の水平線〕のない)速記文字風の外見からこの呼び名が付いたと言われる》.
ਲਡਾਉਣਾ (लडाउणा) /laḍāuṇā ラダーウナー/ [Skt. लडयति] *vt.* **1** 可愛がる, あやす. **2** 遊ばせる, 遊び相手になる. (⇒ਖਿਡਾਉਣਾ)
ਲੰਡਾ-ਛੜਾ (लंडा-छड़ा) /laṇḍā-cʰaṛā ランダー・チャラー/ *adj.* **1** 家族のいない, 子供のいない. **2** 子供がなくて身軽な. **3** 独身の. **4** 未婚の.
ਲੰਡਾ-ਬੁੱਚਾ (लंडा-बुच्चा) /laṇḍā-buccā ランダー・ブッチャー/ *m.* どこにでもいる普通の人, 誰も彼も, 猫も杓子も. (⇒ਜਣਾ-ਖਣਾ)
ਲੰਡਾ-ਲੁੱਚਾ (लंडा-लुच्चा) /laṇḍā-luccā ランダー・ルッチャー/ *adj.* **1** 邪悪な. **2** 悪辣な.
— *m.* **1** 悪漢. **2** ごろつき.
ਲਡਿੱਕਾ (लडिक्का) /laḍikkā ラディッカー/ *adj.* **1** 愛しい. **2** 甘やかされた.
— *m.* 甘やかされた子供.
ਲੰਡੀ-ਬੁੱਚੀ (लंडी-बुच्ची) /laṇḍī-buccī ランディー・ブッチー/ *f.* どこにでもいる普通の女性, どの女性も.
ਲੱਡੂ (लड्डू) /laḍḍū ラッドゥー/ [(Pkt. लड्डुअ) Skt. लड्डु] *m.* 〖食品〗ラッドゥー《練った豆粉を揚げ玉にしてから砂糖のシロップに浸し, さらに球形に丸めた甘い菓子》.
ਲੰਡੂਰਾ (लंडूरा) /laṇḍūrā ランドゥーラー/ [Skt. लून] *adj.* **1** 尻尾のない, 尻尾の切れた, 尾のちぎれた. **2** 体の不自由な, 身体障害の.
ਲੰਡੋਰ (लंडोर) /laṇḍora ランドール/ *adj.* 家族のない.
ਲਤ (लत) /lata ラト/ ▸ਇੱਲਤ *f.* → ਇੱਲਤ
ਲੱਤ (लत्त) /latta ラット/ [Pkt. लत्ता] *f.* **1**〖身体〗脚. ❒ਲੱਤ ਅੜਾਉਣੀ 妨害する, 干渉する. ❒ਲੱਤ ਹੇਠੋਂ ਕੱਢਣਾ 負かす, 服従させる. ❒ਲੱਤ ਹੇਠੋਂ ਨਿਕਲਣਾ 降参する. ❒ਲੱਤਾਂ ਖਿਲਾਰ ਕੇ ਬਹਿਣਾ またがる, 馬乗りになる. ❒ਲੱਤਾਂ ਬਾਹਾਂ ਮਾਰਨੀਆਂ 必死に努力する, あがく. ❒ਇੱਕ ਲੱਤ ਲਹੌਰ ਤੇ ਇੱਕ ਪਿਸ਼ੌਰ। 片脚はラホールで片脚はペシャーワル〔諺〕〈仕事であちこち忙しく跳び回っている様子〉〈東奔西走〉. **2** 足蹴, 蹴り. ❒ਲੱਤ ਖਾਣੀ 蹴られる. ❒ਲੱਤ ਮਾਰਨੀ 蹴る, 放棄する, 拒否する.
ਲਤਾ (लता) /latā ラター/ [Skt. लता] *f.* **1**〖植物〗蔓草. (⇒ਬੇਲ) **2** 蔓, 巻きひげ.
ਲੱਤਾ (लत्ता) /lattā ラッター/ [Skt. लत्तक] *m.* ぼろ布. (⇒ਚੀਥੜਾ)
ਲਤਾਫ਼ਤ (लताफ़त) /latāfata ラターファト/ [Pers. *latāfat*] *f.* **1** 繊細. **2** 優美, 上品さ.
ਲਤਾੜ (लताड़) /latāṛa ラタール/ ▸ਲਿਤਾੜ [cf. ਲਤਾੜਨਾ] *f.* **1** 踏みつけること. **2** 押すこと, 圧迫. **3** 揉むこと, マッサージ.
ਲਤਾੜਨਾ (लताड़ना) /latāṛanā ラタールナー/ ▸ਲਿਤਾੜਨਾ [Pkt. लत्ता] *vt.* **1** 踏みつける, 踏み潰す. **2** 押す, 圧迫する. **3** 揉む, マッサージする.
ਲੱਤੀ (लत्ती) /lattī ラッティー/ *f.* **1** 獣の蹴り. **2** 紐.
ਲਤੀਫ਼ (लतीफ़) /latīfa ラティーフ/ [Arab. *latīf*] *adj.* **1** 微妙な, 繊細な, 優美な. **2** 柔らかい, 柔和な. **3** 高尚な. **4** 味のある, 美味しい, 香ばしい, 風味のある. **5** 丁重な, 思いやりのある, 親切な. **6** 機知に富んだ.
ਲਤੀਫ਼ਾ (लतीफ़ा) /latīfā ラティーファー/ [Arab. *latīfa*] *m.* **1** 機知に富んだ話, 笑い話, 小話. **2** 冗談, 洒落.
ਲਤੀਫ਼ੇਬਾਜ਼ (लतीफ़ेबाज़) /latīfebāza ラティーフェーバーズ/ [Pers.-*bāz*] *m.* **1** 機知に富んだ人, 小話のうまい人. **2** 冗談が好きな人.
ਲਤੀਫ਼ੇਬਾਜ਼ੀ (लतीफ़ेबाज़ी) /latīfebāzī ラティーフェーバーズィー/ [Pers.-*bāzī*] *f.* **1** 機知に富んでいること, 小話のうまいこと. **2** 冗談が好きなこと.
ਲੱਥਾ (लत्था) /latthā ラッター/ *adj.* 除去された.
ਲੱਦ (लद्द) /ladda ラッド/ [cf. ਲੱਦਣਾ] *f.* **1** 積み荷, 積載. **2** 重荷.
ਲੱਦਣਾ (लद्दणा) /laddaṇā ラッダナー/ [Skt. लर्दयति] *vt.* **1** 積む, 積み込む. **2** 重荷を負わせる, 重荷をかける.
— *vi.* **1** 積まれる, 積み込まれる. **2** 重荷を負う, 重荷がかかる. **3** 去る. **4** 死ぬ.
ਲੰਦਨ (लंदन) /landana ランダン/ ▸ਲੰਡਨ [Eng. *London*] *m.* 〖地名〗ロンドン.
ਲਦਵਾਉਣਾ (लदवाउणा) /ladawāuṇā ラドワーウナー/ ▸ਲਦਾਉਣਾ [cf. ਲੱਦਣਾ] *vt.* 積ませる, 積み込ませる, 積んでもらう, 載せてもらう.
ਲਦਵਾਈ (लदवाई) /ladawāī ラドワーイー/ ▸ਲਦਾਈ [cf. ਲੱਦਣਾ] *f.* **1** 荷積み作業. **2** 荷積み料.
ਲਦਾਉਣਾ (लदाउणा) /ladāuṇā ラダーウナー/ ▸ਲਦਵਾਉਣਾ *vt.* → ਲਦਵਾਉਣਾ
ਲਦਾਈ (लदाई) /ladāī ラダーイー/ ▸ਲਦਵਾਈ *f.* → ਲਦਵਾਈ
ਲਦਾਖ (लदाख) /ladākʰa ラダーク/ [Tib. *la dwags*] *m.* 〖地名〗ラダーク(ラッダーク, ラダック)《インド北部のジャンムー・カシュミール州東部及びその周辺の地方》.
ਲਦਾਖੀ (लदाखी) /ladākʰī ラダーキー/ [-ਈ] *adj.* ラダー

クの.

ਲਦਾਨ (लदान) /ladānạ ラダーン/ [cf. ਲੱਦਣਾ] *m.* 荷積み.

ਲੱਧਣਾ (लद्धणा) /lâddaṇā ラッダナー/ *vt.* 見つける, 見つけ出す, 探す. (⇒ਲੱਭਣਾ)

ਲੱਧਾ (लद्धा) /lâddā ラッダー/ *adj.* 見つけられた.

ਲੰਨ (लंन) /lannạ ランヌ/ ▶ਲੰਡ *m.* 〖身体〗陰茎, 男根, 男性性器, ペニス. (⇒ਲੌੜਾ)

ਲੰਪ (लंप) /lampạ ランプ/ ▶ਲੈਂਪ *m.* → ਲੈਂਪ

ਲੱਪ (लप्प) /lappạ ラップ/ *f.* 〖身体〗手のひらを上にしてお椀の形にしたもの.

ਲਪਸੀ (लपसी) /lapạsī ラプスィー/ ▶ਲਾਪਸੀ *f.* → ਲਾਪਸੀ

ਲਪਕ (लपक) /lapakạ ラパク/ *f.* **1** 迅速な動き. **2** 突進.

ਲਪਕਣਾ (लपकणा) /lapakạṇā ラパクナー/ *vi.* **1** 突進する, 駆け寄る. **2** 飛びつく.

— *vt.* 素早く捕らえる, (ボールを)キャッチする.

ਲੰਪਟ (लंपट) /lampaṭạ ランパト/ [Skt. लम्पट] *adj.* **1** 好色な, 淫らな, ふしだらな. **2** 奔放な, 放埓な.

ਲਪਟ (लपट) /lapaṭạ ラパト/ ▶ਲਾਟ *f.* **1** 炎, 火炎. **2** 熱さ, 熱気, 熱風. **3** 香り, 芳香の一吹き.

ਲਪਰ ਲਪਰ (लपर लपर) /laparạ laparạ ラパル ラパル/ *f.* 意味のないおしゃべり, 無駄話, たわごと.

ਲੱਪੜ (लप्पड़) /lappaṛạ ラッパル/ ▶ਲਫੜ, ਲੱਫੜ *m.* 平手打ち. (⇒ਥੱਪੜ)

ਲਪਾਈ (लपाई) /lapāī ラパーイー/ *f.* 塗ること.

ਲਪੇਟ (लपेट) /lapeṭạ ラペート/ ▶ਵਲ੍ਹੇਟ [cf. ਲਪੇਟਣਾ] *m.f.* **1** 包むこと, くるむこと, 包装. **2** 巻くこと, 巻きつけること. **3** 折り曲げ, 折り畳み.

ਲਪੇਟਣਾ (लपेटणा) /lapeṭạṇā ラペータナー/ ▶ਲਿਪੇਟਣਾ, ਵਲ੍ਹੇਟਣਾ [Skt. लेपयति] *vt.* **1** 包む, くるむ. **2** 巻く, 巻きつける. **3** 折り畳む.

ਲਪੇਟਮਾਂ (लपेटमाँ) /lapeṭạmā̃ ラペートマーン/ [cf. ਲਪੇਟਣਾ Skt.-मान्] *adj.* **1** 包まれた, くるまれた. **2** 巻かれた.

ਲਪੇਟਵਾਂ (लपेटवाँ) /lapeṭạwā̃ ラペートワーン/ [cf. ਲਪੇਟਣਾ Skt.-वान्] *adj.* → ਲਪੇਟਮਾਂ

ਲਪੇਟਾ (लपेटा) /lapeṭā ラペーター/ [cf. ਲਪੇਟਣਾ] *m.* **1** 巻いたもの. **2** 渦巻き.

ਲਫੰਗਾ (लफंगा) /lapʰaṅgā ラパンガー/ *adj.* **1** 悪辣な, 不埒な, ならず者の. **2** 下劣な. **3** 放蕩の.

— *m.* **1** 悪党, ごろつき, ならず者, 放蕩者. **2** 下種野郎, ろくでなし. **3** 放蕩者.

ਲਫ਼ਜ਼ (लफ़ज़) /lafazạ ラファズ/ [Arab. *lafz*] *m.* 語, 単語, 言葉. (⇒ਸ਼ਬਦ)

ਲਫ਼ਜ਼-ਬ-ਲਫ਼ਜ਼ (लफ़ज़-ब-लफ़ज़) /lafazạ-ba-lafazạ ラファズ・バ・ラファズ/ [Arab. *lafz* + Pers. *ba* + Arab. *lafz*] *adv.* 一語一語, 文字通り.

ਲਫ਼ਜ਼ੀ (लफ़ज़ी) /lafazī ラフズィー/ [Arab. *lafzī*] *adj.* **1** 語の, 単語の, 言葉の. **2** 逐語的な, 文字通りの.

ਲਫ਼ਟੈਣ (लफ़टैण) /lafaṭaiṇạ ラフタェーン/ [Eng. *lieutenant*] *m.* 〖軍〗中尉.

ਲਫੜ (लफड़) /lapʰaṛạ ラパル/ ▶ਲੱਪੜ, ਲੱਫੜ *m.* → ਲੱਪੜ

ਲੱਫੜ (लप्फड़) /lappʰaṛạ ラッパル/ ▶ਲੱਪੜ, ਲਫੜ *m.* → ਲੱਪੜ

ਲਫ਼ਾਫ਼ਾ (लफ़ाफ़ा) /lafāfā ラファーファー/ ▶ਲਿਫ਼ਾਫ਼ਾ [Arab. *lifāfa*] *m.* **1** 封筒. **2** 紙袋. **3** 〖比喩〗見せかけ.

ਲਫ਼ਾਫ਼ੇਬਾਜ਼ੀ (लफ़ाफ़ेबाज़ी) /lafāfebāzī ラファーフェーバーズィー/ [Pers.-*bāzī*] *f.* **1** 外観, うわべ. **2** 虚飾. **3** 見せびらかし. **4** 見せかけ.

ਲਫੇੜਾ (लफेड़ा) /lapʰeṛā ラペーラー/ *m.* 平手打ち.

ਲੰਬ[1] (लंब) /lambạ ランブ/ [Skt. लम्ब] *adj.* 〖幾何〗垂直な, 直角の, 直角をなす.

— *m.* 〖幾何〗垂直, 垂直線, 垂線.

ਲੰਬ[2] (लंब) /lambạ ランブ/ *f.* **1** 炎, 火炎, 大きな炎. **2** 熱の放射.

ਲਬ (लब) /labạ ラブ/ [Pers. *lab*] *m.* **1** 〖身体〗唇. (⇒ਹੋਠ) **2** 縁, 端. (⇒ਕਿਨਾਰਾ)

ਲੰਬਕ (लंबक) /lambakạ ランバク/ [Skt. लम्ब] *adj.* 〖幾何〗直角の, 直角をなす, 垂直な.

ਲੰਬਕਾਰ (लंबकार) /lambạkārạ ランブカール/ [Skt.-कार] *adj.* → ਲੰਬਕ

ਲੰਬਕੋਣ (लंबकोण) /lambạkoṇạ ランブコーン/ [+ Skt. कोण] *m.* 〖幾何〗直角.

ਲੰਬਕੋਣੀ (लंबकोणी) /lambạkoṇī ランブコーニー/ [-ई] *adj.* 〖幾何〗直角の.

ਲੰਬਤਾ (लंबता) /lambạtā ランブター/ [Skt. लम्ब Skt.-ता] *f.* 〖幾何〗垂直.

ਲੰਬਰ (लंबर) /lambarạ ランバル/ ▶ਨੰਬਰ *m.* → ਨੰਬਰ

ਲੰਬਰਦਾਰ (लंबरदार) /lambarạdārạ ランバルダール/ ▶ਨੰਬਰਦਾਰ *m.* → ਨੰਬਰਦਾਰ

ਲੰਬਰਦਾਰਨੀ (लंबरदारनी) /lambarạdārạnī ランバルダールニー/ ▶ਨੰਬਰਦਾਰਨੀ *f.* → ਨੰਬਰਦਾਰਨੀ

ਲੰਬਰਦਾਰੀ (लंबरदारी) /lambarạdārī ランバルダーリー/ ▶ਨੰਬਰਦਾਰੀ *f.* → ਨੰਬਰਦਾਰੀ

ਲਬਲਬੀ (लबलबी) /labạlabī ラブラビー/ *f.* 〖武〗銃の引き金.

ਲੰਬੜ[1] (लंबड़) /lambaṛạ ランバル/ [Skt. लम्ब + ੜ] *m.* 背の高い男, のっぽ.

ਲੰਬੜ[2] (लंबड़) /lambaṛạ ランバル/ [Eng. *number*] *m.* **1** 〖農業〗ナンバルダール(ランバルダール)《地税納入の義務を負う耕作者たちの共同体の代表責任者》. (⇒ਨੰਬਰਦਾਰ, ਲੰਬਰਦਾਰ) **2** 統率者, 首長, 首領.

ਲੰਬਾ (लंबा) /lambā ランバー/ ▶ਲੰਮਾ, ਲੱਮਾ *adj.* → ਲੰਮਾ

ਲੰਬਾਈ (लंबाई) /lambāī ランバーイー/ ▶ਲਮਬਾਈ, ਲੰਮਾਈ *f.* → ਲੰਮਾਈ

ਲਬਾਟਰੀ (लबाटरी) /labāṭarī ラバータリー/ ▶ਲਬਾਰੇਟਰੀ, ਲਬੋਰੇਟਰੀ [Eng. *laboratory*] *f.* 実験室. (⇒ਪਰਯੋਗਸ਼ਾਲਾ, ਤਜਰਬਾਗਾਹ)

ਲਬਾਣਾ (लबाणा) /labāṇā ラバーナー/ ▶ਲੁਬਾਣਾ *m.* → ਲੁਬਾਣਾ

ਲਬਾਦਾ (लबादा) /labādā ラバーダー/ [Arab. *lubāda*] *m.* **1** 〖衣服〗外套, マント. **2** 厚地の外套. **3** 長いコート. **4** 女性が羽織る薄地の布. (⇒ਚਾਦਰ)

ਲਬਾਰੇਟਰੀ (लबारेटरी) /labāreṭarī ラバーレータリー/ ▶ਲਬਾਟਰੀ, ਲਬੋਰੇਟਰੀ *f.* → ਲਬਾਟਰੀ

ਲਬਾਲਬ (लबालब) /labālabạ ラバーラブ/ [Pers. *labālab*] *adj.* 縁まで満杯の, 溢れんばかりの.

ਲੰਬੂ[1] (लंबू) /lambū ランブー/ ▸ਲਾਂਬੂ, ਲੂੰਬਾ *m.* → ਲਾਂਬੂ

ਲੰਬੂ[2] (लंबू) /lambū ランブー/ [Skt. लम्ब -ਊ] *m.* 〘俗語〙 背の高い人, のっぽ.

ਲੰਬੂਤਰਾ (लंबूतरा) /lambūtarā ランブータラー/ ▸ਲਮੂਤਰਾ [Skt. लम्ब] *adj.* **1** 長い, 長めの. **2** 長い形の. **3** 〘幾何〙 長方形の.

ਲਬੇ (लबे) /labe ラベー/ ▸ਲਵੇ [(Pua.) Pers. *lab*] *adv.* 近くに, そばに. (⇒ਨੇੜੇ, ਕੋਲ)

ਲਬੇੜਨਾ (लबेड़ना) /laberạnā ラベールナー/ ▸ਲਿਬੇੜਨਾ *vt.* → ਲਿਬੇੜਨਾ

ਲਬੋਰੇਟਰੀ (लबोरेटरी) /laboreṭarī ラボーレータリー/ ▸ ਲਬਾਟਰੀ, ਲਬਾਰੇਟਰੀ *f.* → ਲਬਾਟਰੀ

ਲੱਭਣਾ (लब्भणा) /lâbbaṇā ラッバナー/ [Skt. लभते] *vt.* **1** 見つける, 見つけ出す, 発見する. ❒ਬਹੁਤ ਚਿਰ ਦੀ ਗੱਲ ਹੈ ਕਿ ਇੱਕ ਆਦਮੀ ਨੂੰ ਕਿਧਰੋਂ ਇੱਕ ਕੁਹਾੜਾ ਲੱਭਿਆ। 随分昔の話ですが, 一人の男がどこからか一本の斧を見つけ出しました. **2** 探す, 捜す. (⇒ਢੂੰਡਣਾ) ❒ਤੂੰ ਕੀ ਲੱਭ ਰਿਹਾ ਹੈਂ? おまえは何を探しているのだ. ❒ਤੂੰ ਸੜਕ ਤੇ ਕਿਉਂ ਲੱਭ ਰਿਹਾ ਹੈਂ? おまえは路上をなぜ探しているのだ. **3** 得る, 手に入れる.

ਲਭਤ (लभत) /lâbatạ ラバト/ ▸ਲੱਭਤ [cf. ਲੱਭਣਾ] *f.* **1** 発見, 見つけたもの. **2** 獲得, 入手. **3** 利益, 利得. (⇒ਲਾਭ, ਫ਼ਾਇਦਾ)

ਲੱਭਤ (लब्भत) /lâbbatạ ラッバト/ ▸ਲਭਤ *f.* → ਲਭਤ

ਲਭਵਾਉਣਾ (लभवाउणा) /labạwăuṇā ラブワーウナー/ ▸ ਲਭਾਉਣਾ [cf. ਲੱਭਣਾ] *vt.* **1** 見つけさせる, 見つけてもらう. **2** 探させる, 探してもらう. (⇒ਢੁੰਡਵਾਉਣਾ)

ਲਭਾਉਣਾ (लभाउणा) /labăuṇā ラバーウナー/ ▸ਲਭਵਾਉਣਾ *vt.* → ਲਭਵਾਉਣਾ

ਲਮਹ (लमह) /lâmā ラマー/ ▸ਲਮਹਾ, ਲਮ੍ਹਾ *m.* → ਲਮਹਾ

ਲਮਹਾ (लमहा) /lamạhā ラムハー/ ▸ਲਮਹ, ਲਮ੍ਹਾ [Arab. *lamha*] *m.* 瞬間, 瞬時. (⇒ਖਿਣ)

ਲਮ੍ਹਾ (लम्हा) /lâmā ラマー/ ▸ਲਮਹ, ਲਮਹਾ *m.* → ਲਮਹਾ

ਲਮਕਣਾ (लमकणा) /lamạkaṇā ラムカナー/ [Skt. लम्बते] *vi.* **1** 吊るされる, ぶら下がる, 吊り下げられる. (⇒ਪਲਮਣਾ) **2** 宙ぶらりんになる, 未決で宙に浮く.

ਲਮਕਵਾਂ (लमकवाँ) /lamạkạwā̃ ラマクワーン/ [cf. ਲਮਕਣਾ Skt.-वान्] *adj.* 吊るされた, ぶら下がっている.

ਲਮਕਵਾਉਣਾ (लमकवाउणा) /lamakạwāuṇā ラマクワーウナー/ [cf. ਲਮਕਣਾ] *vt.* **1** 吊るさせる, 吊り下げさせる. **2** 引き延ばさせる.

ਲਮਕਾ (लमका) /lamạkā ラムカー/ ▸ਲਮਕਾਉ, ਲਮਕਾਅ [cf. ਲਮਕਣਾ] *m.* **1** 宙ぶらりん. **2** 遅延, 延滞. **3** 引き延ばし.

ਲਮਕਾਉ (लमकाउ) /lamạkāo | lamạkāu ラムカーオー | ラムカーウ/ ▸ਲਮਕਾ, ਲਮਕਾਅ *m.* → ਲਮਕਾ

ਲਮਕਾਉਣਾ (लमकाउणा) /lamạkāuṇā ラムカーウナー/ [cf. ਲਮਕਣਾ] *vt.* **1** 吊るす, ぶら下げる, 吊り下げる, 垂らす. (⇒ਪਲਮਾਉਣਾ) **2** ぶらぶらさせる. **3** 宙ぶらりんにする. **4** (決定・結論を)未決で宙に浮かせる. **5** 遅らせる. **6** 引き延ばす.

ਲਮਕਾਅ (लमकाअ) /lamạkāa ラムカーア/ ▸ਲਮਕਾ, ਲਮਕਾਉ *m.* → ਲਮਕਾ

ਲੰਮਚੂ (लंमचू) /lammạcū ランムチュー/ ▸ਲਮਚੂ [Skt. लम्ब + ਚੂ] *adj.* 背の高い, のっぽの.

ਲਮਚੂ (लमचू) /lamạcū ラムチュー/ ▸ਲੰਮਚੂ *adj.* → ਲੰਮਚੂ

ਲਮਢੀਂਗ (लमढींग) /lamạṭī̃gạ ラムティーング/ *adj.* 脚の長い.

— *m.* 〘鳥〙 コウノトリ, 鸛の鳥.

ਲਮਤੁਰਲ (लमतुरल) /lamạturalạ ラムトゥラル/ *adj.* 背の高い.

— *m.* 背の高い男, のっぽ.

ਲਮਬਾਈ (लमबाई) /lamạbāī ラムバーイー/ ▸ਲੰਬਾਈ, ਲੰਮਾਈ *f.* → ਲੰਮਾਈ

ਲੰਮਾ (लंमा) /lammā ランマー/ ▸ਲੰਬਾ, ਲੱਮਾ [Skt. लम्ब] *adj.* **1** 長い. **2** 背が高い. **3** 長距離の. **4** 長時間の, 長期の.

ਲੱਮਾਂ (लम्माँ) /lammā̃ ランマーン/ *m.* **1** 南, 南方, 南部. (⇒ਦੱਖਣ) **2** 南側.

ਲੱਮਾ (लम्मा) /lammā ランマー/ ▸ਲੰਬਾ, ਲੰਮਾ *adj.* → ਲੰਮਾ

ਲੰਮਾਈ (लंमाई) /lammāī ランマーイー/ ▸ਲੰਬਾਈ, ਲਮਬਾਈ [Skt. लम्ब -ਈ] *f.* **1** 長さ, 丈. **2** 身長, 背丈. **3** 高さ, 縦幅.

ਲਮੂਤਰਾ (लमूतरा) /lamūtarā ラムータラー/ ▸ਲੰਬੂਤਰਾ *adj.* → ਲੰਬੂਤਰਾ

ਲਮੇਰਾ (लमेरा) /lamerā ラメーラー/ [Skt. लम्ब -ਏਰਾ] *adj.* より長い.

ਲਰਜ਼ਸ਼ (लरज़श) /larạzaśạ ラルザシュ/ [Pers. *larziś*] *f.* 震え, 揺れ. (⇒ਕਾਂਬਾ)

ਲਰਜ਼ਣਾ (लरज़णा) /larạzaṇā ラルザナー/ [Pers. *larzīdan*] *vi.* 震える, 揺れる. (⇒ਕੰਬਣਾ)

ਲਰਜ਼ਾ (लरज़ा) /larạzā ラルザー/ [cf. ਲਰਜ਼ਣਾ] *m.* 震え, 揺れ. (⇒ਕਾਂਬਾ)

ਲਲ੍ਹਕ (लल्हक) /lâlakạ ララク/ *f.* **1** 強い願望, 切望, 渇望, 熱望. **2** 習慣, 習癖. **3** 中毒.

ਲਲਕਾਰ (ललकार) /lalạkārạ ラルカール/ ▸ਲਲਕਾਰਾ *f.* **1** 挑むこと, 挑戦. **2** けしかけること, 挑発. **3** 挑戦的な叫び声, 鬨の声.

ਲਲਕਾਰਨਾ (ललकारना) /lalạkāranā ラルカールナー/ *vi.* 挑戦的に叫ぶ.

— *vt.* **1** 挑む, 挑戦する. **2** けしかける, 挑発する.

ਲਲਕਾਰਾ (ललकारा) /lalạkārā ラルカーラー/ ▸ਲਲਕਾਰ *m.* → ਲਲਕਾਰ

ਲਲਚਣਾ (ललचणा) /lalạcaṇā ラルチャナー/ [cf. ਲਾਲਚ] *vi.* 欲しがる, 渇望する.

ਲਲਚਾਉਣਾ (ललचाउणा) /lalạcāuṇā ラルチャーウナー/ [cf. ਲਾਲਚ] *vi.* 欲しがる, 渇望する.

— *vt.* **1** 欲しがらせる, 見せびらかす. **2** 誘う, 誘惑する, おびき寄せる.

ਲੱਲਾ (लल्ला) /lallā ラッラー/ *m.* 〘文字〙 ラッラー《半母音の「ラ」 la を表す, グルムキー文字の字母表の33番目の文字 ਲ の名称》.

ਲਲਾਟ (ललाट) /lalāṭạ ララート/ ▸ਲਿਲਾਟ [Skt. ललाट] *m.* 〘身体〙 額, おでこ. (⇒ਮੱਥਾ)

ਲਲਾਮ (ललाम) /lalāmạ ララーム/ ▸ਨਿਲਾਮ, ਨੀਲਾਮ *m.* → ਨਿਲਾਮ

ਲਲਾਮੀ (ललामी) /lalāmī ララーミー/ ▸ਨਿਲਾਮੀ, ਨੀਲਾਮੀ *f.* → ਨਿਲਾਮੀ

ਲਲਾਰੀ (ललारी) /lalārī ララーリー/ ▸ਲਿਲਾਰੀ [Pers. *nīlgar*] *m.* 染め物屋, 染色業者. (⇒ਰੰਗਰੇਜ਼)

ਲਲਿਤ (ललित) /lalita ラリト/ [Skt. ललित] *adj.* **1** 美しい, 愛らしい, 素敵な. (⇒ਸੁੰਦਰ, ਮਨੋਹਰ) **2** 優美な, 優雅な. (⇒ਕੋਮਲ) **3** 上品な, 気品のある, 典雅な.

ਲਲਿਤ ਕਲਾ (ललित कला) /lalita kalā ラリト カラー/ [+ Skt. कला] *f.* **1** 美術. **2** 芸術.

ਲੱਲੂ (लल्लू) /lallū ラッルー/ *adj.* **1** 気の狂った, 狂気の, 気がふれた. (⇒ਝੱਲਾ, ਪਾਗਲ) **2** 愚かな, 愚鈍な. (⇒ਮੂਰਖ)

ਲੱਲੂ-ਪੰਜੂ (लल्लू-पंजू) /lallū-pañjū ラッルー・パンジュー/ *adj.* ありふれた, どこにでもいる, 取るに足らない, 普通の.

— *m.* どこにでもいる人, 取るに足らない人, 名もない人, 普通の人.

ਲੱਲੋ-ਪੱਤੋ (लल्लो-पत्तो) /lallo-patto ラッロー・パットー/ ▸ ਲੱਲੋ-ਪੱਪੋ *f.* **1** 甘言, お世辞. **2** へつらい.

ਲੱਲੋ-ਪੱਪੋ (लल्लो-पप्पो) /lallo-pappo ラッロー・パッポー/ ▸ਲੱਲੋ-ਪੱਤੋ *f.* → ਲੱਲੋ-ਪੱਤੋ

ਲਵ-ਮੈਰਿਜ (लव-मैरिज) /lava-mairija ラヴ・マェーリジ/ [Eng. *love marriage*] *f.* 恋愛結婚.

ਲਵਾ (लवा) /lawā ラワー/ [Pkt. लवइअ] *adj.* **1** 柔らかい, しなやかな. (⇒ਨਰਮ, ਮੁਲਾਇਮ) **2** 若い, 年少の. **3** 新鮮な, みずみずしい. (⇒ਤਾਜ਼ਾ)

ਲਵਾਉਣਾ[1] (लवाउणा) /lawāuṇā ラワーウナー/ ▸ ਲਗਵਾਉਣਾ, ਲੁਆਉਣਾ *vt.* → ਲਗਵਾਉਣਾ

ਲਵਾਉਣਾ[2] (लवाउणा) /lawāuṇā ルワーウナー/ *suff.* 他動詞に含まれる使役動詞の不定詞（主格・男性・単数形）を形成する接尾辞. 標準的な語形は ਵਾਉਣਾ であるが, ਪਿਲਵਾਉਣਾ などのように, 特定の動詞の場合に限って ਲ の表す子音が直前に挿入されたもの.

ਲਵਿੰਡਰ (लविंडर) /laviṇḍara ラヴィンダル/ [Eng. *lavender*] *m.* **1**〖植物〗ラベンダー《芳香のあるシソ科の低木》. **2** ラベンダー色, 薄紫色. **3** ラベンダー香水.

ਲਵੇ (लवे) /lawe ラウェー/ ▸ਲਬੇ *adv.* → ਲਬੇ

ਲਵੇਰਾ (लवेरा) /lawerā ラウェーラー/ *m.*〖生物〗哺乳類, 哺乳動物. (⇒ਥਣ-ਧਾਰੀ)

ਲੜ (लड़) /laṛa ラル/ [(Pkt. लट्ठि) Skt. यष्टि] *m.* **1** 布の端. **2** 衣服の縁. **3** 垂れ下がった物の端.

ਲੜਕਪਣ (लड़कपण) /laṛakapaṇa ララクパン/ ▸ਲੜਕਪਨ [Skt. लटति -ਪਣ] *m.* 子供時代, 子供の頃.

ਲੜਕਪਨ (लड़कपन) /laṛakapana ララクパン/ ▸ਲੜਕਪਣ *m.* → ਲੜਕਪਣ

ਲੜਕਾ (लड़का) /laṛakā ラルカー/ [Skt. लटति] *m.* **1** 少年, 男の子, 男子. (⇒ਮੁੰਡਾ) **2**〖親族〗息子. (⇒ਪੁੱਤਰ)

ਲੜਕੀ (लड़की) /laṛakī ラルキー/ [-ਈ] *f.* **1** 少女, 女の子, 女子. (⇒ਕੁੜੀ) **2**〖親族〗娘. (⇒ਧੀ, ਬੇਟੀ)

ਲੜਖੜਾਉਣਾ (लड़खड़ाउणा) /laṛakʰaṛāuṇā ラルカラーウナー/ [Skt. लडति] *vi.* **1** よろめく, よろける, 足がふらつく. **2** 乱れる, 混乱する. **3** 揺れる, 動揺する.

ਲੜਖੜਾਹਟ (लड़खड़ाहट) /laṛakʰaṛâṭa ラルカラート/ [cf. ਲੜਖੜਾਉਣਾ] *f.* **1** よろけている状態, 足がふらついている状態. **2** 乱れている状態, 混乱. **3** 揺れている状態, 動揺.

ਲੜਨਾ (लड़ना) /laṛanā ラルナー/ [Skt. रणति] *vi.vt.* **1** 戦う, 争う. **2** 戦闘を行う, 戦争をする. **3** 喧嘩する. **4** 取っ組み合う, 殴り合う, 格闘する. **5** 言い争う, 口論する, 口喧嘩をする. **6** 競う, 張り合う. **7** 衝突する, ぶつかる.

ਲੜਵਾਉਣਾ (लड़वाउणा) /laṛawāuṇā ラルワーウナー/ ▸ ਲੜਾਉਣਾ [cf. ਲੜਨਾ] *vt.* **1** 戦わせる, 争わせる. **2** 喧嘩させる. **3** 競わせる, 張り合わせる. **4** 衝突させる, ぶつからせる.

ਲੜਾਉਣਾ (लड़ाउणा) /laṛāuṇā ララーウナー/ ▸ਲੜਵਾਉਣਾ *vt.* → ਲੜਵਾਉਣਾ

ਲੜਾਈ (लड़ाई) /laṛāī ララーイー/ [cf. ਲੜਨਾ] *f.* **1** 戦い, 戦争, 戦闘, 戦（いくさ）. (⇒ਜੰਗ, ਯੁੱਧ) **2** 争い, 不和, 揉め事. **3** 喧嘩, 殴り合い, 格闘. **4** 言い争い, 口喧嘩. **5** 競争. **6** 衝突.

ਲੜਾਕਾ (लड़ाका) /laṛākā ララーカー/ [cf. ਲੜਨਾ] *adj.* **1** 戦う, 争いを行う. **2** 好戦的な, 喧嘩早い.

ਲੜਾਕਾਪਣ (लड़ाकापण) /laṛākāpaṇa ララーカーパン/ [-ਪਣ] *m.* 好戦性, 喧嘩早いこと.

ਲੜਾਕੀ (लड़ाकी) /laṛākī ララーキー/ [cf. ਲੜਨਾ] *adj.* **1** 戦う, 争いを行う. **2** 好戦的な, 喧嘩早い. **3** 口うるさい, がみがみ言う.

— *f.* 口うるさい女, がみがみ言う女, 女丈夫.

ਲੜਾਕੂ (लड़ाकू) /laṛākū ララークー/ [cf. ਲੜਨਾ] *adj.* **1** 好戦的な, 喧嘩早い. **2** 戦闘的な, 戦闘のための.

ਲੜੀ (लड़ी) /laṛī ラリー/ [(Pkt. लट्ठि) Skt. यष्टि -ਈ] *f.* **1** 糸に通した物. **2** 環, 輪. **3** 連なり, 連鎖. **4** 鎖.

ਲਾਂ (लाँ) /lā̃ ラーン/ ▸ਲਾਂਵ [Skt. रश्मि] *f.* **1** 長い太綱. (⇒ਲੱਜ) **2**〖文字〗ラーン《長母音「エー」を表す, グルムキー文字の母音記号 ੇ の名称. ਲਾਂ ラーンは「綱」. 子音字の上に付いている母音記号 ੇ を, 上に掛けられた一本の綱に見立てたところから生まれた名称》. **3** 回転, ぐるりと回ること. **4**〖儀礼〗婚礼で新郎新婦が崇拝物の周りを回ること.

ਲਾ[1] (ला) /lā ラー/ [Arab. *lā*] *pref.* 「…のない」「…でない」など否定の意味を表す接頭辞.

ਲਾ[2] (ला) /lā ラー/ [Eng. *law*] *m.* 法, 法律, 法令. (⇒ਕਨੂੰਨ)

ਲਾਉਣਾ[1] (लाउणा) /lāuṇā ラーウナー/ ▸ਲਗਾਉਣਾ *vt.* → ਲਗਾਉਣਾ

ਲਾਉਣਾ[2] (लाउणा) /lāuṇā ラーウナー/ *suff.* 他動詞の不定詞（主格・男性・単数形）を形成する接尾辞. 他動詞の中には使役動詞も含まれる. 標準的な語形は ਆਉਣਾ であるが, ਸੁਲਾਉਣਾ などのように, 特定の動詞の場合に限って ਲ の表す子音が直前に挿入されたもの.

ਲਾਉ ਲਸ਼ਕਰ (लाउ लशकर) /lāu laśakara ラーウ ラシュカル/ *m.*〖軍〗物資を含めた軍隊.

ਲਾਊ ਟਕਰਾਊ (लाऊ टकराऊ) /lāū ṭakarāū ラーウー タクラーウー/ *adj.* **1** 皮肉な. **2** いたずらな.

ਲਾਊਡ ਸਪੀਕਰ (लाऊड सपीकर) /lāūḍa sapīkara ラーウード サピーカル/ [Eng. *loud-speaker*] *m.*〖器具〗拡声器, スピーカー.

ਲਾਓਸ (लाओस) /lāosa ラーオース/ [Eng. *Laos*] *m.* 〖国名〗ラオス(人民民主共和国).

ਲਾਅਨ (लाअन) /lāana ラーアン/ ▸ਲਾਨ *m.* → ਲਾਨ

ਲਾਇਕ (लाइक) /lāika ラーイク/ ▸ਲੈਕ [Arab. *lāʰiq*] *postp.* **1**…できる, …する能力のある. (⇒ਜੋਗ) **2**…に適した, …にふさわしい, …に適合している, …に向いている. **3**…すべき, …するに値する.
— *adj.* **1** 資格のある, 能力のある, 有能な. (⇒ਜੋਗ) **2** 頭のいい, 鋭敏な, 優れた, 立派な. **3** ふさわしい, 妥当な, 適当な, 適切な.

ਲਾਇਕੀ (लाइकी) /lāikī ラーイキー/ [Pers. *lāʰiqī*] *f.* **1** 能力, 力量. (⇒ਯੋਗਤਾ, ਲਿਆਕਤ) **2** ふさわしいこと. **3** 価値のあること.

ਲਾਇੰਤਹਾ (लाइंतहा) /lāintahā ラーインタハー/ [Arab. *lā-* Arab. *intihā*] *adj.* **1** 限りない. **2** 終わりのない.

ਲਾਇਤਬਾਰ (लाइतबार) /lāitabāra ラーイトバール/ [Arab. *lā-* Arab. *i`tibār*] *adj.* 信頼できない.

ਲਾਇਤਬਾਰੀ (लाइतबारी) /lāitabārī ラーイトバーリー/ [Arab. *lā-* Arab. *i`tibārī*] *f.* 信頼できないこと.

ਲਾਇਬਰੇਰੀ (लाइबरेरी) /lāibarerī ラーイバレーリー/ ▸ ਲਾਇਬ੍ਰੇਰੀ [Eng. *library*] *f.* 図書館. (⇒ਪੁਸਤਕਾਲਾ)

ਲਾਇਬ੍ਰੇਰੀ (लाइब्रेरी) /lāibrerī (lāibarerī) ラーイブレーリー (ラーイバレーリー)/ ▸ਲਾਇਬਰੇਰੀ *f.* → ਲਾਇਬਰੇਰੀ

ਲਾਇਬਰੇਰੀਅਨ (लाइबरेरीअन) /lāibarerīana ラーイバレーリーアン/ ▸ਲਾਇਬ੍ਰੇਰੀਅਨ [Eng. *librarian*] *m.* 司書.

ਲਾਇਬ੍ਰੇਰੀਅਨ (लाइब्रेरीअन) /lāibrerīana (lāibarerīana) ラーイブレーリーアン (ラーイバレーリーアン)/ ▸ਲਾਇਬਰੇਰੀਅਨ *m.* → ਲਾਇਬਰੇਰੀਅਨ

ਲਾਇਲਾਜ (लाइलाज) /lāilāja ラーイラージ/ [Arab. *lā-* Arab. *`ilāj*] *adj.* **1** 不治の. **2** 望みのない.

ਲਾਈਸੈਂਸ (लाईसैंस) /lāīsãīsa ラーイーサェーンス/ ▸ਲਸੰਸ, ਲਸੈਂਸ *m.* → ਲਸੰਸ

ਲਾਈਟ[1] (लाईट) /lāīṭa ラーイート/ [Eng. *light*] *f.* **1** 光, 光線. **2** 明かり, 灯火, 電灯.

ਲਾਈਟ[2] (लाईट) /lāīṭa ラーイート/ [Eng. *light*] *adj.* **1** 軽い, 軽量の. **2** 少量の. **3** 軽微な, 些細な.

ਲਾਈਟ ਹਾਊਸ (लाईट हाऊस) /lāīṭa hāūsa ラーイート ハーウース/ [Eng. *lighthouse*] *m.* 灯台.

ਲਾਈਟ ਮਿਊਜ਼ਿਕ (लाईट मिऊज़िक) /lāīṭa miūzika ラーイート ミウーズィク/ [Eng. *light music*] *m.* 軽音楽.

ਲਾਈਟਰ (लाईटर) /lāīṭara ラーイータル/ [Eng. *lighter*] *m.* ライター.

ਲਾਈਨ (लाईन) /lāīna ラーイーン/ ▸ਲੈਣ, ਲੈਨ [Eng. *line*] *f.* **1** 線, 筋, 縞. (⇒ਰੇਖਾ, ਲਕੀਰ) **2** 列, 行列, 並び. **3** 軌道, 線路.

ਲਾਈਨਦਾਰ (लाईनदार) /lāīnadāra ラーイーンダール/ [Eng. *line* Pers.*-dār*] *adj.* **1** 線のある. **2** 線の引かれた. **3** 筋のある. **4** 縞のある, 縞模様の.

ਲਾਈਫ਼ (लाईफ़) /lāīfa ラーイーフ/ [Eng. *life*] *f.* 生活.

ਲਾਈਫ਼ ਇੰਸ਼ੋਰੈਂਸ (लाईफ़ इंशोरैंस) /lāīfa inśorãīsa ラーイーフ インショーラェーンス/ [Eng. *life insurance*] *f.* 生命保険. ❐ਲਾਈਫ਼ ਇੰਸ਼ੋਰੈਂਸ ਕੰਪਨੀ 生命保険会社.

ਲਾਈਫ਼ ਹਿਸਟਰੀ (लाईफ़ हिसटरी) /lāīfa hisaṭarī ラーイーフ ヒスタリー/ [Eng. *life history*] *f.* 生活史.

ਲਾਈਫ਼ ਬੈਲਟ (लाईफ़ बैलट) /lāīfa bailaṭa ラーイーフ バェールト/ [Eng. *life belt*] *f.* 救命帯.

ਲਾਈਫ਼ ਬੋਟ (लाईफ़ बोट) /lāīfa boṭa ラーイーフ ボート/ [Eng. *life boat*] *f.* 救命ボート.

ਲਾਈਫ਼ ਮੈਂਬਰ (लाईफ़ मैंबर) /lāīfa mãībara ラーイーフ マェーンバル/ [Eng. *life member*] *m.* 終身会員.

ਲਾਈਲੱਗ (लाईलग्ग) /lāīlagga ラーイーラッグ/ *adj.* 信じやすい.

ਲਾਸ (लास) /lāsa ラース/ [Skt. रश्मि] *f.* **1** 長く太い丈夫な綱. (⇒ਲੱਜ) **2**〖道具〗鞭. (⇒ਚਾਬਕ) **3** 鞭や棒で打たれた跡.

ਲਾਸ਼ (लाश) /lāśa ラーシュ/ [Pers. *lāś*] *f.* 死体, 遺体, 屍体, 屍(しかばね), 死骸. (⇒ਮੁਰਦਾ, ਲੋਥ)

ਲਾਸਫਰ (लासफर) /lāsapʰara ラースパル/ [Eng. *larkspur*] *m.*〖植物〗ラークスパー, ヒエンソウ(飛燕草)《キンポウゲ科の二年草》.

ਲਾਂਸਰ (लाँसर) /lā̃sara ラーンサル/ [Eng. *lancer*] *m.*〖軍〗槍騎兵.

ਲਾਸ਼ਰੀਕ (लाशरीक) /lāśarīka ラーシャリーク/ [Arab. *lā-* Arab. *śarīk*] *adj.* **1** 匹敵するもののない, 比類のない, 無比の. **2** 唯一無二の.

ਲਾਸ਼ਰੀਕੀ (लाशरीकी) /lāśarīkī ラーシャリーキー/ [-ਈ] *f.* **1** 匹敵するもののないこと, 比類のないこと. **2** 唯一無二.

ਲਾਸਾਨੀ (लासानी) /lāsānī ラーサーニー/ [Arab. *lā-* Arab. *sānī*] *adj.* **1** 等しいもののない, 比類のない. **2** 唯一無二の.

ਲਾਹਣ (लाहण) /lâṇa ラーン/ ▸ਲਾਨ੍ਹ *f.* **1** 地酒の醸造用に発酵させた溶液. **2** 底に沈んだ溶液の滓.

ਲਾਹਣਾ (लाहणा) /lâṇā ラーナー/ ▸ਲਾਹੁਣਾ *vt.* → ਲਾਹੁਣਾ

ਲਾਹਨਤ (लाहनत) /lânata ラーナト/ ▸ਲਾਨ੍ਹਤ, ਲਾਨਤ [Pers. *la`nat*] *f.* **1** 呪い, 呪詛. (⇒ਫਿਟਕ) **2** 非難, 糾弾.

ਲਾਹਨਤੀ (लाहनती) /lânatī ラーンティー/ ▸ਲਾਨ੍ਹਤੀ [Pers. *la`natī*] *adj.* **1** 呪われる. **2** 非難される, けなされる.

ਲਾਹਾ (लाहा) /lāhā | lâā ラーハー | ラーアー/ [Skt. लाभ] *m.* **1** 利益, 儲け. (⇒ਫ਼ਾਇਦਾ) **2** 得るもの, 取り分.

ਲਾਹਾ ਤੋਟਾ (लाहा तोटा) /lāhā toṭā | lâā toṭā ラーハー トーター | ラーアー トーター/ [+ Skt. त्रुट] *m.* 利益と損失, 損得.

ਲਾਹੁਣਾ (लाहुणा) /lâuṇā ラーウナー/ ▸ਲਾਹਣਾ [Sind. *lāhiṇu*] *vt.* **1** 降ろす, 下ろす, 下げる. (⇒ਉਤਾਰਨਾ) **2** 脱ぐ, 外す, 取り去る. (⇒ਉਤਾਰਨਾ) **3** 剥ぐ, 剥く. **4** 消す. **5** 切り離す, 遠ざける. (⇒ਹਟਾਉਣਾ, ਦੂਰ ਕਰਨਾ)

ਲਾਹੂਤ (लाहूत) /lāhūta | lâūta ラーフート | ラーウート/ *adj.* この世の.

ਲਾਹੇਵੰਦ (लाहेवंद) /lāhewanda | lâewanda ラーヘーワンド | ラーエーワンド/ ▸ਲਾਹੇਵੰਦਾ [Skt. लाभ Pers.*-mand*] *adj.* **1** 利益のある, 有益な. **2** 儲かる.

ਲਾਹੇਵੰਦਾ (लाहेवंदा) /lāhewandā | lâewandā ラーヘーワンダー | ラーエーワンダー/ ▸ਲਾਹੇਵੰਦ *adj.* → ਲਾਹੇਵੰਦ

ਲਾਹੌਰ (लाहौर) /lāhaura | lâaura ラーハオール | ラーアオール/ ▸ਲਹੌਰ *m.* → ਲਹੌਰ

ਲਾਹੌਰੀ (लाहौरी) /lāhaurī | lâaurī ラーハオーリー | ラーアオーリー/ ▸ਲਹੌਰੀ *adj.* → ਲਹੌਰੀ

ਲਾਹੌਰੀਆ (लाहौरीआ) /lāhaurīā | lâaurīā ラーハォーリーアー | ラーアォーリーアー/ ▸ਲਹੌਰੀਆ *m.* → ਲਹੌਰੀਆ

ਲਾਕਟ (लाकट) /lākaṭa ラーカト/ ▸ਲੌਕਟ [Eng. *locket*] *m.* 〖装〗ロケット《写真などの入る合わせ蓋付きのペンダント》.

ਲਾਕਨੂੰਨੀ (लाकनूँनी) /lākanū̃nī ラーカヌーンニー/ ▸ ਲਾਕਾਨੂੰਨੀ [Arab. *lā-* Arab. *qānūnī*] *f.* **1** 無法. **2** 無秩序.

ਲਾਕਾਨੂੰਨੀ (लाकानूँनी) /lākānū̃nī ラーカーヌーンニー/ ▸ ਲਾਕਨੂੰਨੀ *f.* → ਲਾਕਨੂੰਨੀ

ਲਾਖ¹ (लाख) /lākʰa ラーク/ [Skt. लाक्षा] *f.* **1** シェラック, セラック. **2** 封蝋.

ਲਾਖ² (लाख) /lākʰa ラーク/ ▸ਲੱਖ *ca.num.(m.) adj.* → ਲੱਖ

ਲਾਖਾ (लाखा) /lākʰā ラーカー/ *adj.* **1** 黒い. **2** 黒い肌の.

ਲਾਗ (लाग) /lāga ラーグ/ [cf. ਲੱਗਣਾ] *f.* **1** 接触, 繋がり. **2** 影響.

ਲਾਗਤ (लागत) /lāgata ラーガト/ [cf. ਲੱਗਣਾ] *f.* **1** 経費, 費用. **2** 価格.

ਲਾਗਤਬਾਜ਼ੀ (लागतबाज़ी) /lāgatabāzī ラーガトバーズィー/ [Pers.*-bāzī*] *f.* **1** 悪意. **2** 敵意.

ਲਾਗ਼ਰ (लाग़र) /lāğara ラーガル/ [Pers. *lāğar*] *adj.* **1** 弱い. (⇒ਕਮਜ਼ੋਰ, ਲਿੱਸਾ) **2** 痩せた. (⇒ਪਤਲਾ, ਦੁਬਲਾ)

ਲਾਂਗਰੀ (लाँगरी) /lā̃garī ラーンガリー/ [Pers. *langar* -ਈ] *m.* **1** 〖スィ〗ランガル〔グルドゥワーラーでの無料共同飲食〕の料理人. **2** 料理人. (⇒ਰਸੋਈਆ)

ਲਾਗਲਾ (लागला) /lāgalā ラーグラー/ [cf. ਲੱਗਣਾ] *adj.* **1** 隣接している, 近くの. (⇒ਨੇੜੇ ਦਾ) **2** 岸辺の.

ਲਾਗਵਾਂ (लागवाँ) /lāgawā̃ ラーグワーン/ [cf. ਲੱਗਣਾ Skt.-वान्] *adj.* **1** 隣接している, 近くの. (⇒ਨੇੜੇ ਦਾ) **2** 岸辺の.

ਲਾਂਗੜ (लाँगड़) /lā̃gaṛa ラーンガル/ ▸ਲਾਂਙੜ *f.* 〖衣服〗腰布.

ਲਾਗਾ (लागा) /lāgā ラーガー/ [cf. ਲੱਗਣਾ] *m.* **1** 近いこと, 近接, 接近. **2** 近所, 近辺, 付近. **3** 擦り傷.

ਲਾਗਿਓਂ (लागिओं) /lāgiõ ラーギオーン/ [cf. ਲੱਗਣਾ + ਓਂ] *adv.* 《 ਲਾਗੇ ਤੋਂ の融合形》近くから, 近くで, 近くを, そばを. (⇒ਕੋਲੋਂ, ਨੇੜਿਓਂ)

ਲਾਗੀ (लागी) /lāgī ラーギー/ [cf. ਲੱਗਣਾ] *m.* **1** 奉公人. **2** 婚約の仲介者.

ਲਾਗੂ¹ (लागू) /lāgū ラーグー/ [cf. ਲੱਗਣਾ -ਊ] *adj.* **1** 実施された, 施行された. ❐ਲਾਗੂ ਹੋਣਾ 実施される, 施行される. ❐ਲਾਗੂ ਕਰਨਾ 実施する, 施行する. **2** 適用される, 適用できる. ❐ਲਾਗੂ ਹੋਣਾ 適用される. ❐ਲਾਗੂ ਕਰਨਾ 適用する. **3** 適切な, 妥当な.

ਲਾਗੂ² (लागू) /lāgū ラーグー/ *adj.* 敵の, 敵対する.
— *m.* **1** 敵, 敵対者. (⇒ਦੁਸ਼ਮਨ, ਵੈਰੀ) **2** 対立者.

ਲਾਗੇ (लागे) /lāge ラーゲー/ [cf. ਲੱਗਣਾ] *adv.* 近くに, そばに. (⇒ਨੇੜੇ, ਕੋਲ, ਪਾਸ)
— *postp.* 《… ਦੇ ਲਾਗੇ の形で》…の近くに, …のそばに. (⇒ਨੇੜੇ, ਕੋਲ, ਪਾਸ)

ਲਾਂਘ (लाँघ) /lā̃ga ラーング/ ▸ਪਲਾਂਘ, ਫਲਾਂਗ, ਫਲਾਂਘ *f.* → ਪਲਾਂਘ

ਲਾਂਘਾ (लाँघा) /lā̃gā ラーンガー/ [cf. ਲੰਘਣਾ] *m.* **1** 道, 通路. (⇒ਰਸਤਾ, ਰਾਹ) **2** 通行, 交通. (⇒ਲੰਘਣ ਦਾ ਭਾਵ) **3** 時間の経過, 暮らし, 生計. (⇒ਗੁਜ਼ਾਰਾ, ਨਿਰਬਾਹ)

ਲਾਂਙੜ (लाँङड़) /lā̃ṅaṛa ラーンナル/ ▸ਲਾਂਗੜ *f.* → ਲਾਂਗੜ

ਲਾਂਚ (लाँच) /lā̃ca ラーンチ/ [Eng. *launch*] *m.* **1** 〖乗物〗ランチ《観光用・運搬用などのモーターボート》, 艦載大型ボート. **2**（船の）進水. **3**（ロケットなどの）発射. **4** 創刊, 刊行.

ਲਾਚਾ (लाचा) /lācā ラーチャー/ *m.* 〖布地〗赤い縁取りのある縞模様の絹布.

ਲਾਚਾਰ (लाचार) /lācāra ラーチャール/ ▸ਲਚਾਰ [Arab. *lā-* Pers. *cāra*] *adj.* **1** 仕方ない, 余儀ない, どうしようもない. **2** 絶望的な. **3** 貧しい, 困窮した. **4** 力のない, 無力な.

ਲਾਚਾਰਗੀ (लाचारगी) /lācāragī ラーチャールギー/ [Arab. *lā-* Pers. *cāra* Pers.*-gī*] *f.* → ਲਾਚਾਰੀ

ਲਾਚਾਰੀ (लाचारी) /lācārī ラーチャーリー/ ▸ਲਚਾਰੀ [Arab. *lā-* Pers. *cārī*] *f.* **1** 仕方のないこと, 余儀ないこと, どうしようもないこと. **2** 絶望. **3** 無力.

ਲਾਚੀ (लाची) /lācī ラーチー/ ▸ਇਲਾਇਚੀ, ਇਲਾਚੀ *f.* → ਇਲਾਚੀ

ਲਾਜ (लाज) /lāja ラージ/ ▸ਲੱਜ, ਲੱਜਾ, ਲੱਜਿਆ [Skt. लज्जा] *f.* **1** 恥, 羞恥心. (⇒ਸ਼ਰਮ) **2** 慎み. **3** 名誉, 面目.

ਲਾਜ਼ਮ (लाज़म) /lāzama ラーザム/ [Arab. *lāzim*] *adj.* **1** 必要な, 必須の. **2** 義務づけられている, しなければいけない. **3** 強制的な.

ਲਾਜ਼ਮੀ (लाज़मी) /lāzamī ラーズミー/ [Pers. *lāzimī*] *adj.* **1** 必要な, 必須の. **2** 義務づけられている, しなければいけない.

ਲਾਜਵੰਤ (लाजवंत) /lājawanta ラージワント/ [Skt. लज्जा Skt.-वंत] *adj.* **1** 恥ずかしがり屋の, はにかみ屋の. **2** 慎み深い, 羞恥心のある.

ਲਾਜਵੰਤੀ (लाजवंती) /lājawantī ラージワンティー/ [-ਈ] *f.* **1** 恥ずかしがり屋の女性, 慎み深い女性. **2** 〖植物〗オジギソウ（お辞儀草）, ネムリグサ（眠り草）, ミモザ《マメ科の一年草》.

ਲਾਜਵਰਦ (लाजवरद) /lājawarada ラージワルド/ [Pers. *lājavard*] *m.* **1** 〖鉱物〗瑠璃, ラピスラズリ. **2** 〖鉱物〗アメジスト, 紫水晶.
— *adj.* → ਲਾਜਵਰਦੀ

ਲਾਜਵਰਦੀ (लाजवरदी) /lājawaradī ラージワルディー/ [Pers. *lājavardī*] *adj.* **1** 瑠璃色の, 群青色の. **2** 紫の, スミレ色の.

ਲਾਜਵਾਬ (लाजवाब) /lājawāba ラージャワーブ/ [Arab. *lā-* Arab. *javāb*] *adj.* **1** 答えのない, 返答しない, 答えられない, 答えに窮した. **2** 口のきけない, あっけにとられた, 絶句した, 当惑した, 狼狽した. **3** 問題にならない. **4** 比類ない, 匹敵するもののない. (⇒ਬੇਜੋੜ) **5** 文句なしの, とびきり上等の, 素晴らしい.

ਲਾਜ਼ਵਾਲ (लाज़वाल) /lāzawāla ラーザワール/ [Arab. *lā-* Arab. *zavāl*] *adj.* **1** 倒れることのない. **2** 傾くことのない. **3** 永続する, 恒久的な, 永遠の.

ਲਾਜਾ (लाजा) /lājā ラージャー/ [Skt. लाजा] *f.* 〖食品〗

煎った穀物, 煎り米.

ਲਾਜਿਸਟਿਕ (लाजिसटिक) /lājisaṭika ラージスティク/ [Eng. *logistic*] *adj.* 〖軍〗兵站学の.

ਲਾਜਿਕ (लाजिक) /lājika ラージク/ ▸ਲੌਜਿਕ [Eng. *logic*] *m.* 論理学, 論法.

ਲਾਟ[1] (लाट) /lāṭa ラート/ ▸ਲਪਟ *f.* → ਲਪਟ

ਲਾਟ[2] (लाट) /lāṭa ラート/ ▸ਲਾਠ *f.* → ਲਾਠ

ਲਾਟ[3] (लाट) /lāṭa ラート/ [Eng. *lord*] *m.* 〖歴史〗総督, 英領インド時代の州知事.

ਲਾਟ[4] (लाट) /lāṭa ラート/ [Eng. *lot*] *m.* **1** ひと山, たくさん, どっさり. **2** 運命, 運だめし, くじ. **3** 分け前, 区分.

ਲਾਟਰੀ (लाटरी) /lāṭarī ラータリー/ [Eng. *lottery*] *f.* 宝くじ, 富くじ. ❐ਲਾਟਰੀ ਨਿਕਲ ਆਉਣੀ 宝くじに当たる, 思わぬ富を手に入れる.

ਲਾਟੂ (लाटू) /lāṭū ラートゥー/ [Skt. लुंठन] *m.* **1** 独楽. **2** 〖口語〗電球. (⇒ਬਲਬ)

ਲਾਠ (लाठ) /lāṭʰa ラート/ ▸ਲਾਟ [Pal. लट्ठि] *f.* **1** 〖建築〗柱, 円柱, 石柱, 石碑. **2** 〖建築〗尖塔. (⇒ਕਲਸ, ਮਿਨਾਰ)

ਲਾਠੀ (लाठी) /lāṭʰī ラーティー/ [(Pkt. लट्ठि) Skt. लष्टि] *f.* **1** 棒, 棍棒. (⇒ਸੋਟਾ, ਡੰਡਾ) **2** 警官の用いる警棒.

ਲਾਠੀ ਚਾਰਜ (लाठी चारज) /lāṭʰī cāraja ラーティー チャールジ/ [+ Eng. *charge*] *m.* 警官隊が集まった民衆を警棒で叩く行為.

ਲਾਠੀਬਾਜ਼ (लाठीबाज़) /lāṭʰībāza ラーティーバーズ/ ▸ਲੱਠਮਾਰ [Pers.-*bāz*] *adj.* **1** 棒術使いの. **2** 乱暴な.

ਲਾਡ (लाड) /lāḍa ラード/ [(Pkt. लडिय) Skt. लाड्यति] *m.* **1** 愛, 愛情. **2** 可愛がること, あやすこと, 愛撫. ❐ਲਾਡ ਕਰਨਾ, ਲਾਡ ਲਡਾਉਣਾ 可愛がる, あやす, 愛撫する. **3** 甘やかすこと. ❐ਲਾਡ ਕਰਨਾ, ਲਾਡ ਲਡਾਉਣਾ 甘やかす.

ਲਾਡ ਪਿਆਰ (लाड पिआर) /lāḍa piāra ラード ピアール/ [+ Skt. प्रिय] *m.* **1** 愛しさ. **2** 愛, 愛情, いつくしみ.

ਲਾਡ ਮਲ੍ਹਾਰ (लाड मल्हार) /lāḍa malâra ラード マラール/ [+ Skt. मल्लार] *m.* → ਲਾਡ ਪਿਆਰ

ਲਾਂਡਰੀ (लाँडरी) /lā̃ḍarī ラーンドリー/ [Eng. *laundry*] *f.* 洗濯屋, クリーニング店.

ਲਾਡਲਾ (लाडला) /lāḍalā ラードラー/ [(Pkt. लडिय) Skt. लाड्यति] *adj.* **1** 愛しい. **2** 最愛の.

ਲਾਤਿਨ (लातिन) /lātina ラーティン/ [Eng. *Latin*] *adj.* ラテンの, ラテン系の.

— *m.* ラテン系民族の人.

— *f.* ラテン語.

ਲਾਤੀਨੀ (लातीनी) /lātīnī ラーティーニー/ [Eng. *Latin* -ई] *adj.* ラテンの, ラテン系の.

— *m.* ラテン系民族の人.

— *f.* ラテン語.

ਲਾਦੂ (लादू) /lādū ラードゥー/ [cf. ਲੱਦਣਾ] *adj.* 重荷を運ぶように訓練された.

ਲਾਧ (लाध) /lâda ラード/ [Skt. लब्ध] *f.* **1** 発見. (⇒ਲਭਤ) **2** 獲得. (⇒ਪਰਾਪਤੀ) **3** 利益. (⇒ਫ਼ਾਇਦਾ, ਨਫ਼ਾ) **4** 窃盗の発見.

ਲਾਨ (लान) /lāna ラーン/ ▸ਲਾਅਨ [Eng. *lawn*] *m.* 芝生, 芝地, 芝生の庭園, 芝生の広場.

ਲਾਨ੍ਹ (लान्ह) /lâna ラーン/ *f.* → ਲਾਹਣ

ਲਾਨ੍ਹਤ (लान्हत) /lânata ラーナト/ ▸ਲਾਹਨਤ, ਲਾਨਤ *f.* → ਲਾਹਨਤ

ਲਾਨ੍ਹਤੀ (लान्हती) /lânatī ラーンティー/ ▸ਲਾਹਨਤੀ *adj.* → ਲਾਹਨਤੀ

ਲਾਨਤ (लानत) /lânata ラーナト/ ▸ਲਾਹਨਤ, ਲਾਨ੍ਹਤ *f.* → ਲਾਹਨਤ

ਲਾਪਸੀ (लापसी) /lāpasī ラープスィー/ ▸ਲਪਸੀ [Skt. लप्सिका] *f.* 〖料理〗ラープスィー(ラプシー)《小麦粉を牛乳と砂糖または塩で味付けして煮つめた粥》.

ਲਾਪਤਾ (लापता) /lāpatā ラーパター/ [Arab. *lā*- Skt. प्रत्यय] *adj.* **1** 居所の分からない, 行方不明の, 消息のない, 失踪した. (⇒ਅਪਤਾ, ਬੇਪਤਾ) **2** 宛名のない, 住所不明の.

ਲਾਪਰਨਾ (लापरना) /lāparanā ラーパルナー/ *vt.* **1** 刈り込む, (木の枝を)切り落とす. **2** (植物の一部を)切り取る, 刈り取る.

ਲਾਪਰਵਾਹ (लापरवाह) /lāparawâ ラーパルワー/ [Arab. *lā*- Pers. *parvāh*] *adj.* **1** 心配のない, 暢気な. **2** 不注意な, 無神経な. **3** 無関心な, 無頓着な, 無愛想な. **4** 無作法な. **5** 怠慢な, 怠惰な.

ਲਾਪਰਵਾਹੀ (लापरवाही) /lāparawâī ラーパルワーイー/ [Arab. *lā*- Pers. *parvāhī*] *f.* **1** 心配のないこと, 安心, 暢気. **2** 不注意, 無神経. **3** 無関心, 無頓着, 無愛想. **4** 無作法. **5** 怠慢, 怠惰.

ਲਾਬਸਟਰ (लाबसटर) /lābasaṭara ラーバスタル/ [Eng. *lobster*] *m.* 〖魚〗ロブスター, 食用海老.

ਲਾਂਬੂ (लाँबू) /lā̃bū ラーンブー/ ▸ਲੰਬੂ, ਲੂੰਬਾ *m.* **1** 炎. **2** 大火. **3** 火葬用の薪の山に火をつけるための干し草の束.

ਲਾਭ (लाभ) /lâba ラーブ/ [Skt. लाभ] *m.* **1** 入手, 獲得. **2** 利益, 利潤, 儲け, 得, 利得, 収益. (⇒ਨਫ਼ਾ, ਮੁਨਾਫ਼ਾ, ਫ਼ਾਇਦਾ) **3** 効き目, 効果. **4** 便宜.

ਲਾਭ-ਅੰਸ਼ (लाभ-अंश) /lâba-anśa ラーブ・アンシュ/ [+ Skt. अंश] *m.* 〖経済〗利益配当, 配当金.

ਲਾਭ-ਸਾਖ (लाभ-साख) /lâba-sākʰa ラーブ・サーク/ [+ Skt. साक्ष्य] *f.* 商売上の信用.

ਲਾਭ-ਹਾਨ (लाभ-हान) /lâba-hāna ラーブ・ハーン/ ▸ਲਾਭ-ਹਾਨੀ *m.* → ਲਾਭ-ਹਾਨੀ

ਲਾਭ-ਹਾਨੀ (लाभ-हानी) /lâba-hānī ラーブ・ハーニー/ ▸ਲਾਭ-ਹਾਨ [Skt. लाभ + Skt. हानि] *m.* 利益と損失, 得失, 損益.

ਲਾਭਕਾਰੀ (लाभकारी) /lâbakārī ラーブカーリー/ [Skt.-कारिन्] *adj.* → ਲਾਭਦਾਇਕ

ਲਾਭਦਾਇਕ (लाभदाइक) /lâbadāika ラーブダーイク/ [Skt.-दायक] *adj.* **1** 有益な, 有用な, 役に立つ. **2** 有利な, 儲かる. **3** 効果のある, 効き目のある.

ਲਾਂਭੇ (लाँभे) /lā̂be ラーンベー/ *adv.* **1** 離れて. **2** 脇へ.

ਲਾਮ (लाम) /lāma ラーム/ [Fre. *l'arme*] *f.* **1** 戦争, 戦場, 戦地. (⇒ਲੜਾਈ, ਜੰਗ) ❐ਲਾਮ ਲੱਗਣੀ 戦争が起こる, 戦になる. **2** 〖軍〗列, 隊列, 軍, 軍隊, 旅団. (⇒ਫ਼ੌਜ ਦਾ ਇਕੱਠ) ❐ਲਾਮ ਲਸ਼ਕਰ 群衆, 人だかり.

ਲਾਮਬੰਦ (लामबंद) /lāmabanda ラームバンド/ [Pers.-*band*] *adj.* **1** 動員された. **2** 〖軍〗徴兵された,

徴集された, 召集された. **3** 配置された.

ਲਾਮਬੰਦੀ (लामबंदी) /lāmabandī ラームバンディー/ [Pers.-*bandī*] *f.* **1** 動員. **2**〖軍〗徴兵, 徴集, 召集.

ਲਾਮਾ (लामा) /lāmā ラーマー/ [Tib. *lāmā*] *m.*〖仏〗ラーマー《チベット仏教の僧》.

ਲਾਰ (लार) /lāra ラール/ [Skt. लाला] *f.*〖生理〗唾液, つば, よだれ.

ਲਾਰਕ (लारक) /lāraka ラールク/ [Eng. *lark*] *m.*〖鳥〗ヒバリ, 雲雀.

ਲਾਰਡ (लारड) /lārada ラールド/ [Eng. *lord*] *m.* **1** 主, 神. **2** 君主, 首長, 統治者.

ਲਾਰਵਾ (लारवा) /lāravā ラールヴァー/ [Eng. *larva*] *m.*〖虫〗幼虫, 毛虫.

ਲਾਰਾ (लारा) /lārā ラーラー/ *m.* **1** 嘘の約束. ❐ਲਾਰਾ ਲਾਉਣਾ 嘘の約束をする. **2** 偽りの希望. ❐ਲਾਰਾ ਲਾਉਣਾ 偽りの希望を持たせる.

ਲਾਰਾ-ਲੱਪਾ (लारा-लप्पा) /lārā-lappā ラーラー・ラッパー/ *m.* → ਲਾਰਾ

ਲਾਰੀ (लारी) /lārī ラーリー/ [Eng. *lorry*] *f.*〖乗物〗貨物自動車.

ਲਾਰੇਬਾਜ਼ (लारेबाज़) /lārebāza ラーレーバーズ/ [(Jat.)] *m.* しばしば嘘の約束をする者.

ਲਾਲ[1] (लाल) /lāla ラール/ [Pers. *lāl*] *adj.* **1** 赤い. **2** (困惑・怒り・恥ずかしさなどで)顔が赤くなった, (目が)血走った. **3**〖政治〗赤化した, 共産主義の.

ਲਾਲ[2] (लाल) /lāla ラール/ [Skt. लालक] *m.* **1** 愛しい子. (⇒ਪਿਆਰਾ ਬੱਚਾ) **2** 幼子, 幼児. (⇒ਬੱਚਾ) **3**〖親族〗息子. (⇒ਪੁੱਤਰ)

ਲਾਲ[3] (लाल) /lāla ラール/ [Pers. *la`l*] *m.* **3**〖鉱物〗ルビー, 紅玉. (⇒ਮਾਣਕ)

ਲਾਲਸਾ (लालसा) /lālasā ラールサー/ [Skt. लालसा] *f.* **1** 切望, 熱望, 渇望. **2** 念願, 憧憬. **3** 欲, 欲望, 貪欲.

ਲਾਲਚ (लालच) /lālaca ラーラチ/ [Skt. लालसा] *m.* 貪欲, 強欲, 浅ましさ, むやみに欲しがること. (⇒ਲੋਭ) ❐ਲਾਲਚ ਕਰਨਾ むやみに欲しがる. ❐ਲਾਲਚ ਦੇਣਾ 誘う, 欲しがらせる.

ਲਾਲਚਣ (लालचण) /lālacaṇa | lālacaṇa ラーラチャン | ラールチャン/ [-ਣ] *f.* 貪欲な女, 欲張りな女, 強欲な女, 浅ましい女. (⇒ਲੋਭਣ)

ਲਾਲਚੀ (लालची) /lālacī ラールチー/ [-ਈ] *adj.* 貪欲な, 欲張りな, 強欲な, 浅ましい. (⇒ਲੋਭੀ)

ਲਾਲਟੈਨ (लालटैन) /lālaṭaina ラールタェーン/ [Eng. *lantern*] *f.* 手提げランプ, 角灯, ちょうちん, ランタン, カンテラ.

ਲਾਲ ਟੋਪੀ (लाल टोपी) /lāla ṭopī ラール トーピー/ [Pers. *lāl* + (Pkt. टोपिआ) Skt. स्तूप -ਈ] *f.* 赤い帽子.
— *m.* **1** 赤い帽子を被った人. **2**〖政治〗共産主義者.

ਲਾਲਪਗੜੀ (लालपगड़ी) /lālapagaṛī ラールパグリー/ [Pers. *lāl* + Skt. पटक] *f.* 赤いターバン.
— *m.* **1** 赤いターバンをつけた者. **2** 警官, 警察官, 巡査. (⇒ਪੁਲਸੀਆ)

ਲਾਲਪਾਣੀ (लालपाणी) /lālapāṇī ラールパーニー/ [+ Skt. पानीय] *m.* **1**〖飲料〗酒. **2**〖口語〗血.

ਲਾਲ-ਪੀਲਾ (लाल-पीला) /lāla-pīlā ラール・ピーラー/ [+ (Pkt. पीअल) Skt. पीत] *adj.* **1** 怒った. **2** 激怒した.

ਲਾਲ ਬੱਤੀ (लाल बत्ती) /lāla battī ラール バッティー/ [+ (Pkt. बत्ति) Skt. वर्ति] *f.* 赤信号, 危険信号, 停止信号. (⇒ਰੈਡ ਲਾਈਟ)

ਲਾਲ ਮਿਰਚ (लाल मिरच) /lāla miraca ラール ミルチ/ [+ Skt. मरिच] *f.* **1**〖食品〗チリー, 赤唐辛子.

ਲਾਲੜੀ (लालड़ी) /lālaṛī ラーラリー/ *f.*〖鳥〗カササギ, 鵲. (⇒ਗਟਾਰ)

ਲਾਲਾ (लाला) /lālā ラーラー/ [Pers. *lālā*] *m.* **1** 旦那さん, 親父さん《ヒンドゥー教徒の商人・店主などに対する敬意を込めた呼びかけ》. **2** お父さん, お兄さん《父・義父・義兄などに対する敬意を込めた呼びかけ》. **3** 坊や《子供に対する愛情を込めた呼びかけ》.

ਲਾਲੀ (लाली) /lālī ラーリー/ [Pers. *lālī*] *f.* **1** 赤さ, 赤色, 赤熱, 赤布. **2** 紅潮, 赤らみ. **3**〖比喩〗名誉, 名声.

ਲਾਂਵ (लाँव) /lā̃wa ラーンウ/ ▸ਲਾਂ *f.* → ਲਾਂ

ਲਾਵਲਦ (लावलद) /lāwalada ラーワルド/ [Arab. *lā*- Arab. *valad*] *adj.* 子供のいない, 息子のいない.

ਲਾਂਵਾਂ (लाँवाँ) /lā̃wā̃ ラーンワーン/ ▸ਲਾਵਾਂ *f.* → ਲਾਵਾਂ

ਲਾਵਾਂ (लावाँ) /lāwā̃ ラーワーン/ ▸ਲਾਂਵਾਂ *f.*〖儀礼〗婚礼で新郎新婦が崇拝物の周りを回ること《 ਲਾਂ の複数形》.

ਲਾਵਾ[1] (लावा) /lāvā ラーヴァー/ [Skt. लावक] *m.*〖農業〗収穫期に刈り入れに従事する労働者.

ਲਾਵਾ[2] (लावा) /lāvā ラーヴァー/ [Eng. *lava*] *m.*〖鉱物〗溶岩.

ਲਾਵਾਰਸ (लावारस) /lāwārasa ラーワーラス/ ▸ਲਾਵਾਰਿਸ [Arab. *lā*- Arab. *vāris*] *adj.* **1** 相続人のいない, 後継者のいない. **2** 所有者のいない, 持ち主の分からない. **3** 道に迷った, はぐれた.

ਲਾਵਾਰਿਸ (लावारिस) /lāwārisa ラーワーリス/ ▸ਲਾਵਾਰਸ *adj.* → ਲਾਵਾਰਸ

ਲਾੜਾ (लाड़ा) /lāṛā ラーラー/ [(Pkt. लडह) Skt. लडह] *m.*〖親族〗花婿, 新郎, 夫. (⇒ਦੂਲ੍ਹਾ)

ਲਾੜੀ (लाड़ी) /lāṛī ラーリー/ [-ਈ] *f.*〖親族〗花嫁, 新婦. (⇒ਦੁਲਹਨ)

ਲਿਓੜ (लिओड़) /lioṛa リオール/ ▸ਲਿਆਟ, ਲੇ, ਲੇਉ, ਲੇਅ *m.* → ਲੇਉ

ਲਿਆਉਣਾ (लिआउणा) /liāuṇā リアーウナー/ ▸ਲਿਆਣਾ *vt.*《 ਲੈ ਆਉਣਾ の融合短縮形》**1** 持って来る, 取って来る, もらって来る, 買って来る. (⇔ਲਿਜਾਣਾ) ❐ਤੂੰ ਅੱਜ ਕੀ ਲਿਆਇਆ ਏਂ? おまえは今日は何を持って来たんだ. ❐ਭੁੱਖੀ ਹੈਂ ਤਾਂ ਬਰਫ਼ੀ ਲਿਆਵਾਂ? お腹がすいているのならバルフィーを持って来てあげようか. **2** もたらす. ❐ਅਸੀਂ ਇੱਕ ਹੋਰ ਹਰੀ ਕਰਾਂਤੀ ਲਿਆਉਣਾ ਚਾਹੁੰਦੇ ਹਾਂ। 私たちはもう一つの緑の革命をもたらしたいのです. **3** 運ぶ.

ਲਿਆਕਤ (लिआकत) /liākata リアーカト/ [Pers. *liyāqat*] *f.* **1** 能力, 力量. (⇒ਯੋਗਤਾ) **2** 知力, 才能. (⇒ਸਿਆਣਪ) **3** 適応, 適合, ふさわしさ.

ਲਿਆਕਤਮੰਦ (लिआकतमंद) /liākatamanda リアーカトマンド/ ▸ਲਿਆਕਤਵੰਦ [Pers.-*mand*] *adj.* **1** 可能な, できる. (⇒ਲਾਇਕ) **2** 有能な, 能力のある. **3** 知力のある, 賢い. (⇒ਸਿਆਣਾ) **4** 適応した, 適切な, ふさわしい.

ਲਿਆਕਤਵੰਦ (लिआकतवंद) /liākatⱥwandⱥ リアーカトワンド/ ▶ਲਿਆਕਤਮੰਦ *adj.* → ਲਿਆਕਤਮੰਦ

ਲਿਆਟ (लिआट) /liāṭⱥ リアート/ ▶ਲਿਓੜ, ਲੇ, ਲੇਉ, ਲੇਅ [(Pot.)] *m.* → ਲੇਉ

ਲਿਆਣਾ (लिआणा) /liāṇā リアーナー/ ▶ਲਿਆਉਣਾ *vt.* → ਲਿਆਉਣਾ

ਲਿਸ (लिस) /lisⱥ リス/ [(Pua.)] *m.* 家畜の乳を搾った後に乳房に残った少量の乳. (⇒ਡੋਕਾ)

ਲਿਸ਼ਕ (लिशक) /liśⱥkⱥ リシュク/ [cf. ਲਿਸ਼ਕਣਾ] *f.* **1** 輝き, 光彩. (⇒ਚਮਕ) **2** きらめき, 閃き. **3** 光沢, つや.

ਲਿਸ਼ਕਣਾ (लिशकणा) /liśⱥkaṇā リシュカナー/ ▶ਲਸ਼ਕਣਾ [Skt. लसति] *vi.* **1** 輝く, きらきら光る. **2** きらめく, 閃く.

ਲਿਸ਼ਕਦਾਰ (लिशकदार) /liśⱥkⱥdārⱥ リシュクダール/ [cf. ਲਿਸ਼ਕਣਾ Pers.-*dār*] *adj.* **1** 輝きのある, 輝いている. **2** 閃きのある, きらめいている.

ਲਿਸ਼ਕ-ਪੁਸ਼ਕ (लिशक-पुशक) /liśⱥkⱥ-puśⱥkⱥ リシュク・プシュク/ *f.* 輝き, 光輝. (⇒ਚਮਕ ਦਮਕ)

ਲਿਸ਼ਕਵਾਂ (लिशकवाँ) /liśakⱥwā̃ リシャクワーン/ [cf. ਲਿਸ਼ਕਣਾ Skt.-वान्] *adj.* **1** 輝いている, 光っている. **2** きらめいている, 閃いている.

ਲਿਸ਼ਕਵਾਉਣਾ (लिशकवाउणा) /liśakⱥwāuṇā リシャクワーウナー/ [cf. ਲਿਸ਼ਕਣਾ] *vt.* **1** 輝かせてもらう. **2** 磨かせる, 磨いてもらう. **3** 磨いてつやを出してもらう. **4** 徹底的にきれいにさせる.

ਲਿਸ਼ਕਾਉਣਾ (लिशकाउणा) /liśⱥkāuṇā リシュカーウナー/ ▶ਲਸਕਾਉਣਾ, ਲਸ਼ਕਾਉਣਾ, ਲਿਸ਼ਕਾਣਾ [cf. ਲਿਸ਼ਕਣਾ] *vt.* **1** 輝かせる. **2** 磨く, 磨いて光らせる. **3** 徹底的にきれいにする.

ਲਿਸ਼ਕਾਣਾ (लिशकाणा) /liśⱥkāṇā リシュカーナー/ ▶ਲਸਕਾਉਣਾ, ਲਸ਼ਕਾਉਣਾ, ਲਿਸ਼ਕਾਉਣਾ *vt.* → ਲਿਸ਼ਕਾਉਣਾ

ਲਿਸ਼ਕਾਰ (लिशकार) /liśⱥkārⱥ リシュカール/ ▶ਲਸਕਾਰ, ਲਸ਼ਕਾਰ, ਲਸਕਾਰਾ, ਲਸ਼ਕਾਰਾ, ਲਿਸ਼ਕਾਰਾ [cf. ਲਿਸ਼ਕਣਾ] *f.* **1** 輝き, 光彩. (⇒ਚਮਕ) **2** きらめき, 閃き.

ਲਿਸ਼ਕਾਰਾ (लिशकारा) /liśⱥkārā リシュカーラー/ ▶ਲਸਕਾਰ, ਲਸ਼ਕਾਰ, ਲਸਕਾਰਾ, ਲਸ਼ਕਾਰਾ, ਲਿਸ਼ਕਾਰ *m.* → ਲਿਸ਼ਕਾਰ

ਲਿਸਟ (लिसट) /lisⱥṭⱥ リスト/ [Eng. *list*] *f.* 一覧表, リスト, 目録.

ਲਿੱਸੜ (लिस्सड़) /lissaṛⱥ リッサル/ ▶ਲਿੱਸਾ *adj.* → ਲਿੱਸਾ

ਲਿੱਸਾ (लिस्सा) /lissā リッサー/ ▶ਲਿੱਸੜ [Skt. लेश्य] *adj.* **1** 細い. (⇒ਪਤਲਾ) **2** 痩せた. (⇒ਦੁਬਲਾ) **3** 弱々しい, 弱い, 貧弱な. (⇒ਕਮਜ਼ੋਰ)

ਲਿਹਣਾ (लिहणा) /lêṇā レーナー/ ▶ਲੇਹਣਾ *vt.* → ਲੇਹਣਾ

ਲਿਹਾਜ਼ (लिहाज़) /lihāzⱥ | liǎzⱥ リハーズ | リアーズ/ [Arab. *lihāz*] *m.* **1** 思いやり, 考慮. (⇒ਖ਼ਿਆਲ) ❒ਲਿਹਾਜ਼ ਰੱਖਣਾ 考慮に入れる. **2** 配慮, 気配り. **3** 留意, 注意. (⇒ਧਿਆਨ) **4** 尊敬, 敬意. **5** 偏愛. (⇒ਪੱਖਪਾਤ) **6** 耽溺.

ਲਿਹਾਜ਼ਾ (लिहाज़ा) /lihāzā | liǎzā リハーザー | リアーザー/ [Arab. *lihāzā*] *adv.* **1** それゆえに, このため, だから. (⇒ਇਸ ਲਈ) **2** その結果.

ਲਿਹਾਜ਼ੀ (लिहाज़ी) /lihāzī | liǎzī リハーズィー | リアーズィー/ [Arab. *lihāz* -ਈ] *adj.* **1** 思いやりのある. **2** 好かれている. **3** 馴染みが深い.

ਲਿੰਕ (लिंक) /liṅkⱥ リンク/ [Eng. *link*] *f.* **1** 環. **2** 連結するもの.

ਲਿਕੁਇਡ (लिकूइड) /likūiḍⱥ リクーイド/ ▶ਲੀਕੁਇਡ *adj.* → ਲੀਕੁਇਡ

ਲਿਖਣ ਸਮੱਗਰੀ (लिखण समग्गरी) /likʰaṇⱥ samaggarī リカン サマッガリー/ [cf. ਲਿਖਣਾ + Skt. सामग्री] *f.* 文房具. (⇒ਸਟੇਸ਼ਨਰੀ)

ਲਿਖਣ ਸ਼ਾਸਤਰ (लिखण शासतर) /likʰaṇⱥ śāsⱥtarⱥ リカン シャースタル/ [+ Skt. शास्त्र] *m.* 正字法, つづり.

ਲਿਖਣਹਾਰ (लिखणहार) /likʰaṇⱥhārⱥ リカンハール/ ▶ਲਿਖਣਹਾਰਾ [-ਹਾਰ] *m.* **1** 文筆家. **2** 書記. **3** 書家.

ਲਿਖਣਹਾਰਾ (लिखणहारा) /likʰaṇⱥhārā リカンハーラー/ ▶ਲਿਖਣਹਾਰ *m.* → ਲਿਖਣਹਾਰ

ਲਿਖਣਢੰਗ (लिखणढंग) /likʰaṇⱥṭǎngⱥ リカンタング/ *m.* **1** 書体. **2** 書の技能, 書の芸術. **3** 達筆, 書道.

ਲਿਖਣਾ (लिखणा) /likʰaṇā リクナー/ [Skt. लिखति] *vt.* **1** 書く, 筆記する. **2** 記す, 記入する. **3** 描く.

ਲਿਖਤ (लिखत) /likʰⱥtⱥ リクト/ [Skt. लिखित] *f.* **1** 文書, 証書, 証文. **2** 書類. **3** 筆記.

ਲਿਖਤਮ (लिखतम) /likʰⱥtamⱥ リクタム/ [Skt. लिखितम्] *m.* **1** 作文, 文章. (⇒ਲੇਖ) **2** 文書, 書類. (⇒ਲਿਖਿਆ ਕਾਗ਼ਜ਼) **3** 書いた人の名前の前に書く手紙の書き出しの決まり文句.

ਲਿਖਤੀ (लिखती) /likʰⱥtī リクティー/ ▶ਲਿਖਿਤ *adj.* → ਲਿਖਿਤ

ਲਿਖ-ਲਿਖਾ (लिख-लिखा) /likʰⱥ-likʰā リク・リカー/ [Skt. लिखन] *m.* 著述.

ਲਿਖਵਾਉਣਾ (लिखवाउणा) /likʰⱥwāuṇā リクワーウナー/ ▶ਲਿਖਵੌਣਾ [cf. ਲਿਖਣਾ] *vt.* **1** 書かせる, 書いてもらう, 代書してもらう. **2**(人に頼んで人に)書かせる, 書き取らせる, (人に)口述してもらい(人に)筆記させる.

ਲਿਖਵੌਣਾ (लिखवौणा) /likʰawauṇā リカワォーナー/ ▶ਲਿਖਵਾਉਣਾ [(Pua.)] *vt.* → ਲਿਖਵਾਉਣਾ

ਲਿਖਾਉਣਾ (लिखाउणा) /likʰāuṇā リカーウナー/ [cf. ਲਿਖਣਾ] *vt.* **1** 書かせる, 代書させる. **2**(相手に)書かせる, 書き取らせる, (自分が)口述して(相手に)筆記させる.

ਲਿਖਾਈ (लिखाई) /likʰāī リカーイー/ [cf. ਲਿਖਣਾ] *f.* **1** 書くこと, 書き方, 筆記, 著述, 執筆. ❒ਲਿਖਾਈ ਪੜ੍ਹਾਈ 読み書き, 教育. **2** 書体. **3** 手書き.

ਲਿਖਾ-ਪੜ੍ਹੀ (लिखा-पड़्ही) /likʰā-pâṛī リカー・パリー/ [cf. ਲਿਖਣਾ + cf. ਪੜ੍ਹਨਾ] *f.* **1** 書くことと読むこと. **2** 文通.

ਲਿਖਾਰੀ (लिखारी) /likʰārī リカーリー/ *m.* **1** 作家, 文筆家. (⇒ਲੇਖਕ) **2** 筆記者, 書記. (⇒ਕਾਤਬ)

ਲਿਖਾਵਟ (लिखावट) /likʰāwaṭⱥ リカーワト/ [cf. ਲਿਖਣਾ] *f.* **1** 筆跡. **2** 書体.

ਲਿਖਿਤ (लिखित) /likʰitⱥ リキト/ ▶ਲਿਖਤੀ [Skt. लिखित] *adj.* 書かれた, 記された. (⇒ਲਿਖਿਆ ਹੋਇਆ)

ਲਿੰਗ (लिंग) /liṅgⱥ リング/ ▶ਲਿੰਙ [Skt. लिंग] *m.* **1**〖生物〗(雄や雌などの)性, 自然性. ❒ਲਿੰਗ ਪਰਿਵਰਤਨ 性転換. ❒ਲਿੰਗ-ਭੇਦ 性別. ❒ਲਿੰਗ-ਵਿਹਾਰ 性行動. **2**〖言〗性, 文法性. **3**〖社会〗ジェンダー. **4**〖身体〗男性性器, 男根. **5**〖ヒ〗リンガ《抽象化されたシヴァ神の男性器》. **6**〖身体〗手足. **7**〖身体〗脚. **8**〖身体〗腕.

ਲਿੰਗਤਾ (लिंगता) /liṅgⱥtā リングター/ [Skt.-ता] *f.* 性

別.
ਲਿੰਗੀ (लिंगी) /liṅgī リンギー/ [Skt. लिंगिन्] *adj.* 性の, 性的な, 性に関する.
ਲਿੰਙ (लिंङ) /liṅṅa リンヌ/ ▸ਲਿੰਗ *m.* → ਲਿੰਗ
ਲਿਚਕਣਾ (लिचकणा) /licakaṇā リチャカナー/ ▸ਲਚਕਣਾ [(Pua.)] *vt.* → ਲਚਕਣਾ
ਲਿਚ-ਗੜਿੱਚੀ (लिच-गड़िच्ची) /lica-gaṛiccī リチ・ガリッチー/ *f.* ごまかし.
ਲਿਜਾਣਾ (लिजाणा) /lijāṇā リジャーナー/ *vt.* 《 ਲੈ ਜਾਣਾ の融合短縮形》持って行く, 連れて行く. (⇔ਲਿਆਉਣਾ)
ਲਿਟ (लिट) /liṭa リト/ ▸ਲਟ [Skt. लट्] *f.* 〖身体〗髪の房, 髪の束. (⇒ਵਾਲਾਂ ਦਾ ਗੁੱਛਾ, ਜ਼ੁਲਫ਼)
ਲਿਟਣਾ (लिटणा) /liṭaṇā リタナー/ ▸ਲੇਟਣਾ [(Mal.)] *vi.* → ਲੇਟਣਾ
ਲਿਟਰ (लिटर) /liṭara リタル/ [Eng. *litre*] *m.* 〖容量〗リットル.
ਲਿਟਰੇਚਰ (लिटरेचर) /liṭarecara リトレーチャル/ [Eng. *literature*] *m.* 文学. (⇒ਸਾਹਿਤ)
ਲਿਟਰੇਰੀ (लिटरेरी) /liṭarerī リトレーリー/ [Eng. *literary*] *adj.* 文学の. (⇒ਸਾਹਿਤਿਕ)
ਲਿਟਵਾਉਣਾ (लिटवाउणा) /liṭawāuṇā リトワーウナー/ [cf. ਲੇਟਣਾ] *vt.* **1** 横たえさせる. **2** 寝かしてもらう.
ਲਿਟਾਉਣਾ (लिटाउणा) /liṭāuṇā リターウナー/ [cf. ਲੇਟਣਾ] *vt.* **1** 横たえる, 横にならせる. **2** 寝かす, 寝かせる.
ਲਿੱਤਰ (लित्तर) /littara リッタル/ [Skt. लत्तक] *m.* 〖履物〗古靴. (⇒ਛਿੱਤਰ)
ਲਿਤੜਨਾ (लितड़ना) /litaṛanā リタルナー/ [Pkt. लत्ता] *vi.* **1** 踏み潰される. **2** 押される, 圧迫される. **3** 揉まれる, マッサージされる.
— *vt.* **1** 踏み潰す. **2** 押す, 圧迫する. **3** 揉む, マッサージする.
ਲਿਤੜਵਾਉਣਾ (लितड़वाउणा) /litaṛawāuṇā リタルワーウナー/ ▸ਲਿਤੜਾਉਣਾ [cf. ਲਿਤੜਨਾ] *vt.* **1** 踏み潰させる. **2** 押させる, 圧迫させる. **3** 揉ませる, 指圧してもらう, マッサージしてもらう.
ਲਿਤੜਾਉਣਾ (लितड़ाउणा) /litaṛāuṇā リトラーウナー/ ▸ਲਿਤੜਵਾਉਣਾ *vt.* → ਲਿਤੜਵਾਉਣਾ
ਲਿਤਾੜ (लिताड़) /litāṛa リタール/ ▸ਲਤਾੜ *f.* → ਲਤਾੜ
ਲਿਤਾੜਨਾ (लिताड़ना) /litāṛanā リタールナー/ ▸ਲਤਾੜਨਾ *vt.* → ਲਤਾੜਨਾ
ਲਿਥੀਅਮ (लिथीअम) /litʰīama リティーアム/ [Eng. *lithium*] *f.* 〖金属・化学〗リチウム《金属元素. 記号はLi. 金属の中で最も軽い》.
ਲਿਥੋ (लिथो) /litʰo リトー/ ▸ਲਿੱਥੋ [Grk. *lithos*] *m.* **1** 石. (⇒ਪੱਥਰ) **2** 石版印刷. (⇒ਲਿਥੋਗਰਾਫ਼ੀ)
ਲਿੱਥੋ (लित्थो) /littʰo リットー/ ▸ਲਿਥੋ *m.* → ਲਿਥੋ
ਲਿਥੋਗਰਾਫ਼ (लिथोगराफ़) /litʰogarāfa リトーガラーフ/ [Eng. *lithograph*] *m.* 石版画.
ਲਿਥੋਗਰਾਫ਼ੀ (लिथोगराफ़ी) /litʰogarāfī リトーガラーフィー/ [Eng. *lithography*] *f.* 石版印刷.
ਲਿੱਦ (लिद्द) /lidda リッド/ [Pkt. लद्दी] *f.* **1** 馬糞. **2**（馬・驢馬・象などの）獣糞.
ਲਿਨਨ (लिनन) /linana リナン/ [Eng. *linen*] *f.* 〖布地〗リネン, リンネル, 亜麻布.
ਲਿਪਸਟਿਕ (लिपसटिक) /lipasaṭika リプサティク/ ▸ਲਿਪਸਟਿੱਕ [Eng. *lipstick*] *f.* 棒状の口紅.
ਲਿਪਸਟਿੱਕ (लिपसटिक्क) /lipasaṭikka リプサティック/ ▸ਲਿਪਸਟਿਕ *f.* → ਲਿਪਸਟਿਕ
ਲਿਪਟਣਾ (लिपटणा) /lipaṭaṇā リプタナー/ [Skt. लिप्यते] *vi.* **1** 付着する, へばりつく, 粘りつく. **2** 包まれる, くるまれる. **3** 寄り添う. **4** 抱かれる, 抱きつく, しがみつく. **5** もつれる, 絡む, 絡みつく. **6** 巻きつく.
ਲਿਪਟਵਾਉਣਾ (लिपटवाउणा) /lipaṭawāuṇā リパトワーウナー/ ▸ਲਿਪਟਾਉਣਾ [cf. ਲਿਪਟਣਾ] *vt.* **1** 付着させる, へばり付かせる, 粘りつかせる. **2** 包ませる, くるませる. **3** 寄り添わせる. **4** 抱き締めさせる, 抱きつかせる, しがみつかせる. **5** もつれさせる, 絡ませる, 絡みつかせる. **6** 巻きつかせる.
ਲਿਪਟਾਉਣਾ (लिपटाउणा) /lipaṭāuṇā リプターウナー/ ▸ਲਿਪਟਵਾਉਣਾ *vt.* → ਲਿਪਟਵਾਉਣਾ
ਲਿੱਪਣਾ (लिप्पणा) /lippaṇā リッパナー/ ▸ਲਿੰਬਣਾ [Skt. लिप्यते] *vt.* **1** 塗る,（泥・漆喰・塗料などを）塗り付ける, 塗りたくる, なすり付ける. **2** 表面を覆う.
ਲਿਪ ਲਿਪ ਕਰਨਾ (लिप लिप करना) /lipa lipa karanā リプ リプ カルナー/ ▸ਲਿੱਪ ਲਿੱਪ ਕਰਨਾ [(Pua.)] *vi.* → ਲਿੱਪ ਲਿੱਪ ਕਰਨਾ
ਲਿੱਪ ਲਿੱਪ ਕਰਨਾ (लिप्प लिप्प करना) /lippa lippa karanā リップ リップ カルナー/ ▸ਲਿਪ ਲਿਪ ਕਰਨਾ *vi.* **1** どもる. (⇒ਰੁਕ ਰੁਕ ਕੇ ਬੋਲਣਾ) **2** へつらう. (⇒ਚਾਪਲੂਸੀ ਕਰਨੀ)
ਲਿਪਵਾਉਣਾ (लिपवाउणा) /lipawāuṇā リプワーウナー/ ▸ਲਿੰਬਵਾਉਣਾ, ਲਿੰਬਾਉਣਾ [cf. ਲਿੱਪਣਾ] *vt.* **1** 塗らせる,（泥・漆喰・塗料などを）塗り付けさせる, 塗り付けてもらう, なすり付けさせる. **2** 表面を覆わせる.
ਲਿਪਵਾਈ (लिपवाई) /lipawāī リプワーイー/ [cf. ਲਿੱਪਣਾ] *f.* **1** 塗らせること, 塗り付けさせること, なすり付けさせること. **2** 塗ること, 塗り付けること, なすり付けること.
ਲਿਪੜੀ (लिपड़ी) /lipaṛī リプリー/ [(Jat.)] *f.* 〖衣服〗破れた古いターバン. (⇒ਫਟੀ ਪੁਰਾਣੀ ਪੱਗ)
ਲਿਪਾਈ (लिपाई) /lipāī リパーイー/ [cf. ਲਿੱਪਣਾ] *f.* 塗ること, 塗り付けること, なすり付けること.
ਲਿਪੀ (लिपी) /lipī リピー/ [Skt. लिपि] *f.* **1** 〖言〗文字,（ある言語の）字母体系, 書記法. **2** 〖言〗アルファベット, 字母.
ਲਿਪੀਅੰਤਰ (लिपीअंतर) /lipīantara リピーアンタル/ [+ Skt. अंतर] *m.* **1** 翻字, 音訳. **2** 転写.
ਲਿਪੀਅੰਤਰਨ (लिपीअंतरन) /lipīantarana リピーアントラン/ [+ Skt. अंतरण] *m.* → ਲਿਪੀਅੰਤਰ
ਲਿਪੀਕਾਰ (लिपीकार) /lipīkāra リピーカール/ [Skt.-कार] *m.* **1** 翻字者, 音訳者. **2** 筆記者.
ਲਿਪੀਬੱਧ (लिपीबद्ध) /lipībâdda リピーバッド/ [Skt.-बद्ध] *adj.* 書き写された, 転写された.
ਲਿਪੇਟਣਾ (लिपेटणा) /lipeṭaṇā リペータナー/ ▸ਲਪੇਟਣਾ, ਵਲ੍ਹੇਟਣਾ *vt.* → ਲਪੇਟਣਾ
ਲਿੰਫ (लिंफ) /limpʰa リンプ/ [Eng. *lymph*] *f.* 〖身体〗リンパ, リンパ液.
ਲਿੱਫ (लिप्फ) /lippʰa リップ/ *f.* **1** 〖身体〗肥大した脾臓. **2** 〖医〗脾臓肥大を引き起こす病気.
ਲਿਫ਼ਟ (लिफ़्ट) /lifaṭa リフト/ [Eng. *lift*] *f.* エレベータ

一.

ਲਿਫਣਾ (लिफणा) /lipʰaṇā リパナー/ *vi.* **1** 折れ曲がる, 屈する. **2** かがむ, 腰を曲げる. **3** 屈服する, 降伏する. **4** 優しくなる, 和らぐ, 軟化する, 折れる.

ਲਿਫਵਾਂ (लिफवाँ) /lipʰawā̃ リプワーン/ *adj.* **1** 弾力のある. **2** 柔軟な.

ਲਿਫਵਾਉਣਾ (लिफवाउणा) /lipʰawāuṇā リプワーウナー/ *vt.* **1** 折り曲げさせる. **2** かがめさせる. **3** 和らげさせる.

ਲਿਫਾਉਣਾ (लिफाउणा) /lipʰāuṇā リパーウナー/ *vt.* **1** 折り曲げる. **2** かがめる. **3** 和らげる.

ਲਿਫਾਅ (लिफाअ) /lipʰāa リパーア/ *m.* 弾力, 弾性, 伸縮性.

ਲਿਫ਼ਾਫ਼ਾ (लिफ़ाफ़ा) /lifāfā リファーファー/ ▸ਲਫ਼ਾਫ਼ਾ *m.* → ਲਫ਼ਾਫ਼ਾ

ਲਿੰਬਣਾ (लिंबणा) /limbaṇā リンバナー/ ▸ਲਿੱਪਣਾ *vt.* → ਲਿੱਪਣਾ

ਲਿਬਰਲ (लिबरल) /libarala リブラル/ [Eng. *liberal*] *adj.* **1**〖政治〗自由主義の. **2** 進歩的な. **3** 気前のよい.

ਲਿੰਬਵਾਉਣਾ (लिंबवाउणा) /limbawāuṇā リンブワーウナー/ ▸ਲਿਪਵਾਉਣਾ, ਲਿੰਬਾਉਣਾ *vt.* → ਲਿਪਵਾਉਣਾ

ਲਿਬੜਨਾ (लिबड़ना) /libaṛanā リバルナー/ ▸ਲਿੱਬੜਨਾ *vi.* **1** 汚れる, 汚染される. **2** 汚れが付く, 染みが付く.

ਲਿੱਬੜਨਾ (लिब्बड़ना) /libbaṛanā リッバルナー/ ▸ਲਿਬੜਨਾ *vi.* → ਲਿਬੜਨਾ

ਲਿਬੜਵਾਉਣਾ (लिबड़वाउणा) /libaṛawāuṇā リバルワーウナー/ *vt.* **1** 汚させる, 汚染させる. **2** 汚れを付けさせる, 染みを付けさせる.

ਲਿੰਬਾਉਣਾ (लिंबाउणा) /limbāuṇā リンバーウナー/ ▸ਲਿਪਵਾਉਣਾ, ਲਿੰਬਵਾਉਣਾ *vt.* → ਲਿਪਵਾਉਣਾ

ਲਿਬਾਸ (लिबास) /libāsa リバース/ [Arab. *libās*] *m.* 服, 衣服, 衣装. (⇒ਪੁਸ਼ਾਕ)

ਲਿਬੇੜਨਾ (लिबेड़ना) /libeṛanā リベールナー/ ▸ਲਬੇੜਨਾ *vt.* **1** 汚す, 汚染する. **2** 汚れを付ける, 染みを付ける. **3** 塗り付ける.

ਲਿਰਿਕ (लिरिक) /lirika リリク/ [Eng. *lyric*] *f.*〖文学〗叙情詩.

ਲਿੱਲ੍ਹ (लिल्लह) /lîlla リッル/ *f.* **1** 悪習. **2** 中毒.

ਲਿਲ੍ਹਕ (लिल्हक) /lîlaka リラク/ ▸ਲਿਲ੍ਹਕੜੀ *f.* **1** 叫び. **2** 悲嘆, 嘆き悲しみ. **3** 悲鳴. **4** 悲痛な懇願.

ਲਿਲ੍ਹਕਣਾ (लिल्हकणा) /lilǎkaṇā リラカナー/ *vt.* **1** 叫ぶ. **2** 悲嘆にくれる, 嘆き悲しむ. **3** 悲鳴を上げる. **4** 悲痛な懇願をする.

ਲਿਲ੍ਹਕੜੀ (लिल्हकड़ी) /lîlakaṛī リラクリー/ ▸ਲਿਲ੍ਹਕ *f.* → ਲਿਲ੍ਹਕ

ਲਿਲਾਟ (लिलाट) /lilāṭa リラート/ ▸ਲਲਾਟ *m.* → ਲਲਾਟ

ਲਿਲਾਰੀ (लिलारी) /lilārī リラーリー/ ▸ਲਲਾਰੀ *m.* → ਲਲਾਰੀ

ਲਿਲੀ (लिली) /lilī リリー/ [Eng. *lily*] *f.*〖植物〗ユリ(百合)《ユリ科の多年草》.

ਲਿਵ (लिव) /liva リヴ/ [(Pkt. लओ, लउ) Skt. लय] *f.* **1** 沈思. **2** 精神集中, 専心. ❒ਲਿਵ ਲਾਉਣੀ 専心する. **3** 専念, 没頭. ❒ਲਿਵ ਲੱਗਣੀ 専念する, 没頭する.

ਲਿਵਤਾਰ (लिवतार) /livatāra リヴタール/ *f.* 強く安定した精神集中.

ਲਿਵਰ (लिवर) /livara リヴァル/ [Eng. *liver*] *f.*〖身体〗肝臓. (⇒ਕਲੇਜਾ, ਜਿਗਰ)

ਲਿਵਲੀਨ (लिवलीन) /livalīna リヴリーン/ [Skt. लय + Skt. लीन] *adj.* **1** 専念している, 没頭している, 夢中の. **2** 思いに耽っている, 専心している. **3** 心を奪われた, 有頂天の, うっとりした.

ਲਿਵਲੀਨਤਾ (लिवलीनता) /livalīnatā リヴリーンター/ [Skt.-ता] *f.* **1** 専念している状態, 没頭している状態, 無我夢中. **2** 思いに耽っていること, 専心. **3** 心を奪われた状態, 有頂天.

ਲੀਹ (लीह) /lî リー/ [(Pkt. लिहा, रेहा) Skt. रेखा] *f.* **1** 線, 筋. (⇒ਲੀਕ, ਰੇਖਾ) **2** 車の跡, 轍. **3** 線路, レール, 軌道. ❒ਲੀਹ ਤੋਂ ਲਾਹੁਣਾ 脱線する. **4** 常例, 決まりきったやり方. **5** 慣例, 慣習. **6** 伝統.

ਲੀਕ[1] (लीक) /līka リーク/ [cf. ਲਿਖਣਾ] *f.* **1** 線, 線条. (⇒ਲਕੀਰ, ਰੇਖਾ, ਲਾਈਨ) **2** 筋. **3** 縞. **4** 皺. **5** 轍.

ਲੀਕ[2] (लीक) /līka リーク/ *f.* **1** 傷, 汚れ. **2** 恥辱, 不名誉, 汚名, 汚点.

ਲੀਕ[3] (लीक) /līka リーク/ [Eng. *leak*] *f.* 漏れ, 漏洩.

ਲੀਕਣਾ (लीकणा) /līkaṇā リーカナー/ ▸ਉਲੀਕਣਾ *vt.* → ਉਲੀਕਣਾ

ਲੀਕੁਇਡ (लीकुइड) /līkuiḍa リークイド/ ▸ਲਿਕੁਇਡ [Eng. *liquid*] *adj.* 液体の, 流動性の.

ਲੀਖ (लीख) /līkʰa リーク/ ▸ਲੀਖਨ [Skt. लिक्षा] *f.*〖虫〗シラミの卵.

ਲੀਖਨ (लीखन) /līkʰana リーカン/ ▸ਲੀਖ *f.* → ਲੀਖ

ਲੀਗ (लीग) /līga リーグ/ [Eng. *league*] *f.* **1** 連盟. **2**〖政治〗ムスリム連盟.

ਲੀਗਲ (लीगल) /līgala リーガル/ [Eng. *legal*] *adj.* **1** 法律の. **2** 合法の.

ਲੀਚੜ (लीचड़) /līcaṛa リーチャル/ *adj.* **1** 苛々させるほどしつこい. **2** たかり屋の. **3** 卑しい. **4** けちな. (⇒ਕੰਜੂਸ) **5** 窮乏した.

ਲੀਚੀ (लीची) /līcī リーチー/ [Eng. *litchi*] *f.*〖植物〗レイシ(茘枝), ライチ《中国南部原産のムクロジ科の小高木》, その果実.

ਲੀਜ (लीज) /līja リージ/ [(Pot.)] *f.* **1** 平和, 静寂, 安らぎ. (⇒ਸ਼ਾਂਤੀ) **2** 満足. (⇒ਤਸੱਲੀ)

ਲੀਜ਼ (लीज़) /līza リーズ/ [Eng. *lease*] *m.* 賃貸契約. ❒ਲੀਜ਼ ਦੇਣ ਵਾਲਾ 賃貸人, 家主, 地主. ❒ਲੀਜ਼ ਲੈਣ ਵਾਲਾ 賃借人, 借家人, 借地人.

ਲੀਂਡ (लींड) /lī̃ḍa リーンド/ ▸ਲੀਂਡਾ, ਲੇਡਣਾ, ਲੇਡਾ [Skt. लण्ड] *m.* **1** 駱駝の糞. **2** 馬糞. **3** 硬い大便の塊, 乾燥して硬くなった糞の丸い塊.

ਲੀਡਰ (लीडर) /līḍara リーダル/ [Eng. *leader*] *m.* 指導者, 先導者, 統率者, 幹部, リーダー. (⇒ਨੇਤਾ, ਨਾਇਕ)

ਲੀਡਰਸ਼ਿਪ (लीडरशिप) /līḍaraśipa リーダルシプ/ [Eng. *leadership*] *f.* 指導力, 統率力, リーダーシップ.

ਲੀਡਰੀ (लीडरी) /līḍarī リーダリー/ [Eng. *leader* -ਈ] *f.* 指導力, 統率力, リーダーシップ.

ਲੀਂਡਾ (लींडा) /lī̃ḍā リーンダー/ ▸ਲੀਂਡ, ਲੇਡਣਾ, ਲੇਡਾ *m.* → ਲੀਂਡ

ਲੀਂਡੀ (लींडी) /lī̃ḍī リーンディー/ ▸ਲੇਂਡੀ [Skt. लण्ड -ਈ] *f.*

1 犬・猫・羊・山羊・子供などの小さな糞. 2 乾燥して硬くなった糞の小さな丸い塊.

ਲੀਣ (लीण) /līṇa リーン/ ▸ਲੀਨ *adj.* → ਲੀਨ

ਲੀਨ (लीन) /līna リーン/ ▸ਲੀਣ [Skt. लीन] *adj.* 1 没入した, 没頭した. 2 専念した, 夢中の. 3 心を奪われた, 有頂天の, うっとりした. 4 仕事に没頭している, 極めて多忙な.

ਲੀਨਤਾ (लीनता) /līnatā リーンター/ [Skt.-ता] *f.* 1 没入, 没頭. 2 専念, 夢中. 3 心を奪われた状態, 有頂天, うっとりした状態. 4 仕事に没頭している状態, 極めて多忙な状態.

ਲੀਨੋਟਾਈਪ (लीनोटाईप) /līnoṭāīpa リーノーターイープ/ [Eng. *linotype*] *f.* 〖機械〗ライノタイプ, 植字造出機, 鋳込植字機《主に新聞印刷に用いられた》.

ਲੀਪ ਦਾ ਸਾਲ (लीप दा साल) /līpa dā sāla リープ ダー サール/ [Eng. *leap* + ਦਾ + Pers. *sāl*] *m.* 〖暦〗閏年.

ਲੀਪ-ਵਰਸ਼ (लीप-वरश) /līpa-waraśa リープ・ワルシュ/ [Eng. *leap* + Skt. वर्ष] *m.* 〖暦〗閏年.

ਲੀਰ (लीर) /līra リール/ [Skt. चीर] *f.* 1 〖布地〗細長い布切れ. (⇒ਚਿੰਦੀ) 2 ぼろ, ぼろ布. 3 切れ端, 小片.

ਲੀਰੂੰ ਲੀਰੂੰ (लीरूँ लीरूँ) /līrũ līrũ リールーン リールーン/ ▸ਲੀਰੋ ਲੀਰ *adj.adv.* → ਲੀਰੋ ਲੀਰ

ਲੀਰੋ ਲੀਰ (लीरो लीर) /līro līra リーロー リール/ ▸ਲੀਰੂੰ ਲੀਰੂੰ *adj.* ずたずたに引き裂かれた.
— *adv.* ずたずたに引き裂かれて.

ਲੀਲ੍ਹਾ (लील्हा) /līlā リーラー/ [Skt. लीला] *f.* 1 遊戯. 2 娯楽. 3 芝居などの上演.

ਲੀਵਰ (लीवर) /līvara リーヴァル/ [Eng. *lever*] *m.* てこ, レバー, 取っ手, ハンドル.

ਲੀੜਾ (लीड़ा) /līṛā リーラー/ [Skt. दुकूलम्] *m.* 1 布, 布切れ, 布地. (⇒ਕੱਪੜਾ) 2 スカーフ. 3 衣装.

ਲੀੜਾ-ਲੱਤਾ (लीड़ा-लत्ता) /līṛā-lattā リーラー・ラッター/ [+ Skt. लत्तक] *m.* 1 衣服, 衣装. 2 衣料品.

ਲੁਆਉਣਾ (लुआउणा) /luāuṇā ルアーウナー/ ▸ਲਗਵਾਉਣਾ, ਲਵਾਉਣਾ *vt.* → ਲਗਵਾਉਣਾ

ਲੁਆਬ (लुआब) /luāba ルアーブ/ [Arab. *lu`āb*] *m.* 1 ねばねばしたもの, ぬるぬるしたもの. 2 粘液. 3 唾液, つば.

ਲੁੱਸਣਾ (लुस्सणा) /lussaṇā ルッサナー/ [Skt. प्लुष्यति] *vi.* 1 焼ける. (⇒ਸੜਨਾ) 2 炒られる, 炙られる. (⇒ਭੁੱਜਣਾ) 3 怒る.

ਲੁਸ-ਲੁਸਾ (लुस-लुसा) /lusa-lusā ルス・ルサー/ *adj.* 柔らかくふっくらした.

ਲੁਹਾਉਣਾ (लुहाउणा) /luǎuṇā | luhāuṇā ルアーウナー | ルハーウナー/ ▸ਲਹਾਉਣਾ *vt.* → ਲਹਾਉਣਾ

ਲੁਹਾਈ (लुहाई) /luǎī | luhāī ルアーイー | ルハーイー/ ▸ਲਹਾਈ *f.* → ਲਹਾਈ

ਲੁਹਾਰ (लुहार) /luǎra | luhāra ルアール | ルハール/ ▸ਲੋਹਾਰ [Skt. लोहकार] *m.* 鍛冶屋.

ਲੁਹਾਰਾ (लुहारा) /luǎrā | luhārā ルアーラー | ルハーラー/ [+ ਆ] *adj.* 鍛冶屋の.
— *m.* 鍛冶屋の仕事.

ਲੁਹਾਰੀ (लुहारी) /luǎrī | luhārī ルアーリー | ルハーリー/ [-ਈ] *f.* 鍛冶屋の妻, 鍛冶屋の家族の女性.

ਲੁੱਕ (लुक्क) /lukka ルック/ [Arab. *lukk*] *f.* 1 ニス, ワニス, 上薬, 上塗り剤. 2 コールタール. (⇒ਕੋਲਟਾਰ)

ਲੁਕਣ-ਛਿਪਣ (लुकण-छिपण) /lukaṇa-cʰipaṇa ルカン・チパン/ [cf. ਲੁਕਣਾ + cf. ਛਿਪਣਾ] *m.* 〖遊戯〗かくれんぼ.

ਲੁਕਣ-ਮੀਚੀ (लुकण-मीची) /lukaṇa-mīcī ルカン・ミーチー/ ▸ਲੁਕਣ-ਮੀਟੀ *f.* → ਲੁਕਣ-ਮੀਟੀ

ਲੁਕਣ-ਮੀਟੀ (लुकण-मीटी) /lukaṇa-mīṭī ルカン・ミーティー/ ▸ਲੁਕਣ-ਮੀਚੀ [cf. ਲੁਕਣਾ + cf. ਮੀਟਣਾ] *f.* 〖遊戯〗かくれんぼ.

ਲੁਕਣਾ (लुकणा) /lukaṇā ルクナー/ ▸ਲੁੱਕਣਾ [Skt. लुक्] *vi.* 1 隠れる. 2 身を隠す. 3 消える.
— *vt.* 不法侵入する, 泥棒に入る.

ਲੁੱਕਣਾ (लुक्कणा) /lukkaṇā ルッカナー/ ▸ਲੁਕਣਾ *vi.vt.* → ਲੁਕਣਾ

ਲੁਕਮਾ (लुकमा) /lukamā ルクマー/ [Arab. *luqma*] *m.* (食物の)ひと口.

ਲੁਕਵਾਂ (लुकवाँ) /lukawā̃ ルクワーン/ [cf. ਲੁਕਣਾ Skt.-वान्] *adj.* 1 隠れた. 2 内密の, 秘密の. 3 表立たない.

ਲੁਕਾ (लुका) /lukā ルカー/ [cf. ਲੁਕਣਾ] *m.* 1 隠匿. 2 内密.

ਲੁਕਾਉਣਾ (लुकाउणा) /lukāuṇā ルカーウナー/ [cf. ਲੁਕਣਾ] *vt.* 1 隠す. 2 秘密にしておく.

ਲੁਕਾਈ (लुकाई) /lukāī ルカーイー/ ▸ਲੋਕਾਈ [Skt. लोक -ਆਈ] *f.* 1 民衆, 大衆. (⇒ਆਮ ਲੋਕ, ਜਨਤਾ) 2 人類. (⇒ਖ਼ਲਕਤ)

ਲੁਕਾਟ (लुकाट) /lukāṭa ルカート/ ▸ਲੋਕਾਟ *m.* 〖植物〗ビワ(枇杷)《バラ科の高木》.

ਲੁੰਗ (लुंग) /luṅga ルング/ *f.* 〖植物〗アカシアやタマリンドなどの小さな葉.

ਲੁਗ (लुग) /luga ルグ/ *f.* 荒廃地.

ਲੁਗ਼ਤ (लुग़त) /luğata ルグト/ [Arab. *luğat*] *f.* 1 言葉, 語, 単語. (⇒ਸ਼ਬਦ, ਲਫ਼ਜ਼) 2 〖言〗語彙. 3 辞書, 辞典, 語彙集. (⇒ਕੋਸ਼, ਸ਼ਬਦਕੋਸ਼, ਫ਼ਰਹੰਗ)

ਲੁਗਦੀ (लुगदी) /lugadī ルグディー/ ▸ਲੁਗੜੀ *f.* → ਲੁਗੜੀ

ਲੁੰਗ ਲਾਣਾ (लुंग लाणा) /luṅga lāṇā ルング ラーナー/ *m.* 〖俗語〗家族, 所帯.

ਲੁਗੜੀ (लुगड़ी) /lugaṛī ルグリー/ ▸ਲੁਗਦੀ *f.* 1 米汁, 米を煮た後の濃い乳白色の汁. (⇒ਪਿੱਛ) 2 〖飲料〗米の汁から造った地酒.

ਲੁੱਗਾ (लुग्गा) /luggā ルッガー/ *adj.* 1 人の住まない, 荒れ果てた. 2 空(から)の, 空いている.

ਲੁਗ਼ਾਤ (लुग़ात) /luğāta ルガート/ [Arab. *luğāt*] *f.* 辞書, 辞典, 語彙集. (⇒ਸ਼ਬਦਕੋਸ਼, ਫ਼ਰਹੰਗ)

ਲੁੰਗੀ (लुंगी) /luṅgī ルンギー/ ▸ਲੁੰਙੀ [Pers. *lungī*] *f.* 〖衣服〗ルンギー《男子が下半身に巻く腰布》. (⇒ਤਹਿਮਤ, ਮੰਝ)

ਲੁੰਙੀ (लुंङी) /luṅṅī ルンニー/ ▸ਲੁੰਗੀ *f.* → ਲੁੰਗੀ

ਲੁੱਚ (लुच्च) /lucca ルッチ/ ▸ਲੁੱਚਾ *adj.m.* → ਲੁੱਚਾ

ਲੁੱਚਪੁਣਾ (लुच्चपुणा) /luccapuṇā ルッチプナー/ [Pers. *luca`* -ਪੁਣਾ] *m.* 1 悪行, 悪事. 2 邪悪, 極悪, 非道.

ਲੁੱਚਮੰਡਲੀ (लुच्चमंडली) /luccamaṇḍalī ルッチマンドリー/ [+ Skt. मण्डल -ਈ] *f.* 悪者の集団, ごろつきの集まり,

暴力団.

ਲੁੱਚਾ (लुच्चा) /luccā ルッチャー/ ▸ਲੁੱਚ [Pers. luca`] adj. 1 邪悪な, 不正な, 悪辣な. 2 堕落した, 淫らな, 放蕩の, 道楽の.
— m. 1 悪漢, 悪党, ごろつき. 2 放蕩者, やくざ者.

ਲੁੱਚੀ[1] (लुच्ची) /luccī ルッチー/ [-ਈ] f. ふしだらな女, 性悪女.

ਲੁੱਚੀ[2] (लुच्ची) /luccī ルッチー/ f. 〖料理〗薄いプーリー ਪੂਰੀ の一種.

ਲੁੱਛਣਾ (लुच्छणा) /lucchaṇā ルッチャナー/ [cf. ਲੁੱਸਣਾ] vi. 1 のたうち回る, もがく, もがき苦しむ. (⇒ਤੜਫਣਾ) 2 苦悶する, 苦悩する.

ਲੁੰਜਾ (लुंजा) /luñjā ルンジャー/ adj. 不具の, 身体に障害のある, 体の不自由な.

ਲੁੱਝਣਾ (लुज्झणा) /lûjjaṇā ルッジャナー/ [cf. ਉਲਝਣਾ] vi.vt. 争う, 戦う.

ਲੁੱਟ (लुट्ट) /luṭṭa ルット/ ▸ਲੋਟੀ [cf. ਲੁੱਟਣਾ] f. 略奪, 強奪. ❒ਲੁੱਟ ਪੈਣੀ 略奪が行われる. ❒ਲੁੱਟ ਲੈਣਾ 略奪する, 強奪する, 奪い取る, ゆする, 強要する, 巻き上げる. ❒ਲੁੱਟ ਦਾ ਮਾਲ 略奪品, 略奪物, 盗品.

ਲੁੱਟ-ਖਸੁੱਟ (लुट्ट-खसुट्ट) /luṭṭa-kasuṭṭa ルット・カスット/ f. 1 略奪. 2 強奪.

ਲੁੱਟ-ਚੋਂਘ (लुट्ट-चोंघ) /luṭṭa-cõga ルット・チョーング/ f. 1 搾取, 巻き上げること, だまし取ること. 2 強要, 強奪.

ਲੁੱਟਣਾ (लुट्टणा) /luṭṭaṇā ルッタナー/ [Skt. लुट्टति] vt. 1 略奪する, 強奪する, 奪い取る. 2 ゆする, 強要する, 巻き上げる. 3 ぼる, 暴利をむさぼる.

ਲੁੱਟ ਮਾਰ (लुट्ट मार) /luṭṭa māra ルット マール/ [cf. ਲੁੱਟਣਾ + cf. ਮਾਰਨਾ] f. 1 強盗殺人. 2 暴行略奪.

ਲੁਟਵਾਉਣਾ (लुटवाउणा) /luṭawāuṇā ルトワーウナー/ ▸ ਲੁੱਟਵਾਉਣਾ, ਲੁਟਾਉਣਾ [cf. ਲੁੱਟਣਾ] vt. 1 略奪させる, 強奪させる. 2 ゆすらせる, 強要させる. 3 惜しまずに与える. 4 無駄遣いする, 浪費する.

ਲੁੱਟਵਾਉਣਾ (लुट्टवाउणा) /luṭṭawāuṇā ルッタワーウナー/ ▸ਲੁਟਵਾਉਣਾ, ਲੁਟਾਉਣਾ vt. → ਲੁਟਵਾਉਣਾ

ਲੁਟਵਾਈ (लुटवाई) /luṭawāī ルトワーイー/ ▸ਲੁੱਟਵਾਈ, ਲੁਟਾਈ f. → ਲੁਟਾਈ

ਲੁੱਟਵਾਈ (लुट्टवाई) /luṭṭawāī ルッタワーイー/ ▸ਲੁਟਵਾਈ, ਲੁਟਾਈ f. → ਲੁਟਾਈ

ਲੁਟਾਉਣਾ (लुटाउणा) /luṭāuṇā ルターウナー/ ▸ਲੁਟਵਾਉਣਾ, ਲੁੱਟਵਾਉਣਾ vt. → ਲੁਟਵਾਉਣਾ

ਲੁਟਾਊ (लुटाऊ) /luṭāū ルターウー/ [cf. ਲੁੱਟਣਾ] adj. 1 強奪する, 台無しにする. 2 金遣いの荒い, 浪費する, 放蕩の.

ਲੁਟਾਈ (लुटाई) /luṭāī ルターイー/ ▸ਲੁਟਵਾਈ, ਲੁੱਟਵਾਈ [cf. ਲੁੱਟਣਾ] f. 1 強奪・略奪されること. 2 収奪・搾取されること. 3 略奪・強奪する行為. ❒ਲੁਟਾਈ ਖਾਣੀ 略奪される, 強奪される.

ਲੁਟੇਰਾ (लुटेरा) /luṭerā ルテーラー/ [cf. ਲੁੱਟਣਾ] m. 1 強盗, 盗賊, 山賊. 2 追い剥ぎ. 3 詐欺師. 4 搾取者.

ਲੁੰਡ (लुंड) /lunḍa ルンド/ [cf. ਲੁਣਨਾ] adj. 1 邪悪な, 不正な, 悪辣な. (⇒ਲੁੱਚਾ) 2 堕落した, 淫らな, 放蕩の, 道楽の.
— m. 1 切れた尾, 短い尻尾. 2 悪漢, 悪党, ごろつき. (⇒ਲੁੱਚਾ) 3 放蕩者, やくざ者.

ਲੁੰਡਾ (लुंडा) /lunḍā ルンダー/ [cf. ਲੁਣਨਾ] adj. 1 切られた, 切り詰められた, 短く切られた. 2 尻尾の切られた, 尻尾の短い, 尻尾のない. 3 子供のいない, 独身の. 4 邪悪な, 不正な, 悪辣な. (⇒ਲੁੱਚਾ)
— m. 尻尾の切られた動物, 尻尾の短い動物, 尻尾のない動物.

ਲੁਡਾਉਣਾ (लुडाउणा) /luḍāuṇā ルダーウナー/ [Skt. लोडयति] vt. 1 揺らす. (⇒ਹਿਲਾਉਣਾ) 2 (子供を)揺らして寝かしつける.

ਲੁੱਡੀ (लुड्डी) /luḍḍī ルッディー/ [cf. ਲੁਡਾਉਣਾ] f. 1 歌や踊りの騒ぎ. 2〖舞踊〗ルッディー《西パンジャーブの民俗舞踊》.

ਲੁੱਡੋ (लुड्डो) /luḍḍo ルッドー/ [Eng. ludo] f.〖遊戯〗ルード《子供のゲームの一種. さいころと数取り札を使って盤の上で行う》.

ਲੁਣਨਾ (लुणना) /luṇanā ルンナー/ [Skt. लुनाति] vt. 1 切る. 2〖農業〗刈り入れる, 収穫する.

ਲੁਤਫ਼ (लुतफ़) /lutafa ルタフ/ [Arab. lutf] m. 1 興趣. 2 楽しみ, 喜び.

ਲੁਤਰ ਲੁਤਰ (लुतर लुतर) /lutara lutara ルタル ルタル/ f. 意味のないひっきりなしのおしゃべり, 無駄話, たわごと.

ਲੁਤਰਾ (लुतरा) /lutarā ルタラー/ adj. ひっきりなしに無駄話をする人, おしゃべり.

ਲੁੱਦਣਾ[1] (लुद्दणा) /luddaṇā ルッダナー/ [Skt. लिप्यते] vi. 1 汚れる, 汚染される. (⇒ਲਿਬੜਨਾ) 2 汚れが付く, 染みが付く.

ਲੁੱਦਣਾ[2] (लुद्दणा) /luddaṇā ルッダナー/ ▸ਉਲੱਦਣਾ vt. → ਉਲੱਦਣਾ

ਲੁਧਿਆਣਾ (लुधिआणा) /ludiăṇā ルディアーナー/ [Pers. lodī -ਆਣਾ] m.〖地名〗ルディアーナー(ルディヤーナー)《インドのパンジャーブ州中央部の工業都市. 1480年, ローディー朝によって建設され, 現名は当時の名ローディーアーナーに由来する》.

ਲੁਧਿਆਣਵੀ (लुधिआनवी) /ludiăṇawī ルディアーンウィー/ [+ ਵੀ] adj. 1 ルディアーナーに住んでいる, ルディアーナー出身の. 2 ルディアーナーの, ルディアーナーに関係する.

ਲੁਪਤ (लुपत) /lupata ルプト/ [Skt. लुप्त] adj. 1 隠れた, 潜んだ, 潜伏した. (⇒ਛੁਪਿਆ ਹੋਇਆ) 2 消えた, 消え去った, 消滅した.

ਲੁਪਰੀ (लुपरी) /luparī ルプリー/ [Skt. लोप्त्री] f.〖医〗湿布, パップ剤. (⇒ਪੁਲਟਸ)

ਲੁਬਾਣਾ (लुबाणा) /lubāṇā ルバーナー/ ▸ਲਬਾਣਾ [Skt. लवण] m. 塩を扱う商人. (⇒ਲੂਣ ਦਾ ਵਪਾਰੀ)

ਲੁਭਾਉਣਾ (लुभाउणा) /lubăuṇā ルバーウナー/ [Skt. लुभ्यति] vt. 1 引き付ける, 魅惑する, 魅了する. 2 誘う, 誘惑する. 3 喜ばす, 喜ばせる, 機嫌をとる.

ਲੁਭਾਇਮਾਨ (लुभाइमान) /lubăimāna ルバーイマーン/ [cf. ਲੁਭਾਉਣਾ Skt.-मान्] adj. 1 心を引き付ける, 魅力的な, 魅惑的な. 2 誘惑するような, 心を奪う.

ਲੁੜ੍ਹਕਣਾ (लुड़्हकणा) /lûṛakaṇā ルルカナー/ ▸ਲੁੜਕਣਾ [Skt. लुठति] vi. 1 転ぶ, つまずいて転ぶ, 倒れる. 2 よ

ろける. **3** 転がる, 転げ回る. **4**〖俗語〗失敗する, しくじる. **5**〖俗語〗死ぬ.

ਲੁੜ੍ਹਕਾਉਣਾ (लुड़्हकाउणा) /luṛakǎuṇā ルルカーウナー/ ▸ਲੁੜਕਾਉਣਾ [cf. ਲੁੜ੍ਹਕਣਾ] *vt.* **1** 転ばせる, 倒す. **2** 転がす, 回転させる.

ਲੁੜਕਣਾ (लुड़कणा) /luṛakaṇā ルルカナー/ ▸ਲੁੜ੍ਹਕਣਾ *vi.* → ਲੁੜ੍ਹਕਣਾ

ਲੁੜਕਾਉਣਾ (लुड़काउणा) /luṛakāuṇā ルルカーウナー/ ▸ ਲੁੜ੍ਹਕਾਉਣਾ *vt.* → ਲੁੜ੍ਹਕਾਉਣਾ

ਲੁੜੀਂਦਾ (लुड़ींदा) /luṛĩdā ルリーンダー/ ▸ਲੋੜੀਂਦਾ *adj.* → ਲੋੜੀਂਦਾ

ਲੂੰ (लूँ) /lũ ルーン/ ▸ਲੂੰਈ [Skt. लोम] *m.* **1**〖身体〗体毛, 体全体に生えている毛, 柔らかく細い毛. **2**(馬・牛・水牛・犬などの)動物の毛.

ਲੂ[1] (लू) /lū ルー/ ▸ਲੋ [Skt. उल्का] *f.*〖気象〗熱風, 猛暑の季節に吹く高温の風.

ਲੂ[2] (लू) /lū ルー/ *suff.* 名詞に付いて形容詞を形成する接尾辞.

ਲੂੰਈ (लूँई) /lũī ルーンイー/ ▸ਲੂੰ *f.* → ਲੂੰ

ਲੂਸਣਾ (लूसणा) /lūsaṇā ルーサナー/ ▸ਲੂਹਣਾ [Skt. प्लुष्यति] *vi.* **1** 焼ける, 燃える. **2** 焦げる. **3** 妬む, 嫉妬する. **4** すねる.

— *vt.* **1** 焼く, 燃やす. **2** 焦がす.

ਲੂਸਣੀ (लूसणी) /lūsaṇī ルーサニー/ ▸ਲੂਹਣੀ [cf. ਲੂਸਣਾ] *f.* **1** やきもち, 妬み, 嫉妬. (⇒ਈਰਖਾ) **2** すねて膨れること, 膨れっ面.

ਲੂਹਣਾ (लूहणा) /lûṇā ルーナー/ ▸ਲੂਸਣਾ [Skt. प्लुष्यति] *vi.vt.* → ਲੂਸਣਾ

ਲੂਹਣੀ (लूहणी) /lûṇī ルーニー/ ▸ਲੂਸਣੀ *f.* → ਲੂਸਣੀ

ਲੂਹਰੀ (लूहरी) /lûrī ルーリー/ [Skt. प्लुष्यति] *f.* **1** 不安, 心配, 懸念, 安らぎのないこと, 落ち着かない気分. (⇒ਬੇਚੈਨੀ) ❐ਲੂਹਰੀਆਂ ਲੈਣੀਆਂ 不安になる, 心配する, 落ち着かない気分になる. **2** 満たされない願望, 渇望. **3** 興奮.

ਲੂਹਲਾਂ[1] (लूहलाँ) /lûlā̃ ルーラーン/ *f.* **1**〖虫〗髪の毛や耳の中の虫. **2**〖虫〗ダニ.

ਲੂਹਲਾਂ[2] (लूहलाँ) /lûlā̃ ルーラーン/ *f.* **1**〖装〗動物用の飾り房. **2**〖装〗馬の髪や耳に付ける装身具.

ਲੂਜ਼ (लूज़) /lūza ルーズ/ [Eng. *loose*] *adj.* **1** 解き放された, ほどけた. **2** 緩い, 緩んだ, 弛んだ. **3** 締まりのない, だらしない.

ਲੂਡਾ (लूडा) /lūḍā ルーダー/ [(Pkt. लडिय) Skt. लाड्यति] *adj.* 甘やかされた.

ਲੂਣ (लूण) /lūṇa ルーン/ ▸ਲੋਣ [(Pkt. लूण) Skt. लवण] *m.* **1** 塩. (⇒ਨਮਕ) **2**〖食品〗食塩.

ਲੂਣਹਰਾਮ (लूणहराम) /lūṇaharāma ルーンハラーム/ [Skt. लवण + Arab. *harām*] *adj.* **1** 忘恩の, 恩知らずの. (⇒ਨਮਕਹਰਾਮ) **2** 背信の.

ਲੂਣਹਰਾਮੀ (लूणहरामी) /lūṇaharāmī ルーンハラーミー/ [+ Arab. *harāmī*] *adj.* → ਲੂਣਹਰਾਮ

ਲੂਣਦਾਨੀ (लूणदानी) /lūṇadānī ルーンダーニー/ [Pers.-*dānī*] *f.*〖容器〗塩や胡椒を入れる容器, 薬味入れ.

ਲੂਣਾ (लूणा) /lūṇā ルーナー/ [(Pkt. लूण) Skt. लवण] *adj.* 塩の. (⇒ਨਮਕੀਨ)

ਲੂਤ (लूत) /lūta ルート/ [(Pkt. लूती Pal. लुता) Skt. लूतो] *f.*〖医〗湿疹.

ਲੂਤੀ (लूती) /lūtī ルーティー/ *f.* 燃えさし. (⇒ਚੁਆਤੀ)

ਲੂਪ (लूप) /lūpa ループ/ [Eng. *loop*] *f.* 輪, 輪状の物.

ਲੂੰਬੜ (लूँबड़) /lũbaṛa ルーンバル/ ▸ਲੂਮੜ [Skt. लोमशा] *m.* **1**〖動物〗(雄の)キツネ, 狐. **2**〖比喩〗狐のようにずるい人.

ਲੂੰਬੜੀ (लूँबड़ी) /lũbaṛī ルーンバリー/ [-ਈ] *f.*〖動物〗(雌の)キツネ, 雌狐.

ਲੂੰਬਾ (लूँबा) /lũbā ルーンバー/ ▸ਲੰਬੂ, ਲਾਂਬੂ *m.* → ਲਾਂਬੂ

ਲੂਮੜ (लूमड़) /lūmaṛa ルーマル/ ▸ਲੂੰਬੜ *m.* → ਲੂੰਬੜ

ਲੂਲ੍ਹ (लूल्ह) /lûla ルール/ [Skt. लोल] *f.*〖装〗馬の髪や耳に付ける装身具.

ਲੂਲ੍ਹਾ (लूल्हा) /lûlā ルーラー/ ▸ਲੂਲਾ [Skt. लून] *adj.* 不具の, (腕や脚など)体の不自由な.

ਲੂਲਾ (लूला) /lūlā ルーラー/ ▸ਲੂਲ੍ਹਾ *adj.* → ਲੂਲ੍ਹਾ

ਲੇ (ले) /le レー/ ▸ਲਿਓੜ, ਲਿਆਟ, ਲੇਉ, ਲੇਅ *m.* → ਲੇਉ

ਲੇਉ (लेउ) /leo レーオー/ ▸ਲਿਓੜ, ਲਿਆਟ, ਲੇ, ਲੇਅ [Skt. लेप] *m.* 壁土の層.

ਲੇਅ (लेअ) /lea レーア/ ▸ਲਿਓੜ, ਲਿਆਟ, ਲੇ, ਲੇਉ *m.* → ਲੇਉ

ਲੇਸ[1] (लेस) /lesa レース/ [Skt. श्लेष] *f.* **1** 粘液. **2** 粘着性.

ਲੇਸ[2] (लेस) /lesa レース/ [Eng. *lace*] *f.*〖装〗レース編み, 締め紐, 組み紐.

ਲੇਸਦਾਰ (लेसदार) /lesadāra レースダール/ [Skt. श्लेष Pers.-*dār*] *adj.* ねばねばの, べとべとする, 粘着性の.

ਲੇਸਲਾ (लेसला) /lesalā レースラー/ [+ ਲਾ] *adj.* → ਲੇਸਦਾਰ

ਲੇਹਣਾ (लेहणा) /lêṇā レーナー/ ▸ਲਿਹਣਾ [Skt. लिहति] *vt.* (乳を)吸う, 飲む. (⇒ਚੁੰਘਣਾ)

ਲੇਹਲੜੀ (लेहलड़ी) /lêlaṛī レーラリー/ *f.* 懇願, 嘆願.

ਲੇਹੜਨਾ[1] (लेहड़ना) /lêṛanā レールナー/ ▸ਲੇੜ੍ਹਨਾ *vi.* → ਲੇੜ੍ਹਨਾ[1]

ਲੇਹੜਨਾ[2] (लेहड़ना) /lêṛanā レールナー/ ▸ਉਲੇਹੜਨਾ, ਉਲੇੜ੍ਹਨਾ, ਲੇੜ੍ਹਨਾ *vt.* → ਉਲੇੜ੍ਹਨਾ

ਲੇਹੜੀ (लेहड़ी) /lêṛī レーリー/ *f.* 縁縫い.

ਲੇਕ (लेक) /leka レーク/ [Eng. *lake*] *f.*〖地理〗湖.

ਲੇਕਨ (लेकन) /lekana レーカン/ ▸ਲੇਕਿਨ [Pers. *lekin*] *conj.* しかし, だが, けれど.

ਲੇਕਿਨ (लेकिन) /lekina レーキン/ ▸ਲੇਕਨ *conj.* → ਲੇਕਨ

ਲੇਖ (लेख) /lekʰa レーク/ [Skt. लेख] *m.* **1** 作文, 文章. **2** 論文. **3** 随筆. **4** 記事.

ਲੇਖਕ (लेखक) /lekʰaka レーカク/ [Skt. लेखक] *m.* **1** 作家, 文筆家. **2** 著者.

ਲੇਖਕਾ (लेखका) /lekʰakā レーカカー/ [Skt. लेखिका] *f.* **1** 女流作家. **2** 女性の著者.

ਲੇਖਣੀ (लेखणी) /lekʰaṇī レーカニー/ [Skt. लेखनी] *f.* **1**〖道具〗ペン. (⇒ਕਲਮ) **2** 書体. **3** 著作. (⇒ਰਚਨਾ)

ਲੇਖਾ (लेखा) /lekʰā レーカー/ [Skt. लेख] *m.* **1** 計算, 勘定, 会計. (⇒ਹਿਸਾਬ) **2** 推測, 推察, 予測.

ਲੇਖਾਕਾਰ (लेखाकार) /lekʰākāra レーカーカール/ [Skt.-कार] *m.* **1** 会計士. **2** 会計係.

ਲੇਖਾਕਾਰੀ (लेखाकारी) /lekʰākārī レーカーカーリー/ [Skt.-कारिता] *f.* 会計, 経理, 計理.

ਲੇਖਾ ਚੋਖਾ (लेखा चोखा) /lekʰā cokʰā レーカー チョーカー/ ▸ਲੇਖਾ ਜੋਖਾ [(Pot.)] *m.* → ਲੇਖਾ ਜੋਖਾ

ਲੇਖਾ ਜੋਖਾ (लेखा जोखा) /lekʰā jokʰā レーカー ジョーカー/ ▸ਲੇਖਾ ਚੋਖਾ [Skt. लेख + cf. ਜੋਖਣਾ] *m.* 計算, 計算の確認, 監査.

ਲੇਖਾ ਪਰੀਖਿਅਕ (लेखा परीखिअक) /lekʰā parīkʰiaka レーカー パリーキアク/ [+ Skt. परीक्षक] *m.* 会計検査官, 会計監査役.

ਲੇਖਾ ਪਰੀਖਿਆ (लेखा परीखिआ) /lekʰā parīkʰiā レーカー パリーキアー/ [+ Skt. परीक्षा] *f.* 会計検査, 会計監査.

ਲੇਖਾ ਪੜਤਾਲ (लेखा पड़ताल) /lekʰā paṛatāla レーカー パルタール/ [+ Skt. परितोलन] *f.* 会計検査, 会計監査.

ਲੇਜ਼ਮ (लेज़म) /lezama レーザム/ [Pers. *lezam*] *m.* 〖道具〗鉄の鎖を付けた身体鍛錬用の弓.

ਲੇਟ (लेट) /leṭa レート/ [Eng. *late*] *adj.* 遅れている, 遅い.

— *adv.* 遅れて, 遅く. ❐ਉਹ ਦੋ ਘੰਟੇ ਲੇਟ ਪਹੁੰਚਿਆ। 彼は2時間遅れて着きました.

ਲੇਟਣਾ (लेटणा) /leṭaṇā レータナー/ ▸ਲਿਟਣਾ [Skt. लेट्यति] *vi.* 横たわる, 横になる, 伏す.

ਲੇਟਵਾਂ (लेटवाँ) /leṭawā̃ レートワーン/ [cf. ਲੇਟਣਾ Skt.-वान्] *adj.* 横たわっている.

ਲੇਟੀ (लेटी) /leṭī レーティー/ ▸ਲੇਵੀ *f.* → ਲੇਵੀ

ਲੇਡ (लेड) /leḍa レード/ [Eng. *lead*] *m.* 〖金属〗鉛.

ਲੇਡਣਾ (लेडणा) /leḍaṇā レーダナー/ ▸ਲੀਂਡ, ਲੀਂਡਾ, ਲੇਡਾ *m.* → ਲੀਂਡ

ਲੇਡਾ (लेडा) /leḍā レーダー/ ▸ਲੀਂਡ, ਲੀਂਡਾ, ਲੇਡਣਾ *m.* → ਲੀਂਡ

ਲੇਂਡੀ (लेंडी) /lẽḍī レーンディー/ ▸ਲੀਂਡੀ *f.* → ਲੀਂਡੀ

ਲੇਡੀ (लेडी) /leḍī レーディー/ [Eng. *lady*] *f.* **1** 婦人, 女性. **2** 貴婦人, 淑女.

ਲੇਣਾ (लेणा) /leṇā レーナー/ ▸ਲੈਣਾ *vt.* → ਲੈਣਾ

ਲੇਨ (लेन) /lena レーン/ [Eng. *lane*] *f.* 小道, 田舎道.

ਲੇਪ (लेप) /lepa レープ/ [Skt. लेप] *m.* **1** 塗ること. **2** 塗る材料. **3** 層, 被膜. **4** 〖薬剤〗膏薬.

ਲੇਪਣਾ (लेपणा) /lepaṇā レーパナー/ [Skt. लिप्यते] *vt.* 塗る, 塗り付ける, 塗装する.

ਲੇਪਨ (लेपन) /lepana レーパン/ [Skt. लेपन] *m.* **1** 塗装. **2** 塗布. **3** 塗布剤, 軟膏.

ਲੇਫ਼ (लेफ़) /lefa レーフ/ [Arab. *lihāf*] *m.* 〖寝具〗掛け布団. (⇒ਰਜ਼ਾਈ)

ਲੇਬਰ (लेबर) /lebara レーバル/ [Eng. *labour*] *f.* 労働, 勤労.

ਲੇਬਲ (लेबल) /lebala レーバル/ [Eng. *label*] *m.* ラベル, レーベル, 張り札.

ਲੇਬਾਰਟਰੀ (लेबारटरी) /lebāraṭarī レーバーラトリー/ [Eng. *laboratory*] *f.* 実験室, 試験所, 研究所. (⇒ਪਰਯੋਗਸ਼ਾਲਾ)

ਲੇਰ (लेर) /lera レール/ *f.* **1** 甲高い叫び声, 金切り声, 悲鳴. **2** 嘆き声, 悲嘆の声.

ਲੇਲਾਂ (लेलाँ) /lelā̃ レーラーン/ ▸ਲੇਲਾ [(Pua.)] *m.* → ਲੇਲਾ

ਲੇਲਾ (लेला) /lelā レーラー/ ▸ਲੇਲਾਂ *m.* **1** 〖動物〗子ヒツジ, 子羊. **2** 〖動物〗子ヤギ, 子山羊.

ਲੇਵਾ (लेवा) /lewā レーワー/ *m.* (牛や山羊などの)乳房. (⇒ਹਵਾਨਾ)

ਲੇਵਾਦੇਈ (लेवादेई) /lewādeī レーワーデーイー/ *f.* 取引. (⇒ਵਪਾਰ)

ਲੇਵੀ (लेवी) /lewī レーウィー/ ▸ਲੇਟੀ [Skt. लेई] *f.* **1** (小麦粉や澱粉から作る)糊. **2** 糊状のもの, どろどろしたもの.

ਲੇੜ੍ਹਨਾ[1] (लेड़्हना) /lêṛanā レールナー/ ▸ਲੇਹੜਨਾ *vi.* **1** 腹いっぱい飲み食いする, 食べ過ぎる, がつがつと飲み食いする. **2** 満足する, 満ち足りる. (⇒ਰੱਜਣਾ)

ਲੇੜ੍ਹਨਾ[2] (लेड़्हना) /lêṛanā レールナー/ ▸ਉਲੇਹੜਨਾ, ਉਲੇੜ੍ਹਨਾ, ਲੇਹੜਨਾ *vt.* → ਉਲੇੜ੍ਹਨਾ

ਲੈ (लै) /lai ラェー/ [Skt. लय] *f.* 〖音楽〗旋律.

ਲੈਂਸ (लैंस) /lãīsa ラェーンス/ [Eng. *lance*] *m.* 〖武〗槍.

ਲੈਸ (लैस) /laisa ラェース/ [Eng. *dress*] *adj.* **1** 装備した. **2** 武装した.

ਲੈਕ (लैक) /laika ラェーク/ ▸ਲਾਇਕ *postp.adj.* 〖口語〗→ ਲਾਇਕ

ਲੈਕਚਰ (लैकचर) /laikacara ラェークチャル/ ▸ਲਕਚਰ [Eng. *lecture*] *m.* **1** 講義. **2** 講演. **3** 説教, 小言.

ਲੈਕਚਰਾਰ (लैकचरार) /laikacarāra ラェークチャラール/ [Eng. *lecturer*] *m.* 講師.

ਲੈਕਚਰਾਰੀ (लैकचरारी) /laikacarārī ラェークチャラーリー/ [Eng. *lecturer* -ਈ] *f.* 講師の仕事.

ਲੈਕਟੋਮੀਟਰ (लैकटोमीटर) /laikaṭomīṭara ラェークトーミータル/ [Eng. *lactometer*] *m.* 〖器具〗検乳器.

ਲੈਕੇ (लैके) /laike ラェーケー/ ▸ਲੈ ਕੇ *postp.* **1** …を持って. **2** 《 ਤੋਂ ਲੈਕੇ の形で》…から始まって, …から. **3** 《 ਨੂੰ ਲੈਕੇ の形で》…のことで, …をめぐって, …に関連して.

ਲੈ ਕੇ (लै के) /lai ke ラェー ケー/ ▸ਲੈਕੇ *postp.* → ਲੈਕੇ

ਲੈਂਗੂਏਜ (लैंगूएज) /lãīgūeja ラェーングーエージ/ [Eng. *language*] *f.* 言語. (⇒ਭਾਸ਼ਾ)

ਲੈਂਜ਼ (लैंज़) /lãīza ラェーンズ/ [Eng. *lens*] *m.* レンズ.

ਲੈਜਿਸਲੈਚਰ (लैजिसलैचर) /laijisalaicara ラェージスラェーチャル/ [Eng. *legislature*] *f.* 〖政治〗立法府, 立法機関.

ਲੈਜਿਸਲੈਟਰ (लैजिसलैटर) /laijisalaiṭara ラェージスラェータル/ [Eng. *legislator*] *m.* 〖政治〗法律制定者, 立法者.

ਲੈਜਿਸਲੈਟਿਵ (लैजिसलैटिव) /laijisalaiṭiva ラェージスラェーティヴ/ [Eng. *legislative*] *adj.* 〖政治〗立法の, 立法権のある, 立法府の.

ਲੈਟਰ (लैटर) /laiṭara ラェータル/ [Eng. *letter*] *m.* 手紙.

ਲੈਟਰ ਬਕਸ (लैटर बकस) /laiṭara bakasa ラェータル バクス/ [Eng. *letterbox*] *m.* **1** 郵便ポスト. (⇒ਪੱਤਰਪੇਟੀ) **2** 郵便箱, 郵便受け. (⇒ਪੱਤਰਪੇਟੀ)

ਲੈਂਡ (लैंड) /lãīḍa ラェーンド/ [Eng. *land*] *f.* **1** 地, 大地, 土地, 地面. (⇒ਧਰਤੀ, ਜ਼ਮੀਨ) ❐ਲੈਂਡ ਹੋਣਾ 着陸する. ❐ਲੈਂਡ ਕਰਨਾ 着陸させる, 降機する. **2** 国. (⇒ਦੇਸ)

ਲੈਂਡ ਰੈਵੀਨਿਊ (लैंड रैवीनिऊ) /lãīḍa raivīniū ラェーンド ラェーヴィーニウー/ [Eng. *land revenue*] *f.* 〖経済〗地租, 年貢. (⇒ਲਗਾਨ)

ਲੈਂਡ ਲਾਰਡ (लैंड लारड) /lāĩḍa̯ lāraḍa̯ ラェーンド ラールド/ [Eng. *landlord*] *m.* **1** 地主, 土地所有者. (⇒ਜ਼ਿਮੀਂਦਾਰ) **2** 家主. (⇒ਮਕਾਨ ਮਾਲਕ)

ਲੈਂਡ ਲੇਡੀ (लैंड लेडी) /lāĩḍa̯ leḍī ラェーンド レーディー/ [Eng. *land lady*] *f.* **1** 女地主. **2** 女家主. (⇒ਮਕਾਨ ਮਾਲਕਣ) **3** 女主人.

ਲੈਣ (लैण) /laiṇa̯ ラェーン/ ▸ਲਾਈਨ, ਲੈਨ *f.* 〖口語〗→ ਲਾਈਨ

ਲੈਣ-ਦੇਣ (लैण-देण) /laiṇa̯-deṇa̯ ラェーン・デーン/ [cf. ਲੈਣਾ + cf. ਦੇਣਾ] *m.* **1** やり取り, 贈答. **2** 取引, 商取引, 商売, 売買. **3** 金貸し, 金融, 金融業. **4** 物々交換. **5** 関係, 関わり.

ਲੈਣਾ (लैणा) /laiṇā ラェーナー/ ▸ਲੇਣਾ [Skt. लभते] *vt.* **1** 取る, 持つ, 携える. ❐ਲੈ ਕੇ ਜਾਣਾ 持って行く, 連れて行く. ❐ਕਰਮਜੀਤ ਖੇਤ ਰੋਟੀ ਲੈ ਕੇ ਗਿਆ। カラムジートは畑にローティー〔無発酵平焼きパン〕を持って行きました. ❐ਲੈ ਕੇ ਆਉਣਾ 持って訪れる, 持って来る, 連れて来る. ❐ਅੱਜ ਕੀ ਲੈ ਕੇ ਆਏ ਹੋ? 今日は何を持って来たの. ❐ਗੱਡੀ ਮੇਰੇ ਚਾਚਾ ਜੀ ਨੂੰ ਲੈ ਕੇ ਆਈ। 列車が私の叔父さんを連れて来ました(乗せて来ました). **2** 受け取る, もらう, いただく. ❐ਇਹ ਚਾਬੀ ਲਓ ਜੀ। この鍵を受け取ってください. ❐ਪਰਸ਼ਾਦ ਲੈ ਕੇ ਅਸੀਂ ਵਾਪਸ ਪਰਤੇ। 供え物のお下がりをいただいて私たちは戻って来ました. **3** 摂取する, 食べる. **4** 飲む. ❐ਦੁੱਧ ਕੜ੍ਹ ਗਿਆ ਹੈ। ਲਓ ਜੀ। ミルクが沸きました. 飲んでください. **5**(薬を)飲む, 服用する. ❐ਅਸਾਂ ਦਵਾਈਆਂ ਲੈਣੀਆਂ ਹਨ। 私たちは薬を飲まねばなりません. **6**(乗物に)乗る. **7** 得る, 手に入れる. **8** 借りる, 借用する. **9** 買う, 購入する. ❐ਅਸੀਂ ਟਿਕਟ ਲੈ ਕੇ ਬੱਸ ਵਿੱਚ ਬੈਠ ਗਏ। 私たちは切符を買ってバスの席に座りました. ❐ਬਾਪੂ ਜੀ ਨੇ ਟਿਕਟਾਂ ਲਈਆਂ। お父さんは切符を買いました. **10**《他動詞の語幹に続き「動作や変化の結果や影響を動作主自身が受ける」という意味を加える》(動作主自身が結果や影響を受ける行為として)…する, …してしまう, …してもらう. ❐ਧੋਖੇ ਵਿੱਚ ਸੱਤ ਰੁਪਏ ਵੀ ਲੈ ਲੈਂਦੇ ਹਨ। 7ルピーもだましとることがあるのです. ❐ਉਹ ਘੜੀ ਸਸਤੀ ਹੁੰਦੀ, ਤਾਂ ਤੁਸੀਂ ਲੈ ਲੈਂਦੇ? あの時計が安ければ, あなたは買ってしまうでしょうか. ❐ਕਾਂਤਾ ਨੇ ਇੱਕ ਲੀਚੀ ਚੁੱਕ ਕੇ ਖਾ ਲਈ। カーンターはライチ〔中国南部原産の果物〕を一つつまんで食べてしまいました. ❐ਸੀਟ ਬੁੱਕ ਕਰਵਾ ਲਓ। 座席を予約してもらいなさい. **11**《動詞の語幹に続き「自分できちんとする能力がある」という意味を加える》(ちゃんと)…できる. ❐ਓਨੀ ਹੀ ਚੀਜ਼ ਲਓ ਜਿੰਨੀ ਖਾ ਲੈਣੀ ਹੋਵੇ। ちゃんと食べられるだけの物を取りなさい. ❐ਬਿੱਲੀ ਹਨੇਰੇ ਵਿੱਚ ਵੀ ਵੇਖ ਲੈਂਦੀ ਹੈ। 猫は暗闇の中でもちゃんと見ることができます. ❐ਤੂੰ ਤਾਂ ਬਹੁਤ ਸੋਹਣੀ ਗੱਲ ਕਰ ਲੈਂਦਾ ਹੈਂ। おまえはとても見事にちゃんと話せるよ.

ਲੈ-ਤਾਲ (लै-ताल) /lai-tāla̯ ラェー・タール/ [Skt. लय + Skt. ताल] *f.* **1**〖音楽〗旋律とリズム. **2**〖音楽〗リズミカルな旋律.

ਲੈਦਰ (लैदर) /laidara̯ ラェーダル/ [Eng. *leather*] *m.* なめし革, 皮革.

ਲੈਦਰ ਬੈਗ (लैदर बैग) /laidara̯ baiga̯ ラェーダル バェーグ/ [Eng. *leather bag*] *m.* 革製のバッグ.

ਲੈਨ (लैन) /laina̯ ラェーン/ ▸ਲੈਣ, ਲਾਈਨ *f.* 〖口語〗→ ਲਾਈਨ

ਲੈਨਿਨਵਾਦ (लैनिनवाद) /laininawāda̯ ラェーニンワード/ [Eng. *Lenin* Skt.-वाद] *m.* 〖政治〗レーニン主義.

ਲੈਂਪ (लैंप) /lāĩpa̯ ラェーンプ/ ▸ਲੰਪ [Eng. *lamp*] *m.* ランプ.

ਲੈ-ਪਾਲਕ (लै-पालक) /lai-pālaka̯ ラェー・パーラク/ *m.* 〖親族〗養子.

ਲੈਫ਼ਟ (लैफ़ट) /laifaṭa̯ ラェーフト/ [Eng. *left*] *adj.* 左の. (⇒ਖੱਬਾ)

ਲੈਫ਼ਟ ਰਾਈਟ ਕਰਨਾ (लैफ़ट राईट करना) /laifaṭa̯ rāīṭa̯ karanā ラェーフト ラーイート カルナー/ [Eng. *left right* + ਕਰਨਾ] *vi.* 行進する.

ਲੈਫਟੀਨੈਂਟ (लैफटीनैंट) /laipʰaṭīnāĩṭa̯ ラェープティーナェーント/ [Eng. *lieutenent*] *m.* **1**〖軍〗(陸軍)中尉, (海軍)大尉. **2** 副官, 上官代理.

ਲੈਮਨ (लैमन) /laimana̯ ラェーマン/ [Eng. *lemon*] *m.* **1**〖植物〗レモン(檸檬). **2**〖飲料〗レモネード.

ਲੈਮਨ ਸੋਡਾ (लैमन सोडा) /laimana̯ soḍā ラェーマン ソーダー/ [Eng. *lemon soda*] *m.* 〖飲料〗レモンソーダ.

ਲੈਮਨੇਡ (लैमनेड) /laimaneḍa̯ ラェームネード/ ▸ਲੈਮੋਨੇਡ [Eng. *lemonade*] *m.* 〖飲料〗レモネード, レモン水.

ਲੈਮੋਨੇਡ (लैमोनेड) /laimoneḍa̯ ラェーモーネード/ ▸ਲੈਮਨੇਡ *m.* → ਲੈਮਨੇਡ

ਲੈਲਾ (लैला) /lailā ラェーラー/ *f.* 〖人名・文学〗ライラー《アラブの悲恋物語に登場する女性主人公. 恋人の男性主人公はマジュヌーン ਮਜਨੂੰ》.

ਲੈਵਲ (लैवल) /laivala̯ ラェーヴァル/ [Eng. *level*] *m.* **1** 水平, 水平面. **2** 水準.

ਲੋ[1] (लो) /lo ロー/ *f.* **1** 光. (⇒ਪਰਕਾਸ਼) **2** 輝き. (⇒ਚਮਕ)

ਲੋ[2] (लो) /lo ロー/ ▸ਲੂ *f.* → ਲੂ[1]

ਲੋਅਰ (लोअर) /loara̯ ローアル/ ▸ਲੋਇਰ *adj.* → ਲੋਇਰ

ਲੋਇਣ (लोइण) /loiṇa̯ ローイン/ [(Pkt. लोअन) Skt. लोचन] *m.* 〖身体〗目. (⇒ਅੱਖ, ਨੈਣ)

ਲੋਇਰ (लोइर) /loira̯ ローイル/ ▸ਲੋਅਰ [Eng. *lower*] *adj.* **1** より低い, さらに下の. **2** 下部の, 下級の, 下流の.

ਲੋਈ (लोई) /loī ローイー/ [Skt. लोम] *f.* **1**〖布地〗毛織り布, 毛織物. **2** 大きな毛織の毛布.

ਲੋਸ਼ਨ (लोशन) /lośana̯ ローシャン/ [Eng. *lotion*] *m.* **1**〖薬剤〗外用水薬. **2** 液状の化粧品, 化粧水.

ਲੋਹ (लोह) /lô ロー/ [Skt. लोह] *m.* 〖調〗ローティー〔無発酵平焼きパン〕を焼くための鉄製の大皿. (⇒ਵੱਡਾ ਤਵਾ)

ਲੋਹੜੀ (लोहड़ी) /lôṛī ローリー/ ▸ਲੋੜ੍ਹੀ *f.* → ਲੋੜ੍ਹੀ

ਲੋਹਾ (लोहा) /lôā | lohā ローアー | ローハー/ [Skt. लोह] *m.* 〖金属〗鉄.

ਲੋਹਾਰ (लोहार) /lohāra̯ | lôāra̯ ローハール | ローアール/ ▸ਲੁਹਾਰ *m.* → ਲੁਹਾਰ

ਲੋਕ (लोक) /loka̯ ローク/ [Skt. लोक] *m.* **1** 世界, 現世. **2** 世間, 社会. **3** 人々, 民. **4** 民衆, 大衆. **5** 公衆, 人民. **6** 人類. **7** 宇宙.

ਲੋਕ-ਉਕਤੀ (लोक-उकती) /loka̯-ukatī ローク・ウクティー/ ▸ਲੋਕੋਕਤੀ [Skt. लोक + Skt. उक्ति] *f.* 諺. (⇒ਅਖਾਣ, ਅਖੌਤ)

ਲੋਕ-ਅਖਾਣ (लोक-अखाण) /loka̯-akʰāṇa̯ ローク・アカーン/ [+ ਅਖਾਣ] *m.* 諺. (⇒ਅਖੌਤ, ਲੋਕ-ਉਕਤੀ)

ਲੋਕ-ਸਭਾ (लोक-सभा) /loka̯-sâbā ローク・サバー/ [+

Skt. सभा] *f.* 〖政治〗ローク・サバー《インド連邦共和国議会の下院》.

ਲੋਕ-ਸਾਹਿਤ (लोक-साहित) /loka-sāhita ローク・サーヒト/ [+ Skt. साहित्य] *m.* 〖文学〗民衆文学.

ਲੋਕ-ਸੇਵਕ (लोक-सेवक) /loka-sewaka ローク・セーワク/ [+ Skt. सेवक] *m.* 公共奉仕者, 公務員.

ਲੋਕ-ਸੇਵਾ (लोक-सेवा) /loka-sewā ローク・セーワー/ [+ Skt. सेवा] *f.* 公共奉仕, 社会奉仕.

ਲੋਕ-ਸੇਵਾ ਕਮਿਸ਼ਨ (लोक-सेवा कमिशन) /loka-sewā kamiśana ローク・セーワー カミシャン/ [+ Eng. *commission*] *m.* 公共奉仕委員会, 社会奉仕委員会.

ਲੋਕ-ਹਿਤ (लोक-हित) /loka-hita ローク・ヒト/ [Skt. लोक + Skt. हित] *m.* 公共の福利.

ਲੋਕ-ਹਿਤੈਸ਼ੀ (लोक-हितैशी) /loka-hitaiśī ローク・ヒタェーシー/ [+ Skt. हितैषिन्] *adj.* 人の幸せを願う, 人のために善行を行う, 利他的な.

— *m.* 人の幸せを願う人, 人のために善行を行う人, 利他主義者.

ਲੋਕ-ਕਥਨੀ (लोक-कथनी) /loka-katʰanī ローク・カタニー/ [+ Skt. कथन -ई] *f.* 諺. (⇒ਅਖਾਣ, ਅਖੌਤ)

ਲੋਕ-ਕਥਾ (लोक-कथा) /loka-katʰā ローク・カター/ [+ Skt. कथा] *f.* 〖文学〗民話.

ਲੋਕ-ਕਵੀ (लोक-कवी) /loka-kavī ローク・カヴィー/ [+ Skt. कवि] *m.* 〖文学〗民衆詩人.

ਲੋਕ-ਕਾਵਿ (लोक-कावि) /loka-kāv ローク・カーヴ/ [+ Skt. काव्य] *m.* 〖文学〗民衆詩.

ਲੋਕ-ਗੀਤ (लोक-गीत) /loka-gīta ローク・ギート/ [+ Skt. गीत] *m.* 〖音楽〗民謡.

ਲੋਕਤੰਤਰ (लोकतंतर) /lokatantara ロークタンタル/ ▸ਲੋਕਤੰਤ੍ਰ [Skt. लोकतंत्र] *m.* 〖政治〗民主主義, 民主制, 民主政治.

ਲੋਕਤੰਤ੍ਰ (लोकतंत्र) /lokatantra (lokatantara) ロークタントル (ロークタンタル)/ ▸ਲੋਕਤੰਤਰ *m.* → ਲੋਕਤੰਤਰ

ਲੋਕ-ਧਾਰਾ (लोक-धारा) /loka-tǎrā ローク・ターラー/ [Skt. लोक + Skt. धारा] *f.* **1** 民衆の伝統. **2** 社会思潮.

ਲੋਕ-ਨ੍ਰਿਤ (लोक-न्रित) /loka-nrita (loka-narita) ローク・ヌリト (ローク・ナリト)/ ▸ਲੋਕ-ਨਿਰਿਤ [+ Skt. नृत्य] *m.* 〖舞踊〗民俗舞踊.

ਲੋਕ-ਨਾਚ (लोक-नाच) /loka-nāca ローク・ナーチ/ [+ Skt. नृत्य] *m.* 〖舞踊〗民俗舞踊.

ਲੋਕ-ਨਾਟ (लोक-नाट) /loka-nāṭa ローク・ナート/ ▸ਲੋਕ-ਨਾਟਕ [+ Skt. नाटक] *m.* 民衆演劇《祭りの時に上演されるラーマ行伝劇やクリシュナ行伝劇などの大衆の娯楽》.

ਲੋਕ-ਨਾਟਕ (लोक-नाटक) /loka-nāṭaka ローク・ナータク/ ▸ਲੋਕ-ਨਾਟ *m.* → ਲੋਕ-ਨਾਟ

ਲੋਕ-ਨਿਰਿਤ (लोक-निरित) /loka-nirita ローク・ニリト/ ▸ਲੋਕ-ਨ੍ਰਿਤ *m.* → ਲੋਕ-ਨ੍ਰਿਤ

ਲੋਕਨੀਤੀ (लोकनीती) /lokanītī ロークニーティー/ [Skt. लोक + Skt. नीति] *f.* 民族精神.

ਲੋਕ-ਪ੍ਰਿਅ (लोक-प्रिअ) /loka-pria (loka-paria) ローク・プリア (ローク・パリア)/ [+ Skt. प्रिय] *adj.* **1** 大衆の好む. **2** 人気のある, 好評の.

ਲੋਕ-ਪ੍ਰਿਅਤਾ (लोक-प्रिअता) /loka-priatā ローク・プリアター/ [Skt.-ता] *f.* **1** 大衆に好まれること. **2** 人気のあること, 好評.

ਲੋਕਪਾਲ (लोकपाल) /lokapāla ロークパール/ [Skt. लोक + Skt. पालन] *m.* **1** 人々を養う者. **2** 神. (⇒ਰੱਬ, ਕਰਤਾਰ) **3** 王, 皇帝. (⇒ਰਾਜਾ, ਬਾਦਸ਼ਾਹ)

ਲੋਕ-ਭਲਾਈ (लोक-भलाई) /loka-palǎī ローク・パラーイー/ [+ Skt. भद्र -ई] *f.* 公共の福祉, 公益.

ਲੋਕ-ਭਾਸ਼ਾ (लोक-भाशा) /loka-pǎśā ローク・パーシャー/ [Skt. लोक + Skt. भाषा] *f.* 民衆言語, 大衆の言語.

ਲੋਕ-ਰਾਏ (लोक-राए) /loka-rāe ローク・ラーエー/ [+ Pers. *rāī*] *f.* 〖政治〗世論.

ਲੋਕਰਾਜ (लोकराज) /lokarāja ロークラージ/ [+ Skt. राज्य] *m.* 〖政治〗民主制, 民主政治.

ਲੋਕਰਾਜੀ (लोकराजी) /lokarājī ロークラージー/ [-ई] *adj.* 〖政治〗民主制の.

ਲੋਕਲ (लोकल) /lokala ローカル/ [Eng. *local*] *adj.* 地方の, 地元の, 特定地域の.

— *m.* 地元民《移住者・難民など, 他所から入って来た者でない昔からの住人》.

ਲੋਕਾਈ (लोकाई) /lokāī ローカーイー/ ▸ਲੁਕਾਈ *f.* → ਲੁਕਾਈ

ਲੋਕਾਚਾਰ (लोकाचार) /lokācāra ローカーチャール/ ▸ਲੋਕਾਚਾਰੀ [Skt. लोकाचार] *m.* **1** 世間のしきたり. **2** 慣習, 風習, 習俗.

ਲੋਕਾਚਾਰੀ (लोकाचारी) /lokācārī ローカーチャーリー/ ▸ਲੋਕਾਚਾਰ *f.* → ਲੋਕਾਚਾਰ

ਲੋਕਿਕ (लोकिक) /lokika ローキク/ ▸ਲੌਕਿਕ *adj.* → ਲੌਕਿਕ

ਲੋਕੀਂ (लोकीं) /lokī̃ ローキーン/ ▸ਲੋਕੀ *m.* → ਲੋਕੀ

ਲੋਕੀ (लोकी) /lokī ローキー/ ▸ਲੋਕੀਂ [Skt. लोक] *m.* **1** 人々, 民. **2** 民衆, 大衆. **3** 世界.

ਲੋਕੋਕਤੀ (लोकोकती) /lokokatī ローコークティー/ ▸ਲੋਕ-ਉਕਤੀ *f.* → ਲੋਕ-ਉਕਤੀ

ਲੋਕੋਮੋਟਿਵ (लोकोमोटिव) /lokomoṭiva ローコーモーティヴ/ [Eng. *locomotive*] *m.* 〖乗物〗機関車.

ਲੋਗੜ (लोगड़) /logaṛa ローガル/ [(Pkt. रूग्ग) Skt. रूग्ण] *m.* 古い綿.

ਲੋਚ[1] (लोच) /loca ローチ/ *f.* **1** しなやかさ, 弾力性. **2** 柔らかさ, 柔軟性. (⇒ਨਰਮੀ) **3** しなやかさ, 優美さ.

ਲੋਚ[2] (लोच) /loca ローチ/ ▸ਲੋਚਾ [cf. ਲੋਚਣਾ] *f.* **1** 熱望. (⇒ਖ਼ਾਹਸ਼) **2** 願望. (⇒ਇੱਛਾ)

ਲੋਚਣਾ (लोचणा) /locaṇā ローチャナー/ [Skt. रोच्यते] *vt.* **1** 望む, 願う. (⇒ਚਾਹੁਣਾ) **2** 熱望する. (⇒ਹਿਡਕਣਾ) **3** 欲しがる.

ਲੋਚਨ (लोचन) /locana ローチャン/ [Skt. लोचन] *m.* **1** 〖身体〗目. (⇒ਅੱਖ) **2** 視力.

ਲੋਚਾ (लोचा) /locā ローチャー/ ▸ਲੋਚ *f.* → ਲੋਚ[2]

ਲੋਟ (लोट) /loṭa ロート/ *m.* **1** 側面. (⇒ਪਾਸਾ) **2** 適切な側面.

— *adj.* **1** 適切な. **2** 正しい.

ਲੋਟਣਾ (लोटणा) /loṭaṇā ロータナー/ [Skt. लोर्टति] *vi.* **1** 転がる, 回転する. **2** 寝転がる, 横たわる.

ਲੋਟਣੀ (लोटणी) /loṭaṇī ロータニー/ [cf. ਲੋਟਣਾ] *f.* **1** 転回. **2** とんぼ返り. (⇒ਕਲਾਬਾਜ਼ੀ)

ਲੋਟੜੀ (लोटड़ी) /loṭaṛī ロータリー/ [Skt. लोठ -ੜੀ] *f.* **1**〖容器〗水を入れるための小型の金属壺. **2**〖容器〗口の狭い小型の水瓶.

ਲੋਟਾ (लोटा) /loṭā ロータ―/ ▸ਲੋੱਟਾ [Skt. लोठ] *m.* **1**〖容器〗水入れ, 水を入れるための金属壺. **2**〖容器〗口の狭い水瓶.

ਲੋੱਟਾ (लोट्टा) /loṭṭā ローッタ―/ ▸ਲੋਟਾ *m.* → ਲੋਟਾ

ਲੋਟੀ (लोटी) /loṭī ローティー/ ▸ਲੁੱਟ [(Jat.)] *f.* → ਲੁੱਟ

ਲੋਟੂ (लोटू) /loṭū ロートゥー/ [cf. ਲੁੱਟਣਾ] *adj.* **1** 略奪する, 強奪する. **2** 略奪者の.

ਲੋਡ (लोड) /loḍa ロード/ ▸ਲੋਢ [Eng. *load*] *m.* 重荷, 積み荷. ❐ਲੋਡ ਕਰਨਾ 荷物を積む.

ਲੋਢ (लोढ) /lôḍa ロード/ ▸ਲੋਡ *m.* → ਲੋਡ

ਲੋਣ (लोण) /loṇa ローン/ ▸ਲੂਣ *m.* → ਲੂਣ

ਲੋਥ (लोथ) /lotʰa ロート/ [(Skt. लोत्त) Skt. लोत्र] *f.* 死体, 遺体, 屍体, 屍(しかばね), 死骸. (⇒ਮੁਰਦਾ, ਲਾਸ਼)

ਲੋਥੜਾ (लोथड़ा) /lotʰaṛā ロータラー/ [-ੜਾ] *m.* 肉塊, 切り取られた肉.

ਲੋਦਾ (लोदा) /lodā ローダー/ *m.* **1**〖医〗ワクチン接種, 予防接種. **2**〖医〗種痘.

ਲੋਨ (लोन) /lona ローン/ [Eng. *loan*] *m.* ローン, 貸付.

ਲੋਪ (लोप) /lopa ロープ/ [Skt. लोप] *m.* **1** 見えなくなること, 姿を消すこと, 消滅. **2** 脱落, 省略. **3**〖音〗母音の発音省略.

ਲੋਫ਼ਰ (लोफ़र) /lofara ローファル/ [Eng. *loafer*] *m.* 浮浪者, 仕事をしないでのらくらと暮らす人, 怠け者.

ਲੋਫ਼ਰਪੁਣਾ (लोफ़रपुणा) /lofarapuṇā ローファルプナー/ [Eng. *loafer* -ਪੁਣਾ] *m.* 放浪, のらくらと暮らすこと, ぶらぶらすること.

ਲੋਬਾਨ (लोबान) /lobāna ローバーン/ [Arab. *lubān*] *m.* 安息香《ベンゾイン樹脂》.

ਲੋਬੀਆ (लोबीआ) /lobīā ロービーアー/ [Skt. लोम्य] *m.*〖植物〗ジュウロクササゲ(十六大角豆)《マメ科の蔓草》.

ਲੋਭ (लोभ) /lôba ローブ/ ▸ਭੋਲ [Skt. लोभ] *m.* **1** 欲, 欲望, 貪欲. **2** むやみに欲しがること.

ਲੋਭਣ (लोभण) /lôbaṇa ローバン/ [-ਣ] *f.* 貪欲な女, 欲張りな女, 強欲な女, 浅ましい女. (⇒ਲਾਲਚਣ)

ਲੋਭੀ (लोभी) /lôbī ロービー/ [Skt. लोभिन्] *adj.* 貪欲な, 強欲な, 欲張りの, 浅ましい. (⇒ਲਾਲਚੀ)

ਲੋਮ (लोम) /loma ローム/ [Skt. लोम] *m.* **1**〖身体〗体毛, 体全体に生えている毛. **2**〖身体〗柔らかく細い毛.

ਲੋਰ (लोर) /lora ロール/ [Skt. लोल] *m.* **1** 陶酔. (⇒ਮਸਤੀ) **2** 感情の高まり. (⇒ਮਨ ਦੀ ਮੌਜ, ਤਰੰਗ) **3** 没頭.

ਲੋਰੀ (लोरी) /lorī ローリー/ [Skt. लाल] *f.*〖音楽〗子守歌.

ਲੋਲ੍ਹ (लोल्ह) /lôla ロール/ *f.*〖身体〗牡牛の臍. (⇒ਬਲਦ ਦੀ ਧੁੰਨੀ)

ਲੋਲ੍ਹੜ (लोल्हड़) /lôlaṛa ローラル/ ▸ਲੋਲ੍ਹਾ *adj.m.* → ਲੋਲ੍ਹਾ

ਲੋਲ੍ਹਾ (लोल्हा) /lôlā ローラー/ ▸ਲੋਲ੍ਹੜ *adj.* **1** のろのろした, のろまな, 鈍臭い. **2** 愚鈍な, 愚直な. **3** 木偶の坊(でくのぼう)の.

— *m.* **1** のろま, 間抜け. **2** 愚鈍な男, 愚直な男. **3** 木偶の坊(でくのぼう).

ਲੋੜ (लोड़) /loṛa ロール/ *f.* **1** 必要, 必要性, 必要なこと. (⇒ਜ਼ਰੂਰਤ) ❐ਪਹਿਲਾਂ ਥੋੜ੍ਹੀ ਚੀਜ਼ ਲਓ। ਲੋੜ ਹੋਵੇ ਤਾਂ ਦੂਜੀ ਵਾਰ ਲੈ ਲਓ। 初めは少しの物を取りなさい. 必要になったら次の回に取りなさい. **2** 需要. **3** 望み, 欲求. (⇒ਚਾਹ, ਇੱਛਾ) **4** 追求, 探求. (⇒ਤਲਾਸ਼, ਭਾਲ)

ਲੋੜ੍ਹੀ (लोड़्ही) /lôṛī ローリー/ ▸ਲੋਹੜੀ *f.*〖祭礼〗ローリー(ローフリー)祭《1月中旬に行われるパンジャーブの冬の祭り. 夜に火を焚いて, 冬の寒さから身を守る暖かさを恵んでくれるよう, 古老は太陽に祈るマントラを読誦する. 子供たちは焚き火に用いる薪を集めて歩き, 祭りの歌を歌う》.

ਲੋੜਨਾ (लोड़ना) /loṛanā ロールナー/ *vt.* **1** 必要とする. **2** 欲する. **3** 求める, 要求する. **4** 望む, 希望する. **5** 探す.

ਲੋੜਵੰਦ (लोड़वंद) /loṛawanda ロールワンド/ *adj.* **1** 必要な, 欲しい. (⇒ਜ਼ਰੂਰਤਮੰਦ) **2** 足りない, 不足している, 乏しい, 欠乏している. **3** 生活の手段のない. (⇒ਬੇਰੁਜ਼ਗਾਰ) **4** 困窮している, 貧しい. (⇒ਗ਼ਰੀਬ)

ਲੋੜਵਾਨ (लोड़वान) /loṛawāna ロールワーン/ *adj.* → ਲੋੜਵੰਦ

ਲੋੜੀਂਦਾ (लोड़ींदा) /loṛī̃dā ローリーンダー/ ▸ਲੁੜੀਂਦਾ *adj.* **1** 必要な, 必要とされる. ❐ਲਗਭਗ ਸਾਰੀਆਂ ਲੋੜੀਂਦੀਆਂ ਦਵਾਈਆਂ ਹਸਪਤਾਲ ਵਿੱਚ ਹੁੰਦੀਆਂ ਹਨ। ほとんどすべての必要な薬が病院にはあります. **2** 欲しい. **3** 要求されている.

ਲੌਹਕਾ (लौहका) /laûkā ラォーカー/ ▸ਹਲਕਾ, ਲਹੁਕਾ [(Pot.)] *adj.* → ਹਲਕਾ[1]

ਲੌਹਕੀ (लौहकी) /laûkī ラォーキー/ ▸ਲੌਕੀ [Skt. लावुक] *f.* **1**〖植物〗ユウガオ(夕顔)《ウリ科の蔓性一年草》. **2**〖植物〗ヒョウタン(瓢箪)《ウリ科の蔓草》. **3**〖植物〗カボチャ(南瓜). (⇒ਕੱਦੂ)

ਲੌਕਟ (लौकट) /laukaṭa ラォーカト/ ▸ਲਾਕਟ *m.* → ਲਾਕਟ

ਲੌਕਾਟ (लौकाट) /laukāṭa ラォーカート/ ▸ਲੁਕਾਟ *m.* → ਲੁਕਾਟ

ਲੌਕਿਕ (लौकिक) /laukika ラォーキク/ ▸ਲੋਕਿਕ [Skt. लौकिक] *adj.* **1** 現世の. **2** 地上の. **3** 世俗の, 世俗的な, 通俗的な.

ਲੌਕੀ (लौकी) /laukī ラォーキー/ ▸ਲੌਹਕੀ *f.* → ਲੌਹਕੀ

ਲੌਂਗ (लौंग) /lãũga ラォーング/ ▸ਲਉਂਗ [Skt. लवङ्ग] *m.* **1**〖植物〗チョウジ(丁子), クローブ《フトモモ科の常緑高木》. **2**〖食品〗丁子の開花前の蕾を乾燥させた香辛料. **3**〖装〗香辛料の丁子の形をした鼻飾り, ピアス式の鼻飾り.

ਲੌਜ (लौज) /lauja ラォージ/ [Eng. *lodge*] *m.*〖建築〗ロッジ, 山小屋, 番小屋.

ਲੌਜਿਕ (लौजिक) /laujika ラォージク/ ▸ਲਾਜਿਕ *m.* → ਲਾਜਿਕ

ਲੌਂਡਾ (लौंडा) /lãũḍā ラォーンダー/ ▸ਲਉਂਡਾ [Skt. लौड्] *m.* **1** 男の子, 少年. (⇒ਮੁੰਡਾ) **2** 小僧, がき. **3** 浮浪児. **4** 男娼, 男色の相手をする少年.

ਲੌਂਡੀ (लौंडी) /lãũḍī ラォーンディー/ [-ਈ] *f.* **1** 女の子, 少女. (⇒ਕੁੜੀ) **2** 下女, 女の召使, 女の奴隷. (⇒ਦਾਸੀ) **3** ふ

しだらな女性.

ਲੌਂਡੇਬਾਜ਼ (लौंडेबाज़) /lāũḍebāza̸ ラォーンデーバーズ/ [Skt. लौड़ Pers.-*bāz*] *adj.* 男色をする.

— *m.* 男色をする人, 男色者.

ਲੌਂਡੇਬਾਜ਼ੀ (लौंडेबाज़ी) /lāũḍebāzī ラォーンデーバーズィー/ [Pers.-*bāzī*] *f.* 男色.

ਲੌਣ (लौण) /lauṇa̸ ラォーン/ *m.*〚衣服〛ペチコートの縁.

ਲੌਲ[1] (लौल) /laula̸ ラォール/ [Skt. लौल्य] *m.*〚身体〛耳たぶ.

ਲੌਲ[2] (लौल) /laula̸ ラォール/ *m.* 盗品についての情報, 盗品の探知.

ਲੌੜਾ (लौड़ा) /lauṛā ラォーラー/ [Skt. लोल] *m.*〚身体〛陰茎, 男根, 男性性器, ペニス. (⇒ਲਿੰਨ)

ਵ

ਵ (व) /wawwā | vavvā ワッワー | ヴァッヴァー/ *m.*〚文字〛グルムキー文字の字母表の34番目の文字《両唇・半母音「ワ」 wa , または上歯で下唇を軽く押さえ, その隙間から呼気を出す唇歯・半母音「ヴァ」 va の発音を表す》.

ਵਊਚਰ (वऊचर) /waūcara̸ ヴァウーチャル/ [Eng. *voucher*] *m.* **1** 引換券, 商品券, 割引券, クーポン券. **2**〚法〛証拠書類, 証書. **3** 保証人. **4** 領収書.

ਵਊਂ ਵਊਂ (वऊँ वऊँ) /waũ waũ ワウーン ワウーン/ *f.* **1**〚擬声語〛ワンワン《犬が吠える声》. ❐ਵਊਂ ਵਊਂ ਕਰਨਾ ワンワン吠える. **2**〚比喩〛不必要なこと, 馬鹿なこと. ❐ਵਊਂ ਵਊਂ ਕਰਨਾ 不必要なことを話す, 馬鹿なことを言う.

ਵਈ (वई) /waī ワイー/ ▸ਬਈ, ਭਈ *int.*《 ਵਾਈ の短縮形》→ ਬਈ

ਵੰਸ਼ (वंश) /wanśa̸ ワンシュ/ ▸ਬੰਸ, ਬਨਸ *m.* → ਬੰਸ

ਵੱਸ (वस्स) /wassa̸ ワッス/ ▸ਬਸ [Skt. वश] *m.* **1** 力, 能力. ❐ਵੱਸ ਚੱਲਣਾ 力が出る. ❐ਵੱਸ ਦਾ 力が及ぶ, 可能な. **2** 権威. **3** 制御, 統御. ❐ਵੱਸ ਕਰਨਾ 制御する, 統御する. ❐ਵੱਸ ਵਿੱਚ ਆਉਣਾ 制御されるようになる.

ਵੰਸ਼-ਅਨੁਕ੍ਰਮ (वंश-अनुक्रम) /wanśa̸-anukrama̸ ワンシュ・アヌクラム/ [Skt. वंश + Skt. अनुक्रम] *m.* 家系.

ਵੱਸਣ (वस्सण) /wassaṇa̸ ワッサン/ [Skt. वसन] *m.* **1** 居住. **2** 居住場所, 住居.

ਵੱਸਣਯੋਗ (वस्सणयोग) /wassaṇa̸yoga̸ ワッサンヨーグ/ [+ Skt. योग्य] *adj.* **1** 居住できる. **2** 居住に適する.

ਵਸਣਾ (वसणा) /wasa̸ṇā ワスナー/ ▸ਵੱਸਣਾ *vi.* → ਵੱਸਣਾ[1]

ਵੱਸਣਾ[1] (वस्सणा) /wassaṇā ワッサナー/ ▸ਵਸਣਾ [Skt. वसति] *vi.* **1** 住む, 居住する. **2** 棲息する. **3** 住みつく, 定住する.

ਵੱਸਣਾ[2] (वस्सणा) /wassaṇā ワッサナー/ ▸ਬਰਸਣਾ, ਵਰਸਣਾ, ਵਰ੍ਹਨਾ *vi.* → ਵਰ੍ਹਨਾ

ਵਸਣੀਕ (वसणीक) /wasa̸ṇīka̸ ワスニーク/ ▸ਵਸਨੀਕ *m.* → ਵਸਨੀਕ

ਵਸੰਤ (वसंत) /wasanta̸ ワサント/ ▸ਬਸੰਤ *f.m.* → ਬਸੰਤ

ਵਸਤ[1] (वसत) /wasa̸ta̸ ワスト/ ▸ਵਸਤੂ, ਵੱਥ [Skt. वस्तु] *f.* **1** 物質, 物体. (⇒ਪਦਾਰਥ) **2** 物. (⇒ਚੀਜ਼) **3** 品物. (⇒ਮਾਲ)

ਵਸਤ[2] (वसत) /wasa̸ta̸ ワスト/ [Arab. *vasat*] *m.* **1** 中央. (⇒ਮੱਧ) **2** 中間. (⇒ਵਿਚਕਾਰ) **3** 中央地点, 中間点. (⇒ਗੱਭ)

ਵਸਤ[3] (वसत) /wasa̸ta̸ ワスト/ [Kash. *vasat*] *m.* 教師, 指導者. (⇒ਉਸਤਾਦ)

ਵਸੰਤਰ (वसंतर) /wasantara̸ ワサンタル/ ▸ਬਸੰਤਰ *f.* → ਬਸੰਤਰ

ਵਸਤਰ (वसतर) /wasa̸tara̸ ワスタル/ ▸ਬਸਤਰ *m.* → ਬਸਤਰ

ਵਸਤਰਹੀਨ (वसतरहीन) /wasa̸tara̸hīna̸ ワスタルヒーン/ ▸ਬਸਤਰਹੀਣ, ਬਸਤਰਹੀਨ *adj.* → ਬਸਤਰਹੀਨ

ਵਸਤੀ[1] (वसती) /wasa̸tī ワスティー/ [Arab. *vasatī*] *adj.* **1** 中央の. **2** 中間の.

ਵਸਤੀ[2] (वसती) /wasa̸tī ワスティー/ ▸ਬਸਤੀ *f.* → ਬਸਤੀ

ਵਸਤੀਵਾਸੀ (वसतीवासी) /wasa̸tīwāsī ワスティーワースィー/ [Skt. वसति + Skt. वासिन्] *adj.* 村落に居住する.

— *m.* 村落居住者.

ਵਸਤੂ (वसतू) /wasa̸tū ワストゥー/ ▸ਵਸਤ, ਵੱਥ *f.* → ਵਸਤ[1]

ਵਸਤੂ ਅੰਸ਼ (वसतू अंश) /wasa̸tū anśa̸ ワストゥー アンシュ/ [Skt. वस्तु + Skt. अंश] *m.* **1** 本質. (⇒ਤੱਤ, ਸਾਰ) **2** 真実.

ਵਸਤੂਪਰਕ (वसतूपरक) /wasa̸tūpara̸ka̸ ワストゥーパルク/ *adj.* **1** 客観的な, 物的な. **2** 外的な, 表面上の.

ਵਸਤੂਪਰਨ (वसतूपरन) /wasa̸tūpara̸na̸ ワストゥーパルン/ *m.* **1** 客観性, 客観化. **2** 具体化, 表面化.

ਵਸਤੂਵਾਚਕ ਨਾਮ (वसतूवाचक नाम) /wasa̸tūwācaka̸ nāma̸ ワストゥーワーチャク ナーム/ [Skt. वस्तु Skt.-वाचक + Skt. नामन्] *m.*〚言〛物質名詞.

ਵਸਤੂਵਾਚੀ (वसतूवाची) /wasa̸tūwācī ワストゥーワーチー/ [Skt. वस्तु + Skt. वाचिन्] *adj.*〚言〛明示的な.

ਵਸਤੂਵਾਦ (वसतूवाद) /wasa̸tūwāda̸ ワストゥーワード/ [Skt.-वाद] *m.* **1** 唯物論, 物質主義. **2** 実証主義, 実証哲学.

ਵਸਤੂਵਾਦੀ (वसतूवादी) /wasa̸tūwādī ワストゥーワーディー/ [Skt.-वादिन्] *adj.* **1** 唯物論の, 物質主義の. **2** 実証主義の, 実証哲学の.

— *m.* **1** 唯物論者, 物質主義者. **2** 実証主義者, 実証哲学者.

ਵਸਥਾ (वसथा) /wasa̸tʰā ワスター/ ▸ਅਵਸਥਾ *f.* → ਅਵਸਥਾ

ਵਸਦਾ-ਰਸਦਾ (वसदा-रसदा) /wasa̸dā-rasa̸dā ワスダー・ラスダー/ *adj.* **1** 華やかな. **2** 繁栄している. **3** 幸せに暮らしている.

ਵਸਨੀਕ (वसनीक) /wasa̸nīka̸ ワスニーク/ ▸ਵਸਣੀਕ [cf. ਵੱਸਣਾ] *m.* **1** 居住者. **2** 住民.

ਵਸਫ਼ (वसफ़) /wasafa̸ ワサフ/ [Arab. *vaṣf*] *m.* **1** 性質. (⇒ਸਿਫ਼ਤ) **2** 称賛, 賛辞. (⇒ਉਸਤਤ) **3** 特質, 特性. (⇒ਵਿਸ਼ੇਸ਼ਤਾ) **4** 美点, 長所, 優秀さ. (⇒ਗੁਣ) **5**〚口語〛習慣.

ਵਸਮਾ (वसमा) /wasa̸mā ワスマー/ [Pers. *vasm*] *m.* **1**〚薬剤〛染髪剤. **2** 白髪染め.

ਵਸਲ (वसल) /wasala̸ ワサル/ ▸ਵਸਾਲ [Arab. *vaṣl*] *m.*

1 結合. 2 出会い. 3 逢瀬, 逢い引き. 4 同伴. 5 交接, 性交.

ਵਸਵਸਾ (वसवसा) /wasawasā ワスワサー/ [Arab. vasvās] m. 1 懸念. 2 心配, 不安. 3 疑念. (⇒ਸ਼ੱਕ) 4 躊躇.

ਵਸਾਉਣਾ[1] (वसाउणा) /wasāuṇā ワサーウナー/ [cf. ਵੱਸਣਾ] vt. 1 住ませる, 居住させる. 2 住みつかせる, 定住させる. 3 開拓する.

ਵਸਾਉਣਾ[2] (वसाउणा) /wasāuṇā ワサーウナー/ ▸ ਬਰਸਾਉਣਾ, ਵਰ੍ਹਾਉਣਾ vt. → ਵਰ੍ਹਾਉਣਾ

ਵਸਾਊ (वसाऊ) /wasāū ワサーウー/ [cf. ਵੱਸਣਾ] adj. 住んでいる, 居住中の, 定住した. (⇒ਅਬਾਦ)

ਵਸਾਹ (वसाह) /wasâ ワサー/ ▸ਵਿਸਾਹ m. 1 信用, 信頼. ❐ਵਸਾਹ ਖਾਣਾ 信用する, 信頼する. ❐ਵਸਾਹ ਨਾ ਖਾਣਾ 信用しない, 警戒する. 2 信念, 信仰, 信奉. 3 確信.

ਵਸਾਹਘਾਤ (वसाहघात) /wasâkăta ワサーカート/ ▸ ਵਿਸਾਹਘਾਤ m. 1 裏切り, 背信. 2 不忠実.

ਵਸਾਹਘਾਤੀ (वसाहघाती) /wasâkătī ワサーカーティー/ ▸ ਵਿਸਾਹਘਾਤੀ adj. 1 裏切り者の, 背信行為を働く. 2 不忠な.

— m. 裏切り者.

ਵਸਾਖ (वसाख) /wasākʰa ワサーク/ ▸ਬਸਾਖ, ਬੈਸਾਖ, ਵਿਸਾਖ, ਵੈਸਾਖ [Skt. वैशाख] m. 〖暦〗ワサーク(ヴァイシャーカ)月《インド暦2月・太陽暦4〜5月》.

ਵਸਾਖੀ (वसाखी) /wasākʰī ワサーキー/ ▸ਬਸਾਖੀ, ਬੈਸਾਖੀ, ਵਿਸਾਖੀ, ਵੈਸਾਖੀ [-ਈ] adj. 〖暦〗ワサーク月の.

— f. 1 〖暦〗ワサーク月の一日(ついたち). 2 〖祭礼・スィ〗ワサーキー《この日に行われる北部インドの祭り. スィック教では, 第10代グル・ゴービンド・スィングがカールサーを創設したこの日を記念する大祭》.

ਵਸਾਰ (वसार) /wasāra ワサール/ ▸ਬਸਾਰ, ਬਿਸਾਰ f. 〖植物・食品〗ウコン(鬱金), ターメリック. (⇒ਹਲਦੀ)

ਵਸਾਲ (वसाल) /wasāla ワサール/ ▸ਵਸਲ m. → ਵਸਲ

ਵਸ਼ਿਸ਼ਟ (वशिशट) /vaśiśaṭa ヴァシシュト/ ▸ਵਿਸ਼ਿਸ਼ਟ adj. → ਵਿਸ਼ਿਸ਼ਟ

ਵਸੀਅਤ (वसीअत) /wasīata ワスィーアト/ ▸ਵਸੀਯਤ [Pers. vaṣīyat] f. 遺言, 遺言状. ❐ਵਸੀਅਤ ਕਰਨੀ 遺言状を作成する, 遺贈する. ❐ਵਸੀਅਤ ਦੀ ਤਰਮੀਮ 遺言の修正, 遺言補足書. ❐ਵਸੀਅਤ ਦੀ ਪਰਮਾਣਿਤ ਨਕਲ 遺言検認証.

ਵਸੀਅਤਨਾਮਾ (वसीअतनामा) /wasīatanāmā ワスィーアトナーマー/ [Pers.-nāma] m. 遺言状.

ਵਸੀਅਤੀ (वसीअती) /wasīatī ワスィーアティー/ [-ਈ] adj. 遺言の.

ਵਸੀਕਾ (वसीका) /wasīkā ワスィーカー/ [Arab. vasīqa] m. 1 証書, 証文, 契約書. 2 〖経済〗約束手形.

ਵਸੀਕਾਰ (वसीकार) /wasīkāra ワスィーカール/ ▸ਵੱਸੀਕਾਰ [Skt. वश Skt.-कार] m. 1 制御. 2 権威.

— adj. 1 制御された. 2 統制された.

ਵੱਸੀਕਾਰ (वस्सीकार) /wassīkāra ワッスィーカール/ ▸ ਵਸੀਕਾਰ m.adj. → ਵਸੀਕਾਰ

ਵਸੀਕਾਰਤਾ (वसीकारता) /wasīkāratā ワスィーカールター/ [Skt. वश Skt.-कार Skt.-ता] f. 1 制御. 2 権威.

ਵਸੀਯਤ (वसीयत) /wasīyata ワスィーヤト/ ▸ਵਸੀਅਤ f. → ਵਸੀਅਤ

ਵਸੀਲਾ (वसीला) /wasīlā ワスィーラー/ [Arab. vasīla] m. 1 方法, 手段. (⇒ਸਾਧਨ) 2 媒体, 道具. 3 方策, 手立て, 必要な手段. 4 便宜. 5 支持, 援助, 助力, 後援, 賛助. 6 支持者, 後援者.

ਵਸੀਲੇਹੀਣ (वसीलेहीण) /wasīlehīṇa ワスィーレーヒーン/ [Skt.-हीन] adj. 手段を持たない.

ਵਸੂਰ (वसूर) /wasūra ワスール/ [Skt. विसूरण] m. 1 悲しみ, 悲嘆. (⇒ਝੋਰਾ) 2 憂い, 心配. (⇒ਚਿੰਤਾ)

ਵਸੂਰਨਾ (वसूरना) /wasūranā ワスールナー/ [Skt. विसूरण] vi. 1 悲しむ, 嘆く. 2 憂う, 心配する.

ਵਸੂਲ (वसूल) /wasūla ワスール/ [Arab. vuṣūl] adj. 1 得られた, 手に入った. 2 受け取られた. 3 取り戻された. 4 集められた, 取り立てられた, 徴収された. ❐ਵਸੂਲ ਕਰਨਾ 集める, 取り立てる, 徴収する. ❐ਅਮੀਰ ਮੁਸਾਫ਼ਰਾਂ ਕੋਲੋਂ ਧਨ ਵਸੂਲ ਕਰੋ। 金持ちの旅行者から金を徴収しなさい.

ਵਸੂਲਣਾ (वसूलणा) /wasūlaṇā ワスールナー/ [Arab. vuṣūl] vt. 1 集める, 収集する, 取り立てる, 徴収する. (⇒ਉਗਰਾਹੁਣਾ) 2 (料金や寄付などを)集めて回る. (⇒ਉਗਰਾਹੁਣਾ)

ਵਸੂਲੀ (वसूली) /wasūlī ワスーリー/ ▸ਬਸੂਲੀ [Pers. vuṣūlī] f. 1 獲得, 入手. 2 受領. 3 徴収, 取り立て, 集金.

ਵਸੂਲੀਆ (वसूलीआ) /wasūlīā ワスーリーアー/ [Arab. vuṣūl -ਈਆ] adj. 1 徴収する役目の, 取り立てを行う. 2 集金担当の.

ਵਸ਼ੇਸ਼ (वशेश) /vaśeśa ヴァシェーシュ/ ▸ਬਸ਼ੇਸ਼, ਬਸੇਖ, ਬਿਸੇਖ, ਵਸੇਖ, ਵਿਸ਼ੇਸ਼ adj. → ਵਿਸ਼ੇਸ਼

ਵਸੇਖ (वसेख) /vasekʰa ヴァセーク/ ▸ਬਸ਼ੇਸ਼, ਬਿਸੇਖ, ਵਸ਼ੇਸ਼, ਵਸੇਖ, ਵਿਸ਼ੇਸ਼ adj. → ਵਿਸ਼ੇਸ਼

ਵਸੇਬਾ (वसेबा) /wasebā ワセーバー/ [cf. ਵੱਸਣਾ] m. 1 居住. 2 住むこと. 3 暮らし, 生活. 4 平穏な生活.

ਵਸੋਂ (वसों) /wasõ ワソーン/ ▸ਵੱਸੋਂ f. → ਵੱਸੋਂ

ਵੱਸੋਂ (वस्सों) /wassõ ワッソーン/ ▸ਵਸੋਂ [cf. ਵੱਸਣਾ] f. 1 居住. (⇒ਅਬਾਦੀ) ❐ਵੱਸੋਂ ਕਰਨੀ 居住する. 2 住むこと. 3 暮らし, 生活. 4 暮らしぶり, 生活様式. 5 人口. (⇒ਅਬਾਦੀ) ❐੧੯੯੧ ਦੀ ਮਰਦਮਸ਼ੁਮਾਰੀ ਅਨੁਸਾਰ ਪੰਜਾਬ ਵਿੱਚ ਪੇਂਡੂ ਵੱਸੋਂ ੭੦ ਫ਼ੀਸਦੀ ਅਤੇ ਸ਼ਹਿਰੀ ਵੱਸੋਂ ੩੦ ਫ਼ੀਸਦੀ ਸੀ। 1991年の国勢調査によるとパンジャーブの農村人口は70%で都市人口は30%でした.

ਵਸੋਆ (वसोआ) /wasoā ワソーアー/ m. 〖暦〗ワサーク(ヴァイシャーカ)月の一日(ついたち, 第一日).

ਵਹ (वह) /wô ウォー/ ▸ਉਹ, ਓਹ pron. → ਉਹ

ਵਹਾ (वहा) /wă | wahā ワー | ワハー/ ▸ਬਹਾਉ, ਵਹਾਉ, ਵਹਾਅ m. → ਵਹਾਉ

ਵਹਾਉ (वहाउ) /wăo | wahāo ワーオー | ワハーオー/ ▸ ਬਹਾਉ, ਵਹਾ, ਵਹਾਅ [cf. ਵਹਿਣਾ] m. 流れ, 流出.

ਵਹਾਉਣਾ[1] (वहाउणा) /wăuṇā | wahāuṇā ワーウナー | ワハーウナー/ ▸ਬਹਾਉਣਾ [cf. ਵਹਿਣਾ] vt. 1 流す, 流れるようにする, 押し流す. (⇒ਵਗਾਉਣਾ) ❐ਅਸੀਂ ਪਾਣੀ ਦੀ ਥਾਂ ਖ਼ੂਨ ਵਹਾ ਦਿਆਂਗੇ। 私たちは水の代わりに血を流すでしょう. 2 押しやる, 吹き飛ばす, 移動させる. 3 注ぐ. 4 溢れさす, こぼす. 5 台無しにする, 駄目にする. 6 無駄にする,

無駄遣いする, 無駄に使う, 浪費する. ❐ਸਰਕਾਰ ਪਾਣੀ ਵਾਂਗ ਪੈਸੇ ਵਹਾ ਰਹੀ ਹੈ। 政府は水のようにお金を浪費しています.

ਵਹਾਉਣਾ² (वहाउणा) /wǎuṇā | wahāuṇā ワーウナー | ワハーウナー/ [cf. ਵਾਹੁਣਾ] *vt.* 〖農業〗耕させる, 耕作させる.

ਵਹਾਅ (वहाअ) /wǎa | wahāa ワーア | ワハーア/ ▸ਬਹਾਉ, ਵਹਾ, ਵਹਾਉ *m.* → ਵਹਾਉ

ਵਹਾਈ (वहाई) /wǎī | wahāī ワーイー | ワハーイー/ *f.* 〖農業〗耕作. (⇒ਰਾਹਕੀ)

ਵਹਿਸ਼ (वहिश) /waîśa | wahiśa ワェーシュ | ワヒシュ/ [Arab. *vahśa*] *m.* → ਵਹਿਸ਼ਤ

ਵਹਿਸ਼ਤ (वहिशत) /waîśata | wahiśata ワェーシュト | ワヒシュト/ [Pers. *vahśat*] *f.* **1** 野蛮, 未開, 粗野. (⇒ਅਸੱਭਤਾ) **2** 獣性, 残忍性. (⇒ਪਸ਼ੂਪੁਣਾ) **3** 狂気, 狂乱. (⇒ਪਾਗਲਪਣ)

ਵਹਿਸ਼ੀ (वहिशी) /waîśī ワェーシー/ [Arab. *vahśī*] *adj.* **1** 野蛮な, 未開の, 粗野な. (⇒ਅਸੱਭ) **2** 野獣のような, 残忍な.

ਵਹਿਸ਼ੀਪੁਣਾ (वहिशीपुणा) /waîśīpuṇā ワェーシープナー/ [-ਪੁਣਾ] *m.* **1** 野蛮, 未開, 粗野. (⇒ਅਸੱਭਤਾ) **2** 獣性, 残忍性. (⇒ਪਸ਼ੂਪੁਣਾ)

ਵਹਿੰਗੀ (वहिंगी) /wãîgī ワェーンギー/ [Skt. विहंगिका] *f.* 〖道具〗天秤棒.

ਵਹਿਣ (वहिण) /waîṇa ワェーン/ ▸ਵਾਹਣ [Skt. वहन] *m.* **1** 流れ. (⇒ਵਹਾਉ) **2** 考え, 意見, 留意. (⇒ਸੋਚ, ਵਿਚਾਰ, ਖ਼ਿਆਲ, ਧਿਆਨ)

ਵਹਿਣਾ (वहिणा) /waîṇā ワェーナー/ [Skt. वहति] *vi.* **1** 流れる. (⇒ਵਗਣਾ) **2** 流れ出る, 流出する. **3** にじむ, にじみ出る. **4** 漏れる. **5** 溢れる, こぼれる. **6**(風が)吹く. **7** 走る. (⇒ਦੌੜਨਾ)

ਵਹਿਣੀ (वहिणी) /waîṇī ワェーニー/ [cf. ਵਹਿਣਾ] *f.* 排水溝.

ਵਹਿਣੀਹੀਣ (वहिणीहीण) /waîṇīhīṇa ワェーニーヒーン/ [-हीन] *adj.* 排水溝のない.

ਵਹਿਤਰ (वहितर) /waîtara ワェータル/ [Skt. वहित्र] *m.* 〖動物〗牽引または騎乗用の動物.

ਵਹਿਦਤ (वहिदत) /waîdata ワェーダト/ ▸ਵਾਹਦਤ [Arab. *vahdat*] *f.* **1** 唯一, 単一. **2** 〖イス〗神の唯一性. **3** 一神教.

ਵਹਿੰਦੜ (वहिंदड़) /wãîdaṛa ワェーンダル/ *adj.* 〖農業〗耕された, 耕作された.

ਵਹਿੰਦਾ (वहिंदा) /wãîdā ワェーンダー/ [(Mal.)] *adv.* 急いで. (⇒ਛੇਤੀ)

ਵਹਿਮ (वहिम) /waîma ワェーム/ [Arab. *vahm*] *m.* **1** 錯覚, 誤解. **2** 思い違い, 妄想, 幻想. **3** 疑念. **4** 気まぐれ. **5** 迷信.

ਵਹਿਮਪਰਸਤ (वहिमपरसत) /waîmaparasata ワェームパラスト/ [Pers.*-parast*] *adj.* 迷信的な, 迷信を信じやすい.

ਵਹਿਮਪਰਸਤੀ (वहिमपरसती) /waîmaparasatī ワェームパラスティー/ [Pers.*-parastī*] *f.* 迷信を信じやすいこと.

ਵਹਿਮੀ (वहिमी) /waîmī ワェーミー/ [Arab. *vahmī*] *adj.* **1** 誤った考えを持った. **2** 妄想する. **3** 疑いを持っている. **4** 気まぐれな. **5** 迷信を信じやすい.

ਵਹਿਲਾ (वहिला) /waîlā ワェーラー/ *adv.* すぐに.

ਵਹਿੜ (वहिड़) /waîṛa ワェール/ [Pkt. वहिलग] *f.* 〖動物〗雌の子牛, 一歳から三歳までの牝牛.

ਵਹਿੜਕਾ (वहिड़का) /waîṛakā ワェールカー/ [+ ਕਾ] *m.* 〖動物〗雄の子牛, 一歳から三歳までの牡牛.

ਵਹਿੜਕੀ (वहिड़की) /waîṛakī ワェールキー/ ▸ਵਹਿੜੀ [+ ਕੀ] *f.* 〖動物〗雌の子牛, 一歳から二歳半までの牝牛.

ਵਹਿੜੀ (वहिड़ी) /waîṛī ワェーリー/ ▸ਵਹਿੜਕੀ *f.* → ਵਹਿੜਕੀ

ਵਹੀ¹ (वही) /wahī ワヒー/ ▸ਉਹੀ, ਉਹੀਓ, ਉਹੀਓ, ਊਹਾ, ਓਈ, ਓਹੀ *pron.* 《主格 ਵਹ (単複同形)と ਹੀ の融合形. ਵਹ に ਹੀ の表す「…こそ」「まさに…」などの強調する意味が加わっている》まさにあれ(ら), まさにそれ(ら), まさにその人(たち).

ਵਹੀ² (वही) /wahī ワヒー/ [Arab. *vahī*] *f.* 天啓, 啓示, 神のお告げ. (⇒ਇਲਹਾਮ)

ਵਹੀ³ (वही) /wahī ワヒー/ [(Pkt. वहिआ) Skt. वाहिका] *f.* 収支計算帳, 会計簿. (⇒ਖਾਤਾ)

ਵਹੀ ਖਾਤਾ (वही खाता) /wahī kʰātā ワヒー カーター/ [+ Skt. क्षत्रं] *m.* **1** 現金出納帳. **2** 現金勘定. (⇒ਰੋਕੜ ਖਾਤਾ)

ਵਹੀਰ (वहीर) /wahīra | wǎīra ワヒール | ワイール/ [Pers. *bahīr*] *m.* **1** 大勢, 一群. (⇒ਭੀੜ) **2** 移動する人々の一団. **3** 隊列, 隊商.

ਵਹੁਟੀ (वहुटी) /waûṭī ワォーティー/ [Skt. वधूटी] *f.* **1** 〖親族〗妻. (⇒ਪਤਨੀ) **2** 〖親族〗嫁.

ਵ੍ਹੇਲ (व्हेल) /wělạ ウェール/ ▸ਵੇਲ [Eng. *whale*] *f.* 〖動物〗クジラ, 鯨. ❐ਵ੍ਹੇਲ ਦੁਨਿਆ ਦੇ ਸਭ ਜੀਵਾਂ ਤੋਂ ਵੱਡੀ ਹੈ। 鯨は世界中の生物の中で一番大きいです.

ਵਕਤ (वकत) /wakata ワカト/ ▸ਵਖਤ [Arab. *vaqt*] *m.* **1** 時, 時間. (⇒ਵੇਲਾ, ਸਮਾਂ) **2** 所要時間. **3** 時刻, 定刻. **4** 期間. (⇒ਮਿਆਦ) **5** 時期, 時代. (⇒ਜ਼ਮਾਨਾ, ਜੁਗ) **6** 余暇. (⇒ਫ਼ੁਰਸਤ, ਵਿਹਲ) **7** 機会, 好機. (⇒ਮੌਕਾ) **8** 状況, 環境. **9** 最期, 死期. (⇒ਮੌਤ ਦਾ ਵੇਲਾ) **10** 苦労, 骨折り, 面倒なこと. **11** 苦難, 苦境. (⇒ਮੁਸੀਬਤ)

ਵਕਤ ਸਿਰ (वकत सिर) /wakata sira ワカト スィル/ [+ Skt. शिरस्] *adv.* **1** 時を得て, ちょうどよい時に, 折りよく. (⇒ਠੀਕ ਸਮੇਂ ਉੱਤੇ) **2** 間に合って. **3** 敏速に. **4** 時間厳守で. **5** 定刻に.

ਵਕਤ-ਕਟੀ (वकत-कटी) /wakata-kaṭī ワカト・カティー/ [+ cf. ਕੱਟਣਾ] *f.* 暇潰し.

ਵਕਤ ਤੇ (वकत ते) /wakata te ワカト テー/ [Arab. *vaqt* + ਤੇ] *adv.* → ਵਕਤ-ਸਿਰ

ਵਕਤ ਬੇਵਕਤ (वकत बेवकत) /wakata bewakata ワカト ベーワカト/ [+ Pers. *be-* Arab. *vaqt*] *adv.* **1** 折りよくも折り悪しくも, いつでも. **2** 手の空いた時間に, 合い間合い間に.

ਵਕਤਾ (वकता) /wakatā ワクター/ [Skt. वक्तृ] *m.* **1** 話者, 語り手. **2** 演説者, 弁士. **3** スポークスマン.

ਵਕਤੀ (वकती) /wakatī ワクティー/ [Arab. *vaqtī*] *adj.* 臨時の, 一時的な, 一過性の. ❐ਵਕਤੀ ਤੌਰ ਤੇ 臨時に, 一時的に.

ਵਕਫ਼ (वकफ़) /wakafa ワカフ/ [Arab. *vakf*] *adj.* **1** 留保された, 所有権移転の停止された. **2** 分配された, 割り当てられた.

— *m.* 1 留保されたもの, 所有権移転の停止されたもの. 2〖イス〗ワクフ《信心による慈善行為としての基金・寄進財・信託財産》.

ਵਕਫ਼ਨਾਮਾ (वकफ़नामा) /wakafanāmā ワカフナーマー/ [Pers.-*nāma*] *m.* ワクフ証書, 財産信託証書.

ਵਕਫ਼ਾ (वकफ़ा) /wakafā ワクファー/ [Arab. *vakfa*] *m.* 1 間隔, 間断, 中断, 停止, 休止. (⇒ਵਿਰਾਮ) 2 休み, 休息, 休憩. (⇒ਵਿਰਾਮ)

ਵਕਮ (वकम) /wakama ワカム/ [(Pkt. वक्क) Skt. वल्क] *m.*〖植物〗スオウノキ(蘇芳の木)《マメ科の常緑低木. 赤色染料を採る》.

ਵਕਰ (वकर) /wakara ワカル/ [Skt. वक्र] *adj.* 1 曲がった, 湾曲した. (⇒ਵਿੰਗਾ) 2 傾いた, 斜めの. 3 婉曲な, 遠回しの, 回りくどい.

— *m.* 1 曲線. 2 湾曲, 屈曲.

ਵਕਰਤਾ (वकरता) /wakaratā ワカルター/ [Skt.-ता] *f.* 湾曲, 屈曲.

ਵਕਰਰੇਖਾ (वकररेखा) /wakararekʰā ワカルレーカー/ [+ Skt. रेखा] *f.* 曲線.

— *adj.* 曲線の.

ਵਕਰੋਕਤੀ (वकरोकती) /wakarokatī ワクロークティー/ [Skt. वक्रोक्ति] *f.* 1 婉曲表現, 遠回しの表現, もってまわった言い方. 2 皮肉, 当てこすり.

ਵਕਾਰ (वकार) /wakāra ワカール/ [Arab. *vakār*] *m.* 1 名誉, 尊厳, 威厳. (⇒ਇੱਜ਼ਤ) 2 名声, 高名.

ਵਕਾਲਤ (वकालत) /wakālata ワカーラト/ [Pers. *vakālat*] *f.* 1〖法〗弁護. 2 嘆願.

ਵਕਾਲਤਨਾਮਾ (वकालतनामा) /wakāratanāmā ワカーラトナーマー/ [Pers.-*nāma*] *m.* 1〖法〗弁護委任状. 2 依頼人による弁護士の委任権.

ਵਕੀਲ (वकील) /wakīla ワキール/ [Arab. *vakīl*] *m.* 1〖法〗弁護士, 顧問弁護士, 訴訟代理人, 法律顧問. (⇒ਐਡਵੋਕੇਟ) 2〖法〗弁護人, 抗弁者, 嘆願者. 3 代理人.

ਵਕੀਲੀ (वकीली) /wakīlī ワキーリー/ [Pers. *vakīlī*] *f.* 1〖法〗弁護. (⇒ਵਕਾਲਤ) 2 嘆願.

ਵਕੂਆ (वकूआ) /wakūā ワクーアー/ [Arab. *vukūa*] *m.* 1 出現, 発生. 2 出来事. 3 事件.

ਵਕੂਫ਼ (वकूफ़) /wakūfa ワクーフ/ [Arab. *vuqūf*] *m.* 1 知識, 認識. 2 知恵, 理解力. 3 経験. 4 作法.

ਵਕੈਂਸੀ (वकैंसी) /vakāĩsī ヴァカェーンスィー/ ▶ਵਕੈਨਸੀ *f.* → ਵਕੈਨਸੀ

ਵਕੈਨਸੀ (वकैनसी) /vakainasī ヴァカェーンスィー/ ▶ਵਕੈਂਸੀ [Eng. *vacancy*] *f.* 1 空虚, 空間. 2 空き部屋, 空き家.

ਵੱਕੋਂ (वक्कों) /wakkõ ワッコーン/ *f.* 家畜の妊娠.

ਵੱਖ (वक्ख) /wakkʰa ワック/ *adj.* 1 分かれた. (⇒ਅੱਡ) 2 離れた. 3 別の, 孤立した.

ਵਖਤ (वखत) /wakʰata ワクト/ ▶ਵਕਤ [Arab. *vaqt*] *m.* 1 苦労, 骨折り, 面倒なこと. ❐ਵਖਤ ਕਰਨਾ 苦労する, 骨を折る. 2 苦難, 苦境. (⇒ਮੁਸੀਬਤ) ❐ਵਖਤ ਪੈਣਾ 苦難が降り懸かる, 苦境に陥る. 3 時, 時間. (⇒ਵੇਲਾ, ਸਮਾਂ) 4 機会, 好機. (⇒ਮੌਕਾ)

ਵੱਖਰ (वक्खर) /wakkʰara ワッカル/ *m.* 1 商品. 2 製品.

ਵਖਰੱਤ (वखरत्त) /wakʰaratta ワクラット/ *f.* 区別.

ਵੱਖਰਾ (वक्खरा) /wakkʰarā ワッカラー/ *adj.* 1 分かれた, 別れた, 離れた. (⇒ਅੱਡਰਾ, ਅਲਹਿਦਾ) 2 異なる, 違った, 変わっている, 変化した. ❐ਵੱਖਰੇ ਹੋ ਜਾਣਾ 違ったものになる, 変わってしまう. ❐ਉਹ ਜੋ ਕੁਝ ਪਹਿਲਾਂ ਸਨ ਉਸ ਨਾਲੋਂ ਬਿਲਕੁਲ ਹੀ ਵੱਖਰੇ ਹੋ ਗਏ। 彼らは以前とは何もかも全く変わってしまいました. 3 別の, 孤立した, 孤独な. (⇒ਇਕੱਲਾ)

ਵੱਖਰਾਪਣ (वक्खरापण) /wakkʰarāpaṇa ワッカラーパン/ *m.* 1 個別性. 2 孤立, 隔離, 分離.

ਵੱਖਰਾ ਵੱਖਰਾ (वक्खरा वक्खरा) /wakkʰarā wakkʰarā ワッカラー ワッカラー/ ▶ਵੱਖਰੋ ਵੱਖਰਾ *adj.* 別々の, 色々異なる, 様々な. (⇒ਅੱਡਰਾ ਅੱਡਰਾ)

ਵੱਖਰਿਆਉਣਾ (वक्खरिआउणा) /wakkʰariāuṇā ワッカリアーウナー/ *vt.* 1 異なるものとして扱う, 区別する. 2 差別する.

ਵਖਰੇਵਾਂ (वखरेवाँ) /wakʰarewã ワクレーワーン/ *m.* 1 区別. 2 差別. 3 別個, 異質, 分離.

ਵੱਖਰੋ ਵੱਖਰਾ (वक्खरो वक्खरा) /wakkʰaro wakkʰarā ワッカロー ワッカラー/ ▶ਵੱਖਰਾ ਵੱਖਰਾ *adj.* → ਵੱਖਰਾ ਵੱਖਰਾ

ਵੱਖ ਵੱਖ (वक्ख वक्ख) /wakkʰa wakkʰa ワック ワック/ *adj.* 別々の, 色々異なる.

— *adv.* 別々に. (⇒ਜੁਦਾ ਜੁਦਾ)

ਵੱਖਵਾਦ (वक्खवाद) /wakkʰawāda ワックワード/ *m.* 分離主義.

ਵੱਖਵਾਦੀ (वक्खवादी) /wakkʰawādī ワックワーディー/ *adj.* 分離主義の.

— *m.* 分離主義者.

ਵਖਾਉਣਾ (वखाउणा) /wakʰāuṇā ワカーウナー/ ▶ਵਿਖਾਉਣਾ, ਵਿਖਾਲਨਾ *vt.* → ਵਿਖਾਉਣਾ

ਵਖਾਣ (वखाण) /wakʰāṇa ワカーン/ ▶ਬਖਾਣ [Skt. व्याख्यान] *m.* 1 解説, 説明. (⇒ਬਿਆਨ, ਵਰਨਨ) 2 説明書.

ਵਖਾਣਨਾ (वखाणना) /wakʰāṇanā ワカーンナー/ [cf. ਵਖਾਣ] *vi.vt.* 1 記述する. 2 説明する, 解説する. 3 詳しく述べる, 詳述する.

ਵਖਿਆਨ (वखिआन) /vakʰiāna ヴァキアーン/ ▶ਵਿਆਖਿਆਨ, ਵਿਖਿਆਨ *m.* → ਵਿਖਿਆਨ

ਵੱਖੀ (वक्खी) /wakkʰī ワッキー/ [Skt. वक्ष -ई] *f.* 1〖身体〗脇, 脇腹. 2 側面.

ਵੰਗ (वंग) /waṅga ワング/ ▶ਵੰਙ [Pkt. वंकय] *f.*〖装〗ガラス製の腕輪.

ਵੱਗ (वग्ग) /wagga ワッグ/ ▶ਬੱਗ [(Pkt. वग्ग) Skt. वर्ग] *m.*〖動物〗家畜の群れ. (⇒ਪਸ਼ੂਆਂ ਦਾ ਸਮੂਹ)

ਵੱਗ-ਘਾਤਕ (वग्ग-घातक) /wagga-kǎtaka ワッグ・カータク/ [+ Skt. घातक] *adj.* 家畜殺しの.

ਵੱਗ ਚੋਰ (वग्ग चोर) /wagga cora ワッグ チョール/ [+ Skt. चौर] *m.* 家畜泥棒.

ਵੰਗਣਾ (वंगणा) /waṅganā ワンガナー/ *m.* 1〖装〗婦人の額に付ける飾り. 2 容器の首に結ばれた紐.

ਵਗਣਾ[1] (वगणा) /wagaṇā ワグナー/ [(Pkt. वग्गण) Skt. वल्गति] *vi.* 1 流れる. (⇒ਵਹਿਣਾ) ❐ਮੇਰੀਆਂ ਅੱਖਾਂ ਵਿੱਚੋਂ ਅੱਥਰੂ ਵਗ ਤੁਰੇ। 私の目から涙が流れ始めました. 2 流れ出る, 流出する. 3 にじむ, にじみ出る. 4 漏れる. 5 こぼれる. 6 (風が) 吹く. ❐ਹਲਕੀ ਹਲਕੀ ਹਵਾ ਵਗਦੀ ਹੈ। とて

も微かな風が吹きます. **7** 行き来する, 往来する, 通行する. ❑ਇਹ ਸੜਕ ਬਹੁਤ ਵਗਦੀ ਹੈ। この道路はたくさん行き来します〈この道路は往来が激しい〉. ❑ਵਗਦਾ ਰਾਹ 往来の激しい道, 交通量の多い道. **8** 走る. (⇒ਦੌੜਨਾ)

ਵਗਣਾ² (वगणा) /wagaṇā ワグナー/ *vi.* 〘農業〙(畑が)耕される, 耕作される.

ਵਗਲਣਾ (वगलणा) /wagalaṇā ワガルナー/ ▸ਬਗਲਣਾ, ਬਗਲਨਾ, ਵਗਲਨਾ *vt.* → ਵਗਲਨਾ

ਵਗਲਨਾ (वगलना) /wagalanā ワガルナー/ ▸ਬਗਲਣਾ, ਬਗਲਨਾ, ਵਗਲਣਾ *vt.* **1** 囲む. **2** 壁・塀などで囲む. **3** 占拠する, 占有する.

ਵਗਲਵਾਂ (वगलवाँ) /wagalawā̃ ワガルワーン/ *adj.* 囲んでいる.

ਵਗਲਵਾਉਣਾ (वगलवाउणा) /wagalawāuṇā ワガルワーウナー/ *vt.* 囲ませる.

ਵਗਾਉਣਾ (वगाउणा) /wagāuṇā ワガーウナー/ [cf. ਵਗਣਾ¹] *vt.* **1** 流す. (⇒ਵਹਾਉਣਾ) ❑ਉਹ ਚੁੱਪ-ਚਾਪ ਖੜ੍ਹੀ ਹੰਝੂ ਵਗਾ ਰਹੀ ਸੀ। 彼女は黙って立って涙を流していました. **2** 漏らす. **3** こぼす.

ਵੰਗਾਰ (वंगार) /waṅgāra ワンガール/ *f.* 挑戦. (⇒ਚੁਨੌਤੀ, ਚੈਲੰਜ) ❑ਵੰਗਾਰ ਮੰਨਣੀ 挑戦に応じる.

ਵਗਾਰ (वगार) /wagāra ワガール/ ▸ਬਿਗਾਰ [Pers. *begār*] *f.* **1** 無賃労働. **2** 強制労働.

ਵੰਗਾਰਨਾ (वंगारना) /waṅgāranā ワンガールナー/ *vt.* 挑む, 挑戦する.

ਵਗਾਰੀ (वगारी) /wagārī ワガーリー/ ▸ਬਿਗਾਰੀ [Pers. *begār* -ਈ] *m.* 労働を強いられる人.

ਵਗ਼ੈਰਾ (वग़ैरा) /wağairā ワガェーラー/ [Pers. *va ğaira*] *adv.* …など. (⇒ਆਦਿ) ❑ਕੀ ਕੀ ਲੈਣ ਜਾ ਰਹੇ ਹੋ? — ਕਿਚਨ ਲਈ ਕੋਲਾ ਵਗ਼ੈਰਾ। 何と何を買いに行くところですか. — 台所用に炭などを.

ਵਘੀ (वघी) /wâgī ワギー/ [(Mul.)] *f.* 水の流れ, 水流. (⇒ਪਾਣੀ ਦਾ ਵਹਾਉ)

ਵੰਙ (वंङ) /waṅṅa ワンヌ/ ▸ਵੰਗ *f.* → ਵੰਗ

ਵੰਚਤ (वंचत) /wañcata ワンチャト/ ▸ਵੰਚਿਤ [Skt. वंचित] *adj.* **1** だまされた, だまし取られた. **2** 剥奪された.

ਵੰਚਨ (वंचन) /wañcana ワンチャン/ [Skt. वंचन] *m.* **1** 欺き, ごまかし, だまし取ること. **2** 剥奪.

ਵਚਨ (वचन) /wacana ワチャン/ ▸ਬਚ, ਬਚਨ *m.* → ਬਚਨ

ਵਚਨਬੱਧ (वचनबद्ध) /wacanabâdda ワチャンバッド/ ▸ਬਚਨਬੱਧ *adj.* → ਬਚਨਬੱਧ

ਵਚਨਬੱਧਤਾ (वचनबद्धता) /wacanabâddatā ワチャンバッドター/ ▸ਬਚਨਬੱਧਤਾ *f.* → ਬਚਨਬੱਧਤਾ

ਵੰਚਿਤ (वंचित) /wañcita ワンチト/ ▸ਵੰਚਤ *adj.* → ਵੰਚਤ

ਵਚਿੱਤਰ (वचित्तर) /wacittara ワチッタル/ ▸ਬਚਿੱਤਰ, ਵਿਚਿੱਤਰ *adj.* → ਵਿਚਿੱਤਰ

ਵਚਿੱਤਰਤਾ (वचित्तरता) /wacittaratā ワチッタルター/ ▸ਵਿਚਿੱਤਰਤਾ *f.* → ਵਿਚਿੱਤਰਤਾ

ਵਚੋਲਾ (वचोला) /wacolā ワチョーラー/ ▸ਵਿਚਾਲੂ, ਵਿਚੋਲਾ *m.* → ਵਿਚੋਲਾ

ਵੱਛਾ (वच्छा) /wacchā ワッチャー/ ▸ਬਛੜਾ [Skt. वत्सरूप] *m.* **1** 〘動物〙雄の子牛, 二歳までの牡牛. **2** 愚直な男, 愚か者.

ਵੱਛੀ (वच्छी) /wacchī ワッチー/ ▸ਬਛੜੀ [-ਈ] *f.* 〘動物〙雌の子牛, 二歳までの牝牛.

ਵਛੇਰਾ (वछेरा) /wacherā ワチェーラー/ [Skt. वत्स -ਏਰਾ] *m.* 〘動物〙雄の子馬.

ਵਛੇਰੀ (वछेरी) /wacherī ワチェーリー/ [Skt. वत्स + ਏਰੀ] *f.* 〘動物〙雌の子馬.

ਵੱਜ (वज्ज) /wajja ワッジ/ *m.* **1** 衝撃, 劇的効果. **2** 大喝采. **3** 派手な騒ぎ. **4** 壮観, 華麗. ❑ਵੱਜ ਗੱਜ ਕੇ, ਵੱਜ ਵਜਾ ਕੇ 華やかに, 仰々しく.

ਵਜ੍ਹਾ (वज्हा) /wâjā ワジャー/ [Arab. *vajh*] *f.* **1** 原因, 理由, 根拠, 訳. (⇒ਕਾਰਨ, ਸਬੱਬ) ❑ਦੀ ਵਜ੍ਹਾ ਨਾਲ …の原因で, …という理由で. **2** 動機.

ਵੰਜਣਾ (वंजणा) /wañjaṇā ワンジナー/ ▸ਵੰਞਣਾ *vi.* → ਵੰਞਣਾ

ਵਜਣਾ (वजणा) /wajaṇā ワジナー/ ▸ਬੱਜਣਾ, ਵੱਜਣਾ *vi.* → ਵੱਜਣਾ

ਵੱਜਣਾ (वज्जणा) /wajjaṇā ワッジャナー/ ▸ਬੱਜਣਾ, ਵਜਣਾ [Skt. वाद्यते] *vi.* **1** 鳴る, 音が出る. **2** 時報が鳴る, 時を刻む, …時になる. (⇒ਵਕਤ ਹੋਣਾ) ❑ਇਸ ਵਕਤ ਇੱਕ ਵੱਜਿਆ ਹੈ। 今1時です. ❑ਕੀ ਸਾਢੇ ਸੱਤ ਵੱਜ ਰਹੇ ਹਨ? 7時半になるところですか. ❑ਇਸ ਘੜੀ ਤੇ ਨੌਂ ਵੱਜ ਕੇ ਵੀਹ ਮਿੰਟ ਹੋਏ ਹਨ। この時計では9時20分過ぎになっています. ❑ਇਸ ਵਕਤ ਸਾਢੇ ਨੌਂ ਵੱਜਣ ਵਿੱਚੋਂ ਪੰਜ ਮਿੰਟ ਰਹਿੰਦੇ ਹਨ। 今9時25分です〈今9時半の時報が鳴るまでの間に5分残っています〉. **3** 〘音楽〙(楽器が)演奏される. **4** 名が轟く, 有名になる. **5** 強く当たる. **6** 衝突する, ぶつかる. ❑ਸੱਜੀ ਬਾਂਹ ਪਾਣੀ ਦੇ ਗਲਾਸ ਨਾਲ ਵੱਜੀ। 右の腕が水の入ったコップにぶつかりました. **7** (ドアなどが)ばたんと閉まる.

ਵਜੰਤਰੀ (वजंतरी) /wajantarī ワジャンタリー/ ▸ਬਜੰਤਰੀ [Skt. वाद्ययन्त्र] *m.* **1** 〘楽器〙楽器. **2** 〘音楽〙演奏者, 器楽演奏家, 器楽奏者.

ਵਜਨ (वजन) /wajana ワジャン/ ▸ਵਜ਼ਨ *m.* → ਵਜ਼ਨ

ਵਜ਼ਨ (वज़न) /wazana ワザン/ ▸ਵਜਨ [Arab. *vazn*] *m.* **1** 重さ, 重量, 目方. **2** 重み, 重要性.

ਵਜ਼ਨਦਾਰ (वज़नदार) /wazanadāra ワザンダール/ [Pers.-*dār*] *adj.* **1** 重い, 重量のある. (⇒ਭਾਰਾ) **2** 重みのある, 重要な.

ਵਜ਼ਨੀ (वज़नी) /wazanī ワズニー/ [Arab. *vaznī*] *adj.* **1** 重い, 重量のある. (⇒ਭਾਰਾ) **2** 重みのある, 重要な.

ਵਜਰ (वजर) /wajara ワジャル/ ▸ਬਜਰ, ਬੱਜਰ, ਵਜ੍ਰ, ਵੱਜਰ [Skt. वज्र] *adj.* **1** 非常に固い, 厳格な, 厳しい. (⇒ਸਖ਼ਤ) **2** 堅牢な, 頑丈な. (⇒ਕਰੜਾ, ਮਜ਼ਬੂਤ) **3** 力強い, 強固な. **4** 重い. **5** 恐ろしい.
— *m.* **1** 石. **2** 隕石. **3** 雷電, 雷光. **4** 鋼鉄. **5** 堅牢無比の石, 金剛石. **6** 〘武・ヒ〙インドラ神の雷電, インドラ神の用いる槍状の武器.

ਵਜ੍ਰ (वज्र) /wajra (wajara) ワジル (ワジャル)/ ▸ਬਜਰ, ਬੱਜਰ, ਵਜਰ, ਵੱਜਰ *adj.m.* → ਵਜਰ

ਵੱਜਰ (वज्जर) /wajjara ワッジャル/ ▸ਬਜਰ, ਬੱਜਰ, ਵਜ੍ਰ, ਵਜਰ *adj.m.* → ਵਜਰ

ਵਜਵਾਉਣਾ (वजवाउणा) /wajawāuṇā ワジワーウナー/ [cf. ਵੱਜਣਾ] *vt.* **1** 鳴らさせる, 鳴らしてもらう, 音を立てさせる. **2** 〘音楽〙(楽器を)演奏させる, 演奏してもらう, 奏でてもらう.

ਵੰਜਾਉਣਾ (वंजाउणा) /wañjāuṇā ワンジャーウナー/ *vt.* 1 無駄にする. 2 浪費する. 3 失う.

ਵਜਾਉਣਾ (वजाउणा) /wajāuṇā ワジャーウナー/ ▸ਬਜਾਉਣਾ [cf. ਵੱਜਣਾ] *vt.* 1 鳴らす, 音を立てる. 2〖音楽〗(楽器を)演奏する, 奏でる. ❐ਇੱਕ ਬੈਂਡ ਜੈਜ਼ ਦਾ ਸੰਗੀਤ ਵਜਾ ਰਿਹਾ ਸੀ। ある楽団がジャズの音楽を演奏していました.

ਵਜ਼ਾਹਤ (वज़ाहत) /wazâta ワザート/ [Arab. *vazāhat*] *f.* 1 説明. 2 詳説, 解説. (⇒ਵਿਆਖਿਆ) 3 解明.

ਵਜ਼ਾਰਤ (वज़ारत) /wazārata ワザーラト/ [Pers. *vazārat*] *f.* 1〖政治〗大臣の地位, 省. 2〖政治〗内閣, 閣僚, 諸大臣. (⇒ਮੰਤਰੀ ਮੰਡਲ)

ਵਜ਼ਾਰਤੀ (वज़ारती) /wazāratī ワザールティー/ [-ਈ] *adj.* 〖政治〗内閣の, 閣僚の.

ਵਜਾ ਵਜਾ ਕੇ (वजा वजा के) /wajā wajā ke ワジャー ワジャー ケー/ [cf. ਵੱਜਣਾ] *adv.* 1 太鼓を打ち鳴らして. 2 公然と, あからさまに.

ਵੱਜਿਆ (वज्जिआ) /wajjiā ワッジアー/ [cf. ਵੱਜਣਾ] *m.* 《複数形は ਵਜੇ または ਵੱਜੇ》…時.

ਵਜ਼ੀਫ਼ਾ (वज़ीफ़ा) /wazīfā ワズィーファー/ [Arab. *vazīfa*] *m.* 1 奨学金. 2 年金. (⇒ਪੈਨਸ਼ਨ)

ਵਜ਼ੀਫ਼ਾਖਾਰ (वज़ीफ़ाखार) /wazīfākʰāra ワズィーファーカール/ ▸ਵਜ਼ੀਫ਼ਾਖ਼ੋਰ [Pers.-*xor*] *m.* 奨学金受領者.

ਵਜ਼ੀਫ਼ਾਖ਼ੋਰ (वज़ीफ़ाख़ोर) /wazīfāxora ワズィーファーコール/ ▸ਵਜ਼ੀਫ਼ਾਖਾਰ *m.* → ਵਜ਼ੀਫ਼ਾਖਾਰ

ਵਜ਼ੀਰ (वज़ीर) /wazīra ワズィール/ [Arab. *vazīr*] *m.* 1〖政治〗大臣. (⇒ਮੰਤਰੀ) 2 高官, 大使, 公使. 3〖遊戯〗チェスのクイーン.

ਵਜ਼ੀਰੀ (वज़ीरी) /wazīrī ワズィーリー/ [Pers. *vazīrī*] *f.* 1〖政治〗大臣の地位・職務. 2 高官の地位・職務.

ਵਜ਼ੀਰੇ ਆਜ਼ਮ (वज़ीरे आज़म) /wazīre āzama ワズィーレー アーザム/ [Arab. *vazīr* + Pers. *e* + Arab. *azam*] *m.* 〖政治〗総理大臣, 首相. (⇒ਪਰਧਾਨ ਮੰਤਰੀ)

ਵਜੂਦ (वजूद) /wajūda ワジュード/ [Arab. *vujūd*] *m.* 1 存在, 実在. (⇒ਹਸਤੀ) 2 認知されうるもの. 3 真実性. 4 身体. (⇒ਸਰੀਰ, ਦੇਹ) 5 構造物, 組織体.

ਵਜੇ (वजे) /waje ワジェー/ ▸ਵੱਜੇ [cf. ਵੱਜਣਾ] *m.* 《ਵੱਜਿਆ の複数形》…時. ❐ਸ਼ਾਮ ਦੇ ਸਵਾ ਪੰਜ ਵਜੇ ਸਨ। 夕方の5時15分でした.

— *adv.* …時に. (⇒ਦੇ ਵਕਤ ਤੇ) ❐ਗੱਡੀ ਕਿੰਨੇ ਵਜੇ ਆਉਂਦੀ ਹੈ? 列車は何時に来ますか. ❐ਅਸੀਂ ਸਾਢੇ ਗਿਆਰਾਂ ਵਜੇ ਪੁੱਜ ਜਾਵਾਂਗੇ। 私たちは11時半に着くでしょう.

ਵੱਜੇ (वज्जे) /wajje ワッジェー/ ▸ਵਜੇ *m.adv.* → ਵਜੇ

ਵਜੋਂ (वजों) /wajõ ワジョーン/ *postp.* …として, …のつもりで. ❐ਇਨਾਮ ਵਜੋਂ ਦੇਣਾ 褒美として与える. ❐ਐਲਬਰਟ ਇਸ ਹਸਪਤਾਲ ਵਿੱਚ ਮੁੱਖ ਡਾਕਟਰ ਵਜੋਂ ਕੰਮ ਕਰਦਾ ਸੀ। アルバートはこの病院で医長として働いていました.

ਵੰਞ (वंञ) /wâñja ワンジ/ [Skt. वंश] *m.* 1〖植物〗タケ(竹). (⇒ਬਾਂਸ) 2 竹棒. 3 棒.

ਵੰਞਲੀ (वंञली) /wâñjalī ワンジリー/ [Skt. वंश] *f.* 〖楽器〗竹製の横笛.

ਵੰਞਣਾ (वंञणा) /waññaṇā ワンヌナー/ ▸ਵੰਜਣਾ [Skt. ब्रजति] *vi.* 行く. (⇒ਜਾਣਾ)

ਵੱਟ[1] (वट्ट) /waṭṭa ワット/ ▸ਬਟਾ [cf. ਵੱਟਣਾ[2]] *m.* 1 折り目. 2 ねじれ, ねじること. (⇒ਵਲ) ❐ਵੱਟ ਚੜ੍ਹਨਾ ねじれる. ❐ਵੱਟ ਚੜ੍ਹਾਉਣਾ, ਵੱਟ ਚਾੜ੍ਹਨਾ ねじる, ひねる. 3 皺, 皺くちゃ, 皺になったもの. ❐ਵੱਟ ਪਾਉਣਾ 皺を寄せる, ひだを寄せる. ❐ਵੱਟ ਪੈਣਾ 皺が寄る, ひだが寄る. 4 ひだ. 5 縮れ. 6 撚り紐. 7 ゆがみ. (⇒ਵਿੰਗ) 8〖医〗もがくこと, ひきつけ, 痙攣. ❐ਵੱਟ ਖਾਣਾ もがく, のたくる, もぞもぞ体を動かす. 9〖医〗発作的な腹痛. ❐ਵੱਟ ਪੈਣਾ 発作的に腹が痛む, 疝痛に苦しむ. 10 怒り, 立腹. (⇒ਗੁੱਸਾ, ਨਾਰਾਜ਼ਗੀ) ❐ਵੱਟ ਖਾਣਾ いらだつ, 腹を立てる. ❐ਵੱਟ ਚੜ੍ਹਾਉਣਾ, ਵੱਟ ਚਾੜ੍ਹਨਾ いらだたせる, 怒らせる. 11 敵意, 憎しみ. (⇒ਦੁਸ਼ਮਨੀ) ❐ਵੱਟ ਪਾਉਣਾ 疎遠になる, 仲たがいする.

ਵੱਟ[2] (वट्ट) /waṭṭa ワット/ *f.* 畑の間の盛り上がった境界線.

ਵੱਟ[3] (वट्ट) /waṭṭa ワット/ *m.* 〖気象〗蒸し暑さ, 暑苦しさ. ❐ਵੱਟ ਲੱਗਣਾ 蒸し暑く感じる, うだるような暑さを感じる, 汗だくになる.

ਵਟਕ (वटक) /waṭaka ワタク/ ▸ਵੱਟਕ, ਵਟਤ, ਵੱਟਤ [cf. ਵੱਟਣਾ[3]] *f.* 販売収益.

ਵੱਟਕ (वट्टक) /waṭṭaka ワッタク/ ▸ਵਟਕ, ਵਟਤ, ਵੱਟਤ *f.* → ਵਟਕ

ਵਟਣਾ[1] (वटणा) /waṭaṇā ワタナー/ [Skt. उद्वर्त्तन] *m.* 〖儀礼〗ワタナー《大麦粉・ウコン・油を混ぜたもの. 婚礼の前の男女が身体をマッサージするために肌に塗る》.

ਵਟਣਾ[2] (वटणा) /waṭaṇā ワタナー/ ▸ਵੱਟਣਾ [Skt. वर्तन] *vi.* 1 変えられる. (⇒ਬਦਲਿਆ ਜਾਣਾ) 2 交換される.

ਵੱਟਣਾ[1] (वट्टणा) /waṭṭaṇā ワッタナー/ ▸ਵਟਣਾ *vi.* → ਵਟਣਾ[2]

ਵੱਟਣਾ[2] (वट्टणा) /waṭṭaṇā ワッタナー/ [Skt. वर्तते] *vt.* 1 ねじる, ねじ曲げる, ひねる. (⇒ਮਰੋੜਨਾ) 2 巻く, 巻きつける. 3 絡ます. 4 絡み合わせる, 撚る.

ਵੱਟਣਾ[3] (वट्टणा) /waṭṭaṇā ワッタナー/ [Skt. वर्तते] *vt.* 1 稼ぐ. (⇒ਕਮਾਉਣਾ) 2 収益を得る.

ਵਟਤ (वटत) /waṭata ワタト/ ▸ਵਟਕ, ਵੱਟਕ, ਵੱਟਤ *f.* → ਵਟਕ

ਵੱਟਤ (वट्टत) /waṭṭata ワッタト/ ▸ਵਟਕ, ਵੱਟਕ, ਵਟਤ *f.* → ਵਟਕ

ਵਟਵਾਂ[1] (वटवाँ) /waṭawā̃ ワトワーン/ ▸ਵੱਟਵਾਂ [cf. ਵੱਟਣਾ[2]] *adj.* 1 ねじ曲げられた, 歪んだ. 2 巻きついた, 絡まった. 3 絡み合わさった.

ਵਟਵਾਂ[2] (वटवाँ) /waṭawā̃ ワトワーン/ ▸ਵੱਟਵਾਂ [cf. ਵਟਣਾ[2]] *adj.* 1 変えられた. 2 交換された. 3 交替する. 4 代わりの.

ਵੱਟਵਾਂ[1] (वट्टवाँ) /waṭṭawā̃ ワッタワーン/ ▸ਵਟਵਾਂ *adj.* → ਵਟਵਾਂ[1]

ਵੱਟਵਾਂ[2] (वट्टवाँ) /waṭṭawā̃ ワッタワーン/ ▸ਵਟਵਾਂ *adj.* → ਵਟਵਾਂ[2]

ਵਟਵਾਉਣਾ (वटवाउणा) /waṭawāuṇā ワトワーウナー/ [cf. ਵੱਟਣਾ[2]] *vt.* 1 ねじ曲げさせる. 2 巻きつけさせる. 3 綱を作る.

ਵਟਵਾਈ (वटवाई) /waṭawāī ワトワーイー/ [cf. ਵੱਟਣਾ[2]] *f.* 1 ねじ曲げさせること. 2 巻きつけさせること. 3 綱を作る仕事, その労賃.

ਵਟਵਾਣੀ (वटवाणी) /waṭawāṇī ワトワーニー/ *f.* 〖道具〗小便の最後の滴を拭うために用いる小石.

ਵੱਟਾ[1] (वट्टा) /waṭṭā ワッター/ [Pkt. वट्ट] m. 1 石. ❏ਵੱਟਾ ਮਾਰਨਾ 石を投げる, 石をぶつける. 2 岩のかけら. 3 煉瓦のかけら, つぶて. 4 重り.

— adj. 1 硬い. 2 比類なく堅い, 動じない. 3〘比喩〙沈黙した. 4〘比喩〙不機嫌な.

ਵੱਟਾ[2] (वट्टा) /waṭṭā ワッター/ [cf. ਵਟਣਾ[2]] m. 1 交換. 2 物々交換. 3 取り替え.

ਵੱਟਾ[3] (वट्टा) /waṭṭā ワッター/ ▸ਬੱਟਾ [Pkt. वट्ट] m. 1 安売り, おまけ, 割引, 控除. ❏ਵੱਟਾ ਲਾਉਣਾ 安売りする, まける. 2 損害, 損失. (⇒ਨੁਕਸਾਨ) 3 恥辱, 汚名. ❏ਵੱਟਾ ਲੱਗਣਾ 恥辱に苦しむ, 名を汚す. 4 汚点, 欠点. 5 汚すこと.

ਵੱਟਾ[4] (वट्टा) /waṭṭā ワッター/ m. 復讐, 報復, 仇討ち, 仕返し, 返礼. ❏ਵੱਟਾ ਲੈਣਾ 復讐する, 報復する, 仇を討つ, 仕返しをする, 返礼する.

ਵਟਾਉਣਾ (वटाउणा) /waṭāuṇā ワターウナー/ [cf. ਵਟਣਾ[2]] vt. 1 変える. 2 交換する. 3 取り替える.

ਵਟਾਊ (वटाऊ) /waṭāū ワターウー/ m. 旅人. (⇒ਰਾਹੀ, ਮੁਸਾਫ਼ਰ)

ਵਟਾਈ (वटाई) /waṭāī ワターイー/ [cf. ਵੱਟਣਾ[2]] f. 1 ねじ曲げること, ゆがめること. 2 巻きつけること, 絡ますこと. 3 (ロープ・紐・糸などを)撚ること, 撚り合わせて作ること.

ਵੱਟਾ-ਸੱਟਾ (वट्टा-सट्टा) /waṭṭā-saṭṭā ワッター・サッター/ m. 取引.

ਵੱਟਾ-ਖਾਤਾ (वट्टा-खाता) /waṭṭā-kʰātā ワッター・カーター/ [Pkt. वट्ट + Skt. क्षत्रं] m.〘経済〙損失のある会計, 赤字, 赤字決算.

ਵਟਾਂਦਰਾ (वटाँदरा) /waṭā̃darā ワターンドラー/ [cf. ਵਟਣਾ[2]] m. 1 交換. 2 物々交換. 3 取り替え, 替わり.

ਵਟਾਵਾਂ (वटावाँ) /waṭāwā̃ ワターワーン/ [cf. ਵਟਣਾ[2]] adj. 代わりの.

ਵੱਟੀ[1] (वट्टी) /waṭṭī ワッティー/ [(Pkt. वट्टि) Skt. वर्ति] f. ランプの芯.

ਵੱਟੀ[2] (वट्टी) /waṭṭī ワッティー/ [Pkt. वट्ट] f.〘重量〙2 セール(古い重量単位), 約1. 8キログラム.

ਵੱਟੀ[3] (वट्टी) /waṭṭī ワッティー/ [Skt. वटी] f.〘薬剤〙錠剤. (⇒ਗੋਲੀ)

ਵੱਟੇ (वट्टे) /waṭṭe ワッテー/ [cf. ਵਟਣਾ[2]] adv. 代わりに, 代わって. (⇒ਬਦਲੇ)

ਵੰਡ[1] (वंड) /waṇḍa ワンド/ [cf. ਵੰਡਣਾ] f. 1 分配, 分与, 配分, 割り当て, 分け前. ❏ਵੰਡ ਕਰਨੀ 分ける, 配る, 分配する, 分与する, 配分する, 割り当てる. 2 分割, 分離, 分裂. ❏ਵੰਡ ਕਰਨੀ 分割する, 分裂させる, 区分する, 仕切る.

ਵੰਡ[2] (वंड) /waṇḍa ワンド/ [Skt. वण्ड] m. 1〘飼料〙家畜の飼料《潰した穀粒と綿の実を混ぜたもの》. 2 穀粒・豆粒に混ざった食用にならない粒.

ਵਡ (वड) /waḍa ワド/ [Skt. वृद्ध] pref. 「大きな」「年長の」などの意味を表す接頭辞.

ਵਡਉਮਰਾ (वडउमरा) /waḍaumarā ワドウムラー/ [Skt. वृद्ध- Arab. umr] adj. 1 年上の, 年長の. 2 年をとった, 年配の, 年寄りの, 老齢の.

ਵਡਹੰਸ (वडहंस) /waḍahansa ワドハンス/ [Skt. वृद्ध- Skt. हंस] m. 1〘鳥〙雄ハクチョウ, 雄白鳥. (⇒ਰਾਜਹੰਸ) 2〘音楽〙インド古典音楽のラーガの一つ.

ਵਡਘਰਾ (वडघरा) /waḍakărā ワドカラー/ [Skt. वृद्ध- Skt. गृह] adj. 1 立派な家柄の, 名門の. 2 富裕な家系の.

ਵੰਡਣਯੋਗ (वंडणयोग) /waṇḍaṇayoga ワンダンヨーグ/ [cf. ਵੰਡਣਾ Skt.-योग्य] adj. 分割できる, 割り切れる.

ਵੰਡਣਾ (वंडणा) /waṇḍaṇā ワンダナー/ ▸ਬਾਂਟਣਾ [Skt. वण्टति] vt. 1 分ける, 配る, 分配する, 分与する, 配分する, 割り当てる. (⇒ਹਿੱਸੇ ਕਰਨੇ, ਵਰਤਾਉਣਾ) ❏ਵੰਡ ਕੇ ਖਾਣਾ, ਵੰਡ ਛਕਣਾ 分け合って食べる. ❏ਵੰਡਾਂ ਵੰਡਣਾ 参加する, 分担する. ❏ਹਾਲ ਵੰਡਣਾ 境遇を分かち合う, 互いに身の上話をする. ❏ਦੁਖ ਵੰਡਣਾ 悲しみを分かち合う. 2 分割する, 分裂させる.

ਵਡਤਮ (वडतम) /waḍatama ワドタム/ [Skt. वृद्ध- Skt.-तम] adj. 最も大きな, 最大の.

ਵਡਦਾਨਾ (वडदाना) /waḍadānā ワドダーナー/ [Skt. वृद्ध- Pers. dānā] adj. 1 豊富な学識を持つ. 2 よく知っている, 物知りの, 詳しい.

— m. 1 豊富な学識を持つ人. 2 よく知っている人, 物知り.

ਵਡਦਿਲਾ (वडदिला) /waḍadilā ワドディラー/ [Skt. वृद्ध- Pers. dil] adj. 1 大きな心の. 2 寛大な, 度量の広い, 思いやりのある. 3 勇敢な.

— m. 1 大きな心の人. 2 寛大な人, 度量の広い人, 思いやりのある人. 3 勇敢な人.

ਵੰਡਨਾਮਾ (वंडनामा) /waṇḍanāmā ワンドナーマー/ [cf. ਵੰਡਣਾ Pers.-nāma] m. 分割の契約, 分割の証書.

ਵਡੱਪਣ (वडप्पण) /waḍappaṇa ワダッパン/ [Skt. वृद्ध- -ਪਣ] m. 1 偉大さ. 2 卓越.

ਵਡਪਰਤਾਪੀ (वडपरतापी) /waḍaparatāpī ワドパラターピー/ [Skt. वृद्ध- Skt. प्रतापिन्] adj. 1 大きな名誉を持った. 2 高名な.

ਵਡਪਰਵਾਰਾ (वडपरवारा) /waḍaparawārā ワドパルワーラー/ [Skt. वृद्ध- Skt. परिवार] adj. 大家族を持った.

— m. 大家族を持った人.

ਵਡਭਾਗ (वडभाग) /waḍapăga ワドパーグ/ [Skt. वृद्ध- Skt. भाग्य] m. 1 大きな運. 2 幸運.

ਵਡਭਾਗਣ (वडभागण) /waḍapăgaṇa ワドパーガン/ [-ਣ] f. 1 大きな運を持った女性. 2 幸運な女性.

ਵਡਭਾਗਾ (वडभागा) /waḍapăgā ワドパーガー/ [Skt. वृद्ध- Skt. भाग्य] adj. 1 大きな運を持った. 2 幸運な.

ਵਡਭਾਗੀ (वडभागी) /waḍapăgī ワドパーギー/ [-ਈ] m. 1 大きな運を持った男性. 2 幸運な男.

ਵਡਮਾਂ (वडमाँ) /waḍamā̃ ワドマーン/ ▸ਵੱਡਮਾਂ, ਵਡੋਹਮਾਂ, ਵਡੋਮਾਂ [(Pot.)] f. → ਵੱਡਮਾਂ

ਵੱਡਮਾਂ (वड्डमाँ) /waḍḍamā̃ ワッダマーン/ ▸ਵਡਮਾਂ, ਵਡੋਹਮਾਂ, ਵਡੋਮਾਂ [(Pot.) Skt. वृद्ध- Skt. माता] f. 1〘親族〙祖母, おばあちゃん. 2 おばあさん《お年寄り・年輩の女性への敬称》.

ਵਡਮੁੱਲਾ (वडमुल्ला) /waḍamullā ワドムッラー/ [Skt. वृद्ध- Skt. मूल्य] adj. 1 大きな価値の. 2 値段の高い, 高価な. 3 貴重な.

ਵੰਡਵਾਂ (वंडवाँ) /waṇḍawā̃ ワンドワーン/ [cf. ਵੰਡਣਾ Skt.-वान्] adj. 1 分配の, 分配された, 割り当てられた. 2 分割された.

ਵੰਡਵਾਉਣਾ (वंडवाउणा) /waṇḍawāuṇā ワンドワーウナー/ [cf. ਵੰਡਣਾ] *vt.* **1** 分けさせる, 分配させる, 割り当てさせる. **2** 分割させる.

ਵੰਡਵਾਈ (वंडवाई) /waṇḍawāī ワンドワーイー/ [cf. ਵੰਡਣਾ] *f.* **1** 分配. **2** 分割. **3** 分配料.

ਵੱਡਾ (वड्डा) /waḍḍā ワッダー/ ▶ਬੜਾ [Skt. वृद्ध] *adj.* **1** 大きい, 大きな. ❐ਵੱਡਾ ਹੋਣਾ 大きくなる, 成長する. **2** 高い, 背の高い. (⇒ਉੱਚਾ, ਲੰਮਾ) **3** 多量の. (⇒ਬਹੁਤਾ, ਜ਼ਿਆਦਾ) **4** 年配の, 年上の, 年長の. (⇒ਬਜ਼ੁਰਗ) **5** 目上の. **6** 地位が高い. **7** 偉い, 偉大な, 素晴らしい, 立派な, 尊敬される. (⇒ਮਹਾਨ) **8** 重要な. (⇒ਮਹੱਤਵਪੂਰਨ) **9** 長い. (⇒ਲੰਮਾ) **10** 広い. (⇒ਚੌੜਾ)
— *adv.* とても, 非常に, 大いに. (⇒ਬਹੁਤ)

ਵੱਡਾ ਸਾਰਾ (वड्डा सारा) /waḍḍā sārā ワッダー サーラー/ [+ Skt. सह] *adj.* **1** とても大きな. **2** 全く大きな, 背の高い, 年をとった. **3** すっかり大きくなった, 成長した, 大人の.

ਵੱਡਾ ਘਰ (वड्डा घर) /waḍḍā kăra ワッダー カル/ [+ Skt. गृह] *m.* **1** 大きな家. **2** 名家, 名門. **3** 富裕な家族. **4**〖俗語〗監獄, 刑務所, 豚箱.

ਵੱਡਾ ਦਿਹਾੜਾ (वड्डा दिहाड़ा) /waḍḍā diăṛā ワッダー ディアーラー/ *m.* → ਵੱਡਾ ਦਿਨ

ਵੱਡਾ ਦਿਨ (वड्डा दिन) /waḍḍā dina ワッダー ディン/ [Skt. वृद्ध + Skt. दिन] *m.* **1** 長い一日. **2**〖祭礼・キ〗クリスマス, キリスト降誕祭. (⇒ਕਰਿਸਮਸ)

ਵੱਡਾ ਰੋਗ (वड्डा रोग) /waḍḍā roga ワッダー ローグ/ [+ Skt. रोग] *m.* **1**〖医〗大病, 重病. **2**〖医〗不治の病.

ਵੱਡਾ ਵਡੇਰਾ (वड्डा वडेरा) /waḍḍā waḍerā ワッダー ワデーラー/ [+ Skt. वृद्ध -एरा] *m.* **1** 年長者. **2** 年配者. **3** 先祖. **4** 祖先, 父祖. **5** 元祖, 始祖.

ਵੰਡਾਵਾ (वंडावा) /waṇḍāwā ワンダーワー/ [cf. ਵੰਡਣਾ] *m.* 穀物の分配管理のために雇われた役人.

ਵੱਡਾ ਵੇਲਾ (वड्डा वेला) /waḍḍā welā ワッダー ウェーラー/ [Skt. वृद्ध + Skt. वेला] *m.* **1** 夜明け. (⇒ਪਰਭਾਤ) **2** 朝. (⇒ਸਵੇਰ)

ਵਡਿਆਉਣਾ (वडिआउणा) /waḍiāuṇā ワディアーウナー/ ▶ਵਡਿਆਰਨਾ [Skt. वृद्ध] *vt.* **1** 褒める, 称賛する, 褒め称える, 称揚する, 賛美する. (⇒ਉਚਿਆਉਣਾ) **2** 慢心させる.

ਵਡਿਆਈ (वडिआई) /waḍiāī ワディアーイー/ [cf. ਵਡਿਆਉਣਾ] *f.* 称賛, 称揚, 賛美, 賛辞. (⇒ਪਰਸ਼ੰਸਾ)

ਵਡਿਆਰਨਾ (वडिआरना) /waḍiārạnā ワディアールナー/ ▶ਵਡਿਆਉਣਾ *vt.* → ਵਡਿਆਉਣਾ

ਵਡਿੱਕਾ (वडिक्का) /waḍikkā ワディッカー/ [Skt. वृद्ध] *m.* **1** 年配者, 高齢者. **2** 先祖.

ਵੰਡੀ (वंडी) /waṇḍī ワンディー/ [cf. ਵੰਡਣਾ] *f.* **1** 分配, 分与, 配分, 割り当て. **2** 分割, 分離, 分裂.

ਵੰਡੀਚਣਾ (वंडीचणा) /waṇḍīcaṇā ワンディーチャナー/ ▶ਵੰਡੀਜਣਾ [cf. ਵੰਡਣਾ] *vi.* **1** 分けられる, 分配される. **2** 分割される, 区分される.

ਵੰਡੀਜਣਾ (वंडीजणा) /waṇḍījaṇā ワンディージャナー/ ▶ਵੰਡੀਚਣਾ *vi.* → ਵੰਡੀਚਣਾ

ਵੱਡੀ ਮਾਂ (वड्डी माँ) /waḍḍī mā̃ ワッディー マーン/ [Skt. वृद्ध + Skt. माता] *f.* **1**〖親族〗祖母, おばあちゃん. **2** おばあさん《お年寄り・年輩の女性への敬称》.

ਵੱਡੀ ਮਾਤਾ (वड्डी माता) /waḍḍī mātā ワッディー マーター/ [+ Skt. माता] *f.*〖医〗天然痘, 疱瘡, 痘瘡. (⇒ਸੀਤਲਾ, ਚੀਚਕ)

ਵਡੀਰਨਾ (वडीरना) /waḍīrạnā ワディールナー/ [Skt. वृद्ध] *vi.* 褒められる, 称賛される, 褒め称えられる, 賛美される.

ਵਡੇਰਾ (वडेरा) /waḍerā ワデーラー/ [Skt. वृद्ध -एरा] *adj.* **1** より大きい. **2** 年上の, 年長の, 年配の.
— *m.* **1** 年配者. **2** 先祖.

ਵੱਡੇ ਵੇਲੇ (वड्डे वेले) /waḍḍe wele ワッデー ウェーレー/ [+ Skt. वेला] *adv.* **1** 朝に. ❐ਵੱਡੇ ਵੇਲੇ ਨਾਂ ਲੈਣ ਜੋਗਾ 朝に神の御名を唱える(人), 非常に敬虔真摯な(人). **2** 明朝.

ਵਡੋਹਮਾਂ (वडोहमाँ) /waḍômā̃ ワドーマーン/ ▶ਵਡਮਾਂ, ਵੱਡਮਾਂ, ਵਡੋਮਾਂ [(Pot.)] *f.* → ਵੱਡਮਾਂ

ਵਡੋਮਾਂ (वडोमाँ) /waḍomā̃ ワドーマーン/ ▶ਵਡਮਾਂ, ਵੱਡਮਾਂ, ਵਡੋਹਮਾਂ [(Pot.)] *f.* → ਵੱਡਮਾਂ

ਵੱਢ (वड्ढ) /wâḍḍa ワッド/ [cf. ਵੱਢਣਾ] *m.* **1**〖植物〗麦の刈り株. **2**〖農業〗作物の刈り入れが済んだ後の刈り株の残っている畑, すき起こしていない畑, 刈り株だらけの畑.

ਵੱਢ ਟੁੱਕ (वड्ढ टुक्क) /wâḍḍa ṭukka ワッド トゥック/ [cf. ਵੱਢਣਾ + cf. ਟੁੱਕਣਾ] *f.* **1** 大虐殺. (⇒ਕੱਟ-ਵੱਢ, ਕਤਲਾਮ) **2** 破壊, 絶滅, 駆除. **3** 切開. **4**〖医〗生体解剖.

ਵੱਢਣਾ (वड्ढणा) /wâḍḍaṇā ワッダナー/ [Skt. विध्यति] *vt.* **1** 切る, 切り取る. (⇒ਕੱਪਣਾ) **2**〖農業〗刈り取る, 刈り入れる, 収穫する. **3**(木を)伐る, 切り倒す. **4** 殺す, 殺害する.

ਵਢਵਾਉਣਾ (वढवाउणा) /waḍawăuṇā ワドワーウナー/ ▶ਵਢਾਉਣਾ [cf. ਵੱਢਣਾ] *vt.* **1** 切らせる. **2**〖農業〗刈り取らせる, 収穫させる. **3** 伐採させる. **4** 殺させる, 殺害させる.

ਵਢਵਾਈ (वढवाई) /wâḍawāī ワドワーイー/ ▶ਵਢਾਈ [cf. ਵੱਢਣਾ] *f.* **1** 切ること. **2**〖農業〗刈り取ること, 刈り入れ, 収穫, その労賃. **3**(木の)伐採, その労賃. **4** 殺害.

ਵਢਾਉਣਾ (वढाउणा) /waḍăuṇā ワダーウナー/ ▶ਵਢਵਾਉਣਾ *vt.* → ਵਢਵਾਉਣਾ

ਵਢਾਈ (वढाई) /waḍăī ワダーイー/ ▶ਵਢਵਾਈ *f.* → ਵਢਵਾਈ

ਵਢਾਵਾ (वढावा) /waḍăwā ワダーワー/ ▶ਬਾਢਾ, ਵਾਢਾ [cf. ਵੱਢਣਾ] *m.*〖農業〗刈り手, 刈り取りをする人, 収穫者.

ਵੱਢੀ (वड्ढी) /wâḍḍī ワッディー/ [cf. ਵੱਢਣਾ] *f.* **1** 賄賂. (⇒ਰਿਸ਼ਵਤ) ❐ਵੱਢੀ ਖਾਣੀ, ਵੱਢੀ ਲੈਣੀ 賄賂をもらう, 賄賂を受け取る. **2** 不正所得.

ਵਣ (वण) /waṇa ワン/ ▶ਬਣ, ਬਨ, ਵਨ *m.* → ਬਣ

ਵਣਗੀ (वणगी) /waṇagī ワンギー/ ▶ਵੰਨਗੀ, ਵਨਗੀ *f.* 見本, サンプル.

ਵਣਛਿੱਟੀ (वणछिट्टी) /waṇac^hiṭṭī ワンチッティー/ ▶ਮਣਛੱਟੀ, ਮਣਛਿੱਟੀ *f.* → ਮਣਛਿੱਟੀ

ਵਣਜ (वणज) /waṇaja ワナジ/ ▶ਵਣਿਜ [Skt. वाणिज्य] *m.* **1** 商売, 商業, 事業, 営業. (⇒ਵਪਾਰ, ਬਿਜ਼ਨਸ) **2** 貿易, 交易, 通商. **3** 取引, 売買.

ਵਣਜਣਾ (वणजणा) /waṇajaṇā ワンジャナー/ [Skt. वाणिज्य] *vt.* **1** 買う, 購入する. **2** 売買する. **3** 商う, 商売をする.

ਵਣਜ-ਦੂਤ (वणज-दूत) /waṇaja-dūta ワナジ・ドゥート/ [Skt. वाणिज्य + Skt. दूत] *m.* 領事. (⇒ਕਾਂਸਲ)

ਵਣਜਾਰਣ (वणजारण) /waṇajāraṇa ワンジャーラン/ ▸ਬਣਜਾਰਨ, ਵਣਜਾਰਨ *f.* → ਵਣਜਾਰਨ

ਵਣਜਾਰਨ (वणजारन) /waṇajārana ワンジャーラン/ ▸ਬਣਜਾਰਨ, ਵਣਜਾਰਣ [Skt. वाणिज्य + ਆਰਨ] *f.* **1**〖姓〗バンジャーラン《バンジャーラー種姓の女性》. **2** 女性の商人, 女性の行商人.

ਵਣਜਾਰਾ (वणजारा) /waṇajārā ワンジャーラー/ ▸ਬਣਜਾਰਾ [+ ਆਰਾ] *m.* **1**〖姓〗バンジャーラー《腕輪などの装身具を扱う行商に従事する種姓(の人・男性)》. **2** 商人, 行商人. **3** 装飾品を売る商人, 宝石商.

ਵਣਜੀ (वणजी) /waṇajī ワンジー/ [-ਈ] *adj.* 商売の, 行商の.

ਵਣਵਾਸ (वणवास) /waṇawāsa ワンワース/ ▸ਬਣਵਾਸ *m.* → ਬਣਵਾਸ

ਵਣਾਠੀ (वणाठी) /waṇāṭʰī ワナーティー/ *f.* **1**〖植物〗綿畑にある乾燥した綿の木の茎《火を焚くために用いる》. **2**〖植物〗綿花を摘んだ後に残された綿の木の茎.

ਵਣਿਜ (वणिज) /waṇija ワニジ/ ▸ਵਣਜ *m.* → ਵਣਜ

ਵੰਤ (वंत) /wanta ワント/ [Skt. वंत] *suff.* 「…を所有する」「…という属性を持つ」などの意味を表す形容詞, または「…を所有するもの」「…という属性を持つもの」などの意味を表す名詞を形成する接尾辞. ਸਤਵੰਤ「サトワント」, ਕੁਲਵੰਤ「クルワント」などのように, 人の名前の語尾としても使われる.

ਵਤ (वत) /wata ワト/ *suff.* ਕਹਾਵਤ などの抽象名詞を形成する接尾辞.

ਵੱਤ[1] (वत्त) /watta ワット/ ▸ਵੱਤਰ *m.* → ਵੱਤਰ

ਵੱਤ[2] (वत्त) /watta ワット/ [(Mul.)] *adv.* **1** 再び. (⇒ਫੇਰ) **2** もう一度.

ਵਤਸਣ (वतसण) /watasaṇa ワトサン/ *adj.* 優しい.

ਵੱਤਣਾ (वत्तणा) /wattaṇā ワッタナー/ [(Mul.) Skt. वर्तते] *vi.* **1** 行く. (⇒ਜਾਣਾ) **2** 回る, 巡る. (⇒ਫਿਰਨਾ, ਭੌਣਾ)

ਵਤਨ (वतन) /watana ワタン/ [Arab. *vatan*] *m.* **1** 故郷, 出身地. **2** 故国, 母国, 祖国. (⇒ਆਪਣਾ ਦੇਸ)

ਵਤਨ ਛੋੜ (वतन छोड़) /watana cʰoṛa ワタン チョール/ [+ cf. ਛੱਡਣਾ] *adj.* **1** 故郷を離れた. **2** 移住した, 移民の.

— *m.* 移住者, 移民.

ਵਤਨਪਰਸਤ (वतनपरसत) /watanaparasata ワタンパラスト/ [Pers.*-parast*] *adj.* 愛国的な, 愛国心の強い.

ਵਤਨਪਰਸਤੀ (वतनपरसती) /watanaparasatī ワタンパラスティー/ [Pers.*-parastī*] *f.* 愛国心.

ਵਤਨ ਬੇ-ਵਤਨ (वतन बे-वतन) /watana be-watana ワタン ベー・ワタン/ [+ Pers. *be-* Arab. *vatan*] *m.* 自国と外国. (⇒ਦੇਸ ਪਰਦੇਸ)

ਵਤਨੀ (वतनी) /watanī ワトニー/ [Arab. *vatanī*] *adj.* **1** 故郷の, 故国の. **2** 同郷の, 同国の.

— *m.* 同郷人, 同国人. (⇒ਹਮਵਤਨ)

ਵੱਤਰ (वत्तर) /wattara ワッタル/ ▸ਵੱਤ *m.* **1** 湿気. **2** 濡れていること.

ਵਤਾਊਂ (वताऊँ) /watāū̃ ワターウーン/ ▸ਬਤਾਊਂ *m.* → ਬਤਾਊਂ[1]

ਵਤੀਰਾ (वतीरा) /watīrā ワティーラー/ ▸ਬਤੀਰਾ [Pers. *vatīrah*] *m.* **1** 振る舞い, 行為, 行状, 品行, 行儀. (⇒ਸਲੂਕ, ਰਵਈਆ, ਵਰਤਾਰਾ) **2** 態度.

ਵੱਥ (वत्थ) /wattʰa ワット/ ▸ਵਸਤ, ਵਸਤੂ *f.* → ਵਸਤ[1]

ਵੰਦ (वंद) /wanda ワンド/ ▸ਮੰਦ [Pers. *mand*] *suff.* 「…を持っている(もの)」「…〔という特徴・属性〕を持つ(もの)」「…を受けている(もの)」などの意味を表す接尾辞. 先行する語と合わせて, 特徴や属性を指定する形容詞または名詞を形成する.

ਵਦਾਣ (वदाण) /wadāṇa ワダーン/ *m.*〖道具〗大鎚. (⇒ਵੱਡਾ ਹਥੌੜਾ)

ਵਦੀ (वदी) /wadī ワディー/ [Skt. वदि] *f.*〖暦〗太陰暦の黒半月. (⇔ਸੁਦੀ)

ਵਧ (वध) /wâda ワド/ [Skt. ਵਧ] *m.* **1** 殺人, 人殺し, 殺害. **2** 殺戮. **3** 屠殺, 畜殺, 屠畜. **4** 暗殺.

ਵੱਧ (वद्ध) /wâdda ワッド/ [cf. ਵਧਣਾ[1]] *adj.* **1** たくさんの, 多くの, 多大な. **2** 余分の.

ਵਧ ਕੇ (वध के) /wâda ke ワド ケー/ [cf. ਵਧਣਾ[1]] *adv.* **1** 増えて. **2** 前進して. (⇒ਅੱਗੇ ਹੋ ਕੇ)

ਵਧ-ਘਟ (वध-घट) /wâda-kăṭa ワド・カト/ ▸ਵੱਧ ਘੱਟ *adv.* → ਵੱਧ ਘੱਟ

ਵੱਧ ਘੱਟ (वद्ध घट्ट) /wâdda kăṭṭa ワッド カット/ ▸ਵਧ-ਘਟ [cf. ਵਧਣਾ[1] + cf. ਘਟਣਾ] *adv.* 多かれ少なかれ.

ਵਧਣਾ[1] (वधणा) /wâdaṇā ワドナー/ ▸ਵੱਧਣਾ [(Pkt. वड्ढ) Skt. वृध] *vi.* **1** 増える, 増す, 増大する, 増加する. ❐ਡਾਕਟਰੀ ਦੇ ਖੇਤਰ ਵਿੱਚ ਕੰਪਿਊਟਰ ਦੀ ਮੰਗ ਦਿਨ ਪ੍ਰਤੀ ਦਿਨ ਵਧਦੀ ਹੀ ਜਾ ਰਹੀ ਹੈ। 医療の分野ではコンピューターの需要が日ごとに増しています. ❐ਇਸ ਸ਼ਹਿਰ ਦੀ ਵੱਸੋਂ ਦਿਨੋਂ ਦਿਨ ਵਧ ਰਹੀ ਹੈ। この都市の人口は日ごとに増えています. **2** 上昇する, 上向く. ❐ਸਰੀਰ ਦਾ ਤਾਪਮਾਨ ਵਧਣ ਲੱਗਦਾ ਹੈ। 体温が上昇し始めます. ❐ਸੋਨੇ ਦੀ ਕੀਮਤ ਵਧ ਰਹੀ ਹੈ। 金の価格が上昇しつつあります. ❐ਹਰੇਕ ਵਸਤ ਦੇ ਭਾ ਵਧ ਗਏ ਹਨ। すべての物価が上昇してしまっています. **3** 大きくなる, 成長する. **4** 伸びる. **5** 発展する, 前進する.

ਵਧਣਾ[2] (वधणा) /wâdaṇā ワドナー/ [Skt. वर्धनी] *m.*〖容器〗口の付いた水入れ. (⇒ਲੋਟਾ)

ਵੱਧਣਾ (वद्धणा) /wâddaṇā ワッダナー/ ▸ਵਧਣਾ *vi.* → ਵਧਣਾ[1]

ਵਧਣੀ (वधणी) /wâdaṇī ワドニー/ [Skt. वर्धनी] *f.*〖容器〗口の付いた小型の水入れ. (⇒ਲੋਟੜੀ)

ਵੱਧ ਤੋਂ ਵੱਧ (वद्ध तों वद्ध) /wâdda tõ wâdda ワッド トーン ワッド/ ▸ਵੱਧੋ ਵੱਧ *adj.* **1** 一番多くの, 最もたくさんの. (⇒ਸਭ ਤੋਂ ਜ਼ਿਆਦਾ) **2** できるだけ多くの, なるべくたくさんの.

— *adv.* **1** 一番多く, 最もたくさん. (⇒ਸਭ ਤੋਂ ਜ਼ਿਆਦਾ) **2** できるだけ多く, なるべくたくさん.

ਵੱਧਰ (वद्धर) /wâddara ワッダル/ [Skt. वध्रि] *m.* **1** 紐. **2** 革紐. (⇒ਤਸਮਾ)

ਵੱਧਰੀ (वद्धरी) /wâddarī ワッダリー/ [-ਈ] *f.* **1** 細い紐. **2** 細い革紐.

ਵਧਵਾਂ (वधवाँ) /wâdawā̃ ワドワーン/ [cf. ਵਧਣਾ[1] Skt.-वान्] *adj.* **1** 増えた, 増大した. **2** 伸びた. **3** 突き出ている, 突出している.

ਵਧਵਾਉਣਾ (वधवाउणा) /wadawăuṇā ワドワーウナー/ [cf. ਵਧਣਾ[1]] *vt.* **1** 増やさせる, 増やしてもらう. **2** 伸ばさせる,

伸ばしてもらう. **3** 大きくさせる, 大きくしてもらう.

ਵਧਾ (वधा) /wadǎ ワダー/ ▶ਵਾਧਾ [cf. ਵਧਣਾ[1]] *m.* **1** 増加, 増大. **2** 拡張, 拡大. **3** 突き出すこと, 突出物, 突起.

ਵਧਾਉਣਾ (वधाउणा) /wadǎuṇā ワダーウナー/ [cf. ਵਧਣਾ[1]] *vt.* **1** 増やす. **2** 大きくする, 成長させる. **3** 伸ばす. **4** 拡大する.

ਵਧਾਇਓਂ (वधाइओं) /wadǎiõ ワダーイオーン/ ▶ਬਧਾਈ, ਵਧਾਈ *f.* → ਵਧਾਈ

ਵਧਾਈ (वधाई) /wadǎī ワダーイー/ ▶ਬਧਾਈ, ਵਧਾਇਓਂ [cf. ਵਧਣਾ[1]] *f.* **1** 祝辞, 祝いの言葉. ❐ਵਧਾਈ ਦੇਣੀ 祝いの言葉を述べる. **2** 祝賀. (⇒ਮੁਬਾਰਕ) ❐ਵਧਾਈ ਦੇਣੀ 祝う. **3** 祝福. (⇒ਅਸੀਸ) ❐ਵਧਾਈ ਦੇਣੀ 祝福する.

ਵਧਾਣ (वधाण) /wadǎṇa ワダーン/ [cf. ਵਧਣਾ[1]] *m.* **1** 増加, 増大. **2**〖建築〗軒, 庇. (⇒ਛੱਜਾ, ਵਾਧਰਾ)

ਵਧੀ (वधी) /wâdī ワディー/ [cf. ਵਧਣਾ[1]] *adj.* 《主語または被修飾語が女性名詞の場合》 **1** 増加した, 増大した. **2** 長く伸びた.

— *f.* **1** 人生, 生涯. (⇒ਜ਼ਿੰਦਗੀ, ਜੀਵਨ) **2**〖口語〗長生き, 長寿.

ਵਧੀਆ (वधीआ) /wâdīā ワディーアー/ [cf. ਵਧਣਾ[1]] *adj.* **1** 良い, 素晴らしい, 立派な, 見事な. **2** 優れている, 優秀な.

ਵਧੀਆਪਣ (वधीआपण) /wâdīāpaṇa ワディーアーパン/ [-ਪਣ] *m.* **1** 良いこと. **2** 素晴らしいこと, 立派さ, 見事さ. **3** 優れていること, 優秀.

ਵਧੀਕ (वधीक) /wadǐka ワディーク/ [cf. ਵਧਣਾ[1]] *adj.* **1** たくさんの. (⇒ਜ਼ਿਆਦਾ, ਬਹੁਤ) **2** 余分の. (⇒ਫ਼ਾਲਤੂ)

ਵਧੀਕਤਾ (वधीकता) /wadǐkatā ワディークター/ [Skt.-ता] *f.* **1** たくさんあること. **2** あり余ること, 豊富.

ਵਧੀਕੀ (वधीकी) /wadǐkī ワディーキー/ [-ਈ] *f.* **1** 過剰. (⇒ਜ਼ਿਆਦਤੀ) **2** 攻撃, 襲撃. (⇒ਆਕਰਮਣ, ਹਮਲਾ) **3** 暴行.

ਵਧੇਰਾ (वधेरा) /waděrā ワデーラー/ [-ਏਰਾ] *adj.* **1** よりたくさんの, より多い. **2** より大きい.

ਵਧੇਰਾਪਣ (वधेरापण) /waděrāpaṇa ワデーラーパン/ [-ਪਣ] *m.* **1** よりたくさんあること, より多いこと. **2** より大きいこと.

ਵੱਧੋ ਵੱਧ (वद्धो वद्ध) /wâddo wâdda ワッドー ワッド/ ▶ਵੱਧ ਤੋਂ ਵੱਧ *adj.adv.* → ਵੱਧ ਤੋਂ ਵੱਧ

ਵਨ (वन) /wana ワン/ ▶ਬਣ, ਬਨ, ਵਣ *m.* → ਬਣ

ਵਨਸਪਤੀ (वनसपती) /vanasapatī ヴァナスパティー/ ▶ਬਨਸਪਤ, ਬਨਸਪਤੀ, ਬਨਾਸਪਤੀ *f.* → ਬਨਸਪਤ

ਵੰਨਗੀ (वंनगी) /wannagī ワンナギー/ ▶ਵਣਗੀ, ਵਨਗੀ *f.* → ਵਨਗੀ

ਵਨਗੀ (वनगी) /wanagī ワンギー/ ▶ਵਣਗੀ, ਵੰਨਗੀ *f.* 見本, サンプル.

ਵਨਮਾਲੀ (वनमाली) /wanamālī ワンマーリー/ ▶ਬਨਮਾਲੀ *adj.m.* → ਬਨਮਾਲੀ

ਵੰਨਾ (वंना) /wannā ワンナー/ ▶ਬੰਨਾ *m.* → ਬੰਨਾ[2]

ਵੰਨੀ (वंनी) /wannī ワンニー/ [Skt. बन्ध -ਈ] *f.* 方向, 側.

— *postp.* …の方に, …の方向へ, …に向かって, …の側に. (⇒ਵੱਲ)

ਵੰਨੇ (वंने) /wanne ワンネー/ [Skt. बन्ध् + ਏ] *postp.* …の方に, …の方向へ, …に向かって, …の側に. (⇒ਵੱਲ)

ਵਪਾਰ (वपार) /wapāra ワパール/ ▶ਬਪਾਰ, ਵਿਉਪਾਰ [Skt. व्यापार] *m.* **1** 商売, 商業, 事業, 営業, ビジネス. (⇒ਵਣਜ, ਬਿਜ਼ਨਸ) **2** 貿易, 交易, 通商. **3** 取引, 売買.

ਵਪਾਰਕ (वपारक) /wapāraka ワパーラク/ ▶ਵਿਉਪਾਰਕ [Skt. व्यापारिक] *adj.* **1** 商業の, 商業上の, 営業の. **2** 貿易の, 交易の, 通商の. **3** 取引の, 売買の.

ਵਪਾਰ ਚਿੰਨ੍ਹ (वपार चिंन्ह) /wapāra cînna ワパール チンヌ/ [Skt. व्यापार + Skt. चिह्न] *m.* **1** 商標. **2** ブランド.

ਵਪਾਰਵਾਦ (वपारवाद) /wapārawāda ワパールワード/ [Skt.-वाद] *m.* **1** 商業主義. **2** 営利主義.

ਵਪਾਰੀ (वपारी) /wapārī ワパーリー/ ▶ਬਪਾਰੀ, ਵਿਉਪਾਰੀ [Skt. व्यापारिन् , Skt. व्यापार -ਈ] *m.* **1** 商人. **2** ビジネスマン.

— *adj.* **1** 商業の, 商業上の, 営業の. **2** 貿易の, 交易の, 通商の.

ਵਪਾਰੀ ਜਹਾਜ਼ (वपारी जहाज़) /wapārī jǎza ワパーリー ジャーズ/ [+ Arab. *jahāz*] *m.*〖乗物〗商船.

ਵਫ਼ਦ (वफ़द) /wafada ワファド/ [Arab. *vafad*] *m.* 代表団, 代表派遣団, 使節団.

ਵਫ਼ਾ (वफ़ा) /wafā ワファー/ [Arab. *vafā*] *f.* **1** 誠意, 誠心, 真心, 誠実さ. **2** 忠誠心, 忠義, 忠実さ.

ਵਫ਼ਾਤ (वफ़ात) /wafāta ワファート/ [Arab. *vafāt*] *f.* 死, 死亡, 死去. (⇒ਮੌਤ)

ਵਫ਼ਾਦਾਰ (वफ़ादार) /wafādāra ワファーダール/ [Arab. *vafā* Pers.-*dār*] *adj.* **1** 誠意のある, 誠実な, 真面目な. **2** 忠誠心のある, 忠実な, 忠節な.

ਵਫ਼ਾਦਾਰੀ (वफ़ादारी) /wafādārī ワファーダーリー/ [Pers.-*dārī*] *f.* **1** 誠意のあること, 誠実なこと, 誠実. **2** 忠誠心のあること, 忠実であること, 忠節, 忠実, 忠誠.

ਵਬੰਡਰ (वबंडर) /wabaṇḍara ワバンダル/ *m.* **1**〖気象〗嵐, 暴風雨, 荒天. **2** 大騒ぎ, 大混乱. **3** 激しい騒乱.

ਵਬਾ (वबा) /wabā ワバー/ [Arab. *vabā*] *f.* **1**〖医〗伝染病. **2**〖医〗流行病, 悪疫. **3**〖比喩〗広まった社会悪.

ਵਬਾਲ (वबाल) /wabāla ワバール/ [Arab. *vabāl*] *m.* **1** 重荷. **2** 苦難, 困難, 面倒, 迷惑. (⇒ਮੁਸੀਬਤ) **3** 災難, 不幸, 惨禍, 危難. (⇒ਆਫ਼ਤ, ਬਿਪਤਾ)

ਵਯਕਤ (वयकत) /vayakata ヴァヤクト/ ▶ਵ੍ਯਕਤ, ਵਿਅਕਤ *adj.* → ਵਿਅਕਤ

ਵ੍ਯਕਤ (व्यकत) /vyakata (vayakata) ヴャクト (ヴァヤクト)/ ▶ਵਯਕਤ, ਵਿਅਕਤ *adj.* → ਵਿਅਕਤ

ਵਯਕਤੀ (वयकती) /vayakatī ヴァヤクティー/ ▶ਵ੍ਯਕਤੀ, ਵਿਅਕਤੀ *m.* → ਵਿਅਕਤੀ

ਵ੍ਯਕਤੀ (व्यकती) /vyakatī (vayakatī) ヴャクティー (ヴァヤクティー)/ ▶ਵਯਕਤੀ, ਵਿਅਕਤੀ *m.* → ਵਿਅਕਤੀ

ਵਯੰਗ (वयंग) /vayaṅga ヴァヤング/ ▶ਬਿੰਗ, ਵ੍ਯੰਗ, ਵਿਅੰਗ *m.* → ਵਿਅੰਗ

ਵ੍ਯੰਗ (व्यंग) /vyaṅga (vayaṅga) ヴャング (ヴァヤング)/ ▶ਬਿੰਗ, ਵਯੰਗ, ਵਿਅੰਗ *m.* → ਵਿਅੰਗ

ਵਯੰਜਨ (वयंजन) /vayañjana ヴァヤンジャン/ ▶ਬਿੰਜਨ, ਵ੍ਯੰਜਨ, ਵਿਅੰਜਨ *m.* → ਵਿਅੰਜਨ

ਵ੍ਯੰਜਨ (व्यंजन) /vyañjana (vayañjana) ヴャンジャン (ヴァヤンジャン)/ ▶ਬਿੰਜਨ, ਵਯੰਜਨ, ਵਿਅੰਜਨ *m.* → ਵਿਅੰਜਨ

ਵਰ[1] (वर) /wara ワル/ [Skt. वर] *m.* **1** 恵み, 恩恵. ❐

ਵਰ ਦੇਣਾ 恵む, 授ける. **2** 祝福. (⇒ਅਸੀਸ, ਅਸ਼ੀਰਵਾਦ) ❐ਵਰ ਦੇਣਾ 祝福する. **3**〖親族〗花婿, 新郎. (⇒ਦੂਲ੍ਹਾ) **4**〖親族〗夫. (⇒ਪਤੀ)

— *adj.* **1** 最良の, 優秀な, 立派な. (⇒ਵਧੀਆ) **2** お気に入りの, 好きな. (⇒ਮਨ ਭਾਉਂਦਾ) **3** 高価な, 貴重な. (⇒ਕੀਮਤੀ, ਬਹੁਮੁੱਲਾ)

ਵਰ² (वर) /wara ワル/ [Pers. *var*] *suff.* 「…を持つ(もの)」「…のある(もの)」などの意味を表す形容詞・男性名詞を形成する接尾辞. 例えば ਤਾਕਤਵਰ は「力のある(もの)」「強い(もの)」, ਨਾਮਵਰ は「名のある(もの)」「有名な(もの)」.

ਵਰਸ਼ (वरश) /waraśa ワルシュ/ ▸ਬਰਸ, ਵਰ੍ਹਾ, ਵਰਿਹਾ *m.* → ਵਰ੍ਹਾ

ਵਰਸਣਾ (वरसणा) /warasaṇā ワルサナー/ ▸ਬਰਸਣਾ, ਵੱਸਣਾ, ਵਰ੍ਹਨਾ *vi.* → ਵਰ੍ਹਨਾ

ਵਰਸ਼ਾ (वरशा) /waraśā ワルシャー/ ▸ਬਰਖਾ, ਵਰਖਾ *f.* → ਵਰਖਾ

ਵਰਸਾਉਣਾ (वरसाउणा) /warasāuṇā ワルサーウナー/ ▸ਵਰੋਸਾਉਣਾ *vt.* **1** 利益を得る. (⇒ਲਾਭ ਲੈਣਾ, ਫ਼ਾਇਦਾ ਉਠਾਉਣਾ) **2** 贈り物を受け取る. **3** 恩恵を施す. **4** 慈善を施す. **5** 祝福を与える.

ਵਰਸਾਤ (वरसात) /warasāta ワルサート/ ▸ਬਰਸਾਤ *f.* → ਬਰਸਾਤ

ਵਰਸਾਤੀ (वरसाती) /warasātī ワルサーティー/ ▸ਬਰਸਾਤੀ *adj.f.* → ਬਰਸਾਤੀ

ਵਰ੍ਹਨਾ (वर्हना) /wârạnā ワルナー/ ▸ਬਰਸਣਾ, ਵੱਸਣਾ, ਵਰਸਣਾ [Skt. वर्षति] *vi.* **1**〖気象〗雨が降る, 雨滴が落ちる. **2**(滴や粉などが)振りかかる, 降り注ぐ. **3** 続けざまに落ちてくる, (殴打・蹴り・銃弾など, 危害を及ぼすものが)浴びせられる. **4** 怒る, 怒鳴る, 叱りつける.

ਵਰ੍ਹਾ (वर्हा) /wârā ワラー/ ▸ਬਰਸ, ਵਰਸ਼, ਵਰਿਹਾ [Skt. वर्ष] *m.* **1**〖時間〗年, 1年, 1年間. (⇒ਸਾਲ) **2** 年齢. **3**…才, …歳.

ਵਰ੍ਹਾਉਣਾ (वर्हाउणा) /warăuṇā ワラーウナー/ ▸ਬਰਸਾਉਣਾ, ਵਸਾਉਣਾ [cf. ਵਰ੍ਹਨਾ] *vt.* **1**〖気象〗雨を降らす. **2**(滴や粉などを)振りかける. **3** 続けざまに落とす, (殴打・蹴り・銃弾など, 危害を及ぼすものを)浴びせる.

ਵਰ੍ਹਾ-ਕੋਸ਼ (वर्हा-कोश) /wârā-kośa ワラー・コーシュ/ [Skt. वर्ष + Skt. कोश] *m.* 年鑑. (⇒ਸਾਲਨਾਮਾ)

ਵਰ੍ਹੀਣਾ (वर्हीणा) /warīṇā ワリーナー/ [Skt. वर्ष + ਈਣਾ] *m.*〖儀礼〗年忌, 一周忌. (⇒ਬਰਸੀ)

ਵਰ੍ਹੇਗੰਢ (वर्हेगंढ) /wâregâṇḍa ワレーガンド/ [Skt. वर्ष + Skt. ग्रन्थि] *f.* **1** 一年の節目. **2** 記念日.

ਵਰਕ¹ (वरक) /waraka ワルク/ [Arab. *varaq*] *m.* **1**(金箔や銀箔などの)箔. ❐ਵਰਕ ਲਾਉਣਾ (甘い菓子に)銀箔を貼って飾る. **2**(草木の)葉, 一葉. **3**(本などの)紙の一枚, ページ, 頁.

ਵਰਕ² (वरक) /waraka ワルク/ [Eng. *work*] *m.* **1** 仕事, 労働, 作業. **2** 業務, 事業. **3** 勉強, 研究.

ਵਰਕਸ਼ਾਪ (वरकशाप) /warakaśāpa ワルクシャープ/ [Eng. *workshop*] *f.* **1** 仕事場, 作業所. **2** 研修会, 研究集会, 講習会, ワークショップ.

ਵਰਕਮੈਨ (वरकमैन) /warakamaina ワルクマェーン/ [Eng. *workman*] *m.* **1** 職人, 職工. **2** 労働者.

ਵਰਕਰ (वरकर) /warakara ワルカル/ [Eng. *worker*] *m.* **1** 働く人. **2** 労働者.

ਵਰਕਾ (वरका) /warakā ワルカー/ [Arab. *varqa*] *m.* **1** 一枚の紙. **2** ページ, 頁.

ਵਰਕੀ (वरकी) /warakī ワルキー/ [Arab. *varaq* -ਈ] *f.* **1** 小さな一枚の紙. **2** 小型のページ, 小さな頁.

ਵਰਖਾ (वरखा) /warakʰā ワルカー/ ▸ਬਰਖਾ, ਵਰਸ਼ਾ [Skt. वर्षा] *f.* **1**〖気象〗雨. (⇒ਮੀਂਹ, ਬਾਰਸ਼) ❐ਵਰਖਾ ਸੱਚਮੁੱਚ ਕੁਦਰਤ ਦਾ ਵਰਦਾਨ ਹੈ। 雨は本当に自然の恵みです. **2**〖暦〗雨季, 7月から9月の季節《 ਸਾਉਣ と ਭਾਦੋਂ の月》.

ਵਰਗ (वरग) /waraga ワルグ/ [Skt. वर्ग] *m.* **1** 部類, 範疇, 種類. **2** 段階, 等級. **3** 集まり, 集団, グループ. **4**〖社会〗階級, 階層. **5**〖数学〗平方, 二乗. **6**〖幾何〗正方形. **7**〖音〗音図の段.

ਵਰਗ਼ਲਾਉਣਾ (वरग़लाउणा) /waraǧalāuṇā ワルグラーウナー/ [Pers. *varǧalānīdān*] *vt.* **1** 迷わす. **2** 誘い込む, つり込む, 唆す. **3** 挑発する.

ਵਰਗਾ (वरगा) /waragā ワルガー/ [Skt. वर्ग] *postp.* **1**《名詞・代名詞と合わせて形容詞句を形成する. 形容詞と同じく「アー」語尾が変化する》…と同じような, …と同類の, …同然の, …と似ている, …のような, …みたいな. (⇒ਜਿਹਾ, ਵਾਂਗ) ❐ਇਹ ਮੇਰੇ ਭਰਾਵਾਂ ਵਰਗੇ ਦੋਸਤ ਹਨ। この人たちは私の兄弟同然の友人たちです. ❐ਮੋਤੀਆਂ ਵਰਗੇ ਦਾਣੇ 真珠のような穀粒. ❐ਗਊਆਂ ਵਰਗਾ ਪੁੱਤਰ 牝牛のような息子, 優しい息子. ❐ਕਬਰ ਵਰਗੀ ਚੁੱਪ 墓のような沈黙, 全くの沈黙. ❐ਇਹ ਕੁੜੀ ਪਰੀ ਵਰਗੀ ਹੈ। この少女は妖精のようです. ❐ਉਹਨਾਂ ਵਰਗੀ ਕਣਕ ਪਿੰਡ ਵਿੱਚ ਕਿਸੇ ਦੀ ਨਹੀਂ ਸੀ। それらのような小麦は村の誰の所にもありませんでした. ❐ਉਸਦੀਆਂ ਹਰਨੀਆਂ ਵਰਗੀਆਂ ਅੱਖਾਂ ਵਿੱਚੋਂ ਪਰਲ-ਪਰਲ ਹੰਝੂ ਕਿਰਨ ਲੱਗ ਪਏ। 彼女の牝鹿のような目からぼろぼろと涙が落ち始めました. **2**《名詞・代名詞と合わせて副詞句を形成する. 形容詞と同じく「アー」語尾が変化する》…と同じように, …のように. (⇒ਵਾਂਗ) ❐ਉਸ ਦਾ ਮਕਾਨ ਮਹੱਲ ਵਰਗਾ ਵੱਡਾ ਹੈ। あの人の家は宮殿のように大きいです. ❐ਉਹ ਦਵਾਈ ਖੰਡ ਵਰਗੀ ਮਿੱਠੀ ਹੈ। あの薬は砂糖のように甘いです.

— *m.* **1** 部類, 範疇. **2** 種類, タイプ. (⇒ਕਿਸਮ) **3** 同類, 同種.

ਵਰਗਾਕਾਰ (वरगाकार) /waragākāra ワルガーカール/ [Skt. वर्ग + Skt. आकार] *adj.*〖幾何〗正方形の.

ਵਰਗਾਤਮਕ (वरगातमक) /waragātamaka ワルガートマク/ [Skt.-आत्मक] *adj.* 分類上の, 区分している.

ਵਰਗੀਕਰਨ (वरगीकरन) /waragīkarana ワルギーカルン/ [Skt. वर्गीकरण] *m.* 分類, 分類法, 区分.

ਵਰਚ (वरच) /waraca ワルチ/ *f.*〖植物〗ショウブ(菖蒲)《ショウブ属の植物》.

ਵਰਚਣਾ (वरचणा) /waracaṇā ワルチャナー/ ▸ਵਿਰਚਣਾ [Skt. प्ररज्यते] *vi.* **1** 落ち着く. (⇒ਬਹਿਲਣਾ) **2** なだめられる, 慰められる. **3** 泣き止む. **4** 和む, 楽しくなる.

ਵਰਚਾਉਣਾ (वरचाउणा) /waracāuṇā ワルチャーウナー/ ▸ਵਿਰਚਾਉਣਾ [cf. ਵਰਚਣਾ] *vt.* **1** 落ち着かせる. (⇒ਬਹਿਲਾਉਣਾ) **2** なだめる, 慰める. **3** 泣き止ませる, あやす. **4** 和ませる, 楽しませる.

ਵਰਜ਼ਸ਼ (वरज़श) /warazaśa ワルザシュ/ ▸ਵਰਜ਼ਿਸ਼ [Pers.

varziś] *f.* 体操, 身体の鍛錬, 筋肉トレーニング. (⇒ ਕਸਰਤ, ਵਿਆਯਾਮ)

ਵਰਜਣ (वरजण) /warajaṇa ワルジャン/ ▸ਵਰਜਨ [Skt. वर्जन] *m.* **1** 禁止. **2** 放棄, 断念. **3** 除外, 締め出し, 拒否. **4** 例外.

ਵਰਜਣਾ (वरजणा) /warajaṇā ワルジャナー/ [Skt. वर्जति] *vt.* **1** 禁止する, 禁じる. (⇒ਮਨ੍ਹਾ ਕਰਨਾ) **2** 阻む, 阻止する, 妨げる. (⇒ਰੋਕਣਾ) **3** 除外する, 締め出す. **4** (食事に)招待する.

ਵਰਜਨ (वरजन) /warajana ワルジャン/ ▸ਵਰਜਣ *m.* → ਵਰਜਣ

ਵਰਜ਼ਿਸ਼ (वरज़िश) /waraziśa ワルズィシュ/ ▸ਵਰਜ਼ਸ਼ *f.* → ਵਰਜ਼ਸ਼

ਵਰਜਿਤ (वरजित) /warajita ワルジト/ [Skt. वर्जित] *adj.* **1** 禁止された. **2** 阻止された. **3** 放棄された, 断念された. **4** 除外された, 締め出された, 拒否された.

ਵਰੰਟ (वरंट) /waranṭa ワラント/ [Eng. *warrant*] *m.* **1** 正当な理由. **2** 〖法〗令状. **3** 保証.

ਵਰਣ (वरण) /waraṇa ワラン/ ▸ਵਰਨ, ਬਰਨ *m.* → ਵਰਨ

ਵਰਣਨ (वरणन) /waraṇana ワルナン/ ▸ਵਰਨਣ, ਵਰਨਨ *m.* → ਵਰਨਨ

ਵਰਣਨਯੋਗ (वरणनयोग) /waraṇanayoga ワルナンヨーグ/ ▸ਵਰਨਨਯੋਗ *adj.* → ਵਰਨਨਯੋਗ

ਵਰਣਨਾਤਮਕ (वरणनातमक) /waraṇanātamaka ワルナナートマク/ ▸ਵਰਣਾਤਮਕ, ਵਰਨਨਾਤਮਿਕ *adj.* → ਵਰਨਨਾਤਮਿਕ

ਵਰਣਮਾਲਾ (वरणमाला) /waraṇamālā ワランマーラー/ ▸ਵਰਨਮਾਲਾ *f.* → ਵਰਨਮਾਲਾ

ਵਰਣਾਤਮਕ (वरणातमक) /waraṇātamaka ワルナートマク/ ▸ਵਰਣਨਾਤਮਕ, ਵਰਨਨਾਤਮਿਕ *adj.* → ਵਰਨਨਾਤਮਿਕ

ਵਰਣਿਤ (वरणित) /waraṇita ワルニト/ ▸ਵਰਨਿਤ *adj.* → ਵਰਨਿਤ

ਵਰਤ (वरत) /varata ヴァルト/ ▸ਬਰਤ, ਬ੍ਰਤ [Skt. व्रत] *m.* **1** 〖儀礼〗断食, (功徳として行われる)断食の行. ❐ ਵਰਤ ਰੱਖਣਾ 断食する, 断食の行を行う. **2** 宗教上の誓い, 誓願. ❐ ਵਰਤ ਲੈਣਾ 誓う, 誓いを立てる.

ਵਰਤਣ (वरतण) /waratana ワルタン/ ▸ਵਰਤਨ [Skt. वर्तन] *m.* **1** 使用. (⇒ਇਸਤੇਮਾਲ, ਪਰਯੋਗ) **2** 待遇, 処遇, もてなし, 取り扱い. (⇒ਵਿਹਾਰ) **3** 取引, 商売, 生業. (⇒ ਲੈਣ-ਦੇਣ, ਵਪਾਰ) **4** 交際, 親交.

ਵਰਤਣਾ[1] (वरतणा) /waratanā ワルタナー/ [Skt. वर्तते] *vt.* **1** 使う, 用いる, 使用する, 利用する. (⇒ਇਸਤੇਮਾਲ ਕਰਨਾ) ❐ਮਸ਼ੀਨਾਂ ਬਣਾਈਆਂ ਤੇ ਵਰਤੀਆਂ ਜਾਣ ਲੱਗੀਆਂ। 機械が作られて使われ始めました. ❐ਪੰਜਾਬ ਦਾ ਪਾਣੀ ਸਾਰੇ ਭਾਰਤ ਦੀ ਜਾਇਦਾਦ ਹੈ। ਇਸ ਨੂੰ ਸਾਰਾ ਭਾਰਤ ਵਰਤ ਸਕਦਾ ਹੈ। パンジャーブの水はインド全体の財産です. これをインド全体が使うことができます. **2** 消費する. ❐ਇਹ ਦੁੱਧ ਸ਼ਹਿਰਾਂ ਵਿੱਚ ਵਰਤਿਆ ਜਾਂਦਾ ਹੈ। このミルクは都市で消費されます. **3** 取り扱う. **4** 交際する.

ਵਰਤਣਾ[2] (वरतणा) /waratanā ワルタナー/ [Skt. वितरण] *vi.* **1** 分けられる, 配られる, 分配される, 分け与えられる. (⇒ਵੰਡਿਆ ਜਾਣਾ) ❐ਬਾਹਰ ਖੱਬੇ ਹੱਥ ਗੁਰੂ ਕੇ ਲੰਗਰ ਹਨ ਜੋ ਅਤੁੱਟ ਵਰਤਦੇ ਹਨ। 外の左手には尽きることなく分け与えられるグルのランガル〔無料共同飲食所〕があります. **2** 支出される.

ਵਰਤਣਾ[3] (वरतणा) /waratanā ワルタナー/ [Skt. वर्तते] *vi.* 起こる, 生じる, 発生する. (⇒ਵਾਪਰਨਾ)

ਵਰਤਨ[1] (वरतन) /waratana ワルタン/ *m.* 〖物理〗屈折, 屈折作用.

ਵਰਤਨ[2] (वरतन) /waratana ワルタン/ ▸ਵਰਤਣ *m.* → ਵਰਤਣ

ਵਰਤਮਾਨ (वरतमान) /waratamāna ワルトマーン/ [Skt. वर्तमान] *adj.* **1** 現在の. **2** 現行の. **3** 現存の.
— *m.* 現在, 現今.

ਵਰਤਮਾਨ ਕਾਲ (वरतमान काल) /waratamāna kāla ワルトマーン カール/ [+ Skt. काल] *m.* 〖言〗現在時制.

ਵਰਤਾਉ (वरताउ) /waratāo ワルターオー/ [cf. ਵਰਤਣਾ[1]] *m.* **1** 使用. **2** 取り扱い. **3** 交際.

ਵਰਤਾਉਣਾ (वरताउणा) /waratāuṇā ワルターウナー/ [cf. ਵਰਤਣਾ[2]] *vt.* 分ける, 分配する, 分与する, 割り当てる. (⇒ਵੰਡਣਾ)

ਵਰਤਾਰਾ (वरतारा) /waratārā ワルターラー/ [Skt. वर्तन] *m.* **1** 行い, 振る舞い, 取り扱い. (⇒ਸਲੂਕ) **2** 使用. (⇒ ਇਸਤੇਮਾਲ, ਪਰਯੋਗ) **3** 様式, 慣習. (⇒ਰੀਤ, ਰਸਮ) **4** 取引, 商売. (⇒ਲੈਣ-ਦੇਣ, ਵਪਾਰ)

ਵਰਤਾਵਾ (वरतावा) /waratāwā ワルターワー/ [Skt. वितरण] *m.* 分配者, 配布者.

ਵਰਤੀ (वरती) /waratī ワルティー/ [Skt. वर्तिन्] *suff.* 「…にある」「…に位置する」「…に住む」などの意味の形容詞を形成する接尾辞.

ਵਰਤੋਂ (वरतों) /waratõ ワルトーン/ [Skt. वर्तन] *f.* **1** 使用, 利用. (⇒ਇਸਤੇਮਾਲ, ਪਰਯੋਗ) **2** 取り扱い. **3** 交際, 冠婚葬祭などでの付き合い.

ਵਰਦਾਨ (वरदान) /waradāna ワルダーン/ [Skt. वरदान] *m.* 賜り物, 恩恵, 恵み, 授与. (⇒ਬਖ਼ਸ਼ਸ਼)

ਵਰਦੀ (वरदी) /waradī ワルディー/ [Arab. *vardī*] *f.* 〖衣服〗制服, ユニフォーム.

ਵਰਨ (वरन) /warana ワラン/ ▸ਬਰਨ, ਵਰਣ [Skt. वर्ण] *m.* **1** 色, 色彩. (⇒ਰੰਗ) **2** ヴァルナ, 四姓. **3** カースト, 種姓, 種族. **4** 〖言〗字母, 文字.

ਵਰਨਣ (वरनण) /waranaṇa ワルナン/ ▸ਵਰਣਨ, ਵਰਨਨ *m.* → ਵਰਨਨ

ਵਰਨਨ (वरनन) /waranana ワルナン/ ▸ਵਰਣਨ, ਵਰਨਣ [Skt. वर्णन] *m.* **1** 叙述, 記述, 描写. (⇒ਜ਼ਿਕਰ) **2** 陳述, 供述. (⇒ਬਿਆਨ) **3** 説明, 解説. (⇒ਵਿਆਖਿਆ)

ਵਰਨਨਯੋਗ (वरननयोग) /warananayoga ワルナンヨーグ/ ▸ਵਰਣਨਯੋਗ [Skt.-योग्य] *adj.* **1** 叙述できる, 記述できる. **2** 叙述に適した, 叙述すべき, 記述すべき. **3** 推敲を要する.

ਵਰਨਨਾਤਮਿਕ (वरननातमिक) /warananātamika ワルナナートミク/ ▸ਵਰਣਨਾਤਮਕ, ਵਰਣਾਤਮਕ [Skt.-आत्मक] *adj.* **1** 叙述的な, 記述的な. **2** 説明的な. **3** 解明するような.

ਵਰਨ ਪਰਬੰਧ (वरन परबंध) /warana parabând ワラン パルバンド/ [Skt. वर्ण + Skt. प्रबंध] *m.* 〖社会〗種姓制度, カースト制度, 身分制度.

ਵਰਨਬੋਧ (वरनबोध) /waranabôda ワランボード/ [+ Skt. बोध] *m.* **1** 〖言〗字母体系についての知識. **2** 〖言〗正書法.

ਵਰਨਮਾਲਾ (**वरनमाला**) /waranạmālā ワランマーラー/ ▸ ਵਰਣਮਾਲਾ [+ Skt. माला] *f.* **1**〖言〗字母表. **2**〖言〗字母体系.

ਵਰਨ ਵਿਗਿਆਨ (**वरन विगिआन**) /waranạ vigiānạ ワラン ヴィギアーン/ [+ Skt. विज्ञान] *m.* **1** 色彩学. **2** 色彩論.

ਵਰਨਾ[1] (**वरना**) /warạnā ワルナー/ [Pers. *varna*] *conj.* **1** さもなければ, そうでないと. (⇒ਨਹੀਂ ਤਾਂ) **2** あるいは.

ਵਰਨਾ[2] (**वरना**) /warạnā ワルナー/ [Skt. वरण] *vt.* **1** 選ぶ. **2** 花婿として選ぶ. **3** 結婚する. (⇒ਵਿਆਹੁਣਾ)

ਵਰਨਿਤ (**वरनित**) /warạnitạ ワルニト/ ▸ਵਰਣਿਤ [Skt. वरणित] *adj.* **1** 述べられた, 叙述された. **2** 言及された. **3** 記述された, 描写された.

ਵਰਮ[1] (**वरम**) /waramạ ワラム/ [Arab. *varam*] *m.* **1**〖医〗腫れ物. (⇒ਸੋਜ) **2** 心の痛み. **3** 悲しみ.

ਵਰਮ[2] (**वरम**) /warạmạ ワルム/ [Eng. *worm*] *m.*〖虫〗骨や足のない這う虫.

ਵਰਮਾ (**वरमा**) /warạmā ワルマー/ ▸ਬਰਮਾ *m.*〖道具〗穴を開ける道具, 錐(きり).

ਵਰਮਾਉਣ (**वरमाउण**) /warạmāuṇạ ワルマーウン/ *m.* (錐を使った)穴開け.

ਵਰਮਾਉਣਾ (**वरमाउणा**) /warạmāuṇā ワルマーウナー/ *vt.* (錐を使って)穴を開ける.

ਵਰਮੀ (**वरमी**) /warạmī ワルミー/ [Skt. वल्मीक] *f.* **1** 蟻塚. **2** 蛇の穴.

ਵਰਯਾਮ (**वरयाम**) /warạyāmạ ワルヤーム/ ▸ਵਰਿਆਮ *adj.m.* → ਵਰਿਆਮ

ਵਰਲਾਪ (**वरलाप**) /warạlāpạ ワルラープ/ ▸ਬਿਲਪ, ਵਿਰਲਾਪ, ਵਿਲਾਪ *m.* → ਵਿਰਲਾਪ

ਵਰਾਉਣਾ (**वराउणा**) /warāuṇā ワラーウナー/ ▸ਵਿਰਾਉਣਾ [cf. ਵਰਚਣਾ] *vt.* **1** 落ち着かせる. (⇒ਬਹਿਲਾਉਣਾ) **2** なだめる, 慰める. **3** 泣き止ませる, あやす. **4** 和ませる, 楽しませる.

ਵਰਾਛ (**वराछ**) /warāc^hạ ワラーチ/ ▸ਬਾਛ, ਵਾਛ *f.*〖身体〗顎(あご).

ਵਰਾਨ (**वरान**) /warānạ ワラーン/ ▸ਬਿਰਾਨ, ਵਿਰਾਨ, ਵੀਰਾਨ, ਵੈਰਾਨ *adj.* → ਵੀਰਾਨ

ਵਰਾਨਾ (**वराना**) /warānā ワラーナー/ ▸ਵਿਰਾਨਾ, ਵੀਰਾਨਾ *m.* → ਵੀਰਾਨਾ

ਵਰਾਨੀ (**वरानी**) /warānī ワラーニー/ ▸ਵਿਰਾਨੀ, ਵੀਰਾਨੀ, ਵੈਰਾਨੀ *f.* → ਵੀਰਾਨੀ

ਵਰਿਆਮ (**वरिआम**) /wariāmạ ワリアーム/ ▸ਵਰਯਾਮ [Skt. वीर्यवान्] *adj.* **1** 気力のある, 勇気のある. **2** 勇ましい, 勇敢な.
— *m.* **1** 勇者. **2** 英雄.

ਵਰਿਆਮਗੀ (**वरिआमगी**) /wariāmạgī ワリアームギー/ [Pers.-*gī*] *f.* 勇ましさ, 勇敢さ.

ਵਰਿਹਾ (**वरिहा**) /wâriā | warihā ワリアー | ワリハー/ ▸ ਬਰਸ, ਵਰਸ਼, ਵਰ੍ਹਾ *m.* → ਵਰ੍ਹਾ

ਵ੍ਰਿਤੀ (**व्रिती**) /vritī (varitī) ヴリティー (ヴァリティー)/ ▸ ਬਿਰਤੀ *f.* → ਬਿਰਤੀ

ਵਰਿਧੀ (**वरिधी**) /varîdī ヴァリディー/ ▸ਬਿਰਧੀ, ਵ੍ਰਿਧੀ [Skt. वृद्धि] *f.* **1** 増加, 上昇. (⇒ਵਾਧਾ) **2** 向上, 発展. **3** 成長. **4** 追加. **5** 繁栄, 成功.

ਵ੍ਰਿਧੀ (**व्रिधी**) /vrîdī (varîdī) ヴリディー (ヴァリディー)/ ▸ ਬਿਰਧੀ, ਵਰਿਧੀ *f.* → ਵਰਿਧੀ

ਵਰੀ (**वरी**) /warī ワリー/ [Skt. वर -ਈ] *f.* 花嫁が嫁ぎ先からもらう品物.

ਵਰੇਸ (**वरेस**) /waresạ ワレース/ [Skt. वयस्] *f.* 年齢. (⇒ਉਮਰ)
— *suff.* 「年齢」を表す接尾辞. 先行する語とともに名詞(句)または形容詞(句)を形成する. 例えば ਬਾਲ ਵਰੇਸ は「幼年」「児童期」「幼い」などの意味, また ਬੁੱਢ ਵਰੇਸ は「老年」「老年の」「年老いた」などの意味を表す.

ਵਰੇਂਡੀ (**वरेंडी**) /warẽḍī ワレーンディー/ *f.*〖建築〗屋根の上に突き出た壁の一部.

ਵਰੋਸਾਉਣਾ (**वरोसाउणा**) /warosāuṇā ワローサーウナー/ ▸ਵਰਸਾਉਣਾ *vt.* → ਵਰਸਾਉਣਾ

ਵਰੋਲਣਾ (**वरोलणा**) /warolạṇā ワロールナー/ [Skt. विलोडन] *vt.* **1** ぐるぐる回す. **2** 振り回す, 揺り動かす. **3** 掻き回す, 攪拌する. **4**〖食品〗掻き回してバターを作る.

ਵਰੋਲਾ (**वरोला**) /warolā ワローラー/ [Skt. वातगुल्म] *m.* **1**〖気象〗旋風, つむじ風. **2** 砂嵐.

ਵਲ[1] (**वल**) /walạ ワル/ [Skt. वलन] *m.* **1** ねじれ, 屈曲, 曲がり. (⇒ਵਿੰਗ) **2** とぐろ巻き. **3**〖医〗捻挫. (⇒ਮੋਚ)

ਵਲ[2] (**वल**) /walạ ワル/ ▸ਵੱਲ *postp.* → ਵੱਲ[1]

ਵੱਲ[1] (**वल्ल**) /wallạ ワッル/ ▸ਵਲ *postp.* …の方へ, …の方を, …の方向へ, …に向かって, …の側に. (⇒ਵੰਨੇ) ❐ਰਾਜਾ ਕੁਝ ਚਿਰ ਉਸ ਬੁੱਢੇ ਵੱਲ ਵੇਖਦਾ ਰਿਹਾ। 王はしばらくその老人の方を見続けていました. ❐ਉਹ ਵੱਡੀ ਸੜਕ ਵੱਲ ਜਾ ਰਹੇ ਸਨ। 彼らは大通りに向かって進んで行くところでした. ❐ਹਾਜੀ ਲੋਕ ਮੱਕੇ ਵੱਲ ਜਾਂਦੇ ਹਨ। 巡礼者たちはメッカに向かって行きます. ❐ਉਹ ਪੰਜਾਬ ਦੇ ਲੋਕਾਂ ਦੀਆਂ ਸਮੱਸਿਆਵਾਂ ਵੱਲ ਕਾਫ਼ੀ ਧਿਆਨ ਦਿੰਦੇ ਹਨ। あの方はパンジャーブの人々の諸問題に向けて十分に配慮をします.

ਵੱਲ[2] (**वल्ल**) /wallạ ワッル/ *adj.* **1** 良い, 純良な. (⇒ਚੰਗਾ, ਚੋਖਾ) **2** 元気な. **3** 回復した.

ਵੱਲ[3] (**वल्ल**) /wallạ ワッル/ ▸ਬੇਲ, ਵੇਲ *f.* → ਬੇਲ[1]

ਵਲ੍ਹੇਟ (**वल्हेट**) /walẽṭạ ワレート/ ▸ਲਪੇਟ *m.* → ਲਪੇਟ

ਵਲ੍ਹੇਟਣਾ (**वल्हेटणा**) /walẽṭạṇā ワレータナー/ ▸ਲਪੇਟਣਾ, ਲਿਪੇਟਣਾ *vt.* → ਲਪੇਟਣਾ

ਵਲਗਣ (**वलगण**) /walạgaṇạ ワルガン/ ▸ਵਲਗਨ [Pkt. वलंगणिआ] *f.* **1** 囲い地, 塀や垣根で囲われた土地. (⇒ਘੇਰਾ) **2** 檻.

ਵਲਗਨ (**वलगन**) /walạganạ ワルガン/ ▸ਵਲਗਣ *f.* → ਵਲਗਣ

ਵਲੰਟੀਅਰ (**वलंटीअर**) /valanṭīarạ ヴァランティーアル/ ▸ ਵਾਲੰਟੀਅਰ [Eng. *volunteer*] *m.* **1** 志願者, 有志, 奉仕者, ボランティア. (⇒ਸਵੈਸੇਵਕ) **2**〖軍〗志願兵, 義勇兵.

ਵਲਟੋਹਾ (**वलटोहा**) /walạṭôā ワルトーアー/ *m.*〖調〗大鍋.

ਵਲਟੋਹੀ (**वलटोही**) /walạṭôī ワルトーイー/ *f.*〖調〗鍋.

ਵਲਣ (**वलण**) /walaṇạ ワラン/ [Skt. वलन] *m.* 囲いこみ.

ਵਲਣਾ (**वलणा**) /walạṇā ワルナー/ ▸ਵਲਨਾ *vt.* → ਵਲਨਾ

ਵਲਦ (**वलद**) /walạdạ ワルド/ [Arab. *valad*] *m.*〖親族〗男の子, 息子. (⇒ਨਰ ਬੱਚਾ, ਪੁੱਤਰ)

ਵਲਦਾਰ (**वलदार**) /walạdārạ ワルダール/ [Skt. वलन

Pers.-*dār*] *adj.* **1** 曲がりくねった, くねくねした. **2** 回り道の, 遠回りの. **3** 渦巻き状の, 螺旋形の. **4** 曖昧な, あやふやな.

ਵਲਦੀਅਤ (वलदीअत) /waladīata ワルディーアト/ [Pers. *valdīyat*] *f.* **1** 父親の姓. **2** 父性, 父系.

ਵਲਨਾ (वलना) /walanā ワルナー/ ▸ਵਲਣਾ [Skt. वलयति, वलते] *vi.* **1** 曲がる. (⇒ਮੁੜਨਾ) **2** 回る, 戻る. (⇒ਪਰਤਣਾ) **3** 遠回りする, 迂回する.

— *vt.* **1** くるむ, 包む. (⇒ਲਪੇਟਣਾ) **2** 囲む, 取り囲む. (⇒ਘੇਰਨਾ) **3** 巻く, 巻きつける.

ਵਲੱਲ (वलल्ल) /walalla ワラッル/ *m.* 狂気. (⇒ਕਮਲ, ਝੱਲ, ਪਾਗਲਪੁਣਾ)

ਵਲਵਲਟੀਨ (वलवलटीन) /valavalaṭīna ヴァルヴァルティーン/ [Eng. *velvelteen*] *f.* 〖布地〗ベルベット, ビロード.

ਵਲਵਲਾ (वलवला) /walawalā ワルワラー/ [Arab. *valvala*] *m.* **1** わめき声, 大騒ぎ. **2** 激情, 興奮. **3** 熱情, 熱望. (⇒ਜੋਸ਼, ਉਮੰਗ)

ਵਲਾ (वला) /walā ワラー/ [cf. ਵਲਨਾ] *m.* 遠回り, 回り道, 迂回.

ਵਲਾਉਣਾ (वलाउणा) /walāuṇā ワラーウナー/ [cf. ਵਲਨਾ] *vi.* 遠回りする, 迂回する.

— *vt.* **1** くるませる, 包ませる. **2** 囲ませる.

ਵਲਾਇਤ (वलाइत) /walāita ワラーイト/ ▸ਵਲੈਤ, ਵਿਲਾਇਤ [Arab. *vilāyat*] *f.* **1** 国. (⇒ਮੁਲਕ, ਦੇਸ) **2** 外国, 他国. (⇒ਪਰਦੇਸ) **3** イギリス. (⇒ਇੰਗਲਿਸਤਾਨ)

ਵਲਾਇਤਣ (वलाइतण) /walāitaṇa ワラーイタン/ ▸ਵਲੈਤਣ, ਵਿਲਾਇਤਣ [-ਣ] *f.* **1** 外国人女性, 外国に住む女性, 外国から来た女性. **2** ヨーロッパ人女性. **3** 英国人女性.

ਵਲਾਇਤੀ (वलाइती) /walāitī ワラーイティー/ ▸ਵਲੈਤੀ, ਵਿਲਾਇਤੀ [Arab. *vilāyatī*] *adj.* **1** 外国の, 他国の. (⇒ਪਰਦੇਸੀ) **2** 西洋の, 西洋風の, 欧米の. **3** 外国製の, 外国産の.

— *m.* **1** 外国人. **2** パターン(パシュトゥーン). (⇒ਪਠਾਣ) **3** カーブルの住民. (⇒ਕਾਬਲ ਦਾ ਰਹਿਣ ਵਾਲਾ) **4** ヨーロッパ人. (⇒ਫ਼ਰੰਗੀ) **5** 英国人. (⇒ਅੰਗਰੇਜ਼)

ਵਲਾਵਾਂ (वलावाँ) /walāwā̃ ワラーワーン/ ▸ਵਲੇਵਾਂ [Skt. वलन] *m.* **1** 輪. **2** とぐろ巻き.

ਵਲਾਵੇਂਦਾਰ (वलावेंदार) /walāwēdāra ワラーウェーンダール/ [cf. ਵਲਨਾ Pers.-*dār*] *adj.* **1** 輪になった. **2** とぐろ巻きの.

ਵਲੀ[1] (वली) /walī ワリー/ [Arab. *valī*] *m.* 〖イス〗スーフィーの聖者.

ਵਲੀ[2] (वली) /walī ワリー/ ▸ਬੱਲੀ *f.* → ਬੱਲੀ

ਵਲੂੰਧਰ (वलूँधर) /walū̃dara ワルーンダル/ [cf. ਨਹੁੰਦਰ] *f.* **1** (爪で)引っ掻くこと, 掻くこと. **2** 擦り剥くこと, 摩滅, 摩耗. (⇒ਘਸਰ)

ਵਲੂੰਧਰਨਾ (वलूँधरना) /walū̃daranā ワルーンダルナー/ [cf. ਨਹੁੰਦਰਨਾ] *vt.* (爪で)引っ掻く, 掻く.

ਵਲੇਲ[1] (वलेल) /walela ワレール/ ▸ਉਲੇਲ *m.* → ਉਲੇਲ

ਵਲੇਲ[2] (वलेल) /walela ワレール/ ▸ਬੁਲੇਲ *f.* → ਬੁਲੇਲ

ਵਲੇਵਾਂ (वलेवाँ) /walewā̃ ワレーワーン/ ▸ਵਲਾਵਾਂ *m.* → ਵਲਾਵਾਂ

ਵਲੇਵਾ (वलेवा) /walewā ワレーワー/ *m.* **1** 荷物. (⇒ਅਸਬਾਬ, ਸਮਾਨ) **2** 所帯道具, 家財道具.

ਵਲੈਤ (वलैत) /walaita ワラェート/ ▸ਵਲਾਇਤ, ਵਿਲਾਇਤ *f.* → ਵਲਾਇਤ

ਵਲੈਤਣ (वलैतण) /walaitaṇa ワラェータン/ ▸ਵਲਾਇਤਣ, ਵਿਲਾਇਤਣ *f.* → ਵਲਾਇਤਣ

ਵਲੈਤੀ (वलैती) /walaitī ワラェーティー/ ▸ਵਲਾਇਤੀ, ਵਿਲਾਇਤੀ *adj.m.* → ਵਲਾਇਤੀ

ਵਲੋਂ (वलों) /walõ ワローン/ ▸ਵੱਲੋਂ *postp.* → ਵੱਲੋਂ

ਵੱਲੋਂ (वल्लों) /wallõ ワッローン/ ▸ਵਲੋਂ *postp.* 《 ਵੱਲ ਤੋਂ の融合形》…から, …の方から, …の方向から, …の側から, …の側に立って. ❒ਮੇਰੇ ਵੱਲੋਂ ਤੁਹਾਨੂੰ ਸਾਰਿਆਂ ਨੂੰ ਬਹੁਤ ਬਹੁਤ ਪਿਆਰ। 私からあなたたち皆さんに大いなる愛情を捧げます. ❒ਏਨੇ ਚਿਰ ਨੂੰ ਪੱਛਮ ਵੱਲੋਂ ਕਾਲਾ ਬੱਦਲ ਘਿਰਿਆ। その間に西の方から暗雲が立ち込めました.

ਵੱਵਾ (वव्वा) /wawwā | vavvā ワッワー | ヴァッヴァー/ ▸ਵਾਵਾ *m.* 〖文字〗ワッワー(ヴァッヴァー)《両唇・半母音「ワ」 wa または唇歯・半母音「ヴァ」 va の発音を表す, グルムキー文字の字母表の34番目の文字 ਵ の名称》.

ਵੜ (वड़) /waṛa ワル/ *f.* 商品.

ਵੜਨਾ (वड़ना) /waṛanā ワルナー/ [Pkt. वड] *vi.* **1** 入る, 入り込む, 踏み入る. (⇒ਦਾਖ਼ਲ ਹੋਣਾ) ❒ਰਾਮਨਾਥ ਨਹਾਉਣ ਲਈ ਗ਼ੁਸਲਖ਼ਾਨੇ ਵਿੱਚ ਵੜ ਗਿਆ। ラームナートは水浴びをするために浴室に入ってしまいました. **2** 侵入する, 押し入る, 貫く.

ਵੜਾ (वड़ा) /waṛā ワラー/ [Skt. वटक] *m.* 〖料理〗ワラー《潰した豆を丸い塊にして揚げたもの》.

ਵੜਾਉਣਾ (वड़ाउणा) /waṛāuṇā ワラーウナー/ [cf. ਵੜਨਾ] *vt.* **1** 入れる, 入らせる, 入り込ませる, 踏み入らせる. **2** 侵入させる, 押し入らせる, 貫かせる.

ਵੜੀ (वड़ी) /waṛī ワリー/ [Skt. वटक -ई] *f.* 〖食品〗ワリー《潰した豆を小さな丸い塊にして日に干したもの》.

ਵੜੇਵਾਂ (वड़ेवाँ) /waṛewā̃ ワレーワーン/ *m.* 〖植物〗綿の木の種子.

ਵੜੇਵੇਂ (वड़ेवें) /waṛewẽ ワレーウェーン/ *m.* 〖植物〗綿の木の種子《複数形》.

ਵਾਂ[1] (वाँ) /wā̃ ワーン/ ▸ਆਂ, ਮਾਂ, ਮਾ, ਵਿਆਂ *suff.* 「…番目」(序数詞)または「…番目の」(形容詞)を意味する語を形成する接尾辞.

ਵਾਂ[2] (वाँ) /wā̃ ワーン/ ▸ਵਾਨ [Skt. वान्] *suff.* 「…という属性を持つ」「…を所有する」「…を御する」「…を行う」「…に関わりのある」などを意味する形容詞, または「…という属性」「…という属性を持つもの」「…を所有するもの」「…を御するもの」「…を行うもの」「…に関わりのあるもの」などを意味する男性名詞を形成する接尾辞.

ਵਾ[1] (वा) /wā ワー/ [Skt. वा] *conj.* **1** そして, …と…. **2** または.

ਵਾ[2] (वा) /wā ワー/ ▸ਵਾਉ, ਵਾਅ, ਵਾਯੂ *f.* → ਵਾਯੂ

ਵਾ[3] (वा) /wā ワー/ ▸ਹਵਾ *f.* 〖口語〗→ ਹਵਾ

ਵਾਉ (वाउ) /wāu | wāo ワーウ | ワーオー/ ▸ਵਾ, ਵਾਅ, ਵਾਯੂ *f.* → ਵਾਯੂ

ਵਾਉਕਾ (वाउका) /wāukā ワーウカー/ *m.* **1** 〖生理〗おなら, 屁. (⇒ਪੱਦ) **2** おならをすること, 放屁.

ਵਾਉਣਾ (वाउणा) /wāuṇā ワーウナー/ *suff.* 他動詞に含まれる使役動詞の不定詞(主格・男性・単数形)を形成する接尾辞. 語尾変化については, 接尾辞 ਣਾ の項に示す.

ਵਾਉਵਰੋਲਾ (वाउवरोला) /wāuwarolā ワーウワローラー/ ▸ਵਾਵਰੋਲਾ *m.* → ਵਾਵਰੋਲਾ

ਵਾਅ (वाअ) /wāa ワーア/ ▸ਵਾ, ਵਾਉ, ਵਾਯੂ *f.* → ਵਾਯੂ

ਵਾਅਦਾ (वाअदा) /wāadā | wādā ワーアダー | ワーダー/ ▸ਵਾਇਦਾ, ਵਾਹਦਾ *m.* → ਵਾਇਦਾ

ਵਾਅਦਾਫ਼ਰਾਮੋਸ਼ (वाअदाफ़रामोश) /wāadāfarāmośa ワーアダーファラーモーシュ/ ▸ਵਾਇਦਾਫ਼ਰਾਮੋਸ਼ *adj.m.* → ਵਾਇਦਾਫ਼ਰਾਮੋਸ਼

ਵਾਅਦਾਫ਼ਰਾਮੋਸ਼ੀ (वाअदाफ़रामोशी) /wāadāfarāmośī ワーアダーファラーモーシー/ ▸ਵਾਇਦਾਫ਼ਰਾਮੋਸ਼ੀ *f.* → ਵਾਇਦਾਫ਼ਰਾਮੋਸ਼ੀ

ਵਾਇਆ[1] (वाइआ) /vāiā ヴァーイアー/ [Eng. *via* bf. Lat.] *adv.* …経由で.

ਵਾਇਆ[2] (वाइआ) /vāiā ヴァーイアー/ *m.* 幅, 長さ.

ਵਾਇਸਰਾਇ (वाइसराइ) /vāisarāe ヴァーイスラーエー/ ▸ਵਾਇਸਰਾਏ *m.* → ਵਾਇਸਰਾਏ

ਵਾਇਸਰਾਏ (वाइसराए) /vāisarāe ヴァーイスラーエー/ ▸ਵਾਇਸਰਾਇ [Eng. *viceroy*] *m.* **1** 総督, 太守, 副王. **2** 〖歴史〗インド総督《旧イギリス領のインドで最高の統治権限を持った官職》.

ਵਾਇਦਾ[1] (वाइदा) /wāidā ワーイダー/ ▸ਵਾਅਦਾ, ਵਾਹਦਾ [Arab. *va`da*] *m.* **1** 約束. (⇒ਬਚਨ) ❒ਵਾਇਦਾ ਕਰਨਾ 約束する. ❒ਵਾਇਦਾ ਨਿਭਾਉਣਾ 約束を履行する. ❒ਵਾਇਦਾ ਪੂਰਾ ਕਰਨਾ 約束を果たす. ❒ਵਾਇਦਾ ਤੋੜਨਾ 約束を破る. ❒ਵਾਇਦਾ ਖ਼ਿਲਾਫ਼ੀ ਕਰਨਾ 破約する. **2** 保証. **3** 誓約. ❒ਵਾਇਦਾ ਕਰਨਾ 誓う, 誓約する. **4** 協定, 協約. **5** 期限.

ਵਾਇਦਾ[2] (वाइदा) /wāidā ワーイダー/ [(Pot.) Skt. विपदा] *m.* 困難, 苦難, 苦労, 面倒, 苦境. (⇒ਮੁਸੀਬਤ, ਵਖਤ)

ਵਾਇਦਾਫ਼ਰਾਮੋਸ਼ (वाइदाफ़रामोश) /wāidāfarāmośa ワーイダーファラーモーシュ/ ▸ਵਾਅਦਾਫ਼ਰਾਮੋਸ਼ [Arab. *va`da* Pers.-*farāmoś*] *adj.* 約束を忘れる.
— *m.* 約束を忘れる人.

ਵਾਇਦਾਫ਼ਰਾਮੋਸ਼ੀ (वाइदाफ़रामोशी) /wāidāfarāmośī ワーイダーファラーモーシー/ ▸ਵਾਅਦਾਫ਼ਰਾਮੋਸ਼ੀ [Pers.-*farāmośī*] *f.* 約束を忘れること.

ਵਾਇਨ (वाइन) /wāina ワーイン/ [Eng. *wine*] *f.* 〖飲料〗ワイン, 葡萄酒, 果実酒.

ਵਾਇਰ (वाइर) /wāira ワーイル/ [Eng. *wire*] *f.* **1** 針金, 電線, 電話線, ワイヤー. **2** 電報. ❒ਵਾਇਰ ਕਰਨਾ 電報を打つ.

ਵਾਇਰਸ (वाइरस) /vāirasa | wāirasa ヴァーイラス | ワーイラス/ [Eng. *virus*] *m.* 〖生物〗ウイルス, 濾過性病原体. (⇒ਵਿਸ਼ਾਣੂ)

ਵਾਇਰਲੈੱਸ (वाइरलैस्स) /wāiralaissa ワーイルラエーッス/ [Eng. *wireless*] *f.* 無線.
— *adj.* 無線の.

ਵਾਇਲ (वाइल) /vāila ヴァーイル/ ▸ਵੈਲ [Eng. *voile*] *f.* 〖布地〗ボイル《夏服やカーテンなどに用いる半透明の薄い織物》.

ਵਾਇਲਨ (वाइलन) /vāilana ヴァーイラン/ ▸ਵਾਇਲਿਨ *f.* → ਵਾਇਲਿਨ

ਵਾਇਲਿਨ (वाइलिन) /vāilina ヴァーイリン/ ▸ਵਾਇਲਨ [Eng. *violin*] *f.* 〖楽器〗バイオリン.

ਵਾਈ[1] (वाई) /wāī ワーイー/ *f.* **1** 空気. **2** 〖気象〗風. (⇒ਹਵਾ, ਵਾਯੂ) **3** 〖医〗胃腸内ガス滞留, 鼓腸.

ਵਾਈ[2] (वाई) /wāī ワーイー/ [(Pkt. भाई) Skt. भ्रातृ] *m.* 〖親族〗兄, 弟, 兄弟. (⇒ਭਰਾ, ਵੀਰ)

ਵਾਈ[3] (वाई) /wāī ワーイー/ *suff.* **1** 動詞の語幹や名詞に付いて, 抽象名詞(女性名詞)を形成する接尾辞. **2** 名詞に付いて,「…を売る人」を意味する男性名詞を形成する接尾辞.

ਵਾਈ[4] (वाई) /wāī ワーイー/ ▸ਅਵਾਈ *f.* → ਅਵਾਈ

ਵਾਈਸ[1] (वाईस) /vāīsa ヴァーイース/ [Eng. *vise*] *f.* 〖道具〗万力, バイス《工作物を挟んで締めつけて固定する道具》.

ਵਾਈਸ[2] (वाईस) /vāīsa ヴァーイース/ [Eng. *vice*] *pref.* 「副…」「次…」「…代理」などを意味する接頭辞.

ਵਾਈਸ ਚਾਂਸਲਰ (वाईस चाँसलर) /vāīsa cā̃salara ヴァーイース チャーンスラル/ ▸ਵਾਈਸ ਚਾਨਸਲਰ [Eng. *vice-chancellor*] *m.* 大学副総長《インドでは実質上の大学の最高責任者》. (⇒ਕੁਲਪਤੀ)

ਵਾਈਸ ਚਾਨਸਲਰ (वाईस चानसलर) /vāīsa cānasalara ヴァーイス チャーンサラル/ ▸ਵਾਈਸ ਚਾਂਸਲਰ *m.* → ਵਾਈਸ ਚਾਂਸਲਰ

ਵਾਈਸ ਚੇਅਰਮੈਨ (वाईस चेअरमैन) /vāīsa cearamaina ヴァーイース チェーアルマェーン/ [Eng. *vice-chairman*] *m.* 副議長, 副委員長, 副会長.

ਵਾਈਸ ਪਰਿੰਸੀਪਲ (वाईस परिंसीपल) /vāīsa parinsīpala ヴァーイース パリンスィーパル/ [Eng. *vice-principal*] *m.* 副校長.

ਵਾਈਸ ਪਰੈਜ਼ੀਡੈਂਟ (वाईस परैज़ीडैंट) /vāīsa paraizīḍā̃īṭa ヴァーイース パラェーズィーダェーント/ [Eng. *Vice President, vice-president*] *m.* **1** 副大統領. **2** 副総裁, 副社長, 副会長, 副頭取.

ਵਾਈਂਡਿੰਗ ਨਾਬ (वाईंडिंग नाब) /wāī̃ḍiṅga nāba ワーイーンディング ナーブ/ [Eng. *winding knob*] *f.* カメラのフィルムを巻くための取っ手部分.

ਵਾਈਫ਼ (वाईफ़) /wāīfa ワーイーフ/ [Eng. *wife*] *f.* 〖親族〗妻.

ਵਾਈਬਰੇਸ਼ਨ (वाईबरेशन) /vāībareśana ヴァーイーブレーシャン/ [Eng. *vibration*] *f.* 振動, 震動.

ਵਾਂਸ (वाँस) /wā̃sa ワーンス/ ▸ਬਾਂਸ *m.* → ਬਾਂਸ

ਵਾਸ (वास) /wāsa ワース/ ▸ਬਾਸ [Skt. वास] *m.* **1** 滞在, 逗留. **2** 居住, 居所. **3** 住まい, 住居, 住宅, 家. **4** 館.

ਵਾਸ਼ (वाश) /wāśa ワーシュ/ [Eng. *wash*] *m.* 洗うこと, 洗濯.

ਵਾਸਕਟ (वासकट) /wāsakaṭa ワースカト/ [Eng. *waistcoat*] *f.* 〖衣服〗チョッキ, ベスト. (⇒ਫ਼ਤੂਹੀ)

ਵਾਸਤਵ (वासतव) /wāsatava ワースタヴ/ [Skt. वास्तव] *adj.* 真実の, 本当の, 事実の, 現実の, 本物の, 本質の. (⇒ਅਸਲ, ਸੱਚਾ) ❒ਵਾਸਤਵ ਵਿੱਚ 本当に, 実際に, 事実.

ਵਾਸਤਵਕ (वासतवक) /wāsatavaka ワーサトヴァク/ ▸ਵਾਸਤਵਿਕ *adj.* → ਵਾਸਤਵਿਕ

ਵਾਸਤਵਵਾਦ (वासतववाद) /wāsatavawāda ワースタヴワード/ [Skt. वास्तव Skt.-वाद] *m.* **1** 現実主義. **2** 写実主

義, リアリズム.

ਵਾਸਤਵਵਾਦੀ (वासतववादी) /wāsatavawādī ワースタヴワーディー/ [Skt.-वादिन्] *adj.* **1** 現実主義の. **2** 写実主義の, リアリズムの.

— *m.* **1** 現実主義者. **2** 写実主義者, 写実主義作家.

ਵਾਸਤਵਿਕ (वासतविक) /wāsatavika ワーサトヴィク/ ▶ਵਾਸਤਵਕ [Skt. वास्तविक] *adj.* 真実の, 本当の, 事実の, 現実の, 本物の, 本質の. (⇒ਅਸਲ, ਸੱਚਾ)

ਵਾਸਤਵਿਕਤਾ (वासतविकता) /wāsatavikatā ワーサトヴィクター/ [Skt.-ता] *f.* **1** 真実性, 信憑性. **2** 現実性.

ਵਾਸਤਾ (वासता) /wāsatā ワースター/ [Arab. *vāsita*] *m.* **1** 関係, 関わり, 関連. (⇒ਸੰਬੰਧ) **2** 接触. **3** 仲介, 媒体. **4** 方法, 手段.

ਵਾਸਤੇ (वासते) /wāsate ワーステー/ [Arab. *vāsita*] *postp.* **1**…のために, …の目的で. **2**…にとって. **3**…のせいで, …の原因で, …という理由で.

ਵਾਸ਼ਨਾ (वाशना) /wāśanā ワーシュナー/ ▶ਬਾਸ, ਬਾਸਨਾ, ਬਾਸ਼ਨਾ [Skt. वास + ਨਾ] *f.* **1** 香り, 匂い. **2** 芳香. (⇒ਖ਼ੁਸ਼ਬੋ) **3** 願望, 激情, 情熱. **4** 欲情, 肉欲, 色欲. **5** 官能.

ਵਾਸ਼ਨਾਤਮਕ (वाशनातमक) /wāśanātamaka ワーシュナートマク/ [Skt.-आत्मक] *adj.* 情熱的な, 情欲に燃えた, 好色な.

ਵਾਸ਼ਨਾਮਈ (वाशनामई) /wāśanāmaī ワーシュナーマイー/ [Skt.-मयी] *adj.* **1** 官能的な. **2** 欲情させるような.

ਵਾਸ਼ਨਾਵਾਦ (वाशनावाद) /wāśanāwāda ワーシュナーワード/ [Skt.-वाद] *m.* 官能主義.

ਵਾਸ਼ਨਾਵਾਦੀ (वाशनावादी) /wāśanāwādī ワーシュナーワーディー/ [Skt.-वादिन्] *adj.* 官能主義の.

— *m.* 官能主義者.

ਵਾਸ਼ਪ (वाशप) /wāśapa ワーシュプ/ [Skt. वाष्प] *m.* 蒸気, 水蒸気. (⇒ਸਟੀਮ)

ਵਾਸ਼ਪਨ (वाशपन) /wāśapana ワーシュパン/ [Skt. वाष्पन] *m.* 蒸発, 気化.

ਵਾਸ਼ਪੀਕਰਨ (वाशपीकरन) /wāśapīkarana ワーシュピーカルン/ [Skt. वाष्पीकरण] *m.* 蒸発, 蒸発作用, 気化. ❐ ਵਾਸ਼ਪੀਕਰਨ ਹੋਣਾ 蒸発する, 気化する. ❐ਵਾਸ਼ਪੀਕਰਨ ਕਰਨਾ 蒸発させる, 気化させる.

ਵਾਸ਼ਰ (वाशर) /wāśara ワーシャル/ ▶ਵਾਸ਼ਲ [Eng. *washer*] *m.f.* 座金, ワッシャー《ナットの下に入れる, 金属・革・ゴムなどで作られたリング状の板》.

ਵਾਸ਼ਲ (वाशल) /wāśala ワーシャル/ ▶ਵਾਸ਼ਰ *m.f.* → ਵਾਸ਼ਰ

ਵਾਸਾ (वासा) /wāsā ワーサー/ [Skt. वास] *m.* **1** 居住, 居所. **2** 住まい, 住宅.

ਵਾਸ਼ਿੰਗ (वाशिंग) /wāśiṅga ワーシング/ [Eng. *washing*] *f.* 洗うこと, 洗濯, 洗浄.

ਵਾਸ਼ਿੰਗ ਸੋਪ (वाशिंग सोप) /wāśiṅga sopa ワーシング ソープ/ [Eng. *washing soap*] *m.* 洗濯石鹸.

ਵਾਸ਼ਿੰਗਟਨ (वाशिंगटन) /wāśiṅgaṭana ワーシングタン/ [Eng. *Washington*] *m.* 〚地名〛ワシントン(D. C.)《アメリカ合衆国の首都》.

ਵਾਸ਼ਿੰਗ ਪਾਊਡਰ (वाशिंग पाऊडर) /wāśiṅga pāūḍara ワーシング パーウーダル/ [Eng. *washing powder*] *m.* 洗濯用粉石鹸.

ਵਾਸ਼ਿੰਗ ਮਸ਼ੀਨ (वाशिंग मशीन) /wāśiṅga maśīna ワーシング マシーン/ [Eng. *washing machine*] *f.* 〚機械〛洗濯機.

ਵਾਸੀ (वासी) /wāsī ワースィー/ [Skt. वासिन्] *m.* **1** 住人, 住民, 居住者. **2** 市民.

ਵਾਸੁਕੀ (वासुकी) /wāsukī ワースキー/ ▶ਬਾਸਕ, ਬਾਸ਼ਕ, ਬਾਸਕੀ *m.* → ਬਾਸਕ

ਵਾਹ[1] (वाह) /wâ ワー/ [Arab. *vāh*] *int.* わあ, わー, すごい《称賛・驚きなどを表す言葉》. (⇒ਸ਼ਾਬਾਸ਼)

ਵਾਹ[2] (वाह) /wâ ワー/ [Arab. *vāsita*] *m.* **1** 関係, 関わり. (⇒ਸੰਬੰਧ) **2** 商取引, 商売.

ਵਾਹ[3] (वाह) /wâ ワー/ [cf. ਵਾਹੁਣਾ] *f.* 〚農業〛耕作, 栽培.

ਵਾਹ[4] (वाह) /wâ ワー/ *f.* 強さ, 力. (⇒ਜ਼ੋਰ, ਤਾਕਤ)

ਵਾਹਕ (वाहक) /wâka ワーク/ [cf. ਵਾਹੁਣਾ] *m.* **1** 〚農業〛耕作者. **2** 運搬人.

ਵਾਹਗੁਰੂ (वाहगुरू) /wâgurū ワーグルー/ ▶ਵਾਹਿਗੁਰੂ *m.* → ਵਾਹਿਗੁਰੂ

ਵਾਹਣ[1] (वाहण) /wâṇa ワーン/ ▶ਵਾਨ੍ਹ [cf. ਵਾਹੁਣਾ] *m.* 〚農業〛耕地.

ਵਾਹਣ[2] (वाहण) /wâṇa ワーン/ ▶ਵਹਿਣ *m.* → ਵਹਿਣ

ਵਾਹਣਾ[1] (वाहणा) /wâṇā ワーナー/ [Skt. विहीन] *adj.* **1** 覆われてない. **2** 裸の. **3** 頭を覆っていない, 無帽の. **4** 裸足の.

ਵਾਹਣਾ[2] (वाहणा) /wâṇā ワーナー/ *m.* 〚器具〛驢馬などの背の左右に積み荷を負わせるために用いる器具.

ਵਾਹਦ (वाहद) /wâda ワード/ [Arab. *vāhid*] *adj.* **1** 単独の. **2** 唯一の.

ਵਾਹਦਤ (वाहदत) /wâdata ワーダト/ ▶ਵਹਿਦਤ *f.* → ਵਹਿਦਤ

ਵਾਹਦਾ (वाहदा) /wâdā ワーダー/ ▶ਵਾਅਦਾ, ਵਾਇਦਾ *m.* → ਵਾਇਦਾ

ਵਾਹਨ (वाहन) /wâna ワーン/ [Skt. वाहन] *m.* **1** 乗物. (⇒ਸਵਾਰੀ) **2** 〚乗物〛四輪または二輪の馬車・牛車. (⇒ਰਥ) **3** 輸送, 運搬.

ਵਾਹਰ (वाहर) /wâra ワール/ *f.* **1** 群れ. **2** 大群衆.

ਵਾਹਲ (वाहल) /wâla ワール/ *f.* 責任. (⇒ਜ਼ੁੰਮੇਵਾਰੀ)

ਵਾਹਵਾ (वाहवा) /wâwā ワーワー/ [Arab. *vāh vāh*] *adj.* **1** 良い. (⇒ਚੰਗਾ) **2** 元気な. **3** 丈夫な.

— *f.* 称賛, 賛嘆.

— *int.* うわあー, すごい《称賛・驚きなどを表す言葉》. (⇒ਸ਼ਾਬਾਸ਼)

ਵਾਹਿਗੁਰੂ (वाहिगुरू) /wāhegurū | wâegurū ワーヘーグルー | ワーエーグルー/ ▶ਵਾਹਗੁਰੂ *m.* 〚スィ〛ワーヘグル(ワーヘーグルー)《スィック教において, 神に相当する究極の実在に付けられた名称. ワーヘ(ワーヘー)は「驚くべき」「目覚ましい」「素晴らしい」など称賛を表す接頭辞. この接頭辞を伴ったグル(グルー)は「導師」「教師」「教主」などの人ではなく, 神に相当する究極の実在を意味する》.

ਵਾਹਿਯਾਤ (वाहियात) /wâiyāta ワーイヤート/ ▶ਵਾਹੀਆਤ [Arab. *vāhiyāt*] *adj.* **1** 無意味な. **2** 無駄な. (⇒ਫ਼ਜ਼ੂਲ) **3** 卑しい, 下品な, 俗悪な.

ਵਾਹਿਯਾਤੀ (वाहियाती) /wâiyātī ワーイヤーティー/ [-ਈ] *f.* **1** 無意味な言動. **2** 無駄話. **3** 卑しい言動.

ਵਾਹੀ (वाही) /wâī ワーイー/ [cf. ਵਾਹੁਣਾ] *f.* 〖農業〗土地を耕すこと, 耕作, 栽培. (⇒ਖੇਤੀ, ਰਾਹਕੀ)

ਵਾਹੀਆਤ (वाहीआत) /wâīāta ワーイーアート/ ▸ਵਾਹਿਯਾਤ *adj.* → ਵਾਹਿਯਾਤ

ਵਾਹੀਕਾਰ (वाहीकार) /wâīkāra ワーイーカール/ [cf. ਵਾਹੁਣਾ Skt.-कार] *m.* **1** 農夫. (⇒ਕਿਸਾਨ) **2** 耕作者. (⇒ਖੇਤੀਕਾਰ)

ਵਾਹੁਣਾ (वाहुणा) /wâuṇā ワーウナー/ [Skt. वहति] *vt.* **1** 〖農業〗耕す, 耕作する. **2** 動かす, 精出して使う. **3**(剣などの武器を)手で使う, 振るう. **4**(線を)引く.

ਵਾਹੋਦਾਹੀ (वाहोदाही) /wāhodāhī ワーホーダーヒー/ [Pkt. वाहुडिअ] *adv.* **1** 速やかに. (⇒ਤੁਰੰਤ) **2** 絶え間なく.
— *f.* 素早い動き.

ਵਾਕ (वाक) /wāka ワーク/ [Skt. वाक्] *m.* **1** 〖身体〗口. **2** 発言, 言説. (⇒ਬਚਨ) **3** 話, 弁舌. (⇒ਗੱਲ) **4** 文.

ਵਾਕ ਅੰਸ਼ (वाक अंश) /wāka anśa ワーク アンシュ/ ▸ਵਾਕਾਂਸ਼ [Skt. वाक् + Skt. अंश] *m.* **1** 文の一部. **2** 語句, 成句, 表現. **3** 節.

ਵਾਕ ਆਉਟ (वाक आउट) /wāka āuṭa ワーク アーウト/ ▸ਵਾਕ ਆਊਟ *m.* → ਵਾਕ ਆਊਟ

ਵਾਕ ਆਊਟ (वाक आऊट) /wāka āūṭa ワーク アーウート/ ▸ਵਾਕ ਆਉਟ [Eng. *walkout*] *m.* 退場, 退席, 脱退.

ਵਾਕਈ (वाकई) /wākaī ワーカイー/ [Arab. *vāqi`ī*] *adv.* 本当に, 実際に, 現実に, 確かに. (⇒ਸੱਚਮੁੱਚ, ਹਕੀਕਤਨ, ਦਰਅਸਲ)

ਵਾਕ ਸ਼ੈਲੀ (वाक शैली) /wāka śailī ワーク シャェーリー/ [Skt. वाक् + Skt. शैली] *f.* 話し方, 話しぶり, 言葉遣い, 口調.

ਵਾਕ ਖੰਡ (वाक खंड) /wāka kʰaṇḍa ワーク カンド/ [+ Skt. खण्ड] *m.* **1** 話の一部. **2** 語句, 成句. **3** 節.

ਵਾਕ ਛਲ (वाक छल) /wāka cʰala ワーク チャル/ [+ Skt. छल] *m.* **1** 詭弁, こじつけ, 微妙な言い回し. **2** 曖昧なことを言ってごまかすこと, 言い逃れ.

ਵਾਕ ਧੁਨੀ (वाक धुनी) /wāka tŭnī ワーク トゥニー/ [+ Skt. ध्वनि] *f.* 話す声, 発声.

ਵਾਕਫ਼ (वाकफ़) /wākafa ワーカフ/ ▸ਵਾਕਬ [Arab. *vāqif*] *adj.* **1** 面識のある, 知り合いの. (⇒ਜਾਣੂ) **2** 知っている, 認識している, 情報を得ている, 知識のある. (⇒ਜਾਣੂ) **3** 通じている, 精通した.
— *m.* 知り合い, 知人.

ਵਾਕਫ਼ਕਾਰ (वाकफ़कार) /wākafakāra ワーカフカール/ [Pers.-*kār*] *adj.* 専門的知識を持つ, 専門家の, 熟達した.
— *m.* 専門家.

ਵਾਕਫ਼ੀ (वाकफ़ी) /wākafī ワーカフィー/ [-ਈ] *f.* **1** 面識. **2** 知識, 認識, 情報.

ਵਾਕਫ਼ੀਅਤ (वाकफ़ीअत) /wākafīata ワークフィーアト/ [Pers. *vāqifīyat*] *f.* **1** 面識. **2** 知識, 認識, 情報.

ਵਾਕਬ (वाकब) /wākaba ワーカブ/ ▸ਵਾਕਫ਼ *adj.* 〖口語〗→ ਵਾਕਫ਼

ਵਾਕ ਬਣਤਰ (वाक बणतर) /wāka baṇatara ワーク バンタル/ [Skt. वाक् + cf. ਬਣਨਾ] *f.* **1** 文の構造. **2** 〖言〗構文論, 統語論.

ਵਾਕ ਬੋਧ (वाक बोध) /wāka bôda ワーク ボード/ [+ Skt. बोध] *m.* **1** 文の知識. **2** 〖言〗統語論.

ਵਾਕਰ[1] (वाकर) /wākara ワーカル/ ▸ਵਾਂਗ, ਵਾਂਗਰ, ਵਾਂਗਰਾਂ, ਵਾਂਗੂੰ, ਵਾਂਙ, ਵਾਂਙੂੰ *postp.adv.* → ਵਾਂਗ

ਵਾਕਰ[2] (वाकर) /wākara ワーカル/ [Eng. *walker*] *m.* **1** 歩行者. **2** 〖器具〗歩行器.

ਵਾਕ ਰਚਨਾ (वाक रचना) /wāka racanā ワーク ラチナー/ [Skt. वाक् + Skt. रचना] *f.* **1** 文の創作. **2** 〖言〗統語法.

ਵਾਕ ਵਿਓਂਤ (वाक विओंत) /wāka viōta ワーク ヴィオーント/ [+ cf. ਵਿਓਂਤਣਾ] *f.* **1** 文の方法. **2** 〖言〗統語法.

ਵਾਕਾਂਸ਼ (वाकाँश) /wākāśa ワーカーンシュ/ ▸ਵਾਕ ਅੰਸ਼ *m.* → ਵਾਕ ਅੰਸ਼

ਵਾਕਿਆ (वाकिआ) /wākiā ワーキアー/ [Arab. *vāqi`a*] *m.* **1** 出来事, 事件. **2** 事故. **3** 事情.

ਵਾਂਗ (वाँग) /wãga ワーング/ ▸ਵਾਕਰ, ਵਾਂਗਰ, ਵਾਂਗਰਾਂ, ਵਾਂਗੂੰ, ਵਾਂਙ, ਵਾਂਙੂੰ [Pers. *vān* + Pers. *gūn*] *postp.* **1**…のように, …の如く, …と同じように. (⇒ਨਿਆਈਂ, ਤਰ੍ਹਾਂ) ❐ਮਨੁੱਖ ਨੂੰ ਇੱਕ ਖੁੱਲ੍ਹੀ ਕਿਤਾਬ ਵਾਂਗ ਪੜ੍ਹ ਸਕਦਾ ਹੈ। 人間を一冊の開いた本のように読むことができます. ❐ਕੁੱਤੇ ਵਾਂਗ ਘੋੜਾ ਵੀ ਮਨੁੱਖ ਦਾ ਸੇਵਾਦਾਰ ਹੈ। 犬と同じように馬も人間に奉仕する動物です. **2**…に似て.

ਵਾਗ (वाग) /wāga ワーグ/ [Skt. वल्गा] *f.* 手綱. ❐ਵਾਗ ਗੁੰਦਣੀ 手綱を編んで作る. ❐ਵਾਗ ਫੜਨੀ 手綱を握る. ❐ਵਾਗਾਂ ਖੁਲ੍ਹੀਆਂ ਛੱਡਣੀਆਂ 手綱を緩める, 勝手に行かせる, 自由に行動させる. ❐ਵਾਗਾਂ ਮੋੜਨੀਆਂ 手綱を戻す, 帰途に就く, 帰る, 久しぶりに戻る.

ਵਾਗ ਗੁੰਦਾਈ (वाग गुंदाई) /wāga gundāī ワーグ グンダーイー/ [+ cf. ਗੁੰਦਣਾ] *f.* 〖儀礼〗婚礼の披露宴が始まる前に花婿の乗る馬のたてがみを編む儀式.

ਵਾਂਗਣਾ (वाँगणा) /wãgaṇā ワーングナー/ *vt.* 潤滑油を差す, 滑りを良くする, 滑らかにする.

ਵਾਗ ਫੜਾਈ (वाग फड़ाई) /wāga pʰaṛāī ワーグ パラーイー/ [Skt. वल्गा + cf. ਫੜਨਾ] *f.* **1** 〖儀礼〗花婿の姉妹が贈り物を受け取るため馬の手綱を握る婚礼の慣習. **2** この婚礼の慣習に際して与えられる贈り物.

ਵਾਂਗਰ (वाँगर) /wãgara ワーンガル/ ▸ਵਾਕਰ, ਵਾਂਗ, ਵਾਂਗਰਾਂ, ਵਾਂਗੂੰ, ਵਾਂਙ, ਵਾਂਙੂੰ *postp.adv.* → ਵਾਂਗ

ਵਾਂਗਰਾਂ (वाँगराँ) /wãgarã ワーングラーン/ ▸ਵਾਕਰ, ਵਾਂਗ, ਵਾਂਗਰ, ਵਾਂਗੂੰ, ਵਾਂਙ, ਵਾਂਙੂੰ *postp.adv.* → ਵਾਂਗ

ਵਾਗੀ (वागी) /wāgī ワーギー/ *m.* 家畜の世話をする人, 牧夫.

ਵਾਂਗੂੰ (वाँगूँ) /wãgũ ワーングーン/ ▸ਵਾਕਰ, ਵਾਂਗ, ਵਾਂਗਰ, ਵਾਂਗਰਾਂ, ਵਾਂਙ, ਵਾਂਙੂੰ *postp.adv.* → ਵਾਂਗ

ਵਾਂਙ (वाँङ) /wãṅa ワーンヌ/ ▸ਵਾਕਰ, ਵਾਂਗ, ਵਾਂਗਰ, ਵਾਂਗਰਾਂ, ਵਾਂਗੂੰ, ਵਾਂਙੂੰ *postp.adv.* → ਵਾਂਗ

ਵਾਂਙੂੰ (वाँङूँ) /wãṅũ ワーンヌーン/ ▸ਵਾਕਰ, ਵਾਂਗ, ਵਾਂਗਰ, ਵਾਂਗਰਾਂ, ਵਾਂਗੂੰ, ਵਾਂਙ *postp.adv.* → ਵਾਂਗ

ਵਾਚ[1] (वाच) /wāca ワーチ/ [Skt. वाच्य] *m.* **1** 言葉, 語. (⇒ਸ਼ਬਦ) **2** 話, 発話, 発言, 談話. (⇒ਬਚਨ, ਬਾਣੀ) **3** 言い回し, 語られたこと, 言説. (⇒ਕਥਨ) **4** 〖言〗態.

ਵਾਚ[2] (वाच) /wāca ワーチ/ [Eng. *watch*] *f.* (携帯用の)小型時計, 腕時計, 懐中時計.

ਵਾਚਕ (वाचक) /wācaka ワーチャク/ [Skt. वाचक] *adj.* **1** 言う, 話す, 語る, 語りの. **2** 示す, 表示する, 表示の, 意味する.
— *m.* 話す人, 話者, 語り手.
— *suff.* 「…を示す」「…を意味する」などの意味の形容詞, または「…を話す人」「…の語り手」などの意味の名詞を形成する接尾辞.

ਵਾਚਣਾ (वाचणा) /wācaṇā ワーチャナー/ [Skt. वाचयति] *vt.* **1** 読む. (⇒ਪੜ੍ਹਨਾ) **2** 読誦する, 暗唱する. **3** 学ぶ, 勉強する.

ਵਾਚਮੇਕਰ (वाचमेकर) /wācamekara ワーチメーカル/ [Eng. *watchmaker*] *m.* 時計屋, 時計の製造修理業者.

ਵਾਚਮੈਨ (वाचमैन) /wācamaina ワーチマェーン/ [Eng. *watchman*] *m.* 警備員, 守衛, 夜警.

ਵਾਚੀ (वाची) /wācī ワーチー/ [Skt. वाचिन्] *adj.* **1** 言葉の, 言語の, 言語による. **2** 伝える, 表す, …を意味する.

ਵਾਛ (वाछ) /wācʰa ワーチ/ ▸ਬਾਛ, ਵਰਾਛ *f.* → ਵਰਾਛ

ਵਾਛੜ (वाछड़) /wācʰaṛa ワーチャル/ ▸ਬੁਛਾੜ [Skt. वायु + Skt. क्षरण] *f.* 〖気象〗激しい雨, 大雨, 豪雨.

ਵਾਜ (वाज) /wāja ワージ/ ▸ਅਵਾਜ਼, ਆਵਾਜ਼ *f.* → ਅਵਾਜ਼

ਵਾਜਬ (वाजब) /wājaba ワージャブ/ [Arab. *vājib*] *adj.* **1** 適正な, もっともな. (⇒ਠੀਕ) **2** 適当な, ふさわしい. (⇒ਉਚਿਤ, ਯੋਗ)

ਵਾਜਬੀ (वाजबी) /wājabī ワージャビー/ [Pers. *vājibī*] *adj.* **1** 適正な, もっともな. (⇒ਠੀਕ) **2** 適当な, ふさわしい. (⇒ਉਚਿਤ, ਯੋਗ) **3** 僅かな, 少しの. **4** 安い, 安価な.

ਵਾਂਜਾ (वाँजा) /wā̃jā ワーンジャー/ ▸ਵਾਂਝਾ [Skt. वञ्चित] *adj.* **1** …のない. **2** 剥奪された. (⇒ਮਹਿਰੂਮ) **3** 欠けている. (⇒ਖ਼ਾਲੀ)

ਵਾਜਾ (वाजा) /wājā ワージャー/ [Skt. वाद्य] *m.* **1** 楽器. **2** 〖楽器〗管楽器. **3** 〖楽器〗ハーモニウム(ハルモニウム). **4** 〖楽器〗ハーモニカ. **5** 楽団. **6** オーケストラ.

ਵਾਜ਼ਿਆ (वाज़िआ) /wāziā ワーズィアー/ [Arab. *vāzih*] *adj.* **1** 明らかな, 明白な, 歴然とした. **2** 明快な, 分かりやすい.

ਵਾਂਝਾ (वाँझा) /wā̃jā ワーンジャー/ ▸ਵਾਂਜਾ *adj.* → ਵਾਂਜਾ

ਵਾਟ[1] (वाट) /wāṭa ワート/ ▸ਬਾਟ [Skt. वाट] *m.f.* **1** 距離, 隔たり. (⇒ਦੂਰੀ) **2** 道, 道路. (⇒ਰਸਤਾ, ਰਾਹ) **3** 旅, 旅行. (⇒ਪੈਂਡਾ) **4** 慣習, 慣例. (⇒ਰੀਤ)

ਵਾਟ[2] (वाट) /wāṭa ワート/ [Eng. *watt*] *m.* 〖電力〗ワット《電力の単位》.

ਵਾਟਰ (वाटर) /wāṭara ワータル/ [Eng. *water*] *m.* 水. (⇒ਪਾਣੀ)

ਵਾਟਰ ਵਰਕਸ (वाटर वरकस) /wāṭara warakasa ワータル ワルカス/ [Eng. *waterworks*] *m.* 水道設備, 送水場, 水道局.

ਵਾਟੜੀ (वाटड़ी) /wāṭaṛī ワータリー/ [Skt. वाट -ड़ी] *f.* **1** 〖詩語〗小道. **2** 歩道.

ਵਾਢ (वाढ) /wâḍa ワード/ [cf. ਵੱਢਣਾ] *f.* **1** 切ること, 切断. **2** 殺害. (⇒ਕਤਲ)

ਵਾਢਾ (वाढा) /wâḍā ワーダー/ ▸ਬਾਢਾ, ਵਢਾਵਾ [cf. ਵੱਢਣਾ] *m.* 〖農業〗刈り手, 刈り取りをする人, 収穫者.

ਵਾਢੀ (वाढी) /wâḍī ワーディー/ ▸ਬਾਢੀ [cf. ਵੱਢਣਾ] *f.* 〖農業〗刈り入れ, 収穫.

ਵਾਣ (वाण) /wāṇa ワーン/ *m.* 葦の繊維で作った粗い撚り紐《チャールパーイー〔四脚の寝台〕に張られる》.

ਵਾਤ[1] (वात) /wāta ワート/ ▸ਬਾਤ *f.* → ਬਾਤ

ਵਾਤ[2] (वात) /wāta ワート/ [Skt. वात] *m.* **1** 空気. **2** 〖気象〗風. (⇒ਹਵਾ, ਵਾਯੂ) **3** 〖医〗胃や腸に溜まるガス. **4** 〖医〗リューマチ, 痛風.

ਵਾਤਸਲ (वातसल) /wātasala ワートサル/ [Skt. वात्सल्य] *m.* **1** 小さい者への愛. **2** 親の愛情.

ਵਾਤਾਵਰਣ (वातावरण) /wātāwaraṇa ワーターワルン/ ▸ਵਾਤਾਵਰਨ *m.* → ਵਾਤਾਵਰਨ

ਵਾਤਾਵਰਣਕ (वातावरणक) /wātāwaraṇaka ワーターワルナク/ ▸ਵਾਤਾਵਰਨਿਕ *adj.* → ਵਾਤਾਵਰਨਿਕ

ਵਾਤਾਵਰਨ (वातावरन) /wātāwarana ワーターワルン/ ▸ਵਾਤਾਵਰਣ [Skt. वातावरण] *m.* **1** 大気, 空気. **2** 環境. **3** 雰囲気, 周囲の様子, ムード. (⇒ਮਾਹੌਲ) **4** 状態, 状況, 情勢.

ਵਾਤਾਵਰਨਿਕ (वातावरनिक) /wātāwaranika ワーターワルニク/ ▸ਵਾਤਾਵਰਣਕ [Skt. वातावरणिक] *adj.* **1** 大気の. **2** 環境の. **3** 雰囲気の.

ਵਾਤੌੜ (वातौड़) /wātauṛa ワータォール/ *adj.* 風によって運ばれる.

ਵਾਂਦ (वाँद) /wā̃da ワーンド/ *f.* **1** 余暇. **2** 休息.

ਵਾਦ (वाद) /wāda ワード/ ▸ਬਾਦ [Skt. वाद] *m.* **1** 議論. **2** 主義, 観点, 理論, 考え方. **3** 討議, 討論. **4** 論争, 言い争い, 諍い. **5** 喧嘩, 争い.
— *suff.* 「…主義」「…の考え方」「…論」などを意味する男性名詞を形成する接尾辞.

ਵਾਦਕ (वादक) /wādaka ワーダク/ [Skt. वादक] *adj.* 演奏する.
— *m.* 演奏者.

ਵਾਦਨ (वादन) /wādana ワーダン/ [Skt. वादन] *m.* 演奏.

ਵਾਦ-ਵਿਵਾਦ (वाद-विवाद) /wāda-viwāda ワード・ヴィワード/ [+ Skt. विवाद] *m.* **1** 討議, 討論. **2** 論議, 論争. **3** 論戦.

ਵਾਦੜੀ (वादड़ी) /wādaṛī ワーダリー/ ▸ਵਾਦੀ *f.* 〖詩語〗 → ਵਾਦੀ[1]

ਵਾਂਦਾ (वाँदा) /wā̃dā ワーンダー/ *adj.* **1** 空(から)の, 空いている. **2** 暇な, 忙しくない.

ਵਾਦੀ[1] (वादी) /wādī ワーディー/ ▸ਵਾਦੜੀ [Pers. *vādī*] *f.* 〖地理〗谷, 渓谷.

ਵਾਦੀ[2] (वादी) /wādī ワーディー/ [Skt. वादिन्] *suff.* 「…の主義・観点・理論などを支持・主唱する」「…主義の」などを意味する形容詞, または「…の主義・観点・理論などを支持・主唱する人」「…主義者」「…論者」などを意味する男性名詞を形成する接尾辞.

ਵਾਦੀ[3] (वादी) /wādī ワーディー/ *f.* 習慣, 癖, 習癖. (⇒ਆਦਤ)

ਵਾਧਰਾ (वाधरा) /wâdarā ワーダラー/ *m.* 〖建築〗軒, 庇.

ਵਾਧਾ (वाधा) /wâdā ワーダー/ ▸ਵਧਾ [cf. ਵਧਣਾ[1]] *m.* **1**

増加, 増大. **2** 拡張, 拡大.

ਵਾਧੂ (वाधू) /wâdū ワードゥー/ [cf. ਵਧਣਾ[1]] *adj.* **1** 過剰な. (⇒ਜ਼ਿਆਦਾ, ਬਹੁਤਾ) **2** 余分な, 余計な. (⇒ਫ਼ਾਲਤੂ) **3** 無駄な, 不必要な. (⇒ਫ਼ਜ਼ੂਲ, ਬੇਲੋੜਾ)

ਵਾਨ[1] (वान) /wāna ワーン/ ▸ਵਾਂ [Skt. वान्] *suff.* 「…という属性を持つ」「…を所有する」「…を御する」「…を行う」「…に関わりのある」などを意味する形容詞, または「…という属性」「…という属性を持つもの」「…を所有するもの」「…を御するもの」「…を行うもの」「…に関わりのあるもの」などを意味する男性名詞を形成する接尾辞.

ਵਾਨ[2] (वान) /wāna ワーン/ [Pers. *vān*] *suff.* 「…を御する」「…を行う」「…に関わりのある」「…を守る」などを意味する形容詞, または「…を御するもの」「…を行うもの」「…に関わりのあるもの」「…を守るもの」などを意味する男性名詞を形成する接尾辞.

ਵਾਨ੍ਹ (वान्ह) /wâna ワーン/ ▸ਵਾਹਣ *m.* → ਵਾਹਣ[1]

ਵਾਪਸ (वापस) /wāpasa ワーパス/ [Pers. *vāpas*] *adv.* **1** 元の位置に, 元の場所に. **2** 戻って, 帰って, 返って, 返却されて. ❒ਵਾਪਸ ਆਉਣਾ 戻って来る, 戻る, 帰る. ❒ਵਾਪਸ ਕਰਨਾ 帰らせる, 返す, 戻す, 返却する. ❒ਵਾਪਸ ਲੈਣਾ 取り返す, 取り戻す, 回収する.

ਵਾਪਸੀ (वापसी) /wāpasī ワーパスィー/ [Pers. *vāpasī*] *adj.* 帰りの. (⇒ਰਿਟਰਨ)

— *f.* 帰り, 帰還. (⇒ਰਿਟਰਨ)

ਵਾਪਰਨਾ (वापरना) /wāparanā ワーパルナー/ *vi.* 起こる, 起きる, 生じる, 発生する. ❒ਅਚਾਨਕ ਜੇ ਕੋਈ ਗੱਡੀ ਆ ਜਾਏ ਤਾਂ ਸੋਚੋ, ਕੀ ਵਾਪਰ ਸਕਦਾ ਹੈ? 突然車が来たら何が起こるか考えてみなさい. ❒ਧੁੰਧ ਵਿੱਚ ਅੱਗੋਂ ਕੁਝ ਵੀ ਦਿਖਾਈ ਨਾ ਦੇਣ ਕਾਰਨ ਇਹ ਦੁਰਘਟਨਾ ਵਾਪਰ ਗਈ। 霧の中で前方が全く見えなかったためにこの事故は起きてしまいました.

ਵਾਫ਼ਰ (वाफ़र) /wāfara ワーファル/ [Arab. *vāfir*] *adj.* **1** 余分な. (⇒ਫ਼ਾਲਤੂ) **2** 過剰な. (⇒ਵਾਧੂ)

ਵਾਬਸਤਾ (वाबसता) /wābasatā ワーバスター/ [Pers. *vābast*] *adj.* **1** 連結した, 関連した. (⇒ਸੰਬੰਧਤ) **2** 付属の.

ਵਾਮ (वाम) /wāma ワーム/ ▸ਬਾਮ [Skt. वाम] *adj.* **1** 左の. (⇒ਖੱਬਾ) **2** 反対の.

ਵਾਮ-ਪੰਥ (वाम-पंथ) /wāma-pantʰa ワーム・パント/ [+ Skt. पथ] *m.* 〖政治〗左翼集団, 左翼政党.

ਵਾਮ-ਪੰਥੀ (वाम-पंथी) /wāma-pantʰī ワーム・パンティー/ [+ Skt. पथिन्] *adj.* 〖政治〗左翼集団の, 左翼政党の.

— *m.* 〖政治〗左翼党員, 左翼支持者.

ਵਾਯੂ (वायू) /wāyū ワーユー/ ▸ਵਾ, ਵਾਉ, ਵਾਅ [Skt. वायु] *f.* **1** 空気, 大気, 空中. **2** 〖気象〗風. (⇒ਹਵਾ, ਪੌਣ)

ਵਾਯੂ-ਸੈਨਾ (वायू-सैना) /wāyū-sainā ワーユー・サェーナー/ [+ Skt. सेना] *f.* 〖軍〗空軍.

ਵਾਯੂ-ਮੰਡਲ (वायू-मंडल) /wāyū-maṇḍala ワーユー・マンダル/ [+ Skt. मण्डल] *m.* 大気, 大気圏.

ਵਾਯੂ-ਮਾਰਗ (वायू-मारग) /wāyū-māraga ワーユー・マーラグ/ [+ Skt. मार्ग] *m.* 空路.

ਵਾਯੂ-ਮੁਰਗ਼ਾ (वायू-मुरग़ा) /wāyū-muraǧā ワーユー・ムルガー/ [+ Pers. *murǧ*] *m.* 〖器具〗風見鶏.

ਵਾਯੂ-ਯਾਨ (वायू-यान) /wāyū-yāna ワーユー・ヤーン/ *m.* 〖乗物〗飛行機, 航空機.

ਵਾਰ[1] (वार) /wāra ワール/ [Skt. वार] *m.* **1** 打撃, 打つこと, 一撃. **2** 攻撃, 襲撃. (⇒ਹਮਲਾ)

ਵਾਰ[2] (वार) /wāra ワール/ *f.* 〖文学〗讃歌, 詩頌, バラッド《英雄伝説などを歌った詩》.

ਵਾਰ[3] (वार) /wāra ワール/ ▸ਬਾਰ, ਵੇਰ [Skt. वार] *f.* **1** 番, 順番. **2** 回, 度. (⇒ਦਫ਼ਾ) ❒ਇਹ ਦਵਾ ਦਿਨ ਵਿੱਚ ਤਿੰਨ ਵਾਰ ਪੀਣਾ। この薬を一日に三回飲みなさい. **3** 機会. (⇒ਮੌਕਾ)

ਵਾਰ[4] (वार) /wāra ワール/ ▸ਬਾਰ [Skt. वार] *m.* **1** 日. **2** 曜日.

ਵਾਰ[5] (वार) /wāra ワール/ [Pers. *vār*] *suff.* 名詞に付いて, 「…に関わる」「…の割合の」などを意味する形容詞, または「…に関わって」「…の割合で」などを意味する副詞, または「…に関わるもの」などを意味する名詞を形成する接尾辞.

ਵਾਰ[6] (वार) /wāra ワール/ [Eng. *war*] *f.* 戦争. (⇒ਜੁੱਧ, ਜੰਗ, ਲੜਾਈ)

ਵਾਰਸ (वारस) /wārasa ワーラス/ [Arab. *vāris*] *m.* **1** 相続人. **2** 〖法〗法定相続人. **3** 所有者, 主人. **4** 庇護者, 保護者.

ਵਾਰਸਸ਼ਾਹ (वारसशाह) /wārasaśâ ワーラスシャー/ ▸ਵਾਰਿਸਸ਼ਾਹ *m.* → ਵਾਰਿਸਸ਼ਾਹ

ਵਾਰਸ਼ਕ (वारशक) /wāraśaka ワールシャク/ ▸ਵਾਰਸ਼ਿਕ *adj.* → ਵਾਰਸ਼ਿਕ

ਵਾਰਸ਼ਿਕ (वारशिक) /wāraśika ワールシク/ ▸ਵਾਰਸ਼ਕ [Skt. वार्षिक] *adj.* 毎年の, 年次の, 年間の. (⇒ਸਾਲਾਨਾ)

ਵਾਰਸ਼ਿਕੀ (वारशिकी) /wāraśikī ワールシキー/ [Skt. वार्षिक -ਈ] *f.* **1** 年金. (⇒ਪੈਨਸ਼ਨ) **2** 年刊誌, 年報.

ਵਾਰਸੀ (वारसी) /wārasī ワールスィー/ [Arab. *vāris* -ਈ] *f.* 相続.

ਵਾਰਡ (वारड) /wārada ワールド/ [Eng. *ward*] *m.* **1** (都市の行政)区, 選挙区. **2** 保護, 後見, 監督, 監視. **3** 病棟, 病室, (刑務所の)監房.

ਵਾਰਡਨ (वारडन) /wāradana ワールダン/ [Eng. *warden*] *m.* **1** 管理人, 監視員. **2** (寮の)舎監. **3** 看守, 刑務官.

ਵਾਰਡਰ (वारडर) /wāradara ワールダル/ [Eng. *warder*] *m.* **1** 番人, 見張り人. **2** (刑務所の)看守, 刑務官. (⇒ਜੇਲ੍ਹਰ)

ਵਾਰਤ (वारत) /wārata ワーラト/ [Skt. वारित] *adj.* **1** 止められた, 禁じられた, 禁止された. (⇒ਵਰਜਿਤ) **2** 覆われた, 隠された.

ਵਾਰਤਕ (वारतक) /wārataka ワールタク/ [Skt. वार्तिक] *f.* 〖文学〗散文. (⇒ਗੱਦ, ਨਸਰ)

ਵਾਰਤਾ (वारता) /wāratā ワールター/ [Skt. वार्त्ता] *f.* **1** 言い伝え, 話, 物語. **2** 陳述. **3** 交渉, 話し合い, 対話.

ਵਾਰਤਾਕਾਰ (वारताकार) /wāratākāra ワールターカール/ [Skt.-कार] *m.* **1** 語り手. **2** 伝え手, 報告者. **3** 交渉者.

ਵਾਰਤਾਲਾਪ (वारतालाप) /wāratālāpa ワールターラープ/ [Skt. वार्त्तालाप] *m.* 会話, 会談, 対話. (⇒ਗੱਲ-ਬਾਤ, ਬਾਤ-ਚੀਤ)

ਵਾਰਤਾਲਾਪੀ (वारतालापी) /wāratālāpī ワールターラーピー/ [-ਈ] *adj.* 会話の, 会談の, 対話の.

ਵਾਰਦਾਤ (वारदात) /wārạdātạ ワールダート/ [Arab. vāridāt] *f.* **1** 事件. **2** 騒動. **3** 災害, 惨事, 災難.

ਵਾਰਨਸ਼ (वारनश) /vārạnaśạ ヴァールナシュ/ ▸ਵਾਰਨਿਸ਼ *f.* → ਵਾਰਨਿਸ਼

ਵਾਰਨਾ (वारना) /wārạnā ワールナー/ [Skt. वारयते] *vt.* **1** 囲む. **2** 犠牲に供する.

ਵਾਰਨਿਸ਼ (वारनिश) /wārạniśạ ワールニシュ/ ▸ਵਾਰਨਸ਼ [Eng. *varnish*] *f.* ニス, ワニス, 上薬.

ਵਾਰਨਿੰਗ (वारनिंग) /wārạniṅgạ ワールニング/ [Eng. *warning*] *f.* 警戒, 警告. (⇒ਚੇਤਾਉਣੀ)

ਵਾਰ ਵਾਰ (वार वार) /wārạ wārạ ワール ワール/ ▸ਬਾਰ ਬਾਰ, ਵੇਰ ਵੇਰ [Skt. वार + Skt. वार] *adv.* **1** 何度も, 繰り返し. (⇒ਮੁੜ ਮੁੜ) **2** たびたび. (⇒ਅਕਸਰ)

ਵਾਰਾਣਸੀ (वाराणसी) /wārāṇasī ワーラーナスィー/ [Skt. वाराणसी] *f.* 〖地名〗ヴァーラーナスィー(ワーラーナシー), バナーラス《ウッタル・プラデーシュ州東部の都市. ガンジス川左岸に広がるヒンドゥー教・仏教の一大聖地》.

ਵਾਰਿਸਸ਼ਾਹ (वारिसशाह) /wārisạśâ ワーリスシャー/ ▸ ਵਾਰਸਸ਼ਾਹ *m.* 〖人名・文学〗ワーリス・シャー《ヒールとラーンジャーの悲恋伝説をもとにして名作『ヒール』を著した18世紀のパンジャービー語の神秘主義詩人》.

ਵਾਰੀ[1] (वारी) /wārī ワーリー/ [Pers. *vārī*] *suff.* 名詞に付いて,「…に関わること」「…の割合」などを意味する女性名詞を形成する接尾辞.

ਵਾਰੀ[2] (वारी) /wārī ワーリー/ ▸ਬਾਰੀ [Skt. वार -ई] *f.* **1** 番, 順番. **2** 回, 度. (⇒ਦਫ਼ਾ) ❐ਵਾਰੀ ਦਾ 何回もの, 何度も繰り返す, 繰り返しやって来る. ❐ਵਾਰੀ ਦਾ ਤਾਪ, ਵਾਰੀ ਦਾ ਬੁਖ਼ਾਰ マラリア, マラリア熱. ❐ਵਾਰੀ ਦਾ ਵੱਟਾ 復讐, 報復, 仕返し, しっぺ返し. **3** 機会. (⇒ਮੌਕਾ) **4** 勤務・役割の交替, 交替番.

ਵਾਰੀ-ਵਾਰੀ (वारी-वारी) /wārī-wārī ワーリー・ワーリー/ ▸ਵਾਰੋ-ਵਾਰੀ [+ Skt. वार -ई] *adv.* **1** 順番に, 交替で, 順ぐりに. **2** 交互に, 代わる代わる. **3** 何度も, 繰り返し. (⇒ਮੁੜ ਮੁੜ ਕੇ)

ਵਾਰੇ (वारे) /wāre ワーレー/ ▸ਬਾਰੇ *postp.* → ਬਾਰੇ

ਵਾਰੋ-ਵੱਟੀ (वारो-वट्टी) /wāro-waṭṭī ワーロー・ワッティー/ *adv.* **1** 順番に, 交替で, 順ぐりに. **2** 交互に, 代わる代わる.

ਵਾਰੋ-ਵਾਰੀ (वारो-वारी) /wāro-wārī ワーロー・ワーリー/ ▸ਵਾਰੀ-ਵਾਰੀ *adv.* → ਵਾਰੀ-ਵਾਰੀ

ਵਾਲ[1] (वाल) /wālạ ワール/ ▸ਬਾਲ [Skt. बाल] *m.* 〖身体〗毛, 髪, 髪の毛, 毛髪, 頭髪, 体毛. (⇒ਲੂੰ, ਰੋਮ, ਕੇਸ) ❐ਵਾਲ ਝੜਨਾ 髪の毛が異常に抜け落ちる. ❐ਵਾਲ ਦੀ ਖੱਲ ਉਤਾਰਨਾ 毛の表皮を剥く, 不必要な細かい区別だてをする, 小理屈をこねる. ❐ਵਾਲ-ਵਾਲ ਬਚਣਾ 間一髪逃れる, 危機一髪のところで助かる. ❐ਪਾਕਿਸਤਾਨ ਦੇ ਰਾਸ਼ਟਰਪਤੀ ਪਰਵੇਜ਼ ਮੁਸ਼ੱਰਫ਼ ਪਿਛਲੇ ੧੦ ਦਿਨਾਂ ਅੰਦਰ ਅੱਜ ਦੂਜੀ ਵਾਰ ਜਾਨਲੇਵਾ ਹਮਲੇ ਦੇ ਯਤਨਾਂ ਵਿੱਚ ਵਾਲ-ਵਾਲ ਬਚੇ। パキスタンの大統領パルヴェーズ・ムシャラフはこの10日間のうちに今日2度目となる命を狙う攻撃に遭い危機一髪のところで助かりました.

ਵਾਲ[2] (वाल) /wālạ ワール/ [Skt. पाल] *suff.* 「…の世話をする者」「…を生業とする者」「…を管理する者」「…に関わるもの」などの意味の接尾辞. 先行する語と合わせて一つの名詞を形成する. 例えば ਮਹੀਂ「牝水牛」の飼育を生業とする者は, ਮਹੀਂਵਾਲ「牛飼い」となる.

ਵਾਲ[3] (वाल) /wālạ ワール/ *suff.* 「…に関わるもの」「…に類するもの」「…に属するもの」などを意味する名詞を形成する接尾辞.

ਵਾਲ[4] (वाल) /vālạ ヴァール/ [Eng. *valve*] *m.* (機械や装置などの)弁, バルブ.

ਵਾਲਖੋਰਾ (वालखोरा) /wālạkʰorā ワールコーラー/ *m.* 〖医〗禿頭病. (⇒ਵਾਲਚਰ)

ਵਾਲਚਰ (वालचर) /wālạcarạ ワールチャル/ *m.* **1** 〖医〗禿頭病. (⇒ਵਾਲਖੋਰਾ) **2** 禿頭. (⇒ਗੰਜ)

ਵਾਲੰਟਰੀ (वालंटरी) /vālanṭarī ヴァーランタリー/ [Eng. *voluntary*] *adj.* 自発的な, 志願の.

ਵਾਲੰਟੀਅਰ (वालंटीअर) /vālanṭīarạ ヴァーランティーアル/ ▸ਵਲੰਟੀਅਰ *m.* → ਵਲੰਟੀਅਰ

ਵਾਲਦ (वालद) /wāladạ ワーラド/ [Arab. *vālid*] *m.* 〖親族〗父.

ਵਾਲਦਾ (वालदा) /wālạdā ワールダー/ [Arab. *vālida*] *f.* 〖親族〗母.

ਵਾਲਦੈਨ (वालदैन) /wālạdainạ ワールダェーン/ [Arab. *vālidain*] *m.* 〖親族〗両親, 父母. (⇒ਮਾਪੇ)

ਵਾਲਮੀਕ (वालमीक) /wālạmīkạ ワールミーク/ ▸ਬਾਲਮੀਕ [Skt. वल्मीक] *m.* 〖人名・文学〗ヴァールミーキ《叙事詩ラーマーヤナの作者とされる古代インドの伝説上の詩人. 名前は, 長年瞑想を続けた彼の周囲に蟻が蟻塚(ヴァルミーカ valmīka)を築いたという故事に由来する》.

ਵਾਲਾ (वाला) /wālā ワーラー/ *suff.* 《品詞を接尾辞としたが, 名詞(句)を作る ਵਾਲਾ は「アー」語尾の男性名詞, その女性形の名詞(句)を作る ਵਾਲੀ は「イー」語尾の女性名詞, また形容詞(句)や述部を作る ਵਾਲਾ は「アー」語尾の形容詞としての性質を, それぞれ兼ね備えている. ਘਰਵਾਲਾ や ਘਰਵਾਲੀ のように, 一語のつづりの名詞となるものもある》 **1**《先行する語と合わせて, 特徴や属性を指定する名詞(句)を形成する接尾辞. その際, ਵਾਲਾ は「アー」語尾の男性名詞, ਵਾਲੀ は「イー」語尾の女性名詞と同じ変化をする. 男性・主格・単数 ਵਾਲਾ , 男性・主格・複数 ਵਾਲੇ , 男性・後置格・単数 ਵਾਲੇ , 男性・後置格・複数 ਵਾਲਿਆਂ , 女性・主格・単数 ਵਾਲੀ , 女性・主格・複数 ਵਾਲੀਆਂ , 女性・後置格・単数 ਵਾਲੀ , 女性・後置格・複数 ਵਾਲੀਆਂ 》名詞の後に付く場合,「…する人」「…に携わる人(…屋)・もの」「…を持つ人・もの」「…に関係する人・もの」などの意味を表す. 動詞の後に付く場合,「…するための人・もの」「…している人・もの」などの意味を表す. 名詞は後置格形, 動詞は不定詞の後置格形となる. ❐ਜ਼ਰਾ ਫਲ ਵਾਲੇ ਨੂੰ ਬੁਲਾਓ। ちょっと果物屋を呼びなさい. ❐ਕਾਲੀ ਟੋਪੀ ਵਾਲੇ ਦਾ ਕੀ ਨਾਂ ਹੈ? 黒い帽子をかぶった人の名前は何ですか. ❐ਉਸ ਦੀ ਘਰਵਾਲੀ ਕਿਧਰੇ ਬਾਹਰ ਗਈ ਹੋਈ ਹੈ। 彼の奥さんはどこかに出かけてしまっています. ❐ਇੱਕ ਕੇਲੇ ਵੇਚਣ ਵਾਲਾ ਡੱਬੇ ਵਿੱਚ ਆਇਆ। 1人のバナナ売りの男が車室に入って来ました. ❐ਮੋਬਾਇਲ ਫ਼ੋਨ ਵਰਤਣ ਵਾਲਿਆਂ ਵਿੱਚ ਦਿਮਾਗੀ ਰਸੌਲੀ ਬਣਨ ਦੀ ਸੰਭਾਵਨਾ ਆਮ ਮਨੁੱਖ ਨਾਲੋਂ ੩੦ ਫ਼ੀਸਦੀ ਜ਼ਿਆਦਾ ਹੈ। 携帯電話を使用する人たちの中では脳腫瘍になる可能性は普通の人より30%大きいのです. ❐ਸਤਵੰਤ ਕੌਰ ਦਾ ਮਰਨ ਵਾਲਿਆਂ ਨਾਲ ਕੀ ਸੰਬੰਧ ਸੀ? サトワント・コウルは死者たちとどんな関係だったのですか. **2**《先行する語と合わせて, 特徴や属性を指定する形容詞(句)を形成する接尾辞. その際, 被修飾語の性・格・数に応じて,「アー」語尾の形容詞と同じ変化をする. 男性・主格・単数 ਵਾਲਾ , 男性・主格・複数 ਵਾਲੇ , 男性・後置格・単数 ਵਾਲੇ , 男性・後置格・複数 ਵਾਲਿਆਂ , 女性・主格・単数 ਵਾਲੀ , 女性・主格・複数 ਵਾਲੀਆਂ , 女性・後置格・単数 ਵਾਲੀ , 女性・後置格・複数 ਵਾਲੀਆਂ 》名詞の後に付く場合,「…の」「…をする」「…に携わる」「…を持つ」「…に関係する」などの意味を表す. 副詞の後に付く場合,「…の」「…にある」などの意味を表す. 動詞の後に付く場合,「…する(ための)」「…している」などの意味を表す. 名詞は後置格形, 動詞は不定詞の後置格形となる. ❐ਵਿਆਹ ਵਾਲੇ ਦਿਨ ਸਭ ਛੇਤੀ ਜਾਗ ਪਏ। 結婚式の日は皆早く起きました. ❐ਸਮਾਨ ਤਾਂ ਸਾਹਮਣੇ ਵਾਲੀ ਦੁਕਾਨ ਤੋਂ ਲੈ ਕੇ ਆਓ। 品物は正面にある店で買って来なさい. ❐ਇਹ ਖਾਣ ਵਾਲੀ ਚੀਜ਼ ਨਹੀਂ ਹੈ। これは食べる物ではありません. ❐ਪੜ੍ਹਨ ਵਾਲੇ ਮੁੰਡੇ ਸੱਤ ਘੰਟੇ ਤੋਂ ਜ਼ਿਆਦਾ ਨਹੀਂ ਸੌਂਦੇ। 勉強する少年たちは7時間以上は眠りません. ❐ਕੁਝ ਮੁੰਡਿਆਂ ਨੇ ਆਪਣੇ ਬੈਠਣ ਵਾਲੀ ਥਾਂ ਦੁਆਲੇ ਸਿਆਹੀ ਡੋਲ੍ਹ ਡੋਲ੍ਹ ਕੇ ਖ਼ਰਾਬ ਕੀਤੀ ਹੋਈ ਹੈ। 何人かの男の子たちは自分たちが座っている場所の周りにインクをこぼして汚してしまっています. ❐ਸਾਇੰਸਦਾਨਾਂ ਨੇ ਆਉਣ ਵਾਲੇ ਸਮੇਂ ਵਿੱਚ ਪੈਦਾ ਹੋਣ ਵਾਲੀਆਂ ਸਿਹਤ ਸੰਬੰਧੀ ਮੁਸ਼ਕਲਾਂ ਤੋਂ ਜਾਣੂ ਕਰਵਾਉਣਾ ਸ਼ੁਰੂ ਕਰ ਦਿੱਤਾ ਹੈ। 科学者たちは将来起こる健康上の困難について情報を提供し始めています. ❐ਔਰਤਾਂ ਵਾਲੀਆਂ ਟਾਇਲਟਾਂ ਵਿੱਚ ਜਾਣ ਦੀ ਮਨਾਹੀ ਸੀ। 女性用のトイレに入ることは禁止されていました. **3**《先行する不定詞の後置格形と合わせて, 近接未来や予定を表す述部を形成する接尾辞. その際, 主語の性・数に応じて,「アー」語尾の形容詞と同じ変化をする. 男性・単数 ਵਾਲਾ , 男性・複数 ਵਾਲੇ , 女性・単数 ਵਾਲੀ , 女性・複数 ਵਾਲੀਆਂ 》動詞の後に付く場合, 近い未来に「…するところだ」「…しようとしている」「…する予定である」の意味を表す. ❐ਗੱਡੀ ਜਾਣ ਵਾਲੀ ਹੈ। 列車が発車するところです. ❐ਕਿਹੜਾ ਸਟੇਸ਼ਨ ਆਉਣ ਵਾਲਾ ਹੈ? 何という駅に着くところですか. ❐ਦਿੱਲੀ ਤੋਂ ਕੁਝ ਪਰਾਹੁਣੇ ਆਉਣ ਵਾਲੇ ਹਨ। デリーから何人かの客が来る予定です.

ਵਾਲੀ[1] (वाली) /wālī ワーリー/ [Arab. *vālī*] *m.* **1** 主人. (⇒ਮਾਲਕ) **2** 統治者, 君主, 皇帝, 王. (⇒ਹਾਕਮ, ਬਾਦਸ਼ਾਹ) **3** 保護者. (⇒ਰਾਖਾ) **4** 王子. (⇒ਰਾਜਕੁਮਾਰ)

ਵਾਲੀ[2] (वाली) /wālī ワーリー/ *f.* 〖装〗耳飾り, イヤリング.

ਵਾਲੀ[3] (वाली) /vālī ヴァーリー/ [Eng. *volley*] *f.* **1** 一斉射撃. ❐ਵਾਲੀ ਮਾਰਨੀ 一斉射撃をする. **2**〖競技〗ボレー《球が地面に着かないうちに打ち返すこと》. ❐ਵਾਲੀ ਮਾਰਨੀ (球を)落ちる前に打つ・蹴る.

ਵਾਲੀਬਾਲ (वालीबाल) /vālībāla ヴァーリーバール/ [Eng. *volleyball*] *m.*〖競技〗バレーボール.

ਵਾਲੀਵਾਰਸ (वालीवारस) /wālīwārasa ワーリーワーラス/ [Arab. *vālī* + Arab. *vāris*] *m.* **1** 相続人. **2** 主人. (⇒ਮਾਲਕ) **3** 主張者, 申請者.

ਵਾਵਰੋਲਾ (वावरोला) /wāwarolā ワーワローラー/ ▸ਵਾਉਵਰੋਲਾ [Skt. वायु + Skt. वातगुल्म] *m.* **1**〖気象〗旋風, つむじ風. **2** 砂嵐.

ਵਾਵਾ (वावा) /wāwā | vāvā ワーワー | ヴァーヴァー/ ▸ਵੱਵਾ *m.* → ਵੱਵਾ

ਵਾਵੇਲਾ (वावेला) /wāwelā ワーウェーラー/ ▸ਵਾਵੈਲਾ [Arab. *vāvelā*] *m.* **1** 叫び声. **2** 騒音, 喧噪. **3** 非難の叫び, 抗議の騒ぎ声. **4** 悲嘆の声.

ਵਾਵੈਲਾ (वावैला) /wāwailā ワーワェーラー/ ▸ਵਾਵੇਲਾ *m.* → ਵਾਵੇਲਾ

ਵਾੜ (वाड़) /wāṛa ワール/ ▸ਬਾੜ [Skt. वाड] *f.* **1** 樹木を巡らして作った囲い, 生垣, 垣根. **2** 囲い, 柵, フェンス.

ਵਾੜਨਾ (वाड़ना) /wāṛanā ワールナー/ [cf. ਵੜਨਾ] *vt.* **1** 入れる, 入らせる, 受け入れる. (⇒ਅੰਦਰ ਕਰਨਾ) **2** 通す, 貫かせる, 貫通させる. **3** 押し入れる, 押し込む. **4** 突っ込む, 差し込む, 挿入する.

ਵਾੜਾ (वाड़ा) /wāṛā ワーラー/ [Skt. वाड] *m.* **1** 樹木を巡らして作った囲い地, 生垣のある敷地, 柵で囲まれた土地. **2** 家畜を入れる柵, 家畜を飼うための囲い地.

ਵਾੜੀ (वाड़ी) /wāṛī ワーリー/ ▸ਬਾੜੀ [-ਈ] *f.* **1** 庭園. (⇒ਬਗ਼ੀਚਾ) **2** 果樹園. **3** 耕作, 農業. (⇒ਖੇਤੀ, ਵਾਹੀ)

ਵਿ (वि) /vi ヴィ/ [Skt. वि] *pref.* 「分離」「相違」「反対」「対立」「欠如」「超越」などの意味を含む語を形成する接頭辞.

ਵਿਉਹਾਰ (विउहार) /viuhāra ヴィウハール/ ▸ਵਿਹਾਰ, ਵਿਵਹਾਰ *m.* → ਵਿਹਾਰ[2]

ਵਿਉਂਤ (विउँत) /viūta ヴィウント/ ▸ਵਿਓਂਤ *f.* → ਵਿਓਂਤ

ਵਿਉਂਤਣਾ (विउँतणा) /viūtaṇā ヴィウンタナー/ ▸ਵਿਓਂਤਣਾ *vt.* → ਵਿਓਂਤਣਾ

ਵਿਉਤਪਤ (विउतपत) /viutapata ヴィウトパト/ [Skt. व्युत्पत्त] *adj.* **1** 由来する. **2** 語源の.

ਵਿਉਤਪਤੀ (विउतपती) /viutapatī ヴィウトパティー/ ▸ਵਿਉਤਪੱਤੀ [Skt. व्युत्पत्ति] *f.* **1** 根源, 起源, 原点. **2** 由来, 出所. **3**〖言〗語源, 語源学, 語源研究.

ਵਿਉਤਪੱਤੀ (विउतपत्ती) /viutapattī ヴィウトパッティー/ ▸ਵਿਉਤਪਤੀ *f.* → ਵਿਉਤਪਤੀ

ਵਿਉਪਾਰ (विउपार) /viupāra ヴィウパール/ ▸ਬਪਾਰ, ਵਪਾਰ *m.* → ਵਪਾਰ

ਵਿਉਪਾਰਕ (विउपारक) /viupāraka ヴィウパーラク/ ▸ਵਪਾਰਕ *adj.* → ਵਪਾਰਕ

ਵਿਉਪਾਰੀ (विउपारी) /viupārī ヴィウパーリー/ ▸ਬਪਾਰੀ, ਵਪਾਰੀ *m.adj.* → ਵਪਾਰੀ

ਵਿਊ (विऊ) /viū ヴィウー/ [Eng. *view*] *m.* **1** 視界. **2** 考え方. **3** 眺め.

ਵਿਓਂਤ (विओंत) /viōta ヴィオーント/ ▸ਵਿਉਂਤ [cf. ਵਿਓਂਤਣਾ] *f.* **1** 布地の裁断. (⇒ਕੱਪੜੇ ਦੀ ਕਾਟ) **2** 方法, 手段, 方策, 対策. (⇒ਉਪਾ, ਤਦਬੀਰ) **3** 計画, 案, 意図. (⇒ਸਕੀਮ) **4** 設計, デザイン.

ਵਿਓਂਤਕਾਰ (विओंतकार) /viōtakāra ヴィオーントカール/ [Skt.-कार] *m.* **1** 計画者. **2** 設計者.

ਵਿਓਂਤਕਾਰੀ (विओंतकारी) /viōtakārī ヴィオーントカーリー/ [Skt.-कारिता] *f.* **1** 計画の立案. **2** 設計の仕事.

ਵਿਓਂਤਣਾ (विओंतणा) /viōtaṇā ヴィオーンタナー/ ▸ਵਿਉਂਤਣਾ [Skt. वियवकृन्तति] *vt.* **1** (布地を)裁断する. **2** 計画する. **3** 設計する.

ਵਿਉਂਤਬੰਦੀ (विओंतबंदी) /viõtabandī ヴィオーントバンディー/ [cf. ਵਿਉਂਤਣਾ Pers.-bandī] *f.* **1** 計画. **2** 設計.

ਵਿਉਂਤਬੱਧ (विओंतबद्ध) /viõtabâdda ヴィオーントバッド/ [Skt.-बद्ध] *adj.* **1** 計画された. **2** 設計された.

ਵਿਓਮ (विओम) /vioma ヴィオーム/ [Skt. व्योमन्] *m.* **1** 空. (⇒ਅਸਮਾਨ, ਆਕਾਸ਼) **2** 蒼穹. (⇒ਖਗੋਲ) **3** 虚空, 宇宙空間.

ਵਿਅਸਤ (विअसत) /viasata ヴィアスト/ [Skt. व्यस्त] *adj.* **1** 忙しい, 多忙な. ❐ਡਾਕਟਰ ਮਨਮੋਹਨ ਸਿੰਘ ਜੀ ਭਾਰਤ ਦੇ ਪਰਧਾਨ ਮੰਤਰੀ ਹਨ। ਲੱਖਾਂ ਕੰਮਾਂ ਵਿੱਚ ਵਿਅਸਤ ਹਨ। マンモーハン・スィング博士はインドの首相です. 膨大な数の仕事で多忙です. **2** かかりきりの, 手がふさがっている. **3** 夢中の, 熱中している, 没頭している.

ਵਿਅਕਤ (विअकत) /viakata ヴィアクト/ ▸ਵਯਕਤ, ਵਜਕਤ [Skt. व्यक्त] *adj.* **1** 表された, 表明された, 明示された. **2** 明白な, 明確な, 明瞭な.

ਵਿਅਕਤਿਤਵ (विअकतितव) /viakatitava ヴィアクティタヴ/ [Skt. व्यक्तित्व] *m.* **1** 人格, 性格. **2** 個性, 人柄.

ਵਿਅਕਤਿਤਵਹੀਨ (विअकतितवहीन) /viakatitavahīna ヴィアクティタヴヒーン/ [Skt.-हीन] *adj.* **1** 個性のない. **2** 印象的でない. **3** 鈍い, 間抜けな.

ਵਿਅਕਤੀ (विअकती) /viakatī ヴィアクティー/ ▸ਵਯਕਤੀ, ਵਜਕਤੀ [Skt. व्यक्ति] *m.* **1** 個人. **2** 人間, 人物.

ਵਿਅਕਤੀਗਤ (विअकतीगत) /viakatīgata ヴィアクティーガト/ [Skt. व्यक्तिगत] *adj.* 個人の, 個人的な.

ਵਿਅਕਤੀਵਾਦ (विअकतीवाद) /viakatīwāda ヴィアクティーワード/ [Skt. व्यक्ति Skt.-वाद] *m.* 個人主義.

ਵਿਅਕਤੀਵਾਦੀ (विअकतीवादी) /viakatīwādī ヴィアクティーワーディー/ [Skt.-वादिन्] *adj.* 個人主義の.
— *m.* 個人主義者.

ਵਿਅੰਗ (विअंग) /vianga ヴィアング/ ▸ਬਿੰਗ, ਵਯੰਗ, ਵਜੰਗ [Skt. व्यंग्य] *m.* **1** 暗示, ほのめかし, 当てこすり. **2** 皮肉, 風刺.

ਵਿਅੰਗ ਕਾਵਿ (विअंग कावि) /vianga kāv ヴィアング カーヴ/ [+ Skt. काव्य] *m.* 〖文学〗風刺詩.

ਵਿਅੰਗ ਲੇਖ (विअंग लेख) /vianga lekʰa ヴィアング レーク/ [+ Skt. लेख] *m.* **1** 〖文学〗風刺文. **2** パロディー.

ਵਿਅੰਗ ਚਿੱਤਰ (विअंग चित्तर) /vianga cittara ヴィアング チッタル/ [+ Skt. चित्र] *m.* **1** 風刺画, 戯画. **2** 漫画.

ਵਿਅੰਗਮਈ (विअंगमई) /viangamaī ヴィアングマイー/ [Skt.-मयी] *adj.* **1** 皮肉な. **2** 風刺的な.

ਵਿਅੰਗਾਤਮਕ (विअंगातमक) /viangātamaka ヴィアンガートマク/ ▸ਵਿਅੰਗਾਤਮਿਕ *adj.* → ਵਿਅੰਗਾਤਮਿਕ

ਵਿਅੰਗਾਤਮਿਕ (विअंगातमिक) /viangātamika ヴィアンガートミク/ ▸ਵਿਅੰਗਾਤਮਕ [Skt. व्यंग्य Skt.-आत्मक] *adj.* **1** 皮肉な. **2** 風刺的な.

ਵਿਅੰਜਨ (विअंजन) /viañjana ヴィアンジャン/ ▸ਬਿੰਜਨ, ਵਯੰਜਨ, ਵਜੰਜਨ [Skt. व्यंजन] *m.* **1** 表現, 表明. **2** 印, 象徴. **3** 〖音〗子音. **4** 料理, 御馳走, 副食物, おかず. **5** 〖料理〗(おかずとしての)野菜料理. (⇒ਤਰਕਾਰੀ, ਸਾਗ, ਭਾਜੀ)

ਵਿਅੰਜਨਾ (विअंजना) /viañjanā ヴィアンジャナー/ [Skt. व्यंजना] *f.* **1** 暗示, 比喩的な表現. **2** 皮肉.

ਵਿਅਤਨਾਮ (विअतनाम) /viatanāma ヴィアトナーム/ [Eng. *Vietnam*] *m.* 〖国名〗ベトナム(社会主義共和国).

ਵਿਅੰਮ (विअंम) /viamma ヴィアンム/ *m.* 出産, 分娩. (⇒ਜਣੇਪਾ, ਪਰਸੂਤ)

ਵਿਅੰਮਸ਼ਾਲਾ (विअंमशाला) /viammaśālā ヴィアンムシャーラー/ *f.* 産院.

ਵਿਅਰਥ (विअरथ) /viaratʰa ヴィアルト/ ▸ਬਿਅਰਥ, ਬੇਅਰਥ, ਵੇਅਰਥ [Skt. व्यर्थ] *adj.* **1** 意味のない, 無意味な. **2** 無益な, 無駄な, 役に立たない. (⇒ਫ਼ਜ਼ੂਲ, ਬੇਫ਼ਾਇਦਾ)
— *adv.* **1** 意味もなく, 無意味に, わけもなく. **2** 無駄に, 無益に, 効果なく.

ਵਿਅਰਥਤਾ (विअरथता) /viaratʰatā ヴィアルタター/ [Skt.-ता] *f.* **1** 無意味なこと, 無意味さ. **2** 無駄, 無益.

ਵਿਆਂ (विआँ) /wiā̃ ウィアーン/ ▸ਆਂ, ਮਾ, ਮਾਂ, ਵਾਂ *suff.* → ਵਾਂ[1]

ਵਿਆਸ[1] (विआस) /viāsa ヴィアース/ [Skt. व्यास] *m.* **1** 〖幾何〗直径. **2** (銃砲などの)口径.

ਵਿਆਸ[2] (विआस) /viāsa ヴィアース/ ▸ਬਿਆਸ *m.* → ਬਿਆਸ

ਵਿਆਹ (विआह) /viâ ヴィアー/ ▸ਬਯਾਹ, ਬਜਾਹ, ਬਿਆਹ, ਵਿਵਾਹ [Skt. विवाह] *m.* **1** 結婚, 婚姻. (⇒ਸ਼ਾਦੀ, ਮੈਰਿਜ) ❐ ਵਿਆਹ ਕਰਨਾ 結婚させる, 結婚する. **2** 〖儀礼〗結婚式, 婚礼. (⇒ਸ਼ਾਦੀ)

ਵਿਆਹਤ (विआहत) /viâta ヴィアート/ ▸ਵਿਵਾਹਤ, ਵਿਵਾਹਿਤ [Skt. विवाहित] *adj.* **1** 結婚している, 既婚の. (⇒ਸ਼ਾਦੀਸ਼ੁਦਾ) **2** 結婚の, 結婚に関する. (⇒ਵਿਆਹ ਸੰਬੰਧੀ)

ਵਿਆਹਤਾ (विआहता) /viâtā ヴィアーター/ ▸ਬਿਆਹੁਤਾ, ਵਿਆਹੁਤਾ *adj.f.* → ਵਿਆਹੁਤਾ

ਵਿਆਂਹਦੜ (विआँहदड़) /viā̃dara ヴィアーンダル/ ▸ਵਿਆਂਧੜ [Skt. विवाह + दड़] *adj.* 結婚間近の, 結婚する予定の.

ਵਿਆਹਿਆ (विआहिआ) /viâiā ヴィアーイアー/ [cf. ਵਿਆਹੁਣਾ] *adj.* 結婚した, 結婚している, 既婚の《 ਵਿਆਹੁਣਾ の完了分詞が形容詞化したもの》. ❐ ਵਿਆਹਿਆ ਹੋਇਆ, ਵਿਆਹੀ ਹੋਈ 結婚している, 既婚の.

ਵਿਆਹੁਣਯੋਗ (विआहुणयोग) /viâuṇayoga ヴィアーウンヨーグ/ [cf. ਵਿਆਹੁਣਾ Skt.-योग्य] *adj.* **1** 結婚できる, 結婚できる年齢の. **2** (女性が)婚期の.

ਵਿਆਹੁਣਾ (विआहुणा) /viâuṇā ヴィアーウナー/ ▸ਬਿਆਹੁਣਾ [Skt. विवाह] *vt.* **1** 結婚させる, 結婚をお膳立てする. **2** 嫁がせる, 嫁にやる. **3** 結婚する.

ਵਿਆਹੁਤਾ (विआहुता) /viâutā ヴィアーウター/ ▸ਬਿਆਹੁਤਾ, ਵਿਆਹਤਾ [cf. ਵਿਆਹੁਣਾ] *adj.* 結婚している, 既婚の. (⇒ਸ਼ਾਦੀਸ਼ੁਦਾ)
— *f.* **1** 結婚している女性, 既婚の女性. **2** 正式に結婚している妻, 正妻, 本妻.

ਵਿਆਕਰਣ (विआकरण) /viākaraṇa ヴィアーカルン/ ▸ਵਿਆਕਰਨ *m.* → ਵਿਆਕਰਨ

ਵਿਆਕਰਣਕ (विआकरणक) /viākaraṇaka ヴィアーカルナク/ ▸ਵਿਆਕਰਣਿਕ, ਵਿਆਕਰਨਕ, ਵਿਆਕਰਨਿਕ *adj.* → ਵਿਆਕਰਨਿਕ

ਵਿਆਕਰਣਕਾਰ (विआकरणकार) /viākaraṇakāra ヴィアーカルンカール/ ▸ਵਿਆਕਰਨਕਾਰ *m.* → ਵਿਆਕਰਨਕਾਰ

ਵਿਆਕਰਣਿਕ (विआकरणिक) /viākaraṇika ヴィアーカル

ニク/ ▸ਵਿਆਕਰਣਕ, ਵਿਆਕਰਨਕ, ਵਿਆਕਰਨਿਕ *adj.* → ਵਿਆਕਰਨਿਕ

ਵਿਆਕਰਣੀਆ (विआकरणीआ) /viākara̯ṇīā ヴィアーカルニーアー/ ▸ਵਿਆਕਰਨੀਆ *m.* → ਵਿਆਕਰਨੀਆ

ਵਿਆਕਰਨ (विआकरन) /viākara̯na̯ ヴィアーカルン/ ▸ਵਿਆਕਰਣ [Skt. व्याकरण] *m.* 〖言〗文法.

ਵਿਆਕਰਨਕ (विआकरनक) /viākara̯naka̯ ヴィアーカルナク/ ▸ਵਿਆਕਰਣਕ, ਵਿਆਕਰਣਿਕ, ਵਿਆਕਰਨਿਕ *adj.* → ਵਿਆਕਰਨਿਕ

ਵਿਆਕਰਨਕਾਰ (विआकरनकार) /viākara̯nakāra̯ ヴィアーカルンカール/ ▸ਵਿਆਕਰਣਕਾਰ [Skt. व्याकरण Skt.-कार] *m.* 文法家, 文法学者.

ਵਿਆਕਰਨਿਕ (विआकरनिक) /viākara̯nika̯ ヴィアーカルニク/ ▸ਵਿਆਕਰਣਕ, ਵਿਆਕਰਣਿਕ, ਵਿਆਕਰਨਕ [Skt. व्याकरणिक] *adj.* 〖言〗文法の.

ਵਿਆਕਰਨੀਆ (विआकरनीआ) /viākara̯nīā ヴィアーカルニーアー/ ▸ਵਿਆਕਰਣੀਆ [Skt. व्याकरण -ਈਆ] *m.* 文法家, 文法学者.

ਵਿਆਕੁਲ (विआकुल) /viākula̯ ヴィアークル/ ▸ਬੇਕਲ [Skt. व्याकुल] *adj.* **1** 困惑した, 混乱した, 当惑した, あわてた, 動転した. **2** 不安な, 落ち着かない, 心穏やかでない. (⇒ਬੇਕਰਾਰ) **3** 切望している.

ਵਿਆਕੁਲਤਾ (विआकुलता) /viākula̯tā ヴィアークルター/ [Skt.-ता] *f.* **1** 困惑, 混乱, 当惑, 狼狽. **2** 不安, 心穏やかでないこと, 心を掻き乱されること. (⇒ਬੇਕਰਾਰੀ) **3** そわそわしていること, 焦燥, 切望.

ਵਿਆਖਿਆ (विआखिआ) /viākʰiā ヴィアーキアー/ [Skt. व्याख्या] *f.* **1** 説明. **2** 解説. **3** 注釈.

ਵਿਆਖਿਆਕਾਰ (विआखिआकार) /viākʰiākāra̯ ヴィアーキアーカール/ [Skt.-कार] *m.* **1** 説明者. **2** 解説者. **3** 注釈者.

ਵਿਆਖਿਆਕਾਰੀ[1] (विआखिआकारी) /viākʰiākārī ヴィアーキアーカーリー/ [Skt.-कारिन्] *adj.* **1** 説明の, 説明的な. **2** 解説の, 解説的な. **3** 注釈の, 注釈的な.

ਵਿਆਖਿਆਕਾਰੀ[2] (विआखिआकारी) /viākʰiākārī ヴィアーキアーカーリー/ [Skt.-कारिता] *f.* **1** 説明の仕事. **2** 解説の仕事. **3** 注釈の仕事.

ਵਿਆਖਿਆਤਮਕ (विआखिआतमक) /viākʰiāta̯maka̯ ヴィアーキアートマク/ ▸ਵਿਆਖਿਆਤਮਿਕ *adj.* → ਵਿਆਖਿਆਤਮਿਕ

ਵਿਆਖਿਆਤਮਿਕ (विआखिआतमिक) /viākʰiāta̯mika̯ ヴィアーキアートミク/ ▸ਵਿਆਖਿਆਤਮਕ [Skt. व्याख्या Skt.-आत्मक] *adj.* **1** 説明の. **2** 解説の. **3** 注釈の.

ਵਿਆਖਿਆਨ (विआखिआन) /viākʰiāna̯ ヴィアーキアーン/ ▸ਵਖਿਆਨ, ਵਿਖਿਆਨ *m.* → ਵਿਖਿਆਨ

ਵਿਆਖਿਆਮਈ (विआखिआमई) /viākʰiāmaī ヴィアーキアーマイー/ [Skt. व्याख्या Skt.-मयी] *adj.* **1** 説明の. **2** 解説の. **3** 注釈の.

ਵਿਆਜ (विआज) /viāja̯ ヴィアージ/ ▸ਬਯਾਜ, ਬਜਾਜ, ਬਿਆਜ *m.* → ਬਿਆਜ

ਵਿਆਜਖ਼ੋਰ (विआजख़ोर) /viāja̯xora̯ ヴィアージコール/ ▸ਬਿਆਜਖ਼ੋਰ *m.* → ਬਿਆਜਖ਼ੋਰ

ਵਿਆਜਖ਼ੋਰੀ (विआजख़ोरी) /viāja̯xorī ヴィアージコーリー/ ▸ਬਿਆਜਖ਼ੋਰੀ *f.* → ਬਿਆਜਖ਼ੋਰੀ

ਵਿਆਜੀ (विआजी) /viājī ヴィアージー/ ▸ਬਿਆਜੀ *adj.* → ਬਿਆਜੀ

ਵਿਆਝਣਾ (विआझणा) /viâjaṇā ヴィアージャナー/ ▸ਵਿਹਾਜਣਾ *vt.* → ਵਿਹਾਜਣਾ

ਵਿਆਧ[1] (विआध) /viâda̯ ヴィアード/ [Skt. व्याधि] *f.* **1** 苦痛. (⇒ਪੀੜ) **2** 病気.

ਵਿਆਧ[2] (विआध) /viâda̯ ヴィアード/ ▸ਬਿਆਧ *m.* → ਬਿਆਧ

ਵਿਆਂਧੜ (विआँधड़) /viā̂dara̯ ヴィアーンダル/ ▸ਵਿਆਂਹਦੜ *adj.* → ਵਿਆਂਹਦੜ

ਵਿਆਨਾ (विआना) /viānā ヴィアーナー/ [Eng. *Vienna*] *m.* 〖地名〗ウィーン《オーストリア(共和国)の首都》.

ਵਿਆਪਕ (विआपक) /viāpaka̯ ヴィアーパク/ [Skt. व्यापक] *adj.* **1** 広がった. **2** 包括的な.

ਵਿਆਪਕਤਾ (विआपकता) /viāpaka̯tā ヴィアーパクター/ [Skt.-ता] *f.* **1** 広範囲. **2** 包括性.

ਵਿਆਪਣਾ (विआपणा) /viāpaṇā ヴィアーパナー/ [Skt. व्याप्नोति] *vi.* **1** 広がる, 拡散する, 充満する. **2** 起こる, 生じる, 発生する.

ਵਿਆਪਤ (विआपत) /viāpata̯ ヴィアーパト/ [Skt. व्याप्त] *adj.* 広がった, 充満した.

ਵਿਆਪਤੀ (विआपती) /viāpatī ヴィアーパティー/ [Skt. व्याप्ति] *f.* 拡散, 拡充.

ਵਿਆਪੀ (विआपी) /viāpī ヴィアーピー/ [Skt. व्यापिन्] *adj.* **1** 広がった. **2** 行き渡った. **3** 普遍の.

ਵਿਆਯਾਮ (विआयाम) /viāyāma̯ ヴィアーヤーム/ [Skt. व्यायाम] *m.* 体操, 身体の鍛錬, 筋肉トレーニング. (⇒ਕਸਰਤ, ਵਰਜ਼ਸ਼)

ਵਿਆਯਾਮੀ (विआयामी) /viāyāmī ヴィアーヤーミー/ [Skt. व्यायामिन्] *adj.* よく鍛えられた体の.
— *m.* **1** 体を鍛える人. **2** 体操選手, スポーツマン.

ਵਿਸ (विस) /visa̯ ヴィス/ ▸ਬਿਖ, ਵਿੱਸ, ਵਿਹੁ, ਵਿਖ, ਵੇਹੁ *f.* → ਵਿੱਸ

ਵਿੱਸ (विस्स) /vissa̯ ヴィッス/ ▸ਬਿਖ, ਵਿਸ, ਵਿਹੁ, ਵਿਖ, ਵੇਹੁ [Skt. विष] *f.* 毒. (⇒ਜ਼ਹਿਰ) ❐ਵਿੱਸ ਮਾਰ ਦਵਾਈ 解毒剤. ❐ਵਿੱਸ ਵਿਗਿਆਨ 毒物学.

ਵਿਸ਼ਈ (विशई) /viśaī ヴィシャイー/ [Skt. विषयिन्] *adj.* **1** 官能的な, 官能に溺れる. **2** 好色な.

ਵਿਸਕੀ (विसकी) /wisa̯kī ウィスキー/ [Eng. *whisky*] *f.* 〖飲料〗ウイスキー.

ਵਿਸ਼ਟਾ (विशटा) /viśa̯ṭā ヴィシュター/ [Skt. विष्ठा] *m.f.* 糞, 糞便, 排泄物. (⇒ਟੱਟੀ, ਮਲ)

ਵਿਸਟੀ (विसटी) /visa̯ṭī ヴィスティー/ [Skt. विष्टि] *f.* 無賃労働. (⇒ਵਗਾਰ)

ਵਿਸਣਾ (विसणा) /wisaṇā ウィサナー/ ▸ਵਿੱਸਣਾ *vi.* → ਵਿੱਸਣਾ

ਵਿੱਸਣਾ (विस्सणा) /wissaṇā ウィッサナー/ ▸ਵਿਸਣਾ *vi.* 信じる, 信用する, 信頼する.

ਵਿਸਤਰਿਤ (विसतरित) /visa̯tarita̯ ヴィスタリト/ ▸ਵਿਸਤ੍ਰਿਤ, ਵਿਸਥਾਰਿਤ [Skt. विस्तारित] *adj.* **1** 広がった, 拡大された, 拡張された. **2** 詳細な.

ਵਿਸਤ੍ਰਿਤ (विसत्रित) /visa̯trita̯ (visa̯tarita̯) ヴィストリト (ヴィスタリト)/ ▸ਵਿਸਤਰਿਤ, ਵਿਸਥਾਰਿਤ *adj.* → ਵਿਸਤਰਿਤ

ਵਿਸਤਾਰ (विसतार) /visa̯tāra̯ ヴィスタール/ ▸ਵਿਸਥਾਰ

[Skt. विस्तार] *m.* **1** 広がり, 広がっていること. **2** 拡大, 拡張. **3** 詳細, 細目.

ਵਿਸਤਾਰਕ (विसतारक) /visa̯tāraka̯ ヴィスターラク/ [Skt. विस्तारक] *adj.* 拡大する, 拡張する, 拡張的な.

ਵਿਸਤਾਰਨਾ (विसतारना) /visa̯tāra̯nā ヴィスタールナー/ ▸ ਵਿਸਥਾਰਨਾ [Skt. विस्तार] *vt.* **1** 広げる, 広める. (⇒ਫੈਲਾਉਣਾ) **2** 散らばらせる, 拡散させる. (⇒ਖਿਲਾਰਨਾ) **3** 拡大する.

ਵਿਸਤਾਰਪੂਰਨ (विसतारपूरन) /visa̯tāra̯pūra̯na̯ ヴィスタールプールン/ [Skt. विस्तार Skt.-पूर्ण] *adj.* **1** 広がりのある, 敷衍された. **2** 広大な, 広範囲の. **3** 詳しい, 詳細な.

ਵਿਸਤਾਰਪੂਰਵਕ (विसतारपूरवक) /visa̯tāra̯pūra̯waka̯ ヴィスタールプールワク/ [Skt.-पूर्वक] *adv.* 詳しく, 詳細に, つまびらかに.

ਵਿਸਤਾਰਮਈ (विसतारमई) /visa̯tāra̯maī ヴィスタールマイー/ [Skt.-मयी] *adj.* **1** 広がっていく. **2** 拡大する, 拡張する, 拡張的な.

ਵਿਸਤਾਰਵਾਦ (विसतारवाद) /visa̯tāra̯wāda̯ ヴィスタールワード/ [Skt.-वाद] *m.* 〖政治〗領土拡張主義.

ਵਿਸਤਾਰਵਾਦੀ (विसतारवादी) /visa̯tāra̯wādī ヴィスタールワーディー/ [Skt.-वादिन्] *adj.* 領土拡張主義の.

— *m.* 領土拡張主義者.

ਵਿਸਥਾਪਨ (विसथापन) /visa̯tʰāpana̯ ヴィスターパン/ [Skt. विस्थापन] *m.* **1** 移動, 移転. **2** 置き換え, 交替. **3** 追放.

ਵਿਸਥਾਪਿਤ (विसथापित) /visa̯tʰāpita̯ ヴィスターピト/ [Skt. विस्थापित] *adj.* **1** 移動した, 移転した, 別の場所に移った. **2** 置き換えられた, 交替させられた. **3** 追い立てられた, 退去させられた, 宿無しの.

ਵਿਸਥਾਰ (विसथार) /visa̯tʰāra̯ ヴィスタール/ ▸ਵਿਸਤਾਰ *m.* → ਵਿਸਤਾਰ

ਵਿਸਥਾਰਨਾ (विसथारना) /visa̯tʰāra̯nā ヴィスタールナー/ ▸ਵਿਸਤਾਰਨਾ *vt.* → ਵਿਸਤਾਰਨਾ

ਵਿਸਥਾਰਿਤ (विसथारित) /visa̯tʰārita̯ ヴィスターリト/ ▸ ਵਿਸਤਰਿਤ, ਵਿਸਤ੍ਰਿਤ *adj.* → ਵਿਸਤਰਿਤ

ਵਿਸ਼ਨੂੰ (विशनूँ) /viśanū̃ ヴィシュヌーン/ ▸ਬਿਸ਼ਨ, ਵਿਸ਼ਨੂ *m.* → ਵਿਸ਼ਨੂ

ਵਿਸ਼ਨੂ (विशनू) /viśanū ヴィシュヌー/ ▸ਬਿਸ਼ਨ, ਵਿਸ਼ਨੂੰ [Skt. विष्णु] *m.* 〖ヒ〗ヴィシュヌ神《維持と修復を司る最高神》.

ਵਿਸਫੋਟ (विसफोट) /visa̯pʰoṭa̯ ヴィスポート/ [Skt. विस्फोट] *m.* **1** 爆発. **2** 激発.

ਵਿਸਫੋਟਕ (विसफोटक) /visa̯pʰoṭaka̯ ヴィスポータク/ [Skt. विस्फोटक] *adj.* 爆発する, 爆発性の.

ਵਿਸਮ (विसम) /visama̯ ヴィサム/ [Skt. विस्मय] *m.* **1** 驚き, 驚嘆, 感嘆, 賛嘆. **2** うろたえ, 狼狽, 愕然.

ਵਿਸ਼ਮ (विशम) /viśama̯ ヴィシャム/ ▸ਬਿਖਮ, ਵਿਖਮ *adj.* → ਬਿਖਮ

ਵਿਸਮਕ (विसमक) /visa̯maka̯ ヴィスマク/ ▸ਵਿਸਮਿਕ [Skt. विस्मय + क] *adj.* **1** 驚かせるような, 驚嘆させるような. **2** 感嘆の.

— *m.* **1** 〖言〗間投詞. **2** 〖符号〗感嘆符.

ਵਿਸਮਣਾ[1] (विसमणा) /visa̯maṇā ヴィスマナー/ [Skt. विस्मय] *vi.* **1** 驚く, 驚嘆する. **2** 賛嘆する. **3** 寛ぐ, ひと休みする, 休養する. **4** 元気を取り戻す. **5** 威圧される, うっとりする.

ਵਿਸਮਣਾ[2] (विसमणा) /visa̯maṇā ヴィスマナー/ *vi.* → ਬਿਸਮਣਾ

ਵਿਸਮਤ (विसमत) /visa̯mata̯ ヴィスマト/ ▸ਵਿਸਮਿਤ *adj.* → ਵਿਸਮਿਤ

ਵਿਸ਼ਮਤਾ (विशमता) /viśa̯matā ヴィシャムター/ ▸ਬਿਖਮਤਾ *f.* → ਬਿਖਮਤਾ

ਵਿਸਮਾਦ (विसमाद) /visa̯māda̯ ヴィスマード/ ▸ਬਿਸਮਾਦ [Skt. विस्मय] *m.* **1** 驚き, 驚嘆, 賛嘆. (⇒ਹੈਰਾਨੀ) **2** 恍惚. **3** 畏敬.

ਵਿਸਮਾਦਜਨਕ (विसमादजनक) /visa̯māda̯janaka̯ ヴィスマードジャナク/ [Skt.-जनक] *adj.* **1** 驚嘆を生じさせる, 驚くべき, 驚嘆すべき. **2** 恍惚の.

ਵਿਸਮਾਦਮਈ (विसमादमई) /visa̯māda̯maī ヴィスマードマイー/ [Skt.-मयी] *adj.* **1** 驚くべき, 驚嘆すべき. **2** 恍惚の.

ਵਿਸਮਾਦੀ (विसमादी) /visa̯mādī ヴィスマーディー/ [-ਈ] *adj.* **1** 驚くべき, 驚嘆すべき. **2** 恍惚の.

ਵਿਸਮਿਕ (विसमिक) /visa̯mika̯ ヴィスミク/ ▸ਵਿਸਮਕ *adj.m.* → ਵਿਸਮਕ

ਵਿਸਮਿਤ (विसमित) /visa̯mita̯ ヴィスミト/ ▸ਵਿਸਮਤ [Skt. विस्मित] *adj.* **1** 驚いた, 驚嘆した. **2** 賛嘆した, 感嘆した.

ਵਿਸਰਗ (विसरग) /visara̯ga̯ ヴィサルグ/ [Skt. विसर्ग] *m.* 〖文字・符号〗ヴィサルガ《デーヴァナーガリー文字で, 子音のうち摩擦音の「ハ」h を表すコロン(:)のような記号. グルムキー文字では, 現代パンジャービー語の表記には用いないが, 古い文学作品には用いたものもある》.

ਵਿਸਰਜਨ (विसरजन) /visara̯jana̯ ヴィサルジャン/ [Skt. विसर्जन] *m.* **1** 放棄, 捨て去ること, 廃棄, 処分. **2** 分散させること, 撒き散らすこと. **3** 解散, 散会. **4** 〖祭礼〗祭式の終わりに神像などを川や海に流すこと. **5** 〖儀礼〗遺骨や遺灰を川や海に流すこと. **6** 儀式・催事の正式な終結.

ਵਿਸਰਜਿਤ (विसरजित) /visara̯jita̯ ヴィサルジト/ [Skt. विसर्जित] *adj.* **1** 捨て去られた, 放棄された, 処分された. **2** 散らばった, 撒き散らされた. **3** 解散した, 散会になった. **4** 川や海に流された. **5** 終結した.

ਵਿਸਰਨਾ (विसरना) /visara̯nā ヴィサルナー/ ▸ਬਿਸਰਨਾ, ਵਿੱਸਰਨਾ [Skt. विस्मरति] *vi.* **1** 忘れられる, 忘れ去られる. **2** 失念する. **3** 見落とす, うっかりする. (⇒ਉੱਕਣਾ) **4** 怠る.

— *vt.* 忘れる. (⇒ਭੁੱਲਣਾ)

ਵਿੱਸਰਨਾ (विस्सरना) /vissara̯nā ヴィッサルナー/ ▸ ਬਿਸਰਨਾ, ਵਿਸਰਨਾ *vi.vt.* → ਵਿਸਰਨਾ

ਵਿੱਸਰਭੋਲ (विस्सरभोल) /vissara̯pŏla̯ ヴィッサルポール/ [Skt. विस्मरण + Pkt. भुल्ल] *f.* 忘却, 忘れ去ること.

ਵਿਸਰਾਉਣਾ (विसराउणा) /visarāuṇā ヴィスラーウナー/ ▸ ਬਿਸਰਾਉਣਾ [cf. ਵਿਸਰਨਾ] *vt.* 忘れさせる.

ਵਿਸਰਾਮ (विसराम) /visarāma̯ ヴィスラーム/ ▸ਬਿਸਰਾਮ, ਵਿਸ਼ਰਾਮ *m.* → ਵਿਸ਼ਰਾਮ

ਵਿਸ਼ਰਾਮ (विशराम) /viśarāma̯ ヴィシュラーム/ ▸ਬਿਸਰਾਮ, ਵਿਸਰਾਮ [Skt. विश्राम] *m.* **1** 休息, 休憩, 休養. **2** 寛ぎ, 安息.

ਵਿਸ਼ਰਾਮ ਘਰ (विशराम घर) /viśarāma kăra ヴィシュラーム カル/ [Skt.-गृह] *m.* 休憩所, 宿泊所.

ਵਿਸ਼ਰਾਮ ਚਿੰਨ੍ਹ (विशराम चिंन्ह) /viśarāma cînna ヴィシュラーム チンヌ/ [+ Skt. चिह्न] *m.* 〖符号〗句読点. ❐ ਵਿਸ਼ਰਾਮ ਚਿੰਨ੍ਹ ਲਾਉਣਾ 句読点を打つ.

ਵਿਸਲ (विसल) /wisala ウィサル/ [Eng. *whistle*] *f.* **1** 口笛. **2** 合図の笛, 呼子. **3** ホイッスル, 審判員の吹く笛. **4** 汽笛. (⇒ਸੀਟੀ)

ਵਿਸ਼ਲਾ (विशला) /viśalā ヴィシュラー/ ▸ਵਿਸੂਲਾ, ਵਿਸ਼ੈਲਾ, ਵਿਹੁਲਾ *adj.* → ਵਿਸੂਲਾ

ਵਿਸ਼ਲੇਸ਼ਕ (विशलेशक) /viśaleśaka ヴィシュレーシャク/ [Skt. विश्लेषक] *m.* 分析する人, 分析者, 分析装置.

ਵਿਸ਼ਲੇਸ਼ਣ (विशलेशण) /viśaleśaṇa ヴィシュレーシャン/ ▸ ਵਿਸ਼ਲੇਸ਼ਨ *m.* → ਵਿਸ਼ਲੇਸ਼ਨ

ਵਿਸ਼ਲੇਸ਼ਨ (विशलेशन) /viśaleśana ヴィシュレーシャン/ ▸ ਵਿਸ਼ਲੇਸ਼ਣ [Skt. विश्लेषण] *m.* 分析, 分解, 解析.

ਵਿਸ਼ਲੇਸ਼ਨਾਤਮਿਕ (विशलेशनातमिक) /viśaleśanātamika ヴィシュレーシャナートミク/ [Skt.-आत्मक] *adj.* 分析的な, 分析する, 分解する.

ਵਿਸ਼ਲੇਸ਼ਿਤ (विशलेशित) /viśaleśita ヴィシュレーシト/ [Skt. विश्लेषित] *adj.* 分析された.

ਵਿਸ਼ਲੇਸ਼ੀ (विशलेशी) /viśaleśī ヴィシュレーシー/ [Skt. विश्लेष -ਈ] *adj.* 分析的な, 分析する.

ਵਿਸ਼ਵ (विशव) /viśava ヴィシャヴ/ [Skt. विश्व] *adj.* すべての, 全部の, 全体の, 汎…, 広く全体に渡る, 普遍的な, 全世界の. (⇒ਆਲਮੀ)
— *m.* **1** 世界, 全世界. (⇒ਆਲਮ) **2** 宇宙. **3** 万物, 森羅万象.

ਵਿਸ਼ਵਕੋਸ਼ (विशवकोश) /viśavakośa ヴィシャヴコーシュ/ [Skt. विश्व + Skt. कोश] *m.* 百科事典.

ਵਿਸ਼ਵਕੋਸ਼ੀ (विशवकोशी) /viśavakośī ヴィシャヴコーシー/ [-ਈ] *adj.* 百科事典的な, 百科全書的な.

ਵਿਸ਼ਵ-ਯੁੱਧ (विशव-युद्ध) /viśava-yûdda ヴィシャヴ・ユッド/ [Skt. विश्व + Skt. युद्ध] *m.* 世界大戦.

ਵਿਸ਼ਵ-ਵਰਨਣ (विशव-वरनण) /viśava-waranaṇa ヴィシャヴ・ワルナン/ [+ Skt. वर्णन] *f.* 宇宙地理学.

ਵਿਸ਼ਵ-ਵਿਆਪੀ (विशव-विआपी) /viśava-viāpī ヴィシャヴ・ヴィアーピー/ [+ Skt. व्यापिन्] *adj.* **1** 世界中に広がった, 世界的な, 世界規模の. **2** 全世界の, 宇宙の. **3** 普遍的な.

ਵਿਸ਼ਵ-ਵਿਗਿਆਨ (विशव-विगिआन) /viśava-vigiāna ヴィシャヴ・ヴィギアーン/ [+ Skt. विज्ञान] *f.* 宇宙論.

ਵਿਸ਼ਵ-ਵਿਜੇਤਾ (विशव-विजेता) /viśava-vijetā ヴィシャヴ・ヴィジェーター/ [+ Skt. विजेता] *m.* 世界を征服したもの.

ਵਿਸ਼ਵਵਿਦਿਆਲਾ (विशवविदिआला) /viśavavidiālā ヴィシャヴヴィディアーラー/ [Skt. विद्यालय] *m.* 大学, 総合大学. (⇒ਯੂਨੀਵਰਸਿਟੀ)

ਵਿਸਵਾ (विसवा) /visawā ヴィスワー/ ▸ਬਿਸਵਾ [(Pkt. वीशति, वीसा) Skt. विंशति] *m.* **1** 20分の1の部分. **2** 〖面積〗1ビガーの20分の1の土地の面積単位《約50平方ヤード》.

ਵਿਸ਼ਵਾਸ (विशवास) /viśawāsa ヴィシュワース/ [Skt. विश्वास] *m.* **1** 信用, 信頼. **2** 信念, 信仰, 信奉. **3** 確信.

ਵਿਸ਼ਵਾਸਹੀਨ (विशवासहीन) /viśawāsahīna ヴィシュワースヒーン/ [Skt. विश्वास Skt.-हीन] *adj.* **1** 信じない. **2** 疑っている. **3** 懐疑的な, 無神論の. **4** 信心のない, 信仰していない.

ਵਿਸ਼ਵਾਸਘਾਤ (विशवासघात) /viśawāsakăta ヴィシュワースカート/ [+ Skt. घात] *m.* **1** 裏切り, 背信. **2** 不忠実.

ਵਿਸ਼ਵਾਸਘਾਤੀ (विशवासघाती) /viśawāsakătī ヴィシュワースカーティー/ [+ Skt. घातिन्] *adj.* **1** 裏切り者の, 背信行為を働く. **2** 不忠な.
— *m.* 裏切り者.

ਵਿਸ਼ਵਾਸਪਾਤਰ (विशवासपातर) /viśawāsapātara ヴィシュワースパータル/ [+ Skt. पात्र] *m.* 信頼して打ち明け話のできる相手, 腹心の友.

ਵਿਸ਼ਵਾਸਯੋਗ (विशवासयोग) /viśawāsayoga ヴィシュワースョーグ/ [+ Skt. योग्य] *adj.* **1** 信用できる, 信頼できる. **2** 信頼に値する, 当てになる. **3** 頼もしい, 確実な.

ਵਿਸ਼ਵਾਸਯੋਗਤਾ (विशवासयोगता) /viśawāsayogatā ヴィシュワースョーグター/ [Skt.-ता] *f.* **1** 信用できること, 信頼できること. **2** 信頼に値すること, 頼もしさ. **3** 信頼性, 確実性.

ਵਿਸ਼ਵਾਸਿਤ (विशवासित) /viśawāsita ヴィシュワースィト/ [Skt. विश्वस्त] *adj.* **1** 信用された, 信頼できる, 当てになる. **2** 認可された.

ਵਿਸ਼ਵਾਸੀ (विशवासी) /viśawāsī ヴィシュワースィー/ [Skt. विश्वासिन्] *adj.* **1** 信用する, 信頼する. **2** 信頼できる, 当てになる. **3** 誠実な, 正直な.

ਵਿਸ਼ਵਾਸੀਕਰਣ (विशवासीकरण) /viśawāsīkaraṇa ヴィシュワースィーカルン/ [Skt.-करण] *m.* 認可.

ਵਿਸਵੇਦਾਰ (विसवेदार) /visawedāra ヴィスウェーダール/ ▸ਬਿਸਵੇਦਾਰ [Skt. विंशति Pers.-*dār*] *m.* **1** 自由保有権者. **2** 土地所有者, 地主.

ਵਿਸਵੇਦਾਰੀ (विसवेदारी) /visawedārī ヴィスウェーダーリー/ [Pers.-*dārī*] *f.* **1** 〖法〗自由保有権. **2** 〖法〗自由保有権者・土地所有者の法的地位.

ਵਿਸ਼ਾ (विशा) /viśā ヴィシャー/ [Skt. विषय] *m.* **1** 教科, 科目. **2** 論題, 話題. **3** 題, 題目. **4** 主題, テーマ.

ਵਿਸ਼ਾ ਸੂਚੀ (विशा सूची) /viśā sūcī ヴィシャー スーチー/ ▸ਵਿਸ਼ੇ ਸੂਚੀ *f.* → ਵਿਸ਼ੇ ਸੂਚੀ

ਵਿਸਾਹ (विसाह) /wisâ ウィサー/ ▸ਵਸਾਹ *m.* → ਵਸਾਹ

ਵਿਸਾਹਘਾਤ (विसाहघात) /wisâkăta ウィサーカート/ ▸ ਵਸਾਹਘਾਤ *m.* → ਵਸਾਹਘਾਤ

ਵਿਸਾਹਘਾਤੀ (विसाहघाती) /wisâkătī ウィサーカーティー/ ▸ਵਸਾਹਘਾਤੀ *adj.m.* → ਵਸਾਹਘਾਤੀ

ਵਿਸਾਖ (विसाख) /wisākʰa ウィサーク/ ▸ਬਸਾਖ, ਬੈਸਾਖ, ਵਸਾਖ, ਵੈਸਾਖ *m.* → ਵਸਾਖ

ਵਿਸਾਖੀ (विसाखी) /wisākʰī ウィサーキー/ ▸ਬਸਾਖੀ, ਬੈਸਾਖੀ, ਵਸਾਖੀ, ਵੈਸਾਖੀ *adj.f.* → ਵਸਾਖੀ

ਵਿਸ਼ਾਣੂ (विशाणू) /viśāṇū ヴィシャーヌー/ [Skt. विषाणु] *m.* 〖生物〗ウイルス, 濾過性病原体. (⇒ਵਾਇਰਸ)

ਵਿਸ਼ਾਰਦ (विशारद) /viśārada ヴィシャーラド/ [Skt. विशारद] *adj.* **1** 精通している, 熟達している. **2** 学識の高い, 碩学の.
— *m.* **1** 学識者. **2** 碩学. **3** サンスクリット語の学位.

ਵਿਸਾਰਨਾ (विसारना) /visāranā ヴィサールナー/ [Skt. विस्मारयति] *vt.* 1 忘れる. 2 怠る.

ਵਿਸ਼ਾਲ (विशाल) /viśāla ヴィシャール/ [Skt. विशाल] *adj.* 1 大きな. 2 広大な, 広々とした, 果てしない. 3 壮大な, 大がかりな, 大規模な. 4 巨大な.

ਵਿਸ਼ਾਲਤਾ (विशालता) /viśālatā ヴィシャールター/ [Skt.-ता] *f.* 1 広大なこと, 広大さ. 2 壮大さ, 大がかりなこと. 3 巨大なこと.

ਵਿਸ਼ਿਸ਼ਟ (विशिशट) /viśiśaṭa ヴィシシュト/ ▸ਵਸ਼ਿਸ਼ਟ [Skt. विशिष्ट] *adj.* 1 特別の. (⇒ਖ਼ਾਸ) 2 特殊な, 独特の, 独自の. 3 特定の. 4 著しい, 顕著な. 5 卓越した, 傑出した. 6 高名な, 有名な, 著名な.

ਵਿਸ਼ਿਸ਼ਟਤਾ (विशिशटता) /viśiśaṭatā ヴィシシュトター/ [Skt.-ता] *f.* 1 特別性. 2 独自性. 3 卓越.

ਵਿਸ਼ੁੱਧ (विशुद्ध) /viśûdda ヴィシュッド/ [Skt. विशुद्ध] *adj.* 1 純粋な, 混じりけのない, 純然たる. (⇒ਬਿਲਕੁਲ ਖ਼ਾਲਸ) 2 真正の. 3 無垢の.

ਵਿਸ਼ੁੱਧਤਾ (विशुद्धता) /viśûddatā ヴィシュッドター/ [Skt.-ता] *f.* 1 純粋なこと, 純粋性. 2 混じりけのないこと, 純然. 3 真正であること.

ਵਿਸੂਰਨ (विसूरन) /visūrana ヴィスーラン/ [Skt. विसूरण] *m.* 1 苦痛, 苦難, 困難. (⇒ਦੁਖ, ਤਕਲੀਫ਼) 2 悲しみ, 無念, 残念. (⇒ਅਫ਼ਸੋਸ, ਸ਼ੋਕ)

ਵਿਸੂਲਾ (विसूला) /visūlā ヴィスーラー/ ▸ਵਿਸ਼ਲਾ, ਵਿਸ਼ੈਲਾ, ਵਿਹੁਲਾ [Skt. विष + ਲਾ] *adj.* 毒の, 有毒な, 毒性の. (⇒ਜ਼ਹਿਰੀਲਾ)

ਵਿਸ਼ੇਸ਼ (विशेश) /viśeśa ヴィシェーシュ/ ▸ਬਸ਼ੇਸ਼, ਬਸੇਖ, ਬਿਸੇਖ, ਵਸ਼ੇਸ਼, ਵਸੇਖ [Skt. विशेष] *adj.* 1 特別の, 特殊な. 2 異例の, 普通でない. 3 特定の. 4 卓越した, 格別の, 並外れた. 5 独特の, 固有の.

ਵਿਸ਼ੇਸ਼ ਅੰਕ (विशेश अंक) /viśeśa aṅka ヴィシェーシュ アンク/ [+ Skt. अंक] *m.* (雑誌などの)特別号, 特集号.

ਵਿਸ਼ੇਸ਼ ਅਧਿਕਾਰ (विशेश अधिकार) /viśeśa âdikāra ヴィシェーシュ アディカール/ [+ Skt. अधिकार] *m.* 特権.

ਵਿਸ਼ੇਸ਼ੱਗ (विशेशग्ग) /viśeśagga ヴィシェーシャッグ/ [Skt. विशेषज्ञ] *m.* 専門家, スペシャリスト.

ਵਿਸ਼ੇਸ਼ੱਗਤਾ (विशेशग्गता) /viśeśaggatā ヴィシェーシャッガター/ [Skt.-ता] *f.* 専門化, 専門分野.

ਵਿਸ਼ੇਸ਼ਣ (विशेशण) /viśeśaṇa ヴィシェーシャン/ [Skt. विशेषण] *m.* 1 〖言〗形容詞. 2 形容語句, あだ名, 添え名. 3 属性, 象徴. 4 修飾語句.

ਵਿਸ਼ੇਸ਼ਣੀ (विशेशणी) /viśeśaṇī ヴィシェーシャニー/ [-ਈ] *adj.* 〖言〗形容詞の, 形容詞的.

ਵਿਸ਼ੇਸ਼ਤਾ (विशेशता) /viśeśatā ヴィシェーシュター/ ▸ਬਿਸੇਖਤਾ [Skt. विशेष Skt.-ता] *f.* 1 特色. 2 特性, 特長. 3 特徴.

ਵਿਸ਼ੇਸ਼ਤਾਈ (विशेशताई) /viśeśatāī ヴィシェーシュターイー/ [-ताई] *f.* → ਵਿਸ਼ੇਸ਼ਤਾ

ਵਿਸ਼ੇ ਸੂਚੀ (विशे सूची) /viśe sūcī ヴィシェー スーチー/ ▸ਵਿਸ਼ਾ ਸੂਚੀ [Skt. विषय + Skt. सूची] *f.* 1 目次. (⇒ਤਤਕਰਾ) 2 索引.

ਵਿਸ਼ੈਲਾ (विशैला) /viśailā ヴィシャエーラー/ ▸ਵਿਸ਼ਲਾ, ਵਿਸੂਲਾ, ਵਿਹੁਲਾ *adj.* → ਵਿਸੂਲਾ

ਵਿਹਲ (विहल) /wêla ウェール/ ▸ਵੇਲ੍ਹ *m.f.* 暇, 余暇. (⇒ਫ਼ੁਰਸਤ)

ਵਿਹਲੜ (विहलड़) /wêlaṛa ウェーラル/ *adj.* 1 暇な. 2 無職の.
— *m.* 1 暇な男. 2 無職の男.

ਵਿਹਲਾ (विहला) /wêlā ウェーラー/ ▸ਵੇਹਲਾ *adj.* 1 暇な. ❒ਵਿਹਲਾ ਦਿਮਾਗ਼ ਸ਼ੈਤਾਨ ਦਾ ਕਾਰਖ਼ਾਨਾ। 暇な頭脳は悪魔の工場〔諺〕〈仕事をせず暇な者は悪に染まる〉. 2 無職の.

ਵਿਹੜ (विहड़) /wêṛa ウェール/ ▸ਵੇੜ੍ਹ *m.* → ਵੇੜ੍ਹ

ਵਿਹੜਵਾਂ (विहड़वाँ) /wêṛawā̃ ウェールワーン/ *adj.* 〖料理〗詰めて揚げた.

ਵਿਹੜਵੀਂ (विहड़वीं) /wêṛawī̃ ウェールウィーン/ *f.* 〖料理〗詰め物をした揚げ物.

ਵਿਹੜਾ (विहड़ा) /wêṛā ウェーラー/ ▸ਵੇਹੜਾ, ਵੇੜ੍ਹਾ *m.* 〖建築〗中庭.

ਵਿਹਾਉਣਾ (विहाउणा) /viǎuṇā | vihāuṇā ヴィアーウナー | ヴィハーウナー/ *vi.* (時が)過ぎる, 経過する, (機会が)失われる.

ਵਿਹਾਗ (विहाग) /viǎga | vihāga ヴィアーグ | ヴィハーグ/ ▸ਬਿਹਾਗ, ਬਿਹਾਗੜਾ *m.* → ਬਿਹਾਗ

ਵਿਹਾਜਣਾ (विहाजणा) /viǎjaṇā | vihājaṇā ヴィアージャナー | ヴィハージャナー/ ▸ਵਿਆਝਣਾ [Skt. व्याज] *vt.* 1 買う, 購入する. 2 契約を結ぶ. 3 関係を築く.

ਵਿਹਾਜੜ (विहाजड़) /viǎjaṛa | vihājaṛa ヴィアージャル | ヴィハージャル/ ▸ਵਿਹਾਜੂ [cf. ਵਿਹਾਜਣਾ] *adj.* 1 買ってくれそうな. 2 (軍事上・戦略上などの)関係を結ぼうと望んでいる.
— *m.* 1 買ってくれそうな人, 買い手, 購入者. 2 (軍事上・戦略上などの)関係を結ぼうと望んでいる者.

ਵਿਹਾਜੂ (विहाजू) /viǎjū | vihājū ヴィアージュー | ヴィハージュー/ ▸ਵਿਹਾਜੜ *adj.m.* → ਵਿਹਾਜੜ

ਵਿਹਾਰ[1] (विहार) /viǎra | vihāra ヴィアール | ヴィハール/ [Skt. विहार] *m.* 1 歩き回ること, 散歩, 散策. 2 遊び, 遊興, 気晴らし, 娯楽. 3 〖建築〗(仏教やジャイナ教の)僧院, 出家者の住居.

ਵਿਹਾਰ[2] (विहार) /viǎra | vihāra ヴィアール | ヴィハール/ ▸ਵਿਉਹਾਰ, ਵਿਵਹਾਰ [Skt. व्यवहार] *m.* 1 振る舞い, 行為, 行動, 作法, 習慣. 2 相互関係, 付き合い, 取引. 3 利用, 使用, 実行. (⇒ਵਰਤੋਂ) 4 待遇, 処遇, もてなし, 取り扱い. 5 職業, 生業. 5 商売, 商取引. (⇒ਲੈਣ-ਦੇਣ)

ਵਿਹਾਰਕ (विहारक) /viǎraka | vihāraka ヴィアーラク | ヴィハーラク/ ▸ਵਿਹਾਰਿਕ *adj.* → ਵਿਹਾਰਿਕ

ਵਿਹਾਰਿਕ (विहारिक) /viǎrika | vihārika ヴィアーリク | ヴィハーリク/ ▸ਵਿਹਾਰਕ [Skt. व्यवहारिक] *adj.* 1 実用的な, 利用される, 流通している. 2 商売の. 3 職業の.

ਵਿਹੀਣ (विहीण) /vı̌ṇa | vihīṇa ヴィーン | ヴィヒーン/ ▸ਵਿਹੂਣ, ਵਿਹੂਣਾ *adj.* → ਵਿਹੂਣਾ

ਵਿਹੁ (विहु) /viaû ヴィアオー/ ▸ਬਿਖ, ਵਿਸ, ਵਿੱਸ, ਵਿਖ, ਵੇਹੁ *m.* → ਵਿੱਸ

ਵਿਹੁਲਾ (विहुला) /viaûlā ヴィアオーラー/ ▸ਵਿਸ਼ਲਾ, ਵਿਸ਼ੈਲਾ, ਵਿਸੂਲਾ *adj.* → ਵਿਸੂਲਾ

ਵਿਹੂਣ (विहूण) /viǔṇa | vihūṇa ヴィウーン | ヴィフーン/ ▸ਵਿਹੀਣ, ਵਿਹੂਣਾ *adj.* → ਵਿਹੂਣਾ

ਵਿਹੂਣਾ (विहूणा) /viǔṇā | vihūṇā ヴィウーナー | ヴィフーナー/ ▸ਵਿਹੀਣ, ਵਿਹੂਣ [Skt. विहीन] *adj.* 1…のない. (⇒

ਰਹਿਤ) **2** 欠けている. **3** 奪われた.

ਵਿਕਸਣਾ (विकसणा) /vikasaṇā ヴィカサナー/ ▸ਵਿਕਾਸਣਾ, ਵਿਗਸਣਾ [Skt. विकास] *vi.* **1** 大きくなる, 成長する. (⇒ਵਧਣਾ) **2** 発達する, 発展する, 進歩する, 前進する. **3** 繁栄する. **4** 開花する. (⇒ਫੁੱਲਣਾ) **5** 幸せになる, 嬉しくなる.

ਵਿਕਸਤ (विकसत) /vikasata ヴィクサト/ ▸ਵਿਕਸਿਤ, ਵਿਗਸਤ *adj.* → ਵਿਕਸਿਤ

ਵਿਕਸਿਤ (विकसित) /vikasita ヴィクスィト/ ▸ਵਿਕਸਤ, ਵਿਗਸਤ [Skt. विकसित] *adj.* **1** 大きくなった, 拡張した. (⇒ਫੈਲਿਆ ਹੋਇਆ) **2** 成長した, 発達した, 発展した, 開発された, 進化した. **3** 咲いた, 開花した, 蕾が開いた. (⇒ਪਰਫੁੱਲਿਤ)

ਵਿਕਟ[1] (विकट) /vikaṭa ヴィカト/ ▸ਬਿਕਟ [Skt. विकट] *adj.* **1** 恐ろしい, 怖い, ひどい, ものすごい. **2** 難しい, 困難な, 厄介な. (⇒ਔਖਾ, ਮੁਸ਼ਕਲ) **3** 込み入った, 複雑な. (⇒ਪੇਚੀਦਾ)

ਵਿਕਟ[2] (विकट) /wikaṭa ウィカト/ ▸ਵਿਕਿਟ *f.* → ਵਿਕਿਟ

ਵਿਕਟੋਰੀਆ[1] (विकटोरीआ) /vikaṭorīā ヴィクトーリーアー/ [Eng. *victoria*] *f.* 〖乗物〗ヴィクトリア馬車《二人乗り四輪馬車の一種. 折りたたみ式の幌の付いた低く軽い馬車》.

ਵਿਕਟੋਰੀਆ[2] (विकटोरीआ) /vikaṭorīā ヴィクトーリーアー/ [Eng. *Victoria*] *f.* **1** 〖人名〗ヴィクトリア《女子の名》. **2** 〖歴史〗ヴィクトリア女王《英国の女王. 在位1837−1901》.

ਵਿਕਟੋਰੀਆ ਕਰਾਸ (विकटोरीआ करास) /vikaṭorīā karāsa ヴィクトーリーアー カラース/ [Eng. *Victoria Cross*] *m.* 〖軍〗ヴィクトリア十字勲章《武勲をたてた英国軍人に授けられる》.

ਵਿਕਣਯੋਗ (विकणयोग) /vikaṇayoga ヴィカンヨーグ/ [cf. ਵਿਕਣਾ Skt.-योग्य] *adj.* 売り物になる, 販売可能な.

ਵਿਕਣਾ (विकणा) /vikaṇā ヴィカナー/ ▸ਬਿਕਣਾ [Skt. विक्रीयते] *vi.* 売られる, 販売される, 売れる.

ਵਿਕਰਨ (विकरन) /vikarana ヴィカルン/ [Skt. विकर्ण] *m.* **1** 〖幾何〗対角線. **2** 〖幾何〗直角三角形の斜辺.

ਵਿਕਰਮਾਜੀਤ (विकरमाजीत) /vikaramājīta ヴィカルマージート/ ▸ਬਿਕਰਮਾਜੀਤ *m.* → ਬਿਕਰਮਾਜੀਤ

ਵਿਕਰਮਾਜੀਤੀ (विकरमाजीती) /vikaramājītī ヴィカルマージーティー/ ▸ਬਿਕਰਮਾਜੀਤੀ *adj.* → ਬਿਕਰਮਾਜੀਤੀ

ਵਿਕਰਮਾਦਿਤ (विकरमादित) /vikaramādita ヴィカルマーディト/ [Skt. विक्रमादित्य] *m.* **1** 〖人名・歴史〗ヴィクラマーディティヤ〈剛勇なる太陽〉《ヒンドゥーの王名. ウッジャイニー〔現在のウッジャイン〕を都としたグプタ朝の最盛期の王チャンドラグプタ2世の称号. ヴィクラマージート ਵਿਕਰਮਾਜੀਤ とも称される》.

ਵਿਕਰਮੀ (विकरमी) /vikaramī ヴィカルミー/ ▸ਬਿਕਰਮੀ *adj.m.* → ਬਿਕਰਮੀ

ਵਿਕਰਮੀ ਸੰਮਤ (विकरमी संमत) /vikaramī sammata ヴィカルミー サンマト/ ▸ਬਿਕਰਮੀ ਸੰਮਤ *m.* → ਬਿਕਰਮੀ ਸੰਮਤ

ਵਿਕਰਾਲ (विकराल) /vikarāla ヴィクラール/ ▸ਬਿਕਰਾਲ [Skt. विकराल] *adj.* **1** 恐ろしい, 恐るべき, ぞっとするような. (⇒ਭਿਆਨਕ) **2** 醜い, おぞましい. (⇒ਕਰੂਪ, ਬਦਸੂਰਤ)

ਵਿਕ੍ਰਿਤ (विक्रित) /vikrita (vikarita) ヴィクリト (ヴィカリト)/ [Skt. विकृत] *adj.* **1** 変化した, 変形した, 歪んだ, ねじれた, ひねくれた. **2** 外形が醜くなった, 奇形の. **3** 損害を被った, 損ねられた. **4** 異常な, 不完全な.

ਵਿਕ੍ਰਿਤੀ (विक्रिती) /vikritī (vikaritī) ヴィクリティー (ヴィカリティー)/ [Skt. विकृति] *f.* **1** 変化, 変形, 歪み, ねじれ. **2** 外形を損なうこと, 奇形. **3** 欠陥, 損害, 損傷. **4** 異常, 不全.

ਵਿੱਕਰੀ (विक्करी) /vikkarī ヴィッカリー/ ▸ਬਿੱਕਰੀ [Skt. विक्रय] *f.* **1** 販売. **2** 売り上げ. **3** 売却.

ਵਿੱਕਰੀ ਮੁੱਲ (विक्करी मुल्ल) /vikkarī mulla ヴィッカリー ムッル/ [+ Skt. मूल्य] *m.* 売値.

ਵਿੱਕਰੀਯੋਗ (विक्करीयोग) /vikkarīyoga ヴィッカリーヨーグ/ [Skt.-योग्य] *adj.* **1** 売り物になる, 販売可能な. **2** よく売れる.

ਵਿਕਰੇਤਾ (विकरेता) /vikaretā ヴィクレーター/ [+ ਏਤਾ] *m.* 売り手, 販売人.

ਵਿਕਲ (विकल) /vikala ヴィカル/ ▸ਬਿਕਲ *adj.* → ਬਿਕਲ

ਵਿਕਲਪ (विकलप) /vikalapa ヴィカルプ/ [Skt. विकल्प] *m.* **1** 代わるもの, 代わり, 代替物, 代用品. **2** 選択, 選択肢. **3** ためらい, 躊躇. **4** 疑惑, 疑念, 懸念.

ਵਿਕਲਪੀ (विकलपी) /vikalapī ヴィカルピー/ [-ਈ] *adj.* **1** 代わりの, 交替の. **2** 選択の.

ਵਿਕਲਾਂਗ (विकलाँग) /vikalā̃ga ヴィクラーング/ [Skt. विकलांग] *adj.* 身体に障害のある, 身体の不自由な.

ਵਿਕਵਾਉਣਾ (विकवाउणा) /vikawāuṇā ヴィクワーウナー/ ▸ਬਿਕਾਉਣਾ, ਵਿਕਾਉਣਾ [cf. ਵਿਕਣਾ] *vt.* 売らせる, 販売させる.

ਵਿਕਾਉਣਾ (विकाउणा) /vikāuṇā ヴィカーウナー/ ▸ਬਿਕਾਉਣਾ, ਵਿਕਵਾਉਣਾ *vt.* → ਵਿਕਵਾਉਣਾ

ਵਿਕਾਊ (विकाऊ) /vikāū ヴィカーウー/ ▸ਬਿਕਾਊ [cf. ਵਿਕਣਾ] *adj.* 売り物の, 販売している, 商品の. ❒ਕੀ ਇਹ ਸਾਈਕਲ ਵਿਕਾਊ ਹੈ? この自転車は売り物ですか.

ਵਿਕਾਸ (विकास) /vikāsa ヴィカース/ [Skt. विकास] *m.* **1** 成長, 発育, 生育. **2** 発達, 発展, 開発, 進歩. **3** 伸びること, 伸長, 拡張. **4** 〖生物〗進化.

ਵਿਕਾਸਸ਼ੀਲ (विकासशील) /vikāsaśīla ヴィカースシール/ [Skt.-शील] *adj.* **1** 発展途上の, 開発途上の, 発展中の. **2** 進化している.

ਵਿਕਾਸਣਾ (विकासणा) /vikāsaṇā ヴィカースナー/ ▸ਵਿਕਸਣਾ, ਵਿਗਸਣਾ *vi.* → ਵਿਕਸਣਾ

ਵਿਕਾਸਵਾਦ (विकासवाद) /vikāsawāda ヴィカースワード/ [Skt. विकास Skt.-वाद] *m.* **1** 〖生物〗進化論. **2** 〖政治〗進歩主義, 革新主義.

ਵਿਕਾਸਵਾਦੀ (विकासवादी) /vikāsawādī ヴィカースワーディー/ [Skt.-वादिन्] *adj.* **1** 進化論の. **2** 進歩主義の. — *m.* **1** 進化論者. **2** 進歩主義者.

ਵਿਕਾਸਾਤਮਕ (विकासातमक) /vikāsātamaka ヴィカーサートマク/ ▸ਵਿਕਾਸਾਤਮਿਕ *adj.* → ਵਿਕਾਸਾਤਮਿਕ

ਵਿਕਾਸਾਤਮਿਕ (विकासातमिक) /vikāsātamika ヴィカーサートミク/ ▸ਵਿਕਾਸਾਤਮਕ [Skt. विकास Skt.-आत्मक] *adj.* **1** 進歩の, 発展の, 発達上の. **2** 進化の.

ਵਿਕਾਰ (विकार) /vikāra ヴィカール/ ▸ਬਿਕਾਰ [Skt. विकार] *m.* **1** 変化, 変形, 歪み, ひずみ, ねじれ. **2** 悪化, 低下. **3** 損害, 害悪. **4** 罪悪, 邪悪. **5** 変調, 不

調, 病気, 疾患. **6** 乱れ, 異常. **7** 欠点. **8**〖言〗語形変化, 活用形.

ਵਿਕਾਰੀ (विकारी) /vikārī ヴィカーリー/ ▸ਬਿਕਾਰੀ [Skt. विकारिन्] *adj.* **1** 変化した, 歪んだ, 変形した. **2** 異常のある, 障害のある, 乱れた, 混乱した, 錯乱した. **3** 有害な. **4** 悪い, 邪悪な, 不道徳な. **5** 欠点のある, 欠陥のある. **6**〖言〗語形変化した, 格変化した.

ਵਿਕਿਟ (विकिट) /wikiṭa ウィキト/ ▸ਵਿਕਟ [Eng. *wicket*] *f.* **1**〖建築〗小門, くぐり門. **2**〖競技〗(クリケットの) ウィケット, (クリケットの) 投球ゾーン, 三柱門.

ਵਿਕਿਰਨ (विकिरन) /vikiraṇa ヴィキルン/ [Skt. विकिरण] *m.* **1** 散布, 拡散, 放射. **2**〖物理〗放射線.

ਵਿਕੇਂਦਰਤ (विकेंदरत) /vikẽdarata ヴィケーンダラト/ ▸ ਵਿਕੇਂਦਰਿਤ *adj.* → ਵਿਕੇਂਦਰਿਤ

ਵਿਕੇਂਦਰਿਤ (विकेंदरित) /vikẽdarita ヴィケーンダリト/ ▸ ਵਿਕੇਂਦਰਤ [Skt. वि- Skt. केंद्रित] *adj.* **1** 中央に集まっていない, 集中していない. **2** 散らばった, 分散した.

ਵਿਕੇਂਦਰੀਕਰਨ (विकेंदरीकरन) /vikẽdarīkaraṇa ヴィケーンダリーカルン/ [Skt. वि- Skt. केंद्रीकरण] *m.* **1** 中央に集まっていないこと, 集中していないこと, 集中排除. **2** 分散, 散らばった状態, (産業や人口などの) 分散化.

ਵਿਕੇਂਦਰੀਕਰਿਤ (विकेंदरीकरित) /vikẽdarīkarita ヴィケーンダリーカリト/ [Skt. वि- Skt. केंद्रीकृत] *adj.* **1** 中央に集まっていない, 集中していない. **2** 散らばった, 分散した.

ਵਿੱਕੋਲਿੱਤਰਾ (विक्कोलित्तरा) /vikkolittarā ヴィッコーリッタラー/ *adj.* **1** 分かれた. **2** 孤立した. **3** 別個の.

ਵਿਖ (विख) /vikʰa ヴィク/ ▸ਬਿਖ, ਵਿਸ, ਵਿੱਸ, ਵਿਹੁ, ਵੇਹੁ *m.* → ਵਿੱਸ

ਵਿਖੰਡਣ (विखंडण) /vikʰaṇḍaṇa ヴィカンダン/ ▸ਵਿਖੰਡਨ *m.* → ਵਿਖੰਡਨ

ਵਿਖੰਡਨ (विखंडन) /vikʰaṇḍana ヴィカンダン/ ▸ਵਿਖੰਡਣ [Skt. विखंडन] *m.* 分裂, 分断, 細分, 切断.

ਵਿਖਮ (विखम) /vikʰama ヴィカム/ ▸ਬਿਖਮ, ਵਿਸ਼ਮ *adj.* → ਬਿਖਮ

ਵਿਖਮੀਕਰਨ (विखमीकरन) /vikʰamīkaraṇa ヴィクミーカルン/ [Skt. विषम Skt.-करण] *m.* 異化, 異化作用, あるものを別のものにすること.

ਵਿਖਵਾਉਣਾ (विखवाउणा) /wikʰawāuṇā ウィクワーウナー/ [cf. ਵੇਖਣਾ] *vt.* **1** 披露させる. **2** 陳列させる, 展示させる. **3** 表現させる, 表明させる. **4** 提示させる.

ਵਿਖਾਉਣਾ (विखाउणा) /wikʰāuṇā ウィカーウナー/ ▸ ਵਖਾਉਣਾ, ਵਿਖਾਲਣਾ [cf. ਵੇਖਣਾ] *vt.* **1** 見せる. **2** 披露する. **3** 陳列する, 展示する. **4** 表す, 表現する, 表明する. **5** 示す, 指し示す, 提示する.

ਵਿਖਾਈ (विखाई) /wikʰāī ウィカーイー/ [cf. ਵੇਖਣਾ] *f.* **1** 見えること《次の成句で用いる.「〜に」「〜には」は ਨੂੰ を用いる》. ❐ਵਿਖਾਈ ਦੇਣਾ (〜に)…が見える. ❐ਉਹਨਾਂ ਨੂੰ ਇੱਕ ਝੁੱਗੀ ਵਿਖਾਈ ਦਿੱਤੀ। 彼らには一軒の小屋が見えました. **2** 見せること. **3** 展示. **4** 見せることへの報酬・賃金.

ਵਿਖਾਦ (विखाद) /vikʰāda ヴィカード/ ▸ਬਖਾਦ, ਬਿਖਾਦ *m.* → ਬਿਖਾਦ

ਵਿਖਾਲਣਾ (विखालना) /wikʰālaṇā ウィカールナー/ ▸ ਵਖਾਉਣਾ, ਵਿਖਾਉਣਾ *vt.* → ਵਿਖਾਉਣਾ

ਵਿਖਾਲਾ (विखाला) /wikʰālā ウィカーラー/ ▸ਵਿਖਾਵਾ *m.* → ਵਿਖਾਵਾ

ਵਿਖਾਵਾ (विखावा) /wikʰāwā ウィカーワー/ ▸ਵਿਖਾਲਾ [cf. ਵੇਖਣਾ] *m.* **1** 見せかけ. ❐ਵਿਖਾਵੇ ਦਾ 見せかけの, 本物でない, 偽りの, にせの. **2** 表示, 表出, 表現. (⇒ਪਰਗਟਾਵਾ)

ਵਿਖਿਆਤ (विखिआत) /vikʰiāta ヴィキアート/ *adj.* 有名な, 名の知れた, よく知られた, 名声の高い. (⇒ਪਰਸਿੱਧ, ਮਸ਼ਹੂਰ)

ਵਿਖਿਆਨ (विखिआन) /vikʰiāna ヴィキアーン/ ▸ਵਖਿਆਨ, ਵਿਆਖਿਆਨ [Skt. व्याख्यान] *m.* **1** 講演. **2** 講義. **3** 演説. **4** 式辞. **5** 話, 談話. **6** 叙述, 記述. **7** 推敲.

ਵਿਖਿਆਨਕਾਰ (विखिआनकार) /vikʰiānakāra ヴィキアーンカール/ [Skt.-कार] *m.* **1** 講演者. **2** 講義者.

ਵਿਖੇ (विखे) /wikʰe ウィケー/ *postp.* …の中に, …に, …で. (⇒ਵਿੱਚ)

ਵਿੰਗ[1] (विंग) /viṅga ヴィング/ ▸ਡਿੰਗ, ਬਿੰਗ, ਵਿੰਙ *m.* **1** 屈曲. **2** 曲がり. **3** 傾き. **4** 回り道. **5** 歪み, 歪曲.

ਵਿੰਗ[2] (विंग) /wiṅga ウィング/ [Eng. *wing*] *m.* **1** (鳥・飛行機の) 翼. **2**〖建築〗(建物の) 翼, 棟, 袖. **3**〖政治〗(右翼・左翼の) 翼, 派.

ਵਿੱਗ (विग्ग) /wigga ウィッグ/ [Eng. *wig*] *f.* 鬘.

ਵਿਗਸਣਾ (विगसणा) /vigasaṇā ヴィグサナー/ ▸ਵਿਕਸਣਾ, ਵਿਕਾਸਣਾ *vi.* → ਵਿਕਸਣਾ

ਵਿਗਸਤ (विगसत) /vigasata ヴィグサト/ ▸ਵਿਕਸਤ, ਵਿਕਸਿਤ *adj.* → ਵਿਕਸਿਤ

ਵਿਗੜਨਾ (विगड़ना) /vigaṛanā ヴィガルナー/ ▸ਬਿਗੜਨਾ [Skt. विकार] *vi.* **1** 悪くなる, だめになる, 損なわれる, 損害を受ける, 台無しになる. (⇒ਖ਼ਰਾਬ ਹੋਣਾ) **2** 乱れる, 歪む, 堕落する. (⇒ਵਿਚਲਣਾ) **3** 仲たがいする. (⇒ਲੜਨਾ, ਝਗੜਨਾ) **4** 遠ざかる, 疎遠になる. **5** 反抗的になる, 言うことを聞かなくなる. **6** 苛々する, 不機嫌になる, 怒る.

ਵਿਗੜਵਾਉਣਾ (विगड़वाउणा) /vigaṛawāuṇā ヴィガルワーウナー/ ▸ਵਿਗੜਾਉਣਾ [cf. ਵਿਗੜਨਾ] *vt.* **1** 悪くさせる, 損なわせる. **2** 乱させる, 歪めさせる. **3** 台無しにさせる.

ਵਿਗੜਾਉਣਾ (विगड़ाउणा) /vigaṛāuṇā ヴィグラーウナー/ ▸ਵਿਗੜਵਾਉਣਾ *vt.* → ਵਿਗੜਵਾਉਣਾ

ਵਿੰਗਾ (विंगा) /viṅgā ヴィンガー/ ▸ਡਿੰਗਾ *adj.* **1** 曲がった. **2** 歪んだ. **3** まっすぐでない. **4** 屈曲した.

ਵਿਗਾੜ (विगाड़) /vigāṛa ヴィガール/ ▸ਬਿਗਾੜ [Skt. विकार] *m.* **1** 悪化. **2** 欠陥. **3** 争い.

ਵਿਗਾੜਨਾ (विगाड़ना) /vigāṛanā ヴィガールナー/ ▸ ਬਿਗਾੜਨਾ [cf. ਵਿਗੜਨਾ] *vt.* **1** 悪くする, 損なう, 害する, 損害を与える, 台無しにする. (⇒ਖ਼ਰਾਬ ਕਰਨਾ) **2** 乱す, 歪める. (⇒ਵਿਚਾਲਣਾ)

ਵਿਗਾੜੂ (विगाड़ू) /vigāṛū ヴィガールー/ ▸ਬਿਗਾੜੂ [cf. ਵਿਗੜਨਾ] *adj.* **1** 損なう, 害する, 台無しにする. **2** 故意に争いの種を蒔く.

— *m.* **1** 損なうもの, 害するもの, 台無しにする人. **2** 故意に争いの種を蒔く人.

ਵਿਗਿਆਨ (विगिआन) /vigiāna ヴィギアーン/ [Skt. विज्ञान] *m.* **1** 科学. **2** 知識, 学識, 学問.

ਵਿਗਿਆਨਕ (विगिआनक) /vigiānaka ヴィギアーナク/ ▸ ਵਿਗਿਆਨਿਕ *adj.m.* → ਵਿਗਿਆਨਿਕ

ਵਿਗਿਆਨਵਾਦ (विगिआनवाद) /vigiānawāda ヴィギアーンワード/ [Skt. विज्ञान Skt.-वाद] *m.* 科学主義.

ਵਿਗਿਆਨਿਕ (विगिआनिक) /vigiānika ヴィギアーニク/ ▸ਵਿਗਿਆਨਕ [Skt. वैज्ञानिक] *adj.* 科学の, 科学に関する, 科学的な. (⇒ਸਾਇੰਸੀ)
— *m.* 科学者. (⇒ਸਾਇੰਸਦਾਨ)

ਵਿਗਿਆਨੀ (विगिआनी) /vigiānī ヴィギアーニー/ [Skt. विज्ञानिन्] *m.* **1** 科学者. (⇒ਸਾਇੰਸਦਾਨ) **2** 学者, 研究者.

ਵਿਗਿਆਪਨ (विगिआपन) /vigiāpana ヴィギアーパン/ [Skt. विज्ञापन] *m.* **1** 広告, 宣伝. (⇒ਇਸ਼ਤਿਹਾਰ) **2** 通知, 知らせること, 公告. **3** ポスター. **4** ちらし. **5** ビラ.

ਵਿਗੁੱਚਣਾ (विगुच्चणा) /viguccaṇā ヴィグッチャナー/ [Skt. विकुंचन] *vi.* **1** 萎れる, しなびる, しぼむ. (⇒ਮੁੰਗੜਨਾ) **2** 悲しくなる. **3** 悪くなる, だめになる, 台無しになる. (⇒ਖ਼ਰਾਬ ਹੋਣਾ, ਬਰਬਾਦ ਹੋਣਾ) **4** 没入する, 没頭する, 耽る. (⇒ਡੁੱਬਣਾ, ਲੀਨ ਹੋਣਾ)

ਵਿਗੁਚਾ (विगुचा) /vigucā ヴィグチャー/ ▸ਵਿਗੁੱਤਾ *adj.* → ਵਿਗੁੱਤਾ

ਵਿਗੁੱਤਾ (विगुत्ता) /viguttā ヴィグッター/ ▸ਵਿਗੁਚਾ [cf. ਵਿਗੁੱਚਣਾ] *adj.* **1** 悪くなった. **2** 失われた. **3** 全くない. **4** 無用な, むだな. **5** 追放された, 排斥された. **6** 困窮した.

ਵਿਗੋਚਾ (विगोचा) /vigocā ヴィゴーチャー/ [cf. ਵਿਗੁੱਚਣਾ] *m.* **1** 欠乏. **2** 不足.

ਵਿਗੋਪਨ (विगोपन) /vigopana ヴィゴーパン/ *m.* 説明, 解説.

ਵਿਘਟਨ (विघटन) /vikăṭana ヴィカタン/ [Skt. विघटन] *m.* **1** 解体. **2** 分裂, 分離. **3** 分解, 崩壊. **4** 解消, 消失.

ਵਿਘਟਨਕਾਰੀ (विघटनकारी) /vikăṭanakārī ヴィカタンカーリー/ [Skt.-कारिन्] *adj.* **1** 解体させる, 分裂的な, 分裂させる, 崩壊させる. **2** 分解する, ばらばらにする. **3** 破壊的な, 反社会的な.

ਵਿਘਟਿਤ (विघटित) /vikăṭita ヴィカティト/ [Skt. विघटित] *adj.* **1** 解体した, 分解された. **2** 分かれた, 分裂した. **3** 崩れた, 崩壊した. **4** 解消された.

ਵਿਘਨ (विघन) /vîgana ヴィガン/ ▸ਬਿਘਨ [Skt. विघ्न] *m.* **1** 障害. **2** 妨害, 邪魔. ❐ਵਿਘਨ ਪਾਉਣਾ 妨害する, 邪魔をする. ❐ਵਿਘਨ ਪੈਣਾ 妨害される, 邪魔される. **3** 欠陥.

ਵਿੱਘਾ (विग्घा) /vîggā ヴィッガー/ ▸ਬਿਘਾ, ਬਿੱਘਾ *m.* 〖面積〗ヴィッガー(ビガー)《約半エーカー相当の土地の面積単位》.

ਵਿੰਙ (विङ) /viṅṅa ヴィンヌ/ ▸ਡਿੰਗ, ਬਿੰਗ, ਵਿੰਗ *m.* → ਵਿੰਗ[1]

ਵਿਚ (विच) /wica ウィチ/ ▸ਚ, ਵਿੱਚ *postp.* 《 ਵਿਚ の ਵਿ の脱落した短縮形 ਚ も用いられる. その場合, 短縮形であることを示すため, つづりの初めにアポストロフィ 'を伴う表記の 'ਚ が用いられることもある》. → ਵਿੱਚ

ਵਿੱਚ (विच्च) /wicca ウィッチ/ ▸ਚ, ਵਿਚ [(Pkt. विच्च) Skt. व्यचस्] *postp.* 《 ਵਿੱਚ の ਵਿ とアダクの脱落した短縮形 ਚ も用いられる. その場合, 短縮形であることを示すため, つづりの初めにアポストロフィ 'を伴う表記の 'ਚ が用いられることもある》 **1**《「内部の位置」「包囲された位置」》…の中に, …の中で. ❐ਮੇਰੀ ਘੜੀ ਤੁਹਾਡੇ ਬਕਸੇ ਵਿੱਚ ਹੈ। 私の時計はあなたの箱の中にあります. ❐ਤੋਤੇ ਪਿੰਜਰੇ ਵਿੱਚ ਬੋਲ ਰਹੇ ਹਨ। 鸚鵡たちが鳥籠の中でしゃべっています. ❐ਲੋਕੀਂ ਗੱਡੀ ਵਿੱਚ ਬੈਠੇ ਅਖ਼ਬਾਰ ਅਤੇ ਕਿਤਾਬਾਂ ਪੜ੍ਹਦੇ ਹਨ। 人々は列車の中に座って新聞や本を読みます. ❐ਹਨੇਰੇ ਵਿੱਚ ਬਿੱਲੀ ਦੀਆਂ ਅੱਖਾਂ ਚਮਕੀਆਂ। 暗闇の中で猫の目が輝きました. **2**《場所》…に, …で. ❐ਉਸ ਦਾ ਦਫ਼ਤਰ ਅਗਲੀ ਗਲੀ ਵਿੱਚ ਹੈ। 彼の事務所は次の路地にあります. ❐ਮੈਂ ਲਹੌਰ ਵਿੱਚ ਰਹਿੰਦਾ ਸਾਂ। 私はラホールに住んでいました. ❐ਉਸ ਪਿੰਡ ਵਿੱਚ ਇੱਕ ਗ਼ਰੀਬ ਤਰਖਾਣ ਰਹਿੰਦਾ ਸੀ। その村には一人の貧しい大工が住んでいました. **3**《時・時間》…に, …の間に, …以内に, …のうちに. ❐ਇਹ ਤਸਵੀਰ ਕਾਰਾਵਾਜ਼ੀਓ ਨੇ ਸਾਲ ੧੫੯੮ ਵਿੱਚ ਮੁਕੰਮਲ ਕੀਤੀ ਸੀ। この絵をカラヴァッジョは1598年に完成させました. ❐ਮੇਰੀ ਘੜੀ ਦੋ ਘੰਟੇ ਵਿੱਚ ਦੋ ਮਿੰਟ ਅੱਗੇ ਜਾਂਦੀ ਹੈ। 私の時計は2時間の間に2分先に進んでしまいます. ❐ਮਿੰਟਾਂ ਵਿੱਚ ਸੈਂਕੜੇ ਆਦਮੀ ਮਾਰੇ ਗਏ। 数分のうちに何百人もの人たちが殺されました. ❐ਪੰਦਰਾਂ ਦਿਨਾਂ ਵਿੱਚ ਡੇਢ ਸੌ ਰੁਪਏ ਜਮ੍ਹਾਂ ਹੋ ਜਾਣਗੇ। 15日間で150ルピー貯まるでしょう. **4**《「位置・場所・時」以外の副詞句を作る》. ❐ਅਸਲ ਵਿੱਚ 本当に, 本当は, 実際に. ❐ਅਸਲ ਵਿੱਚ ਅਸੀਂ ਨੈਤਿਕ ਕਦਰਾਂ ਕੀਮਤਾਂ ਨੂੰ ਭੁੱਲ ਗਏ ਹਾਂ। 本当に私たちは道徳上の価値観を忘れてしまっています. ❐ਜੁੱਤੀ ਕਿੰਨੇ ਰੁਪਇਆਂ ਵਿੱਚ ਮਿਲੇਗੀ? 靴は何ルピーで手に入りますか(いくらで買えますか). ❐ਮੈਂ ਇਸ ਕੰਮ ਵਿੱਚ ਪਿੱਛੇ ਨਹੀਂ ਰਹਿਣਾ ਚਾਹੁੰਦਾ ਸਾਂ। 私はこの仕事で後れを取りたくありませんでした. ❐ਵਹੁਟੀ ਪਕਾਉਣ ਵਿੱਚ ਲੱਗੀ ਰਹੀ। 妻は調理に勤しんでいました. ❐ਮੋਹਨ ਨੂੰ ਆਉਣ ਵਿੱਚ ਵਕਤ ਲੱਗੇਗਾ। モーハンが来るのに時間がかかるでしょう.

ਵਿਚਕਾਹੇ (विचकाहे) /wicakâe | wicakāhe ウィチカーエー | ウィチカーヘー/ [+ ਕਾਹੇ] *adv.* **1** 間に, 中間に. (⇒ਦਰਮਿਆਨ) **2** 真ん中に, 中央に.
— *postp.* **1**…の間に, …の中間に. **2**…の真ん中に, …の中央に.

ਵਿਚਕਾਰ (विचकार) /wicakāra ウィチカール/ [Skt.-कार] *m.* **1** 間, 中間. **2** 真ん中, 中央. (⇒ਮੱਧ)
— *adv.* **1** 間に, 中間に. **2** 真ん中に, 中央に.
— *postp.* **1**…の間に, …の中間に. **2**…の真ん中に, …の中央に.

ਵਿਚਕਾਰਲਾ (विचकारला) /wicakāralā ウィチカールラー/ [+ ਲਾ] *adj.* **1** 間の, 中間の. **2** 真ん中の. **3** 中央の.

ਵਿਚਕਾਰੇ (विचकारे) /wicakāre ウィチカーレー/ ▸ਵਿਚਕਾਲੇ [Skt. व्यचस् Skt.-कार] *adv.* **1** 間に, 中間に. **2** 真ん中に, 中央に.

ਵਿਚਕਾਰੋਂ (विचकारों) /wicakārõ ウィチカーローン/ [+ ਓਂ] *adv.* 《 ਵਿਚਕਾਰ ਤੋਂ の融合形》 **1** 間から, 中間から. **2** 真ん中から, 中央から.
— *postp.* 《 ਵਿਚਕਾਰ ਤੋਂ の融合形》 **1**…の間から, …の中間から. **2**…の真ん中から, …の中央から.

ਵਿਚਕਾਲੇ (विचकाले) /wicakāle ウィチカーレー/ ▸ਵਿਚਕਾਰੇ *adv.* → ਵਿਚਕਾਰੇ

ਵਿਚਰਨਾ (विचरना) /vicaranā ヴィチャルナー/ [Skt. विचरति] *vi.* **1** 歩き回る. (⇒ਤੁਰਨਾ ਫਿਰਨਾ) **2** さまよう, 放浪する.

ਵਿਚਲਣਾ (विचलणा) /vicalaṇā ヴィチャルナー/ ▸ਬਿਚਲਣਾ, ਵਿਚਲਨਾ *vi.* → ਵਿਚਲਨਾ

ਵਿਚਲਨ (विचलन) /vicalana ヴィチャラン/ [Skt. विचलन] *m.* **1** 動き, 動きやすさ, 移動. **2** 逸脱. **3** 不安定.

ਵਿਚਲਨਾ (विचलना) /vicalanā ヴィチャルナー/ ▸ਬਿਚਲਣਾ, ਵਿਚਲਣਾ [Skt. विचलति] *vi.* **1** 悪くなる, だめになる, 台無しになる, 腐る. (⇒ਖ਼ਰਾਬ ਹੋਣਾ) **2** 堕落する, 乱れる. (⇒ਵਿਗੜਨਾ) **3** 損なわれる, 損害を受ける. (⇒ਵਿਗੜਨਾ)

ਵਿਚਲਾ (विचला) /wicalā ウィチラー/ [Skt. व्यचस् + ਲਾ] *adj.* **1** 内部の. **2** 真ん中にある.

ਵਿਚਲਾ-ਮੇਲ (विचला-मेल) /wicalā-mela ウィチラー・メール/ *adj.* 中位の.

ਵਿਚਲਿਤ (विचलित) /vicalita ヴィチリト/ [Skt. विचलित] *adj.* **1** 不安定な. **2** 動揺している. **3** ぐらぐらする, ぐらついている. **4** よろよろする, あやふやな. **5** 意志薄弱な. **6** 揺れ動いている, 迷っている. **7** さまよっている. **8** 気まぐれな, 移り気な. **9** それている, 逸脱している.

ਵਿੱਚ ਵਿੱਚ (विच्च विच्च) /wicca wicca ウィッチ ウィッチ/ [Skt. व्यचस् + Skt. व्यचस्] *adv.* 内々に, 秘密に. (⇒ਅੰਦਰੋਂ ਅੰਦਰ) ❐ਵਿੱਚ ਵਿੱਚ ਕਰਨਾ 思っていることを言わないでおく.

ਵਿੱਚ ਵਿਚਾਲੇ (विच्च विचाले) /wicca wicāle ウィッチ ウィチャーレー/ [+ ਆਲੇ] *adv.* **1** 間に, 中間に. ❐ਵਿੱਚ ਵਿਚਾਲੇ ਲਟਕਣਾ 宙ぶらりんになる, 決定に至らない. **2** 時々.

ਵਿਚਾਰ (विचार) /vicāra ヴィチャール/ ▸ਬਿਚਾਰ [Skt. विचार] *m.* **1** 考え, 思考, 考察. **2** 見方, 見解. **3** 観念, 概念. **4** 思想. **5** 意見, 所見, 所感, 感想. **6** 考慮, 思慮, 配慮.

ਵਿਚਾਰ ਅਧੀਨ (विचार अधीन) /vicāra adīna ヴィチャール アディーン/ ▸ਵਿਚਾਰਾਧੀਨ *adj.* → ਵਿਚਾਰਾਧੀਨ

ਵਿਚਾਰ ਸ਼ਕਤੀ (विचार शकती) /vicāra śakatī ヴィチャール シャクティー/ [Skt. विचार + Skt. शक्ति] *f.* **1** 思考力. **2** 理知, 知力. **3** 理性, 思慮分別. **4** 知性.

ਵਿਚਾਰਸ਼ੀਲ (विचारशील) /vicāraśīla ヴィチャールシール/ [Skt.-शील] *adj.* **1** 思いやりのある. **2** 分別のある, 賢明な. **3** 理性的な, 物事をわきまえた. **4** 思慮深い. **5** 熟慮した, 慎重な.

ਵਿਚਾਰਹੀਨ (विचारहीन) /vicārahīna ヴィチャールヒーン/ [Skt.-हीन] *adj.* **1** 考えない, 無思慮な. **2** 思いやりのない. **3** 心ない, 軽率な. **4** 不注意な, 思慮のない. **5** 不合理な.

ਵਿਚਾਰਕ (विचारक) /vicāraka ヴィチャーラク/ [Skt. विचारक] *m.* **1** 考える人. **2** 思想家.

ਵਿਚਾਰ ਗੋਚਰਾ (विचार गोचरा) /vicāra gocarā ヴィチャール ゴーチャラー/ *adj.* **1** 目立つ, 著しい, 注目すべき. **2** 考慮中の, 検討中の.

ਵਿਚਾਰਜਨਕ (विचारजनक) /vicārajanaka ヴィチャールジャナク/ [Skt. विचार Skt.-जनक] *adj.* **1** 考えを生じさせる. **2** 思考を刺激するような.

ਵਿਚਾਰਧਾਰਕ (विचारधारक) /vicāratăraka ヴィチャールターラク/ ▸ਵਿਚਾਰਧਾਰਿਕ *adj.* → ਵਿਚਾਰਧਾਰਿਕ

ਵਿਚਾਰਧਾਰਾ (विचारधारा) /vicāratărā ヴィチャールターラー/ [Skt. विचार + Skt. धारा] *f.* 観念形態, 思潮, 思想体系, イデオロギー.

ਵਿਚਾਰਧਾਰਿਕ (विचारधारिक) /vicāratărika ヴィチャールターリク/ ▸ਵਿਚਾਰਧਾਰਕ [+ Skt. धारक] *adj.* 観念形態の, 思潮の, 思想体系の, イデオロギーの.

ਵਿਚਾਰਨਯੋਗ (विचारनयोग) /vicāranayoga ヴィチャールンヨーグ/ [cf. ਵਿਚਾਰਨਾ Skt.-योग्य] *adj.* 考えるにふさわしい, 考慮すべき.

ਵਿਚਾਰਨਾ (विचारना) /vicāranā ヴィチャールナー/ [Skt. विचारयति] *vi.vt.* **1** 考える, 思う, 意図する. **2** 考慮する. **3** 熟考する, 熟慮する. **4** 黙想する.

ਵਿਚਾਰ ਵਟਾਂਦਰਾ (विचार वटाँदरा) /vicāra waṭādarā ヴィチャール ワターンドラー/ [Skt. विचार + cf. ਵਟਣਾ[2]] *m.* **1** 意見交換. **2** 交渉, 協議. **3** 討論, 議論.

ਵਿਚਾਰਵਾਦ (विचारवाद) /vicārawāda ヴィチャールワード/ [Skt.-वाद] *m.* **1** 観念論. **2** 理想主義.

ਵਿਚਾਰਵਾਦੀ (विचारवादी) /vicārawādī ヴィチャールワーディー/ [Skt.-वादिन्] *adj.* **1** 観念論の. **2** 理想主義の. — *m.* **1** 観念論者. **2** 理想主義者.

ਵਿਚਾਰਵਾਨ (विचारवान) /vicārawāna ヴィチャールワーン/ [Skt.-वान्] *adj.* **1** 思いやりのある. **2** 分別のある, 賢明な. **3** 理性的な, 物事をわきまえた. **4** 思慮深い. **5** 熟慮した, 慎重な.

ਵਿਚਾਰ ਵਿਮਰਸ਼ (विचार विमरश) /vicāra vimaraśa ヴィチャール ヴィマルシュ/ [+ Skt. विमर्श] *m.* **1** 相談, 協議, 審議. **2** 意見交換.

ਵਿਚਾਰਾ (विचारा) /vicārā ヴィチャーラー/ ▸ਬਿਚਾਰਾ, ਬੇਚਾਰਾ *adj.* → ਬੇਚਾਰਾ

ਵਿਚਾਰਾਤਮਕ (विचारातमक) /vicārātamaka ヴィチャーラートマク/ ▸ਵਿਚਾਰਾਤਮਿਕ *adj.* → ਵਿਚਾਰਾਤਮਿਕ

ਵਿਚਾਰਾਤਮਿਕ (विचारातमिक) /vicārātamika ヴィチャーラートミク/ ▸ਵਿਚਾਰਾਤਮਕ [Skt. विचार Skt.-आत्मक] *adj.* **1** 熟慮した. **2** 思慮深い. **3** 黙想の, 思索的な. **4** 瞑想にふける. **5** 考え込んだ, 物思いに沈んだ. **6** 観念形態の, 思潮の, イデオロギーの.

ਵਿਚਾਰਾਧੀਨ (विचाराधीन) /vicārādīna ヴィチャーラーディーン/ ▸ਵਿਚਾਰ ਅਧੀਨ [+ Skt. अधीन] *adj.* **1** 検討中の, 考慮中の, 考察中の. **2**〖法〗未決の, 判決の下されていない.

ਵਿਚਾਲ (विचाल) /vicāla ヴィチャール/ [cf. ਵਿਚਲਨਾ] *m.* 損害, 被害. (⇒ਨੁਕਸਾਨ)

ਵਿਚਾਲਣਾ (विचालणा) /vicālaṇā ヴィチャールナー/ ▸ ਵਿਚਾਲਨਾ *vt.* → ਵਿਚਾਲਨਾ

ਵਿਚਾਲਨਾ (विचालना) /vicālanā ヴィチャールナー/ ▸ ਵਿਚਾਲਣਾ [cf. ਵਿਚਲਨਾ] *vt.* **1** 悪くする, 損なう, 害する, 損害を与える, 台無しにする. (⇒ਖ਼ਰਾਬ ਕਰਨਾ) **2** 乱す, 歪める. (⇒ਵਿਗਾੜਨਾ)

ਵਿਚਾਲਲਾ (विचालला) /wicālalā ウィチャーララー/ ▸ ਵਿਚਾਲੜਾ [Skt. व्यचस्] *adj.* **1** 中間の. **2** 真ん中の.

ਵਿਚਾਲੜਾ (विचालड़ा) /wicālaṛā ウィチャーララー/ ▸ ਵਿਚਾਲਲਾ *adj.* → ਵਿਚਾਲਲਾ

ਵਿਚਾਲਾ (विचाला) /wicālā ウィチャーラー/ [Skt. व्यचस्] *m.* **1** 間, 中間. **2** 真ん中, 中央.

ਵਿਚਾਲਿਉਂ (विचालिउँ) /wicāliū̃ ウィチャーリウン/ [Skt.

ব্যচস্+ ਉਂ] *adv.* 《 ਵਿਚਾਲੇ ਤੋਂ の融合形》 **1** 間から, 中間から. **2** 真ん中から, 中央から.

— *postp.* 《 ਵਿਚਾਲੇ ਤੋਂ の融合形》 **1**…の間から, …の中間から. **2**…の真ん中から, …の中央から.

ਵਿਚਾਲੂ (विचालू) /wicālū ウィチャールー/ ▸ਵਚੋਲਾ, ਵਿਚੋਲਾ [(Jat.)] *m.* → ਵਿਚੋਲਾ

ਵਿਚਾਲੇ (विचाले) /wicāle ウィチャーレー/ [Skt. ব্যচস্] *adv.* **1** 間に, 中間に. **2** 真ん中に, 中央に.

— *postp.* **1**…の間に, …の中間に. ❒ਦੋਹਾਂ ਦੇਸ਼ਾਂ ਵਿਚਾਲੇ ਸੁਖਾਵੇਂ ਸੰਬੰਧ ਕਾਇਮ ਕਰਨ ਦੀ ਗੱਲ 両国の間に緊張の緩和した関係を確立するための協議. **2**…の真ん中に, …の中央に.

ਵਿਚਿੱਤਰ (विचित्तर) /vicittara ヴィチッタル/ ▸ਬਚਿੱਤਰ, ਵਚਿੱਤਰ [Skt. विचित्र] *adj.* **1** 奇妙な, 特異な, 奇異な. **2** 独自の, 独特な. **3** 驚くべき, 並外れた, 途方もない. **4** 素晴らしい, 目覚ましい. **5** 不思議な. **6** 特別の.

ਵਿਚਿੱਤਰਤਾ (विचित्तरता) /vicittaratā ヴィチッタルター/ ▸ ਵਚਿੱਤਰਤਾ [Skt.-ता] *f.* **1** 特異なこと・もの, 独特なこと・もの. **2** 不思議, 驚異.

ਵਿੱਚੀ (विच्ची) /wiccī ウィッチー/ [Skt. ব্যচস্ -ई] *adv.* 真ん中から, 中央から.

ਵਿਚੇ ਵਿਚ (विचे विच) /wice wica ウィチェー ウィチ/ ▸ ਵਿੱਚੇ ਵਿੱਚ *adv.* → ਵਿੱਚੇ ਵਿੱਚ

ਵਿੱਚੇ ਵਿੱਚ (विच्चे विच्च) /wicce wicca ウィッチェー ウィッチ/ ▸ਵਿਚੇ ਵਿਚ [Skt. ব্যচস্ + Skt. ব্যচস্] *adv.* **1** 内部的に, 内面的に. **2** 心の中で, 内心. **3** 密かに. **4** 内密に.

ਵਿਚੋਂ (विचों) /wicõ ウィチョーン/ ▸ਵਿੱਚੋਂ *postp.* 《 ਵਿਚ ਤੋਂ の融合形》→ ਵਿੱਚੋਂ

ਵਿੱਚੋਂ (विच्चों) /wiccõ ウィッチョーン/ ▸ਵਿਚੋਂ [Skt. ব্যচস্ + ਓਂ] *postp.* 《 ਵਿੱਚ ਤੋਂ の融合形》 **1**…の中から, …から. ❒ਬਿੱਲੀ ਟੁੱਟੇ ਬੂਟ ਵਿੱਚੋਂ ਨਿਕਲ ਨਹੀਂ ਸੀ ਸਕਦੀ। 猫は破れた長靴の中から出られませんでした. ❒ਪਿੰਡ ਦੀਆਂ ਗਲੀਆਂ ਵਿੱਚੋਂ ਗੱਭਰੂ ਪਹਿਲਵਾਨਾਂ ਵਾਂਗ ਲਲਕਾਰਦੇ ਨਿਕਲ ਆਏ। 村の路地から若者たちがレスラーのように雄叫びを上げながら出て来ました. ❒ਹੰਸ ਦੇ ਪੈਰਾਂ ਵਿੱਚੋਂ ਲਹੂ ਵਗ ਰਿਹਾ ਸੀ। 白鳥の足から血が流れていました. ❒ਇੱਕ ਸ਼ਰਾਬੀ ਦੇ ਮੱਥੇ ਵਿੱਚੋਂ ਖ਼ੂਨ ਵਗ ਰਿਹਾ ਸੀ। 一人の酔っ払いの額から血が流れていました. **2**…のうち. ❒ਚਹੁੰ ਕਮਰਿਆਂ ਵਿੱਚੋਂ ਇੱਕ ਸੌਣ ਦਾ ਕਮਰਾ ਹੈ। 四つの部屋のうち一つは寝室です. **3**…するのに, …するまでの間に. ❒ਅੱਠ ਵੱਜਣ ਵਿੱਚੋਂ ਪੰਜ ਮਿੰਟ ਰਹਿੰਦੇ ਹਨ। 8時5分前です〈8時の時報が鳴るまでの間に5分残っています〉.

ਵਿਚੋਲਗਿਰੀ (विचोलगिरी) /wicolagirī ウィチョールギリー/ [Skt. ব্যচস্ Pers.-*girī*] *f.* **1** 仲介. **2** 仲買. **3** 縁組.

ਵਿਚੋਲਗੀ (विचोलगी) /wicolagī ウィチョールギー/ [Skt. ব্যচস্ Pers.-*gī*] *f.* **1** 仲介. **2** 仲買. **3** 縁組. **4** 仲介料, 仲買人の利益.

ਵਿਚੋਲਣ (विचोलण) /wicolaṇa ウィチョーラン/ [Skt. ব্যচস্ -ਣ] *f.* **1** 女性の仲介者. **2** 女性の仲買人, 女性のブローカー. **3** 女性の仲人.

ਵਿਚੋਲਪੁਣਾ (विचोलपुणा) /wicolapuṇā ウィチョールプナー/ [Skt. ব্যচস্ -ਪੁਣਾ] *m.* **1** 仲介. **2** 仲買. **3** 縁組.

ਵਿਚੋਲਾ (विचोला) /wicolā ウィチョーラー/ ▸ਵਚੋਲਾ, ਵਿਚਾਲੂ [Skt. ব্যচস্] *m.* **1** 仲介者, 調停者. **2** 仲買人, ブローカー. **3** 仲人.

ਵਿਚੋਂ ਵਿਚ (विचों विच) /wicõ wica ウィチョーン ウィチ/ ▸ ਵਿਚੋ ਵਿਚ, ਵਿੱਚੋਂ ਵਿੱਚ *adv.* → ਵਿੱਚੋਂ ਵਿੱਚ

ਵਿਚੋ ਵਿਚ (विचो विच) /wico wica ウィチョー ウィチ/ ▸ ਵਿਚੋਂ ਵਿਚ, ਵਿੱਚੋਂ ਵਿੱਚ *adv.* → ਵਿੱਚੋਂ ਵਿੱਚ

ਵਿੱਚੋਂ ਵਿੱਚ (विच्चों विच्च) /wiccõ wicca ウィッチョーン ウィッチ/ ▸ਵਿਚੋਂ ਵਿਚ, ਵਿਚੋ ਵਿਚ [Skt. ব্যচস্ + ਓਂ + Skt. ব্যচস্] *adv.* **1** 内部的に, 内面的に. **2** 心で. **3** ひそかに. **4** 内密に.

ਵਿਛਣਾ (विछणा) /vicʰaṇā ヴィチャナー/ [cf. ਵਿਛਾਉਣਾ] *vi.* **1** 広げられる, 広がる. **2** 張られる, 張り巡らされる, 伸ばされる. ❒ਭਾਰਤ ਵਿੱਚ ਰੇਲਾਂ ਦਾ ਜਾਲ ਵਿਛਿਆ ਹੋਇਆ ਹੈ। インドには鉄道網が張り巡らされています. **3** 敷かれる, 敷設される. ❒ਕੁੱਲ ਇਰਾਕ ਅੰਦਰ ਇਸ ਵੇਲੇ ੨੩੪੦ ਕਿਲੋਮੀਟਰ ਲੰਮੀਆਂ ਰੇਲ ਲਾਈਨਾਂ ਵਿਛੀਆਂ ਹੋਈਆਂ ਹਨ। イラク全土には現在2340キロメートルの長さの鉄道が敷設されています.

ਵਿਛਵਾਉਣਾ (विछवाउणा) /vicʰawāuṇā ヴィチワーウナー/ ▸ਬਿਛਵਾਉਣਾ [cf. ਵਿਛਾਉਣਾ] *vt.* **1** 広げさせる, 拡大させる, 拡張させる. **2** 敷かせる, 敷設させる.

ਵਿਛੜਨਾ (विछड़ना) /vicʰaṛanā ヴィチャルナー/ ▸ ਵਿੱਛੜਨਾ [Skt. विक्षुटति] *vi.* **1** 分かれる. (⇒ਅਲੱਗ ਹੋਣਾ) **2** 離れる.

ਵਿੱਛੜਨਾ (विच्छड़ना) /viccʰaṛanā ヴィッチャルナー/ ▸ ਵਿਛੜਨਾ *vi.* → ਵਿਛੜਨਾ

ਵਿਛਾਉਣਾ (विछाउणा) /vicʰāuṇā ヴィチャーウナー/ ▸ ਬਿਛਾਉਣਾ [Skt. विच्छादयति] *vt.* **1** 広げる, 拡張する. **2** 敷く, 敷設する.

ਵਿਛਾਈ (विछाई) /vicʰāī ヴィチャーイー/ ▸ਬਿਛਾਈ [cf. ਵਿਛਾਉਣਾ] *f.* **1** 広げること. **2** 敷くこと, 敷設. **3**〘寝具〙敷布, シーツ. (⇒ਚਾਦਰ)

ਵਿਛੁੰਨਾ (विछुंना) /vicʰunnā ヴィチュンナー/ [cf. ਵਿਛੜਨਾ] *adj.* **1** 分かれた, 別れた, 離別した. **2** 離れた. **3** 離別に耐えている, 遠くに行って会えない.

ਵਿਛੂ (विछू) /vicʰū ヴィチュー/ ▸ਬਿੱਛੂ *m.* → ਬਿੱਛੂ

ਵਿਛੇਦ (विछेद) /vicʰeda ヴィチェード/ [Skt. विच्छेद] *m.* **1** 分離. **2** 別離. **3** 分析.

ਵਿਛੋੜਨਾ (विछोड़ना) /vicʰoṛanā ヴィチョールナー/ [cf. ਵਿਛੜਨਾ] *vt.* **1** 分ける. **2** 離す.

ਵਿਛੋੜਾ (विछोड़ा) /vicʰoṛā ヴィチョーラー/ [cf. ਵਿਛੜਨਾ] *m.* **1** 分離. **2** 別離, 別れ.

ਵਿਛੌਣਾ (विछौणा) /vicʰauṇā ヴィチャオーナー/ ▸ਬਿਛੌਣਾ [cf. ਵਿਛਾਉਣਾ] *m.*〘寝具〙寝具, 寝具一式.

ਵਿਜਈ (विजई) /vijaī ヴィジャイー/ [Skt. विजयिन्] *adj.* 勝利を得た.

— *m.* 勝利者.

ਵਿਜ਼ਟ (विज़ट) /vizaṭa ヴィズト/ [Eng. *visit*] *m.* 訪問.

ਵਿਜ਼ਟਰ (विज़टर) /vizaṭara ヴィズタル/ ▸ਵਿਜ਼ੀਟਰ [Eng. *visitor*] *m.* **1** 訪問者, 来客. **2** 参観者, 観光客.

ਵਿਜਯ (विजय) /vijaya ヴィジャユ/ ▸ਬਿਜੈ, ਵਿਜੇ, ਵਿਜੈ *f.* → ਵਿਜੇ

ਵਿਜ਼ਿਟਿੰਗ ਕਾਰਡ (विज़िटिंग कारड) /viziṭiṅga kāraḍa ヴィズィティング カールド/ [Eng. *visiting card*] *m.* (訪問用の) 名刺.

ਵਿਜ਼ੀਟਰ (विज़ीटर) /vizīṭara ヴィズィータル/ ▸ਵਿਜ਼ਟਰ *m.* → ਵਿਜ਼ਟਰ

ਵਿਜੇ (विजे) /vije ヴィジェー/ ▸ਬਿਜੈ, ਵਿਜਯ, ਵਿਜੈ [Skt. विजय] *f.* **1** 勝利, 戦勝, 征服. (⇒ਜਿੱਤ) **2** 成功. (⇒ਸਫਲਤਾ, ਕਾਮਯਾਬੀ)

ਵਿਜੇਤਾ (विजेता) /vijetā ヴィジェーター/ ▸ਵਿਜੇਤੂ [Skt. विजेता] *m.* **1** 勝利者, 優勝者. **2** 征服者. **3** 受賞者. ❐ਨੋਬਲ ਪੁਰਸਕਾਰ ਵਿਜੇਤਾ ノーベル賞受賞者.

ਵਿਜੇਤੂ (विजेतू) /vijetū ヴィジェートゥー/ ▸ਵਿਜੇਤਾ *m.* → ਵਿਜੇਤਾ

ਵਿਜੈ (विजै) /vijai ヴィジャエー/ ▸ਬਿਜੈ, ਵਿਜਯ, ਵਿਜੇ *f.* → ਵਿਜੇ

ਵਿਜੋਗ (विजोग) /vijoga ヴィジョーグ/ ▸ਵਿਯੋਗ [Skt. वियोग] *m.* **1** 別離, 離別, 別れ. (⇒ਜੁਦਾਈ) **2** 分離. **3** 分裂.

ਵਿਜੋਗਣ (विजोगण) /vijogaṇa ヴィジョーガン/ [-ਣ] *f.* **1** 夫または恋人と離別した女の人. **2** 離別してその悲しみに苦悶する女の人.

ਵਿਜੋਗਣੀ (विजोगणी) /vijogaṇī ヴィジョーグニー/ [-ਣੀ] *f.* → ਵਿਜੋਗਣ

ਵਿਜੋਗਾਤਮਕ (विजोगातमक) /vijogātamaka ヴィジョーガートマク/ ▸ਵਿਜੋਗਾਤਮਿਕ *adj.* → ਵਿਜੋਗਾਤਮਿਕ

ਵਿਜੋਗਾਤਮਿਕ (विजोगातमिक) /vijogātamika ヴィジョーガートミク/ ▸ਵਿਜੋਗਾਤਮਕ [Skt. वियोग Skt.-आत्मक] *adj.* **1** 分離性の. **2** 分析的な.

ਵਿਜੋਗੀ (विजोगी) /vijogī ヴィジョーギー/ ▸ਵਿਯੋਗੀ [Skt. वियोगिन्] *adj.* **1** 別れた, 離別した. **2** 離別してその悲しみに苦悶する.
— *m.* **1** 妻または恋人と離別した男の人. **2** 離別してその悲しみに苦悶する男の人.

ਵਿਟਰਨਾ (विटरना) /viṭaranā ヴィタルナー/ ▸ਵਿੱਟਰਨਾ [cf. ਵਿਚਲਨਾ] *vi.* **1** 怒る. (⇒ਗੁੱਸਾ ਆਉਣਾ) **2** 不機嫌になる, ぐずる. (⇒ਰੁੱਸਣਾ) **3** 仲たがいする.

ਵਿੱਟਰਨਾ (विट्टरना) /viṭṭaranā ヴィッタルナー/ ▸ਵਿਟਰਨਾ *vi.* → ਵਿਟਰਨਾ

ਵਿਟਾਮਿਨ (विटामिन) /viṭāmina ヴィターミン/ [Eng. *vitamin*] *m.* ビタミン.

ਵਿੱਠ (विट्ठ) /viṭṭʰa ヴィット/ [Skt. विष्टा] *f.* 鳥の糞. (⇒ਪੰਛੀਆਂ ਦੀ ਟੱਟੀ)

ਵਿੱਠਲ (विट्ठल) /viṭṭʰala ヴィッタル/ ▸ਬੀਠਲ *m.* 〚ヒ〛ヴィッタル《マハーラーシュトラ州で信仰され, 崇拝の対象となっているヴィシュヌ神の化身》.

ਵਿੱਡ (विड्ड) /viḍḍa ヴィッド/ *m.* **1** 企画, 計画. **2** 事業. **3** 手配. **4** 準備.

ਵਿੱਡਣਾ (विड्डणा) /viḍḍaṇā ヴィッダナー/ ▸ਵਿੱਢਣਾ *vt.* **1** (事業などを)始める. **2** 計画する. **3** 準備する.

ਵਿਡੰਬਣਾ (विडंबणा) /viḍambaṇā ヴィダンバナー/ [Skt. विडंबना] *f.* **1** あざけり, 愚弄. **2** 冗談. **3** 笑いもの, 物笑いの種.

ਵਿਡਾਰਨਾ (विडारना) /viḍāranā ヴィダールナー/ [Skt. विदारयति] *vt.* **1** 移す. **2** 追い出す.

ਵਿੱਢ (विड्ढ) /vîḍḍa ヴィッド/ *m.* **1** 幅. **2** 隔たり. **3** 全長, 全幅. **4** 積載能力を増すために荷車の上に置かれた枠. **5** 裂け目. **6** 割れ目. **7** 小さな隙間.

ਵਿੱਢਣਾ (विड्ढणा) /vîḍḍaṇā ヴィッダナー/ ▸ਵਿੱਡਣਾ *vt.* → ਵਿੱਡਣਾ

ਵਿਣਾਸ (विणास) /viṇāsa ヴィナース/ ▸ਬਿਨਾਸ, ਵਿਨਾਸ਼ *m.* → ਵਿਨਾਸ਼

ਵਿਤ[1] (वित) /vita ヴィト/ ▸ਵਿੱਤ *f.* → ਵਿੱਤ[1]

ਵਿਤ[2] (वित) /vita ヴィト/ ▸ਵਿੱਤ *m.* → ਵਿੱਤ[2]

ਵਿੱਤ[1] (वित्त) /vitta ヴィット/ ▸ਵਿਤ *f.* 力, 能力, 適性, 資格. (⇒ਤਾਕਤ, ਸਮਰੱਥਾ) ❐ਵਿੱਤ ਸਿਰ 能力に応じて, 適性に応じて.

ਵਿੱਤ[2] (वित्त) /vitta ヴィット/ ▸ਵਿਤ [Skt. वित्त] *m.* **1** 財政, 財務. **2** 富, 財産. (⇒ਧਨ, ਦੌਲਤ)

ਵਿਤਕਰਾ (वितकरा) /vitakarā ヴィトカラー/ ▸ਵਿਤਰੇਕ, ਵਿਤ੍ਰੋਕ [Skt. व्यतिरेक] *m.* **1** 差異, 相違. **2** 対照, 対比. **3** 差別, 不公平.

ਵਿੱਤ ਮੰਤਰਾਲਾ (वित्त मंतराला) /vitta mantarālā ヴィット マントラーラー/ [Skt. वित्त + Skt. मंत्रालय] *m.* 財務省.

ਵਿੱਤ ਮੰਤਰੀ (वित्त मंतरी) /vitta mantarī ヴィット マントリー/ [+ Skt. मंत्रिन्] *m.* 財務大臣.

ਵਿਤਰਕ (वितरक) /vitaraka ヴィタルク/ [Skt. वितर्क] *m.* **1** 議論, 論争, 反論. **2** 推論, 論証.

ਵਿਤਰਨ (वितरन) /vitarana ヴィタラン/ [Skt. वितरण] *m.* **1** 分配, 配給, 配布. **2** 分布, 配分. **3** 支払い, 出費.

ਵਿੱਤਰਨਾ (वित्तरना) /vittaranā ヴィッタルナー/ ▸ਵੇਤਰਨਾ [Skt. वितरण] *vt.* (布を)裁断する.

ਵਿਤਰੇਕ (वितरेक) /vitareka ヴィトレーク/ ▸ਵਿਤਕਰਾ, ਵਿਤ੍ਰੋਕ *m.* → ਵਿਤਕਰਾ

ਵਿਤ੍ਰੋਕ (वित्रोक) /vitroka (vitaroka) ヴィトローク (ヴィタローク)/ ▸ਵਿਤਕਰਾ, ਵਿਤਰੇਕ *m.* → ਵਿਤਕਰਾ

ਵਿੱਤ ਵਰਸ਼ (वित्त वरश) /vitta waraśa ヴィット ワルシュ/ [Skt. वित्त + Skt. वर्ष] *m.* 会計年度. (⇒ਵਿੱਤੀ ਸਾਲ)

ਵਿਤਾਉਣਾ (विताउणा) /vitāuṇā ヴィターウナー/ ▸ਬਤਾਉਣਾ, ਬਿਤਾਉਣਾ *vt.* → ਬਿਤਾਉਣਾ

ਵਿੱਤੀ (वित्ती) /vittī ヴィッティー/ [वित्तीय] *adj.* 財政の, 財政的な. (⇒ਮਾਲੀ)

ਵਿੱਤੀ ਸਾਲ (वित्ती साल) /vittī sāla ヴィッティー サール/ [+ Pers. *sāl*] *m.* 会計年度. (⇒ਵਿੱਤ ਵਰਸ਼)

ਵਿੱਤੋਂ (वित्तों) /vittõ ヴィットーン/ *adv.* 《ਵਿੱਤ ਤੋਂ の融合形》能力より, 能力から. ❐ਵਿੱਤੋਂ ਬਾਹਰ 能力から外れて, 能力を越えて. ❐ਵਿੱਤੋਂ ਬਾਹਰਾ 能力を越えている, 購買力を越えて買い物をするような, 金遣いが荒い.

ਵਿੱਥ (वित्थ) /vittʰa ヴィット/ *f.* **1** 距離, 隔たり, 間隔. (⇒ਦੂਰੀ, ਫ਼ਾਸਲਾ) **2** 隙間. **3** 疎遠, 断絶, 仲たがい. **4** 別離, 別れ. (⇒ਵਿਛੋੜਾ) **5** 隅, 角(かど).

ਵਿੱਥ-ਸੂਝ (वित्थ-सूझ) /vittʰa-sûja ヴィット・スージ/ *f.* 距離感, 間隔の意識.

ਵਿਥਿਆ (विथिआ) /vitʰiā ヴィティアー/ *f.* **1** 物語. (⇒ਕਹਾਣੀ) **2** 報告.

ਵਿਦੱਗਧ (विदग्गध) /vidâggada ヴィダッガド/ [Skt. विदग्ध] *adj.* **1** 賢い, 賢明な, 利口な. (⇒ਸਿਆਣਾ) **2** 知的な, 博識の. (⇒ਗਿਆਨੀ)

ਵਿੱਦਤ (विद्दत) /viddata ヴィッダト/ ▸ਵਿਦਿਤ *adj.* → ਵਿਦਿਤ

ਵਿਦਮਾਨ (विदमान) /vidamāna ヴィドマーン/ [Skt. विद्यमान] *adj.* **1** 存在する. (⇒ਮੌਜੂਦ) **2** 現存の. (⇒

ਵਰਤਮਾਨ) **3** 出席している.
ਵਿਦਮਾਨਤਾ (विदमानता) /vidamānatā ヴィドマーンター/ [Skt.-ता] *f.* **1** 存在, 現存. **2** 出席.
ਵਿਦਰੋਹ (विदरोह) /vidarô ヴィダロー/ ▶ਵਿਦ੍ਰੋਹ [Skt. विद्रोह] *m.* **1** 反乱. (⇒ਬਗ਼ਾਵਤ) **2** 政治的暴動. **3** 謀反, 反抗.
ਵਿਦ੍ਰੋਹ (विद्रोह) /vidrô (vidarô) ヴィドロー (ヴィダロー)/ ▶ ਵਿਦਰੋਹ *m.* → ਵਿਦਰੋਹ
ਵਿਦਰੋਹੀ (विदरोही) /vidarôī ヴィダローイー/ ▶ਵਿਦ੍ਰੋਹੀ [Skt. विद्रोहिन्] *adj.* **1** 反乱の. **2** 謀反の.
— *m.* **1** 反乱者. **2** 謀反人.
ਵਿਦ੍ਰੋਹੀ (विद्रोही) /vidrôī (vidarôī) ヴィドローイー (ヴィダローイー)/ ▶ਵਿਦਰੋਹੀ *adj.m.* → ਵਿਦਰੋਹੀ
ਵਿਦਵਤਾ (विदवता) /vidawatā ヴィドワター/ [Skt. विद्वत्ता] *f.* **1** 学問. **2** 学識.
ਵਿਦਵਤਾਪੂਰਨ (विदवतापूरन) /vidawatāpūrana ヴィドワタープールン/ [Skt.-पूर्ण] *adj.* 学識のある, 博学な.
ਵਿਦਵਾਨ (विदवान) /vidawāna ヴィドワーン/ [Skt. विद्वान्] *adj.* **1** 学識のある, 博学な. **2** 高学歴の, 碩学の.
— *m.* **1** 学者. **2** 知識人. **3** 碩学.
ਵਿਦਾ (विदा) /vidā ヴィダー/ [Arab. *vidā`*] *f.* **1** 別れ. **2** 出立. **3** 告別, 暇乞い.
ਵਿਦਾਊਟ (विदाऊट) /widāūṭa ウィダーウート/ [Eng. *without*] *prep.* **1**…なしで. (⇒ਬਿਨਾਂ) **2**…以外に.
— *adj.* 無賃乗車の.
ਵਿਦਾਊਟ ਟਿਕਟ (विदाऊट टिकट) /widāūṭa ṭikaṭa ウィダーウート ティカト/ [Eng. *without ticket*] *m.* 無賃乗車の人.
ਵਿਦਾਇਗੀ (विदाइगी) /vidāigī ヴィダーイギー/ [Arab. *vidā`* Pers.-*gī*] *f.* **1** 別れ. **2** 出立. **3** 告別, 暇乞い. **4** 見送り. **5** 餞別.
ਵਿਦਾਈ (विदाई) /vidāī ヴィダーイー/ [-ਈ] *f.* **1** 別れ. **2** 出立. **3** 告別, 暇乞い. **4** 見送り.
ਵਿੱਦਿਅਕ (विद्दिअक) /viddiaka ヴィッディアク/ [Skt. विद्या + क] *adj.* 教育の.
ਵਿਦਿਆ (विदिआ) /vidiā ヴィディアー/ ▶ਬਿੱਦਿਆ, ਵਿੱਦਿਆ *f.* → ਵਿੱਦਿਆ
ਵਿੱਦਿਆ (विद्दिआ) /viddiā ヴィッディアー/ ▶ਬਿੱਦਿਆ, ਵਿਦਿਆ [Skt. विद्या] *f.* **1** 知識, 学識. **2** 学問, 専門知識. **3** 教育. **4** 科学.
ਵਿੱਦਿਆਹੀਣ (विद्दिआहीण) /viddiāhīṇa ヴィッディアーヒーン/ ▶ਵਿੱਦਿਆਹੀਨ [Skt.-हीन] *adj.* **1** 無教育の, 無学の. (⇒ਅਨਪੜ੍ਹ) **2** 読み書きのできない. (⇒ਅਨਪੜ੍ਹ)
ਵਿੱਦਿਆਹੀਨ (विद्दिआहीन) /viddiāhīna ヴィッディアーヒーン/ ▶ਵਿੱਦਿਆਹੀਣ *adj.* → ਵਿੱਦਿਆਹੀਣ
ਵਿਦਿਆਰਥਣ (विदिआरथण) /vidiārat^{h}aṇa ヴィディアールタン/ [Skt. विद्यार्थिन् -ਣ] *f.* 女子学生, 女子生徒.
ਵਿਦਿਆਰਥੀ (विदिआरथी) /vidiārat^{h}ī ヴィディアールティー/ [Skt. विद्यार्थिन्] *m.* (男子)学生, 生徒.
ਵਿਦਿਆਲਾ (विदिआला) /vidiālā ヴィディアーラー/ [Skt. विद्यालय] *m.* 学校. (⇒ਸਕੂਲ)
ਵਿਦਿਆਵਾਨ (विदिआवान) /vidiāwāna ヴィディアーワーン/ [Skt. विद्या Skt.-वान्] *adj.* 学識のある, 博学の.
ਵਿਦਿਤ (विदित) /vidita ヴィディト/ ▶ਵਿੱਦਤ [Skt. विदित] *adj.* **1** 知られている. (⇒ਜਾਣਿਆ ਹੋਇਆ) **2** 理解された. **3** 知覚された. (⇒ਗਿਆਤ)
ਵਿਦੂਸ਼ਕ (विदूशक) /vidūśaka ヴィドゥーシャク/ ▶ਬਿਦੂਖਕ [Skt. विदूषक] *m.* 道化役, 道化者.
ਵਿਦੇਸ਼ (विदेश) /videśa ヴィデーシュ/ ▶ਬਦੇਸ, ਬਦੇਸ਼, ਬਿਦੇਸ [Skt. विदेश] *m.* 外国, 異国.
ਵਿਦੇਸ਼ੀ (विदेशी) /videśī ヴィデーシー/ ▶ਬਦੇਸੀ, ਬਦੇਸ਼ੀ [Skt. विदेशिन्] *adj.* 外国の, 外国からの, 外国への, 異国の.
— *m.* 外国人.
ਵਿਧ (विध) /vîda ヴィド/ ▶ਬਿਧ *f.* → ਬਿਧ[1]
ਵਿੱਧ (विद्ध) /vîdda ヴィッド/ [Skt. विद्ध] *adj.* **1** 突き通された. **2** 穴の開いている.
ਵਿਧਨਾ (विधना) /vîdanā ヴィドナー/ ▶ਬਿਧਨਾ *f.* → ਬਿਧਨਾ
ਵਿਧਵਾ (विधवा) /vîdawā ヴィドワー/ [Skt. विधवा] *f.* 未亡人, 寡婦. (⇒ਰੰਡ)
ਵਿਧਵਾਪਣ (विधवापण) /vîdawāpaṇa ヴィドワーパン/ [-ਪਣ] *m.* 未亡人の身の上, 未亡人の暮らし. (⇒ਰੰਡੇਪਾ)
ਵਿਧਾਇਕ (विधाइक) /vidǎika ヴィダーイク/ [Skt. विधायक] *m.* **1**〖政治〗立法者. **2**〖政治〗議員.
ਵਿਧਾਤਾ (विधाता) /vidǎtā ヴィダーター/ ▶ਬਿਧਾਤਾ [Skt. विधाता] *m.* **1** 作り手. **2** 創造者, 創造主. **3** 神.
ਵਿਧਾਨ (विधान) /vidǎna ヴィダーン/ [Skt. विधान] *m.* **1**〖法〗憲法. **2** 法律, 法規, 規定. **3** 規約, 組織, 制度. **4**〖政治〗立法, 法律制定.
ਵਿਧਾਨ ਸਭਾ (विधान सभा) /vidǎna sâbā ヴィダーン サバー/ [+ Skt. सभा] *f.* **1**〖政治〗立法議会. **2**〖政治〗州議会.
ਵਿਧਾਨ ਪਰਿਸ਼ਦ (विधान परिशद) /vidǎna pariśada ヴィダーン パリシャド/ [+ Skt. परिषद्] *f.*〖政治〗立法評議会.
ਵਿਧਾਨ ਮੰਡਲ (विधान मंडल) /vidǎna maṇḍala ヴィダーン マンダル/ [+ Skt. मण्डल] *m.* **1**〖政治〗立法機関, 立法府. **2**〖政治〗議会.
ਵਿਧਾਨਿਕ (विधानिक) /vidǎnika ヴィダーニク/ [+ ਇਕ] *adj.* **1**〖政治〗憲法の, 立憲的な. **2**〖法〗法律の, 法定の.
ਵਿਧੀ (विधी) /vîdī ヴィディー/ ▶ਬਿਧ, ਬਿਧੀ [Skt. विधि] *f.* **1** 法, 法律, 規則. **2** 方法, 方式, 手順, 手段. **3** 様式, 形式. **4** 儀礼, 祭式.
ਵਿਧੇਯਕ (विधेयक) /viděyaka ヴィデーヤク/ [Skt. विधेयक] *m.*〖政治〗法案.
ਵਿੰਨ੍ਹਣਾ (विंन्हणा) /vînnaṇā ヴィンナナー/ ▶ਵਿਨ੍ਹਣਾ *vt.* → ਵਿਨ੍ਹਣਾ
ਵਿਨ੍ਹਣਾ (विन्हणा) /vînaṇā ヴィナナー/ ▶ਵਿੰਨ੍ਹਣਾ [Skt. विध्यति] *vt.* **1** 突き刺す, 突き通す. **2** 穴を開ける.
ਵਿਨ੍ਹਵਾਂ (विन्हवाँ) /vînawā̃ ヴィンワーン/ [cf. ਵਿਨ੍ਹਣਾ Skt.-वान्] *adj.* 突き刺すような.
ਵਿਨ੍ਹਵਾਉਣਾ (विन्हवाउणा) /vinawǎuṇā ヴィンワーウナー/ ▶ਵਿਨ੍ਹਾਉਣਾ [cf. ਵਿਨ੍ਹਣਾ] *vt.* **1** 突き刺させる, 突き通させる. **2** 穴を開けさせる, 穴を開けてもらう.
ਵਿਨ੍ਹਾਉਣਾ (विन्हाउणा) /vinǎuṇā ヴィナーウナー/ ▶ ਵਿਨ੍ਹਵਾਉਣਾ *vt.* → ਵਿਨ੍ਹਵਾਉਣਾ
ਵਿਨ੍ਹਾਈ (विन्हाई) /vinǎī ヴィナーイー/ [cf. ਵਿਨ੍ਹਣਾ] *f.* **1**

突き刺すこと, 突き通すこと, その労賃.　**2** 穴を開けること, その労賃.

ਵਿਨਾਸ਼ (विनाश) /vināśa ヴィナーシュ/ ▸ਬਿਨਾਸ, ਵਿਣਾਸ [Skt. विनाश] *m.* **1** 破壊, 破滅, 荒廃, 滅亡.　**2** 消滅, 消去, 消失.　**3** 消耗.　**4** 死.

ਵਿਨਾਸ਼ਕ (विनाशक) /vināśaka ヴィナーシャク/ [Skt. विनाशक] *adj.* 滅ぼす, 破滅をもたらす, 破壊的な, 荒廃させる.

ਵਿਨਾਸ਼ਕਾਰੀ (विनाशकारी) /vināśakārī ヴィナーシュカーリー/ [Skt. विनाश Skt.-कारिन्] *adj.* → ਵਿਨਾਸ਼ਕ

ਵਿਨਾਸ਼ਵਾਦ (विनाशवाद) /vināśawāda ヴィナーシュワード/ [Skt.-वाद] *m.* 虚無主義.

ਵਿਨਾਸ਼ਵਾਦੀ (विनाशवादी) /vināśawādī ヴィナーシュワーディー/ [Skt.-वादिन्] *adj.* 虚無主義の.

— *m.* 虚無主義者.

ਵਿਨੋਦ (विनोद) /vinoda ヴィノード/ ▸ਬਿਨੋਦ [Skt. विनोद] *m.* **1** 面白いこと, 楽しいこと, 愉快なこと.　**2** 楽しみ, 娯楽, 遊び.

ਵਿਨੋਦਮਈ (विनोदमई) /vinodamaī ヴィノードマイー/ [Skt.-मयी] *adj.* **1** 楽しい, 娯楽的な.　**2** 愉快な, 陽気な.

ਵਿਨੋਦੀ (विनोदी) /vinodī ヴィノーディー/ [Skt. विनोदिन्] *adj.* **1** 楽しい, 娯楽的な.　**2** 愉快な, 陽気な.　**3** 冗談の.

ਵਿਪੱਖ (विपक्ख) /vipakkʰa ヴィパック/ [Skt. विपक्ष] *m.* **1** 反対者, 対抗者, 敵対者.　**2** 反対側, 反対派, 敵側.　**3**〖政治〗反対政党, 野党, 野党側. (⇒ਵਿਰੋਧੀ ਦਲ)

ਵਿਪੱਖਤਾ (विपक्खता) /vipakkʰatā ヴィパックター/ [Skt.-ता] *f.* **1** 反対, 対抗.　**2** 敵対.

ਵਿਪੱਖੀ (विपक्खी) /vipakkʰī ヴィパッキー/ [Skt. विपक्षिन्] *adj.* **1** 反対する, 対抗する, 反対派の.　**2** 敵対する.　**3**〖政治〗反対政党の, 野党の, 野党側の.

ਵਿਪੱਤੀ (विपत्ती) /vipattī ヴィパッティー/ ▸ਬਿਪਤਾ, ਵਿਪਦਾ *f.* → ਬਿਪਤਾ

ਵਿਪਦਾ (विपदा) /vipadā ヴィプダー/ ▸ਬਿਪਤਾ, ਵਿਪੱਤੀ *f.* → ਬਿਪਤਾ

ਵਿਪਰਜ (विपरज) /viparaja | viparaja ヴィパルジ | ヴィパラジ/ [Skt. विपर्यय] *m.* **1** 交換, 変換, 交替, 入れ替え. (⇒ਅਦਲ-ਬਦਲ) **2** 逆転, 逆戻り, 倒置, 転倒.　**3**〖音〗音位転換, 字位転倒《一語中の文字または音を逆にすること. 例えば ਮਤਲਬ が ਮਤਬਲ になるような, 隣り合う音節または文字が入れ替わる現象などを指す》.

ਵਿਪਰਜਤ (विपरजत) /viparajata ヴィパルジャト/ [Skt. विपर्यस्त] *adj.* **1** 交換された, 入れ替えられた. (⇒ਬਦਲਿਆ ਹੋਇਆ) **2** 逆になった. (⇒ਉਲਟਾ ਕੀਤਾ ਹੋਇਆ)

ਵਿਪਰਜਣਾ (विपरजणा) /viparajaṇā ヴィパルジャナー/ [cf. ਵਿਪਰਜ] *vt.* **1** 交換する, 入れ替える. (⇒ਬਦਲਣਾ) **2** 逆にする, 倒置させる. (⇒ਉਲਟਾ ਕਰਨਾ)

ਵਿਪ੍ਰਲੰਭ (विप्रलंभ) /vipralâmba (viparalâmba) ヴィプラランブ (ヴィパルランブ)/ [Skt. विप्रलम्भ] *m.* **1** だまし, 欺き, 詐欺. (⇒ਧੋਖਾ, ਛਲ) **2** 恋人との別離.　**3** 不和.

ਵਿਪਰੀਤ (विपरीत) /viparīta ヴィパリート/ [Skt. विपरीत] *adj.* 反対の, 逆の, 対立的な. (⇒ਉਲਟ)

ਵਿਪਲਵ (विपलव) /vipalava ヴィパラヴ/ [Skt. विप्लव] *m.* 反乱, 反逆, 謀反. (⇒ਗ਼ਦਰ)

ਵਿਪਾਸ਼ਾ (विपाशा) /vipāśā ヴィパーシャー/ [Skt. विपाशा] *m.*〖河川〗ヴィパーシャー川《パンジャーブを流れるビアース川(ヴィアース川)の古名》.

ਵਿਫਲ (विफल) /vipʰala ヴィパル/ [Skt. विफल] *adj.* **1** 実を結ばない, 実らない, 実りのない. (⇒ਨਿਸਫਲ) **2** 不成功の, 失敗の. (⇒ਅਸਫਲ)

ਵਿਫਲਤਾ (विफलता) /vipʰalatā ヴィパルター/ [Skt.-ता] *f.* **1** 実を結ばないこと, 実りのないこと. (⇒ਨਿਸਫਲਤਾ) **2** 不成功, 失敗, 敗北. (⇒ਅਸਫਲਤਾ)

ਵਿੱਫਲਨਾ (विफ्फलना) /vippʰalanā ヴィッパルナー/ *vi.* **1** 苛々する, 腹を立てる. (⇒ਹਫਲਣਾ) **2** 頑固になる.

ਵਿਭਕਤੀ (विभकती) /vipǎkatī ヴィパクティー/ [Skt. विभक्ति] *f.* **1** 部門, 部分, 分担.　**2**〖言〗屈折, 語形変化, 格, 格語尾.

ਵਿਭਚਾਰ (विभचार) /vîbacāra ヴィブチャール/ [Skt. व्यभिचार] *m.* **1** 不義, 不貞, 姦通.　**2** 売春.

ਵਿਭਚਾਰੀ (विभचारी) /vîbacārī ヴィブチャーリー/ [Skt. व्यभिचारिन्] *adj.* **1** 不貞な, 姦通する.　**2** 淫らな, ふしだらな.

ਵਿਭਾਗ (विभाग) /vipǎga ヴィパーグ/ [Skt. विभाग] *m.* 部門, 部局, 部, 課, 科.

ਵਿਭਾਗੀ (विभागी) /vipǎgī ヴィパーギー/ [Skt. विभागिन्] *adj.* 部門の, 部局の, 部の, 課の, 科の.

ਵਿਭਾਜਨ (विभाजन) /vipǎjana ヴィパージャン/ [Skt. विभाजन] *m.* **1** 分割, 分断, 分離.　**2** 区分, 区切り, 仕切り.

ਵਿਭਾਜਿਤ (विभाजित) /vipǎjita ヴィパージト/ [Skt. विभाजित] *adj.* **1** 分けられた.　**2** 分割された.

ਵਿਭਿੰਨ (विभिंन) /vipǐnna ヴィピンヌ/ [Skt. विभिन्न] *adj.* **1** 違った, 異なる.　**2** 様々な, 種々の, 多様な.

ਵਿਭਿੰਨਤਾ (विभिंनता) /vipǐnnatā ヴィピンヌター/ [Skt.-ता] *f.* **1** 相違, 差異.　**2** 多様さ, 多様性.

ਵਿਭੂਤੀ (विभूती) /vipǔtī ヴィプーティー/ ▸ਬਿਭੂਤ, ਬਿਭੂਤੀ, ਭਬੂਤ, ਭਭੂਤ, ਭਭੂਤੀ [Skt. विभूति] *f.* **1** 威力, 威厳, 威風.　**2** 栄光, 栄華, 名声.　**3** 富, 繁栄.　**4** 優秀さ, 卓越.　**5** 超能力.　**6**〖ヒ〗シヴァ神の信仰者が額や体に塗る灰.　**7**〖儀礼〗護摩を焚いた後の灰, 火葬場の灰.

ਵਿਭੇਦ (विभेद) /vipěda ヴィペード/ [Skt. विभेद] *m.* **1** 違い, 差異, 相違, 区別.　**2** 差別.

ਵਿਭੇਦਕਾਰੀ (विभेदकारी) /vipědakārī ヴィペードカーリー/ [Skt.-कारिन्] *adj.* **1** 分ける, 区別する.　**2** 差別的な.

ਵਿਮਰਸ਼ (विमरश) /vimaraśa ヴィマルシュ/ [Skt. विमर्श] *m.* **1** 思考, 熟考, 考察, 検討, 審査, 検査.　**2** 協議, 相談.

ਵਿਮਾਨ (विमान) /vimāna ヴィマーン/ ▸ਬਬਾਣ, ਬਮਾਣ [Skt. विमान] *m.* **1**〖乗物〗飛行機, 航空機.　**2**〖ヒ〗神々が乗る空を飛ぶ乗物.　**3** 棺架.

ਵਿਮਾਨ ਚਾਲਕ (विमान चालक) /vimāna cālaka ヴィマーン チャーラク/ [+ Skt. चालक] *m.* パイロット, 飛行機の操縦士, 飛行士, 航空士. (⇒ਪਾਈਲਾਟ, ਹਵਾਬਾਜ਼)

ਵਿਮਾਨ ਚਾਲਨ (विमान चालन) /vimāna cālana ヴィマーン チャーラン/ [+ Skt. चालन] *m.* 飛行機の操縦・運行, 航空術.

ਵਿਮੁਕਤ (विमुकत) /vimukata ヴィムカト/ [Skt. विमुक्त] *adj.* **1** 解放された, 自由になった. **2** 釈放された. **3** 発射された, 放たれた.

ਵਿਮੁਕਤੀ (विमुकती) /vimukatī ヴィムクティー/ [Skt. विमुक्ति] *f.* **1** 解放. **2** 釈放. **3** 発射.

ਵਿਮੈਨ (विमैन) /wimaina ウィマェーン/ [Eng. *women*] *f.* 女の人たち, 女性たち《複数形》.

ਵਿਮੋਚਨ (विमोचन) /vimocana ヴィモーチャン/ [Skt. विमोचन] *m.* **1** 解くこと, ほぐすこと, 解放. **2** 償還, 償却.

ਵਿਯੋਗ (वियोग) /viyoga ヴィヨーグ/ ▸ਵਿਜੋਗ *m.* → ਵਿਜੋਗ

ਵਿਯੋਗੀ (वियोगी) /viyogī ヴィヨーギー/ ▸ਵਿਜੋਗੀ *adj.m.* → ਵਿਜੋਗੀ

ਵਿਯੋਜਨ (वियोजन) /viyojana ヴィヨージャン/ [Skt. वियोजन] *m.* **1** 分離, 分裂, 分解. **2** 別離, 離別.

ਵਿਯੋਜਿਤ (वियोजित) /viyojita ヴィヨージト/ [Skt. वियोजित] *adj.* **1** 分かれた, 分裂した, 分解した. **2** 別れた, 離別した.

ਵਿਰਸਾ (विरसा) /wirasā ウィルサー/ [Arab. *virsa*] *m.* **1** 遺産, 相続財産, 遺贈. (⇒ਵਿਰਾਸਤ) ❐ਵਿਰਸੇ ਵਿੱਚ ਮਿਲਨਾ (財産を)相続する, 受け継ぐ. **2** 受け継がれた文化遺産, 伝統.

ਵਿਰਕ (विरक) /viraka ヴィルク/ *m.* 〖姓〗ヴィルク《ジャットと呼ばれる農耕カースト集団の姓の一つ》.

ਵਿਰਕਤ (विरकत) /virakata ヴィラクト/ [Skt. विरक्त] *adj.* **1** 嫌になった, 嫌気のさした, うとましい. **2** 欲を失った, 俗世を離れた.

ਵਿਰਕਤਤਾ (विरकतता) /virakatatā ヴィラクタター/ [Skt.-ता] *f.* **1** 嫌気, うとましさ. **2** 欲を失った状態, 俗世を離れた境地, 脱俗.

ਵਿਰਕਤੀ (विरकती) /virakatī ヴィラクティー/ [Skt. विरक्ति] *f.* 嫌気, うとましさ.

ਵਿਰਚਣਾ (विरचणा) /wiracaṇā ウィルチャナー/ ▸ਵਰਚਣਾ *vi.* → ਵਰਚਣਾ

ਵਿਰਚਾਉਣਾ (विरचाउणा) /wiracāuṇā ウィルチャーウナー/ ▸ਵਰਚਾਉਣਾ *vt.* → ਵਰਚਾਉਣਾ

ਵਿਰੱਤ (विरत्त) /viratta ヴィラット/ [Skt. विरत] *adj.* **1** 無関心な, 超然とした. **2** 俗世を離れた.

ਵਿਰਦ[1] (विरद) /virada ヴィラド/ ▸ਬਿਰਦ *m.* → ਬਿਰਦ[1]

ਵਿਰਦ[2] (विरद) /virada ヴィラド/ ▸ਬਿਰਦ *m.* → ਬਿਰਦ[2]

ਵਿਰਲ (विरल) /virala ヴィラル/ ▸ਬਿਰਲ [Skt. विरल] *f.* **1** 割れ目, 裂け目, 亀裂. **2** 空所, 空き, 間隔, 余地, 余白.

ਵਿਰਲਤਾ (विरलता) /viralatā ヴィラルター/ [Skt.-ता] *f.* **1** 緩み, 締まりのなさ. **2** 薄いこと, 希薄, まばらな様子. **3** 空いていること, 間隔をとること.

ਵਿਰਲਾ (विरला) /viralā ヴィルラー/ [Skt. विरल] *adj.* **1** まばらな, 密度の薄い. (⇔ਘਣਾ) **2** 稀な, 少ない.

ਵਿਰਲਾ ਵਾਂਜਾ (विरला वाँजा) /viralā wā̃jā ヴィルラー ワーンジャー/ ▸ਵਿਰਲਾ ਵਾਂਝਾ [+ Skt. वञ्चित] *adj.* **1** 稀な. **2** 例外的な, 非凡な.

ਵਿਰਲਾ ਵਾਂਝਾ (विरला वाँझा) /viralā wā̃jā ヴィルラー ワーンジャー/ ▸ਵਿਰਲਾ ਵਾਂਜਾ *adj.* → ਵਿਰਲਾ ਵਾਂਜਾ

ਵਿਰਲਾਪ (विरलाप) /viralāpa ヴィルラープ/ ▸ਬਿਲਪ, ਵਰਲਾਪ, ਵਿਲਾਪ [Skt. विलाप] *m.* **1** 泣き悲しむこと, 悲嘆. **2** 泣きわめくこと, 号泣. **3** 悲嘆に暮れる叫び.

ਵਿਰਵਾ (विरवा) /wirawā ウィルワー/ *adj.* **1** 空(から)の, 空いている. **2** 不足している, 困窮している.

ਵਿਰਵਾਪਣ (विरवापण) /wirawāpaṇa ウィルワーパン/ *f.* **1** 空(から), 空虚. **2** 不足, 欠乏, 困窮.

ਵਿਰਾਉਣਾ (विराउणा) /wirāuṇā ウィラーウナー/ ▸ਵਰਾਉਣਾ *vt.* → ਵਰਾਉਣਾ

ਵਿਰਾਸਤ (विरासत) /wirāsata ウィラーサト/ [Pers. *virāsat*] *f.* **1** 相続, 遺産相続, 継承. **2** 遺産, 相続財産. (⇒ਵਿਰਸਾ)

ਵਿਰਾਗ (विराग) /virāga ヴィラーグ/ ▸ਬੈਰਾਗ, ਵੈਰਾਗ *m.* → ਬੈਰਾਗ

ਵਿਰਾਗਮਈ (विरागमई) /virāgamaī ヴィラーグマイー/ [Skt. वैराग्य Skt.-मयी] *adj.* **1** 脱俗・遁世に至るような. **2** 悲しい, 物悲しい, 陰鬱な. **3** 落胆した.

ਵਿਰਾਗੀ (विरागी) /virāgī ヴィラーギー/ ▸ਬਰਾਗੀ, ਬੈਰਾਗੀ, ਵੈਰਾਗੀ *adj.m.* → ਬੈਰਾਗੀ

ਵਿਰਾਜਣਾ (विराजणा) /virājaṇā ヴィラージャナー/ ▸ਬਰਾਜਣਾ, ਬਿਰਾਜਣਾ *vi.* → ਬਿਰਾਜਣਾ

ਵਿਰਾਜਮਾਨ (विराजमान) /virājamāna ヴィラージマーン/ ▸ਬਿਰਾਜਮਾਨ *adj.* → ਬਿਰਾਜਮਾਨ

ਵਿਰਾਟ (विराट) /virāṭa ヴィラート/ [Skt. विराट्] *adj.* **1** 巨大な, 莫大な, ものすごい. **2** 大がかりな, 大規模な.

ਵਿਰਾਨ (विरान) /wirāna ウィラーン/ ▸ਬਿਰਾਨ, ਵਰਾਨ, ਵੀਰਾਨ, ਵੈਰਾਨ *adj.* → ਵੀਰਾਨ

ਵਿਰਾਨਾ (विराना) /wirānā ウィラーナー/ ▸ਵਰਾਨਾ, ਵੀਰਾਨਾ *m.* → ਵੀਰਾਨਾ

ਵਿਰਾਨੀ (विरानी) /wirānī ウィラーニー/ ▸ਵਰਾਨੀ, ਵੀਰਾਨੀ, ਵੈਰਾਨੀ *f.* → ਵੀਰਾਨੀ

ਵਿਰਾਮ (विराम) /virāma ヴィラーム/ [Skt. विराम] *m.* **1** 停止, 休止. (⇒ਵਕਫ਼ਾ) **2** 休み, 休息, 休憩. (⇒ਵਕਫ਼ਾ) **3** 〖符号〗終止符, 句読点.

ਵਿਰਾਮ ਘੜੀ (विराम घड़ी) /virāma kăṛī ヴィラーム カリー/ [+ Skt. घटी] *f.* 〖道具〗ストップウォッチ.

ਵਿਰਾਮ ਚਿੰਨ੍ਹ (विराम चिन्ह) /virāma cînna ヴィラーム チンヌ/ [+ Skt. चिह्न] *m.* 〖符号〗句読点. ❐ਵਿਰਾਮ ਚਿੰਨ੍ਹ ਲਾਉਣਾ 句読点を打つ.

ਵਿਰਾਮ ਜੜਤਾ (विराम जड़ता) /virāma jaṛatā ヴィラーム ジャルター/ [+ Skt. जडता] *f.* 休止し活動しない状態.

ਵਿਰੁੱਧ (विरुद्ध) /virûdda ヴィルッド/ [Skt. विरुद्ध] *adj.* 反対の, 敵対している, 対立する, 対抗する, 逆らっている, 逆の.

— *adv.* 反対して, 敵対して, 対立して, 対抗して, 逆らって.

— *postp.* …に反して, …に対して, …に反対して, …に敵対して, …に逆らって.

ਵਿਰੂਪ (विरूप) /virūpa ヴィループ/ [Skt. विरूप] *adj.* **1** 形の悪い, 醜い, 見苦しい, 異様な. (⇒ਕਰੂਪ, ਬਦਸੂਰਤ) **2** 歪んだ.

ਵਿਰੂਪਣ (विरूपण) /virūpaṇa ヴィルーパン/ [Skt. विरूपण] *m.* **1** 醜くすること. **2** 歪めること.

ਵਿਰੂਪਤਾ (विरूपता) /virūpatā ヴィループター/ [Skt. विरूप

Skt.-ता] *f.* 1 醜くさ, 見苦しさ, 異様さ. 2 歪み.
ਵਿਰੋਧ (विरोध) /virôda ヴィロード/ ▶ਬਿਰੋਧ [Skt. विरोध] *m.* 1 反対, 反抗. 2 抗議. 3 対立, 矛盾. 4 対抗, 抵抗. 5 敵対.
ਵਿਰੋਧਤਾ (विरोधता) /virôdatā ヴィロードター/ [Skt.-ता] *f.* 1 反対すること, 反感. 2 対立, 対抗. 3 敵対.
ਵਿਰੋਧਤਾਈ (विरोधताई) /virôdatāī ヴィロードターイー/ [-ਤਾਈ] *f.* → ਵਿਰੋਧਤਾ
ਵਿਰੋਧਮਈ (विरोधमई) /virôdamaī ヴィロードマイー/ [Skt.-मयी] *adj.* 反対する, 敵対する.
ਵਿਰੋਧਾਤਮਕ (विरोधातमक) /virôdātamaka ヴィローダートマク/ ▶ਵਿਰੋਧਾਤਮਿਕ *adj.* → ਵਿਰੋਧਾਤਮਿਕ
ਵਿਰੋਧਾਤਮਿਕ (विरोधातमिक) /virôdātamika ヴィローダートミク/ ▶ਵਿਰੋਧਾਤਮਕ [Skt. विरोध Skt.-आत्मक] *adj.* 1 矛盾する. 2 論争を引き起こす. 3 議論の余地がある.
ਵਿਰੋਧਾਭਾਸ (विरोधाभास) /virôdāpǎsa ヴィローダーパース/ [Skt. विरोधाभास] *m.* 1 矛盾, 矛盾した表現. 2 逆説.
ਵਿਰੋਧਾਭਾਸੀ (विरोधाभासी) /virôdāpǎsī ヴィローダーパースィー/ [Skt. विरोधाभासिन्] *adj.* 1 矛盾する, 矛盾した表現の. 2 逆説的な.
ਵਿਰੋਧੀ (विरोधी) /virôdī ヴィローディー/ [Skt. विरोधिन्] *adj.* 1 反する. 2 反対の, 反対する. 3 対立する, 矛盾する. 4 敵の, 敵対する, 対抗する.
— *m.* 1 反対者. 2 敵対者.
ਵਿਰੋਧੀ ਦਲ (विरोधी दल) /virôdī dala ヴィローディー ダル/ [+ Skt. दल] *m.* 〖政治〗反対政党, 野党. (⇒ਵਿਪੱਖ)
ਵਿਲਕਣਾ (विलकणा) /vilakaṇā ヴィルカナー/ [Skt. विकल] *vi.* 1 しくしく泣く. 2 啜り泣く.
ਵਿਲਕਣੀ (विलकणी) /vilakaṇī ヴィルカニー/ [cf. ਵਿਲਕਣਾ] *f.* 啜り泣き.
ਵਿਲੱਖਣ (विलक्खण) /vilakkʰaṇa ヴィラッカン/ [Skt. विलक्षण] *adj.* 1 非凡な, 並外れた, 驚くべき. 2 特徴的な. 3 独特な.
ਵਿਲੰਗ (विलंग) /vilaṅga ヴィラング/ *f.* 衣服を掛けておく竿や綱.
ਵਿੱਲਣਾ (विल्लणा) /willaṇā ウィッラナー/ [cf. ਵੇਲਣਾ] *vi.* 1 (木製や金属製の延し棒を用いて, チャクラー ਚਕਲਾ〔延し台〕の上でローティー ਰੋਟੀ やパーパル ਪਾਪੜ の生地が)薄く延ばされる. 2 (綿繰り器を用いて綿の種が)選り分けられる, 取り出される.
ਵਿਲ ਪਾਵਰ (विल पावर) /wila pāwara ウィル パーワル/ [Eng. *will power*] *f.* 意志力. (⇒ਇੱਛਾ ਸ਼ਕਤੀ)
ਵਿਲੰਬ (विलंब) /vilamba ヴィランブ/ ▶ਬਿਲਮ [Skt. विलंब] *m.f.* 遅れ, 遅延, 遅滞, 遅刻, 延期. (⇒ਦੇਰ)
ਵਿਲੰਬਿਤ (विलंबित) /vilambita ヴィランビト/ [Skt. विलंबित] *adj.* 1 遅れた, 延びた, 延期された. 2 のろい, 緩やかな, 緩慢な.
ਵਿਲੱਲਾ (विलल्ला) /vilallā ヴィラッラー/ *adj.* 愚かな, 間抜けな. (⇒ਮੂਰਖ)
ਵਿਲਵਾਉਣਾ (विलवाउणा) /wilawāuṇā ウィルワーウナー/ ▶ਵਿਲਾਉਣਾ [cf. ਵੇਲਣਾ] *vt.* 1 (木製や金属製の延し棒を用いて, チャクラー ਚਕਲਾ〔延し台〕の上でローティー ਰੋਟੀ やパーパル ਪਾਪੜ の生地を)を薄く延ばさせる. 2 (綿繰り器を用いて綿の種を)選り分けさせる, 取り出させる.
ਵਿਲਾ (विला) /vilā ヴィラー/ [Eng. *villa*] *m.* 別荘, 別宅, (田舎・郊外にある)住宅.
ਵਿਲਾਉਣਾ (विलाउणा) /wilāuṇā ウィラーウナー/ ▶ਵਿਲਵਾਉਣਾ *vt.* → ਵਿਲਵਾਉਣਾ
ਵਿਲਾਇਤ (विलाइत) /wilāita ウィラーイト/ ▶ਵਲਾਇਤ, ਵਲੈਤ *f.* → ਵਲਾਇਤ
ਵਿਲਾਇਤਣ (विलाइतण) /wilāitaṇa ウィラーイタン/ ▶ਵਲਾਇਤਣ, ਵਿਲੈਤਣ *f.* → ਵਲਾਇਤਣ
ਵਿਲਾਇਤੀ (विलाइती) /wilāitī ウィラーイティー/ ▶ਵਲਾਇਤੀ, ਵਲੈਤੀ *adj.m.* → ਵਲਾਇਤੀ
ਵਿਲਾਸ (विलास) /vilāsa ヴィラース/ ▶ਬਿਲਾਸ [Skt. विलास] *m.* 1 遊び, 遊興, 楽しみ, 娯楽. 2 贅沢, 奢侈, 奢侈な生活. 3 享楽, 官能的な楽しみ. 4 男女間の営み, いちゃつき, 恋愛遊戯, 浮気. 5 なまめかしいしぐさ, 嬌態.
ਵਿਲਾਸੀ (विलासी) /vilāsī ヴィラースィー/ ▶ਬਿਲਾਸੀ [Skt. विलासिन्] *adj.* 1 遊び好きの, 遊興に耽る, 放蕩な, 享楽的な. 2 贅沢な, 奢侈な. 3 好色な, 色欲に溺れる.
— *m.* 1 遊び好きな人, 放蕩者, 享楽者. 2 色欲に溺れる人, 好色家.
ਵਿਲਾਪ (विलाप) /vilāpa ヴィラープ/ ▶ਬਿਲਪ, ਵਰਲਾਪ, ਵਿਰਲਾਪ *m.* → ਵਿਰਲਾਪ
ਵਿਲੀਨ (विलीन) /vilīna ヴィリーン/ [Skt. विलीन] *adj.* 1 溶けた, 溶解した, 溶け込んだ. 2 消えた, 消滅した. 3 没入した, 没頭した.
ਵਿਲੀਨਤਾ (विलीनता) /vilīnatā ヴィリーンター/ [Skt.-ता] *f.* 1 溶解. 2 消滅, 消失. 3 没入, 没頭.
ਵਿਲੂੰ ਵਿਲੂੰ (विलूँ विलूँ) /wilū̃ wilū̃ ウィルーン ウィルーン/ *m.f.* 〖擬声語〗エーン エーン《子供などの泣く声》.
ਵਿਲੋਮ (विलोम) /viloma ヴィローム/ [Skt. विलोम] *adj.* 1 逆の, さかさまの, 反対の. (⇒ਉਲਟਾ) 2 対立的な, 対義の. (⇒ਵਿਪਰੀਤ)
ਵਿਲੋਮ ਸ਼ਬਦ (विलोम शबद) /viloma śabada ヴィローム シャバド/ [+ Skt. शब्द] *m.* 〖言〗対義語, 反意語.
ਵਿਵਸ਼ (विवश) /vivaśa ヴィヴァシュ/ [Skt. विवश] *adj.* 1 無力な, 力の及ばない, 従属している. 2 仕方のない, 余儀ない.
ਵਿਵਸਥਾ (विवसथा) /vivasatʰā ヴィヴァスター/ ▶ਬਿਵਸਥਾ [Skt. व्यवस्था] *f.* 1 状態. (⇒ਦਸ਼ਾ) 2 準備, 手配, 段取り. (⇒ਪਰਬੰਧ) 3 組織, 制度, 体制, 体系. 4 秩序, 規定, 定め, 掟, 法.
ਵਿਵਸਥਿਤ (विवसथित) /vivasatʰita ヴィヴァステイト/ [Skt. व्यवस्थित] *adj.* 1 準備された, 整った. 2 組織された, 秩序ある, 体系的な, 制度化された.
ਵਿਵਸਾਯ (विवसाय) /vivasāya ヴィヴサーユ/ [Skt. व्यवसाय] *m.* 1 職業, 専門職. 2 仕事, 勤労. 3 商業.
ਵਿਵਹਾਰ (विवहार) /vivahāra ヴィヴハール/ ▶ਵਿਉਹਾਰ, ਵਿਹਾਰ *m.* → ਵਿਹਾਰ[2]
ਵਿਵਰਜਤ (विवरजत) /vivarajata ヴィヴァルジャト/ ▶ਵਿਵਰਜਿਤ *adj.* → ਵਿਵਰਜਿਤ
ਵਿਵਰਜਿਤ (विवरजित) /vivarajita ヴィヴァルジト/ ▶ਵਿਵਰਜਤ [Skt. विवर्जित] *adj.* 1 否定された. 2 禁止された. 3 阻止された.
ਵਿਵਰਨ (विवरन) /vivarana ヴィヴァルン/ [Skt. विवरण]

m. **1** 説明, 解説. (⇒ਬਿਆਨ, ਵਿਆਖਿਆ) **2** 記述. **3** 事情, 成り行き, 顛末, 詳細. **4** 報告.

ਵਿਵਰਨਕਾਰ (विवरनकार) /vivaranakāra ヴィヴァルンカール/ [Skt.-कार] *m.* **1** 解説者. **2** 報告者.

ਵਿਵਾਹ (विवाह) /vivâ ヴィヴァー/ ▸ਬਯਾਹ, ਬਜਾਹ, ਬਿਆਹ, ਵਿਆਹ *m.* → ਵਿਆਹ

ਵਿਵਾਹਤ (विवाहत) /vivâta | vivāhata ヴィヴァート | ヴィヴァーハト/ ▸ਵਿਆਹਤ, ਵਿਵਾਹਿਤ *adj.* → ਵਿਆਹਤ

ਵਿਵਾਹਿਕ (विवाहिक) /vivâika | vivāhika ヴィヴァーイク | ヴィヴァーヒク/ [Skt. विवाह + ਇਕ] *adj.* 結婚の.

ਵਿਵਾਹਿਤ (विवाहित) /vivâita | vivāhita ヴィヴァーイト | ヴィヴァーヒト/ ▸ਵਿਆਹਤ, ਵਿਵਾਹਤ *adj.* → ਵਿਆਹਤ

ਵਿਵਾਦ (विवाद) /viwāda ヴィワード/ [Skt. विवाद] *m.* **1** 口論, 論争. **2** 議論, 討議. **3** 紛争, 係争.

ਵਿਵਾਦੀ (विवादी) /viwādī ヴィワーディー/ [Skt. विवादिन्] *adj.* 口論する, 論争する, 論争中の, 係争中の.
— *m.* 論争者, 係争者.

ਵਿਵਿਧ (विविध) /vivîda ヴィヴィド/ [Skt. विविध] *adj.* **1** 異なる, 違っている. **2** 多様な, 種々の, 様々な.

ਵਿਵਿਧਤਾ (विविधता) /vivîdatā ヴィヴィドター/ [Skt.-ता] *f.* **1** 違い, 差異. **2** 多様性.

ਵਿਵੇਕ (विवेक) /viveka ヴィヴェーク/ ▸ਬਿਬੇਕ [Skt. विवेक] *m.* **1** 理性, 分別, 判断力, 思慮. **2** 合理性. **3** 識別.

ਵਿਵੇਕਸ਼ੀਲ (विवेकशील) /vivekaśīla ヴィヴェークシール/ [Skt.-शील] *adj.* **1** 理性的な, 分別のある, 思慮深い. **2** 賢い, 聡明な.

ਵਿਵੇਕਹੀਣ (विवेकहीण) /vivekahīṇa ヴィヴェークヒーン/ [Skt.-हीन] *adj.* **1** 理性のない, 不合理な, 賢明でない. **2** 分別のない, 思慮の欠けた.

ਵਿਵੇਕਵਾਦ (विवेकवाद) /vivekawāda ヴィヴェークワード/ ▸ਬਿਬੇਕਵਾਦ [Skt.-वाद] *m.* 理性主義, 合理主義.

ਵਿਵੇਕਵਾਦੀ (विवेकवादी) /vivekawādī ヴィヴェークワーディー/ [Skt.-वादिन्] *adj.* 理性主義の, 合理主義の.
— *m.* 理性主義者, 合理主義者.

ਵਿਵੇਕਾਤਮਕ (विवेकातमक) /vivekātamaka ヴィヴェーカートマク/ [Skt.-आत्मक] *adj.* 理性的な, 分別のある.

ਵਿਵੇਕੀ (विवेकी) /vivekī ヴィヴェーキー/ ▸ਬਿਬੇਕੀ [Skt. विवेकिन्] *adj.* **1** 理性的な, 合理的な, 理知的な, 分別のある. **2** 聡明な, 眼識のある, 良識のある, 思慮深い.
— *m.* **1** 理性のある人, 理知的な人, 分別のある人, 理性主義者, 合理主義者. **2** 聡明な人, 眼識のある人, 良識ある人, 思慮深い人.

ਵਿਵੇਚਨ (विवेचन) /vivecana ヴィヴェーチャン/ [Skt. विवेचन] *m.* **1** 識別, 弁別, 判定. **2** 調査, 研究. **3** 批評的評価, 分析的研究. **4** 論考.

ਵਿਵੇਚਨਾ (विवेचना) /vivecanā ヴィヴェーチャナー/ [Skt. विवेचना] *f.* → ਵਿਵੇਚਨ

ਵਿਵੇਚਨਾਤਮਿਕ (विवेचनातमिक) /vivecanātamika ヴィヴェーチャナートミク/ [Skt. विवेचन Skt.-आत्मक] *adj.* **1** 調査研究の. **2** 批評的な, 批判的な. **3** 分析的な. **4** 論考上の.

ਵਿੜ੍ਹੀ (विड़्ही) /vîṛī ヴィリー/ *f.* **1** 分け前, 割り当て, 分担. (⇒ਹਿੱਸਾ, ਸੀਰ) ❐ਵਿੜ੍ਹੀ ਦਾ ਵੱਟਾ 復讐, 仕返し, 報復, しっぺ返し, 目には目を. **2** 協力, 共同, 提携. (⇒ਹਿੱਸੇਦਾਰੀ) **3** 共同経営.

ਵਿੜਕ (विड़क) /viṛaka ヴィルク/ ▸ਬਿੜਕ *f.* → ਬਿੜਕ

ਵੀ (वी) /wī ウィー/ ▸ਬੀ, ਭੀ [Skt. अपि] *adv.* **1**《他との比較の結果, 他を承認しつつ直前の語も追加する意味》(他もそうだが)…も, …もまた. ❐ਮੈਂ ਵੀ ਨਹਾਵਾਂਗਾ। 私も沐浴します. ❐ਕੁਝ ਕਹਾਣੀਆਂ ਤਾਂ ਦੂਜੀਆਂ ਭਾਸ਼ਾਵਾਂ ਵਿੱਚ ਵੀ ਅਨੁਵਾਦ ਹੋਈਆਂ ਹਨ। いくつかの短編小説は他の言語にも翻訳されています. **2**…さえ. ❐ਮੈਂ ਇੱਥੇ ਆਇਆ ਵੀ ਨਹੀਂ। 私はここに来さえしませんでした. **3**(どの…, 誰, 何)でも. ❐ਕੋਈ ਵੀ ਜਾ ਸਕਦਾ ਹੈ। 誰でも行けます. **4**…だが, …だけれども. ❐ਮੈਂ ਗਿਆ ਵੀ ਤੇ ਕੰਮ ਨਾ ਹੋਇਆ। 私は行きましたが目的は達せられませんでした.

ਵੀਹ (वीह) /wî ウィー/ ▸ਬੀਹ [(Pkt. वीसा) Skt. विंशति] *ca.num.* 20.
— *adj.* 20の.

ਵੀਹਵਾਂ (वीहवाँ) /wîwā̃ ウィーワーン/ ▸ਬੀਹਵਾਂ, ਵੀਹਾਂ [-ਵਾਂ] *or.num.* 20番目.
— *adj.* 20番目の.

ਵੀਹਾਂ (वीहाँ) /wīhā̃ | wîā̃ ウィーハーン | ウィーアーン/ ▸ਬੀਹਵਾਂ, ਵੀਹਵਾਂ *or.num. adj.* → ਵੀਹਵਾਂ

ਵੀਹੀਂ (वीहीं) /wīhī̃ ウィーヒーン/ [(Pkt. वीसा) Skt. विंशति -ਈਂ] *adv.* 20ルピーで.

ਵੀਹੀ (वीही) /wīhī ウィーヒー/ ▸ਬੀਹ, ਬੀਹੀ *f.* 小道, 狭い通り.

ਵੀਜ਼ਾ (वीज़ा) /vīzā ヴィーザー/ [Eng. *visa*] *m.* 査証, ビザ.

ਵੀਟਣਾ (वीटणा) /wīṭaṇā ウィータナー/ *vt.* こぼす, 流す, 流出させる. (⇒ਡੋਲ੍ਹਣਾ)

ਵੀਟੋ (वीटो) /vīṭo ヴィートー/ [Eng. *veto*] *f.*【政治】拒否権, 拒否権の行使.

ਵੀਡੀਓ (वीडीओ) /vīḍīo ヴィーディーオー/ [Eng. *video*] *m.* ビデオ, ビデオテープ.

ਵੀਣਾ (वीणा) /vīṇā ヴィーナー/ ▸ਬੀਣਾ [Skt. वीणा] *f.*【楽器】ヴィーナー《インド古来の弦楽器》.

ਵੀਣੀ (वीणी) /vīṇī ヴィーニー/ ▸ਬੀਣੀ *f.* **1**【身体】手首. (⇒ਕਲਾਈ, ਗੁੱਟ) **2**【身体】前腕《肘から手首まで》.

ਵੀਨਸ (वीनस) /vīnasa ヴィーナス/ [Eng. *Venus*] *f.* **1** ビーナス《愛と美の女神》. **2**【天文】金星.

ਵੀ ਪੀ ਪੀ (वी पी पी) /vī pī pī ヴィー ピー ピー/ [Eng. *value payable parcel*] *m.* 現金引換小包, VPP.

ਵੀਰ (वीर) /vīra ヴィール/ ▸ਬੀਰ [Skt. वीर] *adj.* **1** 勇ましい, 勇敢な, 勇壮な, 勇猛な. **2** 大胆な.
— *m.* **1** 勇ましい人, 勇者. **2** 英雄. **3** 軍人, 兵士. **4**【親族】兄, 弟, 兄弟. (⇒ਭਰਾ, ਭਾਈ)

ਵੀਰ-ਕਾਵਿ (वीर-कावि) /vīra-kāv ヴィール・カーヴ/ [+ Skt. काव्य] *m.*【文学】英雄賛美の詩, 英雄詩.

ਵੀਰਜ (वीरज) /vīraja ヴィーラジ/ ▸ਬੀਰਜ [Skt. वीर्य] *m.*【身体】精液, 精子. (⇒ਧਾਤ, ਮਣੀ)

ਵੀਰਤਾ (वीरता) /vīratā ヴィールター/ ▸ਬੀਰਤਾ [Skt. वीर Skt.-ता] *f.* **1** 勇ましさ, 勇敢さ, 勇壮さ, 勇猛さ. **2** 武勇. **3** 勇気.

ਵੀਰਵਾਰ (वीरवार) /vīrawāra ヴィールワール/ [+ Skt. वार] *m.*【暦】木曜日. (⇒ਗੁਰੂਵਾਰ)

ਵੀਰਾਨ (वीरान) /wīrāna ウィーラーン/ ▸ਬਿਰਾਨ, ਵਰਾਨ,

ਵਿਰਾਨ, ਵੈਰਾਨ [Pers. *vīrān*] *adj.* 1 無人の, 人の住まない. 2 荒れた, 荒廃した. 3 寂しい.

ਵੀਰਾਨਗੀ (वीरानगी) /wīrānagī ウィーラーンギー/ [Pers.-*gī*] *f.* 1 無人, 人が住んでいないこと. 2 荒廃.

ਵੀਰਾਨਾ (वीराना) /wīrānā ウィーラーナー/ ▸ਵਰਾਨਾ, ਵਿਰਾਨਾ [Pers. *vīrāna*] *m.* 1 無人の地, 人の住まない土地, 荒野. 2 荒れ果てた場所. 3 廃虚.

ਵੀਰਾਨੀ (वीरानी) /wīrānī ウィーラーニー/ ▸ਵਰਾਨੀ, ਵਿਰਾਨੀ, ਵੈਰਾਨੀ [Pers. *vīrānī*] *f.* 1 無人, 人が住んでいないこと. 2 荒廃.

ਵੀਲ (वील) /wīla ウィール/ [Eng. *wheel*] *m.* 1 車輪, 輪, 車. 2 ハンドル.

ਵੁਜ਼ੂ (वुज़ू) /wuzū ウズー/ [Pers. *vuzū*] *m.* 〖イス〗イスラーム教徒の礼拝前の洗い清め.

ਵੇ (वे) /we ウェー/ [Pers. *vai*] *int.* ねえ, ちょっと《女性から男性への呼びかけの言葉》.

ਵੇਅਰਥ (वेअरथ) /vearatʰa ヴェーアルト/ ▸ਬਿਅਰਥ, ਬੇਅਰਥ, ਵਿਅਰਥ *adj.adv.* → ਵਿਅਰਥ

ਵੇਈਂ (वेईं) /veī̃ ヴェーイーン/ [Skt. वेणी] *f.* 水の流れ, 小川.

ਵੇਸ (वेस) /vesa ヴェース/ ▸ਭੇਸ, ਭੇਖ [Skt. वेष] *m.* 服装, 衣装, 衣服, 身なり.

ਵੇਸਣ (वेसण) /vesaṇa ヴェーサン/ ▸ਬੇਸਣ *m.* 〖食品〗ヒヨコマメ(ひよこ豆・雛豆)の粉.

ਵੇਸ-ਭੂਸ਼ਾ (वेस-भूशा) /vesa-pŭśā ヴェース・プーシャー/ ▸ਵੇਸ਼-ਭੂਸ਼ਾ [Skt. वेष + Skt. भूषा] *f.* 服装, 衣装, 身なり.

ਵੇਸ਼-ਭੂਸ਼ਾ (वेश-भूशा) /veśa-pŭśā ヴェーシュ・プーシャー/ ▸ਵੇਸ-ਭੂਸ਼ਾ *f.* → ਵੇਸ-ਭੂਸ਼ਾ

ਵੇਸਵਾ (वेसवा) /wesawā ウェースワー/ [Skt. वेश्या] *f.* 1 娼婦, 売春婦, 女郎. 2 遊女, 芸者.

ਵੇਸਵਾਗਮਨ (वेसवागमन) /wesawāgamana ウェースワーガマン/ [+ Skt. गमन] *m.* 廓通い, 女郎買い.

ਵੇਸਵਾਗਾਮੀ (वेसवागामी) /wesawāgāmī ウェースワーガーミー/ [Skt.-गामिन्] *adj.* 廓通いの, 女郎買いに行く.
— *m.* 廓通いの男, 遊び人.

ਵੇਸਵਾਪਣ (वेसवापण) /wesawāpaṇa ウェースワーパン/ [-ਪਣ] *m.* 売春.

ਵੇਸਵਾਵ੍ਰਿਤੀ (वेसवाव्रिती) /wesawāvritī (wesawāvaritī) ウェースワーヴリティー (ウェースワーヴァリティー)/ [+ Skt. वृत्ति] *f.* 1 売春, 猥褻行為. 2 淫らな性質, 淫乱, 俗悪.

ਵੇਹਲਾ (वेहला) /wêlā ウェーラー/ ▸ਵਿਹਲਾ *adj.* → ਵਿਹਲਾ

ਵੇਹੜਾ (वेहड़ा) /wêṛā ウェーラー/ ▸ਵਿਹੜਾ, ਵੇੜ੍ਹਾ *m.* → ਵਿਹੜਾ

ਵੇਹੁ (वेहु) /vêu | vêo ヴェーウ | ヴェーオー/ ▸ਬਿਖ, ਵਿਸ, ਵਿੱਸ, ਵਿਹੁ, ਵਿਖ *m.* → ਵਿੱਸ

ਵੇਖਣਹਾਰ (वेखणहार) /wekʰaṇahāra ウェーカンハール/ [cf. ਵੇਖਣਾ -ਹਾਰ] *m.* 1 観察者. 2 見物人.

ਵੇਖਣਾ (वेखणा) /wekʰaṇā ウェークナー/ [Skt. वीक्षते] *vt.* 1 見る, 目にする, 目撃する, 観察する, 見物する. ❒ ਚੂਹਾ ਫਸੀ ਹੋਈ ਬਿੱਲੀ ਨੂੰ ਵੇਖ ਕੇ ਬੜਾ ਖ਼ੁਸ਼ ਹੋਇਆ। 鼠は はまってしまった猫を見て大いに喜びました. ❒ਚਾਚਾ ਜੀ ਨੇ ਸਮੁੰਦਰ ਵੀ ਵੇਖਿਆ ਹੈ। 叔父さんは海も見たことがあります. ❒ਕੋਲ ਬੈਠਾ ਆਦਮੀ ਇਹ ਸਾਰਾ ਕੁਝ ਵੇਖਦਾ ਰਿਹਾ। 近くに座っていた男の人がこの一部始終を見続けていました. 2 眺める. 3 見つめる, 注視する. 4 監視する, 見張る. 5 世話をする, 面倒を見る. 6 探す, 捜す, 見つける. 7 調べる, 調査する, 検査する. 8 考える, 検討する. 9 気づく. 10 知覚する. 11 経験する.

ਵੇਖਣੀ (वेखणी) /wekʰaṇī ウェークニー/ [cf. ਵੇਖਣਾ] *f.* 1 見ること. 2 凝視.

ਵੇਗ (वेग) /vega ヴェーグ/ [Skt. वेग] *m.* 1 動き. 2 速さ, 速度. 3 流れ, 急流. 4 急ぎ, 急速. 5 衝動.

ਵੇਚਣਾ (वेचणा) /vecaṇā ヴェーチャナー/ [(Pkt. वेच्चइ) Skt. वेत्ययति] *vt.* 1 売る, 販売する, 売却する. (⇔ਖ਼ਰੀਦਣਾ) 2 売り歩く.

ਵੇਟ[1] (वेट) /weṭa ウェート/ [Eng. *weight*] *m.* 重さ, 重量.

ਵੇਟ[2] (वेट) /weṭa ウェート/ [Eng. *wait*] *m.f.* 待つこと, 待機. (⇒ਉਡੀਕ)

ਵੇਟਰ (वेटर) /weṭara ウェータル/ [Eng. *waiter*] *m.* 給仕人, ウエイター, ボーイ. (⇒ਬਹਿਰਾ)

ਵੇਟ ਲਿਫ਼ਟਿੰਗ (वेट लिफ़टिंग) /weṭa lifaṭiṅga ウェート リフティング/ [Eng. *weight lifting*] *m.* 〖競技〗重量挙げ.

ਵੇਟਿੰਗ ਰੂਮ (वेटिंग रूम) /weṭiṅga rūma ウェーティング ルーム/ [Eng. *waiting room*] *m.* 待合室.

ਵੇਟਿੰਗ ਲਿਸਟ (वेटिंग लिसट) /weṭiṅga lisaṭa ウェーティング リスト/ [Eng. *waiting list*] *f.* 順番待ち名簿, キャンセル待ち名簿.

ਵੇਂਡਰ (वेंडर) /vēḍara ヴェーンダル/ ▸ਵੈਂਡਰ *m.* → ਵੈਂਡਰ

ਵੇਂਡਿੰਗ ਮਸ਼ੀਨ (वेंडिंग मशीन) /vēḍiṅga maśīna ヴェーンディング マシーン/ [Eng. *vending machine*] *f.* 〖機械〗自動販売機.

ਵੇਤਨ (वेतन) /wetana ウェータン/ [Skt. वेतन] *m.* 1 労賃, 賃金. (⇒ਮਿਹਨਤਾਨਾ) 2 給与, 給料. (⇒ਤਨਖ਼ਾਹ)

ਵੇਤਨਮਾਨ (वेतनमान) /wetanamāna ウェータンマーン/ *m.* 〖経済〗賃金スケール, 賃金等級, 賃金率.

ਵੇਤਰਨਾ (वेतरना) /vetaranā ヴェータルナー/ ▸ਵਿੱਤਰਨਾ *vt.* → ਵਿੱਤਰਨਾ

ਵੇਤਰਨੀ (वेतरनी) /vetaranī ヴェータルニー/ ▸ਵੈਤਰਣੀ, ਵੈਤਰਨੀ *f.* → ਵੈਤਰਨੀ

ਵੇਤਾ (वेता) /wetā ウェーター/ [Skt. वेत्ता] *adj.* 知っている, 精通した, 博識の.
— *suff.* 「…を知っている人」「…に精通した人」「…の専門家」を意味する接尾辞.

ਵੇਦ (वेद) /veda ヴェード/ ▸ਬੇਦ [Skt. वेद] *m.* 1 知識, 聖なる知識, 宗教上の知識. 2 〖ヒ〗ヴェーダ《古代インドのバラモン教の聖典の総称. 広義に用いる「ヒンドゥー教」という名称にはバラモン教も含まれることが多い》.

ਵੇਦਣ (वेदण) /vedaṇa ヴェーダン/ ▸ਵੇਦਨਾ *f.* → ਵੇਦਨਾ

ਵੇਦਨਾ (वेदना) /vedanā ヴェードナー/ ▸ਵੇਦਣ [Skt. वेदना] *f.* 1 痛み, 苦痛. 2 心痛, 苦悩, 悩み.

ਵੇਦਾਂਗ (वेदांग) /vedāga ヴェーダーング/ [Skt. वेदांग] *m.* 〖ヒ〗ヴェーダーンガ, ヴェーダ補助学《ヴェーダの理解と実践のための六種の補助的文献群》.

ਵੇਦਾਂਤ (वेदाँत) /vedāta ヴェーダーント/ [Skt. वेदांत] *m.* 〖ヒ〗ヴェーダーンタ《字義は「ヴェーダの終わりの部分」. ヴェーダの最終部門に相当するウパニシャッド〔奥

義書〕の別名，またはウパニシャッドに基づく哲学体系・学派の名称》.

ਵੇਦਾਂਤੀ (वेदाँती) /vedā̃tī ヴェーダーンティー/ [Skt. वेदांतिन्] *adj.*〖ヒ〗ヴェーダーンタ哲学の.
— *m.*〖ヒ〗ヴェーダーンタ哲学者.

ਵੇਦੀ (वेदी) /vedī ヴェーディー/ ▸ਬੇਦੀ [Skt. वेदिन्] *f.* **1**〖儀礼〗供犠のために用意された場所，祭壇. **2** 土台.

ਵੇਧ (वेध) /vêda ヴェード/ [Skt. वेध] *m.* **1** 突き刺すこと，突き通すこと. **2** 穴を開けること.

ਵੇਧਣਾ (वेधणा) /vêdaṇā ヴェードナー/ [Skt. विध्यति] *vt.* **1** 突き刺す，突き通す. **2** 穴を開ける.

ਵੇਧੀ (वेधी) /vêdī ヴェーディー/ [Skt. वेधिन्] *adj.* **1** 突き刺すような. **2** 鋭い.

ਵੇਰ (वेर) /wera ウェール/ ▸ਬਾਰ, ਵਾਰ *f.* → ਵਾਰ^3

ਵੇਰਵਾ (वेरवा) /werawā ウェールワー/ [Skt. विवरण] *m.* **1** 詳細. (⇒ਤਫ਼ਸੀਲ) **2** 細目. **3** 詳しい説明，詳しい情報.

ਵੇਰ ਵੇਰ (वेर वेर) /wera wera ウェール ウェール/ ▸ਬਾਰ ਬਾਰ, ਵਾਰ ਵਾਰ *adv.* → ਵਾਰ ਵਾਰ

ਵੇਰਾਇਟੀ ਸ਼ੋ (वेराइटी शो) /verāiṭī śo ヴェーラーイティー ショー/ [Eng. *variety show*] *m.* バラエティーショー.

ਵੇਲ^1 (वेल) /wela ウェール/ ▸ਬੇਲ, ਵੱਲ *f.* → ਬੇਲ^1

ਵੇਲ^2 (वेल) /wela ウェール/ ▸ਵ੍ਹੇਲ *f.* → ਵ੍ਹੇਲ

ਵੇਲ੍ਹ (वेल्ह) /wêla ウェール/ ▸ਵਿਹਲ *m.f.* → ਵਿਹਲ

ਵੇਲਣ (वेलण) /welaṇa ウェーラン/ [cf. ਵੇਲਣਾ] *m.*〖調〗延し棒，麺棒.

ਵੇਲਣਾ (वेलणा) /welaṇā ウェールナー/ [Skt. वेल्लयति] *vt.* **1**（木製や金属製の延し棒を用いて，チャクラー ਚਕਲਾ〔延し台〕の上でローティー ਰੋਟੀ やパーパル ਪਾਪੜ の生地を）薄く延ばす. **2**（綿繰り器を用いて綿の種を）選り分ける，取り出す.

ਵੇਲਣੀ (वेलणी) /welaṇī ウェールニー/ ▸ਵੇਲਨੀ *f.* → ਵੇਲਨੀ

ਵੇਲਦਾਰ (वेलदार) /weladāra ウェールダール/ ▸ਬੇਲਦਾਰ *adj.* → ਬੇਲਦਾਰ

ਵੇਲਨਾ (वेलना) /welanā ウェールナー/ [cf. ਵੇਲਣਾ] *m.* **1**〖調〗延し棒，麺棒《チャクラー ਚਕਲਾ〔延し台〕の上でローティー ਰੋਟੀ やパーパル ਪਾਪੜ の生地を薄く延ばすのに用いる，木製や金属製の延し棒》. **2**〖器具〗綿繰り器. **3** 頸木（くびき）の留め釘.

ਵੇਲਨੀ (वेलनी) /welanī ウェールニー/ ▸ਵੇਲਣੀ [cf. ਵੇਲਣਾ] *f.* **1**〖調〗小さな延し棒，小さな麺棒. **2**〖器具〗小さな綿繰り器.

ਵੇਲ ਬੂਟੇ (वेल बूटे) /wela būṭe ウェール ブーテー/ ▸ਬੇਲਬੂਟੇ *m.* → ਬੇਲਬੂਟੇ

ਵੇਲਾ (वेला) /welā ウェーラー/ ▸ਬੇਰਾ, ਬੇਲਾ [Skt. वेला] *m.* **1** 時，頃. ❐ਹਰ ਵੇਲੇ 常に，いつも. ❐ਇਹ ਗੱਲ ਮੇਰੇ ਛੋਟੇ ਹੁੰਦੇ ਵੇਲੇ ਦੀ ਹੈ। この話は私が幼い頃のものです. **2** 時機，機会，好機. ❐ਵੇਲੇ ਸਿਰ 時を得て，折りよく，タイミングよく，ちょうどよく，よい時期に，間に合って. ❐ਵੇਲਾ ਖੁੰਝਾ ਦੇਣਾ 好機を逸する，時流に乗り損なう，しくじる.

ਵੇੜ੍ਹ (वेड़्ह) /wêṛa ウェール/ ▸ਵਿਹੜ *m.* **1** 包囲. **2** 囲い込み. **3** 囲い. **4** 囲い地.

ਵੇੜ੍ਹਨਾ (वेड़्हना) /wêṛanā ウェールナー/ *vt.* **1** 囲む，包囲する. **2** 囲い込む. **3**（散った動物を）集める. **4** 囲いに閉じ込める.

ਵੇੜ੍ਹਾ (वेड़्हा) /wêṛā ウェーラー/ ▸ਵਿਹੜਾ, ਵੇਹੜਾ *m.* → ਵਿਹੜਾ

ਵੈਸ਼ (वैश) /vaiśa ヴァエーシュ/ [Skt. वैश्य] *m.*〖姓・ヒ〗ヴァイシャ《種姓制度における庶民階級. 牧畜・農耕・商業・手工業などの職業に従事する》.

ਵੈਸ਼ਨਵ (वैशनव) /vaiśanava ヴァエーシュナヴ/ ▸ਵੈਸ਼ਨੂੰ, ਵੈਸ਼ਨੋ [Skt. वैष्णव] *adj.*〖ヒ〗ヴィシュヌ派の.
— *m.* **1**〖ヒ〗ヴィシュヌ信者. **2** 菜食主義者. (⇒ਸ਼ਾਕਾਹਾਰੀ)

ਵੈਸ਼ਨੂੰ (वैशनूँ) /vaiśanū̃ ヴァエーシュヌーン/ ▸ਵੈਸ਼ਨਵ, ਵੈਸ਼ਨੋ *adj.m.* → ਵੈਸ਼ਨਵ

ਵੈਸ਼ਨੋ (वैशनो) /vaiśano ヴァエーシュノー/ ▸ਵੈਸ਼ਨਵ, ਵੈਸ਼ਨੂੰ *adj.m.* → ਵੈਸ਼ਨਵ

ਵੈਸਲੀਨ (वैसलीन) /vaisalīna ヴァエースリーン/ [Eng. *Vaseline*] *f.*〖化学〗ワセリン《石油から得た炭化水素類の混合物》.

ਵੈਸਾ (वैसा) /waisā ワェーサー/ *adj.* あのような，ああいう，あんな，そのような，そういう，そんな. (⇒ਉਜਿਹਾ)
— *adv.* あのように，あんなふうに，そのように，そんなふうに. (⇒ਉਜਿਹਾ)

ਵੈਸਾਖ (वैसाख) /waisākʰa ワェーサーク/ ▸ਬਸਾਖ, ਬੈਸਾਖ, ਵਸਾਖ, ਵਿਸਾਖ *m.* → ਵਸਾਖ

ਵੈਸਾਖੀ (वैसाखी) /waisākʰī ワェーサーキー/ ▸ਬਸਾਖੀ, ਬੈਸਾਖੀ, ਵਸਾਖੀ, ਵਿਸਾਖੀ *adj.f.* → ਵਸਾਖੀ

ਵੈਸ਼ੇਸ਼ਕ (वैशेशक) /vaiśeśaka ヴァエーシェーシャク/ [Skt. वैशेषिक] *m.*〖ヒ〗ヴァイシェーシカ学派《六つの原理で現象界の諸事物の構成を解明しようとしたインド哲学の一派》.

ਵੈਕਸੀਨ (वैकसीन) /vaikasīna ヴァエークスィーン/ [Eng. *vaccine*] *f.*〖医〗ワクチン.

ਵੈੱਕਟਰ (वैक्कटर) /vaikkaṭara ヴァエーックタル/ [Eng. *vector*] *m.* **1**〖数学〗ベクトル. **2**〖生物〗病菌媒介生物. **3**（飛行機の）針路.

ਵੈਕਮ (वैकम) /vaikama ヴァエーカム/ [Eng. *vacuum*] *m.* 真空，空白.

ਵੈਕੁੰਠ (वैकुंठ) /vaikuṇṭʰa ヴァエークント/ ▸ਬੈਕੁੰਠ [Skt. वैकुण्ठ] *m.* **1**〖ヒ〗ヴァイクンタ《ヴィシュヌ神の住む天界》. **2** 天界，天国，極楽. (⇒ਸੁਰਗ)

ਵੈਂਗਣ (वैंगण) /wā̃igaṇa ワェーンガン/ ▸ਬੈਂਗਣ *m.* → ਬੈਂਗਣ

ਵੈਂਗਣੀ (वैंगणी) /wā̃igaṇī ワェーンガニー/ ▸ਬੈਂਗਣੀ *adj.* → ਬੈਂਗਣੀ

ਵੈਗਨ (वैगन) /waigana ワェーガン/ [Eng. *wagon*] *f.*〖乗物〗荷馬車.

ਵੈਟਰਨਰੀ ਹਸਪਤਾਲ (वैटरनरी हसपताल) /vaiṭaranarī hasapatāla ヴァエータルナリー ハスパタール/ [Eng. *veterinary hospital*] *m.* 獣医科病院，家畜病院.

ਵੈਟਰਨਰੀ ਡਾਕਟਰ (वैटरनरी डाकटर) /vaiṭaranarī ḍākaṭara ヴァエータルナリー ダークタル/ [Eng. *veterinary doctor*] *m.* 獣医.

ਵੈਂਡਰ (वैंडर) /vā̃iḍara ヴァエーンダル/ ▸ਵੇਂਡਰ [Eng. *vendor*] *m.* **1** 行商人，（街頭の）物売り. **2**〖法〗（土

地や家屋などの）売り手, 売り主. **3**〖機械〗自動販売機.
ਵੈਡਿੰਗ (वैडिंग) /waiḍiṅga ワェーディング/ [Eng. *wedding*] *f.*〖儀礼〗結婚式, 婚礼. (⇒ਸ਼ਾਦੀ)
ਵੈਡਿੰਗ ਕਾਰਡ (वैडिंग कारड) /waiḍiṅga kāraḍa ワェーディング カールド/ [Eng. *wedding card*] *m.* 結婚式の招待状.
ਵੈਣ[1] (वैण) /vaiṇa ヴァエーン/ [Skt. वचन] *m.*〖音楽〗哀悼歌, 葬送歌.
ਵੈਣ[2] (वैण) /vaiṇa ヴァエーン/ [Eng. *van*] *f.*〖乗物〗有蓋運搬車, 有蓋貨車.
ਵੈਣਿਕ (वैणिक) /vaiṇika ヴァエーニク/ [Skt. वचन] *adj.* 感傷的な, 哀感が漂う, 物悲しい.
ਵੈਤਰਣੀ (वैतरणी) /vaitaraṇī ヴァエータルニー/ ▸ਵੇਤਰਨੀ, ਵੈਤਰਨੀ *f.* → ਵੈਤਰਨੀ
ਵੈਤਰਨੀ (वैतरनी) /vaitaranī ヴァエータルニー/ ▸ਵੇਤਰਨੀ, ਵੈਤਰਣੀ [Skt. वैतरणी] *f.* **1**〖ヒ〗現世と冥府の境を流れる川. **2**〖仏〗三途の川.
ਵੈਤਾਲ (वैताल) /vaitāla ヴァエータール/ ▸ਬੇਤਾਲ, ਬੈਤਾਲ *m.* → ਬੇਤਾਲ[1]
ਵੈਦ (वैद) /vaida ヴァエード/ [Skt. वैद्य] *m.* アーユルヴェーダの医者.
ਵੈਦਕ (वैदक) /vaidaka ヴァエーダク/ [Skt. वैद्यक] *f.* アーユルヴェーダ《インド伝統医学》.
— *adj.* アーユルヴェーダの.
ਵੈਦਿਕ (वैदिक) /vaidika ヴァエーディク/ [Skt. वैदिक] *adj.*〖ヒ〗ヴェーダの, ヴェーダ聖典に関する.
ਵੈਨੇਜ਼ੁਏਲਾ (वैनेज़ुएला) /vainezuelā ヴァエーネーズエーラー/ ▸ਵੈਨੇਜ਼ੂਏਲਾ [Eng. *Venezuela*] *m.*〖国名〗ベネズエラ(・ボリバル共和国).
ਵੈਨੇਜ਼ੂਏਲਾ (वैनेज़ूएला) /vainezūelā ヴァエーネーズーエーラー/ ▸ਵੈਨੇਜ਼ੁਏਲਾ *m.* → ਵੈਨੇਜ਼ੁਏਲਾ
ਵੈਬਸਾਈਟ (वैबसाईट) /waibasāīṭa ワェーブサーイート/ [Eng. *website*] *f.*〖電算〗(インターネットの)ウェブサイト.
ਵੈਰ (वैर) /vaira ヴァエール/ ▸ਬੈਰ [Skt. वैर] *m.* **1** 敵意, 敵対心. **2** 悪意. **3** 恨み, 憎しみ, 憎悪.
ਵੈਰਾਗ (वैराग) /vairāga ヴァエーラーグ/ ▸ਬੈਰਾਗ, ਵਿਰਾਗ *m.* → ਬੈਰਾਗ
ਵੈਰਾਗੀ (वैरागी) /vairāgī ヴァエーラーギー/ ▸ਬਰਾਗੀ, ਬੈਰਾਗੀ, ਵਿਰਾਗੀ *adj.m.* → ਬੈਰਾਗੀ
ਵੈਰਾਨ (वैरान) /wairāna ワェーラーン/ ▸ਬਿਰਾਨ, ਵਰਾਨ, ਵਿਰਾਨ, ਵੀਰਾਨ *adj.* → ਵੀਰਾਨ
ਵੈਰਾਨੀ (वैरानी) /wairānī ワェーラーニー/ ▸ਵਰਾਨੀ, ਵਿਰਾਨੀ, ਵੀਰਾਨੀ *f.* → ਵੀਰਾਨੀ
ਵੈਰੀ (वैरी) /vairī ヴァエーリー/ ▸ਬੈਰੀ [Skt. वैरिन्] *m.* **1** 敵, 仇. (⇒ਦੁਸ਼ਮਨ) **2** 対立者.
ਵੈਰੀ ਗੁੱਡ (वैरी गुड्ड) /vairī gudḍa ヴァエーリー グッド/ [Eng. *very good*] *int.* **1** とてもいいです, 大いに結構です. **2** 分かりました, 承知しました.
ਵੈਲ[1] (वैल) /vaila ヴァエール/ *m.* **1** 悪習, 悪癖, 不品行. **2** 中毒.
ਵੈਲ[2] (वैल) /vaila ヴァエール/ ▸ਵਾਇਲ *f.* → ਵਾਇਲ
ਵੈਲਕਮ (वैलकम) /wailakama ワェールカム/ [Eng. *welcome*] *m.* 歓迎, 歓待. (⇒ਸੁਆਗਤ)
— *int.* ようこそ. (⇒ਜੀ ਆਇਆਂ ਨੂੰ)
ਵੈਲਡਰ (वैलडर) /wailaḍara ワェールダル/ [Eng. *welder*] *m.* 溶接工.
ਵੈਲਡਿੰਗ (वैलडिंग) /wailaḍiṅga ワェールディング/ [Eng. *welding*] *m.* 溶接.
ਵੈਲਣ (वैलण) /vailaṇa ヴァエーラン/ *f.* 不品行な女, ふしだらな女.
ਵੈਲਫ਼ੇਅਰ (वैलफ़ेअर) /wailafeara ワェールフェーアル/ [Eng. *welfare*] *f.* 福祉.
ਵੈਲੀ (वैली) /vailī ヴァエーリー/ *adj.* **1** 不品行な, ふしだらな. **2** 堕落した.
— *m.* 不品行な男.
ਵੋਟ (वोट) /voṭa ヴォート/ [Eng. *vote*] *m.f.* **1**〖政治〗投票, 票決. **2** 票.
ਵੋਟ-ਅਧਿਕਾਰ (वोट-अधिकार) /voṭa-âdikāra ヴォート・アディカール/ [Eng. *vote* + Skt. अधिकार] *m.*〖政治〗投票権, 選挙権, 参政権. (⇒ਮਤ-ਅਧਿਕਾਰ)
ਵੋਟ-ਪਰਚੀ (वोट-परची) /voṭa-paracī ヴォート・パルチー/ [Eng. *vote* + Pers. *parcā* -ਈ] *f.*〖政治〗投票用紙. (⇒ਮਤਪੱਤਰ)
ਵੋਟ-ਬਕਸਾ (वोट-बकसा) /voṭa-bakasā ヴォート・バクサー/ [Eng. *vote* + Eng. *box*] *m.*〖容器〗投票箱.
ਵੋਟਰ (वोटर) /voṭara ヴォータル/ [Eng. *voter*] *m.*〖政治〗投票者, 有権者.
ਵੋਮੀ (वोमी) /vomī ヴォーミー/ [Skt. वमि] *f.*〖医〗吐くこと, 嘔吐. (⇒ਉਲਟੀ, ਕੈ)
ਵੋਲਟ (वोलट) /volaṭa ヴォールト/ [Eng. *volt*] *m.*〖電圧〗ボルト《電圧の単位》.

ੜ

ੜ (ड़) /ṛāṛā ラーラー/ *m.*〖文字〗グルムキー文字の字母表の35番目の文字《反り舌にし, 舌の裏面で硬口蓋を弾むように打って発音する, 反り舌・弾音の「ラ」を表す》.
ੜਾ (ड़ा) /ṛā ラー/ *suff.* **1** 小さなものを意味する語・親愛語・詩語などとなる男性名詞を形成する接尾辞. **2** 形容詞を形成する接尾辞.
ੜਾੜ (ड़ाड़) /ṛāṛa ラール/ ▸ਰਾੜ੍ਹ *f.* → ਰਾੜ੍ਹ
ੜਾੜਾ (ड़ाड़ा) /ṛāṛā ラーラー/ *m.*〖文字〗ラーラー《反り舌・弾音の「ラ」を表す, グルムキー文字の字母表の35番目の文字 ੜ の名称》.
ੜੀ (ड़ी) /ṛī リー/ *suff.* 小さなものなどを意味する女性名詞を形成する接尾辞.

ਜਪਾਨੀ-ਪੰਜਾਬੀ

Japanese-Punjabi

日本語・パンジャービー語

凡　例

1. 約6,900の見出し語を五十音順に配列した．音引き記号(ー)は直前の母音に置き換えて並べた．
2. 見出し語には一般的な漢字仮名交じり表記を〚 〛内に併記した．
3. 見出し語を含む約950の複合語や派生語は◆で示した．
4. 訳語は基本的かつ代表的なものにしぼって載せた．
5. 多義語については，必要に応じて( )で意味を限定した．
6. すべての訳語に，ローマ字による転写とカナ発音を併記した．

あ行

アーモンド ਬਦਾਮ badāma̩ バダーム
アーンドラ・プラデーシュしゅう〘アーンドラ・プラデーシュ州〙 ਆਂਧਰਾ ਪ੍ਰਦੇਸ਼ ẫdarā pradeśa̩ アーンダラー プラデーシュ
あい〘愛〙 ਪਿਆਰ piāra̩ ピアール, ਪਰੇਮ parema̩ パレーム
あいかわらず〘相変わらず〙 ਹਮੇਸ਼ਾਂ hameśā̃ ハメーシャーン, ਸਦਾ sadā サダー
あいきょうのある〘愛嬌のある〙（明朗快活な）ਖ਼ੁਸ਼ਮਿਜ਼ਾਜ xuśamizāja̩ クシュミザージ（社交的な）ਮਿਲਾਪੜਾ milāpa̩rā ミラープラー
あいこくしん〘愛国心〙 ਦੇਸ਼-ਪਰੇਮ deśa̩-parema̩ デーシュ・パレーム, ਵਤਨਪਰਸਤੀ watana̩parasa̩tī ワタンパラスティー
あいさつ〘挨拶〙 ਸਲਾਮ salāma̩ サラーム, ਸੰਬੋਧਨ sambôdana̩ サンボーダン, ਸਲੂਟ salūṭa̩ サルート
あいじょう〘愛情〙 ਪਿਆਰ piāra̩ ピアール, ਪਰੇਮ parema̩ パレーム
あいず〘合図〙 ਇਸ਼ਾਰਾ iśārā イシャーラー, ਸੰਕੇਤ saṅketa̩ サンケート
アイスクリーム ਕੁਲਫ਼ੀ kula̩fī クルフィー
あいする〘愛する〙 ਪਿਆਰ ਕਰਨਾ piāra̩ kara̩nā ピアール カルナー
あいそのよい〘愛想のよい〙 ਹਸਮੁਖ hasa̩mukʰa̩ ハスムク, ਤਰੁਠਵਾਂ taruṭʰa̩wā̃ タルトワーン
あいた〘空いた〙 ਖ਼ਾਲੀ xālī カーリー
あいだ〘間〙（時間）ਵਕਫ਼ਾ waka̩fā ワクファー（距離）ਦੂਰੀ dūrī ドゥーリー（空間）ਅਵਕਾਸ਼ awa̩kāśa̩ アウカーシュ
あいて〘相手〙（仲間）ਸਾਥੀ sātʰī サーティー（敵）ਦੁਸ਼ਮਨ duśa̩mana̩ ドゥシュマン
アイディア（考え）ਸੋਚ soca̩ ソーチ, ਵਿਚਾਰ vicāra̩ ヴィチャール, ਖ਼ਿਆਲ xiāla̩ キアール（思いつき）ਸੁੱਝ sûjja̩ スッジ, ਉਕਤ ukkata̩ ウッカト, ਫੁਰਨਾ pʰuranā プルナー
あいている〘開いている〙 ਖੁੱਲ੍ਹਾ kʰûllā クッラー
あいている〘空いている〙 ਖ਼ਾਲੀ xālī カーリー（自由な）ਫ਼ਾਰਗ fāraǧa̩ ファーラグ
あいま〘合間〙 ਵਕਫ਼ਾ waka̩fā ワクファー
あいまいな〘曖昧な〙 ਅਸਪਸ਼ਟ asapaśa̩ṭa̩ アサパシュト
アイロン ਇਸਤਰੀ isa̩tarī イスタリー
あう〘会う〙 ਮਿਲਨਾ mila̩nā ミルナー
あう〘合う〙（一致する）ਮੇਲ ਖਾਣਾ mela̩ kʰāṇā メール カーナー（合わさる）ਮਿਲਨਾ mila̩nā ミルナー（適合する）ਅਨੁਕੂਲ ਹੋਣਾ anukūla̩ hoṇā アヌクール ホーナー
あえぐ〘喘ぐ〙 ਘਰਕਣਾ kăra̩kaṇā カルカナー, ਹਫਣਾ hapʰaṇā ハパナー, ਹੌਂਕਣਾ hãũkaṇā ハォーンカナー
あお〘青〙 ਨੀਲ nīla̩ ニール
あおい〘青い〙 ਨੀਲਾ nīlā ニーラー（顔色などが）ਰੱਤਹੀਨ rattahīna̩ ラットヒーン, ਪੀਲਾ pīlā ピーラー
あおぐ〘扇ぐ〙 ਝੱਲਣਾ căllaṇā チャッラナー
あおじろい〘青白い〙 ਭੁੱਸਾ pŭssā プッサー
あか〘赤〙 ਲਾਲੀ lālī ラーリー
あかい〘赤い〙 ਲਾਲ lāla̩ ラール
あかくなる〘赤くなる〙 ਲਾਲ ਹੋਣਾ lāla̩ hoṇā ラール ホーナー
あかじ〘赤字〙 ਵੱਟਾ-ਖਾਤਾ waṭṭā-kʰātā ワッター・カーター
あかちゃん〘赤ちゃん〙 ਬੇਬੀ bebī ベービー
あかり〘明かり〙 ਰੋਸ਼ਨੀ rośa̩nī ローシュニー, ਚਾਨਣ cānaṇa̩ チャーナン
あがる〘上がる〙（上の方へ行く）ਚੜ੍ਹਨਾ câṛa̩nā チャルナー（増加する）ਵਧਣਾ wâdaṇā ワドナー
あかるい〘明るい〙 ਉੱਜਲ ujjala̩ ウッジャル（性格が）ਰੌਣਕੀ rauṇa̩kī ラォーナキー
あかワイン〘赤ワイン〙 ਰੈੱਡ ਵਾਇਨ raiḍḍa̩ wāina̩ ラェーッド ワーイン
あき〘空き〙（透き間）ਵਿਰਲ virala̩ ヴィラル（余地）ਅਵਕਾਸ਼ awa̩kāśa̩ アウカーシュ
あき〘秋〙 ਸ਼ਰਤ śarata̩ シャラト
あきびん〘空きびん〙 ਖ਼ਾਲੀ ਬੋਤਲ xālī botala̩ カーリー ボータル
あきらかな〘明らかな〙 ਸਪਸ਼ਟ sapaśa̩ṭa̩ サパシュト, ਜ਼ਾਹਰ zâra̩ ザール
あきらかに〘明らかに〙 ਬਜ਼ਾਹਰ bazâra̩ バザール
あきらめる〘諦める〙 ਛੱਡਣਾ cʰaḍḍaṇā チャッダナー
あきる〘飽きる〙 ਉਕਤਾਉਣਾ uka̩tāuṇā ウクターウナー
あく〘悪〙 ਬੁਰਾਈ burāī ブラーイー
あく〘開く〙 ਖੁੱਲ੍ਹਣਾ kʰûllaṇā クッラナー
あく〘空く〙 ਖ਼ਾਲੀ ਹੋਣਾ xālī hoṇā カーリー ホーナー
あくい〘悪意〙 ਮੰਦਭਾਵਨਾ manda̩pǎva̩nā マンドパーヴナー
あくじ〘悪事〙 ਬਦਮਾਸ਼ੀ bada̩māśī バドマーシー
あくしゅ〘握手〙 ਹੈਂਡਸ਼ੇਕ hãĩḍa̩śeka̩ ハェーンドシェーク
アクセサリー ਜ਼ੇਵਰ zewara̩ ゼーワル
アクセント ਲਹਿਜਾ laîjā ラェージャー, ਸੁਰਾਘਾਤ surākǎṭa̩ スラーカート
あくび ਉਬਾਸੀ ubāsī ウバースィー
あくま〘悪魔〙 ਸ਼ਤਾਨ śatāna̩ シャターン, ਦੈਂਤ dãĩta̩ ダェーント, ਪਿਸ਼ਾਚ piśāca̩ ピシャーチ
あくめい〘悪名〙 ਬਦਨਾਮੀ bada̩nāmī バドナーミー, ਖੁਨਾਮੀ kʰunāmī クナーミー
あぐら〘胡座〙 ਚੌਂਕੜੀ cãũka̩ṛī チャォーンクリー, ਪਥੱਲਾ patʰallā パタッラー
あけがた〘明け方〙 ਪਰਭਾਤ para̩bǎta̩ パルバート, ਸਾਹਜਰਾ sâjarā サージャラー
あける〘開ける〙 ਖੋਲ੍ਹਣਾ kʰôlaṇā コーラナー
あける〘空ける〙 ਖ਼ਾਲੀ ਕਰਨਾ xālī kara̩nā カーリー カルナー
あげる〘上げる〙 ਚੜ੍ਹਾਉਣਾ caṛǎuṇā チャラーウナー（与える）ਦੇਣਾ deṇā デーナー
あげる〘揚げる〙 ਤਲਣਾ talaṇā タルナー

あご〘顎〙ਹੜਬ haṛaba ハルブ, ਠੋਡੀ ṭʰoḍī トーディー, ਬਾਚੀ bācī バーチー
あこがれ〘憧れ〙ਸੱਧਰ sâddara サッダル, ਤਾਂਘ tā̃ga ターング, ਤਰਸੇਵਾਂ tarasewā̃ タルセーワーン
あこがれる〘憧れる〙ਤਾਂਘਣਾ tā̃gaṇā ターンガナー, ਤਰਸਣਾ tarasaṇā タルサナー
あさ〘朝〙ਸੁਬ੍ਹਾ sûbā スバー, ਸਵੇਰ sawera サウェール
あさ〘麻〙ਸਣ saṇa サン（麻布）ਟਾਟ ṭāṭa タート, ਤੱਪੜ tappaṛa タッパル
あさい〘浅い〙ਚਪਟਾ capaṭā チャプター
あさがお〘朝顔〙ਧਤੂਰਾ tatū̆rā タトゥーラー
あさって〘明後日〙ਪਰਸੋਂ parasõ パルソーン
あさましい〘浅ましい〙ਸ਼ੋਹਦਾ śôdā ショーダー, ਛਛੋਰਾ cʰacʰorā チャチョーラー
あざむく〘欺く〙ਠੱਗਣਾ ṭʰaggaṇā タッガナー, ਛਲਣਾ cʰalaṇā チャルナー
あざやかな〘鮮やかな〙ਉੱਘੜਵਾਂ ûggaṛawā̃ ウッガルワーン, ਨਿੱਖਰਵਾਂ nikkʰarawā̃ ニッカルワーン（手際が）ਸ਼ਲਾਘਾਯੋਗ śalâgāyoga シャラーガーヨーグ, ਸਲਾਹੁਣਯੋਗ salâûṇayoga サラーウンヨーグ
あし〘足〙（人の足首から先）ਪੈਰ paira パェール ♦足首 ਗਿੱਟਾ giṭṭā ギッター
あし〘脚〙ਲੱਤ latta ラット, ਟੰਗ ṭaṅga タング
あじ〘味〙ਸੁਆਦ suāda スアード, ਜ਼ਾਇਕਾ zāikā ザーイカー
アジア ਏਸ਼ੀਆ eśīā エーシーアー ♦アジアの ਏਸ਼ਿਆਈ eśiāī エーシアーイー
あじけない〘味気ない〙ਬੇਰਸ berasa ベーラス
アシスタント ਸਹਾਇਕ saîika サェーイク
あした〘明日〙ਕੱਲ੍ਹ kâlla カッル, ਭਲਕਾ pălakā パルカー
あしば〘足場〙ਪੈਂਡਾ pāũḍā パォーンダー
あじみする〘味見する〙ਚੱਟਣਾ caṭṭaṇā チャッタナー, ਚੱਖਣਾ cakkʰaṇā チャッカナー
あじわう〘味わう〙ਚੱਟਣਾ caṭṭaṇā チャッタナー, ਚੱਖਣਾ cakkʰaṇā チャッカナー
あずき〘小豆〙ਉੜਦ uṛada ウルド, ਰੱਤੀ rattī ラッティー
あずける〘預ける〙ਸੌਂਪਣਾ sãũpaṇā サォーンパナー
アスパラガス ਮੂਸਲੀ mūsalī ムーサリー, ਸਤਾਵਰ satāwara サターワル
あせ〘汗〙ਮੁੜ੍ਹਕਾ mûṛakā ムルカー, ਪਸੀਨਾ pasīnā パスィーナー, ਸੇਤ seta セート
あせも ਪਿੱਤ pitta ピット
あせる〘焦る〙ਖਿਝਣਾ kʰîjaṇā キジャナー
あそこ ਉੱਥੇ uttʰe ウッテー, ਓਥੇ otʰe オーテー
あそび〘遊び〙ਖੇਡ kʰeḍa ケード, ਖੇਲ kʰela ケール（娯楽）ਮਨੋਰੰਜਨ manorañjana マノーランジャン（気晴らし）ਤਫ਼ਰੀਹ tafarî タフリー, ਦਿਲ ਬਹਿਲਾਵਾ dila baîlāwā ディル バェーラーワー
あそぶ〘遊ぶ〙ਖੇਡਣਾ kʰeḍaṇā ケーダナー, ਖੇਲਣਾ kʰelaṇā ケーラナー
あたい〘価〙（価値）ਕੀਮਤ kīmata キーマト, ਮੁੱਲ mulla ムッル（値段）ਦਾਮ dāma ダーム
あたえる〘与える〙ਦੇਣਾ deṇā デーナー（被害を）ਪਹੁੰਚਾਉਣਾ pāûcāuṇā パォーンチャーウナー
あたたかい〘暖かい〙ਨਿੱਘਾ nîggā ニッガー
あたたまる〘暖まる〙ਤਪਣਾ tapaṇā タパナー
あたためる〘暖める〙ਤਾਪਣਾ tāpaṇā ターパナー, ਗਰਮਾਉਣਾ garamāuṇā ガルマーウナー
あだな〘あだ名〙ਉਪਨਾਮ upanāma ウプナーム
あたま〘頭〙ਸਿਰ sira スィル（頭脳）ਦਿਮਾਗ਼ dimāğa ディマーグ
あたらしい〘新しい〙ਨਵਾਂ nawā̃ ナワーン, ਨਵੀਨ nawīna ナウィーン, ਨੂਤਨ nūtana ヌータン（最新の）ਨਵੀਨਤਮ nawīnatama ナウィーンタム（新鮮な）ਤਾਜ਼ਾ tāzā ターザー
あたり〘辺り〙ਗਿਰਦ girada ギルド
あたりまえの〘当たり前の〙ਜਾਇਜ਼ jāiza ジャーイズ
あたる〘当たる〙ਟਕਰਾਉਣਾ ṭakarāuṇā タクラーウナー（事業などが）ਸਫਲ ਹੋਣਾ sapʰala hoṇā サパル ホーナー
あちこち ਇੱਧਰ ਉੱਧਰ îddara ûddara イッダル ウッダル, ਔਲੇ aule アォーレー
あちら ਉੱਧਰ ûddara ウッダル
あつい〘熱い・暑い〙ਗਰਮ garama ガラム
あつい〘厚い〙ਮੋਟਾ moṭā モーター
あつかい〘扱い〙ਵਰਤੋਂ waratõ ワルトーン, ਵਰਤਾਰਾ waratārā ワルターラー
あつかう〘扱う〙（使用する）ਵਰਤਣਾ warataṇā ワルタナー（処理する）ਨਜਿੱਠਣਾ najiṭṭʰaṇā ナジッタナー
あっかする〘悪化する〙ਖ਼ਰਾਬ ਹੋਣਾ xarāba hoṇā カラーブ ホーナー
あつかましい〘厚かましい〙ਢੀਠ ṭĭṭʰa ティート, ਗੁਸਤਾਖ਼ gusatāxa グスターク
あつさ〘厚さ〙ਮੁਟਾਈ muṭāī ムターイー
アッサムしゅう〘アッサム州〙ਅਸਾਮ asāma アサーム
あつでの〘厚手の〙ਮੋਟਾ moṭā モーター, ਗ਼ਫ਼ ğafa ガフ
あっぱくする〘圧迫する〙ਦਬਾਉਣਾ dabāuṇā ダバーウナー, ਨੱਪਣਾ nappaṇā ナッパナー
あつまり〘集まり〙（会合）ਜਲਸਾ jalasā ジャルサー, ਸਭਾ sâbā サバー（多数集まったもの）ਇਕੱਠ ikaṭṭʰa イカット, ਸਮੂਹ samû サムー
あつまる〘集まる〙（会合する）ਇਕੱਠਾ ਹੋਣਾ ikaṭṭʰā hoṇā イカッター ホーナー, ਜਲਸਾ ਕਰਨਾ jalasā karanā ジャルサー カルナー（群がる）ਹੁਮਹੁਮਾਉਣਾ humahumāuṇā フムフマーウナー
あつみ〘厚み〙ਮੁਟਾਈ muṭāī ムターイー
あつめる〘集める〙ਇਕੱਠਾ ਕਰਨਾ ikaṭṭʰā karanā イカッター カルナー, ਜਮ੍ਹਾਂ ਕਰਨਾ jâmā̃ karanā ジャマーン カルナー
あつりょく〘圧力〙ਦਬਾ dabā ダバー, ਦੱਬ dabba ダッブ
あてさき〘宛て先〙ਸਰਨਾਵਾਂ saranāwā̃ サルナーワーン
あてな〘宛て名〙ਸਰਨਾਵਾਂ saranāwā̃ サルナーワーン
あてる〘当てる〙（ぶつける）ਟਕਰਾਉਣਾ ṭakarāuṇā

タクラーウナー（推測する）ਭਾਂਪਣਾ pā̃paṇā パーンパナー
あと〖跡〗ਨਿਸ਼ਾਨ nisāna̦ ニシャーン
あどけない ਨੰਨ੍ਹਾ nânnā ナンナー, ਮਸੂਮ masūma̦ マスーム
あとつぎ〖跡継ぎ〗ਉੱਤਰ ਅਧਿਕਾਰੀ uttara̦ âdikārī ウッタル アディカーリー
あとで〖後で〗ਮਗਰੋਂ maga̦rõ マグローン, ਪਿੱਛੋਂ piccʰõ ピッチョーン
あとの〖後の〗ਮਗਰਲਾ maga̦ra̦lā マガルラー, ਪਛੇਤਰਾ pacʰetarā パチェータラー
アドバイス ਸਲਾਹ salâ サラー
あな〖穴〗ਛੇਕ cʰeka̦ チェーク, ਛਿਦਰ cʰidara̦ チダル, ਸੁਰਾਖ਼ surāxa̦ スラーク
アナウンサー ਅਨਾਉਂਸਰ anāunsara̦ アナーウンサル
あなた ਤੁਸੀਂ tusĩ トゥスィーン
あに〖兄〗ਭਰਾ parǎ パラー, ਭਾਈ pǎī パーイー, ਵੀਰ vīra̦ ヴィール
アニメ ਐਨੀਮੇਸ਼ਨ ainīmeśana̦ アエーニーメーシャン
あね〖姉〗ਵੱਡੀ ਭੈਣ waḍḍī paĩṇa̦ ワッディー パェーン, ਦੀਦੀ dīdī ディーディー
あの ਉਹ ô オー
あのころ〖あの頃〗ਉਸ ਵੇਲੇ usa̦ wele ウス ウェーレー
アパート ਫਲੈਟ falaiṭa̦ ファラェート
あばく〖暴く〗ਉਘਾੜਨਾ ugǎṛanā ウガールナー
あばらぼね〖あばら骨〗ਪਸਲੀ pasa̦lī パスリー
あびせる〖浴びせる〗ਝੱਟਣਾ cǎṭṭaṇā チャッタナー
あひる〖家鴨〗ਬੱਤਖ battaxa̦ バッタク
アフガニスタン ਅਫ਼ਗ਼ਾਨਿਸਤਾਨ afağānisa̦tāna̦ アフガーニスターン
あぶない〖危ない〗ਖ਼ਤਰਨਾਕ xatara̦nāka̦ カタルナーク
あぶら〖脂〗ਚਰਬੀ cara̦bī チャルビー
あぶら〖油〗ਤੇਲ tela̦ テール, ਆਇਲ āila̦ アーイル
あぶらっこい〖油っこい〗ਥਿੰਧਾ tʰîndā ティンダー
アフリカ ਅਫ਼ਰੀਕਾ afa̦rīkā アフリーカー ♦アフリカの ਅਫ਼ਰੀਕਨ afa̦rīkana̦ アフリーカン
あぶる〖炙る〗ਭੁੰਨਣਾ pŭnnaṇā プンナナー
あふれる〖溢れる〗ਡੁੱਲ੍ਹਣਾ ḍûllaṇā ドゥッラナー, ਛਲਕਣਾ cʰala̦kaṇā チャルカナー, ਉਮਡਣਾ umaḍa̦ṇā ウマドナー
あまい〖甘い〗ਮਿੱਠਾ miṭṭʰā ミッター, ਸ਼ੀਰੀਂ śīrĩ シーリーン, ਮਧੁਰ mâdura̦ マドゥル
あまえる〖甘える〗ਚੰਬਲਣਾ câmbala̦ṇā チャンバルナー, ਹੀਫਲਣਾ hīpʰala̦ṇā ヒーパルナー
あまずっぱい〖甘酸っぱい〗ਖਟਮਿਠਾ kʰaṭa̦miṭʰā カトミター
あまやかす〖甘やかす〗ਚੰਭਲਾਉਣਾ cambala̦ǎuṇā チャンブラーウナー
あまり〖余り〗ਬਾਕੀ bākī バーキー
あまる〖余る〗ਬਚਣਾ bacaṇā バチャナー
あみ〖網〗ਜਾਲ jāla̦ ジャール
あみもの〖編物〗ਬੁਣਾਈ buṇāī ブナーイー
あむ〖編む〗ਬੁਣਨਾ buṇa̦nā ブンナー

アムリトサル ਅੰਮ੍ਰਿਤਸਰ ammrita̦sara̦ アンムリトサル
あめ〖飴〗ਟਾਫ਼ੀ ṭāfī ターフィー
あめ〖雨〗ਮੀਂਹ mī̂ ミーン, ਬਾਰਸ਼ bāraśa̦ バーラシュ, ਵਰਖਾ wara̦kʰā ワルカー
アメリカ ਅਮਰੀਕਾ ama̦rīkā アムリーカー ♦アメリカ合衆国 ਸੰਯੁਕਤ ਰਾਜ ਅਮਰੀਕਾ sanyuka̦ta̦ rāja̦ ama̦rīkā サンユクト ラージ アムリーカー ♦アメリカ人 ਅਮਰੀਕਨ ama̦rīkana̦ アムリーカン, ਅਮਰੀਕੀ ama̦rīkī アムリーキー, ਮਿਰਕਣ mira̦kaṇa̦ ミルカン ♦アメリカの ਅਮਰੀਕਨ ama̦rīkana̦ アムリーカン, ਅਮਰੀਕੀ ama̦rīkī アムリーキー
あやしい〖怪しい〗ਭ੍ਰਮਾਤਮਕ prǎmāta̦maka̦ プラマートマク, ਸੰਦਿਗਧ sandîgada̦ サンディガド
あやつりにんぎょう〖操り人形〗ਕਠਪੁਤਲੀ kaṭʰa̦puta̦lī カトプトリー
あやつる〖操る〗（人形を）ਨਚਾਉਣਾ nacāuṇā ナチャーウナー（舟を）ਖੇਵਣਾ kʰewaṇā ケーワナー
あやまち〖過ち〗ਗ਼ਲਤੀ ğala̦tī ガルティー, ਕਸੂਰ kasūra̦ カスール
あやまり〖誤り〗ਉਕਾਈ ukāī ウカーイー, ਦੋਸ਼ dośa̦ ドーシュ
あやまる〖誤る〗ਉੱਕਣਾ ukkaṇā ウッカナー
あやまる〖謝る〗ਮਾਫ਼ੀ ਮੰਗਣੀ māfī maṅgaṇī マーフィー マンガニー, ਖਿਮਾ ਮੰਗਣੀ kʰimā maṅgaṇī キマー マンガニー
あゆみ〖歩み〗ਕਦਮ kadama̦ カダム, ਪਲਾਂਘ palā̂ga̦ パラーング, ਚਾਲ cāla̦ チャール
あゆむ〖歩む〗ਚੱਲਣਾ callaṇā チャッラナー
あらあらしい〖荒々しい〗ਖਹੁਰਾ kʰaûrā カォーラー, ਤੁੰਦ tunda̦ トゥンド
あらい〖粗い〗ਖਰ੍ਹਵਾ kʰârawā カルワー, ਖੁਰਦਰਾ kʰura̦darā クルダラー, ਰੁੱਖਾ rukkʰā ルッカー
あらう〖洗う〗ਧੋਣਾ tŏṇā トーナー
あらかじめ ਅਗਾਊਂ agāū̃ アガーウーン
あらし〖嵐〗ਤੂਫ਼ਾਨ tufāna̦ トゥファーン, ਝਾਂਜਾ cǎ̃jā チャーンジャー, ਵਬੰਡਰ wabanḍara̦ ワバンダル
あらす〖荒らす〗ਉਜਾੜਨਾ ujāṛanā ウジャールナー, ਬਗੋਣਾ bagoṇā バゴーナー
あらそい〖争い〗ਝੜਪ cǎṛapa̦ チャラプ, ਝਗੜਾ cǎgaṛā チャガラー, ਲੜਾਈ laṛāī ララーイー（口論）ਝੌੜ caŭṛa̦ チャオール, ਵਿਵਾਦ viwāda̦ ヴィワード
あらそう〖争う〗（けんかする）ਝੜਪਣਾ cǎṛapaṇā チャラプナー, ਝਗੜਨਾ cǎgaṛanā チャガルナー, ਲੜਨਾ laṛanā ラルナー（口論する）ਵਿਵਾਦ ਕਰਨਾ viwāda̦ kara̦nā ヴィワード カルナー
あらたまる〖改まる〗（新しくなる）ਨਵਾਂ ਹੋਣਾ nawā̃ hoṇā ナワーン ホーナー（変わる）ਬਦਲਨਾ badala̦nā バダルナー（改善される）ਸੌਰਨਾ saura̦nā サォールナー, ਸਵਰਨਾ sawara̦nā サワルナー, ਸੁਧਰਨਾ sûdara̦nā スダルナー
あらためる〖改める〗（新しくする）ਨਵਿਆਉਣਾ nawiāuṇā ナウィアーウナー, ਨਵਾਂ ਕਰਨਾ nawā̃ kara̦nā ナワーン カルナー（変える）ਬਦਲਨਾ badala̦nā バダルナー
アラビア ਅਰਬ araba̦ アルブ ♦アラビア語・アラビア

人・アラビアの　ਅਰਬੀ arabī　アルビー
アラブしゅちょうこくれんぽう〖アラブ首長国連邦〗ਸੰਯੁਕਤ ਅਰਬ ਅਮੀਰਾਤ sanyukata araba amīrāta　サンユクト アルブ アミーラート
アラブの　ਅਰਬੀ arabī　アルビー
あらゆる　ਸਭ sâba　サブ, ਹਰ hara　ハル
あらわす〖表す〗ਪਰਗਟਾਉਣਾ paragaṭāuṇā　パルガターウナー, ਵਿਖਾਉਣਾ wik^{h}āuṇā　ウィカーウナー
あらわれる〖現れる〗ਪਰਗਟਣਾ paragaṭaṇā　パルガトナー, ਦਿਸਣਾ disaṇā　ディサナー
あり〖蟻〗ਕੀੜੀ kīṛī　キーリー, ਚਿਉਂਟੀ ciuṇṭī　チウンティー
ありうる〖有り得る〗ਮੁਮਕਿਨ mumakina　ムムキン, ਸੰਭਵ sâmbava　サンバヴ
ありえない〖有り得ない〗ਨਾਮੁਮਕਿਨ nāmumakina　ナームムキン, ਅਸੰਭਵ asâmbava　アサンバヴ, ਅਣਹੋਣਾ aṇahoṇā　アンホーナー
ありがたい〖有り難い〗ਧੰਨ tănna　タンヌ
ありのままの　ਸੁਭਾਵਿਕ subăvika　スバーヴィク
ありふれた　ਆਮ āma　アーム, ਲੱਲੂ-ਪੰਜੂ lallū-pañjū　ラッルー・パンジュー, ਸਰਬ ਸਧਾਰਨ saraba sadărana　サルブ サダーラン
ある（存在する）ਹੋਣਾ hoṇā　ホーナー
あるいは　ਜਾਂ jā̃　ジャーン
アルカリ　ਖਾਰ k^{h}āra　カール, ਸੱਜੀ sajjī　サッジー
あるく〖歩く〗ਤੁਰਨਾ turanā　トゥルナー
アルコール　ਅਲਕੋਹਲ alakôla　アルコール
アルゼンチン　ਅਰਜਨਟੀਨਾ arajanaṭīnā　アルジャンティーナー
アルバム　ਐਲਬਮ ailabama　アェールバム
アルミニウム　ਅਲਮੋਨੀਅਮ alamonīama　アルモーニーアム
あれ　ਉਹ ô　オー
あれほど　ਓਨਾ onā　オーナー
あれらの　ਉਹ ô　オー
あれる〖荒れる〗（天候などが）ਖ਼ਰਾਬ ਹੋਣਾ xarāba hoṇā　カラーブ ホーナー（肌が）ਰੁੱਖਾ ਹੋਣਾ rukk^{h}ā hoṇā　ルッカー ホーナー（荒廃する）ਉੱਜੜਨਾ ujjaṛanā　ウッジャルナー
アレルギー　ਐਲਰਜੀ ailarajī　アェーラルジー
あわ〖泡〗ਬੁਲਬੁਲਾ bulabulā　ブルブラー, ਝੱਗ căgga　チャッグ
あわせる〖合わせる〗ਮਿਲਾਉਣਾ milāuṇā　ミラーウナー, ਜੋੜਨਾ joṛanā　ジョールナー（照合する）ਮੇਚਣਾ mecaṇā　メーチャナー, ਮਿਲਾਉਣਾ milāuṇā　ミラーウナー（調整する）ਠੀਕ ਕਰਨਾ ṭ^{h}īka karanā　ティーク カルナー
あわてる〖慌てる〗（急ぐ）ਛੇਤੀ ਕਰਨਾ c^{h}etī karanā　チェーティー カルナー, ਉਤਲਾਣਾ utalāṇā　ウトラーナー（動転する）ਘਬਰਾਉਣਾ kabarăuṇā　カバラーウナー, ਹੜਬੜਾਉਣਾ haṛabaṛāuṇā　ハルバラーウナー
あわれな〖哀れな〗ਬੇਚਾਰਾ becārā　ベーチャーラー, ਗ਼ਰੀਬ ğarība　ガリーブ
あわれむ〖哀れむ〗ਤਰਸ ਕਰਨਾ tarasa karanā　タラス カルナー, ਰਹਿਮ ਕਰਨਾ raîma karanā　ラェーム カルナー,
ਦਇਆ ਕਰਨੀ daiā karanī　ダイアー カルニー
あん〖案〗（計画）ਯੋਜਨਾ yojanā　ヨージャナー, ਸਕੀਮ sakīma　サキーム, ਤਦਬੀਰ tadabīra　タドビール（提案）ਪੇਸ਼ਕਸ਼ peśakaśa　ペーシュカシュ, ਤਜਵੀਜ਼ tajawīza　タジウィーズ, ਸੁਝਾਉ sujăo　スジャーオー
あんいな〖安易な〗ਸਹਿਜ saîja　サェージ
あんきする〖暗記する〗ਯਾਦ ਕਰਨਾ yāda karanā　ヤード カルナー, ਪਕਾਉਣਾ pakāuṇā　パカーウナー
あんごう〖暗号〗ਕੋਡ koḍa　コード
あんじ〖暗示〗ਸੰਕੇਤ saṅketa　サンケート, ਇਸ਼ਾਰਾ iśārā　イシャーラー, ਕਨਸੋ kanaso　カンソー
あんしょうする〖暗唱する〗ਭਜਣਾ păjaṇā　パジャナー
あんしんする〖安心する〗ਪਤੀਜਣਾ patījaṇā　パティージャナー
あんず〖杏〗ਖ਼ੁਰਮਾਨੀ xuramānī　クルマーニー, ਜ਼ਰਦਾਲੂ zaradālū　ザルダールー
あんぜん〖安全〗ਸੁਰੱਖਿਆ surakk^{h}iā　スラッキアー, ਹਿਫ਼ਾਜ਼ਤ hifāzata　ヒファーザト, ਸੇਫ਼ਟੀ sefaṭī　セーフティー ♦安全な ਸੁਰੱਖਿਅਤ surakk^{h}iata　スラッキアト
あんてい〖安定〗ਅਡੋਲਤਾ aḍolatā　アドールター, ਸਥਿਰਤਾ sat^{h}iratā　サティルター
あんな　ਉਹੋ ਜਿਹਾ ôo jîā　オーオー ジアー
あんない〖案内〗ਅਗਵਾਈ agawāī　アグワーイー, ਹਿਦਾਇਤ hidāita　ヒダーイト ♦案内する ਅਗਵਾਈ ਕਰਨੀ agawāī karanī　アグワーイー カルニー（通知）ਸੂਚਨਾ sūcanā　スーチャナー, ਇਤਲਾਹ italâ　イトラー, ਖ਼ਬਰ xabara　カバル ♦案内する〔通知する〕ਸੂਚਿਤ ਕਰਨਾ sūcita karanā　スーチト カルナー, ਇਤਲਾਹ ਦੇਣੀ italâ deṇī　イトラー デーニー, ਖ਼ਬਰ ਦੇਣੀ xabara deṇī　カバル デーニー
あんもくの〖暗黙の〗ਅਣਕਿਹਾ aṇakîā　アンキアー
い〖胃〗ਢਿੱਡ ṭiḍḍa　ティッド, ਮਿਹਦਾ mêdā　メーダー, ਪੇਟ peṭa　ペート
いいあらそう〖言い争う〗ਵਿਵਾਦ ਕਰਨਾ viwāda karanā　ヴィワード カルナー
いいえ　ਨਹੀਂ ਜੀ naî̃ jī　ナイーン ジー
いいかげんな〖いい加減な〗（無計画な）ਉਘੜ-ਦੁਘੜ ûgaṛa-dûgaṛa　ウガル・ドゥガル, ਢਿੱਲਮ-ਢਿੱਲਾ ṭillama-ṭillā　ティッラム・ティッラー（無責任な）ਨਾਤਸੱਲੀਬਖ਼ਸ਼ nātasallībaxaśa　ナータサッリーバクシュ
いいつけ〖言い付け〗ਆਖਾ āk^{h}ā　アーカー, ਕਹਿਣਾ kaîṇā　カェーナー, ਕਹਿਆ kaîā　カェーアー
いいつたえ〖言い伝え〗ਕਥਾ kat^{h}ā　カター, ਵਾਰਤਾ wāratā　ワールター
いいのがれる〖言い逃れる〗ਬਹਾਨਾ ਕਰਨਾ bănā karanā　バーナー カルナー
いいわけ〖言い訳〗ਬਹਾਨਾ bănā　バーナー, ਪੱਜ pajja　パッジ
いいん〖委員〗ਆਯੁਕਤ āyukata　アーユクト ♦委員会 ਸਮਿਤੀ samitī　サミティー, ਕਮੇਟੀ kameṭī　カメーティー
いう〖言う〗ਆਖਣਾ āk^{h}aṇā　アークナー, ਦੱਸਣਾ dassaṇā　ダッサナー, ਕਹਿਣਾ kaîṇā　カェーナー（称する）ਕਹਿਣਾ kaîṇā　カェーナー

いえ〘家〙（住居）ਘਰ kăra̧ カル，ਮਕਾਨ makāna̧ マカーン （家族） ਟੱਬਰ ṭabbara̧ タッバル，ਪਰਿਵਾਰ pariwāra̧ パリワール
いえでする〘家出する〙ਉੱਧਲਣਾ ûddala̧ṇā ウッダルナー
いおう〘硫黄〙ਗੰਧਕ gândaka̧ ガンダク，ਗੰਦਰਫ਼ gandarafa̧ ガンダラフ
いがい〘以外〙ਇਲਾਵਾ ilāwā イラーワー
いがいな〘意外な〙ਦੰਗ daṅga̧ ダング
いかがわしい （疑わしい） ਸ਼ੱਕੀ śakkī シャッキー，ਸੰਦੇਹਜਨਕ sandêjanaka̧ サンデージャナク （猥褻な） ਅਸ਼ਲੀਲ aśalīla̧ アシュリール
いかく〘威嚇〙ਧਮਕੀ tămakī タムキー，ਧੌਂਸ tāũsa̧ タオーンス，ਡਰਾਵਾ ḍarāwā ダラーワー ♦威嚇する ਧਮਕਾਉਣਾ tamakǎuṇā タムカーウナー，ਯਰਕਾਉਣਾ yara̧kāuṇā ヤルカーウナー，ਖਹੁਰਨਾ kʰaûra̧nā カォールナー
いがく〘医学〙ਡਾਕਟਰੀ ḍākaṭarī ダークタリー
いかさま ਝਾਂਸਾ cǎ̃sā チャーンサー，ਧੋਖੇਬਾਜ਼ੀ tǒkʰebāzī トーケーバーズィー
いかす〘生かす〙（命を保つ） ਜਿਵਾਉਣਾ jiwāuṇā ジワーウナー
いかり〘怒り〙ਗ਼ੁੱਸਾ ğussā グッサー，ਕਰੋਧ karôda̧ カロード，ਨਰਾਜ਼ਗੀ narāza̧gī ナラーズギー
いかり〘錨〙ਲੰਗਰ laṅgara̧ ランガル
いき〘息〙ਦਮ dama̧ ダム，ਸਾਹ sâ サー，ਪਰਾਣ parāṇa̧ パラーン
いぎ〘意義〙ਮਹੱਤਾ mahattā マハッター，ਫ਼ਜ਼ੀਲਤ fazīlata̧ ファズィーラト
いぎ〘異議〙ਉਜ਼ਰ uzara̧ ウザル，ਇਤਰਾਜ਼ itarāza̧ イタラーズ
いきおい〘勢い〙ਤੇਜ਼ੀ tezī テーズィー，ਸੰਵੇਗ sanvega̧ サンヴェーグ
いきぎれする〘息切れする〙ਘਰਕਣਾ kăra̧kaṇā カルカナー，ਹਫਣਾ hapʰaṇā ハパナー，ਹੌਂਕਣਾ hãũkaṇā ハォーンカナー
いきさき〘行き先〙ਮੰਜ਼ਲ mañzala̧ マンザル，ਟਿਕਾਣਾ ṭikāṇā ティカーナー
いきている〘生きている〙ਜ਼ਿੰਦਾ zindā ズィンダー，ਜਿਉਂਦਾ jiũdā ジウーンダー，ਜਾਨਦਾਰ jāna̧dāra̧ ジャーンダール
いきなり ਅਚਾਨਕ acānaka̧ アチャーナク，ਯਕਾਯਕ yakāyaka̧ ヤカーヤク
いきぬき〘息抜き〙ਤਫ਼ਰੀਹ tafarî タフリー
いきもの〘生き物〙ਜੰਤੂ jantū ジャントゥー，ਪਰਾਣੀ parāṇī パラーニー
イギリス ਇੰਗਲਸਤਾਨ iṅgalasatāna̧ イングラスターン，ਇੰਗਲੈਂਡ iṅgalāīḍa̧ イングラェーンド，ਬਰਤਾਨੀਆਂ bara̧tāniā̃ バルターニーアーン ♦イギリス人 ਅੰਗਰੇਜ਼ aṅgareza̧ アングレーズ
いきる〘生きる〙ਜਿਊਣਾ jiũṇā ジウーンナー
いく〘行く〙ਜਾਣਾ jāṇā ジャーナー
いくつ （数が） ਕਿੰਨੇ kinne キンネー，ਕਿੰਨੀਆਂ kinniā̃ キンニーアーン
いくつか ਕੁਝ kûja̧ クジ
いけ〘池〙ਤਲਾਅ talāa タラーア，ਤਲਾਬ talāba̧ タラーブ，ਸਰੋਵਰ sarowara̧ サローワル
いけいれん〘胃痙攣〙ਸੰਗਰਹਿਣੀ saṅgaraîṇī サングラェーニー
いけん〘意見〙（考え） ਮਤ mata̧ マト，ਰਾਏ rāe ラーエー，ਵਿਚਾਰ vicāra̧ ヴィチャール （忠告） ਸਲਾਹ salâ サラー
いげん〘威厳〙ਗੌਰਵ gaurava̧ ガォーラヴ，ਵਕਾਰ wakāra̧ ワカール
いご〘以後〙（今後） ਅਗਾਂਹ agā̂ アガーン （その後） ਮਗਰੋਂ magarõ マグローン
いこう〘意向〙ਮਨਸ਼ਾ manaśā マンシャー，ਮਰਜ਼ੀ marazī マルズィー
いざかや〘居酒屋〙ਮੈਖ਼ਾਨਾ maixānā マェーカーナー，ਪੱਬ pabba̧ パッブ
いざこざ ਗੜਬੜ gaṛabaṛa̧ ガルバル，ਝਮੇਲਾ camělā チャメーラー
いさましい〘勇ましい〙ਬਹਾਦਰ bădara̧ バーダル，ਸੂਰਬੀਰ sūrabīra̧ スールビール，ਵੀਰ vīra̧ ヴィール
いさん〘遺産〙ਵਿਰਸਾ wirasā ウィルサー，ਵਿਰਾਸਤ wirāsata̧ ウィラーサト
いし〘意志〙ਇੱਛਾ iccʰā イッチャー，ਇਰਾਦਾ irādā イラーダー
いし〘石〙ਪੱਥਰ pattʰara̧ パッタル，ਵੱਟਾ waṭṭā ワッター
いじ〘意地〙ਜ਼ਿਦ zida̧ ズィド，ਹਠ haṭʰa̧ ハト，ਹਿੰਡ hinḍa̧ ヒンド
いしき〘意識〙ਚੇਤਨਾ cetanā チェートナー ♦意識する ਚੇਤਣਾ cetaṇā チェートナー
いしつの〘異質の〙ਓਪਰਾ oparā オーパラー，ਬਿਗਾਨਾ bigānā ビガーナー
いじめる ਸਤਾਉਣਾ satāuṇā サターウナー，ਛੇੜਨਾ cʰeṛanā チェールナー，ਝਕਾਉਣਾ cakǎuṇā チャカーウナー
いしゃ〘医者〙ਡਾਕਟਰ ḍākaṭara̧ ダークタル，ਚਿਕਿਤਸਕ cikitasaka̧ チキトサク （アーユルヴェーダの） ਵੈਦ vaida̧ ヴァェード （ユーナーニーの） ਹਕੀਮ hakīma̧ ハキーム，ਤਬੀਬ tabība̧ タビーブ
いじゅう〘移住〙（他国からの） ਆਵਾਸ āwāsa̧ アーワース （他国への） ਪਰਵਾਸ parawāsa̧ パルワース
いしゅく〘萎縮〙ਸਿਮਟਾ simaṭā スィムター，ਸੁੰਗੜਾ suṅgaṛā スングラー，ਸੰਗੋੜ saṅgoṛa̧ サンゴール
いしょう〘衣装〙ਪੁਸ਼ਾਕ puśāka̧ プシャーク，ਲਿਬਾਸ libāsa̧ リバース，ਭੇਸ pĕsa̧ ペース
いじょうな〘異常な〙ਅਸਧਾਰਨ asadǎrana̧ アサダーラン，ਗ਼ੈਰਮਮੂਲੀ ğairamamūlī ガェールマムーリー，ਅਨੂਠਾ anūṭʰā アヌーター
いじる ਛੂਹਣਾ cʰûṇā チューナー
いじわるな〘意地悪な〙ਦੁਸ਼ਟ duśaṭa̧ ドゥシュト，ਬਦਖ਼ਾਹ badaxâ バドカー
いじん〘偉人〙ਮਹਾ ਪੁਰਖ mahā purakʰa̧ マハー プルク，ਮਹਾਸ਼ਾ mahāśā マハーシャー，ਮਹਾਤਮਾ mahātamā マハートマー
いす〘椅子〙ਕੁਰਸੀ kurasī クルスィー，ਚੇਅਰ ceara̧ チ

ェーアル
いずみ〘泉〙ਚਸ਼ਮਾ caśamā チャシュマー, ਸਰੋਤ sarota サロート, ਚੋਹਾ côā チョーアー
イスラエル ਇਸਰਾਈਲ isarāīla イスラーイール
イスラマバード ਇਸਲਾਮਾਬਾਦ isalāmābāda イスラーマーバード
イスラムきょう〘イスラム教〙(イスラーム) ਇਸਲਾਮ isalāma イスラーム ♦イスラム教徒 ਮੁਸਲਮਾਨ musalamāna ムサルマーン, ਮੁਸਲਿਮ musalima ムスリム
いせき〘遺跡〙ਖੰਡਰ k^{h}andara カンダル, ਢਠਵਾਣ ṭăṭ^{h}awāṇa タトワーン, ਪੁਰਾਤਤਵ purātatava プラータタヴ
いぜん〘以前〙ਪਹਿਲਾਂ paîlā̃ パェーラーン, ਪਹਿਲੇ paîle パェーレー, ਕਬਲ kabala カバル
いぜんとして〘依然として〙ਹਾਲੇ hāle ハーレー, ਅਜੇ ਤਕ aje taka アジェー タク
いそがしい〘忙しい〙ਵਿਅਸਤ viasata ヴィアスト, ਰੁੱਝਾ rûjjā ルッジャー, ਮਸ਼ਗੂਲ maśağūla マシュグール
いそぐ〘急ぐ〙ਛੇਤੀ ਕਰਨਾ c^{h}etī karanā チェーティー カルナー, ਉਤਲਾਣਾ utalāṇā ウトラーナー
いぞく〘遺族〙ਉੱਤਰਜੀਵੀ uttarajīvī ウッタルジーヴィー
いそんする〘依存する〙ਨਿਰਭਰ ਹੋਣਾ nirapăra hoṇā ニルパル ホーナー
いた〘板〙(木などの) ਫੱਟਾ p^{h}aṭṭā パッター, ਤਖ਼ਤਾ taxatā タクター, ਪਟੜਾ paṭaṛā パタラー (金属の) ਪੱਤਰੀ pattarī パッタリー
いたい〘遺体〙ਲਾਸ਼ lāśa ラーシュ, ਲੋਥ lot^{h}a ロート
いたい〘痛い〙ਦਰਦਨਾਕ daradanāka ダルドナーク
いだいな〘偉大な〙ਮਹਾਨ mahāna マハーン, ਆਜ਼ਮ āzama アーザム, ਅਜ਼ੀਮ azīma アズィーム
いたくする〘委託する〙ਸੌਂਪਣਾ sāũpaṇā サォーンパナー, ਸੰਭਾਉਣਾ sambăuṇā サンバーウナー, ਸਪੁਰਦ ਕਰਨਾ sapurada karanā サプルド カルナー
いたずら ਸ਼ਰਾਰਤ śarārata シャラーラト, ਸ਼ਤਾਨੀ śatānī シャターニー ♦いたずらな ਸ਼ਰਾਰਤੀ śarāratī シャラールティー, ਨਟਖਟ naṭak^{h}aṭa ナトカト, ਸ਼ਤਾਨ śatāna シャターン
いただく〘頂く〙(もらう) ਲੈਣਾ laiṇā ラェーナー
いたみ〘痛み〙ਪੀੜ pīṛa ピール, ਦਰਦ darada ダルド, ਕਸਕ kasaka カサク
いたむ〘痛む〙ਦਰਦ ਹੋਣਾ darada hoṇā ダルド ホーナー, ਕਸਕਣਾ kasakaṇā カサクナー, ਦੁਖਣਾ duk^{h}aṇā ドゥカナー
いたむ〘傷む〙(破損する) ਫਟਣਾ p^{h}aṭaṇā パタナー, ਖ਼ਰਾਬ ਹੋਣਾ xarāba hoṇā カラーブ ホーナー (腐る) ਬੁੱਸਣਾ bussaṇā ブッサナー, ਤਰੱਕਣਾ tarakkaṇā タラッカナー, ਖ਼ਰਾਬ ਹੋਣਾ xarāba hoṇā カラーブ ホーナー
いためる〘炒める〙ਤੜਕਣਾ taṛakaṇā タルカナー, ਬਘਾਰਨਾ bagăranā バガールナー
イタリア ਇਤਾਲਵੀ itālawī イタールウィー, ਇਟਲੀ iṭalī イトリー ♦イタリア語・イタリア人・イタリアの ਇਤਾਲਵੀ itālawī イタールウィー, ਅਟੈਲੀਅਨ aṭailīana アタェーリーアン
いたるところに〘至る所に〙ਥਾਂ ਥਾਂ t^{h}ã t^{h}ã ターン ターン
いち〘一〙ਇੱਕ ikka イック
いち〘位置〙ਥਾਂ t^{h}ã ターン, ਸਥਿਤੀ sat^{h}itī サティティー, ਪੁਜੀਸ਼ਨ pujīśana プジーシャン
いち〘市〙ਮੇਲਾ melā メーラー, ਬਜ਼ਾਰ bazāra バザール
いちおく〘一億〙ਦਸ ਕਰੋੜ dasa karoṛa ダス カロール
いちがつ〘一月〙ਜਨਵਰੀ janawarī ジャンワリー
いちげき〘一撃〙ਸੱਟ saṭṭa サット, ਥਪੇੜਾ t^{h}apeṛā タペーラー
いちご〘苺〙ਸਟਰਾਬਰੀ saṭarābarī サトラーブリー
いちじく〘無花果〙ਅੰਜੀਰ añjīra アンジール
いちじるしい〘著しい〙ਵਿਸ਼ਿਸ਼ਟ viśiśaṭa ヴィシシュト, ਖ਼ਾਸ xāsa カース
いちど〘一度〙ਇੱਕ ਵਾਰ ikka wāra イック ワール, ਇੱਕ ਦਫ਼ਾ ikka dafā イック ダファー
いちどう〘一同〙ਸਭ sâba サブ, ਸਾਰੇ ਲੋਕ sāre loka サーレー ローク
いちにち〘一日〙ਇੱਕ ਦਿਨ ikka dina イック ディン
いちにちじゅう〘一日中〙ਦਿਨ ਭਰ dina păra ディンパル
いちねん〘一年〙ਇੱਕ ਸਾਲ ikka sāla イック サール
いちねんじゅう〘一年中〙ਸਾਲ ਭਰ sāla păra サールパル
いちば〘市場〙ਬਜ਼ਾਰ bazāra バザール, ਮੰਡੀ maṇḍī マンディー, ਮਾਰਕੀਟ mārakīṭa マールキート
いちばん〘一番〙ਨੰਬਰ ਵਨ nambara wana ナンバル ワン (最も) ਸਭ ਤੋਂ sâba tõ サブ トーン
いちぶ〘一部〙(一部分) ਅੰਸ਼ anśa アンシュ, ਹਿੱਸਾ hissā ヒッサー, ਭਾਗ păga パーグ
いちまん〘一万〙ਦਸ ਹਜ਼ਾਰ dasa hazāra ダス ハザール
いちりゅうの〘一流の〙ਫ਼ਸਟ fasaṭa ファスト
いつ ਕਦੋਂ kadõ カドーン
いつう〘胃痛〙ਢਿੱਡ ਪੀੜ ṭìḍḍa pīṛa ティッド ピール, ਪੇਟ ਦਰਦ peṭa darada ペート ダルド
いっか〘一家〙ਕੁਲ kula クル, ਘਰਬਾਰ kărabāra カルバール, ਖ਼ਾਨਦਾਨ xānadāna カーンダーン
いつか ਕਦੇ kade カデー, ਕਦੀ kadī カディー
いっきに〘一気に〙ਇਕਦਮ ikadama イクダム, ਯਕਦਮ yakadama ヤクダム
いっこ〘一個〙ਟੁਕੜਾ ṭukaṛā トゥクラー, ਪੀਸ pīsa ピース
いっしき〘一式〙ਸੈੱਟ saiṭṭa サェーット
いっしゅん〘一瞬〙ਪਲ pala パル, ਖਿਣ k^{h}iṇa キン, ਲਮਹਾ lamahā ラムハー
いっしょう〘一生〙ਜ਼ਿੰਦਗੀ zindagī ズィンダギー, ਜੀਵਨ jīwana ジーワン
いっしょうけんめい〘一生懸命〙(精魂込めて) ਤਨੋ-ਮਨੋ tano-mano タノー・マノー
いっしょに〘一緒に〙ਨਾਲ nāla ナール, ਸਣੇ saṇe サネー
いっせいに〘一斉に〙ਇੱਕ ਸਾਥ ikka sāt^{h}a イック サート
いっそう〘一層〙ਜ਼ਿਆਦਾ ziādā ズィアーダー
いったいとなって〘一体となって〙ਇਕਮਿਕ ਹੋ ਕੇ

ikạmikạ ho ke イクミク ホー ケー
いっちする〘一致する〙ਮੇਲ ਖਾਣਾ melạ k^{h}āṇā メール カーナー
いっていの〘一定の〙ਨਿਯਤ niyatạ ニヤト, ਮੁਕੱਰਰ mukarrarạ ムカッラル
いつでも ਵਕਤ ਬੇਵਕਤ wakatạ bewakatạ ワカト ベーワカト
いっぱいの〘一杯の〙（満杯の）ਭਰਪੂਰ pǎrapūrạ パルプール, ਸਰਸ਼ਾਰ saraśārạ サルシャール
いっぱんの〘一般の〙（普通の）ਮਾਮੂਲੀ māmūlī マームーリー（一般的な）ਪਰਚੱਲਤ paracallatạ パルチャッラト ♦一般に ਅਕਸਰ akạsarạ アクサル, ਜ਼ਿਆਦਾਤਰ ziādātarạ ズィアーダータル
いっぽう〘一方〙（一つの方面）ਇੱਕ ਤਰਫ਼ ikkạ tarafạ イック タラフ ♦一方的な ਇੱਕ-ਤਰਫ਼ਾ ikkạ-tarafā イック・タルファー, ਯਕਤਰਫ਼ਾ yakạtarafā ヤクタルファー（他方では）ਬਲਕਿ balạki バルキ, ਉਲਟਾ ulạṭā ウルター
いつまでも ਸਦਾ sadā サダー, ਹਮੇਸ਼ਾਂ hameśā̃ ハメーシャーン
いつも ਸਦਾ sadā サダー, ਹਮੇਸ਼ਾਂ hameśā̃ ハメーシャーン
いつわり〘偽り〙ਝੂਠ cǔṭ^{h}ạ チュート, ਪਖੰਡ pak^{h}aṇḍạ パカンド
いつわる〘偽る〙ਝੁਠਿਆਉਣਾ cuṭ^{h}iǎuṇā チュティアーウナー
いてん〘移転〙ਵਿਸਥਾਪਨ visat^{h}āpanạ ヴィスターパン
いでん〘遺伝〙ਪਿਤਰਾਈ pitạrāī ピトラーイー ♦遺伝子 ਜੀਨ jīnạ ジーン
いと〘糸〙ਧਾਗਾ tǎgā ターガー, ਸੂਤਰ sūtarạ スータル
いど〘井戸〙ਖੂਹ k^{h}û クー
いどう〘移動〙ਚਾਲ cālạ チャール, ਸ਼ਿਫ਼ਟ śifaṭạ シフト ♦移動する ਚੱਲਣਾ callaṇā チャッラナー
いとこ〘従兄弟・従姉妹〙（父の兄弟の息子）ਚਚੇਰਾ ਭਰਾ cacerā parǎ チャチェーラー パラー（父の兄弟の娘）ਚਚੇਰੀ ਭੈਣ cacerī paǐṇạ チャチェーリー パェーン（父の姉妹の息子）ਫੁਫੇਰਾ ਭਰਾ p^{h}up^{h}erā parǎ プペーラー パラー（父の姉妹の娘）ਫੁਫੇਰੀ ਭੈਣ p^{h}up^{h}erī paǐṇạ プペーリー パェーン（母の兄弟の息子）ਮਮੇਰਾ ਭਰਾ mamerā parǎ マメーラー パラー（母の兄弟の娘）ਮਮੇਰੀ ਭੈਣ mamerī paǐṇạ マメーリー パェーン（母の姉妹の息子）ਮਸੇਰਾ ਭਰਾ maserā parǎ マセーラー パラー（母の姉妹の娘）ਮਸੇਰੀ ਭੈਣ maserī paǐṇạ マセーリー パェーン
いどころ〘居所〙ਆਵਾਸ āwāsạ アーワース, ਪਤਾ patā パター
いとなむ〘営む〙ਚਲਾਉਣਾ calāuṇā チャラーウナー
いどむ〘挑む〙ਲਲਕਾਰਨਾ lalạkārạṇā ラルカールナー, ਵੰਗਾਰਨਾ waṅgārạṇā ワンガールナー
いない〘以内〙ਅੰਦਰ andarạ アンダル
いなか〘田舎〙ਦਿਹਾਤ diǎtạ ディアート
いなずま〘稲妻〙ਬਿਜਲੀ bijạlī ビジリー, ਰੋਹਣੀ rôṇī ローニー
いにんする〘委任する〙ਸੌਂਪਣਾ sā̃upaṇā サォーンパナー
いぬ〘犬〙ਕੁੱਤਾ kuttā クッター
いね〘稲〙ਧਾਨ tǎnạ ターン, ਜੀਰੀ jīrī ジーリー, ਝੋਨਾ cǒnā チョーナー
いねむり〘居眠り〙ਉਂਘਲਾਹਟ uṅgalǎṭạ ウングラート, ਝਪਕਾ cǎpạkā チャプカー
いのち〘命〙ਜਾਨ jānạ ジャーン
いのり〘祈り〙ਦੁਆ duā ドゥアー, ਪਰਾਰਥਨਾ parārat^{h}anā パラールタナー
いのる〘祈る〙ਦੁਆ ਕਰਨਾ duā karạnā ドゥアー カルナー, ਪਰਾਰਥਨਾ ਕਰਨਾ parārat^{h}anā karạnā パラールタナー カルナー（望む）ਇੱਛਾ ਕਰਨੀ icc^{h}ā karạnī イッチャー カルニー
いばる〘威張る〙ਆਕੜਨਾ ākaṛạnā アーカルナー, ਹੰਕਾਰਨਾ haṅkārạnā ハンカールナー
いはん〘違反〙ਉਲੰਘਣਾ ulâṅgaṇā ウラングナー, ਖ਼ਿਲਾਫ਼ਵਰਜ਼ੀ xilāfạwarạzī キラーフワルズィー
いびき ਘੁਰਾੜਾ kurǎṛā クラーラー
いほうの〘違法の〙ਗ਼ੈਰਕਾਨੂੰਨੀ ğairạkānū̃nī ガェールカーヌーンニー, ਨਾਜਾਇਜ਼ nājāizạ ナージャーイズ
いま〘今〙ਹੁਣ huṇạ フン
いまいましい〘忌々しい〙ਫਿਟ p^{h}iṭạ ピト
いまごろ〘今頃〙ਇਸ ਵੇਲੇ isạ wele イス ウェーレー
いみ〘意味〙ਅਰਥ arat^{h}ạ アルト, ਮਤਲਬ matạlabạ マトラブ
イミテーション（模倣）ਨਕਲ nakalạ ナカル（偽物）ਨਕਲੀ ਚੀਜ਼ nakạlī cīzạ ナクリー チーズ
いみん〘移民〙（他国からの）ਆਵਾਸੀ āwāsī アーワースィー（他国への）ਪਰਵਾਸੀ parạwāsī パルワースィー
イメージ ਬਿੰਬ bimbạ ビンブ, ਇਮੇਜ imejạ イメージ
いもうと〘妹〙ਛੋਟੀ ਭੈਣ c^{h}oṭī paǐṇạ チョーティー パェーン
いやいや ਬਦੋਬਦੀ badobadī バドーバディー
いやがらせ〘嫌がらせ〙ਛੇੜ c^{h}eṛạ チェール
いやしい〘卑しい〙ਕਮੀਨਾ kamīnā カミーナー, ਛਛੋਰਾ c^{h}ac^{h}orā チャチョーラー
いやす〘癒す〙ਨਿਵਾਰਨਾ niwārạnā ニワールナー, ਪਰਚਾਉਣਾ paracāuṇā パルチャーウナー
いやな〘嫌な〙ਘਿਣਾਉਣਾ kiṇǎuṇā キナーウナー, ਨਾਪਸੰਦ nāpasandạ ナーパサンド
いやらしい ਗੰਦਾ gandā ガンダー
イヤリング ਈਰਣ īraṇạ イーラン, ਮੁੰਦਰ mundarạ ムンダル, ਵਾਲੀ wālī ワーリー
いよいよ（とうとう）ਆਖ਼ਰਕਾਰ āxarạkārạ アーカルカール（ますます）ਹੋਰ ਜ਼ਿਆਦਾ horạ ziādā ホール ズィアーダー
いよく〘意欲〙ਉਤਸ਼ਾਹ utaśâ ウトシャー, ਖ਼ਾਹਸ਼ xâśạ カーシュ, ਮਰਜ਼ੀ marạzī マルズィー
いらい〘依頼〙ਮੰਗ maṅgạ マング, ਦਰਖ਼ਾਸਤ darạxāsạtạ ダルカースト, ਫ਼ਰਮਾਇਸ਼ farạmāiśạ ファルマーイシュ ♦依頼する ਮੰਗਣਾ maṅgaṇā マンガナー
いらいらする ਚਿੜਨਾ ciṛạnā チルナー, ਖਿਝਣਾ k^{h}ĩjaṇā キジャナー, ਹਫਲਣਾ hap^{h}alạnā ハパルナー
イラク ਇਰਾਕ irākạ イラーク

イラン ਈਰਾਨ īrāna̸ イーラーン
いりぐち〘入り口〙ਬੂਹਾ bûā ブーアー, ਦੁਆਰ duāra̸ ドゥアール, ਦਰਵਾਜ਼ਾ dara̸wāzā ダルワーザー
いりょう〘医療〙ਇਲਾਜ ilāja̸ イラージ, ਚਿਕਿਤਸਾ cikita̸sā チキトサー
いりょく〘威力〙ਫਰ p^{h}ara̸ パル, ਦਬਦਬਾ daba̸dabā ダブダバー
いる〘居る〙ਰਹਿਣਾ raîṇā ラェーナー, ਵੱਸਣਾ wassaṇā ワッサナー
いる〘要る〙ਚਾਹੀਦਾ câīdā チャーイーダー
いるか〘海豚〙ਮਲ੍ਹੀ mâlī マリー
いれいの〘異例の〙ਵਿਸ਼ੇਸ਼ viśeśa̸ ヴィシェーシュ
いれかえる〘入れ替える〙ਵਿਪਰਜਣਾ vipara̸jaṇā ヴィパルジャナー
いれずみ〘入れ墨〙ਉਕਰਾਈ uka̸rāī ウクラーイー
いれもの〘入れ物〙ਭਾਜਨ pǎjana̸ パージャン, ਪਾਤਰ pātara̸ パータル
いれる〘入れる〙(中に) ਵਾੜਨਾ wāṛa̸nā ワールナー, ਘੁਸਾਉਣਾ kusǎuṇā クサーウナー (受け入れる) ਕਬੂਲਣਾ kabūlaṇā カブーラナー
いろ〘色〙ਰੰਗ raṅga̸ ラング
いろいろな〘色々な〙ਰੰਗ-ਬਰੰਗਾ raṅga̸-baraṅgā ラング・バランガー, ਫੁਟਕਲ p^{h}uṭa̸kala̸ プトカル
いろけ〘色気〙ਅਦਾ adā アダー
いろん〘異論〙ਇਤਰਾਜ਼ itarāza̸ イタラーズ
いわ〘岩〙ਚਟਾਨ caṭāna̸ チャターン, ਪੱਥਰ patt^{h}ara̸ パッタル
いわう〘祝う〙ਮਨਾਉਣਾ manāuṇā マナーウナー
いわゆる ਕਥਿਤ kat^{h}ita̸ カティト
いんかん〘印鑑〙ਮੋਹਰ môra̸ モール
いんきな〘陰気な〙ਬੇਰੌਣਕ berauṇaka̸ ベーラォーナク, ਸੁਨਸਾਨ suna̸sāna̸ スンサーン
インク ਸਿਆਹੀ siâī スィアーイー, ਰੁਸ਼ਨਾਈ ruśa̸nāī ルシュナーイー
いんけんな〘陰険な〙ਧੂਰਤ tǔrata̸ トゥーラト, ਕਪਟੀ kapaṭī カプティー
いんさつ〘印刷〙ਛਾਪ c^{h}āpa̸ チャープ ♦印刷する ਛਾਪਣਾ c^{h}āpaṇā チャーパナー
いんし〘印紙〙ਅਸ਼ਟਾਮ aśa̸ṭāma̸ アシュターム, ਟਿਕਟ ṭikaṭa̸ ティカト
インシュリン ਇਨਸੁਲੀਨ ina̸sulīna̸ インスリーン
いんしょう〘印象〙ਤਾਸੀਰ tāsīra̸ タースィール
いんぜい〘印税〙ਰਾਇਲਟੀ rāila̸ṭī ラーイルティー
インターネット ਇੰਟਰਨੈੱਟ inṭaranaiṭṭa̸ インタラナェーット
いんたい〘引退〙ਨਿਵਿਰਤੀ niwira̸tī ニウィルティー, ਰਿਟਾਇਰਮੈਂਟ riṭāiramãīṭa̸ リターイルマェーント ♦引退する ਨਿਵਿਰਤ ਹੋਣਾ niwirata̸ hoṇā ニウィルト ホーナー, ਰਿਟਾਇਰ ਹੋਣਾ riṭāira̸ hoṇā リターイル ホーナー
インタビュー ਮੁਲਾਕਾਤ mulākāta̸ ムラーカート, ਇੰਟਰਵਿਊ inṭara̸viū インタルヴィウー
インチ ਇੰਚ iñca̸ インチ
インド ਭਾਰਤ pǎrata̸ パーラト, ਹਿੰਦੁਸਤਾਨ hindusatāna̸ ヒンドゥサターン, ਇੰਡੀਆ inḍīā インディーアー ♦インドの ਭਾਰਤੀ pǎra̸tī パールティー, ਹਿੰਦੁਸਤਾਨੀ hindusatānī ヒンドゥサターニー
インドネシア ਇੰਡੋਨੇਸ਼ੀਆ inḍoneśīā インドーネーシーアー
インフルエンザ ਫਲੂ falū ファルー, ਇਨਫਲੂਐਨਜ਼ਾ ina̸falūaina̸zā インファルーアェーンザー
インフレ ਸਫੀਤੀ sap^{h}ītī サピーティー
いんぼう〘陰謀〙ਸਾਜ਼ਸ਼ sāzaśa̸ サーザシュ
いんよう〘引用〙ਟੂਕ ṭūka̸ トゥーク, ਕੁਟੇਸ਼ਨ kuṭeśana̸ クテーシャン
いんりょく〘引力〙ਆਕਰਸ਼ਨ ākara̸śana̸ アーカルシャン, ਆਕਰਖ ākara̸k^{h}a̸ アーカルク, ਕਸ਼ਸ਼ kaśaśa̸ カシャシュ
ウイスキー ਵਿਸਕੀ wisa̸kī ウィスキー
ウイルス ਵਿਸ਼ਾਣੂ viśāṇū ヴィシャーヌー, ਵਾਇਰਸ vāirasa̸ ヴァーイラス
ウール ਪਸ਼ਮ paśama̸ パシュム
うえ〘上〙(上部) ਉੱਪਰਲਾ ਹਿੱਸਾ uppara̸lā hissā ウッパルラー ヒッサー (表面) ਸਤ੍ਹਾ sâtā サター ♦上に ਉੱਤੇ utte ウッテー, ਉੱਪਰ uppara̸ ウッパル ♦上に〔上方に〕 ਉਰਧ urâda̸ ウラド, ਉਤਾਂਹ utā̂ ウターン
ウエイター ਵੇਟਰ weṭara̸ ウェータル
ウエスト ਲੱਕ lakka̸ ラック
ウェブサイト ਵੈਬਸਾਈਟ waiba̸sāīṭa̸ ワェーブサーイート
うえる〘植える〙ਰੋਪਣਾ ropaṇā ローパナー, ਗੱਡਣਾ gaḍḍaṇā ガッダナー, ਲਗਾਉਣਾ lagāuṇā ラガーウナー
うえる〘飢える〙ਭੁੱਖ ਲੱਗਣੀ pǔkk^{h}a̸ laggaṇī プック ラッガニー, ਭੁੱਖਾ ਹੋਣਾ pǔkk^{h}ā hoṇā プッカー ホーナー
うおざ〘魚座〙ਮੀਨ mīna̸ ミーン
うがい ਗ਼ਰਾਰਾ ğarārā ガラーラー, ਕਰੂਲਾ karūlā カルーラー
うかいする〘迂回する〙ਵਲਨਾ wala̸nā ワルナー, ਵਲਾਉਣਾ walāuṇā ワラーウナー
うかがう〘伺う〙(尋ねる) ਪੁੱਛਣਾ pucc^{h}aṇā プッチャナー (訪問する) ਹਾਜ਼ਰ ਹੋਣਾ hāzara̸ hoṇā ハーザル ホーナー
うかつな〘迂闊な〙ਅਸਾਵਧਾਨ asāva̸dǎna̸ アサーヴダーン
うかぶ〘浮かぶ〙(水面に) ਰੁੜ੍ਹਨਾ rûṛa̸nā ルルナー, ਤਰਨਾ tara̸nā タルナー (心に) ਅਹੁੜਨਾ aûṛa̸nā アォールナー, ਖੁਟਕਣਾ k^{h}uṭa̸kaṇā クトカナー, ਫੁਰਨਾ p^{h}ura̸nā プルナー
うかる〘受かる〙ਪਾਸ ਹੋਣਾ pāsa̸ hoṇā パース ホーナー
うく〘浮く〙(水面に) ਰੁੜ੍ਹਨਾ rûṛa̸nā ルルナー, ਤਰਨਾ tara̸nā タルナー (余る) ਬਚਣਾ bacaṇā バチャナー
うけいれる〘受け入れる〙ਕਬੂਲਣਾ kabūlaṇā カブーラナー, ਮੰਨਣਾ mannaṇā マンナナー
うけおう〘請け負う〙ਠੇਕਾ ਲੈਣਾ ṭ^{h}ekā laiṇā テーカー ラェーナー
うけつぐ〘受け継ぐ〙(後を継ぐ) ਬਾਅਦ ਵਿੱਚ ਆਉਣਾ bāada̸ wicca̸ āuṇā バーアド ウィッチ アーウナー (相続する) ਉੱਤਰ ਅਧਿਕਾਰੀ ਹੋਣਾ uttara̸ âdikārī hoṇā ウッタル アディカーリー ホーナー
うけつけ〘受付〙(受付所) ਰਿਸੈਪਸ਼ਨ risaipa̸śana̸ リサェープシャン (受領) ਆਗਤ āgata̸ アーガト, ਵਸੂਲੀ

wasūlī ワスーリー, ਪਰਾਪਤੀ parāpatī パラーパティー

うけとりにん〖受取人〗ਪਰਾਪਤ ਕਰਤਾ parāpata̸ kara̸tā パラーパト カルター

うけとる〖受け取る〗ਲੈਣਾ laiṇā ラェーナー, ਪਰਾਪਤ ਕਰਨਾ parāpata̸ kara̸nā パラーパト カルナー

うけみ〖受け身〗(受動態) ਕਰਮ ਵਾਚ kara̸ma̸ wāca̸ カルム ワーチ, ਕਰਮਣੀ ਵਾਚ kara̸maṇī wāca̸ カルマニー ワーチ (受動的態度) ਆਲਸ ālasa̸ アーラス

うける〖受ける〗(物などを) ਲੈਣਾ laiṇā ラェーナー, ਪਾਉਣਾ pāuṇā パーウナー (損害などを) ਖਾਣਾ k^{h}āṇā カーナー (試験を) ਦੇਣਾ deṇā デーナー

うごかす〖動かす〗ਚਲਾਉਣਾ calāuṇā チャラーウナー, ਹਿਲਾਉਣਾ hilāuṇā ヒラーウナー (機械を) ਚਲਾਉਣਾ calāuṇā チャラーウナー (心を) ਪੋਹਣਾ pôṇā ポーナー

うごき〖動き〗ਗਤੀ gatī ガティー, ਹਰਕਤ hara̸kata̸ ハルカト (活動) ਕਿਰਤ kira̸ta̸ キルト, ਚੇਸ਼ਟਾ ceśa̸ṭā チェーシュター (動向) ਚਾਲ cāla̸ チャール

うごく〖動く〗ਚੱਲਣਾ callaṇā チャッラナー, ਹਿੱਲਣਾ hillaṇā ヒッラナー (作動する) ਚਾਲੂ ਹੋਣਾ cālū hoṇā チャールー ホーナー (心が) ਖੁਭਣਾ k^{h}ûbaṇā クバナー, ਮੁਤਾਸਰ ਹੋਣਾ mutāsara̸ hoṇā ムターサル ホーナー

うこん〖鬱金〗ਹਲਦੀ hala̸dī ハルディー, ਵਸਾਰ wasāra̸ ワサール

うさぎ〖兎〗ਸਹਿਆ sâiā サイアー, ਖ਼ਰਗੋਸ਼ xara̸gośa̸ カルゴーシュ

うし〖牛〗(雄牛) ਬੈਲ baila̸ バェール, ਬਲਦ bala̸da̸ バルド, ਢੱਗਾ ṭăggā タッガー (雌牛) ਗਾਂ gā̃ ガーン, ਗਊ gaū ガウー, ਢੱਗੀ ṭăggī タッギー (雄の子牛) ਵੱਛਾ wacc^{h}ā ワッチャー, ਵਹਿੜਕਾ waîṛa̸kā ワェールカー (雌の子牛) ਵੱਛੀ wacc^{h}ī ワッチー, ਵਹਿੜ waîṛa̸ ワェール, ਵਹਿੜਕੀ waîṛa̸kī ワェールキー

うしなう〖失う〗ਗੁਆਉਣਾ guāuṇā グアーウナー, ਖੋਣਾ k^{h}oṇā コーナー

うしろ〖後ろ〗ਪਿੱਛਾ picc^{h}ā ピッチャー, ਮਗਰ magara̸ マガル

うず〖渦〗ਘੁੰਮਣਘੇਰੀ kŭmmaṇa̸kĕrī クンマンケーリー, ਭੰਵਰ pănwara̸ パンワル

うすい〖薄い〗(厚みが) ਬਰੀਕ barīka̸ バリーク, ਪੇਤਲਾ peta̸lā ペートラー (色が) ਹਲਕਾ hala̸kā ハルカー, ਫਿੱਕਾ p^{h}ikkā ピッカー (密度が) ਵਿਰਲਾ vira̸lā ヴィルラー

うずく〖疼く〗ਰੜਕਣਾ raṛa̸kaṇā ラルカナー

うすぐらい〖薄暗い〗ਘੁਸਮੁਸਾ kŭsa̸musā クスムサー

ウズベクじん〖ウズベク人〗ਉਜ਼ਬੇਕ uzabeka̸ ウズベーク

うずまき〖渦巻き〗ਕੁੰਡਲ kuṇḍala̸ クンダル, ਘੁੰਮਣਘੇਰੀ kŭmmaṇa̸kĕrī クンマンケーリー, ਭੰਵਰ pănwara̸ パンワル

うずら〖鶉〗ਬਟੇਰਾ baṭerā バテーラー

うせつする〖右折する〗ਸੱਜੇ ਮੁੜਨਾ sajje muṛa̸nā サッジェー ムルナー

うそ〖嘘〗ਝੂਠ cŭṭ^{h}a̸ チュート ◆嘘つき ਝੂਠਾ cŭṭ^{h}ā チューター, ਝੂਠਿਆਰ cŭṭ^{h}iāra̸ チュティアール

うた〖歌〗ਗੀਤ gīta̸ ギート, ਗਾਣਾ gāṇā ガーナー, ਗਾਨ gāna̸ ガーン

うたう〖歌う〗ਗਾਉਣਾ gāuṇā ガーウナー

うたがい〖疑い〗(疑念) ਸ਼ੱਕ śakka̸ シャック, ਸ਼ੁਬ੍ਹਾ śûbā シュバー, ਸੰਦੇਹ sandê サンデー (不信) ਬੇਵਸਾਹੀ bewasâī ベーワサーイー (容疑・嫌疑) ਇਲਜ਼ਾਮ ilazāma̸ イルザーム

うたがう〖疑う〗(疑念を抱く) ਸ਼ੱਕ ਕਰਨਾ śakka̸ kara̸nā シャック カルナー, ਸ਼ੁਬ੍ਹਾ ਕਰਨਾ śûbā kara̸nā シュバー カルナー

うたがわしい〖疑わしい〗ਸ਼ੱਕੀ śakkī シャッキー, ਸੰਦੇਹਜਨਕ sandêjanaka̸ サンデージャナク (不審な) ਸੰਦਿਗਧ sandîgada̸ サンディガド

うち〖家〗(家屋) ਮਕਾਨ makāna̸ マカーン (家庭) ਘਰ kăra̸ カル

うち〖内〗ਅੰਦਰ andara̸ アンダル, ਅੰਤਰ antara̸ アンタル

うちあける〖打ち明ける〗ਉਭਾਸਰਨਾ ubăsara̸nā ウバーサルナー, ਉਘਾੜਨਾ ugăṛa̸nā ウガールナー, ਉੱਗਲਨਾ uggala̸nā ウッガルナー

うちがわ〖内側〗ਅੰਦਰ andara̸ アンダル, ਅੰਤਰ antara̸ アンタル, ਬਾਤਨ bātana̸ バータン

うちきな〖内気な〗ਸ਼ਰਮਾਊ śara̸māū シャルマーウー, ਸੰਗਾਊ saṅgāū サンガーウー, ਸੰਕੋਚੀ saṅkocī サンコーチー

うちけす〖打ち消す〗ਨਕਾਰਨਾ nakāra̸nā ナカールナー

うちゅう〖宇宙〗ਅੰਤਰਿਕਸ਼ antarikaśa̸ アンタリクシュ, ਬਰਹਿਮੰਡ baraîmaṇḍa̸ バラェーマンド

うちわ ਪੱਖਾ pakk^{h}ā パッカー

うつ〖打つ〗ਕੁੱਟਣਾ kuṭṭaṇā クッタナー, ਮਾਰਨਾ māra̸nā マールナー, ਪੀਟਣਾ pīṭaṇā ピータナー

うつ〖撃つ〗ਚਲਾਉਣਾ calāuṇā チャラーウナー, ਛੱਡਣਾ c^{h}aḍḍaṇā チャッダナー

うっかりした ਅਸਾਵਧਾਨ asāva̸dăna̸ アサーヴダーン, ਬੇਧਿਆਨ betiăna̸ ベーティアーン

うつくしい〖美しい〗ਸੋਹਣਾ sôṇā ソーナー, ਸੁੰਦਰ sundara̸ スンダル

うつす〖写す〗ਕਾਪੀ ਕਰਨਾ kāpī kara̸nā カーピー カルナー (写真を) ਖਿੱਚਣਾ k^{h}iccaṇā キッチャナー

うつす〖移す〗ਵਿਡਾਰਨਾ viḍāra̸nā ヴィダールナー

うったえる〖訴える〗(裁判に) ਮੁਕੱਦਮਾ ਚਲਾਉਣਾ mukaddamā calāuṇā ムカッダマー チャラーウナー (世論に) ਅੰਦੋਲਨ ਕਰਨਾ andolana̸ kara̸nā アンドーラン カルナー

ウッタル・プラデーシュしゅう〖ウッタル・プラデーシュ州〗ਉੱਤਰ ਪ੍ਰਦੇਸ਼ uttara̸ pradeśa̸ ウッタル プラデーシュ

うっとりする ਮੋਹਿਤ ਹੋਣਾ môita̸ hoṇā モーイト ホーナー

うつむく ਝੁਕਣਾ cŭkaṇā チュカナー

うつる〖移る〗ਬਦਲਣਾ badala̸ṇā バダルナー (感染する) ਫੈਲਣਾ p^{h}aila̸ṇā パェールナー

うつわ〖器〗ਭਾਜਨ păjana̸ パージャン, ਪਾਤਰ pātara̸ パータル

うで〖腕〗ਬਾਂਹ bā̂ バーン, ਬਾਜ਼ੂ bāzū バーズー ◆腕時

計 ਰਿਸਟ ਵਾਚ risaṭa wāca リスト ワーチ（技能）ਪਰਬੀਨਤਾ parabīnatā パルビーンター, ਅਬੂਰ abūra アブール, ਹੁਨਰ hunara フナル
うなる〖唸る〗ਹੂੰਗਣਾ hũgaṇā フーンガナー, ਘੁਰਕਣਾ kŭrakaṇā クルカナー
うぬぼれる ਹੰਕਾਰਨਾ haṅkāranā ハンカールナー, ਤਿੜਨਾ tiṛanā ティルナー
うばう〖奪う〗（取り上げる・盗む）ਲੁੱਟਣਾ luṭṭaṇā ルッタナー, ਮੋਸਣਾ mosaṇā モーサナー（剥奪する）ਖੋਹਣਾ kʰôṇā コーナー
うばぐるま〖乳母車〗ਬੱਚਾ ਗੱਡੀ baccā gaḍḍī バッチャー ガッディー
うぶな〖初な〗ਨਾਦਾਨ nādāna ナーダーン
うま〖馬〗（雄馬）ਘੋੜਾ kŏṛā コーラー（雌馬）ਘੋੜੀ kŏṛī コーリー（雄の子馬）ਵਛੇਰਾ wacʰerā ワチェーラー（雌の子馬）ਵਛੇਰੀ wacʰerī ワチェーリー
うまい（おいしい）ਸੁਆਦ suāda スアード, ਮਜ਼ੇਦਾਰ mazedāra マゼーダール（上手な）ਚਤਰ catara チャタル, ਕੁਸ਼ਲ kuśala クシャル
うまれる〖生まれる・産まれる〗ਜੰਮਣਾ jammaṇā ジャンマナー, ਜਨਮਣਾ janamaṇā ジャナムナー（生じる）ਹੋਣਾ hoṇā ホーナー, ਉਪਜਣਾ upajaṇā ウプジャナー
うみ〖海〗ਸਮੁੰਦਰ samundara サムンダル, ਸਾਗਰ sāgara サーガル
うみだす〖生み出す〗ਉਪਾਉਣਾ upāuṇā ウパーウナー, ਉਪਜਾਉਣਾ upajāuṇā ウプジャーウナー
うみべ〖海辺〗ਸਾਹਿਲ sāhila サーヒル
うむ〖生む・産む〗ਜੰਮਣਾ jammaṇā ジャンマナー, ਜਨਮਾਉਣਾ janamāuṇā ジャンマーウナー（生み出す）ਉਪਾਉਣਾ upāuṇā ウパーウナー, ਉਪਜਾਉਣਾ upajāuṇā ウプジャーウナー
うめく〖呻く〗ਹੂਕਣਾ hūkaṇā フーカナー
うめる〖埋める〗ਦੱਬਣਾ dabbaṇā ダッブナー, ਦਫ਼ਨਾਉਣਾ dafanāuṇā ダフナーウナー（満たす）ਭਰਨਾ păranā パルナー, ਪੂਰਨਾ pūranā プールナー
うもう〖羽毛〗ਪਰ para パル
うやまう〖敬う〗ਸਨਮਾਨਣਾ sanamānaṇā サンマーナナー, ਸਤਕਾਰਨਾ satakāranā サトカールナー
うら〖裏〗（表面や正面に対する）ਪਿੱਠ piṭṭʰa ピット, ਪਿਛਲਾ ਹਿੱਸਾ picʰalā hissā ピチラー ヒッサー（反対側）ਉਲਟਾ ਪਾਸਾ ulaṭā pāsā ウルター パーサー
うらがえす〖裏返す〗ਪਥੱਲਣਾ patʰallaṇā パタッラナー
うらがわ〖裏側〗ਪਿਛਵਾੜਾ picʰawāṛā ピチワーラー
うらぎる〖裏切る〗ਵਸਾਹਘਾਤ ਕਰਨਾ wasâkăta karanā ワサーカート カルナー, ਵਿਸ਼ਵਾਸਘਾਤ ਕਰਨਾ viśawāsakăta karanā ヴィシュワースカート カルナー, ਧਰੋਹ ਕਰਨਾ tarô karanā タロー カルナー
うらぐち〖裏口〗ਪਿੱਛਲਬੂਹਾ piccʰalabûā ピッチャルブーアー
うらじ〖裏地〗ਮਗਜ਼ੀ mağazī マグズィー
うらづける〖裏付ける〗ਮੰਡਣਾ maṇḍaṇā マンダナー
うらどおり〖裏通り〗ਗਲੀ galī ガリー
うらない〖占い〗ਜੋਤਸ਼ jotaśa ジョータシュ, ਰਾਸ਼ੀ-ਫਲ rāśī-pʰala ラーシー・パル, ਨਜੂਮ najūma ナジューム
ウラニウム ਯੂਰੇਨੀਅਮ yurenīama ユレーニーアム
うらやむ〖羨む〗ਈਰਖਾ ਕਰਨੀ īrakʰā karanī イールカー カルニー, ਹਸਦ ਕਰਨਾ hasada karanā ハサド カルナー, ਰਸ਼ਕ ਕਰਨਾ raśaka karanā ラシュク カルナー
ウラン ਯੂਰੇਨੀਅਮ yurenīama ユレーニーアム
うりあげ〖売り上げ〗ਵਿੱਕਰੀ vikkarī ヴィッカリー
うる〖売る〗ਵੇਚਣਾ vecaṇā ヴェーチャナー
うるうどし〖閏年〗ਲੀਪ ਦਾ ਸਾਲ līpa dā sāla リープ ダー サール, ਲੀਪ-ਵਰਸ਼ līpa-waraśa リープ・ワルシュ
うるおう〖潤う〗ਤਰ ਹੋਣਾ tara hoṇā タル ホーナー
うるさい ਸ਼ੋਰ ਕਰਨ ਵਾਲਾ śora karana wālā ショール カラン ワーラー（しつこい）ਕੱਟੜ kaṭṭaṛa カッタル
ウルドゥーご〖ウルドゥー語〗ਉਰਦੂ uradū ウルドゥー
うれしい〖嬉しい〗ਖ਼ੁਸ਼ xuśa クシュ, ਪਰਸੰਨ parasanna パルサンヌ
うれる〖売れる〗ਵਿਕਣਾ vikaṇā ヴィカナー
うれる〖熟れる〗ਪੱਕਣਾ pakkaṇā パッカナー
うろたえる ਬੌਂਦਲਨਾ bāũdalanā バォーンダルナー, ਘਬਰਾਉਣਾ kabarăuṇā カバラーウナー, ਹੜਬੜਾਉਣਾ haṛabaṛāuṇā ハルバラーウナー
うわき〖浮気〗ਵਿਲਾਸ vilāsa ヴィラース
うわぎ〖上着〗ਜਾਕਟ jākaṭa ジャーカト, ਕੋਟ koṭa コート
うわさ〖噂〗ਅਫ਼ਵਾਹ afawâ アフワー, ਅਵਾਈ awāī アワーイー
うわべ〖上辺〗ਸਤ੍ਹਾ sâtā サター
うわやく〖上役〗ਬਾਸ bāsa バース, ਧਗੜ tăgaṛa タガル
うん〖運〗（運命）ਕਿਸਮਤ kisamata キスマト, ਭਾਗ păga パーグ, ਮੁਕੱਦਰ mukaddara ムカッダル（幸運）ਖ਼ੁਸ਼ਕਿਸਮਤੀ xuśakisamatī クシュキスマティー, ਸੁਭਾਗ supăga スパーグ
うんえい〖運営〗ਪਰਬੰਧ parabânda パルバンド, ਸੰਚਾਲਨ sañcālana サンチャーラン
うんが〖運河〗ਨਹਿਰ naîra ナェール
うんこう〖運行〗ਸੇਵਾ sewā セーワー
うんざりする ਅੱਕਣਾ akkaṇā アッカナー, ਹੁੱਸੜਨਾ hussaṛanā フッサルナー, ਉਕਤਾਉਣਾ ukatāuṇā ウクターウナー
うんせい〖運勢〗ਤਕਦੀਰ takadīra タクディール, ਨਸੀਬ nasība ナスィーブ
うんそう〖運送〗ਢੁਆਈ ṭuāī トゥアーイー, ਢੋਣ ṭŏṇa トーン, ਟਰਾਂਸਪੋਰਟ ṭarā̃saporaṭa タラーンスポールト
うんちん〖運賃〗ਭਾੜਾ păṛā パーラー, ਕਿਰਾਇਆ kirāiā キラーイアー, ਢੁਆਈ ṭuăī トゥアーイー
うんてん〖運転〗ਚਾਲਨ cālana チャーラン ◆運転手 ਡਰਾਈਵਰ ḍarāīvara ダラーイーヴァル, ਚਾਲਕ cālaka チャーラク ◆運転する〔乗物を〕ਚਲਾਉਣਾ calāuṇā チャラーウナー（機械の）ਚਾਲਨ cālana チャーラン ◆運転する〔機械を〕ਚਲਾਉਣਾ calāuṇā チャラーウナー
うんどう〖運動〗ਕਸਰਤ kasarata カスラト ◆運動する ਕਸਰਤ ਕਰਨੀ kasarata karanī カスラト カルニー（競技としての）ਖੇਡ kʰeḍa ケード（行動）ਅੰਦੋਲਨ

andolana アンドーラン, ਲਹਿਰ laîra ラェール
うんめい〘運命〙ਕਿਸਮਤ kisamata キスマト, ਭਾਗ păga パーグ, ਮੁਕੱਦਰ mukaddara ムカッダル
うんゆ〘運輸〙ਢੁਆਈ ṭuāī トゥアーイー, ਢੋਣ ṭŏṇa トーン
うんよく〘運よく〙ਖ਼ੁਸ਼ਕਿਸਮਤੀ ਨਾਲ xuśakisamatī nāla クシュキスマティー ナール, ਸੰਜੋਗ ਵੱਸ sañjoga wassa サンジョーグ ワッス
え〘絵〙ਚਿੱਤਰ cittara チッタル, ਤਸਵੀਰ tasavīra タスヴィール
え〘柄〙ਹੱਥਾ hatt^{h}ā ハッター, ਡੰਨੀ ḍannī ダンニー
エアコン ਏਅਰ ਕੰਡੀਸ਼ਨਰ eara kaṇḍīśanara エーアル カンディーシュナル
えいえんの〘永遠の〙ਅਨੰਤ ananta アナント, ਮੁਸਤਕਿਲ musatakila ムスタキル, ਸਦੀਵੀ sadīvī サディーヴィー
えいが〘映画〙ਫ਼ਿਲਮ filama フィルム, ਸਿਨਮਾ sinamā スィンマー, ਪਿਕਚਰ pikacara ピクチャル ♦映画館 ਸਿਨਮਾ ਘਰ sinamā kăra スィンマー カル, ਮੰਡੂਆ maṇḍūā マンドゥーアー
えいきゅうに〘永久に〙ਸਦੀਵ sadīva サディーヴ
えいきょう〘影響〙ਅਸਰ asara アサル, ਤਾਸੀਰ tāsīra タースィール, ਪਰਭਾਵ parabăva パルバーヴ
えいぎょう〘営業〙ਵਪਾਰ wapāra ワパール, ਬਿਜ਼ਨਸ bizanasa ビズナス
えいご〘英語〙ਅੰਗਰੇਜ਼ੀ aṅgarezī アングレーズィー, ਇੰਗਲਿਸ਼ iṅgaliśa イングリシュ
えいこう〘栄光〙ਸ਼ਾਨ śāna シャーン, ਕੀਰਤੀ kīratī キールティー, ਜੱਸ jassa ジャッス
えいこく〘英国〙ਇੰਗਲੈਂਡ iṅgalāĩḍa イングラェーンド, ਇੰਗਲਸਤਾਨ iṅgalasatāna イングラスターン, ਬਰਤਾਨੀਆਂ baratānīā̃ バルターニーアーン
エイズ ਏਡਜ਼ edaza エーダズ
えいせい〘衛星〙ਉਪਗ੍ਰਹਿ upagraî ウプグラェー
えいせいてきな〘衛生的な〙ਸੈਨੀਟਰੀ sainīṭarī サェーニータリー, ਸਾਫ਼ sāfa サーフ
えいぞう〘映像〙ਛਾਇਆ c^{h}āiā チャーイアー, ਪਰਤਿਮਾ paratimā パラティマー, ਬਿੰਬ bimba ビンブ
えいゆう〘英雄〙ਵੀਰ vīra ヴィール, ਸੂਰਬੀਰ sūrabīra スールビール, ਵਰਿਆਮ wariāma ワリアーム
えいよ〘栄誉〙ਪਰਤਿਸ਼ਠਾ paratiśat^{h}ā パルティシュター, ਸ਼ਰਫ਼ śarafa シャルフ, ਉਕਰ ukara ウカル
えいよう〘栄養〙ਪੋਸ਼ਣ posaṇa ポーサン
エーカー ਏਕੜ ekaṛa エーカル
エージェント ਅਜੰਟ ajanṭa アジャント
えがおの〘笑顔の〙ਹਸਮੁਖ hasamuk^{h}a ハスムク
えがく〘描く〙ਚਿੱਤਰਨਾ cittaranā チッタルナー, ਉਲੀਕਣਾ ulīkaṇā ウリーカナー, ਖਿੱਚਣਾ k^{h}iccaṇā キッチャナー
えき〘駅〙ਸਟੇਸ਼ਨ saṭeśana サテーシャン
エキス ਅਰਕ araka アルク, ਸਤ sata サト
えきたい〘液体〙ਦਰਵ darava ダラヴ
えくぼ ਡੂੰਘ ḍū̃ga ドゥーング, ਟੋਆ ṭoā トーアー
エコノミスト ਅਰਥ ਸ਼ਾਸਤਰੀ arat^{h}a śāsatarī アルト シャースタリー
えこひいき ਪੱਖਪਾਤ pakk^{h}apāta パックパート
えさ〘餌〙ਭਿੱਤੀ pĭttī ピッティー, ਚਾਰਾ cārā チャーラー
えじき〘餌食〙ਸ਼ਿਕਾਰ śikāra シカール
エジプト ਮਿਸਰ misara ミサル
えしゃくする〘会釈する〙ਸਿਰ ਝੁਕਾਉਣਾ sira cukăuṇā スィル チュカーウナー
えだ〘枝〙ਡਾਲ ḍāla ダール, ਸ਼ਾਖਾ śāk^{h}ā シャーカー, ਸ਼ਾਖ਼ śāxa シャーク
エッセイ ਨਿਬੰਧ nibânda ニバンド
エナメル ਮੀਨਾ mīnā ミーナー
エネルギー ਊਰਜਾ ūrajā ウールジャー
えのぐ〘絵の具〙ਰੰਗ raṅga ラング
えはがき〘絵葉書〙ਸਚਿੱਤਰ ਪੋਸਟ ਕਾਰਡ sacittara posaṭa kāraḍa サチッタル ポースト カールド
えび〘海老〙ਝੀਂਗਾ cĭ̃gā チーンガー
エベレストさん〘エベレスト山〙ਮਾਊਂਟ ਐਵਰਸਟ māū̃ṭa aivarasaṭa マーウーント アェーヴラスト
えほん〘絵本〙ਸਚਿੱਤਰ ਪੁਸਤਕ sacittara pusataka サチッタル プスタク
エメラルド ਫ਼ਿਰੋਜ਼ਾ firozā フィローザー, ਪੰਨਾਂ pannā̃ パンナーン
えらい〘偉い〙ਵੱਡਾ waḍḍā ワッダー
えらぶ〘選ぶ〙ਚੁਣਨਾ cuṇanā チュンナー, ਛਾਂਟਣਾ c^{h}ā̃ṭaṇā チャーンタナー（選出する）ਚੋਣ ਕਰਨੀ coṇa karanī チョーン カルニー
えり〘襟〙ਗਰੇਬਾਨ garebāna ガレーバーン, ਹੱਸ hassa ハッス, ਕਾਲਰ kālara カーラル
える〘得る〙ਪਾਉਣਾ pāuṇā パーウナー, ਲੈਣਾ laiṇā ラェーナー
エレベーター ਲਿਫ਼ਟ lifaṭa リフト
えん〘円〙（図形の）ਦਾਇਰਾ dāirā ダーイラー, ਗੋਲ ਚੱਕਰ gola cakkara ゴール チャッカル（通貨の）ਯੇਨ yena エーン
えんかい〘宴会〙ਜ਼ਿਆਫ਼ਤ ziāfata ズィアーファト, ਜਸ਼ਨ jaśana ジャシャン
えんかくの〘遠隔の〙ਦੂਰ-ਵਰਤੀ dūra-waratī ドゥール・ワルティー, ਦੂਰ-ਸਥਿਤ dūra-sat^{h}ita ドゥール・サティト
えんがん〘沿岸〙ਕੰਢਾ kâṇḍā カンダー, ਕਿਨਾਰਾ kinārā キナーラー, ਤਟ taṭa タト
えんき〘延期〙ਮੁਹਲਤ môlata モーラト, ਟਾਲਾ ṭālā ターラー, ਸਥਗਨ sat^{h}agana サタガン ♦延期する ਟਾਲਨਾ ṭālanā タールナー
えんぎ〘演技〙ਅਦਾਕਾਰੀ adākārī アダーカーリー, ਅਭਿਨੈ âbinai アビナェー ♦演技する ਅਭਿਨੈ ਕਰਨਾ âbinai karanā アビナェー カルナー
えんきょくな〘婉曲な〙ਵਕਰ wakara ワカル, ਅਸਿੱਧਾ asîddā アスィッダー
えんきんほう〘遠近法〙ਪਰਿਪੇਖ paripek^{h}a パリペーク
えんげい〘園芸〙ਬਾਗ਼ਬਾਨੀ bāgabānī バーグバーニー
えんげき〘演劇〙ਨਾਟਕ nāṭaka ナータク, ਰੂਪਕ rūpaka ルーパク, ਡਰਾਮਾ ḍarāmā ダラーマー
えんこ〘縁故〙ਕੁਨੈਕਸ਼ਨ kunaikaśana クナェークシャン
エンジニア ਇੰਜੀਨੀਅਰ iñjīnīara インジーニーアル

えんしゅう〖円周〗ਬਿਰਤ bira̱ta̱ ビラト, ਘੇਰਾ kĕrā ケーラー
えんしゅつ〖演出〗ਨਿਰਦੇਸ਼ਨ nira̱deśana̱ ニルデーシャン ◆演出家 ਨਿਰਦੇਸ਼ਕ nira̱deśaka̱ ニルデーシャク ◆演出する ਨਿਰਦੇਸ਼ਨ ਕਰਨਾ nira̱deśana̱ kara̱nā ニルデーシャン カルナー
えんじょ〖援助〗ਮਦਦ madada̱ マダド, ਸਹਾਇਤਾ saîtā サエーター, ਇਮਦਾਦ ima̱dāda̱ イムダード ◆援助する ਮਦਦ ਕਰਨੀ madada̱ kara̱nī マダド カルニー, ਇਮਦਾਦ ਕਰਨੀ ima̱dāda̱ kara̱nī イムダード カルニー
えんしょう〖炎症〗ਸੋਜ soja̱ ソージ, ਸੋਤ sota̱ ソート, ਜਲਨ jala̱na̱ ジャルン
えんじる〖演じる〗ਖੇਡਣਾ kʰeḍaṇā ケーダナー, ਨਿਭਾਉਣਾ nibăuṇā ニバーウナー
エンジン ਇੰਜਨ iñjana̱ インジャン
えんすい〖円錐〗ਸ਼ੰਕੂ śaṅkū シャンクー, ਕੋਣ koṇa̱ コーン
えんぜつ〖演説〗ਭਾਸ਼ਣ păśaṇa̱ パーシャン, ਤਕਰੀਰ taka̱rīra̱ タクリール
えんそ〖塩素〗ਕਲੋਰਸ kalorasa̱ カローラス
えんそう〖演奏〗ਵਾਦਨ wādana̱ ワーダン ◆演奏する ਵਜਾਉਣਾ wajāuṇā ワジャーウナー
えんそく〖遠足〗ਸੈਰ saira̱ サェール
えんたい〖延滞〗ਦੇਰੀ derī デーリー, ਲਮਕਾ lama̱kā ラムカー
えんちゅう〖円柱〗ਲਾਠ lāṭʰa̱ ラート, ਸਤੂਨ satūna̱ サトゥーン
えんちょう〖延長〗ਲਮਕਾ lama̱kā ラムカー, ਪਸਾਰਾ pasārā パサーラー ◆延長する ਲਮਕਾਉਣਾ lama̱kāuṇā ラムカーウナー
えんどうまめ〖えんどう豆〗ਮਟਰ maṭara̱ マタル
えんとつ〖煙突〗ਚਿਮਨੀ cimanī チマニー
えんぴつ〖鉛筆〗ਪੈਨਸਿਲ paina̱sila̱ パェーンスィル
えんぶん〖塩分〗ਖਾਰਾਪਣ kʰārāpaṇa̱ カーラーパン
えんまんな〖円満な〗ਨਿਰਵੈਰ nira̱vaira̱ ニルヴァエール
えんりょ〖遠慮〗（ためらい）ਸੰਕੋਚ saṅkoca̱ サンコーチ, ਤਕੱਲਫ਼ takallafa̱ タカッラフ, ਝਕ căka̱ チャク（謙虚さ）ਹਲੀਮੀ halīmī ハリーミー, ਦੀਨਤਾ dīna̱tā ディーンター ◆遠慮する ਸੰਕੋਚਣਾ saṅkocaṇā サンコーチナー
お〖尾〗ਦੁੰਮ dumma̱ ドゥンム, ਪੂਛ pūcʰa̱ プーチ
おい〖甥〗（兄弟の息子）ਭਤੀਜਾ patījā パティージャー, ਭਤਰੀਆ pătarīā パタリーアー（姉妹の息子）ਭਾਣਜਾ păṇa̱jā パーンジャー
おいかける〖追いかける〗ਗੋਲਣਾ gola̱ṇā ゴールナー, ਪਿੱਛਾ ਕਰਨਾ piccʰā kara̱nā ピッチャー カルナー
おいこす〖追い越す〗ਕੱਟਣਾ kaṭṭaṇā カッタナー
おいしい〖美味しい〗ਸੁਆਦ suāda̱ スアード, ਮਜ਼ੇਦਾਰ mazedāra̱ マゼーダール
おいだす〖追い出す〗ਕੱਢਣਾ kâḍḍaṇā カッダナー, ਵਿਡਾਰਨਾ viḍāra̱nā ヴィダールナー
おいつく〖追いつく〗ਬਰਾਬਰ ਆ ਜਾਣਾ barābara̱ ā jāṇā バラーバル アー ジャーナー
おいはらう〖追い払う〗ਚਿੱਕਣਾ cikkaṇā チッカナー, ਦੁਰਕਾਰਨਾ dura̱kāra̱nā ドゥルカールナー
おいる〖老いる〗ਬੁੱਢਾ ਹੋ ਜਾਣਾ bûḍḍā ho jāṇā ブッダー ホー ジャーナー
オイル ਆਇਲ āila̱ アーイル, ਤੇਲ tela̱ テール
おう〖追う〗ਪਿੱਛਾ ਕਰਨਾ piccʰā kara̱nā ピッチャー カルナー（流行を）ਨਕਲ ਕਰਨੀ nakala̱ kara̱nī ナカル カルニー
おう〖王〗ਰਾਜਾ rājā ラージャー
おうかん〖王冠〗ਤਾਜ tāja̱ タージ, ਰਾਜਮੁਕਟ rāja̱mukaṭa̱ ラージムカト
おうきゅうてあて〖応急手当〗ਓੜ੍ਹ-ਤੋੜ੍ਹ ôṛa̱-tôṛa̱ オール・トール
おうこく〖王国〗ਰਾਜ rāja̱ ラージ
おうじ〖王子〗ਰਾਜਕੁਮਾਰ rāja̱kumāra̱ ラージクマール
おうじ〖皇子〗ਸ਼ਾਹਜ਼ਾਦਾ śâzādā シャーザーダー
おうじて〖応じて〗ਮੁਤਾਬਕ mutābaka̱ ムターバク, ਅਨੁਸਾਰ anusāra̱ アヌサール
おうしゅうする〖押収する〗ਕੁਰਕਣਾ kura̱kaṇā クルカナー
おうじょ〖王女〗ਰਾਜਕੁਮਾਰੀ rāja̱kumārī ラージクマーリー
おうじょ〖皇女〗ਸ਼ਾਹਜ਼ਾਦੀ śâzādī シャーザーディー
おうじる〖応じる〗（答える）ਜਵਾਬ ਦੇਣਾ jawāba̱ deṇā ジャワーブ デーナー（受け入れる）ਕਬੂਲਣਾ kabūlaṇā カブーラナー, ਮੰਨਣਾ mannaṇā マンナナー
おうせつしつ〖応接室〗ਡਰਾਇੰਗ ਰੂਮ ḍarāiṅga̱ rūma̱ ダラーイング ルーム
おうだん〖横断〗ਲੰਘਣ lâṅgaṇa̱ ランガン, ਪਾਰਗਮਨ pāraga̱mana̱ パーラグマン ◆横断する ਲੰਘਣਾ lâṅgaṇā ランガナー, ਪਾਰ ਕਰਨਾ pāra̱ kara̱nā パール カルナー
おうとう〖応答〗ਜਵਾਬ jawāba̱ ジャワーブ, ਉੱਤਰ uttara̱ ウッタル
おうひ〖王妃〗ਰਾਣੀ rāṇī ラーニー, ਬੇਗਮ begama̱ ベーガム
おうふく〖往復〗ਫੇਰਾ pʰerā ペーラー
おうぼうな〖横暴な〗ਅੱਤਿਆਚਾਰੀ attiācārī アッティアーチャーリー, ਜਾਬਰ jābara̱ ジャーバル, ਜ਼ਾਲਮਾਨਾ zāla̱mānā ザールマーナー
おうむ〖鸚鵡〗ਤੋਤਾ totā トーター
おうよう〖応用〗ਪਰਯੋਗ para̱yoga̱ パルヨーグ ◆応用する ਪਰਯੋਗ ਕਰਨਾ para̱yoga̱ kara̱nā パルヨーグ カルナー
おうりょう〖横領〗ਗਬਨ ğabana̱ ガバン, ਘਪਲਾ kăpalā カパラー, ਘਾਲਾ-ਮਾਲਾ kălā-mālā カーラー・マーラー
おえる〖終える〗ਖ਼ਤਮ ਕਰਨਾ xatama̱ kara̱nā カタム カルナー, ਸਮਾਪਤ ਕਰਨਾ samāpata̱ kara̱nā サマーパト カルナー, ਮੁਕਾਉਣਾ mukāuṇā ムカーウナー
おおあめ〖大雨〗ਗਰਕੀ ğara̱kī ガルキー, ਛੱਲ cʰalla̱ チャッル, ਵਾਛੜ wācʰaṛa̱ ワーチャル
おおい〖多い〗ਬਹੁਤ baûta̱ バォート, ਅਧਿਕ âdika̱ アディク
おおい〖覆い〗ਓਹਲਾ ôlā オーラー, ਢੱਕਣ ṭăkkaṇa̱ タッカン, ਛੁਪਾਉ cʰupāo チュパーオー

おおいに〖大いに〗ਬੜਾ baṛā バラー, ਬਹੁਤ baûta バォート

おおう〖覆う〗(かぶせる) ਢਕਣਾ ṭăkaṇā タカナー (隠す) ਛੁਪਾਉਣਾ cʰupāuṇā チュパーウナー

おおがたの〖大型の〗ਵੱਡੇ ਅਕਾਰ ਦਾ waḍḍe akāra dā ワッデー アカール ダー

おおかみ〖狼〗ਭੇੜੀਆ pĕṛīā ペーリーアー, ਬਘਿਆੜ bagiăṛa バギアール

おおきい〖大きい〗ਵੱਡਾ waḍḍā ワッダー

おおきくする〖大きくする〗ਵਧਾਉਣਾ wadăuṇā ワダーウナー

おおきくなる〖大きくなる〗ਵਧਣਾ wâdaṇā ワドナー

おおきさ〖大きさ〗ਮਿਕਦਾਰ mikadāra ミクダール, ਨਾਪ nāpa ナープ, ਸਾਈਜ਼ sāīza サーイーズ

おおきな〖大きな〗ਵੱਡਾ waḍḍā ワッダー (巨大な・莫大な) ਵਿਰਾਟ virāṭa ヴィラート, ਜ਼ਖ਼ੀਮ zaxīma ザキーム, ਅਜ਼ੀਮ azīma アズィーム

オーケストラ ਵਾਜਾ wājā ワージャー

おおごえ〖大声〗ਬਾਂਗ bā̃ga バーング, ਬੜ੍ਹਕ bâṛaka バラク, ਹਾਕ hāka ハーク

おおざら〖大皿〗ਥਾਲ tʰāla タール, ਤਬਕ tabaka タバク

オーストラリア ਆਸਟ੍ਰੇਰੀਆ āsaṭrerīā アーストレーリーアー

オーストリア ਆਸਟਰੀਆ āsaṭarīā アースタリーアー

おおどおり〖大通り〗ਰਾਜਪੱਥ rājapattʰa ラージパット

オートバイ ਮੋਟਰ ਸਾਈਕਲ moṭara sāīkala モータル サーイーカル

オートマチックの ਆਟੋਮੈਟਿਕ āṭomaiṭika アートーマエーティク

オーナー ਮਾਲਕ mālaka マーラク

オーブン ਭੱਠੀ păṭṭʰī パッティー, ਰੇਂਜ rẽja レーンジ

おおや〖大家〗ਮਕਾਨ ਮਾਲਕ makāna mālaka マカーン マーラク

おおやけの〖公の〗(公共の) ਸਰਕਾਰੀ sarakārī サルカーリー, ਰਾਜਸੀ rājasī ラージスィー (公式の) ਆਫ਼ੀਸ਼ਲ āfīśala アーフィーシャル

おおらかな ਰਵਾਦਾਰ rawādāra ラワーダール, ਉਦਾਰ udāra ウダール

おかあさん〖お母さん〗ਮਾਂ mā̃ マーン, ਮਾਤਾ ਜੀ mātā jī マーター ジー

おかしい (こっけいな) ਮਖੌਲੀ makʰaulī マカォーリー, ਮਸਖ਼ਰਾ masaxarā マスカラー, ਮਜ਼ਾਕੀਆ mazākīā マザーキーアー (楽しい) ਦਿਲਚਸਪ dilacasapa ディルチャスプ, ਮਨੋਰੰਜਕ manorañjaka マノーランジャク, ਰੋਚਕ rocaka ローチャク (奇妙な) ਅਜੀਬ ajība アジーブ, ਅਨੋਖਾ anokʰā アノーカー

おかす〖犯す〗(罪などを) ਭੁੱਲਣਾ pŭllaṇā プッラナー (法律などを) ਢਾਹੁਣਾ ṭăuṇā ターウナー (婦女を) ਚੋਦਣਾ codaṇā チョードナー

おかず ਵਿਅੰਜਨ viañjana ヴィアンジャン

おかね〖お金〗ਪੈਸਾ paisā パェーサー

おがわ〖小川〗ਵੇਈਂ veī̃ ヴェーイーン, ਨਾਲਾ nālā ナーラー

おきあがる〖起き上がる〗ਉੱਠਣਾ uṭṭʰaṇā ウッタナー

おきにいり〖お気に入り〗ਪਸੰਦ pasanda パサンド, ਦੁਲਾਰਾ dulārā ドゥラーラー

おきる〖起きる〗ਉੱਠਣਾ uṭṭʰaṇā ウッタナー (目を覚ます) ਜਾਗਣਾ jāgaṇā ジャーガナー (発生する) ਵਾਪਰਨਾ wāparanā ワーパルナー

おく〖奥〗ਭੀਤਰੀ ਭਾਗ pĭtarī păga ピータリー パーグ

おく〖億〗ਦਸ ਕਰੋੜ dasa karoṛa ダス カロール

おく〖置く〗ਰੱਖਣਾ rakkʰaṇā ラッカナー

おくさん〖奥さん〗ਬੀਵੀ bīwī ビーウィー, ਸ੍ਰੀਮਤੀ srīmatī スリーマティー

おくじょう〖屋上〗ਛੱਤ cʰatta チャット, ਕੋਠਾ koṭʰā コーター

おくそく〖憶測〗ਕਲਪਨਾ kalapanā カルパナー, ਸੰਭਾਵਨਾ sambăvanā サンバーヴナー, ਗੁਮਾਨ gumāna グマーン

おくびょうな〖臆病な〗ਡਰਪੋਕ ḍarapoka ダルポーク, ਬੁਜ਼ਦਿਲ buzadila ブズディル, ਕਾਇਰ kāira カーイル

おくゆき〖奥行き〗ਗਹਿਰਾਈ gaîrāī ガェーラーイー

おくりさき〖送り先〗(届け先) ਸਰਨਾਵਾਂ saranāwā̃ サルナーワーン

おくりじょう〖送り状〗ਬੀਚਕ bīcaka ビーチャク, ਚਲਾਨ calāna チャラーン

おくりもの〖贈り物〗ਤੁਹਫ਼ਾ tôfā トーファー, ਨਜ਼ਰਾਨਾ nazarānā ナズラーナー, ਉਪਹਾਰ upahāra ウプハール

おくる〖送る〗ਘੱਲਣਾ kăllaṇā カッラナー, ਭੇਜਣਾ pĕjaṇā ページャナー (見送る) ਜੋਲਣਾ jolaṇā ジョールナー, ਤੋਰਨਾ toranā トールナー

おくる〖贈る〗ਭੇਟਣਾ pĕṭaṇā ペータナー

おくれる〖遅れる〗ਦੇਰ ਹੋਣਾ dera hoṇā デール ホーナー, ਟਲਨਾ ṭalanā タルナー, ਬਿਲਮਣਾ bilamaṇā ビラムナー

おくれる〖後れる〗(時代などに) ਪਛੜਨਾ pacʰaṛanā パチャルナー

おこす〖起こす〗ਉਠਾਉਣਾ uṭʰāuṇā ウターウナー (目覚めさせる) ਜਗਾਉਣਾ jagāuṇā ジャガーウナー (引き起こす) ਪੈਦਾ ਕਰਨਾ paidā karanā パェーダー カルナー, ਉਤਪੰਨ ਕਰਨਾ utapanna karanā ウトパンヌ カルナー

おこたる〖怠る〗ਕਤਰਾਉਣਾ katarāuṇā カトラーウナー, ਵਿਸਾਰਨਾ visāranā ヴィサールナー

おこない〖行い〗ਅਮਲ amala アマル, ਕਰਮ karama カラム (品行) ਆਚਰਨ ācarana アーチャラン, ਚਰਿੱਤਰ carittara チャリッタル

おこなう〖行う〗ਕਰਨਾ karanā カルナー (挙行する) ਮਨਾਉਣਾ manāuṇā マナーウナー (実施する) ਲਾਗੂ ਕਰਨਾ lāgū karanā ラーグー カルナー

おこる〖起こる〗ਵਾਪਰਨਾ wāparanā ワーパルナー (勃発する) ਛਿੜਨਾ cʰiṛanā チルナー, ਭੜਕਣਾ păṛakaṇā パルカナー

おこる〖怒る〗ਨਰਾਜ਼ ਹੋਣਾ narāza hoṇā ナラーズ ホーナー, ਚਿੜਨਾ ciṛanā チルナー

おさえる〖押さえる〗ਦਬਾਉਣਾ dabāuṇā ダバーウナー

おさえる〖抑える〗（制圧する）ਦਬੋਚਣਾ dabocaṇā ダボーチャナー （阻止する）ਰੋਕਣਾ rokaṇā ローカナー （抑制する）ਹਟਕਣਾ haṭakaṇā ハタカナー

おさない〖幼い〗 ਨੰਨ੍ਹਾ nânnā ナンナー, ਨਿੱਕਾ nikkā ニッカー

おさまる〖治まる〗（安定する）ਠਹਿਰਨਾ ṭʰaîranā ターエールナー, ਟਿਕਣਾ ṭikaṇā ティカナー

おさまる〖納まる〗（入る）ਸਮਾਉਣਾ samāuṇā サマーウナー （落着する）ਤੈ ਹੋਣਾ tai hoṇā タェー ホーナー

おさめる〖治める〗（統制する）ਜ਼ਬਤ ਕਰ ਲੈਣਾ zabata kara laiṇā ザバト カル ラェーナー （統治する）ਰਾਜ ਕਰਨਾ rāja karanā ラージ カルナー

おさめる〖納める〗（届ける）ਪਹੁੰਚਾਉਣਾ pâûcāuṇā パォーンチャーウナー （納金する）ਭਰਨਾ pǎranā パルナー, ਤਾਰਨਾ tāranā タールナー

おじ〖伯父・叔父〗（父の兄）ਤਾਇਆ tāiā ターイアー （父の弟）ਚਾਚਾ cācā チャーチャー （母の兄弟）ਮਾਮਾ māmā マーマー （父の姉妹の夫）ਫੁੱਫੜ pʰuppʰaṛa プッパル （母の姉妹の夫）ਮਾਸੜ māsaṛa マーサル

おしい〖惜しい〗 ਖੇਦਜਨਕ kʰedajanaka ケードジャナク

おじいさん（年寄りの男性への敬称）ਬਾਬਾ bābā バーバー （老人）ਬੁੱਢਾ bûḍḍā ブッダー, ਬਜ਼ੁਰਗ bazuraga バズルグ

おしえ〖教え〗 ਸਿੱਖਿਆ sikkʰiā スィッキアー, ਤਾਲੀਮ tālīma ターリーム, ਉਪਦੇਸ਼ upadeśa ウプデーシュ

おしえる〖教える〗 ਸਿਖਾਉਣਾ sikʰāuṇā スィカーウナー, ਪੜ੍ਹਾਉਣਾ paṛǎuṇā パラーウナー （告げる）ਦੱਸਣਾ dassaṇā ダッサナー （知らせる）ਬਤਾਣਾ batāṇā バターナー

おじぎ〖お辞儀〗 ਤਾਜ਼ੀਮ tāzīma ターズィーム, ਝੁਕਾ cukǎ チュカー

おしこむ〖押し込む〗 ਠੋਸਣਾ ṭʰosaṇā トーサナー, ਘੁਸੇੜਨਾ kusěṛanā クセールナー, ਤੁੰਨਣਾ tunnaṇā トゥンナナー

おしつける〖押しつける〗（強制する）ਦਬਾਉਣਾ dabāuṇā ダバーウナー, ਦੱਬਣਾ dabbaṇā ダッブナー, ਮਜਬੂਰ ਕਰਨਾ majabūra karanā マジブール カルナー

おしむ〖惜しむ〗（残念に思う）ਮਸੋਸਣਾ masosaṇā マソーサナー （出し惜しむ）ਬਖ਼ੀਲ ਹੋਣਾ baxīla hoṇā バキール ホーナー

おしゃべりな〖お喋りな〗 ਬਾਤੂਨੀ bātūnī バートゥーニー, ਗੱਪੀ gappī ガッピー, ਯੱਕੜਬਾਜ਼ yakkaṛabāza ヤッカルバーズ

おしゃれな〖お洒落な〗 ਛੈਲ cʰaila チャェール, ਫ਼ੈਸ਼ਨਪਰਸਤ faiśanaparasata ファェーシャンパラスト, ਸ਼ੁਕੀਨ śukīna シュキーン

おしょく〖汚職〗 ਭਰਿਸ਼ਟਾਚਾਰ parǐśaṭācāra パリシュターチャール

おす〖押す〗 ਧਕੇਲਣਾ takělaṇā タケールナー, ਦਬਾਉਣਾ dabāuṇā ダバーウナー

おす〖雄〗 ਨਰ nara ナル, ਮੁਜ਼ੱਕਰ muzakkara ムザッカル

おせじ〖お世辞〗 ਚਾਪਲੂਸੀ cāpalūsī チャーパルースィー, ਖ਼ੁਸ਼ਾਮਦ xuśāmada クシャーマド, ਲੱਲੋ-ਪੱਤੋ lallo-patto ラッロー・パットー

おせっかいな〖お節介な〗 ਦਖ਼ਲ-ਅੰਦਾਜ਼ daxala-andāza ダカル・アンダーズ

おせん〖汚染〗 ਪਰਦੂਸ਼ਣ paradūśaṇa パルドゥーシャン

おそい〖遅い〗 ਪਛੜਿਆ pacʰaṛiā パチリアー, ਪਿਛੇਤਰਾ picʰetarā ピチェータラー, ਲੇਟ leṭa レート （速度が）ਮੱਠਾ maṭṭʰā マッター

おそう〖襲う〗 ਹੱਲਾ ਕਰਨਾ hallā karanā ハッラー カルナー, ਆਕਰਮਣ ਕਰਨਾ ākaramaṇa karanā アーカルマン カルナー

おそらく〖恐らく〗 ਸ਼ਾਇਦ śāida シャーイド, ਗ਼ਾਲਬਨ ğālabana ガールバン

おそれ〖恐れ〗（懸念）ਸ਼ੰਕਾ śaṅkā シャンカー, ਚਿੰਤਾ cintā チンター （恐怖）ਭੌ paǔ パォー, ਡਰ ḍara ダル, ਖ਼ੌਫ਼ xaufa カォーフ

おそれる〖恐れる〗 ਡਰਨਾ ḍaranā ダルナー, ਹੌਲਣਾ haulaṇā ハォールナー, ਸਹਿਮਣਾ saîmaṇā サェーマナー

おそろしい〖恐ろしい〗 ਭਿਆਨਕ piǎnaka ピアーナク, ਖ਼ੌਫ਼ਨਾਕ xaufanāka カォーフナーク

おたがいに〖お互いに〗 ਆਪਸ ਵਿੱਚ āpasa wicca アーパス ウィッチ

おだやかな〖穏やかな〗（平穏な）ਸ਼ਾਂਤਮਈ śā̃tamaī シャーントマイー （温厚な）ਹਲੀਮ halīma ハリーム

おちいる〖陥る〗 ਪੈਣਾ paiṇā パェーナー

おちつく〖落ち着く〗 ਥੰਮ੍ਹਣਾ tʰâmmaṇā タンマナー （定住する）ਵੱਸਣਾ wassaṇā ワッサナー

おちる〖落ちる〗 ਡਿਗਣਾ ḍigaṇā ディグナー, ਗਿਰਨਾ giranā ギルナー （汚れ・しみが）ਮਿਟਣਾ miṭaṇā ミタナー, ਉੱਡਣਾ uḍḍaṇā ウッダナー （試験に）ਅਸਫਲ ਹੋਣਾ asapʰala hoṇā アサパル ホーナー

おっと〖夫〗 ਪਤੀ patī パティー

おつり〖お釣り〗 ਰੇਜ਼ਗਾਰੀ rezagārī レーズガーリー, ਭਾਨ pǎna パーン, ਚੇਂਜ cẽja チェーンジ

オディシャしゅう〖オディシャ州〗 ਉੜੀਸਾ uṛīsā ウリーサー

おでこ ਮੱਥਾ mattʰā マッター, ਮਸਤਕ masataka マスタク, ਲਲਾਟ lalāṭa ララート

おと〖音〗 ਸੁਰ sura スル, ਸਵਰ sawara サワル, ਅਵਾਜ਼ awāza アワーズ

おとうさん〖お父さん〗 ਪਿਓ pio ピオー, ਪਿਤਾ ਜੀ pitā jī ピター ジー

おとうと〖弟〗 ਛੋਟਾ ਭਰਾ cʰoṭā parǎ チョーター パラー

おどかす〖脅かす〗 ਦਬਕਾਉਣਾ dabakāuṇā ダブカーウナー, ਯਰਕਾਉਣਾ yarakāuṇā ヤルカーウナー, ਖਹੁਰਨਾ kʰaûranā カォールナー

おとこ〖男〗 ਆਦਮੀ ādamī アードミー, ਪੁਰਖ purakʰa プルク, ਮਰਦ marada マルド

おとこのこ〖男の子〗 ਮੁੰਡਾ muṇḍā ムンダー

おどし〖脅し〗 ਧਮਕੀ tǎmakī タムキー, ਧੌਂਸ taũsa タォーンス, ਡਰਾਵਾ ḍarāwā ダラーワー

おとす〖落とす〗 ਡੇਗਣਾ ḍegaṇā デーグナー, ਡਿਗਾਉਣਾ ḍigāuṇā ディガーウナー, ਗਿਰਾਉਣਾ girāuṇā ギラーウナー （汚れを）ਮਿਟਾਉਣਾ miṭāuṇā ミターウナー

おどす〖脅す〗ਧਮਕਾਉਣਾ tamakǎuṇā タムカーウナー，ਯਰਕਾਉਣਾ yarakāuṇā ヤルカーウナー，ਖਹੁਰਨਾ k^{h}aûranā カォールナー

おとずれる〖訪れる〗ਆਉਣਾ āuṇā アーウナー，ਮਿਲਨ ਜਾਣਾ milana jāṇā ミラン ジャーナー

おとった〖劣った〗ਘਟੀਆ kǎṭīā カティーアー

おととい〖一昨日〗ਪਰਸੋਂ parasõ パルソーン

おととし〖一昨年〗ਪਰਾਰ parāra パラール

おとな〖大人〗ਬਾਲਗ਼ bālağa バーラグ

おとなしい ਕੂਨਾ kūnā クーナー，ਚੁੱਪੂ cuppū チュップー

おどり〖踊り〗ਨਾਚ nāca ナーチ，ਨਿਰਤ nirata ニルト，ਡਾਂਸ ḍā̃sa ダーンス

おどる〖踊る〗ਨੱਚਣਾ naccaṇā ナッチャナー

おとろえる〖衰える〗（健康・人気が）ਡਿਗਣਾ ḍigaṇā ディグナー（人などが）ਕਮਜ਼ੋਰ ਹੋਣਾ kamazora hoṇā カムゾール ホーナー，ਦੁਰਬਲ ਹੋਣਾ durabala hoṇā ドゥルバル ホーナー

おどろかす〖驚かす〗ਚੌਂਕਾਉਣਾ caũkāuṇā チャォーンカーウナー

おどろき〖驚き〗ਅਸਚਰਜ asacaraja アスチャルジ，ਅਚੰਭਾ acâmbā アチャンバー，ਹੈਰਾਨੀ hairānī ハェーラーニー

おどろく〖驚く〗ਚੌਂਕਣਾ caũkaṇā チャォーンクナー，ਹੈਰਾਨ ਹੋਣਾ hairāna hoṇā ハェーラーン ホーナー

おなか〖お腹〗ਢਿੱਡ ṭiḍḍa ティッド，ਪੇਟ peṭa ペート

おなじ〖同じ〗（同一の）ਸਮਾਨ samāna サマーン（等しい）ਬਰਾਬਰ barābara バラーバル，ਤੁੱਲ tulla トゥッル（同様の）ਇੱਕੋ ਜਿਹਾ ikko jîā イッコー ジアー，ਮਿਲਦਾ ਜੁਲਦਾ miladā juladā ミルダー ジュルダー（共通の）ਸਾਂਝਾ sā̂jā サーンジャー

おに〖鬼〗ਦੈਂਤ dãĩta ダェーント，ਰਾਖਸ਼ rāk^{h}aśa ラーカシュ

おの〖斧〗ਛਵ੍ਹੀ c^{h}âwī チャウィー，ਕੁਹਾੜਾ kuǎṛā クアーラー，ਤਬਰ tabara タバル

おのおのの〖各々の〗ਹਰ hara ハル

おば〖伯母・叔母〗（父の姉妹）ਭੂਆ pǔā プーアー，ਫੁੱਫੀ p^{h}upp^{h}ī プッピー（母の姉妹）ਮਾਸੀ māsī マースィー，ਖ਼ਾਲਾ xālā カーラー（父の兄の妻）ਤਾਈ tāī ターイー（父の弟の妻）ਚਾਚੀ cācī チャーチー（母の兄弟の妻）ਮਾਮੀ māmī マーミー

おばあさん（年寄りの女性への敬称）ਅੰਮਾਂ ammā̃ アンマーン，ਵੱਡਮਾਂ waḍḍamā̃ ワッダマーン（老女）ਬੁੱਢੀ bûḍḍī ブッディー

オパール ਦੁੱਧ-ਪੱਥਰ dûdda-patt^{h}ara ドゥッド・パッタル

おばけ〖お化け〗ਭੂਤ pǔta プート，ਪਰੇਤ pareta パレート

おびえる〖怯える〗ਡਰਨਾ ḍaranā ダルナー，ਯਰਕਣਾ yarakaṇā ヤルカナー

オフィス ਦਫ਼ਤਰ dafatara ダフタル，ਕਾਰਯਾਲਾ kārayālā カールヤーラー，ਆਫ਼ਿਸ āfisa アーフィス

オペラ ਗੀਤ ਨਾਟ gīta nāṭa ギート ナート，ਓਪੇਰਾ operā オーペーラー

おぼえている〖覚えている〗ਯਾਦ ਹੈ yāda hai ヤード ハェー

おぼえる〖覚える〗ਯਾਦ ਕਰਨਾ yāda karanā ヤード カルナー（習得する）ਸਿੱਖਣਾ sikk^{h}aṇā スィッカナー

おぼれる〖溺れる〗ਡੁੱਬਣਾ ḍubbaṇā ドゥッバナー，ਗ਼ਰਕਣਾ ğarakaṇā ガルカナー

おまけ（景品・付け足し）ਝੂੰਗਾ cũ̌gā チューンガー（割引）ਵੱਟਾ waṭṭā ワッター ♦おまけする ਵੱਟਾ ਲਾਉਣਾ waṭṭā lāuṇā ワッター ラーウナー

おまもり〖お守り〗ਤਵੀਤ tawīta タウィート，ਹੈਕਲ haikala ハェーカル

おまわりさん〖お巡りさん〗ਪੁਲਸੀਆ pulasīā プルスィーアー

おむつ ਪੋਤੜਾ potaṛā ポータラー

おもい〖重い〗ਭਾਰਾ pǎrā パーラー，ਵਜ਼ਨੀ wazanī ワズニー（役割や責任が）ਅਹਿਮ aîma アェーム，ਮਹੱਤਵਪੂਰਨ mahattavapūrana マハッタヴプールン（病が）ਗੰਭੀਰ gambǐra ガンビール

おもいうかぶ〖思い浮かぶ〗ਅਹੁੜਨਾ aûṛanā アォールナー，ਸੁੱਝਣਾ sûjjaṇā スッジャナー

おもいがけない〖思いがけない〗ਇਤਫ਼ਾਕੀਆ itafākīā イトファーキーアー，ਸਬੱਬੀ sababbī サバッビー

おもいだす〖思い出す〗ਯਾਦ ਆਉਣਾ yāda āuṇā ヤード アーウナー

おもいつき〖思いつき〗ਸੁੱਝ sûjja スッジ，ਉੱਕਤ ukkata ウッカト，ਫੁਰਨਾ p^{h}uranā プルナー

おもいつく〖思いつく〗ਚਿਤਾਰਨਾ citāranā チタールナー，ਚਿਤਵਣਾ citawaṇā チタウナー

おもいで〖思い出〗ਯਾਦ yāda ヤード，ਸਿਮਰਤੀ simaratī スィマルティー

おもいやり〖思いやり〗ਹਮਦਰਦੀ hamadaradī ハムダルディー

おもう〖思う〗ਸੋਚਣਾ socaṇā ソーチャナー（見なす）ਸਮਝਣਾ sâmajaṇā サマジャナー（推測する）ਭਾਂਪਣਾ pā̌paṇā パーンパナー

おもさ〖重さ〗ਭਾਰ pǎra パール，ਵਜ਼ਨ wazana ワザン

おもしろい〖面白い〗ਦਿਲਚਸਪ dilacasapa ディルチャスプ，ਰੋਚਕ rocaka ローチャク（奇抜だ）ਅਪੂਰਵ apūrava アプーラヴ

おもちゃ〖玩具〗ਖਿਡੌਣਾ k^{h}iḍauṇā キダォーナー，ਖਿਡਾਲ k^{h}iḍāla キダール

おもて〖表〗（前面）ਮੂਹਰਾ mûrā ムーラー（表面）ਸਤ੍ਹਾ sâtā サター（正面）ਸਾਹਮਣਾ sâmaṇā サームナー（戸外）ਬਾਹਰ bâra バール

おもな〖主な〗ਮੁੱਖ mukk^{h}a ムック

おもに〖主に〗ਮੁੱਖ ਤੌਰ ਤੇ mukk^{h}a taura te ムック タォール テー

おもむき〖趣〗ਮਜ਼ਾ mazā マザー，ਅਦਾ adā アダー

おもり〖重り〗ਵੱਟਾ waṭṭā ワッター，ਪਾਸਕੂ pāsakū パースクー

おもんじる〖重んじる〗ਮਹੱਤਵ ਦੇਣਾ mahattava deṇā マハッタヴ デーナー（尊重する）ਸਨਮਾਨ ਕਰਨਾ sanamāna karanā サンマーン カルナー

おや〖親〗（両親）ਜਣਦੇ jaṇade ジャンデー，ਮਾਪੇ māpe マーペー，ਵਾਲਦੈਨ wāladaina ワールダェーン

おやゆび〘親指〙ਠੋਸਾ ṭ^{h}osā トーサー, ਠੁੱਠ ṭ^{h}uṭṭ^{h}a トゥット, ਅੰਗੂਠਾ aṅgūṭ^{h}ā アングーター
およぐ〘泳ぐ〙ਤਰਨਾ taranā タルナー
およそ ਕਰੀਬ karība カリーブ, ਤਕਰੀਬਨ takarībana タクリーバン, ਲਗਭਗ lagapăga ラグパグ
およぶ〘及ぶ〙ਪਹੁੰਚਣਾ pâûcaṇā パォーンチナー, ਪੁੱਜਣਾ pujjaṇā プッジャナー
オランダ ਨੀਦਰਲੈਂਡ nīdaralāĩḍa ニーダルラェーンド
おりたたむ〘折り畳む〙ਤਹਿ ਕਰਨਾ taî karanā タェーカルナー, ਲਪੇਟਣਾ lapeṭaṇā ラペータナー
おりめ〘折り目〙ਵੱਟ waṭṭa ワット, ਸ਼ਿਕਨ śikana シカン, ਭੰਨ pănna パンヌ
おりもの〘織物〙ਉਣਵਾਈ uṇawāī ウンワーイー, ਕੱਪੜਾ kappaṛā カッパラー
おりる〘下りる〙ਉੱਤਰਨਾ uttaranā ウッタルナー
おりる〘降りる〙ਉੱਤਰਨਾ uttaranā ウッタルナー
オリンピック ਉਲੰਪਿਕ ulampika ウランピク, ਓਲੰਪਿਕ olampika オーランピク
おる〘折る〙ਮੋੜਨਾ moṛanā モールナー（切り離す）ਤੋੜਨਾ toṛanā トールナー
おる〘織る〙ਬੁਣਨਾ buṇanā ブンナー
おれる〘折れる〙ਮੁੜਨਾ muṛanā ムルナー（譲歩する）ਪੱਘਰਨਾ pâggaranā パッガルナー
オレンジ ਨਾਰੰਗੀ nāraṅgī ナーランギー, ਰੰਗਤਰਾ raṅgatarā ラングタラー, ਸੰਗਤਰਾ saṅgatarā サングタラー
おろかな〘愚かな〙ਮੂਰਖ mūrak^{h}a ムーラク, ਬੇਵਕੂਫ਼ bewakūfa ベーワクーフ, ਬੁੱਧੂ bûddū ブッドゥー
おろし〘卸〙ਥੋਕ t^{h}oka トーク
おろす〘下ろす〙ਉਤਾਰਨਾ utāranā ウタールナー, ਲਾਹੁਣਾ lâuṇā ラーウナー
おろす〘降ろす〙ਉਤਾਰਨਾ utāranā ウタールナー, ਲਾਹੁਣਾ lâuṇā ラーウナー
おわり〘終わり〙ਓੜਕ oṛaka オーラク, ਅੰਤ anta アント, ਆਖ਼ਰ āxara アーカル
おわる〘終わる〙ਖ਼ਤਮ ਹੋਣਾ xatama hoṇā カタム ホーナー, ਸਮਾਪਤ ਹੋਣਾ samāpata hoṇā サマーパト ホーナー, ਮੁੱਕਣਾ mukkaṇā ムッカナー（完結する）ਪੂਰਾ ਹੋ ਜਾਣਾ pūrā ho jāṇā プーラー ホー ジャーナー, ਨਿੱਬੜਨਾ nibbaṛanā ニッバルナー, ਨਿਪਟਣਾ nipaṭaṇā ニプタナー
おん〘恩〙ਕਿਰਪਾ kirapā キルパー, ਇਹਸਾਨ êsāna エーサーン, ਉਪਕਾਰ upakāra ウプカール
おんかい〘音階〙ਸਰਗਮ saragama サルガム, ਹਿੰਡੋਲ hiṇḍola ヒンドール
おんがく〘音楽〙ਸੰਗੀਤ saṅgīta サンギート
おんけい〘恩恵〙ਕਿਰਪਾ kirapā キルパー, ਇਹਸਾਨ êsāna エーサーン, ਉਪਕਾਰ upakāra ウプカール
おんこうな〘温厚な〙ਹਲੀਮ halīma ハリーム, ਨਰਮ narama ナラム, ਸੁਹਿਰਦ suhirada スヒルド
オンス ਔਂਸ ãūsa アォーンス
おんすい〘温水〙ਗਰਮ ਪਾਣੀ garama pāṇī ガラム パーニー
おんせい〘音声〙ਸੁਰ sura スル, ਸਵਰ sawara サワル, ਅਵਾਜ਼ awāza アワーズ
おんせつ〘音節〙ਸ਼ਬਦਾਂਸ਼ śabadā̃śa シャブダーンシュ, ਸ਼ਬਦਾਂਗ śabadā̃ga シャブダーング
おんせん〘温泉〙ਗਰਮ ਚਸ਼ਮਾ garama caśamā ガラム チャシュマー
おんだんな〘温暖な〙ਮੁਹਤਦਿਲ môtadila モートディル
おんど〘温度〙ਤਾਪਮਾਨ tāpamāna タープマーン, ਟੈਂਪਰੇਚਰ ṭāĩparecara タェーンプレーチャル ◆温度計 ਥਰਮਾਮੀਟਰ t^{h}aramāmīṭara タルマーミータル
おんどり〘雄鶏〙ਕੁੱਕੜ kukkaṛa クッカル, ਮੁਰਗਾ muragā ムルガー
おんな〘女〙ਤੀਵੀਂ tīwī̃ ティーウィーン, ਤਿਰਿਆ tiriā ティリアー, ਤਰੀਮਤ tarīmata タリーマト
おんなのこ〘女の子〙ਕੁੜੀ kuṛī クリー

か行

か〘科〙（学校・病院の）ਵਿਭਾਗ vipăga ヴィパーグ（学習上の）ਕੋਰਸ korasa コールス
か〘課〙（教科書などの区切りの）ਪਾਠ pāṭ^{h}a パート（組織の区分の）ਸੈਕਸ਼ਨ saikaśana サェークシャン
か〘蚊〙ਮੱਛਰ macc^{h}ara マッチャル, ਕੱਟਰ kaṭṭara カッタル
が〘蛾〙ਭੰਬਟ pămbaṭa パンバト, ਭਮੱਕੜ pamăkkaṛa パマッカル, ਪਤੰਗਾ pataṅgā パタンガー
カーテン ਪਰਦਾ paradā パルダー, ਤਰੱਟੀ taraṭṭī タラッティー
カード ਕਾਰਡ kāraḍa カールド
ガードマン ਪਾਸਬਾਨ pāsabāna パースバーン, ਰਖਵਾਲਾ rak^{h}awālā ラクワーラー
ガーネット ਕਾਰਬੰਕਲ kārabaṅkala カールバンカル, ਯਾਕੂਤ yākūta ヤークート
カーブ ਮੋੜ moṛa モール
カーペット ਕਾਰਪੈਟ kārapaiṭa カールパェート, ਗ਼ਲੀਚਾ ğalīcā ガリーチャー
かい〘回〙（競技・ゲームの）ਰਾਊਂਡ rāū̃ḍa ラーウーンド（回数）ਦਫ਼ਾ dafā ダファー, ਵਾਰ wāra ワール
かい〘会〙（集まり）ਜਲਸਾ jalasā ジャルサー, ਸਭਾ sâbā サバー, ਮੀਟਿੰਗ mīṭiṅga ミーティング（団体）ਸਮਾਜ samāja サマージ
かい〘貝〙ਸਿੱਪ sippa スィップ, ਘੋਗਾ kŏgā コーガー, ਸੰਖ saṅk^{h}a サンク
かい〘櫂〙ਚੱਪੂ cappū チャップー
がい〘害〙ਹਾਨੀ hānī ハーニー, ਨੁਕਸਾਨ nukasāna ヌクサーン
かいいん〘会員〙ਸਦੱਸ sadassa サダッス, ਰੁਕਨ rukana ルカン, ਮੈਂਬਰ māĩbara マェーンバル
かいおうせい〘海王星〙ਨੈਪਚੂਨ naipacūna ナェープチューン
がいか〘外貨〙ਬਦੇਸੀ ਮੁੱਦਰਾ badesī muddarā バデースィー ムッダラー
かいがいに〘海外に〙ਸਮੁੰਦਰ ਪਾਰ samundara pāra サムンダル パール
かいかく〘改革〙ਸੁਧਾਰ sudăra スダール ◆改革する

ਸੁਧਾਰਨਾ sudărạnā スダールナー, ਸੁਆਰਨਾ suārạnā スアールナー
かいかつな〖快活な〗ਖ਼ੁਸ਼ਮਿਜ਼ਾਜ xuśamizāja クシュミザージ, ਹਰਸ਼ਿਤ haraśita ハルシト
かいがら〖貝殻〗ਸਿੱਪ sippa スィップ, ਘੋਗਾ kŏgā コーガー, ਸੰਖ saṅkʰa サンク
かいがん〖海岸〗ਸਮੁੰਦਰ ਤਟ samundara taṭa サムンダル タト
がいかん〖外観〗ਦਿੱਸ dissa ディッス, ਦਿੱਖ dikkʰa ディック, ਨਮੂਦ namūda ナムード
かいぎ〖会議〗ਸਭਾ sâbā サバー, ਸੰਮੇਲਨ sammelana サンメーラン, ਕਾਨਫ਼ਰੰਸ kānafaransa カーンファランス
かいきゅう〖階級〗ਅਹੁਦਾ aûdā アォーダー, ਸ਼ਰੇਣੀ śareṇī シャレーニー, ਵਰਗ waraga ワルグ
かいきょう〖海峡〗ਜਲਡਮਰੂਮਧ jalaḍamarūmâda ジャルダムルーマド
かいぎょう〖開業〗ਉਦਘਾਟਨ udagăṭana ウドガータン
かいぐん〖海軍〗ਜਲ-ਸੈਨਾ jala-sainā ジャル・サェーナー, ਨੌ-ਸੈਨਾ nau-sainā ナォー・サェーナー, ਸਮੁੰਦਰੀ ਫ਼ੌਜ samundarī fauja サムンダリー ファォージ
かいけい〖会計〗（勘定）ਖਾਤਾ kʰātā カーター, ਲੇਖਾ lekʰā レーカー, ਹਿਸਾਬ hisāba ヒサーブ（経済状況）ਆਰਥਿਕ ਸਥਿਤੀ āratʰika satʰitī アールティク サティティー ◆会計士 ਮੁਨੀਮ munīma ムニーム, ਲੇਖਾਕਾਰ lekʰākāra レーカーカール
かいけつ〖解決〗ਹੱਲ halla ハッル, ਸਮਾਧਾਨ samādăna サマーダーン ◆解決される ਹੱਲ ਹੋਣਾ halla hoṇā ハッル ホーナー, ਸੁਲਝਣਾ sûlajaṇā スルジャナー, ਨਿਪਟਣਾ nipaṭaṇā ニプタナー ◆解決する ਹੱਲ ਕਰਨਾ halla karaṇā ハッル カルナー, ਸੁਲਝਾਉਣਾ sulajăuṇā スルジャーウナー, ਨਿਪਟਾਉਣਾ nipaṭāuṇā ニプターウナー
かいけん〖会見〗ਮੁਲਾਕਾਤ mulākāta ムラーカート, ਇੰਟਰਵਿਊ inṭaraviū インタルヴィウー
がいけん〖外見〗ਦਿੱਸ dissa ディッス, ਦਿੱਖ dikkʰa ディック, ਜ਼ਾਹਰਦਾਰੀ jâradārī ジャールダーリー
かいげんれい〖戒厳令〗ਮਾਰਸ਼ਲ ਲਾ mārāśala lā マールシャル ラー
かいご〖介護〗ਸੇਵਾ sewā セーワー, ਉਪਚਾਰ upacāra ウプチャール
かいごう〖会合〗ਜਲਸਾ jalasā ジャルサー, ਸਭਾ sâbā サバー, ਮੀਟਿੰਗ mīṭinga ミーティング
がいこう〖外交〗ਕੂਟਨੀਤੀ kūṭanītī クートニーティー, ਡਿਪਲੋਮੇਸੀ ḍipalomesī ディプローメースィー ◆外交官 ਕੂਟਨੀਤਗ kūṭanītaga クートニータグ, ਡਿਪਲੋਮੈਟ ḍipalomaiṭa ディプローマェート
がいこく〖外国〗ਬਦੇਸ badesa バデース ◆外国人 ਬਦੇਸੀ badesī バデースィー ◆外国の ਬਦੇਸੀ badesī バデースィー
がいこつ〖骸骨〗ਕਰੰਗ karaṅga カラング, ਪਿੰਜਰ piñjara ピンジャル
かいさん〖解散〗ਵਿਸਰਜਨ visarajana ヴィサルジャン
がいさん〖概算〗ਅਟਕਲ aṭakala アトカル, ਅੰਦਾਜ਼ਾ andāzā アンダーザー
かいさんぶつ〖海産物〗ਸਮੁੰਦਰੀ ਉਤਪਾਦਨ samundarī utapādana サムンダリー ウトパーダン
かいし〖開始〗ਸ਼ੁਰੂ śurū シュルー, ਅਰੰਭ arâmba アランブ ◆開始する ਸ਼ੁਰੂ ਕਰਨਾ śurū karaṇā シュルー カルナー, ਅਰੰਭਣਾ arâmbaṇā アランバナー
かいしゃ〖会社〗ਕੰਪਨੀ kampanī カンパニー, ਫ਼ਰਮ farama ファルム
かいしゃく〖解釈〗ਤਾਬੀਰ tābīra タービール, ਤਫ਼ਸੀਰ tafasīra タフスィール, ਟੀਕਾ ṭīkā ティーカー
かいしゅう〖改宗〗ਧਰਮ ਪਰਿਵਰਤਨ tărama pariwaratana タラム パリワルタン
がいしゅつする〖外出する〗ਬਾਹਰ ਜਾਣਾ bâra jāṇā バール ジャーナー
かいじょうの〖海上の〗ਸਮੁੰਦਰੀ samundarī サムンダリー
かいじょする〖解除する〗ਰੱਦਣਾ raddaṇā ラッダナー, ਕੈਂਸਲ ਕਰਨਾ kãīsala karaṇā カェーンサル カルナー
かいすい〖海水〗ਸਮੁੰਦਰੀ ਜਲ samundarī jala サムンダリー ジャル
がいする〖害する〗ਹਰਜ ਪਹੁੰਚਾਉਣਾ haraja pāûcāuṇā ハルジ パォーンチャーウナー, ਵਿਚਾਲਨਾ vicālaṇā ヴィチャールナー, ਵਿਗਾੜਨਾ vigāṛaṇā ヴィガールナー
かいせいする〖改正する〗ਸੋਧਣਾ sôdaṇā ソーダナー
かいせいの〖快晴の〗ਨਿੰਬਲ nimbala ニンバル
かいせつ〖解説〗ਵਖਾਣ wakʰāṇa ワカーン, ਵਿਆਖਿਆ viākʰiā ヴィアーキアー, ਵਜ਼ਾਹਤ wazâta ワザート ◆解説する ਵਖਾਣਨਾ wakʰāṇanā ワカーンナー, ਵਿਆਖਿਆ ਕਰਨੀ viākʰiā karanī ヴィアーキアー カルニー
かいぜんする〖改善する〗ਸੁਧਾਰਨਾ sudărạnā スダールナー, ਸੁਆਰਨਾ suārạnā スアールナー
かいそう〖海草・海藻〗ਸਮੁੰਦਰੀ ਕਾਈ samundarī kāī サムンダリー カーイー, ਐਲਜੀ ailajī アェールジー
かいぞう〖改造〗ਪਲਟਾਈ palaṭāī パルターイー
かいぞく〖海賊〗ਸਮੁੰਦਰੀ ਡਾਕੂ samundarī ḍākū サムンダリー ダークー
かいたくする〖開拓する〗ਵਸਾਉਣਾ wasāuṇā ワサーウナー
かいだん〖会談〗ਗੱਲ-ਬਾਤ galla-bāta ガッル・バート, ਵਾਰਤਾਲਾਪ wāratālāpa ワールターラープ, ਕਾਨਫ਼ਰੰਸ kānafaransa カーンファランス
かいだん〖階段〗ਪੌੜੀ pauṛī パォーリー, ਸੀੜ੍ਹੀ sîṛī スィーリー, ਜ਼ੀਨਾ zīnā ズィーナー
かいちゅうでんとう〖懐中電灯〗ਟਾਰਚ ṭāraca タールチ
かいちょう〖会長〗ਅਧਿਅਕਸ਼ âdiakaśa アディアクシュ, ਪਰਧਾਨ paradăna パルダーン, ਪਰੈਜ਼ੀਡੈਂਟ paraizīḍãīṭa パラェーズィーダェーント
かいて〖買い手〗ਗਾਹਕ gâka ガーク, ਖ਼ਰੀਦਾਰ xarīdāra カリーダール, ਵਿਹਾਜੜ viăjaṛa ヴィアージャル
かいてい〖海底〗ਸਮੁੰਦਰ ਤਲ samundara tala サムンダル タル
かいてきな〖快適な〗ਸੁਹਾਉਣਾ suhāuṇā スハーウナー, ਸੁਹੇਲਾ suhelā スヘーラー

かいてん〖回転〗ਦੌਰਾ daurā ダォーラー, ਫੇਰਾ p^{h}erā ペーラー, ਘੁਮਾਉ kumăo クマーオー ♦回転する ਫਿਰਨਾ p^{h}iranā ピルナー, ਘੁੰਮਣਾ kŭmmaṇā クンマナー

ガイド ਰਾਹਨੁਮਾ rânumā ラーヌマー, ਗਾਈਡ gāīḍa ガーイード

かいとう〖解答〗ਜਵਾਬ jawāba ジャワーブ, ਉੱਤਰ uttara ウッタル ♦解答する ਜਵਾਬ ਦੇਣਾ jawāba deṇā ジャワーブ デーナー, ਉੱਤਰ ਦੇਣਾ uttara deṇā ウッタル デーナー

かいとう〖回答〗ਜਵਾਬ jawāba ジャワーブ, ਉੱਤਰ uttara ウッタル ♦回答する ਜਵਾਬ ਦੇਣਾ jawāba deṇā ジャワーブ デーナー, ਉੱਤਰ ਦੇਣਾ uttara deṇā ウッタル デーナー

かいにゅう〖介入〗ਦਖ਼ਲ daxala ダカル, ਮਦਾਖ਼ਲਤ madāxalata マダークラト ♦介入する ਦਖ਼ਲ ਕਰਨਾ daxala karanā ダカル カルナー

がいねん〖概念〗ਸੰਕਲਪ saṅkalapa サンカルプ

かいはつ〖開発〗ਵਿਕਾਸ vikāsa ヴィカース ♦開発する ਵਿਕਸਿਤ ਕਰਨਾ vikasita karanā ヴィクスィト カルナー ♦開発途上国 ਵਿਕਾਸਸ਼ੀਲ ਦੇਸ vikāsaśīla desa ヴィカースシール デース

かいひ〖会費〗ਚੰਦਾ candā チャンダー

がいぶ〖外部〗ਬਾਹਰ bâra バール

かいふくする〖回復する〗ਰਾਜ਼ੀ ਹੋਣਾ rāzī hoṇā ラーズィー ホーナー

かいぼう〖解剖〗ਚੀਰਫਾੜ cīrap^{h}āṛa チールパール, ਕੱਟ ਵੱਢ kaṭṭa wâḍḍa カット ワッド, ਵੱਢ ਟੁੱਕ wâḍḍa ṭukka ワッド トゥック

かいほうする〖解放する〗ਮੁਕਤ ਕਰਨਾ mukata karanā ムカト カルナー, ਉਧਾਰਨਾ udǎranā ウダールナー, ਛੱਡਣਾ c^{h}aḍḍaṇā チャッダナー

かいほうする〖開放する〗ਖੁੱਲ੍ਹਾ ਰੱਖਣਾ k^{h}ûllā rakk^{h}aṇā クッラー ラッカナー

かいもの〖買い物〗ਖ਼ਰੀਦਾਰੀ xarīdārī カリーダーリー, ਸ਼ਾਪਿੰਗ śāpiṅga シャーピング

かいりつ〖戒律〗ਰਹਿਤ raîta ラェート, ਮਰਯਾਦਾ marayādā マルヤーダー

がいりゃく〖概略〗ਸਾਰੰਸ਼ sāranśa サーランシュ, ਰੂਪਰੇਖਾ rūparek^{h}ā ループレーカー

かいりょう〖改良〗ਸੁਧਾਰ sudǎra スダール, ਸੋਧ sôda ソード, ਤਰਮੀਮ taramīma タルミーム

かいわ〖会話〗ਗੱਲ-ਬਾਤ galla-bāta ガッル・バート, ਬਾਤ-ਚੀਤ bāta-cīta バート・チート, ਵਾਰਤਾਲਾਪ wāratālāpa ワールターラープ

かう〖飼う〗ਪਾਲਣਾ pālanā パールナー, ਰੱਖਣਾ rakk^{h}aṇā ラッカナー

かう〖買う〗ਖ਼ਰੀਦਣਾ xarīdaṇā カリーダナー, ਵਿਹਾਜਣਾ viǎjaṇā ヴィアージャナー, ਵਣਜਣਾ waṇajaṇā ワンジャナー

ガウン ਗਾਊਨ gāūna ガーウーン

かえす〖返す〗ਵਾਪਸ ਕਰਨਾ wāpasa karanā ワーパス カルナー, ਪਰਤਾਉਣਾ paratāuṇā パルターウナー, ਮੋੜਨਾ moṛanā モールナー

かえり〖帰り〗ਵਾਪਸੀ wāpasī ワーパスィー, ਰਿਟਰਨ riṭarana リタルン

かえる〖帰る〗ਵਾਪਸ ਆਉਣਾ wāpasa āuṇā ワーパス アーウナー（引き返す）ਪਰਤਣਾ parataṇā パルタナー, ਮੁੜਨਾ muṛanā ムルナー（去る）ਛੱਡਣਾ c^{h}aḍḍaṇā チャッダナー

かえる〖返る〗ਵਾਪਸ ਆਉਣਾ wāpasa āuṇā ワーパス アーウナー, ਪਰਤਣਾ parataṇā パルタナー, ਮੁੜਨਾ muṛanā ムルナー

かえる〖替える・換える〗ਬਦਲਨਾ badalanā バダルナー

かえる〖変える〗ਬਦਲਨਾ badalanā バダルナー

かえる〖蛙〗ਡੱਡੂ ḍaḍḍū ダッドゥー, ਦਾਦਰ dādara ダーダル, ਮੇਂਡਕ mēḍaka メーンダク

かお〖顔〗ਚਿਹਰਾ cêrā チェーラー, ਮੂੰਹ mū̃ ムーン, ਰੁਖ਼ ruxa ルク

かおり〖香り〗ਮੁਸ਼ਕ muśaka ムシュク, ਮਹਿਕ maîka マェーク

がか〖画家〗ਚਿੱਤਰਕਾਰ cittarakāra チッタルカール, ਪੇਂਟਰ pēṭara ペーンタル

かかく〖価格〗ਕੀਮਤ kīmata キーマト, ਦਾਮ dāma ダーム, ਮੁੱਲ mulla ムッル

かがく〖化学〗ਰਸਾਇਣ rasāiṇa ラサーイン, ਕੈਮਿਸਟਰੀ kaimisaṭarī カェーミスタリー

かがく〖科学〗ਵਿਗਿਆਨ vigiāna ヴィギアーン, ਸਾਇੰਸ sāinsa サーインス ♦科学者 ਵਿਗਿਆਨੀ vigiānī ヴィギアーニー, ਸਾਇੰਸਦਾਨ sāinsadāna サーインスダーン

かかと〖踵〗ਅੱਡੀ aḍḍī アッディー, ਏੜ eṛa エール, ਹੀਲ hīla ヒール

かがみ〖鏡〗ਸ਼ੀਸ਼ਾ śīśā シーシャー, ਆਈਨਾ āīnā アーイーナー, ਦਰਪਣ darapaṇa ダルパン

かがむ ਝੁਕਣਾ cǔkaṇā チュカナー, ਲਿਫਣਾ lip^{h}aṇā リパナー, ਉੜਨਾ uṛanā ウルナー

かがやかしい〖輝かしい〗ਸ਼ਾਨਦਾਰ śānadāra シャーンダール, ਆਲੀਸ਼ਾਨ ālīśāna アーリーシャーン

かがやき〖輝き〗ਸ਼ਾਨ śāna シャーン, ਚਮਕ camaka チャマク, ਲਿਸ਼ਕ liśaka リシュク

かがやく〖輝く〗ਚਮਕਣਾ camakaṇā チャマクナー, ਲਿਸ਼ਕਣਾ liśakaṇā リシュカナー

かかりいん〖係員〗ਨੌਕਰ naukara ナォーカル, ਚਾਕਰ cākara チャーカル

かかる〖掛かる〗（物が）ਲਟਕਣਾ laṭakaṇā ラトカナー（金が）ਲੱਗਣਾ laggaṇā ラッガナー（時間が）ਲੱਗਣਾ laggaṇā ラッガナー

かかわる〖関わる〗ਸੰਬੰਧ ਰੱਖਣਾ sambânda rakk^{h}aṇā サンバンド ラッカナー, ਸੰਬੰਧਤ ਹੋਣਾ sambândata hoṇā サンバンダト ホーナー, ਛੂਹਣਾ c^{h}ûṇā チューナー

かぎ〖鍵〗ਚਾਬੀ cābī チャービー, ਕੁੰਜੀ kuñjī クンジー, ਤਾਲੀ tālī ターリー

かきとめる〖書き留める〗ਨੋਟ ਕਰਨਾ noṭa karanā ノート カルナー

かきとり〖書き取り〗ਇਬਾਰਤ ibārata イバーラト, ਇਮਲਾ imalā イムラー

かきとる〖書き取る〗ਇਬਾਰਤ ਲਿਖਣੀ ibārata lik^{h}aṇī イバーラト リクニー

かきまぜる〖掻き混ぜる〗ਗੰਘਾਲਨਾ gaṅgālanā ガンガールナー, ਫੈਂਟਣਾ p^{h}āĩṭaṇā パェーンタナー

かきまわす〖掻き回す〗ਬਿਲੋਣਾ biloṇā ビローナー, ਰਿੜਕਣਾ riṛakaṇā リルカナー, ਵਰੋਲਣਾ warolaṇā ワロールナー

かきゅう〖下級〗ਨੀਵਾਂ ਦਰਜਾ nīwā̃ darajā ニーワーン ダルジャー

かぎる〖限る〗ਸੀਮਿਤ ਕਰਨਾ sīmita karanā スィーミト カルナー

かく〖核〗（木の実の）ਮਗ਼ਜ਼ mağaza マガズ（原子核）ਅਣੂ aṇū アヌー, ਪਰਮਾਣੂ paramāṇū パルマーヌー

かく〖書く〗ਲਿਖਣਾ lik^{h}aṇā リクナー

かく〖掻く〗ਖੁਰਕਣਾ k^{h}urakaṇā クルクナー, ਝਰੀਟਣਾ carĭṭaṇā チャリータナー, ਘਰੋੜਨਾ karŏṛanā カロールナー

かぐ〖家具〗ਅਸਾਸਾ asāsā アサーサー, ਫ਼ਰਨੀਚਰ faranīcara ファルニーチャル

かぐ〖嗅ぐ〗ਸੁੰਘਣਾ sûṅgaṇā スンガナー

がく〖額〗ਚੌਖਟਾ cauk^{h}aṭā チャォーカター, ਫ਼ਰੇਮ farema ファレーム

がくい〖学位〗ਸਨਦ sanada サナド, ਉਪਾਧੀ upâdī ウパーディー

かくうの〖架空の〗ਕਾਲਪਨਿਕ kālapanika カールパニク, ਕਲਪਿਤ kalapita カルピト, ਕਲਪਨਾਤਮਿਕ kalapanātamika カルパナートミク

かくげん〖格言〗ਮਹਾਂਵਾਕ mahā̃wāka マハーンワーク, ਸੂਤਰ sūtara スータル, ਨੀਤੀ ਵਚਨ nītī wacana ニーティー ワチャン

かくご〖覚悟〗ਤਿਆਰੀ tiārī ティアーリー ♦覚悟する ਤਿਆਰ ਹੋਣਾ tiāra hoṇā ティアール ホーナー

かくさ〖格差〗ਅਸਮਾਨਤਾ asamānatā アサマーンター

かくじつな〖確実な〗ਪੱਕਾ pakkā パッカー, ਨਿਸ਼ਚਿਤ niśacita ニシュチト

がくしゃ〖学者〗ਵਿਦਵਾਨ vidawāna ヴィドワーン, ਸ਼ਾਸਤਰੀ śāsatarī シャースタリー, ਸਕਾਲਰ sakālara サカーラル

がくしゅう〖学習〗ਪੜ੍ਹਾਈ paṛāī パラーイー, ਮੁਤਾਲਿਆ mutāliā ムターリアー ♦学習する ਪੜ੍ਹਨਾ pâṛanā パルナー, ਸਿੱਖਣਾ sikk^{h}aṇā スィッカナー

かくしん〖確信〗ਯਕੀਨ yakīna ヤキーン ♦確信する ਯਕੀਨ ਆਉਣਾ yakīna āuṇā ヤキーン アーウナー

かくす〖隠す〗ਛੁਪਾਉਣਾ c^{h}upāuṇā チュパーウナー, ਲੁਕਾਉਣਾ lukāuṇā ルカーウナー

がくせい〖学生〗ਵਿਦਿਆਰਥੀ vidiārat^{h}ī ヴィディアールティー, ਤਾਲਬ ਇਲਮ tālaba ilama ターラブ イルム, ਸਟੂਡੈਂਟ saṭūḍãĩṭa サトゥーダェーント

かくせいざい〖覚醒剤〗ਨਸ਼ਾ naśā ナシャー

がくせつ〖学説〗ਥਿਊਰੀ t^{h}iūrī ティウーリー

かくだいする〖拡大する〗ਅੱਡਣਾ aḍḍaṇā アッダナー, ਵਧਾਉਣਾ wadăuṇā ワダーウナー

かくちょう〖拡張〗ਪਸਾਰਾ pasārā パサーラー, ਵਿਸਤਾਰ visatāra ヴィスタール ♦拡張する ਪਸਾਰਨਾ pasāranā パサールナー

がくちょう〖学長〗ਪਰੈਜ਼ੀਡੈਂਟ paraizīḍãĩṭa パラェーズィーダェーント, ਪਰਿੰਸੀਪਲ parinsīpala パリンスィーパル

かくづけ〖格付け〗ਸ਼ਰੇਣੀ ਵੰਡ śareṇī waṇḍa シャレーニー ワンド

かくていする〖確定する〗ਪੱਕਾ ਕਰਨਾ pakkā karanā パッカー カルナー, ਨਿਸ਼ਚਿਤ ਕਰਨਾ niśacita karanā ニシュチト カルナー, ਨਿਰਧਾਰਿਤ ਕਰਨਾ niratărita karanā ニルターリト カルナー

かくど〖角度〗ਕੋਣ koṇa コーン, ਜ਼ਾਵੀਆ zāwīā ザーウィーアー

かくとう〖格闘〗ਖਿਚੋਤਾਣ k^{h}icotāṇa キチョーターン, ਕੁੱਟਮਾਰ kuṭṭamāra クットマール, ਮੁਠਭੇੜ muṭ^{h}apĕṛa ムトペール

かくとくする〖獲得する〗ਹਾਸਲ ਕਰਨਾ hāsala karanā ハーサル カルナー, ਪਰਾਪਤ ਕਰਨਾ parāpata karanā パラーパト カルナー, ਗਰਹਿਣ ਕਰਨਾ garaîṇa karanā ガラェーン カルナー

かくにんする〖確認する〗ਪੱਕਾ ਕਰਨਾ pakkā karanā パッカー カルナー, ਪੁਸ਼ਟੀ ਕਰਨੀ puśaṭī karanī プシュティー カルニー, ਹਾਮੀ ਭਰਨੀ hāmī părani ハーミー パルニー

がくねん〖学年〗ਸ਼ਰੇਣੀ śareṇī シャレーニー, ਜਮਾਤ jamāta ジャマート

がくひ〖学費〗ਪੜ੍ਹਾਈ ਦੀ ਫ਼ੀਸ paṛāī dī fīsa パラーイー ディー フィース

がくぶ〖学部〗ਫ਼ੈਕਲਟੀ faikalaṭī ファェーカルティー

かくまく〖角膜〗ਕਾਰਨੀਆ kāranīā カールニーアー

かくめい〖革命〗ਕਰਾਂਤੀ karā̃tī カラーンティー, ਇਨਕਲਾਬ inakalāba インカラーブ

がくもん〖学問〗ਵਿੱਦਿਆ viddiā ヴィッディアー, ਤਾਲੀਮ tālīma ターリーム

かくりつする〖確立する〗ਅਸਥਾਪਣਾ asat^{h}āpaṇā アスタープナー, ਕਾਇਮ ਕਰਨਾ kāima karanā カーイム カルナー

かくりょう〖閣僚〗ਮੰਤਰੀ mantarī マントリー, ਵਜ਼ਾਰਤ wazārata ワザーラト

かくれる〖隠れる〗ਛਿਪਣਾ c^{h}ipaṇā チパナー, ਛੁਪਣਾ c^{h}upaṇā チュパナー, ਲੁਕਣਾ lukaṇā ルクナー

かけ〖賭け〗ਜੂਆ jūā ジューアー, ਸ਼ਰਤ śarata シャルト, ਬਾਜ਼ੀ bāzī バーズィー

かげ〖陰〗ਛਾਂ c^{h}ā̃ チャーン, ਪਰਛਾਵਾਂ parac^{h}āwā̃ パルチャーワーン, ਓਟ oṭa オート

かげ〖影〗ਛਾਂ c^{h}ā̃ チャーン, ਸਾਇਆ sāiā サーイアー, ਪਰਤਿਬਿੰਬ paratibimba パラティビンブ

がけ〖崖〗ਚਟਾਨ caṭāna チャターン

かけざん〖掛け算〗ਗੁਣਾ guṇā グナー, ਗੁਣਨ guṇana グナン

かけひき〖駆け引き〗ਪਾਲਿਸੀਬਾਜ਼ੀ pālisībāzī パーリスィーバーズィー, ਦਾਉ-ਪੇਚ dāo-peca ダーオー・ペーチ

かけぶとん〖掛け布団〗ਰਜ਼ਾਈ razāī ラザーイー

かけら ਟੁਕੜਾ ṭukaṛā トゥクラー, ਚਿੱਪਰ cippara チッパル, ਪਰਛਾ parac^{h}ā パルチャー

かける〖掛ける〗（吊り下げる）ਲਟਕਾਉਣਾ laṭakāuṇā ラトカーウナー（掛け算する）ਗੁਣਾ ਕਰਨਾ guṇā karanā グナー カルナー

かける〖駆ける〗ਭੱਜਣਾ pǎjjaṇā パッジャナー, ਦੌੜਨਾ

dauṛanā ダォールナー, ਨੱਠਣਾ naṭṭʰaṇā ナッタナー
かける〚賭ける〛ਸ਼ਰਤ ਲਾਉਣੀ śarata lāuṇī シャルト ラーウニー, ਬਾਜ਼ੀ ਲਾਉਣੀ bāzī lāuṇī バーズィー ラーウニー, ਬਿਦਣਾ bidaṇā ビダナー
かこ〚過去〛ਅਤੀਤ atīta アティート, ਭੂਤ pŭta プート
かご〚籠〛ਟੋਕਰਾ ṭokarā トークラー, ਪਟਾਰਾ paṭārā パターラー
かこうする〚加工する〛ਬਣਾਉਣਾ baṇāuṇā バナーウナー, ਘੜਨਾ kăṛanā カルナー
かこむ〚囲む〛ਘੇਰਨਾ kĕranā ケールナー, ਵੇੜ੍ਹਨਾ wêṛanā ウェールナー
かさ〚傘〛ਛਤਰੀ cʰatarī チャタリー, ਛਾਤਾ cʰātā チャーター
かさい〚火災〛ਅੱਗ agga アッグ
かさねる〚重ねる〛(上に置く) ਢੇਰ ਲਾਉਣਾ ṭĕra lāuṇā テール ラーウナー (繰り返す) ਦੁਹਰਾਉਣਾ dôrāuṇā ドーラーウナー
かざり〚飾り〛ਸਜਾਵਟ sajāwaṭa サジャーワト
かざる〚飾る〛(装飾する) ਸਜਾਉਣਾ sajāuṇā サジャーウナー (陳列する) ਨੁਮਾਇਸ਼ ਕਰਨੀ numāiśa karanī ヌマーイシュ カルニー, ਵਿਖਾਉਣਾ wikʰāuṇā ウィカーウナー, ਦਿਖਾਉਣਾ dikʰāuṇā ディカーウナー
かざん〚火山〛ਜਵਾਲਾਮੁਖੀ jawālāmukʰī ジャワーラームキー
かし〚菓子〛ਮਿਠਾਈ miṭʰāī ミターイー
かじ〚火事〛ਅੱਗ agga アッグ
かしこい〚賢い〛ਸਿਆਣਾ siāṇā スィアーナー, ਹੁਸ਼ਿਆਰ huśiāra フシアール, ਬੁੱਧੀਮਾਨ bûddīmāna ブッディーマーン
かしつ〚過失〛ਭੁੱਲ pŭlla プッル, ਗ਼ਲਤੀ ğalatī ガルティー
かしゃ〚貨車〛ਵੈਣ vaiṇa ヴァエーン
かしゅ〚歌手〛ਗਾਇਕ gāika ガーイク, ਗਵਈਆ gawaīā ガワイーアー
カシューナッツ ਕਾਜੂ kājū カージュー
かじょう〚過剰〛ਵਧੀਕੀ wadĭkī ワディーキー, ਅਧਿਕਤਾ âdikatā アディクター, ਜ਼ਿਆਦਤੀ ziādatī ズィアーダティー
かじる ਪਲਚਣਾ palacaṇā パラチャナー, ਕੁਤਰਨਾ kutaranā クタルナー, ਟੁੱਕਣਾ ṭukkaṇā トゥッカナー
かす〚貸す〛ਉਧਾਰ ਦੇਣਾ udăra deṇā ウダール デーナー (家などを) ਕਿਰਾਏ ਤੇ ਦੇਣਾ kirāe te deṇā キラーエー テー デーナー
かず〚数〛ਸੰਖਿਆ saṅkʰiā サンキアー, ਹਿੰਦਸਾ hindasā ヒンドサー, ਨੰਬਰ nambara ナンバル
ガス ਗੈਸ gaisa ガェース
かすかな ਸੂਖਮ sūkʰama スーカム, ਧੀਮਾ tĭmā ティーマー
かすむ〚霞む〛ਧੁੰਧਲਾਉਣਾ tundalăuṇā トゥンダラーウナー
かすれる〚掠れる〛(声などが) ਘਗਿਆਉਣਾ kagiăuṇā カギアーウナー
かぜ〚風〛ਹਵਾ hawā ハワー, ਵਾਯੂ wāyū ワーユー
かぜ〚風邪〛ਜ਼ੁਕਾਮ zukāma ズカーム
かせい〚火星〛ਮੰਗਲ maṅgala マンガル
かせぐ〚稼ぐ〛ਖੱਟਣਾ kʰaṭṭaṇā カッタナー, ਕਮਾਉਣਾ kamāuṇā カマーウナー
かそう〚仮装〛ਸਾਂਗ sā̃ga サーング
がぞう〚画像〛ਤਸਵੀਰ tasavīra タスヴィール
かぞえる〚数える〛ਗਿਣਨਾ giṇanā ギンナー
かぞく〚家族〛ਟੱਬਰ ṭabbara タッバル, ਪਰਿਵਾਰ pariwāra パリワール
ガソリン ਪੈਟਰੋਲ paiṭarola パェートロール ◆ガソリンスタンド ਪੈਟਰੋਲ ਪੰਪ paiṭarola pampa パェートロール パンプ
かた〚型〛(鋳型) ਸਾਂਚਾ sā̃cā サーンチャー (様式) ਰੌਂਸ rāũsa ラォーンス, ਟਾਈਪ ṭāīpa ターイープ
かた〚形〛(デザイン) ਘੜਤ kăṛata カルト, ਬਣਤ baṇata バント (形式・形状) ਰੂਪ rūpa ループ, ਅਕਾਰ akāra アカール, ਫ਼ਾਰਮ fārama ファールム
かた〚肩〛ਮੋਢਾ môḍā モーダー, ਕੰਧਾ kândā カンダー
かたい〚固い・堅い・硬い〛ਕਰੜਾ karaṛā カララー, ਕਠੋਰ kaṭʰora カトール, ਸਖ਼ਤ saxata サカト (態度・状態が) ਜ਼ਿੱਦੀ ziddī ズィッディー, ਹਠੀ haṭʰī ハティー
かだい〚課題〛(問題) ਮਸਲਾ masalā マスラー (主題) ਵਿਸ਼ਾ viśā ヴィシャー
かたがき〚肩書〛ਉਪਾਧੀ upâdī ウパーディー, ਖ਼ਿਤਾਬ xitāba キターブ
かたき〚敵〛ਦੁਸ਼ਮਨ duśamana ドゥシュマン, ਸ਼ੱਤਰੂ śattarū シャッタルー, ਵੈਰੀ vairī ヴァエーリー
かたち〚形〛ਰੂਪ rūpa ループ, ਅਕਾਰ akāra アカール, ਸ਼ਕਲ śakala シャカル
かたな〚刀〛ਤਲਵਾਰ talawāra タルワール, ਸ਼ਮਸ਼ੀਰ śamaśīra シャムシール
かたほうの〚片方の〛ਇੱਕ-ਤਰਫ਼ਾ ikka-tarafā イック・タルファー, ਯਕਤਰਫ਼ਾ yakatarafā ヤクタルファー (片側の) ਇੱਕ-ਪੱਖੀ ikka-pakkʰī イック・パッキー
かたまり〚塊〛ਡਲਾ ḍalā ダラー, ਢੇਲਾ ṭělā テーラー
かたまる〚固まる〛(凝固する) ਜਮਣਾ jamaṇā ジャムナー (固くなる) ਕਰੜਾ ਬਣਨਾ karaṛā baṇanā カララー バンナー
かたむく〚傾く〛ਝੁਕਣਾ cŭkaṇā チュカナー
かたむける〚傾ける〛ਝੁਕਾਉਣਾ cukăuṇā チュカーウナー
かためる〚固める〛(凝固させる) ਜਮਾਉਣਾ jamāuṇā ジャマーウナー (固くする) ਕਰੜਾ ਬਣਾਉਣਾ karaṛā baṇāuṇā カララー バナーウナー
かたる〚語る〛ਆਖਣਾ ākʰaṇā アークナー, ਕਥਣਾ katʰaṇā カタナー
カタログ ਫ਼ਰਿਸਤ farisata ファリスト
かだん〚花壇〛ਕਿਆਰੀ kiārī キアーリー, ਫੁਲਵਾੜੀ pʰulawāṛī プルワーリー
かち〚価値〛ਕੀਮਤ kīmata キーマト, ਮੁੱਲ mulla ムッル
かち〚勝ち〛ਜਿੱਤ jitta ジット, ਵਿਜੇ vije ヴィジェー, ਫ਼ਤਿਹ fâte ファテー
かちく〚家畜〛ਡੰਗਰ ḍaṅgara ダンガル
かつ〚勝つ〛ਜਿੱਤਣਾ jittaṇā ジッタナー
がっか〚学科〛(大学の) ਕੋਰਸ korasa コールス
がっか〚学課〛ਪਾਠ pāṭʰa パート

がっかりした　ਮਾਯੂਸ māyūsa マーユース, ਨਿਰਾਸ nirāsa ニラース, ਨਾਉਮੀਦ nāumīda ナーウミード
がっき〘学期〙ਟਰਮ ṭarama タルム, ਸੈਸ਼ਨ saiśana サェーシャン
がっき〘楽器〙ਵਾਜਾ wājā ワージャー, ਧੁਨੀ-ਯੰਤਰ tŭnī-yantara トゥニー・ヤンタル
がっきゅう〘学級〙ਸ਼ਰੇਣੀ śareṇī シャレーニー, ਜਮਾਤ jamāta ジャマート, ਕਲਾਸ kalāsa カラース
かつぐ〘担ぐ〙ਕੰਧੇ ਤੇ ਉਠਾਉਣਾ kânde te uṭʰāuṇā カンデー テー ウターウナー（だます）ਧੋਖਾ ਦੇਣਾ tŏkʰā deṇā トーカー デーナー, ਛਲਨਾ cʰalanā チャルナー
かっこう〘郭公〙ਕੋਇਲ koila コーイル, ਚਾਤਰਿਕ cātarika チャータリク, ਪਪੀਹਾ papīhā パピーハー
がっこう〘学校〙ਵਿਦਿਆਲਾ vidiālā ヴィディアーラー, ਪਾਠਸ਼ਾਲਾ pāṭʰaśālā パートシャーラー, ਸਕੂਲ sakūla サクール
かっさい〘喝采〙ਬੱਲੇ ਬੱਲੇ balle balle バッレー バッレー, ਦਾਦ dāda ダード, ਹੁੱਰਾ hurrā フッラー
がっしょう〘合唱〙ਸੁਰਮੇਲ suramela スルメール
かっしょくの〘褐色の〙ਬੂਰਾ būrā ブーラー
かつて　ਪਹਿਲਾਂ paîlā̃ パェーラーン
かってな〘勝手な〙ਸਵਾਰਥੀ sawāratʰī サワールティー, ਖ਼ੁਦਗ਼ਰਜ਼ xudağaraza クドガルズ
かつどう〘活動〙ਕਿਰਤ kirata キルト, ਚੇਸ਼ਟਾ ceśaṭā チェーシュター
かっとなる　ਭਬਕਣਾ păbakaṇā パバカナー, ਤਮਕਣਾ tamakaṇā タムカナー
かっぱつな〘活発な〙ਚੁਸਤ cusata チュスト, ਕਿਰਿਆਸ਼ੀਲ kiriāśīla キリアーシール, ਫੁਰਤੀਲਾ pʰuratīlā プルティーラー
カップ　ਪਿਆਲਾ piālā ピアーラー
カップル　ਜੁਗਲ jugala ジュガル
がっぺいする〘合併する〙ਸਮਾਉਣਾ samāuṇā サマーウナー
かつよう〘活用〙ਉਪਯੋਗ upayoga ウプヨーグ ♦活用する ਉਪਯੋਗ ਕਰਨਾ upayoga karanā ウプヨーグ カルナー（文法の）ਗਰਦਾਨ garadāna ガルダーン
かつら　ਵਿੱਗ wigga ウィッグ
かてい〘仮定〙ਕਲਪਨਾ kalapanā カルパナー, ਸੰਭਾਵਨਾ sambăvanā サンバーヴナー ♦仮定する ਕਲਪਿਤ ਕਰਨਾ kalapita karanā カルピト カルナー, ਮਿਥਣਾ mitʰaṇā ミタナー
かてい〘家庭〙ਘਰ kăra カル
かど〘角〙ਮੋੜ moṛa モール, ਕੋਣਾ koṇā コーナー
かとうな〘下等な〙ਘਟੀਆ kăṭīā カティーアー
カトリックきょうと〘カトリック教徒〙ਕੈਥਲਿਕ kaitʰalika カェートリク
かなしい〘悲しい〙ਦੁਖੀ dukʰī ドゥキー, ਉਦਾਸ udāsa ウダース
かなしみ〘悲しみ〙ਦੁਖ dukʰa ドゥク, ਸੋਗ soga ソーグ, ਗ਼ਮ ğama ガム
カナダ　ਕਨੇਡਾ kaneḍā カネーダー
かなづち〘金槌〙ਹਥੌੜਾ hatʰauṛā ハタォーラー
かならず〘必ず〙（ぜひとも）ਜ਼ਰੂਰ zarūra ザルール, ਬੇਸ਼ਕ beśaka ベーシャク（間違いなく）ਜ਼ਰੂਰ zarūra ザルール, ਅਵੱਸ਼ awaśśa アワッシュ（常に）ਹਮੇਸ਼ਾਂ hameśā̃ ハメーシャーン
かなり　ਕਾਫ਼ੀ kāfī カーフィー
かなりの　ਕਾਫ਼ੀ kāfī カーフィー
かに〘蟹〙ਕੇਕੜਾ kekaṛā ケークラー
かにゅうする〘加入する〙ਮੈਂਬਰ ਬਣਨਾ māībara baṇanā マェーンバル バンナー
かね〘金〙ਪੈਸਾ paisā パェーサー
かね〘鐘〙ਘੰਟਾ kănṭā カンター, ਘੜਿਆਲ kaṛiăla カリアール
かねもち〘金持ち〙ਧਨੀ tănī タニー, ਪੈਸੇ ਵਾਲਾ paise wālā パェーセー ワーラー
かのうせい〘可能性〙ਸੰਭਾਵਨਾ sambăvanā サンバーヴナー, ਇਮਕਾਨ imakāna イムカーン
かのうな〘可能な〙ਸੰਭਵ sâmbava サンバヴ, ਮੁਮਕਿਨ mumakina ムムキン
かのじょ〘彼女〙ਉਹ ô オー
カバー　ਭੂੰਗਾ pū̃gā プーンガー, ਢੁੰਬ cŭmba チュンブ ♦カバーする ਢਕਣਾ ṭăkaṇā タカナー
カバディ　ਕਬੱਡੀ kabaḍḍī カバッディー
かばん〘鞄〙ਥੈਲਾ tʰailā タェーラー, ਬਦਰਾ badarā バドラー, ਬੈਗ baiga バェーグ
かび　ਉੱਲੀ ullī ウッリー, ਬੂਰ būra ブール
かびん〘花瓶〙ਗੁਲਦਾਨ guladāna グルダーン, ਫੁੱਲਦਾਨ pʰulladāna プッルダーン
かぶ〘蕪〙ਸ਼ਲਗਮ śalagama シャルガム, ਠਿੱਪਰ ṭʰippara ティッパル, ਗੋਂਗਲੂ gōgalū ゴーンガルー
カフェ　ਕੈਫ਼ kaifa カェーフ, ਕਾਫ਼ੀ ਹਾਊਸ kāfī hāūsa カーフィー ハーウース
カフェイン　ਕੈਫ਼ੀਨ kaifīna カェーフィーン
かぶしき〘株式〙ਸਟਾਕ saṭāka サターク
かぶせる〘被せる〙ਢਕਣਾ ṭăkaṇā タカナー（責任などを）ਠਹਿਰਾਉਣਾ ṭʰaîrāuṇā タェーラーウナー
カプセル　ਕੈਪਸੂਲ kaipasūla カェープスール
かぶぬし〘株主〙ਹਿੱਸੇਦਾਰ hissedāra ヒッセーダール
かぶる〘被る〙ਪਹਿਨਣਾ paînaṇā パェーナナー
かふん〘花粉〙ਪਰਾਗ parāga パラーグ, ਰਜ raja ラジ
かべ〘壁〙ਕੰਧ kânda カンド, ਦਿਵਾਰ diwāra ディワール
かぼちゃ〘南瓜〙ਕੱਦੂ kaddū カッドゥー, ਲੌਹਕੀ laûkī ラォーキー
かま〘釜〙ਕੜਾਹਾ kaṛāhā カラーハー
かま〘窯〙ਆਵਾ āwā アーワー, ਭੱਠਾ păṭṭʰā パッター
かまう〘構う〙（干渉する）ਦਖ਼ਲ ਦੇਣਾ daxala deṇā ダカル デーナー（気にかける）ਧਿਆਨ ਵਿੱਚ ਰੱਖਣਾ tiăna wicca rakkʰaṇā ティアーン ウィッチ ラッカナー（世話をする）ਸੇਵਾ ਕਰਨੀ sewā karanī セーワー カルニー, ਸੇਵਣਾ sewaṇā セーウナー, ਸਾਂਭਣਾ sā̂baṇā サーンバナー
がまんする〘我慢する〙ਸਹਾਰਨਾ sărānā サールナー, ਸਹਿਣਾ saîṇā サェーナー, ਬਰਦਾਸ਼ਤ ਕਰਨਾ baradāśata karanā バルダーシュト カルナー
かみ〘紙〙ਕਾਗ਼ਜ਼ kāğaza カーガズ

かみ〘神〙ਰੱਬ rabba ラッブ，ਖ਼ੁਦਾ xudā クダー，ਈਸ਼ਵਰ īśawara イーシュワル（女神）ਦੇਵੀ devī デーヴィー
かみ〘髪〙ਵਾਲ wāla ワール，ਕੇਸ kesa ケース，ਝਾਟਾ cǎṭā チャーター
かみそり〘剃刀〙ਉਸਤਰਾ usatarā ウスタラー，ਰੇਜ਼ਰ rezara レーザル
かみなり〘雷〙ਬਿਜਲੀ bijalī ビジリー，ਬਿੱਜ bijja ビッジ，ਗੜਗੜ garagaṛa ガルガル
かむ〘噛む〙ਡੱਸਣਾ ḍassaṇā ダッサナー，ਚੱਬਣਾ cabbaṇā チャッバナー
かめ〘亀〙ਕੱਛੂ kaccʰū カッチュー
カメラ ਕੈਮਰਾ kaimarā カェームラー◆カメラマン〔写真家〕ਫ਼ੋਟੋਗਰਾਫ਼ਰ foṭogarāfara フォートーガラーファル
かめん〘仮面〙ਨਕਾਬ nakāba ナカーブ，ਮਖੌਟਾ makʰauṭā マカォーター，ਮੂੰਹ-ਟੋਪ mū̃-ṭopa ムーン・トープ
がめん〘画面〙ਚਿੱਤਰ ਪਟ cittara paṭa チッタル パト，ਸਕਰੀਨ sakarīna サクリーン
かも〘鴨〙ਮੁਰਗ਼ਾਬੀ muraǧābī ムルガービー
かもく〘科目〙ਵਿਸ਼ਾ viśā ヴィシャー，ਪਾਠ pāṭʰa パート
かや〘蚊帳〙ਮੱਛਰਦਾਨੀ maccʰaradānī マッチャルダーニー，ਮਸਹਿਰੀ masaîrī マサェーリー
かやく〘火薬〙ਬਰੂਦ barūda バルード
かゆい〘痒い〙ਖ਼ਾਰਸ਼ੀ xāraśī カールシー
かようび〘火曜日〙ਮੰਗਲਵਾਰ maṅgalawāra マンガルワール
から〘殻〙（貝の）ਸਿੱਪ sippa スィップ，ਘੋਗਾ kǒgā コーガー，ਸੰਖ saṅkʰa サンク（木の実・果物の）ਛਿੱਲ cʰilla チッル，ਛਿਲਕਾ cʰilakā チルカー，ਛਿੱਲੜ cʰillaṛa チッラル
カラー ਰੰਗ raṅga ラング，ਕਲਰ kalara カラル ◆カラーフィルム ਕਲਰ ਫ਼ਿਲਮ kalara filama カラル フィルム
からい〘辛い〙ਤਿੱਖਾ tikkʰā ティッカー，ਤਲਖ਼ talaxa タラク（塩辛い）ਨਮਕੀਨ namakīna ナムキーン，ਸਲੂਣਾ salūṇā サルーナー
からかう ਛੇੜਨਾ cʰeṛanā チェールナー
がらくた ਘਾਸ ਫੂਸ kǎsa pʰūsa カース プース
カラス ਕਾਂ kā̃ カーン，ਕਊਆ kaūā カウーアー
ガラス ਸ਼ੀਸ਼ਾ śīśā シーシャー，ਕੱਚ kacca カッチ
からだ〘体〙ਸਰੀਰ sarīra サリール，ਬਦਨ badana バダン，ਦੇਹ dê デー（体格）ਕਾਲਬ kālaba カーラブ
カラフルな ਰੰਗ ਰੰਗ ਦਾ raṅga raṅga dā ラング ラング ダー，ਰੰਗ-ਬਰੰਗਾ raṅga-baraṅgā ラング・バランガー
かり〘借り〙ਉਧਾਰ udǎra ウダール，ਕਰਜ਼ karaza カルズ，ਰਿਣ riṇa リン
かりいれ〘借り入れ〙ਉਧਾਰ udǎra ウダール，ਕਰਜ਼ karaza カルズ
カリキュラム ਪਾਠ-ਕ੍ਰਮ pāṭʰa-krama パート・クラム
かりの〘仮の〙ਆਰਜ਼ੀ ārazī アールズィー，ਅਸਥਾਈ asatʰāī アスターイー
カリフラワー ਫੁੱਲਗੋਭੀ pʰullagôbī プッルゴービー，ਗੋਭੀ gôbī ゴービー
かりゅう〘下流〙ਹਿਠਾੜ hiṭʰāṛa ヒタール
かりる〘借りる〙ਉਧਾਰ ਲੈਣਾ udǎra laiṇā ウダール ラェーナー，ਕਰਜ਼ ਲੈਣਾ karaza laiṇā カルズ ラェーナー
かる〘刈る〙（作物を）ਲੁਣਨਾ luṇanā ルンナー，ਵੱਢਣਾ wâḍḍaṇā ワッダナー（髪を）ਮੁੰਨਣਾ munnaṇā ムンナナー
かるい〘軽い〙ਹਲਕਾ halakā ハルカー，ਹੌਲਾ haulā ハォーラー
カルシウム ਕੈਲਸ਼ੀਅਮ kailaśīama カェールシーアム
カルダモン ਇਲਾਚੀ ilācī イラーチー
カルナータカしゅう〘カルナータカ州〙ਕਰਨਾਟਕ karaṇāṭaka カルナータク
かれ〘彼〙ਉਹ ô オー
かれいな〘華麗な〙ਰੰਗੀਲਾ raṅgīlā ランギーラー
かれら〘彼ら〙ਉਹ ô オー
かれる〘枯れる〙ਕੁਮਲਾਉਣਾ kumalāuṇā クムラーウナー，ਝੌਣਾ caǔṇā チャォーナー，ਮੁਰਝਾਉਣਾ murajǎuṇā ムルジャーウナー
カレンダー ਜੰਤਰੀ jantarī ジャンタリー，ਪੱਤਰੀ pattarī パッタリー，ਕਲੰਡਰ kalanḍara カランダル
カロリー ਕਲੋਰੀ kalorī カローリー
かわ〘川〙ਨਦੀ nadī ナディー，ਦਰਿਆ dariā ダリアー
かわ〘皮〙（果皮）ਛਿੱਲ cʰilla チッル，ਛਿਲਕਾ cʰilakā チルカー，ਛਿੱਲੜ cʰillaṛa チッラル（樹皮）ਛਿੱਲ cʰilla チッル，ਛਿਲਕਾ cʰilakā チルカー，ਛਿੱਲੜ cʰillaṛa チッラル（皮膚）ਚੰਮ camma チャンム，ਚਮੜੀ camaṛī チャムリー，ਖੱਲ kʰalla カッル
かわ〘革〙ਚੰਮ camma チャンム，ਲੈਦਰ laidara ラェーダル
がわ〘側〙ਤਰਫ਼ tarafa タラフ
かわいい〘可愛い〙ਪਿਆਰਾ piārā ピアーラー
かわいがる〘可愛がる〙ਦੁਲਾਰਨਾ dulāranā ドゥラールナー，ਲਡਾਉਣਾ laḍāuṇā ラダーウナー，ਨਿਵਾਜਣਾ niwājaṇā ニワージャナー
かわいそうな〘可哀相な〙ਬੇਚਾਰਾ becārā ベーチャーラー，ਬਪਰਾ baparā バプラー
かわかす〘乾かす〙ਸੁਕਾਉਣਾ sukāuṇā スカーウナー，ਸੋਖਣਾ sokʰaṇā ソーカナー
かわく〘乾く〙ਸੁੱਕਣਾ sukkaṇā スッカナー
かわく〘渇く〙（喉が）ਪਿਆਸ ਲੱਗਣੀ piāsa laggaṇī ピアース ラッガニー
かわせ〘為替〙ਟੋਂਬੂ ṭõbū トーンブー，ਐਕਸਚੇਂਜ aikasacẽja アェーカスチェーンジ
かわりに〘代わりに〙ਬਦਲੇ badale バドレー，ਬਜਾਏ bajāe バジャーエー，ਥਾਏਂ tʰāẽ ターエーン
かわる〘代わる・替わる〙ਬਦਲਨਾ badalanā バダルナー
かわる〘変わる〙ਬਦਲਨਾ badalanā バダルナー
かん〘缶〙ਟੀਨ ṭīna ティーン，ਪੀਪਾ pīpā ピーパー，ਡੱਬਾ ḍabbā ダッバー
がん〘癌〙ਕੈਂਸਰ kaĩsara カェーンサル
かんがえ〘考え〙ਸੋਚ soca ソーチ，ਵਿਚਾਰ vicāra ヴィチャール，ਖ਼ਿਆਲ xiāla キアール（思いつき）ਸੁੱਝ sûjja スッジ，ਉਕਤ ukkata ウッカト，ਫੁਰਨਾ pʰuranā プルナー（意見）ਰਾਏ rāe ラーエー，ਮਤ mata マト

かんがえる〖考える〗ਸੋਚਣਾ socaṇā ソーチャナー
かんかく〖感覚〗ਸੰਵੇਦਨ sanvedana サンヴェーダン
かんかく〖間隔〗ਦੂਰੀ dūrī ドゥーリー, ਫ਼ਾਸਲਾ fāsalā ファースラー, ਵਿੱਥ vitt^{h}a ヴィット
かんがっき〖管楽器〗ਧੂਤਾ tŭtā トゥーター, ਪਾਈਪ pāīpa パーイープ
かんきゃく〖観客〗ਦਰਸ਼ਕ daraśaka ダルシャク ♦観客席 ਸਟੈਂਡ saṭāīḍa サタェーンド
かんきょう〖環境〗ਵਾਤਾਵਰਨ wātāwarana ワーターワルン, ਪਰਿਸਥਿਤੀ parisat^{h}itī パリスティティー
かんきん〖監禁〗ਬੰਦੀ bandī バンディー, ਕੈਦ kaida カェード, ਨਜ਼ਰਬੰਦੀ nazarabandī ナザルバンディー
がんきん〖元金〗ਸਰਮਾਇਆ saramāiā サルマーイアー, ਮੂਲ mūla ムール
かんけい〖関係〗ਸੰਬੰਧ sambânda サンバンド, ਰਿਸ਼ਤਾ riśatā リシュター, ਤਅੱਲਕ taallaka タアッラク ♦関係する〔関わる〕ਸੰਬੰਧ ਰੱਖਣਾ sambânda rakk^{h}aṇā サンバンド ラッカナー, ਸੰਬੰਧਤ ਹੋਣਾ sambândata hoṇā サンバンダト ホーナー, ਛੂਹਣਾ c^{h}ûṇā チューナー
かんげいする〖歓迎する〗ਸੁਆਗਤ ਕਰਨਾ suāgata karanā スアーガト カルナー
かんけつする〖完結する〗ਨਿੱਬੜਨਾ nibbaṛanā ニッバルナー, ਨਿਪਟਣਾ nipaṭaṇā ニプタナー
かんけつな〖簡潔な〗ਸੰਖੇਪ saṅk^{h}epa サンケープ, ਸੰਖਿਪਤ saṅk^{h}ipata サンキプト
かんご〖看護〗ਦੇਖਭਾਲ dek^{h}apāla デークパール, ਸੇਵਾ sewā セーワー, ਉਪਚਾਰ upacāra ウプチャール ♦看護師 ਨਰਸ narasa ナルス
かんこう〖観光〗ਸੈਲਾ sailā サェーラー, ਰਟਨ raṭana ラタン, ਸੈਰ-ਸਪਾਟਾ saira-sapāṭā サェール・サパーター ♦観光客 ਸੈਲਾਨੀ sailānī サェーラーニー, ਸੈਲੀ sailī サェーリー, ਵਿਜ਼ਟਰ vizaṭara ヴィズタル
かんこく〖韓国〗ਦੱਖਣੀ ਕੋਰੀਆ dakk^{h}aṇī korīā ダッカニー コーリーアー ♦韓国語・韓国人・韓国の ਕੋਰੀਆਈ koriāī コーリーアーイー
がんこな〖頑固な〗ਜ਼ਿੱਦੀ ziddī ズィッディー, ਅੜੀਅਲ aṛīala アリーアル, ਹਠੀ haṭ^{h}ī ハティー
かんさ〖監査〗ਜਾਂਚ jā̃ca ジャーンチ, ਪੜਤਾਲ paṛatāla パルタール, ਸਰਵੇਖਣ saravek^{h}aṇa サルヴェーカン
かんさつ〖観察〗ਨਿਰੀਖਣ nirīk^{h}aṇa ニリーカン, ਤਾੜ tāṛa タール ♦観察する ਨਿਰੀਖਣ ਕਰਨਾ nirīk^{h}aṇa karanā ニリーカン カルナー, ਤਾੜਨਾ tāṛanā タールナー
かんし〖監視〗ਪਹਿਰਾ paîrā パェーラー, ਨਿਗਰਾਨੀ nigarānī ニグラーニー
かんじ〖感じ〗ਸੰਵੇਦਨ sanvedana サンヴェーダン（印象）ਤਾਸੀਰ tāsīra タースィール
かんしゃ〖感謝〗ਧੰਨਵਾਦ tănnawāda タンヌワード, ਸ਼ੁਕਰ śukara シュカル ♦感謝する ਧੰਨਵਾਦ ਕਰਨਾ tănnawāda karanā タンヌワード カルナー
かんじゃ〖患者〗ਰੋਗੀ rogī ローギー, ਮਰੀਜ਼ marīza マリーズ
かんしゅう〖観衆〗ਦਰਸ਼ਕ daraśaka ダルシャク
かんじゅせい〖感受性〗ਸੰਵੇਦਨਸ਼ੀਲਤਾ sanvedanaśīlatā サンヴェーダンシールター
がんしょ〖願書〗ਅਰਜ਼ੀ arazī アルズィー, ਦਰਖ਼ਾਸਤ daraxāsata ダルカースト, ਬਿਨੈ-ਪੱਤਰ binai-pattara ビナェー・パッタル
かんしょう〖感傷〗ਭਾਵਕਤਾ pǎvakatā パーヴァクター
かんじょう〖感情〗ਭਾਵਨਾ pǎvanā パーヴナー, ਅਨੁਭੂਤੀ anupŭtī アヌプーティー（情熱）ਜੋਸ਼ jośa ジョーシュ, ਉਤਸ਼ਾਹ utaśâ ウトシャー
かんじょう〖勘定〗（計算）ਹਿਸਾਬ hisāba ヒサーブ, ਗਿਣਤੀ giṇatī ギンティー（支払い）ਅਦਾਇਗੀ adāigī アダーイギー, ਭੁਗਤਾਨ pŭgatāna プグターン（請求書）ਪਰਚਾ paracā パルチャー, ਬਿਲ bila ビル
かんしょうする〖干渉する〗ਦਖ਼ਲ ਦੇਣਾ daxala deṇā ダカル デーナー, ਘੁਸਣਾ kŭsaṇā クサナー
かんしょうする〖鑑賞する〗ਦਾਦ ਦੇਣੀ dāda deṇī ダード デーニー
がんじょうな〖頑丈な〗ਮਜ਼ਬੂਤ mazabūta マズブート, ਤਕੜਾ takaṛā タクラー, ਕਾਠਾ kāṭ^{h}ā カーター
かんじる〖感じる〗ਅਨੁਭਵ ਕਰਨਾ anupǎva karanā アヌパヴ カルナー, ਮਹਿਸੂਸਣਾ maîsūsaṇā マェースースナー
かんしん〖関心〗ਰੁਚੀ rucī ルチー, ਸ਼ੌਕ śauka シャォーク, ਦਿਲਚਸਪੀ dilacasapī ディルチャスピー
かんしんする〖感心する〗ਸਲਾਹੁਣਾ salâuṇā サラーウナー
かんしんな〖感心な〗ਸਲਾਹੁਣਯੋਗ salâuṇayoga サラーウンヨーグ
かんじんな〖肝心な〗ਅਹਿਮ aîma アェーム, ਮਹੱਤਵਪੂਰਨ mahattavapūrana マハッタヴプールン
かんせい〖完成〗ਨਿੱਬਾ nîbbā ニッバー, ਪੂਰੀ pūrī プーリー ♦完成する ਨਿਭਣਾ nîbaṇā ニバナー
かんせい〖歓声〗ਜੈਕਾਰਾ jaikārā ジャェーカーラー
かんぜい〖関税〗ਸੀਮਾ-ਕਰ sīmā-kara スィーマー・カル
かんせつ〖関節〗ਜੋੜ joṛa ジョール
かんせつの〖間接の〗ਅਸਿੱਧਾ asîddā アスィッダー
かんせん〖感染〗ਛੂਤ c^{h}ūta チュート
かんせんどうろ〖幹線道路〗ਸ਼ਾਹਰਾਹ śârâ シャーラー, ਮਹਾਂਮਾਰਗ mahā̃māraga マハーンマーラグ, ਰਾਜਪੱਥ rājapatt^{h}a ラージパット
かんぜんな〖完全な〗ਪੂਰਾ pūrā プーラー, ਪੂਰਨ pūrana プーラン, ਸਾਲਮ sālama サーラム
かんそう〖感想〗ਵਿਚਾਰ vicāra ヴィチャール
かんぞう〖肝臓〗ਕਲੇਜਾ kalejā カレージャー, ਜਿਗਰ jigara ジガル, ਲਿਵਰ livara リヴァル
かんそうする〖乾燥する〗ਸੁੱਕਣਾ sukkaṇā スッカナー
かんそな〖簡素な〗ਸਿੱਧਾ-ਸਾਦਾ sîddā-sādā スィッダー・サーダー
かんだいな〖寛大な〗ਵਡਦਿਲਾ waḍadilā ワドディラー, ਉਦਾਰ udāra ウダール, ਸਖ਼ੀ saxī サキー
がんたん〖元旦〗ਨੌਰੋਜ਼ nauroza ナォーローズ
かんたんする〖感嘆する〗ਵਿਸਮਿਤ ਹੋਣਾ visamita hoṇā ヴィスミト ホーナー
かんたんな〖簡単な〗ਸੌਖਾ sauk^{h}ā サォーカー, ਅਸਾਨ asāna アサーン, ਸਰਲ sarala サルル

かんちがいする〘勘違いする〙ਗ਼ਲਤ ਸਮਝਣਾ ğalata sâmajaṇā ガルト サマジャナー
かんちょう〘官庁〙ਸਰਕਾਰੀ ਦਫ਼ਤਰ sarakārī dafatara サルカーリー ダフタル
かんちょう〘干潮〙ਭਾਟਾ pǎṭā パーター
かんづめ〘缶詰〙ਡੱਬਾ ḍabbā ダッバー
かんてん〘観点〙ਦਰਿਸ਼ਟੀਕੋਣ dariśaṭīkoṇa ダリシュティーコーン, ਨਜ਼ਰੀਆ nazarīā ナザリーアー
かんでんち〘乾電池〙ਡਰਾਈ ਸੈਲ ḍarāī saila ダラーイー サェール
かんどう〘感動〙ਤਾਸੀਰ tāsīra タースィール ◆感動する ਖੁਭਣਾ kʰûbaṇā クバナー ◆感動的な ਪਰਭਾਵਕਾਰੀ parabǎvakārī パルバーヴカーリー
かんとうし〘間投詞〙ਵਿਸਮਕ visamaka ヴィスマク
かんとく〘監督〙(スポーツの) ਮਨੇਜਰ manejara マネージャル (映画の) ਨਿਰਦੇਸ਼ਕ niradeśaka ニルデーシャク (管理・取り締まること) ਦੇਖ ਰੇਖ dekʰa rekʰa デーク レーク, ਪਰਬੰਧ parabânda パルバンド ◆監督する ਦੇਖ ਰੇਖ ਕਰਨੀ dekʰa rekʰa karanī デーク レーク カルニー
かんな〘鉋〙ਰੰਦਾ randā ランダー
かんねん〘観念〙ਸੰਕਲਪ saṅkalapa サンカルプ
かんばつ〘干ばつ〙ਔੜ auṛa アォール, ਸੋਕਾ sokā ソーカー
がんばる〘頑張る〙ਮਿਹਨਤ ਕਰਨੀ mênata karanī メーナト カルニー (持ちこたえる) ਤੱਗਣਾ tagganā タッガナー (主張する) ਜ਼ਿਦ ਕਰਨੀ zida karanī ズィド カルニー, ਮਚਲਣਾ macalaṇā マチャルナー
かんばん〘看板〙ਸਾਈਨ ਬੋਰਡ sāīna boraḍa サーイーン ボールド, ਫੱਟਾ pʰaṭṭā パッター
かんぶ〘幹部〙ਨੇਤਾ netā ネーター, ਲੀਡਰ līḍara リーダル
かんぺきな〘完璧な〙ਬੇਨੁਕਸ benukasa ベーヌカス
がんぼう〘願望〙ਚਾਹ câ チャー, ਇੱਛਾ iccʰā イッチャー, ਆਰਜ਼ੂ ārazū アールズー
カンボジア ਕੰਬੋਡੀਆ kambodīā カンボーディーアー
かんゆうする〘勧誘する〙ਰਿਝਾਉਣਾ rijǎuṇā リジャーウナー, ਪਰੇਰਿਤ ਕਰਨਾ parerita karanā パレーリト カルナー
かんようく〘慣用句〙ਮੁਹਾਵਰਾ muhāvarā ムハーヴァラー, ਇਸਤਲਾਹ isatalâ イサトラー
かんような〘寛容な〙ਉਦਾਰ udāra ウダール, ਸਖੀ saxī サキー
かんりする〘管理する〙(運営する) ਪਰਬੰਧ ਕਰਨਾ parabânda karanā パルバンド カルナー, ਸਾਂਭਣਾ sâbaṇā サーンバナー, ਚਲਾਉਣਾ calāuṇā チャラーウナー (統制する) ਕਾਬੂ ਵਿੱਚ ਰੱਖਣਾ kābū wicca rakkʰaṇā カーブー ウィッチ ラッカナー (保管する) ਜ਼ਖ਼ੀਰਾ ਕਰਨਾ zaxīrā karanā ザキーラー カルナー
かんりょう〘完了〙ਨਿਪਟਾਰਾ nipaṭārā ニプターラー, ਭੁਗਤਾਨ pǔgatāna プグターン ◆完了する ਪੂਰਾ ਕਰਨਾ pūrā karanā プーラー カルナー, ਮੁਕਾਉਣਾ mukāuṇā ムカーウナー, ਖ਼ਤਮ ਕਰਨਾ xatama karanā カタム カルナー
かんりょうしゅぎ〘官僚主義〙ਨੌਕਰਸ਼ਾਹੀ naukaraśâi ナォーカルシャーイー
かんれい〘慣例〙ਦਸਤੂਰ dasatūra ダストゥール, ਰਸਮ rasama ラサム, ਰੀਤੀ rītī リーティー
かんれん〘関連〙ਪਰਸੰਗ parasaṅga パルサング, ਸਿਲਸਿਲਾ silasilā スィルスィラー, ਤਅੱਲਕ taallaka タアッラク
き〘木〙ਦਰਖ਼ਤ daraxata ダラクト, ਰੁੱਖ rukkʰa ルック, ਪੇੜ peṛa ペール (木材) ਲੱਕੜ lakkaṛa ラッカル, ਲੱਕੜੀ lakkaṛī ラッカリー, ਕਾਠ kāṭʰa カート
ギア ਗਰਾਰੀ garārī ガラーリー, ਗੇਅਰ geara ゲーアル
キー ਕੀ kī キー, ਚਾਬੀ cābī チャービー
きいろい〘黄色い〙ਪੀਲਾ pīlā ピーラー
ぎいん〘議員〙ਸਦੱਸ sadassa サダッス, ਵਿਧਾਇਕ vidǎika ヴィダーイク
きえる〘消える〙(消滅する) ਗੁਆਚਣਾ guācaṇā グアーチャナー, ਲੁਕਣਾ lukaṇā ルクナー, ਮਿਟਣਾ miṭaṇā ミタナー (火や明かりが) ਬੁਝਣਾ bûjaṇā ブジャナー, ਬਿਸਮਣਾ bisamaṇā ビサムナー
ぎえんきん〘義援金〙ਇਮਦਾਦ imadāda イムダード
きおく〘記憶〙ਯਾਦ yāda ヤード, ਸਿਮਰਤੀ simaratī スィマルティー ◆記憶する ਯਾਦ ਕਰਨਾ yāda karanā ヤード カルナー
きおん〘気温〙ਤਾਪਮਾਨ tāpamāna タープマーン
きか〘幾何〙ਰੇਖਾ-ਗਣਿਤ rekʰā-gaṇita レーカー・ガニト, ਜੁਮੈਟਰੀ jumaiṭarī ジュマェートリー
きかい〘機会〙ਮੌਕਾ maukā マォーカー, ਅਵਸਰ awasara アウサル, ਚਾਂਸ cā̃sa チャーンス
きかい〘機械〙ਜੰਤਰ jantara ジャンタル, ਕਲ kala カル, ਮਸ਼ੀਨ maśīna マシーン
ぎかい〘議会〙ਸਭਾ sâbā サバー, ਸੰਸਦ sansada サンサド, ਵਿਧਾਨ ਮੰਡਲ vidǎna manḍala ヴィダーン マンダル
きかく〘企画〙ਯੋਜਨਾ yojanā ヨージャナー, ਵਿੱਡ vidḍa ヴィッド ◆企画する ਯੋਜਨਾ ਬਣਾਉਣੀ yojanā baṇāuṇī ヨージャナー バナーウニー, ਉਲੀਕਣਾ ulīkaṇā ウリーカナー
きかざる〘着飾る〙ਸ਼ਿੰਗਾਰਨਾ śiṅgāranā シンガールナー
きがつく〘気が付く〙(わかる) ਜਾਣਨਾ jāṇanā ジャーンナー (意識が戻る) ਚੇਤਣਾ cetaṇā チェートナー
きかん〘期間〙ਅਵਧੀ âwadī アワディー, ਮਿਆਦ miāda ミアード, ਦੌਰਾਨ daurāna ダォーラーン
きかん〘機関〙(機械・装置) ਇੰਜਨ iñjana インジャン, ਮਸ਼ੀਨ maśīna マシーン (組織・機構) ਤੰਤਰ tantara タンタル
きかんしゃ〘機関車〙ਇੰਜਨ iñjana インジャン, ਲੋਕੋਮੋਟਿਵ lokomoṭiva ローコーモーティヴ
きかんじゅう〘機関銃〙ਮਸ਼ੀਨਗੰਨ maśīnaganna マシーンガンヌ
きき〘危機〙ਸੰਕਟ saṅkaṭa サンカト, ਖ਼ਤਰਾ xatarā カトラー, ਔਚਟ aucaṭa アォーチャト
ききめ〘効き目〙ਅਸਰ asara アサル, ਫ਼ਾਇਦਾ fāidā ファーイダー, ਲਾਭ lâba ラーブ
ききゅう〘気球〙ਗ਼ੁਬਾਰਾ ğubārā グバーラー, ਬੈਲੂਨ bailūna バェールーン

きぎょう〖企業〗ਉਦਯੋਗ udayoga ウドヨーグ
ぎきょく〖戯曲〗ਨਾਟਕ nāṭaka ナータク, ਡਰਾਮਾ ḍarāmā ダラーマー
ききん〖基金〗ਕੋਸ਼ kośa コーシュ, ਸਰਮਾਇਆ saramāiā サルマーイアー, ਫ਼ੰਡ faṇḍa ファンド
ききん〖飢饉〗ਭੁੱਖਮਰੀ pŭkkʰamarī プックマリー, ਕਹਿਤ kaîta カェート, ਕਾਲ kāla カール
きく〖効く〗ਚੱਲਣਾ callaṇā チャッラナー, ਕਾਰੀ ਹੋਣਾ kārī hoṇā カーリー ホーナー
きく〖聞く〗ਸੁਣਨਾ suṇanā スンナー（訊く・尋ねる）ਪੁੱਛਣਾ puccʰaṇā プッチャナー
きく〖聴く〗ਸੁਣਨਾ suṇanā スンナー
きくばり〖気配り〗ਖ਼ਾਤਰ xātara カータル, ਲਿਹਾਜ਼ lihāza リハーズ, ਰਿਆਇਤ riāita リアーイト
きげき〖喜劇〗ਕਾਮੇਡੀ kāmeḍī カーメーディー
きけん〖危険〗ਖ਼ਤਰਾ xatarā カトラー, ਜੋਖਮ jokʰama ジョーカム, ਰਿਸਕ risaka リスク ◆危険な ਖ਼ਤਰਨਾਕ xataranāka カタルナーク, ਭਿਆਨਕ piǎnaka ピアーナク, ਰਿਸਕੀ risakī リスキー
きげん〖期限〗ਮਿਆਦ miāda ミアード, ਟਰਮ ṭarama タルム, ਡੈੱਡ ਲਾਈਨ ḍaiḍḍa lāīna ダェーッド ラーイーン
きげん〖機嫌〗ਮਿਜ਼ਾਜ mizāja ミザージ, ਰੌ rau ラォー, ਮੂਡ mūḍa ムード
きげん〖紀元〗ਜੁਗ juga ジュグ
きげん〖起源〗ਉਤਪਤੀ utapatī ウトパティー, ਉਦਭਵ udapǎva ウドパヴ
きこう〖気候〗ਮੌਸਮ mausama マォーサム, ਆਬੋ-ਹਵਾ ābo-hawā アーボー・ハワー, ਜਲ-ਵਾਯੂ jala-wāyū ジャル・ワーユー
きごう〖記号〗ਚਿੰਨ੍ਹ cînna チンヌ, ਮਾਰਕਾ mārakā マールカー
きこえる〖聞こえる〗ਸੁਣਾਈ ਦੇਣਾ suṇāī deṇā スナーイー デーナー
きこく〖帰国〗ਦੇਸ ਵਾਪਸੀ desa wāpasī デース ワーパスィー
ぎこちない ਡੱਗ ḍagga ダッグ, ਕੋਝਾ kôjā コージャー
きこんの〖既婚の〗ਸ਼ਾਦੀਸ਼ੁਦਾ śādīśudā シャーディーシュダー, ਵਿਆਹੁਤਾ viâutā ヴィアーウター, ਵਿਆਹਿਆ viâiā ヴィアーイアー
ぎざぎざの ਦੰਦੇਦਾਰ dandedāra ダンデーダール
きざし〖兆し〗ਅਸਾਰ asāra アサール, ਅਲਾਮਤ alāmata アラーマト, ਲੱਖਣ lakkʰaṇa ラッカン
きざむ〖刻む〗ਉੱਕਰਨਾ ukkaranā ウッカルナー
きし〖岸〗ਤਟ taṭa タト, ਕਿਨਾਰਾ kinārā キナーラー, ਕੰਢਾ kâṇḍā カンダー
きじ〖記事〗ਲੇਖ lekʰa レーク, ਆਰਟੀਕਲ āraṭīkala アールティーカル
ぎし〖技師〗ਇੰਜੀਨੀਅਰ iñjīnīara インジーニーアル
ぎしき〖儀式〗ਸਮਾਰੋਹ samārô サマーロー, ਸੰਸਕਾਰ sansakāra サンスカール
きしゃ〖汽車〗ਸਟੀਮ ਲੋਕੋਮੋਟਿਵ saṭīma lokomoṭiva サティーム ローコーモーティヴ, ਗੱਡੀ gaḍḍī ガッディー
きしゅ〖騎手〗ਘੋੜ ਸਵਾਰ kǒṛa sawāra コール サワール
きじゅつ〖記述〗ਉੱਲੇਖ ullekʰa ウッレーク, ਵਰਨਨ waranana ワルナン, ਤਸ਼ਰੀਹ taśarî タシュリー ◆記述する ਉਲੀਕਣਾ ulīkaṇā ウリークナー, ਵਰਨਨ ਕਰਨਾ waranana karanā ワルナン カルナー, ਵਖਾਣਨਾ wakʰāṇanā ワカーンナー
ぎじゅつ〖技術〗ਹੁਨਰ hunara フナル, ਮਹਾਰਤ mahārata マハーラト, ਤਕਨੀਕ takanīka タクニーク
きじゅん〖基準〗ਅਧਾਰ adǎra アダール, ਬੈਰੋਮੀਟਰ bairomīṭara バェーローミータル
きしょう〖気象〗ਮੌਸਮ mausama マォーサム
キス ਚੁੰਮੀ cummī チュンミー, ਚੁੰਮਣ cummaṇa チュンマン, ਬੋਸਾ bosā ボーサー
きず〖傷〗ਚੋਟ coṭa チョート, ਜ਼ਖ਼ਮ zaxama ザカム, ਘਾਉ kǎo カーオー（心の）ਮਾਨਸਿਕ ਸੱਟ mānasika saṭṭa マーンスィク サット（品物の）ਦਾਗ dāġa ダーグ, ਨਿਸ਼ਾਨ niśāna ニシャーン
きすう〖奇数〗ਟਾਂਕ ṭāka ターンク, ਤਾਕ tāka ターク
きすう〖基数〗ਮੁੱਖ ਅੰਕ mukkʰa aṅka ムック アンク, ਮੁੱਖ ਸੰਖਿਆ mukkʰa saṅkʰiā ムック サンキアー
きずく〖築く〗ਉਸਾਰਨਾ usāranā ウサールナー, ਨਿਰਮਾਣ ਕਰਨਾ niramāṇa karanā ニルマーン カルナー
きずつく〖傷付く〗ਘਾਇਲ ਹੋਣਾ kǎila hoṇā カーイル ホーナー（心が）ਦੁਖਣਾ dukʰaṇā ドゥカナー
きずつける〖傷付ける〗ਘਾਇਲ ਕਰਨਾ kǎila karanā カーイル カルナー（心を）ਦੁਖਾਉਣਾ dukʰāuṇā ドゥカーウナー
きずな〖絆〗ਬੰਧਨ bândana バンダン, ਬੰਧੂ bândū バンドゥー
ぎせい〖犠牲〗ਬਲਿਹਾਰੀ balihārī バリハーリー, ਕੁਰਬਾਨੀ kurabānī クルバーニー ◆犠牲者 ਬਲੀ balī バリー, ਸ਼ਿਕਾਰ śikāra シカール
きせいちゅう〖寄生虫〗ਜੋਕ joka ジョーク, ਪਰਜੀਵ parajīva パルジーヴ
きせいの〖既製の〗ਬਣਿਆ ਬਣਾਇਆ baṇiā baṇāiā バニアー バナーイアー, ਰੈਡੀਮੇਡ raiḍīmeḍa ラェーディーメード
きせき〖奇跡〗ਕਰਾਮਾਤ karāmāta カラーマート, ਕਰਿਸ਼ਮਾ kariśamā カリシュマー, ਕੌਤਕ kautaka カォータク ◆奇跡的な ਕਰਾਮਾਤੀ karāmātī カラーマーティー, ਕੌਤਕੀ kautakī カォートキー, ਚਮਤਕਾਰੀ camatakārī チャマトカーリー
きせつ〖季節〗ਰੁੱਤ rutta ルット, ਮੌਸਮ mausama マォーサム, ਸੀਜ਼ਨ sīzana スィーザン
きぜつする〖気絶する〗ਬੇਹੋਸ਼ ਹੋਣਾ behośa hoṇā ベーホーシュ ホーナー, ਬੇਸੁਰਤ ਹੋਣਾ besurata hoṇā ベースルト ホーナー, ਗ਼ਸ਼ ਪੈਣਾ ġaśa paiṇā ガシュ パェーナー
きせる〖着せる〗ਪਹਿਨਾਉਣਾ paînāuṇā パェーナーウナー, ਪੁਆਉਣਾ puāuṇā プアーウナー（罪を）ਠਹਿਰਾਉਣਾ ṭʰaîrāuṇā タェーラーウナー
ぎぜん〖偽善〗ਪਖੰਡ pakʰaṇḍa パカンド, ਦੰਭ dâmba ダンブ, ਪਾਜ pāja パージ ◆偽善的な ਪਖੰਡੀ pakʰaṇḍī パカンディー, ਦੰਭੀ dâmbī ダンビー
きそ〖基礎〗ਅਧਾਰ adǎra アダール, ਨੀਂਹ nî̂ ニーン, ਬੁਨਿਆਦ buniāda ブニアード ◆基礎的な ਬੁਨਿਆਦੀ

buniādī ブニアーディー, ਮੁਢਲਾ mûḍạlā ムドラー

きそう〘競う〙ਲੜਨਾ laṛạnā ラルナー, ਟਾਕਰਾ ਕਰਨਾ ṭākạrā karạnā タークラー カルナー, ਮੁਕਾਬਲਾ ਕਰਨਾ mukābạlā karạnā ムカーブラー カルナー

きぞう〘寄贈〙ਭੇਟਾ pĕṭā ペーター, ਚੰਦਾ candā チャンダー, ਹਿਬਾ hibā ヒバー

ぎぞうする〘偽造する〙ਜਾਲ੍ਹਸਾਜ਼ੀ ਕਰਨੀ jâlạsāzī karạnī ジャールサーズィー カルニー

きそく〘規則〙ਨਿਆਂ niā̃ ニアーン, ਨੇਮ nemạ ネーム, ਰੈਗੂਲੇਸ਼ਨ raigūleśanạ ラエーグーレーシャン ♦規則的な ਨਿਯਮਿਤ niyạmitạ ニユミト, ਨੇਮੀ nemī ネーミー, ਰੈਗੂਲਰ raigūlarạ ラエーグーラル

きぞく〘貴族〙ਰਈਸ raīsạ ライース, ਉਮਰਾਓ umạrāo ウムラーオー, ਅਮੀਰ amīrạ アミール

ぎそく〘義足〙ਡੁੱਡ ḍuḍḍạ ドゥッド

きそする〘起訴する〙ਮੁਕੱਦਮਾ ਚਲਾਉਣਾ mukaddamā calāuṇā ムカッダマー チャラーウナー

きた〘北〙ਉੱਤਰ uttarạ ウッタル, ਸ਼ਮਾਲ śamālạ シャマール

ギター ਗਿਟਾਰ giṭārạ ギタール

きたい〘期待〙ਆਸ āsạ アース, ਉਮੀਦ umīdạ ウミード, ਅਪੇਖਿਆ apekʰiā アペーキアー ♦期待する ਆਸ ਕਰਨੀ āsạ karạnī アース カルニー, ਉਮੀਦ ਕਰਨੀ umīdạ karạnī ウミード カルニー, ਤੱਕਣਾ takkạṇā タッカナー

きたえる〘鍛える〙ਚੰਡਣਾ caṇḍạṇā チャンダナー

きたくする〘帰宅する〙ਘਰ ਵਾਪਸ ਆਉਣਾ kărạ wāpasạ āuṇā カル ワーパス アーウナー

きたちょうせん〘北朝鮮〙ਉੱਤਰੀ ਕੋਰੀਆ uttarī koriā ウッタリー コーリーアー

きたない〘汚い〙ਗੰਦਾ gandā ガンダー, ਮੈਲਾ mailā マェーラー

きち〘基地〙ਅੱਡਾ aḍḍā アッダー

きちょう〘機長〙ਕਪਤਾਨ kapatānạ カプターン

ぎちょう〘議長〙ਸਭਾਪਤੀ sâbāpatī サバーパティー, ਅਧਿਅਕਸ਼ âdiakaśạ アディアクシュ, ਚੇਅਰਮੈਨ cearạmainạ チェーアルマェーン

きちょうな〘貴重な〙ਕੀਮਤੀ kīmạtī キームティー, ਅਮੁੱਲ amullạ アムッル, ਦੁਰਲਭ durạlâbạ ドゥルラブ

きちょうひん〘貴重品〙ਕੀਮਤੀ ਚੀਜ਼ਾਂ kīmạtī cīzā̃ キームティー チーザーン

きちんと ਠੀਕ ṭʰīkạ ティーク

きつい（窮屈な）ਤੰਗ taṅgạ タング, ਭੀੜਾ pĭṛā ピーラー（厳しい・激しい）ਸਖ਼ਤ saxatạ サカト, ਕੌੜਾ kauṛā カォーラー, ਤੀਬਰ tībarạ ティーバル

きつえん〘喫煙〙ਸਿਗਰਟ ਪੀਣੀ sigaraṭạ pīṇī スイグラト ピーニー, ਹੁਕਈ hukaī フカイー

きっかけ（機会）ਮੌਕਾ maukā マォーカー, ਅਵਸਰ awạsarạ アウサル, ਚਾਂਸ cā̃sạ チャーンス（手がかり）ਸੂੰਹ sũ̂ スーン, ਸੂੰਧਕ sûndakạ スンダク, ਸੁਝਾਉ sujăo スジャーオー

きづく〘気付く〙ਜਾਣਨਾ jāṇạnā ジャーンナー, ਚੇਤਣਾ cetạṇā チェートナー

きっさてん〘喫茶店〙ਕੈਫ਼ kaifạ カェーフ, ਕਾਫ਼ੀ ਹਾਊਸ kāfī hāūsạ カーフィー ハーウース

キッチン ਰਸੋਈ rasoī ラソーイー, ਚੌਂਕਾ cāũkā チャオーンカー, ਕਿਚਨ kicanạ キチャン

きって〘切手〙ਟਿਕਟ ṭikaṭạ ティカト

きっと ਜ਼ਰੂਰ zarūrạ ザルール, ਬੇਸ਼ਕ beśakạ ベーシャク, ਅਵੱਸ਼ awaśśạ アワッシュ

きつね〘狐〙ਲੂੰਬੜ lūbaṛạ ルーンバル

きっぷ〘切符〙ਟਿਕਟ ṭikaṭạ ティカト

きてい〘規定〙ਜ਼ਾਬਤਾ zābạtā ザーブター, ਨਿਰਧਾਰਨ niratărana ニルターラン

きどう〘軌道〙（天体などの）ਦੌਰ daurạ ダォール（電車などの）ਪਟੜੀ paṭaṛī パタリー

きどる〘気取る〙ਮਟਕਣਾ maṭạkạṇā マトカナー

きにいる〘気に入る〙ਚੰਗਾ ਲੱਗਣਾ caṅgā laggạṇā チャンガー ラッガナー, ਪਸੰਦ ਆਉਣਾ pasandạ āuṇā パサンド アーウナー, ਸੁਖਾਉਣਾ sukʰāuṇā スカーウナー

きにゅうする〘記入する〙ਭਰਨਾ pằrạnā パルナー, ਲਿਖਣਾ likʰạṇā リクナー

きぬ〘絹〙ਰੇਸ਼ਮ reśamạ レーシャム, ਪੱਟ paṭṭạ パット, ਸਿਲਕ silạkạ スィルク

きねんの〘記念の〙ਸਮਾਰਕੀ samārạkī サマールキー, ਯਾਦਗਾਰੀ yādạgārī ヤードガーリー ♦記念碑 ਸਮਾਰਕ samārakạ サマーラク, ਯਾਦਗਾਰ yādạgārạ ヤードガール ♦記念日 ਦਿਵਸ diwasạ ディワス, ਯੌਮ yaumạ ヤォーム, ਵਰ੍ਹੇਗੰਢ wâregâṇḍạ ワレーガンド

きのう〘機能〙ਕੰਮ kammạ カンム, ਕਾਰਜ kārajạ カーラジ

きのう〘昨日〙ਕੱਲ੍ਹ kâllạ カッル

ぎのう〘技能〙ਹੁਨਰ hunarạ フナル, ਕਾਰੀਗਰੀ kārīgarī カーリーガリー

きのこ〘茸〙ਖੁੰਬ kʰumbạ クンブ

きのどくな〘気の毒な〙ਅਫ਼ਸੋਸਨਾਕ afạsosạnākạ アフソースナーク

きばつな〘奇抜な〙ਅਪੂਰਵ apūravạ アプーラヴ

きばらし〘気晴らし〙ਦਿਲ ਬਹਿਲਾਵਾ dilạ baîlāwā ディル バェーラーワー, ਮਨ ਪਰਚਾਵਾ manạ parạcāwā マン パルチャーワー, ਮਨੋਰੰਜਨ manorañjanạ マノーランジャン

きばん〘基盤〙ਧਰਾ tărā タラー, ਅਧਾਰ adărạ アダール

きびしい〘厳しい〙ਕਠੋਰ kaṭʰorạ カトール, ਕਰੜਾ karạṛā カララー

きひん〘気品〙ਸ਼ਾਇਸਤਗੀ śāisạtagī シャーイスタギー, ਨਫ਼ਾਸਤ nafāsatạ ナファーサト

きびんな〘機敏な〙ਚਟਕ caṭakạ チャタク, ਤੱਰਾਰ tarrārạ タッラール, ਸ਼ੋਹਲਾ śôlā ショーラー

きふ〘寄付〙ਦਾਨ dānạ ダーン, ਚੰਦਾ candā チャンダー, ਇਮਦਾਦ imạdādạ イムダード ♦寄付する ਦਾਨ ਦੇਣਾ dānạ deṇā ダーン デーナー, ਮਣਸਣਾ maṇạsạṇā マナサナー

ぎふ〘義父〙ਸਸੁਰ sasurạ サスル

きぶん〘気分〙ਤਬ੍ਹਾ tâbā タバー, ਤਬੀਅਤ tabīatạ タビーアト, ਮਨੋਦਸ਼ਾ manodaśā マノーダシャー

きぼ〘規模〙ਮਿਕਦਾਰ mikạdārạ ミクダール, ਸਕੇਲ sakelạ サケール

ぎぼ〘義母〙ਸੱਸ sassạ サッス

きぼう〘希望〙ਆਸ āsa アース, ਉਮੀਦ umīda ウミード, ਇੱਛਾ icchā イッチャー ♦希望する ਆਸ ਕਰਨੀ āsa karanī アース カルニー, ਉਮੀਦ ਕਰਨੀ umīda karanī ウミード カルニー, ਚਾਹੁਣਾ câuṇā チャーウナー
きほん〘基本〙ਬੁਨਿਆਦ buniāda ブニアード, ਮੂਲ mūla ムール, ਮੁੱਢ mûḍḍa ムッド ♦基本的な ਬੁਨਿਆਦੀ buniādī ブニアーディー, ਮੌਲਿਕ maulika マォーリク, ਮੁਢਲਾ mûḍalā ムドラー
きまえのよい〘気前のよい〙ਦਾਨੀ dānī ダーニー, ਉਦਾਰ udāra ウダール
きまぐれな〘気まぐれな〙ਚੁਲਬੁਲਾ culabulā チュルブラー, ਮੌਜੀ maujī マォージー
きまり〘決まり〙ਰਸਮ rasama ラサム, ਕਨੂੰਨ kanūna カヌーンヌ, ਨਿਆਂ niā̃ ニアーン
きみつ〘機密〙ਭੇਤ pĕta ペート, ਸੂੰਹ sū̂ スーン, ਸੂੰਧਕ sûndaka スンダク
きみょうな〘奇妙な〙ਅਜੀਬ ajība アジーブ, ਅਨੋਖਾ anokhā アノーカー
ぎむ〘義務〙ਕਰਤਬ karataba カルタブ, ਫ਼ਰਜ਼ faraza ファルズ
きむずかしい〘気難しい〙ਸੜੀਅਲ saṛiala サリーアル, ਨਾਜ਼ਕ ਮਿਜ਼ਾਜ nāzaka mizāja ナーザク ミザージ
きめる〘決める〙ਤੈ ਕਰਨਾ tai karanā タエー カルナー, ਨਿਸ਼ਚਿਤ ਕਰਨਾ niśacita karanā ニシュチト カルナー, ਫ਼ੈਸਲਾ ਕਰਨਾ faisalā karanā ファエースラー カルナー
きもち〘気持ち〙ਭਾਵਨਾ pǎvanā パーヴナー, ਮਨ mana マン, ਦਿਲ dila ディル
ぎもん〘疑問〙(問い) ਪਰਸ਼ਨ paraśana パラシャン, ਸਵਾਲ sawāla サワール (疑い) ਸ਼ੱਕ śakka シャック, ਸ਼ੂਬ੍ਹਾ śûbā シュバー, ਸੰਦੇਹ sandê サンデー
きゃく〘客〙(顧客) ਗਾਹਕ gâka ガーク, ਖ਼ਰੀਦਾਰ xarīdāra カリーダール, ਕਸਟਮਰ kasaṭamara カスタマル (来客) ਪਰਾਹੁਣਾ parâuṇā パラーウナー, ਮਹਿਮਾਨ maîmāna マェーマーン, ਅਤਿਥੀ atithī アティティー (訪問者) ਮੁਲਾਕਾਤੀ mulākātī ムラーカーティー, ਵਿਜ਼ਟਰ vizaṭara ヴィズタル
きやく〘規約〙ਉਪਨਿਯਮ upaniyama ウプニヤム, ਵਿਧਾਨ vidǎna ヴィダーン
ぎゃく〘逆〙ਉਲਟ ulaṭa ウルト
ぎゃくさつ〘虐殺〙ਕਤਲਾਮ katalāma カトラーム
きゃくせん〘客船〙ਕਰੂਜ਼ਰ karūzara カルーザル
ぎゃくたい〘虐待〙ਅੱਤਿਆਚਾਰ attiācāra アッティアーチャール
ぎゃくてんする〘逆転する〙ਪਲਟਣਾ palaṭaṇā パルタナー
ぎゃくの〘逆の〙ਉਲਟਾ ulaṭā ウルター, ਵਿਪਰੀਤ viparīta ヴィパリート
きゃくほん〘脚本〙ਨਾਟ-ਵਾਰਤਾ nāṭa-wāratā ナート・ワールター
きゃしゃな〘華奢な〙ਖੀਣ khīṇa キーン, ਨਾਜ਼ਕ nāzaka ナーザク
きゃっかんてきな〘客観的な〙ਵਸਤੂਪਰਕ wasatūparaka ワストゥーパルク
キャッシュ ਨਕਦ nakada ナカド, ਰੋਕੜ rokaṛa ローカル
キャバレー ਕੈਬਰੇ kaibare カエーブレー
キャベツ ਬੰਦਗੋਭੀ bandagôbī バンドゴービー, ਪੱਤਗੋਭੀ pattagôbī パットゴービー
キャリア (経歴) ਕੈਰੀਅਰ kairīara カエーリーアル, ਪਿਛੋਕੜ pichokaṛa ピチョーカル
ギャング ਗੈਂਗ gaĩga ガェーング
キャンセルする ਰੱਦਣਾ raddaṇā ラッダナー, ਕੈਂਸਲ ਕਰਨਾ kaĩsala karanā カェーンサル カルナー
キャンセルまちめいぼ〘キャンセル待ち名簿〙ਵੇਟਿੰਗ ਲਿਸਟ weṭiṅga lisaṭa ウェーティング リスト
キャンプ ਕੈਂਪ kaĩpa カェーンプ
ギャンブル ਜੂਆ jūā ジューアー
キャンペーン ਮੁਹਿੰਮ muhimma ムヒンム
きゅう〘九〙ਨੌਂ naũ ナォーン
きゅう〘級〙ਸ਼ਰੇਣੀ śareṇī シャレーニー, ਸਤਰ satara サタル, ਕਲਾਸ kalāsa カラース
きゅうえん〘救援〙ਬਹੁੜੀ baûṛī バォーリー, ਦਸਤਗੀਰੀ dasatagīrī ダストギーリー, ਰਾਹਤ râta ラート
きゅうか〘休暇〙ਛੁੱਟੀ chuṭṭī チュッティー, ਅਵਕਾਸ਼ awakāśa アウカーシュ, ਨਾਗਾ nāğā ナーガー
きゅうきゅうしゃ〘救急車〙ਐਂਬੂਲੈਂਸ aĩbūlaĩsa アェーンブーラェーンス
きゅうぎょう〘休業〙ਬੰਦੀ bandī バンディー, ਨਾਗਾ nāğā ナーガー
きゅうくつな〘窮屈な〙ਭੀੜਾ pĭṛā ピーラー, ਸੌੜਾ sauṛā サォーラー, ਤੰਗ taṅga タング (気詰まりな) ਬੇਅਰਾਮ bearāma ベーアラーム
きゅうけい〘休憩〙ਅਰਾਮ arāma アラーム, ਵਿਸ਼ਰਾਮ viśarāma ヴィシュラーム, ਵਕਫ਼ਾ wakafā ワクファー ♦休憩する ਅਰਾਮ ਕਰਨਾ arāma karanā アラーム カルナー
きゅうこうれっしゃ〘急行列車〙ਐਕਸਪ੍ਰੈੱਸ aikasapraissa アェーカスプラェーッス
きゅうさい〘救済〙ਉੱਧਾਰ uddǎra ウッダール, ਮੁਕਤੀ mukatī ムクティー
きゅうじつ〘休日〙ਛੁੱਟੀ chuṭṭī チュッティー
ぎゅうしゃ〘牛舎〙ਗਊਸ਼ਾਲਾ gaūśālā ガウーシャーラー
ぎゅうしゃ〘牛車〙ਬੈਲਗੱਡੀ bailagaḍḍī バェールガッディー
きゅうじゅう〘九十〙ਨੱਬੇ nabbe ナッベー
きゅうしゅうする〘吸収する〙ਸਮੋਣਾ samoṇā サモーナー, ਚੂਸਣਾ cūsaṇā チューサナー
きゅうじょ〘救助〙ਉੱਧਾਰ uddǎra ウッダール, ਬਹੁੜੀ baûṛī バォーリー
きゅうしんてきな〘急進的な〙ਉਗਰ ugara ウガル
きゅうせん〘休戦〙ਜੰਗਬੰਦੀ jaṅgabandī ジャングバンディー
きゅうそくな〘急速な〙ਕਾਹਲਾ kâlā カーラー
きゅうち〘窮地〙ਅਬਗਤ abagata アブガト, ਦੁਰਦਸ਼ਾ duradaśā ドゥルダシャー
きゅうてい〘宮廷〙ਦਰਬਾਰ darabāra ダルバール, ਦਿਵਾਨ diwāna ディワーン
きゅうでん〘宮殿〙ਮਹੱਲ mahalla マハッル
ぎゅうにく〘牛肉〙ਗਊ-ਮਾਸ gaū-māsa ガウー・マース

ぎゅうにゅう〘牛乳〙ਦੁੱਧ dûdda ドゥッド
きゅうゆう〘旧友〙ਪੁਰਾਣਾ ਦੋਸਤ purāṇā dosata プラーナー ドースト
きゅうようする〘休養する〙ਅਰਾਮ ਕਰਨਾ arāma karanā アラーム カルナー, ਵਿਸਮਣਾ visamaṇā ヴィスマナー
きゅうり〘胡瓜〙ਖੀਰਾ kʰīrā キーラー
きゅうりょう〘給料〙ਵੇਤਨ wetana ウェータン, ਤਨਖ਼ਾਹ tanaxâ タンカー, ਮਿਹਨਤਾਨਾ mênatānā メーナターナー
きよい〘清い〙ਪਾਵਨ pāwana パーワン, ਪਵਿੱਤਰ pavittara パヴィッタル, ਸੁੱਚਾ succā スッチャー
きょう〘今日〙ਅੱਜ ajja アッジ
きょうい〘驚異〙ਕਮਾਲ kamāla カマール, ਕੌਤਕ kautaka カォータク, ਅਜੂਬਾ ajūbā アジューバー
きょういく〘教育〙ਸਿੱਖਿਆ sikkʰiā スィッキアー, ਪੜ੍ਹਾਈ paṛăī パラーイー, ਤਾਲੀਮ tālīma ターリーム ♦教育する ਸਿਖਾਉਣਾ sikʰāuṇā スィカーウナー, ਪੜ੍ਹਾਉਣਾ paṛăuṇā パラーウナー
きょういん〘教員〙ਅਧਿਆਪਕ adiăpaka アディアーパク, ਟੀਚਰ ṭīcara ティーチャル
きょうか〘教科〙ਵਿਸ਼ਾ viśā ヴィシャー, ਪਾਠ pāṭʰa パート
きょうかい〘協会〙ਸਭਾ sâbā サバー, ਸਮਾਜ samāja サマージ, ਅਸੋਸੀਏਸ਼ਨ asosīeśana アソースィーエーシャン
きょうかい〘教会〙ਗਿਰਜਾ girajā ギルジャー, ਕਲੀਸਾ kalīsā カリーサー, ਚਰਚ caraca チャルチ
きょうかしょ〘教科書〙ਪਾਠ-ਪੁਸਤਕ pāṭʰa-pusataka パート・プスタク, ਟੈਕਸਟ ਬੁੱਕ ṭaikasaṭa bukka タェーカスト ブック
きょうかする〘強化する〙ਤਕੜਾ ਕਰਨਾ takaṛā karanā タクラー カルナー
きょうかん〘共感〙ਤਦ-ਅਨੁਭੂਤੀ tada-anupŭtī タド・アヌプーティー
きょうぎ〘競技〙ਖੇਡ kʰeḍa ケード, ਪਰਤਿਯੋਗਤਾ paratiyogatā パラティヨーグター, ਮੁਕਾਬਲਾ mukābalā ムカーブラー
ぎょうぎ〘行儀〙ਇਖ਼ਲਾਕ ixalāka イクラーク, ਸ਼ਿਸ਼ਟਾਚਾਰ śiśaṭācāra シシュターチャール
きょうきゅう〘供給〙ਪੂਰਤੀ pūratī プールティー, ਸਪਲਾਈ sapalāī サプラーイー ♦供給する ਪੂਰਤੀ ਕਰਨੀ pūratī karanī プールティー カルニー
きょうぐう〘境遇〙ਹਾਲਤ hālata ハーラト, ਅਸਥਾਨ asatʰāna アスターン
きょうくん〘教訓〙ਇਬਰਤ ibarata イブラト, ਸਬਕ sabaka サバク, ਨਸੀਹਤ nasîata ナスィーアト
きょうこう〘恐慌〙ਹੌਲ haula ハォール, ਆਤੰਕ ātaṅka アータンク
きょうこう〘教皇〙ਪੋਪ popa ポープ
きょうこく〘峡谷〙ਖੱਡ kʰaḍḍa カッド, ਢਾਹਾ ṭăhā ターハー
きょうこな〘強固な〙ਦਰਿੜ੍ਹ darîṛa ダリル, ਮਜ਼ਬੂਤ mazabūta マズブート
きょうさんしゅぎ〘共産主義〙ਸਾਮਵਾਦ sāmawāda サームワード
きょうし〘教師〙ਉਸਤਾਦ usatāda ウスタード, ਅਧਿਆਪਕ adiăpaka アディアーパク, ਸਿੱਖਿਅਕ sikkʰiaka スィッキアク
ぎょうじ〘行事〙ਸਮਾਰੋਹ samārô サマーロー
きょうしつ〘教室〙ਜਮਾਤ ਦਾ ਕਮਰਾ jamāta dā kamarā ジャマート ダー カムラー, ਅਧਿਐਨ-ਕਮਰਾ adiaĭna-kamarā アディアエーン・カムラー, ਕਲਾਸ ਰੂਮ kalāsa rūma カラース ルーム
きょうじゅ〘教授〙ਪਰੋਫ਼ੈਸਰ parofaisara パローファエーサル, ਪਰਾਧਿਆਪਕ parādiăpaka パラーディアーパク
きょうしゅう〘郷愁〙ਹੇਰਵਾ herawā ヘールワー, ਉਦਰੇਵਾਂ udarewā̃ ウドレーワーン
きょうせい〘強制〙ਜ਼ਬਰਦਸਤੀ zabaradasatī ザバルダスティー, ਮਜਬੂਰੀ majabūrī マジブーリー, ਦੱਬ-ਦਬਾ dabba-dabā ダッブ・ダバー ♦強制する ਮਜਬੂਰ ਕਰਨਾ majabūra karanā マジブール カルナー, ਦਬਾਉਣਾ dabāuṇā ダバーウナー
ぎょうせい〘行政〙ਅਮਲਦਾਰੀ amaladārī アマルダーリー, ਪਰਸ਼ਾਸਨ paraśāsana パルシャーサン, ਰਾਜਕਾਜ rājakāja ラージカージ ♦行政機関 ਸਰਕਾਰ sarakāra サルカール
ぎょうせき〘業績〙ਕਾਰਗੁਜ਼ਾਰੀ kāraguzārī カールグザーリー
きょうそう〘競争〙ਟਾਕਰਾ ṭākarā タークラー, ਪਰਤਿਯੋਗਤਾ paratiyogatā パラティヨーグター, ਮੁਕਾਬਲਾ mukābalā ムカーブラー ♦競争する ਟਾਕਰਾ ਕਰਨਾ ṭākarā karanā タークラー カルナー, ਮੁਕਾਬਲਾ ਕਰਨਾ mukābalā karanā ムカーブラー カルナー
きょうそう〘競走〙ਦੌੜ dauṛa ダォール, ਰੇਸ resa レース
きょうだい〘兄弟〙ਭਰਾ parǎ パラー, ਭਾਈ pǎī パーイー, ਵੀਰ vīra ヴィール
きょうちょうする〘強調する〙ਜ਼ੋਰ ਦੇਣਾ zora deṇā ゾール デーナー, ਤਾਕੀਦ ਕਰਨੀ tākīda karanī ターキード カルニー
きょうつうの〘共通の〙ਸਾਂਝਾ sā̃jā サーンジャー, ਕਾਮਨ kāmana カーマン
きょうてい〘協定〙ਮੁਆਹਿਦਾ muâidā ムアーイダー, ਸਮਝੌਤਾ samajaŭtā サムジャォーター, ਪੈਕਟ paikaṭa パェーカト
きょうどうの〘共同の〙ਮੁਤਹਿਦ mutaĭda ムタェード
きような〘器用な〙ਨਿਪੁੰਨ nipunna ニプンヌ, ਕੁਸ਼ਲ kuśala クシャル
きょうばい〘競売〙ਨਿਲਾਮੀ nilāmī ニラーミー
きょうはくする〘脅迫する〙ਧਮਕਾਉਣਾ tamakǎuṇā タムカーウナー, ਡਰਾਉਣਾ ḍarāuṇā ダラーウナー
きょうふ〘恐怖〙ਭੌ paŭ パォー, ਡਰ ḍara ダル, ਖ਼ੌਫ਼ xaufa カォーフ
きょうみ〘興味〙ਰੁਚੀ rucī ルチー, ਸ਼ੌਕ śauka シャォーク, ਦਿਲਚਸਪੀ dilacasapī ディルチャスピー
ぎょうむ〘業務〙ਕੰਮ kamma カンム, ਸੇਵਾ sewā セーワー
きょうゆう〘共有〙ਹਿੱਸੇਦਾਰੀ hissedārī ヒッセーダーリー, ਸਾਂਝ sā̃ja サーンジ

きょうよう〖教養〗ਸ਼ਾਇਸਤਗੀ śāisatagī シャーイスタギー, ਤਹਿਜ਼ੀਬ taîzība タエーズィーブ, ਕਲਚਰ kalacara カルチャル

きょうりょく〖協力〗ਸਹਿਯੋਗ saîyoga サエーヨーグ, ਮਿਲਵਰਤਨ milawaratana ミルワルタン, ਕਾਰਪੋਰੇਸ਼ਨ kāraporeśana カールポーレーシャン ♦協力する ਸਹਿਯੋਗ ਦੇਣਾ saîyoga deṇā サエーヨーグ デーナー, ਮਿਲਵਰਤਨ ਕਰਨਾ milawaratana karanā ミルワルタン カルナー

きょうりょくな〖強力な〗ਸ਼ਕਤੀਸ਼ਾਲੀ śakatīśālī シャクティーシャーリー, ਤਾਕਤਵਰ tākatawara ターカトワル, ਜ਼ੋਰਦਾਰ zoradāra ゾールダール

ぎょうれつ〖行列〗(並び) ਪੰਗਤ paṅgata パンガト, ਪੰਕਤੀ paṅkatī パンクティー, ਲਾਈਨ lāīna ラーイーン (行進) ਜਲੂਸ jalūsa ジャルース, ਪਰੇਡ pareḍa パレード

きょうれつな〖強烈な〗ਸਖ਼ਤ saxata サカト, ਕੁਰਖ਼ਤ kuraxata クラクト, ਤੀਬਰ tībara ティーバル

きょうわこく〖共和国〗ਗਣਰਾਜ gaṇarāja ガンラージ, ਗਣਤੰਤਰ gaṇatantara ガンタンタル, ਰਿਪਬਲਿਕ ripabalika リパブリク

きょえい〖虚栄〗ਅਡੰਬਰ aḍambara アダンバル

きょか〖許可〗ਇਜਾਜ਼ਤ ijāzata イジャーザト, ਅਨੁਮਤੀ anumatī アヌマティー, ਆਗਿਆ āgiā アーギアー ♦許可する ਇਜਾਜ਼ਤ ਦੇਣੀ ijāzata deṇī イジャーザト デーニー

ぎょぎょう〖漁業〗ਮਾਹੀਗੀਰੀ māhīgīrī マーヒーギーリー

きょく〖曲〗ਰਾਗ rāga ラーグ, ਸੁਰ sura スル, ਤਰਜ਼ taraza タルズ

きょくげん〖極限〗ਇੰਤਹਾ intahā イントハー

きょくせん〖曲線〗ਵਕਰਰੇਖਾ wakararek^{h}ā ワカルレーカー

きょくたんな〖極端な〗ਅੱਤ atta アット, ਅਤਿਅੰਤ atianta アティアント, ਨਿਹਾਇਤ nihāita ニハーイト

きょこうの〖虚構の〗ਗਲਪਾਤਮਿਕ galapātamika ガルパートミク, ਕਲਪਿਤ kalapita カルピト

きょじゃくな〖虚弱な〗ਦੁਰਬਲ durabala ドゥルバル, ਨਿਸੱਤਾ nisattā ニサッター

きょじゅうしゃ〖居住者〗ਨਿਵਾਸੀ niwāsī ニワースィー, ਵਸਨੀਕ wasanīka ワスニーク, ਬਾਸ਼ਿੰਦਾ bāśindā バーシンダー

きょぜつする〖拒絶する〗ਇਨਕਾਰ ਕਰਨਾ inakāra karanā インカール カルナー, ਰੱਦਣਾ raddaṇā ラッダナー

きょだいな〖巨大な〗ਵਿਰਾਟ virāṭa ヴィラート, ਜ਼ਖ਼ੀਮ zaxīma ザキーム, ਅਜ਼ੀਮ azīma アズィーム

きょてん〖拠点〗ਆਸਰਾ āsarā アースラー

きょねん〖去年〗(主格) ਪਿਛਲਾ ਸਾਲ pic^{h}alā sāla ピチラー サール (後置格) ਪਿਛਲੇ ਸਾਲ pic^{h}ale sāla ピチレー サール

きょひ〖拒否〗ਨਾਂਹ nā̂ ナーン, ਇਨਕਾਰ inakāra インカール, ਨਾਮਨਜ਼ੂਰੀ nāmanazūrī ナーマンズーリー ♦拒否する ਨਾਂਹ ਕਰਨੀ nā̂ karanī ナーン カルニー, ਇਨਕਾਰ ਕਰਨਾ inakāra karanā インカール カルナー, ਨਕਾਰਨਾ nakāranā ナカールナー

ぎょみん〖漁民〗ਮਛੇਰਾ mac^{h}erā マチェーラー, ਮਛੂਆ mac^{h}ūā マチューアー

ぎょらい〖魚雷〗ਸੁਰੰਗ suraṅga スラング, ਤਾਰਪੀਡੋ tārapīḍo タールピードー

きょり〖距離〗ਦੂਰੀ dūrī ドゥーリー, ਵਿੱਥ vitt^{h}a ヴィット, ਫ਼ਾਸਲਾ fāsalā ファースラー

きらめく ਦਮਕਣਾ damakaṇā ダマクナー, ਲਿਸ਼ਕਣਾ liśakaṇā リシュカナー

きり〖錐〗ਵਰਮਾ waramā ワルマー, ਛੇਦਕ c^{h}edaka チェーダク, ਡਰਿਲ ḍarila ダリル

きり〖霧〗ਧੁੰਧ tŭnda トゥンド, ਗ਼ੁਬਾਰ ğubāra グバール, ਕੁਹਰ kôra コール

きりさめ〖霧雨〗ਭੂਰ pŭra プール, ਮੀਂਹ ਕਣੀ mī̂ kaṇī ミーン カニー, ਫੁਹਾਰ p^{h}uăra プアール

ギリシャ ਯੂਨਾਨ yunāna ユナーン, ਗਰੀਸ garīsa ガリース ♦ギリシャ語・ギリシャ人・ギリシャの ਯੂਨਾਨੀ yunānī ユナーニー, ਗਰੀਕ garīka ガリーク

キリスト ਈਸਾ īsā イーサー, ਮਸੀਹ masīha マスィーフ, ਯਸੂ yasū ヤスー ♦キリスト教 ਇਸਾਈਅਤ isāīata イサーイーアト, ਇਸਾਈ ਧਰਮ isāī tărama イサーイー タラム

きりつ〖規律〗ਜ਼ਬਤ zabata ザバト, ਅਨੁਸ਼ਾਸਨ anuśāsana アヌシャーサン

きりつめる〖切り詰める〗ਛਾਂਟਣਾ c^{h}ā̃ṭaṇā チャーンタナー

きりはなす〖切り離す〗ਕੱਟਣਾ kaṭṭaṇā カッタナー, ਛਾਂਟਣਾ c^{h}ā̃ṭaṇā チャーンタナー

きりひらく〖切り開く〗ਚੀਰਨਾ cīranā チールナー

きりふだ〖切り札〗ਸਰ sara サル, ਤੁਰਪ turapa トゥルプ

きりみ〖切り身〗ਕਟਲਟ kaṭalaṭa カトラト, ਕਟਲਸ kaṭalasa カトラス

きりょく〖気力〗ਮਨੋਬਲ manobala マノーバル, ਉਤਸ਼ਾਹ utaśâ ウトシャー

きりん〖麒麟〗ਜਰਾਫ਼ jarāfa ジャラーフ

きる〖切る〗ਕੱਟਣਾ kaṭṭaṇā カッタナー, ਵੱਢਣਾ wâḍḍaṇā ワッダナー, ਬੁਰਛਣਾ burac^{h}aṇā ブルチャナー (スイッチを) ਬੰਦ ਕਰਨਾ banda karanā バンド カルナー

きる〖着る〗ਪਹਿਨਣਾ paînaṇā パエーナナー, ਪਾਉਣਾ pāuṇā パーウナー

きれ〖切れ〗(布) ਕੱਪੜਾ kappaṛā カッパラー (個・枚・片) ਨਗ naga ナグ, ਟੁਕੜਾ ṭukaṛā トゥクラー, ਪੀਸ pīsa ピース

きれいな (綺麗な) ਸੋਹਣਾ sôṇā ソーナー, ਸੁੰਦਰ sundara スンダル, ਖ਼ੂਬਸੂਰਤ xūbasūrata クーブスーラト (清潔な) ਸਾਫ਼ sāfa サーフ, ਸੁਅੱਛ suacc^{h}a スアッチ

きれつ〖亀裂〗ਫੋਟ p^{h}oṭa ポート, ਤਰੇੜ tareṛa タレール, ਦਰਕ daraka ダラク

きれる〖切れる〗(切られる) ਛਟਣਾ c^{h}aṭaṇā チャタナー (なくなる) ਖ਼ਤਮ ਹੋਣਾ xatama hoṇā カタム ホーナー, ਡੁੱਬਣਾ ḍubbaṇā ドゥッバナー

きろく〖記録〗ਤਹਿਰੀਰ taîrīra タエーリール ♦記録する ਲਿਪੀਬੱਧ ਕਰਨਾ lipībâdda karanā リピーバッド カルナー

キログラム ਕਿੱਲੋਗਰਾਮ killogarāma キッローガラーム, ਕਿੱਲੋ killo キッロー

キロメートル ਕਿੱਲੋਮੀਟਰ killomīṭara キッローミータル, ਕਿੱਲੋ killo キッロー

キロリットル ਕਿੱਲੋਲਿਟਰ killoliṭara キッローリタル, ਕਿੱਲੋ killo キッロー

ぎろん〘議論〙ਬਹਿਸ baîsa バエース, ਤਰਕ taraka タルク, ਵਿਵਾਦ viwāda ヴィワード

ぎわく〘疑惑〙ਸ਼ੱਕ śakka シャック, ਸ਼ੁਬ੍ਹਾ śûbā シュバー, ਸੰਦੇਹ sandê サンデー

きわどい〘際どい〙ਨਾਜ਼ਕ nāzaka ナーザク, ਸੰਕਟਪੂਰਨ saṅkaṭapūrana サンカトプールン

きん〘金〙ਸੋਨਾ sonā ソーナー, ਸਵਰਨ sawarana サワラン, ਕੰਚਨ kañcana カンチャン ♦金色の ਸੁਨਹਿਰਾ sunaîrā スナェーラー, ਕੰਚਨ kañcana カンチャン

ぎん〘銀〙ਚਾਂਦੀ cā̃dī チャーンディー, ਰਜਤ rajata ラジャト, ਰੁੱਪਾ ruppā ルッパー ♦銀色の ਰੁਪਹਿਲਾ rupaîlā ルパェーラー

きんか〘金貨〙ਅਸ਼ਰਫ਼ੀ aśarafī アシュラフィー, ਮੋਹਰ môra モール

ぎんが〘銀河〙ਅਕਾਸ਼ ਗੰਗਾ akāśa gaṅgā アカーシュ ガンガー

きんがく〘金額〙ਰਾਸ਼ੀ rāśī ラーシー, ਰਕਮ rakama ラカム

きんきゅうの〘緊急の〙ਕਾਹਲਾ kâlā カーラー, ਜ਼ਰੂਰੀ zarūrī ザルーリー

きんこ〘金庫〙ਤਿਜੌਰੀ tijaurī ティジャォーリー, ਕੋਸ਼ kośa コーシュ, ਸੇਫ਼ sefa セーフ

きんこう〘均衡〙ਸੰਤੁਲਨ santulana サントゥラン, ਤਨਾਸਬ tanāsaba タナーサブ, ਤਵਾਜ਼ਨ tawāzana タワーザン

ぎんこう〘銀行〙ਬੈਂਕ bāīka バェーンク ♦銀行員 ਬੈਂਕ ਕਲਰਕ bāīka kalaraka バェーンク カラルク

きんし〘禁止〙ਮਨਾਹੀ manâī マナーイー, ਨਿਸ਼ੇਧ niśêda ニシェード ♦禁止する ਮਨ੍ਹਾ ਕਰਨਾ mânā karanā マナー カルナー, ਵਰਜਣਾ warajaṇā ワルジャナー

きんしゅ〘禁酒〙ਨਸ਼ਾਬੰਦੀ naśābandī ナシャーバンディー

きんじょ〘近所〙ਆਸ-ਪਾਸ āsa-pāsa アース・パース, ਪੜੋਸ paṛosa パロース

きんじる〘禁じる〙ਮਨ੍ਹਾ ਕਰਨਾ mânā karanā マナー カルナー, ਰੋਕਣਾ rokaṇā ローカナー, ਵਰਜਣਾ warajaṇā ワルジャナー

きんせい〘金星〙ਸ਼ੁੱਕਰ śukkara シュッカル, ਵੀਨਸ vīnasa ヴィーナス

きんぞく〘金属〙ਧਾਤ tă̄ta タート

きんにく〘筋肉〙ਮਾਸਪੇਸ਼ੀ māsapeśī マースペーシー

きんべんな〘勤勉な〙ਮਿਹਨਤੀ mênatī メーナティー

ぎんみする〘吟味する〙ਨਾਪਣਾ nāpaṇā ナーパナー, ਤੋਲਣਾ tolaṇā トーラナー

きんメダル〘金メダル〙ਸੋਨਾ ਪਦਕ sonā padaka ソーナー パダク

ぎんメダル〘銀メダル〙ਚਾਂਦੀ ਪਦਕ cā̃dī padaka チャーンディー パダク

きんゆうぎょう〘金融業〙ਸ਼ਾਹੂਕਾਰੀ śâūkārī シャーウーカーリー, ਸਰਾਫ਼ਾ sarāfā サラーファー

きんようび〘金曜日〙ਸ਼ੁੱਕਰਵਾਰ śukkarawāra シュッカルワール, ਜੁਮਾ jumā ジュマー

きんよくてきな〘禁欲的な〙ਜ਼ੁਹਦੀ zôdī ゾーディー

きんり〘金利〙ਬਿਆਜ biāja ビアージ, ਸੂਦ sūda スード

きんろう〘勤労〙ਸ਼ਰਮ śarama シャラム, ਮਿਹਨਤ mênata メーナト, ਲੇਬਰ lebara レーバル

く〘区〙ਵਾਰਡ wāraḍa ワールド

ぐあい〘具合〙ਹਾਲ hāla ハール, ਹਵਾਲ hawāla ハワール

くい〘悔い〙ਪਛਤਾਵਾ pac^{h}atāwā パチターワー

くい〘杭〙ਮੇਖ mek^{h}a メーク, ਸ਼ੰਕੂ śaṅkū シャンクー, ਖੰਭਾ k^{h}âmbā カンバー

くいき〘区域〙ਮਹੱਲਾ mahallā マハッラー, ਇਲਾਕਾ ilākā イラーカー, ਹਲਕਾ halakā ハルカー

くうかん〘空間〙ਅਵਕਾਸ਼ awakāśa アウカーシュ, ਪੁਲਾੜ pulāṛa プラール

くうき〘空気〙ਹਵਾ hawā ハワー, ਵਾਯੂ wāyū ワーユー, ਪੌਣ pauṇa パォーン

くうきょ〘空虚〙ਖਲਾ k^{h}alā カラー, ਸੁੰਨ sunna スンヌ, ਵਿਰਵਾਪਣ wirawāpaṇa ウィルワーパン

くうぐん〘空軍〙ਵਾਯੂ-ਸੈਨਾ wāyū-sainā ワーユー・サェーナー, ਹਵਾਈ ਸੈਨਾ hawāī sainā ハワーイー サェーナー

くうこう〘空港〙ਹਵਾਈ ਅੱਡਾ hawāī aḍḍā ハワーイー アッダー

くうしゅう〘空襲〙ਹਵਾਈ ਹਮਲਾ hawāī hamalā ハワーイー ハムラー

ぐうすう〘偶数〙ਜੁਫ਼ਤ jufata ジュファト

くうせき〘空席〙ਖ਼ਾਲੀ ਸੀਟ xālī sīṭa カーリー スィート （ポストの）ਖ਼ਾਲੀ ਜਗ੍ਹਾ xālī jâgā カーリー ジャガー

ぐうぜん〘偶然〙ਇਤਫ਼ਾਕ itafāka イトファーク, ਸੰਜੋਗ sañjoga サンジョーグ, ਚਾਂਸ cā̃sa チャーンス ♦偶然に ਸਬੱਬੀਂ sababbī̃ サバッビーン, ਸੰਜੋਗ ਵੱਸ sañjoga wassa サンジョーグ ワッス

くうぜんの〘空前の〙ਅਪੂਰਵ apūrava アプーラヴ, ਰਿਕਾਰਡ ਤੋੜ rikāraḍa toṛa リカールド トール

くうそう〘空想〙ਕਲਪਨਾ kalapanā カルパナー, ਤਸੱਵਰ tasawwara タサッワル, ਖ਼ਾਬ-ਖ਼ਿਆਲ xāba-xiāla カーブ・キアール ♦空想する ਕਲਪਣਾ kalapaṇā カルパナー

ぐうぞう〘偶像〙ਮੂਰਤੀ mūratī ムールティー, ਬੁੱਤ butta ブット, ਮੁਜੱਸਮਾ mujassamā ムジャッサマー

くうはく〘空白〙ਪੁਲਾੜ pulāṛa プラール, ਵੈਕਮ vaikama ヴァェーカム

くうふくの〘空腹の〙ਭੁੱਖਾ pŭkk^{h}ā プッカー

くかく〘区画〙ਖ਼ਾਨਾ xānā カーナー, ਖ਼ਿੱਤਾ xittā キッター, ਬਲਾਕ balāka バラーク

くがつ〘九月〙ਸਤੰਬਰ satambara サタンバル

くき〘茎〙ਡੰਡਲ ḍaṇḍala ダンダル, ਤਿੜ੍ਹ tîṛa ティル, ਸਟਾਕ saṭāka サターク

くぎ〘釘〙ਕਿੱਲ killa キッル, ਮੇਖ mek^{h}a メーク

くきょう〘苦境〙ਮੁਸੀਬਤ musībata ムスィーバト, ਔਕੜ aukaṛa アォーカル, ਬਿਪਤਾ bipatā ビプター

くぎょう〘苦行〙ਤਪੱਸਿਆ tapassiā タパッスィアー

くぎり〘区切り〙ਪਰਿਛੇਦ paric^{h}eda パリチェード, ਵਿਭਾਜਨ vipǎjana ヴィパージャン (終わり) ਅੰਤ anta アント

くさ〘草〙ਘਾਹ kǎ カー, ਮਰਗ਼ maraǧa マルグ

くさい〘臭い〙ਬਦਬੂਦਾਰ badabūdāra バドブーダール

くさり〘鎖〙ਜ਼ੰਜੀਰ zañjīra ザンジール, ਸੰਗਲ saṅgala サンガル, ਚੇਨ cena チェーン

くさる〘腐る〙ਬੁੱਸਣਾ bussaṇā ブッサナー, ਤਰੱਕਣਾ tarakkaṇā タラッカナー

くし〘櫛〙ਕੰਘੀ kâṅgī カンギー, ਕੰਘਾ kâṅgā カンガー

くじ ਲਾਟਰੀ lāṭarī ラータリー

くじく〘挫く〙ਮੁਚਣਾ mucaṇā ムチャナー, ਮੋਚ ਆਉਣੀ moca āuṇī モーチ アーウニー (落胆させる) ਓਦਰਾਉਣਾ odarāuṇā オードラーウナー, ਦਿਲ ਢਾਹੁਣਾ dila ṭǎuṇā ディル ターウナー, ਦਿਲ ਤੋੜਨਾ dila toṛaṇā ディル トールナー

くじける〘挫ける〙ਓਦਰਨਾ odaranā オーダルナー, ਉਕਤਾਉਣਾ ukatāuṇā ウクターウナー, ਦਿਲ ਛੱਡਣਾ dila c^{h}aḍḍaṇā ディル チャッダナー

くじゃく〘孔雀〙ਮੋਰ mora モール, ਮਯੂਰ mayūra マユール

くしゃみ ਛਿੱਕ c^{h}ikka チック, ਨਿੱਛ nicc^{h}a ニッチ

グジャラートしゅう〘グジャラート州〙ਗੁਜਰਾਤ gujarāta グジラート

くじょう〘苦情〙ਸ਼ਿਕਾਇਤ śikāita シカーイト, ਨਾਲਸ਼ nālaśa ナーラシュ, ਉਲਾਹਮਾ ulâmā ウラーマー

くじら〘鯨〙ਵ੍ਹੇਲ wěla ウェール

くず〘屑〙ਕੂੜਾ kūṛā クーラー, ਮਲਬਾ malabā マルバー, ਰੱਦੀ raddī ラッディー

くすぐる ਕੁਤਕੁਤਾਉਣਾ kutakutāuṇā クトクターウナー

くずす〘崩す〙ਢਹਾਉਣਾ ṭahǎuṇā タハーウナー (お金を) ਤੁੜਾਉਣਾ tuṛāuṇā トゥラーウナー

くすり〘薬〙ਦਵਾ dawā ダワー, ਦਵਾਈ dawāī ダワーイー, ਔਸ਼ਧੀ aûśadī アオーシャディー ◆薬屋 ਦਵਾਖ਼ਾਨਾ dawāxānā ダワーカーナー, ਔਸ਼ਧਾਲਾ auśadālā アオーシュダーラー

くずれる〘崩れる〙(形が崩れる) ਗਲਣਾ galaṇā ガルナー (崩れ落ちる) ਢਹਿਣਾ ṭaîṇā タェーナー, ਡਿਗਣਾ ḍigaṇā ディグナー, ਗਿਰਨਾ giranā ギルナー

くすんだ ਧੁੰਦਲਾ tǔndalā トゥンダラー, ਮਲੀਨ malīna マリーン, ਫਿੱਕਾ p^{h}ikkā ピッカー

くせ〘癖〙ਆਦਤ ādata アーダト, ਵਾਦੀ wādī ワーディー

ぐたいてきな〘具体的な〙ਸਾਕਾਰ sākāra サーカール, ਮੁਜੱਸਮ mujassama ムジャッサム

くだく〘砕く〙ਭੰਨਣਾ pǎnnaṇā パンナナー, ਪੀਹਣਾ pîṇā ピーナー, ਮਿੱਧਣਾ mîddaṇā ミッダナー

くだける〘砕ける〙ਪਿਸਣਾ pisaṇā ピサナー, ਭੱਜਣਾ pǎjjaṇā パッジャナー

くだもの〘果物〙ਫਲ p^{h}ala パル, ਫ਼ਰੂਟ farūṭa ファルート ◆果物屋 ਫਲ ਵਾਲਾ p^{h}ala wālā パル ワーラー

くだらない〘下らない〙ਬੇਕਾਰ bekāra ベーカール, ਛਛੋਰਾ c^{h}ac^{h}orā チャチョーラー

くだり〘下り〙ਉਤਾਰ utāra ウタール

くだる〘下る〙ਉੱਤਰਨਾ uttaranā ウッタルナー, ਢਲਨਾ ṭǎlanā タルナー

くち〘口〙ਮੂੰਹ mū̂ ムーン, ਮੁਖ muk^{h}a ムク

ぐち〘愚痴〙ਗਿਲਾ gilā ギラー, ਹਨੋਰਾ hanorā ハノーラー

くちげんか〘口喧嘩〙ਹੁੱਜਤ hujjata フッジャト, ਖਹਿਬੜ k^{h}aîbaṛa カェーバル, ਤਕਰਾਰ takarāra タクラール

くちばし〘嘴〙ਚੁੰਝ cûñja チュンジ

くちびる〘唇〙ਬੁੱਲ੍ਹ bûlla ブッル, ਹੋਠ hoṭ^{h}a ホート

くちべに〘口紅〙ਰੂਜ rūja ルージ, ਲਿਪਸਟਿਕ lipasaṭika リプサティク

くちょう〘口調〙ਬੋਲਣੀ bolaṇī ボーラニー, ਵਾਕ ਸ਼ੈਲੀ wāka śailī ワーク シャェーリー, ਲਹਿਜਾ laîjā ラェージャー

くつ〘靴〙ਜੁੱਤਾ juttā ジュッター, ਜੁੱਤੀ juttī ジュッティー ◆靴ひも ਤਸਮਾ tasamā タスマー

くつう〘苦痛〙ਦਰਦ darada ダルド, ਪੀੜ pīṛa ピール, ਦੁਖ duk^{h}a ドゥク

くつがえす〘覆す〙ਉਲਟਾਉਣਾ ulaṭāuṇā ウルターウナー, ਪਥੱਲਣਾ pat^{h}allaṇā パタッラナー

くつした〘靴下〙ਜੁਰਾਬ jurāba ジュラーブ, ਮੌਜਾ maujā マォージャー

クッション ਗੱਦਾ gaddā ガッダー, ਗੱਦੀ gaddī ガッディー, ਗਦੇਲਾ gadelā ガデーラー

くっせつ〘屈折〙(作用) ਵਰਤਨ waratana ワルタン (語形変化) ਵਿਭਕਤੀ vipǎkatī ヴィパクティー

くっつく ਚਿਪਕਣਾ cipakaṇā チパクナー, ਚੰਬੜਨਾ cambaṛanā チャンバルナー, ਪਲਚਣਾ palacaṇā パラチャナー

くっつける ਚਿਪਕਾਉਣਾ cipakāuṇā チプカーウナー, ਚੰਬੜਾਉਣਾ cambaṛāuṇā チャンブラーウナー, ਪਲਚਾਉਣਾ palacāuṇā パルチャーウナー

くつろぐ〘寛ぐ〙ਝੁਆਉਣਾ cuǎuṇā チュアーウナー, ਅਰਾਮ ਕਰਨਾ arāma karanā アラーム カルナー

くとうてん〘句読点〙ਵਿਸ਼ਰਾਮ ਚਿੰਨ੍ਹ viśarāma cînna ヴィシュラーム チンヌ, ਵਿਰਾਮ ਚਿੰਨ੍ਹ virāma cînna ヴィラーム チンヌ

くに〘国〙ਦੇਸ desa デース, ਮੁਲਕ mulaka ムルク (祖国) ਵਤਨ watana ワタン, ਜਨਮ ਭੂਮੀ janama pǔmī ジャナム プーミー (政治機構としての) ਰਾਸ਼ਟਰ rāśaṭara ラーシュタル, ਰਾਜ rāja ラージ

くばる〘配る〙(配達する) ਅਪੜਾਉਣਾ apaṛāuṇā アプラーウナー, ਪਹੁੰਚਾਉਣਾ pâûcāuṇā パォーンチャーウナー (配布する) ਵੰਡਣਾ waṇḍaṇā ワンダナー, ਵਰਤਾਉਣਾ waratāuṇā ワルターウナー

くび〘首〙ਗਰਦਨ garadana ガルダン, ਗਿੱਚੀ giccī ギッチー, ਧੌਣ taǔṇa タォーン (頭部) ਸਿਰ sira スィル (免職) ਬਰਤਰਫ਼ੀ baratarafī バルタルフィー

くふう〘工夫〙ਚਾਰਾਜੋਈ cārājoī チャーラージョーイー, ਢਕਵੰਜ ṭakawañja タクワンジ, ਹਿਕਮਤ hikamata ヒクマト

くぶん〘区分〙(分割) ਵਿਭਾਜਨ vipǎjana ヴィパージャン (分類) ਵਰਗੀਕਰਨ waragīkarana ワルギーカルン

くべつ〘区別〙ਵਖਰੱਤ wak^{h}aratta ワクラット, ਨਿਖੇੜਾ nik^{h}eṛā ニケーラー, ਵਿਭੇਦ vipěda ヴィペード

くぼみ〘窪み〙ਟੋਆ ṭoā トーアー，ਖੁੰਦਰ kʰundara クンダル，ਖ਼ੋਲ xola コール
くま〘熊〙ਭਾਲੂ pălū パールー，ਰਿੱਛ riccʰa リッチ
くみ〘組〙（一対）ਜੋੜਾ joṛā ジョーラー，ਜੁੱਟ juṭṭa ジュット，ਸਮਾਸ samāsa サマース（一揃い）ਸੈੱਟ saiṭṭa サェーット（グループ）ਦਲ dala ダル，ਗਰੁੱਪ garuppa ガルップ，ਟੀਮ ṭīma ティーム（学級）ਸ਼ਰੇਣੀ śareṇī シャレーニー，ਜਮਾਤ jamāta ジャマート，ਕਲਾਸ kalāsa カラース
くみあい〘組合〙ਸੰਘ sâṅga サング，ਸਭਾ sâbā サバー，ਯੂਨੀਅਨ yūnīana ユーニーアン
くみあわせ〘組み合わせ〙ਜੋਗ joga ジョーグ
くみたてる〘組み立てる〙ਗੰਢਣਾ gâṇḍaṇā ガンダナー
クミン ਜ਼ੀਰਾ zīrā ズィーラー，ਕਮੂਨ kamūna カムーン
くむ〘組む〙ਗੁੰਦਣਾ gundaṇā グンダナー
くも〘雲〙ਬੱਦਲ baddala バッダル，ਮੇਘ mêga メーグ
くも〘蜘蛛〙ਮਕੜੀ makaṛī マクリー
くもり〘曇り〙ਬੱਦਲੀ baddalī バッダリー，ਮੇਘਲਾ mêgalā メーグラー ♦曇りの ਮੇਘਲਾ mêgalā メーグラー
くもる〘曇る〙ਬੱਦਲ ਆਉਣਾ baddala āuṇā バッダル アーウナー
くやしい〘悔しい〙ਖੇਦਜਨਕ kʰedajanaka ケードジャナク
くやむ〘悔やむ〙ਪਛਤਾਉਣਾ pacʰatāuṇā パチターウナー
くらい〘暗い〙ਹਨੇਰਾ hanerā ハネーラー，ਤਾਰੀਕ tārīka ターリーク
グライダー ਗਲਾਈਡਰ galāīḍara ガラーイーダル
グラウンド ਗਰਾਊਂਡ garāū̃ḍa ガラーウーンド
くらし〘暮らし〙ਜੀਵਕਾ jīvakā ジーヴカー，ਗੁਜ਼ਾਰਾ guzārā グザーラー
クラシックの ਕਲਾਸਕੀ kalāsakī カラースキー
くらす〘暮らす〙ਜਿਊਂਣਾ jiū̃ṇā ジウーンナー
グラス ਗਲਾਸ galāsa ガラース
クラブ（ゴルフクラブ）ਕਲੱਬ kalabba カラッブ（同好会・集会所）ਕਲੱਬ kalabba カラッブ
グラフ ਗਰਾਫ਼ garāfa ガラーフ
くらべる〘比べる〙ਤੁਲਨਾ ਕਰਨੀ tulanā karanī トゥルナー カルニー，ਮੇਚਣਾ mecaṇā メーチャナー，ਉਪਮਾਉਣਾ upamāuṇā ウプマーウナー
グラム ਗਰਾਮ garāma ガラーム
くらやみ〘暗闇〙ਹਨੇਰਾ hanerā ハネーラー，ਤਮ tama タム
クリーニング ਕਲੀਨਿੰਗ kalīniṅga カリーニング，ਧੁਲਾਈ tulăī トゥラーイー，♦クリーニング店 ਲਾਂਡਰੀ lā̃ḍarī ラーンドリー
クリーム ਕ੍ਰੀਮ krīma クリーム
くりかえし〘繰り返し〙ਦੁਹਰਾਈ dôrāī ドーラーイー，ਮੁਹਾਰਨੀ muhāranī ムハールニー
くりかえす〘繰り返す〙ਦੁਹਰਾਉਣਾ dôrāuṇā ドーラーウナー
クリケット ਕਰਿਕਟ karikaṭa カリカト，ਕਿਰਕਟ kirakaṭa キルカト，ਗੇਂਦ-ਬੱਲਾ gẽda-ballā ゲーンド・バッラー
クリスチャン ਇਸਾਈ isāī イサーイー，ਕਰਿਸ਼ਚੀਅਨ kariśacīana カリシュチーアン，ਕਰਿਸਤਾਨ karisatāna カリスターン
クリスマス ਕਰਿਸਮਿਸ karisamisa カリスミス，ਵੱਡਾ ਦਿਨ waḍḍā dina ワッダー ディン
クリックする ਕਲਿੱਕ ਕਰਨਾ kalikka karanā カリック カルナー
クリップ ਕਲਿੱਪ kalippa カリップ，ਚੂੰਢੀ cū̃ḍī チューンディー
クリニック ਕਲੀਨਿਕ kalīnika カリーニク，ਚਿਕਿਤਸਾਲਾ cikitasālā チキトサーラー
くる〘来る〙ਆਉਣਾ āuṇā アーウナー
くるう〘狂う〙ਹਲਕਣਾ halakaṇā ハルカナー，ਪਾਗਲ ਹੋਣਾ pāgala hoṇā パーガル ホーナー
グループ ਦਲ dala ダル，ਗਰੁੱਪ garuppa ガルップ
くるしい〘苦しい〙（苦痛である）ਦੁਖੀ dukʰī ドゥキー（困難な）ਔਖਾ aukʰā アォーカー
くるしみ〘苦しみ〙ਦੁਖ dukʰa ドゥク，ਕਸ਼ਟ kaśaṭa カシュト
くるしむ〘苦しむ〙（困る）ਕੁਣਸਣਾ kuṇasaṇā クナサナー，ਔਖੇ ਹੋਣਾ aukʰe hoṇā アォーケー ホーナー（悩む）ਦੁਖ ਉਠਾਉਣਾ dukʰa uṭʰāuṇā ドゥク ウターウナー，ਕੁੱਠਣਾ kuṭṭʰaṇā クッタナー
くるしめる〘苦しめる〙ਦੁਖਾਉਣਾ dukʰāuṇā ドゥカーウナー，ਦੁਖ ਦੇਣਾ dukʰa deṇā ドゥク デーナー，ਸਤਾਉਣਾ satāuṇā サターウナー
くるぶし〘踝〙ਗਿੱਟਾ giṭṭā ギッター
くるま〘車〙ਗੱਡੀ gaḍḍī ガッディー（車輪）ਚੱਕ cakka チャック，ਵੀਲ wīla ウィール
くるみ〘胡桃〙ਅਖਰੋਟ akʰaroṭa アクロート，ਦੂਣ dūṇa ドゥーン
くるむ ਲਪੇਟਣਾ lapeṭaṇā ラペータナー，ਗਲੇਫਣਾ galepʰaṇā ガレーパナー，ਵਲਨਾ walanā ワルナー
クレーム ਸ਼ਿਕਾਇਤ śikāita シカーイト
クレーン ਕਰੇਨ karena カレーン
クレジット ਕਰੈਡਿਟ karaiḍiṭa カラェーディト ♦クレジットカード ਕਰੈਡਿਟ ਕਾਰਡ karaiḍiṭa kāraḍa カラェーディト カールド
くろ〘黒〙ਕਾਲਖ kālakʰa カーラク，ਤਾਰੀਕੀ tārīkī ターリーキー，ਸਿਆਹੀ siāī スィアーイー
くろい〘黒い〙ਕਾਲਾ kālā カーラー，ਤਾਰੀਕ tārīka ターリーク，ਸਿਆਹ siâ スィアー
くろうする〘苦労する〙ਘਾਲਣਾ kălaṇā カーラナー
くろうと〘玄人〙ਮਾਹਰ mâra マール
クローゼット ਅਲਮਾਰੀ alamārī アルマーリー
クローブ ਲੌਂਗ lãũga ラォーング
くろの〘黒の〙ਕਾਲਾ kālā カーラー，ਤਾਰੀਕ tārīka ターリーク，ਸਿਆਹ siâ スィアー
くわえる〘加える〙ਜੋੜਨਾ joṛanā ジョールナー，ਪਾਉਣਾ pāuṇā パーウナー
くわしい〘詳しい〙ਮੁਫ਼ੱਸਲ mufassala ムファッサル，ਵਿਸਤਾਰਪੂਰਨ visatārapūrana ヴィスタールプールン（よく知っている）ਵਡਦਾਨਾ waḍadānā ワドダーナー，ਜਾਣਕਾਰ jāṇakāra ジャーンカール

くわだてる〖企てる〗ਯੋਜਨਾ ਬਣਾਉਣੀ yojanā baṇāuṇī ヨージャナー バナーウニー, ਰਚਣਾ racaṇā ラチナー
くわわる〖加わる〗ਮਿਲਨਾ milanā ミルナー, ਭਾਗ ਲੈਣਾ pāga laiṇā パーグ ラェーナー, ਹਿੱਸਾ ਲੈਣਾ hissā laiṇā ヒッサー ラェーナー
ぐん〖軍〗ਫ਼ੌਜ fauja ファォージ, ਸੈਨਾ sainā サェーナー
ぐん〖郡〗(県の次の区分) ਤਹਿਸੀਲ taîsīla タェースィール, ਕੌਂਟੀ kāũṭī カォーンティー
ぐんかん〖軍艦〗ਜੰਗੀ ਜਹਾਜ਼ jaṅgī jăza ジャンギー ジャーズ
ぐんしゅう〖群衆〗ਭੀੜ pĭṛa ピール
くんしょう〖勲章〗ਮੈਡਲ maiḍala マェーダル
ぐんじん〖軍人〗ਫ਼ੌਜੀ faujī ファォージー, ਸਿਪਾਹੀ sipâī スィパーイー, ਜਵਾਨ jawāna ジャワーン
ぐんたい〖軍隊〗ਫ਼ੌਜ fauja ファォージ, ਸੈਨਾ sainā サェーナー
くんれん〖訓練〗ਸਿਖਲਾਈ sikʰalāī スィクラーイー, ਅਭਿਆਸ abiăsa アビアース, ਮਸ਼ਕ maśaka マシャク ◆訓練する ਸਿਖਾਉਣਾ sikʰāuṇā スィカーウナー
け〖毛〗ਵਾਲ wāla ワール, ਕੇਸ kesa ケース (獣毛) ਜੱਤ jatta ジャット, ਫ਼ਰ fara ファル (羊毛) ਉੱਨ unna ウンヌ, ਪਸ਼ਮ paśama パシュム, ਸੂਫ਼ sūfa スーフ
けい〖刑〗ਸਜ਼ਾ sazā サザー, ਡੰਡ ḍaṇḍa ダンド
けいえい〖経営〗ਪਰਬੰਧ parabânda パルバンド, ਸੰਚਾਲਨ sañcālana サンチャーラン ◆経営者 ਪਰਬੰਧਕ parabândaka パルバンダク, ਸੰਚਾਲਕ sañcālaka サンチャーラク, ਮਨੇਜਰ manejara マネージャル ◆経営する ਸੰਚਾਲਿਤ ਕਰਨਾ sañcālita karanā サンチャーリト カルナー, ਚਲਾਉਣਾ calāuṇā チャラーウナー
けいか〖経過〗ਗੁਜ਼ਰ guzara グザル, ਰਵਾਨੀ rawānī ラワーニー
けいかい〖警戒〗ਧਿਆਨ tiăna ティアーン, ਸਾਵਧਾਨੀ sāvadănī サーヴダーニー, ਇਹਤਿਆਤ êtiāta エーティアート ◆警戒する ਧਿਆਨ ਰੱਖਣਾ tiăna rakkʰaṇā ティアーン ラッカナー
けいかいな〖軽快な〗ਹਲਕਾ halakā ハルカー
けいかく〖計画〗ਯੋਜਨਾ yojanā ヨージャナー, ਵਿਓਂਤ viõta ヴィオーント, ਵਿੱਡ viḍḍa ヴィッド ◆計画する ਯੋਜਨਾ ਬਣਾਉਣੀ yojanā baṇāuṇī ヨージャナー バナーウニー, ਵਿਓਂਤਣਾ viõtaṇā ヴィオーンタナー, ਵਿੱਡਣਾ viḍḍaṇā ヴィッダナー
けいかん〖警官〗ਪੁਲਸੀਆ pulasīā プルスィーアー, ਪੁਲੀਸ ਵਾਲਾ pulīsa wālā プリース ワーラー
けいき〖景気〗(業績) ਆਰਥਿਕ ਸਥਿਤੀ āratʰika satʰitī アールティク サティティー (市況) ਬਜ਼ਾਰ bazāra バザール
けいけん〖経験〗ਅਨੁਭਵ anupăva アヌパヴ ◆経験する ਅਨੁਭਵ ਕਰਨਾ anupăva karanā アヌパヴ カルナー
けいこ〖稽古〗(リハーサル) ਰਿਹਰਸਲ riharasala リハルサル (練習・訓練) ਅਭਿਆਸ abiăsa アビアース, ਰਿਆਜ਼ riāza リアーズ, ਬਿਰਦ birada ビラド
けいこう〖傾向〗ਪਰਵਿਰਤੀ paraviratī パルヴィルティー, ਰੁਝਾਨ rujăna ルジャーン
けいこく〖警告〗ਚੇਤਾਉਣੀ cetāuṇī チェーターウニー ◆警告する ਚੇਤਾਉਣਾ cetāuṇā チェーターウナー
けいざい〖経済〗ਅਰਥਚਾਰਾ aratʰacārā アルトチャーラー ◆経済学 ਅਰਥ ਸ਼ਾਸਤਰ aratʰa śāsatara アルト シャースタル ◆経済的な ਆਰਥਿਕ āratʰika アールティク
けいさつ〖警察〗ਪੁਲੀਸ pulīsa プリース ◆警察官 ਪੁਲਸੀਆ pulasīā プルスィーアー, ਪੁਲੀਸ ਵਾਲਾ pulīsa wālā プリース ワーラー ◆警察署 ਠਾਣਾ ṭʰāṇā ターナー, ਪੁਲੀਸ ਥਾਣਾ pulīsa tʰāṇā プリース ターナー
けいさん〖計算〗ਹਿਸਾਬ hisāba ヒサーブ, ਗਿਣਤੀ giṇatī ギンティー ◆計算する ਹਿਸਾਬ ਕਰਨਾ hisāba karanā ヒサーブ カルナー, ਗਿਣਨਾ giṇanā ギンナー
けいじ〖掲示〗ਸੂਚਨਾ sūcanā スーチャナー, ਨੋਟਿਸ noṭisa ノーティス ◆掲示板 ਬੋਰਡ boraḍa ボールド, ਫੱਟਾ pʰaṭṭā パッター
けいじ〖啓示〗ਵਹੀ wahī ワヒー, ਇਲਹਾਮ ilahāma イルハーム
けいしき〖形式〗ਵਿਧੀ vîdī ヴィディー, ਡੌਲ ḍaula ダォール, ਤਰਜ਼ taraza タルズ ◆形式的な ਰੂਪਾਤਮਕ rūpātamaka ルーパートマク, ਰਸਮੀ rasamī ラスミー, ਰਿਵਾਜੀ riwājī リワージー
げいじゅつ〖芸術〗ਕਲਾ kalā カラー, ਆਰਟ āraṭa アールト ◆芸術家 ਕਲਾਕਾਰ kalākāra カラーカール, ਆਰਟਿਸਟ āraṭisaṭa アールティスト
けいしょうする〖継承する〗ਥਾਂ ਲੈਣੀ tʰā̃ laiṇī ターン ラェーニー
けいしょく〖軽食〗ਨਾਸ਼ਤਾ nāśatā ナーシュター, ਚਬੀਨਾ cabīnā チャビーナー
けいず〖系図〗ਬੰਸਾਵਲੀ bansāwalī バンサーワリー
けいせい〖形成〗ਗਠਨ gaṭʰana ガタン
けいぞくする〖継続する〗ਜਾਰੀ ਰੱਖਣਾ jārī rakkʰaṇā ジャーリー ラッカナー
けいそつな〖軽率な〗ਉਤਾਉਲਾ utāulā ウターウラー, ਵਿਚਾਰਹੀਨ vicārahīna ヴィチャールヒーン
けいたい〖形態〗ਰੂਪ rūpa ループ, ਸ਼ਕਲ śakala シャカル, ਫ਼ਾਰਮ fārama ファールム
けいたいでんわ〖携帯電話〗ਮੋਬਾਇਲ ਫ਼ੋਨ mobāila fona モーバーイル フォーン
けいと〖毛糸〗ਊਨੀ ਧਾਗਾ ūnī tăgā ウーニー ターガー
けいとう〖系統〗ਸਿਲਸਿਲਾ silasilā スィルスィラー
げいにん〖芸人〗ਕਲੌਂਤ kalāũta カラォーント
げいのう〖芸能〗ਤਮਾਸ਼ਾ tamāśā タマーシャー
けいば〖競馬〗ਘੋੜਦੌੜ kŏṛadauṛa コールダォール, ਹਾਠ hāṭʰa ハート
けいはくな〖軽薄な〗ਹੋਛਾ hocʰā ホーチャー, ਹਾਸੋਹੀਣਾ hāsohīṇā ハーソーヒーナー, ਹਲਕਾ halakā ハルカー
けいはつ〖啓発〗ਪਰਬੋਧ parabôda パルボード ◆啓発する ਗਿਆਨ ਦੇਣਾ giāna deṇā ギアーン デーナー
けいばつ〖刑罰〗ਸਜ਼ਾ sazā サザー, ਡੰਡ ḍaṇḍa ダンド
けいひ〖経費〗ਲਾਗਤ lāgata ラーガト, ਖ਼ਰਚ xaraca カルチ, ਫ਼ੀਸ fīsa フィース
けいび〖警備〗ਰਖਵਾਲੀ rakʰawālī ラクワーリー, ਪਾਸਬਾਨੀ pāsabānī パースバーニー ◆警備する

ਰਖਵਾਲੀ ਕਰਨੀ rakʰawālī karanī ラクワーリー カルニー
けいひん〘景品〙ਝੂੰਗਾ cũgā チューンガー
けいべつする〘軽蔑する〙ਤਿਰਸਕਾਰ ਕਰਨਾ tirasakāra karanā ティルスカール カルナー
けいほう〘警報〙ਚੇਤਾਉਣੀ cetāuṇī チェーターウニー，ਅਲਾਰਮ alārama アラールム
けいむしょ〘刑務所〙ਜੇਲ੍ਹ jêla ジェール，ਕੈਦਖ਼ਾਨਾ kaidaxānā カェードカーナー，ਬੰਦੀਖ਼ਾਨਾ bandīxānā バンディーカーナー
けいやく〘契約〙ਠੇਕਾ ṭʰekā テーカー，ਅਹਿਦ aîda アエード，ਇਕਰਾਰ ikarāra イクラール ♦契約書 ਠੇਕਾ ਪੱਤਰ ṭʰekā pattara テーカー パッタル，ਅਹਿਦਨਾਮਾ aîdanāmā アエードナーマー，ਇਕਰਾਰਨਾਮਾ ikarāranāmā イクラールナーマー ♦契約する ਸਹੇੜਨਾ sĕranā セールナー
けいゆして〘経由して〙ਬਰਾਸਤਾ barāsatā バラースター，ਮਾਰਫ਼ਤ mārafata マールフアト
けいようし〘形容詞〙ਵਿਸ਼ੇਸ਼ਣ viśeśaṇa ヴィシェーシャン
けいり〘経理〙ਲੇਖਾਕਾਰੀ lekʰākārī レーカーカーリー，ਖਾਤਾ kʰātā カーター
けいりゃく〘計略〙ਚਾਲ cāla チャール，ਢਕਵੰਜ ṭăkawañja タクワンジ
けいりょう〘計量〙ਜੋਖ jokʰa ジョーク，ਤੋਲ tola トール，ਮਾਪ māpa マープ
けいれき〘経歴〙ਪਿਛੋਕੜ picʰokara ピチョーカル，ਕੈਰੀਅਰ kairīara カェーリーアル
けいれん〘痙攣〙ਫੜਕੀ pʰarakī パルキー
けいろ〘経路〙ਰੂਟ rūṭa ルート
ケーキ ਕੇਕ keka ケーク
ケース（場合）ਅਵਸਰ awasara アウサル，ਮੌਕਾ maukā マォーカー，ਕੇਸ kesa ケース（箱）ਡੱਬਾ ḍabbā ダッバー，ਕੇਸ kesa ケース
ゲート ਦਰਵਾਜ਼ਾ darawāzā ダルワーザー，ਦੁਆਰ duāra ドゥアール，ਫਾਟਕ pʰāṭaka パータク
ゲーム ਖੇਡ kʰeḍa ケード，ਖੇਲ kʰela ケール，ਬਾਜ਼ੀ bāzī バーズィー
ケーララしゅう〘ケーララ州〙ਕੇਰਲ kerala ケーラル
けおりもの〘毛織物〙ਪਸ਼ਮ paśama パシュム，ਸੂਫ਼ sūfa スーフ，ਲੋਈ loī ローイー
けが〘怪我〙ਚੋਟ coṭa チョート，ਜ਼ਖ਼ਮ zaxama ザカム，ਘਾਉ kăo カーオー ♦怪我する ਘਾਇਲ ਹੋਣਾ kăila honā カーイル ホーナー，ਚੋਟ ਲੱਗਣੀ coṭa laggaṇī チョート ラッガニー
げか〘外科〙ਜੱਰਾਹੀ jarrâī ジャッラーイー，ਸਰਜਰੀ sarajarī サルジャリー ♦外科医 ਜੱਰਾਹ jarrâ ジャッラー，ਸਰਜਨ sarajana サルジャン
けがす〘汚す・穢す〙ਭਿੱਟਣਾ pĭṭṭaṇā ピッタナー，ਪਤ ਲਾਹੁਣੀ pata lâuṇī パト ラーウニー
けがれ〘汚れ・穢れ〙ਨਾਪਾਕੀ nāpākī ナーパーキー，ਅਪਵਿੱਤਰਤਾ apavittaratā アパヴィッタルター
けがわ〘毛皮〙ਪੋਸਤੀਨ posatīna ポースティーン，ਖੱਲ kʰalla カッル，ਫ਼ਰ fara ファル
げき〘劇〙ਨਾਟਕ nāṭaka ナータク，ਰੂਪਕ rūpaka ルーパク，ਡਰਾਮਾ ḍarāmā ダラーマー
げきじょう〘劇場〙ਨਾਟਸ਼ਾਲਾ nāṭaśālā ナートシャーラー，ਰੰਗ-ਭੂਮੀ raṅga-pŭmī ラング・プーミー，ਥਿਏਟਰ tʰieṭara ティエータル
げきだん〘劇団〙ਨਾਟਕ ਮੰਡਲੀ nāṭaka maṇḍalī ナータク マンドリー
げきれいする〘激励する〙ਹੁਲਸਾਉਣਾ hulasāuṇā フルサーウナー，ਪਰੇਰਨਾ pareranā パレールナー，ਉਕਸਾਉਣਾ ukasāuṇā ウクサーウナー
けさ〘今朝〙ਅੱਜ ਸਵੇਰ ajja sawera アッジ サウェール
げざい〘下剤〙ਜੁਲਾਬ julāba ジュラーブ
けし〘芥子・罌粟〙ਪੋਸਤ posata ポースト
けしき〘景色〙ਦਰਿਸ਼ dariśa ダリシュ，ਨਜ਼ਾਰਾ nazārā ナザーラー，ਸੀਨਰੀ sīnarī スィーンリー
けしゴム〘消しゴム〙ਰਬੜ rabaṛa ラバル
げしゃする〘下車する〙ਉੱਤਰਨਾ uttaranā ウッタルナー，ਟਲਨਾ ṭalanā タルナー
けしょう〘化粧〙ਸ਼ਿੰਗਾਰ śiṅgāra シンガール，ਮੇਕ-ਅਪ meka-apa メーク・アプ ♦化粧室 ਸ਼ਿੰਗਾਰ-ਕਮਰਾ śiṅgāra-kamarā シンガール・カムラー（トイレ）ਬਾਥਰੂਮ bātʰarūma バートルーム，ਟਾਇਲਟ ṭāilaṭa ターイラト ♦化粧水 ਲੋਸ਼ਨ lośana ローシャン ♦化粧する ਸ਼ਿੰਗਾਰਨਾ śiṅgāranā シンガールナー ♦化粧品 ਸ਼ਿੰਗਾਰ-ਸਮੱਗਰੀ śiṅgāra-samaggarī シンガール・サマッガリー
けす〘消す〙（文字などを）ਮਿਟਾਉਣਾ miṭāuṇā ミターウナー（明かりや火を）ਬੁਝਾਉਣਾ bujăuṇā ブジャーウナー（スイッチを）ਬੰਦ ਕਰਨਾ banda karanā バンド カルナー
げすい〘下水〙ਪਰਨਾਲਾ paranālā パルナーラー，ਨਾਲੀ nālī ナーリー
けずる〘削る〙ਡੌਲਨਾ ḍaulanā ダォールナー，ਰੰਦਣਾ randaṇā ランダナー（削減する）ਕੱਟਣਾ kaṭṭaṇā カッタナー
けちな ਕੰਜੂਸ kañjūsa カンジュース，ਚੀਪੜ cīpaṛa チーパル，ਮੱਖੀ-ਚੂਸ makkʰī-cūsa マッキー・チュース
ケチャップ ਕੈਚਪ kaicapa カェーチャプ
けつあつ〘血圧〙ਬਲੱਡ ਪਰੈਸ਼ਰ balaḍḍa paraiśara バラッド パラェーシャル
けつい〘決意〙ਨਿਸ਼ਚਾ niśacā ニシュチャー，ਦਰਿੜ੍ਹ ਸੰਕਲਪ darīṛa saṅkalapa ダリル サンカルプ，ਪਰਤੱਗਿਆ parataggiā パルタッギアー ♦決意する ਨਿਸ਼ਚਾ ਕਰਨਾ niśacā karanā ニシュチャー カルナー，ਠਾਣਨਾ ṭʰāṇanā ターンナー
けつえき〘血液〙ਖ਼ੂਨ xūna クーン，ਲਹੂ lâū ラウー，ਰੱਤ ratta ラット
けつえん〘血縁〙ਖ਼ੂਨ xūna クーン，ਰਿਸ਼ਤੇਦਾਰ riśatedāra リシュテーダール
けっか〘結果〙ਪਰਿਣਾਮ pariṇāma パリナーム，ਨਤੀਜਾ natījā ナティージャー，ਫਲ pʰala パル
けっかく〘結核〙ਖਈ kʰaī カイー，ਤਪਦਿੱਕ tapadikka タプディック，ਟੀ ਬੀ ṭī bī ティー ビー
けっかん〘欠陥〙ਦੋਸ਼ dośa ドーシュ，ਨੁਕਸ nukasa ヌカス，ਐਬ aiba アエーブ
けっかん〘血管〙ਨਾੜੀ nāṛī ナーリー，ਨਸ nasa ナス，ਰਗ raga ラグ

げっかんし〘月刊誌〙ਮਾਸਿਕ māsika マースィク
げっきゅう〘月給〙ਮਾਹਾਨਾ māhānā マーハーナー
けっきょく〘結局〙ਆਖ਼ਰ āxara アーカル, ਛੇਕੜ cʰekaṛa チェーカル, ਓੜਕ oṛaka オーラク
けっきん〘欠勤〙ਨਾਗ਼ਾ nāǧā ナーガー
けつごう〘結合〙ਜੋੜ joṛa ジョール, ਸੰਜੋਗ sañjoga サンジョーグ, ਵਸਲ wasala ワサル ♦結合する ਜੁੜਨਾ juṛanā ジュルナー
けっこん〘結婚〙ਸ਼ਾਦੀ śādī シャーディー, ਵਿਆਹ viâ ヴィアー, ਮੈਰਿਜ mairija マェーリジ ♦結婚式 ਸ਼ਾਦੀ śādī シャーディー, ਵਿਆਹ viâ ヴィアー, ਵੈਡਿੰਗ waiḍiṅga ワェーディング ♦結婚する ਵਿਆਹੁਣਾ viâuṇā ヴィアーウナー, ਵਿਆਹ ਕਰਨਾ viâ karanā ヴィアー カルナー, ਸ਼ਾਦੀ ਕਰਨੀ śādī karanī シャーディー カルニー
けっさく〘傑作〙ਸ਼ਾਹਕਾਰ śâkāra シャーカール
けっして〘決して〙ਕਦੀ kadī カディー, ਕਦੇ kade カデー, ਹਰਗਿਜ਼ haragiza ハルギズ
けっしょう〘決勝〙ਫ਼ਾਈਨਲ fāīnala ファーイーナル
けっしん〘決心〙ਨਿਸ਼ਚਾ niśacā ニシュチャー, ਦਰਿੜ੍ਹ ਸੰਕਲਪ darîṛa saṅkalapa ダリル サンカルプ, ਪਰਤੱਗਿਆ parataggiā パルタッギアー ♦決心する ਨਿਸ਼ਚਾ ਕਰਨਾ niśacā karanā ニシュチャー カルナー, ਠਾਣਨਾ tʰāṇanā ターンナー
けっせき〘欠席〙ਗ਼ੈਰਮੌਜੂਦਗੀ ǧairamaujūdagī ガェールマォージュードギー, ਗ਼ੈਰਹਾਜ਼ਰੀ ǧairahāzarī ガェールハーズリー, ਨਾਗ਼ਾ nāǧā ナーガー ♦欠席する ਗ਼ੈਰਹਾਜ਼ਰ ਹੋਣਾ ǧairahāzara hoṇā ガェールハーザル ホーナー
けつだん〘決断〙ਨਿਰਧਾਰਨ niratărana ニルターラン, ਨਿਰਨਾ niranā ニルナー ♦決断する ਨਿਰਨਾ ਕਰਨਾ niranā karanā ニルナー カルナー
けってい〘決定〙ਫ਼ੈਸਲਾ faisalā ファェースラー ♦決定する ਫ਼ੈਸਲਾ ਕਰਨਾ faisalā karanā ファェースラー カルナー, ਤੈ ਕਰਨਾ tai karanā タェー カルナー, ਨਿਸ਼ਚਿਤ ਕਰਨਾ niśacita karanā ニシュチト カルナー
けってん〘欠点〙ਦੋਸ਼ dośa ドーシュ, ਨੁਕਸ nukasa ヌカス, ਐਬ aiba アェーブ
けっとう〘血統〙ਨਸਬ nasaba ナサブ, ਨਸਲ nasala ナサル, ਅੰਸ ansa アンス
けっぱく〘潔白〙ਬੇਗੁਨਾਹੀ begunâī ベーグナーイー, ਬੇਕਸੂਰੀ bekasūrī ベーカスーリー, ਨਿਰਦੋਸ਼ਤਾ niradośatā ニルドーシュター
げっぷ ਡਕਾਰ ḍakāra ダカール
けつぼう〘欠乏〙ਘਾਟਾ kăṭā カーター, ਕਮੀ kamī カミー, ਊਣ ūṇa ウーン ♦欠乏する ਘਾਟਾ ਹੋਣਾ kăṭā hoṇā カーター ホーナー, ਥੁੜਨਾ tʰuṛanā トゥルナー
けつまつ〘結末〙ਅੰਤ anta アント, ਅੰਜਾਮ añjāma アンジャーム, ਨੌਬਤ naubata ナォーバト
げつようび〘月曜日〙ਸੋਮਵਾਰ somawāra ソームワール, ਪੀਰ pīra ピール
けつろん〘結論〙ਨਿਸ਼ਕਰਸ਼ niśakaraśa ニシュカルシュ
けなす ਭੰਡਣਾ pǎṇḍaṇā パンダナー
けはい〘気配〙ਅਸਾਰ asāra アサール
げひんな〘下品な〙ਕਮੀਨਾ kamīnā カミーナー, ਡੱਗ ḍagga ダッグ, ਲੱਚਰ laccara ラッチャル
けむし〘毛虫〙ਸੁੰਡੀ sunḍī スンディー, ਲਾਰਵਾ lāravā ラールヴァー
けむり〘煙〙ਧੂੰਆਂ tũā̃ トゥーンアーン, ਧੂੰ tũ トゥーン
けもの〘獣〙ਪਸ਼ੂ paśū パシュー, ਜਾਨਵਰ jānawara ジャーンワル
げり〘下痢〙ਦਸਤ dasata ダスト, ਛੁਰਕਾ cʰurakā チュルカー
ゲリラ ਗੁਰੀਲਾ gurīlā グリーラー
ける〘蹴る〙ਠੁਕਰਾਉਣਾ tʰukarāuṇā トゥクラーウナー, ਠੁੱਡ ਮਾਰਨਾ tʰuḍḍa māranā トゥッド マールナー, ਲੱਤ ਮਾਰਨੀ latta māranī ラット マールニー
げれつな〘下劣な〙ਕਮੀਨਾ kamīnā カミーナー, ਸ਼ੋਹਦਾ śôdā ショーダー, ਬਦਤਮੀਜ਼ badatamīza バドタミーズ
けわしい〘険しい〙ਢਲਵਾਂ ṭălawā̃ タルワーン, ਬਿਖੜਾ bikʰaṛā ビカラー, ਔਘਟ aûgaṭa アォーガト (顔つきが) ਗੰਭੀਰ gambĭra ガンビール
けん〘券〙ਟਿਕਟ ṭikaṭa ティカト, ਪਰਚਾ paracā パルチャー
けん〘県〙(州の次の区分) ਜ਼ਿਲ੍ਹਾ zîlā ズィラー
げん〘弦〙(楽器の) ਤੰਦ tanda タンド
けんい〘権威〙ਸੱਤਾ sattā サッター, ਇਖ਼ਤਿਆਰ ixatiāra イクティアール, ਅਧਿਕਾਰ âdikāra アディカール
げんいん〘原因〙ਵਜ੍ਹਾ wâjā ワジャー, ਕਾਰਨ kārana カーラン, ਸਬੱਬ sababba サバッブ
げんえい〘幻影〙ਮਾਇਆ māiā マーイアー, ਭਰਮ pǎrama パラム
けんえき〘検疫〙ਕੁਰਾਟੀਨ kurāṭīna クラーティーン
けんえつ〘検閲〙ਨਿਰੀਖਣ nirīkʰaṇa ニリーカン, ਸੈਂਸਰ sãīsara サェーンサル
けんか〘喧嘩〙(殴り合い) ਮਾਰ ਕੁੱਟ māra kuṭṭa マール クット (口論) ਝੌੜ caŭṛa チャォール, ਵਿਵਾਦ viwāda ヴィワード ♦喧嘩する ਖਹਿਬੜਨਾ kʰaîbaṛanā カェーバルナー, ਝਗੜਨਾ căgaṛanā チャガルナー, ਲੜਨਾ laṛanā ラルナー
げんか〘原価〙ਪੜਤਾ paṛatā パルター
けんかい〘見解〙ਰਾਏ rāe ラーエー, ਮਤ mata マト, ਦਰਿਸ਼ਟੀਕੋਣ dariśaṭīkoṇa ダリシュティーコーン
げんかい〘限界〙ਹੱਦ hadda ハッド, ਸੀਮਾ sīmā スィーマー
げんかくな〘厳格な〙ਡਾਢਾ ḍâḍā ダーダー, ਕਠੋਰ katʰora カトール, ਸਖ਼ਤ saxata サカト
げんきな〘元気な〙ਠੀਕ tʰīka ティーク, ਰਾਜ਼ੀ-ਖ਼ੁਸ਼ੀ rāzī-xuśī ラーズィー・クシー, ਤੰਦਰੁਸਤ tandarusata タンドルスト
けんきゅう〘研究〙ਅਧਿਐਨ adiaĭna アディアェーン, ਖੋਜ kʰoja コージ, ਪੜਚੋਲ paṛacola パルチョール ♦研究者 ਖੋਜੀ kʰojī コージー, ਪੜਚੋਲੀਆ paṛacolīā パルチョーリーアー, ਰਿਸਰਚ ਸਕਾਲਰ risaraca sakālara リサルチ サカーラル ♦研究所 ਸੰਸਥਾਨ sansatʰāna サンスターン ♦研究する ਖੋਜਣਾ kʰojaṇā コージャナー, ਪੜਚੋਲਣਾ paṛacolaṇā パルチョーラナー, ਰਿਸਰਚ ਕਰਨੀ risaraca karanī リサルチ カルニー
けんきょな〘謙虚な〙ਨਿਮਾਣਾ nimāṇā ニマーナー,

ਆਜਜ਼ ājaza アージャズ
げんきん〖現金〗ਨਕਦ nakada ナカド, ਰੋਕੜ rokaṛa ローカル, ਕੈਸ਼ kaiśa カェーシュ
げんけい〖原型〗ਪਰਤਿਰੂਪ paratirūpa パラティループ, ਪ੍ਰਤਿਮਾਨ pratimāna プラティマーン, ਮਾਡਲ māḍala マーダル
けんけつ〖献血〗ਰਕਤਦਾਨ rakatadāna ラクトダーン
けんげん〖権限〗ਅਧਿਕਾਰ âdikāra アディカール, ਇਖ਼ਤਿਆਰ ixatiāra イクティアール
げんご〖言語〗ਭਾਸ਼ਾ pǎśā パーシャー, ਜ਼ਬਾਨ zabāna ザバーン, ਲੈਂਗੁਏਜ lāīgūeja ラェーングーエージ ♦言語学 ਭਾਸ਼ਾ ਵਿਗਿਆਨ pǎśā vigiāna パーシャー ヴィギアーン
けんこう〖健康〗ਸਿਹਤ sêta セート ♦健康な ਸਿਹਤਮੰਦ sêtamanda セートマンド, ਸਵਸਥ sawasatʰa サワスト, ਪੁਸ਼ਟ puśaṭa プシュト
げんこう〖原稿〗ਮਸੌਦਾ masaudā マサォーダー, ਹੱਥ ਲਿਖਤ hattʰa likʰata ハット リクト
げんこく〖原告〗ਦਾਹਵੇਦਾਰ dâwedāra ダーウェーダール, ਮੁਦਈ mudaī ムダイー
けんさ〖検査〗ਜਾਂਚ jā̃ca ジャーンチ, ਨਿਰੀਖਣ nirīkʰaṇa ニリーカン ♦検査する ਜਾਂਚਣਾ jā̃caṇā ジャーンチナー, ਨਿਰਖਣਾ nirakʰaṇā ニルカナー
げんざいの〖現在の〗ਵਰਤਮਾਨ waratamāna ワルトマーン, ਜਦੀਦ jadīda ジャディード
けんじ〖検事〗ਪਬਲਿਕ ਪਰਾਸੀਕਯੂਟਰ pabalika parāsīkayūṭara パブリク パラースィーカユータル
げんし〖原子〗ਅਣੂ aṇū アヌー, ਪਰਮਾਣੂ paramāṇū パルマーヌー, ਐਟਮ aiṭama アェータム ♦原子爆弾 ਪਰਮਾਣੂ ਬੰਬ paramāṇū bamba パルマーヌー バンブ ♦原子力 ਪਰਮਾਣੂ ਸ਼ਕਤੀ paramāṇū śakatī パルマーヌー シャクティー
げんじつ〖現実〗ਅਸਲੀਅਤ asalīata アスリーアト, ਯਥਾਰਥ yatʰāratʰa ヤタールト ♦現実の ਅਸਲੀ asalī アスリー, ਯਥਾਰਥਿਕ yatʰāratʰika ヤタールティク
けんじつな〖堅実な〗ਠੋਸ ṭʰosa トース, ਪਰਪੱਕ parapakka パルパック
げんしの〖原始の〗ਆਦਿ ād アード, ਪਰਾਪੂਰਬਲਾ parāpūrabalā パラープールバラー, ਪੁਰਾਤਨ purātana プラータン
げんしゅ〖元首〗ਅਧਿਰਾਜ âdirāja アディラージ
けんしゅう〖研修〗ਸਿੱਖਿਆ sikkʰiā スィッキアー, ਤਰਬੀਅਤ tarabīata タルビーアト ♦研修生 ਸਿਖਿਆਰਥੀ sikʰiāratʰī スィキアールティー
けんじゅう〖拳銃〗ਪਸਤੌਲ pasataula パスタォール
げんじゅうしょ〖現住所〗ਵਰਤਮਾਨ ਨਿਵਾਸ waratamāna niwāsa ワルトマーン ニワース, ਪਤਾ patā パター
けんしょう〖懸賞〗ਪੁਰਸਕਾਰ purasakāra プラスカール
げんじょう〖現状〗ਵਰਤਮਾਨ ਸਥਿਤੀ waratamāna satʰitī ワルトマーン サティティー
げんしょうする〖減少する〗ਘਟਣਾ kǎṭaṇā カタナー, ਝੌਣਾ caǔṇā チャォーナー
けんしん〖検診〗ਡਾਕਟਰੀ ḍākaṭarī ダークタリー
げんせいりん〖原生林〗ਬੀਹੜ bîaṛa ビーアル
けんせつ〖建設〗ਉਸਾਰੀ usārī ウサーリー, ਨਿਰਮਾਣ niramāṇa ニルマーン, ਤਾਮੀਰ tāmīra ターミール ♦建設する ਉਸਾਰਨਾ usāranā ウサールナー, ਨਿਰਮਾਣ ਕਰਨਾ niramāṇa karanā ニルマーン カルナー
けんぜんな〖健全な〗ਚੋਖਾ cokʰā チョーカー
げんそ〖元素〗ਤੱਤ tatta タット, ਧਾਤੂ tǎtū タートゥー
げんそう〖幻想〗ਮਾਇਆ māiā マーイアー, ਭਰਮ pǎrama パラム
げんそく〖原則〗ਨੀਤੀ nītī ニーティー, ਅਸੂਲ asūla アスール, ਸਿਧਾਂਤ sidǎ̃ta スィダーント
けんそん〖謙遜〗ਮਸਕੀਨੀ masakīnī マスキーニー, ਨਿਮਰਤਾ nimaratā ニマルター
げんだいの〖現代の〗ਆਧੁਨਿਕ âdunika アードゥニク, ਜਦੀਦ jadīda ジャディード, ਮਾਡਰਨ māḍarana マードラン
けんちく〖建築〗(建物) ਇਮਾਰਤ imārata イマーラト (建築術) ਇਮਾਰਤਸਾਜ਼ੀ imāratasāzī イマーラトサーズィー, ਉਸਾਰੀ usārī ウサーリー, ਤਾਮੀਰ tāmīra ターミール ♦建築家 ਉਸਰਈਆ usaraīā ウスライーアー
けんちょな〖顕著な〗ਨੁਮਾਇਆਂ numāiā̃ ヌマーイアーン
げんてい〖限定〗ਹੱਦਬੰਦੀ haddabandī ハッドバンディー, ਹੱਦਬਸਤ haddabasata ハッドバスト ♦限定する ਹੱਦਬੰਦੀ ਕਰਨੀ haddabandī karanī ハッドバンディー カルニー, ਸੀਮਿਤ ਕਰਨਾ sīmita karanā スィーミト カルナー
げんてん〖原典〗ਬੀੜ bīṛa ビール, ਮੂਲ mūla ムール
げんてん〖原点〗ਵਿਉਤਪਤੀ viutapatī ヴィウトパティー
げんど〖限度〗ਹੱਦ hadda ハッド, ਸੀਮਾ sīmā スィーマー
けんとう〖検討〗ਪਰਖ parakʰa パルク, ਮੁਲਾਹਜ਼ਾ mulâzā ムラーザー ♦検討する ਪਰਖਣਾ parakʰaṇā パルカナー, ਸੋਚਣਾ socaṇā ソーチャナー
けんとう〖見当〗(推測) ਅੰਦਾਜ਼ਾ andāzā アンダーザー, ਅਨੁਮਾਨ anumāna アヌマーン, ਅਟਕਲ aṭakala アトカル (目標) ਨਿਸ਼ਾਨਾ niśānā ニシャーナー, ਟਿਕਾਣਾ ṭikāṇā ティカーナー, ਲਕਸ਼ lakaśa ラカシュ
げんば〖現場〗ਮੁਕਾਮ mukāma ムカーム
けんびきょう〖顕微鏡〗ਖ਼ੁਰਦਬੀਨ xuradabīna クルドビーン, ਮਾਈਕਰੋਸਕੋਪ māīkarosakopa マーイーカローサコープ
けんぶつ〖見物〗ਦਰਸ਼ਨ daraśana ダルシャン, ਟੂਰ ṭūra トゥール ♦見物する ਦਰਸ਼ਨ ਕਰਨਾ daraśana karanā ダルシャン カルナー, ਦੇਖਣਾ dekʰaṇā デーカナー, ਵੇਖਣਾ wekʰaṇā ウェークナー
げんぶん〖原文〗ਮੂਲ mūla ムール
けんぽう〖憲法〗ਸੰਵਿਧਾਨ sanvidǎna サンヴィダーン, ਕਾਨਸਟੀਚਿਉਸ਼ਨ kānasaṭiciūśana カーンサティーチウーシャン
けんめいな〖賢明な〗ਸਿਆਣਾ siāṇā スィアーナー, ਹੁਸ਼ਿਆਰ huśiāra フシアール, ਬੁੱਧੀਮਾਨ bûddīmāna ブッディーマーン
けんめいに〖懸命に〗ਤਨੋ-ਮਨੋ tano-mano タノー・マノー
けんやくする〖倹約する〗ਬਚਾਉਣਾ bacāuṇā バチャ

ーウナー, ਸੰਕੋਚਣਾ saṅkocaṇā サンコーチナー
けんり〖権利〗ਅਧਿਕਾਰ âdikāra アディカール, ਹੱਕ hakka ハック
げんり〖原理〗ਸਿਧਾਂਤ sidā̃̆ta スィダーント, ਅਸੂਲ asūla アスール, ਪਰਿੰਸੀਪਲ parinsīpala パリンスィーパル
げんりょう〖原料〗ਸਮੱਗਰੀ samaggarī サマッガリー
けんりょく〖権力〗ਸੱਤਾ sattā サッター, ਇਖ਼ਤਿਆਰ ixatiāra イクティアール, ਅਧਿਕਾਰ âdikāra アディカール
こ〖子〗ਬੱਚਾ baccā バッチャー
ご〖五〗ਪੰਜ pañja パンジ
ご〖語〗ਸ਼ਬਦ śabada シャバド, ਲਫ਼ਜ਼ lafaza ラファズ
こい〖濃い〗（色が）ਗਹਿਰਾ gaîrā ガェーラー （味が）ਤੇਜ਼ teza テーズ （密度が）ਘਣਾ kǎṇā カナー, ਸੰਘਣਾ sâṅgaṇā サンガナー
こい〖恋〗ਇਸ਼ਕ iśaka イシャク, ਪਰੇਮ parema パレーム ♦恋する ਇਸ਼ਕ ਕਰਨਾ iśaka karanā イシャク カルナー
ごい〖語彙〗ਸ਼ਬਦ ਭੰਡਾਰ śabada paṇḍǎra シャバド パンダール, ਸ਼ਬਦ ਸੰਗ੍ਰਹਿ śabada saṅgaraî シャバド サングラェー
こいぬ〖子犬〗ਕਤੂਰਾ katūrā カトゥーラー, ਕੂਰ kūra クール, ਪਿੱਲਾ pillā ピッラー
こいびと〖恋人〗（男性）ਪਰੇਮੀ paremī パレーミー （女性）ਪਰੇਮਿਕਾ paremikā パレーミカー, ਪਰੇਮਣ paremaṇa パレーマン
コイン ਸਿੱਕਾ sikkā スィッカー, ਕਾਇਨ kāina カーイン
こうい〖好意〗ਕਿਰਪਾ kirapā キルパー, ਇਨਾਇਤ ināita イナーイト, ਸਦਭਾਵ sadapǎva サドパーヴ
こうい〖行為〗ਕਿਰਿਆ kiriā キリアー, ਵਿਹਾਰ viǎra ヴィアール, ਚਰਿੱਤਰ carittara チャリッタル
ごうい〖合意〗ਸਹਿਮਤੀ saîmatī サェームティー, ਯਕਦਿਲੀ yakadilī ヤクディリー, ਗਿਰਮਟ giramaṭa ギルマト
こういしょう〖後遺症〗ਟੋਟ ṭoṭa トート
ごうう〖豪雨〗ਵਾਛੜ wācʰaṛa ワーチャル, ਛੱਲ cʰalla チャッル
こううん〖幸運〗ਸੁਭਾਗ supǎga スパーグ, ਖ਼ੁਸ਼ਕਿਸਮਤੀ xuśakisamatī クシュキスマティー, ਖ਼ੁਸ਼ਨਸੀਬੀ xuśanasībī クシュナスィービー
こうえい〖光栄〗ਸ਼ਾਨ śāna シャーン
こうえん〖公園〗ਬਾਗ਼ bāǧa バーグ, ਪਾਰਕ pāraka パールク
こうえん〖講演〗ਤਕਰੀਰ takarīra タクリール, ਭਾਸ਼ਣ pǎśaṇa パーシャン, ਲੈਕਚਰ laikacara ラェークチャル ♦講演する ਤਕਰੀਰ ਕਰਨੀ takarīra karanī タクリール カルニー, ਲੈਕਚਰ ਦੇਣਾ laikacara deṇā ラェークチャル デーナー
こうおん〖高音〗ਉੱਚਾ ਸੁਰ uccā sura ウッチャー スル, ਟੇਰ ṭera テール
ごうおん〖轟音〗ਗਰਜ garaja ガルジ, ਕੜਕੜ kaṛakaṛa カルカル
こうか〖効果〗ਅਸਰ asara アサル, ਤਾਸੀਰ tāsīra タースィール, ਪਰਭਾਵ parabǎva パルバーヴ
こうか〖硬貨〗ਸਿੱਕਾ sikkā スィッカー, ਕਾਇਨ kāina カーイン
こうかい〖後悔〗ਪਛਤਾਵਾ pacʰatāwā パチターワー, ਪਸ਼ਚਾਤਾਪ paśacātāpa パシュチャーターブ ♦後悔する ਪਛਤਾਉਣਾ pacʰatāuṇā パチターウナー
こうかい〖航海〗ਜਹਾਜ਼ਰਾਨੀ jǎzarānī ジャーズラーニー, ਸਮੁੰਦਰੀ ਸਫ਼ਰ samundarī safara サムンダリー サファル
こうがい〖公害〗ਪਰਦੂਸ਼ਣ paradūśaṇa パルドゥーシャン
こうがい〖郊外〗ਉਪਨਗਰ upanagara ウプナガル
ごうかくした〖合格した〗ਪਾਸ pāsa パース ♦合格する ਪਾਸ ਹੋਣਾ pāsa hoṇā パース ホーナー
こうかな〖高価な〗ਮਹਿੰਗਾ maîgā マェーンガー, ਕੀਮਤੀ kīmatī キームティー
ごうかな〖豪華な〗ਸ਼ਾਨਦਾਰ śānadāra シャーンダール, ਆਲੀਸ਼ਾਨ ālīśāna アーリーシャーン
こうかん〖交換〗ਅਦਲ-ਬਦਲ adala-badala アダル・バダル, ਵਟਾਂਦਰਾ waṭā̃darā ワターンドラー, ਇਵਜ਼ iwaza イワズ ♦交換する ਬਦਲਨਾ badalanā バダルナー, ਵਟਾਉਣਾ waṭāuṇā ワターウナー, ਵਿਪਰਜਣਾ viparajaṇā ヴィパルジャナー
ごうかん〖強姦〗ਬਲਾਤਕਾਰ balātakāra バラートカール
こうぎ〖抗議〗ਵਿਰੋਧ virôda ヴィロード, ਚੀਕ ਪੁਕਾਰ cīka pukāra チーク プカール, ਪਰੋਟੈਸਟ paroṭaisaṭa パロータェースト ♦抗議する ਵਿਰੋਧ ਕਰਨਾ virôda karanā ヴィロード カルナー
こうぎ〖講義〗ਵਿਖਿਆਨ vikʰiāna ヴィキアーン, ਤਕਰੀਰ takarīra タクリール, ਲੈਕਚਰ laikacara ラェークチャル ♦講義する ਵਿਖਿਆਨ ਕਰਨਾ vikʰiāna karanā ヴィキアーン カルナー, ਤਕਰੀਰ ਕਰਨੀ takarīra karanī タクリール カルニー, ਲੈਕਚਰ ਦੇਣਾ laikacara deṇā ラェークチャル デーナー
こうきしん〖好奇心〗ਜਿਗਿਆਸਾ jigiāsā ジギアーサー, ਦਿਲਚਸਪੀ dilacasapī ディルチャスピー
こうきな〖高貴な〗ਰਈਸ raīsa ライース, ਆਜ਼ਮ āzama アーザム, ਮਜੀਦ majīda マジード
こうぎょう〖工業〗ਉਦਯੋਗ udayoga ウドヨーグ, ਸਨਅਤ sanaata サンアト
こうきょうきょく〖交響曲〗ਧੁੰਨ tǔnna トゥンヌ
こうきょうの〖公共の〗ਰਾਜਕੀ rājakī ラージキー, ਪਬਲਿਕ pabalika パブリク
ごうきん〖合金〗ਮਿਸ਼ਰਿਤ ਧਾਤ miśarita tǎta ミシュリト タート, ਗੰਗਾ-ਜਮਨੀ gaṅgā-jamanī ガンガー・ジャムニー
こうぐ〖工具〗ਹਥਿਆਰ hatʰiāra ハティアール
こうくうき〖航空機〗ਹਵਾਈ ਜਹਾਜ਼ hawāī jǎza ハワーイー ジャーズ, ਵਾਯੂ-ਯਾਨ wāyū-yāna ワーユー・ヤーン, ਵਿਮਾਨ vimāna ヴィマーン
こうくうびん〖航空便〗ਹਵਾਈ ਡਾਕ hawāī ḍāka ハワーイー ダーク
こうけい〖光景〗ਨਜ਼ਾਰਾ nazārā ナザーラー, ਦਰਿਸ਼ dariśa ダリシュ, ਸੀਨ sīna スィーン
こうげい〖工芸〗ਸਨਅਤ sanaata サンアト
ごうけい〖合計〗ਜੋੜ joṛa ジョール, ਮੀਜ਼ਾਨ mīzāna ミーザーン, ਟੋਟਲ ṭoṭala トータル ♦合計する ਜੋੜਨਾ joṛanā ジョールナー

こうけいしゃ〚後継者〛ਉੱਤਰ ਅਧਿਕਾਰੀ uttarⱥ âdikārī ウッタル アディカーリー

こうげき〚攻撃〛ਹਮਲਾ hamⱥlā ハムラー, ਆਕਰਮਣ ākarⱥmaṇⱥ アーカルマン, ਅਟੈਕ aṭaikⱥ アタェーク ◆攻撃する ਹਮਲਾ ਕਰਨਾ hamⱥlā karⱥnā ハムラー カルナー, ਆਕਰਮਣ ਕਰਨਾ ākarⱥmaṇⱥ karⱥnā アーカルマン カルナー

こうけつあつ〚高血圧〛ਹਾਈ ਬਲੱਡ ਪਰੈਸ਼ਰ hāī balⱥḍḍⱥ paraiśarⱥ ハーイー バラッド パラェーシャル

こうけん〚貢献〛ਦੇਣ deṇⱥ デーン, ਯੋਗਦਾਨ yogⱥdānⱥ ヨーグダーン

こうげん〚高原〛ਪੱਬੀ pabbī パッビー, ਪਠਾਰ paṭ^{h}ārⱥ パタール

こうこう〚高校〛ਹਾਈ ਸਕੂਲ hāī sakūlⱥ ハーイー サクール ◆高校生 ਹਾਈ ਸਕੂਲ ਸਟੂਡੈਂਟ hāī sakūlⱥ saṭūḍāīṭⱥ ハーイー サクール サトゥーダェーント

こうごう〚皇后〛ਰਾਣੀ rāṇī ラーニー, ਮਲਕਾ malakā マラカー

こうこがく〚考古学〛ਪੁਰਾਤਤਵ ਵਿਗਿਆਨ purātatavⱥ vigiānⱥ プラータタヴ ヴィギアーン, ਪੁਰਾਖੋਜ purāk^{h}ojⱥ プラーコージ

こうこく〚広告〛ਇਸ਼ਤਿਹਾਰ iśatihārⱥ イシュティハール, ਵਿਗਿਆਪਨ vigiāpanⱥ ヴィギアーパン

こうごに〚交互に〛ਵਾਰੀ-ਵਾਰੀ wārī-wārī ワーリー・ワーリー, ਵਾਰੋ-ਵੱਟੀ wāro-waṭṭī ワーロー・ワッティー

こうざ〚講座〛ਕੋਰਸ korasⱥ コールス

こうさい〚交際〛ਭਿੱਟ pĭṭṭⱥ ピット, ਆਸ਼ਨਾਈ āśanāī アーシュナーイー ◆交際する ਭਿੱਟਣਾ pĭṭṭaṇā ピッタナー

こうさく〚耕作〛ਵਾਹੀ wâī ワーイー, ਖੇਤੀ k^{h}etī ケーティー, ਰਾਹਕੀ râkī ラーキー

こうさする〚交差する〛ਇੱਕ-ਦੂਜੇ ਨੂੰ ਕੱਟਣਾ ikkⱥ-dūje nū̃ kaṭṭaṇā イック・ドゥージェー ヌーン カッタナー ◆交差点 ਚੌਕ caukⱥ チャオーク, ਚੁਰਸਤਾ curasⱥtā チュラスター, ਚੌਰਾਹਾ caurāhā チャオーラーハー

こうざん〚鉱山〛ਖਾਣ k^{h}āṇⱥ カーン, ਖਾਣੀ k^{h}āṇī カーニー

こうさんする〚降参する〛ਹਾਰ ਮੰਨਣੀ hārⱥ mannaṇī ハール マンナニー

こうし〚講師〛ਪਰਾਧਿਆਪਕ parādiăpakⱥ パラーディアーパク, ਲੈਕਚਰਾਰ laikⱥcarārⱥ ラェークチャラール

こうしきの〚公式の〛ਦਫ਼ਤਰੀ dafatarī ダフタリー, ਸਰਕਾਰੀ sarⱥkārī サルカーリー, ਆਫ਼ੀਸ਼ਲ āfīśalⱥ アーフィーシャル

こうじつ〚口実〛ਬਹਾਨਾ bănā バーナー, ਢੁੱਚਰ ṭŭccarⱥ トゥッチャル

こうしゅうかい〚講習会〛ਵਰਕਸ਼ਾਪ warⱥkⱥśāpⱥ ワルクシャープ, ਸੈਸ਼ਨ saiśanⱥ サェーシャン

こうしゅうの〚公衆の〛ਨਾਗਰਿਕ nāgarikⱥ ナーグリク, ਪਬਲਿਕ pabalikⱥ パブリク

こうじゅつの〚口述の〛ਮੂੰਹ-ਜ਼ਬਾਨੀ mū̃-zabānī ムーン・ザバーニー

こうじょ〚控除〛ਕਟੌਤੀ kaṭautī カタオーティー, ਮੁਜਰਾ mujⱥrā ムジラー, ਵੱਟਾ waṭṭā ワッター ◆控除する ਕੱਟਣਾ kaṭṭaṇā カッタナー

こうしょう〚交渉〛ਗੱਲ-ਬਾਤ gallⱥ-bātⱥ ガッル・バート, ਵਾਰਤਾ wārⱥtā ワールター, ਵਿਚਾਰ ਵਟਾਂਦਰਾ vicārⱥ waṭā̃dⱥrā ヴィチャール ワターンドラー ◆交渉する ਗੱਲ-ਬਾਤ ਕਰਨੀ gallⱥ-bātⱥ karⱥnī ガッル・バート カルニー

こうじょう〚工場〛ਕਾਰਖ਼ਾਨਾ kārⱥxānā カールカーナー, ਉਦਯੋਗਸ਼ਾਲਾ udⱥyogⱥśālā ウドヨーグシャーラー, ਫ਼ੈਕਟਰੀ faikⱥṭarī ファェークタリー

こうしょうな〚高尚な〛ਮਜੀਦ majīdⱥ マジード

ごうじょうな〚強情な〛ਜ਼ਿੱਦੀ ziddī ズィッディー, ਅੜੀਅਲ aṛīalⱥ アリーアル, ਹਠੀ haṭ^{h}ī ハティー

こうしん〚行進〛ਕੂਚ kūcⱥ クーチ, ਮਾਰਚ mārⱥcⱥ マールチ, ਪਰੇਡ paredⱥ パレード ◆行進する ਕੂਚ ਕਰਨਾ kūcⱥ karⱥnā クーチ カルナー, ਮਾਰਚ ਕਰਨਾ mārⱥcⱥ karⱥnā マールチ カルナー

こうしんりょう〚香辛料〛ਮਸਾਲਾ masālā マサーラー, ਮਿਰਚ-ਮਸਾਲਾ mirⱥcⱥ-masālā ミルチ・マサーラー

こうすい〚香水〛ਅਤਰ atarⱥ アタル, ਫੁਲੇਲ p^{h}ulelⱥ プレール, ਪਰਫ਼ਿਊਮ parⱥfiūmⱥ パルフィウーム

こうずい〚洪水〛ਬਾੜ੍ਹ bâṛⱥ バール, ਹੜ੍ਹ hâṛⱥ ハル, ਸੈਲਾਬ sailābⱥ サェーラーブ

こうせい〚構成〛ਗਠਨ gaṭ^{h}anⱥ ガタン, ਬਣਤ baṇatⱥ バント, ਬਣਾਵਟ baṇāwaṭⱥ バナーワト ◆構成する ਗੰਢਣਾ gâṇḍaṇā ガンダナー

ごうせい〚合成〛ਸੰਸ਼ਲੇਸ਼ਨ sanśaleśanⱥ サンシュレーシャン

こうせいな〚公正な〛ਆਦਲ ādalⱥ アーダル, ਨਿਆਂਸ਼ੀਲ niā̃śīlⱥ ニアーンシール, ਇਨਸਾਫ਼ਪਸੰਦ inⱥsāfⱥpasandⱥ インサーフパサンド

こうせん〚光線〛ਕਿਰਨ kiranⱥ キルン

こうぜんと〚公然と〛ਖੁੱਲ੍ਹਮ-ਖੁੱਲ੍ਹਾ k^{h}ûllamⱥ-k^{h}ûllā クッラム・クッラー

こうそ〚控訴〛ਫ਼ਰਿਆਦ fariādⱥ ファリアード, ਅਪੀਲ apīlⱥ アピール

こうそう〚構想〛ਨੀਅਤ nīatⱥ ニーアト

こうぞう〚構造〛ਸੰਰਚਨਾ sanracⱥnā サンラチナー

こうそうけんちく〚高層建築〛ਅਟਾਰੀ aṭārī アターリー

こうたいし〚皇太子〛ਯੁਵਰਾਜ yuwⱥrājⱥ ユウラージ, ਰਾਜਕੁਮਾਰ rājⱥkumārⱥ ラージクマール

こうたいする〚交替する〛ਬਦਲਨਾ badalⱥnā バダルナー

こうだいな〚広大な〛ਵਿਸ਼ਾਲ viśālⱥ ヴィシャール, ਵਿਸਤਾਰਪੂਰਨ visⱥtārⱥpūranⱥ ヴィスタールプールン

こうたく〚光沢〛ਆਬ ābⱥ アーブ, ਚਮਕ camakⱥ チャマク, ਲਿਸ਼ਕ liśakⱥ リシュク

こうちゃ〚紅茶〛ਚਾਹ câ チャー, ਟੀ ṭī ティー

こうちょう〚校長〛ਪਰਿੰਸੀਪਲ parinsīpalⱥ パリンスィーパル, ਹੈੱਡਮਾਸਟਰ haiḍḍⱥmāsⱥṭarⱥ ハェーッドマースタル

こうちょうな〚好調な〛ਠੀਕ ṭ^{h}īkⱥ ティーク

こうつう〚交通〛(往来) ਆਵਾਜਾਈ āwājāī アーワージャーイー, ਲਾਂਘਾ lā̃gā ラーンガー, ਟਰੈਫ਼ਿਕ ṭaraifikⱥ タラェーフィク (輸送) ਢੁਆਈ ṭuăī トゥアーイー, ਢੋਣ ṭŏṇⱥ トーン, ਟਰਾਂਸਪੋਰਟ ṭarā̃saporaṭⱥ タラーンスポールト ◆交通事故 ਟਰੈਫ਼ਿਕ ਐਕਸੀਡੈਂਟ ṭaraifikⱥ aikⱥsīḍāīṭⱥ タラェ

ーフィク アェークスィーダェーント

こうてい〖皇帝〗ਸ਼ਾਹ śâ シャー, ਰਾਜ rāja ラージ, ਸਮਰਾਟ samarāṭa サムラート

こうていする〖肯定する〗ਹਾਂ ਕਰਨੀ hā̃ karanī ハーン カルニー

こうてきな〖公的な〗ਦਫ਼ਤਰੀ dafatarī ダフタリー, ਸਰਕਾਰੀ sarakārī サルカーリー, ਆਫ਼ੀਸ਼ਲ āfīśala アーフィーシャル

こうてつ〖鋼鉄〗ਇਸਪਾਤ isapāta イスパート, ਫ਼ੁਲਾਦ fulāda フラード, ਸਟੀਲ saṭīla サティール

こうど〖高度〗ਉਚਾਣ ucāṇa ウチャーン, ਉਚਾਹਟ ucâṭa ウチャート, ਉਚਾਈ ucāī ウチャーイー

こうとう〖高騰〗ਮਹਿੰਗਾਈ mãîgāī マェーンガーイー, ਮਹਿੰਗ mãîga マェーング

こうどう〖行動〗ਕਿਰਿਆ kiriā キリアー, ਵਿਹਾਰ viăra ヴィアール, ਚਰਿੱਤਰ carittara チャリッタル ♦行動する ਵਿਹਾਰ ਕਰਨਾ viăra karanā ヴィアール カルナー

こうどう〖講堂〗ਪਰਸਾਰ parasāra パルサール, ਹਾਲ hāla ハール

ごうとう〖強盗〗ਡਾਕੂ ḍākū ダークー, ਡਕੈਤ ḍakaita ダカェート, ਲੁਟੇਰਾ luṭerā ルテーラー

ごうどう〖合同〗ਸੰਜੋਗ sañjoga サンジョーグ, ਗਠਜੋੜ gaṭʰajoṛa ガトジョール, ਯੂਨੀਅਨ yūnīana ユーニーアン

こうとうがっこう〖高等学校〗ਹਾਈ ਸਕੂਲ hāī sakūla ハーイー サクール

こうとうさいばんしょ〖高等裁判所〗ਹਾਈ ਕੋਰਟ hāī koraṭa ハーイー コールト

こうとうの〖口頭の〗ਮੂੰਹ-ਜ਼ਬਾਨੀ mū̃-zabānī ムーン・ザバーニー

こうどくりょう〖購読料〗ਚੰਦਾ candā チャンダー

こうにゅうする〖購入する〗ਖ਼ਰੀਦਣਾ xarīdaṇā カリーダナー, ਵਿਹਾਜਣਾ viăjaṇā ヴィアージャナー

こうにんの〖公認の〗ਆਫ਼ੀਸ਼ਲ āfīśala アーフィーシャル, ਮਾਨਤਾ-ਪਰਾਪਤ mānatā-parāpata マーンター・パラーパト

こうばしい〖香ばしい〗ਜ਼ਾਇਕੇਦਾਰ zāikedāra ザーイケーダール

こうはん〖後半〗ਉੱਤਰ ਅੱਧ uttara âdda ウッタル アッド

こうばん〖交番〗ਪੁਲੀਸ ਚੌਕੀ pulīsa caukī プリース チャオーキー

こうひょうの〖好評の〗ਲੋਕ-ਪ੍ਰਿਅ loka-pria ローク・プリア

こうふく〖幸福〗ਸੁਖ sukʰa スク ♦幸福な ਸੁਖੀ sukʰī スキー

こうぶつ〖鉱物〗ਖਣਿਜ kʰaṇija カニジ

こうふん〖興奮〗ਉਤੇਜਨਾ utejanā ウテージナー, ਉਕਸਾਹਟ ukasâṭa ウクサート ♦興奮する ਉਤੇਜਿਤ ਹੋਣਾ utejita hoṇā ウテージト ホーナー

こうぶん〖構文〗ਉਸਾਰੀ usārī ウサーリー

こうぶんしょ〖公文書〗ਰਿਕਾਰਡ rikāraḍa リカールド

こうへいな〖公平な〗ਨਿਰਪੱਖ nirapakkʰa ニルパック

ごうほうてきな〖合法的な〗ਜਾਇਜ਼ jāiza ジャーイズ, ਕਨੂੰਨੀ kanūnī カヌーンニー

ごうまんな〖傲慢な〗ਘਮੰਡੀ kamănḍī カマンディー

こうみょうな〖巧妙な〗ਛਤੀਸਾ cʰatīsā チャティーサー, ਚਤਰ catara チャタル, ਹਿਕਮਤੀ hikamatī ヒクマティー

こうむ〖公務〗ਆਫ਼ੀਸ਼ਲ ਡਿਊਟੀ āfīśala ḍiūṭī アーフィーシャル ディウーティー ♦公務員 ਸਰਕਾਰੀ ਕਰਮਚਾਰੀ sarakārī karamacārī サルカーリー カラムチャーリー

こうむる〖被る〗ਗਰਸਤ ਹੋਣਾ garasata hoṇā ガラサト ホーナー, ਝੱਲਣਾ căllaṇā チャッラナー, ਭੋਗਣਾ pŏgaṇā ポーガナー

こうもく〖項目〗ਸੂਤਰ sūtara スータル

こうもり〖蝙蝠〗ਚਮਗਾਦੜ camagādaṛa チャムガーダル, ਚਾਮਚੜਿੱਕ cāmacaṛikka チャームチャリック

こうもん〖校門〗ਸਕੂਲ ਗੇਟ sakūla geṭa サクール ゲート

ごうもん〖拷問〗ਅਜ਼ਾਬ azāba アザーブ, ਤਸੀਹਾ tasîā タスィーアー

こうや〖荒野〗ਵੀਰਾਨਾ wīrānā ウィーラーナー, ਬੀਆਬਾਨ bīābāna ビーアーバーン

ごうりてきな〖合理的な〗ਬਾਦਲੀਲ bādalīla バーダリール, ਤਰਕਸ਼ੀਲ tarakaśīla タルクシール

こうりゅう〖交流〗ਆਵਾਗਮਣ āwāgamaṇa アーワーガマン

ごうりゅう〖合流〗ਮੇਲ mela メール ♦合流点 ਸੰਗਮ saṅgama サンガム

こうりょうとした〖荒涼とした〗ਸੁਨਸਾਨ sunasāna スンサーン

こうりょく〖効力〗（効果・効能）ਅਸਰ asara アサル, ਤਾਸੀਰ tāsīra タースィール, ਫ਼ਾਇਦਾ fāidā ファーイダー

こうりょする〖考慮する〗ਸੋਚਣਾ socaṇā ソーチャナー, ਵਿਚਾਰਨਾ vicāranā ヴィチャールナー, ਧਿਆਨ ਦੇਣਾ tiăna deṇā ティアーン デーナー

こうれい〖高齢〗ਬੁਢੇਪਾ buḍĕpā ブデーパー, ਜਰਾ jarā ジャラー

こえ〖声〗ਅਵਾਜ਼ awāza アワーズ, ਸੁਰ sura スル

こえる〖越える〗ਪਾਰ ਕਰਨਾ pāra karanā パール カルナー, ਲੰਘਣਾ lâṅgaṇā ランガナー

コーチ ਕੋਚ koca コーチ

コート（球技の）ਕੋਰਟ koraṭa コールト（洋服の）ਕੋਟ koṭa コート

コード（暗号）ਕੋਡ koḍa コード（電線）ਤਾਰ tāra タール

コーヒー ਕਾਫ਼ੀ kāfī カーフィー, ਕਾਹਵਾ kâwā カーワー ♦コーヒーショップ ਕੈਫ਼ kaifa カェーフ, ਕਾਫ਼ੀ ਹਾਊਸ kāfī hāūsa カーフィー ハーウース

コーラ ਕੋਕ koka コーク

コーラス ਸੁਰਮੇਲ suramela スルメール

こおり〖氷〗ਬਰਫ਼ barafa バルフ, ਹਿਮ hima ヒム, ਯਖ਼ yaxa ヤク

こおる〖凍る〗ਬਰਫ਼ ਬਣਨਾ barafa baṇanā バルフ バンナー, ਜਮਣਾ jamaṇā ジャムナー

ゴール ਗੋਲ gola ゴール ♦ゴールキーパー ਗੋਲਚੀ golacī ゴールチー

ごかい〖誤解〗ਗ਼ਲਤ ਫ਼ਹਿਮੀ ğalata faîmī ガルト ファェーミー, ਭੁਚੱਕਾ pucăkkā プチャッカー, ਭਰਾਂਤੀ parā̂tī パラーンティー ♦誤解する ਗ਼ਲਤ ਸਮਝਣਾ ğalata sâmajaṇā ガルト サマジャナー, ਭਰਮਣਾ pǎramaṇā パルマナー

コカイン ਕੋਕੀਨ kokīna コーキーン

ごかくけい〖五角形〗ਪੰਜ-ਭੁਜ pañja-pǔja パンジ・プジ

こがす〖焦がす〗ਝੁਲਸਣਾ cǔlasaṇā チュラスナー, ਜਲਾਉਣਾ jalāuṇā ジャラーウナー, ਸਾੜਨਾ sāṛanā サールナー

こがたの〖小型の〗ਅਲਪ alapa アルプ, ਲਘੂ lâgū ラグー

ごがつ〖五月〗ਮਈ maī マイー

ごかんせい〖互換性〗ਸੁਮੇਲ sumela スメール

こぎって〖小切手〗ਹੁੰਡੀ huṇḍī フンディー, ਟੋਂਬੂ ṭōbū トーンブー, ਚੈਕ caika チャェーク

ゴキブリ ਤਿਲਚਟਾ tilacaṭā ティルチャター, ਕੋਕਰੋਚ kokaroca コークローチ

こきゃく〖顧客〗ਗਾਹਕ gâka ガーク, ਕਸਟਮਰ kasaṭamara カスタマル

こきゅう〖呼吸〗ਸਾਹ sâ サー, ਦਮ dama ダム ◆呼吸する ਸਾਹ ਲੈਣਾ sâ laiṇā サー ラェーナー

こきょう〖故郷〗ਵਤਨ watana ワタン

こぐ〖漕ぐ〗ਖੇਵਣਾ k^{h}ewaṇā ケーワナー

ごく〖語句〗ਇਸਤਲਾਹ isatalâ イサトラー, ਵਾਕ ਅੰਸ਼ wāka anśa ワーク アンシュ, ਵਾਕ ਖੰਡ wāka k^{h}aṇḍa ワーク カンド

こくおう〖国王〗ਸ਼ਾਹ śâ シャー, ਰਾਜਾ rājā ラージャー

こくさいてきな〖国際的な〗ਅੰਤਰ ਰਾਸ਼ਟਰੀ antara rāśaṭarī アンタル ラーシュタリー, ਕੌਮਾਂਤਰੀ kaumā̃tarī カォーマーントリー

こくさんの〖国産の〗ਦੇਸੀ desī デースィー

こくじん〖黒人〗ਹਬਸ਼ੀ habaśī ハブシー, ਨੀਗਰੋ nīgaro ニーグロー

こくせき〖国籍〗ਕੌਮੀਅਤ kaumīata カォーミーアト, ਰਾਸ਼ਟਰੀਅਤਾ rāśaṭarīatā ラーシュタリーアター

こくちする〖告知する〗ਐਲਾਨ ਕਰਨਾ ailāna karanā アェーラーン カルナー

こくないの〖国内の〗ਦੇਸੀ desī デースィー, ਅੰਤਰਦੇਸ਼ੀ antaradeśī アンタルデーシー

こくはくする〖告白する〗ਇਕਬਾਲ ਕਰਨਾ ikabāla karanā イクバール カルナー

こくはつする〖告発する〗ਦੋਸ਼ ਲਾਉਣਾ dośa lāuṇā ドーシュ ラーウナー

こくふくする〖克服する〗ਜਿੱਤਣਾ jittaṇā ジッタナー, ਕਾਬੂ ਪਾਉਣਾ kābū pāuṇā カーブー パーウナー

こくぼう〖国防〗ਰੱਖਿਆ rakk^{h}iā ラッキアー

こくみん〖国民〗ਦੇਸ-ਵਾਸੀ desa-wāsī デース・ワースィー, ਰਾਸ਼ਟਰ rāśaṭara ラーシュタル, ਨੇਸ਼ਨ neśana ネーシャン ◆国民の ਨੈਸ਼ਨਲ naiśanala ナェーシュナル

こくもつ〖穀物〗ਅੰਨ anna アンヌ, ਅਨਾਜ anāja アナージ

こくりつの〖国立の〗ਰਾਜਕੀ rājakī ラージキー, ਨੈਸ਼ਨਲ naiśanala ナェーシュナル

こけ〖苔〗ਕਾਈ kāī カーイー, ਹਰਿਆਲੀ hariālī ハリアーリー

こげる〖焦げる〗ਝੁਲਸਣਾ cǔlasaṇā チュラスナー, ਜਲਨਾ jalanā ジャルナー, ਸੜਨਾ saṛanā サルナー

ここ ਇੱਥੇ itt^{h}e イッテー, ਏਥੇ et^{h}e エーテー

ごご〖午後〗ਤਕਾਲਾਂ takālā̃ タカーラーン

ココア ਕੋਕੋ koko コーコー

こごえる〖凍える〗ਠਰਨਾ ṭ^{h}aranā タルナー, ਠਿਠਰਨਾ ṭ^{h}iṭ^{h}aranā ティタルナー

ここちよい〖心地よい〗ਸੁਹਾਉਣਾ suhāuṇā スハーウナー, ਦਿਲਪਸੰਦ dilapasanda ディルパサンド

こごと〖小言〗ਤੰਬੀਹ tambî タンビー, ਗਿਲਾ gilā ギラー, ਨਹੋਰਾ nahorā ナホーラー

ココナツ ਨਾਰੀਅਲ nārīala ナーリーアル

こころ〖心〗(心情) ਦਿਲ dila ディル, ਮਨ mana マン (感情) ਭਾਵਨਾ pǎvanā パーヴナー, ਅਨੁਭੂਤੀ anupǔtī アヌプーティー (意向) ਇਰਾਦਾ irādā イラーダー, ਮਰਜ਼ੀ marazī マルズィー (精神) ਆਤਮਾ ātamā アートマー, ਰੂਹ rû ルー

こころがまえ〖心構え〗ਸੋਚਣੀ socaṇī ソーチャニー, ਸੋਚ ਢੰਗ soca ṭǎṅga ソーチ タング

こころみる〖試みる〗ਅਜ਼ਮਾਉਣਾ azamāuṇā アズマーウナー, ਪਰਖਣਾ parak^{h}aṇā パルカナー, ਪਰਤਾਉਣਾ paratāuṇā パルターウナー

こころよい〖快い〗ਮਨੋਹਰ manôra マノール

こさめ〖小雨〗ਭੂਰ pǔra プール, ਕਿਣਮਣਾਣ kiṇamaṇāṇa キンマナーン

こざら〖小皿〗ਸਹਿਨਕ saînaka サェーナク, ਤਸ਼ਤਰੀ taśatarī タシュタリー

こし〖腰〗ਲੱਕ lakka ラック, ਕਮਰ kamara カマル

こじ〖孤児〗ਅਨਾਥ anāt^{h}a アナート, ਯਤੀਮ yatīma ヤティーム

こしかける〖腰掛ける〗ਬਹਿਣਾ baîṇā バェーナー, ਬੈਠਣਾ baiṭ^{h}aṇā バェータナー

こしつ〖個室〗ਕੋਠੜੀ koṭ^{h}aṛī コートリー

こしつする〖固執する〗ਅੜਨਾ aṛanā アルナー, ਮਚਲਣਾ macalaṇā マチャルナー, ਜ਼ਿਦਣਾ zidaṇā ズィダナー

ごじゅう〖五十〗ਪੰਜਾਹ pañjâ パンジャー

こしょう〖胡椒〗ਮਿਰਚ miraca ミルチ

こしょうする〖故障する〗ਖ਼ਰਾਬ ਹੋਣਾ xarāba hoṇā カラーブ ホーナー

こじん〖個人〗ਸ਼ਖ਼ਸ śaxasa シャカス, ਵਿਅਕਤੀ viakatī ヴィアクティー, ਨਿੱਜ nijja ニッジ ◆個人主義 ਵਿਅਕਤੀਵਾਦ viakatīwāda ヴィアクティーワード ◆個人的な ਸ਼ਖ਼ਸੀ śaxasī シャカスィー, ਵਿਅਕਤੀਗਤ viakatīgata ヴィアクティーガト, ਨਿੱਜੀ nijjī ニッジー

こす〖濾す〗ਛਾਣਨਾ c^{h}āṇanā チャーンナー

こする〖擦る〗ਘਸਾਉਣਾ kasǎuṇā カサーウナー, ਰਗੜਨਾ ragaṛanā ラガルナー, ਖੁਰਚਣਾ k^{h}uracaṇā クルチナー

こせい〖個性〗ਸ਼ਖ਼ਸੀਅਤ śaxasīata シャクスィーアト, ਨਿਜਤਵ nijatava ニジタヴ, ਵਿਅਕਤਿਤਵ viakatitava ヴィアクティタヴ ◆個性的な ਖ਼ਾਸ ਸ਼ਖ਼ਸੀਅਤ ਦਾ xāsa śaxasīata dā カース シャクスィーアト ダー

こぜに〖小銭〗ਰੇਜ਼ਗਾਰੀ rezagārī レーズガーリー, ਭਾਨ

pẵnⱥ パーン, ਚੇਂਜ cējⱥ チェーンジ

こだい〖古代〗ਮੁੱਢ ਕਦੀਮ mûḍḍⱥ kadīmⱥ ムッド カディーム, ਪੁਰਾਕਾਲ purākālⱥ プラーカール ♦古代の ਮੁੱਢ ਕਦੀਮੀ mûḍḍⱥ kadīmī ムッド カディーミー, ਪੁਰਾਕਾਲੀ purākālī プラーカーリー

こたいの〖固体の〗ਠੋਸ ṭ^{h}osⱥ トース

こたえ〖答え〗ਜਵਾਬ jawābⱥ ジャワーブ, ਉੱਤਰ uttarⱥ ウッタル

こたえる〖答える〗ਜਵਾਬ ਦੇਣਾ jawābⱥ deṇā ジャワーブ デーナー, ਉੱਤਰ ਦੇਣਾ uttarⱥ deṇā ウッタル デーナー

こちょう〖誇張〗ਅੱਤਕਥਨੀ attakat^{h}ⱥnī アッタカトニー, ਮੁਬਾਲ਼ਗਾ mubālⱥǧā ムバールガー ♦誇張する ਅੱਤਕਥਨੀ ਕਰਨੀ attakat^{h}ⱥnī karⱥnī アッタカトニー カルニー

こっか〖国家〗ਦੇਸ desⱥ デース, ਰਾਸ਼ਟਰ rāśⱥṭⱥrⱥ ラーシュタル

こっか〖国歌〗ਰਾਸ਼ਟਰਗਾਨ rāśⱥṭⱥrⱥgānⱥ ラーシュタルガーン, ਰਾਸ਼ਟਰੀ-ਗੀਤ rāśⱥṭⱥrī-gītⱥ ラーシュタリー・ギート

こっかい〖国会〗ਸੰਸਦ sansadⱥ サンサド, ਪਾਰਲੀਮੈਂਟ pārⱥlīmãĩṭⱥ パールリーマェーント

こっかく〖骨格〗ਢਾਂਚਾ ṭẵcā ターンチャー, ਕਾਲਬ kālabⱥ カーラブ, ਪਿੰਜਰ piñjarⱥ ピンジャル

こっき〖国旗〗ਕੌਮੀ ਝੰਡਾ kaumī cănḍā カォーミー チャンダー

こっきょう〖国境〗ਸਰਹੱਦ sarⱥhaddⱥ サルハッド, ਸੀਮਾਂਤ sīmā̃tⱥ スィーマーント, ਬਾਡਰ bāḍarⱥ バーダル

コック ਰਸੋਈਆ rasoīā ラソーイーアー, ਖ਼ਾਨਸਾਮਾ xānⱥsāmā カーンサーマー, ਬਵਰਚੀ bawarⱥcī バワルチー

こつずい〖骨髄〗ਮੱਜਾ majjā マッジャー, ਮਿੱਝ mîjjⱥ ミッジ

こっせつ〖骨折〗ਫ਼ਰੈਕਚਰ faraikⱥcarⱥ ファラェークチャル

こっそり ਚੁੱਪ-ਚਾਪ cuppⱥ-cāpⱥ チュップ・チャープ, ਚੋਰੀ ਛੱਪੀ corī c^{h}appī チョーリー チャッピー

こづつみ〖小包〗ਪਾਰਸਲ pārⱥsalⱥ パールサル

コップ ਗਲਾਸ galāsⱥ ガラース

こていする〖固定する〗ਅੜਾਉਣਾ aṛāuṇā アラーウナー, ਬੀੜਨਾ bīṛⱥnā ビールナー, ਕਾਇਮ ਕਰਨਾ kāimⱥ karⱥnā カーイム カルナー

こてん〖古典の〗ਸ਼ਾਸਤਰੀ śāsⱥtarī シャースタリー, ਕਲਾਸਕੀ kalāsⱥkī カラースキー

こと〖事〗ਗੱਲ gallⱥ ガッル, ਬਾਤ bātⱥ バート

こどく〖孤独〗ਇਕੱਲ ikallⱥ イカッル, ਇਕਾਂਤ ikā̃tⱥ イカーント, ਤਨਹਾਈ tanⱥhāī タンハーイー ♦孤独な ਇਕਲਵੰਜਾ ikalⱥwañjā イカルワンジャー, ਇਕੱਲਾ ikallā イカッラー

ことし〖今年〗（主格）ਇਹ ਸਾਲ ê sālⱥ エー サール（後置格）ਇਸ ਸਾਲ isⱥ sālⱥ イス サール

ことづけ〖言付け〗ਸੰਦੇਸ਼ sandeśⱥ サンデーシュ, ਸਨੇਹਾ sanêā サネーアー

ことなる〖異なる〗ਅਲੱਗ alaggⱥ アラッグ, ਵੱਖਰਾ wakk^{h}arā ワッカラー, ਵਿਭਿੰਨ vipînnⱥ ヴィピンヌ

ことば〖言葉〗ਗੱਲ gallⱥ ガッル, ਬਾਤ bātⱥ バート, ਬਚਨ bacanⱥ バチャン（言語）ਭਾਸ਼ਾ pǎśā パーシャー, ਜ਼ਬਾਨ zabānⱥ ザバーン（単語）ਸ਼ਬਦ śabadⱥ シャバド, ਲਫ਼ਜ਼ lafazⱥ ラファズ

こども〖子供〗ਬੱਚਾ baccā バッチャー, ਬਾਲਕਾ bālⱥkā バールカー

ことわざ〖諺〗ਅਖਾਣ ak^{h}āṇⱥ アカーン, ਕਹਾਵਤ kǎwatⱥ カーワト, ਲੋਕ-ਉਕਤੀ lokⱥ-ukⱥtī ローク・ウクティー

ことわる〖断る〗ਇਨਕਾਰ ਕਰਨਾ inⱥkārⱥ karⱥnā インカール カルナー, ਨਾਂਹ ਕਰਨੀ nā̂ karⱥnī ナーン カルニー, ਨਕਾਰਨਾ nakārⱥnā ナカールナー

こな〖粉〗ਚੂਰਨ cūranⱥ チューラン, ਸਫੂਫ਼ safūfⱥ サフーフ, ਧੂੜਾ tǔṛā トゥーラー（穀類の）ਆਟਾ āṭā アーター

こなごなの〖粉々の〗ਚੀਣਾ ਚੀਣਾ cīṇā cīṇā チーナー チーナー, ਪਾਸ਼ ਪਾਸ਼ pāśⱥ pāśⱥ パーシュ パーシュ

こねこ〖子猫〗ਬਲੂੰਗੜਾ balũgⱥṛā バルーングラー

こねる ਗੁੰ੍ਹਣਾ gûnnⱥṇā グンヌナー, ਗੋਣਾ goṇā ゴーナー

この ਇਹ ê エー

このごろ ਅੱਜਕੱਲ੍ਹ ajjⱥkâlⱥ アッジカル

このましい〖好ましい〗（よりよい）ਬਿਹਤਰ bêtarⱥ ベータル, ਚੰਗੇਰਾ caṅgerā チャンゲーラー（感じのよい）ਸੁਹਾਉਣਾ suhāuṇā スハーウナー（望ましい）ਦਿਲਪਸੰਦ dilⱥpasandⱥ ディルパサンド

このみ〖好み〗ਪਸੰਦ pasandⱥ パサンド

こばむ〖拒む〗ਇਨਕਾਰ ਕਰਨਾ inⱥkārⱥ karⱥnā インカール カルナー, ਨਾਂਹ ਕਰਨੀ nā̂ karⱥnī ナーン カルニー, ਨਕਾਰਨਾ nakārⱥnā ナカールナー

ごはん〖御飯〗（米飯）ਭੱਤ pǎttⱥ パット, ਬਰੰਜ barañjⱥ バランジ

コピー ਕਾਪੀ kāpī カーピー ♦コピーする ਕਾਪੀ ਕਰਨੀ kāpī karⱥnī カーピー カルニー

こひつじ〖子羊〗ਮੇਮਣਾ memⱥṇā メーマナー

こぶ ਗਿਲ੍ਹਟੀ gîlⱥṭī ギルティー

こぶし〖拳〗ਮੁਸ਼ਤ muśⱥtⱥ ムシュト, ਮੁੱਠੀ muṭṭ^{h}ī ムッティー, ਮੁੱਕਾ mukkā ムッカー

こぶん〖子分〗ਪਿੱਠੂ piṭṭ^{h}ū ピットゥー

こぼす ਡੋਲ੍ਹਣਾ ḍôlⱥṇā ドーラナー, ਡੁਲ੍ਹਾਉਣਾ ḍulǎuṇā ドゥラーウナー, ਵੀਟਣਾ wīṭⱥṇā ウィータナー

こぼれる ਡੁੱਲ੍ਹਣਾ ḍûllⱥṇā ドゥッラナー

こま〖独楽〗ਲਾਟੂ lāṭū ラートゥー

ごま〖胡麻〗ਤਿਲ tilⱥ ティル

こまかい〖細かい〗（小さい）ਬਰੀਕ barīkⱥ バリーク, ਸੂਖਮ sūk^{h}amⱥ スーカム（詳細な）ਮੁਫ਼ੱਸਲ mufassalⱥ ムファッサル, ਵਿਸਤਾਰਪੂਰਨ visⱥtārⱥpūrⱥnⱥ ヴィスタールプールン

ごまかす ਛਲਨਾ c^{h}alⱥnā チャルナー, ਝਾਂਸਣਾ cẵsⱥṇā チャーンスナー

こまらせる〖困らせる〗ਤੰਗ ਕਰਨਾ tangⱥ karⱥnā タング カルナー, ਦਬੱਲਣਾ daballⱥṇā ダバッラナー

こまる〖困る〗ਔਖੇ ਹੋਣਾ auk^{h}e hoṇā アォーケー ホーナー, ਕੁਣਸਣਾ kuṇⱥsⱥṇā クナサナー（悩む）ਦੁਖੀ ਹੋਣਾ duk^{h}ī hoṇā ドゥキー ホーナー

ごみ ਕੂੜਾ kūṛā クーラー, ਕਚਰਾ kacarā カチャラー ◆ごみ箱 ਕੂੜੇਦਾਨ kūṛedānⱥ クーレーダーン

こむ〘混む〙ਭੀੜ ਲੱਗਣੀ pĩṛⱥ laggaṇī ピール ラッガニー

ゴム ਰਬੜ rabaṛⱥ ラバル

こむぎ〘小麦〙ਕਣਕ kaṇakⱥ カナク, ਗੇਹੂੰ gehū̃ ゲーフーン ◆小麦粉〔全粒粉〕ਆਟਾ āṭā アーター ◆小麦粉〔上質粉〕ਮੈਦਾ maidā マェーダー

こめ〘米〙ਚੌਲ caulⱥ チャオール

コメディー ਕਾਮੇਡੀ kāmeḍī カーメーディー

こもり〘子守〙ਆਇਆ āiā アーイアー, ਦਾਈ dāī ダーイー

こもん〘顧問〙ਮਸ਼ੀਰ maśīrⱥ マシール, ਮਸਲਤੀ masⱥlatī マスラティー, ਸਲਾਹਕਾਰ salâkārⱥ サラーカール

こや〘小屋〙ਝੌਂਪੜੀ cãũpⱥṛī チャオーンパリー, ਝੁੱਗੀ cŭggī チュッギー, ਕਿੜੀ kiṛī キリー

こゆうの〘固有の〙ਨਿੱਜੀ nijjī ニッジー, ਜ਼ਾਤੀ zātī ザーティー, ਖ਼ਾਸ xāsⱥ カース

こゆうめいし〘固有名詞〙ਖ਼ਾਸ ਨਾਮ xāsⱥ nāmⱥ カース ナーム

こゆび〘小指〙ਚੀਚੀ cīcī チーチー

こよう〘雇用〙ਨੌਕਰੀ naukarī ナォーカリー ◆雇用する ਨੌਕਰੀ ਦੇਣੀ naukarī deṇī ナォーカリー デーニー

こらえる（耐える）ਸਹਾਰਨਾ sǎrⱥnā サールナー, ਸਹਿਣਾ saîṇā サェーナー, ਬਰਦਾਸ਼ਤ ਕਰਨਾ barⱥdāśⱥtⱥ karⱥnā バルダーシュト カルナー（抑える）ਮਾਰਨਾ mārⱥnā マールナー

ごらく〘娯楽〙ਮਨੋਰੰਜਨ manorañjanⱥ マノーランジャン, ਪਰਚਾਵਾ parⱥcāwā パルチャーワー

コリアンダー ਧਨੀਆ tǎnīā タニーアー, ਕਸ਼ਨੀਜ਼ kaśⱥnīzⱥ カシュニーズ

こりつする〘孤立する〙ਵੱਖਰਾ ਹੋਣਾ wakkʰarā hoṇā ワッカラー ホーナー

ゴリラ ਬਣਮਾਣਸ baṇⱥmāṇⱥsⱥ バンマーナス

コルク ਕਾਕ kākⱥ カーク

ゴルフ ਗੌਲਫ਼ golⱥfⱥ ゴールフ

これ ਇਹ ê エー

これからは ਅੱਗੇ ਤੋਂ agge tõ アッゲー トーン, ਐਦੂੰ aidū̃ アエードゥーン, ਆਇੰਦਾ āindā アーインダー

コレラ ਹੈਜ਼ਾ haizā ハェーザー, ਕਾਲਰਾ kālⱥrā カールラー

これらの ਇਹ ê エー

ころがる〘転がる〙（回転する）ਲੋਟਣਾ loṭaṇā ロータナー（倒れる）ਲੁੜ੍ਹਕਣਾ lûṛⱥkaṇā ルルカナー

ころす〘殺す〙ਮਾਰਨਾ mārⱥnā マールナー, ਕਤਲ ਕਰਨਾ katalⱥ karⱥnā カタル カルナー

ころぶ〘転ぶ〙ਲੁੜ੍ਹਕਣਾ lûṛⱥkaṇā ルルカナー, ਡਿਗਣਾ ḍigⱥṇā ディグナー

コロンビアきょうわこく〘コロンビア共和国〙ਕੋਲੰਬੀਆ kolambīā コーランビーアー

こわい〘怖い〙ਭਿਆਨਕ piǎnakⱥ ピアーナク, ਭਿਅੰਕਰ piǎṅkarⱥ ピアンカル, ਖ਼ੌਫ਼ਨਾਕ xaufⱥnākⱥ カォーフナーク

こわがる〘怖がる〙ਡਰਨਾ ḍarⱥnā ダルナー, ਹਿਰਾਸਣਾ hirāsⱥṇā ヒラースナー, ਯਰਕਣਾ yarⱥkaṇā ヤルカナー

こわす〘壊す〙ਤੋੜਨਾ toṛⱥnā トールナー, ਭੰਨਣਾ pǎnnaṇā パンナナー

こわれる〘壊れる〙ਟੁੱਟਣਾ ṭuṭṭaṇā トゥッタナー, ਭੱਜਣਾ pǎjjaṇā パッジャナー

こんき〘根気〙ਧੀਰਜ tǐrajⱥ ティーラジ, ਸਹਿਨਸ਼ੀਲਤਾ saînⱥśīlⱥtā サェーンシールター

こんきょ〘根拠〙ਅਧਾਰ adǎrⱥ アダール

コンクリート ਕੰਕਰੀਟ kaṅkarīṭⱥ カンカリート

こんげつ〘今月〙（主格）ਇਹ ਮਹੀਨਾ ê maǐnā エーマイーナー（後置格）ਇਸ ਮਹੀਨੇ isⱥ maǐne イス マイーネー

こんご〘今後〙ਅੱਗੇ ਤੋਂ agge tõ アッゲー トーン, ਅਗਾਂਹ agā̂ アガーン, ਆਇੰਦਾ āindā アーインダー

こんごうする〘混合する〙（混ぜる）ਮਿਲਾਉਣਾ milāuṇā ミラーウナー

コンサート ਕੰਸਰਟ kansarⱥṭⱥ カンサルト

こんざつする〘混雑する〙ਭੀੜ ਲੱਗਣੀ pĩṛⱥ laggaṇī ピール ラッガニー

こんしゅう〘今週〙（主格）ਇਹ ਹਫ਼ਤਾ ê hafⱥtā エーハフター（後置格）ਇਸ ਹਫ਼ਤੇ isⱥ hafⱥte イス ハフテー

こんぜつする〘根絶する〙ਨਿਰਮੂਲ ਕਰਨਾ nirⱥmūlⱥ karⱥnā ニルムール カルナー, ਬਿਦਾਰਨਾ bidārⱥnā ビダールナー

こんだんかい〘懇談会〙ਰਾਊਂਡ ਟੇਬਲ ਕਾਨਫ਼ਰੰਸ rāū̃ḍⱥ ṭebalⱥ kānⱥfaransⱥ ラーウーンド テーバル カーンファランス

こんちゅう〘昆虫〙ਪਤੰਗਾ pataṅgā パタンガー

コンデンサー ਕੰਡੈਂਸਰ kanḍaĩsarⱥ カンダェーンサル

こんど〘今度〙（今回）ਇਸ ਵਾਰ isⱥ wārⱥ イス ワール（次回）ਅਗਲੀ ਵਾਰ agⱥlī wārⱥ アグリー ワール

こんとん〘混沌〙ਇੰਤਸ਼ਾਰ intⱥśārⱥ イントシャール, ਗੜਬੜ gaṛⱥbaṛⱥ ガルバル, ਧਾਂਦਲੀ tā̌̃dⱥlī ターンドリー

こんな ਅਜਿਹਾ ajêā アジェーアー, ਇਹੋ ਜਿਹਾ êo jîā エーオー ジアー, ਐਸਾ aisā アエーサー

こんなん〘困難〙ਔਕੜ aukaṛⱥ アオーカル, ਕਠਨਾਈ kaṭʰⱥnāī カトナーイー, ਮੁਸੀਬਤ musībatⱥ ムスィーバト ◆困難な ਔਖਾ aukʰā アオーカー, ਕਠਨ kaṭʰanⱥ カタン, ਮੁਸ਼ਕਲ muśⱥkalⱥ ムシュカル

こんにち〘今日〙ਅੱਜ ajjⱥ アッジ

コンパートメント ਖ਼ਾਨਾ xānā カーナー

こんばん〘今晩〙ਅੱਜ ਸ਼ਾਮ ajjⱥ śāmⱥ アッジ シャーム（副詞形）ਅੱਜ ਸ਼ਾਮੀਂ ajjⱥ śāmī̃ アッジ シャーミーン

コンピューター ਕੰਪਿਊਟਰ kampiūṭarⱥ カンピウータル

こんぽう〘梱包〙ਗੰਢ gâṇḍⱥ ガンド, ਪੋਟ poṭⱥ ポート, ਪੈਕਿੰਗ paikiṅgⱥ パェーキング

こんぽん〘根本〙ਮੂਲ mūlⱥ ムール, ਮੁੱਢ mûḍḍⱥ ムッド, ਬੁਨਿਆਦ buniādⱥ ブニアード

コンマ ਕਾਮਾ kāmā カーマー

こんや〘今夜〙ਅੱਜ ਰਾਤ ajjⱥ rātⱥ アッジ ラート（副詞形）ਅੱਜ ਰਾਤੀਂ ajjⱥ rātī̃ アッジ ラーティーン

こんやく〘婚約〙ਸਗਾਈ sagāī サガーイー, ਮੰਗਣੀ maṅgaṇī マンガニー, ਕੁੜਮਾਈ kuṛⱥmāī クルマーイー

こんらん〘混乱〙ਹੜਬੜ haṛⱥbaṛⱥ ハルバル,

ਘਬਰਾਹਟ kabarâta カバラート ♦混乱する ਹੜਬੜਾਉਣਾ haṛabaṛāuṇā ハルバラーウナー, ਘਬਰਾਉਣਾ kabarǎuṇā カバラーウナー

こんわく〖困惑〗ਪਰੇਸ਼ਾਨੀ pareśānī パレーシャーニー, ਵਿਆਕੁਲਤਾ viākulatā ヴィアークルター

さ行

さ〖差〗ਫ਼ਰਕ faraka ファルク, ਅੰਤਰ antara アンタル, ਭੇਤ pěta ペート

サーカス ਸਰਕਸ sarakasa サルカス

サービス ਸਰਵਿਸ saravisa サルヴィス, ਸੇਵਾ sewā セーワー, ਖ਼ਿਦਮਤ xidamata キドマト ♦サービス料 ਸਰਵਿਸ ਚਾਰਜ saravisa cāraja サルヴィス チャールジ

サーブ ਸਰਵਿਸ saravisa サルヴィス

さいあくの〖最悪の〗ਸਭ ਤੋਂ ਭੈੜਾ sâba tõ paiṛā サブ トーン パェーラー

さいがい〖災害〗ਆਫ਼ਤ āfata アーファト, ਬਿਪਤਾ bipatā ビプター, ਆਪੱਤੀ āpattī アーパッティー

さいきん〖最近〗ਅੱਜਕੱਲ੍ਹ ajjakâla アッジカル ♦最近の ਅਜੋਕਾ ajokā アジョーカー, ਹਾਲੀਆ hālīā ハーリーアー

さいきん〖細菌〗ਜੀਵਾਣੂ jīwāṇū ジーワーヌー, ਜਰਮ jarama ジャルム, ਬੈਕਟੇਰੀਆ baikaṭerīā バェークテーリーアー

さいけん〖債券〗ਬਾਂਡ bāḍa バーンド

ざいげん〖財源〗ਫ਼ੰਡ fanḍa ファンド

さいけんとう〖再検討〗ਨਜ਼ਰਸਾਨੀ nazarasānī ナザルサーニー, ਪੁਨਰ ਵਿਚਾਰ punara vicāra プナル ヴィチャール

さいご〖最期〗ਅੰਤਕਾਲ antakāla アントカール, ਅੰਤ ਸਮਾਂ anta samā̃ アント サマーン

さいご〖最後〗ਅੰਤ anta アント, ਆਖ਼ਰ āxara アーカル ♦最後の ਅੰਤਿਮ antima アンティム, ਆਖ਼ਰੀ āxarī アークリー, ਅਖ਼ੀਰਲਾ axīralā アキールラー

さいこうの〖最高の〗ਉੱਚਤਮ uccatama ウッチャタム, ਸਰਵੋਤਮ saravotama サルヴォータム, ਸਰਬ ਉੱਚ saraba ucca サルブ ウッチ

さいころ ਪਾਸਾ pāsā パーサー, ਡੈਸ daisa ダェース

ざいさん〖財産〗ਸੰਪਤੀ sampatī サンパティー, ਜਾਇਦਾਦ jāidāda ジャーイダード

さいじつ〖祭日〗ਦਿਹਾੜਾ diāṛā ディアーラー, ਤਿਓਹਾਰ tiohāra ティオーハール

さいしゅうする〖採集する〗ਇਕੱਠਾ ਕਰਨਾ ikaṭṭʰā karanā イカッター カルナー, ਜਮ੍ਹਾਂ ਕਰਨਾ jâmā̃ karanā ジャマーン カルナー

さいしゅうの〖最終の〗ਅੰਤਿਮ antima アンティム, ਆਖ਼ਰੀ āxarī アークリー, ਅਖ਼ੀਰਲਾ axīralā アキールラー

さいしょ〖最初〗ਇਬਤਦਾ ibatadā イブタダー, ਸ਼ੁਰੂ śurū シュルー, ਅਰੰਭ arâmba アランブ ♦最初の ਆਦਿ ād アード, ਇਬਤਦਾਈ ibatadāī イブタダーイー, ਪਹਿਲਾ paîlā パェーラー

さいしょうげんの〖最小限の〗ਅਲਪਤਮ alapatama アルプタム, ਨਿਊਨਤਮ niūṇatama ニウーンタム, ਲਘੂੱਤਮ lagǔttama ラグッタム

さいじょうの〖最上の〗ਉੱਚਤਮ uccatama ウッチャタム, ਸਰਵੋਤਮ saravotama サルヴォータム, ਸਰਬ ਉੱਚ saraba ucca サルブ ウッチ

さいしょくしゅぎしゃ〖菜食主義者〗ਸ਼ਾਕਾਹਾਰੀ śākāhārī シャーカーハーリー, ਵੈਸ਼ਨਵ vaiśanava ヴァェーシュナヴ

さいしんの〖最新の〗ਨਵੀਨਤਮ nawīnatama ナウィーンタム

さいしんの〖細心の〗ਹੁਸ਼ਿਆਰ huśiāra フシアール, ਸਚੇਤ saceta サチェート

サイズ ਸਾਈਜ਼ sāīza サーイーズ, ਨਾਪ nāpa ナープ

さいせい〖再生〗ਪੁਨਰ ਜੀਵਨ punara jīwana プナル ジーワン

ざいせい〖財政〗ਵਿੱਤ vitta ヴィット

さいぜんせん〖最前線〗ਮੋਰਚਾ moracā モールチャー, ਰਣ-ਖੇਤਰ raṇa-kʰetara ラン・ケータル

さいそく〖催促〗ਚੇਤਾਉਣੀ cetāuṇī チェーターウニー, ਤਾਕੀਦ tākīda ターキード

さいだいの〖最大の〗ਅਧਿਕਤਮ âdikatama アディクタム, ਵਡਤਮ waḍatama ワドタム

さいていの〖最低の〗ਨਿਮਨਤਮ nimanatama ニマンタム, ਨਿਊਨਤਮ niūṇatama ニウーンタム, ਲਘੂੱਤਮ lagǔttama ラグッタム

さいてきな〖最適な〗ਬੈਸਟ baisaṭa バェースト

サイト ਸਾਈਟ sāīṭa サーイート, ਵੈਬਸਾਈਟ waibasāīṭa ワェーブサーイート

さいなん〖災難〗ਆਫ਼ਤ āfata アーファト, ਬਿਪਤਾ bipatā ビプター, ਕਹਿਰ kaîra カェール

さいのう〖才能〗ਪਰਤਿਭਾ paratîbā パラティバー, ਸਮਰੱਥਾ samarattʰā サムラッター

さいばい〖栽培〗ਵਾਹੀ wâī ワーイー, ਖੇਤੀ kʰetī ケーティー, ਜ਼ਰਾਇਤ zarāita ザラーイト ♦栽培する ਉਗਾਉਣਾ ugāuṇā ウガーウナー

さいばん〖裁判〗ਮੁਕੱਦਮਾ mukaddamā ムカッダマー, ਮੁਨਸਫ਼ੀ munasafī ムンサフィー, ਜਸਟਿਸ jasaṭisa ジャスティス ♦裁判官 ਅਦਲੀ adalī アドリー, ਮੁਨਸਫ਼ munasafa ムンサフ, ਜੱਜ jajja ジャッジ ♦裁判所 ਅਦਾਲਤ adālata アダーラト, ਕਚਹਿਰੀ kacaîrī カチャェーリー, ਕੋਰਟ koraṭa コールト

さいふ〖財布〗ਬਟੂਆ baṭūā バトゥーアー, ਪਰਸ parasa パルス

さいほう〖裁縫〗ਸਿਲਾਈ silāī スィラーイー

さいぼう〖細胞〗ਕੋਸ਼ਕਾ kośakā コーシュカー, ਕੋਸ਼ਾਣੂ kośāṇū コーシャーヌー, ਸੈੱਲ sailla サェーッル

さいみんじゅつ〖催眠術〗ਹਿਪਨੋਟਿਜ਼ਮ hipanoṭizama ヒプノーティズム

さいむ〖債務〗ਦੇਣਦਾਰੀ deṇadārī デーンダーリー, ਰਿਣ riṇa リン

ざいむ〖財務〗ਵਿੱਤ vitta ヴィット

ざいもく〖材木〗ਲੱਕੜ lakkaṛa ラッカル, ਲੱਕੜੀ lakkaṛī ラッカリー, ਕਾਠ kāṭʰa カート

さいようする〖採用する〗（案を） ਅਪਣਾਉਣਾ

apaṇāuṇā アプナーウナー, ਧਾਰਨਾ tǎranā タールナー, ਗਰਹਿਣ ਕਰਣਾ garaîṇa karaṇā ガラェーン カルナー（従業員を）ਨਿਯੁਕਤ ਕਰਨਾ niyukata karanā ニユクト カルナー

ざいりょう〖材料〗ਸਮੱਗਰੀ samaggarī サマッガリー

さいりょうの〖最良の〗ਸਭ ਤੋਂ ਚੰਗਾ sâbha tõ caṅgā サブ トーン チャンガー, ਸਰਵੋਤਮ saravotama サルヴォータム, ਬੈਸਟ baisaṭa バェースト

ざいりょく〖財力〗ਹੈਸੀਅਤ haisīata ハェースィーアト

サイン ਦਸਖ਼ਤ dasaxata ダスカト, ਹਸਤਾਖਰ hasatākʰara ハスターカル

サウジアラビア ਸਾਊਦੀ ਅਰਬ sāūdī araba サーウーディー アルブ

さえぎる〖遮る〗ਕੱਟਣਾ kaṭṭaṇā カッタナー, ਅਟਕਾਉਣਾ aṭakāuṇā アトカーウナー

さか〖坂〗ਢਾਲ ṭǎla タール, ਢਲਵਾਨ ṭalawǎna タルワーン, ਨਿਵਾਣ niwāṇa ニワーン

さかい〖境〗ਸੀਮਾ sīmā スィーマー, ਪਰਯੰਤ parayanta パルヤント

さかえる〖栄える〗ਸਰਸਣਾ sarasaṇā サラスナー

さがす〖探す・捜す〗（求めるものを）ਢੂੰਡਣਾ ṭū̃ḍaṇā トゥーンドナー, ਖੋਜਣਾ kʰojaṇā コージャナー, ਟੋਲਣਾ ṭolaṇā トールナー（捜し出す）ਲੱਭਣਾ lâbbaṇā ラッバナー

さかずき〖杯〗ਪਿਆਲਾ piālā ピアーラー, ਸਾਗ਼ਰ sāğara サーガル

さかな〖魚〗ਮੱਛੀ maccʰī マッチー, ਮੀਨ mīna ミーン, ਮਾਹੀ māhī マーヒー

さかや〖酒屋〗ਮੈਖ਼ਾਨਾ maixānā マェーカーナー, ਠੇਕਾ ṭʰekā テーカー, ਆਬਕਾਰ ābakāra アーブカール

さかり〖盛り〗（全盛期）ਉਭਾਰ ubǎra ウバール（頂点）ਚੋਟੀ coṭī チョーティー, ਸਿਖਰ sikʰara スィカル

さがる〖下がる〗（下へ動く）ਉੱਤਰਨਾ uttaranā ウッタルナー（垂れ下がる）ਲਟਕਣਾ laṭakaṇā ラトカナー

さかんな〖盛んな〗（活発な）ਚੁਸਤ cusata チュスト, ਕਿਰਿਆਸ਼ੀਲ kiriāśīla キリアーシール, ਫੁਰਤੀਲਾ pʰuratīlā プルティーラー（繁栄している）ਸਰਸਬਜ਼ sarasabaza サルサバズ

さき〖先〗（先端）ਅਣੀ aṇī アニー, ਨੁੱਕਰ nukkara ヌッカル, ਨੋਕ noka ノーク（未来）ਭਵਿਖ pavikʰa パヴィク, ਮੁਸਤਕਬਿਲ musatakabila ムスタクビル

さぎ〖詐欺〗ਠੱਗੀ ṭʰaggī タッギー, ਛਲ cʰala チャル, ਧੋਖਾ tǒkʰā トーカー ♦詐欺師 ਠੱਗ ṭʰagga タッグ

さきおととい〖一昨々日〗ਚੌਥ cautʰa チャォート, ਨਰਸੋਂ narasõ ナルソーン

さきものとりひき〖先物取引〗ਸੱਟੇਬਾਜ਼ੀ saṭṭebāzī サッテーバーズィー, ਸੱਟਾ saṭṭā サッター

さぎょう〖作業〗ਕੰਮ kamma カンム ♦作業する ਕੰਮ ਕਰਨਾ kamma karanā カンム カルナー

さく〖柵〗ਵਾੜ wāṛa ワール, ਕਟਹਿਰਾ kaṭaîrā カタェーラー

さく〖割く〗ਕੱਢਣਾ kâḍḍaṇā カッダナー

さく〖咲く〗ਖਿੜਨਾ kʰiṛanā キルナー, ਫੁੱਲਣਾ pʰullaṇā プッラナー, ਟਹਿਕਣਾ ṭaîkaṇā タェーカナー

さく〖裂く〗ਪਾੜਨਾ pāṛanā パールナー

さくいん〖索引〗ਵਿਸ਼ੇ ਸੂਚੀ viśe sūcī ヴィシェー スーチー, ਇੰਡੈਕਸ inḍaikasa インダェーカス

さくげん〖削減〗ਕਟੌਤੀ kaṭautī カタォーティー

さくし〖作詞〗ਸ਼ਾਇਰੀ śāirī シャーイリー, ਗੀਤਕਾਰੀ gītakārī ギートカーリー

さくじつ〖昨日〗ਕੱਲ੍ਹ kâlla カッル

さくしゃ〖作者〗ਕਰਤਾ karatā カルター, ਮੁਸੰਨਫ਼ musannafa ムサンナフ, ਰਚਣਹਾਰ racaṇahāra ラチャンハール

さくしゅする〖搾取する〗ਚੂੰਡਣਾ cū̃ḍaṇā チューンドナー, ਚੂਸਣਾ cūsaṇā チューサナー

さくじょする〖削除する〗ਕੱਟਣਾ kaṭṭaṇā カッタナー, ਮਿਟਾਉਣਾ miṭāuṇā ミターウナー

さくせいする〖作成する〗ਬਣਾਉਣਾ baṇāuṇā バナーウナー

さくせん〖作戦〗ਓਪਰੇਸ਼ਨ opareśana オープレーシャン

さくねん〖昨年〗（主格）ਪਿਛਲਾ ਸਾਲ picʰalā sāla ピチラー サール（後置格）ਪਿਛਲੇ ਸਾਲ picʰale sāla ピチレー サール

さくひん〖作品〗ਰਚਨਾ racanā ラチナー

さくぶん〖作文〗ਲੇਖ lekʰa レーク, ਲਿਖਤਮ likʰatama リクタム

さくもつ〖作物〗ਫ਼ਸਲ fasala ファサル, ਪੈਦਾਵਾਰ paidāwāra パェーダーワール, ਰਹੜ rahaṛa ラハル

さくや〖昨夜〗ਕੱਲ੍ਹ ਰਾਤ kâlla rāta カッル ラート（副詞形）ਕੱਲ੍ਹ ਰਾਤੀਂ kâlla rātī̃ カッル ラーティーン

さくら〖桜〗ਚੈਰੀ cairī チャェーリー

さくらんぼ〖桜桃〗ਗਲਾਸ galāsa ガラース

さぐりだす〖探り出す〗ਢੂੰਡਣਾ ṭū̃ḍaṇā トゥーンドナー

さくりゃく〖策略〗ਸਾਜ਼ਸ਼ sāzaśa サーザシュ

さぐる〖探る〗（手探りで）ਟੋਹਣਾ ṭôṇā トーナー（物や場所などを）ਢੂੰਡਣਾ ṭū̃ḍaṇā トゥーンドナー（動向を）ਸੂੰਹ ਲੈਣੀ sũ laiṇī スーン ラェーニー

ざくろ〖柘榴〗ਅਨਾਰ anāra アナール

さけ〖酒〗ਸ਼ਰਾਬ śarāba シャラーブ, ਮਦਰਾ madarā マドラー, ਦਾਰੂ dārū ダールー

さけぶ〖叫ぶ〗ਚੀਕਣਾ cīkaṇā チーカナー, ਕੂਕਣਾ kūkaṇā クーカナー

さける〖避ける〗ਹਟਣਾ haṭaṇā ハタナー, ਕਤਰਾਉਣਾ katarāuṇā カトラーウナー, ਬਚਣਾ bacaṇā バチャナー

さける〖裂ける〗ਚਿਰਨਾ ciranā チルナー, ਪਾਟਣਾ pāṭaṇā パータナー

さげる〖下げる〗ਉਤਾਰਨਾ utāranā ウタールナー

さこつ〖鎖骨〗ਹਸੀਰੀ hasīrī ハスィーリー, ਹੱਸੀ hassī ハッスィー, ਹੱਸ hassa ハッス

ささいな〖些細な〗ਟਿੱਚ ṭicca ティッチ, ਲਘੂ lâgū ラグー

ささえる〖支える〗ਸੰਭਾਲਣਾ sambǎlaṇā サンバールナー

さざなみ〖さざ波〗ਜਲਤਰੰਗ jalataraṅga ジャルタラング

ささやく〖囁く〗ਕੁਸਕਣਾ kusakaṇā クスカナー

ささる〖刺さる〗ਖੁਭਣਾ kʰûbaṇā クバナー, ਪੁੜਨਾ

pura̧nā プルナー
さじ〖匙〗ਚਮਚ camaca̧ チャマチ, ਚਮਚਾ camacā チャムチャー
さしこむ〖差し込む〗（中に入れる）ਅੰਦਰ ਕਰਨਾ andara̧ kara̧nā アンダル カルナー, ਵਾੜਨਾ wāṛanā ワールナー（中に入る）ਅੰਦਰ ਆਉਣਾ andara̧ āuṇā アンダル アーウナー
さしひく〖差し引く〗ਕੱਢਣਾ kâḍḍaṇā カッダナー, ਕੱਟਣਾ kaṭṭaṇā カッタナー
さしょう〖査証〗ਵੀਜ਼ਾ vīzā ヴィーザー
さす〖刺す〗（蚊や蜂が）ਡੱਸਣਾ ḍassaṇā ダッサナー, ਕੱਟਣਾ kaṭṭaṇā カッタナー（突き通す）ਖੁਭੋਣਾ kʰubŏṇā クボーナー, ਛੇਦਣਾ cʰedaṇā チェードナー
さす〖指す〗ਉਂਗਲੀ ਨਾਲ ਇਸ਼ਾਰਾ ਕਰਨਾ uṅgalī nāla̧ iśārā kara̧nā ウンガリー ナール イシャーラー カルナー（指名する）ਨਾਮਜ਼ਦ ਕਰਨਾ nāma̧zada̧ kara̧nā ナームザド カルナー
さする〖擦る〗ਫੇਰਨਾ pʰera̧nā ペールナー
ざせき〖座席〗ਸੀਟ sīṭa̧ スィート, ਆਸਣ āsaṇa̧ アーサン
させつする〖左折する〗ਖੱਬੇ ਮੁੜਨਾ kʰabbe muṛanā カッベー ムルナー
ざせつする〖挫折する〗ਟੁੱਟਣਾ ṭuṭṭaṇā トゥッタナー
させる ਕਰਾਉਣਾ karāuṇā カラーウナー
さそい〖誘い〗（招待）ਬੁਲਾਵਾ bulāwā ブラーワー（誘惑）ਡਹਿਕ ḍaîka̧ ダェーク
さそう〖誘う〗（招く）ਬੁਲਾਉਣਾ bulāuṇā ブラーウナー, ਸੱਦਣਾ saddaṇā サッダナー（誘惑する）ਲਲਚਾਉਣਾ lala̧cāuṇā ラルチャーウナー, ਲੁਭਾਉਣਾ lubǎuṇā ルバーウナー（誘い込む）ਵਰਗਲਾਉਣਾ wara̧ğalāuṇā ワルグラーウナー
さそり〖蠍〗ਠੂਹਾਂ ṭʰûā̃ トゥーアーン, ਬਿੱਛੂ biccʰū ビッチュー
さつ〖冊〗ਸੈਂਚੀ saĩcī サェーンチー, ਕਾਪੀ kāpī カーピー
さつ〖札〗ਨੋਟ noṭa̧ ノート
さつえい〖撮影〗（写真の）ਫ਼ੋਟੋਗਰਾਫ਼ੀ foṭogarāfī フォートーガラーフィー（映画の）ਸ਼ੂਟਿੰਗ śūṭiṅga̧ シューティング ♦撮影する〔写真を〕ਖਿੱਚਣੀ kʰiccaṇī キッチャニー ♦撮影する〔映画を〕ਸ਼ੂਟਿੰਗ ਕਰਨੀ śūṭiṅga̧ kara̧nī シューティング カルニー
ざつおん〖雑音〗ਡੰਡ ḍaṇḍa̧ ダンド, ਰਵਾਣੀ rawāṇī ラワーニー
さっか〖作家〗ਲੇਖਕ lekʰaka̧ レーカク, ਰਚਣਹਾਰ racaṇa̧hāra̧ ラチャンハール, ਰਾਈਟਰ rāīṭara̧ ラーイータル
サッカー ਫ਼ੁੱਟਬਾਲ fuṭṭabāla̧ フットバール
さっかく〖錯覚〗ਭਰਾਂਤੀ parā̃tī パラーンティー, ਭਰਮ pǎrama̧ パラム, ਵਹਿਮ waîma̧ ワェーム
ざっし〖雑誌〗ਪਤਰਿਕਾ patarikā パトリカー, ਰਿਸਾਲਾ risālā リサーラー, ਮੈਗਜ਼ੀਨ maigazīna̧ マェーグズィーン
ざっしゅ〖雑種〗ਦੋਗਲਾ dogalā ドーガラー, ਬੇਰੜਾ beraṛā ベーララー
さつじん〖殺人〗ਹੱਤਿਆ hattiā ハッティアー, ਕਤਲ katala̧ カタル, ਖ਼ੂਨ xūna̧ クーン ♦殺人犯 ਹੱਤਿਆਰਾ hattiārā ハッティアーラー, ਕਾਤਲ kātala̧ カータル, ਖ਼ੂਨੀ xūnī クーニー
さっする〖察する〗ਤਾੜਨਾ tāṛanā タールナー
ざっそう〖雑草〗ਨਦੀਣ nadīṇa̧ ナディーン
ざつだん〖雑談〗ਗੱਪਸ਼ੱਪ gappa̧śappa̧ ガップシャップ, ਗੱਪ gappa̧ ガップ
さっとう〖殺到〗ਭਗਦੜ pǎgadaṛa̧ パグダル, ਘਿਚ–ਪਿਚ kǐca̧-pica̧ キチ・ピチ, ਰਸ਼ raśa̧ ラシュ
さつまいも〖薩摩芋〗ਸ਼ਕਰਕੰਦੀ śakara̧kandī シャカルカンディー
さてい〖査定〗ਜਾਂਚ jā̃ca̧ ジャーンチ, ਤਸ਼ਖ਼ੀਸ਼ taśa̧xīśa̧ タシュキーシュ, ਨਿਰਧਾਰਨ nira̧tǎrana̧ ニルターラン
さとう〖砂糖〗ਸ਼ੱਕਰ śakkara̧ シャッカル, ਚੀਨੀ cīnī チーニー, ਖੰਡ kʰaṇḍa̧ カンド
さばく〖砂漠〗ਰੇਗਿਸਤਾਨ regisa̧tāna̧ レーギスターン, ਸਹਿਰਾ saîrā サェーラー, ਬਾਂਗਰ bā̃gara̧ バーンガル
さび〖錆〗ਜ਼ੰਗ zaṅga̧ ザング, ਜੰਗਾਲ jaṅgāla̧ ジャンガール
さびしい〖寂しい〗ਤਨਹਾ tana̧hā タンハー
さびる〖錆びる〗ਜ਼ੰਗਣਾ zaṅgaṇā ザンガナー, ਜ਼ੰਗ ਲੱਗਣਾ zaṅga̧ laggaṇā ザング ラッガナー
サファイア ਨੀਲਮ nīlama̧ ニーラム
サフラン ਕੇਸਰ kesara̧ ケーサル, ਜ਼ਾਹਫ਼ਰਾਨ zâfarāna̧ ザーファラーン
さべつ〖差別〗ਭੇਦਭਾਵ pĕdapǎva̧ ペードパーヴ, ਨਸਲੀ ਵਿਤਕਰਾ nasalī vita̧karā ナサリー ヴィトカラー ♦差別する ਭੇਦਭਾਵ ਵਰਤਣਾ pĕdapǎva̧ wara̧taṇā ペードパーヴ ワルタナー
さほう〖作法〗ਦਸਤੂਰ dasatūra̧ ダストゥール, ਮਰਯਾਦਾ mara̧yādā マルヤーダー, ਤਮੀਜ਼ tamīza̧ タミーズ
サポジラ ਚੀਕੂ cīkū チークー
さまざまな〖様々な〗ਵਿਭਿੰਨ vipǐnna̧ ヴィピンヌ, ਵੱਖਰਾ ਵੱਖਰਾ wakkʰarā wakkʰarā ワッカラー ワッカラー, ਅੱਡਰਾ ਅੱਡਰਾ aḍḍarā aḍḍarā アッダラー アッダラー
さます〖冷ます〗ਠੰਢਾ ਕਰਨਾ ṭʰânḍā kara̧nā タンダー カルナー, ਠਾਰਨਾ ṭʰāra̧nā タールナー
さます〖覚ます〗ਜਗਾਉਣਾ jagāuṇā ジャガーウナー
さまたげる〖妨げる〗ਅਟਕਾਉਣਾ aṭakāuṇā アトカーウナー, ਹਟਕਣਾ haṭakaṇā ハタカナー, ਰੋਕਣਾ rokaṇā ローカナー
さまよう ਭਟਕਣਾ pǎṭakaṇā パタカナー, ਰੁਲਨਾ rulana̧ ルルナー
さむい〖寒い〗ਠੰਢਾ ṭʰânḍā タンダー, ਸਰਦ sarada̧ サルド
さめる〖冷める〗ਠੰਢਾ ਹੋਣਾ ṭʰânḍā hoṇā タンダー ホーナー
さよう〖作用〗ਕਿਰਿਆ kiriā キリアー
さら〖皿〗ਥਾਲੀ tʰālī ターリー, ਪਲੇਟ paleṭa̧ パレート
さらう（誘拐する）ਹਰਨਾ harana̧ ハルナー, ਉਧਾਲਣਾ udǎlaṇā ウダールナー
ざらざらの ਰੁੱਖਾ rukkʰā ルッカー, ਰਫ਼ rafa̧ ラフ
さらす ਪਰਗਟਾਉਣਾ para̧gaṭāuṇā パルガターウナー
サラダ ਸਲਾਦ salāda̧ サラード
さらに〖更に〗ਹੋਰ hora̧ ホール, ਜ਼ਿਆਦਾ ziādā ズィア

ーダー
サリー ਸਾੜ੍ਹੀ sâṛī サーリー
さる〘猿〙ਬਾਂਦਰ bãdara バーンダル
さる〘去る〙ਛੱਡਣਾ cʰaḍḍaṇā チャッダナー
さわ〘沢〙(沼沢地) ਜਿਲ੍ਹਣ jîlaṇa ジラン, ਦਲਦਲ daladala ダルダル
さわがしい〘騒がしい〙ਅਸ਼ਾਂਤ aśãta アシャーント
さわぎ〘騒ぎ〙ਸ਼ੋਰ śora ショール, ਧੁੰਮ tũmma トゥンム (騒動) ਦੰਗਾ daṅgā ダンガー, ਬਲਵਾ balawā バルワー, ਸ਼ੋਰਸ਼ śoraśa ショーラシュ
さわぐ〘騒ぐ〙ਸ਼ੋਰ ਮਚਾਉਣਾ śora macāuṇā ショール マチャーウナー
さわやかな〘爽やかな〙ਸੁਹਾਉਣਾ suhāuṇā スハーウナー, ਖ਼ੁਸ਼ਗਵਾਰ xuśagawāra クシュガワール
さわる〘触る〙ਛੂਹਣਾ cʰûṇā チューナー
さん〘三〙ਤਿੰਨ tinna ティンヌ
さん〘酸〙ਤੇਜ਼ਾਬ tezāba テーザーブ
ざんがい〘残骸〙ਮਲਬਾ malabā マルバー
さんかく〘三角〙ਤਿਕੋਣ tikoṇa ティコーン, ਤ੍ਰਿਕੋਣ trikoṇa トリコーン, ਤ੍ਰੈ-ਕੋਣ trai-koṇa トラエー・コーン
さんかする〘参加する〙ਸ਼ਾਮਲ ਹੋਣਾ śāmala hoṇā シャーマル ホーナー, ਹਿੱਸਾ ਲੈਣਾ hissā laiṇā ヒッサー ラエーナー, ਭਾਗ ਲੈਣਾ pǎga laiṇā パーグ ラエーナー
さんがつ〘三月〙ਮਾਰਚ māraca マールチ
さんきゃく〘三脚〙ਤਿਟੰਗਾ tiṭaṅgā ティタンガー, ਤਰਪਾਈ tarapāī タルパーイー, ਤਿਪਾਈ tipāī ティパーイー
ざんぎゃくな〘残虐な〙ਹੈਂਸਿਆਰਾ hãisiārā ハエーンスィアーラー, ਜ਼ਾਲਮਾਨਾ zālamānā ザールマーナー
さんぎょう〘産業〙ਸਨਅਤ sanaata サンアト, ਉਦਯੋਗ udayoga ウドヨーグ
ざんぎょう〘残業〙ਓਵਰਟਾਈਮ ovaraṭāīma オーヴァルターイーム
サングラス ਧੁੱਪ ਦਾ ਚਸ਼ਮਾ tŭppa dā caśamā トゥップ ダー チャシュマー
ざんげ〘懺悔〙ਤੋਬਾ tobā トーバー
さんご〘珊瑚〙ਮੋਂਗਾ mõgā モーンガー
さんこう〘参考〙ਸੰਦਰਭ sandâraba サンダラブ
ざんこくな〘残酷な〙ਹੈਂਸਿਆਰਾ hãisiārā ハエーンスィアーラー, ਕਰੂਰ karūra カルール, ਨਿਰਦਈ niradaī ニルダイー
さんじゅう〘三十〙ਤੀਹ tî ティー
さんしょう〘参照〙ਸੰਕੇਤਾਵਲੀ saṅketāwalī サンケーターウリー, ਹਵਾਲਾ hawālā ハワーラー, ਨਿਰਦੇਸ਼ਨ niradeśana ニルデーシャン
ざんしんな〘斬新な〙ਅਪੂਰਵ apūrava アプーラヴ
さんすう〘算数〙ਗਣਿਤ gaṇita ガニト
サンスクリットご〘サンスクリット語〙ਸੰਸਕਰਿਤ sansakarita サンスカリト
さんする〘産する〙ਉਪਜਾਉਣਾ upajāuṇā ウプジャーウナー
さんせい〘賛成〙ਸੰਮਤੀ sammatī サンマティー, ਸਹਿਮਤੀ saîmatī サエームティー, ਗਿਰਮਟ giramaṭa ギルマト ♦賛成する ਸਹਿਮਤ ਹੋਣਾ saîmata hoṇā サエーマト ホーナー, ਮਨਜ਼ੂਰ ਕਰਨਾ manazūra karanā マンズール カルナー
さんせい〘酸性〙ਤੇਜ਼ਾਬੀਅਤ tezābīata テーザービーアト, ਅਮਲਤਾ amalatā アマルター
さんそ〘酸素〙ਆਕਸੀਜਨ ākasījana アークスィージャン
サンダル ਚੱਪਲ cappala チャッパル, ਸੈਂਡਲ sãiḍala サエーンダル
さんちょう〘山頂〙ਚੋਟੀ coṭī チョーティー, ਸਿਖਰ sikʰara スィカル
ざんねんな〘残念な〙ਖੇਦਜਨਕ kʰedajanaka ケードジャナク, ਨਾਦਮ nādama ナーダム
さんばい〘三倍〙ਤਿਹਰ tihara ティハル
さんぱつ〘散髪〙ਹਜਾਮਤ hajāmata ハジャーマト
さんびか〘賛美歌〙ਉਸਤਤ usatata ウスタト, ਸਤੋਤਰ satotara サトータル, ਸੋਹਿਲਾ sohilā ソーヒラー
さんぶつ〘産物〙ਉਪਜ upaja ウパジ
サンプル ਵਨਗੀ wanagī ワンギー, ਨਮੂਨਾ namūnā ナムーナー, ਸੈਂਪਲ sãipala サエーンパル
さんぶん〘散文〙ਗੱਦ gadda ガッド, ਨਸਰ nasara ナサル, ਵਾਰਤਕ wārataka ワールタク
さんぽ〘散歩〙ਸੈਰ saira サエール, ਭਰਮਣ păramaṇa パルマン, ਮਟਰਗਸ਼ਤ maṭaragaśata マタルガシュト ♦散歩する ਸੈਰ ਕਰਨੀ saira karanī サエール カルニー, ਭਰਮਣਾ păramaṇā パルマナー
さんみ〘酸味〙ਖਟਾਈ kʰaṭāī カターイー, ਤੇਜ਼ਾਬੀਅਤ tezābīata テーザービーアト, ਅਮਲਤਾ amalatā アマルター
さんみゃく〘山脈〙ਧਾਰ tăra タール
さんらんする〘散乱する〙ਬਿਖਰਨਾ bikʰaranā ビカルナー, ਖਿੰਡਣਾ kʰiṇḍaṇā キンダナー
さんれつする〘参列する〙ਹਾਜ਼ਰ ਹੋਣਾ hāzara hoṇā ハーザル ホーナー
し〘四〙ਚਾਰ cāra チャール
し〘市〙ਸ਼ਹਿਰ śaîra シャエール, ਸਿਟੀ siṭī スィティー
し〘死〙ਮੌਤ mauta マオート, ਮਿਰਤੂ miratū ミルトゥー, ਨਿਧਨ nităna ニタン
し〘詩〙ਕਵਿਤਾ kavitā カヴィター, ਸ਼ਾਇਰੀ śāirī シャーイリー, ਨਜ਼ਮ nazama ナザム
じ〘字〙ਅੱਖਰ akkʰara アッカル, ਹਰਫ਼ harafa ハルフ
じ〘痔〙ਬਵਾਸੀਰ bawāsīra バワースィール, ਭਗੰਦਰ păgandara パガンダル
しあい〘試合〙ਮੁਕਾਬਲਾ mukābalā ムカーブラー, ਟਾਕਰਾ ṭākarā タークラー, ਮੈਚ maica マエーチ
しあがる〘仕上がる〙ਪੂਰਾ ਹੋਣਾ pūrā hoṇā プーラー ホーナー
しあげる〘仕上げる〙ਪੂਰਾ ਕਰਨਾ pūrā karanā プーラー カルナー, ਮੁਕਾਉਣਾ mukāuṇā ムカーウナー, ਕਿਓਂਟਣਾ kiõṭaṇā キオーンタナー
しあさって ਚੌਥ cautʰa チャオート, ਨਰਸੋਂ narasõ ナルソーン
しあわせ〘幸せ〙ਸੁਖ sukʰa スク, ਖ਼ੁਸ਼ੀ xuśī クシー ♦幸せな ਸੁਖੀ sukʰī スキー, ਖ਼ੁਸ਼ xuśa クシュ
シーアは〘シーア派〙ਸ਼ੀਆ śīā シーアー
しいく〘飼育〙ਪਾਲਣ pālaṇa パーラン, ਪੋਸਣ posaṇa

ポーサン

シーズン ਸੀਜ਼ਨ sīzaną スィーザン, ਰੁੱਤ ruttą ルット, ਮੌਸਮ mausamą マォーサム

シーツ ਚਾਦਰ cādarą チャーダル, ਵਿਛਾਈ vic^{h}āī ヴィチャーイー

シート ਸੀਟ sīṭą スィート ♦シートベルト ਸੀਟ ਬੈਲਟ sīṭą bailaṭą スィート バェールト

しいる〖強いる〗ਮਜਬੂਰ ਕਰਨਾ majabūrą karanā マジブール カルナー, ਦਬਾਉਣਾ dabāuṇā ダバーウナー

シール ਸੀਲ sīlą スィール, ਮੋਹਰ môrą モール

しいん〖子音〗ਵਿਅੰਜਨ viañjaną ヴィアンジャン

シーン ਸੀਨ sīną スィーン, ਨਜ਼ਾਰਾ nazārā ナザーラー, ਦਰਿਸ਼ dariśą ダリシュ

じいん〖寺院〗ਮੰਦਰ mandarą マンダル

ジーンズ ਜੀਨਸ jīnasą ジーンス

シェア ਹਿੱਸਾ hissā ヒッサー, ਲਾਹਾ lāhā ラーハー

じえい〖自衛〗ਆਤਮਰੱਖਿਆ ātamarakk^{h}iā アータムラッキアー, ਸਵੈਰੱਖਿਆ sawairakk^{h}iā サワェーラッキアー

ジェスチャー ਇਸ਼ਾਰਾ iśārā イシャーラー

ジェットき〖ジェット機〗ਜੈੱਟ jaiṭṭą ジャェーット

しえん〖支援〗ਮਦਦ madadą マダド, ਸਹਾਰਾ sǎrā サーラー, ਹਿਮਾਇਤ himāitą ヒマーイト

しお〖塩〗ਨਮਕ namaką ナマク, ਲੂਣ lūṇą ルーン

しお〖潮〗ਜਵਾਰ-ਭਾਟਾ jawārą-pǎṭā ジャワール・パーター

しおからい〖塩辛い〗ਨਮਕੀਨ namakīną ナムキーン, ਸਲੂਣਾ salūṇā サルーナー, ਖਾਰਾ k^{h}ārā カーラー

しおれる〖萎れる〗ਮੁਰਝਾਉਣਾ murajǎuṇā ムルジャーウナー, ਕੁਮਲਾਉਣਾ kumalāuṇā クムラーウナー, ਝਮਣਾ cǎmaṇā チャムナー

しか〖歯科〗ਦੰਦਸਾਜ਼ੀ dandasāzī ダンドサーズィー ♦歯科医 ਦੰਦਸਾਜ਼ dandasāzą ダンドサーズ

しか〖鹿〗ਹਰਨ haraną ハルン

じか〖時価〗ਕੁਟੇਸ਼ਨ kuṭeśaną クテーシャン

じが〖自我〗ਆਤਮਾ ātamā アートマー, ਖ਼ੁਦੀ xudī クディー, ਨਿਜਤਵ nijatavą ニジタヴ

しかい〖視界〗ਨਜ਼ਰ nazarą ナザル, ਦਰਿਸ਼ਟੀ dariśaṭī ダリシュティー

しかいしゃ〖司会者〗ਅਧਿਅਕਸ਼ âdiakaśą アディアクシュ

しかえしする〖仕返しする〗ਬਦਲਾ ਲੈਣਾ badalā laiṇā バドラー ラェーナー

しかく〖四角〗ਚਕੋਣ cakoṇą チャコーン, ਚਤਰਭੁਜ catarapǔją チャタルプジ, ਚੌਕੋਰ caukorą チャオーコール

しかく〖資格〗ਹੈਸੀਅਤ haisīatą ハェースィーアト, ਸਮਰੱਥਾ samaratt^{h}ā サムラッター

じかく〖自覚〗ਜਾਗਰਿਤੀ jāgaritī ジャーグリティー, ਸਿਆਣ siāṇą スィアーン, ਚਿਤੰਨਤਾ citannatā チタンヌター ♦自覚する ਜਾਗਣਾ jāgaṇā ジャーガナー, ਸਿਆਣਨਾ siāṇanā スィアーンナー

しかけ〖仕掛け〗ਜੰਤਰ jantarą ジャンタル, ਆਲਾ ālā アーラー

しかし ਲੇਕਨ lekaną レーカン, ਮਗਰ magarą マガル, ਪਰ parą パル

じかせいの〖自家製の〗ਘਰੇਲੂ karělū カレールー, ਘਰੋਕੀ karǒkī カローキー

しがつ〖四月〗ਅਪਰੈਲ aparailą アプラェール

しがみつく ਲਿਪਟਣਾ lipaṭaṇā リプタナー, ਚਿਪਕਣਾ cipakaṇā チパクナー

しかる〖叱る〗ਡਾਟਣਾ ḍāṭaṇā ダートナー

じかん〖時間〗(時) ਸਮਾਂ samā̃ サマーン, ਵਕਤ wakatą ワカト (ある時間の幅) ਚਿਰ cirą チル, ਦੇਰ derą デール (1時間) ਘੰਟਾ kǎṇṭā カンター

しき〖指揮〗ਸੰਚਾਲਨ sañcālaną サンチャーラン, ਨਿਰਦੇਸ਼ niradeśą ニルデーシュ ♦指揮者 ਕੰਡਕਟਰ kaṇḍakaṭarą カンダクタル

しき〖式〗(儀式・式典) ਸਮਾਰੋਹ samārô サマーロー (形式) ਵਿਧੀ vîdī ヴィディー, ਡੌਲ ḍaulą ダォール, ਤਰਜ਼ tarazą タルズ (数式) ਫ਼ਾਰਮੂਲਾ fāramūlā ファールムーラー (方式) ਪੱਧਤੀ pâddatī パッダティー

じき〖時期〗ਦੌਰ daurą ダォール

しきさい〖色彩〗ਰੰਗ raṅgą ラング, ਕਲਰ kalarą カラル

しきちょう〖色調〗ਰੰਗਤ raṅgatą ランガト

じきひつの〖直筆の〗ਹੱਥ ਲਿਖਤ hatt^{h}ą lik^{h}atą ハットリクト

しきべつする〖識別する〗ਪਛਾਣਨਾ pac^{h}āṇanā パチャーンナー, ਪਹਿਚਾਣਨਾ paîcāṇanā パェーチャーンナー

しきもの〖敷物〗ਬਸਾਤ basātą バサート

しきゅう〖子宮〗ਕੁੱਖ kukk^{h}ą クック, ਗਰਭ gârabą ガルブ, ਬੱਚੇਦਾਨੀ baccedānī バッチェーダーニー

じきゅうじそく〖自給自足〗(自立) ਸਵੈਪੂਰਨਤਾ sawaipūranatā サワェープールンター

しきょう〖司教〗ਬਿਸ਼ਪ biśapą ビシャプ

しきょう〖市況〗ਬਜ਼ਾਰ bazārą バザール

じぎょう〖事業〗ਕੰਮ ਕਾਜ kammą kāją カンム カージ, ਸੇਵਾ sewā セーワー

じきょうする〖自供する〗ਕਬੂਲਣਾ kabūlaṇā カブーラナー

しきり〖仕切り〗ਕੰਧ kândą カンド, ਵਿਭਾਜਨ vipǎjaną ヴィパージャン, ਪਾਰਟੀਸ਼ਨ pāraṭīśaną パールティーシャン

しきん〖資金〗ਪੂੰਜੀ pū̃jī プーンジー, ਸਰਮਾਇਆ saramāiā サルマーイアー, ਫ਼ੰਡ faṇḍą ファンド

しく〖敷く〗ਡਾਹੁਣਾ ḍâuṇā ダーウナー, ਡਹਾਉਣਾ ḍǎuṇā ダーウナー, ਵਿਛਾਉਣਾ vic^{h}āuṇā ヴィチャーウナー

じく〖軸〗ਧੁਰ tǔrą トゥル, ਤੱਕਲਾ takkalā タッカラー

しくみ〖仕組み〗ਜੁਗਤ jugatą ジュグト, ਜੁਗਤੀ jugatī ジュグティー

しけい〖死刑〗ਮੌਤ ਦੀ ਸਜ਼ਾ mautą dī sazā マォート ディー サザー, ਮੌਤ-ਦੰਡ mautą-daṇḍą マォート・ダンド, ਮਿਰਤੂ-ਦੰਡ miratū-daṇḍą ミルトゥー・ダンド

しげき〖刺激〗ਸ਼ਹਿ śaî シャェー, ਉਕਸਾਹਟ ukasâṭą ウクサート, ਭੜਕਾਹਟ pǎṛakâṭą パルカート ♦刺激する ਉਕਸਾਉਣਾ ukasāuṇā ウクサーウナー

しげる〖茂る〗ਫੁੱਲਣਾ p^{h}ullaṇā プッラナー, ਸਰਸਣਾ sarasaṇā サラスナー

しけん〖試験〗ਪਰੀਖਿਆ parīk^{h}iā パリーキアー, ਇਮਤਿਹਾਨ imatiǎną イムティアーン, ਟੈਸਟ ṭaisaṭą タェ

ースト

しげん〖資源〗ਸਾਧਨ sâdana サーダン, ਸਰੋਤ sarota サロート

じけん〖事件〗ਘਟਨਾ kǎṭanā カタナー, ਕਾਂਡ kā̃ḍa カーンド, ਕੇਸ kesa ケース

じこ〖事故〗ਦੁਰਘਟਨਾ durakǎṭanā ドゥルカトナー, ਹਾਦਸਾ hādasā ハードサー, ਐਕਸੀਡੈਂਟ aikasīḍāĩṭa アエークスィーダェーント

じこ〖自己〗ਆਪਾ āpā アーパー, ਨਫ਼ਸ nafasa ナファス, ਨਿੱਜ nijja ニッジ

じこく〖時刻〗ਸਮਾਂ samā̃ サマーン, ਵਕਤ wakata ワカト, ਟਾਈਮ ṭāīma ターイーム ◆時刻表 ਟਾਈਮ ਟੇਬਲ ṭāīma ṭebala ターイーム テーバル

じごく〖地獄〗ਨਰਕ naraka ナルク, ਦੋਜ਼ਖ਼ dozaxa ドーザク, ਜਹੰਨਮ jahannama ジャハンナム

しごと〖仕事〗ਕੰਮ kamma カンム, ਕਾਰਜ kāraja カーラジ, ਡਿਊਟੀ ḍiūṭī ディウーティー

しこむ〖仕込む〗(教え込む) ਸਿਖਾਉਣਾ sikʰāuṇā スィカーウナー (仕入れておく) ਮਾਲ ਰੱਖਣਾ māla rakkʰaṇā マール ラッカナー

しさ〖示唆〗ਸੁਝਾਉ sujǎo スジャーオー, ਸੰਕੇਤ saṅketa サンケート, ਇਤਲਾਹ italâ イトラー ◆示唆する ਸੁਝਾਉ ਦੇਣਾ sujǎo deṇā スジャーオー デーナー, ਸੁਝਾਉਣਾ sujǎuṇā スジャーウナー, ਸੰਕੇਤ ਕਰਨਾ saṅketa karanā サンケート カルナー

しさい〖司祭〗ਪਾਦਰੀ pādarī パーダリー, ਪਰੋਹਤ parôta パロート

しさつ〖視察〗ਮੁਆਇਨਾ muāinā ムアーイナー, ਨਿਰੀਖਣ nirīkʰaṇa ニリーカン, ਸਰਵੇਖਣ saravekʰaṇa サルヴェーカン ◆視察する ਮੁਆਇਨਾ ਕਰਨਾ muāinā karanā ムアーイナー カルナー, ਨਿਰੀਖਣ ਕਰਨਾ nirīkʰaṇa karanā ニリーカン カルナー

じさつ〖自殺〗ਆਤਮਹੱਤਿਆ ātamahattiā アータムハッティアー, ਖ਼ੁਦਕੁਸ਼ੀ xudakuśī クドクシー

しさん〖資産〗ਪੂੰਜੀ-ਸੰਪਤੀ pū̃jī-sampatī プーンジー・サンパティー, ਜਾਇਦਾਦ jāidāda ジャーイダード, ਪਰਾਪਰਟੀ parāparaṭī パラーパルティー

じさんする〖持参する〗(持って行く) ਲੈ ਜਾਣਾ lai jāṇā ラェー ジャーナー, ਲਿਜਾਣਾ lijāṇā リジャーナー (持って来る) ਲੈ ਆਉਣਾ lai āuṇā ラェー アーウナー, ਲਿਆਉਣਾ liāuṇā リアーウナー

しじ〖指示〗ਹਿਦਾਇਤ hidāita ヒダーイト, ਆਗਿਆ āgiā アーギアー, ਆਦੇਸ਼ ādeśa アーデーシュ ◆指示する ਹਿਦਾਇਤ ਦੇਣੀ hidāita deṇī ヒダーイト デーニー

しじ〖支持〗ਮਦਦ madada マダド, ਸਹਾਰਾ sǎrā サーラー, ਹਿਮਾਇਤ himāita ヒマーイト ◆支持する ਸੰਭਾਲਣਾ sambǎlaṇā サンバールナー, ਹਿਮਾਇਤ ਕਰਨੀ himāita karanī ヒマーイト カルニー

じじつ〖事実〗ਅਸਲੀਅਤ asalīata アスリーアト, ਹਕੀਕਤ hakīkata ハキーカト, ਸਚਾਈ sacāī サチャーイー

ししゃ〖死者〗ਮਿਰਤਕ mirataka ミルタク, ਮੁਰਦਾ muradā ムルダー, ਸੁਰਗਵਾਸੀ suragawāsī スルグワースィー

じしゃく〖磁石〗ਚੁੰਬਕ cumbaka チュンバク, ਮਿਕਨਾਤੀਸ mikanātīsa ミクナーティース

じしゅ〖自首〗ਆਤਮਸਮਰਪਣ ātamasamarapaṇa アータムサマルパン

ししゅう〖刺繍〗ਕਢਾਈ kaḍǎī カダーイー, ਕਸੀਦਾ kasīdā カスィーダー

しじゅう〖四十〗ਚਾਲੀ cālī チャーリー

ししゅつ〖支出〗ਖ਼ਰਚ xaraca カルチ, ਖ਼ਰਚਾ xaracā カルチャー

ししょ〖司書〗ਲਾਇਬਰੇਰੀਅਨ lāibarerīana ラーイバレーリーアン

じしょ〖辞書〗ਸ਼ਬਦਕੋਸ਼ śabadakośa シャバドコーシュ, ਡਿਕਸ਼ਨਰੀ ḍikaśanarī ディカシュナリー

しじょう〖市場〗ਬਜ਼ਾਰ bazāra バザール, ਮਾਰਕੀਟ mārakīṭa マールキート

じじょう〖事情〗(状況) ਹਾਲਤ hālata ハーラト, ਸਥਿਤੀ satʰitī サティティー, ਕੈਫ਼ੀਅਤ kaifīata カェーフィーアト (理由・背景) ਕਾਰਨ kārana カーラン, ਪਿਛੋਕੜ picʰokaṛa ピチョーカル

じしょくする〖辞職する〗ਅਸਤੀਫ਼ਾ ਦੇਣਾ asatīfā deṇā アスティーファー デーナー, ਤਿਆਗਣਾ tiāgaṇā ティアーガナー

じじょでん〖自叙伝〗ਆਤਮਕਥਾ ātamakatʰā アータムカター, ਆਪ-ਬੀਤੀ āpa-bītī アープ・ビーティー, ਸਵੈਜੀਵਨੀ sawaijīwanī サワェージーワニー

しじん〖詩人〗ਕਵੀ kavī カヴィー, ਸ਼ਾਇਰ śāira シャーイル

じしん〖自信〗ਆਤਮਵਿਸ਼ਵਾਸ ātamaviśawāsa アータムヴィシュワース, ਸਵੈਵਿਸ਼ਵਾਸ sawaiviśawāsa サワェーヴィシュワース

じしん〖自身〗ਆਪਾ āpā アーパー, ਨਫ਼ਸ nafasa ナファス, ਨਿੱਜ nijja ニッジ

じしん〖地震〗ਭੁਚਾਲ pŭcāla プチャール, ਭੂਕੰਪ pŭkampa プーカンプ, ਜ਼ਲਜ਼ਲਾ zalazalā ザルザラー

しずかな〖静かな〗ਸ਼ਾਂਤ śā̃ta シャーント

しずく〖滴〗ਬੂੰਦ bū̃da ブーンド, ਕਤਰਾ katarā カトラー, ਚੋਆ coā チョーアー

しずけさ〖静けさ〗ਸ਼ਾਂਤੀ śā̃tī シャーンティー

じすべり〖地滑り〗ਢਿੱਗ ṭ̆igga ティッグ

しずまる〖静まる〗ਸ਼ਾਂਤ ਹੋਣਾ śā̃ta hoṇā シャーント ホーナー, ਥੰਮ੍ਹਣਾ tʰâmmaṇā タンマナー

しずむ〖沈む〗ਡੁੱਬਣਾ ḍubbaṇā ドゥッバナー, ਡਿਗਣਾ ḍigaṇā ディグナー, ਧਸਣਾ tǎsaṇā タサナー (太陽などが) ਲਹਿਣਾ laîṇā ラェーナー, ਛਿਪਣਾ cʰipaṇā チパナー, ਛੁਪਣਾ cʰupaṇā チュパナー

しずめる〖鎮める〗ਟਿਕਾਉਣਾ ṭikāuṇā ティカーウナー, ਨਰਮਾਉਣਾ naramāuṇā ナルマーウナー

しせい〖姿勢〗ਮੁੱਦਰਾ muddarā ムッダラー, ਪੈਂਤੜਾ pāĩtaṛā パェーンタラー, ਪੋਜ਼ poza ポーズ

じせいする〖自制する〗ਪਰਹੇਜ਼ ਕਰਨਾ paraheza karanā パルヘーズ カルナー, ਟਲਨਾ ṭalanā タルナー, ਠੱਲ੍ਹਣਾ ṭʰâllaṇā タッラナー

しせつ〖施設〗ਸੰਸਥਾ sansatʰā サンスター, ਸੁਵਿਧਾ sûvidā スヴィダー

しせん〖視線〗ਨਜ਼ਰ nazara ナザル, ਦਰਿਸ਼ਟੀ dariśaṭī

ダリシュティー, ਡਿੱਠ diṭṭ^{h}a ディット

しぜん〖自然〗ਕੁਦਰਤ kudarata クドラト, ਪਰਕਿਰਤੀ parakiratī パルキルティー, ਸਰਿਸ਼ਟੀ sariśaṭī サリシュティー ◆自然科学 ਸਰਿਸ਼ਟੀ ਵਿਗਿਆਨ sariśaṭī vigiāna サリシュティー ヴィギアーン ◆自然に ਕੁਦਰਤਨ kudaratana クダルタン, ਸੋਬਤੀ sobatī ソーブティー

じぜん〖慈善〗ਪਰਉਪਕਾਰ paraupakāra パルウプカール, ਪੁੰਨ punna プンヌ, ਤਸੱਦਕ tasaddaka タサッダク

しそう〖思想〗ਚਿੰਤਨ cintana チンタン, ਦਰਸ਼ਨ daraśana ダルシャン, ਵਿਚਾਰ vicāra ヴィチャール

じぞくする〖持続する〗ਜਾਰੀ ਰੱਖਣਾ jārī rakk^{h}aṇā ジャーリー ラッカナー, ਟਿਕਣਾ ṭikaṇā ティカナー

しそん〖子孫〗ਔਲਾਦ aulāda アォーラード, ਸੰਤਾਨ santāna サンターン, ਅੰਸ ansa アンス

じそんしん〖自尊心〗ਸਵੈਸਨਮਾਨ sawaisanamāna サワェーサンマーン, ਗਰਬ garaba ガラブ, ਅਭਿਮਾਨ âbimāna アビマーン

した〖舌〗ਜੀਭ jîba ジーブ, ਰਸਨਾ rasanā ラスナー, ਜ਼ਬਾਨ zabāna ザバーン

じたい〖事態〗ਹਾਲਾਤ hālāta ハーラート, ਮਾਮਲਾ māmalā マームラー

じだい〖時代〗ਜੁਗ juga ジュグ, ਕਾਲ kāla カール, ਜ਼ਮਾਨਾ zamānā ザマーナー

しだいに〖次第に〗ਹੌਲੀ ਹੌਲੀ haulī haulī ハォーリー ハォーリー, ਮਿੱਚ ਮਿੱਚ ਕੇ micca micca ke ミッチ ミッチ ケー, ਧੀਰੇ-ਧੀਰੇ tĭre-tĭre ティーレー・ティーレー

したがう〖従う〗(ついて行く) ਪਿੱਛੇ ਚੱਲਣਾ picc^{h}e callaṇā ピッチェー チャッラナー, ਪਿੱਛਾ ਕਰਨਾ picc^{h}ā karanā ピッチャー カルナー (逆らわない) ਮੰਨਣਾ mannaṇā マンナナー, ਬਜਾਉਣਾ bajāuṇā バジャーウナー

したがき〖下書き〗ਮਸੌਦਾ masaudā マサォーダー, ਖ਼ਾਕਾ xākā カーカー

したじ〖下地〗ਸਬੱਬ sababba サバッブ, ਜ਼ਮੀਨ zamīna ザミーン, ਬੇਸ besa ベース

したしい〖親しい〗ਦੋਸਤਾਨਾ dosatānā ドースターナー, ਯਰਾਨਾ yarānā ヤラーナー, ਜਾਨੀ jānī ジャーニー

したたる〖滴る〗ਚੋਣਾ coṇā チョーナー, ਝਰਨਾ căranā チャルナー, ਨੁਚੜਨਾ nucaṛanā ヌチャルナー

したぬり〖下塗り〗ਬੇਸ besa ベース

しち〖七〗ਸੱਤ satta サット

じち〖自治〗ਸੁਰਾਜ surāja スラージ, ਸਵਾਧੀਨਤਾ sawādĭnatā サワーディーンター, ਖ਼ੁਦਮੁਖ਼ਤਿਆਰੀ xudamuxatiārī クドムクティアーリー

しちがつ〖七月〗ਜੁਲਾਈ julāī ジュラーイー

しちじゅう〖七十〗ਸੱਤਰ sattara サッタル

しちめんちょう〖七面鳥〗ਟਰਕੀ ṭarakī タルキー

しちょう〖市長〗ਮੇਅਰ meara メーアル

しつ〖質〗ਗੁਣ guṇa グン, ਕੁਆਲਟੀ kuālaṭī クアールティー

しつう〖歯痛〗ਦੰਦ ਪੀੜ danda pīṛa ダンド ピール

しつぎおうとう〖質疑応答〗ਪ੍ਰਸ਼ਨ-ਉੱਤਰ praśana-uttara プラシャン・ウッタル

しつぎょう〖失業〗ਬੇਰੁਜ਼ਗਾਰੀ beruzagārī ベールズガーリー, ਬੇਕਾਰੀ bekārī ベーカーリー ◆失業した ਬੇਰੁਜ਼ਗਾਰ beruzagāra ベールズガール ◆失業する ਬੇਰੁਜ਼ਗਾਰ ਹੋਣਾ beruzagāra hoṇā ベールズガール ホーナー

じつぎょうか〖実業家〗ਸਨਅਤਕਾਰ sanaatakāra サンアトカール, ਉਦਯੋਗਪਤੀ udayogapatī ウドヨーグパティー

しっけ〖湿気〗ਨਮੀ namī ナミー, ਰਤੂਬਤ ratūbata ラトゥーバト, ਤਰੀ tarī タリー

しつけ〖躾〗ਤਰਬੀਅਤ tarabīata タルビーアト, ਸੰਜਮ sañjama サンジャム

じっけん〖実験〗ਪਰਯੋਗ parayoga パルヨーグ, ਤਜਰਬਾ tajarabā タジャルバー

じつげんする〖実現する〗ਸਾਕਾਰ ਕਰਨਾ sākāra karanā サーカール カルナー, ਸਾਧਣਾ sâdaṇā サードナー

しつこい (執念深い) ਕੱਟੜ kaṭṭaṛa カッタル (味などがきつい) ਤੇਜ਼ teza テーズ

じっこうする〖実行する〗ਭੁਗਤਾਉਣਾ pugatăuṇā プグターウナー, ਨਿਭਾਉਣਾ nibăuṇā ニバーウナー, ਸਾਧਣਾ sâdaṇā サードナー

じつざい〖実在〗ਹੋਂਦ hõda ホーンド, ਮੂਰਤਿ mūrati ムーラティ, ਵਜੂਦ wajūda ワジュード

じっさいに〖実際に〗ਸੱਚਮੁੱਚ saccamucca サッチムッチ, ਵਾਕਈ wākaī ワーカイー, ਹਕੀਕਤਨ hakīkatana ハキーカタン

じっしする〖実施する〗ਲਾਗੂ ਕਰਨਾ lāgū karanā ラーグー カルナー, ਜਾਰੀ ਕਰਨਾ jārī karanā ジャーリー カルナー

じっしゅう〖実習〗ਮਸ਼ਕ maśaka マシャク, ਅਭਿਆਸ abiăsa アビアース, ਪਰੈਕਟਿਸ paraikaṭisa パラェークティス ◆実習生 ਸਿਖਿਆਰਥੀ sik^{h}iārat^{h}ī スィキアールティー

じつじょう〖実情〗ਅਸਲੀਅਤ asalīata アスリーアト, ਹਕੀਕਤ hakīkata ハキーカト

しっしん〖湿疹〗ਖ਼ਾਰਸ਼ xāraśa カーラシュ, ਖਾਜ k^{h}āja カージ, ਲੂਤ lūta ルート

しっしんする〖失神する〗ਬੇਹੋਸ਼ ਹੋਣਾ behośa hoṇā ベーホーシュ ホーナー, ਮੂਰਛਿਤ ਹੋਣਾ mūrac^{h}ita hoṇā ムールチト ホーナー, ਗ਼ਸ਼ ਪੈਣਾ ğaśa paiṇā ガシュ パェーナー

しっそうする〖失踪する〗ਲਾਪਤਾ ਹੋਣਾ lāpatā hoṇā ラーパター ホーナー

しっそな〖質素な〗ਸਾਦਾ sādā サーダー

じったい〖実態〗ਅਸਲੀਅਤ asalīata アスリーアト, ਹਕੀਕਤ hakīkata ハキーカト

しっと〖嫉妬〗ਈਰਖਾ īrak^{h}ā イールカー, ਹਸਦ hasada ハサド, ਸਾੜਾ sāṛā サーラー ◆嫉妬する ਹਸਦ ਕਰਨਾ hasada karanā ハサド カルナー, ਸੜਨਾ saṛanā サルナー

しつど〖湿度〗ਨਮੀ namī ナミー

しっぱい〖失敗〗ਅਸਫਲਤਾ asap^{h}alatā アサパルター, ਨਾਕਾਮਯਾਬੀ nākāmayābī ナーカームヤービー, ਚੁੱਕ cukka チュック ◆失敗する ਅਸਫਲ ਹੋਣਾ asap^{h}ala hoṇā アサパル ホーナー, ਚੁੱਕਣਾ cukkaṇā チュッカナー

しっぷ〖湿布〗ਲੁਪਰੀ luparī ルプリー, ਪੁਲਟਸ pulaṭasa プルタス

しっぽ〖尻尾〗ਦੁੰਮ dumma ドゥンム, ਪੂਛ pūc^{h}a プー

チ

しつぼうする〖失望する〗ਨਿਰਾਸ ਹੋਣਾ nirāsa̸ hoṇā ニラース ホーナー

しつもん〖質問〗ਪਰਸ਼ਨ paraśana̸ パラシャン，ਸਵਾਲ sawāla̸ サワール ♦質問する ਪੁੱਛਣਾ pucc^{h}aṇā プッチャナー，ਪਰਸ਼ਨ ਕਰਨਾ paraśana̸ kara̸nā パラシャン カルナー，ਸਵਾਲ ਕਰਨਾ sawāla̸ kara̸nā サワール カルナー

じつれい〖実例〗ਮਿਸਾਲ misāla̸ ミサール，ਉਦਾਹਰਨ udârana̸ ウダーラン，ਦਰਿਸ਼ਟਾਂਤ dariśa̸ṭā̃ta̸ ダリシュターント

しつれいな〖失礼な〗ਅਸ਼ਿਸ਼ਟ aśiśa̸ṭa̸ アシシュト，ਬਦਤਮੀਜ਼ badata̸mīza̸ バダトミーズ，ਸਤਕਾਰਹੀਣ sata̸kāra̸hīṇa̸ サトカールヒーン

じつわ〖実話〗ਸੱਚੀ ਗੱਲ saccī galla̸ サッチー ガッル

していの〖指定の〗ਮਨਸੂਬ mana̸sūba̸ マンスーブ，ਰਿਜ਼ਰਵ rizara̸va̸ リザルヴ ♦指定する ਨਿਯਤ ਕਰਨਾ niyata̸ kara̸nā ニヤト カルナー ♦指定席 ਰਿਜ਼ਰਵ ਸੀਟ rizara̸va̸ sīṭa̸ リザルヴ スィート

してきする〖指摘する〗ਸੰਕੇਤ ਕਰਨਾ saṅketa̸ kara̸nā サンケート カルナー，ਲਖਾਉਣਾ lak^{h}āuṇā ラカーウナー

してきな〖私的な〗ਨਿੱਜੀ nijjī ニッジー，ਪਰਾਈਵੇਟ parāīveṭa̸ パラーイーヴェート

してん〖支店〗ਸ਼ਾਖਾ śāk^{h}ā シャーカー，ਸ਼ਾਖ਼ śāxa̸ シャーク，ਬਰਾਂਚ barā̃ca̸ バラーンチ

じてん〖辞典〗ਸ਼ਬਦਕੋਸ਼ śabada̸kośa̸ シャバドコーシュ，ਡਿਕਸ਼ਨਰੀ ḍikaśa̸narī ディカシュナリー

じてんしゃ〖自転車〗ਸਾਈਕਲ sāīkala̸ サーイーカル，ਬਾਈਸਿਕਲ bāīsikala̸ バーイースィカル

しどう〖指導〗ਅਗਵਾਈ aga̸wāī アグワーイー，ਸਿੱਖਿਆ sikk^{h}iā スィッキアー，ਹਿਦਾਇਤ hidāita̸ ヒダーイト ♦指導する ਅਗਵਾਈ ਕਰਨੀ aga̸wāī kara̸nī アグワーイー カルニー ♦指導者 ਨੇਤਾ netā ネーター，ਨਾਇਕ nāika̸ ナーイク，ਲੀਡਰ līḍara̸ リーダル

じどう〖児童〗ਬੱਚਾ baccā バッチャー

じどうし〖自動詞〗ਅਕਰਮਕ ਕਿਰਿਆ akara̸maka̸ kiriā アカルマク キリアー

じどうしゃ〖自動車〗ਮੋਟਰਗੱਡੀ moṭara̸gaḍḍī モータルガッディー，ਮੋਟਰਕਾਰ moṭara̸kāra̸ モータルカール，ਕਾਰ kāra̸ カール ♦自動車事故 ਕਾਰ ਐਕਸੀਡੈਂਟ kāra̸ aika̸sīḍãĩṭa̸ カール アェークスィーダェーント

じどうてきに〖自動的に〗ਖ਼ੁਦਬਖ਼ੁਦ xuda̸baxuda̸ クドバクド

じどうはんばいき〖自動販売機〗ਵੇਂਡਿੰਗ ਮਸ਼ੀਨ vẽḍiṅga̸ maśīna̸ ヴェーンディング マシーン，ਵੈਂਡਰ vãĩḍara̸ ヴァエーンダル

しなびる ਮੁਰਝਾਉਣਾ mura̸jăuṇā ムルジャーウナー，ਚੁਰੜਨਾ curaṛa̸nā チュラルナー，ਵਿਗੁੱਚਣਾ viguccaṇā ヴィグッチャナー

しなもの〖品物〗ਚੀਜ਼ cīza̸ チーズ，ਵਸਤ wasata̸ ワスト，ਮਾਲ māla̸ マール

シナモン ਦਾਲਚੀਨੀ dāla̸cīnī ダールチーニー

しなやかな ਲਚੀਲਾ lacīlā ラチーラー，ਢੈਲਾ ṭailā タェーラー

シナリオ ਨਾਟ-ਵਾਰਤਾ nāṭa̸-wāratā ナート・ワールター

じにんする〖辞任する〗ਅਸਤੀਫ਼ਾ ਦੇਣਾ asa̸tīfā deṇā アスティーファー デーナー，ਤਿਆਗਣਾ tiāgaṇā ティアーガナー

しぬ〖死ぬ〗ਮਰਨਾ mara̸nā マルナー，ਗੁਜ਼ਰਨਾ guzara̸nā グザルナー

じぬし〖地主〗ਜ਼ਿਮੀਂਦਾਰ zimī̃dāra̸ ズィミーンダール，ਭੂਮੀਆ pŭmīā プーミーアー，ਲੈਂਡ ਲਾਰਡ lãĩḍa̸ lāraḍa̸ ラェーンド ラールド

しのぐ〖凌ぐ〗(勝る) ਪਛਾੜਨਾ pac^{h}āṛa̸nā パチャールナー (切り抜ける) ਬਚਣਾ bacaṇā バチャナー (耐える) ਸਹਾਰਨਾ sǎra̸nā サールナー，ਸਹਿਣਾ saîṇā サェーナー

しはい〖支配〗(管理) ਪਰਬੰਧ para̸bânda̸ パルバンド，ਨਿਗਰਾਨੀ niga̸rānī ニグラーニー (統治) ਸ਼ਾਸਨ śāsana̸ シャーサン，ਰਾਜ rāja̸ ラージ ♦支配人 ਪਰਬੰਧਕ para̸bândaka̸ パルバンダク，ਨਿਗਰਾਨ niga̸rāna̸ ニグラーン，ਮਨੇਜਰ manejara̸ マネージャル ♦支配者 ਸ਼ਾਸਕ śāsaka̸ シャーサク，ਰਾਜਾ rājā ラージャー，ਰੂਲਰ rūlara̸ ルーラル

しばい〖芝居〗(演劇) ਨਾਟਕ nāṭaka̸ ナータク，ਰੂਪਕ rūpaka̸ ルーパク，ਡਰਾਮਾ ḍarāmā ダラーマー (演技) ਅਭਿਨੈ âbinai アビナェー，ਅਦਾਕਾਰੀ adākārī アダーカーリー，ਐਕਟਿੰਗ aika̸ṭiṅga̸ アェークティング

しばしば ਅਕਸਰ aka̸sara̸ アクサル

じはつてきな〖自発的な〗ਸਵੈਇੱਛਿਤ sawaiicc^{h}ita̸ サワェーイッチト，ਵਾਲੰਟਰੀ vālanṭarī ヴァーランタリー

しばふ〖芝生〗ਲਾਨ lāna̸ ラーン

しはらい〖支払い〗ਅਦਾਇਗੀ adāigī アダーイギー，ਭੁਗਤਾਨ pŭga̸tāna̸ プグターン

しはらう〖支払う〗ਭੁਗਤਾਉਣਾ puga̸tăuṇā プグターウナー，ਤਾਰਨਾ tāra̸nā タールナー

しばる〖縛る〗ਬੰਨ੍ਹਣਾ bânnaṇā バンナナー，ਢੰਗਣਾ ṭăṅgaṇā タンガナー

じばん〖地盤〗(地面) ਧਰਾਤਲ tarătala̸ タラータル (土台・基礎) ਅਧਾਰ adăra̸ アダール，ਨੀਂਹ nī̃̂ ニーン，ਬੁਨਿਆਦ buniāda̸ ブニアード

しひょう〖指標〗ਬੈਰੋਮੀਟਰ bairomīṭara̸ バェーローミータル

じひょう〖辞表〗ਅਸਤੀਫ਼ਾ asa̸tīfā アスティーファー，ਤਿਆਗ-ਪੱਤਰ tiāga-pattara̸ ティアーグ・パッタル

しびれる〖痺れる〗ਅੰਬਣਾ ambaṇā アンバナー，ਉਂਛਣਾ uñc^{h}aṇā ウンチャナー

しぶき ਛਿੜਕਾ c^{h}iṛakā チルカー，ਛਹਿਬਰ c^{h}aîbara̸ チャエーバル

しぶしぶ ਝਕਦੇ-ਝਕਦੇ căkade-căkade チャクデー・チャクデー

じぶん〖自分〗ਆਪਾ āpā アーパー，ਨਫ਼ਸ nafasa̸ ナファス，ਨਿੱਜ nijja̸ ニッジ

しへい〖紙幣〗ਨੋਟ noṭa̸ ノート

しほう〖四方〗ਚੁਗਿਰਦਾ cugira̸dā チュギルダー，ਚੁਫੇਰਾ cup^{h}erā チュペーラー

しぼう〖脂肪〗ਚਰਬੀ cara̸bī チャルビー，ਰੋਗ਼ਨ roǥana̸ ローガン

しほうけん〖司法権〗ਅਧਿਕਾਰ âdikāra̸ アディカール

しぼむ ਸਿਮਟਣਾ simaṭaṇā スィムトナー，ਸੁੰਗੜਨਾ suṅgaṛanā スンガルナー
しぼる〘搾る〙ਨਚੋੜਨਾ nacoṛanā ナチョールナー
しほん〘資本〙ਪੂੰਜੀ pū̃jī プーンジー，ਸਰਮਾਇਆ saramāiā サルマーイアー ♦資本家 ਪੂੰਜੀਦਾਰ pū̃jīdāra プーンジーダール，ਪੂੰਜੀਪਤੀ pū̃jīpatī プーンジーパティー，ਸਰਮਾਏਦਾਰ saramāedāra サルマーエーダール♦資本主義 ਪੂੰਜੀਵਾਦ pū̃jīwāda プーンジーワード
しま〘縞〙ਧਾਰੀ tǎrī ターリー，ਖ਼ਾਨਾ xānā カーナー
しま〘島〙ਦੀਪ dīpa ディープ，ਟਾਪੂ ṭāpū タープー，ਜਜ਼ੀਰਾ jazīrā ジャズィーラー
しまい〘姉妹〙ਭੈਣ paǐṇa パェーン
しまる〘閉まる〙ਬੰਦ ਹੋਣਾ banda hoṇā バンド ホーナー
じまん〘自慢〙ਸ਼ੇਖ਼ੀ śexī シェーキー，ਡੀਂਗ ḍī̃ga ディーング ♦自慢する ਸ਼ੇਖ਼ੀ ਮਾਰਨੀ śexī māranī シェーキー マールニー，ਡੀਂਗ ਮਾਰਨੀ ḍī̃ga māranī ディーング マールニー
しみん〘市民〙ਸ਼ਹਿਰੀ śaîrī シャェーリー，ਨਾਗਰਿਕ nāgarika ナーグリク
じむしょ〘事務所〙ਦਫ਼ਤਰ dafatara ダフタル，ਕਾਰਯਾਲਾ kārayālā カールヤーラー，ਆਫ਼ਿਸ āfisa アーフィス
しめい〘使命〙ਉਦੇਸ਼ udeśa ウデーシュ，ਮਿਸ਼ਨ miśana ミシャン
しめいする〘指名する〙ਨਾਮਜ਼ਦ ਕਰਨਾ nāmazada karanā ナームザド カルナー
しめきり〘締切〙ਡੈੱਡ ਲਾਈਨ ḍaiḍḍa lāīna ダェーッド ラーイーン
じめじめした（湿った）ਨਮ nama ナム，ਨਮਦਾਰ namadāra ナムダール
しめす〘示す〙ਦਿਖਾਉਣਾ dikʰāuṇā ディカーウナー，ਵਿਖਾਉਣਾ wikʰāuṇā ウィカーウナー，ਦਰਸਾਉਣਾ darasāuṇā ダルサーウナー
しめだす〘締め出す〙ਵਰਜਣਾ warajaṇā ワルジャナー
しめる〘湿る〙ਗਿੱਲਾ ਹੋਣਾ gillā hoṇā ギッラー ホーナー，ਸਿੱਜਣਾ sijjaṇā スィッジャナー
しめる〘占める〙（占拠する）ਕਬਜ਼ਾ ਕਰਨਾ kabazā karanā カブザー カルナー，ਵਗਲਨਾ wagalanā ワガルナー
しめる〘閉める〙ਬੰਦ ਕਰਨਾ banda karanā バンド カルナー
じめん〘地面〙ਭੋਂ pǒ̃ ポーン，ਭੂਮੀ pǔmī プーミー，ਜ਼ਮੀਨ zamīna ザミーン
しも〘霜〙ਕੱਕਰ kakkara カッカル，ਕੋਰਾ korā コーラー
じもとの〘地元の〙ਮੁਕਾਮੀ mukāmī ムカーミー，ਸਥਾਨੀ satʰānī サターニー
しもん〘指紋〙ਉਂਗਲ ਦੀ ਛਾਪ uṅgala dī cʰāpa ウンガル ディー チャープ
しや〘視野〙ਦਰਿਸ਼ਟੀ dariśaṭī ダリシュティー，ਨਜ਼ਰ nazara ナザル，ਪਰਿਪੇਖ paripekʰa パリペーク
ジャージー ਜਰਸੀ jarasī ジャルスィー
ジャーナリスト ਪੱਤਰਕਾਰ pattarakāra パッタルカール，ਜਰਨਲਿਸਟ jaranalisaṭa ジャルナリスト
ジャーナリズム ਪੱਤਰਕਾਰਤਾ pattarakāratā パッタルカールター，ਜਰਨਲਿਜ਼ਮ jaranalizama ジャルナリズム
ジャイナきょうと〘ジャイナ教徒〙ਜੈਨੀ jainī ジャェーニー
しゃかい〘社会〙ਸਮਾਜ samāja サマージ，ਸੁਸਾਇਟੀ susāiṭī スサーイティー ♦社会学 ਸਮਾਜ ਸ਼ਾਸਤਰ samāja śāsatara サマージ シャースタル ♦社会主義 ਸਮਾਜਵਾਦ samājawāda サマージワード
じゃがいも〘じゃが芋〙ਆਲੂ ālū アールー
しゃがむ ਉਕੜੂ ਹੋਣਾ ukaṛū hoṇā ウクルー ホーナー，ਉੱਕੜਨਾ ukkaṛanā ウッカルナー
しやくしょ〘市役所〙ਨਿਗਮ nigama ニガム
じゃぐち〘蛇口〙ਟੂਟੀ ṭūṭī トゥーティー，ਨਲ nala ナル
じゃくてん〘弱点〙ਕਮਜ਼ੋਰੀ kamazorī カムゾーリー
しゃくど〘尺度〙ਨਾਪ nāpa ナープ，ਪੈਮਾਨਾ paimānā パェーマーナー，ਸਕੇਲ sakela サケール
しゃくほうする〘釈放する〙ਰਿਹਾ ਕਰਨਾ rihā karanā リハー カルナー，ਛੱਡਣਾ cʰaḍḍaṇā チャッダナー
しゃくめい〘釈明〙ਸਪਸ਼ਟੀਕਰਨ sapaśaṭīkarana サパシュティーカルン
しゃげき〘射撃〙ਨਿਸ਼ਾਨੇਬਾਜ਼ੀ niśānebāzī ニシャーネーバーズィー，ਸ਼ੂਟਿੰਗ śūṭiṅga シューティング
ジャケット ਜਾਕਟ jākaṭa ジャーカト
しゃこ〘車庫〙ਗਰਾਜ garāja ガラージ
しゃこうかい〘社交界〙ਮੰਡਲ maṇḍala マンダル，ਸੁਸਾਇਟੀ susāiṭī スサーイティー
しゃざい〘謝罪〙ਮਾਫ਼ੀ māfī マーフィー，ਖਿਮਾ kʰimā キマー ♦謝罪する ਮਾਫ਼ੀ ਮੰਗਣੀ māfī maṅgaṇī マーフィー マンガニー
しゃじつしゅぎ〘写実主義〙（リアリズム）ਯਥਾਰਥਵਾਦ yatʰāratʰawāda ヤタールトワード，ਵਾਸਤਵਵਾਦ wāsatavawāda ワースタヴワード，ਹਕੀਕਤ ਪਸੰਦੀ hakīkata pasandī ハキーカト パサンディー
しゃしょう〘車掌〙ਗਾਰਡ gāraḍa ガールド
しゃしん〘写真〙ਫ਼ੋਟੋ foṭo フォートー，ਤਸਵੀਰ tasavīra タスヴィール，ਚਿੱਤਰ cittara チッタル ♦写真家 ਫ਼ੋਟੋਗਰਾਫ਼ਰ foṭogarāfara フォートーガラーファル
ジャズ ਜੈਜ਼ jaiza ジャェーズ
しゃせい〘写生〙ਸਕੈਚ sakaica サカェーチ
しゃせつ〘社説〙ਸੰਪਾਦਕੀ sampādakī サンパードキー
しゃだんする〘遮断する〙ਰੋਕਣਾ rokaṇā ローカナー，ਕੱਟਣਾ kaṭṭaṇā カッタナー
しゃちょう〘社長〙ਅਧਿਅਕਸ਼ âdiakaśa アディアクシュ，ਪਰਧਾਨ paradǎna パルダーン，ਪਰੈਜ਼ੀਡੈਂਟ paraizīḍãiṭa パラェーズィーダェーント
シャツ（下着の）ਬਨੈਣ banaiṇa バナェーン（洋服の）ਕਮੀਜ਼ kamīza カミーズ
しゃっかん〘借款〙ਕਰਜ਼ karaza カルズ
ジャッキ ਜੈਕ jaika ジャェーク
しゃっきん〘借金〙ਕਰਜ਼ karaza カルズ，ਰਿਣ riṇa リン，ਉਧਾਰ udǎra ウダール
しゃっくり ਹਿਚਕੀ hicakī ヒチキー
しゃぶる ਚੂਸਣਾ cūsaṇā チューサナー，ਪਪੋਲਨਾ papolanā パポールナー

シャベル ਬੇਲਚਾ belacā ベールチャー
しゃほん〖写本〗ਬੀੜ bīra ビール
じゃま〖邪魔〗ਅਟਕਾ aṭakā アトカー，ਅੜਚਨ aṛacana アルチャン，ਵਿਘਨ vîgana ヴィガン ◆邪魔する ਅਟਕਾਉਣਾ aṭakāuṇā アトカーウナー，ਅੜਚਨ ਪਾਉਣਾ aṛacana pāuṇā アルチャン パーウナー，ਵਿਘਨ ਪਾਉਣਾ vîgana pāuṇā ヴィガン パーウナー ◆邪魔な ਅਟਕਾਊ aṭakāū アトカーウー
ジャム ਮੁਰੱਬਾ murabbā ムラッバー，ਜੈਮ jaima ジャエーム
しゃめん〖斜面〗ਢਾਲ ṭǎla タール，ਢਲਵਾਨ ṭalawǎna タルワーン
ジャランダル ਜਲੰਧਰ jalândara ジャランダル
じゃり〖砂利〗ਬਜਰੀ bajarī バジャリー，ਕੰਕਰ kaṅkara カンカル
しゃりょう〖車両〗ਗੱਡੀ gaḍḍī ガッディー，ਡੱਬਾ ḍabbā ダッバー
しゃりん〖車輪〗ਪਹੀਆ pâīā パイーアー，ਚੱਕਰ cakkara チャッカル，ਵੀਲ wīla ウィール
しゃれ〖洒落〗ਪਰਿਹਾਸ parihāsa パリハース，ਮਸ਼ਕੂਲਾ maśakūlā マシュクーラー，ਮਖੌਲ makʰaula マカォール
しゃれい〖謝礼〗ਸ਼ੁਕਰਾਨਾ śukarānā シュクラーナー
しゃれた〖洒落た〗（お洒落な）ਅਲਬੇਲਾ alabelā アルベーラー，ਬਾਂਕਾ bā̃kā バーンカー，ਸ਼ੁਕੀਨ śukīna シュキーン（気の利いた）ਹੁਸ਼ਿਆਰ huśiāra フシアール
シャワー ਸ਼ਾਵਰ śāwara シャーワル
ジャンパー ਜੰਪਰ jampara ジャンパル
シャンプー ਸ਼ੈਂਪੂ śãīpū シャエーンプー
ジャンル ਸਾਹਿਤ ਰੂਪ sāhita rūpa サーヒト ループ，ਸ਼ੈਲੀ ਢੰਗ śailī ṭǎṅga シャエーリー タング
しゅい〖首位〗ਪਰਮੁਖਤਾ paramukʰatā パルムクター
しゅう〖州〗ਪ੍ਰਦੇਸ਼ pradeśa プラデーシュ，ਪ੍ਰਾਂਤ prā̃ta プラーント，ਸੂਬਾ sūbā スーバー
しゅう〖週〗ਹਫ਼ਤਾ hafatā ハフター，ਸਪਤਾਹ sapatâ サプター
じゅう〖十〗ਦਸ dasa ダス
じゅう〖銃〗ਬੰਦੂਕ bandūka バンドゥーク，ਤੋਪ topa トープ，ਗਨ gana ガン
じゆう〖自由〗ਅਜ਼ਾਦੀ azādī アザーディー，ਮੁਕਤੀ mukatī ムクティー
しゅうい〖周囲〗（円周・外周）ਬਿਰਤ birata ビラト，ਘੇਰਾ kěrā ケーラー（環境・状況）ਆਲਾ-ਦੁਆਲਾ ālā-duālā アーラー・ドゥアーラー，ਚੁਗਿਰਦਾ cugiradā チュギルダー，ਚੁਫੇਰਾ cupʰerā チュペーラー
じゅうい〖獣医〗ਸਲੋਤਰੀ salotarī サロータリー，ਡੰਗਰ ਡਾਕਟਰ ḍaṅgara ḍākaṭara ダンガル ダークタル，ਵੈਟਰਨਰੀ ਡਾਕਟਰ vaiṭaranarī ḍākaṭara ヴァエータルナリー ダークタル
じゅういち〖十一〗ਗਿਆਰਾਂ giārā̃ ギアーラーン
じゅういちがつ〖十一月〗ਨਵੰਬਰ navambara ナヴァンバル
しゅうえき〖収益〗ਫ਼ਾਇਦਾ fāidā ファーイダー，ਲਾਭ lâba ラーブ，ਮੁਨਾਫ਼ਾ munāfā ムナーファー
じゅうおく〖十億〗ਅਰਬ araba アルブ
しゅうかい〖集会〗ਜਲਸਾ jalasā ジャルサー，ਸਭਾ sâbā サバー，ਮੀਟਿੰਗ mīṭiṅga ミーティング
しゅうかく〖収穫〗ਫ਼ਸਲ fasala ファサル，ਵਾਢੀ wâḍī ワーディー ◆収穫する ਵੱਢਣਾ wâḍḍaṇā ワッダナー
じゅうがつ〖十月〗ਅਕਤੂਬਰ akatūbara アクトゥーバル
しゅうかん〖習慣〗（個人の）ਆਦਤ ādata アーダト（社会の）ਰਸਮ rasama ラサム，ਰੀਤੀ rītī リーティー，ਰਿਵਾਜ riwāja リワージ
しゅうかんし〖週刊誌〗（週刊雑誌）ਸਪਤਾਹਿਕ ਮੈਗਜ਼ੀਨ sapatāhika maigazīna サプターヒク マエーグズィーン
じゅうきゅう〖十九〗ਉੱਨੀ unnī ウンニー
じゅうきょ〖住居〗ਨਿਵਾਸ niwāsa ニワース，ਸਕੂਨਤ sakūnata サクーナト，ਮਕਾਨ makāna マカーン
しゅうきょう〖宗教〗ਧਰਮ tǎrama タラム，ਮਜ਼੍ਹਬ mâzaba マザブ
じゅうぎょういん〖従業員〗ਨੌਕਰ naukara ナォーカル，ਮੁਲਾਜ਼ਮ mulāzama ムラーザム，ਕਰਮਚਾਰੀ karamacārī カラムチャーリー
しゅうけいする〖集計する〗ਜੋੜ ਕਰਨਾ jora karanā ジョール カルナー
しゅうげき〖襲撃〗ਹਮਲਾ hamalā ハムラー，ਧਾਵਾ tǎwā ターワー，ਅਟੈਕ aṭaika アタェーク
じゅうご〖十五〗ਪੰਦਰਾਂ pandarā̃ パンドラーン
じゅうさん〖十三〗ਤੇਰਾਂ terā̃ テーラーン
じゅうし〖十四〗ਚੌਦਾਂ caudā̃ チャォーダーン
じゅうじ〖十字〗ਕਰਾਸ karāsa カラース
じゅうじか〖十字架〗ਕਰਾਸ karāsa カラース
しゅうじがく〖修辞学〗ਅਲੰਕਾਰ alaṅkāra アランカール，ਅਲੰਕਾਰ ਵਿੱਦਿਆ alaṅkāra-viddiā アランカール ヴィッディアー
じゅうしする〖重視する〗ਮਹੱਤਵ ਦੇਣਾ mahattava deṇā マハッタヴ デーナー
じゅうしち〖十七〗ਸਤਾਰਾਂ satārā̃ サターラーン
じゅうじつ〖充実〗ਪੂਰਤੀ pūratī プールティー，ਸੰਪੂਰਨਤਾ sampūranatā サンプーランター
しゅうしふ〖終止符〗ਪੂਰਨ ਵਿਰਾਮ pūrana virāma プーラン ヴィラーム，ਡੰਡੀ ḍaṇḍī ダンディー
しゅうしゅう〖収集〗ਸੰਗਰਹਿ saṅgaraî サングラェー，ਸੰਕਲਨ saṅkalana サンカラン ◆収集する ਸੰਗਰਹਿ ਕਰਨਾ saṅgaraî karanā サングラェー カルナー，ਇਕੱਤਰ ਕਰਨਾ ikattara karanā イカッタル カルナー
しゅうしゅく〖収縮〗ਸੰਗੋੜ saṅgora サンゴール，ਸੁੰਗੜਾ suṅgarā スングラー，ਸ਼ਰਿੰਕ śariṅka シャリンク
じゅうじゅんな〖従順な〗ਆਗਿਆਕਾਰ āgiākāra アーギアーカール，ਤਾਬੇਦਾਰ tābedāra ターベーダール
じゅうしょ〖住所〗ਪਤਾ patā パター
じゅうしょう〖重傷〗ਗੰਭੀਰ ਚੋਟ gambǐra coṭa ガンビール チョート
じゅうじろ〖十字路〗ਚੌਂਕ cauka チャォーク，ਚੁਰਸਤਾ curasatā チュラスター，ਚੌਰਾਹਾ caurāhā チャォーラーハー
ジュース ਜੂਸ jūsa ジュース
しゅうせい〖習性〗ਹਿਲਤਰ hilatara ヒルタル，ਖ਼ਾਸਾ xāsā カーサー，ਸੁਭਾਉ subǎo スバーオー

しゅうせいする〘修正する〙ਸੋਧਣਾ sôdaṇā ソーダナー, ਸੁਧਾਰਨਾ sudǎranā スダールナー

しゅうせん〘終戦〙ਲੜਾਈ ਦਾ ਅੰਤ laṛāī dā anta ララーイー ダー アント, ਜੰਗ ਦਾ ਖ਼ਾਤਮਾ jaṅga dā xātamā ジャング ダー カートマー

しゅうぜんする〘修繕する〙ਸੁਆਰਨਾ suāranā スアールナー, ਮੁਰੰਮਤ ਕਰਨੀ murammata karanī ムランマト カルニー, ਗੰਢਣਾ gâṇḍaṇā ガンダナー

じゅうたい〘渋滞〙ਜਾਮ jāma ジャーム

じゅうたい〘重体〙ਗੰਭੀਰਤਾ gambǐratā ガンビールター

しゅうたいせい〘集大成〙ਬੀੜ bīṛa ビール

じゅうだいな〘重大な〙ਗੰਭੀਰ gambǐra ガンビール, ਗੌਰਾ gaurā ガォーラー

じゅうたく〘住宅〙ਮਕਾਨ makāna マカーン, ਰਿਹਾਇਸ਼ rihāiśa リハーイシュ

しゅうだん〘集団〙ਦਲ dala ダル, ਮੰਡਲੀ maṇḍalī マンドリー

しゅうちしん〘羞恥心〙ਸ਼ਰਮ śarama シャルム, ਲੱਜਿਆ lajjiā ラッジアー, ਨਮੋਸ਼ੀ namośī ナモーシー

しゅうちゃくえき〘終着駅〙ਆਖ਼ਰੀ ਸਟੇਸ਼ਨ āxarī saṭeśana アークリー サテーシャン

しゅうちゅうする〘集中する〙（密集する）ਸੰਘਣਾ ਹੋਣਾ sâṅgaṇā hoṇā サンガナー ホーナー（専念する）ਤਤਪਰ ਹੋਣਾ tatapara hoṇā タトパル ホーナー

じゅうてん〘重点〙ਮਹੱਤਵ mahattava マハッタヴ, ਅਹਿਮੀਅਤ aîmīata アエーミーアト

じゅうでんする〘充電する〙ਚਾਰਜ ਕਰਨਾ cāraja karanā チャールジ カルナー

しゅうどうじょ〘修道女〙ਸਿਸਟਰ sisaṭara スィスタル

じゆうな〘自由な〙ਅਜ਼ਾਦ azāda アザード, ਮੁਕਤ mukata ムカト

じゅうなんな〘柔軟な〙ਲਚੀਲਾ lacīlā ラチーラー, ਲਿਫਵਾਂ lip^{h}awā̃ リプワーン

じゅうに〘十二〙ਬਾਰਾਂ bārā̃ バーラーン

じゅうにがつ〘十二月〙ਦਸੰਬਰ dasambara ダサンバル

しゅうにゅう〘収入〙ਆਮਦਨੀ āmadanī アームダニー, ਕਮਾਈ kamāī カマーイー, ਇਨਕਮ inakama インカム

しゅうは〘宗派〙ਸੰਪਰਦਾ samparadā サンパルダー, ਪੰਥ pant^{h}a パント

じゅうはち〘十八〙ਅਠਾਰਾਂ aṭ^{h}ārā̃ アターラーン

じゅうびょう〘重病〙ਵੱਡਾ ਰੋਗ waḍḍā roga ワッダー ローグ

しゅうふくする〘修復する〙ਨਵਿਆਉਣਾ nawiāuṇā ナウィアーウナー, ਮੁਰੰਮਤ ਕਰਨੀ murammata karanī ムランマト カルニー

じゅうぶんな〘十分な〙ਕਾਫ਼ੀ kāfī カーフィー, ਸੱਬਰਕੱਤਾ sabbarakattā サッバルカッター, ਸਰਦਾ saradā サルダー

しゅうへん〘周辺〙ਗਿਰਦ girada ギルド

じゅうまん〘十万〙ਲੱਖ lakk^{h}a ラック

じゅうみん〘住民〙ਨਿਵਾਸੀ niwāsī ニワースィー, ਵਸਨੀਕ wasanīka ワスニーク

じゅうやく〘重役〙ਨਿਦੇਸ਼ਕ nideśaka ニデーシャク, ਡਾਇਰੈਕਟਰ ḍāiraikaṭara ダーイラェークタル

しゅうゆう〘周遊〙ਭਰਮਣ pǎramaṇa パルマン, ਰਟਨ raṭana ラタン, ਟੂਰ ṭūra トゥール

じゅうような〘重要な〙ਮਹੱਤਵਪੂਰਨ mahattavapūrana マハッタヴプールン

しゅうり〘修理〙ਮੁਰੰਮਤ murammata ムランマト ♦修理する ਮੁਰੰਮਤ ਕਰਨੀ murammata karanī ムランマト カルニー, ਸੁਆਰਨਾ suāranā スアールナー, ਗੰਢਣਾ gâṇḍaṇā ガンダナー

じゅうりょう〘重量〙ਭਾਰ pǎra パール, ਵਜ਼ਨ wazana ワザン, ਵੇਟ weṭa ウェート ♦重量挙げ ਵੇਟ ਲਿਫਟਿੰਗ weṭa lifaṭiṅga ウェート リフティング

しゅうりょうする〘終了する〙（終わる）ਖ਼ਤਮ ਹੋਣਾ xatama hoṇā カタム ホーナー, ਸਮਾਪਤ ਹੋਣਾ samāpata hoṇā サマーパト ホーナー, ਮੁੱਕਣਾ mukkaṇā ムッカナー（終える）ਖ਼ਤਮ ਕਰਨਾ xatama karanā カタム カルナー, ਸਮਾਪਤ ਕਰਨਾ samāpata karanā サマーパト カルナー, ਮੁਕਾਉਣਾ mukāuṇā ムカーウナー

じゅうりょく〘重力〙ਭੂਮੀ ਦੀ ਖਿੱਚ pǔmī dī k^{h}icca プーミー ディー キッチ

じゅうろく〘十六〙ਸੋਲਾਂ solā̃ ソーラーン

しゅうわい〘収賄〙ਭਰਿਸ਼ਟਾਚਾਰ parǐśaṭācāra パリシュターチャール

しゅえい〘守衛〙ਚੌਕੀਦਾਰ caukīdāra チャォーキーダール, ਪਹਿਰੂਆ paîrūā パェールーアー, ਪਾਸਬਾਨ pāsabāna パースバーン

しゅぎ〘主義〙ਅਸੂਲ asūla アスール, ਵਾਦ wāda ワード, ਪਰਿੰਸੀਪਲ parinsīpala パリンスィーパル

しゅぎょう〘修行〙ਸਾਧਨਾ sâdanā サードナー

じゅぎょう〘授業〙ਪੜ੍ਹਾਈ paṛāī パラーイー, ਜਮਾਤ jamāta ジャマート, ਕਲਾਸ kalāsa カラース

しゅくがかい〘祝賀会〙ਸਮਾਗਮ samāgama サマーガム

じゅくご〘熟語〙ਇਸਤਲਾਹ isatalâ イサトラー

しゅくじつ〘祝日〙ਤਿਓਹਾਰ tiohāra ティオーハール

しゅくしゃ〘宿舎〙ਹੋਸਟਲ hosaṭala ホースタル

しゅくしょうする〘縮小する〙ਛਾਂਟਣਾ c^{h}ā̃ṭaṇā チャーンタナー, ਸੁੰਗੇੜਨਾ suṅgeṛanā スンゲールナー

じゅくする〘熟する〙ਪੱਕਣਾ pakkaṇā パッカナー, ਰਸਣਾ rasaṇā ラスナー

しゅくはくする〘宿泊する〙ਠਹਿਰਨਾ ṭ^{h}aîranā タェールナー

じゅくれん〘熟練〙ਮਹਾਰਤ mahārata マハーラト, ਨਿਪੁੰਨਤਾ nipunnatā ニプンヌター ♦熟練する ਮਾਹਰ ਹੋਣਾ mâra hoṇā マール ホーナー

しゅけん〘主権〙ਪਰਭਤਾ parâbatā パラブター, ਸਲਤਨਤ salatanata サラトナト

じゅけんする〘受験する〙ਪਰੀਖਿਆ ਦੇਣੀ parīk^{h}iā deṇī パリーキアー デーニー, ਇਮਤਿਹਾਨ ਦੇਣਾ imatiǎna deṇā イムティアーン デーナー

しゅご〘主語〙ਕਰਤਾ karatā カルター

しゅじゅつ〘手術〙ਚੀਰਫਾੜ cīrap^{h}āṛa チールパール, ਓਪਰੇਸ਼ਨ opareśana オープレーシャン ♦手術する ਚੀਰਫਾੜ ਕਰਨੀ cīrap^{h}āṛa karanī チールパール カルニー

しゅしょう〖主将〗ਕਪਤਾਨ kapatāna カプターン
しゅしょう〖首相〗ਪਰਧਾਨ ਮੰਤਰੀ paradǎna mantarī パルダーン マントリー, ਵਜ਼ੀਰੇ ਆਜ਼ਮ wazīre āzama ワズィーレー アーザム, ਪ੍ਰਾਈਮ ਮਿਨਿਸਟਰ prāīma minisaṭara プラーイーム ミニスタル
じゅしょうしゃ〖受賞者〗ਵਿਜੇਤਾ vijetā ヴィジェーター
しゅじん〖主人〗（世帯主）ਘਰਬਾਰੀ kǎrabārī カルバーリー, ਕਬੀਲਦਾਰ kabīladāra カビールダール （所有者）ਮਾਲਕ mālaka マーラク （夫）ਪਤੀ patī パティー
しゅじんこう〖主人公〗ਨਾਇਕ nāika ナーイク, ਹੀਰੋ hīro ヒーロー
しゅだい〖主題〗ਵਿਸ਼ਾ viśā ヴィシャー
しゅだん〖手段〗ਤਰੀਕਾ tarīkā タリーカー, ਉਪਾ upā ウパー, ਸਾਧਨ sâdana サーダン
しゅちょう〖主張〗ਦਾਹਵਾ dâwā ダーワー, ਆਗਰਹਿ āgaraî アーグラェー ◆主張する ਦਾਹਵਾ ਕਰਨਾ dâwā karanā ダーワー カルナー
しゅっか〖出荷〗ਨਿਕਾਸ nikāsa ニカース, ਚਲਾਨ calāna チャラーン
しゅつげん〖出現〗ਪਰਗਟਾ paragaṭā パルガター ◆出現する ਪਰਗਟਣਾ paragaṭaṇā パルガトナー, ਨਿਕਲਣਾ nikalaṇā ニカルナー
しゅっさん〖出産〗ਜਣੇਪਾ jaṇepā ジャネーパー, ਪਰਸੂਤ parasūta パルスート, ਵਿਅੰਮ viamma ヴィアンム ◆出産する ਜਣਨਾ jaṇanā ジャナナー
しゅっし〖出資〗ਹਿੱਸੇਦਾਰੀ hissedārī ヒッセーダーリー, ਸਰਮਾਇਆ saramāiā サルマーイアー
しゅっしんち〖出身地〗ਜਨਮ ਭੂਮੀ janama pǔmī ジャナム プーミー, ਜਨਮ ਅਸਥਾਨ janama asatʰāna ジャナム アスターン, ਵਤਨ watana ワタン
しゅっせいりつ〖出生率〗ਜਨਮ ਦਰ janama dara ジャナム ダル
しゅっせき〖出席〗ਹਾਜ਼ਰੀ hāzarī ハーズリー, ਉਪਸਥਿਤੀ upasatʰitī ウパスティティー, ਮੌਜੂਦਗੀ maujūdagī マォージュードギー◆出席する ਹਾਜ਼ਰ ਹੋਣਾ hāzara hoṇā ハーザル ホーナー
しゅっぱつ〖出発〗ਚਲਾਣਾ calāṇā チャラーナー, ਕੂਚ kūca クーチ, ਰਵਾਨਗੀ rawānagī ラワーンギー ◆出発する ਚਲਾ ਜਾਣਾ calā jāṇā チャラー ジャーナー, ਨਿਕਲਣਾ nikalaṇā ニカルナー
しゅっぱん〖出版〗ਪਰਕਾਸ਼ਨ parakāśana パルカーシャン, ਪਬਲੀਕੇਸ਼ਨ pabalīkeśana パブリーケーシャン, ਛਪਵਾਈ cʰapawāī チャプワーイー ◆出版社 ਪਰਕਾਸ਼ਕ parakāśaka パルカーシャク, ਪਬਲਿਸ਼ਰ pabaliśara パブリシャル ◆出版する ਪਰਕਾਸ਼ਣਾ parakāśaṇā パルカーシュナー, ਪਬਲਿਸ਼ ਕਰਨਾ pabaliśa karanā パブリシュ カルナー, ਛਾਪਣਾ cʰāpaṇā チャーパナー ◆出版物 ਪਰਕਾਸ਼ਨ parakāśana パルカーシャン, ਪਬਲੀਕੇਸ਼ਨ pabalīkeśana パブリーケーシャン
しゅっぴ〖出費〗ਖ਼ਰਚਾ xaracā カルチャー
しゅと〖首都〗ਰਾਜਧਾਨੀ rājatǎnī ラージターニー, ਦਾਰੁਲਖ਼ਿਲਾਫ਼ਾ dārulaxilāfā ダールルキラーファー
しゅどうけん〖主導権〗ਚੌਧਰ caûdara チャォーダル, ਪਰਧਾਨਤਾ paradǎnatā パルダーンター
じゅどうたい〖受動態〗ਕਰਮਣੀ ਵਾਚ karamaṇī wāca カルマニー ワーチ
しゅとくする〖取得する〗ਪਰਾਪਤ ਕਰਨਾ parāpata karanā パラーパト カルナー
じゅにゅうする〖授乳する〗ਚੁੰਘਾਉਣਾ cuṅgǎuṇā チュンガーウナー
しゅひん〖主賓〗ਮੁੱਖ ਅਤਿਥੀ mukkʰa atitʰī ムック アティティー
しゅふ〖主婦〗ਗਰਿਹਸਤਣ garîsataṇa ガリスタン, ਗ੍ਰਹਿਣੀ graîṇī グラェーニー, ਘਰਵਾਲੀ kǎrawālī カルワーリー
しゅみ〖趣味〗ਸ਼ੌਕ śauka シャォーク, ਰੁਚੀ rucī ルチー, ਦਿਲਚਸਪੀ dilacasapī ディルチャスピー
じゅみょう〖寿命〗ਜੀਵਨ ਕਾਲ jīwana kāla ジーワン カール, ਉਮਰ umara ウマル, ਆਯੂ āyū アーユー
しゅやく〖主役〗ਮੁੱਖ-ਪਾਤਰ mukkʰa-pātara ムック・パータル, ਨਾਇਕ nāika ナーイク, ਹੀਰੋ hīro ヒーロー
しゅよう〖腫瘍〗ਰਸੌਲੀ rasaulī ラサォーリー, ਸੋਤ sota ソート
じゅよう〖需要〗ਲੋੜ loṛa ロール, ਮੰਗ maṅga マング, ਡਿਮਾਂਡ ḍimā̃ḍa ディマーンド
しゅような〖主要な〗ਮੁੱਖ mukkʰa ムック, ਪਰਮੁਖ paramukʰa パルムク
じゅりつする〖樹立する〗ਅਸਥਾਪਣਾ asatʰāpaṇā アスタープナー
しゅりゅうだん〖手榴弾〗ਗਰਨੇਡ garaneḍa ガルネード
しゅりょう〖狩猟〗ਸ਼ਿਕਾਰ śikāra シカール, ਹੇੜਾ heṛā ヘーラー
じゅりょうしょう〖受領証〗ਰਸੀਦ rasīda ラスィード
しゅるい〖種類〗ਕਿਸਮ kisama キサム, ਤਰ੍ਹਾਂ târā̃ タラーン, ਪਰਕਾਰ parakāra パルカール
じゅわき〖受話器〗ਰਸੀਵਰ rasīvara ラスィーヴァル
しゅんかん〖瞬間〗ਪਲ pala パル, ਖਿਣ kʰiṇa キン, ਲਮਹਾ lamahā ラムハー
じゅんかんする〖循環する〗ਘੁੰਮਣਾ kǔmmaṇā クンマナー, ਫਿਰਨਾ pʰiranā ピルナー
じゅんきょうしゃ〖殉教者〗ਸ਼ਹੀਦ śaǐda シャイード
じゅんきん〖純金〗ਕੁੰਦਨ kundana クンダン
じゅんけつ〖純潔〗ਇਸਮਤ isamata イスマト, ਨਿਰਮਲਤਾ niramalatā ニルマルター, ਪਾਕੀਜ਼ਗੀ pākīzagī パーキーザギー
じゅんじょ〖順序〗ਤਰਤੀਬ taratība タルティーブ, ਸਿਲਸਿਲਾ silasilā スィルスィラー, ਆਡਰ āḍara アーダル
じゅんしんな〖純真な〗ਅਣਜਾਣ aṇajāṇa アンジャーン, ਭੋਲਾ pǒlā ポーラー
じゅんすいな〖純粋な〗ਸ਼ੁੱਧ śûdda シュッド, ਖ਼ਾਲਸ xālasa カーラス
じゅんちょうな〖順調な〗ਠੀਕ ṭʰīka ティーク, ਚੰਗਾ caṅgā チャンガー, ਨਿਰਵਿਘਨ niravîgana ニルヴィガン
じゅんのうする〖順応する〗ਅਨੁਕੂਲ ਕਰਨਾ anukūla karanā アヌクール カルナー, ਸਮਾਉਣਾ samāuṇā サマーウナー
じゅんばん〖順番〗ਰੌਲ raula ラォール, ਵਾਰੀ wārī ワ

ーリー
じゅんび 〖準備〗 ਤਿਆਰੀ tiārī ティアーリー, ਵਿੱਡ viḍḍa ヴィッド ◆準備する ਤਿਆਰ ਕਰਨਾ tiāra karanā ティアール カルナー, ਵਿੱਡਣਾ viḍḍaṇā ヴィッダナー
じゅんれい 〖巡礼〗 ਤੀਰਥ ਯਾਤਰਾ tīrat^{h}a yātarā ティーラト ヤートラー, ਜ਼ਿਆਰਤ ziārata ズィアーラト ◆巡礼者 ਤੀਰਥ ਯਾਤਰੀ tīrat^{h}a yātarī ティーラト ヤートリー
しょう 〖省〗 ਮੰਤਰਾਲਾ mantarālā マントラーラー
しょう 〖章〗 ਕਾਂਡ kā̃ḍa カーンド, ਭਾਗ pǎga パーグ, ਅਧਿਆਇ adiǎe アディアーエー
しょう 〖賞〗 ਪੁਰਸਕਾਰ purasakāra プラスカール, ਪਰਾਈਜ਼ parāīza パラーイーズ
しよう 〖使用〗 ਵਰਤੋਂ waratõ ワルトーン, ਇਸਤੇਮਾਲ isatemāla イステーマール, ਪਰਯੋਗ parayoga パルヨーグ ◆使用料 ਕਿਰਾਇਆ kirāiā キラーイアー, ਭਾੜਾ pǎṛā パーラー
じょうえい 〖上映〗 ਸਕਰੀਨਿੰਗ sakarīniṅga サクリーニング, ਸ਼ੋ śo ショー
じょうえんする 〖上演する〗 ਖੇਡਣਾ k^{h}eḍaṇā ケーダナー, ਨਿਭਾਉਣਾ nibǎuṇā ニバーウナー
しょうか 〖消化〗 ਪਚਾਅ pacāa パチャーア, ਹਜ਼ਮ hazama ハザム, ਹਾਜ਼ਮਾ hāzamā ハーズマー ◆消化する ਪਚਾਉਣਾ pacāuṇā パチャーウナー, ਹਜ਼ਮ ਕਰਨਾ hazama karanā ハザム カルナー
しょうが 〖生姜〗 ਅਧਰਕ âdaraka アドラク, ਜਿੰਜਰ jiñjara ジンジャル
しょうがい 〖傷害〗 ਚੋਟ coṭa チョート, ਸੱਟ saṭṭa サット, ਦੂਸ਼ਣ dūśaṇa ドゥーシャン
しょうがい 〖障害〗 ਅਟਕਾ aṭakā アトカー, ਰੁਕਾਵਟ rukāwaṭa ルカーワト, ਮਦਾਖ਼ਲਤ madāxalata マダークラト
しょうがい 〖生涯〗 ਜੀਵਨ ਕਾਲ jīwana kāla ジーワン カール
しょうかいする 〖紹介する〗 ਪਰੀਚੈ ਦੇਣਾ parīcai deṇā パリーチャエー デーナー, ਪਰੀਚੈ ਕਰਾਉਣਾ parīcai karāuṇā パリーチャエー カラーウナー, ਮੁਲਾਕਾਤ ਕਰਾਉਣੀ mulākāta karāuṇī ムラーカート カラーウニー
しょうがくきん 〖奨学金〗 ਵਜ਼ੀਫ਼ਾ wazīfā ワズィーファー
じょうき 〖蒸気〗 ਭਾਫ pǎp^{h}a パープ, ਵਾਸ਼ਪ wāśapa ワーシャプ, ਸਟੀਮ saṭīma サティーム
じょうぎ 〖定規〗 ਰੂਲਰ rūlara ルーラル
じょうきゃく 〖乗客〗 ਸਵਾਰੀ sawārī サワーリー, ਪਸੰਜਰ pasañjara パサンジャル
しょうぎょう 〖商業〗 ਵਣਜ waṇaja ワナジ, ਵਪਾਰ wapāra ワパール, ਤਿਜਾਰਤ tijārata ティジャーラト
じょうきょう 〖状況〗 ਹਾਲਤ hālata ハーラト, ਦਸ਼ਾ daśā ダシャー, ਅਵਸਥਾ awasat^{h}ā アワスター
しょうきょくてきな 〖消極的な〗 ਨਕਾਰਾਤਮਿਕ nakārātamika ナカーラートミク
しょうぐん 〖将軍〗 ਜਰਨੈਲ jaranaila ジャルナェール
じょうげ 〖上下〗 ਉਤਾਰ-ਚੜ੍ਹਾ utāra-caṛǎ ウタール・チャラー, ਉਤਰਾ-ਚੜ੍ਹਾ utarā-caṛǎ ウトラー・チャラー
じょうけい 〖情景〗 ਦਰਿਸ਼ dariśa ダリシュ
しょうげき 〖衝撃〗 ਧੱਕਾ tǎkkā タッカー, ਠੇਸ ṭ^{h}esa テース, ਹਭਕਾ hâbakā ハブカー
しょうげん 〖証言〗 ਗਵਾਹੀ gawâī ガワーイー, ਸ਼ਹਾਦਤ śǎdata シャーダト ◆証言する ਗਵਾਹੀ ਦੇਣੀ gawâī deṇī ガワーイー デーニー
じょうけん 〖条件〗 ਸ਼ਰਤ śarata シャルト
しょうこ 〖証拠〗 ਸਬੂਤ sabūta サブート, ਪਰਮਾਣ paramāṇa パルマーン, ਪਰੂਫ਼ parūfa パルーフ
しょうご 〖正午〗 ਦੁਪਹਿਰ dupaîra ドゥパェール
じょうこく 〖上告〗 ਫ਼ਰਿਆਦ fariāda ファリアード, ਅਪੀਲ apīla アピール
しょうさい 〖詳細〗 ਵਿਸਤਾਰ visatāra ヴィスタール, ਵੇਰਵਾ werawā ウェールワー, ਤਫ਼ਸੀਲ tafasīla タフスィール
じょうざい 〖錠剤〗 ਗੋਲੀ golī ゴーリー, ਵੱਟੀ waṭṭī ワッティー
しょうさいな 〖詳細な〗 ਵਿਸਤਰਿਤ visatarita ヴィスタリト, ਵਿਸਤਾਰਪੂਰਨ visatārapūrana ヴィスタールプールン, ਮੁਫ਼ੱਸਲ mufassala ムファッサル
じょうしき 〖常識〗 ਆਮ ਸਮਝ āma sâmaja アーム サマジ, ਸਧਾਰਨ ਸੂਝ sadǎrana sûja サダーラン スージ, ਕਾਮਨਸੈਂਸ kāmanasãĩsa カーマンサェーンス
しょうじきな 〖正直な〗 ਇਮਾਨਦਾਰ imānadāra イマーンダール, ਸੱਚਾ saccā サッチャー, ਖਰਾ k^{h}arā カラー
じょうしつの 〖上質の〗 ਉਮਦਾ umadā ウムダー
じょうしゃけん 〖乗車券〗 ਟਿਕਟ ṭikaṭa ティカト
じょうしゃする 〖乗車する〗 ਚੜ੍ਹਨਾ câṛanā チャルナー
しょうしょ 〖証書〗 ਦਸਤਾਵੇਜ਼ dasatāweza ダスターウェーズ, ਵਸੀਕਾ wasīkā ワスィーカー
しょうじょ 〖少女〗 ਕੁੜੀ kuṛī クリー, ਲੜਕੀ laṛakī ラルキー
しょうじょう 〖症状〗 ਤਕਲੀਫ਼ takalīfa タクリーフ
じょうしょうする 〖上昇する〗 ਚੜ੍ਹਨਾ câṛanā チャルナー, ਉੱਠਣਾ uṭṭ^{h}aṇā ウッタナー, ਉਦੇਸਾਉਣਾ udesāuṇā ウデーサーウナー
しょうじる 〖生じる〗 ਹੋਣਾ hoṇā ホーナー, ਫੁਰਨਾ p^{h}uranā プルナー
しょうすう 〖小数〗 ਦਸ਼ਮਲਵ daśamalava ダシャムラヴ, ਡੈਸੀਮਲ ḍaisīmala ダェースィーマル
しょうすう 〖少数〗 ਅਲਪ ਸੰਖਿਆ alapa saṅk^{h}iā アルプ サンキアー
じょうずな 〖上手な〗 ਕੁਸ਼ਲ kuśala クシャル, ਨਿਪੁੰਨ nipunna ニプンヌ, ਮਾਹਰ mâra マール
しようする 〖使用する〗 ਵਰਤਣਾ warataṇā ワルタナー, ਇਸਤੇਮਾਲ ਕਰਨਾ isatemāla karanā イステーマール カルナー
じょうせい 〖情勢〗 ਸਥਿਤੀ sat^{h}itī サティティー, ਹਾਲ hāla ハール, ਅਵਸਥਾ awasat^{h}ā アワスター
しょうせつ 〖小説〗 ਉਪਨਿਆਸ upaniāsa ウプニアース, ਗਲਪ galapa ガルプ, ਨਾਵਲ nāvala ナーヴァル ◆小説家 ਉਪਨਿਆਸਕਾਰ upaniāsakāra ウプニアースカール, ਗਲਪਕਾਰ galapakāra ガルプカール, ਨਾਵਲਕਾਰ nāvalakāra ナーヴァルカール
しょうぞう 〖肖像〗 ਤਸਵੀਰ tasavīra タスヴィール, ਚਿੱਤਰ cittara チッタル, ਮੂਰਤੀ mūratī ムールティー

しょうそく〚消息〛ਖ਼ਬਰ xabara カバル
しょうたい〚招待〛ਸੱਦਾ saddā サッダー, ਬੁਲਾਵਾ bulāwā ブラーワー, ਦਾਹਵਤ dâwata ダーワト ♦招待する ਸੱਦਣਾ saddaṇā サッダナー, ਬੁਲਾਉਣਾ bulāuṇā ブラーウナー, ਦਾਹਵਤ ਦੇਣੀ dâwata deṇī ダーワト デーニー
じょうたい〚状態〛ਦਸ਼ਾ daśā ダシャー, ਅਵਸਥਾ awasatʰā アワスター, ਹਾਲਤ hālata ハーラト
しょうだくする〚承諾する〛ਮੰਨਣਾ mannaṇā マンナナー, ਮਨਜ਼ੂਰੀ ਦੇਣੀ manazūrī deṇī マンズーリー デーニー, ਸਵੀਕਾਰ ਕਰਨਾ sawīkāra karanā サウィーカール カルナー
じょうたつする〚上達する〛ਉਨੱਤੀ ਕਰਨੀ unattī karanī ウナッティー カルニー
じょうだん〚冗談〛ਮਜ਼ਾਕ mazāka マザーク, ਮਖੌਲ makʰaula マカォール, ਲਤੀਫ਼ਾ latīfā ラティーファー
しょうちする〚承知する〛ਮੰਨਣਾ mannaṇā マンナナー, ਮਨਜ਼ੂਰੀ ਦੇਣੀ manazūrī deṇī マンズーリー デーニー, ਸਵੀਕਾਰ ਕਰਨਾ sawīkāra karanā サウィーカール カルナー
しょうちょう〚象徴〛ਨਿਸ਼ਾਨ niśāna ニシャーン, ਸੰਕੇਤ saṅketa サンケート, ਪਰਤੀਕ paratīka パルティーク
しょうどうてきな〚衝動的な〛ਆਵੇਗੀ āvegī アーヴェーギー, ਤਰੰਗੀ taraṅgī タランギー
じょうとうの〚上等の〛ਉਮਦਾ umadā ウムダー
しょうとつする〚衝突する〛ਟਕਰਾਉਣਾ ṭakarāuṇā タクラーウナー, ਟੱਕਰ ਖਾਣੀ ṭakkara kʰāṇī タッカル カーニー, ਟੱਕਰਨਾ ṭakkaranā タッカルナー
しょうにん〚商人〛ਵਪਾਰੀ wapārī ワパーリー, ਬਾਣੀਆਂ bāṇiā̃ バーニーアーン, ਮਰਚੈਂਟ maracāĩṭa マルチャエーント
しょうにん〚証人〛ਗਵਾਹ gawâ ガワー, ਸ਼ਾਹਦ śâda シャード, ਸਾਖੀ sākʰī サーキー
しようにん〚使用人〛ਨੌਕਰ naukara ナォーカル, ਸੇਵਕ sewaka セーワク, ਖ਼ਿਦਮਤਗਾਰ xidamatagāra キドマトガール
しょうにんする〚承認する〛ਮੰਨਣਾ mannaṇā マンナナー, ਮਨਜ਼ੂਰੀ ਦੇਣੀ manazūrī deṇī マンズーリー デーニー, ਸਵੀਕਾਰ ਕਰਨਾ sawīkāra karanā サウィーカール カルナー
じょうねつ〚情熱〛ਜੋਸ਼ jośa ジョーシュ, ਉਤਸ਼ਾਹ utaśâ ウトシャー
しょうねん〚少年〛ਮੁੰਡਾ muṇḍā ムンダー, ਲੜਕਾ laṛakā ラルカー
じょうば〚乗馬〛ਘੋੜ ਸਵਾਰੀ kŏṛa sawārī コール サワーリー
しょうはい〚勝敗〛ਹਾਰ-ਜਿੱਤ hāra-jitta ハール・ジット
しょうばい〚商売〛ਵਣਜ waṇaja ワナジ, ਵਪਾਰ wapāra ワパール, ਤਿਜਾਰਤ tijārata ティジャーラト
じょうはつする〚蒸発する〛ਭਾਫ ਬਣਨਾ pằpʰa baṇanā パープ バンナー, ਸੁੱਕਣਾ sukkaṇā スッカナー
しょうひ〚消費〛ਉਪਭੋਗ upapŏga ウプポーグ, ਖ਼ਰਚ xaraca カルチ, ਖਪਤ kʰapata カパト ♦消費者 ਉਪਭੋਗਤਾ upapŏgatā ウプポーグター ♦消費する ਖ਼ਰਚਣਾ xaracaṇā カルチャナー, ਖਪਾਉਣਾ kʰapāuṇā カパーウナー
しょうひょう〚商標〛ਵਪਾਰ ਚਿੰਨ੍ਹ wapāra cînna ワパール チンヌ, ਮਾਰਕਾ mārakā マールカー, ਬਰਾਂਡ barā̃ḍa バラーンド
しょうひん〚商品〛ਮਾਲ māla マール, ਵੱਖਰ wakkʰara ワッカル, ਮਰਕਨਟਾਈਜ਼ marakanaṭāīza マルカンターイーズ
しょうひん〚賞品〛ਪੁਰਸਕਾਰ purasakāra プラスカール, ਪਰਾਈਜ਼ parāīza パラーイーズ
じょうひんな〚上品な〛ਸ਼ਰੀਫ਼ śarīfa シャリーフ, ਨਫ਼ੀਸ nafīsa ナフィース, ਭੱਦਰ pằddara パッダル
しょうぶ〚勝負〛（試合・対戦）ਗੇਮ gema ゲーム, ਮੈਚ maica マエーチ, ਮੁਕਾਬਲਾ mukābalā ムカーブラー （勝敗）ਹਾਰ-ਜਿੱਤ hāra-jitta ハール・ジット ♦勝負する ਮੁਕਾਬਲਾ ਕਰਨਾ mukābalā karanā ムカーブラー カルナー
じょうぶな〚丈夫な〛（強い）ਮਜ਼ਬੂਤ mazabūta マズブート, ਤਕੜਾ takaṛā タクラー （健康な）ਸਵਸਥ sawasatʰa サワスト, ਸਿਹਤਮੰਦ sêtamanda セートマンド, ਰਿਸ਼ਟ-ਪੁਸ਼ਟ riśaṭa-puśaṭa リシュト・プシュト
しょうぼう〚消防〛ਅੱਗ ਬੁਝਾਉਣਾ agga bujằuṇā アッグ ブジャーウナー ♦消防士 ਫ਼ਾਇਰਮੈਨ fāiramaina ファーイルマェーン ♦消防車 ਫ਼ਾਇਰ ਇੰਜਨ fāira iñjana ファーイル インジャン ♦消防署 ਫ਼ਾਇਰ ਸਟੇਸ਼ਨ fāira saṭeśana ファーイル サテーシャン
じょうほう〚情報〛ਸੂਚਨਾ sūcanā スーチャナー, ਇਤਲਾਹ italâ イトラー, ਜਾਣਕਾਰੀ jāṇakārī ジャーンカーリー
じょうほする〚譲歩する〛ਪੱਘਰਨਾ pâggaranā パッガルナー
しょうみの〚正味の〛ਸ਼ੁੱਧ śûdda シュッド, ਖ਼ਾਲਸ xālasa カーラス
じょうむいん〚乗務員〛ਜਹਾਜ਼ੀ ਅਮਲਾ jằzī amalā ジャーズィー アムラー
しょうめい〚照明〛ਪਰਕਾਸ਼ parakāśa パルカーシュ, ਰੋਸ਼ਨੀ rośanī ローシュニー
しょうめい〚証明〛ਪਰਮਾਣ paramāṇa パルマーン, ਪਰੂਫ਼ parūfa パルーフ ♦証明書 ਪਰਮਾਣ ਪੱਤਰ paramāṇa pattara パルマーン パッタル, ਸਨਦ sanada サナド, ਸਰਟੀਫ਼ਿਕੇਟ saraṭīfikeṭa サルティーフィケート ♦証明する ਸਾਬਤ ਕਰਨਾ sābata karanā サーバト カルナー, ਮੰਡਣਾ maṇḍaṇā マンダナー
しょうめん〚正面〛ਸਾਹਮਣਾ sâmaṇā サームナー, ਮੋਹਰਲਾ môralā モールラー, ਫ਼ਰੰਟ faranṭa ファラント
じょうやく〚条約〛ਸੰਧੀ sândī サンディー, ਅਹਿਦਨਾਮਾ aîdanāmā アェードナーマー, ਪੈਕਟ paikaṭa パェーカト
しょうよ〚賞与〛ਬੋਨਸ bonasa ボーナス
しょうらい〚将来〛ਭਵਿਖ pavīkʰa パヴィク, ਮੁਸਤਕਬਿਲ musatakabila ムスタクビル
しょうり〚勝利〛ਜਿੱਤ jitta ジット, ਵਿਜੇ vije ヴィジェー, ਫ਼ਤਿਹ fâte ファテー
しょうりゃくする〚省略する〛ਛੱਡਣਾ cʰaḍḍaṇā チャッダナー
じょうりゅう〚上流〛ਉਤਾੜ utāṛa ウタール

しょうりょうの〖少量の〗ਥੋੜ੍ਹਾ tʰôṛā トーラー, ਰਤਾ ratā ラター, ਮਾਸਾ māsā マーサー
じょうれい〖条例〗ਅਧਿਆਦੇਸ਼ âdiādeśa アディアーデーシュ
ショー ਤਮਾਸ਼ਾ tamāśā タマーシャー, ਸ਼ੋ śo ショー
じょおう〖女王〗ਬੇਗਮ begama ベーガム, ਰਾਣੀ rāṇī ラーニー
ショーツ ਜਾਂਘੀਆ jā̃gīā ジャーンギーアー
ショール ਓੜ੍ਹਨੀ ôṛanī オールニー, ਦੁਸ਼ਾਲਾ duśālā ドゥシャーラー, ਸ਼ਾਲ śāla シャール
じょがいする〖除外する〗ਛੱਡਣਾ cʰaḍḍaṇā チャッダナー, ਬਾਹਰ ਰੱਖਣਾ bâra rakkʰaṇā バール ラッカナー
しょき〖初期〗ਇਬਤਦਾ ibatadā イブタダー
しょき〖書記〗ਮੁਨਸ਼ੀ munaśī ムンシー, ਮੁਹੱਰਰ muharrara ムハッラル, ਸਕੱਤਰ sakattara サカッタル
しょきゅうの〖初級の〗ਆਰੰਭਿਕ arâmbika アランビク, ਮੁਢਲਾ mûḍalā ムドラー
じょきょ〖除去〗ਨਿਰਾਕਰਨ nirākarana ニラーカルン, ਨਿਵਾਰਨ niwārana ニワーラン ♦除去する ਹਟਾਉਣਾ haṭāuṇā ハターウナー, ਨਿਵਾਰਨਾ niwāranā ニワールナー
しょく〖職〗ਪੇਸ਼ਾ peśā ペーシャー, ਨੌਕਰੀ naukarī ナォーカリー, ਧੰਦਾ tẵdā タンダー
しょくいん〖職員〗ਅਮਲਾ amalā アムラー, ਕਰਮਚਾਰੀ karamacārī カラムチャーリー, ਮੁਲਾਜ਼ਮ mulāzama ムラーザム
しょくぎょう〖職業〗ਪੇਸ਼ਾ peśā ペーシャー, ਧੰਦਾ tẵdā タンダー, ਵਿਵਸਾਯ vivasāya ヴィヴサーユ
しょくじ〖食事〗ਖਾਣਾ kʰāṇā カーナー, ਭੋਜਨ pŏjana ポージャン
しょくつう〖食通〗ਚਸਕੇਬਾਜ਼ casakebāza チャスケーバーズ
しょくどう〖食堂〗（レストラン）ਰੇਸਤਰਾਂ resatarā̃ レースタラーン, ਰੈਸਟੋਰੈਂਟ raisaṭorāĩṭa ラェーストーラェーント, ਹੋਟਲ hoṭala ホータル （食事部屋） ਡਾਈਨਿੰਗ-ਰੂਮ ḍāiniṅga-rūma ダーイーニング・ルーム （大衆食堂） ਢਾਬਾ ṭăbā ターバー ♦食堂車 ਡਾਈਨਿੰਗ-ਕਾਰ ḍāiniṅga-kāra ダーイーニング・カール
しょくどう〖食道〗ਅੰਨ-ਨਾਲੀ anna-nālī アンヌ・ナーリー, ਖ਼ੁਰਾਕ ਦੀ ਨਾਲੀ xurāka dī nālī クラーク ディー ナーリー
しょくにん〖職人〗ਕਾਰੀਗਰ kārīgara カーリーガル, ਦਸਤਕਾਰ dasatakāra ダストカール
しょくひん〖食品〗ਖਾਧ kʰâda カード, ਗ਼ਿਜ਼ਾ ğizā ギザー
しょくぶつ〖植物〗ਬਨਸਪਤ banasapata バナスパト, ਬੂਟਾ būṭā ブーター, ਪਲਾਂਟ palā̃ṭa パラーント
しょくみんち〖植民地〗ਉਪਨਿਵੇਸ਼ upaniweśa ウプニウェーシュ, ਕਾਲੋਨੀ kālonī カーローニー
しょくむ〖職務〗ਕਾਰਜ-ਭਾਰ kāraja-pă̄ra カーラジ・パール, ਕਰਤੱਵ karatavva カルタッヴ, ਡਿਊਟੀ ḍiūṭī ディウーティー
しょくもつ〖食物〗ਖ਼ੁਰਾਕ xurāka クラーク, ਗ਼ਿਜ਼ਾ ğizā ギザー, ਖਾਣਾ kʰāṇā カーナー
しょくようの〖食用の〗ਖਾਣਯੋਗ kʰāṇayoga カーンヨーグ, ਖਾਦਯ kʰādaya カーダユ
しょくよく〖食欲〗ਖਾਣ ਦੀ ਇੱਛਾ kʰāṇa dī iccʰā カーンディー イッチャー, ਭੁੱਖ pŭkkʰa プック
しょくりょう〖食糧〗ਪਰਚੂਣ paracūṇa パルチューン, ਰਸਦ rasada ラサド, ਰਾਸ਼ਨ rāśana ラーシャン
しょくりょうひんてん〖食料品店〗ਕਰਿਆਨੇ ਦੀ ਹੱਟੀ kariāne dī haṭṭī カリアーネー ディー ハッティー
じょげん〖助言〗ਸਲਾਹ salâ サラー, ਮਸ਼ਵਰਾ maśawarā マシュワラー, ਨਸੀਹਤ nasîata ナスィーアト ♦助言する ਸਲਾਹ ਦੇਣੀ salâ deṇī サラー デーニー, ਮਸ਼ਵਰਾ ਦੇਣਾ maśawarā deṇā マシュワラー デーナー, ਨਸੀਹਤ ਦੇਣੀ nasîata deṇī ナスィーアト デーニー
じょこうする〖徐行する〗ਹੌਲੀ ਚੱਲਣਾ haulī callaṇā ハォーリー チャッラナー
しょざいち〖所在地〗ਪਤਾ patā パター, ਸੀਟ sīṭa スィート
しょしき〖書式〗ਨਿਯਮਾਨੁਕੂਲ ਲਿਖਤ niyamānukūla likʰata ニヤマーヌクール リクト, ਫ਼ਾਰਮ fārama ファールム
じょしゅ〖助手〗ਮਦਦਗਾਰ madadagāra マダドガール, ਨਾਇਬ nāiba ナーイブ, ਅਸਟੰਟ asaṭanṭa アスタント
しょじょ〖処女〗ਕੰਨਿਆਂ kanniā̃ カンニアーン
じょじょに〖徐々に〗ਹੌਲੀ ਹੌਲੀ haulī haulī ハォーリー ハォーリー, ਆਹਿਸਤਾ āhisatā アーヒスター, ਧੀਰੇ tĭre ティーレー
しょしんしゃ〖初心者〗ਸਿਖਾਂਦਰੂ sikʰā̃darū スィカーンドルー
じょすう〖序数〗ਕ੍ਰਮਵਾਚਕ ਸੰਖਿਆ kramawācaka saṅkʰiā クラムワーチャク サンキアー
じょせい〖女性〗ਤੀਵੀਂ tīwī̃ ティーウィーン, ਤਿਰਿਆ tiriā ティリアー, ਤਰੀਮਤ tarīmata タリーマト （文法性） ਇਸਤਰੀ ਲਿੰਗ isatarī liṅga イスタリー リング, ਮੁਅੱਨਸ muannasa ムアンナス
しょたい〖所帯〗ਘਰਬਾਰ kărabāra カルバール, ਗਰਿਸਤੀ garisatī ガリスティー
しょち〖処置〗（治療）ਉਪਚਾਰ upacāra ウプチャール, ਇਲਾਜ ilāja イラージ ♦処置する〔治療する〕ਉਪਚਾਰ ਕਰਨਾ upacāra karanā ウプチャール カルナー, ਇਲਾਜ ਕਰਨਾ ilāja karanā イラージ カルナー （措置・対策） ਕਦਮ kadama カダム, ਉਪਾ upā ウパー, ਵਿਓਂਤ viōta ヴィオーント ♦処置する〔措置を取る〕ਕਦਮ ਚੁੱਕਣਾ kadama cukkaṇā カダム チュッカナー
しょちょう〖所長〗ਡਾਇਰੈਕਟਰ ḍāiraikaṭara ダーイラェークタル, ਸੁਪਰਡੰਟ suparaḍanṭa スパルダント
しょっき〖食器〗ਭਾਂਡਾ pā̆̃ḍā パーンダー, ਬਰਤਨ baratana バルタン
ジョッキ ਗੰਗਾਸਾਗਰ gaṅgāsāgara ガンガーサーガル, ਜੱਗ jagga ジャッグ
ショック ਧੱਕਾ tăkkā タッカー, ਠੇਸ ṭʰesa テース, ਹਭਕਾ hâbakā ハブカー
しょっぱい ਨਮਕੀਨ namakīna ナムキーン
しょてん〖書店〗ਬੁੱਕ ਸਟੋਰ bukka saṭora ブック サトール
しょとく〖所得〗ਆਮਦਨੀ āmadanī アームダニー,

ਆਗਤ āgatạ アーガト, ਇਨਕਮ inạkamạ インカム ♦所得税 ਇਨਕਮ ਟੈਕਸ inạkamạ ṭaikạsạ インカム タェークス

しょばつする〘処罰する〙ਸਜ਼ਾ ਦੇਣੀ sazā deṇī サザー デーニー, ਡੰਡ ਦੇਣਾ ḍaṇḍạ deṇā ダンド デーナー, ਡੰਨਣਾ ḍannaṇā ダンナナー

しょぶん〘処分〙ਵਿਸਰਜਨ visarạjanạ ヴィサルジャン

じょぶん〘序文〙ਭੂਮਿਕਾ pǔmikā プーミカー, ਪਰਸਤਾਵਨਾ parasạtāvanā パラスターヴァナー, ਤਮਹੀਦ tamạhīdạ タムヒード

しょほ〘初歩〙ਇਬਤਦਾ ibạtadā イブタダー, ਮੁੱਢ mûḍḍạ ムッド

しょほうせん〘処方箋〙ਨੁਸਖ਼ਾ nusạxā ヌスカー, ਫ਼ਾਰਮੂਲਾ fārạmūlā ファールムーラー

しょめい〘署名〙ਦਸਖ਼ਤ dasạxatạ ダスカト, ਹਸਤਾਖਰ hasạtākʰarạ ハスターカル ♦署名する ਦਸਖ਼ਤ ਕਰਨਾ dasạxatạ karạnā ダスカト カルナー

しょゆう〘所有〙ਮਲਕੀਅਤ malạkīatạ マルキーアト, ਕਬਜ਼ਾ kabạzā カブザー ♦所有権 ਹੱਕ ਮਾਲਕਾਨਾ hakkạ mālạkānā ハック マールカーナー ♦所有者 ਮਾਲਕ mālakạ マーラク ♦所有する ਮਾਲਕ ਹੋਣਾ mālakạ hoṇā マーラク ホーナー, ਕਬਜ਼ਾ ਕਰਨਾ kabạzā karạnā カブザー カルナー

じょゆう〘女優〙ਅਭਿਨੇਤਰੀ âbinetạrī アビネートリー, ਅਦਾਕਾਰਾ adākārā アダーカーラー, ਐਕਟਰੈਸ aikạṭaraisạ アェークタラェース

しょり〘処理〙ਨਿਪਟਾਰਾ nipạṭārā ニプターラー ♦処理する ਨਿਪਟਾਉਣਾ nipạṭāuṇā ニプターウナー, ਨਜਿੱਠਣਾ najiṭṭʰaṇā ナジッタナー, ਨਿਬੇੜਨਾ niberạnā ニベールナー

じょりょく〘助力〙ਮਦਦ madadạ マダド, ਸਹਿਯੋਗ saîyogạ サェーヨーグ, ਇਮਦਾਦ imạdādạ イムダード

しょるい〘書類〙ਦਸਤਾਵੇਜ਼ dasạtāwezạ ダスターウェーズ, ਲਿਖਤਮ likʰạtamạ リクタム

ショルダーバッグ ਝੋਲਾ cǒlā チョーラー

しらが〘白髪〙ਬੱਗਾ baggā バッガー, ਧੌਲੇ taǔle タオーレー

しらせ〘知らせ〙（告知・案内）ਖ਼ਬਰ xabarạ カバル, ਇਤਲਾਹ italâ イトラー（前兆）ਅਲਾਮਤ alāmatạ アラーマト, ਫ਼ਾਲ fālạ ファール

しらせる〘知らせる〙ਖ਼ਬਰ ਦੇਣੀ xabarạ deṇī カバル デーニー, ਜਤਾਉਣਾ jatāuṇā ジャターウナー, ਬਤਾਣਾ batāṇā バターナー

しらふの ਸੋਫੀ sopʰī ソーピー

しらべる〘調べる〙ਜਾਂਚ ਕਰਨੀ jā̃cạ karạnī ジャーンチ カルニー, ਜਾਂਚਣਾ jā̃cạṇā ジャーンチナー, ਖੋਜਣਾ kʰojạṇā コージャナー

しり〘尻〙ਚਿੱਤੜ cittaṛạ チッタル

シリア ਸ਼ਾਮ śāmạ シャーム, ਸੀਰੀਆ sīriā スィーリーアー

しりあい〘知り合い〙ਜਾਣ-ਪਛਾਣ jāṇạ-pacʰāṇạ ジャーン・パチャーン, ਵਾਕਫ਼ wākafạ ワーカフ

シリーズ ਮਾਲਾ mālā マーラー, ਸਿਲਸਿਲਾ silạsilā スィルスィラー

しりぞく〘退く〙ਹਟਣਾ haṭaṇā ハタナー, ਟਲਨਾ ṭalạnā タルナー

しりぞける〘退ける〙（下がらせる）ਹਟਾਉਣਾ haṭāuṇā ハターウナー（拒む）ਟਾਲਣਾ ṭālạṇā タールナー

じりつ〘自立〙ਸੁਤੰਤਰਤਾ sutantarạtā スタンタルター, ਸਵਾਧੀਨਤਾ sawādǐnatā サワーディーンター

しりつの〘私立の〙ਨਿੱਜੀ nijjī ニッジー, ਪਰਾਈਵੇਟ parāīveṭạ パラーイーヴェート

しりゅう〘支流〙ਡਾਲ ḍālạ ダール, ਸ਼ਾਖਾ śākʰā シャーカー

しりょ〘思慮〙ਸੋਚ socạ ソーチ, ਚਿੰਤਨ cintanạ チンタン, ਧਿਆਨ tiǎnạ ティアーン ♦思慮深い ਚਿੰਤਕ cintakạ チンタク, ਧਿਆਨਸ਼ੀਲ tiǎnạśīlạ ティアーンシール, ਸੋਚਵਾਨ socạwānạ ソーチワーン

しりょう〘資料〙ਸਮੱਗਰੀ samaggarī サマッガリー

しりょく〘視力〙ਦਰਿਸ਼ਟੀ dariśạṭī ダリシュティー, ਨਜ਼ੀਰ nazīrạ ナズィール

しる〘知る〙（学ぶ・覚える）ਜਾਣਨਾ jāṇạnā ジャーンナー（気づく）ਚੇਤਣਾ cetạṇā チェートナー（認識する・理解する）ਪਛਾਣਨਾ pacʰāṇạnā パチャーンナー, ਬੁੱਝਣਾ bûjjạṇā ブッジャナー

シルク ਰੇਸ਼ਮ reśamạ レーシャム, ਪੱਟ paṭṭạ パット, ਸਿਲਕ silakạ スィルク

しるし〘印〙ਚਿੰਨ੍ਹ cînnạ チンヌ, ਨਿਸ਼ਾਨ niśānạ ニシャーン, ਮਾਰਕ mārakạ マールク

しるす〘記す〙ਲਿਖਣਾ likʰạṇā リクナー

しれい〘司令〙ਕਮਾਨ kamānạ カマーン, ਕਮਾਂਡ kamā̃ḍạ カマーンド ♦司令官 ਸੈਨਾਪਤੀ saināpatī サェーナーパティー, ਕਮਾਂਡਰ kamā̃ḍarạ カマーンダル, ਅਧਿਅਕਸ਼ âdiakaśạ アディアクシュ ♦司令部 ਸਦਰ ਮੁਕਾਮ sadarạ mukāmạ サダル ムカーム

しれん〘試練〙ਅਜ਼ਮਾਇਸ਼ azamāiśạ アズマーイシュ, ਪਰੀਖਿਆ parīkʰiā パリーキアー

ジレンマ ਦੁਬਿਧਾ dûbidā ドゥビダー, ਦੁਚਿੱਤੀ ducittī ドゥチッティー

しろ〘城〙ਕਿਲ੍ਹਾ kîlā キラー, ਗੜ੍ਹ gâṛạ ガル

しろ〘白〙ਚਿਟਿਆਈ ciṭiāī チティアーイー, ਬੱਗੋਂ baggõ バッゴーン, ਸਫ਼ੈਦੀ safaidī サファエーディー

しろい〘白い〙ਚਿੱਟਾ ciṭṭā チッター, ਬੱਗਾ baggā バッガー, ਸਫ਼ੈਦ safaidạ サファエード

シロップ ਚਾਸ cāsạ チャース, ਸੀਰਾ sīrā スィーラー

しわ〘皺〙（皮膚の）ਝੁਰੜੀ cǔrạṛī チュラリー（物の）ਸ਼ਿਕਨ śikanạ シカン, ਭੰਨ pǎnnạ パンヌ, ਵੱਟ waṭṭạ ワット

しん〘芯〙（鉛筆の）ਸੁਰਮਾ surạmā スルマー（木材の）ਗੁਲੀ gulī グリー

じんいてきな〘人為的な〙ਬਣਾਉਟੀ baṇāuṭī バナーウティー

じんいん〘人員〙ਅਮਲਾ amạlā アムラー

しんか〘進化〙ਵਿਕਾਸ vikāsạ ヴィカース

しんがいする〘侵害する〙ਉਲੰਘਣਾ ਕਰਨੀ ulâṅgaṇā karạnī ウラングナー カルニー

じんかく〘人格〙ਵਿਅਕਤਿਤਵ viakạtitavạ ヴィアクティ

タヴ, ਸ਼ਖ਼ਸੀਅਤ śaxasīata シャクスィーアト, ਕਰੈਕਟਰ karaikatara カラェークタル

しんかする〘進化する〙ਵਿਕਾਸ ਹੋਣਾ vikāsa hoṇā ヴィカース ホーナー

シンガポール ਸਿੰਗਾਪੁਰ siṅgāpura スィンガープル

しんぎ〘審議〙ਵਿਚਾਰ ਵਿਮਰਸ਼ vicāra vimaraśa ヴィチャール ヴィマルシュ, ਮਸ਼ਵਰਾ maśawarā マシュワラー ♦審議する ਵਿਚਾਰ ਵਿਮਰਸ਼ ਕਰਨਾ vicāra vimaraśa karanā ヴィチャール ヴィマルシュ カルナー

しんきろう〘蜃気楼〙ਭਖ pǎkʰa パク

しんきんかん〘親近感〙ਅਪਣੱਤ apaṇatta アプナット

しんぐ〘寝具〙ਸੋਤ sota ソート, ਬਿਸਤਰ bisatara ビスタル, ਬਿਛੌਣਾ bicʰauṇā ビチャォーナー

しんくう〘真空〙ਵੈਕਮ vaikama ヴァェーカム

シングルルーム ਸਿੰਗਲ ਰੂਮ siṅgala rūma スィンガル ルーム

しんけい〘神経〙ਰਗ raga ラグ, ਤੰਤੂ tantū タントゥー

しんげつ〘新月〙ਮੱਸਿਆ massiā マッスィアー

じんけん〘人権〙ਮਾਨਵ ਅਧਿਕਾਰ mānava âdikāra マーナヴ アディカール

しんけんな〘真剣な〙ਗੰਭੀਰ gambǐra ガンビール, ਸੰਜੀਦਾ sañjīdā サンジーダー, ਸੀਰੀਅਸ sīrīasa スィーリーアス

しんこう〘信仰〙ਅਕੀਦਤ akīdata アキーダト, ਇਮਾਨ imāna イマーン, ਧਾਰਮਿਕ ਵਿਸ਼ਵਾਸ tǎramika viśawāsa タールミク ヴィシュワース

しんこう〘進行〙ਗਤ gata ガト, ਰਵਾਨੀ rawānī ラワーニー

しんごう〘信号〙ਸਿਗਨਲ siganala スィグナル

じんこう〘人口〙ਅਬਾਦੀ abādī アバーディー, ਵੱਸੋਂ wassõ ワッソーン

じんこうの〘人工の〙ਮਸਨੂਈ masanūī マスヌーイー, ਬਣਾਉਟੀ baṇāuṭī バナーウティー, ਗ਼ੈਰਕੁਦਰਤੀ ğairakudaratī ガェールクダルティー

しんこきゅう〘深呼吸〙ਉਸਾਸ usāsa ウサース

しんこくな〘深刻な〙ਗੰਭੀਰ gambǐra ガンビール, ਸੰਗੀਨ saṅgīna サンギーン, ਸੀਰੀਅਸ sīrīasa スィーリーアス

しんこんの〘新婚の〙ਨਵਵਿਵਾਹਿਤ navavivâita ナヴヴィヴァーイト ♦新婚旅行 ਹਨੀ-ਮੂਨ hanī-mūna ハニー・ムーン

しんさ〘審査〙ਵਿਮਰਸ਼ vimaraśa ヴィマルシュ

しんさつ〘診察〙ਮੁਆਇਨਾ muāinā ムアーイナー

しんし〘紳士〙ਸੱਜਣ sajjaṇa サッジャン, ਮਹਾਸ਼ਾ mahāśā マハーシャー, ਜੈਂਟਲਮੈਨ jãĩṭalamaina ジャェーンタルマェーン

しんしつ〘寝室〙ਖ਼ਾਬਗਾਹ xābagâ カーブガー

しんじつ〘真実〙ਸਚਾਈ sacāī サチャーイー, ਅਸਲੀਅਤ asalīata アスリーアト, ਹਕੀਕਤ hakīkata ハキーカト ♦真実の ਸੱਚਾ saccā サッチャー, ਅਸਲੀ asalī アスリー, ਸਹੀ sâī サイー

しんじゃ〘信者〙ਅਨੁਯਾਈ anuyāī アヌヤーイー, ਉਪਾਸ਼ਕ upāśaka ウパーシャク, ਸ਼ਰਧਾਲੂ śaradǎlū シャルダールー

しんじゅ〘真珠〙ਮੋਤੀ motī モーティー, ਮੁਕਤਾ mukatā ムクター

じんしゅ〘人種〙ਨਸਲ nasala ナサル, ਰੇਸ resa レース ♦人種差別 ਨਸਲੀ ਵਿਤਕਰਾ nasalī vitakarā ナサリー ヴィトカラー, ਨਸਲ ਅਛੂਤਵਾਦ nasala acʰūtawāda ナサル アチュートワード

しんじょう〘信条〙ਅਸੂਲ asūla アスール, ਮਤ mata マト

しんしょくする〘侵食する〙ਖਾਣਾ kʰāṇā カーナー

しんじる〘信じる〙ਵਿਸ਼ਵਾਸ ਕਰਨਾ viśawāsa karanā ヴィシュワース カルナー, ਮੰਨਣਾ mannaṇā マンナナー, ਪਤੀਜਣਾ patījaṇā パティージャナー （信頼する）ਭਰੋਸਾ ਰੱਖਣਾ parŏsā rakkʰaṇā パローサー ラッカナー

じんせい〘人生〙ਜ਼ਿੰਦਗੀ zindagī ズィンダギー, ਜੀਵਨ jīwana ジーワン

しんせいじ〘新生児〙ਜਾਤਕ jātaka ジャータク

しんせいする〘申請する〙ਦਰਖ਼ਾਸਤ ਦੇਣੀ daraxāsata deṇī ダルカースト デーニー

しんせいな〘神聖な〙ਪਵਿੱਤਰ pavittara パヴィッタル, ਮੁਕੱਦਸ mukaddasa ムカッダス

しんせつな〘親切な〙ਦਿਆਲ diāla ディアール, ਮਿਹਰਬਾਨ mêrabāna メールバーン

しんぜん〘親善〙ਸੁਲ੍ਹਾ sûlā スラー, ਮੁਆਫ਼ਕਤ muāfakata ムアーフカト

しんせんな〘新鮮な〙ਤਾਜ਼ਾ tāzā ターザー, ਸੱਜਰ sajjara サッジャル, ਫ਼ਰੈਸ਼ faraiśa ファラェーシュ

しんぞう〘心臓〙ਹਿਰਦਾ hiradā ヒルダー, ਦਿਲ dila ディル, ਹਾਰਟ hārata ハールト♦心臓発作 ਹਾਰਟ ਅਟੈਕ hārata ataika ハールト アタェーク

じんぞう〘腎臓〙ਗੁਰਦਾ guradā グルダー

しんぞく〘親族〙ਬੰਧੂ bândū バンドゥー, ਰਿਸ਼ਤੇਦਾਰ riśatedāra リシュテーダール

じんそくな〘迅速な〙ਤੇਜ਼ teza テーズ

じんたい〘人体〙ਮਾਨਵ ਸਰੀਰ mānava sarīra マーナヴ サリール

しんたく〘信託〙ਹਵਾਲਗੀ hawālagī ハワールギー, ਸਪੁਰਦਗੀ sapuradagī サプルドギー, ਸੌਂਪਣੀ sãũpaṇī サォーンパニー

しんだん〘診断〙ਤਸ਼ਖ਼ੀਸ਼ taśaxīśa タシュキーシュ

じんち〘陣地〙ਪੜਾਉ paṛāo パラーオー

しんちゅう〘真鍮〙ਪਿੱਤਲ pittala ピッタル

しんちょう〘身長〙ਕੱਦ kadda カッド, ਲੰਮਾਈ lammāī ランマーイー

しんちょうな〘慎重な〙ਸਾਵਧਾਨ sāvadǎna サーヴダーン

しんつう〘心痛〙ਵੇਦਨਾ vedanā ヴェードナー, ਸੰਤਾਪ santāpa サンタープ, ਕਲੇਸ਼ kaleśa カレーシュ

しんでん〘神殿〙ਦੇਵਸਥਾਨ devasatʰāna デーヴサターン

しんどう〘振動〙ਹਲੂਣਾ halūṇā ハルーナー, ਵਾਈਬਰੇਸ਼ਨ vāībareśana ヴァーイーブレーシャン ♦振動する ਹਿੱਲਣਾ hillaṇā ヒッラナー

じんどう〘人道〙ਮਨੁੱਖਤਾ manukkʰatā マヌックター, ਮਾਨਵਤਾ mānavatā マーナヴター, ਇਨਸਾਨੀਅਤ

inⱥsānīatⱥ インサーニーアト ♦人道主義 ਮਾਨਵਵਾਦ mānavⱥwādⱥ マーナヴワード, ਮਾਨਵਤਾਵਾਦ mānavⱥtāwādⱥ マーナヴターワード ♦人道的な ਇਨਸਾਨੀ inⱥsānī インサーニー, ਮਾਨਵੀ mānavī マーナヴィー, ਨੇਕ nekⱥ ネーク

しんにゅう〖侵入〗ਘੁਸਬੈਠ kŭsⱥbaiṭʰⱥ クスバェート ♦侵入する ਘੁਸਣਾ kŭsaṇā クサナー, ਵੜਨਾ waṛⱥnā ワルナー

しんねん〖新年〗ਨਵਾਂ ਸਾਲ nawā̃ sālⱥ ナワーン サール

しんぱい〖心配〗ਚਿੰਤਾ cintā チンター, ਫ਼ਿਕਰ fikarⱥ フィカル ♦心配する ਚਿੰਤਾ ਕਰਨੀ cintā karⱥnī チンターカルニー, ਫ਼ਿਕਰ ਕਰਨਾ fikarⱥ karⱥnā フィカル カルナー, ਘਬਰਾਉਣਾ kabarā̆uṇā カバラーウナー

シンバル ਛੈਣੇ cʰaiṇe チャェーネー, ਮਜੀਰਾ majīrā マジーラー

しんぱん〖審判〗(判断・判定) ਨਿਰਨਾ nirⱥnā ニルナー (判定者・審判員) ਨਿਰਨਾਇਕ nirⱥnāikⱥ ニルナーイク, ਅੰਪਾਇਰ ampāirⱥ アンパーイル, ਰੈਫ਼ਰੀ raifarī ラェーファリー

しんぴてきな〖神秘的な〗ਗ਼ੈਬੀ ğaibī ガェービー, ਰਹੱਸਾਤਮਿਕ rahassātamikⱥ ラハッサートミク, ਰਮਜ਼ਦਾਰ ramazⱥdārⱥ ラマズダール

しんぴょうせい〖信憑性〗ਸਚਾਈ sacāī サチャーイー, ਵਾਸਤਵਿਕਤਾ wāsatⱥvikⱥtā ワーサトヴィクター

しんぷ〖新婦〗ਦੁਲਹਨ dulⱥhanⱥ ドゥルハン, ਲਾੜੀ lāṛī ラーリー

しんぷ〖神父〗ਫ਼ਾਦਰ fādarⱥ ファーダル, ਪਾਦਰੀ pādarī パーダリー

じんぶつ〖人物〗ਸ਼ਖ਼ਸ śaxasⱥ シャカス, ਵਿਅਕਤੀ viakⱥtī ヴィアクティー (性格・人柄) ਸ਼ਖ਼ਸੀਅਤ śaxⱥsīatⱥ シャクスィーアト, ਵਿਅਕਤਿਤਵ viakⱥtitavⱥ ヴィアクティタヴ

しんぶん〖新聞〗ਅਖ਼ਬਾਰ axⱥbārⱥ アクバール, ਸਮਾਚਾਰ ਪੱਤਰ samācārⱥ pattarⱥ サマーチャール パッタル ♦新聞記者 ਪੱਤਰਕਾਰ pattarⱥkārⱥ パッタルカール, ਨਾਮਾ-ਨਿਗਾਰ nāmā-nigārⱥ ナーマー・ニガール

しんぽ〖進歩〗ਉੱਨਤੀ unnatī ウンナティー, ਤਰੱਕੀ tarakkī タラッキー, ਪਰਗਤੀ parⱥgatī パルガティー ♦進歩する ਉੱਨਤੀ ਕਰਨੀ unnatī karⱥnī ウンナティー カルニー, ਤਰੱਕੀ ਕਰਨੀ tarakkī karⱥnī タラッキー カルニー, ਵਿਕਸਣਾ vikasaṇā ヴィカサナー ♦進歩的な ਤਰੱਕੀਪਸੰਦ tarakkīpasandⱥ タラッキーパサンド, ਪਰਗਤੀਸ਼ੀਲ parⱥgatīśīlⱥ パルガティーシール, ਲਿਬਰਲ libⱥralⱥ リブラル

しんぽうしゃ〖信奉者〗ਅਨੁਯਾਈ anuyāī アヌヤーイー, ਪੈਰੋਕਾਰ pairokārⱥ パェーローカール, ਮੁਰੀਦ murīdⱥ ムリード

しんぼうする〖辛抱する〗ਸਹਾਰਨਾ sărⱥnā サールナー, ਸਹਿਣਾ saîṇā サェーナー, ਬਰਦਾਸ਼ਤ ਕਰਨਾ barⱥdāśⱥtⱥ karⱥnā バルダーシュト カルナー

シンボル ਨਿਸ਼ਾਨ niśānⱥ ニシャーン, ਸੰਕੇਤ saṅketⱥ サンケート, ਪਰਤੀਕ parⱥtīkⱥ パルティーク

しんみつな〖親密な〗ਨਿਕਟ nikaṭⱥ ニカト, ਗੂੜ੍ਹਾ gûṛā グーラー, ਜਿਗਰੀ jigⱥrī ジグリー

じんもん〖尋問〗ਜਿਰ੍ਹਾ jîrā ジラー, ਤਫ਼ਤੀਸ਼ tafⱥtīśⱥ タフティーシュ

しんやくせいしょ〖新約聖書〗ਅੰਜੀਲ añjīlⱥ アンジール

しんゆう〖親友〗ਯਾਰ yārⱥ ヤール, ਜਾਨੀ jānī ジャーニー, ਹਮਦਮ hamⱥdamⱥ ハムダム

しんよう〖信用〗ਵਸਾਹ wasâ ワサー, ਵਿਸ਼ਵਾਸ viśⱥwāsⱥ ヴィシュワース, ਪਤੀਜ patījⱥ パティージ ♦信用する ਵਸਾਹ ਖਾਣਾ wasâ kʰāṇā ワサー カーナー, ਵਿਸ਼ਵਾਸ ਕਰਨਾ viśⱥwāsⱥ karⱥnā ヴィシュワース カルナー, ਪਤੀਜਣਾ patījⱥṇā パティージャナー

しんらいする〖信頼する〗ਭਰੋਸਾ ਰੱਖਣਾ parŏsā rakkʰⱥṇā パローサー ラッカナー

しんらつな〖辛辣な〗ਤਿੱਖਾ tikkʰā ティッカー, ਚੁਭਵਾਂ cûbⱥwā̃ チュブワーン

しんり〖心理〗ਮਨੋਦਸ਼ਾ manodaśā マノーダシャー, ਮਨੋਭਾਵ manopăvⱥ マノーパーヴ ♦心理学 ਮਨੋਵਿਗਿਆਨ manovigiānⱥ マノーヴィギアーン, ਸਾਈਕਾਲੋਜੀ sāīkālojī サーイーカーロージー ♦心理学者 ਮਨੋਵਿਗਿਆਨੀ manovigiānī マノーヴィギアーニー

しんりゃく〖侵略〗ਚੜ੍ਹਾਈ caṛăī チャラーイー, ਧਾਵਾ tăwā ターワー, ਆਕਰਮਣ ākarⱥmaṇⱥ アーカルマン ♦侵略する ਚੜ੍ਹਾਈ ਕਰਨੀ caṛăī karⱥnī チャラーイー カルニー, ਧਾਵਾ ਕਰਨਾ tăwā karⱥnā ターワー カルナー, ਘੁਸਣਾ kŭsaṇā クサナー

しんりょうじょ〖診療所〗ਚਿਕਿਤਸਾਲਾ cikitⱥsālā チキトサーラー, ਸ਼ਿਫ਼ਾਖ਼ਾਨਾ śifāxānā シファーカーナー, ਕਲੀਨਿਕ kalīnikⱥ カリーニク

しんりん〖森林〗ਬਣ baṇⱥ バン, ਜੰਗਲ jaṅgalⱥ ジャンガル

しんるい〖親類〗ਬੰਧੂ bândū バンドゥー, ਰਿਸ਼ਤੇਦਾਰ riśⱥtedārⱥ リシュテーダール

じんるい〖人類〗ਆਦਮਜ਼ਾਤ ādamⱥzātⱥ アーダムザート, ਮਨੁੱਖ manukkʰⱥ マヌック, ਮਾਨਵ mānavⱥ マーナヴ ♦人類学 ਮਾਨਵ ਵਿਗਿਆਨ mānavⱥ vigiānⱥ マーナヴ ヴィギアーン, ਮਾਨਵ ਸ਼ਾਸਤਰ mānavⱥ śāsⱥtarⱥ マーナヴ シャースタル

しんろ〖進路〗ਪਥ patʰⱥ パト, ਰਾਹ râ ラー, ਕੋਰਸ korasⱥ コールス

しんろう〖新郎〗ਦੂਲ੍ਹਾ dûlā ドゥーラー, ਲਾੜਾ lāṛā ラーラー

しんわ〖神話〗ਮਿਥਿਹਾਸ mitʰihāsⱥ ミティハース

す〖巣〗(蜘蛛の) ਤਾਣਾ tāṇā ターナー (鳥・昆虫の) ਆਲ੍ਹਣਾ âlaṇā アーラナー, ਘੋਂਸਲਾ kaŭsalā カォーサラー (蜂の) ਸ਼ਹਿਦ śaîdⱥ シャェード

す〖酢〗ਸਿਰਕਾ sirⱥkā スィルカー

ず〖図〗ਚਿੱਤਰ cittarⱥ チッタル

ずあん〖図案〗ਨਕਸ਼ਾ nakⱥśā ナクシャー, ਡਿਜ਼ਾਈਨ ḍizāīnⱥ ディザーイーン

すいい〖推移〗ਰਵਾਨੀ rawānī ラワーニー

すいえい〖水泳〗ਤਾਰੀ tārī ターリー, ਤਰਾਕੀ tarākī タラーキー

すいか〖西瓜〗ਤਰਬੂਜ਼ tarⱥbūzⱥ タルブーズ, ਮਤੀਰਾ

matīrā マティーラー, ਹਦਵਾਣਾ hadawāṇā ハドワーナー
すいがい〘水害〙ਬਾੜ੍ਹ bâṛa バール, ਹੜ੍ਹ hâṛa ハル, ਸੈਲਾਬ sailāba サェーラーブ
すいぎゅう〘水牛〙(牝水牛) ਮੱਝ mâjja マッジ, ਮਹੀਂ mâĩ マイーン, ਭੈਂਸ pãĩsa パェーンス (牡水牛) ਸੰਢਾ sânḍā サンダー, ਮਹਿਆਂ mâĩã マェーンアーン, ਭੈਂਸਾ pãĩsā パェーンサー
すいぎん〘水銀〙ਪਾਰਾ pārā パーラー, ਮਰਕਰੀ marakarī マルカリー
すいさんぎょう〘水産業〙ਮਾਹੀਗੀਰੀ māhīgīrī マーヒーギーリー
すいしゃ〘水車〙ਘਰਾਟ karăṭa カラート
すいじゃくする〘衰弱する〙ਦੁਰਬਲ ਹੋਣਾ durabala hoṇā ドゥルバル ホーナー, ਕਮਜ਼ੋਰ ਹੋਣਾ kamazora hoṇā カムゾール ホーナー, ਲਹਿਣਾ laîṇā ラェーナー
すいじゅん〘水準〙ਸਤਰ satara サタル, ਮਿਆਰ miāra ミアール, ਲੈਵਲ laivala ラェーヴァル
すいしょう〘水晶〙ਫਟਕ pʰaṭaka パタク, ਬਲੌਰ balaura バラォール
すいじょうき〘水蒸気〙ਭਾਫ păpʰa パープ, ਵਾਸ਼ਪ wāśapa ワーシャプ, ਸਟੀਮ saṭīma サティーム
スイス ਸਵਿਟਜ਼ਰਲੈਂਡ sawiṭazaralāĩḍa サウィトザルラェーンド
すいせい〘水星〙ਬੁੱਧ bûdda ブッド, ਮਰਕਰੀ marakarī マルカリー
すいせん〘推薦〙ਸਿਫ਼ਾਰਸ਼ sifārasá スィファールシュ ♦推薦する ਸਿਫ਼ਾਰਸ਼ ਕਰਨੀ sifāraśa karanī スィファールシュ カルニー
すいせん〘水仙〙ਨਰਗਸ naragasa ナルガス
すいそう〘水槽〙ਔਲੂ aulū アォールー, ਚੁਬੱਚਾ cubaccā チュバッチャー
すいそく〘推測〙ਅੰਦਾਜ਼ਾ andāzā アンダーザー, ਅਨੁਮਾਨ anumāna アヌマーン, ਅਟਕਲ aṭakala アトカル ♦推測する ਅੰਦਾਜ਼ਾ ਕਰਨਾ andāzā karanā アンダーザー カルナー, ਭਾਂਪਣਾ pā̆paṇā パーンパナー
すいたいする〘衰退する〙ਪਤਨ ਵੱਲ ਜਾਣਾ patana walla jāṇā パタン ワッル ジャーナー, ਢਲਨਾ ṭălanā タルナー, ਲਹਿਣਾ laîṇā ラェーナー
すいちょくな〘垂直な〙ਖੜ੍ਹਵਾਂ kʰâṛawā̃ カルワーン, ਲੰਬਕ lambaka ランバク
スィックきょうと〘スィック教徒〙(シク教徒) ਸਿੱਖ sikkʰa スィック
スイッチ ਸਵਿਚ sawica サウィチ
すいていする〘推定する〙ਮਿਥਣਾ mitʰaṇā ミタナー
すいどう〘水道〙ਵਾਟਰ ਵਰਕਸ wāṭara warakasa ワータル ワルカス
ずいひつ〘随筆〙ਨਿਬੰਧ nibânda ニバンド, ਮਜ਼ਮੂਨ mazamūna マズムーン ♦随筆家 ਨਿਬੰਧਕਾਰ nibândakāra ニバンドカール, ਮਜ਼ਮੂਨ ਨਵੀਸ mazamūna nawīsa マズムーン ナウィース, ਮਜ਼ਮੂਨ ਨਿਗਾਰ mazamūna nigāra マズムーン ニガール
すいぶん〘水分〙ਸਲ੍ਹਾਬ salăba サラーブ, ਰੇਜ reja レージ, ਤਰੀ tarī タリー
ずいぶん〘随分〙ਬਹੁਤ ਕੁਝ baûta kûja バォート クジ, ਜ਼ਿਆਦਾ ziādā ズィアーダー
すいへいの〘水平の〙ਪੱਧਰਾ pâddarā パッダラー, ਚਪਟਾ capaṭā チャプター
すいみん〘睡眠〙ਨੀਂਦ nīda ニーンド, ਸੌਣ sauṇa サォーン, ਸੌਤ sota ソート
すいようび〘水曜日〙ਬੁੱਧਵਾਰ bûddawāra ブッドワール
すいり〘推理〙ਅਨੁਮਾਨ anumāna アヌマーン, ਕਿਆਸ kiāsa キアース, ਮੰਤਕ mantaka マンタク ♦推理小説 ਜਸੂਸੀ ਨਾਵਲ jasūsī nāvala ジャスースィー ナーヴァル ♦推理する ਅਨੁਮਾਨ ਲਗਾਉਣਾ anumāna lagāuṇā アヌマーン ラガーウナー
すいれん〘睡蓮〙ਪੱਬਣ pabbaṇa パッバン
スィンドしゅう〘スィンド州〙(シンド州) ਸਿੰਧ sînda スィンド
すう〘吸う〙(液体を) ਚੁੰਘਣਾ cûṅgaṇā チュンガナー, ਚੂਸਣਾ cūsaṇā チューサナー (煙草を) ਪੀਣਾ pīṇā ピーナー (息を) ਲੈਣਾ laiṇā ラェーナー
スウェーデン ਸਵੀਡਨ sawīḍana サウィーダン
すうがく〘数学〙ਗਣਿਤ gaṇita ガニト, ਹਿੰਦਸਾ hindasā ヒンドサー
すうこうな〘崇高な〙ਉਦਾਤ udāta ウダート
すうじ〘数字〙ਸੰਖਿਆ saṅkʰiā サンキアー, ਅੰਕ aṅka アンク, ਹਿੰਦਸਾ hindasā ヒンドサー
ずうずうしい〘図々しい〙ਢੀਠ ṭĭṭʰa ティート, ਖੁੱਟੜ kʰuṭṭaṛa クッタル, ਨੱਕ ਵੱਢਾ nakka wâḍḍā ナック ワッダー
スーツ ਸੂਟ sūṭa スート
スーツケース ਸੂਟਕੇਸ sūṭakesa スートケース
すうにん〘数人〙ਕੁਝ ਲੋਕ kûja loka クジ ローク
すうねん〘数年〙ਕੁਝ ਸਾਲ kûja sāla クジ サール
すうはいする〘崇拝する〙ਅਰਾਧਨਾ ਕਰਨੀ arâdanā karanī アラーダナー カルニー, ਉਪਾਸ਼ਨਾ ਕਰਨੀ upāśanā karanī ウパーシュナー カルニー, ਪੂਜਣਾ pūjaṇā プージャナー
スープ ਸੂਪ sūpa スープ, ਸ਼ੋਰਬਾ śorabā ショールバー, ਕਰੀ karī カリー
すえる〘据える〙ਡਾਹੁਣਾ ḍâuṇā ダーウナー, ਟਿਕਾਉਣਾ ṭikāuṇā ティカーウナー, ਧਰਨਾ tăranā タルナー
スカート ਸਕਰਟ sakaraṭa サカルト, ਲਹਿੰਗਾ lâĩgā ラェーンガー, ਘੱਗਰੀ kăggarī カッガリー
スカーフ ਹਿਜਾਬ hijāba ヒジャーブ, ਚੁੰਨੀ cunnī チュンニー
ずがいこつ〘頭蓋骨〙ਖੋਪਰ kʰopara コーパル
すがた〘姿〙ਸ਼ਕਲ śakala シャカル, ਸੂਰਤ sūrata スーラト
すきな〘好きな〙ਮਨਪਸੰਦ manapasanda マンパサンド, ਮਨਚਾਹਾ manacāhā マンチャーハー, ਮਰਗ਼ੂਬ marağūba マルグーブ
すきま〘透き間〙ਚਰਹਾ cârā チャラー
スキャンダル ਸਕੈਂਡਲ sakāĩḍala サカェーンダル
すぎる〘過ぎる〙(通過する) ਲੰਘਣਾ lâṅgaṇā ランガナー (経過する) ਬੀਤਣਾ bītaṇā ビータナー, ਗੁਜ਼ਰਨਾ guzaranā グザルナー, ਵਿਹਾਉਣਾ viăuṇā ヴィアーウナー

（程度を越える） ਜ਼ਿਆਦਾ ਹੋਣਾ ziādā hoṇā ズィアーダー ホーナー
すくう〖救う〗 ਬਚਾਉਣਾ bacāuṇā バチャーウナー, ਉਧਾਰਨਾ udārạnā ウダールナー
スクーター ਸਕੂਟਰ sakūṭara サクータル
すくない〖少ない〗 ਘੱਟ kăṭṭa カット, ਥੋੜ੍ਹਾ tʰôṛā トーラー, ਕਮ kama カム
すくなくとも〖少なくとも〗 ਘੱਟੋ ਘੱਟ kăṭṭo kăṭṭa カットー カット
すぐに〖直ぐに〗 ਛੇਤੀ cʰetī チェーティー, ਜਲਦੀ jaladī ジャルディー, ਤੁਰੰਤ turanta トゥラント
すくむ ਸਿਮਟਣਾ simaṭaṇā スィムトナー
スクリーン ਸਕਰੀਨ sakarīna サクリーン, ਚਿੱਤਰ ਪਟ cittara paṭa チッタル パト
スクリュー ਪੱਖਾ pakkʰā パッカー
すぐれた〖優れた〗 ਸਰੇਸ਼ਟ sareśaṭa サレーシュト, ਉੱਘਾ ûggā ウッガー
スケール（規模・大きさ） ਮਿਕਦਾਰ mikadāra ミクダール, ਪੈਮਾਨਾ paimānā パェーマーナー, ਸਕੇਲ sakela サケール（尺度） ਨਾਪ nāpa ナープ, ਪੈਮਾਨਾ paimānā パェーマーナー, ਸਕੇਲ sakela サケール
スケッチ ਸਕੈਚ sakaica サカェーチ, ਨਕਸ਼ਾ nakaśā ナクシャー, ਖ਼ਾਕਾ xākā カーカー
すこし〖少し〗 ਕੁਝ kûja クジ, ਥੋੜ੍ਹਾ tʰôṛā トーラー, ਜ਼ਰਾ zarā ザラー
すごす〖過ごす〗 ਬਿਤਾਉਣਾ bitāuṇā ビターウナー, ਲੰਘਾਉਣਾ laṅgăuṇā ランガーウナー, ਕੱਟਣਾ kaṭṭaṇā カッタナー
すじ〖筋〗 ਰੇਖਾ rekʰā レーカー, ਲਕੀਰ lakīra ラキール, ਧਾਰੀ tărī ターリー（物事の道理） ਤਰਕ taraka タルク（話のあらすじ） ਕਥਾਨਕ katʰānaka カターナク
すじょう〖素性〗 ਜਨਮ janama ジャナム
すす〖煤〗 ਧੁਆਂਖ tuăkʰa トゥアーンク, ਕੱਜਲ kajjala カッジャル
すず〖錫〗 ਕਲੀ kalī カリー
すず〖鈴〗 ਘੰਟੀ kăṇṭī カンティー, ਘੁੰਗਰੂ kŭṅgarū クンガルー
すすぐ ਹੰਘਾਲਨਾ haṅgălaṇā ハンガールナー
すずしい〖涼しい〗 ਸੀਤਲ sītala スィータル, ਠੰਢਾ ṭʰâṇḍā タンダー
すすむ〖進む〗 ਚੱਲਣਾ callaṇā チャッラナー, ਤੁਰਨਾ turanā トゥルナー（物事が） ਵਧਣਾ wâdaṇā ワドナー
すずめ〖雀〗 ਚਿੜਾ ciṛā チラー, ਗਹੂਰਾ gaŭrā ガウーラー
すすめる〖勧める〗 ਸਲਾਹ ਦੇਣੀ salâ deṇī サラー デーニー, ਪਰਚਾਰਨਾ paracāraṇā パルチャールナー
すすめる〖進める〗 ਤੋਰਨਾ toranā トールナー
すすめる〖薦める〗 ਸਿਫ਼ਾਰਸ਼ ਕਰਨੀ sifārasa karanī スィファールシュ カルニー
すする〖啜る〗 ਸੁੜਕਣਾ suṛakaṇā スルカナー, ਚੂਸਣਾ cūsaṇā チューサナー, ਪਲਚਣਾ palacaṇā パラチャナー
すそ〖裾〗 ਅੰਚਲ añcala アンチャル, ਦਾਮਨ dāmana ダーマン
スター ਸਤਾਰਾ satārā サターラー, ਤਾਰਾ tārā ターラー
スタイル ਸਟਾਈਲ saṭāīla サターイール, ਸੂਰਤ sūrata スーラト（様式・やり方） ਸ਼ੈਲੀ śailī シャェーリー
スタジアム ਸਟੇਡੀਅਮ saṭeḍīama サテーディーアム
スタジオ ਸਟੂਡੀਓ saṭūḍīo サトゥーディーオー
すたれる〖廃れる〗 ਅਪਰਚਲਿਤ ਹੋਣਾ aparacalita hoṇā アパルチャリト ホーナー
スタンド（観覧席） ਸਟੈਂਡ saṭãĩḍa サタェーンド（照明器具） ਸਟੈਂਡ saṭãĩḍa サタェーンド（発着所） ਸਟੈਂਡ saṭãĩḍa サタェーンド, ਅੱਡਾ aḍḍā アッダー
スタンプ ਮੋਹਰ môra モール, ਅਸ਼ਟਾਮ aśaṭāma アシュターム
スチーム ਸਟੀਮ saṭīma サティーム, ਭਾਫ਼ păpʰa パープ, ਵਾਸ਼ਪ wāśapa ワーシャプ
ずつう〖頭痛〗 ਸਿਰਪੀੜ sirapīṛa スィルピール, ਸਿਰਦਰਦ siradarada スィルダルド
すっかり ਬਿਲਕੁਲ bilakula ビルクル, ਨਿਪਟ nipaṭa ニパト
すっぱい〖酸っぱい〗 ਖੱਟਾ kʰaṭṭā カッター
ステージ ਸਟੇਜ saṭeja サテージ, ਮੰਚ mañca マンチ, ਰੰਗ-ਮੰਚ raṅga-mañca ラング・マンチ
すてきな〖素敵な〗 ਮਨੋਹਰ manôra マノール, ਸੁਹਾਉਣਾ suhāuṇā スハーウナー, ਖ਼ੂਬ xūba クーブ
ステップ（踏み段） ਪਾਏਦਾਨ pāedāna パーエーダーン
すてる〖捨てる〗 ਸੁੱਟਣਾ suṭṭaṇā スッタナー, ਛੱਡਣਾ cʰaḍḍaṇā チャッダナー, ਪਲਰਨਾ palaranā パラルナー
ストーブ ਸਟੋਵ saṭova サトーヴ, ਅੰਗੀਠੀ aṅgīṭʰī アンギーティー
ストーリー ਸਟੋਰੀ saṭorī サトーリー
ストライキ ਸਟਰਾਈਕ saṭarāīka サトラーイーク, ਹੜਤਾਲ haṛatāla ハルタール, ਬੰਧ bânda バンド
ストレス ਤਣਾਉ taṇāo タナーオー
すな〖砂〗 ਰੇਤ reta レート, ਰੇਗ rega レーグ, ਬਾਲੂ bālū バールー
すなおな〖素直な〗 ਭੋਲਾ pŏlā ポーラー, ਸਿੱਧਾ sîddā スィッダー, ਮੁਖ਼ਲਿਸ muxalisa ムクリス
すなわち ਅਰਥਾਤ aratʰāta アルタート, ਯਾਨੀ yānī ヤーニー, ਜਾਣੀ jāṇī ジャーニー
すねる ਰੁੱਸਣਾ russaṇā ルッサナー
ずのう〖頭脳〗 ਦਿਮਾਗ਼ dimāğa ディマーグ, ਮਗ਼ਜ਼ mağaza マガズ
スパイ ਜਸੂਸ jasūsa ジャスース, ਗੁਪਤਚਰ gupatacara グパトチャル
スパイス ਮਸਾਲਾ masālā マサーラー, ਮਿਰਚ-ਮਸਾਲਾ miraca-masālā ミルチ・マサーラー
すばしこい ਫੁਰਤੀਲਾ pʰuratīlā プルティーラー
スパナ ਪਾਨਾ pānā パーナー
すばやい〖素早い〗 ਫੁਰਤੀਲਾ pʰuratīlā プルティーラー
すばらしい〖素晴らしい〗 ਅਦਭੁਤ adapŭta アドプト, ਸਰੇਸ਼ਟ sareśaṭa サレーシュト, ਵਧੀਆ wâdīā ワディーア
スピーカー ਲਾਊਡ ਸਪੀਕਰ lāūḍa sapīkara ラーウード サピーカル
スピーチ ਸਪੀਚ sapīca サピーチ, ਭਾਸ਼ਣ păśaṇa パーシャン, ਤਕਰੀਰ takarīra タクリール

スピード ਸਪੀਡ sapīḍa サピード, ਗਤੀ gatī ガティー, ਰਫ਼ਤਾਰ rafatāra ラフタール
ずひょう〖図表〗ਸਾਰਨੀ sāranī サールニー, ਚਿੱਤਰ cittara チッタル, ਚਾਰਟ cāraṭa チャールト
スプーン ਚਮਚ camaca チャマチ, ਚਮਚਾ camacā チャムチャー
スペイン ਸਪੇਨ sapena サペーン
すべすべした ਚਿਕਨਾ cikanā チカナー
すべての ਸਭ sâba サブ, ਸਾਰਾ sārā サーラー
すべる〖滑る〗ਤਿਲਕਣਾ tilakaṇā ティルカナー, ਫਿਸਲਣਾ pʰisalaṇā ピスラナー, ਖਿਸਕਣਾ kʰisakaṇā キスカナー（滑りやすい）ਤਿਲਕਵਾਂ tilakawā̃ ティルクワーン
スペル ਸ਼ਬਦ-ਜੋੜ śabada-joṛa シャバド・ジョール
スポークスマン ਵਕਤਾ wakatā ワクター
スポーツ ਖੇਡ kʰeḍa ケード, ਖੇਲ kʰela ケール
ズボン ਪੈਂਟ pãīṭa パェーント, ਪਤਲੂਣ patalūṇa パトルーン
スポンジ ਸਪੰਜ sapañja サパンジ
すまい〖住まい〗ਮਕਾਨ makāna マカーン, ਰਿਹਾਇਸ਼ rihāiśa リハーイシュ
すます〖済ます〗（終わらせる）ਖ਼ਤਮ ਕਰਨਾ xatama karanā カタム カルナー, ਨਿਪਟਾਉਣਾ nipaṭāuṇā ニプターウナー, ਨਿਬੇੜਨਾ niberanā ニベールナー（代用する）ਸਾਰਨਾ sāranā サールナー
すみ〖隅〗ਕੋਣਾ koṇā コーナー, ਖੂੰਜਾ kʰũjā クーンジャー, ਕਾਰਨਰ kāranara カールナル
すみ〖炭〗ਕੋਲਾ kolā コーラー
すみれ〖菫〗ਬਨਫ਼ਸ਼ਾ banafaśā バナフシャー
すむ〖済む〗ਖ਼ਤਮ ਹੋਣਾ xatama hoṇā カタム ホーナー, ਨਿਪਟਣਾ nipaṭaṇā ニプタナー
すむ〖住む〗ਰਹਿਣਾ raîṇā ラェーナー, ਵੱਸਣਾ wassaṇā ワッサナー
すむ〖澄む〗ਸੁਅੱਛ ਹੋਣਾ suaccʰa hoṇā スアッチ ホーナー
ずらす ਹਟਾਉਣਾ haṭāuṇā ハターウナー, ਖਿਸਕਾਉਣਾ kʰisakāuṇā キスカーウナー, ਫਿਸਲਾਉਣਾ pʰisalāuṇā ピスラーウナー
すり ਪਾਕਟਮਾਰ pākaṭamāra パーカトマール, ਉਠਾਈਗੀਰ uṭʰāīgīra ウターイーギール
すりきず〖擦り傷〗ਘਸਰ kǎsara カサル, ਰਗੜ ragaṛa ラガル
すりきれる〖擦り切れる〗ਹੰਢਣਾ hâṇḍaṇā ハンダナー
スリッパ ਸਲੀਪਰ salīpara サリーパル
スリップする ਤਿਲਕਣਾ tilakaṇā ティルカナー, ਫਿਸਲਣਾ pʰisalaṇā ピスラナー, ਖਿਸਕਣਾ kʰisakaṇā キスカナー
スリムな ਪਤਲਾ patalā パトラー, ਦੁਬਲਾ dubalā ドゥブラー, ਲਿੱਸਾ lissā リッサー
スリランカ ਸ੍ਰੀਲੰਕਾ srīlaṅkā スリーランカー
する ਕਰਨਾ karanā カルナー
する〖擦る〗（こする）ਘਸਾਉਣਾ kasǎuṇā カサーウナー, ਰਗੜਨਾ ragaṛanā ラガルナー, ਖੁਰਚਣਾ kʰuracaṇā クルチナー

ずるい ਮੀਸਣਾ mīsaṇā ミーサナー, ਧੋਖੇਬਾਜ਼ tǒkʰebāza トーケーバーズ, ਕਪਟੀ kapaṭī カプティー
ずるがしこい〖ずる賢い〗ਚਲਾਕ calāka チャラーク
するどい〖鋭い〗ਚੱਸਦਾਰ cassadāra チャッスダール, ਨੋਕਦਾਰ nokadāra ノークダール, ਨੁਕਰੀਲਾ nukarīlā ヌクリーラー
ずれる ਹਟਣਾ haṭaṇā ハタナー, ਖਿਸਕਣਾ kʰisakaṇā キスカナー, ਫਿਸਲਣਾ pʰisalaṇā ピスラナー
スローガン ਨਾਅਰਾ nāarā ナーアラー
すわる〖座る〗ਬਹਿਣਾ baîṇā バェーナー, ਬੈਠਣਾ baiṭʰaṇā バェータナー
せ〖背〗（背中）ਪਿੱਠ piṭṭʰa ピット, ਮਗਰ magara マガル, ਬੈਕ baika バェーク（背丈）ਕੱਦ kadda カッド, ਕਾਮਤ kāmata カーマト
せい〖姓〗ਕੁਲ ਨਾਂ kula nā̃ クル ナーン, ਖ਼ਾਨਦਾਨੀ ਨਾਂ xānadānī nā̃ カーンダーニー ナーン
せい〖性〗ਲਿੰਗ liṅga リング
ぜい〖税〗ਕਰ kara カル, ਜਗਾਤ jagāta ジャガート, ਟੈਕਸ ṭaikasa タェークス
せいい〖誠意〗ਵਫ਼ਾ wafā ワファー, ਦਿਆਨਤ diānata ディアーナト
せいおう〖西欧〗ਪੱਛਮ paccʰama パッチャム
せいか〖成果〗ਫਲ pʰala パル
せいかく〖性格〗ਸੁਭਾਉ subǎo スバーオー, ਸ਼ਖ਼ਸੀਅਤ śaxasīata シャクスィーアト, ਵਿਅਕਤਿਤਵ viakatitava ヴィアクティタヴ
せいかくな〖正確な〗ਠੀਕ ṭʰīka ティーク, ਸਹੀ sâī サイー
せいかつ〖生活〗ਜੀਵਨ jīwana ジーワン, ਜ਼ਿੰਦਗੀ zindagī ズィンダギー, ਹਯਾਤੀ hayātī ハヤーティー ♦生活する ਜਿਉਣਾ jiũṇā ジウーンナー
ぜいかん〖税関〗ਸੀਮਾ-ਕਰ ਵਿਭਾਗ sīmā-kara vipǎga スィーマー・カル ヴィパーグ, ਨੱਕਾ nakkā ナッカー
せいき〖世紀〗ਸ਼ਤਾਬਦੀ śatābadī シャターブディー, ਸਦੀ sadī サディー
せいぎ〖正義〗ਇਨਸਾਫ਼ inasāfa インサーフ, ਨਿਆਂ niā̃ ニアーン, ਜਸਟਿਸ jasaṭisa ジャスティス
せいきゅう〖請求〗ਮੰਗ maṅga マング, ਮੁਤਾਲਬਾ mutālabā ムタールバー, ਦਰਖ਼ਾਸਤ daraxāsata ダルカースト ♦請求書 ਬਿਲ bila ビル ♦請求する ਮੰਗਣਾ maṅgaṇā マンガナー
せいぎょ〖制御〗ਵੱਸ wassa ワッス, ਵਸੀਕਾਰ wasīkāra ワスィーカール, ਕਾਬੂ kābū カーブー ♦制御する ਵੱਸ ਕਰਨਾ wassa karanā ワッス カルナー, ਕਾਬੂ ਵਿੱਚ ਰੱਖਣਾ kābū wicca rakkʰaṇā カーブー ウィッチ ラッカナー, ਦਬਾਉਣਾ dabāuṇā ダバーウナー
ぜいきん〖税金〗ਕਰ kara カル, ਜਗਾਤ jagāta ジャガート, ਟੈਕਸ ṭaikasa タェークス
せいけい〖生計〗ਜੀਵਕਾ jīvakā ジーヴカー, ਰੋਜ਼ੀ rozī ローズィー, ਗੁਜ਼ਾਰਾ guzārā グザーラー
せいけつな〖清潔な〗ਸਾਫ਼ sāfa サーフ, ਸੁਅੱਛ suaccʰa スアッチ
せいけん〖政権〗ਰਾਜ-ਸੱਤਾ rāja-sattā ラージ・サッター
せいげん〖制限〗ਰੋਕ roka ローク, ਪਾਬੰਦੀ pābandī

パーバンディー, ਹਟਕ haṭaka ハタク ♦制限する ਰੋਕਣਾ rokaṇā ローカナー, ਪਾਬੰਦ ਕਰਨਾ pābanda karanā パーバンド カルナー, ਹਟਕਣਾ haṭakaṇā ハタカナー

せいこう〖成功〗ਸਫਲਤਾ sapʰalatā サパルター, ਕਾਮਯਾਬੀ kāmayābī カームヤービー ♦成功する ਸਫਲ ਹੋਣਾ sapʰala hoṇā サパル ホーナー

せいざ〖星座〗ਤਾਰਾ ਮੰਡਲ tārā manḍala ターラー マンダル, ਖਿੱਤੀ kʰittī キッティー

せいさく〖制作〗ਰਚਨਾ racanā ラチナー

せいさく〖政策〗ਰਾਜਨੀਤੀ rājanītī ラージニーティー, ਪਾਲਿਸੀ pālisī パーリスィー

せいさん〖生産〗ਪੈਦਾਇਸ਼ paidāiśa パェーダーイシュ, ਉਤਪਾਦਨ utapādana ウトパーダン ♦生産する ਪੈਦਾ ਕਰਨਾ paidā karanā パェーダー カルナー, ਉਪਜਾਉਣਾ upajāuṇā ウプジャーウナー

せいし〖生死〗ਜਨਮ ਮਰਨ janama marana ジャナム マラン, ਆਵਾਗਮਣ āwāgamaṇa アーワーガマン

せいし〖静止〗ਸਥਿਰਤਾ satʰiratā サティルター, ਗਤੀਹੀਣਤਾ gatīhīṇatā ガティーヒーンター ♦静止する ਸਥਿਰ ਹੋਣਾ satʰira hoṇā サティル ホーナー, ਗਤੀਹੀਣ ਹੋਣਾ gatīhīṇa hoṇā ガティーヒーン ホーナー

せいじ〖政治〗ਰਾਜਨੀਤੀ rājanītī ラージニーティー, ਸਿਆਸਤ siāsata スィアースト, ਪਾਲਿਟਿਕਸ pāliṭikasa パーリティクス ♦政治家 ਰਾਜਨੀਤੱਗ rājanītagga ラージニータッグ, ਸਿਆਸਤਦਾਨ siāsatadāna スィアーストダーン, ਪਾਲਿਟਿਸ਼ਨ pāliṭiśana パーリティシャン

せいしきの〖正式の〗ਟਕਸਾਲੀ ṭakasālī タクサーリー, ਨਿਯਮਬੱਧ niyamabâdda ニヤムバッド

せいしつ〖性質〗ਸੁਭਾਉ subăo スバーオー, ਮਿਜ਼ਾਜ mizāja ミザージ

せいじつな〖誠実な〗ਇਮਾਨਦਾਰ imānadāra イマーンダール, ਵਫ਼ਾਦਾਰ wafādāra ワファーダール, ਨਿਭਾਊ nibăū ニバーウー

せいじゃく〖静寂〗ਖ਼ਮੋਸ਼ੀ xamośī カモーシー, ਸੰਨਾਟਾ sannāṭā サンナーター, ਸ਼ਾਂਤੀ śā̃tī シャーンティー

せいじゅくする〖成熟する〗ਪੱਕਣਾ pakkaṇā パッカナー

せいしゅん〖青春〗ਜੋਬਨ jobana ジョーバン, ਸ਼ਬਾਬ śabāba シャバーブ, ਜਵਾਨੀ jawānī ジャワーニー

せいしょ〖聖書〗ਅੰਜੀਲ añjīla アンジール, ਬਾਈਬਲ bāībala バーイーバル

せいじょうな〖正常な〗ਠੀਕ ṭʰīka ティーク

せいしょくしゃ〖聖職者〗ਮੁਫ਼ਤੀ mufatī ムフティー, ਮੁਲਾਣਾ mulāṇā ムラーナー, ਪਾਦਰੀ pādarī パーダリー

せいしん〖精神〗ਆਤਮਾ ātamā アートマー, ਰੂਹ rû ルー

せいじん〖成人〗ਬਾਲਗ਼ bālağa バーラグ ♦成人する ਬਾਲਗ਼ ਬਣਨਾ bālağa baṇanā バーラグ バンナー

せいじん〖聖人〗ਸੰਤ santa サント, ਸੇਂਟ sēṭa セーント

せいず〖製図〗ਨਕਸ਼ਾ-ਕਸ਼ੀ nakaśā-kaśī ナクシャー・カシー, ਡਰਾਇੰਗ ḍarāiṅga ダラーイング

せいすう〖整数〗ਪੂਰਨ ਅੰਕ pūrana aṅka プーラン アンク

せいせき〖成績〗ਨਤੀਜਾ natījā ナティージャー, ਰਿਜ਼ਲਟ rizalaṭa リザルト

せいぞう〖製造〗ਨਿਰਮਾਣ niramāṇa ニルマーン, ਉਤਪਾਦਨ utapādana ウトパーダン ♦製造業 ਉਦਯੋਗ udayoga ウドヨーグ

せいぞん〖生存〗ਜੀਵਨ jīwana ジーワン, ਨਿਰਬਾਹ nirabâ ニルバー ♦生存する ਜਿਉਂਦੇ ਰਹਿਣਾ jiũde raîṇā ジウーンデー ラェーナー

ぜいたく〖贅沢〗ਵਿਲਾਸ vilāsa ヴィラース ♦贅沢な ਵਿਲਾਸੀ vilāsī ヴィラースィー

せいち〖聖地〗ਤੀਰਥ tīratʰa ティーラト, ਧਾਮ tăma ターム, ਮਜ਼ਾਰ mazāra マザール

せいちょう〖成長〗ਪੁਸ਼ਟੀ puśaṭī プシュティー, ਵਰਿਧੀ varîdī ヴァリディー, ਵਿਕਾਸ vikāsa ヴィカース ♦成長する ਵਧਣਾ wâdaṇā ワドナー, ਵਿਕਸਣਾ vikasaṇā ヴィカサナー

せいてん〖晴天〗ਵਧੀਆ ਮੌਸਮ wâdīā mausama ワディーアー マォーサム

せいと〖生徒〗ਛਾਤਰ cʰātara チャータル, ਸ਼ਗਿਰਦ śagirada シャギルド, ਸਟੂਡੈਂਟ saṭūḍãĩṭa サトゥーダェーント

せいど〖制度〗ਪਰਨਾਲੀ paranālī パルナーリー, ਨਿਜ਼ਾਮ nizāma ニザーム, ਸਿਸਟਮ sisaṭama スィスタム

せいとう〖政党〗ਦਲ dala ダル, ਪੋਲਿਟੀਕਲ ਪਾਰਟੀ poliṭīkala pāraṭī ポーリティーカル パールティー

せいとうな〖正当な〗ਨਿਆਂਸ਼ੀਲ niā̃śīla ニアーンシール, ਜਾਇਜ਼ jāiza ジャーイズ, ਹੱਕੀ hakkī ハッキー

せいとんする〖整頓する〗ਸਜਾਉਣਾ sajāuṇā サジャーウナー

せいねん〖青年〗ਗੱਭਰੂ gâbbarū ガッブルー, ਨੌਜਵਾਨ naujawāna ナォージャワーン, ਯੁਵਕ yuwaka ユワク

せいねんがっぴ〖生年月日〗ਜਨਮ ਤਾਰੀਖ਼ janama tārīxa ジャナム ターリーク, ਜਨਮ ਤਿਥੀ janama titʰī ジャナム ティティー

せいびする〖整備する〗ਸਾਂਭਣਾ sā̂bhaṇā サーンバナー

せいびょう〖性病〗ਗੁਪਤ-ਰੋਗ gupata-roga グプト・ローグ

せいひん〖製品〗ਉਤਪਾਦਨ utapādana ウトパーダン, ਵੱਖਰ wakkʰara ワッカル

せいふ〖政府〗ਸਰਕਾਰ sarakāra サルカール, ਗਵਰਮਿੰਟ gavaramiṇṭa ガヴァルミント

せいぶ〖西部〗ਪੱਛਮ paccʰama パッチャム, ਮਗ਼ਰਬ mağaraba マグラブ

せいふく〖制服〗ਵਰਦੀ waradī ワルディー, ਯੂਨੀਫ਼ਾਰਮ yūnīfārama ユーニーファールム

せいふくする〖征服する〗ਅਧੀਨ ਕਰਨਾ adĭna karanā アディーン カルナー, ਤਸੱਲਤ ਜਮਾਉਣਾ tasallata jamāuṇā タサッラト ジャマーウナー

せいぶつ〖生物〗ਜੀਵ jīva ジーヴ, ਪਰਾਣੀ parāṇī パラーニー, ਮਖ਼ਲੂਕ maxalūka マクルーク ♦生物学 ਜੀਵ ਵਿਗਿਆਨ jīva vigiāna ジーヴ ヴィギアーン, ਪਰਾਣੀ ਵਿਗਿਆਨ parāṇī vigiāna パラーニー ヴィギアーン

せいぶん〖成分〗ਤੱਤ tatta タット

せいべつ〖性別〗ਲਿੰਗਤਾ liṅgatā リングター

せいほうけい〖正方形〗ਮਰੱਬਾ marabbā マラッバー

せいめい〖生命〗ਜਾਨ jāna ジャーン, ਜੀਵ jīva ジー

ヴ, ਜੀਵਨ jīwanḁ ジーワン ♦生命保険 ਜੀਵਨ ਬੀਮਾ jīwanḁ bīmā ジーワン ビーマー, ਲਾਈਫ਼ ਇੰਸ਼ੋਰੈਂਸ lāīfḁ inśorāĩsḁ ラーイーフ インショーラェーンス
せいやく〖制約〗ਰੋਕ rokḁ ローク
せいやく〖誓約〗ਸਹੁੰ sāû̃ サォーン, ਸ਼ਪਥ śapat^{h}ḁ シャパト, ਕਸਮ kasamḁ カサム
せいよう〖西洋〗ਪੱਛਮ pacc^{h}amḁ パッチャム, ਮਗ਼ਰਬ mağarabḁ マグラブ
せいり〖整理〗ਤਰਤੀਬ taratībḁ タルティーブ ♦整理する ਤਰਤੀਬ ਦੇਣੀ taratībḁ deṇī タルティーブ デーニー, ਸਜਾਉਣਾ sajāuṇā サジャーウナー
せいり〖生理〗（月経）ਮਾਹਵਾਰੀ mâwārī マーワーリー, ਸਿਰਨ੍ਹਾਉਣੀ siranăuṇī スィルナーウニー
せいりょういんりょう〖清涼飲料〗ਸ਼ਰਬਤ śarabatḁ シャルバト, ਮਿੱਠਾ ਪਾਣੀ miṭṭ^{h}ā pāṇī ミッター パーニー
せいりょく〖勢力〗ਸ਼ਕਤੀ śakatī シャクティー, ਤਾਕਤ tākatḁ ターカト, ਪਾਵਰ pāwarḁ パーワル
せいりょく〖精力〗ਆਂਗਸ ā̃gasḁ アーンガス ♦精力的な ਉੱਦਮੀ uddamī ウッダミー, ਚੁਸਤ cusatḁ チュスト
せいれき〖西暦〗ਈਸਵੀ ਸੰਨ īsawī sannḁ イースウィー サンヌ
セーター ਸਵੈਟਰ sawaiṭarḁ サワェータル
せかい〖世界〗ਦੁਨੀਆ duniā ドゥニーアー, ਜੱਗ jaggḁ ジャッグ, ਸੰਸਾਰ sansārḁ サンサール ♦世界的な ਵਿਸ਼ਵ-ਵਿਆਪੀ viśavḁ-viāpī ヴィシャヴ・ヴィアーピー, ਜਗਤ-ਵਿਆਪੀ jagatḁ-viāpī ジャガト・ヴィアーピー
せき〖咳〗ਖਾਂਸੀ k^{h}ā̃sī カーンスィー, ਖੰਘ k^{h}âṅgḁ カング
せき〖席〗ਸੀਟ sīṭḁ スィート
せきじゅうじ〖赤十字〗ਰੈੱਡਕ੍ਰਾਸ raiḍḍakrāsḁ ラェーッドクラース
せきたん〖石炭〗ਕੋਲਾ kolā コーラー, ਕੋਲ kolḁ コール
せきにん〖責任〗ਜ਼ੁੰਮੇਵਾਰੀ zummewārī ズンメーワーリー, ਉੱਤਰਦਾਇਕਤਾ uttaradāikatā ウッタルダーイクター, ਜਵਾਬਦੇਹੀ jawābadĕī ジャワーブデーイー
せきゆ〖石油〗ਤੇਲ telḁ テール, ਆਇਲ āilḁ アーイル
せきり〖赤痢〗ਪੇਚਸ਼ pecaśḁ ペーチャシュ
セクシーな ਸੈਕਸੀ saikasī サェークスィー
セクハラ ਛੇੜਛਾੜ c^{h}eṛac^{h}āṛḁ チェールチャール, ਛੇੜਖਾਨੀ c^{h}eṛak^{h}ānī チェールカーニー
せけん〖世間〗ਦੁਨੀਆ duniā ドゥニーアー, ਸੰਸਾਰ sansārḁ サンサール
せだい〖世代〗ਪੀੜ੍ਹੀ pîṛī ピーリー, ਪੋਚ pocḁ ポーチ, ਪੁਸ਼ਤ puśatḁ プシュト
せつ〖説〗（意見・見解）ਦਾਹਵਾ dâwā ダーワー, ਖ਼ਿਆਲ xiālḁ キアール, ਖ਼ਿਆਲਾਤ xiālātḁ キアーラート（学説）ਥਿਊਰੀ t^{h}iūrī ティウーリー
せっかい〖石灰〗ਚੂਨਾ cūnā チューナー
せっかちな ਜਲਦਬਾਜ਼ jaladabāzḁ ジャルドバーズ, ਕਾਹਲਾ kâlā カーラー, ਉਤਾਉਲਾ utāulā ウターウラー
せっきゃく〖接客〗ਪਰਾਹੁਣਚਾਰੀ parâuṇacārī パラーウンチャーリー, ਮਹਿਮਾਨਦਾਰੀ maîmānadārī マェーマーンダーリー, ਅਤਿਥੀ ਸੇਵਾ atit^{h}i sewā アティティー セーワー
せっきょうする〖説教する〗ਉਪਦੇਸ਼ ਦੇਣਾ upadeśḁ deṇā ウプデーシュ デーナー, ਨਸੀਹਤ ਦੇਣੀ nasîatḁ deṇī ナスィーアト デーニー
せっきょくせい〖積極性〗ਆਹਰ ârḁ アール, ਸਰਗਰਮੀ saragaramī サルガルミー
せっきょくてきな〖積極的な〗ਆਹਰੀ ârī アーリー, ਸਰਗਰਮ saragaramḁ サルガルム
せっきん〖接近〗ਨੇੜਾ neṛā ネーラー, ਢੁਕਾਅ ṭukắa トゥカーア, ਨਜ਼ਦੀਕੀ nazadīkī ナズディーキー ♦接近する ਕੋਲ ਜਾਣਾ kolḁ jāṇā コール ジャーナー, ਢੁੱਕਣਾ ṭŭkkaṇā トゥッカナー
セックス ਸੈਕਸ saikasḁ サェークス
せっけい〖設計〗ਵਿਓਂਤਕਾਰੀ viõtakārī ヴィオーントカーリー, ਰੂਪਰੇਖਾ rūparek^{h}ā ループレーカー, ਡਿਜ਼ਾਈਨ ḍizāīnḁ ディザーイーン ♦設計図 ਡਰਾਫ਼ਟ ḍarāfaṭḁ ダラーフト ♦設計する ਵਿਓਂਤਣਾ viõtaṇā ヴィオーンタナー
せっけん〖石鹸〗ਸਾਬਣ sābaṇḁ サーバン, ਸੋਪ sopḁ ソープ
せっこう〖石膏〗ਗੱਚ gaccḁ ガッチ
ぜっこうの〖絶好の〗ਟਿਚਨ ṭicanḁ ティチャン
せっしゅする〖摂取する〗ਛਕਣਾ c^{h}akaṇā チャカナー, ਖਾਣਾ k^{h}āṇā カーナー, ਲੈਣਾ laiṇā ラェーナー
せっしょく〖接触〗ਛੋਹ c^{h}ô チョー, ਭਿੱਟ pĭṭṭḁ ピット, ਸਪਰਸ਼ saparaśḁ サパルシュ ♦接触する ਛੂਹਣਾ c^{h}ûṇā チューナー, ਭਿੱਟਣਾ pĭṭṭaṇā ピッタナー, ਪਰਸਣਾ parasaṇā パルサナー
ぜっしょく〖絶食〗ਨਿਰਾਹਾਰ nirāhārḁ ニラーハール, ਫ਼ਾਕਾ fākā ファーカー
せっせい〖節制〗ਪਰਹੇਜ਼ parahezḁ パルヘーズ, ਸੰਜਮ sañjamḁ サンジャム, ਟੈਂਪਰੰਸ ṭāĩparansḁ ターェンプランス ♦節制する ਪਰਹੇਜ਼ ਕਰਨਾ parahezḁ karanā パルヘーズ カルナー
せつぞく〖接続〗ਜੋੜ joṛḁ ジョール, ਲਗਾਉ lagāo ラガーオー, ਪਿਓਂਦ piõdḁ ピオーンド ♦接続詞 ਸੰਯੋਜਕ sanyojakḁ サニョージャク, ਯੋਜਕ yojakḁ ヨージャク ♦接続する ਜੋੜਨਾ joṛanā ジョールナー, ਲਗਾਉਣਾ lagāuṇā ラガーウナー
せったい〖接待〗ਮੇਜ਼ਬਾਨੀ mezabānī メーズバーニー, ਇਸਤਕਬਾਲ isatakabālḁ イスタクバール, ਅਗਵਾਨੀ agawānī アグワーニー ♦接待する ਇਸਤਕਬਾਲ ਕਰਨਾ isatakabālḁ karanā イスタクバール カルナー
ぜったいの〖絶対の〗ਕਤਈ kataī カタイー, ਪਰਮ paramḁ パラム
せつだんする〖切断する〗ਕੱਟਣਾ kaṭṭaṇā カッタナー, ਕੱਪਣਾ kappaṇā カッパナー
せっちゃくざい〖接着剤〗ਗੂੰਦ gū̃dḁ グーンド
せっちゅうあん〖折衷案〗ਸਮਝੌਤਾ samajaŭtā サムジャォーター
ぜっちょう〖絶頂〗ਚੋਟੀ coṭī チョーティー, ਸਿਖਰ sik^{h}arḁ スィカル, ਟੀਸੀ ṭīsī ティースィー
せってん〖接点〗ਸੰਧੀ sândī サンディー
セット ਸੈੱਟ saiṭṭḁ サェーット, ਯੂਨਿਟ yūniṭḁ ユーニト
せつど〖節度〗ਮਰਯਾਦਾ marayādā マルヤーダー, ਰਹਿਤਲ raîtalḁ ラェータル, ਸੰਜਮ sañjamḁ サンジャム
せっとくする〖説得する〗ਸਮਝਾਉਣਾ samajăuṇā サム

ジャーウナー, ਮਨਾਉਣਾ manāuṇā マナーウナー
せっぱく〖切迫〗ਅਤੀ ਆਵਸ਼ਕਤਾ atī āwaśakatā アティー アーウシャクター, ਦਬਾ dabā ダバー
せつび〖設備〗ਸੁਵਿਧਾ sûvidā スヴィダー
ぜつぼう〖絶望〗ਨਿਰਾਸ਼ਾ nirāśā ニラーシャー, ਬੇਉਮੀਦੀ beumīdī ベーウミーディー, ਲਾਚਾਰੀ lācārī ラーチャーリー♦絶望的な ਨਿਰਾਸ਼ਾਜਨਕ nirāśājanaka ニラーシャージャナク, ਲਾਚਾਰ lācāra ラーチャール
せつめい〖説明〗ਵਿਆਖਿਆ viākʰiā ヴィアーキアー, ਕੈਫ਼ੀਅਤ kaifīata カェーフィーアト ♦説明書 ਵਖਾਣ wakʰāṇa ワカーン ♦説明する ਵਖਾਣਨਾ wakʰāṇanā ワカーンナー
ぜつめつ〖絶滅〗ਸੱਤਿਆਨਾਸ sattiānāsa サッティアーナース, ਸਰਬਨਾਸ sarabanāsa サルブナース, ਸੰਘਾਰ saṅgǎra サンガール ♦絶滅する ਮਿਟਣਾ miṭaṇā ミタナー
せつやく〖節約〗ਬੱਚਤ baccata バッチャト, ਕਫ਼ਾਇਤ kafāita カファーイト ♦節約する ਬਚਾਉਣਾ bacāuṇā バチャーウナー
せつりつする〖設立する〗ਅਸਥਾਪਣਾ asatʰāpaṇā アスタープナー
せなか〖背中〗ਪਿੱਠ piṭṭʰa ピット, ਮਗਰ magara マガル, ਬੈਕ baika バェーク
せのびする〖背伸びする〗ਉਚਕਣਾ ucakaṇā ウチャクナー
ぜひとも〖是非とも〗ਜੀ ਸਦਕੇ jī sadake ジー サドケー
せぼね〖背骨〗ਰੀੜ੍ਹ rīṛa リール, ਕੰਗਰੋੜ kaṅgaroṛa カングロール, ਕਨਾਤ kanāta カナート
せまい〖狭い〗ਤੰਗ taṅga タング, ਭੀੜਾ pīṛā ピーラー, ਸੰਕੀਰਨ saṅkīrana サンキーラン
せまる〖迫る〗(強いる) ਮਜਬੂਰ ਕਰਨਾ majabūra karanā マジブール カルナー, ਦਬਾਉਣਾ dabāuṇā ダバーウナー (近づく) ਨੇੜੇ ਆਉਣਾ neṛe āuṇā ネーレー アーウナー, ਕੋਲ ਜਾਣਾ kola jāṇā コール ジャーナー, ਢੁੱਕਣਾ ṭŭkkaṇā トゥッカナー (切迫する) ਨਾਜ਼ਕ ਹੋਣਾ nāzaka hoṇā ナーザク ホーナー
せめる〖攻める〗ਹਮਲਾ ਕਰਨਾ hamalā karanā ハムラー カルナー, ਆਕਰਮਣ ਕਰਨਾ ākaramaṇa karanā アーカルマン カルナー
せめる〖責める〗ਨਿੰਦਾ ਕਰਨੀ nindā karanī ニンダー カルニー, ਕੋਸਣਾ kosaṇā コーサナー
セメント ਸੀਮਿੰਟ sīmiṇṭa スィーミント
ゼラチン ਸਰੇਸ਼ sareśa サレーシュ
ゼリー ਜੈਲੀ jailī ジャェーリー
ゼロ〖0〗ਸਿਫ਼ਰ sifara スィファル, ਸੁੰਨ sunna スンヌ, ਜ਼ੀਰੋ zīro ズィーロー
せろん〖世論〗ਲੋਕ-ਰਾਏ loka-rāe ローク・ラーエー
せわ〖世話〗ਸੇਵਾ sewā セーワー, ਖ਼ਿਦਮਤ xidamata キドマト, ਸੰਭਾਲ sambǎla サンバール ♦世話をする ਸੇਵਾ ਕਰਨੀ sewā karanī セーワー カルニー, ਸੇਵਣਾ sewaṇā セーウナー, ਸਾਂਭਣਾ sǎbaṇā サーンバナー
せん〖千〗ਹਜ਼ਾਰ hazāra ハザール, ਸਹੰਸਰ sahansara サハンサル
せん〖栓〗ਟੂਟੀ ṭūṭī トゥーティー, ਡੱਟ ḍaṭṭa ダット, ਪਲੱਗ palagga パラッグ
せん〖線〗ਰੇਖਾ rekʰā レーカー, ਲਕੀਰ lakīra ラキール, ਧਾਰੀ tǎrī ターリー
ぜん〖善〗ਅਛਾਈ acʰāī アチャーイー, ਨੇਕੀ nekī ネーキー, ਸਤੋਗੁਣ satoguṇa サトーグン
ぜんあく〖善悪〗ਪੁੰਨ-ਪਾਪ punna-pāpa プンヌ・パープ ♦善悪の ਮੰਦਾ-ਚੰਗਾ mandā-caṅgā マンダー・チャンガー
せんい〖繊維〗ਰੇਸ਼ਾ reśā レーシャー, ਤੰਦ tanda タンド, ਫ਼ਾਈਬਰ fāībara ファーイーバル
ぜんい〖善意〗ਸ਼ੁਭ ਇੱਛਿਆ śûba iccʰiā シュブ イッチアー, ਸਦਭਾਵ sadapǎva サドパーヴ, ਮੁਰੱਵਤ murawwata ムラッワト
ぜんえい〖前衛〗ਹਰਾਵਲ harāwala ハラーワル, ਮੁਹਰੈਲ môraila モーラェール
せんきょ〖選挙〗ਚੋਣ coṇa チョーン, ਚੁਣਾਉ cuṇāo チュナーオー, ਇੰਤਖ਼ਾਬ intaxāba イントカーブ
せんきょうし〖宣教師〗ਪਾਦਰੀ pādarī パーダリー
せんくしゃ〖先駆者〗ਆਗੂ āgū アーグー, ਬਾਨੀ bānī バーニー, ਮਸ਼ਾਲਚੀ maśālacī マシャールチー
せんげつ〖先月〗(主格) ਪਿਛਲਾ ਮਹੀਨਾ picʰalā maǐnā ピチラー マイーナー (後置格) ਪਿਛਲੇ ਮਹੀਨੇ picʰale maǐne ピチレー マイーネー
せんげん〖宣言〗ਐਲਾਨ ailāna アェーラーン, ਘੋਸ਼ਣਾ kǒśaṇā コーシャナー, ਬਿਆਨ biāna ビアーン ♦宣言する ਐਲਾਨ ਕਰਨਾ ailāna karanā アェーラーン カルナー, ਬਿਆਨ ਦੇਣਾ biāna deṇā ビアーン デーナー
せんこう〖線香〗ਅਗਰਬੱਤੀ agarabattī アガルバッティー, ਧੂਪ ਬੱਤੀ tǔpa battī トゥープ バッティー
せんさいな〖繊細な〗ਬਰੀਕ barīka バリーク, ਸੂਖਮ sūkʰama スーカム, ਸੰਵੇਦਨਸ਼ੀਲ sanvedanaśīla サンヴェーダンシール
せんしゃ〖戦車〗ਰਥ ratʰa ラト, ਟੈਂਕ ṭāīka タェーンク
せんしゅ〖選手〗ਖਿਡਾਰੀ kʰiḍārī キダーリー, ਪਲੇਅਰ paleara パレーアル ♦選手権 ਖ਼ਿਤਾਬ xitāba キターブ
せんしゅう〖先週〗(主格) ਪਿਛਲਾ ਹਫ਼ਤਾ picʰalā hafatā ピチラー ハフター (後置格) ਪਿਛਲੇ ਹਫ਼ਤੇ picʰale hafate ピチレー ハフテー
せんじゅうみん〖先住民〗ਆਦਿ-ਵਾਸੀ ād-wāsī アード・ワースィー
せんしゅつ〖選出〗ਚੋਣ coṇa チョーン, ਇੰਤਖ਼ਾਬ intaxāba イントカーブ
せんじゅつ〖戦術〗ਜੰਗੀ ਚਾਲਾਂ jaṅgī cālā̃ ジャンギー チャーラーン, ਪੈਂਤੜਾ pãītaṛā パェーンタラー
せんしゅつする〖選出する〗ਚੁਣਨਾ cuṇanā チュンナー, ਚੋਣ ਕਰਨੀ coṇa karanī チョーン カルニー
ぜんじゅつの〖前述の〗ਉਪਰੋਕਤ uparokata ウプローカト
せんじょう〖戦場〗ਰਣ-ਭੂਮੀ raṇa-pǔmī ラン・プーミー, ਰਣ-ਖੇਤਰ raṇa-kʰetara ラン・ケータル, ਯੁੱਧ-ਭੂਮੀ yûdda-pǔmī ユッド・プーミー
せんしょく〖染色〗ਰੰਗਰੇਜ਼ੀ raṅgarezī ラングレーズィー, ਰੰਗਸਾਜ਼ੀ raṅgasāzī ラングサーズィー, ਰੰਗਵਾਈ raṅgawāī ラングワーイー

ぜんしん〚前進〛ਪਰਗਤੀ paragatī パルガティー，ਤਰੱਕੀ tarakkī タラッキー，ਐਡਵਾਂਸ aiḍavā̃sa アェードヴァーンス
ぜんしんする〚前進する〛ਅੱਗੇ ਵਧਣਾ agge wâdaṇā アッゲー ワドナー，ਤਰੱਕੀ ਕਰਨੀ tarakkī karanī タラッキー カルニー，ਵਿਕਸਣਾ vikasaṇā ヴィカサナー
せんせい〚先生〛ਮਾਸਟਰ māsaṭara マースタル，ਅਧਿਆਪਕ adiăpaka アディアーパク，ਗੁਰੂ gurū グルー
ぜんせい〚全盛〛ਉਭਾਰ ubăra ウバール
せんせいじゅつ〚占星術〛ਜੋਤਸ਼ jotaśa ジョータシュ，ਨਜੂਮ najūma ナジューム
せんせいする〚宣誓する〛ਹਲਫ਼ ਚੁੱਕਣੀ halafa cukkaṇī ハルフ チュッカニー，ਕਸਮ ਖਾਣੀ kasama kʰāṇī カサム カーニー
センセーション ਸਨਸਨੀ sanasanī サンサニー
せんせん〚戦線〛ਮੋਰਚਾ moracā モールチャー，ਰਣ-ਖੇਤਰ raṇa-kʰetara ラン・ケータル，ਫ਼ਰੰਟ faranṭa ファラント
せんぞ〚先祖〛ਵੱਡਾ ਵਡੇਰਾ waḍḍā waḍerā ワッダー ワデーラー，ਪਿਛੋਕਾ picʰokā ピチョーカー，ਪੁਰਖਾ purakʰā プルカー
せんそう〚戦争〛ਜੁੱਧ jûdda ジュッド，ਜੰਗ jaṅga ジャング，ਲੜਾਈ laṛāī ラーラーイー
ぜんそうきょく〚前奏曲〛ਉਥਾਨਕਾ utʰānakā ウターンカー
ぜんそく〚喘息〛ਦਮਾ damā ダマー
ぜんたい〚全体〛ਕੁੱਲ kulla クッル，ਸਮੁੱਚ samucca サムッチ
せんたく〚洗濯〛ਧੁਲਾਈ tulăī トゥラーイー，ਵਾਸ਼ wāśa ワーシュ ♦洗濯機 ਵਾਸ਼ਿੰਗ ਮਸ਼ੀਨ wāśiṅga maśīna ワーシング マシーン ♦洗濯する ਧੋਣਾ tŏṇā トーナー
せんたく〚選択〛ਛਾਂਟ cʰā̃ṭa チャーント，ਚੁਣਾਉ cuṇāo チュナーオー，ਇੰਤਖ਼ਾਬ intaxāba イントカーブ
せんたん〚先端〛ਅਣੀ aṇī アニー，ਨੁੱਕਰ nukkara ヌッカル
せんちょう〚船長〛ਜਹਾਜ਼ਰਾਨ jăzarāna ジャーズラーン，ਕਪਤਾਨ kapatāna カプターン
ぜんちょう〚前兆〛ਫ਼ਾਲ fāla ファール，ਅਲਾਮਤ alāmata アラーマト，ਸਗਨ sagana サガン
ぜんてい〚前提〛ਤਮਹੀਦ tamahīda タムヒード
せんでん〚宣伝〛ਪਰਚਾਰ paracāra パルチャール，ਇਸ਼ਤਿਹਾਰ iśatihāra イシュティハール，ਵਿਗਿਆਪਨ vigiāpana ヴィギアーパン
ぜんと〚前途〛ਭਵਿਖ pavīkʰa パヴィク
せんとうき〚戦闘機〛ਫ਼ਾਈਟਰ fāīṭara ファーイータル
せんどうする〚扇動する〛ਉਕਸਾਉਣਾ ukasāuṇā ウクサーウナー，ਚੁੱਕਣਾ cukkaṇā チュッカナー
せんねんする〚専念する〛ਤਤਪਰ ਹੋਣਾ tatapara hoṇā タトパル ホーナー
せんばい〚専売〛ਇਜਾਰੇਦਾਰੀ ijāredārī イジャーレーダーリー
ぜんぶ〚全部〛ਸਰਵਾਂਗ sarawā̃ga サルワーング，ਕੁੱਲ kulla クッル，ਸਮੁੱਚ samucca サムッチ
せんぷくする〚潜伏する〛ਨਿੱਘਰਨਾ nîggaranā ニッガルナー
せんめいな〚鮮明な〛ਨਿੱਖਰਵਾਂ nikkʰarawā̃ ニッカルワーン，ਉੱਘੜਵਾਂ ûggaṛawā̃ ウッガルワーン，ਸਾਫ਼ sāfa サーフ
ぜんめつ〚全滅〛ਸਰਬਨਾਸ sarabanāsa サルブナース，ਸੱਤਿਆਨਾਸ sattiānāsa サッティアーナース，ਮਲੀਆਮੇਟ malīāmeṭa マリーアーメート
せんもんか〚専門家〛ਵਿਸ਼ੇਸ਼ੱਗ viśeśagga ヴィシェーシャッグ，ਵਾਕਫ਼ਕਾਰ wākafakāra ワーカフカール
せんようの〚専用の〛ਰਿਜ਼ਰਵ rizarava リザルヴ
せんりゃく〚戦略〛ਜੰਗੀ ਚਾਲਾਂ jaṅgī cālā̃ ジャンギー チャーラーン，ਪੈਂਤੜਾ pā̃ītaṛā パェーンタラー
せんりょう〚占領〛ਕਬਜ਼ਾ kabazā カブザー，ਤਸੱਲਤ tasallata タサッラト ♦占領する ਕਬਜ਼ਾ ਕਰਨਾ kabazā karanā カブザー カルナー，ਤਸੱਲਤ ਜਮਾਉਣਾ tasallata jamāuṇā タサッラト ジャマーウナー
ぜんりょうな〚善良な〛ਨੇਕ neka ネーク，ਭਲਾ pălā パラー
せんれい〚洗礼〛ਦੀਖਿਆ dīkʰiā ディーキアー，ਬਪਤਸਮਾ bapatasamā バプタスマー
ぜんれい〚前例〛ਦਰਿਸ਼ਟਾਂਤ dariśaṭā̃ta ダリシュターント，ਨਜ਼ੀਰ nazīra ナズィール
せんれんされた〚洗練された〛ਨਫ਼ੀਸ nafīsa ナフィース，ਸੰਸਕਰਿਤ sansakarita サンスカリト，ਸ਼ਾਇਸਤਾ śāisatā シャーイスター
せんれんする〚洗練する〛ਸੋਧਣਾ sôdaṇā ソーダナー
せんろ〚線路〛ਪਟੜੀ paṭaṛī パタリー，ਰੇਲ rela レール
そあくな〚粗悪な〛ਘਟੀਆ kăṭīā カティーアー，ਮੰਦਾ mandā マンダー
ぞう〚象〛ਹਾਥੀ hātʰī ハーティー，ਗਜ gaja ガジ，ਫ਼ੀਲ fīla フィール
ぞう〚像〛ਮੂਰਤੀ mūratī ムールティー，ਬੁੱਤ butta ブット，ਪਰਤਿਮਾ paratimā パラティマー
そうい〚相違〛ਅੰਤਰ antara アンタル，ਫ਼ਰਕ faraka ファルク，ਵਿਭੇਦ vipĕda ヴィペード
ぞうお〚憎悪〛ਘਿਰਨਾ kĭranā キルナー，ਦਵੈਸ਼ dawaiśa ダワェーシュ
そうおん〚騒音〛ਸ਼ੋਰ śora ショール，ਰੌਲਾ raulā ラォーラー
ぞうか〚増加〛ਵਾਧਾ wâdā ワーダー，ਵਰਿਧੀ varîdī ヴァリディー ♦増加する ਵਧਣਾ wâdaṇā ワドナー，ਉੱਸਰਨਾ ussaranā ウッサルナー
そうかい〚総会〛ਅਧਿਵੇਸ਼ਨ adĭveśana アディヴェーシャン
そうぎ〚葬儀〛ਮਰਨ ਸੰਸਕਾਰ marana sansakāra マラン サンスカール，ਕਿਰਿਆ ਕਰਮ kiriā karama キリアー カルム
ぞうきん〚雑巾〛ਡਸਟਰ ḍasaṭara ダスタル，ਝਾੜਨ căṛana チャーラン
ぞうげ〚象牙〛ਹਾਥੀ-ਦੰਦ hātʰī-danda ハーティー・ダンド，ਦੰਦ ਖੰਡ danda kʰanḍa ダンド カンド
そうけい〚総計〛ਮੀਜ਼ਾਨ mīzāna ミーザーン，ਕੁੱਲ kulla クッル，ਟੋਟਲ ṭoṭala トータル

そうこ〘倉庫〙ਭੰਡਾਰ paṇḍăra パンダール, ਗੁਦਾਮ gudāma グダーム
そうごう〘総合〙ਸੰਸ਼ਲੇਸ਼ਨ sanśaleśana サンシュレーシャン
そうごうてきな〘総合的な〙ਸੰਸ਼ਲੇਸ਼ਨਾਤਮਿਕ sanśaleśanātamika サンシュレーシュナートミク, ਸੰਸ਼ਲੇਸ਼ਨੀ sanśaleśanī サンシュレーシュニー
そうごんな〘荘厳な〙ਧੜੱਲੇਦਾਰ taṛălledāra タラッレーダール, ਪਰਤਾਪੀ paratāpī パルタービー
そうさ〘捜査〙ਤਲਾਸ਼ talāśa タラーシュ ♦捜査する ਤਲਾਸ਼ ਕਰਨੀ talāśa karanī タラーシュ カルニー
そうさ〘操作〙ਚਾਲਨ cālana チャーラン, ਪਰਕਿਰਿਆ parakiriā パルキリアー ♦操作する ਚਲਾਉਣਾ calāuṇā チャラーウナー
そうさい〘相殺〙ਮੁਜਰਾ mujarā ムジラー
そうさく〘創作〙ਰਚਨਾ racanā ラチナー, ਸਿਰਜਨਾ sirajanā スィルジャナー, ਸਿਰਜਣ sirajaṇa スィルジャン ♦創作する ਰਚਣਾ racaṇā ラチナー, ਸਿਰਜਣਾ sirajaṇā スィルジャナー
そうさくする〘捜索する〙ਢੂੰਡਣਾ ṭūṇḍaṇā トゥーンドナー, ਟੋਲਨਾ ṭolanā トールナー
そうじ〘掃除〙ਸਫ਼ਾਈ safāī サファーイー ♦掃除機 ਕਲੀਨਰ kalīnara カリーナル ♦掃除する ਸਫ਼ਾਈ ਕਰਨੀ safāī karanī サファーイー カルニー
そうしゃ〘走者〙ਦੌੜੀਆ dauṛīā ダォーリーアー
そうじゅうする〘操縦する〙(乗物や装置を) ਚਲਾਉਣਾ calāuṇā チャラーウナー
そうしょく〘装飾〙ਸਜਾਵਟ sajāwaṭa サジャーワト, ਸ਼ਿੰਗਾਰ śiṅgāra シンガール, ਅਲੰਕਾਰ alaṅkāra アランカール ♦装飾する ਸਜਾਉਣਾ sajāuṇā サジャーウナー, ਸ਼ਿੰਗਾਰਨਾ śiṅgāranā シンガールナー
そうしん〘送信〙ਪਾਰੇਸ਼ਣ pāreśaṇa パーレーシャン
そうせつする〘創設する〙ਅਸਥਾਪਣਾ asatʰāpaṇā アスタープナー
そうぞう〘創造〙ਸਿਰਜਣ sirajaṇa スィルジャン, ਸਰਿਸ਼ਟੀ sariśaṭī サリシュティー, ਨਿਰਮਾਣ niramāṇa ニルマーン ♦創造する ਸਿਰਜਣਾ sirajaṇā スィルジャナー, ਸਾਜਣਾ sājaṇā サージナー, ਰਚਣਾ racaṇā ラチナー ♦創造的な ਸਿਰਜਣਾਤਮਿਕ sirajaṇātamika スィルジャナートミク, ਰਚਨਾਤਮਿਕ racanātamika ラチナートミク, ਰਚਣੇਈ racaṇeī ラチネーイー
そうぞう〘想像〙ਕਲਪਨਾ kalapanā カルパナー ♦想像する ਕਲਪਨਾ ਕਰਨੀ kalapanā karanī カルパナー カルニー, ਕਲਪਣਾ kalapaṇā カルパナー
そうぞうしい〘騒々しい〙ਅਸ਼ਾਂਤ aśāta アシャーント
そうぞく〘相続〙ਉੱਤਰ ਅਧਿਕਾਰ uttara âdikāra ウッタル アディカール, ਵਾਰਸੀ wārasī ワールスィー ♦相続人 ਉੱਤਰ ਅਧਿਕਾਰੀ uttara âdikārī ウッタル アディカーリー, ਵਾਰਸ wārasa ワーラス
そうそふ〘曾祖父〙(父方の) ਪੜਦਾਦਾ paṛadādā パルダーダー (母方の) ਪੜਨਾਨਾ paṛanānā パルナーナー
そうそぼ〘曾祖母〙(父方の) ਪੜਦਾਦੀ paṛadādī パルダーディー (母方の) ਪੜਨਾਨੀ paṛanānī パルナーニー
そうたいてきな〘相対的な〙ਨਿਸਬਤੀ nisabatī ニスバティー, ਸਾਪੇਖ sāpekʰa サーペーク
そうだいな〘壮大な〙ਵਿਸ਼ਾਲ viśāla ヴィシャール, ਮਹਾਨ mahāna マハーン
そうだん〘相談〙ਮਸ਼ਵਰਾ maśawarā マシュワラー ♦相談する ਮਸ਼ਵਰਾ ਲੈਣਾ maśawarā laiṇā マシュワラー ラェーナー
そうち〘装置〙ਉਪਕਰਨ upakarana ウプカルン, ਜੰਤਰ jantara ジャンタル, ਔਜ਼ਾਰ auzāra アォーザール
そうちょう〘早朝〙ਪਰਭਾਤ parabăta パルバート, ਸੁਬ੍ਹਾ sûbā スバー, ਸਵੇਰ sawera サウェール
そうどう〘騒動〙ਸ਼ੋਰਸ਼ śoraśa ショーラシュ, ਦੰਗਾ daṅgā ダンガー
そうとうする〘相当する〙(相当の) ਤੁੱਲ tulla トゥッル
そうとうな〘相当な〙ਬਹੁਤ baûta バォート, ਜ਼ਿਆਦਾ ziādā ズィアーダー, ਖਾਸਾ kʰāsā カーサー
そうにゅうする〘挿入する〙ਵਾੜਨਾ wāṛanā ワールナー
そうば〘相場〙ਰੇਟ reṭa レート (投機的取引) ਸੱਟਾ saṭṭā サッター
そうふする〘送付する〙ਘੱਲਣਾ kăllaṇā カッラナー, ਭੇਜਣਾ pĕjaṇā ページャナー
そうめいな〘聡明な〙ਸੁਜਾਨ sujāna スジャーン, ਜ਼ਹੀਨ zahīna ザヒーン, ਮੁਦੱਬਰ mudabbara ムダッバル
そうりだいじん〘総理大臣〙ਪਰਧਾਨ ਮੰਤਰੀ paradăna mantarī パルダーン マントリー, ਵਜ਼ੀਰੇ ਆਜ਼ਮ wazīre āzama ワズィーレー アーザム, ਪ੍ਰਾਈਮ ਮਿਨਿਸਟਰ prāīma minisaṭara プラーイーム ミニスタル
そうりつしゃ〘創立者〙ਸੰਸਥਾਪਕ sansatʰāpaka サンスターパク, ਬਾਨੀ bānī バーニー
そうりょ〘僧侶〙ਪਰੋਹਤ parôta パロート, ਪੁਜਾਰੀ pujārī プジャーリー
そうりょう〘送料〙ਭਿਜਵਾਈ pijawăī ピジワーイー
ソーダ ਸੋਡਾ sôḍā ソーダー
そくしん〘促進〙ਪਰੇਰਨਾ pareranā パレールナー, ਪਰਮੋਸ਼ਨ paramośana パルモーシャン ♦促進する ਪਰੇਰਿਤ ਕਰਨਾ parerita karanā パレーリト カルナー, ਪਰੇਰਨਾ pareranā パレールナー
そくたつ〘速達〙ਐਕਸਪ੍ਰੈੱਸ aikasapraissa アェーカスプラェーッス
そくてい〘測定〙ਨਾਪ nāpa ナープ, ਮੇਚ meca メーチ, ਪੈਮਾਇਸ਼ paimāiśa パェーマーイシュ ♦測定する ਨਾਪਣਾ nāpaṇā ナーパナー, ਮੇਚਣਾ mecaṇā メーチャナー, ਮਾਪਣਾ māpaṇā マーパナー
そくど〘速度〙ਗਤੀ gatī ガティー, ਰਫ਼ਤਾਰ rafatāra ラフタール, ਸਪੀਡ sapīḍa サピード
そくばく〘束縛〙ਜੂੜ jūṛa ジュール, ਢੰਗਾ ṭăṅgā タンガー, ਪਾਬੰਦੀ pābandī パーバンディー ♦束縛する ਜੂੜਨਾ jūṛanā ジュールナー, ਢੰਗਣਾ ṭăṅgaṇā タンガナー
そくめん〘側面〙ਪਾਸਾ pāsā パーサー, ਪੱਖ pakkʰa パック, ਸਿਮਤ simata スィムト
そくりょう〘測量〙ਪੈਮਾਇਸ਼ paimāiśa パェーマーイシュ, ਨਾਪ nāpa ナープ, ਸਰਵੇਖਣ sarawekʰaṇa サルウェーカン ♦測量する ਪੈਮਾਇਸ਼ ਕਰਨੀ paimāiśa karanī パェー

マーイシュ カルニー, ਨਾਪਣਾ nāpaṇā ナーパナー

そこ〖底〗ਥਾਹ t^{h}â ター, ਗਾਧ gâda ガード, ਪੇਂਦਾ pēdā ペーンダー

そこく〖祖国〗ਵਤਨ watana ワタン, ਜਨਮ ਭੂਮੀ janama pŭ̄mī ジャナム プーミー, ਮਾਤ ਭੂਮੀ māta pŭ̄mī マート プーミー

そこなう〖損なう〗ਖ਼ਰਾਬ ਕਰਨਾ xarāba karanā カラーブ カルナー, ਵਿਚਾਲਨਾ vicālanā ヴィチャールナー, ਵਿਗਾੜਨਾ vigāṛanā ヴィガールナー

そざつな〖粗雑な〗ਅਘੜ akăṛa アカル, ਅਨਘੜ anakăṛa アンカル, ਖੁਰਦਰਾ k^{h}uradarā クルダラー

そしき〖組織〗ਸੰਗਠਨ saṅgaṭ^{h}ana サンガタン, ਜਥੇਬੰਦੀ jat^{h}ebandī ジャテーバンディー

そしする〖阻止する〗ਰੋਕਣਾ rokaṇā ローカナー, ਵਰਜਣਾ warajaṇā ワルジャナー

そして ਫੇਰ p^{h}era ペール, ਅਤੇ ate アテー

そしょう〖訴訟〗ਮੁਕੱਦਮਾ mukaddamā ムカッダマー

そせん〖祖先〗ਵੱਡਾ ਵਡੇਰਾ waḍḍā waḍerā ワッダー ワデーラー, ਪਿਛੋਕਾ pic^{h}okā ピチョーカー, ਪੁਰਖਾ purak^{h}ā プルカー

そそぐ〖注ぐ〗ਢਾਲਨਾ ṭălanā タールナー, ਪਾਉਣਾ pāuṇā パーウナー, ਵਹਾਉਣਾ wăuṇā ワーウナー

そそのかす〖唆す〗ਫੁਸਲਾਉਣਾ p^{h}usalāuṇā プスラーウナー, ਭੁਚਲਾਉਣਾ pucalăuṇā プチラーウナー, ਉਕਸਾਉਣਾ ukasāuṇā ウクサーウナー

そだつ〖育つ〗ਪਲਨਾ palanā パルナー, ਵੱਡਾ ਹੋਣਾ waḍḍā hoṇā ワッダー ホーナー

そだてる〖育てる〗ਪਾਲਨਾ pālanā パールナー (動物を) ਪਾਲਨਾ pālanā パールナー, ਪੋਸਣਾ posaṇā ポーサナー (植物を) ਉਗਾਉਣਾ ugāuṇā ウガーウナー

そち〖措置〗ਕਦਮ kadama カダム, ਇਲਾਜ ilāja イラージ

そっき〖速記〗ਸੰਕੇਤ-ਲਿਪੀ saṅketa-lipī サンケート・リピー

ソックス ਜੁਰਾਬ jurāba ジュラーブ, ਮੌਜਾ maujā マォージャー

そっくりの ਹੂਬਹੂ hūbahū フーブフー, ਸਮਰੂਪ samarūpa サムループ

そっけない ਕੋਰਾ korā コーラー, ਰੁੱਖਾ rukk^{h}ā ルッカー, ਇੱਕ-ਅੱਖਰੀ ikka-akk^{h}arī イック・アッカリー

そっちょくな〖率直な〗ਨਿਰਛਲ nirac^{h}ala ニルチャル, ਸਾਫ਼ ਦਿਲ sāfa dila サーフ ディル, ਖੁੱਲ੍ਹਾ k^{h}ûllā クッラー

そっと ਹੌਲੀ haulī ハォーリー, ਆਹਿਸਤਾ āhisatā アーヒスター, ਧੀਰੇ tĭre ティーレー

ぞっとする ਸਹਿਮਣਾ saîmaṇā サェーマナー

そで〖袖〗ਆਸਤੀਨ āsatīna アースティーン, ਬਾਂਹ bã̂ バーン, ਸਲੀਵ salīva サリーヴ

そと〖外〗ਬਾਹਰ bâra バール

そとの〖外の〗ਬਾਹਰਾ bârā バーラー, ਬਾਹਰਲਾ bâralā バールラー

その ਉਹ ô オー

そのご〖その後〗ਮਗਰੋਂ magarõ マグローン

そのとき〖その時〗ਤਦੋਂ tadõ タドーン, ਓਦੋਂ odõ オードーン, ਉਸ ਵੇਲੇ usa wele ウス ウェーレー

そば（近く）ਨੇੜਾ neṛā ネーラー, ਬਗ਼ਲ bağala バガル, ਨਜ਼ਦੀਕੀ nazadīkī ナズディーキー

そばに ਨੇੜੇ neṛe ネーレー, ਕੋਲ kola コール, ਪਾਸ pāsa パース

そふ〖祖父〗（父方の）ਦਾਦਾ dādā ダーダー（母方の）ਨਾਨਾ nānā ナーナー

ソファー ਸੋਫ਼ਾ sofā ソーファー, ਕੌਚ kauca カォーチ

そぼ〖祖母〗（父方の）ਦਾਦੀ dādī ダーディー（母方の）ਨਾਨੀ nānī ナーニー

そぼくな〖素朴な〗ਭੋਲਾ pŏlā ポーラー, ਸਾਦਾ sādā サーダー, ਸਿੱਧਾ sîddā スィッダー

そまつな〖粗末な〗ਰੁੱਖਾ-ਮਿੱਸਾ rukk^{h}ā-missā ルッカー・ミッサー, ਕੋਰਸ korasa コールス

そむける〖背ける〗ਫਿਰਾਉਣਾ p^{h}irāuṇā ピラーウナー

そめる〖染める〗ਰੰਗਣਾ raṅgaṇā ランガナー

そよかぜ〖そよ風〗ਪੌਣ pauṇa パォーン, ਨਸੀਮ nasīma ナスィーム, ਮਰੁਤ maruta マルト

そら〖空〗ਅਕਾਸ਼ akāśa アカーシュ, ਅਸਮਾਨ asamāna アスマーン, ਗਗਨ gagana ガガン

そる〖剃る〗ਹਜਾਮਤ ਕਰਨੀ hajāmata karanī ハジャーマト カルニー, ਹਜਾਮਤ ਬਣਾਉਣੀ hajāmata baṇāuṇī ハジャーマト バナーウニー, ਮੁੰਨਣਾ munnaṇā ムンナナー

それ ਉਹ ô オー

それから ਫੇਰ p^{h}era ペール, ਤਦੋਂ tadõ タドーン

それぞれの ਹਰ hara ハル

それでも ਫੇਰ ਵੀ p^{h}era wī ペール ウィー, ਤਦਯਪ tadayapa タドヤプ

それまで ਤਿਚਰ ticara ティチャル

そろばん〖算盤〗ਗਿਣਤਾਰ giṇatāra ギンタール

そわそわする ਹਫਲਣਾ hap^{h}alaṇā ハパルナー, ਮਚਲਣਾ macalaṇā マチャルナー, ਤਲਮਲਾਉਣਾ talamalāuṇā タルマラーウナー

そんがい〖損害〗ਹਾਨੀ hānī ハーニー, ਨੁਕਸਾਨ nukasāna ヌクサーン, ਹਰਜ haraja ハルジ

そんけい〖尊敬〗ਸਤਕਾਰ satakāra サトカール, ਇੱਜ਼ਤ izzata イッザト, ਸਨਮਾਨ sanamāna サンマーン ♦尊敬する ਸਤਕਾਰਨਾ satakāranā サトカールナー, ਸਨਮਾਨ ਕਰਨਾ sanamāna karanā サンマーン カルナー

そんげん〖尊厳〗ਗੌਰਵ gaurava ガォーラヴ

そんざい〖存在〗ਹੋਂਦ hõda ホーンド, ਹਸਤੀ hasatī ハスティー, ਮੌਜੂਦਗੀ maujūdagī マォージュードギー ♦存在する ਹੋਣਾ hoṇā ホーナー, ਮੌਜੂਦ ਹੋਣਾ maujūda hoṇā マォージュード ホーナー, ਥੀਣਾ t^{h}īṇā ティーナー

そんしつ〖損失〗ਹਾਨੀ hānī ハーニー, ਨੁਕਸਾਨ nukasāna ヌクサーン

そんだいな〖尊大な〗ਅਭਿਮਾਨੀ âbimānī アビマーニー, ਮਗ਼ਰੂਰ mağarūra マグルール

そんちょう〖尊重〗ਇੱਜ਼ਤ izzata イッザト, ਸਨਮਾਨ sanamāna サンマーン ♦尊重する ਸਨਮਾਨ ਕਰਨਾ sanamāna karanā サンマーン カルナー

そんな ਉਜਿਹਾ ujêā ウジェーアー, ਉਹੋ ਜਿਹਾ ôo jîā オーオー ジアー, ਵੈਸਾ waisā ワェーサー

た行

ターバン ਪੱਗ pagga パッグ, ਪਗੜੀ pagaṛī パグリー, ਦਸਤਾਰ dasatāra ダスタール

ターメリック ਹਲਦੀ haladī ハルディー, ਵਸਾਰ wasāra ワサール

タイ ਥਾਈਲੈਂਡ t^{h}āīlāĩḍa ターイーラェーンド

だい〘台〙ਟਾਂਡ ṭā̃ḍa ターンド, ਚਬੂਤਰਾ cabūtarā チャブータラー

だいいちの〘第一の〙ਪਰਥਮ parat^{h}ama パルタム, ਪਹਿਲਾ paîlā パェーラー, ਫ਼ਸਟ fasaṭa ファスト

たいいん〘退院〙ਡਿਸਚਾਰਜ ḍisacāraja ディスチャールジ

たいかく〘体格〙ਕਾਠ kāṭ^{h}a カート, ਕੱਦ ਬੁੱਤ kadda butta カッド ブット

だいがく〘大学〙ਵਿਸ਼ਵਵਿਦਿਆਲਾ viśavavidiālā ヴィシャヴヴィディアーラー, ਯੂਨੀਵਰਸਿਟੀ yūnīvarasiṭī ユーニーヴァルスィティー, ਕਾਲਜ kālaja カーラジ

たいき〘大気〙ਵਾਯੂ wāyū ワーユー, ਹਵਾ hawā ハワー, ਫ਼ਜ਼ਾ fazā ファザー ♦**大気汚染** ਵਾਯੂ ਪਰਦੂਸ਼ਣ wāyū paradūśaṇa ワーユー パルドゥーシャン ♦**大気圏** ਵਾਯੂ-ਮੰਡਲ wāyū-maṇḍala ワーユー・マンダル

だいきぼな〘大規模な〙ਵਿਸ਼ਾਲ viśāla ヴィシャール, ਵਿਰਾਟ virāṭa ヴィラート

たいきゃくする〘退却する〙ਹਟਣਾ haṭaṇā ハタナー

たいきゅうせい〘耐久性〙ਪਾਏਦਾਰੀ pāedārī パーエーダーリー, ਹੰਢਣਸਾਰਤਾ hâṇḍaṇasāratā ハンダンサールター

だいきん〘代金〙ਦਾਮ dāma ダーム, ਕੀਮਤ kīmata キーマト, ਮੁੱਲ mulla ムッル

だいく〘大工〙ਤਰਖਾਣ tarak^{h}āṇa タルカーン, ਬਾਢੀ bâḍī バーディー, ਕਾਰਪੈਂਟਰ kārapãĩṭara カールパェーンタル

たいぐう〘待遇〙ਵਿਹਾਰ viăra ヴィアール, ਵਰਤਣ warataṇa ワルタン

たいくつ〘退屈〙ਅਕੇਵਾਂ akewā̃ アケーワーン ♦**退屈な** ਬੋਰ bora ボール, ਬੇਲੁਤਫ਼ belutafa ベールタフ

たいけい〘体形〙ਕਾਠ kāṭ^{h}a カート

たいけい〘体系〙ਪਰਨਾਲੀ paranālī パルナーリー, ਵਿਵਸਥਾ vivasat^{h}ā ヴィヴァスター, ਸਿਸਟਮ sisaṭama スィスタム

たいけつする〘対決する〙ਮੁਕਾਬਲਾ ਕਰਨਾ mukābalā karanā ムカーブラー カルナー, ਭਿੜਨਾ pĭṛanā ピルナー

たいけん〘体験〙ਅਨੁਭਵ anupăva アヌパヴ ♦**体験する** ਅਨੁਭਵ ਕਰਨਾ anupăva karanā アヌパヴ カルナー

たいこうする〘対抗する〙ਵਿਰੋਧ ਕਰਨਾ virôda karanā ヴィロード カルナー, ਜ਼ਿਦਣਾ zidaṇā ズィダナー

だいごの〘第五の〙ਪੰਜਵਾਂ pañjawā̃ パンジャワーン, ਪੰਚਮ pañcama パンチャム

たいざいする〘滞在する〙ਠਹਿਰਨਾ ṭ^{h}aîranā タエールナー, ਟਿਕਣਾ ṭikaṇā ティカナー

たいさく〘対策〙ਉਪਾ upā ウパー, ਵਿਓਂਤ viõta ヴィオーント

だいさんの〘第三の〙ਤੀਜਾ tījā ティージャー, ਤੀਸਰਾ tīsarā ティースラー, ਤਰਿਤੀਆ taritīā タリティーアー

たいし〘大使〙ਰਾਜਦੂਤ rājadūta ラージドゥート, ਸਫ਼ੀਰ safīra サフィール, ਏਲਚੀ elacī エールチー ♦**大使館** ਦੂਤਾਵਾਸ dūtāwāsa ドゥーターワース, ਦੂਤਘਰ dūtakăra ドゥートカル, ਸਫ਼ਾਰਤਖ਼ਾਨਾ safāratаxānā サファーラトカーナー

だいじな〘大事な〙ਅਹਿਮ aîma アェーム, ਮਹੱਤਵਪੂਰਨ mahattavapūrana マハッタヴプールン

だいじにする〘大事にする〙ਨਿਵਾਜਣਾ niwājaṇā ニワージャナー

だいじゃ〘大蛇〙ਅਜਗਰ ajagara アジガル, ਸਰਾਲ sarāla サラール, ਸ਼ੇਸ਼ਨਾਗ śeśanāga シェーシュナーグ

たいしゅう〘大衆〙ਆਮ ਲੋਕ āma loka アーム ローク, ਜਨਤਾ janatā ジャンター, ਲੁਕਾਈ lukāī ルカーイー

たいじゅう〘体重〙ਭਾਰ păra パール

たいしょう〘対照〙ਟਾਕਰਾ ṭākarā タークラー, ਮੁਕਾਬਲਾ mukābalā ムカーブラー, ਪ੍ਰਤਿਪਰਵਰਤਨ pratiparawaratana プラティパルワルタン ♦**対照する** ਮੁਕਾਬਲਾ ਕਰਨਾ mukābalā karanā ムカーブラー カルナー, ਮੇਚਣਾ mecaṇā メーチャナー, ਮੇਲਨਾ melanā メールナー

たいしょう〘対象〙ਲਕਸ਼ lakaśa ラカシュ

たいしょく〘退職〙ਨਿਵਿਰਤੀ niwiratī ニウィルティー, ਰਿਟਾਇਰਮੈਂਟ riṭāiramãĩṭa リターイルマェーント ♦**退職する** ਨਿਵਿਰਤ ਹੋਣਾ niwirata hoṇā ニウィルト ホーナー

だいじん〘大臣〙ਮੰਤਰੀ mantarī マントリー, ਵਜ਼ੀਰ wazīra ワズィール, ਮਿਨਿਸਟਰ minisaṭara ミニスタル

だいず〘大豆〙ਸੋਇਆਬੀਨ soiābīna ソーイアービーン

だいすう〘代数〙ਬੀਜ-ਗਣਿਤ bīja-gaṇita ビージ・ガニト, ਅਲਜਬਰਾ alajabarā アルジャブラー

たいせい〘体制〙ਤੰਤਰ tantara タンタル, ਪਰਨਾਲੀ paranālī パルナーリー, ਵਿਵਸਥਾ vivasat^{h}ā ヴィヴァスター

たいせい〘大勢〙ਮੁੱਖ ਧਾਰਾ mukk^{h}a tărā ムック ターラー

たいせき〘体積〙ਹੁਜਮ hujama フジャム

たいせつな〘大切な〙ਅਹਿਮ aîma アェーム, ਮਹੱਤਵਪੂਰਨ mahattavapūrana マハッタヴプールン

たいせんする〘対戦する〙ਟਾਕਰਾ ਕਰਨਾ ṭākarā karanā タークラー カルナー, ਮੁਕਾਬਲਾ ਕਰਨਾ mukābalā karanā ムカーブラー カルナー

たいそう〘体操〙ਕਸਰਤ kasarata カスラト, ਵਰਜ਼ਸ਼ warazaśa ワルザシュ, ਜਿਮਨਾਸਟਕ jimanāsaṭaka ジムナースタク

だいたい〘大体〙（およそ）ਕਰੀਬ karība カリーブ, ਤਕਰੀਬਨ takarībana タクリーバン, ਲਗਭਗ lagapăga ラグパグ （概略）ਸਾਰੰਸ਼ sāransa サーランシュ, ਰੂਪਰੇਖਾ rūparek^{h}ā ループレーカー （大抵）ਅਕਸਰ akasara アクサル, ਬਹੁਤ ਕਰ ਕੇ baûta kara ke バォート カル ケー, ਜ਼ਿਆਦਾਤਰ ziādātara ズィアーダータル

だいたすう〘大多数〙ਬਹੁਗਿਣਤੀ baûgiṇatī バォーギンティー, ਅਕਸਰੀਅਤ akasarīata アクサリーアト

たいだな〖怠惰な〗ਸੁਸਤ susata ススト, ਕਾਹਲ kâla カール, ਆਲਸੀ ālasī アールスィー

たいだん〖対談〗ਮੁਲਾਕਾਤ mulākāta ムラーカート, ਇੰਟਰਵਿਊ iṇṭaraviū インタルヴィウー

だいたんな〖大胆な〗ਦਲੇਰ dalera ダレール, ਬਹਾਦਰ bădara バーダル

たいちょう〖体調〗ਤਬ੍ਹਾ tâbā タバー, ਤਬੀਅਤ tabīata タビーアト, ਮਿਜ਼ਾਜ mizāja ミザージ

たいてい〖大抵〗ਅਕਸਰ akasara アクサル, ਬਹੁਤ ਕਰ ਕੇ baûta kara ke バォート カル ケー, ਜ਼ਿਆਦਾਤਰ ziādātara ズィアーダータル

たいど〖態度〗ਰਵਈਆ rawaīā ラワイーアー, ਰੁਖ਼ ruxa ルク

たいとうの〖対等の〗ਬਰਾਬਰ barābara バラーバル, ਸਮਾਨ samāna サマーン

だいとうりょう〖大統領〗ਰਾਸ਼ਟਰਪਤੀ rāśaṭarapatī ラーシュタルパティー, ਪਰੈਜ਼ੀਡੈਂਟ paraizīḍãīṭa パラェーズィーダェーント

だいどころ〖台所〗ਰਸੋਈ rasoī ラソーイー, ਚੌਂਕਾ cãūkā チャォーンカー, ਕਿਚਨ kicana キチャン

だいとし〖大都市〗ਮਹਾਂਨਗਰ mahãnagara マハーンナガル

タイトル（題名）ਸ਼ੀਰਸ਼ਕ śīraśaka シールシャク, ਸਰਨਾਵਾਂ saranāwā̃ サルナーワーン, ਟਾਈਟਲ ṭāīṭala ターイータル（称号）ਪਦਵੀ padavī パドヴィー, ਟਾਈਟਲ ṭāīṭala ターイータル（選手権）ਖ਼ਿਤਾਬ xitāba キターブ, ਟਾਈਟਲ ṭāīṭala ターイータル

だいにの〖第二の〗ਦੂਜਾ dūjā ドゥージャー, ਦੂਸਰਾ dūsarā ドゥースラー, ਦੁਤੀਆ dutīā ドゥティーアー

ダイバー ਗ਼ੋਤਾਖ਼ੋਰ ğotāxora ゴーターコール

たいはん〖大半〗ਅਕਸਰੀਅਤ akasarīata アクサリーアト

たいひ〖堆肥〗ਰੂੜੀ rūṛī ルーリー

だいひょう〖代表〗ਨੁਮਾਇੰਦਾ numāindā ヌマーインダー, ਪਰਤਿਨਿਧੀ paratinîdī パラティニディー

たいふう〖台風〗ਤੁਫ਼ਾਨ tufāna トゥファーン

たいへん〖大変〗ਬਹੁਤ baûta バォート

だいべん〖大便〗ਟੱਟੀ ṭaṭṭī タッティー

たいへんな〖大変な〗（素晴らしい）ਅਦਭੁਤ adapŭta アドプト, ਸਰੇਸ਼ਟ sareśaṭa サレーシュト, ਵਧੀਆ wâdīā ワディーアー（厄介な）ਦੁਸ਼ਵਾਰ duśawāra ドゥシュワール, ਜੰਜਾਲੀ jañjālī ジャンジャーリー（重大な・深刻な）ਗੰਭੀਰ gambĭra ガンビール, ਸੰਗੀਨ saṅgīna サンギーン, ਸੀਰੀਅਸ sīrīasa スィーリーアス

たいほ〖逮捕〗ਗਰਿਫ਼ਤਾਰੀ garifatārī ガリフターリー, ਫੜਵਾਈ pʰaṛawāī パルワーイー ♦逮捕する ਗਰਿਫ਼ਤਾਰ ਕਰਨਾ garifatāra karanā ガリフタール カルナー, ਫੜਨਾ pʰaṛanā パルナー

たいほう〖大砲〗ਤੋਪ topa トープ, ਤੋਪਖ਼ਾਨਾ topaxānā トープカーナー

だいほん〖台本〗（映画や劇の）ਨਾਟ-ਵਾਰਤਾ nāṭa-wāratā ナート・ワールター

たいま〖大麻〗ਗਾਂਜਾ gā̃jā ガーンジャー

たいまんな〖怠慢な〗ਲਾਪਰਵਾਹ lāparawâ ラーパルワー, ਅਲਗਰਜ਼ alağaraza アルガルズ

タイミング ਘੜੀ kăṛī カリー

だいめい〖題名〗ਸ਼ੀਰਸ਼ਕ śīraśaka シールシャク, ਸਰਨਾਵਾਂ saranāwā̃ サルナーワーン, ਟਾਈਟਲ ṭāīṭala ターイータル

だいめいし〖代名詞〗ਪੜਨਾਂਵ paṛanā̃wa パルナーンウ

タイヤ ਟਾਇਰ ṭāira ターイル

ダイヤモンド ਹੀਰਾ hīrā ヒーラー

たいよう〖太陽〗ਸੂਰਜ sūraja スーラジ, ਆਫ਼ਤਾਬ āfatāba アーフターブ

だいよんの〖第四の〗ਚੌਥਾ cautʰā チャォーター

たいらな〖平らな〗ਚਪਟਾ capaṭā チャプター, ਹਮਵਾਰ hamawāra ハムワール, ਪੱਧਰਾ pâddarā パッダラー

だいり〖代理〗ਮੁਖ਼ਤਾਰ muxatāra ムクタール, ਨੁਮਾਇੰਦਾ numāindā ヌマーインダー, ਪਰਤਿਨਿਧੀ paratinîdī パラティニディー ♦代理店 ਏਜੰਸੀ ejansī エージャンスィー

たいりく〖大陸〗ਮਹਾਂਦੀਪ mahā̃dīpa マハーンディープ

だいりせき〖大理石〗ਸੰਗਮਰਮਰ saṅgamaramara サングマルマル, ਦੁੱਧ-ਪੱਥਰੀ dûdda-pattʰarī ドゥッド・パッタリー, ਮਾਰਬਲ mārabala マールバル

たいりつ〖対立〗ਵਿਰੋਧ virôda ヴィロード, ਮੁਖ਼ਾਲਫ਼ਤ muxālafata ムカールファト, ਟਾਕਰਾ ṭākarā タークラー ♦対立する ਵਿਰੋਧ ਕਰਨਾ virôda karanā ヴィロード カルナー, ਮੁਖ਼ਾਲਫ਼ਤ ਕਰਨੀ muxālafata karanī ムカールファト カルニー

たいりょく〖体力〗ਬਾਹੂ-ਬਲ bâū-bala バーウー・バル

タイル ਟਾਈਲ ṭāīla ターイール

たいわ〖対話〗ਗੱਲ-ਬਾਤ galla-bāta ガッル・バート, ਬਾਤ-ਚੀਤ bāta-cīta バート・チート, ਵਾਰਤਾਲਾਪ wāratālāpa ワールターラープ

たいわん〖台湾〗ਤਾਈਵਾਨ tāīwāna ターイーワーン

たえず〖絶えず〗ਲਗਾਤਾਰ lagātāra ラガータール, ਹਮੇਸ਼ਾਂ hameśā̃ ハメーシャーン, ਸਦਾ sadā サダー

たえる〖耐える〗ਸਹਾਰਨਾ sǎranā サールナー, ਸਹਿਣਾ saîṇā サェーナー, ਬਰਦਾਸ਼ਤ ਕਰਨਾ baradāśata karanā バルダーシュト カルナー

たおす〖倒す〗（打ち倒す）ਡੇਗਣਾ ḍegaṇā デーグナー, ਡਿਗਾਉਣਾ ḍigāuṇā ディガーウナー, ਗਿਰਾਉਣਾ girāuṇā ギラーウナー（相手を負かす）ਹਰਾਉਣਾ harāuṇā ハラーウナー（崩壊させる）ਢਾਹੁਣਾ ṭǎuṇā ターウナー

タオル ਤੌਲੀਆ taulīā タォーリーアー

たおれる〖倒れる〗ਡਿਗਣਾ ḍigaṇā ディグナー, ਗਿਰਨਾ giranā ギルナー

たか〖鷹〗ਬਾਜ਼ bāza バーズ, ਜੁੱਰਾ jurrā ジュッラー

たかい〖高い〗ਉੱਚਾ uccā ウッチャー（値段が）ਮਹਿੰਗਾ maîgā マェーンガー

たがいに〖互いに〗ਆਪਸ ਵਿੱਚ āpasa wicca アーパス ウィッチ

たがいの〖互いの〗ਆਪਸੀ āpasī アープスィー

たかめる〖高める〗ਉਚਿਆਉਣਾ uciāuṇā ウチアーウナー

たがやす〖耕す〗ਵਾਹੁਣਾ wâuṇā ワーウナー, ਜੋਤਣਾ jotaṇā ジョータナー
たから〖宝〗ਖ਼ਜ਼ਾਨਾ xazānā カザーナー, ਨਿਧ nîda ニド ♦宝くじ ਲਾਟਰੀ lāṭarī ラータリー
たき〖滝〗ਆਬਸ਼ਾਰ ābaśāra アーブシャール, ਝਾਲ cǎla チャール, ਝਰਨਾ cǎranā チャルナー
だきょう〖妥協〗ਸਮਝੌਤਾ samajaǔtā サムジャオーター, ਸੁਲ੍ਹਾ ਸਫ਼ਾਈ sûlā safāī スラー サファーイー
たく〖炊く〗ਉਬਾਲਨਾ ubālanā ウバールナー
だく〖抱く〗(抱き抱える) ਗੋਦ ਵਿੱਚ ਲੈਣਾ goda wicca laiṇā ゴード ウィッチ ラェーナー (抱き合う) ਜੱਫਾ ਪਾਉਣਾ japphā pāuṇā ジャッパー パーウナー, ਜੱਫੀ ਵਿੱਚ ਲੈਣਾ japphī wicca laiṇā ジャッピー ウィッチ ラェーナー
たくさんの〖沢山の〗ਬਹੁਤ baûta バォート, ਵੱਧ wâdda ワッド, ਅਧਿਕ âdika アディク
タクシー ਟੈਕਸੀ ṭaikasī タェークスィー, ਕੈਬ kaiba カェーブ
たくましい ਹੱਟਾ-ਕੱਟਾ haṭṭā-kaṭṭā ハッター・カッター, ਝੋਟਾ cǒṭā チョーター
たくみな〖巧みな〗ਕੁਸ਼ਲ kuśala クシャル, ਮਾਹਰ mâra マール
たくわえ〖蓄え〗ਅੰਬਾਰ ambāra アンバール, ਭੰਡਾਰ panḍǎra パンダール, ਰਿਜ਼ਰਵ rizarava リザルヴ (貯金) ਬੱਚਤ baccata バッチャト
たくわえる〖蓄える〗ਸਮੇਟਣਾ sameṭaṇā サメータナー, ਸਲੀਟਣਾ salīṭaṇā サリータナー (貯金する) ਬਚਾਉਣਾ bacāuṇā バチャーウナー
だげき〖打撃〗ਮਾਰ māra マール, ਚੋਟ coṭa チョート, ਸੱਟ saṭṭa サット
たこ〖凧〗ਪਤੰਗ pataṅga パタング, ਸਲਭ salâba サラブ
たこ〖蛸〗ਤੰਦੂਆ tandūā タンドゥーアー
たさいな〖多彩な〗ਬਹੁਰੰਗਾ baûraṅgā バォーランガー, ਰੰਗ-ਬਰੰਗਾ raṅga-baraṅgā ラング・バランガー, ਰੰਗੀਲਾ raṅgīlā ランギーラー
ださんてきな〖打算的な〗ਮਤਲਬੀ matalabī マトラビー
たしかな〖確かな〗ਪੱਕਾ pakkā パッカー, ਨਿਸ਼ਚਿਤ niśacita ニシュチト
たしかに〖確かに〗ਜ਼ਰੂਰ zarūra ザルール, ਅਵੱਸ਼ awaśśa アワッシュ, ਯਕੀਨਨ yakīnana ヤキーナン
たしざん〖足し算〗ਜਮ੍ਹਾਂ jâmā̃ ジャマーン
だじゃれ〖駄洒落〗ਸਲੇਸ਼ saleśa サレーシュ
だす〖出す〗(中から) ਨਿਕਾਲਣਾ nikālaṇā ニカールナー (露出させる) ਨੰਗਾ ਰੱਖਣਾ naṅgā rakkhaṇā ナンガー ラッカナー, ਨੰਗਾ ਕਰਨਾ naṅgā karanā ナンガー カルナー (提出する) ਪੇਸ਼ ਕਰਨਾ peśa karanā ペーシュ カルナー (手紙を) ਪਾਉਣਾ pāuṇā パーウナー (発行する) ਪਰਕਾਸ਼ਣਾ parakāśaṇā パルカーシュナー
たすう〖多数〗ਬਹੁਤਾਤ baûtāta バォータート, ਅਨੇਕਤਾ anekatā アネークター♦多数の ਬਹੁਤ baûta バォート, ਅਨੇਕ aneka アネーク
たすかる〖助かる〗ਬਚਣਾ bacaṇā バチャナー, ਉਧਰਨਾ ûdaranā ウダルナー
たすける〖助ける〗ਬਚਾਉਣਾ bacāuṇā バチャーウナー (援助する) ਮਦਦ ਕਰਨੀ madada karanī マダド カルニー, ਇਮਦਾਦ ਕਰਨੀ imadāda karanī イムダード カルニー
たずねる〖尋ねる〗ਪੁੱਛਣਾ puccʰaṇā プッチャナー
たたえる〖称える〗ਤਾਰੀਫ਼ ਕਰਨੀ tārīfa karanī ターリーフ カルニー, ਪਰਸ਼ੰਸਾ ਕਰਨੀ paraśansā karanī パルシャンサー カルニー, ਸਲਾਹੁਣਾ salâuṇā サラーウナー
たたかい〖戦い〗(戦争・戦闘) ਜੁੱਧ jûdda ジュッド, ਜੰਗ jaṅga ジャング, ਲੜਾਈ laṛāī ララーイー (喧嘩・抗争) ਝਗੜਾ cǎgaṛā チャガラー, ਤਕਰਾਰ takarāra タクラール
たたかう〖戦う〗ਲੜਨਾ laṛanā ラルナー
たたく〖叩く〗ਕੁੱਟਣਾ kuṭṭaṇā クッタナー, ਪੀਟਣਾ pīṭaṇā ピータナー, ਠੋਕਣਾ ṭʰokaṇā トーカナー
ただしい〖正しい〗ਠੀਕ ṭʰīka ティーク, ਸਹੀ sâī サイー, ਜਾਇਜ਼ jāiza ジャーイズ
ただちに〖直ちに〗ਫ਼ੌਰਨ faurana ファオーラン, ਫਟਾ-ਫਟ pʰaṭā-pʰaṭa パター・パト, ਤੁਰੰਤ turanta トゥラント
ただの (普通の) ਮਾਮੂਲੀ māmūlī マームーリー, ਸਰਬ ਸਧਾਰਨ saraba sadǎrana サルブ サダーラン (無料の) ਮੁਫ਼ਤ mufata ムファト, ਅਣਮੁੱਲਾ aṇamullā アンムッラー, ਬੇਕੀਮਤ bekīmata ベーキーマト
たたむ〖畳む〗ਤਹਿ ਕਰਨਾ taî karanā タェー カルナー, ਲਪੇਟਣਾ lapeṭaṇā ラペータナー
ただれる ਗਲਣਾ galaṇā ガルナー
たちあがる〖立ち上がる〗ਉੱਠਣਾ uṭṭʰaṇā ウッタナー
たちさる〖立ち去る〗ਟਲਨਾ ṭalanā タルナー, ਵਿਦਾ ਹੋਣਾ vidā hoṇā ヴィダー ホーナー
たちどまる〖立ち止まる〗ਰੁਕਣਾ rukaṇā ルカナー
たちなおる〖立ち直る〗ਸੰਭਲਣਾ sâmbalaṇā サンバルナー
たちば〖立場〗(地位) ਰੁਤਬਾ rutabā ルトバー (観点) ਨਜ਼ਰੀਆ nazarīā ナザリーアー
たつ〖立つ〗ਖੜ੍ਹਾ ਹੋਣਾ kʰâṛā hoṇā カラー ホーナー, ਖਲੋਣਾ kʰaloṇā カローナー, ਖੜੋਣਾ kʰaṛoṇā カローナー
たつ〖経つ〗ਬੀਤਣਾ bītaṇā ビータナー, ਗੁਜ਼ਰਨਾ guzaranā グザルナー, ਲੰਘਣਾ lâṅgaṇā ランガナー
たつ〖発つ〗ਚਲਾ ਜਾਣਾ calā jāṇā チャラー ジャーナー, ਨਿਕਲਣਾ nikalaṇā ニカルナー
たつ〖建つ〗ਉੱਸਰਨਾ ussaranā ウッサルナー, ਬਣਨਾ baṇanā バンナー
たっしゃな〖達者な〗(健康な) ਸਵਸਥ sawasatʰa サワスト, ਰਾਜ਼ੀ-ਖ਼ੁਸ਼ੀ rāzī-xuśī ラーズィー・クシー, ਤੰਦਰੁਸਤ tandarusata タンドルスト (上手な) ਨਿਪੁੰਨ nipunna ニプンヌ, ਮਾਹਰ mâra マール
たっする〖達する〗ਪਹੁੰਚਣਾ pāûcaṇā パォーンチナー, ਪੁੱਜਣਾ pujjaṇā プッジャナー
たっせいする〖達成する〗ਸਾਰਨਾ sāranā サールナー, ਸਰਾਉਣਾ sarāuṇā サラーウナー, ਸਾਧਣਾ sâdaṇā サードナー
たった ਕੇਵਲ kewala ケーワル
たったいま〖たった今〗ਹੁਣੇ huṇe フネー

たて〖盾〗ਢਾਲ ṭāla ターール
たてもの〖建物〗ਇਮਾਰਤ imārata イマーラト，ਬਿਲਡਿੰਗ bilaḍiṅga ビルディング
たてる〖立てる〗ਖੜ੍ਹਾ ਕਰਨਾ kʰâṛā karanā カラー カルナー，ਉਠਾਉਣਾ uṭʰāuṇā ウターウナー（計画などを）ਬਣਾਉਣਾ baṇāuṇā バナーウナー
たてる〖建てる〗（建築する）ਉਸਾਰਨਾ usāranā ウサールナー，ਬਣਾਉਣਾ baṇāuṇā バナーウナー（設立する）ਅਸਥਾਪਣਾ asatʰāpaṇā アスターブナー
たどうし〖他動詞〗ਸਕਰਮਕ ਕਿਰਿਆ sakaramaka kiriā サカルマク キリアー
だとうする〖打倒する〗ਹਰਾਉਣਾ harāuṇā ハラーウナー
だとうな〖妥当な〗ਉਚਿਤ ucita ウチト，ਜਾਇਜ਼ jāiza ジャーイズ，ਰੀਜ਼ਨੇਬਲ rīzanebala リーズネーバル
たとえば〖例えば〗ਮਸਲਨ masalana マスラン，ਮਿਸਾਲ ਵਜੋਂ misāla wajõ ミサール ワジョーン
たな〖棚〗ਅਲਮਾਰੀ alamārī アルマーリー，ਟਾਂਡ ṭā̃ḍa ターンド，ਰੈਕ raika ラェーク
たに〖谷〗ਘਾਟੀ kǎṭī カーティー，ਵਾਦੀ wādī ワーディー，ਦੂਣ dūṇa ドゥーン
ダニ ਲੂਹਲਾਂ lûlā̃ ルーラーン
たにん〖他人〗ਹੋਰ hora ホール（知らない人）ਬਿਗਾਨਾ bigānā ビガーナー
たね〖種〗ਬੀਜ bīja ビージ
たのしい〖楽しい〗ਦਿਲਚਸਪ dilacasapa ディルチャスプ，ਮਨੋਰੰਜਕ manorañjaka マノーランジャク，ਰੋਚਕ rocaka ローチャク
たのしみ〖楽しみ〗ਦਿਲਚਸਪੀ dilacasapī ディルチャスピー，ਮਨੋਰੰਜਨ manorañjana マノーランジャン，ਸੁਆਦ suāda スアード
たのしむ〖楽しむ〗ਭੋਗਣਾ pǒganā ポーガナー，ਮਾਣਨਾ māṇanā マーンナー，ਸੁਆਦ ਲੈਣਾ suāda laiṇā スアード ラェーナー
たのみ〖頼み〗ਮੰਗ maṅga マング，ਦਰਖ਼ਾਸਤ daraxāsata ダルカースト，ਫ਼ਰਮਾਇਸ਼ faramāiśa ファルマーイシュ
たのむ〖頼む〗ਮੰਗਣਾ maṅgaṇā マンガナー
たのもしい〖頼もしい〗（信頼できる）ਵਿਸ਼ਵਾਸਯੋਗ viśawāsayoga ヴィシュワースヨーグ（有望な）ਹੋਣਹਾਰ hoṇahāra ホーンハール
たば〖束〗ਗੁੱਛਾ guccʰā グッチャー，ਪੁਲੰਦਾ pulandā プランダー，ਬੰਡਲ banḍala バンダル
たばこ〖煙草〗ਸਿਗਰਟ sigaraṭa スィグラト，ਤਮਾਕੂ tamākū タマークー
たび〖旅〗ਸਫ਼ਰ safara サファル，ਯਾਤਰਾ yātarā ヤートラー
たびたび〖度々〗ਅਕਸਰ akasara アクサル，ਬਹੁਤ ਕਰ ਕੇ baûta kara ke バォート カル ケー，ਵਾਰ ਵਾਰ wāra wāra ワール ワール
たびびと〖旅人〗ਮੁਸਾਫ਼ਰ musāfara ムサーファル，ਯਾਤਰੀ yātarī ヤートリー
タブー ਨਿਸ਼ੇਧ niśêda ニシェード
だぶだぶの ਢਿੱਲਾ ṭi̇̀llā ティッラー，ਢਿੱਲਮ-ਢਿੱਲਾ ṭi̇̀llama-ṭi̇̀llā ティッラム・ティッラー
たぶん〖多分〗ਸ਼ਾਇਦ śāida シャーイド，ਗ਼ਾਲਬਨ ğālabana ガールバン
たべもの〖食べ物〗ਖਾਣਾ kʰāṇā カーナー，ਅਹਾਰ ahāra アハール，ਖ਼ੁਰਾਕ xurāka クラーク
たべる〖食べる〗ਖਾਣਾ kʰāṇā カーナー，ਲੈਣਾ laiṇā ラェーナー
たぼうな〖多忙な〗ਵਿਅਸਤ viasata ヴィアスト，ਬਿਜ਼ੀ bizī ビズィー
たま〖玉〗ਮਣਕਾ maṇakā マンカー，ਦਾਣਾ dāṇā ダーナー
たま〖球〗ਗੇਂਦ gēda ゲーンド，ਖਿੱਦੋ kʰiddo キッドー，ਫਿੰਡ pʰiṇḍa ピンド
たま〖弾〗ਗੋਲੀ golī ゴーリー，ਛੱਰਾ cʰarrā チャッラー
たまご〖卵〗ਆਂਡਾ ā̃ḍā アーンダー
たましい〖魂〗ਆਤਮਾ ātamā アートマー，ਰੂਹ rû ルー
だます〖騙す〗ਧੋਖਾ ਦੇਣਾ tǒkʰā deṇā トーカー デーナー，ਛਲਨਾ cʰalanā チャルナー，ਠੱਗਣਾ ṭʰaggaṇā タッガナー
たまたま ਸੰਜੋਗ ਵੱਸ sañjoga wassa サンジョーグ ワッス
だまって〖黙って〗ਚੁੱਪ-ਚਾਪ cuppa-cāpa チュップ・チャープ，ਚੁੱਪ-ਚਪੀਤੇ cuppa-capīte チュップ・チャピーテー
たまねぎ〖玉葱〗ਪਿਆਜ਼ piāza ピアーズ，ਗੰਢਾ gâṇḍā ガンダー
タマリンド ਇਮਲੀ imalī イムリー
だまる〖黙る〗ਚੁੱਪ ਹੋਣਾ cuppa hoṇā チュップ ホーナー，ਖ਼ਮੋਸ਼ ਹੋਣਾ xamośa hoṇā カモーシュ ホーナー
タミルナードゥしゅう〖タミルナードゥ州〗ਤਾਮਿਲਨਾਡੂ tāmilanāḍū ターミルナードゥー
ダム ਬੰਨ੍ਹ bânna バンヌ，ਡੈਮ ḍaima ダェーム
ダメージ ਹਾਨੀ hānī ハーニー，ਨੁਕਸਾਨ nukasāna ヌクサーン
ためす〖試す〗ਪਰਖਣਾ parakʰaṇā パルカナー，ਅਜ਼ਮਾਉਣਾ azamāuṇā アズマーウナー
だめな〖駄目な〗ਬੇਕਾਰ bekāra ベーカール，ਦੁਸ਼ਟ duśaṭa ドゥシュト
ためになる（有益な）ਸ਼ੁਭ śûba シュブ
ためらう ਝਿਜਕਣਾ cǐjakaṇā チジャクナー，ਹਿਚਕਣਾ hicakaṇā ヒチャクナー，ਸੰਕੋਚਣਾ saṅkocaṇā サンコーチナー
ためる〖貯める〗ਜਮ੍ਹਾਂ ਕਰਨਾ jâmā̃ karanā ジャマーン カルナー
たもつ〖保つ〗ਰੱਖਣਾ rakkʰaṇā ラッカナー，ਸੰਭਾਲਣਾ sambǎlaṇā サンバールナー
たより〖便り〗（手紙）ਚਿੱਠੀ ciṭṭʰī チッティー，ਪੱਤਰ pattara パッタル，ਖ਼ਤ xata カト（知らせ）ਸਮਾਚਾਰ samācāra サマーチャール，ਖ਼ਬਰ xabara カバル
たより〖頼り〗ਭਰੋਸਾ parǒsā パローサー，ਇਤਬਾਰ itabāra イトバール
たよる〖頼る〗ਭਰੋਸਾ ਕਰਨਾ parǒsā karanā パローサー カルナー，ਇਤਬਾਰ ਕਰਨਾ itabāra karanā イトバール カルナー
だらくする〖堕落する〗ਭਰਿਸ਼ਟਣਾ parǐśaṭaṇā パリシュタナー，ਵਿਚਲਨਾ vicalanā ヴィチャルナー，ਵਿਗੜਨਾ

vigaṛanā ヴィガルナー
だらしない ਢਿੱਲਾ ṭ̂illā ティッラー，ਢਿੱਲਮ-ਢਿੱਲਾ ṭ̂illama-ṭ̂illā ティッラム・ティッラー，ਲੂਜ਼ lūza ルーズ
たらす〖垂らす〗（ぶら下げる）ਲਟਕਾਉਣਾ laṭakāuṇā ラトカーウナー，ਲਮਕਾਉਣਾ lamakāuṇā ラムカーウナー，ਪਲਮਾਉਣਾ palamāuṇā パルマーウナー （こぼす）ਡੋਲ੍ਹਣਾ ḍôlaṇā ドーラナー，ਡੁਲ੍ਹਾਉਣਾ ḍulăuṇā ドゥラーウナー，ਵੀਟਣਾ wīṭaṇā ウィータナー
たりない〖足りない〗ਘੱਟ kăṭṭa カット，ਤੰਗ taṅga タング，ਲੋੜਵੰਦ loṛawanda ロールワンド
たりょうの〖多量の〗ਬਹੁਲ baûla バォール，ਬਹੁਤ ਸਾਰਾ baûta sārā バォート サーラー，ਜ਼ਿਆਦਾ ziādā ズィアーダー
だるい ਸਿਥਲ sit^hala スィタル
たるむ〖弛む〗ਢਿਲਕਣਾ ṭ̂ilakaṇā ティラクナー，ਢਿੱਲਾ ਹੋਣਾ ṭ̂illā hoṇā ティッラー ホーナー
だれ〖誰〗ਕੌਣ kauṇa カォーン
だれか〖誰か〗ਕੋਈ koī コーイー
たれる〖垂れる〗（ぶら下がる）ਲਟਕਣਾ laṭakaṇā ラトカナー，ਲਮਕਣਾ lamakaṇā ラムカナー （こぼれる）ਡੁਲ੍ਹਣਾ ḍûllaṇā ドゥッラナー
だれる（だらける）ਅਲਸਾਉਣਾ alasāuṇā アルサーウナー
たわむ ਲਚਕਣਾ lacakaṇā ラチャカナー
たわむれる〖戯れる〗ਖੇਡਣਾ k^heḍaṇā ケーダナー，ਖੇਲਣਾ k^helaṇā ケーラナー
たん〖痰〗ਕਫ਼ kafa カフ，ਖੰਘਾਰ k^haṅgăra カンガール，ਬਲਗ਼ਮ balağama バルガム
だんあつ〖弾圧〗ਜਫ਼ਾ jafā ジャファー，ਅੱਤਿਆਚਾਰ attiācāra アッティアーチャール
たんい〖単位〗（基準となる量）ਇਕਾਈ ikāī イカーイー，ਯੂਨਿਟ yūniṭa ユーニト （履修単位）ਕਰੈਡਿਟ karaiḍiṭa カラェーディト
たんいつの〖単一の〗ਛੜਾ c^haṛā チャラー
タンカー ਟੈਂਕਰ ṭãĩkara タェーンカル
だんかい〖段階〗ਮਰਤਬਾ maratabā マルタバー，ਵਰਗ waraga ワルグ，ਸਟੇਜ saṭeja サテージ
だんがい〖断崖〗ਦੰਦੀ dandī ダンディー
たんきな〖短気な〗ਚਿੜਚਿੜਾ ciṛaciṛā チルチラー，ਕਰੋਧੀ karôdī カローディー，ਆਤਸ਼ਮਿਜ਼ਾਜ ātaśamizāja アータシュミザージ
たんきの〖短期の〗ਅਲਪਕਾਲੀ alapakālī アルプカーリー
たんきゅう〖探究〗ਤਹਿਕੀਕ taîkīka タェーキーク，ਖੋਜ k^hoja コージ
タンク ਟੈਂਕ ṭãĩka タェーンク
だんけつする〖団結する〗ਇਕਮਿਕ ਹੋਣਾ ikamika hoṇā イクミク ホーナー，ਇਕਮੁੱਠ ਹੋਣਾ ikamuṭṭ^ha hoṇā イクムット ホーナー
たんけん〖探検〗ਭਾਲ pằla パール，ਢੂੰਡ ṭū̃ḍa トゥーンド ♦探検する ਭਾਲਣਾ pằlanā パールナー，ਢੂੰਡਣਾ ṭū̃ḍaṇā トゥーンドナー
だんげんする〖断言する〗ਦਾਹਵਾ ਕਰਨਾ dâwā karanā ダーワー カルナー
たんご〖単語〗ਸ਼ਬਦ śabada シャバド，ਲਫ਼ਜ਼ lafaza ラファズ，ਲੁਗ਼ਤ luğata ルグト
だんじき〖断食〗ਉਪਵਾਸ upawāsa ウプワース，ਫ਼ਾਕਾ fākā ファーカー，ਵਰਤ varata ヴァルト
たんしゅくする〖短縮する〗ਘੱਟ ਕਰਨਾ kăṭṭa karanā カット カルナー，ਸੰਖਿਪਤ ਕਰਨਾ saṅk^hipata karanā サンキプト カルナー
たんじゅんな〖単純な〗ਨਾਦਾਨ nādāna ナーダーン，ਸਿੱਧਾ sîddā スィッダー
たんしょ〖短所〗ਦੋਸ਼ dośa ドーシュ，ਔਗੁਣ auguṇa アォーグン，ਕੁਸਿਫ਼ਤ kusifata クスィフト
たんじょう〖誕生〗ਜਨਮ janama ジャナム，ਜੰਮਣ jammaṇa ジャンマン，ਉਦਭਵ udapăva ウドパヴ ♦誕生する ਜਨਮਣਾ janamaṇā ジャナムナー，ਜੰਮਣਾ jammaṇā ジャンマナー ♦誕生日 ਜਨਮ ਦਿਨ janama dina ジャナム ディン，ਜਨਮ ਤਿਥੀ janama tit^hī ジャナム ティティー，ਜਨਮ ਤਾਰੀਖ਼ janama tārīxa ジャナム ターリーク
ダンス ਡਾਂਸ ḍā̃sa ダーンス，ਨਾਚ nāca ナーチ，ਨਿਰਤ nirata ニルト
たんすう〖単数〗ਇਕਵਚਨ ikawacana イクワチャン
だんせい〖男性〗ਮਰਦ marada マルド，ਨਰ nara ナル，ਪੁਰਖ purak^ha プルク （文法性）ਪੁਲਿੰਗ puliṅga プリング，ਮੁਜ਼ੱਕਰ muzakkara ムザッカル
たんそ〖炭素〗ਕਾਰਬਨ kārabana カールバン
だんたい〖団体〗ਦਲ dala ダル，ਜਥਾ jat^hā ジャター，ਗਰੁੱਪ garuppa ガルップ
だんだん ਹੌਲੀ ਹੌਲੀ haulī haulī ハォーリー ハォーリー，ਮਿੱਚ ਮਿੱਚ ਕੇ micca micca ke ミッチ ミッチ ケー，ਧੀਰੇ-ਧੀਰੇ tīre-tīre ティーレー・ティーレー
たんちょうな〖単調な〗ਇੱਕਰਸ ikkarasa イックラス，ਇੱਕਸੁਰਾ ikkasurā イックスラー
たんてい〖探偵〗ਗੁਪਤਚਰ gupatacara グパトチャル，ਜਸੂਸ jasūsa ジャスース，ਸੂੰਹੀਆ sū̃īā スーンイーアー
たんとうしゃ〖担当者〗ਇੰਚਾਰਜ iñcāraja インチャールジ
たんどくの〖単独の〗ਇਕੱਲਾ ikallā イカッラー，ਤਨਹਾ tanahā タンハー，ਨਿਰਾ nirā ニラー
たんに〖単に〗ਕੇਵਲ kewala ケーワル，ਸਿਰਫ਼ sirafa スィルフ
だんねんする〖断念する〗ਛੱਡਣਾ c^haḍḍaṇā チャッダナー，ਤਿਆਗਣਾ tiāgaṇā ティアーガナー
たんのうする〖堪能する〗ਛਕਣਾ c^hakaṇā チャカナー
たんのうな〖堪能な〗ਪਰਬੀਨ parabīna パルビーン，ਤਾਕ tāka ターク
たんぱくしつ〖蛋白質〗ਪਰੋਟੀਨ paroṭīna パローティーン
だんぺん〖断片〗ਟੁਕੜਾ ṭukaṛā トゥクラー，ਡਲੀ ḍalī ダリー，ਖੰਡ k^haṇḍa カンド
たんぽ〖担保〗ਗਿਰਵੀ girawī ギルウィー，ਕਫ਼ਾਲਤ kafālata カファーラト，ਰਹਿਨ raîna ラェーン
だんらく〖段落〗ਅਨੁਛੇਦ anuc^heda アヌチェード，ਪਰਿਛੇਦ paric^heda パリチェード
だんりょく〖弾力〗ਲਿਫਾਅ lip^hāa リパーア

だんろ〖暖炉〗ਅੰਗੀਠੀ aṅgīṭʰī アンギーティー

だんわ〖談話〗ਗੱਲ gallⱥ ガッル, ਵਾਚ wācⱥ ワーチ, ਚਰਚਾ carⱥcā チャルチャー

ち〖血〗ਖ਼ੂਨ xūnⱥ クーン, ਲਹੂ lâū ラウー, ਰੱਤ rattⱥ ラット

ちい〖地位〗（階級・等級）ਪਦ padⱥ パド, ਦਰਜਾ darⱥjā ダルジャー（役職・立場）ਅਹੁਦਾ aûdā アオーダー, ਮਰਤਬਾ marⱥtabā マルタバー

ちいき〖地域〗ਖੇਤਰ kʰetarⱥ ケータル, ਇਲਾਕਾ ilākā イラーカー

ちいさい〖小さい〗ਨਿੱਕਾ nikkā ニッカー, ਛੋਟਾ cʰoṭā チョーター（微細な）ਬਰੀਕ barīkⱥ バリーク, ਸੂਖਮ sūkʰamⱥ スーカム（幼い）ਨੰਨ੍ਹਾ nânnā ナンナー

チーズ ਚੀਜ਼ cīzⱥ チーズ（カッテージチーズ）ਪਨੀਰ panīrⱥ パニール

チーム ਟੀਮ ṭīmⱥ ティーム, ਟੋਲੀ ṭolī トーリー

ちえ〖知恵〗ਬੁੱਧੀ bûddī ブッディー, ਅਕਲ akalⱥ アカル, ਦਨਾਈ danāī ダナーイー

チェコきょうわこく〖チェコ共和国〗ਚੈਕ ਗਣਰਾਜ caikⱥ gaṇⱥrājⱥ チャェーク ガンラージ

ちかい〖近い〗ਨੇੜਵਾਂ neṛⱥwā̃ ネールワーン, ਨਜ਼ਦੀਕੀ nazⱥdīkī ナズディーキー, ਨਿਕਟ nikaṭⱥ ニカト

ちかい〖地階〗ਭੋਰਾ pŏrā ポーラー

ちがい〖違い〗ਅੰਤਰ antarⱥ アンタル, ਫ਼ਰਕ farⱥkⱥ ファルク, ਭੇਤ pĕtⱥ ペート

ちかう〖誓う〗ਸਹੁੰ ਖਾਣੀ sâû kʰāṇī サォーン カーニー, ਕਸਮ ਖਾਣੀ kasamⱥ kʰāṇī カサム カーニー, ਹਲਫ਼ ਚੁੱਕਣੀ halⱥfⱥ cukkaṇī ハルフ チュッカニー

ちかく〖知覚〗ਪਰਤੱਖ-ਗਿਆਨ parⱥtakkʰⱥ-giānⱥ パルタック・ギアーン, ਅਨੁਭਵ anupăvⱥ アヌパヴ, ਸੋਝੀ sôjī ソージー

ちかごろ〖近頃〗ਅੱਜਕੱਲ੍ਹ ajjⱥkâlⱥ アッジカル

ちかしつ〖地下室〗ਤਹਿਖ਼ਾਨਾ taîxānā タェーカーナー, ਭੋਰਾ pŏrā ポーラー

ちかづく〖近付く〗ਨੇੜੇ ਆਉਣਾ neṛe āuṇā ネーレー アーウナー, ਕੋਲ ਜਾਣਾ kolⱥ jāṇā コール ジャーナー, ਢੁੱਕਣਾ ṭŭkkaṇā トゥッカナー

ちかてつ〖地下鉄〗ਮੈਟਰੋ maiṭⱥro マェートロー

ちかどう〖地下道〗ਸੁਰੰਗ suraṅgⱥ スラング

ちかの〖地下の〗ਭੂਮੀਗਤ pŭmīgatⱥ プーミーガト, ਜ਼ਮੀਨਦੋਜ਼ zamīnⱥdozⱥ ザミーンドーズ

ちかよる〖近寄る〗ਨੇੜੇ ਆਉਣਾ neṛe āuṇā ネーレー アーウナー, ਕੋਲ ਜਾਣਾ kolⱥ jāṇā コール ジャーナー, ਢੁੱਕਣਾ ṭŭkkaṇā トゥッカナー

ちから〖力〗（権力・活力）ਸੱਤਾ sattā サッター, ਤਾਕਤ tākatⱥ ターカト（能力）ਸਮਰੱਥਾ samⱥrattʰā サムラッター

ちきゅう〖地球〗ਪਰਿਥਵੀ paritʰⱥvī パリトヴィー, ਭੂਗੋਲ pŭgolⱥ プーゴール, ਭੂਮੰਡਲ pŭmaṇḍalⱥ プーマンダル ♦地球儀 ਧਰਤ-ਗੋਲਾ tărⱥtⱥ-golā タルト・ゴーラー

ちぎる〖千切る〗ਨੋਚਣਾ nocaṇā ノーチャナー, ਪਾੜਨਾ pāṛⱥnā パールナー

ちく〖地区〗ਜ਼ਿਲ੍ਹਾ zîlā ズィラー, ਮਹੱਲਾ mahallā マハッラー, ਡਿਸਟਰਿਕਟ ḍisⱥṭⱥrikⱥṭⱥ ディスタリクト

ちくさん〖畜産〗ਪਸ਼ੂ-ਪਾਲਨ paśū-pālanⱥ パシュー・パーラン

ちくせき〖蓄積〗ਜਮ੍ਹਾਂ jâmā̃ ジャマーン, ਸੰਗਰਹਿ saṅgⱥraî サングラェー, ਜ਼ਖ਼ੀਰਾ zaxīrā ザキーラー

ちけい〖地形〗ਧਰਾਤਲ tarătalⱥ タラータル

チケット ਟਿਕਟ ṭikaṭⱥ ティカト

ちこくする〖遅刻する〗ਦੇਰ ਹੋ ਜਾਣੀ derⱥ ho jāṇī デール ホー ジャーニー

ちじ〖知事〗ਰਾਜਪਾਲ rājⱥpālⱥ ラージパール, ਗਵਰਨਰ gavarⱥnarⱥ ガヴァルナル

ちしき〖知識〗ਵਿੱਦਿਆ viddiā ヴィッディアー, ਜਾਣਕਾਰੀ jāṇⱥkārī ジャーンカーリー, ਗਿਆਨ giānⱥ ギアーン

ちじん〖知人〗ਜਾਣੂ jāṇū ジャーヌー, ਵਾਕਫ਼ wākafⱥ ワーカフ, ਅਸ਼ਨਾ aśⱥnā アシュナー

ちず〖地図〗ਨਕਸ਼ਾ nakⱥśā ナクシャー

ちせい〖知性〗ਬੁੱਧੀ bûddī ブッディー, ਅਕਲ akalⱥ アカル, ਸਮਝ sâmajⱥ サマジ

ちそう〖地層〗ਤੱਗ taggⱥ タッグ

ちたい〖地帯〗ਇਲਾਕਾ ilākā イラーカー, ਖੇਤਰ kʰetarⱥ ケータル, ਜ਼ੋਨ zonⱥ ゾーン

ちち〖乳〗（ミルク）ਦੁੱਧ dûddⱥ ドゥッド（母乳）ਥੰਜ tʰañjⱥ タンジ, ਮਾਂ ਦਾ ਦੁੱਧ mā̃ dā dûddⱥ マーン ダー ドゥッド（乳房）ਥਣ tʰaṇⱥ タン, ਮੰਮਾ mammā マンマー, ਕੋਲ kolⱥ コール

ちち〖父〗ਪਿਓ pio ピオー, ਪਿਤਾ pitā ピター ♦父方の ਦਾਦਕਾ dādⱥkā ダードカー

ちちがゆ〖乳粥〗ਖੀਰ kʰīrⱥ キール

ちぢむ〖縮む〗ਸਿਮਟਣਾ simⱥṭⱥṇā スィムトナー, ਸੁੰਗੜਨਾ suṅgⱥṛⱥnā スンガルナー

ちぢめる〖縮める〗ਸਿਮਟਾਉਣਾ simⱥṭāuṇā スィムターウナー, ਸੁੰਗੇੜਨਾ suṅgeṛⱥnā スンゲールナー

ちちゅうかい〖地中海〗ਰੂਮ ਸਾਗਰ rūmⱥ sāgarⱥ ルーム サーガル

ちつじょ〖秩序〗ਵਿਵਸਥਾ vivasⱥtʰā ヴィヴァスター, ਨਿਜ਼ਾਮ nizāmⱥ ニザーム, ਅਨੁਸ਼ਾਸਨ anuśāsanⱥ アヌシャーサン

ちっそ〖窒素〗ਨਾਈਟਰੋਜਨ nāīṭⱥrojanⱥ ナーイータロージャン

ちてきな〖知的な〗ਬੁੱਧੀਜੀਵੀ bûddījīvī ブッディージーヴィー, ਦਾਨਸ਼ਮੰਦ dānaśⱥmandⱥ ダーナシュマンド

ちのう〖知能〗ਅਕਲ akalⱥ アカル, ਬੁੱਧੀ bûddī ブッディー, ਦਾਨਸ਼ dānaśⱥ ダーナシュ

ちぶさ〖乳房〗ਥਣ tʰaṇⱥ タン, ਮੰਮਾ mammā マンマー, ਕੋਲ kolⱥ コール

ちへいせん〖地平線〗ਖਿਤਿਜ kʰitijⱥ キティジ, ਉਫ਼ਕ ufakⱥ ウファク, ਦੁਮੇਲ dumelⱥ ドゥメール

ちほう〖地方〗ਦਿਹਾਤ diătⱥ ディアート

ちみつな〖緻密な〗ਸੂਖਮ sūkʰamⱥ スーカム

ちゃ〖茶〗ਚਾਹ câ チャー, ਟੀ ṭī ティー

ちゃいろ〖茶色〗ਬੂਰਾ būrā ブーラー

ちゃくじつな〖着実な〗ਟਿਕਵਾਂ ṭikⱥwā̃ ティクワーン, ਅਚੰਚਲ acañcalⱥ アチャンチャル, ਸਥਿਰ satʰirⱥ サティル

ちゃくじつに〘着実に〙ਪੱਕੇ ਪੈਰੀਂ pakke pairī̃ パッケー パェーリーン
ちゃくしょくする〘着色する〙ਰੰਗਣਾ raṅgaṇā ランガナー
ちゃくせきする〘着席する〙ਬਹਿਣਾ baîṇā バェーナー, ਬੈਠਣਾ baiṭʰaṇā バェータナー
チャレンジ ਚੈਲੰਜ cailañja チャェーランジ, ਚੁਨੌਤੀ cunautī チュナォーティー, ਲਲਕਾਰ lalakāra ラルカール
ちゃわん〘茶碗〙ਕਾਸਾ kāsā カーサー, ਪਿਆਲਾ piālā ピアーラー
チャンス ਚਾਂਸ cā̃sa チャーンス, ਮੌਕਾ maukā マォーカー, ਅਵਸਰ awasara アウサル
チャンディーガル ਚੰਡੀਗੜ੍ਹ caṇḍīgâṛa チャンディーガル
ちゃんと ਠੀਕ ṭʰīka ティーク, ਠੀਕ ਤਰ੍ਹਾਂ ṭʰīka târā̃ ティーク タラーン, ਠੀਕ ਤੌਰ ਤੇ ṭʰīka taura te ティーク タォール テー
ちゅうい〘注意〙（留意）ਧਿਆਨ tiǎ̃na ティアーン, ਖ਼ਿਆਲ xiāla キアール, ਸਾਵਧਾਨੀ sāvadǎnī サーヴダーニー ♦注意する〔留意する〕ਧਿਆਨ ਰੱਖਣਾ tiǎ̃na rakkʰaṇā ティアーン ラッカナー, ਖ਼ਿਆਲ ਰੱਖਣਾ xiāla rakkʰaṇā キアール ラッカナー, ਸੰਭਲਣਾ sâmbalaṇā サンバルナー （警告）ਚੇਤਾਉਣੀ cetāuṇī チェーターウニー ♦注意する〔警告する〕ਚੇਤਾਉਣਾ cetāuṇā チェーターウナー （忠告）ਸਲਾਹ salâ サラー ♦注意する〔忠告する〕ਸਲਾਹ ਦੇਣੀ salâ deṇī サラー デーニー, ਜਤਾਉਣਾ jatāuṇā ジャターウナー
ちゅうおう〘中央〙ਕੇਂਦਰ kẽdara ケーンダル, ਮੱਝ mâjja マッジ, ਦਰਮਿਆਨ daramiāna ダルミアーン
ちゅうかい〘仲介〙ਵਿਚੋਲਗੀ wicolagī ウィチョールギー, ਜ਼ਰੀਆ zarīā ザリーアー ♦仲介者 ਵਿਚੋਲਾ wicolā ウィチョーラー, ਬਸੀਠ basīṭʰa バスィート
ちゅうがく〘中学〙ਮਿਡਲ ਸਕੂਲ miḍala sakūla ミダル サクール
ちゅうかりょうり〘中華料理〙ਚੀਨੀ ਭੋਜਨ cīnī pǒjana チーニー ポージャン
ちゅうかん〘中間〙ਵਿਚਕਾਰ wicakāra ウィチカール, ਗੱਭ gâbba ガッブ, ਦਰਮਿਆਨ daramiāna ダルミアーン
ちゅうけい〘中継〙ਰਿਲੇ rile リレー ♦中継放送 ਰਿਲੇ ਬਰਾਡਕਾਸਟ rile barāḍakāsaṭa リレー バラードカースト
ちゅうこく〘忠告〙ਸਲਾਹ salâ サラー, ਨਸੀਹਤ nasîata ナスィーアト, ਮਸ਼ਵਰਾ maśawarā マシュワラー ♦忠告する ਸਲਾਹ ਦੇਣੀ salâ deṇī サラー デーニー, ਨਸੀਹਤ ਦੇਣੀ nasîata deṇī ナスィーアト デーニー, ਜਤਾਉਣਾ jatāuṇā ジャターウナー
ちゅうごく〘中国〙ਚੀਨ cīna チーン ♦中国語・中国人・中国の ਚੀਨੀ cīnī チーニー
ちゅうこの〘中古の〙ਅੱਧੋਰਾਣਾ âddorāṇā アッドーラーナー, ਪੁਰਾਣਾ purāṇā プラーナー
ちゅうざい〘駐在〙ਰੈਜ਼ੀਡੈਂਸੀ raizīḍā̃isī ラェーズィーダェーンスィー
ちゅうさいする〘仲裁する〙ਸਾਲਸੀ ਕਰਨੀ sālasī karanī サールスィー カルニー
ちゅうし〘中止〙ਮੁਅੱਤਲੀ muattalī ムアッタリー ♦中止する ਮੁਅੱਤਲ ਕਰਨਾ muattala karanā ムアッタル カルナー
ちゅうじつな〘忠実な〙ਆਗਿਆਕਾਰ āgiākāra アーギアーカール, ਵਫ਼ਾਦਾਰ wafādāra ワファーダール, ਨਿਸ਼ਠਾਵਾਨ niśaṭʰāwāna ニシュターワーン
ちゅうしゃ〘注射〙ਸੂਈ sūī スーイー, ਟੀਕਾ ṭīkā ティーカー, ਇਨਜੈਕਸ਼ਨ inajaikaśana インジャェークシャン
ちゅうしゃ〘駐車〙ਪਾਰਕਿੰਗ pārakiṅga パールキング
ちゅうしゃく〘注釈〙ਵਿਆਖਿਆ viākʰiā ヴィアーキアー, ਟਿੱਪਣੀ ṭippaṇī ティッパニー, ਟੀਕਾ ṭīkā ティーカー
ちゅうしょう〘抽象〙ਅਮੂਰਤਨ amūratana アムールタン ♦抽象的な ਅਮੂਰਤ amūrata アムーラト
ちゅうしょうする〘中傷する〙ਨਿੰਦਣਾ nindaṇā ニンダナー, ਬਗੋਣਾ bagoṇā バゴーナー, ਭੰਡਣਾ pǎṇḍaṇā パンダナー
ちゅうしょく〘昼食〙ਲੰਚ lañca ランチ, ਟਿਫ਼ਨ ṭifana ティファン
ちゅうしん〘中心〙ਕੇਂਦਰ kẽdara ケーンダル, ਮਰਕਜ਼ marakaza マルカズ, ਸੈਂਟਰ sã̄iṭara サェーンタル
ちゅうすう〘中枢〙ਧੁਰਾ tǔrā トゥラー, ਧੁੰਨੀ tǔnnī トゥンニー
ちゅうせい〘中世〙ਮੱਧ ਕਾਲ mâdda kāla マッド カール ♦中世の ਮੱਧ ਕਾਲੀਨ mâdda kālīna マッド カーリーン
ちゅうぜつ〘中絶〙ਗਰਭਪਾਤ gârabapāta ガルブパート
ちゅうだんする〘中断する〙ਅਟਕਾਉਣਾ aṭakāuṇā アトカーウナー
ちゅうちょする〘躊躇する〙ਝਿਜਕਣਾ cǐjakaṇā チジャクナー, ਹਿਚਕਣਾ hicakaṇā ヒチャクナー, ਸੰਕੋਚਣਾ saṅkocaṇā サンコーチナー
ちゅうどく〘中毒〙ਝਸ căsa チャス, ਠਰਕ ṭʰaraka タルク, ਆਦਤ ādata アーダト
ちゅうとの〘中途の〙ਅਧੂਰਾ adŭrā アドゥーラー
ちゅうねんの〘中年の〙ਅਧਖੜ âdakʰaṛa アドカル, ਅਧੇੜ adĕṛa アデール
ちゅうもん〘注文〙ਫ਼ਰਮਾਇਸ਼ faramāiśa ファルマーイシュ, ਆਡਰ āḍara アーダル ♦注文する ਮੰਗਵਾਉਣਾ maṅgawāuṇā マングワーウナー
ちゅうりつの〘中立の〙ਨਿਰਪੱਖ nirapakkʰa ニルパック, ਨਿਰਪੇਖ nirapekʰa ニルペーク, ਤਰਿਆਕਲ tariākala タリアーカル
ちょう〘腸〙ਆਂਦਰ ā̃dara アーンダル, ਓਝਰੀ ôjarī オージリー
ちょう〘蝶〙ਤਿਤਲੀ titalī ティトリー, ਭੰਬੀਰੀ pambǐrī パンビーリー
ちょうかく〘聴覚〙ਸਰਵਨ sarawana サルワン, ਸੁਣਨ suṇana スナン
ちょうきの〘長期の〙ਦੀਰਘ dîraga ディールグ, ਮੁਸਤਕਿਲ musatakila ムスタキル
ちょうきょうする〘調教する〙ਅਭਿਆਸ ਕਰਾਉਣਾ abiǎ̃sa karāuṇā アビアース カラーウナー, ਸਾਧਣਾ sâdaṇā サードナー
ちょうごうする〘調合する〙ਮਿਲਾਉਣਾ milāuṇā ミラーウナー
ちょうこく〘彫刻〙ਮੂਰਤੀਕਾਰੀ mūratīkārī ムールティー

カーリー, ਬੁੱਤ ਤਰਾਸ਼ੀ buttạ tarāśī ブット タラーシー

ちょうさする〖調査する〗ਜਾਂਚਣਾ jā̃caṇā ジャーンチナー, ਨਿਰਖਣਾ nirak^{h}aṇā ニルカナー, ਖੋਜਣਾ k^{h}ojaṇā コージャナー

ちょうし〖調子〗(具合・加減) ਹਾਲ hālạ ハール, ਹਵਾਲ hawālạ ハワール (拍子) ਤਾਲ tālạ タール

ちょうじ〖丁子〗ਲੌਂਗ lãũgạ ラォーング

ちょうしゅう〖聴衆〗ਸਰੋਤਾ-ਗਣ sarotā-gaṇạ サロータ ー・ガン, ਹਾਜ਼ਰੀਨ hāzarīnạ ハーズリーン

ちょうしゅうする〖徴収する〗ਉਗਰਾਹੁਣਾ ugarâuṇā ウグラーウナー, ਵਸੂਲਣਾ wasūlaṇā ワスールナー

ちょうしょ〖長所〗ਸਿਫ਼ਤ sifatạ スイフト, ਗੁਣ guṇạ グン

ちょうじょう〖頂上〗ਚੋਟੀ coṭī チョーティー, ਸਿਖਰ sik^{h}arạ スィカル, ਟੀਸੀ ṭīsī ティースィー

ちょうしょく〖朝食〗ਨਾਸ਼ਤਾ nāśatā ナーシュター

ちょうせいする〖調整する〗ਠੀਕ ਕਰਨਾ ṭ^{h}īkạ karanā ティーク カルナー

ちょうせん〖挑戦〗ਚੁਨੌਤੀ cunautī チュナォーティー, ਲਲਕਾਰ lalakārạ ラルカール, ਵੰਗਾਰ waṅgārạ ワンガール ◆挑戦する ਲਲਕਾਰਨਾ lalakāranā ラルカールナー, ਵੰਗਾਰਨਾ waṅgāranā ワンガールナー

ちょうチフス〖腸チフス〗ਮੁਹਰਕਾ môrakā モールカー, ਟਾਈਫ਼ਾਈਡ ṭāīfāīḍạ ターイーファーイード

ちょうていする〖調停する〗ਸਾਲਸੀ ਕਰਨੀ sālasī karanī サールスィー カルニー

ちょうてん〖頂点〗ਚੋਟੀ coṭī チョーティー, ਸਿਖਰ sik^{h}arạ スィカル

ちょうど〖丁度〗ਠੀਕ ṭ^{h}īkạ ティーク, ਐਨ ainạ アェーン, ਧੁਰ tŭrạ トゥル

ちょうなん〖長男〗ਜੇਠਾ jeṭ^{h}ā ジェーター

ちょうのうりょく〖超能力〗ਮਾਇਆ māiā マーイアー, ਮਹਾਸ਼ਕਤੀ mahāśakatī マハーシャクティー

ちょうへい〖徴兵〗ਲਾਮਬੰਦੀ lāmabandī ラームバンディー

ちょうほうけい〖長方形〗ਆਇਤ āitạ アーイト

ちょうやく〖跳躍〗ਛਾਲ c^{h}ālạ チャール, ਛਲਾਂਗ c^{h}alā̃gạ チャラーング, ਕੁਦਾਈ kudāī クダーイー

ちょうり〖調理〗ਪਾਕ pākạ パーク ◆調理する ਪਕਾਉਣਾ pakāuṇā パカーウナー, ਰਿੰਨ੍ਹਣਾ rînnaṇā リンナナー, ਭੋਜਨ ਬਣਾਉਣਾ pŏjanạ baṇāuṇā ポージャン バナーウナー

ちょうりつ〖調律〗ਠਾਟ ṭ^{h}āṭạ タート

ちょうりゅう〖潮流〗ਧਾਰ tărạ タール, ਧਾਰਾ tărā ターラー

ちょうりょく〖聴力〗ਸੁਣਨ-ਸ਼ਕਤੀ suṇanạ-śakatī スナン・シャクティー, ਸਰਵਣ sarawaṇạ サルワン

ちょうわする〖調和する〗ਢੁੱਕਣਾ ṭŭkkaṇā トゥッカナー, ਜਚਣਾ jacaṇā ジャチナー, ਫਬਣਾ p^{h}abaṇā パブナー

ちょきん〖貯金〗ਬੱਚਤ baccatạ バッチャト ◆貯金する ਬਚਾਉਣਾ bacāuṇā バチャーウナー

ちょくしんする〖直進する〗ਸਿੱਧੇ ਜਾਣਾ sîdde jāṇā スィッデー ジャーナー

ちょくせつの〖直接の〗ਸਿੱਧਾ sîddā スィッダー, ਸਰਲ sarạlạ サルル

ちょくせん〖直線〗ਸਰਲ ਰੇਖਾ sarạlạ rek^{h}ā サルル レーカー, ਤਰਮੀਮ taramīmạ タルミーム, ਖ਼ਤ xatạ カト

ちょくめんする〖直面する〗ਮੁਕਾਬਲਾ ਕਰਨਾ mukābalā karanā ムカーブラー カルナー

ちょくりつの〖直立の〗ਕਾਇਮ kāimạ カーイム, ਖੜ੍ਹਾ k^{h}âṛā カラー, ਉਭਾ ûbā ウーバー

チョコレート ਚਾਕਲੇਟ cākaleṭạ チャークレート

ちょしゃ〖著者〗ਲੇਖਕ lek^{h}akạ レーカク, ਮੁਸੰਨਫ਼ musannafạ ムサンナフ

ちょすいち〖貯水池〗ਹੌਜ਼ hauzạ ハォーズ, ਤਲਾਬ talābạ タラーブ

ちょぞうする〖貯蔵する〗ਜ਼ਖ਼ੀਰਾ ਕਰਨਾ zaxīrā karanā ザキーラー カルナー, ਸਾਂਭਣਾ sẫbaṇā サーンバナー

ちょちくする〖貯蓄する〗ਬਚਾਉਣਾ bacāuṇā バチャーウナー

ちょっかく〖直角〗ਲੰਬਕੋਣ lambakoṇạ ランブコーン, ਸਮਕੋਣ samakoṇạ サムコーン

ちょっかん〖直感〗ਅੰਤਰ ਬੋਧ antarạ bôdạ アンタル ボード, ਉੱਕਤ ukkatạ ウッカト, ਫੁਰਨਾ p^{h}uranā プルナー ◆直感的な ਅੰਤਰ ਬੋਧੀ antarạ bôdī アンタル ボーディー

ちょっけい〖直径〗ਵਿਆਸ viāsạ ヴィアース, ਕੁਤਰ kutarạ クタル

ちょっと (少し) ਕੁਝ kûjạ クジ, ਜ਼ਰਾ zarā ザラー (短い時間) ਪਲ palạ パル, ਘੜੀ kăṛī カリー, ਮਹੂਰਤ mahūratạ マフーラト

ちらばる〖散らばる〗ਬਿਖਰਨਾ bik^{h}aranā ビカルナー, ਛਟਣਾ c^{h}aṭaṇā チャタナー, ਖਿੱਲਰਨਾ k^{h}illaranā キッラルナー

ちり〖地理〗ਭੂਗੋਲ pŭgolạ プーゴール, ਜੁਗਰਾਫ਼ੀਆ jugarāfīā ジュグラーフィーアー

ちりょう〖治療〗ਇਲਾਜ ilājạ イラージ, ਉਪਚਾਰ upacārạ ウプチャール, ਚਿਕਿਤਸਾ cikitasā チキトサー ◆治療する ਇਲਾਜ ਕਰਨਾ ilājạ karanā イラージ カルナー, ਨਿਵਾਰਨਾ niwāranā ニワールナー

ちんかする〖沈下する〗ਉੱਤਰਨਾ uttaranā ウッタルナー

ちんぎん〖賃金〗ਮਿਹਨਤਾਨਾ mênatānā メーナターナー, ਤਨਖ਼ਾਹ tanaxâ タンカー, ਮਜ਼ਦੂਰੀ mazadūrī マズドゥーリー

ちんじゅつ〖陳述〗ਬਿਆਨ biānạ ビアーン, ਵਰਨਨ waranạnạ ワルナン

ちんじょう〖陳情〗ਅਰਜ਼ੀ arazī アルズィー

ちんたいりょう〖賃貸料〗ਭਾੜਾ pāṛā パーラー, ਕਿਰਾਇਆ kirāiā キラーイアー, ਰੈਂਟ rãĩṭạ ラェーント

ちんぼつする〖沈没する〗ਡੁੱਬਣਾ ḍubbaṇā ドゥッバナー

ちんもく〖沈黙〗ਖ਼ਮੋਸ਼ੀ xamośī カモーシー, ਮੌਨ maunạ マォーン, ਚੁੱਪ cuppạ チュップ

ちんれつする〖陳列する〗ਨੁਮਾਇਸ਼ ਕਰਨੀ numāiśạ karanī ヌマーイシュ カルニー, ਵਿਖਾਉਣਾ wik^{h}āuṇā ウィカーウナー, ਦਿਖਾਉਣਾ dik^{h}āuṇā ディカーウナー

つい〖対〗ਜੁਗਲ jugalạ ジュガル, ਜੋੜਾ joṛā ジョーラー,

ਜੁੱਟ juttạ ジュット
ついかの〖追加の〗ਅਤਿਰਿਕਤ atirikata アティリクト, ਮਜ਼ੀਦ mazīda マズィード, ਹੋਰ hora ホール
ついきゅうする〖追及する〗ਜਿਰ੍ਹਾ ਕਰਨੀ jîrā karaṇī ジラー カルニー
ついきゅうする〖追求する〗ਤਲਾਸ਼ ਕਰਨੀ talāśa karaṇī タラーシュ カルニー
ついきゅうする〖追究する〗ਖੋਜਣਾ kʰojaṇā コージャナー, ਸੋਧਣਾ sôdaṇā ソーダナー
ついせきする〖追跡する〗ਪਿੱਛਾ ਕਰਨਾ piccʰā karaṇā ピッチャー カルナー, ਭਾਲਣਾ pǎlaṇā パールナー, ਗੋਲਣਾ golaṇā ゴールナー
ついたち〖一日〗ਏਕਮ ekama エーカム
ついている（運のいい）ਬਖ਼ਤਾਵਰ baxatāwara バクターワル, ਸੁਲੱਖਣਾ sulakkʰaṇā スラッカナー, ਨਸੀਬੇ ਵਾਲਾ nasībe wālā ナスィーベー ワーラー
ついとうする〖追悼する〗ਸੋਗ ਮਨਾਉਣਾ soga manāuṇā ソーグ マナーウナー
ついに ਆਖ਼ਰ āxara アーカル, ਛੇਕੜ cʰekaṛa チェーカル
ついほうする〖追放する〗ਕੱਢਣਾ kâḍḍaṇā カッダナー, ਨਿਕਾਲਣਾ nikālaṇā ニカールナー, ਛੇਕਣਾ cʰekaṇā チェーカナー
ついやす〖費やす〗ਖ਼ਰਚਣਾ xaracaṇā カルチャナー
ついらくする〖墜落する〗ਡਿਗਣਾ ḍigaṇā ディグナー, ਗਿਰਨਾ giranā ギルナー
つうがくする〖通学する〗ਸਕੂਲ ਜਾਣਾ sakūla jāṇā サクール ジャーナー
つうかする〖通過する〗ਲੰਘਣਾ lâṅgaṇā ランガナー, ਗੁਜ਼ਰਨਾ guzaranā グザルナー
つうこうにん〖通行人〗ਰਾਹਗੁਜ਼ਰ râguzara ラーグザル, ਰਾਹੀ rāhī ラーヒー
つうじょうの〖通常の〗ਆਮ āma アーム, ਮਾਮੂਲੀ māmūlī マームーリー, ਸਧਾਰਨ sadǎrana サダーラン
つうしん〖通信〗ਸੰਚਾਰ sañcāra サンチャール, ਪੱਤਰਾਚਾਰ pattarācāra パッタラーチャール, ਮੁਰਾਸਲਾ murāsalā ムラースラー
つうち〖通知〗ਸੂਚਨਾ sūcanā スーチャナー, ਇਤਲਾਹ italâ イトラー, ਖ਼ਬਰ xabara カバル ◆通知する ਸੂਚਿਤ ਕਰਨਾ sūcita karanā スーチト カルナー, ਇਤਲਾਹ ਦੇਣੀ italâ deṇī イトラー デーニー, ਖ਼ਬਰ ਦੇਣੀ xabara deṇī カバル デーニー
つうちょう〖通帳〗ਪਾਸਬੁਕ pāsabuka パースブク
つうやく〖通訳〗ਅਨੁਵਾਦ anuwāda アヌワード, ਤਰਜਮਾ tarajamā タルジャマー, ਤਰਜਮਾਨੀ tarajamānī タルジマーニー ◆通訳者 ਅਨੁਵਾਦਕ anuwādaka アヌワーダク, ਤਰਜਮਾਨ tarajamāna タルジマーン ◆通訳する ਅਨੁਵਾਦ ਕਰਨਾ anuwāda karanā アヌワード カルナー, ਤਰਜਮਾਨੀ ਕਰਨੀ tarajamānī karanī タルジマーニー カルニー
つうようする〖通用する〗ਚੱਲਣਾ callaṇā チャッラナー
つうれつな〖痛烈な〗ਕੁਰਖ਼ਤ kuraxata クラクト, ਕੌੜਾ kauṛā カォーラー, ਤਿੱਖਾ tikkʰā ティッカー
つうろ〖通路〗ਲਾਂਘਾ lā̂gā ラーンガー, ਰਸਤਾ rasatā ラスター, ਮਾਰਗ māraga マーラグ
つえ〖杖〗ਡੰਗੋਰੀ ḍaṅgorī ダンゴーリー, ਖੂੰਡੀ kʰū̃ḍī クーンディー, ਸਟਿਕ saṭika サティク
つかい〖使い〗（使者）ਕਾਸਦ kāsada カーサド, ਹਰਕਾਰਾ harakārā ハルカーラー, ਦੂਤ dūta ドゥート
つかう〖使う〗（使用する）ਵਰਤਣਾ waratanā ワルタナー, ਇਸਤੇਮਾਲ ਕਰਨਾ isatemāla karanā イステーマール カルナー （費やす）ਖ਼ਰਚਣਾ xaracaṇā カルチャナー
つかえる〖仕える〗ਸੇਵਾ ਕਰਨੀ sewā karanī セーワー カルニー, ਖ਼ਿਦਮਤ ਕਰਨੀ xidamata karanī キドマト カルニー, ਸੇਵਣਾ sewaṇā セーウナー
つかのまの〖束の間の〗ਕਲੋਕਾ kalokā カローカー
つかまえる〖捕まえる〗（つかむ）ਥੰਮ੍ਹਣਾ tʰâmmaṇā タンマナー（逮捕する）ਗਰਿਫ਼ਤਾਰ ਕਰਨਾ garifatāra karaṇā ガリフタール カルナー（捕獲する）ਫੜਨਾ pʰaṛanā パルナー, ਪਕੜਨਾ pakaṛanā パカルナー
つかむ〖掴む〗ਥੰਮ੍ਹਣਾ tʰâmmaṇā タンマナー
つかれ〖疲れ〗ਥਕਾਵਟ tʰakāwaṭa タカーワト, ਹਾਂਭ hā̂ba ハーンブ, ਮਾਂਦਗੀ mā̃dagī マーンドギー
つかれる〖疲れる〗ਥਕਣਾ tʰakaṇā タカナー, ਹੰਭਣਾ hâmbaṇā ハンバナー, ਹੁੱਸਣਾ hussaṇā フッサナー
つき〖月〗（天体の月）ਚੰਨ canna チャンヌ, ਚੰਦ canda チャンド, ਮਹਿਤਾਬ maîtāba マエーターブ（暦の月）ਮਹੀਨਾ maīnā マイーナー, ਮਾਹ mâ マー, ਮਾਸ māsa マース
つきあい〖付き合い〗ਭਿੱਟ pǐṭṭa ピット, ਸੰਗਤ saṅgata サンガト
つきあう〖付き合う〗ਭਿੱਟਣਾ pǐṭṭaṇā ピッタナー
つきそい〖付き添い〗ਹਵਾਰੀ hawārī ハワーリー, ਮੁਸਾਹਿਬ musāhiba ムサーヒブ
つきづき〖月々〗ਹਰ ਮਹੀਨੇ hara maǐne ハル マイーネー
つぎつぎ〖次々〗ਉੱਪਰੋਥਲੀ upparotʰalī ウッパロータリー, ਉੱਤੋੜਿੱਤੀ uttõṛittī ウットーンリッティー, ਅੱਗੜ-ਪਿੱਛੜ aggaṛa-piccʰaṛa アッガル・ピッチャル
つぎに〖次に〗ਅੱਗੇ ਤੋਂ agge tõ アッゲー トーン, ਉਪਰੰਤ uparanta ウプラント
つぎの〖次の〗ਅਗਲਾ agalā アグラー, ਦੂਜਾ dūjā ドゥージャー
つぎめ〖継ぎ目〗ਜੋੜ joṛa ジョール
つきる〖尽きる〗ਚੁਕਣਾ cukaṇā チュカナー, ਖੁੱਟਣਾ kʰuṭṭaṇā クッタナー, ਮੁੱਕਣਾ mukkaṇā ムッカナー
つく〖付く〗ਲੱਗਣਾ laggaṇā ラッガナー
つく〖突く〗ਚੁਭਾਉਣਾ cubǎuṇā チュバーウナー, ਧਕੇਲਣਾ takělaṇā タケールナー, ਰੇਲਣਾ relaṇā レーラナー
つく〖着く〗ਅੱਪੜਨਾ appaṛanā アッパルナー, ਪਹੁੰਚਣਾ pā̂ucaṇā パォーンチナー, ਪੁੱਜਣਾ pujjaṇā プッジャナー（席に）ਬਹਿਣਾ baîṇā バエーナー, ਬੈਠਣਾ baiṭʰaṇā バェータナー
つぐ〖注ぐ〗ਢਾਲਣਾ ṭǎlaṇā タールナー, ਵਹਾਉਣਾ wǎuṇā ワーウナー, ਪਾਉਣਾ pāuṇā パーウナー
つくえ〖机〗ਮੇਜ਼ meza メーズ, ਡੈਸਕ ḍaisaka ダェースク

つくりばなし〘作り話〙ਢਕੌਂਸਲਾ ṭakãǔsalā タカォーンスラー, ਟਪਾਰ ṭapāra タパール, ਟਪੱਲ ṭapalla タパッル
つくる〘作る〙ਬਣਾਉਣਾ baṇāuṇā バナーウナー（創作する）ਰਚਣਾ racaṇā ラチナー, ਸਿਰਜਣਾ sirajaṇā スィルジャナー（形成する）ਘੜਨਾ kǎṛanā カルナー
つくろう〘繕う〙ਗੰਢਣਾ gâṇḍaṇā ガンダナー, ਗੱਠਣਾ gaṭṭʰaṇā ガッタナー
つけもの〘漬物〙ਅਚਾਰ acāra アチャール
つける〘付ける〙ਲਗਾਉਣਾ lagāuṇā ラガーウナー, ਟਾਂਕਣਾ ṭãkaṇā ターンカナー
つける〘点ける〙（火や明かりを）ਜਲਾਉਣਾ jalāuṇā ジャラーウナー, ਰਮਾਉਣਾ ramāuṇā ラマーウナー, ਜਗਾਉਣਾ jagāuṇā ジャガーウナー
つげる〘告げる〙ਆਖਣਾ ākʰaṇā アークナー, ਦੱਸਣਾ dassaṇā ダッサナー, ਬਤਾਣਾ batāṇā バターナー
つたえる〘伝える〙ਆਖਣਾ ākʰaṇā アークナー, ਦੱਸਣਾ dassaṇā ダッサナー, ਬਤਾਣਾ batāṇā バターナー（伝授する）ਦੀਖਿਆ ਦੇਣੀ dīkʰiā deṇī ディーキアー デーニー
つち〘土〙ਮਿੱਟੀ miṭṭī ミッティー
つづき〘続き〙ਸਿਲਸਿਲਾ silasilā スィルスィラー
つつく ਠੂੰਗਣਾ ṭʰũgaṇā トゥーンガナー, ਠੁੰਗਣਾ ṭʰuṅgaṇā トゥンガナー, ਟੁੰਬਣਾ ṭumbaṇā トゥンバナー
つづく〘続く〙ਜਾਰੀ ਰਹਿਣਾ jārī raîṇā ジャーリー ラェーナー（後に）ਪਿੱਛਾ ਕਰਨਾ piccʰā karanā ピッチャー カルナー
つづける〘続ける〙ਜਾਰੀ ਰੱਖਣਾ jārī rakkʰaṇā ジャーリー ラッカナー
つっこむ〘突っ込む〙ਧੱਕਣਾ tǎkkaṇā タッカナー, ਘੁਸੇੜਨਾ kusěṛanā クセールナー, ਵਾੜਨਾ wāṛanā ワールナー
つつしむ〘慎む〙ਪਰਹੇਜ਼ ਕਰਨਾ paraheza karanā パルヘーズ カルナー, ਟਲਨਾ ṭalanā タルナー
つつみ〘包み〙ਗਠੜੀ gaṭʰaṛī ガタリー, ਪੋਟ poṭa ポート, ਪੈਕ paika パェーク
つつむ〘包む〙ਲਪੇਟਣਾ lapeṭaṇā ラペータナー, ਵਲਨਾ walanā ワルナー
つづり〘綴り〙ਸ਼ਬਦ-ਜੋੜ śabada-joṛa シャバド・ジョール
つとめ〘勤め〙ਨੌਕਰੀ naukarī ナォーカリー, ਚਾਕਰੀ cākarī チャーカリー, ਸਰਵਿਸ saravisa サルヴィス
つとめ〘務め〙ਕਰਤਬ karataba カルタブ, ਫ਼ਰਜ਼ faraza ファルズ, ਡਿਊਟੀ ḍiūṭī ディウーティー
つとめる〘勤める〙ਕੰਮ ਕਰਨਾ kamma karanā カンム カルナー
つとめる〘努める〙ਕੋਸ਼ਿਸ਼ ਕਰਨੀ kośiśa karanī コーシシュ カルニー, ਜਤਨ ਕਰਨਾ jatana karanā ジャタン カルナー
つながる〘繋がる〙ਜੁੜਨਾ juṛanā ジュルナー
つなぐ〘繋ぐ〙ਜੋੜਨਾ joṛanā ジョールナー
つなみ〘津波〙ਸੁਨਾਮੀ sunāmī スナーミー, ਸਮੁੰਦਰੀ ਉਫਾਨ samundarī upʰāna サムンダリー ウパーン
つねに〘常に〙ਹਮੇਸ਼ਾਂ hameśã ハメーシャーン, ਸਦਾ sadā サダー
つねる ਮੋਚਣਾ mocaṇā モーチャナー
つの〘角〙ਸਿੰਗ siṅga スィング
つば〘唾〙ਥੁੱਕ tʰukka トゥック, ਪੀਕ pīka ピーク
つばさ〘翼〙ਖੰਭ kʰâmba カンブ, ਪੰਖ paṅkʰa パンク, ਫੰਘ pʰâṅga パング
つばめ〘燕〙ਅਬਾਬੀਲ abābīla アバービール
つぶ〘粒〙ਦਾਣਾ dāṇā ダーナー, ਰਵਾ rawā ラワー, ਗੁਟਕਾ guṭakā グトカー
つぶす〘潰す〙ਕੁਚਲਨਾ kucalanā クチャルナー, ਮਿੱਧਣਾ mîddaṇā ミッダナー, ਦਰੜਨਾ dararanā ダラルナー
つぶやく ਬੁੜਬੁੜਾਉਣਾ buṛabuṛāuṇā ブルブラーウナー
つぶれる〘潰れる〙ਰੁਲਨਾ rulanā ルルナー, ਪਿਸਣਾ pisaṇā ピサナー（店などが）ਦਿਵਾਲਾ ਨਿਕਲਣਾ diwālā nikalaṇā ディワーラー ニカルナー
つま〘妻〙ਵਹੁਟੀ waûṭī ワォーティー, ਬੀਵੀ bīwī ビーウィー, ਪਤਨੀ patanī パトニー
つまさき〘爪先〙ਠੁੱਡ ṭʰuḍḍa トゥッド, ਪੱਬ pabba パッブ, ਟੋ ṭo トー
つまずく ਥਿੜਕਣਾ tʰiṛakaṇā ティルカナー, ਠਹਿਕਣਾ ṭʰaîkaṇā タェークナー
つまみ（取っ手）ਦਸਤਾ dasatā ダスター, ਹੱਥੀ hattʰī ハッティー（酒の）ਨੁਕਲ nukala ヌカル
つまむ ਚੁਗਣਾ cugaṇā チュガナー, ਚੁਣਨਾ cuṇanā チュンナー, ਮੋਚਣਾ mocaṇā モーチャナー
つまらない ਟਿੱਚ ṭicca ティッチ, ਤੁੱਛ tuccʰa トゥッチ, ਬੇਕਾਰ bekāra ベーカール
つまり ਯਾਨੀ yānī ヤーニー, ਮਤਲਬ matalaba マトラブ
つまる〘詰まる〙ਭਰਨਾ pǎranā パルナー
つみ〘罪〙ਪਾਪ pāpa パープ, ਅਪਰਾਧ aparâda アプラード, ਜੁਰਮ jurama ジュルム
つみかさねる〘積み重ねる〙ਢੇਰ ਲਾਉਣਾ ṭěra lāuṇā テール ラーウナー, ਚਿਣਨਾ ciṇanā チンナー
つむ〘積む〙（積み重ねる）ਢੇਰ ਲਾਉਣਾ ṭěra lāuṇā テール ラーウナー（積み込む）ਲੱਦਣਾ laddaṇā ラッダナー
つむ〘摘む〙ਮਰੁੰਡਣਾ maruṇḍaṇā マルンダナー, ਚੁਗਣਾ cugaṇā チュガナー, ਚੁਣਨਾ cuṇanā チュンナー
つめ〘爪〙ਨਾਖ਼ੁਨ nāxuna ナークン, ਨਹੁੰ nāû ナォーン（動物の）ਪਹੁੰਚਾ pāûcā パォーンチャー, ਪੰਜਾ pañjā パンジャー ♦爪切り ਨਹੇਰਨਾ naheranā ナヘールナー
つめこむ〘詰め込む〙ਠੁਸਣਾ ṭʰusaṇā トゥサナー, ਧਸੋੜਨਾ tasǒṛanā タソールナー, ਘੁਸੇੜਨਾ kusěṛanā クセールナー
つめたい〘冷たい〙ਠੰਢਾ ṭʰâṇḍā タンダー, ਸਰਦ sarada サルド, ਸੀਤਲ sītala スィータル
つめもの〘詰め物〙ਪੈਡ paiḍa パェード
つめる〘詰める〙ਭਰਨਾ pǎranā パルナー, ਘੁਸੇੜਨਾ kusěṛanā クセールナー
つや〘艶〙ਆਬ āba アーブ, ਚਮਕ camaka チャマク, ਲਿਸ਼ਕ liśaka リシュク
つゆ〘露〙ਸ਼ਬਨਮ śabanama シャブナム, ਤਰੇਲ tarela タレール
つよい〘強い〙ਤਕੜਾ takaṛā タクラー, ਬਲਵਾਨ

balawāna バルワーン, ਤਾਕਤਵਰ tākatawara ターカトワル

つよさ〘強さ〙ਤਕੜਾਈ takaṛāī タクラーイー, ਬਲ bala バル, ਤਾਕਤ tākata ターカト

つらい〘辛い〙ਗ਼ਮਗੀਨ ğamagīna ガムギーン, ਦੁਖੀ duk^{h}ī ドゥキー, ਕਠਨ kat^{h}ana カタン

つらぬく〘貫く〙ਵੜਨਾ waṛanā ワルナー, ਧਸੋੜਨਾ tasŏṛanā タソールナー（一貫する）ਪੂਰਾ ਕਰਨਾ pūrā karanā プーラー カルナー, ਨਿਬੇੜਨਾ niberanā ニベールナー

つり〘釣り〙ਮਾਹੀਗੀਰੀ māhīgīrī マーヒーギーリー

つりあう〘釣り合う〙ਤੁਲਣਾ tulaṇā トゥルナー

つる〘鶴〙ਸਾਰਸ sārasa サーラス, ਕਲਿੰਗ kaliṅga カリング, ਕਰੇਨ karena カレーン

つるす〘吊るす〙ਲਟਕਾਉਣਾ laṭakāuṇā ラトカーウナー, ਲਮਕਾਉਣਾ lamakāuṇā ラムカーウナー, ਪਲਮਾਉਣਾ palamāuṇā パルマーウナー

つれ〘連れ〙ਸਾਥੀ sāt^{h}ī サーティー, ਸਹਚਰ sahacara サフチャル, ਕੰਪਨੀ kampanī カンパニー

つれていく〘連れて行く〙ਲੈ ਕੇ ਜਾਣਾ lai ke jāṇā ラェー ケー ジャーナー

つれてくる〘連れて来る〙ਲੈ ਕੇ ਆਉਣਾ lai ke āuṇā ラェー ケー アーウナー

て〘手〙ਹੱਥ hatt^{h}a ハット（手段・方法）ਤਰੀਕਾ tarīkā タリーカー, ਉਪਾ upā ウパー, ਸਾਧਨ sâdana サーダン

であう〘出会う〙ਮਿਲਨਾ milanā ミルナー, ਟੱਕਰਨਾ ṭakkaranā タッカルナー, ਭੇਟਣਾ pĕṭaṇā ペータナー

てあて〘手当〙（治療）ਇਲਾਜ ilāja イラージ（賃金）ਮਿਹਨਤਾਨਾ mênatānā メーナターナー, ਤਨਖ਼ਾਹ tanaxâ タンカー, ਮਜ਼ਦੂਰੀ mazadūrī マズドゥーリー

ていあん〘提案〙ਤਜਵੀਜ਼ tajawīza タジウィーズ, ਪਰਸਤਾਵ parasatāva パラスターヴ, ਸੁਝਾਉ sujāo スジャーオー ◆提案する ਤਜਵੀਜ਼ ਰੱਖਣੀ tajawīza rakk^{h}aṇī タジウィーズ ラッカニー, ਪਰਸਤਾਵ ਰੱਖਣਾ parasatāva rakk^{h}aṇā パラスターヴ ラッカナー, ਸੁਝਾਉਣਾ sujǎuṇā スジャーウナー

ていぎ〘定義〙ਪਰਿਭਾਸ਼ਾ paribǎśā パリバーシャー

ていきけん〘定期券〙ਪਾਸ pāsa パース

ていきてきな〘定期的な〙ਨਿਯਮਿਤ niyamita ニユミト

ていきゅうな〘低級な〙ਘਟੀਆ kǎṭīā カティーアー, ਨਖਿੱਧ nak^{h}îdda ナキッド, ਅਦਨਾ adanā アドナー

ていきょうする〘提供する〙ਮੁਹਈਆ ਕਰਨਾ muhaīā karanā ムハイーアー カルナー, ਦੇਣਾ deṇā デーナー

ていきよきん〘定期預金〙ਮਿਆਦੀ ਜਮ੍ਹਾਂ miādī jâmā̃ ミアーディー ジャマーン

ていけいする〘提携する〙ਮਿਲ ਕੇ ਕੰਮ ਕਰਨਾ mila ke kamma karanā ミル ケー カンム カルナー

ていこう〘抵抗〙ਵਿਰੋਧ virôda ヴィロード, ਟਾਕਰਾ ṭākarā タークラー ◆抵抗する ਵਿਰੋਧ ਕਰਨਾ virôda karanā ヴィロード カルナー, ਟਾਕਰਾ ਕਰਨਾ ṭākarā karanā タークラー カルナー

ていし〘停止〙ਰੋਕ roka ローク, ਬੰਧ bânda バンド, ਵਿਰਾਮ virāma ヴィラーム ◆停止する ਰੁਕਣਾ rukaṇā ルカナー, ਥੰਮ੍ਹਣਾ t^{h}âmmaṇā タンマナー, ਖੜੋਣਾ k^{h}aṛoṇā カローナー

ていしゃする〘停車する〙ਰੁਕਣਾ rukaṇā ルカナー

ていしゅ〘亭主〙ਮਾਲਕ mālaka マーラク（夫）ਪਤੀ patī パティー, ਸ੍ਰੀਮਾਨ srīmāna スリーマーン

ていしゅつする〘提出する〙ਪੇਸ਼ ਕਰਨਾ peśa karanā ペーシュ カルナー

ていすう〘定数〙ਕੋਰਮ korama コーラム

ディスク ਡਿਸਕ ḍisaka ディスク

ていせいする〘訂正する〙ਠੀਕ ਕਰਨਾ ṭ^{h}īka karanā ティーク カルナー, ਸੋਧਣਾ sôdaṇā ソーダナー

ていせん〘停戦〙ਜੰਗਬੰਦੀ jaṅgabandī ジャングバンディー

ていぞくな〘低俗な〙ਝਿਕਲਾ cĭkalā チクラー

ティッシュ ਟਿਸ਼ੂ ਪੇਪਰ ṭiśū pepara ティシュー ペーパル

ていど〘程度〙ਅੰਸ਼ anśa アンシュ, ਸਤਰ satara サタル, ਡਿਗਰੀ ḍigarī ディグリー

ていとう〘抵当〙ਗਿਰਵੀ girawī ギルウィー, ਕਫ਼ਾਲਤ kafālata カファーラト, ਰਹਿਨ raîna ラェーン

ていねいな〘丁寧な〙ਨਿਮਰ nimara ニマル

ていねん〘定年〙ਰਿਟਾਇਰਮੈਂਟ ਏਜ riṭāiramāĩṭa eja リターイルマェーント エージ

ていはくする〘停泊する〙ਲੰਗਰ ਸੁੱਟਣਾ laṅgara suṭṭaṇā ランガル スッタナー

ていぼう〘堤防〙ਬਾਂਧ bā̃da バーンド, ਬੰਨ੍ਹਾ bannā バンナー

ていれする〘手入れする〙ਦੇਖਭਾਲ ਕਰਨੀ dek^{h}apāla karanī デークパール カルニー, ਸਾਰਨਾ sāranā サールナー

データ ਡਾਟਾ ḍāṭā ダーター ◆データベース ਡਾਟਾਬੇਸ ḍāṭābesa ダーターベース

テープ ਟੇਪ ṭepa テープ, ਫ਼ੀਤਾ fītā フィーター

テーブル ਟੇਬਲ ṭebala テーバル, ਮੇਜ਼ meza メーズ

テーマ ਵਿਸ਼ਾ viśā ヴィシャー

てがかり〘手掛かり〙ਸੂੰਹ sū̃ スーン, ਉੱਘ-ਸੁੱਘ ûgga-sûgga ウッグ・スッグ, ਸੂਤਰ sūtara スータル

てがきの〘手書きの〙ਹੱਥ ਲਿਖਤ hatt^{h}a lik^{h}ata ハットリクト, ਕਲਮੀ kalamī カルミー

てがみ〘手紙〙ਚਿੱਠੀ ciṭṭ^{h}ī チッティー, ਪੱਤਰ pattara パッタル, ਖ਼ਤ xata カト

てがら〘手柄〙ਕਾਰਨਾਮਾ kāranāmā カールナーマー, ਮਾਰਕਾ mârakā マールカー

てき〘敵〙ਦੁਸ਼ਮਨ duśamana ドゥシュマン, ਸ਼ੱਤਰੂ śattarū シャッタルー

できあいする〘溺愛する〙ਦੁਲਾਰਨਾ dulāranā ドゥラールナー

できあがる〘出来上がる〙ਬਣਨਾ baṇanā バンナー

てきい〘敵意〙ਦੁਸ਼ਮਨੀ duśamanī ドゥシュマニー, ਵੈਰ vaira ヴァェール

できごと〘出来事〙ਘਟਨਾ kǎṭanā カタナー

テキスト ਪਾਠ-ਪੁਸਤਕ pāṭ^{h}a-pusataka パート・プスタク

てきする〘適する〙ਅਨੁਕੂਲ ਹੋਣਾ anukūla hoṇā アヌクール ホーナー, ਪੁਗਣਾ pugaṇā プガナー

てきせい〘適性〙ਕਾਬਲੀਅਤ kābalīata カーブリーアト,

ਵਿੱਤ vittạ ヴィット, ਯੋਗਤਾ yogatā ヨーグター
てきせつな〖適切な〗ਉਚਿਤ ucitạ ウチト, ਉਪਯੁਕਤ upạyukạtạ ウプユクト, ਮੁਨਾਸਬ munāsabạ ムナーサブ
てきとうな〖適当な〗ਉਚਿਤ ucitạ ウチト, ਉਪਯੁਕਤ upạyukạtạ ウプユクト, ਮੁਨਾਸਬ munāsabạ ムナーサブ
てきどの〖適度の〗ਮੁਹਤਦਿਲ môtạdilạ モートディル
てきようする〖適用する〗ਲਾਗੂ ਕਰਨਾ lāgū karạnā ラーグー カルナー
できる〖出来る〗(することができる) ਕਰ ਸਕਣਾ karạ sakạṇā カル サクナー (見込みがある) ਮੁਮਕਿਨ ਹੋਣਾ mumạkinạ hoṇā ムムキン ホーナー, ਸੰਭਵ ਹੋਣਾ sâmbavạ hoṇā サンバヴ ホーナー (能力がある) ਲਾਇਕ ਹੋਣਾ lāikạ hoṇā ラーイク ホーナー, ਜੋਗਾ ਹੋਣਾ jogā hoṇā ジョーガー ホーナー (作られる) ਬਣਨਾ baṇạnā バンナー (生まれる) ਪੈਦਾ ਹੋਣਾ paidā hoṇā パェーダー ホーナー, ਉਪਜਣਾ upạjaṇā ウプジャナー (産出される) ਮਿਲਨਾ milạnā ミルナー
てぎわのよい〖手際のよい〗ਨਿਬੇੜੂ nibeṛū ニベールー
でぐち〖出口〗ਨਿਕਾਸ nikāsạ ニカース, ਨਿਕਾਲ nikālạ ニカール
てくび〖手首〗ਕਲਾਈ kalāī カラーイー, ਵੀਣੀ vīṇī ヴィーニー, ਗੁੱਟ guṭṭạ グット
てこ ਡਾਹ ḍâ ダー, ਲੀਵਰ līvarạ リーヴァル
でこぼこな〖凸凹な〗ਬਿਖਮ bik^{h}amạ ビカム, ਅਪੱਧਰਾ apâddarā アパッダラー, ਨਾਹਮਵਾਰ nāhamạwārạ ナーハムワール
デザイン ਬਣਾਵਟ baṇāwaṭạ バナーワト, ਘੜਤ kăṛatạ カルト, ਡਿਜ਼ਾਈਨ ḍizāīnạ ディザーイーン
てさぐりする〖手探りする〗ਟਟੋਲਣਾ ṭaṭolạṇā タトールナー, ਟੋਹਣਾ ṭôṇā トーナー
でし〖弟子〗ਸ਼ਿਸ਼ śiśạ シシュ, ਚੇਲਾ celā チェーラー, ਸ਼ਗਿਰਦ śagiradạ シャギルド
てしごと〖手仕事〗ਦਸਤਕਾਰੀ dasạtạkārī ダストカーリー
てじな〖手品〗ਜਾਦੂ jādū ジャードゥー, ਇੰਦਰ-ਜਾਲ indarạ-jālạ インダル・ジャール
てじゅん〖手順〗ਵਿਧੀ vîdī ヴィディー, ਪੱਧਤੀ pâddatī パッダティー, ਤਰਕੀਬ tarạkībạ タルキーブ
てすう〖手数〗ਤਕਲੀਫ਼ takạlīfạ タクリーフ, ਕਸ਼ਟ kaśaṭạ カシュト ◆手数料 ਦਲਾਲੀ dalālī ダラーリー, ਕਮਿਸ਼ਨ kamiśanạ カミシャン
デスク ਡੈਸਕ ḍaisakạ ダェースク, ਮੇਜ਼ mezạ メーズ ◆デスクトップ ਡੈਸਕਟਾਪ ḍaisakạṭāpạ ダェースクタープ
テスト ਟੈਸਟ ṭaisaṭạ タェースト, ਪਰੀਖਿਆ parīk^{h}iā パリーキアー, ਇਮਤਿਹਾਨ imatiǎnạ イムティアーン
てすり〖手摺り〗ਜੰਗਲਾ jaṅgalā ジャンガラー, ਰੇਲਿੰਗ reliṅgạ レーリング
でたらめな ਇੱਕੜ-ਦੁੱਕੜ ikkaṛạ-dukkaṛạ イッカル・ドゥッカル, ਉਘੜ-ਦੁਘੜ ûgaṛạ-dûgaṛạ ウガル・ドゥガル
てちがい〖手違い〗ਬਦ-ਇੰਤਜ਼ਾਮੀ badạ-intazāmī バド・イントザーミー
てつ〖鉄〗ਲੋਹਾ lôā ローアー
てっかいする〖撤回する〗ਮੁੱਕਰਨਾ mukkarạnā ムッカルナー, ਰੱਦਣਾ raddaṇā ラッダナー
てつがく〖哲学〗ਦਰਸ਼ਨ darạśanạ ダルシャン, ਫ਼ਲਸਫ਼ਾ falạsafā ファルサファー, ਫ਼ਿਲਾਸਫ਼ੀ filāsafī フィラースフィー
デッサン ਨਕਸ਼ਾ nakạśā ナクシャー
てつだい〖手伝い〗ਮਦਦ madadạ マダド (人) ਮਦਦਗਾਰ madadạgārạ マダドガール
てつだう〖手伝う〗ਮਦਦ ਕਰਨੀ madadạ karạnī マダド カルニー
てっていてきな〖徹底的な〗ਮੁਕੰਮਲ mukammalạ ムカンマル
てつどう〖鉄道〗ਪਟੜੀ paṭạṛī パタリー, ਰੇਲਵੇ relạwe レールウェー
てっぽう〖鉄砲〗ਬੰਦੂਕ bandūkạ バンドゥーク
てつや〖徹夜〗ਜਗਰਾਤਾ jagạrātā ジャグラーター
テニス ਟੈਨਿਸ ṭainisạ タェーニス
てにもつ〖手荷物〗ਅਸਬਾਬ asạbābạ アスバーブ, ਸਮਾਨ samānạ サマーン
てのひら〖掌・手のひら〗ਹਥੇਲੀ hat^{h}elī ハテーリー, ਤਲੀ talī タリー, ਪੰਜਾ pañjā パンジャー
てはいする〖手配する〗ਇੰਤਜ਼ਾਮ ਕਰਨਾ intạzāmạ karạnā イントザーム カルナー, ਪਰਬੰਧ ਕਰਨਾ parạbândạ karạnā パルバンド カルナー
てばなす〖手放す〗ਛੱਡਣਾ c^{h}aḍḍaṇā チャッダナー, ਹਾਰਨਾ hārạnā ハールナー
てぶくろ〖手袋〗ਦਸਤਾਨਾ dasạtānā ダスターナー
てほん〖手本〗ਆਦਰਸ਼ ādarạśạ アーダルシュ, ਪਰਤਿਰੂਪ paratirūpạ パラティループ, ਮਾਡਲ māḍalạ マーダル
デマ ਅਫ਼ਵਾਹ afawâ アフワー, ਸ਼ੋਸ਼ਾ śośā ショーシャー
でむかえ〖出迎え〗ਅਗਵਾਨੀ agạwānī アグワーニー, ਸੁਆਗਤ suāgatạ スアーガト
デモ ਮੁਜ਼ਾਹਰਾ muzârā ムザーラー, ਡੀਮਾਨਸਟਰੇਸ਼ਨ ḍīmānạsaṭạreśanạ ディーマーンサトレーシャン
てら〖寺〗ਮੰਦਰ mandarạ マンダル
てらす〖照らす〗ਰੁਸ਼ਨਾਉਣਾ ruśạnāuṇā ルシュナーウナー, ਉਜਾਸਣਾ ujāsạṇā ウジャースナー
デリー ਦਿੱਲੀ dillī ディッリー
でる〖出る〗(現れる) ਨਿਕਲਣਾ nikalạṇā ニカルナー, ਨਿੱਸਰਨਾ nissarạnā ニッサルナー, ਉੱਗਣਾ uggaṇā ウッガナー (出て行く) ਬਾਹਰ ਜਾਣਾ bârạ jāṇā バール ジャーナー (出席する・参加する) ਸ਼ਾਮਲ ਹੋਣਾ śāmalạ hoṇā シャーマル ホーナー
テレビ ਦੂਰਦਰਸ਼ਨ dūrạdarạśanạ ドゥールダルシャン, ਟੈਲੀਵੀਜ਼ਨ ṭailīvīzanạ タェーリーヴィーザン, ਟੀ ਵੀ ṭī vī ティー ヴィー
テロ ਦਹਿਸ਼ਤਗਰਦੀ daîśatạgarạdī ダェーシャトガルディー, ਆਤੰਕਵਾਦ ātaṅkạwādạ アータンクワード
テロリスト ਆਤੰਕਵਾਦੀ ātaṅkạwādī アータンクワーディー
てわたす〖手渡す〗ਫੜਵਾਉਣਾ p^{h}aṛạwāuṇā パルワーウナー, ਪਕੜਵਾਉਣਾ pakaṛạwāuṇā パカルワーウナー, ਥਮ੍ਹਾਉਣਾ t^{h}amǎuṇā タマーウナー
てん〖天〗(空) ਅਕਾਸ਼ akāśạ アカーシュ, ਅਸਮਾਨ asạmānạ アスマーン, ਗਗਨ gaganạ ガガン (天国)

ਸੁਰਗ suraga スルグ, ਜੰਨਤ jannata ジャンナト, ਬਹਿਸ਼ਤ bahiśata バヒシュト
てん〘点〙ਬਿੰਦੂ bindū ビンドゥー, ਬਿੰਦੀ bindī ビンディー, ਨੁਕਤਾ nukatā ヌクター （点数）ਅੰਕ aṅka アンク, ਗਣਨਾ gaṇanā ガンナー, ਪੁਆਇੰਟ puāinṭa プアーイント
てんいん〘店員〙ਕਲਰਕ kalaraka カラルク
てんき〘天気〙ਮੌਸਮ mausama マォーサム ♦天気予報 ਮੌਸਮ ਦਾ ਅਨੁਮਾਨ mausama dā anumāna マォーサム ダー アヌマーン （晴天）ਵਧੀਆ ਮੌਸਮ wâdīā mausama ワディーアー マォーサム
でんき〘伝記〙ਜੀਵਨੀ jīwanī ジーワニー, ਜੀਵਨ ਕਥਾ jīwana katʰā ジーワン カター
でんき〘電気〙ਬਿਜਲੀ bijalī ビジリー （電灯）ਬੱਤੀ battī バッティー, ਬਿਜਲੀ bijalī ビジリー
でんきゅう〘電球〙ਬਲਬ balaba バルブ
てんきん〘転勤〙ਬਦਲੀ badalī バダリー, ਤਬੱਦਲ tabaddala タバッダル
てんけん〘点検〙ਜਾਂਚ jā̃ca ジャーンチ, ਪੜਤਾਲ paṛatāla パルタール, ਚੈਕ caika チャェーク
てんこう〘天候〙ਮੌਸਮ mausama マォーサム
でんこう〘電光〙ਬਰਕ baraka バルク, ਬਿਜਲੀ bijalī ビジリー
てんごく〘天国〙ਸੁਰਗ suraga スルグ, ਜੰਨਤ jannata ジャンナト, ਬਹਿਸ਼ਤ bahiśata バヒシュト
でんごん〘伝言〙ਸੰਦੇਸ਼ sandeśa サンデーシュ, ਸਨੇਹਾ sanêā サネーアー, ਪੈਗ਼ਾਮ paiğāma パェーガーム
てんさい〘天才〙（天賦の才）ਪਰਤਿਭਾ paratîbā パラティバー （その持ち主）ਪਰਤਿਭਾਸ਼ੀਲ ਵਿਅਕਤੀ paratîbāśīla viakatī パラティバーシール ヴィアクティー
てんさい〘天災〙ਪਰਾਕਿਰਤਿਕ ਬਿਪਤਾ parākiratika bipatā パラーキルティク ビプター
てんし〘天使〙ਫ਼ਰਿਸ਼ਤਾ fariśatā ファリシュター
てんじ〘展示〙ਪਰਦਰਸ਼ਨ paradaraśana パルダルシャン, ਨੁਮਾਇਸ਼ numāiśa ヌマーイシュ
てんじ〘点字〙ਬਰੇਲ barela バレール
でんじゅ〘伝授〙ਦੀਖਿਆ dīkʰiā ディーキアー
てんじょう〘天井〙ਛੱਤ cʰatta チャット, ਸੀਲਿੰਗ sīliṅga スィーリング
でんしょう〘伝承〙ਪਰੰਪਰਾ paramparā パランパラー, ਰਵਾਇਤ rawāita ラワーイト, ਰਿਵਾਜ riwāja リワージ
てんすう〘点数〙ਅੰਕ aṅka アンク, ਗਣਨਾ gaṇanā ガンナー, ਪੁਆਇੰਟ puāinṭa プアーイント
てんせいの〘天性の〙ਪੈਦਾਇਸ਼ੀ paidāiśī パェーダーイシー
でんせつ〘伝説〙ਦੰਦ-ਕਥਾ danda-katʰā ダンド・カター, ਰਵਾਇਤ rawāita ラワーイト
でんせん〘伝染〙ਛੂਤ cʰūta チュート ♦伝染する ਛੂਤ ਨਾਲ ਰੋਗ ਹੋ ਜਾਣਾ cʰūta nāla roga ho jāṇā チュート ナール ローグ ホー ジャーナー ♦伝染病 ਛੂਤ ਦਾ ਰੋਗ cʰūta dā roga チュート ダー ローグ, ਮਹਾਮਾਰੀ mahāmārī マハーマーリー, ਵਬਾ wabā ワバー
でんせん〘電線〙ਤਾਰ tāra タール, ਵਾਇਰ wāira ワーイル
てんたい〘天体〙ਦਾਇਰਾ dāirā ダーイラー
でんたつ〘伝達〙ਸੰਚਾਰ sañcāra サンチャール
でんち〘電池〙ਬੈਟਰੀ baiṭarī バェータリー, ਸੈੱਲ sailla サェーッル
でんちゅう〘電柱〙ਖੰਭਾ kʰâmbā カンバー
テント ਤੰਬੂ tambū タンブー, ਕੱਪੜ-ਕੋਠਾ kappaṛa-koṭʰā カッパル・コーター, ਟੈਂਟ ṭaĩṭa タェーント
でんとう〘伝統〙ਪਰੰਪਰਾ paramparā パランパラー, ਰਵਾਇਤ rawāita ラワーイト, ਰਿਵਾਜ riwāja リワージ ♦伝統の ਪਰੰਪਰਾਗਤ paramparāgata パランパラーガト
でんどう〘伝道〙ਧਰਮ-ਪਰਚਾਰ tărama-paracāra タラム・パルチャール, ਪੈਗ਼ੰਬਰੀ paiğambarī パェーガンブリー
てんねんの〘天然の〙ਪਰਾਕਿਰਤਿਕ parākiratika パラーキルティク
てんのう〘天皇〙ਜਪਾਨ ਦਾ ਸਮਰਾਟ japāna dā samarāṭa ジャパーン ダー サムラート
てんのうせい〘天王星〙ਯੂਰੀਨਸ yūrīnasa ユーリーナス
でんぴょう〘伝票〙ਪਰਚੀ paracī パルチー, ਸਲਿੱਪ salippa サリップ
てんぷくする〘転覆する〙ਪਲਟਣਾ palaṭaṇā パルタナー, ਉਲਟਣਾ ulaṭaṇā ウルタナー
てんぼう〘展望〙ਪਰਿਪੇਖ paripekʰa パリペーク
でんぽう〘電報〙ਤਾਰ tāra タール, ਟੈਲੀਗਰਾਮ ṭailīgarāma タェーリーガラーム
デンマーク ਡੈਨਮਾਰਕ ḍainamāraka ダェーンマールク
てんまつ〘顛末〙ਵਿਵਰਨ vivarana ヴィヴァルン
てんもんがく〘天文学〙ਤਾਰਾ ਵਿਗਿਆਨ tārā vigiāna ターラー ヴィギアーン, ਜੋਤਸ਼ jotaśa ジョータシュ, ਨਜੂਮ najūma ナジューム
てんもんだい〘天文台〙ਜੰਤਰ ਮੰਤਰ jantara mantara ジャンタル マンタル
てんらくする〘転落する〙ਡਿਗਣਾ ḍigaṇā ディグナー, ਗਿਰਨਾ giranā ギルナー
てんらんかい〘展覧会〙ਪਰਦਰਸ਼ਨੀ paradaraśanī パルダルシャニー, ਨੁਮਾਇਸ਼ numāiśa ヌマーイシュ
でんりゅう〘電流〙ਬਿਜਲੀ bijalī ビジリー, ਕਰੰਟ karanṭa カラント
でんりょく〘電力〙ਪਾਵਰ pāwara パーワル
でんわ〘電話〙ਫ਼ੋਨ fona フォーン, ਟੈਲੀਫ਼ੋਨ ṭailīfona タェーリーフォーン ♦電話する ਫ਼ੋਨ ਕਰਨਾ fona karanā フォーン カルナー ♦電話番号 ਫ਼ੋਨ ਨੰਬਰ fona nambara フォーン ナンバル
と〘戸〙ਬੂਹਾ bûā ブーアー, ਦੁਆਰ duāra ドゥアール, ਦਰਵਾਜ਼ਾ darawāzā ダルワーザー
とい〘問い〙ਪਰਸ਼ਨ paraśana パラシャン, ਸਵਾਲ sawāla サワール
といあわせる〘問い合わせる〙ਪੁੱਛਣਾ puccʰaṇā プッチャナー
ドイツ ਜਰਮਨੀ jaramanī ジャルマニー ♦ドイツ語・ドイツ人・ドイツの ਜਰਮਨ jaramana ジャルマン
トイレ ਟਾਇਲਟ ṭāilaṭa ターイラト, ਬਾਥਰੂਮ bātʰarūma バートルーム
とう〘党〙ਦਲ dala ダル, ਪੋਲਿਟੀਕਲ ਪਾਰਟੀ poliṭīkala pāraṭī ポーリティーカル パールティー, ਪਾਰਟੀ pāraṭī パー

ルティー

とう〘塔〙（尖塔） ਬੁਰਜ buraja ブルジ, ਮਿਨਾਰ minārа ミナール （仏舎利塔） ਸਤੂਪ satūpa サトゥープ

どう〘銅〙 ਤਾਮਰ tāmara ターマル, ਕਾਪਰ kāpara カーパル （青銅・ブロンズ） ਕਾਂਸੀ kā̃sī カーンスィー ♦銅メダル ਕਾਂਸੀ ਪਦਕ kāsī padaka カーンスィー パダク

とうあんようし〘答案用紙〙 ਪਰਚਾ paracā パルチャー, ਪੇਪਰ pepara ペーパル

どうい〘同意〙 ਸਹਿਮਤੀ saîmatī サェームティー, ਰਜ਼ਾਮੰਦੀ razāmandī ラザーマンディー ♦同意する ਸਹਿਮਤ ਹੋਣਾ saîmata hoṇā サェーマト ホーナー, ਰਜ਼ਾਮੰਦ ਹੋਣਾ razāmanda hoṇā ラザーマンド ホーナー

とういつ〘統一〙 ਏਕੀਕਰਨ ekīkarana エーキーカルン, ਇਕਮਿਕਤਾ ikamikatā イクミクター ♦統一する ਇੱਕ ਕਰ ਦੇਣਾ ikka kara deṇā イック カル デーナー

どういつの〘同一の〙 ਸਮਾਨ samāna サマーン, ਅਭਿੰਨ apĭnna アピンヌ

どういんする〘動員する〙（召集する） ਲਾਮਬੰਦੀ ਕਰਨੀ lāmabandī karanī ラームバンディー カルニー

どうかく〘同格〙 ਬਰਾਬਰੀ barābarī バラーバリー

どうかする〘同化する〙 ਸਮਾਉਣਾ samāuṇā サマーウナー

とうがらし〘唐辛子〙 ਮਿਰਚ miraca ミルチ

とうき〘投機〙 ਸੱਟੇਬਾਜ਼ੀ saṭṭebāzī サッテーバーズィー, ਸੱਟਾ saṭṭā サッター

とうき〘陶器〙 ਚੀਨੀ cīnī チーニー

とうぎ〘討議〙 ਬਹਿਸ baîsa バェース, ਵਾਦ-ਵਿਵਾਦ wāda-viwāda ワード・ヴィワード, ਡਿਬੇਟ ḍibeṭa ディベート ♦討議する ਬਹਿਸ ਕਰਨੀ baîsa karanī バェース カルニー, ਬਹਿਸਣਾ baîsaṇā バェーサナー

どうき〘動機〙 ਗ਼ਰਜ਼ ğaraza ガルズ, ਪਰਯੋਜਨ parayojana パルヨージャン, ਨਿਮਿਤ nimita ニミト ♦動機づけ ਪਰੇਰਨਾ pareranā パレールナー

どうぎ〘動議〙 ਪਰਸਤਾਵ parasatāva パラスターヴ

どうぎご〘同義語〙 ਸਮਾਨਾਰਥੀ ਸ਼ਬਦ samānāratʰī śabada サマーナールティー シャバド

とうきゅう〘等級〙 ਦਰਜਾ darajā ダルジャー, ਸ਼ਰੇਣੀ śareṇī シャレーニー, ਪਦਵੀ padavī パドヴィー

どうきゅうせい〘同級生〙 ਹਮਜਮਾਤੀ hamajamātī ハムジャマーティー, ਸਹਿਪਾਠੀ saîpāṭʰī サェーパーティー

どうぐ〘道具〙 ਔਜ਼ਾਰ auzāra アォーザール, ਜੰਤਰ jantara ジャンタル, ਉਪਕਰਨ upakarana ウプカルン

とうけい〘統計〙 ਸ਼ੁਮਾਰੀ śumārī シュマーリー, ਗਣਨਾ gaṇanā ガンナー, ਗਿਣਤੀ giṇatī ギンティー ♦統計学 ਅੰਕੜਾ ਵਿਗਿਆਨ aṅkaṛā vigiāna アンクラー ヴィギアーン

とうけつする〘凍結する〙（凍る） ਜਮਣਾ jamaṇā ジャムナー, ਬਰਫ਼ ਬਣਨਾ barafa baṇanā バルフ バンナー

とうごう〘統合〙 ਸੰਸਲੇਸ਼ਨ sansaleśana サンスレーシャン, ਇਸ਼ਤਮਾਲ iśatamāla イシャタマール, ਸਾਂਝ sā̃ja サーンジ ♦統合する ਜੋੜਨਾ joṛanā ジョールナー

どうこう〘動向〙 ਚਾਲ cāla チャール

どうこうしゃ〘同行者〙 ਹਮਰਾਹੀ hamarāhī ハムラーヒー

とうこうする〘登校する〙 ਸਕੂਲ ਜਾਣਾ sakūla jāṇā サクール ジャーナー

どうこうする〘同行する〙 ਨਾਲ ਜਾਣਾ nāla jāṇā ナール ジャーナー

どうさ〘動作〙 ਕਿਰਿਆ kiriā キリアー, ਗਤੀ gatī ガティー

どうさつりょく〘洞察力〙 ਸੋਝੀ sôjī ソージー, ਸੂਝ sûja スージ, ਗਿਆਨ ਅੰਜਨ giāna añjana ギアーン アンジャン

とうさんする〘倒産する〙 ਦਿਵਾਲਾ ਨਿਕਲਣਾ diwālā nikalaṇā ディワーラー ニカルナー

とうし〘投資〙 ਨਿਵੇਸ਼ niweśa ニウェーシュ ♦投資家 ਨਿਵੇਸ਼ਕ niweśaka ニウェーシャク ♦投資する ਨਿਵੇਸ਼ ਕਰਨਾ niweśa karanā ニウェーシュ カルナー

とうじ〘当時〙 ਓਦੋਂ odō オードーン, ਉਸ ਵੇਲੇ usa wele ウス ウェーレー

どうし〘動詞〙 ਕਿਰਿਆ kiriā キリアー

どうし〘同志〙 ਸ਼ਰੀਕ śarīka シャリーク, ਸਾਥੀ sātʰī サーティー, ਕਾਮਰੇਡ kāmareḍa カームレード

どうじだいの〘同時代の〙 ਤਤਕਾਲੀਨ tatakālīna タトカーリーン

どうしつの〘同質の〙 ਇੱਕਰਸ ikkarasa イックラス

どうして（なぜ） ਕਿਉਂ kiõ キオーン （どのように） ਕਿਵੇਂ kiwẽ キウェーン

どうじに〘同時に〙 ਇੱਕ ਸਾਥ ikka sātʰa イック サート, ਯੁਗਮਤ yugamata ユグマト

とうじの〘当時の〙 ਉਸ ਵੇਲੇ ਦਾ usa wele dā ウス ウェーレー ダー, ਤਤਕਾਲੀਨ tatakālīna タトカーリーン

どうじょう〘同情〙 ਹਮਦਰਦੀ hamadaradī ハムダルディー, ਗ਼ਮਖ਼ਾਰੀ ğamaxārī ガムカーリー ♦同情する ਹਮਦਰਦੀ ਵਿਖਾਉਣੀ hamadaradī wikʰāuṇī ハムダルディー ウィカーウニー, ਪਸੀਜਣਾ pasījaṇā パスィージャナー

とうじょうじんぶつ〘登場人物〙 ਕਿਰਦਾਰ kiradāra キルダール, ਪਾਤਰ pātara パータル, ਕੈਰੈਕਟਰ kairaikaṭara カェーラェークタル

とうすいする〘陶酔する〙 ਮਦਹੋਸ਼ ਹੋਣਾ madahośa hoṇā マドホーシュ ホーナー, ਮਸਤਣਾ masataṇā マスタナー

とうせい〘統制〙 ਨਿਯੰਤਰਨ niyantarana ニヤントラン, ਕਾਬੂ kābū カーブー, ਕੰਟਰੋਲ kaṇṭarola カントロール ♦統制する ਨਿਯੰਤਰਿਤ ਕਰਨਾ niyantarita karanā ニヤントリト カルナー, ਕਾਬੂ ਵਿੱਚ ਰੱਖਣਾ kābū wicca rakkʰaṇā カーブー ウィッチ ラッカナー

どうせい〘同棲〙 ਸੁਹਬਤ sôbata ソーバト

どうせいの〘同性の〙 ਸਮਲਿੰਗੀ samaliṅgī サムリンギー

とうぜん〘当然〙（自然に） ਸੁਭਾਵਿਕ ਤੌਰ ਤੇ subăvika taura te スバーヴィク タォール テー （もちろん） ਜ਼ਰੂਰ zarūra ザルール, ਅਵੱਸ਼ awaśśa アワッシュ, ਬੇਸ਼ਕ beśaka ベーシャク ♦当然の ਜਾਇਜ਼ jāiza ジャーイズ, ਪਰਾਕਿਰਤਿਕ parākiratika パラーキルティク

どうぞ ਕਿਰਪਾ ਕਰ ਕੇ kirapā kara ke キルパー カル ケー

とうそう〘闘争〙 ਸੰਘਰਸ਼ saṅgăraśa サンガラシュ

とうだい〘灯台〙 ਫ਼ਾਨੂਸ fānūsa ファーヌース, ਲਾਈਟ ਹਾਊਸ lāīṭa hāūsa ラーイート ハーウース

どうたい〘胴体〙 ਧੜ tăṛa タル, ਰੁੰਡ ruṇḍa ルンド,

ਬਾਡੀ bāḍī バーディー
とうち〖統治〗ਸ਼ਾਸਨ śāsana シャーサン, ਰਾਜ rāja ラージ ♦統治する ਸ਼ਾਸਨ ਕਰਨਾ śāsana karanā シャーサン カルナー, ਰਾਜ ਕਰਨਾ rāja karanā ラージ カルナー
とうちゃく〖到着〗ਅੱਪੜ appaṛa アッパル, ਪਹੁੰਚ pāũca パォーンチ, ਪੁੱਜ pujja プッジ ♦到着する ਅੱਪੜਨਾ appaṛanā アッパルナー, ਪਹੁੰਚਣਾ pāũcaṇā パォーンチナー, ਪੁੱਜਣਾ pujjaṇā プッジャナー
どうてん〖同点〗ਟਾਈ ṭāī ターイー
とうとい〖尊い〗ਮੁਅੱਜ਼ਜ਼ muazzaza ムアッザズ, ਪੂਜ pūja プージ, ਪਵਿੱਤਰ pavittara パヴィッタル（身分の高い）ਰਈਸ raīsa ライース, ਆਜ਼ਮ āzama アーザム, ਮਜੀਦ majīda マジード
とうとう ਆਖ਼ਰਕਾਰ āxarakāra アーカルカール
どうとうの〖同等の〗ਬਰਾਬਰ barābara バラーバル, ਸਮਤੁੱਲ samatulla サムトゥッル
どうとく〖道徳〗ਨੈਤਿਕਤਾ naitikatā ナェーティクター, ਇਖ਼ਲਾਕ ixalāka イクラーク ♦道徳的な ਨੈਤਿਕ naitika ナェーティク, ਇਖ਼ਲਾਕੀ ixalākī イクラーキー
とうなん〖盗難〗ਚੋਰੀ corī チョーリー
どうにゅうする〖導入する〗ਅਰੰਭਣਾ arâmbaṇā アランバナー
とうにょうびょう〖糖尿病〗ਸ਼ੱਕਰ ਰੋਗ śakkara roga シャッカル ローグ, ਜ਼ਿਆਬਤੀਸ ziābatīsa ズィアーバティース
どうはんする〖同伴する〗ਨਾਲ ਜਾਣਾ nāla jāṇā ナール ジャーナー, ਸਾਥ ਕਰਨਾ sāt^ha karanā サート カルナー
とうひ〖逃避〗ਪਲਾਇਣ palāiṇa パラーイン
とうひょう〖投票〗ਮਤਦਾਨ matadāna マトダーン, ਚੋਣ coṇa チョーン, ਵੋਟ voṭa ヴォート ♦投票する ਮਤ ਦੇਣਾ mata deṇā マト デーナー
とうぶ〖東部〗ਪੂਰਬ pūraba プーラブ, ਮਸ਼ਰਕ maśaraka マシュラク
どうぶつ〖動物〗ਜਾਨਵਰ jānawara ジャーンワル, ਪਸ਼ੂ paśū パシュー, ਮਵੇਸ਼ੀ maweśī マウェーシー ♦動物園 ਚਿੜੀਆ ਘਰ ciṛīā kăra チリーアー カル
とうぶん〖当分〗ਫ਼ਿਲਹਾਲ filahāla フィルハール
どうほう〖同胞〗ਭਾਈਬੰਦ pǎībanda パーイーバンド, ਹਮਵਤਨ hamawatana ハムワタン
とうぼうする〖逃亡する〗ਨੱਸਣਾ nassaṇā ナッサナー
とうほく〖東北〗ਈਸ਼ਾਨ īśāna イーシャーン
どうみゃく〖動脈〗ਧਮਣੀ tǎmaṇī タマニー
どうめい〖同盟〗ਗਠਜੋੜ gaṭ^hajoṛa ガトジョール, ਇਤਿਹਾਦ itihāda イティハード, ਸੰਘ sâṅga サング
とうめいな〖透明な〗ਪਾਰਦਰਸ਼ਕ pāradaraśaka パールダルシャク, ਸਵੱਛ sawacc^ha サワッチ
とうめん〖当面〗ਹਾਲੇ hāle ハーレー, ਦਰਹਾਲ darahāla ダルハール, ਫ਼ਿਲਹਾਲ filahāla フィルハール
とうもろこし〖玉蜀黍〗ਮੱਕੀ makkī マッキー
とうゆ〖灯油〗ਮਿੱਟੀ ਦਾ ਤੇਲ miṭṭī dā tela ミッティー ダー テール
とうよう〖東洋〗ਪੂਰਬ pūraba プーラブ, ਮਸ਼ਰਕ maśaraka マシュラク
どうようする〖動揺する〗ਡੋਲਣਾ ḍolaṇā ドールナー, ਘਬਰਾਉਣਾ kabarǎuṇā カバラーウナー, ਹੜਬੜਾਉਣਾ haṛabaṛāuṇā ハルバラーウナー
どうように〖同様に〗ਇੱਕਸਾਰ ikkasāra イックサール, ਜਿੱਕਣ jikkaṇa ジッカン, ਤਿਵੇਂ tiwẽ ティウェーン
どうようの〖同様の〗ਇੱਕੋ ਜਿਹਾ ikko jîā イッコー ジアー, ਮਿਲਦਾ ਜੁਲਦਾ miladā juladā ミルダー ジュルダー
どうらく〖道楽〗ਸ਼ੁਕੀਨੀ śukīnī シュキーニー, ਚਸਕਾ casakā チャスカー, ਭੋਗ ਵਿਲਾਸ pǒga vilāsa ポーグ ヴィラース
どうり〖道理〗ਤਰਕ taraka タルク
どうりょう〖同僚〗ਸਹਿਕਾਰੀ saîkārī サェーカーリー
どうりょく〖動力〗ਪਾਵਰ pāwara パーワル
どうろ〖道路〗ਸੜਕ saṛaka サルク, ਰਸਤਾ rasatā ラスター, ਮਾਰਗ māraga マーラグ
とうろくする〖登録する〗ਅੰਦਰਾਜ ਕਰਨਾ andarāja karanā アンドラージ カルナー
とうろん〖討論〗ਬਹਿਸ baîsa バェース, ਵਾਦ-ਵਿਵਾਦ wāda-viwāda ワード・ヴィワード, ਵਿਚਾਰ ਵਟਾਂਦਰਾ vicāra waṭâdarā ヴィチャール ワターンドラー ♦討論する ਬਹਿਸ ਕਰਨੀ baîsa karanī バェース カルニー, ਬਹਿਸਣਾ baîsaṇā バェーサナー
とうわくする〖当惑する〗ਘਬਰਾਉਣਾ kabarǎuṇā カバラーウナー, ਹੜਬੜਾਉਣਾ haṛabaṛāuṇā ハルバラーウナー, ਬਕਲਣਾ bakalaṇā バカルナー
とおい〖遠い〗ਦੂਰ dūra ドゥール, ਦੁਰਾਡਾ durāḍā ドゥラーダー
とおくに〖遠くに〗ਦੂਰ dūra ドゥール, ਪਰੇ pare パレー, ਪੌਰਤੇ paurate パォールテー
とおざかる〖遠ざかる〗ਟਲਨਾ ṭalanā タルナー, ਹਟਣਾ haṭaṇā ハタナー, ਉਚਟਣਾ ucaṭaṇā ウチャトナー
とおざける〖遠ざける〗ਟਾਲਨਾ ṭālanā タールナー, ਹਟਾਉਣਾ haṭāuṇā ハターウナー, ਦੂਰ ਕਰਨਾ dūra karanā ドゥール カルナー
とおす〖通す〗（通り抜けさせる）ਲੰਘਾਉਣਾ laṅgǎuṇā ランガーウナー, ਗੁਜ਼ਾਰਨਾ guzāranā グザールナー（入らせる）ਵਾੜਨਾ wāṛanā ワールナー, ਅੰਦਰ ਕਰਨਾ andara karanā アンダル カルナー
トースト ਟੋਸਟ ṭosaṭa トースト
トーナメント ਟੂਰਨਾਮੈਂਟ ṭūranāmãĩṭa トゥールナーマェーント
とおまわり〖遠回り〗ਔਝੜ aûjaṛa アォージャル, ਘੁਮਾਉ kumǎo クマーオー, ਵਲਾ walā ワラー ♦遠回りする ਘੁੰਮਣਾ kǔmmaṇā クンマナー, ਵਲਾਉਣਾ walāuṇā ワラーウナー, ਵਲਨਾ walanā ワルナー
ドーム ਗੁੰਬਦ gumbada グンバド, ਕਲਸ kalasa カルス
とおり〖通り〗ਸੜਕ saṛaka サルク, ਮਾਰਗ māraga マーラグ, ਸਟਰੀਟ saṭarīṭa サトリート
とおりすぎる〖通り過ぎる〗ਲੰਘਣਾ lâṅgaṇā ランガナー, ਗੁਜ਼ਰਨਾ guzaranā グザルナー
とおりぬける〖通り抜ける〗ਲੰਘਣਾ lâṅgaṇā ランガナー
とかい〖都会〗ਸ਼ਹਿਰ śaîra シャェール, ਨਗਰ nagara ナガル, ਸਿਟੀ siṭī スィティー
とかげ〖蜥蜴〗ਕਿਰਲੀ kiralī キルリー
とかす〖梳かす〗ਤੁੰਬਣਾ tumbaṇā トゥンバナー

とかす〘溶かす〙ਘੋਲਣਾ kŏlaṇā コールナー, ਪਿਘਲਾਉਣਾ pigalăuṇā ピグラーウナー, ਗਾਲਣਾ gālaṇā ガールナー
とがった〘尖った〙ਨੋਕਦਾਰ nokadāra ノークダール, ਤਿੱਖਾ tikkʰā ティッカー
とがめる〘咎める〙ਦੋਸ਼ ਦੇਣਾ dośa deṇā ドーシュ デーナー, ਡਾਟਣਾ ḍāṭaṇā ダートナー, ਧਿਰਕਾਰਨਾ tĭrakāranā ティルカールナー
とき〘時〙ਸਮਾਂ samā̃ サマーン, ਵਕਤ wakata ワカト
どぎつい ਚਟਪਟਾ caṭapaṭā チャトパター
ときどき〘時々〙ਕਦੀ ਕਦਾਈਂ kadī kadāī̃ カディー カダーイーン, ਜਦ ਕਦ jada kada ジャド カド, ਜਉ ਜਉਂ jau jaū̃ ジャウ ジャウン
どきどきする ਫਟਕਣਾ pʰaṭakaṇā パタカナー
どきょう〘度胸〙ਹਿੰਮਤ himmata ヒンマト, ਜਿਗਰਾ jigarā ジグラー
とく〘解く〙(ほどく) ਖੋਲ੍ਹਣਾ kʰôlaṇā コーラナー (解除する) ਰੱਦਣਾ raddaṇā ラッダナー, ਕੈਂਸਲ ਕਰਨਾ kāĩsala karanā カェーンサル カルナー (解答する) ਜਵਾਬ ਦੇਣਾ jawāba deṇā ジャワーブ デーナー, ਉੱਤਰ ਦੇਣਾ uttara deṇā ウッタル デーナー, ਸੁਲਝਾਉਣਾ sulajăuṇā スルジャーウナー
とく〘得〙(儲け) ਫ਼ਾਇਦਾ fāidā ファーイダー, ਲਾਭ lâba ラーブ, ਮਫ਼ਾਦ mafāda マファード (有利) ਅਨੁਕੂਲਤਾ anukūlatā アヌクールター
とぐ〘研ぐ〙ਘਸਾਉਣਾ kasăuṇā カサーウナー, ਪਨਾਉਣਾ panāuṇā パナーウナー
どく〘退く〙ਹਟਣਾ haṭaṇā ハタナー
どく〘毒〙ਜ਼ਹਿਰ zaîra ザェール, ਵਿੱਸ vissa ヴィッス, ਮਹੁਰਾ maûrā マォーラー
とくい〘得意〙(得手) ਵਿਸ਼ੇਸ਼ ਗੁਣ viśeśa guṇa ヴィシェーシュ グン ♦得意先 ਗਾਹਕ gâka ガーク
とくいな〘特異な〙ਅਜੀਬ ajība アジーブ, ਵਿਚਿੱਤਰ vicittara ヴィチッタル
どくさい〘独裁〙ਡਿਕਟੇਟਰੀ ḍikaṭeṭarī ディクテートリー, ਤਾਨਾਸ਼ਾਹੀ tānāśâī ターナーシャーイー ♦独裁者 ਡਿਕਟੇਟਰ ḍikaṭeṭara ディクテータル, ਤਾਨਾਸ਼ਾਹ tānāśâ ターナーシャー
どくじの〘独自の〙ਮੌਲਿਕ maulika マォーリク
どくしゃ〘読者〙ਪਾਠਕ pāṭʰaka パータク
とくしゅう〘特集〙ਫ਼ੀਚਰ fīcara フィーチャル ♦特集号 ਵਿਸ਼ੇਸ਼ ਅੰਕ viśeśa aṅka ヴィシェーシュ アンク
とくしゅな〘特殊な〙ਵਿਸ਼ੇਸ਼ viśeśa ヴィシェーシュ, ਖ਼ਾਸ xāsa カース, ਸਪੈਸ਼ਲ sapaiśala サパェーシャル
どくしょ〘読書〙ਪਾਠ pāṭʰa パート, ਪੜ੍ਹਤ pâraṭa パラト
とくしょく〘特色〙ਵਿਸ਼ੇਸ਼ਤਾ viśeśatā ヴィシェーシュター
どくしんの〘独身の〙ਅਣਵਿਆਹਿਆ aṇaviâiā アンヴィアーイアー, ਛੜਾ cʰaṛā チャラー, ਕੁਆਰਾ kuārā クアーラー
どくせんする〘独占する〙ਇਜਾਰੇਦਾਰੀ ਚਲਾਉਣੀ ijāredārī calāuṇī イジャーレーダーリー チャラーウニー
どくそうてきな〘独創的な〙ਮੌਲਿਕ maulika マォーリク
とくちょう〘特徴〙ਵਿਸ਼ੇਸ਼ਤਾ viśeśatā ヴィシェーシュター, ਖ਼ਾਸੀਅਤ xāsīata カースィーアト
とくちょう〘特長〙(長所) ਸਿਫ਼ਤ sifata スィフト, ਗੁਣ guṇa グン
とくていの〘特定の〙ਵਿਸ਼ੇਸ਼ viśeśa ヴィシェーシュ, ਖ਼ਾਸ xāsa カース
とくてん〘得点〙ਅੰਕ anka アンク, ਨੰਬਰ nambara ナンバル, ਪੁਆਇੰਟ puāiṇṭa プアーイント (クリケットの) ਰਨ rana ラン
どくとくの〘独特の〙ਅਨੋਖਾ anokʰā アノーカー, ਨਿਰਾਲਾ nirālā ニラーラー, ਬੇਨਜ਼ੀਰ benazīra ベーナズィール
とくに〘特に〙ਖ਼ਾਸ ਕਰਕੇ xāsa karake カース カルケー, ਖ਼ਸੂਸਨ xasūsana カスーサン
とくはいん〘特派員〙ਨਾਮਾ-ਨਿਗਾਰ nāmā-nigāra ナーマー・ニガール
とくべつの〘特別の〙ਵਿਸ਼ੇਸ਼ viśeśa ヴィシェーシュ, ਖ਼ਾਸ xāsa カース, ਸਪੈਸ਼ਲ sapaiśala サパェーシャル
とくめい〘匿名〙ਗੁਮਨਾਮੀ gumanāmī グムナーミー
どくりつ〘独立〙ਸੁਤੰਤਰਤਾ sutantaratā スタンタルター, ਸਵਾਧੀਨਤਾ sawādĭnatā サワーディーンター, ਅਜ਼ਾਦੀ azādī アザーディー ♦独立の ਸੁਤੰਤਰ sutantara スタンタル, ਸਵਾਧੀਨ sawādĭna サワーディーン, ਅਜ਼ਾਦ azāda アザード
とげ〘棘〙ਖ਼ਾਰ xāra カール
とけい〘時計〙ਘੜੀ kărī カリー, ਕਲਾਕ kalāka カラーク, ਟਾਈਮਪੀਸ ṭāīmapīsa ターイームピース
とける〘溶ける〙ਘੁਲਣਾ kŭlaṇā クラナー, ਪਿਘਲਨਾ pîgalanā ピガルナー, ਗਲਣਾ galaṇā ガルナー
とける〘解ける〙(紐などが) ਖੁੱਲ੍ਹਣਾ kʰûllaṇā クッラナー (問題が) ਸੁਲਝਣਾ sûlajaṇā スルジャナー
とげる〘遂げる〙ਨਿਭਾਉਣਾ nibăuṇā ニバーウナー
どける〘退ける〙ਹਟਾਉਣਾ haṭāuṇā ハターウナー
どこ ਕਿੱਥੇ kittʰe キッテー
どこか ਕਿਤੇ kite キテー
とこや〘床屋〙ਨਾਈ nāī ナーイー
ところ〘所〙(場所) ਜਗ੍ਹਾ jâgā ジャガー, ਥਾਂ tʰā̃ ターン, ਅਸਥਾਨ asatʰāna アスターン (部分) ਹਿੱਸਾ hissā ヒッサー, ਭਾਗ păga パーグ
ところどころ〘所々〙ਥਾਂ ਥਾਂ tʰā̃ tʰā̃ ターン ターン
とし〘都市〙ਸ਼ਹਿਰ śaîra シャエール, ਨਗਰ nagara ナガル, ਸਿਟੀ siṭī スィティー
とし〘年〙ਸਾਲ sāla サール, ਵਰ੍ਹਾ wârā ワラー (歳・年齢) ਉਮਰ umara ウマル, ਆਯੂ āyū アーユー
としうえの〘年上の〙ਵੱਡਾ waḍḍā ワッダー, ਵਡੇਰਾ waḍerā ワデーラー, ਸੀਨੀਅਰ sīnīara スィーニーアル
とじこめる〘閉じ込める〙ਡੱਕਣਾ ḍakkaṇā ダッカナー, ਤਾੜਨਾ tāṛanā タールナー
とししたの〘年下の〙ਛੋਟਾ cʰoṭā チョーター, ਛੁਟੇਰਾ cʰuṭerā チュテーラー, ਜੂਨੀਅਰ jūnīara ジューニーアル
としょ〘図書〙ਕਿਤਾਬ kitāba キターブ, ਪੁਸਤਕ pusataka プスタク ♦図書館 ਪੁਸਤਕਾਲਾ pusatakālā プスタカーラー, ਲਾਇਬਰੇਰੀ lāibarerī ラーイバレーリー
どじょう〘土壌〙ਮਿੱਟੀ miṭṭī ミッティー, ਧਰਤੀ tăratī タルティー
としより〘年寄り〙ਬਜ਼ੁਰਗ bazuraga バズルグ

とじる〖綴じる〗ਪਰੋਣਾ paroṇā パローナー
とじる〖閉じる〗ਬੰਦ ਕਰਨਾ banda̱ kara̱nā バンド カルナー
どせい〖土星〗ਸ਼ਨੀ śanī シャニー, ਸਨਿੱਚਰ saniccara̱ サニッチャル
とそう〖塗装〗ਰੰਗਸਾਜ਼ੀ raṅga̱sāzī ラングサーズィー, ਲੇਪਨ lepana̱ レーパン
どだい〖土台〗ਅਧਾਰ adăra̱ アダール, ਨੀਂਹ nī̃ ニーン
とだな〖戸棚〗ਅਲਮਾਰੀ ala̱mārī アルマーリー, ਕੈਬਨਿਟ kaiba̱niṭa̱ カェーブニト
とち〖土地〗ਜ਼ਮੀਨ zamīna̱ ザミーン, ਧਰਤੀ tăra̱tī タルティー, ਭੂਮੀ pŭmī プーミー
とちゅうで〖途中で〗ਅਧਵਾਟੇ âda̱wāṭe アドワーテー
どちら（どこ）ਕਿੱਥੇ kittʰe キッテー（どれ）ਕਿਹੜਾ kêṛā ケーラー
とっきょ〖特許〗ਪੇਟੈਂਟ peṭāĩṭa̱ ペータエーント, ਚਾਰਟਰ cāra̱ṭara̱ チャールタル
とっけん〖特権〗ਵਿਸ਼ੇਸ਼ ਅਧਿਕਾਰ viśeśa̱ âdikāra̱ ヴィシェーシュ アディカール
どっしりした ਭਾਰਾ pǎrā パーラー, ਜਸੀਮ jasīma̱ ジャスィーム
とっしんする〖突進する〗ਲਪਕਣਾ lapaka̱ṇā ラパクナー, ਝਪਟਣਾ căpaṭa̱ṇā チャパトナー
とつぜん〖突然〗ਅਚਾਨਕ acānaka̱ アチャーナク, ਅਚਨਚੇਤ acana̱ceta̱ アチャンチェート, ਅਕਸਮਾਤ akasa̱māta̱ アカスマート
とって〖取っ手〗ਗਰਿਫ਼ਤ garifata̱ ガリフト, ਦਸਤਾ dasa̱tā ダスター, ਹੱਥੀ hattʰī ハッティー
トップ ਟਾਪ ṭāpa̱ タープ, ਚੋਟੀ coṭī チョーティー, ਸਿਖਰ sikʰara̱ スイカル
とても ਬਹੁਤ baûta̱ バォート, ਬੜਾ baṛā バラー, ਖ਼ੂਬ xūba̱ クーブ
とどく〖届く〗（達する）ਫੈਲਣਾ pʰaila̱ṇā パェールナー（到着する）ਅੱਪੜਨਾ appaṛa̱nā アッパルナー, ਪਹੁੰਚਣਾ pāûca̱ṇā パォーンチナー, ਪੁੱਜਣਾ pujjaṇā プッジャナー
とどけ〖届け〗ਰਪਟ rapaṭa̱ ラパト, ਰਿਪੋਰਟ riporaṭa̱ リポールト
とどける〖届ける〗（送る）ਅਪੜਾਉਣਾ apa̱ṛāuṇā アプラーウナー, ਪਹੁੰਚਾਉਣਾ pāûcāuṇā パォーンチャーウナー, ਭੇਜਣਾ pějaṇā ページャナー（届け出る）ਸੂਚਿਤ ਕਰਨਾ sūcita̱ kara̱nā スーチト カルナー
とどこおる〖滞る〗ਅਟਕਣਾ aṭaka̱ṇā アトカナー, ਥੰਮ੍ਹਣਾ tʰâmmaṇā タンマナー, ਬਿਲਮਣਾ bilama̱ṇā ビラムナー
ととのう〖整う〗（準備される）ਤਿਆਰ ਹੋਣਾ tiāra̱ hoṇā ティアール ホーナー（整理される）ਸੌਰਨਾ saura̱nā サォールナー
ととのえる〖整える〗（準備する）ਤਿਆਰ ਕਰਨਾ tiāra̱ kara̱nā ティアール カルナー（整理する）ਤਰਤੀਬ ਦੇਣੀ tara̱tība̱ deṇī タルティーブ デーニー（調整する）ਠੀਕ ਕਰਨਾ ṭʰīka̱ kara̱nā ティーク カルナー
とどまる〖留まる〗ਠਹਿਰਨਾ ṭʰaîra̱nā タェールナー
とどめる〖留める〗ਠਹਿਰਾਉਣਾ ṭʰaîrāuṇā タェーラーウナー
となえる〖唱える〗ਪਾਠ ਕਰਨਾ pāṭʰa̱ kara̱nā パート カルナー
となり〖隣〗ਬਗ਼ਲ bağala̱ バガル
どなる〖怒鳴る〗ਬੜ੍ਹਕਣਾ bâṛa̱kaṇā バルカナー, ਬੁੱਕਣਾ bukkaṇā ブッカナー, ਗੱਜਣਾ gajjaṇā ガッジャナー
とにかく ਬਹਰਹਾਲ bahara̱hāla̱ バハルハール, ਸਰਪਰ sara̱para̱ サルパル
どの ਕਿਹੜਾ kêṛā ケーラー
とばく〖賭博〗ਜੂਆ jūā ジューアー
とばす〖飛ばす〗ਉਡਾਉਣਾ uḍāuṇā ウダーウナー（抜かす）ਛੱਡਣਾ cʰaḍḍaṇā チャッダナー
とびあがる〖跳び上がる〗ਉੱਛਲਣਾ uccʰala̱ṇā ウッチャルナー, ਉਫਣਨਾ upʰaṇanā ウパンナー, ਉਚਕਣਾ ucaka̱ṇā ウチャクナー
とびこえる〖跳び越える〗ਟੱਪਣਾ ṭappaṇā タッパナー
とびつく〖飛びつく〗ਲਪਕਣਾ lapaka̱ṇā ラパクナー, ਝਪਟਣਾ căpaṭa̱ṇā チャパトナー
とびら〖扉〗ਬੂਹਾ bûā ブーアー, ਦਰਵਾਜ਼ਾ dara̱wāzā ダルワーザー, ਦੁਆਰ duāra̱ ドゥアール
とぶ〖跳ぶ〗ਕੁੱਦਣਾ kuddaṇā クッダナー, ਟੱਪਣਾ ṭappaṇā タッパナー, ਛਾਲ ਮਾਰਨੀ cʰāla̱ māranī チャール マールニー
とぶ〖飛ぶ〗ਉੱਡਣਾ uḍḍaṇā ウッダナー
どぶ ਨਾਲਾ nālā ナーラー, ਪਰਨਾਲਾ para̱nālā パルナーラー
とほで〖徒歩で〗ਪੈਦਲ paidala̱ パェーダル, ਪੈਰੀਂ pairī̃ パェーリーン
トマト ਟਮਾਟਰ ṭamāṭara̱ タマータル
とまる〖止まる〗ਰੁਕਣਾ rukaṇā ルカナー
とまる〖泊まる〗ਠਹਿਰਨਾ ṭʰaîra̱nā タェールナー
とみ〖富〗ਦੌਲਤ daulata̱ ダォーラト, ਧਨ tăna̱ タン
とむ〖富む〗ਧਨੀ ਬਣਨਾ tănī baṇanā タニー バンナー
とめがね〖留め金〗ਚੂੰਢੀ cū̃ḍī チューンディー, ਕੁੰਡੀ kuṇḍī クンディー, ਕਲਾਬ kalāba̱ カラーブ
とめる〖止める〗（停止させる）ਰੋਕਣਾ rokaṇā ローカナー（スイッチを切る）ਬੰਦ ਕਰਨਾ banda̱ kara̱nā バンド カルナー（禁止する）ਮਨ੍ਹਾ ਕਰਨਾ mânā kara̱nā マナー カルナー, ਵਰਜਣਾ waraja̱ṇā ワルジャナー（制止する）ਠੱਲ੍ਹਣਾ ṭʰâllaṇā タッラナー
とめる〖泊める〗ਠਹਿਰਾਉਣਾ ṭʰaîrāuṇā タェーラーウナー
とめる〖留める〗ਅੜਾਉਣਾ aṛāuṇā アラーウナー, ਅੜੁੰਗਣਾ aṛuṅgaṇā アルングナー, ਟਾਂਕਣਾ ṭā̃kaṇā ターンカナー
ともだち〖友達〗ਦੋਸਤ dosata̱ ドースト, ਮਿੱਤਰ mittara̱ ミッタル, ਯਾਰ yāra̱ ヤール（女同士の）ਸਹੇਲੀ sělī セーリー, ਸਖੀ sakʰī サキー
どようび〖土曜日〗ਸਨਿੱਚਰਵਾਰ saniccara̱wāra̱ サニッチャルワール, ਹਫ਼ਤਾ hafatā ハフター
とら〖虎〗ਸ਼ੇਰ śera̱ シェール, ਬਾਘ bâga̱ バーグ
ドライクリーニング ਡਰਾਈ ਕਲੀਨਿੰਗ ḍarāī kalīninga̱ ダラーイー カリーニング
ドライバー（ねじ回し）ਪੇਚਕਸ pecakasa̱ ペーチカス

（運転手） ਡਰਾਈਵਰ ḍarāīvara ダラーイーヴァル, ਚਾਲਕ cālaka チャーラク
ドライフルーツ ਮੇਵਾ mewā メーワー, ਸੁੱਕਾ ਫਲ sukkā p^{h}ala スッカー パル
トラック （貨物自動車） ਟਰੱਕ ṭarakka タラック （競走路） ਦੌੜ-ਮਾਰਗ dauṛa-māraga ダォール・マーラグ
ドラマ ਡਰਾਮਾ ḍarāmā ダラーマー, ਨਾਟਕ nāṭaka ナータク
ドラム ਡਰੱਮ ḍaramma ダランム
トランク ਟਰੰਕ ṭaraṅka タランク, ਬਕਸਾ bakasā バクサー （車の） ਬੂਟ būṭa ブート
トランプ ਤਾਸ਼ tāśa ターシュ
トランペット ਤੂਤੀ tūtī トゥーティー, ਤੁਰਮ turama トゥルム
とり〖鳥〗ਪੰਛੀ pañc^{h}ī パンチー, ਪੰਖੇਰੂ paṅk^{h}erū パンケールー
とりあげる〖取り上げる〗（没収する） ਜ਼ਬਤ ਕਰਨਾ zabata karanā ザバト カルナー, ਕੁਰਕ ਕਰਨਾ kuraka karanā クルク カルナー, ਕੁਰਕਣਾ kurakaṇā クルカナー （採用する） ਗਰਹਿਣ ਕਰਣਾ garaîṇa karaṇā ガラェーン カルナー
とりあつかう〖取り扱う〗ਵਰਤਣਾ warataṇā ワルタナー
とりおこなう〖執り行う〗ਮਨਾਉਣਾ manāuṇā マナーウナー
とりかえす〖取り返す〗ਵਾਪਸ ਲੈਣਾ wāpasa laiṇā ワーパス ラェーナー
とりかえる〖取り替える〗ਵਟਾਉਣਾ waṭāuṇā ワターウナー
とりきめ〖取り決め〗ਬਾਨ੍ਹ bâna バーン
とりくむ〖取り組む〗ਟੱਕਰਨਾ ṭakkaranā タッカルナー, ਭਿੜਨਾ pǐṛanā ピルナー, ਨਜਿੱਠਣਾ najiṭṭ^{h}aṇā ナジッタナー
とりけす〖取り消す〗ਰੱਦਣਾ raddaṇā ラッダナー, ਕੈਂਸਲ ਕਰਨਾ kãīsala karanā カェーンサル カルナー
とりこ〖虜〗ਬੰਦੀ bandī バンディー, ਕੈਦੀ kaidī カェーディー
とりしまりやく〖取締役〗ਡਾਇਰੈਕਟਰ ḍāiraikaṭara ダーイラェークタル
とりしまる〖取り締まる〗ਦੇਖ ਰੇਖ ਕਰਨੀ dek^{h}a rek^{h}a karanī デーク レーク カルニー
とりしらべる〖取り調べる〗ਤਹਿਕੀਕਾਤ ਕਰਨੀ taîkīkāta karanī タェーキーカート カルニー
とりだす〖取り出す〗ਕੱਢਣਾ kâḍḍaṇā カッダナー, ਨਿਕਾਲਣਾ nikālaṇā ニカールナー
とりたてる〖取り立てる〗ਵਸੂਲਣਾ wasūlaṇā ワスールナー
とりつける〖取り付ける〗ਥਾਪਣਾ t^{h}āpaṇā ターパナー
とりにく〖鶏肉〗ਚਿਕਨ cikana チカン, ਮੁਰਗੀ murağī ムルギー
とりのぞく〖取り除く〗ਹਟਾਉਣਾ haṭāuṇā ハターウナー, ਮਿਟਾਉਣਾ miṭāuṇā ミターウナー
とりひき〖取引〗ਸੌਦਾ saudā サォーダー, ਤਿਜਾਰਤ tijārata ティジャーラト, ਲੈਣ-ਦੇਣ laiṇa-deṇa ラェーン・デーン
とりぶん〖取り分〗ਲਾਹਾ lāhā ラーハー
とりまく〖取り巻く〗ਘੇਰਨਾ kĕranā ケールナー
とりもどす〖取り戻す〗ਵਾਪਸ ਲੈਣਾ wāpasa laiṇā ワーパス ラェーナー
とりやめる〖取り止める〗ਰੱਦਣਾ raddaṇā ラッダナー, ਕੈਂਸਲ ਕਰਨਾ kãīsala karanā カェーンサル カルナー
とりょう〖塗料〗ਰੋਗਨ roğana ローガン, ਪੇਂਟ pēṭa ペーント
どりょく〖努力〗ਕੋਸ਼ਿਸ਼ kośiśa コーシシュ, ਜਤਨ jatana ジャタン, ਪਰਯਾਸ parayāsa パルヤース ◆**努力する** ਕੋਸ਼ਿਸ਼ ਕਰਨੀ kośiśa karanī コーシシュ カルニー, ਜਤਨ ਕਰਨਾ jatana karanā ジャタン カルナー
とりよせる〖取り寄せる〗ਮੰਗਵਾਉਣਾ maṅgawāuṇā マングワーウナー
ドリル （工具の） ਡਰਿਲ ḍarila ダリル
とる〖取る〗（手にする） ਲੈਣਾ laiṇā ラェーナー （受け取る） ਲੈਣਾ laiṇā ラェーナー, ਪਰਾਪਤ ਕਰਨਾ parāpata karanā パラーパト カルナー （除去する） ਹਟਾਉਣਾ haṭāuṇā ハターウナー, ਮਿਟਾਉਣਾ miṭāuṇā ミターウナー, ਨਿਕਾਲਣਾ nikālaṇā ニカールナー （盗む） ਚੁਰਾਉਣਾ curāuṇā チュラーウナー
とる〖採る〗（採集する） ਇਕੱਠਾ ਕਰਨਾ ikaṭṭ^{h}ā karanā イカッター カルナー, ਜਮ੍ਹਾਂ ਕਰਨਾ jâmā̃ karanā ジャマーン カルナー （採用する） ਗਰਹਿਣ ਕਰਣਾ garaîṇa karaṇā ガラェーン カルナー
とる〖捕る〗ਫੜਨਾ p^{h}aṛanā パルナー, ਪਕੜਨਾ pakaṛanā パカルナー
ドル ਡਾਲਰ ḍālara ダーラル
トルコ ਤੁਰਕੀ turakī トゥルキー, ਟਰਕੀ ṭarakī タルキー
どれ ਕਿਹੜਾ kêṛā ケーラー
どれい〖奴隷〗ਗ਼ੁਲਾਮ ğulāma グラーム, ਦਾਸ dāsa ダース
トレーニング ਅਭਿਆਸ abiăsa アビアース
トレーラー ਟਰੇਲਰ ṭarelara タレーラル
ドレス ਡਰੈਸ ḍaraisa ダラェース
どろ〖泥〗ਕੀਜੜ kījaṛa キージャル, ਚਿੱਕੜ cikkaṛa チッカル, ਗਾਬ gāba ガーブ
どろぼう〖泥棒〗ਚੋਰ cora チョール
トロリーバス ਟਰਾਲੀ ṭarālī タラーリー
トン ਟਨ ṭana タン
どんかんな〖鈍感な〗ਬਗਲੋਲ bağalola バグロール, ਖੁੰਢਾ k^{h}ûṇḍā クンダー, ਸੁਝਹੀਣ sûjahīṇa スージヒーン
どんな ਕਿਹੋ ਜਿਹਾ kîo jîā キオー ジアー, ਕਿਹਾ kîā キアー, ਕੈਸਾ kaisā カェーサー
トンネル ਟਨਲ ṭanala タナル, ਚੁਰ੍ਹ cûra チュル, ਸੁਰੰਗ suraṅga スラング
とんや〖問屋〗ਕਰਿੰਦਾ karindā カリンダー
どんよくな〖貪欲な〗ਲਾਲਚੀ lālacī ラールチー, ਲੋਭੀ lôbī ロービー, ਹਿਰਸੀ hirasī ヒルスィー

な行

な〖名〗ਨਾਂ nā̃ ナーン, ਨਾਮ nāmạ ナーム
ない（否定文を作る）ਨਹੀਂ naî̃ ナイーン, ਨਾ nā ナー
ないかく〖内閣〗ਮੰਤਰੀਮੰਡਲ mantạrīmaṇḍalạ マントリーマンダル, ਕਾਬੀਨਾ kābīnā カービーナー, ਵਜ਼ਾਰਤ wazāratạ ワザーラト
ないこうてきな〖内向的な〗ਅੰਤਰਮੁਖੀ antarạmukʰī アンタルムキー
ないしょ〖内緒〗ਗੁੱਝ gûjjạ グッジ, ਗੋਝ gôjạ ゴージ, ਰਾਜ਼ rāzạ ラーズ
ないせん〖内戦〗ਗ੍ਰਹਿ ਯੁੱਧ graî yûddạ グラエー ユッド
ナイフ ਛੁਰੀ cʰurī チュリー, ਚਾਕੂ cākū チャークー
ないぶ〖内部〗ਅੰਦਰ andarạ アンダル, ਅੰਤਰ antarạ アンタル, ਗ੍ਰਹਿ graî グラエー
ないめん〖内面〗ਅੰਦਰਲਾ ਹਿੱਸਾ andarạlā hissā アンダルラー ヒッサー, ਅੰਤਰ antarạ アンタル
ないよう〖内容〗ਸਾਰ sārạ サール, ਅਭਿਪ੍ਰਾਯ âbiprāyạ アビプラーユ
ナイロン ਨਾਈਲਨ nāīlanạ ナーイーラン
なえ〖苗〗ਪੌਦ paudạ パォード, ਪੌਦਾ paudā パォーダー
なおざりにする ਰੋਲਣਾ rolạṇā ロールナー, ਰੁਲਾਉਣਾ rulāuṇā ルラーウナー
なおす〖治す〗ਇਲਾਜ ਕਰਨਾ ilājạ karạnā イラージ カルナー
なおす〖直す〗（修正する）ਠੀਕ ਕਰਨਾ ṭʰīkạ karạnā ティーク カルナー, ਸੁਧਾਰਨਾ sudǎrạnā スダールナー（修理する）ਮੁਰੰਮਤ ਕਰਨੀ murammatạ karạnī ムランマト カルニー
なおる〖治る〗ਚੰਗਾ ਹੋਣਾ caṅgā hoṇā チャンガー ホーナー, ਸਵਸਥ ਹੋਣਾ sawasatʰạ hoṇā サワスト ホーナー, ਭਰਨਾ pǎrạnā パルナー
なおる〖直る〗（修正される）ਠੀਕ ਹੋਣਾ ṭʰīkạ hoṇā ティーク ホーナー, ਸੁਧਰਨਾ sûdarạnā スダルナー（修理される）ਸੌਰਨਾ saurạnā サォールナー
なか〖中〗ਅੰਦਰ andarạ アンダル, ਅੰਤਰ antarạ アンタル
ながい〖長い〗ਲੰਮਾ lammā ランマー
ながいき〖長生き〗ਚਿਰੰਜੀਵਤਾ cirañjīvatā チランジーヴター
なかがいにん〖仲買人〗ਦਲਾਲ dalālạ ダラール, ਵਿਚੋਲਾ wicolā ウィチョーラー
ながぐつ〖長靴〗ਬੂਟ būṭạ ブート
ながさ〖長さ〗ਲੰਮਾਈ lammāī ランマーイー
ながす〖流す〗（液体などを）ਵਗਾਉਣਾ wagāuṇā ワガーウナー, ਵਹਾਉਣਾ wǎuṇā ワーウナー（物を）ਰੋੜ੍ਹਨਾ rôṛạnā ロールナー, ਰੁੜ੍ਹਾਉਣਾ ruṛǎuṇā ルラーウナー
なかに〖中に〗ਅੰਦਰ andarạ アンダル, ਅੰਤਰ antarạ アンタル, ਭੀਤਰ pǐtarạ ピータル
なかにわ〖中庭〗ਅੰਗਣ aṅgaṇạ アンガン, ਵਿਹੜਾ wêṛā ウェーラー
なかば〖半ば〗ਅੱਧ âddạ アッド, ਅਰਧ ârạdạ アルド
ながびく〖長引く〗ਬਿਲਮਣਾ bilamạṇā ビラムナー
なかま〖仲間〗ਸਾਥੀ sātʰī サーティー, ਸਾਂਝੀ sā̃jī サーンジー, ਹਮਜੋਲੀ hamạjolī ハムジョーリー
ながめ〖眺め〗ਦਰਿਸ਼ darišạ ダリシュ, ਨਜ਼ਾਰਾ nazārā ナザーラー, ਵਿਊ viū ヴィウー
ながめる〖眺める〗ਦੇਖਣਾ dekʰaṇā デーカナー, ਵੇਖਣਾ wekʰạṇā ウェークナー, ਤੱਕਣਾ takkaṇā タッカナー
ながもちする〖長持ちする〗ਟਿਕਣਾ ṭikaṇā ティカナー
なかよし〖仲良し〗ਬੇਲੀ belī ベーリー, ਦੋਸਤ dosatạ ドースト
ナガランドしゅう〖ナガランド州〗ਨਾਗਾਲੈਂਡ nāgālā̃iḍạ ナーガーラエーンド
ながれ〖流れ〗ਧਾਰਾ tǎrā ターラー, ਵਹਾਉ wǎo ワーオー, ਰੌ rau ラォー
ながれぼし〖流れ星〗ਧੂਮਕੇਤੂ tǔmạketū トゥームケートゥー
ながれる〖流れる〗ਵਗਣਾ wagạṇā ワグナー, ਵਹਿਣਾ waîṇā ワェーナー（時が）ਬੀਤਣਾ bītaṇā ビータナー
なきわめく〖泣きわめく〗ਬਿਲਲਾਉਣਾ bilạlāuṇā ビルラーウナー, ਬਿਲਬਿਲਾਉਣਾ bilạbilāuṇā ビルビラーウナー, ਬਿਲਪਣਾ bilạpaṇā ビルパナー
なく〖泣く〗ਰੋਣਾ roṇā ローナー
なく〖鳴く〗（犬が吠える）ਭੌਂਕਣਾ pāǚkaṇā パォーンカナー（猫が鳴く）ਮਿਆਉਣਾ miāuṇā ミアーウナー（小鳥がさえずる）ਚਹਿਚਹਾਉਣਾ caîcǎuṇā チャエーチャーウナー, ਚਹਿਕਣਾ caîkaṇā チャエーカナー
なぐさめる〖慰める〗ਦਿਲਾਸਾ ਦੇਣਾ dilāsā deṇā ディラーサー デーナー, ਤਸੱਲੀ ਦੇਣੀ tasallī deṇī タサッリー デーニー, ਧਿਜਾਉਣਾ tijǎuṇā ティジャーウナー
なくす〖無くす〗ਗੁਆਉਣਾ guāuṇā グアーウナー, ਖੋਣਾ kʰoṇā コーナー
なくなる〖無くなる〗（所在がわからなくなる）ਗੁਆਚਣਾ guācaṇā グアーチャナー, ਗੁੰਮਣਾ gummaṇā グンマナー, ਖੋਣਾ kʰoṇā コーナー（消える）ਮਿਟਣਾ miṭaṇā ミタナー（尽きる）ਖ਼ਤਮ ਹੋਣਾ xatamạ hoṇā カタム ホーナー
なぐりあい〖殴り合い〗ਕੁੱਟਮਾਰ kuṭṭạmārạ クットマール
なぐる〖殴る〗ਕੁੱਟਣਾ kuṭṭaṇā クッタナー, ਮਾਰਨਾ mārạnā マールナー, ਪੀਟਣਾ pīṭaṇā ピータナー
なげく〖嘆く〗ਕੀਰਨੇ ਪਾਉਣੇ kīrạne pāuṇe キールネー パーウネー, ਕੁਰਲਾਉਣਾ kurạlāuṇā クルラーウナー
なげすてる〖投げ捨てる〗ਸੁੱਟਣਾ suṭṭaṇā スッタナー
なげる〖投げる〗（飛ばす）ਉਡਾਉਣਾ uḍāuṇā ウダーウナー（放棄する）ਛੱਡਣਾ cʰaḍḍaṇā チャッダナー
なさけ〖情け〗（哀れみ）ਤਰਸ tarasạ タラス, ਰਹਿਮ raîmạ ラェーム（思いやり）ਹਮਦਰਦੀ hamạdarạdī ハムダルディー, ਦਰਦਮੰਦੀ darạdạmandī ダルドマンディー, ਗ਼ਮਖ਼ਾਰੀ ǧamạxārī ガムカーリー（慈悲）ਕਰੁਣਾ karuṇā カルナー, ਦਇਆ daiā ダイアー
なし〖梨〗ਨਾਸ਼ਪਾਤੀ nāšạpātī ナーシュパーティー, ਨਾਖ nākʰạ ナーク

なしとげる〘成し遂げる〙ਸਾਰਨਾ sāranā サールナー, ਨਿਭਾਉਣਾ nibǎuṇā ニバーウナー, ਸਾਧਣਾ sâdaṇā サードナー

なじむ〘馴染む〙ਪਰਚਣਾ paracaṇā パルチャナー, ਹਿਲਨਾ hilanā ヒルナー, ਗਿੱਝਣਾ gîjjaṇā ギッジャナー

ナショナリズム ਰਾਸ਼ਟਰਵਾਦ rāśaṭarawāda ラーシュタルワード

なす〘茄子〙ਬੈਂਗਣ bāĩgaṇa バェーンガン, ਬਤਾਊਂ batāū̃ バターウーン

なぜ〘何故〙ਕਿਉਂ kiõ キオーン

なぜなら〘何故なら〙ਕਿਉਂਕਿ kiõki キオーンキ, ਕਿਉਂਜੋ kiõjo キオーンジョー

なぞ〘謎〙ਰਮਜ਼ ramaza ラマズ, ਰਹੱਸ rahassa ラハッス

なぞなぞ〘謎々〙ਪਹੇਲੀ pahelī パヘーリー, ਬੁਝਾਰਤ bujǎrata ブジャーラト, ਅੜਾਉਣੀ aṛāuṇī アラーウニー

なだめる ਪਰਚਾਉਣਾ paracāuṇā パルチャーウナー, ਵਰਚਾਉਣਾ waracāuṇā ワルチャーウナー, ਬਹਿਲਾਉਣਾ baîlāuṇā バェーラーウナー

なつ〘夏〙ਗਰਮੀ garamī ガルミー, ਗ੍ਰੀਖਮ grīk^{h}ama グリーカム, ਹੁਨਾਲ hunāla フナール

なづける〘名付ける〙ਨਾਂ ਰੱਖਣਾ nā̃ rakk^{h}aṇā ナーンラッカナー

なっとくする〘納得する〙ਸਮਝਣਾ sâmajaṇā サマジャナー, ਪਤੀਜਣਾ patījaṇā パティージャナー

ナツメグ ਜਾਇਫਲ jāip^{h}ala ジャーイパル

なでる〘撫でる〙ਸਹਿਲਾਉਣਾ saîlāuṇā サェーラーウナー, ਛੂਹਣਾ c^{h}ûṇā チューナー, ਦੁਲਾਰਨਾ dulāranā ドゥラールナー

など ਆਦਿ ād アード, ਵਗ਼ੈਰਾ wağairā ワガェーラー

なな〘七〙ਸੱਤ satta サット, ਸਪਤ sapata サプト

ななじゅう〘七十〙ਸੱਤਰ sattara サッタル

ななめの〘斜めの〙ਤਿਰਛਾ tirac^{h}ā ティルチャー, ਢਲਵਾਂ ṭǎlawā̃ タルワーン, ਟੇਢਾ ṭêḍā テーダー

なにか〘何か〙ਕੋਈ koī コーイー, ਕੁਝ kûja クジ

なべ〘鍋〙ਵਲਟੋਹੀ walaṭôī ワルトーイー, ਕੁੰਨਾਂ kunnā̃ クンナーン

なまいきな〘生意気な〙ਸਰਕਸ਼ sarakaśa サルカシュ, ਖੁੱਟੜ k^{h}uṭṭaṛa クッタル

なまえ〘名前〙ਨਾਂ nā̃ ナーン, ਨਾਮ nāma ナーム

なまけもの〘怠け者〙ਨਖੱਟੂ nak^{h}aṭṭū ナカットゥー, ਲੋਫ਼ਰ lofara ローファル

なまぬるい〘生ぬるい〙ਕੋਸਾ kosā コーサー

なまの〘生の〙ਕੱਚਾ kaccā カッチャー

なまり〘鉛〙ਸੀਸਾ sīsā スィーサー, ਲੇਡ leḍa レード

なみ〘波〙ਲਹਿਰ laîra ラェール, ਤਰੰਗ taraṅga タラング, ਮੌਜ mauja マォージ

なみだ〘涙〙ਹੰਝੂ hâñjū ハンジュー, ਅੰਸੂ ā̃sū アーンスー, ਅੱਥਰੂ att^{h}arū アッタルー

なみの〘並の〙ਮਾਮੂਲੀ māmūlī マームーリー, ਸਧਾਰਨ sadǎrana サダーラン, ਮੱਧਮਾਨ mâddamāna マッドマーン

なみはずれた〘並外れた〙ਨਿਹਾਇਤ nihāita ニハーイト, ਵਿਸ਼ੇਸ਼ viśeśa ヴィシェーシュ

なめらかな〘滑らかな〙ਚਿਕਨਾ cikanā チカナー

なめる〘舐める〙ਚੱਟਣਾ caṭṭaṇā チャッタナー, ਲੱਕਣਾ lakkaṇā ラッカナー

なやます〘悩ます〙ਤੰਗ ਕਰਨਾ taṅga karanā タングカルナー, ਖਪਾਉਣਾ k^{h}apāuṇā カパーウナー, ਛੇੜਨਾ c^{h}eṛanā チェールナー

なやみ〘悩み〙ਸਿਰਖਪਾਈ sirak^{h}apāī スィルカパーイー, ਮਗ਼ਜ਼ਖਪਾਈ mağazak^{h}apāī マガズカパーイー

なやむ〘悩む〙ਦੁਖੀ ਹੋਣਾ duk^{h}ī hoṇā ドゥキー ホーナー, ਖਪਣਾ k^{h}apaṇā カパナー, ਕੁੱਠਣਾ kuṭṭ^{h}aṇā クッタナー

ならう〘習う〙ਸਿੱਖਣਾ sikk^{h}aṇā スィッカナー

ならす〘慣らす〙ਹਿਲਾਉਣਾ hilāuṇā ヒラーウナー, ਗਿਝਾਉਣਾ gijǎuṇā ギジャーウナー

ならす〘鳴らす〙ਵਜਾਉਣਾ wajāuṇā ワジャーウナー

ならべる〘並べる〙（配列する） ਤਰਤੀਬ ਦੇਣੀ taratība deṇī タルティーブ デーニー, ਲਗਾਉਣਾ lagāuṇā ラガーウナー （列挙する） ਗਿਣਨਾ giṇanā ギンナー

ならわし〘習わし〙ਰਸਮ rasama ラサム, ਰੀਤੀ rītī リーティー, ਰਿਵਾਜ riwāja リワージ

なりたち〘成り立ち〙（起源） ਉਤਪਤੀ utapatī ウトパティー, ਉਦਭਵ udapăva ウドパヴ （構造） ਸੰਰਚਨਾ sanracanā サンラチナー

なりゆき〘成り行き〙ਨਤੀਜਾ natījā ナティージャー, ਅੰਜਾਮ añjāma アンジャーム, ਨਿਸ਼ਕਰਸ਼ niśakaraśa ニシュカルシュ

なる〘生る〙（実が） ਲੱਗਣਾ laggaṇā ラッガナー

なる〘鳴る〙ਵੱਜਣਾ wajjaṇā ワッジャナー

なるほど ਚੰਗਾ caṅgā チャンガー, ਅੱਛਾ acc^{h}ā アッチャー, ਭਲਾ pălā パラー

なれる〘慣れる〙ਹਿਲਨਾ hilanā ヒルナー, ਗਿੱਝਣਾ gîjjaṇā ギッジャナー

なわ〘縄〙ਰੱਸੀ rassī ラッスィー

なんかいな〘難解な〙ਮੁਹਮਲ mômala モーマル, ਗੁੱਝਾ gûjjā グッジャー

なんきょく〘南極〙ਦੱਖਣੀ ਧਰੁ dakk^{h}aṇī tarŭ ダッカニー タルー

なんきんむし〘南京虫〙ਖਟਮਲ k^{h}aṭamala カトマル, ਮਾਂਗਣੂ mā̃gaṇū マーングヌー

なんこう〘軟膏〙ਮਲ੍ਹਮ mâlama マラム, ਮਰਹਮ marahama マルハム, ਲੇਪਨ lepana レーパン

なんじ〘何時〙ਕਿੰਨੇ ਵਜੇ kinne waje キンネー ワジェー

なんちょうの〘難聴の〙ਡੋਰਾ ḍorā ドーラー

なんびょう〘難病〙ਰਾਜਰੋਗ rājaroga ラージローグ

なんぶ〘南部〙ਦੱਖਣ dakk^{h}aṇa ダッカン, ਜਨੂਬ janūba ジャヌーブ, ਲੱਮਾਂ lammā̃ ランマーン

なんみん〘難民〙ਸ਼ਰਨਾਰਥੀ śaranārat^{h}ī シャルナールティー, ਪਨਾਹੀ panâī パナーイー, ਰਫ਼ਿਊਜੀ rafiūjī ラフィウージー

に〘二〙ਦੋ do ドー

に〘荷〙ਅਸਬਾਬ asabāba アスバーブ, ਸਮਾਨ samāna サマーン

にあう〘似合う〙ਫਬਣਾ p^{h}abaṇā パブナー, ਜਚਣਾ jacaṇā ジャチナー

にえきらない〖煮え切らない〗（はっきりしない）ਅਸਪਸ਼ਟ asapaśaṭa アサパシュト（決断しない）ਦੁਚਿੱਤਾ ducittā ドゥチッター
にえる〖煮える〗ਔਟਣਾ auṭaṇā アオートナー, ਕੜ੍ਹਨਾ kâṛanā カルナー, ਰਿੱਝਣਾ rîjjaṇā リッジャナー
におい〖匂い・臭い〗ਗੰਧ gânda ガンド, ਬੋ bo ボー
におう〖臭う〗ਬਦਬੂ ਆਉਣੀ badabū āuṇī バドブー アーウニー
におう〖匂う〗ਮਹਿਕਣਾ maîkaṇā マェーカナー
にかい〖二階〗ਦੂਜੀ ਮੰਜ਼ਲ dūjī mañzala ドゥージー マンザル
にがい〖苦い〗ਕੌੜਾ kauṛā カオーラー
にかいだて〖二階建て〗ਦੁਮੰਜ਼ਲਾ dumañzalā ドゥマンズラー, ਦੁਛੱਤਾ duchattā ドゥチャッター
にがうり〖苦瓜〗ਕਰੇਲਾ karelā カレーラー
にがす〖逃がす〗ਨਸਾਉਣਾ nasāuṇā ナサーウナー
にがつ〖二月〗ਫ਼ਰਵਰੀ farawarī ファルワリー
にきび ਮੁਹਾਸਾ muhāsā ムハーサー
にぎる〖握る〗ਗਰਸਣਾ garasaṇā ガラサナー, ਫੜਨਾ phaṛanā パルナー, ਪਕੜਨਾ pakaṛanā パカルナー
にく〖肉〗ਗੋਸ਼ਤ gośata ゴーシュト, ਮਾਸ māsa マース, ਮੀਟ mīṭa ミート ♦肉屋 ਬੁੱਚੜ buccaṛa ブッチャル, ਕਸਾਈ kasāī カサーイー, ਕਸਾਬ kasāba カサーブ
にくしみ〖憎しみ〗ਘਿਰਨਾ kǐranā キルナー, ਨਫ਼ਰਤ nafarata ナフラト, ਵੈਰ vaira ヴァエール
にくたい〖肉体〗ਸਰੀਰ sarīra サリール, ਤਨ tana タン, ਬਦਨ badana バダン ♦肉体労働 ਮਜ਼ਦੂਰੀ mazadūrī マズドゥーリー, ਮੁਸ਼ੱਕਤ muśakkata ムシャッカト
にくむ〖憎む〗ਘਿਰਨਾ ਕਰਨੀ kǐranā karanī キルナー カルニー, ਨਫ਼ਰਤ ਕਰਨੀ nafarata karanī ナフラト カルニー
にげる〖逃げる〗ਨੱਸਣਾ nassaṇā ナッサナー, ਭੱਜਣਾ pǎjjaṇā パッジャナー
にごす〖濁す〗ਗੰਘਾਲਨਾ gaṅgǎlanā ガンガールナー
にこやかな ਹਸਮੁਖ hasamukha ハスムク
にごる〖濁る〗ਗੰਘਲਨਾ gâṅgalanā ガンガルナー
にし〖西〗ਪੱਛਮ pacchama パッチャム, ਮਗ਼ਰਬ maǧaraba マグラブ, ਲਹਿੰਦਾ lâîdā ラェーンダー
にじ〖虹〗ਕਹਿਕਸ਼ਾਂ kaîkaśā̃ カェーカシャーン, ਇੰਦਰ-ਧਨੁਸ਼ indara-tǎnuśa インダル・タヌシュ, ਪੀਂਘ pī̃ga ピーング
ニシキヘビ ਅਜਗਰ ajagara アジガル, ਸਰਾਲ sarāla サラール
にしベンガルしゅう〖西ベンガル州〗ਪੱਛਮ ਬੰਗਾਲ pacchama baṅgāla パッチャム バンガール
にじむ ਵਗਣਾ wagaṇā ワグナー, ਵਹਿਣਾ waîṇā ワェーナー
にじゅう〖二十〗ਵੀਹ wî ウィー
にじゅうの〖二重の〗ਦੋਹਰਾ dôrā ドーラー, ਦੁੱਤ dutta ドゥット, ਡਬਲ ḍabala ダバル
ニス ਰੋਗ਼ਨ roǧana ローガン, ਲੁੱਕ lukka ルック, ਵਾਰਨਿਸ਼ wāraniśa ワールニシュ
にせの〖偽の〗ਨਕਲੀ nakalī ナクリー, ਜਾਹਲੀ jâlī ジャーリー, ਬਣਾਉਟੀ baṇāuṭī バナーウティー
にせもの〖偽物〗ਨਕਲੀ ਚੀਜ਼ nakalī cīza ナクリー チーズ
にそう〖尼僧〗ਪੁਜਾਰਨ pujārana プジャーラン
にちじょうの〖日常の〗ਆਮ āma アーム, ਮਦਾਮ madāma マダーム
にちぼつ〖日没〗ਆਥਣ āthaṇa アータン, ਲਹਿੰਦਾ lâîdā ラェーンダー, ਸੂਰਜ ਅਸਤ sūraja asata スーラジ アスト
にちや〖日夜〗ਰਾਤ ਦਿਨ rāta dina ラート ディン, ਨਿਸਦਿਨ nisadina ニスディン, ਨਿਸਬਾਸਰ nisabāsara ニスバーサル
にちようび〖日曜日〗ਰਵੀਵਾਰ ravīwāra ラヴィーワール, ਐਤਵਾਰ aitawāra アェートワール
にっか〖日課〗ਨਿਤਨੇਮ nitanema ニトネーム, ਰੁਟੀਨ ruṭīna ルティーン
にっかん〖日刊〗ਦੈਨਿਕ dainika ダェーニク
にっき〖日記〗ਰੋਜ਼ਨਾਮਚਾ rozanāmacā ローズナームチャー, ਡਾਇਰੀ ḍāirī ダーイリー
にっきゅう〖日給〗ਰੁਜ਼ੀਨਾ ruzīnā ルズィーナー, ਦਿਹਾੜੀ diǎṛī ディアーリー
にづくりする〖荷造りする〗ਪੈਕ ਕਰਨਾ paika karanā パェーク カルナー
ニッケル ਗਿਲਟ gilaṭa ギルト, ਨਿਕਲ nikala ニカル
にっこう〖日光〗ਧੁੱਪ tǔppa トゥップ
にっとう〖日当〗ਰੁਜ਼ੀਨਾ ruzīnā ルズィーナー, ਦਿਹਾੜੀ diǎṛī ディアーリー
につめる〖煮詰める〗ਔਟਾਉਣਾ auṭāuṇā アオーターウナー
にばいの〖二倍の〗ਦੁਗਣਾ dugaṇā ドゥガナー
にばんめの〖二番目の〗ਦੂਜਾ dūjā ドゥージャー, ਦੂਸਰਾ dūsarā ドゥースラー
にぶい〖鈍い〗ਮੰਦ manda マンド
にぶんのいち〖二分の一〗ਅੱਧ âdda アッド, ਅੱਧਾ âddā アッダー, ਅਰਧ ârada アルド
にほん〖日本〗ਜਪਾਨ japāna ジャパーン ♦日本語・日本人・日本の ਜਪਾਨੀ japānī ジャパーニー ♦日本料理 ਜਪਾਨੀ ਭੋਜਨ japānī pǒjana ジャパーニー ポージャン
にもつ〖荷物〗ਅਸਬਾਬ asabāba アスバーブ, ਸਮਾਨ samāna サマーン
にゅうかい〖入会〗ਪਰਵੇਸ਼ paraveśa パルヴェーシュ ♦入会する ਪਰਵੇਸ਼ ਕਰਨਾ paraveśa karanā パルヴェーシュ カルナー
にゅうがく〖入学〗ਪਰਵੇਸ਼ paraveśa パルヴェーシュ ♦入学する ਪਰਵੇਸ਼ ਕਰਨਾ paraveśa karanā パルヴェーシュ カルナー
にゅうさつ〖入札〗ਟੈਂਡਰ ṭãĩḍara タェーンダル
ニュージーランド ਨਿਊਜ਼ੀਲੈਂਡ niūzīlãĩḍa ニウーズィーラェーンド
にゅうじょう〖入場〗ਪਰਵਿਸ਼ਟੀ paraviśaṭī パルヴィシュティー ♦入場券 ਟਿਕਟ ṭikaṭa ティカト ♦入場料 ਪਰਵੇਸ਼ਿਕਾ paraveśikā パルヴェーシカー
ニュース ਖ਼ਬਰ xabara カバル, ਸਮਾਚਾਰ samācāra サマーチャール, ਨਿਊਜ਼ niūza ニウーズ
にゅうもんする〖入門する〗ਪਰਵੇਸ਼ ਕਰਨਾ paraveśa

karaṇā パルヴェーシュ カルナー
にゅうよくする〖入浴する〗ਨਹਾਉਣਾ nǎuṇā ナーウナー
にょう〖尿〗ਪਿਸ਼ਾਬ piśāba ピシャーブ, ਮੂਤ mūta ムート
にらむ〖睨む〗ਘੂਰਨਾ kǔraṇā クールナー
にる〖似る〗ਰਲਨਾ ralanā ラルナー, ਸਮਰੂਪ ਹੋਣਾ samarūpa hoṇā サムループ ホーナー
にる〖煮る〗ਔਟਾਉਣਾ auṭāuṇā アォーターウナー, ਕਾੜ੍ਹਨਾ kâṛanā カールナー
にわ〖庭〗ਬਗ਼ੀਚਾ bağīcā バギーチャー, ਬਾਗ਼ bāğa バーグ, ਗਾਰਡਨ gāraḍana ガールダン
にわかあめ〖にわか雨〗ਛਹਿਬਰ cʰaîbara チャエーバル, ਛਰਾਟਾ cʰarāṭā チャラーター
にわとり〖鶏〗（雄鶏）ਕੁੱਕੜ kukkaṛa クッカル, ਮੁਰਗਾ muragā ムルガー （雌鶏）ਕੁੱਕੜੀ kukkaṛī クッカリー, ਮੁਰਗ਼ੀ murağī ムルギー
にんか〖認可〗ਅਨੁਮਤੀ anumatī アヌマティー, ਆਗਿਆ āgiā アーギアー
にんき〖人気〗ਲੋਕ-ਪ੍ਰਿਅਤਾ loka-priatā ローク・プリアター, ਮਕਬੂਲੀਅਤ makabūlīata マクブーリーアト ◆人気のある ਲੋਕ-ਪ੍ਰਿਅ loka-pria ローク・プリア, ਮਕਬੂਲ makabūla マクブール
にんぎょう〖人形〗ਗੁੱਡੀ guḍḍī グッディー, ਪੁਤਲੀ putalī プトリー
にんげん〖人間〗ਮਨੁੱਖ manukkʰa マヌック, ਇਨਸਾਨ inasāna インサーン, ਮਾਨਵ mānava マーナヴ
にんしき〖認識〗ਪਛਾਣ pacʰāṇa パチャーン, ਸ਼ਨਾਖ਼ਤ śanāxata シャナーカト ◆認識する ਪਛਾਣਨਾ pacʰāṇanā パチャーンナー
にんじょう〖人情〗ਇਨਸਾਨੀਅਤ inasānīata インサーニーアト, ਮਾਨਵਤਾ mānavatā マーナヴター
にんじん〖人参〗ਗਾਜਰ gājara ガージャル
にんしんする〖妊娠する〗ਗਰਭ ਠਹਿਰਨਾ gâraba ṭʰaîranā ガルブ タェールナー
にんずう〖人数〗ਨਫ਼ਰੀ nafarī ナファリー
にんたい〖忍耐〗ਬਰਦਾਸ਼ਤ baradāśata バルダーシュト, ਸਹਾਰਨ sǎrana サーラン, ਧੀਰਜ tǐraja ティーラジ
にんにく〖大蒜〗ਲਸਣ lasaṇa ラサン, ਥੋਮ tʰoma トーム
にんむ〖任務〗ਕਿਰਤ kirata キルト, ਕਾਰਗੁਜ਼ਾਰੀ kāraguzārī カールグザーリー, ਡਿਊਟੀ ḍiūṭī ディウーティー
にんめい〖任命〗ਨਿਯੁਕਤੀ niyukatī ニユクティー ◆任命する ਨਿਯੁਕਤ ਕਰਨਾ niyukata karanā ニユクト カルナー
ぬう〖縫う〗ਸਿਊਣਾ siūṇā スィウーナー, ਟਾਂਕਣਾ ṭā̃kaṇā ターンカナー
ヌードル ਨੂਡਲਜ਼ nūḍalaza ヌーダルズ
ぬかるみ ਗਾਬ gāba ガーブ, ਗਾਰ gāra ガール, ਕੀਜੜ kījaṛa キージャル
ぬく〖抜く〗（引き抜く）ਨੋਚਣਾ nocaṇā ノーチャナー （取り除く）ਹਟਾਉਣਾ haṭāuṇā ハターウナー, ਮਿਟਾਉਣਾ miṭāuṇā ミターウナー, ਨਿਕਾਲਣਾ nikālaṇā ニカールナー （省く）ਛੱਡਣਾ cʰaḍḍaṇā チャッダナー （追い抜く）ਪਛਾੜਨਾ pacʰāṛanā パチャールナー
ぬぐ〖脱ぐ〗ਉਤਾਰਨਾ utāranā ウタールナー, ਲਾਹੁਣਾ lâuṇā ラーウナー
ぬぐう〖拭う〗ਪੂੰਝਣਾ pū̃jaṇā プーンジャナー
ぬすむ〖盗む〗ਚੁਰਾਉਣਾ curāuṇā チュラーウナー
ぬの〖布〗ਕੱਪੜਾ kappaṛā カッパラー, ਲੀੜਾ līṛā リーラー
ぬま〖沼〗ਖੁੱਭਣ kʰûbbaṇa クッバン
ぬらす〖濡らす〗ਭਿਓਣਾ piǒṇā ピオーナー
ぬる〖塗る〗（色を）ਰੰਗਣਾ raṅgaṇā ランガナー （漆喰などを）ਲਿੱਪਣਾ lippaṇā リッパナー （薬などを）ਲਗਾਉਣਾ lagāuṇā ラガーウナー
ぬるい ਕੋਸਾ kosā コーサー
ぬれる〖濡れる〗ਭਿੱਜਣਾ pǐjjaṇā ピッジャナー, ਸਿੱਜਣਾ sijjaṇā スィッジャナー
ね〖根〗ਜੜ੍ਹ jâṛa ジャル, ਮੂਲ mūla ムール, ਮੁੱਢ mûḍḍa ムッド
ねうち〖値打ち〗ਕੀਮਤ kīmata キーマト, ਮੁੱਲ mulla ムッル
ねがい〖願い〗ਚਾਹ câ チャー, ਇੱਛਾ iccʰā イッチャー, ਆਰਜ਼ੂ ārazū アールズー
ねがう〖願う〗ਚਾਹੁਣਾ câuṇā チャーウナー, ਤਾਂਘਣਾ tā̂gaṇā ターンガナー
ねかす〖寝かす〗（横にする）ਲਿਟਾਉਣਾ liṭāuṇā リターウナー （寝かしつける）ਸੁਆਉਣਾ suāuṇā スアーウナー, ਸੁਲਾਉਣਾ sulāuṇā スラーウナー
ネクタイ ਨਕਟਾਈ nakaṭāī ナクターイー, ਟਾਈ ṭāī ターイー
ねこ〖猫〗ਬਿੱਲੀ billī ビッリー
ねごとをいう〖寝言を言う〗ਬਰੜਾਉਣਾ baraṛāuṇā バララーウナー
ねじくぎ〖ねじ釘〗ਪੇਚ peca ペーチ
ねじる〖捻じる〗ਮਰੋੜਨਾ maroṛanā マロールナー, ਮੋੜਨਾ moṛanā モールナー, ਵੱਟਣਾ waṭṭaṇā ワッタナー
ねずみ〖鼠〗ਚੂਹਾ cûā チューアー, ਮੂਸਾ mūsā ムーサー
ねたむ〖妬む・嫉む〗ਈਰਖਾ ਕਰਨੀ īrakʰā karanī イールカー カルニー, ਜਲਨਾ jalanā ジャルナー
ねだん〖値段〗ਦਾਮ dāma ダーム, ਕੀਮਤ kīmata キーマト
ねつ〖熱〗ਗਰਮੀ garamī ガルミー, ਤਪ tapa タプ, ਤਾਉ tāu ターウ （症状）ਬੁਖ਼ਾਰ buxāra ブカール
ねつい〖熱意〗ਉਤਸ਼ਾਹ utaśâ ウトシャー, ਜੋਸ਼ jośa ジョーシュ
ねっきょうてきな〖熱狂的な〗ਜਨੂਨੀ janūnī ジャヌーニー
ネックレス ਕੰਠਮਾਲਾ kanṭʰamālā カントマーラー, ਹਾਰ hāra ハール, ਨੈਕਲਸ naikalasa ナェークラス
ねっしんな〖熱心な〗ਉਤਸੁਕ utasuka ウトスク, ਚੇਟਕੀ ceṭakī チェートキー
ねっする〖熱する〗ਗਰਮਾਉਣਾ garamāuṇā ガルマーウナー, ਤਾਪਣਾ tāpaṇā ターパナー, ਸੇਕਣਾ sekaṇā セーカナー

ねっちゅうする〘熱中する〙ਜਜ਼ਬ ਹੋਣਾ jazaba hoṇā ジャザブ ホーナー
ねつびょう〘熱病〙ਤਪਾਲੀ tapālī タパーリー
ねっぷう〘熱風〙ਲੂ lū ルー
ねつれつな〘熱烈な〙ਸਰਗਰਮ saragarama サルガルム, ਉਤਸੁਕ utasuka ウトスク
ネパール ਨੇਪਾਲ nepāla ネーパール
ねばねばの ਲਸਲਸਾ lasalasā ラスラサー, ਲੇਸਦਾਰ lesadāra レースダール, ਲੇਸਲਾ lesalā レースラー
ねばり〘粘り〙ਚੇਪ cepa チェープ, ਚਿਪ-ਚਿਪ cipa-cipa チプ・チプ
ねばりづよい〘粘り強い〙ਕੱਟੜ kaṭṭaṛa カッタル
ねびき〘値引き〙ਕਟੌਤੀ kaṭautī カタォーティー, ਰਿਆਇਤ riāita リアーイト, ਡਿਸਕਾਊਂਟ ḍisakāū̃ṭa ディスカーウーント ♦値引きする ਕਟੌਤੀ ਕਰਨੀ kaṭautī karanī カタォーティー カルニー
ねまわし〘根回し〙ਪੇਸ਼ਬੰਦੀ peśabandī ペーシュバンディー, ਬੰਦਸ਼ bandaśa バンダシュ
ねむい〘眠い〙ਨਿੰਦਰਾਲਾ nindarālā ニンドラーラー, ਸੋਤੜ sotaṛa ソータル
ねむけ〘眠気〙ਨੀਂਦ nī̃da ニーンド
ねむる〘眠る〙ਸੌਣਾ sāũṇā サォーンナー
ねらい〘狙い〙ਨਿਸ਼ਾਨਾ niśānā ニシャーナー, ਸ਼ਿਸਤ śisata シスト, ਨੀਅਤ nīata ニーアト
ねらう〘狙う〙ਸੇਧਣਾ sêdaṇā セーダナー, ਤੱਕਣਾ takkaṇā タッカナー
ねる〘寝る〙(横になる) ਲੇਟਣਾ leṭaṇā レータナー (眠る) ਸੌਣਾ sāũṇā サォーンナー
ねる〘練る〙(こねる) ਗੁੰਨ੍ਹਣਾ gûnnaṇā グンヌナー, ਗੋਣਾ goṇā ゴーナー (構想などを) ਚਿਤਾਰਨਾ citāranā チタールナー, ਚਿਤਵਣਾ citawaṇā チタウナー
ねん〘年〙ਸਾਲ sāla サール, ਵਰ੍ਹਾ wârā ワラー
ねんいりな〘念入りな〙ਮਜੀਦ majīda マジード
ねんがっぴ〘年月日〙ਤਿਥੀ titʰī ティティー, ਥਿਤ tʰita ティト
ねんかん〘年鑑〙ਸਾਲਨਾਮਾ sālanāmā サールナーマー, ਵਰ੍ਹਾ-ਕੋਸ਼ wârā-kośa ワラー・コーシュ
ねんかんの〘年間の〙ਸਾਲਾਨਾ sālānā サーラーナー, ਵਾਰਸ਼ਿਕ wāraśika ワールシク
ねんきん〘年金〙ਪੈਨਸ਼ਨ painaśana パェーンシャン, ਵਾਰਸ਼ਿਕੀ wāraśikī ワールシキー, ਵਜ਼ੀਫ਼ਾ wazīfā ワズィーファー
ねんざ〘捻挫〙ਮੋਚ moca モーチ, ਮਚਕੋੜ macakoṛa マチコール, ਵਲ wala ワル
ねんしょう〘燃焼〙ਜਲਨ jalana ジャルン, ਸੜਨ saṛana サラン, ਸੋਜ਼ਸ਼ sozaśa ソーザシュ
ねんちょうの〘年長の〙ਵਡੇਰਾ waḍerā ワデーラー
ねんど〘粘土〙ਗਾਚਨੀ gācanī ガーチニー
ねんぱいの〘年配の〙ਵਡ-ਉਮਰਾ waḍa-umarā ワド・ウムラー
ねんりょう〘燃料〙ਬਾਲਣ bālaṇa バーラン
ねんれい〘年齢〙ਉਮਰ umara ウマル, ਆਯੂ āyū アーユー
のう〘脳〙ਦਿਮਾਗ dimāğa ディマーグ, ਮਗਜ਼ mağaza マガズ
のうえん〘農園〙ਖੇਤ kʰeta ケート, ਫ਼ਾਰਮ fārama ファールム
のうがく〘農学〙ਕਰਿਸ਼ੀ ਵਿਗਿਆਨ kariśī vigiāna カリシー ヴィギアーン, ਖੇਤੀ ਵਿਗਿਆਨ kʰetī vigiāna ケーティー ヴィギアーン
のうぎょう〘農業〙ਖੇਤੀ kʰetī ケーティー, ਖੇਤੀਬਾੜੀ kʰetībāṛī ケーティーバーリー, ਕਰਿਸ਼ੀ kariśī カリシー
のうさんぶつ〘農産物〙ਫ਼ਸਲ fasala ファサル, ਪੈਦਾਵਾਰ paidāwāra パェーダーワール, ਰਹਣ rahaṛa ラハル
のうじょう〘農場〙ਖੇਤ kʰeta ケート, ਫ਼ਾਰਮ fārama ファールム
のうたん〘濃淡〙ਸ਼ੇਡ śeḍa シェード
のうち〘農地〙ਖੇਤ kʰeta ケート, ਪੈਲੀ pailī パェーリー
のうど〘濃度〙ਗਹਿਰਾਈ gaîrāī ガェーラーイー
のうにゅうする〘納入する〙ਭਰਨਾ pǎranā パルナー
のうひんする〘納品する〙ਸਮਾਨ ਪਹੁੰਚਾਉਣਾ samāna pāû̃cāuṇā サマーン パォーンチャーウナー
のうみん〘農民〙ਕਿਸਾਨ kisāna キサーン, ਕਰਿਸ਼ਕ kariśaka カリシャク, ਮੁਜ਼ਾਰਾ muzārā ムザーラー
のうりょく〘能力〙ਸਮਰੱਥਾ samaratthā サムラッター, ਯੋਗਤਾ yogatā ヨーグター
ノート ਕਾਪੀ kāpī カーピー
のがす〘逃す〙(逃がす) ਨਸਾਉਣਾ nasāuṇā ナサーウナー
のがれる〘逃れる〙(逃げる) ਨੱਸਣਾ nassaṇā ナッサナー, ਭੱਜਣਾ pǎjjaṇā パッジャナー (避ける) ਹਟਣਾ haṭaṇā ハタナー, ਕਤਰਾਉਣਾ katarāuṇā カトラーウナー, ਬਚਣਾ bacaṇā バチャナー
のき〘軒〙ਛੱਜਾ cʰajjā チャッジャー, ਵਾਧਰਾ wâdarā ワーダラー, ਵਧਾਣ wadǎṇa ワダーン
のこぎり〘鋸〙ਆਰਾ ārā アーラー, ਆਰੀ ārī アーリー, ਫਰਨਾਹੀ pʰaranāhī パルナーヒー
のこす〘残す〙(置いてゆく) ਛੱਡਣਾ cʰaḍḍaṇā チャッダナー, ਮੋਚਣਾ mocaṇā モーチャナー (余す) ਬਚਾਉਣਾ bacāuṇā バチャーウナー
のこり〘残り〙ਬਾਕੀ bākī バーキー, ਬੱਚਤ baccata バッチャト, ਸ਼ੇਸ਼ śeśa シェーシュ
のこる〘残る〙ਬਚਣਾ bacaṇā バチャナー, ਰਹਿਣਾ raîṇā ラェーナー
のせる〘乗せる〙ਚੜ੍ਹਾਉਣਾ caṛǎuṇā チャラーウナー, ਚਾੜ੍ਹਨਾ cârạnā チャールナー
のせる〘載せる〙(置く) ਰੱਖਣਾ rakkʰaṇā ラッカナー (積む) ਲੱਦਣਾ laddaṇā ラッダナー (記載する) ਦਰਜ ਕਰਨਾ daraja karanā ダルジ カルナー
のぞく〘除く〙(除去する) ਹਟਾਉਣਾ haṭāuṇā ハターウナー (除外する) ਛੱਡਣਾ cʰaḍḍaṇā チャッダナー
のぞく〘覗く〙ਝਾਕਣਾ cǎkaṇā チャーカナー
のぞみ〘望み〙(願望) ਚਾਹ câ チャー, ਇੱਛਾ iccʰā イッチャー, ਆਰਜ਼ੂ ārazū アールズー (期待) ਆਸ āsa アース, ਉਮੀਦ umīda ウミード (見込み) ਸੰਭਾਵਨਾ sambǎvanā サンバーヴナー
のぞむ〘望む〙(願う) ਚਾਹੁਣਾ câuṇā チャーウナー,

ਤਾਂਘਣਾ tā̃gaṇā ターンガナー （期待する） ਆਸ ਕਰਨੀ āsa karanī アース カルニー, ਉਮੀਦ ਕਰਨੀ umīda karanī ウミード カルニー

のちに〖後に〗ਬਾਅਦ ਵਿੱਚ bāada wicca バーアド ウィッチ, ਮਗਰੋਂ magarõ マグローン, ਉਪਰੰਤ uparanta ウプラント

ノックする （叩く） ਠਕਠਕਾਉਣਾ ṭʰakaṭʰakāuṇā タクタカーウナー, ਖੜਕਾਉਣਾ kʰaṛakāuṇā カルカーウナー, ਖਟਖਟਾਉਣਾ kʰaṭakʰaṭāuṇā カトカターウナー

のど〖喉〗ਗਲ gala ガル, ਸੰਘ sâṅga サング, ਕੰਠ kaṇṭʰa カント

ののしる〖罵る〗ਨੌਲਨਾ naulanā ナォールナー, ਕੋਸਣਾ kosaṇā コーサナー, ਫਿਟਕਾਰਨਾ pʰiṭakāranā ピトカールナー

のばす〖伸ばす〗（引っ張る） ਤਾਣਨਾ tāṇanā ターンナー （まっすぐにする） ਨਿਸਾਲਨਾ nisālanā ニサールナー （成長させる） ਵਧਾਉਣਾ wadā̆uṇā ワダーウナー

のばす〖延ばす〗（延期する） ਟਾਲਨਾ ṭālanā タールナー （延長する） ਲੰਮਾ ਕਰਨਾ lammā karanā ランマー カルナー

のびる〖伸びる〗（引っ張られる） ਤਣਨਾ taṇanā タンナー （成長する） ਵਧਣਾ wâdaṇā ワドナー

のびる〖延びる〗（延期される） ਟਲਨਾ ṭalanā タルナー （延長される） ਲੰਮਾ ਹੋਣਾ lammā hoṇā ランマー ホーナー

のべる〖述べる〗ਆਖਣਾ ākʰaṇā アークナー, ਦੱਸਣਾ dassaṇā ダッサナー, ਕਹਿਣਾ kaîṇā カェーナー

のぼり〖上り〗ਚੜ੍ਹਾਅ caṛā̆a チャラーア

のぼる〖昇る・登る〗ਚੜ੍ਹਨਾ câṛanā チャルナー

のみ〖蚤〗ਪਿੱਸੂ pissū ピッスー

のみこむ〖飲み込む〗ਨਿਗਲਣਾ nigalaṇā ニガルナー, ਹੜੱਪਣਾ haṛappaṇā ハラッパナー

のみほす〖飲み干す〗ਸੋਖਣਾ sokʰaṇā ソーカナー

のみもの〖飲み物〗ਪਾਨ pāna パーン

のむ〖飲む〗ਪੀਣਾ pīṇā ピーナー, ਲੈਣਾ laiṇā ラェーナー

のり〖糊〗ਗੂੰਦ gū̃da グーンド, ਕਲਫ kalapʰa カルプ, ਲੇਵੀ lewī レーウィー

のりおくれる〖乗り遅れる〗（乗物が出発してしまう） ਗੱਡੀ ਨਿਕਲ ਜਾਣੀ gaḍḍī nikala jāṇī ガッディー ニカル ジャーニー （取り残される） ਪਛੜਨਾ pacʰaṛanā パチャルナー

のりかえ〖乗り換え〗ਚੇਂਜ cẽja チェーンジ

のりくみいん〖乗組員〗ਅਮਲਾ amalā アムラー

のりもの〖乗物〗ਸਵਾਰੀ sawārī サワーリー, ਵਾਹਨ wâna ワーン

のる〖乗る〗ਸਵਾਰੀ ਕਰਨੀ sawārī karanī サワーリー カルニー, ਚੜ੍ਹਨਾ câṛanā チャルナー, ਲੈਣਾ laiṇā ラェーナー

ノルウェー ਨਾਰਵੇ nārawe ナールウェー

のろまな ਲੋਲ੍ਹਾ lôlā ローラー, ਮੰਦ manda マンド, ਫਾਡੀ pʰāḍī パーディー

のんきな〖暢気な〗ਨਿਸ਼ਚਿੰਤ niśacinta ニシュチント, ਬੇਪਰਵਾਹ beparawâ ベーパルワー, ਸੁਖਰਹਿਣਾ sukʰaraîṇā スクラェーナー

のんびりと ਅਰਾਮ ਨਾਲ arāma nāla アラーム ナール

は行

は〖歯〗ਦੰਦ danda ダンド

は〖刃〗ਚੱਸ cassa チャッス, ਧਾਰ tằra タール, ਬਲੇਡ baleḍa バレード

は〖葉〗ਪੱਤਰ pattara パッタル, ਪੱਤਰਾ pattarā パッタラー, ਪਾਤੀ pātī パーティー

バー （酒場） ਬਾਰ bāra バール

ばあい〖場合〗ਅਵਸਰ awasara アウサル, ਮੌਕਾ maukā マォーカー, ਕੇਸ kesa ケース

はあくする〖把握する〗ਗਰਹਿਣ ਕਰਨਾ garaîṇa karanā ガラェーン カルナー, ਫੜਨਾ pʰaṛanā パルナー, ਪਕੜਨਾ pakaṛanā パカルナー

パートナー ਪਾਰਟਨਰ pāraṭanara パールトナル, ਸਾਂਝੀ sā̃jī サーンジー, ਪੱਤੀਦਾਰ pattīdāra パッティーダール

ハーブ ਜੜੀ ਬੂਟੀ jaṛī būṭī ジャリー ブーティー

ハーモニカ ਵਾਜਾ wājā ワージャー

はい〖灰〗ਰਾਖ rākʰa ラーク, ਸੁਆਹ suâ スアー, ਭਸਮ pǎsama パサム

はい〖肺〗ਫੇਫੜਾ pʰepʰaṛā ペープラー

パイ ਪਾਈ pāī パーイー

はいいろの〖灰色の〗ਭੂਸਲਾ pŭsalā プースラー, ਘਸਮੈਲਾ kǎsamailā カスマェーラー

ハイエナ ਲੱਕੜਬੱਗਾ lakkaṛabaggā ラッカルバッガー, ਚਰਖ਼ caraxa チャルク

はいえん〖肺炎〗ਨਮੂਨੀਆ namūnīā ナムーニーアー

バイオリン ਵਾਇਲਿਨ vāilina ヴァーイリン

はいきぶつ〖廃棄物〗ਰੱਦੀ raddī ラッディー, ਕਚਰਾ kacarā カチャラー, ਕੂੜਾ kūṛā クーラー

はいきょ〖廃虚〗ਉਜਾੜ ujāṛa ウジャール

バイク ਮੋਟਰ-ਸਾਈਕਲ moṭara-sāīkala モータル・サーイーカル

はいぐうしゃ〖配偶者〗（男性） ਪਤੀ patī パティー, ਜੀਵਨ ਸਾਥੀ jīwana sātʰī ジーワン サーティー （女性） ਪਤਨੀ patanī パトニー, ਜੀਵਨ ਸਾਥਣ jīwana sātʰaṇa ジーワン サータン

はいけい〖背景〗ਪਿੱਠ-ਭੂਮੀ piṭṭʰa-pŭmī ピット・プーミー, ਪਿਛੋਕੜ picʰokaṛa ピチョーカル

はいけっかく〖肺結核〗ਖਈ kʰaī カイー, ਤਪਦਿੱਕ tapadikka タプディック, ਟੀ ਬੀ ṭī bī ティー ビー

はいご〖背後〗ਪਿੱਛਾ piccʰā ピッチャー, ਕੰਡ kaṇḍa カンド

はいざら〖灰皿〗ਰਾਖਦਾਨੀ rākʰadānī ラークダーニー, ਰਾਖਦਾਨ rākʰadāna ラークダーン, ਐਸ਼-ਤਰੇ aiśa-tare アェーシュ・タレー

はいしする〖廃止する〗ਰੱਦਣਾ raddaṇā ラッダナー

はいしゃ〖歯医者〗ਦੰਦਸਾਜ਼ dandasāza ダンドサーズ

ばいしゅん〖売春〗ਵੇਸਵਾਵ੍ਰਿਤੀ wesawāvritī ウェースワーヴリティー, ਵੇਸਵਾਪਣ wesawāpaṇa ウェースワーパン, ਕੰਜਰਪੁਣਾ kañjarapuṇā カンジャルプナー

ばいしょう〘賠償〙ਇਵਜ਼ਾਨਾ iwạzānā イウザーナー ◆賠償する ਇਵਜ਼ਾਨਾ ਦੇਣਾ iwạzānā deṇā イウザーナーデーナー

はいせきする〘排斥する〙ਛੇਕਣਾ cʰekaṇā チェーカナー

はいせつ〘排泄〙ਝਾੜਾ cǎṛā チャーラー, ਨਿਕਾਸ nikāsạ ニカース

はいせん〘敗戦〙ਹਾਰ hārạ ハール, ਸ਼ਿਕਸਤ śikasatạ シカスト

はいた〘歯痛〙ਦੰਦ ਪੀੜ dandạ pīṛạ ダンド ピール

ばいたい〘媒体〙ਜ਼ਰੀਆ zarīā ザリーアー, ਮਾਧਿਅਮ mâdiamạ マーディアム, ਸਾਧਨ sâdanạ サーダン

はいたつする〘配達する〙ਅਪੜਾਉਣਾ apạṛāuṇā アプラーウナー, ਪਹੁੰਚਾਉਣਾ pâûcāuṇā パォーンチャーウナー

はいち〘配置〙ਬੰਦੀ bandī バンディー, ਬੰਦੋਬਸਤ bandobasatạ バンドーバスト ◆配置する ਟਿਕਾਉਣਾ ṭikāuṇā ティカーウナー

ばいてん〘売店〙ਸਟਾਲ saṭālạ サタール, ਸਟੈਂਡ saṭãĩḍạ サタェーンド

はいとう〘配当〙ਲਾਭ-ਅੰਸ਼ lâbạ-anśạ ラーブ・アンシュ

パイナップル ਅਨਾਨਾਸ anānāsạ アナーナース

ばいばい〘売買〙ਸੁਦਾਗਰੀ sudāgarī スダーグリー, ਤਿਜਾਰਤ tijāratạ ティジャーラト, ਵਣਜ waṇajạ ワナジ ◆売買する ਸੌਦਾ ਕਰਨਾ saudā karạnā サォーダー カルナー, ਵਣਜਣਾ waṇạjaṇā ワンジャナー

はいふ〘配布〙ਵਿਤਰਨ vitaranạ ヴィタラン ◆配布する ਵਰਤਾਉਣਾ warạtāuṇā ワルターウナー

パイプ（管）ਨਲ nalạ ナル（煙草の）ਪਾਈਪ pāīpạ パーイープ

はいぶつ〘廃物〙ਕਬਾੜ kabāṛạ カバール

ハイフン ਹਾਈਫ਼ਨ hāīfanạ ハーイーファン

はいぼく〘敗北〙ਹਾਰ hārạ ハール, ਸ਼ਿਕਸਤ śikasatạ シカスト

はいやく〘配役〙ਕਿਰਦਾਰ kirạdārạ キルダール, ਪਾਤਰ pātarạ パータル, ਭੂਮਿਕਾ pǔmikā プーミカー

はいゆう〘俳優〙ਅਭਿਨੇਤਾ âbinetā アビネーター, ਅਦਾਕਾਰ adākārạ アダーカール, ਐਕਟਰ aikạṭarạ アェークタル

はいりょ〘配慮〙ਲਿਹਾਜ਼ lihāzạ リハーズ, ਖ਼ਾਤਰ xātarạ カータル, ਰਿਆਇਤ riāitạ リアーイト

はいる〘入る〙（中に行く）ਅੰਦਰ ਜਾਣਾ andarạ jāṇā アンダル ジャーナー（中に来る）ਅੰਦਰ ਆਉਣਾ andarạ āuṇā アンダル アーウナー（加入する）ਮੈਂਬਰ ਬਣਨਾ māĩbarạ baṇạnā マェーンバル バンナー

はいれつ〘配列〙ਤਰਤੀਬ tarạtībạ タルティーブ, ਕਰਮ karamạ カラム, ਸਿਲਸਿਲਾ silạsilā スィルスィラー

パイロット ਪਾਈਲਾਟ pāīlāṭạ パーイーラート, ਹਵਾਬਾਜ਼ hawābāzạ ハワーバーズ, ਵਿਮਾਨ ਚਾਲਕ vimānạ cālakạ ヴィマーン チャーラク

はう〘這う〙ਰੀਂਗਣਾ rĩgaṇā リーンガナー, ਜੁਲਕਣਾ julạkaṇā ジュルカナー, ਸੁਰਸੁਰਾਉਣਾ surạsurāuṇā スルスラーウナー

はえ〘蝿〙ਮੱਖੀ makkʰī マッキー

はえる〘生える〙ਉਪਜਣਾ upạjaṇā ウプジャナー, ਉੱਗਣਾ uggaṇā ウッガナー

はか〘墓〙ਕਬਰ kabarạ カバル

ばか〘馬鹿〙ਮੂਰਖ mūrakʰạ ムーラク, ਪਾਗਲ pāgalạ パーガル, ਇੱਲੜ illaṛạ イッラル ◆馬鹿な ਮੂਰਖ mūrakʰạ ムーラク, ਅਹਿਮਕ aîmakạ アェーマク, ਬੁੱਧੂ bûddū ブッドゥー ◆馬鹿げた ਮੁਹਮਲ mômalạ モーマル, ਊਟ-ਪਟਾਂਗ ūṭạ-paṭā̃gạ ウート・パターング, ਅਰਲਿਆ-ਬਰਲਿਆ arạliā-barạliā アルリアー・バルリアー

はかいする〘破壊する〙ਬਰਬਾਦ ਕਰਨਾ barạbādạ karạnā バルバード カルナー, ਨਾਸ਼ ਕਰਨਾ nāśạ karạnā ナーシュ カルナー, ਉਜਾੜਨਾ ujāṛạnā ウジャールナー

はがき〘葉書〙ਪੋਸਟ ਕਾਰਡ posạṭạ kārạḍạ ポースト カールド

はがす〘剥がす〙ਉਚੇੜਨਾ uceṛạnā ウチェールナー

はかせ〘博士〙ਡਾਕਟਰ ḍākạṭarạ ダークタル

はかない ਜਾਣਹਾਰ jāṇạhārạ ジャーンハール, ਫ਼ਾਨੀ fānī ファーニー, ਨਾਸ਼ਵਾਨ nāśạwānạ ナーシュワーン

はかり〘秤〙ਤੁਲਾ tulā トゥラー, ਤਰਾਜ਼ੂ tarāzū タラーズー

はかる〘計る〙ਨਾਪਣਾ nāpaṇā ナーパナー, ਮਾਪਣਾ māpaṇā マーパナー, ਪੈਮਾਇਸ਼ ਕਰਨੀ paimāiśạ karạnī パェーマーイシュ カルニー

はきけ〘吐き気〙ਕਚਿਆਣ kaciâṇạ カチアーン, ਮਤਲੀ matạlī マトリー, ਉਬਕਾਈ ubạkāī ウブカーイー

パキスタン ਪਾਕਿਸਤਾਨ pākisạtānạ パーキスターン

はきする〘破棄する〙ਰੱਦਣਾ raddaṇā ラッダナー, ਤੋੜਨਾ toṛạnā トールナー

はく〘吐く〙ਉਬਾਕਣਾ ubākaṇā ウバーカナー, ਡਾਕਣਾ ḍākaṇā ダークナー, ਉਗਲੱਛਣਾ ugạlaccʰaṇā ウグラッチャナー

はく〘掃く〙ਬੁਹਾਰਨਾ buǎrạnā ブアールナー, ਹੂੰਝਣਾ hū̃jaṇā フーンジャナー, ਸੰਬਰਨਾ sambarạnā サンバルナー

はく〘履く〙ਪਾਉਣਾ pāuṇā パーウナー

はぐ〘剥ぐ〙ਉਚੇੜਨਾ uceṛạnā ウチェールナー

はくがい〘迫害〙ਅੱਤਿਆਚਾਰ attiācārạ アッティアーチャール ◆迫害する ਅੱਤਿਆਚਾਰ ਕਰਨਾ attiācārạ karạnā アッティアーチャール カルナー

はぐき〘歯茎〙ਬੁੱਟ buṭṭạ ブット, ਮਸੂੜਾ masūṛā マスーラー, ਫੱਡ pʰaddạ パッド

ばくげき〘爆撃〙ਬੰਬਾਰੀ bambārī バンバーリー ◆爆撃機 ਬੰਬਰ bambarạ バンバル ◆爆撃する ਬੰਬਾਰੀ ਕਰਨੀ bambārī karạnī バンバーリー カルニー

はくし〘白紙〙ਕੋਰਾਪਣ korāpaṇạ コーラーパン

はくしごう〘博士号〙ਡਾਕਟਰੀ ḍākạṭarī ダークタリー

はくしゅ〘拍手〙ਤਾੜੀ tāṛī ターリー ◆拍手する ਤਾੜੀ ਮਾਰਨੀ tāṛī mārạnī ターリー マールニー, ਤਾੜੀ ਵਜਾਉਣੀ tāṛī wajāuṇī ターリー ワジャーウニー

はくじょうする〘白状する〙ਕਬੂਲਣਾ kabūlaṇā カブーラナー

ばくだいな〘莫大な〙ਵਿਰਾਟ virāṭạ ヴィラート

ばくだん〘爆弾〙ਬੰਬ bambạ バンブ

バクテリア ਬੈਕਟੇਰੀਆ baikạṭerīā バェークテーリーアー

ばくはする〘爆破する〙ਉਡਾਉਣਾ uḍāuṇā ウダーウナー
ばくはつ〘爆発〙ਵਿਸਫੋਟ visap^{h}oṭḁ ヴィスポート, ਭੜਾਕਾ paṛăkā パラーカー, ਧਮਾਕਾ tamăkā タマーカー ♦爆発する ਵਿਸਫੋਟ ਹੋਣਾ visap^{h}oṭḁ hoṇā ヴィスポート ホーナー
はくぶつかん〘博物館〙ਅਜਾਇਬ ਘਰ ajāibḁ kărḁ アジャーイブ カル, ਮਿਊਜ਼ੀਅਮ miūzīamḁ ミウーズィーアム
はくらんかい〘博覧会〙ਨੁਮਾਇਸ਼ numāiśḁ ヌマーイシュ
はけ〘刷毛〙ਬੁਰਸ਼ burḁśḁ ブルシュ
はげしい〘激しい〙ਤੇਜ਼ tezḁ テーズ, ਸਖ਼ਤ saxatḁ サカト, ਤੀਬਰ tībarḁ ティーバル
バケツ ਬਾਲਟੀ bālḁṭī バールティー
はげます〘励ます〙ਪਰੇਰਨਾ parerḁnā パレールナー, ਹੱਲਾਸ਼ੇਰੀ ਦੇਣੀ hallāśerī deṇī ハッラーシェーリー デーニー
はげる〘禿げる〙ਗੰਜਾ ਹੋਣਾ gañjā hoṇā ガンジャー ホーナー
はげる〘剥げる〙（表面の物が）ਉਚਟਣਾ ucaṭḁṇā ウチャトナー
はけんする〘派遣する〙ਭੇਜਣਾ pějaṇā ページャナー
はこ〘箱〙ਡੱਬਾ ḍabbā ダッバー, ਸੰਦੂਕ sandūkḁ サンドゥーク, ਬਕਸਾ bakḁsā バクサー
はこぶ〘運ぶ〙ਢੋਣਾ ṭŏṇā トーナー, ਲੈ ਜਾਣਾ lai jāṇā ラェー ジャーナー, ਪਹੁੰਚਾਉਣਾ pāûcāuṇā パォーンチャーウナー
はさみ〘鋏〙ਕੈਂਚੀ kāĩcī カェーンチー, ਕਤਰਨੀ katarḁnī カタルニー, ਕਾਤੀ kātī カーティー
はさむ〘挟む〙ਮੋਚਣਾ mocaṇā モーチャナー
はさん〘破産〙ਦਿਵਾਲਾ diwālā ディワーラー ♦破産する ਦਿਵਾਲਾ ਨਿਕਲਣਾ diwālā nikalḁṇā ディワーラー ニカルナー
はし〘橋〙ਪੁਲ pulḁ プル, ਬ੍ਰਿੱਜ brijjḁ ブリッジ
はし〘端〙ਕਿਨਾਰਾ kinārā キナーラー, ਹਾਸ਼ੀਆ hāśīā ハーシーアー（先端）ਅਣੀ aṇī アニー, ਨੁੱਕਰ nukkarḁ ヌッカル（末端）ਅਖ਼ੀਰ axīrḁ アキール, ਹੱਦ-ਬੰਨਾ haddḁ-bannā ハッド・バンナー
はし〘箸〙ਚੀਨੀ ਕਾਂਟਾ cīnī kā̃ṭā チーニー カーンター
はじ〘恥〙ਸ਼ਰਮ śarḁmḁ シャルム, ਲੱਜਿਆ lajjiā ラッジアー, ਨਮੋਸ਼ੀ namośī ナモーシー
はしか ਮੋਤੀਝਾਰਾ motīcărā モーティーチャーラー
はしご〘梯子〙ਪੌੜੀ pauṛī パォーリー, ਜ਼ੀਨਾ zīnā ズィーナー
はじまる〘始まる〙ਸ਼ੁਰੂ ਹੋਣਾ śurū hoṇā シュルー ホーナー
はじめ〘初め〙ਇਬਤਦਾ ibḁtadā イブタダー
はじめて〘初めて〙ਪਹਿਲੀ ਵਾਰ paîlī wārḁ パェーリー ワール
はじめての〘初めての〙ਪਹਿਲਾ paîlā パェーラー
はじめる〘始める〙ਸ਼ੁਰੂ ਕਰਨਾ śurū karḁnā シュルー カルナー, ਅਰੰਭਣਾ arâmbaṇā アランバナー
ばしょ〘場所〙ਜਗ੍ਹਾ jâgā ジャガー, ਥਾਂ t^{h}ā̃ ターン, ਅਸਥਾਨ asḁt^{h}ānḁ アスターン
はしょうふう〘破傷風〙ਟੰਦਣ dandaṇḁ ダンダン, ਟੈਟਨਸ ṭaiṭanasḁ タェートナス
はしら〘柱〙ਥੰਮ੍ਹ t^{h}âmmḁ タンム, ਖੰਭਾ k^{h}âmbā カンバー, ਲਾਠ lāṭ^{h}ḁ ラート
はじらう〘恥じらう〙ਸ਼ਰਮਾਉਣਾ śarḁmāuṇā シャルマーウナー, ਲਜਿਆਉਣਾ lajiāuṇā ラジアーウナー
はしる〘走る〙ਭੱਜਣਾ păjjaṇā パッジャナー, ਦੌੜਨਾ daurḁnā ダォールナー, ਨੱਠਣਾ naṭṭ^{h}aṇā ナッタナー
バジル ਨਿਆਜ਼ਬੋ niāzḁbo ニアーズボー
はす〘蓮〙ਕਮਲ kamalḁ カマル, ਪਦਮ padamḁ パダム, ਪੰਕਜ paṅkajḁ パンカジ
バス ਬੱਸ bassḁ バッス, ਕੋਚ kocḁ コーチ ♦バス停 ਬੱਸ ਸਟਾਪ bassḁ saṭāpḁ バッス サタープ
はずかしがる〘恥ずかしがる〙ਲਜਿਆਉਣਾ lajiāuṇā ラジアーウナー, ਸ਼ਰਮਾਉਣਾ śarḁmāuṇā シャルマーウナー
バスケットボール ਬਾਸਕਟਬਾਲ bāsḁkaṭḁbālḁ バースカトバール
はずす〘外す〙ਹਟਾਉਣਾ haṭāuṇā ハターウナー
パスポート ਪਾਸਪੋਰਟ pāsḁporaṭḁ パースポールト
はずむ〘弾む〙ਭੁੜਕਣਾ pŭṛakaṇā プルカナー, ਉਚਕਣਾ ucakaṇā ウチャクナー
パズル ਬੁਝਾਰਤ bujăratḁ ブジャーラト
はずれる〘外れる〙（取れる）ਹਟਣਾ haṭaṇā ハタナー
はせい〘派生〙ਉਤਪਤੀ utḁpatī ウトパティー ♦派生する ਉਤਪਤ ਹੋਣਾ utḁpatḁ hoṇā ウトパト ホーナー
はそんする〘破損する〙ਫਟਣਾ p^{h}aṭaṇā パタナー
はた〘旗〙ਝੰਡਾ căṇḍā チャンダー
はだ〘肌〙ਚੰਮ cammḁ チャンム, ਚਮੜੀ camḁṛī チャムリー
バター ਮੱਖਣ makk^{h}aṇḁ マッカン
はだか〘裸〙ਨੰਗ naṅgḁ ナング, ਨਗਨਤਾ naganḁtā ナガンター, ਬੇਪਰਦਗੀ beparḁdagī ベーパルドギー ♦裸の ਨੰਗਾ naṅgā ナンガー, ਅਣਕਜਿਆ aṇakajiā アンカジアー, ਬੇਪਰਦ beparḁdḁ ベーパルド
はたけ〘畑〙ਖੇਤ k^{h}etḁ ケート
はだしで〘裸足で〙ਨੰਗੇ ਪੈਰੀਂ naṅge pairī̃ ナンゲー パェーリーン
はたす〘果たす〙（実行する）ਨਿਭਾਉਣਾ nibăuṇā ニバーウナー, ਭੁਗਤਾਉਣਾ pugatăuṇā プグターウナー（達成する）ਸਾਧਣਾ sâdaṇā サードナー
はためく ਫੜਫੜਾਉਣਾ p^{h}aṛap^{h}aṛāuṇā パルパラーウナー, ਲਹਿਰਾਉਣਾ laîrāuṇā ラェーラーウナー
はたらき〘働き〙ਕਿਰਿਆ kiriā キリアー, ਜ਼ਰੀਆ zarīā ザリーアー（活動）ਕਿਰਤ kiratḁ キルト, ਚੇਸ਼ਟਾ ceśaṭā チェーシュター（機能）ਕੰਮ kammḁ カンム, ਕਾਰਜ kārajḁ カーラジ（功績）ਕਾਰਗੁਜ਼ਾਰੀ kārḁguzārī カールグザーリー, ਕਾਰਨਾਮਾ kārḁnāmā カールナーマー
はたらく〘働く〙ਕੰਮ ਕਰਨਾ kammḁ karḁnā カンム カルナー（作用する）ਅਸਰ ਕਰਨਾ asarḁ karḁnā アサル カルナー
はち〘八〙ਅੱਠ aṭṭ^{h}ḁ アット
はち〘鉢〙ਕਟੋਰਾ kaṭorā カトーラー, ਪਿਆਲਾ piālā ピアーラー, ਛੰਨਾ c^{h}annā チャンナー

はち〖蜂〗（蜜蜂）ਸ਼ਹਿਦ ਦੀ ਮੱਖੀ śaîda dī makkʰī シャエード ディー マッキー, ਮਧੂ ਮੱਖੀ madŭ makkʰī マドゥー マッキー ◆蜂の巣 ਮਖਿਆਲ makʰiāla マキアール, ਛੱਤਾ cʰattā チャッター ◆蜂蜜 ਸ਼ਹਿਦ śaîda シャエード, ਮਧੂ madŭ マドゥー
はちがつ〖八月〗ਅਗਸਤ agasata アガスト
はちじゅう〖八十〗ਅੱਸੀ assī アッスィー
はちゅうるい〖爬虫類〗ਭੁਜੰਗ pŭjaṅga プジャング
ばつ〖罰〗ਸਜ਼ਾ sazā サザー, ਡੰਡ ḍaṇḍa ダンド
はついく〖発育〗ਵਿਕਾਸ vikāsa ヴィカース
はつおん〖発音〗ਉਚਾਰਨ ucārana ウチャーラン, ਤਲੱਫ਼ਜ਼ talaffaza タラッファズ
はつが〖発芽〗ਅੰਕੁਰਣ aṅkuraṇa アンクラン
はっきり ਸਾਫ਼ ਸਾਫ਼ sāfa sāfa サーフ サーフ ◆はっきりする ਸਾਫ਼ ਹੋਣਾ sāfa hoṇā サーフ ホーナー, ਨਿੱਖਰਨਾ nikkʰaranā ニッカルナー
ばっきん〖罰金〗ਜੁਰਮਾਨਾ juramānā ジュルマーナー, ਚੱਟੀ caṭṭī チャッティー, ਫ਼ਾਈਨ fāīna ファーイーン
バッグ ਥੈਲਾ tʰailā タェーラー, ਬਦਰਾ badarā バドラー, ਬੈਗ baiga バェーグ
パック（品物を包んだ）ਪੈਕ paika パェーク
はっくつ〖発掘〗ਖੁਦਾਈ kʰudāī クダーイー, ਪੁਟਵਾਈ puṭawāī プトワーイー ◆発掘する ਖੁਦਾਈ ਕਰਨੀ kʰudāī karanī クダーイー カルニー
ばつぐんの〖抜群の〗ਉੱਘਾ ûggā ウッガー, ਅਨੂਠਾ anūṭʰā アヌーター
はっけん〖発見〗ਲਭਤ lâbata ラバト, ਕਾਢ kâḍa カード, ਖੋਜ kʰoja コージ ◆発見する ਲੱਭਣਾ lâbbaṇā ラッバナー, ਕੱਢਣਾ kâḍḍaṇā カッダナー, ਖੋਜ ਕਰਨੀ kʰoja karanī コージ カルニー
はっこうする〖発行する〗ਪਰਕਾਸ਼ਣਾ parakāśaṇā パルカーシュナー, ਪਬਲਿਸ਼ ਕਰਨਾ pabaliśa karanā パブリシュ カルナー
バッジ ਬੈਜ baija バェージ, ਪਦਕ padaka パダク
はっしゃ〖発射〗（弾丸の）ਫ਼ਾਇਰ fāira ファーイル（ロケットなどの）ਲਾਂਚ lā̃ca ラーンチ ◆発射する〔弾丸を〕ਫ਼ਾਇਰ ਕਰਨਾ fāira karanā ファーイル カルナー, ਛੱਡਣਾ cʰaḍḍaṇā チャッダナー ◆発射する〔ロケットなどを〕ਲਾਂਚ ਕਰਨਾ lā̃ca karanā ラーンチ カルナー
はっしゃ〖発車〗ਰਵਾਨਗੀ rawānagī ラワーンギー
はっしん〖発信〗ਪਾਰੇਸ਼ਣ pāreśaṇa パーレーシャン
ばっすい〖抜粋〗ਟੂਕ ṭūka トゥーク, ਸੰਖੇਪ saṅkʰepa サンケープ, ਸੰਖਿਪਤ ਰੂਪ saṅkʰipata rūpa サンキプト ループ
ばっする〖罰する〗ਸਜ਼ਾ ਦੇਣੀ sazā deṇī サザー デーニー, ਡੰਡ ਦੇਣਾ ḍaṇḍa deṇā ダンド デーナー, ਡੰਨਣਾ ḍannaṇā ダンナナー
はっせい〖発生〗（起こること）ਵਕੂਆ wakūā ワクーアー（誕生）ਉਤਪਤੀ utapatī ウトパティー, ਉਦਭਵ udapǎva ウドパヴ ◆発生する〔起こる〕ਵਾਪਰਨਾ wāparanā ワーパルナー ◆発生する〔生まれる・生じる〕ਪੈਦਾ ਹੋਣਾ paidā hoṇā パェーダー ホーナー
はっそう〖発送〗ਚਲਾਨ calāna チャラーン ◆発送する ਘੱਲਣਾ kǎllaṇā カッラナー, ਭੇਜਣਾ pějaṇā ページャナー
バッタ ਟਿੱਡਾ ṭiḍḍā ティッダー
はったつ〖発達〗ਉੱਨਤੀ unnatī ウンナティー, ਵਿਕਾਸ vikāsa ヴィカース, ਤਰੱਕੀ tarakkī タラッキー ◆発達する ਉੱਨਤੀ ਕਰਨੀ unnatī karanī ウンナティー カルニー, ਵਿਕਾਸ ਕਰਨਾ vikāsa karanā ヴィカース カルナー, ਵਿਕਸਣਾ vikasaṇā ヴィカサナー
はってん〖発展〗ਉੱਨਤੀ unnatī ウンナティー, ਵਿਕਾਸ vikāsa ヴィカース, ਤਰੱਕੀ tarakkī タラッキー ◆発展する ਉੱਨਤੀ ਕਰਨੀ unnatī karanī ウンナティー カルニー, ਵਿਕਾਸ ਕਰਨਾ vikāsa karanā ヴィカース カルナー, ਵਿਕਸਣਾ vikasaṇā ヴィカサナー
はつでんしょ〖発電所〗ਬਿਜਲੀ ਘਰ bijalī kăra ビジリー カル, ਪਾਵਰ ਹਾਊਸ pāwara hāūsa パーワル ハーウース
はっぱ〖発破〗ਭਮਾਕਾ pamăkā パマーカー
はつばい〖発売〗ਰਿਲੀਜ਼ rilīza リリーズ ◆発売する ਰਿਲੀਜ਼ ਕਰਨਾ rilīza karanā リリーズ カルナー
はっぴょう〖発表〗ਐਲਾਨ ailāna アェーラーン, ਘੋਸ਼ਣਾ kŏśaṇā コーシャナー ◆発表する ਐਲਾਨ ਕਰਨਾ ailāna karanā アェーラーン カルナー, ਘੋਸ਼ਣਾ ਕਰਨੀ kŏśaṇā karanī コーシャナー カルニー, ਜਤਾਉਣਾ jatāuṇā ジャタウナー
はつめい〖発明〗ਈਜਾਦ ījāda イージャード, ਆਵਿਸ਼ਕਾਰ āviśakāra アーヴィシュカール, ਕਾਢ kâḍa カード ◆発明する ਈਜਾਦ ਕਰਨੀ ījāda karanī イージャード カルニー, ਆਵਿਸ਼ਕਾਰ ਕਰਨਾ āviśakāra karanā アーヴィシュカール カルナー, ਕਾਢ ਕੱਢਣੀ kâḍa kâḍḍaṇī カード カッダニー
パティアーラー ਪਟਿਆਲਾ paṭiālā パティアーラー
はてしない〖果てしない〗ਅਸੀਮਿਤ asīmita アスィーミト
はでな〖派手な〗ਭੜਕੀਲਾ pǎṛakīlā パルキーラー, ਰੰਗੀਲਾ raṅgīlā ランギーラー
はと〖鳩〗ਕਬੂਤਰ kabūtara カブータル, ਘੁੱਗੀ kŭggī クッギー, ਫ਼ਾਖ਼ਤਾ fāxatā ファークター
バドミントン ਬੈਡਮਿੰਟਨ baidaminṭana バェードミンタン
パトロール ਪਟਰੋਲ paṭarola パトロール
はな〖花〗ਫੁੱਲ pʰulla プッル, ਪੁਸ਼ਪ puśapa プシャプ
はな〖鼻〗ਨੱਕ nakka ナック ◆鼻血 ਨਕਸੀਰ nakasīra ナクスィール ◆鼻水 ਸੀਂਢ sī̃ḍa スィーンド
はなし〖話〗ਗੱਲ galla ガッル, ਬਾਤ bāta バート（物語）ਕਹਾਣੀ kăṇī カーニー, ਕਥਾ katʰā カター, ਕਿੱਸਾ kissā キッサー
はなしあい〖話し合い〗ਗੱਲ-ਬਾਤ galla-bāta ガッル・バート, ਗੁਫ਼ਤਗੂ gufatagū グファトグー
はなす〖放す〗ਛੱਡਣਾ cʰaḍḍaṇā チャッダナー
はなす〖離す〗ਨਿਖੇੜਨਾ nikʰeṛanā ニケールナー
はなす〖話す〗ਬੋਲਣਾ bolaṇā ボーラナー, ਆਖਣਾ ākʰaṇā アークナー, ਕਹਿਣਾ kaîṇā カェーナー
バナナ ਕੇਲਾ kelā ケーラー
はなび〖花火〗ਅਸਤਬਾਜ਼ੀ asatabāzī アストバーズィー
はなむこ〖花婿〗ਦੂਲ੍ਹਾ dûlā ドゥーラー, ਲਾੜਾ lāṛā ラーラー, ਵਰ wara ワル
はなやかな〖華やかな〗ਰੰਗੀਲਾ raṅgīlā ランギーラー,

ਵਸਦਾ-ਰਸਦਾ wasadā-rasadā ワスダー・ラスダー
はなよめ〘花嫁〙ਦੁਲਹਨ dulahana ドゥルハン, ਲਾੜੀ lāṛī ラーリー
はなれる〘離れる〙(去る) ਛੱਡਣਾ cʰaḍḍaṇā チャッダナー (分かれる) ਵਿਛੜਨਾ vicʰaṛanā ヴィチャルナー, ਨਿੱਖੜਨਾ nikkʰaṛanā ニッカルナー
はね〘羽〙(羽毛) ਪਰ para パル (翼) ਖੰਭ kʰâmba カンブ, ਪੰਖ paṅkʰa パンク
ばね ਕਮਾਨੀ kamānī カマーニー, ਸਪਰਿੰਗ sapariṅga サプリング
ハネムーン ਹਨੀ-ਮੂਨ hanī-mūna ハニー・ムーン
はねる〘跳ねる〙(跳ね散る) ਛਿਟਣਾ cʰiṭaṇā チタナー (跳ぶ) ਕੁੱਦਣਾ kuddaṇā クッダナー, ਉੱਛਲਣਾ uccʰalaṇā ウッチャルナー, ਉਚਕਣਾ ucakaṇā ウチャクナー
はは〘母〙ਮਾਂ mā̃ マーン, ਮਾਤਾ mātā マーター ♦母方 ਮਾਦਰੀ mādarī マーダリー, ਮਾਤਰੀ mātarī マータリー, ਮਾਤਰਵੰਸ਼ੀ mātarawanśī マータルワンシー
はば〘幅〙ਚੌੜਾਈ cauṛāī チャォーラーイー, ਅਰਜ਼ araza アルズ, ਬਰ bara バル
パパイヤ ਪਪੀਤਾ papītā パピーター
はばたく〘羽ばたく〙ਫੜਫੜਾਉਣਾ pʰaṛapʰaṛāuṇā パルパラーウナー
はばつ〘派閥〙ਧੜਾ tǎṛā タラー, ਪੱਖ pakkʰa パック, ਸੰਪਰਦਾ samparadā サンパルダー
はばひろい〘幅広い〙ਚੌੜਾ cauṛā チャォーラー
はばむ〘阻む〙ਰੋਕਣਾ rokaṇā ローカナー, ਵਰਜਣਾ warajaṇā ワルジャナー
はぶく〘省く〙(省略する) ਛੱਡਣਾ cʰaḍḍaṇā チャッダナー (削減する) ਕੱਟਣਾ kaṭṭaṇā カッタナー
はブラシ〘歯ブラシ〙ਮੁਖ-ਮਾਂਜਣੀ mukʰa-mā̃jaṇī ムク・マーンジニー, ਦੰਦ-ਬੁਰਸ਼ danda-buraśa ダンド・ブルシュ, ਟੂਥ-ਬੁਰਸ਼ ṭūtʰa-buraśa トゥート・ブルシュ
はまき〘葉巻〙ਸਿਗਾਰ sigāra スィガール
はまる ਫਸਣਾ pʰasaṇā パスナー
はみがき〘歯磨き〙ਦਾਤਣ dātaṇa ダータン, ਬੁਰਸ਼ buraśa ブルシュ
はめつする〘破滅する〙ਉੱਜੜਨਾ ujjaṛanā ウッジャルナー, ਬਰਬਾਦ ਹੋਣਾ barabāda hoṇā バルバード ホーナー
はめる ਫਸਾਉਣਾ pʰasāuṇā パサーウナー
ばめん〘場面〙ਝਾਕੀ cǎkī チャーキー, ਨਜ਼ਾਰਾ nazārā ナザーラー, ਸੀਨ sīna スィーン
はもの〘刃物〙ਕਟਲਰੀ kaṭalarī カタルリー
はもん〘波紋〙ਲਹਿਰ laîra ラェール
はもんする〘破門する〙ਛੇਕਣਾ cʰekaṇā チェーカナー
はやい〘速い〙ਤੇਜ਼ teza テーズ, ਕੁਇਕ kuika クイク, ਫ਼ਾਸਟ fāsaṭa ファースト
はやく〘早く〙ਛੇਤੀ cʰetī チェーティー, ਜਲਦੀ jaladī ジャルディー, ਸ਼ੀਘਰ śîgara シーガル
はやく〘速く〙ਤੇਜ਼ teza テーズ, ਸਵੇਗ savega サヴェーグ
はやさ〘速さ〙ਗਤੀ gatī ガティー, ਰਫ਼ਤਾਰ rafatāra ラフタール, ਸਪੀਡ sapīḍa サピード
はやす〘生やす〙ਉਗਾਉਣਾ ugāuṇā ウガーウナー
はやる〘流行る〙(流行する) ਲੋਕ-ਪ੍ਰਿਅ ਬਣਨਾ loka-pria baṇanā ローク・プリア バンナー (病気などが) ਫੈਲਣਾ pʰailaṇā パェールナー
はら〘腹〙(胃) ਮਿਹਦਾ mêdā メーダー, ਢਿੱਡ ṭìḍḍa ティッド, ਪੇਟ peṭa ペート (腸) ਆਂਦਰ ā̃dara アーンダル, ਓਜਰੀ ôjarī オージリー (腹部) ਢਿੱਡ ṭìḍḍa ティッド, ਪੇਟ peṭa ペート
バラ ਗੁਲਾਬ gulāba グラーブ, ਰੋਜ਼ roza ローズ
はらう〘払う〙ਅਦਾ ਕਰਨਾ adā karanā アダー カルナー
パラシュート ਪੈਰਾਸ਼ੂਟ pairāśūṭa パェーラーシュート, ਹਵਾਈ ਛਤਰੀ hawāī cʰatarī ハワーイー チャタリー
ばらばらの ਉੱਖੜਵਾਂ ukkʰaṛawā̃ ウッカルワーン
はり〘針〙ਸੂਈ sūī スーイー
はりがね〘針金〙ਤਾਰ tāra タール, ਵਾਇਰ wāira ワーイル
はりきる〘張り切る〙ਚਹਿਕਣਾ caîkaṇā チャェーカナー
ハリヤーナーしゅう〘ハリヤーナー州〙ਹਰਿਆਣਾ hariāṇā ハリアーナー
はる〘春〙ਬਸੰਤ basanta バサント, ਬਹਾਰ bǎra バール, ਰਬੀ rabī ラビー
はる〘張る〙(伸ばす) ਤਣਨਾ taṇanā タンナー
はる〘貼る〙ਲਗਾਉਣਾ lagāuṇā ラガーウナー
はるかな〘遥かな〙ਮੁਕਲੇਰਾ mukalerā ムクレーラー
バルブ ਵਾਲ vāla ヴァール
パレード ਪਰੇਡ pareḍa パレード
バレーボール ਵਾਲੀਬਾਲ vālībāla ヴァーリーバール
はれつする〘破裂する〙ਫਟਣਾ pʰaṭaṇā パタナー
パレット ਰੰਗਪੱਟੀ raṅgapaṭṭī ラングパッティー, ਰੰਗਦਾਨੀ raṅgadānī ラングダーニー
はれる〘腫れる〙ਸੁੱਜਣਾ sujjaṇā スッジャナー
パロディー ਵਿਅੰਗ ਲੇਖ viaṅga lekʰa ヴィアング レーク
バロメーター ਬੈਰੋਮੀਟਰ bairomīṭara バェーローミータル
はん〘判〙ਮੋਹਰ môra モール, ਸੀਲ sīla スィール
ばん〘晩〙ਸ਼ਾਮ śāma シャーム, ਪਛਾਂ pacʰā̃ パチャーン, ਤਕਾਲਾਂ takālā̃ タカーラーン
パン (食パン) ਡਬਲ ਰੋਟੀ ḍabala roṭī ダバル ローティー (無発酵平焼きパン) ਰੋਟੀ roṭī ローティー, ਫੁਲਕਾ pʰulakā プルカー, ਚਪਾਤੀ capātī チャパーティー ♦パン屋 ਬੇਕਰੀ bekarī ベーカリー
はんい〘範囲〙ਹੱਦ hadda ハッド, ਦਾਇਰਾ dāirā ダーイラー, ਹਲਕਾ halakā ハルカー
はんいご〘反意語〙ਵਿਲੋਮ ਸ਼ਬਦ viloma śabada ヴィローム シャバド
はんえい〘繁栄〙ਪਰਫੁੱਲਤਾ parapʰullatā パルプッラター, ਖ਼ੁਸ਼ਹਾਲੀ xuśahālī クシュハーリー, ਰੌਣਕ rauṇaka ラォーナク ♦繁栄する ਫੁੱਲਣਾ pʰullaṇā プッラナー, ਵਿਕਸਣਾ vikasaṇā ヴィカサナー
ハンガー ਟੰਗਣਾ ṭaṅgaṇā タンガナー, ਹੈਂਗਰ hãīgara ハェーンガル
ハンカチ ਰੁਮਾਲ rumāla ルマール
ハンガリー ਹੰਗਰੀ haṅgarī ハンガリー

はんかん〖反感〗ਕਰਾਹਤ karâta̸ カラート, ਮੰਦਭਾਵਨਾ manda̸păva̸nā マンドパーヴナー, ਵਿਰੋਧਤਾ virôda̸tā ヴィロードター
はんぎゃく〖反逆〗ਧਰੋਹ tarô タロー, ਗ਼ਦਰ ğadara̸ ガダル
はんきょう〖反響〗ਪਰਤਿਧੁਨੀ paratitŭnī パラティトゥニー, ਗੂੰਜ gũja̸ グーンジ
パンク ਪੰਚਰ pañcara̸ パンチャル
ばんぐみ〖番組〗ਪਰੋਗਰਾਮ parogarāma̸ パローガラーム
バングラデシュ ਬੰਗਲਾਦੇਸ਼ baṅga̸lādeśa̸ バングラーデーシュ
はんけつ〖判決〗ਫ਼ੈਸਲਾ faisa̸lā ファェースラー
ばんごう〖番号〗ਨੰਬਰ nambara̸ ナンバル
はんこうする〖反抗する〗ਵਿਰੋਧ ਕਰਨਾ virôda̸ kara̸nā ヴィロード カルナー
はんざい〖犯罪〗ਅਪਰਾਧ aparâda̸ アプラード, ਜੁਰਮ jurama̸ ジュルム ♦犯罪者 ਅਪਰਾਧੀ aparâdī アプラーディー, ਮੁਜਰਮ mujarama̸ ムジラム
ハンサムな ਰੂਪਵੰਤ rūpa̸wanta̸ ループワント, ਰੂਪਵਾਨ rūpa̸wāna̸ ループワーン
はんさよう〖反作用〗ਪ੍ਰਤਿਕਿਰਿਆ pratikiriā プラティキリアー
はんじ〖判事〗ਮੁਨਸਫ਼ muna̸safa̸ ムンサフ, ਜੱਜ jajja̸ ジャッジ
はんしゃ〖反射〗ਪਰਤਿਬਿੰਬ paratibimba̸ パラティビンブ ♦反射する ਪਰਤਿਬਿੰਬਿਤ ਹੋਣਾ paratibimbita̸ hoṇā パラティビンビト ホーナー
パンジャービーご〖パンジャービー語〗ਪੰਜਾਬੀ pañjābī パンジャービー
パンジャーブしゅう〖パンジャーブ州〗ਪੰਜਾਬ pañjāba̸ パンジャーブ
はんしょく〖繁殖〗ਜਣਨ jaṇana̸ ジャナン
ハンスト ਭੁੱਖ-ਹੜਤਾਲ pŭkk^{h}a-haṛa̸tāla̸ プック・ハルタール
はんせんびょう〖ハンセン病〗ਕੋੜ੍ਹ kôṛa̸ コール, ਕੁਸ਼ਟ kuśaṭa̸ クシャト
はんたい〖反対〗（逆の関係）ਉਲਟ ulaṭa̸ ウルト（抵抗・異議）ਵਿਰੋਧ virôda̸ ヴィロード ♦反対する ਵਿਰੋਧ ਕਰਨਾ virôda̸ kara̸nā ヴィロード カルナー
はんだん〖判断〗ਨਿਰਨਾ nira̸nā ニルナー ♦判断する ਨਿਰਨਾ ਕਰਨਾ nira̸nā kara̸nā ニルナー カルナー
はんちゅう〖範疇〗ਵਰਗ waraga̸ ワルグ
パンツ（下着の）ਕੱਛਾ kacc^{h}ā カッチャー（洋服の）ਪੈਂਟ pãĩṭa̸ パェーント
はんてい〖判定〗ਫ਼ੈਸਲਾ faisa̸lā ファェースラー, ਨਿਰਨਾ nira̸nā ニルナー
はんていする〖判定する〗ਫ਼ੈਸਲਾ ਕਰਨਾ faisa̸lā kara̸nā ファェースラー カルナー, ਨਿਰਨਾ ਕਰਨਾ nira̸nā kara̸nā ニルナー カルナー
はんてん〖斑点〗ਦਾਗ਼ dāğa̸ ダーグ
バンド ਬੈਂਡ bãĩḍa̸ バェーンド
はんとう〖半島〗ਟਾਪੂਨੁਮਾ ṭāpūnumā タープーヌマー, ਪ੍ਰਾਇਦੀਪ prāidīpa̸ プラーイディープ
ハンドバッグ ਪਰਸ parasa̸ パルス
はんにち〖半日〗ਚੁਪਹਿਰਾ cupaîrā チュパェーラー
はんにん〖犯人〗ਅਪਰਾਧੀ aparâdī アプラーディー, ਮੁਜਰਮ mujarama̸ ムジラム
はんのう〖反応〗ਪ੍ਰਤਿਕਿਰਿਆ pratikiriā プラティキリアー ♦反応する ਪ੍ਰਤਿਕਿਰਿਆ ਕਰਨੀ pratikiriā kara̸nī プラティキリアー カルニー
バンパー ਬੰਪਰ bampara̸ バンパル
はんばい〖販売〗ਵਿੱਕਰੀ vikkarī ヴィッカリー ♦販売する ਵੇਚਣਾ vecaṇā ヴェーチャナー
はんぷくする〖反復する〗ਦੁਹਰਾਉਣਾ dôrāuṇā ドーラーウナー
パンプス ਪੰਪਸ਼ੂ pampaśū パンプシュー
パンフレット ਪੈਂਫ਼ਲਿਟ pãĩfalita̸ パェーンフリト
はんぶん〖半分〗ਅੱਧ âdda̸ アッド, ਅੱਧਾ âddā アッダー, ਅਰਧ ârada̸ アルド
ハンマー ਹਥੌੜਾ hat^{h}auṛā ハタォーラー ♦ハンマー投げ ਹੈਮਰ ਥਰੋ haimara̸ t^{h}aro ハェーマル タロー
はんもく〖反目〗ਦੁਸ਼ਮਨੀ duśa̸manī ドゥシュマニー, ਮੁਦੱਪੜਾ mudappaṛā ムダッパラー
はんらん〖反乱〗ਗ਼ਦਰ ğadara̸ ガダル, ਵਿਪਲਵ vipalava̸ ヴィパラヴ
はんらんする〖氾濫する〗ਉਮਡਣਾ umaḍa̸ṇā ウマドナー
はんろん〖反論〗ਇਤਰਾਜ਼ itarāza̸ イタラーズ, ਖੰਡਣ k^{h}aṇḍaṇa̸ カンダン, ਪ੍ਰਤਿਦਲੀਲ pratidalīla̸ プラティダリール ♦反論する ਇਤਰਾਜ਼ ਕਰਨਾ itarāza̸ kara̸nā イタラーズ カルナー, ਖੰਡਣ ਕਰਨਾ k^{h}aṇḍaṇa̸ kara̸nā カンダン カルナー, ਖੰਡਣਾ k^{h}aṇḍaṇā カンダナー
ひ〖火〗ਅੱਗ agga̸ アッグ, ਅਗਨੀ aga̸nī アグニー
ひ〖日〗（太陽）ਸੂਰਜ sūraja̸ スーラジ, ਆਫ਼ਤਾਬ āfatāba̸ アーフターブ（日光）ਧੁੱਪ tŭppa̸ トゥップ（日にち）ਦਿਨ dina̸ ディン
び〖美〗ਸੁਹਣੱਪ sûṇappa̸ スナップ, ਸੋਭਾ sôbā ソーバー, ਸੁੰਦਰਤਾ sundara̸tā スンダルター
ひあい〖悲哀〗ਦੁਖ duk^{h}a ドゥク, ਦਰਦ darada̸ ダルド
ピアノ ਪਿਆਨੋ piāno ピアーノー
ひいき ਕਦਰਸ਼ਨਾਸੀ kadara̸śanāsī カダルシャナースィー, ਤਰਫ਼ਦਾਰੀ tarafa̸dārī タラフダーリー
ピーク ਚੋਟੀ coṭī チョーティー, ਸਿਖਰ sik^{h}ara̸ スィカル
ビーズ ਮਣਕਾ maṇa̸kā マンカー
ヒーター ਹੀਟਰ hīṭara̸ ヒータル
ピーナツ ਮੂੰਗਫਲੀ muṅgap^{h}alī ムングパリー
ピーマン ਸ਼ਿਮਲਾ ਮਿਰਚ śima̸lā mira̸ca̸ シムラー ミルチ
ビール ਬੀਅਰ bīara̸ ビーアル, ਜੌਂ ਦੀ ਸ਼ਰਾਬ jāũ dī śarāba̸ ジャォーン ディー シャラーブ
ヒーロー ਹੀਰੋ hīro ヒーロー, ਨਾਇਕ nāika̸ ナーイク, ਸੂਰਮਾ sūra̸mā スールマー
ひえる〖冷える〗ਠੰਢਾ ਹੋਣਾ ṭ^{h}âṇḍā hoṇā タンダー ホーナー, ਠਰਨਾ ṭ^{h}ara̸nā タルナー
ひがい〖被害〗ਨੁਕਸਾਨ nuka̸sāna̸ ヌクサーン
ひかえめな〖控え目な〗ਨਿਮਰ nimara̸ ニマル, ਨਿਮਾਣਾ nimāṇā ニマーナー
ひかえる〖控える〗（自制する）ਪਰਹੇਜ਼ ਕਰਨਾ

parạhezạ karạnā パルヘーズ カルナー, ਟਲਨਾ ṭalạnā タルナー, ਠੱਲ੍ਹਣਾ ṭʰâllaṇā タッラナー（書き留める）ਨੋਟ ਕਰਨਾ noṭạ karạnā ノート カルナー（待機する）ਠਹਿਰਨਾ ṭʰaîrạnā タェールナー
ひかく〖比較〗ਤੁਲਨਾ tulạnā トゥルナー ♦比較する ਤੁਲਨਾ ਕਰਨੀ tulạnā karạnī トゥルナー カルニー
びがく〖美学〗ਸੁਹਜਵਾਦ sôjạwādạ ソージワード
ひかげ〖日陰〗ਛਾਂ cʰā̃ チャーン, ਪਰਛਾਵਾਂ parạcʰāwā̃ パルチャーワーン, ਸ਼ੇਡ śeḍạ シェード
ひがし〖東〗ਪੂਰਬ pūrabạ プーラブ, ਮਸ਼ਰਕ maśạrakạ マシュラク, ਚੜ੍ਹਦਾ câṛạdā チャルダー
ひかり〖光〗ਪਰਕਾਸ਼ parạkāśạ パルカーシュ, ਰੋਸ਼ਨੀ rośạnī ローシュニー, ਚਮਕ camakạ チャマク
ひかる〖光る〗ਚਮਕਣਾ camakạṇā チャマクナー
ひきあげる〖引き上げる〗ਚੁੱਕਣਾ cukkaṇā チュッカナー, ਚੱਕਣਾ cakkaṇā チャッカナー
ひきうける〖引き受ける〗（受け入れる）ਕਬੂਲਣਾ kabūlaṇā カブーラナー, ਮੰਨਣਾ mannaṇā マンナナー（担当する）ਆਪਣੇ ਜ਼ੁੰਮੇ ਲੈਣਾ āpaṇe zumme laiṇā アープネー ズンメー ラェーナー
ひきおこす〖引き起こす〗（生じさせる）ਪੈਦਾ ਕਰਨਾ paidā karạnā パェーダー カルナー, ਉਤਪੰਨ ਕਰਨਾ utạpanna karạnā ウトパンヌ カルナー
ひきかえ〖引き換え〗ਬਦਲਾ badạlā バドラー, ਇਵਜ਼ iwazạ イワズ
ひきかえす〖引き返す〗ਪਰਤਣਾ parạtaṇā パルタナー
ひきがね〖引き金〗ਘੋੜਾ kǒṛā コーラー
ひきさく〖引き裂く〗ਪਾੜਨਾ pāṛạnā パールナー
ひきざん〖引き算〗ਤਫ਼ਰੀਕ tafạrīkạ タフリーク
ひきしお〖引き潮〗ਭਾਟਾ pǎṭā パーター
ひきしめる〖引き締める〗ਠੱਪਣਾ ṭʰappaṇā タッパナー, ਅਕੜਾਉਣਾ akạṛāuṇā アクラーウナー
ひきだし〖引き出し〗（家具の）ਦਰਾਜ਼ darāzạ ダラーズ
ひきだす〖引き出す〗ਕੱਢਣਾ kâḍḍaṇā カッダナー, ਨਿਕਾਲਣਾ nikālạṇā ニカールナー
ひきつぐ〖引き継ぐ〗ਥਾਂ ਲੈਣੀ tʰā̃ laiṇī ターン ラェーニー
ひきにく〖挽肉〗ਕੀਮਾ kīmā キーマー
ひきぬく〖引き抜く〗ਨੋਚਣਾ nocaṇā ノーチャナー, ਪੁੱਟਣਾ puṭṭaṇā プッタナー, ਕੱਢਣਾ kâḍḍaṇā カッダナー
ひきのばす〖引き伸ばす〗（拡大する）ਵਧਾਉਣਾ wadǎuṇā ワダーウナー（長くする）ਪਸਾਰਨਾ pasārạnā パサールナー
ひきはらう〖引き払う〗ਟਿਭਣਾ ṭîbaṇā ティバナー
ひきょうな〖卑怯な〗ਗੰਦਾ gandā ガンダー, ਮੁਰਦਾ ਦਿਲ murạdā dilạ ムルダー ディル
ひきわけ〖引き分け〗ਟਾਈ ṭāī ターイー
ひきわたす〖引き渡す〗ਸੌਂਪਣਾ sāũpaṇā サォーンパナー, ਸੰਭਾਉਣਾ sambǎuṇā サンバーウナー, ਫੜਵਾਉਣਾ pʰaṛạwāuṇā パルワーウナー
ひく〖引く〗（引っ張る）ਖਿੱਚਣਾ kʰiccaṇā キッチャナー, ਤਾਣਨਾ tāṇạnā ターンナー（差し引く）ਕੱਢਣਾ kâḍḍaṇā カッダナー, ਕੱਟਣਾ kaṭṭaṇā カッタナー
ひくい〖低い〗（位置が）ਨੀਵਾਂ nīwā̃ ニーワーン, ਨੀਚ nīcạ ニーチ, ਨੀਚਾ nīcā ニーチャー（背が）ਛੋਟਾ cʰoṭā チョーター, ਨਿਕੜਾ nikạṛā ニクラー
ひくつな〖卑屈な〗ਦਬੜੂ-ਘੁਸੜੂ dabạṛū-kǔsạṛū ダブルー・クスルー, ਖ਼ੁਸ਼ਾਮਦੀ xuśāmạdī クシャームディー, ਆਜਜ਼ ājazạ アージャズ
びくびくする ਦਰਕਣਾ darakaṇā ダルカナー
ピクルス ਅਚਾਰ acārạ アチャール
ひぐれ〖日暮れ〗ਆਥਣ ātʰaṇạ アータン, ਸਾਇੰਕਾਲ sāiṅkālạ サーインカール
ひげ〖髭・鬚〗（口髭）ਮੁੱਛ muccʰạ ムッチ（顎鬚）ਦਾੜ੍ਹੀ dâṛī ダーリー, ਰੀਸ਼ rīśạ リーシュ
ひげ〖卑下〗ਖ਼ਾਕਸਾਰੀ xākạsārī カークサーリー, ਨਿਵਣ niwaṇạ ニワン
ひげき〖悲劇〗ਦੁਖਾਂਤ ਨਾਟਕ dukʰā̃tạ nāṭakạ ドゥカーント ナータク, ਤਰਾਸਦੀ tarāsạdī タラースディー, ਟ੍ਰੈਜਡੀ ṭraijạḍī トラェージディー
ひけつ〖秘訣〗ਗੁਰ gurạ グル
ひご〖庇護〗ਸ਼ਰਨ śarạnạ シャルン, ਓਹਲਾ ôlā オーラー, ਓਇਟਾ oiṭā オーイター ♦庇護する ਸ਼ਰਨ ਦੇਣੀ śarạnạ deṇī シャルン デーニー, ਓਇਟਣਾ oiṭaṇā オーイトナー
ひこう〖飛行〗ਉਡਾਰੀ uḍārī ウダーリー, ਉਡਾਣ uḍāṇạ ウダーン ♦飛行機 ਹਵਾਈ ਜਹਾਜ਼ hawāī jǎzạ ハワーイー ジャーズ, ਵਿਮਾਨ vimānạ ヴィマーン
ひこうしきの〖非公式の〗ਗ਼ੈਰਰਸਮੀ ğairạrasạmī ガェールラスミー
ひごうほうの〖非合法の〗ਗ਼ੈਰਕਾਨੂੰਨੀ ğairạkānū̃nī ガェールカーヌーンニー, ਬੇਕਨੂਨਾ bekanūnā ベーカヌーナー
ひこく〖被告〗ਮੁੱਦਾਅਲਹਿ muddālaî ムッダーラェー, ਦੋਸ਼ੀ dośī ドーシー
ひこようしゃ〖被雇用者〗ਨੌਕਰ naukarạ ナォーカル, ਮੁਲਾਜ਼ਮ mulāzamạ ムラーザム
ひざ〖膝〗（膝頭）ਘੁਟਨਾ kǔṭanā クタナー, ਗੋਡਾ goḍā ゴーダー（座った時の腿の上）ਗੋਦ godạ ゴード
ビザ ਵੀਜ਼ਾ vīzā ヴィーザー
ひさいしゃ〖被災者〗ਪੀੜਿਤ pīṛitạ ピーリト
ひさし〖庇〗（建物の）ਵਾਧਰਾ wâdarā ワーダラー（帽子の）ਛੱਜਾ cʰajjā チャッジャー
ひざし〖日差し〗ਧੁੱਪ tǔppạ トゥップ
ひさしぶりに〖久し振りに〗ਚਿਰੰਕਾਲ ciraṅkālạ チランカール
ひさんな〖悲惨な〗ਦੁਖਦਾਇਕ dukʰạdāikạ ドゥクダーイク, ਆਪੱਤੀਜਨਕ āpattījanakạ アーパッティージャナク
ひじ〖肘〗ਅਰਕ arakạ アルク, ਕੂਹਣੀ kû̃ṇī クーニー
ひしがた〖菱形〗ਸਮਚਤਰਭੁਜ samạcatarạpǔjạ サムチャタルプジ, ਸਮਚੁਕੋਣ samạcukoṇạ サムチュコーン
ビジネス ਬਿਜ਼ਨਸ bizạnasạ ビズナス, ਵਪਾਰ wapārạ ワパール ♦ビジネスマン ਬਿਜ਼ਨਸਮੈਨ bizạnasạmainạ ビズナスマェーン, ਵਪਾਰੀ wapārī ワパーリー
びじゅつ〖美術〗ਲਲਿਤ ਕਲਾ lalitạ kalā ラリト カラー, ਆਰਟ āraṭạ アールト ♦美術館 ਚਿੱਤਰਸ਼ਾਲਾ

cittaraśālā チッタルシャーラー, ਗੈਲਰੀ gailarī ガェーラリー

ひしょ〖秘書〗ਸੈਕਟਰੀ saikaṭarī サェークタリー, ਸਕੱਤਰ sakattara サカッタル, ਸਕਰੇਟਰੀ sakareṭarī サクレータリー

ひじょうきんの〖非常勤の〗ਅੰਸ਼ਕਾਲੀ anśakālī アンシュカーリー

ひじょうじたい〖非常事態〗ਆਪਾਤ āpāta アーパート

ひじょうな〖非常な〗ਅਤਿਅੰਤ atianta アティアント, ਅੱਤ atta アット, ਉਤਕਟ utakaṭa ウトカト

ひじょうな〖非情な〗ਤਰਸਹੀਣ tarasahīṇa タラスヒーン, ਨਿਰਦਈ niradaī ニルダイー, ਬੇਰਹਿਮ beraîma ベーラエーム

ひじょうに〖非常に〗ਬਹੁਤ baûta バォート, ਨਿਹਾਇਤ nihāita ニハーイト

びじん〖美人〗ਸੋਹਣੀ sôṇī ソーニー

ピスタチオ ਪਿਸਤਾ pisatā ピスター

ヒステリー ਹਿਸਟੀਰੀਆ hisaṭīrīā ヒスティーリーアー

ピストル ਪਸਤੌਲ pasataula パスタオール

ピストン ਪਿਸਟਨ pisaṭana ピスタン

びせいぶつ〖微生物〗ਜਰਮ jarama ジャルム, ਜੀਵਾਣੂ jīwāṇū ジーワーヌー, ਕੀਟਾਣੂ kīṭāṇū キーターヌー

ひそ〖砒素〗ਸੰਖੀਆ saṅkʰīā サンキーアー

ひぞう〖脾臓〗ਤਿਲੀ tilī ティリー, ਪਲੀਹਾ palīhā パリーハー

ひそかな〖密かな〗ਗੁਪਤ gupata グプト, ਗੁੰਮ gumma グンム, ਚੁੱਪ cuppa チュップ

ひだ ਵੱਟ waṭṭa ワット, ਪਲੋਈ paloī パローイー, ਸ਼ਿਕਨ śikana シカン

ひたい〖額〗ਮੱਥਾ mattʰā マッター, ਮਸਤਕ masataka マスタク, ਲਲਾਟ lalāṭa ララート

ひたす〖浸す〗ਡੁਬੋਣਾ ḍuboṇā ドゥボーナー, ਭਿਓਣਾ piǒṇā ピオーナー, ਨਿਘਾਰਨਾ nigǎranā ニガールナー

ビタミン ਵਿਟਾਮਿਨ viṭāmina ヴィターミン

ひだりの〖左の〗ਖੱਬਾ kʰabbā カッバー, ਬਾਇਆਂ bāiā̃ バーイアーン, ਵਾਮ wāma ワーム

ひつうな〖悲痛な〗ਦਰਦਨਾਕ daradanāka ダルドナーク, ਸ਼ੋਕਮਈ śokamaī ショークマイー, ਗ਼ਮਗੀਨ ǧamagīna ガムギーン

ひっかかる〖引っ掛かる〗ਫਸਣਾ pʰasaṇā パスナー, ਅਟਕਣਾ aṭakaṇā アトカナー

ひっかく〖引っ掻く〗ਖੁਰਕਣਾ kʰurakaṇā クルクナー, ਝਰੀਟਣਾ carīṭaṇā チャリータナー, ਘਰੋੜਨਾ karǒṛanā カロールナー

ひっかける〖引っ掛ける〗ਫਸਾਉਣਾ pʰasāuṇā パサーウナー, ਅਟਕਾਉਣਾ aṭakāuṇā アトカーウナー

ひっくりかえす〖ひっくり返す〗ਉਲਟਾਉਣਾ ulaṭāuṇā ウルターウナー, ਪਲਟਾਉਣਾ palaṭāuṇā パルターウナー, ਮੁਧਾਉਣਾ mudǎuṇā ムダーウナー

ひっくりかえる〖ひっくり返る〗ਉਲਟਣਾ ulaṭaṇā ウルタナー, ਪਲਟਣਾ palaṭaṇā パルタナー, ਮੁਧਣਾ mûdaṇā ムダナー

ひづけ〖日付〗ਮਿਤੀ mitī ミティー, ਤਾਰੀਖ਼ tārīxa ターリーク, ਤਿਥੀ titʰī ティティー

ひつじ〖羊〗ਭੇਡ pěḍa ペード

ひっしゅうの〖必修の〗ਅਨਿਵਾਰੀ aniwārī アニワーリー, ਲਾਜ਼ਮ lāzama ラーザム

ひっすの〖必須の〗ਅਨਿਵਾਰੀ aniwārī アニワーリー, ਲਾਜ਼ਮ lāzama ラーザム, ਆਵੱਸ਼ਕ āwaśśaka アーワッシャク

ひったくる ਬਟੋਰਨਾ baṭoranā バトールナー, ਖੱਸਣਾ kʰassaṇā カッサナー, ਖੋਹਣਾ kʰôṇā コーナー

ヒット ਹਿੱਟ hiṭṭa ヒット

ひっぱる〖引っ張る〗ਖਿੱਚਣਾ kʰiccaṇā キッチャナー, ਕੱਸਣਾ kassaṇā カッサナー, ਤਾਣਨਾ tāṇanā ターンナー

ひつよう〖必要〗ਲੋੜ loṛa ロール, ਜ਼ਰੂਰਤ zarūrata ザルーラト, ਆਵਸ਼ਕਤਾ āwaśakatā アーウシャクター ◆必要な ਲੋੜੀਂਦਾ loṛīdā ローリーンダー, ਜ਼ਰੂਰੀ zarūrī ザルーリー, ਆਵੱਸ਼ਕ āwaśśaka アーワッシャク

ひていする〖否定する〗ਨਾਂਹ ਕਰਨੀ nā̃ karanī ナーンカルニー, ਨਕਾਰਨਾ nakāranā ナカールナー, ਮੁੱਕਰਨਾ mukkaranā ムッカルナー

ビデオ ਵੀਡੀਓ vīḍīo ヴィーディーオー

びてきな〖美的な〗ਸੁਹਜਮਈ sôjamaī ソージマイー

ひでり〖日照り〗ਖ਼ੁਸ਼ਕੀ xuśakī クシュキー

ひでん〖秘伝〗ਭੇਤ pěta ペート

ひと〖人〗(個人) ਸ਼ਖ਼ਸ śaxasa シャカス, ਵਿਅਕਤੀ viakatī ヴィアクティー, ਨਿੱਜ nijja ニッジ (人類) ਆਦਮਜ਼ਾਤ ādamazāta アーダムザート, ਮਨੁੱਖ manukkʰa マヌック, ਮਾਨਵ mānava マーナヴ

ひどい ਸਖ਼ਤ saxata サカト, ਵਿਕਟ vikaṭa ヴィカト

ひといきで〖一息で〗ਇਕਦਮ ikadama イクダム, ਯਕਦਮ yakadama ヤクダム

ひとがら〖人柄〗ਸ਼ਖ਼ਸੀਅਤ śaxasīata シャクスィーアト, ਵਿਅਕਤਿਤਵ viakatitava ヴィアクティタヴ

ひときれ〖一切れ〗ਫਾਂਕ pʰā̃ka パーンク, ਫਾੜੀ pʰāṛī パーリー

びとく〖美徳〗ਗੁਣ guṇa グン, ਨੇਕੀ nekī ネーキー, ਚੰਗਿਆਈ caṅgiāī チャンギアーイー

ひとくち〖一口〗ਫੱਕਾ pʰakkā パッカー

ひとごみ〖人混み〗ਭੀੜ pīṛa ピール

ひとさしゆび〖人差し指〗ਤਰਜਨੀ tarajanī タルジャニー

ひとしい〖等しい〗ਸਮਾਨ samāna サマーン, ਬਰਾਬਰ barābara バラーバル, ਤੁੱਲ tulla トゥッル

ひとじち〖人質〗ਬੰਧਕ bândaka バンダク, ਯਰਗਮਾਲ yaragamāla ヤルグマール

ひとそろい〖一揃い〗ਸੈੱਟ saiṭṭa サェーット

ひとだかり〖人だかり〗ਭੀੜ pīṛa ピール

ひとつまみ〖一つまみ〗ਇੱਕ ਚੁਟਕੀ ikka cuṭakī イック チュトキー

ひとびと〖人々〗ਲੋਕ loka ローク

ひとみ〖瞳〗ਪੁਤਲੀ putalī プトリー, ਧੀਰੀ tǐrī ティーリー

ひとやすみ〖一休み〗ਧੂਫ tǔpʰa トゥープ

ひとりっこ〖一人っ子〗ਇਕਲੌਤਾ ikalautā イクラォーター

ひとりぼっちで〖独りぼっちで〗ਇਕੱਲਾ ikallā イカ

ッラー
ひとりよがり〘独り善がり〙ਖ਼ੁਸ਼ਫ਼ਹਿਮੀ xuśafaîmī クシュファエーミー, ਗ਼ਲਤ ਫ਼ਹਿਮੀ ğalata faîmī ガルト ファエーミー, ਹਿੰਡ hiṇḍa ヒンド
ひな〘雛〙ਚੂਚਾ cūcā チューチャー, ਬੋਟ boṭa ボート
ひなたで〘日向で〙ਧੁੱਪ ਵਿੱਚ tŭppa wicca トゥップ ウィッチ
ひなん〘避難〙ਸ਼ਰਨ śarana シャルン, ਸਹਾਰਾ sărā サーラー, ਪਨਾਹ panâ パナー ♦避難する ਸ਼ਰਨ ਲੈਣੀ śarana laiṇī シャルン ラェーニー, ਸਹਾਰਾ ਲੈਣਾ sărā laiṇā サーラー ラェーナー
ひなん〘非難〙ਨਿੰਦਾ nindā ニンダー, ਆਰੋਪ āropa アーロープ, ਦੋਸ਼ dośa ドーシュ ♦非難する ਨਿੰਦਣਾ nindaṇā ニンダナー, ਆਰੋਪ ਲਾਉਣਾ āropa lāuṇā アーロープ ラーウナー, ਦੋਸ਼ ਲਾਉਣਾ dośa lāuṇā ドーシュ ラーウナー
ひにく〘皮肉〙ਵਿਅੰਗ viaṅga ヴィアング ♦皮肉な ਵਿਅੰਗਾਤਮਿਕ viaṅgātamika ヴィアンガートミク, ਵਿਅੰਗਮਈ viaṅgamaī ヴィアングマイー
ひにん〘避妊〙ਬਰਥ ਕੰਟਰੋਲ baratʰa kaṇṭarola バルト カントロール
ひにんする〘否認する〙ਨਾਂਹ ਕਰਨੀ nẫ karanī ナーン カルニー, ਨਕਾਰਨਾ nakāranā ナカールナー
びねつ〘微熱〙ਕਸ kasa カス, ਸੁਖਾ sūkʰā スーカー
ひねる〘捻る〙ਮਰੋੜਨਾ maroṛanā マロールナー, ਮੋੜਨਾ moṛanā モールナー, ਵੱਟਣਾ waṭṭaṇā ワッタナー
ひのいり〘日の入り〙ਸੂਰਜ ਅਸਤ sūraja asata スーラジ アスト
ひので〘日の出〙ਸੂਰਜ ਉਦੇ sūraja ude スーラジ ウデー
ビハールしゅう〘ビハール州〙ਬਿਹਾਰ bihāra ビハール
ひばな〘火花〙ਚੰਗਿਆੜੀ caṅgiāṛī チャンギアーリー, ਚਿਣਗ ciṇaga チナグ, ਮੁਆਤਾ muātā ムアーター
ひばり〘雲雀〙ਲਾਰਕ lāraka ラールク
ひはん〘批判〙ਅਲੋਚਨਾ alocanā アローチャナー, ਨੁਕਤਾਚੀਨੀ nukatācīnī ヌクターチーニー ♦批判する ਅਲੋਚਨਾ ਕਰਨੀ alocanā karanī アローチャナー カルニー, ਨੁਕਤਾਚੀਨੀ ਕਰਨੀ nukatācīnī karanī ヌクターチーニー カルニー, ਟੋਕਣਾ ṭokaṇā トーカナー
ひばん〘非番〙ਛੁੱਟੀ cʰuṭṭī チュッティー
ひび（割れ目）ਤਰੇੜ tareṛa タレール
ひびき〘響き〙ਗੂੰਜ gũja グーンジ, ਸੱਦ sadda サッド, ਨਾਦ nāda ナード
ひびく〘響く〙ਗੂੰਜਣਾ gũjaṇā グーンジャナー
ひひょう〘批評〙ਅਲੋਚਨਾ alocanā アローチャナー, ਤਨਕੀਦ tanakīda タンキード, ਰੀਵਿਊ rīviū リーヴィウー ♦批評する ਅਲੋਚਨਾ ਕਰਨੀ alocanā karanī アローチャナー カルニー, ਟਿੱਪਣਾ ṭippaṇā ティッパナー
ひふ〘皮膚〙ਚਮੜੀ camaṛī チャムリー, ਜਿਲਦ jilada ジルド, ਪੋਸਤ posata ポースト
ひぼう〘誹謗〙ਭੰਡੀ păṇḍī パンディー, ਤੁਹਮਤ tômata トーマト, ਬਦਗੋਈ badagoī バドゴーイー
ひぼんな〘非凡な〙ਅਸਧਾਰਨ asadărana アサダーラン, ਵਿਲੱਖਣ vilakkʰaṇa ヴィラッカン, ਵਿਰਲਾ ਵਾਂਜਾ viralā wẫjā ヴィルラー ワーンジャー
ひま〘暇〙ਫ਼ੁਰਸਤ furasata フルサト, ਵਿਹਲ wêla ウェール ♦暇な ਫ਼ਾਰਗ਼ fārağa ファーラグ, ਵਿਹਲਾ wêlā ウェーラー, ਖ਼ਾਲੀ xālī カーリー
ヒマーチャル・プラデーシュしゅう〘ヒマーチャル・プラデーシュ州〙ਹਿਮਾਚਲ ਪ੍ਰਦੇਸ਼ himācala pradeśa ヒマーチャル プラデーシュ
ひまご〘曾孫〙（男の）ਪੜਪੋਤਰਾ paṛapotarā パルポータラー （女の）ਪੜਪੋਤਰੀ paṛapotarī パルポータリー
ひまん〘肥満〙ਮੁਟਾਈ muṭāī ムターイー, ਮੁਟਾਪਾ muṭāpā ムターパー, ਠੁੱਲ੍ਹ ṭʰûlla トゥッル
ひみつ〘秘密〙ਰਹੱਸ rahassa ラハッス, ਭੇਤ pĕta ペート, ਰਾਜ਼ rāza ラーズ ♦秘密に満ちた ਰਹੱਸਪੂਰਨ rahassapūrana ラハッスプールン, ਭੇਤ ਭਰਿਆ pĕta păriā ペート パリアー
びみょうな〘微妙な〙ਬਰੀਕ barīka バリーク, ਸੂਖਮ sūkʰama スーカム, ਮਹੀਨ maǐna マイーン
ひめい〘悲鳴〙ਚੀਕ cīka チーク, ਲਿਲ੍ਹਕ lîlaka リラク ♦悲鳴を上げる ਚੀਕ ਮਾਰਨੀ cīka māranī チーク マールニー, ਚੀਕਣਾ cīkaṇā チーカナー, ਲਿਲ੍ਹਕਣਾ lilăkaṇā リラカナー
ひも〘紐〙ਡੋਰੀ ḍorī ドーリー
ひやかす〘冷やかす〙ਛੇੜਨਾ cʰeṛanā チェールナー
ひゃく〘百〙ਸੌ sau サォー, ਸੈਂਕੜਾ sãĩkaṛā サェーンクラー
ひやく〘飛躍〙ਛਲਾਂਗ cʰalãga チャラーング
ひゃくまん〘百万〙ਦਸ ਲੱਖ dasa lakkʰa ダス ラック, ਮਿਲੀਅਨ milīana ミリーアン
ひやす〘冷やす〙ਠੰਢਾ ਕਰਨਾ ṭʰâṇḍā karanā タンダー カルナー, ਠੰਢਿਆਉਣਾ ṭʰaṇḍiăuṇā タンディアーウナー, ਠਾਰਨਾ ṭʰāranā タールナー
ひゃっかじてん〘百科事典〙ਵਿਸ਼ਵਕੋਸ਼ viśavakośa ヴィシャヴコーシュ
ひゆ〘比喩〙ਮਿਸਾਲ misāla ミサール, ਤੁਲਨਾ tulanā トゥルナー ♦比喩的な ਅਲੰਕਾਰਕ alaṅkāraka アランカーラク （暗喩）ਤਸ਼ਬੀਹ taśabî タシュビー, ਰੂਪਕ rūpaka ルーパク
ヒューズ ਫਿਊਜ਼ fiūza フィウーズ
ヒューマニズム ਮਾਨਵਤਾਵਾਦ mānavatāwāda マーナヴターワード, ਮਾਨਵਵਾਦ mānavawāda マーナヴワード, ਇਨਸਾਨੀਅਤ inasānīata インサーニーアト
ひょう〘票〙ਵੋਟ voṭa ヴォート
ひょう〘表〙ਸੂਚੀ sūcī スーチー
ひょう〘雹〙ਅਹਿਣ aîṇa アェーン, ਗੜਾ gaṛā ガラー, ਚੰਦਰਾ candarā チャンドラー
ひよう〘費用〙ਖ਼ਰਚ xaraca カルチ, ਲਾਗਤ lāgata ラーガト
びょう〘秒〙ਸਕਿੰਟ sakiṇṭa サキント, ਸੈਕੰਡ saikaṇḍa サェーカンド
びょういん〘病院〙ਹਸਪਤਾਲ hasapatāla ハスパタール, ਸ਼ਿਫ਼ਾਖ਼ਾਨਾ śifāxānā シファーカーナー
ひょうか〘評価〙ਮੁਲਾਂਕਣ mulãkaṇa ムラーンカン, ਨਿਰਖ nirakʰa ニルク ♦評価する ਮੁਲਾਂਕਣ ਕਰਨਾ

mulãkaṇa karaṇā ムラーンカン カルナー, ਨਿਰਖਣਾ nirakʰaṇā ニルカナー

ひょうが〘氷河〙ਹਿਮ ਨਦੀ hima nadī ヒム ナディー, ਗਲੇਸ਼ੀਅਰ galeśīara ガレーシーアル

びょうき〘病気〙ਬਿਮਾਰੀ bimārī ビマーリー, ਰੋਗ roga ローグ, ਮਰਜ਼ maraza マルズ ◆病気になる ਬਿਮਾਰ ਹੋਣਾ bimāra hoṇā ビマール ホーナー

ひょうきんな ਮਖੌਲੀ makʰaulī マカォーリー, ਮਜ਼ਾਕੀਆ mazākīā マザーキーアー

ひょうげん〘表現〙ਪਰਗਟਾ paragaṭā パルガター, ਅਭਿਵਿਅੰਜਨ âbiviañjana アビヴィアンジャン ◆表現する ਪਰਗਟਾਉਣਾ paragaṭāuṇā パルガターウナー

びょうげんきん〘病原菌〙ਰੋਗਾਣੂ rogāṇū ローガーヌー

ひょうご〘標語〙ਨਾਅਰਾ nāarā ナーアラー

ひょうざん〘氷山〙ਹਿਮ ਪਰਬਤ hima parabata ヒム パルバト

ひょうし〘表紙〙ਜਿਲਦ jilada ジルド

ひょうしき〘標識〙ਚਿੰਨ੍ਹ cînna チンヌ, ਨਿਸ਼ਾਨ niśāna ニシャーン

びょうしつ〘病室〙ਵਾਰਡ wāraḍa ワールド

びょうしゃ〘描写〙ਵਰਨਨ waranana ワルナン, ਨਿਰੂਪਣ nirūpaṇa ニルーパン ◆描写する ਵਰਨਨ ਕਰਨਾ waranana karanā ワルナン カルナー

びょうじゃくな〘病弱な〙ਮਰੀਅਲ marīala マリーアル

ひょうじゅん〘標準〙ਸਤਰ satara サタル, ਮਿਆਰ miāra ミアール, ਸਟੈਂਡਰਡ saṭãīḍaraḍa サタェーンダルド ◆標準的な ਪਰਮਾਣਿਕ paramāṇika パルマーニク

ひょうじょう〘表情〙ਚਿਹਰਾ cêrā チェーラー

びょうじょう〘病状〙ਤਕਲੀਫ਼ takalīfa タクリーフ

ひょうてき〘標的〙ਨਿਸ਼ਾਨਾ niśānā ニシャーナー

びょうどう〘平等〙ਬਰਾਬਰੀ barābarī バラーバリー, ਸਮਾਨਤਾ samānatā サマーンター ◆平等の ਬਰਾਬਰ barābara バラーバル, ਸਮਾਨ samāna サマーン

びょうにん〘病人〙ਮਰੀਜ਼ marīza マリーズ, ਰੋਗੀ rogī ローギー

ひょうはく〘漂白〙ਨਿਖਾਰ nikʰāra ニカール ◆漂白剤 ਰੰਗ-ਕਾਟ raṅga-kāṭa ラング・カート ◆漂白する ਨਿਖਾਰਨਾ nikʰāranā ニカールナー, ਉਡਾਉਣਾ uḍāuṇā ウダーウナー

ひょうばん〘評判〙ਨਮੂਜ namūja ナムージ, ਧੁੰਮ tǔmma トゥンム

ひょうほん〘標本〙ਨਮੂਨਾ namūnā ナムーナー, ਸੈਂਪਲ sãīpala サェーンパル

ひょうめい〘表明〙ਇਜ਼ਹਾਰ izahāra イズハール ◆表明する ਜਤਾਉਣਾ jatāuṇā ジャターウナー

ひょうめん〘表面〙ਸਤ੍ਹਾ sâtā サター

びょうりがく〘病理学〙ਰੋਗ ਵਿੱਦਿਆ roga viddiā ローグ ヴィッディアー

ひょうろん〘評論〙ਸਮੀਖਿਆ samīkʰiā サミーキアー, ਅਲੋਚਨਾ alocanā アローチャナー, ਰੀਵਿਊ rīviū リーヴィウー ◆評論家 ਸਮੀਖਿਅਕ samīkʰiaka サミーキアク, ਅਲੋਚਕ alocaka アローチャク, ਰੀਵਿਊਕਾਰ rīviūkāra リーヴィウーカール

ひよくな〘肥沃な〙ਜ਼ਰਖ਼ੇਜ਼ zaraxeza ザルケーズ, ਉਪਜਾਊ upajāū ウプジャーウー, ਉਤਪਾਦਕ utapādaka ウトパーダク

ひよこ ਚੂਚਾ cūcā チューチャー

ひよこまめ〘雛豆〙ਛੋਲਾ cʰolā チョーラー, ਚਣਾ caṇā チャナー ◆雛豆の粉 ਵੇਸਣ vesaṇa ヴェーサン

ひらく〘開く〙(開ける) ਖੋਲ੍ਹਣਾ kʰôlaṇā コーラナー (開始する) ਸ਼ੁਰੂ ਕਰਨਾ śurū karanā シュルー カルナー, ਅਰੰਭਣਾ arâmbaṇā アランバナー

ひらめく〘閃く〙ਲਿਸ਼ਕਣਾ liśakaṇā リシュカナー, ਝਲਕਣਾ călakaṇā チャラクナー, ਡਲ੍ਹਕਣਾ ḍâlakaṇā ダラクナー

ひりつ〘比率〙ਅਨੁਪਾਤ anupāta アヌパート, ਨਿਸਬਤ nisabata ニスバト, ਰੇਸ਼ੋ reśo レーショー

ビリヤード ਬਿਲੀਅਰਡ bilīaraḍa ビリーアルド

ひりょう〘肥料〙ਖਾਦ kʰāda カード, ਰੂੜੀ rūṛī ルーリー, ਹੈਲ haila ハェール

ひる〘昼〙(日中) ਦਿਨ dina ディン (正午) ਦੁਪਹਿਰ dupaîra ドゥパェール

ひるがえる〘翻る〙(旗などが) ਝੁੱਲਣਾ cǔllaṇā チュッラナー (向きが変わる) ਫਿਰਨਾ pʰiranā ピルナー

ひるごはん〘昼御飯〙ਲੰਚ lañca ランチ, ਟਿਫ਼ਨ ṭifana ティファン

ビルディング ਇਮਾਰਤ imārata イマーラト

ひるね〘昼寝〙ਕਲੂਲਾ kalūlā カルーラー

ひるま〘昼間〙ਦਿਨ dina ディン

ひれつな〘卑劣な〙ਕਮੀਨਾ kamīnā カミーナー, ਹਕੀਰ hakīra ハキール, ਕਮਜ਼ਾਤ kamazāta カムザート

ひろい〘広い〙ਮੋਕਲਾ mokalā モーカラー, ਖੁੱਲ੍ਹਾ kʰûllā クッラー, ਚੌੜਾ cauṛā チャォーラー

ヒロイン ਹੀਰੋਇਨ hīroina ヒーローイン, ਨਾਇਕਾ nāikā ナーイカー

ひろう〘拾う〙(拾い上げる) ਚੁੱਕਣਾ cukkaṇā チュッカナー, ਚੱਕਣਾ cakkaṇā チャッカナー, ਉਠਾਉਣਾ uṭʰāuṇā ウターウナー (拾い集める) ਚੁਗਣਾ cugaṇā チュガナー, ਚੁਣਨਾ cuṇanā チュンナー

ひろう〘疲労〙ਥਕਾਵਟ tʰakāwaṭa タカーワト, ਹਾਂਭ hãba ハーンブ, ਮਾਂਦਗੀ mãdagī マーンドギー

ひろがる〘広がる〙ਫੈਲਣਾ pʰailaṇā パェールナー, ਪਸਰਨਾ pasaranā パサルナー, ਵਿਆਪਣਾ viāpaṇā ヴィアーパナー

ひろげる〘広げる〙ਫੈਲਾਉਣਾ pʰailāuṇā パェーラーウナー, ਪਸਾਰਨਾ pasāranā パサールナー, ਵਿਸਤਾਰਨਾ visatāranā ヴィスタールナー

ひろさ〘広さ〙ਚੌੜਾਈ cauṛāī チャォーラーイー, ਅਰਜ਼ araza アルズ, ਬਰ bara バル

ひろば〘広場〙ਮਦਾਨ madāna マダーン

ひろま〘広間〙ਨੌਹਰਾ naûrā ナォーラー, ਹਾਲ hāla ハール, ਸੈਲੂਨ sailūna サェールーン

ひろまる〘広まる〙ਫੈਲਣਾ pʰailaṇā パェールナー, ਪਰਚੱਲਤ ਹੋਣਾ paracallata hoṇā パルチャッラト ホーナー

ひろめる〘広める〙ਫੈਲਾਉਣਾ pʰailāuṇā パェーラーウナー, ਪਰਚਾਰਨਾ paracāranā パルチャールナー, ਧੁਮਾਉਣਾ tumăuṇā トゥマーウナー

びわ〘枇杷〙ਲੁਕਾਟ lukāṭa ルカート

ひわいな〖卑猥な〗ਅਸ਼ਲੀਲ aśalīla̯ アシュリール, ਲੱਚਰ laccara̯ ラッチャル, ਫ਼ੁਹਸ਼ fuhaśa̯ フハシュ
びん〖便〗(飛行機の) ਉਡਾਣ uḍāṇa̯ ウダーン
びん〖瓶〗ਬੋਤਲ botala̯ ボータル
ピン ਪਿੰਨ pinna̯ ピンヌ, ਫਾਲ p^{h}āla̯ パール
ひんい〖品位〗ਆਚਰਨ ācarana̯ アーチャラン, ਸੀਰਤ sīrata̯ スィーラト
びんかんな〖敏感な〗ਸੰਵੇਦਨਸ਼ੀਲ sanvedanaśīla̯ サンヴェーダンシール, ਸੰਵੇਦੀ sanvedī サンヴェーディー
ひんけつ〖貧血〗ਸਟਕਾ saṭakā サトカー, ਭੁੱਸ pŭssa̯ プッス, ਭੁੱਸਾ pŭssā プッサー
ひんこん〖貧困〗ਗ਼ਰੀਬੀ ğarībī ガリービー, ਦਰਿੱਦਰ dariddara̯ ダリッダル, ਨਿਰਧਨਤਾ niratănatā ニルタンター
ひんし〖品詞〗ਸ਼ਬਦ ਸ਼ਰੇਣੀ śabada̯ śareṇī シャバド シャレーニー
ひんしつ〖品質〗ਗੁਣ guṇa̯ グン, ਕੁਆਲਟੀ kuālaṭī クアールティー
ひんじゃくな〖貧弱な〗ਲਿੱਸਾ lissā リッサー
ひんしゅ〖品種〗ਜਿਨਸ jinasa̯ ジンス, ਨਸਲ nasala̯ ナサル
びんしょうな〖敏捷な〗ਚਟਕ caṭaka̯ チャタク, ਫੁਰਤੀਲਾ p^{h}uratīlā プルティーラー, ਉੱਡਣਾ uḍḍaṇā ウッダナー
ヒンディーご〖ヒンディー語〗ਹਿੰਦੀ hindī ヒンディー
ヒント ਸੰਕੇਤ saṅketa̯ サンケート, ਕਨਸੋ kanaso カンソー
ひんど〖頻度〗ਆਵਰਿਤੀ āwaritī アーワリティー
ヒンドゥーきょうと〖ヒンドゥー教徒〗ਹਿੰਦੂ hindū ヒンドゥー
ひんぱんに〖頻繁に〗ਅਕਸਰ akasara̯ アクサル, ਬਹੁਤ ਕਰ ਕੇ baûta̯ kara̯ ke バオート カル ケー
びんぼう〖貧乏〗ਗ਼ਰੀਬੀ ğarībī ガリービー, ਦਰਿੱਦਰ dariddara̯ ダリッダル, ਨਿਰਧਨਤਾ niratănatā ニルタンター ◆貧乏な ਗ਼ਰੀਬ ğarība̯ ガリーブ, ਮੁਫ਼ਲਸ mufalasa̯ ムフラス, ਨਿਰਧਨ niratăna̯ ニルタン
ぶ〖部〗(部数) ਕਾਪੀ kāpī カーピー (部署) ਵਿਭਾਗ vipăga̯ ヴィパーグ
ぶあい〖歩合〗ਦਰ dara̯ ダル, ਰੇਟ reṭa̯ レート
ぶあいそうな〖無愛想な〗ਅੱਖੜ akk^{h}aṛa̯ アッカル, ਬੇਰੁਖ਼ beruxa̯ ベールク
ファイル ਫ਼ਾਈਲ fāīla̯ ファーイール, ਮਿਸਲ misala̯ ミサル
ファシズム ਫ਼ਾਸਿਜ਼ਮ fāsizama̯ ファースィズム
ファッション ਫ਼ੈਸ਼ਨ faiśana̯ ファェーシャン
ファン ਪਰੇਮੀ paremī パレーミー
ふあん〖不安〗ਅਸ਼ਾਂਤੀ aśā̃tī アシャーンティー, ਬੇਚੈਨੀ becainī ベーチャェーニー, ਬੇਕਰਾਰੀ bekarārī ベーカラーリー ◆不安な ਅਸ਼ਾਂਤ aśā̃ta̯ アシャーント, ਬੇਚੈਨ becaina̯ ベーチャェーン, ਬੇਕਰਾਰ bekarāra̯ ベーカラール
ふあんていな〖不安定な〗ਅਸਥਿਰ asat^{h}ira̯ アスティル, ਅਟਿਕਵਾਂ aṭikawā̃ アティクワーン
ふいっち〖不一致〗ਅਜੋੜ ajoṛa̯ アジョール, ਬਿਖਮਤਾ bik^{h}amatā ビカムター
ふいの〖不意の〗ਅਚਨਚੇਤੀ acanacetī アチャンチェーティー, ਬੇਵਕਤ bewakata̯ ベーワカト
フィリピン ਫ਼ਿਲਿਪੀਨੀਜ਼ filipīnīza̯ フィリピーニーズ
フィルター ਫ਼ਿਲਟਰ filaṭara̯ フィルタル
フィルム ਫ਼ਿਲਮ filama̯ フィルム
フィンランド ਫ਼ਿਨਲੈਂਡ finalāĩḍa̯ フィンラェーンド
ふうき〖風紀〗ਨੈਤਿਕਤਾ naitikatā ナェーティクター
ふうけい〖風景〗ਦਰਿਸ਼ dariśa̯ ダリシュ, ਨਜ਼ਾਰਾ nazārā ナザーラー, ਸੀਨਰੀ sīnarī スィーンリー
ふうさ〖封鎖〗ਨਾਕਾਬੰਦੀ nākābandī ナーカーバンディー
ふうし〖風刺〗ਵਿਅੰਗ viaṅga̯ ヴィアング, ਡੋਹਾ ḍôā ドーアー
ふうしゃ〖風車〗ਹਵਾਈ ਚੱਕੀ hawāī cakkī ハワーイー チャッキー
ふうしゅう〖風習〗ਰਸਮ rasama̯ ラサム, ਰੀਤੀ rītī リーティー, ਰਿਵਾਜ riwāja̯ リワージ
ふうしん〖風疹〗ਮੋਤੀਝਾਰਾ motīcărā モーティーチャーラー
ふうせん〖風船〗ਗ਼ੁਬਾਰਾ ğubārā グバーラー, ਭੁਕਾਨਾ pukănā プカーナー, ਬੈਲੂਨ bailūna̯ バェールーン
ブーツ ਬੂਟ būṭa̯ ブート
ふうとう〖封筒〗ਲਫ਼ਾਫ਼ਾ lafāfā ラファーファー
ふうふ〖夫婦〗ਪਤੀ-ਪਤਨੀ patī-patanī パティー・パトニー, ਦੰਪਤੀ dampatī ダンパティー
ふうみ〖風味〗ਜ਼ਾਇਕਾ zāikā ザーイカー, ਸੁਆਦ suāda̯ スアード
ふうんな〖不運な〗ਅਭਾਗਾ apăgā アパーガー, ਬਦਕਿਸਮਤ badakisamata̯ バドキスマト, ਬੇਨਸੀਬ benasība̯ ベーナスィーブ
ふえ〖笛〗ਪਾਈਪ pāīpa̯ パーイープ (葦笛) ਪੀਪਣੀ pīpaṇī ピーパニー (竹製の横笛) ਮੁਰਲੀ muralī ムルリー (自動車の警笛) ਹਾਰਨ hārana̯ ハールン (汽笛) ਸੀਟੀ sīṭī スィーティー, ਵਿਸਲ wisala̯ ウィサル
ふえる〖増える〗ਵਧਣਾ wâdaṇā ワドナー, ਉਦੇਸਾਉਣਾ udesāuṇā ウデーサーウナー
フェンス ਵਾੜ wāṛa̯ ワール
ぶえんりょな〖無遠慮な〗ਖੁੱਟੜ k^{h}uṭṭaṛa̯ クッタル
フォーク ਕਾਂਟਾ kā̃ṭā カーンター
ふおんな〖不穏な〗ਅਸ਼ਾਂਤ aśā̃ta̯ アシャーント
ぶか〖部下〗ਅਮਲਾ amalā アムラー, ਬੰਦਾ bandā バンダー
ふかい〖深い〗ਡੂੰਘਾ ḍū̃gā ドゥーンガー, ਗਹਿਰਾ gaîrā ガェーラー
ふかいな〖不快な〗ਨਾਖ਼ੁਸ਼ਗਵਾਰ nāxuśagawāra̯ ナークシュガワール, ਅਸੁਖਾਵਾਂ asuk^{h}āwā̃ アスカーワーン
ふかかいな〖不可解な〗ਰਹੱਸਪੂਰਨ rahassapūrana̯ ラハッスプールン
ふかけつな〖不可欠な〗ਅਨਿੱਖੜਵਾਂ anikk^{h}aṛawā̃ アニッカルワーン, ਜ਼ਰੂਰੀ zarūrī ザルーリー, ਆਵੱਸ਼ਕ āwaśśaka̯ アーワッシャク
ふかさ〖深さ〗ਡੂੰਘਾਈ ḍū̃găī ドゥーンガーイー, ਗਹਿਰਾਈ gaîrāī ガェーラーイー
ふかのうな〖不可能な〗(できない) ਅਸਾਧ asâda̯ アサード, ਅਸਮਰਥ asamarat^{h}a̯ アサムラト (ありえない)

ਅਸੰਭਵ asâmbava アサンバヴ, ਨਾਮੁਮਕਿਨ nāmumakina ナームムキン

ふかんぜんな〖不完全な〗ਅਪੂਰਨ apūrana アプールン, ਗ਼ੈਰਮੁਕੰਮਲ ğairamukammala ガェールムカンマル, ਅਧੂਰਾ adūrā アドゥーラー

ぶき〖武器〗ਹਥਿਆਰ hat^{h}iāra ハティアール, ਸ਼ਸਤਰ śasatara シャスタル, ਅਸਲਾ asalā アスラー

ふきかえ〖吹き替え〗ਡਬਿੰਗ ḍabiṅga ダビング

ふきげんな〖不機嫌な〗ਅਪਰਸੰਨ aparasanna アパルサンヌ, ਨਾਖ਼ੁਸ਼ nāxuśa ナークシュ

ふきそくな〖不規則な〗ਬੇਕਾਇਦਾ bekāidā ベーカーイダー

ふきだす〖噴き出す〗ਮੱਚਣਾ maccaṇā マッチャナー, ਉਛਾਲਣਾ uc^{h}ālaṇā ウチャールナー

ふきつな〖不吉な〗ਅਸ਼ੁਭ aśûba アシュブ, ਨਹੂਸਤੀ nahūsatī ナフースティー, ਮਨਹੂਸ manahūsa マンフース

ふきでもの〖吹き出物〗ਫਿਨਸੀ p^{h}inasī ピンスィー, ਦਾਣਾ dāṇā ダーナー

ふきゅうする〖普及する〗ਸੰਚਰਨਾ sañcaranā サンチャルナー, ਫੈਲਣਾ p^{h}ailaṇā パェールナー

ふきょう〖不況〗ਮੰਦਵਾੜਾ mandawāṛā マンドワーラー

ぶきような〖不器用な〗ਅਨਾੜੀ anāṛī アナーリー, ਕੁਚੱਜਾ kucajjā クチャッジャー, ਬੇਹੁਨਰ behunara ベーフナル

ふきん〖付近〗ਨੇੜਾ neṛā ネーラー, ਆਸ-ਪਾਸ āsa-pāsa アース・パース

ふきんこう〖不均衡〗ਬੇਮੇਲਤਾ bemelatā ベーメールター

ふく〖吹く〗(風が) ਵਗਣਾ wagaṇā ワグナー, ਵਹਿਣਾ waîṇā ワェーナー (息を) ਫੂਕਣਾ p^{h}ūkaṇā プーカナー, ਧੌਂਕਣਾ tāŭkaṇā タォーンカナー

ふく〖拭く〗ਪੂੰਝਣਾ pūjaṇā プーンジャナー

ふく〖服〗ਪੁਸ਼ਾਕ puśāka プシャーク, ਲਿਬਾਸ libāsa リバース

ふくえきする〖服役する〗ਭੁਗਤਣਾ pŭgataṇā プガトナー

ふくげん〖復元〗ਪੁਨਰ ਨਿਰਮਾਣ punara niramāṇa プナル ニルマーン, ਬਹਾਲੀ bălī バーリー

ふくざつな〖複雑な〗ਜਟਿਲ jaṭila ジャティル, ਪੇਚੀਦਾ pecīdā ペーチーダー

ふくし〖副詞〗ਕਿਰਿਆ-ਵਿਸ਼ੇਸ਼ਣ kiriā-viśeśaṇa キリアー・ヴィシェーシャン

ふくし〖福祉〗ਕਲਿਆਣ kaliāṇa カリアーン, ਪੁੰਨ punna プンヌ, ਵੈਲਫ਼ੇਅਰ wailafeara ワェールフェーアル

ふくしゅう〖復讐〗ਬਦਲਾ badalā バドラー, ਇੰਤਕਾਮ intakāma イントカーム ♦復讐する ਬਦਲਾ ਲੈਣਾ badalā laiṇā バドラー ラェーナー

ふくしゅう〖復習〗ਰੀਵਿਊ rīviū リーヴィウー

ふくじゅう〖服従〗ਤਾਬੇਦਾਰੀ tābedārī ターベーダーリー ♦服従する ਤਾਬੇਦਾਰੀ ਕਰਨੀ tābedārī karanī ターベーダーリー カルニー

ふくすう〖複数〗ਬਹੁਵਚਨ baûwacana バォーワチャン

ふくせい〖複製〗ਦੁਹਰ dôra ドール, ਪੁਨਰ ਬ੍ਰਿਤੀ punara britī プナル ブリティー, ਪ੍ਰਤਿਮਾਨ pratimāna プラティマーン

ふくそう〖服装〗ਭੇਸ pĕsa ペース, ਵੇਸ vesa ヴェース, ਪੁਸ਼ਾਕ puśāka プシャーク

ふくつう〖腹痛〗ਢਿੱਡ ਪੀੜ ṭĭḍḍa pīṛa ティッド ピール, ਪੇਟ ਦਰਦ peṭa darada ペート ダルド, ਕੇੜਾ keṛā ケーラー

ふくむ〖含む〗ਅੰਦਰ ਰੱਖਣਾ andara rakk^{h}aṇā アンダル ラッカナー

ふくめる〖含める〗ਸ਼ਾਮਲ ਕਰਨਾ śāmala karanā シャーマル カルナー

ふくらはぎ〖脹脛〗ਪਿੰਡਲੀ pinḍalī ピンダリー, ਪਿੰਨੀ pinnī ピンニー

ふくらます〖膨らます〗ਫੁਲਾਉਣਾ p^{h}ulāuṇā プラーウナー, ਫੈਲਾਉਣਾ p^{h}ailāuṇā パェーラーウナー, ਉਭਾਰਨਾ ubăranā ウバールナー

ふくらむ〖膨らむ〗ਫੁੱਲਣਾ p^{h}ullaṇā プッラナー, ਫੈਲਣਾ p^{h}ailaṇā パェールナー, ਉੱਭਰਨਾ ûbbaranā ウッバルナー

ふくろ〖袋〗ਬੋਰੀ borī ボーリー, ਗੁਥਲਾ gut^{h}alā グトラー

ふくろう〖梟〗ਉੱਲੂ ullū ウッルー, ਚੁਗ਼ਦ cuğada チュガド, ਪੇਚਕ pecaka ペーチャク

ふけいき〖不景気〗ਮੰਦਵਾੜਾ mandawāṛā マンドワーラー

ふけいざいな〖不経済な〗(浪費する) ਖ਼ਰਚੀਲਾ xaracīlā カルチーラー (採算のとれない) ਅਣਆਰਥਕ aṇaārat^{h}aka アンアールタク

ふけつな〖不潔な〗ਨਾਪਾਕ nāpāka ナーパーク, ਮਲੀਨ malīna マリーン, ਮੈਲਾ mailā マェーラー

ふこう〖不幸〗ਬਦਕਿਸਮਤੀ badakisamatī バドキスマティー, ਬਦਨਸੀਬੀ badanasībī バドナスィービー ♦不幸な ਬਦਕਿਸਮਤ badakisamata バドキスマト, ਬਦਨਸੀਬ badanasība バドナスィーブ

ふごう〖符号〗ਚਿੰਨ੍ਹ cînna チンヌ, ਸਾਈਨ sāīna サーイーン

ふこうへいな〖不公平な〗ਅਨਿਆਈ aniāī アニアーイー, ਨਿਆਂਹੀਣ niãhīṇa ニアーンヒーン, ਬੇਇਨਸਾਫ਼ beinasāfa ベーインサーフ

ふごうりな〖不合理な〗ਨਿਰਵਿਵੇਕ niraviveka ニルヴィヴェーク, ਬੇਦਲੀਲ bedalīla ベーダリール, ਨਾਮਾਕੂਲ nāmākūla ナーマークール

ふざい〖不在〗ਅਣਹੋਂਦ aṇahōda アンホーンド, ਗ਼ੈਰਮੌਜੂਦਗੀ ğairamaujūdagī ガェールマォージュードギー, ਗ਼ੈਰਹਾਜ਼ਰੀ ğairahāzarī ガェールハーズリー

ふさぐ〖塞ぐ〗(満たす・詰める) ਭਰਨਾ păranā パルナー (閉める・遮断する) ਬੰਦ ਕਰਨਾ banda karanā バンド カルナー, ਮੀਚਣਾ mīcaṇā ミーチャナー, ਮੁੰਦਣਾ mundaṇā ムンダナー

ふざける ਮਸ਼ਕਰੀ ਕਰਨੀ maśakarī karanī マシュカリー カルニー, ਮੱਛਰਨਾ macc^{h}aranā マッチャルナー

ふさわしい ਉਚਿਤ ucita ウチト, ਅਨੁਕੂਲ anukūla アヌクール, ਮੁਨਾਸਬ munāsaba ムナーサブ

ふし〖節〗(太くなっている所) ਗੰਢ gânḍa ガンド (関節) ਜੋੜ joṛa ジョール

ふしぎな〘不思議な〙ਕੌਤਕੀ kautạkī カオートキー，ਚਮਤਕਾਰੀ camatạkārī チャマトカーリー
ふしぜんな〘不自然な〙ਅਸੁਭਾਵਿਕ asubăvikạ アスバーヴィク，ਗ਼ੈਰਕੁਦਰਤੀ ğairạkudarạtī ガェールクダルティー
ふしちょう〘不死鳥〙ਹੁਮਾ humā フマー
ぶじに〘無事に〙ਬਖ਼ੈਰ baxairạ バカェール
ふじみの〘不死身の〙ਅਮਰ amarạ アマル
ふじゅうぶんな〘不十分な〙ਨਾਕਾਫ਼ੀ nākāfī ナーカーフィー
ふしょう〘負傷〙ਚੋਟ coṭạ チョート，ਜ਼ਖ਼ਮ zaxamạ ザカム
ぶしょうな〘不精な〙ਸੁਸਤ susạtạ ススト，ਆਲਸੀ ālạsī アールスィー
ふしょく〘腐食〙ਖੋਰਾ kʰorā コーラー，ਸੜਨ saṛanạ サラン，ਸਾੜ sāṛạ サール
ぶじょく〘侮辱〙ਅਪਮਾਨ apạmānạ アプマーン，ਹੇਠੀ heṭʰī ヘーティー，ਹੱਤਕ hattakạ ハッタク ♦侮辱する ਅਪਮਾਨ ਕਰਨਾ apạmānạ karạnā アプマーン カルナー，ਹੇਠੀ ਕਰਨੀ heṭʰī karạnī ヘーティー カルニー，ਹੱਤਕ ਕਰਨੀ hattakạ karạnī ハッタク カルニー
ふしん〘不信〙ਅਵਿਸ਼ਵਾਸ aviśạwāsạ アヴィシュワース，ਬੇਇਤਬਾਰੀ beitạbārī ベーイトバーリー，ਬੇਭਰੋਸਗੀ beparŏsạgī ベーパロースギー
ふしんせつな〘不親切な〙（無情な）ਨਿਰਦਈ nirạdaī ニルダイー（思いやりのない）ਨਾਮਿਹਰਬਾਨ nāmêrạbānạ ナーメールバーン
ふせい〘不正〙ਬੇਇਨਸਾਫ਼ੀ beinạsāfī ベーインサーフィー，ਅਨਿਆਇ aniāe アニアーエー ♦不正な ਬੇਇਨਸਾਫ਼ beinạsāfạ ベーインサーフ，ਅਨਿਆਈ aniāī アニアーイー
ふせいかくな〘不正確な〙ਅਸ਼ੁੱਧ aśûddạ アシュッド
ふせぐ〘防ぐ〙ਰੋਕਣਾ rokạṇā ローカナー，ਨਿਵਾਰਨਾ niwārạnā ニワールナー
ふせる〘伏せる〙（下向きにする）ਝੁਕਾਉਣਾ cukăuṇā チュカーウナー（隠す）ਛੁਪਾਉਣਾ cʰupāuṇā チュパーウナー
ぶそう〘武装〙ਹਥਿਆਰਬੰਦੀ hatʰiārạbandī ハティアールバンディー，ਸ਼ਸਤਰੀਕਰਨ śasạtarīkaranạ シャスタリーカルン ♦武装する ਹਥਿਆਰਬੰਦ ਹੋਣਾ hatʰiārạbandạ hoṇā ハティアールバンド ホーナー
ふそく〘不足〙ਘਾਟਾ kăṭā カーター，ਥੁੜ tʰuṛạ トゥル，ਕਮੀ kamī カミー ♦不足する ਘਾਟਾ ਹੋਣਾ kăṭā hoṇā カーター ホーナー，ਥੁੜਨਾ tʰuṛạnā トゥルナー
ふぞくの〘付属の〙ਅਨੁਬੰਧੀ anubândī アヌバンディー，ਵਾਬਸਤਾ wābasạtā ワーバスター
ふた〘蓋〙ਢੱਕਣ ṭăkkaṇạ タッカン
ふだ〘札〙（下げ札）ਟੈਗ ṭaigạ タェーグ（張り札）ਲੇਬਲ lebalạ レーバル
ぶた〘豚〙ਸੂਰ sūrạ スール
ぶたい〘舞台〙ਮੰਚ mañcạ マンチ，ਰੰਗ-ਮੰਚ rañgạ-mañcạ ラング・マンチ，ਸਟੇਜ saṭejạ サテージ
ふたご〘双子〙ਜੁਗਲ jugalạ ジュガル，ਜੌੜੇ jauṛe ジャオーレー ♦双子座 ਮਾਹੌਮਾਹੀਆ mâomâīā マーオーマーイーアー
ふたしかな〘不確かな〙ਅਨਿਸ਼ਚਿਤ aniśacitạ アニシュチト，ਬੇਯਕੀਨਾ beyakīnā ベーヤキーナー
ふたたび〘再び〙ਦੁਬਾਰਾ dubārā ドゥバーラー，ਮੁੜ muṛạ ムル，ਫੇਰ pʰerạ ペール
ぶたにく〘豚肉〙ਸੂਰ ਦਾ ਮਾਸ sūrạ dā māsạ スール ダー マース
ふたん〘負担〙ਬੋਝ bôjạ ボージ，ਭਾਰ pǎrạ パール
ふだんの〘普段の〙ਆਮ āmạ アーム，ਮਾਮੂਲੀ māmūlī マームーリー，ਮਦਾਮ madāmạ マダーム
ふだんは〘普段は〙ਆਮ ਤੌਰ ਤੇ āmạ taurạ te アーム タオール テー
ふち〘縁〙ਕਿਨਾਰਾ kinārā キナーラー，ਕੰਢਾ kânḍā カンダー
ふちゅういな〘不注意な〙ਅਸਾਵਧਾਨ asāvadǎnạ アサーヴダーン，ਲਾਪਰਵਾਹ lāparạwâ ラーパルワー，ਬੇਧਿਆਨ betiǎnạ ベーティアーン
ふつうの〘普通の〙ਸਧਾਰਨ sadǎranạ サダーラン，ਮਾਮੂਲੀ māmūlī マームーリー
ぶっか〘物価〙ਨਿਰਖ਼ niraxạ ニルク
ふっかつ〘復活〙ਪੁਨਰ ਜੀਵਨ punarạ jīwanạ プナル ジーワン
ぶつかる（衝突する）ਟਕਰਾਉਣਾ ṭakarāuṇā タクラーウナー，ਟੱਕਰ ਖਾਣੀ ṭakkarạ kʰāṇī タッカル カーニー，ਟੱਕਰਨਾ ṭakkarạnā タッカルナー
ぶっきょう〘仏教〙ਬੌਧ ਧਰਮ baûdạ tǎramạ バオード タラム ♦仏教徒 ਬੌਧ baûdạ バオード
ぶつける（衝突させる）ਟਕਰਾਉਣਾ ṭakarāuṇā タクラーウナー
ふっこう〘復興〙ਪੁਨਰ ਨਿਰਮਾਣ punarạ niramāṇạ プナル ニルマーン，ਪੁਨਰ ਉੱਥਾਨ punarạ uttʰānạ プナル ウッターン
ふつごう〘不都合〙ਅਸੁਵਿਧਾ asûvidā アスヴィダー
ぶっしつ〘物質〙ਪਦਾਰਥ padāratʰạ パダーラト
ぶったい〘物体〙ਪਦਾਰਥ padāratʰạ パダーラト，ਵਸਤ wasạtạ ワスト，ਚੀਜ਼ cīzạ チーズ
ふっとうする〘沸騰する〙ਉੱਬਲਨਾ ubbalạnā ウッバルナー，ਕੜ੍ਹਨਾ kâṛạnā カルナー，ਗੜ੍ਹਕਣਾ gâṛạkaṇā ガルカナー
ぶつり〘物理〙ਭੌਤਿਕ ਵਿਗਿਆਨ paŭtikạ vigiānạ パォーティク ヴィギアーン ♦物理学者 ਭੌਤਿਕ ਵਿਗਿਆਨੀ paŭtikạ vigiānī パォーティク ヴィギアーニー
ふで〘筆〙ਕਲਮ kalamạ カラム
ふていし〘不定詞〙ਅਕਾਲ ਕਿਰਿਆ akālạ kiriā アカール キリアー
ふていの〘不定の〙ਅਨਿਸ਼ਚਿਤ aniśacitạ アニシュチト
ふてきとうな〘不適当な〙ਅਨੁਚਿਤ anucitạ アヌチト，ਨਾਮਾਕੂਲ nāmākūlạ ナーマークール，ਗ਼ੈਰਮੁਨਾਸਬ ğairạmunāsabạ ガェールムナーサブ
ふとい〘太い〙ਮੋਟਾ moṭā モーター
ぶどう〘葡萄〙ਅੰਗੂਰ aṅgūrạ アングール，ਦਾਖ dākʰạ ダーク
ふどうさん〘不動産〙ਤੱਲਕਾ tallakā タッラカー
ふとうな〘不当な〙ਨਾਜਾਇਜ਼ nājāizạ ナージャーイズ，ਬੇਨਿਆਈ beniāī ベーニアーイー，ਅਣਹੱਕੀ aṇahakkī

アンハッキー
ふとさ〖太さ〗ਮੁਟਾਈ muṭāī ムターイー
ふとる〖太る〗ਮੱਲਣਾ mallaṇā マッラナー
ふとん〖布団〗（掛け布団） ਰਜ਼ਾਈ razāī ラザーイー（敷き布団） ਤਲਾਈ talāī タラーイー, ਗੱਦਾ gaddā ガッダー, ਗਦੇਲਾ gadelā ガデーラー
ふにんしょう〖不妊症〗ਬਾਂਝਪਣ bā̃japaṇa バーンジパン
ふね〖船〗ਜਹਾਜ਼ jăza ジャーズ, ਬੋਹਥ bôtʰa ボート, ਬੇੜਾ beṛā ベーラー（小舟・ボート） ਨਾਓ nāo ナーオー, ਕਿਸ਼ਤੀ kiśatī キシュティー, ਬੇੜੀ beṛī ベーリー
ふはい〖腐敗〗（腐ること） ਤਰੱਕ tarakka タラック（堕落） ਭਰਿਸ਼ਟਾਚਾਰ pariśaṭācāra パリシュターチャール
ぶひん〖部品〗ਪੁਰਜ਼ਾ purazā プルザー, ਪਾਰਟ pāraṭa パールト
ぶぶん〖部分〗ਹਿੱਸਾ hissā ヒッサー, ਭਾਗ păga パーグ, ਅੰਸ਼ anśa アンシュ
ふへい〖不平〗ਸ਼ਿਕਾਇਤ śikāita シカーイト, ਸ਼ਿਕਵਾ śikawā シクワー
ぶべつ〖侮蔑〗ਤਿਰਸਕਾਰ tirasakāra ティルスカール, ਹਾਣਤ hāṇata ハーナト, ਫ਼ਜ਼ੀਹਤ fazîta ファズィート
ふへんてきな〖普遍的な〗ਆਲਮੀ ālamī アーラミー, ਜਾਮਾ jāmā ジャーマー, ਵਿਸ਼ਵ-ਵਿਆਪੀ viśava-viāpī ヴィシャヴ・ヴィアーピー
ふべんな〖不便な〗ਅਸੁਵਿਧਾਪੂਰਨ asûvidāpūrana アスヴィダープールン
ふほうな〖不法な〗ਗ਼ੈਰਕਾਨੂੰਨੀ ğairakānūnī ガェールカーヌーンニー
ふまん〖不満〗ਅਸੰਤੋਖ asantokʰa アサントーク, ਅਸੰਤੁਸ਼ਟਤਾ asantuśaṭatā アサントゥシュトター ♦不満な ਬੇਸਬਰ besabara ベーサバル, ਅਸੰਤੁਸ਼ਟ asantuśaṭa アサントゥシュト
ふみきり〖踏切〗ਰੇਲਵੇ ਕ੍ਰਾਸਿੰਗ relawe krāsiṅga レールウェー クラースィング
ふみつける〖踏みつける〗ਮਿੱਧਣਾ mîddaṇā ミッダナー, ਲਤਾੜਨਾ latāṛanā ラタールナー, ਰੌਂਦਣਾ rāũdaṇā ラォーンダナー
ふみんしょう〖不眠症〗ਅਨੀਂਦਰਾ anīdarā アニーンダラー
ふめいな〖不明な〗ਨਾਮਾਲੂਮ nāmālūma ナーマールーム
ふめいよ〖不名誉〗ਬਦਨਾਮੀ badanāmī バドナーミー, ਰੁਸਵਾਈ rusawāī ルスワーイー ♦不名誉な ਬਦਨਾਮ badanāma バドナーム, ਰੁਸਵਾ rusawā ルスワー
ふめいりょうな〖不明瞭な〗ਅਸਪਸ਼ਟ asapaśaṭa アサパシュト
ふもうの〖不毛の〗ਬੇਪੈਦ bepaida ベーパェード, ਬੰਜਰ bañjara バンジャル
ふもと〖麓〗ਤਰਾਈ tarāī タラーイー
ぶもん〖部門〗ਵਿਭਕਤੀ vipăkatī ヴィパクティー, ਮਹਿਕਮਾ maîkamā マェークマー, ਸੈਕਸ਼ਨ saikaśana サェークシャン
ふやす〖増やす〗ਵਧਾਉਣਾ wadăuṇā ワダーウナー
ふゆ〖冬〗ਜਾੜਾ jāṛā ジャーラー, ਸ਼ਿਸ਼ਿਰ śiśira シシル, ਹਿਮ hima ヒム
ふゆかいな〖不愉快な〗ਨਾਖ਼ੁਸ਼ nāxuśa ナークシュ
ぶよう〖舞踊〗ਨਾਚ nāca ナーチ, ਨਿਰਤ nirata ニルト, ਡਾਂਸ ḍā̃sa ダーンス
ふようする〖扶養する〗ਪੋਸਣਾ posaṇā ポーサナー, ਸੰਭਾਲਣਾ sambălaṇā サンバールナー
フライト ਉਡਾਣ uḍāṇa ウダーン
フライパン ਫ਼ਰਾਈਪੈਨ farāīpaina ファラーイーパェーン
ブラインド ਸ਼ੇਡ śeḍa シェード
ブラウス ਬਲਾਊਜ਼ balāūza バラーウーズ
ぶらさがる〖ぶら下がる〗ਲਟਕਣਾ laṭakaṇā ラトカナー, ਲਮਕਣਾ lamakaṇā ラムカナー
ぶらさげる〖ぶら下げる〗ਲਟਕਾਉਣਾ laṭakāuṇā ラトカーウナー, ਲਮਕਾਉਣਾ lamakāuṇā ラムカーウナー, ਪਲਮਾਉਣਾ palamāuṇā パルマーウナー
ブラシ ਬੁਰਸ਼ buraśa ブルシュ
ブラジル ਬਰਾਜ਼ੀਲ barāzīla バラーズィール
プラス（正の数・陽性） ਧਨ tăna タン
プラスチック ਪਲਾਸਟਿਕ palāsaṭika パラースティク
プラチナ ਪਲਾਟੀਨਮ palāṭīnama パラーティーナム
フラッシュ ਫ਼ਲੈਸ਼ falaiśa ファラェーシュ
プラットホーム ਪਲੇਟਫ਼ਾਰਮ paleṭafārama パレートファールム
ぶらぶらする（散歩する） ਟਹਿਲਣਾ ṭaîlaṇā タェーラナー（揺れ動く） ਝੂਟਣਾ cŭṭaṇā チュータナー, ਝੂਲਣਾ cŭlaṇā チューラナー
ぶらんこ ਪੀਂਘ pī̃ga ピーング, ਝੂਟਾ cŭṭā チューター, ਝੂਲਾ cŭlā チューラー
フランス ਫ਼ਰਾਂਸ farā̃sa ファラーンス ♦フランス語・フランス人・フランスの ਫ਼ਰਾਂਸੀਸੀ farā̃sīsī ファラーンスィースィー, ਫ਼ਰੈਂਚ faraĩca ファラェーンチ ♦フランス料理 ਫ਼ਰਾਂਸੀਸੀ ਭੋਜਨ farā̃sīsī pŏjana ファラーンスィースィー ポージャン
ブランデー ਬਰਾਂਡੀ barā̃ḍī バラーンディー
ブランド ਬਰਾਂਡ barā̃ḍa バラーンド, ਵਪਾਰ ਚਿੰਨ੍ਹ wapāra cînna ワパール チンヌ, ਮਾਰਕਾ mārakā マールカー
ふりえき〖不利益〗ਨੁਕਸਾਨ nukasāna ヌクサーン
ふりかえる〖振り返る〗ਮੁੜਨਾ muṛanā ムルナー, ਪਰਤਣਾ parataṇā パルタナー
ふりこ〖振り子〗ਪੈਂਡੂਲਮ pāĩḍūlama パェーンドゥーラム
プリズム ਪਰਿਜ਼ਮ parizama パリズム
ふりむく〖振り向く〗ਮੁੜਨਾ muṛanā ムルナー, ਪਰਤਣਾ parataṇā パルタナー
ふりん〖不倫〗ਜ਼ਨਾਹ zanâ ザナー, ਬਦਫ਼ੈਲ਼ੀ badafêlī バドフェーリー, ਮੁਕਾਲਾ mukālā ムカーラー
プリント ਪਰਿੰਟ pariṇṭa パリント
ふる〖降る〗ਵਰ੍ਹਨਾ wâranā ワルナー, ਪੈਣਾ paiṇā パェーナー
ふる〖振る〗ਹਿਲਾਉਣਾ hilāuṇā ヒラーウナー, ਝਕੋਲਣਾ cakŏlaṇā チャコールナー, ਝੱਲਣਾ căllaṇā チャッラナー
ふるい〖古い〗ਪੁਰਾਣਾ purāṇā プラーナー, ਪਰਾਚੀਨ parācīna パラーチーン, ਪੁਰਾਤਨ purātana プラータン
ブルー ਨੀਲ nīla ニール ♦ブルーの ਨੀਲਾ nīlā ニーラー

フルーツ ਫ਼ਰੂਟ farūṭⱥ ファルート, ਫਲ pʰalⱥ パル
ふるえる〘震える〙ਕੰਬਣਾ kambaṇā カンバナー, ਥਰਥਰਾਉਣਾ tʰarⱥtʰarāuṇā タルタラーウナー, ਥਰਕਣਾ tʰarⱥkaṇā タルカナー
ふるさと〘故郷〙ਵਤਨ watanⱥ ワタン, ਜਨਮ ਭੂਮੀ janamⱥ pǔmī ジャナム プーミー, ਜਨਮ ਅਸਥਾਨ janamⱥ asⱥtʰānⱥ ジャナム アスターン
ふるまい〘振る舞い〙ਵਤੀਰਾ watīrā ワティーラー, ਸਲੂਕ salūkⱥ サルーク, ਵਿਹਾਰ viǎrⱥ ヴィアール
ふるわせる〘震わせる〙ਕੰਬਾਉਣਾ kambāuṇā カンバーウナー
ぶれいな〘無礼な〙ਬਦਤਮੀਜ਼ badⱥtamīzⱥ バドタミーズ, ਬੇਅਦਬ beadabⱥ ベーアダブ, ਅਸ਼ਿਸ਼ਟ aśiśⱥṭⱥ アシシュト
ブレーキ ਬਰੇਕ barekⱥ バレーク
フレーム ਫ਼ਰੇਮ faremⱥ ファレーム
プレーヤー ਪਲੇਅਰ palearⱥ パレーアル
ブレスレット ਚੂੜੀ cūṛī チューリー, ਕੰਙਣ kaṅṅaṇⱥ カンナン, ਕੜਾ kaṛā カラー
プレゼント ਤੁਹਫ਼ਾ tôfā トーファー, ਨਜ਼ਰਾਨਾ nazⱥrānā ナズラーナー, ਉਪਹਾਰ upⱥhārⱥ ウプハール
プレミアム ਪਰੀਮੀਅਮ parīmīamⱥ パリーミーアム
ふれる〘触れる〙（言及する）ਜ਼ਿਕਰ ਕਰਨਾ zikarⱥ karⱥnā ズィカル カルナー, ਉੱਲੇਖ ਕਰਨਾ ullekʰⱥ karⱥnā ウッレーク カルナー （触る）ਛੂਹਣਾ cʰûṇā チューナー
ブローカー ਦਲਾਲ dalālⱥ ダラール, ਵਿਚੋਲਾ wicolā ウィチョーラー
ふろく〘付録〙ਜ਼ਮੀਮਾ zamīmā ザミーマー, ਅੰਤਕਾ antⱥkā アントカー
プログラム ਪਰੋਗਰਾਮ parogarāmⱥ パローガラーム
プロデューサー ਪਰੋਡਿਊਸਰ paroḍiūsarⱥ パローディウーサル
プロの ਪੇਸ਼ਾਵਰਾਨਾ peśāwarānā ペーシャーワラーナー
ふろば〘風呂場〙ਗ਼ੁਸਲਖ਼ਾਨਾ ğusalxānā グサルカーナー, ਹਮਾਮ hamāmⱥ ハマーム, ਬਾਥਰੂਮ bātʰarūmⱥ バートルーム
ブロンズ ਕਾਂਸੀ kā̃sī カーンスィー, ਕਹਿੰ kāî カェーン, ਕੈਂਹ kāî カェーン
フロント ਰਿਸੈਪਸ਼ਨ risaipⱥśanⱥ リサェープシャン
ふわ〘不和〙ਅਸੰਮਤੀ asammatī アサンマティー, ਨਾਇਤਫ਼ਾਕੀ nāitⱥfākī ナーイトファーキー
ふん〘分〙ਮਿੰਟ minṭⱥ ミント
ふん〘糞〙ਵਿਸ਼ਟਾ viśⱥṭā ヴィシュター, ਟੱਟੀ ṭaṭṭī タッティー, ਗਿਲਾਜ਼ਤ ğilāzatⱥ ギラーザト
ぶん〘文〙ਵਾਕ wākⱥ ワーク, ਫ਼ਿਕਰਾ fikⱥrā フィクラー, ਕਲਮਾ kalⱥmā カルマー
ふんいき〘雰囲気〙ਮਾਹੌਲ māhaulⱥ マーハォール, ਵਾਤਾਵਰਨ wātāwarⱥnⱥ ワーターワルン, ਮੂਡ mūḍⱥ ムード
ぶんか〘文化〙ਸੰਸਕਰਿਤੀ sansⱥkaritī サンスカリティー, ਤਹਿਜ਼ੀਬ taîzībⱥ タェーズィーブ, ਕਲਚਰ kalⱥcarⱥ カルチャル
ぶんかい〘分解〙ਵਿਸ਼ਲੇਸ਼ਨ viśⱥleśanⱥ ヴィシュレーシャン, ਵਿਘਟਨ vikǎṭanⱥ ヴィカタン, ਵਿਯੋਜਨ viyojanⱥ ヴィヨージャン ♦分解する ਵਿਸ਼ਲੇਸ਼ਨ ਕਰਨਾ viśⱥleśanⱥ karⱥnā ヴィシュレーシャン カルナー
ふんがいする〘憤慨する〙ਨਰਾਜ਼ ਹੋਣਾ narāzⱥ hoṇā ナラーズ ホーナー, ਕੌੜਨਾ kauṛⱥnā カォールナー
ぶんがく〘文学〙ਸਾਹਿਤ sāhitⱥ サーヒト, ਅਦਬ adabⱥ アダブ, ਲਿਟਰੇਚਰ liṭⱥrecarⱥ リトレーチャル ♦文学の ਸਾਹਿਤਿਕ sāhitikⱥ サーヒティク, ਅਦਬੀ adⱥbī アドビー, ਲਿਟਰੇਰੀ liṭⱥrerī リトレーリー
ぶんかつ〘分割〙ਵੰਡ waṇḍⱥ ワンド, ਵਿਭਾਜਨ vipǎjanⱥ ヴィパージャン, ਬਟਵਾਰਾ baṭⱥwārā バトワーラー ♦分割する ਵੰਡਣਾ waṇḍⱥṇā ワンダナー, ਵਿਭਾਜਿਤ ਕਰਨਾ vipǎjitⱥ karⱥnā ヴィパージト カルナー ♦分割払い ਕਿਸ਼ਤ kiśⱥtⱥ キシュト
ふんきゅうする〘紛糾する〙ਉਲਝਣਾ ûlajⱥṇā ウラジナー
ぶんげい〘文芸〙ਸਾਹਿਤ sāhitⱥ サーヒト, ਅਦਬ adabⱥ アダブ
ぶんけん〘文献〙ਸਾਹਿਤ sāhitⱥ サーヒト
ふんさいする〘粉砕する〙ਚੂਰਨਾ cūrⱥnā チュールナー, ਫੇਹਣਾ pʰêṇā ペーナー
ぶんし〘分子〙（物質の）ਅਣੂ aṇū アヌー （分数の）ਅੰਸ਼ anśⱥ アンシュ
ふんしつする〘紛失する〙（物を）ਗੁਆਉਣਾ guāuṇā グアーウナー, ਖੋਣਾ kʰoṇā コーナー （物が）ਗੁਆਚਣਾ guācaṇā グアーチャナー, ਗ਼ਾਇਬ ਹੋਣਾ ğāibⱥ hoṇā ガーイブ ホーナー, ਖੋਣਾ kʰoṇā コーナー
ぶんしょ〘文書〙ਲਿਖਤ likʰatⱥ リクト, ਦਸਤਾਵੇਜ਼ dasⱥtāwezⱥ ダスターウェーズ
ぶんしょう〘文章〙ਲੇਖ lekʰⱥ レーク, ਲਿਖਤਮ likʰatamⱥ リクタム, ਇਬਾਰਤ ibāratⱥ イバーラト
ふんすい〘噴水〙ਫੁਹਾਰਾ puǎrā プアーラー, ਚਸ਼ਮਾ caśⱥmā チャシュマー
ぶんすう〘分数〙ਅਪੂਰਨ ਅੰਕ apūranⱥ aṅkⱥ アプールン アンク, ਕਸਰ kasarⱥ カサル, ਭਿੰਨ pǐnnⱥ ピンヌ
ぶんせき〘分析〙ਵਿਸ਼ਲੇਸ਼ਨ viśⱥleśanⱥ ヴィシュレーシャン, ਨਿਖੇੜਾ nikʰeṛā ニケーラー, ਛਾਣ-ਬੀਣ cʰāṇⱥ-bīṇⱥ チャーン・ビーン ♦分析する ਵਿਸ਼ਲੇਸ਼ਨ ਕਰਨਾ viśⱥleśanⱥ karⱥnā ヴィシュレーシャン カルナー, ਨਿਖੇੜਨਾ nikʰeṛⱥnā ニケールナー, ਛਾਣ-ਬੀਣ ਕਰਨੀ cʰāṇⱥ-bīṇⱥ karⱥnī チャーン・ビーン カルニー
ふんそう〘紛争〙ਝਗੜਾ cǎgⱥṛā チャガラー, ਸੰਘਰਸ਼ saṅgǎraśⱥ サンガラシュ
ぶんたい〘文体〙ਸ਼ੈਲੀ śailī シャェーリー, ਸਟਾਈਲ saṭāīlⱥ サターイール
ぶんぱい〘分配〙ਵੰਡ waṇḍⱥ ワンド, ਵਿਤਰਨ vitaranⱥ ヴィタラン ♦分配する ਵੰਡਣਾ waṇḍⱥṇā ワンダナー, ਵਰਤਾਉਣਾ warⱥtāuṇā ワルターウナー
ぶんぴつ〘分泌〙ਉਤਸਰਜਨ utⱥsarⱥjanⱥ ウトサルジャン
ふんべつ〘分別〙ਵਿਵੇਕ vivekⱥ ヴィヴェーク, ਤਮੀਜ਼ tamīzⱥ タミーズ, ਸੋਚ ਸਮਝ socⱥ sâmajⱥ ソーチ サマジ
ぶんべん〘分娩〙ਜਣੇਪਾ jaṇepā ジャネーパー, ਪਰਸੂਤ parⱥsūtⱥ パルスート, ਵਿਅੰਮ viammⱥ ヴィアンム ♦分娩する ਜਣਨਾ jaṇⱥnā ジャナナー

ぶんぼ〖分母〗ਹਰ harⱥ ハル
ぶんぽう〖文法〗ਵਿਆਕਰਨ viākarⱥnⱥ ヴィアーカルン, ਗਰਾਮਰ garāmarⱥ ガラーマル
ぶんぼうぐ〖文房具〗ਲਿਖਣ ਸਮੱਗਰੀ likʰaṇⱥ samaggarī リカン サマッガリー, ਸਟੇਸ਼ਨਰੀ saṭeśⱥnarī サテーシュナリー
ふんまつ〖粉末〗ਚੂਰਨ cūranⱥ チューラン, ਧੂੜਾ tǔṛā トゥーラー, ਪਾਊਡਰ pāūḍarⱥ パーウーダル
ぶんみゃく〖文脈〗ਪਰਸੰਗ parⱥsaṅgⱥ パルサング, ਸੰਦਰਭ sandârabⱥ サンダラブ
ぶんめい〖文明〗ਸੱਭਿਅਤਾ sâbbiatā サッビアター, ਤਹਿਜ਼ੀਬ taîzībⱥ タェーズィーブ
ぶんや〖分野〗ਖੇਤਰ kʰetarⱥ ケータル
ぶんり〖分離〗ਵੰਡ waṇḍⱥ ワンド, ਵਿਭਾਜਨ vipǎjanⱥ ヴィパージャン, ਬਟਵਾਰਾ baṭⱥwārā バトワーラー ♦分離する ਵੰਡਣਾ waṇḍaṇā ワンダナー, ਵਿਭਾਜਿਤ ਕਰਨਾ vipǎjitⱥ karⱥnā ヴィパージト カルナー
ぶんりょう〖分量〗ਮਾਤਰਾ mātarā マータラー, ਮਿਕਦਾਰ mikⱥdārⱥ ミクダール
ぶんるい〖分類〗ਵਰਗੀਕਰਨ warⱥgīkarⱥnⱥ ワルギーカルン, ਦਰਜਾਬੰਦੀ darⱥjābandī ダルジャーバンディー ♦分類する ਵਰਗੀਕਰਨ ਕਰਨਾ warⱥgīkarⱥnⱥ karⱥnā ワルギーカルン カルナー, ਦਰਜਾਬੰਦੀ ਕਰਨੀ darⱥjābandī karⱥnī ダルジャーバンディー カルニー
ぶんれつ〖分裂〗ਵਿਘਟਨ vikǎṭanⱥ ヴィカタン, ਫੁੱਟ pʰuṭṭⱥ プット, ਪਾਟਕ pāṭakⱥ パータク ♦分裂する ਵਿਘਟਿਤ ਹੋਣਾ vikǎṭitⱥ hoṇā ヴィカティト ホーナー, ਫੁੱਟਣਾ pʰuṭṭaṇā プッタナー, ਪਾਟਣਾ pāṭaṇā パータナー
へ〖屁〗ਪੱਦ paddⱥ パッド, ਵਾਉਕਾ wāukā ワーウカー
ペア ਜੁਗਲ jugalⱥ ジュガル
へい〖塀〗ਦਿਵਾਰ diwārⱥ ディワール, ਪਲਿਆਰ paliārⱥ パリアール
へいおんな〖平穏な〗ਸ਼ਾਂਤ śâtⱥ シャーント, ਸ਼ਾਂਤੀਪੂਰਨ śâtīpūranⱥ シャーンティープールン, ਸਲਾਮਤ salāmatⱥ サラーマト
へいがい〖弊害〗ਦੋਸ਼ dośⱥ ドーシュ
へいき〖兵器〗ਹਥਿਆਰ hatʰiārⱥ ハティアール, ਸ਼ਸਤਰ śasⱥtarⱥ シャスタル, ਅਸਲਾ asⱥlā アスラー
へいきん〖平均〗ਔਸਤ ausⱥtⱥ アォースト, ਸਮੋ samo サモー ♦平均する ਔਸਤ ਕੱਢਣੀ ausⱥtⱥ kâḍḍaṇī アォースト カッダニー
へいげん〖平原〗ਪੱਧਰਾ ਮਦਾਨ pâddarā madānⱥ パッダラー マダーン
へいこう〖平衡〗ਸੰਤੁਲਨ santulanⱥ サントゥラン, ਤਵਾਜ਼ਨ tawāzanⱥ タワーザン
へいこうしている〖平行している〗ਸਮਾਨੰਤਰ samānantarⱥ サマーナンタル, ਸਮਾਂਤਰ samâtarⱥ サマーンタル, ਮੁਤਵਾਜ਼ੀ mutⱥwāzī ムトワーズィー
へいごうする〖併合する〗ਮਿਲਾਉਣਾ milāuṇā ミラーウナー
へいさ〖閉鎖〗ਬੰਦੀ bandī バンディー, ਬੰਧ bândⱥ バンド ♦閉鎖する ਬੰਦ ਕਰਨਾ bandⱥ karⱥnā バンド カルナー
へいし〖兵士〗ਫ਼ੌਜੀ faujī ファォージー, ਸਿਪਾਹੀ sipâī スィパーイー, ਜਵਾਨ jawānⱥ ジャワーン
へいち〖平地〗ਸਮਤਲ ਧਰਤੀ samⱥtalⱥ tǎrⱥtī サムタル タルティー
へいほう〖平方〗ਵਰਗ warⱥgⱥ ワルグ
へいぼんな〖平凡な〗ਸਧਾਰਨ sadǎranⱥ サダーラン, ਮਾਮੂਲੀ māmūlī マームーリー
へいめん〖平面〗ਤਲ talⱥ タル, ਪੱਧਰ pâddarⱥ パッダル, ਸਤ੍ਹਾ sâtā サター
へいや〖平野〗ਪੱਧਰਾ ਮਦਾਨ pâddarā madānⱥ パッダラー マダーン, ਮਦਾਨ madānⱥ マダーン, ਪੱਧਰ pâddarⱥ パッダル
へいわ〖平和〗ਸ਼ਾਂਤੀ śâtī シャーンティー, ਅਮਨ amanⱥ アマン, ਸਲਾਮ salāmⱥ サラーム ♦平和な ਸ਼ਾਂਤ śâtⱥ シャーント, ਪੁਰਅਮਨ purⱥamanⱥ プルアマン, ਪੁਰਸਕੂਨ purⱥsakūnⱥ プルサクーン
へこむ ਚਿੱਬ ਪੈਣਾ cibbⱥ paiṇā チッブ パェーナー, ਪਿਚਕਣਾ picakaṇā ピチャカナー
へこんだ ਚਿੱਬੜ cibbaṛⱥ チッバル, ਅਵਤਲ awⱥtalⱥ アウタル
ベスト（チョッキ）ਫਤੂਹੀ fatûī ファトゥーイー, ਬੰਡੀ baṇḍī バンディー, ਵਾਸਕਟ wāsⱥkaṭⱥ ワースカト
ベストの（最良の）ਸਭ ਤੋਂ ਚੰਗਾ sâbⱥ tõ caṅgā サブ トーン チャンガー, ਸਰਵੋਤਮ sarⱥvotamⱥ サルヴォータム, ਬੈਸਟ baisⱥṭⱥ バェースト
へそ〖臍〗ਧੁੰਨੀ tǔnnī トゥンニー, ਨਾਭ nâbⱥ ナーブ, ਨਾਫ਼ nāfⱥ ナーフ
へだたり〖隔たり〗（距離）ਦੂਰੀ dūrī ドゥーリー, ਵਿੱਥ vittʰⱥ ヴィット, ਫ਼ਾਸਲਾ fāsⱥlā ファースラー（差異）ਫ਼ਰਕ farⱥkⱥ ファルク, ਭੇਤ pětⱥ ペート
へたな〖下手な〗ਅਨਾੜੀ anāṛī アナーリー, ਅਵੱਲੜਾ awallaṛā アワッララー
ペダル ਪੈਡਲ paiḍalⱥ パェーダル
べっそう〖別荘〗ਵਿਲਾ vilā ヴィラー
ベッド ਮੰਜੀ mañjī マンジー, ਪਲੰਘ palâṅgⱥ パラング, ਖੱਟ kʰaṭṭⱥ カット
ペット ਦੁਲਾਰਾ dulārā ドゥラーラー
べつに〖別に〗（取り立てて）ਨਵੇਕਲਾ nawekalā ナウェーカラー（別々に）ਵੱਖ ਵੱਖ wakkʰⱥ wakkʰⱥ ワック ワック, ਜੁਦਾ ਜੁਦਾ judā judā ジュダー ジュダー
べつの〖別の〗ਹੋਰ horⱥ ホール, ਦੂਜਾ dūjā ドゥージャー, ਅੰਨ annⱥ アンヌ
べつべつの〖別々の〗ਵੱਖਰਾ ਵੱਖਰਾ wakkʰarā wakkʰarā ワッカラー ワッカラー, ਅੱਡਰਾ ਅੱਡਰਾ aḍḍarā aḍḍarā アッダラー アッダラー
へつらう ਚਾਪਲੂਸੀ ਕਰਨੀ cāpalūsī karⱥnī チャーパルースィー カルニー, ਖ਼ੁਸ਼ਾਮਦ ਕਰਨੀ xuśāmadⱥ karⱥnī クシャーマド カルニー
ベトナム ਵਿਅਤਨਾਮ viatⱥnāmⱥ ヴィアトナーム
ペニス ਲੰਨ lannⱥ ランヌ, ਲੌੜਾ lauṛā ラォーラー
ペパーミント ਪਿਪਰਾਮਿੰਟ piparāmiṇṭⱥ ピパラーミント
へび〖蛇〗ਸੱਪ sappⱥ サップ, ਸਰਪ sarⱥpⱥ サルプ, ਨਾਗ nāgⱥ ナーグ
へや〖部屋〗ਕਮਰਾ kamⱥrā カムラー
へらす〖減らす〗ਘਟਾਉਣਾ kaṭǎuṇā カターウナー

ベランダ ਬਰਾਂਡਾ barā̃ḍā バラーンダー
へり ਕਿਨਾਰਾ kinārā キナーラー, ਕੰਢਾ kâṇḍā カンダー, ਦਾਮਨ dāmana ダーマン
ヘリウム ਹੀਲੀਅਮ hīlīama ヒーリーアム
ヘリコプター ਹੈਲੀਕਾਪਟਰ hailīkāpaṭara ハェーリーカープタル
へる〘減る〙ਘਟਣਾ kăṭaṇā カタナー
ベル ਘੰਟੀ kăṇṭī カンティー, ਟੱਲੀ ṭallī タッリー
ペルー ਪੇਰੂ perū ペールー
ペルシアご〘ペルシア語〙ਫ਼ਾਰਸੀ fārasī ファールスィー
ベルト ਬੈਲਟ bailaṭa バェールト, ਪੇਟੀ peṭī ペーティー, ਕਕਸ਼ਾ kakaśā カクシャー
ヘルニア ਹਰਨੀਆ haranīā ハルニーアー
ヘルメット ਹੈਲਮਟ hailamaṭa ハェールマト, ਸਿਰਟੋਪ siraṭopa スィルトープ
へん〘辺〙(図形の) ਭੁਜ pŭja プジ (辺り・近辺) ਨੇੜਾ neṛā ネーラー, ਨਜ਼ਦੀਕੀ nazadīkī ナズディーキー, ਲਾਗਾ lāgā ラーガー
べん〘便〙(大便) ਟੱਟੀ ṭaṭṭī タッティー (便利) ਸੁਵਿਧਾ sûvidā スヴィダー
べん〘弁〙ਵਾਲ vāla ヴァール
ペン ਕਲਮ kalama カラム, ਪੈੱਨ painna パェーンヌ
へんか〘変化〙ਬਦਲੀ badalī バダリー, ਤਬਦੀਲੀ tabadīlī タブディーリー, ਪਰਿਵਰਤਨ pariwaratana パリワルタン
べんかい〘弁解〙ਬਹਾਨਾ bănā バーナー ♦弁解する ਬਹਾਨਾ ਕਰਨਾ bănā karanā バーナー カルナー
へんかく〘変革〙ਕਰਾਂਤੀ karā̃tī カラーンティー, ਇਨਕਲਾਬ inakalāba インカラーブ
へんかする〘変化する〙ਬਦਲਨਾ badalanā バダルナー
ペンキ ਪੇਂਟ pẽṭa ペーント
へんきゃく〘返却〙ਮੋੜਾ moṛā モーラー ♦返却する ਵਾਪਸ ਕਰਨਾ wāpasa karanā ワーパス カルナー, ਮੋੜਨਾ moṛanā モールナー
べんきょう〘勉強〙ਪੜ੍ਹਾਈ paṛăī パラーイー, ਅਧਿਐਨ adiaĭna アディアェーン, ਮੁਤਾਲਿਆ mutāliā ムターリアー ♦勉強する ਪੜ੍ਹਨਾ pâṛanā パルナー, ਪੜ੍ਹਾਈ ਕਰਨੀ paṛăī karanī パラーイー カルニー
へんけん〘偏見〙ਪੱਖਪਾਤ pakkʰapāta パックパート, ਤਅੱਸਬ taassaba タアッサブ
べんご〘弁護〙ਵਕਾਲਤ wakālata ワカーラト, ਵਕੀਲੀ wakīlī ワキーリー ♦弁護士 ਵਕੀਲ wakīla ワキール, ਬਸੀਠ basīṭʰa バスィート, ਐਡਵੋਕੇਟ aiḍavokeṭa アェードヴォーケート ♦弁護する ਵਕਾਲਤ ਕਰਨੀ wakālata karanī ワカーラト カルニー
へんこう〘変更〙ਅਦਲਾ-ਬਦਲੀ adalā-badalī アドラー・バドリー, ਹੇਰਫੇਰ herapʰera ヘールペール ♦変更する ਬਦਲ ਦੇਣਾ badala deṇā バダル デーナー
へんさい〘返済〙(返金) ਅਦਾਇਗੀ adāigī アダーイギー, ਚੁਕੌਤੀ cukautī チュカオーティー, ਚੁਕਤਾ cukatā チュクター
へんさん〘編纂〙ਸੰਕਲਨ saṅkalana サンカラン ♦編纂する ਸੰਕਲਨ ਕਰਨਾ saṅkalana karanā サンカラン カルナー
へんじ〘返事〙ਜਵਾਬ jawāba ジャワーブ, ਉੱਤਰ uttara ウッタル ♦返事をする ਜਵਾਬ ਦੇਣਾ jawāba deṇā ジャワーブ デーナー, ਉੱਤਰ ਦੇਣਾ uttara deṇā ウッタル デーナー
へんしゅう〘編集〙ਸੰਪਾਦਨ sampādana サンパーダン ♦編集者 ਸੰਪਾਦਕ sampādaka サンパーダク ♦編集する ਸੰਪਾਦਨ ਕਰਨਾ sampādana karanā サンパーダン カルナー
べんしょうする〘弁償する〙ਮੁਆਵਜ਼ਾ ਦੇਣਾ muāwazā deṇā ムアーウザー デーナー, ਇਵਜ਼ਾਨਾ ਦੇਣਾ iwazānā deṇā イウザーナー デーナー
へんしょくする〘変色する〙ਰੰਗ ਵਿਗੜਨਾ raṅga vigaṛanā ラング ヴィガルナー
へんそう〘変装〙ਸਾਂਗ sā̃ga サーング
ペンダント ਪੈਂਡਲ pāĩḍala パェーンダル
ベンチ ਬੈਂਚ bāĩca バェーンチ
ペンチ ਸੰਨ੍ਹੀ sânnī サンニー, ਮੋਚਣਾ mocaṇā モーチャナー, ਪਲਾਸ palāsa パラース
へんとうせん〘扁桃腺〙ਟਾਨਸਲ ṭānasala ターンサル
べんとうばこ〘弁当箱〙ਟਿਫ਼ਨ ਕੈਰੀਅਰ ṭifana kairīara ティファン カェーリーアル
へんな〘変な〙ਅਜੀਬ ajība アジーブ, ਅਨੋਖਾ anokʰā アノーカー
ペンネーム ਤਖ਼ੱਲਸ taxallasa タカッラス
べんぴ〘便秘〙ਕਬਜ਼ kabaza カバズ
へんぼう〘変貌〙ਰੂਪ-ਬਦਲੀ rūpa-badalī ループ・バダリー
べんりな〘便利な〙ਸੁਵਿਧਾਜਨਕ sûvidājanaka スヴィダージャナク
ほ〘帆〙ਬਾਦਬਾਨ bādabāna バードバーン
ほ〘穂〙ਗੁੱਛਾ guccʰā グッチャー
ほあん〘保安〙ਸੁਰੱਖਿਆ surakkʰiā スラッキアー, ਦਫ਼ਾਹ dafâ ダファー, ਸਕਿਊਰਟੀ sakiūraṭī サキウールティー
ホイッスル ਵਿਸਲ wisala ウィサル, ਸੀਟੀ sīṭī スィーティー
ボイラー ਬਾਇਲਰ bāilara バーイラル
ぼいん〘母音〙ਸੁਰ sura スル
ほう〘法〙(方法) ਤਰੀਕਾ tarīkā タリーカー, ਢੰਗ ṭăṅga タング, ਵਿਓਂਤ viõta ヴィオーント (法律・規則) ਕਨੂੰਨ kanũna カヌーンヌ, ਨਿਆਂ niā̃ ニアーン, ਨੇਮ nema ネーム
ぼう〘棒〙ਸੋਟੀ soṭī ソーティー, ਡੰਡਾ ḍaṇḍā ダンダー, ਲਾਠੀ lāṭʰī ラーティー
ほうあん〘法案〙ਵਿਧੇਯਕ vidĕyaka ヴィデーヤク, ਬਿਲ bila ビル
ほうい〘方位〙ਦਿਸ਼ਾ diśā ディシャー
ぼうえい〘防衛〙ਰੱਖਿਆ rakkʰiā ラッキアー, ਦਫ਼ਾਹ dafâ ダファー, ਡੀਫ਼ੈਂਸ ḍīfāĩsa ディーファェーンス ♦防衛する ਰੱਖਿਆ ਕਰਨੀ rakkʰiā karanī ラッキアー カルニー
ぼうえき〘貿易〙ਵਪਾਰ wapāra ワパール, ਦਰਾਮਦ ਬਰਾਮਦ darāmada barāmada ダラーマド バラーマド,

ਟਰੇਡ ṭareḍa タレード
ぼうえんきょう〘望遠鏡〙ਦੂਰਬੀਨ dūrabīna ドゥールビーン, ਟੈਲੀਸਕੋਪ ṭailīsakopa タエーリーサコープ
ほうおう〘法王〙ਪੋਪ popa ポープ
ぼうがい〘妨害〙ਵਿਘਨ vîgana ヴィガン, ਅੜਿੱਕਾ aṛikkā アリッカー ♦妨害する ਵਿਘਨ ਪਾਉਣਾ vîgana pāuṇā ヴィガン パーウナー
ほうかいする〘崩壊する〙ਢਹਿਣਾ ṭaîṇā タエーナー
ほうがく〘方角〙ਦਿਸ਼ਾ diśā ディシャー, ਤਰਫ਼ tarafa タラフ
ぼうかんしゃ〘傍観者〙ਦਰਸ਼ਕ daraśaka ダルシャク
ほうき〘箒〙ਝਾੜੂ cǎṛū チャールー, ਬਹੁਕਰ baûkara バォーカル, ਬੁਹਾਰੀ buǎrī ブアーリー
ぼうぎょ〘防御〙ਰੱਖਿਆ rakkʰiā ラッキアー, ਦਫ਼ਾਹ dafâ ダファー, ਡੀਫ਼ੈਂਸ ḍīfāīsa ディーファエーンス ♦防御する ਰੱਖਿਆ ਕਰਨੀ rakkʰiā karanī ラッキアー カルニー, ਬਚਾਉਣਾ bacāuṇā バチャーウナー
ぼうくん〘暴君〙ਜਰਵਾਣਾ jarawāṇā ジャルワーナー, ਹੈਂਸਿਆਰਾ hāīsiārā ハエーンスィアーラー, ਤਾਨਾਸ਼ਾਹ tānāśâ ターナーシャー
ほうげん〘方言〙ਉਪਭਾਸ਼ਾ upapǎśā ウプパーシャー, ਬੋਲੀ bolī ボーリー
ぼうけん〘冒険〙ਜਾਨਬਾਜ਼ੀ jānabāzī ジャーンバーズィー
ほうけんせい〘封建制〙ਜਗੀਰਦਾਰੀ jagīradārī ジャギールダーリー
ほうこう〘方向〙ਦਿਸ਼ਾ diśā ディシャー, ਤਰਫ਼ tarafa タラフ
ほうこく〘報告〙ਇਤਲਾਹ italâ イトラー, ਸੂਚਨਾ sūcanā スーチャナー, ਵਿਵਰਨ vivarana ヴィヴァルン ♦報告する ਇਤਲਾਹ ਦੇਣੀ italâ deṇī イトラー デーニー, ਸੂਚਨਾ ਦੇਣੀ sūcanā deṇī スーチャナー デーニー
ぼうし〘帽子〙ਟੋਪੀ ṭopī トーピー
ほうしき〘方式〙ਪੱਧਤੀ pâddatī パッダティー, ਵਿਧੀ vîdī ヴィディー
ほうしする〘奉仕する〙ਸੇਵਾ ਕਰਨੀ sewā karanī セーワー カルニー, ਖ਼ਿਦਮਤ ਕਰਨੀ xidamata karanī キドマト カルニー, ਸੇਵਣਾ sewaṇā セーウナー
ほうしゃせん〘放射線〙ਵਿਕਿਰਨ vikirana ヴィキルン
ほうしゅう〘報酬〙ਇਵਜ਼ਾਨਾ iwazānā イウザーナー, ਮਿਹਨਤਾਨਾ mênatānā メーナターナー, ਮੁਆਵਜ਼ਾ muāwazā ムアーウザー
ほうしん〘方針〙ਨੀਤੀ nītī ニーティー, ਪਾਲਿਸੀ pālisī パーリスィー
ぼうすいの〘防水の〙ਜਲ-ਅਪੋਹ jala-apô ジャル・アポー, ਅਭਿੱਜ apǐjja アピッジ
ほうせき〘宝石〙ਮਣੀ maṇī マニー, ਰਤਨ ratana ラタン, ਜਵਾਹਰ jawâra ジャワール
ほうそう〘包装〙ਲਪੇਟ lapeṭa ラペート, ਪੋਟ poṭa ポート, ਪੈਕਿੰਗ paikiṅga パェーキング
ほうそう〘放送〙ਪਰਸਾਰਨ parasārana パルサーラン, ਬਰਾਡਕਾਸਟ barāḍakāsaṭa バラードカースト
ほうそく〘法則〙ਸਿਧਾਂਤ sidǎta スィダーント
ほうたい〘包帯〙ਪੱਟੀ paṭṭī パッティー
ぼうたかとび〘棒高跳び〙ਪੋਲ-ਵਾਲਟ pola-vālaṭa ポール・ヴァールト
ほうちする〘放置する〙ਛੱਡਣਾ cʰaḍḍaṇā チャッダナー
ほうちょう〘包丁〙ਛੁਰੀ cʰurī チュリー
ぼうちょうする〘膨張する〙ਫੁੱਲਣਾ pʰullaṇā プッラナー, ਫੈਲਣਾ pʰailaṇā パェールナー, ਉੱਭਰਨਾ ûbbaranā ウッバルナー
ほうてい〘法廷〙ਅਦਾਲਤ adālata アダーラト, ਕਚਹਿਰੀ kacaîrī カチャエーリー, ਕੋਰਟ koraṭa コールト
ほうていしき〘方程式〙ਸਮਾਨੀਕਰਨ samānīkarana サマーニーカルン, ਸਮੀਕਰਨ samīkarana サミーカルン
ほうてきな〘法的な〙ਕਨੂੰਨੀ kanūnī カヌーンニー
ほうどう〘報道〙ਸਮਾਚਾਰ samācāra サマーチャール, ਖ਼ਬਰ xabara カバル, ਨਿਊਜ਼ niūza ニウーズ ♦報道する ਸਮਾਚਾਰ ਦੇਣਾ samācāra deṇā サマーチャール デーナー, ਖ਼ਬਰ ਦੇਣੀ xabara deṇī カバル デーニー
ぼうどう〘暴動〙ਦੰਗਾ daṅgā ダンガー, ਫ਼ਸਾਦ fasāda ファサード
ほうび〘褒美〙ਇਨਾਮ ināma イナーム, ਪੁਰਸਕਾਰ purasakāra プラスカール
ぼうふうう〘暴風雨〙ਤੂਫ਼ਾਨ tufāna トゥファーン, ਝੱਖੜ cǎkkʰaṛa チャッカル, ਵਬੰਡਰ wabaṇḍara ワバンダル
ほうふくする〘報復する〙ਬਦਲਾ ਲੈਣਾ badalā laiṇā バドラー ラェーナー
ほうふな〘豊富な〙ਖ਼ੂਬ xūba クーブ, ਜ਼ਿਆਦਾ ziādā ズィアーダー, ਖਾਸਾ kʰāsā カーサー
ほうほう〘方法〙ਤਰੀਕਾ tarīkā タリーカー, ਢੰਗ ṭǎṅga タング, ਵਿਓਂਤ viõta ヴィオーント
ほうまんな〘豊満な〙ਗੁਦਗੁਦਾ gudagudā グドグダー
ぼうめい〘亡命〙ਰਾਜਨੀਤਕ ਸ਼ਰਨ rājanītaka śarana ラージニータク シャルン
ほうめん〘方面〙(方向) ਦਿਸ਼ਾ diśā ディシャー, ਤਰਫ਼ tarafa タラフ (局面・側面) ਪੱਖ pakkʰa パック
ほうもん〘訪問〙ਮੁਲਾਕਾਤ mulākāta ムラーカート, ਭੇਟ pěṭa ペート, ਵਿਜ਼ਟ vizaṭa ヴィズト ♦訪問する ਮੁਲਾਕਾਤ ਕਰਨੀ mulākāta karanī ムラーカート カルニー
ぼうり〘暴利〙ਮੁਨਾਫ਼ਾਖ਼ੋਰੀ munāfāxorī ムナーファーコーリー, ਨਫ਼ਾਖ਼ੋਰੀ nafāxorī ナファーコーリー
ほうりつ〘法律〙ਕਨੂੰਨ kanūna カヌーンヌ
ぼうりゃく〘謀略〙ਸਾਜ਼ਸ਼ sāzaśa サーザシュ, ਗੋਂਦ gõda ゴーンド
ぼうりょく〘暴力〙ਬਲਾਤਕਾਰ balātakāra バラートカール, ਤਸ਼ੱਦਦ taśaddada タシャッダド, ਜ਼ਬਰਦਸਤੀ zabaradasatī ザバルダスティー ♦暴力団 ਲੁੱਚਮੰਡਲੀ luccamaṇḍalī ルッチマンドリー, ਗੈਂਗ gāīga ガェーング
ほうれい〘法令〙ਸੰਵਿਧੀ sanvidī サンヴィディー, ਅਧਿਆਦੇਸ਼ âdiādeśa アディアーデーシュ, ਲਾ lā ラー
ホウレンソウ ਪਾਲਕ pālaka パーラク
ほうろう〘放浪〙ਭਟਕਣ pǎṭakana パトカン, ਲੋਫ਼ਰਪੁਣਾ lofarapuṇā ローファルプナー, ਹਾਂਢ hâḍa ハーンド
ほえる〘吠える・吼える〙(犬が) ਭੌਂਕਣਾ pǎũkaṇā パォーンカナー (獣が) ਦਹਾੜਨਾ dǎṛanā ダールナー, ਚੰਘਾੜਨਾ caṅgǎṛanā チャンガールナー
ほお〘頬〙ਗੱਲ੍ਹ gâlla ガッル, ਰੁਖ਼ਸਾਰ ruxasāra ルクサ

ール
ボーイフレンド ਬੁਆਏਫ਼੍ਰੈਂਡ buāefrāĩḍa ブアーエーフラェーンド
ボート ਨਾਓ nāo ナーオー, ਕਿਸ਼ਤੀ kiśatī キシュティー, ਬੇੜੀ beṛī ベーリー
ボーナス ਬੋਨਸ bonasa ボーナス
ホームレスの ਬੇਘਰ bekăra ベーカル, ਨਿਘਰਾ nikărā ニカラー
ポーランド ਪੋਲੈਂਡ polāĩḍa ポーラェーンド
ホール（広間）ਹਾਲ hāla ハール, ਨੌਹਰਾ naûrā ナォーラー, ਦਾਲਾਨ dālāna ダーラーン
ボール ਬਾਲ bāla バール, ਗੇਂਦ gẽda ゲーンド, ਖਿੱਦੋ kʰiddo キッドー
ほかくする〖捕獲する〗ਫੜਨਾ pʰaṛanā パルナー, ਪਕੜਨਾ pakaṛanā パカルナー
ぼかす ਧੁੰਦਲਾ ਕਰ ਦੇਣਾ tŭndalā kara deṇā トゥンダラー カル デーナー
ほかの〖他の〗ਹੋਰ hora ホール, ਦੂਜਾ dūjā ドゥージャー, ਅੰਨ anna アンヌ
ほがらかな〖朗らかな〗ਪਰਫੁੱਲਿਤ parapʰullita パルプッリト, ਹਸਮੁਖ hasamukʰa ハスムク, ਜ਼ਿੰਦਾ ਦਿਲ zindā dila ズィンダー ディル
ほかんする〖保管する〗ਸਾਂਭਣਾ sā̃baṇā サーンバナー, ਸੰਭਾਲਣਾ sambălaṇā サンバールナー, ਜ਼ਖ਼ੀਰਾ ਕਰਨਾ zaxīrā karanā ザキーラー カルナー
ぼき〖簿記〗ਹਿਸਾਬ ਕਿਤਾਬ hisāba kitāba ヒサーブ キターブ, ਮੁਨੀਮੀ munīmī ムニーミー
ほきゅうする〖補給する〗ਭਰਪੂਰ ਕਰਨਾ părapūra karanā パルプール カルナー, ਪਰਿਪੂਰਨ ਕਰਨਾ paripūrana karanā パリプールン カルナー
ボクサー ਬੌਕਸਰ baukasara バォークサル, ਮੁੱਕੇਬਾਜ਼ mukkebāza ムッケーバーズ
ぼくし〖牧師〗ਪਾਸਟਰ pāsaṭara パースタル
ぼくじょう〖牧場〗ਚਰਾਂਦ carā̃da チャラーンド, ਚਰਾਗਾਹ carāgâ チャラーガー
ボクシング ਬੌਕਸਿੰਗ baukasiṅga バォークスィング, ਮੁੱਕੇਬਾਜ਼ੀ mukkebāzī ムッケーバーズィー
ほくとう〖北東〗ਪੂਰਬੋਤਰ pūrabotara プールボータル
ほくぶ〖北部〗ਉੱਤਰ uttara ウッタル
ほくろ ਤਿਲ tila ティル
ポケット ਜੇਬ jeba ジェーブ, ਪਾਕਟ pākaṭa パーカト
ほけん〖保険〗ਬੀਮਾ bīmā ビーマー ♦保険会社 ਬੀਮਾ ਕੰਪਨੀ bīmā kampanī ビーマー カンパニー
ほこうしゃ〖歩行者〗ਪੈਦਲ ਚੱਲਣ ਵਾਲਾ paidala callaṇa wālā パェーダル チャッラン ワーラー, ਰਾਹੀ rāhī ラーヒー, ਵਾਕਰ wākara ワーカル
ぼこく〖母国〗ਮਾਤ ਭੂਮੀ māta pŭmī マート プーミー, ਸਵਦੇਸ਼ sawadeśa サワデーシュ, ਵਤਨ watana ワタン
ほごする〖保護する〗ਰੱਖਿਆ ਕਰਨੀ rakkʰiā karanī ラッキアー カルニー, ਸ਼ਰਨ ਦੇਣੀ śarana deṇī シャルン デーニー, ਬਚਾਉਣਾ bacāuṇā バチャーウナー
ほこり〖誇り〗ਮਾਣ māṇa マーン, ਗਰਬ garaba ガラブ, ਅਭਿਮਾਨ âbimāna アビマーン
ほこる〖誇る〗ਮਾਣ ਕਰਨਾ māṇa karanā マーン カルナー
ほころびる〖綻びる〗ਉੱਧੜਨਾ ûddaṛanā ウッダルナー, ਖੁੱਲ੍ਹਣਾ kʰûllaṇā クッラナー
ほし〖星〗ਸਤਾਰਾ satārā サターラー, ਤਾਰਾ tārā ターラー ♦星占い ਜੋਤਸ਼ jotaśa ジョータシュ, ਨਜੂਮ najūma ナジューム
ほしい〖欲しい〗（必要な）ਲੋੜੀਂਦਾ loṛīdā ローリーンダー, ਲੋੜਵੰਦ loṛawanda ロールワンド, ਜ਼ਰੂਰਤਮੰਦ zarūratamanda ザルーラトマンド
ほしがる〖欲しがる〗ਚਾਹੁਣਾ câuṇā チャーウナー, ਲੋਚਣਾ locaṇā ローチャナー
ほじくる ਖੋਦਣਾ kʰodaṇā コーダナー, ਖੋਤਣਾ kʰotaṇā コータナー, ਕੁਰੇਦਣਾ kuredaṇā クレーダナー
ほしぶどう〖干し葡萄〗ਕਿਸ਼ਮਿਸ਼ kiśamiśa キシュミシュ, ਮਨੱਕਾ manakkā マナッカー
ほしゃく〖保釈〗ਜ਼ਮਾਨਤ zamānata ザマーナト, ਜ਼ਾਮਨੀ zāmanī ザームニー ♦保釈金 ਜ਼ਮਾਨਤ zamānata ザマーナト
ほじゅうする〖補充する〗ਭਰਪੂਰ ਕਰਨਾ părapūra karanā パルプール カルナー, ਪਰਿਪੂਰਨ ਕਰਨਾ paripūrana karanā パリプールン カルナー
ほしょう〖保証〗ਜ਼ਮਾਨਤ zamānata ザマーナト, ਜ਼ਾਮਨੀ zāmanī ザームニー, ਗਰੰਟੀ garanṭī ガランティー ♦保証する ਗਰੰਟੀ ਦੇਣੀ garanṭī deṇī ガランティー デーニー ♦保証人 ਜ਼ਾਮਨ zāmana ザーマン, ਜ਼ਮਾਨਤੀ zamānatī ザマーンティー
ほす〖干す〗ਸੁਕਾਉਣਾ sukāuṇā スカーウナー
ポスター ਪੋਸਟਰ posaṭara ポースタル
ホスト ਮੇਜ਼ਬਾਨ mezabāna メーズバーン
ポスト（郵便ポスト）ਲੈਟਰ ਬਕਸ laiṭara bakasa ラェータル バクス, ਪੱਤਰਪੇਟੀ pattarapeṭī パッタルペーティー（地位・職）ਪੋਸਟ posaṭa ポースト, ਅਹੁਦਾ aûdā アオーダー, ਮਰਤਬਾ maratabā マルタバー
ぼせい〖母性〗ਮਮਤਾ mamatā マムター
ほそい〖細い〗ਪਤਲਾ patalā パトラー, ਦੁਬਲਾ dubalā ドゥブラー, ਲਿੱਸਾ lissā リッサー
ほそう〖舗装〗ਫ਼ਰਸ਼ faraśa ファルシュ
ほそく〖補足〗ਪ੍ਰਤਿਪੂਰਤੀ pratipūratī プラティプールティー
ほぞん〖保存〗ਸਾਂਭ sā̃ba サーンブ, ਨਿਧਾਨ nidăna ニダーン ♦保存する ਸਾਂਭਣਾ sā̃baṇā サーンバナー
ぼたい〖母胎〗ਮਾਤ ਗਰਭ māta gâraba マート ガルブ
ほたる〖蛍〗ਜੁਗਨੂੰ juganū̃ ジュグヌーン
ボタン ਬਟਨ baṭana バタン, ਗੁਦਾਮ gudāma グダーム, ਬੀੜਾ bīṛā ビーラー
ぼち〖墓地〗ਕਬਰਸਤਾਨ kabarasatāna カバラスターン
ほちょう〖歩調〗ਕਦਮ kadama カダム, ਗਾਮ gāma ガーム
ぼっきする〖勃起する〗ਹਿੜਨਾ hiṛanā ヒルナー
ほっきょく〖北極〗ਉੱਤਰੀ ਧਰੁ uttarī tarŭ ウッタリー タルー ♦北極星 ਧ੍ਰੁਵ trŭva トルヴ, ਧਰੂ ਤਾਰਾ tarŭ tārā タルー ターラー
ホッケー ਹਾਕੀ hākī ハーキー
ほっさ〖発作〗ਆਵੇਗ āvega アーヴェーグ, ਦੌਰਾ daurā

ダォーラー, ਅਟੈਕ aṭaikạ アタェーク ◆発作的な ਆਵੇਗੀ āvegī アーヴェーギー

ぼっしゅうする〖没収する〗ਜ਼ਬਤ ਕਰਨਾ zabatạ karạnā ザバト カルナー, ਕੁਰਕ ਕਰਨਾ kurạkạ karạnā クルク カルナー, ਕੁਰਕਣਾ kurạkaṇā クルカナー

ポット ਚਾਹਦਾਨੀ câdānī チャーダーニー

ぼっとうする〖没頭する〗ਲੀਨ ਹੋਣਾ līnạ hoṇā リーン ホーナー, ਡੁੱਬਣਾ ḍubbaṇā ドゥッバナー

ぼつらく〖没落〗ਪਤਨ patanạ パタン, ਤਨੱਜ਼ਲ tanazzalạ タナッザル, ਗਿਰਾਵਟ girāwaṭạ ギラーワト

ボディーガード ਅੰਗ-ਰੱਖਿਅਕ aṅgạ-rakkʰiakạ アング・ラッキアク

ホテル ਹੋਟਲ hoṭalạ ホータル

ほどう〖舗道〗ਪੱਕੀ ਸੜਕ pakkī saṛakạ パッキー サルク

ほどう〖歩道〗ਪਟੜੀ paṭaṛī パタリー, ਪਗਡੰਡੀ pagạḍaṇḍī パグダンディー, ਫ਼ੁੱਟਪਾਥ fuṭṭapātʰạ フットパート

ほどく〖解く〗ਸੁਲਝਾਉਣਾ sulạjăuṇā スルジャーウナー, ਉਧੇੜਨਾ uděṛanā ウデールナー, ਖੋਲ੍ਹਣਾ kʰôlaṇā コーラナー

ほとけ〖仏〗ਬੁੱਧ bûddạ ブッド

ボトル ਬੋਤਲ botalạ ボータル

ほとんど ਜ਼ਿਆਦਾਤਰ ziādātarạ ズィアーダータル, ਤਕਰੀਬਨ takạrībanạ タクリーバン, ਲਗਭਗ lagạpăgạ ラグパグ（ほとんどない）ਮਸਾਂ masã̄ マサーン

ぼにゅう〖母乳〗ਥੰਜ tʰañjạ タンジ, ਮਾਂ ਦਾ ਦੁੱਧ mā̃ dā dûddạ マーン ダー ドゥッド

ほにゅうどうぶつ〖哺乳動物〗ਲਵੇਰਾ lawerā ラウェーラー, ਥਣ-ਧਾਰੀ tʰaṇạ-tărī タン・ターリー

ほね〖骨〗ਹੱਡੀ haḍḍī ハッディー, ਅਸਥੀ asatʰī アスティー ◆骨折り ਮਿਹਨਤ mênatạ メーナト, ਤਕਲੀਫ਼ takạlīfạ タクリーフ, ਕਸ਼ਟ kaśaṭạ カシュト ◆骨組み ਢਾਂਚਾ ṭā̆cā ターンチャー, ਘੜਤ kăṛatạ カルト, ਫ਼ਰੇਮ faremạ ファレーム

ほのお〖炎〗ਲਪਟ lapaṭạ ラパト, ਭੜਕ păṛakạ パラク

ほのめかす ਸੰਕੇਤ ਦੇਣਾ saṅketạ deṇā サンケート デーナー, ਝਲਕਾਉਣਾ calạkăuṇā チャルカーウナー

ポピュラーな（人気のある）ਲੋਕ-ਪ੍ਰਿਅ lokạ-pria ローク・プリア, ਮਕਬੂਲ makạbūlạ マクブール（一般的な）ਪਰਚੱਲਤ parạcallatạ パルチャッラト

ほほえむ〖微笑む〗ਮੁਸਕਰਾਉਣਾ musạkarāuṇā ムスカラーウナー

ほめる〖褒める〗ਤਾਰੀਫ਼ ਕਰਨੀ tārīfạ karạnī ターリーフ カルニー, ਪਰਸ਼ੰਸਾ ਕਰਨੀ parạśansā karạnī パルシャンサー カルニー, ਸਲਾਹੁਣਾ salâuṇā サラーウナー

ぼやける ਧੁੰਦਲਾ ਹੋਣਾ tŭndalā hoṇā トゥンダラー ホーナー

ほよう〖保養〗ਰਿਫ਼ਰੈਸ਼ਮੈਂਟ rifạraiśamāĩṭạ リフラェーシュマェーント

ほら〖法螺〗ਸ਼ੇਖ਼ੀ śexī シェーキー, ਡੀਂਗ ḍīgạ ディーング, ਫੜ੍ਹ pʰâṛạ パル ◆法螺を吹く ਸ਼ੇਖ਼ੀ ਮਾਰਨੀ śexī mārạnī シェーキー マールニー, ਡੀਂਗ ਮਾਰਨੀ ḍīgạ mārạnī ディーング マールニー, ਫੜ੍ਹ ਮਾਰਨੀ pʰâṛạ mārạnī パル マールニー

ほらあな〖洞穴〗ਗੁਫਾ gupʰā グパー

ボランティア ਵਲੰਟੀਅਰ valanṭīarạ ヴァランティーアル, ਰਜ਼ਾਕਾਰ razākārạ ラザーカール

ボリウッド ਬਾਲੀਵੁੱਡ bālīwuḍḍạ バーリーウッド

ポリシー ਪਾਲਿਸੀ pālisī パーリスィー, ਨੀਤੀ nītī ニーティー

ほりょ〖捕虜〗ਬਰਦਾ barạdā バルダー, ਬੰਦੀ bandī バンディー, ਕੈਦੀ kaidī カェーディー

ほる〖掘る〗ਖੋਦਣਾ kʰodaṇā コーダナー, ਖੱਟਣਾ kʰaṭṭaṇā カッタナー, ਪੁੱਟਣਾ puṭṭaṇā プッタナー

ほる〖彫る〗ਉੱਕਰਨਾ ukkaranā ウッカルナー, ਤਰਾਸ਼ਣਾ tarāśaṇā タラーシャナー, ਘੜਨਾ kăṛanā カルナー

ボルト（ねじ）ਕਾਬਲਾ kābalā カーブラー, ਪੇਚ pecạ ペーチ（電圧の単位）ਵੋਲਟ volaṭạ ヴォールト

ポルトガル ਪੁਰਤਗਾਲ puratạgālạ プルトガール ◆ポルトガル語・ポルトガル人・ポルトガルの ਪੁਰਤਗਾਲੀ puratạgālī プルトガーリー, ਪੁਰਤਗੀਜ਼ puratạgīzạ プルトギーズ

ホルン ਹਾਰਨ hāranạ ハールン

ほろびる〖滅びる〗ਨਸ਼ਟ ਹੋਣਾ naśaṭạ hoṇā ナシュト ホーナー, ਬਰਬਾਦ ਹੋਣਾ barạbādạ hoṇā バルバード ホーナー, ਬਿਨਸਣਾ binasaṇā ビナサナー

ほろぼす〖滅ぼす〗ਨਸ਼ਟ ਕਰਨਾ naśaṭạ karạnā ナシュト カルナー, ਬਰਬਾਦ ਕਰਨਾ barạbādạ karạnā バルバード カルナー, ਬਿਨਸਾਉਣਾ binạsāuṇā ビンサーウナー

ぼろぼろの ਅੱਧੋਰਾਣਾ âddorāṇā アッドーラーナー, ਖ਼ਸਤਾ xasatā カスター, ਜੀਰਨ jīranạ ジーラン

ほん〖本〗ਕਿਤਾਬ kitābạ キターブ, ਪੁਸਤਕ pusatakạ プスタク ◆本屋〔売る人〕ਕੁਤਬਫ਼ਰੋਸ਼ kutabạfarośạ クタブファローシュ ◆本屋〔書店〕ਬੁੱਕ ਸਟੋਰ bukkạ saṭorạ ブック サトール

ぼん〖盆〗ਥਾਲੀ tʰālī ターリー, ਤਸ਼ਤਰੀ taśatarī タシュタリー, ਟਰੇ ṭare タレー

ほんきの〖本気の〗ਉਤਸੁਕ utạsukạ ウトスク, ਤਤਪਰ tatạparạ タトパル, ਸੀਰੀਅਸ sīriasạ スィーリーアス

ほんこん〖香港〗ਹਾਂਕਾਂਗ hãkãgạ ハーンカーング

ほんしつ〖本質〗ਜ਼ਾਤ zātạ ザート, ਸਾਰ sārạ サール, ਤੱਤ tattạ タット ◆本質的な ਜ਼ਾਤੀ zātī ザーティー, ਮੂਲ mūlạ ムール, ਹਕੀਕੀ hakīkī ハキーキー

ほんしょう〖本性〗ਸੁਭਾਉ subăo スバーオー, ਖ਼ਾਸੀਅਤ xāsīatạ カースィーアト

ポンド ਪੌਂਡ pāũḍạ パォーンド

ほんとうに〖本当に〗ਸੱਚਮੁੱਚ saccạmuccạ サッチムッチ, ਵਾਕਈ wākaī ワーカイー

ほんとうの〖本当の〗ਸੱਚਾ saccā サッチャー, ਅਸਲੀ asạlī アスリー

ボンネット ਬੋਨਟ bonaṭạ ボーナト

ほんのう〖本能〗ਕੁਦਰਤੀ ਸੂਝ kudaratī sûjạ クダルティー スージ

ポンプ ਪੰਪ pampạ パンプ, ਨਲਕਾ nalạkā ナルカー

ほんぶん〖本文〗ਇਬਾਰਤ ibāratạ イバーラト

ほんものの〖本物の〗ਅਸਲੀ asạlī アスリー

ほんやく〖翻訳〗ਅਨੁਵਾਦ anuwāda アヌワード, ਤਰਜਮਾ tarajamā タルジャマー, ਉਲਥਾ ulat^{h}ā ウルター ◆翻訳家 ਅਨੁਵਾਦਕ anuwādaka アヌワーダク, ਤਰਜਮਾਨ tarajamāna タルジマーン, ਉਲਥਾਕਾਰ ulat^{h}ākāra ウルターカール ◆翻訳する ਅਨੁਵਾਦ ਕਰਨਾ anuwāda karanā アヌワード カルナー, ਉਲਥਾਉਣਾ ulat^{h}āuṇā ウルターウナー

ぼんやりした（茫然とした）ਬਦਹਵਾਸ badahawāsa バドハワース（ぼやけた）ਧੁੰਦਲਾ tŭndalā トゥンダラー, ਅਸਪਸ਼ਟ asapaśaṭa アサパシュト, ਬੇਪਛਾਣ bepac^{h}āṇa ベーパチャーン

ま行

ま〖間〗（空間）ਅਵਕਾਸ਼ awakāśa アウカーシュ, ਪੁਲਾੜ pulāṛa プラール（時間）ਚਿਰ cira チル

マーク ਮਾਰਕ māraka マールク, ਨਿਸ਼ਾਨ niśāna ニシャーン, ਚਿੰਨ੍ਹ cînna チンヌ

マーケット ਮਾਰਕੀਟ mārakīṭa マールキート, ਬਜ਼ਾਰ bazāra バザール

まい〖毎〗ਹਰ hara ハル

まいあさ〖毎朝〗ਹਰ ਰੋਜ਼ ਸਵੇਰੇ hara roza sawere ハル ローズ サウェーレー

マイク ਮਾਈਕਰੋਫ਼ੋਨ māikarofona マーイーカローフォーン, ਮਾਈਕ māika マーイーク

まいしゅう〖毎週〗ਹਰ ਹਫ਼ਤੇ hara hafate ハル ハフテー

まいそうする〖埋葬する〗ਦਫ਼ਨਾਉਣਾ dafanāuṇā ダフナーウナー

まいつき〖毎月〗ਹਰ ਮਹੀਨੇ hara maĭne ハル マイーネー

マイナス ਰਿਣ riṇa リン

まいにち〖毎日〗ਹਰ ਰੋਜ਼ hara roza ハル ローズ, ਰੁਜ਼ਾਨਾ ruzānā ルザーナー, ਰੋਜ਼ roza ローズ

まいねん〖毎年〗ਹਰ ਸਾਲ hara sāla ハル サール ◆毎年の ਸਾਲਾਨਾ sālānā サーラーナー, ਵਾਰਸ਼ਿਕ wāraśika ワールシク

まいばん〖毎晩〗ਹਰ ਰੋਜ਼ ਸ਼ਾਮੀਂ hara roza śāmī̃ ハル ローズ シャーミーン

マイル ਮੀਲ mīla ミール

まう〖舞う〗ਨੱਚਣਾ naccaṇā ナッチャナー

まえ〖前〗ਸਾਹਮਣਾ sâmaṇā サームナー, ਮੂਹਰਾ mûrā ムーラー

まえあし〖前足〗ਚੰਬਾ cambā チャンバー, ਪੰਜਾ pañjā パンジャー

まえうりけん〖前売券〗ਐਡਵਾਂਸ ਟਿਕਟ aiḍavā̃sa ṭikaṭa アェードヴァーンス ティカト

まえがき〖前書き〗ਭੂਮਿਕਾ pŭmikā プーミカー, ਤਮਹੀਦ tamahīda タムヒード, ਉਥਾਨਕਾ ut^{h}ānakā ウターンカー

まえがみ〖前髪〗ਬੋਦੀ bodī ボーディー

まえきん〖前金〗ਪੇਸ਼ਗੀ peśagī ペーシャギー, ਬਿਆਨਾ biānā ビアーナー, ਐਡਵਾਂਸ aiḍavā̃sa アェードヴァーンス

まえに〖前に〗（かつて）ਪਹਿਲਾਂ paîlā̃ パェーラーン

まえの〖前の〗（正面の）ਮਥੇਲਾ mat^{h}elā マテーラー, ਮੋਹਰਲਾ môralā モールラー（以前の）ਪਿਛਲਾ pic^{h}alā ピチラー, ਸਾਬਕ sābaka サーバク

まえばらい〖前払い〗ਐਡਵਾਂਸ aiḍavā̃sa アェードヴァーンス

まえもって〖前もって〗ਅਗਾਊਂ agāū̃ アガーウーン

まかせる〖任せる〗ਸੌਂਪਣਾ sāũpaṇā サォーンパナー

まがりかど〖曲がり角〗ਮੋੜ moṛa モール

まがる〖曲がる〗（たわむ）ਲਚਕਣਾ lacakaṇā ラチャカナー（向きが変わる）ਮੁੜਨਾ muṛanā ムルナー

マカロニ ਮਕਰੋਨੀ makaronī マクローニー

まき〖薪〗ਅੰਗੀਠਾ aṅgīṭ^{h}ā アンギーター, ਈਂਧਣ ī̃dana イーンダン, ਕਾਠ kāṭ^{h}a カート

まきじゃく〖巻き尺〗ਗਜ਼ gaza ガズ, ਕਤਈ kataī カタイー

まく〖幕〗ਪਰਦਾ paradā パルダー

まく〖蒔く〗ਬੀਜਣਾ bījaṇā ビージャナー, ਬੋਣਾ boṇā ボーナー

まく〖巻く〗ਲਪੇਟਣਾ lapeṭaṇā ラペータナー, ਵੱਟਣਾ waṭṭaṇā ワッタナー, ਵਲਨਾ walanā ワルナー

まく〖撒く〗ਛਿਣਕਣਾ c^{h}iṇakaṇā チンクナー, ਬਿਖਰਾਉਣਾ bik^{h}arāuṇā ビクラーウナー, ਛਿੜਕਣਾ c^{h}iṛakaṇā チルカナー

まくら〖枕〗ਸਿਰਹਾਣਾ sirăṇā スィラーナー, ਤਕੀਆ takīā タキーアー

まぐれ ਤੁੱਕਾ tukkā トゥッカー, ਟੁੱਲ ṭulla トゥッル

まけ〖負け〗ਹਾਰ hāra ハール, ਸ਼ਿਕਸਤ śikasata シカスト, ਪਰਾਜੈ parājai パラージャェー

まける〖負ける〗ਹਾਰਨਾ hāranā ハールナー

まげる〖曲げる〗（たわませる）ਲਚਕਾਉਣਾ lacakāuṇā ラチカーウナー（向きを変える）ਮੋੜਨਾ moṛanā モールナー

まご〖孫〗（息子の息子）ਪੋਤਰਾ potarā ポータラー 孫娘（息子の娘）ਪੋਤਰੀ potarī ポータリー 孫（娘の息子）ਦੋਹਤਰਾ dôtarā ドートラー 孫娘（娘の娘）ਦੋਹਤਰੀ dôtarī ドートリー

まごころ〖真心〗ਵਫ਼ਾ wafā ワファー, ਸ਼ੁਭ ਇੱਛਿਆ śûba icc^{h}iā シュブ イッチアー

まごつく ਬਕਲਣਾ bakalaṇā バカルナー

まこと〖誠〗（真実）ਸਚਾਈ sacāī サチャーイー, ਅਸਲੀਅਤ asalīata アスリーアト, ਹਕੀਕਤ hakīkata ハキーカト（真心）ਵਫ਼ਾ wafā ワファー, ਸ਼ੁਭ ਇੱਛਿਆ śûba icc^{h}iā シュブ イッチアー

まさつ〖摩擦〗ਰਗੜਾ ragaṛā ラグラー, ਖਹਿ k^{h}aî カェー

まさに〖正に〗ਹੀ hī ヒー

まさる〖勝る〗ਗ਼ਾਲਬ ਹੋਣਾ ğālaba hoṇā ガーラブ ホーナー

まざる〖混ざる〗ਘੁਲਣਾ kŭlaṇā クラナー, ਮਿਲਨਾ milanā ミルナー, ਰਲਨਾ ralanā ラルナー

まじない ਟੂਣਾ ṭūṇā トゥーナー, ਤੰਤਰ tantara タンタル, ਮੰਤਰ mantara マンタル

まじめな〖真面目な〗ਗੰਭੀਰ gambĭra ガンビール,

ਸੰਜੀਦਾ sañjīdā サンジーダー, ਵਫ਼ਾਦਾਰ wafādāra ワファーダール

まじょ〚魔女〛ਡੈਣ ḍaiṇa ダェーン, ਭੂਤਨੀ pŭtanī プートニー, ਚੁੜੇਲ cuṛela チュレール

ます〚増す〛ਵਧਣਾ wâdaṇā ワドナー, ਉਦੇਸਾਉਣਾ udesāuṇā ウデーサーウナー

まずい（美味しくない）ਬੇਮਜ਼ਾ bemazā ベーマザー, ਬੇਸੁਆਦ besuāda ベースアード, ਬੇਜ਼ੌਕ bezauka ベーザォーク（下手な）ਅਨਾੜੀ anāṛī アナーリー, ਅਵੱਲੜਾ awallaṛā アワッララー（品のない）ਬੇਹੂਦਾ behūdā ベーフーダー（劣る）ਘਟੀਆ kăṭiā カティーアー

マスク ਮੂੰਹ-ਟੋਪ mū̃-ṭopa ムーン・トープ, ਨਕਾਬ nakāba ナカーブ

まずしい〚貧しい〛ਗ਼ਰੀਬ ğarība ガリーブ, ਮੁਫ਼ਲਸ mufalasa ムフラス, ਨਿਰਧਨ niratăna ニルタン

ますます ਹੋਰ ਜ਼ਿਆਦਾ hora ziādā ホール ズィアーダー

まぜる〚混ぜる〛ਘੋਲਣਾ kŏlaṇā コールナー, ਮਿਲਾਉਣਾ milāuṇā ミラーウナー, ਰਲਾਉਣਾ ralāuṇā ララーウナー

また〚又〛ਫੇਰ p^{h}era ペール, ਮੁੜ muṛa ムル

まだ〚未だ〛ਅਜੇ aje アジェー, ਹਨੋਜ਼ hanoza ハノーズ

またせる〚待たせる〛ਠਹਿਰਾਉਣਾ ṭ^{h}aîrāuṇā タェーラーウナー

またたく〚瞬く〛ਟਿਮਟਿਮਾਉਣਾ ṭimaṭimāuṇā ティムティマーウナー, ਟਮਕਾਉਣਾ ṭamakāuṇā タムカーウナー, ਝਮਕਣਾ cămakaṇā チャマクナー

または〚又は〛ਜਾਂ jā̃ ジャーン, ਅਕੇ ake アケー, ਵਾ wā ワー

まち〚町〛ਨਗਰ nagara ナガル, ਸ਼ਹਿਰ śaîra シャェール, ਕਸਬਾ kasabā カスバー

まちあいしつ〚待合室〛ਵੇਟਿੰਗ ਰੂਮ weṭiṅga rūma ウェーティング ルーム

まちがい〚間違い〛ਗ਼ਲਤੀ ğalatī ガルティー, ਅਸ਼ੁੱਧੀ aśûddī アシュッディー（過失）ਅਪਰਾਧ aparâda アプラード, ਦੋਸ਼ dośa ドーシュ, ਕਸੂਰ kasūra カスール

まちがえる〚間違える〛（誤る）ਘੁੱਸਣਾ kŭssaṇā クッサナー, ਖੁੰਝਣਾ k^{h}ûñjaṇā クンジャナー

まつ〚待つ〛ਉਡੀਕਣਾ uḍīkaṇā ウディーカナー, ਠਹਿਰਨਾ ṭ^{h}aîranā タェールナー, ਇੰਤਜ਼ਾਰ ਕਰਨਾ intazāra karanā イントザール カルナー

まっくらな〚真っ暗な〛ਹਨੇਰਾ hanerā ハネーラー, ਘਟਾਟੋਪ kăṭāṭopa カタートープ

まつげ〚睫毛〛ਝਿੰਮਣੀ cĭmmaṇī チンマニー

マッサージ ਮਾਲਸ਼ mālaśa マーラシュ, ਚਾਪੀ cāpī チャーピー ◆マッサージする ਮਾਲਸ਼ ਕਰਨੀ mālaśa karanī マーラシュ カルニー, ਚਾਪੀ ਕਰਨੀ cāpī karanī チャーピー カルニー

マッシュルーム ਖੁੰਬ k^{h}umba クンブ

まっしろな〚真っ白な〛ਬੱਗਾ-ਚਿੱਟਾ baggā-ciṭṭā バッガー・チッター, ਕੋਰਮ ਕੋਰਾ korama korā コーラム コーラー

まっすぐな ਸਿੱਧਾ sîddā スィッダー

まっすぐに ਸਿੱਧੇ sîdde スィッデー

まったく〚全く〛（完全に）ਬਿਲਕੁਲ bilakula ビルクル, ਇਕਦਮ ikadama イクダム, ਸਰਾਸਰ sarāsara サラーサル（本当に）ਸੱਚਮੁੱਚ saccamucca サッチムッチ, ਵਾਕਈ wākaī ワーカイー

まったん〚末端〛ਅਖ਼ੀਰ axīra アキール, ਹੱਦ-ਬੰਨਾ hadda-bannā ハッド・バンナー

マッチ ਮਾਚਸ mācasa マーチャス（試合）ਮੈਚ maica マェーチ, ਟਾਕਰਾ ṭākarā タークラー, ਮੁਕਾਬਲਾ mukābalā ムカーブラー

まつり〚祭り〛ਤਿਓਹਾਰ tiohāra ティオーハール, ਮੇਲਾ melā メーラー, ਉਤਸਵ utasava ウトサヴ

マディヤ・プラデーシュしゅう〚マディヤ・プラデーシュ州〛ਮੱਧ ਪ੍ਰਦੇਸ਼ mâdda pradeśa マッド プラデーシュ

まと〚的〛ਨਿਸ਼ਾਨਾ niśānā ニシャーナー

まど〚窓〛ਬਾਰੀ bārī バーリー, ਖਿੜਕੀ k^{h}iṛakī キルキー

まとまる（集まる）ਇਕੱਠਾ ਹੋਣਾ ikaṭṭ^{h}ā hoṇā イカッターホーナー（解決される）ਹੱਲ ਹੋਣਾ halla hoṇā ハッル ホーナー, ਸੁਲਝਣਾ sûlajaṇā スルジャナー, ਨਿਪਟਣਾ nipaṭaṇā ニプタナー

まとめる（集める）ਇਕੱਠਾ ਕਰਨਾ ikaṭṭ^{h}ā karanā イカッター カルナー（解決する）ਹੱਲ ਕਰਨਾ halla karanā ハッル カルナー, ਸੁਲਝਾਉਣਾ sulajăuṇā スルジャーウナー, ਨਿਪਟਾਉਣਾ nipaṭāuṇā ニプターウナー

まなざし〚眼差し〛ਨਜ਼ਾਰਾ nazārā ナザーラー, ਨਿਗਾਹ nigâ ニガー, ਦੀਦ dīda ディード

まなぶ〚学ぶ〛ਪੜ੍ਹਨਾ pâṛanā パルナー, ਸਿੱਖਣਾ sikk^{h}aṇā スィッカナー

まにあう〚間に合う〛ਵਕਤ ਸਿਰ ਪੁੱਜਣਾ wakata sira pujjaṇā ワカト スィル プッジャナー（必要を満たす）ਸਰਨਾ saranā サルナー

まにあわせの〚間に合わせの〛ਕੰਮ ਚਲਾਊ kamma calāū カンム チャラーウー, ਕੰਮ ਸਾਰੂ kamma sārū カンム サールー

まにあわせる〚間に合わせる〛ਸਾਰਨਾ sāranā サールナー

まぬがれる〚免れる〛ਬਚਣਾ bacaṇā バチャナー

まぬけな〚間抜けな〛ਬੁੱਧੂ bûddū ブッドゥー, ਬਗ਼ਲੋਲ bağalola バグロール, ਬੈਂਗਾ bāũgā バォーンガー

マネージャー ਮਨੇਜਰ manejara マネージャル, ਪਰਬੰਧਕ parabândaka パルバンダク

まねく〚招く〛ਬੁਲਾਉਣਾ bulāuṇā ブラーウナー, ਸੱਦਣਾ saddaṇā サッダナー（引き起こす）ਪੈਦਾ ਕਰਨਾ paidā karanā パェーダー カルナー, ਉਤਪੰਨ ਕਰਨਾ utapanna karanā ウトパンヌ カルナー

まねする〚真似する〛ਨਕਲ ਕਰਨੀ nakala karanī ナカル カルニー

マハーラーシュトラしゅう〚マハーラーシュトラ州〛ਮਹਾਰਾਸ਼ਟਰ mahārāśaṭara マハーラーシュタル

まばらな ਵਿਰਲਾ viralā ヴィルラー, ਟਾਵਾਂ ਟੱਲਾ ṭāwā̃ ṭallā ターワーン タッラー

まひ〚麻痺〛ਅੰਬਾ ambā アンバー, ਝੋਲਾ cŏlā チョーラー ◆麻痺する ਅੰਬਣਾ ambaṇā アンバナー, ਉੱਛਣਾ uñc^{h}aṇā ウンチャナー

まぶた〚瞼〛ਪਪੋਟਾ papoṭā パポーター

マフラー ਮਫ਼ਲਰ mafalara マフラル

まほう〖魔法〗ਜਾਦੂ jādū ジャードゥー, ਤਲਿੱਸਮ talissama タリッサム, ਇੰਦਰ-ਜਾਲ indara-jāla インダル・ジャール
まぼろし〖幻〗ਮਾਇਆ māiā マーイアー, ਖ਼ਾਬ xāba カーブ
まめ〖豆〗ਦਾਲ dāla ダール
まめつ〖摩滅〗ਘਸਰ kăsara カサル, ਵਲੂੰਧਰ walū̃dara ワルーンダル
まもなく〖間もなく〗ਛੇਤੀ cʰetī チェーティー
まもり〖守り〗ਰੱਖਿਆ rakkʰiā ラッキアー, ਰਖਵਾਲੀ rakʰawālī ラクワーリー, ਸੰਭਾਲ sambăla サンバール
まもる〖守る〗ਰੱਖਿਆ ਕਰਨੀ rakkʰiā karanī ラッキアー カルニー, ਬਚਾਉਣਾ bacāuṇā バチャーウナー, ਸੰਭਾਲਣਾ sambălaṇā サンバールナー
まやく〖麻薬〗ਅਮਲ amala アマル, ਨਸ਼ਾ naśā ナシャー, ਡਰੱਗਜ਼ ḍaraggaza ダラッガズ
まゆ〖眉〗ਭੌਂ pãŭ パォーン, ਭਰਵੱਟਾ parawăṭṭā パルワッター
まよう〖迷う〗(気持ちが) ਦੁਚਿੱਤਾ ਹੋਣਾ ducittā hoṇā ドゥチッター ホーナー (道に) ਗੁਆਚਣਾ guācaṇā グアーチャナー, ਭਟਕਣਾ pǎṭakaṇā パタカナー
マラリア ਮਲੇਰੀਆ maleriā マレーリーアー, ਤੇਈਆ teiā テーイーアー
まる〖丸〗ਦਾਇਰਾ dāirā ダーイラー
まるい〖丸い〗ਗੋਲ gola ゴール, ਚਕਰਾਕਾਰ cakarākāra チャクラーカール, ਸਰਕੁਲਰ sarakulara サルクラル
まるで ਮਾਨੋ māno マーノー, ਗੋਇਆ goiā ゴーイアー, ਜਾਣੀ jāṇī ジャーニー
マレーシア ਮਲੇਸ਼ੀਆ maleśiā マレーシーアー
まれな〖稀な〗ਨਾਦਰ nādara ナーダル, ਦੁਰਲਭ duralâba ドゥルラブ, ਬੇਮਿਸਾਲ bemisāla ベーミサール
まれに〖稀に〗ਕਦਾਈ kadāī カダーイー
まわす〖回す〗ਘੁਮਾਉਣਾ kumăuṇā クマーウナー, ਫਿਰਾਉਣਾ pʰirāuṇā ピラーウナー, ਪਰਤਾਉਣਾ paratāuṇā パルターウナー
まわり〖周り〗(周囲) ਗਿਰਦ girada ギルド, ਦੁਆਲਾ duālā ドゥアーラー (付近) ਨੇੜਾ neṛā ネーラー, ਆਸ-ਪਾਸ āsa-pāsa アース・パース
まわりみち〖回り道〗ਔਝੜ aûjaṛa アォージャル, ਵਲਾ walā ワラー, ਵਿੰਗ viṅga ヴィング
まわる〖回る〗ਘੁੰਮਣਾ kŭmmaṇā クンマナー, ਫਿਰਨਾ pʰiranā ピルナー
まん〖万〗ਦਸ ਹਜ਼ਾਰ dasa hazāra ダス ハザール
まんえん〖蔓延〗ਸੰਚਾਰ sañcāra サンチャール
まんが〖漫画〗ਕਮੂਰਤ kamūrata カムーラト, ਕਾਮਕ kāmaka カーマク, ਕਾਰਟੂਨ kāraṭūna カールトゥーン
まんげつ〖満月〗ਪੁੰਨਿਆ punniā プンニアー, ਪੂਰਨਮਾਸ਼ੀ pūranamāśī プーランマーシー
マンゴー ਅੰਬ amba アンブ, ਮੈਂਗੋ mãĩgo マェーンゴー
まんじょういっちで〖満場一致で〗ਸਰਬ ਸੰਮਤੀ ਨਾਲ saraba sammatī nāla サルブ サンマティー ナール, ਬਿਲਾਮੁਕਾਬਲਾ bilāmukābalā ビラームカーブラー, ਬੇਮੁਕਾਬਲਾ bemukābalā ベームカーブラー
まんせいの〖慢性の〗ਦਾਇਮੀ dāimī ダーイミー
まんぞく〖満足〗ਰੱਜ rajja ラッジ, ਤਸੱਲੀ tasallī タサッリー, ਸੰਤੁਸ਼ਟੀ santuśaṭī サントゥシュティー ♦満足する ਰੱਜਣਾ rajjaṇā ラッジャナー, ਸੰਤੁਸ਼ਟ ਹੋਣਾ santuśaṭa hoṇā サントゥシュト ホーナー ♦満足な ਤਸੱਲੀਬਖ਼ਸ਼ tasallībaxaśa タサッリーバクシュ, ਪਰਿਪੂਰਨ paripūrana パリプールン
まんなか〖真ん中〗ਮੱਝ mâjja マッジ, ਵਿਚਕਾਰ wicakāra ウィチカール, ਦਰਮਿਆਨ daramiāna ダルミアーン
まんねんひつ〖万年筆〗ਫ਼ਾਉਂਟਨ ਪੈੱਨ fāuṇṭana painna ファーウンタン パェーンヌ
まんぷくする〖満腹する〗ਆਫਰਨਾ āpʰaranā アーパルナー
まんべんなく(一様に) ਇੱਕਸਾਰ ikkasāra イックサール, ਯਕਸਾਰ yakasāra ヤクサール, ਯਕਸਾਂ yakasā̃ ヤクサーン
み〖実〗ਫਲ pʰala パル
み〖身〗ਸਰੀਰ sarīra サリール, ਦੇਹ dê デー, ਪਿੰਡਾ piṇḍā ピンダー
ミーティング ਮੀਟਿੰਗ mīṭiṅga ミーティング
ミイラ ਮਮੀ mamī マミー
みうち〖身内〗ਰਿਸ਼ਤੇਦਾਰ riśatedāra リシュテーダール
みえ〖見栄〗ਦਿਖਾਵਾ dikʰāwā ディカーワー
みえる〖見える〗ਦਿਖਣਾ dikʰaṇā ディクナー, ਦਿਸਣਾ disaṇā ディサナー, ਦਿਖਾਈ ਦੇਣਾ dikʰāī deṇā ディカーイー デーナー
みおとす〖見落とす〗ਉੱਕਣਾ ukkaṇā ウッカナー, ਵਿਸਰਨਾ visaranā ヴィサルナー
みかいけつの〖未解決の〗ਬਹਿਸ ਤਲਬ baîsa talaba バェース タラブ
みかいの〖未開の〗ਅਸੱਭ asâbba アサッブ, ਵਹਿਸ਼ੀ waîśī ワェーシー
みかく〖味覚〗ਸੁਆਦ suāda スアード, ਜ਼ਾਇਕਾ zāikā ザーイカー, ਰਸਨਾ rasanā ラスナー
みがく〖磨く〗ਪਾਲਿਸ਼ ਕਰਨਾ pāliśa karanā パーリシュ カルナー, ਚਮਕਾਉਣਾ camakāuṇā チャムカーウナー, ਮਾਂਜਣਾ mā̃jaṇā マーンジャナー
みかけ〖見かけ〗ਬਿੰਬ bimba ビンブ
みかた〖味方〗ਤਰਫ਼ਦਾਰ tarafadāra タラフダール, ਹਾਮੀ hāmī ハーミー
みかん〖蜜柑〗ਨਾਰੰਗੀ nāraṅgī ナーランギー
みかんせいの〖未完成の〗ਅਪੂਰਨ apūrana アプールン, ਗ਼ੈਰਮੁਕੰਮਲ ğairamukammala ガェールムカンマル
みき〖幹〗ਤਣਾ taṇā タナー
みぎうで〖右腕〗ਸੱਜਾ ਹੱਥ sajjā hattʰa サッジャー ハット (信頼できる人) ਵਿਸ਼ਵਾਸਯੋਗ ਆਦਮੀ viśawāsayoga ādamī ヴィシュワースヨーグ アードミー
みぎの〖右の〗ਸੱਜਾ sajjā サッジャー, ਦਹਿਣਾ daîṇā ダェーナー
みぐるしい〖見苦しい〗(下品な) ਡੱਗ ḍagga ダッグ (醜い) ਕਰੂਪ kurūpa クループ, ਭੱਦਾ pǎddā パッダー
みごとな〖見事な〗ਸ਼ਲਾਘਾਯੋਗ śalâgāyoga シャラーガーヨーグ, ਸਲਾਹੁਣਯੋਗ salâuṇayoga サラーウンヨーグ

みこみ〘見込み〙（可能性） ਸੰਭਾਵਨਾ sambăva̸nā サンバーヴナー，ਇਮਕਾਨ ima̸kāna̸ イムカーン （期待） ਆਸ āsa̸ アース，ਉਮੀਦ umīda̸ ウミード

みこんの〘未婚の〙ਅਣਵਿਆਹਿਆ aṇa̸viâiā アンヴィアーイアー，ਛੜਾ c^{h}aṛā チャラー，ਕੁਆਰਾ kuārā クアーラー

ミサイル ਮਿਸਾਈਲ misāīla̸ ミサーイール

みじかい〘短い〙ਲਘੂ lâgū ラグー，ਕੱਸਾ kassā カッサー，ਸ਼ਾਰਟ śāraṭa̸ シャールト

みじめな〘惨めな〙ਆਜਜ਼ ājaza̸ アージャズ，ਨਾਸ਼ਾਦ nāśāda̸ ナーシャード，ਜ਼ਲੀਲ zalīla̸ ザリール

みじゅくな〘未熟な〙（熟していない） ਅਣਪੱਕਿਆ aṇa̸pakkiā アンパッキアー （経験のない） ਨਾਤਜਰਬੇਕਾਰ nātajara̸bekāra̸ ナータジャルベーカール

みしらぬ〘見知らぬ〙ਅਣਜਾਣ aṇa̸jāṇa̸ アンジャーン，ਨਾਵਾਕਫ਼ nāwākafa̸ ナーワーカフ，ਅਜਨਬੀ aja̸nabī アジナビー

ミシン ਮਸ਼ੀਨ maśīna̸ マシーン

ミス （誤り） ਗ਼ਲਤੀ ğala̸tī ガルティー，ਉਕਾਈ ukāī ウカーイー

みず〘水〙ਪਾਣੀ pāṇī パーニー，ਆਬ āba̸ アーブ，ਜਲ jala̸ ジャル

みずうみ〘湖〙ਝੀਲ cĭla̸ チール，ਕਹਾਰ kăra̸ カール，ਕੁੰਡ kuṇḍa̸ クンド

みずがめざ〘水瓶座〙ਕੁੰਭ kûmba̸ クンブ

みずから〘自ら〙ਆਪੇ āpe アーペー，ਖ਼ੁਦ xuda̸ クド，ਸਵਯੰ sawayam サワヤム

みずさし〘水差し〙ਘੜਾ kăṛā カラー，ਗਾਗਰ gāgara̸ ガーガル，ਗੰਗਾਸਾਗਰ gaṅgāsāgara̸ ガンガーサーガル

みずべ〘水辺〙ਤਟ taṭa̸ タト，ਤੀਰ tīra̸ ティール

みすぼらしい ਖੁੱਥੜ k^{h}utt^{h}aṛa̸ クッタル，ਸ਼ੋਹਦਾ śôdā ショーダー，ਭੱਦਾ păddā パッダー

みずみずしい〘瑞々しい〙ਤਾਜ਼ਾ tāzā ターザー，ਸਰਸ sarasa̸ サラス，ਫ਼ਰੈਸ਼ faraiśa̸ ファラエーシュ

みせ〘店〙ਦੁਕਾਨ dukāna̸ ドゥカーン，ਹੱਟ haṭṭa̸ ハット，ਹੱਟੀ haṭṭī ハッティー

みせいねん〘未成年〙ਨਾਬਾਲਗ਼ੀ nābāla̸ğī ナーバールギー

みせかけの〘見せかけの〙ਅਡੰਬਰੀ aḍambarī アダンバリー，ਨੁਮਾਇਸ਼ੀ numāiśī ヌマーイシー，ਬਣਾਉਟੀ baṇāuṭī バナーウティー

みせびらかす〘見せびらかす〙（欲しがらせる） ਲਲਚਾਉਣਾ lala̸cāuṇā ラルチャーウナー

みせもの〘見せ物〙ਤਮਾਸ਼ਾ tamāśā タマーシャー，ਸ਼ੋ śo ショー

みせる〘見せる〙ਦਿਖਾਉਣਾ dik^{h}āuṇā ディカーウナー，ਵਿਖਾਉਣਾ wik^{h}āuṇā ウィカーウナー

みぞ〘溝〙ਖਾਈ k^{h}āī カーイー，ਖੰਦਕ k^{h}andaka̸ カンダク

みぞれ〘霙〙ਬਰਫ਼ ਵਾਲਾ ਮੀਂਹ barafa̸ wālā mĩ̂ バルフ ワーラー ミーン，ਹਿਮ ਪਾਤ hima̸ pāta̸ ヒム パート

みだし〘見出し〙ਸਿਰਲੇਖ sira̸lek^{h}a̸ スィルレーク，ਸ਼ੀਰਸ਼ਕ śīra̸śaka シールシャク，ਮੱਦ madda̸ マッド

みたす〘満たす〙ਭਰਨਾ păra̸nā パルナー，ਪੂਰਨਾ pūra̸nā プールナー

みだす〘乱す〙ਵਿਚਾਲਨਾ vicāla̸nā ヴィチャールナー，ਵਿਗਾੜਨਾ vigāṛa̸nā ヴィガールナー

みだれる〘乱れる〙ਵਿਚਲਨਾ vicala̸nā ヴィチャルナー，ਵਿਗੜਨਾ vigaṛa̸nā ヴィガルナー

みち〘道〙ਰਾਹ râ ラー，ਰਸਤਾ rasa̸tā ラスター，ਮਾਰਗ māraga̸ マーラグ

みちのり〘道のり〙ਪੈਂਡਾ pãīḍā パェーンダー，ਪੰਧ pânda̸ パンド

みちびく〘導く〙ਅਗਵਾਈ ਕਰਨੀ aga̸wāī kara̸nī アグワーイー カルニー

みちる〘満ちる〙ਭਰਨਾ păra̸nā パルナー，ਭਰੀਚਣਾ parĭcaṇā パリーチャナー，ਅੱਟਣਾ aṭṭaṇā アッタナー

みつかる〘見つかる〙ਮਿਲਨਾ mila̸nā ミルナー

みつぎ〘密議〙ਘਾਲਾ-ਮਾਲਾ kălā-mālā カーラー・マーラー，ਮਸ਼ਵਰਾ maśa̸warā マシュワラー

みつける〘見つける〙ਲੱਭਣਾ lâbbaṇā ラッバナー，ਢੂੰਡਣਾ ṭŭ̃ḍa̸nā トゥーンドナー，ਟੋਲਣਾ ṭola̸nā トールナー

みっこく〘密告〙ਮੁਖ਼ਬਰੀ muxa̸barī ムクバリー

みっせつな〘密接な〙ਸੰਘਣਾ sâṅgaṇā サンガナー，ਨਿਕਟਵਰਤੀ nikaṭa̸wara̸tī ニカトワルティー

みつど〘密度〙ਸੰਘਣਾਪਣ sâṅgaṇāpaṇa̸ サンガナーパン，ਗਾੜ੍ਹਾਪਣ gâṛāpaṇa̸ ガーラーパン

みつばち〘蜜蜂〙ਸ਼ਹਿਦ ਦੀ ਮੱਖੀ śaîda̸ dī makk^{h}ī シャェード ディー マッキー，ਮਧੂ ਮੱਖੀ madŭ makk^{h}ī マドゥー マッキー

みつめる〘見つめる〙ਘੂਰਨਾ kŭra̸nā クールナー，ਤਾੜਨਾ tāṛa̸nā タールナー，ਤੱਕਣਾ takkaṇā タッカナー

みつもり〘見積もり〙ਤਖ਼ਮੀਨਾ taxa̸mīnā タクミーナー，ਅੰਦਾਜ਼ਾ andāzā アンダーザー，ਕੂਤ kūta̸ クート

みつもる〘見積もる〙ਅੰਦਾਜ਼ਾ ਲਾਉਣਾ andāzā lāuṇā アンダーザー ラーウナー，ਕੂਤਣਾ kūtaṇā クータナー

みつゆ〘密輸〙ਤਸਕਰੀ tasa̸karī タスカリー，ਸਮਗਲਿੰਗ samagaliṅga̸ サマグリング

みとおし〘見通し〙ਪਰਿਪੇਖ paripek^{h}a̸ パリペーク

みとめる〘認める〙（受け入れる） ਕਬੂਲਣਾ kabūlaṇā カブーラナー，ਮੰਨਣਾ mannaṇā マンナナー （認識する） ਪਛਾਣਨਾ pac^{h}āṇa̸nā パチャーンナー

みどりいろ〘緑色〙ਹਰਿਆਈ hariāī ハリアーイー，ਹਰਿਆਉਲ hariāula̸ ハリアーウル，ਤਰਾਉਤ tarāuta̸ タラーウト ◆緑色の ਹਰਾ harā ハラー，ਹਰਿਆਲਾ hariālā ハリアーラー

みな〘皆〙ਸਭ sâba̸ サブ

みなおす〘見直す〙（再検討する） ਨਜ਼ਰਸਾਨੀ ਕਰਨੀ nazara̸sānī kara̸nī ナザルサーニー カルニー，ਪੁਨਰ ਵਿਚਾਰ ਕਰਨਾ punara̸ vicāra̸ kara̸nā プナル ヴィチャール カルナー （もう一度見る） ਦੁਬਾਰਾ ਵੇਖਣਾ dubārā wek^{h}aṇā ドゥバーラー ウェークナー

みなと〘港〙ਬੰਦਰਗਾਹ bandara̸gâ バンダルガー

みなみ〘南〙ਦੱਖਣ dakk^{h}aṇa̸ ダッカン，ਜਨੂਬ janūba̸ ジャヌーブ，ਲੱਮਾਂ lammā̃ ランマーン

みなみアフリカ〘南アフリカ〙ਦੱਖਣੀ ਅਫ਼ਰੀਕਾ dakk^{h}aṇī afa̸rīkā ダッカニー アフリーカー

みなもと〘源〙ਸੋਮਾ somā ソーマー，ਸਰੋਤ sarota̸ サロ

ート, ਮੰਬਾ mambā マンバー
みならい〖見習い〗ਸ਼ਗਿਰਦੀ śagirạdī シャギルディー（の人）ਸ਼ਗਿਰਦ śagirạdạ シャギルド, ਸਿਖਾਂਦਰੂ sik^hā̃dạrū スィカーンドルー, ਸਿਖਿਆਰਥੀ sik^hiārạt^hī スィキアールティー
みなり〖身なり〗ਭੇਸ pĕsạ ペース, ਵੇਸ-ਭੂਸ਼ਾ vesạ-pŭśā ヴェース・プーシャー, ਪਹਿਰਾਵਾ paîrāwā パェーラーワー
みにくい〖醜い〗ਕਰੂਪ karūpạ カループ, ਬਦਸ਼ਕਲ badạśakalạ バドシャカル, ਬਦਸੂਰਤ badạsūratạ バドスーラト
みぬく〖見抜く〗ਭਾਂਪਣਾ pā̃paṇā パーンパナー
みのがす〖見逃す〗（見落とす）ਉੱਕਣਾ ukkaṇā ウッカナー, ਵਿਸਰਨਾ visarạnā ヴィサルナー（咎めないでおく）ਬਖ਼ਸ਼ਣਾ baxạśaṇā バクシャナー
みのる〖実る〗（実がなる）ਫਲਨਾ p^halạnā パルナー, ਨਿੱਸਰਨਾ nissarạnā ニッサルナー（成果が上がる）ਸਫਲ ਹੋਣਾ sap^halạ hoṇā サパル ホーナー
みはる〖見張る〗ਪਹਿਰਾ ਦੇਣਾ paîrā deṇā パェーラー デーナー
みぶり〖身振り〗ਇਸ਼ਾਰਾ iśārā イシャーラー
みぶん〖身分〗ਔਕਾਤ aukātạ アォーカート, ਹੈਸੀਅਤ haisīatạ ハエースィーアト ♦身分証明書 ਸ਼ਨਾਖ਼ਤੀ ਕਾਰਡ śanāxatī kārạḍạ シャナークティー カールド
みぼうじん〖未亡人〗ਰੰਡੀ ranḍī ランディー, ਵਿਧਵਾ vîdạwā ヴィドワー
みほん〖見本〗ਨਮੂਨਾ namūnā ナムーナー, ਵਨਗੀ wanạgī ワンギー, ਸੈਂਪਲ saĩpalạ サェーンパル
みまもり〖見守り〗ਦੇਖਭਾਲ dek^hapālạ デークパール, ਨਿਗਰਾਨੀ nigarānī ニグラーニー
みみ〖耳〗ਕੰਨ kannạ カンヌ
みみず〖蚯蚓〗ਕੇਚਵਾ kecạwā ケーチワー
みめい〖未明〗ਤੜਕਾ taṛạkā タルカー
みゃく〖脈〗ਨਬਜ਼ nabazạ ナバズ, ਨਾੜੀ nāṛī ナーリー（見込み・望み）ਆਸ āsạ アース, ਉਮੀਦ umīdạ ウミード
みやげ〖土産〗ਸੁਗ਼ਾਤ suğātạ スガート, ਸੁਵਿਨਰ suvinarạ スヴィナル
みやこ〖都〗ਰਾਜਧਾਨੀ rājatā̆nī ラージターニー, ਦਾਰੁਲਖ਼ਿਲਾਫ਼ਾ dārulạxilāfā ダールルキラーファー
ミャンマー ਮਿਆਂਮਾਰ miā̃mārạ ミアーンマール
みらい〖未来〗ਭਵਿਖ pavīk^hạ パヴィク, ਮੁਸਤਕਬਿਲ musạtakabilạ ムスタクビル
ミリグラム ਮਿਲੀਗ੍ਰਾਮ milīgrāmạ ミリーグラーム
ミリメートル ਮਿਲੀਮੀਟਰ milīmīṭarạ ミリーミータル
みりょうする〖魅了する〗ਲੁਭਾਉਣਾ lubā̆uṇā ルバーウナー, ਮੋਹਣਾ môṇā モーナー, ਰਿਝਾਉਣਾ rijā̆uṇā リジャーウナー
みりょく〖魅力〗ਖਿੱਚ k^hiccạ キッチ, ਕਸ਼ਸ਼ kaśaśạ カシャシュ, ਆਕਰਸ਼ਨ ākarạśana アーカルシャン ♦魅力的な ਦਿਲਕਸ਼ dilạkaśạ ディルカシュ, ਲੁਭਾਇਮਾਨ lubā̆imānạ ルバーイマーン, ਆਕਰਸ਼ਿਕ ākarạśikạ アーカルシク
みる〖見る〗ਦੇਖਣਾ dek^haṇā デーカナー, ਵੇਖਣਾ wek^haṇā ウェークナー
ミルク ਦੁੱਧ dûddạ ドゥッド, ਸ਼ੀਰ śīrạ シール
みわける〖見分ける〗ਪਛਾਣਨਾ pac^hāṇạnā パチャーンナー, ਭਾਖਣਾ pā̆k^haṇā パークナー
みんかんの〖民間の〗ਨਿੱਜੀ nijjī ニッジー, ਪਰਾਈਵੇਟ parāīveṭạ パラーイーヴェート, ਸਿਵਲ sivalạ スィヴァル
みんしゅう〖民衆〗ਜਨਤਾ janạtā ジャンター, ਅਵਾਮ awāmạ アワーム
みんしゅしゅぎ〖民主主義〗ਲੋਕਤੰਤਰ lokạtantarạ ロークタンタル, ਗਣਤੰਤਰ gaṇạtantarạ ガンタンタル, ਡੈਮੋਕਰੇਸੀ ḍaimokaresī ダェーモークレースィー
みんぞく〖民族〗ਕੌਮ kaumạ カォーム, ਫ਼ਿਰਕਾ firạkā フィルカー, ਰਾਸ਼ਟਰ rāśaṭarạ ラーシュタル ♦民族性 ਕੌਮੀਅਤ kaumīatạ カォーミーアト, ਰਾਸ਼ਟਰੀਅਤਾ rāśạṭarīatā ラーシュタリーアター
みんよう〖民謡〗ਲੋਕ-ਗੀਤ lokạ-gītạ ローク・ギート
みんわ〖民話〗ਲੋਕ-ਕਥਾ lokạ-kat^hā ローク・カター, ਕਿੱਸਾ kissā キッサー
む〖無〗ਸਿਫ਼ਰ sifarạ スィファル, ਸੁੰਨ sunnạ スンヌ, ਜ਼ੀਰੋ zīro ズィーロー
むいしきに〖無意識に〗ਅਚੇਤ acetạ アチェート, ਆਪ ਮੁਹਾਰੇ āpạ muhāre アープ ムハーレー
むいちもんの〖無一文の〗ਕੰਗਾਲ kaṅgālạ カンガール, ਖ਼ਲਾਸ xalāsạ カラース
むいみな〖無意味な〗ਵਿਅਰਥ viarat^hạ ヴィアルト, ਬੇਮਤਲਬ bematạlabạ ベーマトラブ, ਅਨਰਥਕ anarat^hakạ アナルタク
むえきな〖無益な〗ਬੇਫ਼ਾਇਦਾ befāidā ベーファーイダー
むかいがわに〖向かい側に〗ਰੂਬਰੂ rūbarū ルーブルー, ਸੌਹੇਂ sauhẽ サォーヘーン
むかで〖百足〗ਕੰਨਖਜੂਰਾ kannạk^hajūrā カンヌカジューラー
むかんけいな〖無関係な〗ਅਸੰਗਤ asaṅgatạ アサンガト, ਬੇਲਾਗ belāgạ ベーラーグ
むかんしん〖無関心〗ਬੇਪਰਵਾਹੀ beparạwâī ベーパルワーイー, ਅਣਗਹਿਲੀ aṇạgaîlī アンガェーリー, ਉਦਾਸੀਨਤਾ udāsīnạtā ウダースィーンター
むき〖向き〗ਦਿਸ਼ਾ diśā ディシャー, ਤਰਫ਼ tarafạ タラフ
むぎ〖麦〗（小麦）ਕਣਕ kaṇakạ カナク, ਗੇਹੂੰ gêū̃ ゲーウーン, ਗੰਦਮ gandamạ ガンダム（大麦）ਜੌਂ jāũ ジャオーン
むきりょくな〖無気力な〗ਉਤਸ਼ਾਹਹੀਣ utạśâhīṇạ ウトシャーヒーン, ਆਲਸੀ ālasī アールスィー, ਸੁਸਤ susatạ ススト
むく〖剥く〗ਲਾਹੁਣਾ lâuṇā ラーウナー
むくいる〖報いる〗ਫਲ ਦੇਣਾ p^halạ deṇā パル デーナー
むくちな〖無口な〗ਚੁਪੀਤਾ cupītā チュピーター
むけいの〖無形の〗ਅਰੂਪ arūpạ アループ, ਨਿਰਾਕਾਰ nirākārạ ニラーカール, ਅਮੂਰਤ amūratạ アムーラト
むげんの〖無限の〗ਅਨੰਤ anantạ アナント, ਗ਼ੈਰਮਹਿਦੂਦ ğairạmaîdūdạ ガェールマェードゥード, ਅਸੀਮਿਤ asīmitạ アスィーミト

むこ〖婿〗(新郎) ਦੁਲ੍ਹਾ dûlā ドゥーラー, ਲਾੜਾ lāṛā ラーラー (娘の夫) ਜਵਾਈ jawāī ジャワーイー, ਦਾਮਾਦ dāmādạ ダーマード

むこうにする〖無効にする〗ਰੱਦਣਾ raddaṇā ラッダナー

むこうみずな〖向こう見ずな〗ਹੂੜ੍ਹ hûṛạ フール, ਔਘੜ aûgaṛạ アォーガル

むごん〖無言〗ਚੁੱਪ cuppạ チュップ, ਮੂਕਤਾ mūkatā ムークター, ਮੌਨ maunạ マォーン

むざい〖無罪〗ਬੇਗੁਨਾਹੀ begunâī ベーグナーイー, ਬੇਕਸੂਰੀ bekasūrī ベーカスーリー, ਨਿਰਦੋਸ਼ਤਾ niradośatā ニルドーシュター

むし〖虫〗(飛ぶ昆虫) ਪਤੰਗਾ pataṅgā パタンガー (みみずの類) ਕੀੜਾ kīṛā キーラー, ਕੀਟ kīṭạ キート

むしあつさ〖蒸し暑さ〗ਹੁੰਮਸ hummasạ フンマス, ਹੁੱਸ hussạ フッス, ਵੱਟ waṭṭạ ワット

むしする〖無視する〗ਉਪੇਖਿਆ ਕਰਨੀ upekʰiā karaṇī ウペーキアー カルニー, ਅਵੱਗਿਆ ਕਰਨੀ awaggiā karaṇī アワッギアー カルニー

むじつ〖無実〗ਬੇਗੁਨਾਹੀ begunâī ベーグナーイー, ਬੇਕਸੂਰੀ bekasūrī ベーカスーリー, ਨਿਰਦੋਸ਼ਤਾ niradośatā ニルドーシュター ◆無実の ਬੇਗੁਨਾਹ begunâ ベーグナー, ਬੇਕਸੂਰ bekasūrạ ベーカスール, ਨਿਰਦੋਸ਼ niradośạ ニルドーシュ

むしば〖虫歯〗ਘੁਣਾਧਾ kŭṇâdā クナーダー

むしばむ〖蝕む〗ਖਾਣਾ kʰāṇā カーナー, ਖਾਰਨਾ kʰāranā カールナー

むしめがね〖虫眼鏡〗ਆਤਸ਼ੀ ਸ਼ੀਸ਼ਾ ātaśī śīśā アートシー シーシャー

むじゃきな〖無邪気な〗ਅਣਜਾਣ aṇajāṇạ アンジャーン, ਅਞਾਣਾ añāṇā アナーナー, ਭੋਲਾ pŏlā ポーラー

むじゅん〖矛盾〗ਵਿਰੋਧ virôdạ ヴィロード, ਤਰਦੀਦ taradīdạ タルディード

むじょうけんの〖無条件の〗(条件付きでない) ਗ਼ੈਰਮਸ਼ਰੂਤ ğairamaśarūtạ ガェールマシュルート (文句なしの・明白な) ਸਾਫ਼ ਸਾਫ਼ sāfạ sāfạ サーフ サーフ

むじょうな〖無情な〗ਬੇਰਹਿਮ beraîmạ ベーラェーム, ਬੇਤਰਸ betarasạ ベータラス, ਨਿਰਦਈ niradaī ニルダイー

むしょうの〖無償の〗ਖ਼ੈਰਾਤੀ xaraitī カラェーティー

むしょくの〖無職の〗ਨਿਕੰਮਾ nikammā ニカンマー, ਵਿਹਲੜ wêlaṛạ ウェーラル

むしょくの〖無色の〗ਰੰਗਹੀਣ raṅgahīṇạ ラングヒーン, ਅਵਰਣੀ awaraṇī アワルニー, ਅਵਰਨ awaranạ アワラン

むしる ਉਚੇੜਨਾ uceṛanā ウチェールナー

むしろ ਸਗੋਂ sagõ サゴーン, ਹਥੂੰ hatʰū̃ ハトゥーン

むしんけいな〖無神経な〗ਲਾਪਰਵਾਹ lāparawâ ラーパルワー, ਢੀਠ ṭīṭʰạ ティート, ਖੁੰਢਾ kʰûṇḍā クンダー

むじんぞうの〖無尽蔵の〗ਅਖੁੱਟ akʰuṭṭạ アクット, ਅਸੀਮ asīmạ アスィーム

むしんろん〖無神論〗ਕੁਫ਼ਰ kufarạ クファル, ਨਾਸਤਿਕਤਾ nāsatikatā ナースティクター, ਅਨੀਸ਼ਵਰਵਾਦ anīśawarawādạ アニーシュワルワード

むす〖蒸す〗ਭਾਫ ਨਾਲ ਪਕਾਉਣਾ pǎpʰạ nālạ pakāuṇā パープ ナール パカーウナー

むすうの〖無数の〗ਅਸੰਖ asaṅkʰạ アサンク, ਅਣਗਿਣਤ aṇagiṇatạ アンギント, ਬੇਹਿਸਾਬ behisābạ ベーヒサーブ

むずかしい〖難しい〗ਔਖਾ aukʰā アォーカー, ਕਠਨ kaṭʰanạ カタン, ਮੁਸ਼ਕਲ muśakalạ ムシュカル

むすこ〖息子〗ਪੁੱਤਰ puttarạ プッタル, ਬੇਟਾ beṭā ベーター

むすびつく〖結び付く〗ਜੁੜਨਾ juṛanā ジュルナー, ਜੁੱਟਣਾ juṭṭaṇā ジュッタナー

むすびめ〖結び目〗ਗੰਢ gâṇḍạ ガンド, ਗਠ gaṭʰạ ガト, ਮਰੋੜੀ maroṛī マローリー

むすぶ〖結ぶ〗(縛る) ਬੰਨ੍ਹਣਾ bânnaṇā バンナナー (繋ぐ) ਜੋੜਨਾ joṛanā ジョールナー

むすめ〖娘〗ਧੀ tǐ ティー, ਪੁੱਤਰੀ puttarī プッタリー, ਬੇਟੀ beṭī ベーティー

むせきにんな〖無責任な〗ਹੱਡ ਹਰਾਮ haḍḍạ harāmạ ハッド ハラーム, ਗ਼ੈਰਜ਼ੁੰਮੇਵਾਰ ğairazummewārạ ガェールズンメーワール

むせん〖無線〗ਬੇਤਾਰ betārạ ベータール, ਵਾਇਰਲੈੱਸ wāiralaissạ ワーイルラェーッス

むだ〖無駄〗ਬੇਕਾਰੀ bekārī ベーカーリー, ਵਿਅਰਥਤਾ viaratʰatā ヴィアルタター ◆無駄な ਬੇਕਾਰ bekārạ ベーカール, ਵਿਅਰਥ viaratʰạ ヴィアルト, ਫ਼ਜ਼ੂਲ fazūlạ ファズール

むちな〖無知な〗ਨਾਦਾਨ nādānạ ナーダーン, ਅਬੋਧ abôdạ アボード

むちゅうになる〖夢中になる〗ਮਗਨ ਹੋਣਾ maganạ hoṇā マガン ホーナー, ਖੋਣਾ kʰoṇā コーナー

むとんちゃくな〖無頓着な〗ਬੇਪਰਵਾਹ beparawâ ベーパルワー, ਅਚਿੰਤ acintạ アチント

むなしい〖空しい〗ਫੋਕਾ pʰokā ポーカー, ਫੋਕੜ pʰokaṛạ ポーカル

むね〖胸〗ਛਾਤੀ cʰātī チャーティー, ਸੀਨਾ sīnā スィーナー, ਹਿੱਕ hikkạ ヒック

むのうな〖無能な〗ਨਾਲਾਇਕ nālāikạ ナーラーイク, ਅਸਮਰਥ asamaratʰạ アサムラト

むふんべつな〖無分別な〗ਨਾਸਮਝ nāsâmajạ ナーサマジ, ਨਾਮਾਕੂਲ nāmākūlạ ナーマークール

むほう〖無法〗ਲਾਕਨੂੰਨੀ lākanūnī ラーカヌーンニー

むぼうな〖無謀な〗ਸਿਰਲੱਖ siralakkʰạ スィルラック, ਸਿਰਤੋੜ siratoṛạ スィルトール

むほん〖謀反〗ਗ਼ੱਦਾਰੀ ğaddārī ガッダーリー, ਧਰੋਹ tarô タロー, ਸ਼ੋਰਸ਼ śoraśạ ショーラシュ

むめいの〖無名の〗ਅਨਾਮ anāmạ アナーム, ਬੇਨਾਂ benā̃ ベーナーン, ਗੁਮਨਾਮ gumanāmạ グムナーム

むら〖村〗ਪਿੰਡ piṇḍạ ピンド, ਚੱਕ cakkạ チャック, ਗਰਾਮ garāmạ ガラーム

むらがる〖群がる〗ਹੁਮਹੁਮਾਉਣਾ humahumāuṇā フムフマーウナー

むらさきいろの〖紫色の〗ਬੈਂਗਣੀ bãīgaṇī バェーンガニー, ਜਾਮਨੀ jāmanī ジャームニー

むりょうの〖無料の〗ਮੁਫ਼ਤ mufatạ ムファト, ਬੇਦਾਮ bedāmạ ベーダーム, ਬੇਕੀਮਤ bekīmatạ ベーキーマト

むりょくな〖無力な〗ਸ਼ਕਤੀਹੀਣ śakatīhīṇa シャクティーヒーン, ਨਿਸੱਤਾ nisattā ニサッター, ਬੇਵੱਸ bewassa ベーワッス

むれ〖群れ〗ਭੀੜ pĭṛa ピール, ਝੁਰਮਟ cŭramaṭa チュルマト, ਹਜੂਮ hajūma ハジューム

め〖目〗ਅੱਖ akk^{h}a アック, ਨੈਣ naiṇa ナェーン, ਨੇਤਰ netara ネータル

め〖芽〗ਅੰਕੁਰ aṅkura アンクル, ਅੰਗੂਰੀ aṅgūrī アングーリー

めい〖姪〗(兄弟の娘) ਭਤੀਜੀ patĭjī パティージー, ਭਤਰੀ pătarī パタリー (姉妹の娘) ਭਾਣਜੀ pǎṇajī パーンジー, ਭਣੇਵੀਂ paṇĕwī̃ パネーウィーン

めいかいな〖明快な〗ਸਾਫ਼ sāfa サーフ, ਵਾਜ਼ਿਆ wāziā ワーズィアー, ਸਿੱਧਾ sîddā スィッダー

めいかくな〖明確な〗ਵਿਅਕਤ viakata ヴィアクト, ਜ਼ਾਹਰ zâra ザール

めいがら〖銘柄〗ਮਾਰਕਾ mārakā マールカー, ਛਾਪ c^{h}āpa チャープ, ਬਰਾਂਡ barāḍa バラーンド

めいさく〖名作〗ਸ਼ਾਹਕਾਰ śâkāra シャーカール, ਮਹਾਨ ਰਚਨਾ mahāna racanā マハーン ラチナー

めいし〖名刺〗ਬਿਜ਼ਨਸ ਕਾਰਡ bizanasa kārada ビズナス カールド

めいし〖名詞〗ਨਾਂਵ nā̃wa ナーンウ, ਸੰਗਿਆ saṅgiā サンギアー

めいしん〖迷信〗ਅੰਧਵਿਸ਼ਵਾਸ ândaviśawāsa アンドヴィシュワース, ਭਰਮ pǎrama パラム, ਵਹਿਮ waîma ワェーム

めいじん〖名人〗ਮਾਹਰ mâra マール, ਉਸਤਾਦ usatāda ウスタード

めいせい〖名声〗ਜੱਸ jassa ジャッス, ਮਸ਼ਹੂਰੀ maśahūrī マシュフーリー, ਪਰਸਿੱਧੀ parasîddī パルスィッディー

めいそう〖瞑想〗ਧਿਆਨ tiǎna ティアーン, ਚਿੰਤਨ cintana チンタン, ਤਸੱਵਰ tasawwara タサッワル

めいはくな〖明白な〗ਪਰਤੱਖ paratakk^{h}a パルタック, ਜ਼ਾਹਰ zâra ザール, ਸਪਸ਼ਟ sapaśaṭa サパシュト

めいぼ〖名簿〗ਨਾਮਾਵਲੀ nāmāwalī ナーマーワリー, ਰੋਲ rola ロール

めいよ〖名誉〗ਮਾਣ māṇa マーン, ਇੱਜ਼ਤ izzata イッザト, ਪਰਤਿਸ਼ਠਾ paratiśaṭ^{h}ā パルティシュター ♦名誉棄損 ਮਾਣਹਾਨੀ māṇahānī マーンハーニー

めいりょうな〖明瞭な〗ਸਪਸ਼ਟ sapaśaṭa サパシュト, ਜ਼ਾਹਰ zâra ザール, ਵਿਅਕਤ viakata ヴィアクト

めいれい〖命令〗ਹੁਕਮ hukama フカム, ਆਦੇਸ਼ ādeśa アーデーシュ ♦命令する ਹੁਕਮ ਦੇਣਾ hukama deṇā フカム デーナー, ਆਦੇਸ਼ ਦੇਣਾ ādeśa deṇā アーデーシュ デーナー

めいろ〖迷路〗ਭੁੱਲ ਭੁਲਈਆਂ pŭlla pŭlaīā̃ プッル プライーアーン

めいろうな〖明朗な〗ਖ਼ੁਸ਼ਮਿਜ਼ਾਜ xuśamizāja クシュミザージ, ਖ਼ੁਸ਼ਦਿਲ xuśadila クシュディル, ਹਸਮੁਖ hasamuk^{h}a ハスムク

めいわく〖迷惑〗ਯੱਭ yâbba ヤッブ, ਕਜ਼ੀਆ kazīā カズィーアー, ਸਿਰਖਪਾਈ sirak^{h}apāī スィルカパーイー

メーター ਮੀਟਰ mīṭara ミータル

メートル ਮੀਟਰ mīṭara ミータル

めかた〖目方〗ਵਜ਼ਨ wazana ワザン, ਜੋਖ jok^{h}a ジョーク

めがね〖眼鏡〗ਐਨਕ ainaka アェーナク, ਚਸ਼ਮਾ caśamā チャシュマー

メガホン ਮੈਗਾਫ਼ੋਨ maigāfona マェーガーフォーン

めがみ〖女神〗ਦੇਵੀ devī デーヴィー

メキシコ ਮੈਕਸਿਕੋ maikasiko マェークスィコー

めぐみ〖恵み〗ਉਪਕਾਰ upakāra ウプカール, ਬਖ਼ਸ਼ baxaśa バクシュ, ਵਰਦਾਨ waradāna ワルダーン

めぐらす〖巡らす〗ਘੇਰਨਾ kĕranā ケールナー

めくる ਉਥੱਲਣਾ ut^{h}allaṇā ウタッラナー

めぐる〖巡る〗ਘੁੰਮਣਾ kŭmmaṇā クンマナー, ਫਿਰਨਾ p^{h}iranā ピルナー, ਭੌਣਾ paŭṇā パォーナー

めざす〖目指す〗ਸੇਧਣਾ sêdaṇā セーダナー

めざましい〖目覚ましい〗ਵਿਚਿੱਤਰ vicittara ヴィチッタル

めざましどけい〖目覚まし時計〗ਅਲਾਰਮ ਘੜੀ alārama kăṛī アラールム カリー

めざめる〖目覚める〗ਜਾਗਣਾ jāgaṇā ジャーガナー

めじるし〖目印〗ਪਛਾਣ pac^{h}āṇa パチャーン, ਟੱਕ ṭakka タック

めす〖雌〗ਮਾਦਾ mādā マーダー

めずらしい〖珍しい〗ਅਨੂਠਾ anūṭ^{h}ā アヌーター, ਨਿਆਰਾ niārā ニアーラー, ਅਸਧਾਰਨ asadǎrana アサダーラン

めだつ〖目立つ〗ਉੱਘੜਵਾਂ ûggaṛawā̃ ウッガルワーン, ਨੁਮਾਇਆਂ numāiā̃ ヌマーイアーン, ਜ਼ਾਹਰ zâra ザール

メダル ਪਦਕ padaka パダク, ਤਮਗ਼ਾ tamağā タムガー, ਮੈਡਲ maiḍala マェーダル

めちゃくちゃの〖滅茶苦茶の〗ਅਸਤ-ਵਿਅਸਤ asata-viasata アスト・ヴィアスト, ਅਰਲਿਆ-ਬਰਲਿਆ araliā-baraliā アルリアー・バルリアー

メッカ ਮੱਕਾ makkā マッカー

めっき〖鍍金〗ਮੁਲੰਮਾ mulammā ムランマー, ਗਿਲਟ gilaṭa ギルト

めつき〖目付き〗ਨਜ਼ਰ nazara ナザル, ਦਰਿਸ਼ਟੀ dariśaṭī ダリシュティー, ਨਿਗਾਹ nigâ ニガー

めったに…ない〖滅多に…ない〗ਘੱਟ kăṭṭa カット

めつぼうする〖滅亡する〗ਬਰਬਾਦ ਹੋਣਾ barabāda hoṇā バルバード ホーナー

めでたい ਸ਼ੁਭ śûba シュブ, ਮੁਬਾਰਕ mubāraka ムバーラク

メニュー ਮੀਨੋ mīno ミーノー, ਮੀਨੂ mīnū ミーヌー

めのう〖瑪瑙〗ਬਾਵਾਂਗੋਰੀ bāwā̃gorī バーワーンゴーリー

めばえる〖芽生える〗ਉੱਗਣਾ uggaṇā ウッガナー

めまい〖目まい〗ਚੱਕਰ cakkara チャッカル, ਘੁਮੇਰ kumĕra クメール, ਘੇਰਨੀ kĕranī ケールニー

メモ ਮੀਮੋ mīmo ミーモー, ਚਿੱਟ ciṭṭa チット

めもり〖目盛り〗ਸਕੇਲ sakela サケール

めやす〖目安〗ਸੇਧ sêda セード

メロディー ਸੁਰ sura スル, ਸਰੋਦ saroda サロード

メロン ਖੱਖੜੀ k^{h}akk^{h}aṛī カッカリー, ਖ਼ਰਬੂਜ਼ਾ xarabūzā

カルブーザー
めん〖綿〗ਕਪਾਹ kapâ カパー, ਰੂਈ rūī ルーイー
めん〖面〗(マスク・仮面) ਨਕਾਬ nakāba ナカーブ, ਮਖੌਟਾ makʰauṭā マカオーター, ਮੂੰਹ-ਟੋਪ mū̃-ṭopa ムーン・トープ (側面) ਪਾਸਾ pāsā パーサー, ਪੱਖ pakkʰa パック, ਸਿਮਤ simata スィムト (表面) ਸਤ੍ਹਾ sâtā サター
めんかい〖面会〗ਮੁਲਾਕਾਤ mulākāta ムラーカート
めんきょ〖免許〗ਲਸੰਸ lasansa ラサンス ♦免許証 ਲਸੰਸ lasansa ラサンス
めんしき〖面識〗ਜਾਣ-ਪਛਾਣ jāṇa-pacʰāṇa ジャーン・パチャーン, ਵਾਕਫ਼ੀਅਤ wākafīata ワークフィーアト, ਮੂੰਹ-ਮੁਲਾਹਜ਼ਾ mū̃-mulâzā ムーン・ムラーザー
めんじょう〖免状〗ਡਿਪਲੋਮਾ ḍipalomā ディプローマー, ਸਨਦ sanada サナド
めんしょくする〖免職する〗ਮੌਕੂਫ਼ ਕਰਨਾ maukūfa karanā マォークーフ カルナー, ਬਰਖ਼ਾਸਤ ਕਰਨਾ baraxāsata karanā バルカースト カルナー, ਕੱਢਣਾ kâḍḍaṇā カッダナー
めんじょする〖免除する〗ਮੁਕਤ ਕਰਨਾ mukata karanā ムカト カルナー, ਮੁਆਫ਼ ਕਰਨਾ muāfa karanā ムアーフ カルナー, ਛੱਡਣਾ cʰaḍḍaṇā チャッダナー
めんせつ〖面接〗ਮੁਲਾਕਾਤ mulākāta ムラーカート, ਇੰਟਰਵਿਊ inṭaraviū インタルヴィウー
めんどうな〖面倒な〗ਜਟਿਲ jaṭila ジャティル, ਪੇਚੀਦਾ pecīdā ペーチーダー, ਦੁਸ਼ਵਾਰ duśawāra ドゥシュワール
めんどり〖雌鶏〗ਕੁੱਕੜੀ kukkaṛī クッカリー, ਮੁਰਗ਼ੀ muraǧī ムルギー
メンバー ਮੈਂਬਰ maĩbara マェーンバル, ਸਦੱਸ sadassa サダッス
めんみつな〖綿密な〗ਸੂਖਮ sūkʰama スーカム
めんもく〖面目〗ਪਰਤਿਸ਼ਠਾ paratiśaṭʰā パルティシュター
めんるい〖麺類〗ਨੂਡਲਜ਼ nūḍalaza ヌーダルズ
もう (すでに) ਹੁਣ ਤੀਕ huṇa tīka フン ティーク (間もなく) ਛੇਤੀ cʰetī チェーティー
もうかる〖儲かる〗ਸੌਜਣਾ saujaṇā サォージャナー, ਲਾਹੇਵੰਦ ਹੋਣਾ lāhewanda hoṇā ラーヘーワンド ホーナー
もうけ〖儲け〗ਫ਼ਾਇਦਾ fāidā ファーイダー, ਲਾਭ lâba ラーブ, ਮਫ਼ਾਦ mafāda マファード
もうける〖儲ける〗ਖੱਟਣਾ kʰaṭṭaṇā カッタナー, ਲਾਭ ਲੈਣਾ lâba laiṇā ラーブ ラェーナー
もうしあわせ〖申し合わせ〗ਸਮਝੌਤਾ samajaŭtā サムジャォーター, ਸੰਧੀ sândī サンディー, ਪੈਕਟ paikaṭa パェーカト
もうしいれ〖申し入れ〗ਤਜਵੀਜ਼ tajawīza タジウィーズ, ਪਰਸਤਾਵ parasatāva パラスターヴ
もうしこみ〖申し込み〗(加入などの手続き) ਪਰਵਿਸ਼ਟੀ paraviśaṭī パルヴィシュティー (要請・依頼) ਦਰਖ਼ਾਸਤ daraxāsata ダルカースト
もうしでる〖申し出る〗ਪੇਸ਼ਕਸ਼ ਕਰਨੀ peśakaśa karanī ペーシュカシュ カルニー
もうすこし〖もう少し〗ਹੋਰ ਕੁਝ hora kûja ホール クジ
もうそう〖妄想〗ਭਰਮ pǎrama パラム, ਮਾਇਆ māiā マーイアー
もうふ〖毛布〗ਕੰਬਲ kambala カンバル, ਝੁੱਲ cŭlla チュッル
もうもくの〖盲目の〗ਅੰਨ੍ਹਾਂ ânnā̃ アンナーン, ਅੰਧਾ ândā アンダー, ਨੇਤਰਹੀਣ netarahīṇa ネータルヒーン
もうれつな〖猛烈な〗ਜ਼ਬਰਦਸਤ zabaradasata ザバルダスト, ਜ਼ੋਰਦਾਰ zoradāra ゾールダール, ਭੀਸ਼ਨ pĭśana ピーシャン
もえつきる〖燃え尽きる〗ਫੁਕਣਾ pʰukaṇā プクナー, ਗੁੱਲ ਹੋਣਾ gulla hoṇā グッル ホーナー
もえる〖燃える〗ਜਲਨਾ jalanā ジャルナー, ਬਲਨਾ balanā バルナー, ਸੜਨਾ saṛanā サルナー
モーター ਮੋਟਰ moṭara モータル ♦モーターボート ਮੋਟਰ ਬੋਟ moṭara boṭa モータル ボート
もがく ਲੁੱਛਣਾ luccʰaṇā ルッチャナー, ਤੜਫਣਾ taṛapʰaṇā タルパナー
もくげきする〖目撃する〗ਦੇਖਣਾ dekʰaṇā デーカナー, ਵੇਖਣਾ wekʰaṇā ウェークナー
もくざい〖木材〗ਲੱਕੜ lakkaṛa ラッカル, ਲੱਕੜੀ lakkaṛī ラッカリー, ਕਾਠ kāṭʰa カート
もくじ〖目次〗ਤਤਕਰਾ tatakarā タトカラー, ਵਿਸ਼ੇ ਸੂਚੀ viśe sūcī ヴィシェー スーチー
もくせい〖木星〗ਬ੍ਰਹਸਪਤੀ brâsapatī ブラスパティー
もくてき〖目的〗ਉਦੇਸ਼ udeśa ウデーシュ, ਮਕਸਦ makasada マクサド, ਲਕਸ਼ lakaśa ラカシュ ♦目的地 ਟਿਕਾਣਾ ṭikāṇā ティカーナー, ਮੰਜ਼ਲ mañzala マンザル
もくにん〖黙認〗ਚਸ਼ਮਪੋਸ਼ੀ caśamapośī チャシャムポーシー
もくひょう〖目標〗ਨਿਸ਼ਾਨਾ niśānā ニシャーナー, ਟਿਕਾਣਾ ṭikāṇā ティカーナー, ਲਕਸ਼ lakaśa ラカシュ
もくもくと〖黙々と〗ਚੁਪਕੇ ਚੁਪਕੇ cupake cupake チュプケー チュプケー, ਚੁੱਪ-ਚਾਪ cuppa-cāpa チュップ・チャープ, ਚੁੱਪ-ਚਪੀਤੇ cuppa-capīte チュップ・チャピーテー
もくようび〖木曜日〗ਵੀਰਵਾਰ vīrawāra ヴィールワール, ਗੁਰੂਵਾਰ gurūwāra グルーワール, ਜੁਮੇਰਾਤ jumerāta ジュメーラート
もぐる〖潜る〗ਚੁੱਭੀ ਮਾਰਨੀ cûbbī māranī チュッビー マールニー, ਟੁੱਭੀ ਮਾਰਨੀ ṭûbbī māranī トゥッビー マールニー, ਧਸਣਾ tǎsaṇā タサナー
もくろく〖目録〗ਫ਼ਰਿਸਤ farisata ファリスト, ਚਿੱਠਾ ciṭṭʰā チッター, ਲਿਸਟ lisaṭa リスト
もけい〖模型〗ਮਾਡਲ māḍala マーダル
もし ਜੇ je ジェー, ਅਗਰ agara アガル
もじ〖文字〗ਅੱਖਰ akkʰara アッカル, ਹਰਫ਼ harafa ハルフ (字母体系) ਲਿਪੀ lipī リピー
もしゃ〖模写〗ਉਤਾਰਾ utārā ウターラー, ਪਰਤ parata パラト
モスク ਮਸੀਤ masīta マスィート, ਮਸਜਦ masajada マスジャド
もぞう〖模造〗ਨਕਲ nakala ナカル
もたらす ਲਿਆਉਣਾ liāuṇā リアーウナー, ਪਹੁੰਚਾਉਣਾ pâũcāuṇā パォーンチャーウナー, ਆਣਨਾ āṇanā アーンナー,
もたれる ਟਿਕਣਾ ṭikaṇā ティカナー, ਉੱਲਰਨਾ ullaranā ウッラルナー

もちあげる〘持ち上げる〙ਉਠਾਉਣਾ uṭʰāuṇā ウターウナー, ਚੁੱਕਣਾ cukkaṇā チュッカナー, ਚੱਕਣਾ cakkaṇā チャッカナー

もちいる〘用いる〙ਵਰਤਣਾ waratanā ワルタナー, ਇਸਤੇਮਾਲ ਕਰਨਾ isatemāla karanā イステーマール カルナー

もちこたえる〘持ちこたえる〙ਤੱਗਣਾ tagganā タッガナー, ਝਾਗਣਾ cǎgaṇā チャーガナー

もちぬし〘持ち主〙ਮਾਲਕ mālaka マーラク

もちはこぶ〘持ち運ぶ〙ਢੋਣਾ ṭǒṇā トーナー, ਧਾਰਨਾ tǎranā タールナー

もちもの〘持ち物〙（手荷物）ਸਮਾਨ samāna サマーン, ਅਸਬਾਬ asabāba アスバーブ（所有物）ਮਾਲ-ਮੱਤਾ māla-mattā マール・マッター

もちろん ਜ਼ਰੂਰ zarūra ザルール, ਅਵੱਸ਼ awaśśa アワッシュ, ਬੇਸ਼ਕ beśaka ベーシャク

もつ〘持つ〙（携える）ਧਾਰਨਾ tǎranā タールナー（所有する）ਕੋਲ ਹੋਣਾ kola hoṇā コール ホーナー（保持する）ਸੰਭਾਲਣਾ sambǎlaṇā サンバールナー

もっか〘目下〙ਫ਼ਿਲਹਾਲ filahāla フィルハール, ਹਾਲੇ hāle ハーレー

もっていく〘持って行く〙ਲੈ ਕੇ ਜਾਣਾ lai ke jāṇā ラェー ケー ジャーナー, ਲਿਜਾਣਾ lijāṇā リジャーナー

もってくる〘持って来る〙ਲੈ ਕੇ ਆਉਣਾ lai ke āuṇā ラェー ケー アーウナー, ਲਿਆਉਣਾ liāuṇā リアーウナー

もっと ਹੋਰ hora ホール

モットー ਨੀਤੀ ਵਾਕ nītī wāka ニーティー ワーク, ਮਾਟੋ māṭo マートー

もっとも〘最も〙ਸਭ ਤੋਂ sâba tõ サブ トーン

もっともな ਜਾਇਜ਼ jāiza ジャーイズ, ਵਾਜਬ wājaba ワージャブ, ਰੀਜ਼ਨੇਬਲ rīzanebala リーズネーバル

もつれる ਉਲਝਣਾ ûlajaṇā ウラジナー

モデル ਮਾਡਲ māḍala マーダル, ਪਰਤਿਰੂਪ paratirūpa パラティループ

もと〘本・基・元〙（基礎）ਅਧਾਰ adǎra アダール, ਨੀਂਹ nī̂ ニーン, ਬੁਨਿਆਦ buniāda ブニアード（起源）ਉਤਪਤੀ utapatī ウトパティー, ਉਦਭਵ udapǎva ウドパヴ

もどす〘戻す〙（元へ返す）ਵਾਪਸ ਕਰਨਾ wāpasa karanā ワーパス カルナー, ਪਰਤਾਉਣਾ paratāuṇā パルターウナー, ਮੋੜਨਾ moṛanā モールナー（吐く）ਉਬਾਕਣਾ ubākaṇā ウバーカナー, ਡਾਕਣਾ ḍākaṇā ダークナー, ਉਗਲੱਛਣਾ ugalaccʰaṇā ウグラッチャナー

もとめる〘求める〙（捜す）ਢੂੰਡਣਾ ṭū̃ḍaṇā トゥーンドナー（要求する）ਮੰਗਣਾ maṅgaṇā マンガナー（欲する）ਚਾਹੁਣਾ câuṇā チャーウナー

もともと〘元々〙（元来）ਮੁੱਢੋਂ mûḍḍõ ムッドーン, ਮੂਲੋਂ mūlõ ムーローン（生来）ਸੁਭਾਉ ਵੱਲੋਂ subǎo wallõ スバーオー ワッローン

もどる〘戻る〙（引き返す）ਪਰਤਣਾ paratanā パルタナー（帰る）ਵਾਪਸ ਆਉਣਾ wāpasa āuṇā ワーパス アーウナー

モニター ਮਨੀਟਰ manīṭara マニータル

もの〘物〙ਚੀਜ਼ cīza チーズ, ਵਸਤ wasata ワスト, ਪਦਾਰਥ padāratʰa パダーラト

ものおき〘物置〙ਅਸਤਬਲ asatabala アストバル

ものおと〘物音〙ਰਵਾਣੀ rawāṇī ラワーニー

ものがたり〘物語〙ਕਹਾਣੀ kǎṇī カーニー, ਕਿੱਸਾ kissā キッサー, ਅਫ਼ਸਾਨਾ afasānā アフサーナー

モノクロの ਇੱਕ-ਰੰਗਾ ikka-raṅgā イック・ランガー

ものしり〘物知り〙ਗਿਆਤਾ giātā ギアーター, ਵਡਦਾਨਾ waḍadānā ワドダーナー

ものすごい〘物凄い〙ਵਿਰਾਟ virāṭa ヴィラート（恐ろしい）ਭੀਸ਼ਨ pǐśana ピーシャン

ものほし〘物干し〙ਟੰਗਣੀ ṭaṅgaṇī タンガニー

ものまね〘物真似〙ਸਾਂਗ sā̃ga サーング

もはん〘模範〙ਉਦਾਹਰਨ udǎrana ウダーラン, ਆਦਰਸ਼ ādaraśa アーダルシュ, ਪਰਤਿਰੂਪ paratirūpa パラティループ

もふく〘喪服〙ਮਾਤਮੀ ਲਿਬਾਸ mātamī libāsa マータミー リバース

もほう〘模倣〙ਨਕਲ nakala ナカル, ਅਨੁਕਰਨ anukarana アヌカルン, ਚਬੌੜ cabauṛa チャバォール ♦模倣する ਨਕਲ ਕਰਨੀ nakala karanī ナカル カルニー, ਅਨੁਕਰਨ ਕਰਨਾ anukarana karanā アヌカルン カルナー

もむ〘揉む〙ਮਾਲਸ਼ ਕਰਨੀ mālaśa karanī マーラシュ カルニー, ਚਾਪਣਾ cāpaṇā チャーパナー, ਮਲਨਾ malanā マルナー

もめごと〘揉め事〙ਝਗੜਾ cǎgaṛā チャガラー, ਕਜ਼ੀਆ kazīā カズィーアー, ਟੰਟਾ ṭanṭā タンター

もめる〘揉める〙ਉਲਝਣਾ ûlajaṇā ウラジナー

もも〘腿〙ਪੱਟ paṭṭa パット, ਜੰਘ jâṅga ジャング

もも〘桃〙ਸ਼ਫ਼ਤਾਲੂ śafatālū シャフタールー, ਆੜੂ āṛū アールー

もや〘靄〙ਧੁੰਦ tǔnda トゥンド

もやす〘燃やす〙ਜਲਾਉਣਾ jalāuṇā ジャラーウナー, ਬਾਲਨਾ bālanā バールナー, ਸਾੜਨਾ sāṛanā サールナー

もよう〘模様〙ਨਮੂਨਾ namūnā ナムーナー, ਡਿਜ਼ਾਈਨ ḍizāīna ディザーイーン

もよおす〘催す〙ਮਨਾਉਣਾ manāuṇā マナーウナー

もらう〘貰う〙ਲੈਣਾ laiṇā ラェーナー

もらす〘漏らす〙ਵਗਾਉਣਾ wagāuṇā ワガーウナー（秘密を）ਉੱਗਲਨਾ uggalanā ウッガルナー, ਉਗਲੱਛਣਾ ugalaccʰaṇā ウグラッチャナー

モラル ਨੈਤਿਕਤਾ naitikatā ナェーティクター

もり〘森〙ਬਣ baṇa バン, ਜੰਗਲ jaṅgala ジャンガル

もる〘盛る〙ਢੇਰ ਲਾਉਣਾ ṭěra lāuṇā テール ラーウナー（料理を）ਪਰੋਸਣਾ parosaṇā パローサナー

モルヒネ ਮਾਰਫ਼ੀਆ mārafīā マールフィーアー

もれる〘漏れる〙ਵਗਣਾ wagaṇā ワグナー, ਚੋਣਾ coṇā チョーナー, ਰਿਸਣਾ risaṇā リスナー

もろい ਟੁੱਟਣਹਾਰ ṭuṭṭaṇahāra トゥッタンハール, ਫੁੱਟਣਸ਼ੀਲ pʰuṭṭaṇaśīla プッタンシール, ਖ਼ਸਤਾ xasatā カスター

もん〘門〙ਦਰਵਾਜ਼ਾ darawāzā ダルワーザー, ਦੁਆਰ duāra ドゥアール, ਫਾਟਕ pʰāṭaka パータク

もんく〘文句〙ਸ਼ਿਕਾਇਤ śikāita シカーイト, ਸ਼ਿਕਵਾ śikawā シクワー, ਗਿਲਾ gilā ギラー ♦文句を言う ਸ਼ਿਕਾਇਤ ਕਰਨੀ śikāita karanī シカーイト カルニー, ਸ਼ਿਕਵਾ ਕਰਨਾ śikawā karanā シクワー カルナー, ਗਿਲਾ

ਕਰਨਾ gilā karanā ギラー カルナー
モンゴル ਮੰਗੋਲੀਆ maṅgolīā マンゴーリーアー
もんだい〘問題〙(問い) ਪਰਸ਼ਨ paraśana パラシャン, ਸਵਾਲ sawāla サワール (難題) ਸਮੱਸਿਆ samassiā サマッスィアー

や行

や〘矢〙ਤੀਰ tīra ティール, ਬਾਣ bāṇa バーン, ਕੈਬਰ kaibara カェーバル
ヤード ਗਜ਼ gaza ガズ
やおや〘八百屋〙ਕੁੰਜੜਾ kuñjaṛā クンジャラー
やがて (間もなく) ਛੇਤੀ cʰetī チェーティー (そのうち) ਕਲਕਲਾਂ kalakalā̃ カラクラーン
やかましい ਅਸ਼ਾਂਤ aśā̃ta アシャーント
やかん〘薬缶〙ਕੇਤਲੀ ketalī ケートリー
やかんに〘夜間に〙ਰਾਤੋ-ਰਾਤੀਂ rāto-rātī̃ ラートー・ラーティーン
やぎ〘山羊〙ਬੱਕਰੀ bakkarī バッカリー ♦山羊座 ਮਕਰ makara マカル
やきもちをやく〘焼き餅を焼く〙ਹਸਦ ਕਰਨਾ hasada karanā ハサド カルナー, ਸੜਨਾ saṛanā サルナー
やく〘焼く〙ਜਲਾਉਣਾ jalāuṇā ジャラーウナー, ਸਾੜਨਾ sāṛanā サールナー (調理する) ਪਕਾਉਣਾ pakāuṇā パカーウナー
やく〘役〙(地位) ਅਹੁਦਾ aûdā アォーダー, ਮਰਤਬਾ maratabā マルタバー (任務) ਕਿਰਤ kirata キルト, ਕਾਰਗੁਜ਼ਾਰੀ kāraguzārī カールグザーリー, ਡਿਊਟੀ ḍiūṭī ディウーティー (配役) ਕਿਰਦਾਰ kiradāra キルダール, ਪਾਤਰ pātara パータル, ਭੂਮਿਕਾ pŭmikā プーミカー
やく〘約〙ਕਰੀਬ karība カリーブ, ਤਕਰੀਬਨ takarībana タクリーバン, ਲਗਭਗ lagapăga ラグパグ
やく〘訳〙ਅਨੁਵਾਦ anuwāda アヌワード, ਤਰਜਮਾ tarajamā タルジャマー
やくがく〘薬学〙ਔਸ਼ਧੀ ਵਿਗਿਆਨ aûsadī vigiāna アォーシャディー ヴィギアーン
やくざいし〘薬剤師〙ਪਸਾਰੀ pasārī パサーリー, ਕੈਮਿਸਟ kaimisaṭa カェーミスト
やくざもの〘やくざ者〙ਗੁੰਡਾ gunḍā グンダー, ਲੁੱਚਾ luccā ルッチャー
やくしゃ〘役者〙(男性) ਅਭਿਨੇਤਾ âbinetā アビネーター, ਅਦਾਕਾਰ adākāra アダーカール, ਐਕਟਰ aikaṭara アェークタル (女性) ਅਭਿਨੇਤਰੀ âbinetarī アビネートリー, ਅਦਾਕਾਰਾ adākārā アダーカーラー, ਐਕਟਰੈਸ aikaṭaraisa アェークタラェース
やくしょ〘役所〙ਸਰਕਾਰੀ ਦਫ਼ਤਰ sarakārī dafatara サルカーリー ダフタル
やくしんする〘躍進する〙ਉੱਨਤੀ ਕਰਨੀ unnatī karanī ウンナティー カルニー
やくす〘訳す〙ਅਨੁਵਾਦ ਕਰਨਾ anuwāda karanā アヌワード カルナー, ਉਲਥਾਉਣਾ ulatʰāuṇā ウルターウナー
やくそう〘薬草〙ਜੜੀ ਬੂਟੀ jaṛī būṭī ジャリー ブーティー
やくそく〘約束〙ਵਾਇਦਾ wāidā ワーイダー, ਇਕਰਾਰ ikarāra イクラール, ਕੌਲ kaula カォール ♦約束する ਵਾਇਦਾ ਕਰਨਾ wāidā karanā ワーイダー カルナー, ਇਕਰਾਰ ਕਰਨਾ ikarāra karanā イクラール カルナー, ਕੌਲ ਦੇਣਾ kaula deṇā カォール デーナー
やくにたつ〘役に立つ〙ਉਪਯੋਗੀ upayogī ウプヨーギー
やくひん〘薬品〙ਦਵਾ dawā ダワー, ਦਵਾਈ dawāī ダワーイー, ਔਸ਼ਧੀ aûśadī アォーシャディー
やくめ〘役目〙ਕਿਰਤ kirata キルト
やくわり〘役割〙ਭੂਮਿਕਾ pŭmikā プーミカー, ਕਿਰਦਾਰ kiradāra キルダール, ਰੋਲ rola ロール
やけど〘火傷〙ਸਾੜ sāṛa サール ♦火傷する ਜਲਨਾ jalanā ジャルナー, ਝੁਲਸਣਾ cŭlasaṇā チュラスナー
やける〘焼ける〙ਜਲਨਾ jalanā ジャルナー, ਸੜਨਾ saṛanā サルナー (肉・魚などが) ਪੱਕਣਾ pakkaṇā パッカナー
やさい〘野菜〙ਸਬਜ਼ੀ sabazī サブズィー, ਤਰਕਾਰੀ tarakārī タルカーリー
やさしい〘易しい〙ਸੌਖਾ saukʰā サォーカー, ਸਰਲ sarala サルル, ਸਹਿਜ saîja サェージ
やさしい〘優しい〙ਦਇਆਲ daiāla ダイアール, ਮਿਹਰਬਾਨ mêrabāna メールバーン
やじうま〘野次馬〙ਤਮਾਸ਼ਬੀਨ tamāśabīna タマーシュビーン
やしなう〘養う〙(育てる) ਪਾਲਨਾ pālanā パールナー, ਪੋਸਣਾ posaṇā ポーサナー (保護する) ਸੰਭਾਲਣਾ sambălaṇā サンバールナー
やしん〘野心〙ਅਭਿਲਾਸ਼ਾ âbilāśā アビラーシャー, ਹਵਸ hawasa ハワス, ਅਕਾਂਖਿਆ akā̃kʰiā アカーンキアー ♦野心的な ਅਭਿਲਾਸ਼ੀ abʰilāśī アビラーシー, ਹਵਸੀ hawasī ハウスィー
やすい〘安い〙ਸਸਤਾ sasatā サスター
やすうり〘安売り〙ਵੱਟਾ waṭṭā ワッター
やすみ〘休み〙(休憩) ਅਰਾਮ arāma アラーム, ਵਿਸ਼ਰਾਮ viśarāma ヴィシュラーム, ਵਕਫ਼ਾ wakafā ワクファー (休日) ਛੁੱਟੀ cʰuṭṭī チュッティー
やすむ〘休む〙(休息する) ਅਰਾਮ ਕਰਨਾ arāma karanā アラーム カルナー (欠席する) ਗ਼ੈਰਹਾਜ਼ਰ ਹੋਣਾ ğairahāzara hoṇā ガェールハーザル ホーナー
やすらかな〘安らかな〙ਸ਼ਾਂਤ śā̃ta シャーント
やすらぎ〘安らぎ〙ਸ਼ਾਂਤੀ śā̃tī シャーンティー, ਚੈਨ caina チャェーン, ਲੀਜ lija リージ
やすり ਰੇਤੀ retī レーティー
やせいの〘野生の〙ਜੰਗਲੀ jaṅgalī ジャンガリー, ਏਰਨਾ eranā エールナー
やせた〘痩せた〙(体が) ਪਤਲਾ patalā パトラー, ਦੁਬਲਾ dubalā ドゥブラー (土地が) ਬੰਜਰ bañjara バンジャル, ਬੇਪੈਦ bepaida ベーパェード
やたい〘屋台〙ਸਟਾਲ saṭāla サタール, ਸਟੈਂਡ saṭāĩḍa サタェーンド
やっかいな〘厄介な〙ਦੁਸ਼ਵਾਰ duśawāra ドゥシュワール, ਜੰਜਾਲੀ jañjālī ジャンジャーリー
やっきょく〘薬局〙ਦਵਾਖ਼ਾਨਾ dawāxānā ダワーカーナー, ਔਸ਼ਧਾਲਾ auśadălā アォーシュダーラー, ਫ਼ਾਰਮੇਸੀ

fāramesī ファールメースィー
やっと (ようやく) ਆਖ਼ਰ āxara アーカル, ਛੇਕੜ c^{h}ekaṛa チェーカル (辛うじて) ਮਸਾਂ masā̃ マサーン
やつれる ਸੁਕੜੂ ਹੋਣਾ sukaṛū hoṇā スクルー ホーナー, ਮੁਰਝਾਉਣਾ murajăuṇā ムルジャーウナー
やといぬし〖雇い主〗ਨਿਯੋਜਕ niyojaka ニヨージャク, ਮਾਲਕ mālaka マーラク, ਖ਼ਾਵੰਦ xāwanda カーワンド
やとう〖雇う〗ਨੌਕਰੀ ਦੇਣੀ naukarī deṇī ナォーカリー デーニー
やとう〖野党〗ਵਿਰੋਧੀ ਦਲ virod^{h}ī dala ヴィローディー ダル, ਵਿਪੱਖ vipakk^{h}a ヴィパック
やぬし〖家主〗ਮਕਾਨ ਮਾਲਕ makāna mālaka マカーン マーラク
やね〖屋根〗ਛੱਤ c^{h}atta チャット
やはり (依然として) ਹਾਲੇ hāle ハーレー (結局) ਆਖ਼ਰ āxara アーカル, ਆਖ਼ਰਕਾਰ āxarakāra アーカルカール
やばんな〖野蛮な〗ਜੰਗਲੀ jaṅgalī ジャンガリー, ਅਸੱਭ asâbba アサッブ, ਉਜੱਡ ujaḍḍa ウジャッド
やぶ〖藪〗ਝਾੜੀ cǎṛī チャーリー, ਝਾੜ cǎṛa チャール, ਝੱਲ cǎlla チャッル
やぶる〖破る〗ਪਾੜਨਾ pāṛanā パールナー
やぶれる〖破れる〗ਫਟਣਾ p^{h}aṭaṇā パタナー
やぶれる〖敗れる〗ਹਾਰਨਾ hāranā ハールナー
やぼう〖野望〗ਅਭਿਲਾਸ਼ਾ âbilāśā アビラーシャー, ਹਵਸ hawasa ハワス, ਅਕਾਂਖਿਆ akā̃k^{h}iā アカーンキアー
やぼな〖野暮な〗ਗਵਾਰ gawāra ガワール
やま〖山〗ਪਰਬਤ parabata パルバト, ਪਹਾੜ pǎṛa パール, ਗਿਰੀ girī ギリー
やみ〖闇〗ਹਨੇਰਾ hanerā ハネーラー, ਤਮ tama タム
やみくもに〖闇雲に〗ਅੰਧਾ-ਧੁੰਧ ândā-tǔnda アンダー・トゥンド
やむ〖止む〗ਬੰਦ ਹੋਣਾ banda hoṇā バンド ホーナー, ਹਟਣਾ haṭaṇā ハタナー
やめる〖止める〗ਬੱਸ ਕਰਨਾ bassa karanā バッス カルナー
やめる〖辞める〗(引退する) ਨਿਵਿਰਤ ਹੋਣਾ niwirata hoṇā ニウィルト ホーナー, ਰਿਟਾਇਰ ਹੋਣਾ riṭāira hoṇā リターイル ホーナー (辞職する) ਤਿਆਗਣਾ tiāgaṇā ティアーガナー
やもり〖守宮〗ਛਿਪਕਲੀ c^{h}ipakalī チプカリー
やり〖槍〗ਬਰਛਾ barac^{h}ā バルチャー, ਨੇਜ਼ਾ nezā ネーザー
やりとげる〖やり遂げる〗ਨਿਭਾਉਣਾ nibăuṇā ニバーウナー
やる (する) ਕਰਨਾ karanā カルナー (与える) ਦੇਣਾ deṇā デーナー
やるき〖やる気〗ਉਤਸ਼ਾਹ utaśâ ウトシャー
やわらかい〖柔らかい〗ਨਰਮ narama ナラム, ਕੋਮਲ komala コーマル, ਕੂਲਾ kūlā クーラー
やわらぐ〖和らぐ〗(弱まる) ਥੰਮ੍ਹਣਾ t^{h}âmmaṇā タンマナー (静まる) ਸ਼ਾਂਤ ਹੋਣਾ śā̃ta hoṇā シャーント ホーナー
やわらげる〖和らげる〗(楽にする) ਨਰਮਾਉਣਾ naramāuṇā ナルマーウナー (静める) ਸ਼ਾਂਤ ਕਰਨਾ śā̃ta karanā シャーント カルナー
やんちゃな ਸ਼ਰਾਰਤੀ śarāratī シャラールティー, ਨਟਖਟ naṭak^{h}aṭa ナトカト, ਇਲਤੀ ilatī イルティー
ゆ〖湯〗ਗਰਮ ਪਾਣੀ garama pāṇī ガラム パーニー
ゆいいつの〖唯一の〗ਫ਼ਕਤ fakata ファカト, ਵਾਹਦ wâda ワード, ਇਕਲੌਤਾ ikalautā イクラォーター
ゆいごん〖遺言〗ਵਸੀਅਤ wasīata ワスィーアト
ゆうい〖優位〗ਸ਼ਰਫ਼ śarafa シャルフ, ਪਰਭਤਾ parâbatā パラブター, ਪਰਧਾਨਤਾ paradǎnatā パルダーンター
ゆういぎな〖有意義な〗ਸਾਰਥਕ sārat^{h}aka サールタク, ਅਰਥਪੂਰਨ arat^{h}apūrana アルトプールン, ਅਰਥਯੁਕਤ arat^{h}ayukata アルトユクト
ゆううつな〖憂鬱な〗ਗ਼ਮਗੀਨ ǧamagīna ガムギーン, ਦਿਲਗੀਰ dilagīra ディルギール
ゆうえきな〖有益な〗ਲਾਭਦਾਇਕ lâbadāika ラーブダーイク, ਫ਼ਾਇਦੇਮੰਦ fāidemanda ファーイデーマンド, ਲਾਹੇਵੰਦ lāhewanda ラーヘーワンド
ゆうかい〖誘拐〗ਅਗਵਾ agawā アグワー, ਹਰਨ harana ハルン, ਉਧਾਲਾ udălā ウダーラー
ゆうがいな〖有害な〗ਹਾਨੀਕਾਰਕ hānīkāraka ハーニーカーラク, ਨੁਕਸਾਨਦਿਹ nukasānadê ヌクサーンデー
ユウガオ ਘੀਆ kĭā キーアー
ゆうがた〖夕方〗ਸੰਝ sâñja サンジ, ਸ਼ਾਮ śāma シャーム, ਆਥਣ āt^{h}aṇa アータン
ゆうがな〖優雅な〗ਸੋਭਨੀਕ sôbanīka ソーブニーク, ਨਫ਼ੀਸ nafīsa ナフィース, ਲਲਿਤ lalita ラリト
ゆうかんな〖勇敢な〗ਬਹਾਦਰ bǎdara バーダル, ਸੂਰਬੀਰ sūrabīra スールビール, ਵੀਰ vīra ヴィール
ゆうき〖勇気〗ਬਹਾਦਰੀ bǎdarī バードリー, ਹਿੰਮਤ himmata ヒンマト, ਸਾਹਸ sâsa サース
ゆうけんしゃ〖有権者〗ਚੋਣਕਾਰ coṇakāra チョーンカール, ਮਤਦਾਤਾ matadātā マトダーター, ਨਿਰਵਾਚਕ nirawācaka ニルワーチャク
ゆうこうかんけい〖友好関係〗ਦੋਸਤੀ dosatī ドースティー
ゆうごうする〖融合する〗ਪੱਘਰਨਾ pâggaranā パッガルナー, ਪਿਘਲਨਾ pîgalanā ピガルナー
ゆうこうな〖有効な〗ਗੁਣਕਾਰੀ guṇakārī グンカーリー, ਕਾਰਗਰ kāragara カールガル, ਅਸਰਦਾਇਕ asaradāika アサルダーイク
ゆうざい〖有罪〗ਗੁਨਾਹਗਾਰੀ gunâgārī グナーガーリー ◆有罪の ਗੁਨਾਹਗਾਰ gunâgāra グナーガール, ਅਪਰਾਧੀ aparâdī アプラーディー, ਦੋਸ਼ੀ dośī ドーシー
ゆうし〖有志〗ਸਵੈਸੇਵਕ sawaisewaka サワェーセーワク, ਵਲੰਟੀਅਰ valanṭīara ヴァランティーアル
ゆうし〖融資〗ਕਰਜ਼ karaza カルズ
ゆうしゅうな〖優秀な〗ਸਰੇਸ਼ਟ sareśaṭa サレーシュト, ਉਮਦਾ umadā ウムダー
ゆうじょう〖友情〗ਦੋਸਤੀ dosatī ドースティー, ਯਾਰੀ yārī ヤーリー, ਮਿੱਤਰਤਾ mittaratā ミッタルター
ゆうじん〖友人〗ਦੋਸਤ dosata ドースト, ਮਿੱਤਰ mittara ミッタル, ਯਾਰ yāra ヤール (女同士の) ਸਹੇਲੀ sĕlī セ

ーリー, ਸਖੀ sak^{h}ī サキー
ゆうせいな〘優勢な〙ਗ਼ਾਲਬ ğālaba ガーラブ, ਸੁਪੀਰੀਅਰ supirīara スピーリーアル
ゆうせん〘優先〙ਪਹਿਲ paîla パエール
ゆうそうする〘郵送する〙ਡਾਕ ਰਾਹੀਂ ਭੇਜਣਾ ḍāka rāhī̃ pĕjaṇā ダーク ラーヒーン ページャナー
ゆうどうする〘誘導する〙ਅਗਵਾਈ ਕਰਨੀ agawāī karanī アグワーイー カルニー
ゆうどくな〘有毒な〙ਜ਼ਹਿਰੀਲਾ zaîrīlā ザェーリーラー, ਵਿਸੂਲਾ visūlā ヴィスーラー
ゆうのうな〘有能な〙ਲਿਆਕਤਮੰਦ liākatamanda リアーカトマンド, ਸਮਰੱਥ samaratt^{h}a サムラット, ਲਾਇਕ lāika ラーイク
ゆうびん〘郵便〙ਡਾਕ ḍāka ダーク, ਪੋਸਟ posaṭa ポースト ♦郵便為替 ਮਨੀਆਡਰ maniāḍara マニーアーダル, ਪੋਸਟਲ ਆਰਡਰ posaṭala āraḍara ポースタル アールダル ♦郵便局 ਡਾਕਘਰ ḍākakăra ダークカル, ਡਾਕਖ਼ਾਨਾ ḍākaxānā ダークカーナー, ਪੋਸਟ ਆਫ਼ਿਸ posaṭa āfisa ポースト アーフィス ♦郵便番号 ਪਿਨਕੋਡ pinakoḍa ピンコード
ゆうふくな〘裕福な〙ਅਮੀਰ amīra アミール, ਧਨਵਾਨ tănawāna タンワーン
ゆうべ〘夕べ〙（昨夜）ਕੱਲ੍ਹ ਰਾਤ kâlla rāta カッル ラート （夕方）ਸ਼ਾਮ śāma シャーム
ゆうべん〘雄弁〙ਫ਼ਸਾਹਤ fasâta ファサート
ゆうぼうな〘有望な〙ਹੋਣਹਾਰ hoṇahāra ホーンハール
ゆうぼくみん〘遊牧民〙ਖ਼ਾਨਾ-ਬਦੋਸ਼ xānā-badośa カーナー・バドーシュ
ゆうほどう〘遊歩道〙ਫ਼ੁੱਟਪਾਥ fuṭṭapāt^{h}a フットパート
ゆうめいな〘有名な〙ਮਸ਼ਹੂਰ maśahūra マシュフール, ਪਰਸਿੱਧ parasîdda パルスィッド
ユーモア ਪਰਿਹਾਸ parihāsa パリハース, ਠੱਠਾ ṭ^{h}aṭṭ^{h}ā タッター
ゆうやみ〘夕闇〙ਤਕਾਲਾਂ ਦਾ ਹਨੇਰਾ takālā̃ dā hanerā タカーラーン ダー ハネーラー, ਤਕਾਲਾਂ ਦਾ ਘੁਸਮੁਸਾ takālā̃ dā kŭsamusā タカーラーン ダー クスムサー
ゆうよ〘猶予〙ਮੁਹਲਤ môlata モーラト, ਹੀਲ-ਹੁੱਜਤ hīla-hujjata ヒール・フッジャト
ユーラシア ਯੂਰੇਸ਼ੀਆ yūreśīā ユーレーシーアー
ゆうりな〘有利な〙ਲਾਭਦਾਇਕ lâbadāika ラーブダーイク, ਫ਼ਾਇਦੇਮੰਦ fāidemanda ファーイデーマンド, ਅਨੁਕੂਲ anukūla アヌクール
ゆうりょうな〘優良な〙ਸਰੇਸ਼ਟ sareśaṭa サレーシュト
ゆうりょくな〘有力な〙ਸ਼ਕਤੀਸ਼ਾਲੀ śakatīśālī シャクティーシャーリー, ਸ਼ਕਤੀਸ਼ੀਲ śakatīśīla シャクティーシール, ਕਾਦਰ kādara カーダル
ゆうれい〘幽霊〙ਭੂਤ pŭta プート, ਪਰੇਤ pareta パレート, ਜਿੰਨ jinna ジンヌ
ゆうわく〘誘惑〙ਡਹਿਕ ḍaîka ダェーク ♦誘惑する ਲਲਚਾਉਣਾ lalacāuṇā ラルチャーウナー, ਲੁਭਾਉਣਾ lubăuṇā ルバーウナー, ਭਰਮਾਉਣਾ paramăuṇā パルマーウナー
ゆか〘床〙ਫ਼ਰਸ਼ faraśa ファルシュ
ゆかいな〘愉快な〙ਖ਼ੁਸ਼ਦਿਲ xuśadila クシュディル, ਖ਼ੁਸ਼ਮਿਜ਼ਾਜ xuśamizāja クシュミザージ, ਵਿਨੋਦੀ vinodī ヴィノーディー
ゆがむ〘歪む〙ਮੁਰਕਣਾ murakaṇā ムルカナー, ਵਿਗੜਨਾ vigaṛanā ヴィガルナー
ゆき〘雪〙ਬਰਫ਼ barafa バルフ, ਹਿਮ hima ヒム, ਯਖ਼ yaxa ヤク
ゆくえふめいの〘行方不明の〙ਲਾਪਤਾ lāpatā ラーパター, ਗੁੰਮ gumma グンム, ਗ਼ਾਇਬ ğāiba ガーイブ
ゆげ〘湯気〙ਭਾਫ਼ păp^{h}a パープ, ਸਟੀਮ saṭīma サティーム
ゆさぶる〘揺さぶる〙ਹਿਲਾਉਣਾ hilāuṇā ヒラーウナー, ਘਚੋਲਨਾ kacŏlanā カチョールナー
ゆしゅつ〘輸出〙ਬਰਾਮਦ barāmada バラーマド, ਨਿਰਯਾਤ nirayāta ニルヤート ♦輸出する ਬਰਾਮਦ ਕਰਨਾ barāmada karanā バラーマド カルナー, ਨਿਰਯਾਤ ਕਰਨਾ nirayāta karanā ニルヤート カルナー
ゆすぐ ਹੰਘਾਲਨਾ haṅgălanā ハンガールナー
ゆする〘強請る〙ਲੁੱਟਣਾ luṭṭaṇā ルッタナー
ゆずる〘譲る〙（引き渡す）ਸੌਂਪਣਾ sāũpaṇā サォーンパナー （譲歩する）ਪੱਘਰਨਾ pâggaranā パッガルナー （売る）ਵੇਚਣਾ vecaṇā ヴェーチャナー
ゆせいの〘油性の〙ਥਿੰਧਾ t^{h}îndā ティンダー
ゆそうする〘輸送する〙ਢੋਣਾ ṭŏṇā トーナー
ゆたかな〘豊かな〙ਅਮੀਰ amīra アミール, ਧਨੀ tănī タニー
ゆだねる〘委ねる〙ਸੌਂਪਣਾ sāũpaṇā サォーンパナー, ਸੰਭਾਉਣਾ sambăuṇā サンバーウナー, ਸਪੁਰਦ ਕਰਨਾ sapurada karanā サプルド カルナー
ユダヤじん〘ユダヤ人〙ਯਹੂਦੀ yahūdī ヤフーディー, ਇਬਰਾਨੀ ibarānī イブラーニー
ゆっくり ਹੌਲੀ haulī ハォーリー, ਆਹਿਸਤਾ āhisatā アーヒスター, ਸਹਿਜੇ saîje サェージェー
ゆでる〘茹でる〙ਉਬਾਲਨਾ ubālanā ウバールナー
ゆにゅう〘輸入〙ਦਰਾਮਦ darāmada ダラーマド, ਆਯਾਤ āyāta アーヤート ♦輸入する ਦਰਾਮਦ ਕਰਨਾ darāmada karanā ダラーマド カルナー, ਆਯਾਤ ਕਰਨਾ āyāta karanā アーヤート カルナー
ゆび〘指〙（手の）ਉਂਗਲ uṅgala ウンガル, ਉਂਗਲੀ uṅgalī ウンガリー （足の）ਉਂਗਲ uṅgala ウンガル, ਉਂਗਲੀ uṅgalī ウンガリー, ਟੋ ṭo トー
ゆびわ〘指輪〙ਅੰਗੂਠੀ aṅgūṭ^{h}ī アングーティー
ゆみ〘弓〙ਕਮਾਨ kamāna カマーン, ਧਣਖ tăṇak^{h}a タナク
ゆめ〘夢〙ਸੁਪਨਾ supanā スプナー, ਖ਼ਾਬ xāba カーブ
ゆらい〘由来〙ਵਿਉਤਪਤੀ viutapatī ヴィウトパティー, ਆਗਾਜ਼ āgāza アーガーズ
ゆり〘百合〙ਪਦਮਨੀ padamanī パドマニー, ਲਿਲੀ lilī リリー
ゆりかご〘揺り籠〙ਝੂਲਾ cūlā チューラー, ਪੰਘੂੜਾ paṅgŭṛā パングーラー
ゆるい〘緩い〙（厳しくない）ਨਰਮ narama ナラム, ਉਦਾਰ udāra ウダール （締まっていない）ਢਿੱਲਾ ṭîllā ティッラー, ਢਿਲਕ ṭîlaka ティラク, ਖੁੱਲ੍ਹਾ k^{h}ûllā クッラー
ゆるし〘許し〙（許可）ਇਜਾਜ਼ਤ ijāzata イジャーザト,

ਅਨੁਮਤੀ anumatī アヌマティー, ਆਗਿਆ āgiā アーギアー（容赦）ਮਾਫ਼ੀ māfī マーフィー, ਖਿਮਾ kʰimā キマー

ゆるす〖許す〗（許可する）ਇਜਾਜ਼ਤ ਦੇਣੀ ijāzata deṇī イジャーザト デーニー（容赦する）ਮਾਫ਼ੀ ਦੇਣੀ māfī deṇī マーフィー デーニー, ਖਿਮਾ ਕਰਨਾ kʰimā karanā キマー カルナー, ਬਖ਼ਸ਼ਣਾ baxaśaṇā バクシャナー

ゆるむ〖緩む〗（ほどけてしまう）ਢਿੱਲਾ ਹੋਣਾ ṭĭllā hoṇā ティッラー ホーナー, ਢਿਲਕਣਾ ṭĭlakaṇā ティラクナー, ਖੁੱਲ੍ਹਣਾ kʰûllaṇā クッラナー（くつろぐ）ਝੁਆਉਣਾ cŭāuṇā チュアーウナー

ゆるめる〖緩める〗（ほどく）ਢਿੱਲਾ ਕਰਨਾ ṭĭllā karanā ティッラー カルナー（動きを遅くする）ਚਾਲ ਘੱਟ ਕਰ ਦੇਣੀ cāla kăṭṭa kara deṇī チャール カット カル デーニー

ゆるやかな〖緩やかな〗（締まっていない）ਢਿੱਲਾ ṭĭllā ティッラー（のろい）ਮੰਦ manda マンド

ゆれ〖揺れ〗ਡਗਮਗਾਹਟ ḍagamagâṭa ダグマガート

ゆれる〖揺れる〗ਹਿੱਲਣਾ hillaṇā ヒッラナー, ਝੂਲਣਾ cŭlaṇā チューラナー

よあけ〖夜明け〗ਪਹੁ paû パォー, ਉਸ਼ੇਰ uśera ウシェール, ਤੜਕਾ taṛakā タルカー

よい〖酔い〗（酒や麻薬の）ਨਸ਼ਾ naśā ナシャー（乗物の）ਉਬੱਤ ubatta ウバット, ਕੈ kai カエー

よい〖良い〗ਚੰਗਾ caṅgā チャンガー, ਅੱਛਾ accʰā アッチャー

よいん〖余韻〗ਪਰਤਿਧੁਨੀ paratitŭnī パラティトゥニー

ようい〖用意〗ਤਿਆਰੀ tiārī ティアーリー, ਇੰਤਜ਼ਾਮ intazāma イントザーム ♦用意する ਤਿਆਰ ਕਰਨਾ tiāra karanā ティアール カルナー, ਇੰਤਜ਼ਾਮ ਕਰਨਾ intazāma karanā イントザーム カルナー

よういな〖容易な〗ਸੌਖਾ saukʰā サォーカー, ਅਸਾਨ asāna アサーン

ようかいする〖溶解する〗ਘੁਲਣਾ kŭlaṇā クラナー, ਪਿਘਲਣਾ pîgalaṇā ピガルナー, ਗਲਣਾ galaṇā ガルナー

ようがん〖溶岩〗ਲਾਵਾ lāvā ラーヴァー

ようき〖容器〗ਭਾਜਨ pǎjana パージャン, ਪਾਤਰ pātara パータル

ようぎ〖容疑〗ਇਲਜ਼ਾਮ ilazāma イルザーム ♦容疑者 ਮੁਲਜ਼ਮ mulazama ムルザム

ようきな〖陽気な〗ਖ਼ੁਸ਼ਮਿਜ਼ਾਜ xuśamizāja クシュミザージ, ਖ਼ੁਸ਼ਦਿਲ xuśadila クシュディル, ਹਸਮੁਖ hasamukʰa ハスムク

ようきゅう〖要求〗ਮੰਗ maṅga マング ♦要求する ਮੰਗਣਾ maṅgaṇā マンガナー

ようぐ〖用具〗ਉਪਕਰਨ upakarana ウプカルン, ਸੰਦ sanda サンド, ਆਲਾ ālā アーラー

ようけん〖用件〗ਮਾਮਲਾ māmalā マームラー

ようご〖用語〗（ことばづかい）ਸ਼ਬਦ ਚੋਣ śabada coṇa シャバド チョーン, ਵਾਕ ਸ਼ੈਲੀ wāka śailī ワーク シャエーリー（語彙）ਸ਼ਬਦਾਵਲੀ śabadāwalī シャブダーウリー, ਲੁਗ਼ਤ luğata ルグト（専門用語）ਇਸਤਲਾਹ isatalâ イサトラー

ようこそ ਜੀ ਆਇਆਂ ਨੂੰ jī āiā̃ nū̃ ジー アーイアーン ヌーン, ਖ਼ੁਸ਼ਆਮਦੀਦ xuśaāmadīda クシュアームディード, ਵੈਲਕਮ wailakama ワェールカム

ようさい〖要塞〗ਗੜ੍ਹੀ gâṛī ガリー, ਕੋਟ koṭa コート

ようし〖養子〗ਮੁਤਬੰਨਾ mutabannā ムトバンナー, ਪੁਤਰੇਲਾ putarelā プトレーラー, ਲੈ-ਪਾਲਕ lai-pālaka ラエー・パーラク

ようじ〖幼児〗ਬੱਚਾ baccā バッチャー, ਬਾਲ bāla バール, ਨਿਆਣਾ niāṇā ニアーナー

ようじ〖用事〗ਕੰਮ kamma カンム, ਸਰੋਕਾਰ sarokāra サローカール

ようしき〖様式〗ਪੱਧਤੀ pâddatī パッダティー, ਦਸਤੂਰ dasatūra ダストゥール, ਕਰੀਨਾ karīnā カリーナー

ようじょ〖養女〗ਪੁਤਰੇਲੀ putarelī プトレーリー

ようじん〖用心〗ਸਾਵਧਾਨੀ sāvadǎnī サーヴダーニー, ਇਹਤਿਆਤ êtiāta エーティアート ♦用心する ਧਿਆਨ ਰੱਖਣਾ tiǎna rakkʰaṇā ティアーン ラッカナー, ਸੰਭਲਣਾ sâmbalaṇā サンバルナー

ようす〖様子〗（外見）ਸ਼ਕਲ śakala シャカル, ਸੂਰਤ sūrata スーラト（状態）ਹਾਲ hāla ハール, ਦਸ਼ਾ daśā ダシャー（態度）ਰਵਈਆ rawaīā ラワイーアー, ਰੁਖ਼ ruxa ルク

ようせい〖要請〗ਤਕਾਜ਼ਾ takāzā タカーザー, ਦਰਖ਼ਾਸਤ daraxāsata ダルカースト

ようせき〖容積〗ਹੁਜਮ hujama フジャム, ਜਸਾਮਤ jasāmata ジャサーマト

ようせつ〖溶接〗ਟਾਂਕਾ ṭā̃kā ターンカー, ਵੈਲਡਿੰਗ wailaḍiṅga ワェールディング

ようそ〖要素〗ਤੱਤ tatta タット

ようそう〖様相〗ਦਿੱਖ dikkʰa ディック, ਦਿੱਸ dissa ディッス

ようちえん〖幼稚園〗ਬਾਲਵਾੜੀ bālawāṛī バールワーリー, ਕਿੰਡਰਗਾਰਟਨ kiṇḍaragāraṭana キンダルガールタン

ようちな〖幼稚な〗ਬਚਗਾਨਾ bacagānā バチガーナー

ようちゅう〖幼虫〗ਲਾਰਵਾ lāravā ラールヴァー

ようてん〖要点〗ਤੱਤ tatta タット, ਖ਼ੁਲਾਸਾ xulāsā クラーサー, ਸਾਰ-ਕਥਨ sāra-katʰana サール・カタン

ようと〖用途〗ਇਸਤੇਮਾਲ isatemāla イステーマール, ਕੰਮ kamma カンム

ようねん〖幼年〗ਬਚਪਣ bacapaṇa バチパン

ようび〖曜日〗ਵਾਰ wāra ワール, ਯੌਮ yauma ヤォーム

ようふ〖養父〗ਪਤੰਦਰ patandara パタンダル

ようぶん〖養分〗ਪੋਸਣ posaṇa ポーサン

ようぼ〖養母〗ਦੁੱਧ-ਮਾਂ dûdda-mā̃ ドゥッド・マーン, ਦੁੱਧ-ਪਿਲਾਵੀ dûdda-pilāwī ドゥッド・ピラーウィー

ようぼう〖容貌〗ਸ਼ਕਲ śakala シャカル, ਸੂਰਤ sūrata スーラト, ਨਕਸ਼ nakaśa ナクシュ

ようもう〖羊毛〗ਉੱਨ unna ウンヌ, ਪਸ਼ਮ paśama パシュム, ਸੂਫ਼ sūfa スーフ

ようやく ਮਸਾਂ masā̃ マサーン, ਆਖ਼ਰ āxara アーカル, ਛੇਕੜ cʰekaṛa チェーカル

ようやく〖要約〗ਸੰਖੇਪ saṅkʰepa サンケープ, ਸਾਰੰਸ਼ sāranśa サーランシュ, ਖ਼ੁਲਾਸਾ xulāsā クラーサー

ヨーグルト ਦਹੀਂ dâĩ ダイーン

ヨーロッパ ਯੂਰਪ yūrapa ユーラプ
よか〚余暇〛ਫ਼ੁਰਸਤ furasata フルサト, ਵਿਹਲ wêla ウェール, ਛੁੱਟੀ cʰuṭṭī チュッティー
ヨガ ਜੋਗ joga ジョーグ
よきん〚預金〛ਜਮ੍ਹਾਂ jâmā̃ ジャマーン, ਬੱਚਤ baccata バッチャト, ਤਹਿਵੀਲ taîwīla タエーウィール
よく〚欲〛ਲਾਲਸਾ lālasā ラールサー, ਲੋਭ lôba ローブ
よく〚良く〛(うまく) ਖ਼ੂਬ xūba クーブ, ਠੀਕ ṭʰīka ティーク (しばしば) ਅਕਸਰ akasara アクサル, ਬਹੁਤ ਕਰ ਕੇ baûta kara ke バオート カル ケー (十分に) ਕਾਫ਼ੀ kāfī カーフィー
よくあつする〚抑圧する〛ਦਬਾਉਣਾ dabāuṇā ダバーウナー, ਦਮਨ ਕਰਨਾ damana karanā ダマン カルナー
よくしつ〚浴室〛ਗ਼ੁਸਲਖ਼ਾਨਾ ğusalaxānā グサルカーナー, ਹਮਾਮ hamāma ハマーム, ਬਾਥਰੂਮ bātʰarūma バートルーム
よくせいする〚抑制する〛ਰੋਕਣਾ rokaṇā ローカナー, ਹਟਕਣਾ haṭakaṇā ハタカナー
よくそう〚浴槽〛ਟੱਬ ṭabba タッブ
よくばりな〚欲張りな〛ਲਾਲਚੀ lālacī ラールチー, ਲੋਭੀ lôbī ロービー
よくぼう〚欲望〛ਲਾਲਸਾ lālasā ラールサー, ਲੋਭ lôba ローブ
よくよう〚抑揚〛ਲਹਿਜਾ laîjā ラエージャー, ਤਰੰਨਮ tarannama タランナム, ਉਤਾਰ-ਚੜ੍ਹਾ utāra-carā̌ ウタール・チャラー
よけいな〚余計な〛(不必要な) ਫ਼ਜ਼ੂਲ fazūla ファズール, ਬੇਲੋੜਾ beloṛā ベーローラー (余分な) ਫ਼ਾਲਤੂ fālatū ファールトゥー
よける〚避ける・除ける〛ਹਟਣਾ haṭaṇā ハタナー, ਕਤਰਾਉਣਾ katarāuṇā カトラーウナー, ਬਚਣਾ bacaṇā バチャナー
よげん〚予言〛ਸਗਨ sagana サガン, ਫ਼ਾਲ fāla ファール, ਪੇਸ਼ੀਨਗੋਈ peśīnagoī ペーシーンゴーイー
よこ〚横〛(側面) ਪਾਸਾ pāsā パーサー, ਪੱਖ pakkʰa パック, ਸਿਮਤ simata スィムト (幅) ਚੌੜਾਈ cauṛāī チャォーラーイー, ਵਿੱਢ vîḍḍa ヴィッド
よこぎる〚横切る〛ਲੰਘਣਾ lâṅgaṇā ランガナー, ਪਾਰ ਕਰਨਾ pāra karanā パール カルナー
よこく〚予告〛ਪੇਸ਼ੀਨਗੋਈ peśīnagoī ペーシーンゴーイー, ਨੋਟਿਸ noṭisa ノーティス
よごす〚汚す〛ਮੈਲਾ ਕਰ ਦੇਣਾ mailā kara deṇā マェーラー カル デーナー, ਲਿਬੇੜਨਾ liberanā リベールナー, ਦਾਗ਼ਣਾ dāğaṇā ダーガナー
よこたえる〚横たえる〛ਲਿਟਾਉਣਾ liṭāuṇā リターウナー
よこたわる〚横たわる〛ਲੇਟਣਾ leṭaṇā レータナー
よこめづかい〚横目遣い〛ਕਟਾਕਸ਼ kaṭākaśa カターカシュ, ਟੇਢੀ ਝਾਤੀ ṭêḍī cǎtī テーディー チャーティー
よごれ〚汚れ〛ਮੈਲ maila マェール, ਗੰਦਗੀ gandagī ガンドギー, ਦਾਗ਼ dāğa ダーグ
よごれる〚汚れる〛ਮੈਲਾ ਹੋਣਾ mailā hoṇā マェーラー ホーナー, ਗੰਦਾ ਹੋਣਾ gandā hoṇā ガンダー ホーナー
よさん〚予算〛ਬਜਟ bajaṭa バジャト
よせる〚寄せる〛(引き寄せる) ਖਿੱਚਣਾ kʰiccaṇā キッチャナー (脇へ動かす) ਹਟਾਉਣਾ haṭāuṇā ハターウナー
よそう〚予想〛ਉਮੀਦ umīda ウミード ♦予想する ਉਮੀਦ ਕਰਨੀ umīda karanī ウミード カルニー
よそおう〚装う〛(身につける) ਪਹਿਨਣਾ paînaṇā パェーナナー (見せかける) ਦਿਖਾਵਾ ਕਰਨਾ dikʰāwā karanā ディカーワー カルナー, ਮਕਰ ਕਰਨਾ makara karanā マカル カルナー
よそく〚予測〛ਅਨੁਮਾਨ anumāna アヌマーン ♦予測する ਅਨੁਮਾਨ ਲਾਉਣਾ anumāna lāuṇā アヌマーン ラーウナー
よそもの〚余所者〛ਅਜਨਬੀ ajanabī アジナビー, ਬਿਗਾਨਾ bigānā ビガーナー, ਪਰਦੇਸੀ paradesī パルデースィー
よそよそしい ਪਰਾਇਆ parāiā パラーイアー
よだれ ਰਾਲ rāla ラール, ਲਾਰ lāra ラール, ਸੀਂਢ sī̃ḍa スィーンド
よち〚余地〛ਅਵਕਾਸ਼ awakāśa アウカーシュ, ਗੁੰਜਾਇਸ਼ guñjāiśa グンジャーイシュ
よっきゅう〚欲求〛ਇੱਛਾ iccʰā イッチャー, ਇਰਾਦਾ irādā イラーダー, ਮਰਜ਼ੀ marazī マルズィー
よつつじ〚四つ辻〛ਚੌਕ cauka チャォーク, ਚੁਰਸਤਾ curasatā チュラスター, ਚੌਰਾਹਾ caurāhā チャォーラーハー
よっぱらい〚酔っ払い〛ਸ਼ਰਾਬੀ śarābī シャラービー, ਪਿਆਕੜ piākaṛa ピアーカル, ਨਸ਼ਈ naśaī ナシャイー
よっぱらう〚酔っ払う〛ਬਹਿਕਣਾ baîkaṇā バェーカナー
よてい〚予定〛ਯੋਜਨਾ yojanā ヨージャナー, ਤਾਲਿਆਵੰਦ tāliāwanda ターリアーワンド, ਪਰੋਗਰਾਮ parogarāma パローガラーム
よとう〚与党〛ਸੱਤਾਰੂੜ ਦਲ sattārūṛa dala サッタールール ダル, ਸੱਤਾਧਾਰੀ ਪਾਰਟੀ sattātǎrī pāraṭī サッターターリー パールティー
よのなか〚世の中〛ਦੁਨੀਆ duniā ドゥニーアー, ਸੰਸਾਰ sansāra サンサール, ਜੱਗ jagga ジャッグ
よはく〚余白〛ਹਾਸ਼ੀਆ hāśīā ハーシーアー
よび〚予備〛ਰਿਜ਼ਰਵ rizarava リザルヴ ♦予備の ਫ਼ਾਲਤੂ fālatū ファールトゥー
よびかける〚呼び掛ける〛ਪੁਕਾਰਨਾ pukāranā プカールナー, ਸੱਦਣਾ saddaṇā サッダナー
よびりん〚呼び鈴〛ਘੰਟੀ kǎṇṭī カンティー
よぶ〚呼ぶ〛(招く) ਬੁਲਾਉਣਾ bulāuṇā ブラーウナー, ਸੱਦਣਾ saddaṇā サッダナー (声で呼ぶ) ਪੁਕਾਰਨਾ pukāranā プカールナー, ਬੁਲਾਉਣਾ bulāuṇā ブラーウナー, ਸੱਦਣਾ saddaṇā サッダナー
よぶんな〚余分な〛ਫ਼ਾਲਤੂ fālatū ファールトゥー, ਮਜ਼ੀਦ mazīda マズィード, ਵਾਧੂ wâdū ワードゥー
よぼう〚予防〛ਪੇਸ਼ਬੰਦੀ peśabandī ペーシュバンディー ♦予防注射 ਟੀਕਾ ṭīkā ティーカー, ਲੋਦਾ lodā ローダー
よむ〚読む〛ਪੜ੍ਹਨਾ pâṛanā パルナー, ਵਾਚਣਾ wācaṇā ワーチャナー
よめ〚嫁〛(妻) ਵਹੁਟੀ waûṭī ワォーティー, ਬੀਵੀ bīwī ビーウィー, ਪਤਨੀ patanī パトニー (新婦) ਦੁਲਹਨ

dulahana ドゥルハン, ਲਾੜੀ lārī ラーリー（息子の妻） ਬਹੂ baû バウー, ਨੂੰਹ nū̃ ヌーン
よやく〖予約〗ਰਿਜ਼ਰਵੇਸ਼ਨ rizaravesána リザルヴェーシャン, ਬੁਕਿੰਗ bukiṅga ブキング ♦予約する ਬੁੱਕ ਕਰਨਾ bukka karanā ブック カルナー
よりかかる〖寄りかかる〗ਟਿਕਣਾ ṭikaṇā ティカナー, ਉੱਲਰਨਾ ullaranā ウッラルナー
よりそう〖寄り添う〗ਘੁਸਰਨਾ kŭsaranā クサルナー, ਲਿਪਟਣਾ lipaṭaṇā リプタナー
よる〖夜〗ਰਾਤ rāta ラート, ਨਿਸ਼ਾ niśā ニシャー, ਰੈਣ raiṇa ラェーン
よろい〖鎧〗ਕਵਚ kawaca カワチ, ਬਕਤਰ bakatara バクタル, ਸੰਜੋ sañjo サンジョー
よろこばす〖喜ばす〗ਹੁਲਸਾਉਣਾ hulasāuṇā フルサーウナー, ਰਿਝਾਉਣਾ rijăuṇā リジャーウナー, ਲੁਭਾਉਣਾ lubăuṇā ルバーウナー
よろこび〖喜び〗ਖ਼ੁਸ਼ੀ xuśī クシー, ਪਰਸੰਨਤਾ parasannatā パルサンヌター, ਅਨੰਦ ananda アナンド
よろこぶ〖喜ぶ〗ਖ਼ੁਸ਼ ਹੋਣਾ xuśa hoṇā クシュ ホーナー, ਪਰਸੰਨ ਹੋਣਾ parasanna hoṇā パルサンヌ ホーナー
よろめく ਲੜਖੜਾਉਣਾ laṛakʰaṛāuṇā ラルカラーウナー, ਲਟਪਟਾਉਣਾ laṭapaṭāuṇā ラトパターウナー, ਡਗਮਗਾਉਣਾ ḍagamagāuṇā ダグマガーウナー
よろん〖世論〗ਲੋਕ-ਰਾਏ loka-rāe ローク・ラーエー
よわい〖弱い〗ਕਮਜ਼ੋਰ kamazora カムゾール, ਨਤਾਕਤਾ natākatā ナタークター, ਦੁਰਬਲ durabala ドゥルバル（気が）ਬੁਜ਼ਦਿਲ buzadila ブズディル, ਡਰਪੋਕ ḍarapoka ダルポーク, ਗੀਦੀ gīdī ギーディー（光などが）ਮੱਧਮ mâddama マッダム, ਧੀਮਾ tĭmā ティーマー
よわさ〖弱さ〗ਕਮਜ਼ੋਰੀ kamazorī カムゾーリー, ਦੁਰਬਲਤਾ durabalatā ドゥルバルター
よわまる〖弱まる〗ਕਮਜ਼ੋਰ ਹੋਣਾ kamazora hoṇā カムゾール ホーナー, ਝੌਣਾ caŭṇā チャォーナー, ਥੰਮ੍ਹਣਾ tʰâmmaṇā タンマナー
よわみ〖弱み〗ਘੁੰਤਰ kŭntara クンタル
よわむし〖弱虫〗ਡਰੂ ḍarū ダルー
よわる〖弱る〗（弱くなる）ਕਮਜ਼ੋਰ ਹੋਣਾ kamazora hoṇā カムゾール ホーナー, ਦੁਰਬਲ ਹੋਣਾ durabala hoṇā ドゥルバル ホーナー, ਕੁਮਲਾਉਣਾ kumalāuṇā クムラーウナー（困る）ਔਖੇ ਹੋਣਾ aukʰe hoṇā アオーケー ホーナー, ਕੁਣਸਣਾ kuṇasaṇā クナサナー
よん〖四〗ਚਾਰ cāra チャール
よんじゅう〖四十〗ਚਾਲੀ cālī チャーリー

ら行

ラージャスターンしゅう〖ラージャスターン州〗ਰਾਜਸਥਾਨ rājasatʰāna ラージャスターン
ライオン（雄）ਸਿੰਘ sîṅga スィング, ਸ਼ੀਂਹ śī̃ シーン, ਸ਼ੇਰ śera シェール（雌）ਸਿੰਘਣੀ sîṅgaṇī スィンガニー, ਸ਼ੀਂਹਣੀ śī̃ṇī シーンニー, ਸ਼ੇਰਨੀ śeranī シェールニー
らいげつ〖来月〗（主格）ਅਗਲਾ ਮਹੀਨਾ agalā maĭnā アグラー マイーナー（後置格）ਅਗਲੇ ਮਹੀਨੇ agale maĭne アグレー マイーネー
らいしゅう〖来週〗（主格）ਅਗਲਾ ਹਫ਼ਤਾ agalā hafatā アグラー ハフター（後置格）ਅਗਲੇ ਹਫ਼ਤੇ agale hafate アグレー ハフテー
らいせ〖来世〗ਪਰਲੋਕ paraloka パルローク, ਆਕਬਤ ākabata アークバト, ਪਲਤ palata パラト
ライター ਲਾਈਟਰ lāīṭara ラーイータル
ライト ਰੋਸ਼ਨੀ rośanī ローシュニー, ਚਾਨਣ cānaṇa チャーナン
らいねん〖来年〗（主格）ਅਗਲਾ ਸਾਲ agalā sāla アグラー サール（後置格）ਅਗਲੇ ਸਾਲ agale sāla アグレー サール
ライバル ਪਰਤਿਦਵੰਦੀ paratidawandī パラティダワンディー, ਪਰਤਿਯੋਗੀ paratiyogī パラティヨーギー
ライフスタイル ਜੀਵਨ ਢੰਗ jīwana ṭăṅga ジーワン タング
ライフル ਰਾਈਫ਼ਲ rāīfala ラーイーファル, ਰਫ਼ਲ rafala ラファル
ライム ਨਿੰਬੂ nimbū ニンブー
らいめい〖雷鳴〗ਗੜਗੜਾਹਟ garagarâṭa ガルガラート, ਗਰਜ garaja ガルジ
ラオス ਲਾਓਸ lāosa ラーオース
らくえん〖楽園〗ਬਹਿਸ਼ਤ bahiśata バヒシュト, ਜੰਨਤ jannata ジャンナト, ਸੁਰਗ suraga スルグ
らくだ〖駱駝〗（雄）ਊਠ ūtʰa ウート（雌）ਊਠਣੀ ūtʰaṇī ウートニー
らくだいする〖落第する〗ਫ਼ੇਲ੍ਹ ਹੋਣਾ fêla hoṇā フェール ホーナー
らくな〖楽な〗ਸੁਹੇਲਾ suhelā スヘーラー, ਸੁਖਾਵਾਂ sukʰāwā̃ スカーワーン（容易な）ਸੌਖਾ saukʰā サォーカー
らくのう〖酪農〗ਡੇਅਰੀ ḍearī デーアリー
ラケット ਰੈਕਟ raikaṭa ラェーカト, ਛਿੱਕਾ cʰikkā チッカー
ラジウム ਰੇਡੀਅਮ reḍiama レーディーアム
ラジオ ਰੇਡੀਓ reḍio レーディーオー
ラズベリー ਰਸਭਰੀ rasapărī ラスパリー
らせん〖螺旋〗ਕੁੰਡਲ kuṇḍala クンダル
らち〖拉致〗ਅਗਵਾ agawā アグワー, ਹਰਨ harana ハルン, ਉਧਾਲਾ udălā ウダーラー ♦拉致する ਹਰਨਾ haranā ハルナー, ਉਧਾਲਣਾ udălaṇā ウダールナー
らっかする〖落下する〗ਡਿਗਣਾ ḍigaṇā ディグナー, ਗਿਰਨਾ giranā ギルナー, ਕਿਰਨਾ kiranā キルナー
らっかせい〖落花生〗ਮੂੰਗਫਲੀ muṅgapʰalī ムングパリー
らっかんてきな〖楽観的な〗ਖ਼ੁਸ਼ਫ਼ਹਿਮ xuśafaîma クシュファエーム
ラテンご〖ラテン語〗ਲਾਤੀਨੀ lātīnī ラーティーニー, ਲਾਤਿਨ lātina ラーティン
ラテンの ਲਾਤੀਨੀ lātīnī ラーティーニー, ਲਾਤਿਨ lātina ラーティン
らば〖騾馬〗ਖੱਚਰ kʰaccara カッチャル
ラブレター ਪਰੇਮ-ਪੱਤਰ parema-pattara パレーム・パッタル
ラベル ਲੇਬਲ lebala レーバル

ラベンダー　ਲਵਿੰਡਰ lavindara　ラヴィンダル
ラホール　ਲਹੌਰ lahaura　ラハオール
ラム（ラム酒）ਰੰਮ ramma　ランム（子羊の肉）ਮੇਮਣੇ ਦਾ ਮਾਸ memaṇe dā māsa　メーマネー ダー マース
らん〘欄〙ਪੱਟੀ paṭṭī　パッティー，ਖ਼ਾਨਾ xānā　カーナー，ਕਾਲਮ kālama　カーラム
らんおう〘卵黄〙ਜ਼ਰਦੀ zaradī　ザルディー
らんがい〘欄外〙ਹਾਸ਼ੀਆ hāśīā　ハーシーアー
ランク　ਦਰਜਾ darajā　ダルジャー
らんざつな〘乱雑な〙ਗਡਮਡ gaḍamaḍa　ガドマド，ਗ਼ਲਤ ਮਲਤ ğalata malata　ガルト マルト，ਉਘੜ-ਦੁਘੜ ûgaṛa-dûgaṛa　ウガル・ドゥガル
らんそう〘卵巣〙ਅੰਡਕੋਸ਼ aṇḍakośa　アンドコーシュ
らんとう〘乱闘〙ਧੱਕਮ ਧੱਕਾ tǎkkama tǎkkā　タッカム タッカー
ランプ　ਲੈਂਪ lāĩpa　ラエーンプ，ਦੀਵਾ dīwā　ディーワー，ਦੀਪਕ dīpaka　ディーパク
らんぼうな〘乱暴な〙ਹਿੰਸਾਤਮਿਕ hinsātamika　ヒンサートミク
リーダー　ਲੀਡਰ līḍara　リーダル，ਆਗੂ āgū　アーグー，ਨੇਤਾ netā　ネーター　♦リーダーシップ　ਲੀਡਰਸ਼ਿਪ līḍaraśipa　リーダルシプ，ਲੀਡਰੀ līḍarī　リーダリー
りえき〘利益〙ਲਾਭ lâba　ラーブ，ਫ਼ਾਇਦਾ fāidā　ファーイダー，ਲਾਹਾ lāhā　ラーハー
りかい〘理解〙ਸਮਝ sâmaja　サマジ　♦理解する　ਸਮਝਣਾ sâmajaṇā　サマジャナー
リキシャ　ਰਿਕਸ਼ਾ rikaśā　リクシャー
りきせつ〘力説〙ਤਾਕੀਦ tākīda　ターキード，ਪੱਕੀ pakkī　パッキー
りきりょう〘力量〙ਸਮਰੱਥਾ samaratt^{h}ā　サムラッター，ਲਿਆਕਤ liākata　リアーカト，ਖਮਤਾ k^{h}amatā　カムター
りく〘陸〙ਥਲ t^{h}ala　タル
りくぐん〘陸軍〙ਥਲ-ਸੈਨਾ t^{h}ala-sainā　タル・サェーナー
りくつ〘理屈〙ਤਰਕ taraka　タルク，ਦਲੀਲ dalīla　ダリール，ਤੁਕ tuka　トゥク
りこうな〘利口な〙ਅਕਲਮੰਦ akalamanda　アカルマンド，ਹੁਸ਼ਿਆਰ huśiāra　フシアール，ਸਿਆਣਾ siāṇā　スィアーナー
りこしゅぎ〘利己主義〙ਸਵਾਰਥਮਤਾ sawārat^{h}amatā　サワールトマター，ਨਿਜਤਵ nijatava　ニジタヴ
りこてきな〘利己的な〙ਸਵਾਰਥੀ sawārat^{h}ī　サワールティー，ਖ਼ੁਦਗ਼ਰਜ਼ xudağaraza　クドガルズ
りこん〘離婚〙ਤਲਾਕ talāka　タラーク
りさんする〘離散する〙ਖਿੱਲਰਨਾ k^{h}illaranā　キッラルナー
りし〘利子〙ਬਿਆਜ biāja　ビアージ，ਸੂਦ sūda　スード
りじ〘理事〙ਨਿਦੇਸ਼ਕ nideśaka　ニデーシャク，ਡਾਇਰੈਕਟਰ ḍāiraikaṭara　ダーイラェークタル
りじゅん〘利潤〙ਫ਼ਾਇਦਾ fāidā　ファーイダー，ਲਾਭ lâba　ラーブ，ਨਫ਼ਾ nafā　ナファー
りす〘栗鼠〙ਗਾਲ੍ਹੜ gâlaṛa　ガーラル
リスト　ਲਿਸਟ lisaṭa　リスト，ਸੂਚੀ sūcī　スーチー，ਚਿੱਠਾ ciṭṭ^{h}ā　チッター
リズム　ਰਿਦਮ ridama　リダム，ਤਾਲ tāla　タール，ਗਤ gata　ガト
りせい〘理性〙ਵਿਵੇਕ viveka　ヴィヴェーク　♦理性的な　ਵਿਵੇਕਸ਼ੀਲ vivekaśīla　ヴィヴェークシール，ਵਿਵੇਕਾਤਮਕ vivekātamaka　ヴィヴェーカートマク，ਵਿਵੇਕੀ vivekī　ヴィヴェーキー
りそう〘理想〙ਆਦਰਸ਼ ādaraśa　アーダルシュ　♦理想主義　ਆਦਰਸ਼ਵਾਦ ādaraśawāda　アーダルシュワード　♦理想的な　ਆਦਰਸ਼ਕ ādaraśaka　アーダルシャク
りそく〘利息〙ਬਿਆਜ biāja　ビアージ，ਸੂਦ sūda　スード
リチウム　ਲਿਥੀਅਮ lit^{h}iama　リティーアム
りちてきな〘理知的な〙ਬੁੱਧੀਜੀਵੀ bûddījīvī　ブッディージーヴィー
りつ〘率〙（割合）ਦਰ dara　ダル，ਰੇਟ reṭa　レート（百分率）ਪਰਤਿਸ਼ਤ paratiśata　パラティシャト，ਫ਼ੀਸਦੀ fīsadī　フィーサディー
りっきょう〘陸橋〙ਫ਼ਲਾਈਓਵਰ falāīovara　ファラーイーオーヴァル
りっしょうする〘立証する〙ਪਰਖਣਾ parak^{h}aṇā　パルカナー
リットル　ਲਿਟਰ liṭara　リタル
りっぱな〘立派な〙ਮੁਅੱਜ਼ਜ਼ muazzaza　ムアッザズ，ਪਰਤਿਸ਼ਠਿਤ paratiśaṭita　パルティシュティト
りっぽうたい〘立方体〙ਘਣ kǎṇa　カン
リハーサル　ਰਿਹਰਸਲ riharasala　リハルサル
リハビリ　ਪੁਨਰ ਸਥਾਪਨ punara sat^{h}āpana　プナル サターパン
りふじん〘理不尽〙ਮਨਮਤ manamata　マンマト，ਅਨਰਥ anarat^{h}a　アナルト
りべつ〘離別〙ਵਿਜੋਗ vijoga　ヴィジョーグ，ਜੁਦਾਈ judāī　ジュダーイー，ਹਿਜਰ hijara　ヒジャル
リポート　ਰਿਪੋਰਟ riporaṭa　リポールト
リボン　ਰਿਬਨ ribana　リバン，ਫ਼ੀਤਾ fītā　フィーター
りゃくご〘略語〙ਸੰਖਿਪਤ ਰੂਪ saṅk^{h}ipata rūpa　サンキプト ループ
りゃくしきの〘略式の〙ਸਰਸਰੀ sarasarī　サルサリー
りゃくす〘略す〙（簡単にする）ਸੰਖੇਪ ਕਰਨਾ saṅk^{h}epa karanā　サンケープ カルナー（省く）ਛੱਡਣਾ c^{h}aḍḍaṇā　チャッダナー
りゃくだつする〘略奪する〙ਲੁੱਟਣਾ luṭṭaṇā　ルッタナー
りゆう〘理由〙ਵਜ੍ਹਾ wâjā　ワジャー，ਕਾਰਨ kārana　カーラン，ਸਬੱਬ sababba　サバッブ
りゅういする〘留意する〙ਧਿਆਨ ਰੱਖਣਾ tiǎna rakk^{h}aṇā　ティアーン ラッカナー，ਖ਼ਿਆਲ ਰੱਖਣਾ xiāla rakk^{h}aṇā　キアール ラッカナー
りゅうこう〘流行〙ਫ਼ੈਸ਼ਨ faiśana　ファエーシャン，ਰਿਵਾਜ riwāja　リワージ（病気や思想などの）ਪਰਚਲਨ paracalana　パルチャラン　♦流行する　ਪਰਚੱਲਤ ਹੋਣਾ paracallata hoṇā　パルチャッラト ホーナー
りゅうざん〘流産〙ਗਰਭਪਾਤ gârabapāta　ガルブパート
りゅうし〘粒子〙ਅਣੂ aṇū　アヌー，ਕਣ kaṇa　カン
りゅうしゅつする〘流出する〙ਵਹਿਣਾ waîṇā　ワェーナー，ਵਗਣਾ wagaṇā　ワグナー
りゅうせい〘隆盛〙ਇਕਬਾਲ ikabāla　イクバール
りゅうちょうに〘流暢に〙ਤਾੜ ਤਾੜ tāṛa tāṛa　タール

タール
りゅうどうてきな〘流動的な〙ਚਲਾਊ calāū チャラーウー, ਤਰਲ taralạ タラル
りゅうは〘流派〙ਫ਼ਿਰਕਾ firạkā フィルカー, ਸ਼ੈਲੀ śailī シャェーリー, ਸਕੂਲ sakūlạ サクール
りょう〘漁〙ਮਾਹੀਗੀਰੀ māhīgīrī マーヒーギーリー
りょう〘寮〙ਬੋਰਡਿੰਗ boraḍiṅgạ ボールディング, ਹੋਸਟਲ hosạṭalạ ホースタル
りょう〘猟〙ਸ਼ਿਕਾਰ śikārạ シカール, ਹੇੜਾ heṛā ヘーラー
りょう〘量〙ਮਾਤਰਾ mātarā マータラー
りよう〘利用〙ਵਰਤੋਂ warạtõ ワルトーン, ਇਸਤੇਮਾਲ isạtemālạ イステーマール, ਪਰਯੋਗ parạyogạ パルヨーグ
りょういき〘領域〙ਇਲਾਕਾ ilākā イラーカー, ਖੰਡ kʰaṇḍạ カンド
りょうかいする〘了解する〙(理解する) ਸਮਝਣਾ sâmajaṇā サマジャナー (承知する) ਮੰਨਣਾ mannaṇā マンナナー
りょうがえ〘両替〙ਐਕਸਚੇਂਜ aikasạcẽjạ アェーカスチェーンジ, ਚੇਂਜ cẽjạ チェーンジ ♦両替する ਭਨਵਾਉਣਾ panạwắuṇā パンワーウナー
りょうがわに〘両側に〙ਆਰ-ਪਾਰ ārạ-pārạ アール・パール
りょうきん〘料金〙ਕਿਰਾਇਆ kirāiā キラーイアー, ਭਾੜਾ pắṛā パーラー, ਚਾਰਜ cārajạ チャールジ
りょうし〘漁師〙ਮਾਛੀ mācʰī マーチー, ਮਾਹੀਗੀਰ māhīgīrạ マーヒーギール
りょうし〘猟師〙ਸ਼ਿਕਾਰੀ śikārī シカーリー, ਹੇੜੀ heṛī ヘーリー
りょうじ〘領事〙ਵਣਜ-ਦੂਤ waṇajạ-dūtạ ワナジ・ドゥート, ਕਾਂਸਲ kā̃salạ カーンサル
りょうしき〘良識〙ਸੁਮੱਤ sumattạ スマット
りょうしゅうしょう〘領収証〙ਰਸੀਦ rasīdạ ラスィード
りょうしょうする〘了承する〙ਮੰਨਣਾ mannaṇā マンナナー
りょうしん〘両親〙ਮਾਂ-ਪਿਓ mā̃-pio マーン・ピオー, ਮਾਪੇ māpe マーペー, ਵਾਲਦੈਨ wālạdainạ ワールダェーン
りょうしん〘良心〙ਆਤਮਾ ātạmā アートマー, ਜ਼ਮੀਰ zamīrạ ザミール, ਕਾਨਸ਼ੈਂਸ kānạśãĩsạ カーンシャェーンス
りようする〘利用する〙ਵਰਤਣਾ warạtaṇā ワルタナー, ਇਸਤੇਮਾਲ ਕਰਨਾ isạtemālạ karạnā イステーマール カルナー
りょうて〘両手〙ਦੋਵੇਂ ਹੱਥ dowẽ hattʰạ ドーウェーン ハット
りょうど〘領土〙ਪ੍ਰਦੇਸ਼ pradeśạ プラデーシュ, ਇਲਾਕਾ ilākā イラーカー
りょうほう〘両方〙ਦੋਵੇਂ dowẽ ドーウェーン, ਦੋਨੋਂ donõ ドーノーン
りょうめんの〘両面の〙ਦੁਪਾਸਾ dupāsā ドゥパーサー, ਦੁਰੁਖ਼ਾ duruxā ドゥルカー
りょうり〘料理〙(調理された食べ物) ਭੋਜਨ pŏjanạ ポージャン, ਤੋਸਾ tosā トーサー (調理) ਰਸੋਈ ਦਾ ਕੰਮ rasoī dā kammạ ラソーイー ダー カンム ♦料理する ਪਕਾਉਣਾ pakāuṇā パカーウナー, ਰਿੰਨ੍ਹਣਾ rînnaṇā リンナナー, ਭੋਜਨ ਬਣਾਉਣਾ pŏjanạ baṇāuṇā ポージャン バナーウナー
りょかく〘旅客〙ਮੁਸਾਫ਼ਰ musāfarạ ムサーファル, ਪਸੰਜਰ pasañjarạ パサンジャル
りょけん〘旅券〙ਪਾਸਪੋਰਟ pāsạporạṭạ パースポールト
りょこう〘旅行〙ਸਫ਼ਰ safarạ サファル, ਯਾਤਰਾ yātarā ヤートラー ♦旅行する ਸਫ਼ਰ ਕਰਨਾ safarạ karạnā サファル カルナー, ਯਾਤਰਾ ਕਰਨੀ yātarā karạnī ヤートラー カルニー
リラックスする ਢੁਆਉਣਾ cuǎuṇa チュアーウナ, ਅਰਾਮ ਕਰਨਾ arāmạ karạnā アラーム カルナー
りりつ〘利率〙ਬਿਆਜ ਦਰ biājạ darạ ビアージ ダル
リレー ਰਿਲੇ rile リレー, ਰਿਲੇ ਰੇਸ rile resạ リレー レース
りれきしょ〘履歴書〙ਬਾਇਓਡਾਟਾ bāioḍāṭā バーイオーダーター
りろん〘理論〙ਸਿਧਾਂਤ sidā̃tạ スィダーント, ਥਿਊਰੀ tʰiūrī ティウーリー ♦理論的な ਸਿਧਾਂਤਿਕ sidā̃tikạ スィダーンティク, ਸਿਧਾਂਤੀ sidā̃tī スィダーンティー
りんかく〘輪郭〙ਰੂਪਰੇਖਾ rūparekʰā ルーブレーカー, ਖ਼ਾਕਾ xākā カーカー
りんご〘林檎〙ਸਿਓ sio スィオー, ਸੇਉ seu セーウ, ਸੇਬ sebạ セーブ
りんじの〘臨時の〙ਆਰਜ਼ੀ ārạzī アールズィー, ਅਸਥਾਈ asatʰāī アスターイー, ਟੈਂਪਰੇਰੀ ṭãĩparerī タェーンプレーリー
りんじゅう〘臨終〙ਅੰਤਕਾਲ antạkālạ アントカール, ਅਖ਼ੀਰ axīrạ アキール
りんじん〘隣人〙ਗੁਆਂਢੀ guā̂ḍī グアーンディー, ਪੜੋਸੀ paṛosī パロースィー, ਹਮਸਾਇਆ hamạsāiā ハムサーイアー
りんね〘輪廻〙ਪੁਨਰ ਜਨਮ punarạ janamạ プナル ジャナム, ਆਵਾਗਮਣ āwāgamaṇạ アーワーガマン
リンパ ਲਿੰਫ limpʰạ リンプ ♦リンパ腺 ਗਿਲ੍ਹਟੀ gîlạṭī ギルティー
りんり〘倫理〙ਨੈਤਿਕਤਾ naitikạtā ナェーティクター, ਇਖ਼ਲਾਕ ixạlākạ イクラーク ♦倫理的な ਨੈਤਿਕ naitikạ ナェーティク, ਇਖ਼ਲਾਕੀ ixạlākī イクラーキー ♦倫理学 ਨੀਤੀ ਵਿਗਿਆਨ nītī vigiānạ ニーティー ヴィギアーン, ਨੀਤੀ ਸ਼ਾਸਤਰ nītī śāsạtarạ ニーティー シャースタル
るいご〘類語〙ਸਮਾਨਾਰਥੀ ਸ਼ਬਦ samānāratʰī śabadạ サマーナールティー シャバド
るいじ〘類似〙ਸਮਰੂਪਤਾ samạrūpatā サムループター, ਸਦਰਿਸ਼ਤਾ sadariśạtā サダリシュター, ਸਮਾਨਤਾ samānạtā サマーンター ♦類似する ਸਮਰੂਪ ਹੋਣਾ samạrūpạ hoṇā サムループ ホーナー, ਸਦਰਿਸ਼ ਹੋਣਾ sadariśạ hoṇā サダリシュ ホーナー, ਸ਼ਕਲ ਮਿਲਨੀ śakalạ milạnī シャカル ミルニー
るいせきする〘累積する〙ਜਮ੍ਹਾਂ ਹੋਣਾ jâmā̃ hoṇā ジャマーン ホーナー
ルート (経路) ਰੂਟ rūṭạ ルート
ルーマニア ਰੁਮਾਨੀਆ rumānīā ルマーニーアー
ルディアーナー ਲੁਧਿਆਣਾ ludiǎṇā ルディアーナー
ルビー ਮਾਣਕ māṇakạ マーナク, ਲਾਲ lālạ ラール

ルピー ਰੁਪਇਆ rupaiā ルパイアー
れい〖例〗ਮਿਸਾਲ misāla̩ ミサール, ਉਦਾਹਰਨ udârana̩ ウダーラン, ਦਰਿਸ਼ਟਾਂਤ dariśa̩ṭãta̩ ダリシュターント
れい〖礼〗(あいさつ) ਸਲਾਮ salāma̩ サラーム, ਸੰਬੋਧਨ sambôdana̩ サンボーダン, ਸਲੂਟ salūṭa̩ サルート (感謝) ਧੰਨਵਾਦ tănna̩wāda̩ タンヌワード, ਸ਼ੁਕਰ śukara̩ シュカル (礼儀) ਅਦਬ adaba̩ アダブ, ਇਖ਼ਲਾਕ ixa̩lāka̩ イクラーク, ਸ਼ਿਸ਼ਟਾਚਾਰ śiśa̩ṭācāra̩ シシュターチャール
れいがい〖例外〗ਵਰਜਣ wara̩jaṇa̩ ワルジャン
れいかん〖霊感〗ਪਰੇਰਨਾ parera̩nā パレールナー, ਇਲਹਾਮ ila̩hāma̩ イルハーム
れいき〖冷気〗ਠਾਰ ṭ^{h}āra̩ タール, ਸੀਤ sīta̩ スィート, ਪਾਲਾ pālā パーラー
れいぎ〖礼儀〗ਅਦਬ adaba̩ アダブ, ਇਖ਼ਲਾਕ ixa̩lāka̩ イクラーク, ਸ਼ਿਸ਼ਟਾਚਾਰ śiśa̩ṭācāra̩ シシュターチャール
れいきゃくする〖冷却する〗ਠਾਰਨਾ ṭ^{h}āra̩nā タールナー, ਠੰਢਾ ਕਰਨਾ ṭ^{h}âṇḍā kara̩nā タンダー カルナー
れいぐうする〖冷遇する〗ਰੁਲਾਉਣਾ rulāuṇā ルラーウナー
れいこくな〖冷酷な〗ਕਠੋਰ kaṭ^{h}ora̩ カトール, ਜ਼ਾਲਮ zālama̩ ザーラム, ਬੇਤਰਸ betarasa̩ ベータラス
れいじょう〖令状〗ਆਗਿਆ ਪੱਤਰ āgiā pattara̩ アーギアー パッタル, ਪਰਵਾਨਾ para̩wānā パルワーナー, ਵਰੰਟ waranṭa̩ ワラント
れいせいな〖冷静な〗ਧੀਰਜਵਾਨ tĭraja̩wāna̩ ティーラジワーン, ਗਹਿਰ ਗੰਭੀਰ gaîra̩ gambĭra̩ ガエール ガンビール
れいぞうこ〖冷蔵庫〗ਫ਼ਰਿੱਜ farijja̩ ファリッジ, ਰੈਫ਼ਰੀਜਿਰੇਟਰ raifa̩rījireṭara̩ ラェーフリージレータル
れいたんな〖冷淡な〗ਬੇਮੁਹੱਬਤ bemuhabbata̩ ベームハッバト, ਬੇਰੁਖ਼ beruxa̩ ベールク, ਕੋਰਾ korā コーラー
れいはい〖礼拝〗ਪੂਜਾ pūjā プージャー, ਇਬਾਦਤ ibādata̩ イバーダト, ਅਰਾਧਨਾ arâdanā アラーダナー
レイプ ਬਲਾਤਕਾਰ balāta̩kāra̩ バラートカール
れいふく〖礼服〗ਸਰੋਪਾ saropā サローパー
レインコート ਬਰਸਾਤੀ bara̩sātī バルサーティー, ਰੇਨਕੋਟ rena̩koṭa̩ レーンコート
レース (競走) ਰੇਸ resa̩ レース, ਦੌੜ dauṛa̩ ダォール (編物) ਲੇਸ lesa̩ レース
レーズン ਕਿਸ਼ਮਿਸ਼ kiśamiśa̩ キシュミシュ, ਮਨੱਕਾ manakkā マナッカー
レート ਰੇਟ reṭa̩ レート, ਦਰ dara̩ ダル
レール ਰੇਲ rela̩ レール, ਪਟੜੀ paṭaṛī パタリー
レコード (音盤) ਰਿਕਾਰਡ rikāra̩ḍa̩ リカールド (記録) ਰਿਕਾਰਡ rikāra̩ḍa̩ リカールド
レシート ਰਸੀਦ rasīda̩ ラスィード
レストラン ਰੇਸਤਰਾਂ resa̩tarã レースタラーン, ਰੈਸਟੋਰੈਂਟ raisa̩ṭorãĩṭa̩ ラェーストーラェーント
レスラー ਪਹਿਲਵਾਨ paîla̩wāna̩ パェールワーン, ਘੁਲਾਟੀਆ kulăṭīā クラーティーアー
レスリング ਕੁਸ਼ਤੀ kuśa̩tī クシュティー, ਘੋਲ kŏla̩ コール, ਦੰਗਲ daṅgala̩ ダンガル
レセプション ਰਿਸੈਪਸ਼ਨ risaipa̩śana̩ リサェープシャン
レタス ਸਲਾਦ salāda̩ サラード
れつ〖列〗ਪੰਗਤ paṅgata̩ パンガト, ਕਤਾਰ katāra̩ カタール, ਲਾਈਨ lāīna̩ ラーイーン
れつあくな〖劣悪な〗ਘਟੀਆ kăṭīā カティーアー, ਮੰਦਾ mandā マンダー
れっしゃ〖列車〗ਰੇਲਗੱਡੀ rela̩gaḍḍī レールガッディー, ਗੱਡੀ gaḍḍī ガッディー, ਟਰੇਨ ṭarena̩ タレーン
レッスン (学課) ਪਾਠ pāṭ^{h}a̩ パート (稽古) ਅਭਿਆਸ abiăsa̩ アビアース, ਰਿਆਜ਼ riāza̩ リアーズ, ਬਿਰਦ birada̩ ビラド
レトリック ਅਲੰਕਾਰ alaṅkāra̩ アランカール
レバー (肝臓) ਕਲੇਜਾ kalejā カレージャー, ਜਿਗਰ jigara̩ ジガル, ਲਿਵਰ livara̩ リヴァル (取っ手) ਗਰਿਫ਼ਤ garifata̩ ガリフト, ਦਸਤਾ dasa̩tā ダスター, ਹੱਥੀ hatt^{h}ī ハッティー
レフェリー ਰੈਫ਼ਰੀ raifarī ラェーファリー, ਨਿਰਨਾਇਕ nira̩nāika̩ ニルナーイク
レベル ਲੈਵਲ laivala̩ ラェーヴァル, ਸਤਰ satara̩ サタル
レポーター ਰਿਪੋਰਟਰ ripora̩ṭara̩ リポールタル
レポート ਰਿਪੋਰਟ ripora̩ṭa̩ リポールト
レモン ਨਿੰਬੂ nimbū ニンブー
れんあい〖恋愛〗ਪਰੇਮ parema̩ パレーム, ਇਸ਼ਕ iśaka̩ イシャク ◆恋愛結婚 ਲਵ-ਮੈਰਿਜ lava̩-mairija̩ ラヴ・マェーリジ
れんが〖煉瓦〗ਇੱਟ iṭṭa̩ イット
れんけい〖連携〗ਸਹਿਯੋਗ saîyoga̩ サェーヨーグ, ਮਿਲਵਰਤਨ mila̩wara̩tana̩ ミルワルタン, ਕਾਰਪੋਰੇਸ਼ਨ kāra̩poreśana̩ カールポーレーシャン
れんけつ〖連結〗ਜੋੜ joṛa̩ ジョール, ਕੁਨੈਕਸ਼ਨ kunaika̩śana̩ クナェークシャン ◆連結する ਜੋੜਨਾ joṛa̩nā ジョールナー
れんごう〖連合〗ਸੰਘ sâṅga̩ サング, ਇਤਿਹਾਦ itihāda̩ イティハード, ਯੂਨੀਅਨ yūnīana̩ ユーニーアン
れんさいもの〖連載物〗ਸੀਰੀਅਲ sīriala̩ スィーリーアル
レンジ ਰੇਂਜ rẽja̩ レーンジ
れんしゅう〖練習〗ਅਭਿਆਸ abiăsa̩ アビアース, ਰਿਆਜ਼ riāza̩ リアーズ, ਪਰੈਕਟਿਸ paraika̩ṭisa̩ パラェークティス ◆練習する ਅਭਿਆਸ ਕਰਨਾ abiăsa̩ kara̩nā アビアース カルナー
レンズ ਲੈਂਜ਼ lãĩza̩ ラェーンズ
れんぞく〖連続〗ਸਿਲਸਿਲਾ sila̩silā スィルスィラー, ਲਗਾਤਾਰਤਾ lagātāra̩tā ラガータールター, ਨਿਰੰਤਰਤਾ nirantara̩tā ニランタルター ◆連続する ਜਾਰੀ ਰਹਿਣਾ jārī raîṇā ジャーリー ラェーナー
れんたい〖連帯〗ਭਾਈਵਾਲੀ pāĭwālī パーイーワーリー, ਇਕਮੁੱਠਤਾ ika̩muṭṭ^{h}atā イクムットター
レントゲン ਐਕਸ-ਰੇ aikasa̩-re アェーカス・レー
れんぽう〖連邦〗ਰਾਸ਼ਟਰਮੰਡਲ rāśa̩ṭara̩manḍala̩ ラーシュタルマンダル, ਰਾਜਮੰਡਲ rāja̩manḍala̩ ラージマンダル
れんめい〖連盟〗ਸੰਘ sâṅga̩ サング, ਸੰਗਠਨ saṅgaṭ^{h}ana̩ サンガタン, ਲੀਗ līga̩ リーグ
れんらく〖連絡〗ਸੰਪਰਕ sampara̩ka̩ サンパルク,

ਤਾਲਮੇਲ tālamela タールメール ♦連絡する ਸੂਚਿਤ ਕਰਨਾ sūcita karanā スーチト カルナー
れんりつ〘連立〙ਗਠਜੋੜ gaṭʰajoṛa ガトジョール
ろう〘蝋〙ਮੋਮ moma モーム
ろうか〘廊下〙ਗਲਿਆਰਾ galiārā ガリアーラー, ਕਾਰੀਡੋਰ kārīḍora カーリードール
ろうきゅうかした〘老朽化した〙ਜੀਰਨ jīrana ジーラン, ਜਰਜਰਾ jarajarā ジャルジャラー
ろうじん〘老人〙ਬੁੱਢਾ bûḍḍā ブッダー, ਬਜ਼ੁਰਗ bazuraga バズルグ
ろうすい〘老衰〙ਜਰਾ jarā ジャラー, ਜ਼ਈਫ਼ੀ zaīfī ザイーフィー
ろうそく〘蝋燭〙ਮੋਮਬੱਤੀ momabattī モームバッティー, ਸ਼ਮ੍ਹਾ śâmā シャマー, ਕੈਂਡਲ kāīḍala カエーンダル
ろうどう〘労働〙ਸ਼ਰਮ śarama シャラム, ਮਜ਼ਦੂਰੀ mazadūrī マズドゥーリー, ਮੁਸ਼ੱਕਤ muśakkata ムシャッカト ♦労働組合 ਸ਼ਰਮਿਕ ਸੰਘ śaramika sânga シャラミク サング, ਮਜ਼ਦੂਰ ਸੰਘ mazadūra sânga マズドゥール サング, ਲੇਬਰ ਯੂਨੀਅਨ lebara yūnīana レーバル ユーニーアン ♦労働者 ਸ਼ਰਮਿਕ śaramika シャラミク, ਮਜ਼ਦੂਰ mazadūra マズドゥール
ろうどく〘朗読〙ਪਾਠ pāṭʰa パート
ろうねん〘老年〙ਬੁਢੇਪਾ buḍĕpā ブデーパー, ਜਰਾ jarā ジャラー, ਜ਼ਈਫ਼ੀ zaīfī ザイーフィー
ろうひする〘浪費する〙ਫ਼ਜ਼ੂਲ ਖ਼ਰਚ ਕਰਨਾ fazūla xaraca karanā ファズール カルチ カルナー, ਉਡਾਉਣਾ uḍāuṇā ウダーウナー
ろうれい〘老齢〙ਬੁਢੇਪਾ buḍĕpā ブデーパー, ਜਰਾ jarā ジャラー, ਜ਼ਈਫ਼ੀ zaīfī ザイーフィー
ロードショー ਰੋਡਸ਼ੋ roḍaśo ロードショー
ロープ ਰੱਸਾ rassā ラッサー, ਰੱਸੀ rassī ラッスィー, ਡੋਰੀ ḍorī ドーリー
ローン ਲੋਨ lona ローン, ਕਰਜ਼ karaza カルズ, ਰਿਣ riṇa リン
ろかする〘濾過する〙ਛਾਣਨਾ cʰāṇanā チャーンナー, ਪੁਣਨਾ puṇanā プナナー
ろく〘六〙ਛੇ cʰe チェー
ろくがつ〘六月〙ਜੂਨ jūna ジューン
ろくじゅう〘六十〙ਸੱਠ saṭṭʰa サット
ろくろ〘轆轤〙ਚੱਕ cakka チャック, ਚਰਖ਼ caraxa チャルク
ロケーション ਸ਼ੂਟਿੰਗ śūṭiṅga シューティング
ロケット ਰਾਕਟ rākaṭa ラーカト
ろじ〘路地〙ਗਲੀ galī ガリー
ロシア ਰੂਸ rūsa ルース ♦ロシア語・ロシア人・ロシアの ਰੂਸੀ rūsī ルースィー
ろしゅつ〘露出〙ਪਰਗਟਾ paragaṭā パルガター, ਬੇਪਰਦਗੀ beparadagī ベーパルドギー ♦露出する〔露になる〕ਪਰਗਟਣਾ paragaṭaṇā パルガトナー, ਨੰਗਾ ਹੋ ਜਾਣਾ naṅgā ho jāṇā ナンガー ホー ジャーナー ♦露出する〔露にする〕ਪਰਗਟਾਉਣਾ paragaṭāuṇā パルガターウナー, ਨੰਗਾ ਰੱਖਣਾ naṅgā rakkʰaṇā ナンガー ラッカナー
ろせん〘路線〙(道筋) ਰੂਟ rūṭa ルート (政策) ਏਜੰਡਾ ejanḍā エージャンダー
ロッカー ਅਲਮਾਰੀ alamārī アルマーリー
ロックンロール ਰਾਕ ਐਂਡ ਰੋਲ rāka āĩḍa rola ラーク アエーンド ロール
ろっこつ〘肋骨〙ਪਸਲੀ pasalī パスリー
ロッジ ਲੌਜ lauja ラォージ
ろてん〘露店〙ਫੜ pʰaṛa パル, ਸਟਾਲ saṭāla サタール
ろば〘驢馬〙ਗਧਾ gâdā ガダー, ਖੋਤਾ kʰotā コーター
ロビー ਦਲਾਨ dalāna ダラーン
ロブスター ਲਾਬਸਟਰ lābasaṭara ラーバスタル, ਝੀਂਗਾ cĩgā チーンガー
ロボット ਰੋਬੋਟ roboṭa ローボート
ロマンしゅぎ〘ロマン主義〙(ロマンチシズム) ਰੁਮਾਂਟਿਸਿਜ਼ਮ rumā̃ṭisizama ルマーンティスィズム, ਰੁਮਾਂਸਵਾਦ rumā̃sawāda ルマーンスワード
ロマンス ਰੁਮਾਂਸ rumā̃sa ルマーンス
ロマンチスト ਰੁਮਾਂਸਵਾਦੀ rumā̃sawādī ルマーンスワーディー
ろめんでんしゃ〘路面電車〙ਟਰਾਮ ṭarāma タラーム, ਟਰਾਲੀ ṭarālī タラーリー
ろんぎ〘論議〙ਬਹਿਸ baîsa バェース, ਤਰਕ-ਵਿਤਰਕ taraka-vitaraka タルク・ヴィタルク, ਵਾਦ-ਵਿਵਾਦ wāda-viwāda ワード・ヴィワード ♦論議する ਬਹਿਸ ਕਰਨੀ baîsa karanī バェース カルニー, ਤਰਕ-ਵਿਤਰਕ ਕਰਨਾ taraka-vitaraka karanā タルク・ヴィタルク カルナー, ਵਾਦ-ਵਿਵਾਦ ਕਰਨਾ wāda-viwāda karanā ワード・ヴィワード カルナー
ろんきょ〘論拠〙ਦਲੀਲ dalīla ダリール
ろんそう〘論争〙ਤਰਕ-ਵਿਤਰਕ taraka-vitaraka タルク・ヴィタルク, ਵਾਦ-ਵਿਵਾਦ wāda-viwāda ワード・ヴィワード, ਝਗੜਾ căgaṛā チャガラー ♦論争する ਤਰਕ-ਵਿਤਰਕ ਕਰਨਾ taraka-vitaraka karanā タルク・ヴィタルク カルナー, ਵਾਦ-ਵਿਵਾਦ ਕਰਨਾ wāda-viwāda karanā ワード・ヴィワード カルナー, ਝਗੜਨਾ căgaṛanā チャガルナー
ろんてん〘論点〙ਮੁੱਦਾ muddā ムッダー, ਨੁਕਤਾ nukatā ヌクター
ろんぶん〘論文〙ਖੋਜ-ਨਿਬੰਧ kʰoja-nibânda コージ・ニバンド, ਮਜ਼ਮੂਨ mazamūna マズムーン, ਥੀਸਿਸ tʰīsisa ティースィス
ろんり〘論理〙ਮੰਤਕ mantaka マンタク, ਤਰਕ taraka タルク, ਦਲੀਲ dalīla ダリール ♦論理的な ਮੰਤਕੀ mantakī マンタキー, ਤਰਕਸ਼ੀਲ tarakaśīla タルクシール, ਬਾਦਲੀਲ bādalīla バーダリール

わ

わ〘輪〙ਚੱਕਰ cakkara チャッカル, ਘੇਰਾ kĕrā ケーラー
わ〘和〙(総和) ਯੋਗਫਲ yogapʰala ヨーグパル (調和) ਸੁਮੇਲ sumela スメール, ਇਤਿਹਾਦ itihāda イティハード, ਹਾਰਮਨੀ hāramanī ハールマニー
ワールドカップ ਵਿਸ਼ਵ ਕੱਪ viśava kappa ヴィシャヴ カップ

わいせつな〖猥褻な〗ਅਸ਼ਲੀਲ aśⱥlīlⱥ アシュリール, ਫ਼ਾਹਿਸ਼ fâiśⱥ ファーイシュ

ワイヤー ਵਾਇਰ wāirⱥ ワーイル

わいろ〖賄賂〗ਰਿਸ਼ਵਤ riśⱥwatⱥ リシュワト, ਵੱਢੀ wâḍḍī ワッディー, ਘੂਸ kū̆sⱥ クース

ワイン ਵਾਇਨ wāinⱥ ワーイン, ਅੰਗੂਰ ਦੀ ਸ਼ਰਾਬ aṅgūrⱥ dī śarābⱥ アングール ディー シャラーブ ◆ワイングラス ਜਾਮ jāmⱥ ジャーム, ਸਾਗ਼ਰ sāğarⱥ サーガル

わおん〖和音〗ਸੁਰਮੇਲ surⱥmelⱥ スルメール

わかい〖若い〗ਗੱਭਰੂ gâbbⱥrū ガッブルー, ਜਵਾਨ jawānⱥ ジャワーン

わかいする〖和解する〗ਸਮਝੌਤਾ ਕਰਨਾ samⱥjaŭtā karⱥnā サムジャオーター カルナー, ਰਸਣਾ rasⱥṇā ラスナー

わかさ〖若さ〗ਗੱਭਰੂਪੁਣਾ gâbbⱥrūpuṇā ガッブループナー, ਜਵਾਨੀ jawānī ジャワーニー, ਸ਼ਬਾਬ śabābⱥ シャバーブ

わかす〖沸かす〗ਉਬਾਲਨਾ ubālⱥnā ウバールナー

わがままな ਸਵਾਰਥੀ sawārⱥtʰī サワールティー, ਖ਼ੁਦਗ਼ਰਜ਼ xudⱥğarⱥzⱥ クドガルズ

わかもの〖若者〗ਗੱਭਰੂ gâbbⱥrū ガッブルー, ਜਵਾਨ jawānⱥ ジャワーン, ਯੁਵਕ yuwakⱥ ユワク

わかりにくい〖分かりにくい〗ਦੁਰਬੋਧ durⱥbôdⱥ ドゥルボード

わかりやすい〖分かりやすい〗ਸੁਬੋਧ subôdⱥ スボード

わかる〖分かる〗ਸਮਝਣਾ sâmajⱥṇā サマジャナー

わかれ〖別れ〗ਵਿਦਾ vidā ヴィダー, ਵਿਦਾਇਗੀ vidāigī ヴィダーイギー, ਅਲਵਿਦਾ alⱥvidā アルヴィダー

わかれる〖分かれる〗（区分される）ਵੰਡੀਚਣਾ wanḍīcaṇā ワンディーチャナー（分岐する）ਪਾਟਣਾ pāṭaṇā パータナー

わかれる〖別れる〗ਵਿਦਾ ਹੋਣਾ vidā hoṇā ヴィダー ホーナー

わかわかしい〖若々しい〗ਗਭਰੇਟਾ gâbⱥreṭā ガブレーター, ਨੌਜਵਾਨ naujawānⱥ ナォージャワーン, ਜੋਬਨਵੰਤ jobanⱥwantⱥ ジョーバンワント

わき〖脇〗ਬਗ਼ਲ bağalⱥ バガル, ਵੱਖੀ wakkʰī ワッキー

わきのした〖脇の下〗ਕੱਛ kaccʰⱥ カッチ, ਬਗ਼ਲ bağalⱥ バガル

わきばら〖脇腹〗ਬਗ਼ਲ bağalⱥ バガル, ਵੱਖੀ wakkʰī ワッキー

わく〖沸く〗（湯が）ਉੱਬਲਨਾ ubbalⱥnā ウッバルナー, ਗੜ੍ਹਕਣਾ gâṛⱥkaṇā ガルカナー, ਖੌਲਣਾ kʰaulaṇā カォーラナー

わく〖枠〗（囲み）ਚੌਖਟਾ caukʰaṭā チャォーカター, ਫ਼ਰਮਾ farⱥmā̃ ファルマーン, ਫ਼ਰੇਮ faremⱥ ファレーム（範囲）ਹੱਦ haddⱥ ハッド, ਰੇਂਜ rẽjⱥ レーンジ

わくせい〖惑星〗ਗ੍ਰਹਿ graî グラエー

ワクチン ਵੈਕਸੀਨ vaikⱥsīnⱥ ヴァエークスィーン

わけ〖訳〗ਵਜ੍ਹਾ wâjā ワジャー, ਕਾਰਨ kāranⱥ カーラン, ਸਬੱਬ sababbⱥ サバッブ

わけまえ〖分け前〗ਹਿੱਸਾ hissā ヒッサー, ਸੀਰ sīrⱥ スィール, ਵੰਡ wanḍⱥ ワンド

わける〖分ける〗（区別する）ਵਰਗੀਕਰਨ ਕਰਨਾ warⱥgīkarⱥnⱥ karⱥnā ワルギーカルン カルナー, ਸ਼ਰੇਣੀਬੱਧ ਕਰਨਾ śareṇībâddⱥ karⱥnā シャレーニーバッド カルナー（分割する）ਵੰਡਣਾ wanḍaṇā ワンダナー, ਵਿਭਾਜਿਤ ਕਰਨਾ vipâjitⱥ karⱥnā ヴィパージト カルナー（分配する）ਵਰਤਾਉਣਾ warⱥtāuṇā ワルターウナー, ਵੰਡਣਾ wanḍaṇā ワンダナー（分離する）ਵਿਛੋੜਨਾ vicʰorⱥnā ヴィチョールナー, ਪਾੜਨਾ pārⱥnā パールナー

わざ〖技〗ਹੁਨਰ hunarⱥ フナル, ਮਹਾਰਤ mahāratⱥ マハーラト, ਤਕਨੀਕ takⱥnīkⱥ タクニーク

わざと ਜਾਣ ਬੁੱਝ ਕੇ jāṇⱥ bûjjⱥ ke ジャーン ブッジ ケー, ਇਰਾਦਤਨ irādⱥtanⱥ イラードタン, ਕਸਦਨ kasⱥdanⱥ カスダン

わざわい〖災い〗ਆਫ਼ਤ āfatⱥ アーファト, ਬਿਪਤਾ bipⱥtā ビプター

わし〖鷲〗ਉਕਾਬ ukābⱥ ウカーブ

わしょく〖和食〗ਜਪਾਨੀ ਖਾਣਾ japānī kʰāṇā ジャパーニー カーナー

わずかな〖僅かな〗ਥੋੜ੍ਹਾ tʰôṛā トーラー, ਘੱਟ kăṭṭⱥ カット

わすれっぽい〖忘れっぽい〗ਭੁਲੱਕੜ pulăkkarⱥ プラッカル, ਭੁੱਲੜ pŭllarⱥ プッラル

わすれる〖忘れる〗ਭੁੱਲਣਾ pŭllaṇā プッラナー, ਵਿਸਾਰਨਾ visārⱥnā ヴィサールナー

ワセリン ਵੈਸਲੀਨ vaisⱥlīnⱥ ヴァエースリーン

わた〖綿〗ਕਪਾਹ kapâ カパー, ਰੂਈ rūī ルーイー

わだい〖話題〗ਮਜ਼ਮੂਨ mazⱥmūnⱥ マズムーン, ਵਿਸ਼ਾ viśā ヴィシャー

わだかまり ਗ਼ੁਬਾਰ ğubārⱥ グバール, ਮੈਲ mailⱥ マエール

わたし〖私〗ਮੈਂ mãĩ マエーン ◆私の ਮੇਰਾ merā メーラー

わたしたち〖私たち〗ਅਸੀਂ asĩ アスィーン ◆私たちの ਸਾਡਾ sāḍā サーダー

わたす〖渡す〗（手渡す）ਫੜਵਾਉਣਾ pʰaṛⱥwāuṇā パルワーウナー, ਪਕੜਵਾਉਣਾ pakaṛⱥwāuṇā パカルワーウナー（引き渡す）ਸੌਂਪਣਾ sāũpaṇā サォーンパナー

わたる〖渡る〗ਲੰਘਣਾ lâṅgaṇā ランガナー, ਪਾਰ ਕਰਨਾ pārⱥ karⱥnā パール カルナー

ワット ਵਾਟ wāṭⱥ ワート

わな〖罠〗ਫੰਧਾ pʰândā パンダー

わに〖鰐〗ਮਗਰਮੱਛ magarⱥmaccʰⱥ マガルマッチ, ਘੜਿਆਲ kaṛiălⱥ カリアール

わびる〖詫びる〗ਮਾਫ਼ੀ ਮੰਗਣੀ māfī maṅgaṇī マーフィー マンガニー, ਖਿਮਾ ਮੰਗਣੀ kʰimā maṅgaṇī キマー マンガニー

わめく ਬੁੱਕਣਾ bukkaṇā ブッカナー, ਹੂਕਰਨਾ hūkarⱥnā フーカルナー

わら〖藁〗ਕੱਖ kakkʰⱥ カック, ਤਿਣਕਾ tiṇⱥkā ティンカー, ਤੀਲਾ tīlā ティーラー

わらい〖笑い〗ਹਾਸਾ hāsā ハーサー, ਖਿੱਲੀ kʰillī キッリー, ਹਿੜਹਿੜ hiṛⱥhiṛⱥ ヒルヒル ◆笑い話 ਲਤੀਫ਼ਾ latīfā ラティーファー

わらう〖笑う〗ਹੱਸਣਾ hassaṇā ハッサナー

わらわせる〘笑わせる〙ਹਸਾਉਣਾ hasāuṇā ハサーウナー
わりあい〘割合〙ਦਰ dara̸ ダル, ਤਨਾਸਬ tanāsaba̸ タナーサブ, ਰੇਸ਼ੋ reśo レーショー
わりあて〘割り当て〙ਹਿੱਸਾ hissā ヒッサー, ਵੰਡ waṇḍa̸ ワンド, ਸੀਰ sīra̸ スィール
わりあてる〘割り当てる〙ਵੰਡਣਾ waṇḍaṇā ワンダナー, ਵਰਤਾਉਣਾ wara̸tāuṇā ワルターウナー
わりこむ〘割り込む〙ਖੋਭਣਾ kʰôbaṇā コーバナー, ਖੁਭੋਣਾ kʰubŏṇā クボーナー
わりざん〘割り算〙ਭਾਜਨ pǎjana̸ パージャン, ਡਵੀਜ਼ਨ ḍavīzana̸ ダヴィーザン
わりびき〘割り引き〙ਕਮਿਸ਼ਨ kamiśana̸ カミシャン
わる〘割る〙（壊す）ਤੋੜਨਾ toṛa̸nā トールナー（分割する）ਵੰਡਣਾ waṇḍaṇā ワンダナー, ਵਿਭਾਜਿਤ ਕਰਨਾ vipǎjita̸ kara̸nā ヴィパージト カルナー（裂く）ਪਾੜਨਾ pāṛa̸nā パールナー
わるい〘悪い〙ਬੁਰਾ burā ブラー, ਭੈੜਾ paiṛā パェーラー
わるくち〘悪口〙ਕੁਬੋਲ kubola̸ クボール, ਕੁਵਾਕ kuwāka̸ クワーク, ਬਦਗੋਈ bada̸goī バドゴーイー
わるもの〘悪者〙ਬਦਮਾਸ਼ bada̸māśa̸ バドマーシュ, ਦੁਰਜਨ dura̸jana̸ ドゥルジャン
われめ〘割れ目〙ਦਰਜ਼ dara̸za̸ ダルズ, ਤਰੇੜ tareṛa̸ タレール, ਦਰਾੜ darāṛa̸ ダラール
われる〘割れる〙（壊れる）ਟੁੱਟਣਾ ṭuṭṭaṇā トゥッタナー（裂ける）ਚਿਰਨਾ cira̸nā チルナー, ਪਾਟਣਾ pāṭaṇā パータナー
われわれ〘我々〙ਅਸੀਂ asī̃ アスィーン
わん〘鋺・椀〙ਕਟੋਰਾ kaṭorā カトーラー, ਕੌਲ kaula̸ カォール
わん〘湾〙ਖਾੜੀ kʰāṛī カーリー
わんきょくする〘湾曲する〙ਵਕਰ ਹੋਣਾ wakara̸ hoṇā ワカル ホーナー
わんぱくな〘腕白な〙ਸ਼ਰਾਰਤੀ śarāra̸tī シャラールティー, ਨਟਖਟ naṭa̸kʰaṭa̸ ナトカト, ਸ਼ਤਾਨ śatāna̸ シャターン
ワンピース ਫ਼ਰਾਕ farāka̸ ファラーク
わんりょく〘腕力〙ਬਾਹੂ-ਬਲ bâū-bala̸ バーウー・バル

［編著者］
岡口 典雄（おかぐち・のりお）
1952 年生まれ．東京外国語大学卒．拓殖大学，亜細亜大学ほか非常勤講師．パンジャービー語学・文学専攻．著書に，『まずはこれだけ パンジャービー語（CD ブック）』（国際語学社），『エクスプレス パンジャービー語』（白水社）．

2015 年 5 月 10 日　　初 版 発 行

パンジャービー語・日本語辞典
付：日本語・パンジャービー語小辞典

2015 年 5 月 10 日　　第 1 刷発行

編著者　　岡 口 典 雄（おかぐち・のりお）
発行者　　株式会社 三省堂　代表者 北口克彦
印刷者　　三省堂印刷株式会社
発行所　　株式会社 三省堂
〒 101-8371
東京都千代田区三崎町二丁目 22 番 14 号
電 話　編 集　(03) 3230-9411
営 業　(03) 3230-9412
振替口座　00160 - 5 - 54300
http://www.sanseido.co.jp/

〈パンジャービー語辞典・960pp.〉

落丁本・乱丁本はお取替えいたします

ISBN978 - 4 - 385 - 12321 - 9